この辞書で使用している略号・記号

品詞・語形変化など

《⇒ この辞書の使い方 3, 4, 5, 10》

名 [名]	名詞		
固	固有名詞		
複	複数名詞		
代 [代]	代名詞		
動 [動]	動詞		
自	自動詞		
他	他動詞		
助 [助]	助動詞		
形 [形]	形容詞	C	数えられる名詞
副 [副]	副詞	U	数えられない名詞
接 [接]	接続詞	限定	形容詞の限定用法
前 [前]	前置詞	叙述	形容詞の叙述用法
間 [間]	間投詞	文修飾	文全体を修飾する副詞
接頭	接頭辞	つなぎ語	先行する文・節とのつながりを示す副詞語句
接尾	接尾辞		
略	略語		

主な文体・用法上の指示

《⇒ この辞書の使い方 6》

《米》	米国用法
《英》	英国用法
《略式》	くだけた感じの語・句で, 日常的な場面で用いる
《格式》	格式ばった語・句で, 改まった場面で用いる
《文語》	堅い文学作品や改まった文書で用いられる語・句
《古風》	今ではあまり使われない古風な感じの語・句
Ⓢ	会話で用いる語・句(＝spoken)
Ⓦ	文章で用いる語・句(＝written)

〔医学〕〔法律〕などは分野別専門語を示す.

動詞型など

《⇒ この辞書の使い方 9, 動詞型・形容詞型・名詞型の解説》

用例と日本語訳の間に V+前+名 のような形で示す.

V…動詞　**O**…目的語　**C**…補語　**名**…名詞　**代**…代名詞　**形**…形容詞　**副**…副詞
前…前置詞　**動名**…動名詞　**現分**…現在分詞　**過分**…過去分詞　**原形**…原形不定詞

多用　重要な語義において他と比べて使用頻度の高い構文に示す.

その他の記号の特殊な用法

( )　省略可能, 補足説明, 他動詞などの目的語

[ ]　言い換え, 語法・文法・文体上の指示・注意

「　英文で 2 語以上の語が置き換わる場合に限り, どの部分から置き換わるかを示した.
「a bunch [two bunches] of bananas (a bunch of bananas / two bunches of bananas の意)

LIGHTHOUSE

ENGLISH-JAPANESE DICTIONARY 7TH EDITION

ライトハウス英和辞典

赤須 薫
［編］

研究社

LIGHTHOUSE ENGLISH-JAPANESE DICTIONARY
ライトハウス英和辞典

第 1 版　1984 年　　第 5 版　2007 年
第 2 版　1990 年　　第 6 版　2012 年
第 3 版　1996 年　　第 7 版　2023 年
第 4 版　2002 年

編　者

赤　須　　薫

編集委員

Mary E. Althaus	土　肥　一　夫
八　幡　成　人	Christopher L. Barnard
斎　藤　弘　子	片　山　雅　夫
池　田　和　夫	

専門執筆・校閲

小　林　祐　子 (ジェスチャー)	清　水　崇　文 (ポライトネス)
遠　山　　顕 (会話表現)	滝　沢　直　宏 (コーパスコラム)
戸　澤　全　崇 (巻末文法)	

執　筆

赤　須　　薫	木　村　哲　也	中　尾　啓　介
Mary E. Althaus	輿　石　哲　哉	中　村　　彰
池　田　和　夫	小　島　義　郎	那　須　紀　夫
石　館　弘　國	小　室　夕　里	Anthony P. Newell
井　上　　徹	斎　藤　弘　子	Christopher L. Barnard
内　田　浩　章	Laurel Seacord	東　　信　行
Warren Elliott	島津千恵子	深　澤　圭　介
Ian Ellsworth	杉　本　淳　子	堀　田　隆　一
長　田　哲　男	高　橋　留　美	松本理一郎
Steven Kirk	竹　林　　滋	三浦あゆみ
片　野　正　人	出　縄　貴　良	山口孝一郎
片　山　雅　夫	利根川浩一	八　幡　成　人
狩　野　　緑	土　肥　一　夫	渡邊末耶子

(アイウエオ順)

Lisa と Ken の 1 日(朝・自宅)

Lisa　　　　Ken

① Lisa, can you help me with the dishes?
リサ，皿洗い手伝ってくれる？

② Ok, I'm coming.
うん，今行く.

7:00 AM

Z Z Z

can[1] 2 (1) ♥

③ Thanks.
ありがとう.
7:05 AM
Z Z Z

④ Bye!
いってきます！
⑤ Have a good day.
いってらっしゃい.
bye[1]

伊藤理沙 (Lisa)　Kenの姉．大学3年生．活動的で現実的.

伊藤　賢 (Ken)　Lisaの弟．高校2年生．内向的でマイペース.

伊藤　勝　LisaとKenの父親．脚本家．料理が得意.

Lisa の 1 日（大学）

① Your English is very good.
英語がとてもお上手ですね.
② Thank you. It's nice of you to say that.
そう言ってくださってありがとうございます.
nice 2 ♥

③ Wow, I really like your shoes.
うわー，その靴いいね.
④ Thanks. I just bought them last week.
ありがとう．先週買ったばかりなんだ.
like² ㊀ 1 ♥

⑤ Ms. Lee, have you had a chance to read my essay yet?
リー先生，エッセイはごらんいただけましたか.
⑥ Yes, it's really good. The ideas are well organized and clearly expressed.
ええ，とてもよかったですよ.
考えがよくまとまっていてわかりやすかったです.
good ㊋ 1 ♥

 **Ms. Lee**　大学教授．Lisaの指導教官．中国系アメリカ人．

 **Noah Evans**　Lisaの友人．イギリス人留学生．

Ken の 1 日（高校）

① I think it's good for high school students to have part-time jobs.
高校生がアルバイトをするのはいいことだと思います.
② I agree with you 100 percent.
100% 賛成です.
③ I agree in general, but I think there are exceptions.
基本的には同感ですが，例外もあると思います.
Z Z z
（巻末）論述フレーズ 1
agree 自 1 ♥

④ That test was the worst ever.
あのテストは最悪だったね.
⑤ Absolutely!
全く！
absolutely

⑥ Think it'll clear up tonight?
今夜晴れるかな.
⑦ I doubt it.
怪しいね.
doubt 他

Lisa の 1日(講義後)

① May I help you, ma'am?
いらっしゃいませ．何かお探しですか．
② I'm looking for a linen blouse.
麻のブラウスを探しているんですけど．
help ㊀ 1 ♥

③ May I take your plate, sir?
お客様，お皿をお下げしてもよろしいですか．
④ Yes, thank you.
ええ，どうも．
may 2 (1) ♥

⑤ Would you like a refill?
お飲み物のお代わりはいかがですか．
⑥ Yes, please.
はい，お願いします．
like² ㊀ 2 (3) ♥

Ken の 1日（放課後）

should A1 (1) ♥
① Do you think this book is worth reading?
この本は読む価値があると思いますか.
② Yes, it's a very helpful book. You should read it.
ためになる本だから，読んだほうがいいですよ.
ロズウェル通信

③ I'm sorry to bother you, but could you take a picture of us?
お手数ですが，写真を撮っていただけますか.
④ Sure.
いいですよ.
sorry 1 ♥

⑤ Maybe we should have another meeting.
もう一度会議を開いたほうがいいかもしれません.
maybe ♥

Lisa と Ken の 1日（夜・自宅）

Lisa　　　　Ken

kind^{2} 1 ♥

8:00 PM

① It's very kind of you to help.
手伝ってくれて本当にありがとう.

② Oh, it's nothing.
いや，大したことじゃないよ.

まえがき

＜ウェブ辞書とのハイブリッド＞

私たちが何か情報を得ようとする時，今ではありとあらゆる情報源がデジタル化され，オンラインでつながっています．いつでもどこでも，スマホやタブレットがあればアクセスができます．そういう極めて便利で都合のよい時代となりました．辞書もその例外ではありません．この『ライトハウス英和辞典』(第 7 版) もそのような辞書として再登場しました．この紙の辞書とともに，ウェブ辞書をぜひ大いに活用して頂きたいと思っています．

＜紙の辞書を使う意義＞

ウェブで辞書が使えるので，紙の辞書は必要ない?　そのようにお考えになる方もいらっしゃるかもしれません．それは違います．外出した時などに素早く手短に辞書を引く必要があった時にはウェブ辞書は便利に違いありません．私自身もパソコンその他でデジタル系の辞書には大変お世話になっており，それは全くその通りだと思っています．しかしながら，家で机に向かってじっくり英語の勉強をする場合を考えて頂きたいと思います．この時もウェブ辞書が使えます．確かに使えるのですが，私は紙の辞書を使うことを強くお勧めします．紙の辞書にはデジタル系の辞書にはないよさがあるからなのです．これは文字で表現するのは大変難しいところなのですが，紙の辞書を長年実際に愛用してきた者の経験則としてはっきりと断言できます．

それでは，なぜ今も「紙の辞書」なのか．それは，紙の辞書のアナログさには実にいろいろな付加価値が伴うからです．論より証拠，『ライトハウス英和辞典』を実際に手に取ってみてください．まずいろいろな意味で「見やすい」のです．全体を一気に見渡すこと，つまり俯瞰ができます．どの語がどれほどの情報を持っているのかが一瞬でわかります．色がついていて，どの情報に注目すべきか，すぐにわかるように設計されています．特に「基本語」です．誰でも知っている一見易しい語，例えば and, can, in, make, that など，実はいろいろな意味と用法があるため本当は一番難しいのです．そのため，記載されている情報の量が多いのですが，紙の辞書はその全体像を一気に捉えることができます．人間の目はよくできていて，必要に応じてズーム・イン，ズーム・アウトしてくれるのです．そして「読みやすい」活字を使って，解説をわかりやすくしてあります．また，楽しい「道草」もできます．ある単語を引こうとしていると，つい思いがけない情報に出会うことがあり，そこで思わぬ発見をしたりするのです．紙の辞書は手で引きますので，ページをめくる感覚，紙のにおい・インクのにおいといったものも伴います．また，自由に書き込んだり，マーカーを引いたり，色をつけたりすることもできます．この五感に訴えてくる感覚は紙の辞書ならではのもので，体で覚えることにつながります．これがのちのちの記憶の下支えにもなるのです．

紙の辞書は古い，遅れていると思っている方もいらっしゃるかもしれません．デジタル系の辞書がこれだけ手軽に使える時代になると，どうしても紙の辞書は裏方に回ってしまいがちではありますが，そのよさをもう一度実感して頂き，思い起こしてほしいと思います．特に，この『ライトハウス英和辞典』のような紙の学習辞書のよさに気づいて,実際にもっともっと使ってほしいと願っています．使えば使うほどそのよさがわかるというものです．皆さんの英語力アップに必ずつながります．

＜発信機能の強化と新機軸の導入＞

『ライトハウス英和辞典』の改訂は今回で6度目となりましたが，初版からずっと変わらない特徴がいくつもあります．ひとつは，**丁寧な記述**です．I'd, there's のような短縮形を独立した項目として扱い，例文つきで詳しく説明しています．文型の表示においても，発信に応用しやすい明快な例文を出して，基本的な五文型との関連をわかりやすく示してあります．この特徴は，発音，語義，語法，用例，句動詞，成句などいずれの面にも見られるものです．もうひとつは**わかりやすい提示**にあります．紙の辞書の特性を活かして，図解，図式，囲みなどを積極的に活用しています．語源・語根を活用して単語を覚える「単語のキズナ」もその一例ですし，挿絵を多用して，事物・ジェスチャーなどを視覚的にも捉えられるようにしてあります．

今回の改訂では「発信」に重きを置き，そのための英語の提示に腐心しました．その背景として4技能5領域があります．4技能（「読む」「聞く」「話す」「書く」）は既によく知られている通りですが，それに加えて5領域ということばが新指導要領に加わりました．「話す」を「会話のやりとり」と「発表」に分けて，発信に力を入れようとするものです．その期待に応えるべく，この『ライトハウス英和辞典』においても，発信，つまり「伝える」力をつけるのにお役に立てるように様々な工夫を凝らして新たに組み入れました．その一部を拾って，ごく簡単に解説をすると以下のようになります．

⑴ 誤用注意報

日本人学習者が英語で話したり書いたりする時に，特に間違えやすい語，表現というものがあります．文法・語法上の誤りを犯しそうなところや混同しやすい語の使い分けなどに焦点を絞って明快に解説しました．作文の際にはここで示したポイントを参考にして頂けるとよいと思います．

⑵ 対話のスキル

会話において文法的に正しい文を発することは基本ですが，それで終わりというものではありません．円滑なコミュニケーションには心配りが必要で，場面に応じて，相手との関係で適切に英語を使うこと，すなわちポライトネスのポイントを押さえる必要があります．本辞典では重要なポライトネスのヒントが豊富に示されています．

⑶ トピック別論述フレーズ

試験のライティング問題やディベートに頻出するトピックを設定し，関連表現や意見を述べる際に使える文例を収録しました．使いやすい平易な表現を心がけました．

⑷ コーパスで学ぶコロケーション＋1

英語らしい英語で発信するためには，コロケーションの重要性は指摘するまでもありません．コーパス・データを活用し，日本人には思いつきにくい英語の発想に基づくフレーズを取り上げました．より英語らしい英語に近づくためのヒントがたくさん詰まっています．

⑸ 単語のエッセンスと意味のチャート

基本的な単語ほど難しいということは既に指摘した通りです．その一端は基本語がいろいろな意味で使われるということに起因します．つまり，多義語なのです．その多義語をマスターしやすいように工夫を凝らしてあります．具体的なものから抽象的なものへ，基本的なものから比喩的なものへ，といった意味の展開が一目でわかるようにしました．これらを活用することにより，多種多様に見える意味を的確に捉えることができます．

＜利用者からのフィードバック＞

『ライトハウス英和辞典』の前身，『ユニオン英和辞典』が世に出たのが 1972 年ですので，この系列の辞書が誕生して半世紀以上の時が流れたことになります．今回の改訂にはいつも以上の時間を要してしまいましたが，改訂を重ねつつ，これだけの長期にわたり本辞典が存在し続けて来た最大の理由は，ひとえに利用者の温かいご支援の賜物にほかなりません．今後も愛好者の声に対して謙虚に耳を傾けながら，改良に改良を重ねて前進していきたいと思います．『ライトハウス英和辞典』を愛用してくださるみなさんからの，さらなるご支援とご教示を今後ともぜひよろしくお願い致します．

本改訂版の編集に当たっては，別掲の編集委員，校閲者，執筆者の方々の熱心なご協力を頂きました．心からお礼を申し上げます．また，研究社辞書編集部においては，鈴木美和氏，中川京子氏，星野龍氏にこれまで以上に非常にお世話になりました．印刷・製本などの面でも，多くの方に大変なご無理をお願いしました．これらの方々のご尽力に深く感謝致します．

2023 年 8 月

編者

目　次

解説図………………………………… [8]
この辞書の使い方 …………………… [9]
ポライトネスと<対話のスキル>……………… [19]
発音記号表………………………………… [22]

ライトハウス英和辞典……………………………… 1-1663

つづり字と発音解説 …………………1666
文法解説……………………………1678
動詞型・形容詞型・名詞型の解説 …………1707
基本会話表現……………………………1714
和英小辞典・トピック別論述フレーズ………1723
不規則動詞活用表…………………………1812
接辞リスト ………………………………1818

誤用注意報

ability (...する能力)………… 2
abroad (外国へ行く)………… 5
according to (...の意見では) ………… 9
almost (ほとんどの)………… 39
answer (...に答える)………… 53
ask (...に尋ねる) ………… 76
audience (大勢の聴衆)………… 85
become (...するようになる) ………… 115
begin (...から始まる)………… 119
borrow (借りる) ………… 153
call (...に電話する) ………… 186
challenge (挑戦する, チャレンジする)………… 215
change (乗り換える) ………… 216
climb (上る) ………… 241
come (...するようになる)………… 257
contact (...と連絡をとる) ………… 285
convenient (...に都合がよい)………… 290
cut (髪を切る)………… 325
decide (まだ決めていない) ………… 340
discuss (...について話し合う) ………… 375
dream (...することを夢見る)………… 404
during (...する間に)………… 414
each other (お互いに) ………… 417
easy (...するのは簡単だ) ………… 421
enjoy (楽しむ) ………… 442
enter (...に入る)………… 444
everyday (毎日)………… 458
excited (興奮している) ………… 464
explain (人に...を説明する) ………… 471
express (人に...を言う) ………… 472
favorite (いちばん好きな) ………… 494
find (見つけ出す) ………… 508
finish (...し終える) ………… 510
go (...へ～しに行く)………… 588
help (...の～を手伝う) ………… 651
here (ここはどこ) ………… 654
hobby (趣味) ………… 663
home (家に帰る)………… 668
hour (...時間の) ………… 678
impossible (人が...することは不可能だ)………… 702
Japanese (日本人は...)………… 748
leave[1] (...を出発する, ～へ向けて(...を)出発する)………… 792
lend (貸す / 借りる) ………… 796
live[1] (...に住んでいる)………… 819
look (...に見える) ………… 827
map (地図をかく) ………… 855
medicine (薬を飲む)………… 872
mention (...について話す) ………… 876
mind (気にしないで)………… 887
mistake (間違える, ミスをする) ………… 894
narrow (狭い) ………… 927
near (...から近い)………… 931
near (近くの) ………… 931
necessary (...する必要がある) ………… 933
one[1] (...の１人) ………… 979
order (...を～に注文する)………… 991
overseas (海外へ) …………1005
population (人口)…………1077
possible (人が...することは可能だ)…………1080
prefer (...より～のほうが好きだ) …………1091
rain (雨だ) …………1143
reach (...に到着する)…………1151
resemble (...に似ている) …………1184
search (...を捜す) …………1251
shop (買い物に行く) …………1287
sleep (寝る) …………1315
spell[1] (スペル) …………1350
spend (...するのに(時間)を費やす) …………1351
start (...から始まる) …………1370
steal (...を盗まれる)…………1375
student (...の学生[生徒]だ)…………1396
suggest (人に...を提案する)…………1406
teach (教える)…………1441
there[2] (そこへ行く) …………1462
think (どう思いますか) …………1466
used to[2] (以前はよく...した /...に慣れている) …………1557
wide (広い) …………1622
year (...歳の)…………1655

対話のスキル

actually (実は...なんです)………… 15
afraid (残念ながら...)………… 24

agree (全く同感です) ………… 28
agree (基本的には同感ですが...) ………… 28
all right (...してもいいですか) ………… 38
apology (...をおわびします) ………… 59
appreciate (感謝します) ………… 63
appreciate (...していただけるとありがたいです) ………… 63
ask (...していただけますか) ………… 76
believe (...と思います) ………… 121
better (...したほうがいいと思います) ………… 127
bother (おじゃまして申しわけありませんでした) ………… 154
bother (おじゃましてすみませんが...) ………… 154
can[1] (...してもらえますか) ………… 190
can[1] (...してもいいですか) ………… 191
＋許可を求める表現 ………… 191
can[1] (...しましょうか) ………… 191
could (...していただけますか) ………… 300
＋依頼の表現 ………… 300
could (...してもいいですか) ………… 301
could (...しましょうか) ………… 301
disagree (それには賛成できません) ………… 371
favor (お願いしてもいいですか) ………… 493
forgive (許してください) ………… 539
good (いいですね) ………… 595
grateful (...に感謝します) ………… 604
grateful (...いただければ幸いです) ………… 604
great (いいですね) ………… 606
guess (...と思います) ………… 615
had better (...しなくてはいけないよ) ………… 620
happen (もしかして...ですか) ………… 629
hate (お手数をおかけして恐縮ですが...) ………… 635
hate (言いにくいのですが...) ………… 635
have to (...しなければなりません) ………… 639
have to (...しなくてはならないんです) ………… 640
have to (ぜひ...してください) ………… 640
help (お手伝いいたしましょうか) ………… 651
hope (...だといいのですが) ………… 673
how (...はどうですか) ………… 681
idea (...するのがいいかもしれません) ………… 690
kind[2] (...してくれてありがとう) ………… 767
let[1] (...させてください) ………… 799
let[1] (...しますよ) ………… 799
let's (...しましょう) ………… 801
＋誘いの表現 ………… 801
like[2] (いいですね) ………… 810
like[2] (...したいのですが) ………… 810
like[2] (本当はそうしたいのですが) ………… 810
like[2] (...するのはどうですか) ………… 810
like[2] (...しましょうか) ………… 810
like[2] (...が欲しいのですが) ………… 810
like[2] (...はいかがですか) ………… 810
like[2] (もしよかったら) ………… 811
love[1] (いいですね) ………… 834
love[1] (そうしたいのですが) ………… 834
may (...してもよろしいですか) ………… 865
may (...しましょうか) ………… 866
maybe (...したほうがいいかもしれません) ………… 866
mind (...していただけますか) ………… 887
mind (...してもいいですか) ………… 887
mind (差しつかえなければ...) ………… 887
must[1] (...しなさい) ………… 921
must[1] (ぜひ...してください) ………… 922
need (...しなさい) ………… 934
nice (...してくれてありがとう) ………… 942
okay (もしよければ) ………… 974
ought (...したほうがいい) ………… 996
perhaps (...したほうがいいかもしれません) ………… 1038
please[1] (...してください) ………… 1063
possible (...していただくことはできますか) ………… 1080
possibly (...していただくことはできますか) ………… 1081
rather[1] (遠慮しておきます) ………… 1149
rather[1] (できればご遠慮ください) ………… 1149
shall (...しましょうか) ………… 1277
＋申し出の表現 ………… 1277
shall (...しませんか) ………… 1278
should (...したほうがいい) ………… 1290
＋助言の表現 ………… 1290
should (...すべきでした) ………… 1290
should (わざわざよかったのに) ………… 1291
should (ぜひ...してください) ………… 1291
sorry (ごめんなさい) ………… 1339
sorry (お手数をおかけしてすみませんが...) ………… 1339
sorry (せっかくですが...) ………… 1339
sorry (すみませんが...) ………… 1339
suggest (...したほうがいいと思います) ………… 1406
suppose (...と思います) ………… 1413
suppose (...できません) ………… 1413
Thank you. (ありがとう) ………… 1454
Thank you. (せっかくですが...) ………… 1455
Thank you. (いえ, 結構です) ………… 1455
think (...と思います) ………… 1466
think (...してもらえたらと思ったのですが) ………… 1466
think (...してもらうことはできますか) ………… 1467
trouble (ご迷惑でなければ) ………… 1514
trouble (お手数をおかけして申しわけありません) ………… 1515
trouble (お手数をおかけしてすみませんが) ………… 1515
want (...はいかがですか) ………… 1582
want (...しませんか) ………… 1583
why[1] (...しましょうか) ………… 1621
why[1] (...したらどうですか) ………… 1621
will[1] (もう...しません) ………… 1625
will[1] (...してもらえますか) ………… 1625
will[1] (...してくれる?) ………… 1625
will[1] (...しなさい) ………… 1625
wish (そうしたいんだけど) ………… 1631
wonder (...していただけたらと思ったのですが) ………… 1637
would (私だったら...すると思います) ………… 1647
would (...してもらえますか) ………… 1648
would (...してくれる?) ………… 1648

単語のキズナ

access CESS (行く) ………… 8
act ACT (行動する) ………… 14
arrive RIV (川岸) ………… 71
attract TRACT (引く) ………… 85
automobile AUTO (自ら) ………… 88
bankrupt RUPT (破れた) ………… 101

cap CAP (頭)…… 194
capture CAP (つかむ)…… 196
cent CENT (100)…… 211
circle CIRC (環)…… 232
close[1] CLOSE (閉じる)…… 243
contain TAIN (保つ)…… 285
correct RECT (真っすぐな)…… 297
count[1] COUNT (数える)…… 303
cure CURE (注意, 心配)…… 322
current CUR (走る)…… 323
depend PEND (ぶら下がる)…… 353
describe SCRIBE (書く)…… 355
dialogue LOG (話す)…… 362
dictionary DICT (言う)…… 363
distance STANCE (立っていること)…… 381
divert VERT (向ける)…… 384
effect FECT (作る, なす)…… 425
elect LECT (選ぶ)…… 429
event VENT (来る)…… 456
export[1] PORT (運ぶ)…… 472
fact FACT (作る, なす)…… 480
final FIN (終わり, 限界)…… 507
form FORM (形)…… 540
generate GEN (生まれ, 種族)…… 570
graph GRAPH (書く)…… 603
host[1] HOST (客)…… 676
include CLUDE (閉じる)…… 708
influence FLU (流れる)…… 718
insist SIST (立つ)…… 725
introduce DUCE (導く)…… 737
involve VOLVE (転がる, 回る)…… 739
labor LABOR (骨折り, 労働)…… 775
manual MAN (手)…… 854
medium MEDI (中間)…… 872
minute[2] MIN (小さい)…… 890
motion MOT (動かす)…… 911
mount MOUNT (山(に登る))…… 912
offer FER (運ぶ)…… 972
office FIC (作る, なす)…… 972
part PART (部分)…… 1020
pass PASS (通る)…… 1024
permit[1] MIT (送る)…… 1039
press PRESS (押す)…… 1096
prime[1] PRIM (第一の)…… 1101
proceed CEED (行く)…… 1105
progress[2] GRESS (進む)…… 1109
promise MIS (送られる)…… 1110
propose POSE (置く)…… 1114
prospect[1] SPECT (見る)…… 1114
protest[1] TEST (証言する)…… 1115
receive CEIVE (取る)…… 1158
record[2] CORD (心)…… 1161
reject[1] JECT (投げる)…… 1171
reply PLY (折りたたむ)…… 1180
resume SUME (取る)…… 1191
reverse VERSE (向く, 回る)…… 1194
sense SENSE (感じる)…… 1265
sentence SENT (感じる)…… 1266
sign SIGN (印)…… 1301
simple PLE (折りたたむ)…… 1304
stand STA (立つ)…… 1368
structure STRUCT (築く)…… 1395
tend[1] TEND (広げる, 向ける)…… 1448
term TERM (限界, 境界)…… 1450
text TEXT (織られた)…… 1453
torture TORT (ねじる)…… 1497
unite UNI (1 つ)…… 1542
visit VIS (見る)…… 1573
vivid VIV (生きる)…… 1574

動詞・名詞グループ

ask「～させる」の意を表わす動詞グループ: 不定詞型… 76
consider「みなす」の意を表わす動詞グループ: to be 型…… 281
-er[2]「人」の意を表わす名詞グループ…… 449
know 進行形にしない動詞のグループ…… 772
look「見る」を表わす動詞のグループ…… 827
prevent「妨げる」の意を表わす動詞グループ…… 1098
provide「与える」の意を表わす動詞グループ…… 1117
regard「みなす」の意を表わす動詞グループ: as 型…… 1167
surprise「感情動詞」のグループ…… 1417
talk「させる」の意を表わす動詞グループ: into 型…… 1435

「動詞＋副詞」「動詞＋動作名詞」などのいろいろ

「動詞＋away 1」のいろいろ…… 90
「動詞＋away 2」のいろいろ…… 90
「come into＋Ⓤ(扱い)の名詞」のいろいろ…… 259
「come to＋名詞」のいろいろ…… 260
「動詞＋down 6」のいろいろ…… 398
「動詞＋down 7」のいろいろ…… 398
「動詞＋down 8, 9」のいろいろ…… 398
「get＋動作名詞」のいろいろ…… 573
「give (＋名)＋動作名詞」のいろいろ…… 581
「go to＋名詞」のいろいろ…… 591
「have＋動作名詞」のいろいろ…… 636
「make 3＋動作名詞」のいろいろ…… 846
成句「make＋名＋of...」のいろいろ…… 848
「take＋動作名詞」のいろいろ…… 1431
「It is＋形容詞＋that 節」型の形容詞のいろいろ…… 1456
「名詞＋that 節」型の名詞のいろいろ…… 1456
「be＋形容詞＋that 節」型の形容詞のいろいろ…… 1457
「動詞＋up」のいろいろ…… 1551

主な挿絵・図・表

address (封筒のあて名の書き方)…… 17
airplane (飛行機)…… 31

airport (空港) …… 32
back (背中) …… 93
bathroom (浴室) …… 107
bedroom (寝室) …… 116
bicycle (自転車) …… 129
body (体) …… 146
car (自動車) …… 196
computer (コンピューター) …… 271
congress (米国, 英国および日本の議会) …… 278
cry (動物の鳴き声を表わす動詞) …… 319
dog (犬) …… 390
family tree (家系図) …… 486
floor (英米の階の呼び方) …… 524
golf (ゴルフ) …… 594
hand (手) …… 624
head (頭) …… 641
holiday (米国の主な法定祝日) …… 667
hotel (ホテル) …… 677
house (家) …… 679
kitchen (台所) …… 769
leg (脚(あし)) …… 795
letter (英文の手紙の書式) …… 801
living room (居間) …… 821
month (月と季節・名前の由来) …… 903
motorcycle (オートバイ) …… 911
neck (首) …… 933
number (基数, 序数) …… 960
party (米国と英国の主な政党) …… 1022
planet (惑星) …… 1058
pound[1] (英米の重量の単位) …… 1084
school[1] (初等および中等学校制度) …… 1243
supermarket (スーパーマーケット) …… 1411
telephone (電話) …… 1444
theater (劇場) …… 1460
weather map (天気図) …… 1597
yard[2] (英米の長さの単位) …… 1655
zodiac (十二宮一覧図) …… 1662
zone (地球の５つの地帯) …… 1662

ジェスチャーの挿絵

with arms akimbo (挑戦的な気持ちの表現) …… 32
call (電話を表わすしぐさ) …… 186
put a hand on one's chest (国旗に対する敬意・忠誠心の表明のしぐさ) …… 224
come (手招きする) …… 256
count (数を数えるときのしぐさ) …… 302
cross oneself (十字を描くカトリックの祈りの型) …… 315
knit one's eyebrows (困惑や不機嫌の表情) …… 477
raise one's eyebrows (驚き・非難などの表情) …… 477
cross one's fingers (厄よけや幸運を願うしぐさ; うそをつくときのしぐさ) …… 509
shake one's finger (警告・非難のしぐさ) …… 510
hold out one's clenched fists (戦う構え) …… 515
shake one's fist (激しい怒り・挑戦のしぐさ) …… 515
goodbye (別れのあいさつ) …… 597
raise [put up] one's hand (質問・発言・採決などで手を挙げる) …… 625
raise one's hands (無抵抗・降服などのしぐさ) …… 625
put one's hands on one's head (丸腰であることを示す投降の合図) …… 642
scratch one's head (困惑・不満・不可解・自己嫌悪などのしぐさ) …… 642
high five (手の平をたたき合う喜び・友情などのしぐさ) …… 658
impatience (いらだちを表わすしぐさ) …… 699
purse one's lips (憂慮・沈鬱(ちんうつ)・緊張・不信感・侮蔑などの表情) …… 816
listen (自分の言うことを聞いてほしいときのしぐさ) …… 817
Me? (相手のことばを軽く聞き返して) …… 867
money (金を表わすしぐさ) …… 900
rub the back of one's neck (いらだちを抑えているしぐさ) …… 933
swearing [taking] an oath (誓いを立てるときのしぐさ) …… 962
okay (うまくいっていることを表わすしぐさ) …… 974
pray (祈るときのしぐさ) …… 1088
quote (人のことばの引用であることを表わすしぐさ) …… 1139
shrug (不愉快・無関心・驚き・疑い・冷笑などの感情を表わす) …… 1295
cock a snook (軽蔑のしぐさ) …… 1326
so-so (「まあまあ」を表わすしぐさ) …… 1340
stop (「やめて」の意のしぐさ) …… 1384
think (考えるしぐさ) …… 1467
throat (のどを切るしぐさ) …… 1474
thumbs down (不同意・不賛成・不満足を表わす) …… 1477
thumbs up (同意・賛成・満足を表わす) …… 1477
stick one's tongue out (軽蔑のしぐさ) …… 1494
V sign (勝利を表わすしぐさ) …… 1577
watch (監視していることを表わすしぐさ) …… 1588

動作・運動・状態を表わす挿絵

above (...より上に) …… 4
across (...を横切って), **over** (...を越えた所に) …… 13
along (...に沿って) …… 40
among, between (...の間で) …… 45
around (...の周りをぐるっと回って) …… 69
at (...の所で, ...のときに, ...を目がけて) …… 81
bring (連れてくる), **take** (連れて行く) …… 166
by (...までに), **till** (...までずっと) …… 182
come (来る) …… 256
in front of ... (...の前に) …… 554
in (...の中で) …… 705
off (...から離れて) …… 970
on (...の上に) …… 977
onto (...の上へ) …… 983
the other(s) (もう一方の物) …… 995
out of (...の外に) …… 999
over (...の上に, ...を覆って) …… 1001
over (...を越えて) …… 1001
toward (...の方へ) …… 1500
underneath (...のすぐ下に) …… 1535

解 説 図

※ ⇒ の後の数字は「この辞書の使い方」の項目を示す.

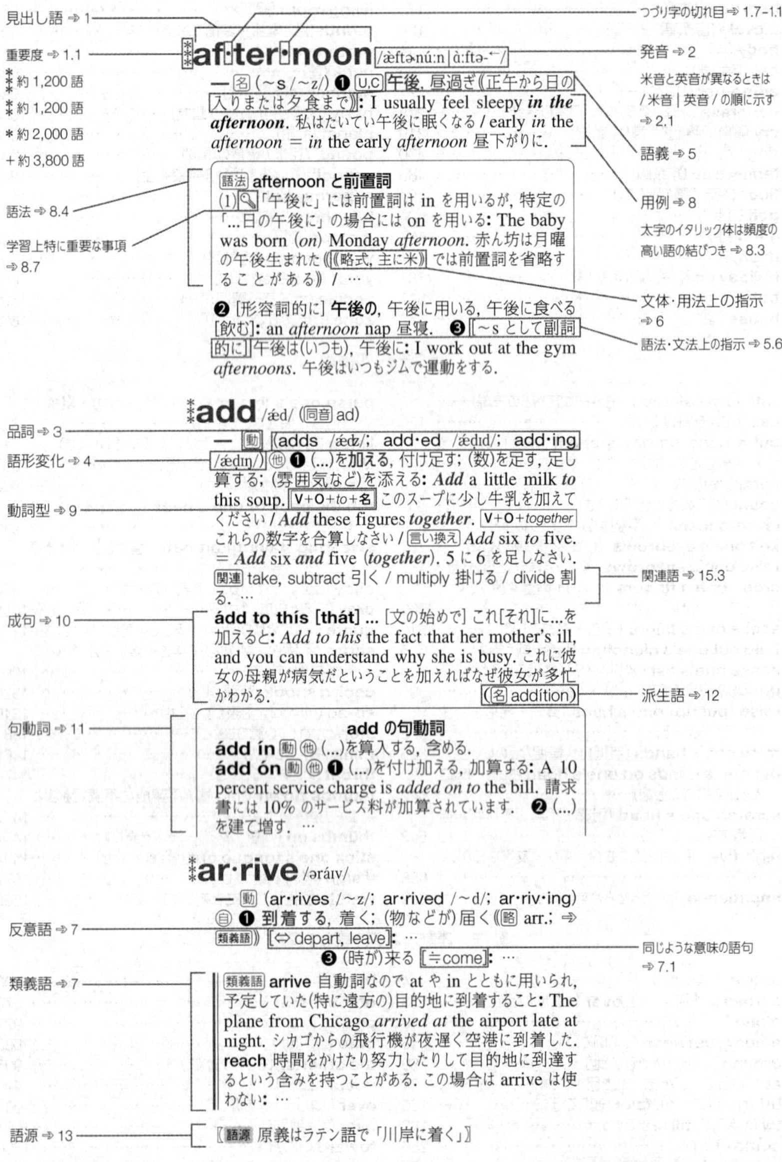

見出し語 ⇒ 1
つづり字の切れ目 ⇒ 1.7–1.10
重要度 ⇒ 1.1
*** 約 1,200 語
** 約 1,200 語
* 約 2,000 語
+ 約 3,800 語
*** af·ter·noon /æ̀ftənúːn | àːftə-/
発音 ⇒ 2
米音と英音が異なるときは /米音 | 英音 / の順に示す ⇒ 2.1
— 名 (～s /～z/) ❶ U,C 午後, 昼過ぎ《正午から日の入りまたは夕食まで》: I usually feel sleepy *in the afternoon*. 私はたいてい午後に眠くなる / early *in* the *afternoon* = *in* the early *afternoon* 昼下がりに.
語義 ⇒ 5
用例 ⇒ 8
太字のイタリック体は頻度の高い語の結びつき ⇒ 8.3
語法 ⇒ 8.4
学習上特に重要な事項 ⇒ 8.7
語法 afternoon と前置詞
(1) 「午後に」には前置詞は in を用いるが, 特定の「...日の午後に」の場合には on を用いる: The baby was born (*on*) Monday *afternoon*. 赤ん坊は月曜の午後生まれた《《略式, 主に米》では前置詞を省略することがある》/ …
文体・用法上の指示 ⇒ 6
❷ [形容詞的に] 午後の, 午後に用いる, 午後に食べる[飲む]: an *afternoon* nap 昼寝. ❸ [～s として副詞的に] 午後は(いつも), 午後に: I work out at the gym *afternoons*. 午後はいつもジムで運動をする.
語法・文法上の指示 ⇒ 5.6
*** add /ǽd/ (同音 ad)
品詞 ⇒ 3
語形変化 ⇒ 4
— 動 (adds /ǽdz/; add·ed /ǽdɪd/; add·ing /ǽdɪŋ/) 他 ❶ (...)を加える, 付け足す; (数)を足す, 足し算する; (雰囲気など)を添える: *Add* a little milk *to* this soup. V+O+*to*+名 このスープに少し牛乳を加えてください / *Add* these figures *together*. V+O+*together* これらの数字を合算しなさい / 言い換え *Add* six *to* five. = *Add* six *and* five (*together*). 5 に 6 を足しなさい. 関連 take, subtract 引く / multiply 掛ける / divide 割る. …
動詞型 ⇒ 9
関連語 ⇒ 15.3
成句 ⇒ 10
ádd to thís [thát] ... [文の始めで] これ[それ]に...を加えると: *Add to this* the fact that her mother's ill, and you can understand why she is busy. これに彼女の母親が病気だということを加えればなぜ彼女が多忙かわかる. (名 addítion)
派生語 ⇒ 12
句動詞 ⇒ 11
add の句動詞
ádd ín 動 他 (...)を算入する, 含める.
ádd ón 動 他 ❶ (...)を付け加える, 加算する: A 10 percent service charge is *added on to* the bill. 請求書には 10% のサービス料が加算されています. ❷ (...)を建て増す. …
*** ar·rive /əráɪv/
— 動 (ar·rives /～z/; ar·rived /～d/; ar·riv·ing) 自 ❶ 到着する, 着く; (物などが)届く《略 arr.; ⇒ 類義語》[⇔ depart, leave]: …
反意語 ⇒ 7
❸ (時が)来る [≒come]: …
同じような意味の語句 ⇒ 7.1
類義語 ⇒ 7
類義語 arrive 自動詞なので at や in とともに用いられ, 予定していた(特に遠方の)目的地に到着すること: The plane from Chicago *arrived at* the airport late at night. シカゴからの飛行機が夜遅く空港に到着した. reach 時間をかけたり努力したりして目的地に到達するという含みを持つことがある. この場合は arrive は使わない: …
語源 ⇒ 13
〖語源 原義はラテン語で「川岸に着く」〗

この辞書の使い方

1 見出し語

1.1 **収録語句** 約 70,000 とした．このうち最重要基本語約 1,200 語に ⁑ 印，それに続く基本語約 1,200 語に ⁑ 印をつけて大活字で示し，色をつけて目立たせた．さらにそれに続く基本語約 2,000 語に * 印，次の 3,800 語に + 印をつけた．

1.2 **収録範囲** 英語の普通の語句・派生語・合成語のほかに，固有名詞・接頭辞・接尾辞・短縮形・略語を収録した．

1.3 **配列** 配列は ABC 順とした．見出し語の一部に数字がある場合は，数字をアルファベットに読み換えた語順の箇所に配置した．ハイフン (-) を用いて見出し語のつづりの一部を，スワングダッシュ (~) を用いて見出し語と同じつづりの部分を省略して示した場合がある．

MP3《MP three の語順に入る》

⁑**help·ful** … 形 …　**-ful·ly** … 副 …　**~·ness** 名 U

1.4 **つづり字** 米国と英国とでつづりの異なるときは米国式つづりを優先させ，《英》として英国式つづりを併記した．

⁑**fa·vor,** 《英》 **fa·vour**

一方の語を改めて見出し語としたときには次のように示した．

⁑**fa·vour** /féɪvɚ|-və/ 名 動 《英》＝favor.

1.5 2 種以上のつづり方があるときにはよく使われるつづりを先に併記した．またつづりが共通する部分は共通する 1 音節だけを残してハイフン (-) で省略した．[ ]，( ) はそれぞれ言い換え，省略可能の部分を示す．

brim·ful, brim·full / +**gas·o·line, -o·lene** /
bédroom commùnity [sùburb] / **dór·mer (wíndow)**

1.6 つづりが同じでも語源の異なるもの，品詞によって発音が異なるものは別に見出し語として立て，肩番号をつけた．

*__bow__[1] /báʊ/ … 動 (bows /~z/; bowed /~d/; bow·ing) 自 ❶ **おじぎをする** …
*__bow__[2] /bóʊ/ … 名 (~s/~z/) ❶ C 弓 …

1.7 **つづり字の切れ目** つづり字の切れ目は中点 (·) で示した．

+**mon·u·ment**

1.8 語頭・語末の 1 字または 2 字は，行の終わりなどでは切らないほうが望ましいので小さな中点 (·) で示した《⇒ syllabication》．ただし un-, -ly などの接辞には大きな点で区切ったものもある．

*__a·ble__[2] / *__cher·ry__ / **tu·lip** // **Al·ex·an·der**

1.9 合成語は各構成要素(時に接辞も含む)の切れ目以外はすべて小さい中点 (·) で示した．

trou·ble·mak·er / **rock-climb·ing** / +**fa·vor·a·ble**

1.10 合成語でも構成要素の一方が初出のときは 1.8 に従った．

Á·dri·at·ic Séa /èɪdriǽṭɪk-/ 名 固 [the ~] アドリア海 …

2 発音《⇒ つづり字と発音解説 (p. 1666)》，発音，アク，外来語

2.1 発音は最新の資料により国際音声字母を用いて見出し語の直後に / / の中に入れて示した．米音と英音とが異なるときは / 米音 | 英音 / のように示した《⇒ つづり字と発音解説 1》．2 種以上の発音のしかたがある場合は，共通する部分はハイフン (-) で示した．1 音節語でもアクセントを示した《⇒ つづり字と発音解説 86》．発音記号 /ɚː, ɪɚ, eɚ, ɑɚ, ɔɚ, ʊɚ, ɚ/ については ⇒ つづり字と発音解説 25–33.

⁑**half** /hǽf|hɑ́ːf/ / ⁑**al·ways** /ɔ́ːlweɪz, -wɪz/

2.2 母音字の上に /ˊ/ をつけて第一アクセントを示し，/ˋ/ をつけて第二アクセントを示した

《⇒ つづり字と発音解説 86》.

*cir·cum·stance /sə́ːkəmstæ̀ns, -stəns | sə́ː-/

2. 3 文中で比較的弱く発音する語は次のように示した《⇒ つづり字と発音解説 91》.

***at** /(弱形) ət; (強形) ǽt/

2. 4 基本語の変化形には原則としてすべて発音を示したが，動詞の現在分詞《ただし ⇒ 4.11》および形容詞・副詞の規則変化は発音表記上特に問題がない限り省略した．

2. 5 不規則な変化形には発音を示した《⇒ 4.3, 4.7, 4.10》.

2. 6 変化形の発音は，見出し語の発音と同じ部分をスワングダッシュ (~) で示し，一部が変わるときは同じ部分をハイフン (-) を用いて省略した《⇒ 4》.

2. 7 省略できる音を示す記号を ( ) の中に入れて示した．

+**hand·bag** /hǽn(d)bæ̀g/

2. 8 2語以上から成る見出し語については，それぞれが，独立して見出しにあれば発音は示さず，見出し語にアクセント記号だけを示した．

fóam rúbber 名 U 気泡ゴム, フォームラバー.

2. 9 独立して見出し語にない語やまぎらわしいときは一部を示した．

córned béef /kɔ́ɚn(d)- | kɔ́ːn(d)-/ 名 U コ(ー)ンビーフ.

2.10 アクセントの移動《⇒ つづり字と発音解説 89》が起こることがあるものについては発音記号の後に ← を用いて示した .

***Jap·a·nese** /ʤæ̀pəníːz←/ … **full-grown** /fólgróʊn←/ …

2.11 学習上注意すべき発音・アクセントには !発音 !アク を発音の後に示した．

*al·low·ance /əláʊəns/ !アク !発音

2.12 基本語の場合に限り，その語とつづり・意味が違うが同じ発音の見出し語を 同音 として発音の後に示した．# は2つ以上の発音のしかたがあるとき，そのどちらかと同じ発音の語を表わす．また《米》は米国の発音と，《英》は英国の発音と同じ語を表わす．

***are**[1] /(弱形) ɚ | ə; (強形) ɑ́ɚ | ɑ́ː/ (同音 #our, #or, #her, 《英》 #a[2], 《英》 #ah, 《英》 #of)

2.13 英語に入った外来語のうち外来語としての意識のあるものを中心に，それが由来する原語名を発音表記の直後に示した．

a·dieu /əd(j)úː | ədjúː/ ≪フランス語から≫ 間《文語》さようなら [≒goodbye].

3 品 詞

3. 1 品詞名は次のように略号を用いて示した《⇒ 19》.

名＝名詞，代＝代名詞，形＝形容詞，副＝副詞，助＝助動詞，動＝動詞，
前＝前置詞，接＝接続詞，間＝間投詞，接頭＝接頭辞，接尾＝接尾辞，略＝略語

また下位分類は 自＝自動詞，他＝他動詞，固＝固有名詞，複＝複数名詞 のように示した．

3. 2 ある見出し語の中に 2 つ以上の品詞があるときには — で示した．

He·brew /híːbruː/ 名 ❶ U 古代ヘブライ語; … — 形 ヘブライ人の; ヘブライ語の.

ただし発音が異なるときは別に見出し語とした《⇒ 1.6》.

3. 3 自動詞，他動詞の別を示すときは — を用いた．

ad·ju·di·cate /əʤúːdɪkèɪt/ 動 他《格式》(事件・紛争など)を裁決[裁定]する. — 自 ❶《格式》裁定をする (*between*, *in*, *on*).

4 語形変化

4. 1 名詞・代名詞・形容詞・副詞・動詞・助動詞の語形変化を示した．不規則な変化をするものは，略号(複・比・最・三単現・過去・過分)とともに ( ) 内に示したが，規則的な変化をするものは略号を省いた．基本語は規則的な変化をするものについてもすべて示したが，見出し語と共通な最後の音節のつづりを残して略記した．一般語については不規則な変化をするもののみ示した．見出し語と同じつづりの部分はスワングダッシュ (~) で示した．

2 種以上の変化形はよく使われるほうを先に併記したが，使われ方に差がないものは ( ) でまとめて示した場合がある．下の例では cargos と cargoes が両方とも同じように用いられること

を示す.

+**car·go** /kάɚgoʊ | kά:-/ 名 (~(e)s /~z/)

+**at·ten·dance** /əténd(ə)ns/ 名 (-ten·danc·es /~ɪz/)

4. 2 **名詞** 基本語は複数形が用いられるものはすべて示した.

+**in·cen·tive** /ɪnséntɪv/ 名 (~s /~z/)

4. 3 不規則変化をする複数形はすべて略号とともに示した.

man … 名 (複 men /mén/)

sheep /ʃíːp/ 名 (複 ~)

4. 4 2語以上の見出しまたはハイフン (-) のついた合成語でも複数形になると第1要素が変わるときには次のように示した.

prínce cónsort 名 (複 princ·es con·sort)

look·er-on /lʊ́kɚά(ː)n, -ɔ́ːn | -kə(r)ɔ́n/ 名 (複 look·ers-)

4. 5 つづり字が -o, -f, 子音字+y で終わる語はすべて複数形を示した.

4. 6 **形容詞・副詞** -er, -est をつけて比較級・最上級をつくるものはすべて示したが略号は省いた.

***keen** /kíːn/ 形 (keen·er; keen·est)

4. 7 不規則な比較変化は略号とともに省略せずに示した.

good /gʊ́d/ … 形 (比 bet·ter /béṭɚ | -tə/; 最 best /bést/)

4. 8 単音節で more, most をつけて変化するものは示した.

right[1] … 形 (more ~; most ~)

4. 9 **動詞** 基本語は三人称単数現在形・過去形・過去分詞・現在分詞の順にすべて示したが規則変化については略号を省いた.

4. 10 不規則動詞は略号とともにすべて示した (⇒「不規則動詞活用表」(巻末)).

go … 動 (goes /~z/; 過去 went /wént/; 過分 gone /gɔ́ːn, gά(ː)n | gɔ́n/; go·ing)

4. 11 規則変化でも子音字を重ねるもの, 子音字+y または -o で終わる語, -c で終わる語は基本語・一般語を問わず, すべて示した.

pic·nic /píknɪk/ … ― 動 (pic·nics /~s/; pic·nicked /~t/; pic·nick·ing)

また原形が米音で /ɚː/ または /ɚ/ で終わる動詞には現在分詞の発音も示した.

blare /bléɚ | bléə/ 動 (blar·ing /blé(ə)rɪŋ/)

ca·per[2] /kéɪpɚ | -pə/ 動 (-per·ing /-p(ə)rɪŋ/)

5 単語のエッセンス, 意味のチャート, 日英語義比較, 語義, 語法・文法上の指示, 限定 叙述, C U, 文修飾 つなぎ語

5. 1 一部の重要語では, 語義の前に「単語のエッセンス」の囲みを設け, 語義を簡潔にまとめて示した. また特に前置詞で, 代表的な用例も示し, 語の使い方が一目で把握できるようにした.

can[1] /(弱形) k(ə)n; (強形) kǽn/

― 助 (過去 could /(弱形) kəd; (強形) kʊ́d/) ✪ 過去形の用法については ⇒ could.

単語のエッセンス
基本的には「可能」を表わす.
1) [能力・可能] …することができる ❶
2) [許可・容認] …してもよい ❷ (2)
3) [可能性・特性] …でありうる ❸ (1)
4) [否定の推量] …である[する]はずがない ❹
5) [強い疑問] (一体)…だろうか ❺

5. 2 一部の重要語では, 「意味のチャート」として意味の発達と分化を図式的に示した (⇒ 13.1).

⁑ad·dress /ǽdres, ədrés | ədrés/

意味のチャート
「...に(ことば・手紙を)差し向ける《⇒ direct 動 1, 6》」の意から
→「話しかける」動 ❸ →「演説」名 ❸
→「...にあて名を書く」動 ❶ →「あて名」名 ❶

5. 3　重要な語で，日本語と英語の対応が誤解を招きやすく，注意を必要とするものについては，表の形で語義を示した．

draw(鉛筆・ペン・クレヨンなどで)	(絵を)描く
paint(絵の具で)	

5. 4　語義の区分は ❶，❷，...，さらに細かく分けるときはセミコロン (;)，コンマ (,) を用い，また大きな区分には A，B を用いた．また成句の語義区分は (1), (2) ... を用いた．

5. 5　⁑ 印の語 (1,200 語)と ⁑ 印の語 (1,200 語)については，重要な語義が目立つように太字で示し，色をつけた．また，* 印の語 (2,000 語)，+ 印の語 (3,800 語)にも重要な語義には太字を用いた．

5. 6　語法上および文法上の指示・注意は訳語の前に [ ] で示した．スワングダッシュ (~) は見出し語と同じつづりの部分を表わし，ハイフン (-) は見出し語が一部変わるときの変わらない部分を表わす．

bab·ble ... 名 ❶ [U または a ~] (わけのわからない)おしゃべり ....
+**gos·pel** ... 名 ... ❷ [the G-] (キリストの説いた)福音, ...

5. 7　一部の言い換えは [ ] を用いて示し，省略・補足説明には ( ) を使用した《⇒ 19.2》．

blow·out /blóʊàʊt/ 名 ❶ C パンク, バースト; (ヒューズが)飛ぶこと... ❹ C (制御不能な)石油[ガス]の噴出.

5. 8　限定 叙述　形容詞の限定用法を 限定，叙述用法を 叙述 で示した《⇒ 巻末文法 5.1》．

5. 9　C U　数えられる名詞を C，数えられない名詞を U で，さらに両方に用いられる名詞は C,U または U,C で示した《⇒ 巻末文法 2.1》．

5. 10　副詞(語句)については，文全体を修飾するものに 文修飾，先行する文・節とのつながりを示すものに つなぎ語 の表示を加えると共に，重要なものについては用法を詳しく説明した．

+**first·ly** /fə́ːstli | fə́ːst-/ 副 つなぎ語 **第一に, まず最初に:** ... 語法 列挙するときに用いるが, その場合でも first, second(ly), third(ly), ... last(ly)のように first を使う方がよいとされている《⇒ first 副 3》.

5. 11　他動詞などの目的語を訳語において明示するために，「( )を」「( )から」のような形式をしばしば用いた．

dis·arm /dɪsáəm, dɪz- | -áːm/ 動 ... 一 他 ❶ (...)から武器を取り上げる, (...)の武装を解除する.

5. 12　[次の成句で] として語義を示さない場合がある．

fro /fróʊ/ 副 [次の成句で]　**tó and fró** [副] あちらこちらへ, ...

5. 13　動詞型など《⇒ 9》に準じるものとして，見出し語と共によく用いられる前置詞・副詞をイタリック体で語義の後に示した．下の例では conglomeration of ... (... の集合) という形でよく用いられることを意味している．

con·glom·er·a·tion /kənglɑ̀(ː)məréɪʃən | -glɔ̀m-/ 名 C 《格式》 集合, 集積 (*of*).

6　文体・用法上の指示

語句(の意味)が地域，時代，文体，専門分野などに関して限定されることがある．主な用法上の指示は《 》，〔 〕，[ ] で示す．「普通は」「しばしば」「ときに」などを指示レーベルに付加して指示の適用が部分的であることを示すことがある．指示のないものは普通に用いられる一般の語句である．

6. 1　地域によって用法・意味などが異なるときは，《米》，《英》，《方言》などのように，その用法上の指示を《 》で示した《⇒ 2.12》．

crib /kríb/ 名 ❶ Ⓒ《米》ベビーベッド [《英》cot]; ...

6. 2　どういう場面・文脈で使うかという文体上の差異は次のように示した.

《略式》 ... くだけた感じの語・句で，友人・家族のような親しい人同士の会話や手紙など，日常的な場面で用いる.
《格式》 ... 格式ばった語・句で，公式のスピーチや公文書・商用文・学術論文など，改まった場面で用いる.
《丁寧》 ... 相手に対する敬意を表わした丁寧な語・句.
《俗》 ... 《略式》よりもさらにくだけた品位に欠ける語・句で，普通は限られた仲間うちで用いたり，特殊な効果を狙って使う.
《卑語》 ... 卑猥(ひわい)な，または差別的な品のない語・句で，人前で使ってはいけないとされる.
《古風》 ... 今ではあまり使われない古風な感じの語・句で，年配の人のことばに見られることがある.
《古語》 ... 昔使われたが今は用いられない語・句で古い文献などに見られる.
《文語》 ... 堅い文学作品や改まった文書に用いられそうな語・句.
《詩語》 ... 主に詩や美文調の書きことばの中で用いられる語.
《小児語》 ... 主に幼児や子供が使う，または幼児や子供に対して使う語・句.

このほかに標準語とみなされない語句は《非標準》，使用頻度がかなり限られるものは《まれ》と表示した．また主に会話で用いる語義・表現には Ⓢ (＝spoken)，主に文章で用いる語義・表現には Ⓦ (＝written) の表示をつけた.

6. 3　分野別の専門語は〔　〕，説明は《　》で示した．なお商品などの商標名は説明中に「商標」と記した.

tee /tíː/ 名 Ⓒ〔ゴルフ〕ティー，球座《打つときにボールをのせる台; ⇒golf 挿絵》...
a·qua·lung /ɑ́ːkwəlʌ̀ŋ | ǽk-/ 名 Ⓒ アクアラング《潜水用の水中呼吸器; 商標》.

6. 4　どのような態度や感情的含みでその語句を用いるかを示す必要があるときは，次のように［　］で示した.

［よい意味で］ ... 対象となる人・物に対して好感を持ってよい意味で用いる.
［悪い意味で］ ... 対象となる人・物に対して批判的で悪い意味で用いる.
［軽蔑的］ ... 対象となる人・物に対して軽蔑の気持ちをこめて用いる.
［差別的］ ... 特定の人種や女性などに関連して対象となる人・物に対して侮辱的で人の気を悪くさせる言い方.
［皮肉に］ ... 対象となる人・物に対して皮肉をこめて用いる.
［こっけいに］ ... 対象となる人・物に対して冗談半分にこっけいな意味合いで用いる.
［おおげさに］ ... もったいぶった表現で聞き手におおげさに響く.
［遠回しに］ ... 聞き手に不快感を与える内容をやわらげるために用いる間接的な言い方.
［比喩的に］ ... 語義が文字通りではなく比喩的・抽象的な意味合いで用いられる場合.

7　類義語・反意語

7. 1　その語句を同じような意味の語句で言い換えられる場合は訳語の後に［≒　］で示したが，微妙な違いがある語はまとめて 類義語 として示した．反意語は［⇔　］で示した.

8　用例・コロケーション・C+1・語法・参考・日英・🔍・誤用注意報・対話のスキル

8. 1　語義の後をコロン (:) で区切り，その後に用例を示した．特に動詞の用例は重視し，できるだけ完全な形の文で掲げるように努めた．また実生活でよく用いられる対話形式の用例には 🗨 というマークを入れた.

8. 2　見出し語・成句に相当する部分や，注意すべき部分をイタリック体で示し，他をローマン体で示した．特に重要な語や語義の場合，注目すべき部分や文型などを太字のイタリックにして注意を喚起した.

***fe·ver** /fíːvɚ | -və/ 名 ❶ [Ⓤ または a ～] (病気の)**熱**，... / Tom is in bed with *a fever.* トムは熱を出して寝ている

(jùst) in cáse [副] 万一に備えて, まさかのときのために: I'll take an umbrella (*just*) *in case*. 念のため傘を持っていこう.

con·vic·tion** /kənvíkʃən/ [名] (~s /~z/) ❶ [C,U] **確信**, 信念: We have a strong [deep] ***conviction that our constitution needs no change. [+that 節] 我々は自分たちの憲法は変える必要がないと確信している…

8.3 使用頻度の高いコロケーション(語の結びつき)は, 用例の中で太字のイタリック体で示した.

また, 日本人には発想しにくいが頻度が高いと思われる語の結びつきなどを, 独自に収集した用例データベースと各種コーパスの分析によりまとめ, [C+1] で示した.

a·ware … [形] ❶ [叙述] (...に)**気がついて**, (...を)感づいて, (...を)知って… [C+1] 意味を強める副詞には acutely, painfully などもよく用いられる: I'm ***acutely aware of*** the problem. その問題については強く認識している.

8.4 語義・用例などの注意すべきことがらは [語法] で説明した. 説明の長いものについては囲みにして目立つようにした.

8.5 [参考] としてその語に関連する説明を加えた.

8.6 日本語と英語との意味や用法の違い, あるいは社会的・文化的な相違を [日英] で説明した.

8.7 語法などの説明で, 学習上特に重要な事項は 🔍 という表示で注意を喚起してある.

e·nough … — /inʌ́f/ [副] [語法] 🔍 修飾する形容詞・副詞・動詞などの後に置く.

8.8 日本人学習者が英語で発信する際に特に間違えやすい点や, 混同しやすい語の使い分けなどを,「誤用注意報」として囲みまたは ⚡ で示した. × は文法・語法的に誤った表現, または日本語に対する英語訳として適切でない表現であることを示す. △ はニュアンスに注意が必要な表現であることを示す.

dis·cuss

⚡ **...について話し合う**

私たちは計画について話し合った.

○We **discussed** the plan.

×We discussed about [on] the plan.

✪ discuss は他動詞.

miss … — [名] [C] 取り逃し, 打ち[当て]そこない, はずれ; 失敗作 [⇔ hit]: … ⚡ 日本語の「ケアレスミス」のような「間違い」の意味はない《⇒ mistake [名] 1》.

8.9 場面・状況や相手との関係に応じて, 適切な英語を話すためのキーワードとなる表現を, 会話例とともに ♥ で示した《⇒ 17; ポライトネスと<対話のスキル> (p. [19]–[21])》. 囲みには, キーワードとなる英語表現のもつ意図やニュアンスを示すための日本語タイトルをつけた.

can[1]

♥ **...してもらえますか** (依頼するとき)

Can you ...?

Lisa, **can you** help me with the dishes? リサ, 皿洗い手伝ってくれる?

OK, I'm coming.
うん, 今いく.

♥ やや直接的な依頼の表現.

♥ 相手が応じてくれることがほぼ予測できる際(親しい相手に負担の軽いことを頼む場合や, 相手に義務のあることを頼む場合など)に用いることが多い.

♥ can よりも仮定法の could を使ったほうが, 柔らかくより丁寧な印象になる.《依頼の表現については ⇒ could B 1 (4)》

♥ 否定形の Can't you ...? は「...してはもらえないんですか」のような相手を非難するニュアンスを持つことがあるので注意.

…

9 動詞型《⇨ 動詞型解説 (p. 1707)》, 形容詞型《⇨ 形容詞型解説 (p. 1712)》, 名詞型《⇨ 名詞型解説 (p. 1713)》, 言い換え

9. 1 五文型によって基本語の動詞の例文に動詞型を示した. ただし V, V+O, V+副 の型は除いた《⇨ 動詞型解説 II 1 および II 3》. 目的語が名詞または代名詞のときは単に O とした. 同じ動詞型の例文が続くときは初めの例文に動詞型を示し, 後の例文の動詞型は省いた. また, die hard, cross oneself などのように慣用句になっているものは原則として成句とし, 動詞型は示さなかった《⇨ 10》.

9. 2 特定の前置詞をとるものは *in, on, to* などをそのまま V+O+*to*+名 のように示した. V+O+前+名 の「前」はいろいろな前置詞が用いられることを示す.

> ***plunge**… 自 ❶ [副詞(句)を伴って] **飛び込む**… He ***plunged into*** the river. V+前+名 彼は川に飛び込んだ…

9. 3 文の要素 (V, O, C) を明示しにくいときは, V+前+名, V+*to* 不定詞 のように具体的な形だけを示した.

9. 4 [主に受身で] などのように動詞型が一定しているときにはその動詞型は示さなかったが, その他の受身の場合は V+O の受身 などと示した.

9. 5 五文型で示せない動詞型については 語法, [ ] を用いて示した《⇨ 本文 take 動 他 20 語法》. また同じ文型・語形をとる重要動詞・名詞をいくつかのグループ別に表示した.

9. 6 動詞型の説明に準じて, 重要な形容詞には形容詞型《⇨ p. 1712》を, また重要な名詞には名詞型《⇨ p. 1713》を示した.

9. 7 重要な語義において, 他と比べて使用頻度の高い構文がある場合には 多用 として示した.

9. 8 基本的な表現や構文間の相互関係を 言い換え として示し, 英作文などのヒントとした. 言い換え を示した後で 多用 を示している場合は両方ともよく使われる構文であることを示す.

> *****con·sid·er**… 他 ❶ (...)を**よく考える**, 熟考する; 検討する:… I'm ***considering*** resign*ing*. V+O(動名) 辞職するかどうか考慮中だ 多用 / 言い換え He ***considered what*** he *should* do next. V+O (*wh* 節) = He ***considered what to*** do next. V+O (*wh* 句) 彼は次にどうすべきか考えた 多用…

10 成 句

10. 1 原則として各品詞の語義・用例のあとに太字の活字を用いてまとめて示した. 配列は単語を単位とするアルファベット順で示した.

10. 2 成句にはすべてアクセントをつけて「話す英語」の面も重視した.

10. 3 品詞名の略号に準じて成句の機能を [名], [形], [副], [動] のようにできるだけ示した《⇨ 3.1》. [動] はさらに 自 他 の区別をした場合があるが, これは句全体が目的語を取るかどうかを示すもので, 自動詞+前置詞でも 他 としてある《⇨ 11.2》.

10. 4 one, one's, **oneself** は主語に相当する代名詞が用いられることを表わす《⇨ one[2] 代 4 語法, one's 語法, oneself 2 語法》. **…**, …'s では主語と異なる名詞・代名詞が用いられることを表わす.

> **màke úp** one's **mínd** [動] (1) (いろいろ考えた末に)**決心する** …: Liz has ***made up her mind to*** be a doctor. リズは医者になる決心をしている….
>
> **slíp** ...'s **mínd** [動] ...に忘れられる, 思い出せない: Her name has *slipped my mind.* 彼女の名前は今ちょっと思い出せない.

ただし **…** はしばしば他の語 [句, 節] がそこに来ることをも示す.

> **(jùst) in cáse …** [接] (1) 《米》 **もし…した場合は** [≒ if]: *In case* you find the man, please let me know at once. もしその男を見つけたらすぐに私に知らせてください.

10. 5 成句の由来を次のように示した場合がある《⇨ 13. 1》.

> **swine** … 名 … **cást [thrów] péarls befòre swíne** [動] 自 《文語》 豚に真珠.
> 由来 値打ちのわからない者に高価なものを与えるという意. 新約聖書のことばから.

11 句動詞《⇨ 巻末文法 4 (5)》

11. 1 動詞の成句と共に太字の活字を用いてまとめて示した. 配列は単語を単位とするアルファベット順で示した. 数が多いものは「… の句動詞」として囲みで示した.

11. 2　囲みにまとめた句動詞は見出し語に準じる扱いとし，重要なものは星印をつけ，大活字で示した．(自)(他) の別は成句同様 look at … のような場合でも (他) とした《⇒ 10.3》．

11. 3　句動詞にはすべてアクセントをつけて「話す英語」の面も重視した．

11. 4　見出し語とした句動詞の中で ＜他動詞＋副＞ の型のうち，副詞の位置が目的語の前または後に固定しているものは動詞型を示した《⇒ p. 1712》．

11. 5　受身が可能なものについてはその形を（[受身] …）として示したものもある．

12　派生語

12. 1　派生関係を示す語は各品詞別の記述の最後にアクセントをつけて（　）で示した《⇒ 解説図》．

13　語源・単語のキズナ

13. 1　基本語のうち語の成り立ちが理解の助けになると思われるものは，[語源] として項目の一番最後に示した．意味のチャートの囲みで示した場合もある．

> *__re·mote__ /rɪmóʊt/ [形] (re·mot·er/-ṭɚ|-tə/, more ～; re·mot·est /-ṭɪst/, most ～) ❶ **遠く離れた** …
> 〖[語源] ラテン語で「遠くに移された」の意; remove と同語源; ⇒motion [キズナ]〗

> *__jet__[1] /ʤét/ [名] (jets /ʤéts/)
> 意味のチャート
> ラテン語で「投げる」の意《⇒ reject[1] [キズナ]》→（噴き出す）→「**噴出**」❷ →（噴射推進式の飛行機）→「**ジェット機**」❶

また成句，慣用表現などには次のように由来を示したものもある《⇒ 10. 5》．

> **whíte élephant** [名] Ⓒ 金がかかりすぎるやっかい物; 無用の長物(ちょうぶつ). [由来] 白象はタイで神聖視され飼うのに非常に金がかかったため，王が臣下を失脚させるためにわざと白象を与えたといわれることから．

13. 2　単語記憶の一助とするため，同じ語源を持ついくつかの語をその語源をキーワードとして 1 か所に集め，どのように現在の意味を持つにいたったかを「単語のキズナ」として囲みで示した．

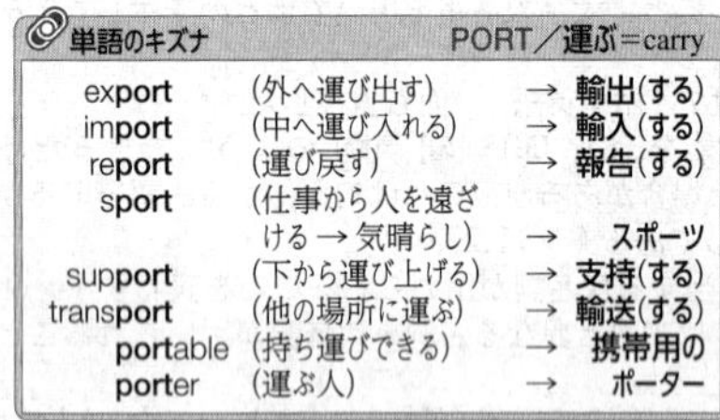

単語のキズナ　PORT／運ぶ＝carry

export	(外へ運び出す)	→ **輸出(する)**
import	(中へ運び入れる)	→ **輸入(する)**
report	(運び戻す)	→ **報告(する)**
sport	(仕事から人を遠ざける → 気晴らし)	→ **スポーツ**
support	(下から運び上げる)	→ **支持(する)**
transport	(他の場所に運ぶ)	→ **輸送(する)**
portable	(持ち運びできる)	→ **携帯用の**
porter	(運ぶ人)	→ **ポーター**

14　他所参照

14. 1　他項目を参照すれば便利なときは，《⇒　》を用いた《⇒ 19.2 の例》．

> +**brake** … [名] (～s /～s/) ❶ Ⓒ **ブレーキ**《⇒ bicycle 挿絵》…

14. 2　類義語については ⇒ 7.

14. 3　反意語は［⇔　］で示した《⇒ 7》．

15　表・挿絵，…のいろいろ，関連語

15. 1　情報を 1 か所に集中させるため表・挿絵を採り入れた．

15. 2　例えば get では「「get＋動作名詞」のいろいろ」としていろいろな「get＋動作名詞」の表現を 1 か所にまとめて枠で囲んだ．

15. 3　意味が関連し，組にして覚えると便利な語を語義・用例の後に [関連] として示し訳語を与えた《⇒ 解説図》．

16　文法解説

16. 1　巻末に文法解説を設け，本文中に《⇒ **巻末文法**》と示して本文と巻末の解説との相互参照をはかった．

17　巻頭カラーページ

17. 1　巻頭にカラーページを設け，日常生活や学校生活で使う英語表現を集めた漫画を掲載した．漫画には「対話のスキル」会話例のキャラクターが登場し，さまざまな状況や人間関係の中で使われる表現を紹介している．

17. 2　本文中で用例となっている表現については本文での収録箇所を示した．

18　和英小辞典・トピック別論述フレーズ

18. 1　巻末に，約 1 万 2 千語の基本的な語を収録した「和英小辞典」を設けた．

18. 2「和英小辞典」冒頭の同一ページに「トピック別論述フレーズ」を設け，試験のライティング問題やディベートなどに頻出するトピックごとに関連表現や意見を述べる際の文例を収録した．トピックに対する肯定的な意見は 😀👍 の後に，否定的な意見は ☹👎 の後に示した．

19　この辞書で使用している略号と記号の用法

19. 1　略号

名 [名]	名詞	接 [接]	接続詞	比	比較級
固	固有名詞	前 [前]	前置詞	最	最上級
代 [代]	代名詞	間 [間]	間投詞	三単現	三人称単数現在形
動 [動]	動詞	接頭	接頭辞		
自	自動詞	接尾	接尾辞	過去	過去形
他	他動詞	略	略語	過分	過去分詞
助 [助]	助動詞			複	複数形
形 [形]	形容詞	《米》	米国用法	単	単数形
副 [副]	副詞	《英》	英国用法	複	複数名詞

★動詞型・形容詞型・名詞型で示してある略号・略記については ⇒ 動詞型・形容詞型・名詞型の解説 (p. 1707) I (2).

限定 叙述 については ⇒ 5.8，Ⓒ Ⓤ については ⇒ 5.9，Ⓢ Ⓦ については ⇒ 6.2，文体・用法上の指示については ⇒ 6，🗨 については ⇒ 8.1，C+1 については ⇒ 8.3，🔍 については ⇒ 8.7，⚡ については ⇒ 8.8，♥ については ⇒ 8.9.

19. 2　記号の特別な用法

( )	…	省略 (⇒ 1.5, 2.7, 4.1, 5.7)，補足説明 (⇒ 5.7)，他動詞などの目的語 (⇒ 5.11).
《 》	…	用法上の指示 (⇒ 6.1, 6.2)，説明 (⇒ 6.3)，他所参照 (⇒ 14.1).
〘 〙	…	分野別専門語 (⇒ 6.3).
/ /	…	発音 (⇒ 2.1).
[ ]	…	言い換え (⇒ 1.5, 5.7)，語法上・文法・文体上の指示・注意 (⇒ 5.6, 6.4). なお英文で 2 語以上の語が置き換わる場合に限り，どの部分から置き換わるかを⸢ によって示した. ⸢a bunch [two bunches] of *bananas* (a bunch of bananas または two bunches of bananas の意)
≪ ≫	…	外来語の原語表示 (⇒ 2.13).
~, ~	…	見出し語と同じつづり，または発音を表わす (⇒ 1.3, 2.6, 4.1, 5.6).
-	…	見出し語のつづりまたは発音の一部が異なるときの共通する部分を表わす (⇒ 1.3, 1.5, 2.1, 2.6, 5.6).
≒	…	同じような意味の語句で言い換えられることを表わす (⇒ 7).
⇔	…	反意語を表わす (⇒ 7).
←	…	派生関係を示すときに用いてある.

-i·za·tion /ɪzéɪʃən | aɪz-/ 接尾 [名詞語尾]「...にすること, ...化」の意: national*ization* 国有化 ← national*ize* 国有化する.

← … アクセントの移動を示す《⇒ 2.10》.

→, ↓ … 語義の変遷を示す《⇒ 13.1》.

\# … 2 つ以上の発音のしかたがあるとき, そのどちらかと同じ発音の語《⇒ 2.12》.

✪ … 注意すべき説明.

× … 文法・語法的に誤った表現を示す. また日本語に対する英語訳として適切でない表現を示す《⇒ 8.8》.

⇒ … 「参照せよ」の意. 下の例に見られるようにしばしば実際の記述が参照先にあることを示す.

*****af·ter·noon** /æ̀ftənúːn | ɑ̀ːftə-ˊ/

gòod afternóon ⇒ good afternoon の項目.

このとき G のところで goodafternoon を引く要領で p. 597 の左段を見ると次の記述が見つかる.

good af·ter·noon /gʊ̀dæftənúːn | -ɑːftə-/ 間 Ⓢ《格式》こんにちは《午後のあいさつ》...

ポライトネスと<対話のスキル>

1. 趣 旨

留学を希望している日本人の学生が，アメリカ人の英語の先生に “Will you write a letter of recommendation for me?” と言って推薦状をお願いした場合，先生はこの頼みを快く引き受けてくれるでしょうか.

正しい発音で言えば，推薦状を書いてほしいという依頼の意図は確実に伝わるでしょう．しかし，もしかするとこの先生は気分を害してしまい，あまりいい推薦状を書いてくれないかもしれません．なぜなら，“Will you ...?” はかなり直接的な言い方なので，「相手がこの頼みを引き受けるのは当然だろう」と予測できる場合を除き，押しつけがましく失礼になってしまうからです(この例の場合，先生には「推薦状を書いてもらえます?」のように聞こえるでしょう)．このように，正しい発音・文法・語彙の知識を身につけているだけでは不十分で，結果としてコミュニケーションが失敗に終わってしまうこともよくあります.

コミュニケーションは，一般的には「情報の伝達」と捉えられがちですが，それ以外にも「対話者間の社会関係の構築・維持」という大切な側面があります．したがって，英語のコミュニケーション能力を養うためには，これらの両側面に対応した二つの要素に配慮する必要があります．その二つの要素とは，「意図や情報を正確に伝達するために必要な言語形式(発音・文法・語彙)や談話の規則の知識」と，「相手との関係や場面に応じて適切に言語を使用するための知識」です(前者は「言語構造の知識」，後者は「言語運用の知識」と呼ばれています)，この二つの要素は，言わば車の両輪のようなものであって，どちらが欠けても英語でうまくコミュニケーションをとれるようにはならないのです.

これまでの英和辞典は，単語の意味や発音，関連する文法に関する情報を提供することにより，学習者の「言語構造の知識」を養うのに貢献する学習ツールだったと言えます．しかし，『ライトハウス英和辞典』は，この従来からの役割に加えて，利用者の「言語運用の知識」の習得，ひいてはコミュニケーション能力全体の育成に役立つような辞典を目指しています．その試みが「対話のスキル」です.

2. 概 要

私たちは普段，依頼をしたり，誘ったり，苦情を伝えたりといった様々な行為をことばによって行います(これを「発話行為」と呼びます)．そうした行為をする際には，どのような場面であるか(改まっているか，くだけているか)，相手とはどのような関係にあるか(目上か目下か，親しいか親しくないか)，話す内容は相手にどのような影響を与えるか(負担や迷惑をかけるか，利益を与えるか，その程度はどのくらいか)といったことを考慮に入れながら，その場その場で最も適切と考えられる言い方を選んでいます(こうした現象を「ポライトネス」と呼びます).

しかし，母語である日本語の場合とは違って，外国語である英語ではどのような要因が表現の選択に影響するのか，ある状況ではどのような言い方が最も適切なのかといったことがよくわからないことも多いのではないでしょうか.

「対話のスキル」には，こうした疑問を解消するのに役立つ情報が掲載されています. すなわち，ある表現が，① どのような「発話行為」に使えるのか，② どのような状況でよく使われるのか，③ どのような表現上の効果があるのか，に関する情報です.

① 発話行為: 依頼する，許可を求める，申し出る，勧める，提案する，助言する，命令する，誘う，断わる，感謝する，謝罪する，質問する，同意する，反対する，意見を述べる，ほめる，など広範な「発話行為」をカバーしています.
② 状況: 従来の辞典のように「改まった場面か，くだけた場面か」という区別だけでなく，相手との上下関係や親疎関係，意図する行為がもたらす負担や迷惑の大きさ，相手が応じる可能性の高さなど，適切な言い方の選択に影響を与える様々な要因を考慮しています.
③ 表現上の効果: 遠慮を表わしたり，柔らかい言い方にしたいときに使われる緩和表現や，話し手の意図をより明確に伝えたいときに使われる強調表現としての使い方などについて解説しています.

以上のような情報とともに，実際にどのように使われるかを理解してもらうために会話形式で用例を掲載しました. また，会話例では，レギュラーの登場人物を設定して，人間関係を把握しやすいように工夫しました. 登場人物と人間関係については，巻頭カラーページでまとめて説明してあります.

3.　ご利用にあたっての注意

どのような言い方をすれば丁寧になり，相手との良好な関係を維持しながら言いたいことがうまく伝えられるか，といったことが本コラムのテーマですが，英語と日本語では，丁寧さを表現する仕組みが同じとは限らないことに注意が必要です.

日本語の場合，相手が目上であったり知らない人である場合には，「です・ます調」(敬体)を使い，さらに尊敬語や謙譲語を用いるのが原則です. 逆に，友達や家族，親しい相手に対しては，普通は「だ・である調」(常体)を使います. ですが，英語においては人間関係のみを基準にしてことばづかいを変える，といった決まりは特になく，上記の 2 で説明したような様々な要因が影響します.

例えば，I was wondering if you could ... という表現は負担の大きなことを頼む場合によく使われますが，これは目上の人に対しても，同年代の友達に対しても同様に使われる言い方です．この英語に日本語訳をつけるとすると，前者に対しては「もし可能でしたら...していただけないかと思ったのですが」，後者に対しては「できれば...してもらえないかなと思ったんだけど」といった感じになるでしょう．

しかし後者の場合も，日本語では敬体を使ってはいないものの，間接的で遠回しな表現で，相手に対し配慮を示した言い方(丁寧な言い方)であることに変わりはありません．つまり，丁寧さや相手への配慮を表わすのは敬体や敬語の使用を通してだけではないのです．そのため，後者の例のように，英文に対して日本語訳では必ずしも敬語が使われていないということがありますが，だからと言って「その英語が丁寧ではない」と誤解しないように気をつけましょう．

また，文法は正誤が明白で基本的に使用者間の揺れがあまりありませんが，ある状況においてどの言い方が適切かという判断には，母語話者の間でもかなり個人差が存在します．ある人が「A という言い方よりも B という言い方のほうがより丁寧 / 間接的」と判断した場合でも，別の人にとっては逆に感じられることがあるのです．それは，ことばの適切な使用を動機づけるのが，社会(言語共同体)における一定の「規範」であって，文法のような絶対的な「規則」ではないからです．本辞典の記載内容はあくまでも多くの母語話者が従う「傾向」を示したものであり，そうした傾向と一致しない母語話者も少なからずいるということを理解しておいていただきたいと思います．

そして，ある表現が適切(丁寧)かどうかというのは，文脈や状況次第であるため，「この表現は常に必ず適切(丁寧)だ」と言い切ることはできません．自分自身で状況を判断し，適切な言い方を選択する必要があるのです．現実の会話は多くの要因が関わりあって成り立っているため，その場に応じたふさわしい表現を選ぶのは簡単なことではありませんが，そのための基礎的な基準を持っておくことは有効でしょう．そうした基準づくりに「対話のスキル」の情報を役立てていただければ幸いです．

清 水 崇 文

発音記号表

母 音 (vowels)	
記 号	例
/iː/	east /íːst/
/i/	happy /hǽpi/
	radio /réɪḍiòʊ/
/ɪ/	ink /íŋk/
	pocket /pá(ː)kɪt|pɔ́k-/
/e/	end /énd/
/æ/	hand /hǽnd/
/æ|ɑː/	ask /ǽsk|ɑ́ːsk/
/ɑː/	father /fɑ́ːðɚ|-ðə/
/ɑ(ː)|ɔ/	top /tɑ́(ː)p|tɔ́p/
/ɔː/	all /ɔ́ːl/
/ɔː|ɔ/	cloth /klɔ́ːθ|klɔ́θ/
/uː/	food /fúːd/
/u/	actual /ǽktʃuəl/
/ʊ/	book /bʊ́k/
	educate /édʒʊkèɪt/
/ʌ/	come /kʌ́m/
/ɚː|əː/	bird /bɚ́ːd|bə́ːd/
/ə/	around /əráʊnd/
	China /tʃáɪnə/
	chorus /kɔ́ːrəs/
	lemon /lémən/
	element /éləmənt/
	animal /ǽnəm(ə)l/
/ɚ|ə/	teacher /tíːtʃɚ|-tʃə/
/eɪ/	eight /éɪt/
/aɪ/	ice /áɪs/
/ɔɪ/	toy /tɔ́ɪ/
/aʊ/	out /áʊt/
/oʊ/	go /góʊ/
/juː/	cute /kjúːt/
/ju/	manual /mǽnjuəl/
/jʊ/	popular /pɑ́(ː)pjʊlɚ|pɔ́pjʊlə/
/ɪɚ|ɪə/	ear /íɚ|íə/
/eɚ|eə/	hair /héɚ|héə/
/ɑɚ|ɑː/	arm /ɑ́ɚm|ɑ́ːm/
/ɔɚ|ɔː/	store /stɔ́ɚ|stɔ́ː/
/ʊɚ|ʊə/	tour /tʊ́ɚ|tʊ́ə/
/jʊɚ|jʊə/	pure /pjʊ́ɚ|pjʊ́ə/
/aɪɚ|aɪə/	fire /fáɪɚ|fáɪə/
/aʊɚ|aʊə/	tower /táʊɚ|táʊə/

子 音 (consonants)	
記 号	例
/p/	pen /pén/
/b/	big /bíg/
/t/	tea /tíː/
/d/	day /déɪ/
	✪/ṭ/ /ḍ/ については「つづり字と発音解説」44 の 注意 を参照
/k/	key /kíː/
/g/	get /gét/
/f/	face /féɪs/
/v/	very /véri/
/θ/	three /θríː/
/ð/	this /ðís/
/s/	sun /sʌ́n/
/z/	zoo /zúː/
/ʃ/	ship /ʃíp/
/ʒ/	vision /víʒən/
/h/	hat /hǽt/
/ʦ/	cats /kǽʦ/
/ʣ/	reads /ríːʣ/
/tr/	tree /tríː/
/dr/	dry /dráɪ/
/ʧ/	cheap /ʧíːp/
/ʤ/	joy /ʤɔ́ɪ/
/m/	man /mǽn/
/n/	night /náɪt/
/ŋ/	sing /síŋ/
/l/	leaf /líːf/
/r/	red /réd/
/j/	yes /jés/
/w/	week /wíːk/

アクセント記号

/ˊ/　第一アクセント

/ˋ/　第二アクセント

examination /ɪgzæ̀mənéɪʃən/

/ˊ¯/　アクセント移動

《⇒「つづり字と発音解説」89》

✪それぞれの発音記号については「つづり字と発音解説」(p. 1666) を参照.

Aa

a¹, A¹ /éɪ/ 名 (複 a's, as, A's, As /~z/) ❶ C,U エイ《英語アルファベットの第 1 文字》. ❷ U,C [A]〔音楽〕イ音, イ調. ❸ C,U [A] (成績の) A, 優 (⇒ grade 1 表): get an *A* on the test テストで A を取る / ⌈an *A* [a straight *A*] student《米》成績優秀な[全優の]学生. **from Á to B́** [副] ある所[地点]から別の所へ. **from Á to Ź** [副] 初めから終わりまで; 完全に.

***a²** /(弱形) ə; (強形) éɪ/ (同音 #of,《英》#are¹,《英》#her,《英》#or)
《不定冠詞》

単語のエッセンス
基本的には「(ある) 1 つの」の意.
1) 1 つの ❶
2) ある(1 つの, 1 人の) ❷
3) どの…も ❸
4) …につき ❹

> 語法 (1) 🔍 数えられる名詞(C の用法がある名詞)の単数形につける. 名詞に形容詞などの修飾語がつくときには, さらにその前につける: *a* clever boy 利口な少年.
> (2) ただし次のような修飾語とともに用いる場合は例外: *half a* pound 半ポンド(特に《米》では *a half* pound ともいう) / *quite* [*rather*] *a* long speech かなり長い演説 / *such a* cold day そんなに寒い日 / *too* long *a* period 長すぎる期間.
> (3) a は子音で始まる語の前で用いる: *a* cow 雌牛 / *a* one-man /wʌ́nmæ̀n/ show 個展 / *a* UFO /júːèfóʊ/ 未確認飛行物体.
> (4) 母音で始まる語の前では an を用いる (⇒ an).

❶ (1) **1 つの**, 1 人の《軽い one の意; ⇒ one¹ 形 1 語法》: Please give me *a* pencil and some sheets of paper. 鉛筆(1 本)と紙を何枚かください / We bought *a* new bed for our dog. うちの犬に新しいベッドを(1 つ)買った / I can see *an* old woman under the tree. 木陰に(1 人の)おばあさんがいるのが見える.

> 語法 (1) one の弱くなったもので, 日本語に訳す必要のないこともある. これに相当する複数の場合には some や any を用いる (⇒ some 形 1 語法).
> (2) 🔍 1 人の人だけが占める地位や役割を表わす名詞を補語に用いる場合は冠詞をつけないのが普通: They appointed him *manager*. V+O+C (名) 彼らは彼を支配人に任命した / Alfred was made *captain* of the team. アルフレッドはそのチームの主将になった.
> (3) 全体で 1 つのまとまった単位を表わすと考えられるとき複数名詞に a [an] がつくことがある: We'll need *an* extra ten dollars. あと 10 ドル余分に必要だろう.
> (4) 2 つの名詞が and で結ばれている場合の a [an] の用法については ⇒ and 1 語法.

(2) [否定語と共に] 1 つの…も: He *never* said *a* word about it. 彼はそれについてひと言も言わなかった.
❷ **ある**(1 つの, 1 人の)《軽い a certain の意》: in *a* sense ある意味で / Long, long ago, there lived an old king on *a* small island. 昔々ある小さな島に年老いた王様が住んでいました.
❸ [その種類一般を指して] **どの…も**, …というものは《軽い any の意》: *A* dog is faithful. 犬(というもの)は忠実だ / *An* automobile has four wheels. 自動車には車輪が 4 個ある.

> 語法 (1) この意味を表わすときでも man と woman には a をつけないで用いることがある (⇒ man 1 語法, woman 1 語法).
> (2) Dog*s* are faithful. のように無冠詞で複数形を使うほうが普通 (⇒ the¹ 4).

❹ [単位を表わす語につけて] **…につき**, …ごとに [≒per] (⇒ the¹ 7): We study English five hours *a* week. 私たちは週 5 時間英語を勉強する / He drove at eighty kilometers *an* hour. 彼は時速 80 キロで車を運転した. ❺ [主に固有名詞につけて] …のような人[物]: He wanted to be *a* Picasso. 彼はピカソのような画家になりたかった. ❻ [固有名詞につけて] …家の人, …の一員; …の作品[製品]; …とかいう人: Is that *a* Picasso? あれはピカソの作品ですか / *A* Mr. Hill has come to see you. ヒルさんという方がお見えです. ❼ [普通は U として用いる物質名詞につけて] …の 1 種類; …の 1 製品; 1 杯の…: That's *an* excellent wine. それは上等のワインだ / Two teas and *a* coffee (= a cup of coffee), please. 紅茶 2 つとコーヒー 1 つください. ❽ [普通は U として用いる抽象名詞や動名詞につけて] 一種の…; …の 1 例, …の行為; 1 回の…: Honesty is *a* virtue. 正直は 1 つの美徳である.
〖語源 元来不定冠詞 a(n) と数詞 one は同じ語で, one が弱まって an になり, 子音の前で n が落ちた〗

A² 略 = amp 1.

a-¹ /ə/ 接頭 [動詞・名詞につける]「…の状態で; …に」の意: *a*fire 燃えて / *a*sleep 眠って / *a*shore 浜に.

a-² /eɪ, æ, ə/ 接頭 [名詞・形容詞・副詞につける]「…でない, 非…, 無…」の意: *a*moral 道徳観念のない / *a*pathetic 無関心な / *a*sexual 無性の.

@ /ət, æt/〖コンピュータ〗アットマーク《E メールアドレスでユーザー名とドメイン名の間に用いる; 英語では "*at sign*" と呼ぶ》;〔商業〕単価…で《at の略》.

AA /éɪéɪ/ 略 ❶ = Alcoholics Anonymous アルコール依存症者更正会. ❷《米》= Associate of Arts. ❸ = Automobile Association 英国自動車協会. ❹ 単 3《乾電池のサイズ》.

AAA /éɪèɪéɪ/ 略 ❶ = American Automobile Association アメリカ自動車協会. ❷ 単 4《乾電池のサイズ》.

A & E /éɪəndíː/ 略《英》= accident and emergency.

a·back /əbǽk/ 副 [次の成句で] **be tàken abáck** [動] 自 (不意を打たれて)びっくりする.

ab·a·cus /ǽbəkəs/ 名 (複 ~·es) C (子供の学習用) 計算器; そろばん.

a·ba·lo·ne /æ̀bəlóʊni/ 名 C,U あわび.

***a·ban·don** /əbǽndən/ 動 (a·ban·dons /~z/; a·ban·doned /~d/; -don·ing) 他 ❶ (家族・場所・乗り物など)を**捨てる**, 見捨てる, 置き去りにする: She *abandoned* her children. 彼女は自分の子供たちを置き去りにした / The village had long *been abandoned*. V+O の受身 その村は人がいなくなってから長い

A

間たっていた.
❷ (活動・計画など)を**やめる**, 断念する; (考えなど)を放棄する**:** The company *abandoned* that project. 会社はその計画を断念した.
abándon onesèlf to ... [動] ⊕《文語》(感情など)に身をゆだねる, ...にふける.
abándon shíp [動] ⊜ 沈みかけた船を捨てる; (組織などを)見捨てる. (名 abándonment)
— 名 U 勝手気まま.

a·ban·doned /əbǽndənd/ 形 捨てられた, 見捨てられた**:** an *abandoned* village 廃村.

a·ban·don·ment /əbǽndənmənt/ 名 U W 放棄, 遺棄; 断念 (*of*). (動 abándon)

a·base /əbéɪs/ 動 [次の成句で] **abáse onesèlf** [動] ⊜《格式》へりくだる; 自分の品位を落とす.

a·bashed /əbǽʃt/ 形 叙述 W 恥じ入った, きまり[ばつ]の悪い思いをした (*at, by*) [⇔ unabashed].

a·bate /əbéɪt/ 動 ⊜《格式》(苦痛・風などが)和(やわ)らぐ, 静まる; 減る.

a·bate·ment /əbéɪtmənt/ 名 U《格式》減少; 減退, 緩和.

ab·bess /ǽbəs/ 名 C 女子修道院長《⇒ abbot》.

ab·bey /ǽbi/ 名 C [しばしば A- で固有名詞(の一部)として] (もと大修道院であった)大寺院; ⇒ Westminster Abbey.

ab·bot /ǽbət/ 名 C 修道院長《⇒ abbess》.

ab·bre·vi·ate /əbríːvièɪt/ 動 ⊕ (語など)を略して書く, 短縮する, 省略する**:** "United Nations" *is abbreviated to* [*as*] "UN." United Nations は略して UN と書かれる.

ab·bre·vi·a·tion /əbrìːviéɪʃən/ 名 ❶ C 省略した語形, 略語《⇒ acronym》**:** "UK" is an *abbreviation for* [*of*] "United Kingdom." UK は United Kingdom の略語だ. ❷ U 省略, 短縮.

+**ABC**[1] /éɪbìːsíː/ 名 (複 ~'s, ~s) ❶ [U または《米》複数形で] **エービーシー**, アルファベット [≒alphabet]**:** My son has learned his *ABC*(*'s*). 息子がアルファベットを覚えた.
❷ [the ~('s) *of* の形で] **初歩**《⇒ alphabet》; 入門, いろは**:** *the ABC*(*'s*) *of* law 法律入門.

ABC[2] /éɪbìːsíː/ 名 固 ❶ ABC《米国の 3 大放送会社の 1 つ; *A*merican *B*roadcasting *C*ompany の略; ⇒ CBS, NBC》. ❷ オーストラリア放送協会《*A*ustralian *B*roadcasting *C*orporation の略》.

ab·di·cate /ǽbdəkèɪt/ 動 ⊜ (王などが)退位する (*from*). — ⊕ (王位)を捨てる; 《格式》(責任など)を放棄する**:** He *abdicated* (his) responsibility. 彼は責任を放棄した.

ab·di·ca·tion /æ̀bdəkéɪʃən/ 名 U,C 《格式》退位; (責任の)放棄 (*of*).

ab·do·men /ǽbdəmən/ 名 C 〔解剖〕(人間などの)腹部, 腹 [《略式》belly]《⇒ stomach 語法》.

ab·dom·i·nal /æbdά(ː)mən(ə)l, əb- | -dɔ́m-/ 形〔解剖〕限定 腹部の.

ab·duct /əbdʌ́kt, æb-/ 動 ⊕ (人)を誘拐する, 拉致する [≒kidnap].

ab·duct·ee /æ̀bdʌktíː, əbdʌ̀k-/ 名 C 被誘拐者, 拉致被害者.

ab·duc·tion /əbdʌ́kʃən, æb-/ 名 U,C 誘拐, 拉致.

ab·duc·tor /əbdʌ́ktə, æb- | -tə/ 名 C 誘拐者[犯], 拉致者.

Abe /éɪb/ 名 固 エイブ《男性の名; Abraham の愛称》.

A·bel /éɪb(ə)l/ 名 固〔聖書〕アベル《アダム (Adam) とイブ (Eve) の次男; 兄カイン (Cain) に殺された》.

ab·er·rant /æbérənt/ 形《格式》常軌を逸した, 異常な [≒abnormal].

ab·er·ra·tion /æ̀bəréɪʃən/ 名 C,U 《格式》(一時的な)異常, 逸脱, 異変; 常軌を外れること.

a·bet /əbét/ 動 (a·bets; a·bet·ted; a·bet·ting) ⊕《格式》(悪事で)(人)の手助けをする, (...)を教唆(きょうさ)する. **áid and abét ...** [動] ⊕〔法律〕(人)の犯行を幇助(ほうじょ)する.

a·bey·ance /əbéɪəns/ 名 U 《格式》(一時的な)中止, 停止(状態)**:** in *abeyance* 停止[休止]のままで.

ab·hor /æbhɔ́ə | -hɔ́ː/ 動 (ab·hors; ab·horred; -hor·ring /-hɔ́ːrɪŋ/) ⊕ [進行形なし]《格式》(特に道義的理由で)(...)を忌み嫌う, ひどく嫌う.

ab·hor·rence /æbhɔ́ːrəns | -hɔ́r-/ 名 [U または an ~]《格式》憎しみ(の気持ち), 嫌悪(感) (*of*).

ab·hor·rent /æbhɔ́ːrənt | -hɔ́r-/ 形《格式》(人にとって)全く受け入れられない, 大嫌いな (*to*).

a·bide /əbáɪd/ 動 (a·bides; 過去・過分 a·bode /əbóʊd/, a·bid·ed; a·bid·ing) ⊕ [普通は can, could とともに否定文・疑問文で] (人・言動など)を我慢する, 耐える [≒bear]**:** I *cannot abide* his manner. 彼の態度には我慢ができない. **abíde by ...** [動] ⊕ (法律・決定など)に従う, ...を守る.

a·bid·ing /əbáɪdɪŋ/ 形 限定 W (感情・信念などが)長続きする, 永続的な.

****a·bil·i·ty** /əbíləṭi/ ❗アク
— 名 (-i·ties /~z/) ❶ [単数形で] (何かをする)**能力**, ...できること[力] [⇔ inability]**:** She has the *ability to* run a store. +to 不定詞 彼女は店を経営する能力がある.

⚡ ...する能力
話す能力
○the **ability to** speak
×the ability of speaking

❷ C,U **力量**; **才能**, 手腕**:** He showed [displayed] exceptional「*ability in* mathematics [mathematical *ability*]. 彼は優れた数学力を示した / 言い換え He is a man of great *abilities*. = He has great *abilities*. 彼はとても才能のある人です.
to the bést of ...'s abílity [副] ...の力の(及ぶ)限り. (形 áble[2])

類義語 **ability** 知的・肉体的能力を表わす最も一般的な語. **capacity** 人または物の潜在的な能力**:** He has the *capacity* for payment. 彼は支払い能力がある. **capability** あることに応じることのできる力量**:** No one is questioning your *capability* for the position. あなたがその地位にふさわしい能力を持っていることを疑っている人はいない. **competence** あることを行なうのに要求される能力**:** Children develop social *competence* by interacting with those around them. 子供は周囲の人々との交流を通じて社会的能力を発達させる. **talent** 生まれながらにして持っている特定分野の高度な能力**:** He has a *talent* for music. 彼は音楽の才能がある. **skill** 学習・訓練によって身につけた能力**:** The ability to communicate well requires *skill* in listening. 上手にコミュニケーションを取るには話を聞く能力が欠かせない.

ab·ject /ǽbdʒekt/ 形 ❶《格式》みじめな; ひどい**:** *abject* poverty [failure] ひどい貧困[失敗]. ❷《格式》卑屈な. **~·ly** 副 みじめに; 卑屈に.

a·blaze /əbléɪz/ 形 叙述 燃え立って, 赤々と燃えて; 明るく輝いて (*with*); かっとなって (*with*).

*****a·ble¹** /éɪbl/
— 形 [次の成句で]
be àble to dó [動詞の原形の前につけて助動詞のように用いる] ...できる [≒can] [⇔ be unable to]: The baby *is* (already) *able to* walk. その赤ちゃんは(もう)歩くことができる.

> 語法 **be able to と can**
> (1) can が使えるときには be able to も使える. ただし can よりはやや改まった感じになる: Nobody *is able to* (= can) succeed without endurance. 忍耐なくしてはだれも成功することはできない.
> (2) 助動詞の can を別の助動詞の後につけることはできない. 従って will, shall, may, must, have などの後では can の代わりに be able to を用いる: I'll *be able to* see you next year. 来年は会えるだろう / No one has ever *been able to* enter the room. 今までだれもその部屋へ入れなかった.
> (3) 直説法過去時制では could より was [were] able to が普通 (⇒ could A 語法 (1) (2)).

He *is well able to* pay the charge. 彼は十分その料金が払える. 語法 be able to を強めた言い方; この用法での比較級は普通は better [more] able, 最上級は best [most] able: Now we *are better* [*more*] *able to* understand their motive. 今では彼らの動機をよりよく理解できる.

***a·ble²** /éɪbl/ 形 (a·bler; a·blest) **有能な**, 腕利きの; 立派な: an *able* manager 有能な経営者 / She is one of the *ablest* leaders in the country. 彼女はその国で最も有能な指導者の 1 人である.
(名 abílity, 動 enáble)

> 類義語 **able** は多才で幅広く, 将来性をも含めた有能さをいうのに対し, **capable** は実際的で, ある特定の仕事に対する訓練された有能さをいう: *able* students 有能で将来性ある生徒たち / *capable* lawyers 有能な弁護士.

-a·ble /əbl/ 接尾 ❶ [他動詞につく形容詞語尾]「...されうる, ...されるに適する[足る]; ...される傾向のある」の意: eat*able* 食べられる / us*able* 使用可能な(= that can be used). 語法 受身の意味を持つ. ❷ [名詞につく形容詞語尾]「...の性質をもつ」の意: fashion*able* 流行の / comfort*able* 快適な.

a·ble-bod·ied /éɪblbá(ː)ḍid | -bɔ́d-⁻/ 形 身体健全な [⇔ disabled]: *the able-bodied* 健常者たち (複数名詞のように扱われる; ⇒ the¹ 3).

ab·lu·tions /əblúːʃənz/ 名 複 [こっけいに] (体・手を)洗い清めること, 沐浴(もくよく).

a·bly /éɪbli/ 副 有能に, うまく, 巧みに, 立派に.

+ab·nor·mal /æbnɔ́ɚm(ə)l, əb- | -nɔ́ː-/ 形 **異常な**, 普通でない; 変則の, 変態の [⇔ normal]: *abnormal* behavior 異常な行動.

+ab·nor·mal·i·ty /æbnɔɚmǽləṭi | -nɔː-/ 名 (-i·ties) C,U (特に身体の)**異常**, 奇形, 変態.

ab·nor·mal·ly /æbnɔ́ɚməli, əb- | -nɔ́ː-/ 副 異常に; 例外的に, 変則的に [⇔ normally].

+a·board /əbɔ́ɚd | əbɔ́ːd/ 前 (旅客機・船・列車・バス)**に乗って**: They are now *aboard* the ship. 彼らは今船に乗っている / They ***went aboard*** the plane. 彼らは飛行機に乗り込んだ.
— 副 **旅客機[船]に乗って**, 列車[バス]に乗って: All the passengers *aboard* were killed in the crash. その墜落事故で乗客は全員死亡した / ***go aboard*** 乗車[乗船]する, 搭乗する.
Áll abóard! Ⓢ 皆さんお乗り[ご乗船]ください.
Wélcome abóard! ご乗車[ご乗船, ご搭乗]ありがとうございます (乗務員が乗客に対して).

a·bode¹ /əbóʊd/ 名 [単数形で] (格式) 住所, 住居.

a·bode² /əbóʊd/ 動 abide の過去形および過去分詞.

+a·bol·ish /əbá(ː)lɪʃ | əbɔ́l-/ 動 (-ish·es /~ɪz/; a·bol·ished /~t/; -ish·ing) 他 (制度・法律など)を**廃止する**, 廃棄する [≒do away with...]: This evil custom must *be abolished*. V+O の受身 この悪習は廃止せねばならない.
(名 àbolítion)

ab·o·li·tion /æbəlíʃən/ 名 U 廃止, 全廃: the *abolition of* nuclear weapons 核兵器の廃絶.
(動 abólish)

ab·o·li·tion·ist /æbəlíʃ(ə)nɪst/ 名 C (死刑[奴隷]制度)廃止論者.

a·bom·i·na·ble /əbá(ː)m(ə)nəbl | əbɔ́m-/ 形 非常に不快な, いやな, ひどい: an *abominable* crime ぞっとする犯罪. **-na·bly** /-nəbli/ 実に不快に.

a·bom·i·na·tion /əbà(ː)mənéɪʃən | əbɔ̀m-/ 名 C とてもいやなもの[人].

ab·o·rig·i·nal /æbərídʒ(ə)n(ə)l⁻/ 形 ❶ 限定 先住民の, 原住民の; [A-] オーストラリア先住民の. ❷ 限定 (動植物が)土着の, もとからの. — 名 C 先住民; [A-] オーストラリア先住民.

ab·o·rig·i·ne /æbərídʒəni/ 名 C 先住民; [A-] オーストラリア先住民, アボリジニ.

a·bort /əbɔ́ɚt | əbɔ́ːt/ 動 他 ❶ (胎児・妊娠)を中絶する. ❷ (計画・活動など)を打ち切る, 中止する. — 自 流産する.

***a·bor·tion** /əbɔ́ɚʃən | əbɔ́ː-/ 名 U,C **妊娠中絶**(手術): have an *abortion* 妊娠中絶をする.

a·bor·tive /əbɔ́ɚṭɪv | əbɔ́ː-/ 形 (格式) (計画などが)失敗に終わった, 不成功の.

a·bound /əbáʊnd/ 動 自 ❶ (物が)たくさんある, 多い. ❷ (場所が)(...に)富む, (...が)多い: 言い換え This lake *abounds in* [*with*] trout. (= Trout *abound* in this lake.) この湖にはますが多い.
(形 abúndant)

*****a·bout** /əbáʊt/

> **単語のエッセンス**
> 基本的には「あたりに」の意.
> 1) ...について(の): a book *about* stars 星(について)の本 ⇒ 前 ❶
> 2) およそ, 約...: *about* five miles およそ 5 マイル ⇒ 前 ❷; 副 ❶
> 3) (...の)あたりに: *about* here このあたりに ⇒ 前 ❸; 副 ❸
> 4) (...の)あちこちに: walk *about* the streets 通りをあちこち歩き回る ⇒ 前 ❹ / look *about* in the house 家の中を見回す ⇒ 副 ❷

— 前 /əbàʊt/ ❶ ...**について(の)**, ...に関して[する]: a book *about* stars 星(について)の本 / What do you know *about* him? あなたは彼について何を知っていますか / Tell me ***all about*** it. そのことについてすべて私に話してください / The students were worried *about* the results of the exam. 生徒たちは試験の結果が心配だった. 語法 「...について」の意味では, about は最も一般的な語. on は内容が高級で専門的であることを暗示する: a story *about* birds 鳥についての話 / a lecture *on* economics 経済学に関する講義.
❷ およそ..., 約..., だいたい..., ...ごろ [≒around]《⇒ 類義語》: walk *about* five miles 5 マイルほど歩く / I got up (at) *about* six. 6 時ごろ起きた. 語法 この意味の about は 副 とも考えられる《⇒ 副 1》.
❸《主に英》...のあたりに, ...の近くに [≒around]: I dropped the key somewhere *about* here. どこかこのへんに鍵(かぎ)を落とした.
❹《主に英》...のあちこちに, ...の方々を; ...の周(まわ)りを [≒around]《⇒ round¹ 前 3 語法》: He walked *about* the streets. 彼は通りをあちこち歩き回った / Look *about* you. 周りを見てごらんなさい. ❺ ...の身辺[性格]に(は): There is something noble *about* her. 彼女はどことなく気品がある. ❻《主に英》...に従事して: Go and post this letter and *while you're about it*, get me a coffee. この手紙を出してきて, そしてついでにコーヒーを買ってきて.
be (àll) abòut ... [動] 他 (主題など)についてである; (基本的に)...の問題だ, ...を目的としている: It's *all about* money. すべてはお金の問題だ / Learning to love — that's what life *is (all) about*. 愛することを学ぶこと, 人生(の目的)とはそういうことです / What's the fuss *(all) about*? この騒ぎは一体何だ.
Hów about ...? ⇒ how¹ 成句.
(it's) abòut ... Ⓢ ...についてですが, ...のことですが《話を持ち出すときに使う》: Now, class, *(it's) about* last week's test. Most of you did very well. さてみなさん, 先週の試験のことですが, ほとんどの人がよくできました.
Whát abòut ...? ⇒ what¹ 代 成句.

類義語 **about**(また特に《米》で **around** も), **approximately, roughly** はある数・量・時間に達していない場合, あるいは超えている場合の両方に用いる. *about, around* は数量などが正確でない場合の一般的な語. *approximately* は基準により近接していることを示す格式ばった語で書きことばに多い. *roughly* は大まかで厳密でないことを暗示する: The population of the city is *about* [*around, approximately, roughly*] 100,000. その市の人口は約 10 万である. **almost, nearly** はともにもう少しである数・量・状態に達しそうなときに用いるが, *almost* のほうが *nearly* よりもいっそう接近していることを表わすことが多い: It was *nearly* [*almost*] noon. ほとんど正午近かった. また《米》では *almost* のほうがよく用いられる.

— 副 /əbáʊt/ ❶ およそ..., 約..., ...ほど [≒around]《⇒ 前 2; 類義語》; ほとんど, ほぼ [≒almost]: in *about* ˹an hour [two hours]˺ 約 1 時間[2 時間]で / This tree is *about* as tall as that one. この木はあの木と高さがほとんど同じだ / He is *about* my size. 彼は私くらいの大きさだ. 語法 しばしば just about として形容詞・動詞などを修飾する: This room is ***just about*** big enough. この部屋はほぼ十分な広さだ / I'm *just about* ready. 私はだいたい用意ができた.
❷《主に英》あちこちに[を], 方々に[へ] [≒around]: The girl always carries her doll *about*. その少女はいつも人形を持ち歩いている / He looked *about* in the house. 彼は家の中を見回した. 語法 次の 前 の about と比較: He looked *about* the house. 彼は家の周りを見た. ❸《主に英》あたりに, 近くに; 入手できて; (病気が)はやって [≒around]: There was no one *about*. あたりにはだれもいなかった. ❹《格式》ぐるりと回って, 後ろ向きに: They came round *about*. 彼らはぐるっと回り道をしてやって来た《⇒ round about (round¹ 副 成句)》.
Thàt's abòut ít [áll]. Ⓢ まあそんなところだ, (話は)それだけだ.
— 形 [次の成句で]
be (júst) abòut to dó [助動詞のように用いる] まさに[今にも]...しようとしている: The plane *is about to* take off. 飛行機はまさに離陸しようとしている. 語法 be going to do よりも改まった言い方で, より近い未来を表わす.
be nót abòut to dó《略式》...するつもりはない.

a·bout-face /əbáʊtféɪs/ 名 Ⓒ《主に米》回れ右; (主義・態度などの)180 度の転換.

a·bout-turn /əbáʊttə́ːn | -tə́ːn/ 名 Ⓒ《英》= about-face.

***a·bove /əbʌ́v/

単語のエッセンス
1) [場所が] (...より)上に　前 ❶; 副 ❶, ❷
2) [数量が] ...より上で　前 ❷
3) [地位が] ...より上で　前 ❸

— 前 /əbʌ̀v/ ❶ (位置が)...より上に[へ], ...の(真)上に[へ], ...より高く [⇔ below]; ...の北方に: The moon rose *above* the hill. 月が丘の上に昇った / I flew *above* the clouds. 私は雲の上を飛んだ. 語法 above と over の違いについては ⇒ over 前 1 語法 (1).

❷ (年齢・数量などが)...より上で[に], ...を越えて [≒over] [⇔ below]; (音が)...よりもっと高く[大きく]: His grades are *above* average. 彼の成績は平均より上だ. 語法 数字とともに使う場合には more than や over のほうが普通: ˹*More than* [*Over*]˺ five hundred people attended the meeting. 500 人を越す人たちが会に出席した.
❸ (地位が)...より上で [⇔ below]《⇒ over 前 4 語法》; ...よりも優先して[優れて]: He is *above* me in the office. 彼は会社では私より地位が上だ. ❹ (程度などが)...の(力の)及ばない; (疑い・非難など)を超越して: He's *above* suspicion. 彼は疑いをかけられるような人ではない(公正な人だ). ❺ (人が高潔[高慢]で)...を潔しとしない, (悪行など)をしない; [否定文で] ...するのを恥と思わない: He is *above* tell*ing* lies. 彼はうそをつくような人ではない / They're *not above* using force to get it. 彼らはそれを手に入れるためなら暴力だって用いる.
abòve áll (élse) [副] つなぎ語 何よりも(まず), なかでも(特に): *Above all*, you must take good care of yourself. 何よりも体には十分気をつけなさい.
gèt abóve oneself [動] 自《主に英》うぬぼれる.
— 副 ❶ (位置が)(真)上に[の], 頭上に[の], 高く; 階上に[の] [⇔ below]; 上位に[の]: I looked up at the sky *above*. 頭上の空を見上げた / Her room is just *above*. 彼女の部屋はちょうどこの上です.
❷《格式》(記事などで)前に, 先に; (同一ページ中で)上に [⇔ below]: as stated *above* 上記のとおり / See *above*(, page 5). 前記(5 ページ)参照.
... and [or] abóve (1) ...および[または]それ以上:

boys aged ten *and above* 10 才以上の少年. (2) (地位などが)...以上: a captain *and above* 大尉以上.
from abóve [副·形] 上方[上位の人]から(の).
— 形 限定 前述の, 上記の [⇔ below]: the *above* facts 以上の諸事実 / *the above* 《格式》上記の人[もの]《単数または複数名詞扱い; ⇒ the[1] 3》.

above·board /əbʌ́vbɔ̀əd | -bɔ̀:d/ 形 叙述 公明正大な, 隠しだてのない《⇒ above board (board 名 成句)》.

a·bove-men·tioned /əbʌ́vménʃənd⁻/ 形 限定 前述の, 上記の.

ab·ra·ca·dab·ra /æ̀brəkədǽbrə/ 間 アブラカダブラ《魔法をかけるときなどに唱える呪文(じゅもん)》.

a·brade /əbréɪd/ 動 他《格式》(皮膚)をすりむく, (岩など)をすり減らす.

A·bra·ham /éɪbrəhæ̀m/ 名 固 アブラハム《男性の名; 愛称は Abe》.

a·bra·sion /əbréɪʒən/ 名 C《格式》すり傷, すりむけたところ; U (皮膚の)すりむけ; 磨滅.

a·bra·sive /əbréɪsɪv/ 形 ❶ (人·言動が)神経をいらだたせる, 不快な. ❷ すり減らす(作用のある), 研磨用の. — 名 C 研磨材.

a·breast /əbrést/ 副 並んで, 肩を並べて, 並行して (*of*): They were walking three *abreast.* 彼らは 3 人横に並んで歩いていた. **kèep abréast of ...** [動] 他 ...についていく, (時勢など)に遅れない.

a·bridge /əbrídʒ/ 動 他 (本など)を短縮[縮約]する.

a·bridged /əbrídʒd/ 形 限定 短縮[縮約]した: an *abridged* edition 縮約版, 簡約版.

a·bridg·ment, a·bridge·ment /əbrídʒmənt/ 名 C 簡約したもの, 縮約版; U 縮約.

**a·broad /əbrɔ́:d/ ❗発音 副

> **意味のチャート**
> 「広く」❷《⇒ broad》の意味から, 「広く外へ」, 「**外国へ**」❶ の意味となった.

❶ **外国へ[に, で], 国外へ[に, で],** 海外へ: go *abroad* 外国へ行く / travel *abroad* 海外旅行をする / study *abroad* 留学する / Living *abroad* is the best way to learn a foreign language. 外国に住むのが外国語を身につける最善の方法だ / My father has just returned *from abroad.* 父は外国から帰ったばかりだ.

> **⚡ 外国へ行く**
> **外国へ行く**
> ○go abroad ×go to abroad
> **海外旅行する**
> ○travel abroad ×travel in abroad
> ✪ abroad は副詞なので前置詞はつけない. ただし ⇒ from 1 語法 (2).

❷《格式》(うわさなどが)広まって.

ab·ro·gate /ǽbrəgèɪt/ 動 他《格式》(法律·条約)を廃止する, 撤廃する.

+**a·brupt** /əbrʌ́pt/ 形 (a·brupt·er, more ~; a·brupt·est, most ~) ❶ 限定 (予期しない)**突然の,** 不意の: an *abrupt* change 急変 / an *abrupt* drop in temperature 突然の気温の低下. ❷ ぶっきらぼうな, 不作法な.
〘⇒ bankrupt キズナ〙
~·ly 副 突然(に), 不意に; ぶっきらぼうに.
~·ness 名 U 不意; ぶっきらぼう(さ).

abs /ǽbz/ 名 複《略式》腹筋.

ABS /éɪbì:és/ 名 U アンチロックブレーキ《車のブレーキ制御機構の一種; *a*ntilock *b*raking *s*ystem の略》.

ab·scess /ǽbses/ 名 C〔医学〕膿瘍(のうよう).

ab·scond /æbskɑ́(:)nd, əb- | -skɔ́nd/ 動 自《格式》(...から)逃亡する (*from*); (...を)持ち逃げする (*with*).

ab·sence** /ǽbs(ə)ns/ 名 (ab·senc·es /~ɪz/) ❶ U,C (ある場所に)**いないこと, 不在,** 欠席, 欠勤; 不在の期間 [⇔ presence]: ***absence from school [work] 欠席[欠勤] / No one noticed the *absence* of Mr. White. ホワイト氏がいないことにだれも気づかなかった / Meg called you ***in*** [***during***] your ***absence.*** (= Meg called you while you were absent.) 君の留守中にメグから電話があった / Mr. White is in charge of the business ***in the absence of*** the manager. 支配人が不在のときはホワイト氏が業務を管理する / Tom couldn't graduate because of his frequent *absences.* トムは欠席が多かったので卒業できなかった / After an *absence* of ten months he returned home. 10 か月ぶりで彼は帰国した / *Absence* makes the heart grow fonder. 《ことわざ》そばに(い)ないとかえって思いがつのる. ❷ [U または an ~] ないこと, 欠如 [≒ lack]: the *absence of* clear standards 明確な基準がないこと. (形 ábsent[1])

ab·sent**[1] /ǽbs(ə)nt/ ❗アク 形 ❶ [比較なし] **不在の,** 欠席の, 欠勤の, 留守の [⇔ present]: an *absent* parent 子供と同居していない親 / *absent* without leave〔軍隊〕無断外出[欠勤]で《⇒ AWOL》/ Henry has been ***absent from school [work] for the past ten days. [+*from*+名] ヘンリーはこの 10 日間学校を欠席[会社を欠勤]している. C+1 notably, conspicuously (目立って)や, largely, almost (ほとんど), totally, entirely, completely (全く·完全に)などの副詞で修飾することが多い: The American ambassador was ***notably absent*** from the party. アメリカ大使がパーティーを欠席していたのが目立っていた / That actor is ***largely absent*** from the screen in recent years. その俳優は近年ほとんど映画に出ていない. 語法 (1) be absent は be away より《格式》. (2) be absent は本来いるべき場所にいないという意味; 単にある場所にいない場合は be not here [in] という. ❷ (必要なものが)(...に)欠けている, ない (*from*). ❸ 限定 放心状態の, ぼんやりした: He had an *absent* look on his face. 彼はぼんやりとした表情をしていた.
(名 ábsence, 動 absént[2])

ab·sent[2] /æbsént/ ❗アク 動 他 [~ oneself として]《格式》欠席する, 欠勤する: Tom *absented himself from* the meeting. トムはその会合を休んだ. 語法 故意の欠席を意味することが多い. (形 ábsent[1])

ab·sen·tee /æ̀bs(ə)ntí:⁻/ 名 C 不在者, 欠席[欠勤]者.

ábsentee bállot 名 C《米》不在者投票(制度).

ab·sen·tee·ism /æ̀bs(ə)ntí:ɪzm/ 名 U 常習の欠勤[欠席], ずる休み.

ab·sent·ly /ǽbs(ə)ntli/ 副 ぼんやりと, うわの空で.

ab·sent-mind·ed /æ̀bs(ə)ntmáɪndɪd⁻/ 形 ぼんやりした, 放心状態の, うわの空の; 忘れっぽい. **~·ly** 副 ぼんやりして. **~·ness** 名 U 放心状態.

***ab·so·lute** /ǽbsəlù:t, æ̀bsəlù:t/ 形 ❶ [比較なし] **絶対的な,** 絶対の [⇔ relative]: *absolute* power 絶対的な権力 / *the absolute*〔哲学〕絶対《⇒ the[1] 6》/ The President has *absolute* trust in him. 大統領は彼に絶対的な信頼をおいている.
❷ 限定 [比較なし] **全くの,** 完全な [≒ perfect]; 純然た

る; 無条件の: *absolute* nonsense Ⓢ 全くのたわごと / speak with *absolute* certainty 完全に確信した口調で話す. ❸ 専制の, 独裁の.

ab·so·lute·ly /æbsəlúːtli, æbsəlùːtli/ — 副 ❶ Ⓢ 全く, 完全に, 絶対に (⇒ very[1] 1 表): You are *absolutely* right. まさにあなたの言うとおりです / It's *absolutely* impossible to do so. そうすることは全く不可能だ / I ate ***absolutely nothing*** the whole day. 私は一日中全く何も食べなかった. ❷ [質問などに答えて] Ⓢ 全くそのとおり, そうですとも, もちろん [≒certainly]: "That test was the worst ever." "*Àbsolútely!*" 「あのテストは最悪だったね」「全く!」 / "You broke your promise, didn't you?" "*Ábsolùtely nót.*" 「約束を破ったね」「そんなこと絶対ない」 (⇒ not (5) (ii)).

absolúte majórity 名 C [普通は単数形で] 絶対多数.

ábsolute zéro 名 U 〖物理〗 絶対零度.

ab·so·lu·tion /æbsəlúːʃən/ 名 U 罪の許し.

ab·so·lut·is·m /æbsəlùːtɪzm/ 名 U 専制政治.

ab·solve /əbzɑ́(ː)lv | -zɔ́lv/ 動 他 《格式》 (人)の責任などを免ずる (*from, of*); (人)に罪の許しを与える.

****ab·sorb** /əbsɔ́ɚb, -zɔ́ɚb | -zɔ́ːb, -sɔ́ːb/ 動 (**ab·sorbs** /~z/; **ab·sorbed** /~d/; **-sorb·ing**) 他 ❶ (液体·音·衝撃など)を**吸収する**, 吸い込む: This cloth *absorbs* water well. この布はよく水を吸収する / These nutrients *are* easily ***absorbed by*** the body. V+O の受身 これらの栄養素は体内に吸収されやすい. ❷ (思想·学問など)を吸収する; 同化する: Japan *absorbed* Western ideas. 日本は西欧思想を吸収した. ❸ [しばしば受身で] (会社など)を吸収[合併]する; (移民など)を受け入れる (*into*). ❹ (人)を夢中にさせる (⇒ absorbed). ❺ (困難·変化など)に対処する. ❻ (金·時間など)を使い果たす. (名 absórption, 形 absórbent)

ab·sorbed /əbsɔ́ɚbd, -zɔ́ɚbd | -zɔ́ːbd, -sɔ́ːbd/ 形 叙述 (...に)夢中で: The children *were absorbed in* their game. 子供たちはゲームに夢中だった.

ab·sor·bent /əbsɔ́ɚb(ə)nt, -zɔ́ɚ- | -zɔ́ː-, -sɔ́ː-/ 形 吸水性の, 吸収性の, よく吸い込む. (動 absórb)

absórbent cótton 名 U 《米》 脱脂綿.

ab·sorb·ing /əbsɔ́ɚbɪŋ, -zɔ́ɚ- | -zɔ́ːb-, -sɔ́ːb-/ 形 人を夢中にさせる, 非常に興味深い.

ab·sorp·tion /əbsɔ́ɚpʃən, -zɔ́ɚp- | -zɔ́ːp-, -sɔ́ːp-/ 名 ❶ U 吸収(作用): the *absorption of* water 水の吸収. ❷ U 併合; 編入 (*into*). ❸ U 夢中, 没頭 (*in, with*). (動 absórb)

ab·stain /æbstéɪn, əb-/ 動 自 ❶ 棄権する: *abstain from* voting 投票を棄権する. ❷ 《格式》 (酒·麻薬など)を)控える, 慎む: *abstain from* alcohol 禁酒する. 〖⇒ contain キズナ〗

ab·sten·tion /æbsténʃən, əb-/ 名 ❶ U,C (投票の)棄権 (*from*). ❷ U 《格式》 控えること, 節制.

ab·sti·nence /ǽbstənəns/ 名 U 《格式》 (飲食などの)節制, 禁欲, 禁酒 (*from*).

ab·sti·nent /ǽbstənənt/ 形 叙述 《格式》 節制する.

+**ab·stract**[1] /æbstrǽkt← | ǽbstrækt/ 形 ❶ **抽象的な**, 観念的な [⇔ concrete]: an *abstract* idea 抽象的な考え. ❷ 〖美術〗 抽象的な [⇔ figurative]: an *abstract* painting 抽象画. 〖⇒ attract キズナ〗

ab·stract[2] /ǽbstrækt/ 名 ❶ C 抽象芸術作品. ❷ C 要約, 摘要, 要旨 (*of*). **in the ábstract** [副] 抽象的に, 理論的に. — /æbstrǽkt | əbstrǽkt/ 動 他 (...)を取り出す; 要約する.

ab·stract·ed /æbstrǽktɪd/ 形 《格式》 (考え事をして)ぼんやりした, うわの空の. **~·ly** 副 ぼんやりと.

abstrac·tion /æbstrǽkʃən/ 名 ❶ C,U 抽象的な考え, 抽象概念. ❷ U 《格式》 うわの空, 放心(状態).

ábstract nóun 名 C 〖文法〗 抽象名詞 (⇒ **巻末文法** 2. 1 (2)).

ab·struse /æbstrúːs/ 形 《格式》 難解な.

+**ab·surd** /əbsə́ːd, -zə́ːd | -sə́ːd, -zə́ːd/ 形 **不合理な**, ばかげた; こっけいな: Don't be *absurd.* ばかなことを言うな[するな] / ***It is*** quite ***absurd to*** try to persuade him. 彼を説得しようとは全くばかげた話だ / *the absurd* 不合理(なもの) (⇒ the[1] 6). (名 absúrdity)

ab·sur·di·ty /əbsə́ːdəṭi, -zə́ːḍ- | -sə́ːd-, -zə́ːd-/ 名 (-di·ties) U,C 不合理; ばかげたこと. (形 absúrd)

ab·surd·ly /əbsə́ːdli, -zə́ːd- | -sə́ːd-, -zə́ːd-/ 副 不合理に; ばかばかしいくらい; 途方もなく: *absurdly* expensive 途方もなく高価な.

a·bun·dance /əbʌ́ndəns/ 名 [U または an ~] 豊富, 多数, 多量: There is *an abundance of* fruit. 果物はたくさんある / a time of *abundance* 豊かな時代. **in abúndance** [副] 豊富に, たくさん: We have food *in abundance*. 食物は豊富にある. (形 abúndant)

a·bun·dant /əbʌ́ndənt/ 形 豊富な, (あり余るほど)豊かな: an *abundant* harvest 豊作. (動 abóund, 名 abúndance)

abun·dant·ly /əbʌ́ndəntli/ 副 豊富に; 極めて: She has made her intentions *abundantly* clear. 彼女は意図を十分に明らかにした.

****a·buse**[1] /əbjúːs/ 発音 動詞の abuse[2] と発音が違う. 名 ❶ [U または複数形で] **虐待**, 酷使; 不当な扱い: child [sexual] *abuse* 児童[性的]虐待 / human rights *abuses* 人権侵害. ❷ U,C (薬物·権力などの)**乱用**, 悪用: drug [alcohol] *abuse* 麻薬の乱用[酒の飲み過ぎ] / an ***abuse of*** authority 権力の乱用 / be open to *abuse* 悪用される可能性がある // ⇒ solvent abuse. ❸ U **悪口**, 悪態, ののしり: verbal *abuse* 言葉の暴力, 暴言 / shout [hurl] *abuse* at ... ...を罵倒(ばとう)する. (動 abúse[2], 形 abúsive)

****a·buse**[2] /əbjúːz/ 発音 名詞の abuse[1] と発音が違う. 動 (**a·bus·es** /~ɪz/; **a·bused** /~d/; **a·bus·ing**) 他 ❶ (...)を**虐待する**, 酷使する: The child *was* (sexually) *abused.* V+O の受身 その子供は(性的)虐待を受けた. ❷ (薬物·権力など)を**乱用する**, 悪用する: *abuse* one's position as ... ...としての地位を悪用する / *abuse* one's trust (人の)信頼につけ込む. ❸ (人)をののしる, (人)に悪口を言う. (名 abúse[1]) 〖語源 原義はラテン語で「逸脱して (ab-) 使用する」〗

a·bus·er /əbjúːzə | -zə/ 名 C 虐待[乱用]者.

a·bu·sive /əbjúːsɪv, -zɪv/ 形 ❶ 虐待する, 酷使の. ❷ 口汚い, ののしる. (名 abúse[1])

a·but /əbʌ́t/ 動 (**a·buts**; **a·but·ted**; **a·but·ting**) 他 (...)に隣接する. — 自 (...に)隣接する (*on*).

a·bys·mal /əbízm(ə)l/ 形 全くひどい, 最低の.

a·byss /əbís/ アク 名 C 《文語》 底なしの穴; (絶望などの)どん底, 奈落: plunge into the *abyss of* sorrow 悲しみのどん底に落ちる.

AC /éɪsíː/ 略 = air conditioning, alternating current.

a·ca·cia /əkéɪʃə/ 名 C アカシア(の木).

ac·a·de·mi·a /ækədíːmiə/ 名 U《格式》(大学の)学究的な世界, 学界.

*__ac·a·dem·ic__ /ækədémɪk/ アク 形 ❶ [普通は 限定] **学問的な**, 学究的な: *academic* achievements 学問的な業績[学業成績] / *Academic* freedom is guaranteed. 学問の自由は, これを保障する《日本国憲法第 23 条》. 関連 practical 実際的な.
❷ [普通は 限定] **大学(レベル)の**; 高等教育の: an *academic* degree 学位. ❸ (職業・技術教育に対して)一般教養の. ❹ (人が)勉強の得意な. ❺ 非実用的な, 机上の. (名 acádemy)
— 名 C 大学教師, 学者.

ac·a·dem·i·cal·ly /ækədémɪkəli/ 副 [ときに 文修飾] 学問的に(言って), 学究的に, 勉強で(は).

ac·a·de·mi·cian /ækədəmíʃən, əkæd-/ 名 C 学士[芸術]院会員.

ácademic yéar 名 C 学年 [≒school year]《英米では普通は 9 月から 5, 6 月まで》.

+**a·cad·e·my** /əkædəmi/ アク 名 (-e·mies /~z/) ❶ C **専門学校**: an *academy* of music 音楽学校 / a police *academy* 警察学校.
❷ C [普通は A-] (学術・文芸・美術の)**協会**, **学士院**, 芸術院: the Royal *Academy* 英国王立美術院. ❸《米》(私立の)高等学校. (形 àcadémic)

Acádemy Awárd 名 C〔映画〕アカデミー賞《毎年最優秀映画および映画関係者に与えられる米国の賞; ⇒ Oscar 2》.

a cap·pel·la /àːkəpélə/ 《イタリア語から》 形 副〔音楽〕(合唱が)伴奏なしの[で], アカペラの[で].

ac·cede /əksíːd, æk-/ 動 自 ❶《格式》(申し出・要求などにしぶしぶ)同意する, 応じる (*to*). ❷《格式》(王位を)継承する (*to*).

+**ac·cel·er·ate** /əksélərèɪt, æk-/ 動 (-er·ates /-rèɪts/; -er·at·ed /-ṭɪd/; -er·at·ing /-ṭɪŋ/) 他 (事)を**速める**, 促進する; 加速する: *accelerate* research 研究を急ぐ. — 自 ❶ (乗物・運転手が)加速する [⇔ decelerate]: She *accelerated away* (*from* the curb). 彼女は(縁石から)スピードを上げて発進させた. ❷ (事が)速まる. (名 accèlerátion)

ac·cel·er·a·tion /əksèləréɪʃən, æk-/ 名 [U または an ~] 加速 (*of, in*); U〔物理〕加速度: a car with good *acceleration* 加速のよい車. (動 accéleràte)

ac·cel·er·a·tor /əksélərèɪṭə | -tə/ 名 ❶ C (車の)アクセル [《米》gas pedal]: step on the *accelerator* アクセルを踏む. ❷ C〔物理〕加速装置.

+**ac·cent**[1] /æksent | -s(ə)nt/ 名 (ac·cents /-sents | -s(ə)nts/) ❶ C (地域・階層による)**なまり**; 口調: She speaks English with a strong London *accent*. 彼女は強いロンドンなまりで英語を話す.
❷ C〔音声〕**アクセント**; アクセント記号《/ˊ/ や /ˋ/ など》. 参考 英語では文中のある語や, 語の中のある音節 (syllable) を特に強めて発音すること. 強勢 (stress) とも言う《⇒ **つづり字と発音解説** 86》: "Where is the *accent* in 'idea'?" "It is [falls] *on* the second syllable."「idea のアクセントはどこにありますか」「2 番目の音節です」 ❸ [単数形で] 強調, 力点: The *accent* is *on* ... ...が強調[重視]される.
(動 áccent[2], accéntuàte)

ac·cent[2] /æksent, æksént | æksént/ 動 他 ❶ (...)を強調する. ❷ (語・音節)にアクセントを置く.
(名 áccent[1])

ac·cent·ed /æksénṭɪd/ 形 なまりのある: speak (in) heavily *accented* English 強いなまりのある英語を話す.

ac·cen·tu·ate /əkséntʃuèɪt, æk-/ 動 他 (...)を強調する, 引き立たせる. (名 áccent[1])

ac·cen·tu·a·tion /əksèntʃuéɪʃən/ 名 ❶ U,C アクセントの置き[つけ]方. ❷ U 強調, 引き立て.

***__ac·cept__ /əksépt, æk-/ アク 発音
— 動 (accepts /-sépts/; -cept·ed /~ɪd/; -cept·ing) 他 ❶ (...)を**受け入れる**, (喜んで)受け取る, (申し出など)に応じる; (仕事・責任など)を引き受ける《⇒ 類義語》 [⇔ reject]: Meg readily *accepted* John's proposal [invitation]. メグはジョンのプロポーズ[招待]を喜んで受け入れた / She *accepted* a gift *from* him. V+O+*from*+名 彼女は彼の贈り物を受け取った. 語法 agree と違い「...に応じる」の意味で V+O (*to* 不定詞) の型はとらない: Meg agreed [×accepted] *to* marry John. メグはジョンと結婚することに同意した.
❷ (考えなど)を**容認する**, **認める**, 信じる; (事実など)を甘受する: The theory *is* not yet *accepted*. V+O の受身 その理論はまだ一般には認められていない / He did not ***accept*** her story ***as*** true. V+O+C (*as*+形) 彼は彼女の話を本当と認めなかった / 言い換え He could not *accept* the fact that his mother was dead. = He could not ***accept that*** his mother was dead. V+O (*that* 節) 彼は母が亡くなったことを受け入れられなかった.
❸ (人)を(仲間として)受け入れる, (人)の入学[入会, 入居]を認める: The team quickly *accepted* the new member. チーム全員がその新入部員とすぐいい仲間になった / She *was accepted to* [*at*] Harvard. 彼女はハーバード大学に入学を許可された. ❹ (カード・コインなど)を受け付ける: Do you *accept* credit cards? クレジットカードは使えますか.
— 自 受け入れる, 応じる. (名 accéptance)

> 類義語 **accept** 贈り物・提案などを進んで好意的に, または積極的に受け入れること. **receive** 特に望んでいるわけではない品物[行為, 申し出]を単に受動的に受けること: He *received* my advice coldly and wouldn't *accept* it. 彼は私の忠告を冷淡に受け止めて受け入れようとはしなかった.

ac·cept·a·bil·i·ty /əksèptəbíləṭi, æk-/ 名 U 受け入れられること; 容認度. (形 accéptable)

*__ac·cept·a·ble__ /əkséptəbl, æk-/ 形 ❶ **好ましい**, **受け入れられる**, (一応)満足[納得]のいく, まずまずの [⇔ unacceptable]: This plan is ***acceptable to*** all. + *to*+名 この計画はみんなに納得がいくものだ / an *acceptable* salary まずまずの給料.
❷ **容認できる**: socially *acceptable* behavior 社会的に認められるふるまい / ***It's*** not ***acceptable for*** you ***to*** talk like that. あなたがそんな口のきき方をするのは感心しない. (名 accèptabílity)

-a·bly /-əbli/ 副 認められるように; まずまず(よく).

*__ac·cep·tance__ /əkséptəns, æk-/ 名 (-cep·tanc·es /~ɪz/) ❶ U,C **受け入れる[られる]こと**, **受諾**; (仲間として)受け入れること [⇔ rejection]: uncritical ***acceptance of*** others' opinions 他人の意見を無批判に受け入れること / a letter of *acceptance* 受諾[採用]通知状 / an *acceptance* speech 指名受諾演説. ❷ U 容認, 賛成: gain [find] widespread *acceptance* 広く認められる. (動 accépt)

*__ac·cept·ed__ /əkséptɪd, æk-/ 形 限定 **認められた**: an *accepted* theory 定説.

*__ac·cess__ /ækses/ アク 発音 名 ❶ U **接近**, 近づき; (ある場所への)**交通の便**: a town with easy [good]

access to the sea 海に行きやすい町 / The museum has improved ***access for*** disabled visitors. その博物館は身体に障害のある人の来館の便をよくした.
❷ Ⓤ (...に)**近づく機会[権利]**; (...を)利用する機会[権利]; (人に)会う機会[権利]; 〔コンピュータ〕接続, アクセス: Do you have ***access to*** the Internet here? ここでインターネットに接続できますか / gain [get] *access to* ... ...に入る, ...を利用[入手]する, (人)に会う / be denied *access to* ... ...に入れない, ...を利用[入手]できない, (人)に会えない. ❸ Ⓤ (...へ)近づく道, (...への)通路, 入口: The only *access to* the village is from the river. その村へは川から入るしかない.
— 動 他〔コンピュータ〕(ファイル・データなど)に**アクセスする**; (...)を利用する, (...)に入る, 接近する: *access* the Internet インターネットに接続する.

単語のキズナ		CESS/行く=go
access	(...に行くこと)	→ アクセス
accessory	(...に付くもの)	→ アクセサリー
recess	(退くこと)	→ 休憩
ancestor	(先に行った人)	→ 先祖
predecessor	(前に引退した人)	→ 前任者

+**ac·ces·si·bil·i·ty** /æksèsəbíləṭi, æk-/ 名 Ⓤ **近づきやすさ**; 利用しやすさ [⇔ inaccessibility].

+**ac·ces·si·ble** /əksésəbl, æk-/ 形 ❶ (場所・人などが) **近づきやすい**, 行きやすい; (物事が)手に入れやすい, 利用しやすい (*to*) [⇔ inaccessible]: This airport is easily ***accessible by*** train. この空港は電車で楽に行ける. ❷ (本・絵などが)わかりやすい (*to*).

ac·ces·sion /əkséʃən, æk-/ 名 ❶ Ⓤ 即位, 就任; 加盟 (*to*). ❷ Ⓒ《格式》(図書などの)取得物.

+**ac·ces·so·ry** /əksés(ə)ri, æk-/ ❗アク 名 (-so·ries) ❶ Ⓒ [普通は複数形で] (服装の)**アクセサリー**; 小物類. ❷ Ⓒ [普通は複数形で] (機械・車などの)**付属物[品]**: computer *accessories* コンピューターの付属品[周辺機器]. ❸ Ⓒ〔法律〕共犯者 (*to*).
〘⇒ access キズナ〙

áccess pòint 名 Ⓒ〔コンピュータ〕アクセスポイント.

áccess ròad 名 Ⓒ 連絡道路.

áccess tìme 名 Ⓤ,Ⓒ〔コンピュータ〕呼び出し時間.

****ac·ci·dent** /ǽksəḍənt, -dnt/ ❗発音
— 名 (-ci·dents /-ḍənts, -dnts/)

意味のチャート
「出来事」の意から「**偶然の出来事**」❷, 特に「(思わぬ)**事故**」❶ となった.

❶ Ⓒ **事故, 災難**《⇒ event 表》: a car [train] *accident* 自動車[列車]事故 / He ***had*** an ***accident*** on his way home. 彼は帰宅途中で事故にあった / There was a fatal *accident* at that corner yesterday. きのうあの角で死亡事故があった / Her son was injured [killed] ***in*** a traffic ***accident***. 彼女の息子は交通事故でけがをした[死んだ] / ***prevent accidents*** 事故を防ぐ / ***cause*** an ***accident*** 事故を引き起こす / *Accidents* (will) happen. 《ことわざ》Ⓢ (注意しても)事故は起こるもの《しばしば慰めのことば》.
❷ Ⓒ,Ⓤ **思いがけない出来事**, 偶然: It is no *accident* that he succeeded in the examination. 彼が試験に合格したのは決して偶然ではない / an ***accident of*** birth [history] 生まれ[歴史]の巡り合わせ.
an áccident wáiting to háppen [名] 事故[問題]を起こしそうな状況[人].
by áccident [副] 偶然に, たまたま; 誤って [⇔ on purpose, by design]: I met him on the street *by accident*. 私は通りで偶然彼に会った.
(形 àccidéntal)

+**ac·ci·den·tal** /æ̀ksədénṭl⁻/ 形 **思いがけない, 偶然の**, 偶発の [⇔ intentional, deliberate]; 事故による, 不慮の: an *accidental* fire 失火. (名 áccident)

ac·ci·den·tal·ly /æ̀ksədénṭəli/ 副 偶然に, たまたま, 思いがけず; 誤って, うっかり.

áccident and emérgency 名 Ⓒ《英》救急治療室[科]《略 A & E》[《米》emergency room].

ac·ci·dent-prone /ǽksəḍəntpròun/ 形 (人が)事故にあいがちな, 事故を起こしがちな.

+**ac·claim** /əkléɪm/ 動 (ac·claims /~z/; ac·claimed /~d/; ac·claim·ing) 他 [普通は受身で] (...を)(公に)**称賛する**, 絶賛する: He ***was acclaimed*** (***as***) a hero. V+O+C ((as+)名)の受身 彼は英雄として称賛された.
— 名 Ⓤ **称賛**: win critical *acclaim* 批評家の称賛を得る.

ac·claimed /əkléɪmd/ 形 称賛されている: a critically [widely] *acclaimed* novel 批評家に[広く]称賛されている小説.

ac·cla·ma·tion /æ̀kləméɪʃən/ 名 Ⓤ,Ⓒ《格式》熱烈な賛同; (賛成投票に代わる)拍手. **by acclamátion** [副]《格式》賛成の拍手[声]で.

ac·cli·mate /ǽkləmèɪt/ 動 他《米》(人・動植物)を新しい風土に慣らす, なじませる:「get *acclimated* [*acclimate oneself*]」 *to* college life 大学生活に慣れる. — 自《米》新しい風土に慣れる, なじむ (*to*).

ac·cli·ma·tion /æ̀kləméɪʃən/ 名 Ⓤ《米》(新環境への)順応, (新風土への)順化 (*to*).

ac·cli·ma·ti·za·tion /əklàɪməṭɪzéɪʃən | -taɪz-/ 名 Ⓤ = acclimation.

ac·cli·ma·tize /əkláɪmətàɪz/ 動 = acclimate.

ac·co·lade /ǽkəlèɪd/ 名 Ⓒ 称賛; 賞, 名誉.

+**ac·com·mo·date** /əká(ː)mədèɪt | əkɔ́m-/ 動 (-mo·dates /-dèɪts/; -mo·dat·ed /-ṭɪd/; -mo·dat·ing /-ṭɪŋ/) 他 ❶ (人・物)を**収容する**; (ホテルなどが)(客)を**宿泊させる**; (乗り物が)(乗客)を乗せる: This classroom「can *accommodate* [*accommodates*]」 up to thirty students. この教室には学生が 30 人まで入れる / We ***were accommodated at*** [***in***] the Grand Hotel. V+O+前+名の受身 我々はグランドホテルに泊まった. ❷《格式》(人の意見など)を受け入れる, (要望など)に応じる, 対応[配慮]する: *accommodate* different views 異なる意見を受け入れる.
accómmodate (onesèlf) to ... [動] 他 (新事態)に順応する[慣れる]. (名 accòmmodátion)

ac·com·mo·dat·ing /əká(ː)mədèɪṭɪŋ | əkɔ́m-/ 形 親切な, 協力的な, 人のよい (*to*).

***ac·com·mo·da·tion** /əkà(ː)mədéɪʃən | əkɔ̀m-/ 名 (~s /~z/) ❶ [《米》複数形で, 《英》Ⓤ] (ホテルなどの)**宿泊施設[設備]**《部屋・食事など》, 泊まる[住む]ところ; (乗客の)座席: This price includes *accommodation(s)*. この価格には宿泊が含まれる. ❷ Ⓒ,Ⓤ《格式》協定, 合意, 妥協; 調整, 便宜: reach an *accommodation* 協定を結ぶ / make *accommodations* for ... ...のために便宜をはかる. (動 accómmodàte)

ac·com·pa·ni·ment /əkʌ́mp(ə)nimənt/ 名 ❶ Ⓒ,Ⓤ〔音楽〕伴奏: Mary sang *to* the *accompani-*

ment of the violin. メアリーはバイオリンの伴奏で歌った《⇒ to[1] 14》. ❷ Ⓒ (飲食物の)添え物; 《格式》随伴物, 付き物: Rice is [makes] a good *accompaniment to* spicy dishes. スパイスのきいた料理にはご飯がよく合う.　(動 accómpany)

ac·com·pa·nist /əkʌ́mp(ə)nɪst/ 名 Ⓒ 伴奏者.

*__ac·com·pa·ny__ /əkʌ́mp(ə)ni/ 発音 動 (-pa·nies /~z/; -pa·nied /~d/; -ny·ing) 他 ❶ 《格式》(人)**について行く**, 同行[同伴]する, (人)と**いっしょに行く** [≒go with ...]: Tom *accompanied* Mary. トムがメアリーについて行った / Mr. Brown ***was accompanied by*** his wife. V+O の受身 ブラウン氏は夫人を同伴していた / Meg ***accompanied*** me ***to*** the station. V+O+*to*+名 メグは駅まで私について来てくれた.
❷〔音楽〕(...)の**伴奏をする**: He ***accompanied*** the violinist ***on*** [*at*] the piano. V+O+*on* [*at*]+名 彼はピアノでバイオリン奏者の伴奏をした. ❸ [普通は受け身で] (...)に伴う, 伴って起こる: The rain *was accompanied by* sleet. 雨にみぞれも加わった.
(名 accómpaniment, cómpany)

ac·com·plice /əkɑ́(ː)mplɪs, əkʌ́m- | əkʌ́m-, əkɔ́m-/ 名 Ⓒ 共犯者. 関連 complicity 共謀.

+**ac·com·plish** /əkɑ́(ː)mplɪʃ, əkʌ́m- | əkʌ́m-, əkɔ́m-/ 動 (-plish·es /~ɪz/; -com·plished /~t/; -plish·ing) 他 (目標など)を**達成する**, 成し遂(と)げる, 完成する《⇒ achieve 類義語》: They *accomplished* their mission [purpose]. 彼らは使命[目的]を果たした / Mission *accomplished*. 任務完了.
(名 accómplishment)

ac·com·plished /əkɑ́(ː)mplɪʃt, əkʌ́m- | əkʌ́m-, əkɔ́m-/ 形 (ある技に)熟達した, 堪能(たんのう)な (*at, in*): an *accomplished* conductor 優秀な指揮者.

+**ac·com·plish·ment** /əkɑ́(ː)mplɪʃmənt, əkʌ́m- | əkʌ́m-, əkɔ́m-/ 名 (-plish·ments /-mənts/) ❶ Ⓒ **業績**, 功績, 成果: The creation of this dictionary is quite an *accomplishment*. この辞書を作ったことは立派な業績である. ❷ Ⓤ (目標などの)**達成**, 完成: a sense of *accomplishment* 達成感 / The *accomplishment of* his goal took fifteen years. 彼の目標達成には 15 年を要した. ❸ Ⓒ,Ⓤ 才能; 特技.
(動 accómplish)

*__ac·cord__ /əkɔ́ əd | əkɔ́ːd/ 名 (ac·cords /əkɔ́ədz | əkɔ́ːdz/) ❶ Ⓒ (国家·企業間の)**協定**, 合意 (*with, between*): a peace *accord* 平和協定 / reach an *accord* 合意に達する. ❷ Ⓤ 《格式》一致.
be in accórd [動] 自 《格式》一致している: I *am in* complete *accord with* you. あなたと全く同意見です.
of one's ówn accórd [副] **自発的に**; ひとりでに: Students came *of their own accord*. 学生たちは自発的にやって来た.
with óne accórd [副] 《英格式》いっせいに.
— 動 他 《格式》(...に)(特権·待遇など)を与える, 許容する [≒grant]: 言い換え We *accorded* the honor *to* her. = We *accorded* her the honor. 我々は彼女にその栄誉を授けた《⇒ to[1] 3 語法》.
— 自 《格式》一致[調和]する [≒agree]: His actions do not *accord with* his words. 彼の行動は言っていることと一致していない.
〖語源 原義はラテン語で「心を合わせる」; ⇒ record[2] キズナ〗

ac·cor·dance /əkɔ́ədəns, -dns | əkɔ́ː-/ 名 [次の成句で] **in accórdance with ...** [前] 《格式》(規則·希望など)に従って, ...に合わせて: I will do it *in accordance with* his instructions. 彼の指示どおりにやります.

+**ac·cord·ing·ly** /əkɔ́ədɪŋli | əkɔ́ːd-/ 副 ❶ **それに応じて**, 適宜に: Everyone understood the danger and acted *accordingly*. だれもがその危険を知っていてそれに応じて行動した. 語法 動詞の直後に置く. ❷ つなぎ語 それゆえに, 従って [≒therefore]: It is very difficult to master a foreign language; *accordingly* you must study as hard as you can. 外国語を習得するのはとても難しい. 従って一生懸命勉強する必要がある. 語法 主に文頭かセミコロンや and の後に用いる.

*ac·cord·ing to
/(子音の前では) əkɔ́ədɪŋtə | əkɔ́ːd-; (母音の前では) -tu/
— 前 ❶ ...**によれば**, ...の言う[示す]ところに**従えば**: 言い換え *According to* today's newspaper, there was an earthquake in Alaska. (= Today's newspaper says that there was an earthquake in Alaska.) きょうの新聞によるとアラスカで地震があったそうだ.

> **...の意見では**
> **私の意見では**
> ○in my opinion [view]
> ×according to my opinion [view]
> ✪ 他人の意見を引用する場合は according to Lisa (リサの意見では) のように言える.

❷ ...**に従って**, ...**どおりに**; ...に応じて[比例して]: I tried to act *according to* my principles. 自分の主義に従って行動しようとした / Everything ***went according to plan***. すべて計画どおりに進んだ.

ac·cor·di·on /əkɔ́ədiən | əkɔ́ː-/ 名 Ⓒ アコーディオン.

ac·cost /əkɔ́ːst | əkɔ́st/ 動 他 Ⓦ (知らない人)に近寄って(ぶしつけに)話しかける.

*ac·count /əkáʊnt/ 発音

— 名 (accounts /əkáʊnts/)

> 意味のチャート
> 基本的には「計算」の意《⇒ count[1]》.
> (金銭に関する)「**計算書**」❹
> →「**銀行口座**」❷
> →「**報告**」,「**説明**」❶

❶ Ⓒ (出来事の)**説明**, **報告**, 話, 記事; 記述: The three people ***gave*** three different ***accounts of*** the accident. その 3 人はそれぞれ異なる 3 通りの事故の説明をした / Please *give* us a detailed [full] *account of* your trip. どうぞ私たちに旅行の話を詳しく聞かせてください.
❷ Ⓒ **銀行預金口座** (bank account); 掛け勘定, つけ: open [close] an ***account with*** ... ...に口座を開く [...の口座を閉じる] / pay [put, deposit] money into an *account* 口座にお金を振り込む /「take money out of [withdraw money from] an *account* 口座からお金をおろす / Do you have an ***account***「***with*** us [*at* our bank]? 私どもに口座をお持ちですか《銀行の窓口で》/ an *account* number 口座番号 / I'd like to charge this to my *account*. 私の勘定につけていただきたい[つけ払いにしたい]のですが. ❸ Ⓒ〔コンピュータ〕アカウント《サービスを利用するための取り決め·資格》.
❹ Ⓒ 計算(書), 勘定(書き); 請求書; [普通は複数形で] (収支の)明細書, 会計[取引]記録; [複数形で] (会社の)経理部門: the grocer's *account for* last month 先月の雑貨店の勘定 / send in an *account* to ... ...に勘定[請求]書を送る / Please settle your *account*. 勘

定を清算してください / do [keep] (the) *accounts* 帳簿をつける. ❺ Ⓒ 得意先, 顧客. ❻ Ⓤ 《格式》重要性: a matter *of* no [little] *account* 全く[ほとんど]取るに足らない事柄.

by [from] áll accóunts [副] 文修飾 だれの話でも, だれに聞いても.

by ...'s ówn accóunt [副] 文修飾 ...自身の話によると.

cáll [bríng] ... to accóunt [動] ⑩《格式》(...)に(～の)(説明)責任を問う (*for*, *over*).

gìve a góod [póor] accóunt of onesèlf [動] ⓐ《英》(競争などで)いい[みっともない]ところを見せる.

on accóunt [副] (現金でなく)つけで; 内金として.

on ...'s accòunt [副] [しばしば否定文で] Ⓢ ...のために.

on accòunt of ... [前] **...の理由で**, ...のために [≒ because of]: I was late for school *on account of* an accident. 私は事故で学校に遅れた.

on nó accòunt = nót ... on ány accòunt [副] どんなことがあっても[決して]...(し)ない: 言い換え You must *not* take it *on any account*. = *On no account* must you take it. 決してそれを受け取ってはいけない (⇒ 巻末文法 15. 2 (2)).

on one's **ówn accòunt** [副] 自分の(利益の)ために; 自分の責任で.

on thát [thís] accóunt [副] その[この]ために, そういう[こういう]理由で.

táke ... ìnto accóunt = tàke accóunt of ... [動] ⑩ (...)を考慮に入れる.

túrn [pút] ... to góod accóunt [動] ⑩《格式》(金・才能など)を有効に活用する.

— [動] ⑩ [普通は受身で]《格式》(...)を～と思う, みなす.

accóunt for ... [動] ⑩ (1) (人が)...**に対して**(筋道の通った)**説明をする**, ...の申し開きをする; (物事が)...**の説明[原因]となる** (受身 be accounted for ...): She was asked to *account for* her conduct. 彼女は自分の行動の説明をするように求められた / That *accounted for* his absence. それで彼の欠席[欠勤]の理由がわかった. (2) (ある割合や部分)を**占める**: Computers *accounted for* 15% of the total sales of electrical appliances last year. 昨年コンピューターは電化製品の総売上額の15% を占めた. (3) [普通は受身で] (人・物)の行方を明らかにする: Two mountain climbers are still not *accounted for*. 登山者 2 名がまだ行方不明である. (4) (金の収支)を明細に説明[報告]する.
〖⇒ count¹ キズナ〗

ac·count·a·bil·i·ty /əkàʊnṭəbíləṭi/ 名 Ⓤ 説明義務[責任]; 〔会計〕会計責任, アカウンタビリティ.

+**ac·count·a·ble** /əkáʊnṭəbl/ 形 叙述 (人が)**責任がある** [≒responsible]; (人に)(...について)説明する義務がある [⇔ unaccountable]: I think the government is ***accountable to*** the people ***for*** its decision. 政府は決定について国民に対して説明する責任があると思う / Politicians should ***be held accountable for*** their actions. 政治家は自身の行動について責任が問われるべきだ.

ac·coun·tan·cy /əkáʊnṭənsi/ 名 Ⓤ《英》会計の職[事務], 経理.

+**ac·coun·tant** /əkáʊnṭənt/ 名 (-coun・tants /-ṭənʦ/) Ⓒ **会計士**; 会計係: 《米》 a certified public *accountant* =《英》 a chartered *accountant* 公認会計士.
〖⇒ count¹ キズナ〗

accóunt bòok 名 Ⓒ 会計簿, 出納簿.

+**ac·count·ing** /əkáʊnṭɪŋ/ 名 Ⓤ **会計(学)**; 《米》会計の職, 経理 [《英》 accountancy].

ac·cou·tre·ments, 《米》 **-ter·ments** /əkúːṭə-mənʦ | -tə-/ 名 複《格式》装具, 備品, (旅行者の)携帯品.

ac·cred·it /əkrédɪt/ 動 ⑩ [普通は受身で] ❶ (学校など)を認可する; (大使など)を信任状を与えて派遣する (*to*). ❷《格式》(事)を(人の)功績とする (*to*); (人)に(事を)帰する (*with*).

ac·cred·i·ta·tion /əkrèdəṭéɪʃən/ 名 Ⓤ 認可, 認定; 信任.

ac·cred·it·ed /əkrédɪṭɪd/ 形 ❶ 認可された, 公認の; 基準[品質]を保証された: an *accredited* school 認定校. ❷ (外交官が)信任状を与えられた (*to*).

ac·cre·tion /əkríːʃən/ 名《格式》Ⓒ 付着物, 堆積(たいせき)層; Ⓤ 付着, 堆積, 積み重ね.

+**ac·crue** /əkrúː/ 動 (ac·crues /～z/; ac·crued /～d/; ac·cru·ing) ⓐ《格式》(利子が)**つく** (*to*); (利益などが)生ずる (*to*, *from*). — ⑩《格式》(利子など)を**ためる**, 蓄積する.

+**ac·cu·mu·late** /əkjúːmjʊlèɪt/ 動 (-mu・lates /-lèɪʦ/; -mu·lat·ed /-ṭɪd/; -mu·lat·ing /-ṭɪŋ/) ⑩ (長期間にわたって少しずつ)(...)を**ためる**, 蓄積する: He *accumulated* his fortune by hard work. 彼は一生懸命に働いて財産をためた.
— ⓐ 蓄積する, たまる.
(名 accùmulátion, 形 accúmulàtive)

ac·cu·mu·la·tion /əkjùːmjʊléɪʃən/ 名 Ⓤ 蓄積, ためること; Ⓒ 蓄積物: the *accumulation of* wealth 富の蓄積. (動 accúmulàte)

ac·cu·mu·la·tive /əkjúːmjʊlèɪṭɪv, -ləṭ-/ 形《格式》徐々に増える, 累積的な. (動 accúmulàte)

+**ac·cu·ra·cy** /ǽkjʊrəsi/ ❗アク 名 Ⓤ **正確さ**, 精密さ, 的確さ (*of*) [⇔ inaccuracy]: That weather forecaster has a reputation for *accuracy*. あの天気予報官は正確さで定評がある / ***with accuracy*** 正確に.
(形 áccurate)

***ac·cu·rate** /ǽkjʊrət/ ❗アク

— 形 ❶ (情報・報告などが)**正確な[で]**; (計器などが)精密な(⇒ correct 類義語) [⇔ inaccurate]: an *accurate* calculation 正確な計算 / My sister is always ***accurate in*** her statements. +in+名 妹はいつも言うことが正確だ / This watch is ***accurate to*** (within) ten seconds per year. この時計は年に10秒(以内)の誤差で正確だ. ❷ (的などに)正確に当たる, 的中する.

to be áccurate [副] 文修飾 正確に言うと.
(名 áccuracy)
〖語源 ラテン語で「注意が払われた」の意; ⇒ cure キズナ〗

ac·cu·rate·ly /ǽkjʊrətli/ 副 正確に, 正しく.

+**ac·cu·sa·tion** /æ̀kjʊzéɪʃən/ 名 (～s /～z/) Ⓒ,Ⓤ **非難**; Ⓒ〔法律〕**告発**, 告訴 [≒charge]: make [bring, level] an ***accusation against*** ... (人)を非難[告発]する / face ***accusations of*** corruption 汚職の非難を受ける / She denied the ***accusation that*** she had lied. +that 節 彼女はうそをついたという非難を否定した.
(動 accúse)

ac·cu·sa·to·ry /əkjúːzətɔ̀ːri | -təri, -tri/ 形《格式》(ことば・表情などが)非難するような.

A

*__ac·cuse__ /əkjúːz/ 動 (ac·cus·es /〜ɪz/; ac·cused /〜d/; ac·cus·ing) 他 ❶ (人)を**非難する**, (...)を(〜のかどで)責める [≒blame]: He *was* ***accused of*** be*ing* a coward. V+O+*of*+動名の受身 彼はおくびょう者だと非難された.
❷ (人)を**訴える**, **告発する**, 告訴する: Mr. Green ***accused*** Tom ***of*** steal*ing* [hav*ing* stolen] his car. V+O+*of*+動名 グリーン氏はトムが車を盗んだと訴えた / They ***accused*** her ***of*** theft. V+O+*of*+名 彼らは彼女を窃盗罪で告発した. (名 àccusátion)

ac·cused /əkjúːzd/ 形〔法律〕告発された: *the accused* (刑事)被告人(たち)《被告人の数によって単数または複数名詞扱い; ⇒ the¹ 3》. 関連 accuser 告発人. **stànd accúsed** [動] 自 (...のかどで)告発[非難]されている (*of*).

ac·cus·er /əkjúːzə | -zə/ 名 C 告発人, 原告; 非難者. 関連 the accused 被告人(たち).

ac·cus·ing /əkjúːzɪŋ/ 形 (表情・口調などが)非難する(ような), とがめる. **〜·ly** 副 非難するように.

ac·cus·tom /əkʌ́stəm/ ❗発音 動 他 (人など)を(〜に)慣れさせる (*to*)《⇒ accustomed》. **accústom onesèlf to ...** [動] 他 ...に慣れる: *Accustom yourself to* get*ting* up early. 早起きの習慣をつけなさい. (名 cústom)

ac·cus·tomed /əkʌ́stəmd/ 形 ❶ (...に)慣れて: I am not *accustomed to* city noises. 私は都会の騒音に慣れていない / Have you *got accustomed to* using this dictionary? この辞書は引き慣れましたか. 語法 to は前置詞なので名詞(句)または動名詞が続くのが正しいが, 実際には to do の形も用いられる. ✪ Ⓢ では be [get] used to ... のほうが普通. ❷ 限定《格式》慣れた, いつもの [⇔ unaccustomed]: his *accustomed* seat 彼のいつもの席.

AC/DC /éɪsìːdíːsìː/ 形 叙述《俗》両性愛の.

+**ace** /éɪs/ 名 (ac·es /〜ɪz/) ❶ C〔トランプ〕**エース**; 1 の札, (さいころの) 1 の目《⇒ deuce 1》: the *ace of* spades スペードのエース. ❷ C《略式》名手, 第一人者;〔野球〕エース, 主力投手. ❸ C (テニス・バレーボールの)サービスエース《相手がとれないようなサーブ, またはそれで得た得点》.
an áce in the hóle《米》= **an áce up** one's **sléeve** [名]《略式》最後の切り札, 奥の手.
hóld áll the áces [動] 自 決定権を握っている, 有利な状況にある.
withìn an áce of ... [前] もう少しで...するところで: We came *within an ace of* success. 私たちはもう少しで成功するところだった.
— 形 ❶ 限定《略式》(人が)一流の: an *ace* pilot 一流のパイロット. ❷《略式》すばらしい.
— 動 他 ❶ Ⓢ《米》(試験・レポート)で A[優]を取る. ❷ (相手)にサービスエースをきめる.

a·cer·bic /əsə́ːbɪk | əsə́ː-/ 形 しんらつな, 手厳しい.

ac·e·tate /ǽsətèɪt/ 名 U〔化学〕酢酸塩; アセテート(絹糸)《酢酸からできる人造布[絹糸]》.

a·cé·tic ácid /əsíːtɪk-/ 名 U 酢酸.

a·cet·y·lene /əsétəlìːn, -lɪn/ 名 U アセチレン(ガス)《金属の切断・溶接に使う》.

+**ache** /éɪk/ ❗発音 動 (aches /〜s/; ached /〜t/; ach·ing) 自 ❶ (絶えず, 鈍く)(**体が**)**痛む**, うずく; 心が痛む: My tooth *aches* [is *aching*]. 歯が痛い / After gardening she *ached* all over. 庭仕事のあと, 彼女は体中が痛んだ / My heart *aches* for the poor orphan. そのかわいそうな孤児のことを思うと心が痛む. ❷ Ⓦ (...を)切望する, ...したがる: She was *aching for* a cup of tea. 彼女はとてもお茶を飲みたがっていた / I am *aching to* go abroad again. ぜひもう一度外国へ行きたい.
— 名 (〜s /〜s/) C (長く続く, 鈍い)**痛み**, うずき《⇒ pain 類義語》: I had [felt] a dull *ache* in my side. 私は横腹に鈍い痛みがあった. 関連 backache 背中[腰]の痛み / earache 耳の痛み / headache 頭痛 / stomachache 腹痛 / toothache 歯痛. **áches and páins** [名] 体のあちこちの痛み.

a·chiev·a·ble /ətʃíːvəbl/ 形 (目的が)達成できる.

⁑a·chieve /ətʃíːv/
— 動 (a·chieves /〜z/; a·chieved /〜d/; a·chiev·ing) 他 (困難な目的など)を(努力して)**達成する**, (事)を**成し遂**(と)**げる**, (成果)をあげる《⇒ 類義語》: She *achieved* her purpose. 彼女は目的を達した / He *achieved* great success [fame]. 彼は大変な成功を収めた[名声を得た].
— 自 成果をあげる, 成功する: *achieve in* school 学校でよい成績を収める. (名 achíevement)

類義語 **achieve** 困難を乗り越えて, 価値や意義のあることを達成することに重点が置かれる: They are trying to *achieve* a lasting peace. 彼らは永久平和の達成に努力している. **accomplish** ある特定の計画・目的・使命・仕事などを成し遂げることで, 普通努力や能力を要する: He *accomplished* his mission. 彼は使命を完遂した. **attain** 努力の結果, 希望や目的などに到達 (reach) すること: He *attained* his end [objective]. 彼は目的を果たした.

〚語源 原義は「頂点・頭《⇒ chief》へ達する (ad-)」〛

*__a·chieve·ment__ /ətʃíːvmənt/ 名 (a·chieve·ments /-mənts/) ❶ C (努力して)**達成したこと**, **業績**, 偉業; U,C (生徒の)学力, 成績: remarkable ***achievements in*** physics 物理学での優れた業績.
❷ U **達成**, 成し遂(と)げること: the ***achievement of*** our goals 我々の目標の達成 / a sense of *achievement* 達成感. (動 achíeve)

achíevement tèst 名 C 学力検査.

a·chiev·er /ətʃíːvə | -və/ 名 C 達成者, 成功者; [前に形容詞をつけて] 達成度が...な人: a high *achiever* よい成果をあげる人.

A·chil·les /əkíliːz/ 名 固 アキレス《ホメロス (Homer) 作の叙事詩「イリアッド」(*Iliad*) 中のギリシャの英雄; 唯一の弱点のかかとを射られて死ぬ》.

A·chíl·les(') héel /əkíliːz-/ 名 C [普通は one's 〜 として] (アキレスのかかとのような)急所, 弱点.

Achílles téndon 名 C〔解剖〕アキレス腱(けん).

ach·y /éɪki/ 形 (ach·i·er; -i·est)《略式》(持続して)うずく (*from*): I feel all *achy*. 体中が痛む.

*__ac·id__ /ǽsɪd/ 名 ❶ U,C〔化学〕**酸**. 参考「酸っぱいもの」というよりは「皮膚をこがす危険なもの」としてとらえられることが多い. 関連 alkali アルカリ. ❷ U《俗》= LSD《幻覚剤》.
— 形 ❶ 限定 (非常に)酸っぱい, 酸味の強い [≒sour]: *acid* fruit 酸っぱい果物. ❷ 限定 (ことばなどが)しんらつな, 厳しい: an *acid* remark しんらつな発言. ❸ 限定〔化学〕酸性の: (an) *acid* soil 酸性の土壌. 関連 alkaline アルカリ性の / neutral 中性の. (動 acídify, 名 acídity)

a·cid·ic /əsídɪk/ 形 (非常に)酸っぱい; 酸(性)の.

a·cid·i·fy /əsídəfàɪ/ 動 (-i·fies; -i·fied; -fy·ing) 他 (...)を酸性にする. — 自 酸性になる. (形 ácid)

A

a·cid·i·ty /əsídəṭi/ 名 U 酸味, 酸度. (形 ácid)
ac·id·ly /ǽsɪdli/ 副 しんらつに, 意地悪く.
ácid ráin 名 U 酸性雨.
ácid tést 名 C [普通は the ~] (人・物の)価値[有効性]を量るもの, 試金石 [≒litmus test].
*__ac·knowl·edge__ /əkná(ː)lɪdʒ, æk- | -nɔ́l-/ 動 (-knowl·edg·es /~ɪz/; -knowl·edged /~d/; -knowl·edg·ing) 他 ❶ (事実・存在)を**認める**, (...)が(~であると)**認める**; (権威・地位など)を認める: 言い換え He ***acknowledged that*** it was true. V+O (that 節) = He *acknowledged* the truth of it. 彼はそれを真実だと認めた / 言い換え He did not *acknowledge* defeat. = He did not ***acknowledge*** hav***ing*** been defeated. V+O (動名) = He did not *acknowledge that* he「had been [was] defeated. 彼は自分が負けたことを認めなかった / Mr. Smith ***acknowledged how*** silly his mistake was. V+O (wh 節) スミス氏は自分の間違いがとてもばかげたものだったことを認めた / 言い換え He *was* ***acknowledged as*** an authority in this field. V+O+C (as+名)の受身 = He *was* ***acknowledged to*** be an authority in this field. V+O+C (to 不定詞)の受身 彼はこの分野の権威者として認められていた. ❷ (手紙・メールなど)を受け取ったことを知らせる: We *acknowledge* (receipt of) your letter. お手紙は確かに受け取りました. ❸ (援助など)に(公に)感謝の意を表する, 礼を言う: I'd like to *acknowledge* the support of my family. 家族の支えに感謝の意を表したい. ❹ (表情・身ぶりで)(相手)に気づいたことを示す, あいさつをする: She walked away without *acknowledging* me. 彼女は私に知らん顔をして歩いていってしまった. (名 acknówledg(e)ment)
ac·knowl·edg·ment, -edge- /əkná(ː)lɪdʒmənt, æk- | -nɔ́l-/ 名 ❶ [U または an ~] 認めること, 承認 (*of*); 存在に気づくこと. ❷ C,U 感謝(のことば[印]), 謝礼: *in acknowledgment of* ... ...への感謝の印に. ❸ [複数形で] (著者の)謝辞. ❹ C,U 受け取りの通知. (動 acknówledge)
ac·me /ǽkmi/ 名 [the ~] 《格式》 絶頂, 極致 (*of*).
ac·ne /ǽkni/ 名 U 〔医学〕 にきび (⇒ pimple): have bad *acne* ひどいにきびができる.
ac·o·lyte /ǽkəlàɪt/ 名 C (忠実な)助手, 信奉者.
+**a·corn** /éɪkɔən | -kɔːn/ 名 (~s /~z/) C **どんぐり** 《オーク (oak) の実》.
a·cous·tic /əkúːstɪk/ 発音 形 ❶ 音響上[学]の; 聴覚の. ❷ 限定 (楽器が)電気的に増幅をしない: an *acoustic* guitar アコースティックギター.
a·cous·tics /əkúːstɪks/ 名 ❶ [複数扱い] (講堂などの)音響効果[状態]. ❷ U 音響学.
ac·quaint /əkwéɪnt/ 動 他 《格式》 (人)に(物事を)知らせる, 精通させる (⇒ acquainted): He *acquainted* her *with* her new duties. 彼は彼女に新しい仕事を教え込んだ. **acquáint onesèlf with ...** [動] 他 《格式》 ...をよく知る, 熟知する. (名 acquáintance)
+**ac·quain·tance** /əkwéɪnṭəns, -tns/ 発音 名 (-quain·tanc·es /~ɪz/) ❶ C (それほど親しくない) **知人**, 知り合い (⇒ friend 類義語) [⇔ stranger]: a mutual *acquaintance* 共通の知り合い / Mr. White and I are not friends, only casual *acquaintances*. ホワイト氏と私とは友人ではなく, 単なるちょっとした知り合いです. ❷ [U または an ~] 《格式》 (少し)知っていること, 面識; (多少の)知識: I have some *acquaintance with* German. 私は多少ドイツ語を知っている. **hàve a ... acquáintance with ~** [動] 他 ~とは...する程度の知り合い[間柄]である; (物事)を...の程度だけ知っている: I *have a* nodding [passing] *acquaintance with* Mr. Smith. スミスさんとは会えば会釈をする程度の間柄[単なる顔見知り]です.
màke ...'s acquáintance = màke the acquáintance of ... [動] 《格式》 (人)と知り合いになる.
of ...'s acquáintance [形] 《格式》 (人)の知人で(ある).
on fírst [fúrther] acquáintance [副] 文修飾 《格式》 (人を)初めて知ったとき[もっとよく知ってみると]. (動 acquáint)
ac·quaint·ed /əkwéɪnṭɪd/ 形 ❶ 叙述 (人と)知り合いである: Mr. Smith and I have *been acquainted with* each other for a long time. スミスさんと私とは長い間の知り合いです. ❷ 叙述 《格式》 (物事を)よく知っている, (...に)精通している: We *were* already well *acquainted with* the new project. 新しい計画についてはすでによく知っていた. **gèt [becòme] acquáinted** [動] 自 (人と)知り合いになる: We *got acquainted* at the party. 私たちはそのパーティーで知り合いになった / 言い換え I *got* [*became*] *acquainted with* him last year. (= I got [came] to know him last year.) 私は昨年彼と知り合った.
ac·qui·esce /ækwiés/ 動 自 《格式》 (不本意ながら)黙認する, 黙って従う (*in, to*).
ac·qui·es·cence /ækwiés(ə)ns/ 名 U 《格式》 黙認, 黙って従うこと, 従順 (*in, to*).
*__ac·quire__ /əkwáɪə | əkwáɪə/ 動 (ac·quires /~z/; ac·quired /~d/; ac·quir·ing /əkwáɪ(ə)rɪŋ/) 他 ❶ 《格式》 (財産・物)を**手に入れる**, 取得[購入, 買収]する (⇒ get 類義語): *acquire* a painting by van Gogh ゴッホの絵を入手する.
❷ (知識・評判など)を**得る** 《時間をかけて自分の力で》, 習得する; (習慣など)を身につける: He *acquired* his knowledge of Russian when he was young. 彼は若いうちにロシア語の知識を身につけた / I'm beginning to *acquire* a taste for wine. ワインが好きになってきました. (名 àcquisítion)
ac·quired /əkwáɪəd | əkwáɪəd/ 形 ❶ (努力して)身につけた, 習得した: an *acquired* taste 何度か試して[慣れて]初めて好きになるもの 《酒・コーヒーなど》. ❷ 〔医学〕 後天的な (⇒ AIDS).
+**ac·qui·si·tion** /ækwəzíʃən/ 名 (~s /~z/) ❶ U,C **取得**, 獲得, (企業などの)買収; **習得**: the ***acquisition of*** knowledge 知識の習得. ❷ C (高価な)取得物, 入手した物[人]; 習い覚えたもの: the recent *acquisitions to* the museum 美術館の最近の新収蔵品 / a valuable *acquisition* 貴重な新人[掘り出し物]. (動 acquíre)
ac·quis·i·tive /əkwízəṭɪv/ 形 《格式》 [軽蔑的] 取得[買収]に熱心な, 物を手に入れたがる, 欲ばりな.
ac·quit /əkwít/ 動 (ac·quits; -quit·ted; -quit·ting) 他 (人)を無罪にする, (人)を(...から)放免する [⇔ convict]: He *was acquitted of* (the charge of) bribery. 彼は贈[収]賄について無罪になった. **acquít onesèlf wéll [bádly]** [動] 自 《格式》 立派に[へたに]ふるまう.
ac·quit·tal /əkwíṭl/ 名 U,C 〔法律〕 無罪放免, 釈放 [⇔ conviction].
*__a·cre__ /éɪkə | -kə/ 名 (~s /~z/) C **エーカー** 《面積の単位, 約 4046.8 平方メートル》: The park covers [has] an area of about 100 *acres*. その公園は面積が約 100

エーカーある.

a·cre·age /éɪk(ə)rɪʤ/ 名 U,C エーカー数, エーカー面積.

ac·rid /ǽkrɪd/ 形 (におい・味が)鼻[のど]を刺すような, つんとくる, ぴりっとする, 刺激の強い.

ac·ri·mo·ni·ous /æ̀krəmóuniəs←/ 形《格式》(議論・会合などが)とげとげしい, 怒気を含んだ.

ac·ri·mo·ny /ǽkrəmòuni | -məni/ 名 U《格式》とげとげしさ, しんらつさ.

ac·ro·bat /ǽkrəbæ̀t/ 名 C 綱渡り芸人, 軽業師, 曲芸師. 日英 日本語では「アクロバット」を曲芸の意味で用いるが, 英語の acrobat は「曲芸をする人」で, 「曲芸」は acrobatics.

ac·ro·bat·ic /æ̀krəbǽṭɪk←/ 形 軽業の, 曲芸的な.
-bat·i·cal·ly /-bǽṭɪkəli/ 副 軽業的に.

ac·ro·bat·ics /æ̀krəbǽṭɪks/ 名 複 軽業の演技, アクロバット《⇒ acrobat 日英》; (一般に)離れ業: perform *acrobatics* 曲芸をする.

ac·ro·nym /ǽkrənɪ̀m/ 名 C 頭字語《連語の各語の頭(かしら)文字または頭部分を組み合わせて作った語; AIDS /éɪʤ/ エイズ *A*cquired *I*mmune *D*eficiency *S*yndrome (後天性免疫不全症候群)など》.

***a·cross /əkrɔ́ːs | əkrɔ́s/

単語のエッセンス
基本的には「横切って」の意.
1) (...を)横切って: walk *across* the street 道を横切る ⇒ 前 ❶ / help a boy *across* 男の子が(道を)渡るのを助ける ⇒ 副 ❶
2) (...の)向こう側に(向かって): Our school is *across* the river. 私たちの学校は川の向こうにある ⇒ 前 ❷ / look *across* (at ...) (...の)ほうを見る ⇒ 副 ❷
3) ...と交差して: cut *across* each other 互いに交差する ⇒ 前 ❸
4) 幅が(...で): fifty yards *across* 幅が 50 ヤード ⇒ 副 ❸

— 前 /əkrɔ̀ːs | əkrɔ̀s/ ❶ **...を横切って**, ...を横断して; (川など)に渡して《⇒ along 前 語法 (2)》: A little boy is walking *across* the street. 小さな男の子が道を横切っている. 語法 *across* the street が「通りを(平面に)横切って」という感じなのに対して, *over* the street は「通りを(立体的に)越して向こうに」の感じを含む.

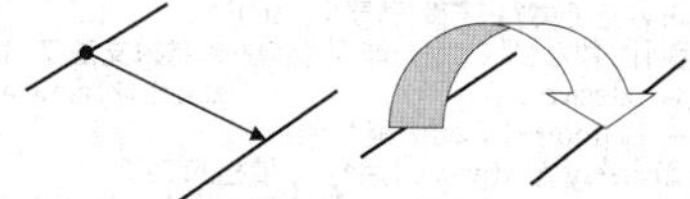

across のイメージ　　over のイメージ

They swam *across* the river. 彼らは川を泳いで渡った / Cooperation *across* national boundaries is necessary. 国境を越えての協力が必要だ / The two bridges *across* the river were destroyed. その川にかかる 2 つの橋は破壊された / Fear spread *across* the girl's face. その少女の顔に恐怖の色が広がった.

❷ **...の向こう側に**, ...の反対側に: Our school is right *across* the river. 私たちの学校はちょうど川向こうにある / He lives *across* the road (*from* us). 彼は(私たちと反対の)道の向こう側に住んでいる《⇒ across from ... (副 成句)》/ She waved at me from *across* the street. 彼女は通りの反対側から私に手を振った《⇒ from 1 語法 (2)》.

❸ **...と十文字に交差して**, ...と交差するように: These two lines cut *across* each other. この 2 本の線は互いに交差している.

❹ (国・地域など)**の至る所に[で, の]**; (集団・物事などの全体)にわたって [≒throughout]: Violent protests occurred (all) *across* the nation. 激しい抗議が国のあちこちで起こった.

— 副 ❶ **横切って**, 渡して: I helped the old woman *across*. 私はそのおばあさんが渡るのを助けてあげた / a river with no bridges *across* 橋の全然かかっていない川.

❷ **向こう側[こちら側]へ向かって**; (近くの)ある場所へ: She looked ***across at*** Bill and smiled. 彼女はビルのほうを見て笑顔を見せた / Take a ferry to get ***across to*** the other side of the river. 川の向こう岸に渡るにはフェリーに乗ってください.

❸ **幅が** (...); 直径が (...): The river is fifty yards *across*. 川幅は 50 ヤードである.

acróss from ... [前] (道路などを挟(はさ)んで)...の向かい側に [≒opposite]: The store is just *across from* my house. その店は私の家の真向かいです.

a·cross-the-board /əkrɔ̀ːsðəbɔ́əd | əkrɔ̀sðəbɔ́ːd←/ 形 限定 全面的な; (賃上げが)一律の.

a·cryl·ic /əkrílɪk/ 形 アクリルの. — 名 ❶ U アクリル樹脂[繊維]. ❷ [複数形で] アクリル塗料.

***act /ǽkt/

意味のチャート
「行ない, 行為」名 ❶
→ (議決機関の行為) → 「法令」名 ❷
→ 「行動する」動 自 ❶ → 「動く」❹
→ 「舞台で演じる」動 自 ❸ → (演技の区切り) → 「幕」名 ❹

— 名 (acts /ǽkts/) ❶ C **行ない**, 行為, しわざ《⇒ 類義語》: a kind *act* = an *act* of kindness 親切な行為 / The soldiers performed many cruel *acts*. 兵士たちは多くの残虐行為を行なった.

❷ C [しばしば A-] **法令**, 条例《議案 (bill) が国会で可決されたもの》: an *act* of Congress [《英》Parliament] 法令.

❸ [単数形で] **見せかけ**, ふり, 演技: Mike is playing the good husband, but it's just an *act*. マイクはよい夫を演じているがそれは見せかけにすぎない / put on an *act* (見せかけの)芝居をする.

❹ C [しばしば A-] (劇の)**幕**: a comedy in three *acts* 3 幕の喜劇 / *Act* I, Scene ii 第 1 幕第 2 場《act one, scene two と読む》. ❺ C (ショー・サーカスなどの)出し物, 演目; 出演者.

a hárd [tóugh] àct to fóllow [名] 他の追随を許さないほど優れた人[もの].

an áct of Gód [名]〔法律〕天災, 不可抗力.

cléan úp one's **áct** [動] 自《略式》行動[態度]を改める.

gèt one's **áct togèther** [動] 自 (事がうまく進むように)能力を発揮する, ちゃんとやる.

gèt ín on the áct [動] 自《略式》(同じ利益にあずかろうとして)仲間に加わる, ひと口乗る.

in the áct of ... [前] **...を現にやっている最中に**: The thief was caught ***in the*** (*very*) ***act of*** steal*ing*. どろぼうは盗みの現場を押さえられた.

類義語 **act** 短い一回の行為を指す. **action** ある行動の過程全体を指す. 例えば, 海難救助は a heroic action で, そのために救命ボートを投げ込むのは a brave act である.

— 動 (acts /ǽkts/; act·ed /~ɪd/; act·ing) 自 ❶ **行動する**, 実行する; 職務を果たす: We must *act* at once to stop global warming. 我々は地球温暖化を食い止めるために直(ただ)ちに行動しなければならない / The leader *acted* wisely. その指導者の行動は賢明であった.

❷ (...のように)**ふるまう**; 演技する, ふりをする: John ***acts like*** [***as if*** he were] Jill's guardian. ジョンはジルの保護者(であるか)のようにふるまっている / Don't *act* so silly. V+C (形) そんなばかみたいなまねはやめて.

❸ (舞台・映画で)**演じる**, 出演する: I will *act* in a play tomorrow. 私は明日劇に出演します / The actor *acted* well. その俳優の演技はうまかった.

❹ (薬などが)**作用する**, 効く; (機械が)動く: This drug takes a long time to *act*. この薬は効くまで時間がかかる.

— 他 ❶ (役)を**演じる**; (劇)を上演する: *act* (the part of) Hamlet ハムレットの役を演じる. ❷ (...)のようにふるまう, ふりをする: *act the* fool ばかなまねをする. 語法 act like a fool, act foolishly のほうが普通.

(名 áction, 形 áctive)

act の句動詞

+**áct as ...** 動 他 (一時的に)**...の役を務める**; ...の作用をする: Dr. White *acted as* our guide. ホワイト博士が私たちの案内役をしてくれた / This door *acts as* a fire exit. このドアは非常口の役目をする.

áct for [on behàlf of] ... 動 他 (法廷などで)(人)の代理を務める; (人)のために尽くす.

+**áct on [upòn] ...** 動 他 ❶ (主義・忠告など)**に基づいて行動する**, 従う [≒follow]: I'll *act on* your advice. ご忠告に従って行動します. ❷ ...に作用する, 効く: These pills *act on* the stomach. この錠剤は胃に効く.

áct óut 動 他 (場面など)を実演する; (考え・感情)を行動[態度]で表わす.

áct úp 動 自 ❶ 《略式》 (子どもが)いたずらをする, 行儀よくしない. ❷ 《略式》 (機械・体の一部などが)調子が悪い.

単語のキズナ ACT/行動する

act	**行動する; 行為**		
act**ual**	(行動を伴う)	→	**実際の**
react	(応えて行動する)	→	**反応する**
interact	(互いに行なう)	→	**相互に作用する**
exact	(外に追い出す → 完全に行なう)	→	**正確な**

+**act·ing** /ǽktɪŋ/ 形 限定 **代理の**, 臨時の: the *acting* manager 部長代理.

— 名 U 演技, 出演; 俳優業.

***ac·tion** /ǽkʃən/

— 名 (~s /~z/) ❶ U **行動**, **活動**; 実行, 対処: We need *action* instead of debate. 我々には議論よりも実行が必要だ / They ***took*** extreme ***action*** to defend their rights. 彼らは権利を守るために極端な行動をとった / a man [woman] of *action* 実行力のある人, 活動家 / a course of *action* 行動方針 / a plan of *action* 行動計画.

❷ C **行為**, 行動 (⇒ act 類義語): a kind *action* 親切な行為 / Her quick *action* saved the child's life. 彼女のすばやい行動がその子の命を救った / *Actions* speak louder than words. 《ことわざ》 行動はことばよりも声高に語る(実行は百言に勝る).

❸ U **作用**, 影響 [⇔ reaction]; (器官などの)機能, 働き: chemical ***action on*** metals 金属への化学作用 / the *action* of the heart 心臓の働き. ❹ U 戦闘, 合戦. ❺ C,U 〔法律〕 訴訟: legal *action* 法的措置 / bring [take] (an) *action against* ... ...に対して訴訟を起こす. ❻ U 《略式》 面白い[興奮させる, 刺激的な]こと; [形容詞的に] アクション映画の: where *the action* is 活気のある場所. ❼ [the ~] (小説・劇などの)事件, 筋.

a píece [slíce] of the áction [名] 《略式》 (もうけ話への)かかわり, 利益の分け前.

in áction [形・副] (1) 動いて(いて), 活動[作動]して(いて); 交戦中で[に]: be killed *in action* 戦闘で死ぬ. (2) 試合[競技]中で: players *in action* 試合中の選手たち.

òut of áction [形・副] 動けなくて, 故障して.

pút ... ìnto áction [動] 他 (...)を実行に移す; (...)を活動させる, 作動させる.

pút ... òut of áction [動] 他 (...)を動かなくする; (...)を使えなくする; (...)の戦闘力を失わせる.

spríng ìnto áction [動] 自 すばやく行動を起こす, さっと対処する, 急に活気づく. (動 act)

ac·tion·a·ble /ǽkʃ(ə)nəbl/ 形 〔法律〕 起訴できる.

áction réplay 名 ❶ C 《英》 = instant replay. ❷ C (事件などの)繰り返し, 再現.

ac·ti·vate /ǽktəvèɪt/ 動 他 (装置)を起動する.

ac·ti·va·tion /æ̀ktəvéɪʃən/ 名 U 作動; 活性化.

***ac·tive** /ǽktɪv/

— 形 ❶ **活動的な[で]**, 活発な; 活動熱心な, 積極的な [⇔ passive, inactive]: an *active* child 活発な子供 / an *active* member of a club クラブの活動的なメンバー / He has an *active* brain. 彼は頭がよく働く / play an *active* part 積極的な役割を果たす / She was ***active in*** (conduct*ing*) the campaign. +*in*+動名[名] 彼女はその運動(の展開)に積極的にかかわっていた.

❷ (現に)**活動中の**; 現在働いている: an *active* volcano 活火山 / 《米》 on *active* duty = 《英》 on *active* service 〔軍隊〕 現役(勤務中)で[の].

❸ [比較なし] 〔文法〕 能動態の (⇒ **巻末文法** 7. 1) [⇔ passive]. (動 act, 名 actívity)

— 名 [the ~] 〔文法〕 能動態.

ac·tive·ly /ǽktɪvli/ 副 活発に, 積極的に.

ac·tiv·is·m /ǽktɪvìzm/ 名 U (政治・社会的な)行動主義, 変革主義.

*ac·tiv·ist** /ǽktɪvɪst/ 名 (-tiv·ists /-vɪsts/) C (政治運動などの)**活動家**: a consumer *activist* 消費者運動家.

***ac·tiv·i·ty** /æktívəṭi/ !アク

— 名 (-i·ties /~z/) ❶ C [普通は複数形で] (目的達成や楽しみのための反復的な)**活動**: What kind of extracurricular *activities* do you go in for? どのような課外活動をしていますか / leisure [outdoor] *activities* 余暇[野外]活動.

❷ U **活動**(すること), 活発さ; 活気, (人々の動き回る)多忙さ [⇔ inactivity]: how to increase physical *activity* at home 自宅での身体活動の増やし方 / Before the party the house was full of *activity*. その

家はパーティーの前で大忙しだった. (形 áctive)

*ac·tor /ǽktɚ | -tə/ 名 (～s /～z/) Ⓒ **俳優**, 男優: a movie *actor* 映画俳優 / a character *actor* 性格俳優. 語法 現在では女性でも actor と呼ぶ.

*ac·tress /ǽktrəs/ 名 (～·es /～ɪz/) Ⓒ **女優**: a stage [movie] *actress* 舞台[映画]女優.

ac·tu·al /ǽkʧuəl, -ʧəl/

— 形 ❶ 限定 [比較なし] **現実の**, **実際の**, **事実上の** (⇒ real 類義語): an *actual* incident 実際の事件 / the *actual* expense 実際にかかった費用 / Those were the *actual* words he said. 彼は実際そう言ったのです / The *actual* seat of the Dutch government is The Hague. オランダの事実上の首都はハーグである (⇒ Amsterdam). ❷ [the ～ として] 肝心の, 実際の: He has collected a lot of data, but hasn't yet started *the actual* writing. 彼はたくさんデータを集めたがまだ実際の執筆にとりかかっていない.

in áctual fáct [副] 文修飾 実際は, 事実(上)は (⇒ fact 成句). (名 àctuálity)

【⇒ act キズナ】

ac·tu·al·i·ty /æ̀kʧuǽləṭi/ 名 (-i·ties) Ⓤ 《格式》 現実(性); Ⓒ [普通は複数形で] 実情, 現状. **in actuálity** [副] 文修飾 実際上(は); 現実に. (形 áctual)

ac·tu·al·ly /ǽkʧuəli, -ʧəli/

— 副 ❶ **実際に**, **本当に**, **現実に** [≒really, in fact]: The money was *actually* paid. 金は実際に支払われた / What did he *actually* say? 彼は実際何と言ったのですか / Do you think they can *actually* win the game? 彼らが本当に試合に勝てると思いますか.

❷ 文修飾 Ⓢ (ところが)**実は**, 本当は, 実を言うと: *Actually*, I didn't do what you told me to. 実は, やれと言われたことをやらなかったんです / He not only ran in the election; he *actually* won it! 彼は選挙に立候補しただけでなく, 本当に当選してしまったのだ.

> ♥ **実は…なんです** (相手の発言を訂正するとき)
> **actually, ...**
>
> How did they respond? 先方からの返事はどうだった?
>
> Well, **actually,** I haven't contacted them yet. あの, 実はまだ先方に連絡していないんです.
>
> ♥ 相手の発言や考えを否定[訂正]したり, 相手をがっかり[立腹]させそうな返事をするときなどに使い, あたりを和らげる働きをする.
>
> ♥ 新しい情報の提供, 発言の修正, 話題の転換などのときに, 軽く相手の注意を引くために用いることもある.

ac·tu·ate /ǽkʧuèɪt/ 動 他 《格式》 (機械など)を作動させる; [普通は受身で] (人)を行動させる.

a·cu·i·ty /əkjúːəṭi/ 名 Ⓤ 《格式》 (視力·聴力の)鋭さ; (才知の)鋭敏.

a·cu·men /əkjúːmən | ǽkjʊ-/ 名 Ⓤ 《格式》 (才知などの)鋭さ, 明敏さ.

ac·u·punc·ture /ǽkjʊpʌ̀ŋ(k)ʧɚ | -ʧə/ 名 Ⓤ 針療法, 鍼(しん)術.

+**a·cute** /əkjúːt/ 形 ❶ (困難·問題などが)**深刻な**, 重大な: an *acute* shortage of oil 深刻な石油不足.
❷ (痛みなどが)**激しい**, ひどい; (病気が)急性の: an *acute* pain in the stomach 胃の激痛 / *acute* pneumonia 急性肺炎. 関連 chronic 慢性の.
❸ (感覚·知性が)**鋭い**, 鋭敏な; 明敏な: an *acute* sense of smell 鋭い嗅覚(きゅうかく). ❹ (角度が)とがった, 鋭角の [⇔ obtuse]: an *acute* angle 鋭角.

a·cute·ly /əkjúːtli/ 副 非常に(強く), ひしひしと: *acutely* aware 強く意識して.

*ad /ǽd/ (同音 add) 名 (ads /ǽdz/) Ⓒ 《略式》 **広告**, 宣伝 《advertisement の短縮形》: put [place] an *ad* in the paper 新聞に広告を載せる // ⇒ classified ad; PR[1] 日英.

A.D., A.D. /éɪdíː/ 略 西暦..., キリスト紀元... 《Anno Domini の略》: Augustus was born in 63 B.C. and died in 「*A.D.* 14. [14 *A.D.*] アウグストゥス皇帝は紀元前 63 年に生まれ紀元 14 年に死んだ. 語法 (1) A.D. は紀元前(B.C.)と対比して用いるときや, ごく古い年代のときに用い, 単に西暦...年という場合には用いない. (2) 正式には年号の数字の前に置くが, 《米》では後に置くこともある. 関連 B.C. 紀元前....

ad·age /ǽdɪʤ/ 名 Ⓒ 金言, 格言, ことわざ.

a·da·gio /ədáːʤoʊ/ 副 形 〔音楽〕 アダージョで[の] 《遅く[い]》. — 名 (～s) Ⓒ 〔音楽〕 アダージョの楽章[曲].

Ad·am /ǽdəm/ 名 固 ❶ 〔旧約聖書〕 アダム 《エホバ (Jehovah) の神が天地を造り, 6 日目に造った最初の男; ⇒ Eden》: the sons of *Adam* アダムの子孫たち 《人類のこと》. 関連 Eve イブ. ❷ アダム 《男性の名》.

ad·a·mant /ǽdəmənt/ 形 《格式》 (人が)考えを変えない, 断固として(...だと)言う (*about*): She was *adamant that* she would not go. 彼女は断固として行かないと言った. **～·ly** 副 頑として, 強く.

Ad·ams /ǽdəmz/ 名 固 John ～ アダムズ (1735–1826) 《米国の第 2 代大統領 (1797–1801); 独立戦争の指導者》.

Ád·am's ápple /ǽdəmz-/ 名 Ⓒ のどぼとけ (⇒ neck 挿絵). 参考 アダム (Adam) が禁断の木の実 (⇒ forbidden fruit) を食べたときのどにつかえたという言い伝えから.

*a·dapt /ədǽpt/ 動 (a·dapts /ədǽpts/; a·dapt·ed /～ɪd/; a·dapt·ing) 自 **適応する**, 順応する: They soon **adapted to** the new surroundings. V+to+名 彼らは新しい環境にすぐに適応した.
— 他 ❶ (...)を**適合させる**, (...)を(～に)合うようにする, 順応させる; (...)を**改造する**: He **adapted** his plan **to** the new situation. V+O+to+名 彼は自分の計画を新しい状況に適合させた / This dictionary **is adapted for** high school students. V+O+for+名の受身 この辞書は高校生向きに作られている / The farmer **adapted** the old car **for** use on the farm. V+O+for+名 農夫は古い車を農場用に改造した / An old car engine **was adapted to** fit this boat. V+O+C (to 不定詞)の受身 古い車のエンジンがこの船に合うように改造された. ❷ (本·劇など)を改作する, 翻案する: The play *was adapted from* a novel. その劇は小説を改作したものだ.

adápt onesèlf to ... [動] 他 (変化など)に**順応[適応]する**: Tom soon *adapted himself to* school life. すぐにトムは学校生活に順応した. (名 àdaptátion)

a·dapt·a·bil·i·ty /ədæ̀ptəbíləṭi/ 名 Ⓤ 適応性.

a·dapt·a·ble /ədǽptəbl/ 形 [よい意味で] 適応[順応]できる, 融通のきく (*to*).

ad·ap·ta·tion /æ̀dæptéɪʃən, æ̀dəp-/ 名 ❶ Ⓒ 改作物, 翻案(物). ❷ Ⓤ 適応, 順応, 改造 (*to*). (動 adápt)

a·dapt·er, a·dap·tor /ədǽptɚ | -tə/ 名 Ⓒ 調整器, アダプター.

A

*****add** /ǽd/ (同音 ad)

— 動 (adds /ǽdz/; add·ed /ǽdɪd/; add·ing /ǽdɪŋ/) 他 ❶ (...)を**加える**, 付け足す; (数)を足す, 足し算する; (雰囲気など)を添える: ***Add*** a little milk ***to*** this soup. V+O+*to*+名 このスープに少し牛乳を加えてください / ***Add*** these figures ***together***. V+O+*together* これらの数字を合算しなさい / 言い換え ***Add*** six ***to*** five. = ***Add*** six ***and*** five (***together***). 5 に 6 を足しなさい. 関連 take, subtract 引く / multiply 掛ける / divide 割る.

❷ (...)**と言い足す**; (ことば)を付け加える: He said goodbye and ***added that*** he had enjoyed himself very much. V+O (*that* 節) 彼は別れを告げてから, とても楽しかったと言い足した 多用 / "I hope you'll get well soon," she *added*. V+O (引用節) 「すぐによくなるといいね」と彼女は付け加えて言った / Would you like to ***add*** anything ***to*** that? V+O+*to*+名 それに何か付け加えたいことはありますか.

— 自 **足し算をする**: He could not *add* correctly. 彼は正しく足し算ができなかった.

ádded to thís [thát] ... [文の始めで] これ[それ]に加えて...《前言を強める事実を追加する》: She had an accident recently, and now *added to that* her mother is ill. 彼女は最近事故にあって, その上今母親が病気だ.

ádd to thís [thát] ... [文の始めで] これ[それ]に...を加えると: *Add to this* the fact that her mother's ill, and you can understand why she is busy. これに彼女の母親が病気だということを加えればなぜ彼女が多忙かわかる. (名 addítion)

add の句動詞

ádd ín 動 他 (...)を算入する, 含める.

ádd ón 動 他 ❶ (...)を付け加える, 加算する: A 10 percent service charge is *added on to* the bill. 請求書には 10% のサービス料が加算されています. ❷ (...)を建て増す.

+**ádd to ...** 動 他 (数量・感情など) **を増す** [≒ increase]; ...を大きくする (受身 be added to): This *adds to* my troubles. これで私の悩みが増える.

+**ádd úp** 動 他 (...)を**合計する** V+名・代+*up*/V+*up*+名: *Add up* these figures. これらの数字を合計しなさい. — 自 ❶ 合計する. ❷ [進行形なし]《略式》(量などが)徐々に増す. ❸ [主に否定文で]《略式》(話などが)つじつまが合う.

***ádd úp to ...** 動 他 [進行形なし] ❶ **合計...となる**: The figures *add up to* 230. これらの数字は合計 230 となる. ❷ 結局...となる, ...を意味する: It'll *add up to* the same thing. 結局は同じことだろう.

ADD /éɪdìːdíː/ 略 = attention deficit disorder 注意欠陥障害.

***ad·ded** /ǽdɪd/ 形 限定 **追加の**, それ以上の, さらなる: an *added* bonus 追加特典, おまけ.

ad·den·dum /ədéndəm/ 名 (複 **ad·den·da** /-də/) C《格式》(本などの)付録, 補遺.

ad·der /ǽdə | -də/ 名 C (ヨーロッパ産の)くさりへび《有毒》; (北米産の)はなだかへび《無毒》.

+**ad·dict** /ǽdɪkt/ 名 (**ad·dicts** /-dɪkts/) C (麻薬などの)**常用[中毒]者**; ...依存の人; (物事の)熱中者: a work *addict* 仕事中毒の人 / a TV *addict* テレビ狂.

ad·dict·ed /ədíktɪd/ 形 (麻薬などの)中毒[依存症]になって; (物事に)熱中して: He was *addicted to* alcohol [online games]. 彼はアルコール依存症だった[オンラインゲームに夢中だった].

+**ad·dic·tion** /ədíkʃən/ 名 (~s /~z/) U,C (麻薬などの)**常用癖**, **中毒**, 依存症; (...への)熱中 (*to*): drug *addiction* 麻薬の常用, 麻薬中毒.

ad·dic·tive /ədíktɪv/ 形 (麻薬などが)習慣性の; (活動・食物などが)病みつきになる: a highly *addictive* drug 習慣性の強い麻薬.

****ad·di·tion** /ədíʃən/

— 名 (~s /~z/) ❶ U **追加**, (あとから)**付け足すこと**: the ***addition of*** vitamins ***to*** food 食品にビタミンを添加すること / ***With the addition of*** a little more salt, the soup soon tasted better. 塩を少し加えたらスープはすぐに味がよくなった.

❷ C **付け加えたもの[人]**, 足したもの; 《米》建て増し部分[の部屋]: We are expecting an ***addition to*** our family. わが家の家族がもう一人増える予定だ《子供が生まれる》/ an *addition to* a house 家の増築部分.

❸ U **足し算**, 加法: do *addition* 足し算をする. 関連 subtraction 引き算 / multiplication 掛け算 / division 割り算.

in addition [副] (1) つなぎ語 **それに加えて**, さらに, その上: It will cost too much. *In addition*, there are some technical problems. それにはお金がかかりすぎる. さらに, 技術的な問題もある. (2) **加えて**, その上に: I had to pay 10 dollars *in addition*. さらに 10 ドル払わなければならなかった.

in addítion to ... [前] ...**に加えて**, ...のほかに: *In addition to* rice, they grow vegetables. 彼らは米のほかに野菜も作っている. (動 add, 形 addítional)

****ad·di·tion·al** /ədíʃ(ə)nəl/

— 形 [比較なし; 普通は 限定] **追加の**, 付加的な, それ以上の: an *additional* charge 追加料金. (名 addítion)

-al·ly /-əli/ 副 [しばしば つなぎ語] それに加えて, さらに [≒in addition].

ad·di·tive /ǽdəṭɪv/ 名 C 添加剤, (食品)添加物: food *additives* 食品添加物.

ad·di·tive-free /ǽdəṭɪvfríː/ 形 添加物の入っていない: *additive-free* foods 無添加食品.

add-on /ǽdɑ̀(ː)n | -ɔ̀n/ C (コンピューターなどの)周辺機器, 付属品; 追加物 (*to*).

*****ad·dress** /ǽdres, ədrés | ədrés/

意味のチャート
「...に(ことば・手紙を)差し向ける《⇒ direct 動 1, 6》」の意から
→「話しかける」動 ❸ →「演説」名 ❸
→「...にあて名を書く」動 ❶ →「あて名」名 ❶

— 名 (~·es /~ɪz/) ❶ C **あて名**; **住所**《相手の名前は含まない; ⇒ letter》: What's your *address*? 君の住所は? / Fill in your name and *address*, please. お名前とご住所を記入してください. 日英 日本語の「住所氏名」と語順が逆 // one's home [business, mailing, forwarding] *address* 家[会社, 郵送先, 転送先]の住所 / a change of *address* 住所変更 / change one's *address* 住所を変更する / an *address* book 住所録 / a man of no fixed *address* 住所不定の男. ❷ C〔コンピュータ〕アドレス《⇒ email address》. ❸ Ⓒ 演説《⇒ speech 類義語》(to); あいさつのことば《口頭または文書の》:「an opening [a closing] *address* 開会[閉会]の辞 / give [deliver] a welcome *address* 歓迎のことばを述べる / the Gettysburg *Address*《⇒ Gettysburg》.

a fórm [móde, stýle] of addréss [名] (人への)呼びかけ方, 呼称, 敬称.

封筒のあて名の書き方《⇒ letter 図》

(1)Mrs. Hamako Ikeda
(2)1–22–7, Meguro
Meguro-ku, Tokyo 153-0063
Japan
stamp (切手)

AIRMAIL (3)Mr. John Smith
(4)636 2nd Ave.
New York, (5)NY (6)10037
USA

(1) 差し出し人の氏名. 性別・既婚・未婚の別を示すために Mr., Mrs., Miss, Ms. をつけることがある.
(2) 差し出し人の住所. 日英 住所は, 日本語と反対に, 小さな番地から大きい地名へと書く.
(3) 相手の氏名. (4) 相手の住所.
(5) 米国の場合は州の略語.
(6) 郵便番号《⇒ zip code》.

— /ədrés/ 動 (-dress·es /~ɪz/; ad·dressed /~t/; -dress·ing) 他 ❶ (...)に**あて名を書く**; (...にあてて)(郵便物)を出す: *address* an envelope 封筒のあて名書きをする / The letter *was* wrongly *addressed to* our old home. V+O+to+名の受身 その手紙は間違って古い住所にあててあった.
❷《格式》(問題)に**取り組む**: *address* the problem of unemployment 失業問題に取り組む.
❸ (聴衆)に**話をする**, 演説する;《格式》(人)に話しかける; (ことばなど)を(人に)向ける (to): *address* an audience [a meeting, a conference] 聴衆に向けて[会議で]演説する. ❹ (人)を(～の)肩書きで呼ぶ: They *addressed* her *as* 'Doctor.' 彼らは彼女を「博士」という肩書きで呼んだ.

addréss oneself to ... [動] 他《格式》(問題)に取り組む.

ad·dress·ee /ædresíː/ 名 Ⓒ 名あて人, 受信者, 受取人 [⇔ sender].

ad·duce /əd(j)úːs | ədjúːs/ 動 他《格式》(...)を例[証拠]として挙げる.

ad·e·noids /ǽdənɔ̀ɪdz/ 名 複〔医学〕アデノイド, 腺(せん)様増殖(症)《鼻・咽頭のリンパ組織肥大》.

a·dept[1] /ədépt, ǽdept/ 形 叙述 (...に)熟達した; (...が)上手な (at, in). **~·ly** 副 上手に.

ad·ept[2] /ǽdept/ 名 Ⓒ 上手な人, 達人 (at).

ad·e·qua·cy /ǽdɪkwəsi/ 名 Ⓤ 十分なこと, 適切さ (of) [⇔ inadequacy]. (形 ádequate)

*__ad·e·quate__ /ǽdɪkwət/ アク 形 ❶ (ある目的のために)**十分な**, **適した**《⇒ enough 類義語》[⇔ inadequate]: *adequate* supplies of food 食糧の十分な供給 / His salary was not ***adequate to*** support his family. +to 不定詞 彼の給料は一家を支えるには十分ではなかった / This method is perfectly ***adequate for*** the purpose. +for+名 この方法はその目的に十分適っている. ❷ まずまずの, どうにか満足できる: (an) *adequate* performance まずまずのでき[演技]. (名 ádequacy)

~·ly 副 十分に, 適切に.

ADHD /éɪdìːèɪtʃdíː/ 略 = attention deficit hyperactivity disorder 注意欠陥多動性障害.

*__ad·here__ /ædhíə, əd- | -híə/ 動 (ad·heres /~z/; ad·hered /~d/; ad·her·ing /-hí(ə)rɪŋ/) 自 ❶《格式》(規則などを)**遵守する**; (意見などに)固執する; (考えなどに)忠実である: He ***adheres*** stubbornly ***to*** his earlier testimony. 彼は頑として前の証言を変えない. ❷《格式》(しっかりと)くっつく, 粘着する [≒stick] (to).

ad·her·ence /ædhí(ə)rəns, əd-/ 名 Ⓤ《格式》(規則などの)遵守, 忠実; 執着, 固守 (to).

ad·her·ent /ædhí(ə)rənt, əd-/ 名 Ⓒ《格式》支持者; 信奉者 (of, to).

ad·he·sion /ædhíːʒən, əd-/ 名 Ⓤ《格式》付着, 粘着; 粘着力.

ad·he·sive /ædhíːsɪv, əd-/ 名 Ⓤ,Ⓒ 接着剤. — 形 限定 粘着性の: ***adhesive*** tape 接着テープ.

ad hoc /ædhɑ́(ː)k | -hɔ́k←/ 形 限定 特定の目的のための; その場限りの: an *ad hoc* committee 特別委員会 / on an *ad hoc* basis 臨機応変に.

a·dieu /əd(j)úː | ədjúː/ ≪フランス語から≫ 間《文語》さようなら [≒goodbye].

a·di·os /æ̀ḍióʊs | æ̀diɔ́s/ ≪スペイン語から≫ 間 さようなら [≒goodbye].

adj. 略 = adjective.

ad·ja·cent /ədʒéɪs(ə)nt/ 形《格式》(部屋・建物・土地などが)(...に)隣接した, 近隣の (to): *adjacent* angles〔幾何〕隣接角.

ad·jec·ti·val /æ̀dʒɪktáɪv(ə)l←/ 形〔文法〕形容詞の, 形容詞の働きをする, 形容詞的な. (名 ádjective)

ad·jec·tive /ǽdʒɪktɪv/ 名 Ⓒ〔文法〕形容詞《略 adj.; ⇒ **巻末文法** 5. 1》. (形 àdjectíval)
〘⇒ reject[1] キズナ〙

ad·join /ədʒɔ́ɪn/ 動 他《格式》(...)に隣接する: Canada *adjoins* the United States. カナダは米国と境を接している. — 自《格式》(二つの物が)隣り合っている.

ad·join·ing /ədʒɔ́ɪnɪŋ/ 形 限定 隣接した, 隣の.

ad·journ /ədʒə́ːn | ədʒə́ːn/ 動 他 [普通は受身で] (会議・裁判など)を休会[休廷]する, 延期する: The meeting *was adjourned until* the following week. 会は翌週まで休会となった. — 自 ❶ 休会[休廷]する, 延期となる: The committee *adjourned for* the summer. 委員会は夏休みをとった. ❷ [しばしばこっけいに] (会合などの)場所を(...へ)移す (to).

ad·journ·ment /ədʒə́ːnmənt | ədʒə́ːn-/ 名 Ⓒ,Ⓤ 休会(期間).

ad·judge /ədʒʌ́dʒ/ 動 他 [普通は受身で]《格式》(人・物事)を(...と)判決する, 判定する.

ad·ju·di·cate /ədʒúːdɪkèɪt/ 動 他《格式》(事件・紛争など)を裁決[裁定]する. — 自 ❶《格式》裁定をする (between, in, on). ❷《格式》(コンクールなどの)審査員を務める.

ad·ju·di·ca·tion /ədʒùːdɪkéɪʃən/ 名 Ⓤ,Ⓒ《格式》裁決, 裁定.

ad·ju·di·ca·tor /ədʒúːdɪkèɪṭə | -tə/ 名 Ⓒ《格式》裁定者; (コンクールなどの)審査員.

ad·junct /ǽdʒʌŋ(k)t/ 名 ❶ Ⓒ《格式》付加物, 付属物, 補助(物) (to). ❷ Ⓒ〔文法〕付加詞[語].
— 形 限定 付属の;《米》(教員などが)非常勤の.

ad·jure /ədʒʊ́ə | ədʒʊ́ə/ 動 (ad·jur·ing /ədʒʊ́(ə)rɪŋ/) 他《格式》(人)に厳命[懇願]する (to do).

*__ad·just__ /ədʒʌ́st/ 動 (ad·justs /ədʒʌ́sts/; -just·ed

A

/~ɪd/; -just·ing) ⑯ ❶ (...)を**調節する**, (...)を(~に)合わせる; (服装など)を直す: He *adjusted* his tie before the interview. 彼は面接の前にネクタイを直した / He ***adjusted*** his telescope ***to*** his sight. [V+O+to+名] 彼は望遠鏡の焦点を目に合わせた.
❷ (考え・計画など)を(部分的に)**調整する**, 修正する: She *adjusted* her approach to the problem. 彼女は問題への取り組み方を変えた.
— ⓐ ❶ (新しい環境などに)**順応する**: She soon ***adjusted to*** ⌈her new school [liv***ing*** on her own]. [V+to+名[動名]] 彼女はすぐに新しい学校[一人暮らし]に慣れた. ❷ (物が)調節できる.
adjúst onesèlf to ... [動] ⑯ (環境など)に順応する: *adjust oneself to* living alone 一人暮らしに慣れる (✪ to live は誤り). (名 adjústment)

ad·just·a·ble /əʤʌ́stəbl/ 形 調節[調整]できる.

ad·just·er /əʤʌ́stə | -tə/ 名 ❶ Ⓒ 調節装置. ❷ Ⓒ 〔保険〕損害査定人.

+**ad·just·ment** /əʤʌ́s(t)mənt/ 名 (-just·ments /-mənʦ/) ❶ Ⓒ,Ⓤ **調節; 調整**, 修正; 精算: make slight [minor] ***adjustments to*** a microscope 顕微鏡の微調整をする / fare *adjustment* 運賃の精算. ❷ Ⓒ,Ⓤ 適応, 順応 (*to*). (動 adjúst)

ad·ju·tant /ǽʤʊṭənt, -tnt/ 名 Ⓒ 〔軍隊〕副官.

ad lib /ædlíb/ 副 アドリブで, 即興的に.

ad-lib /ædlíb/ 動 (ad-libs; ad-libbed; -lib·bing) ⑯ (せりふ・音符など)をアドリブで入れる, 即興的に演じる. — ⓐ アドリブで言う[演奏する]. — 名 Ⓒ 即興的な演奏[せりふ], アドリブ. — 形 [限定] アドリブの, 即興的な.

ad·man /ǽdmæn/ 名 (-men /-mèn/) Ⓒ 《略式》広告業者; 広告係.

ad·min /ǽdmɪn/ 名 Ⓤ 《略式》 = administration 2.

+**ad·min·is·ter** /ədmínɪstə | -tə/ 動 (-is·ters /~z/; -is·tered /~d/; -ter·ing /-tərɪŋ, -trɪŋ/) ⑯ ❶ (会社・資産など)を**管理する**, 運営する, (国など)を治める: In the United States the Secretary of State *administers* foreign affairs. 米国では国務長官が外務をつかさどる. ❷ 《格式》(法律など)を執行する, 実施する; (罰など)を科する; (宗教的儀式)を執り行なう (*to*): *administer* justice 裁判を行なう / *administer* a test テストを行なう. ❸ 《格式》(手当て)を施す, (薬など)を投与する; (打撃など)を与える: The doctor *administered* artificial respiration *to* the boy. 医者はその少年に人工呼吸を施した.
— ⓐ (困っている人などに)手助けする, 力になる (*to*).
(名 admìnistrátion, 形 admínistràtive)
〖語源 ラテン語で「...に (ad-) 仕える (minister)」の意〗

***ad·min·is·tra·tion** /ədmìnəstréɪʃən/ 名 (~s /~z/) ❶ Ⓒ [しばしば the A-] 《主に米》 **政府** [≒government]; (政治家の)任期: *the* present *administration* 現政府 / *the* Biden *Administration* バイデン政権.
❷ Ⓤ **管理, 運営**, 経営 [《略式》admin]; [the ~] 管理者側, 経営陣 [≒management]: the *administration* of a library 図書館の運営 / the university *administration* 大学の本部, 大学当局.
❸ Ⓤ **行政**, 施政; [the ~] 行政機関, 行政当局. ❹ Ⓤ 《格式》(法律・儀式などの)執行, 実施; (薬などの)投与: the *administration* of justice 法の執行.
(動 admínister)

+**ad·min·is·tra·tive** /ədmínəstrèɪṭɪv, -strə-/ 形 ❶ [比較なし] **管理の**, 経営の: *administrative* responsibilities 管理責任.
❷ [比較なし] **行政(上)の**: *administrative* reforms 行政改革. [関連] executive 行政の / judicial 司法の / legislative 立法の. (動 admínister)
~·ly 副 管理上; 行政上.

+**ad·min·is·tra·tor** /ədmínəstrèɪṭə | -tə/ 名 (~s /~z/) Ⓒ **管理者**, 経営者, 理事; 行政官.

+**ad·mi·ra·ble** /ǽdm(ə)rəbl/ [!アク] 形 《格式》**称賛に値する**, 立派な, 見事な: an *admirable* job 立派な仕事 / She accepted responsibility for the accident, which was ***admirable of*** her. 彼女はその事故の責任を認めたが, それは立派な事だった (⇒ of 12).
-ra·bly /-rəbli/ 副 《格式》見事に.

+**ad·mi·ral** /ǽdm(ə)rəl/ [!アク] 名 (~s /~z/) Ⓒ **海軍大将**; (海軍の)司令官, 提督; 海軍将官 (海軍大将の他, 《米》fleet *admiral* = 《英》*admiral* of the fleet (海軍元帥), vice [rear] *admiral* (海軍中将[少将])がある). [関連] general 陸軍大将.

+**ad·mi·ra·tion** /ædməréɪʃən/ 名 Ⓤ **感嘆**, 称賛, 敬服 (*of*): They looked at her garden ***in admiration***. 彼らは彼女の庭を感心して見た / We had [felt] great ***admiration for*** his ability. 私たちは彼の手腕に大いに感心した. (動 admíre)

ad·mire** /ədmáɪə | -máɪə/ [!アク] 動 (ad·mires /~z/; ad·mired /~d/; ad·mir·ing /-máɪ(ə)rɪŋ/) ⑯ ❶ [進行形なし] (...)に**感嘆する**, 感心する, 敬服する, (...)を称賛する: [言い換え] Everybody *admired* his courage greatly. = Everybody ***admired him greatly ***for*** his courage. [V+O+for+名] だれもが彼の勇気に大いに感心した / The professor *is* much ***admired by*** his students. [V+O の受身] その教授は学生にとても尊敬されている (✪ very admired は誤り). ❷ (...)を感心して眺める, (...)に見とれる: I *admired* the view for a while. 私はしばしの間その眺めに見とれた.
(名 àdmirátion)
〖語源 ラテン語で「...に (ad-) 驚く」の意; miracle, mirror と同語源〗

ad·mir·er /ədmáɪ(ə)rə | -rə/ 名 Ⓒ ファン, 称賛者; (女性に)思いを寄せる人: a great [real] *admirer of* the Queen クイーンの大ファン.

ad·mir·ing /ədmáɪ(ə)rɪŋ/ 形 [限定] (表情などが)感嘆する, 感心する, うっとりした.

ad·mis·si·ble /ədmísəbl/ 形 《格式》(行為などが)容認できる, 受け入れられる; 〔法律〕(証拠が)認められる [⇔ inadmissible]. (動 admít)

ad·mis·sion** /ədmíʃən/ 名 (~s /~z/) ❶ Ⓤ,Ⓒ **入るのを許すこと, 入るのが許されること**; 入場, 入会, 入学, 入院; [複数形で] 入場[入会, 入学, 入院]者数, 入学[入会]選考: He applied for ***admission to the school [society]. 彼は入学[入会]を申し込んだ / *Admission* is by ticket only. 切符のない方は入場できません / You cannot gain ***admission into*** [*to*] this club. 君はこのクラブに入れない / the college's *admissions* office [policy] その大学の入学選考事務局[方針] / hospital *admissions* 入院者数.
❷ Ⓤ **入場料**, 入会金: ADMISSION FREE 入場無料 《掲示》 / ***Admission to*** the museum is $10. この美術館の入場料は 10 ドルです.
❸ Ⓒ **認めること**, 承認; 告白: an ***admission of*** guilt [defeat] 罪[敗北]を認めること / The ***admission that*** she had done wrong shocked all of us. [+that 節] 彼女が悪いことをしたという告白はみんなにショックを与えた.

by [on] ...'s ówn admíssion [副] 文修飾 ...が自分でも認めているように. (動 admít)

admíssion fèe [chàrge] 名 C 入場料; 入会[入学]金 (*to*).

ad·mit /ədmít/

— 動 (**ad·mits** /-míts/; **-mit·ted** /-ṭɪd/; **-mit·ting** /-ṭɪŋ/) 他

意味のチャート
「受け入れを認める」→「(場所に)**入れる**」❷ →「**認める**」❶

❶ (事実)を(しぶしぶ)**認める**, (...である[した]こと)を**認める**, 白状する [⇔ deny]**:** He finally *admitted* his mistakes. 彼はついに自分の誤りを認めた / I have to *admit* (*that*) she was right. V+O ((*that*)節) 彼女が正しかったと認めなくてはならない 多用 / He ***admitted to*** me ***that*** he did it. V+*to*+名+O (*that* 節) 彼は私に自分がそれをやったと認めた / 言い換え Agatha *admitted that* she had told a lie. = Agatha *admitted* tell*ing* [hav*ing* told] a lie. V+O (動名) アガサはうそをついたことを認めた / The report *is* now *admitted to* have been wrong. V+O+C (*to* 不定詞)の受身 その報告は誤りであったと今では認められている (✪ この動詞型は受身でのみ用いる).

❷ (場所などに)(...)を**入れる**, 通す, (人)に(...への)入場[入会, 入学]を認める; [普通は受身で] (人)を入院させる**:** This ticket *admits* two people. この切符で 2 名入場できる / Fifteen overseas students *were **admitted** to* [*into*] the school. V+O+*to*[*into*]+名の受身 15 名の留学生がその学校に入学を許可された.

admít of ... [動] 他 《格式》 (物事が)...の余地がある, ...を許す**:** His conduct *admits of* no excuse. 彼の行動には弁解の余地がない.

admít to ... [動] 他 ...を認める[白状する]**:** The suspect *admitted to* (hav*ing* committed) the crime. 容疑者は犯罪(を犯したこと)を認めた.

(名 admíssion, 2 ではまた admíttance, 形 admíssible)

〖⇒ permit[1] キズナ〗

ad·mit·tance /ədmíṭəns, -tns/ 名 U 《格式》 入場, 入場[入会]許可**:** NO ADMITTANCE 立入禁止 《掲示》 / We gained *admittance to* the house. 私たちはその家に入ることを許可された. (動 admít 2)

ad·mit·ted·ly /ədmíṭɪdli/ 副 文修飾 一般に認められているように, 自分で認めているように; 確かに, 疑いもなく, 明白に**:** *Admittedly*, the report was false. = The report was *admittedly* false. その報道が誤りであったことは疑いない.

ad·mix·ture /ædmíksʧə | -ʧə/ 名 C [普通は単数形で] 《格式》 混合物; 添加物 (*of*).

ad·mon·ish /ədmá(ː)nɪʃ | -mɔ́n-/ 動 他 《格式》 (人)を(厳しく)戒める, 諭(さと)す; (...)に注意する**:** She *admonished* her pupils *for* carelessness [be*ing* careless]. 彼女は生徒たちに不注意を諭した / I *admonished* the student *not to be* late. 私は生徒に遅れないように注意した.

ad·mon·ish·ment /ədmá(ː)nɪʃmənt | -mɔ́n-/ 名 C,U 《格式》 = admonition.

ad·mo·ni·tion /ædmənɪ́ʃən/ 名 C,U 《格式》 諭(さと)すこと, 訓戒; 注意 (*to* do).

ad·mon·i·to·ry /ədmá(ː)nətɔ̀ːri | -mɔ́nɪtəri, -tri/ 形 《格式》 諭(さと)す(ような), 戒めの.

a·do /ədúː/ 名 U (くだらない)騒ぎ**:** much *ado* about nothing 空(から)騒ぎ. **withòut fúrther [móre] adó** [副] ぐずぐずしないで, ただちに.

a·do·be /ədóʊbi/ 名 ❶ U アドーベ, 日干しれんが. ❷ C 日干しれんが造りの家.

ad·o·les·cence /æ̀ḍəlés(ə)ns/ 名 U 青春期, 思春期 《12-18 歳くらい》**:** in late *adolescence* 思春期の後半に.

+**ad·o·les·cent** /æ̀dəlés(ə)nt⁺/ 名 (**-les·cents** /-s(ə)nts/) C **青春期の男[女]** 《12-18 歳くらい》.

— 形 [普通は 限定] 青春期の, 思春期の**:** an *adolescent* boy 思春期の少年.

A·don·is /ədá(ː)nɪs | ədóʊn-/ 名 ❶ 固 〔ギリシャ神話〕 アドニス 《女神 Aphrodite に愛された美少年》. ❷ C 美青年.

a·dopt /ədá(ː)pt | ədɔ́pt/

— 動 (**a·dopts** /ədá(ː)pts | ədɔ́pts/; **a·dopt·ed** /~ɪd/; **a·dopt·ing**) 他 ❶ (...)を**養子にする:** The couple *adopted* the little girl. その夫婦はその少女を養女にした.

❷ (特定の方策・考え方など)を**採用する**, 取り入れる; (特定のことばづかいなど)をする, (態度)をとる; (議案など)を採択する, 承認する; (移住先の国・新たな名前など)を選ぶ**:** *adopt* a new approach 新しいやり方を採用する / They have *adopted* a hard-line policy. 彼らは強硬路線の政策を取った. ❸ 《英》 (人)を(選挙の候補者として)選ぶ, 指名する (*as*).

— 自 養子をとる. (名 adóption, 形 adóptive)

a·dopt·ed /ədá(ː)ptɪd | ədɔ́pt-/ 形 ❶ 養子になった**:** an *adopted* child 養子. ❷ 採用された; (自分のものとして)選んだ**:** one's *adopted* country 第二の祖国.

+**a·dop·tion** /ədá(ː)pʃən | ədɔ́p-/ 名 ❶ U,C **養子縁組:** put [give] one's child up for *adoption* 子供を養子に出す. ❷ U 採用, 採択, 取り入れること (*of*). ❸ U,C 《英》 (選挙候補者の)指名, 公認. (動 adópt)

a·dop·tive /ədá(ː)ptɪv | ədɔ́p-/ 形 限定 養子関係の**:** an *adoptive* mother 養母. (動 adópt)

a·dor·a·ble /ədɔ́ːrəbl/ 形 《略式》 ほれぼれするような, 愛くるしい [≒charming]**:** What an *adorable* baby! なんてかわいい赤ちゃんなの. 語法 女性がよく使う. (動 adóre)

ad·o·ra·tion /æ̀dəréɪʃən/ 名 U あこがれ, 敬愛; 熱愛; 《文語》 (神への)崇拝. (動 adóre)

a·dore /ədɔ́ə | ədɔ́ː/ 動 (**a·dor·ing** /ədɔ́ːrɪŋ/) 他 [進行形なし] ❶ (人)にあこがれる, (...)を慕う, 敬愛する; 熱愛する**:** The students *adore* Miss White. 生徒たちはホワイト先生にあこがれている. ❷ 《略式》 (物事)が大好きである**:** My mother just *adores* (play*ing*) tennis. 母はテニス(をするの)が大好きだ. ❸ (神)を崇拝する. (名 àdorátion, 形 adórable)

a·dor·ing /ədɔ́ːrɪŋ/ 形 限定 あこがれている, 敬愛している**:** his *adoring* fans 彼を敬愛するファン.

~·ly 副 あこがれて, 敬愛して.

a·dorn /ədɔ́ən | ədɔ́ːn/ 動 他 [しばしば受身で] 《格式》 (...)を(~で)飾る, 装飾する**:** Betty's hair *was adorned with* violets. ベティーの髪はすみれの花で飾られていた.

a·dorn·ment /ədɔ́ənmənt | ədɔ́ːn-/ 名 C 《格式》 装飾品; U 《格式》 装飾, 飾ること.

a·dren·a·lin(e) /ədrénəlɪn/ 名 U 〔生化〕 アドレナリン 《興奮時などに分泌されるホルモン》**:** The sight got her *adrenaline* going [flowing]. その光景を見て彼

女はアドレナリンが出た[興奮した].

Á·dri·at·ic Séa /èɪdriǽṭɪk-/ 名 固 [the ~] アドリア海《イタリアとバルカン半島との間の海域》.

a·drift /ədríft/ 副 形 ❶ 叙述 (船などが)漂って, 漂流して: cast [set] a boat *adrift* 船を漂流させる. ❷ 叙述 (人が)行くあてがなくて, (人生の)目的がなくて. ❸ [数量表現の後で]《英》(競技などで)(...に)リードされて (*of*). **còme adríft** [動] 自《英》はずれる, 取れる.

a·droit /ədrɔ́ɪt/ 形《格式》巧みな, 器用な; 機敏な; 気のきいた (*at, in*) [⇔ maladroit]. **~·ly** 副 巧みに, 機敏に.

ADSL /éɪdì:èsél/ 名 U〔コンピュータ〕非対称デジタル加入者線《電話線を使った高速のデータ通信技術; *a*symmetric *d*igital *s*ubscriber *l*ine の略》.

ad·u·la·tion /æ̀ʤʊléɪʃən/ 名 U《格式》お世辞, 追従(ついしょう)《flattery よりさらに度の過ぎたもの》.

⁑a·dult /ədʌ́lt, ǽdʌlt/

— 名 (a·dults /ədʌ́lts, ǽdʌlts/) ❶ C **成人, 大人** [⇔ child]: The boy behaved like an *adult*. その少年は大人のようにふるまった / ADULTS ONLY 成人向け(未成年者お断わり)《掲示》. ❷ C 成長した動物, 成獣.

— 形 ❶ **成人の**, 大人の《18 歳ないし 21 歳以上》; (動物が)成獣の; (知的・精神的に)成熟した, 成人らしい: the *adult* population 成人人口 / Let's deal with this problem in an *adult* way. この問題は大人のやり方で対処しよう. ❷ 限定 大人用の; 成人向けの: *adult* movies 成人映画.

ádult educátion 名 U 成人教育.

a·dul·ter·ate /ədʌ́ltərèɪt/ 動 他 (飲食物など)に混ぜ物をする, (...)の品質を落とす.

a·dul·ter·a·tion /ədʌ̀ltəréɪʃən/ 名 U 混ぜ物をすること.

a·dul·ter·er /ədʌ́ltərɚ, -trɚ | -tərə, -trə/ 名 C 不倫している人.

a·dul·ter·ous /ədʌ́ltərəs, -trəs/ 形 不倫の.

a·dul·ter·y /ədʌ́ltəri, -tri/ 名 U 不倫, 不貞: commit *adultery* 不倫する.

***a·dult·hood** /ədʌ́lthʊ̀d/ 名 U **成年期**《⇒ childhood 関連》; 成人であること.

adv. 略 = adverb.

⁑ad·vance /ədvǽns | -vɑ́:ns/

— 動 (ad·vanc·es /~ɪz/; ad·vanced /~t/; ad·vanc·ing) 自 ❶ (ある目標へ向かって)**進む, 前進する** [⇔ retreat]: The troops slowly *advanced* twenty miles. 軍隊はゆっくりと 20 マイル前進した / The enemy ***advanced against*** [*to*, *toward*, *on*] the capital. V+前+名 敵は首都に向かって進んできた.

❷ (知識・技術などが)**進歩する**, 向上する, 進む: Our understanding of the disease has *advanced* rapidly. 我々のその病気についての理解は急速に進んだ.
❸《格式》(先の段階へ)進む: We *advanced to* the finals. 我々は決勝戦に進出した. ❹ (株価などが)高くなる, 上がる.

— 他 ❶ (...)を**推進する**, 促進する, 向上させる; (利益)を増大させる: *advance* the cause of world peace 世界平和という大義を推進する / *advance* one's career キャリアを向上させる.
❷ (人に)(金)を前払いする, 貸す (*to*). ❸《格式》(意見・考えなど)を持ち出す, 提案する. ❹《格式》(時間・日程など)を早める, 繰り上げる [⇔ postpone]: *advance* the date of departure 出発日を繰り上げる.
❺《格式》(時計)を早める; (録画など)を早送りする.
(名 advancement)

— 名 (ad·vanc·es /~ɪz/) ❶ C,U **進歩**, 向上: a major ***advance in*** medicine 医学の大きな進歩 / Japanese industry has made great *advances* since the war. 日本の産業は戦後大きな進歩を遂げた.
❷ C (特に軍隊の)**前進**, 進行: an army's ***advance on*** the capital 首都への軍隊の進攻. ❸ C [普通は an ~] 前払い, 前貸し, 前金: ask for *an advance on* one's salary 給料の前借りを頼む. ❹ [複数形で] (異性に)言い寄ること: make *advances to* ... ...に言い寄る. ❺ C (株価などの)上昇.

in advánce [副] (1) (時間的にある事に)**先立って**, 前もって, あらかじめ, 事前に: book tickets a week *in advance* 1 週間前に切符の予約をする / Thank you *in advance* for your support. ご支援に対してあらかじめお礼を申し上げます《手紙などの終わりで用いる》. (2) **前金で**: pay *in advance* 前払いする.

in advánce of ... [前] (1) **...に先立って**, ...より前に: They departed ten days *in advance of* our party. 彼らは我々の一行より 10 日前に出発した. (2) **...よりも進んで**: His ideas were well *in advance of* his time. 彼の考えは彼の時代よりもはるかに進んでいた.

— 形 前もっての, 事前の; 先発の: *advance* booking 事前予約 / *advance* warning 事前の警告 / an *advance* ticket 前売券 / an *advance* party 先発隊.

ad·vanced** /ədvǽnst | ədvɑ́:nst/ 形 ❶ (技術・考えなどが)**進歩した**, 高度な: *advanced* countries [nations] 先進国 / Our country is ***advanced in technology. +*in*+名 わが国は科学技術が進んでいる.
❷ **上級の**, 高等の [⇔ elementary]: an *advanced* course 上級コース. ❸ (病気などが)進行した, 進んでいる: *advanced* cancer 進行した癌(がん).
of advánced áge [yéars] = advánced in áge [yéars] [形] [遠回しに] 高齢で.

ad·vance·ment /ədvǽnsmənt | -vɑ́:ns-/ 名 ❶ U,C《格式》前進; 進歩, 向上; 促進, 助長: work for the *advancement of* science 科学の進歩のために尽力する. ❷ U《格式》昇進, 昇級; 出世. (動 advánce)

ad·vanc·ing /ədvǽnsɪŋ | -vɑ́:ns-/ 形 限定 前進する; (年齢が)進む: *advancing* years [age] [遠回しに] 高齢(化).

⁑ad·van·tage /ədvǽnṭɪʤ | -vɑ́:n-/ !アク

— 名 (-van·tag·es /~ɪz/) ❶ C,U **有利な立場**, (人を)優位に立たせるもの, 強み [⇔ disadvantage]: She has the ***advantage of*** youth. 彼女には若さという強みがある / His fluent English gave him an ***advantage over*** the other applicants. 彼は英語がペラペラなので他の志願者より有利だった / Her years of experience will be a great [big] ***advantage to*** her. 長年の経験が彼女には大きな強みになるだろう / be ***at an advantage*** 有利である.
❷ C,U **利点**, メリット, 便利さ [⇔ disadvantage]《⇒ merit 日英; profit 類義語》: One of the ***advantages of*** online classes is that you can study anywhere. オンライン授業の利点の 1 つはどこでも勉強できることだ / There are many ***advantages to*** living in a large city. 大都市に住むことには多くの利点がある. ❸ U〔テニス〕アドバンテージ《ジュース (deuce) の後の最初の得点》.

tàke advántage of ... [動] 他 (1) (機会など)**を利用する**, ...を活用する: She *took* full *advantage of* her stay in London to improve her English. 彼女はロンドン滞在を活用して大いに英語の力を伸ばした. 語法 ... is taken advantage of の形で受身にできる. (2) (人の好意など)につけ込む, (人)を利用する[だます].

to advántage [副] 有利に; 引き立って: That dress shows (off) her figure *to* (*good*) *advantage*. その服を着ると彼女の容姿がよく引き立つ.

to ...'s advántage [形・副] ...に有利な[に], ...に都合のよい[よく]: It'll be *to your advantage* to have computer skills. コンピューターが使えればあなたに有利でしょう.

túrn [úse] ... to one's **advántage** [動] 他 (...)を(自分に都合のよいように)利用する. (形 àdvantágeous)

ad·van·taged /ədvǽntɪʤd | -vɑ:n-/ 形 恵まれた [⇔ disadvantaged]: socially [economically] *advantaged* 社会[経済]的に恵まれた.

+**ad·van·ta·geous** /ædvæntéɪʤəs, -vən-⁺⁻/ アク 形 **有利な**, 都合のよい [⇔ disadvantageous]: The situation was ***advantageous to*** our side. 情勢は我々に有利であった. (名 advántage)

～·ly 副 有利に, 都合よく.

ad·vent /ǽdvent/ 名 ❶ [the ～] (重要な人物・事件・物の)出現, 到来 (*of*). ❷ [A-] 固 降臨節, 待降節《クリスマスの前の約 4 週間》.

*****ad·ven·ture** /ədvénʧə | -ʧə/ アク 名 (～s/～z/) ❶ C **冒険**, はらはら[どきどき]するような経験: Her trip to London will be quite an *adventure*. 彼女のロンドンへの旅はきっと胸おどる経験となることだろう / *The Adventures of Sherlock Holmes*『シャーロック ホームズの冒険』《ドイル (Doyle) の推理小説集》.

❷ U **冒険心**, はらはら[どきどき]する気持ち: an *adventure* story 冒険物語 / have no sense [spirit] of *adventure* 冒険心が全くない. (形 advénturous)

〖語源 原義はラテン語で「来ようとするもの」; ⇒ event キズナ〗

ad·ven·tur·er /ədvénʧ(ə)rə | -rə/ 名 C 冒険家; 《古風》[しばしば軽蔑的] 山師, 詐欺師.

ad·ven·ture·some /ədvénʧəsəm | -ʧə-/ 形 = adventurous.

ad·ven·tur·ous /ədvénʧ(ə)rəs/ 形 冒険好きな, 大胆な; 冒険的な, 危険な. (名 advénture)

ad·verb /ǽdvə:b | -və:b/ 名 C 〔文法〕副詞《略 adv.; ⇒ 巻末文法 5. 2》. (形 advérbial)

ad·ver·bi·al /ædvə́:biəl | -və́:-/ 形 〔文法〕副詞の, 副詞の働きをする, 副詞的な. (名 ádverb)

— 名 C 〔文法〕副詞類.

ad·ver·sar·i·al /ædvəsé(ə)riəl | -və-⁺⁻/ 形 対立する, 敵対する.

ad·ver·sar·y /ǽdvəsèri | -vəs(ə)ri/ 名 (-sar·ies) C 《格式》敵; (競技・議論などの)相手.

+**ad·verse** /ædvə́:s, ǽdvə:s | ǽdvə:s, ædvə́:s/ 形 [普通は 限定] **不利な**, 都合の悪い; 有害な: *adverse* weather conditions 悪天候 / *adverse* circumstances 逆境 / have an *adverse* effect on ... ...に悪影響がある.

〖⇒ reverse キズナ〗

～·ly 副 不利に: *adversely* affect the sales 販売に悪影響を与える.

ad·ver·si·ty /ədvə́:səṭi | -və́:-/ 名 (-si·ties) U,C 《格式》逆境, 難局, 不運: overcome *adversity* 逆境に打ち勝つ / show courage in the face of *adversity* 逆境をものともせず勇気を示す.

ad·vert /ǽdvə:t | -və:t/ 名 C 《英略式》 = advertisement 1.

*****ad·ver·tise** /ǽdvəṭàɪz, ædvəṭáɪz | ǽdvətàɪz/ アク 動 (-ver·tis·es /～ɪz/; -ver·tised /～d/; -ver·tis·ing) 他 ❶ (...)を**広告する**, 宣伝する, (...)の広告を出す: He ***advertised*** his house ***for*** sale. V+O+*for*+名 彼は家を売る広告を出した / The sale ***is advertised*** ***in*** the newspaper [***on*** TV]. V+O+*in* [*on*]+名の受身 そのセールのことは新聞[テレビ]に広告が出ている. ❷ (秘密にすべき事など)を公表する: *advertise* the fact that ... ...という事実を公表する.

— 自 **広告をする**, 宣伝する: She ***advertised for*** a babysitter in the local paper. V+*for*+名 彼女は地元の新聞にベビーシッターを求める広告を出した. (名 àdvertísement)

〖語源 原義はラテン語で「...に (ad-) 注意を向ける」; ⇒ divert キズナ〗

*****ad·ver·tise·ment** /ædvəṭáɪzmənt, ədvə́:ṭɪz- | ədvə́:tɪs-, -tɪz-/ アク 名 (-tise·ments /-mənʦ/) ❶ C (個々の)**広告**, 宣伝 [《略式》ad, 《英》advert]; U 広告(すること): an ***advertisement for*** beer on TV テレビのビールの宣伝 / put an *advertisement* in the paper 新聞に広告を出す // ⇒ PR¹ 日英. ❷ [an ～] (...の)よさを示すもの (*for*). (動 ádvertìse)

ad·ver·tis·er /ǽdvəṭàɪzə | -vətàɪzə/ 名 C 広告主.

*****ad·ver·tis·ing** /ǽdvəṭàɪzɪŋ, ædvəṭáɪzɪŋ | ǽdvətàɪz-/ 名 U **広告(すること)**; 広告業: expenditure on *advertising* 広告費 / a job in *advertising* 広告業界の仕事.

ádvertising àgency 名 C 広告代理店.

******ad·vice** /ədváɪs/ アク

— 名 U **忠告**, **助言**, 勧め; (医師・弁護士など専門家の)意見: You should ask your father's ***advice on*** [***about***] it. それについてはお父さんに助言をもらったほうがいい / His ***advice to*** us was that we (*should*) play fair. 私たちへの彼の助言は正々堂々と勝負せよということだった《⇒ should A 8》/ He followed [took] his teacher's ***advice to*** study harder. +*to* 不定詞 彼はもっと勉強するようにとの先生の忠告に従った / He lost weight ***on*** ⌈his doctor's ***advice*** [the *advice* of his doctor]. 彼は医師の勧めに従って減量した / ***against*** ...'s ***advice*** (人)の忠告に反して / seek medical [legal] *advice* 医師[弁護士]の意見を求める. 語法 「1 つ, 2 つ...」と数えるときには a piece [word, bit] of advice, two pieces of advice という: Let me ***give*** you *a piece* [*word, bit*] *of* ***advice***. あなたにひと言忠告をしておきたい. (動 advíse)

> 類義語 **advice** ある行為について, 経験・知識のある者が与える個人的な忠告・助言: If you want good *advice*, consult an old man. ためになる忠告は老人に聞きなさい. **counseling** 専門家による個人的な問題への助言: Our services are available to students who need *counseling* about career choices. 進路について相談が必要な学生には相談員がいる. **recommendation** 専門的知識や経験に基づいて, よいと思われることを推奨すること. *advice* が消極的な忠告を意味することもあるのに対して, *recommendation* は常に積極的な意味を持つ: I read the book on the *recommendation* of my teacher. 私は先生の薦めでその本を読んだ.

advíce còlumn 名 C 《米》身の上相談欄 [《英》agony column].

advíce còlumnist 名 C 《米》身の上相談欄の回

答者 [《英》 agony aunt].

ad·vis·a·bil·i·ty /ədvàɪzəbíləṭi/ 名 U 望ましいこと, 得策; (策の)妥当性.

ad·vis·a·ble /ədváɪzəbl/ 形 叙述 《格式》 望ましい, 賢明な, 得策の [⇔ inadvisable]: *It is advisable for* you *to* read the book before the exam. 試験の前にその本を読んでおくのがよい《♥ やや直接的な助言の表現》.

*__ad·vise__ /ədváɪz/ アク 発音 動 (ad·vis·es /~ɪz/; ad·vised /~d/; ad·vis·ing) 他 ❶ (人)に(...するように)**忠告する, 助言する**, 勧める; (事)を勧める: He *advised* me *on* [*about*] this problem. V+O+on [about]+名 彼はこの問題について私に助言してくれた / Her mother *advised* her *against* going there. V+O+against+動名 母親は彼女にそこには行かないようにと忠告した / 言い換え I *advised* them *to* start early. V+O+C (to 不定詞) = I *advised* (them) *that* they (*should*) *start* early. V+(O+)O (that 節) =《格式》 I *advised* their start*ing* early. V+O (動名) 私は彼らに早く出発するよう勧めた《⇒ should A 8》. 語法 V+O+C (to 不定詞) のほうが V+O (動名) よりも普通 // The restaurant is busy on weekends, so I would *advise* you *to* book in advance. そのレストランは週末は混みますので, 事前の予約をお勧めします《♥ やや直接的な助言の表現》 / He *was* (strongly) *advised to* stop smoking. V+O+C (to 不定詞)の受身 彼は禁煙を(強く)勧められた / 言い換え She *advised* me *which to* buy. V+O+O (wh 句) = She *advised* me *which* I should buy. V+O+O (wh 節) 彼女はどっちを買ったらよいか私に助言してくれた / Please *advise* me *whether* I should accept the offer. V+O+O (whether 節) その申し出を受け入れるべきかどうか助言してください / *advise* caution 用心するように言う //⇒ well-advised, ill-advised.

> 語法 次のように命令文を間接話法にするときの伝達動詞として用いる《⇒ 巻末文法 14. 2 (3)》: 言い換え The doctor *advised* me *to* eat more vegetables. V+O+C (to 不定詞) 《間接話法》 (= The doctor said to me, "Eat more vegetables." 《直接話法》) 医者は私にもっと野菜を食べるようにと勧めた.

❷ 《格式》 (人)に(~を)通知[通告]する (*that*) [≒ inform] 《主に商用文などで》: We will *advise* you *of* any changes. 何か変更がありましたらお知らせします.
— 自 [進行形なし] (...について)助言を与える (*on, about*), (...しないように)忠告する (*against*).
(名 advíce, 形 advísory)
《⇒ visit キズナ》

ad·vis·ed·ly /ədváɪzɪdli/ 副 《格式》 熟考[熟慮]の上で; 慎重に, あえて: use the word *advisedly* あえてそのことばを使う.

*__ad·vis·er__ /ədváɪzə | -zə/ 名 (~s /~z/) ❶ C **助言者; 顧問**, 相談役: a special *adviser to* the president *on* foreign affairs 外交問題に関する大統領の特別顧問. ❷ C 〔米大学〕 指導教官.

ad·vi·sor /ədváɪzə | -zə/ 名 C 《米》 = adviser.

+**ad·vi·so·ry** /ədváɪz(ə)ri/ 形 限定 **勧告[忠告]の**, 助言的な; 顧問の: an *advisory* committee 諮問委員会.
(動 advíse)
— 名 (-so·ries) C 《米》 (気象などの)警報; 危険情報, 勧告.

ad·vo·ca·cy /ǽdvəkəsi/ 名 U 《格式》 (主義・主張などの)擁護, 弁護, 支持; 唱道.

*__ad·vo·cate__[1] /ǽdvəkèɪt/ 動 (-vo·cates /-kèɪts/; -vo·cat·ed /-ṭɪd/; -vo·cat·ing /-ṭɪŋ/) 他 《格式》 (...)**を擁護する**, 支持する; 先に立って主張する: Lincoln *advocated* the abolition of slavery. = Lincoln ***advocated*** abolish*ing* slavery. V+O (動名) = Lincoln ***advocated that*** slavery (should) be abolished. V+O (that 節) リンカンは奴隷制度の廃止を唱えた《⇒ should A 8》.

*__ad·vo·cate__[2] /ǽdvəkət/ 名 (-vo·cates /-kəts/) ❶ C (主義・改革などの)**唱道者**, 支持者; 代弁者 (*for*): a passionate ***advocate of*** free speech 言論の自由の熱烈な唱道者. ❷ C 〔法律〕 弁護士.

adz, 《英》 **adze** /ǽdz/ 名 C おの, 手斧(ちょうな).

Ae·gé·an Séa /ɪʤíːən-/ 名 固 [the ~] エーゲ海《ギリシャとトルコの間の地中海の一部》.

ae·gis /íːʤɪs/ 名 [次の成句で] **ùnder the áegis of ...** [前] 《格式》 ...の保護[支援]を受けて.

ae·on /íːən/ 名 C 《英》 = eon.

aer·ate /é(ə)reɪt/ 動 他 (土など)に通気する; (飲料など)に炭酸ガスを入れる.

aer·a·tion /e(ə)réɪʃən/ 名 U 空気にさらすこと, 通気.

ae·ri·al /é(ə)riəl/ 形 限定 航空機からの; 空中の: an *aerial* photograph 航空写真 / an *aerial* attack 空からの攻撃 / *aerial* spraying 空中散布. (名 air)
— 名 ❶ C 《英》 アンテナ [≒ antenna]. ❷ [複数形で単数扱い] エアリアル《フリースタイルスキーの種目》.

aer·o- /é(ə)roʊ/ 接頭 「空気, 空, 航空機」の意: *aero*dynamics 空気力学 / *aero*nautics 航空学.

aer·o·bat·ics /è(ə)rəbǽṭɪks/ 名 複 [ときに単数扱い] アクロバット[曲芸]飛行.

aer·o·bic /e(ə)róʊbɪk/ 形 ❶ エアロビクスの, 有酸素運動の [⇔ anaerobic]: *aerobic* exercise 有酸素運動《心肺機能を高める》. ❷ 〔生物〕 (細菌などが)好気性の.

*__aer·o·bics__ /e(ə)róʊbɪks/ 名 U **エアロビクス**.

aer·o·dy·nam·ic /è(ə)roʊdaɪnǽmɪk←/ 形 空気力学の; 空気力学を応用した.

aer·o·dy·nam·ics /è(ə)roʊdaɪnǽmɪks/ 名 ❶ U 空気力学, 航空力学. ❷ 複 空気力学的特性.

aer·o·gram, aer·o·gramme /é(ə)rəgrǽm/ 名 C 航空書簡, エアログラム.

aer·o·nau·ti·cal /è(ə)rənɔ́ːṭɪk(ə)l←/ 形 航空(学)の.

aer·o·nau·tics /è(ə)rənɔ́ːṭɪks/ 名 U 航空学: the National *Aeronautics* and Space Administration (米国の)国家航空宇宙局《略 NASA》.

+**aer·o·plane** /é(ə)rəplèɪn/ 名 C 《英》 **飛行機** [≒ plane, 《米》 airplane]. ✪ 用法・例文などについては ⇒ airplane.

aer·o·sol /é(ə)rəsɑ̀(ː)l, -sɔ̀ːl | -sɔ̀l/ 名 ❶ C (エアゾル)噴霧器, スプレー. ❷ C 〔化学〕 エアロゾル, 煙霧質.

+**aer·o·space** /é(ə)roʊspèɪs/ 名 U **航空宇宙産業[科学]**; [形容詞的に] 航空宇宙に関する: the *aerospace* industry 航空宇宙産業.

Ae·sop /íːsɑ(ː)p | -sɔp/ 名 固 イソップ《紀元前 6 世紀ごろのギリシャの寓話(ぐうわ)作家; ⇒ fable 1》.

aes·thete /ésθiːt | íːs-/ 名 C 《格式》 [ときに軽蔑的] 審美家.

+**aes·thet·ic** /esθéṭɪk | iːs-/ 形 **美を鑑賞する**, 審美的な; 美学の; 美的な, 趣味のよい, 芸術的な.
— 名 C [普通は単数形で] 美的原理[性質].

aes·thet·ics /esθéṭɪks | iːs-/ 名 U 美学.

AFAIK, afaik 略 = as far as I know (私の知る限りでは) 《E メールなどで用いる》.

a·far /əfάɚ | əfά:/ 副 [次の成句で] **from afár** [副] 《文語》 遠くから.

AFC /éièfsí:/ 略 = American Football Conference アメリカンフットボールカンファレンス《NFC とともに NFL を構成する競技連盟》.

af·fa·bil·i·ty /æ̀fəbíləṭi/ 名 U 愛想のよさ.

af·fa·ble /ǽfəbl/ 形 人当たりのよい, 愛想のよい.

af·fa·bly /ǽfəbli/ 副 愛想よく, にこやかに.

***af·fair** /əféɚ | əféə/ 名 (~s /~z/)

意味のチャート
原義は「なすこと」. それから「**業務**」❶ →「(漠然と)事柄」→「**事件**」❷ となった.

❶ [複数形で] **業務**; (漠然と)事情, 情勢: private *affairs* 私事 / public *affairs* 公務 / foreign *affairs* 外務 / internal *affairs* 内政 / current *affairs* 時事[時局]問題 / world *affairs* 国際情勢 / in the present state of *affairs* 現状では.
❷ [単数形で] **事件**, 出来事 [≒event]; (社交的)行事: It's a terrible *affair*. それは恐ろしい事件だ / the Watergate *affair* ウォーターゲート事件.
❸ C **情事**, 不倫関係 (love affair): have an *affair with* ... ...と(性的な)関係を持つ. ❹ [所有格の後で単数形で] (個人的な)関心事, 問題 [≒business]: That's *mý affáir*. それは私の問題だ(あなたの知ったことではない). ❺ C [形容詞を伴って] 《古風, 略式》 物, 品物; (漠然とした)こと: a *difficult affair* 難しいこと.
pút [gét] one's **affáirs in òrder** [動] 自 身辺(の金銭的な事柄)を整理する.

**af·fect[1] /əfékt/

— 動 (af·fects /əféks/; -fect·ed /~ɪd/; -fect·ing) 他 ❶ (...)に**影響を及ぼす**[**与える**]《⇒ influence 類義語》: The weather *affects* the growth of plants. 天候は植物の生長に影響を与える / The decision of the Government *was affected by* public opinion. V+O の受身 政府の決定は世論に影響されていた.
❷ [しばしば受身で] (...)の**心を動かす**, (人)を動揺させる: They *were* deeply *affected by* the news of her death. V+O の受身 彼女の死の知らせに彼らはひどく悲しんだ. ❸ (病気が)(人・身体など)を冒(おか)す. (名 afféction)
〚⇒ effect キズナ〛

af·fect[2] /əfékt/ 動 他 ❶ 《格式》 (...)のふりをする, (...)を装う《⇒ pretend 類義語》: She *affected* indifference. 彼女は無関心を装った. ❷ 《格式》 [軽蔑的] (...)を(気取って)使う: *affect* difficult words 気取って難しいことばを使う.

af·fec·ta·tion /æ̀fektéɪʃən/ 名 C,U [軽蔑的] ふりをすること; 気取り, わざとらしさ.

af·fect·ed /əféktɪd/ 形 [軽蔑的] 気取った, わざとらしい [⇔ unaffected]. **~·ly** 副 気取って.

af·fect·ing /əféktɪŋ/ 形 《格式》 哀れな, 痛ましい; 心を動かす, 感動的な.

+**af·fec·tion** /əfékʃən/ 名 (~s /~z/) U,C [普通は単数形で] **愛情**, 情愛《⇒ love[1] 類義語》: Susie felt no ***affection for*** [***toward***] Tom. スージーはトムに少しも愛情を感じていなかった / He never showed his wife much *affection*. 彼は妻にあまり愛情を示さなかった / He has deep [great] *affection for* his son. 彼は息子に深い愛情を抱いている / At last I gained [won] Laura's *affections*. とうとう私はローラの愛情を獲得した. (動 afféct[1], 形 afféctionate)

af·fec·tion·ate /əfékʃ(ə)nət/ 形 情愛の深い, 愛情のこもった, 優しい (*toward*). (名 afféction)

af·fec·tion·ate·ly /əfékʃ(ə)nətli/ 副 愛情をこめて.

af·fi·da·vit /æ̀fədéɪvɪt/ 名 C 〔法律〕 (宣誓)供述書.

+**af·fil·i·ate**[1] /əfílièɪt/ 動 (-i·ates /-èɪts/; -i·at·ed /-ṭɪd/; -i·at·ing /-ṭɪŋ/) 他 [普通は受身で] (団体など)を(より大きな組織に)**加入させる**, 所属させる; 提携させる, 系列下[傘下]に置く: We *are* not ***affiliated with*** [***to***] any political party. V+O+*with* [*to*]+名の受身 私たちはいかなる政党とも関係がありません / Our association should ***affiliate*** itself ***with*** [***to***] an international organization. V+O+*with* [*to*]+名 我々の学会は国際的な組織に加入すべきである.
— 自 加入する, 所属する; 提携する (*with, to*).

af·fil·i·ate[2] /əfíliət/ 名 C 子会社, 系列[関連]会社, 関連団体, 支部.

af·fil·i·at·ed /əfílièɪṭɪd/ 形 提携した, 系列下の, 付属の, 支部の.

+**af·fil·i·a·tion** /əfìliéɪʃən/ 名 ❶ U,C (政党・宗教団体などへの)**所属**(**関係**) (*with, to*). ❷ U,C (団体との)提携関係 (*with, to*).

af·fin·i·ty /əfínəṭi/ 名 (-i·ties) ❶ [an ~] 好み, 相性; (類似性からくる)親しみ: feel *an affinity with* [*for, to*] ... ...に親しみを感じる. ❷ U,C (2 つのものの間の)類似(点); 密接な関係 (*between, with*).

af·firm /əfɚ́:m | əfə́:m/ 動 他 《格式》 (公に) (...)を断言する [≒assert]; 支持する, (...に)賛同する; 肯定する, 確証する [≒confirm]: 言い換え He *affirmed* the truth of her statement. = He *affirmed that* her statement was true. 彼は彼女の言ったことは本当だと断言した. (名 àffirmátion, 形 affírmative)
〚語源 原義はラテン語で「確実に《⇒ firm[2]》する」の意; ⇒ confirm 語源〛

af·fir·ma·tion /æ̀fɚméɪʃən | æ̀fə-/ 名 C,U 《格式》 断言; 肯定, 確証; C 断言[肯定]されたこと [⇔ negation]. (動 affírm)

+**af·fir·ma·tive** /əfɚ́:məṭɪv | əfə́:-/ 形 《格式》 **肯定の**, 賛成の [⇔ negative]: an *affirmative* vote 賛成票. (動 affírm)
— 名 C 《格式》 肯定的な[承諾の]ことば[答え], 肯定 [⇔ negative]. **in the affírmative** [副・形] 《格式》 肯定で.

affírmative áction 名 U 《主に米》 社会的差別撤廃措置《少数民族・女性などの雇用・高等教育を推進する活動; ⇒ positive discrimination》.

af·fir·ma·tive·ly /əfɚ́:məṭɪvli | əfə́:-/ 副 肯定的に [⇔ negatively].

af·fix[1] /əfíks/ 動 他 [しばしば受身で] 《格式》 (切手など)を(...に)添付する, 貼(は)る (*to*).

af·fix[2] /ǽfɪks/ 名 C 〔文法〕 接辞《接頭辞と接尾辞の総称》.

af·flict /əflíkt/ 動 他 [普通は受身で] 《格式》 (...)を(~で)苦しめる, 悩ます: a country *afflicted* by drought 干ばつに苦しむ国 / She *is afflicted with* headaches. 彼女は頭痛に悩まされている.

af·flic·tion /əflíkʃən/ 名 U 《格式》 (心身の)苦悩, 苦痛; C 《格式》 悩み, 苦痛の種.

af·flu·ence /ǽflu:əns | ǽfluəns/ 名 U 《格式》 裕福, 豊かさ: live *in affluence* 裕福に暮らす.

af·flu·ent /ǽflu:ənt | ǽfluənt/ 形 《格式》 裕福な, 豊かな《⇒ rich 類義語》: an *affluent* society 豊かな社会.
〚⇒ influence キズナ〛

***af·ford** /əfɔ́ɚd | əfɔ́:d/ 動 (af·fords /əfɔ́ɚdz | əfɔ́:dz/;

-ford·ed /-ḍɪd/; -ford·ing /-ḍɪŋ/) ⑯ ❶ [普通は否定文·疑問文で, can, be able to とともに; 受身なし] (...)に**要する金[暇, 力]がある**, (...)をもつ[する]余裕がある; (...)しても差しつかえない: I *can't afford* any more time off work. これ以上休暇がとれない / [言い換え] I *can't afford* a new car. = I *can't **afford to*** buy a new car. [V+O (to 不定詞)] 私は新車を買う余裕はない / We *can't afford to* ignore his warning. 彼の警告は無視するわけにはいかない. ❷《格式》(物事が)(...)を与える [≒give]; もたらす, 産出する (*to*): The big tree *afforded* (us) pleasant shade. その大きな木は(私たちに)心地よい日陰を作ってくれた.

af·ford·a·ble /əfɔ́əḍəbl | əfɔ́:d-/ [形] (値段などが)手ごろな, 手の届く: *affordable* housing 手ごろな価格の住居.

af·for·est /æfɔ́:rɪst | -fɔ́r-/ [動] ⑯ [普通は受身で] (土地)を植林[造林]する [⇔ deforest].

af·for·es·ta·tion /æfɔ̀:rɪstéɪʃən | -fɔ̀r-/ [名] [U] 造林, 植林 [⇔ deforestation].

af·fray /əfréɪ/ [名] [C,U] [普通は an ~]〘法律〙(公の場所での)乱闘, 騒動, けんか, 小ぜりあい.

af·front /əfrʌ́nt/ [名] [C] [普通は an ~] (公然の)侮辱, 無礼 (*to*). — [動] ⑯ [普通は受身で]《格式》(公然と)侮辱する: I felt *affronted at* [*by*] his rude words. 彼の失礼なことばに侮辱を感じた.

Af·ghan /ǽfgæn, -gən/ [形] アフガニスタン(人)の.
— [名] ❶ [C] アフガニスタン人. ❷ [C] アフガンハウンド(犬).

Af·ghan·i·stan /æfgǽnəstæ̀n/ [名] [固] アフガニスタン《アジア南西部の共和国》.

a·fi·ci·o·na·do /əfɪʃiənɑ́:ḍoʊ/ ≪スペイン語から≫ [名] (~s) [C] 愛好者, 熱狂的ファン (*of*).

a·field /əfí:ld/ [副] [次の成句で] **fár [fárther, fúrther] afíeld** [副·形] (特に家から)遠く離れて, 遠くへ[に]: from *far afield* 遠くから.

a·fire /əfáɪə | əfáɪə/ [形] [叙述], [副]《文語》(炎をあげて)燃えて; (心が)燃え立って, 激して (*with*).

a·flame /əfléɪm/ [形] [叙述], [副]《文語》燃えて; 輝いて; 非常に興奮して, 激して (*with*).

a·float /əflóʊt/ [形] [副] ❶ [叙述] (水面に)浮かんで, 漂って;《文語》海上に, 船上に: keep ... *afloat* ...を浮かばせておく. ❷ [叙述] 借金[破産]しないで: stay [keep] *afloat* 借金[破産]せずにいる.

AFN [略] = American Forces Network 米軍放送網.

a·foot /əfʊ́t/ [形] [叙述], [副] (計画などが)進行中で.

a·fore·men·tioned /əfɔ́əménʃənd | əfɔ́:-ˊ/ [形] [限定]《格式》前述の, 前記の: *the aforementioned* 前述の者(たち), 前記の事柄《単数名詞または複数名詞扱い; ⇒ the¹ 3; 主に法律文書で》.

a·fore·thought /əfɔ́əθɔ̀:t | əfɔ́:-ˊ/ [形]〘法律〙前もって考えたうえでの, 計画的な.

a·foul /əfáʊl/ [副] [次の成句で] **rùn [fàll] afóul of** ... [動] ⑯《格式》...と衝突する, (法律)に触れる.

Afr. [略] = Africa, African.

⁑a·fraid /əfréɪd/

— [形] ❶ [叙述] **恐れて, 怖がって**, びくびくして; いやがって, ためらって, ...する勇気がなくて: [言い換え] I am *afraid of* death. [+of+名] = I am ***afraid of*** dy*ing*. [+of+動名] 私は死ぬのが怖い / There's nothing to be *afraid of*. 恐れるものは何もない / He was [felt] ***afraid to*** go there. [+to 不定詞] 彼はそこへ行くのが怖かった(怖くて行けなかった) / Don't be *afraid to* ask questions. 怖がらずに質問してください. [語法] 名詞の前では afraid を用いず a frightened child のように言う.
❷ [叙述] **心配して**, 気がかりで: [言い換え] She was ***afraid*** (*that*) she might wake her baby. [+(that)節] = She was ***afraid of*** wak*ing* her baby. [+of+動名] 彼女は赤ちゃんを起こさないかと心配だった [多用] / We are ***afraid for*** our little boy. [+for+名] 私たちは息子(の安否)が気がかりだ.
❸ [I'm ~ として] Ⓢ《丁寧》(残念ながら) **...ではないかと思われて**, あいにく...のようで《⇒ hope 囲み》: ***I'm afraid*** it may rain tomorrow. [+(that)節] 残念ながらあすは雨になるかもしれない. [語法] 文の終わりで用いることもある: It's going to rain, *I'm afraid.* あいにく雨になりそうですね // 🗨 "Are we lost?" "*I'm afráid sò.*" 「道に迷ったのかなあ」「どうもそうらしい」《⇒ so¹ [副] 4》/ "Does he have any chance of winning?" "*I'm afràid nót.*" 「彼が勝つ見込みはありますか」「どうもなさそうですね」《⇒ not (5)》.

> ♥ **残念ながら...** (否定的なことを伝えるとき)
> **I'm afraid ...**
>
> **I'm afraid** I can't agree with you about that.
> **残念ながら, それについては同意できかねます.**
> ♥ 反対意見や誤りの指摘, 断わりなど, 否定的なことを伝える際に緩和表現として使われる.
> ♥「残念ながら, あいにく」という気持ちを表わすことで相手に配慮を示し, やんわりとした言い方になる.

be afráid of one's **ówn shádow** [動] ⑪《略式》いつもびくびくしている, とても臆病だ.

a·fresh /əfréʃ/ [副]《格式》新たに, 再び [≒again]: start *afresh* 一からやり直す.

***Af·ri·ca** /ǽfrɪkə/ [名] [固] **アフリカ**《[略] Afr.; ⇒ continent¹ [参考]》. ([形] Áfrican)

⁑Af·ri·can /ǽfrɪk(ə)n/

— [形] **アフリカの, アフリカ人の**, アフリカ系の, アフリカ諸語の; 黒人の《[略] Afr.》: *African* languages アフリカの諸言語. ([名] África)
— [名] (~s /~z/) ❶ [C] **アフリカ人**; [the ~s] アフリカ人《全体; ⇒ the¹ 5》. ❷ [C] アフリカ系の人; 黒人.

Af·ri·can-A·mer·i·can /ǽfrɪk(ə)nəmérɪk(ə)nˊ/ [名] [C] アフリカ系米国人《⇒ Negro [語法]》. — [形] アフリカ系米国人の.

Af·ri·kaans /æ̀frɪkɑ́:ns/ [名] [U] アフリカーンス語《南アフリカ共和国の公用オランダ語》.

Af·ri·ka·ner /æ̀frɪkɑ́:nə | -nə/ [名] [C] アフリカーナ《南アフリカ共和国のオランダ系白人; ⇒ Boer》.

Af·ro /ǽfroʊ/ [名] (~s) [C] アフロ(ヘア)《縮れた頭髪を丸くふくらませた髪型》.

Af·ro-A·mer·i·can /æ̀froʊəmérɪk(ə)nˊ/ [名] [形]《古風》= African-American.

aft /ǽft | ɑ́:ft/ [形] [限定], [副]〘航空〙後部の[に], 尾翼の近くの[に];〘航海〙船尾の方の[に] [⇔ fore].

⁑af·ter /ǽftə | ɑ́:ftə/

> **単語のエッセンス**
> 基本的には「後に」の意.
> 1) [時間が] (...の)後に — [前] ❶, [接] ❶, [副] ❶
> 2) [位置·順序が] (...の)後ろに — [前] ❷, [副] ❷
> 3) ...の後を追って — [前] ❸

— [前] /ǽftə | ɑ̀:ftə/ ❶ (時間が) **...の後に**, ...が終わってから [⇔ before]: I'll see you *after* lunch. 昼食の後に

会いましょう / 「*After* finish*ing* [*After* hav*ing* finished] my homework, I went out. 宿題を終えてから外出した. 語法 after の後に動名詞を続けるときは, 単なる動名詞でも完了動名詞でもよいが, 前者を用いるほうが《略式》(⇒ 接 1 語法) // the day *after* tomorrow あさって, 明後日 / a year *after* the fire 火災の 1 年後 / It's ten [a quarter] *after* six. 《米》今は 6 時 10 分[15 分]過ぎだ(⇒ past 前 2) / *After* an hour, he came back. 1 時間後に彼は戻ってきた. 語法 「(今から)...(の時間の)後に」というときには in を用いる(⇒ in¹ 前 4 (1)).

❷ (位置が)**...の後ろに** [≒behind]; (順序が)**...の次に**, ...に続いて: Close the door *after* you when you leave the room. 部屋を出た後はドアを閉めなさい / clean up *after* the children 子供たちが散らかした後を掃除する / *After* Murakami, Ishiguro is my favorite writer. 村上の次にイシグロが私の好きな作家だ.

❸ **...の後を追って**, ...を求めて: The dog ran *after* the fox. 犬はきつねを追いかけた / The police are *after* the thief. 警察はそのどろぼうを追っている / He seems to be *after* my job. 《略式》彼は私の仕事をねらっているようだ / I called [shouted] *after* her. (去っていく)彼女に呼びかけた[大声で叫んだ]. ❹ [前後に同じ名詞を重ねて] 次々に(名詞には冠詞がつかない): day *after* day 来る日も来る日も. ❺ ...(の後)なので, ...のため(因果関係を表わす); ...の後にもかかわらず: You must be very tired *after* your long trip. 長旅の後なので, さぞお疲れのことでしょう / It's surprising that he should forgive you *after* what you said to him. 彼にあんなことを言ったのに, 彼があなたを許すとは意外だ / *After* all my advice, are you still neglecting your work? あれほど忠告したのに, まだ勉強をさぼっているのか. ❻ 《英》...(の名)にちなんで: He was named George *after* his uncle. 彼はおじの名をとってジョージと名づけられた. ❼ 《格式》...にならって, ...風に[の], ...流に[の]: a painting *after* (the style of) van Gogh. ゴッホ風の絵. ❽ ...に関して: She asked *after* you. 彼女はあなたが元気かと尋ねていました.

àfter áll [副] (1) つなぎ語 [文頭または文末で] **だって,** 何といっても, そうはいっても(先行する文に関して, 理由や意見を述べるときに用いる): We should let him decide. *After all*, it's his life, not ours. 彼に決めさせるべきだ. だって彼の人生であって, 私たちのではないのだから. (2) 文修飾 [普通は文末で] (しかし)**結局, やっぱり**(以前に言ったことや予想に反する事柄を述べるときに用いる): I wasn't planning to go to the party, but I changed my mind and went *after all*. パーティーに行く予定ではなかったが, 気が変わって結局出かけた. 語法 「最終的に」の意味では用いない(⇒ finally).

Àfter yóu. Ⓢ どうぞお先に(順番を譲るときなどに使い, Go ahead. よりも丁寧).

Àfter yóu with ... Ⓢ 《英》あなたの後で...を使わせてください.

— 接 /ǽftə | ɑ́:ftə/ (従属接続詞) ❶ (...した)**後に**, ...してしまってから [⇔ before]: I arrived *after* he (had) left. 私は彼が出かけ(てしまっ)た後に着いた. 語法 after の導く節の中では, after 自体が時間の前後関係をはっきりと表わすので, しばしば過去完了形の代わりに単なる過去時制を用いる // He came home long [soon, ten minutes] *after* the party was over. 彼はパーティーが終わってからずっと後になって[まもなく, 10 分後に]帰ってきた. ❷ ...(した後)なので(因果関係を表わす); ...(した後)にもかかわらず: Why did you do it, *after* I'd specifically told you not to? 私がわざわざするなと言っておいたのにどうしてしたんだ.

— 副 ❶ (時間が)**後に**, 以後に [⇔ before]: He came home three hours *after*. 彼は(それから)3 時間後に帰宅した(later のほうが普通) / not long *after* その後間もなく / The earthquake occurred long [just] *after*. 地震は(それから)ずっと[すぐ]後に起こった(afterward のほうが普通). 語法 after を単独で「あとで」の意味で使うことはできない: I'll do it later [×after]. あとでやるよ.

❷ (位置・順序が)**後から**(続いて): A little dog came following *after*. 小犬が後からついてきた.

èver áfter [副] 《古風》その後ずっと: They lived happily *ever after*. 彼らはその後ずっと幸せに暮らしました(童話などでよく使われる結びのことば).

— 形 限定 《文語》のちの, 後の: in *after* years 後年になって.

af·ter·care /ǽftəkèə | ɑ́:ftəkèə/ 名 U 病後[退院後]の養生[手当て]; (刑期満了後などの)補導; 《英》(製品購入後の)アフターサービス.

af·ter·ef·fect /ǽftərɪfèkt | ɑ́:ftə(r)ɪf-/ 名 C [普通は複数形で] (事件などの)余波; (薬の)後(あと)作用.

af·ter·glow /ǽftəglòʊ | ɑ́:ftə-/ 名 C [普通は単数形で] 夕焼け, 夕映え, 残光; (快い)余韻(よいん).

af·ter·life /ǽftəlàɪf | ɑ́:ftə-/ 名 [単数形で] 来世, あの世.

+**af·ter·math** /ǽftəmæ̀θ | ɑ́:ftə-/ 名 (~s /~s/) C [普通は単数形で] (災害・事故・戦争などの)**余波**, 影響: in the *aftermath of* the war 戦争の余波で.

***af·ter·noon** /ǽftənú:n | ɑ̀:ftə-←/

— 名 (~s /~z/) ❶ U,C **午後**, 昼過ぎ(正午から日の入りまたは夕食まで): I usually feel sleepy ***in the afternoon***. 私はたいてい午後に眠くなる / early *in* the *afternoon* = *in* the early *afternoon* 昼下がりに.

> 語法 **afternoon と前置詞**
> (1) 「午後に」には前置詞は in を用いるが, 特定の「...日の午後に」の場合には on を用いる: The baby was born (*on*) Monday *afternoon*. 赤ん坊は月曜の午後生まれた(《略式, 主に米》では前置詞を省略することがある) / The plane will arrive *on* the *afternoon* of July 15. その飛行機は 7 月 15 日の午後到着する(July 15 は July (the) fifteenth と読む).
> (2) 前置詞を使わずに this, every, next, tomorrow, yesterday などとともに副詞句を作る: She goes to market ***every afternoon***. 彼女は毎日午後買い物に行く / They'll leave late ***this afternoon***. 彼らはきょうの午後遅く出発する.

❷ [形容詞的に] **午後の**, 午後に用いる, 午後に食べる[飲む]: an *afternoon* nap 昼寝. ❸ [~s として副詞的に] 午後は(いつも), 午後に: I work out at the gym *afternoons*. 午後はいつもジムで運動をする.

gòod afternóon ⇒ good afternoon の項目.

áfternoon téa 名 U,C 《英》午後のお茶(午後 3 時から 5 時ごろに食べる紅茶付きの軽食).

af·ters /ǽftəz | ɑ́:ftəz/ 名 U 《英略式》(食後の)デザート [≒dessert].

af·ter-sales /ǽftəsèɪlz | ɑ́:ftə-/ 形 限定 《英》販売後の: *after-sales* service アフターサービス(⇒ service 8 日英).

af·ter-school /ǽftəskù:l | ɑ́:ftə-/ 形 限定 放課後の.
áf·ter·shave (lòtion) /ǽftəʃèɪv- | ɑ́:ftə-/ 名 U,C ひげそり後用のローション.
af·ter·shock /ǽftəʃɑ̀(:)k | ɑ́:ftəʃɔ̀k/ 名 ❶ C (地震の)余震. ❷ C (事件の)余波 (*of*).
af·ter·taste /ǽftətèɪst | ɑ́:ftə-/ 名 C [普通は単数形で] (特に不快な)後口(あとくち), 後味(あとあじ).
af·ter·thought /ǽftəθɔ̀:t | ɑ́:ftə-/ 名 C [普通は単数形で] 後での思いつき; 後からの付け足し, 追加, 補足: as an *afterthought* 後で思いついて.
*__af·ter·ward__ /ǽftəwəd | ɑ́:ftəwəd/ 副 《米》 **後で**, 後に, その後は: At first the task was a little difficult, but *afterward* it got easier. 初めその仕事はちょっと難しかったが, 後になって楽になった《✪ after をこの意味で用いるのは誤り》/ soon *afterward* その後まもなく.
af·ter·wards /ǽftəwədz | ɑ́:ftəwədz/ 副 《主に英》 = afterward.

***a·gain** /əgén, əgéɪn/

― 副 ❶ **再び, もう一度**, また: Try *again*. もう一度やってごらん / Can you say that *again*? もう一度言ってもらえますか / It won't happen *again*. = I'll never do that *again*. そんなことは二度としません.
❷ /əgèn/ **元の状態へ**, 元の所へ, 元のように: We are happy to have you back *again*. あなたがまた戻ってきてくれてうれしく思います / He did not get well *again*. 彼は健康が回復しなかった. ❸ つなぎ語 その上に, さらにまた [≒besides]; ここでもまた, またもや: *Again*, there is another matter to consider. その上また考えるべきことがもう 1 つある. ❹ つなぎ語 Ⓢ しかし, しかしまた: It might happen, *and then again* it might not. それは起こるかもしれないし, 起こらないかもしれない. 語法 すぐ前で言ったことを否定したり, それと矛盾するような考えや意見を言うときに用いる. しばしば (and) then again, but then again, there again などと言う. ❺ 文修飾 [主に疑問文の末尾に用いて] Ⓢ もう一度聞くが: What was his name *again*?↗ = What did you say his name was *again*?↗ 彼の名前は何でしたっけ.
agáin and agáin [副] **何度も何度も**, 再三再四: He knocked on the door *again and again*, but there was no answer. 彼は何度もドアをたたいたが返事はなかった.
(àll) óver agáin ⇒ over 副 成句.
as ... agáin as ~ [接] ~の 2 倍だけ.... 語法 again の前に many, much, large, long, heavy などの形容詞や副詞が来る. ただし普通は twice as ... as ~ を用いる: This house is *as large again as* that one. この家はあの家の倍の広さだ.
(èvery) nów and agáin ⇒ now 副 成句.
hálf agáin as màny [mùch] as ... ⇒ half 副 成句.
ònce agáin ⇒ once 副 成句.
óver and óver agáin ⇒ over 副 成句.

***a·gainst** /əgènst, əgèɪnst/

― 前

単語のエッセンス
基本的には「逆らって」の意.
1) ...に反対して; ...に逆らって: be *against* war 戦争に反対である ⇒ ❶ / row *against* the current 流れに逆らってこぐ ⇒ ❹
2) ...にぶつかって: The rain beat *against* the window. 雨が激しく窓をたたいた ⇒ ❷
3) ...に寄りかかって: lean *against* the rail 手すりに寄りかかる ⇒ ❸
4) ...を背景として: *against* the morning sky 朝の空を背景にして ⇒ ❺
5) ...を防いで: wear a coat *against* the chill 寒気を防ぐためにコートを着ている ⇒ ❻

❶ **...に反対して** [⇔ for] 《⇒ oppose 類義語》; (規則・意向など)**に反して; ...に対抗して**, ...を相手にして; **...に不利に**: We are *against* war. 我々は戦争に反対だ / It's *against* the law. それは法律違反だ / act *against* one's will 自分の意志に反して行動する / a law *against* gambling 賭博(とばく)を禁止する法律 / protest *against* human rights violations 人権侵害に対して抗議する / The Lions are playing *against* the Hawks this week. ライオンズは今週ホークスと対戦する / violence *against* women 女性に対する暴力 / crimes *against* humanity 人道に対する罪《大虐殺など》/ The evidence was *against* us. 証拠は我々に不利だった.
❷ **...にぶつかって**, ...にぶつけて, ...に突き当たって: The rain beat *against* the window. 雨が激しく窓をたたいた / hit the ball *against* the wall 壁にむかってボールを打つ.
❸ **...に寄りかかって**, ...に立てかけて; ...に接して: He was leaning *against* the rail. 彼は手すりに寄りかかっていた / Place the ladder *against* the wall. はしごを塀に立てかけてください.
❹ (流水・風向きなど)**に逆らって**: We were rowing *against* the current. 私たちは流れに逆らってボートをこいでいた.
❺ **...を背景として**, ...と対照して: The trees were black *against* the morning sky. 木立ちは朝の空を背景に黒く見えた. ❻ ...から守るために, ...を防ぐように; ...に備えて: She was wearing a thick coat *against* the chill. 彼女は防寒用に厚いコートを着ていた. ❼ ...と比較して, ...に対して: The yen will rise [fall] *against* the dollar. ドルに対して円高[円安]になるだろう.
as agàinst ... [前] ...に比べて, ...に対して: The team won only 62 games this year *as against* 84 last year. そのチームは, 昨年の 84 勝に対して今年は 62 勝しかしなかった.
a·gape /əgéɪp/ 形 叙述, 副 (人が)あんぐりと口をあけて, ぽかんとして《驚き・夢中などの表情》.
ag·ate /ǽgət/ 名 C,U めのう《鉱物》.
Ag·a·tha /ǽgəθə/ 名 固 アガサ《女性の名; 愛称は Aggie》.

***age** /éɪdʒ/

― 名 (ag·es /~ɪz/)

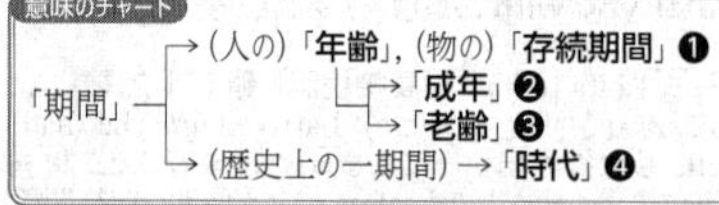

❶ U **年齢**, 年; (人生の)一時期. 語法 個別の年齢を示すときは C. 人間以外の動植物または無生物にも用いる: He is the same *age* as me. 彼は私と同じ年だ / He graduated from college 「*at the age of* 24 [*at age* 24]. 彼は 24 歳のとき大学を卒業した / learn English *at* [*from*] *an early age* 幼いころに[から]英語

を学ぶ / middle *age* 中年 / old *age* 老年 / I was married「*at your age* [when I was your age]. あなたの年頃には私は結婚していました / My aunt looks young *for* her *age*. 私のおばは年の割には若く見える《⇒ for 前 A 9》/ Like most boys (*of*) *his age*, he loves playing video games. 同じ年頃の男の子たちがたいていそうであるように彼はテレビゲームをするのが好きだ《✪ この of は省略するほうが普通》/ What is your age? 何歳ですか《✪ How old are you? のほうが普通》/ He is 13 *years of age*. 彼は 13 歳である《✪ He is 13 (years old). のほうが普通》. 参考 子供・若者以外の人, 特に女性に年齢を聞くのは失礼とされる // What is the *age* of that building? あの建物はできてから何年ですか.

❷ U **成年**; (権利・義務などの)規定の年齢, 制限年齢: She is still *under age*. 彼女はまだ未成年だ[規定の年齢に達していない] / He is *over age* for military service. 彼は年齢超過で兵役はない / reach retirement *age* 定年に達する.

❸ U **老齢**《通例 65 歳以上》; 古さ: His back is bent with *age*. 彼の背中は老齢で曲がっている / be showing no signs of *age* 年齢[古さ]を感じさせない.

❹ C [普通は単数形で, しばしば A-] **時代**, 世代《⇒ period 類義語》: the information *age* 情報化時代 / the Elizabethan *Age* エリザベス朝時代 (1558–1603) // ⇒ Middle Ages, golden age, Stone Age, Bronze Age, Iron Age. ❺ [複数形または an ~ で]《略式, 主に英》長い間: I haven't seen her *for* [*in*] *ages*. 長い間彼女には会っていない.

be [áct] one's áge [動] 自 年齢相応のふるまい[行動]をする《子供じみたふるまいを批判するときに用いる》.

cóme of áge [動] 自 成年に達する; (物事が)成熟する.

féel [lóok] one's áge [動] 自 年(相応)に感じる[見える].

of áll áges [形] あらゆる時代[年代]の.

— 動 (ag·es; aged; ag·ing, 《英》age·ing) 自 ❶ 年を取る, 老ける; 古くなる, 老朽化する: She has *aged* quickly. 彼女は急に老け込んできた / *age* well 年を取って[古くなって]魅力がある. ❷ (酒・チーズなどが)熟成する. — 他 ❶ (...)に年を取らせる, (...)を老けさせる; 古くする. ❷ (酒・チーズなど)を熟成させる, ねかす.

-age /ɪʤ/ 接尾 [名詞語尾]「集合・状態・動作・料金・場所・数量」などを示す: bagg*age* 手荷物 / peer*age* 貴族 / marri*age* 結婚 / post*age* 郵便料金 / orphan*age* 孤児院 / mile*age* 総マイル数.

age-brack·et /éɪʤbrækɪt/ 名 C = age-group.

***aged**[1] /éɪʤd/ 発音 形 叙述 **... 歳 の**: girls *aged* fourteen [between 10 and 15] 14 歳[10 歳から 15 歳まで]の少女.

a·ged[2] /éɪʤɪd/ 発音 aged[1] と発音が違う. 形 限定《格式》老齢の, 老いた, ふけた《⇒ old 類義語》: an *aged* man [tree] 老人[老木] / welfare for *the aged* 老人福祉《複数名詞のように扱われる; ⇒ the[1] 3》.

age-group /éɪʤgrù:p/ 名 C (特定の)年齢層.

age·ing /éɪʤɪŋ/ 形 限定, 名 U《英》= aging.

age·is·m /éɪʤɪzm/ 名 U 年齢差別, 高齢者差別.

age·less /éɪʤləs/ 形《文語》老いない; 永久の.

áge lìmit 名 C 年齢制限《上限または下限》(*for*).

***a·gen·cy** /éɪʤənsi/ 名 (a·gen·cies /~z/) ❶ C **代理店**, 取次店; あっせん所[業者]: Does this company have an *agency* in New York? この会社はニューヨークに代理店がありますか / an advertising *agency* 広告代理店 / a travel *agency* 旅行代理店 / an employment *agency* 職業紹介所 / a news *agency* 通信社. ❷ C《主に米》(政府などの) **機関**, 庁《省 (department, ministry) よりは規模の小さい独立行政機関》: ⇒ Central Intelligence Agency.

thròugh [by] the ágency of ... [前]《格式》...の媒介[作用]で; ...のあっせん[世話]で.

***a·gen·da** /əʤéndə/ 名 (~s) ❶ C (政治上の) **検討課題**; 行動計画: Economic recovery is now「*high on* [(*at the*) *top of*] *the agenda*. 景気回復が最優先課題だ. ❷ C 協議事項, 議題; 議事(日程): We have three items on the *agenda* for this meeting. この会議の議題は 3 項目ある. ❸ C (隠された)意図, 計画.

****a·gent** /éɪʤənt/

— 名 (a·gents /-ʤənts/) ❶ C **代理人**, 取次人; 代理[あっせん]業者 (*for*); エージェント《俳優・作家・選手などに代わり交渉を行なう》: a real estate *agent*《米》=《英》an estate *agent* 不動産業者. ❷ C スパイ; 捜査官: an FBI *agent* FBI の捜査官. ❸ C《格式》元になる力, 作用を起こす物[人];〔化学〕薬剤: act as *agents of* social change 社会の変化を起こす力になる.

áge of consént 名 [the ~] 承諾年齢《結婚・セックスに関する承諾が法的に認められる年齢》.

age-old /éɪʤóʊld←/ 形 限定 大昔からの.

Ag·gie /ǽgi/ 名 固 アギー《女性の名; Agatha, Agnes の愛称》.

ag·glom·er·ate /əglɑ́(ː)mərət | -lɔ́m-/ 名 U〔地質〕集塊岩.

ag·glom·er·a·tion /əglɑ̀(ː)məréɪʃən | -lɔ̀m-/ 名 U,C《格式》塊; (雑多な)集団, (無秩序な)集まり.

ag·glu·ti·na·tion /əglùːtənéɪʃən/ 名 ❶ U 膠着(こうちゃく); 接合. ❷ U (語の)膠着.

ag·gran·dize·ment /əgrǽndɪzmənt/ 名 U《格式》[軽蔑的] (権力・規模などの)拡大, 強化.

+**ag·gra·vate** /ǽgrəvèɪt/ 動 (-gra·vates /-vèɪts/; -vat·ed /-ṭɪd/; -vat·ing /-ṭɪŋ/) 他 ❶ (病気など)をさらに悪化させる. ❷《略式》(人)を怒らせる, 悩ます.

ag·gra·vat·ing /ǽgrəvèɪṭɪŋ/ 形 ❶《略式》腹の立つ, 頭にくる. ❷ 悪化させる.

ag·gra·va·tion /ægrəvéɪʃən/ 名 ❶ U《略式》いらだち; U,C 困った事. ❷ U 悪化, 深刻化.

ag·gre·gate[1] /ǽgrɪgət/ 名 C《格式》合計, 総計 [≒total] (*of*). **in (the) ággregate** [副]《格式》全体として; 合計で. **on ággregate**《英》〔スポーツ〕総合得点で. — 形 限定《格式》総計の.

ag·gre·gate[2] /ǽgrɪgèɪt/ 動 他 ❶ [しばしば受身で]《格式》(...)を集める, まとめる (*with*). ❷《格式》総計(...)となる. — 自《格式》集まる, まとまる.

ag·gre·ga·tion /ægrɪgéɪʃən/ 名 U,C《格式》集合, 統合; 集合体.

+**ag·gres·sion** /əgréʃən/ 名 ❶ U **攻撃性**, 攻撃的な感情: Violent video games may cause *aggression* in children. 暴力的なテレビゲームは子供の攻撃性の原因となるかもしれない. ❷ U 侵略, 攻撃 (*against*): an act of *aggression* 侵略行為. (形 aggréssive)

***ag·gres·sive** /əgrésɪv/ 形 ❶ **攻撃的な**, けんか腰の [⇔ defensive]: become *aggressive* 攻撃的になる / *aggressive* behavior 攻撃的なふるまい.

❷ **積極的な[で]**, 精力的な; 押しの強い: You must be more *aggressive* to succeed in business. 事業に成功するにはもっと押しが強くなければならない / an *aggressive* treatment 積極的な治療. ❸ (病気が)進行

の早い. (名 aggréssion)
〖⇒ progress² キズナ〗
〜·ly 副 ❶ 攻撃的に. ❷ 積極的に.
〜·ness 名 ❶ U 攻撃性. ❷ U 積極性.

ag·gres·sor /əgrésɚ|-sə/ 名 C 侵略者[国].

ag·grieved /əgríːvd/ 形 ❶ (不当な扱いで)不満をいだいた, 感情を害した (*at, by*). ❷〔法律〕権利を侵害された: the *aggrieved* party 被害者.

ag·gro /ǽgroʊ/ 名 U 《英略式》 面倒; けんか, 挑発(的態度).

a·ghast /əgǽst|əgɑ́ːst/ 形 叙述 びっくりして (*at*).

ag·ile /ǽʤəl|ǽʤaɪl/ 形 すばやい, 機敏な; (頭脳が)鋭い.

a·gil·i·ty /əʤíləṭi/ 名 U 機敏; 鋭敏.

+**ag·ing** /éɪʤɪŋ/ 形 限定 **老(齢)化している**; 老朽化している: an *aging* society 高齢化社会. — 名 U 老化; 加齢(現象); 老朽化; (酒などの)熟成.

ag·i·tate /ǽʤətèɪt/ 動 自 (政治的に)運動する, 扇動する, アジる (*for, against; to* do). — 他 ❶ 《格式》 (人·世間)を不安にさせる, 動揺させる. ❷ (液体)を(激しく)攪拌(かくはん)する, かき混ぜる; 波立たせる.

ag·i·tat·ed /ǽʤətèɪṭɪd/ 形 動揺[興奮]した.

ag·i·ta·tion /ǽʤətéɪʃən/ 名 ❶ U (人心の)動揺, 不安, 興奮. ❷ U,C (賛成·反対のための)扇動[アジ](演説) (*for, against*). ❸ U (液体の)攪拌(かくはん).

ag·i·ta·tor /ǽʤətèɪṭɚ|-tə/ 名 ❶ C [軽蔑的] 扇動者, 政治運動家. ❷ C 攪拌(かくはん)器.

a·glow /əglóʊ/ 形 叙述, 副 《文語》 (燃えるように)輝いて(いる); (顔が)紅潮した[て] (*with*).

Ag·nes /ǽgnɪs/ 名 固 アグネス《女性の名; 愛称は Aggie》.

ag·nos·tic /ægnɑ́(ː)stɪk|-nɔ́s-/ 名 C 不可知論者. — 形 不可知論(者)の.

ag·nos·ti·cis·m /ægnɑ́(ː)stəsìzm|-nɔ́s-/ 名 U 不可知論《神の存在は確認できないとする考え》.

***a·go /əgóʊ/

— 副 (今から)...**前に**: They got married a week [year] *ago*. 彼らは 1 週間[1 年]前に結婚した / I visited Canada long [a long time] *ago*. 私はずっと前にカナダを訪れた / He went out a minute [moment] *ago*. 彼はちょっと前に出かけた / How long *ago* was it? それはどのくらい前のことだったのですか / It's not that long *ago*. それはそんなに前のことではない(かなり最近のことだ) / Long, long *ago*, there lived a king with his three daughters. 昔々 3 人の娘がいる王さまがいました《物語の始めなどに使われることば》.

> 語法 (1) ago は現在を基準として以前のことを示し, 過去時制とともに用い, 現在完了形とは用いない《⇒ before 副 語法, have² 1 語法 (3)》.
> (2) 常に期間を表わす名詞または long などの副詞を直前に伴い, 単独で ×I visited Canada ago. のようには言わない.
> (3) 間接話法では ago が before に変わるが文脈によっては変わらないこともある《⇒ **巻末文法** 14. 2 (1)》.

〖語源 元来は「過ぎ去った(= gone)」の意〗

a·gog /əgɑ́(ː)g|əgɔ́g/ 形 叙述 (好奇心·期待などで)興奮して, 大騒ぎして (*at, over, with*).

ag·o·nize /ǽgənàɪz/ 動 自 ひどく悩む; 苦しむ, もだえる (*over, about*).

ag·o·nized /ǽgənàɪzd/ 形 限定 苦痛に満ちた.

ag·o·niz·ing /ǽgənàɪzɪŋ/ 形 苦しめる, 苦痛を与える; 非常につらい. 〜·ly 副 ひどく(痛々しく); 苦痛に感じるほど.

+**ag·o·ny** /ǽgəni/ 名 (-o·nies) U,C (耐えがたい)**苦痛**, 苦しみ; **苦悩**, 苦悶(くもん) 《⇒ pain 類義語》: scream *in agony* 苦しんで叫び声をあげる / suffer *agonies of* guilt 罪の意識に苦しむ.

ágony àunt 名 C 《英》 身の上相談欄の女性回答者.

ágony còlumn 名 C 《英》 = advice column.

ag·o·ra·pho·bi·a /æ̀gərəfóʊbiə/ 名 U 広場恐怖症.

ag·o·ra·pho·bic /æ̀gərəfóʊbɪk←/ 名 C 広場恐怖症の人. — 形 広場恐怖症の.

a·grar·i·an /əgré(ə)riən/ 形 農地の, 農耕の.

***a·gree /əgríː/

— 動 (a·grees /~z/; a·greed /~d/; a·gree·ing) 自

> 意味のチャート
> 元来は「喜ばせる」の意.
> → (喜んで受け入れる) → 「**応じる**」❷ →
> 「**同意する, 一致する**」❶
> → (喜ばしい) → 「**性に合う**」❹

[進行形なし] ❶ (人と)(意見の上で)**一致する**, **同意する**, 賛成する; 合意に達する《⇒ 類義語》 [⇔ disagree]; [主に否定文で] (...(すること)を)よいと考える: I quite *agree with* you [your opinion]. V+*with*+名 あなたと全く同意見です / I can't entirely *agree with* Mr. Brown *about* [*on*] this. V+*with*+名+*about* [*on*]+名 この点でブラウン氏に完全には同意し難い / We *agreed on* the immediate solution of the problem. V+*on*+名 私たちはその問題を直ちに解決することで合意した / We couldn't *agree* (*on* [*about, as to*]) *how* it should be done. V+(前+)*wh* 句·節 それをどのようにすればいいかで意見が一致しなかった. 語法 wh 句·節の前の前置詞はしばしば省かれる; この場合 agree を 他 と考えることもできる《⇒ 動詞型解説 II 1. 9(巻末)》 // I do*n't agree with* spending money on that. そんなことにお金を使うのはよくないと思う.

> ♥ **全く同感です** (同意するとき)
> **I completely agree with you.**
>
> The Mariners are so much better this year! 今年はマリナーズ絶好調だね.
> **I completely agree with you** on that. They may even win the pennant! それ全く同感だよ. 優勝も夢じゃないな.
>
> ♥ 同意·賛成することは相手にとって好ましいことなので, 積極的に同意したいときには I couldn't agree (with you) more., I agree with you 100 percent. などのように, 大げさな表現を使うことも多い.
>
> ♥ **基本的には同感ですが...** (反論するとき)
> **I agree in general, but ...**
>
> **I agree in general, but** I think there are exceptions. 基本的には同感ですが, 例外もあると思います.
>
> ♥ 反論を述べる際にも, 「(完全に賛成というわけではないが)部分的には賛成だ」という姿勢を見せることで, 相手の意見を頭ごなしに否定するのではなく, 相手の面子に配慮することができる.

❷ (申し出などに)**応じる**, 同意する [⇔ refuse]: He ***agreed to*** our proposal [plan]. V+to+名 彼は我々の提案[計画]に同意した. 語法 agree with ... は人や物事に賛意を表わす意味で用いる. agree to ... は提案などに承諾を与える意味で用い, 人には用いない // I *agreed to* an interview. 私はインタビューに応じることにした. ❸ (物が) (...と)一致する [⇔ disagree]: Your explanation does not *agree with* the facts. あなたの説明は事実と合わない / These reports don't *agree* (*with* each other). これらの報告は食い違っている. ❹ [普通は否定文で] 性に合う, うまが合う; (気候・食べ物などが) (...の)体に合う: We will *never agree*. 我々は絶対にそりが合わないだろう / Alcohol does*n't agree with* me. 酒は私の体に合わない. ❺ 〔文法〕(数・格・人称・性が)一致する (*with*).

— 他 [進行形なし] ❶ (...すること)に**意見が一致する**, 同意する; 承諾する: I begged her, and finally she ***agreed to*** come. V+O (to 不定詞) 私が頼み込むと, 彼女はとうとう来ることに同意してくれた 多用 / They ***agreed that*** my plan was better. V+O (that 節) 彼らは私の計画のほうがよいということで意見が一致した. 語法 that 節の前に前置詞が省略されているとみて agree を 自 と考えることもできる《⇒ 動詞型解説 II, 3.5 (巻末)》. ❷ 《主に英》 (提案など)を承認する, (...)について合意する: *agree* a price 価格について合意する.

agrée to dísagree [díffer] [動] 自 互いに意見が違うことを認める, 見解の相違とする《意見が一致しない時に論争を友好的に打ち切る決まり文句》.

(名 agréement)

類義語 **agree** 議論の末に同意すること. **assent** 改まった語で, 熟慮の末に同意すること. **consent** 改まった語で, 権限のある人が同意を与えること.

a·gree·a·ble /əgríːəbl/ 形 ❶ (提案などが)受け入れられる, 好ましい; 《古風, 格式》感じのよい, 楽しい [≒ pleasant] [⇔ disagreeable]: The solution was *agreeable to* both sides. その解決策は両者に受け入れられるものだった / an *agreeable* voice 感じのよい声. ❷ 叙述 《格式》 (人が)乗り気な, 賛成して: I am quite *agreeable to* your proposal. あなたのご提案には全く賛成です.

a·gree·a·bly /əgríːəbli/ 副 《格式》 快く, 愉快に: I was *agreeably* surprised. うれしい驚きを感じた.

***a·greed** /əgríːd/ 形 ❶ 限定 (条件などが)**合意[協定]された**: the *agreed* price 協定[同意]価格. ❷ 叙述 (...することに)賛成している, 意見が一致している: 言い換え We are *agreed on* an early start. = We are *agreed that* we (*should*) start early. = *It* has been *agreed that* we (*should*) start early. 私たちは早く出発することに意見が一致している《⇒ should A 8》. ❸ [間投詞的に] Ⓢ 賛成, 了解.

a·gree·ment** /əgríːmənt/ 名 (a・gree・ments /-mənts/) ❶ Ⓒ **協定**, 契約; 契約書: He made an ***agreement with the company. 彼はその会社と契約した / a trade ***agreement between*** the two countries 2 国間の貿易協定 / reach an ***agreement on*** parental leave 育児休暇についての協定に達する / sign an ***agreement to*** reduce CO_2 emissions +to 不定詞 CO_2 排出を削減する協定に署名する[を結ぶ] / under an *agreement* 契約に基づいて // ⇒ gentleman's agreement.

❷ Ⓤ (意見の)**一致**, 合意, 同意 [⇔ disagreement]: The United States and China have not ***reached agreement on*** that issue. その問題について米国と中国はまだ合意に達していない / There is general ***agreement*** among them ***that*** climate change is a serious problem. +that 節 気候変動は深刻な問題だということで彼らの間では大体意見が一致している / It cannot be changed without the ***agreement of*** all the members. 全員の同意がないと変更できない. ❸ Ⓤ 〔文法〕 (数・格・人称・性の)一致, 呼応 (*with*).

in agréement [形・副] **同意して**, 一致して: We are ***in agreement on*** [***about***] this subject. 我々はこの問題については一致している.

(動 agrée)

ag·ri·busi·ness /ǽgrɪbìznəs/ 名 Ⓤ 農業関連産業; Ⓒ (利潤追求の)大規模農業.

+**ag·ri·cul·tur·al** /æ̀grɪkʌ́lʧ(ə)rəl←/ 形 **農業の**, 農耕の; 農学の: *agricultural* products 農産物 / *agricultural* chemicals 農薬.

(名 ágricùlture)

***ag·ri·cul·ture** /ǽgrɪkʌ̀lʧɚ | -ʧə/ アク 名 Ⓤ **農業**, 農耕; 農学: the Department [Secretary] of *Agriculture* 《米》 農務省[長官]《⇒ department 表》.

(形 àgricúltural)

〖語源 ラテン語で「土地を耕すこと」の意; ⇒ culture 意味のチャート〗

ag·ri·cul·tur·ist /æ̀grɪkʌ́lʧ(ə)rɪst/ 名 Ⓒ 農学者; 農業経営者.

a·ground /əgráʊnd/ 副, 形 叙述 座礁(ざしょう)して[た], 浅瀬に乗り上げて[た]: run [go] *aground* (船が)浅瀬に乗り上げる, 座礁する.

***ah** /ɑ́ː/ (同音 《英》 #are[1,2]) 間 **ああ!** 《喜び・悲しみ・驚き・苦しみ・あわれみ・嘆き・肯定などを表わす》: *Ah!* This is the life! ああ, まさにこれが人生《満足だ》/ Say "*ah.*" 「アー」と言ってごらん《歯医者などで》.

a·ha /ɑːhɑ́ː/ 間 ははっ!, ははあん, なるほど《満足・勝利・納得の気持ちを表わす》.

ah·choo /ɑːʧúː/ 間 はくしょん!《くしゃみの音》.

***a·head /əhéd/

— 副 ❶ **前方に[へ]**, 前へ進んで: We saw another ship *ahead.* 前方に別の船が見えた / The road (up) *ahead* is very narrow. この先の道路はとても狭い / look straight *ahead* 真っすぐ前を見る / STOP AHEAD この先一時停止あり《道路などの標示》.

❷ (時間的に)**これから先に**, 将来に向けて; 前もって: forecast the weather for the week *ahead* この先 1 週間の天気を予報する / plan *ahead* 前もって計画する / He phoned *ahead* for tickets. 彼は切符を求めて事前に電話した. ❸ (他より)進んで, 勝(まさ)って, 勝ち越して; もうけて: stay [keep] *ahead* リードを保つ / 言い換え We are five points *ahead.* = We are *ahead by* five points. 私たちは 5 点リードしている.

ahéad of ... [前] (1) **...の前方に**, ...の先に [⇔ behind]: We saw a small village *ahead of* us. 我々の前方に小さな村が見えた / We have a lot of work *ahead of* us. これから先たくさん仕事がある. (2) (時間的に)...より進んで, ...より前に [⇔ behind]: an hour *ahead of* schedule [time] 予定より 1 時間早く / Four runners crossed the finish line *ahead of* me. 私より先に 4 人の走者がゴールインした. (3) ...より進んで; ...より勝(まさ)って, 有利な立場で; ...より多い: He is *ahead of* the other candidates. 彼は他の候補者をリードしている.

gèt ahéad [動] 自 出世する, 成功する; (...より)先に進む, 勝る (*of*).

gò ahéad [動] 自 (1) (仕事などを)**進める**, 始める: We decided to ***go ahead with*** the plan. その計画を進め

ることにした. (2) [命令文で] Ⓢ **どうぞ始めて[続けて]ください**; (許可を与えて)**ええ, どうぞ**; (電話で)どうぞお話しください; どうぞお先に《出入り口などで, または乗り物に乗るときなど》: "Can I use your phone?" "Sure, *go ahead.*" 「電話をお借りできますか」「ええどうぞ」 (3) (...より)**先に行く** (*of*): You *go ahead*. I'll catch up later. 先に行ってて. 後で追いつくから. (4) (行事などが)行なわれる.

a·hem /mhm, əhém/ 間 えへん!, うふん!《注意喚起・疑いの表明・ことばに詰まったときなどのせき払い》.

AI /éıáı/ 略 = artificial insemination, artificial intelligence.

****aid** /éıd/ (同音 aide)

— 名 (aids /éıdz/) ❶ Ⓤ **援助**, 救援; **助力**, 助け: financial *aid* 財政的援助 / foreign *aid* 外国へ[から]の援助 / humanitarian *aid* 人道的支援 / give *aid* to the refugees 難民を援助する / We can save a lot of time ***with the aid of*** a computer. コンピューターを使えば時間が大いに節約できる / come [go] to ...'s *aid* ... を助けに来る[行く] //⇒ first aid.

❷ Ⓒ **助けになるもの**, 補助器具: an *aid to* understanding 理解の助けになるもの //⇒ audiovisual aids, hearing aid. ❸ Ⓒ《米》= aide.

in áid of ... [前]《英》...のために, ...を援助して: We are collecting money *in aid of* disabled people. 私たちは身体障害者のための募金をしている.

— 動 (aids /éıdz/; aid·ed /-dıd/; aid·ing /-dıŋ/) 他《格式》(人)を**助ける**, 手伝う《⇒ help 類義語》; (国など)を援助する, 支援する; 助成する: He ***aided*** her ***in*** her business. V+O+*in*+名 彼は彼女の商売を手伝った / He ***aided*** me ***with*** my work. V+O+*with*+名 彼は私の仕事を手伝ってくれた / These materials will ***aid*** you ***in*** learn*ing* English. V+O+*in*+動名 これらの教材は英語を学習する上で助けになるだろう.

— 自《格式》助ける (*in*).

+aide /éıd/ (同音 aid) 名 (aides /éıdz/) Ⓒ **補佐官**; 側近; 助手, 助力者: an ***aide to*** the President 大統領補佐官.

aide-de-camp /éıddəkǽmp | -ká:mp/ ≪フランス語から≫ 名 (複 aides- /éıddə-/) Ⓒ 副官.

****AIDS** /éıdz/

— 名 Ⓤ〔医学〕**エイズ**《後天性免疫不全症候群; *A*cquired *I*mmune *D*eficiency *S*yndrome の略; ⇒ HIV》: *AIDS* victims エイズ患者.

áid wòrker 名 Ⓒ (国連などの)援助隊員.

ail /éıl/ 動 他 (...)を苦しめる, わずらわせる.

ai·le·ron /éılərà(:)n | -rɔ̀n/ 名 Ⓒ (飛行機の)補助翼.

ail·ing /éılıŋ/ 形 [普通は 限定] (企業などが)業績不振の, 落ち目[下り坂]の; 《格式》病気の.

ail·ment /éılmənt/ 名 Ⓒ (軽い)病気, 持病.

****aim** /éım/

— 動 (aims /~z/; aimed /~d/; aim·ing) 自 ❶ **目ざす**, 目標とする, 志す: *aim* high 目標を高くもつ / This course ***aims to*** provide students with basic knowledge. V+*to* 不定詞 この課程は生徒に基礎的な知識を教えることを目標とする 多用 / What are you ***aiming at***? V+*at*+名 あなたは何を目ざしているのですか / He is ***aiming for*** the post. V+*for*+名 彼はその職を得ようとがんばっている.

❷ **ねらう**: He ***aimed at*** [***for***] the lion. V+*at* [*for*]+名 彼はライオンをねらった.

— 他 ❶ [普通は受身で] (ことば)を(...に)**向ける**; (...に)(企画など)のねらいを定める: The magazine ***is aimed at*** teenagers. V+O+*at*+名の受身 その雑誌はティーンエイジャー向けだ / The policy ***is aimed at*** reduc*ing* traffic accidents. V+O+*at*+動名の受身 その政策は交通事故の削減をねらいとしている.

❷ (銃・カメラなど)を(...に)**向ける**: The soldier ***aimed*** his gun ***at*** the man. V+O+*at*+名 兵士はその男に銃を向けた.

— 名 (~s /~z/) ❶ Ⓒ **目的**, 目標 [≒goal]; 志: ***with the aim of*** prevent*ing* riots 暴動が起こるのを防ぐ目的で / He achieved his *aim*. 彼は目的を達した.

❷ Ⓤ **ねらい**(を定めること); (的(まと)に当てる)射撃能力: His *aim* was perfect. 彼のねらいは完璧だった(ねらったものを仕留めた).

tàke áim at ... [動] 他 (1) ...をねらう. (2)《米》...を批判[攻撃]の対象にする.

aim·less /éımləs/ 形 限定 目的のない, 目当てのない: lead an *aimless* life 目標のない人生を送る. **~·ly** 副 目的もなく, あてもなく.

+ain't /éınt/ Ⓢ《非標準》❶ **am not の短縮形**: I'm late, *ain't* I? 遅れちまったかな. 語法 多くは付加疑問において用いる; 改まった会話では, ..., am I not? を,《略式》では..., aren't I? を用いる《⇒ aren't 2》.

❷ are[1] not, is not の短縮形: He *ain't* coming. あいつは来ないよ.

❸ have[2] not, has[2] not の短縮形: They *ain't* got no money. あいつら金持ってねえよ《no は否定の強調》.

Ai·nu /áınu:/ 形 アイヌの; アイヌ人の; アイヌ語の.

— 名 (複 ~(s)) Ⓒ アイヌ人; Ⓤ アイヌ語.

****air** /éə | éə/ (同音 heir, 《米》#are[2], 《米》#err)

— 名 (~s /~z/) ❶ Ⓤ **空気**; (地球をとりまく)大気: Why don't we go out for some fresh *air*? 外に出て新鮮な空気を吸いましょう / You need to put some *air* in [into] this tire. このタイヤは空気を入れる必要がある / A good smell filled the *air*. いいにおいがあたりの空気に満ちていた / There's a lot of dust ***in the air***. 空気がほこりっぽい.

❷ [the ~] **空中**, **空**, 空間: Several birds were flying ***in the air***. 数羽の鳥が空を飛んでいた / The balloon rose up into *the air*. 気球は空に舞い上がった. ❸ [形容詞的に] 飛行[航空]機の: *air* travel 空の旅 / *air* safety 空路の安全. ❹ [単数形で] 外見, 様子; 感じ, 雰囲気; 態度; [複数形で] 気取った態度: with a determined *air* 断固とした態度で / The building has an *air of* mystery about it. その建物には神秘的な雰囲気が漂っている / She assumed [put on] an *air* of indifference. 彼女は知らん顔をした / put on *airs* = give oneself *airs* 気取る, もったいぶる. ❺ Ⓤ Ⓢ《米》= air conditioning. ❻ Ⓒ《古風》曲, 旋律; アリア [≒aria]: The Londonderry *Air* ロンドンデリーの歌《アイルランド民謡》/ *Air* on the G string G 線上のアリア.

by áir [副] **飛行機で**: They left for Europe *by air*. 彼らは空路ヨーロッパへ向けて出発した.

cléar the áir [動] 自 (話し合って)わだかまりを解く, 疑惑[気がかり]を晴らす.

in the áir [副・形] (1) **空気中に**《⇒ 1》; 空中に《⇒ 2》. (2) (感情・雰囲気などが)広まって, みなぎって. (3) (事が)起こりそうで.

into thín áir [副] 影も形もなく: disappear [vanish]

into thin air 突如として消え失せる.
òff (the) áir [副·形] 放送されない, 放送をやめて [⇔ on (the) air]: go *off (the) air* 放送が終了する.
òn (the) áir [副·形] **放送されて**, 放送中で [⇔ off (the) air]: This drama will be *on (the) air* tomorrow. この劇はあす放送される.
òut of thín áir [副] どこからともなく: appear *out of thin air* どこからともなく現われる.
ùp in the áir [副·形] Ⓢ 未決定で.
wálk [flóat] on áir [動] ⓐ [進行形で] うきうきしている. (形 áerial, áiry)
— 動 (airs /~z/; aired /~d/; air·ing /é(ə)rɪŋ/) ⓗ ❶ (...)を**放送[放映]する**: This program will *be aired on* CNN. V+O+*on*+名の受身 この番組は CNN で放映される. ❷ (意見·考えなど)を公表する; (不満など)をぶちまける: *air* one's views [grievances, complaints] 考えを表明する[不満を述べる]. ❸ (衣服など)を空気にさらす, 虫干しする: *air* (《米》 *out*) one's blankets 毛布を日に干す. ❹ (部屋)に風を通す; (...)を換気する: *air* (《米》 *out*) the stuffy room むっとする部屋の空気を入れかえる. — ⓐ ❶ 放送される. ❷ 風を通す, 虫干しする; 換気する (*out*).

áir bàg 名 C エアバッグ.
áir bàse 名 C 空軍基地.
air·borne /éəbɔ̀ən | éəbɔ̀:n/ 形 ❶ 叙述 離陸した, 飛行中の: We will be *airborne* shortly. 当機はまもなく離陸します. ❷ 限定 (部隊が)空輸された, 空挺(くうてい)の. ❸ 限定 (種子などが)空気で運ばれる.
áir bràke 名 C [普通は複数形で] エアブレーキ.
áir brìdge 名 C 《英》 (空港の) 搭乗橋 [《米》 Jetway].
air·brush /éəbrʌ̀ʃ | éə-/ 名 C エアブラシ《塗料吹き付け用の噴霧器》. — 動 ⓗ ❶ (写真·絵など)をエアブラシで塗る[仕上げる]. ❷ (...)をエアブラシで除去する (*out*).
Air·bus /éəbʌ̀s | éə-/ 名 C エアバス《大型定期旅客機; 商標》.
air-con·di·tioned /éəkəndíʃənd | éə-/ 形 エアコン[冷房]の付いた: well *air-conditioned* よくエアコンがきいた.
áir condítioner 名 C エアコン, (特に)冷房装置; 空調装置《⇒ living room 挿絵》: "Will you turn down the *air conditioner*? It's a little too cool." "Sure." 「冷房を弱くしてくれないか. 少し寒すぎるんだ」「いいよ」
áir condítioning 名 U 冷房; 空調《略 AC》.

***air·craft** /éəkræ̀ft | éəkrɑ̀:ft/
— 名 (複 ~) C **航空機**《飛行機·ヘリコプター·飛行船·気球など》: The *aircraft* was unidentified. その航空機は国籍不明だった //⇒ light aircraft. 語法 航空機全体を指すこともできるが, 1 機 1 機についても用いる. 関連 vehicle 陸上の乗り物 / craft 船, 航空機, 宇宙船.

áircraft càrrier 名 C 航空母艦, 空母.
air·crew /éəkrù: | éə-/ 名 C [《英》 単数形でもときに複数扱い] (航空機の)乗組員《全体》.
air·drop /éədrɑ̀(:)p | éədrɔ̀p/ 名 C (パラシュートによる物資の)空中投下. — 動 (-drops; -dropped; -drop·ping) ⓗ (物資)を空中投下する.
air·fare /éəfèə | éəfèə/ 名 C 航空運賃.
air·field /éəfì:ld | éə-/ 名 C (小規模の)飛行場《airport よりも規模が小さい; 特に軍事用》.
+**air force** /éəfɔ̀əs | éəfɔ̀:s/ 名 (air forc·es /~ɪz/) C [《英》 単数形でもときに複数扱い] **空軍**: the United States *Air Force* 米国空軍《略 USAF》 / the Royal *Air Force* 英国空軍《略 RAF》 / *Air Force* One (米国の)大統領専用機. 関連 army 陸軍 / navy 海軍.
áir guitàr 名 U,C エアギター《音楽に合わせて, ギターを持たずに弾くまねをすること》.
áir gùn 名 C 空気銃.
air·head /éəhèd | éə-/ 名 C 《略式》 ばか.
air·i·ly /é(ə)rəli/ 副 《格式》 のんきに, 気楽に.
air·ing /é(ə)rɪŋ/ 名 ❶ [an ~] (意見などの)公表, 発表; C (テレビ·ラジオでの)放送. ❷ [an ~] 空気にさらすこと, 虫干し; (部屋の)換気.
áiring cùpboard 名 C 《英》 (衣類の)乾燥用戸棚.
áir làne 名 C 航空路.
air·less /éələs | éə-/ 形 風通しの悪い, むっとする.
áir lètter 名 C 航空書簡 (aerogram(me)).
air·lift /éəlìft | éə-/ 名 C (軍隊·物資などの)空輸.
— 動 ⓗ (人員·物資など)を空輸する (*to*).
***air·line** /éəlàɪn | éə-/ 名 (~s /~z/) C **航空会社**: Japan *Airlines* 日本航空 / domestic [international] *airlines* 国内線[国際線]航空会社.
+**air·lin·er** /éəlàɪnə | éəlàɪnə/ 名 (~s /~z/) C (大型の)**定期旅客機**.
áir lòck 名 ❶ C (宇宙船·潜水艦などの)気密式出入り口, 気密室. ❷ C (パイプの中で液体の流れを妨げる)気泡.
air·mail** /éəmèɪl | éə-/ 名 U **航空(郵)便**, エアメール: send a package ***by airmail 小包を航空便で送る / an *airmail* package 航空小包. 関連 surface mail 陸上[船舶]輸送郵便.
— 副 航空便で: send ... *airmail* ...を航空便で送る.
air·man /éəmən | éə-/ 名 (-men /-mən/) ❶ C 〔空軍〕 航空兵. ❷ C パイロット, 飛行士.
air·plane** /éəplèɪn | éə-/ 名 (~s /~z/) C 《米》 **飛行機** [≒plane, 《英》 aeroplane]: 「get on [board] an *airplane* 飛行機に乗り込む《⇒ get on (get 句動詞) 表》 / get off an *airplane* 飛行機から降りる《⇒ get off (get 句動詞) 表》 / They traveled to Osaka ***by airplane. 彼らは飛行機で大阪へ行った《⇒ by 前 2 語法, plane[1] 語法》 / *Airplanes* 「take off [land] every two minutes at this airport. この空港では飛行機は 2 分おきに離陸[着陸]する.

airplane

áir pòcket 名 C 〔航空〕エアポケット.
áir pollùtion 名 U 大気汚染.
A
***air·port** /éəpɔ̀ət | éəpɔ̀:t/
— 名 (air·ports /-pɔ̀əʦ | -pɔ̀:ʦ/) C **空港**: We will fly [depart] from Narita *Airport*. 私たちは成田空港から出発する / We went to the *airport* to see our father off. 私たちは父を見送りに空港へ行った. 関連 seaport 海港.
áir ràge 名 U (乗客による)機内での暴力行為.
áir ràid 名 C 空襲《普通は攻撃される側が使う; ⇒ air strike》.
air·ship /éəʃìp | éə-/ 名 C 飛行船.
áir shòw 名 C 航空ショー.
air·sick /éəsìk | éə-/ 形 飛行機に酔った. **~·ness** 名 U 飛行機酔い.
air·space /éəspèɪs | éə-/ 名 U (一国の)領空.
air·speed /éəspì:d | éə-/ 名 [U または an ~] (航空機の)対気速度《⇒ ground speed》.
áir strìke 名 C 空襲《普通は攻撃する側が使う; ⇒ air raid》.
air·strip /éəstrìp | éə-/ 名 C (臨時の)離着陸場.
áir tèrminal 名 C エアターミナル《空港内の旅客の出入り口となる建物, また《英》では市街にある空港送迎バスなどの発着所》.
air·tight /éətàɪt | éə-/ 形 ❶ 気密の, 密閉した: an *airtight* container 密閉容器. ❷ (議論・アリバイなどが)つけ入るすきのない, 完ぺきな.
áir tìme 名 U (ラジオ・テレビでの)放送時間; 放送開始時間; (携帯電話の)通話時間.
air-to-air /éətuéə | éətuéə/ 形 限定 航空機から航空機への: an *air-to-air* missile 空対空ミサイル.
áir tràffic contròl 名 U 航空(交通)管制; 航空管制官《全体》.
áir tràffic contròller 名 C 航空管制官.
air·waves /éəwèɪvz | éə-/ 名 複 放送電波; [the ~] 《略式》 放送: on [over] *the airwaves* 電波に乗って, 放送で.
+air·way /éəwèɪ | éə-/ 名 (~s /~z/) ❶ C **航空路**; [Airways として会社名に用いて] ...航空: British *Airways* 英国航空. ❷ C 〔医学〕気道.
air·y /é(ə)ri/ 形 (air·i·er; -i·est) ❶ (部屋・建物などが)(広々として)風通しのよい: a light and *airy* room 明るく風通しのよい部屋. ❷《格式》(態度などが)軽い, いいかげんな, 真剣さ[現実味]に欠ける. (名 air)
air·y-fair·y /é(ə)rifé(ə)ri⁻/ 形 《英略式》 [軽蔑的] 非現実的な, ふわっとした.
aisle /áɪl/ ! 発音 名 ❶ C 通路《乗り物・劇場・教室などの座席や商店の陳列棚の間の通路》: "Where're the spices?" "They're *in aisle* three." 「スパイスはどこですか」「3 番通路です」《スーパーなどで; ⇒ supermarket 挿絵》. ❷ C (教会堂の)側廊; (教会の座席列間の)通路. **gó [wálk] dòwn the áisle** [動] 自 《略式》 結婚する. **róll in the áisles** [動] 自 [進行形で] (聴衆・観客が)笑い転げる.
áisle sèat 名 C (乗り物の)通路側の座席. 関連 window seat 窓側の座席.
aitch /éɪʧ/ 名 C h の文字(の名). **dróp** one's **áitches** [動] 自 /h/ の音を落とす《head を /éd/ と発音するなど; ロンドンの Cockney なまりの特徴》.
a·jar /əʤáə | əʤá:/ 形 叙述 (ドアが)少し開いて.
AK 〔米郵便〕 = Alaska.
aka /éɪkèɪéɪ, ǽkə/ 略 = also known as (別名...).
a·kim·bo /əkímboʊ/ 形 副 [次の成句で] **(with) árms akímbo** [副] 両手を腰に当てひじを張って《⇒ with one's hands on one's hips (hip[1] 成句)》.

with arms akimbo

a·kin /əkín/ 形 叙述 《格式》 (...と)類似して, 同種の, 同類の: Pity is *akin to* love. あわれみと恋とは紙一重.
Al /ǽl/ 名 固 アル《男性の名; Albert, Alexander および Alfred の愛称》.
AL 〔米郵便〕 = Alabama.
-al /əl/ 接尾 ❶ [名詞につける形容詞語尾] 「...に関する, ...の性質の」 の意: form*al* 公式の / sensation*al* 大騒ぎを起こさせる. ❷ [動詞につける名詞語尾] 「...すること」 の意: arriv*al* 到着 / tri*al* 試み.
Ala. 略 = Alabama.
Al·a·bam·a /æ̀ləbǽmə⁻/ 名 固 アラバマ《米国南部の州; 略 Ala., 〔郵便〕 では AL》. 〖語源 アメリカ先住民の

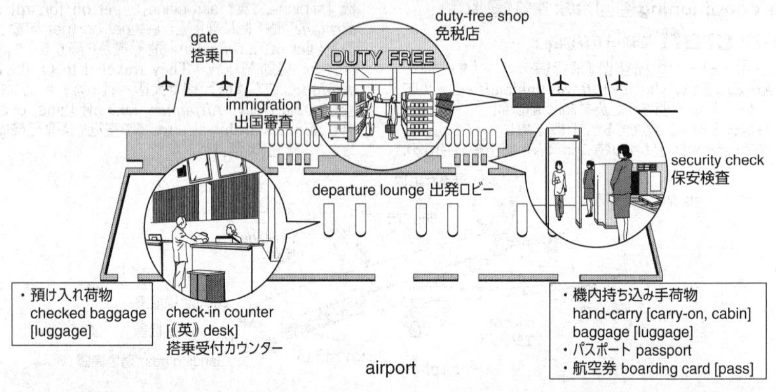

airport

部族の名から〕

Al·a·bam·an /æ̀ləbǽmən←/ 形 アラバマ州(人)の. — 名 C アラバマ州人.

al·a·bas·ter /ǽləbæ̀stɚ | æ̀ləbǽstə/ 名 U 雪花(せっか)石こう《花びんや装飾品の作製用》. — 形 雪花石こうの; 白くすべすべした.

à la carte /ɑ̀:ləkɑ́ɚt | -kɑ́:t←/ ≪フランス語から≫ 副 (コースでなく)メニューから一品ずつ料理を選んで, アラカルトで. — 形 お好み料理の, アラカルトの《⇒ table d'hôte》.

a·lac·ri·ty /əlǽkrəṭi/ 名 U 《格式》 機敏, 敏速; 積極性: **with** *alacrity* 快く, 即座に; てきぱきと.

A·lad·din /əlǽdn | -dɪn/ 名 固 アラジン《「千夜一夜物語」(*The Arabian Nights' Entertainments*)に登場する若者; Aladdin's lamp と呼ぶ魔法のランプと指輪を手に入れ, 2 人の魔神に命じてすべての望みをかなえさせる》.

Al·a·mo /ǽləmòʊ/ 名 固 [the ～] アラモ《米国 Texas 州 San Antonio 市のカトリック伝道所(跡); テキサス独立戦争中の 1836 年ここを砦(とりで)として戦った守備隊がメキシコ軍に包囲され全滅した》.

à la mode /ɑ̀:ləmóʊd/ ≪フランス語から≫ 形 副 ❶ 《米》〔料理〕アイスクリームを添えた[て]: apple pie *à la mode* アイスクリームをのせたアップルパイ. ❷ 叙述 《古風》 流行の[に従って].

**a·larm /əlɑ́ɚm | əlɑ́:m/

— 名 (～s /～z/) ❶ C **警報**; **警報器**: The fire *alarm* rang [went off]. 火災警報が鳴った / He accidentally set off the car *alarm*. 彼はうっかり車の盗難警報器を作動させてしまった // ⇒ burglar alarm, fire alarm.

❷ C **目覚まし時計** (alarm clock); (スマホなどの)アラーム: set the *alarm* for seven 7 時に鳴るように目覚ましをかける / My *alarm* went off at seven. アラームが 7 時に鳴った.

❸ U (突然の)**恐怖**, 心配; 驚き《⇒ fear 類義語》: The bombing caused *alarm* among the citizens. 爆撃で市民の間に恐怖が生じた / There is no ***cause for alarm***. 何も心配する理由はない / They looked around ***in alarm***. 彼らは驚いてあたりを見回した.

ráise [sóund] the alárm [動] 自 警告する, 警鐘を鳴らす (*about*).

— 動 (a·larms /～z/; a·larmed /～d/; a·larm·ing) 他 ❶ (突然の危険などが)(...)を**怖がらせる**, 不安にさせる: The rapid increase in cases has *alarmed* them. 患者数の急な増加で彼らは不安になっている. ❷ (ドアなど)に警報器を付ける.

alárm clòck 名 C 目覚まし時計《⇒ bedroom 挿絵》.

a·larmed /əlɑ́ɚmd | əlɑ́:md/ ❶ (...を)怖がって, 心配して (*by*, *at*, *over*): They are *alarmed by* the rapid increase in cases. 彼らは患者数の急な増加を心配している. ❷ 警報装置付きの.

+**a·larm·ing** /əlɑ́ɚmɪŋ | əlɑ́:m-/ 形 **不安にさせる(ほどの)**, 驚くべき: The number of the unemployed is increasing at an *alarming* rate. 失業者数が驚くべき速さで増加している.

～·ly 副 驚くほど, 不安になるほどに.

a·larm·ist /əlɑ́ɚmɪst | əlɑ́:m-/ 形 [軽蔑的] 不安をあおる. — 名 C [軽蔑的] 不安をあおる人.

a·las /əlǽs/ 間 《文語》 ああ《悲しみや後悔を表わす》.

Alas. 略 = Alaska.

A·las·ka /əlǽskə/ 名 固 アラスカ《北米北西部の地方; 米国の州の 1 つ; 略 Alas., 〔郵便〕では AK》.〘語源 先住民のことばで「本土」の意〙

A·las·kan /əlǽsk(ə)n/ 形 アラスカ州(人)の. — 名 C アラスカ州人.

Aláska Stándard Tìme 名 U 《米》 アラスカ標準時.

Al·ba·ni·a /ælbéɪniə/ 名 固 アルバニア《Balkan 半島西部の共和国》.

Al·ba·ny /ɔ́:lbəni/ 名 固 オールバニー《米国 New York 州の州都》.

al·ba·tross /ǽlbətrɔ̀:s | -trɔ̀s/ 名 C あほうどり《この鳥を殺すと不幸を招くと信じられている》. **an álbatross (aròund** one's **nèck)** [名] 悩みの種, 障害.

al·be·it /ɔ:lbí:ɪt/ 接 《格式》 ...ではあるが [≒although]: Chris finally agreed, *albeit* reluctantly. クリスはとうとうしぶしぶながら同意した.

Al·bert /ǽlbɚt | -bət/ 名 固 アルバート《男性の名; 愛称は Al または Bert》.

Al·ber·ta /ælbɚ́:ṭə | -bə́:-/ 名 固 アルバータ《カナダ西部の州》.

al·bi·no /ælbáɪnoʊ | -bí:-/ 名 (～s) C 白子(しらこ), アルビノ《皮膚などの色素が欠乏した人・動物》.

*al·bum /ǽlbəm/

— 名 (～s /～z/) ❶ C (CD・レコードの)**アルバム**, 曲集《⇒ single 名 1》: release a new *album* 新しいアルバムを発売する. ❷ C (写真・切手などを収める)**アルバム**: a photograph [photo] *album* 写真帳 // ⇒ autograph album.

al·bu·men /ælbjú:mən | ǽlbjʊ-/ 名 U 卵の白身, 卵白.

al·che·mist /ǽlkəmɪst/ 名 C 錬金術師.

al·che·my /ǽlkəmi/ 名 U 錬金術; 《文語》 魔術.

***al·co·hol** /ǽlkəhɔ̀:l, -hɑ̀(:)l | -hɔ̀l/ !アク 名 ❶ U **アルコール飲料**, 酒: He doesn't drink *alcohol*. 彼は酒類は飲みません / *alcohol* abuse アルコール中毒[依存症] / *alcohol*-free アルコールを含まない. 関連 beer ビール / brandy ブランデー / gin ジン / liqueur リキュール / sake 日本酒 / vodka ウオッカ / whiskey ウイスキー / wine ワイン. ❷ U **アルコール**: ethyl [methyl] *alcohol* エチル[メチル]アルコール. (形 àlcohólic)

+**al·co·hol·ic** /æ̀lkəhɔ́:lɪk, -hɑ́(:)l- | -hɔ́l-←/ 名 (～s /～s/) C **アルコール依存症の人**.

— 形 ❶ アルコール性の, アルコールを含む [⇔ nonalcoholic]: *alcoholic* drinks アルコール飲料. ❷ アルコールによる, アルコール依存の. (名 álcohòl)

al·co·hol·is·m /ǽlkəhɔ̀:lɪzm, -hɑ̀(:)l- | -hɔ̀l-/ 名 U アルコール依存症, アルコール中毒(症).

Al·cott /ɔ́:lkət/ 名 固 Louisa May ～ オールコット (1832-88)《米国の女流作家》.

al·cove /ǽlkoʊv/ 名 C アルコーブ, 凹(おう)室; 凹所, 床の間《いす・テーブル・ベッドなどを置いた奥まった小部屋または壁面などを引っこませた小空間》.

al den·te /ɑ:ldénteɪ/ ≪イタリア語から≫ 形 〔料理〕(パスタ・野菜などが)固ゆでの, アルデンテの.

al·der /ɔ́:ldɚ | -də/ 名 C,U はんのき《湿地に生える落葉樹》.

al·der·man /ɔ́:ldɚmən | -də-/ 名 (-men /-mən/) C (米国などの)市[町]会議員.

ale /éɪl/ 名 U エール; C エール 1 杯. 参考 ビールの一種で, 特に苦くて強いものを指す.

alec(k) ⇒ smart alec(k).

*a·lert /əlɚ́ːt | ələ́ːt/ 形 ❶ 頭のさえた, (思考・理解などが)はやい, 明敏な: She may be old, but she stays very *alert*. 彼女は年を取っているかもしれないがまだ非常に頭脳明晰だ.
❷ 油断のない, 注意を怠らない, 警戒した: an *alert* driver 注意深い運転手 / We should be ***alert to*** the possibility of flooding. +*to*+名 洪水の可能性に対して注意を怠ってはならない.
— 動 他 (...)に警報を出す, 通報する, 警戒させる; 注意を促す: The mayor immediately *alerted* the townspeople *to* the danger of an eruption. 町長は噴火の危険に対して直(ただ)ちに町民に警報を出した.
— 名 ❶ [U または単数形で] 警戒態勢: be on full [high] *alert* 厳戒態勢をとっている / be on the *alert* (*for* ...) (...に対して)警戒している. ❷ C 警報, 警告: a flood *alert* 洪水警報. 関連 all clear 警戒警報解除の合図.
~·ness 名 U 注意深さ, 明敏.

A·léu·tian Íslands /əlúːʃən-/ 名 固 複 [the ~] アリューシャン列島《米国 Alaska 州より南西に延びる諸島》.

Á lèvel /éɪ-/ 名 C,U 《英》(一般教育終了試験の)上級課程.

Al·ex·an·der /æ̀lɪgzǽndɚ | -záːndə/ 名 固 ❶ アレキサンダー《男性の名; 愛称は Al, Alex, Sandie または Sandy》. ❷ ~ the Great アレキサンドロス[アレキサンダー]大王 (356–323 B.C.)《Macedonia の王 (336–323 B.C.) で, ギリシャ・小アジア・エジプト・インドに至るまでを征服し, ギリシャ文明を広めた》.

Al·ex·an·dri·a /æ̀lɪgzǽndriə | -záːn-/ 名 固 アレキサンドリア《エジプト北部の海港》.

al·fal·fa /ælfǽlfə/ 名 U アルファルファ, むらさきうまごやし《まめ科の牧草; もやし (sprouts) はサラダ用》.

Al·fred /ǽlfrəd/ 名 固 ❶ アルフレッド《男性の名; 愛称は Al, Fred または Freddy》. ❷ ~ the Great アルフレッド大王 (849–99)《England 南部の古王国 Wessex /wésɪks/ 王 (871–99)》.

+**al·gae** /ǽlʤiː/ 名 複 藻(も), 藻類(そうるい).

al·ge·bra /ǽlʤəbrə/ 名 U 代数(学). 関連 mathematics 数学 / arithmetic 算数 / geometry 幾何学. 〖語源 アラビア語で「1 つにまとめる」の意; 等式を組むことから〗

al·ge·bra·ic /æ̀lʤəbréɪɪk←/ 形 代数(学上)の.

Al·ge·ri·a /ælʤí(ə)riə/ 名 固 アルジェリア《アフリカ北西部の共和国》.

Al·ge·ri·an /ælʤí(ə)riən/ 形 アルジェリアの. — 名 C アルジェリア人.

al·go·rith·m /ǽlgərɪ̀ðm/ 名 C 〔数学・コンピュータ〕算法, アルゴリズム《計算・問題解決の手順》.

Al·ham·bra /ælhǽmbrə/ 名 固 [the ~] アルハンブラ宮殿《スペインのグラナダ (Granada /grənáːdə/) にある Moor 人の建てた王宮・古城》.

a·li·as /éɪliəs/ 副 別名は..., またの名は...《特に犯罪者・俳優について》: Smith, *alias* Johnson ジョンソンこと(本名)スミス. — 名 ❶ C 別名, 偽名. ❷ C 〔コンピュータ〕エイリアス《ファイル・コマンドなどにつけた別名》.

A·li Ba·ba /ǽlibàːbə/ 名 固 アリババ《「千夜一夜物語」(*The Arabian Nights' Entertainments*)の「アリババと 40 人の盗賊」の物語の主人公; ⇒ an open sesame (sesame 成句)》.

al·i·bi /ǽləbàɪ/ 名 ❶ C アリバイ, 現場不在証明 (*for*): have a perfect *alibi* 完璧なアリバイがある / break an *alibi* アリバイを崩す. ❷ C 言いわけ.

Al·ice /ǽlɪs/ 名 固 アリス《女性の名》.

+**a·li·en** /éɪliən, -ljən/ 名 (~s /~z/) ❶ C 〔法律〕外国人, 居留外国人《⇒ foreigner 類義語》: illegal *aliens* 不法在留外国人. 語法 軽蔑的な感じを伴うことがある. ❷ C 異星人《地球人に対して》.
— 形 ❶ なじみのない; 性質の違う, 相いれない: My idea was completely *alien to* their way of thinking. 私の考えは彼らの考え方と全く相いれなかった. ❷ [しばしば軽蔑的] 外国の, 外国人の; ほかの社会[種族]の: *alien* customs 外国の風習. ❸ 限定 異星人の.

+**a·li·en·ate** /éɪliənèɪt, -ljə-/ 動 (-en·ates /-nèɪts/; -en·at·ed /-ṭɪd/; -at·ing) 他 ❶ (支持者・同盟国など)を離反させる, (...)との関係を悪くする: *alienate* public opinion 世論にそむかれる.
❷ (人)を(仲間・家族・社会などから)疎外する, 疎遠にする: Such behavior ***alienates*** a boy ***from*** his peers. V+O+*from*+名 そのようなふるまいをすると男の子は仲間はずれになる.

a·li·en·at·ed /éɪliənèɪṭɪd/ 形 疎外された, 孤立化した: She *felt alienated from* the group. 彼女はそのグループから仲間はずれにされていると感じた.

a·li·en·a·tion /èɪliənéɪʃən, -ljə-/ 名 U 疎外(感), 疎遠.

a·light[1] /əláɪt/ 形 叙述 ❶ 燃えて, 火がともって: set ... *alight* ...に火をつける. ❷《文語》輝いて: a face *alight with* joy 喜びに輝いている顔.

a·light[2] /əláɪt/ 動 (a·lights; 過去・過分 a·light·ed, a·lit /əlít/; a·light·ing) 自 ❶《格式》(鳥などが)(...に)止まる (*on, upon*). ❷《格式》(馬・車などから)降りる (*from*). **alíght on [upòn] ...** [動] 他《格式》(人が)...を思いつく, 偶然見つける.

+**a·lign** /əláɪn/ 動 (a·ligns /~z/; a·ligned /~d/; a·lign·ing) 他 ❶ (人)を(...と)提携[連帯]させる: *align* oneself *with* ... ...と提携する. ❷ (...)を(~と)一列[平行]に並べる; (...)を(~と)調整する, (~に)合わせる (*with, to*). — 自 ❶ 提携する (*with*). ❷ 整列する.

a·lign·ment /əláɪnmənt/ 名 ❶ U (国・団体の)同盟, 連合, 提携 (*with*). ❷ U (一列)整列: *in* [*out of*] *alignment* きちんと[一列に]並んで[並んでいない].

+**a·like** /əláɪk/ 形 叙述 同様で, よく似て《⇒ like[1] 前 語法 (2)》: The three sisters all look very much *alike*. その 3 人姉妹はみなよく似ている.
— 副 同じように, 同様に, 等しく: Young and old *alike* enjoyed the show. 若者も老人も(同様に)ショーを楽しんだ / The teacher treated all the students *alike*. 先生はどの生徒も同じように扱った.

al·i·mo·ny /ǽləmòʊni | -mə-/ 名 U 《米》離婚手当, 扶養[慰謝]料《離婚した相手に定期的に払う》.

A-list /éɪlìst/ 形 一流の.

alit 動 alight[2] の過去形および過去分詞.

*a·live /əláɪv/

— 形 ❶ 叙述 [比較なし] 生きている [⇔ dead]: She found out that her son was still *alive*. 彼女は息子がまだ生きていることを知った / He managed to stay *alive* for a week on nothing but water. 彼は 1 週間水だけを飲んで生き延びた / be buried *alive* 生き埋めになる. 語法 「生きている」の意味の 限定 の形容詞は live /láɪv/: a *live* fish 生きている魚. なお living には 限定 と 叙述 の両方の用法がある: a *living* bird 生きている鳥 / The fish *is* still *living*. その魚はまだ生きている.
❷ 叙述 生き生きして, 元気で, 活発で: His face was

alive with happiness. 彼の顔は喜びに輝いていた. ❸ [叙述] 消えないで, 存続して: keep the tradition *alive* 伝統を絶やさないでおく. ❹ [叙述] (生き物などで)いっぱいで, (人で)にぎわって: The streets were *alive with* shoppers. 通りは買い物客でごった返していた. ❺ [叙述] (...に)敏感で, 気づいて: Politicians must be *alive to* the needs of the people. 政治家は国民の要求に敏感でなければならない. ❻ 現存の, この世での《最上級の形容詞や any を伴う名詞の後に置いて, 強調に用いる》: *the happiest* man *alive* この世で最も幸福な男.

alíve and kícking [wéll] [形]《略式》元気いっぱいで, ぴんぴんして; 存続して, 盛んで.

bríng ... alíve [動] ⑭ (話など)を面白くする; 活気づかせる.

còme alíve [動] ⓐ 活気づく; (話などが)面白く[生き生きしたものに]なる. ([名] life, [動] live¹)

al·ka·li /ǽlkəlàɪ/ [名] (~(e)s) [C,U]〔化学〕アルカリ.

al·ka·line /ǽlkəlàɪn, -lɪn/ [形]〔化学〕アルカリ性の. [関連] acid 酸性の / neutral 中性の.

***all /ɔ́ːl/ ([同音] awl)

単語のエッセンス

1) 全部の(もの)	[形] ❶; [代] ❶, ❷
2) ...全体	[形] ❷
3) 全く	[副] ❶

— [形] ❶ **全部の, すべての,** あらゆる: *All* men are equal before God. 神の前では人はみな平等である.

> [語法] **all の使い方 1**
> (1) 数えられる名詞の複数形や, 数えられない名詞の前につける《⇒ all of ... ([代] 成句) [語法], every 1 [語法] (1), each [形] [語法]》. 定冠詞・指示代名詞・人称代名詞の所有格があるときにはその前に来る《⇒ both [形] 1 [語法] (2), whole [形] [語法]》.
> (i) 数えられる名詞の場合: *All* (*the*) 40 students in the class passed the exam. クラスの生徒 40 人は全員試験に合格した / *All these* books are Tom's. この本はみんなトムのものだ / He is kind to *all his* friends. 彼は友達みんなに優しい / *All the* angles of a square are 90 degrees. 正方形の内角はどれも 90 度である ✪ all が「個々のものを合わせた全体の」の意味になる場合がある: *All the* angles of a square make 360 degrees. 正方形の内角の総和は 360 度である.
> (ii) 数えられない名詞の場合: *All the* food was gone. 食料はすべてなくなった / This is *all the* money (that) I have. これが私の有り金全部だ.
> (2) 否定文の場合, 下降調のイントネーションであれば全体否定, 下降上昇調のイントネーションであれば部分否定となるのが普通《⇒ **つづり字と発音解説** 93, 95; **巻末文法** 13. 3 (2)》: *All* men are *not* wise. ↘ (= No men are wise.) 人はみな愚かだ / *All* ↘ men are *not* wise.↗ 人はみな賢いというわけではない(中には愚かな者もいる). ✪ not all ... は部分否定を表わす: *Not all* the members were present. ↘↗ 全会員が出席したわけではない.
> (3) 指示代名詞を修飾することがある: I stopped believing in *all that* a long time ago. そんなことはすべてとっくの昔に信じなくなっている《*all of* that ともいう》.

> 🔍 番号の順番で数または量が少なくなる.
>
> | 数えられる名詞 | 数えられない名詞 |
> |---|---|
> | 1. all, every | all (全部の) |
> | 2. most | most (ほとんどの) |
> | 3. many, lots of, a lot of | much, lots of, a lot of (多くの) |
> | 4. some, several | some (いくらかの) |
> | 5. a few | a little (少し...(がある)) |
> | 6. few | little (...はほとんどない) |
> | 7. no | no (少しの...もない) |

❷ [単数名詞につけて] **...全体**, ...全部 [≒whole]: *all* Japan 全日本 / *all* day [night] 終日[終夜] / *all* the world 世界中 / I stayed there *all* year. 1 年中ずっとそこにいた. ❸ [性質・程度を表わす抽象名詞につけて] 最大限の, できる限りの: with *all* (possible) speed 大急ぎで / in *all* honesty 全く正直に(言って). ❹ [否定的意味の動詞・前置詞の後に用いて] 一切の, 何らの [≒any]: They *lost all* hope. 彼らは一切の望みをなくした / It is *beyond all* doubt. それは何の疑いもない. ❺ [主に be 動詞の後で, 性質を表わす抽象名詞または身体の一部などを表わす複数名詞につけて] 全身...になって: She *was all* politeness. 彼女は丁寧そのものだった // ⇒ be all smiles (smile [名] 成句), be all thumbs (thumb [名] 成句).

... and áll thát Ⓢ ...などなど, ...などといったもの.

for áll ... ⇒ for [前] 成句.

of áll ... Ⓢ **...の中で**, こともあろうに, よりによって《驚きや困惑を表わす》: He came to see me on Sunday *of all* days. 彼はこともあろうに日曜日に訪ねてきた.

— [代]《不定代名詞》❶ **すべてのもの[こと], すべての人**, みんな; 唯一のこと: I'll give you *all* (*that*) you want. あなたが欲しいものはすべてあげます / This is *all* I can do for you. 私がしてあげられることはこれだけです / *All* you have to do is (to) press the button. あなたはただボタンを押すだけでよい《⇒ to²A 5 [語法]》/ I know *all about* him. 彼のことは何でも知っている.

> [語法] **all の使い方 2**
> (1) 普通は関係詞節か about の句を伴って用いる《ただし ⇒ all of ... (成句)》.
> (2) 事物を指す場合は単数扱いにし, 人を指す場合は複数扱いにする: *All is* over. すべては終わった / *All* else *was* OK. ほかはすべてオーケーだった // *All are* happy in our class. 私たちのクラスではみんな楽しく過ごしています.
> (3) [形] と同様に, 否定文の場合, 下降調のイントネーションであれば全体否定, 下降上昇調のイントネーションであれば部分否定となるのが普通: I did*n't* eat *all* ↘ of them. (= I ate *none* of them.) それらを 1 つも食べなかった / I did*n't* eat *all* ↘↗ of them. それらを全部食べたわけではない. ✪ not all は部分否定を表わす: *Not all* ↘ were satisfied.↗ 全員が満足したわけではなかった.

❷ [名詞・代名詞と同格に用いて] **...は[を]全部, ...は[を]みんな**《⇒ both [代] 2, each [代] 2》: *We all* succeeded. 我々はみな成功した. [語法] 🔍 この文を *All* we succeeded. とするのは誤りだが, *All of us* succeeded. ならよい《⇒ all of ... (成句) [語法]》// [言い換え] The passengers were *all* drowned. (= *All* the passengers were drowned.) 乗客は全員おぼれて

A

死んだ / You may take *them all*. それを全部とってもよい. 語法 You may take the books *all*. のように目的語の名詞の後に置くことはできない.

áll but ... を除いては全部[みんな]《⇒ all but (副 成句)》: *All but* John want to go swimming in the lake. ジョン以外はみな湖へ泳ぎに行きたがっている.

áll in áll [副] つなぎ語 [普通は文頭で; ときに taken や taking it などに続けて用いて] **全体として**, 概して. 語法 全体を総括や要約するときに用いる: *All in all*, the campaign was a success. 総合的に見ると, この運動は成功でした.

áll of ... (1) ...は全部, ...はみんな: *All of* us were happy that the exams were over. 私たちはみんな試験が終わってうれしかった.

> 語法 (1) 人称代名詞の前に来るときは all of ... の形式をとる《⇒ 代 2 最初の 語法》.
> (2) 数えられる名詞の前に来るときには of を用いないことがある《⇒ 形 1》: *All* (*of*) my friends are like that. 私の友人はそんな人ばかりだ.
> (3) 《米略式》では 形 の all の代わりに all of を数えられない名詞の前に用いることが多い: *All of* the food was gone. 食料はすべてなくなった.

(2) [数量を示す語句を伴って; 少ない[多い]ことを強調する] Ⓢ ほんの; 優に...: It's *all of* a hundred meters to the sea. 海までほんの 100 メートルです.

áll or nóthing [形] 全部か無か, 妥協を許さない; 一か八(ばち)か.

àll togéther [副] みんないっしょに: Now, let's dance *all together*. さあ, みんないっしょに踊りましょう《⇒ altogether 語法》.

... and áll (1) ...など, ...やその他すべて, ...ごと(全部): He jumped into the pool, clothes *and all*. 彼は服のままプールに飛び込んだ. (2) Ⓢ《略式》...もまた.

at áll [副] (1) [否定文で] 少しも, 全然(...ない): I am *not at all* cold. 私はちっとも寒くない / 口 "Are you tired?" "*Not at all*." 「疲れましたか」「いいえ, 少しも」 (2) [疑問文で] 一体, 少しでも: Why did you suggest it *at all*? 一体どうしてそんなことを言い出したのですか. (3) [条件を表わす節で] 仮にも, 少しでも, どうせ: *If* you learn English *at all*, learn it thoroughly. どうせ英語を習うなら, 徹底的に覚えなさい. (4) [肯定文で] とにかく, まさか...とは: I was surprised that Jim attended the party *at all*. ジムがパーティーに出席したとは驚いた.

in áll [副] **全部で**, 合計で [≒altogether]: We have $200 *in all*. 私たちは全部で 200 ドル持っている.

it was áll ... could dó 「to [nòt to] dó《略式》...する[しない]のが精一杯だった: *It was all* I *could do not to* cry. 泣かないでいるのが精一杯だった.

... of áll [最上級＋of all の形で] すべての中でいちばん ....

Thát's áll. Ⓢ **それがすべてです**, それで終わりです.

— 副 ❶ **全く, すっかり** [≒completely]; Ⓢ《略式》とても [≒very]: Tom was *all* worn out. トムはすっかり疲れきっていた / *all* alone 全く 1 人で. ❷ [数詞の後に置いて] (スポーツやゲームで)双方とも: The score was three *all*. 得点は 3 対 3 だった.

áll aróund (...) ⇒ around 前, 副 成句.

áll but [副] ほとんど, ...同然である [≒almost]《⇒ all but ... (代 成句)》: He *all but* lost her in the crowd. 彼は人込みの中で彼女をもう少しで見失うところだった.

áll ín [形・副] Ⓢ《略式》疲れきって, へとへとで [≒exhausted]; 《主に英》(諸費用・税金など)すべて込みで.

áll óut [副] 全力をあげて; 全速力で.

áll óver ⇒ over 副 成句.

áll òver ... ⇒ over 前 成句.

àll ríght ⇒ all right の項目.

àll the ＋比較級 (...なので)**それだけますます～**, ...だけいっそう. 語法 しばしば for の句や because の節などを伴う《⇒ (all) the more (because [if] ...) (more 副 成句)》: I like him *all the better for* that. それだからいっそう彼が好きだ / It was *all the funnier because* his speech was serious. 彼の演説がまじめなものだっただけにますますこっけいだった.

áll tóld ⇒ tell 動 成句.

be áll, ... [動] 他 [普通は過去形で, ...は引用節] Ⓢ《米》(人が)...と言う: He *was all*, "Dunno, dunno." 彼は「知らない, 知らない」の一点張りだった.

be áll for ... [動] 他 ...に大賛成である《⇒ for 11》.

be àll óver ... [動] 他《略式》...に夢中になる[愛想よくする], べたべたする.

be àll thát [動] 自 [普通は否定文で] Ⓢ《米》すごく魅力的な, すばらしい.

be áll thére [動] 自 [普通は否定文で]《略式》頭がしっかりして, まともで.

nòt (...) áll thát ... Ⓢ《略式》それほど...でない, 思っているほど...でない: We are *not all that* safe. 私たちは思っているほど安全ではない.

Thát's whàt ... is áll abóut. ⇒ be (all) about ... (about 前 成句).

— 名 ❶ [所有格の後で単数形で]《文語》持ち物一切; 全財産; (人の)命: They gave *their all* in the war. 彼らは戦争にすべてを捧げた. ❷ U [普通は主格補語として] 最も大切なもの《⇒ everything 名》: Strength is *all*. 力こそがすべてである.

Al·lah /ɑ́ːlə, ǽlə|ǽlə/ 名 固 アラー《イスラム教の神》.

all-A·mer·i·can /ɔ̀ːləmérɪk(ə)n←/ 形 ❶ 純アメリカ的な, 典型的アメリカ人の. ❷ 全米の, 全米選抜の: an *all-American* team 全米代表チーム.

Al·lan /ǽlən/ 名 固 アラン《男性の名》.

all-a·round /ɔ́ːləráʊnd←/ 形 限定《米》(特にスポーツなどで)万能の, 多芸の, オールラウンドな; 全面的な, 多方面にわたる [《英》all-round].

al·lay /əléɪ/ 動 他《格式》(恐怖・心配・疑いなど)を静める, 和(やわ)らげる, 軽減する [≒calm].

áll cléar 名 ❶ [the ～] 警戒警報解除の合図[サイレン]. 関連 alert 警戒警報. ❷ [the ～] 行動許可, ゴーサイン.

+**al·le·ga·tion** /æ̀lɪgéɪʃən/ 名 (～s /～z/) C [しばしば複数形で]《格式》(十分な証拠のない)**主張**; (裁判などでの)申し立て, 陳述: make *allegations of* corruption 汚職があったと主張する / an *allegation that* the election had been fixed [+that 節] 選挙で不正があったという申し立て.

+**al·lege** /əléʤ/ 動 (al·leg·es /～ɪz/; al·leged /～d/; al·leg·ing) 他 [しばしば受身で]《格式》(十分な証拠なしに)(...である)と**主張する**, 断言する: They *alleged that* Mr. West was guilty. [V+O (that 節)] 彼らはウェスト氏が有罪であると主張した / 言い換え It *is alleged that* Maggie stole it. [V+O (that 節)の受身] = Maggie *is alleged to* have stolen it. [V+O+C (to 不定詞)の受身] マギーがそれを盗んだと言われている.

***al·leged** /əléʤd/ 形 限定《格式》(十分な証拠なしに)(...と)**されている**(人[物事]), 伝えられる, (真偽の)疑わし

い: his *alleged* diary 彼の日記と称されるもの / the *alleged* murderer 殺人容疑者.

al·leg·ed·ly /əléʤɪdli/ 副 文修飾 《格式》 申し立てによると; (真偽のほどはわからないが)伝えられるところでは: He *allegedly* embezzled the company's money. 彼は会社の金を横領した容疑がかけられている.

Al·le·ghe·nies /æ̀ləgéɪniz/ 名 固 複 [the ～] = Allegheny Mountains.

Ál·le·ghe·ny Móuntains /ǽləgèɪni-/ 名 固 複 [the ～] アレゲニー山脈《米国南部のアパラチア山脈の支脈》.

al·le·giance /əlíːʤəns/ 名 U,C (国家・主義などに対する)忠誠, 忠実, 献身 [≒loyalty]: pledge [swear] *allegiance to* the country 国への忠誠を誓う / the Pledge of *Allegiance* ⇒ pledge 名 1 例文.

al·le·gor·i·cal /æ̀ləgɔ́ːrɪk(ə)l | -gɔ́r-⁺/ 形 遠回しに諭(さと)すような, 寓話(ぐうわ)の.

al·le·go·ry /ǽləgɔ̀ːri | -gəri/ 名 (-go·ries) C (教訓的な)例え話, 寓話; U 寓意(の使用).

al·le·gro /əlégroʊ/ 副 形 〔音楽〕 アレグロで[の]《急速に[な]》. — 名 (～s) C アレグロの楽章[曲].

al·le·lu·ia /æ̀ləlúːjə/ 間, 名 C = hallelujah.

Al·len /ǽlən/ 名 固 アレン《男性の名》.

al·ler·gen /ǽləʤèn, -ʤən | ǽlə-/ 名 C 〔医学〕 アレルゲン《アレルギーを起こす物質》.

al·ler·gic** /ələ́ːʤɪk | ələ́ː-/ 形 ❶ 〔医学〕 **アレルギー反応を起こす**, アレルギー性の: an *allergic* reaction アレルギー反応 / Are you ***allergic to any drugs? 何か薬に対するアレルギーがありますか. ❷ 叙述 《略式》 大嫌いな: Tom is *allergic to* schoolwork. トムは学校の勉強が大嫌いだ.

+**al·ler·gy** /ǽləʤi | ǽlə-/ !アク 名 (-ler·gies) C,U 〔医学〕 **アレルギー:** I have a pollen *allergy*. = I have an ***allergy to*** pollen. 私は花粉アレルギーだ.

+**al·le·vi·ate** /əlíːvièɪt/ 動 (-vi·ates /-èɪts/; -vi·at·ed /-t̬ɪd/; -vi·at·ing /-t̬ɪŋ/) 他 (苦痛・問題など)を**軽くする**, 楽にする.

al·le·vi·a·tion /əlìːviéɪʃən/ 名 U 軽減, 緩和.

al·ley /ǽli/ 名 (～s /～z/) C (狭い)裏通り; 路地《⇒ path 表; blind alley, bowling alley》. **be (ríght) úp ...'s álley** [動] 自 《略式》 (仕事などが)...にぴったりだ.

álley càt 名 C (路地をうろつく)のら猫.

al·ley·way /ǽliwèɪ/ 名 C 横町, 路地.

Áll Fóols' Dày 名 U = April Fools' Day.

al·li·ance** /əláɪəns/ 名 (-li·anc·es /～ɪz/) ❶ U,C **同盟**,連合; 協力, 協定 (*with, between*): ***form [***make, enter into, forge***] an ***alliance*** 同盟を結ぶ, 提携する / ***in alliance with*** ... ...と手を組んで, 力を合わせて / It was a sort of *alliance* to defend the town *against* the gang. それは暴力団から町を守るための同盟のようなものだった. ❷ C [《英》 単数形でもときに複数扱い] 同盟国[者]. (動 ally²)

***al·lied** /ǽlaɪd, əláɪd/ 形 ❶ **同盟した; 連合した;** 提携した; [the A-] 連合国側の《第一次・第二次世界大戦における; ⇒ ally¹ 2》. ❷ (...と)関連した[て], 類似した[て] (*to, with*).

Al·lies /ǽlaɪz, əláɪz/ 名 ⇒ ally¹ 2.

al·li·ga·tor /ǽlɪgèɪt̬ə | -tə/ 名 ❶ C わに《南北アメリカ・中国産; 口先が幅広く, 口を閉じると歯が見えない; ⇒ crocodile》. ❷ U わに皮.

all-im·por·tant /ɔ́ːlɪmpɔ́ət̬ənt | -pɔ́ː-⁺/ 形 非常に重要な, なくてはならない.

all-in·clu·sive /ɔ́ːlɪnklúːsɪv⁺/ 形 すべてを含む.

all-in-one /ɔ́ːlɪnwʌ́n/ 形 複数の機能が一体になった.

al·lit·er·a·tion /əlìt̬əréɪʃən/ 名 U 〔修辞〕 頭韻(とういん)(法)《同音で始まる語をいくつか続けること; 例 *L*ove me *l*ittle, *l*ove me *l*ong. 少し愛して, 長く愛して》.

all-night /ɔ́ːlnáɪt⁺/ 形 限定 終夜の, 徹夜の; 終夜[オールナイト]営業の.

all-night·er /ɔ́ːlnáɪt̬ə | -tə/ 名 C 《米略式》 徹夜の勉強[仕事].

al·lo·cate** /ǽləkèɪt/ 動 (-lo·cates /-kèɪts/; -lo·cat·ed /-t̬ɪd/; -lo·cat·ing) 他 (...)を(～に)**割り当てる**, あてがう; (ある用途に)(資金など)を充当する: 言い換え The teacher *allocated* each student a task. V+O+O = The teacher ***allocated a task ***to*** each student. V+O+*to*+名 先生はそれぞれの生徒に仕事を割り当てた / ***allocate*** $3,000 ***for*** the repair work 修理代に3000ドルを充当する.

+**al·lo·ca·tion** /æ̀ləkéɪʃən/ 名 ❶ C **割り当て額**, 分け前 (*to, for*). ❷ U 割り当て, 配給; 充当.

al·lot /əlɑ́(ː)t | əlɔ́t/ 動 (al·lots; -lot·ted; -lot·ting) 他 (仕事・時間・資金など)を(...に)割り当てる, 分配する (*to*); (ある用途に)(...)を当てる (*for*). (名 allótment)

al·lot·ment /əlɑ́(ː)tmənt | əlɔ́t-/ 名 ❶ U 割り当て, 分配 (*of*); C 分け前; 割り前. ❷ C 《英》 貸し農園《家庭菜園用》. (動 allót)

all-out /ɔ́ːláʊt⁺/ 形 限定 総力をあげての, 全面的な; 徹底した: an *all-out* war 全面戦争.

*****al·low** /əláʊ/ !発音

— 動 (al·lows /～z/; al·lowed /～d/; -low·ing) 他 ❶ (行為など)を**許す**, (...)が～するのを**許可する**, (...)に～させておく《⇒ let¹ 類義語; forgive 表》; (人など)の出入り[立ち入り]を認める: He ***allowed*** me ***to*** leave early. V+O+C (*to* 不定詞) 彼は私が早く帰るのを許可してくれた / ***Are*** we ***allowed to*** take pictures here? V+O+C (*to* 不定詞)の受身 ここで写真をとってもいいですか / I don't ***allow*** sleep*ing* in class. V+O (動名) 授業中に居眠りすることは許しません / Smoking *is allowed* here. V+O の受身 ここでは喫煙してもかまいません / NO PETS ALLOWED ペットの連れ込みお断わり《店などで》.

❷ (物事が)(...)を**可能にする**, (...)が～できるようにする: The Internet ***allows*** us ***to*** communicate quickly and easily. V+O+C (*to* 不定詞) インターネットによって私たちは速く簡単に情報を伝えることができる.

❸ (...)を与える, 割り当てる; (時間など)の余裕をみておく: Please *allow* a few days *for* the reply. お返事まで数日かかることがございます. ❹ (要求・主張など)を(正当と)認める; 《格式》 (...であること)を認める (*that*).

Allów me (to dó) Ⓢ 《丁寧》 (失礼ですが)...させてください, ...いたしましょう: *Allow me to* introduce Mr. Long to you. ロングさんを紹介いたしましょう. 語法 単に Allow me. と言って助力を申し出ることもある. (名 allówance)

allow の句動詞

allów for ... 動 他 ❶ ...を考慮に入れる; ...を見込んでおく: We must *allow for* her poor health. 彼女が体が弱いことを考慮しなければならない / *Allowing for* the bus being late, I started early. バスが遅れるのを見込んで, 私は早目に出た. ❷ ...を可能にする.

+**allów ín [óut]** 動 他 (...)が**入る[出る]ことを許す**, (...)を入れ[出し]てやる V+名·代+*in* [*out*]: Children under seven *are* not *allowed in*. 7 歳未満のお子様は

ご入場いただけません / I don't *allow* the children *out* at night. 私は子供達が夜外出するのは許さない.
allów of ... 動 他 《格式》(物事が)...を認める, ...の余地がある: Your conduct *allows of* no excuse. あなたの行為は全く弁解の余地がない.

al·low·a·ble /əláʊəbl/ 形 許される, 差しつかえない; 正当な.

***al·low·ance** /əláʊəns/ アク 発音 名 (-low·anc·es /~ɪz/) ❶ C,U (定期的に支給される)手当; 《米》(子供の定期的な)こづかい [《英》 pocket money]: "How much is your *allowance*?" "Ten dollars a week." 「おこづかいはいくら?」「週 10 ドルだよ」 ❷ C 許容量[度]: a baggage *allowance* (機内に持ち込める)手荷物の重量制限.
màke allówance(s) (for ...) [動] (...を)考慮に入れる, 見込んでおく; (...を考えて)大目にみる: He has been quite ill recently; you have to *make allowances*. 最近彼はずっと病気をしていたのだから, 大目に見てあげなさい. (動 allów)

al·loy[1] /ǽlɔɪ, əlɔ́ɪ/ 名 C,U 合金 (*of*), 混ぜ物.

al·loy[2] /əlɔ́ɪ/ 動 他 (...)を合金にする (*with*).

all-pow·er·ful /ɔ̀:lpáʊəf(ə)l | -páʊə-/ 形 全権を有する.

all-pur·pose /ɔ̀:lpə́:pəs | -pə́:-←/ 形 限定 すべての目的にかなう, 万能の.

***all right /ɔ̀:lráɪt/

— 副 ❶ Ⓢ **申し分なく**, うまく, ちゃんと; まずまず: 🗨 "How was your interview?" "Everything went *all right*." 「面接はどうでした」「すべてうまくいきました」/ She is doing *all right* in her new job. 彼女は新しい仕事がうまくいっている.
❷ /ɔ́:lràɪt/ Ⓢ **よろしい**, いいよ, わかった《依頼・提案などに対する承知・同意などの返答》; よーし, いいだろう《おどしなどを伴って用いる》: 🗨 "Could you open the window?" "*All right*." 「窓を開けてもらえますか」「はい, いいですよ」/ *All right*, I'll see you at five. よしわかった, 5 時に会おう. 語法 同意が不承不承の場合もあり, それは声の調子・表情などに現われる: "Hey, Chris, can I borrow your biology notes?" "*All right*, but don't make a habit of it." 「クリス, 生物のノート貸してくれる?」「いいけど, いつもというのは困るよ」
❸ Ⓢ [all right? ↗ として] **わかったね**, いいね《相手の同意・理解を確認するときに用いる》.: I'll see you at five, *all right?* 5 時に会おう, いいね?
❹ Ⓢ **それじゃ**(今度は), さあ《次の話題・動作に移るときに用いる》: *All right*, now let's move on to the next question. それじゃ次の問題に進もう.
❺ [文末に用いて] Ⓢ 《略式》 間違いなく, 確かに: I paid him *all right*. 確かに彼に払ったよ. 語法 しばしば次に but で始まる文が続く: He's a good student, *all right, but* he's not very good at making friends. 彼は確かによくできる学生だが, 人付き合いがあまり上手でない. ❻ [文頭に用いて] Ⓢ わかった(よ)《議論の途中で相手の見解を認めるときなどに用いる》: *All right*, do it your own way, but don't blame me if you fail. わかった, 君の好きなようにしろ, でも失敗しても僕のせいにするなよ. 語法 いらだちが強いときは all right を繰り返す: *All right, all right*, I was mistaken. わかったわかった, 私が間違っていたんだ. ❼ 《米略式》 (うれしい話を聞いて)やったね, よかったね.
— 形 ❶ 叙述 Ⓢ **無事で**, 大丈夫で [≒safe]; **元気で** [≒well]: 🗨 "Are you *all right* now?" "Yes, thank you." 「もうお体はいいんですか」「ええ, おかげさまで」/ She is sick but will be *all right* again soon. 彼女は病気だがもうすぐよくなるだろう.
❷ 叙述 Ⓢ (まずまず)**申し分のない**, **結構で** [≒satisfactory]; **都合のよい**; (...して)**かまわない**: That's quite *all right*. 結構です / I found his work *all right*. 彼の仕事は悪くないことがわかった / Is everything *all right*? ご注文の品はすべておそろいですか《ウエーターが追加注文を尋ねるときなど》/ That's [It's] ***all right with** [**for**, **by**]* me. +*with* [*for*, *by*]+名 私はそれでいいです / Will Sunday be *all right with* [*for*] you? 日曜日で(ご都合は)いいですか / I asked him if ***it*** would ***be all right to*** bring Karen along. 私は彼にカレンを連れてきてもよいか尋ねた.

> ♥ **...してもいいですか** (許可を求めるとき)
> **Is it all right if I ...?**
>
> **Is it all right if I** come over tomorrow afternoon? 明日の午後家に遊びに行ってもいいかな.
> ♥ 許可を求めるときの間接的な表現.
> ♥ 相手が応じるとは断定できない場合(相手に迷惑がかかりそうなこと・相手に都合の悪い事柄の場合など)に, 遠慮がちに尋ねる際に用いることが多い. Would it be ...? とするとさらに控えめになる. 《許可を求める表現については ⇒ can[1] 2 (2)》

It's àll ríght. Ⓢ (怖がらなくて)大丈夫だよ: *It's all right*. Mom's here. 怖がらなくてもいいの, お母さんがついていますからね.
Thát's [It's] àll ríght. Ⓢ **いいんですよ**, どういたしまして《相手の感謝・謝罪などに対して》《⇒ Excuse me. (2) 語法 (excuse[1] 成句)》: 🗨 "I'm so sorry. It's my fault." "*That's all right*. Don't give it another thought." 「すみません, 私のせいです」「いいんですよ. 気にしないでください」

all-round /ɔ̀:lráʊnd←/ 形 《英》 = all-around.

all-round·er /ɔ̀:lráʊndə | -də/ 名 C 《英》 (スポーツなどが)万能な人, 何でも上手にこなす人.

Áll Sáints' Dày /-séɪnts-/ 名 U 〔キリスト教〕 万聖節, 諸聖人の祝日《11 月 1 日; 諸聖人と殉教者の霊を祭る; ⇒ Halloween》.

all·spice /ɔ́:lspàɪs/ 名 U オールスパイス《ピメント (pimento) の木の実から製した香辛料》.

all-star /ɔ́:lstàə | -stà:/ 形 限定 スター(選手)総出の, 名優ぞろいの: an *all-star* cast スター総出演.

áll-ter·ràin véhicle /ɔ́:ltərèɪn-/ 名 C 全地形万能車《略 ATV》.

all-time /ɔ́:ltáɪm←/ 形 限定 空前の, 前代未聞の: an *all-time* high [low] 史上最高[最低]記録.

al·lude /əlú:d/ 動 自 《格式》 (間接的に)言及する, ほのめかす: Be careful not to *allude to* his recent loss. 彼の最近の不幸(家族の死)に触れないように注意しなさい. 関連 refer 直接に言及する.

al·lure /əlʊ́ə | əl(j)ʊ́ə/ 名 U 《格式》 魅力 (*of*).

al·lur·ing /əlʊ́(ə)rɪŋ | əl(j)ʊ́ə-/ 形 《格式》 魅力のある, うっとりさせるような.

al·lu·sion /əlú:ʒən/ 名 U,C 《格式》 (...への)(間接的な)言及, ほのめかし, 当てつけ (*to*). 関連 reference 直接の言及.

al·lu·sive /əlú:sɪv/ 形 《格式》 ほのめかした, 当てこすりの.

al·lu·vi·al /əlú:viəl/ 形 [普通は 限定] 〔地質〕 沖積の,

水に流されてできた: *alluvial* soil 沖積土.

all-weath·er /ɔ́ːlwéðɚ | -ðə⁻/ 形 限定 全天候(用)の.

*__al·ly__[1] /ǽlaɪ, əláɪ/ 名 (al·lies /～z/) ❶ C **同盟国**; 同盟者, 味方: a faithful *ally* 忠実な同盟者. 関連 enemy 敵(軍). ❷ [the Allies] 連合国《第一[第二]次大戦でドイツ・オーストリア[ドイツ・イタリア・日本]に対して連合して戦った諸国》. 関連 the Axis 枢軸国.

+**al·ly**[2] /əláɪ, ǽlaɪ/ 動 (al·lies /～z/; al·lied /～d/; -ly·ing) 他 (...)を**同盟させる**; 結びつける《⇒ allied》.

— 自 同盟する.

allý oneself with [to] ... [動] 他 ...と同盟する; ...と組む. (名 allíance)

al·ma ma·ter /ǽlməmáːṭɚ | -tə/ ≪ラテン語から≫ 名 ❶ C [普通は所有格の後で単数形で]《格式》母校, 出身校. ❷ C《米格式》校歌.

al·ma·nac /ɔ́ːlmənæ̀k/ 名 ❶ C 暦《日の出, 日没, 潮の干満の時刻, 月齢, 記念日などが書き込まれたもの》. ❷ C 年鑑 [≒yearbook].

al·might·y /ɔːlmáɪṭi/ 形 ❶ [A-] 全能の: *Almighty* God = God *Almighty* = the *Almighty* 全能の神. ❷《略式》ものすごい, すさまじい: an *almighty* crash ものすごい衝突.

al·mond /áːmənd/ 名 C アーモンド《食用ナッツ (nut) の一種》; アーモンドの木.

***al·most** /ɔ́ːlmoʊst, ɔːlmóʊst/

— 副 ❶ ほとんど, 大体, もう少しで, ...近くて《⇒ about 類義語》: It's *almost* ten o'clock. もう少しで10時だ / I *almost* cried. もう少しで泣きそうになった / *Almost all* (of) the boys were in the room. ほとんど(すべて)の少年はその部屋にいました / *almost every* week ほとんど毎週 / I *almost always* get up at six. 私はほとんどいつも6時に起きる.

> 語法 all, every, always など 100% を表わす形容詞や副詞の前に置いて使うことが多く, ある状態に非常に近いが到達していないということを含意する.

ほとんどの

ほとんどの生徒がそれを間違えた.

○**Almost all** the students made that mistake.
○**Most** (of the) students made that mistake.
×Almost students .... ×Almost of the students ....

❷ [否定語の前で] **ほとんど(...しない)**: He said *almost nothing*. 彼はほとんど何も言わなかった.

> 語法 (1) これは He said *hardly* [*scarcely*] *anything*. とも言える. 同様に *almost never* = *hardly ever*《⇒ never 副 成句》, *almost no* money = *hardly any* money, *almost nobody* = *hardly anybody* のように言い換えが可能.
> (2) この用法では nearly は使えない. He said *nearly nothing*. や *nearly never* は誤り.

alms /áːmz/ 名 複《古風》施し物, 義援金.

al·oe /ǽloʊ/ 名 C アロエ《ゆり科の植物; 薬用・観賞用》; U アロエ汁《薬用》.

a·loft /əlɔ́ːft | əlɔ́ft/ 副《格式》高く; 空中に.

a·lo·ha /əlóʊhɑː, -hə/ ≪ハワイ語から≫ 間 ようこそ!; さよなら!《人を迎えたり, 送るときのあいさつ》.

***a·lone** /əlóʊn/

— 形 ❶ 叙述 ただ1人で, **単独で**; ただ...だけで; 孤独な, 孤立して: He was *alone* there. 彼はそこに1人でいた / I was left *alone with* her. +with+名 私は彼女と2人きりになった. 語法 The two girls were *alone* when we got there. (私たちがそこに着いたときにはその2人の少女だけだった)のように2人以上に用いることもある // Never in my life have I felt so *alone*. これまでこれほど孤独感におそわれたことはない. C+1 しばしば否定文で, be not alone in ...のように使われる: We are *not alone in* believ*ing* that he is not guilty. +in+動名 彼が無罪だと信じているのは私たちだけではない.

> 語法 alone は単に人・物などが単独であることを客観的に表わすだけで, 必ずしも寂しい気持ちは表わさないが, lonely は寂しい気持ちを表わす: I was *alone* in the garden, feeling *lonely*. 庭には私1人だけで, 寂しかった.

❷ [名詞・代名詞の直後につけて] **ただ...だけ**, ...のみ [≒only]; (他のものは別として)...だけでも: You *alone* are my hope. あなただけが私の希望です / Man cannot live on [by] bread *alone*. 人はパンだけで生きるものではない《新約聖書のことば》. 語法 (1) この用法は 副 とみてもよい. (2)「...だけが」という意味がかかる語が強く発音される.

léave ... alóne ⇒ leave[1] 成句.

lèt ... alóne ⇒ let[1] 成句.

stánd alóne [動] 自 ぽつんと立っている; 孤立[独立]している; ずば抜けている.

— 副 1人で, 単独で: He came *alone*. 彼は1人で来た. 語法 He *alone* came. (彼だけが来た (形 2))と比較せよ // Liz couldn't solve the problem *alone*. リズ1人ではその問題が解けなかった / The two boys returned home *alone* from school. 2人の少年は自分たち(2人)だけで学校から帰宅した《⇒ 形 1 最初の 語法》.

áll alóne [副] たった1人で, 1人ぼっちで.

> 類義語 **alone, on one's own, by oneself** はいずれも「1人で」「単独で」という意味だが *alone* はより書きことばで, *on one's own* と *by oneself* はより話しことばで用いられる.

〖語源 原義は「全く (all) 1人 (one)」〗

***a·long** /əlɔ́ːŋ | əlɔ́ŋ/

> **単語のエッセンス**
> 基本的には「...に沿って」の意.
> 1) ...を通って 前 ❶
> 2) ...に沿って 前 ❷
> 3) (先へ)どんどんと 副 ❶

— 前 /əlɔ̀ːŋ | əlɔ̀ŋ/ ❶ (通りなど)を通って; (通りなど)のある地点で; (移動など)の間に: We walked *along* the road. 私たちはその道をずっと歩いていきました / Go *along* this street for a minute and you'll find a church. この通りを少し行くと教会が見えます / Somewhere *along* the way she lost the key. 途中どこかで彼女は鍵(かぎ)をなくした.

❷ ...に沿って, ...伝いに: I walked *along* the river. 私は川沿いに歩いた / There are stores (all) *along* the street. 通りに沿って(ずっと)店がある.

> 語法 (1) along には上の1のように細長いものの「上を通って」の意味のときと, 2のようにその「外側に沿っ

て」の意味のときとがある.
(2) 細長いものの一方の端 (end) のほうから他の端のほうまで動くのが along, 一方の側 (side) から他の側まで動くのが across.

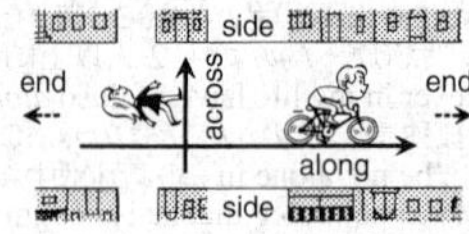

❸ (方向・方針など)に沿って, ...に従って: proceed *along* the right lines 正しい方針に従って進む.
— 副 ❶ (止まらずに)**先へ[前へ]**, どんどん, ずんずん; ここへ, (あ)そこへ; (近くの)ある場所へ《移動の意味を強めるだけのことも多い》: Move *along*, please! 立ち止まらないで(前へ進んで)ください / Let's walk *along*! さあ歩いていきましょう / Come *along*. さあ, おいで / I'll be *along* in five minutes. 5 分もすればそちらへ行きます. ❷ (人と)いっしょに; (物を)持って: He took his dog *along*. 彼は犬を連れていった / Take an umbrella *along*. 傘を持って行きなさい. 語法 この along は訳す必要のない場合が多い.
àll alóng [副] 初めからずっと, いつも.
alóng with ... [前] ...といっしょに; ...に加えて, ...のほかに: He carried a camera with him *along with* food and water. 彼は食料や水といっしょにカメラも持っていった.

*__a·long·side__ /əlɔ́ːŋsáɪd | əlɔ̀ŋ-ˊ/ 前 **...のそばに, ...と並んで; ...といっしょに; ...と比べて:** He parked his car *alongside* mine. 彼は私の車と並べて駐車した.
— 副 そばに, 並んで, 横づけて.

a·loof /əlúːf/ 形 [普通は 叙述] よそよそしい, 無関心な.
「**kéep (onesèlf) [hóld (onesèlf), remáin, stánd] alóof from ...** [動] 他 ...から距離を置いている, ...とかかわらないでいる.

a·loud /əláʊd/ 発音 副 ❶ (普通の大きさの)声を出して: Tom was reading *aloud*. トムは声を出して読んでいた // ⇒ think aloud (think 成句). ❷ 大声で [≒ loudly]: cry *aloud* 大声で泣く.

al·pac·a /ælpǽkə/ 名 C アルパカ《南米ペルー産のらくだ科の家畜》; U アルパカの毛, アルパカ毛織り.

al·pha /ǽlfə/ 名 C アルファ《ギリシャ語アルファベットの最初の文字 α, A; ⇒ Greek alphabet 表》. 日英 「プラスアルファ」は和製英語. 英語では plus some extra のように言う. **the álpha and oméga** [名] 《文語》初めと終わり; (...の)主要部分 (*of*).

+__al·pha·bet__ /ǽlfəbèt/ アク 名 (-pha·bets /-bèts/) ❶ C **アルファベット:** The English *alphabet* has 26 letters. 英語のアルファベットは 26 文字である // ⇒ Greek alphabet 表. ❷ [the ~] 初歩, 入門《⇒ ABC[1]》. (形 àlphabétical)
〖語源 ギリシャ語アルファベットが alpha, beta で始まることから〗

al·pha·bet·i·cal /æ̀lfəbéṭɪk(ə)lˊ/, **-bet·ic** /-béṭɪkˊ/ 形 アルファベット順の, ABC 順の: in *alphabetical* order ABC 順に. (名 álphabèt)
-cal·ly /-kəli/ 副 ABC 順に.

al·pha·bet·ize /ǽlfəbətàɪz/ 動 他 (...)をアルファベット順にする.

al·pine /ǽlpaɪn/ 形 ❶ [A-] アルプスの. ❷ 高山(性)の: *alpine* plants 高山植物. ❸ 〘スキー〙 アルペン(種目)の《滑降・回転からなる; ⇒ Nordic》. — 名 C 高山植物.

al·pin·ist /ǽlpənɪst/ 名 C アルプス登山家.

Alps /ǽlps/ 名 固 複 [the ~] アルプス山脈《フランス・スイス・イタリア・オーストリアにまたがる山脈》.

***al·read·y /ɔːlrédi/

— 副 ❶ [肯定文で] **すでに, もう, 今[それ]までに:** Let's go; we're *already* late. さあ出かけよう. もうすでに遅れているから / John has *already* finished his breakfast. ジョンはもう朝食を食べ終えた《⇒ have[2] 1 (1) 語法 (2)》 / When I called on him, he had *already* gone. 私が彼を訪ねたとき彼はもう出かけていた / "Do your homework!" "I *already* háve!"「宿題をしなさい」「もうやったよ」. 語法 この場合 already は強調される語の前に置く. I have already. とは言わない.

> 語法 **already と yet**
> (1) already は「(予期したより早い)事態の確定」を意味する: It's only 6 a.m. but he's *already* at work. まだ午前 6 時だが彼はもう仕事にかかっている.
> (2) 疑問文・否定文では yet を用いる《⇒ yet 副 1, 2; still[1] 副 1 語法 (5)》. ただし特に条件節・関係詞節などでは not already も可: *If* you do *not already* know the meaning of this word, look it up in your dictionary. もしこの単語の意味をまだ知らないなら辞書で調べなさい《✪「『すでに知っている』ということがなければ」の意》.
> (3) 疑問文で already を用いると早い事態の確定に驚く気持ちを表わす: Have they returned *already*? (何だって)彼らはもう戻ったのか / Are you leaving *already*? もうお帰りになるのですか.

❷ S 《米》 さっさと, すぐに: Make up your mind *already*! いいかげんに決めろよ.
〖語源 原義は「すべて (all) 準備のできた (ready)」〗

*__al·right__ /ɔːlráɪt/ 副 形 《非標準》 = all right.

Al·sa·tian /ælséɪʃən/ 名 C 《英》 = German shepherd.

***al·so /ɔ́ːlsoʊ/

— 副 ❶ [肯定文で] **(...も)また, 同様に** [≒too, as well]: I called Tom, and my síster *álso* called him. 私はトムに電話し, 妹もまた彼に電話した / Mary is a good singer; she can *álso* dánce. メアリーは歌がうまい. 彼女はまたダンスもできる / She keeps two dogs and *álso* a cát. 彼女は犬を 2 匹とそれに猫も 1 匹飼っている.

> 語法 **also の使い方**
> (1) too のほうが《略式》. as well は《英》では also よりも《やや略式》だが, 《米》では改まった句である.
> (2) also は普通は動詞の前(助動詞や be 動詞であればその後)に置く. 文末では too や as well を使うのが普通: I'm going to New York and my sister *is also* coming. 僕はニューヨークへ行くつもりだが, 妹もついてくる.
> (3) 否定文では次のように not ... either または neither を用いる: Liz does*n't* know German, 「and I do*n't, either* [and *neither* do I]. リズはドイツ語を知らない. 私もまた知らない.
> (4) 接続詞ではないので, 名詞句や文を and なしに結びつけることはできない. Mary can sing also she can dance. や two dogs also a cat は誤り.

(5) also とともに「...もまた」の意味がかかる語が強く発音される.

❷ つなぎ語《略式》さらに, そのうえまた《前言に加えてさらに自分の考えの論拠や関連する事を述べるときに用いる》: *Also*, this will be a good chance for you to think about your future. それに, これはあなたが将来について考えるいい機会になるでしょう.

al·so-ran /ɔ́ːlsooræ̀n/ 名 C 等外になった人, 落選者; 勝つ見込みのない人.

ALT /éɪèltíː/ 名 C (日本の)外国語指導助手《Assistant Language Teacher の略》.

Ál·tai Móuntains /ǽltaɪ- | áːl-/ 名 固 複 [the ~] アルタイ山脈《ロシア・モンゴル・中国の境にある山脈》.

Al·tair /æltéɚ | ǽlteə/ 名 固〔天文〕アルタイル, 彦星, 牽牛(けんぎゅう)《わし座の主星》. 関連 Vega 織女.

al·tar /ɔ́ːltɚ | -tə/ 名 C [普通は the ~] 祭壇, 聖餐(せいさん)台《⇒ church 挿絵》.

*__al·ter__ /ɔ́ːltɚ | -tə/ (同音 altar) 動 (**al·ters** /~z/; **al·tered** /~d/; **-ter·ing** /-tərɪŋ, -trɪŋ/) 他 (...)を(部分的に)**変える**, 変更する《⇒ change 類義語》; 作り変える; (衣服)の寸法を直す: He *altered* his plans. 彼は計画を変更した / I'd like to have these pants *altered*. このズボンの寸法を直してもらいたいのですが.

— 自 **変わる**, 改まる: She has *altered* a great deal since then. 彼女はそれ以来ひどく変わった.
(名 àlterátion)

al·ter·a·tion /ɔ̀ːltəréɪʃən/ 名 U,C 変更, 改造; 変化; (衣服の)寸法直し: make major *alterations to* the plan 計画を大きく変更する. (動 álter)

al·ter·ca·tion /ɔ̀ːltɚkéɪʃən | -tə-/ 名 C,U《格式》口論, 論争, 激論.

al·ter e·go /ɔ́ːltɚíːgoʊ | ǽltə(r)-/ ≪ラテン語から≫ 名 (~s) C 第二の自我, 分身; 無二の親友.

+**al·ter·nate**[1] /ɔ́ːltɚnèɪt | -tə-/ ✪ 形容詞の alternate[2] と発音が違う. 動 (**-ter·nates** /-nèɪts/; **-ter·nat·ed** /-ṭɪd/; **-ter·nat·ing** /-ṭɪŋ/) 自 **交替する**, 互い違いになる: Hope and fear *alternated* in my mind. 私の心に希望と不安とが代わる代わる浮かんだ / Day **alternates with** night. V+*with*+名 昼と夜とは交互に来る / His mood **alternates between** happiness **and** sadness. V+*between*+名+*and*+名 彼は喜んだり悲しんだりしている.

— 他 (...)を**交互にする**; 交替させる, 互い違いにする: We should **alternate** work **and** play. 勉強と遊びは交互にすべきだ / He **alternates** beer **with** wine. V+O+*with*+名 彼はビールを飲んだりワインを飲んだりする.
(名 àlternátion, 形 álternate[2])

+**al·ter·nate**[2] /ɔ́ːltɚnət | ɔːltə́ː-/ ✪ 動詞の alternate[1] と発音が違う. 形 [比較なし] ❶ 限定 (2 つのものが)**交互の**, 代わる代わるの, 互い違いの: It was a month of *alternate* rain and sunshine. 代わる代わる雨が降ったり日が差したりの月だった. ❷ 限定 **1 つおきの**: Jim and Bob came on *alternate* days. ジムとボブは 1 日おきにやって来た. ❸ 限定《主に米》代わりの [≒alternative]. (動 álternàte[1])

— 名 C《米》代わりをする人, 控え選手.

~·ly 副 代わる代わる, 交互に, 交替に.

ál·ter·nat·ing cúrrent /ɔ́ːltɚnèɪṭɪŋ- | -tə-/ 名 U〔電気〕交流《略 AC》. 関連 direct current 直流.

al·ter·na·tion /ɔ̀ːltɚnéɪʃən | -tə-/ 名 U,C 交互, 交替; 1 つおき: the *alternation of* night and day 夜と昼とが交互に来ること. (動 álternàte[1])

*__al·ter·na·tive__ /ɔːltə́ːnəṭɪv | -tə́ː-/ アク 名 (~s /~z/) ❶ C **代わりのもの[方法]**, **代案**, ほかにとる道: There are several *alternatives to* his plan. 彼の計画に代わるものがほかにいくつかある / We ***had no alternative but to*** compromise. 私たちは妥協するよりほかになかった.

❷ C (2 つ(以上)から)**選択できるもの**, 選択肢: You have three *alternatives* for the journey — train, bus, or plane. そこへ行くには 3 通り—列車, バス, 飛行機—の方法があります.

— 形 [比較なし] ❶ 限定 **代わりの**, ほかの, 別の: We have no *alternative* solution. ほかに解決策はない / I can't come next Sunday. Please suggest an *alternative* day. 今度の日曜日は行けません. 別の日にしてください.

❷ 限定 **既存のものに代わる**, 代替の, 新しい: *alternative* (sources of) energy 代替エネルギー.

+**al·ter·na·tive·ly** /ɔːltə́ːnəṭɪvli | -tə́ː-/ 副 **その代わりに**; つなぎ語 **あるいはまた**: a fine of 30 dollars or *alternatively* five weeks imprisonment 30 ドルの罰金あるいは 5 週間の禁固 / *Alternatively*, we could swim in an indoor pool. その代わりに, 屋内プールで泳ぐこともできます.

altérnative médicine 名 U 代替医療《近代医薬などを用いない鍼(はり)などの治療》.

***al·though /ɔːlðóʊ, ɔːlðòʊ/ 発音

— 接 ❶ **...であるが**, **...だけれども** [≒though]: *Although* she studied hard, she did not succeed in the examination. 一生懸命勉強したが彼女は試験に合格しなかった / *Although* (he was) young, he knew that it was wrong. 彼は幼いながらもそれが悪いということを知っていた《⇒ though 接 1 語法 (3)》/ They went out, *although* it was raining. 雨が降っていたが, 彼らは出かけた.

語法 (1) though のほうが略式. また従属節が主節より前に来る場合は although のほうが多く使われる. なお ⇒ though 接 2 語法.
(2) 形 +although+ 形, 副 +although+ 副 の場合の although は but や yet とほぼ同じ意味になる: She held the baby firmly, *although* (= but) gently. 彼女はその赤ちゃんをしっかりと, だがしかしやさしく抱いた.

❷ たとえ...でも [≒(even) though]: *Although* she didn't love him, she had to marry him. たとえ愛してなくとも彼女は彼と結婚しなければならなかった. ❸ [追加・補足的に] とは言っても...ではあるが《⇒ though 接 3》.

al·tim·e·ter /æltímәṭɚ | -tə/ 名 C〔航空〕高度計《⇒ -meter》.

al·ti·tude /ǽltət(j)ùːd | -tjùːd/ 名 ❶ C,U [普通は an ~] 高度, 高さ [≒height]; 標高, 海抜: fly *at an altitude of* two thousand feet 2 千フィートの高度で飛ぶ / lose *altitude* 高度が下がる. ❷ C,U [普通は複数形で] 高所.

áltitude sìckness 名 U 高山病.

al·to /ǽltoʊ/ 名 (~s) ❶ C〔音楽〕アルト《女声の最低音域》. ❷ C〔音楽〕アルト歌手; アルト楽器. — 形 限定 アルトの.

*__al·to·geth·er__ /ɔ̀ːltəgéðɚ | -ðə/ 副 ❶ **全く**, 全然; 完全に: This is *altogether* different from that. これはあ

A

れと全く違う.
❷ [否定文で] **全く...であるというわけではない**, まんざら...ではない《部分否定を表わす; ⇒ **巻末文法** 13. 2 (3)》: His speech was *not altogether* bad. 彼の演説はまんざら悪いものではなかった.
❸ **全部で**, 全体で, 合計で [≒in all]: This morning I read thirty pages *altogether*. けさは全部で 30 ページ読んだ / *Altogether*, there were fifteen people present. 全部で 15 人が出席した. [語法] all together (みんないっしょに)との違いに注意: They sang *all together*. 彼らはみんないっしょに歌った. ❹ [文修飾] 全体から見て, 概して言えば: *Altogether* [*Taken altogether*], the President's record isn't half bad. 全体として見れば大統領の業績は少しも悪くはない.

al·tru·is·m /ǽltruìzm/ [名] [U] 《格式》 利他主義. [関連] egotism 自分本位.

al·tru·ist /ǽltruɪst/ [名] [C] 《格式》 利他主義者.

al·tru·ist·ic /æ̀ltruístɪk←/ [形] 《格式》 利他的な.

a·lum /əlʌ́m/ [名] [C] 《米略式》 = alumnus; alumna.

al·u·min·i·um /æ̀ljʊmíniəm/ [名] [U] 《英》 = aluminum.

a·lu·mi·num /əlúːmənəm/ [名] [U] 《米》 アルミニウム 《元素記号 Al》: *aluminum* foil アルミホイル.

a·lum·na /əlʌ́mnə/ ≪ラテン語から≫ [名] (複 **a·lum·nae** /-niː/) [C] 《格式, 主に米》 女性の卒業生.

a·lum·nus /əlʌ́mnəs/ ≪ラテン語から≫ [名] (複 **a·lum·ni** /-naɪ/) [C] 《格式, 主に米》 (男性の)卒業生, 同窓生: an *alumni* association 同窓会《組織》. [語法] 複数形は男女両方の卒業生を指す.

***al·ways** /ɔ́ːlweɪz, -wɪz/

— [副] ❶ **いつも, 常に**; [完了形を伴って] (前から)**ずっと**; [命令文で] 必ず《⇒ likely 表》: My father is *always* busy. 父はいつも忙しい / She *always* has to get up at five. 彼女はいつも 5 時に起きなければならない / He almost [nearly] *always* goes to work by car. 彼はほとんどいつも車で会社へ行く / I have *always* loved him. ずっと彼のことが大好きでした / *Always* lock the door. 必ずドアに鍵をかけなさい.

> 🔍 番号の順番で頻度が少なくなる.
> 1. always (いつも)
> 2. almost [nearly] always (ほとんどいつも)
> 3. generally (一般に, 普通(は)), normally (普通は), regularly (定期的に), usually (普通は, いつも)
> 4. frequently (しばしば, たびたび), often (よく, たびたび)
> 5. sometimes (時々, 時には)
> 6. occasionally (時折, たまに)
> 7. rarely (まれに; めったに...しない), seldom (めったに...しない)
> 8. almost never, hardly [scarcely] ever (めったに...しない)
> 9. never (どんな時でも...しない, 決して...しない)

❷ [否定文で] **いつも...である[する]わけではない**, ときには...でないこともある《部分否定を表わす; ⇒ **巻末文法** 13. 2 (3)》: He is *not* ↘ *always* honest.↗ 彼がいつも正直であるとは限らない / Clever people do *not* ↘ *always* succeed.↗ 利口な人がいつも成功するとは限らない. [語法] (1) 下降上昇調のイントネーションを用いる《⇒ **つづり字と発音解説** 95》. (2) 全体否定を表わす文と比較せよ: He is *always dis*honest.↘ 彼はいつも不正直である / Lazy people will *never* succeed.↘ 怠け者は決して成功しない.
❸ **いつまでも**, 永遠に [≒forever]: I'll *always* remember him. いつまでも彼のことは忘れません.
❹ [進行形とともに用いて] **いつも...してばかりいる**, しょっちゅう...している《しばしば非難・いらだちの気持ちが含まれる; ⇒ be² A 1 (3)》: You *are always* ask*ing* for money. 金をいつもせびってばかりいるね / I'*m always* los*ing* my keys. しょっちゅう鍵をなくすんだ.
❺ [普通は can, could とともに用いて] Ⓢ いつでも, とにかく: If you fail, you *can always* ask for his help. もしだめでも, いつでも彼に援助を求めればよい.
as álways [副] いつものように: The same *as always*. いつもと同じに《店で髪型の指定などの際に》.
〖[語源] 'all the way' (途中ずっと)の意から; 語末の -s は所有格の副詞的用法に由来する〗

Álz·hei·mer's (disèase) /ɑ́ːltshaɪməz- | ǽltshaɪməz-/ [名] [U] 〔医学〕 アルツハイマー病.

***am** /(弱形) (ə)m; (強形) ǽm/ ([同音] #'em)

✪ (1) 意味・用法について詳しくは ⇒ be¹·². (2) 対応する過去形は was.
— [動] [自] **be¹ の一人称単数現在** (I とともに用いる形)
❶ (私は)...である: I *am* /(ə)m/ Mary Brown. [V+C(名)] 私はメアリーブラウンです / "Are you hungry?" "Yes, I *am* /ǽm/." [V+C(形)] 「あなたはおなかがすいていますか」「ええ, すいています」 / "Are you American?" "No, I *am* not /aɪəmnɑ́(ː)t | -nɔ́t/." 「あなたはアメリカ人ですか」「いいえ, 違います」
❷ (私は...に)**いる**; (私は)存在する: I *am* now *in* an old castle. [V+前+名] 私は今古い城にいます / I think, therefore I *am*. われ思う, ゆえにわれあり《フランスの哲学者デカルト (Descartes) のことば》.
— [助] **be² の一人称単数現在形** (I とともに用いる形)
❶ [am+-ing 形で進行形を表わす] (私は)...しているところだ, ...している最中だ; (もうすぐ)...**するはずだ**: "What are you doing?" "I'*m* feed*ing* the goldfish." 「何をしているの」「金魚にえさをやってるの」 / I'*m* leav*ing* for Los Angeles next week. 私は来週ロサンゼルスに行きます.
❷ [am+他動詞の過去分詞で受身を表わす] (私は)...される; ...されている: I *am* lik*ed* by Mr. Brown's children. 私はブラウンさんの子供たちに気に入られています.
❸ [am+to 不定詞で] 《格式》 (私は)...**することになっている**; ...**すべきである**《⇒ be to》: I *am to* visit Mr. Lee tomorrow. あすリーさんのお宅に伺います / *Am* I *to* examine the papers once more? (私は)もう一度その書類を調べなければいけませんか.

AM /éɪém/ [名] [U] AM 放送, 振幅変調(放送)《*a*mplitude *m*odulation の略; ⇒ FM》.

Am. [略] = America, American.

***a.m., A.M.** /éɪém/ **午前の**: 7 *a.m.* 午前 7 時 / 4:15 *a.m.* 午前 4 時 15 分《four fifteen a.m. と読む》 / Business begins at 8 *a.m.* 営業は午前 8 時に始まる. [語法]🔍 a.m. は数字の後につけ, o'clock とともには用いない. [関連] p.m., P.M. 午後の.
〖[語源] ラテン語の ante (= before) meridiem (= noon) の略〗

a·mal·gam /əmǽlgəm/ [名] ❶ [C] [普通は an ~] 《格式》 混合物 (*of*). ❷ [U,C] 〔化学〕 アマルガム《水銀と他の金属との合金; 特に歯の治療用》.

a·mal·ga·mate /əmǽlgəmèɪt/ 動 自 《格式》 合併する [≒merge]; 混合[融合]する (*with*). ― 他 《格式》 (会社など)を合併する; 混合[融合]させる (*with, into*).

a·mal·ga·ma·tion /əmæ̀lgəméɪʃən/ 名 U,C 《格式》 合併; 混合, 融合 (*of, with*).

A·man·da /əmǽndə/ 名 固 アマンダ《女性の名》.

am·a·ryl·lis /æ̀mərílɪs/ 名 C アマリリス《観賞用植物》.

a·mass /əmǽs/ 動 他 (多くの金・情報など)を(少しずつ)集める, ためる, 蓄積する.

*__am·a·teur__ /ǽmətʃɚ, -tʃʊ̀ɚ | ǽmətə, -tə̀ː/ ！アク ！発音 名 (～s /～z/) C **アマチュア** [⇔ professional]; 愛好家; [軽蔑的] 未熟者, 素人(しろうと). (形 àmatéurish) ― 形 ❶ 限定 [比較なし] **アマチュアの**, 素人(しろうと)の [⇔ professional] (⇒ pro¹ 日英): an *amateur* golfer アマチュアのゴルファー. ❷ = amateurish.
〖語源 ラテン語で「愛する人」の意〗

am·a·teur·ish /æ̀mətə́ːrɪʃ, -t(j)ʊ́(ə)r- ← | ǽmətərɪʃ/ 形 [軽蔑的] 素人くさい, 未熟な, 下手な [⇔ professional]. (名 ámatèur)

am·a·teur·is·m /ǽmətʃərìzm/ 名 U アマチュア主義; 素人芸; 未熟さ.

+**a·maze** /əméɪz/ 動 (a·maz·es /～ɪz/; a·mazed /～d/; a·maz·ing) 他 (...)を**びっくり仰天させる**, (ひどく)驚かす; 驚嘆させる (⇒ amazed): ***It amazed*** me ***that*** he was back so soon. 彼がそんなに早く戻ったのでびっくりした / His ignorance ***never ceases to amaze*** me. 彼の無知にはいつもびっくりする. (名 amázement)

+**a·mazed** /əméɪzd/ 形 **びっくりした** (⇒ surprised 類義語): an *amazed* look びっくりした顔 / The father was ***amazed at*** [***by***] his child's talent. +at [by]+名 父親はわが子の才能に舌を巻いた / I was ***amazed*** (***that***) she was still up. +(that)節 私は彼女がまだ起きているのにびっくりした / I was ***amazed to*** find him back so soon. +to 不定詞 彼がそんなに早く戻ったのでびっくりした.

+**a·maze·ment** /əméɪzmənt/ 名 U (大きな)**驚き**, 驚嘆: They heard the news with *amazement*. 彼らはそのニュースを聞いてびっくりした / I stared at him ***in amazement***. 私はびっくりして彼をじっと見た.
to ...'s amázement = to the amázement of ... [副] 文修飾 ...がびっくりしたことには: *To my amazement*, the box contained nothing but a stone. 驚いたことに箱には石しか入っていなかった. (動 amáze)

a·maz·ing /əméɪzɪŋ/
― 形 [普通はよい意味で] **びっくりするような, 驚嘆するほどの; すばらしい:** His performance was *amazing*. 彼の演奏はすばらしかった / It was *amazing* how quickly he recovered. 彼がそんなに早く回復したのは驚きだった.

a·maz·ing·ly /əméɪzɪŋli/ 副 ❶ びっくりするほど, ひどく (⇒ very¹ 1 表). ❷ 文修飾 驚いたことには.

Am·a·zon /ǽməzɑ̀(ː)n, -z(ə)n | -z(ə)n/ 名 ❶ [the ～] アマゾン川《南アメリカの川; Andes 山脈に発して大西洋に注ぐ; 流域面積が世界で最大》. ❷ C 〖ギリシャ伝説〗 アマゾン《昔 黒海 (Black Sea) 近くにいたという勇猛な女族》. ❸ C [しばしば a-] 大柄でがっしりした女性; 女闘士.

Am·a·zo·ni·an /æ̀məzóʊniən←/ 形 ❶ アマゾン川(流域)の. ❷ [a-] (女性が)たくましい.

*__am·bas·sa·dor__ /æmbǽsədɚ | -də/ 名 (～s /～z/) ❶ C [ときに A-] **大使**; 使節: the Japanese ***ambassador to*** the United States of America 駐米日本大使 / the British ***ambassador in*** Tokyo 東京駐在の英国大使. 関連 embassy 大使館 / minister 公使 / consul 領事. ❷ C (スポーツ・企業などの)代表 (*for*). (形 ambàssadórial)

am·bas·sa·do·ri·al /æmbæ̀sədɔ́ːriəl←/ 形 限定 大使の; 使節の. (名 ambássador)

am·ber /ǽmbɚ | -bə/ 名 U こはく; こはく色; 《英》 (交通信号の)黄色 [《米》 yellow]. ― 形 こはく色の.

am·bi·ance /ǽmbiəns/ 名 [単数形で] = ambience.

am·bi·dex·trous /æ̀mbɪdékstrəs←/ 形 左右両手が同等に使える; 非常に器用な.

am·bi·ence /ǽmbiəns/ 名 [単数形で] 《格式》 (場所の)雰囲気.

am·bi·ent /ǽmbiənt/ 形 限定 《格式》 周囲の.

am·bi·gu·i·ty /æ̀mbəgjúːəṭi/ 名 (-i·ties) ❶ U あいまいさ, 2 つ以上の意味にとれること. ❷ C [普通は複数形で] あいまいな点, 2 つ以上の意味にとれる個所[表現]. (形 ambíguous)

am·big·u·ous /æmbígjuəs/ 形 あいまいな, (語・文などが)2 つ以上の意味にとれる; (立場・態度などが)不確かな, どっちつかずの (⇒ obscure 類義語): an *ambiguous* sentence あいまいな文. (名 àmbigúity)
～·ly 副 あいまいに.

am·bit /ǽmbɪt/ 名 [単数形で] 《格式》 (勢力)範囲, 領域; 境界: within the *ambit* of ... ...の範囲内の[で].

*__am·bi·tion__ /æmbíʃən/ 名 (～s /～z/) U,C **大望**, 野心, 熱望, 抱負: John has the ***ambition*** ⌈***to*** become [***of*** becom***ing***] a musician. +to 不定詞[of+動名詞] ジョンはミュージシャンになりたいという大望を抱いている / achieve [fulfil, realize] one's *ambition* 大望を遂げる. (形 ambítious)
〖語源 ラテン語で「歩き回ること」の意; 昔ローマで官職志願者が白衣を着て (⇒ candidate 語源) 歩き回ったことから「(官職につく)野心」という意味となった〗

+**am·bi·tious** /æmbíʃəs/ ！アク 形 ❶ **大望を抱いている**, 野心的な: an *ambitious* young man 意欲[覇気]のある若者.
❷ 叙述 **...を熱望している**, ...したいという大望[野心]のある: She is ***ambitious for*** her son. +for+名 彼女は息子の出世[成功]を強く望んでいる / Tom is ***ambitious to*** go to the moon. +to 不定詞 トムには月へ行くという大望がある. ❸ (計画などが)野心的な, 大がかりな. (名 ambítion)
～·ly 副 野心的に, 大規模に.

am·biv·a·lence /æmbívələns/ 名 U (好悪の入りまじった)複雑な感情; 迷い, どっちつかずの状態 (*about, toward*); 〖心理〗 両面価値[感情]《同時に愛と憎しみのような相反する感情を持つこと》.

am·biv·a·lent /æmbívələnt/ 形 相反する(気持ちを持って); どっちつかずの状態の (*about, toward*).

am·ble /ǽmbl/ 動 自 [副詞(句)を伴って] ゆっくり[ぶらぶら]歩く. ― 名 [an ～] ゆっくりした歩き.

am·bro·si·a /æmbróʊʒ(i)ə | -ziə/ 名 U 〖ギリシャ・ローマ神話〗 神々の食べ物《食べると不老不死になるという; ⇒ nectar》; 非常においしいもの.

+**am·bu·lance** /ǽmbjələns/ 名 (-bu·lanc·es /～ɪz/) C **救急車:** call an *ambulance* 救急車を呼ぶ / The sick person was rushed to the hospital ***by*** [***in*** an] ***ambulance***. 病人は救急車で病院へ急いで運ばれた (⇒ by 前 2 語法). 参考 救急車を呼ぶ時は米国では 911, 英国では 999 をダイヤルする. 他車からミラー越し

A

に見てもわかりやすいように救急車の車体の AMBULANCE の文字は鏡文字になっていることが多い.

ámbulance chàser 名 C《米略式》交通事故を商売にする(あくどい)弁護士.

+**am·bush** /ǽmbʊʃ/ 名 (〜·es /〜ɪz/) C,U **待ち伏せ(攻撃)**; 待ち伏せ場所: be killed in an *ambush* 待ち伏せされて殺される / ***lie*** [***wait***] ***in ambush*** 待ち伏せする. — 動 (-bush·es /〜ɪz/; -bushed /〜t/; -bush·ing) 他 (...)を待ち伏せする, 待ち伏せして襲う.

a·me·ba /əmíːbə/ 名《米》= amoeba.

a·me·lio·rate /əmíːljərèɪt/ 動 他《格式》(状態など)をよくする, 改善する.

a·me·lio·ra·tion /əmìːljəréɪʃən/ 名 U《格式》改善, 改良.

a·men /ɑːmén, eɪmén/ 間 アーメン《祈りまたは賛美歌の最後に付けることば》. 語法 聖歌の場合は普通 /ɑ́ːmén/. 参考 ヘブライ語で「かくあらせたまえ」(So be it!) の意. **Amén to thát!**《略式》そのとおりだ《同意を表わす》.

a·me·na·ble /əmíːnəbl/ 形 ❶ (人が)従順な, 快く従う; (...を)受け入れる (*to*). ❷《格式》(物事が)(...を)受けやすい, (...に)なじむ (*to*).

+**a·mend** /əménd/ 動 (a·mends /əméndz/; a·mend·ed /〜ɪd/; a·mend·ing) 他 (法律·文書など)を**改正する**, 修正する: Some people want to *amend* the constitution. 憲法を改正したいと考えている人たちがいる. (名 améndment)

****a·mend·ment** /əmén(d)mənt/ 名 (a·mend·ments /-mənts/) ❶ U,C **修正**, 改正 (*to*): *amendment* of the constitution 憲法の改正. ❷ C 修正案; [A-] (米国憲法の)修正条項: the First *Amendment* 合衆国憲法修正第 1 条《信教·言論などの自由の保障》. (動 aménd)

a·mends /əméndz/ 名 複 償い, 賠償. **màke améndz (to ...) for 〜** [動] 他 (...に)〜の償い[賠償]をする.

a·men·i·ty /əménəṭi, əmíːn-/ 名 (-i·ties) C [普通は複数形で] 生活を快適にするもの, 楽しみ; (文化的·娯楽的な)設備: basic *amenities* (生活の)基本的設備《風呂·シャワー·給湯設備など》/ local *amenities* 地域の(文化的·娯楽的な)公共施設.

Amer. 略 = America, American.

*****A·mer·i·ca** /əmérɪkə/

— 名 固 ❶ **アメリカ合衆国, 米国**《略 Am., Amer.》. 参考 正式名は the United States of America. 米国人は普通 the United States または the U.S. と呼ぶ: *America* is a country of immigrants. 米国は移民の国だ. ✪ 語源については ⇒ Vespucci 参考.
❷ **アメリカ(大陸)**, 米州《略 Am., Amer.; ⇒ continent¹ 参考》. 語法 North America と South America の 2 つ, または North America, South America および Central America の 3 つに分けられる; その 3 つをまとめて the Americas ともいう. (形 Américan)

*****A·mer·i·can** /əmérɪkən/

— 形 ❶ **アメリカ合衆国の, 米国の**; 米国風の; 米国製の; **米国人の**《略 Am., Amer.》: an *American* boy [girl] アメリカ人の少年[少女] / the *American* national flag 米国国旗 / *American* civilization アメリカ文明 / She is *American.* 彼女はアメリカ人です. 語法 国籍を示す場合は一般に形容詞を用いる. 関連 British 英国(人)の.
❷ **アメリカ大陸の**, 米州の《略 Am., Amer.》: *American* animals [plants] アメリカ大陸の動物[植物] / *American* countries アメリカ[米州]諸国. (名 América, 動 Américanìze)
— 名 (〜s /〜z/) ❶ C **アメリカ人, 米国人**: There are many *Americans* who can speak Japanese. 日本語を話せるアメリカ人が大勢いる. ❷ [the 〜s] アメリカ人《全体》, **米国民**《⇒ the¹ 5》: Generally *the Americans* are a kind people. 概してアメリカ人は親切な国民だ. ❸ U = American English. ❹ C アメリカ大陸の住民, 米州人: ⇒ Native American.

A·mer·i·ca·na /əmèrɪkɑ́ːnə/ 名 U [ときに複数扱い] (典型的な)アメリカの事物[風物]; アメリカ誌.

Américan dréam 名 [the 〜; しばしば A- D-] アメリカンドリーム《米国社会の民主主義·自由·平等の理想, または誰にも富と成功を得る機会があるという考え》.

+**Américan Énglish** 名 U **アメリカ英語**, 米語. 関連 British English イギリス英語.

Américan fóotball 名 U アメリカンフットボール [《米》football]《1 チーム 11 人で競技する球技; 米国では最も人気のあるスポーツの 1 つ; ⇒ football, eleven 名 4》.

Américan Índian 名 C アメリカインディアン, アメリカ先住民. 参考 現在では Native American のほうが好ましい言い方とされる.

A·mer·i·can·is·m /əmérɪkənìzm/ 名 ❶ C アメリカ語法《アメリカ英語特有の語句·発音·表現·語義》. 参考 この辞書で《米》とあるのはアメリカ語法のこと. 関連 Briticism イギリス語法. ❷ U,C アメリカ風(のもの). ❸ U アメリカびいき.

A·mer·i·can·i·za·tion /əmèrɪkənɪzéɪʃən | -naɪz-/ 名 U アメリカ化.

A·mer·i·can·ize /əmérɪkənàɪz/ 動 他 (...)をアメリカ風[式]にする. (形 Américan)

Américan Léague 名 固 [the 〜]《米》アメリカンリーグ《プロ野球大リーグ (major leagues) の 1 つ》. 関連 National League ナショナルリーグ.

Américan plàn 名 [the 〜]《米》アメリカ方式《ホテル代の中に食費も含める方式; ⇒ European plan》.

Américan Revolútion 名 [the 〜]〔米国史〕米国独立戦争, アメリカ革命.

> 参考 1775 年から 1783 年に及ぶ米国の独立戦争; この間 1776 年, 東部の 13 州より成るアメリカ合衆国 (the United States of America) が独立を宣言した; the Revolutionary War ともいう.

Américan Wáy 名 [the 〜] アメリカ流《勤勉·公平さ·物資欲などの価値観をさす》.

América thé Béautiful 名 固「美しきアメリカ」《アメリカをたたえる歌》.

Am·er·in·di·an /æ̀mərɪ́ndiən/, **Am·er·ind** /ǽmərɪ̀nd/ 名 C = American Indian.

am·e·thyst /ǽməθɪst/ 名 ❶ C,U 紫水晶, アメシスト《宝石》. ❷ U 紫色, すみれ色.

a·mi·a·bil·i·ty /èɪmiəbɪ́ləṭi/ 名 U 愛想のよさ.

a·mi·a·ble /éɪmiəbl/ 形 愛想のよい, 好感が持てる. **-a·bly** /-əbli/ 副 愛想よく.

am·i·ca·ble /ǽmɪkəbl/ 形 好意のある, 友好的な; 平和的な: an *amicable* settlement 和解. **-ca·bly** /-kəbli/ 副 友好的に, 円満に.

+**a·mid** /əmɪ́d, əmɪ̀d/ 前 (混乱·不安など)**の中で**;《文語》

...に囲まれて: He kept cool *amid* the confusion. 彼は混乱のさなかにあっても冷静だった.

> 語法 **amid と among**
> amid の後には単数または複数の名詞が来て, 普通は「自分と関係ないもの, 異質のものに囲まれて」の意. これに対して among の後には複数名詞または集合名詞が来て,「自分と密接な関係にあるもの, 同質のものに囲まれて」の意: *Amid* all those strangers he was totally bewildered. 見知らぬ人たちにすっかり取り囲まれて彼は当惑しきっていた / *Among* his students he was supremely happy. 生徒たちに囲まれて彼は最高に幸福だった.

a·midst /əmídst/ 前《文語》= amid.

a·mi·go /əmí:goʊ/ ≪スペイン語から≫ 名 (~s) C《米略式》友だち.

a·mí·no ácid /əmí:noʊ-/ 名 C〔化学〕アミノ酸.

A·mish /ɑ́:mɪʃ/ 名 [the ~; 複数扱い] アーミッシュ派(の教徒たち)《Pennsylvania 州などに住む厳格なプロテスタントの一派; 電気などの現代文明を拒絶した生活様式で知られる》. — 形 アーミッシュ派の.

a·miss /əmís/ 形 叙述, 副 間違って; 不都合な[で]: Something is *amiss*. 何か変だ / It would *not* be *amiss* to ask his views. 彼の意見を聞くのも悪くはないでしょう. 語法 amiss を否定文で用いると,「悪くない, 結構である」という意味になる. **còme [gò] amíss** [動] 自 [普通は否定文で]《英》不都合なことになる: A cup of coffee would*n't go amiss*. コーヒー1杯ぐらいいいでしょう. **táke ... amíss** [動] 他《英》(...)を誤解する, (...)に腹を立てる, 気を悪くする.

am·i·ty /ǽməṭi/ 名 U《格式》友好(関係), 親善.

am·mo /ǽmoʊ/ 名 U《略式》= ammunition.

am·mo·nia /əmóʊnjə, -niə/ 名 U〔化学〕アンモニア《気体》; アンモニア水.

am·mo·nite /ǽmənàɪt/ 名 C アンモナイト, アンモン貝, 菊石《中生代の示準化石》.

+**am·mu·ni·tion** /æ̀mjʊníʃən/ 名 ❶ U **弾薬:** fire live *ammunition* 実弾を撃つ. ❷ U (批判などを行なうときの)攻撃材料.

am·ne·sia /æmní:ʒə/ 名 U 記憶喪失(症).

am·ne·si·ac /æmní:ziæ̀k/ 名 C, 形 記憶喪失の(人).

+**am·nes·ty** /ǽmnəsti/ 名 (-nes·ties) ❶ C,U **恩赦, 特赦**, 大赦《特に政治犯に対するもの》: grant [give] *amnesty* 恩赦を与える / under an *amnesty* 恩赦を受けて. ❷ C 処罰猶予期間.

Ámnesty Internátional 名 固 アムネスティ・インターナショナル《政治犯や思想犯の釈放を目的とする国際的人権擁護組織》.

a·moe·ba /əmí:bə/ 名 (複 ~s, **a·moe·bae** /-bi:/) C アメーバ.

a·moe·bic /əmí:bɪk/ 形 アメーバ(性)の.

a·mok /əmʌ́k/ 副 [次の成句で] **rùn amók** [動] 自 暴れ狂う; 度を失う.

***a·mong /əmʌ́ŋ, əmʌ̀ŋ/ 発音

— 前

> 単語のエッセンス
> 基本的には「...の中に[で]」の意.
> 1) ...に囲まれて ❶
> 2) ...の中に ❷
> 3) (3者以上)の間で ❸

❶ **...に囲まれて[た]**, ...の真ん中に; ...の間に[を(通って)]《⇒ amid 語法》: a village *among* the mountains 山に囲まれた村 / She felt relaxed *among* friends. 彼女は友人に囲まれてほっとした / I hid myself *among* the trees. 木立の中に隠れた.

❷ **(3つ・3人以上)の中に**(加わって, 含まれて), (ある集団)の間で; [普通は最上級を伴って] ...の1つ[1人]で: Many children were *among* the injured. 負傷者の中には多くの子供が含まれていた / *Among* all the flowers here, the rose is her favorite. ここにある花の中で彼女がいちばん好きなのはばらだ / She was chosen ***from among*** students. 生徒の中から彼女が選ばれた / 言い換え Tokyo is *among the largest* cities in the world. (= Tokyo is one of the largest cities in the world.) 東京は世界有数の大都市である.

❸ **(3人以上)の間で**(分配して), ...のおのおのに; ...の間で(所有[協力]して), ...の中で互いに: The money was divided *among* them. 金は彼らの間で分配された / Please discuss the matter *among* yourselves. その問題をみなさんで討議してください.

> 語法 **among と between**
> (1) among の後には集合名詞か複数形の名詞・代名詞が来る(この場合の複数形は1つの「集合」と考えられる)《⇒ 挿絵 (A)》.
> (2) 集合と考えられず, 1つ1つが明確に意識されるときは3つ以上のものでも between を使う《⇒ 挿絵 (B)》《⇒ between 語法 (2)》: Switzerland is situated *between* France, Italy, Austria and Germany. スイスはフランス, イタリア, オーストリア, ドイツに囲まれている.
>
> 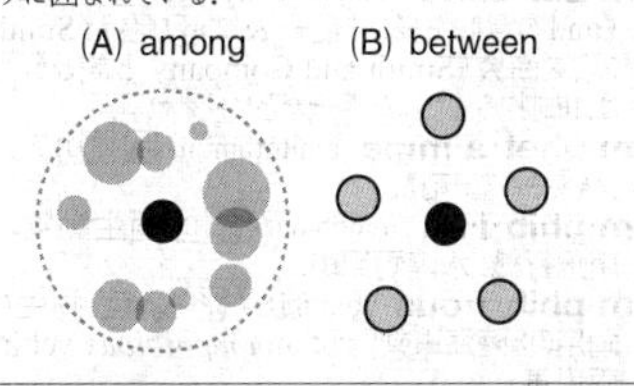
>

amòng óthers [óther thìngs] [副] なかでも, とりわけ; ほかにもいる[ある]が: Picasso, *among others*, is one of my favorite painters. ピカソはとりわけ私の大好きな画家です.

+**a·mongst** /əmʌ́ŋst, əmʌ̀ŋst/ 前 = among.

a·mor·al /eɪmɔ́:rəl | -mɔ́r-/ 形 道徳的観念のない《⇒ immoral》.

am·o·rous /ǽm(ə)rəs/ 形 好色な; なまめかしい; 恋の. **~·ly** 副 なまめかしく; みだらに.

a·mor·phous /əmɔ́əfəs | əmɔ́:-/ 形《格式》無定形の; まとまりのない;〔化学〕非結晶の.

***a·mount /əmáʊnt/

— 名 (**a·mounts** /əmáʊnts/) ❶ C **量, 額:** How are you going to spend such a large [great] *amount of* money? こんな多額のお金を何に使うつもりですか / The world has a limited *amount of* oil. 世界の石油の量は限られている.

> 語法 (1) amount of は数えられない名詞を伴って量を表わすのに用い, number of は数えられる名詞を伴って数を表わすのに用いる.《略式》で a fair

amount of accidents (かなり多くの事故)の形もあるが, 正しくないとされる.
(2) a large [small] amount of ... のほかに複数形の large [small] amount*s* of ... もあり, これは普通複数扱い: Large *amounts of* money *are* still needed for the project. その計画にはまだ多額の金が必要だ.
(3) amount of に続く名詞には the をつけない.

❷ Ⓒ **金額:** pay the full *amount* 全額を支払う.
ány amóunt of ... [形] (1) どれだけの量[額]の...でも: *Any amount of* money will do. いくらでも結構です. (2) 十分な....
nó amóunt of ... [形] どれだけ...しても～しない: *No amount of* reasoning could convince him. どんなに話しても彼を説得できなかった.
— 動 (a·mounts /əmáʊnts/; a·mount·ed /-ṭɪd/; a·mount·ing /-ṭɪŋ/) 自 [進行形なし] ❶ **総計(...に)なる,** (...に)達する: His debts ***amounted to*** a thousand dollars. V+*to*+名 彼の借金は1千ドルに達した. ❷ 結果として(...と)なる, (...に)等しい: His answer *amounts to* a refusal. 彼の返答は拒絶も同然だ / *amount to* the same thing 結局は同じことである / He'll *never amount to* much. 彼は決して大した者にはなるまい.
〖⇒ mount キズナ〗

amp /ǽmp/ 名 ❶ Ⓒ〔電気〕アンペア (ampere)《電流の強さの単位; 略 A》. 関連 volt ボルト / watt ワット. ❷ Ⓒ《略式》= amplifier.
am·per·age /ǽmp(ə)rɪʤ/ 名 Ⓤ〔電気〕アンペア数.
am·pere /ǽmpɪə | -peə/ 名 Ⓒ = amp 1.
am·per·sand /ǽmpəsæ̀nd | -pə-/ 名 Ⓒ アンパサンド《and の意味を表わす記号 & の呼び名》: Smith & Co. スミス商会《Smith and Company と読む》. 語法 & は印刷物やくだけた手紙などに使われる.
am·phet·a·mine /æmféṭəmìːn/ 名 Ⓒ,Ⓤ アンフェタミン《覚醒(かくせい)剤》.
am·phib·i·an /æmfíbiən/ 名 Ⓒ 両生動物; 水陸両用飛行機, 水陸両用車.
am·phib·i·ous /æmfíbiəs/ 形 (水陸)両生の; 水陸両用の; 陸海軍共同の: an *amphibious* vehicle 水陸両用車.
am·phi·the·a·ter, 《英》 **-a·tre** /ǽmfəθìːəṭə | -θɪətə/ 名 Ⓒ 円形劇場[競技場].
+**am·ple** /ǽmpl/ 形 (am·pler, more ～; am·plest, most ～) ❶ (分量が)**十分な,** (あり余るほど)たっぷりした, 豊富な [≒abundant]《⇒ enough 類義語》 [⇔ scanty]: *ample* food 十分な食料 / We had *ample* time for a rest. 休憩時間は十分にありました.
❷ 豊満な: an *ample* bosom 豊かな胸.
❸ 広い, 広大な.
(動 ámplify, 名 ámplitùde)
am·pli·fi·ca·tion /æ̀mpləfɪkéɪʃən/ 名 Ⓤ 拡大; 〔電気〕増幅; 《格式》詳説, 敷衍(ふえん); 強調.
am·pli·fi·er /ǽmpləfàɪə | -fàɪə/ 名 Ⓒ〔電気〕増幅器, アンプ [《略式》amp].
am·pli·fy /ǽmpləfàɪ/ 動 (-pli·fies; -pli·fied; -fy·ing) 他 ❶ (...)を拡大[増大]する; 〔電気〕増幅する. ❷《格式》(...)を詳説[敷衍(ふえん)]する; (...)の重要性を強調する.
(形 ámple)
am·pli·tude /ǽmplət(j)ùːd | -tjùːd/ 名 ❶ Ⓤ〔電気〕振幅. ❷ Ⓤ 広さ, 大きさ; 幅. (形 ámple)
ámplitude modulátion ⇒ AM.
am·ply /ǽmpli/ 副 十二分に; はっきりと.

am·poule, 《米》 **am·pule** /ǽmp(j)uːl/ 名 Ⓒ (特に注射液の)アンプル.
am·pu·tate /ǽmpjʊtèɪt/ 動 他 (手術で)(手足など)を切断する. — 自 (手術で)切断する.
am·pu·ta·tion /æ̀mpjʊtéɪʃən/ 名 Ⓤ,Ⓒ (手足などの)切断(手術).
am·pu·tee /æ̀mpjʊtíː/ 名 Ⓒ (手術で)手足(など)を失った人.
Am·ster·dam /ǽmstədæ̀m | -stə-/ 名 固 アムステルダム《オランダ (the Netherlands) 中部の都市; オランダの公式の首都; ⇒ Hague》.
Am·trak /ǽmtræk/ 名 固 アムトラック《米国政府により設立された全米鉄道旅客輸送公社》.
a·muck /əmʌ́k/ 副 = amok.
am·u·let /ǽmjʊlət/ 名 Ⓒ (身につける)お守り.
A·mund·sen /áːməns(ə)n/ 名 固 **Ro·ald** /róʊəld/ ～ アムンゼン (1872–1928)《ノルウェーの探検家》.
+**a·muse** /əmjúːz/ 動 (a·mus·es /～ɪz/; a·mused /～d/; a·mus·ing) 他 (人)を**おもしろがらせる,** 楽しませる; (人)に楽しく時間をすごさせる, (人)の気を紛らわす [≒entertain]《⇒ amused》: The parents tried to ***amuse*** their baby ***with*** a toy. V+O+*with*+名 両親は赤ん坊をおもちゃであやそうとした / 言い換え You *amuse* me! (= How absurd!) 笑わせるね.
amúse onesèlf [動] 自 **楽しむ:** The girls *amused themselves* (*by*) *singing* together. 少女たちはいっしょに歌を歌って楽しんだ / The children were *amusing themselves with* dolls. 子供たちは人形で楽しく遊んでいた. (名 amúsement)
*__a·mused__ /əmjúːzd/ 形 (人・表情などが)**おもしろがった,** 楽しんだ; おかしそうな: They were very (much) ***amused at*** [***by***] his jokes. +*at* [*by*]+名 彼らは彼の冗談をとてもおもしろがった《⇒ very' 1 語法》 / Sonia had an *amused* look on her face. ソニアは楽しそうな顔をしていた.
be nót amúsed [動] 自 腹を立てている, 怒っている.
kéep ... amúsed [動] 他 (人)を飽きさせない, (赤ん坊)をあやす: Please *keep* the baby *amused*. 赤ちゃんをあやしておいてください.

**a·muse·ment /əmjúːzmənt/

— 名 (a·muse·ments /-mənts/) ❶ Ⓤ **おもしろさ,** おかしさ; **楽しみ,** 慰み: a place of *amusement* 娯楽場 / The child watched the animal ***with*** [***in***] ***amusement***. 子供はその動物をおもしろがって眺めた / for *amusement* 気晴らしに, 楽しみとして.
❷ Ⓒ [普通は複数形で] **楽しみごと,** 娯楽, 遊び; 娯楽[遊戯]施設, 遊具: play chess as an *amusement* 遊びでチェスをする.
to ...'s amúsement [副] 文修飾 ...にとっておもしろかったことには: *To our amusement*, the curtain began to rise ahead of time. 定刻前に幕が上がり始めたのはおかしかった. (動 amúse)
amúsement arcàde 名 Ⓒ《英》ゲームセンター.
amúsement pàrk 名 Ⓒ 遊園地.
+**a·mus·ing** /əmjúːzɪŋ/ 形 **おもしろい,** 人を楽しませる, おかしい《⇒ interesting 表》: a highly [mildly, fairly] *amusing* story 大変[そこそこ, かなり]おもしろい話 / 言い換え The clown's stunts were very ***amusing to*** the boys. +*to*+名 (= The boys were very (much) amused by the clown's stunts.) 道化の妙技は少年たちにとってとても楽しかった.
～·ly 副 おもしろく, 楽しく.

***an** /(弱形) ən; (強形) ǽn/ (同音 #and, #Ann(e))
《不定冠詞》 = a². ✪ 意味·用法·語源などについては ⇒ a².

> 語法 **an の使い方**
> (1) 母音で始まる語の前で用いられる: *an* apple /ǽpl/ りんご / *an* ox /á(:)ks | ɔ́ks/ 雄牛 / *an* umbrella /ʌmbrélə/ 傘.
> (2) 次の語が子音字で始まる語であっても実際の発音が母音で始まるときには an が用いられる: *an h*our /áʊɚ | áʊə/ 1 時間 / *an h*onest /á(:)nɪst | ɔ́n-/ man 正直な男.
> (3) 逆に次の語が母音字で始まっていても, 実際の発音が子音で始まるときには a が用いられる: *a E*uropean /jʊ́(ə)rəpìːən/ country ヨーロッパの国 / *a u*nit /júːnɪt/ 単位 / *a o*ne-way /wʌ́nwèɪ/ street 一方通行路.
> (4) 《英》では《文語》で h 音で始まる語でも第 1 音節にアクセントがない場合 an を用いることがある: an hotél, an histórian.

an- /æn/ 接頭 [名詞·形容詞·副詞につける]「非..., 無...」の意: *an*archy 無政府状態.

-an /ən/ 接尾 ❶ [名詞につく形容詞·名詞語尾]「...の, ...に関係ある, ...風の; ...に属する[住む](人)」などの意: Americ*an* アメリカ合衆国の, アメリカ人 / Shakespeare*an* シェークスピア(風)の / republic*an* 共和国の. ❷ [名詞につける]「...の専門家」の意: histori*an* 歴史家.

án·a·bol·ic stéroid /ǽnəbà(:)lɪk- | -bɔ̀l-/ 名 C アナボリックステロイド《筋肉増強剤》.

a·nach·ro·nis·m /ənǽkrənɪ̀zm/ 名 ❶ C 時代遅れ[錯誤]の人[物, こと]. ❷ C (劇·映画などでの)時代考証の誤り.

a·nach·ro·nis·tic /ənæ̀krənístɪk←/ 形 時代錯誤の.

an·a·con·da /æ̀nəká(:)ndə | -kɔ́n/ 名 C アナコンダ《南アメリカの密林に住む無毒の大蛇》.

a·nae·mi·a /əníːmiə/ 名《英》= anemia.

an·aer·o·bic /æ̀nəróʊbɪk←/ 形 ❶ (微生物などが)嫌気性の. ❷ 無酸素運動の [⇔ aerobic].

an·aes·the·sia /æ̀nəsθíːʒə | -ziə/ 名《英》= anesthesia.

an·a·gram /ǽnəgræ̀m/ 名 C つづり換え語(句), アナグラム《ある語のつづりを入れかえるとできる語で now→won, listen→ silent など》.

a·nal /éɪn(ə)l/ 形 ❶ 限定 肛門 (anus) の. ❷ [軽蔑的] (細かいことに)うるさい[こだわる].

an·al·ge·sic /æ̀nælʤíːzɪk←/ 名 C 鎮痛剤.

an·a·log /ǽnəlɔ̀ːg, -là(:)g | -lɔ̀g/ 形 限定 アナログ式の [⇔ digital]: an *analog* watch (長針·短針のある)アナログ時計.
— 名 C《米》= analogue.

ánalog compúter 名 C アナログコンピューター《数値を電圧などの物理量に変換して計算するもの》. 関連 digital computer デジタルコンピューター.

a·nal·o·gous /ənǽləgəs/ 形《格式》類似した, 似ている (*to, with*).

an·a·logue /ǽnəlɔ̀ːg, -là(:)g | -lɔ̀g/ 形 = analog.
— 名 C《格式》類似物, 相似物 (*of, to*).

a·nal·o·gy /ənǽləʤi/ 名 (-o·gies /~z/) ❶ C (比較が可能な)類似(性) (*with, to*): We may draw [make] an *analogy between* these two events. この 2 つの事件の間には類似点を指摘することができよう. ❷ U,C 比較, 類推: forced *analogy* こじつけ / by *analogy* 類推によって.

an·a·lyse /ǽnəlàɪz/ 動《英》= analyze.

***a·nal·y·ses** /ənǽləsìːz/ 名 **analysis の複数形**.

a·nal·y·sis** /ənǽləsɪs/ **!**アク 名 (複 **a·nal·y·ses** /-sìːz/) ❶ U,C **分析**, 解析, 検討; 分析結果: an ***analysis of the situation 情勢の分析 / make [conduct, carry out] a detailed *analysis of* the cause of the accident 事故の原因を詳細に分析する. ❷ U,C 〔化学〕分析. ❸ U = psychoanalysis.
in the fínal [lást] análysis [副] つなぎ語 要するに.
(形 ànalýtical, -lýtic, 動 ánalỳze)

+**an·a·lyst** /ǽnəlɪst/ **!**アク 名 (-a·lysts /-lɪsts/) ❶ C **分析者**; 解説者, 評論家: a financial *analyst* 証券[金融]アナリスト. ❷ C = psychoanalyst.

an·a·lyt·i·cal /æ̀nəlíṭɪk(ə)l←/, **-lyt·ic** /-ṭɪk←/ 形 分析的な, 論理的に考える; 分析の, 分解の.
(名 análysis)
-cal·ly /-kəli/ 副 分析的に.

***an·a·lyze,** 《英》**-a·lyse** /ǽnəlàɪz/ **!**アク 動 (-a·lyz·es, 《英》-a·lys·es /~ɪz/; -a·lyzed, 《英》-a·lysed /~d/; -a·lyz·ing, 《英》-a·lys·ing) 他 ❶ (...)を**分析する**, 検討する: How do you *analyze* this situation? この情況をどう分析しますか / The results of the election will soon *be analyzed*. V+O の受身 選挙の結果はまもなく検討される. ❷ = psychoanalyze.
(名 análysis)

an·ar·chic /ænáɚkɪk | əná:-/ 形 無政府(状態)の; 無秩序の.

an·ar·chis·m /ǽnɚkɪ̀zm | ǽnə-/ 名 U 無政府主義.

an·ar·chist /ǽnɚkɪst | ǽnə-/ 名 C 無政府主義者.

an·ar·chy /ǽnɚki | ǽnə-/ 名 U 無政府(状態); 無秩序, 混乱.

a·nath·e·ma /ənǽθəmə/ 名 [U または an ~]《格式》(...の)大嫌いなもの, いやなこと (*to*).

an·a·tom·i·cal /æ̀nətá(:)mɪk(ə)l | -tɔ́m-←/ 形 限定 解剖の, 解剖学上の.

a·nat·o·mist /ənǽṭəmɪst/ 名 C 解剖学者.

a·nat·o·my /ənǽṭəmi/ 名 (-o·mies) ❶ U 解剖; 解剖学. ❷ C (動植物·人体などの)組織, 構造 (*of*). ❸ C [こっけいに] (人の)体. ❹ [the ~, an ~] 分析 [≒analysis] (*of*).

-ance /(ə)ns/ 接尾 [名詞語尾]「行動·状態·性質」などを示す: brilli*ance* 優れた才気 / assist*ance* 援助.
(形 -ant 1)

+**an·ces·tor** /ǽnsestɚ, -səs- | -tə/ **!**アク **!**発音 名 (~s /~z/) ❶ C **先祖**, 祖先《祖父母より古い人たち》: the *ancestors* of the Japanese 日本人の祖先. 関連 descendant 子孫. ❷ C 前身, 原型, 先駆者: the *ancestor of* the present-day computer 今日のコンピューターの原型. (形 ancéstral)
〖⇒ access キズナ〗

an·ces·tral /ænséstrəl/ 形 限定 先祖(伝来)の.
(名 áncestor)

+**an·ces·try** /ǽnsestri/ 名 (-ces·tries) ❶ U,C **先祖**《全体》, 祖先. 関連 posterity 子孫. ❷ U 家系, 家柄: She is *of* Irish *ancestry*. 彼女はアイルランド系だ.

+**an·chor** /ǽŋkɚ | -kə/ 名 (~s /~z/) ❶ C **いかり**: be ***at anchor*** (船が)いかりを降ろして[停泊して]いる / ***drop anchor*** いかりを降ろす, 停泊する / ***weigh***

anchor いかりをあげる, 出帆する. ❷ Ⓒ《米》= anchorperson. ❸ Ⓒ 力になるもの, 頼り(になる人): Religion was her only *anchor*. 宗教だけが彼女の支えだった. ❹ Ⓒ アンカー店《ショッピングセンターなどの中核店》. ❺ Ⓒ (リレーの)最終走者[泳者], アンカー.
— 動 (-chor·ing /-k(ə)rɪŋ/) 他 ❶ (船)を停泊させる (*at, in*). ❷ [普通は受身で] (物)をつなぐ, 固定する (*to*). ❸《米》(ニュース番組など)のキャスター[総合司会]をする. ❹ (...)を支える, (...)のよりどころとなる.
— 自 (船が)停泊する.
be ánchored in [to] ... [動] 他 (物事が)(経験・見方など)に根ざしている: Those cultural values *are anchored in* tradition. それらの文化的価値観は伝統に基づいている.

an·chor·age /ǽŋk(ə)rɪʤ/ 名 ❶ Ⓒ 停泊地, 錨地(びょうち). ❷ C,U 固定しておく所, 支え.

an·chor·man /ǽŋkɚmæ̀n | -kə-/ 名 (-men /-mèn/) Ⓒ《米》(ニュース)キャスター, アンカーマン, (ニュース番組の)総合司会者 [≒newscaster].

an·chor·per·son /ǽŋkɚpɚ̀ːs(ə)n | -kəpə̀ː-/ 名 Ⓒ《米》(ニュース)キャスター, (ニュース番組の)総合司会者 [≒newscaster]《性差別を避けた言い方》.

an·chor·wom·an /ǽŋkɚwʊ̀mən | -kə-/ 名 (-wo·men /-wɪ̀mən/) Ⓒ《米》(ニュース)キャスター, 総合司会者《女性》.

an·cho·vy /ǽnʧoʊvi | -ʧə-/ 名 (複 -cho·vies, ~) C,U アンチョビー《かたくちいわし類の小魚; 塩漬けにしたり, ソースやペーストにしたりする》.

**an·cient /éɪnʃənt/ ❗アク ❗発音

— 形 ❶ 限定 古代の, 遠い昔の《⇒ history 参考》 [⇔ modern]: *ancient* Rome 古代ローマ / *ancient* civilization 古代文明. ❷ 古来の, 古くからの: *ancient* customs 昔ながらの慣習. ❸ [こっけいに] (人が)年寄りの; 古くさい.
— 名 [the ~s] 古代文明人《特に古代ギリシャ・ローマ人》.

áncient hístory 名 ❶ Ⓤ 古代史《ギリシャ・ローマ文明の歴史; ⇒ history 参考》. ❷ Ⓤ《略式》昔のこと.

an·cil·lar·y /ǽnsəlèri | ænsɪ́lə-/ 形《格式》補助的な; 付属的な (*to*): *ancillary* workers 補助職員.

-an·cy /(ə)nsi/ 接尾 [名詞語尾]「性質・状態」を示す: const*ancy* 恒久性 / redund*ancy* 余り.

***and /(弱形) ən(d), n; (強形) ǽnd/ (同音 #an)

— 接《等位接続詞》

単語のエッセンス
1) [2つ以上を並べて] ...と(~) ❶
2) [時間的な順序を示して] そして ❷
3) [結果を示して] それで ❸
4) [命令文の後で] そうすれば ❹

❶ [主に同じ品詞の語, 文法上対等の句・節を結んで] ...と~, および; ...したり~したり《記号 & (⇒ ampersand); ⇒ both 接》: Jack *and* Dick are my brothers. ジャックとディックは私の兄弟だ. [名詞と名詞を結ぶ]《2つ以上の単数の(代)名詞を結んだものは原則として複数扱いになる》/ between you *and* me ここだけの話だが [代名詞と代名詞] / Two *and* two make(s) four. 2足す2は4 (2+2 = 4) [数詞と数詞] / We sang *and* danced. 私たちは歌ったり踊ったりした [動詞と動詞] / They went up *and* down. 彼らは上ったり下ったり[行ったり来たり]した [副詞と副詞] / People shouted in *and* out of the house. 人々は家の中と外とで叫んだ [前置詞と前置詞] / They learned how to read *and* write. 彼らは読み書きを習った [不定詞と不定詞] / Early to bed *and* early to rise makes a man healthy, wealthy, *and* wise.《ことわざ》早寝早起きは人を健康に, 金持ちに, そしてまた賢明にする [句と句, および形容詞と形容詞] / Tom played the piano *and* I played the violin. トムがピアノを弾き, 私がバイオリンを弾いた [節と節]《この場合共通の動詞を省略して ... *and* I the violin とも言える》/ "What [Which] will you have for dessert, cake or ice cream?" "Cake *and* /ǽnd/ ice cream, please."「デザートは何にしますか, ケーキですかそれともアイスクリームですか」「ケーキもアイスクリームもいただきます」《「両方とも」を強調》.

語法 **and に関する注意**
(1) 密接に関係して一体と考えられる2者を and で結ぶときには後の(時には両方の)名詞に冠詞・人称代名詞の所有格・指示形容詞などをつけない: (a) knife *and* fork ナイフとフォーク(の1組) / (a) knife, fork, *and* spoon (1組の)ナイフとフォークとスプーン / a cup *and* saucer (セットになった)カップと受け皿 / my mother *and* father 私の父母 (= my parents) / man *and* wife 夫婦. ✪ 次と比較: my father *and* my uncle 私の父とおじ / a knife *and* a spoon ナイフとスプーン.
(2) and で結ばれた成句などには前後の要素を入れ替えできないものが多い: ladies *and* gentlemen (紳士淑女の)皆さん.
(3) 3つ以上の語句を結ぶ場合は普通 A, B(,) *and* C の型になる.《英》では and の前のコンマを省くことが多い.
(4) and で結ばれた名詞が同一の人[物]を示すときは普通後の名詞には冠詞をつけない: He is a statesman *and* /ǽnd/ poet. 彼は政治家でもありまた詩人でもある. ✪ 次と比較: I met a statesman *and* a poet. 私は政治家と詩人に会った. またこの場合には単数扱いになる: The conductor *and* composer was greeted by a crowd of people. その指揮者兼作曲家は大勢の人に迎えられた.
(5) 異なった人称を結ぶ場合は普通は二人称, 三人称, 一人称の順となる: *You* [*He*] *and I* are friends. あなた[彼]と私は友達だ / *You and John* can stop work now. あなたとジョンはもう勉強をやめてよい / *My wife and I* are going to Spain. 妻と私はスペインへ行くところだ.

❷ [時間的な順序を示して] **そして**, それから, その後で: He found his key *and* (he) opened the door. 彼は鍵(かぎ)を見つけ, それからドアを開けた.
❸ [結果を示して] **それで**, すると, ...だから《⇒ and so (so[1] 副 成句)》: She fell down *and* broke her left leg. 彼女は転んで左脚(の骨)を折った.
❹ /ǽnd/ [命令文または must, have to, had better などを含む文の後で] **そうすれば**《⇒ or 3》: 言い換え *Work* hard, *and* you will pass the examination. (= If you work hard, you will pass the examination.) 一生懸命勉強しなさい, そうすれば試験に合格するでしょう. 語法 命令文に相当する語句の後でも同じ: 言い換え One more step, *and* you are a dead man. (= If you take one more step, you will be a dead man.) もう1歩でも動いてみろ, 命はないぞ.

❺ [動詞＋and＋動詞の形で]: Try *and* persuade her to join. 彼女に参加してもらえるよう説得してみてください. 語法 (1) and＋動詞は目的を表わす to 不定詞の働きをする. (2) and の前にくる動詞はほかに come, go, run, be sure, wait など. (3)《米略式》では come, go の後ではこの and はしばしば省略される.

❻ [文頭に置いて] Ⓢ それに, それで: I'm sorry I interrupted you. *And* I'm sorry I'm late. お話のじゃまをしてすみません. それから遅れてすみません / "I am in the brass band at school." "*And* what do you play?" 「学校で吹奏楽団に入っているんです」「それで楽器は何をやってるの」

❼ [同じ語を結んで反復・継続を示す]: for hours *and* hours 何時間も何時間も / We ran *and* ran. 私たちはひた走りに走った / It is getting warmer *and* warmer. ますます暖かくなってきた.

❽ [数詞などを結んで]: one hundred *and* twenty-three 123《⇒ hundred 語法 (2)》/ two *and* a half 2½ / five dollars *and* fifty cents 5 ドル 50 セント《$5.50 と記す; ✪ five fifty と言うほうが普通》.

❾ [料理の名称に用いて] ...を添えた[塗った]〜: fruit *and* cream クリームを添えたフルーツ // ⇒ ham and eggs (ham¹ 成句), bread and butter (bread 成句).

❿ /(ə)n/ [nice and などの形で後続の形容詞を副詞的に修飾して] Ⓢ: nice *and* warm とても暖かい《⇒ good and ... (good 形 成句), nice and ... (nice 成句)》.

⓫ /ǽnd/ それなのに [≒yet]: He promised to return, *and* he didn't. 彼は帰ってくると約束したが, 帰ってこなかった.

ánd? ↗ Ⓢ 「で?」《相手の言葉を促すときに》.

and só òn [fòrth] ⇒ so¹ 接 成句.

an·dan·te /ɑːndɑ́ːnteɪ, ændǽnṭi | -dǽn-/ 副 形〔音楽〕アンダンテ《ゆっくりと(した調子の); ⇒ allegro》.
— 名 Ⓒ アンダンテの楽章[曲].

An·der·sen /ǽndɚs(ə)n | -də-/ 名 固 Hans Christian 〜 アンデルセン (1805-75)《デンマークの童話作家・詩人》.

An·des /ǽndiːz/ 名 固 複 [the 〜] アンデス山脈《南アメリカ大陸西部の大山脈》.

and/or /ǽndɔ́ɚ | -ɔ́ː/ 接《略式》および(あるいは)または《両方ともまたはいずれか一方の意; 元来は学術・法律・商業用語》: Money *and/or* clothes are welcome. 金と衣類またはそのいずれかでも結構だ.

An·drew /ǽndruː/ 名 固 ❶ アンドルー《男性の名; 愛称は Andy》. ❷ St. 〜 ⇒ St. Andrew.

an·drog·y·nous /ændrɑ́(ː)ʤənəs | -drɔ́ʤ-/ 形 ❶ 男女両性具有の; 雌雄両花の. ❷ 中性的な.

an·droid /ǽndrɔɪd/ 名 ❶ Ⓒ アンドロイド, 人造人間. ❷ [A-] アンドロイド《スマートフォン用の基本ソフト; 商標》.

An·drom·e·da /ændrɑ́(ː)məḍə | -drɔ́m-/ 名 固 ❶〔ギリシャ神話〕アンドロメダ《ペルセウス (Perseus) が海の怪物から救った美しい王女》. ❷〔天文〕アンドロメダ座《大星雲がある》.

An·dy /ǽndi/ 名 固 アンディー《男性の名; Andrew の愛称》

an·ec·dot·al /æ̀nɪkdóʊṭl←/ 形 逸話の; 逸話に富んだ; 個人の体験に基づく: *anecdotal* evidence 個人の体験に基づく(不確かな)証拠.

an·ec·dote /ǽnɪkdòʊt/ 名 Ⓒ 逸話, こぼれ話, エピソード; 私見.

a·ne·mi·a,《英》**a·nae·mi·a** /əníːmiə/ 名 Ⓤ 貧血(症).

a·ne·mic,《英》**a·nae·mic** /əníːmɪk/ 形 貧血(症)の.

a·nem·o·ne /ənéməni/ 名 ❶ Ⓒ アネモネ《観賞用植物》. ❷ Ⓒ ＝ sea anemone.

an·es·the·sia,《英》**an·aes·the·sia** /æ̀nəsθíːʒə | -ziə/ 名 Ⓤ 麻酔(状態): under general [local] *anesthesia* 全身[局部]麻酔をかけ(られ)て.

an·es·the·si·ol·o·gist,《英》**an·aes-** /æ̀nəsθiːziɑ́(ː)ləʤɪst | -ɔ́l-/ 名 Ⓒ 麻酔専門医.

an·es·thet·ic,《英》**an·aes·thet·ic** /æ̀nəsθéṭɪk←/ 名 ❶ Ⓒ,Ⓤ 麻酔剤[薬]. ❷ Ⓒ,Ⓤ 麻酔: under local [general] *anesthetic* 局部[全身]麻酔をかけ(られ)て. — 形 限定 麻酔を引き起こす.

an·es·the·tist,《英》**an·aes·the·tist** /ənésθəṭɪst | əníːs-/ 名 Ⓒ 麻酔(専門)医[士, 看護師].

an·es·the·tize,《英》**an·aes·the·tise** /ənésθəṭàɪz | əníːs-/ 動 他 (...)に麻酔をかける.

a·new /ən(j)úː | ənjúː/ 副《格式》再び, 新たに, 新規に, 改めて: start life *anew* 新たに人生をやり直す.

+**an·gel** /éɪnʤəl/ ❗発音 名 (〜s /〜z/) ❶ Ⓒ (特にキリスト教の)**天使**《普通は翼を持ち白衣を着た神の使者》: Men would be *angels*; *angels* would be gods. 人は天使になれればと思い, 天使は神になれればと思う(願望にはきりがない). ❷ Ⓒ (天使のように)清らかで愛らしい人, 美しい人, 優しい人: an *angel of* a girl 天使のような乙女《⇒ of 18》/ I'm no *angel*. 私は天使じゃない(悪さもする).

Bé an ángel and ... Ⓢ《古風》いい子だから...してよ: *Be an angel and* hold this a moment. お願いだからこれをちょっと持っててね. (形 angélic)

an·gel·ic /ænʤélɪk/ ❗アク 形 天使の; 天使のような, 美しい, 優しい: *angelic* voices (天使のように)美しい声. (名 ángel)

an·gel·i·ca /ænʤélɪkə/ 名 Ⓤ アンゼリカ《せり科の薬用・料理用植物》; アンゼリカの茎の砂糖漬け.

an·ge·lus /ǽnʤələs/ 名 ❶ [the 〜; しばしば A-]〔カトリック〕お告げの祈り《キリスト降誕記念のため朝・昼・夕に行なう》. ❷ Ⓒ お告げ[アンジェラス]の鐘《お告げの祈りの時刻を知らせる》.

*__an·ger__ /ǽŋgɚ | -gə/ ❗発音 名 Ⓤ **怒り**, 立腹: I didn't bother to hide my ***anger at*** his remark. 私は彼の発言に対する怒りを隠そうとしなかった / Her voice trembled ***with anger***. 彼女の声は怒りに震えていた / He tore up the letter ***in*** great ***anger***. 彼は大変怒ってその手紙を引き裂いた. (形 ángry)
— 動 (an·gers /〜z/; an·gered /〜d/; -ger·ing /-g(ə)rɪŋ/) 他 [しばしば受身で] (人)を**怒らせる**, 立腹させる: He *was angered by* her selfishness. V+O の受身 彼は彼女の身勝手さに腹を立てた.

an·gi·na (péc·to·ris) /ænʤáɪnə(péktərɪs)/ 名 Ⓤ〔医学〕狭心症.

Ang·kor Wat /ǽŋkɔɚwɑ́(ː)t | -kɔːwɔ́t/ 名 固 アンコールワット《カンボジアの石造寺院の遺跡》.

*__an·gle¹__ /ǽŋgl/ 名 (〜s /〜z/) ❶ Ⓒ **角**(かく), 角度: an acute [obtuse] *angle* 鋭[鈍]角 / at an *angle* of 10 degrees to [with] ...と 10 度の角度で // ⇒ right angle. ❷ Ⓒ 角(かど), 隅 [≒corner]. ❸ Ⓒ (物事を見る)角度; 立場; 観点 [≒viewpoint]: view the matter *from* different *angles* その問題をいろいろ違った観点から考察する.

at an ángle [副] 傾いて, 曲がって. (形 ángular)
— 動 他 (...)をある角度に曲げる; (...向きに)(話など)を

特定の視点から扱う (*toward*). ― ⾃ 曲がる.

an·gle² /ǽŋgl/ 動 ⾃ 魚釣りをする: go *angling* 魚釣りに行く. **ángle for ...** [動] ⑯ (遠回しに)...を得ようとする.

An·gle /ǽŋgl/ 名 C アングル人; [the ~s] アングル族《ゲルマン族の一派で, 5-6 世紀以降サクソン族 (Saxons)・ジュート族 (Jutes) とともに England に侵入; ⇒ Anglo-Saxon》.

ángle bràcket 名 C [普通は複数形で] 山かっこ《〈 〉の記号》.

***an·gler** /ǽŋglə | -glə/ 名 (~s /~z/) C (趣味の)**釣り人**, 太公望.

An·gli·can /ǽŋglɪk(ə)n/ 形 イングランド国教会の. ― 名 C イングランド国教徒.

Ánglican Chúrch 名 [the ~] イングランド国教会, アングリカンチャーチ (the Church of England)《「英国国教会」と訳されることも多い》; 聖公会連合.

An·gli·can·is·m /ǽŋglɪkənìzm/ 名 U イングランド国教会主義.

An·gli·cis·m /ǽŋgləsìzm/ 名 C [ときに a-] (外国語に入っている)英語(的語法); イギリス語法.

An·gli·cize /ǽŋgləsàɪz/ 動 ⑯ [ときに a-] (...)を英国風にする; (外国語)を英語化する.

an·gling /ǽŋglɪŋ/ 名 U 魚釣り《⇒ fishing 類義語》.

An·glo /ǽŋgloʊ/ 名 (~s) C《主に米》非ラテン系の白人米国人.

An·glo- /ǽŋgloʊ/ 接頭「英国[イングランド]の[と]」の意.

An·glo-A·mer·i·can /ǽŋgloʊəmérɪk(ə)n⁺/ 形 英米(間)の. ― 名 C 英国系米国人.

An·glo-Cath·o·lic /ǽŋgloʊkǽθ(ə)lɪk⁺/ 形, 名 C イングランド国教会カトリック派の(教徒).

An·glo·phile /ǽŋgləfàɪl/ 名 C 親英派の人, 英国びいきの人.

An·glo·phobe /ǽŋgləfòʊb/ 名 C 英国嫌いの人.

an·glo·phone /ǽŋgləfòʊn/ 名 C (第一言語としての)英語使用者[話者].

An·glo-Sax·on /ǽŋgloʊsǽks(ə)n⁺/ 名 ❶ C アングロサクソン人; [the ~s] アングロサクソン民族《5-6 世紀に England に侵入してきたアングル族 (Angles) やサクソン族 (Saxons) などのゲルマン人の総称; 今日の英国人の祖先に当たる》; (現代の)英国人, 英国系の白人《⇒ WASP》. ❷ U アングロサクソン語, 古(期)英語 (Old English). ― 形 アングロサクソン人[語]の.

an·go·ra /æŋgɔ́ːrə/ 名 ❶ C [しばしば A-] アンゴラ猫[やぎ, うさぎ]. ❷ U アンゴラウール《アンゴラやぎ[うさぎ]の毛》.

\+**an·gri·ly** /ǽŋgrəli/ 副 **怒って**, 腹立たしげに.

****an·gry** /ǽŋgri/

― 形 (**an·gri·er** /-griə | -griə/; **an·gri·est** /-griɪst/) ❶ 怒った, 腹を立てた, 立腹した《⇒ 類義語》: She ***got*** [***became***] ***angry***. 彼女は怒った / an *angry* look 怒った顔つき / ***feel angry*** 腹立たしく思う / Little things ***made*** her ***angry***. つまらないことで彼女は腹を立てた. 語法「...に対して腹を立てている」という場合, 人に対しては with または at, 人の言動に対しては at, 物事に対しては about を用いるのが普通: He was ***angry with*** [《主に米》 ***at***] himself. +前+名 彼は自分に腹を立てていた[自分のしたことを強く後悔した] / I got ***angry at*** his answer. 私は彼の返事に腹を立てた / What are you ***angry about***? あなたは何を怒っているのですか / He was ***angry at*** be***ing*** disturbed. +at+動名 彼は邪魔されたことに怒っていた / She was ***angry with*** [《主に米》 ***at***] Tom 「***for*** be***ing*** rude [***for*** his rudeness]. +with [at]+名+for+動名[名] 彼女はトムの無作法に腹を立てていた // He was ***angry that*** he was not invited. +that 節 彼は招待されなかったので腹を立てた. ❷《文語》(空・海などが)荒れ模様の. ❸《文語》(傷が)炎症を起こしている, 痛む. (名 ánger)

類義語 **angry** 人・動物が怒り, それが表情・動作・ことばなどにも表われる状態をいう. **furious** 激怒する状態. **mad**《主に米, 略式》で *angry* とほぼ同じ意味. **indignant** *angry* よりも格式ばった語で, 不正などに対して憤りをおぼえる.

〘語源 anguish, anxious と同語源〙

angst /ɑ́ːŋ(k)st | ǽŋ(k)-/ ≪ドイツ語から≫ 名 U 不安(感), 苦悩.

an·guish /ǽŋgwɪʃ/ 名 U (心身の)激しい苦痛, 苦悩《⇒ pain 類義語》.〘語源 angry, anxious と同語源〙

an·guished /ǽŋgwɪʃt/ 形 限定 苦悩した, 苦悩に満ちた.

an·gu·lar /ǽŋgjʊlə | -lə/ 形 ❶ (人が)骨ばった, やせ(こけ)た. ❷ 角張った, とがった. (名 ángle¹)

****an·i·mal** /ǽnəm(ə)l/

― 名 (~s /~z/) ❶ C (人間以外の)動物; (鳥・魚・虫に対して)**獣**(けもの), 哺乳(ほにゅう)動物《普通は四つ足のものを意味する》: wild *animals* 野生動物 / domestic [farm] *animals* 家畜 / No *animals* live in this forest. この森には獣は住んでいない.
❷ C (植物に対して)**動物**《⇒ cry 表》: Men, horses, birds, and fish are all *animals*. 人間, 馬, 鳥, 魚はみな動物である. 関連 plant 植物 / mineral 鉱物. ❸ C けだもののような人, 人でなし. ❹ C [前に修飾語を伴って]《略式》(...の)タイプの人[もの]: a social *animal* 社交的なタイプの人 / The new election system is a very different *animal* from the previous one. 今度の選挙制度は以前のものとは全く別物だ //⇒ party animal.
― 形 ❶ 限定 **動物(性)の**: *animal* doctor 獣医 / *animal* fats 動物性脂肪. 関連 vegetable 植物性の / human 人間の / mineral 鉱物性の. ❷ 動物的な, 肉欲的な《⇒ human》: *animal* instincts 動物的本能.
〘語源 ラテン語で「生きもの」の意〙

ánimal húsbandry 名 U 畜産業.

ánimal ríghts 名 複 動物の権利: an *animal rights* group [activist] 動物保護団体[活動家].

an·i·mate¹ /ǽnəmèɪt/ 動 ⑯ ❶ (...)を生き生きさせる; (...)を活性化させる. ❷ (...)をアニメ化する.

an·i·mate² /ǽnəmət/ 形《格式》(無生物に対して)生命のある, 生きている, 有生の [⇔ inanimate].

an·i·mat·ed /ǽnəmèɪṭɪd/ 形 ❶ 生き生きした, 活発な [≒ lively]: an *animated* discussion 活発な議論. ❷ 限定 アニメの: an *animated* cartoon [film] アニメ(映画).

an·i·mat·ed·ly /ǽnəmèɪṭɪdli/ 副 生き生きと; 活発に.

an·i·ma·tion /æ̀nəméɪʃən/ 名 ❶ U アニメーション製作; C アニメーション, アニメ(映画). ❷ U 生気, 活気: with *animation* 活発に, 生き生きと.

an·i·ma·tor /ǽnəmèɪṭə | -tə/ 名 C アニメ制作者.

an·i·me /ǽnəmèɪ/ 名 U (日本の)アニメ.

an·i·mis·m /ǽnəmìzm/ 名 U アニミズム, 精霊崇拝《自然物にはすべて霊魂が宿るという信仰》.

an·i·mos·i·ty /æ̀nəmɑ́(ː)səṭi | -mɔ́s-/ 名 (-i·ties) U,C 敵意, 強い憎しみ, 恨み [≒ hostility] (*against*, toward, between).

an·i·mus /ǽnəməs/ 名 [U または an ~]《格式》悪意, 憎悪.

an·ise /ǽnɪs/ 名 U,C アニス(の実)《せり科の植物》.

an·i·seed /ǽnɪsìːd/ 名 U アニシード, アニスの実《アルコールや菓子の香味料》.

An·ka·ra /ǽŋkərə/ 名 固 アンカラ《トルコの首都》.

+**an·kle** /ǽŋkl/ 名 (~s /~z/) ❶ C **足首**, くるぶし《⇒ leg 挿絵》: sprain [twist] one's *ankle* 足首をねんざする / cross one's *ankles* 軽く足を組む. ❷ [形容詞的に] 足首までの: *ankle* socks [boots] 足首までの短いソックス[ブーツ].

an·klet /ǽŋklət/ 名 ❶ C アンクレット《足首[くるぶし]の飾り輪》. ❷ C [普通は複数形で]《米》(足首までの)短いソックス.

Ann /ǽn/ 名 固 アン《女性の名; 愛称は Annie, Nan》.

An·na /ǽnə/ 名 固 アンナ《女性の名; 愛称は Annie, Nan》.

an·nals /ǽn(ə)lz/ 名 複 [the ~] 年代記, 年史; (歴史の)記録; (学会などの)年報, 紀要: in *the annals of* science 科学史の中で.

An·nap·o·lis /ənǽp(ə)lɪs/ 名 固 アナポリス《米国 Maryland 州の州都》.

Anne /ǽn/ 名 固 ❶ = Ann. ❷ Queen ~ アン女王 (1665-1714)《英国の女王 (1702-14)》.

an·neal /əníːl/ 動 他 (金属・ガラスなど)を焼き戻す.

an·nex[1] /ənéks, ǽneks | ənéks/ 動 他 (特に武力で)(領土など)を併合する (*to*).

an·nex[2] /ǽneks/ 名 ❶ C 建て増し部分, 別館 (*to*). ❷ C《格式》付属書類, (巻末)付録.

an·nex·a·tion /æ̀nekséɪʃən/ 名 C,U 併合.

an·nexe /ǽneks/ 名 C《英》= annex[2].

An·nie /ǽni/ 名 固 アニー《女性の名; Ann, Anna および Anne の愛称》.

an·ni·hi·late /ənáɪəlèɪt/ 動 他 ❶ (...)を全滅[壊滅]させる; 絶滅させる. ❷ (相手)を打ち負かす.

an·ni·hi·la·tion /ənàɪəléɪʃən/ 名 U 全滅; 絶滅.

an·ni·ver·sa·ry** /æ̀nəvə́ːs(ə)ri | -vɜ́ː-/ — 名 (-sa·ries /~z/) ❶ C (毎年の)**記念日**, 記念祭, ...周年祭: our tenth wedding *anniversary* 私たちの結婚 10 周年 / The ***anniversary of my grandfather's death is (on) June 29. 祖父の命日は 6 月 29 日です. ❷ [形容詞的に] 記念日の: an *anniversary* dinner 記念日の晩餐(ばん)会.
〖語源 ラテン語で「毎年巡ってくる」の意; ⇒ reverse キズナ〗

An·no Do·mi·ni /ǽnoʊdɑ́(ː)mənìː | -dɔ́mɪnàɪ/ 副 西暦で, キリスト紀元で《略 A.D., A.D.》. ✪ 用法については ⇒ A.D.

an·no·tate /ǽnətèɪt/ 動 他 (...)に注釈をつける.

an·no·ta·tion /æ̀nətéɪʃən/ 名 C 注釈, 注解; U 注釈をつけること.

an·nounce** /ənáʊns/ — 動 (an·nounc·es /~ɪz/; an·nounced /~t/; an·nounc·ing) 他 ❶ (...)を**知らせる**, **発表する**; (...である)と公表する; (空港・駅などで)(...)を[と]アナウンスする: The couple *announced* their engagement. 二人は婚約を発表した / The company ***announced that it will launch a new service in April. V+O (that 節) その会社は 4 月から新サービスを始めると発表した 多用 / It ***was announced that*** a typhoon was approaching Kyushu. V+O (that 節の受身) 台風が九州に接近していると発表された / The government ***announced*** (*to* the press) ***when*** the President would visit Japan. V(+to+名)+O (wh 節) 政府は(報道陣に)大統領の訪日がいつになるのか発表した / The delay of that flight has just been *announced*. 今, その便が遅れるという放送があった. 日英 日本語の「アナウンス」のように announce を名詞として用いることはない.
❷ (...)と(大声ではっきりと)**言う**, 表明する: She suddenly *announced*, "I'm going to quit my job." 彼女は突然, 仕事をやめると言い放った. ❸ (客など)の名[到着]を告げる, (食事など)が整ったことを告げる: Dinner was *announced*. 食事の準備ができたと知らされた. ❹ (番組など)のアナウンサー[司会]をする, (テレビ・ラジオで)(...)を紹介する, 伝える.
— 自《米》(公職に)出馬表明する (*for*).
(名 annóuncement)

an·nounce·ment** /ənáʊnsmənt/ — 名 (-nounce·ments /-mənts/) C,U **発表**, 告知, 通知; アナウンス; 新聞の短い広告《⇒ announce 日英》: I have an ***announcement to ***make***. お知らせしたいことがあります / The ***announcement of*** his resignation will be in tomorrow's newspaper. 彼の辞職の発表はあすの新聞に載るだろう / an ***announcement about*** [***on***] tax increases 増税の発表 / Listen to the flight departure *announcements* carefully. 出発便のアナウンスをよく聞いてください / a death *announcement* 死亡広告.
(動 annóunce)

+**an·nounc·er** /ənáʊnsɚ | -sə/ 名 (~s /~z/) ❶ C **アナウンサー**. ❷ C 場内アナウンスをする人[係].

an·noy** /ənɔ́ɪ/ 動 (an·noys /~z/; an·noyed /~d/; -noy·ing) 他 (人)を**いらいらさせる**, 困らせる, 怒らせる《⇒ worry 類義語》: The boy often *annoyed* his parents by asking repetitive questions. その子は繰り返し同じ質問をして両親をよく困らせた / 言い換え His constant chatter *annoyed* us. = ***It annoyed us ***to*** hear his constant chatter. 彼がいつまでもおしゃべりを続けるのでいらいらした.
(名 annóyance)

an·noy·ance /ənɔ́ɪəns/ 名 ❶ U いらだち; いらだたせること: *in annoyance* いらいらして. ❷ C 迷惑な物[人, こと], 悩みの種: The noise of engines is a great *annoyance* at night. エンジンの音は夜はとても迷惑だ.
to ...'s annóyance [副] 文修飾 ...がいらだった[困った]ことに: He failed again, *to my annoyance*. 腹の立つことにあいつはまた失敗した.
(動 annóy)

an·noyed /ənɔ́ɪd/ 形 [普通は 叙述] いらいらした, 腹を立てた: He was *annoyed with* [*at*] his drunken friend. 彼は酔った友人に腹が立った / She was getting *annoyed by* his constant interruptions. 彼女は彼に絶え間なく邪魔をされていらいらしてきた / My aunt was *annoyed that* her son didn't obey her. おばは息子が言うことを聞かないので腹を立てた.

an·noy·ing /ənɔ́ɪɪŋ/ 形 いらいらする, 腹立たしい, 迷惑な: It's *annoying* that I can't use my smartphone here. ここでスマホを使えないのは腹が立つ. **~·ly** 副 いらいらするほど; 腹立たしいことに.

***an·nu·al** /ǽnjuəl/ 形 [比較なし] ❶ 限定 **毎年の**, 例年の, 年 1 回の [≒yearly]: an *annual* event 年中行事 / The *annual* parade was canceled this year. 毎年行なわれるパレードは今年は中止となった.
❷ 限定 **1 年間の**, 1 年分の: an *annual* income 年収 / an *annual* budget 年間予算. ❸ 限定〖植物〗一年

生の. 関連 biennial 二年生の / perennial 多年生の.
— 名 ❶ C (特に子供向けに同じタイトルで)毎年刊行の本[雑誌], 年鑑. ❷ C 一年生植物.

an·nu·al·ly /ǽnjuəli/ 副 1 年ごとに, 毎年; 年間(に).

an·nu·i·ty /ən(j)ú:əṭi | ənjú:-/ 名 (-i·ties) C (終身)年金.

an·nul /ənʌ́l/ 動 (an·nuls; an·nulled; -nul·ling) 他 [しばしば受身で] (法令·決議·婚約·契約など)を取り消す, 廃棄する, 無効にする.

an·nul·ment /ənʌ́lmənt/ 名 C,U 廃棄, 無効.

annum ⇒ per annum.

an·nun·ci·a·tion /ənʌ̀nsiéɪʃən/ 名 [the A-] 〔キリスト教〕お告げ, 受胎告知; お告げの祭り《3 月 25 日》.

an·ode /ǽnoʊd/ 名 C 〔電気〕 陽極 [⇔ cathode].

an·o·dyne /ǽnədàɪn/ 形 《格式》 あたりさわりのない, 無難な. — 名 ❶ C 鎮痛剤. ❷ C 《格式》 (感情などを)和らげるもの.

a·noint /ənɔ́ɪnt/ 動 他 (頭·体など)に油を塗って[水を注いで]清める《洗礼(式)などで行なわれる》 (*with*).

a·noint·ment /ənɔ́ɪntmənt/ 名 U,C 塗油.

a·nom·a·lous /ənɑ́(ː)mələs | ənɔ́m-/ 形 《格式》 変則の, 異例の. **~·ly** 副 変則的に, 異例に.

a·nom·a·ly /ənɑ́(ː)məli | ənɔ́m-/ 名 (-a·lies) C,U 《格式》 異例な物[こと], 異常: various recent *anomalies in* the weather 最近の様々な異常気象.

a·non /ənɑ́(ː)n | ənɔ́n/ 副 《文語》 ほどなく, すぐに.

anon. 略 = anonymous.

an·o·nym·i·ty /æ̀nənɪ́məṭi/ 名 ❶ U 匿名(とくめい), 無名; 作者不明. ❷ U 特徴のないこと.

+**a·non·y·mous** /ənɑ́(ː)nəməs | ənɔ́n-/ 形 ❶ **匿名**(とくめい)**の**; 作者不明の: an *anonymous* phone call 匿名の電話. ❷ 特徴のない.
~·ly 副 匿名で.

an·o·rak /ǽnəræ̀k/ 名 ❶ C アノラック《登山·スキー用などのフード付き防寒服》. ❷ C 《英略式》 つまらないことに熱中する人, おたく.

an·o·rex·i·a /æ̀nəréksiə/ 名 U 拒食症.

an·o·rex·ic /æ̀nəréksɪk⁻/ 形 拒食症の. — 名 C 拒食症患者.

***an·oth·er /ənʌ́ðɚ | -ðə/

> **単語のエッセンス**
> an＋other で, 基本的には「もう 1 つ」の意.
> 1) もう 1 つ[1 人](の) 形 ❶, 代 ❶
> 2) 別の 1 つ[1 人](の) 形 ❷, 代 ❷
> 3) 別のもの 代 ❸

— 形 語法 数えられる名詞の単数形につける. ❶ 限定 **もう 1 つ[1 人]の** (one more) 《⇒ one² 形》: How about *another* cup of tea? お茶をもう 1 杯いかがですか / This is yet *another* example of climate change. これは気候変動のさらにもう 1 つの例です / *Not another* word! もうそれ以上言うな / Our village will change in *another* ten years. もう 10 年もたてば私たちの村は変わるだろう. 語法🔍 この文では ten years をひとまとまりの期間[単位]とみなして another を用いている.
❷ 限定 (最初[ほか]とは) **別の 1 つ[1 人]の**, ほかの 1 つ[1 人]の; いつか[何か, どこか]ほかの《⇒ other, one² 形》: Will you show me *another* (kind of) bag? 別の(種類の)かばんを見せてください / That's quite *another* thing [matter]. それは全く別のことだ / She's been *another* person since she won first prize. 彼女は 1 等賞を取ってから人が変わった. ❸ 限定 [普通は固有名詞につけて] ...のような(人[物]), 第二の...《⇒ a² 5》: *another* Madame Curie 第二のキュリー夫人, キュリー夫人の再来.

(and) anóther thìng Ⓢ (それに)もう 1 つ: *And another thing* — What about that twenty dollars I lent you? それにもう 1 つ, 貸した 20 ドルはどうなったんだ.

Nót anóther ...! Ⓢ また...か, いやになっちゃうな.

— 代 《不定代名詞》

> 語法🔍 another は単数扱い. 元来は an＋other なので, その前に冠詞 (an, the) や指示代名詞 (this, that), 人称代名詞の所有格 (my, your, his など) はつけられない. 複数の場合は others を用いる《⇒ other 代》.

❶ **もう 1 つ, もう 1 人**; 似た物[人], 同類[同等](の物[人]): He drank one cup of tea and then asked for *another*. 彼はお茶を 1 杯飲むとまたもう 1 杯おかわりを求めた / I'll buy ***another*** of the same type. 同じ型のものをもう 1 つ買います.
❷ **ほかの物[人]**; 《文語》 他人: I don't like this. Please show me *another*. これは気に入らないので, ほかのを(1 つ)見せてください.
❸ [しばしば one と対応して; ⇒ one² 代 3, 形] **別のもの[こと]**: in *one* way or *another* 何らかの方法で / go from *one* store to *another* 店を次々と回る.

for anóther ⇒ for one thing (thing 成句).

***an·swer /ǽnsɚ | ɑ́:nsə/

— 名 (~s /~z/) ❶ C **答え, 返事**, 回答: What was his *answer*? 彼の返事はどうでしたか / She gave no ***answer to*** his question. 彼女は彼の質問に全く答えなかった / ***In answer to*** your question, we are doing our best. ご質問への回答ですが, 私たちは最善を尽くしています / The *answer* is yes [no]. 答えはイエス[ノー]だ / No *answer* is also an *answer*. 《ことわざ》 返事のないのもまた返事.
❷ C **解答; 解決策** [≒solution]: the right [wrong] *answer* 正解[不正解] / Your ***answer to*** the question is correct. その問題に対するあなたの解答は正しい / There are no easy [simple] *answers to* the current garbage problem. 今日のごみ問題に容易な解決策はない.
❸ C **応答**; 反応, 応対: I knocked but there was no *answer*. ノックをしたが何の応答もなかった. ❹ C [所有格の後で] 同等の人[物], 相当する人[物]: Chikamatsu is said to be Japan's *answer to* Shakespeare. 近松(門左衛門)は日本のシェークスピアと言われている.

knów [hàve] áll the ánswers [動] 自 《略式》 何でも知っている(つもりでいる).

— 動 (an·swers /~z/; an·swered /~d/; -swer·ing /-s(ə)rɪŋ/) 他 ❶ (人の)(質問など)に**答える**, (人·手紙など)に**返事をする**, 回答する; (人に)(...)と答える, 返事として言う [⇔ ask] 《⇒ 類義語》: She didn't *answer* my question. 彼女は私の質問に答えなかった / She ***answered*** (me) ***that*** she would come. V (+O) +O (*that* 節) 彼女は(私に)伺いますと返事した / "I'm Japanese," *answered* the boy [the boy *answered*]. V+O (引用節) 「僕は日本人です」とその少年は答えた《⇒ 巻末文法 15.2 (2)》 / *Answer* me this. V+O+O これに答えてみなさい.

…に答える
質問に答える
○**answer** a question
×answer to a question

❷ (問題・なぞ)を**解く**, 解答する; (問題など)を解決する: Can you *answer* this question? この問題を解けますか.
❸ (応対するために)(電話)に**出る**, (ノックなど)に応答する: Will you *answer* the phone [bell, door]? ちょっと電話[玄関]に出てくれませんか. ❹ (非難・攻撃など)に応じる, 応酬[仕返し]する: *answer* blows *with* blows 打たれて打ち返す / The enemy *answered* our fire. 敵は我々の砲火に応酬してきた. ❺ (希望・要求など)にかなう, 応える, 役立つ; (要件など)を満たす: Your prayer will *be answered.* あなたの祈りはかなえられるだろう. ❻ (...)に合致する, ぴったり合う: *answer* the description 人相書きに一致する.
— 自 ❶ **答える**, 返事をする; 解答する; (電話・ノックなどに)応答する: Please *answer* in English. 英語で答えなさい / I called, but no one *answered.* 私は呼んだが, だれも返事をしなかった / *answer* with a nod うなずいて答える. ❷ 応じる, 応酬する.

answer の句動詞

ánswer báck 動 自 ❶ (特に子供が大人に対して)口答えをする. ❷ 反論[自己弁護]する.
— 他 (人)に口答えをする: Don't *answer* your father *back.* お父さんに口答えしてはいけませんよ.
ánswer for ... 動 他 ❶ ...**に対して責任をとる**, ...を償う: You have to *answer for* your own actions. あなたは自分の行動に対して責任をとらないといけない / You have a lot to *answer for.* 君には重大な責任がある.
❷ ...**を保証する:** I will ***answer*** (*to* you) ***for*** his honesty. 彼が正直なことは私が(あなたに)保証します.
❸ [普通は can't を伴って] Ⓢ ...**に代わって答える:** I know her very well, but I *can't answer for* her. 彼女のことはよく知っていますが, 代わって返事はできません.
ánswer to ... 動 他 ❶ (人)に対して(〜の)説明責任を負う, 報告義務がある (*for*). ❷ ...に合致する, ぴったり合う: *answer to* the description (of the robber) (強盗の)人相書きに一致する.
ánswer to the náme of ... [動] 他 (人・ペットなどが)...と呼ばれている, ...という名である.

類義語 **answer** 最も一般的な語で, 質問・呼びかけ・要請などに対して答えることをいう. **reply** *answer* よりやや改まった感じの語で, 書きことばでより用いられる: He *replied* to our question by letter. 彼は我々の質問に手紙で回答した. **respond** 最も格式ばった感じの語で, 質問や反論に対して回答することをいう: She did not *respond* to my letter. 彼女は私の手紙には何の回答もしなかった.

an·swer·a·ble /ǽns(ə)rəbl | ɑ́:n-/ 形 ❶ 叙述 (人に)説明責任を負う (*to*); (行為に対して)責任のある (*for*). ❷ (質問が)答えられる [⇔ unanswerable].
án·swer·ing machìne /ǽns(ə)rɪŋ- | ɑ́:n-/ 名 C 留守番電話: leave a message on ...'s *answering machine* ...の留守番電話に伝言を残す.
an·swer·phone /ǽnsəfoʊn | ɑ́:nsə-/ 名 C 《英》 = answering machine.
ant /ǽnt/ (同音 《米》 #aunt) 名 C あり《昆虫》. **hàve ánts in** one's **pànts** [動] 自 《略式》 いらいら[むずむず, そわそわ]している; 興奮している.
-ant /(ə)nt/ 接尾 ❶ [形容詞語尾]「...性の」の意: brilli*ant* 光り輝く / dist*ant* 遠い. ❷ [名詞語尾]「...する人[物]」の意 (⇒ -er²): assist*ant* 助手 / stimul*ant* 興奮剤 (⇒ -ent). (1 では 名 -ance)
ant·ac·id /æntǽsɪd/ 名 C (胃の)酸中和剤, 制酸薬.
an·tag·o·nis·m /æntǽgənìzm/ 名 U 敵意, 敵対, 反対 (*against, between, to, toward*).
an·tag·o·nist /æntǽgənɪst/ 名 C 敵対者, 反対者, 相手; かたき役.
an·tag·o·nis·tic /æntæ̀gənístɪk←/ 形 敵対する, 反対の, 敵意のある (*to, toward*). **-nis·ti·cal·ly** /-kəli/ 副 敵対して.
an·tag·o·nize /æntǽgənàɪz/ 動 他 (人)を敵にまわす, (人)の反感を買う.
ant·arc·tic /æntɑ́əktɪk | -tɑ́:k-/ 名 [the A-] 南極(地方). 関連 the Arctic 北極. — 形 [普通は A-] 限定 南極(地方)の: an *Antarctic* expedition 南極探検(隊). 〖語源 「北極 (Arctic) の反対」の意〗
Ant·arc·ti·ca /æntɑ́əktɪkə | -tɑ́:k-/ 名 固 南極大陸 (⇒ continent¹ 参考).
Antárctic Círcle 名 固 [the 〜] 南極圏 (⇒ zone 挿絵).
Antárctic Cóntinent 名 固 [the 〜] = Antarctica.
Antárctic Ócean 名 固 [the 〜] 南極海, 南氷洋 《南極大陸を取り巻く海洋; ⇒ ocean 2》.
Antárctic Zòne 名 [the 〜] 南極帯《南極圏 (Antarctic Circle) と南極との間の地帯》.
an·te /ǽnṭi/ 名 [次の成句で] **úp [ráise] the ánte** [動] 自 賭け金[(申し出の)金額]を引き上げる; 要求をつり上げる (*on*). — 動 [次の成句で] **ánte úp** [動] 他 (分担金など)を支払う. — 自 金を出す.
an·te- /ǽnṭɪ/ 接頭 「前の」の意 [⇔ post-].
ant·eat·er /ǽntì:ṭə | -tə/ 名 C ありくい《南米産の動物》.
an·te·bel·lum /æ̀nṭɪbéləm←/ 形 限定 戦前の; 《米》 南北戦争前の.
an·te·ced·ent /æ̀nṭəsí:dənt, -dnt←/ 名 ❶ C 《格式》 前例, 先立つもの, 先行者. ❷ C 〔文法〕 (代名詞などの)先行詞. ❸ [複数形で] 《格式》 祖先.
— 形 《格式》 先立つ, 先行する (*to*).
an·te·cham·ber /ǽnṭɪtʃèɪmbə | -bə/ 名 C = anteroom.
an·te·date /ǽnṭɪdèɪt/ 動 他 《格式》 (...)より月日が前である; (...)の日付を早める [⇔ postdate].
an·te·di·lu·vi·an /æ̀nṭɪḍəlú:viən, -daɪ-←/ 形 《格式》 時代遅れの.
an·te·lope /ǽnṭəlòʊp/ 名 (複 〜(s)) C アンテロープ, かもしか, 羚羊(れいよう).
an·te·na·tal /æ̀nṭɪnéɪṭl←/ 形 限定 《英》 出生前の, 出産前の.
an·ten·na /ænténə/ アク 名 (1 では 複 〜s /〜z/; 2 では 複 **an·ten·nae** /-ni:/) ❶ C 《主に米》 アンテナ [《英》 aerial]: set up an *antenna* アンテナを立てる. ❷ C 〔動物〕 触角.
an·te·ri·or /æntí(ə)riə | -riə/ 形 ❶ 〔生物〕 (体の)前部の [⇔ posterior]. ❷ 《格式》 (時間・順序などが)前のほうの (*to*).
an·te·room /ǽnṭɪrù:m/ 名 C 控えの間; 待合室.
an·them /ǽnθəm/ 名 C 聖歌, 賛歌; 祝歌; 代表的な

歌: the British national *anthem* 英国国歌.
an·them·ic /ænθémɪk, -θíːm-/ 形 賛歌のような, 高揚させる.
ant·hill /ǽnthìl/ 名 C あり塚, ありの塔.
an·thol·o·gy /ænθɑ́(ː)ləʤi | -θɔ́l-/ 名 (-o·gies) C 名詩選集, 作品集, アンソロジー; 名曲集.
An·tho·ny /ǽnθəni, ǽnṭə-/ 名 固 アンソニー, アントニー《男性の名; 愛称は Tony》.
an·thra·cite /ǽnθrəsàɪt/ 名 U 無煙炭.
an·thrax /ǽnθræks/ 名 U 炭疽(たんそ)病《家畜などの伝染病で人間にも感染する》.
an·thro·poid /ǽnθrəpɔ̀ɪd/ 形 限定 人間に似た.
— 名 C 類人猿《チンパンジー・ゴリラなど》.
an·thro·po·log·i·cal /ænθrəpəlɑ́(ː)ʤɪk(ə)l | -lɔ́ʤ-ˊ/ 形 人類学(上)の.
an·thro·pol·o·gist /ænθrəpɑ́(ː)ləʤɪst | -pɔ́l-/ 名 C 人類学者.
an·thro·pol·o·gy /ænθrəpɑ́(ː)ləʤi | -pɔ́l-/ 名 U 人類学.
an·thro·po·mor·phis·m /ænθrəpəmɔ́ɚfɪzm | -mɔ́ː-/ 名 ❶ U 擬人化. ❷ U 神人同形論, 擬人観.
an·ti /ǽntaɪ, -ṭi | -ti/ 前《略式》...に反対で.
an·ti- /æ̀nṭɪ, ṭi, -taɪ | -tɪ, -ti/ 接頭 ❶「...に反対の, ...嫌いの, ...に対抗する, ...の逆の」の意 [⇔ pro-]: *anti*social 反社会的な. ❷「...しない, 防..., 不...」の意: *anti*septic 防腐性の.
an·ti·air·craft /æ̀ntaɪéɚkræ̀ft | -tiéəkrɑ̀ːftˊ/ 形 限定 (兵器が)対空(用)の.
an·ti·bac·te·ri·al /æ̀nṭɪbæktí(ə)riəl/ 形 抗菌性の.
+**an·ti·bi·ot·ic** /æ̀nṭɪbaɪɑ́(ː)ṭɪk | -ɔ́t-ˊ/ 名 (~s /~s/) C [普通は複数形で] **抗生物質**: take *antibiotics* 抗生物質を服用する. — 形〔生化〕抗生の.
an·ti·bod·y /ǽnṭɪbɑ̀(ː)ḍi | -bɔ̀di/ 名 (-bod·ies) C〔生理〕抗体. 関連 antigen 抗原.
***an·tic·i·pate** /æntísəpèɪt/ アク 動 (-i·pates /-pèɪts/; -i·pat·ed /-ṭɪd/; -i·pat·ing /-ṭɪŋ/) 他

> 意味のチャート
> 「先取りする」が元の意味.「**先手を打つ**」❷
> → (先んずる) →「**先に行なう[言う]**」❸
> → (先に考えておく) →「**予期する**」❶

❶ (...)を**予期する**, 予想する; 楽しみにして待つ: 言い換え I *anticipated* trouble. = I ***anticipated that*** there would be trouble. V+O (*that* 節) 私は面倒なことになると予想した / *Anticipating* a heavy snowfall, we came home early. 大雪を予想して早目に帰宅した / My sister eagerly ***anticipated*** receiv***ing*** her present from Santa Claus. V+O (動名) 妹はサンタクロースからプレゼントをもらうのをとても楽しみにしていた.
❷ (...)に**先手を打つ**, (希望・要求など)を見越して対処する: I *anticipated* his questions by having answers ready. 私は彼の質問を見越して答えを用意しておいた / The nurse *anticipated* all his needs. 看護師は彼の要求をすべて見越して対処した.
❸ (...)に**先んずる**: It is said that the Vikings *anticipated* Columbus in reaching America. バイキングのほうがコロンブスより先にアメリカに到達したと言われている. (名 antìcipátion)
an·tic·i·pa·tion /æntìsəpéɪʃən/ 名 U 予想, 予期; 期待: *anticipation* of inflation インフレの予想 / with eager *anticipation* 大いに期待して. **in anticipátion of ...** [前] ...を予想して, 見越して. (動 antícipàte, 形 antícipatòry)
an·tic·i·pa·to·ry /æntísəpətɔ̀ːri | -təri, -tri/ 形《格式》予期しての, 見越しての. (名 antìcipátion)
an·ti·cli·mac·tic /æ̀nṭɪklaɪmǽktɪkˊ/ 形 拍子抜けの, しりすぼみの, 竜頭蛇尾の.
an·ti·cli·max /æ̀nṭɪkláɪmæks/ 名 C 拍子抜け, しりすぼみ, 竜頭蛇尾.
an·ti·clock·wise /æ̀nṭɪklɑ́(ː)kwàɪz | -klɔ́k-ˊ/ 副 形《英》= counterclockwise.
an·tics /ǽnṭɪks/ 名 複 おどけ, ふざけ.
an·ti·cy·clone /æ̀nṭɪsáɪkloʊn/ 名 C〔気象〕高気圧(の勢力圏).
an·ti·de·pres·sant /æ̀nṭɪdɪprés(ə)nt/ 名 C,U 抗鬱(うつ)剤.
an·ti·dote /ǽnṭɪdòʊt/ 名 C 解毒剤; 矯正手段, 対策 (*to, for, against*).
an·ti·freeze /ǽnṭɪfrìːz/ 名 U 不凍液.
an·ti·gen /ǽnṭɪʤən, -ʤèn/ 名 C〔生理〕抗原.
anti·hero /ǽnṭɪhì(ə)roʊ | -hìər-/ 名 (~es) C アンチヒーロー《ごく平凡な主人公》.
an·ti·his·ta·mine /æ̀nṭɪhístəmìːn/ 名 U,C 抗ヒスタミン剤《ぜんそく・じんましんなどの薬》.
an·ti-in·flam·ma·to·ry /æ̀nṭɪɪnflǽmətɔ̀ːri | -təri, -tri/ 形 限定〔薬学〕抗炎症(性)の. — 名 C 抗炎症剤.
an·ti·mo·ny /ǽnṭəmòʊni | -mə-/ 名 U〔化学〕アンチモン《元素記号 Sb》.
an·ti·nu·cle·ar /æ̀nṭɪn(j)úːkliɚ | -njúːkliəˊ/ 形 反核の, 核兵器反対の; 原発に反対の.
an·ti·ox·i·dant /æ̀nṭiɑ́(ː)ksədənt, -dnt | -ɔ́k-/ 名 C 酸化防止剤.
an·ti·pas·to /æ̀nṭɪpɑ́ːstoʊ | -pǽs-/ 名 (複 ~s, an·ti·pas·ti /-ti/) C,U (イタリア料理の)前菜.
an·ti·pa·thet·ic /æ̀nṭɪpəθéṭɪkˊ/ 形《格式》(...を)毛嫌いする, (...に)反感をもつ (*to, toward*).
an·tip·a·thy /æntípəθi/ 名 (-a·thies) U,C《格式》(強い)反感, 毛嫌い (*to, toward, between*).
an·ti·per·son·nel /æ̀nṭɪpɚ̀ːsənél | -pɜ̀ː-/ 形 限定 (兵器が)兵員殺傷用の, 対人の: *antipersonnel* mines 対人地雷.
an·ti·per·spi·rant /æ̀nṭɪpɚ́ːspərənt | -pɜ́ː-/ 名 U,C 制汗剤.
An·tip·o·des /æntípədìːz/ 名 複 [the ~]《英》[こっけいに] オーストラリアおよびニュージーランド.
an·ti·quar·i·an /æ̀nṭəkwé(ə)riənˊ/ 形 限定 古物研究[収集, 売買]の. — 名 C 古物研究[収集]家; 骨董(こっとう)商.
an·ti·quat·ed /ǽnṭəkwèɪṭɪd/ 形 古くさい, 旧式の.
***an·tique** /æntíːk/ アク 形 限定 **骨董(こっとう)品の**, 古くて値打ちのある: an *antique* vase 骨董品の花びん. (名 antíquity)
— 名 (~s /~s/) C **骨董品**; 古くて値打ちのある品.
an·tiq·ui·ty /æntíkwəṭi/ 名 (-ui·ties) ❶ U 大昔, 古代: in *antiquity* 大昔には. ❷ U 古さ, 古色. ❸ [複数形で] 古器物, 古代の遺物. (形 àntíque)
an·ti-Sem·ite /æ̀nṭɪsémaɪt/ 名 C 反ユダヤ主義者.
an·ti-Se·mit·ic /æ̀nṭɪsəmíṭɪkˊ/ 形 反ユダヤ主義の.
an·ti-Sem·i·tis·m /æ̀nṭɪsémətɪzm/ 名 U 反ユダヤ主義[運動].
an·ti·sep·tic /æ̀nṭəséptɪkˊ/ 名 C,U 消毒剤; 防腐剤. — 形 殺菌力のある, 防腐性の; 無菌(性)の.
an·ti·so·cial /æ̀nṭɪsóʊʃəlˊ/ 形 ❶ 反社会的な. ❷ 非社交的な [⇔ sociable].
an·tith·e·sis /æntíθəsɪs/ 名 (an·tith·e·ses /-sìːz/)

❶ Ⓒ《格式》(...と)正反対のもの (*of*); アンチテーゼ. ❷ Ⓒ《格式》対照, 対立 (*between*, *of*).

an·ti·thet·i·cal /æ̀ntəθéṭɪk(ə)l⁻/ 形《格式》正反対の, 対照的な (*to*).

an·ti·trust /æ̀nṭɪtrʌ́st⁻/ 形 限定 反トラストの, 独占禁止の.

an·ti·vi·rus /æ̀nṭɪváɪ(ə)rəs/ 形〘コンピュータ〙アンチウイルスの, ウイルス対策の.

ant·ler /ǽntlɚ | -lə/ 名 Ⓒ (鹿(しか)の)枝角.

Antoinette 名 固 ⇒ Marie Antoinette.

An·to·ni·o /æntóʊniòʊ/ 名 固 アントニオ《男性の名》.

An·to·ny /ǽnṭəni/ 名 固 ❶ アントニー《男性の名; 愛称は Tony》. ❷ Mark ~ アントニウス (83?-30B.C.)《ローマの軍人・政治家》.

an·to·nym /ǽnṭənɪ̀m/ 名 Ⓒ 反意語 [≒opposite]《heavy (重い)に対して light (軽い)のように反対の意味の語; ⇒ synonym》. 参考 この辞書では ⇔ で示してある.

ant·sy /ǽntsi/ 形 (ant·si·er; ant·si·est)《略式》そわそわ[いらいら]して.

a·nus /éɪnəs/ 名 Ⓒ〘解剖〙肛門(こうもん). (形 ánal)

an·vil /ǽnv(ə)l/ 名 Ⓒ (かじ屋の)金床(かなとこ).

anx·i·e·ty** /æŋ(g)záɪəṭi/ アク 発音 名 (-e·ties /~z/) ❶ Ｕ,Ｃ (これから先の)**不安**, 心配, 懸念《⇒ worry 類義語》: She felt *anxiety about* [*over*] her future. +about[over]+名 彼女は自分の将来について不安を感じた / He has (a) great ***anxiety about visit*ing* dentists. +about+動名 彼は歯医者に行くことに大変な不安を抱いている.
❷ Ⓒ **心配事**, 心配の種: His illness is one of her chief *anxieties*. 彼の病気は彼女がとても心配していることの一つだ. ❸ Ｕ 切望, 熱望: He is full of *anxiety to* please his family. 彼は家族を喜ばせようという気持ちでいっぱいだ. (形 ánxious)

***anx·ious** /ǽŋ(k)ʃəs/ 形

意味のチャート
angry, anguish と同語源で「悩んでいる」の意.
→「**心配して**」❶
→ (...しようと苦心して) →「**切望して**」❷

❶ **心配して**, (...を)不安に思って《⇒ worried 類義語》: I am ***anxious about*** your health. +about+名 あなたの体が心配だ / They were ***anxious for*** news of their missing relatives. +for+名 彼らは行方不明の肉親の知らせを気にかけていた / I was ***anxious that*** the boy might get lost on the way. +that 節 その少年が途中で道に迷うのではないかと心配だった / an *anxious* look 心配そうな顔.
❷ 叙述 **切望して**, ...したがって《⇒ eager 類義語》: She was ***anxious to*** meet you. +to 不定詞 彼女はあなたに会いたがっていた 多用《✪ anxious for meeting you とは言わない》/ They were ***anxious for*** help. +for+名 彼らは援助を切望していた / 言い換え We were all ***anxious that*** you (*should*) return. +that 節 = We were all ***anxious for*** you ***to*** return. +for+名+to 不定詞 私たちはみなあなたに帰ってきてほしいと願っていました《⇒ should A 8》.
❸ 限定 不安な: an *anxious* night 不安な一夜. (名 anxíety)

anx·ious·ly /ǽŋ(k)ʃəsli/ 副 心配して, 心配そうに, 不安そうに; 切望して.

*****an·y**

単語のエッセンス

1) いくらかの(人[物]) 形❶; 代❶
2) どの...でも, だれ[どれ]でも 形❷; 代❷
3) 何らかの 形❸
4) 少しは 副

― 形 ❶ /(弱形) əni; (強形) éni/ **いくらかの**, 多少の; 何らかの, だれか; [否定文で] **どの[少しの]...も (～ない)**: Do they have *any* children? あの人たちには子供がいるの? / Is there *any* water in the jar? びんに水は入ってる? / *If* there is *any* mud on your shoes, please wipe it off before you come in. 靴に泥がついていたら中に入る前にふいてください / I don't know *if* [*whether*] she has *any* jewelry. 彼女が宝石を持っているかどうか知らない.

語法 **any の使い方**
(1) some と同じく数えられる名詞の複数形か数えられない名詞の前につけて, 不定の数量を表わす. 意味が弱く和訳する必要のないことが多い. 文中では弱く発音する.
(2) 一般的に疑問文・否定文, および if, whether の節では any を用い, 肯定文では some を用いる《⇒ some 形 1 語法 (2)》. 否定文では not any = no となり, どの部分も(全部)否定する《⇒ no 形 1 語法》: 言い換え I do*n't* have *any* books. (= I have *no* books.) 本は(1 冊も)持っていない.
(3) 形が平叙肯定文であっても否定的意味を示す語句を含む場合 any を用いる《⇒ hardly 1 語法》: He did it *without any* difficulty. 彼は何の苦もなくそれをした / They *avoided any* such problems. 彼らはそんな問題は避けていた / I *doubt* that he wants *any* advice. 彼は忠告を求めていないと思う.
(4) 否定文で主語とともには用いない. 主語を否定する場合は no を用いる: *No* students know this. これを知っている生徒はいない《*Any* students do*n't* know this. や *Not any* students know this. とは言わない》.
(5) 数や量よりも物の存在自体が関心の対象となっているときは any は用いない: Is there water on Mars? 火星には水はあるのでしょうか.

❷ /éni/ [強意的用法; 主に肯定文で] (3 人[3 つ]以上のうちの)**どの[どんな]...でも**, (...なら)だれ[どれ]でも; 普通の, 任意の《⇒ anybody 代 2, anything 代 2, anywhere 2》: *Any* club member *can* use the room. クラブの者ならだれでもその部屋を使える / *Any* coat is better than none. どんなコートでもないよりはましだ / 言い換え Tom is taller than *any* other boy in his class. (= Not one of the boys in his class is taller than Tom.) トムはクラスのほかのだれよりも背が高い / "Which dictionary do you need?" "*Any* dictionary is fine."「どの辞書が要るの」「どの辞書でもいいよ」

語法 (1) しばしば数えられる名詞の単数形か数えられない名詞の前に用いるが, 次のように複数形とともに使うことも可能: Pick *any* two card*s* you like. どれでも好きなトランプ札を 2 枚取りなさい.
(2) every が全体に焦点をあて,「すべての...」という意味を表わすのに対し, any は個々のものに焦点をあて,「どの...も」という意味を表わす: "Which seat would you like?" "*Any* one."「どの席をお望みですか」「どの席でもよいです」《✪ "Every one." とは言わない》/

In the library there were books of every kind. その図書館にはあらゆる種類の本があった《✪ ... of any kind とは言わない》.
(3)「2 人[2 つ]のうちのだれ[どれ]でも」の意味には either を用いる《⇒ either 形 1》.
(4) any を否定文に用いるとき, 下降調のイントネーションだと全体否定となり, 下降上昇調のイントネーションだと一種の部分否定となる《⇒ **つづり字と発音解説** 93, 95》**:** Meg does*n't* play with *any* boys. ↘ メグはどの男の子とも遊ばない / Meg does*n't* play with just *any* ↘ boys. ↗ メグはどの男の子たちとも遊ぶというわけではない (just any となることが多い). ✪ anybody, anyone, anything, anywhere の場合も同じ.

❸ /(弱形) əni; (強形) éni/ [主に数えられる名詞の単数形とともに用いて] [疑問文・条件を表わす節で] **何らかの**, だれか; [否定文で] **どんな...も**, だれも, 1 つ[1 人]の...も(〜ない)**:** Is there *any* reason for his absence? 彼の欠席には何か理由がありますか / There is*n't any* scientist who would believe that. それを信じるような科学者はいない.

語法 単に「私は車を持っていません」というときには, I don't have *a* car. という. I don't have *any* car. だと「どんなものであれ 1 台も」という特別な意味が加わる.

❹ /éni/ (数・量が)どれほどの...でも, すべての**:** Bring me *any* pens you can find. 見つけ出せる限りのペンを持ってきてください // ⇒ any amount of ... (amount 名 成句). ❺ /éni/ [否定文で] ただの, 並の. 語法 主に just とともに用いる. また if, whether の節でも用いる**:** We can't *just* go to *any* (old) restaurant. そこいらの食堂に入るというわけにはいかない(高級なところへ行く必要がある).

ány óne [代] だれでも 1 人, どれでも 1 つ**:** Take *any one* you like. どれでも好きなのを 1 つとって.

— 代《不定代名詞》❶ /éni/ **いくらか, いくらかの人[物]**, (...の)どれ[だれ]か; [否定文] **少しも**, どれ[だれ]も(...ない)《数えられる名詞を受けるときには複数または単数扱い; 数えられない名詞を受けるときには単数扱い》**:** Did you see *any* of the girls? 君は女の子たちのうちのだれかに会ったか / I want some money — have you got *any* (to spare)? 少し金が要るのだが, いくらか(余分な金を)持ってるか / Give me some if there are [is] *any*. もしあれば少しください《数えられる名詞が頭に浮かんでいるときには are, 数えられない名詞のときには is》/ 言い換え We did*n't* see *any* of the students. ↘ (= We saw *none* of the students.) 私たちはその学生たちのうちのだれにも会わなかった.

語法 (1) この 代 の any は 形 1 または 3 の独立した用法と考えられるもので, 数えられる名詞の複数形または単数形, および数えられない名詞の代わりに用いる. 否定文では not any = none となる. any の用法についてはなお ⇒ 形 1 語法.
(2) この意味で否定文に用いられた 代 の any とイントネーションの関係は 形 の場合と同じ《⇒ 形 2 語法 (4)》**:** I wo*n't* buy *any* of them. ↘ 私はどれも買わない / I wo*n't* buy just *any* ↘ of them. ↗ 私はどれでも買うというわけではない.

❷ /éni/ [主に肯定文で] (3 人[3 つ]以上のうちの)**だれでも, どれでも; どれだけでも:** Choose *any* of these pens. これらのペンのうちどれでも選びなさい / You can have *any* you want. あなたの望むものは何でもあげる / *Any* of you could do it. あなたがたのうちのだれだってそれはできる. 語法 (1) この any は 形 2 の独立した用法. (2)「2 人[2 つ]のうちのだれ[どれ]でも」の意味には either を用いる《⇒ either 代 1》.

if ány [副] (1) **たとえあるとしても:** 言い換え There is little wine in the bottle, *if any*. = There is little, *if any*, wine in the bottle. びんの中にワインがあるとしても, ごくわずかだ[ワインはないも同然だ]. (2) **もしあれば:** Declare live plants and animals, *if any*, to the customs officer. 生きた動植物がもしあれば税関に申告してください.

— 副 /(強形) éni; (弱形) əni/ [普通は形容詞・副詞を修飾して] **少しは, 少しも**, いくらか**:** Is she *any* better today? 彼女はきょうは少しは具合がいいですか / I don't think that his performance was *any* good. 彼の演奏は少しもよくなかったと思う / I'm afraid I didn't explain *any* too well. どうも私の説明はちっともうまくなかったようだ.

語法 (1) 疑問文・否定文および if, whether の節で, 比較級, good, different や too とともに用いる.
(2)《米略式》では動詞を修飾することもある**:** The stick didn't help him *any* (= at all). ↘ そのつえは全然彼の役に立たなかった.

an·y·bod·y /énibà(ː)dị, -bədị | -bɔ̀di, -bədi/

— 代《不定代名詞》

単語のエッセンス
1) [疑問文・否定文などで] だれか; だれも ❶
2) [肯定文で] だれでも ❷

❶ **だれか** [≒anyone]; [否定文で] **だれも(...ない):** Can you see *anybody*? だれか見えますか / Is there *anybody else* who can help me? だれかほかに私の手伝いができる人はいませんか / Do you have *anybody* to ask for advice? だれか助言をもらえる人がいますか / She asked me *if* [*whether*] *anybody* had come. 彼女は私にだれかやって来たかと尋ねた.

語法 **anybody の使い方**
(1) 単数として扱う. 疑問文・否定文, および if, whether の節に用い, 肯定文では somebody を用いる《⇒ somebody 語法》.
(2) anybody, anyone を受ける代名詞としては単数の形 (he, she, he or she, he/she など) もあるが, 今では特に《略式》で複数の代名詞 they を広く用いる**:** If *anybody* comes, tell *them* I'm out. もしだれか来たら外出中だと伝えてください.
(3) 否定文では not anybody = nobody となり, 全体否定に相当する**:** 言い換え She did*n't* visit *anybody* (= She visited *nobody*) yesterday. 彼女はきのうだれも訪問しなかった.
(4) 否定文で主語としては用いない. 主語の場合は nobody を用いる**:** *Nobody* came to see her. だれも彼女に会いに来なかった《*Anybody* did*n't* come to see her. や *Not anybody* came to see her. とは言わない》.

❷ [強意的用法; 主に肯定文で] **だれでも**《⇒ any 形

2》: *Anybody* can read it. だれでもそれは読める / *Anybody* would be better than nobody. どんな人でもいないよりはましだ // The president does*n't* see just *anybody*.⤵ 社長はだれとでも会うというわけではない. ✪ これを全体否定の The president does*n't* see *anybody*.⤵ (社長はだれとも会わない)と比較《⇒ any 形 2 語法 (4)》.

if ánybody [副] もし(そのような)人がいるとすれば[いたとしても].

— 名 U ひとかどの人物, 偉い人《⇒ somebody 名, nobody 名》: Everybody who is *anybody was invited* to the party. いやしくもひとかどの人物はみなそのパーティーに招かれた.

+**an·y·how** /éniháʊ/ 副 ❶ つなぎ語 《略式》 **とにかく**, それはそれとして, いずれにしても [≒anyway]: *Anyhow*, let's begin. とにかく始めよう / It's too late, *anyhow*. とにかく遅すぎますよ. 語法 用法は anyway と同じ《⇒ anyway 1》だが anyhow の方がよりくだけた表現. ❷ 《主に英》 いいかげんに, 雑に: He put the books back on the shelf just *anyhow*. 彼は適当に本を棚に戻した.

‡an·y·more, 《英》 any more

/ènimɔ́ɚ | -mɔ́ː/

— 副 ❶ [否定文・疑問文で] **今はもう(...でない)**: He does*n't* live here *anymore* [*any more*]. 彼は今はもうここに住んでいない. ❷ 《米略式》 最近.

‡an·y·one /éniwʌ̀n, -wən/

— 代 《不定代名詞》

単語のエッセンス
1) [疑問文・否定文などで] **だれか; だれも** ❶
2) [肯定文で] **だれでも** ❷

❶ **だれか**; [否定文で] **だれも(...ない)**: Can *anyone* answer my question? だれか私の質問に答えられますか / 言い換え I did*n't* meet *anyone else*. (= I met *no one else*.) ほかにはだれにも会いませんでした. 語法 用法は anybody と同じだが anybody のほうが 《略式》 《⇒ anybody 語法》.

❷ [強意的用法; 主に肯定文で] **だれでも**: *Anyone* can use this library. だれでもこの図書館を利用できる / Give it to *anyone* you like. それをだれでも好きな人にあげなさい 語法 「これらの人々のうちだれでも」と限定がつくときは *any* of these people であり ×*anyone* of these people とは言わない // I do*n't* believe just *anyone*.⤵ 私はだれでも信じるというわけではない. ✪ これを全体否定の I do*n't* believe *anyone*.⤵ (私はだれも信じない)と比較《⇒ any 形 2 語法 (4)》.

— 名 U ひとかどの人物, 偉い人《⇒ anybody 名》

an·y·place /énipleɪs/ 副 《米略式》 どこかに[へ]; どこにも(...ない); どこへでも, どこででも [≒anywhere].

‡an·y·thing /éniθɪ̀ŋ, -θɪŋ/

— 代 《不定代名詞》

単語のエッセンス
1) [疑問文・否定文などで] **何か; 何も(...ない)** ❶
2) [肯定文で] **何でも** ❷

❶ **何か, 何も**: Do you have *anything* to say? 何か言いたい事がありますか / Have you forgotten *anything else*? 何かほかに忘れ物をしてませんか / Is there *anything* I can do for you? いらっしゃいませ, 何にいたしましょうか《店員のことば》 / If you want *anything*, let me know. 何か欲しい物があったら言ってください.

語法 (1) **anything の使い方**
(i) 単数として扱う. 疑問文・否定文, および if, whether の節に用い, 肯定文では something を用いる《⇒ something 代 1》.
(ii) 否定文では not anything = nothing となり, 全体否定に相当する: 言い換え She did*n't* know *anything* (= She knew *nothing*) about it. 彼女はそれについては何も知らなかった.
(iii) 🔍 否定文では主語として用いない. 主語の場合は nothing を用いる: *Nothing* happened. 何事も起こらなかった《*Anything* did *not* happen. や *Not anything* happened. とは言わない》.
(2) **anything＋形容詞**
anything を修飾する形容詞はその後へ置く: *If* you hear *anything* new from him, please let me know about it. もし彼から何か新しい知らせがあったら私に教えてください / 言い換え There is*n't anything* important (= There is *nothing* important) in his report. 彼の報告には重要なことは何もない.

❷ [強意的用法; 主に肯定文で] **何でも**, どんなもの[こと]でも《⇒ any 形 2》: He'll do *anything* for money. 彼は金のためなら何でもするだろう / This dog eats almost *anything*. この犬はほとんど何でも食べる / I want something to drink. *Anything* is fine. 何か飲み物が欲しい. 何でも結構です / *Anything* is better than nothing. 《ことわざ》 どんなものでもないよりはましだ // The boy can*not* eat just *anything*.⤵ その少年は何でも食べられるというわけではない《否定文ではしばしば just anything となる》. ✪ これを全体否定の The boy can*not* eat *anything*.⤵ (その少年は何も食べられない)と比較《⇒ any 形 2 語法 (4)》.

ánything but ... (1) **...のほかには何でも**: Tom will do *anything but* study. トムは勉強以外ならば何でもする. (2) [副詞的に用いて] **決して...ではない**: 言い換え The room was *anything but* neat. (= The room was not at all neat. = The room was far from neat. = The room was not in the least neat.) 部屋は全く整頓(せいとん)されていなかった / "Was the room neat?" "*Anything but!*" 「部屋はきちんとしていましたか」「とんでもない」

ánything of a ... 少しは...《⇒ something of a ... (something 代 成句)》: Is he *anything of a* scholar? 彼は少しは学者と言えるのだろうか.

Ánything you sáy. Ⓢ 何でも言うとおりにするよ.

(as) ... as ánything 《略式》 非常に...で: His speech was (*as*) boring *as anything*. 彼の話はとてもつまらなかった.

for ánything [副] [否定文で] **どんなことがあっても**: I would*n't* go with you *for anything*. 私は絶対あなたといっしょには行かない.

hàve ánything to dò with ... ⇒ have ... to do with ～ (have[1] 成句).

if ánything [副] 文修飾 (1) [しばしば否定文の後で] **どちらかと言えば**: He isn't better; *if anything*, he's getting worse. 彼はよくなっていない. むしろだんだん悪くなっている. (2) もしあるにしても.

lìke ánything [副] 《略式》 猛烈に, ものすごく.

... or ànything ...(する)とか何か(そういったこと)《他の可能性を暗示する; ⇒ ... or something (something 代 成句)》. 語法 普通は疑問文・否定文, および条件を表わす節に用いる: If you miss the train *or anything*, just give me a call. 電車に乗り遅れたとか何かあったら電話をしてください.

— 副 [次の成句で]

ánything lìke ... (1) [否定文・疑問文・条件節で] いくらかでも[多少とも]...のような: Jim is*n't anything like* his father. ジムは父親と全然似ていない. (2) [否定文で] 少しも, 全く: It was*n't anything like* as bad as the others say it was. 他の人が言っているほど悪いものでは全くなかった.

ánything nèar ... = anything like ... (2).

— 名 U [主に否定文・疑問文で] 大したこと[人](でない)《⇒ something 名》: Don't worry — it is*n't anything*. 心配しないで, 何でもないから.

***an·y·time** /énitàɪm/ 副 ❶ **いつでも** [≒at any time]: Just call me *anytime*. いつでも電話して. ❷ Ⓢ《略式》いつでもどうぞ, どういたしまして. **ánytime sóon** [副] [否定文・疑問文で] 今すぐに(は).

**an·y·way /éniwèɪ/

— 副 ❶ つなぎ語 **とにかく, いずれにしても; どっちみち** 《前述より重要な事柄や, 前言の説明・論拠を述べる》: *Anyway*, please come in. とにかくお入りください / He gave his car away. He didn't need it *anyway*. 彼は車を人に譲ってしまった. どうせいらなかったのだ / "I'm sorry I forgot to bring your book." "That's all right. I don't have time to read it *anyway*." 「君の本を持って来るのを忘れちゃってごめん」「いいよ. どっちみち読む時間がないんだから」 ❷ つなぎ語 **それにもかかわらず, それでもやはり**: We objected, but she went out *anyway*. 我々は反対したが, それでも彼女は出ていった / Thank you *anyway*. とにかくありがとう《相手の好意が役に立たなかったときなどのお礼》. ❸ つなぎ語 Ⓢ [もとの話題へ戻ったり, 話題を変えたり, 話を打ち切るときなどに] **さてそれはともかくとして, それはそうとして**: You may be right about that. *Anyway*, she didn't come home that night. あなたの言うとおりかも知れない. それはともかく, その晩彼女は帰って来なかった. ❹ [前言を訂正・修正して] **少なくとも**: There's no evidence. None that we've been able to find, *anyway*. 証拠がない. 少なくとも今のところは 1 つも. ❺ つなぎ語 Ⓢ [本当の理由や状況を尋ねようとして] **一体全体, 本当のところ**: How did you know where I was, *anyway*? 一体どうして私がどこにいるかわかったのですか.

**an·y·where /éni(h)wèə | -(h)wèə/

— 副 ❶ **どこかに, どこかへ**; [否定文で] **どこにも[どこへも](...ない)**: Have you seen my car keys *anywhere*? 私の車のキーをどこかで見ましたか / The child did*n't* go *anywhere else*. その子はほかにはどこにも行かなかった / *If* you are going *anywhere*, you had better tell me first. どこかへ行くなら, まず私に言ってからにして.

> 語法 **anywhere の使い方**
> (1) 疑問文・否定文および if, whether の節で用い, 肯定文では somewhere を用いる《⇒ somewhere 語法》.
> (2) anywhere が修飾語を伴ったり, 目的語になったりして名詞的になることがある: Are we going *anywhere* interesting? どこかおもしろい所へ行くの? / They do*n't* have *anywhere* to live yet. 彼らにはまだ住む所がない.

❷ [強意的用法; 主に肯定文で] **どこへでも, どこ(に)でも**《⇒ any 形 2》: You can go *anywhere* you like. どこへでも好きな所に行ってよい / You can find the same thing *anywhere*. 同じ物はどこにでも見つかる // The book can*not* be bought just *anywhere*.↘↗ その本はどこでも買えるというわけではない. ✪ これを全体否定の The book can*not* be bought *anywhere*.↘ (その本はどこでも買えない)と比較《⇒ any 形 2 語法 (4)》.

ánywhere betwèen ... and ~ = ánywhere from ... to ~ (数量・時間などが)...から～ぐらい[あたり].

ánywhere nèar [clòse to] ... (1) [否定文・疑問文で] いくらかでも...に近い: Are we *anywhere near* finishing? そろそろ終わるのだろうか. (2) [否定文・疑問文で] [副詞的に用いて] いくらかでも; 少しも: It is*n't anywhere near* as hot today as it was yesterday. 今日は昨日の暑さと比べれば全く大したことはない.

gét ànywhere [動] 自 [否定文・疑問文で] (多少とも)成功する; 成果が上がる《⇒ get somewhere (somewhere 成句), get nowhere (nowhere 成句)》.

gét ... ánywhere [動] 他 (人)を成功させる.

... or ànywhere Ⓢ ...かどこかに[へ].

AOB /éɪòʊbíː/ 略《英》= any other business (議事項目の)その他.

A-OK /éɪòʊkéɪ/ 形, 副《米略式》完ぺきで[に].

a·or·ta /eɪɔ́ətə | -ɔ́ː-/ 名 C〔解剖〕大動脈.

AP 略 = Associated Press.

A·pach·e /əpǽtʃi/ 名 (複 ～(s)) C アパッチ族(の人)《米国南西部のアメリカ先住民》.

**a·part /əpɑ́ət | əpɑ́ːt/

— 副 ❶ (場所的・時間的に)**離れて, 別れて**; (区別して)**別々に**: They live *apart*. 彼らは別居している / He stood with his legs wide *apart*. 彼は脚(あし)をいっぱいに開いて立った / He stood ***apart from*** us. 彼は我々から離れて立っていた. ❷ **ばらばらに**: He *tore* the book *apart*. 彼は本をばらばらに裂いてしまった. ❸ [名詞・動名詞の後に用いて] (...は)別として [≒aside]: ⇒ joking apart (joke 動 成句).

— 形 ❶ 叙述 **離れて**: The two buildings are 200 yards *apart*. その 2 つの建物は 200 ヤード離れている / Their birthdays are only two days *apart*. 彼らの誕生日はわずか 2 日違いだ. ❷ 叙述 (考えなどが)異なって: Their political views are worlds [poles] *apart*. 彼らの政治的立場は全く異なる.

apárt from ... [前] (1) **...から離れて**《⇒ 1》. (2) **...は別として**, ...はさておき, ...を除いて [≒except for ...]: It's a good paper, *apart from* a few spelling mistakes. つづり字の間違いが少しあることを除いてはそれはよい論文だ. (3) ...のほかに, ...だけでなく.

〖⇒ part キズナ〗

a·part·heid /əpɑ́ətèɪt, -taɪt | əpɑ́ː(h)eɪt/ 名 U アパルトヘイト《南アフリカ共和国における黒人および有色人種に対する人種隔離政策; 1991 年廃止》.

**a·part·ment /əpɑ́ətmənt | əpɑ́ːt-/

— 名 (a·part·ments /-mənts/) ❶ C《主に米》マンション, アパート《建物全体ではなく, そのなかで 1 世帯が住むひと組の部屋をいう; 略 apt.; ⇒ mansion》[《英》flat]: My uncle lives in an *apartment*. 私のおじはマンション[アパート]に住んでいる / ***rent*** an ***apartment*** マンション[アパート]を賃借りする / ***share*** an ***apartment*** マンション[アパート]を共同で借りる / a building with 25

apartments 25 戸が入るマンション[アパート] / an *apartment* with two bedrooms and a large kitchen 寝室が 2 つで広いキッチンのついたマンション. ❷ Ⓒ 《米》 = apartment building. ❸ Ⓒ [普通は複数形で] (宮殿などの広い立派な)部屋. ❹ Ⓒ (休暇滞在用の)貸し部屋.
〖⇒ part キズナ〗

apártment blòck 名 Ⓒ 《英》 = apartment building.

apártment bùilding [hòuse] 名 Ⓒ 《米》 マンション, アパート《建物全体; ⇒ mansion》 [《英》 apartment block].

ap·a·thet·ic /æpəθéṭɪk←/ 形 冷淡な, 無関心な.

ap·a·thy /ǽpəθi/ 名 Ⓤ 冷淡, 無関心, しらけ (*toward*): voter *apathy* 有権者の無関心.

ape /éɪp/ 名 Ⓒ 尾なし猿, 類人猿《チンパンジー・ゴリラなど; ⇒ monkey 表》. **gò ápe** [動] ⓐ 《俗, 主に米》 非常に興奮する; 激怒する. — 動 ⓗ (からかって[下手に])(...)のまねをする.

a·pe·ri·tif /ɑːpèrətíːf/ 名 Ⓒ アペリティフ, 食前酒.

ap·er·ture /ǽpəʧʊ̀ɚ, -ʧɚ | ǽpəʧə/ 名 ❶ Ⓒ 〘光学〙 (カメラ・望遠鏡のレンズの)口径; 絞り. ❷ Ⓒ 《格式》 すき間, 穴.

a·pex /éɪpeks/ 名 (複 ~·es, **a·pi·ces** /éɪpəsìːz, ǽp-/) Ⓒ 《格式》 (三角形・山などの) 頂点; (人生などの)絶頂.

a·phid /éɪfɪd, ǽf-/ 名 Ⓒ 〘昆虫〙 ありまき, あぶらむし.

aph·o·ris·m /ǽfərìzm/ 名 Ⓒ 《格式》 警句; 格言.

aph·ro·dis·i·ac /æfrədíziæk←/ 名 Ⓒ 催淫(さいいん)剤, 媚薬(びやく). — 形 催淫(さいいん)性の.

Aph·ro·di·te /æfrədáɪṭi/ 名 ⓖ 〘ギリシャ神話〙 アフロディテ《愛と美の女神; ⇒ goddess 表》.

apices 名 apex の複数形.

a·piece /əpíːs/ 副 [名詞・数の後につけて] 個々に; 1 人[1 つ]につき [≒each].

a·plen·ty /əplénṭi/ 形 [名詞の後につけて] 《文語》 たくさんの.

a·plomb /əplɑ́(ː)m, əplʌ́m | əplɔ́m/ 名 Ⓤ 《格式》 落ち着き: with *aplomb* 落ち着き払って.

a·poc·a·lypse /əpɑ́(ː)kəlɪ̀ps | əpɔ́k-/ 名 ❶ [単数形で] この世の終末, 大破局; 大惨事. ❷ Ⓒ 黙示, 啓示; [the A-] ヨハネ黙示録.

a·poc·a·lyp·tic /əpɑ̀(ː)kəlíptɪk | əpɔ̀k-/ 形 ❶ 大惨事の到来を予示する. ❷ この世の終わりの(ような), ひどい.

a·poc·ry·phal /əpɑ́(ː)krəf(ə)l | əpɔ́k-/ 形 (広く知られているが)真偽の疑わしい.

ap·o·gee /ǽpəʤìː/ 名 Ⓒ 《格式》 最高点, 絶頂.

a·po·lit·i·cal /èɪpəlíṭɪk(ə)l←/ 形 政治に無関心の.

A·pol·lo /əpɑ́(ː)loʊ | əpɔ́l-/ 名 ⓖ 〘ギリシャ・ローマ神話〙 アポロ(ン)《詩歌・音楽・預言などを司る; 太陽の神ともされる; ⇒ god 表》.

a·pol·o·get·ic /əpɑ̀(ː)ləʤéṭɪk | əpɔ̀l-←/ 形 謝罪の; (...に対して)謝罪している (*about, for*); 申しわけなさそうな: an *apologetic* voice すまなそうな声.
(名 apólogy)
-get·i·cal·ly /-kəli/ 副 謝罪するように, 申しわけなさそうに.

a·pol·o·gise /əpɑ́(ː)ləʤàɪz | əpɔ́l-/ 動 《英》 = apologize.

a·pol·o·gist /əpɑ́(ː)ləʤɪst | əpɔ́l-/ 名 Ⓒ 弁明者, 弁護者 (*for*).

***a·pol·o·gize** /əpɑ́(ː)ləʤàɪz | əpɔ́l-/ 動 (-o·giz·es /~ɪz/; -o·gized /~d/; -o·giz·ing) ⓐ **謝る**, わびる, (...に ~の)謝罪をする; 言いわけをする: John *apologized for* 「the delay [be*ing* late]. V+*for*+名[動名] ジョンは遅れたことを謝った / I *apologized to* him *for* my carelessness. V+*to*+名+*for*+名 私は彼に自分の不注意をわびた / I really must *apologize*. 本当に申しわけありません.
(名 apólogy)

***a·pol·o·gy** /əpɑ́(ː)ləʤi | əpɔ́l-/ 名 (-o·gies /~z/) ❶ Ⓒ,Ⓤ **謝罪**, わび, 陳謝; Ⓒ [普通は複数形で] (欠席・中座などの)わび: She 「offered me an *apology* [made an *apology to* me] *for* be*ing* late. 彼女は私に遅くなったことを謝った / demand an *apology* 謝罪を要求する / I owe you an *apology*. あなたにおわびしなければなりません《♥ 謝罪を切り出すときの表現》 / a letter of *apology* おわびの手紙.

> ♥ **...をおわびします** (謝罪するとき)
> **Please accept my apologies for ...**
>
> **Please accept my sincere apologies for** the trouble this matter has caused you. この件でご迷惑をおかけしたことを心よりおわび申し上げます.
>
> ♥ 格式ばった謝罪の表現. 申しわけないという感情を表わすというより, 相手の許しを請うニュアンスがある.
> ♥ apologies と複数形で使われることが多い. また, 会話では Please accept が省略されることもある.
> ♥ 深刻な謝罪において「深く, 心から」というように謝罪の意を強めるには, apologies の前に sincere, deepest, heartfelt などを挿入する. 《謝罪の表現については ⇒ sorry 1》

❷ Ⓒ 《文語》 弁明, 弁護; 弁解, 言いわけ. ❸ [単数形で] 申しわけ程度のもの: a poor *apology for* a breakfast 申しわけ程度の(お粗末な)朝食.
màke nó apólogies [apólogy] for ... [動] ⓗ ...を悪いとは思わない. (形 apòlogétic, 動 apólogìze)
〖⇒ dialogue キズナ〗

ap·o·plec·tic /æpəpléktɪk←/ 形 《略式》 (顔を赤くして)激怒した, かっとなった (*with*).

ap·o·plex·y /ǽpəplèksi/ 名 ❶ Ⓤ 《略式》 激怒. ❷ Ⓤ 《古風》 脳卒中 [≒stroke].

a·pos·ta·sy /əpɑ́(ː)stəsi | əpɔ́s-/ 名 Ⓤ 《格式》 背教; 変節; 脱党.

a·pos·tate /əpɑ́(ː)steɪt, -tət | əpɔ́s-/ 名 Ⓒ 《格式》 背教者; 変節者; 脱党者 (*from*).

a pos·te·ri·o·ri /ɑ̀ːpoʊstì(ə)rióːri, èɪpɑ(ː)s- | èɪpɔstèrióːraɪ/ 形, 副 《格式》 帰納的な[に] 《⇒ a priori》.

a·pos·tle /əpɑ́(ː)sl | əpɔ́sl/ 名 ❶ Ⓒ [しばしば A-] 使徒 《キリストの 12 人の弟子の 1 人》; [the Apostles] (キリストの) 12 使徒. ❷ Ⓒ 《格式》 (政策・主義などの) 主唱[提唱]者 (*of*).

ap·os·tol·ic /æpəstɑ́(ː)lɪk | -tɔ́l-/ 形 ローマ教皇の; 12 使徒の(教えの).

a·pos·tro·phe /əpɑ́(ː)strəfi | əpɔ́s-/ 名 Ⓒ アポストロフィ, 省略符号《⇒ 巻末文法 16. 1》.

a·poth·e·car·y /əpɑ́(ː)θəkèri | əpɔ́θək(ə)ri/ 名 (-car·ies) Ⓒ (昔の)薬屋《人》, 薬剤師.

a·poth·e·o·sis /əpɑ̀(ː)θióʊsɪs | əpɔ̀θ-/ 名 [単数形で] 《格式》 理想(的な例), 極致; 最高の時.

app /ǽp/ 名 Ⓒ 〘コンピュータ〙 アプリ《application の短縮形》.

ap·pal /əpɔ́ːl/ 動 《英》 = appall.

Ap·pa·la·chi·an Móuntains /æpəléɪʧ(i)ən-/ 名

固 複 [the ~] アパラチア山脈《北米東海岸沿いの大山脈》.

Ap·pa·la·chi·ans /æpəléɪtʃ(i)ənz/ 名 固 複 [the ~] = Appalachian Mountains.

ap·pall, 《英》 **ap·pal** /əpɔ́:l/ 動 (ap·palls, 《英》 ap·pals; ap·palled; ap·pall·ing) 他 (人)をぞっとさせる [≒horrify]: The scene *appalled* me. 私はその光景にぞっとした.

ap·palled /əpɔ́:ld/ 形 ぞっとして[た], ショックを受けて[た]: I was *appalled at* [*by*] the mere thought of another war. また戦争かと思うだけでぞっとした.

+**ap·pall·ing** /əpɔ́:lɪŋ/ 形 ❶ **ぞっとするような**, 恐ろしい: The news was *appalling*. そのニュースにはぞっとした. ❷ ひどく悪い, ひどい.

~·ly 副 ひどく.

ap·pa·ra·tus /æpərǽṭəs, -réɪṭ-|-réɪt-, -rǽt-/ 名 (複 ~·es, ~) ❶ U 器具, 装置《ある目的のために使われるひと組の器具類》: a piece of *apparatus* 1 つの装置 / heating *apparatus* 暖房装置. ❷ C (政治などの)機構, 組織.

ap·par·el /əpǽrəl/ 名 U 《格式, 主に米》 衣料品, 衣服 [≒clothing]: ladies' *apparel* 婦人服 / the *apparel* industry アパレル産業.

ap·par·ent** /əpǽrənt, əpé(ə)r-/ ‼アク ‼発音 形 ❶ (ひと目見て)**明らかで**, 明確で, はっきりして(⇒ obvious 類義語): for no *apparent* reason 明確な理由もなく / ***It became apparent that he didn't understand what I had said. 私が言ったことを彼が理解していなかったのが明らかになった(多用; ⇒ that² A 2) / The fact is ***apparent to*** everybody. +*to*+名 その事実はだれにも明白だ. ❷ 限定 外見だけの; 見かけの: with *apparent* reluctance 見た目にはいやそうに / an *apparent* weakness 弱点と思われるもの / the *apparent* size of the sun 太陽の見かけ上の大きさ.
〖語源 ラテン語で「見えている」の意; appear と同語源〗

**ap·par·ent·ly /əpǽrəntli, əpé(ə)r-/

— 副 ❶ 文修飾 (実際はともかく)**見たところは[聞いたところでは]...らしい**, (どうやら)...のようだ; 実は (It appears that ...): 言い換え *Apparently* ↘ he is happy about it. = He is *apparently* happy about it. 見たところでは彼はそれに満足しているようだ / I thought the software would work on my computer, but *apparently* not. このソフトは私のコンピューターで使えると思ったがどうやらだめなようだ. ❷ 外見上, 見たところ: an *apparently* healthy child 一見健康そうな子ども. 語法 apparent 形 1 の「明らかで」に対応する意味では, clearly, evidently などを用いる.

ap·pa·ri·tion /æpəríʃən/ 名 C 幽霊, 亡霊; 幻影.

**ap·peal /əpí:l/

— 名 (~s /~z/) ❶ C,U **訴え**, **懇願**; 募金の呼びかけ: an ***appeal for*** support 支援を求める訴え / 言い換え The Pope made an ***appeal to*** the world *for* peace. (= The Pope appealed to the world for peace.) ローマ法王は世界に対して平和を訴えた / issue an ***appeal to*** the outside world ***to*** help the refugees +*to*+名+*to* 不定詞 他の国々へ難民を救済するよう訴える.
❷ U **魅力**; C (心に)訴えること: the *appeal* of the sea 海の魅力 / Jazz has little ***appeal for*** me. ジャズには私はほとんど興味がない / Chopin was a genius of universal *appeal*. ショパンは万人に訴える魅力を持った天才であった // ⇒ sex appeal. ❸ C,U 〖法律〗 控訴, 上告 (*to*): He filed [lodged] an *appeal against* the decision. 彼は判決に対して控訴した. ❹ C 〖スポーツ〗 アピール《審判に対する抗議》.

— 動 (ap·peals /~z/; ap·pealed /~d/; -peal·ing) 自 ❶ (助け・同情などを)**求める**, 懇願する; (...に~してくれと)懇請する: The country ***appealed to*** the United Nations ***for*** help. V+*to*+名+*for*+名 その国は国連に援助を求めた / 言い換え The statesman *appealed to* the public *for* understanding. = The statesman ***appealed to*** the public ***to*** be understanding. V+*to*+名+*to* 不定詞 その政治家は大衆に理解を訴えた(後の understanding は 形).
❷ [進行形なし] (人の心に)**訴える**, 気に入る, 受ける: The policy ***appealed to*** the public. V+*to*+名 その政策は大衆に受けた / The necklace *appealed to* her. そのネックレスは彼女の気に入った. ❸ 〖法律〗 控訴する, 上告する; 〖スポーツ〗 (審判などに)アピールする: He *appealed to* a higher court *against* the decision. 彼はその判決を不服として上級裁判所に上告した. ❹ (理性・良心・世論などに)訴える: I *appealed to* his sense of justice. 私は彼の正義感に訴えた.
— 他 《米》〖法律〗 (判決など)に対して控訴[上告]する: He *appealed* the decision *to* a higher court. 彼はその判決を不服として上級裁判所に上告した.

ap·peal·ing /əpí:lɪŋ/ 形 ❶ 魅力的な [≒attractive]; 興味を引く (*to*): a dress with an *appealing* design すてきなデザインのドレス. ❷ 限定 哀願的な, 人の心に訴える: the *appealing* look of the poor children 貧しい子供たちの哀願するようなまなざし. **~·ly** 副 ❶ 魅力的に. ❷ 訴えるように.

***ap·pear /əpíə|əpíə/

— 動 (ap·pears /~z/; ap·peared /~d/; -pear·ing /əpí(ə)rɪŋ/) 自

意味のチャート
「見えてくる」(⇒ 語源)
→ (見えてくる動作) → (動いて)「**現われる**」❸, 「**出る**」❹
→ (公けに)「**世に出る**」❻
→ (見えている状態) → (人が)「**...らしく見える**」❶
→ (状況が)「**...のようだ**」❷

❶ [進行形なし] (外見が)...らしく見える, ...らしい(⇒ seem 類義語): She ***appears to*** be rich. V+C (*to* 不定詞) 彼女は金持ちらしい 多用 / They *appeared* disappointed. V+C (形) 彼らは失望したようだった / She *appears to have been* rich. 彼女は金持ちだったらしい(⇒ to² G 1) / This *appears* the best way. V+C (名) これが最上の方法のようだ.
❷ [it を主語として; ⇒ it¹ A 5] [進行形なし] ...のようだ, ...らしい(⇒ seem 2): 言い換え ***It appears*** (*that*) the storm has calmed down. (= The storm *appears* to have calmed down.) あらしはやんだようだ / ***It appears to*** me (*that*) you're mistaken. 私にはあなたが間違っているように思われる / ***It appeared as if*** the work wouldn't be finished in a year. V+*as if* 節 その仕事は 1 年では終わりそうになかった.
❸ [副詞(句)を伴って] **現われる**, 出現する; 姿を現わす; (新しい物事が)発生する [⇔ disappear]: Just then she ***appeared in*** the hall. V+前+名 ちょうどそのとき彼女が玄関に現われた / Stars began to *appear in* the sky. 空に星が見え始めた / A ship *appeared on* the horizon. 1 隻の船が水平線上に現われた.

❹ [副詞(句)を伴って] (会合・テレビなどに)**出る**, 顔を出す, 出演する, 出場する; 出廷する: ***appear on*** television [V+前+名] テレビに出演する / ***appear for*** a defendant 被告の弁護人として出廷する / ***appear before*** a committee 委員会に出る.
❺ [進行形なし] [副詞(句)を伴って] (新聞・雑誌などに)**掲載される**, 載る: The results will ***appear in*** the evening paper. [V+前+名] 結果は夕刊に載る.
❻ [副詞(句)を伴って] **世に出る**, 出版される: His new book will *appear* next month. 彼の新しい本は来月出版される. (名 appéarance)
〖語源 ラテン語で「見えてくる」の意; ⇒ apparent 語源, transparent 語源〗

‡ap·pear·ance /əpí(ə)rəns/
— 名 (-pear·anc·es /~ɪz/) ❶ C,U **外観**, 外見, 見かけ, 体裁(ていさい); (人の)風采(ふうさい): The *appearance* of the building was magnificent. 建物の外観は堂々としていた / He didn't want to give the ***appearance of*** be*ing* afraid. [+of+動名] 彼は怖がっているように見られたくなかった / They are similar ***in appearance***. 彼らは外見は似ている / Never judge by *appearances*. 《ことわざ》 外見で判断するな / *Appearances* are [can be] deceiving. 《ことわざ》外見はわからぬもの(人は見かけによらぬもの).
❷ C **現われること**, 出現; 発生 [⇔ disappearance]; 出席, 出場; 出演; 出廷: The citizens of Edo were surprised by ***the appearance of*** foreign ships. 江戸の人たちは外国船の出現に驚いた.
ˈkèep ùp [sáve] appéarances [動] 自 体裁(ていさい)を繕(つくろ)う, 体面を保つ.
màke an appéarance = pùt ín an appéarance [動] 自 (会合などに)ちょっと顔を出す (*at*).
to [by, from] áll appéarances [副] 文修飾 どう見ても: *To all appearances*, they're a happy couple. 外見上は彼らは幸せな夫婦としか見えない.
(動 appéar)

ap·pease /əpíːz/ 動 他 《格式》 [普通は軽蔑的] (人)をなだめる, 静める; (...)と(外交上)宥和(ゆうわ)する.

ap·pease·ment /əpíːzmənt/ 名 U,C 《格式》 [普通は軽蔑的] なだめること; 譲歩; 宥和(ゆうわ)政策.

ap·pel·late /əpélət/ 形 限定 〔法律〕 上訴を扱う.

ap·pel·la·tion /æ̀pəléɪʃən/ 名 C 《格式》 名称; 称号.

ap·pend /əpénd/ 動 他 《格式》 (...)を(文書に)添える, 追加する; (署名など)を書き添える (*to*).

ap·pend·age /əpéndɪʤ/ 名 C 付属物 (*to, of*); 〔生物〕 付属器官《枝・尾など》.

ap·pen·dec·to·my /æ̀pəndéktəmi/ 名 (-to·mies) U,C 〔医学〕 虫垂切除(手術)《盲腸の手術》.

appendices 名 appendix 2 の複数形.

ap·pen·di·ci·tis /əpèndəsáɪṭɪs/ 名 U 虫垂炎, 盲腸炎: have *appendicitis* 盲腸炎になる.

+ap·pen·dix /əpéndɪks/ 名 (1 は 複 ~·es, 2 は 複 ap·pen·di·ces /-dəsìːz/) ❶ C 〔解剖〕 **虫垂**. ❷ C (巻末)付録; 付加物 (*to*).
〖⇒ depend キズナ〗

ap·per·tain /æ̀pəṭéɪn | æ̀pə-/ 動 自 《格式》 (物・地位などに)属する; 関連する (*to*).

+ap·pe·tite /ǽpətàɪt/ !アク 名 (-pe·tites /-tàɪts/) ❶ U,C **食欲**: loss [lack] of *appetite* 食欲不振 / lose one's *appetite* 食欲をなくす / ruin [spoil] one's *appetite* (間食などで)食欲がなくなる / work up an *appetite* 食欲をそそる / I have a poor [good, healthy] *appetite*. 私は食欲がない[ある]. ❷ C 欲求; 好み: an ***appetite for*** adventure 冒険欲 / whet ...'s *appetite* (人)の欲求を刺激する.

ap·pe·tiz·er /ǽpəṭàɪzə | -zə/ 名 C 前菜《食事の最初の軽い料理・飲み物》.

ap·pe·tiz·ing /ǽpəṭàɪzɪŋ/ 形 食欲をそそる: an *appetizing* smell おいしそうなにおい.

+ap·plaud /əplɔ́ːd/ 動 (ap·plauds /-lɔ́ːdz/; -plaud·ed /-ḍɪd/; -plaud·ing /-dɪŋ/) 他 ❶ (劇・演技・出演者など)に **拍手する** [≒clap]: The audience *applauded* the actor. 観客はその俳優に拍手を送った. 関連 cheer かっさいする. ❷ 《格式》 (...)を称賛する, ほめる (*for*). — 自 拍手する. (名 appláuse)

+ap·plause /əplɔ́ːz/ 名 U **拍手**, 称賛: Let's give him a big round of *applause*. 彼に盛大な拍手を送ろう. 関連 cheer かっさい. (動 appláud)

‡ap·ple /ǽpl/
— 名 (~s /~z/) C **りんご**; U りんごの果肉: peel an *apple* りんごの皮をむく / a slice of *apple* りんご 1 切れ / *apple* juice りんご果汁, りんごジュース《⇒ juice 日英》 / an *apple* tree りんごの木 / An *apple* a day keeps the doctor away. 《ことわざ》 1 日 1 個のりんごで医者いらず / The *apple* ˈdoesn't fall [never falls] far from the tree. 《ことわざ》《米》 りんごは木から遠くには落ちない(子は親に似るものだ, 蛙の子は蛙).
the ápple of ...'s éye [名] ...が非常に大切にしている人[物], 掌中の珠(たま).
upsét the [...'s] ápple càrt [動] 《略式》 (...の)計画を台無しにする. 由来 りんごをのせた手押し車をひっくり返す, の意から.

ap·ple-cheeked /ǽpltʃíːkt←/ 形 りんごのようなほおをした.

ápple cíder 名 U,C = cider.

ápple píe 名 C,U アップルパイ. **(as) Américan as ápple píe** [形] きわめてアメリカ的な. 由来 アメリカの家庭で作られる菓子の代表であることから.

áp·ple-pie órder /ǽplpàɪ-/ 名 [次の成句で] **in ápple-pie órder** [形・副] 《略式》 きちんとして.

ap·ple-pol·ish·er /ǽplpà(ː)lɪʃə | -pɔ̀lɪʃə/ 名 C S 《古風, 米》 [軽蔑的] ご機嫌取り, ごますり《人》. 由来 子供が先生に磨いたりんごをプレゼントしてご機嫌を取ったことから.

ap·ple·sauce /ǽplsɔ̀ːs/ 名 U アップルソース《りんごを甘く煮たもの》.

Appleseed ⇒ Johnny Appleseed.

ap·plet /ǽplət/ 名 C 〔コンピュータ〕 アプレット, 小アプリ.

+ap·pli·ance /əpláɪəns/ 名 (-pli·anc·es /~ɪz/) C **器具**, (家庭用の)電気製品; 装置: household (electrical) *appliances* 家庭用電気製品, 家電.

ap·pli·ca·ble /ǽplɪkəbl, əplík-/ 形 叙述 適用できる, 応用できる; 当てはまる [⇔ inapplicable]: The rule isn't ***applicable to*** [*in*] this case. その規則はこの場合には適用できない.

+ap·pli·cant /ǽplɪkənt/ 名 (-pli·cants /-kənts/) C **申込者**, 出願者, 志願者, 応募者: an ***applicant for*** a job 求職者 / successful *applicants* 合格者.

‡ap·pli·ca·tion /æ̀pləkéɪʃən/
— 名 (~s /~z/) ❶ U,C 申し込み, **出願**, **志願**, 申請: Her ***application for*** the job was rejected. 彼女

はその仕事に志願[応募]したが落とされた / *make* (an) *application for* ... ...を申し込む, ...を出願する / complete [fill in] an *application* form 申込用紙[願書]に記入する / Free catalog available *on application*. お申し込みあり次第カタログ無料進呈.
❷ Ⓒ **申込書**, 願書: Mail your ***application for*** admission directly to the school office. 入学願書は直接学校の事務局に送ってください.
❸ Ⓤ,Ⓒ **適用, 応用**; Ⓤ 適用性: the ***application of*** law 法の適用 / the ***application of*** theory ***to*** practical situations 理論の実際の場面への応用 / This rule has no ***application to*** the case. この規制はその事件には当てはまりません / His invention had many ***applications in*** the auto industry. 彼の発明は自動車産業で何度も応用された. ❹ Ⓒ 《コンピュータ》 アプリケーション《特定の作業用のソフトウェア》. ❺ Ⓤ,Ⓒ (薬などを)塗ること; (肥料などの)使用; (熱などを)加えること. ❻ Ⓤ 《格式》 心の集中, 勤勉.
(動 applý)

ap·pli·ca·tor /ǽpləkèɪṭə | -tə/ 名 Ⓒ (薬・接着剤などを)塗る道具, 塗布器具.

+**ap·plied** /əpláɪd/ 形 [普通は 限定] (実地に)**適用された**, 応用の: *applied* science [chemistry] 応用科学[化学]. 関連 pure 純粋の.

ap·pli·qué /æ̀pləkéɪ | æplíːkeɪ/ ≪フランス語から≫ 名 Ⓤ,Ⓒ アップリケ. ― 動 他 (布)にアップリケを施す.

**ap·ply /əpláɪ/

― 動 (ap·plies /~z/; ap·plied /~d/; -ply·ing)

意味のチャート
原義は「...に折り重ねる」(⇒ reply キズナ) → (くっつける) → 「当てる」 他 ❷
(自分を当てる) → (当たってみる) → 「申し込む」 自 ❶ / 「照会する」 自 ❸
(物事を当てはめる) → 「適用する」 他 ❶, 「適用される」 自 ❷

― 自 ❶ **申し込む**, **出願[志願]する**, 申請する (*to* do): I ***applied for*** a part-time job at the restaurant. V+*for*+名 私はそのレストランのアルバイトに申し込んだ 多用 / *apply for* a passport [grant] パスポート[補助金]を申請する / She ***applied to*** three colleges. V+*to*+名 彼女は3つの大学に出願した.
❷ [進行形なし] (法律・原理などが)**適用される**, 当てはまる: This law ***applies to*** everybody. V+*to*+名 この法律は万人に適用される / The fares don't *apply to* children or old people. この料金は子供や老人には適用されない. ❸ 照会する, 問い合わせる: For details, *apply to* the college office. 詳しいことは大学の事務局に問い合わせてください.
― 他 ❶ [進行形なし] (法律・原理など)を**適用する**, (...)を(実地に)**応用する**, (...)を(ある目的に)当てる; [しばしば受身で] (名称など)を用いる: ***apply*** one's knowledge and skills ***to*** practical problems V+O+*to*+名 知識や技能を実際の問題に応用する / The regulation cannot *be applied to* diplomats. V+O+*to*+名の受身 その規則は外交官には適用されない.
❷ (...)を(~に)**当てる**, (薬など)を塗る, つける, (熱・力など)を加える; (装置)を作動させる: ***apply*** ˹a plaster [pressure] ***to*** the wound V+O+*to*+名 傷口にばんそうこうをはる[を強く押さえる] / *apply* the brakes hard 強くブレーキをかける.

applý one**sèlf to** ... = **applý** one's **mínd to** ... [動] 他 ...**に身を入れる**, ...に精を出す: Bob *applied himself to* learning Chinese. ボブは中国語の勉強に精を出した. (名 applicátion)

ap·point** /əpɔ́ɪnt/ 動 (ap·points /əpɔ́ɪnts/; -point·ed /-ṭɪd/; -point·ing /-ṭɪŋ/) 他 ❶ (人)を(役職などに)**任命する**, 指名する; (委員会など)を組織[設置]する: The prime minister *appoints* the members of his cabinet. 首相が閣僚を任命する / 言い換え They *appointed* Mr. Lee manager. V+O+C (名) = They ***appointed Mr. Lee ***as*** manager. V+O+C (*as*+名) = They ***appointed*** Mr. Lee ***to*** the position of manager. V+O+*to*+名 彼らはリー氏を支配人に任命した. 語法 (1) 上記3つの文の中では一番最初の動詞型が最もよく使われる. (2) 補語となる役職名には冠詞をつけないのが普通 // Who ***appointed*** you ***to*** investigate the matter? V+O+C (*to* 不定詞) だれがその問題の調査にあなたを任命したのですか. ❷ 《格式》 (会合などのために)(日時・場所)を指定する, 定める, 決める (*for*). (名 appóintment)
〖語源 ⇒ appointment 意味のチャート〗

ap·point·ed /əpɔ́ɪnṭɪd/ 形 ❶ 限定 《格式》 定められた, 指定の: my *appointed* task 私の決められた仕事 / at the *appointed* time 指定の時間に. ❷ 任命された: a newly *appointed* official 新任の職員.

ap·poin·tee /əpɔ̀ɪntíː/ 名 Ⓒ 被任命者 (*to*).

**ap·point·ment /əpɔ́ɪntmənt/

― 名 (-point·ments /-mənts/)

意味のチャート
「物事を一点に絞ること」の意から
(定めること) → (相互に定めること) → 「約束」 ❶ / (一方的な指令) → 「任命」 ❷

❶ Ⓒ (会合・面会などの)**約束**《日時・場所を指定したもの》, (診察などの)**予約**, アポイントメント (⇒ 類義語); (約束をした)面会: I ***made*** a doctor's ***appointment*** for [at] two. 2時に医者の予約をした / I have an ***appointment with*** Mr. White at 10 a.m. on the 20th. ホワイトさんと20日午前10時に面会の約束があります / 🗨 "I'd like to make an ***appointment for*** a haircut." "When [What time] would be convenient for you?" 「カットの予約をしたいのですが」「いつがよろしいですか」《美容院の予約で》 / Excuse me ― I have an ***appointment*** (***to*** see the boss). +*to* 不定詞 すみませんが, 私には(上司との)先約があります / You can see Dr. White ***by appointment*** only. ホワイト博士とは前もって約束した上でなければ面会できない (⇒ by 前 2 語法).
❷ Ⓒ,Ⓤ **任命**, 指名: He got his position by presidential *appointment*. 彼は社長の任命でその地位についた / He accepted his ***appointment as*** chairman. 彼は議長の職につくことを受諾した. ❸ Ⓒ 《主に英》 地位, (任命された)職. (動 appóint)

類義語 **appointment** 時間と場所を決めて会うもので, 普通は仕事上や専門家との約束: He made an *appointment* with the doctor for Thursday. 彼は木曜日に医者に見てもらう予約をした. **engagement** 簡単に破るわけにはいかない仕事上の取り決めで, しばしばパーティー・ディナー・観劇・コンサートなどの社交上の約束: Mr. Stephenson has *engagements* every night this week. スティーブンソン氏は今週は毎晩会合の約束がある. **date** 人と会う約束: I have a lunch *date* with an old friend on Friday. 金曜日に旧友と会って昼食をいっしょにする. promise (スケジュールとは関係ない)必ず...するという意思表示としての約束: He betrayed his *promise*. 彼は約束にそむいた.

appóintment bòok [càlendar] 名 C 《米》 スケジュール帳, 手帳; (美容院などの)予約表.

ap·por·tion /əpɔ́ːəʃən | əpɔ́ː-/ 動 他 《格式》 (...)を配分する, 割り当てる (*among, between, to*); (責任など)を(...に)負わせる (*to*).

ap·por·tion·ment /əpɔ́əʃənmənt | əpɔ́ː-/ 名 U,C 《格式》 配分, 割り当て.

ap·po·site /ǽpəzɪt/ 形 《格式》 適切な (*to*).

ap·po·si·tion /æ̀pəzíʃən/ 名 U 〔文法〕 同格.

ap·prais·al /əpréɪz(ə)l/ 名 U,C 評価, 査定 (*of*).

ap·praise /əpréɪz/ 動 他 《格式》 (...)を評価する, 査定する, 値踏みする, 見積もる: *appraise* the watch *at* $200. その時計を 200 ドルと査定する.

ap·pre·cia·ble /əpríːʃəbl/ 形 目に見えるほどの, 感知できる; かなりの: an *appreciable* change in color 見てわかる程度の色の変化. (動 appréciàte)

-cia·bly /-ʃəbli/ 副 認めうるほどに; かなり.

***ap·pre·ci·ate** /əpríːʃièɪt/ !アク !発音 動 (-ci·ates /-èɪts/; -ci·at·ed /-ṭɪd/; -ci·at·ing /-ṭɪŋ/) 他

意味のチャート
「評価する」(⇒ 語源) →「**真価を認める**」❷
→ (人の好意を高く評価する) →「**ありがたく思う**」❸
→ (物の価値がわかる) →「**鑑賞する**」❷

[進行形なし] ❶ (...)を**認識する**, (正しく)理解する, 感知する: We fully *appreciate* his difficulties. 彼の苦境は十分認識している / I ***appreciate*** 「***that*** this is a very hard task [***how*** hard this task is]. V+O (*that* 節 [*wh* 節]) これが大変困難な仕事だとはわかっている.

❷ (...)の**真価を認める**, よさを理解する, (...)を(高く)評価する; (芸術・文学作品など)を**鑑賞する**: He cannot *appreciate* friendship. 彼は友情のよさが理解できない / *appreciate* good music よい音楽を鑑賞する.

❸ (好意など)を**ありがたく思う**, (...)に感謝する: I *appreciate* your kindness. ご親切ありがとうございます / *Any* comments will *be* gratefully *appreciated*. V+O の受身 どんなご意見でもありがたく承ります / I deeply ***appreciate*** your com*ing* all the way. V+O (動名) はるばるおいでいただいて深く感謝します.

♥ **感謝します** (感謝を表わすとき)
I appreciate it.

We've prepared your usual room for you, sir. お客様, いつものお部屋をご用意いたしました.
Oh, thank you. **I appreciate it!** ありがとう, 感謝します.
♥ 感謝の気持ちを表わす常用句.
♥ Thank you. と重ねて使うことも多い.

♥ **...していただけるとありがたいです** (依頼するとき)
I'd appreciate it if you could ...

I'd appreciate it if you could check my application before I send it off. 送付前に願書に目を通していただければありがたいのですが.
♥ 仮定法の could とともに, 丁寧な依頼表現として使われる.
♥ 改まった響きで, 書きことばで使われることが多い.
♥「もし...していただけるなら」という間接的な表現で, 相手に配慮した言い方になる. (依頼の表現については ⇒ could B 1 (4))

— 自 (不動産などが)値上がりする, (価値が)上がる (*in*) [⇔ depreciate].
(名 apprèciátion, 形 appréciative, appréciable)

〖語源 ラテン語で「値段をつける」の意〗

+**ap·pre·ci·a·tion** /əprìːʃiéɪʃən, -siéɪ-/ 名 (~s /~z/) ❶ U (...の)**よさを味わうこと, 鑑賞**, 理解: ***apprecia-tion of*** art and music 美術と音楽の鑑賞.
❷ U **感謝**: a letter of *appreciation* 感謝の手紙 / I wish to express [show] my deep ***appreciation for*** your help. ご援助に深く感謝します / ***in appreciation of*** ... ...に感謝して. ❸ [U または an ~] 認識, (正しい) 理解: *a* proper ***appreciation of*** the French Revolution フランス革命の正しい理解 / There is *a* growing *appreciation of* the new system. 新制度への認識が高まりつつある. ❹ [U または an ~] 値上がり, (価格の)騰貴 [⇔ depreciation]. (動 appréciàte)

ap·pre·cia·tive /əpríːʃəṭɪv, -ʃiə-/ 形 ❶ 感謝している (*of*). ❷ 鑑識眼のある, 目の高い. (動 appréciàte)

~·ly 副 よく理解して.

ap·pre·hend /æ̀prɪhénd/ 動 他 ❶ 《格式》 (犯人)を逮捕する [≒arrest]. ❷ 《古風》 (...)を理解する.

ap·pre·hen·sion /æ̀prɪhénʃən/ 名 ❶ U,C 気がかり, 心配 [≒anxiety]: I feel some *apprehension for* [*about*] his safety. 彼の安全が少々気がかりだ. ❷ U 《格式》 逮捕 [≒arrest]. ❸ U 《古風》 理解.

ap·pre·hen·sive /æ̀prɪhénsɪv⁻/ 形 (...を)気づかっている, 心配している: I was *apprehensive about* the result. 私は結果が気がかりだった / 言い換え They're *apprehensive of* a secondary disaster. = They're *apprehensive that* a secondary disaster might occur. 彼らは二次災害を心配している. **~·ly** 副 気づかって, 心配そうに.

ap·pren·tice /əpréntɪs/ 名 C 見習い(人), 実習生; 徒弟 (*to*) [⇔ master]; [形容詞的に] 修行中の: an *apprentice* carpenter 見習い大工. — 動 他 [普通は受身で] (人)を見習いに出す (*to*).

ap·pren·tice·ship /əpréntɪ(s)ʃɪp/ 名 C,U 見習い[実習]期間, 年季; 見習いの身分, 年季奉公.

ap·prise /əpráɪz/ 動 他 《格式》 (人)に(...を)通知[通告]する, 知らせる (*of*) [≒inform].

***ap·proach /əpróʊtʃ/

— 動 (-proach·es /~ɪz/; ap·proached /~t/; -proach·ing) 他 ❶ (...)に**近づく**, 接近する: Our train is *approaching* London. 我々の列車はロンドンに近づいている / The island can ***be approached*** only ***by*** ferry. V+O の受身 その島へは連絡船でしか行けない / She's *approaching* 70. 彼女はもうすぐ 70 歳です. 語法「...に近づく」は他動詞であり, ×approach to ... とは言わない. ❷ (人)に話をもちかける, 交渉を申し入れる, 打診する: She *approached* me *for* advice. 彼女は私に助言を求めてきた / We *approached* the manager *about* a raise. 我々は昇給について支配人に打診した. ❸ (質・程度などで)(...)に近くなる, 似ている: No other painter *approaches* Picasso's skill. ピカソほどの技量をもつ画家はいない / temperatures *ap-proaching* thirty degrees 30 度に近い温度. ❹ (問題・困難など)に取りかかる, 取り組む: We should *ap-proach* this problem *from* different angles. この問題に違った角度から取りかかるべきだ.

— 自 **近づく**, 接近する; (性質などの点で)似てくる: Spring is *approaching*. 春が近づいている.

— 名 (~·es /~ɪz/) ❶ C (問題などの)**取り組み方**,

手法, 学習法, 研究法: take a new *approach to* foreign language learning 新しい外国語学習法を取り入れる.
❷ [単数形で] **近づくこと**, 接近: I noticed the ***approach of*** a car. 私は車が近づくのに気がついた / With the *approach of* Christmas, it became colder. クリスマスが近づくにつれて寒くなった.
❸ Ⓒ **近づく道**, 進入路; 〔航空〕着陸進入: This road is the only ***approach to*** the city. その市に入る道はこの道路しかない. ❹ Ⓒ (人への)近づき; 申し入れ, 打診; 《古風》(異性に対する)言い寄り: make *approaches* to ... ...に打診する, 取り入ろう[言い寄ろう]とする.

ap·proach·a·ble /əpróʊʧəbl/ 形 ❶ 親しみやすい, わかりやすい. ❷ 叙述 (場所が)接近できる.

ap·pro·ba·tion /æprəbéɪʃən/ 名 Ⓤ 《格式》 許可, 認可, 承認 [≒approval]; 称賛.

****ap·pro·pri·ate¹** /əpróʊpriət/ ！アク 動詞の appropriate² と発音が違う.
— 形 **適切な**, **適当な**, (目的・条件などに)ふさわしい (⇒ proper 類義語) [⇔ inappropriate]: take an *appropriate* measure 適切な処置を取る / dress ***appropriate to*** the occasion +to+名 その場にふさわしい服装 多用 / These clothes aren't ***appropriate for*** a cold winter day. +for+名 この服は寒い冬の日には向かない 多用 / 言い換え ***It is appropriate that*** he (should) be present. = ***It is appropriate for*** him ***to*** be present. 彼が出席するのは適切なことである.

ap·pro·pri·ate² /əpróʊprièɪt/ 動 他 ❶ 《格式》(...)を私物化する, 着服する, (考えなど)を盗む. ❷ 《格式》(金など)を(ある用途に)当てる, 充当する (*for*).

ap·pro·pri·ate·ly /əpróʊpriətli/ 副 適切に, 的確に; 文修飾 適切にも, (...は)ふさわしい: He is *appropriately* named the most valuable player. 彼は最優秀選手と呼ばれるのにふさわしい.

ap·pro·pri·ate·ness /əpróʊpriətnəs/ 名 Ⓤ 適切さ (*for*).

ap·pro·pri·a·tion /əpròʊpriéɪʃən/ 名 ❶ Ⓤ 《格式》 充当; 流用. ❷ Ⓒ 《格式》 充当金, 歳出予算. ❸ Ⓤ 《格式》 私物化, 着服, 盗用 (*of*).

ap·prov·al** /əprúːv(ə)l/ 名 ❶ Ⓤ **賛成**, 是認 [⇔ disapproval]: She showed her *approval* of the program. 彼女はその計画に賛意を示した / My plan ***won [***met with***] his full ***approval***. 私の計画は彼の全面的な賛成を得た / He nodded ***in approval***. 彼は賛成してうなずいた.
❷ U,C (公式の)**承認**, 認可, 許可: ***approval for*** [***of***] the new plan ***from*** the Government 新しい計画に対する政府の認可.
on appróval [副] 使ってみて気に入れば買うという条件で. (動 appróve)

****ap·prove** /əprúːv/ ！発音
— 動 (ap·proves /~z/; ap·proved /~d/; ap·prov·ing) 自 [進行形なし] **よいと考える**, 認める; (...が)気に入る [⇔ disapprove]: Mother will never ***approve of*** my marriage. V+of+名 母は決して私の結婚を認めまい / My parents don't ***approve of*** me [my] do***ing*** part-time jobs. V+of+動名 両親は私がアルバイトをするのを快く思わない.
— 他 (提案・計画など)を**承認する**, 認可する, 可決する; (...)をよいと認める, (...)に賛成する: *approve* a plan 計画を認可する / The committee *approved* the budget. 委員会は予算を承認した. (名 appróval)

ap·proved /əprúːvd/ 形 承認された, 公認の.

ap·prov·ing /əprúːvɪŋ/ 形 限定 賛成の, 満足げな.
~·ly 副 賛成[是認]して; よしよしと言って.

approx. 略 = approximate¹, approximately.

***ap·prox·i·mate¹** /əprɑ́(ː)ksəmət | -rɔ́k-/ ✪ 動詞の approximate² と発音が違う. 形 (数・量などが)**おおよその**, 近似の; (...に)ごく近い (*to*) (略 approx.): the *approximate* cost of building a house 家の建築費の概算[見積もり].

ap·prox·i·mate² /əprɑ́(ː)ksəmèɪt | -rɔ́k-/ 動 自 《格式》(質・数・量が...に)接近する, 近づく: His description *approximated to* the truth. 彼の話はほぼ真相に近かった. — 他 《格式》(...)にほぼ近い.

+ap·prox·i·mate·ly /əprɑ́(ː)ksəmətli | -rɔ́k-/ 副 **おおよそ**, ほぼ, 約... (略 approx.; ⇒ about 類義語): The bridge is *approximately* a mile long. その橋の長さは約 1 マイルである.

ap·prox·i·ma·tion /əprɑ̀(ː)ksəméɪʃən | -rɔ̀k-/ 名 ❶ C,U 近似したもの (*of*, *to*). ❷ C,U 概算, 見積もり; 近似値: a rough *approximation* of the cost 経費の大ざっぱな見積もり額.

APR /éɪpìːɑ́ɚ | -ɑ́ː/ 名 Ⓒ [普通は単数形で] (利息・ローンなどの)年率 (*a*nnual *p*ercentage *r*ate の略).

+Apr. 略 4 月 (April).

a·près-ski /ɑ̀ːpreɪskíː | æp-←/ ≪フランス語から≫ 名 Ⓤ スキーの後の楽しみ.

a·pri·cot /éɪprəkɑ̀(ː)t, ǽp- | ǽprɪkɔ̀t/ 名 ❶ Ⓒ あんず(の木): a Japanese *apricot* 梅(の木). ❷ Ⓤ あんず色, 黄赤色.

*****A·pril** /éɪprəl/
— 名 (~s /~z/) U,C **4 月** (略 Apr.; ⇒ month 表): It often rains ***in April*** in England. 英国では 4 月にはよく雨が降る / I was born ***on April*** 11, 2007. 私は 2007 年 4 月 11 日に生まれた (April 11 は April (the) eleventh と読む; ⇒ date¹ 名 1 語法 囲み) / in early [mid-, late] *April* 4 月初旬[中旬, 下旬]に / (March winds and) *April* showers bring (forth) May flowers. 《ことわざ》(3 月の風と)4 月の雨が 5 月の花をもたらす (英国の春の気候を表わす).

Ápril fóol 名 Ⓒ 4 月ばか (かついだ人がかつがれた人に対して April fool! と言う). 日英 日本語の「エイプリルフール」は 4 月 1 日 (April Fool's Day) を指すが, 英語ではその日にかつがれた人やそのうそを指す.

Ápril Fóol's [Fóols'] Dày /-fúːlz-/ 名 U,C エイプリルフール, 4 月ばかの日, 万愚節 (All Fools' Day) (4 月 1 日; 罪のないうそ (April Fools' trick [joke]) が許されている).

a pri·o·ri /ɑ̀ːpriɔ́ːri | èɪpraɪɔ́ːraɪ/ ≪ラテン語から≫ 副 形 《格式》 演繹(えんえき)的に[な]; 先験的に[な] (⇒ a posteriori).

a·pron /éɪprən/ 名 ❶ Ⓒ エプロン: put on an *apron* エプロンをかける. ❷ Ⓒ エプロン状のもの; 〔演劇〕 張り出し舞台 (apron stage); (飛行場の)エプロン (格納庫前の作業広場や航空機の停留場所).

ápron stáge 名 Ⓒ 〔演劇〕 張り出し舞台.

ápron strìngs 名 [次の成句で] **be tíed to** one's **móther's [wífe's] ápron strìngs** [動] 自 母[妻]の言いなりになる.

ap·ro·pos /æ̀prəpóʊ←/ ≪フランス語から≫ 前 = apropos of ... (成句). — 形 叙述 《格式》 (その場に)

適した, 折よい (*to*). **apropós of ...** [前]《格式》... といえば, ... に関しては. **apropós of nóthing** つなぎ語 特に関係ないけど.

apse /ǽps/ 名 C 後陣《教会の東端にある奥室》.

+**apt** /ǽpt/ 形 (apt·er, more ~; apt·est, most ~) ❶ 叙述 **...しがちな, ...する傾向がある**《⇒ likely 類義語》: He is *apt to* exaggerate. +to 不定詞 彼は話を誇張しがちである. ❷ 適当な, 適切な: an *apt* comparison 適切な比較. ❸《格式》覚えが早い. (名 áptitùde)

apt. 略 = apartment.

ap·ti·tude /ǽptət(j)ù:d | -tjù:d/ 名 U,C 適性, 素質, 才能: have an *aptitude for* ... ...の素質[適性]がある. (形 apt)

áptitude tèst 名 C 適性検査.

apt·ly /ǽptli/ 副 適切に; うまく: It has *aptly* been said that necessity is the mother of invention. 必要は発明の母とはうまく言ったものだ.

apt·ness /ǽp(t)nəs/ 名 U 適切さ, 適合性; 才能.

a·qua /á:kwə, ǽk- | ǽk-/ 名 U, 形 淡青緑色(の).

a·qua·lung /á:kwəlʌ̀ŋ | ǽk-/ 名 C アクアラング《潜水用の水中呼吸器; 商標》.

a·qua·ma·rine /à:kwəmərí:n, æ̀k- | æ̀k-⁻/ 名 ❶ C,U 藍玉(らんぎょく), アクアマリン《3 月の誕生石》. ❷ U 藍玉色《淡青緑色または海水緑色》.

a·quar·i·um /əkwé(ə)riəm/ 名 (複 ~s, **a·quar·i·a** /-riə/) ❶ C (養魚)水槽. ❷ C 水族館.

A·quar·i·us /əkwé(ə)riəs/ 名 ❶ 固 水がめ座《星座》; 宝瓶(ほうへい)宮 (the Water Bearer)《⇒ zodiac 挿絵》. ❷ C 水がめ座生まれの人.

aq·ua·ro·bics /æ̀kwəróʊbɪks/ 名 U アクアロビクス《プールの中で行なうエアロビクス》.

a·quat·ic /əkwá(:)ṭɪk, əkwǽṭ- | əkwǽt-, əkwɔ́t-/ 形 ❶ (動植物が)水生の, 水中にすむ《⇒ terrestrial》: *aquatic* plants 水生植物. ❷ (スポーツが)水中の, 水上の: *aquatic* sports 水上スポーツ.

aq·ue·duct /ǽkwədʌ̀kt/ 名 C 水道橋; 水路.

a·que·ous /éɪkwiəs/ 形 水の(ような); 水を含んだ.

a·qui·fer /éɪkwəfɚ | -fə/ 名 C〔地質〕帯水層.

áq·ui·line nóse /ǽkwəlàɪn-/ 名 C わし鼻, かぎ鼻《⇒ nose 挿絵》.

AR〔米郵便〕= Arkansas.

-ar /ɚ | ə/ 接尾 ❶ [形容詞語尾]「...の, ...の性質の」の意: famili*ar* よく知られている / pol*ar* 極の. ❷ [名詞語尾]「...する人」の意《⇒ -er²》: schol*ar* 学者.

+**Ar·ab** /ǽrəb/ ❗発音 名 (~s /~z/) ❶ C **アラブ人**, アラビア人《アラビア語を話す民族; ⇒ Arabia, Arabian》; [the ~s] アラブ民族. ❷ C アラブ馬.
— 形 アラブ人の: *Arab* countries アラブ諸国.

Arab. 略 = Arabic.

ar·a·besque /æ̀rəbésk⁻/ 名 ❶ C〔バレエ〕アラベスク《片足で立ち, もう片方の足を後ろへ伸ばすポーズ》. ❷ C,U アラビア風様式, 唐草模様.

A·ra·bi·a /əréɪbiə/ ❗発音 名 固 アラビア《紅海 (Red Sea) とペルシャ湾 (Persian Gulf) の間の半島; ⇒ Arab》.

A·ra·bi·an /əréɪbiən/ ❗発音 形 アラビアの; アラブ人 (Arab) の. — 名 C《米》アラブ馬.

Arábian Níghts' Entertáinments /-náɪts-/ 名 固 [The ~]『アラビアンナイト』,『千夜一夜物語』(The Thousand and One Nights)《10 世紀ごろからのペルシャやインドの伝説を集めた物語集》.

Ar·a·bic /ǽrəbɪk/ ❗アク 形 アラビア人の; アラビア語[文化]の. — 名 U アラビア語.

Árabic númeral 名 C アラビア数字, 算用数字《0, 1, 2, など; ⇒ number 表》.

ar·a·ble /ǽrəbl/ 形 耕作に適する; 耕作の.

ar·bi·ter /áɚbəṭɚ | á:bətə/ 名 C 裁定者; (流行・スタイルなどに影響力をもつ)権威: an *arbiter of* fashion 流行を決める権威者.

ar·bi·trar·i·ly /àɚbətrérəli | á:bɪtrərəli/ 副 勝手気ままに, 恣意(しい)的に; 独断的に.

ar·bi·trar·i·ness /áɚbətrèrinəs | á:bətrəri-/ 名 U 勝手気まま, 任意, 恣意(しい)性; 独断.

ar·bi·trar·y /áɚbətrèri | á:bətrəri/ 形 ❶ 勝手気ままな, 任意の, 恣意(しい)的な: an *arbitrary* choice 勝手気ままに選ぶこと. ❷ 独断的な.

ar·bi·trate /áɚbətrèɪt | á:-/ 動 自 仲裁[調停]をする (*between*, *in*). — 他 (争議など)を仲裁する.

ar·bi·tra·tion /àɚbətréɪʃən | à:-/ 名 U 仲裁, 調停, 裁定: go to *arbitration* (争議が)仲裁に付せられる; 争議を調停に持ち込む.

ar·bi·tra·tor /áɚbətrèɪṭɚ | á:bətrèɪtə/ 名 C 仲裁人, 裁定者.

ar·bor,《英》**ar·bour** /áɚbɚ | á:bə/ 名 C あずまや《公園などにある, つたなどをからませた日よけ》.

Árbor Dày 名 U《米》植樹祭(日)《主に 4 月下旬から 5 月上旬に米国各州で行なわれる》.

ar·bo·re·al /aɚbɔ́:riəl | ɑ:-/ 形《格式》樹木の; 木に住む.

ar·bo·re·tum /àɚbərí:təm | à:-/ 名 (複 ~s, **ar·bo·re·ta** /-tə/) C 樹木園.

ar·bour /áɚbɚ | á:bə/ 名《英》= arbor.

arc /áɚk | á:k/ 名 ❶ C 弧, 円弧《⇒ circle 挿絵》; 弧形. ❷ C〔電気〕アーク, 電弧. — 動 (arcs; arc(k)ed; arc(k)·ing) 自 弧を描く;〔電気〕弧光を発する.

ar·cade /aɚkéɪd | ɑ:-/ 名 ❶ C ゲームセンター. 日英「ゲームセンター」は和製英語. ❷ C アーケード《屋根のある街路》;《英》ショッピングセンター. ❸ C〔建築〕拱廊(きょうろう)《建物の arch 状の側面が続いている通路》.

Ar·ca·di·a /aɚkéɪḍiə | ɑ:-/ 名 ❶ 固 アルカディア《古代ギリシャの山間の理想郷》. ❷ U《文語》理想的田園.

ar·cane /aɚkéɪn | ɑ:-/ 形 秘密の; 難解な.

*__arch__¹ /áɚtʃ | á:tʃ/ 名 (~·es /~ɪz/) ❶ C〔建築〕(橋・窓などを支える) **アーチ**, 迫持(せりもち). ❷ C アーチ形の門, 弓形門: a triumphal *arch* 凱旋(がいせん)門. ❸ C アーチ[弓]形のもの; (足の裏の)土踏まず: the *arch* of the heavens 大空.
— 動 自 アーチ形になる; 弓なりにかぶさる (*across*, *over*). — 他 (...)をアーチ形にする.

arch² /áɚtʃ | á:tʃ/ 形 いたずらそうな, ちゃめな.

arch- /áɚtʃ | á:tʃ/ 接頭「主な, 第一の」の意.

ar·chae·o·log·i·cal, ar·che·o- /àɚkiəlá(:)dʒɪk(ə)l | à:kiəlɔ́dʒ-⁻/ 形 考古学の, 考古学的な.

ar·chae·ol·o·gist, ar·che·ol- /àɚkiá(:)lədʒɪst | à:kiɔ́l-/ 名 C 考古学者.

+**ar·chae·ol·o·gy, ar·che·ol-** /àɚkiá(:)lədʒi | à:kiɔ́l-/ 名 U **考古学**.

ar·cha·ic /aɚkéɪɪk | ɑ:k-/ 形 ❶ 古めかしい, 時代遅れの. ❷ 古語の; 廃(すた)れた. ❸ 古代の, 初期の.

ar·cha·is·m /áɚkiìzm | á:keɪɪzm/ 名 C 古語.

arch·an·gel /áɚkèɪndʒəl | á:k-/ 名 C〔神学〕大天使, 天使長《天使の上位階級の 1 つ》.

arch·bish·op /àɚtʃbíʃəp | à:tʃ-/ 名 C〔イングランド国教

会〕大主教《Canterbury と York に一人ずついて, 主教 (bishop) を統率する》; 〔カトリック〕大司教; 〔ギリシャ正教〕大主教《⇒ bishop 表》.

A

arch·dea·con /àətʃdíːk(ə)n | àːtʃ-/ 名 C 〔イングランド国教会〕大執事.

arch·duke /àətʃd(j)úːk | àːtʃdjúːk/ 名 C 大公《特に Austria-Hungary 帝国の王子》.

arched /áətʃt | áːtʃt/ 形 アーチ形の, 弓形の.

ar·che·ol·o·gy /àəkiá(ː)lədʒi | àːkiɔ́l-/ 名 = archaeology.

ar·cher /áətʃə | áːtʃə/ 名 ❶ C 弓の射手, 弓術家. ❷ [the A-] 射手座《星座》(Sagittarius).

ar·cher·y /áətʃəri | áː-/ 名 U アーチェリー.

ar·che·typ·al /àəkɪtáɪp(ə)l | àːkɪ-ˊ/ 形 原型の; 典型の.

ar·che·type /áəkɪtàɪp | áːkɪ-/ 名 C 原型; 典型.

Ar·chi·me·des /àəkəmíːdiːz | àː-/ 名 固 アルキメデス (287?-212 B.C.)《ギリシャの数学者・物理学者; ⇒ eureka》.

ar·chi·pel·a·go /àəkəpéləgòʊ | àː-/ 名 (~(e)s) C 群島: the Japanese *Archipelago* 日本列島.

+**ar·chi·tect** /áəkətèkt | áː-/ ❗発音 名 (-chi·tects /-tèkts/) ❶ C **建築家[士]**, 建築技師. ❷ C (計画などの)立案者, 企画者, 主導者 (*of*).

+**ar·chi·tec·tur·al** /àəkətéktʃ(ə)rəl | àː-ˊ/ 形 限定 **建築(上)の; 建築学の.** (名 árchitècture)
-al·ly /-əli/ 副 建築(学)上, 建築学的に.

***ar·chi·tec·ture** /áəkətèktʃə | áːkətèktʃə/ ❗アク ❗発音 名 ❶ U **建築様式:** a church of ancient *architecture* 古代建築様式の教会.
❷ U **建築学**, 建築(技術). ❸ U 構造, 構成; C,U 〔コンピュータ〕アーキテクチャー《コンピューターシステムの構造[設計思想]》. (形 àrchitéctural)

ar·chive /áəkaɪv | áː-/ 名 ❶ C [しばしば複数形で] 保存記録, 公文書; 公文書[記録]保存館. ❷ C 〔コンピュータ〕アーカイブ《保存用に複数のファイルを一つにまとめたもの》. — 動 他 (文書)を公文書保存館に保管[収容]する; 〔コンピュータ〕(ファイル)をアーカイブに入れる.

ar·chi·vist /áəkəvɪst | áː-/ 名 C 公文書保管係.

arch·way /áətʃwèɪ | áːtʃ-/ 名 C アーチのある道[入口].

arc·tic /áəktɪk | áːk-/ 名 [the A-] 北極(地方). 関連 the Antarctic 南極. — 形 ❶ [普通は A-] 限定 北極(地方)の: an *Arctic* expedition 北極探検(隊). ❷ 極寒の: *arctic* weather 極寒.

Árctic Círcle 名 固 [the ~] 北極圏《北緯 66°33′ の線; ⇒ zone 挿絵》.

Árctic Ócean 名 固 [the ~] 北極海, 北氷洋《北極周辺の海洋; ⇒ ocean 2》.

Árctic Zòne 名 固 [the ~] 北極帯《北極圏 (Arctic Circle) と北極との間の地帯》.

ar·dent /áədənt, -dnt | áː-/ 形 [普通は 限定] 熱烈な; 《文語》(愛情が)激しい: an *ardent* fan 熱烈なファン.
~·ly 副 熱烈に.

ar·dor, 《英》**ar·dour** /áədə | áːdə/ 名 U 情熱, 熱情; 《文語》熱愛 [≒passion].

ar·du·ous /áədʒuəs | áː-/ 形 (仕事などが)困難な, 骨の折れる: an *arduous* task 困難な仕事.

*****are**[1] /(弱形) ə | ə; (強形) áə | áː/ (同音 #our, #or, #her, 《英》#a[2], 《英》#ah, 《英》#of)
✪ (1) 意味・用法について詳しくは ⇒ be[1,2]. (2) 対応する過去形は were.
— 動 自 be[1] の二人称単数現在形, および一・二・三人称複数現在形 (we, you, they および 名 代 の複数形とともに用いる形) ❶ **...である:** We *are* /ə | ə/ seven in all. V+C (名) みんなで 7 人です / This flower is yellow, but all the others *are* blue. V+C (形) この花は黄色だが, ほかの花はみな青い / "*Are* /àə | àː/ you students at this school?" "Yes, we *are* /áə | áː/."「あなたがたはこの学校の生徒ですか」「はいそうです」/ "*Are* these shoes yours?" "No, they *are* not /ənáː(ː)t | ənɔ́t/."「この靴はあなたのですか」「いいえ違います」
❷ (物・事が...に)ある, (人・動物が...に)いる, **存在する** 《⇒ there[1]》: *There are* a lot of birds in this park. この公園には鳥がたくさんいる.
— 助 be[2] の二人称単数現在形, および一・二・三人称複数現在形 ❶ [are＋-ing 形で現在進行形を表わす] **...しているところだ, ...している最中だ; (もうすぐ)...するはずだ:** "What *are* you do*ing*?" "*We're* wait*ing* for the store to open."「何をしているの」「店があくのを待っているんです」/ My cousins *are* com*ing* tomorrow. いとこたちは明日来るはずです.
❷ [are＋他動詞の過去分詞で受身を表わす] **...される; ...されている:** Artists *are* highly respect*ed* in France. フランスでは芸術家は大変尊敬され(てい)る.
❸ [are＋to 不定詞で] **...することになっている; ...すべきである; ...できる** 《⇒ be to の項目》: When *are* you *to* submit your report? あなたはいつ報告書を提出することになっていますか / You *are to* finish your work before noon. お昼前までに仕事をすませなさい / No animals *are to* be found on this island. この島では動物は全然見当たらない.

are[2] /éə, áə | ǽə, áː/ 名 C アール《面積の単位, 100 平方メートル》.

*****ar·e·a** /é(ə)riə/
— 名 (~s /~z/) ❶ C **地域**, 地方《⇒ region 類義語》: There was heavy rain over a wide *area*. 広い地域で大雨が降った /「a rural [an urban] *area* 田園地帯[都市部] / the desert and the surrounding *area* 砂漠とその周辺地域.
❷ C (ある目的のための)**区域**; 地区, 場所; 局所, 一部分: a commercial [residential] *area* 商業[住宅]地区 / a non-smoking [smoking] *area* 禁煙区域[喫煙所] / the *area* around the park 公園の周辺.
❸ C **範囲**, 領域, 分野: It is outside my *area of* study. それは私の研究分野外のことです.
❹ C,U **面積**; 建坪(数): an *area* of ten square kilometers 10 平方キロの面積 / 言い換え The room is 150 square feet in *area*. = The *area* of the room is 150 square feet. 部屋の面積は 150 平方フィートだ.

área còde 名 C 《米》電話の地域番号《日本の市外局番に当たる 3 けたの数》[《英》dialling code].

área stùdies 名 複 地域研究《ある地域の地理・歴史・文化・言語などの総合的研究》.

a·re·na /əríːnə/ 名 ❶ C (古代ローマの)円形闘技場; (周囲を観客席が囲む)試合[競技]場. ❷ C (活動の)場[舞台], ...界: enter the political *arena* 政界に入る.

****aren't** /áənt | áːnt/ (同音 《英》aunt)
❶ 《略式》are[1] not の短縮形: My parents *aren't* old yet. 私の両親はまだ年寄りではない / These machines *aren't* working now. これらの機械は今は動いていない.
❷ 《略式》am not の短縮形: I'm your friend, *aren't I?* 私はあなたの友達でしょう. 語法 普通は aren't I? として付加疑問において用いる. 改まった会話では..., am

I not? を用いる《⇒ ain't 語法》.

Ar·es /é(ə)ri:z/ 名 固〘ギリシャ神話〙アレス《戦(いくさ)の神; ⇒ god 表》.

Ar·gen·ti·na /àədʒəntí:nə | à:-/ 名 固 アルゼンチン《南米の共和国; 首都 Buenos Aires》.

Ar·gen·tine /áədʒəntàɪn, -tì:n | á:-/ 形 アルゼンチン(人)の. ― 名 ❶ C アルゼンチン人. ❷ 固 [the ~] アルゼンチン (Argentina).

ar·gon /áəgɑ(:)n | á:gɔn/ 名 U〘化学〙アルゴン《元素記号 Ar》.

ar·got /áəgoʊ | á:-/ 名 U,C (特定集団の)隠語.

ar·gu·a·ble /áəgjuəbl | á:-/ 形 ❶ 議論の余地がある, 疑わしい. ❷ 論証できる, もっともな: *It* is *arguable that* she's the team's best player. 彼女はチームの最もすぐれた選手と言えるかもしれない.

ar·gu·a·bly /áəgjuəbli | á:-/ 副 文修飾 [しばしば比較級・最上級に先行して] まず間違いなく, 恐らく, たぶん.

****ar·gue** /áəgju: | á:-/ !発音

― 動 (ar·gues /~z/; ar·gued /~d/; ar·gu·ing)

意味のチャート
元来は「明らかにする」の意味から
「立証する」 他 ❸ → 「議論する」 自 ❷, 他 ❶
→「口論する」 自 ❶
→「説得する」 他 ❷

― 自 ❶ 口論する, 言い争う [≒quarrel]: Stop *arguing about* [*over*] money! V+about [over]+名 お金のことで口論するのはやめろ / It's no use *arguing with* him. V+with+名 彼と言い合ってもむだだ / The two men *argued* for a few minutes. 2 人の男は数分間言い争った.

❷ **議論する**, 論じ合う; 反論する: Let's not *argue* for the sake of *arguing*. 議論のために議論をするのはよそう / I ***argued with*** him ***about*** [*over*] the new plan. V+with+名+about [over]+名 私は彼と新しい計画について議論した / Don't *argue with* me! つべこべ言うな / You can't *argue with* that. Ⓢ (そのとおりで)それには文句のつけようがない.

❸ (論拠を示して)**主張する**, 論ずる: The villagers ***argued against*** [***for***, ***in favor of***] a new road. V+前+名 村人たちは新道に反対[賛成]の主張をした.

― 他 ❶ (...)と**主張する**, 論ずる《⇒ claim 類義語》; (...)を議論する: Columbus ***argued that*** the earth was [is] round. V+O (that 節) コロンブスは地球は丸いと主張した 多用 / *argue* politics 政治を論じる.

❷ (人)を**説得する**, 説き伏せる《⇒ 句動詞》. ❸《格式》(物事が)(事柄など)を示す, 立証する: His house *argues* his wealth. 家を見ると彼が金持ちだとわかる.

(名 árgument)

argue の句動詞

+**árgue ... ìnto ~** 動 他 (人)を**説得して...させる**: I tried to ***argue*** my father ***into*** buy*ing* a new car. 私は父を説得して新車を買わせようとした.

+**árgue ... òut of ~** 動 他 (人)を**説得して~をやめさせる**: I ***argued*** her ***out of*** go*ing* skiing. 私は彼女にスキーに行くのを思いとどまらせた.

****ar·gu·ment** /áəgjʊmənt | á:-/ !発音

― 名 (-gu·ments /-mənts/) ❶ C **口論**, 口げんか, 言い争い [≒quarrel]: I had an ***argument with*** a friend today. 私は今日友だちと口げんかをした / We 「got into [started] a heated ***argument about*** [*over*] who(m) to invite. だれを招待するかで私たちは激しい口論となった.

❷ C,U **議論**, 論争《⇒ 類義語》: They spent hours in ***argument about*** [*over*] the future of Japan. 彼らは何時間もかけて日本の将来について議論をした / win [lose] an ***argument*** (***with*** ...) (...との)議論に勝つ[負ける] / We accepted his suggestions ***without argument***. 私たちは異議なく彼の提案を受け入れた.

❸ C **論拠**, 理由; 主張: There is a good ***argument for*** that decision. その決定には十分な理由がある / He presented an ***argument for*** [***against***] the war. 戦争に賛成[反対]する論拠を述べた / The ***argument that*** cars cause environmental pollution is now generally accepted. +that 節 車が環境汚染を引きおこすという主張は今日一般に認められている.

(動 árgue, 形 àrgumentátive)

類義語 **argument** 事実や論理をもとにして自分の意見を主張したり, 自分と違う意見の人を説得しようとする議論. **dispute** やや格式ばった語で理性や論理よりも現実に根ざした感情的な議論で, ある主張をくつがえそうとするものをいう. **debate** 公開の場で行なわれる公式の討論. **discussion** 互いに理性的に意見を交換して, ある問題を円満に解決しようとする共通の意図で行なわれる討論. **controversy** 重要な問題についての長期にわたる論争.

ar·gu·men·ta·tive /àəgjʊméntəṭɪv | à:-/ 形 論争好きな, けんか腰の. (名 árgument)

a·ri·a /á:riə/ 名 C〘音楽〙アリア, 詠唱.

ar·id /ǽrɪd/ 形 ❶ (土地が)乾燥した, 乾ききった. ❷ (思想・研究などが)不毛な, 貧弱な, 無意味な.

Ar·ies /é(ə)ri:z, -riì:z/ 名 ❶ 固 牡羊(おひつじ)座《星座》; 白羊宮 (the Ram)《⇒ zodiac 挿絵》. ❷ C 牡羊座生まれの人.

***a·rise** /əráɪz/ 動 (a·ris·es /~ɪz/; 過去 a·rose /əróʊz/; 過分 a·ris·en /əríz(ə)n/; a·ris·ing) 自 ❶ **起こる**, 生じる; 現われる: Another problem has *arisen*. また問題が起こった / Use this money when [if] the need *arises*. 必要が生じたらこの金を使ってください.

❷ (...の結果として)**起こる**, 生じる: This problem ***arose from*** [***out of***] a mutual misunderstanding. V+from [out of]+名 この問題はお互いの誤解から生じた.

❸《文語》起きあがる.

***a·ris·en** /əríz(ə)n/ 動 **arise の過去分詞**.

ar·is·toc·ra·cy /ærɪstá(:)krəsi | -tɔ́k-/ !アク 名 (-ra·cies) C [普通は the ~;《英》単数または複数扱い] 貴族《全体》, 貴族社会, 上流[特権]階級.〖語源 ⇒ -cracy〗

a·ris·to·crat /ərístəkræt, ǽrɪs-/ 名 C (1 人の)貴族; 貴族的な人.

a·ris·to·crat·ic /əristəkrǽṭɪk, æ̀rɪs-/ 形 貴族の, 貴族的な, 貴族らしい.

Ar·is·tot·le /ǽrɪstà(:)tl | -tɔ̀tl/ 名 固 アリストテレス (384–322 B.C.)《ギリシャの哲学者》.

+**a·rith·me·tic**[1] /əríθmətɪk/ !アク 名 ❶ U **算数**, 算術《⇒ R[1] (成句)》. 関連 mathematics 数学 / algebra 代数 / geometry 幾何学. ❷ U 計算, 勘定; 計算の結果. (形 àrithmétic[2], -métical)

ar·ith·met·ic[2] /æ̀rɪθméṭɪk/, **-met·i·cal** /-ṭɪk(ə)l/ 形 算数の[に関する]. (名 aríthmetic[1])

Ariz. 略 = Arizona.

Ar·i·zo·na /æ̀rəzóʊnə←/ 名 固 アリゾナ《米国南西部の州; 略 Ariz.,〔郵便〕では AZ》.〖語源 アメリカ先住民のことばで「小さな泉」の意〗

Ar·i·zo·nan /æ̀rəzóʊnən←/, **-zo·ni·an** /-niən←/ 形 アリゾナ州(人)の. — 名 C アリゾナ州人.

ark /ɑ́ɚk | ɑ́:k/ 名 ❶ C〔聖書〕箱舟《⇒ Noah 参考》. ❷ C 大きな船.

Ark. 略 = Arkansas.

Ar·kan·san /ɑɚkǽnz(ə)n | ɑ:-/ 形 アーカンソー州(人)の. — 名 C アーカンソー州人.

Ar·kan·sas /ɑ́ɚkənsɔ̀: | ɑ́:-/ 名 固 アーカンソー《米国中部の州; 略 Ark.,〔郵便〕では AR》.〖語源 アメリカ先住民の部族の名から〗

Ar·ling·ton /ɑ́ɚlɪŋtən | ɑ́:-/ 名 固 アーリントン《米国 Washington, D.C. 郊外の国立墓地の所在地; 無名戦士の墓や Kennedy 大統領の墓などがある》.

*****arm**[1] /ɑ́ɚm | ɑ́:m/

— 名 (~s /~z/) ❶ C 腕. 日英 肩 (shoulder) から先, 特に肩から手首 (wrist) までを指す《⇒ leg》. 従って arm が日本語の「手」に相当することもある: She held [took] her baby *in* her *arms*. 彼女は赤ん坊を腕に抱いた / She carried a package *under* her *arm*. 彼女は包みを小わきに抱えていた / The man took me *by the arm*. その男は私の腕をつかんだ《⇒ the[1] 2 語法》/ He stood *with* his *arms folded* [*crossed*]. 彼は腕組みして立っていた / wave one's *arms* 腕を振り動かす.

❷ C **腕の形をした物**; (衣服の)そで; 腕木; 大枝; (たこなどの)足; (眼鏡の)つる《⇒ glasses 挿絵》: the *arms* of a chair いすのひじ掛け / an *arm* of the sea 入江, 河口. ❸ [複数形で] ⇒ arms. ❹ C (組織の)部門, 部局. ❺ [単数形で]〔野球〕投球能力.

árm in árm [副] **腕を組んで:** The couple was walking *arm in arm*. 二人は腕を組んで歩いていた.

as lóng as your árm [形]《略式》(リスト・文書などが)とても長い.

at árm's léngth [副] 腕をのばした距離に, 体から離して; 少し距離をおいて: keep [hold] ... *at arm's length* (人)を遠ざける.

cóst an árm and a lég [動] 自《略式》費用が高くつく.

gíve one's **ríght árm** [動] 自《略式》どんな犠牲でも払う (*for*; *to* do).

twíst ...'s **árm** [動] (1) (人)の腕をねじ上げる. (2)《略式》(人)に無理に頼み込む, (人)に無理強いする.

with ópen árms [副] 両手を広げて; 大歓迎で.

***arm**[2] /ɑ́ɚm | ɑ́:m/ 動 (arms /~z/; armed /~d/; arm·ing) 他 ❶ (...)を(~で)**武装させる** [⇔ disarm]《⇒ armed》: They *armed* themselves *with* guns. V+O+*with*+名 彼らは銃で武装した. ❷ (必要なものを)(...)に備えさせる, (...)の身につけさせる《⇒ armed》.

— 自 武装する (*against*). (名 arms)

ar·ma·da /ɑɚmɑ́:ḍə | ɑ:-/ 名 ❶ C 艦隊. ❷ [the A-] (スペインの)無敵艦隊.

ar·ma·dil·lo /ɑ̀ɚmədíloʊ | ɑ̀:-/ 名 (~s) C アルマジロ《甲羅をもつ南米産の哺乳(ほにゅう)動物》.

Ar·ma·ged·don /ɑ̀ɚməgédn | ɑ̀:-/ 名 ❶ [an ~ または U] 大決戦(場); 破局. ❷ U〔聖書〕ハルマゲドン《世界の終末における善と悪の決戦(の場)》.

ar·ma·ment /ɑ́ɚməmənt | ɑ́:-/ 名 ❶ [複数形で] (一国の)軍事力; 武器, 兵器: nuclear *armaments* 核兵器. ❷ U (一国の)軍備, 武装 [⇔ disarmament].

arm·band /ɑ́ɚmbæ̀nd | ɑ́:m-/ 名 C 腕章; 喪章.

arm·chair /ɑ́ɚmʧèɚ | ɑ́:mʧèə/ 名 C ひじ掛けいす《⇒ living room 挿絵》: sit *in* an *armchair* ひじ掛けいすに座る《⇒ in[1] 前 1 (1) 語法》. — 形 限定 (実践はしないで)本やテレビだけで知識のある, 実体験のない; 机上の, 空論的な: an *armchair* adventurer 書斎の冒険家 / an *armchair* critic 観念的批評[評論]家.

armed** /ɑ́ɚmd | ɑ́:md/ 形 ❶ **武装した**, 軍備をした [⇔ unarmed]: *armed* conflict 武力衝突 / The carrier is ***armed with nuclear weapons. +*with*+名 その空母は核を装備している. ❷ (必要なものを)備えて: He *is armed with* a good knowledge of finance. 彼は金融の知識をしっかり身につけている.

+**ármed fórces** 名 複 [the ~] **軍隊**《陸・海・空軍》.

Ar·me·ni·a /ɑɚmí:niə | ɑ:-/ 名 固 アルメニア《イランの北西にある共和国》.

Ar·me·ni·an /ɑɚmí:niən | ɑ:-/ 形 アルメニアの; アルメニア人[語]の. — 名 C アルメニア人; U アルメニア語.

arm·ful /ɑ́ɚmfòl | ɑ́:m-/ 名 (複 ~s, **arms·ful** /ɑ́ɚmzfòl | ɑ́:mz-/) C 腕いっぱい(の量), ひと抱(かか)え: an *armful of* roses ひと抱えのばら.

arm·hole /ɑ́ɚmhòʊl | ɑ́:m-/ 名 C そでぐり.

ar·mi·stice /ɑ́ɚmɪstɪs | ɑ́:-/ 名 C [普通は単数形で] 休戦(条約).

+**ar·mor,**《英》**ar·mour** /ɑ́ɚmɚ | ɑ́:mə/ 名 ❶ U **よろい**, 甲冑(かっちゅう): a suit of *armor* よろいかぶと 1 そろい. ❷ U (軍艦・戦車などの)**装甲**; 装甲車部隊《全体》: heavy [light] *armor* 重い[軽い]装甲.

ar·mored,《英》**armoured** /ɑ́ɚmɚd | ɑ́:məd/ 形 ❶ 装甲の, よろいをつけた: an *armored* car (護送用の)装甲自動車,〔軍隊〕装甲車. ❷ 限定 装甲車両を持つ(編成の).

ar·mor·er /ɑ́ɚmərɚ | ɑ́:mərə/ 名 C 武器[兵器]製造[修理, 点検]者.

ar·mor·y /ɑ́ɚm(ə)ri | ɑ́:-/ 名 (-mor·ies) ❶ C 兵器庫; 兵器工場. ❷ C (技術・情報などの)蓄え.

+**ar·mour** /ɑ́ɚmɚ | ɑ́:mə/ 名《英》= armor.

+**ar·moured** /ɑ́ɚmɚd | ɑ́:məd/ 形《英》= armored.

arm·pit /ɑ́ɚmpɪ̀t | ɑ́:m-/ 名 ❶ C わきの下《⇒ body 挿絵》. ❷ [the ~]《米略式》(都市などの)汚い場所 (*of*).

arm·rest /ɑ́ɚmrèst | ɑ́:m-/ 名 C (いすの)ひじかけ.

***arms** /ɑ́ɚmz | ɑ́:mz/ (同音《英》alms)

— 名 複 ❶ (戦争用の)**武器**, 兵器; 武力: nuclear [conventional] *arms* 核[通常]兵器 / carry [bear] *arms* 武器を持つ, 武装する. ❷ 紋章《⇒ coat 成句》.

be ùp in árms [動] 自 (...に)ひどく怒って[猛反対して]いる (*about, over*).

lày dówn (one's) **árms** [動] 自 武器を捨てる, 戦いをやめる; 降服する.

tàke ùp árms [動] 自 (...に対して)武器をとる, 戦いを始める (*against*).

To árms! [間] 武器をとれ!, 戦闘準備!《号令》.

ùnder árms [形・副]《格式》武器を持って, 武装して; 兵役に就いて. (動 arm[2])

árms contròl 名 U 軍備制限, 軍縮.

árms ràce 名 [単数形で] 軍備拡張競争.

árm wrèstling 名 U 腕ずもう.

*****ar·my** /ɑ́ɚmi | ɑ́:-/

— 名 (ar·mies /~z/) [《英》単数形でもときに複数

扱い] ❶ Ⓒ [普通は the ~] 陸軍; 軍: the United States *Army* 米国陸軍《略 USA》/ be *in the army* (陸軍)軍人である / join [go into] *the army* 陸軍に入る / retire from *the army* 陸軍を退役する. 関連 navy 海軍 / air force 空軍.
❷ Ⓒ 軍隊, 兵力, 軍勢: an *army* of 50,000 men 5万の軍隊 / He led a small *army* against the government. 彼は少数の軍を率い政府に反抗した. ❸ Ⓒ 軍隊組織の団体: ⇒ Salvation Army. ❹ Ⓒ 大勢, 大群: an *army of* ants ありの大群.

Ar·nold /ɑ́ənld | ɑ́:-/ 名 固 アーノルド《男性の名》.

a·ro·ma /əróʊmə/ 名 Ⓒ (飲食物などの)芳香 (*of*).

a·ro·ma·ther·a·pist /əròʊməθérəpɪst/ 名 Ⓒ アロマセラピスト, 芳香療法士.

a·ro·ma·ther·a·py /əròʊməθérəpi/ 名 Ⓤ アロマセラピー, 芳香療法.

ar·o·mat·ic /æ̀rəmǽṭɪk←/ 形 芳香のある.

***a·rose** /əróʊz/ 動 **arise の過去形.**

***a·round /əráʊnd/

単語のエッセンス
基本的には「周りに」の意.
1) (...の周りを)ぐるっと回って: The dog ran *around* a tree. 犬は木の周りを走った ⇒ 前 ❶ / run *around* and *around* ぐるぐると走り回る ⇒ 副 ❶
2) (...の)周りに[を]: sit *around* the table テーブルを囲んで座る ⇒ 前 ❷ / gather *around* to see the painting その絵を見ようと周りに集まる ⇒ 副 ❷
3) (...の)あちこちに: travel *around* the country 国中を旅する ⇒ 前 ❸ / walk *around* to see the town あちこちを歩き回って町を見物する ⇒ 副 ❸
4) ...のあたりに[で]: be somewhere *around* the pond 池のあたりにいる ⇒ 前 ❹ / wait *around* for a while このあたりでちょっと待つ ⇒ 副 ❺
5) 周囲が(...で): four feet *around* 周囲が4フィート ⇒ 副 ❹
6) およそ..., 約...: I'll call you *around* five o'clock. 5時ごろあなたに電話します ⇒ 前 ❺ / in *around* two hours 約2時間で ⇒ 副 ❻

語法 前, 副 とも《米》では around, 《英》では round を用いるのが一般的.

— 前 /əràʊnd/ ❶ **...の周りをぐるっと回って**, (角など)を曲がって, ...を曲がった所に, (回って)...の向こうに: The dog ran *around* a tree. 犬は木の周りを走った / The yacht sailed *around* a buoy. ヨットはブイを回った / The man walked *around* the corner. 男は角を曲がって歩いていった.

❷ **...の周りに, ...を囲んで; ...を取り巻いて**: sit *around* the table テーブルを囲んで座る / The cat had a ribbon *around* its neck. その猫は首にリボンを巻いていた.
❸ **...のあちこちに, ...をあちこちと** [《英》about]; **...を次々に訪れて**: travel *around* the country 国中を旅する / May's clothes were lying *around* the room. メイの服が部屋に散らかっていた.
❹ **...のあたりに[で]**, ...の近く(のどこか)に: Maybe they're somewhere *around* the pond. 彼らは池のあたりにいるかもしれない / There are few houses *around* here. このあたりは人家がほとんどない. 語法 この意味では《英》でも around を用いる人が多い.
❺ **およそ..., 約..., ...ごろ** [≒about]: I'll call you *around* five o'clock. 5時ごろあなたに電話します. 語法 この意味の around は 副 とも考えられる《⇒ 副 6》. ❻ **...を迂(う)回して**; (問題・困難など)を回避して, 切り抜けて: They went *around* the forest. 彼らはその森を通り抜けないで迂回した / There should be a way (to get) *around* this problem. この問題を回避する方法があるはずだ. ❼ **...を中心[基礎]として**: build a team *around* young players 若い選手を中心にチームを作る. ❽ ...に関して.

áll aróund ... [前] (1) **...をぐるりと回って**《around の強調》: We've walked *all around* the lake. 私たちは歩いて湖をぐるりと回ってきた. (2) **...をぐるりと取り囲んで; ...のあたり一面に**; ...の至る所を[に]《around の強調》: She traveled *all around* the world. 彼女は世界中を旅行した.

— 副 ❶ **ぐるりと(回って)**; (回って[向きを変えて])向こう側に[へ], 反対方向へ: The kids were running *around and around* in the park. 子どもたちは公園内をぐるぐると走り回っていた / She turned *around* and said, "Good-bye." 彼女は振り向いて,「さようなら」と言った / He turned the boat *around*. 彼はボートを反対方向に向けた.
❷ **周りに, 周りを**, 周囲に[を], 四方に: People gathered *around* to see the painting. 人々はその絵を見ようと周りに集まった / He used to own all the land for miles *around*. 彼は昔数マイル四方にもわたる土地をすべて持っていた.
❸ **あたり一面に; あちこちに[と]** [《英》about]: He walked *around* to see the town. 彼はあちこちを歩き回って町を見物した.
❹ [数詞+名詞の後で] **周囲が**, 周りが: The tree is four feet *around*. その木は周囲が4フィートある.
❺ **このあたりに**, 近くに [《英》about]; 存在して《⇒ 形 1》: Please wait *around* for a while. このあたりでちょっと待っていてください / He'll be *around* at five. 彼は5時にやって来るでしょう / I'll be *around* if you want me. 用事があれば(呼んでください)この辺にいますから / Is John *around*? (電話で)ジョンはいますか《✪ この around は訳さなくてよい》.
❻ **およそ..., 約...**, ...ほど [≒about]《⇒ 前 5》: in *around* two hours 約2時間で / It will cost *around* ten dollars. それは10ドルくらいの値段でしょう. ❼ ある場所へ; (...の)家に: She came *around to* my house. 彼女は私の家にやって来た / They invited us *around* for a meal. 彼らは私たちを食事に招いてくれた. ❽ [特定の動詞と共に用いて] あてもなく, ぶらぶらと: There were people standing *around* absent-mindedly. 人々はぼうっと立っていた / hang *around* ぶらつく. ❾ (時が)巡(めぐ)って: Winter will come *around* soon. もうすぐ冬が巡って来る / this time *around* 今回は. ❿ (人々に)行き渡るように, 回して: hand the papers *around* 書類を回す.

áll aróund [副] (1) **ぐるりと(回って)**《around の強調》: I looked *all around*, but I couldn't see anybody there. 私はあたりをぐるりと見回したが, だれも

見当たらなかった. (2) あたり一帯[一面]に; 至る所を[に]《around の強調》: A dense fog lay *all around*. 濃霧があたり一面に立ちこめていた. (3) みんなに[と], まんべんなく.

aròund abòut ... [副] Ⓢ およそ..., 約....

— 形 ❶ 叙述 [しばしば最上級とともに] 現存している, 出回って(いる): She is one of *the best* singers *around*. 彼女は現在最高の歌手の一人です / The book has been *around* for quite a while now. その本が出版されてもうだいぶ経つ. ❷ 叙述 動き回って(いる); 活動[活躍]して(いる): He has recovered and is able to get *around*. 彼は回復して動き回れるようになった.

have bèen aróund [動] 自 《略式》 人生経験[性体験]が豊富である.

a·round-the-clock /əráʊn(d)ðəklá(ː)k | -klɔ́k←/ 形 限定 24 時間ぶっ通しの, 休みなしの《⇒ around the clock (clock 成句)》.

a·rousal /əráʊz(ə)l/ 名 U (特に性的な)興奮; (感情的な)喚起, 目ざめ.

+**a·rouse** /əráʊz/ 動 (a·rous·es /~ɪz/; a·roused /~d/; a·rous·ing) 他 ❶ (感情など)を**刺激する**, 喚起する; (反応など)を引き起こす: *arouse* a debate 論争を巻き起こす / The sound *aroused* my interest [curiosity]. その音は私の興味[好奇心]をかきたてた. ❷ [普通は受身で] (...)を性的に興奮させる. ❸ 《格式》 (...)を目ざめさせる (*from*). 語法 この意味では wake up や awaken や rouse のほうが普通.

ar·peg·gi·o /ɑəpéʤiòʊ | ɑː-/ ≪イタリア語から≫ 名 (~s) C 〔音楽〕 アルペッジョ《和音を構成する音を一音ずつ速く滑らかに演奏すること》.

arr. 略 ❶ [時刻表で] = arrival, arrive(s)《⇒ dep.》. ❷ 〔主に音楽〕 = arranged (by): Chopin, *arr.* Liszt ショパン作リスト編曲.

ar·raign /əréɪn/ 動 他 [普通は受身で] 〔法律〕 (被告)を法廷に召喚する (*for, on*).

ar·raign·ment /əréɪnmənt/ 名 C,U 〔法律〕 (被告の)罪状認否.

**ar·range /əréɪnʤ/ 発音

— 動 (ar·rang·es /~ɪz/; ar·ranged /~d/; ar·rang·ing) 他

> 意味のチャート
> range と同語源で「整列させる」→
> 「整える」❷ ─→ (調整する) → 「**取り決める**」❶
> 　　　　　　　└→ (別の演奏形式にする)→ 「**編曲する**」❸

❶ (...)を**取り決める**; (...)の手はずを整える, (...)を手配する, 準備する: *arrange* a time to meet 会う時間を決める / The meeting *was arranged* for next Sunday. V+O の受身 会は次の日曜日に(開くことに)決まった / Could you ***arrange to*** be here at five? V+O (*to* 不定詞) 5 時にここに来るようにしていただけませんか 多用 / Please *arrange* the details ***with*** your boss later. V+O+*with*+名 細かいところは後で上司と相談して決めてください / We haven't ***arranged when to*** start. V+O (*wh* 句) 私たちはいつ出発するかはまだ決めていない / We have ***arranged that*** a car (*should*) meet you at the station. V+O (*that* 節) 駅までお迎えの車を手配しました《⇒ should A 8》 / as *arranged* 打ち合わせどおりに.

❷ (...)を**整える**, 整頓(せいとん)する; きちんと並べる, 配列する: *arrange* one's hair neatly 髪をきちんと整える / learn how to *arrange* flowers 生け花を習う / He *arranged* the dishes on the table. 彼はテーブルに皿をきちんと並べた / The words *are arranged* alphabetically. V+O の受身 単語はアルファベット順に並んでいる.

❸ 〔音楽〕 (...)を編曲する: *arrange* piano music *for* the violin ピアノ曲をバイオリン用に編曲する.

— 自 **手配する**, 準備する; 打ち合わせる: I've ***arranged for*** a taxi. V+*for*+名 タクシーを手配しました 多用 / I'll ***arrange for*** someone ***to*** pick you up at your home. V+*for*+名+*to* 不定詞 だれかお宅へ車でお迎えにいくよう手配しておきましょう / I'm going to ***arrange with*** the carpenter 「***about*** build***ing*** [***to*** build] our new house. V+*with*+名+「*about*+動名[*to* 不定詞] 私は大工さんと新しい家を建てる打ち合わせをするところです.

(名 arrángement)

arránged márriage 名 C,U 親が決めた結婚, 見合い結婚.

**ar·range·ment /əréɪnʤmənt/

— 名 (-range·ments /-mənts/) ❶ C [普通は複数形で] **準備**, 手配; 予定, 計画 [≒plan]: Have you ***made*** all the ***arrangements for*** your trip? 旅行の準備はすみましたか / We've made *arrangements* (***for*** the group) ***to*** meet at 6 p.m. on Monday. + (*for*+名+)*to* 不定詞 我々は(一行が)月曜日の午後 6 時に集まるように手配した.

❷ C,U **協定**, 打ち合わせ, 取り決め [≒agreement]: an illegal ***arrangement with*** the company その会社との不法な協定 / By (a) special *arrangement* (*with* the manager) we were allowed to enter the building early. 我々は(管理人との)特別の取り決めで建物に早めに入るのを許された / We've ***made*** [***come to***] ***an arrangement with*** him ***about*** the rent. 借用[賃貸]料について彼と合意に達した.

❸ U **配置**, 整列, 配列; C 整理[配列]した物; C [普通は複数形で] **仕方**, 仕組み: I didn't like the *arrangement* of the furniture in my room. 私は自分の部屋の家具の配置が気に入らなかった / living *arrangement* 暮らしぶり / What are the sleeping *arrangements*? だれがどこに寝るの[部屋割りはどうするの]? ❹ 〔音楽〕 U 編曲; C 編曲した曲.

(動 arránge)

ar·rang·er /əréɪnʤɚ | -ʤə/ 名 C 編曲者; 手配する人.

+**ar·ray** /əréɪ/ 名 (~s /~z/) ❶ C [普通は単数形で] **ずらりと並んだもの**; 勢ぞろい; (軍隊などの)整列 [⇔ disarray]: *an* impressive ***array of*** Japanese paintings ずらりと並んだ印象的な日本画. ❷ C 〔コンピュータ〕 配列.

— 動 他 [普通は受身で] ❶ 《格式》 (...)を配列[陳列]する; 整列させる. ❷ 《文語》 (...)を盛装させる.

ar·rears /əríɚz | əríəz/ 名 複 未払金, 滞納金. **fáll ìnto arréars** [動] 自 (家賃などを)滞納する (*with*). **in arréars** [形] 未払いで, 滞納して (*with*); (賃金などが)後払いで.

***ar·rest** /ərést/ 動 (ar·rests /ərésts/; -rest·ed /~ɪd/; -rest·ing) 他

> 意味のチャート
> 「止める」が元の意.
> 「引き止める」❷ ─→ 「**逮捕する**」❶
> 　　　　　　　　└→ 「(注意などを)**引く**」❸

❶ (...)を**逮捕する**, 検挙する**:** The police *arrested* the suspect. 警察は容疑者を逮捕した / He *was arrested for* theft. V+O+*for*+名の受身 彼は窃盗の罪で逮捕された. ❷《格式》(進行など)を止める**:** *arrest* the spread of the disease 病気の蔓延(まんえん)をくい止める. ❸《格式》(注意)を引く. — ⓐ (人が)心拍が停止する.
— 名 (ar·rests /əréstsˌ/) ❶ C,U **逮捕**, 検挙**:** an *arrest* warrant 逮捕状 / make an *arrest* 逮捕する / You're *under arrest*. 逮捕する《逮捕の際の警官のことば》 / ***put*** [***place***] ***... under arrest*** ...を逮捕する. ❷ C,U 停止.

ar·rest·ing /əréstɪŋ/ 形 Ⓦ 注意を引く, 目立つ.

ar·riv·al** /əráɪv(ə)l/ 名 (~s /~z/) ❶ U,C **到着**《略 arr.》[⇔ departure]; C 到着便**:** *arrival* time 到着時刻 / *arrivals* and departures of trains 列車の発着 / I've been looking forward to your *arrival*. ご到着をお待ちしておりました / 言い換え ***On (his) ***arrival*** at the airport he phoned his office. (= As soon as he arrived at the airport, he phoned his office.) 空港に着くとすぐ彼は会社に電話をした. ❷ [the ~] (新しい物の)出現, 登場; (季節などの)到来; (赤ん坊の)誕生**:** *the arrival of* the computer コンピューターの登場 / celebrate *the arrival of* a baby 赤ん坊の誕生を祝う. ❸ C 到着した人[物]**:** a new *arrival* 新着品, 新人; 新生児 / late *arrivals* 遅れてきた人たち.
(動 arrive)

***ar·rive** /əráɪv/

— 動 (ar·rives /~z/; ar·rived /~d/; ar·riv·ing) ⓐ ❶ **到着する**, 着く; (物などが)届く《略 arr.; ⇒ 類義語》[⇔ depart, leave]**:** We *arrived* home in the evening. V+副 我々は夕方家に着いた / You should ***arrive at*** the hotel before dark. V+前+名 暗くなる前にホテルに着いたほうがいいですよ / The ship is ***arriving in*** port tomorrow morning. 船は明朝入港の予定だ《⇒ **巻末文法** 6. 2 (1)》 / The plane ***arrived from*** London. その飛行機はロンドンから到着した / The parcel *arrived* yesterday. 小包はきのう届いた.

> 語法 **arrive at [in] と arrive on の使い方**
> (1) arrive の後の前置詞 at は到着する場所が町・村や小さな地点と考えられるとき, in は国や大都市など広い地域と考えられるときに用いられる. ただし旅行の途中で一時的に着くときには大都市でも at を用い, また小さな町や村でも今自分たちが住んでいる場所には in を用いる《なお ⇒ at 1 語法 囲み》**:** We *arrived at* a village. 私たちはある村に着いた / What time are we *arriving in* New York? ニューヨークにはいつ着きますか / He *arrived at* Paris and immediately started for London. 彼はパリに着いたが, すぐにロンドンに発った / At last we have *arrived in* our hometown. とうとう私たちは故郷の町にたどり着いた.
> (2) on, upon は continent, island, shore, scene などの前で用いる**:** We ***arrived on*** the island yesterday. 我々はきのう島に着いた.
> (3) arrive to とは言わない.

❷ (結論・合意・年齢・時期などに)**達する**, 至る**:** The committee has not yet ***arrived at*** a decision [conclusion]. V+*at*+名 委員会はまだ決議[結論]に至っていない. ❸ (時が)来る [≒come]**:** At last the day has *arrived* for us to graduate. とうとう私たちが卒業する日が来た. ❹ (赤ん坊が)生まれる; (新しい物が)出現する. ❺ [普通は完了形で]《略式》成功する.
(名 arríval)

> 類義語 **arrive** 自動詞なので at や in とともに用いられ, 予定していた(特に遠方の)目的地に到着すること**:** The plane from Chicago *arrived at* the airport late at night. シカゴからの飛行機が夜遅く空港に到着した. **reach** 時間をかけたり努力したりして目的地に到達するという含みを持つことがある. この場合は arrive は使わない**:** Man *reached* the moon at last. 人類はついに月に到達した. **get to ...** reach や arrive at [in] の代わりに使われるくだけた表現**:** Finally we *got to* the Mississippi. 私たちはとうとうミシシッピー川にたどり着いた.

〖語源 原義はラテン語で「川岸に着く」〗

> **単語のキズナ** RIV／川岸
> arrive (川岸に着く) → **到着する**
> derive (川から水を引く) → **引き出す**
> river (川岸) → **川**
> rival (同じ川を使う者 → 川をめぐる争いの相手) → **競争相手**

ar·ro·gance /ǽrəgəns/ 名 U 横柄, 傲慢(ごうまん).

+**ar·ro·gant** /ǽrəgənt/ 形 **横柄な**, 尊大な, 人を見下した**:** I found him very *arrogant*. (つき合ってみたら)彼はとても横柄な人だった.
~·ly 副 横柄に.

ar·ro·gate /ǽrəgèɪt/ 動 [次の成句で] **árrogate ... to onesèlf** [動] 他《格式》(権利など)を不当に主張する, 横取りする.

+**ar·row** /ǽroʊ/ アク 発音 名 (~s /~z/) ❶ C **矢:** a poisoned *arrow* 毒矢 / shoot an *arrow* at ... ...をねらって矢を放つ.
❷ C **矢印**, 矢状の物《→, ⇒ など》**:** Follow the *arrows*. 矢印に従って進んでください.
(as) stráight as an árrow [形・副] 真っすぐな[に].

ar·row·head /ǽroʊhèd/ 名 C 矢じり, 矢の根.

ar·row·root /ǽroʊrù:t/ 名 U くず粉《調理用》.

arse /ɑ́ɚs | ɑ́:s/ 名 C《英卑語》= ass[1] 1.

ar·se·nal /ɑ́ɚs(ə)n(ə)l | ɑ́:-/ 名 ❶ C (兵器の)蓄え (*of*); 兵器庫. ❷ C (考え・物の)蓄積, 集積.

ar·se·nic /ɑ́ɚs(ə)nɪk | ɑ́:-/ 名 U〔化学〕砒(ひ)素《元素記号 As》.

ar·son /ɑ́ɚs(ə)n | ɑ́:-/ 名 U 放火(罪).

ar·son·ist /ɑ́ɚs(ə)nɪst | ɑ́:-/ 名 C 放火犯(人).

***art** /ɑ́ɚt | ɑ́:t/

— 名 (arts /ɑ́ɚts | ɑ́:ts/) ❶ U **芸術**, **美術**; 芸術作品, 美術品《全体》; [the ~s] 芸術(全般); [形容詞的に] 芸術[美術](品)の**:** contemporary [modern] *art* 現代[近代]芸術 / a work of *art* 芸術作品, 美術品 / an *art* form 芸術様式 / *Art* is long, life is short.《ことわざ》芸術は長く, 人生は短い. 参考 前半は元来「技芸の習得には長い時間がかかる」の意であった.
❷ [複数形で] (大学の)**人文科学:** ⇒ liberal arts.
❸ C,U **技術**, 技芸; こつ, 熟練《⇒ technique 類義語》**:** the ***art of*** building [cooking] 建築技術[料理法] / There is a special ***art to*** [***in***] making people feel at home. 人を気楽にさせるには特別のこつがある // ⇒ industrial arts, martial art.
árts and cráfts [名] 美術工芸. (1 では 形 artístic)

árt dirèctor 名 C アートディレクター《広告・印刷物の

デザインなどの責任者》; (映画などの)美術監督.
ar·te·fact /ɑ́ətɪfæ̀kt | ɑ́ː-/ 名 C 《主に英》 = artifact.
Ar·te·mis /ɑ́ətəmɪs | ɑ́ː-/ 名 固 〔ギリシャ神話〕アルテミス《月と狩猟の女神; ⇒ goddess 表》.
ar·te·ri·al /ɑətí(ə)riəl | ɑː-/ 形 ❶ 限定 動脈の. ❷ 限定 幹線の: an *arterial* road 幹線道路.
ar·te·ri·o·scle·ro·sis /ɑətì(ə)rioʊsklərόʊsɪs | ɑː-/ 名 U 〔医学〕動脈硬化症.
+**ar·ter·y** /ɑ́ətəri | ɑ́ː-/ 名 (-ter·ies) ❶ C **動脈**: the main *artery* 大動脈. 関連 vein 静脈. ❷ C 幹線(道路), 主要河川.
art·ful /ɑ́ətf(ə)l | ɑ́ːt-/ 形 ❶ ずる賢い; 狡猾(こうかつ)な. ❷ (物事·行為が)巧みな, 技巧的な.
-ful·ly /-fəli/ 副 狡猾に, ずるく; 巧みに.
árt gàllery 名 C 美術館, 画廊.
ar·thrit·ic /ɑəθrítɪk | ɑː-/ 形 関節炎の[にかかった].
+**ar·thri·tis** /ɑəθráɪtɪs | ɑː-/ 名 U 〔医学〕**関節炎**.
Ar·thur /ɑ́əθə | ɑ́ːθə/ 名 固 ❶ アーサー《男性の名; 愛称は Artie》. ❷ King ～ アーサー王《6 世紀ごろブリトン人 (Britons) を率いて, 侵入するアングロサクソン人と戦ったとされる伝説的な王》.
ar·ti·choke /ɑ́ətətʃòʊk | ɑ́ː-/ 名 ❶ C,U アーティチョーク, ちょうせんあざみ《頭状花は食用の高級野菜》. ❷ C,U = Jerusalem artichoke.

***ar·ti·cle** /ɑ́ətɪkl | ɑ́ː-/
名 (～s /～z/)

意味のチャート
ラテン語で「小さな関節」の意. そこから「関節で分けられた個々のもの」
→ (文書の)「**条項**」❸ → (個別の)「**記事**」❶
→ (個々の)「**物品**」❷
→ (他の品詞とは別のものの意で)「**冠詞**」❹

❶ C (新聞·雑誌の)**記事**, 論説; 論文: I read an *article on* China. 私は中国に関する記事を読んだ // ⇒ leading article.
❷ C 《格式》 **物品**, 品物; (同種の品目の) 1 つ《⇒ piece 1 発音》: household *articles* 家庭用品 / an *article of* clothing 衣料品 1 点.
❸ C (法律などの)**条項**, 個条: 「the ninth *article* [*Article* 9] of the Constitution 憲法第 9 条.
❹ C 〔文法〕**冠詞**《⇒ 巻末文法 2. 2》.
an árticle of fáith [名] 強い信念, 信条.
ar·tic·u·late[1] /ɑətíkjʊlət | ɑː-/ 形 (人が考えなどを)はっきり表現できる; (発音·ことばが)はっきりした, 明瞭(めいりょう)な [⇔ inarticulate]: an *articulate* debater ことば[論旨]がはっきりした討論者.
ar·tic·u·late[2] /ɑətíkjʊlèɪt | ɑː-/ 動 他 ❶ 《格式》 (考えなど)を明確に表現する. ❷ (...)をはっきりと[明瞭に]発音する. ❸ [普通は受身で] (...)を関節でつなぐ (*with*). — 自 ❶ はっきりと発音する. ❷ (関節などで)つながる (*with*).
ar·tic·u·lat·ed /ɑətíkjʊlèɪtɪd | ɑː-/ 形 (トラック·バスが)連結式の.
ar·tic·u·late·ly /ɑətíkjʊlətli | ɑː-/ 副 明瞭に.
ar·tic·u·la·tion /ɑətìkjʊléɪʃən | ɑː-/ 名 ❶ U 明確な発音[発声]; 《格式》 (思想などの)表現. ❷ C 関節, (植物の)節; U (関節の)接合.
Ar·tie /ɑ́əti | ɑ́ː-/ 名 固 アーティー《男性の名; Arthur の愛称》.
***ar·ti·fact** /ɑ́ətɪfæ̀kt | ɑ́ː-/ 名 (ar·ti·facts /-fæ̀kts/) C (考古学上の)**人工(遺)物**, 工芸品《特に道具·武具·装飾品》.
ar·ti·fice /ɑ́ətəfɪs | ɑ́ː-/ 名 U,C 《格式》 策略, 術策, 手管(てくだ).
***ar·ti·fi·cial** /ɑ̀ətəfíʃəl | ɑ̀ː-←/ ❗アク 形 ❶ [比較なし] **人工の**, 人造の; 人為的な [⇔ natural]: *artificial* flowers 造花 / an *artificial* leg 義足 / *Artificial* colors added. 合成着色料添加《表示》.
❷ **不自然な**, うわべだけの: an *artificial* smile 作り笑い / *artificial* tears 空涙. (名 àrtificiálity)
類義語 **artificial, fake, false** の 3 語は, 本物に見えるように, または本物と同じ機能を果たすように作られた人造のものを指し, 同じように用いられることもあるが, 修飾されるものによってはどの語と典型的に結びつくか決まっている場合もある: *artificial* flowers 造花 / *fake* fur 模造毛皮 / *false* teeth 入れ歯, 義歯.
《⇒ office キズナ》
artifícial inseminátion 名 U 人工授精《略 AI》.
artifícial intélligence 名 U 人工知能《略 AI》.
ar·ti·fi·ci·al·i·ty /ɑ̀ətəfìʃiǽləti | ɑ̀ː-/ 名 U 人工[人為]的なこと; 不自然さ. (形 àrtifícial)
ar·ti·fi·cial·ly /ɑ̀ətəfíʃəli | ɑ̀ː-/ 副 人工的に, 人為的に; 不自然に, わざとらしく, 無理に.
artifícial respirátion 名 U 人工呼吸.
+**ar·til·ler·y** /ɑətíl(ə)ri | ɑː-/ 名 ❶ U **大砲**《全体》: *artillery* fire 砲火. ❷ [the ～] 砲兵(隊).
ar·ti·san /ɑ́ətəz(ə)n | ɑ̀ːtɪzǽn/ 名 C 職人.

***art·ist** /ɑ́ətɪst | ɑ́ː-/
— 名 (art·ists /-tɪsts/) ❶ C **芸術家**, 美術家; (特に)**画家**; (趣味で)絵を描く人: He's one of the greatest *artists* in Japan. 彼は日本屈指の芸術家[画家]だ / You're a very *good artist*. 絵がお上手ですね. ❷ C 芸能人, アーティスト《歌手·ダンサー·俳優など》. ❸ C 《略式》 名人, 熟練家.
ar·tiste /ɑətíːst | ɑː-/ 名 C = artist 2.
+**ar·tis·tic** /ɑətístɪk | ɑː-/ 形 ❶ **芸術的な**; 芸術のわかる, 芸術を好む: *artistic* beauty 芸術的な美しさ / My father isn't very *artistic*. 私の父にはあまり芸術の才がない. ❷ 芸術の, 美術の; 芸術家の. ❸ (芸術品などが)趣(おもむき)のある, 風雅な: *artistic* designs 美しいデザイン. (名 art 1)
ar·tis·ti·cal·ly /ɑətístɪkəli | ɑː-/ 副 芸術[美術]的に; 趣のあるように; 文修飾 芸術的に見れば.
art·ist·ry /ɑ́ətɪstri | ɑ́ː-/ 名 U 芸術的技量, 芸術性; 高度の技術, 腕前.
art·less /ɑ́ətləs | ɑ́ːt-/ 形 《格式》 ありのままの, 素朴な, 無邪気な; へたな, 不器用な. **～·ly** 副 素朴に.
árt muséum 名 C 《主に米》 美術館.
art·sy /ɑ́ətsi | ɑ́ː-/ 形 (art·si·er; -si·est) 《米略式》 芸術家ぶった, 芸術家気取りの; 芸術に興味のある(人向きの).
art·work /ɑ́ətwə̀ːk | ɑ́ːtwə̀ːk/ ❶ U 挿絵, 図版. ❷ C,U 美術[芸術]作品.
art·y /ɑ́əti | ɑ́ː-/ 形 《英略式》 = artsy.
ar·u·gu·la /ərúːg(j)ʊlə/ 名 U 《米》 ルッコラ, きばなすずしろ《葉はサラダ用》[《英》 rocket].
-ar·y /⌒ —èri, ⌒(ə)ri | ⌒(—)(ə)ri/ 接尾 ❶ [形容詞語尾]「...の, ...に関する」の意: planet*ary* 惑星の. ❷ [名詞語尾]「...するもの, ...する場所, ...する人」の意: diction*ary* 辞書 / secret*ary* 秘書.
Ar·y·an /é(ə)riən/ 名 C, 形 アーリア人(の).

***as** /(弱形) əz; (強形) ǽz/ (同音 #has[2])

単語のエッセンス
元は「全くそのように」の意.
1) ...する[...の]ときに, ...につれて 接❶
2) ...のように[な], (...と)同じく 接❷; 副❶; 代❶
3) ...なので, ...だから 接❸
4) ...として 前❶

— 接《従属接続詞》❶ **...するときに, ...しながら** [≒ when]《⇒ 前 2》; **...につれて**: Just *as* he was going out, there was a great earthquake. ちょうど彼が出かけようとしたときに大地震があった / She was trembling *as* she listened to the news. その知らせを聞きながら彼女は震えていた / *As* we went up the mountain, the air grew colder. 山を登るにつれて空気は冷たくなった.
❷ **...(する)ように, ...(する)とおりに, ...(する)限りでは; ...と同じく, ...ほど**《⇒ as ... as ～ (成句) (1)》: Do *as* I do. 私がするようにしなさい / Dance *as* you were taught to. 教わったとおりに踊りなさい《⇒ to² A 1 語法 (1)》/ *As* I mentioned before, she will speak on global warming. 以前に述べたとおり彼女は地球温暖化について話す / The boy behaved badly, (just) *as* I thought he would. (ちょうど)私が予想したとおりに少年は行儀が悪かった.

語法 🔍 (1) as 節内で倒置が起こることがある: You've worked hard, *as* has everybody. 君は皆と同じようにがんばった.
(2) as の後で節が省略された形になることがある: She left *as* promised (= *as* she had promised). 彼女は約束どおりに出かけた.

❸ **...なので, ...だから**《⇒ because 類義語》: *As* I was late, I took a taxi. 遅れていたので私はタクシーに乗った / We went without him, *as* he wasn't ready. 彼の準備ができていないので私たちは彼を置いて出かけた. 語法 (1) しばしば文頭に用いる. (2) 理由を表わすときには because や since を用いるほうが普通. 上の文は特に《略式》では I was late, so I took a taxi. / He wasn't ready, so we went without him. と言うほうが普通.
❹ **...ではあるが** [≒though]《⇒ as ... as ～ (成句) (3)》: 言い換え Rich *as* he is (= Although he is rich), he isn't happy. 彼は金はあるが幸せではない / 言い換え Try *as* he might (= However hard he tried), he couldn't jump over the fence. 一生懸命やってみたが彼にはその柵(さく)を跳び越えることはできなかった. 語法 as の位置に注意. as の前に来るのは普通は形容詞・副詞または動詞の原形. ❺ [しばしば先行する名詞の意味内容を限定する節を導いて] **...する場合には[の], ...する限りでは[での]**《⇒ 副 2》: science *as* we know it today 現在私たちが知っている科学. ❻ [対比・比例関係などの表現で] **...であるのと同じように**《⇒ as ..., so ～ (成句); A is to B what C is to D. (what² 成句)》: Two is to four *as* five is to ten. = *As* two is to four, (*so*) five is to ten. 2 対 4 は 5 対 10 (2:4 = 5:10).
— 副 ❶ **同じくらいに, 同じように**: I can run *as* fast. 私だって同じくらい速く走れる. 語法 比較の対象は文脈や言外に暗示されている. それを明示すれば例えば次のようになる: I can run *as* fast「*as he* (*can*) [《略式》*as him*]. 私は彼と同じくらい速く走れる. ❷ [(しばしば先行する名詞を修飾する)形容詞・分詞などの前に置いて] **...である場合(の), ...なものとして(考えられた)**《⇒ 接 5》: the earth *as* seen (= *as* it is seen) from a spaceship 宇宙船から見た地球. ❸ [前置詞句・副詞の前に用いて] **...と同じように**: *As in* previous years she took her vacation in May. これまでと同じように彼女は 5 月に休暇をとった.
— 前 ❶ **...として; ...のように**: It can be used *as* a knife, too. それはナイフとしても使えます / He is known *as* a great man. 彼は偉人として知られている / He acted *as* chairman. 彼は議長を務めた.

語法 (1) as の後の役職名の名詞には冠詞をつけないことが多い.
(2) regard, think of, describe, see, speak of などの他動詞の後に用いる場合, as が形容詞・分詞を伴うことも多い: We thought of him *as* (being) a genius. 私たちは彼を天才と思った / I regard him *as* (being) fit for promotion. 彼は昇進する資格があると思う.

❷ **...のときに**: *As* a child (= When (he was) a child), Bob lived in Boston. 子供のときにボブはボストンに住んでいた / She showed me a picture of her mother *as* a schoolgirl. 彼女は学校時代のお母さんの写真を私に見せてくれた. 語法 この as は前置詞なので *as* young のように形容詞を続けることはできない. ❸ [such, the same の後につけて] **...のような～, ...と同じ**: *Such* countries *as* Norway and Finland have lots of snow in winter. ノルウェーやフィンランドのような国は冬に雪が多い《⇒ such (...) as ～ (such 形 成句)》/ This is the *same* kind of camera *as* mine. これは私のと同種のカメラだ.
— 代《関係代名詞》❶ [such, the same の後につけて] **...する(ような)～, ...と同じ(～)**《⇒ 前 3》: *Such* advice *as* she was given proved worthless. 彼女が受けた(ような)アドバイスは役に立たなかった / He looks just *the same as* he did ten years ago. 彼は外見が 10 年前と全く変わらない《⇒ do¹ [代動詞] 1》. ❷ [先行の, または後続の節の内容を受けて] **そのことは...であるが, ...するように**: He was a Frenchman, *as* I could tell from his accent. その男はフランス人だった. 彼のなまりからわかったことだが / *As* was natural, he married her. 当然のことだが, 彼は彼女と結婚した. 語法 as の後で節が省略された形になることがある: *As* expected (= *As* was [had been] expected), he married her. 予想通り, 彼は彼女と結婚した.
as ... as ～ (1) **～と同じほど..., ～くらい...**: John works *as* hard *as* his brother. ジョンは兄[弟]と同じほどよく働く / Her skin is (*as*) white *as* snow. 彼女の肌は雪のように白い《✪ この種の成句では前の as は省略可能》/ You have *as* pretty a doll *as* Meg. メグちゃんと同じくらいかわいい人形を持っているね. C の単数名詞を伴うと不定冠詞は 形 の後に置かれる // She is *as* wise *as* (she is) beautiful. 彼女は美しくまた賢い. (2) [距離・時間などを示す語句を伴って] **...ほども**: This car can go *as* fast *as* 150 kilometers an hour. この車は時速 150 キロもの速さで走れる / I met her *as* recently *as* last week. 私は彼女につい先週会った. (3)《米》**...ではあるが** [≒though]《⇒ 接 4》: *As* rich *as* he is, he isn't happy. 彼は金はあるが幸せではない.
as ... as ány (～) どの～にも劣らず..., だれにも負けず..., 非常に: She works *as* hard *as any* [*anybody*]. 彼女はだれにも負けないくらい熱心に勉強します. 語法 必ずしも最上級と同じ意味ではないことに注意. 次の 2 例を比較: She is *as* hardworking *as any* (other)

student in the class. 彼女はクラスのだれにも引けをとらないほど勤勉な学生だ / She is *the most* hardworking student in the class. 彼女はクラスで一番勤勉な学生だ.

as ... as ～ cán ⇒ can¹ 成句.
as ... as éver ⇒ ever 成句.
as ... as póssible ⇒ possible 成句.
às for ... [前] [主に Ⓢ] [普通は文頭で] **...に関しては,** ...について言えば: *As for* me [myself], I like winter better than summer. 私に関しては冬のほうが夏より好きだ / We have lots of bread, and *as for* butter, we have more than enough. パンはたくさんある, またバターについては十分すぎるほどある. 語法 すでに話題になったこととの対比や関連で新しい情報を述べるのに用いることが多い.
às from ... [前] ＝ as of ... (2).
as if [thòugh] [接] (1) **まるで...であるかのように:** She talks *as if* [*though*] she *knew* all about it. 彼女はまるでそれについては何でも知っているかのような話しぶりだ / Jim behaved *as if* [*though*] nothing *had happened*. ジムは何事もなかったかのようにふるまった.

> 語法 (1) as if [though] に続く節には, 話者が真実ではないと思っている場合には普通仮定法の過去時制または過去完了形を用いるが, 《略式》では一人称および三人称の単数において were の代わりに直説法過去形の was を用いることが多い (⇒ was 動 3, 助 4). また現在時制の場合, 話者が真実であると思っている場合または《略式》では直説法現在形を用いることもある: He is walking *as if* [*though*] he *is* [*was*] drunk. 彼は酔っているような歩き方だ.
> (2) as if [though] 節内の主語と be 動詞を省略することがある: She shook her head *as if* in anger. 彼女は怒っているかのように首を振った.

(2) [seem, look などとともに] Ⓢ **...のようだ:** 言い換え *It seems as if* he is ill. (＝ It seems that he is ill.) 彼は病気らしい / He *looks as if* he's given up. 彼はあきらめたようだ.
As ìf ...! Ⓢ ...なんてことがあるものか (相手が暗示・前提していることなどを非難するときに用いる): *As if* you didn't know! 知っているくせに! / *As if* I cared! 私の知ったことか! (⇒ it isn't as if ... (成句)). 語法 間投詞的にも用いる: *As if*! Ⓢ まさか, ありえないよ.
... as if to dó まるで～するかのように(...する): She shook her head *as if to* say 'No'. 彼女は「いや」と言いたいかのように首を振った (⇒ as if (成句) 語法 (2)).
às ís [副] 《主に米》(商品などを)そのままで, 手を加えずに (⇒ as it is [was] (成句)): She bought the old car *as is*. 彼女はその中古車を手を加えずに買った.
as it ís [wás] [副] [文頭または文中に置いて] つなぎ語 (しかし)**実際は,** 実は: *As it was*, he didn't love her. 実は彼は彼女を愛していなかった.
as it ís [wás] [副・形] (1) そのままに; そのままの: the world *as it is* 現状の世界 // ⇒ leave ... as it is (leave¹ 成句). (2) 現状でも, 今のままでも: The rule is strict enough *as it is*. その規則は今のままでも十分厳しい. 語法 as they are [were] など, 他の主語・時制でも用いる.
as it wére ⇒ were 成句.
as múch ⇒ much 代 成句.
às of ... [前] (1) (何月何日)現在で: *As of* April 1, 2010, there were ten schools in this town. 2010 年 4 月 1 日現在で, この町には 10 の学校があった. (2) ... 以後 (正式な日付に用いる).
às ..., sò ～ [接] ...であると同様に～ (⇒ 接 6): *As* you treat mé, *so* will I treat yóu. あなたが私に対してするように私もあなたに対してすることにします.
as sùch ⇒ such 代 成句.
as thòugh ⇒ as if.
às to ... [前] (1) ...に関して(は) [≒about]: He said nothing *as to* my mistakes. 彼は私の間違いについては何も言わなかった. (2) [文頭で] ...について言えば [≒as for]: *As to* the fee, let's discuss it later. 謝礼についてはあとで話し合いましょう.
... as wás [副] 《英略式》元の名では....
... as wéll ⇒ well¹ 成句.
as yèt ⇒ yet 成句.
dóing as ... dó 実際に...しているので. 語法 分詞構文中に as ... do を伴った形で強意的. do は文脈により does, did などになる. do は be 動詞ではないことに注意: Know*ing* him *as* I *do* [*did*], I can [could] rely on him to help Bill. 私は実際に彼のことを知っている[いた]ので, 彼がビルを助けるだろうとあてにできる[できた].
it ísn't ˈas ìf [as thòugh] ... Ⓢ ...ではあるまいし, ...なんてわけがない: *It isn't as if* you didn't know the rules. あなたは規則を知っているくせに.
nòt (...) as ... as ～ ＝ nòt (...) so ... as ～ ～ほど...ではない (as ... as ～ の否定). 語法 (1) 前者のほうが普通. (2) not の代わりに他の否定語も用いる: John is*n't as* [*so*] clever *as* Tom (is). ジョンはトムほど利口ではない / Mary ca*n't* speak French *as* well *as* Liz. メアリーはリズほどフランス語がうまく話せない.
sò ... as ～ ～と同じ程度..., ～と同じくらい...; ～ほどの...: Do you know any girl *so* charming *as* Emily? エミリーぐらいチャーミングな少女を知っていますか.

asap, ASAP /éɪèsèɪpíː/ 略 ＝ as soon as possible (⇒ soon 成句).
as·bes·tos /æsbéstəs, æz-/ 名 U 石綿, アスベスト.
as·cend /əsénd/ 動 自 《格式》登る [≒climb]; 上昇する; (道などが)上りになる; (高い所・地位などに)上る (*to*) [⇔ descend]. ― 他 《格式》(...)を[に]登る [≒climb]; (高い地位)に上る. **in ascénding órder** 小さいほうから順に, 昇順に.
as·cen·dan·cy, -cen·den·cy /əséndənsi/ 名 U 《格式》優勢, 優越, 支配: gain (the [an]) *ascendancy over* [in] ... ...を支配する.
as·cen·dant, -cen·dent /əséndənt/ 名 U 《格式》優位, 優勢: in the *ascendant* 優勢で(ある).
as·cen·sion /əsénʃən/ 名 ❶ U 《格式》上昇. ❷ [the A-] キリストの昇天.
as·cent /əsént/ 名 ❶ C,U 登ること; 上昇 [⇔ descent]. ❷ C 上り坂 [⇔ descent]. ❸ U,C 昇進; 向上.
as·cer·tain /æ̀sətéɪn | æ̀sə-/ アク 発音 動 他 《格式》(...)を確かめる, 突き止める: 言い換え We *ascertained* her death. ＝ We *ascertained that* she was dead. 我々は彼女が死んだことを確かめた / We can't *ascertain whether* the news is true or not. 我々にはそのニュースが真実かどうかを確かめられない.
as·cer·tain·a·ble /æ̀sətéɪnəbl | æ̀sə-ˊ-/ 形 確かめられる, 突き止められる.
as·cet·ic /əsétɪk/ 形 苦行の; 禁欲的な. ― 名 C 苦行者, 行者; 禁欲主義者.
as·cet·i·cis·m /əsétəsìzm/ 名 U 禁欲(主義).
ASCII /ǽskiː/ 名 U 〔コンピュータ〕アスキー (データ通信

用の文字・記号の米国標準コード; American Standard Code for Information Interchange の略》.

as·cot /ǽskət/ 名 C 《米》アスコットタイ《幅の広いネクタイ》[≒cravat].

as·cribe /əskráɪb/ 動 他 (事)を(...の)結果だとする; (作品など)を(...の)作とする; (特徴など)が(...に)あるとする [≒attribute]: *ascribe* one's success *to* hard work 自分の成功を努力の結果だと言う.

ASEAN /əsíːən | ǽsiæ̀n/ 名 固 アセアン, 東南アジア諸国連合《Association of Southeast Asian Nations の略》: the *ASEAN* countries アセアン諸国.

a·sep·tic /eɪséptɪk/ 形《医学》(傷などが)無菌の.

a·sex·u·al /eɪsékʃuəl/ 形 ❶《生物》無性の: *asexual* reproduction 無性生殖. ❷ 性に無関係[無関心]な.

+**as for** /ǽzfə, ǽs- | -fə/ 前 ⇒ as for ... (as 成句).

+**ash¹** /ǽʃ/ 名 (~·es /~ɪz/) ❶ U 灰; [複数形で] 燃え殻, 灰殻: cigarette *ash* たばこの灰 / The house was burned [reduced] to *ashes*. その家は全焼した. ❷ [複数形で] 遺骨: His *ashes* were scattered at sea. 彼の遺骨は海上に散骨された.

ash² /ǽʃ/ 名 C とねりこ, せいようとねりこ《落葉高木》; U とねりこ材《スキー・バットの材料》.

*__a·shamed__ /əʃéɪmd/ 形 ❶ 叙述 (罪悪感などで)(...を)恥じて, (...が)恥ずかしくて: I'm ***ashamed of*** 「my behavior [myself]. +of+名 私は自分のふるまい[こと]を恥ずかしく思う 多用 / He is very (much) ***ashamed of*** hav*ing* behaved so badly. +of+動名 彼はあんなに無作法にふるまったことをとても恥じている / I feel ***ashamed that*** I got such a bad grade on the exam. +that 節 試験でこんな悪い点を取って恥ずかしいと思っています / That's ***nothing to be ashamed of***. それは恥ずかしいと思うべきことではない.
❷ 叙述 [to 不定詞を伴って] **...するのが恥ずかしい**, 恥ずかしくて...したくない: I was too *ashamed to* ask for help. 私は恥ずかしくて援助を求められなかった / I'm ***ashamed to say*** I haven't read any of the books you've talked about. お恥ずかしいことですがあなたの言っていた本はまだ 1 冊も読んでいないんです.

	恥ずかしい
ashamed(よくない事をして恥じている)	
embarrassed(きまりが悪い)	
shy(引っ込み思案ではにかんだ)	

ash·en /ǽʃən/ 形 (顔が)蒼白(そうはく)の; 灰色の.

a·shore /əʃɔ́ɚ | əʃɔ́ː/ 副 浜に; 岸へ: go *ashore* (船から)上陸する / A piece of wood was *washed ashore*. 木片が浜にうち上げられた / run *ashore* 座礁する.

ash·tray /ǽʃtrèɪ/ 名 C (たばこの)灰皿.

Ásh Wédnesday 名 U,C 灰の水曜日《四旬節 (Lent) の初日; カトリック教徒はこの日にざんげの象徴として頭に灰を振りかける》.

⁑A·sia /éɪʒə | éɪʒə, -ʃə/ ❗発音

— 名 固 アジア《⇒ continent¹ 参考》.
(形 Ásian, Àsiátic)

Ásia Mínor 名 固 小アジア《黒海と地中海を隔て, トルコの大部分を占めるアジア側の半島部》.

⁑A·sian /éɪʒən, -ʃən/ ❗発音

— 形 アジアの; **アジア人の**: *Asian* countries アジア諸国. 参考 Asian はしばしば《米》では東アジア(日本・中国・韓国など), 《英》では南アジア(インド・パキスタン・バングラデシュなど)を指して用いられることがある.
(名 Ásia)

— 名 (~s /~z/) C **アジア人**; [the ~s] アジア人《全体; ⇒ the¹ 5》: *The Asians* must be united. アジア人は団結しなければならない.

A·sian-A·mer·i·can /éɪʒənəmérɪkən/ 名 C, 形 アジア系米国人(の).

A·si·at·ic /èɪʒiǽṭɪk | -zi-⁻/ 形 限定 アジアの. 語法 人には用いない.
(名 Ásia)

*__a·side__ /əsáɪd/ 副 ❶ **わきへ**, かたわらに; (一時的に)離して, のけて: step [move] *aside* わきへ寄る / She pulled [took, called] Mary *aside*. 彼女はメアリーをわきに引っ張って行った[連れて行った, 呼び寄せた] / Tom put [laid] the book *aside* and looked up. トムは本をわきに置いて[読むのをやめて]顔を上げた / Let's leave that matter *aside* for now. さしあたりその件は後回しにしましょう.
❷ (ある目的のために)**別にして**, 取っておいて: put [set] *aside* some money いくらかお金を取っておく. ❸ [名詞・動名詞の後に用いて] (...は)考慮しないで, 別にして: ⇒ joking aside (joke 動 成句).
asìde from ... [前] (1)《主に米》**...は別として**, ...を除いて [≒apart from ...]: *Aside from* a few scratches, she was not injured. 彼女はかすり傷以外にはけがはなかった. (2)《主に米》...のほかに.
— 名 ❶ C《演劇》わきぜりふ; ひそひそ話. ❷ C 余談.

*__as if__ /əzíf/ 接 ⇒ as if [though] (as 成句).

as·i·nine /ǽsənàɪn/ 形《格式》愚かな, ばかげた.

⁂ask /ǽsk | áːsk/

— 動 (asks /~s/; asked /~t/; ask·ing)

意味のチャート
「求める」が基本的な意味
→(答えを求める)→「**尋ねる**」❶
→(物事を求める)→「**頼む**」❷→(来訪を請う)
→「**招待する**」❸

— 他 ❶ (人)に尋ねる; (人に)(物事)を**尋ねる**, 問う, 聞く, (質問)をする [⇔ answer]: Let's *ask* John. ジョンに尋ねよう / May I *ask* your name? お名前を伺ってもよろしいですか / She *asked* (me) *what* I was reading. V(+O)+O (wh 節) 彼女は(私に)何を読んでいるのかと尋ねた 多用 / "Who's the man?" 「*asked* the woman [the woman *asked*]. V+O (引用節) 「その男の人はだれですか」と女性は尋ねた《⇒ **巻末文法** 15. 2 (2)》/ "Are you tired?" he *asked*. 「疲れたの」と彼は尋ねた / I must *ask* him *about* it. V+O+about+名 彼にそのことについて質問しなければならない / The students *asked* me many questions. V+O+O 学生たちは私にたくさんの質問をした. ✪ 最後の例文を受身にすると次のようになる: Many questions *were asked* me by the students. (直接目的語を主語にしたとき) / I *was asked* many questions by the students. (間接目的語を主語にしたとき)《⇒ be² A 2 語法 (1)》.

語法 **ask と間接話法 (1): 疑問文の場合**
次のように疑問文を間接話法にするときの伝達動詞として用いられる《⇒ **巻末文法** 14. 2 (2)》: 言い換え He *asked* me *when* Ann would come. 《間接話法》(= He said to me, "When will Ann come?" 《直接話法》) 彼は私にアンはいつ来るかと尋ねた / I

asked (them) *what to* do. V(+O)+O (wh 句) 《間接話法》(= I said (to them), "What shall I do?"《直接話法》) 私は(彼らに)何をすべきかと尋ねた / 言い換え I *asked* Ann *if* [*whether*] she knew the truth. V+O+O (if·whether 節) 《間接話法》(= I said to Ann, "Do you know the truth?"《直接話法》) 私はアンに真相を知っているのか(どうか)と尋ねた (⇒ if¹ 6 語法, whether 1 (2) 語法).

...に尋ねる

彼に尋ねた[質問した]
○I **asked** him (a question).
×I asked to him.
×I asked a question to him.

❷ (人に)(物事)を頼む, 要求する, 求める; (人)に...してくださいと頼む; (物·金)を要求する**:** She *asked* me *to* stay there. V+O+C (to 不定詞) 彼女は私にそこにいてくださいと頼んだ / 言い換え He *asked* my advice. = He *asked* me *for* advice. V+O+for+名 彼は私の助言を求めた / 言い換え She *asked* me a favor. V+O+O = She *asked* a favor *of* me. V+O+of+名 彼女は私にお願いがありますと言った / That is *asking* too much *of* a little girl. それは小さな女の子に対して要求しすぎだ / They *asked* $200 *for* the suit. その店ではスーツに200ドルを請求した.

語法 (1) **ask と間接話法 (2): 命令文の場合**
次の例文のように命令文を間接話法にするときの伝達動詞として用いる (⇒ 巻末文法 14.2 (3)): 言い換え He *asked* us not *to* make any noise. 《間接話法》(= He said to us, "Please do not make any noise."《直接話法》) 彼は私たちに騒がしくしないでくださいと頼んだ.
(2) **ask+to do の用法**
目的語として不定詞をすぐ後に伴う場合には, その意味上の主語は文の主語と同じになる: She *asked to* stay there. V+O (to 不定詞) 彼女はそこにいさせてほしいと頼んだ. なお《格式》では V+O (that 節) を用いる言い方もある: She ***asked that*** she (should) be allowed to stay there (⇒ should A 8).

♥ **...していただけますか** (依頼するとき)
May I ask you to ...?
May I ask you to take a look at this? 恐れ入りますがこちらをごらんいただけますか.
♥ I ask you to ... を助動詞 may を使った疑問文にすると, 間接的で丁寧な依頼·指示の表現となる.

「~させる」の意を表わす動詞グループ: 不定詞型 (⇒ talk ... into ~ (talk 句動詞) グループ)
① **動詞+人+to *do* [= to 不定詞] 人に~させる**
She *asked* me ***to stay*** there. 彼女は私にそこにいてくださいと頼んだ.
advise 助言して~させる **allow** 許可して~させる **ask** 頼んで~してもらう **cause** ~させる **compel** 無理に~させる **enable** ~できるようにする **encourage** 励まして~させる **expect** ~してほしいと思う **force** 無理やり~させる **get** ~させる **help** 手伝って~させる (⇒ ②) **intend** ~させるつもりである **invite** 誘って~させる **order** 命令して~させる **permit** 許可して~させる **persuade** 説得して~させる **request** 要請して~してもらう **tell** 言ってきかせて~させる **tempt** そそのかして~させる **urge** しきりに勧めて~させる
② **動詞+人+*do* [=原形不定詞] 人に~させる**
I'll ***make*** him ***do*** his job at once. すぐに彼に仕事をやらせよう.
have (話して)やってもらう **help** 手伝って~させる (⇒ ①) **let** (許して)~させる **make** (強制的に)~させる

❸ (...)を招待する, 招く, 誘う [≒invite]**:** 「Thank you [Thanks] for *asking* me. お招きくださってありがとう / We ***asked*** John ***to*** [***for***] dinner. V+O+to [for]+名 私たちはジョンを食事に招待した / Please ***ask*** her ***to*** come in. V+O+C (to 不定詞) 彼女に中に入ってもらってください. 語法 不定詞の to come を省いた V+O+副 の型でも用いる: Please ***ask*** her ***in***. // He ***asked*** Jane ***over*** [***along***]. 彼はジェーンに(彼の家に)来るように誘った.

— 自 ❶ **尋ねる**, 問う**:** He *asked* again. 彼はもう一度尋ねた / I ***asked about*** Helen's new school. V+about+名 私はヘレンの新しい学校について尋ねた.
❷ **求める**, 要求する, 頼む**:** I ***asked for*** her help. V+for+名 私は彼女の助けを求めた / *ask for* a drink 飲み物を頼む / *Ask*, and it shall be given you. 求めよ, さらば与えられん《新約聖書のことば》.

ásk onesèlf [動] 自 自問する**:** "Do I really love her?" Tom *asked himself*. 「僕は本当に彼女を愛しているのだろうか」とトムは自問した.
Dòn't ásk. Ⓢ 聞かないでくれ(答えたくない).
Dón't àsk mé! Ⓢ そんなこと知らないよ.
for the ásking [副] 請求しさえすれば, ただで.
Í ásk yóu! Ⓢ (それって)どうなの?, ありえないよね?《驚き·怒りなどを表わす》.
if you ásk mé [副] 文修飾 Ⓢ 言わせてもらえば《意見を述べる際に押しつけを弱める緩和表現》**:** "He is too pushy, *if you ask me*." "Oh, you think so too?" 「私としては, 彼は強引すぎると思います」「ああ. あなたもそう思いますか」/ *If you ask me*, this movie is going to be a big hit! 私としては, この映画は大ヒットすると思うな.

ask の句動詞
+**ásk àfter ...** 動 他《英》(人)の**安否や健康を尋ねる**. 語法 本人ではなく第三者に尋ねるときに用いる (受身 be asked after)**:** When you see Mr. Long, don't forget to *ask after* his wife. ロングさんに会ったら忘れずに奥さんの様子を聞いてください.
ásk aròund 動 自 あちこち聞いて回る**:** If you are looking for a good dentist, you should *ask around*. よい歯医者を探しているなら, いろいろな人に聞いたほうがいいよ.

**ásk for ...

動 他 ❶ (物や助けなど)**を求める** (受身 be asked for) (⇒ ask 自 2). ❷ (人)がいないかと尋ねる; (...)に面会を求める.
ásk for it [tróuble] [動] 自《略式》自ら災難を招く, 自業自得だ**:** Criticizing him *is asking for trouble*. 彼を批判するとあとが怖い.
I [You] cán't [cóuldn't] àsk for móre [a bétter ...]. これ以上は望めない(大変満足だ).
+**ásk ... óut** 動 他 (...)を(食事·パーティーなどへ)**誘う,**

招く: Jim has *asked* Anne *out* several times. ジムはアンを何回かデートに誘った.

a·skance /əskǽns/ 副 [次の成句で] **lóok askánce at ...** [動] 他 Ⓦ ...を不信[非難]の目で見る; 怪しいと思う.

a·skew /əskjúː/ 副, 形 叙述 斜めに[で]; ゆがんで.

ásk·ing prìce /ǽskɪŋ- | ɑ́ːsk-/ 名 C [普通は単数形で] (売り手の)言い値, 提示価格.

****a·sleep** /əslíːp/

— 形 ❶ 叙述 [比較なし] **眠って** [⇔ awake] (⇒ sleep 表): The child is still *asleep*. その子はまだ眠っている / The baby *fell asleep*. 赤ちゃんは眠りについた / be *fast* [*sound*] *asleep* ぐっすり眠っている / be *half asleep* うとうとしている. 語法 これと同じ意味の 限定 は sleeping: a *sleeping* baby 眠っている赤ちゃん. ❷ 叙述 (手・足が)しびれて. (動 sleep)

asp /ǽsp/ 名 C エジプトコブラ.

as·par·a·gus /əspǽrəgəs/ 名 U アスパラガス.

***as·pect** /ǽspekt/ アク 名 (as·pects /-pekts/) ❶ C (物事の)**側面**, 面; (問題の)見方, 見地, 観点: discuss the most important *aspect of* the problem その問題の最も重要な側面について論じる / We studied Greek culture *from* various *aspects*. 我々はギリシャ文化をいろいろな見地から研究した. ❷ C 《格式》(家などの)向き, 方位: The dining room has a southern *aspect*. 食堂は南向きだ. ❸ [U または an ~] 《格式》外観, 様子; 顔つき. ❹ U,C 〔文法〕相 《開始・終了・継続・完了などを表わす動詞の形式》.
〖⇒ prospect[1] キズナ〗

as·pen /ǽsp(ə)n/ 名 C アスペン 《ポプラの一種》.

Ás·per·ger's (sỳndrome) /ǽspəːdʒəz- | -pəːdʒəz-/ 名 U 〔心理〕アスペルガー症候群 《発達障害の一種》.

as·per·i·ty /æspérəṭi/ 名 U 《格式》(気質・語調の)荒々しさ, とげとげしさ.

as·per·sions /əspə́ːʒənz | -pə́ːʃənz/ 名 [次の成句で] **cást aspérsions on [upòn] ...** [動] 他 《格式》...を中傷する, 悪く言う.

as·phalt /ǽsfɔːlt | -fælt/ 名 U アスファルト: an *asphalt* pavement アスファルト舗装道路.

as·phyx·i·ate /æsfíksièɪt/ 動 他 [普通は受身で] (...)を窒息させる. — 自 窒息する.

as·phyx·i·ation /æsfìksiéɪʃən/ 名 U 窒息(させること).

as·pic /ǽspɪk/ 名 U 〔料理〕アスピック 《肉汁をゼリー状に固めたもの》.

as·pi·rant /ǽsp(ə)rənt, əspáɪ(ə)r-/ 名 C 《格式》大望を抱く人; 熱望者 (*for*, *to*).

+as·pi·ra·tion /æ̀spəréɪʃən/ 名 ❶ C,U [普通は複数形で] **熱望**, 大志, 野心: political *aspirations* 政治的野心 / Flora has *aspirations to* be an actor. +to 不定詞 フローラは俳優になることを熱望している. ❷ U 〔音声〕帯気 《破裂音のあとに /h/ に似た音をつけて発音すること》.

as·pi·ra·tion·al /æ̀spəréɪʃ(ə)nəl/ 形 《英》野心[向上心]のある; 高級志向の.

as·pire /əspáɪə | -páɪə/ 動 (as·pir·ing /-páɪ(ə)rɪŋ/) 自 熱望[切望]する, 大志を抱く (*to*, *after*): She *aspires to* be an actor. 彼女は俳優になることを熱望している. 〖語源 spirit, inspire と同語源〗

as·pi·rin /ǽsp(ə)rɪn/ 名 (複 ~(s)) ❶ U アスピリン 《解熱・鎮痛剤》. ❷ C アスピリン錠.

as·pir·ing /əspáɪ(ə)rɪŋ/ 形 限定 野心[向上心]に燃えている, (...を)志している: an *aspiring* actor 俳優を目指す者.

+ass[1] /ǽs/ 名 ❶ C 《米卑語》しり, けつ [《英卑語》arse]. ❷ U 《米卑語》セックス, 性交.

ass[2] /ǽs/ 名 ❶ C 《略式》ばか [≒fool]. ❷ C 《古風》ろば [≒donkey]. **màke an áss of onesèlf** [動] 自 《略式》ばかなことをする.

as·sail /əséɪl/ 動 他 ❶ 《格式》(...)を(激しく)攻撃する, 襲う [≒attack]; 激しく批判する. ❷ [普通は受身で] 《格式》(疑念・不安などが)(...)を悩ます

as·sail·ant /əséɪlənt/ 名 C 《格式》攻撃者.

as·sas·sin /əsǽs(ə)n/ 名 C 暗殺者, 刺客.

as·sas·si·nate /əsǽsənèɪt/ 動 他 (...)を暗殺する 《⇒ kill 類義語》: He *was assassinated by* extremists. 彼は過激派によって暗殺された.

+as·sas·si·na·tion /əsæ̀sənéɪʃən/ 名 U,C **暗殺**: an *assassination* attempt 暗殺未遂.

***as·sault** /əsɔ́ːlt/ 名 (as·saults /əsɔ́ːlts/) ❶ U,C (...に対する)**暴行(罪)** (*on*): sexual *assault* 性的暴行. ❷ U,C (突然の)**襲撃**, 急襲 (*on*, *against*). ❸ C,U 激しい批判 (*on*): be *under assault* 激しく批判されている. ❹ C (課題などへの)挑戦 (*on*).

assáult and báttery [名] 〔法律〕暴行(罪).

— 動 (as·saults /əsɔ́ːlts/; -sault·ed /-ṭɪd/; -sault·ing /-ṭɪŋ/) 他 ❶ (...)を(突然)襲撃する; 暴行[強姦(ごうかん)]する. ❷ (音・においなどが)(...)を襲う, (...)に不快感を与える.

as·say /ǽseɪ, æséɪ/ 動 他 (鉱石)を試金する 《成分を調べること》. — 名 C 成分試験, 試金.

as·sem·blage /əsémblɪdʒ/ 名 C 《格式》(人・物の)集まり, 集合 (*of*). (動 assémble)

+as·sem·ble /əsémbl/ 動 (-sem·bles /~z/; -sem·bled /~d/; -sem·bling) 他 ❶ (人)を(ある目的のために)**集める**, 招集する; (物)を集めて整理する 《⇒ gather 類義語》: The manager *assembled* his players on the field. 監督は選手たちをフィールドに集めた / the *assembled* company 集まった人たち.
❷ (物)を**組み立てる**: This model plane is easy to *assemble*. この模型飛行機は組み立てが簡単だ.
— 自 (ある目的のために)**集まる**, 集合する: The students *assembled* in the gym. 学生たちは体育館に集まった. (名 assémblage, assémbly)

***as·sem·bly** /əsémbli/ 名 (-sem·blies /~z/) ❶ C **議会**; [the A-] 《米》(州議会の)下院.
❷ C,U (ある目的のための)**集会**, 集まり, 会議, 会合; 全校集会; (集会の)出席者 《⇒ meeting 類義語》: a morning *assembly* 朝礼 / freedom of *assembly* 集会の自由 / The *assembly* was growing uneasy. 集まった人達は不安になりだした // ⇒ General Assembly.
❸ U 組み立て: No *assembly* required. 組み立て不要. (動 assémble)

assémbly lìne 名 C 流れ作業(の人の列), 組み立てライン.

as·sem·bly·man /əsémblimən/ 名 (-men /-mən/) C 《米》(州議会下院)議員 《男性》.

as·sem·bly·wom·an /əsémbliwʊ̀mən/ 名 (-wom·en /-wɪ̀mən/) C 《米》(州議会下院)議員 《女性》.

as·sent /əsént/ 名 U 《格式》同意, 賛成 [⇔ dissent]: give one's *assent* to... ...に同意する. — 動 自 《格式》同意する, 賛成する 《⇒ agree 類義語》

A

[⇔ dissent]: *assent to* the proposal その提案に賛成する.〘⇒ sentence キズナ〙

+**as·sert** /əsə́ːt | əsə́ːt/ 動 (as·serts /əsə́ːʦ | əsə́ːʦ/; -sert·ed /-ṭɪd/; -sert·ing /-ṭɪŋ/) 他 ❶ (...だ)と**断言する**, 主張する; (自信を持って)はっきり言い切る《⇒ claim 類義語》: 言い換え We *asserted* his innocence. = We ***asserted that*** he was innocent. V+O (that 節) 我々は彼が無実だと断言した.
❷ (権利・要求など)を**主張する**, 行使する: *assert* one's rights 自分の権利を主張する.
assért onesèlf [動] 自 ⑴ 自己主張する, 自信をもってふるまう. ⑵ (考えなどが)表に出てくる, 影響し始める. (名 assértion, 形 assértive)

as·ser·tion /əsə́ːʃən | əsə́ː-/ 名 U,C 断言; 主張. (動 assért)

as·ser·tive /əsə́ːṭɪv | əsə́ː-/ 形 自分(の考え)を主張する, 自信に満ちた; 断定的な. (動 assért)
~·ly 副 自信に満ちた態度で; 断定的に. **~·ness** 名 U 自己主張(すること).

*__as·sess__ /əsés/ !アク 動 (as·sess·es /~ɪz/; as·sessed /~t/; -sess·ing) 他 ❶ (人・物事)を**評価する**, 判断する: *assess* the impact of the sanctions その制裁の効果を評価する / They ***assessed what*** effect it would have on wildlife. V+O (wh 節) 彼らはそれが野生動物にどんな影響を及ぼすか判断した / I ***assess*** his chances of success ***as*** low. V+O+C (as+形) 彼が成功する可能性は低いと思う. ❷ (財産・収入など)を査定する; (税金・罰金)の額を定める: Mr. Lee's fortune *was assessed at* $70 million. リー氏の財産は7千万ドルと査定された. (名 asséssment)

*__as·sess·ment__ /əsésmənt/ 名 (-sess・ments /-mənʦ/) ❶ U,C (能力などの)**評価**, 査定, (学生の)成績評価; (被害・環境などの)評価, 影響評価: What's your ***assessment of*** the present situation? 現在の状況をどう思いますか / make [do, carry out] an *assessment of* ... ...を評価[査定]する / environmental *assessment* 環境アセスメント[影響評価].
❷ U (財産・収入などの)**査定**, (税金・罰金の)算定; C 査定額: ***assessment of*** damages 損害賠償金の査定. (動 asséss)

as·ses·sor /əsésɚ | -sə/ 名 ❶ C 査定者, 評価人; 《英》試験員. ❷ C 裁判所補佐人.

*__as·set__ /æset, æsɪt/ !アク 名 (~s /~ʦ/) ❶ C [普通は複数形で]〔法律〕**資産, 財産(目録)**: *assets* and liabilities 資産および負債 / capital [fixed] *assets* 固定資産. ❷ C [普通は単数形で] 貴重なもの[人材, 技術], 宝 (*to*).

ass·hole /æshòʊl/ 名 C 《米卑語》しりの穴; いやなやつ, まぬけ.

as·sid·u·ous /əsíʤuəs | -dju-/ 形 《格式》勤勉な [≒ diligent]; 配慮が行き届いた (*in*). **~·ly** 副 勤勉に, せっせと.

+**as·sign** /əsáɪn/ ✪ -gn で終わる語の g は発音しない. 動 (as·signs /~z/; as·signed /~d/; -sign·ing) 他
❶ (...に)(仕事・物など)を**割り当てる**, あてがう; (人)を(任務・職場などに)任命する, 配属する: This room is ***assigned to*** us. V+O+to+名の受身 この部屋は私たちに割り当てられている / He *assigned* me a difficult task. V+O+O 彼は私に困難な仕事を命じた / The manager ***assigned*** her ***to*** a new project. V+O+to+名 部長は彼女を新しい計画(のチーム)に配属した / The captain ***assigned*** two soldiers ***to*** guard the gate. V+O+C (to 不定詞) 大尉は2人の兵士に衛兵に立つように命じた.
❷ (時間・場所など)を(ある用途などに)**指定する**, 決める: ***assign*** a day ***for*** the meeting V+O+for+名 会合の日を決める. ❸ (物事)の原因などが(...に)あるとする (*to*). ❹〔法律〕(権利など)を(...に)帰属させる, 譲渡する (*to*). (名 assígnment)
〘⇒ sign キズナ〙

as·sig·na·tion /æsɪgnéɪʃən/ 名 C 《格式》(恋人などとの)密会.

*__as·sign·ment__ /əsáɪnmənt/ 名 (-sign・ments /-mənʦ/) ❶ C **課題, 宿題**《⇒ homework》; C,U (あてがわれた)仕事, 任務: a summer *assignment* 夏休みの課題 / Ms. Hill gives her class an *assignment* every day. ヒル先生はクラスに毎日宿題を出す / on (an) *assignment* 仕事で, 任務について. ❷ U 割り当て; 任命 (*of*). (動 assígn)

as·sim·i·late /əsíməlèɪt/ 動 他 ❶ (他の集団など)を同化する, 取り込む: immigrants *assimilated into* American society アメリカ社会に同化された移民.
❷ (思想など)を理解する, 吸収する. ― 自 (移民などが)同化する, 溶けこむ: *assimilate into* a new environment 新しい環境に溶けこむ.

as·sim·i·la·tion /əsìməléɪʃən/ 名 ❶ U 同化 (*into*). ❷ U (思想などの)理解, 吸収 (*of*). ❸ U〔音声〕同化《ある音が前[後]の音に似ること》.

*__as·sist__ /əsíst/ 動 (as·sists /əsísʦ/; -sist·ed /~ɪd/; -sist·ing) 他 《格式》(人)を**手助けする**, 補佐する, 援助する, (人)が(...するのを)助ける《⇒ help 類義語》; (物事が)(...)の助けになる: Mary ***assisted*** John ***with*** his work. V+O+with+名 メアリーはジョンの仕事に手を貸した / I ***assisted*** my father ***in*** wash*ing* the car. V+O+in+動名 私は父が洗車するのを手伝った. 語法 help と違って V+O+C (to 不定詞) の動詞型は《まれ》.
― 自 《格式》(仕事などで)手助けする (*in*, *with*). (名 assístance)
― 名 C〔スポーツ〕アシスト《得点の補助プレー》.
〘語源 ラテン語で「そばに立つ」の意; ⇒ insist キズナ〙

*__as·sis·tance__ /əsístəns/ !アク 名 U 《格式》**援助**, 手助け, 助力: The government decided to give [offer, provide] economic ***assistance to*** Brazil. 政府はブラジルに経済援助を与えることに決定した / Can I ***be of*** any ***assistance to*** you? 私で何かお役に立てるでしょうか / come to ...'s *assistance* ...を援助する / ***With the assistance of*** my father, I managed to start my own business. 父の援助で, 私は何とか事業を始めた. (動 assíst)

*__as·sis·tant__ /əsístənt/ !アク 名 (-sis·tants /-tənʦ/) ❶ C **助手**, 補助者, 補佐: an ***assistant to*** the manager 支配人[部長, 課長]の補佐. ❷ C 《英》店員.
― 形 限定 **補助の**, 助手の, 補佐の(略 asst.): an *assistant* manager 副支配人, 部長[課長]補佐.

assístant proféssor 名 C 《米》助教《准教授 (associate professor) と講師 (instructor) の間の地位; ⇒ professor 表》.

as·síst·ed súicide /əsístɪd-/ 名 U,C (特に医師の手助けによる)幇助(ほうじょ)自殺, 安楽死.

assoc. 略 = association.

*__as·so·ci·ate__[1] /əsóʊʃièɪt, -si-/ ✪ 名詞の associate[2] と発音が違う. 動 (-ci·ates /-èɪʦ/; -ci·at·ed /-ṭɪd/; -ci·at·ing /-ṭɪŋ/) 他 ❶ (...)で(~を)**連想する**, (...)を(~と)結びつけて考える: We often ***associate*** London ***with*** fog. V+O+with+名 ロンドンと言えば私たちは霧を連想する / A black cat *is associated with* darkness, death, and bad luck. V+O+with+名の受身 黒猫と言えばやみと死と不幸を連想する. ❷ [受身で] (...)を(組織・活動などに)関係させる, 賛同させる; (...)を(～と)仲間にする: I *was associated with* the project then. 私は当時その計画に関わっていた.

— ⾃ (特に好ましくない人と)交際する, 仲間となる: Don't *associate with* dishonest people. 不誠実な人たちと付き合ってはいけない.

assóciate onesèlf with ... [動] ⑯ ...を支持する, ...に賛同する; ...と関係する. (名 assòciátion)

+**as·so·ci·ate²** /əsóʊʃiət, -si-/ ✪ 動詞の associate¹ と発音が違う. 名 (-ci·ates /-əts/) ❶ C **仕事仲間**, 提携者, 同僚 [≒colleague]. ❷ C 準会員.

— 形 限定 下位の, 準...; 連合した, 仲間の: an *associate* member 準会員 / an *associate* judge 陪席判事.

as·so·ci·at·ed** /əsóʊʃièɪṭɪd, -si-/ 形 **関係のある, 関連した:** an *associated* company 関連[系列]会社 / Such headaches are ***associated with high blood pressure. +with+名 そのような頭痛は高血圧と関連がある.

As·só·ci·at·ed Préss /əsóʊʃièɪṭɪd-/ 名 固 [the ～] AP 通信《米国の通信社; 略 AP》.

Assóciate of Árts, assóciate('s) degrée 名 C 《米》 準学士(号)《2 年制の短大などの修了者に与えられる学位; 略 AA》.

assóciate proféssor 名 C 《米》 准教授《⇒ professor 表》.

***as·so·ci·a·tion** /əsòʊsiéɪʃən, -ʃi-/ 名 (～s /～z/) ❶ C [《英》単数形でもときに複数扱い] (共通の目的のための)**協会**, 組合, 会《略 assoc.》: The Football *Association* イングランドサッカー協会 / freedom of *association* 結社の自由.

❷ U,C 関連, つながり, 親交; 連合, 合同: *association with* one's classmates 同級生とのつながり.

❸ C [普通は複数形で] 連想(されるもの), 思い出: The town has happy *associations* for me. その町には私は楽しい思い出がある.

in association with ... [前] ...と共同して, ...に関連して. (動 assóciàte)

assóciation fóotball 名 U 《英格式》 サッカー.

as·sort·ed /əsɔ́ɚṭɪd | əsɔ́:t-/ 形 取りそろえた, 各種の: *assorted* chocolates 詰め合わせチョコレート.

as·sort·ment /əsɔ́ɚtmənt | əsɔ́:t-/ 名 C (各種の)取り合わせ(たもの); いろいろなもの[人] (*of*).

asst. 略 = assistant.

as·suage /əswéɪdʒ/ 動 ⑯ 《格式》 (苦痛・不安など)を和らげる.

as·sume** /əsú:m | əs(j)ú:m/ 動 (as·sumes/～z/; as·sumed /～d/; as·sum·ing) ⑯ ❶ (証拠はないが)(...)を(～であると)**仮定する**, 想定する, 推定する, 当然(...)と考える《⇒ presume 類義語》: I ***assumed (***that***) she was home today. V+O ((that)節) 私は彼女が今日は家にいるだろうと思った 多用 / Let's *assume* (*that*) he's innocent. 彼が無実だと仮定してみよう / *assume* the worst 最悪の事態を想定する.

❷ 《格式》 (役目・責任など)を**引き受ける**; (権力など)を握る: *assume* one's new duties 新しい任務を引き受ける / *assume* responsibility for the investigation その調査の責任を負う / *assume* power 政権を握る. ❸ 《格式》 (様子)を帯びる, 呈する; (...)のふりをする, 装う, (態度)をとる《⇒ pretend 類義語》: *assume* importance 重要性を帯びる / *assume* an air of indifference 無関心を装う.

assúming (that)... [接] **...と仮定して,** ...とすれば: *Assuming* (*that*) the rumor is true, what should we do now? うわさが本当だとすれば, さてどうしたらよいだろう. (名 assúmption)

〖⇒ resume キズナ〗

as·sumed /əsú:md | əs(j)ú:md/ 形 限定 装った, 偽りの: under an *assumed* name 偽名を使って.

as·sump·tion** /əsʌ́m(p)ʃən/ 名 (～s /～z/) ❶ C,U **仮定**, 推定, 想定 (*about*): make an *assumption* 仮定をする / an underlying *assumption* 前提 / Your ***assumption that his death was an accident seems to be wrong. +that節 彼の死は事故だとする君の推定は間違っているようだ / We are making plans ***based on the assumption that*** all the students will participate in the event. 私たちは全生徒がその行事に参加するという想定で計画を立てている.

❷ U,C 《格式》 引き受け; 就任; (権力の)掌握 (*of*). (動 assúme)

+**as·sur·ance** /əʃʊ́(ə)rəns, əʃɚ́:r- | əʃɔ́:r-, əʃʊ́ər-/ 名 (-sur·anc·es /～ɪz/) ❶ C **保証**, 請け合い, 確約 (*of, about*): He gave us his ***assurance that*** he would attend the meeting. +that節 彼は私たちに会議に出席すると確約した.

❷ U **自信**; 確信 [≒confidence]: with *assurance* 自信を持って. ❸ U 《英》 保険《insurance の方が普通》. (動 assúre)

as·sure** /əʃʊ́ɚ, əʃɚ́: | əʃɔ́:, əʃʊ́ə/ ❗発音 動 (as·sures /～z/; as·sured /～d/; as·sur·ing /əʃʊ́(ə)rɪŋ/) ⑯ ❶ (疑念を除くために)(人)に(...と)**保証する**, 請け合う, 確約する; 確信させる: ***I (***can***) ***assure you.*** 大丈夫ですよ, 確かですよ / 言い換え He ***assured*** me ***that*** he would support me. V+O+O (that節) = He ***assured*** me ***of*** his support. V+O+of+名 彼は私に援助を確約してくれた / The captain ***assured*** us ***that*** there would be no danger. V+O+O (that節) 船長は危険はないと我々にはっきり言った. ❷ (物事が)(...)を確実にする [≒ensure].

assúre onesèlf 「of ... [that ...] [動] ⑯ 《格式》 ...を[...ということを]確かめる: I *assured myself* 「of his safety [*that* he was safe]. 私は彼の安全を[彼が安全であることを]確かめた. (名 assúrance)

***as·sured** /əʃʊ́ɚd, əʃɚ́:d | əʃɔ́:d, əʃʊ́əd/ 形 ❶ **自信のある:** in an *assured* manner 自信ある態度で. ❷ 保証された, 確実な: Her future looks *assured*. 彼女の将来は保証されているように見える. ❸ 叙述 (...を得ることが)確実で; 確信して: You can be *assured of* our support. あなたへの支援を確約いたします // ⇒ rest assured (rest² 動 成句).

as·sur·ed·ly /əʃʊ́(ə)rɪdli, əʃɚ́:r- | əʃɔ́:r-, əʃʊ́(ə)r-/ ❗発音 副 文修飾 《格式》 確かに, 確実に.

As·syr·i·a /əsíriə/ 名 固 アッシリア《西アジアにあった古代王国》.

AST /éɪèstí:/ 略 = Atlantic Standard Time.

as·ter /ǽstɚ | -tə/ 名 C しおん《きく科の多年草》; アスター, えぞぎく《きく科の一年草》.

as·ter·isk /ǽstərɪsk/ 名 C 星印, アスタリスク《*; ⇒ star 3》. 語法 * は脚注の参照・文字の省略・文法的に正しくない語句などを示すのに用いる. — 動 ⑯ (...)に星印をつける.

a·stern /əstɚ́:n | əstɔ́:n/ 副 船尾に[へ]; 後方へ.

as·ter·oid /ǽstərɔ̀ɪd/ 名 C 〔天文〕 小惑星.

+**asth·ma** /ǽzmə | ǽs(θ)mə/ 名 U 〔医学〕 **ぜんそく.**

asth·mat·ic /æzmǽtɪk | æs(θ)-/ 形 ぜんそくの[にかかった]. — 名 C ぜんそく患者.

*__as though__ /əzðóʊ/ 接 ⇒ as if [though] (as 成句).

a·stig·ma·tis·m /əstígmətìzm/ 名 U 〔医学〕 乱視(眼).

as to /(子音の前では) æztə, æs-, (母音の前では) -tu/ 前 ⇒ as to ... (as 成句).

+__as·ton·ish__ /əstá(ː)nɪʃ | -tɔ́n-/ 動 (-ish·es /~ɪz/; -ton·ished /~t/; -ish·ing) 他 (人)を(ひどく)驚かす, びっくりさせる《⇒ astonished》: The sound *astonished* everybody. その音は皆を驚かせた / It *astonished* us that he was alive. 彼が生きていたので我々はびっくりした. (名 astónishment)

as·ton·ished /əstá(ː)nɪʃt | -tɔ́n-/ 形 [普通は 叙述] (人が)驚いた, びっくりした《⇒ surprised 類義語》: 言い換え We were *astonished at* [*by*] the news. = We *were astonished to* hear the news. 私たちはその知らせを聞いてびっくりした / He looked *astonished to* see her. 彼は彼女を見てびっくりした顔をした / She was *astonished that* he hadn't come. 彼が来なかったので彼女は驚いた.

+__as·ton·ish·ing__ /əstá(ː)nɪʃɪŋ | -tɔ́n-/ 形 **驚くべき:** It's *astonishing* that she has learned Latin so quickly. 彼女があんな早くラテン語を覚えたのは驚きだ.
~·ly 副 驚くほど(に); 驚いたことには.

as·ton·ish·ment /əstá(ː)nɪʃmənt | -tɔ́n-/ 名 U (ひどい)驚き, びっくり仰天: He couldn't conceal his *astonishment at* the news. 彼はその知らせに驚きを隠すことができなかった / in *astonishment* びっくりして. **to ...'s astónishment = to the astónishment of ...** [副] 文修飾 ...が驚いたことには: *To my astonishment*, John proposed to my sister. 驚いたことにジョンは私の姉にプロポーズしたのだ. (動 astónish)

as·tound /əstáʊnd/ 動 他 (人)をびっくり仰天させる, (人)の度肝を抜く; (人)をあきれ返らせる.

as·tound·ed /əstáʊndɪd/ 形 びっくり仰天した, たまげた (*at*, *by*)《⇒ surprised 類義語》.

as·tound·ing /əstáʊndɪŋ/ 形 びっくり仰天するような.
~·ly 副 びっくり仰天するほど(に); びっくりしたことには.

as·tra·khan /ǽstrəkən | æ̀strəkǽn/ 名 U アストラカン《ロシア南部原産の子羊の巻毛の黒毛皮》.

as·tral /ǽstrəl/ 形 〔天文〕 星の.

a·stray /əstréɪ/ 副 [次の成句で] **gò astráy** [動] 自 道に迷う, 間違える; (物が)なくなる, 盗まれる; (事が)うまく行かない; 堕落する, ぐれる. **léad ... astráy** [動] 他 (人)を惑わす; 堕落させる.

a·stride /əstráɪd/ 副 またがって; 両足を開いて. — 前 ...にまたがって(いる).

as·trin·gen·cy /əstríndʒənsi/ 名 U 収斂(しゅうれん)性; 厳しさ; 渋み.

as·trin·gent /əstríndʒənt/ 形 ❶ 〔医学〕 (皮膚などを)引き締めるような, 収斂(しゅうれん)性の. ❷ (批判などが)しんらつな, 厳しい; (味が)渋い. — 名 C,U 〔薬学〕 収斂剤.

as·tro- /ǽstroʊ/ 接頭 「星, 宇宙」の意: *astro*naut 宇宙飛行士 / *astro*nomy 天文学.

as·trol·o·ger /əstrá(ː)lədʒə | -trɔ́lədʒə/ 名 C 占星術師.

as·tro·log·i·cal /æ̀strəlá(ː)dʒɪk(ə)l | -lɔ́dʒ-←/ 形 占星術の.

as·trol·o·gy /əstrá(ː)lədʒi | -trɔ́l-/ 名 U 占星術.

+__as·tro·naut__ /ǽstrənɔ̀ːt/ !アク 名 (as·tro·nauts /-nɔ̀ːts/) C **宇宙飛行士**.

+__as·tron·o·mer__ /əstrá(ː)nəmə | -trɔ́nəmə/ 名 (~s /~z/) C **天文学者**.

as·tro·nom·i·cal /æ̀strəná(ː)mɪk(ə)l | -nɔ́m-←/ 形 ❶ 《略式》 (数・量が)天文学的な, 膨大な: an *astronomical* figure 天文学的な数字. ❷ 限定 天文の, 天文学(上)の: an *astronomical* telescope 天体望遠鏡. (名 astrónomy)
-cal·ly /-kəli/ 副 ❶ 《略式》 天文学的に, 桁外れに. ❷ 天文学上.

as·tron·o·my /əstrá(ː)nəmi | -trɔ́n-/ !アク 名 U 天文学. (形 àstronómical)
〖語源 原義はギリシャ語で「星《⇒ astro-》の法則(の学問)」〗

as·tro·phys·ics /æ̀stroʊfízɪks/ 名 U 天体物理学.

as·tute /əst(j)úːt | -tjúːt/ 形 機敏な, 抜けめのない, 利口な. **~·ly** 副 機敏に, 抜けめなく.

a·sun·der /əsʌ́ndə | -də/ 副 《文語》 ばらばらに, 別々に: be rent [torn] *asunder* ばらばらになる.

+__a·sy·lum__ /əsáɪləm/ 名 U 〔国際法〕 (大使館が政治犯に与える)**一時的保護**, 亡命: seek [apply for] political *asylum* 政治的亡命を求める / be granted *asylum* 亡命を認められる.

a·sym·met·ri·cal /èɪsɪmétrɪk(ə)l←/, **-met·ric** /-métrɪk←/ 形 非対称的な, 不均衡の. **-cal·ly** /-kəli/ 副 非対称的に, 不均衡に.

a·sym·me·try /eɪsímətri/ 名 U 非対称性.

a·symp·tom·at·ic /eɪsìm(p)təmǽtɪk←/ 形 〔医学〕 自覚症状のない, 無症状の.

***__at__ /(弱形) ət; (強形) ǽt/

— 前

> **単語のエッセンス**
> 基本的には「ある 1 点において」の意.
> 1) [場所を示して] **...の所で:** I met her *at* the door. 私は玄関で彼女を出迎えた ⇒ ❶
> 2) [時を示して] **...に, ...のときに:** School begins *at* eight. 学校は 8 時に[から]始まる ⇒ ❷
> 3) [目標を示して] **...を, ...を目がけて:** The dog jumped *at* me. 犬は私に飛びかかった ⇒ ❸
> 4) [原因を示して] **...によって:** be surprised *at* the news 知らせを聞いてびっくりする ⇒ ❹
> 5) [評価の対象を示して] **...に関しては:** be good [bad] *at* English 英語が得意[不得意]である ⇒ ❺
> 6) [行為・状態を示して] **...をして:** be *at* work 働いている ⇒ ❻ / be *at* rest 静止している ⇒ ❼
> 7) [数量を示して] **...で, ...の割合で:** drive *at* 90 miles an hour 時速 90 マイルで運転する ⇒ ❽, ❾

❶ [場所の一点を示して] **...の所で[に]; ...で, ...に; ...に出席して;** [出入りなどの点を示して] ...から; [離れた点を示して] ...の距離で[から]: I met her *at* the door. 私は玄関で彼女を出迎えた / I bought this bread *at* the store over there. 私はこのパンをあそこの店で買った / She's *at* Bill's (house). 彼女はビルの家に行っている《⇒ -'s' 1 語法》/ They arrived *at* a small town. 彼らはある小さな町に着いた《⇒ arrive 1 語法》/ He was educated *at* Cambridge. 彼はケンブリッジ(大学)で教育を受けた. 語法 大学を意味するときは at を, 都市名を意味するときには in を用いる // Email me *at* ken@pqr.com. ken@pqr.com にメールして《@ 以下は *at* pqr dot com と読む》.

語法 at と in の使い分け (1): 場所を示す場合

(1) at は「一点」と考えられるような狭い範囲の地点について用い, 多少とも「広がり」があるものとしてとらえられる場所には in を用いる. 従って小さな町や村には at, 大きな都会や国・大陸などには in を用いるのが普通である.
(2) ただし実際には狭い場所でも話し手がそこに住んでいたりして三次元の空間としてとらえられる場合には in を用いることが多く, 逆に実際は大都会でも地図の上などで平面的にとらえられるような場合には at を用いることが多い: I have lived *in* this village for the past ten years. 私はこの 10 年間この村に住んでいる / We are going to stop *at* Chicago and then fly to Washington, D.C. 私たちはシカゴを経由し[シカゴで途中降りて]それからワシントンへ飛ぶ予定だ《⇒ stopover 語法》.

❷ [時の一点を示して] ...に《⇒ in¹ 前 3, on 前 2》; (年齢が)...歳のときに: School begins *at* eight. 学校は 8 時に[から]始まる《⇒ begin 動 自 1 ⚡》/ The earthquake occurred *at* noon [midnight]. その地震は正午[午前 0 時]に起こった / I was just having lunch *at* that time. そのとき私はちょうど昼食を食べていた / He left school *at* (the age of) seventeen. 彼は 17 歳で学校を退学した.

語法 at と in の使い分け (2): 時間を示す場合

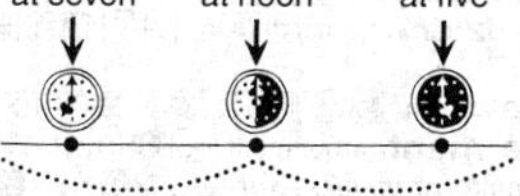

at は「一点」と考えられる狭い範囲の時刻を示し, in は多少とも前後の幅のある比較的長い時間について用いる: I called on him *at* four *in* the afternoon. 私は午後 4 時に彼を訪ねた.

❸ [目標・目的などを示して] **...を, ...に; ...を目がけて, ...をねらって:** The dog jumped *at* /ət/ me. 犬は私に飛びかかった / She aimed her camera *at* the movie star. 彼女はその映画スターにカメラを向けた / "What are you looking *at* /ǽt/?" "I'm looking *at* /ət/ the bird over there."「あなたは何を見ているのですか」「あそこの鳥を見ているのです」

語法 at と to の使い分け: 目標を示す場合

at はある目標まで届こうと努力するが, 目的を達するかどうかを問題にしないことを暗示し, しばしば敵意の対象を示す. 例えば挿絵(A)は The boy threw the bone *at* the dog.「男の子は犬を目がけて骨を投げつけた」の意. 当たる当たらないは別として, とにかく当てようと思って投げたもの. (B)は The boy threw the bone *to* the dog.「男の子は骨を犬に[犬の方に]投げてやった」の意. 投げ与えるためで別に当てるつもりではない.

❹ [感情・行為の原因] **...によって, ...を見て[聞いて, 知って]:** I was surprised *at* the news. 私はその知らせを聞いてびっくりした / Mr. Long was angry ⌜*at* our reply [*at* Mary('s) get*ting* married]. ロング氏は私たちの返事[メアリーが結婚したこと]に腹を立てていた. 語法 人・物を表わす語を目的語にするのは《米》: He was angry *with* [《米》 *at*] me. 彼は私に腹を立てていた.

❺ [評価の対象を示して] **...に関しては, ...するのが(上手[下手]だ):** I am good [bad, poor] *at* English. 私は英語が得意[不得意]だ / They are quick *at* learning. 彼らはもの覚えがよい.

❻ **...に従事中で, ...をしていて:** be *at* breakfast 朝食中である / Those children were *at* play. 子どもたちは遊んでいた / The women [students] were *at* work. 女性[生徒]たちは仕事[勉強]をしていた.

❼ **...の状態で**《最上級や状態などを表わす名詞とともに用いる; この辞書では成句扱い》: *at* one's best 最もよい状態で / *at* rest 静止して / I was *at* a loss for words. 私は何と言っていいかわからなかった.

❽ [値段・費用などを示して] **...で:** I bought these shoes *at* fifty dollars, but they may cost more now. 私はこの靴を 50 ドルで買ったが, 今ではもっとするかもしれない. 語法 for を用いてもよいが, 点を表す at を用いると, そのときはこの値段だったが今では違うかもしれないことを暗示する.

❾ [度合い・割合を示して] **(...の割)で:** *at* full speed 全速力で / The car rushed on *at* (a [the] rate of) 55 miles an hour. 車は時速 55 マイルで走った / The temperature stood *at* thirty-two degrees Celsius. 温度は摂氏 32 度だった. ❿ [電話番号を示して] ...番に[《英》 on]. ⓫ [at a [an, one] ... の形で] 一度の ...で: *at a* time 一度に / *at a* stroke 一撃で; 一挙に / *at a* [*one*] gulp ひと飲みに. ⓬ [順位・頻度を示して] ...に《この辞書では成句扱い》: *at* first 最初は / *at* intervals 時折.

at abòut ... [前] (時間が) ...ごろ《⇒ about 前 2 語法》: *at about* ten o'clock 10 時ごろに.

at áll ⇒ all 代 成句.

be át it [動] 自 Ⓢ (仕事などを)こなしている: While you'*re at it*, could you buy me a newspaper? ついでに新聞を買ってきてくれない?

be át it agàin [動] 自《略式》(よくない事を)またやっている.

whère it's át [名]《古風, 略式》人気のある[おもしろい]場所[事柄].

at·a·vis·tic /æ̀ṭəvístɪk←/ 形《格式》(感情などが)原始的な.

ate /éɪt | ét, éɪt/ (同音《米》 eight) 動 eat の過去形.

-ate¹ /èɪt, éɪt/ 接尾 [動詞語尾]「...にする, ...になる」の意: cre*ate* 創造する / decor*ate* 飾る / communic*ate* 伝達する. 発音 2 音節の語では creáte, debáte のように -ate に第一アクセントがあり, 3 音節の語では décoràte, commúnicàte のように 2 つ(以上)前の音節に第一アクセントがあり, -ate には第二アクセントがあるのが原則.

-ate[2] /ət, ɪt/ 接尾 ❶ [名詞語尾]「...の職[地位]」の意: consul*ate* 領事の職 / sen*ate* 上院. ❷ [形容詞語尾]「...という特徴をそなえた, ...のある」の意: determi*nate* 限定された / fortun*ate* 幸運な.

-ate[3] /eɪt/ 接尾 [名詞語尾]〔化学〕「...酸塩」の意: nitr*ate* 硝酸塩.

a·te·lier /æ̀ṭəljéɪ | ətélièɪ/ ≪フランス語から≫ 名 C アトリエ.

a·the·is·m /éɪθiìzm/ 名 U 無神論.

a·the·ist /éɪθiɪst/ 名 C 無神論者.

a·the·is·tic /èɪθiístɪk←/ 形 無神論(者)の.

A·the·na /əθíːnə/ 名 固〔ギリシャ神話〕アテナ《知恵・芸術・戦争の女神; ⇒ goddess 表》.

A·the·ni·an /əθíːniən/ 形 アテネの; アテネ人の.
— 名 C アテネ人.

Ath·ens /æ̃θɪnz/ 名 固 アテネ《ギリシャの首都; 古代ギリシャ文明の中心地》.

ath·lete /æ̃θliːt/ ＊＊
— 名 (ath·letes /-liːts/) ❶ C スポーツ選手, アスリート; 《英》陸上競技選手: professional *athletes* プロスポーツ選手. ❷ C 運動好きな人, スポーツマン. (形 athlétic)

áth·lete's fóot /æ̃θliːts-/ 名 U (足の)水虫.

+**ath·let·ic** /æθléṭɪk/ 形 ❶ [比較なし] 限定 **運動競技の**; 運動競技[選手]用の: an *athletic* field 運動(競技)場 / The Greeks used to hold a big *athletic* meet every four years. ギリシャ人は昔 4 年ごとに大競技会を開いていた. ❷ (人・体が)アスリートらしい, がっしりとした, 強健な: a man of *athletic* build がっしりとした体格の男性. (名 áthlete)

ath·let·i·cis·m /æθléṭəsìzm/ 名 U 運動能力, 強健さ.

+**ath·let·ics** /æθléṭɪks/ 名 U [ときに複数扱い]《米》**運動競技**; 《英》陸上競技 [《米》track and field]: do *athletics* 運動競技をする.

-a·tion /éɪʃən/ 接尾 [名詞語尾]「...にすること, ...の結果, ...の状態」の意: educ*ation* 教育 / occup*ation* 職業 / examin*ation* 試験.

-a·tive /əṭɪv, èɪṭɪv/ 接尾 [形容詞語尾]「...の性質[傾向]を持つ」の意: decor*ative* 飾りの / talk*ative* おしゃべりな.

At·lan·ta /ətlǽnṭə/ 名 固 アトランタ《米国 Georgia 州の州都》.

＊**At·lan·tic** /ətlǽnṭɪk/ 形 **大西洋の**: the *Atlantic* states of the United States 米国の大西洋岸諸州.
— 名 固 [the ～] **大西洋** (Atlantic Ocean): (on) both sides of *the Atlantic* 大西洋の両側(で). 関連 the Pacific 太平洋.

＊**Atlántic Ócean** 名 固 [the ～] **大西洋**《ヨーロッパ・アフリカ・南北アメリカに囲まれた世界第 2 の海洋; ⇒ ocean 2》.

Atlántic (Stándard) Tìme 名 U 大西洋標準時《GMT より 4 時間遅い; 略 AST》.

at·las /ǽtləs/ 名 C 地図帳[書]《⇒ map 表》.〖語源 昔の地図書の巻頭にあった Atlas の絵から〗

At·las /ǽtləs/ 名 固〔ギリシャ神話〕アトラス《天空を両肩にかつぐ巨人》.

ATM /èɪtìːém/ 名 C《米》現金自動預け払い機 [《英》cash dispenser, cash machine].

＊**at·mo·sphere** /ǽtməsfìɚ | -sfìə/ !アク !発音 名 (～s /～z/) ❶ C,U [普通は単数形で] **雰囲気**, 気分; (よい)ムード, 趣き《⇒ mood[1] 日英》: an *atmosphere of* optimism 楽観的な雰囲気 / The *atmosphere of* the meeting was very friendly. 会合の雰囲気は非常に友好的だった / That restaurant has (a) great *atmosphere*. そのレストランはとてもいい雰囲気だ.
❷ [the ～] (地球などを取り巻く)**大気**; 大気圏: The rocket blasted out of *the atmosphere*. ロケットは大気圏外へ飛んでいった. 関連 stratosphere 成層圏.
❸ C [普通は単数形で] (ある場所の)**空気**: I don't like the polluted *atmosphere* of big cities. 私は大都市のよごれた空気は好きではない. (形 àtmosphéric)

at·mo·spher·ic /æ̀tməsférɪk, -sfí(ə)r- | -sfér-←/ 形 ❶ 限定 大気(中)の, 空気の: *atmospheric* pollution 大気汚染. ❷ 雰囲気[ムード]のある. (名 átmosphère)

átmospheric préssure 名 U 気圧: *high* [*low*] *atmospheric pressure* 高[低]気圧.

at·oll /ǽtɔːl | ǽtɔl/ 名 C 環状さんご礁, 環礁.

+**at·om** /ǽṭəm/ 名 (～s /～z/) ❶ C〔物理・化学〕**原子**: An *atom* is the smallest unit of an element. 原子は元素の最小の単位である. 関連 molecule 分子 / elementary particle 素粒子. ❷ [an ～ として普通は否定文で] 少量: There is *not an atom of* truth to what she says. 彼女の言うことには本当のことはひとつもない. (形 atómic)
〖語源 ギリシャ語で「分けられないもの」の意〗

átom bòmb 名 C ＝ atomic bomb.

+**a·tom·ic** /ətá(ː)mɪk | ətɔ́m-/ !アク 形 [比較なし] [普通は 限定] **原子力の**; 原子爆弾の; 原子の. 語法 現在は nuclear と言うほうが普通.

atómic bómb 名 C 原子爆弾.

atómic énergy 名 U ＝ nuclear energy.

atómic númber 名 C〔化学〕原子番号.

atómic wéight 名 C,U〔化学〕原子量.

at·om·iz·er /ǽṭəmàɪzɚ | -zə/ 名 C 噴霧器; 香水吹き; スプレー.

a·tone /ətóʊn/ 動 自《格式》償う, 贖(あがな)う (*for*).

a·tone·ment /ətóʊnmənt/ 名 ❶ U《格式》償い, 贖い: make *atonement for* ... ...を贖う. ❷ [the A-]〔宗教〕(キリストの)贖罪(しょくざい).

a·top /ətá(ː)p | ətɔ́p/ 前《文語》...の頂上に, ...の上に.

at-risk /ætrísk/ 形 限定 (人が)危険な状態にある, 保護の必要がある.

a·tri·um /éɪtriəm/ 名 (複 **a·tri·a** /-triə/, ～s) ❶ C 吹き抜け. ❷ C〔解剖〕心房.

a·tro·cious /ətróʊʃəs/ 形 ❶ とてもひどい. ❷ 残虐な, 極悪な. **～·ly** 副 とてもひどく.

+**a·troc·i·ty** /ətrá(ː)səṭi | ətrɔ́s-/ 名 (-i·ties) U **残虐**; 極悪; C [普通は複数形で] (特に戦時の)残虐行為.

at·ro·phy /ǽtrəfi/ 動 (-ro·phies; -ro·phied; -phy·ing) 自 (器官が)萎縮(いしゅく)する; 衰退する.
— 名 U (器官の)萎縮.

at·ta·boy /ǽṭəbɔ̀ɪ/ 間《略式, 主に米》うまいぞ!, でかした!《That's the boy! がなまったもの》.

＊**at·tach** /ətǽtʃ/ 動 (-tach·es /～ɪz/; at·tached /～t/; -tach·ing) 他 ❶ (大きいものに)(小さいもの)を**取り付ける**, 結びつける, はりつける [⇔ detach]: He *attached* a garage *to* his house. V+O+*to*+名 彼は家に車庫を取り付けた / Many tags *were attached to* the baggage. V+O+*to*+名の受身 その荷物にはたくさんの荷札がついていた. ❷〔コンピュータ〕(...)を E メールに

添付する. ❸ (条件など)を添える, 付け加える. ❹ (価値・重要性など)を(...に)置く, (ある性質)が(...に)あると考える: *attach* great importance *to* ... ...を重視する / *attach* blame *to* ... ...のせいにする. ❺ [普通は受身で] (...)を(〜に)所属させる, 配属する (*to*).
— 自 《格式》 (...に)つく, 伴う (*to*).
attách onesèlf to ... [動] 他 (人)につきまとう; (特に一時的に)...に加わる. (名 attáchment)
at·ta·ché /æ̀ṭəʃéɪ | ətǽʃeɪ/ ≪フランス語から≫ 名 C (大使・公使の)随行員《専門分野を代表する人》; 大[公]使館員.
at·ta·ché case /æ̀ṭəʃéɪkèɪs | ətǽʃeɪ-/ 名 C アタッシュケース《書類入れ用; ⇒ briefcase》.
+**at·tached** /ətǽtʃt/ 形 ❶ **取り付けられた**, 添付の; **付属の**: an *attached* document 添付書類 / an *attached* file (E メールの)添付ファイル / an *attached* school 付属の学校. ❷ 叙述 (...に)愛情[愛着]を持って: Mary was deeply [very] *attached to* her aunt. メアリーはおばをとても慕っていた.
at·tach·ment /ətǽtʃmənt/ 名 ❶ C 〔コンピュータ〕 (E メールの)添付ファイル. ❷ C,U 愛着, 愛情; 支持 (*to*, *for*): a sentimental *attachment* 感傷的な愛着. ❸ C 付属品[装置]; 付属物: camera *attachments* カメラの付属品. ❹ U 取り付け, 付着: *attachment* of tags *to* suitcases スーツケースに荷札をつけること. ❺ U 《英》 (一時的な)配属, 出向: on *attachment* to ... ...に出向して. (動 attách)

***at·tack /ətǽk/

— 名 (〜s /〜s/) ❶ U,C **攻撃**, **襲撃** [⇔ defense]: The enemy launched an ***attack on*** the target. 敵はその標的に対して攻撃を始めた / The city ***was*** [***came***] ***under attack*** from all sides. その都市は四方八方から攻撃を受けていた[受けた].
❷ C,U (激しい)**非難**, (ことばによる)攻撃: a personal *attack* 個人攻撃 / a violent ***attack on*** [***against***] the government's policies 政府の政策に対する激しい攻撃 / ***be*** [***come***] ***under attack*** 非難を受けている[受ける] / ***go on the attack*** 非難する. ❸ C,U (廃止・根絶などのための)取り組み: We have to make an all-out *attack on* environmental pollution. 我々は環境汚染に全面的に取り組む必要がある. ❹ C 発病, (病気の)発作; (ある感情に)発作的に襲われること (*of*): ⇒ heart attack. ❺ C,U 〔スポーツ〕 攻撃; [単数形で] 《英》 攻撃側 [《米》 offense] [⇔ defense].
— 動 (at·tacks /〜s/; at·tacked /〜t/; -tack·ing) 他 ❶ (...)を**攻撃する**, 攻める, 襲う [⇔ defend]: *attack* the enemy 敵を攻撃する / He *was attacked with* a knife. V+O+*with*+名の受身 彼はナイフで襲われた.
❷ (...)を(激しく)**非難する**: Many people ***attacked*** the government ***for*** its lack of leadership. V+O+*for*+名 多くの人々が政府のリーダーシップの欠如を非難した. ❸ (病気・害虫などが)(...)を冒(おか)す, 襲う: The child *was* suddenly *attacked by* a mysterious disease. その子は突然謎の病気に襲われた. ❹ (仕事など)に熱心に取り組む, (勢いよく)着手する: The government began to *attack* the problem. 政府はその問題に取り組み始めた.
— 自 ❶ 攻撃する. ❷ 〔スポーツ〕 攻める, 攻撃する [⇔ defend].
+**at·tack·er** /ətǽkɚ | -kə/ 名 (〜s /〜z/) C **襲う人**, 攻撃する人; 〔スポーツ〕 アタッカー.

at·ta·girl /ǽṭəgə̀ːl | -gəːl/ 間 《略式, 主に米》 うまいぞ!, でかした!《That's the girl! がなまったもの》.
at·tain /ətéɪn/ ❗発音 動 他 ❶ 《格式》 (努力して)(目的・望みなど)を遂(と)げる, 達成する《⇒ achieve 類義語》: He finally *attained* his objectives. 彼はついに目的を遂げた. ❷ 《格式》 (年齢・水準など)に達する [≒reach]: *attain* a record speed 記録的速度に達する.
at·tain·a·ble /ətéɪnəbl/ 形 《格式》 達成できる.
at·tain·ment /ətéɪnmənt/ 名 ❶ U 《格式》 到達, 達成. ❷ C [普通は複数形で] 《格式》 芸, 技能; 学識, うんちく: a scholar of great *attainments* 学識豊かな学者.

***at·tempt /ətém(p)t/

— 名 (at·tempts /ətém(p)ts/) ❶ C 試み, 企て《しばしば失敗や未遂に終わったことを意味する》: 言い換え Mongolian *attempts to* invade Japan failed. +*to* 不定詞 = Mongolian *attempts at* invad*ing* Japan failed. 日本を侵略しようとしたモンゴル帝国の企ては失敗した / He ***made*** an ***attempt*** *to* install the software himself. 彼は自分でそのソフトをインストールしようとした / They started a campaign in an *attempt to* attract new customers. 新しい顧客を引き寄せようと彼らはキャンペーンを開始した. ❷ C (人の命などを)狙うこと: *make* an *attempt on* the President's life 大統領の命を狙う.
— 動 (at·tempts /ətém(p)ts/; -tempt·ed /〜ɪd/; -tempt·ing) 他 (困難なことなど)を**試みる**, (...しようと)企てる《しばしば失敗や未遂に終わったことを意味する; ⇒ try 類義語》: The prisoners *attempted* an escape. = The prisoners ***attempted to*** escape. V+O (*to* 不定詞) 囚人たちは脱獄を企てた.
+**at·tempt·ed** /ətém(p)tɪd/ 形 限定 **未遂の**: *attempted* murder [suicide] 殺人[自殺]未遂.

***at·tend /əténd/

— 動 (at·tends /əténdz/; -tend·ed /〜ɪd/; -tend·ing)

> **意味のチャート**
> 「...に心を向ける」《⇒ tend[1] キズナ》→「注意する」《⇒ attend to ... (成句)》
> →「看護する」 他 ❷
> →「仕える」 他 ❸ → (出てきて仕える)
> →「出席する」 自, 他 ❶

— 他 ❶ (...)に**出席する**, 参列する; (学校・教会など)に通う《⇒ take part (part 名 成句) 語法》: *attend* a meeting 会議に出席する《✪ この意味では ×attend to a meeting とは言わない》 / The lecture *was* well *attended*. V+O の受身 講演には出席者が多かった / Nancy *attends* school [church] regularly. ナンシーは学校[教会]へきちんと通っている.
❷ (医師・看護師などが)(...)を**看護する**, (...)に付き添う, (...)の世話をする: Which doctor is *attending* your mother? お母さんの担当はどのお医者さんですか / She ***was attended by*** many nurses. V+O の受身 彼女は大勢の看護師に看護されていた. ❸ 《格式》 (...)に仕える; (...)に同伴する, 随行する. ❹ 《格式》 (物事が結果として)(...)に伴う.
— 自 出席する, 参列する: I'm sorry I'll be unable to *attend*. 残念ですが出席できません.
atténd to ... [動] 他 (1) (仕事など)に取り組む, 専念

A

する: I have so many things to *attend to*. 私はしなければならないことがたくさんある. (2)《格式》...に注意する, ...に耳を傾ける: *Attend to* what your teacher says. 先生の言われることをよく聞きなさい. (3) ...の世話をする, ...に仕える; ...を看護する: Are you being *attended to*?《英格式》ご用は承っておりますか《店員が客に尋ねることば》. (名 atténdance, atténtion, 形 atténdant)

+**at·ten·dance** /əténd(ə)ns/ 名 (-ten·danc·es /~ɪz/) ❶ U,C (特に規則的な)**出席**, 出勤, 参列: ***attendance at*** a meeting 会への出席 / take [check] *attendance* 出席をとる.
❷ C,U **出席者**, 参列者《全体》; 出席者数: an *attendance* of ten thousand 1 万人の参加者 / The ***attendance at*** the party was higher than had been expected. パーティーの出席者は予想されていたよりも多かった.
in atténdance [形]《格式》出席して, 参列して (*at*); (...の)世話をして (*on*).
(動 atténd, 形 atténdant)

+**at·ten·dant** /aténd(ə)nt/ 名 (-ten·dants /-d(ə)nts/) ❶ C (公共施設などの)**サービス係**, 案内係, 従業員: parking *attendants* 駐車場の係員 //⇒ flight attendant. ❷ C 付き添い人, 随行者: the Queen and her *attendants* 女王とその随員たち.
— 形《格式》(状況·リスクなどが) (...に)伴う, 付随する (*on, upon*): *attendant* circumstances 付帯状況 / war and its *attendant* evils 戦争とそれに伴う悪.
(動 atténd, 名 atténdance)

at·ten·dee /ətèndíː/ 名 C (会議などの)出席者.

***at·ten·tion** /əténʃən/

— 名 (~s /~z/) ❶ U **注意**, 注意力; **注目**, 関心 [⇔ inattention]: His *attention* was on something else. 彼は別のことに集中していた / He ***pays*** no ***attention to*** others' feelings. 彼は他人の感情を全く気にかけない / ***Give*** [***Devote***] your undivided [full] ***attention to*** your work. 自分の作業に完全に集中しなさい / She stopped talking and ***turned*** her ***attention to*** the TV. 彼女は話をやめてテレビに注意を向けた / He ***called*** [***drew***] (our) ***attention to*** the problem of pickpockets. 彼は(私たちに)すりに対する注意を呼びかけた / be the center of *attention* 注目の的である / His new car ***attracted*** [***drew***, ***caught***, ***got***] our ***attention***. 彼の新車は私たちの注目を集めた.
❷ U **世話**, 手当て, 修理; 配慮: You need medical *attention* for that burn. あなたはそのやけどの治療をしてもらう必要がある. ❸ C [普通は複数形で] 親切, 心尽くし; (特に女性への)親切な行為. ❹ U〔軍隊〕気をつけ(の姿勢): *Attention!* /(ə)tènʃʌ́n/ 気をつけ!《号令》 語法 短縮して 'Shun' /ʃʌ́n/ と言うこともある // stand *at* [*to*] *attention* 気をつけの姿勢で立つ / spring *to attention* さっと気をつけの姿勢を取る.
Atténtion, plèase. Ⓢ **お知らせいたします**, ちょっとお聞きください《発表したり, 人の注意を引くときなどのことば》: *Attention, please*. (= May I have your *attention*, please?) We'll be landing in New York in about twenty minutes. お知らせいたします. この飛行機はあと 20 分ほどでニューヨークに到着いたします.
for the atténtion of ... [前] ...様宛て《手紙の宛先となる個人·部課名の前に書く》.
(動 atténd, 形 atténtive)

atténtion dèficit disòrder 名 U〔医学〕注意欠陥障害 (略 ADD).

atténtion spàn 名 C 注意力持続時間.

at·ten·tive /əténṭɪv/ 形 ❶ 注意深い, 気を使う; 注意して聞く[見る] (*to*) [⇔ inattentive]: an *attentive* audience 熱心な聴衆. ❷ よく気を配る, 思いやり[配慮]のある: She is always *attentive to* her elderly mother. 彼女はいつも年老いた母親に気を配っている.
(名 atténtion)
~·ly 副 注意深く; 心配りをして. **~·ness** 名 U 注意深さ; 思いやりがあること.

at·ten·u·ate /əténjuèɪt/ 動 他《格式》(濃度·力·価値など)を弱める, 薄める, 減ずる.

at·test /ətést/ 動 自《格式》(...を)証言[証明]する; (物事が)(...の)証拠となる: He *attested to* the truth of her statement. 彼は彼女の陳述が真実であると証言した. — 他《格式》(...)の真実性を証言[証明]する; (物事が)(...)の証拠を示す.

at·tes·ta·tion /æ̀testéɪʃən/ 名 U,C《格式》証明, 立証; 証拠, 証明書; 宣誓.

+**at·tic** /ǽṭɪk/ 名 (~s /~s/) C **屋根裏(部屋)** [≒loft]: an *attic* bedroom 屋根裏の寝室. 参考 garret と違って「むさ苦しい」という感じはなく, むしろこざっぱりした, こぎれいな, あるいはロマンチックな連想を誘う.

At·ti·ca /ǽṭɪkə/ 名 固 アッティカ《古代ギリシャ南東部の地方》.

at·tire /ətáɪə | ətáɪə/ 名 U《格式》服装, 衣装.

at·tired /ətáɪəd | ətáɪəd/ 形 叙述《格式》(...の)服装をした (*in*).

***at·ti·tude** /ǽṭɪt(j)ùːd | -tjùːd/ !アク

— 名 (-ti·tudes /-t(j)ùːdz | -tjùːdz/)

> 意味のチャート
> 元来は絵画·彫刻の人物の「**ポーズ·姿勢**」❹ →「**態度**」❷ → (心の持ち方) →「**考え方**」❶

❶ C **考え方**, 意見, 判断: What's his *attitude toward* [*to*] this decision? この決定に対する彼の考えはどうですか.
❷ C **態度**, 心構え: Japan took a firm *attitude toward* the problem. 日本はその問題に対して断固たる態度をとった. ❸ U《略式》(強烈な)自己主張, 個性: a young artist *with attitude* 個性的で主張をもった若い芸術家. ❹ C《格式》姿勢, 身構え.

*__at·tor·ney__ /ətə́ːni | ətə́ː-/ ✪ or は例外的に /ɜ́ː | ɜ́ː/ と発音する. 名 (~s /~z/) C《主に米》**弁護士** (⇒ lawyer 類義語): I'd like to consult my *attorney*. 弁護士と相談したい.
pówer(s) of attórney [名]〔法律〕委任状; 委任された権限.

Attórney Géneral 名 (複 Attorneys General, Attorney Generals) C [普通は the ~]《米》司法長官《司法省 (Department of Justice) の長》;《英》検事総長.

***at·tract** /ətrǽkt/

— 動 (at·tracts /ətrǽkts/; -tract·ed /~ɪd/; -tract·ing) 他 ❶ (人)を(魅力で)**引き付ける**, 魅惑する; (注意·関心など)を**引く**, (支持·評判など)を得る: His concert *attracted* a large audience. 彼の演奏会には聴衆が大勢集まった / Lots of visitors *are attracted to* Kyoto. V+O+to+名の受身 大勢の観光客が京都に引き付けられる / *attract* the support of laborers 労働者の支持を得る. ❷ (磁性などが)(...)を引き付ける, 引き寄せる: Sweets *attract* ants. 甘いもの

はありを引き付ける.
féel [be] attrácted to ... 動 他 ...に(性的)魅力を感じる, ひかれる. (名 attráction, 形 attráctive)

単語のキズナ		TRACT／引く＝pull
attract	(...の方へ引く)	→ 引き付ける
contract	(共に引き合う)	→ 契約(する)
extract	(外へ引き出す)	→ 引き抜く
distract	(引き離す)	→ (人)の注意をそらす
subtract	(引き下ろす)	→ 引く, 減らす
abstract[1,2]	(...から引き出す, 抽出する)	→ 抽象的な
tractor	(耕作機を引くもの)	→ トラクター

+**at·trac·tion** /ətrǽkʃən/ 名 (~s /~z/) ❶ C,U **魅力**, 魅惑; (...が)好きなこと, (...に)(性的)魅力を感じること: Going to the movies has lost much of its former *attraction* for young people. 映画を見に行くことは若い人たちにとって以前のような魅力のあるものでなくなってしまった / She felt a strong ***attraction to*** [*for*] him. 彼女は彼に強くひかれた.
❷ C **人を引き付けるもの**, 魅力あるもの; アトラクション, 呼び物: tourist *attractions* 観光客を引き付けるもの《名所旧跡など》/ the *attractions* of a big city 大都会の魅力 / the greatest *attraction* of the Olympics オリンピックの最大の呼び物 / a coming *attraction* 公開間近の映画[催し物など]. ❸ C,U 引き付けること, 誘引; 〔物理〕引力 [⇔ repulsion]: magnetic *attraction* 磁力 / the moon's *attraction* = the *attraction* of the moon 月の引力. (動 attráct)
*＊***at·trac·tive** /ətrǽktɪv/ 形 ❶ **人を引き付ける**, (性的に)**魅力的な**, 人目につく; 見ばえのよい [⇔ unattractive]: an *attractive* woman [man] 魅力的な女性[男性]. ❷ (物事が)興味をそそる, 魅力的な (*to*). ❸ 〔物理〕引力の, 引力のある. (動 attráct)
~·ly 副 魅力的に.
~·ness 名 U 人目を引くこと; 魅力(的なこと).
at·trib·ut·a·ble /ətríbjʊṭəbl/ 形 叙述 (成功・失敗などが) (...の)結果である, (原因が) (...に)あるとされる: This failure is *attributable to* his carelessness. この失敗は彼の不注意が原因だろう.
+**at·trib·ute[1]** /ətríbju:t/ ✪ 名詞の attribute[2] とアクセントが違う. 動 (-trib·utes /ətríbju:ʦ/; -trib·ut·ed /-ṭɪd/; -trib·ut·ing /-ṭɪŋ/) 他 ❶ (...)を(～の)**結果だとする**, (...)の原因が(～に)あるとする: She ***attributed*** her success ***to*** 「hard work [work***ing*** hard]. V+O+to+名[動名] 彼女は成功したのは努力したからだと言った. ❷ (作品など)を(人の)作と考える: This lullaby used to be *attributed to* Mozart. この子守歌は以前はモーツァルトの作とされていた. ❸ (ある性質)が(...に)あると考える, (...が)(ある性質)を持っているとみなす: Do you *attribute* kindness *to* such an evil man? あんな悪いやつが親切心を持っていると思うのですか.
(名 àttribútion, 3 ではまた áttribùte[2])
at·tri·bute[2] /ǽtrəbjù:t/ ✪ 動詞の attribute[1] とアクセントが違う. 名 C 属性《人や物が本来備えている性質》, 特質, 特徴. (動 attríbute[1] 3)
at·tri·bu·tion /æ̀trəbjú:ʃən/ 名 U (結果・原因などを...に)帰すること, 帰属; 作者の特定 (*to*).
(動 attríbute[1])
at·trib·u·tive /ətríbjʊṭɪv/ 形 〔文法〕限定的な《略 attrib.; ⇒ 巻末文法 5. 1 (1)》; (名詞が)形容詞的な.
関連 predicative 叙述的な.
at·tri·tion /ətríʃən/ 名 ❶ U《格式》磨滅, 消耗: a war of *attrition* 消耗[持久]戦. ❷ U《格式, 主に米》(人員の)自然減《退職・死亡などによる》.
at·tuned /ət(j)ú:nd | ətjú:nd/ 形 叙述 (必要性などを)よく理解できて; (音などを)よく識別できて (*to*).
ATV /éɪtì:ví:/ 名 C = all-terrain vehicle.
a·typ·i·cal /eɪtípɪk(ə)l/ 形 典型的でない, 通常と異なる (*of*).
au·ber·gine /óʊbəʒì:n | -bə-/ 名 C,U《英》なす(の実) [《米》eggplant].
au·burn /ɔ́:bən | -bən/ 形 (毛髪が)赤褐色の, 金褐色の. — 名 U 赤褐色, 金褐色.
Auck·land /ɔ́:klənd/ 名 固 オークランド《ニュージーランド北島北部の都市》.
*＊***auc·tion** /ɔ́:kʃən/ 名 (~s /~z/) C,U **競売**, オークション: sell [buy] a car ***at*** [***by***] ***auction*** 車を競売で売る[買う] / be ***up for auction*** 競売に出ている / put ... ***up for auction*** ...を競売にかける.
— 動 他 (...)を競売にかける; (不要品など)を競売にかけて処分する (*off*).
auc·tion·eer /ɔ̀:kʃəníə | -níə/ 名 C 競売人.
au·da·cious /ɔ:déɪʃəs/ 形 大胆不敵な, 向こう見ずな; 厚かましい. **~·ly** 副 大胆不適に; 厚かましく.
au·dac·i·ty /ɔ:dǽsəṭi/ 名 U 大胆不敵; 図太さ, 厚かましさ: He had the *audacity to* ask for more money. 彼はずうずうしくさらに金を要求した.
au·di·bil·i·ty /ɔ̀:ḍəbíləṭi/ 名 U 聞き取れること; 可聴度.
au·di·ble /ɔ́:ḍəbl/ 形 (音・声が)聞き取れる (*to*) [⇔ inaudible]: barely *audible* どうにか聞き取れる.
au·di·bly /ɔ́:ḍəbli/ 副 聞き取れるよう[ほど]に.

＊＊au·di·ence /ɔ́:diəns/

— 名 (-di·enc·es /~ɪz/) ❶ C (演劇・コンサート・映画・集会などの)**聴衆**, **観衆**《全体》; (テレビの)**視聴者たち**, (ラジオの)聴取者たち; (本の)読者たち: There was a large [small] *audience* in the hall. ホールには大勢[少数]の聴衆がいた / His speeches were welcomed by large *audiences* all across the world. 彼の演説は世界中至る所で大観衆に歓迎された / a member of the *audience* 聴衆の一人 / a TV program with *audience* participation 視聴者参加のテレビ番組. 語法《英》では聴衆の一人一人に重きを置くときには単数形でも複数扱いとすることがある: The *audience was* [*were*] very amused at his jokes. 聴衆は彼の冗談に大喜びした.

大勢の聴衆
大勢の聴衆
○a **large** audience ○**large** audiences
×many audience

❷ C 公式会見, 拝謁(はいえつ): seek [request] an *audience* with the Queen 女王に公式会見を申し出る.
〖語源 ラテン語で「聞くこと」の意; ⇒ audio-〗
áudience ràting 名 C 視聴率.
+**au·di·o** /ɔ́:ḍiòʊ/ 形 限定 **音声の**《video (映像の)に対して》, 録音(再生)の; 〔通信〕可聴周波の.
— 名 U 音声(部分)《video (映像)に対して》.
au·di·o- /ɔ́:ḍioʊ/ 接頭「聴覚の, 音の」の意: *audio*visual 視聴覚の.
áudio bòok 名 C オーディオブック《本の朗読を CD

などに録音したもの》.
au·di·o·tape /ɔ́:ḍioʊtèɪp/ 名 C,U 録音テープ.
au·di·o·vi·su·al /ɔ̀:ḍioʊvíʒuəl⁻/ 形 限定 視聴覚の《略 AV》: *audiovisual* education 視聴覚教育.
áudiovisual áids 名 複 視聴覚教具.
+**au·dit** /ɔ́:dɪt/ 名 (au·dits /-ḍɪts/) ❶ C,U **会計監査**; 決算. ❷ C 点検, 査定. — 動 他 ❶ (会計)を監査する. ❷《米》(講義)を聴講する.
au·di·tion /ɔ:díʃən/ アク 名 C オーディション《音楽家・俳優などと契約する際に行なう》: hold an *audition for* the lead part 主役のオーディションを行なう. — 動 自 オーディションを受ける (*for*). — 他 (人)に(役の)オーディションを行なう (*for*).
au·di·tor /ɔ́:dəṭɚ | -tə/ 名 ❶ C 会計監査官; 監査役. ❷ C《米》(大学の)聴講生.
+**au·di·to·ri·um** /ɔ̀:dətɔ́:riəm/ 名 (複 ~s, au·di·to·ri·a /-riə/) ❶ C (劇場などの)**観客席**《⇒ theater 挿絵》. ❷ C《主に米》講堂, 公会堂.
au·di·to·ry /ɔ́:dətɔ̀:ri | -təri, -tri/ 形 限定《解剖》耳の, 聴覚の.
Au·drey /ɔ́:dri/ 名 固 オードリー《女性の名》.
+**Aug.** 略 **8月** (August).
au·ger /ɔ́:gɚ | -gə/ 名 C (らせん形の)木工ぎり.
+**aug·ment** /ɔ:gmént/ 動 (aug·ments /-ménts/; -ment·ed /-ṭɪd/; -ment·ing /-ṭɪŋ/) 他《格式》(...)を**増大させる**, 増す [≒increase]: *augment* one's monthly income 月収を増やす.
aug·men·ta·tion /ɔ̀:gməntéɪʃən/ 名 U《格式》増加, 増大; C 増加物, 付加物.
au·gur /ɔ́:gɚ | -gə/ 動 (-gur·ing /-g(ə)rɪŋ/) [次の成句で] **áugur wéll [bádly, íll]** [動] 自《格式》縁起がよい[悪い] (*for*).
au·gu·ry /ɔ́:gjʊri/ 名 (-gu·ries) C《文語》前兆.
au·gust /ɔ:gʌ́st⁻/ 形 [普通は 限定]《格式》威厳のある, 堂々とした; 尊敬の念を起こさせる.

‡Au·gust /ɔ́:gəst/

— 名 (~s /-gəsts/) U,C 8月《略 Aug.; ⇒ month 表》: The family goes swimming *in August*. その一家は8月には泳ぎに出かける / World War II ended *on August* 15, 1945. 第二次世界大戦は1945年8月15日に終わった《World War II は World War Two, August 15 は August (the) fifteenth と読む; ⇒ date¹ 名 1 語法 囲み》/ in early [mid-, late] *August* 8月初旬[中旬, 下旬]に.
Au·gus·ta /əgʌ́stə, ɔ:-/ 名 固 オーガスタ《米国 Maine 州の州都》.
Au·gus·tus /əgʌ́stəs, ɔ:-/ 名 固 アウグストゥス (63 B.C.-A.D. 14)《ローマ帝国初代皇帝 (27 B.C.-A.D. 14); 学術・文芸を奨励; ⇒ month 表 8月》.
auk /ɔ́:k/ 名 C うみすずめ, うみがらす.
auld lang syne /ɔ́:l(d)læŋzáɪn, -sáɪn/ 名 ❶ U《スコットランド》過ぎ去りし懐かしき昔 (old long ago [since]). ❷ 固 [A- L- S-]「オールド ラング サイン」《スコットランド民謡; 歌詞は Robert Burns 作で「ほたるの光」の原曲; 大みそかの夜の12時によく歌われる》.
Aung San Suu Kyi /áʊŋsænsù:ʧí:/ 名 固 アウンサン スー チー (1945-)《ミャンマーの反体制民主化運動の指導者, 元国家顧問; Nobel 平和賞 (1991)》.

‡aunt /ǽnt | ɑ́:nt/ (同音《米》#ant,《英》aren't)

— 名 (aunts /ǽnts | ɑ́:nts/) [しばしば A-] ❶ C おば(伯母, 叔母)《⇒ family tree 図》: I have two *aunts* on my father's side. 私には父方のおばが2人いる / How are you, *Aunt* Jessica? ジェシカおばさん, お元気ですか. ❷ C《略式》(よその)おばさん《子供が年輩の女性に用いる》: They called her *Aunt* Mary. 彼らは彼女をメアリーおばさんと呼んでいた.
aunt·ie, aunt·y /ǽnṭi | ɑ́:nti/ 名 (aunt·ies) C《略式》おばちゃん: *Auntie* Jane ジェーンおばちゃん.
au pair /òʊpéɚ | -péə/ ≪フランス語から≫ 名 C オペア《住み込みで家事を手伝い, 英語を学習する外国人; 普通は若い女性》.
au·ra /ɔ́:rə/ 名 C (人・場所が持つ)特殊[微妙]な雰囲気, オーラ (*of*).
au·ral /ɔ́:rəl/ 形《解剖》耳の, 聴覚の; 限定 聴力の, 聞き取りの. **-ral·ly** 副 耳で; 聴覚で.
au·re·ole /ɔ́:riòʊl/ 名 C《文語》(聖像の)後光.
au re·voir /òʊrəvwɑ́ɚ | -wɑ́:/ ≪フランス語から≫ 間 さようなら [≒goodbye].
au·ro·ra /ərɔ́:rə/ アク 名 (複 ~s, au·ro·rae /-ri:/) C オーロラ, 極光;《詩語》あけぼの.
Au·ro·ra /ərɔ́:rə/ 名 固《ローマ神話》オーロラ《あけぼのの女神; ⇒ goddess 表》.
auróra aus·trá·lis /-ɔ:stréɪlɪs/ 名 [the ~] 南極光 (Southern Lights).
auróra bo·re·ál·is /-bɔ̀:riǽlɪs/ 名 [the ~] 北極光 (Northern Lights).
aurorae 名 aurora の複数形.
Aus. 略 = Austria, Austrian.
Ausch·witz /áʊʃwɪts, -vɪts/ 名 固 アウシュヴィッツ《ポーランド南西部の町; 第二次世界大戦中ナチスによるユダヤ人の大虐殺が行なわれた収容所があった》.
aus·pic·es /ɔ́:spɪsɪz/ 名 [次の成句で] **ùnder the áuspices of ...** [副]《格式》...の後援[賛助]で.
aus·pi·cious /ɔ:spíʃəs/ 形《格式》(始まりなどが)幸先(さいさき)のよい: an *auspicious* start [beginning] to his career 彼のキャリアの幸先のよいスタート.
Aus·sie /ɔ́:zi, -si | ɔ́zi/ 名 C《略式》オーストラリア人. — 形 限定《略式》オーストラリア(人)の.
aus·tere /ɔ:stíɚ | ɔ:stíə, ɔs-/ 形 (aus·ter·er /-tí(ə)rɚ | -rə/, more ~; aus·ter·est /-tí(ə)rɪst/, most ~) ❶ 簡素な, 飾り気のない. ❷ (人・言動が)厳しい, 厳格な. ❸ (生活などが)質素な, 禁欲的な. **~·ly** 副 簡素に, 飾り気なく; 厳しく; 質素に.
aus·ter·i·ty /ɔ:stérəṭi | ɔ:s-, ɔs-/ 名 (-i·ties) ❶ U 経済緊縮; 簡素; 厳格さ. ❷ C [普通は複数形で] 耐乏生活, 切り詰め; 禁欲生活.
Aus·tin /ɔ́:stɪn/ 名 固 オースチン《米国 Texas 州の州都》.
Austral. 略 = Australia, Australian.
Aus·tral·a·sia /ɔ̀:strəléɪʒə | ɔ̀s-/ 名 固 オーストラレーシア《オーストラリア・ニュージーランドおよび南太平洋の諸島の一部を含む地域》.
Aus·tral·a·sian /ɔ̀:strəléɪʒən | ɔ̀s-⁻/ 形 オーストラレーシアの. — 名 C オーストラレーシアの人.

‡Aus·tra·lia /ɔ:stréɪljə | ɔs-, ɔ:s-/

— 名 固 **オーストラリア, 豪州**《⇒ continent¹ 参考》; オーストラリア連邦《オーストラリア大陸と付近の島々から成る英連邦 (the Commonwealth)の独立国; 首都 Canberra; 正式名は the Commonwealth of Australia; 略 Austral., Southern Cross》.
(形 Austrálian)

‡Aus·tra·lian /ɔ:stréɪljən | ɔs-, ɔ:s-/

— 形 オーストラリアの, 豪州の; **オーストラリア人の**《略 Austral.》: *Australian* wool オーストラリアの羊毛. (名 Austrália)

— 名 (~s /~z/) ❶ C オーストラリア人; [the ~s] オーストラリア人《全体》(⇒ the¹ 5). ❷ U オーストラリア英語.

Austrálian Cápital Térritory 名 固 [the ~] オーストラリア首都特別地域《オーストラリアの Canberra を含む直轄地》.

Aus·tri·a /ɔ́ːstriə | ɔ́s-, ɔːs-/ 名 固 オーストリア《ヨーロッパ中部の共和国; 首都 Vienna; 略 Aus.》.

Aus·tri·an /ɔ́ːstriən | ɔ́s-/ 形 オーストリアの; オーストリア人の《略 Aus.》. — 名 C オーストリア人; [the ~s] オーストリア人《全体》(⇒ the¹ 5).

+**au·then·tic** /ɔːθéntɪk, ə- | ɔː-/ 形 ❶ **真正の**, 本物の (⇒ real 類義語): an *authentic* signature 本人のに間違いない署名. ❷ 信頼できる, 正確な. ❸ 原物に忠実な. (名 àuthentícity)

-ti·cal·ly /-kəli/ 副 本物らしく; 正確に.

au·then·ti·cate /ɔːθéntəkèɪt/ 動 他 (...)の真正を立証する, 確証する.

au·then·ti·ca·tion /ɔːθèntəkéɪʃən/ 名 U 確証, 証明; 認証.

au·then·tic·i·ty /ɔ̀ːθentísəṭi/ 名 U 真正[本物]であること; 正確さ. (形 authéntic)

***au·thor** /ɔ́ːθɚ | -θə/

— 名 (~s /~z/) ❶ C 著者, **作者**, 筆者; 作家: Who is the *author of* this book? この本の著者はだれですか. ❷ C (計画·アイデアなどの)立案者, 起草者 (*of*).

— 動 他 《格式》(本など)を書く; 立案する.

au·tho·rise /ɔ́ːθəràɪz/ 動 《英》 = authorize.

au·thor·i·tar·i·an /ɔːθɔ̀ːrəté(ə)riən, -θɑ̀(ː)rə- | -θɔ̀r-←/ 形 権威主義の, 独裁的な. — 名 C 権威主義者.

au·thor·i·tar·i·an·is·m /ɔːθɔ̀ːrəté(ə)riənìzm, -θɑ̀(ː)r- | -θɔ̀r-/ 名 U 権威主義, 独裁主義.

au·thor·i·ta·tive /əθɔ́ːrətèɪṭɪv, ɔː-, -θɑ́(ː)r- | ɔːθɔ́rə-, ə-/ 形 ❶ (人·態度·声などが)威厳のある, 堂々とした; 断固とした: an *authoritative* manner 威厳のある態度. ❷ (著作·研究などが)権威のある, 信頼できる. (名 authórity)

~·**ly** 副 権威をもって, 堂々と.

au·thor·i·ty** /əθɔ́ːrəṭi, ɔː-, -θɑ́(ː)r- | ɔːθɔ́r-, ə-/ アク 名 (-i·ties /~z/) ❶ U (命令·許可などの)**権限**, **権力**, 職権; 許可: You don't have (the) ***authority to do this. [+to 不定詞] あなたにはこれをする権限はない 多用 / The principal has ***authority over*** the teachers. 校長は他の教員に対して職務上の権限がある / What ***authority*** do you have ***for*** enter*ing* this office? 何の権限があってこの事務所に立ち入るのですか / exercise one's *authority* 権力を行使する / a person ***in authority*** 権力[権限]を持っている人 / ***under the authority of*** ... ...の権力[影響]下に, ...の許可で / ***without*** (...'s) ***authority*** (人の)許可なく.
❷ C [普通は the authorities で] **当局**, 官庁, その筋; 公共(事業)機関: *the* government *authorities* 政府当局 / *the authorities* concerned 関係当局[官庁] / a local *authority* 《英》地方自治体.
❸ U **権威**, 威力, 影響力; 信頼性: a scholar of great *authority* 非常に権威のある学者 / speak ***with authority*** 権威をもって話す.
❹ C **権威のある人[物]**, 大家; 典拠, よりどころ: He is a great ***authority on*** church history. 彼は教会史の大家だ / What is your ***authority for*** these statistics? この統計の根拠は何ですか.

hàve it on góod authórity (that) ... [動] 自 ...ということを確かな人[筋]から聞いている.
(形 authóritàtive, 動 áuthorìze)

au·tho·ri·za·tion /ɔ̀ːθərɪzéɪʃən | -raɪz-/ 名 ❶ U 認可, 公認, 許可; 権限の授与, 委任 (*to* do). ❷ C 委任状, 認可書 (*for*; *to* do).

+**au·tho·rize** /ɔ́ːθəràɪz/ 動 (-tho·riz·es /~ɪz/; -tho·rized /~d/; -tho·riz·ing) 他 ❶ (...)に**権限を与える**: The President ***authorized*** him ***to*** negotiate. [V+O+C (*to* 不定詞)] 大統領は彼に交渉をする権限を委任した. ❷ (物事)を認可する, 公認する: The committee *authorized* the appointment of Mr. Smith. 委員会はスミス氏の任命を認可した. (名 authórity)

au·tho·rized /ɔ́ːθəràɪzd/ 形 権限を授けられた; 公認された; 認定の, 検定済みの.

Áuthorized Vérsion 名 [the ~] 欽定(きんてい)訳聖書《1611 年英国王ジェームズ一世 (James I) の裁可により編集された英訳聖書》.

au·thor·ship /ɔ́ːθɚʃɪp | -θə-/ 名 ❶ U (作品の)著者[作者]であること, 原作者. ❷ U 《格式》著述業.

au·tis·m /ɔ́ːtɪzm/ 名 U 〔心理〕自閉症.

au·tis·tic /ɔːtístɪk/ 形 〔心理〕自閉症の.

***au·to** /ɔ́ːṭoʊ/

— 名 (~s /~z/) C 《米》**自動車**, 車《automobile の短縮形》: the *auto* industry 自動車産業.

au·to- /ɔ́ːṭoʊ/ 接頭「自身, 自己」「自動推進の」の意: *auto*graph 自筆 / *auto*matic 自動的な.

au·to·bi·o·graph·i·cal /ɔ̀ːṭəbàɪəgrǽfɪk(ə)l←/ 形 自(叙)伝(風)の, 自分史の.

+**au·to·bi·og·ra·phy** /ɔ̀ːṭəbaɪɑ́(ː)grəfi | -ɔ́g-/ 名 (-ra·phies) C **自(叙)伝**, 自分史; U 自伝文学. 〖⇒ graph キズナ〗

au·toc·ra·cy /ɔːtɑ́(ː)krəsi | -tɔ́k-/ 名 (-ra·cies) U 独裁権; 独裁政治; C 独裁国家[政府].

au·to·crat /ɔ́ːṭəkræ̀t/ 名 ❶ C 専制君主; 独裁者. ❷ C 暴君, ワンマン (⇒ one-man 日英).

au·to·crat·ic /ɔ̀ːṭəkrǽṭɪk←/ 形 [普通は 限定] 独裁(者)の; 独裁(者)的な.

au·to·graph /ɔ́ːṭəgræ̀f | -grɑ̀ːf/ 名 C (芸能人·スポーツ選手などの)サイン. 日英 この意味では sign や signature は用いない (⇒ sign 動 他 1 日英): sign an *autograph* (有名人が)サインする / May I have your *autograph*? サインをいただけますか. — 動 他 (有名人が) (...)に署名[サイン]する. 〖⇒ graph キズナ〗

áutograph àlbum [bòok] 名 C サイン帳.

au·to·im·mune /ɔ̀ːṭoʊɪmjúːn←/ 形 限定 〔医学〕自己免疫(性)の: an *autoimmune* disease 自己免疫疾患.

au·to·mak·er /ɔ́ːṭoʊmèɪkɚ | -kə/ 名 C 《米》自動車メーカー[製造業者].

automata 名 automaton の複数形.

au·to·mate /ɔ́ːṭəmèɪt/ 動 他 [普通は受身で] (...)をオートメ(ーション)化する, 自動化する.

au·to·mat·ed /ɔ́ːṭəmèɪṭɪd/ 形 自動化した: a fully *automated* factory 完全オートメ(ーション)工場.

áu·to·mat·ed-téll·er machìne /ɔ́ːṭəmeɪṭɪdtélɚ- | -lə-/ 名 C 《米》 = ATM.

***au·to·mat·ic** /ɔ̀ːṭəmǽṭɪk←/ 形 ❶ (機械·装置などが)

自動(式)の [⇔ manual]: *automatic* temperature control 温度の自動調節 / This washing machine is fully *automatic*. この洗濯機は全自動だ // ⇒ automatic transmission. ❷ 無意識の, 習慣的な; 機械的な. ❸ (規則により)自動的に生じる, 必然的な.
— 名 (~s /~s/) ❶ C **自動拳銃**, 自動小銃. 関連 revolver. ❷ C オートマチック車.
〘⇒ automobile キズナ〙

*****au·to·mat·i·cal·ly** /ɔ̀ːṭəmǽṭɪkəli/ 副 ❶ **自動的に:** This camera focuses *automatically*. このカメラは自動的にピントが合う. ❷ 無意識に; 機械的に. ❸ 必然的に, 何もしなくても, 成り行きで.

áutomatic pílot 名 C,U (航空機などの)自動操縦装置. **be on áutomatic pílot** [動] 自 機械的に[無意識に]行動している.

automátic transmíssion 名 C,U (自動車の)自動変速装置《日本で「オートマ(チック)」と言われているもの》.

+**au·to·ma·tion** /ɔ̀ːṭəméɪʃən/ 名 U **オートメーション**, 自動操作.
〘⇒ automobile キズナ〙

au·tom·a·ton /ɔːtá(ː)məṭən | -tɔ́m-/ 名 (複 ~s, **au·tom·a·ta** /-məṭə/) ❶ C 自動装置; ロボット. ❷ C 機械的に行動する人, 無感動な人.

*****au·to·mo·bile** /ɔ́ːṭəməbìːl, ɔ̀ːṭəməbíːl/ 名 (~s /~z/) ❶ C 《米》 **自動車**, 車 (auto)《⇒ car 類義語》: drive an *automobile* 自動車を運転する. ❷ [形容詞的に] 《米》 自動車の: the *automobile* industry 自動車産業 / an *automobile* accident 自動車事故.

> **単語のキズナ** AUTO/自ら
>
> | | | |
> |---|---|---|
> | **auto**mobile (自ら動くことができるもの) | → | **自動車** |
> | **auto**matic (自ら動く) | → | **自動の** |
> | **auto**mation (自ら動くこと) | → | **オートメーション** |
> | **auto**nomy (自らの法) | → | **自治** |

au·to·mo·tive /ɔ̀ːṭəmóʊṭɪv⁻/ 形 限定 自動車の: the *automotive* industry 自動車産業.

au·to·nom·ic /ɔ̀ːṭəná(ː)mɪk | -nɔ́m-⁻/ 形 〔生理〕 自律神経の: the *autonomic* nervous system 自律神経系.

+**au·ton·o·mous** /ɔːtá(ː)nəməs | -tɔ́n-/ 形 ❶ **自治権のある:** an *autonomous* republic 自治共和国. ❷ 《格式》 自主的な, 自律的な.

+**au·ton·o·my** /ɔːtá(ː)nəmi | -tɔ́n-/ 名 ❶ U (国・団体などの)**自治**; 自治権. ❷ U 《格式》 自主性, 自律性, 独立心.
〘⇒ automobile キズナ〙

au·to·pi·lot /ɔ́ːṭoʊpàɪlət/ 名 C,U = automatic pilot.

au·top·sy /ɔ́ːtɑ(ː)psi | -tɔp-/ 名 (-top·sies) C 《主に米》 検死(解剖) [《英》 postmortem].

*****au·tumn** /ɔ́ːṭəm/ ❗発音
— 名 (~s /~z/) ❶ U,C **秋** [《米》 fall]《⇒ month 表》: Leaves turn red or yellow *in* (*the*) *autumn*. 秋には木の葉が赤や黄色になる《✪ 特定の年の特定の季節を指すとき以外でも the をつけることがある》 / in early [late] *autumn* 初[晩]秋に.

> 語法 **前置詞を省く場合**
> しばしば前置詞を伴わずに副詞句を作る: The novel will be published *this* [*next*] *autumn*. その小説は今年[来年]秋に出版される / A typhoon hit Kyushu *last autumn*. 去年の秋に台風が九州を襲った.

❷ [形容詞的に] **秋の**, 秋向きの: the *autumn* harvest 秋の収穫 / *autumn* clothes 秋服. ❸ [the ~] 成熟期; (人生などの)下り坂: *the autumn* of one's life 《古風》 初老期. (形 autúmnal)

au·tum·nal /ɔːtʌ́mn(ə)l/ 形 秋の, 秋らしい: the *autumnal* equinox 秋分. 関連 vernal 春の. (名 áutumn)

aux. 略 = auxiliary verb.

aux·il·ia·ry /ɔːgzíljəri/ 形 限定 補助の, 助手の; 予備の. — 名 (-ia·ries) ❶ C 補助(労働)者, 助手: a nursing *auxiliary* 看護補助者. ❷ C 〔文法〕 = auxiliary verb.

auxíliary vérb 名 C 〔文法〕 助動詞《略 aux.; ⇒ 巻末文法 10》.

AV 略 = audiovisual.

a·vail /əvéɪl/ 名 [次の成句で] **of nó [líttle] aváil** [形] 《格式》 全く[ほとんど]役に立たない. **to nó [líttle] aváil = withòut aváil** [副] 《格式》 無益に, (その)かいなく: He studied hard for the test, but *to no avail*. 彼は試験に備えて猛勉強したがだめだった. — 動 [次の成句で] **aváil onesèlf of ...** [動] 他 《格式》 (機会など)を利用する: You should *avail yourself of* every opportunity. 君はあらゆる機会を利用すべきだ.

+**a·vail·a·bil·i·ty** /əvèɪləbíləṭi/ 名 U **入手できること**, 入手の可能性 (*of*); 利用[使用]できること, 役に立つこと, 有効性; (人の)都合. (形 aváilable)

*****a·vail·a·ble** /əvéɪləbl/
— 形 ❶ **手に入れられる**, 入手できる: The tickets are *available* at most ticket agencies. そのチケットはたいていのプレイガイドで入手できる / This is the most reliable information *available*. これは入手できる最も信頼すべき情報だ / The product is *readily* [*widely*] *available*. その製品は容易に[広く]手に入る.
❷ (物・場所などが) **利用[使用]できる**, 役に立つ: DVDs for language learning are ***available to*** all. +to+名 語学学習用の DVD はだれでも利用できます / NO ROOMS AVAILABLE 満室《ホテルなど》.
❸ 叙述 (人が)**手が空いている**, 忙しくない, (面会などに)応じられる; (会などに)出席できる; 結婚[交際]相手になれる: Are you *available* this afternoon? きょうの午後は空いていますか / Mr. Clark is not *available* now. クラークさんはいま席をはずしています[手が離せません] / The president was not *available for* comment. 社長は見解を求めても応じてくれなかった / I can make myself *available to* meet with you next week. 来週会えるようにすることができます. (名 avàilabílity)

av·a·lanche /ǽvəlæ̀ntʃ | -làːnʃ, -làːntʃ/ 名 C 雪崩(なだれ); [an ~ of ... で] (手紙・質問などの)殺到.

a·vant-garde /ɑ̀ːvɑ̀ːn(t)gáəd | æ̀vɑːŋgáːd⁻/ ≪フランス語から≫ 名 [the ~; 《英》 単数または複数扱い] 前衛派(の芸術家[作家]たち), アバンギャルド《全体》. — 形 (特に芸術・文学で)前衛的な.

av·a·rice /ǽv(ə)rɪs/ 名 U 《格式》 強欲 [≒greed].

av·a·ri·cious /æ̀vəríʃəs⁻/ 形 《格式》 欲の深い, 貪欲(どんよく)な.

av·a·tar /ǽvətàə | -tàː/ 名 C 〔コンピュータ〕 アバター《ある人物を表わすアイコン》.

+**Ave.** 略 **大通り**, ...街 (avenue).

A·ve Ma·ri·a /ɑ́:veɪ mərí:ə/ 名 C〔カトリック〕アヴェマリア《聖母マリア (the Virgin Mary) にささげる祈り》.〖語源 ラテン語で「ようこそマリアさま」の意〗

a·venge /əvénʤ/ 動 他《文語》(他人から受けた仕打ち)の仕返しをする; (人)のあだを討つ[かたきを取る]《⇒ revenge 類義語》: Hamlet *avenged* his father('s death). ハムレットは父のあだを討った. **avénge onesèlf on ...** [動] 他《文語》...に復讐(ふくしゅう)する. (名 véngeance)

a·veng·er /əvénʤɚ | -ʤə/ 名 C《文語》復讐者.

*__av·e·nue__ /ǽvən(j)ù: | -njù:/ ❗アク 名 (~s /~z/) ❶ C **大通り, ...街**《略 Ave.; ⇒ road 表》: My address is 8 Lake *Avenue*. 私の住所はレーク通り 8 番です. ❷ C《英》並木道《特にいなかで本道から大邸宅に続くもの》. ❸ C 近づく手段, (目的を達する)道: an *avenue to* success 成功への道 / explore every *avenue* あらゆる手段を探る.

a·ver /əvɚ́: | əvə́:/ 動 (a·vers; a·verred; a·ver·ring /-vɚ́:rɪŋ | -və́:r-/) 他《格式》(...だ)と断言する.

av·er·age /ǽv(ə)rɪʤ/ ❗アク ❗発音

— 名 (-er·ag·es /~ɪz/) ❶ C **平均**, 平均値: find the *average* 平均を出す / The *average* of 8, 9, 12 and 19 is 12. 8, 9, 12, 19 の平均値は 12 である / He hits for a high *average*. 彼は高打率だ《⇒ batting average》. ❷ U,C (一般的な)標準, 並: above [below] *average* 並以上[以下]の[で].

on ((《米》) the) áverage [副] 平均して; 概して, 普通は: *On average* we have three guests every day. 平均して毎日 3 人の客が来る.

— 形 [比較なし] ❶ 限定 **平均の**: What is the *average* age in this company? この会社の平均年齢は何歳ですか / the *average* rainfall for June 6 月の平均降水量.
❷ **並の**, 普通の《⇒ common 類義語》; 平凡な, 月並な: a man of *average* height and weight 中肉中背の男性.

— 動 (-er·ag·es /~ɪz/; -er·aged /~d/; -er·ag·ing) 他 ❶ [受身なし] **平均して...する**, 平均して(...)を得る[費やす, 歩く]: He *averaged* ten miles an hour. 彼は 1 時間平均 10 マイルを走った.
❷ (...)を**平均する**, (...)の平均をとる: If you *average* 21 and 39, you get 30. 21 と 39 を平均すれば 30 だ.
— 自 **平均...となる**; 率が...となる: Sales of the magazine *average* about 50,000 copies a month. その雑誌の売れ行きはひと月に平均約 5 万部だ / Terry will *average*.270 at (the) best. テリーの打率はせいぜい 2 割 7 分だろう《.270 は two seventy と読む》.

áverage óut [動] 自 平均すると...になる (*at, to*); (結局)釣り合う. — 他 (...)の平均を(...と)見積もる (*at*).
〖語源 原義は「(平等に分担した)船荷の損害」〗

a·verse /əvɚ́:s | əvə́:s/ 形 叙述 [しばしば否定文で] 嫌って, 反対して: I don't really like math, but I'm *not averse to* arithmetic. 数学はあまり好きではないが算数は嫌いというわけではない.

a·ver·sion /əvɚ́:ʒən | əvə́:ʃən/ 名 ❶ U または an ~] (...への)強い嫌悪(感): have *an aversion to* ... ...が大嫌い[苦手]である. ❷ C 大嫌いなもの: one's pet *aversion* 大嫌いなもの.

+**a·vert** /əvɚ́:t | əvə́:t/ 動 (a·verts /əvɚ́:ts | əvə́:ts/; a·vert·ed /-tɪd/; a·vert·ing /-tɪŋ/) 他 ❶ (危険·不愉快なことなど)を**避ける**, 防ぐ [≒prevent]: narrowly *avert* an accident かろうじて事故を防ぐ. ❷ (目·考えなど)を背(そむ)ける, そらす: He *averted* his eyes [gaze] *from* the terrible sight. 彼はその恐ろしい光景から目を背けた.
〖⇒ divert キズナ〗

a·vi·an /éɪviən/ 形 鳥類の, 鳥の.

ávian flú 名 U = bird flu.

a·vi·ar·y /éɪvièri | -əri/ 名 (-ar·ies) C (動物園などの大型の)鳥用のおり, 鳥類舎.

+**a·vi·a·tion** /èɪviéɪʃən/ 名 ❶ U **航空**; 航空技術[科学]. ❷ U 航空機産業.

av·id /ǽvɪd/ 形 ❶ [普通は 限定] (趣味などに)熱心な: an *avid* reader 読書家. ❷ (...を)熱望して (*for*; *to do*).

av·o·ca·do /ævəkɑ́:doʊ/ 名 (~s) C,U アボカド(の木)《熱帯アメリカ産の果実》.

a·void /əvɔ́ɪd/

— 動 (a·voids /əvɔ́ɪʤ/; a·void·ed /-ḍɪd/; a·void·ing /-ḍɪŋ/) 他 ❶ (いや[危険]な人·物事)を**避ける**, よける, 予防する: You should *avoid* (the) rush hour. ラッシュアワーは避けたほうがよい / He *avoided mentioning* her name. V+O (動名) 彼は彼女の名前を出さないようにした《✪ avoid *to* mention とは言わない》. ❷ (...)を敬遠する, (...)と距離を置く: She is always *avoiding* me. 彼女はいつも私を避けてばかりいる. (名 avóidance)

a·void·a·ble /əvɔ́ɪḍəbl/ 形 避けられる [⇔ unavoidable].

a·void·ance /əvɔ́ɪḍəns, -dns/ 名 U 避けること, 回避, 逃避 (*of*): tax *avoidance* 節税. (動 avóid)

A·von /éɪv(ə)n/ 名 固 [the ~] エイボン川《England 中部の川; シェークスピア (Shakespeare) の生地 Stratford-upon-Avon を流れる》.

a·vow /əváʊ/ 動 他《格式》(...)を(公然と)認める; (...)と公言する, 明言する (*that*) [⇔ disavow].

a·vow·al /əváʊəl/ 名 C,U《格式》公言, 告白.

a·vowed /əváʊd/ 形 限定《格式》自ら公然と(...である と)認めた; 公言した.

a·vun·cu·lar /əvʌ́ŋkjʊlɚ | -lə/ 形《格式》おじ (uncle) のような, 優しい.

*__a·wait__ /əwéɪt/ 動 (a·waits /əwéɪts/; a·wait·ed /-ṭɪd/; a·wait·ing /-ṭɪŋ/) 他 ❶《格式》(...)を**待つ**, 待ち受ける [≒wait for]: We are *awaiting* your answer. ご返事をお待ちしています. ❷《格式》(物事が)(...)を待ち構えている: A bright future *awaits* you. 明るい未来が君を待ち受けている.

*__a·wake__ /əwéɪk/ 形 ❶ 叙述 **目がさめて**, 眠らずに [⇔ asleep]: The children were still *awake*. 子供たちはまだ起きていた / I couldn't ***stay awake*** during class. 私は授業中起きていられなかった / The noise ***kept*** me (wide) ***awake***. その物音で私は全然眠れなかった / Last night I ***lay awake*** thinking about her. 昨夜は彼女のことを考えていて寝つけなかった. 語法 同じ意味で 限定 の形容詞は waking. ❷ 叙述《格式》(...に)気づいている, (...を)悟っている (*to*).

— 動 (a·wakes /~s/; 過去 a·woke /əwóʊk/, a·waked /~t/; 過分 a·waked, a·wo·ken /əwóʊk(ə)n/; a·wak·ing) 自 ❶《格式》(眠りから)**目がさめる**《⇒ wake¹ 類義語》(*from*): I *awoke* one morning and found myself famous. 私はある朝目をさますと有名になっていた《バイロン (Byron) のことば》. ❷《格式》(記憶·興味が)呼び起こされる, わき起こる. ❸《格式》気づく, 自覚する: He *awoke to* his surround-

ings. 彼は自分の置かれている状況を自覚した.
— ⊕他 ❶《格式》(...)を目ざめさせる. ❷《格式》(記憶・興味など)を呼び起こす.

a·wak·en /əwéɪk(ə)n/ 動 (a·wak·ens /~z/; a·wak·ened /~d/; -en·ing /-k(ə)nɪŋ/) 他 ❶《格式》(感情・興味など)を呼び起こす, 喚起する. ❷《格式》(人)に(事実などを)気づかせる, 自覚させる: That incident *awakened* him *to* a sense of responsibility. その事件は彼の責任感を呼び起こした. ❸《格式》(人)を目ざめさせる, 起こす(⇒ wake[1] 類義語). — 自 ❶《格式》自覚する, (...に)気づく (*to*). ❷《格式》目ざめる.

a·wak·en·ing /əwéɪk(ə)nɪŋ/ 名 U,C [普通は単数形で]《格式》目ざめ; 覚醒(かくせい); 認識. **a rúde awákening** [名] いやなことに突然気づくこと, 寝耳に水, ショック.

a·ward /əwɔ́ɚd | əwɔ́:d/ 発音

— 名 (a·wards /əwɔ́ɚʤ | əwɔ́:ʤ/) ❶ C (審査による)賞, 賞品, 賞金(⇒ prize[1] 類義語): Three pupils received [got, won] ***awards for*** perfect attendance. 3人の生徒が皆勤賞をもらった / The highest *award* went to Mr. White. 最高の賞はホワイト氏が取った / an *award* winner 受賞者. ❷ C (損害賠償などの)裁定額.

— 動 (a·wards /əwɔ́ɚʤ | əwɔ́:ʤ/; a·ward·ed /-ḍɪd/; a·ward·ing /-ḍɪŋ/) 他 ❶ (審査して)(賞・奨学金)を**与える**, 贈る: 言い換え The teacher ***awarded*** (the) first prize ***to*** her. V+O+*to*+名 = The teacher *awarded* her (the) first prize. V+O+O 先生は彼女に1等賞を与えた(⇒ to[1] 3 語法; prize[1] 語法). ❷ (損害賠償など)を裁定する, 認める (*to*).

a·ware /əwéɚ | əwéə/

— 形 ❶ 叙述 (...に)**気がついて**, (...を)感づいて, (...を)知って(⇒ 類義語) [⇔ unaware]: He was well [fully] ***aware of*** the danger. +*of*+名 彼はその危険がよくわかっていた 多用. C+1 意味を強める副詞には acutely, painfully などもよく用いられる: I'm ***acutely aware of*** the problem. その問題については強く認識している // I was ***aware*** (***that***) he was there. +(*that*)節 私は彼がそこにいたことに気がついていた(多用; ⇒ that[2] B 3) / I wasn't ***aware*** (***of***) ***how*** deeply she loved me. (+*of*)+*wh* 節 私は彼女がどんなに深く私を愛していたかということに気がつかなかった / ***As*** [***So***] ***far as I'm aware***, the student has never caused any trouble. Ⓢ 私の知る限り, その学生は問題を起こしたことがない / She made me *aware of* the problem. 彼女が私にその問題を知らせてくれた. ❷ [副詞を伴って] (時事問題などに)意識が高い: a *politically aware* student 政治意識が高い学生.

類義語 **aware** 感覚器官によって外界の事物に気づくこと. **conscious** 感覚器官によって気づいたことを自分の心の中で受け止め自覚していること: She is *aware* of the charge against her, but *conscious* of her innocence. 彼女は自分に対する非難に気づいてはいるが, 自分が無実であることを自覚している.

+**a·ware·ness** /əwéɚnəs | əwéə-/ 名 U または an ~] **気づいていること**, 知っていること; 意識; 認識: an ***awareness of*** danger 危険に気づいていること / 言い換え ***awareness that*** I am ill +*that* 節 = *awareness of* my illness 自分が病気だと知っていること / raise [increase] public *awareness of* [*about*] political issues 人々の政治意識を高める.

a·wash /əwɑ́(:)ʃ, əwɔ́:ʃ | əwɔ́ʃ/ 形 叙述 (...で)いっぱいで (*with*,《米》*in*); (水などで)あふれて.

a·way /əwéɪ/

— 副 ❶ (移動・方向が)**あちらへ, 向こうへ; わきへ; 去って, 離れて**: The birds flew *away*. 鳥は飛び去った / Bob threw a rock at me and then ran *away*. ボブは私に石を投げつけて逃げた / People ran ***away from*** the raging flood waters. 人々は荒れ狂う洪水から逃げた / Keep *away from* the dog. その犬に近寄るな.

> **「動詞＋away 1」のいろいろ**
> (自動詞) **còme awáy (from ...)** (...から)とれる, はずれる / **dríve awáy** 車に乗って去る / **gèt awáy** 立ち去る, 逃げる / **páss awáy** 過ぎ去る, 亡くなる / **rún awáy** 逃げる / **wálk awáy from ...** ...から歩き去る // (他動詞) **cárry awáy** 運び去る / **dríve awáy** 追い払う / **sénd awáy** 行かせる / **táke awáy** 持ち[連れ]去る / **túrn awáy** 顔をそむける

❷ (消え)**去って**, 取り去って; (手もと・所有などから)離れて, なくなって; 片づけて: The snow has melted *away*. 雪は解け去った / Wash it *away*. それを洗い落としなさい.

> **「動詞＋away 2」のいろいろ**
> (自動詞) **bóil awáy** 沸騰して蒸発する / **fáde awáy** 消え去る // (他動詞) **cléar awáy** 片づける / **dréam awáy** 夢うつつで過ごす / **gíve awáy** 与えてしまう / **ídle awáy** 怠けて(時間を)費やす / **pùt awáy** しまう / **wéar awáy** すり減らす

❸ 絶えず, せっせと: He was working *away*. 彼はせっせと働いていた. ❹ (試合が)遠征先で, アウェーで(⇒ 形 3). ❺《米》= way[2].

Awáy wíth ...! [命令文で]《文語》(人)を追い払え, (物・事)を取り除け.

rìght awáy ⇒ right[1] 副 成句.

— 形 ❶ 叙述 **不在で, 留守で, 欠席して**: He was *away* on a trip. 彼は旅行で不在だった / The family will be *away* during the summer. 夏にはその一家は留守になります. 語法 遠方へ長期間行って不在の場合に用い, ちょっとした外出には out を用いる // I was ***away*** (***from*** school) for three days with a cold. 私はかぜで(学校を)3日休んだ.

❷ 叙述 (位置が)**あちらで[に]**, 向こうで[に], 離れて, 別の場所で[に]; (時間的に)離れて: The station is half a mile *away*. 駅は半マイル向こうにある / His house is two doors *away from* us. 彼の家は私たちの家から2軒向こうだ[隣の隣だ] / The exam's only a week *away*. 試験まであと一週間しかない. C+1 away の前には距離・時間以外を表わす名詞も置かれる: Our team is *two wins away from* winning the championship. うちのチームはあと2勝すれば優勝だ. ❸ 限定 (試合が)相手チームの競技場で行なわれる, 遠征先[アウェー]での [⇔ home]: an *away* match 遠征試合, アウェーゲーム. 〖語源「途上で (on way)」→「離れて」の意となった.〗

awe /ɔ́:/ 名 U 畏敬(いけい), (ときに恐れのまじった)驚異と尊敬の気持ち: He had a feeling of *awe* before the judge. 彼は裁判官の前で畏敬の念を抱いた. **stànd [be] in áwe of ...** [動] 他 ...を畏れ敬う. (形 áwful)
— 動 他 [普通は受身で]《格式》(...)を畏(おそ)れさせる,

(...)に畏敬の念を起こさせる: an *awed* silence 畏敬に満ちた沈黙 / I *was awed into* silence. 私は畏敬の念に打たれて沈黙してしまった.

awe-in·spir·ing /ɔ́ːɪnspàɪ(ə)rɪŋ/ 形 畏敬の念を起こさせる, 荘厳な.

awe·some /ɔ́ːsəm/ 形 ❶ 畏敬の念を起こさせる; 恐るべき. ❷《略式, 主に米》すばらしい, すてきな.

awe·struck /ɔ́ːstrʌ̀k/ 形 畏敬(いけい)の念に打たれた[て], 強烈な印象を受けた[て] (*at*).

*__aw·ful__ /ɔ́ːf(ə)l/ 形 ❶ **ひどい**, いやな, 気分の悪い [≒terrible]: *awful* weather いやな天気 / an *awful* pain ひどい痛み / Oh, that's *awful*! まあ, それはひどいね / He looks *awful* today. 彼はきょうは体調が悪そうだ[格好がだらしない] / feel *awful* 気分がひどく悪い / feel *awful* about ... ...をとても申しわけなく思う. ❷ 限定 Ⓢ 大変な, すごい: She knows an *awful* lot about the matter. 彼女はその件に関してものすごくよく知っている. ❸《文語》畏怖の念を起こさせる. (名 awe)
— 副 Ⓢ《主に米》非常に, とても, すごく [≒very].

+**aw·ful·ly** /ɔ́ːfəli/ 副 Ⓢ **すごく**, ひどく, とても《⇒ very[1] 1 表》: It's *awfully* cold. すごく寒い.

aw·ful·ness /ɔ́ːf(ə)lnəs/ 名 U ひどさ, ものすごさ.

a·while /ə(h)wáɪl/ 副《文語》少しの間.

*__awk·ward__ /ɔ́ːkwəd | -wəd/ 形 (awk·ward·er /-də | -də/; -ward·est /-dɪst/) ❶ **ばつの悪い**, 間の悪い, (立場が)まずい: an *awkward* silence 気まずい沈黙 / I felt *awkward*. 私はばつが悪かった / He has put me in an *awkward* position. 彼のせいで私はまずい立場に置かれた.
❷ (物事・人が)**扱いにくい**, やりにくい, やっかいな; 都合が悪い: an *awkward* age 難しい年齢 / an *awkward* customer 扱いにくい人 / This tool is very ***awkward to*** handle. +to 不定詞 この道具はとても使いにくい / It's an *awkward* question. それは答えにくい質問だ / It's *awkward* that you can't join us. あなたが参加できないとは困ったな / at an *awkward* time 都合の悪い時に.
❸ **ぎこちない**, ぶざまな, 不器用な《⇒ clumsy 類義語》: *awkward* movements ぶざまな動作 / I am a very *awkward* typist. 私はタイプが下手です.
〖語源 原義は「間違った方向へ《⇒ -ward》」〗

awk·ward·ly /ɔ́ːkwədli | -wəd-/ 副 ばつが悪そうに, 気まずく; 扱いにくく, 都合が悪く; ぎこちなく, ぶざまに, 不器用に.

awk·ward·ness /ɔ́ːkwədnəs | -wəd-/ 名 U ばつの悪さ; 扱いにくさ; ぎこちなさ, 不器用.

awl /ɔ́ːl/ 名 C (革細工用の)突きぎり, 千枚通し.

aw·ning /ɔ́ːnɪŋ/ 名 C (店先・窓の上に突き出した)日よけ, 雨よけ, オーニング.

+**a·woke** /əwóʊk/ 動 **awake の過去形および過去分詞.**

+**a·wo·ken** /əwóʊk(ə)n/ 動 **awake の過去分詞.**

AWOL /éɪwɑ(ː)l, -wɔːl | -wɔl/ 形 叙述〘主に軍隊〙無断欠勤[離隊]で《*a*bsent *w*ith*o*ut *l*eave の略》: go *AWOL* 無断欠勤[離隊]する.

a·wry /əráɪ/ 副, 形 叙述 曲がって, ゆがんで; 誤って.
gò awrý [動] 自 失敗に終わる.

+**ax**, 《英》**axe** /ǽks/ 名 (ax·es /~ɪz/) ❶ C **おの**, まさかり. ❷ [the ~]《略式》解雇; (計画・経費などの)(大幅)削減: get *the ax* 首になる, 解雇される; (計画などが)つぶされる / give ... *the ax* (人)を首にする, 解雇する; (計画など)をつぶす.
hàve an áx to grìnd [動] 自 ひそかにある利己的な意図を抱いている, 下心がある.
— 動 他 [しばしば受身で]《略式》(人)を首にする; (計画・経費など)を削減する.

+**ax·es[1]** /ǽksɪz/ 名 ax, axe の複数形.

axes[2] 名 axis の複数形.

ax·i·om /ǽksiəm/ 名 C《格式》自明の(真)理, 原理; 〘数学〙公理. 関連 theorem 定理.

ax·i·o·mat·ic /æ̀ksiəmǽtɪk←/ 形 [普通は 叙述]《格式》自明の; 公理の(ような).

ax·is /ǽksɪs/ 名 (複 ax·es /ǽksiːz/) ❶ C 軸, 地軸; (円などの)中心線; 〘幾何〙(グラフの)軸: the rotation of the earth *on* its *axis* 地軸を中心とした地球の自転. ❷ C 枢軸《国家間の連合》; [the A- で単数扱い] (第二次世界大戦の)枢軸国《ドイツ・イタリア・日本》. 関連 the Allies 連合国.

ax·le /ǽksl/ 名 C 軸, 車軸.

aye, ay /áɪ/ 名 (複 ayes) C [普通は複数形で] 賛成投票; 賛成者 [⇔ nay]: The *ayes* have it! 賛成多数《議長などのことば》. — 副 Ⓢ《格式》(口頭による採決で)賛成, はい [≒yes] [⇔ nay, no].

Áyers Róck /éəz- | éəz-/ 名 固 エアーズロック《オーストラリア中部にある巨大な一枚岩; Uluru の別称》.

AZ 〘米郵便〙= Arizona.

a·za·lea /əzéɪljə/ 名 C アザレア, つつじ, さつき.

AZT /éɪzìːtíː | -zèd-/ 名 U アジドチミジン《エイズの治療薬; 商標; *az*ido*t*hymidine の略》.

Az·tec /ǽztek/ 名 C アステカ人, アズテック人《メキシコ先住民》.

az·ure /ǽʒə | ǽzjʊə/ 形 空色の; (空・海が)青い.
— 名 U 空色.

Bb

b, B[1] /bíː/ 名 (複 b's, bs, B's, Bs /〜z/) ❶ C,U ビー《英語アルファベットの第 2 文字》. ❷ U,C [B]〔音楽〕ロ音, ロ調. ❸ C [B] (成績の)B, 良《⇒ grade 1 表》.

B[2] 略 ❶ [E メールで] = be《動詞》. ✪ 他の語の be の部分を示すことがある. 例えば before を B4 と表わす. ❷ = black《鉛筆の黒色濃度を示す》.

b. 略 = born.

B.A. /bíːéɪ/ 略 = Bachelor of Arts《⇒ bachelor 2》.

baa /bǽː, bάː | bάː/ 名 C めー《羊の鳴き声; ⇒ bleat》. — 動 自 めーと鳴く《⇒ cry 表 lamb, sheep》.

bab·ble /bǽbl/ 動 自 ❶ (混乱[興奮]して)べらべらしゃべる; たわごとを言う (*away, on; about*). ❷ (流れが)さらさらと音を立てる. — 他 (...)をべらべらしゃべる. — 名 ❶ [U または a 〜] (わけのわからない)おしゃべり; (群衆の)がやがやいう声. ❷ U せせらぎ(の音).

bab·bler /bǽblə | -blə/ 名 C おしゃべりな人.

babe /béɪb/ 名 ❶ C S 《俗》[夫婦間などの呼びかけで] おまえ, あなた; [若い女性への呼びかけで; しばしば軽蔑的] おねえちゃん. ❷ C S 《略式》(セクシーな)女の子, かわい子ちゃん. ❸ C 《文語》赤ん坊 (baby).

a bábe in árms [名] 《文語》(腕に抱くような)乳児.

a bábe in the wóods [名] 《米》うぶな人, 世間知らず.

Ba·bel /béɪb(ə)l/ 名 ❶ the Tower of 〜 固〔旧約聖書〕バベルの塔《昔 Babylon の市民が天まで築き上げようとして失敗した》. ❷ [U または a 〜] [b-] がやがやいう声; 騒音と混乱の場所.

ba·boon /bæbúːn | bə-/ 名 C ひひ《動物》.

***ba·by** /béɪbi/

— 名 (ba·bies /〜z/) ❶ C **赤ちゃん**, 赤ん坊《⇒ child 類義語》: She's「going to have [expecting] a *baby*. 彼女は赤ちゃんが生まれる予定だ.

> 語法 baby を代名詞で指す場合には性別がわかっていれば he か she を用いるが, 性別が不明なときにはしばしば it を用いる: Look at that *baby*. Isn't *it* cute? あの赤ちゃん見て. かわいくない?

関連 infant 乳児 / toddler 歩き始めの幼児.

❷ [形容詞的に] **赤ちゃんの**; 赤ちゃんのような; (野菜などが)小型の: a *baby* boy [girl] 男[女]の赤ちゃん / *baby* birds ひな鳥.

❸ C 《略式》末っ子; (集団の中の)最年少者.

❹ C S [軽蔑的] 赤ん坊みたいな人, 泣き虫, だだっ子: Don't be a *baby*. だだをこねてはいけません.

❺ C S 《米俗》[夫婦間などの呼びかけで] おまえ, あなた; [若い女性への呼びかけで; しばしば軽蔑的] かわい子ちゃん, おねえちゃん.

❻ C (心を傾けて[責任をもって])手がけてきたもの《企画・案など》: The development project is his *baby*. その開発プロジェクトは彼が心血を注いできたものだ.

be léft hólding the báby [動] 自 《英》 = be left holding the bag《⇒ bag 成句》.

sléep lìke a báby [動] 自 《略式》ぐっすり眠る.

thrów the báby òut with the báthwater [動] 自 不要なものと一緒に大事なものを捨てる.

— 動 (ba·bies; ba·bied; -by·ing) 他 《略式》(赤ちゃんのように)(...)を大事にする, 甘やかす.

báby bòom 名 C ベビーブーム《特に第二次世界大戦後の急激な出産の増加》.

báby bòomer 名 C 《略式》ベビーブーム世代の人.

báby bùggy 名 C 《米》 = baby carriage; 《英》 = buggy 2.

báby càrriage 名 C 《米》(寝かせるタイプの)ベビーカー [《英》pram]. 日英「ベビーカー」は和製英語.

ba·by-faced /béɪbifèɪst/ 形 童顔の.

ba·by·hood /béɪbihʊ̀d/ 名 U 乳児期, 幼児期.

ba·by·ish /béɪbiɪʃ/ 形 赤ん坊じみた; 赤ん坊の(ような).

Bab·y·lon /bǽbələn/ 名 ❶ 固 バビロン《古代 Babylonia 帝国の首都》. ❷ C 虚飾・悪徳の町.

Bab·y·lo·ni·a /bæ̀bəlóʊniə/ 名 固 バビロニア《アジア南西部の Tigris 川および Euphrates 川の下流にあった古代の帝国で, 2700-538 B.C. ごろ栄えた》.

Bab·y·lo·ni·an /bæ̀bəlóʊniən←/ 形 ❶ バビロニアの; バビロンの. ❷ 華美な; 悪徳の. — 名 C バビロニア人.

ba·by·sit /béɪbisìt/ 動 (-sits; 過去・過分 -sat /-sæ̀t/; -sit·ting) 自 親の外出中に子守をする, ベビーシッターをする (*for*). — 他 (子供)の子守をする.

+**ba·by·sit·ter** /béɪbisìṭə | -tə/ 名 (〜s /〜z/) C (親の外出中に)**子守をする人**, ベビーシッター《普通は有給; ⇒ childminder》: Ann left her baby with a *babysitter*. アンは赤ちゃんをベビーシッターに預けた.

ba·by·sit·ting /béɪbisìṭɪŋ/ 名 U 子守《仕事》.

báby tàlk 名 U 赤ちゃんの片言; (親が赤ん坊に話しかける)赤ちゃんことば.

báby tòoth 名 C 乳歯.

bac·cha·na·li·an /bæ̀kənéɪliən←/ 形 《文語》飲んで騒ぐ, 酒盛りの.

Bac·chus /bǽkəs/ 名 固〔ローマ神話〕バッカス《酒の神; ⇒ god 表》.

Bach /bάːk/ 名 固 Jo·hann /joʊhάːn | -hǽn/ Se·bas·tian /sɪbǽstʃən/ 〜 バッハ (1685-1750)《ドイツの作曲家》.

bach·e·lor /bǽtʃ(ə)lə | -lə/ 名 ❶ C 未婚[独身]の男. 語法 single [unmarried] man と比べて, 本人の意志で独身でいる男性に対して用いられることが多い. 関連 spinster 未婚の女性. ❷ C 学士; 学士号《大学の課程を修了した人の称号》: a *Bachelor* of Arts 文学士《略 B.A.》/ a *Bachelor* of Laws 法学士 / a *Bachelor* of Science 理学士《略《米》B.S. または《英》BSc》. 関連 doctor 博士 / master 修士.

báchelor pàrty 名 C 《米》(特に結婚式前夜の)男性だけのパーティー [≒stag party, 《英》stag night].

báchelor's degrèe 名 C 学士号.

ba·cil·lus /bəsíləs/ 名 (複 ba·cil·li /-laɪ/) C バチルス, 桿菌(かんきん)《棒状の細菌》; 細菌.

***back** /bǽk/

> 単語のエッセンス
> 元来は「**背中**」名 ❶ →「**後ろ**」名 ❷ の意味

1) 後ろへ; 後ろの 副❶, 形❷
2) 元の所へ; 逆の 副❷, 形❻
3) 以前に; 以前の 副❸, 形❹
4) (後ろに立つ) → 後援する 動❶
5) (後ろに進める) → 後退させる 動❷

— 副 ❶ [比較なし] **後ろに[へ], 後方に[へ]**; (後ろへ)下がって, 引っ込んで: move *back* 後ろへ下がる / look *back* 後ろを見る / sit *back* in a chair いすに深く座る / The building stands *back* from the road. その建物は道路から引っ込んだ所にある.

❷ [比較なし] **元の所へ[に, で]**, 元いた所に[で], 戻って; 元のように; もう一度: Go *back* to your seat. 自分の席へ戻りなさい / *Back* (at) home we used to go to see the cherry blossoms in April. 故郷では4月によく花見に行ったものだった / I can't get *back* to sleep. (一度目が覚めたあと)どうも寝つけない.

❸ [比較なし] 以前に, さかのぼって; 今から...前に: a few pages [weeks] *back* 数ページ[週間]前に / *back* in the sixties 60年代に(は) / The old man looked *back* on his youth. 老人は若いころを振り返った.

❹ [比較なし] お返しに(...する), (...し)返す: call ... *back* later あとで...に折り返し電話する / talk *back* 言い返す / She hit him *back*. 彼女は彼を殴り返した.

❺ [比較なし] 遅らせるように; 抑えて: Our departure was put *back* a week. 私たちの出発は一週間延期になった / The police held *back* the crowd. 警察は群衆を押しとどめた.

báck and fórth [副] (繰り返し)一方から他方へ, 行ったり来たり, 前後[左右]に: Jim and Mike threw a ball *back and forth*. ジムとマイクはボールを投げ合った. 日英 日本語の「前後」とは逆に back and forth の順にいう.

báck of ... = in back of ... (⇒ 名 成句).

to ... and báck [前] ...まで往復して: the fare *to* London *and back* ロンドンまでの往復運賃.

— 形 ❶ 叙述 [比較なし] **戻って**(きた), 帰って(きた); 返されて[た]: I'll be *back* around ten. 10時ごろに戻ります / I want it *back* right away. 今すぐそれを返してほしい.

❷ 限定 [比較なし] **後ろの**, 後部にある; 裏(手)の (⇒ 名 2 語法) [⇔ front]; 後ろからの: the *back* page 裏ページ (本を開いて左側のページ, 偶数ページ) / a *back* room 奥の部屋 (⇒ backroom) / the *back* seat of a car 自動車の後部座席 / *back* teeth 奥歯.

❸ 限定 [比較なし] (中心地から)外れた, へんぴな, 未開の: *back* streets 裏通り.

❹ 限定 [比較なし] 昔にさかのぼった; 以前の (⇒ back issue).

❺ 限定 [比較なし] 滞(とどこお)った, 未納の: *back* pay 未払い賃金 / *back* rent 滞納家賃[地代].

❻ 限定 [比較なし] 逆の, 後戻りの; 反対の: a *back* current 逆流.

— 名 (~s /~s/) ❶ C (人・動物の)**背中**, 背, 背骨. 語法 肩 (shoulders) からしり (buttocks) までの体の背部全体を指す: 言い換え My *back* hurts. (= I have a backache.) 私は背中[腰]が痛い / the lower *back* 背中の下部, 腰 (⇒ waist 表) / lie ***on*** one's ***back*** あおむけになる / carry ... *on* one's *back* ...を背負っている / She stood with her *back* to the door. 彼女はドアに背を向けて立っていた / The ball hit him in *the back*. ボールは彼の背中に当たった (⇒ the[1] 2).

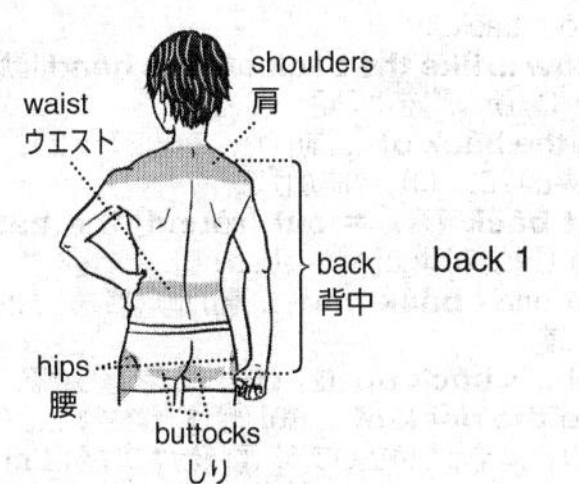

back 1

❷ C [普通は the ~] **後ろ**, 背後; 後部, 裏側, 奥; (舞台の)背景 [⇔ front, face]: *the **back** of* the head 後頭部 / a room ***at the back of*** the house 家の奥にある部屋 / at *the back of* the dictionary 辞書の巻末に / on *the back of* the envelope 封筒の裏に / sit ***in the back of*** the car 車の後部座席に座る. 語法 本体の後方の部分を指し, 離れた後方は意味しない; 「離れて後方に」の意味には behind あるいは《米》in *back* of ... を用いる (⇒ in front of ... (front 名 成句) 語法).

❸ [the ~] (山の)尾根; (船の)竜骨; (衣服の)裏打ち, 裏地; (手・足の)甲; (スプーン・本・いすなどの)背; (ナイフの)峰, 背 (⇒ edge 挿絵): *the back* of one's hand 手の甲 (⇒ instep) / *the back* of a knife ナイフの峰. 関連 paperback ペーパーバック.

❹ C,U 〔球技〕後衛, バック. 関連 fullback フルバック / halfback ハーフバック / forward フォワード.

at ...'s báck [形] (1) ...の後ろ側で[に]. (2) ...を後援[支持]して.

at the báck of ... [前] (1) **...の後部[奥]に**, ...の裏側に (⇒ 2). (2) ...を後援[支持]して.

báck to báck [副] (1) 背中合わせに: stand *back to back* 背中合わせに立つ. (2) 続けざまに.

báck to frónt [副] 《英》前後を逆にして, 後ろ前に [≒backward]; (順番を)逆に, あべこべに.

be on ...'s báck [動] Ⓢ ...がしたくないことをさせようとする, ...にがみがみ[口うるさく]言う.

behìnd ...'s báck [副] **...の背後で**, ひそかに, 陰で [⇔ to ...'s face]: Don't speak ill of others *behind their back(s)*. 他人の陰口をたたくな.

bréak ...'s báck [動] ...に無理な仕事をさせる.

bréak the báck of ... [動] 他 (1) (仕事など)の大半[きつい部分]を終える, (...)の峠を越す. (2) (...)を制圧する.

cóver one's **báck** [動] 自 《略式》非難されないように手を打っておく.

(flát) on one's **báck** [副・形] (1) あおむけになって (⇒ 1). (2) 《略式》(病気などで)寝込んで; 困窮して.

gèt ...'s báck ùp [動] 《略式》...を怒らせる.

gèt óff ...'s báck [動] Ⓢ ...を困らせる[批判する]のをやめる.

gèt ... óff ~'s báck [動] 他 Ⓢ (人)に~をじゃま[批判]するのをやめさせる.

hàve one's **báck to [agàinst] the wáll** [動] 自 《略式》追い詰められている, もうあとがない.

hàve (gót) ...'s báck [動] 《米略式》...を見守る, 支援する.

in báck [副] 《米》(車・家などの)後部[奥]に.

in báck of ... [前] 《米》...の後ろ[後方]に (⇒ 2 語法); ...を後援して.

in the báck [副] (1) 後部[奥]に (⇒ 2). (2) 《米》

= out back.
knów ... lìke the báck of one's **hánd** [動] ⑩《略式》(場所など)をよく知っている.
on the báck of ... [前] (1) ...の裏に(⇒ 2). (2) ...の結果として. (3) ...のおかげで.
òut báck《米》= **òut [ròund] the báck**《英》[副] (建物の)裏に[へ] [≒behind].
pùt one's **báck ìnto ...** [動] ⑩《略式》...に全力を尽くす.
pùt ...'s **báck ùp** [動]《略式》...を怒らせる.
sée the báck of ... [動] ⑩ Ⓢ《略式》...との関係を絶つ, ...をやっかい払いする, (事)を片づける: I'm glad to *see the back of* him. 彼がいなくなってせいせいした.
túrn one's **báck on ...** [動] ⑩ ...に背を向ける; ...へのかかわりをやめる, ...を見捨てる.
wátch one's **báck** [動] ⑪《略式》気をつける, 用心する.
with one's **báck to [agàinst] the wáll** [副]《略式》追い詰められて, 背水の陣で.
— 動 (backs /~s/; backed /~t/; back·ing) ⑩ ❶ (...)を**後援する**, 支持する; 援助する; 裏づける [≒support]: Some politicians *backed* his plan. 何人かの政治家が彼の計画を支持した.
❷ (...)を**後退させる**, バックさせる: ***Back*** the car ***to*** the wall. [V+O+前+名] 塀の所まで車をバックさせなさい.
❸ (...)に(~で)裏打ちする, 背をつける (*with*).
❹ (歌手など)の伴奏をする.
❺ [普通は受身で] (...)の背後にある, 背景をなす.
❻ (競走馬など)に賭(か)ける.
— ⑪ **後退する**; **車をバックさせる**, (車で)バックする: She's good at ***backing*** (***into*** the garage). [V(+前+名)] 彼女は車をバックさせ(て車庫に入れ)るのが上手だ / NO BACKING 後退禁止《道路などの指示》.

back の句動詞

+**báck awáy** 動 ⑪ ❶ **後ずさりする**, 後退する: I ***backed away from*** the man with the gun. 私は銃を持った男から後ずさりした. ❷ (計画などから)(徐々に)手を引く (*from*).
báck dówn 動 ⑪ (もとの主張・要求などから)後退する, 譲歩する; (計画などから)手を引く (*on*).
+**báck óff** 動 ⑪ ❶ **後退して離れる**: We *backed off* so that the helicopter could land. 私たちはヘリコプターが着陸できるように後ろに下がった.
❷ (危険などから)**引き下がる** (*from*). ❸ 口出し[干渉]をやめる.
+**báck ónto [on] ...** 動 ⑩ (場所・建物が)**後ろ側で...に接する[面する]**: Our house *backs onto* a small river. 私たちの家の後ろに小川が流れている.
báck óut 動 ⑪ ❶ 後退して出る. ❷ (企て・契約などから)手を引く, 約束を破る (*of*).
— ⑩ (車など)を後退させて出す.
*****báck úp** 動 ⑩ ❶ (...)を**後援する**, 援助する; [進行形なし] (議論・主張など)を支持[証明]する, 裏づける (⇒ backup) [V+名·代+*up* / V+*up*+名]: They *backed* him *up* in everything. 彼らはあらゆる面で彼を支援した. ❷ (球技で)(...)をバックアップする. ❸ (車など)を後退させる. ❹〔コンピュータ〕(データなど)をバックアップする. ❺ (交通)を渋滞させる; (流しなど)をつまらせる.
— ⑪ ❶ (車などが)**後退する**, バックする; 後ずさりする: The car *backed up* a little. 車は少しバックした. ❷〔コンピュータ〕(データなどの)バックアップをとる. ❸ 渋滞する; (流しなどが)つまる. (名 báckùp)

back·ache /bǽkèɪk/ 名 U,C 背中の痛み, 腰痛. 関連 earache 耳の痛み / headache 頭痛 / stomachache 腹痛 / toothache 歯痛.
back·bench /bǽkbéntʃ/ 名 [the ~; 普通は複数形で]《英》(下院の後方の)平議員席.
back·bench·er /bǽkbéntʃɚ | -tʃə/ 名 C《英》(下院の後方席に座る)平議員.
back·bit·ing /bǽkbàɪṭɪŋ/ 名 U 陰口.
back·board /bǽkbɔ̀ɚd | -bɔ̀ːd/ 名 C〔バスケ〕バックボード《バスケットを取り付けた板》.
back·bone /bǽkbòun/ 名 ❶ C 背骨. ❷ [the ~] 主力, 中枢 (*of*). ❸ U 気骨(きこつ); 勇気, 根性.
back·break·ing /bǽkbrèɪkɪŋ/ 形 骨の折れる.
back·chat /bǽktʃæt/ 名 U《英略式》= back talk.
back·cloth /bǽkklɔ̀ːθ | -klɔ̀θ/ 名 C《英》= backdrop.
back·comb /bǽkkòum/ 動 ⑩《英》= tease 2.
back·date /bǽkdèɪt/ 動 ⑩ (書類など)に実際より前の日付を入れる; (措置など)の効力を(...の日付まで)さかのぼらせる (*to*).
back·door /bǽkdɔ́ɚ | -dɔ́ː/ 形 限定 秘密の, 裏口の.
báck dóor 名 ❶ C 裏の戸口, 裏口. ❷ C 秘密の[不正な]手段. **thròugh [by] the báck dóor** [副] 裏口から; 不正に, こっそりと.
back·drop /bǽkdrὰ(ː)p | -drɔ̀p/ 名 C (劇場の)背景幕 [《英》backcloth]; (事件などの)背景;《文語》(風景などの)背景.
back·er /bǽkɚ | -kə/ 名 C 後援者 (*for*).
back·field /bǽkfìːld/ 名 [the ~]〔アメフト〕後衛(のプレー区域).
back·fire /bǽkfàɪɚ | -fàɪə/ 動 (back·fir·ing /-fàɪ(ə)rɪŋ/) ⑪ ❶ 思いがけない結果となる, 裏目に出る (*on*). ❷ (車などが)逆火(さかび)を起こす.
back·gam·mon /bǽkgæ̀mən/ 名 U バックギャモン《さいころを振り 15 のこまを進める 2 人用ゲーム》.
*****back·ground** /bǽkgràund/ 名 (-grounds /-gràundz/) ❶ C,U (人の)**背景**《教養・家柄・交友など》, 経歴, 生い立ち, 素養; (事件の)**背景**, (背後にある)状況, 時代的背景: people from different *backgrounds* さまざまな経歴の人々 / a person with a college *background* 大学出の人 / He has some ***background in*** oil painting. 彼は油絵の素養がある / the social and economic ***background of*** the Renaissance ルネサンスの社会的および経済的背景 / *background* information 背景知識.
❷ C [普通は単数形で] (風景・写真・絵画などの)**背景**, 遠景: a photograph of a lake with mountains ***in the background*** 山々を背景とした湖の写真. 関連 foreground 前景 / middle distance 中景.
❸ C (模様の)**地**: a tie with white polka dots ***on*** a blue ***background*** 青地に白い水玉模様のネクタイ.
❹ U = background music.
in the báckground [形・副] (人が)表に出ないで, 裏で, 見えない所で.
báckground mùsic 名 U 背景音楽; 音楽効果.
日英 BGM と略すのは和製英語.
back·hand /bǽkhæ̀nd/ 名 C [普通は単数形で] (テニスなどの)バックハンド(ストローク) [⇔ forehand].
— 形 限定 (テニスなどで)バックハンドの.
back·hand·ed /bǽkhǽndɪd/ 形 ❶ 限定 (発言などが)誠意のない, 皮肉な: a *backhanded* compliment

皮肉な[悪意を秘めた]お世辞. ❷ 限定 バックハンドの.

back·ing** /bǽkɪŋ/ 名 (~s /~z/) ❶ U (経済的な)**後援**, 支持; [U または a ~] 後援者団体《全体》: have the full ***backing of one's boss 上司の全面的支援を受けている. ❷ U,C 裏打ち, 裏張り; 裏材[板]. ❸ U,C [普通は単数形で] (ポピュラー音楽の)伴奏, バックコーラス.

báck íssue 名 C (新聞・雑誌の)バックナンバー.

back·lash /bǽklæʃ/ 名 C 激しい反動[反発]《社会的・政治的改革などに対する》(*against*).

back·less /bǽkləs/ 形 (衣服が)背中の広くあいた.

back·log /bǽklɔ̀ːg | -lɔ̀g/ 名 C [普通は a ~] (仕事などの)やり残し, (山積した)残務 (*of*).

báck númber 名 C = back issue.

***back·pack** /bǽkpæ̀k/ 名 (~s /~s/) C **バックパック**《徒歩旅行・登山用》. — 動 自 バックパックを背負って旅行[登山]をする.

back·pack·er /bǽkpæ̀kɚ | -kə/ 名 C バックパックを背負って旅行[登山]する人.

back·pack·ing /bǽkpæ̀kɪŋ/ 名 U バックパッキング《バックパックを背負っての旅行[登山]》.

back·ped·al /bǽkpèdḷ/ 動 (-ped・aled, 《英》-ped·alled; -al·ing, 《英》 -al·ling) 自 ❶ 態度[やり方]を変える, 前言[約束]を取り消す (*on*). ❷ (自転車の)ペダルを逆に踏む. ❸ 後ろ向きに走る[歩く].

back·rest /bǽkrèst/ 名 C (いすの)背もたれ.

back·room /bǽkrùːm/ 名 ❶ C 奥の部屋. ❷ C 裏工作の場所, 舞台裏. — 形 限定 裏の, 秘密の, 裏で活動する.

báck séat 名 C (車などの)後部座席. 関連 driver's seat 運転席 / passenger seat 助手席. **tàke a báck séat** [動] 自 控え目にふるまう (*to*).

báck·seat dríver /bǽksìːt-/ 名 C [軽蔑的] 車の後部座席で運転を指図する人; 余計な口出しをする人.

back·side /bǽksàɪd/ 名 C 《略式》 しり.

back·slap·ping /bǽkslæ̀pɪŋ/ 名 U 大げさな賞賛, 過度のほめ合い.

back·slash /bǽkslæ̀ʃ/ 名 C バックスラッシュ《右下がりの斜線(＼)》. 関連 slash 斜線(/).

back·slide /bǽkslàɪd/ 動 (-slides; 過去 -slid /-slìd/; 過分 -slid, -slid·den /-slìdn/; -slid·ing) 自 (悪い生活・習慣などに)逆戻りする (*into*).

back·slid·er /bǽkslàɪdɚ | -də/ 名 C もとの悪い習慣[やり方]に戻った人.

back·space /bǽkspèɪs/ 名 C [普通は単数形で] (パソコンなどの)バックスペースキー.

back·spin /bǽkspìn/ 名 U 〔球技〕 逆回転.

back·stab·ber /bǽkstæ̀bɚ | -bə/ 名 C 陰で中傷する人.

back·stab·bing /bǽkstæ̀bɪŋ/ 名 U 陰での中傷.

back·stage /bǽkstéɪʤ←/ 副, 形 限定 舞台裏へ[の], 楽屋へ[の]; ひそかに[な], 内密に[の].

back·stairs /bǽkstéɚz | -stéəz←/ 形 限定 秘密の, よこしまな.

back·stop /bǽkstɑ̀(ː)p | -stɔ̀p/ 名 C 〔野球〕 バックネット. 日英 「バックネット」は和製英語.

back·street /bǽkstrìːt/ 名 C 裏通り. — 形 限定 闇の, 違法の.

back·stretch /bǽkstréʧ/ 名 C バックストレッチ《競技場の決勝点と反対側の直線コース》. 関連 home-stretch ホームストレッチ.

back·stroke /bǽkstròʊk/ 名 U [しばしば the ~] 背泳ぎ, 背泳: do (*the*) *backstroke* 背泳ぎをする. 関連 breaststroke 平泳ぎ / butterfly バタフライ / freestyle 自由形.

báck tàlk 名 U 《米略式》 生意気な口答え [《英》 backchat].

back-to-back /bǽktʊbǽk/ 形 限定, 副 続けざまの[に]. — 名 C 《英》 背中合わせの長屋式住宅.

back·track /bǽktræ̀k/ 動 自 ❶ もと来た道を戻る; 退く, 退却する. ❷ = backpedal 1.

back·up /bǽkʌ̀p/ 名 ❶ C,U 支援; 支援者[物]. ❷ C,U 予備, 代替物, 代わりの人 (*for, to*). ❸ C,U 〔コンピュータ〕 バックアップ《故障に備えて作成するファイルのコピー》 (*of*). (動 báck úp)

\+**back·ward** /bǽkwɚd | -wəd/ 副 ❶ **後方に**, 後ろ向きに [⇔ forward]: She can skate *backward*. 彼女は後ろ向きにスケートが滑れる.

❷ **後ろから**, 逆に; (前後)あべこべに, 後ろ前に: If you read 'Elba' *backward*, it's 'able'. 'Elba' を逆に読むと 'able' だ. ❸ (昔や過去を)振り返って [⇔ forward]: look *backward* 昔を振り返る. ❹ 後退して, 悪い状態に: go *backward* 退歩する.

báckward(s) and fórward(s) [副] 前後に, 行ったり来たり.

bénd [léan, fáll] óver báckward(s) [動] 自 (...しようと)精一杯の努力をする (*to* do).

knów ... báckward(s) and fórward(s) 《米》 = **knów ... báckwards** 《英》 [動] 他 (...)を知りつくしている.

— 形 ❶ 限定 [比較なし] **後方への**, 後ろ向きの; 戻りの [⇔ forward]: a *backward* movement 後ろ向きの動き / without a *backward* glance 振り返ることなく.

❷ (進歩・発達・時期の)**遅れた**, 遅い: *backward* districts of the country 国の後進地域.

~·ness 名 U (発達の)遅れ; 後進性.

back·ward-look·ing /bǽkwɚdlʊ̀kɪŋ | -wəd-/ 形 (人・考え方などが)後ろ向きの [⇔ forward-looking].

back·wards /bǽkwɚʤ | -wəʤ/ 副 《主に英》 = backward.

back·wash /bǽkwɑ̀(ː)ʃ, -wɔ̀ːʃ | -wɔ̀ʃ/ 名 ❶ U (オールなどで)押し返される水; (船が通ったあとの)波, 逆流; 〔航空〕 後流《プロペラにより機体後方に流れる気流》. ❷ U (事件の)悪影響, (よくない)余波.

back·wa·ter /bǽkwɔ̀ːṭɚ | -tə/ 名 ❶ C [しばしば軽蔑的] 僻地(へきち); 文化の遅れた社会. ❷ C [普通は単数形で] 川のよどみ; せき止められた水.

back·woods /bǽkwʊ̀ʤ/ 名 [the ~ として複数または単数扱い] (北米の)辺境の森林地, 奥地; 僻地(へきち), 過疎地.

back·woods·man /bǽkwʊ̀ʤmən/ 名 (-men /-mən/) C (北米の)辺境の住人.

\+**back·yard** /bǽkjɑ́ɚd | -jɑ́ːd←/ 名 (-yards /-jɑ́ɚʤ | -jɑ́ːʤ/) ❶ C **裏庭**(⇒ yard¹). 語法 《米》では芝生・花壇などがある庭をいうのに対して, 《英》では舗装されたものをいうことが多い. ❷ C 身近な[なじみの]場所: in one's (own) *backyard* すぐ近くで.

\+**ba·con** /béɪkən/ 名 U **ベーコン**《豚肉の塩漬け・薫製(くんせい)》: a slice of *bacon* ベーコン 1 切れ / *bacon* and eggs ベーコンエッグ. 関連 ham ハム.

brìng hóme the bácon [動] 自 《略式》 生活費を稼ぐ. 由来 食糧を持って帰る, の意.

sáve ...'s bácon [動] 《略式》 (苦境から)...を救う.

\+**bac·te·ri·a** /bæktɪ́(ə)riə/ ❗発音 名 複 **バクテリア**, 細菌: harmful *bacteria* 有害なバクテリア. 語法 単数形の bacterium は《まれ》.

bac·te·ri·al /bæktí(ə)riəl/ 形 限定 バクテリアの.
bac·te·ri·ol·o·gist /bæktì(ə)riá(ː)ləʤɪst | -ɔ́l-/ 名 C 細菌学者.
bac·te·ri·ol·o·gy /bæktì(ə)riá(ː)ləʤi | -ɔ́l-/ 名 U 細菌学.
bac·te·ri·um /bæktí(ə)riəm/ 名 ⇒ bacteria 語法.
Bác·tri·an cámel /bǽktriən-/ 名 C ふたこぶらくだ《こぶが2つある; アジア産》.

B

***bad /bǽd/ (同音 #bade)

— 形 (比 **worse** /wə́ːs | wə́ːs/; 最 **worst** /wə́ːst | wə́ːst/) ✪ worse, worst についてはそれぞれの項を参照.

> 単語のエッセンス
> 基本的には「悪い」の意.
> 1) 悪い ❶, ❷, ❸, ❺
> 2) (状態が)ひどい ❹
> 3) 下手な ❻

❶ **悪い**, (都合の)よくない; 叙述 (体・健康などに)**悪い**, 有害な: *bad* weather 悪天候 / This is a *bad* time for fishing. 今は釣りには向かない時間だ / *Bad* news travels fast. 《ことわざ》 悪いうわさはすぐ広まる(悪事千里を走る) / It's no *bad* thing. Ⓢ まんざら悪いことじゃない / Smoking is ***bad for*** your health. +for+名 喫煙は健康に悪い.
❷ (質・内容などが)悪い, 粗悪な; 不十分な; 間違った《⇒ 類義語》: *bad* food 粗食 / a *bad* word よくない[ひわいな]語 / *bad* light 不十分な照明 / *bad* grammar 間違った文法.
❸ (人・行為などが)**悪い**, 不良な, 不正な; (子供が)言うことをきかない, 行儀の悪い [⇔ good]: a *bad* man 悪い男 / It's *bad* to tell lies. うそをつくのはよくない / You've been a *bad* boy [girl]. Ⓢ いけない子だね《いたずらなどをした子供に対して》.
❹ **ひどい**, 激しい: I have a *bad* cold [headache]. 私はひどいかぜを引いている[頭痛がする].
❺ **具合が悪い**, 病気の; **腐った**, 痛んだ; (においなどが)不快な, いやな: a *bad* tooth 虫歯 / *bad* breath 口臭 / She has a *bad* heart. 彼女は心臓が悪い / ***go bad*** (食物が)悪くなる, 腐る.
❻ **下手な**, まずい; (...が)苦手で [⇔ good]: I am ***bad at*** tennis. +at+名 私はテニスが下手だ / He is ***bad at*** sing***ing***. +at+動名 彼は歌を歌うのが苦手だ.

> 語法 「...するのが下手だ」というときには「...する人」の意味を持つ名詞の前に bad をつけて表わすことが多い《⇒ poor 4 語法, good 3 語法》: a *bad driver* 運転が下手な人 / Nancy is a *bad cook.* ナンシーは料理が下手だ.

❼ 無効な: a *bad* check 不渡り小切手. ❽ (比 **bad·der** /bǽḍə | -də/; 最 **bad·dest** /bǽḍɪst/) Ⓢ《米俗》[よい意味で] すごい, やばい; 手ごわい.
be in a bád wáy [動] 自《略式》具合[状況]が悪い.
... can't be bád. Ⓢ ...は悪くない, ...はいい.
féel bád [動] 自 (1) **気分が悪い**: She *felt* very *bad* that day. 彼女はその日はとても気分が悪かった. (2) (...を)後悔している, 恥ずかしく思う, 申しわけなく思う (*about*); (...を)気の毒に思う (*for*).
nòt bád = nòt so [too, 《英》 hálf] bád [形] Ⓢ《略式》**まんざら悪くない**, まあまあよい; なかなかよい《⇒ understatement》: 🗨 "How are you?" "*Not bad*, thank you." 「お元気ですか」「おかげさまでまあまあです」/ 🗨 "How was the play?" "*Not so* [*too, half*] *bad.*" 「芝居はどうだった」「けっこうよかったよ」/ She is ***not half bad at*** playing the piano. 彼女のピアノはなかなかいける.
tóo bád [形] Ⓢ [ときに皮肉に] あいにくで, 気の毒で: It's *too bad* that ....とは残念です / "I have a toothache." "That's *too bad.*" 「歯が痛くてね」「それはいけませんね」

> 類義語 **bad** good の反対で, いろいろな意味で質が劣っていることを意味する最も一般的な語. **evil** 道徳的に悪い意味では *bad* よりも悪い. **wicked** はさらに強く積極的に悪いことをしようとする気持ちを暗示する. **wrong** right の反対で, ある基準に照らしてみて間違っていること.

— 名 [the ~] 悪いこと[もの], 悪い人々, 悪; 悪い状態 [⇔ good]: take *the bad* with the good いいことも悪いことも受け入れる.
gó from bád to wórse [動] 自 **ますます悪くなる**: The situation *went from bad to worse.* 情勢はますます悪くなった.
My bád. Ⓢ《米俗》私が悪かった, すまん.
— 副 Ⓢ《米非標準》ひどく, とても [≒badly].
bád blóod 名 U 悪感情, 憎しみ (*between*).
bád débt 名 C,U 不良債権.
bade 動 bid² の過去形.
badge /bǽʤ/ 名 ❶ C バッジ, 記章, 肩章: *badges* of office 官職章. ❷ C しるし, 象徴 (*of*).
bad·ger /bǽʤə | -ʤə/ 名 C あなぐま. — 動 (-**ger·ing** /-ʤ(ə)rɪŋ/) 他 ❶ (...)にしつこく[うるさく]せがんで〜させる (*into*); (...)に(〜するように)しつこくねだる (*to do*). ❷ (...)にしつこく質問する, (...)を質問ぜめにする (*about*).

**bad·ly /bǽdli/

— 副 (1 および 2 では 比 **worse** /wə́ːs | wə́ːs/; 最 **worst** /wə́ːst | wə́ːst/) ❶ **悪く**, **まずく**, 下手に [⇔ well¹]: They did their work *badly*. 彼らの仕事はまずかった / I did *badly* on [《主に英》 in] the exam. 私は試験のできがよくなかった.
❷ **ひどく**: The dog was *badly* injured. その犬はひどいけがをしていた. 語法 過去分詞を修飾するときはその前に置く.
❸ **非常に**, 大変, とても: I *want* some coffee *badly*. 私はコーヒーがほしくてたまらない / 言い換え He *needs* advice *badly*. = He is *badly in need of* advice. 彼にはどうしても助言が必要だ. 語法 この意味では普通 want, need など「欲望・必要」を表わす動詞とともに用いる.
bad·ly off /bǽdliɔ́ːf | -ɔ́f/ 形 (比 **worse off** /wə́ːsɔ́ːf | wə́ːsɔ́f/, 最 **worst off** /wə́ːstɔ́ːf | wə́ːstɔ́f/) 叙述 (生活に)困っている, 貧しい [≒poor] [⇔ well-off]. **be bádly óff for ...** [動] 他《英》...に不自由している, ...が足りない.
+**bad·min·ton** /bǽdmɪntn | -tən/ 名 U **バドミントン**.
bad-mouth /bǽdmàʊθ/ 動 他《略式》(...)の悪口を言う, (...)を中傷する.
bad·ness /bǽdnəs/ 名 U 悪さ, 不良; 劣悪; 有害; 不吉.
bád néws 名 ❶ U 悪い知らせ. ❷ U《略式》やっかいな人[物].
bad-tem·pered /bǽdtémpəd | -pəd⁻/ 形 機嫌の悪い; 気難しい.

baf·fle /bǽfl/ 動 他 (人)を困惑[当惑]させる, 面くらわす: He seemed to *be* completely *baffled*. 彼はすっかりきつねにつままれたようだった. ― 名 C バッフル, 遮壁(しゃへき)板《水流・気流・音波・光などの整流[調節]装置》.

baf·fling /bǽflɪŋ/ 形 (問題・事件などが)どうしてよいかわからない, 当惑させる; 不可解な.

bag /bǽg/

― 名 (~s /~z/) ❶ C **袋; かばん, 手さげ; 袋状の物:** Could you put it in a paper *bag*? それを紙袋に入れてくれませんか / a plastic *bag* ビニール袋 / a garbage *bag* ごみ袋. 語法 紙・ビニール・布・革製などの柔らかい物をいう (⇒ 類義語).

❷ C (女性用の)**ハンドバッグ** (handbag); **スーツケース:** Linda had her *bag* snatched. リンダはハンドバッグをひったくられた. ❸ C 1袋の量: a *bag of* peanuts ピーナッツ1袋分. ❹ C S [軽蔑的] ばばあ. ❺ [複数形で] (寝不足・老齢などによる目の下の)たるみ. ❻ [単数形で所有格の後で]《略式》得意分野, 好きなこと. ❼ [複数形で]《英略式》たくさん (*of*). ❽ C [普通は単数形で] (猟の)獲物.

a bág of bónes [名]《略式》やせこけた人[動物].

bág and bággage [副]《主に英》所持品全部持って; 一切合切, すっかり.

be in the bág [動] 自《略式》(成功などが)確実である, 間違いない; 手に入れたも同然である.

be léft hólding the bág [動] 自《米略式》(自分だけ)ありがたくない責任を負わされる. 由来 気がついたらやっかいな袋を持たされている, の意.

páck one's **bágs** [動] 自《略式》(けんかなどの後)荷物をまとめて出ていく.

類義語 **bag** 持ち運べる袋を表わす一般的な語. **sack** 貯蔵・運搬に用いる粗い布・丈夫な紙・ビニールなどでできた大型の袋.《米》では買い物袋(茶色の紙袋)のことも指す.

― 動 (bags; bagged; bag·ging) 他 ❶ (...)を袋に入れる (*up*). ❷《略式》(獲物)を捕らえる, 仕留める. ❸《略式》(席など)をうまく確保する, 取る. ❹《米略式》(...)をしないことにする, やめる.

ba·gel /béɪg(ə)l/ 名 C ベーグル《ドーナツ形の堅いパン》.

bag·ful /bǽgfʊ̀l/ 名 (複 ~s, bags·ful /bǽgzfʊ̀l/) C 1袋の量 (*of*).

bag·gage /bǽgɪʤ/ 名 ❶ U《主に米》**手荷物(類)**, 旅行荷物《スーツケース・かばん・箱など; ⇒ luggage 語法》: 「a piece [an article, an item] of *baggage* 小荷物1個 / carry-on *baggage* 機内持込み手荷物 / He checked in all his *baggage*. 彼は手荷物を全部預けた《旅客機の搭乗受付で》. ❷ U《略式》(考え方・行動などに影響する)信念, 固定観念.

bággage càr 名 C《米》(列車の)手荷物車 [《英》luggage van].

bággage clàim 名 U《米》(空港などの)手荷物受け取り所.

bággage reclàim 名 U《英》= baggage claim.

bággage ròom 名 C《米》(駅・空港などの)手荷物一時預り所 [《英》left luggage office].

bag·gy /bǽgi/ 形 (bag·gi·er; -gi·est) (服が)だぶだぶの, ぶくぶくの, ふくれた, たるんだ.

Bagh·dad /bǽgdæd, bægdǽd/ 名 固 バグダッド《イラクの首都》.

bág làdy 名 C《略式》[差別的] ホームレスの女性《全所有物を買い物袋に入れて持ち歩くことから》.

bag·pipes /bǽgpàɪps/ 名 複 (革袋で作った)バグパイプ《スコットランドで使われる; ⇒ piper》.

ba·guette /bægét/ 名 C バゲット《細長いフランスパン》.

bah /bɑ́:/ 間《古風》ふふん!, ばかな!《軽蔑・嫌悪・不信などを表わす》.

Ba·há·ma Íslands /bəhɑ́:mə-/ 名 固 複 [the ~] バハマ諸島《Florida と Cuba の間の諸島》.

Ba·ha·mas /bəhɑ́:məz/ 名 固 ❶ [the ~ として複数扱い] = Bahama Islands. ❷ [the ~ として単数扱い] バハマ《Bahama Islands から成る国》.

Bai·kal /baɪkɑ́:l, -kǽl/ 名 固 Lake ~ バイカル湖《Siberia 南東部の湖》.

bail[1] /béɪl/ 名 U 保釈金; 保釈: (out) *on bail* 保釈中で / be released *on bail* 保釈金を納めて釈放される / grant [refuse] ... *bail* ...に保釈を許す[認めない] / post [put up] *bail* of $10,000 1万ドルの保釈金を払う.

júmp [skíp] báil [動] 自 保釈中に姿をくらます.

― 動 [次の成句で] **báil óut** [動] 他 (1) (会社・人など)を(苦境から)救済する (*of*). (2) (保証人が保釈金を納めて)(...)を保釈してもらう.

bail[2] /béɪl/ 動 [次の成句で] **báil óut** [動] 他 船から(水)をかい出す [《英》bale out]. ― 自 (1)《米略式》(危ない事態[事業]などから)逃げ出す. (2) (故障した飛行機から)パラシュートで飛び降りる [《英》bale out]. (3) (船底の水を)くみ出す.

bai·liff /béɪlɪf/ 名 (~s /~s/) ❶ C《米》(法廷の)廷吏 [《英》usher]. ❷ C《英》執行吏; 土地管理人.

bail·out /béɪlàʊt/ 名 C (企業などへの)(経済的)救済措置, 財政支援.

+**bait** /béɪt/ 名 ❶ [U または a ~] **えさ; おとり:** take the *bait* (魚が)えさに食いつく / use ... as *bait* ...をおとりにしておびき寄せる. ❷ [U または a ~] 人をおびき寄せるもの[人], 誘い(となるもの): take the *bait* 誘いに乗る.

ríse to the báit [動] 自 (人が)挑発に乗る.

― 動 他 ❶ (釣り針・わな)にえさをつける (*with*). ❷ (人)をひどいことを言って怒らせる; (娯楽として)(動物)に犬をけしかけていじめる: bear *baiting* 犬をけしかけての熊いじめ.

baize /béɪz/ 名 U ベーズ《普通は緑色の厚いラシャ; ビリヤード台用》.

bake /béɪk/

― 動 (bakes /~s/; baked /~t/; bak·ing) 他 ❶ (パン・菓子など)**を焼く**; (人に)(パン・菓子)を焼いてやる《普通はオーブンなどで焼くことに用いる; ⇒ roast 表; cooking 囲み》: 言い換え ***Bake*** a cake ***for*** me. V+O+for+名 = *Bake* me a cake. V+O+O 私にケーキを焼いてください / a *baked* apple 焼きりんご.

❷ (かわら・れんがなど)**を焼く**, 焼き固める: The sun *baked* the ground hard. V+O+C (形) 太陽に焼かれて地面が堅くなった.

― 自 ❶ (パン・菓子などが)**焼ける**; (かわら・れんが・肌などが)焼ける: The bread is *baking*. パンが焼けてきている. ❷ (食材を)焼く: *bake* for ten minutes 10分間焼く. ❸《略式》とても暑い: I'm [It's] *baking*! 暑くてたまらない.

Ba·ke·lite /béɪkəlàɪt, béɪklaɪt/ 名 U ベークライト《合成樹脂の一種; 商標》.

bak·er /béɪkə | -kə/ 名 C パン屋《人》, パン類製造業者; [baker's として]《英》パン屋《店》.

bák·er's dózen /béɪkəz- | -kəz-/ 名 C [普通は a ~] パン屋の1ダース, 13個.

Bá·ker Strèet /béɪkə-|-kə-/ 名 固 ベーカー街《London の街路; ここに Sherlock Holmes が住んでいたことになっている》.

***bak·er·y** /béɪk(ə)ri/ 名 (-er·ies /~z/) C **製パン所**, パン屋; パン菓子類販売店.

bak·ing /béɪkɪŋ/ 名 U パンなどを焼くこと.

bak·ing-hot /béɪkɪŋhá(ː)t|-hɔ́t⁻/ 形《略式》焼けつくように暑い.

báking pòwder 名 U ふくらし粉.

báking shèet 名 C クッキーなどを焼く鉄板.

báking sòda 名 U 重曹.

báking tràу 名 C《英》= baking sheet.

bal·a·lai·ka /bæləláɪkə/ 名 C バラライカ《ギターに似たロシアの楽器》.

****bal·ance** /bǽləns/ ⚠アク

— 名 (bal·anc·es /~ɪz/)

意味のチャート
「(両皿)天秤(てんびん)」❺ (⇒ 語源)
→「つり合い」❷ →「平衡」❶
→ (貸借をつり合わせる額) →「残高」❸

❶ U (体の)平衡, バランス; (心の)**落ち着き**, 平静: You need a good sense of *balance* to ski. スキーをするにはよいバランス感覚がいる / ***lose*** [***keep***] one's ***balance*** 体の平衡を失う[保つ]; 心の落ち着きを失う[保つ] / the *balance* of one's mind 心の落ち着き.

❷ [U または a ~] **つり合い**, 平均, 均衡 [⇔ imbalance]; 調和: *a* good nutritional *balance* 栄養のよいバランス / keep *a* good *balance of* work and play 仕事と遊びのほどよいつり合いをとる / come to *a balance* つり合いがとれる / preserve the ***balance of*** power ***between*** the two countries 両国間の力の均衡を保つ (⇒ the balance of power (成句)) / a picture lacking in *balance* 調和のとれていない絵.

❸ C [普通は単数形で] (預金などの)**残高**; (貸借の)差額, 差し引き; 未払金: The *balance* of the account is in my favor. 差引勘定は私の貸しだ. ❹ [the ~] 残り, 余り (*of*). ❺ C 天秤(てんびん)ばかり. ❻ [the ~] (対立するものを)はかりにかけた結果, 優位; (事態の)形勢. ❼ C (...に対して)つり合いをとるもの, (他方の欠点などを)補うもの (*to*).

bálance of páyments [名] 国際収支.

bálance of tráde [名] 貿易収支.

be [háng] in the bálance [動] 自 どっちつかずの不安定な状態にある.

òff bálance [形·副] (体の)平衡を失って; 心の平静を失って: The unexpected change caught [threw] him *off balance*. 予期せぬ変更に彼は混乱した.

on bálance [副] つなぎ語 すべてを考慮すると, 結局.

stríke a bálance [動] 自 (1) バランスをとる; 妥協点を見い出す. (2) (収支·貸借の)決算をする.

the bálance of pówer [名] (1) (対立する強国間の政治的·軍事的な)力の均衡. (2) (2 大勢力の力が拮抗しているときの少数派の)決定力.

típ [swíng] the bálance [動] 自 (均衡を破る)決定的な要因となる, 形勢を変える.

— 動 (bal·anc·es /~ɪz/; bal·anced /~t/; bal·anc·ing) 他 ❶ (...)の**つり合いを保つ**[**とる**]; (...)を均衡[調和]させる, つり合わせる (*out*) [⇔ unbalance]: Can you *balance* a book ***on*** your head? V+O+*on*+名 本を頭の上にうまくのせられますか / She *balanced* herself *on* her toes. 彼女はつま先で体のバランスをとった / Work should *be* ***balanced with*** recreation. V+O+*with*+名の受身 仕事は休養とバランスをとる必要がある.

❷ (...)を**比較する**, 対照する, てんびんにかける: The manager ***balanced*** the strength of his team ***against*** that of their opponent and sighed. V+O+*against*+名 監督は自分のチームの力を相手チームの力とくらべてため息をついた (⇒ that[1] 代 2). ❸ (勘定など)を清算[決算]する, (...)の収支[帳じり]をあわせる: *balance* the budget [books] 収支がつり合うようにする.

— 自 ❶ (体の)**バランスをとる**; **つり合う**; 平衡を保つ: It was difficult for me to *balance on* one foot. 片足でバランスをとるのは難しかった. ❷ (計算·帳じりが)合う (*out*).

〖語源 原義はラテン語で「皿が二つあるもの」〗

bálance bèam 名 C 平均台.

+**bal·anced** /bǽlənst/ 形 ❶ 限定 **片寄りのない**, 公平な; **つり合い[調和]のとれた**, 均衡のある: a *balanced* view 公平な見方 / a *balanced* diet (栄養の)バランスのとれた食事 / a *balanced* budget (収支が同額の)均衡予算. ❷ 常識のある, (精神的に)落ち着いた [⇔ unbalanced].

bálance shèet 名 C〔商業〕貸借対照表, バランスシート.

+**bal·co·ny** /bǽlkəni/ ⚠アク 名 (-co·nies /~z/) C **バルコニー**; (劇場の)桟敷(さじき), バルコニー席 [《英》circle]: go out on the *balcony* バルコニーに出る.

+**bald** /bɔ́ːld/ 形 (bald·er; bald·est) ❶ (頭などが)**はげた**, 毛のない, (人が)はげ(頭)の; 木[葉]のない; むき出しの: a *bald* head はげ頭 / a *bald* mountain はげ山 / *bald* tires すり減ったタイヤ / go *bald* はげる. 語法「彼ははげだ」というときには He has a *bald* head. というより, He is *bald*. の方が普通. ❷ 限定 飾りのない, そっけない: *bald* facts ありのままの事実.

báld éagle 名 C 白頭(はくとう)わし《米国の国章に用いられている》.

bald-faced /bɔ́ːldféɪst/ 形《主に米》恥知らずの, ずうずうしい: a *bald-faced* lie 白々しいうそ.

bald·ing /bɔ́ːldɪŋ/ 形 はげかかった, 頭の薄くなった.

bald·ly /bɔ́ːldli/ 副 むき出しに, 露骨に. **to pùt it báldly** [副] 文修飾 はっきり言わせてもらえば.

bald·ness /bɔ́ːldnəs/ 名 U はげ; 露骨さ.

bale[1] /béɪl/ 名 ❶ C (紙·布·干し草などをしばった)大きな束, 梱(こり), 俵 (*of*). ❷ C 1 梱[俵]の分量. — 動 他 (...)を大きな束にする, 梱包(こんぽう)する (*up*).

bale[2] /béɪl/ 動《英》= bail[2].

bale·ful /béɪlf(ə)l/ 形 限定《文語》(態度·言動などが)悪意のある: a *baleful* look 悪意に満ちた目つき.

Ba·li /bάːli/ 名 固 バリ島《ジャワ島の東にあるインドネシアの島》.

balk /bɔ́ːk/ 動 自 ❶ (人が)(...に)たじろぐ, しりごみする; (馬が)立ち止まって動かない (*at*). ❷〔野球〕ボークする. — 他《格式》(...)を妨げる, じゃまする (*of*).

— 名 C〔野球〕ボーク.

Bal·kan /bɔ́ːlkən/ ⚠発音 形 バルカン半島[諸国, 山脈]の. — 名 [the ~s] = Balkan States.

Bálkan Península 名 固 [the ~] バルカン半島.

Bálkan Státes 名 複 [the ~] バルカン諸国.

*****ball**[1] /bɔ́ːl/ (同音 bawl)

— 名 (~s /~z/) ❶ C (球技用の)ボール; **球**, **玉**, まり: He tried to ***catch*** the ***ball***. 彼はボールをとろうとした / ***throw*** [***hit, kick***] a ***ball*** ボールを投げる[打つ, ける]

/ This *ball* doesn't bounce well. このボールはあまり弾(はず)まない / a tennis [soccer, golf] *ball* テニス[サッカー, ゴルフ]ボール.
❷ Ⓒ **球形の物**; (体の)丸くふくらんだ部分: The earth is a *ball*. 地球は球体である / the *ball* of the foot [thumb] 足[手]の親指の付け根のふくらみ. ❸ Ⓒ (1回の)投球, 打球; 球の投げ方; 〔野球〕ボール [⇔ strike]: three *balls* and two strikes 〔野球〕スリーボールツーストライク // ⇒ fastball. ❹ Ⓤ《米》球技; 野球: We *played ball* in the park. 公園で野球をした《⇒ play ball (成句)》. ❺ Ⓒ (旧式銃の)弾丸. ❻ [複数形で]《卑語》きんたま; 勇気, 根性. ❼ [複数形で]《英卑語》ばかげたこと.
a báll of fíre [名]《略式》精力家, やり手.
be òn the báll [動] ⓐ《略式》[よい意味で] 抜けめがない; 有能だ. 由来 球技でボールをよく見ている, の意から.
cárry the báll [動] ⓐ《米略式》仕事[活動]の中心となる, 率先してやる; (...を)牛耳る (*for*).
dróp the báll [動] ⓐ (1) 落球する. (2)《米略式》しくじる, へまをする.
hàve sómething [a lót] on the báll [動] ⓐ《米略式》有能である, 仕事ができる.
kèep the báll rólling [動] ⓐ 活動を続けていく; (話題を次々に出して)座をうまくつなぐ.
「**pìck úp [táke] the báll and rún with it** [動] ⓐ《主に米》(既存の計画などを)引き継いで発展させる.
pláy báll [動] ⓐ (1)《米》**ボール遊び[野球]をする**《⇒ 4》; (球技の)試合を始める, 試合を再開する: The umpire shouted, "*Play ball*!" アンパイアは「プレーボール!」と声をはり上げた. (2) [普通は否定文・疑問文で]《略式》(...と)協力する (*with*).
stárt [sét, gèt] the báll rólling [動] ⓐ (活動・会話を順調に)始める. 由来 球技でボールをころがして始めることから.
The báll is in ...'s còurt. ...の(行動する)番だ. 由来 テニスで, 自分のコートに入ったボールはその人が打ち返さなければいけないことから.
the whóle báll of wáx [名]《米略式》ありとあらゆるもの, 一切合切.
— 動 ⓣ (巻いたりして)(...)を球にする, 丸める (*up*).

+**ball²** /bɔ́ːl/ (同音 bawl) 名 (~s /~z/) Ⓒ **舞踏会**《特に公式で盛大なもの; ⇒ dance 表》: give a *ball* 舞踏会を催す. **hàve a báll** [動] ⓐ《略式》楽しい時を過ごす.

bal·lad /bǽləd/ 名 Ⓒ スローで感傷的な恋歌, バラード; バラッド《素朴な民間伝承の物語詩》.

báll and cháin 名 Ⓒ 足かせ; 足手まとい.

bal·last /bǽləst/ 名 ❶ Ⓤ 底荷《船の安定のために船底に積む石・砂利など》; (気球などの)砂袋. ❷ Ⓤ バラス《石 (stone) を細かく砕いたもので, 道路・鉄道などの補修に使う》.

báll béaring 名 Ⓒ 〔機械〕ボールベアリング(の球), 玉(入り)軸受け.

báll bòy 名 Ⓒ (テニス・野球の試合などでの)ボールボーイ, 玉拾い係(の少年).

bal·le·ri·na /bæ̀ləríːnə/ ≪イタリア語から≫ 名 Ⓒ バレリーナ, バレエの女性の踊り手.

+**bal·let** /bǽleɪ, bæléɪ | bǽleɪ/ ✪ t は発音しない. 名 (~s /~z/) ❶ Ⓤ **バレエ**; Ⓒ バレエ劇[曲]: a *ballet* dancer バレエダンサー / Tchaikovsky wrote several *ballets*. チャイコフスキーはバレエ曲をいくつか作曲した. ❷ Ⓒ [《英》単数形でもときに複数扱い] バレエ団.

báll gàme 名 Ⓒ《米》野球;《英》球技; 球技の試合《⇒ game¹ 2 語法》.
a「**whóle nèw [dífferent] báll gàme** [名] 全く新しい[異なる]状況.

báll gìrl 名 Ⓒ (テニス・野球の試合などでの)ボールガール, 玉拾い係(の少女).

bal·lis·tic /bəlístɪk/ 形 弾道(学)の. **gò ballístic** [動] ⓐ Ⓢ (怒って)かっとなる.

ballístic míssile 名 Ⓒ 弾道ミサイル.

bal·lis·tics /bəlístɪks/ 名 Ⓤ 弾道学.

∗**bal·loon** /bəlúːn/ 名 (~s /~z/) ❶ Ⓒ **風船**: blow up a *balloon* 風船をふくらます. ❷ Ⓒ 気球, 熱気球, 軽気球: send up a hot-air *balloon* 熱気球を上げる. ❸ Ⓒ (漫画の)吹き出し《人物などのことばを入れる部分》.
gò dówn [óver] lìke a léad /léd/ **ballóon** [動] ⓐ《略式》(提案・ジョークなどが)受けない《鉛でできた気球のように落ちてしまう, の意》.
when the ballóon gòes úp [副]《英略式》恐れていた事が始まるとき.
— 動 ⓐ ❶ 風船のようにふくらむ, (人が)太る (*out, up*); (量的に)ふえる. ❷ 気球に乗る: go *ballooning* 気球に乗って遊ぶ[移動する].

bal·loon·ing /bəlúːnɪŋ/ 名 Ⓤ 気球乗り《競技》.

bal·loon·ist /bəlúːnɪst/ 名 Ⓒ 気球乗り《人》.

ballóon pàyment 名 Ⓒ《米》バルーン型返済《最終払い込み金がそれまでより多額になる返済方式》.

∗**bal·lot** /bǽlət/ 名 (bal·lots /bǽləts/) ❶ Ⓤ,Ⓒ **無記名投票** (*for, against*)《⇒ vote 類義語》: elect by *ballot* 投票で選ぶ / hold a *ballot* 投票を行なう / The *ballot* is stronger than the bullet. 投票は銃弾よりも強い《米国の大統領リンカン (Lincoln) のことば》. ❷ Ⓒ (無記名の)投票用紙 (ballot paper): cast a *ballot*《米》投票する. ❸ [the ~] 投票総数.
on the bállot [形] 投票にかけられて.
— 動 ⓐ (無記名)投票をする (*for, against*).
— ⓣ (...について)(会員など)に(無記名)投票を求める (*on, over*).
〖語源 イタリア語で「秘密投票に用いられた小さな球」の意; ⇒ bullet 語源〗

bállot bòx 名 ❶ Ⓒ 投票箱. ❷ [the ~] 投票, 選挙: through [at] *the ballot box* 投票により[で].

bállot pàper 名 Ⓒ 投票用紙.

ball·park /bɔ́ːlpὰːk | -pὰːk/ 名 Ⓒ《米》野球場. **in the (ríght) bállpark** [形・副]《略式》大体そんな所で, 概算で. — 形 限定 おおまかな: a *ballpark* figure [estimate] 概算.

ball·play·er /bɔ́ːlplèɪə | -plèɪə/ 名 Ⓒ《米》(プロの)野球選手.

ball·point /bɔ́ːlpɔ̀ɪnt/ 名 Ⓒ ボールペン: write *with* a *ballpoint* ボールペンで書く.

bállpoint pén 名 Ⓒ = ballpoint.

ball·room /bɔ́ːlrùːm/ 名 Ⓒ 舞踏室, 舞踏場.

bállroom dàncing 名 Ⓤ 社交ダンス.

bal·ly·hoo /bǽlihùː | bæ̀lihúː/ 名 Ⓤ《略式》[軽蔑的] (騒々しい)派手な宣伝, 誇大広告; 大騒ぎ. — 動 ⓣ (...)を誇大に宣伝する.

balm /bɑ́ːm/ 名 ❶ Ⓤ,Ⓒ 香油, 香膏(こうこう); バルサム (balsam); 鎮痛剤. ❷ Ⓤ,Ⓒ《文語》慰め.

balm·y /bɑ́ːmi/ 形 (balm·i·er; -i·est) (空気などが暖かくて)快い; うららかな, さわやかな: a *balmy* summer evening 心地よい夏の夜.

ba·lo·ney /bəlóʊni/ 名 ❶ Ⓤ《略式》たわごと, ナンセ

B

ンス. ❷ Ⓤ《米》= bologna.

bal·sa /bɔ́:lsə/ 名 Ⓒ バルサ《熱帯アメリカ産の樹》; Ⓤ バルサ材《軽くて強い》.

bal·sam /bɔ́:lsəm/ 名 ❶ Ⓤ,Ⓒ バルサム《芳香性の油樹脂》; 香膏(こうこう) (balm). ❷ Ⓒ バルサムの木; ほうせんか《植物》.

B

bal·sám·ic vínegar /bɔ:lsǽmɪk-, bæl-/ 名 Ⓤ バルサミコ酢.

Bal·tic /bɔ́:ltɪk/ 形 バルト海の, バルト海に面した: the *Baltic* States バルト3国《エストニア (Estonia), ラトビア (Latvia), リトアニア (Lithuania) の 3 共和国》. — 名 固 [the ～] = Baltic Sea.

Báltic Séa 名 固 [the ～] バルト海《ヨーロッパの北部とスカンジナビア半島 (Scandinavian Peninsula) との間の大西洋の一部》.

Bal·ti·more /bɔ́:ltəmɔ̀ɚ | -mɔ̀:/ 名 固 ボルチモア《米国 Maryland 州北部の港市》.

bal·us·trade /bǽləstrèɪd | bæ̀ləstréɪd/ 名 Ⓒ 手すり, 欄干.

Bal·zac /bɔ́:lzæk, bǽl- | bǽl-/ 名 固 **Ho·no·ré** /ɑ̀(:)nəréɪ | ɔ̀n-/ **de** /də/ ～ バルザック (1799–1850)《フランスの作家》.

Bam·bi /bǽmbi/ 名 固 バンビ《童話や Walt Disney のアニメの主人公の雄鹿》.

bam·boo** /bæ̀mbú:ˊ/ 名 (～s /～z/) ❶ Ⓤ,Ⓒ **竹**, 笹. ❷ Ⓤ 竹材. ❸ [形容詞的に] 竹の, 竹製の: ***bamboo shoots [sprouts] 竹の子.

bam·boo·zle /bæmbú:zl/ 動 他《略式》(...)をことば巧みに欺く, だます; 煙にまく, 惑わす.

ban** /bǽn/ 名 (～s /～z/) Ⓒ (法律による)**禁止令**, 禁制: a ***ban on smoking 喫煙の禁止 / a test *ban* 核実験禁止協定 / impose [place, put] a *ban on* ... ...を禁止する / lift a *ban* 解禁する.

— 動 (bans; banned; ban·ning) 他 (法律によって)(...)を**禁止する**; [普通は受身で] (人)に対して(...することを)禁止する《⇒ forbid 類義語》: a *banned* drug 禁止薬物 / He *was* ***banned from*** enter*ing* the building. V+O+*from*+動名の受身 彼はその建物に入ることを禁止された.

ba·nal /bənɑ́:l, bæ-, -nǽl/ 形 陳腐な, 平凡な.

ba·nal·i·ty /bənǽləṭi/ 名 (-i·ties) ❶ Ⓤ 陳腐. ❷ Ⓒ 陳腐なことば[考え].

+**ba·nan·a** /bənǽnə | -nɑ́:nə/ ❗アク 名 (～s /～z/) Ⓒ **バナナ**; バナナの木《大形の多年草》: 「a bunch [two bunches] of *bananas* バナナ 1[2]房.

— 形 [～s として次の成句で] **gò banánas** [動] 自《略式》狂ったようになる; かんかんに怒る.

banána repùblic 名 Ⓒ [差別的] バナナ共和国《貧しく政情不安定な中南米の小国》.

banána splìt 名 Ⓒ バナナスプリット《縦に切ったバナナの上にアイスクリーム・ナッツなどをのせたデザート》.

****band**[1] /bǽnd/

— 名 (bands /bǽndz/) [《英》単数形でもときに複数扱い] ❶ Ⓒ **楽団**, 楽隊, バンド: The *band* played some marches. 楽団は行進曲を何曲か演奏した / play in a *band* バンドの一員である / a rock [jazz] *band* ロック[ジャズ]バンド. 語法 普通はポピュラー音楽を演奏する管楽器の楽団を指す. 関連 orchestra オーケストラ.

❷ Ⓒ **ひと組の人**, 1 隊, 1 団: a ***band of*** robbers 盗賊の1団.

— 動 自 (ある目的のために)団結する (*together*).

***band**[2] /bǽnd/ 名 (bands /bǽndz/) ❶ Ⓒ (帯状・輪形の)**ひも**, バンド, 帯; (おけの)たが; (帽子の)**リボン**: a rubber *band* ゴムバンド, 輪ゴム / an iron *band* 鉄のたが. ❷ Ⓒ (色の)しま, 筋: The rainbow is a *band* of colors. にじは色の帯だ. ❸ Ⓒ 帯[しま]状のもの; (収入・年齢などの) 範囲, 幅 [≒bracket]; 周波数帯 (wave band): people in the same age *band* 同じ年齢層の人々.

— 動 他 ❶ (...)を帯[ひも]で縛る. ❷ [普通は受身で] (...)に(色の)しまを付ける. ❸ [普通は受身で]《英》(...)を(収入などで)グループに分ける.

ban·dage /bǽndɪdʒ/ 名 Ⓒ 包帯: an adhesive *bandage* ばんそうこう / put a *bandage* on a wound 傷に包帯をする. — 動 他 (...)に包帯をする, (...)を包帯で縛る (*up*).

Band-Aid /bǽndèɪd/ 名 Ⓒ,Ⓤ《主に米》バンドエイド《ガーゼのついたばんそうこう; 商標》[《英》Elastoplast]: a *Band-Aid* solution [軽蔑的] 一時しのぎの解決策.

ban·dan·na, ban·dan·a /bændǽnə/ 名 Ⓒ バンダナ《大型の色模様のついたハンカチ・ネッカチーフ》.

B and [&] B, b and [&] b /bí:ən(d)bí:/ 名《略式, 主に英》Ⓤ (翌日の)朝食付き宿泊; Ⓒ 朝食付き民宿《bed and breakfast の略》.

band·ed /bǽndɪd/ 形 しま模様の; バンドのついた.

ban·dit /bǽndɪt/ 名 Ⓒ (旅行者を襲う)盗賊, 山賊, 追いはぎ.

band·mas·ter /bǽn(d)mæ̀stɚ | -mɑ̀:stə/ 名 Ⓒ (楽隊の)指揮者, バンドマスター.

ban·do·lier, ban·do·leer /bæ̀ndəlíɚ | -líə/ 名 Ⓒ (肩にかける)弾薬帯.

bands·man /bǽn(d)zmən/ 名 (-men /-mən/) Ⓒ (楽隊の)隊員, 楽団員, バンドマン.

band·stand /bǽn(d)stæ̀nd/ 名 Ⓒ 野外演奏ステージ, 野外音楽堂《普通は屋根つき》.

band·wag·on /bǽndwæ̀gən/ 名 ❶ Ⓒ [普通は単数形で] 時流に乗った活動[運動]. ❷ Ⓒ《米》(パレードの先頭の)楽隊車. **júmp [clímb, gét] on the bándwagon** [動] 自《略式》[悪い意味で] (政治運動・競争などで)優勢が明らかになった側につく; 時流に便乗する. 由来 選挙運動などの楽隊の車に乗る, の意.

band·width /bǽndwɪtθ/ 名 Ⓤ,Ⓒ《格式》(周波数)帯域幅; (ネットワークの)回線容量.

ban·dy /bǽndi/ 動 (ban·dies; ban·died; -dy·ing) [次の成句で] **bándy abóut [aróund]** [動] 他 [普通は受身で] (うわさなど)を言い触らす. — 形 (ban·di·er; -di·est) がにまたの.

ban·dy-leg·ged /bǽndilég(ɪ)dˊ/ 形 (人・動物が)O脚の, がにまたの.

bane /béɪn/ 名 [the ～] (...の)悩みのたね (*of*).

bane·ful /béɪnf(ə)l/ 形《文語》有害な, 害毒を流す, 悪い. **-ful·ly** /-fəli/ 副 悪影響を与えて.

+**bang**[1] /bǽŋ/ 動 (bangs /～z/; banged /～d/; bang·ing) 自 ❶ **どんとたたく**: ***bang on*** [*at*] the door V+*on* [*at*]+名 ドアをどんどんとたたく.

❷ (戸などが)**ばたんと鳴る[閉まる]**; ずどんと鳴る, ばん[がたん]という: The door *banged* shut. V+C(形) ドアがばたんと閉まった. ❸ (...に)どすんとぶつかる (*into*, *against*).

— 他 ❶ (戸など)を**ばたんと鳴らす[閉める]**; どんと打つ; (こぶしなど)を(...に)打ち付ける, (物)をどしんと置く: Don't ***bang*** the lid ***down***. V+O+*down* ふたをばたんと

閉めないで / He **banged** his fist **on** the table. V+O+on+名 彼はこぶしでどんとテーブルをたたいた. ❷ (頭・ひざなど)を(…に)ぶつける (*on*).
báng abóut [aróund] [動] 自 どたばた動き回る, ばたばた走り[歩き]回る.
báng ón abòut ... [動] 他 《英略式》 …についてくどくど言う.
báng óut [動] 他 (1) 《略式》 (曲など)を(ピアノの鍵盤を力任せにたたいて)がんがん弾く. (2) 《略式》 (…)を(特にコンピューターで)急いで書く.
báng úp [動] 他 (1) 《米略式》 (…)を壊(こわ)す; 傷つける. (2) 《英俗》 (…)を刑務所にぶち込む.
— 名 (~s /~z/) ❶ C **どん[ばたん]という音**, ばーん(という銃声): The door shut **with a bang**. ドアはばたんと閉まった. ❷ C 強打: get a *bang* on the head 頭をがつんとなぐられる.
báng for one's **[the] búck** [名] 《米略式》 払った金[努力]に見合った見返り.
with a báng [副] (1) **ばたんと**, どんと(⇒ 1). (2) すばらしく, 見事に.
— 副 ❶ 《略式, 主に英》 まさに, ちょうど: *bang* in the middle ちょうど真ん中に. ❷ S 突然; 激しく.
Báng gòes ... [動] 《英略式》 (期待・機会などが)だめになる. 語法 …に主語が入る: *Bang went* my holiday. 休暇がだめになった.
gò báng [動] 自 《略式》 ばーんと鳴る, どすんという, ばたんと閉まる.
— 間 ばーん, どすん, ばたん, がたん.

bang² /bǽŋ/ 名 C [普通は複数形で] 《米》 切り下げ前髪 [《英》 fringe].

bang·er /bǽŋɚ | -ŋə/ 名 ❶ C 《英略式》 ソーセージ. ❷ C 《英略式》 ぼろ車. ❸ C 《英略式》 爆竹.

Bang·kok /bǽŋkɑ(ː)k | bæŋkɔ́k/ 名 固 バンコク《タイの首都》.

Ban·gla·desh /bæ̀ŋglədéʃ←/ 名 固 バングラデシュ《インド東方の共和国》.

ban·gle /bǽŋgl/ 名 C 腕輪; 足首飾り.

bang-up /bǽŋʌ̀p/ 形 《米略式》 すばらしい.

ban·ish /bǽnɪʃ/ 動 他 ❶ (…)を追放する, 流刑に処する (*from, to*). ❷ (心配など)を払いのける.

ban·ish·ment /bǽnɪʃmənt/ 名 U (国外への)追放, 流刑; 排斥.

ban·is·ter /bǽnɪstɚ | -tə/ 名 C [《英》 ときに複数形で] (階段の)手すり, 欄干.

ban·jo /bǽnʤoʊ/ 名 (~s, ~es) C バンジョー《4 弦または 5 弦のギターに似た弦楽器》.

***bank¹ /bǽŋk/

— 名 (~s /~s/) ❶ C **銀行**: She has a lot of money **in** the **bank**. 彼女は大金を銀行に預けている / the *Bank* of Japan 日本銀行(⇒ Bank of England). ❷ C 貯えておく所, 貯蔵所, …銀行; 貯金箱: a blood *bank* 血液銀行. ❸ (賭博(とばく)の)胴元の金.
bréak the bánk [動] 自 (1) 胴元をつぶす. (2) [普通は否定文で] 《略式》 (事が)人を破産させる, 大変な出費となる.
— 動 他 (金)を銀行に預ける. — 自 (銀行に)預金する; (銀行と)取り引きする: Who do you *bank with*? 取り引き銀行はどちらですか.
bánk on [upòn] ... [動] 他 …を当てにする: Don't *bank on* it. そんなことは当てにするな.
〖語源 イタリア語で「(両替屋の)テーブルまたはベンチ」の意; banquet, bench と同語源〗

+**bank²** /bǽŋk/ 名 (~s /~s/) ❶ C **川岸** (riverbank); 湖岸; [複数形で] 川の両岸, 川沿いの地: **on** the south [right] **bank** of the Thames テムズ川の南[右]岸に. 語法 川の the right [left] bank (右[左]岸)は川下に向かっていう.
❷ C **土手**, 堤, 堤防; (土などを盛った)仕切り, (境界線となる)盛り土: Cherry trees lined the *banks* of the river. 桜の木が川の土手に沿って並んでいた. ❸ C (雪・雲・霧などの)かたまり, 堆積(たいせき): a cloud *bank* 層雲. ❹ C (レース場・道路の)バンク《車などが高速で曲がれるようにカーブに設けられた傾斜》.
— 動 自 ❶ (方向を変えるためバイク・飛行機などが)片側に傾く. ❷ (雲・雪などが)積み重なる (*up*).
— 他 ❶ (…)を積み上げる (*up*). ❷ (火)にまきをくべる (*up*). ❸ [普通は受身で] (カーブ)の外側を高くする.

bank³ /bǽŋk/ 名 C 並び, 列 (*of*) 《テレビ・街灯・スイッチ・エレベーター・コンピューターなどの》.

bank·a·ble /bǽŋkəbl/ 形 《略式》 (俳優などが)金になる.

bánk accòunt 名 C 銀行預金口座.

bánk bàlance 名 C 銀行預金残高.

bank·book /bǽŋkbʊ̀k/ 名 C 預金通帳.

bank·card /bǽŋkkɑ̀ɚd | -kɑ̀ːd/ 名 C 《米》 (銀行発行の)クレジットカード《デビットカードとしても使える》; 《英》 = cheque card: "Can I withdraw money with this *bankcard* at an ATM?" "Oh, sure." 「このカードで現金自動支払い機からお金を引き出せますか」「もちろんです」

bánk clèrk 名 C 銀行員(⇒ banker 1).

bánk dràft 名 C 銀行為替手形.

***bank·er** /bǽŋkɚ | -kə/ 名 (~s /~z/) ❶ C **銀行家**, 銀行経営者. ✪ 銀行の経営者や重役などをいい, 銀行員は bank clerk という. ❷ C (賭博(とばく)の)胴元.

bánk hóliday 名 ❶ C 《英》 公休日. ❷ C 《米》 (政府命令による)銀行業務休止日.

+**bank·ing** /bǽŋkɪŋ/ 名 U **銀行業**, 銀行業務: international *banking* 国際銀行業.

bánk nòte 名 C 紙幣, 札(さつ), 銀行券 [《米》 bill, 《英》 note].

Bánk of Éngland 名 固 [the ~] イングランド銀行《英国の中央銀行》.

bánk ràte 名 [the ~] 公定歩合《金融機関に対する中央銀行の金利歩合》.

bank·roll /bǽŋkròʊl/ 名 C 《米》 資金, 財源. — 動 他 《米略式》 (事業など)に資金を提供する.

+**bank·rupt** /bǽŋkrʌpt, -rəpt/ 形 ❶ **破産した**, 支払い能力のない; 〘法律〙 (裁判所から)破産宣告を受けた: go *bankrupt* 破産する / That company was declared *bankrupt*. その会社は破産を宣告された. ❷ 《格式》 破綻(はたん)した; (…を)欠いて (*of*): morally *bankrupt* 道徳的に破綻した. (名 bánkruptcy)
— 名 C 破産者, 支払い不能者.
— 動 他 (…)を破産させる.

単語のキズナ RUPT/破れた=broken

bankrupt	(勘定台を壊された)	→	破産した
abrupt	(引き裂かれた)	→	突然の
corrupt	(全く破れた)	→	堕落した
disrupt	(ばらばらに破る)	→	混乱させる
erupt	(破れて出る)	→	噴火する
interrupt	(間を破る)	→	…のじゃまをする
rupture	(破ること)	→	破裂

+**bank·rupt·cy** /bǽŋkrʌptsi, -rəp-/ 名 (-rupt·cies /~z/) ❶ U,C **破産(状態)**, 倒産: declare [file for] *bankruptcy* 破産を宣言[申請]する. ❷ U 破綻(はたん). (形 bánkrupt)

+**ban·ner** /bǽnə | -nə/ 名 (~s /~z/) ❶ C **横断幕**《普通は 2 本の旗竿(はたざお)につけてスローガンなどを書き, 行列やデモの先頭でかついだりする》: The demonstrators were carrying *banners* criticizing the government. デモ隊は政府を批判する横断幕をかかげていた. ❷ C 《文語》 旗; 旗印; 軍旗: *the Star-Spangled Banner* 「星条旗」《米国の国歌》. **ùnder the bánner of ...** [前] ...の旗印のもとに, ...という大義名分で.
— 形 限定 《米》 際立った, 成功した, 優れた: a *banner* year 当たり年.

bánner àd 名 C バナー広告《インターネットで帯状に表示される広告》.

bánner hèadline 名 C 〔新聞〕 第一面の全段抜きの大見出し.

banns /bǽnz/ 名 複 結婚予告《教会で挙式前に行い異議の有無を問う》.

ban·quet /bǽŋkwɪt/ 名 C 宴会《大勢の客を招待して, スピーチや乾杯が行なわれる正式なもの》; ごちそう: hold [give] a *banquet* 宴会を催す.

ban·tam /bǽnṭəm/ 名 C バンタム《小型の鶏》.

ban·tam·weight /bǽnṭəmwèɪt/ 名 C (ボクシングなどの)バンタム級の選手.

ban·ter /bǽnṭə | -tə/ 名 U (軽い)冗談, からかい.
— 動 自 冗談を言う, 軽口をたたく (*with*).

bap·tise /bǽptaɪz/ 動 《英》 = baptize.

bap·tis·m /bǽptɪzm/ 名 C,U 〔キリスト教〕 洗礼(式), バプテスマ; 命名(式)《⇒ sacrament 1》.
a báptism of [by] fíre [名] (兵士の)初の戦闘経験; 初の試練.

bap·tis·mal /bæptízm(ə)l/ 形 限定 洗礼の.

Bap·tist /bǽptɪst/ 名 C バプテスト, 浸礼教会員《プロテスタントの 1 派; 幼児洗礼を認めず, 洗礼の意味を理解する年齢に達してからの浸礼 (immersion) を主張する》. — 形 バプテスト(派)の.

bap·tize /bǽptaɪz, bæptáɪz/ 動 他 (人)に洗礼を施す; (人)に洗礼を施して(～と)命名する[認める].

★bar /báə | báː/ (同音 《英》 baa, 《英》 bah)
— 名 (~s /~z/)

意味のチャート
「棒」❸ → (横棒の仕切りのある所) → 「バー」❶ → 「軽食堂」❷
→ 「法廷, 法曹界」❼, ❿
→ 「横木」❹

❶ C (カウンター式の)バー, 酒場; 《英》 (パブ内部の)酒場の席; (バーなどの)カウンター: work at a *bar* バーで働く / a wine *bar* ワインバー.
❷ C [主に合成語で] (カウンター式の)**軽食堂**, 売店: a snack *bar* 軽食堂 / a sushi *bar* すしスタンド.
❸ C (木または金属の)**棒**; **棒状[横長]の物**: a gold *bar* 金の延べ棒 / a chocolate *bar* = a *bar of* chocolate 板チョコ 1 枚 / a *bar of* soap 1 個の石けん.
❹ C (ドアなどの)横木, かんぬき; (遮断)棒; 〔コンピュータ〕 (画面の)バー; [the ~] (サッカーなどのゴールの)クロスバー: a menu *bar* メニュー(表示)バー. ❺ C 〔音楽〕 (楽譜の小節を分ける)縦線, (縦線で仕切られた)小節.
❻ C [普通は a ~] 《格式》 障害, 妨げ (*to*). ❼ [the ~] 《米》 弁護士, 《英》 法廷弁護士《全体; ⇒ bench 名 2》, 弁護士業界, 法曹界; 《米》 司法試験: read [study] for *the bar* (法廷)弁護士になるための勉強をする. ❽ C (港口で航行を妨げる)砂州. ❾ C (色・光の)しま; (軍服の)線章. ❿ [the ~] (裁判官席と被告席との)仕切り; 被告席; 法廷.
be cálled [admítted] to the bár [動] 自 《米》 弁護士の資格を取る; 《英》 法廷弁護士になる.
behìnd bárs [形・副] 《略式》 刑務所に入った[て].
— 動 (bars /~z/; barred /~d/; bar·ring /báːrɪŋ/) 他 ❶ (公式に) (人)が(...するのを)**禁じる**; (...)を**締め出す**, 除外する: Visitors *are barred from* enter*ing* this area. V+O+*from*+動名の受身 ここは立ち入りが禁止されている.
❷ (通行など)を**妨げる**, (道)をふさぐ; はばむ: Fallen trees *barred* our way. 倒れた木が行く手をふさいだ.
❸ (ドアなど)にかんぬきを掛ける, 閉じる (*up*).
— /bàə | bàː/ 前 ...を除いて, ...以外は [≒ except].
bàr nóne [副] 例外なく; 断然.

barb /báəb | báːb/ 名 ❶ C (矢じり・釣り針などの)あご, かかり《⇒ barbed》. ❷ C とげのあることば.

Bar·ba·ra /báəb(ə)rə | báː-/ 名 固 バーバラ《女性の名》.

bar·bar·i·an /bɑəbé(ə)riən | bɑː-/ 名 ❶ C 無教養の人, 粗野な人. ❷ C 未開人, 野蛮人.

bar·bar·ic /bɑəbǽrɪk | bɑː-/ 形 残酷な, 野蛮な.

bar·ba·ris·m /báəbərìzm | báː-/ 名 ❶ U 野蛮, 未開の状態. ❷ U 粗野[残酷]な言動.

bar·bar·i·ty /bɑəbǽrəṭi | bɑː-/ 名 (-i·ties) U 野蛮, 残酷; C 蛮行, 残虐行為.

bar·ba·rous /báəb(ə)rəs | báː-/ 形 ❶ Ⓦ 残忍な; 野蛮な, 未開の [⇔ civilized]: a *barbarous* act 残忍な行為. ❷ Ⓦ 粗野な, 下品な. **~·ly** 副 残忍に; 野蛮に.

bar·be·cue /báəbɪkjùː | báː-/ 名 ❶ C 野外バーベキュー(パーティー): have a *barbecue* バーベキューをする. ❷ C バーベキュー台, 丸焼き台. — 動 他 (肉など)をバーベキューにする《⇒ roast 表》.

barbed /báəbd | báːbd/ 形 ❶ (矢じり・釣り針などが)あご[かかり]のある. ❷ (ことばなどが)とげのある.

bárbed wíre 名 U 有刺鉄線.

bar·bell /báəbèl | báː-/ 名 C バーベル《重量挙げ用》.

bar·ber /báəbə | báːbə/ 名 C 床屋《人》, 理髪師, 理容師; [普通は barber's として] 《英》 床屋《店》, 理髪店《⇒ -'s' 1 語法》. 〘語源 原義はラテン語で「あごひげをそる人」〙

bar·ber·shop /báəbəʃɑ̀(ː)p | báːbəʃɔ̀p/ 名 ❶ C 《米》 床屋, 理髪店 [《英》 barber's]. ❷ U (伴奏なしで歌うポピュラーソングの)男性四重唱.

Bár·bie (dòll) /báəbi- | báː-/ 名 C バービー人形《米国製の着せ替え人形; 商標》.

bar·bi·tu·rate /bɑəbítʃʊrət | bɑː-/ 名 C,U バルビツール《鎮静・睡眠剤》.

Bar·ce·lo·na /bàəsəlóʊnə | bàː-/ 名 固 バルセロナ《スペイン北東部の港市》.

bár chàrt 名 C = bar graph.

bár còde 名 C 〔コンピュータ〕 バーコード.

bard /báəd | báːd/ 名 C 《文語》 (吟遊)詩人. **the Bárd (of Ávon)** [名] エイボンの詩人《シェークスピア (Shakespeare) のこと; ⇒ Stratford-upon-Avon》.

*****bare** /béə | béə/ (同音 bear[1,2]) 形 (bar·er /bé(ə)rə | -rə/; bar·est /bé(ə)rɪst/) ❶ **むき出しの**, 裸の《⇒ 類義語》; (土地が)木[草]のない: a *bare* floor 敷物のな

い床 / *bare* trees 葉の落ちた木 / with one's *bare* hands 素手で / We can't walk on the hot sand in (our) *bare* feet. 熱い砂の上を素足では歩けない.
❷ **からの**, がらんとした, 殺風景な; (...が)ない: a *bare* shelf 何ものっていない棚 / The room was almost *bare of* furniture. 部屋には家具がほとんどなかった.
❸ [限定] **ぎりぎり(の)**, 最低限の, わずかな: a *bare* majority ぎりぎりの過半数 / the *bare* necessities [essentials] of life 最低限の生活必需品 / the *bare* minimum 必要最低限 / a *bare* 3 percent わずか 3 パーセント. ❹ [限定] 単なる, ありのままの: the *bare* facts 単なる事実.
láy báre [動] ㊐ (1) (...)をむき出しにする. (2) (...)を打ち明ける; 暴露する.

[類義語] **bare** 本来あるべき覆い, 飾りなどがないことを意味するが, 人に用いる場合には手や足などが部分的に露出していることをいう. **naked** 他人に見られないような場所で, 体に覆いや衣服を着けていないことを意味する. **nude** 人の裸についてだけ用いる. *naked* と異なり, 絵画のモデルのように人に見られることを前提としている.

— [動] (bar·ing /bé(ə)rɪŋ/) ㊐ (...)をむき出しにする; 明かす: The dog *bared* its teeth. 犬が歯をむいた / *bare* one's soul [heart] 意中を明かす.

bare·back /béəbæ̀k | béə-/ [副], [形] [限定] くらを置かない(で), 裸馬で[の]: ride *bareback* 裸馬に乗る.

bare-bones /béəbóʊnz | béə-/ [形] 必須の, (必要)最低限の《⇒ the bare bones (bone 成句)》.

bare·faced /béəféɪst | béə-←/ [形] [限定] [悪い意味で] あからさまな: a *barefaced* lie 真っ赤な嘘.

bare·foot /béəfʊ̀t | béə-/ [形] [副] はだしの[で].

bare·foot·ed /béəfʊ́tɪd | béə-←/ [形] [副] = barefoot.

bare·head·ed /béəhédɪd | béə-←/ [形] [副] 帽子をかぶらない(で).

***bare·ly** /béəli | béə-/ [副] **やっと, かろうじて**; ほとんど...ない: *barely* 3 percent やっと 3 パーセント / He *barely* escaped death. 彼はかろうじて死を免れた[九死に一生を得た] / She was *barely* able to walk. 彼女はなんとか歩けた / The man can *barely* read. その男はろくに文字が読めない《✪ ×... *barely* can read とは言わない》. [語法]🔍 barely は hardly, scarcely と同様に否定語に準じる扱いを受けるが, 否定の意味合いは弱く「やっと[かろうじて]...する」という肯定的意味をしばしば表わし, きわどさを強調する.
bárely ... when 〜 ...するとすぐに〜:「The game had *barely* [*Barely* had the game] started *when* it began to rain. 試合が始まるとすぐに雨が降り出した.

bare·ness /béənəs | béə-/ [名] [U] 裸, むき出し.

barf /báəf | bá:f/ [動] ㊐《米略式》ゲロを吐く, 戻す.
— [名] [U]《米略式》ゲロ.

bar·gain** /báəgən | bá:-/ [名] (〜s /〜z/) ❶ [C] **安い買い物**, 買い得品; 特売品; 見切り品: ***bargains in furniture 家具の安売り / *bargain* goods 特売品 / get [pick up] a *bargain* 得な買い物をする / This car was a (real) *bargain*. この車は(本当に)掘り出し物だった.
❷ [C] **売買契約**, 取り引き; 協定, 約束: a good *bargain* 有利な協定[条件] / ***make*** [***strike***] a ***bargain*** 契約[協定]を結ぶ / A *bargain* is a *bargain*. 《ことわざ》約束は約束(守らねばならない).
dríve [stríke] a hárd bárgain [動] ㊐ 自分に非常に有利な条件でまとめる; ひどく値切る.
in [ìnto] the bárgain [副] そのうえ, おまけに.
kéep one's **síde of the bárgain** [動] ㊐ 約束を守る.
màke the bést of a bád bárgain [動] ㊐ 困難な状況で最善を尽くす.
— [動] (bar·gains /〜z/; bar·gained /〜d/; -gain·ing) ㊐ (売買などの)**約束をする**; (値引きの)**交渉をする**: I ***bargained with*** him ***about*** [***for, over***] the use of the room. [V+*with*+名+*about* [*for, over*]+名] 私は彼とその部屋の使用契約を結んだ.
bárgain awáy [動] ㊐ (貴重なもの)を(安値で)手放す.
bárgain for [on] ... [動] ㊐ [普通は否定文で] ...を予想する, 計算に入れる《普通は好ましくないことに使う》: We didn't *bargain for* a change in the weather. 天気が変わることは予想していなかった.
gèt móre than one **bárgained fòr** [動] ㊐ 予想以上の(ひどい)目にあう.

bárgain básement [名] [C] 地階特売場.

bárgain hùnter [名] [C] 特売品をあさる人.

+**bar·gain·ing** /báəgənɪŋ | bá:-/ [名] [U] **取り引き, 交渉**: hard *bargaining* 厳しい交渉 / collective *bargaining* (労使の)団体交渉.

bárgaining chìp [《英》 cóunter] [名] [C] 交渉を有利に導く取り引き材料, 交渉のカード.

bárgaining posìtion [名] [C] 交渉での立場.

+**barge** /báədʒ | bá:dʒ/ [名] (barg·es /〜ɪz/) ❶ [C] **平底の荷船**, はしけ. ❷ [C] (儀式用に飾った)屋形船, 遊覧船. — [動] ㊐ [副詞(句)を伴って] どたばたと突進する, 押しのけて進む. **bárge ín** [動] ㊐ 押し入る; 割り込む (*on*). **bárge ínto ...** [動] ㊐ (場所)に乱暴に入り込む; (話など)に口を挟(はさ)む. **bárge** one's **wáy** [動] ㊐ 押しのけて進む (*through*).

bár gràph [名] [C] 棒グラフ. [関連] pie chart 円グラフ.

bar·hop /báəhὰ(:)p | bá:hɔ̀p/ [動] ㊐《米略式》はしご酒をする.

ba·ris·ta /bərístə/ [名] [C] (喫茶店の)コーヒーを入れる人, バリスタ.

bar·i·tone /bǽrətòʊn/ [名] ❶ [C]〔音楽〕バリトン《男声の中間音域》. ❷ [C]〔音楽〕バリトン歌手[楽器, 曲]. — [形] [限定] バリトンの.

bar·i·um /bé(ə)riəm/ [名] [U]〔化学〕バリウム《元素記号 Ba》.

bárium méal [swállow] [名] [C] バリウムがゆ《レントゲン撮影の前に飲む硫酸バリウム液》.

+**bark**[1] /báək | bá:k/ ([同音]《英》Bach) [動] (barks /〜s/; barked /〜t/; bark·ing) ㊐ (犬・きつねなどが)**ほえる**《⇒ cry 表 dog, fox》; どなる: His dog ***barked at*** me. [V+*at*+名] 彼の犬は私に向かってほえた.
— ㊐ (...)をかみつくように言う, どなって言う: *bark* (*out*) an order どなって命令する.
bárk úp the wróng trée [動] ㊐ [普通は進行形で]《略式》見当違い[おかど違い]をする.
— [名] (〜s /〜s/) ❶ [C] **ほえる声**: give a *bark* (1 回) ほえる / His *bark* is worse than his bite. Ⓢ《略式》彼のほえるのはかむのよりひどい(口ほど悪い男ではない). ❷ [C] 大きな音[声]《銃声, どなり声など》.

bark[2] /báək | bá:k/ [名] [U,C] 木の皮, 樹皮《⇒ skin 表》.
— [動] ㊐ (手足など)の皮膚をすりむく.

bar·keep·er /báəkì:pə | bá:kì:pə/, **bar·keep** /báəkì:p | bá:-/ [名] [C]《米》= bartender.

bark·er /báəkə | bá:kə/ [名] [C] (サーカスなどの)客引き, 呼び込み屋.

bar·ley /báəli | bá:-/ [名] [U] 大麦, 大麦の実.

bárley sùgar 名 U,C 《英》大麦あめ.
bárley wíne 名 U 《英》バレーワイン《強いビール》.
bar·maid /báəmèɪd | bá:-/ 名 C 《英》女性のバーテン [《米》bartender]; バーのホステス.
bar·man /báəmən | bá:-/ 名 (-men /-mən/) C 《主に英》バーテン [《米》bartender].
barm·y /báəmi | bá:-/ 形 (barm·i·er, -i·est) 《英略式》愚かな, ばかげた, 頭のおかしい.
+**barn** /báən | bá:n/ 名 (~s /~z/) ❶ C (農家の)**納屋**, 物置き; 家畜の小屋: A *barn* is used for storing grain, hay and so on. 納屋は穀物や干し草などを貯蔵するために使われる. ❷ C 《米》(電車・バスなどの)車庫. ❸ C 《略式》がらんとした建物.
clóse the bárn dóor àfter the hórse has escáped どろ縄の対応策を取る, 対処が遅きに失する. 由来 馬に逃げられてから小屋の戸を閉める, から.
bar·na·cle /báənəkl | bá:-/ 名 C ふじつぼ《貝》.
bárn dànce 名 C フォークダンス (folk dance) のパーティー《昔納屋で行なった》.
barn·storm /báənstɔ̀əm | bá:nstɔ̀:m/ 動 自 《米》❶ 地方遊説[巡業]をする. ❷ (小型飛行機で)曲芸飛行をする. ― 他 《米》(地方)を遊説[巡業]する.
barn·yard /báənjàəd | bá:njà:d/ 名 C 納屋の周囲の庭.
ba·rom·e·ter /bərá(:)məṭə | -rɔ́mətə/ アク 名 ❶ C 気圧計, 晴雨計 (⇒ -meter). ❷ C (変化・傾向を示す)指標: a *barometer of* happiness 幸福のバロメーター. (形 bàrométric)
bar·o·met·ric /bæ̀rəmétrɪk/ 形 限定 気圧計の; 気圧の: *barometric* pressure 気圧. (名 barómeter)
bar·on /bǽrən/ 名 ❶ C 男爵(だんしゃく)《貴族の最下位; ⇒ peerage 表》. 参考 姓と併用するときは, 英国の男爵は Lord ..., 外国の男爵は Baron ...と呼ぶ. ❷ C [普通は合成語で] (実業界などの)大立(おおだて)者: an oil *baron* 石油王.
bar·on·ess /bǽrənəs/ 名 C 女男爵《⇒ peerage 表》; 男爵夫人. 参考 姓と併用するときは, 英国では女男爵は Lady ...または Baroness ..., また, 男爵夫人は Lady ...と呼ぶ.
bar·on·et /bǽrənət/ 名 C 准男爵《略 Bart, Bt》. 参考 貴族 (peer) より下位の世襲爵位. 呼称は sir 《⇒ knight 参考》.
ba·ro·ni·al /bəróuniəl/ 形 [普通は 限定] 男爵の[にふさわしい]; (家・部屋などが)立派な, 堂々とした.
bar·on·y /bǽrəni/ 名 (-on·ies) C 男爵の位.
ba·roque /bəróuk, bæ-, -rá(:)k | -rɔ́k, -róuk/ 形 ❶ [しばしば B-] 〔建築・美術〕バロック式の; 〔音楽〕バロック(スタイル)の《17-18 世紀ヨーロッパで流行した》. ❷ 飾り立てた, 凝った. ― 名 [the ~] 〔建築・美術〕バロック式; 〔音楽〕バロック音楽.
+**bar·racks** /bǽrəks/ 名 (複 ~) ❶ C **兵舎**, 兵営: be confined to *barracks* (罰として)兵舎からの外出を禁じられる. ❷ C 見苦しい[汚い]建物. 日英 日本でいう「バラック」と違ってかなり大きな建物をいう. 日本でいう「バラック」に相当する英語は hut, hovel, shack, shanty など.
bar·ra·cu·da /bæ̀rəkú:ḍə | -k(j)ú:-/ 名 (複 ~(s)) C バラクーダ《カマス類の狂暴な熱帯産海魚》.
bar·rage[1] /bərá:ʒ | bǽrɑ:ʒ/ 名 ❶ C 〔軍隊〕弾幕, 集中砲火. ❷ [単数形で] (...の)連続, 集中, 殺到: a *barrage of* questions やつぎばやの質問.
bar·rage[2] /bá:rɪʤ | bǽrɑ:ʒ/ 名 C せき, ダム.
barred /báəd | bá:d/ 形 ❶ かんぬきのかかった. ❷ 《格式》縞(しま)のある, 縞模様の.
*__bar·rel__ /bǽrəl/ 名 (~s /~z/) ❶ C (胴のふくれた)**たる**.
❷ C 1 **たるの分量**; 1 バレル《石油では約 160 リットル》: a *barrel of* oil 石油 1 バレル. ❸ C 銃身, 砲身.
be a bárrel of láughs [動] 自 [しばしば否定文で] 《略式》とても楽しい.
gét [háve] ... òver a bárrel [動] 他 《略式》(相手)をいいなりにさせる, 操(あやつ)る.
― 動 (bar·rels; bar·reled, 《英》bar·relled; bar·reling, 《英》bar·rel·ling) 自 《米略式》(猛スピードで)ぶっとばす (*down*).
bar·rel-chest·ed /bǽrəlʧèstɪd/ 形 胸板の厚い.
bárrel òrgan 名 C 手回しオルガン.
bar·ren /bǽrən/ 形 (more ~, bar·ren·er; most ~, bar·ren·est) ❶ (土地が)作物のできない, 不毛の [⇔ fertile]: a *barren* land 作物のとれない土地. ❷ (植物が)実を結ばない; 《古風》(人・動物が)子を産まない. ❸ Ⓦ 内容のない, 成果のない; 退屈な.
bar·rette /bɑ:rét, bə-/ 名 C 《米》髪留め, ヘアクリップ, バレッタ.
+**bar·ri·cade** /bǽrəkèɪd, bæ̀rəkéɪd/ 名 (-ri·cades /-ʤ/) C **バリケード**, 障害物 (*against*): erect [storm] a *barricade* バリケードを築く[急襲する].
― 動 他 (...)にバリケードを築く, (...)をバリケードでふさぐ (*off*). **bárricade onesèlf ín** [動] 自 バリケードを築いて閉じこもる.
*__bar·ri·er__ /bǽriə | -riə/ 名 (~s/~z/) ❶ C **障壁**, 柵(さく); 関所; 《英》改札口: The mountain forms a natural ***barrier between*** the two countries. その山は 2 国間の自然の障壁になっている //⇒ crash barrier.
❷ C **障害**, 妨(さまた)げ: a ***barrier to*** success 成功の妨げ / trade *barriers* 貿易障壁 / cultural *barriers* 文化的な障壁 / overcome the language *barrier* ことばの壁を乗り越える / His run broke the 10-second *barrier*. 彼の走りは 10 秒の壁を破った.
〖語源 原義は「遮(さえぎ)る物」〗
bar·ri·er-free /bǽriəfrí: | -riə-/ 形 バリアフリーの, 障壁のない.
bárrier rèef 名 C 堡礁(ほしょう)《海岸と並行しているさんご礁》.
bar·ring /bá:rɪŋ/ 前 ...がなければ; ...以外は.
bar·ri·o /bá:riòu | bǽr-/ ≪スペイン語から≫ 名 (~s) C 《米》スペイン語使用住民地区.
bar·ris·ter /bǽrɪstə | -tə/ 名 C 《英》法廷弁護士 《⇒ lawyer 類義語》. 関連 judge 裁判官 / public prosecutor 検察官.
bar·room /báərù:m | bá:-/ 名 C (ホテルなどの)バー, 酒場.
bar·row /bǽrou/ 名 ❶ C = wheelbarrow. ❷ C 《英》(果物などの行商用の)2 輪手押し車.
Bart[1] /báət | bá:t/ 名 固 バート《男性の名; Bartholomew の愛称》.
Bart[2] 略 = baronet.
bar·tend·er /báətèndə | bá:tèndə/ 名 C 《主に米》バーテン [《英》barman, barmaid].
bar·ter /báəṭə | bá:tə/ 動 (-ter·ing /-ṭərɪŋ, -trɪŋ/) 他 (...)を(～と)物々交換する (*for*). ― 自 物々交換する: The colonists *bartered with* the natives *for* fur. 開拓者たちは現地人たちから毛皮を物々交換で手に入れた. ― 名 U 物々交換(の品).
Bar·thol·di /bɑəθá(:)ldi | bɑ:θɔ́l-/ 名 固 **Fré·dé·ric** /frèderí:k/ **Au·guste** /ɔ:gíst, -gúst/ ~ バルトルディー

(1834-1904)《フランスの彫刻家; 自由の女神像の製作者》.

Bar·thol·o·mew /bɑəθá(ː)ləmjùː|bɑːθɔ́l-/ 名 固 バーソロミュー《男性の名; 愛称は Bart》.

ba·salt /bəsɔ́ːlt/ 名 U 玄武岩.

***base**[1] /béɪs/ (同音 bass[1])

— 動 (bas·es /~ɪz/; based /~t/; bas·ing) 他 [普通は受身で] (...)の**基礎を**(~に)**置く**, (...)を(~に)基づかせる; (...)の根拠[本拠]を(~に)置く: Article 9 of our Constitution *is based on* [*upon*] our bitter experience of war. V+O+*on* [*upon*]+名の受身 わが国の憲法第 9 条は戦争の苦い経験に基づいている / Our company *is based in* Tokyo. V+O+*in*+名の受身 我々の会社は東京に本社がある.

— 名 (bas·es /~ɪz/) ❶ C [普通は単数形で] **土台**, 底, 基部 (⇒ 類義語); (木の)根元, (山の)ふもと: the *base of* a lamp ランプの台 / the *base of* a pillar 柱の土台 / at the *base* of a mountain 山のふもとに.
❷ C **基礎**, 基盤; 根拠; 根底: the *base of* national life 国民生活の基礎 / the city's economic *base* その都市の経済基盤 / a manufacturing *base* 生産基盤.
❸ C 基地, 本拠地; (会社などの)本部, 本社 (*for*): 「a naval [an air] *base* 海[空]軍基地 / a *base* of operations 作戦基地. ❹ U,C 〔野球〕塁: first [second, third] *base* 一[二, 三]塁. 語法 first [second, third] base には普通 the はつけない // The *bases* are loaded. 満塁だ. 日英 「フルベース」は和製英語. ❺ C 〔数学〕(三角形などの)底辺, 底面; [普通は単数形で] 基数. ❻ C [普通は単数形で] 主成分, 基剤; 下地. ❼ C 〔化学〕塩基.

a báse on bálls [名] 〔野球〕四球による出塁. 日英 「フォアボール」は和製英語.

cóver [tóuch] áll the báses [動] 自 ぬかりなく準備[処理]する.

òff báse [形・副] (1) 〔野球〕塁を離れて. (2) 《米略式》全く見当違いで.

tóuch báse [動] 自 (人と)連絡をとる (*with*).

(形 básic)

類義語 **base, basis, foundation** の 3 語とも物事の「基礎」を意味する. **base** あるものの構造の基盤をなし, 全体を支える最も重要な部分. 具体的・物質的な基礎をいう: the *base* of a wall 塀の底部 / a language with a Latin *base* ラテン語を基盤とした言語. **basis** 考え・理論・意見など抽象的なものについての基礎を意味する: the *basis* of a theory 理論の基礎. **foundation** より規模の大きいものや重要なことに用い, 強固で永続的な基礎や土台をいう. *base* が基礎の一部を指すのに対して, *foundation* は基礎そのものを指す: the *foundation* of world peace 世界平和の基礎 / the *foundation*(*s*) of a house 家屋の土台.

base[2] /béɪs/ 形 (bas·er; bas·est) 《文語》卑しい, 下劣な: a *base* act 卑劣な行為.

*__base·ball__ /béɪsbɔ̀ːl/ 名 (~s /~z/) ❶ U **野球**, **ベースボール** (⇒ nine 名 4): play *baseball* 野球をする / *baseball* players 野球の選手たち / a *baseball* game 野球の試合 (⇒ game[1] 2 語法). ❷ C 野球のボール.

báse càmp 名 C (登山隊などの)ベースキャンプ.

-based /-béɪst/ 形 [合成語で] (...を)本拠[主体]にした: a Tokyo-*based* company 東京に本社がある会社 / home-*based* work 在宅勤務.

báse hít 名 C 〔野球〕安打, ヒット (hit). 関連 two-base hit 二塁打 / three-base hit 三塁打.

base·less /béɪsləs/ 形 《格式》根拠のない.

+**base·line** /béɪslàɪn/ 名 (~s /~z/) ❶ C [普通は単数形で] (測量や比較対照の)**基(準)線**. ❷ [the ~] 〔野球・テニス〕ベースライン.

base·man /béɪsmən/ 名 (-men /-mən/) C 〔野球〕内野手, 塁手: a first *baseman* 一塁手.

+**base·ment** /béɪsmənt/ 名 (base·ments /-mənts/) C (建物の)**地階**, **地下室**《高窓のついた半地下室式のものが多い》: in the first [second] *basement* 地下 1 [2] 階で (⇒ floor 挿絵). 関連 cellar 貯蔵用の地下室.

báse rùnner 名 C 〔野球〕ランナー, 走者.

***bas·es**[1] /béɪsɪz/ 名 base[1] の**複数形**.

***ba·ses**[2] /béɪsiːz/ 名 basis の**複数形**.

bash /bǽʃ/ 動 他 ❶ 《略式》(...)を殴(なぐ)りつける; 打ち壊す (*down, in*): He got furious and *bashed* his friend *on* the head. 彼は怒り狂って友達の頭を殴ってしまった (⇒ the[1] 2 語法). ❷ 《略式》(頭など)をぶつける (*against, into*). ❸ 《略式》(...)をこきおろす, けなす.
— 自 衝突する (*against, into*). **básh awáy** [動] 自 《英略式》懸命に取り組む (*at, on*). **básh ón** [動] 自 《英略式》熱心にどんどんやる (*with*). **básh óut** [動] 他 《略式》(...)を急いで(大量に)作る. **básh úp** [動] 他 《略式》(...)をぶちのめす. — 名 ❶ C 《略式》(盛大な)パーティー: have a birthday *bash* 盛大に誕生パーティーをする. ❷ C 《略式》強打. **hàve a básh** [動] 自 《英略式》やってみる (*at*).

bash·ful /bǽʃf(ə)l/ 形 はにかみやの, 内気な (⇒ shy 類義語). **-ful·ly** /-fəli/ 副 はにかんで.

bash·ing /bǽʃɪŋ/ 名 U,C [しばしば合成語で] 強打; 攻撃, 非難: Japan-*bashing* 日本たたき.

***ba·sic** /béɪsɪk, -zɪk|-sɪk/

— 形 ❶ **基礎の**, **基本的な**, 根本的な: *basic* human rights 基本的人権 / the *basic* salary 基本給 / These rules are *basic to* safe driving. +*to*+名 これらの規則は安全運転の基本だ. ❷ (必要)最小[最低]限の, 初歩的な: *basic* training (軍隊の)新兵の基礎訓練(期間). (名 base[1])

BA·SIC /béɪsɪk/ 名 U 〔コンピュータ〕ベーシック《簡単な英語を用いるコンピューター言語》.

***ba·si·cal·ly** /béɪsɪkəli, -zɪ-|-sɪ-/

— 副 ❶ 文修飾 S **基本的には**, 本来は; 大事なことは, つまり, 実は: *Basically*, all people love peace. 本来, 人は誰でも平和を愛するものだ.
❷ **根本において**, 基本的な点で: The new government is *basically* leftist. 新政権は基本的に左翼である. ❸ (必要)最小限に.

bas·ics /béɪsɪks/ 名 複 [しばしば the ~] 重要なこと, 基本, 基礎 (*of*); 必需品: get [go] back to *basics* 基本に戻る.

ba·sil /béɪz(ə)l|bǽz-/ 名 U バジル《香味野菜》.

ba·sil·i·ca /bəsílɪkə, -zíl-/ 名 C バシリカ《古代ローマの長方形の会堂》; バシリカ風の(カトリック)教会堂.

bas·i·lisk /bǽsəlìsk/ 名 C バシリスク《ひとにらみで人を殺したという伝説上のアフリカの怪物》.

+**ba·sin** /béɪs(ə)n/ 名 (~s /~z/) ❶ C **洗面器**; 《主に英》洗面台 (washbasin); **鉢**, ボウル《深目の食器》: empty [fill] a *basin* 洗面器の水をあける[に水を入れる]. ❷ C 洗面器[鉢]1 杯の分量: a *basin of* water

たらい 1 杯の水. ❸ Ⓒ 盆地; 流域 (river basin): the *basin* of Lake Michigan ミシガン湖盆地. ❹ Ⓒ (港の)深み; 内湾.

*ba·sis /béɪsɪs/ 名 (複 ba·ses /béɪsiːz/) ❶ C,U 基礎, 根拠, 論拠 (⇒ base[1] 類義語): Mutual assistance is [forms] the *basis of* the treaty. 相互援助がその条約の基礎だ / His conclusion was formed *on the basis of* my data. 彼の結論は私の資料に基づいていた / What is the *basis for* [*of*] your opposition? あなたが反対する根拠は何ですか / The story has no *basis* in fact. その話は事実に基づいていない.
❷ Ⓒ 原則, 基準, 方式: hold a meeting *on* a regular [weekly] *basis* 定期的に[週に 1 回]会議を開く / *on* a voluntary *basis* 任意で. C+1 basis の前にはさまざまな表現を入れて活用され, 次のような合成語もよく用いられる: *on* a first-come, first-served *basis* 先着順に / We considered each application *on* a case-by-case *basis*. 我々は(個々の)申し込みを 1 件ずつ検討した (⇒ case-by-case 日英).

bask /bǽsk | bɑ́ːsk/ 動 自 ❶ 暖まる, ひなたぼっこする: *bask in* the sun ひなたぼっこをする; (場所が)日当たりがよい. ❷ (賞賛・喜びなどに)ひたる, 浴する: *bask* in ...'s (reflected) glory (⇒ glory 名 1 の例文).

+**bas·ket** /bǽskɪt | bɑ́ːs-/ アク 名 (bas·kets /-kɪts/) ❶ Ⓒ かご, ざる, バスケット: a shopping *basket* 買い物かご / a laundry *basket* 洗濯かご / a *basket* full of flowers 花のいっぱい入ったかご / empty a *basket* かごをあける[からにする].
❷ Ⓒ かご 1 杯(の分量), ひとかご分: a *basket of* apples りんごひとかご. ❸ Ⓒ (バスケットボールの)ゴールの網; ゴール, 得点: make [shoot] a *basket* 得点する. ❹ Ⓒ (ネットショッピングの)買い物かご, カート.

*bas·ket·ball /bǽskɪtbɔ̀ːl | bɑ́ːs-/ 名 (~s /~z/) ❶ Ⓤ バスケットボール: a *basketball* game [(英) match] バスケットの試合 (⇒ game[1] 2 語法). ❷ Ⓒ バスケットボールのボール.

básket càse 名 Ⓒ (略式) (緊張で)おかしくなった人; (財政的に)困窮した国[組織].

bas·ket·ry /bǽskɪtri | bɑ́ːs-/ 名 Ⓤ = basketwork.

bas·ket·work /bǽskɪtwɚ̀ːk | bɑ́ːskɪtwə̀ːk/ 名 Ⓤ かご細工(品); かご細工の技術.

Basque /bǽsk/ 名 ❶ Ⓒ バスク人 (ピレネー山脈西部に住む). ❷ Ⓤ バスク語.

bas-re·lief /bɑ̀ːrɪlíːf/ ≪フランス語から≫ 名 (~s) Ⓤ 低浮き彫り; Ⓒ 低浮き彫りの作品.

+**bass**[1] /béɪs/ (同音 base[1, 2]) 名 (~·es /~ɪz/) ❶ C,U 〔音楽〕 バス, ベース (男声の最低音域); 低音部. ❷ Ⓒ バス[ベース]歌手; ダブルベース (double bass); ベースギター.
— 形 限定 バス[低音]の.

bass[2] /bǽs/ 名 (複 ~, ~·es) Ⓒ バス (すずきの類の魚).

báss guitár /béɪs-/ 名 Ⓒ ベースギター (bass).

bas·si·net /bæ̀sənét/ Ⓒ (米) ほろ付き揺りかご.

bass·ist /béɪsɪst/ 名 Ⓒ ベースギター[ダブルベース]奏者.

bas·soon /bəsúːn/ 名 Ⓒ バスーン, ファゴット (低音木管楽器).

bas·soon·ist /bəsúːnɪst/ 名 Ⓒ バスーン奏者.

+**bas·tard** /bǽstəd | bɑ́ːstəd/ 名 (-tards /-tədz | -tədz/) ❶ Ⓒ (卑語) [軽蔑的] (いやな)やつ, 野郎, くそったれ (特に男性へののののしり). ❷ Ⓒ (俗) (うらやましい[気の毒な])やつ, 男; (英俗) やっかいなもの. ❸ Ⓒ (古風) 非摘出子, 私生子[児].

bas·tard·ize /bǽstədàɪz | bɑ́ːstə-/ 動 他 [しばしば過去分詞で] (格式) (...)を粗悪[不純]にする.

baste[1] /béɪst/ 動 他 (火にかけるとき)(肉など)にバター[たれ]をかける.

baste[2] /béɪst/ 動 他 (...)を仮り縫いする.

Bas·tille, Bas·tile /bæstíːl/ 名 固 [the ~] バスティーユ (パリの監獄; 1789 年 7 月 14 日民衆がこれを破壊してフランス革命が始まった).

bas·tion /bǽstʃən | -tiən/ 名 ❶ Ⓒ (堅固な)要塞(ようさい); 防衛拠点 (*of*). ❷ Ⓒ (城の)稜堡(りょうほ).

*bat[1] /bǽt/ 名 (bats /bǽts/) Ⓒ (野球・クリケットの)バット; (英) (卓球の)ラケット.
at bát [副・形] 打席に立って; (チームが)攻撃側で.
òff one's **ówn bát** [副] (英略式) 自主的に.
(ríght) óff the bát [副] (米略式) すぐに.
— 動 (bats /bǽts/; bat·ted /-ṭɪd/; bat·ting /-ṭɪŋ/) 他 (...)をバットで打つ; 〔野球〕 (ある打率)をあげる (⇒ batting average); (...)を(手で)軽く打つ: He *batted* .278 this season. 彼は今シーズン 2 割 7 分 8 厘の打率をあげた (.278 は two seventy-eight と読む).
— 自 バットで打つ; (野球・クリケットで)打席に立つ; (手で)軽く打つ (*at*): *bat* number 4 in the lineup 4 番を打つ / be up to *bat* next 次に打席に立つ.
bát a thóusand [動] 自 (米略式) 大成功を収める.
bát aróund [動] 他 (略式) (案など)をあれこれ考える[検討する].
bát ín [動] 他 (打点)をあげる.
gó to bát for ... [動] 他 (米略式) (人)を援助[支持]する.

bat[2] /bǽt/ 名 ❶ Ⓒ こうもり (哺乳(ほにゅう)類; ⇒ vampire bat). 参考 悪魔の使いとされることがある. ❷ Ⓒ [an old ~として] (略式) いやな婆さん. **(as) blínd as a bát** [形] (略式) [こっけいに] よく目が見えない(で). **lìke a bát òut of héll** [副] (略式) 猛スピードで.

bat[3] /bǽt/ 動 [次の成句で] **bát** one's **éyes [éyelashes]** [動] 自 (女性が男性にまばたきをして)色目をつかう. **nót bát an éye [éyelash,** (主に英) **éyelid]** [動] 自 (略式) 少しも驚かない[動じない].

bat·boy /bǽtbɔ̀ɪ/ 名 Ⓒ (米) (野球道具を管理する)バットボーイ.

+**batch** /bǽtʃ/ 名 (~·es /~ɪz/) ❶ Ⓒ (処理などの)**1 回分の量**; 1 束; **1 群**, 1 団; (パンなどの)ひと焼き分 (*of*): in *batches* まとめて. ❷ Ⓒ 〔コンピュータ〕 バッチ (同一プログラムで一括処理される作業量).

bátch pròcessing 名 Ⓤ 〔コンピュータ〕 バッチ処理, 一括処理.

bath /bǽθ | bɑ́ːθ/
— 名 (baths /bǽðz, bǽθs | bɑ́ːðz/) ❶ Ⓒ 入浴, 湯[水]を浴びること, 湯浴み: I'll *take* [(英) *have*] *a bath* before I go to bed. 寝る前にふろに入ります / *give* the baby a *bath* 赤ちゃんをおふろに入れる / a cold *bath* 冷水浴. ❷ Ⓒ (浴用の)湯, 水; (英) 浴槽 [(米) bathtub, tub]: run [draw] a *bath* 浴槽に水[湯]を張る. ❸ Ⓒ 浴室; 洗面所 (bathroom) (特に住宅業者の広告で使う): a full *bath* 洗面台・便器・浴槽[シャワー]を完備した浴室. ❹ [複数形] 浴場; (古風, 英) 屋内プール: public *baths* 公衆浴場. ❺ Ⓒ (薬液などの)容器.
tàke a báth [動] 自 (米略式) 大損をする.
(動 bathe)

— 動 (baths /~s/; bathed /~t/; bath·ing /-θɪŋ/) 他《英》(子供・病人など)を入浴させる [《米》bathe]. — 自《古風, 英》入浴する.

Bath /bǽθ | bɑ́:θ/ 名 固 バース《England 南西部の都市; 温泉保養地として有名》.

+**bathe** /béɪð/ !発音 動 (bathes /~z/; bathed /~d/; bath·ing) 他 ❶《米》(子供・病人など)を**入浴させる**: *bathe* a baby 赤ん坊をふろに入れる. ❷ (患部など)を**水に浸す**[**つける**], 水で洗う: *Bathe* your eyes three times a day. 1 日 3 回目を洗いなさい. ❸ [しばしば受身で]《文語》(光・暖かさなどが)(...)にいっぱいに注ぐ; (汗などが)(...)を覆う: The garden *was bathed in* sunshine. 庭には日光がさんさんと注いでいた / He *was bathed in* sweat. 彼は汗まみれになっていた. — 自 ❶《米》入浴する. ❷《古風》(海・川・湖などで)泳ぐ. (名 bath)

bath·er /béɪðɚ | -ðə/ 名 ❶ C《米》入浴する人;《古風》泳ぐ人. ❷ [複数形で]《豪》水着.

bath·house /bǽθhàʊs | bɑ́:θ-/ 名 ❶ C 公衆浴場. ❷ C《米》(海水浴場の)更衣所.

bath·ing /béɪðɪŋ/ 名 U《英》(海・川などでの)水泳: BATHING PROHIBITED 遊泳禁止《掲示》.

báthing sùit 名 C《古風, 主に米》= swimsuit.

báth màt 名 C 浴室のマット, バスマット《⇒ bathroom 挿絵》; (浴槽の底の)すべり止めマット.

bath·robe /bǽθròʊb | bɑ́:θ-/ 名 ❶ C バスローブ《入浴やシャワーの前後に着る》. ❷ C《米》ガウン, 部屋着 [《英》dressing gown].

***bath·room** /bǽθrù:m, -rʊ̀m | bɑ́:θ-/ — 名 (~s /~z/) ❶ C **浴室**, ふろ場; **洗面所**《⇒ bedroom (参考)》: May I use the [your] *bathroom*, please? お手洗いをお借りしてもよろしいでしょうか.

> 語法 浴槽 (bathtub) のほかに便器 (toilet) と洗面台 (sink,《英》washbasin) があり, トイレ・洗面所を兼ねるのが普通なので,《米》では個人宅のトイレのことを遠回しに bathroom, トイレに行くことを go to the bathroom ということがある《⇒ toilet (参考)》.

❷ C《米》(公共施設の)トイレ.

báthroom scàle 名 C [《英》しばしば複数形で単数扱い] 浴室の体重計, ヘルスメーター《⇒ bathroom 挿絵》. 日英「ヘルスメーター」は和製英語.

***baths** /bǽðz, bǽθs | bɑ́:ðz/ 名 bath **の複数形**.

báth tòwel 名 C バスタオル.

bath·tub /bǽθtʌ̀b | bɑ́:θ-/ 名 C《主に米》浴槽, 湯ぶね (tub) [《英》bath]《⇒ bathroom 挿絵》.

ba·tik /bətí:k/ 名 ❶ U バチック, ろうけつ染め. ❷ U,C ろうけつ染めの布地.

Bat·man /bǽtmæn/ 名 固 バットマン《米国の漫画・テレビ・映画に登場する正義の味方》.

ba·ton /bətɑ́(:)n | bǽtɔn, -tn/ 名 ❶ C〔音楽〕指揮棒, (楽隊長・バトントワラーの)バトン. ❷ C 警棒. ❸ C (リレーの)バトン. **páss [táke] the batón** [動] 自 バトンを渡す[受け取る]; 責任を委ねる[引き受ける].

Bat·on Rouge /bǽtnrú:ʒ/ 名 固 バトンルージュ《米国 Louisiana 州の州都》.

bats·man /bǽtsmən/ 名 (-men /-mən/) C〔クリケット〕打者.

bat·tal·ion /bətǽljən/ 名 ❶ C〔陸軍〕大隊《⇒ corps (参考)》. ❷ C (特定の目的を持つ)大勢の人, 大集団 (*of*).

bat·ten /bǽtn/ 動 他 (...)を目板で補強する. **bát·ten dówn the hátches** ⇒ hatch[2] 成句.

+**bat·ter**[1] /bǽṭɚ | -tə/ 名 (~s /~z/) C《米》〔野球〕**打者**, バッター: the *batter's* box バッターボックス, 打席. 日英「バッターボックス」は和製英語.

bat·ter[2] /bǽṭɚ | -tə/ 動 (-ter·ing /-ṭərɪŋ, -trɪŋ/) 他 ❶ (...)を続けざまに打つ, 乱打する: be *battered* to death 殴り殺される. ❷ (...)をたたきつぶす (*down*). ❸ (敗北・批判などが)(...)を打ちのめす, 参らせる. — 自 続け

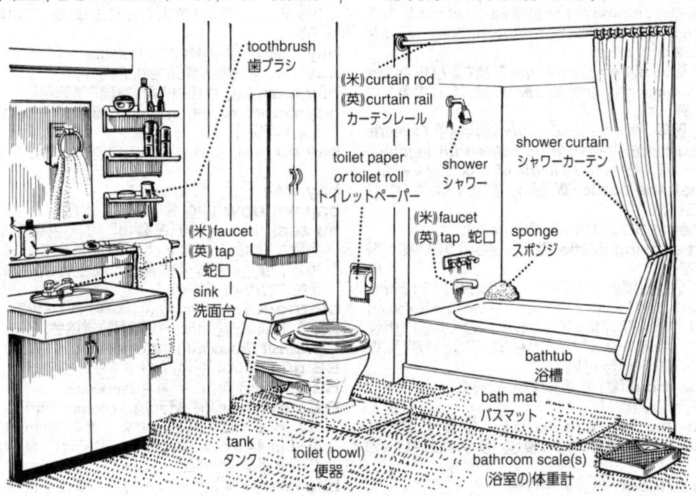

bathroom

ざまに打つ (against, at, on).

bat·ter³ /bǽṭɚ | -tə/ 名 U,C (牛乳・鶏卵・小麦粉などの)こねもの, ねり粉《パンケーキなどにする》.

bat·tered /bǽṭɚd | -təd/ 形 ❶ (使い古して)いたんだ. ❷ (家庭内暴力で)虐待された: a *battered* wife 夫から暴力をうけた妻.

B

bat·ter·ing /bǽṭərɪŋ, -trɪŋ/ 名 U,C 殴打; 虐待: baby *battering* 乳児虐待. **tàke a báttering** [動] 自 痛手を受ける; 大負けする, 打ちのめされる.

∗**bat·ter·y** /bǽṭəri, -tri/ 名 (-ter·ies /~z/)

意味のチャート
「打つこと」❺ (⇒ bat¹, beat) → 「砲台」❹
→ (ひと組で力を出すもの) → 「電池」❶ / 「(野球の)バッテリー」❸

❶ C 電池, (車などの)バッテリー: a dry [storage] *battery* 乾[蓄]電池 / change the *batteries* 電池を交換する / run on a solar *battery* 太陽電池で動く / charge [recharge] a *battery* バッテリーを充電する / This *battery* is dead [《英》flat]. この電池は切れている. 日英 日本語の「バッテリー」は蓄電池を指すのが普通だが, 英語の battery は電池一般を指す. ❷ [a ~] (同種・同類のものの)一連, 一群: *a battery of* questions [reporters] 一連の質問[一群の記者]. ❸ C 〔野球〕バッテリー《投手と捕手》. ❹ C 砲台, 砲列. ❺ U 〔法律〕殴打, 暴行.

rechárge one's **bátteries** [動] 自《略式》元気をとりもどす,「充電」する.

bat·ting /bǽṭɪŋ/ 名 U バッティング, 打撃.

bátting àverage 名 ❶ C 〔野球〕打率: a *batting average* of .233 [.300] 2 割 3 分 3 厘[3 割]の打率《.233は two thirty-three, また.300 は three hundred と読む》. ❷ C 成功率.

⁑bat·tle /bǽṭl/

— 名 (~s /~z/) ❶ C (1 回の)戦闘, 戦い, 会戦(⇒ war 類義語): a close *battle* 接戦 / a street *battle* 市街戦 / fight a *battle* 戦闘を行なう / win [lose] a *battle* 戦いに勝つ[負ける].

❷ U 戦い, 戦争: go into *battle* 参戦する / His father was wounded [killed] ***in battle***. 彼の父は戦争で負傷[戦死]した.

❸ C 闘争; 競争: a legal *battle* 法廷闘争 / a ***battle for*** existence 生存競争 / a ***battle with*** [***against***] cancer 癌(がん)との戦い / a ***battle of*** wits 知恵くらべ.

be hálf the báttle [動] 自 Ⓢ (成功するためには)肝心なことである.

dò báttle [動] 自 (相手と)争う (with).

fíght a lósing báttle [動] 自 勝ち目のない戦い[努力]をする.

— 動 自 ❶ (困難な状況などと)戦う; 奮闘する: *battle against* [*with*] cancer 癌と戦う / *battle for* [*to* have] equal rights 平等権を求めて戦う. ❷《文語》(戦闘で)戦う, 参戦する. — 他 (困難な状況など)と戦う, 取り組む;《文語》(敵)と戦う.

báttle it óut [動] 自 最後まで戦い抜く.

〖語源 ラテン語で「打つこと」〗

bat·tle-ax, 《英》**-axe** /bǽṭlæks/ 名 ❶ C《略式》[軽蔑的] 口やかましい女. ❷ C (昔の)戦闘用まさかり.

báttle crùiser 名 C 巡洋戦艦.

báttle crỳ 名 C ときの声; (闘争の)スローガン.

báttle drèss 名 U 戦闘服, 軍服.

báttle fatìgue 名 U《古風》戦争神経症《戦闘などのストレスによる精神障害》.

+**bat·tle·field** /bǽṭlfiːld/ 名 (~s /~z/) C 戦場; 闘争の場; 争点, 論点.

bat·tle·ground /bǽṭlgràʊnd/ 名 C = battlefield.

bat·tle·ments /bǽṭlmənts/ 名 複 [the ~] 銃眼付き胸壁.

bat·tle·ship /bǽṭlʃɪp/ 名 C 戦艦.

bau·ble /bɔ́ːbl/ 名 C 安物の宝石;《英》(クリスマスツリーの)装飾ボール.

Baude·laire /bòʊḍəléɚ | bóʊdəlèə/ 名 固 Charles-Pierre /ʃɑ́ɚlpjéɚ | ʃɑ́ːlpjéə/ ~ ボードレール (1821-67)《フランスの詩人》.

baulk /bɔ́ːk/ 動 名《英》= balk.

baux·ite /bɔ́ːksaɪt/ 名 U〔鉱物〕ボーキサイト《アルミニウム原鉱》.

bawd·y /bɔ́ːḍi/ 形 (bawd·i·er; -i·est) (歌・劇・冗談などが)みだらな.

bawl /bɔ́ːl/ 動 自 わめく, どなる (out); 泣き叫ぶ. — 他 (...)をどなって言う (out). **báwl óut** [動] 他《略式》(人)をしかり飛ばす (for).

∗**bay¹** /béɪ/ 名 (~s /~z/) C 湾, 入り江: Tokyo *Bay* 東京湾.

bay (小さい湾)	湾
gulf (大きい湾)	

bay² /béɪ/ 名 ❶ C (建物の)区画; (部屋・建物の)外への張出し, 引き込み: a parking *bay* (店などの)駐車場. ❷ C (飛行機の胴体の)隔室, 倉(そう): a cargo *bay* 荷物室.

bay³ /béɪ/ 名 C (猟犬の)ほえ声. **be at báy** [動] 自 追い詰められている. **hóld [kéep] ... at báy** [動] 他 (...)を寄せつけない. — 動 自 ❶ (猟犬などが)ほえる (at). ❷ (大声で)強く要求する: *bay for* (...'s) blood (...の)処罰を要求する, (...を)血祭りにあげようとする.

bay⁴ /béɪ/ 名 C 月桂樹 [≒laurel].

bay⁵ /béɪ/ 形 (馬が)赤茶色の, 鹿毛(かげ)の.

báy lèaf 名 C 月桂樹の葉《料理の香味用》.

bay·o·net /béɪənɪt, -nèt/ 名 C 銃剣. — 動 他 (...)を銃剣で突く.

bay·ou /báɪuː, báɪoʊ | báɪ(j)uː/ 名 C (米国南部の)水草の多い入り江.

báy trèe 名 C = bay⁴.

báy wíndow 名 C 張り出し窓, 出窓.

ba·zaar /bəzɑ́ɚ | -zɑ́ː/ 名 ❶ C バザー, 慈善市《教会・病院などの催すもの》: a charity *bazaar* チャリティーバザー. ❷ C (東洋・中東諸国の)商店街, (路頭に商品を並べた)市場, バザール.

ba·zoo·ka /bəzúːkə/ 名 C〔軍隊〕バズーカ砲.

∗**BBC** /bíːbìːsíː/ 名 [the ~] 英国放送協会, ビービーシー《*B*ritish *B*roadcasting *C*orporation の略》.

BB gún /bíːbìː-/ 名 C《米》エアガン, 空気銃.

BBQ /bɑ́ɚbɪkjùː | bɑ́ː-/ 略 = barbecue.

+**B.C.,** B.C. /bíːsíː/ 略 紀元前...《before Christ の略》. 語法 年号や世紀の数字の後に置く: Julius Caesar died in 44 B.C. ユリウス・カエサルは紀元前 44 年に死んだ. 関連 A.D. 西暦....

bcc /bíːsìːsíː/ 略〔コンピュータ〕= blind carbon copy《受信者に知らせずに他の宛先にメールの写しを送る手法》.

*****be**[1] /(弱形) biː; (強形) bíː/ (同音) #bee)

— 動 自 (語形変化は次ページ下の表を参照)

単語のエッセンス
1) (...は)〜である, ...になる A ❶
2) [存在を示して] (...に)ある, (...に)いる A ❷

A

語法 原形の be の形のままで用いるのは次の場合だけで, そのほかは語形変化をした形で現われる.
(1) 助動詞の後: It must *be* true. それは本当に違いない (✪ *Be* seeing you! (ではまた)では I'll が略されている).
(2) 不定詞のとき: Make sure to *be* there at ten. 10 時には必ずそこに行きなさい[いなさい].
(3) 命令文のとき: *Be* careful. 気をつけなさい. ただし, 否定の命令文, 強調の命令文では助動詞 do の後で用いる (⇒ do[1] 1, 3): *Don't be* a fool. ばかなまねはよせ / *Do be* quiet. どうか静かにしてくれ.
(4) 仮定法現在形で (⇒ B).

❶ ...である, ...になる: She will *be* a college student next spring. V+C (名) 彼女は来春大学生になる / "I'*m* very tired." "Oh, 「you *are* [*are* you]?" V+C (形) 「とても疲れた」「ああ, そう」 語法 答えの文では tired が省略されている // Tomorrow'*s* Sunday, *isn't* it? 明日は日曜日でしょう (⇒ **巻末文法** 1.5 (2) ③) / *Be* kind to old people. お年寄りには親切にしなさい (✪「親切にふるまいなさい」の意) / Seeing *is* believ*ing*. V+C (動名) 《ことわざ》 見ることは信ずること(百聞は一見にしかず) / To be right *is to* be strong. V+C (to 不定詞) 正しいということは強いことだ / This book *is of* great interest to us. V+C (前+名) この本は我々には大変興味深いものだ / What time *is* it? V+C (名) 何時ですか / This package'*s for* you. V+C (前+名) この小包は君あてだ / What is he going to *be* in the future? V+C (名) 彼は将来何になるつもりか / The question *is* not ***how to*** speak, but *what to* say. V+C (wh 句) 問題はどう表現するかではなく, 何を言うかだ / All I want to know ***is what*** he is going to do next. V+C (wh 節) 私が知りたいのは彼が次にどうするかということだけだ / The reason (why) she didn't go ***was that*** she didn't like him. V+C (that 節) 彼女が行かなかった理由は, 彼が好きでなかったからだ.

❷ (1) [存在を表わす] (人・ものが)**いる, ある**. 語法 この意味では普通 there+be ... の文型を用いる (⇒ there[1]): ***There is*** a book on the desk. 机の上に本が 1 冊ある. (2) [副詞句を伴って存在の場所を示す] **(...に)いる, (...に)ある;** [主に be または been の形で] **(...へ)行く[来る]** (⇒ been[1] 動): "*Where were* you?" "I *was in* the garden". V+前+名 「どこにいたの?」「庭にいました」 / The station *is* a mile *away*. 駅は 1 マイル先です / I'll *be at* the corner at five. 5 時に角のところにおります[行きます] / She'll *be here* soon. 彼女はじき来ます. (3) [副詞(句)を伴って] 行われる: The concert 「will *be* on Monday [*was* last night]. 演奏会は月曜日だ[昨夜だった].

B [仮定法現在形] 対応する過去形は were. ❶ [命令・決定・提案・主張などを表わす動詞に続く that 節で] (⇒ **巻末文法** 11. 4 (1)): I demand *that* the principal *be* present. (= 《英》 I demand *that* the principal 「*should be* [*is*] present.) 私は校長の出席を要求する.

❷ 《文語》 (⇒ **巻末文法** 11. 4 (2)-(4)) (1) [仮定・条件を表わす節で]: If they *be* innocent, they must be set free. もし彼らが無実ならば釈放されるべきだ. (2) [譲歩を表わす節で]: *Be* it ever so humble (= However humble it may be), there's no place like home. たとえいかに貧しくても家庭ほどよい所はない《イングランドの民謡 *Home, Sweet Home* の一節》. (3) [願望・祈願を表わす]: God *be* with you. 神の御加護があらんことを.

bé that as it máy [副] 《格式》 たとえそうだとしても, それはそれとして.

*****be**[2] /(弱形) biː; (強形) bíː/ (同音) #bee)

— 助 (語形変化は次ページ下の表を参照)

単語のエッセンス
1) [進行形で] ...しているところだ; ...する予定だ A ❶
2) [受身で] ...される; ...されている A ❷

A (⇒ be[1] A 語法) ❶ [be+-ing 形で進行形を表わす] be が現在形であれば現在進行形 (present progressive form), be が過去形であれば過去進行形 (past progressive form) となる. (1) **...しているところだ, ...している最中である** 《動作の進行・継続または未完了を表わす》: He *is* read*ing* a book. 彼は本を読んでいるところだ 《現在進行形》 / The phone rang while I *was* tak*ing* [《英》 hav*ing*] my bath. 私の入浴中に電話が鳴った 《過去進行形》.

語法 (1) 動作を表わす動詞 (⇒ **巻末文法** 4 (3)) とともに用いるが, 《略式》 では状態を表わす動詞 (⇒ **巻末文法** 4 (4)) とともに用いて, 一時的な状態を強調したり, 話し手の強い感情や関心を表わすことがある: You'*re* be*ing* very kind this morning. 今朝はずいぶん優しいね.
(2) 進行形としては用いない動詞はこの辞書では[進行形なし]と表示してある.

(2) (もうすぐ)**...する予定だ,** (近く)**...するつもりだ** 《未来を表わす副詞(句)を伴って近い将来の予定を表わす; すでに決まった予定であることを暗示する》: We *are* go*ing* to Tokyo next week. 私たちは来週東京へ行く予定だ / What *are* you do*ing* tonight? 今晩は何をする予定ですか / I *am* start*ing* work tomorrow. 私はあすから仕事を始めようと思っている. 語法 この文は, 例えば今まで病気だったり, 就職が決まって張り切っていることなどを暗示することがある. これに対し I start work tomorrow. (私はあすから仕事を始める)は単にあすが仕事の開始日であることを示すだけ // I *was* leav*ing* town the next day. 私は翌日町を出発する予定だった 《過去進行形; 過去のある時点から見た近い将来の予定を表わす》. (3) [always, constantly, forever などの副詞とともに用いて] いつも...してばかりいる, しょっちゅう...している: This door *is always* squeak*ing*. この戸はしょっちゅうきしんでいる. 語法 この用法では非難などの感情を含むことが多い. This door squeaks. (この戸はきしむ)と比較. また次の 2 つの文も比較: My father often *loses* his umbrella. 父はよく傘をなくす / My father *is always losing* his umbrella. 父は傘をなくしてばかりいる.
(4) [will [《英》 ではまた shall]+be+-ing 形で未来進行形を表わす; ⇒ **巻末文法** 6. 2 (3)]: We *will* [*shall*] *be* enjoy*ing* the life in Paris next month. 来月はパリの生活を楽しんでいることでしょう.

B

> 語法 すでに決まった予定を表わすことがある: I *will be* stay*ing* at the same hotel next month. 来月も同じホテルに泊まることになっている / *Will* you *be* attend*ing* the party? パーティーには出席なさいますか.

⑸ [have [had]＋been＋-ing 形で現在[過去]完了進行形を表わす]: I *have been* wait*ing* for a friend of mine for an hour. 私は1時間も友人を待ち続けている《詳しくは ⇒ been[2] 1》.
❷ [be＋他動詞の過去分詞で受身を表わす; ⇒ **巻末文法** 7. 2] ⑴ **...される**《受身の動作を表わす》: The boys will *be* severely scold*ed by* the teacher. 少年たちは先生にひどくしかられるだろう《The teacher will severely *scold* the boys.の受身》.
⑵ **...されている**《受身の状態を表わす》: The gate *was* clos*ed* when I came. 私が来たときには門は閉まっていた.

> 語法 **受身について**
> (1) He *gave* his sister the car. のような二つの目的語をとる文の受身としては (A)間接目的語を主語とした文 His sister *was given* the car. (彼の妹はその車をもらった)と, (B)直接目的語を主語とした文 The car *was given* (to) his sister. (その車は彼の妹に与えられた)が考えられる. 実際にどちらが選ばれるかは文脈によるが, 一般には (A) の方が普通(⇒ give 1 語法 (1)). (B)の場合は to が入るのが普通.
> (2) 受身の文は行為をする人[物]がはっきりしないときや, はっきりと言う必要がないか, 言うと差しつかえのあるときに用いられることが多い. 従ってこれらの場合には by ... (...によって)という語句はつかない: His uncle *was* kill*ed* in the last war. 彼のおじはこの前の戦争で死んだ.
> (3) 自動詞＋前置詞が他動詞の意味や働きを持つときには受身の文でもその前置詞は残る: I *was* often laugh*ed at by* my classmates. 私はよくクラスの友達に笑われた《My classmates often *laughed at* me. の受身》.
> (4) 受身としては用いない動詞はこの辞書では[受身なし]と表示されている.

❸ [be＋to 不定詞で] ⇒ be to の項目. ❹ [be＋自動詞の過去分詞で]《古語》...した, ...している: Winter *is gone* and spring *is come*. 冬が去り春が来た.
B [仮定法現在形] 対応する過去形は were. ✪ 用法については ⇒ **巻末文法** 11.4.

be- /bɪ, bə/ 接頭 ❶ [名詞・形容詞に付けて他動詞をつくる]「...にする, ...として待遇する」などの意: *be*friend ...の力になる. ❷ [自動詞に付けて他動詞をつくる]: *be*moan ...を悲しむ. ❸「全く, すっかり」の意: *be*set ...に付きまとう / *be*deck ...を飾る. ❹ [名詞に付けて語尾が-ed の形容詞をつくる]《文語》...を身につけた: *be*jeweled 宝石をつけた.

**beach /bíːtʃ/ (同音 beech)

— 名 (~·es /~ɪz/) C **浜辺**, いそ, 浜, なぎさ(⇒ shore[1] 類義語): They walked in the sand on the *beach*. 彼らは浜辺の砂の上を歩いた / I spent my vacation at the *beach*. 私は休暇を海辺で過ごした.
— 動 他 (船・鯨など)を浜辺に引き上げる: Why have these whales *beached* themselves? これらの鯨はなぜ打ち上がったのだろうか.

béach bàll 名 C ビーチボール.
béach chàir 名 C 《米》＝ deck chair.
beach·comb·er /bíːtʃkòumə | -mə/ 名 C (生活目的・趣味などで)海岸の漂着物を拾う人.
beach·head /bíːtʃhèd/ 名 C 〔軍隊〕上陸拠点.

be[1, 2] の語形変化

		直説法 現在形	直説法 現在形 短縮形	直説法 過去形	仮定法 現在形	仮定法 過去形	命令法
一人称	単数	(I) am /(弱形)(ə)m; (強形)ǽm/	I'm /aɪm/	(I) was /(弱形)wəz; (強形)wáz | wɔ́z/	be	were	be /bíː/
一人称	複数	(we) are /(弱形)ɚ | ə; (強形)áɚ | áː/	we're /wiːɚ | wiːə/	(we) were /(弱形) wɚ | wə; (強形)wɚ́ː | wə́ː/			
二人称	単数 複数	(you) are	you're /juːɚ | juːə/	(you) were			
三人称	単数	(he, she, it および 名 代 の 単) is /(弱形) ɪz, (/z, ʒ, ʤ/ 以外の有声音の後ではまた) z, (/s, ʃ, ʧ/ 以外の無声音の後ではまた) s; (強形) íz/	he's /hiːz/, she's /ʃiːz/, it's /ɪts/, Tom's /támz | tɔ́mz/ など	(he, she, it および 名 代 の 単) was			
三人称	複数	(they および 名 代 の 複) are	they're /ðeɪɚ | ðeɪə/ など	(they および 名 代 の 複) were			
過去分詞		been / 動 (弱形)bɪn; (強形)bín | bíːn/ / 助 (弱形)bɪn/					
現在分詞 動名詞		being / 動 bíːɪŋ/ / 助 (弱形)biːɪŋ/					

béach umbrèlla 名 C 《米》 ビーチパラソル. 日英 「ビーチパラソル」は和製英語.
beach·wear /bíːtʃwèɚ | -wèə/ 名 U ビーチウェア《海水着やその上からまとうもの》.
bea·con /bíːk(ə)n/ 名 ❶ C 信号灯, 航空標識の灯; 信号塔, 灯台: an aerial *beacon* 航空標識. ❷ C 無線標識(所) (radio beacon). ❸ C (人々の)導きとなるもの, 光明: a *beacon* of hope for [to] ... ...にとって希望の光. ❹ C (昔の)かがり火, のろし.
bead /bíːd/ 名 ❶ C ガラス玉, ビーズ, じゅず玉. ❷ [複数形で] じゅず, ロザリオ [≒rosary]; 首飾り. ❸ C (露・汗・血の)玉, しずく: *beads* of sweat 玉の汗.
dráw [gét, táke] a béad on ... [動] 他 ...にねらいをつける. 由来 銃の照星 (bead) を向けてねらいをさだめる, の意.
〖語源 元来は「(じゅずを用いた)祈り」の意〗
bead·ed /bíːdɪd/ 形 ❶ 玉[ビーズ]で飾った. ❷ (汗などの)玉で覆われた (*with*).
bead·ing /bíːdɪŋ/ 名 U ビーズ(飾り).
bead·y /bíːdi/ 形 (bead·i·er, more ~; bead·i·est, most ~) [悪い意味で] (目が)小さく丸く[鋭く]光る.
háve [kéep] one's béady éye(s) on ... [動] 他 《主に英》...を見張る, ...に目を光らせる.
bea·gle /bíːgl/ 名 C ビーグル犬《小猟犬; ⇒ dog 挿絵》.
beak /bíːk/ 名 ❶ C くちばし. 語法 bill と区別して猛禽(もうきん)類のくちばしに用いることがある《⇒ bill² 表》. ❷ C [こっけいに] かぎ鼻, わし鼻.
bea·ker /bíːkɚ | -kə/ 名 ❶ C (実験用の)ビーカー. ❷ C 《英》 (広口の)大型コップ(1 杯の量) (*of*).
be-all and end-all /bíːɔ̀ːlən(d)éndɔ̀ːl/ 名 [the ~] (...にとっての)すべて; 最も重要なもの (*of*).
+**beam** /bíːm/

意味のチャート
「梁(はり)」❷ → (梁のように真っすぐなことから) → 「光線」❶ → 「輝き」❸ → 「輝く」 動

— 名 (~s /~z/) ❶ C **光線**《ray より幅が広いか ray が集まったもの》; 光束, 光の帯: a ***beam of*** light 一筋の光 / a *beam of* hope 希望の光 / a laser *beam* レーザー光線. 関連 sunbeam 日光. ❷ C **梁**(はり), けた, 横木; 船幅. ❸ C (顔などの)輝き, 笑顔, 晴れやかさ: with a *beam of* delight うれしそうな笑顔で. ❹ C = balance beam. ❺ C 天秤(てんびん)ばかりのさお.
òff béam [形・副] 《英略式》 間違った[て]. **(ríght) on the béam** [形] 《略式》 (全く)正しい, 正確で.
— 動 (beams /~z/; beamed /~d/; beam·ing) 自 ❶ (晴れやかに)**にっこり笑う**, (うれしさに)顔をほころばせる: She ***beamed at*** her friends. V+*at*+名 彼女は友達ににこやかにほほえみかけた. ❷ [副詞(句)を伴って] (太陽などが)輝く, 光[熱]を発する: The sun *beamed* brightly. 太陽はきらきらと輝いていた.
— 他 ❶ [副詞(句)を伴って] (信号・映像など)を送信する, (放送など)を向ける (*across, to*). ❷ (光)を発する, 放つ.
bean /bíːn/ (同音 《英》 #been 動)
— 名 (~s /~z/) ❶ C **豆**; (豆の)さや: broad *beans* そら豆 / kidney *beans* いんげん豆 / green *beans* さやいんげん. ❷ C (豆に似た)実(のなる植物): coffee *beans* コーヒー豆.
fúll of béans [形] 《略式》 (人が)元気一杯で.
nót hàve a béan [動] 自 《英略式》 一文無しである.
nót knòw [càre] béans [動] 自 《米略式》 (...のことは)全く知らない[気にしない] (*about*).
spíll the béans [動] 自 《略式》 うっかり秘密を漏らす. 由来 豆をばらまいてしまう, の意.

bean (くぼみのある楕円(だえん)形)	豆
pea (球形)	
lentil (平たい円形)	

— 動 他 《略式》 (人)の頭に物[ビーンボール]をぶつける.
bean·ball /bíːnbɔ̀ːl/ 名 C 〔野球〕 ビーンボール《打者の頭をねらって(故意に)投げた球》.
bean·bag /bíːnbæ̀g/ 名 C (プラスチック片を詰めた)大型のクッション.
béan cùrd 名 U 豆腐.
béan spròuts 名 複 もやし《食用》.
bean·stalk /bíːnstɔ̀ːk/ 名 C 豆の茎: *Jack and the Beanstalk* 『ジャックと豆の木』《童話の題名》.
bear[1] /béɚ | béə/ ❗発音 (同音 bare)
— 動 (bears /~z/; 過去 bore /bɔ́ɚ | bɔ́ː/; 過分 borne /bɔ́ɚn | bɔ́ːn/ 《⇒ 他 5 語法, born》; bear·ing /bé(ə)rɪŋ/)

意味のチャート
「運ぶ」❼ → 「持っている」❷ → 「心に持つ」❹
→ (重さを) 「支える」❸ → 「耐える」❶
→ (もたらす) → 「産む」❺

— 他 ❶ (苦痛・不幸など)に**耐える**, 我慢する, 辛抱する《⇒ 類義語》. 語法 can [could] とともに否定文・疑問文で用いることが多い: *Can* Liz *bear* her sorrow? リズは悲しみに耐えられるだろうか / She *could not bear* the thought of losing her only son in the war. 彼女は一人息子を戦争で失うと考えただけでも耐えられなかった / He *could not bear to* see the scene. V+O (*to* 不定詞) 彼はその光景を見るのに耐えられなかった 多用 / Some people *cannot bear* travel*ing* by sea. V+O (動名) 船旅に耐えられない人もいる / She *couldn't bear* his [him] be*ing* away. 彼女は彼がそばにいないことに耐えられなかった / Waiting was ***more than*** I ***could bear***. 待つことは私にはとても耐えられなかった.
❷ 《格式》 (印・痕跡など)を**持っている**; (日付・署名など)の記載がある; (関係・称号・名声など)を持つ [≒have]: *bear* the scars (傷・災害などの)跡がある / This package doesn't *bear* the name of the sender. この小包には差し出し人の名前がない / *bear* little resemblance to ... ...にほとんど似ていない.
❸ (重さ)を**支える**, 担う; 《格式》 (費用・責任など)を**持つ**, 負担する: The board is strong enough to *bear* his weight. その板は彼の体重を支えるだけの強さがある / *bear* the expenses その費用を持つ.
❹ 《格式》 (...)を**心に持つ**, (恨みなど)を抱く: I *bear* a grudge ***against*** [***toward***] him. V+O+*against* [*toward*] +名 私は彼に恨みを抱いている / She *bears* him no hatred. V+O+O 彼女は彼に対して何の憎しみも抱いていない.
❺ (利子)を**産む**; (実)を**結ぶ**; 《格式》 (母親・雌が)(子)を産む; (女性が)(男性との)間に(子)をもうける: The bonds *bear* 6 percent interest. その債券は 6% の利子がつく / She *bore* him three children. V+O+O 彼女は彼との間に 3 人の子供を産んだ.

> 語法 普通に「生まれた」の意味を表わす場合は be born を用いる(⇒ born 語法). しかし, 後に by が続いて受身の意味が強いときは過去分詞 borne を用いる: I *was born* in 2005. 私は 2005 年に生まれた / Mary *was borne by* the queen. メアリーは王妃の産んだ子であった(✪ Mary was *born to* the queen. のほうが普通).

B

❻ [しばしば否定文で] (...)を受けるに適する[耐える]: The result *doesn't bear* think*ing* about. その結果はどうなるか恐ろしくて考えられない / The program *doesn't bear* watch*ing*. その番組は見るに値しない. ❼《文語》(...)を運ぶ, 持って行く [≒carry]: *bear* arms 武器を持つ / They arrived *bearing* gifts. 彼らは贈り物を持ってやってきた.

— 自 ❶ [副詞(句)を伴って] 進む, 向かう, 曲がる: *Bear* south until you reach the river. 川に着くまで南へ進みなさい / *bear* (to the) left 左に曲がる. ❷ 耐える, 我慢する.

béar one**sèlf** [動] 自 [副詞(句)を伴って]《格式》身を処する, ふるまう: He *bore himself* well at the ceremony. 彼はその式典で堂々とふるまった.

be bòrne ín on ... [動] 他《文語》(好ましくない事実などが)...にはっきり認識される.

bríng ... to béar on [upòn] ～ [動] 他《格式》(圧力・影響など)を～に加える; (...)を～に向ける.

> **bear¹ の句動詞**
>
> **béar dówn** 動 自 ❶ 大いに努力する. ❷ 力を入れて押す[下げる].
>
> **béar dówn on [upòn] ...** 動 他 ❶ ...に急接近する, 迫る. ❷ ...を圧迫する, ...にのしかかる.
>
> +**béar on [upòn] ...** 動 他《格式》...**に関係[影響]がある:** What you say does not *bear on* our problem. あなたの話は我々の問題とは関係がない.
>
> **béar óut** 動 他 (他人の意見など)を支持する, 証明する [≒support].
>
> +**béar úp** 動 自 **がんばる,** へこたれない (*against*): She *bore up* well *under* unfavorable circumstances. 彼女は不利な環境でがんばった.
>
> **béar with ...** 動 他 (人・状況など)を我慢する, ...に耐える: *Bear with* me a minute. Ⓢ 少々お待ち下さい.

> 類義語 **bear**「我慢する, 辛抱する」の意味の一般的な語で, 特に痛みや苦しみなどの重圧に耐えること: Mary *bore* the pain with great courage. メアリーは大いに勇気を出して痛みに耐えた. **endure** *bear* より改まった語で, 長期的にわたって辛抱強く, 不平を言わずに我慢する: The people had to *endure* the tyranny. 国民はその圧政に耐えねばならなかった. **stand** *bear* よりくだけた語で, 自制心を働かせてひるむことなく耐えること: I can't *stand* being stared at. じろじろ見られるのは我慢がならない. **put up with** くだけた感じの表現で, 特に怒りを我慢することに使われる: I can't *put up with* your rudeness anymore. これ以上君の無礼には我慢がならない. **tolerate** *put up with* の格式的な表現で, 人やその行為を許容すること. 痛みや苦しみには用いない.

bear² /béə | béə/ 名 ❶ C くま: a brown *bear* ひぐま / a polar *bear* 北極ぐま, 白くま / a koala *bear* コアラ / a teddy *bear* 縫いぐるみのくま. 参考 はちみつ (honey) が好物とされている. ✪ 鳴き声については ⇒ cry 表. ❷ C《米略式》難しいこと[もの]. ❸ C《略式》乱暴者, 無作法者. ❹ C〔株式〕売り方, 弱気筋 [⇔ bull]: ⇒ bear market. **be (lìke) a béar with a sóre héad** [動] 自《英略式》機嫌が悪い, 気難しい. 〖語源 原義は「茶色の獣」〗

bear·a·ble /bé(ə)rəbl/ 形 我慢できる, 耐えられる, (暑さ・寒さが)しのげる [⇔ unbearable].

béar clàw 名 C《米》ベアクロー《くまの手の形の菓子パン》.

+**beard** /bíəd | bíəd/ ❗発音 名 (beards /bíədz | bíədz/) ❶ C,U (人・やぎの)**あごひげ:** a man with a bushy *beard* もじゃもじゃのあごひげを生やした男性 / grow a *beard* あごひげを生やす.

beard (あごひげ)　mustache (口ひげ)　whiskers (ほおひげ)

❷ C ひげ状の物, (麦などの)のぎ.

beard·ed /bíəḍɪd | bíəd-/ 形 あごひげのある.

bear·er /bé(ə)rə | -rə/ 名 ❶ C 使者: the *bearer* of bad news 悪い知らせを持ってくる人. ❷ C [しばしば合成語で]《格式》運ぶ者, 運搬人. ❸ C《格式》所持者, (小切手などの)持参人. ❹ C (伝統などの)伝承者.

béar hùg 名 C 力強い抱擁《勝利や再会などで》.

*__bear·ing__ /bé(ə)rɪŋ/ 名 (～s /～z/) ❶ [a ～ または U] (他に対する)**関係, 関連:** His words had no [*a* direct] *bearing on* this problem. 彼のことばはこの問題に全く関係がなかった[直接の関係があった]. ❷ [a ～ または U]《格式》**態度,** ふるまい《独特の身振り・姿勢・歩きかた・癖など》: a person *of* noble *bearing* 気品ある態度の人. ❸ C (磁石が示す)方向, 方角, 方位. ❹ C〔機械〕軸受け, ベアリング.

gèt [fínd] one's **béarings** [動] 自 自分の位置がわかる; 周囲の情況がわかる.

lóse one's **béarings** [動] 自 自分の位置を見失う; 周囲の情況がわからなくなる, 途方にくれる.

bear·ish /bé(ə)rɪʃ/ 形 ❶〔株式〕弱気の; (人が)相場の下落を予想して [⇔ bullish]. ❷ (人が)くまのような; 粗野な, 乱暴な.

béar màrket 名 C〔株式〕下げ相場, 弱気市場.

bear·skin /béəskìn | béə-/ 名 ❶ C,U くまの毛皮: a *bearskin* rug くまの毛皮の敷物. ❷ C (英国近衛(このえ)兵の)黒毛皮帽.

+**beast** /bíːst/ 名 (beasts /bíːsts/) ❶ C《文語》(大型で四つ足の)**獣:** a wild *beast* 野獣 / the king of *beasts* 百獣の王. ❷ C《古風》ひどい人; いやなやつ. ❸ C《略式》[修飾語を伴って] ...な人[もの]: a different *beast* 違うもの. **a béast of búrden** [名]《文語》荷物運搬用の動物《ろば・馬・牛・らくだなど》.

(形 béastly, béstial)

beast·ly /bíːstli/ 形 (beast·li·er, more ～; beast·li·est, most ～)《主に英》ひどくいやな, いやらしい.

(名 beast)

*****beat** /bíːt/ (同音 beet)

— 動 (beats /bíːts/; 過去 beat; 過分 beat·en /bíːtn/,《米》ではまた beat; beat·ing /-tɪŋ/) 他 ❶

(相手・敵)を**打ち負かす**, (...)に勝つ《⇒ defeat 類義語; win 表》; (記録など)を破る: We *beat* that team by 2–0 [《米》 two to nothing, 《英》 two-nil]. 私たちはそのチームに 2 対 0 で勝った / He always ***beats*** me ***at*** chess. V+O+*at*+名 彼はチェスではいつも私に勝つ / *beat* the world record 世界記録を破る / If you can't *beat* 'em [them], join 'em [them]. Ⓢ 《ことわざ》 長いものには巻かれろ.

❷ (続けざまに棒などで)(...)を**打つ, たたく**; (太鼓など)を打ち鳴らす; (人)を打って...にする; (やぶなど)を打ちあさる; (罰として)(人)をむちで打つ, (...)の尻をたたく; (雨・風などが)(...)にぶつかる, 打ちつける《⇒ strike 類義語》: Don't *beat* the dog. その犬をたたくな / He is *beating* a drum. 彼は太鼓[ドラム]をたたいている / He *beat* the criminal unconscious. V+O+C (形) 彼は犯人が気を失うまでたたきのめした / The boys ***beat*** the snake ***to*** death. V+O+C (前+名) 男の子たちは蛇を打ち殺した.

❸ (卵など)を**よくかき混ぜる, よく泡立てる**: *beat* the flour and eggs ***together*** to make dough V+O+副 小麦粉と卵をかき混ぜて生地を作る. 関連 eggbeater 卵泡立て器. ❹ (...)に勝る, (物事が)(...)より断然よい: That story *beats* anything! そんなおかしな話は聞いたことがない / For a relaxing drink, nothing *beats* hot tea. くつろぐときの飲み物では温かい紅茶に勝るものはない / *You can't beat* this for quality. 品質ではこれがいちばんだ. ❺ (...)より先んずる《⇒ beat ... to ~ (句動詞)》; (...)を回避する: *beat* the traffic (早く出て)渋滞を避ける. ❻ Ⓢ (問題などが)(人)を参らせる, 困らせる: *Beats* me. わからないよそんなこと / It *beats* me how she could have gotten that secret information. 彼女がその秘密情報をどうやって手に入れたのかどうしてもわからない.

— 自 ❶ [副詞(句)を伴って] **どんどんと打つ**; (雨・風・波などが)**激しく当たる**, (日差しが)照りつける: Somebody was ***beating at*** [***on***] the door. V+前+名 戸をどんどんたたく人がいた / The rain was ***beating against*** [***on***] the windows. 雨が激しく窓に打ちつけていた. ❷ (太鼓が)どんどん鳴る; (羽が)ばたばたする; (心臓が)鼓動する. ❸ (泡立てるように)混ぜる.

Béat it! Ⓢ 出て行け.

Can you béat that [it]? Ⓢ (どうだい)見て[聞いて]驚いただろ.

beat の句動詞

béat dówn 動 自 (太陽が)ぎらぎら照りつける; (雨が)激しく降る: The hot sun was *beating down on* our heads. 暑い太陽が我々の頭の上に照りつけていた.
— 他 ❶ (...)を打ち落とす, たたき倒す; 圧倒する: The lilies have been *beaten down* by the rain. ゆりが雨のために倒れてしまった. ❷ 《主に英》 (値段)を(...まで)値切る, (売り手)に値を負けさせる (*to*).

béat óff 動 他 (敵など)を撃退する, 追い払う.

béat óut 動 他 ❶ たたいて(音)を出す. ❷ (火)をたたき消す. ❸ 《米》 (競争で)(相手)を打ち負かす.

béat ... to ~ 動 他 (競争などで)(...)より先に~に到着する: I'll *beat* you *to* the station. 君と駅まで競争しても負けないぞ.

+**béat úp** 動 他 ❶ (人)を**打ちのめす** V+名・代+*up* / V+*up*+名: We *beat* the man *up*. おれたちはその男をたたきのめした. ❷ (卵など)をよくかき混ぜる. **béat onesèlf úp** [動] 自 《米略式》 自分を責め過ぎる. **béat úp on ...** [動] 他 《米》 (人)を打ちのめす.

— 名 (~s /bíːts/) ❶ Ⓒ **ひと打ち, 打つこと**《続けざまに, またはリズムをつけて》: three *beats* a minute 毎分 3 回打つこと.

❷ [the ~] (太鼓・時計・鐘などの)**打つ音**; (心臓の)動悸(どうき), 鼓動 (heartbeat): ***the beat of*** a drum 太鼓の鳴る音 / ***the beat of*** waves 波の音. ❸ Ⓒ [普通は単数形で] 拍子, 足拍子; 〔音楽〕 拍. ❹ Ⓒ (巡査・夜番などの)巡回[受け持ち]区域; (新聞記者などの)担当分野: a police officer (out) on the *beat* 巡回中の巡査.

míss a béat [動] 自 (驚きなどで)心臓が止まりそうになる; [否定文で] ためらう: without *missing a beat* ためらわずに.

— 形 叙述 《略式》 疲れ切った, 参った.

***beat·en /bíːtn/

— 動 beat の**過去分詞**.

— 形 ❶ 限定 打ち負かされた, 負けた: the *beaten* team 負けたチーム. ❷ 限定 打たれた; (金属が)打ち延ばした: *beaten* silver 延べ銀, 銀箔(ぎんぱく). ❸ 限定 (卵などが)よくかき混ぜた: *beaten* eggs かき混ぜた卵. ❹ 限定 (道が)踏みならした, 踏み固めた.

òff the béaten tráck [《米》 **páth**] [形・副] あまり人が訪れない(ところに); 普通でない[なく]. 由来 踏み固めた(よく知られた)道をそれた, の意.

beat·er /bíːṭɚ | -tə/ 名 ❶ Ⓒ [しばしば合成語で] 打つ人, ...たたき[かき混ぜ器]: a carpet *beater* じゅうたんたたき / a wife *beater* 妻をよく殴る人 // ⇒ eggbeater. ❷ Ⓒ 《米略式》 ぽんこつ車.

be·a·tif·ic /bìːətífɪk←/ 形 《格式》 幸せに満ちた: a *beatific* smile 幸福に輝く笑み.

be·at·i·fy /biǽṭɪfàɪ/ 動 他 〔カトリック〕 (教皇が)(死者)を列福する.

***beat·ing** /bíːṭɪŋ/ 名 (~s /~z/) ❶ U,C **打つこと, たたくこと**; むち打ち(の罰), せっかん: give a boy a good *beating* 子供をうんとたたく. ❷ Ⓒ 打ち負かすこと; 打ち負かされること, 敗北: take a *beating* 敗北する. ❸ Ⓒ (心臓の)鼓動 (*of*).

táke some béating [動] 自 手ごわい, 無敵[最高]だ, 右に出るものはない.

Bea·tles /bíːṭlz/ 名 固 複 [the ~] ビートルズ《英国の 4 人組のロックグループ (1962–70)》.

beat·nik /bíːtnɪk/ 名 Ⓒ ビート族の若者《1950–60 年代のアメリカで社会の因習に反抗した》.

Be·a·trice /bíːətrɪs | bíə-/ 名 固 ビアトリス《女性の名》.

Be·a·trix /bíːətrɪks | bíə-/ 名 固 ビアトリクス《女性の名》.

beat-up /bíːṭʌ̀p/ 形 《略式》 使い古しの, おんぼろの.

beau /bóʊ/ 名 (複 beaux /bóʊz/, ~s) Ⓒ 《古風》 ボーイフレンド, 恋人.

beaut /bjúːt/ 名 [a ~] Ⓢ 《略式, 米・豪》 すばらしい人[もの].

beau·te·ous /bjúːṭiəs/ 形 限定 《文語》 美しい [≒ beautiful].

beau·ti·cian /bjuːtíʃən/ 名 Ⓒ 美容師.

***beau·ti·ful /bjúːṭɪf(ə)l, -ṭə-/

— 形 ❶ **美しい**, きれいな; (心・感覚などを)楽しませる, 心地よい《⇒ 類義語》 [⇔ ugly]: a *beautiful* woman 美しい女性, 美人 / *beautiful* music 美しい音楽 / The sunset was very *beautiful*. 日没は大変美しかった / *the beautiful* [複数名詞扱い] 美しい人たち, 美しい物

《⇒ the¹ 3》; [単数名詞扱い] 美《⇒ the¹ 6》.

❷ すばらしい, すてきな; 立派な: *beautiful* weather すばらしい天気 / *Beautiful* [A *beautiful*] catch! ナイスキャッチ!《⇒ nice 形 1 日英》/ His speech was really *beautiful*. 彼の演説はほんとうにすばらしかった. (名 béauty, 動 béautify)

類義語 **beautiful** 心や感覚などを楽しませる美しさや調和と均整のとれた完ぺきな美しさの形容で, 人に関しては優雅で気品のある美しさを表わすことが多い. **pretty** 女性に関しては *beautiful* ほど完ぺきな美しさではなく, 見た目に感じがよく, また愛らしい感じを含む. **handsome** 普通は男性に用いる語で, 女性の *beautiful* に相当し, 容姿のよいことを表わすが, 健康的でりりしい女性にも用いる. **good-looking** *beautiful* というには劣るが, 容姿のよいことを表わし, 男性にも女性にも用いるが物には普通用いない. **lovely** 普通は女性に用い, 愛くるしい感じの美しさを意味する.

+**beau·ti·ful·ly** /bjúːṭɪfəli, -ṭə-/ 副 ❶ 美しく; 鮮やかに: This book is *beautifully* illustrated. この本には美しい挿絵が入っている.

❷ すばらしく; 立派に: Linda sings *beautifully*. リンダの歌はすばらしい.

beau·ti·fy /bjúːṭɪfàɪ/ 動 (-ti·fies; -ti·fied; -fy·ing) 他《格式》(...)を美しくする, 美化する. (形 béautiful)

***beau·ty** /bjúːṭi/

— 名 (beau·ties /~z/) ❶ U 美しさ, 美: natural *beauty* 自然の美しさ / the *beauty* of the picture その絵の美しさ / A thing of *beauty* is a joy for ever. 美しきものは永遠(ɛ̃ɦ)の喜び《英国の詩人キーツ (Keats) のことば》/ *beauty* products 化粧品.

❷ C S すばらしいもの; [しばしば皮肉に] 見事なもの: That car is a real *beauty*. あの車は全くすばらしい.

❸ [the ~] 美点, よさ; 長所: *The beauty of* living here is that it's so peaceful. ここに住んでいて良いところは静かなことです. ❹ C 美しい物; 美しい人, 美人. (形 béautiful)

béauty còntest 名 C 美人コンテスト.

béauty màrk 名 C《米》= beauty spot 1.

béauty pàrlor 名 C 美容院.

béauty quèen 名 C 美人コンテストの女王.

béauty salòn 名 C 美容院.

béauty shòp 名 C《米》= beauty salon.

béauty slèep 名 U [こっけいに] (健康と美を保つ)十分な睡眠.

béauty spòt 名 ❶ C (女性の)(魅力的な)ほくろ. ❷ C《英》景勝地, 名所, 絶景.

bea·ver /bíːvə | -və/ 名 ❶ C ビーバー: work like a *beaver* (ビーバーのように)せっせと働く. 参考 ダムを作るので働きものとされる《⇒ eager beaver》. ❷ U ビーバーの毛皮. — 動 [次の成句で] **béaver awáy** [動] 自《略式》せっせと励む (*at*).

be·bop /bíːbɑ(ː)p | -bɔp/ 名 U = bop².

be·calmed /bɪkáːmd/ 形 (帆船が無風のため)止まって.

***be·came** /bɪkèɪm, bə-, -kéɪm/ 動 become の過去形.

***be·cause** /(強形) bɪkɔ́ːz, bə-, -kʌ́z | -kɔ́z; (弱形) kəz/

— 接《従属接続詞》❶ (1) [直接的理由を示して] なぜならば...だから(である); ...だから, ...なので《⇒ 類義語》: I could not sleep well(,) *because* I was so excited. とても興奮していたのでよく眠れなかった / *Because* he lied, he was severely scolded. うそをついたので彼はこっぴどく叱られた / I have moved here partly [mainly] *because* the climate is mild. 私がここに転居したのはひとつには[主に]気候が温暖だからです / "Why didn't you come yesterday?" "*Because* I was too busy." 「なぜきのう来なかったんですか」「忙しかったからです」

語法 (1) Why ...? が理由を尋ねているときは原則として Because ... の形式で答える《⇒ why¹ 語法》.
(2) The reason (why ...) is ...の後では 'that 節' がきて The reason (why ...) is *that* ... となるのが正しいとされるが,《略式》では The reason (why ...) is *because* ...となることも多い《⇒ reason 名 1》.
(3) 理由を尋ねられて返事をするときを除いて, 主節なしで because 節だけを用いることは普通しない. ただし, 会話では返答でなくても単独で用いることがある: I came back. *Because* I worried about you, you know. 戻ってきたよ. だって君のことが心配だからね.

(2) [発言の根拠を示して] S なぜこう言うかというと...だから, というのは...: Is he rich? *Because* I've just seen him driving a luxury car. 彼はお金持ちなの? (というのは)高級車に乗っていたのを見たから. 語法 主節の後に(普通はコンマを置いて)用いる.

❷ [否定語とともに] **...だからといって** (~なのでは[~するのでは]ない): They did *not*↘ oppose the project *because* they feared public opinion.↗ 彼らは世論を恐れてその計画に反対したのではない.

語法 **because と not**
(1) この用法で文の終わりは下降上昇調のイントネーション《⇒ **つづり字と発音解説 95**》で発音される. 上の文を次の 1 の用法の文と比較: They did *not* oppose the project(,) *because* they feared public opinion.↘ 彼らは世論を恐れていたのでその計画に反対しなかった.
(2) 1 (1) の最初の例文では not などの否定は because 以下の節には及ばないので because の前にコンマをつけることができる. しかしこの 2 の用法では否定語は because 以下の従属節を含めた全文を否定しているので, because の前にはコンマをつけない. なお次のように(特に just を伴った) because 節が文頭に来ることもある: *Just because* everybody else does it(, it) doesn't mean you have to do it. ほかのみんながしているからといって同調する必要はない《独立心のすすめ》.

類義語 「理由」を表わす接続詞 *because, as, since, for* の中で, **because** は理由を最も強く直接的に表わし《強調構文でも用いる; ⇒ it¹ A 6》, 普通は主節の後に置かれることが多い. **since** と **as** はそれに続く内容がよく知られた事実とわかっているときか, 主節に比べさほど重要でないときに用いられる. 共に主節の前・後どちらでも使われるが, **since** のほうが, **as** よりもやや格式ばった語. また **as** は理由というよりむしろ付帯的な状況を表わす. **for** は「というのは...」という意味で, 先行する節の後に付け足して付加的な理由を示す, かなり改まった感じの文章語.

〖語源 原義は 'by the cause (of)' ((の)理由で)〗

***be·cause of** /bɪkɔ́ːzəv, bə-, -kʌ́z- | -kɔ́z-/

— 前 [理由を示して] **...のために, ...の理由で, ...が原因で:** The train was delayed *because of* the heavy snow. 大雪のために列車が遅れた / I couldn't attend the party *because of*「my wife('s) be*ing* ill [my wife's illness]. 妻が病気だったのでパーティーに出席できなかった.

> 語法 because of は 前 であるから後に名詞・代名詞・動名詞または名詞句が続く. 一方 because は 接 であるから後に節が続く. 上の後の例文を because を用いて書き換えれば次のようになる: I couldn't attend the party *because* my wife was ill.

beck /bék/ 名 [次の成句で] **at ...'s béck and cáll** [形・副] ...の言いなりになって.

beck·on /békən/ 動 他 (身ぶりで)(...)に(来るように)合図をする, 手招きをする (⇒ come 最初の挿絵); (物事が)(...)を引き[招き]寄せる: She *beckoned* me (*to* follow her). 彼女は私に(ついてくるように)手招きをした / I *beckoned* him *on* [*over*]. 私は彼に進む[来る]ように合図した. — 自 (...に)手招きをする; (物事が)(人を)引き寄せる: Tom *beckoned to* Meg *to* come nearer. トムはメグにもっと近くに来るようにと手招きをした.

Beck·y /béki/ 名 固 ベッキー《女性の名; Rebecca の愛称》.

*****be·come** /bɪkʌ́m, bə-, -kʌ́m/

— 動 (be·comes /~z/; 過去 be·came /-kéɪm, -kéɪm/; 過分 be·come; be·com·ing) 自 ...になる, ...の状態になる: Her feet soon *became* warm. V+C(形) 彼女の足はまもなく温かくなった 多用 / Prices are *becoming* much higher. 物価がどんどん高くなっている / At last the truth *became known* to us all. V+C(過分) ついに真相が我々全員に知れた. 語法 この文は受身とも考えられる (⇒ 巻末文法 7. 2 (3) ②) // Ann *became* a doctor. V+C(名) アンは医者になった.

> 語法「...になる」が未来のことである場合は普通 become よりも be を用いる: She will *be* a good teacher. 彼女はいい先生になるだろう / What are you going to *be*? 君は何になるつもり?

...するようになる

彼女のことが好きになった.

○I **came to** like her.

○I **began to** like her.

×I became to like her.

✪ become の後に来るのは形容詞・名詞などで, to 不定詞は来ない.

— 他 [受身・進行形なし]《格式》(...)に似合う [≒ suit]; (言動が)(...)にふさわしい: Her new dress *becomes* her. 新しいドレスは彼女によく似合う / Such words do not *become* a gentleman. そんなことばは紳士にふさわしくない.

becóme of ... [動] 他 **...は(どう)なる:** *What* has *become of* him? 彼はどうなったのだろう / I wonder *what ever* will *become of* the child. あの子は一体どうなってしまうのかしら. 語法 what または what ever, whatever を主語として, 心配や困惑を表わす.

be·com·ing /bɪkʌ́mɪŋ, bə-/ 形 ❶《格式》(色・服装などが)似合う (*on*) [⇔ unbecoming]. ❷《格式》(人に)ふさわしい, 適当な (*for*, *to*). **~·ly** 副 ふさわしく, 似つかわしく.

*****bed** /béd/

— 名 (beds /bédz/) ❶ C,U ベッド, 寝台, 寝床《mattress と bedclothes を含む; ⇒ bedroom 挿絵》: He sat *on the bed*. 彼はベッドに腰掛けた / Don't eat ***in bed***. ベッドに寝ながら物を食べるのはやめなさい (⇒ in[1] 前 1 語法 囲み) / My father is still ***in bed***. 父はまだ寝ている / It's time you ***went to bed***. もう寝る時間だよ (⇒ time 名 7 語法) / You have a fever; you'd better ***get into bed***. 熱があるから寝なさい / ***get out of bed*** ベッドから出る, 起きる / ***put*** a child ***to bed*** 子供を寝かしつける / ***make*** the [...'s] ***bed*** ベッドを整える / a single [double] *bed* シングル[ダブル]ベッド / You (have) made your *bed* and you must [have to] lie in it. Ⓢ《ことわざ》自分で自分の寝床の用意をしたのだからそこに寝なければいけない(自業自得, 身から出たさび).
❷ U **就寝(時間):** before *bed* 寝る前に / It's time for *bed*. 寝る時間だ.
❸ C **花壇** (flowerbed); 苗床: a rose *bed* ばらの花壇 / an oyster *bed* かき養殖場. ❹ C 平らな基盤, 土台; 川床, 水底: grilled chicken on a *bed of* rice ライスの上にのせた焼き鳥 / a railroad *bed* 線路の路盤. 関連 riverbed 川床 / seabed 海底. ❺ C 地層; 堆積(たいせき). ❻ U 性関係, 性行為.

gèt ìnto béd [動] 自 (1) **寝る** (⇒ 1). (2) (...と)性的な[親密な]関係を持つようになる (*with*).

gèt úp on the wróng síde of the béd《米》= **gèt óut of béd on the wróng síde**《英》[動] 自 Ⓢ (朝から)何となく機嫌が悪い.

gò to béd [動] 自 (1) **寝る** (⇒ 1, sleep 表). (2)《略式》(...と)性関係をもつ, 寝る (*with*).

in béd [副・形] (1) **ベッド(の中)で**; (ベッドで)**寝て** (⇒ 1, sleep 表). (2) (人と)セックスしている; (...と)親密な関係にある (*with*).

táke to one's **béd** [動] 自《古風》病床につく.

— 動 (beds; bed·ded; bed·ding) 他 (石・れんがなど)を据え付ける; 積み重ねる; はめ込む (*in*).

béd dówn [動] 他 (人・動物)に寝床を作ってやる. — 自 (1) 寝床を作って寝る. (2) (改革などが)定着する.

béd and bóard 名 U《英》宿泊と食事.

béd and bréakfast 名 = B and [&] B.

bed·bug /bédbʌ̀g/ 名 C 南京(なんきん)虫.

bed·clothes /bédklòʊ(ð)z/ 名 複 寝具, 夜具《毛布・シーツ・まくらなどをいい, パジャマなどの衣服は含まない; ⇒ bed 1》.

bed·cov·er /bédkʌ̀vɚ | -və/ 名 C = bedspread.

bed·ding /bédɪŋ/ 名 ❶ U 寝具 [≒bedclothes]. ❷ U (牛馬の)寝わら.

be·deck /bɪdék/ 動 他 [普通は受身で]《文語》(...)を飾る (*with*, *in*).

be·dev·il /bɪdév(ə)l/ 動 (-dev·ils; -dev·iled,《英》-dev·illed; -il·ing,《英》-il·ling) 他 [普通は受身で]《格式》(...)を大いに苦しめる; 混乱させる.

bed·fel·low /bédfèloʊ/ 名 C ベッドを共にする人; 仲間: strange *bedfellows* 意外な取り合わせ.

bed·lam /bédləm/ 名 U 騒々しい混乱(の場所).

bed·ou·in /béduɪn/ 名 (複 ~(s)) C [しばしば B-] ベドウィン《遊牧のアラビア人》; 遊牧民.

bed·pan /bédpæ̀n/ 名 C (病人用の)尿(し)びん, 便器, おまる.

be·drag·gled /bɪdrǽgld/ 形 (雨などで)ぬれて, 薄汚い, よごれた; (衣服や髪を)取り乱した.

bed·rid·den /bédrìdn/ 形 寝たきりの.
bed·rock /bédrɑ̀(ː)k | -rɔ̀k/ 名 ❶ U 根底, 根本; 基本原則. ❷ U 〔地質〕基岩, 床岩《最下層の岩》.
****bed·room** /bédrùːm, -rʊ̀m/
— 名 (~s /~z/) C **寝室**: There are three *bedrooms* in his house. 彼の家には寝室が3つある. 参考 2階建ての家では普通 bedroom は2階にあり, 隣に bathroom がある. 起床後洗面などを済ませ階下に下りて食事をする.
— 形 限定 性的な, 性行為をにおわせる: *bedroom* eyes セクシーな目つき.
bédroom commùnity [sùburb] 名 C《米》(大都市周辺の)ベッドタウン [《英》dormitory town]. 日英 「ベッドタウン」は和製英語.
bed·side /bédsàɪd/ 名 C [普通は単数形で] ベッドのそば; (特に病人の)まくらもと: She sat *at his bedside* all night. 彼女は一晩中彼のまくらもとに座っていた / a *bedside* lamp ベッドのそばのスタンド.
bédside mánner 名 C (医師の)患者に対する接し方.
bed·sit /bédsìt/, **bed·sit·ter** /bédsìṭɚ | -tə/, **bed·sít·ting ròom** /bédsíṭɪŋ-/ 名 C《英》寝室・居間兼用の貸間, ワンルームマンション.
bed·sore /bédsɔ̀ɚ | -sɔ̀ː/ 名 C (病人の)床ずれ.
bed·spread /bédsprèd/ 名 C ベッドカバー《ベッドを使わないときにかけておく; ⇒ bedroom 挿絵》.
bed·stead /bédstèd/ 名 C ベッドの骨組み.
bed·time /bédtàɪm/ 名 U,C 就寝時間, 寝る時刻: a *bedtime* story 子供が寝るときに読んで聞かせるお話.
bed-wet·ting /bédwèṭɪŋ/ 名 U 寝小便, おねしょ.
+bee /bíː/ (同音 #be[1,2]) 名 (~s /~z/) ❶ C **はち**, みつばち (honeybee); 働きばち: *Bees* fly straight. はちは真っすぐに飛ぶ《⇒ beeline》/ I was stung by a *bee*. 私ははちに刺された // ⇒ queen bee. ✪ 羽音については ⇒ cry 表. 関連 drone (働かない)雄ばち. ❷ C《米略式》(仕事・娯楽の)会合, 集まり, 集会《⇒ spelling bee》.
a búsy bèe [名] S 働き者, 忙しく動き回る人.
(as) búsy as a bée [形] 非常に忙しい.
hàve a bée in one's **bònnet** [動] 自《略式》(考えなどに)取りつかれている, とらわれている (*about*).
the bée's knèes [名]《古風, 略式》とびきりすぐれた人[もの].
beech /bíːtʃ/ 名 ❶ C ぶな, ぶなの木. ❷ U ぶな材.
***beef** /bíːf/ 名 ❶ U **牛肉**《牛 (ox, bull, cow) の肉》: *beef* cattle 肉牛 / corned *beef* コーンビーフ. ❷ (複 ~s) C《略式》不満, 苦情.
— 動 自《略式》不平を言う (*about*).
béef úp [動] 他《略式》(...)を強化する.
beef·burg·er /bíːfbɚ̀ːgɚ | -bə̀ːgə/ 名 C《英》ハンバーガー (hamburger).
beef·cake /bíːfkèɪk/ 名 C,U《略式》筋骨たくましい男(たち).
béef càttle 名 [複数扱い] 肉牛《⇒ dairy cattle》.
beef·steak /bíːfstèɪk/ 名 C,U ビーフステーキ(用の厚切り肉)《⇒ steak 1》.
beef·y /bíːfi/ (beef·i·er, beef·i·est) 形 肉づきのいい; 筋骨たくましい, がっしりした.
bee·hive /bíːhàɪv/ 名 C みつばちの巣箱 (hive).
bee·keep·er /bíːkìːpɚ | -pə/ 名 C 養蜂(ようほう)家.
bee·line /bíːlàɪn/ 名 [次の成句で] **màke a béeline for ...** [動] 他《略式》...へ真っすぐに行く. 由来 みつばちが一直線に飛ぶことから.
****been**[1] /(弱形) bɪn, bən | bɪn; (強形) bín | bíːn/ (同音 #bin, 《英》#bean)
— 動 be[1] **の過去分詞**. 語法 助動詞 have とともに be 動詞の完了形をつくる《⇒ have[2]》. ❶ [現在完了形として]: I *have been* an English teacher since 2000. 私は2000年から英語の教師をしています / "Where

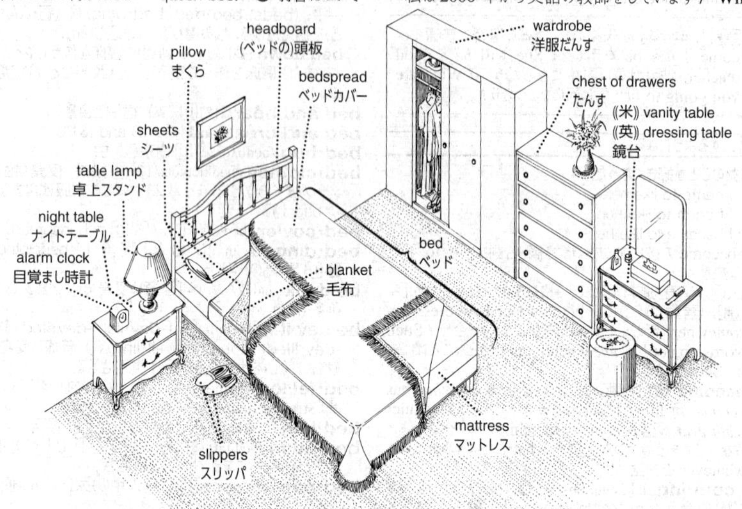

bedroom

have you *been* all this while?" "I'*ve been* upstairs."「今までずっとどこにいたのですか」「2 階にいました」 ❷ [過去完了形として]: I *had been* in Tokyo only three days when I received news of my father's death. 東京に来て 3 日しかたたないうちに父の死の知らせを受けた. ❸ [未来完了形として]: He *will have been* in America for ten years next March. 今度の 3 月で彼はアメリカに 10 年いることになる.

have béen [動] ⓐ《英》(すでに)やって来た: *Has* the postman *been* yet? 郵便屋さんはもう来た?

have bèen at ... [動] ⓗ **今まで...にいた**《継続》: I *have been at* the beach. 私は今まで海岸にいた.

have bèen in ... [動] ⓗ (1) **...にいたことがある, ...へ**行ったことがある《経験》: "*Have* you ever *been in* London?" "No, I haven't."「ロンドンへ行ったことがありますか」「いいえ, ありません」 (2) **今まで(ずっと)...にいた[いる]**《継続》: I *have been in* (the) hospital for the last month. 私はこの 1 か月入院していました[います].

have bèen to ... [動] ⓗ (1) **...へ行ったことがある**《経験; ⇒ have gone to ... (gone 成句)》: I *haven't been to* France since 1980. 私は 1980 年以来フランスへ行っていません / 🗨 "*Have* you ever *been to* Hawaii?" "Yes, I have."「あなたはハワイへ行ったことがありますか」「はい, あります」 (2) **...へ行ってきたところだ**《完了; ⇒ have gone to ... (gone 成句)》: Pussy cat, pussy cat where have you been? I'*ve been to* London to look at the queen. 猫ちゃん, 猫ちゃん, どこへ行ってきたの. 女王さまを見にロンドンへ行ってきたの《英国の童謡集 *Mother Goose's Melodies* の中の歌》.

have bèen to dó [動] [不定詞を伴って] **...しに行ってきた**《完了》: I *have been to* see the cherry blossoms. 私は花見に行ってきました.

****been²** /(弱形) bɪn, bən | bɪn/ (同音 #bin)

— 助 **be² の過去分詞.** 語法 助動詞 have とともに「完了進行形」および「受身の完了形」をつくる《⇒ have²》. ❶ (1) [have＋been＋-ing 形で現在完了進行形として] (現在まで)**...し続けている**《動作を表わす動詞とともに用いる; ⇒ have² 1 (2)》: I *have been* teach*ing* English for five years. 私は 5 年間英語を教えて(きて)います(これからも教え続ける).

> 語法 🔍 この用法は現在まで動作が継続していることを表わす. 現在完了形は動作の完了に重点がある: I *have taught* English for five years. 私は 5 年間英語を教えた《過去 5 年間で教える動作は完了し, ひと区切りがついた》.

(2) [had＋been＋-ing 形で過去完了進行形として] (過去のある時まで)**...し続けていた:** He *had been* work*ing* on the car for hours when I arrived home. 私が家に着いたときまで彼は何時間も車を修理していた.

> 語法 🔍 この用法は過去のある時点までずっと動作が継続していたことを表わす. 過去完了形は動作の完了に重点がある《⇒ had² A》: He *had repaired* the car when I arrived home. 私が家に着いたとき彼は車の修理を済ませていた.

(3) [will [shall]＋have＋been＋-ing 形で未来完了進行形として] (未来のある時まで)**...し続けているだろう:** I *will have been* study*ing* English for ten years next year. 私は来年で 10 年間英語を勉強したことになります. ❷ [have＋been＋過去分詞で受身の完了形をつくる] (1) [現在完了形として]: The wine *has been* tasted by everyone. そのワインはみんなに愛飲されてきた. (2) [過去完了形として]: When I got to his house, he *had* already *been taken* away. 私が彼の家へ行ったらすでに彼は連れ出されたあとだった. (3) [未来完了形として]: He *will have been paid* ten thousand yen in all if you give him another thousand yen. もう千円あげれば彼は全部で 1 万円受け取ったことになります.

beep /bíːp/ 名 Ⓒ びーっと鳴る音《車・船の警笛や信号・ブザーなど》. — 動 ⓐ びーっと鳴る. — ⓗ ❶ (警笛など)を鳴らす. ❷《米》(人)をポケットベルで呼び出す [《英》bleep].

beep·er /bíːpɚ | -pə/ 名 Ⓒ《米》ポケ(ット)ベル.

***beer** /bíɚ | bíə/ (同音 bier) 名 (~s /~z/) ❶ Ⓤ **ビール**《⇒ ale 参考, lager 参考》. 語法 種類をいうときには Ⓒ: three glasses of *beer* ビールをグラスに 3 杯 / a bottle of *beer* ビール 1 本 / canned *beer* 缶ビール / draft *beer* 生ビール. ❷ Ⓒ 1 杯[1 本, ひと缶]のビール: Three *beers*, please. ビールを 3 つください / I'll buy you a *beer*. ビールを 1 杯おごろう.

béer bèlly 名 Ⓒ《略式》ビール腹.

béer gàrden 名 Ⓒ ビヤガーデン.

béer gùt 名 Ⓒ ＝ beer belly.

béer màt 名 Ⓒ《英》ビールグラス用コースター.

beer·y /bí(ə)ri/ 形 (beer·i·er, more ~; beer·i·est, most ~) ビールのような; ビールくさい.

bees·wax /bíːzwæks/ 名 Ⓤ みつろう《みつばちが巣を作るのに用い, 家具のつや出しやろうそくの原料となる》. **Nóne of your béeswax.** Ⓢ《米》よけいなお世話だ [≒None of your business.].

beet /bíːt/ 名 ❶ Ⓒ,Ⓤ ビート, 砂糖大根, 甜菜(てんさい) (sugar beet). ❷ Ⓒ,Ⓤ《米》ビートの根, 赤かぶ [《英》beetroot]. **(as) réd as a béet** [形]《米略式》(恥ずかしくて)まっ赤になって.

Bee·tho·ven /béɪtoʊv(ə)n/ 名 固 **Lud·wig** /lúːdwɪg/ **van** /væn/ ~ ベートーベン (1770–1827)《ドイツの作曲家》.

bee·tle /bíːtl/ 名 Ⓒ 甲虫(こうちゅう)《前羽が堅い昆虫; かぶとむし・くわがたむし・はんみょうなど》.

beet·root /bíːtrùːt/ 名 Ⓒ,Ⓤ《英》＝ beet 2.

be·fall /bɪfɔ́ːl/ 動 (be·falls; 過去 be·fell /-fél/; 過分 -fall·en /-fɔ́ːlən/; -fall·ing) ⓗ《格式》(悪いことが)(...)にふりかかる.

be·fall·en 動 befall の過去分詞.

be·fell 動 befall の過去形.

be·fit /bɪfít/ 動 (be·fits; -fit·ted; -fit·ting) ⓗ《格式》(物事が)(...)にふさわしい, 似合う: as *befits* a teacher 教師にふさわしく.

be·fit·ting /bɪfítɪŋ/ 形《格式》ふさわしい, 適当な.

****be·fore** /bɪfɔ́ɚ, bə- | -fɔ́ː/

> **単語のエッセンス**
> 1) [時間を示して] (...の)前に　前 ❶, 接 ❶, 副
> 2) [順序を示して] ...の前に　前 ❷
> 3) [位置を示して] ...の前に　前 ❸

— 前 /bɪfɔ̀ɚ, bə- | -fɔ̀ː/ ❶ (時間が)**...の前に, ...より先に, ...にならないうちに** [⇔ after]: He went out *before* dinner. 彼は夕食の前に外出した / She did not return [come back] *before* six. 彼女は 6 時前には帰らなかった. 語法 次の文と比較: She did not return [come

back] *till* [*until*] six. 彼女は6時まで帰らなかった(6時になって(やっと)帰ってきた)《⇒ till¹ 前 2 語法, until 前 2 語法》. ✪ not ... before は「帰る」という動作が6時より前に起こらなかったことを, not ... till [until] は「帰らない」状態が6時まで継続したことを表わす // The train derailed just *before* enter*ing* the tunnel. その列車はトンネルに入る直前に脱線した / It's five minutes *before* nine. 《米》9時5分前です《⇒ to¹ 5, of 11》/ the day *before* yesterday おととい, 一昨日.
❷ (順序が)**...の前に**, ...に優先して: Don't push! I was *before* you in line. 押さないで. 列の順番は私があなたより前なのだから / He puts his work *before* his family. 彼は家庭よりも仕事を優先する.
❸《格式》(位置が)**...の前に[で]**, ...の面前に; (人)の目前[前途]に [≒in front of ...]; (場所)の手前で: *before* ...'s eyes ...の(すぐ)目の前に[で] / Summer vacation is *before* us. 夏休みは目の前だ. 語法 場所について「...の前に」というときには in front of ... を用いるのが普通. ❹ (審理・考慮などのために)...の前に示されて: The proposal was put *before* the committee. その件は委員会にはかられた.
befòre áll (thíngs) = befòre éverything [副] 何よりも, とりわけ.
befòre lóng ⇒ long¹ 名 成句.
— 接 /bɪfɔ́ə, bə- | -fɔ́ː/《従属接続詞》❶ ...(する)**よりも前に**, ...**しないうちに** [⇔ after]: I must send an email *before* I go to lunch. お昼を食べに行く前にEメールを送らなくてはいけない / Write it down *before* you forget. 忘れないうちにメモしなさい / It will be years *before* we know the whole truth. すべての真実が明らかになるまでまだ何年もかかるだろう《✪ 未来を表わす will を用いて will know とは言わない》. ❷《格式》(...する)よりむしろ: I would die *before* I give in. 降参するくらいなら死んだほうがましだ.
hárdly ... befòre ~ ⇒ hardly 成句.
— 副 (時間が)前に, 以前に, かつて [⇔ after]: I have seen that picture *before*. その絵は以前見たことがある / We lived in France *before*. 私たちは以前フランスに住んでいた / She had returned home *long before*. 彼女は(それより)ずっと前に家に帰っていた / We had met (on) ⌈the day [the night, Friday] *before*. 私たちはその前の日[晩, 金曜日]に会っていた / I had seen Meg two days [weeks] *before*. 私はその2日[2週間]前にメグに会った.

> 語法 この用法の before と述語動詞との関係については次の点に注意《⇒ ago 語法》.
> (1) 単独に用いられるとき, 動詞は現在完了形・過去時制・過去完了形・未来時制のいずれの場合もある.
> (2) (on) ⌈the day [the night, Friday] before, two days before などの副詞句をつくる場合は, 普通過去のある時を基準としてそれ以前のことを表わし, 動詞は過去完了形. なお, 現在を基準にした場合は yesterday [last night, last Friday], two days ago などとなり, 動詞は過去形.
> (3) They said they had got(ten) married three years *before*. (彼らは3年前に結婚したと言った)は直接話法なら次のとおり: They said, "We got married three years *ago*."《⇒ 巻末文法 14. 2 (1)》

as befóre [副] **以前のように**, 前のとおりに: He worked *as before*. 彼は以前のように働いた.

+**be·fore·hand** /bɪfɔ́əhæ̀nd, bə- | -fɔ́ː-/ 副 **前もって**, あらかじめ, その前に: I knew their intentions *beforehand*. 彼らの意図は前もってわかっていた.

be·friend /bɪfrénd/ 動 他《格式》(弱い者や貧しい人)の友[味方]になる, 力になる.

be·fud·dled /bɪfʌ́dld/ 形 当惑した, 混乱した.

+**beg** /bég/ 動 (begs /~z/; begged /~d/; beg·ging) 他 ❶ (許し・恩恵など)を**願う**; (人)に(...するように)**頼む**, 懇願する《⇒ pardon 成句》: She *begged* her father's forgiveness. 彼女は父に許しを求めた / I would like to *beg* a favor *of* you. V+O+*of*+名 あなたにお願いがあります / She ***begged*** the king ***for*** her life. V+O+*for*+名 彼女は王に助命を嘆願した / 言い換え She ***begged to*** be allowed to go. V+O (*to* 不定詞) =《格式》She ***begged that*** she (*should*) be allowed to go. V+O (*that* 節) 彼女は行かせてほしいと懇願した《⇒ should A 8》. 語法 前者の言い方のほうが普通《⇒ ask 動 他 2 語法 (2)》// 言い換え I ***begged*** him ***to*** think about my request. V+O+C (*to* 不定詞) = "Please think about my request," I *begged* him. V+O+O (引用節) 私は彼に私の願いについて考えてほしいと頼んだ.
❷ (金・食べ物・衣服など)を(**恵んで**)**くれと求める**, (施し)を請(こ)う: The man *begged* a meal. その男は食べ物をくださいと言った / The child ***begged*** money ***from*** me. V+O+*from*+名 その子は私にお金を恵んでくれと言った. ❸ [*to* 不定詞を伴って] (物事が)...に最適である: The valley is just *begging to* be photographed. その谷は写真にとるのにぴったりだ.
— 自 ❶ **願う, 頼む**, (許しを)請う: She ***begged for*** mercy [forgiveness]. V+*for*+名 彼女は慈悲[許し]を請うた / I ***beg of*** you not ***to*** leave me alone. V+*of*+名+*to* 不定詞《格式》お願いだから私を置き去りにしないでください.
❷ **施しを請(こ)う**, こじきをする: She had to ***beg from*** her neighbors. V+*from*+名 彼女は近所の人に物ごいをしなければならなかった / I'd rather die than ***beg for*** my bread. V+*for*+名 食べ物で物ごいをするくらいなら死んだほうがましだ. ❸ (犬が)ちんちんをする: *Beg*! ちんちん《犬に向かって》.
bég, bórrow or [and] stéal ... [動] 他 [しばしばこっけいに]《略式》何としてでも...を手に入れる.
bég óff [動] 自 頼んで(仕事・約束などを)断わる (*from*).
bég the quéstion [動] 自 (...についての)疑問を抱かせる; 論点となっていることを真実と仮定して論を進める.
gò bégging [動] 自 (1) 物ごいをして歩く. (2) [進行形で]《英》Ⓢ (物が)買い手がつかない, 引き受け手がない.

*****be·gan** /bɪgǽn/ 動 begin の過去形.

be·get /bɪgét/ 動 (be·gets; 過去 be·got /bɪgɑ́(ː)t | -gɔ́t/; 過分 be·got·ten /bɪgɑ́(ː)tn | -gɔ́tn/, be·got; -get·ting) 他《格式》(...)を生じさせる, もたらす.

beg·gar /bégə | -gə/ 名 ❶ Ⓒ こじき: *Beggars* can't be choosers.《ことわざ》物をもらうのに好き嫌いは言えない. ❷ Ⓒ《英》Ⓢ [しばしば親しみをこめて] やつ: You lucky *beggar*! 運のいいやつめ! — 動 (-gar·ing /-gərɪŋ/) 他 ❶《格式》(...)を貧困にする. ❷ (表現など)を不可能にする《⇒ beggar description (description 成句)》.

*****be·gin** /bɪgín, bə-/
— 動 (be·gins /~z/; 過去 be·gan /bɪgǽn, bə-/;

過分 be·gun /bɪgʌ́n, bə-/; -gin·ning) 自 ❶ **始まる**; **始める**, 着手する; 言い出す [⇔ end]: The concert will *begin* soon. コンサートがまもなく始まります / Life *begins at* forty. V+前+名 人生は 40 から始まる / School *begins* ⌈*at* eight o'clock [*on* Monday, *on* September 4, *in* April]. 学校は 8 時から[月曜から, 9 月 4 日から, 4 月から]始まる / Today we *begin on* [《主に英》 *at*] page 50, line 4. きょうは 50 ページの 4 行目からです《教室などで》 / Let's *begin with* a warm-up. V+*with*+名 まずは準備運動から始めましょう / He *began by* say*ing* that he would not speak very long. V+*by*+動名 彼はあまり長くは話さないつもりですと言って話を始めた / The writer *began as* an English teacher. V+C (*as*+名) その作家は最初は英語教師として出発した.

…から始まる

授業は午前 8 時 30 分から始まる.
○The class **begins at** 8:30 a.m.
×The class begins from 8:30 a.m.
✪ 前置詞は時刻なら at, 日なら on, 週・月・年では in を用いる.

❷ (場所・地域・文・語などが) 始まる: Where does Europe *begin*? ヨーロッパはどこから始まるのですか? / Few words *begin with* X. X で始まる単語はほんの少ししかない.

— 他 ❶ (...)を**始める**, (...)に着手する [⇔ end]; (...し)**始める** (⇒ 類義語): We'll *begin* work at once. すぐ仕事を始めよう / 言い換え When did you *begin to* learn German? V+O (*to* 不定詞) = When did you *begin* learn*ing* German? V+O (動名) いつドイツ語を習い始めましたか 多用 / Well *begun* is half done. 《ことわざ》 初めがうまくいけば半分仕上がったも同然 / The governor *began* his career *as* a writer. V+O+*as*+名 その知事は作家として経歴の第一歩を踏み出した / "No," she *began*. V+O (引用節) 「いいえ」と彼女は話し出した.

> 語法 **begin＋to *do* と begin＋*do*ing**
> 主語が人で, 後に続く動詞が動作を表わすときには V+O (*to* 不定詞) も V+O (動名) も用いられるが, 次のような場合には V+O (*to* 不定詞) の動詞型が好まれる.
> (1) 主語が無生物であるとき: The temperature *began to* fall. 温度が下がり始めた.
> (2) 無意志的な感情や気持ちなどを表わす動詞(feel, think, realize, see, understand など)が後に続くとき: She *began to* feel hungry. 彼女は空腹を感じ始めた.
> (3) begin が進行形のときには -ing の形が重なるので動名詞は避けられる: I *am beginning to* understand English. 英語がだんだんわかってきた.

❷ [否定文で] Ⓢ とても...しそうにない, ...どころではない: He can't even *begin to* imagine what it is like to be poor. 彼は貧しいとはどういうことなのか想像もできないのだ.

to begín wìth [副] (1) つなぎ語 [普通は文頭で] Ⓢ **まず第一に** 《理由を述べるときなどに用いる; ⇒ to² B 7》: *To begin with*, it is too expensive. まず第一にそれは高すぎる. (2) 文修飾 最初(のうち)は [≒at first]. (3) 最初から.

類義語 **begin** も **start** も「始まる」「始める」を意味する最も一般的な語だが, *begin* は書きことばで *start* は話しことばで多く用いられる. **commence** *begin* とほぼ同じ意味であるが, 格式ばった語で, 儀式や裁判のような公式の行事の始まりに用いられる: The conference *commenced* with a speech. その会議は演説で始まった.

+**be·gin·ner** /bɪgínə, bə-|-nə/ 名 (~s /~z/) Ⓒ **初心者**; 初学者: a *beginner's* [*beginners'*] class = a class for *beginners* 初級クラス / an absolute *beginner* 全くの初心者.

begínner's lúck 名 Ⓤ 初心者のつき[まぐれ].

*****be·gin·ning** /bɪgínɪŋ, bə-/

— 名 (~s /~z/) ❶ Ⓒ,Ⓤ [普通は単数形で] **初め**, **最初**; 初めの部分 [⇔ end]; **始まり**, 発端: I'll leave Japan *at the beginning of* March. 3 月の初めに日本を離れます / The plan was a failure *from the beginning*. その計画は最初から失敗だった / He kept quiet *from beginning to end*. 彼は始めから終わりまで黙っていた / make a good *beginning* 初めをしっかりやる / A good *beginning* makes a good ending. 《ことわざ》 初めよければ終わりよし. ❷ Ⓒ [普通は複数形で] 起源, 起こり; きざし: Buddhism had its *beginnings* in India. 仏教はインドに起こった / I think I have the *beginnings* of a cold. かぜをひきそうな気がする.

in the begínning [副] つなぎ語 (手)**始めに**, まず最初は[に]: *In the beginning* God created the heaven and the earth. はじめに神は天と地とを創造された《旧約聖書の最初のことば》.

*****be go·ing to** /(子音の前では) bigóʊɪŋtʊ, (母音の前では) -tu/
⇒ going to の項目.

be·go·nia /bɪgóʊnjə/ 名 Ⓒ ベゴニア, しゅうかいどう《主に観賞用の熱帯植物》.

be·got 動 beget の過去形および過去分詞.

be·got·ten 動 beget の過去分詞.

be·grudge /bɪgrʌ́ʤ/ 動 他 ❶ (人の)(幸運)をねたむ. ❷ (人に)(物)を出ししぶる; いやがる.

be·guile /bɪgáɪl/ 動 他 ❶ 《格式》 (...)をだます, 欺く; 迷わす (*by, with*). ❷ 《格式》 (人)の気を紛らわせる, (...)を楽しませる; (退屈など)を紛らす (*with*).

beguíle ... ìnto ~ [動] 他 《格式》 (...)をだまして~させる.

be·guil·ing /bɪgáɪlɪŋ/ 形 《格式》 人の心をそそるような, 魅力的な, 人を欺くような.

*****be·gun** /bɪgʌ́n, bə-/ 動 **begin の過去分詞.**

***be·half** /bɪhǽf, bə-|-hɑ́:f/ 名 [次の成句で] **on** [《米》 **in**] **behàlf of ...** = **on** [《米》 **in**] **...'s behálf** [前] (1) **...を代表して**, ...に代わって: It's a great privilege for me to address you today *on behalf of* my fellow citizens. 今日同胞を代表しまして皆さまの前で話ができますことは大きな光栄であります / She thanked her son's classmates *on his behalf*. 彼女は息子に代わって彼の級友に礼を述べた. (2) ...のために: He worked *on behalf of* the country. 彼は国のために働いた.

***be·have** /bɪhéɪv, bə-/ 発音 動 (**be·haves** /~z/; **be·haved** /~d/; **be·hav·ing**) 自 ❶ [副詞(句)を伴って] **ふるまう**: The child *behaved* well [badly] at school. その子は学校での態度がよかった[悪かった] / She *behaved* shamefully *to* [*toward*] her parents. V+副+*to* [*toward*]+名 彼女は両親にひどい仕打ちをした / Father *behaved as if* nothing had happened. 父は

何事もなかったかのようにふるまっていた.
❷ (子供などが)**行儀よくする:** She doesn't know how to *behave*. 彼女は行儀作法を知らない / Did you *behave* at the party? パーティーでお行儀よくし(てい)ましたか. ❸ [副詞(句)を伴って] (物質が)作用する, 反応する.

beháve onesèlf [動] 自 (子供などが)**行儀よくする:** *Behave yourself*! お行儀よくしなさい《oneself は省略されることがある; ⇒ 2》. (名 behávior)

-be·haved /bɪhéɪvd, bə-/ 形 [合成語で] 行儀が...な: a well-[badly-]*behaved* child 行儀のよい[悪い]子.

⁑be·hav·ior, 《英》 -hav·iour

/bɪhéɪvjə, bə-|-vjə/ アク 発音

名 (~s /~z/) ❶ U **ふるまい, 行儀, 品行, 態度** (*toward*) 《⇒ 類義語》: good [bad] *behavior* 行儀のよさ[悪さ] / How is Kate's *behavior* at school? 学校でのケートの態度はどうですか. ❷ U,C (動物の)生態; 〔心理〕行動. ❸ U (機械・物質などの)動き具合, 作用, 反応.

be on one's **bést behávior** [動] 自 精一杯行儀よくする. (動 beháve)

> 類義語 **behavior** 個人または集団での行動・ふるまいをいう: children's *behavior* (大人に対して)子供のふるまい[行儀]. **conduct** 格式ばった語で特に公の場面・状況における道徳的観点から見た行ない: Her *conduct* at school is good. 彼女は学校で品行方正だ.

be·hav·ior·al /bɪhéɪvjərəl, bə-/ 形 行動(上)の.

be·head /bɪhéd/ 動 他 (人)を打ち首にする.

be·held 動 behold の過去形および過去分詞.

be·he·moth /bɪhíːmɑ(ː)θ|-mɔθ/ 名 C 《格式》 巨大[強力]なもの, 怪物.

⁂be·hind /bəháɪnd, bɪ-/

> **単語のエッセンス**
> 基本的には「後に」の意.
> 1) [位置を示して] (...の)後ろに[へ]: sit (right) *behind* me 私の(すぐ)後ろに座る ⇒ 前 ❶ / Don't look *behind*. 後ろを振り向くな ⇒ 副 ❶
> 2) [比喩的に] ...**の背後に:** the story *behind* the news その報道の裏話 ⇒ 前 ❷
> 3) [時間を示して] (...より)**遅れて:** You are ten minutes *behind* the appointed time. 君は約束の時間に 10 分遅刻だ ⇒ 前 ❸ / We are *behind* in [with] our work. 仕事が遅れている ⇒ 副 ❷
> 4) (進歩・順位が)...**より遅れて, 劣って:** I am *behind* him in English. 私は英語では彼に負けている ⇒ 前 ❹

— 前 /bəhàɪnd, bɪ-/ ❶ (位置が)...**の後ろに[へ]**, ...の背後に[を], ...の向こう側に《背後に隠れている, という意味を持つことが多い》 [⇔ in front of ..., ahead of ...] 《⇒ back 名 2 語法》: He sits right *behind* me in math (class). 彼は数学の授業では私のすぐ後ろに座る / The chickens are walking *behind* the mother hen. ひよこたちは母鳥の後について歩いている / There is a tree *behind* my house. 私の家の裏手に木がある / She hid herself *behind* the curtain. 彼女はカーテンの後ろに隠れた / Please close the gate *behind* you. 門を入った[出た]後は閉めてください.
❷ (事柄・態度など)の**背後に**, ...の陰に, ...の裏側に; ...の原因となって; (計画など)を推進して: the story *behind* the news その報道の裏話 / There is something *behind* her smile. 彼女のほほえみの裏には何かが隠されている / I wonder what's *behind* his refusal. 彼の拒絶の原因は何だろう.
❸ (時間が)...**より遅れて**, ...より遅く[後で] 《⇒ behind time (time 成句)》 [⇔ ahead of ...]: You are ten minutes *behind* the appointed time. 君は約束の時間に 10 分遅刻だ / New York is 14 hours *behind* Tokyo. ニューヨークは(時差で)東京より 14 時間遅れている.
❹ (進歩などが)...**より遅れて**; (順位などが)...より劣って, ...に負けて 《⇒ behind the times (time 成句)》: I am *behind* him in English. 私は英語では彼に負けている 《⇒ ahead of ... (ahead 成句)》. ❺ ...に味方[支持]して: I'm *behind* you on this project. 私はこの計画に関してあなたを支持する.

pút ... behínd one [動] 他 (いやなことなど)を忘れる, 過ぎたことと考える.

— 副 ❶ (位置が)**後ろに[へ]**, 背後に[を]; 元のところに, 後に: Don't look *behind*. 後ろを振り向くな / Stay *behind*. 後に残っていなさい, 留守番をしていなさい / They were running far *behind*. 彼らははるか後ろを走っていた / He was shot from *behind*. 彼は後ろから撃たれた 《⇒ from 1 語法 (2)》. ❷ (仕事・時間・支払いなどが)遅れて; 滞って; 劣って: We are (getting) a bit *behind in* [*with*] our work. 私たちは仕事が少し遅れて(きて)いる / O, Wind, if Winter comes, can Spring be far *behind*? おお風よ, もし冬が来るならば春がまだ遠く遅れているというはずがあろうか(冬来たりなば春遠からじ) 《英国の詩人シェリー (Shelley) の詩の一節; ⇒ **巻末文法** 13.6》.

léave behínd ⇒ leave[1] の句動詞.

— /bəháɪnd, bɪ-/ 名 C 《略式》 [遠回しに] しり [≒ buttocks]: fall on one's *behind* しりもちをつく.

be·hold /bəhóʊld, bɪ-/ 動 (be·holds; 過去・過分 be·held /-héld/; -hold·ing) 他 《文語》 (不思議な物など)を見る [≒look at] 《⇒ lo》.

be·hold·en /bəhóʊldn/ 形 叙述 《文語》 (...に)恩義を受けて, 世話になって (*to*, *for*).

be·hold·er /bəhóʊldə|-də/ 名 C 《文語》 見る人.

be·hoove /bəhúːv/, 《英》 **be·hove** /bəhóʊv/ 動 他 [it を主語として; 進行形なし] 《格式》 (...)にとって必要[義務]である; (...)が～しなければならない: *It behooves* us *to* respect other nations' customs. 我々は他国の慣習を尊重しなければならぬ.

beige /béɪʒ/ 名 U, 形 ベージュ(の) 《淡い灰褐色》.

+**Bei·jing** /bèɪdʒíŋ/ 名 固 **ペキン(北京)** 《中国北東部の都市; 中華人民共和国の首都》.

⁂be·ing[1] /bíːɪŋ/

— 動 ❶ 《be[1] の現在分詞》 (1) [be＋being (＋形容詞・名詞)で be[1] の進行形を表わす]: You *are being* very clever [a good boy] today, aren't you? きょうはとても頭の回転が速い[行儀がよい]ね / Tom *is always being* foolish. トムはいつもばかなことばかり言って[して]いる 《⇒ be[2] A 1 (3)》.

> 語法 この言い方は普通は「...なことをする[言う]」という動作の意味を含む形容詞とともに用い「...のようにふるまっている」という意味を表わす. 従って tall など意図的に変えようのない状態を表わす場合や happy など感情を表わす場合には普通用いない. 次も比較: I'*m being* careful. (今私は慎重にやっている) / I'*m* careful. ＝ I'*m* a careful person. (私は慎重な人間

だ).

(2) [分詞構文で] ...なので: 言い換え *Being* tired (= Because I *was* tired), I went to bed early. 疲れていたので早く寝た / 言い換え Mother *being* ill in bed (= Because Mother *is* ill in bed), I cannot go to school. 母が病気で寝ているので私は学校に行けない.
❷ ((be¹ の動名詞)) ...であること; (...に)ある[いる]こと: I hate *being* with him. 私は彼といっしょにいるのはいやだ / Thank you very much for *being* with us. お越しいただいてどうもありがとうございます.
for the tíme béing ⇒ time 成句.

****be·ing²** /bíːɪŋ/
— 助 ❶ ((be² の現在分詞)) (1) [be+being+過去分詞で受身の進行形を表わす]: The house *is being repaired*. その家は今修理中だ.
(2) [分詞構文で] ...される[された]ので: 言い換え *Being built* on a hill (= *Because* it *is built* on a hill), the hotel commands a fine view of the bay. 丘の上に建っているので, ホテルからの湾の眺めはすばらしい.
❷ ((be² の動名詞)) ...される[された]こと: My daughter likes *being kissed* on the cheek. 私の娘はほおにキスをされるのが好きだ.

***be·ing³** /bíːɪŋ/ 名 (~s /~z/) ❶ Ⓒ **人間**, 生き物: human *beings* 人間 / He has become a quite different *being*. 彼は全く人が変わった. ❷ Ⓤ 存在. ❸ Ⓤ ((格式)) 本性. **bríng ... ìnto béing** [動] 他 (...)を生み出す, 成立させる. **còme ìnto béing** [動] 自 生じる, 成立する.

Bei·rut /bèɪrúːt←/ 名 固 ベイルート ((レバノンの首都)).

be·jew·eled, ((英)) **-elled** /bɪdʒúːəld/ 形 ((文語)) 宝石で飾った.

Bel /bél/ 名 固 ベル ((女性の名; Isabel および Isabelle の愛称)).

be·la·bor, ((英)) **-la·bour** /bəléɪbə | -bə/ 動 他 (...)をくどくどと述べ立てる; (人)を批判する.

be·lat·ed /bəléɪṭɪd/ 形 (手紙などが)遅れた: a *belated* birthday card 間に合わなかった誕生カード. **~·ly** 副 遅ればせながら, 遅れて.

belch /béltʃ/ 動 自 げっぷをする; (火・煙などが)噴出する (*out; from*). — 他 (火・煙など)を噴出する (*out, forth*). — 名 Ⓒ げっぷ; (火・煙の)噴出.

be·lea·guered /bəlíːgəd | -gəd/ 形 ❶ ((格式)) (人・組織などが)非難の集中砲火をあびた; 悩まされた. ❷ ((格式)) (都市などが)敵に包囲された.

Bel·fast /bélfæst, belfǽst | belfɑ́ːst/ 名 固 ベルファスト ((Ireland 北部の都市; Northern Ireland の首都)).

bel·fry /bélfri/ 名 (bel·fries) Ⓒ 鐘楼(しょうろう).

Bel·gian /béldʒən/ 形 ベルギーの; ベルギー人の.
— 名 Ⓒ ベルギー人; [the ~s] ベルギー人 ((全体)), ベルギー国民 ((⇒ the¹ 5)).

Bel·gium /béldʒəm/ 名 固 ベルギー ((ヨーロッパ西部の王国; 首都 Brussels)).

Bel·grade /bélgreɪd, -grɑːd | bèlgréɪd←/ 名 固 ベオグラード ((Serbia の首都)).

be·lie /bəláɪ, bɪ-/ 動 (be·lies; be·lied; be·ly·ing) 他 ❶ ((格式)) (...)を偽って示す[伝える]: His brisk walk *belied* his real age. 彼の元気な足どりからはとても実際の年には見えなかった. ❷ ((格式)) (...)が偽り[誤り]であることを示す.

****be·lief** /bəlíːf, bɪ-/
— 名 (~s /~s/) ❶ Ⓤ または a ~] **信じていること**, 信念, (...の存在の)確信 [⇔ disbelief, doubt]; (...をよいとする)考え, 所信: His *belief in* the occult got him into trouble. オカルトを信じて彼は面倒なことになった / I hold the *belief that* the pen is mightier than the sword. +that 節 ペンは剣より強し, というのが私の信念だ.
❷ Ⓤ,Ⓒ **信仰**, 信心; 信条 [≒faith]: the Christian *belief* キリスト教の信仰 / *belief in* God 神(の存在)を信じること / political *beliefs* 政治的信条.
❸ Ⓤ [ときに a ~] **信頼**, 信用 (*in*).
beyònd belíef [形・副] 信じがたいほどの[に, で].
cóntrary to pópular belíef [副] 一般に信じられているのとは反対に.
in the belíef that ... [副] ...と信じて.
to the bést of my belíef [副] 文修飾 私の信じる限りでは, 私の考えでは [≒as far as I know].
(動 belíeve)

be·liev·a·ble /bəlíːvəbl, bɪ-/ 形 信じられる, 信用できる; 実際に存在しそうな [⇔ unbelievable].

****be·lieve** /bəlíːv, bɪ-/
— 動 (be·lieves /~z/; be·lieved /~d/; be·liev·ing) 他 [進行形なし] ❶ (人・人のことばなど)を**信じる**, 本当だと思う [⇔ disbelieve, doubt]: I *believe* you. 私はあなたの言うことを信じる, 全くそのとおりだ ((⇒ believe in ... (成句) (2))) / I found his story hard to *believe*. 彼の話は信じ難かった / You wouldn't *believe how* difficult it was. V+O (*wh* 節) それがどんなに難しかったか信じてはくれないでしょう / I can't *believe* my eyes [ears]. Ⓢ 自分の目[耳]が信じられません ((驚いたときのことば)).
❷ (完全な確信ではないが)(...)と**思う**, 信じる, (...)が(~だと)考える ((think より少し強い感じ)): I *believe* (*that*) she'll succeed. V+O ((*that*) 節) 彼女はきっと成功すると思う ((多用; that はしばしば省略される)). 語法 しばしば文の終わりで, または挿入語句として用いる: His name was Paul, I *believe*. たしか, 彼の名前はポールだったと思う / That novel, I *believe*, is his best. その小説は彼の最高傑作だと思う // 言い換え They *believe* (*that*) she is honest. = They *believe* her (*to* be) honest. V+O+C (*to* 不定詞[形]) 彼らは彼女が正直だと信じている / John *is believed to* be reliable. V+O+C (*to* 不定詞)の受身 ジョンは信頼できると思われている / "Is he coming?" "*I belíeve sò*." 「彼は来ますか」「そう思います」 ((✪ I believe it. とは言わない; ⇒ so¹ 副 4 語法)) / "Will he pass the exam?" "I dòn't *belíeve* sò." = "I don't *believe* he will." = "*I belíeve nót*." 「彼は試験に受かるでしょうか」「そうは思いません」 ((⇒ not (4) (5))).

♥ **...と思います** (意見を述べるとき)
I believe ...
I believe you should trust yourself. 自分を信じるべきだと思うよ.
♥ 意見・意志を述べるときなどに主張の強さを和らげる緩和表現として使われる.

— 自 信じる; 信仰を持つ.
belíeve in ... [動] 他 (1) **...の存在を信じる**; ...を信仰する: He *believes in* ghosts [God]. 彼は幽霊がいる[神が存在する]と信じている. (2) **...を信頼する**: I *believe in* you. 私はあなたを信頼しています. 語法 I *believe* you. は「(少なくとも話をしている)今はあなたの

言うことを信じます」の意. (3) **...の価値を信じる, ...をよいと思う:** I *believe in* get*ting* up early. 早起きはよいと思う.

belíeve it or nót [副] Ⓢ まさかと思うだろうが, うそのような話だが.

belíeve (you) mé [副] Ⓢ [挿入語句として] 本当に, 確かに《自分の発言の真実性を主張するときに使う強調表現》**:** I wasn't going to argue with a gangster, *believe you me*! やくざと言い争うつもりなんて本当になかったんだ! / "*Believe me*, it will work." "OK, I'll take your word for it." 「うまくいきますよ, 信じてください」「わかりました. おことばを信じます」

Dòn't you belíeve it! Ⓢ そんなわけがない, ばかな.

màke belíeve ... [動] ㊀ [(*that*) 節を伴って] (1) ...ごっこをする. (2) ...のふりをする, 見せかける [≒pretend]. 一㊀ ふりをする.

Would yóu belíeve (it)?[!] = I dòn't belíeve it! Ⓢ [驚きや怒りなどを表わして] 信じ難いことだが.

(名 belíef)

be·liev·er /bəlíːvə, bɪ-|-və/ 名 C 信じる人, 信奉者; 信者 [⇔ unbeliever]**:** a great [firm] *believer in* exercise 運動(の価値)の熱烈な信奉者.

be·lit·tle /bəlíṭl, bɪ-/ 動 ㊀《格式》(...)を見くびる, けなす.

‡bell /bél/

— 名 (~s /~z/) ❶ C ベル, 鈴, 呼びりん; **鐘**, つり鐘**:** ring [sound] the *bell* ベルを鳴らす / The *bells* are ringing for church [school]. 礼拝[授業]の始まりを知らせる鐘が鳴っている. 関連 doorbell 玄関のベル / buzzer ブザー / chime チャイム.

❷ C [普通は単数形で] (時報・警告などの)**ベルの音**, 鈴[鐘]の音**:** Did you hear the *bell*? ベルが聞こえましたか / There's the *bell*. ベルが鳴っているよ《訪問者があることを告げる場合にいう》.

(as) cléar as a béll [形] (音・声などが)とてもはっきりと聞きとれて, 澄みきって.

(as) sóund as a béll [形]《略式》(人が)非常に元気で; (物が)完ぺきな状態で.

gíve ... a béll [動] ㊀《英》Ⓢ (人)に電話をする.

hàve [gèt] one's **béll rùng** [動] ㊁《米略式》頭を強打する.

ríng a béll [動] ㊁ (1) ベル[鐘]を鳴らす (⇒ 1). (2)《略式》(物事が)どこかで聞いた[見た]覚えがある.

Bell /bél/ 名 固 Alexander Graham ~ ベル (1847-1922)《Scotland 生まれの米国の技師; 電話を発明した (1876)》.

Bel·la /bélə/ 名 固 ベラ《女性の名; Isabella の愛称》.

bell-bot·toms /bélbɑ̀(ː)ṭəmz|-bɔ̀t-/ 名 複 ベルボトム, すそが広いズボン, らっぱズボン.

bell·boy /bélbɔ̀ɪ/ 名 C = bellhop.

belle /bél/ 名 C《古風》美人.

bell·hop /bélhɑ̀(ː)p|-hɔ̀p/ 名 C《米》(ホテルの)ボーイ (⇒ hotel 挿絵) [《英》page].

bel·li·cose /bélɪkòʊs/ 形《格式》けんか好きな; 好戦的な.

bel·lig·er·ence /bəlíʤ(ə)rəns/ 名 U 好戦的なこと, 闘争的な態度.

bel·lig·er·ent /bəlíʤ(ə)rənt/ 形 ❶ 好戦的な. ❷ 限定《格式》交戦中[状態]の. **—** 名 C《格式》交戦国[者].

bel·low /béloʊ/ 動 ㊁ (人が)どなる (*out*; *at*); (牛などが)大声で鳴く[ほえる]《⇒ cry 表 bull, ox》. 一 ㊀ (...)を[と]どなり声で言う. **—** 名 C どなり[うなり]声; (牛などの)鳴き声[ほえ声].

bel·lows /béloʊz/ 名 複 ❶ ふいご《普通両手で使うものは a pair of *bellows*, 据え付けたものは (the) *bellows* という》. ❷ (オルガンなどの)送風機.

béll pèpper 名 C《米》ピーマン (pepper).

+bel·ly /béli/ 名 (bel·lies) ❶ C **腹**, 腹部; 胃. 語法 やや下品な語とみなされ, 普通は stomach が使われる (⇒ stomach 2 語法). ❷ C ふくらんだ部分《びん・バイオリン・船・飛行機などの》.

gó bélly úp [動] ㊁《略式》倒産する.

— 動 (bel·lies; bel·lied; -ly·ing) ㊁ ふくらむ (*out*).

bel·ly·ache /bélièɪk/ 名 C,U《略式》腹痛. **—** 動 ㊁《略式》ぐちをこぼす, 不平を言う (*about*).

bélly bùtton 名 C《略式》へそ [≒navel].

bélly dànce 名 C ベリーダンス《女性が腹・腰をくねらせる中東起源の踊り》.

bélly flòp 名 C 腹打ち飛び込み.

bel·ly·ful /bélifʊ̀l/ 名 [a ~]《略式》いやというほどたくさん (*of*).

bélly làugh 名 C《略式》大笑い.

‡be·long /bəlɔ́ːŋ, bɪ-|-lɔ́ŋ/

— 動 (be·longs /~z/; be·longed /~d/; -long·ing) ㊁ [進行形なし] ❶ [belong to ... として] **(...)のもの[所有物]である, (...)に所属する**, (...)の部類に入る**:** 言い換え This house *belongs to* Mr. White. V+to+名 (= This house is Mr. White's.) この家はホワイトさんのものです / 言い換え This car *belongs to* me. (= This car is mine.) この車は私のものだ / 言い換え He *belongs to* the baseball club. (= He is a member of the baseball club.) 彼は野球部の部員です. 語法 「...大学の学生だ」「...会社の社員だ」という場合には belong は用いず, be a student at the University of Tokyo (東京大学の学生である)や work for a trading company (商事会社の社員である)のように言う.

❷ (本来ある[いる]べきところに)**ある[いる]**, (...を)その所属場所とする, (...の場所に)なじむ**:** The coat *belongs in* the closet, not *on* the floor. V+前+名 上着はクローゼットに入れておくもので, 床の上に投げ出しておいてはいけない / A baby should *belong with* [*to*] its parents. 赤ん坊は親のもとで育てられるべきだ / After ten years, he felt he *belonged* there. 10 年たって彼はその土地になじんだ気がした / "Where does this book *belong*?" "It *belongs with* the other novels on the shelf." 「この本はどこに置きますか」「棚の小説の所に置いてください」

be·long·ings /bəlɔ́ːŋɪŋz, bɪ-|-lɔ́ŋ-/ 名 複 所持品; 所有物, 財産《金銭以外の持ち運びできるもの; 土地・家は含まない; ⇒ property》**:** my personal *belongings* 私の身の回りの品.

+be·lov·ed[1] /bəlʌ́vɪd, bɪ-/ ✪ beloved[2] と発音が違う. 形 限定 [普通は所有格の後で]《格式》**最愛の**, かわいい, いとしい**:** my *beloved* child わがいとし子.

— 名 C [普通は所有格の後で]《文語》最愛の人**:** *my beloved* あなた《夫・妻・婚約者などへの改まった呼びかけ》.

be·loved[2] /bəlʌ́vd, bɪ-/ 形 叙述《格式》愛されて**:** She is *beloved by* [*of*] all. 彼女は皆に愛されている.

‡be·low /bəlóʊ, bɪ-/

単語のエッセンス
1) [位置を示して] (...より)下に[へ] 前❶; 副❶, ❷
2) (年齢・地位などが)(...より)下で[に] 前❸, 副❸

— 前 /bəlóʊ, bɪ-/ ❶ (位置が)...**より下に[へ]**, ...の(真)下に[へ], ...**より低く** [⇔ above]《⇒ above 挿絵; below と under との違いについては ⇒ under 前 1 (1) 語法》: A lamp hangs *below* the ceiling. ランプが天井からぶら下がっている / The sun went *below* the horizon. 太陽が地平線の下に沈んだ / Her skirt reaches just *below* the knees. 彼女のスカートはひざのすぐ下までである / A strange noise came from *below* the stairs. 階段の下から変な音がした《⇒ from 1 語法 (2)》. ❷ ...の下流に: The waterfall is a few miles *below* the bridge. その滝は橋から数マイル下流にあります. ❸ (年齢・数量などが)...より下で[に], ...未満で [≒under]; (地位が)...より下で《⇒ under 前 4 語法》; ...より劣って [⇔ above]: Children *below* the age of 16 are not allowed to see this film. 16 歳未満の子供はこの映画を見てはいけない / The temperature was five degrees *below* zero [freezing]. 気温は零下 5 度だった.

— 副 ❶ (位置が)**下に[へ]**, **低く**, 足もとに; 階下に, (船の)下の船室に [⇔ above]: From the top of the tower we saw the whole town (*down*) *below*. その塔の頂上からは町じゅうが(すぐ)眼下に見えた / We heard a strange noise from *below*. 下から変な音が聞こえた《⇒ from 1 語法 (2)》/ Who lives in the room *below*? 下の部屋にはだれが住んでいますか.

❷ (ページの)**下部で**, (記事・論文などで)**以下で**, あとで [⇔ above]: The reason (why) we cannot support his view will be given *below*. なぜ我々が彼の見解を支持できないかという理由を以下に述べよう / See the chart *below*. 下の図を見よ. ❸ (年齢・数量・地位などが)下で[に]; (温度が)零下で: Men of the rank of captain and *below* live here. 隊長以下の者がここに住む / It was 10 *below* this morning. けさは零下 10 度であった.

dòwn belów [副] (建物の)地下に[へ].

〖語源 原義は 'by low' (低い所に)〗

*__belt__ /bélt/ 名 (belts /bélts/) ❶ C **ベルト**, バンド, 帯: wear a *belt* ベルトを締め(てい)る / tighten [fasten, loosen] one's *belt* ベルトをきつくする[締める, ゆるめる] / a safety [seat] *belt* 安全[シート]ベルト / a shoulder *belt* 肩からかける安全ベルト. ❷ C (ある特色を持った)地帯: an earthquake *belt* 地震帯 //⇒ Corn Belt, Cotton Belt. 関連 greenbelt 都市周辺の緑地帯. ❸ C 〔機械〕ベルト.

háve ... ùnder one's **bélt** [動] 他 (...)を達成している.

hít belòw the bélt [動] 自 (1) (ボクシングで)ベルトの下をたたく《反則になる》. (2) 卑怯(ひきょう)なことをする.

tíghten one's **bélt** [動] 自 出費を抑える.

— 動 他 ❶ (...)をベルトで締める. ❷《略式》(人・ボールなど)をひっぱたく.

bélt óut [動] 他 (...)を大きな声で歌う, 大きな音で演奏する.

bélt úp [動] 自 (1)《英》シートベルトを締める [《米》buckle up]. (2) [命令文で]《英略式》静かにしろ.

belt·ed /béltɪd/ 形 ベルト[帯]のついた.

belt·way /béltwèɪ/ 名 ❶ C《米》(大都市の)環状道路 [《英》ring road, orbital]. ❷ [the B-]《米》ワシントン政界.

be·ly·ing /bɪláɪɪŋ/ 動 belie の現在分詞および動名詞.

be·moan /bɪmóʊn/ 動 他《格式》(...)を悲しむ, 嘆く.

be·mused /bɪmjúːzd/ 形 困った, ぼう然とした.

Ben /bén/ 名 固 ベン《男性の名; Benjamin の愛称》.

*__bench__ /béntʃ/ 名 (~·es /~ɪz/) ❶ C **ベンチ**《2 人以上が座れるもので, 背のあるものもないものもいう》, (長い)腰掛け, 長いす《⇒ chair 表》: We sat down on a *bench* in the park. 私たちは公園のベンチに腰を下ろした. ❷ [the ~] 裁判官の職; 裁判官《全体; ⇒ bar 名 7》; 裁判官[判事]席; 法廷: Mr. Long was raised to *the bench*. ロング氏は裁判官に任ぜられた. ❸ C [普通は複数形で]〔英議会〕議席. ❹ [the ~]〔スポーツ〕選手控え席, ベンチ; C《主に米》控え選手(層). ❺ C (靴屋などの)仕事台.

on the bénch [形・副] (1) 判事になって. (2) (選手が)補欠となって.

— 動 他《米》〔スポーツ〕(反則などで)(選手)を出場メンバーからはずす, ベンチに下げる.

bench·mark /béntʃmὰɚk | -mὰːk/ 名 C (判断の)基準 (*for*); (測量の)水準基標. — 動 他 (...)を(基準によって)評価する (*against*).

bénch prèss 名 C ベンチプレス《あおむけに寝てバーベルを持ち上げる運動》.

bénch wàrm·er /-wɔ̀ɚmɚ | -wɔ̀ːmə/ 名 C《米略式》(野球などの)控え[補欠]選手.

*__bend__ /bénd/ 動 (bends /béndz/; 過去・過分 bent /bént/; bend·ing) 他 ❶ (真っすぐな物)を**曲げる**; (頭など)を傾ける: He *bent* his knees. 彼はひざを曲げた / He *bent* the iron bar over his knee. 彼は鉄棒をひざの上でぐいっと折り曲げた / NO BENDING 折り曲げ無用《郵便物などで; 目的語が省略されている》. ❷ (注意・努力)を向ける: *Bend* your mind *to* your work. 仕事に精を出しなさい.

— 自 ❶ (真っすぐな物が)**曲がる**, たわむ: The branch *bent* but didn't break. 枝はたわんだが折れなかった / The trees ***bent under*** the weight of the snow. V+前+名 木は雪の重みでたわんだ.

❷ [副詞(句)を伴って] **身を曲げる**, かがむ: He ***bent down*** to pick up the piece of paper. 彼はその紙片を拾うために体をかがめた / I ***bent over*** the flower to smell it. V+前+名 私は香りをかぐために花の上に身をかがめた. ❸ (川・道などが)方向が変わる, (...の方へ)向かう (*to*). ❹ (...に)屈服する, 従う (*to*).

— 名 (bends /béndz/) ❶ C (道路の)**曲がり**, カーブ, (川などの)湾曲(部): Drive carefully, because there is a sharp [sudden] *bend* ahead. この先に急なカーブがあるから注意して運転してください. ❷ C (体などを)曲げること. ❸ [the ~s] ケーソン病, 潜函(せんかん)病.

aròund [《英》ròund] the bénd [形]《略式》頭がおかしくなって.

*__be·neath__ /bɪníːθ, bə-/ 前 ❶《格式》(位置・場所が)...**の(すぐ)下に[で]**《⇒ underneath 前 語法 (1)》: We walked home *beneath* a bright blue sky. 明るい青空の下, 歩いて家に帰った / The money was hidden *beneath* the floor. 金は床の下に隠されていた.

❷《格式》(地位・値打ちなどが)...**より劣って**, ...にふさわしくない; (注目・軽蔑など)に値しない: As a writer, he ranks *beneath* his father. 作家として彼は父に劣る / It is *beneath* him to say such a thing. そんなことを言うとは彼らしくもない.

— 副《格式》(すぐ)下に, 下のほうに [≒below, underneath]: from *beneath* 下から.

Ben·e·dict /bénədɪkt/ 名 固 ベネディクト《男性の名》.

ben·e·dic·tion /bènədíkʃən/ 名 C,U (キリスト教で)祝禱(しゅくとう)《祝福の祈り》.

ben·e·fac·tor /bénəfæ̀ktɚ | -tə/ 名 C (学校・慈善事業などへの)寄付者, 後援者 (*of, to*): an anonymous *benefactor* 匿名の寄付者.〘⇒ fact キズナ〙

be·nef·i·cent /bənéfəs(ə)nt/ 形《格式》慈善心に富む, 情け深い. **～·ly** 副 慈悲深く.

+**ben·e·fi·cial** /bènəfíʃəl←/ 形 (物事が...にとって)**有益な**, 有利な: Jogging is thought to be ***beneficial to*** [***for***] your health. +to [for]+名 ジョギングは体によいと考えられている. (名 bénefit)

ben·e·fi·ci·ar·y /bènəfíʃièri | -ʃəri/ 名 (-ar·ies) C 受益者;〔法律〕(遺産などの)受取人 (*of*).

⁑**ben·e·fit** /bénəfɪt | -fɪt/ アク

— 名 (-e·fits /-fɪts | -fɪts/) ❶ U,C **利益**《⇒ profit 類義語》; 得; 利点: reap the *benefit* 利益を得る / I got great *benefit* from this book. 私にはこの本が大変ためになった / The children had the ***benefit of*** a good upbringing. その子たちはよい教育を受けたという強みがあった.

❷ U,C [しばしば複数形で] (保険・年金などの)**給付金**, 手当;《英》生活保護 [《米》welfare]: be ***on benefit*** 生活保護を受けている // ⇒ unemployment benefit(s).

❸ C [形容詞的に] 慈善的な催し, 募金興行: a *benefit* concert 慈善[チャリティ]コンサート.

be of bénefit to ... = be to ...'s bénefit [動] 他 ...**のためになる**: The captions are *of* great *benefit to* the deaf. 字幕は耳の不自由な人たちに大いに役立っている.

for ...'s bénefit = for the bénefit of ... [副] ...**のために**: He used all his wealth *for the benefit of* the poor. 彼は全財産を貧しい人々のために使った.

gíve ... the bénefit of the dóubt [動] 他 疑わしい点は(人・物)に有利[好意的]に解釈してやる.

with [withòut] the bénefit of ... [前] ...の助けで[助けなしで]: *with the benefit of* hindsight 後から考えれば. (形 bènefícial)

— 動 (-e·fits /-fɪts/; -fit·ed, -fit·ted /-ṭɪd/; -fit·ing, -fit·ting /-ṭɪŋ/) 他 (物事が)(...)の**役に立つ**, ためになる: Can nuclear energy *benefit* the human race? 核エネルギーは人類のためになるか.

— 自 (...によって)**利益を得る**: He will ***benefit from*** his new experience. V+from+名 新しい経験によって彼も利するところがあるだろう / They'd ***benefit by*** rais*ing* workers' salaries. V+by+動名 会社側は労働者の給料を上げることで利益を得るだろう.

〘語源 ラテン語で「よい行為」の意〙

be·nev·o·lence /bənévələns/ 名 ❶ U 慈悲の心, 情け; 善意. ❷ C,U 慈善(行為), 善行.

be·nev·o·lent /bənévələnt/ 形 優しい, 情け深い; 限定 慈善のための. **～·ly** 副 優しく.

Ben·gal /bèŋgɔ́ːl←/ 名 固 ベンガル《旧インド北東部の地方; 現在はインド領とバングラデシュ領とに分かれている》.

Ben·gal·i /beŋgɔ́ːli←/ 形 ベンガル(人[語])の. — 名 C ベンガル人; U ベンガル語.

be·nign /bɪnáɪn/ 形 ❶ 恵み深い, 親切な, 優しい; (気候などが)穏やかな. ❷〔医学〕(病気が)悪性でない, 良性の [⇔ malignant].

Ben·ja·min /béndʒəmɪn/ 名 固 ベンジャミン《男性の名; 愛称は Ben または Benny》.

Ben·ny /béni/ 名 固 ベニー《男性の名; Benjamin の愛称》.

⁎**bent** /bént/ 動 bend の過去形および過去分詞.

— 形 ❶ **曲がった**: a *bent* pin 折れ曲がったピン / *bent* with age 年のせいで腰が曲がって.

❷ 叙述 **固く決心した**, (...に)熱心な: The girl was ***bent on*** [***upon***] start*ing* home. +on [upon]+動名 その女の子は家に帰りたがっていた / He was *bent on* mischief. +on+名 彼は何とかしていたずらをしてやろうとたくらんでいた.

bént òut of shápe [形]《米略式》ひどく怒って[動揺して, 心配して].

— 名 [単数形で] 好み; 適性: She has「a *bent for* music [a musical *bent*]. 彼女は音楽に向いている.

Ben·tham /bénθəm/ 名 固 Jeremy ～ ベンサム (1748-1832)《英国の哲学者; 功利主義者》.

ben·zene /bénziːn, benzíːn/ 名 U〔化学〕ベンゼン.

ben·zine /bénziːn, benzíːn/ 名 U〔化学〕ベンジン.

be·queath /bɪkwíːθ, -kwíːð/ 動 他《格式》(...)を遺言で譲る; (後世に)残す, 伝える (*to*).

be·quest /bɪkwést/ 名 C《格式》遺産, 遺贈品.

be·rate /bəréɪt, bɪ-/ 動 他《格式》(人)をしかりつける, きつく非難する (*for*).

be·reaved /bəríːvd, bɪ-/ 形 限定《格式》(家族に)死なれた, あとに残された: the *bereaved* family 遺族 / *the bereaved* 遺族, 近親を亡くした人(たち).

be·reave·ment /bəríːvmənt, bɪ-/ 名 U,C《格式》(近親に)先立たれること, 死別.

be·reft /bəréft, bɪ-/ 形 叙述 ❶ (希望・能力などを)失って (*of*). ❷ 悲しみにうちひしがれて, 孤独で.

be·ret /bəréɪ | béreɪ/ ≪フランス語から≫ 名 C ベレー帽.

Bé·ring Séa /bé(ə)rɪŋ-/ 名 固 [the ～] ベーリング海《Aleutian 列島と Bering 海峡との間の海》.

Béring Stráit 名 固 [the ～] ベーリング海峡《Siberia と米国 Alaska 州との間の海峡》.

Berke·ley /bɚ́ːkli | bɑ́ːk-/ 名 固 バークレー《米国 California 州, San Francisco 湾東岸の都市》.

Ber·lin /bɚ̀ːlín | bɜ̀ː-/ 名 固 ベルリン《ドイツの首都》.

Ber·mu·da /bɚmjúːḍə | bə-/ 名 固 バーミューダ《大西洋西部の英領の諸島》.

Bermúda shórts 名 複 バーミューダ(パンツ)《ひざ上までの半ズボン》.

Bern /bɚ́ːn | bɜ́ːn/ 名 固 ベルン《スイスの首都》.

Ber·nard /bɚ́ːnɚd | bɜ́ːnəd/ 名 固 ❶ バーナード《男性の名》. ❷ Saint ～ ⇒ Saint Bernard の項目.

Berne /bɚ́ːn | bɜ́ːn/ 名 固 = Bern.

+**ber·ry** /béri/ (同音 bury) 名 (ber·ries /～z/) C **ベリー**《いちごのように, 核がなく肉が柔らかで汁を含んだ実; ⇒ fruit 表》: pick *berries* ベリーを摘(つ)む. 関連 blackberry ブラックベリー / blueberry ブルーベリー / strawberry いちご / nut 堅い木の実.

ber·serk /bɚ(ː)sɚ́ːk | bə(ː)zɜ́ːk/ 形 [次の成句で] **gò bersérk** [動] 自 怒り狂う, 狂暴になる.

Bert /bɚ́ːt | bɜ́ːt/ 名 固 バート《男性の名; Albert, Bertrand, Herbert, Hubert, Robert の愛称》.

berth /bɚ́ːθ | bɜ́ːθ/ (同音 birth) 名 ❶ C (船・列車などの)寝台:「an upper [a lower] *berth* 上段[下段]の寝台. ❷ C (船の)停泊場所. ❸ C《米》〔スポーツ〕出場権, 地位. **gíve ... a wíde bérth** [動] 他 (...)を避ける, 敬遠する. — 動 他 (船)を停泊させる. — 自 停泊する.

Ber·tha /bɚ́ːθə | bɜ́ː-/ 名 固 バーサ《女性の名》.

Ber·trand /bɚ́ːtrənd | bɜ́ː-/ 名 固 バートランド《男性の

名; 愛称は Bert).
be·seech /bɪsíːtʃ/ 動 (-seech·es; 過去・過分 be·sought /bɪsɔ́ːt/, be·seeched; -seech·ing) 他《文語》(人)に(～を)お願いする (*for*; *to* do).
be·set /bɪsét/ 動 (be·sets; 過去・過分 be·set; -set·ting) 他 [普通は受身で]《格式》(困難などが)(...)に付きまとう[襲う] (*by, with*): a *besetting* sin [しばしばこっけいに] 陥りやすい罪.

be·side /bɪsáɪd, bə-, -sàɪd/
⚡ besides と混同しないこと.
— 前 ❶ **...のそばに, ...の隣[近く]に**(⇒ by 前 5 語法): My house stands *beside* a beautiful river. 私の家は美しい川のそばにある / Everybody wanted to sit *beside* her. みんなが彼女のそばに座りたがった.
❷ **...と比べると:** She is a mere child *beside* you. 彼女はあなたに比べればほんの子供だ. ❸ **...をはずれて:** His remark is *beside* the point. 彼の言うことは的はずれである.
besíde onesèlf [形] (喜び・怒りなどに)**我を忘れて:** The winners were *beside themselves with* joy. 勝ったほうはうれしくてたまらなかった.
〖語源 原義は 'by the side of ...' (...のそばに)〗

***be·sides** /bɪsáɪdz, bə-/

単語のエッセンス	
1) ...に加えて, そのうえ, さらに	前 ❶; 副 ❶, ❷
2) [疑問文・否定文で] ...のほかに	前 ❷

— 前 /bɪsàɪdz, bə-/ ❶ **...に加えて**, ...のうえに: *Besides* the mayor, many other distinguished guests were present. 市長に加えてたくさんの名士が出席した / Mrs. Brown does other things ***besides*** teach*ing* eighth grade. ブラウン先生は 8 年生を教えるうえにほかのこともしている.
❷ [疑問文・否定文で] **...のほかに**, ...を除いて [≒except]: I have *no* other friends *besides* you. あなたのほかに友人はいません.
— 副 ❶ つなぎ語 Ⓢ **さらにまた**, そのうえ, おまけに(⇒類義語): I don't like the color of this shirt. *Besides*, it's too expensive. 私はこのワイシャツの色が気にいらない, おまけに値段が高すぎる.
❷ **そのうえ**, さらに; ほかに: He gave the boy some food and some money *besides*. 彼はその少年に食べ物のほかお金をやった.
類義語 **besides** 特に重要だと思われる事柄や, ある状況・行動の根拠・理由と考えられる事柄を強調して追加するときに, 主に話しことばで用いられる. **moreover** 書きことばで用い, 前文により重要なことを追加したり, 単に前に述べたことを補強するときに用いる. **furthermore** 格式ばった語で *moreover* の後でさらに追加するときに多く用いる.

be·siege /bɪsíːdʒ/ ❗発音 動 他 ❶ (町・要塞(ようさい))を包囲する. ❷ (...)に押し寄せる, (人など)を取り囲む.
be besíeged by ... [動] 他 (群衆など)に取り囲まれる; (問題など)に悩まされる. **be besíeged with ...** [動] 他 ...で攻め立てられる: The teacher *was besieged with* questions from his students. 先生は学生たちの質問攻めにあった.
be·smirch /bɪsmə́ːtʃ | -smə́ːtʃ/ 動 他《格式》(名誉・名声・人格など)に泥を塗る, (...)を汚(けが)す.
be·sot·ted /bɪsɑ́(ː)ṭɪd | -sɔ́t-/ 形 叙述 (...に)夢中になった, ぼうっとなった (*with, by*).
be·sought 動 beseech の過去形および過去分詞.

be·speak /bɪspíːk/ 動 (be·speaks; 過去 be·spoke /-spóʊk/; 過分 be·spo·ken /-spóʊk(ə)n/; be·speak·ing) 他《文語》(...)の証拠となる; (...)を示す.
be·spec·ta·cled /bɪspéktəkld/ 形《格式》めがねをかけた.
be·spoke /bɪspóʊk/ 形《英》= custom-made.
Bess /bés/ 名 固 ベス(女性の名; Elizabeth の愛称).
Bes·sie, Bes·sy /bési/ 名 固 ベシー(女性の名; Elizabeth の愛称).

***best** /bést/
— 形 ❶ [good の最上級; ⇒ better 形 1] **最もよい; 最良の**, 最善の, 最上の [⇔ worst]: She's my *best* friend. 彼女は私の親友です / 言い換え This is *the best* book (that) I have ever read. (= I have never read such a good book as this.) これは私が今までに読んだ中でいちばんよい本です(こんなよい本は読んだことがない)(⇒ the[1] 1 (4)) / 言い換え It is *best* to start at once. = It is *best* that we [you] (should) start at once. すぐ出発するのがいちばんよい / Who are *the* ten *best* hitters? ベストテンに入っている打者はだれですか(✪ ten と best の語順に注意).
❷ **最も上手な, いちばんうまい:** Jill is *the best* pianist in the class. ジルはクラスでいちばんピアノがうまい / I think John's performance was *the best*. 私はジョンの演技[演奏]がいちばんうまかったと思う. ❸ [well[1] の最上級; ⇒ better 形 3] 叙述 (体の具合が)最上で, 最好調で.
bést befòre [食品の包装などに記されて] 賞味期限(⇒ Use by (use[1] 動 成句)): *Best before* 15 May '25. 賞味期限: 2025 年 5 月 15 日.
— 副 ❶ [well[1], (動詞 like, love の場合) very much の最上級; ⇒ better 副 1; like[2] 動 他 1 語法 囲み; love[1] 動 2 語法] **最もよく** [⇔ worst]: What kind of fruit do you like (*the*) *best*? どんな果物がいちばん好きですか / He likes baseball (*the*) *best* of all sports. 彼はすべてのスポーツのうちで野球がいちばん好きです(⇒ the[1] 1 (4) 語法 (2)).
❷ **最も上手に**, いちばんうまく: Who did it (the) *best*? だれがそれをいちばん上手にやりましたか / Do as you think *best*. 最も適切と思うようにやりなさい. ❸ [合成語で] 最も, いちばん: the *best*-loved singer 最も人気のある歌手.
as bést one **cán = the bést (that)** one **cán** [副] (十分ではないが)**できるだけ(うまく)**; どうにかこうにか: I translated the poem *as best I could*. 私はできるだけうまくその詩を翻訳した.
bést of áll [副] つなぎ語 いちばんよいことには; 何よりもまず.
bést óff ⇒ best-off.
had bést dó [助] ...するのがよい, ...するのがいちばんだ(had better を強調した言い方): You *had best* agree. 承諾するのがいちばんだ.
— 名 [the ～] **最もよいもの[部分, 人]**, 最良, 最上, 最善 [⇔ worst]: The sick man had *the best* of care. その男性の病人は最上の看護を受けた / This is *the best* I can do for you. これがあなたにしてあげられる精いっぱいのところです.
Áll the bést! ごきげんよう, さようなら(別れや手紙の文末のことば); ご成功を祈って.
at bést [副] (いくら)**よくても**, せいぜい: We cannot finish it before Saturday *at best*. いくらうまくいっても

土曜日までには終わらない.

at one's **bést** [形・副] **最もよい状態で[の]**; (花などが)見ごろで[の]; 全盛で[の]**:** The cherry blossoms are *at their best.* 桜の花は今が見ごろです.

be (áll) for the bést [動] ⓐ (今は悪く思えても)結局はそれでよいのだ.

bést (òut) of thrée [fíve, séven, etc.] [名] 3[5, 7(など)]回勝負《スポーツなどで一連の試合で勝者を決める》.

dò [trý] one's **(véry) bést = dò [trý] the bést** one **cán** [動] ⓐ **全力を尽くす:** You should「*do your best* [*do the best you can*] in everything. 何事にも最善を尽くしなさい / I díd *dò my best.* 確かにベストは尽くしたのですが《⇒ did¹ A 5》. [語法] 過去時制や過去完了形に用いると, うまくいかなかったことを暗示することが多い.

gèt [hàve] the bést of ... [動] ⓣ《略式》...に勝つ; (競争などで)...を出し抜く.

lóok one's **bést** [動] ⓐ いちばんよく[魅力的に]見える**:** Mary looks *her best* in a pink sweater. メアリーはピンクのセーターを着るといちばん似合う.

màke the bést of ... [動] ⓣ (1) (機会・時間など)を最大限に利用[善用]する**:** You have only a short rest, so *make the best of* it. 休憩は短いから十分に活用しなさい. (2) (不利な状況[環境])を何とかしのぐ, 我慢してやっていく**:** *Make the best of* a bad bargain. 《ことわざ》 不利な取り引き[状況]でも決まってしまえば(文句を言っても)しょうがない.

The bést is yèt to cóme [bé]. まだいいことはこれからだ.

to the bést of ... [副] ...の限りでは; ...の限り**:** I will do my duty *to the best of* my ability. 私は能力の限り職務を遂行します.

with the bést (of them) [副] だれにも劣らずに.

bes·tial /béstʃəl | -tiəl/ [形] 《格式》 (人や行動が)獣のような; 凶暴な. ([名] beast)

+**best-known** /béstnóʊn←/ [形] **well-known の最上級.**

bést mán [名] [the ~] 花婿に付き添う男性. [関連] bridesmaid 花嫁に付き添う女性.

best-off, best off /béstɔ́ːf | -ɔ́f←/ [形] well-off の最上級.

be·stow /bɪstóʊ/ [動] ⓣ 《格式》 (称号・賞など)を授ける, 贈る, 与える (*on, upon*).

bést práctice [名] [C,U] (見本となる)最優良事例.

best-sell·er /béstsélə | -lə/ [名] [C] ベストセラー.

best-sell·ing /béstsélɪŋ←/ [形] [限定] (本・作家などが)ベストセラーの.

***bet** /bét/ [動] (bets /béts/; [過去]・[過分] bet, bet·ted /-ṭɪd/; bet·ting /-ṭɪŋ/) ⓣ ❶ (...に)(金)を**賭**(か)**ける,** (人)と(...について)賭けをする**:** He has *bet* $30 *on* that horse. [V+O+*on*+名] 彼はその馬に 30 ドル賭けた / I'll *bet* you *on* it. そのことで君と賭けをしよう / [言い換え] I *bet* you £10 (*that*) it will be fine tomorrow. [V+O+O] = I *bet* £10 (*that*) it will be fine tomorrow. [V+O] あすは晴れのほうに 10 ポンド賭けるよ. [語法] that 節の前で前置詞 on が省略されたものと考えられる. ❷ 《略式》 きっと...だと思う, 断言する**:** I('ll) *bet* (*that*) he passes [will pass] the test. 彼はきっと試験に受かると思う.

— ⓐ (金を)**賭ける,** 賭け事をする**:** Which horse shall we *bet on*? [V+*on*+名] どの馬に(金を)賭けようか / I'll *bet against* his com*ing*. [V+*against*+動名] 賭けてもいいが彼は来ないよ.

bét one's **life = bét** one's **bóttom dóllar** [動] ⓐ Ⓢ (...は)絶対確かだと思う (*on; that*).

bét the fárm [ránch] [動] ⓐ《米略式》 全財産を賭ける (*on*).

I bét! = I'll bét! Ⓢ (そりゃ)そうだろう; まさか, さあどうだか**:** 🗨 "He says he'll be here by ten." "*I bet!*" 「彼は 10 時までに来るって言っているよ」「まさか」

You bét! (1) Ⓢ もちろん!, そうとも!**:** 🗨 "Will you be here tomorrow?" "*You bet!*" 「あした来てくれる?」「もちろん!」 (2) Ⓢ [謝意に対して] どういたしまして.

— [名] (bets /béts/) ❶ [C] **賭**(か)**け**; 賭けた金[物]**:** have a *bet on* ... ...に賭ける / *place* a *bet on* ... ...に金を賭ける / *lose* [*win*] a *bet* 賭けに負ける[勝つ]. ❷ [C] 《略式》 予測, 見当, 意見.

a góod [sáfe, súre] bét [名] ほぼ確実なこと; うまく行きそうな方法[考え].

...'s bést [súrest, sáfest] bét [名] Ⓢ 最善の策, 最も確実なこと[方法].

hédge one's **béts** [動] ⓐ (損失を少なくするために)両方に賭(か)ける;両方に顔をつないでおく.

be·ta /béɪṭə | bíːtə/ [名] [C] ベータ《ギリシャ語アルファベットの第 2 文字 β, B; ⇒ Greek alphabet 表》.

béta vèrsion [名] [C] 〖コンピュータ〗 ベータ版《開発最終段階のソフト》.

bet·cha /bétʃə/ Ⓢ 《略式》 bet you の発音を示すつづり (= I('ll) bet (you)《⇒ bet ⓣ 2, I bet! (bet [動] 成句)》). **You bétcha.** Ⓢ 《略式》 もちろん.

Beth /béθ/ [名] [固] ベス《女性の名; Elizabeth の愛称》.

Beth·le·hem /béθlɪhèm/ [名] [固] ベツレヘム《イスラエルの Jerusalem 南方の町; キリスト生誕の地》.

be·tide /bɪtáɪd/ [動] [次の成句で] **Wóe betíde ...!** 《古風》 ...に災いあれ!

***be to** /(子音の前では) bɪtʊ, (母音の前では) -tu/

単語のエッセンス
1) ...することになっている ❶
2) ...すべきだ ❷
3) ...できる ❸

[語法] 現在・過去時制で用いる. 動詞の原形の前につけて [助] のように用いられる. 普通は 《格式》. ❶ **...することになっている, ...する予定だ**《しばしば公式の予定を表わす》**:** She *is to* be married in June. 彼女は 6 月に結婚する予定だ. [語法] 新聞の見出しなどでは be 動詞を省略した形で用いる**:** President *to* Visit Japan 大統領訪日の予定《普通の文は The President *is to* visit Japan.》.

❷ **...すべきだ,** ...する義務である [≒must, should]; [否定文で] ...してはならない [≒must not]; [疑問文で相手に指図を求めて] ...しましょうか**:** You *are to* finish your homework before you watch TV. テレビを見る前に宿題をすませなさい. [語法] must や should を用いるより多少厳しい言い方で, 親が子供に向かって言うときや受身の不定詞で指示・掲示などに用いられる // The pills *are to* be taken after meals, one at a time. 薬は食後に 1 回 1 錠服用のこと / This exit *is not to* be used except in case of emergency. 非常時以外はこの出口を使用してはならない.

❸ [普通は否定文・疑問文で] **...できる** [≒can]**:** No stars *were to* be seen in the sky. 空には星がひとつも見えなかった / He *was* nowhere *to* be found. 彼はどこにも見つからなかった / What *is to* be done? 何ができるだろうか. ❹ ...する運命[宿命]である**:** He *was* never *to* see his home again. 彼は二度と故郷に帰れない運命であった. 語法 主に過去時制で用いる. ❺ [仮定を表わす従属節で] (人が)...したいと思う, ...するつもりである; (物が)...すべきである: If you *are to* keep fit, you should get more exercise. 元気でいたいのならもっと運動をすべきだ. ❻ ...するため(のもの)である: The letter *was to* tell her that he had been ill. その手紙は彼が病気だったことを彼女に知らせるためのものであった. ❼ [was [were]+完了不定詞として] ...することになっていたのだが(実現しなかった)《過去において実現しなかった予定や計画を表わす》: I *was to have* left for London last week. 私は先週ロンドンへ向け出発する予定だった(が出発しなかった). ✪ 仮定を表わす (if ...) were to do については ⇒ were 成句.

+**be·tray** /bɪtréɪ, bə-/ ❗アク 動 (be·trays /~z/; be·trayed /~d/; -tray·ing) 他 ❶ (人・約束・信頼など)を**裏切る**; (信念・理想など)に背(そむ)く; (自分の国・味方など)を(敵に)売る: I won't *betray* her. 彼女を裏切りはしない / *betray* ...'s trust ...の信頼を裏切る / He ***betrayed*** his country ***to*** the enemy. V+O+*to*+名 彼は母国を敵に売った.
❷ (秘密など)を**漏らす**《うっかりまたは故意に》; 密告する: *betray* a confidence 秘密を漏らす / She wouldn't ***betray*** his hiding place ***to*** me. V+O+*to*+名 彼女はどうしても私に彼の隠れ家を教えようとしなかった. ❸ (知られてはならないこと)をうっかり現わす, (...のせいで)(欠点)がばれる: 言い換え His question *betrayed* his ignorance of soccer. = His question *betrayed* (the fact) *that* he was ignorant of soccer. 彼の(した)質問で彼がサッカーを知らないのがわかった[ばれた].
betráy onesèlf [動] 自 うっかり本性を現わす.
(名 betráyal)
〖語源 原義は「引き渡す」; ⇒ tradition 語源〗

be·tray·al /bɪtréɪəl, bə-/ 名 U,C 裏切り(行為), 背信(行為); 内通, 密告. (動 betráy)

be·tray·er /bɪtréɪɚ | -tréɪə/ 名 C 裏切り者, 背信者; 内通者.

be·troth·al /bɪtróʊð(ə)l/ 名 C,U 《古風》 婚約.

be·trothed /bɪtróʊðd/ 形 《古風》 婚約している (*to*).
— 名 [所有格の後で] 《古風》 婚約者.

Bet·sy /bétsi/ 名 固 ベッツィー《女性の名; Elizabeth の愛称》.

***bet·ter /bétɚ | -tə/

— 形 ❶ [good の比較級; ⇒ best 形 1] **よりよい, もっとよい**, いっそうよい [⇔ worse]: I have a *better* plan *than* that. 私にはそれよりよい案がある / It might [would] be *better* to go by subway. 地下鉄で行くほうがいいかもしれない[行くほうがいいでしょう] / You couldn't have chosen anything *better*. これ以上のものは選べなかったでしょう(こんなにすばらしいものはない) / *Better* (be) (= It is *better* to be) the head of a dog *than* the tail of a lion. 《ことわざ》 ライオンの尾よりも犬の頭になるほうがまし(鶏口となるも牛後となるなかれ) / It would have been *better* if you had left it unsaid. そんなことは言わないほうがよかったのに《過去の行為に対して遠回しに非難する表現》.

♥ **...したほうがいいと思います** (助言するとき)
It would be better to ...

Maybe **it would be better to** ask him directly. 彼に直接聞いたほうがいいかと思うけど.
♥ 間接的で控えめな助言・提案の表現.
♥ 仮定法の would を用いるので柔らかい響きになる. maybe を加えることでさらに控えめになる. 《助言の表現については ⇒ should A 1 (1)》

❷ **より上手な, もっとうまい**: John is a *better* rider *than* Tom. ジョンはトムより馬に乗るのがうまい / Betty's picture is *better than* Linda's. ベティーの絵のほうがリンダの絵よりもうまい.
❸ [well¹ の比較級; ⇒ best 形 3] 叙述 (体の具合が)**よくなって**, 気分がよりよい [⇔ worse]; (病人が)全快して: I feel much *better than* yesterday. 私はきのうよりはだいぶ気分がよい / He is getting *better* and *better*. 彼はだんだんとよくなっている.

àll the bétter ⇒ all the+比較級 (all 副 成句).
be bétter than nóthing [動] 自 Ⓢ ないよりはましである: I could only take a cold shower, but it *was better than nothing*. 冷たいシャワーしか浴びられなかったが, ないよりはましだった.
bétter óff ⇒ better-off.
lìttle bétter (than ...) ほとんど(...と)同じ, ...も同然(で大したことはない): The party in power is corrupt, but the opposition is *little better*. 与党は腐敗している. しかし野党だって同じようなものだ.
nò bétter than ... **...も同様である**, まるで...である: A man who lives off his relatives is *no better than* a beggar. 親戚にたかって暮らしている人はまるでこじきのようなものだ.
so múch the bétter ⇒ so much the ... (much 副 成句).
Thàt's (múch) bétter. Ⓢ (相手をほめたり励ましたりして)そうだ, その調子だ, そのほうが(ずっと)よい.
the sóoner [bígger, etc.] the bétter 早ければ早いほど[大きければ大きいほど]よい.

— 副 ❶ [well¹, (動詞 like, love の場合) very much の比較級; ⇒ best 副 1; like² 動 他 1 語法 囲み, love¹ 動 2 語法] **もっとよく** [⇔ worse]: She knows this town *better than* I do. 彼女は私よりもこの町のことをよく知っている / 🗨 "Which do you like *better*, apples↗ or pears?↘" "I like apples *better*." 「りんごとなしではどちらがお好きですか」「私はりんごのほうが好きです」.
❷ **より上手に**, もっとうまく: She can dance *better than* I can. 彼女は私よりも上手に踊れます.

bètter stíll [yét] = èven [stìll] bétter [副] つなぎ語 (それより)もっといいのは, いっそのこと: You should write to her, or *better still*, go and see her. 彼女に手紙を書いたほうがよい, いやむしろ会いに行ったほうがよい.
dò bétter [動] 自 (1) もっとうまくやる (*than*). (2) (普通)より高い水準に達する.
dò bétter to dó [動] ...するほうがよい[賢明だ]: You would *do better to* leave it unsaid. それは言わないでおいたほうがいい.
gò óne bétter [動] 自 《略式》 (人より)もっとうまくやる, 上をいく (*than*).
had bètter ⇒ had better の項目.
thínk bétter of ... ⇒ think 成句.

— 名 ❶ [単数形で] もっとよいもの, よりよいこと: for want of a *better* それ以上よいものがないので / *the better* of the two 2 つ[2 人]のうちでよりよいほう. ❷ [所有格の後で複数形で] 《古風》 よりすぐれた人たち.

for bétter or (for) wórse = for bétter, for wórse [副] 文修飾 よかれあしかれ, どんな運命になろうとも. 由来 結婚式の宣誓の文句.

for the bétter [形・副] よい方向への: a change *for the better* (事態などの)好転, 改善.
gèt [hàve] the bétter of ... [動] ⑩ (1) (感情などが)(人)の自制心を奪う. (2) (議論など)に勝つ, (敵・相手など)を負かす.
— 動 (-ter·ing /-ṭərɪŋ/) ⑩ ❶ 《格式》 (...)をよくする, 改良する, 改善する《現在必ずしも悪くないものをさらによくする》 [⇔ worsen]. ❷ (...)にまさる, (...)をしのぐ.
bétter one**sèlf** [動] ⓐ 向上する; 出世する; (地位向上のため)独学する.

+**bet·ter-known** /béṭənóʊn | -tə-⁻/ 形 **well-known の比較級.**

bet·ter·ment /béṭəmənt | -tə-/ 名 Ⓤ 《格式》 改良, 改善; (地位の)向上, 出世.

bet·ter-off, bet·ter off /béṭəɔ́:f | -tə(r)ɔ́f/ 形 ❶ well-off, well off の比較級. ❷ Ⓢ (...のほうが)好ましい; (...するほうが)よい: I'm *better off* without Tom. トムがいないほうがいい / He'd be *better off* chang*ing* his job. 彼は転職したほうがいい.

bet·ting /béṭɪŋ/ 名 Ⓤ 賭(か)け(事). **Whát's the bétting (that) ...? = The bétting is that ...** 《略式》 きっと[たぶん]...だ.

Bet·ty /béṭi/ 名 固 ベティー《女性の名; Elizabeth の愛称》.

***be·tween** /bɪtwí:n, bə-/

単語のエッセンス
1) (...の)間に 前❶, 副
2) ...のうちから1つを 前❷
3) ...の力を合わせて 前❸

— 前 /bɪtwì:n, bə-/ ❶ (2つ・2人)の間に[で, を, の], ...の中間に[で, の]《しばしば連結・結合または分離・分配の意味に関係する》: The boy is standing *between* his parents. その男の子は両親の間に立っている / Buses run *between* the two cities. その二都市間をバスが運行している / eat *between* meals 間食をする / Come *between* 1 *and* 2 o'clock. 1時と2時の間に来なさい / It was a color *between* blue *and* green. それは青と緑の中間色だった / Let's divide this money *between* us. このお金を私たちで分けよう / A treaty was signed *between* the two nations. 条約がその2か国の間で調印された.

語法 **between の使い方**
(1) between は本来2つの物の間の関係を示すので, その後には A and B という形か, 2つを表わす複数形の(代)名詞がくる. 例えば between the *act* は誤りで between the *acts* (幕あいに)が正しい.
(2) 3つ以上のものでも一つ一つが明確に意識される場合は between を用いる《⇒ among 語法 (2)》: Let's share the money *between* the six of us. 私たち6人でそのお金を分けようよ.
(3) between は前置詞であるから, 人称代名詞の場合はその目的格が続くのが文法的には正しいが, 《略式》では一人称単数のとき me の代わりに between you and *I* (あなたと私との間で)のように主格 I が用いられることもある.

❷ (2つ・2人またはそれ以上)**のうちから1つ[1人]を:** You can choose *between* the two suits. あなたはその2着の服のどちらかを選んでよい / She had to decide *between* marry*ing* him and pursu*ing* her career. 彼女は彼と結婚するか仕事を続けるかどちらかに決めなければならなかった.
❸ (2人またはそれ以上)**の力を合わせて,** ...が共同で: They finished the work *between* them. 彼らは共同でその仕事を完成させた / How much money have you got *between* you? 君たち2人合わせてお金をいくら持っているの.
betwèen yóu and mé = betwèen oursélves [副・形] Ⓢ ないしょの話で(あるが), ここだけの話で[として].
in betwèen ... [前] ...の中間に: The station is situated *in between* the two towns. 駅はその2つの町の中間にある.
— 副 (2つ・2人の)**間に[で],** 中間に[で], 合間に《⇒ 前 1 語法》: There are two islands on the horizon. I can see nothing (in) *between*. 水平線上に2つの島があるが, 間には何も見えない.
in betwéen [副・形] 間に, 中間に; 合間に: I had to attend two meetings yesterday, and had no time to eat *in between*. きのうは2つの会に出席しなければならず, その間に食事をとる暇がなかった.
〘語源 原義は 'by two' (2つの間に)〙

bev·el /bév(ə)l/ 名 ❶ Ⓒ 斜角; 傾斜, 斜面. ❷ Ⓒ 角度定規《大工などが使う》.

bev·eled, 《英》 **bev·elled** /bév(ə)ld/ 形 [普通は 限定] 斜角をつけた.

+**bev·er·age** /bév(ə)rɪʤ/ 名 (~s /~ɪz/) Ⓒ 《格式》 **飲み物,** 飲料 [≒drink]《特に水・薬品以外のもの》: alcoholic [hot] *beverages* アルコール飲料[温かい飲み物].

bev·y /bévi/ 名 (bev·ies) Ⓒ (若い女性・小鳥などの)群れ (*of*).

be·wail /bɪwéɪl/ 動 ⑩ 《文語》 (...)を嘆き悲しむ.

be·ware /bɪwéə | -wéə/ 動 語法 be careful (of)に相当する格式ばった語で, 命令形か不定詞としてのみ用いる. ⓐ 注意する, 用心する, 警戒する: You have to *beware of* strangers. 見知らぬ人には心を許すな / *Beware of* drink*ing* too much water. あまり水を飲み過ぎないように. — ⑩ (...)に注意する, (...しないよう)警戒する.

be·wil·der /bɪwíldə | -də/ 動 (-der·ing /-dərɪŋ, -drɪŋ/) ⑩ (人)をまごつかせる, 当惑させる.

be·wil·dered /bɪwíldəd | -dəd/ 形 まごついた, 当惑した.

be·wil·der·ing /bɪwíldərɪŋ, -drɪŋ/ 形 (人を)まごつかせるような, 当惑させるような: a *bewildering* variety of choices あれこれ迷うほどいろいろな選択肢. **~·ly** 副 当惑させるほど, あっけにとられるほど.

be·wil·der·ment /bɪwíldəmənt | -də-/ 名 Ⓤ 当惑, うろたえ. **in bewílderment** [副] 当惑して.

be·witch /bɪwíʧ/ 動 ⑩ ❶ (人)を魅惑する, うっとりさせる. ❷ (人)に魔法をかける.

be·witch·ing /bɪwíʧɪŋ/ 形 魅惑するような, うっとりさせる.

***be·yond** /bi(j)á(:)nd | -(j)ɔ́nd/

単語のエッセンス
1) [場所を示して] (...の)向こうに[へ] 前❶, 副❶
2) [程度を示して] ...を越えて 前❷

— 前 /bi(j)à(:)nd | -(j)ɔ̀nd/ ❶ (場所が)...**の向こうに[へ],** ...を越えて: I could see Mount Fuji *beyond* the lake. 湖の向こうに富士山が見えた / The town is *beyond*

the river. その町は川の向こうにある / They went *beyond* the sea. 彼らは海を越えて行った. 語法 日常語では on the other side of のほうが普通.
❷ (程度などが)...**を越えて**, ...以上に; ...の及ばないところに: It is *beyond* me [my comprehension] why she married such a man. なぜ彼女があんな男と結婚したのかわからない / I am *beyond* caring about my appearance. 私は(疲れて)身なりをかまっていられないほどだ.
❸ [しばしば否定文で] (時刻が)...**を過ぎて**, ...よりも遅く [≒after]: You must *not* stay here *beyond* the usual hour. ここにいつもの時刻より遅くまでいてはいけない. ❹ [否定文・疑問文で] ...のほかに, ...以外に [≒except]: I know *nothing* about him *beyond* what you told me. あなたが私に話してくれたこと以外には彼について何も知らない.
— 副 ❶ **向こうに**: There is a lake *beyond*. 向こうに湖がある. ❷ (ある時刻・日付などの)後に(も), 以降: the 1980's and *beyond* 1980 年代以降.
— 名 [the (great) ~, しばしば the B-] 《文語》来世, あの世.

B4 略 = before《E メールなどで用いられる》.

Bhu·tan /bùːtáːn←/ 名 固 ブータン《ヒマラヤ山脈中の王国》.

bi- /bàɪ, báɪ/ 接頭「2, 2 倍, 2 重」の意《⇒ mono-》: *bi*cycle 自転車.

bi·an·nu·al /bàɪǽnjuəl←/ 形 年 2 回の, 半年ごとの (⇒ biennial).

+**bi·as** /báɪəs/ 名 (~·es /~ɪz/) ❶ C,U **先入観**, 偏(かたよ)った見方, 偏見, ひいき目: have a ***bias against*** [***toward, in favor of***] ... ...に偏見を持つ[をひいきする]. 関連 prejudice 偏見, 先入観. ❷ C [普通は a ~] (心の)傾向, 性癖, 好み.
cút ... on the bías [動] 他 (布)を斜めに切る.
— 動 (-as·es, -as·ses; bi·ased, bi·assed; -as·ing, -as·sing) 他 (人)に先入観を持たせる; (...)を一方に偏らせる.

bi·ased, bi·assed /báɪəst/ 形 (一方に)偏った, 偏見のある, ひいきしている [⇔ unbias(s)ed]: a *biased* view 偏見 / You are *biased* to think so. そう考えるのはあなたの偏見だ / He is *biased against* [*toward, in favor of*] them. 彼は彼らに偏見を持っている[をひいきしている].

bi·ath·lon /baɪǽθlən/ 名 C バイアスロン《クロスカントリースキーと射撃を組み合わせた競技》.

bib /bíb/ 名 ❶ C (幼児の)よだれ掛け; (エプロンやロンパースなどの)胸部, 胸当て. ❷ C 《主に英》ビブス《競技参加者が着用するベスト状のゼッケン》.

Bi·ble, bi·ble /báɪbl/ 名 ❶ [the B-] (キリスト教の)聖書, バイブル (the Holy Bible)《旧約聖書 (the Old Testament) と新約聖書 (the New Testament) から成る》: I swear on *the Bible* that I did not do it. 私は聖書にかけてそんなことはしなかったと誓います. ❷ C (1 冊の)聖書: By [At] his bedside lay a *Bible*. 彼のまくらもとには 1 冊の聖書があった. ❸ [the ~] (ユダヤ教の)聖典《旧約聖書のみをさす》. ❹ C (ある分野の)バイブル, 聖典, 権威ある書物. (形 bíblical)
〖語源 エジプトのパピルス (papyrus) をギリシャへ輸出したフェニキアの港の名から〗

bib·li·cal /bíblɪk(ə)l/ 形 [ときに B-] 聖書の, (ことばや句などが)聖書から出た. (名 Bíble)

+**bib·li·og·ra·phy** /bìbliá(ː)grəfi | -ɔ́g-/ 名 (-ra·phies /~z/) ❶ C (ある主題についての)**関係書目**, 著書目録; (本などの末尾にある)参考文献一覧. ❷ U 書誌学《本の著者・成立・版などの研究》.

bib·li·o·phile /bíbliəfàɪl/ 名 C 《格式》愛書家.

bi·cam·er·al /bàɪkǽm(ə)rəl←/ 形 限定 (議会が)二院(制)の. 関連 unicameral 一院(制)の.

bi·car·bon·ate /bàɪkáəbənèɪt | -káː-/ 名 U 重炭酸ソーダ, 重曹.

bi·cen·ten·a·ry /bàɪsénṭənèri | -sentíːn(ə)ri←/ 形 名 《英》= bicentennial.

bi·cen·ten·ni·al /bàɪsenténiəl←/ 形 限定 《米》200 年目の, 200 年祭[記念]の. — 名 C 《米》200 年(記念)祭. 関連 centennial 《米》100 年(記念)祭.

bi·ceps /báɪseps/ 名 (複 ~) C 〔解剖〕二頭筋.

bick·er /bíkə | -kə/ 動 (-er·ing /-k(ə)rɪŋ/) 自 (つまらぬことで)口論する (*over, about*).

****bi·cy·cle** /báɪsɪkl/

— 名 (~s /~z/) C **自転車** [《略式》bike]: Riding a *bicycle* is good exercise. 自転車に乗るのはよい運動だ / get on [onto] a *bicycle* 自転車に乗る《またがること》/ get off a *bicycle* 自転車から下りる / push [wheel] a *bicycle* 自転車を押して歩く / John goes to school「***by bicycle*** [***on*** his ***bicycle***]. ジョンは自転車で通学している《⇒ by 前 2 語法》/ a tandem *bicycle* (2 人乗りの)タンデム自転車.
— 動 自 《格式》自転車で行く (*to*). ✪ cycle のほうが普通.
〖語源 原義は「2 つの《⇒ bi-》輪 (cycle)」〗

***bid**[1] /bíd/ 名 (bids /bídz/) ❶ C (競売などの)**つけ値:**

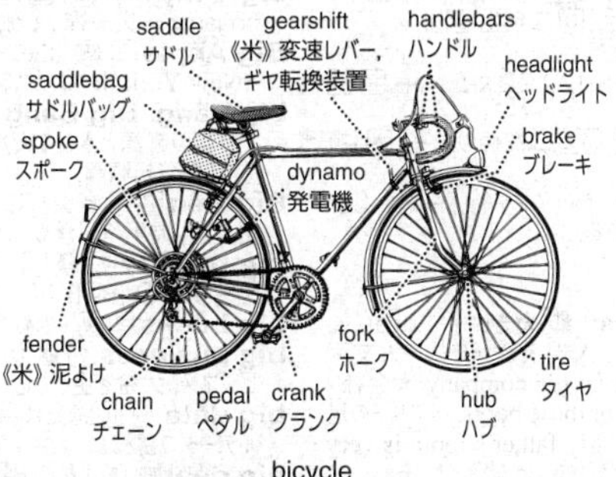

bicycle

make [submit, put in, place] a ***bid for*** old books 古書に入札する.
❷ Ⓒ (工事などの)**入札:** The government invited ***bids for*** [《米》 ***on***] the construction project. 政府は建設計画の入札を募集した. ❸ Ⓒ 企て, 努力**:** one's *bid for* the presidency 大統領を目指すこと / a *bid to* restore peace 平和回復の努力. ❹ Ⓒ 〔トランプ〕 ビッド, せり札宣言.
— 動 (bids /bídz/; 過去・過分 bid; bid·ding /-dɪŋ/) 他 ❶ (競売・入札などで) (物件に)(...)の**値をつける;** (人に)(...)の値をつけるという**:** He *bid* a thousand dollars ***for*** [《米》 ***on***] that vase. V+O+前+名 彼はその花びんに千ドルの値をつけた / What *am* I *bid for* ˹this painting [lot 20]? V+O+O+*for*+名の受身 この絵[20 番の品]にはいくらの値をつけますか《競売人のことば》. ❷ ...しようと努める**:** She is *bidding to* become the first woman prime minister. 彼女は初の女性の首相になろうとしている. ❸ 〔トランプ〕 (自分が勝ちとる札)を宣言[ビッド]する.
— 自 ❶ 入札する; (物に)値をつける (*for*, 《米》 *on*); (人と)せり合う (*against*). ❷ 〔トランプ〕 (せり札)宣言をする.
bíd úp 動 他 (値)をせり上げる.

bid[2] /bíd/ 動 (bids; 過去 bade /bǽd, béɪd/, bid; 過分 bid·den /bídn/, bid; bid·ding) 他 ❶ 《格式》 (人に)(あいさつなど)を述べる**:** He *bade* us ˹good morning [goodbye]. 彼は我々におはよう[さよなら]と言った. ❷ 《文語》 (人)に(～するように)命ずる**:** He *bade* the servant (*to*) enter. 彼は使用人に中に入るように命じた.

bidden 動 bid[2] の過去分詞.

bid·der /bídə | -də/ 名 Ⓒ せり手, 入札者**:** the highest *bidder* 最高値をつけた人.

bid·ding /bídɪŋ/ 名 Ⓤ 入札 (すること). **at ...'s bídding = at the bídding of ...** 副 《格式》 (人)の意のままに. **dò ...'s bídding** 動 《格式》 (人)の命令に従う.

bide /báɪd/ 動 (bides; 過去 bode /bóʊd/, bid·ed; 過分 bid·ed; bid·ing) [次の成句で] **bíde** one's **tíme** 動 自 好機を待つ.

Bi·den /báɪdn/ 名 固 Joe ～ (正式には Joseph Robinette ～, Jr.) バイデン (1942–)《米国の政治家; 第 46 代大統領(2021–)》.

bi·det /bɪdéɪ | bíːdeɪ/ ≪フランス語から≫ 名 (～s /～z/) Ⓒ ビデ《トイレなどにある局部洗浄器》.

bi·en·ni·al /bàɪéniəl←/ 形 ❶ 2 年に 1 回の, 2 年ごとの. ❷ 〔植物〕 二年生の. 関連 annual 一年生の / perennial 多年生の. — 名 Ⓒ 二年生植物.

bier /bíə | bíə/ 名 Ⓒ ひつぎ台.

biff /bíf/ 動 他 《古風, 略式》 (人)をなぐる. — 名 Ⓒ 《略式》 一撃.

bi·fo·cal /bàɪfóʊk(ə)l←/ 形 限定 二焦点の. — 名 [複数形で] 遠近両用めがね.

bi·fur·cate /báɪfə(ː)kèɪt | -fə(ː)-/ 動 自 《格式》 (道・川・枝などが)二またに分かれる.

***big** /bíg/

— 形 (big·ger; big·gest) ❶ **大きい** [⇔ little] (⇒ 類義語, fat 類義語); 大型の, 大規模の; 《略式》 大文字の**:** a *big* house 大きな家 / a *big* company 大会社 / Mary's feet are too *big* for these boots. メアリーの足はこの長靴には大きすぎる / My father's room is very *big*. 父の部屋はとても広い (⇒ wide 表).

big (形や程度・重要性などが感覚的に)	大きい
large (形や数量が客観的に)	
great (形や程度・重要性などが驚くほど)	

❷ 《略式》 **年上の; 成長した:** one's *big* brother [sister] お兄[姉]ちゃん. 語法 この表現は特に子どもが自分の兄[姉]を指して使う // Come on, don't cry. You're a *big* boy [girl] now. さあ泣かないで, もうお兄[姉]ちゃんなんだから《子供に対して》 / a *big* baby 大きな赤ん坊, すぐ泣く子[大人].
❸ 限定 **偉い, 重要な;** ものすごい; 大変な**:** a *big* man 偉い人 / a *big* incident 大事件 / a *big* eater 大食い(人) / a *big* jazz fan ジャズの大ファン / a *big* liar 大うそつき. ❹ (芸能・スポーツ界などで)人気のある, 有力な; 成功した (*in*). ❺ Ⓢ [ときに皮肉に] 気前のよい, 親切な**:** That's *big of* you! どうもご親切さま. ❻ 《略式》 自慢げな, 偉そうな; (計画・考えなどが)野心的な**:** *big* words 大言壮語.
be bíg on ... 動 他 Ⓢ ...に熱心[夢中]である.
be [gèt] tóo bíg for one's **bóots** [《米》 **brítches**] 動 自 《略式》 うぬぼれている[うぬぼれる], いばっている[いばる]. 由来 自分の靴やズボンからはみ出してしまうほど大きい, の意で, 態度が大きいことの比喩.

類義語 **big, large, great** の 3 語はしばしば形の大きな物に対してほぼ同じように用いる. しかし *big* のほうが多少略式語的であると同時に, *large* が数量の大きい物に, *big* が重さ・程度・容量などの大きいものに使い分けて用いることも多い**:** We need a *large* amount of money. お金がたくさん必要だ / It's a *big* mistake. それは大間違いだ. また *big* には「重要な」の意味があるのに対し, *large* にはない. *great* は抽象名詞とともに用いることが多いが, 形や大きさが驚くほど印象的である場合や, 形とは別に程度の大きさ・重要性などを意味するのにも用いる**:** a *great* city (政治的・文化的に重要な)大都会 / a *great* man 偉人.

— 副 《略式》 偉そうに**:** talk *big* 偉そうな口をきく, 自慢する.
máke [hít] it bíg 動 自 大成功する, 有名になる (*as*).
thínk bíg 動 自 途方もない望み[考え]を持つ.

big·a·mist /bígəmɪst/ 名 Ⓒ 重婚者.

big·a·mous /bígəməs/ 形 重婚した.

big·a·my /bígəmi/ 名 Ⓤ 重婚; 重婚罪. 関連 monogamy 一夫一婦 / polygamy 一夫多妻.

Bíg Ápple 名 固 [the ～] 《略式》 ビッグ・アップル《New York 市のニックネーム》.

bíg báng, Bíg Báng 名 [the ～] 〔天文〕 ビッグバン《宇宙の起源とされる大爆発》: *the big bang* theory 宇宙爆発起源論.

Bíg Bén 名 固 ビッグベン《英国国会議事堂塔の大時計の鐘; 時計塔を含めていうこともある》.

bíg bróther 名 ❶ Ⓒ 兄 (⇒ big 形 2 語法, brother 日英). ❷ [B- B-] (全体主義国家の)独裁者[政権].

bíg búcks 名 複 《米略式》 大金.

bíg búsiness 名 ❶ Ⓤ 大企業, 財閥. ❷ Ⓤ ビッグビジネス, 大金を生むもの[活動].

bíg dáta 名 Ⓤ または 複 ビッグデータ《膨大なデジタルデータの蓄積》.

bíg déal 間 Ⓢ [皮肉に] そりゃすごい, 大したもんだ.

— 名 [単数形で] Ⓢ たいしたこと: It's no *big deal*. どうってことはない / make a *big deal* about [(out) of] ... ...を大げさに考える, ...のことで騒ぎたてる.

Bíg Dípper 名 [the ~]《米》北斗七星 (Dipper) [《英》Plough].

bíg gáme 名 U (狩猟・魚釣りで)大物《猛獣・大魚》.

big·gie /bígi/ 名 C《略式》大物; 大ごと; 大ヒット. **Nó bíggie.** Ⓢ《米》大したこと[問題]ないよ.

bíg góvernment 名 U《米》大きな政府《人々の生活に過度にかかわる政府》.

bíg gún 名 C《略式》有力者, 大企業.

big·head /bíghèd/ 名 C《略式》うぬぼれ屋.

big·head·ed /bíghédɪd←/ 形 うぬぼれた.

big-heart·ed /bíghάɚṭɪd | -hά:t-←/ 形 親切な; 気前のよい.

bight /báɪt/ 名 C 海岸[川]の湾曲部, 湾, 入り江《bay[1]よりも大きいが湾曲が小さい》.

bíg léague 名 [the ~s]《米》(野球の)大リーグ (major league); 一流のレベル.

big-league /bígli:g←/ 形《米》大リーグの; 有力な, 一流の.

bíg móney 名 U《略式》大金.

bíg mòuth 名 C《略式》(秘密を守れない)おしゃべり; 大口をたたく人.

bíg náme 名 C 有名人; 大物.

big-name /bígnéɪm←/ 形 有名な, 一流の.

big·ness /bígnəs/ 名 U 大きいこと; 大きさ, 重大さ, 偉さ.

big·ot /bígət/ 名 C (政治や宗教などで)頑固な(差別的)偏見を持つ人.

big·ot·ed /bígəṭɪd/ 形 頑固な.

big·ot·ry /bígətri/ 名 U 頑固な偏見, 偏屈.

bíg shòt 名 C《略式》= bigwig.

bíg síster 名 C 姉《⇒ big 形 2 語法, sister 日英》.

big-tick·et /bígtíkɪt/ 形 限定《米略式》高価な, 値段の高い.

bíg tìme 名 ❶ [the ~]《略式》(芸能界・政界などにおける)一流, 最高水準: hit [make] *the big time* 一流[スター]にのしあがる. ❷ [副詞的に] Ⓢ 大いに, すごく.

big-time /bígtáɪm←/ 形 限定《略式》一流の, 大物の.

bíg tóe 名 C 足の親指.

bíg tòp 名 C (サーカスの)大テント.

big·wig /bígwìg/ 名 C《略式》大物, お偉方.

***bike /báɪk/

— 名 (~s /~s/) ❶ C《略式》**自転車** (bicycle): ride a *bike* 自転車に乗る / go for a *bike* ride 自転車乗り[サイクリング]に出かける / Do you go to school on foot or ***by bike***? 君は歩いて通学するの, それとも自転車なの《⇒ by 前 2 語法》. 語法 by bike は on foot や by car などに対して用いられる言い方で, 普通は ride one's *bike* to school という. 日英 日本でいう「バイク」はオートバイ (motorcycle, motorbike) を指すが, 英語の bike は普通は自転車をいう. ❷ C《略式》オートバイ, 単車 (motorbike).

— 動 自 [副詞(句)を伴って] ❶《略式》自転車に乗る[で行く]: We *biked to* the village. 我々はその村まで自転車で行った. ❷《略式》オートバイに乗る[で行く] (*to*).

bíke làne 名 C《米》自転車専用車線 [《英》cycle lane].

bik·er /báɪkɚ | -kə/ 名 C オートバイに乗る人; 自転車に乗る人.

bi·ki·ni /bəkí:ni/ 名 C ビキニ(の水着).

Bi·ki·ni /bəkí:ni/ 名 固 ビキニ(環礁)《西太平洋マーシャル諸島中の環礁 (atoll); 米国の原水爆実験場 (1946-58 年)》.

bi·lat·er·al /bàɪlǽṭərəl, -trəl←/ 形 2 国[者]間の, 双方の;〔法律〕双務的な: a *bilateral* agreement 二者協定. 関連 unilateral 一方的な / multilateral 多国[者]間の. **-al·ly** /-rəli/ 副 2 国[者]間で, 双方で.

bil·ber·ry /bílbèri | -b(ə)ri/ 名 (-ber·ries) C こけもも《英国など北半球に分布する》; こけももの実.

bile /báɪl/ 名 ❶ U 胆汁. ❷ U《文語》かんしゃく, 不機嫌.

bilge /bílʤ/ 名 C 船底; U 船底の汚水.

bi·lin·gual /bàɪlíŋgwəl←/ 形 2 言語を話す (*in*), (文書・掲示などが)2 言語併用の. 関連 monolingual 1 言語を話す / trilingual 3 言語を話す / multilingual 数種の言語を話す. — 名 C 2 言語を話す人.

bil·ious /bíljəs/ 形 ❶ 吐き気がする, 気持ちの悪い. ❷《文語》気難しい, 怒りっぽい. ❸ (色が)不快な.

bilk /bílk/ 動 他《略式》(人)をだまして(金を)巻き上げる (*out of*); (金)を(人から)巻き上げる (*from*).

***bill[1] /bíl/

— 名 (~s /~z/)

> 意味のチャート
> 元来は「公式文書」の意から「書きつけ」
> →(経費を書きつけたもの)→「**請求書**」❶
> →(銀行発行の書きつけ)→「**紙幣**」❷
> →(議会に出す文書)→「**議案**」❸
> →(広く知らせるための書きつけ)→「**ビラ**」❺

❶ C **請求書, 勘定書**, つけ;《英》(レストランなどでの)勘定書, 伝票 [《米》check]: a ***bill for*** 「ten dollars [the meal] 10 ドル[食事代]の請求書 / ***pay*** [***settle***] the ***bill*** 代金を払う / the phone [electricity] *bill* 電話[電気]代(の請求書) / Can I have the *bill*, please? お会計をお願いします / Let's split the *bill*. 割り勘にしよう.

❷ C《米》**紙幣**, 札(さつ) [《英》note]: a ten-dollar *bill* 10 ドル紙幣.

❸ C **議案**, 法案. 参考 bill が議会で可決されると act (法令)となる: propose [introduce] a *bill* 法案を提出する / amend a *bill* 法案を修正する / The *bill* has been passed [rejected, thrown out]. その議案は可決[否決]された / The Democratic Party supported that *bill*. 民主党はその法案に賛成した. 関連 law 法律.

❹ C (劇場などの)**プログラム**; 一覧表, 目録: ***top*** [***head***] the ***bill*** 主演者一覧の最初に名が出る, 主演[主役]を務める.

❺ C **ビラ**, ちらし; はり札, 広告: POST [《英》STICK] NO BILLS はり紙お断わり《掲示》. ❻ C〔商業〕為替手形, 手形.

a bíll of ríghts [名] 基本的人権の宣言.

a cléan bíll of héalth [名] 健康証明書《伝染病の疑いのないことの証明書》; 太鼓判, 保証(書).

fít [fíll] the bíll [動] 自 必要な条件[基準]を満たす, 期待にそう.

fóot the bíll [動] 自《略式》(...の)勘定を持つ; (...の)全責任をとる (*for*).

— 動 (bills /~z/; billed /~d/; bill·ing) 他 ❶ (...)に請求書[勘定書]を送る: *Bill* me *for* it later. あとでその支払いの請求書を送ってください. ❷ [普通は受身で] ビラ[はり紙]で広告する; 番組に組む[発表する]: He *was billed to* appear *as* Romeo. 彼はロミオを演じるとプログラムに出ていた.

bill² /bíl/ 名 ❶ C くちばし《特に, 細長く平たい弱いくちばし; ⇒ beak 語法》.

bill (はと・すずめなどの細長く偏平な)	くちばし
beak (わし・たかなどの猛禽(きん)類の鋭くかぎ形の)	

❷ C 《米》(帽子の)ひさし, つば [《英》peak].

Bill /bíl/ 名 固 ビル《男性の名; William の愛称》.

bill·board /bílbɔ̀ɚd | -bɔ̀ːd/ 名 C 《主に米》(大きな)広告板, 掲示板 [《英》hoarding].

bil·let /bílət/ 名 C (兵士の一時的な)宿舎《特に民家を借りたもの》. ― 動 他 [普通は受身で] (兵士)に宿舎を割り当てる, 宿泊させる (*on, with*).

bill·fold /bílfòʊld/ 名 C 《米》札入れ [≒wallet].

bil·liard /bíljɚd | -liəd/ 形 限定 ビリヤード[玉突き]の: a *billiard* table ビリヤード[玉突き]台.

bil·liards /bíljɚdz | -liədz/ 名 U ビリヤード, 玉突き: play *billiards* ビリヤードをする.

Bil·lie /bíli/ 名 固 ❶ ビリー《男性の名; William の愛称》. ❷ ビリー《女性の名》.

bill·ing /bílɪŋ/ 名 ❶ U (ビラ・プログラムでの俳優などの)序列, 順位: get top [star] *billing* トップスターになる. ❷ U 請求書の作成[送付].

***bil·lion** /bíljən/ 名 (～(s)/～(z)/) ❶ C **10 億**《略 bn; ⇒ number 表および囲み(数字の読み方)》: three *billion* 30 億. 関連 million 100 万 / trillion 兆. ❷ [～s] 何十億; 《略式》莫大(ばく)な数, 無数: *billions of* dollars 何十億ドル.
― 形 ❶ 限定 **10 億の**: two *billion* people 20 億の人たち. ❷ 限定 [a ～] 《略式》非常に多数の.
〖語源 原義は「百万 (million) の 2 乗《⇒ bi-》(= 1 兆)」; 3 桁ごとにまとめる習慣の普及から主に「10 億」の意となった〗

bil·lion·aire /bìljənéɚ | -néə/ 名 C 億万長者. 関連 millionaire 百万長者.

bil·lionth /bíljənθ/ 形 ❶ [普通は the ～; ⇒ the¹ 1 (4)] 10 億番目の《⇒ number 表》. ❷ 10 億分の 1 の. ― 名 ❶ [単数形で; 普通は the ～] 10 億番目の人[もの]. ❷ C 10 億分の 1.

bil·low /bíloʊ/ ❗アク 動 自 ❶ (帆などが)(風などで)ふくらむ (*out*). ❷ (煙などが)流れ出る, 広がる. ― 名 C [普通は複数形で] (煙・炎・波などの)うねり (*of*); 《文語》大波.

Bil·ly /bíli/ 名 固 ビリー《男性の名; William の愛称》.

bíl·ly clùb /bíli-/ 名 C 《米》(警官の)警棒.

bim·bo /bímboʊ/ 名 (～s) C 《略式》(性的魅力はあるが)頭の空っぽな女.

bi·month·ly /bàɪmʌ́nθli←/ 形 副 ❶ 2 か月に 1 回(の), 隔月の[に]. ❷ 1 か月に 2 回(の).

+**bin** /bín/ 名 (～s /～z/) ❶ C 《英》**ごみ箱**. 語法 《英》でも can を使う人が増えている. 関連 dustbin 《英》ごみ入れ缶. ❷ C ふた付きの大箱; 貯蔵箱[容器].
― 動 (bins; binned; bin·ning) 他 《英略式》(...)を捨てる.

bi·na·ry /báɪnəri/ 形 ❶〔コンピュータ・数学〕2 進法の: the *binary* system 2 進法. ❷ 2 つの部分からなる.
― 名 U〔数学〕2 進法.

+**bind** /báɪnd/ 動 (binds /báɪndz/; 過去・過分 bound /báʊnd/; bind·ing) 他 ❶ (...)を**縛**(しば)**る**, 縛りつける, くくる, 結びつける《⇒ tie 類義語》: They *bound* her legs (*together*). 彼らは彼女の両脚を縛りつけた / They ***bound*** Ed ***to*** a tree. V+O+*to*+名 彼らはエドを木に縛りつけた / The package was ***bound with*** string. V+O+*with*+名の受身 その包みはひもで結んであった.
❷ (傷など)を(包帯などで)**巻く**; (包帯など)を巻きつける: The nurse ***bound up*** his wound. V+*up*+O 看護師は彼の傷に包帯をした / The nurse ***bound*** my wound ***with*** clean gauze. V+O+前+名 看護師が傷口をきれいなガーゼで包帯してくれた / Nelly ***bound*** a cloth ***around*** Tom's head. ネリーはトムの頭に布を巻いた.
❸ (...)を(精神的に)**結びつける**, 団結させる (*together*): We ***are bound to*** each other by (a) close friendship. V+O+*to*+名の受身 私たちは互いに堅い友情のきずなで結ばれている. ❹ [普通は受身で] (人)を束縛する, (人)に義務を負わせる; 強制する《⇒ bound¹ 2》: We *are bound by* the agreement. 我々はその協定に束縛されている / He *was bound to* secrecy. 彼は守秘義務を負わされた / This contract *binds* me *to* pay them 10 thousand dollars. この契約により私は彼らに 1 万ドル払うことになっている. ❺ (...)を固める; (料理で)(材料)を塊にする, つなぐ;〔化学〕(...)を結合させる. ❻ (原稿など)を製本する, (本)を装丁する. ❼ (...)に縁をつける.
― 自 固まる;〔化学〕結合する (*with*).

be bóund to dó ⇒ bound¹ 形 1, 2.

bínd onesèlf to dó [動] 《格式》...することを誓う.

bínd ... óver [動] 他 [普通は受身で] 《米》〔法律〕(人)に法的義務を負わせる, (人)に(～すると)誓わせる (*to* do); 《英》(人)を謹慎させる: be *bound over* for trial (裁判のため)出廷を命じられる.
― 名 [a ～] 《英》いやなこと.

in a bínd [形] 困って, 面倒なことになって.

bind·er /báɪndɚ | -də/ 名 ❶ C バインダー, とじ込み用表紙;〔農業〕刈り取り結束機. ❷ C 製本屋 (bookbinder); 製本機械. ❸ C,U 固める物《セメントなど》. ❹ C 《米》〔法律〕仮契約(書).

+**bind·ing** /báɪndɪŋ/ 形 (...に対して)**拘束力がある**, 義務となる: The rule is ***binding on*** [***upon***] all the participants. +*on* [*upon*]+名 その規則は参加者全員に拘束力を持つ.
― 名 ❶ C (本の)表紙. ❷ U,C (衣類などの)縁取り. ❸ C ビンディング《スキー靴を固定する締め具》.

binge /bíndʒ/ 名 C (酒の)がぶ飲み, ばか食い; したい放題(のふるまい): go on a *binge* どんちゃん騒ぎをする / *binge* drinking (短時間での)がぶ飲み, 一気飲み.
― 動 (bing·es; binged; binge·ing, bing·ing) 自 がぶ飲み[ばか食い]する (*on*).

bin·go /bíŋgoʊ/ 名 U ビンゴ《数を記入したカードの目を埋めるゲーム》. ― 間 やった, 大当り!

bi·noc·u·lars /bənɑ́(ː)kjʊləz | -nɔ́kjʊləz/ ❗アク 名 複 双眼鏡: a pair of *binoculars* 双眼鏡 1 個. 関連 telescope 望遠鏡.

bi·no·mi·al /bàɪnóʊmiəl←/ 名 C〔数学〕二項式.

bi·o- /báɪoʊ/ 接頭「生命」の意: *bio*chemical 生化学の / *bio*graphy 伝記.

bi·o·chem·i·cal /bàɪoʊkémɪk(ə)l←/ 形 生化学の.

bi·o·chem·ist /bàɪoʊkémɪst/ 名 C 生化学者.

bi·o·chem·is·try /bàɪoʊkémɪstri/ 名 U 生化学.

bi·o·de·grad·a·ble /bàɪoʊdɪgréɪdəbl←/ 形 微生物の作用で無害物質に分解できる, 生分解性の.

bi·o·di·ver·si·ty /bàɪoʊdɪvə́ːsəṭi, -daɪ- | -vɜ́ː-/ 名 U 生物(学的)多様性.

bi·o·fu·el /báɪoʊfjùːəl/ 名 C,U バイオ燃料.

bi·og·ra·pher /baɪɑ́(ː)grəfɚ | -ɔ́grəfə/ 名 C 伝記作者.

bi·o·graph·i·cal /bàɪəgrǽfɪk(ə)l←/ 形 伝記(体)の: a *biographical* dictionary 人名辞典. (名 biógraphy)

+**bi·og·ra·phy** /baɪɑ́(ː)grəfi | -ɔ́g-/ アク 名 (-ra·phies/～z/) ❶ C **伝記** (*of*). ❷ U 伝記文学. (形 bìográphical)

〘語源 原義はギリシャ語で「生涯の記録」; ⇒ bio-, -graphy; ⇒ graph キズナ〙

bi·o·haz·ard /báɪoʊhæ̀zəd | -zəd/ 名 C バイオハザード《人間と環境に危険な物質[状況]》.

+**bi·o·log·i·cal** /bàɪəlɑ́(ː)ʤɪk(ə)l | -lɔ́ʤ-←/ 形 **生物学(上)の; 生体内の**: *biological* weapons 生物兵器 / *biological* parents 実の親. (名 biólogy)

bíological clóck 名 [単数形で] 体内時計; 出産可能年齢.

bi·o·log·i·cal·ly /bàɪəlɑ́(ː)ʤɪkəli | -lɔ́ʤ-/ 副 生物学上(は), 生物学的に.

bi·ol·o·gist /baɪɑ́(ː)ləʤɪst | -ɔ́l-/ 名 C 生物学者.

+**bi·ol·o·gy** /baɪɑ́(ː)ləʤi | -ɔ́l-/ アク 名 ❶ U **生物学**. ❷ U 生態. (形 bìológical)

〘語源 原義はギリシャ語で「命の学問」; ⇒ bio-, -logy〙

bi·o·mass /báɪoʊmæ̀s/ 名 U 〔生態〕 生物量《ある地域内の生物の総量》; バイオマス《熱資源として利用される生物体》.

bi·o·med·i·cal /bàɪoʊmédɪk(ə)l/ 形 生物医学的な.

bi·on·ic /baɪɑ́(ː)nɪk | -ɔ́n-/ 形 (人が)サイボーグとなった《SF 小説などで》; [こっけいに] 超人的な.

bi·op·sy /báɪɑ(ː)psi | -ɔp-/ 名 (-op·sies) C 生体組織検査, 生検.

bi·o·rhyth·m /báɪoʊrìðm/ 名 C バイオリズム《生体内の周期的現象》.

bi·o·sphere /báɪoʊsfɪɚ | -sfɪə/ 名 [the ～] 生物圏. 関連 ecosystem 生態系 / habitat 生息地.

bi·o·tech·nol·o·gy /bàɪoʊteknɑ́(ː)ləʤi | -nɔ́l-/ 名 U バイオテクノロジー, 生物工学.

bi·par·ti·san /bàɪpɑ́ɚṭəz(ə)n, -sn | bàɪpɑ́ːtɪzæn←/ 形 2 党[2 派]の; 二大政党提携の.

bi·ped /báɪpèd/ 名 C 〔生物〕 二足動物《人・鳥など》.

bi·plane /báɪplèɪn/ 名 C 複葉(飛行)機. 関連 monoplane 単葉機.

birch /bɚ́ːʧ | bɜ́ːʧ/ 名 C かばの木; U かば材《⇒ silver birch》.

bird /bɚ́ːd | bɜ́ːd/

— 名 (birds /bɚ́ːdz | bɜ́ːdz/) ❶ C **鳥**: *Birds* were singing in the garden. 庭で鳥がさえずっていた / The early *bird* catches [gets] the worm. 《ことわざ》 早起きの鳥は虫を捕らえる(早起きは三文の得)《⇒ early bird》 / A *bird* in the hand is worth two in the bush. 《ことわざ》 手の中の 1 羽の鳥はやぶの中の 2 羽の値打ちがある(あすの百よりきょうの五十). 関連 seabird 海鳥. ✪ 鳴き声については ⇒ cry 表. ❷ C 《略式》 人, やつ; 《英俗》 若い女: a strange *bird* 変わったやつ.

a bírd of páradise [名] 極楽鳥, 風鳥(ふうちょう).

a bírd of pássage [名] (1) 渡り鳥. (2) 《文語》 流れ者, 旅がらす.

a bírd of préy [名] 猛禽(もうきん)《たか・わしなど》.

A lìttle bírd tóld me (that ...). 《略式》 [こっけいに] (...だと)人のうわさで聞いた, 風の便りに聞いた《話の出所をぼかす言いかた》. 由来 旧約聖書「伝道の書」の「鳥がうわさを広めるから悪口を言ってはならない」ということばから.

bírds of a féather [名] 羽の色が同じ鳥; 同類: *Birds of a feather* flock together. 《ことわざ》 羽の色の同じ鳥は集まる(類は友を呼ぶ).

éat lìke a bírd [動] 自 少食である.

gíve ... the bírd [動] 他 《略式》 (1) 《米》 = give ... the finger《⇒ finger 成句》. (2) 《英》 (...)にやじを浴びせる.

kíll twó bírds with óne stóne [動] 自 一石二鳥である, 一挙両得である.

(stríctly) for the bírds [形] 《略式》 くだらない, つまらない. 由来 鳥のえさ程度にしかならないの意.

The bírd has flówn. 《略式》 (つかまえようとしていた人が)姿を消した, 逃げてしまった.

the bírds and the bées [名] [こっけいに] 性についての初歩的な知識. 由来 子供に性について説明する際, 鳥やはちの交尾を例に出すことが多いことから.

bird·bath /bɚ́ːdbæ̀θ | bɜ́ːdbɑ̀ːθ/ 名 (-baths /-bæ̀ðz | -bɑ̀ːðz/) C (庭などに置く)小鳥用の水盤.

bird-brain /bɚ́ːdbrèɪn | bɜ́ːd-/ 名 C 《米略式》 ばか.

bird·cage /bɚ́ːdkèɪʤ | bɜ́ːd-/ 名 C 鳥かご.

bírd dòg 名 C 《米》 鳥猟用猟犬.

bírd flù 名 U 鳥インフルエンザ.

+**bird·ie** /bɚ́ːḍi | bɜ́ː-/ 名 (～s /～z/) ❶ C 〔ゴルフ〕 **バーディー**《ホールの基準打数 (par) より 1 つ少ない打数; ⇒ bogey, eagle》. ❷ C S 《小児語》 小鳥: Watch the *birdie*. 小鳥さんを見て(はい, こちらを見て)《写真をとるときのことば》. ❸ C 《米》 (バドミントンの)羽根 [≒shuttlecock].

— 動 他 〔ゴルフ〕 (ホール)をバーディーであがる.

bird·seed /bɚ́ːdsìːd | bɜ́ːd-/ 名 U (飼い鳥に与える)粒餌(つぶえ).

bírd's-eye víew /bɚ́ːdzàɪ- | bɜ́ːdz-/ 名 [普通は単数形で] ❶ C 鳥瞰(ちょうかん)図《鳥の目で上から見下ろしたときのような全体の概観図》 (*of*). ❷ C 概観, 大要 (*of*).

bird·song /bɚ́ːdsɔ̀ːŋ | bɜ́ːdsɔ̀ŋ/ 名 U 鳥の鳴き声, 鳥のさえずり.

bírd tàble 名 C 《英》 (庭などに置く)野鳥の餌台.

bird-watch·er /bɚ́ːdwɑ̀(ː)ʧɚ, -wɔ̀ːʧɚ | bɜ́ːdwɔ̀ʧə/ 名 C 野鳥観察者.

bird-watch·ing /bɚ́ːdwɑ̀(ː)ʧɪŋ, -wɔ̀ːʧ- | bɜ́ːdwɔ̀ʧ-/ 名 U 野鳥観察, バードウォッチング.

Bir·ming·ham /bɚ́ːmɪŋəm | bɜ́ː-/ 名 固 バーミンガム《英国 England 中西部の都市》.

bi·ro /báɪ(ə)roʊ/ 名 (～s) C 《英》 ボールペン《商標》 [≒ballpoint].

birth /bɚ́ːθ | bɜ́ːθ/ (同音 berth)

— 名 (～s /～s/) ❶ U,C **誕生, 出生; 出産**: What's your date of *birth*? あなたの生年月日はいつですか / The baby weighed about 3 kilograms ***at birth***. その赤ん坊は生まれたとき約 3kg あった / ***from*** [***since***] ***birth*** 生まれたときから / There were 20 more *births* than deaths in the town last month. 先月その町では生まれた者が死んだ者より 20 人多かった. 関連 stillbirth 死産.

❷ U **生まれ**, 血統, 家柄: She is ***of*** good ***birth***. 彼女は名門の出だ / Breeding is more important than *birth*. 生まれよりも育ち方のほうが大切である. ❸ Ⓤ (事物の)出現, 起源: the *birth* of a new republic 新しい共和国の誕生[出現] / European civilization had its *birth* in these lands. これらの国々はヨーロッパ文明発祥の地である.

by bírth [副] (1) **生まれは:** She's French *by birth*. 彼女は生まれはフランス人だ. (2) 生まれながらの.

gìve bírth to ... [動] ㊀ (1) **...を産む:** Patty *gave birth to* a cute little baby. パティーはかわいい赤ん坊を産んだ. (2) ...を生ずる: Kindness *gives birth to* kindness. 《ことわざ》 親切が親切を生む.

bírth certìficate 名 Ⓒ 出生証明書. 日英 欧米には日本のような戸籍制度はないので, これが日本の戸籍抄本に相当する.

bírth contròl 名 Ⓤ 産児制限; 避妊.

****birth·day** /bɚ́ːθdèɪ | bə́ːθ-/

— 名 (~s /~z/) Ⓒ **誕生日:** Happy *birthday* (to you)! 誕生日おめでとう《⇒ return 名 3》 / Today is my sixteenth *birthday*. きょうは私の 16 歳の誕生日です / ***celebrate** ...'s **birthday*** ...の誕生日を祝う / 🗨 "When is your *birthday*?" "It's (*on*) September 22."「あなたの誕生日はいつですか」「9 月 22 日です」《September 22 は September (the) twenty-second と読む》 //⇒ Lincoln's Birthday, Washington's Birthday.

in one's **bírthday sùit** [形・副] [こっけいに] 裸で, 生まれたままの姿で.

bírthday càke 名 Ⓒ,Ⓤ バースデーケーキ: She has ten candles on her *birthday cake*. 彼女はバースデーケーキにろうそくを 10 本立てる《誕生日で 10 歳になる》.

bírthday càrd 名 Ⓒ バースデーカード.

bírthday pàrty 名 Ⓒ 誕生会.

bírthday prèsent 名 Ⓒ 誕生日の贈り物.

birth·mark /bɚ́ːθmàɚk | bə́ːθmàːk/ 名 Ⓒ (生まれつきの)あざ, ほくろ.

bírth mòther 名 Ⓒ 生みの母, 実母.

birth·place /bɚ́ːθplèɪs | bə́ːθ-/ 名 Ⓒ [普通は単数形で] 出生地, 生まれ故郷; (物事の)発祥の地.

birth·rate /bɚ́ːθrèɪt | bə́ːθ-/ 名 Ⓒ 出生率.

birth·right /bɚ́ːθràɪt | bə́ːθ-/ 名 Ⓒ [普通は単数形で] 生得権《基本的人権・世襲財産など》.

birth·stone /bɚ́ːθstòʊn | bə́ːθ-/ 名 Ⓒ 誕生石《生まれ月を象徴する宝石》.

Bis·cay /bískeɪ/ 名 the Bay of ~ ビスケー湾《フランス西部からスペイン北部にかけての湾》.

+**bis·cuit** /bískɪt/ ❗発音 ❗アク 名 (複 **bis·cuits** /-kɪts/, ~) ❶ Ⓒ 《米》 **小型のさっくりしたパン.**

❷ Ⓒ 《英》 **ビスケット**, クッキー [《米》 cookie]: a dog *biscuit* 犬用のビスケット. ❸ Ⓤ 薄茶色.

táke the bíscuit [動] ㊂ 《英略式》 = take the cake《⇒ cake 成句》.

〖語源 原義はラテン語で「(裏と表と)2 度焼いたもの」; ⇒ bi-〗

bi·sect /báɪsekt | bàɪsékt/ 動 ㊀ (...)を2(等)分する.

bi·sex·u·al /bàɪsékʃuəl, -ʃəl⁻/ 形 ❶ (男女)両性愛の, 両性にひかれる. 関連 heterosexual 異性愛の / homosexual 同性愛の. ❷ 男女両性の, 両性をそなえた. — 名 Ⓒ (男女)両性愛者.

bi·sex·u·al·i·ty /bàɪsèkʃuǽləṭi/ 名 Ⓤ 両性愛.

bish·op /bíʃəp/ 名 ❶ Ⓒ [しばしば B-] (イングランド国教会などの)主教《⇒ cathedral》; 〔カトリック〕 司教.

	イングランド国教会	カトリック
archbishop	大主教	大司教
bishop	主教	司教
priest	司祭	司祭
deacon	執事	助祭

❷ Ⓒ (チェスの)ビショップ.

bish·op·ric /bíʃəprɪk/ 名 Ⓒ 主教[司教]の職[管区].

bi·son /báɪs(ə)n/ 名 (複 ~(s)) Ⓒ バイソン《アメリカ野牛またはヨーロッパ野牛》, バッファロー.

bis·tro /bíːstroʊ/ 名 (~s) Ⓒ 小レストラン, ビストロ.

*****bit**[1] /bít/

— 名 (bits /bíts/)

> **意味のチャート**
> 元来は「かみ取ったもの」《⇒ bite》の意 →「(食べ物の)ひと口」❸ →「小片」❷ → (副詞的に)「ちょっと」❶ となった.

❶ /bìt/ [a (little) ~ として] 《主に英》 (1) [副詞的に] **ちょっと, 少し; かなり**《距離・程度など》: You lóok *a bìt* tired. 少し疲れているようだね / Move over *a bit*. 少し詰めて / "How's your arm?" "It still hurts *a* (*little*) *bit*."「腕はどう」「まだ少し痛い」/ It'll be *a bit* cooler today. きょうは少し涼しくなる / You're *a bit* late, aren't you? だいぶ遅いね. 語法 ときに否定的な意味合いを和らげるのに用いる.

(2) **少しの時間:** Wáit *a bìt*. ちょっと待って / for *a bit* ちょっとの間.

(3) **少し**《⇒ a bit of ... (成句)》: "Why don't you have some of this cake?" "I've already had *a bit*, thank you."「このケーキを食べませんか」「もうすでに少しいただきました, どうも」

❷ Ⓒ **小片**, かけら; 1 個; 《主に英》 一部分, 個所 [≒ part]: ***bits of*** glass ガラスの破片 / The last *bit of* the novel was interesting. その小説は最後の部分がおもしろかった.

❸ Ⓒ (食べ物の)**ひと口:** We didn't have even a ***bit of*** bread. 我々にはひと口のパンもなかった.

❹ [単数形で] 《俗》 (...に)お決まりのやり方[文句, 態度], 型にはまったこと: the whole marriage *bit* 型どおりの結婚.

a bìt múch [形] 《略式, 主に英》 ちょっとひどすぎる, あんまりな.

a bìt of ... = a lìttle bìt of ... [形] (1) [数えられない名詞につけて] **少量の...**, ちょっとした...; [抽象名詞につけて] 1 つの: *a bit of* land わずかな土地 / *a bit of* advice [news, luck] ちょっとした忠告[ニュース, 幸運]. 語法 a piece of ... よりは《略式》で「少量」の意が強い. (2) [a＋名詞につけて] 《略式, 主に英》 ちょっと, かなり: It's *a bit of a* problem. それはちょっと問題だ. 語法 否定的な意味合いを和らげるのに用いる.

a líttle bìt [副] 少し《⇒ 1》.

bít by bít = a bít at a tíme [副] 少しずつ, 徐々に: He dug the hole *bit by bit*. 彼は少しずつ穴を掘った.

bíts and píeces [《英》 **bóbs**] [名] 《略式》 こまごましたもの, はんぱもの.

dò one's **bít** [動] 自 《略式》 本分を尽くす; できる範囲内での寄付[奉仕]をする (*for*).
évery bít as ... as ～ [副] ～と全く同じように...だ.
nòt a [óne (lìttle)] bít = nòt the léast bìt [副] 《主に英》 少しも...でない: I'm *not a bit* tired. 私は全然疲れていない / 🗨 "Do you mind if I open the window?" "No, *not a bit*." 「窓を開けても構いませんか」「ええ, どうぞ」
quìte a bít [名] かなりの量: for *quite a bit* かなりの間 / *quite a bit of* money 相当な金. ―[副] かなり, 相当: I traveled *quite a bit* last year. 私は去年かなり旅行した.
to bíts [副] (1) 粉々に, ばらばらに: fall *to bits* ばらばらになる / take ... *to bits* ...をばらばらにする / tear a letter *to bits* 手紙をびりびりに引き裂く. (2) 《英略式》 すごく, 猛烈に: thrilled *to bits* すごく興奮して[喜んで].

***bit**[2] /bít/ [動] **bite の過去形および過去分詞.**

bit[3] /bít/ [名] C 〔コンピュータ〕 ビット 《情報量の最小単位 (を表わす 2 進数字)》.

bit[4] /bít/ [名] ❶ C (かんなの) 刃, (きりの) 穂先. ❷ C (くつわの) はみ 《手綱をつけて馬の動作を制御する》.

bitch /bítʃ/ [名] ❶ C 雌犬. ❷ C 《俗》 [軽蔑的] いやな女. ❸ C 《俗》 いやな[難しい]もの. **Són of a bítch!** [間] 《米卑語》 この野郎! ―[動] 自 《略式》 悪口を言う (*about*); 不平[文句]を言う (*at*).

bitch·y /bítʃi/ (bitch·i·er, -i·est) [形] 《略式》 意地悪な, 不親切な (*to, about*).

bite** /báɪt/ (同音 bight, byte) [動] (bites /báɪts/; 過去 bit /bít/; 過分 bit·ten /bítn/, bit; bit·ing /-tɪŋ/) 他 ❶ (...)を**かむ, かじる**, かみつく; かんで(...)を作る 《⇒ chew 表》: She *bit* an apple. 彼女はりんごをかじった / Don't *bite* your nails. つめをかんではいけません / 言い換え The dog ***bit him ***on the*** leg. V+O+*on*+名 = The dog *bit* his leg. 犬は彼の脚にかみついた 《⇒ the[1] 2》 / Once bitten, twice shy. 《ことわざ》 一度かまれると二度目は用心深くなる(あつものにこりてなますを吹く).
❷ (蚊・のみ・だになどが) (...)を**刺す**, (蛇が) かむ, 食う; (かにが) はさむ: The baby has *been* badly ***bitten by*** mosquitoes. V+O の受身 赤ん坊はひどく蚊に食われている. 語法 蚊やあり, 蛇などには bite を用いるのに対し, はちやさそりなどには sting を用いる.
― 自 ❶ **かむ**, かみ[食い]つく, (虫が) 刺す: Our dog never *bites*. うちの犬は決してかみつかない / He [She] won't *bite*. Ⓢ 彼[彼女]はかみつきませんから(怖がる必要はない) / He ***bit into*** an apple. V+*into*+名 彼はりんごにかじりついた / A dog ***bit at*** me while I was jogging. V+*at*+名 ジョギング中に犬が私にかみつこうとした. ❷ (車輪などが) しっかりくい込む (*into*). ❸ 悪影響を及ぼす (*into*): The tax hike is beginning to *bite*. 増税がだんだんこたえてきた. ❹ (魚が) えさに食いつく; (人が) うまい話に乗ってくる: A fish is *biting*. 魚がえさに食いついている. ❺ (寒さ・風が) 身を切る 《⇒ biting》. ❻ 《米俗》 ひどい, 最低だ: It [That] *bites*. そいつはひでえ, がっかりだ.
be bítten by the ... búg [動] 自 《略式》 ...熱に取りつかれる.
bíte báck [動] 他 (ことばなど)をこらえる, 控える. ― 自 (相手に) やり返す (*at*).
bíte óff [awáy] [動] 他 (...)をかみ切る.
bíte óff móre than one **can chéw** [動] 自 《略式》 手に余ることをしようとする. 由来 かめる以上の食物をかじり取ってしまう, の意.
bíte the hánd that féeds one [動] 自 恩をあだで返す. 由来 えさをくれる人の手をかむ, の意.
Whát's bíting you? Ⓢ 《略式》 何を心配してるの, 何が気に食わないの.
― [名] (bites /báɪts/) ❶ C **かむこと**; 歯のかみ合わせ: The dog gave Mary a playful *bite*. その犬はふざけてメアリーをかんだ.
❷ C (動物・虫などの) **かみ傷**, 刺傷: an insect *bite* 虫刺され(のあと) / He soon recovered from the dog's *bite*. 彼は犬にかまれたがまもなく回復した. ❸ C ひとかじり, ひと口: a *bite* of bread ひと口のパン / He took a big *bite from* [(*out*) *of*] the apple. 彼はそのりんごをがぶりとかじった. ❹ [a ～] 《略式》 軽い食事, (ひと口の) 食べ物: Let's grab [have] *a bite to eat* before we catch the train. 列車に乗る前に何か軽く食べよう. ❺ [U または a ～] 激しい寒さ (*of*); ぴりっとした味; 鋭さ, パンチ; (ことばの) とげ, しんらつさ. ❻ C (魚がえさなどに) 食いつくこと: I got a *bite*. 魚が食いついた 《釣りで》.

bite-size(d) /báɪtsàɪz(d)/ [形] ❶ 限定 (食べ物が) ひと口大の. ❷ 限定 《略式》 とても小さい[短い].

bit·ing /báɪtɪŋ/ [形] 限定 刺すような; (風・寒さが) 身を切るような; (ことばが) しんらつな, 手厳しい.

bit·map /bítmæp/ [名] C 〔コンピュータ〕 ビットマップ 《画像をビットの組合わせで表現したもの》.

***bit·ten** /bítn/ [動] **bite の過去分詞.**

bit·ter** /bíṭɚ | -tə/ [形] (bit·ter·er /-ṭərɚ | -rə/, more ～; bit·ter·est /-ṭərɪst/, most ～) ❶ (不当なことに) **苦々しく思って**, 憤慨して; ひがんで, ねたんで: He is [feels] ***bitter about his misfortune. +*about*+名 彼は自分の不運をいまいましく思っている / She gave me a *bitter* glance. 彼女は私に恨みがましいまなざしを向けた.
❷ 限定 **辛**(つら)**い**, 苦しい: a *bitter* memory 辛い思い出 / His wife's death was a *bitter* blow to him. 妻の死は彼にとってひどい打撃だった.
❸ (争い・敵意などが) **激しい**, 猛烈な: a *bitter* attack 激しい打撃 / They are *bitter* enemies. 彼らは恨み重なる敵同士だ.
❹ **苦**(にが)**い** [⇔ sweet]: *bitter* medicine 苦い薬 / This coffee tastes *bitter*. このコーヒーは苦い. ❺ (風・寒さなどが) 身を切るような, ひどく寒い.
to [untìl] the bítter énd [副] 最後の最後まで; 徹底的に. (動 embítter)
― [名] U 《英》 ビター 《苦(にが)みの強いビール》; [複数形で単数または複数扱い] ビターズ 《カクテルの味つけ用》.
〘語源 原義は「かむ (bite) ような」〙

+**bit·ter·ly** /bíṭɚli | -tə-/ [副] **苦々しげに; ひどく**; 痛烈に, 激しく: He was *bitterly* disappointed. 彼は大変失望した / It was *bitterly* cold this morning. けさは身を切るように寒かった.

bit·ter·ness /bíṭɚnəs | -tə-/ [名] ❶ U 苦々しさ, 恨み; (争いなどの) 激しさ. ❷ U 苦(にが)さ, 苦み: a touch of *bitterness* ちょっとした苦味. ❸ U 苦しさ, 悲痛.

bit·ter·sweet /bíṭɚswíːt | -tə-/ [形] ❶ 苦しくもあり楽しくもある; ほろ苦い. ❷ 苦くて甘い; 限定 《米》 (チョコレートが) 甘みの少ない.

bi·tu·men /bɪt(j)úːmɪn | bítʃʊ-/ [名] U 瀝青(れきせい), ビチューメン 《アスファルトなど》.

bi·valve /báɪvælv/ [名] C 〔生物〕 二枚貝 《はまぐり・あさり・かきなど》.

biv·ou·ac /bívuæk/ (❗発音) [名] C 露営, 野宿, ビバーク. ― [動] (-ou·acs; -ou·acked; -ou·ack·ing) 自 野宿する, ビバークする.

bi·week·ly /bàɪwíːkli←/ 形 副 ❶ 2 週間に 1 回(の), 隔週の[に] [《英》fortnightly]. ❷ 週 2 回(の).
biz /bíz/ 名 U [普通は the ～] 《略式》(娯楽性の強い)商売, 業界(⇒ business). **be the bíz** [動] 自《略式》とてもよい, いかす.
+**bi·zarre** /bɪzάːɚ | -zάː/ 形 **奇怪な**; 風変わりな(⇒ strange 類義語): *bizarre* behavior 風変わりな行動.
～·ly 副 風変わりに; 文修飾 奇妙なことに.
Bi·zet /biːzéɪ | bíːzeɪ/ 名 固 Georges /ʒɔ́ɚʒ | ʒɔ́ːʒ/ ～ ビゼー (1838–75) 《フランスの作曲家》.
blab /blǽb/ 動 (blabs; blabbed; blab·bing) 自《略式》秘密を漏らす; べらべらしゃべる (*to, about*). ― 他《略式》(秘密など)をべらべらしゃべる.
blab·ber·mouth /blǽbɚmàʊθ | -bə-/ 名 C《略式》(秘密を)べらべらしゃべる人, おしゃべり.

***black** /blǽk/
― 形 (black·er; black·est) ❶ **黒い, 黒色の**(⇒ hair 参考): *black* clouds in the sky 空にかかった黒雲 / a *black* cat 黒猫 / He is not as *black* as he is painted. 彼は描かれているほど黒くはない《世間で言われるほど悪い人間ではない; 昔, 悪魔が黒く描かれていたことから》.
❷ **真っ暗な**, 非常に暗い: The cave was (as) *black* as night. ほら穴は夜のように真っ暗だった.
❸ [しばしば B-] (皮膚の色の)**黒い; 黒人の**: the *black* race 黒色人種 / The citizens elected a *black* mayor. 市民たちは黒人の市長を選んだ. 語法 Negro や colored よりも黒人に好まれる. 関連 white 白人の / yellow 黄色人種の.
❹ (コーヒーが)**ブラックの**, ミルクもクリームも入れない: I prefer my coffee *black*. 私のコーヒーはブラックにしてください. 関連 white ミルク[クリーム]入りの. ❺ よごれた, 汚らしい. ❻ 限定 陰鬱(いんうつ)な; 暗澹(あんたん)とした, 不吉な; (ユーモアなどが)冷笑的な, 毒を含んだ: *black* despair 暗い絶望 / That was the *blackest* day of my life. それは私の一生でいちばん暗い日だった. ❼ 限定 腹を立てた, 怒った: She gave me a *black* look. 彼女はむっとして私を見た. ❽《文語》邪悪な [≒evil].
bláck and blúe = black-and-blue.
gò bláck [動] 自 意識を失う. 由来 目の前が真っ暗になる, の意から. (動 blácken)
― 名 (～s /～s/) ❶ U **黒, 黒色**: *Black* is the color of mourning. 黒は喪の色だ.
❷ C [しばしば B-] [普通は複数形で] **黒人**(⇒ 形 3 語法): the conflict between *blacks* and whites 黒人と白人の争い. ❸ U 黒衣, 喪服: The widow was dressed in *black*. = The widow wore *black*. 未亡人は黒衣[喪服]を着ていた. ❹ U 黒い絵の具[塗料].
be in the bláck [動] 自 (営業が)黒字だ, もうかっている [⇔ be in the red].
in bláck and whíte [副] (1) 印刷して, 文書で: I'd like to see that *in black and white*. それを(口頭でなく)文書で見たいと思います. (2) 白黒[善悪]どちらかで割り切って.
― 動 他 ❶《英》(労働組合が) (業務・商品など)をボイコットする. ❷《古風》(...)を黒くする, (靴など)を磨く.
bláck óut [動] 自 (一時的に)意識を失う, 失神する [≒faint]. ― 他 (1) (記事など)を(黒で)塗りつぶす, 抹殺(まっさつ)する, (ニュースなど)の報道管制をする. (2) (町など)を停電させる; 灯火管制する.
black-and-blue /blǽkən(d)blúː←/ 形 副 (打たれて)青あざになった[になるほど].
black-and-white /blǽkən(d)(h)wáɪt | -wáɪt←/ 形 ❶ (写真・テレビなどが)白黒の: a *black-and-white* television [photo] 白黒のテレビ[写真]. 日英 日本語では「白黒」というが英語では逆に black-and-white の順. ❷ (判断などが)白か黒か[善か悪か]単純に割り切った, (問題などが)二者択一の.
bláck árt 名 [the ～(s)] = black magic.
black·ball /blǽkbɔ̀ːl/ 動 他 (...)の加入に反対投票をする; (...)を(団体などから)排除する.
bláck báss /-bǽs/ 名 C ブラックバス, 黒鱒(くろます).
bláck bélt 名 C 〔柔道・空手〕黒帯; 黒帯保有者 (*in*).
black·ber·ry /blǽkbèri | -b(ə)ri/ 名 (-ber·ries) C くろいちご, ブラックベリー《黒色の実がなるきいちご》, くろいちごの実. 関連 bramble くろいちごの茂み.
black·bird /blǽkbɚ̀ːd | -bɜ̀ːd/ 名 C《米》むくどりもどき科の鳥; 《英》くろうたどり《つぐみの類》.
***black·board** /blǽkbɔ̀ɚd | -bɔ̀ːd/ 名 (-boards /-bɔ̀ɚdz | -bɔ̀ːdz/) C **黒板** [《米》chalkboard]: erase [clean] the *blackboard* 黒板をふく / write English sentences *on* the *blackboard* 黒板に英文を書く. 関連 whiteboard ホワイトボード, 白板 / eraser 黒板ふき.
bláck bóx 名 ❶ C《略式》= flight recorder. ❷ C《略式》ブラックボックス《内部の構造を知らなくても操作できる機器; コンピューターなど》.
Bláck Déath 名 [the ～] ペスト, 黒死病《14 世紀にアジア・ヨーロッパで流行した》.
black·en /blǽk(ə)n/ 動 他 ❶ (...)を黒く[暗く]する. ❷ (評判・人格など)をけがす. ― 自 黒く[暗く]なる. (形 black)
Bláck Énglish 名 U 黒人英語.
bláck éye 名 C (殴られてできた)目の周りの青あざ: give a person a *black eye* 人を殴って目の周りにあざをつくる. ✪ 次と比較: dark eyes 黒い目.
bláck góld 名 U《略式》石油.
black·head /blǽkhèd/ 名 C (先が黒い)にきび.
bláck hóle 名 ❶ C 〔天文〕ブラックホール. ❷ C《略式》金食い虫.
bláck húmor 名 U ブラックユーモア《気味の悪い[人を冷笑するような]ユーモア》.
black·jack /blǽkʤæ̀k/ 名 ❶ U ブラックジャック, 21 [《米》twenty-one]《トランプのゲーム》. ❷ C《米》ブラックジャック《柄がしなうように革をかぶせた小型のこん棒》.
black·list /blǽklɪ̀st/ 名 C ブラックリスト, 要注意人物[国, 製品]一覧表. **be on ...'s blácklist** [動] ...のブラックリストに載っている, ...ににらまれている.
― 動 他 (...)をブラックリストに載せる.
bláck mágic 名 U 黒魔術《悪魔の助けを借りて悪事を行なう魔術; ⇒ white magic》.
black·mail /blǽkmèɪl/ 名 U ゆすり, 恐喝; 脅迫.
― 動 他 (...)を恐喝する, (...)から金などをゆすり取る; (...)をゆすって～させる (*into*).
black·mail·er /blǽkmèɪlɚ | -lə/ 名 C ゆすりを働く者, 恐喝者[犯].
bláck márket 名 C やみ市場; やみ取引.
bláck mar·ke·téer /-mὰɚkətíɚ | -mὰːkətíə/ 名 C やみ商人.
black·ness /blǽknəs/ 名 U 真っ黒; 暗黒.
black·out /blǽkàʊt/ 名 ❶ C 停電; 灯火管制. ❷ C 一時的意識[記憶]喪失. ❸ C 報道管制.

bláck pépper 名 U 黒こしょう. 関連 white pepper 白こしょう.
Bláck Pówer 名 U ブラックパワー《政治的・経済的に平等の権利を主張する黒人勢力》.
Bláck Séa 名 固 [the ~] 黒海《ヨーロッパとアジアの間のトルコ・バルカン半島などに囲まれた内海》.
bláck shéep 名 C [普通は単数形で] (一家・グループなどの)やっかい者, 嫌われ者. 由来 There is a *black sheep* in every flock. (どの群にも黒い羊(やっかいな存在)はいるものだ)ということわざから.
black·smith /blǽksmìθ/ 名 C 鍛冶(かじ)屋; 鉄工.
bláck téa 名 U 紅茶《⇒ tea 日英》.
bláck tíe 名 ❶ C 黒のちょうネクタイ《準正装用》. ❷ U (男性の)準正装.
black-tie /blǽktáɪ⁻/ 形 限定 (会などが)準正装が必要な《黒のちょうネクタイをつける》.
black·top /blǽktɑ̀(ː)p | -tɔ̀p/ 名 U 《米》 (道路舗装用の)アスファルト; [the ~] アスファルトの舗装道路 [《英》 tarmac].
bláck wídow 名 C 黒後家(くろごけ)ぐも《アメリカ産の猛毒のくも》.
blad·der /blǽdɚ | -də/ 名 ❶ C 膀胱(ぼうこう). ❷ C (サッカーボールなどの)内袋.
+**blade** /bléɪd/ 名 (blades /bléɪdz/) ❶ C (刃物の)**刀身**, 刃《刃の部分全体を指す; ⇒ edge 挿絵》: the *blade* of a knife ナイフの刃 / razor *blades* かみそりの刃. ❷ C (プロペラ・スクリューの)羽根; かい[オール]の水かき. ❸ C (草の)葉; 葉身: a *blade* of grass 1 枚の草の葉. ❹ C (アイススケート靴の)刃.
blah /blɑ́ː/ 名 ❶ U S 《英》 たわごと, むだ口. ❷ [the ~s] 《米略式》 けだるさ, 倦怠感. **... bláh, bláh, bláh** [間] S ...とか何とか, (どうでもいい事を)べらべらと. ― 形 ❶ S 《米略式》 つまらない, 味気ない. ❷ S 《米略式》 気分のさえない.
*__blame__ /bléɪm/ 動 (blames /~z/; blamed /~d/; blam·ing) 他 (...を)(人)の**せいにする**; (罪など)を(人に)負わせる: 言い換え They ***blamed*** me ***for*** the accident. V+O+*for*+名 = They ***blamed*** the accident ***on*** me. V+O+*on*+名 彼らはその事故の責任は私にあると責めた / ***Don't blame me*** if it doesn't work. S うまくいかなくても私のせいじゃないからね.
be to bláme [動] 自 (...に)**責任がある**, (...の)せいである: Who ***is to blame for*** this failure? この失敗はだれの責任か.
hàve ònly oneself to blàme [動] 自 S 悪いのは本人だ; 自業自得だ.
I dòn't bláme .... S (人)のしたことは間違っていない, 当然だ: *I don't blame* you *for* wanting better pay. 君が昇給を望むのは当然だ.
― 名 U (過失などに対する)**責任**, 責め; 非難: How come I have to ***get*** the ***blame for*** it? 何で私が責められなければならないのか / ***put*** [***place, lay***] ***the blame on*** ... 責任[罪]を(人)に負わせる / ***take*** [***accept, bear***] ***the blame for*** ... ...の責めを負う, ...の責任をとる.
blame·less /bléɪmləs/ 形 非難するところのない, 罪がない, 潔白な [≒innocent]. **~·ly** 副 非の打ちどころなく.
blame·wor·thy /bléɪmwɚ̀ːði | -wə̀ː-/ 形 《格式》 非難されるべき, 責任のある.
blanch /blǽntʃ | blɑ́ːntʃ/ 動 他 (野菜など)を熱湯に通す, 湯がく. ― 自 《文語》 (恐怖・寒さで)顔が青くなる, 青ざめる (*at*).
blanc·mange /bləmɑ́ːndʒ | -mɔ́nʒ/ 名 U,C 《英》 ブラマンジェ《牛乳をゼラチンで固めた菓子》.
+**bland** /blǽnd/ 形 (bland·er; bland·est) ❶ **おもしろみのない**, つまらない: a *bland* novel つまらない小説. ❷ (食べ物・飲み物が)刺激がない, 味のない, 淡白な. ❸ (発言などが)当たり障りのない.
blan·dish·ments /blǽndɪʃmənts/ 名 複 《格式》 お世辞, 追従(ついしょう), 甘言.
bland·ly /blǽndli/ 副 おもしろみなく, 淡白に.
bland·ness /blǽn(d)nəs/ 名 U おもしろみのなさ; 薄味, 淡白.
*__blank__ /blǽŋk/ 形 (blank·er; blank·est) ❶ **白紙の**, 書き入れてない; (テープ・ディスクなどが)録音[録画]されていない: *blank* paper 白紙 / a *blank* page 何も書いてないページ / a *blank* disk 記録していないディスク / a *blank* form 未記入の書き込み用紙 / Leave this space *blank*. このスペースには記入しないでください.
❷ **ぼんやりとした**, ぽかんとした; 表情のない: a *blank* expression 無表情 / a face *blank* with wonder 驚いてぽかんとした顔.
❸ **からの**, うつろな; 内容がない, (壁などが)窓[装飾, 戸口など]のない: a *blank* wall 窓のない壁 / My memory is *blank* on the subject. 私はその問題について何も覚えていない. ❹ 限定 全くの, 完全な: a *blank* denial 完全な否定.
gò blánk [動] 自 (1) (突然)何も思い出せなくなる: My mind *went blank*. 突然頭がからっぽになった. (2) (画面などが)(映像・文字が消えて)まっ白になる, 何も映らなくなる.
― 名 (~s /~s/) ❶ C (書き込み・印刷のない)**空所**, 空白, 空欄: leave *blanks* 余白を残しておく / Fill in the *blanks* with the proper words. 空所を適当な語で埋めなさい. ❷ C 空白の時期[時代], 空虚: The death of my mother left a big *blank* in my life. 母の死は私の生涯に大きな空白を残した. ❸ C = blank cartridge. ❹ C 空白を示すダッシュ: in 19— 1900何年かに《nineteen *blank* と読む》. ❺ C 書き込み用紙《書き込む空欄があるもの》 [≒form].
dráw a blánk [動] 自 (求めるものを)得られない, 失敗する; 《主に米》 思いつかない. 由来 空くじを引く, の意.
― 動 他 ❶ (...)を見えなくする, 隠す; 忘れる (*out*). ❷ 《米略式》 (野球などで)(...)を無得点に押さえる. ❸ 《英略式》 (...)に知らん顔をする.
― 自 《略式》 (急に)思い出せなくなる (*out*).
〖語源 元来は「白い」の意〗
blánk cártridge 名 C 空包.
blánk chéck [《英》 **chéque**] 名 C 白地式[金額無記入]小切手. **gíve ... a blánk chéck** [動] 他 《略式》 (...に)無制限の権限[自由]を与える (*to* do).
+**blan·ket** /blǽŋkɪt/ 名 (blan·kets /-kɪts/) ❶ C **毛布**《⇒ bedroom 挿絵》: an electric *blanket* 電気毛布. ❷ [a ~] 一面に覆(おお)う物: *A blanket of* snow lay over the ground. 一面の雪が地面を覆った.
― 動 他 [普通は受身で] (毛布のような物で)(...)を覆う (*in*): The ground *was blanketed with* fallen leaves. 地面は落ち葉で覆われていた.
― 形 限定 包括[全面]的な: a *blanket* ban 全面禁止.
〖語源 原義は「白いもの」; 素材の羊毛が白いため; ⇒ blank 語源〗
blank·ly /blǽŋkli/ 副 ぼんやりと.
blank·ness /blǽŋknəs/ 名 U 空白; うつろ; 白紙状態.
blare /bléɚ | bléə/ 動 (blar·ing /blé(ə)rɪŋ/) 自 やかまし

く鳴る, 騒音を立てる (*out*). ― ㊀ (...)をやかましく鳴らす (*out*). ― 名 [単数形で] 騒音 (*of*).

blar·ney /blάɚni | blά:-/ 名 U 《略式》お世辞, 甘言.

bla·sé /blα:zéɪ | blά:zeɪ/ ≪フランス語から≫ 形 (...に)無感動[無関心]な, 慣れっこになって (*about*).

blas·pheme /blæsfí:m/ 動 ㊂ 神・神聖なものに不敬のことばを吐く, 冒涜(ぼうとく)する (*against*). ― ㊀ (神・神聖なもの)に不敬のことばを吐く, (...)を侮辱する.

blas·phe·mous /blǽsfəməs/ 形 不敬な, 冒涜的な.

blas·phe·my /blǽsfəmi/ 名 (-phe·mies) U 神への不敬, 冒涜(ぼうとく); C 冒涜的発言[行為].

*__blast__ /blǽst | blά:st/ 名 (blasts /blǽsts | blά:sts/) ❶ C **一陣の風**, 突風: a ***blast of*** cold air from the broken window 壊れた窓から吹き込む冷たい風.
❷ C **爆発**; 爆風: Six people were injured in the *blast*. 爆発で 6 人がけがをした. ❸ C (らっぱ・警笛などの)大きな響き, けたたましい音, 吹き鳴らし (*of*). ❹ [a ~] 《略式》楽しい経験. ❺ C [主に新聞で] 厳しい批判.
a blást from the pást [名] 《略式》昔はやったもの, 懐かしいもの[人].
(at) fúll blást [副] パワー全開で; 最大の音量で.
― 動 (blasts /blǽsts | blά:sts/; blast·ed /~ɪd/; blast·ing) ㊀ ❶ (...)を**爆破する**, (爆破して)吹き飛ばす; 発破(はっぱ)をかけて(トンネルなど)を作る; (...)を爆破して~にする; (...)を爆撃[銃撃]する: The rock has *been blasted* to make a new course for the stream. V+O の受身 新しい水路を造るために岩が爆破された / *blast* a door *open* [*away*] ドアを爆破して開ける[取り除く]. ❷ (音など)をけたたましく鳴らす (*out*). ❸ (...)を激しく非難する (*for*). ❹ (ボールなど)を激しく打つ[ける]. ❺ (水・空気など)を噴射する; (...)に(水などを)噴射する (*with*). ― ㊂ ❶ 発破をかける. ❷ 銃を撃つ (*away*). ❸ けたたましい音を出す.
Blást (it)! [間投詞的に] しまった, ちくしょう.
blást óff [動] ㊂ (ロケットが)発射される.
blást one's **wáy** [動] ㊂ 爆破して[銃を撃って]進む (*into, through*).

blast·ed /blǽstɪd | blά:st-/ 形 限定 S 《略式》[遠回しに] いまいましい [≒damn].

blást fùrnace 名 C 溶鉱炉.

blast·off /blǽstɔ̀:f | blά:stɔ̀f/ 名 U ロケットの打ち上げ, 発射.

bla·tant /bléɪṭənt/ 形 見えすいた, 露骨な; ずうずうしい: a *blatant* lie 見えすいたうそ. **~·ly** 副 紛れもなく; ずうずうしく(も).

+**blaze**[1] /bléɪz/ (blaz·es /~ɪz/) 名 ❶ C [主に新聞で] **火災**, 火事: put out the *blaze* 火事を消す.
❷ [単数形で] (激しい)**炎**, 火炎; (炎などの)輝き(⇒ flame 類義語): the *blaze* in the fireplace 暖炉の炎.
❸ [単数形で] 燃え立つような色彩; 強い輝き, はなばなしさ: the red *blaze of* tulips チューリップの燃えるような赤色 / in a *blaze of* publicity [glory] 注目を集めて[称賛を浴びて]. ❹ [単数形で] (感情などの)爆発, ほとばしり: in a *blaze* of anger かっとなって.
― 動 (blaz·es /~ɪz/; blazed /~d/; blaz·ing) ㊂ ❶ **燃え立つ**: A fire was *blazing* in the fireplace. 暖炉には火が赤々と燃えていた. ❷ 赤々[こうこう]と輝く. ❸ 《文語》(目が)(怒りなどで)燃える (*with*). ❹ 続けざまに発砲[発射]する (*away*).
bláze úp [動] ㊂ (1) (ぱっと)燃え上がる. (2) かっとなる.

blaze[2] /bléɪz/ 名 C (牛・馬の顔面の)白ぶち; (目印に樹皮をはいでつけた)白いあと, 道しるべ. ― 動 ㊀ [次の成句で] **bláze a [the] tráil** [動] ㊂ 後の人のために通る道(の木)に目印をつける; (活動・学問などで)道を開く, 先駆者となる (*in*).

blaze[3] /bléɪz/ 動 ㊀ [普通は受身で] (知らせなど)を公表する, 書き立てる (*across, all over*).

blaz·er /bléɪzɚ | -zə/ 名 C ブレザー(上着).

blaz·ing /bléɪzɪŋ/ 形 限定 焼けつくような; 激しい.

bla·zon /bléɪz(ə)n/ 動 ㊀ [普通は受身で] (...に)(マーク・ことばなど)を目立つように書く[示す]; (...)を(大々的に)公表する, 書き立てる (*across, on, over*).

bleach /blí:ʧ/ 動 ㊀ (薬品・日光で)(...)を漂白する, 脱色する. ― ㊂ (さらされて)白くなる. ― 名 U,C 漂白剤, 脱色剤.

bleach·ers /blí:ʧɚz | -ʧəz/ 名 複 [the ~] 《米》(屋外競技場の)屋根のない観覧席, 野外席.

+**bleak** /blí:k/ 形 (bleak·er; bleak·est) ❶ (将来などが)**気がめいるような**, わびしい, (見通しなどが)暗い: The future looked *bleak* for the company. その会社の前途は暗かった.
❷ (場所が)**荒涼とした**, さびれ果てた, 吹きさらしの; (天候が)寒々とした; 冷たい: a *bleak* northern plain 荒涼とした北の原野.
~·ly 副 わびしく; 荒涼と.
~·ness 名 U 暗さ; 荒涼.

blear·i·ly /blí(ə)rəli/ 副 目がかすんで; ぼんやりと.

blear·y /blí(ə)ri/ 形 (blear·i·er; -i·est) (疲れなどで)目がかすんだ; ぼんやりした, ぼやけた.

blear·y-eyed /blí(ə)riáɪd←/ 形 目がかすんだ.

bleat /blí:t/ 動 ㊂ ❶ (羊・やぎなどが)めーと鳴く(⇒ cry 表 goat, lamb, sheep). ❷ 《略式》泣き言を言う, めそめそする (*on, about*). ― 名 C めー (baa) という鳴き声.

+**bled** /bléd/ 動 **bleed の過去形および過去分詞.**

+**bleed** /blí:d/ 動 (bleeds /blí:dz/; 過去・過分 bled /bléd/; bleed·ing /-ḍɪŋ/) ㊂ ❶ **出血する**; 血を流す: *bleed* to death 血を流して死ぬ / He was ***bleeding from*** the [his] nose. V+*from*+名 彼は鼻血を出していた / We fought and *bled for* our country. 我々は祖国のために戦って血を流した. ❷ (色・染料などが)にじむ, 流れ出る (*into*). ❸ S [しばしば皮肉に] (心が)ひどく痛む (*for*).
― ㊀ ❶ (病人)から血を採る, 瀉血(しゃけつ)[放血]する(昔の治療法). ❷ 《略式》(人)から(金を)搾(しぼ)り取る (*for*). ❸ (機械・装置)から空気や液体を抜く.
bléed ... drý [whíte] [動] ㊀ 《略式》(人)から(金を)搾れるだけ搾り取る. 由来 血の気がなくなるまで血を採る, の意. (名 blood)

bleed·er /blí:ḍɚ | -də/ 名 C 《略式》出血しやすい人, 血友病患者.

bleed·ing /blí:ḍɪŋ/ 形 ❶ 限定 出血している. ❷ 限定 S 《英俗》ひどい [≒bloody]. ― 名 U 出血.

bleep /blí:p/ 名 ❶ C ぴーという音(無線やポケベルの信号音). ❷ C (放送で)不適当な個所を消す音; [the ~] S 点々(hell など不適当な語の代用語). ― 動 ㊂ ぴーという(信号)音を出す. ― ㊀ ❶ 《英》(...)をポケベルで呼び出す [《米》beep]. ❷ (放送で)(不適当な個所)をぴーという音で消す (*out*).

bleep·er /blí:pɚ | -pə/ 名 C 《英》ポケ(ット)ベル [≒pager, 《米》beeper].

blem·ish /blémɪʃ/ 名 C (外観を損なう)傷, しみ; 汚点. ― 動 ㊀ [しばしば受身で] 《格式》(...)を損なう, (...)にしみをつける; (...)を汚(けが)す.

+**blend** /blénd/ 動 (blends /bléndz/; blend·ed /～ɪd/; blend·ing) 他 ❶ (...)を**混ぜる**; (茶・コーヒーなど)を混合する, ブレンドする《⇒ mix 類義語》: ***Blend*** milk and eggs (***together***). V+O(+together) 牛乳と卵を混ぜなさい / ***Blend*** the green paint ***with*** the yellow paint. V+O+with+名 緑の絵の具を黄色の絵の具と混ぜなさい / *blended* coffee ブレンドコーヒー. ❷ (...)をうまく融合[調和]させる.
— 自 ❶ **混ざる** (*together*); (...と)溶け合う《境界がわからないくらいに》; (よく)混ぜる: Oil does not ***blend*** at all ***with*** water. V+with+名 油は水とは全く混ざり合わない / The colors of the sea and the sky ***blend into*** each other. V+into+名 海と空の色が溶け合っている.
❷ (...と)**調和する:** Their voices ***blended*** beautifully ***with*** each other. V+with+名 彼らの声は美しく調和した.
blénd ín [動] 自 (...と)よく調和する; (人が)溶け込む (*with*). — 他 (...)を入れて[加えて]混ぜる.
— 名 (blends /bléndz/) ❶ C **混合物**, 混ぜ合わせた茶[コーヒー, たばこなど]: a *blend of* two types of coffee 2 種類のコーヒーのブレンド. ❷ C 融合. ❸ C 〔言語〕 混成語《2 つの語の一部分を結合して造られた語; brunch, smog など》.
blénded fámily 名 C 混合家族《再婚などのため, 夫婦と連れ子から構成される家族》.
blend·er /bléndə | -də/ 名 C (料理用の)ミキサー《⇒ mixer 日英; kitchen 挿絵》[《英》 liquidizer].
+**bless** /blés/ 動 (bless·es /～ɪz/; 過去・過分 blessed /～t/, 《文語》 blest /blést/; bless·ing; ⇒ blessed) 他 ❶ (聖職者が)(...)を**祝福する**, (...)のために神の恵み[加護]を祈る [⇔ curse]: The priest *blessed* the congregation at the end of the Mass. 司祭はミサの終わりに会衆を祝福した. ❷ 《格式》 神が(人)に恵みをたれる: God *bless* us! 神が我々に恵みをたれたまわんことを. 語法 この文中の bless は仮定法現在形 // God has *blessed* our country *with* peace and prosperity. 神がわが国に平和と繁栄を恵み給うた. ❸ (...)を神にささげる; 清める. ❹ (神)を賛美する, あがめる [≒praise].
be bléssed with ... [動] 他 ...に恵まれている, (よいもの)を持っている.
Bléss him [her, them]! [間] Ⓢ かわいいね, 感心感心《愛情・好意などを表わす》.
Bléss mé! = Bléss my sóul [héart]! = Wéll, I'm [Ì'll be] bléssed! Ⓢ 《古風》 おやおや, ええっ, これはこれは, 驚いたなあ.
Bléss you! [間] (1) Ⓢ お大事に, 神のご加護を《くしゃみをした人に言う》. (2) Ⓢ ありがとう.
〖語源 原義は「いけにえの血で(祭壇を)清める」〗
bless·ed /blésɪd/ 形 ❶ 神聖な; 祝福された, 恵まれた [⇔ cursed]: the *Blessed* Virgin 聖母マリア. ❷ 限定 楽しい, 喜ばしい. ❸ 限定 Ⓢ [遠回しに] あのいまいましい《強意に用いる》. **～·ly** 副 幸いなことに. **～·ness** 名 U 幸福, 恵まれていること.
+**bless·ing** /blésɪŋ/ 名 (～s /～z/) ❶ C **ありがたいもの[こと]**, 幸いなこと; 恵み: the ***blessings of*** civilization 文明のありがたさ / What a *blessing* it was that it didn't rain! 雨が降らなかったのは何と幸いだったことか / an inestimable ***blessing to*** the world 世界にとっての計り知れない恵み // ⇒ mixed blessing.
❷ C **神の恵み**, 祝福 [⇔ curse]; 祝禱(しゅくとう); U (神の) 加護 (*on, upon*): The priest gave them his *blessing*. 司祭は彼らに祝福を与えた.
❸ U **賛成**; 励まし: The president ***gave*** his ***blessing to*** the plan. 社長はその計画を承認した. ❹ C [普通は単数形で] 食前[食後]の祈り《⇒ grace 6》: ask [say] the *blessing* 食前[食後]の祈りをする.
a bléssing in disguíse [名] 不幸に見えて実はありがたいもの《つらいが後でためになる経験など》.
cóunt one's **bléssings** [動] 自 Ⓢ (不平を言うより)自分が恵まれていることを思い起こす.
blest 動 《文語》 bless の過去形および過去分詞.
****blew** /blúː/ (同音 blue) 動 blow[1] の過去形.
blight /bláɪt/ 名 ❶ U (植物の)胴枯れ病, 虫害. ❷ [単数形で] 損なうもの, 暗い影 (*on*). ❸ U (都市の)荒廃, 無秩序状態; 荒廃地域: urban *blight* 都市の荒廃. — 動 他 (生活・機会など)を損なう, 台なしにする, (希望など)をくじく; (場所)を荒廃させる.
blight·ed /bláɪṭɪd/ 形 損なわれた; 荒廃した.
blimp /blímp/ 名 C 小型軟式飛行船.
blind** /bláɪnd/ 形 (blind·er; blind·est) ❶ **目の見えない**, 目の不自由な, 盲目の; 限定 視覚障害者の(ための): a *blind* person 盲人 / totally *blind* 全く目が見えない / ***go blind 目が見えなくなる, 失明する / Bob is ***blind in*** the left eye. +in+名 ボブは左の目が見えない / ***the blind*** 目の不自由な人たち《⇒ the[1] 3》 / a *blind* school 盲学校. 関連 deaf 耳が聞こえない / dumb 口のきけない / mute (耳が聞こえないために)口のきけない.
❷ 叙述 (物事を)**見る目がない**; ...に気がつかない, ...がわからない: The people were ***blind to*** the danger of war. +to+名 国民は戦争の危険に気づかなかった.
❸ [普通は 限定] **向こう見ずな**, 行き当たりばったりの, やみくもの; 無目的な: *blind* faith 根拠なく信じること / a *blind* guess 当てずっぽう / Love is *blind*. 《ことわざ》 恋は盲目. ❹ 限定 (道路・交差点などが)見通しがきかない; (外から)見えにくい, 隠れた; 行き止まりの; 出口[窓]がない: a *blind* corner 見通しの悪い曲がり角.
(as) blínd as a bát ⇒ bat[2] 成句.
nòt (...) a blínd bít of ～ Ⓢ 《英略式》 少しの～も(...し)ない: *not* take *a blind bit of* notice 全く無視する / *not* make *a blind bit of* difference 何の影響もない.
túrn a blínd éye [動] 自 (...を)見て見ぬふりをする (*to*).
— 動 (blinds /bláɪndz/; blind·ed /～ɪd/; blind·ing) 他 ❶ (...)の**目をくらませる**; (...)を失明させる: The lights *blinded* me for a moment. ライトに一瞬目がくらんだ / He *was blinded* in the accident. V+O の受身 彼は事故で失明した. ❷ (...)の分別を失わせる: His desire for promotion *blinded* him *to* others' feelings. 昇進したさのあまり彼は他人の感情を考えられなかった.
— 名 (blinds /bláɪndz/) ❶ C **ブラインド**; 日よけ [《米》 (window) shade]《⇒ window 挿絵》: ˹draw up [raise] the *blinds* ブラインドを上げる / ˹pull down [lower] the *blinds* ブラインドを下げる. ❷ C 《米》 (狩猟や動物観察のための)隠れ場所 [《英》 hide]. ❸ [単数形で] ごまかし, 人の目を欺(あざむ)く手段, 隠れみの.
— 副 〔航空〕 (視界が悪い時に)計器のみに頼って: fly *blind* 計器飛行をする.
blínd drúnk [形] 《略式》 ひどく酔っ払って.
blínd álley 名 ❶ C 袋小路, 行き止まり. ❷ C 見込みのない局面, 行き詰まり.
blínd dáte 名 C 互いに面識のない男女のデート《仲介者のあっせんによる》.
blind·ers /bláɪndəz | -dəz/ 名 複 《米》 (馬の)目隠し

[《英》blinkers].

blind·fold /bláɪn(d)fòʊld/ 名 C 目隠し(布). — 動 他 (...)に目隠しをする.

blind·ing /bláɪndɪŋ/ 形 [普通は 限定] ❶ 目がくらむような, まぶしい. ❷ (痛みなどが)ものすごい, ひどい.

blind·ly /bláɪndli/ 副 向こう見ずに, やみくもに; 手さぐりで; 何も見えない(ような)状態で: stare *blindly* ぼんやりと見つめる.

blínd·man's blúff [búff] /bláɪn(d)mænz-/ 名 U 目隠し鬼《目隠しをした鬼が他の子をつかまえて誰だか当てる子供の遊び》.

+**blind·ness** /bláɪn(d)nəs/ 名 ❶ U **目の見えないこと,** 盲目: color *blindness* 色盲. ❷ U 無分別, 無知 (*to*).

blind·side /bláɪn(d)sàɪd/ 動 他 ❶ 《米略式》(車)の横にぶつかる. ❷ 《米略式》(...)の不意をつく.

blínd spòt 名 ❶ C 無知な[理解しようとしない]分野, 盲点. ❷ C (車の運転手の)死角. ❸ C (目の網膜の)盲点.

bling bling /blɪ̀ŋblɪ́ŋ/ 名 U 《略式》高価[派手]な装飾品《単に bling ともいう》.

+**blink** /blɪ́ŋk/ 動 (blinks /~s/; blinked /~t/; blink·ing) 自 ❶ **まばたきする,** (目を)ぱちくりする《⇒ wink 表》; [否定文で] (...に)驚いた顔をする: The rabbit ***blinked at*** the headlights. V+at+名 うさぎはヘッドライトを当てられてまばたきした. ❷ (明かりが)ちらつく, (星などが)またたく: Little lights were *blinking* on and off in the distance. 遠くで小さな明かりがちらちらしていた. ❸ (信号灯などが)点滅する.
— 他 (目)を**ぱちくりさせる:** She *blinked* her eyes. 彼女は目をぱちくりさせた.
befóre one **can blínk** [副] Ⓢ またたく間に.
blínk awáy [báck] [動] 他 (涙など)をまばたきして取り除く[こらえる].
— 名 C [普通は単数形で] まばたき.
in the blínk of an éye [副] またたく間に.
on the blínk [形] Ⓢ 《略式》(機械などが)故障して.

blink·ered /blɪ́ŋkəd | -kəd/ 形 視野の狭い, 狭量な.

blink·er /blɪ́ŋkə | -kə/ 名 ❶ C 《米略式》ウインカー《車の点滅式方向指示器》[《英》indicator]. ❷ [複数形で] 《英》= blinders.

blip /blɪ́p/ 名 ❶ C (レーダースクリーン上の)光点. ❷ C 《略式》一時的な変化[問題, 停滞].

bliss /blɪ́s/ 名 U この上ない幸福, 至福; 無上の喜び: Ignorance is *bliss*. 《ことわざ》無知は幸福(知らぬが仏). — 動 [次の成句で] **blíss óut** [動] 自 《略式》幸せいっぱいである; 恍惚(こうこつ)となる.

bliss·ful /blɪ́sf(ə)l/ 形 この上なく幸せな, 喜びに満ちた: *blissful* ignorance 知らぬが仏の状態.

bliss·ful·ly /blɪ́sfəli/ 副 この上なく幸福に, 喜びに満ちて: be *blissfully* unaware 知らなくてかえって幸せである.

blis·ter /blɪ́stə | -tə/ 名 C (皮膚の)水ぶくれ, 水疱(すいほう), (手・足の)まめ; 火ぶくれ; (塗装面などの)気泡: a blood *blister* 血まめ. 関連 corn うおのめ. — 動 (-ter·ing /-tərɪŋ, -trɪŋ/) 他 ❶ (...)を水ぶくれにする. ❷ 《米》(人)を厳しく非難する (*for*). — 自 水ぶくれになる; ふくれる.

blis·ter·ing /blɪ́stərɪŋ | -trɪŋ/ 形 [普通は 限定] (暑さ・速度が)猛烈な; (批判などが)痛烈な. **~·ly** 副 猛烈に, 痛烈に.

blithe /bláɪð, bláɪθ | bláɪð/ 形 (blith·er; blith·est) ❶ のんきな, 気楽な. ❷ 《文語》楽しげな. **~·ly** 副 のんきに, 気楽に; 《文語》楽しげに.

blith·er·ing /blɪ́ð(ə)rɪŋ/ 形 限定 Ⓢ 全くの: a *blithering* idiot 底抜けのばか.

blitz /blɪ́ts/ 名 ❶ C 電撃戦, 電撃的空襲; [the B-] (1940 年のドイツ軍による)ロンドン大空襲. ❷ C [普通は a ~] 猛烈な[集中的な]活動; (商品などの)大宣伝: have *a blitz on* the kitchen 台所を徹底的に片づける. — 動 他 (都市など)を電撃的に空襲する; (...)を抜き打ち的に襲う.

bliz·zard /blɪ́zəd | -zəd/ 名 ❶ C 大吹雪, 暴風雪. ❷ C 《略式》(物事の)殺到: a *blizzard of* e-mails 大量の E メール.

bloat·ed /blóʊṭɪd/ 形 ふくれ上がった, むくんだ; (不快なほど)満腹になった; (組織などが)肥大化した.

bloat·er /blóʊṭə | -tə/ 名 C 丸干し薫製にしん.

blob /blɑ́(ː)b | blɔ́b/ 名 C (どろっとした液体の)一滴; 球状の小塊 (*of*); (遠くに)ぼんやり見えるもの.

+**bloc** /blɑ́(ː)k | blɔ́k/ (同音 block) 名 (~s /~s/) C **ブロック**《政治・経済上の利益で結ばれたいくつかの国や団体の一団》, 圏: the former Soviet *bloc* 旧ソビエトブロック.

block /blɑ́(ː)k | blɔ́k/ (同音 bloc)

意味のチャート
「塊」❶ → (建物の塊) → 「(市街の)**区画**」❷
　　　　→ 「**障害物**」❻ → 「ふさぐ, 妨げる」動

— 名 (~s /~s/) ❶ C (平らな面をもった木・石などの) **大きな塊**(かたまり); 建築用石[木]材, ブロック: a large *block of* stone [ice] 大きな石[氷]塊 / concrete *blocks* コンクリートブロック.
❷ C **街区,** ブロック《四方を道路に囲まれた市街の 1 区画》; 《米》**1 ブロック, 1 丁**《1 街区の 1 辺の距離》: There's a park *on* the next *block*. 隣のブロックに公園がある / American cities are built *in blocks*. 米国の都市は町が碁盤の目のように造られている / “Excuse me, but where is the nearest grocery store?” “Well, walk three *blocks* and turn to the right. You can't miss it.” 「すみませんが最寄りの食料品店はどこですか」「ええと, 3 ブロック行って右に曲がってください. すぐに見つかりますよ」

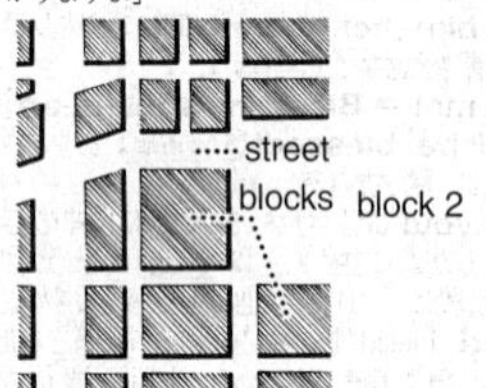

❸ C 《主に英》(ひと棟(むね)の)**大きな建物:** a tower *block* 高層ビル《⇒ a block of flats (flat² 成句)》.
❹ C ひと組, ひとそろい; (一定の)ひとまとまり: a *block of* seats ひと組[1 区画]の席 / a *block of* time あるまとまった時間. ❺ C [普通は単数形で] (思考などの)中断, 停止《⇒ writer's block》: have a mental *block* (about ...) (...については)頭が働かない. ❻ C [普通は単数形で] (道路・管などの)障害物, じゃま物; (成功などの)障害, 妨げ (*to*); 【スポーツ】妨害, ブロック: There is a *block* in the pipe. パイプに何か詰まっている. ❼ C 台木, まな板, 肉切り台《⇒ chopping block》; [the ~] 断頭台. ❽ C 《米》(おもちゃの)積み木

[《英》 brick] (⇒ building block). ❾ Ⓒ [the ~s] = starting blocks (⇒ starting block).
— 動 (blocks /~s/; blocked /~t/; block·ing) 他 ❶ (道・管など)をふさぐ, 封鎖する (*up*): The road *was **blocked by*** big rocks. [V+O の受身] その道路は大きな岩でふさがれていた / They ***blocked*** the entrance ***with*** barricades. [V+O+*with*+名] 彼らは入り口をバリケードでふさいだ. ❷ (進行)を妨げる, (...)の障害となる; (視野)をさえぎる; 〔スポーツ〕 (相手)を妨害[ブロック]する.
blóck ín [動] 他 (1) (他の車)が出られないように駐車する, (...)を閉じ込める. (2) (...)の概略の図を描く; およその計画を立てる.
blóck óff [動] 他 (道路など)をふさぐ, さえぎる.
blóck óut [動] 他 (1) (光など)が入らないようにする; (...)を考えない[思い出さない]ようにする. (2) (時間)をあてる (*for*). (名 blockáde, blóckage)

+**block·ade** /blɑ(ː)kéɪd | blɔk-/ 名 (block·ades /-kéɪdʒ/) Ⓒ (武力による港湾の)**封鎖**, 閉鎖; (封鎖用の)障害物: break a *blockade* 封鎖を破る / impose [lift, raise] a *blockade* 封鎖をしく[解く] / run a *blockade* 封鎖をくぐり抜ける. (動 block)
— 動 (block·ades /-kéɪdʒ/; -ad·ed /-ḍɪd/; -ad·ing /-ḍɪŋ/) 他 (...)を封鎖する.

block·age /blɑ́(ː)kɪdʒ | blɔ́k-/ 名 Ⓒ 障害物, 妨害物; Ⓤ 封鎖, 妨害. (動 block)

blóck and táckle 名 [a ~] 滑車装置.

block·bust·er /blɑ́(ː)kbʌ̀stɚ | blɔ́kbʌ̀stə/ 名 Ⓒ 《略式》 大ヒット作 (映画・本).

blóck càpitals 名 複 《主に英》 = block letters.

block·head /blɑ́(ː)khèd | blɔ́k-/ 名 Ⓒ 《略式》 あほ, ばか (人).

block·house /blɑ́(ː)khàʊs | blɔ́k-/ 名 (-hous·es /-hàʊzɪz/) Ⓒ 小要塞; 《米》 角材造りの家.

blóck lètters 名 複 《主に米》 大文字の活字[ブロック]体 [《英》 block capitals].

blóck pàrty 名 Ⓒ 《米》 ブロックパーティー (あるブロックの交通を遮断して行なう町内の祭り).

***blog** /blɔ́ːg | blɔ́g/ 名 (blogs /~z/) Ⓒ 〔コンピュータ〕 **ブログ** (日記のように頻繁に更新されるウェブページ).
— 動 (blogs; blogged; blog·ging) 自 ブログをする, ブログを書く. — 他 (...)をブログに書く.

blog·ger /blɔ́gɚ | -gə/ 名 Ⓒ 〔コンピュータ〕 ブロガー.

blog·o·sphere /blɑ́(ː)goʊsfɪɚ | blɔ́goʊsfɪə/ 名 Ⓒ 《略式》 ブログ圏 (ブロガーの構成する世界).

+**blond, blonde** /blɑ́(ː)nd | blɔ́nd/ 形 (blond·er; blond·est) ❶ (髪の毛が)**金髪の** (⇒ hair 参考); (皮膚が)**白い** (⇒ fair[1] 4 表): a girl with *blonde* hair 金髪の女の子. ❷ (人が)ブロンドの. 参考 金色の髪の毛で皮膚が白く, 普通は目の色が青か灰色; fair ともいう (⇒ brunette 参考): a *blonde* woman ブロンドの女性.
— 名 (blonds, blondes /blɑ́(ː)ndz | blɔ́ndz/) Ⓒ ブロンドの人. 語法 男性には blond, 女性には blonde を用いることがある.

***blood /blʌ́d/ 発音

— 名 ❶ Ⓤ **血, 血液:** He gave [donated] his *blood* to help his friend. 彼は友人を救うために献血した / lose *blood* 出血をする / vomit *blood* 吐血する / (as) red as *blood* 血のように真っ赤な.
❷ Ⓤ 《格式》 **血筋**, 血統; 家柄, 生まれ; 血縁, 身内: The two families are related by *blood*. 両家は血縁関係にある / Politics runs [is] in their *blood*. 彼らには政治家の血が流れている (彼らは(代々)政治家の家系である) / *Blood* is thicker than water. 《ことわざ》 血は水よりも濃い (他人よりは身内) / *Blood* will tell. 血統は争われないものだ.
❸ Ⓤ **血気**, 激情; 気質: a person of hot *blood* 激情的な人 (⇒ hot-blooded) / His *blood* was up. 《英》 彼は頭に血がのぼった // ⇒ bad blood.
be after [óut for] ...'s blóod [動] 《略式》 (特に罰や復讐として)...をねらっている.
blóod, swéat, and téars [名] 血のにじむような努力.
dráw blóod [動] 自 (1) (特に病院で)採血する. (2) 出血させる: The cat bit me hard enough to *draw blood*. 私は血が出るほど猫にかまれた.
fréeze ...'s blóod = màke ...'s blóod frèeze [動] (恐怖などで)...をぞっとさせる.
hàve ...'s blóod on one's hánds [動] ...の死[不幸]に責任がある.
in cóld blóod [副] 冷酷に, 平然と.
màke ...'s blóod bòil [動] ...を激怒させる.
màke ...'s blóod rùn cóld [動] ...をぞっとさせる.
néw [frésh] blóod [名] 新しい血 (新しい思想や新鮮な活力を提供する人(たち)).
spíll [shéd] blóod [動] 自 《格式》 血を流す, 殺す, けがをさせる.
swéat blóod [動] 自 《略式》 一生懸命がんばる. (形 blóody, 動 bleed)

blóod bànk 名 Ⓒ 血液銀行.

blood·bath /blʌ́dbæ̀θ | -bɑ̀ːθ/ 名 [単数形で] 大量殺人, 大虐殺 [≒massacre].

blóod bróther 名 Ⓒ (血を混ぜるなどして忠誠を誓い合った)義兄弟, 血盟の兄弟分.

blóod còunt 名 Ⓒ 〔医学〕 血球数(測定).

blood·cur·dling /blʌ́dkɚ̀ːdlɪŋ | -kə̀ː-/ 形 (悲鳴・話などが)ぞっとさせる(ような), 血も凍るような.

blóod dònor 名 Ⓒ 献血者, 供血者.

blóod gròup 名 Ⓒ 《主に英》 = blood type.

blóod hèat 名 Ⓤ (人の)血温 (平均 37℃).

blood·hound /blʌ́dhàʊnd/ 名 Ⓒ ブラッドハウンド (大型の猟犬・警察犬; ⇒ dog 挿絵).

blood·less /blʌ́dləs/ 形 ❶ 限定 血を流さない, 流血の惨事のない: a *bloodless* coup 無血クーデター. ❷ 血の気のない, 青ざめた. ❸ 血も涙もない, 冷血な, 無情の. **~·ly** 副 血を流さずに; 冷血に.

blood·let·ting /blʌ́dlèṭɪŋ/ 名 Ⓤ 流血, 殺戮(さつりく).

blóod mòney 名 ❶ Ⓤ (殺し屋に支払う)殺しの代金. ❷ Ⓤ 近親者を殺された者への慰謝料.

blóod pòisoning 名 Ⓤ 敗[毒]血症.

+**blóod prèssure** 名 Ⓤ,Ⓒ **血圧:** high [low] *blood pressure* 高[低]血圧 / take [check] ...'s *blood pressure* ...の血圧を計る.

blood·red /blʌ́dréd←/ 形 血のように赤い.

blóod relátion [rélative] 名 Ⓒ 血族, 肉親.

blood·shed /blʌ́dʃèd/ 名 Ⓤ 流血, 殺戮(さつりく).

blood·shot /blʌ́dʃɑ̀(ː)t | -ʃɔ̀t/ 形 (目が)充血した.

blood·stain /blʌ́dstèɪn/ 名 Ⓒ 血痕(けっこん).

blood·stained /blʌ́dstèɪnd/ 形 血のついた.

blood·stream /blʌ́dstrìːm/ 名 [単数形で] (体内の)血流.

blood·suck·er /blʌ́dsʌ̀kɚ | -kə/ 名 ❶ Ⓒ 吸血動物, ひる. ❷ Ⓒ 《略式》 [軽蔑的] 金を搾り取る人.

blóod tèst 名 Ⓒ 血液検査.

blood·thirst·y /blʌ́dθɚ̀ːsti | -θə̀ːs-/ 形 ❶ 血に飢えた,

流血[殺生]を好む, 残忍な. ❷(映画·小説などが)暴力や流血場面の多い, 血生臭い.

blóod transfùsion 名 U,C 輸血.

blóod tỳpe 名 C《主に米》血液型 [《英》blood group].

blóod vèssel 名 C 血管. 関連 artery 動脈 / vein 静脈.

*__blood·y__ /blʌ́ḍi/ 形 (blood·i·er; -i·est) ❶ **出血している**, 血まみれの: a *bloody* nose 出血している鼻 / His hands were all *bloody*. 彼の手は血だらけだった. ❷ **血生臭い**, 殺伐とした, 流血の; 残虐な, むごたらしい: a *bloody* battle 血生臭い戦い. ❸ 限定 Ⓢ《英卑語》ひどい, いまいましい, べらぼうな: a *bloody* fool とんでもない大ばか者. (名 blood)
— 副 Ⓢ《英卑語》ひどく, べらぼうに.
blóody wéll 副 Ⓢ《英卑語》絶対に, 確実に.
— 動 (blood·ies; blood·ied; blood·y·ing) 他 (...)に血を流させる, (...)を血まみれにする.

blood·y-mind·ed /blʌ́ḍimáɪndɪd←/ 形《略式, 主に英》意地の悪い.

+**bloom** /blúːm/ 名 (~s /~z/) ❶ C (観賞用の)**花**《⇒ flower 表》: the *blooms* of roses ばらの花. ❷ U または a ~] (肌などの)輝き, つや. ❸ [the ~]《文語》**最盛期**: in *the bloom* of youth 若い盛りで.
cóme [búrst] into blóom [動] 自 (花が)咲く[ぱっと咲く].
in blóom [形] (花が)**咲いて**: The tulips are now *in* full *bloom*. チューリップの花が今満開だ.
— 動 自 ❶ 花が咲く, 花をつける, 開花する; (場所が)花でいっぱいになる (*with*): Many flowers *bloom* in spring. 春には多くの花が咲く. ❷ 栄える; (立派なものに)なる, 花開く (*into*). ❸ (人が)元気[血色]がいい, 健康な色つやをしている.

bloom·er /blúːmɚ | -mə/ 名 [次の成句で] **a láte blóomer** [名]《米》遅咲きの人.

bloo·mers /blúːmɚz | -məz/ 名 複 ❶ ブルーマー《昔の女性用運動パンツ》. ❷《古風》ブルーマー型下ばき《女性用》.

bloom·ing /blúːmɪŋ/ 形 限定, 副 Ⓢ《英略式》ひどい[ひどく], 全く(の)《bloody の遠回しな言い方》.

bloop·er /blúːpɚ | -pə/ 名 C《米略式》へま, どじ.

+**blos·som** /blɑ́(ː)səm | blɔ́s-/ 名 (~s /~z/) ❶ C (果樹の)**花**《⇒ flower 表》; U (1本の木·ひと枝の)**花**《全体》: apple [cherry, orange] *blossoms* りんご[桜, オレンジ]の花.
❷ U **開花(の状態)**: come into *blossom* 花が咲く.
in blóssom [形] **花が咲いて**: Apple trees were *in* full *blossom*. りんごの花が満開だった.
— 動 (blos·soms /~z/; blos·somed /~d/; -som·ing) 自 ❶ (果樹が)**花をつける**: The cherry trees will *blossom* next week. 桜は来週咲くだろう. ❷ 成功する, より魅力的[元気]になる; 発展して[実って]...となる (*out*; *into*).

blot /blɑ́(ː)t | blɔ́t/ 動 (blots; blot·ted; blot·ting) 他 ❶ (表面などの)水気を吸い取る (*up*). ❷ (インクなどで)(...)をよごす. **blót óut** [動] 他 (1) (...)を覆(おお)い隠す. (2) (記憶など)を消し去る. — 名 ❶ C (インクなどの)よごれ, しみ [≒stain]: wipe out *blots* よごれをぬぐい取る / make a *blot* しみをつける. ❷ C (人格·名声などの)汚点, 傷; (美観などを)損(そこ)なうもの: a *blot on* the landscape 景観を損なうもの《醜い建物など》.

blotch /blɑ́(ː)ʧ | blɔ́ʧ/ 名 C (皮膚の)赤いしみ, できもの; (植物·衣服などの)斑点.

blotch·y /blɑ́(ː)ʧi | blɔ́ʧi/ 形 (blotch·i·er; -i·est) できもの[しみ]だらけの.

blot·ter /blɑ́(ː)ṭɚ | blɔ́tə/ 名 ❶ C 吸い取り紙; 吸い取り器. ❷ C《米》控え帳: a police *blotter* (警察の)逮捕[事件]記録簿.

blót·ting pàper /blɑ́(ː)ṭɪŋ- | blɔ́t-/ 名 U 吸い取り紙.

blouse /bláʊs | bláʊz/ 名 C ブラウス.

blow[1] /blóʊ/ ❗発音

— 動 (blows /~z/; 過去 blew /blúː/; 過分 blown /blóʊn/; blow·ing) 自 ❶ [しばしば it を主語として; ⇒ it[1] A 2] (風が)**吹く**: *It* is *blowing* very hard. V+副 風がとても激しく吹いている / A strong wind *blew* all day long. 強い風が一日中吹いた / A pleasant breeze was *blowing* from the river. 心地よい風が川から吹いていた.
❷ (風に)**吹き飛ぶ**, 散る, はためく: Dust was ***blowing in*** the wind. V+前+名 風でほこりが舞っていた / The door *blew* open. V+C (形) ドアが風に吹かれて開いた.
❸ **息を吹きかける**, 息を吐く; (扇風機などが)風を送る: He ***blew*** hard ***at*** the candle. V+前+名 彼はろうそくをふうっと吹いた / She ***blew on*** her soup to cool it. 彼女はスープを吹いて冷ました.
❹ (汽笛·管楽器などが)**鳴る**: A whistle *blew*, and the boat slowly began to pull out of port. 汽笛が鳴って船はゆっくりと港から離れていった. ❺ (ヒューズが)飛ぶ; (タイヤが)パンクする: The fuse must have *blown*. ヒューズが飛んだにちがいない.
— 他 ❶ (風が)(...)を**吹き動かす**, (...)に吹きつける: The storm ***blew*** the roof ***off*** our house. V+O+*off*+名 あらしで私たちの家の屋根がめくれた / The wind *blew* the door shut. V+O+C (形) 風が吹いてドアが閉まった.
❷ (...)に**息を吹きかける**, (...)に息を通す; (シャボン玉·ガラス細工など)を吹いて作る; (鼻)をかむ: *blow* bubbles シャボン玉を吹く / *blow* a balloon 風船をふくらます / *blow* a glass rabbit ガラスを吹いてうさぎを作る / She ***blew*** the dust ***off*** the table. V+O+*off*+名 彼女はテーブルのほこりを吹いて払った / He *blew* his nose with [into] his handkerchief. 彼はハンカチで鼻をかんだ.
❸ (警笛·管楽器など)を(**吹き**)**鳴らす**: Drivers began to *blow* their horns. 運転手たちがクラクションを鳴らしだした.
❹ (...)を**爆破する**; (ヒューズ)を飛ばす; (タイヤ)をパンクさせる: They *blew* the bridge to bits [pieces] with dynamite. 彼らは橋をダイナマイトでこっぱみじんに爆破した. ❺《略式》(どじ·不注意などで)(チャンス)をふいにする. ❻《略式》(金)を浪費する (*on*). ❼《略式》(秘密がばれて)(...)を台なしにする. ❽ Ⓢ《米俗》(場所)からさっさとずらかる.
blów hót and cóld [動] 自《略式》(...についての)考えがくるくる変わる (*about*).
blów it [動] 自《略式》しくじる, (チャンスを)ふいにする.
blów ... (úp) òut of (áll) propórtion [動] 他 (...)を必要以上に重大に扱う.

blow[1] の句動詞

blów awáy 動 他 ❶《略式, 主に米》(人)を驚嘆させる. ❷《略式, 主に米》(...)を射殺する; (相手)を完全に負かす. — 自 (風で)吹き飛ぶ.
blów dówn 動 他 (...)を吹き倒す. — 自 (風で)

倒れる.
blów ín 動 自《略式》ひょっこり姿を現わす.
blów ìnto ... 動 他《略式》(場所)にひょっこり姿を現わす.
+**blów óff** 動 他 ❶ (...)を**吹き飛ばす, 吹き払う** V+名·代+off / V+off+名: The roof was *blown off* by the explosion. 屋根は爆発で吹き飛んだ. ❷《米略式》(...)を軽視[無視]する; (...)をすっぽかす, さぼる.
+**blów óut** 動 他 ❶ (明かりなど)を**吹き消す** V+名·代+out / V+out+名: Tom *blew out* his birthday candles. トムはバースデーケーキのろうそくを吹き消した. ❷ (タイヤ)をパンクさせる;《米》(ヒューズ)を飛ばす.
― 自 ❶ (明かりが)**風で消える:** The candle *blew out*. ろうそくが風で消えた.
❷ (タイヤが)**パンクする:** When my bicycle hit the rock, the front tire *blew out*. 私の自転車が石にぶつかったとき前のタイヤがパンクした.
❸《米》**ヒューズが飛ぶ:** The fuse has *blown out*. ヒューズが飛んだ. ❹ (石油·ガスなどが)突然噴き出す.
blów itsèlf óut [動] 自 (風·あらしなどが)吹きやむ, おさまる.
blów óver 動 自 (あらしが)吹きやむ, 静まる; (うわさ·悩みなどが)消える.
*__blów úp__ 動 他 ❶ (...)を**爆破する** V+名·代+up / V+up+名: The enemy *blew up* the bridge. 敵は橋を爆破した / The plane *was blown up* by hijackers. 飛行機はハイジャック犯たちによって爆破された. ❷ (風船など)をふくらませる. ❸ (写真など)を引き伸ばす [≒enlarge]; (...)を誇張する [≒exaggerate].
― 自 ❶ (爆弾などが)**爆発する, 爆破される**, 吹き飛ぶ: Our factory *blew up* last night. 我々の工場は昨夜爆破された.
❷《略式》**かっとなる** (*at*): When I asked Dad for more money, he really *blew up* and started to yell at me. 父にもっとお金をくれと言ったら父はすごくかっとなって私に向かってどなりだした. ❸ (問題などが)突如起こる[もち上がる], 突発する; (あらしが)吹き始める; 吹き荒れる.

― 名 (~s /~z/) ❶ C 鼻をかむこと: Give your nose a good *blow*. 鼻をよくかみなさい. ❷ C (息の)ひと吹き, 吹きかけ: It took Jimmy three *blows* to put out the candles on his birthday cake. ジミーはバースデーケーキのろうそくを3回息を吹いて消した. ❸ [a ~] 一陣の風; 強風, 暴風.

*__blow__[2] /blóʊ/ 名 (~s /~z/) ❶ C **強打**, 殴打《hit よりも《格式》》: Sam received a *blow to* [*on*] the chin. サムはあごに一発くらった / strike a *blow* (at ...) = strike (...) a *blow* (人に)一撃を加える / The champion rained *blows on* Jim. チャンピオンはジムに強打を浴びせた / exchange *blows* 殴(なぐ)り合う / return a *blow* 殴り返す //⇒ body blow.
❷ C (精神的)**打撃**, 痛手, 災難: Losing my job was a terrible [great] *blow to* me. 職を失ったことは私にとって大きな打撃だった / We suffered a severe *blow*. 我々は大打撃をこうむった / soften [cushion] the *blow* 精神的な打撃を和(やわ)らげる.
còme to blóws [動] 自 (...のことで)殴り合いを始める (*over*).
stríke a blów for [agàinst] ... [動] 他 ...を支持[に反対]する行動を起こす.

blow-by-blow /blóʊbaɪblóʊ←/ 形 限定 (説明などが)細部にわたる, 細かい

blow-dry /blóʊdràɪ/ 動 (blow-dries; blow-dried; -dry·ing) 他 (髪)をヘアドライヤーで整える, ブローする.
― 名 C ヘアドライヤーでの整髪.
blow-dry·er /blóʊdràɪɚ | -dràɪə/ 名 C (ヘア)ドライヤー.
blow·er /blóʊɚ | blóʊə/ 名 C 送風機[装置].
blow·lamp /blóʊlæmp/ 名 C《英》= blowtorch.
blown /blóʊn/ 動 blow[1] の過去分詞**.
blow·out /blóʊàʊt/ 名 ❶ C パンク, バースト; (ヒューズが)飛ぶこと. ❷ C《略式》ごちそう; (祝いの)大パーティー. ❸ C《米略式》楽勝, 大勝. ❹ C (制御不能な)石油[ガス]の噴出.
blow·pipe /blóʊpàɪp/ 名 C 吹き矢の筒.
blow·torch /blóʊtɔ̀ɚtʃ | -tɔ̀:tʃ/ 名 C《米》(溶接·配管工事用の)トーチランプ [《英》blowlamp].
blow·up /blóʊʌ̀p/ 名 ❶ C (写真の)引き伸ばし (*of*). ❷ C《米》(突然の)大げんか; かんしゃく.
BLT /bíːèltíː/ 名 C ベーコン, レタス, トマトをはさんだサンドイッチ《*b*acon, *l*ettuce, and *t*omato sandwich の略; メニューに多い表記》.
blub·ber[1] /blʌ́bɚ | -bə/ 名 U 鯨などの脂肪.
blub·ber[2] /blʌ́bɚ | -bə/ 動 (-ber·ing /-b(ə)rɪŋ/) 自《略式》[軽蔑的] 泣きわめく. ― 他《略式》[軽蔑的] 泣きじゃくりながら(...)と言う (*out*).
blud·geon /blʌ́dʒən/ 動 他 こん棒で打つ; 脅して[無理やり]...させる (*into*). ― 名 C こん棒.

***__blue__ /blúː/ (同音 blew)
― 形 (blu·er; blu·est) ❶ **青い**; あい色の; 紺色の: the *blue* sky 青い空 / The water of the lake is really *blue*. この湖の水は本当に青い. 日英 日本語の「青い」は英語の blue よりも指す範囲が広く, 草木や信号などの「青」は英語では green を用いる. 顔色の「青い」は pale を使うことが多い.
❷《略式》**憂鬱(ゆううつ)な**, 陰気な; 落ち込んだ: *blue* Monday 憂鬱な月曜日《週末が終わったので》/ feel *blue* 気持ちが沈んでいる / I am not a bit *blue over* the matter. 私はその事については少しも落ち込んでいない. 関連 blues 憂鬱症.
❸ 叙述《主に英》(寒さで人·手などが)**青ざめた:** She was *blue* with [from the] cold. 彼女の顔は寒さで青くなっていた. ❹《略式》(映画などが)わいせつな, ポルノの: a *blue* movie ポルノ映画 / a *blue* joke きわどい冗談.
till [untìl] ... is blúe in the fáce [副]《略式》いつまでも, 徹底的に: Tom's wife argued *till* she *was blue in the face*, but he refused to give in. 妻がいくら説得してもトムはいうことを聞かなかった. 由来 疲れて顔が青くなるまでやっても, の意.
― 名 (~s /~z/) ❶ U,C **青, 青色**; あい, 紺: dark *blue* 濃い青 / light *blue* 明るい青 / sky *blue* 空色.
❷ U 青い服[布]: be dressed in *blue* 紺色の服を着ている. ❸ [複数形で] ⇒ blues. ❹ [the ~]《文語》(青い)海; (青)空.
òut of the blúe [副] 出し抜けに, いきなり《⇒ (like) a bolt from [out of] the blue (bolt 成句)》.
blue·bell /blúːbèl/ 名 C ブルーベル《あい色のつり鐘形の花が咲く草の総称》.
+**blue·ber·ry** /blúːbèri | -b(ə)ri/ 名 (-ber·ries /~z/) C,U **ブルーベリー**《こけもの類の低木, またその食用の実》.
blue·bird /blúːbɚːd | -bɜ̀ːd/ 名 C ブルーバード《北米産

のつぐみ科の鳥》.
blúe blòod 名 C 貴族; 名門の人; U 貴族の血統; 名門の出.
blue-blood·ed /blú:blʌ́dɪd←/ 形 貴族出の; 名門の.
blúe bòok 名 ❶ C 《米》 ブルーブック《中古車の型式・標準価格ガイド; 商標》. ❷ C 《米》 (大学の青表紙の)試験答案冊子. ❸ C 《英》 青書《議会や枢密院の青表紙の報告書》.

B

blúe chèese 名 U,C ブルーチーズ《青かび入り》.
blue-chip /blú:ʧìp/ 形 限定 優良株の.
blue-col·lar /blú:kɑ́(:)lə | -kɔ́lə←/ 形 限定 肉体労働(者)の. 関連 white-collar 頭脳労働者の.
blue·grass /blú:græ̀s | -grɑ̀:s/ 名 U ブルーグラス《米国南部の伝統的カントリーミュージック》.
blúe jày 名 C あおかけす《北米産の鳥》.
blúe jèans 名 複 《米》 = jeans.
blúe làw 名 C 《米》 日曜安息法《(以前)日曜の仕事・飲酒などを規制》.
blue·print /blú:prìnt/ 名 C 青写真, 設計図; 計画 (*for, of*) 《⇒ plan 類義語》.
blúe ríbbon [《英》 **ríb·and** /ríbənd/] 名 C 最優秀賞, ブルーリボン賞.
blues /blú:z/ 名 ❶ [しばしば the ~; 単数または複数扱い] ブルース《テンポの緩いジャズの一種》. ❷ [the ~として複数扱い] 《略式》 気のふさぎ, 憂鬱(ゆう)症: get *the blues* 気がふさぐ.
blue-sky /blú:skáɪ←/ 形 限定 無価値な; 実際的でない, 空想的な.
blúe tít 名 C あおがら《ヨーロッパ産の鳥》.
blúe whále 名 C しろながすくじら.
bluff[1] /blʌ́f/ 動 自 はったりをかける. — 他 (...)をこけおどしでだます, はったりをかけてだます. **blúff ... ìnto ~** [動] 他 (...)にはったりをきかせて~させる. **blúff it óut** [動] 自 (難局を)はったりで切り抜ける. **blúff** one's **wáy** [動] 自 はったりで切り抜ける (*out of, through*). — 名 U または a ~] こけおどし, はったり. **cáll** ...'s **blúff** [動] ...にやれるものならやってみろと言う.
bluff[2] /blʌ́f/ 名 C (海岸などの)絶壁, 断崖(だんがい). — 形 (bluff·er; bluff·est) (特に男性が)(悪意はないが)ぶっきらぼうな; あけすけの.
blu·ish /blú:ɪʃ/ 形 青みがかった, 青っぽい.
blun·der /blʌ́ndə | -də/ 名 C (不注意などによる)(大)失敗; へま, (ばかげた)間違い: make [commit] an awful *blunder* ひどいへまをする. — 動 (-der·ing /-dərɪŋ, -drɪŋ/) 自 ❶ (大)失敗をする, へまをする. ❷ まごつく, まごまご[よたよた]歩く (*about, along, around*); つまずく, ぶつかる (*into*); うっかりして入りこむ[まずいことになる] (*into*).
+**blunt** /blʌ́nt/ 形 (blunt·er /-ṭə | -tə/; blunt·est /-ṭɪst/) ❶ (刃が)**鈍い** [≒dull]; (鉛筆が)とがっていない [⇔ sharp]: a *blunt* knife よく切れないナイフ. ❷ (人・ことばが)ぶっきらぼうな, 遠慮のない, 率直な: a *blunt* reply そっけない返事 / Let's be *blunt*. 率直に言いましょう.
— 動 (blunts /blʌ́nts/; blunt·ed /-ṭɪd/; blunt·ing /-ṭɪŋ/) 他 ❶ (頭脳・感情など)を鈍らせる, 弱くする. ❷ (...)を鈍くする, 鈍らせる: *blunt* the edge of the knife ナイフの刃をなまらせる.
blunt·ly /blʌ́ntli/ 副 ぶっきらぼうに, 無遠慮に, 不作法に. **to pùt it blúntly** [副] 文修飾 遠慮なく言うと.
blunt·ness /blʌ́ntnəs/ 名 U ぶっきらぼう, 無遠慮さ.
+**blur** /blə́: | blə́:/ 名 [a ~] **ぼんやりしたもの**, (動きが速すぎて)ぼやけたもの (*of*); 不鮮明な記憶: When I take off my glasses, your face is just [all] *a blur*. めがねをはずすとあなたの顔はぼんやりとしか見えない.
— 動 (blurs; blurred; blur·ring /blə́:rɪŋ | blə́:r-/) 自 (形・輪郭などが)ぼやける; (目などが)かすむ, 曇る; (相違などが)あいまいになる: Her eyes *blurred* with tears. 彼女の目は涙で曇った.
— 他 (...)をぼんやり[あいまいに]させる; (涙が)(目)を曇らせる; (写真)をピンぼけにする.
Blu-ray /blú:rèɪ/ 名 U ブルーレイ《大容量の光ディスク; 商標》.
blurb /blə́:b | blə́:b/ 名 [the ~] 書物の帯などの広告文.
blurred /blə́:d | blə́:d/ 形 ぼやけた; (写真が)ピンぼけの; (記憶・区別などが)不鮮明な.
blur·ry /blə́:ri | blə́:ri/ 形 (blur·ri·er; -ri·est) 《略式》 ぼやけた, はっきりしない.
blurt /blə́:t | blə́:t/ 動 他 (...)と出し抜けに言う, 口走る (*out*).
+**blush** /blʌ́ʃ/ 動 (blush·es /~ɪz/; blushed /~t/; blush·ing) 自 **顔を赤らめる**, 赤面する《⇒ flush[1] 類義語》; 恥じる: *blush with* shame V+前+名 恥ずかしくて赤くなる / Helen *blushed at* their praise. ヘレンはみんなにほめられて顔を赤くした / I *blush* to admit it. 恥ずかしながらそれを認めます. — 名 (~·es /~ɪz/) ❶ C 顔を赤くすること, 赤面: She turned away to hide her *blushes*. 彼女は恥じらいの色を隠すために顔をそむけた. ❷ U,C 《米》 ほお紅. **at fírst blúsh** [副] 《文語》 一見したところでは [≒at first sight]. **spáre [sáve]** ...'s **blúshes** [動] 《英》 ...を赤面させないようにする.
blush·er /blʌ́ʃə | -ʃə/ 名 U,C = blush 2.
blus·ter /blʌ́stə | -tə/ 動 (-ter·ing /-tərɪŋ, -trɪŋ/) 自 ❶ (人が)どなり散らす, 虚勢を張る. ❷ (風が)荒れ狂う. — 他 (...)と[を]どなって言う (*out*). — 名 U どなり散らすこと, こけおどし.
blus·ter·y /blʌ́stəri, -tri/ 形 (風が)吹きすさぶ, (天候が)荒れた.
blvd., Blvd 略 = boulevard.
BMI /bí:èmáɪ/ 略 = body mass index.
BMW /bí:èmdʌ́blju:/ 名 C ビーエムダブリュー《ドイツの高級車; 商標》.
bn 略 = billion.
BO /bí:óʊ/ 名 U = body odor.
bo·a /bóʊə/ 名 ❶ C = boa constrictor. ❷ C ボア《女性用毛皮または羽毛製マフラー》.
bóa constrìctor 名 C ボア《獲物を絞め殺す大蛇》.
boar /bɔ́ə | bɔ́:/ 名 (複 ~(s)) C (去勢しない)雄豚《⇒ pig 表》; いのしし (wild boar).
***board** /bɔ́əd | bɔ́:d/

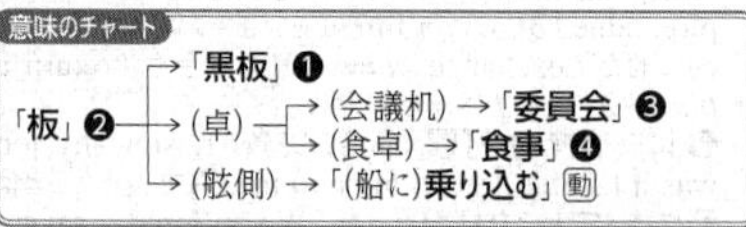

意味のチャート
「黒板」❶
「板」❷
(卓)
(会議机) → 「委員会」❸
(食卓) → 「食事」❹
(舷側) → 「(船に)乗り込む」動

— 名 (boards /bɔ́ədz | bɔ́:dz/) ❶ C [普通は the ~] 黒板 (blackboard); **掲示板**: Mary drew a picture on *the board*. メアリーは黒板に絵を描いた.
❷ C **板**《⇒ plank 参考》; 盤, 台; 《略式》 (サーフィン・スケートボード・スノーボードの)ボード: *Boards* are used in building walls, floors, boats, and so on. 板は塀・床・ボートなどを作るのに用いられる / a cutting *board* 《米》 =《英》 a chopping *board* まな板.

❸ [C] または the ～; 《英》単数形でもときに複数扱い] **委員会**, 評議員会; (官庁などの)省, 庁, 局, 部 (⇒ the Board of Trade (trade [名] 1)): a ***board of*** directors 重役[理事, 役員]会 / a *board of* education 《米》(州の)教育委員会 / sit on a *board* = have a seat on a *board* 委員である.
❹ [U] **食事**; 賄(まかな)い, 賄い料: *board* and lodging 賄い付きの下宿 / The job gave him bed, *board*, and 200 dollars a week to spend. その仕事をして彼は寝る所と食事と週に 200 ドルの金を得た. ❺ [the ～s] 《古風, 略式》舞台: 「be on [tread] *the boards* 俳優をしている[俳優になる]. ❻ [the ～s] 《米》(アイスホッケーリンクの)板囲い, ボード. ❼ [複数形で] 《米》(団体が行なう)入学試験.

abòve bóard [副·形] (取り引きなどが)公明正大に[な]. 由来 トランプで手をテーブルの下に入れないことから.

acròss the bóard [副] 一律に, あらゆる点で.

gó by the bóard [《米》 **bóards**] [動] ⓐ (計画などが)放棄される, 無視される. 由来 マストなどが折れて船外へ落ちる, の意.

on bóard [副·形] (1) (旅客機·船·列車などに)**乗り込んで**, 搭乗[乗船, 乗車]して[た]; 機内[船内, 車内]で[の]: Have the tourists all gone [got] *on board*? 観光客たちは全員搭乗[乗船, 乗車]しましたか / Several Russians were *on board* with us. 私たちといっしょに数人のロシア人が搭乗[乗船, 乗車]していた. (2) (チーム·組織の)一員に加わって, 一員として.

swéep the bóard [動] ⓐ 《主に英》すべての賞を獲得する; 卓上の賭(か)け金を全部取る.

táke ... on bóard [動] ⓣ (考え·提案など)を理解する, 受け入れる.

— [動] (boards /bɔ́ədz | bɔ́:dz/; board·ed /-ḍɪd/; board·ing /-ḍɪŋ/) ⓣ ❶ 《格式》(旅客機·船·列車など)に**乗り込む, 搭乗[乗船, 乗車]する**: We *boarded* a plane at Narita. 我々は成田で飛行機に乗った. ❷ (...)に板を張る, 板で囲う (*over*): The windows *were boarded up*. 窓には板が打ちつけてあった. ❸ (人)を賄い付きで下宿させる (⇒ lodge [動] ⓣ 2).
— ⓐ ❶ 《格式》(旅客機などに)**乗り込む**; [進行形で] (乗り物が)**乗客を乗り込ませる[搭乗させる]**: Japan Airlines flight 002 bound for San Francisco *is* now *boarding*. 日本航空サンフランシスコ行き 002 便はただ今搭乗の手続きをしております (002 は double o(h) /óʊ/ two と読む). ❷ [副詞(句)を伴って] 下宿[寄宿]する; (ホテルなどで滞在して)食事をする: She *boards* 「at her aunt's [*with* her aunt]. 彼女はおばの家に下宿している.

bóard óut [動] ⓣ 《英》(有料で)(ペット·子供など)を預かってもらう.

board·er /bɔ́əḍə | bɔ́:də/ [名] [C] (賄(まかな)い付きの)下宿人; 寮生. [関連] lodger 賄いなしの下宿人.

bóard gàme [名] [C] 盤上のゲーム (チェスなど).

board·ing /bɔ́əḍɪŋ | bɔ́:d-/ [名] ❶ [U] 搭乗, 乗船, 乗車. ❷ [U] 板張り, 板.

bóarding càrd [名] [C] 《英》 = boarding pass.

board·ing·house /bɔ́əḍɪŋhàʊs | bɔ́:d-/ [名] (-hous·es /-hàʊzɪz/) [C] (賄(まかな)い付き)下宿屋 (普通 rooming [lodging] house (賄いなし)より上等).

bóarding pàss [名] [C] (旅客機の)搭乗券.

bóarding schòol [名] [C,U] 寄宿学校 (学生全員または一部が付設の寄宿舎に入る).

board·room /bɔ́ədrù:m, -rʊ̀m | bɔ́:d-/ [名] [C] (重役会·理事会などの)会議室.

board·walk /bɔ́ədwɔ̀:k | bɔ́:d-/ [名] [C] 《主に米》板張りの歩道 (特に海岸などの遊歩道).

+**boast** /bóʊst/ [動] (boasts /bóʊsts/; boast·ed /～ɪd/; boast·ing) ⓐ **自慢する**, 鼻にかける: I don't want to *boast*, but I was always among the top three. 自慢ではないけれど, 私はいつも上位 3 人に入っていました / She *is* always ***boasting*** (***to*** me) ***about*** [*of*] her son's school record. [V(+*to*+名)+*about* [*of*]+名] 彼女はいつも私に息子の成績の自慢ばかりしている (⇒ be² A 1 (3)) / [言い換え] He ***boasted of*** hav*ing* won the prize. [V+*of*+動名] (= He *boasted that* he had won the prize.) 彼はその賞をもらったことを自慢した (⇒ ⓣ 1).
— ⓣ ❶ (...)と**自慢する**, 自慢して言う: He ***boasts that*** he is the cleverest boy in the class. [V+O (*that* 節)] 彼は自分がクラスでいちばん頭がよいといばっている (⇒ ⓐ). ❷ [進行形なし] [普通はよい意味で] (誇りになるものとして)(...)を持つ, (...)があるのを誇りにする: Our school *boasts* many famous graduates. わが校は大勢の有名な卒業生が誇りです. [語法] この意味では人を主語にしない.
— [名] (boasts /bóʊsts/) [C] **自慢, 鼻にかけること**; [普通はよい意味で] 誇り(にしているもの), 自慢の種: She believed his ***boast that*** he was a good cook. [+*that* 節] 彼女は彼の料理が上手だという自慢を信じた / He said he would win, and that was no idle [empty] *boast*. 彼は自分が勝つと言ったが, それはからいばりなどでは全くなかった. ([形] bóastful)

boast·ful /bóʊstf(ə)l/ [形] 自慢げな, 自画自讃の (*to, about*). ([名] boast)

⁂**boat** /bóʊt/

— [名] (boats /bóʊts/) ❶ [C] **ボート**, (小型の)**船**. 日英 普通は覆いのない小型の船で, オールでこぐものにもエンジンで動くものにも用いる. 日本語の「(手こぎの)ボート」に相当するものは 《米》 rowboat, 《英》 rowing boat: a fishing *boat* 漁船 / I crossed the river 「***by boat*** [***on*** a ***boat***]. 私は船で川を渡った (⇒ by [前] 2 [語法]) / get on [in] a *boat* 船に乗る / get off [out of] a *boat* 船から降りる / row a *boat* ボートをこぐ / BOATS FOR HIRE 《英》貸しボート (掲示).
❷ [C] 《略式》(一般に)**船**, 客船 (⇒ ship 表): come in [by] the last *boat* 最終の船で来る / He took a *boat* for New York. 彼はニューヨーク行きの汽船に乗った. ❸ [C] 舟形の容器: ⇒ gravy boat.

be (áll) in the sáme bóat [動] ⓐ (...と)境遇[運命, 危険など]を共にする (しばしばなぐさめの表現として用いる) (*as*).

búrn one's **bóats** [動] ⓐ 《略式》背水の陣を敷く. 由来 (戻れないように)船を燃やす, の意.

míss the bóat [動] ⓐ 《略式》(ぐずぐずして)好機を逃す.

róck the bóat [動] ⓐ 《略式》(平和[大事]なときに)問題を起こす, 波風をたてる.

— [動] ⓐ ボートをこぎ[舟遊び]に行く: Let's go *boating on* the lake. 湖にボートをこぎに行こう.

boat·er /bóʊṭə | -tə/ [名] [C] 麦わら帽 (ボート乗りの際にかぶる).

boat·house /bóʊthàʊs/ [名] (-hous·es /-hàʊzɪz/) [C] ボート小屋; 艇庫.

boat·ing /bóʊṭɪŋ/ [名] [U] ボートをこぐこと, 舟遊び.

boat·man /bóʊtmən/ [名] (-men /-mən/) [C] 貸しボート屋 (人); 船頭; 渡し守(もり).

bóat pèople 名 複 ボートピープル《戦乱の国から小船で脱出する難民》.
bóat ràce 名 C ボートレース, 競艇.
boat·swain /bóʊs(ə)n/ 名 C (商船の)甲板長.
bob[1] /bá(ː)b | bɔ́b/ 動 (bobs; bobbed; bob·bing) 自 [副詞(句)を伴って] (上下などに)ひょいと動く; さっと移動する: *bob* up and down (水面などで)上下する / She *bobbed down* behind the hedge. 彼女は生け垣の後ろにさっとかがんだ.
— 他 (頭・体)を上下にひょいと動かす: *bob* one's head (会釈・同意などで)軽く頭を下げる, うなずく.
bób for ápples [動] 自 水に浮かんだりんごを口でくわえようとする《ハロウィーンによくやる遊び》.
bób úp [動] 自 (水面に)浮かび上がる, ひょいと現われる.
— 名 ❶ C (上下に)ひょいと動く[動かす]こと; (頭をちょっと下げる)会釈. ❷ C = curtsy. ❸ C (魚釣りの)浮き.
bob[2] /bá(ː)b | bɔ́b/ 名 C ボブ(ヘア), おかっぱ. — 動 (bobs; bobbed; bob·bing) 他 (髪)をボブ[おかっぱ]にする.
Bob /bá(ː)b | bɔ́b/ 名 固 ボブ《男性の名; Robert の愛称》.
bob·bin /bá(ː)bɪn | bɔ́b-/ 名 C ボビン《糸・コイルなどを巻く筒形の枠》.
bob·ble /bá(ː)bl | bɔ́bl/ 名 ❶ C《米》しくじり; (球の)扱いそこね, ファンブル [≒fumble]. ❷ C《英》毛糸玉. — 動 他《米》(球)をファンブルする.
bob·by /bá(ː)bi | bɔ́bi/ 名 (bob·bies) C《古風, 英略式》警官.
Bob·by /bá(ː)bi | bɔ́bi/ 名 固 ボビー《男性の名; Robert の愛称》.
bób·by pìn /bá(ː)bi- | bɔ́bi-/ 名 C《米》ヘアピン.
bóbby sòcks [sòx] 名 複《米》ボビーソックス《はき口を折り返した女子用の短いソックス; 1940-50 年代に流行》.
bob·cat /bá(ː)bkæ̀t | bɔ́b-/ 名 C ボブキャット《北米産のおおやまねこ》.
bob·sled /bá(ː)bslèd | bɔ́b-/ 名 C《米》ボブスレー [《英》bobsleigh]. — 動 (bob·sled·ded; -sled·ding) 自《米》ボブスレーに乗る.
bob·sleigh /bá(ː)bslèɪ | bɔ́b-/ 名 動《英》= bobsled.
Boc·cac·ci·o /boʊkáːtʃiòʊ | bɔ-/ 名 固 Gio·van·ni /dʒoʊváːni/ 〜 ボッカチオ (1313-75)《イタリアの作家・詩人》.
bod /bá(ː)d | bɔ́d/ 名 ❶ C《略式》体. ❷ C《英略式》人, やつ.
bode[1] /bóʊd/ 動 [次の成句で] **bóde wéll [íll]** [動] 自《格式》(...にとって)よい[悪い]前兆である, 縁起がよい[悪い] (*for*).
bode[2] 動 bide の過去形.
bod·ice /bá(ː)dɪs | bɔ́d-/ 名 C 婦人服の上半身部分.
-bod·ied /bá(ː)dịd | bɔ́d-/ 形 [合成語で] ❶ ...な体格をした: big-*bodied* (体の)大柄な. ❷ こくのある, (...の)味わいのある: a full-*bodied* [light-*bodied*] wine こくのある[軽い味わいの]ワイン.
bod·i·ly /bá(ː)dəli | bɔ́d-/ 形 限定 身体上の, 肉体上の [≒physical] [⇔ mental]: *bodily* organs 身体器官 / *bodily* functions 身体機能《排泄など》/ *bodily* suffering 肉体的苦痛 / *bodily* harm 〘法律〙傷害. (名 bódy)
— 副 体ごと; 丸ごと, ことごとく.
bod·kin /bá(ː)dkɪn | bɔ́d-/ 名 C ひも通し針.

***bod·y** /bá(ː)dị | bɔ́di/

— 名 (bod·ies /〜z/) ❶ C **体, 肉体, 身体:** a strong *body* 丈夫な体 / *body* temperature [weight] 体温[体重] / A sound mind in a sound *body*. 《ことわざ》健全な身体に健全な精神(を持つことが望ましい) // ⇒ healthy 日英. 関連 mind 心 / soul 魂 / spirit 精神.
❷ C **死体, 遺体:** unidentified *bodies* 身元不明の遺体 / His *body* was buried in [at] the national cemetery. 彼の遺体は国立墓地に葬られた.
❸ C **胴体;** (衣服の)胴の部分; (木の)幹: He was hit three times in the *body*. 彼は胴体を 3 回たたかれた. 関連 limb 手足.
❹ C [《英》単数形でもときに複数扱い] **一団,** 一群; 団体: a ***body of*** soldiers 兵士の一隊 / the student *body* (学校全体の)学生; 学生自治会 / a governing

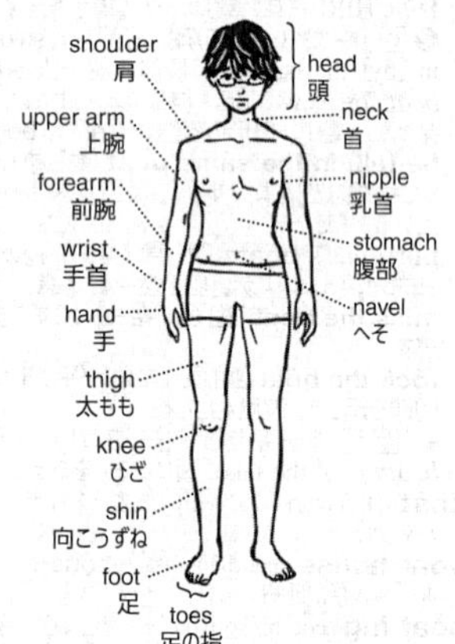

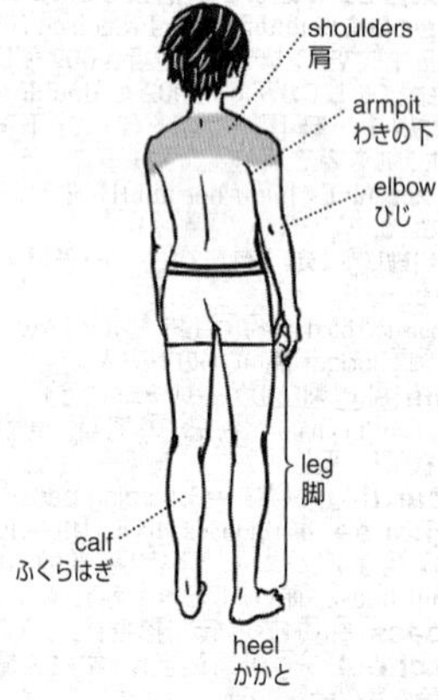

body

body 管理機関, 運営団体; 理事会. ❺ [the ~] (物の)本体, 主要部, ボディー《車体・船体・機体など》; (手紙・演説などの)本文: *the body of* 「a car [a ship, an airplane] 車体[船体, 機体] / *the body of* a book 書物の本文. ❻ Ⓒ 多数, 多量; 集まり: a large *body of* information [evidence] 多くの情報[証拠] / a *body* of water 水域《池・湖・海など》. ❼ Ⓒ 〔物理〕 物体, 体《固体・液体など》: solid [liquid] *bodies* 固体[液体] / heavenly [celestial] *bodies* 天体 / a foreign *body* in one's eye 《格式》 目に入った異物《ごみなど》. ❽ Ⓤ (酒などの)こく; (毛髪の)豊かさ, こし.

bódy and sóul [副] 身も心も, すっかり.

in a [óne] bódy [副] 一団となり, 全員そろって.

kèep bódy and sóul togéther [動] ⓐ [しばしば否定文で] どうにか暮らしていく. 由来 魂が肉体から離れない(死なない)ようにしておく, の意.

òver my déad bódy [副] Ⓢ 《略式》 絶対に許さない: You'll marry that man *over my dead body*. あの男とは絶対に結婚させるものか. 由来 「私の死体を乗り越えて(...しろ)」の意. (形 bódily)

bódy blòw 名 ❶ Ⓒ 大打撃, 大敗北 (*to*). ❷ Ⓒ 〔ボクシング〕 ボディーブロー.

bod·y·build·er /bá(:)dibìldə | bódibìldə/ 名 Ⓒ ボディービルをする人.

bod·y·build·ing /bá(:)dibìldɪŋ | bódi-/ 名 Ⓤ ボディービル.

bódy clòck 名 Ⓒ (生物の)体内時計《時間の経過にあわせて自然に体調を保つ機能》.

+**bod·y·guard** /bá(:)digàəd | bódigà:d/ 名 (-guards /-gàədz | -gà:dz/) Ⓒ **護衛, ボディーガード**; [《英》単数形でもときに複数扱い] ボディーガードの一団: provide ... with a *bodyguard* (人)に護衛をつける.

bódy lànguage 名 Ⓤ 身ぶり言語, ボディーランゲージ《身ぶりや表情・態度などによる伝達方法》.

bódy máss índex 名 Ⓒ 体容積指数《略 BMI》.

bódy òdor 名 Ⓤ 体臭, わきが (BO).

bódy pólitic 名 [the ~] 《格式》 (政治的統一体としての)国家[国民].

bódy sèarch 名 Ⓒ (空港などでの)身体検査, ボディーチェック.

bódy stòcking 名 Ⓒ ボディーストッキング《体にぴったりとつきシャツとストッキングがひと続きのもの》.

bod·y·work /bá(:)diwə̀:k | bódiwə̀:k/ 名 Ⓤ (乗り物の)車体《外部》; 車体の修理.

Boe·ing /bóuɪŋ/ 名 固 ボーイング社《米国の航空機メーカー》.

Boer /bóə | bó:/ 名 Ⓒ ボーア人《南アフリカのオランダ系移住民; 現在は Afrikaner と呼ばれる》.

bog /bá(:)g, bó:g | bóg/ 名 Ⓒ,Ⓤ 泥沼, 湿地, 沼地.
— 動 (bogs; bogged; bog·ging) [次の成句で]

bóg dówn [動] ⓣ [普通は受身で] (...)を泥沼にはまり込ませる; (...)に動きをとれなくさせる, (...)を行き詰まらせる: get *bogged down in* details 枝葉末節にとらわれる.

bo·gey /bóugi/ 名 Ⓒ 〔ゴルフ〕 ボギー《ホールの基準打数 (par) より1つ多い打数; ⇒ birdie, eagle》.

bog·ey·man /bóugimæ̀n/ 名 (-men /-mèn/) Ⓒ = boogieman.

bog·gle /bá(:)gl | bógl/ 動 ⓐ 《略式》 (驚いて)たじろぐ: The [My] mind [imagination] *boggles at* the idea. その考えに唖然(あぜん)とする. **bóggle ...'s [the] mínd** [動] 《略式》 (...を)唖然とさせる.

bog·gy /bá(:)gi | bógi/ 形 (bog·gi·er; -gi·est) 沼地の, 湿地の, 沼沢の多い.

bo·gie /bóugi/ 名 Ⓒ = bogey.

bo·gus /bóugəs/ 形 偽の, いんちきの.

Bo·he·mi·a /bouhí:miə/ 名 固 ボヘミア《チェコ西部の地方, もと王国; 中心地 Prague》.

Bo·he·mi·an /bouhí:miən/ 形 ❶ ボヘミア(人)の. ❷ [b-] 伝統や因習にとらわれない, 奔放な. — 名 ❶ Ⓒ ボヘミア人. ❷ Ⓒ [b-] 自由奔放な生活をする人《特に芸術家》, ボヘミアン.

*****boil**[1] /bɔ́ɪl/ 動 (boils /~z/; boiled /~d/; boil·ing) ⓐ ❶ (液体が)**沸く**, 沸騰する; (やかん・鍋(なべ)などが)中の液体が沸く《⇒ kettle》: Water *boils* at 100 degrees Celsius. 水は摂氏 100 度で沸騰する / I got absorbed in my book and the kettle ***boiled dry***. V+C (形) 本に夢中になっていてやかんが空だきになった / A watched pot never *boils*. 《ことわざ》 鍋は見守っているとなかなか沸かない(待つ身は長い).

❷ **煮える**; ゆだる: The potatoes are *boiling*. じゃがいもが煮えています. ❸ かっとなる, 激高する: He was *boiling* with rage. 彼は激怒していた.

— ⓣ ❶ (液体)を**沸かす**, 沸騰させる; (容器)の液体を沸かす: *boil* water [a kettle] 湯[やかんの水]を沸かす.

❷ (...)を**煮る**; ゆでる《⇒ cooking 囲み》, (人に)(...)をゆでて[煮て]やる: She *boiled* the eggs hard [soft]. V+O+C (形) 彼女は卵を固く[半熟に]ゆでた / 言い換え Meg ***boiled*** an egg ***for*** me. V+O+*for*+名 = Meg *boiled* me an egg. V+O+O メグが卵をゆでてくれた《⇒ for 前 A 1 語法》. ❸ (...)を煮沸(消毒)する.

pút ... ón to bóil [動] ⓣ (やかんなど)を沸かす; (野菜など)をゆで[煮]始める.

> **boil の句動詞**
>
> **bóil awáy** 動 ⓐ 沸騰し続ける; 沸騰して蒸発する. — ⓣ (...)を沸かして蒸発させる, 煮つめる.
>
> **bóil dówn** 動 ⓐ ❶ 煮つまる; (食べ物が)煮られてかさが減る. ❷ 《略式》 (話などが)つまるところ...だ: The story *boils down to* a struggle between the two parties. その話は要するに両者の争いということだ. — ⓣ ❶ (...)を煮つめる. ❷ (話など)を要約する, (リスト)を絞りこむ (*to*).
>
> **bóil óver** 動 ⓐ ❶ 煮え[吹き]こぼれる. ❷ 《略式》 かんかんに怒る. ❸ (状況などが)危険な状態になる, (暴動などに)発展する (*into*).
>
> **bóil úp** 動 ⓐ (紛争などが)起こりかける; (怒りなどが)爆発しかける. — ⓣ (液体など)を煮立てる.

— 名 ❶ [単数形で] 煮ること; 沸かすこと: Please give it *a* good *boil*. それを十分煮てください. ❷ [単数形で] 沸騰状態; 沸騰点: bring the water to *a* [《英》 *the*] *boil* お湯を沸かす / come to *a* [《英》 *the*] *boil* 沸騰する / The kettle is *at* [*on*] *the boil*. やかんが煮えたぎっている.

óff the bóil [形] 《英》 調子を落として; 意欲[興味]を失って.

on the bóil [形] 進行中で, 活発で.

boil[2] /bɔ́ɪl/ 名 Ⓒ はれもの, おでき.

boiled /bɔ́ɪld/ 形 限定 ゆでた: a *boiled* egg ゆで卵. 関連 hard-boiled 固ゆでの / soft-boiled 半熟の.

+**boil·er** /bɔ́ɪlə | -lə/ 名 (~s /~z/) Ⓒ **ボイラー**《給湯・暖房用》; 煮沸道具《湯沸かし・なべなど》; ボイラー, 蒸気がま, 汽罐(きかん): The *boiler* has broken down. ボイラーが故障した.

boil·er·suit /bɔ́ɪləsù:t | -lə-/ 名 Ⓒ,Ⓤ 《主に英》 =

coveralls.

+**boil·ing** /bɔ́ɪlɪŋ/ 形 ❶ 限定 **沸き立っている**, 煮え立っている: *boiling* water 沸騰している湯, 熱湯.
❷ Ⓢ **猛烈に暑い**; (人が)ひどく暑がって: This room is *boiling*. この部屋はひどく暑い.
— 副 [次の成句で] **bóiling hót** [形] ⦅略式⦆ 猛烈に暑い; (人が)ひどく暑がって.

B

bóiling pòint 名 ❶ C,U [しばしば the ~] 沸点. 参考 水の沸点は 1 気圧で華氏 212 度, 摂氏 100 度 (⇒ Fahrenheit 参考). 関連 freezing point 氷点 / melting point 融点. ❷ U (怒りなどの) 爆発点: reach (the) *boiling point* 我慢の限界に達する.

bois·ter·ous /bɔ́ɪstərəs, -trəs/ 形 (特に子供が)陽気で騒々しい. **~·ly** 副 陽気に騒々しく.

+**bold** /bóʊld/ 形 (bold·er; bold·est) ❶ **大胆な** (⇒ brave 類義語): a *bold* plan 大胆な計画 / a *bold* move [step] 思い切った措置[行動] / Jim was *bold*. ジムは恐れを知らなかった.
❷ (見た目が)**際立った**, 目につく, 派手な; (線などが)明確な, 力強い: a dress with *bold* stripes 目立つしま模様のドレス. ❸ 厚かましい, 無遠慮な. ❹ (活字が)ボールド[肉太] (boldface) の: in *bold* type [print, letters] ボールド体の活字の[で].
(as) bóld as bráss [形] ⇒ brass 成句.
be [màke] so bóld as to *dó* [動] Ⓢ ⦅格式⦆ 失礼ながら ... する: May I *be so bold as to* state my opinion? 意見を申してもよろしいでしょうか.
(1 では 動 embólden)

bold·face /bóʊldfèɪs/ 名 U 〘印刷〙 ボールド体, 肉太字体 ⦅強調したい語を示すときや辞書の見出し語などに用いられる⦆. 参考 この辞書の見出し語の字体は boldface である.

bold·ly /bóʊldli/ 副 大胆に, 果敢に; 厚かましく.

bold·ness /bóʊldnəs/ 名 U 大胆さ; 厚かましさ.

bo·le·ro[1] /bəlé(ə)roʊ/ 名 (~s) C ボレロ ⦅軽快な¾拍子のスペイン舞踊⦆; ボレロの曲.

bo·le·ro[2] /bəlé(ə)roʊ | bɔ́ləròʊ/ 名 (~s) C ボレロ ⦅前開きの短い上着⦆.

bolero[2]

Bo·liv·i·a /bəlíviə/ 名 固 ボリビア ⦅南米中西部の共和国⦆.

Bo·liv·i·an /bəlíviən/ 形 ボリビアの. — 名 C ボリビア人.

boll /bóʊl/ 名 C (綿・亜麻などの)丸いさや.

bo·lo·gna /bəlóʊni/ 名 U ボローニャソーセージ ⦅牛・豚肉製の大型ソーセージ⦆.

Bol·she·vik /bóʊlʃəvìk | bɔ́l-/ 名 C ボルシェビキ ⦅ロシア社会民主労働党の多数派の 1 員⦆; ⦅古風⦆ [軽蔑的] 共産党員, 過激論者.

bol·ster /bóʊlstə | -stə/ 動 (-ster·ing /-stərɪŋ, -strɪŋ/) 他 (士気など)を高める; (人・運動・学説など)を支持する, 支える [≒support]: This letter is meant to *bolster* (*up*) his courage. この手紙は彼を勇気づけようとの意図で書かれている. — 名 C 長まくら ⦅シーツの下に入れてまくらを支える⦆.

+**bolt** /bóʊlt/ 名 (bolts /bóʊlts/) ❶ C (戸・窓の) **かんぬき**, 留め金.

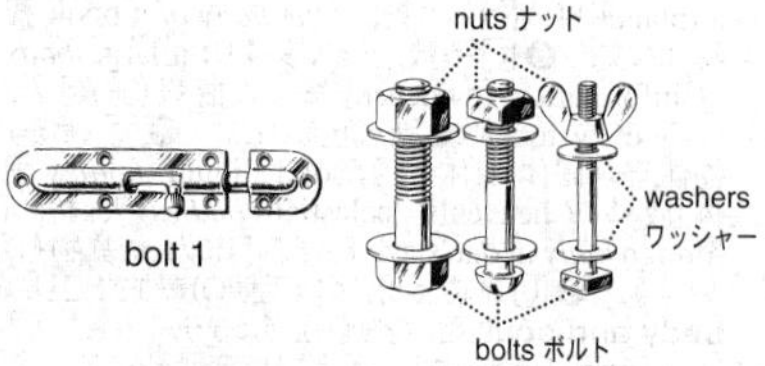

bolt 2

❷ C **ボルト**: fasten [loosen] a *bolt* ボルトを締める[ゆるめる]. ❸ C 稲妻の閃光(せんこう): a *bolt* of lightning 一条の稲妻. ❹ C (石弓の)太矢. ❺ C (布の)ひと巻き, 一反.
(lìke) a bólt from [òut of] the blúe 青天のへきれき(のように) ⦅突然よくないことが起こったときにいう⦆. 由来 青空に稲妻が走るような, の意.
màke a bólt for it [動] 自 ⦅英⦆ 逃げ出す.
shóot *one's* **(lást) bólt** [動] 自 ⦅英略式⦆ 最後の力[あり金]を使い切る. 由来 最後の矢を射る, の意.
— 動 (bolts /bóʊlts/; bolt·ed /~ɪd/; bolt·ing) 他 ❶ (戸など)をかんぬきで締める: *bolt* a door 戸にかんぬきをかける. ❷ (...)をボルトで締める: The two parts are *bolted together*. その 2 つの部品はボルトで締め合わされている / I *bolted* a rack *to* the wall. 私は壁にボルトで棚を付けた. ❸ (食べ物など)を丸のみにする (*down*). ❹ ⦅米⦆ (政党など)から脱退する.
— 自 ❶ (馬が)(驚いて)走り出す; (人が)逃げ出す (*for, toward*). ❷ かんぬきがかかる. ❸ ⦅米⦆ (政党などから)脱退する.
— 副 [次の成句で] **sít [stánd] bólt upríght** [動] 自 背筋を伸ばして座る[立つ].

***bomb** /bɑ́(ː)m | bɔ́m/ 発音 -mb で終わる語の b は発音しない. 名 (~s/~z/) ❶ C **爆弾**: A *bomb* 「went off [exploded] here last night. 昨夜ここで爆弾が爆発した / The plane dropped many *bombs* on the factory. 飛行機は工場に多くの爆弾を落とした / plant a *bomb* 爆弾を仕掛ける. ❷ [the ~] 核爆弾, 水素[原子]爆弾. ❸ C ⦅米略式⦆ (映画・演劇などの)大失敗. ❹ [a ~] ⦅英略式⦆ 大金: make *a bomb* 一財産を作る / spend *a bomb* 大金を使う / cost *a bomb* 大金がかかる. ❺ C ⦅米⦆ 噴霧器, スプレー; ボンベ: a flea *bomb* のみとりスプレー. ❻ C 〘アメフト〙 ロングパス.
be the bómb [動] 自 ⦅米略式⦆ 最高である, すごくいい.
gó lìke a bómb [動] 自 ⦅英略式⦆ (車が)矢のように走る; (仕事などが)とてもうまくいく.
— 動 (bombs /~z/; bombed /~d/; bomb·ing) 他 ❶ (...)を**爆撃する**, 爆破する: The rebels *bombed* the capital yesterday. 反乱軍はきのう首都を爆撃した. ❷ Ⓢ ⦅米略式⦆ (テスト)に失敗する.
— 自 ❶ ⦅略式⦆ (興行などが)失敗する (*out*). ❷ Ⓢ ⦅米略式⦆ テストに失敗する. ❸ ⦅英略式⦆ [副詞(句)を伴って] (車などで)猛スピードでとばす.
be bómbed óut [動] 自 (人が)爆撃で家を失う; (建物が)爆撃で大破する.
〘語源 ギリシャ語で「ぶーんという音」の意〙

bom·bard /bɑ(ː)mbɑ́əd | bɔmbɑ́ːd/ 動 他 (...)を砲撃[爆撃]する; (人)を(質問などで)攻め立てる (*with*).

bom·bar·dier /bὰ(ː)mbədíɚ | bɔ̀mbədíə/ 名 C (爆撃機の)爆撃手; 《英》砲兵下士官.

bom·bard·ment /bɑ(ː)mbáɚdmənt | bɔmbáːd-/ 名 C,U 砲撃, 爆撃; 質問攻め.

bom·bast /bá(ː)mbæst | bɔ́m-/ 名 U 《格式》大げさなことば; 大言壮語.

bom·bas·tic /bὰ(ː)mbǽstɪk | bɔ̀m-/ 形 《格式》大げさな, ぎょうぎょうしい.

Bom·bay /bὰ(ː)mbéɪ | bɔ̀m-⁻/ 名 固 ボンベイ《インド西部にある都市; Mumbai の旧称》.

bómb dispòsal 名 U 不発弾処理.

+**bomb·er** /bá(ː)mɚ | bɔ́mə/ !発音 -mb- の b は発音しない. 名 (~s /~z/) ❶ C **爆撃機**. 関連 fighter 戦闘機. ❷ C 爆弾事件の犯人, 爆弾魔: a suicide *bomber* 自爆(テロ)犯.

+**bomb·ing** /bá(ː)mɪŋ | bɔ́m-/ 名 (~s /~z/) U,C **爆撃**, 爆破.

bomb·proof /bá(ː)mprùːf | bɔ́m-/ 形 爆弾よけの.

bomb·shell /bá(ː)mʃèl | bɔ́m-/ 名 C [普通は単数形で] 《略式》人を驚かすようなこと[ニュース]; すごい美人.
 dróp a bómbshell [動] 自 《略式》ショッキングなことを言う, 爆弾発言をする.

bómb sìte 名 C 被爆区域.

bo·na fi·de /bóʊnəfáɪdi⁻/ ≪ラテン語から≫ 形 本物の, 誠実な, 善意でなされた.

bo·nan·za /bənǽnzə/ 名 ❶ C 大当たり, 大もうけ; 多量 (*of*). ❷ [形容詞的に] 大当たりの.

Bonaparte 名 固 ⇒ Napoleon Bonaparte.

bon·bon /bá(ː)nbὰ(ː)n | bɔ́nbɔ̀n/ 名 C ボンボン《ジャム・ナッツなどを砂糖やチョコレートでくるんだ菓子》.

⁑bond /bá(ː)nd | bɔ́nd/

— 名 (bonds /bá(ː)ndz | bɔ́ndz/) ❶ C (愛情・利益などによる)**結びつき**, **きずな**, **団結**: a *bond of* friendship 友情のきずな / I formed [felt] a strong *bond with* her. 私は彼女との強いきずなを結んだ[感じた] / A child is a *bond between* husband and wife. 子供は夫婦のかすがいである.

❷ C (借金などの)**証書**, 証文; **債券**; 契約, 約定: a government *bond* 公債 / sign a *bond* 証文に署名する / My word is my *bond*. 《格式》私の約束は証文である(必ず守る). ❸ U,C 《主に米》保釈金. ❹ [複数形で] 《文語》束縛 (*of*); (囚人の)かせ: We tried to break our *bonds* and be free. 我々は束縛から自由になろうと努力した. ❺ C 接着(状態). ❻ C 〔化学〕結合.

— 動 自 結びつく, くっつく (*together, with*).

— 他 (...)を接着する (*to*), 結びつける.

bond·age /bá(ː)ndɪdʒ | bɔ́n-/ 名 U 《文語》束縛, 屈従; とらわれの身, 奴隷の身分: in *bondage* とらわれて, 奴隷となって.

bond·hold·er /bá(ː)ndhòʊldɚ | bɔ́ndhòʊldə/ 名 C 公債証書所有者, 社債券所有者.

bond·ing /bá(ː)ndɪŋ | bɔ́nd-/ 名 ❶ U (親子などの)きずな(の形成): male [female] *bonding* 男[女]同士のきずな. ❷ U 〔化学〕(原子)結合.

⁑bone /bóʊn/

— 名 (~s /~z/) ❶ C **骨**: He broke a *bone* in his right hand. 彼は右手を骨折した / throw a *bone* to a dog 犬に骨を投げてやる / a person with good [fine] *bone* structure 整った顔立ちの人 / This fish has a lot of small *bones* in it. この魚は小骨が多い. 関連 backbone 背骨 / rib 肋骨(ろっこつ). ❷ U 骨質. ❸ [複数形で] 遺体.

a bóne of conténtion [名] 紛争の種. 由来 犬が骨をめぐってけんかすることから.

(as) drý as a bóne [形] からからに乾いた.

clóse to the bóne [形] (発言などが)痛い所をついて.

féel [knów] (it) in one's **bónes (that) ...** [動] (直感的に)...と確信する.

hàve a bóne to pìck with ... [動] 他 S 《略式》(人)に苦情[文句]がある. 由来「(...と)つっつく骨がある」つまりその人と争うべきことがある, の意.

màke nó bónes abòut ... [動] 他 平気で...する; ...を率直に口にする. 由来 シチューやスープの中に骨が入っていなければ簡単に飲み込めることから.

nót hàve a ... bóne in one's **bódy** [動] 《略式》...の性格を持ち合わせていない.

the báre bónes [名] (物事の)核心, 骨子.

thrów ... a bóne [動] 他 《略式》(相手の不満解消のために)(...)に少し譲歩する.

to the bóne [副] 体のしんまで; 徹底的に: be chilled [frozen] *to the bone* 体のしんまで冷え切る / cut [pare, trim] expenses *to the bone* 費用をぎりぎりまで切り詰める. (形 bóny)

— 動 他 (魚など)の骨を取る.

bòne úp on ... [動] 他 《略式》(テスト前などに)...を詰め込み勉強する, 勉強し直す.

bóne drý 形 [普通は 叙述] からからに乾いた.

bone·head /bóʊnhèd/ 名 C 《略式》ばか, まぬけ.

bone·less /bóʊnləs/ 形 骨のない; (魚・肉などが)骨を取った.

bóne màrrow 名 U 骨髄: a *bone marrow* transplant 骨髄移植.

bone·meal /bóʊnmìːl/ 名 U 骨粉《肥料用》.

bon·er /bóʊnɚ | -nə/ 名 C 《米略式》大失策, へま.

bon·fire /bá(ː)nfàɪɚ | bɔ́nfàɪə/ 名 C (祝いの)大かがり火; (野天の)たき火.

bong /bá(ː)ŋ | bɔ́ŋ/ 名 C (鐘などの)ゴーンという音.

bón·go drùms /bá(ː)ŋgoʊ- | bɔ́ŋ-/ 名 複 = bongos.

bon·gos /bá(ː)ŋgoʊz | bɔ́ŋ-/ 名 複 ボンゴ《ラテン音楽の小太鼓》.

bo·ni·to /bəníːṭoʊ/ 名 (複 ~(s)) C かつお(の類).

bonk /bá(ː)ŋk | bɔ́ŋk/ 動 他 ❶ 《略式》(...)をたたく; ぶつける. ❷ 《英略式》[こっけいに] (...)とセックスする.
— 自 《英略式》[こっけいに] セックスする. — 名 ❶ C 《略式》たたく[ぶつける]こと; どすん(という音). ❷ C 《英略式》[こっけいに] セックス.

bon·kers /bá(ː)ŋkɚz | bɔ́ŋkəz/ 形 叙述 《略式》頭がおかしい. **gò bónkers** [動] 自 《略式》熱狂する; 激怒する.

Bonn /bá(ː)n | bɔ́n/ 名 固 ボン《ドイツ西部の都市; 東西ドイツ統一前は西ドイツの首都》.

bon·net /bá(ː)nɪt | bɔ́n-/ 名 C ❶ ボンネット《女性・小児用帽子, ひもをあごの下で結ぶ》. ❷ 《英》(自動車の)ボンネット [《米》hood] (⇒ car 挿絵).

bon·ny /bá(ː)ni | bɔ́ni/ 形 (bon·ni·er; -ni·est) 《主にスコットランド》美しい, 愛らしい; 元気な.

***bo·nus** /bóʊnəs/ 名 (~·es /~ɪz/) ❶ C **賞与**, ボーナス: receive a productivity *bonus* 生産性向上奨励金を受ける. 日英 日本と違い定期的でなく臨時のもので, 支給される人も限られる. ❷ C おまけ; 思いがけないよいこと[贈り物]: as an added *bonus* おまけとして.
〖語源 ラテン語で「よい(もの)」の意〗

bon vo·yage /bá(ː)nvwaɪáːʒ | bɔ̀ːŋ-/ ≪フランス語か

ら≫ 間 道中ご無事に!, ごきげんよう!

bon·y /bóʊni/ 形 (bon·i·er; -i·est) 骨(製)のような; (魚などが)骨の多い; 骨ばった; やせた. (名 bone)

boo /búː/ 動 自「ぶー!」という声を出す. ― 他 (...)に「ぶー!」という; (...)をやじる. **bóo ... óff [òff ～]** [動] 他 (...)をやじって(～から)退場させる. ― 間 ぶー, わっ, ばあ!《非難・反対・おどしなどの声》. ― 名 C ぶー!という声, ブーイング.

B

boob /búːb/ 名 ❶ C [普通は複数形で]《俗》おっぱい, 乳房. ❷《英略式》ばかげた間違い: make a *boob* どじを踏む. ❸ C《古風, 米略式》まぬけ, とんま.
― 動 自《英略式》ばかげた間違いをする.

boo-boo /búːbùː/ 名 (～s) C《略式》ばかげた間違い, どじ.

bóob tùbe 名 [the ～]《米略式》[こっけいに] テレビ.

boo·by /búːbi/ 名 (boo·bies) C《略式》まぬけ.

bóoby prìze 名 C《略式》最下位賞.

bóoby tràp 名 ❶ C 擬装爆弾《無害に見えるが触れると爆発する》. ❷ C まぬけ落とし《半開きの戸をあけると上から物が落ちるなどのいたずら》.

boo·by-trapped /búːbitræ̀pt/ 形 擬装爆弾が仕掛けられた.

boo·gie·man /búːgimæ̀n/ 名 (-men /-mèn/) C (子供を脅すのに使う)お化け.

boo·gie-woo·gie /bógiwógi/ 名 U ブギ(ウギ)《テンポの速いジャズピアノ曲》.

boo·hoo /bùːhúː/ 間 W わあわあ, うわーん《(泣き)叫ぶ声》.

***book** /bók/

― 名 (～s /～s/) ❶ C **本**, 単行本, 書物; 著作: I read a ***book about*** [***on***] elephants. 私は象(について)の本を読んだ(⇒ about 前 1 語法) / a ***book by*** Hemingway ヘミングウェイの書いた本 / write a *book* 本を書く / publish a *book* 本を出版する / borrow a *book* from the library 図書館から本を借りる / Open your *books* to [《主に英》at] page 22. 本の 22 ページを開きなさい.
❷ C **ノート**, ...帳; (切符・切手・マッチ・小切手などの) **ひとつづり**, とじ込み帳; **通帳**: an address *book* アドレス帳 / a ***book of*** tickets 回数券のひとつづり. ❸ C 巻, 編: *Book* 1 第 1 巻 / the *Book* of Genesis (聖書の)創世記. 語法 book は内容を, volume は外形をいう: a *book* in 3 *volumes* 3 巻より成る本. ❹ [複数形で] 会計簿, 帳簿; 名簿: do the *books* 帳簿をつける / off the *books* (所得税を逃れるために)帳簿外で. ❺ [the B-] 聖書: *the* Good *Book* 聖書 / swear on *the Book* 聖書に手を置いて誓う. ❻ C (競馬などの)賭(か)け帳.

be in ...'s góod [bád] bóoks [動] S《略式》...に気に入られて[嫌われて]いる.

bríng ... to bóok [動] 他《格式, 主に英》(人)に弁明を求める, 責任を取らせる, (人)を罰する (*for*).

by the bóok [副] 規則どおりに, 正式に: go [play things] *by the book* きちんとやる.

cóok the bóoks [動] 自《略式》帳簿をごまかす.

in mý bòok [副] 文修飾 S 私の考えでは.

on the bóoks [形・副] (規則が)ある国[地域]の法律[条例]で.

on the bóoks of ... = on ...'s bóoks [前] ...の一員[利用客]として登録されて.

óne for the bóok(s) [名]《略式》特別な[驚くべき]こと. 由来 本に記録しておくようなこと, の意.

thrów the bóok at ... [動] 他《略式》(特に警察・判事などが)(罪人)を(可能な限りの)厳罰に処する; ...に大目玉をくらわす.

― 動 (books /～s/ booked /～t/; book·ing) 他 ❶ (部屋・座席・切符など)を**予約する** [≒reserve]; (人に)(部屋など)をとる; (予約者など)を名簿に記入する: 言い換え ***Book*** a room ***for*** me at the hotel. V+O+for+名 = *Book* me a room at the hotel. V+O+O そのホテルに部屋を予約してください / I'm sorry, but we *are* fully *booked* tonight. 申しわけございませんが今晩は予約でいっぱい[満室, 満席]です / I *am booked on* the next flight. 私は次の便を予約してある. ❷ (講演者・芸能人など)の出演の予約[契約]をする (*for*). ❸ (警察の記録などに)(...)を記入する (*for*).
― 自 (座席などを)予約する; 前売券を買う.

bóok ín [動] 自《英》(ホテルで)記帳する, チェックインする [≒check in] (*at*). ― 他《英》(ホテルなどに)(人)の部屋を予約する.

bóok ... ínto ～ [動] 他 (ホテル)に(人)の部屋を予約する.

bóok úp [動] 他 [普通は受身で] (部屋・時間)を**予約する**; (人)のスケジュールをいっぱいにする: That hotel *is booked up* solid for the weekend. そのホテルは週末は予約でいっぱいだ / I'*m booked up* for this evening. 今夜は予定が詰まっています.
〖語源 原義は「ぶな (beech) の樹皮に書いたもの」〗

book·a·ble /bókəbl/ 形 (座席などが)予約できる.

book·bind·er /bókbàɪndə | -də/ 名 C 製本屋.

book·bind·ing /bókbàɪndɪŋ/ 名 U 製本, 装丁.

+**book·case** /bókkèɪs/ 名 (-cas·es /～ɪz/) C **本箱**, 本棚《何段かの棚があるもの; ⇒ living room 挿絵》.

bóok clùb 名 C ブッククラブ《会員に安く本を売る》.

book·end /bókènd/ 名 C [普通は複数形で] ブックエンド, 本立て.

book·ie /bóki/ 名 C《略式》= bookmaker.

+**book·ing** /bókɪŋ/ 名 (～s /～z/) ❶ C,U **予約** [≒reservation]: make a *booking* 予約する. ❷ C (出演などの)契約.

book·ish /bókɪʃ/ 形 [しばしば軽蔑的] (運動よりも)読書好きの; 机上の空論の, 実際にうとい.

bóok jàcket 名 C 本のカバー《⇒ cover 名 2 日英》.

book·keep·er /bókkìːpə | -pə/ 名 C 簿記係, 帳簿係.

book·keep·ing /bókkìːpɪŋ/ 名 U 簿記.

+**book·let** /bóklət/ 名 (book·lets /-ləʦ/) C **小冊子**, パンフレット: read a ***booklet about*** [***on***] China 中国についての小冊子を読む.

book·mak·er /bókmèɪkə | -kə/ 名 C (競馬の)賭(か)け屋, のみ屋.

book·mak·ing /bókmèɪkɪŋ/ 名 U (競馬の)のみ屋業, 私設馬券業.

book·mark /bókmàək | -màːk/ 名 ❶ C しおり. ❷ C〔コンピュータ〕ブックマーク, お気に入り《インターネットですぐ呼び出せるようにサイトを登録したもの》.

book·mo·bile /bókmoʊbìːl/ 名 C《米》移動図書館.

book·plate /bókplèɪt/ 名 C 蔵書票.

book·sell·er /bóksèlə | -lə/ 名 C 本屋《人》.

*__book·shelf__ /bókʃèlf/ 名 (-shelves /-ʃèlvz/) C **本棚**, **書棚**: Put the books *on* the *bookshelves* in order. 本棚の本を整理しなさい.

+**book·shop** /bókʃɑ̀(ː)p | -ʃɔ̀p/ 名 (～s /～s/) C《主に英》**本屋**, **書店**《《米》では小さな本屋をいう》.

book·stall /bókstɔ̀ːl/ 名 C 《主に英》 雑誌[新聞]売り場《駅·街頭などの》.

＊**book·store** /bókstɔ̀ɚ | -stɔ̀ː/ 名 (～s /～z/) C 《米》 **本屋, 書店:** I bought this book at the *bookstore.* 私はその本屋でこの本を買った.

book·worm /bókwɚ̀ːm | -wə̀ːm/ 名 ❶ C 本の虫. ❷ C しみ《本につく虫》.

＊**boom**[1] /búːm/ 名 (～s /～z/) ❶ C [普通は単数形で] **にわか景気,** ブーム [⇔ slump]**:** a war *boom* 軍需景気 / a building *boom* 建築ブーム / a ***boom in*** exports 輸出ブーム.

❷ C **ブーム, 急激な人気;** (人口などの)急激な増加**:** a ***boom in*** soccer = a soccer *boom* サッカーブーム. 日英 「一時的流行」の意味では boom よりも fad, vogue や ... is very popular のほうが普通. ❸ [形容詞的に] にわか景気の[による]**:** *boom* prices 好景気による高値 / *boom* years 好景気の年.

— 動 自 [普通は進行形で] にわかに景気づく, 活気づく [⇔ slump].

boom[2] /búːm/ 名 C [普通は単数形で] ぶーんと鳴る[響く]音; (雷·波·大砲などの)とどろき**:** the *boom* of guns 大砲のとどろき《⇒ sonic boom》. — 動 自 ぶーんと鳴る[響く]; どどーんと鳴る[とどろく]; (声が)鳴り響く (*out*). — 他 (...)と[を]大声で言う (*out*).

boom[3] /búːm/ 名 ❶ C 〔航海〕 ブーム, 帆げた; 〔土木〕 ブーム《クレーンなどの腕木の部分》. ❷ C マイクブーム《先端にマイクを取り付ける竿》. ❸ C 防材《港·河川への船の侵入や木材の流出を防ぐ》.

bóom bòx 名 C 《略式, 主に米》 = ghetto blaster.

boom·er /búːmɚ | -mə/ 名 C 《略式, 主に米》 ベビーブーム (baby boom) 世代の人.

boom·er·ang /búːmərӕ̀ŋ/ 名 C ブーメラン《オーストラリア先住民の飛び道具》. — 動 自 (非難·攻撃などが)当人に戻ってくる (*on*), やぶへびになる.

boom·ing /búːmɪŋ/ 形 景気づく, 景気のよい.

boom·town /búːmtàʊn/ 名 C にわか景気にわく町, 新興都市.

boon /búːn/ 名 C [普通は単数形で] (...にとって)ありがたいもの, 恩恵, 利益 (*to, for*).

bóon compánion 名 C 《文語》 遊び[飲み]仲間, 親友.

boon·docks /búːndɑ(ː)ks | -dɔks/ 名 複 [the ～] 《米略式》 [軽蔑的] 辺境の地, へき地.

boon·dog·gle /búːndɑ̀(ː)gl | -dɔ̀gl/ 名 C 《米略式》 (時間と金のかかる)無用な計画[公共事業].

boon·ies /búːniz/ 名 複 《米略式》 = boondocks.

boor /bóɚ | bóə/ 名 C 粗野な男.

boor·ish /bó(ə)rɪʃ/ 形 粗野な, がさつな.

＊**boost** /búːst/ 動 (boosts /búːsts/; boost·ed /～ɪd/; boost·ing) 他 ❶ (...)を**増加する,** 増進する; (価格など)を**上げる;** (電圧)を上げる**:** *boost* iron production by 15 percent 鉄生産を 15 パーセント増やす. ❷ (...)を景気づける, (士気など)を高める**:** *boost* ...'s morale (人)の士気を高める / *boost* ...'s confidence [ego] (人)に自信を持たせる. ❸ (...)を押し上げる (*up*); (ロケットなどが)(宇宙船)を推進する. ❹ (...)の人気をあおる.

— 名 (boosts /búːsts/) ❶ C [普通は a ～] **増加,** 増進; (価格などの)つり上げ; U (電圧·動力などの)上昇**:** ***a boost in*** prices 物価の上昇. ❷ C 景気づけ, 盛り上げ; 景気づけるもの, 盛り上げるもの**:** a *boost to* the economy 景気を押し上げるもの / This news will *give* them *a* great *boost.* この知らせは彼らを大いに元気づけるだろう. ❸ C 押し上げること**:** I think I can reach the branch if you'll *give* me *a boost* (*up*). 私を押し上げてくれれば枝に手が届くと思うけど.

boost·er /búːstɚ | -tə/ 名 ❶ C (効力持続のための)2度目の予防注射. ❷ C 景気[元気]づけ, 刺激, 励み; 自信[士気]を高めるもの. ❸ C = booster rocket. ❹ C 《米》 (熱心な)支持者, 後援者. ❺ C 〔電気〕 ブースター, 昇圧機.

bóoster ròcket 名 C 補助推進ロケット.

bóoster sèat 名 C チャイルドシート, 子供用補助椅子.

＊**boot**[1] /búːt/ 名 (boots /búːts/) ❶ C [普通は複数形で] 《米》 **長靴;** 《英》 (足首 (ankle) の上までくる) **深靴,** 編み上げ靴, ブーツ**:** two pairs of *boots* 長靴[深靴] 2 足 / put *boots* on 長靴[深靴]をはく / wear *boots* 長靴[深靴]をはいている.

boots

❷ C 《英》 乗用車の荷物入れ, トランク [《米》 trunk] 《⇒ car 挿絵》. ❸ C 《米》 (駐車違反車に付ける)車輪止め [《英》 clamp]. ❹ C [普通は a ～] 《略式》 けとばすこと.

gèt the bóot [動] 自 《略式》 首になる; 追い出される. 由来 けとばされて仕事場を追われる, の意.

gíve ... the bóot [動] 他 《略式》 (人)を首にする; (恋人)をふる.

pùt [stíck] the bóot ìn [動] 自 《英略式》 (倒れている相手を)ひどくける; (窮地にある相手に)情け容赦のない態度をとる.

The bóot is on the óther fóot. 《英》 形勢が逆転した. 由来 今度はもう一方の足が靴をはいている, の意.

— 動 他 ❶ 《略式》 (...)をけとばす [≒kick]. ❷ 《米》 (駐車違反車)に車輪止めを付ける [《英》clamp].

bóot ... óut [動] 他 《略式》 (...)を追い出す; (...)を首にする (*of*).

boot[2] /búːt/ 動 他 (コンピューター)を起動する (*up*). — 自 (コンピューターが)起動する (*up*).

boot[3] /búːt/ 名 [次の成句で] **to bóot** [副] Ⓢ 《略式》 その上, 加えて《✪ 項目の列挙の後に用いる》.

bóot càmp 名 C 新兵訓練所.

boot·ee /búːṭi | buːtíː/ 名 C = bootie.

＋**booth** /búːθ | búːð/ 名 (booths /búːðz, búːθs/) ❶ C **ブース,** 仕切った場所[小部屋], 仕切り席《飲食店などの》**:** a phone booth 公衆電話ボックス / a ticket *booth* 切符売場 //⇒ voting booth. 関連 tollbooth 料金徴収所.

❷ C (市場などの)**売店,** 屋台店; テント小屋**:** I bought some fruit at a *booth.* 売店で果物を買った. 〘語源 原義は「仮の住まい」〙

boo·tie /búːṭi | buːtíː/ 名 C [普通は複数形で] 毛糸の小児靴; (くるぶし丈の)女性用ブーツ.

boot·lace /búːtlèɪs/ 名 C [普通は複数形で] 長靴のひも; 《英》 靴ひも [≒shoelace].

boot·leg /búːtlèg/ 動 (-legs; -legged; -leg·ging) 他 (CD·酒など)を不法に作る[売る]. — 自 密造する. — 形 限定 海賊版の; (酒が)密造の. — 名 C (CD

などの)海賊版[盤].

boot·leg·ger /búːtlègɚ | -gə/ 名 C 密造者.

boot·leg·ging /búːtlègɪŋ/ 名 U 密造, 密売.

boot·straps /búːtstræps/ 名 複 [次の成句で] **púll [hául] oneself úp by one's (ówn) bóotstraps** [動] 自 独力で地位を築く[たたきあげる], 人の手を借りずに成功する.

B

boo·ty /búːṭi/ 名 U 《文語》 戦利品, 獲物; もうけ.

booze /búːz/ 名 U 《略式》 酒. — 動 自 《略式》 大酒を飲む.

booz·er /búːzɚ | -zə/ 名 ❶ C 《略式》 大酒飲み(人). ❷ C 《英略式》 酒場, パブ [≒pub].

bop[1] /bɑ́(ː)p | bɔ́p/ 動 (bops; bopped; bop·ping) 他 《略式》 (...)を(軽く)たたく. — 名 C 《略式》 (軽く)たたくこと.

bop[2] /bɑ́(ː)p | bɔ́p/ 名 ❶ U 〔音楽〕 バップ《ジャズの一種》. ❷ C,U 《略式, 主に英》 ポップスに合わせた踊り. — 動 (bops; bopped; bop·ping) 自 ❶ 《略式, 主に英》 ポップスで踊る. ❷ [副詞(句)を伴って] 《略式》 出かける, 歩きまわる.

bo·rax /bɔ́ːræks/ 名 U 〔化学〕 硼砂(ほうしゃ).

Bor·deaux /bɔ̀ɚdóʊ | bɔ̀ː-/ 名 ❶ 固 ボルドー《フランス南西部の都市; ワイン産地の中心港》. ❷ (複 ~) U,C ボルドー地方産のワイン.

*__bor·der__ /bɔ́ɚdɚ | bɔ́ːdə/ (同音 boarder) 名 (~s /~z/) ❶ C **境界**, 国境《⇒ boundary 類義語》; 国境地方, 辺境; [the B-] 《米》 米国とメキシコの国境; 《英》 イングランドとスコットランドの国境地帯; (一般に) 境界; (知識などの) 限界: a *border* town 国境の町 / a town ***on the border between*** the US and Mexico 米国とメキシコの国境にある町 / near [along] the ***border with*** France フランスとの国境近く[沿い]に / He fled ***across the border***. 彼は国境を越えて逃げた.
❷ C **へり**, 端, 縁(ふち), (庭園・歩道の) 縁どりの花壇[植込み]; (衣服・布などの) 飾り縁: a lace *border* レースの縁どり.
— 動 (bor·ders /~z/; bor·dered /~d/; -der·ing /-dərɪŋ, -drɪŋ/) 他 ❶ (...)に**境を接する**, (...)に面する: Canada *borders* the northern part of the United States. カナダは合衆国北部に接している.
❷ (...)を**縁(ふち)どる**, (...)にへりをつける: The flowerbed ***was bordered with*** pretty pansies. V+O の受身 花壇の縁どりにはかわいいパンジーが植えられていた.
— 自 ❶ **境を接する**, 隣り合う: Switzerland ***borders on*** [*upon*] Italy. V+*on* [*upon*]+名 スイスはイタリアに接している. ❷ (...に)近い, (まるで...の)状態である: His proposal *borders on* [*upon*] madness. 彼の提案はほとんど狂気のさただ.

bor·der·land /bɔ́ɚdɚlænd | bɔ́ːdə-/ 名 ❶ C 境界[国境](地). ❷ [the ~] (性質・状態などの) 境目, 中間 (*between*).

bor·der·line /bɔ́ɚdɚlàɪn | bɔ́ːdə-/ 形 限定 境界近くの; どっちつかずの, 決めにくい: *borderline* grades ぎりぎりの成績 / a *borderline* case どっちつかずの場合[事件]; 中間的な場合[人]. — 名 ❶ C [普通は the ~] どっちつかずの状態 (*between*). ❷ C 境界[国境]線.

bore[1] /bɔ́ɚ | bɔ́ː/ (同音 boar, Boer) 動 bear[1] の過去形.

+**bore**[2] /bɔ́ɚ | bɔ́ː/ (同音 boar, Boer) 動 (bores /~z/; bored /~d/; bor·ing /bɔ́ːrɪŋ/) 他 (人)を**うんざりさせる**, 退屈させる: Am I *boring* you? 私の話は退屈ですか / My uncle is always ***boring*** us ***with*** the same old stories of his youth. V+O+*with*+名 おじさんはいつも私たちを若い頃の昔話で退屈させる.
bóre ... to déath [téars] = bóre ... stíff [動] 他 (人)を死ぬほど退屈させる. (名 bóredom)
— 名 (~s /~z/) ❶ C (つまらないおしゃべりなどで)**うんざりさせる人**, 退屈させる人: a dreadful *bore* ひどく退屈な人 / He's a soccer *bore*. あいつはサッカーのことばかり話してうんざりだ. ❷ [a ~] うんざりすること.

+**bore**[3] /bɔ́ɚ | bɔ́ː/ (同音 boar, Boer) 動 (bores /~z/; bored /~d/; bor·ing /bɔ́ːrɪŋ/) 他 (穴)を**あける**《きりやドリルなどで》, (トンネルなど)を掘る, くり抜く: I ***bored*** a hole ***in*** the wall. V+O+前+名 私は壁に穴をあけた.
— 自 [副詞句を伴って] ❶ **穴をあける**: The machine ***bored through*** the rock. V+*through*+名 その機械は岩に穴をあけた. ❷ (目が)じろじろ見つめる (*into*).
— 名 C ❶ [単数形で] [特に合成語で] (銃・管などの) 口径: a twelve-*bore* shotgun 12 口径の猟銃. ❷ = borehole.

+**bored** /bɔ́ɚd | bɔ́ːd/ 形 (人が)(...に)**退屈した**, うんざりした: The child soon got ***bored with*** the game. +*with*+名 その子はすぐそのゲームに飽きてしまった.

bore·dom /bɔ́ɚdəm | bɔ́ː-/ 名 U 退屈: relieve the *boredom* 退屈を紛らす. (動 bore[2])

bore·hole /bɔ́ɚhòʊl | bɔ́ː-/ 名 C (石油などの探査用に) 試掘した穴.

*****bor·ing** /bɔ́ːrɪŋ/
— 形 **退屈な**, (人を)うんざりさせるような: It's so *boring* to spend the weekend alone. 週末をひとりで過ごすのはとても退屈だ.

> 類義語 **boring** *interesting* の反対で, 興味をひかれることがなく, うんざりさせられるという意味の最も一般的な語. **dull** *boring* より改まった語で書きことばでより多く用いられる. **monotonous** 変化がなく退屈なこと: Folding newsletters and inserting them in envelopes is *monotonous* work. 会報を折りたたんで封入するのは退屈な仕事だ. **tedious** 延々と時間がかかって退屈なこと: To input all the data manually in an address book is a *tedious* job. 住所録に手作業ですべてのデータを入力するのはうんざりするような仕事だ.

*****born** /bɔ́ɚn | bɔ́ːn/ (同音 borne)
— 動 語法 元来は bear[1] の過去分詞《略 b.; ⇒ bear[1] 他 5 語法》. 関連 stillborn 死産の.
be bórn [動] 自 (1) **生まれる**. 語法 過去形で用い, 現在形・完了形では用いない: She *was born* on December 26, 2000. 彼女は 2000 年 12 月 26 日の生まれだ / He ***was born to*** [*into*] a poor family. 彼は貧しい家に生まれた / Bob *was born* blind. ボブは生まれつき目が不自由だ / He ***was born with*** heart problems. 彼は生まれつき心臓に障害があった / He ***was born to be*** a musician. 彼は音楽家になるように生まれついていた. (2) (物事が)生じる: The idea *was born* (*out*) *of* my experience. その着想は私の経験から生まれたものだ.
be bórn and bréd [ráised] [動] 自 生まれ育つ: He *was born and bred* in Bonn. 彼はボンで生まれ育った.
I wásn't bórn yésterday. Ⓢ きのう生まれたわけじゃない《簡単にだまされるほど世間知らずじゃない, の意》.
— 形 限定 生まれながらの, 天性の: a *born* painter 天性の画家.

-born /bɔ́ən | bɔ́:n⁻/ 形 [合成語で] 生まれが...の.

born-a·gain /bɔ́ənəgén, -əgéɪn | bɔ́:n-⁻/ 形 限定 更生した, 生まれ変わった: a *born-again* Christian (福音主義の)信仰に目覚めたキリスト教徒.

***borne** /bɔ́ən | bɔ́:n/ (同音 born) 動 bear¹ の過去分詞.

-borne /bɔ́ən | bɔ́:n/ 形 [合成語で] ...によって運ばれる: wind-*borne* 風で運ばれる.

Bor·ne·o /bɔ́əniòʊ | bɔ́:-/ 名 固 ボルネオ《インドネシアの東の島; インドネシア領とマレーシア連邦領とブルネイ領とに分かれている》.

+**bor·ough** /bɔ́:roʊ | bʌ́rə/ ❗発音 名 (~s /~z/) ❶ C [ときに B-] 《米》(ニューヨーク市 (New York City) の) **自治区**; (米国の一部の州の)自治町村. ❷ C 《英》区, バラ《London の 32 の自治区の 1 つ》. ❸ C 《米》(Alaska 州の)郡《⇒ county 1 参考》.

***bor·row** /bá(:)roʊ, bɔ́:r- | bɔ́r-/

— 動 (borrows /~z/; bor·rowed /~d/; -row·ing) 他 ❶ (...)を**借りる**, 借用する [⇔ lend]: "Could I *borrow* your history notes?" "Sure, if you'll return them tomorrow." 「歴史のノートを借りてもいいかな?」「うん, 明日返してくれるなら」《⇒ if 9》/ Tom *borrowed* some money *from* John. V+O+from+名 トムはジョンからいくらか金を借りた.

借りる

DVD を借りる
borrow a DVD《友人などから無料で》
rent a DVD《レンタル店で》
トイレをお借りしてもよろしいですか.
May I **use** your bathroom?
(固定)電話をお借りしてもよろしいですか.
May I **use** your phone?《携帯電話の場合は borrow も可能》
✪ 日本語ではどれも「借りる」と言うが, 英語では有料・無料, 借りたものを移動する・その場で使う, の区別で動詞が異なる.

borrow (移動可能なものを無料で借りる)	借りる
use (その場で使うものを借りる)	
rent, 《英》hire (有料で借りる)	
lease (不動産などを有料で借りる)	

❷ (ことば・考えなど)を借りる, 取り入れる, 盗用する; (他言語から)(語)を借用する (*from*).

— 自 (...から)**借りる**, 借金する [⇔ lend]; (考えなどを)取り入れる: He **borrowed** heavily **from** the bank. V+from+名 彼は銀行から多額の金を借りた.

be (líving) on bórrowed tíme [動] 自 (死ぬと思われた病人などが)なんとか生き長らえている.

〘語源 原義は「担保に入れる」〙

+**bor·row·er** /bá(:)roʊə, bɔ́:r- | bɔ́roʊə/ 名 (~s /~z/) C **借り手**, 借用者 [⇔ lender].

+**bor·row·ing** /bá(:)roʊɪŋ, bɔ́:r- | bɔ́r-/ 名 (~s /~z/) ❶ U **借用**: public *borrowing* 公的借り入れ. ❷ C 借用したもの; 借用語 (*from*). ❸ [複数形で] (銀行からの)(全)借入金.

borscht /bɔ́əʃt | bɔ́:ʃt/, **borsch** /bɔ́əʃ | bɔ́:ʃ/ 名 U ボルシチ《ロシアのビート入りスープ》.

Bos·ni·a and Her·ze·go·vi·na /bá(:)zniəən(d)hə̀:tsəgoʊví:nə | bɔ́zniəən(d)hə̀:-/ 名 固 ボスニアヘルツェゴビナ《バルカン半島の共和国》.

Bos·ni·an /bá(:)zniən | bɔ́z-/ 形 ボスニアの. — 名 C ボスニア人.

bos·om /bʊ́zəm, bú:z- | bʊ́z-/ ❗発音 名 ❶ C [普通は単数形で] 胸《⇒ chest 類義語》; (衣類の)胸の部分; [普通は複数形で] Ⓦ (女性の)乳房. ❷ [形容詞的に] 愛する, 親しい: a *bosom* friend [buddy] 親友. ❸ U 《文語》(感情が宿る)胸, 心. ❹ [the ~] 愛情[保護]のあるところ: live in *the bosom* of the family 家族の愛情に包まれて生活する.

bos·om·y /bʊ́zəmi/ 形 《略式》胸の大きな.

Bos·po·rus /bá(:)sp(ə)rəs | bɔ́s-/ 名 固 [the ~] ボスポラス海峡《トルコのヨーロッパ側とアジア側を分ける海峡で黒海 (Black Sea) とマルマラ海を結ぶ》.

***boss** /bɔ́:s, bá(:)s | bɔ́s/ 名 (~·es /~ɪz/) ❶ C 《略式》(職場などの)**長**《社長・所長・主任・部長・課長・係長など》, 上司; 親分: I asked my *boss* for a day off. 私は上司に 1 日の休暇を願い出た. 日英 女性にも用い, 日本語の「ボス」のような悪い意味は含まない. ❷ C 《略式, 主に米》[普通は軽蔑的] 政界の有力者, 黒幕. ❸ C [普通は the ~]《略式》決定権を持つ人: My wife is *the boss* in our family. うちは妻が仕切っている.

be one's **ówn bóss** [動] 自 自営業である; 思うようにやれる.

「**shów ... [lèt ... knów] whò's bóss** [動] 他 (...)に身の程を教えてやる, 思い知らせてやる. (形 bóssy)

— 動 (boss·es /~ɪz/; bossed /~t/; boss·ing) 他 《略式》(...)をあごで使う; (...)に指図する: He is always *bossing* me *around* [《英》*about*]. 彼はいつも私のことをあごで使うのです.

bos·sa no·va /bá(:)sənóʊvə | bɔ́sə-/ ≪ポルトガル語から≫ 名 ❶ U 〔音楽〕ボサノバ《ジャズを取り入れたサンバ (samba)》. ❷ C ボサノバの踊り.

boss·y /bɔ́:si | bɔ́si/ 形 (boss·i·er; -i·est) 《略式》[軽蔑的] 親分風を吹かせる, いばる. (名 boss)

Bos·ton /bɔ́:stən | bɔ́s-/ 名 固 ボストン《米国 Massachusetts 州の州都》.

Bos·to·ni·an /bɔ:stóʊniən | bɔs-/ 形 ボストン(市民)の. — 名 C ボストン市民.

Bóston Téa Pàrty 名 固 [the ~] 〔米国史〕ボストン茶会事件《1773 年 Boston 植民地の人々が英政府の課税に反対し, 徒党を組んで同港の英船を襲い, 船中の茶箱を海に投げ捨てた事件》.

bo·sun /bóʊs(ə)n/ 名 C = boatswain.

bo·tan·i·cal /bətǽnɪk(ə)l/ 形 限定 植物の; 植物学(上)の; 植物性の.

botánical gárden 名 C [しばしば複数形で] 植物園. 関連 zoological garden 動物園.

bot·a·nist /bá(:)ṭənɪst | bɔ́t-/ 名 C 植物学者.

bot·a·ny /bá(:)ṭəni | bɔ́t-/ 名 U 植物学.

botch /bá(:)ʧ | bɔ́ʧ/ 動 他 《略式》(...)をやりそこなう (*up*). — 名 C 《略式, 主に英》へたな仕事. **màke a bótch of ...** [動] 他 《略式, 主に英》...をやりそこなう.

***both** /bóʊθ/ ❗発音

単語のエッセンス
1) 両方(の), 両方とも　形 ❶, 代 ❶, ❷, 接
2) [否定文で] 両方とも...というわけではない　形 ❷, 代 ❸

— 形 ❶ 両方の…とも, 2 人[2 つ]の…とも, どちらの…も: I want *both* books. 私は両方の本が欲しい.

> 語法 both の使い方
> (1) 数えられる名詞の複数形の前に置く.
> (2) 定冠詞・指示代名詞・人称代名詞の所有格があるときにはその前に置く《⇒ all 形 語法 (1)》. 定冠詞は省略されるほうが普通: *Both* (*the*) books are interesting. その本は両方ともおもしろい / *Both these* flowers smell sweet. どちらの花もよい香りがする / *Both my* parents are now in (the) hospital. 両親とも入院中です.

❷ [否定文で] 両方の…とも～というわけではない《部分否定》: I do*n't* want *both*↘ (the) hats.↗ この帽子, 両方は要りません(どちらかでよい) / You ca*n't* have it *both*↘ways.↗ 両方ともというわけにはいかない《一方に決める必要がある; ⇒ have it [things] both ways (way¹ 成句)》.

> 語法 (1) 下降上昇調のイントネーションが用いられる《⇒ つづり字と発音解説 95》.
> (2) 全体否定の文と比較《⇒ either 形 2, neither 形》: I do*n't* want *either* hat. = I want *neither* hat. どっちの帽子も欲しくない.

— 代《不定代名詞》 ❶ 両方, 2 人[2 つ]とも, どちらも: Take *both*. 両方ともお取りください / *Both of* you are welcome. お 2 人とも歓迎します / *Both of* the brothers have come to the party. その兄弟は 2 人ともパーティーに来た.
❷ [名詞・代名詞と同格に用いて] …は[を]2 人[2 つ]とも, …は[を]両方とも《⇒ all 代 2, each 代 2》: *We both* failed the examination. 私たちは 2 人とも試験に落ちた / 言い換え The *soldiers* were *both* dead. (= *Both of* the soldiers were dead.) 兵士は 2 人とも死んでいた.
❸ [否定文で] 両方[2 人, 2 つ]とも…というわけではない: I do*n't* know *both* ↘*of* his sisters.↗ 私は彼の姉妹の両方は知りません(1 人だけ知っている).

> 語法 これは 形 2 と同様に部分否定を表わす. 次の全体否定の文と比較《⇒ either 代 2, neither 代》: I do*n't* know *either* of his sisters. = I know *neither* of his sisters. 私は彼の姉妹は両方とも知りません.

— /bòʊθ/ 接 [both ... and ～として] …も～も, …だけでなく～も《and を強調する; ⇒ and 1》: *Both* he *and* his brother are still alive. 彼も彼の兄[弟]もまだ生きている[代名詞と名詞] / It is *both* good *and* cheap. それはよい上に安い[形容詞と形容詞] / I can *both* skate *and* ski. 私はスケートもスキーもできる[動詞と動詞] / He can speak *both* English *and* German. 彼は英語もドイツ語も話せる[名詞と名詞].

> 語法 (1)「…も～も…でない」という否定は neither ... nor ～《⇒ neither 接 語法 (1)》.
> (2) both ... and ～ では同じ品詞の語句がくるのが望ましい. しかし, 口調のためもあって *both* in Britain *and* America または in *both* Britain *and* America のように言うことも多い.

both·er** /bɑ́(ː)ðɚ | bɔ́ðə/ 動 (both·ers /～z/; both·ered /～d/; -er·ing /-ð(ə)rɪŋ/) 他 ❶ (人)を**悩ます**, うるさがらせる, じゃまする, 心配させる; (…)に迷惑をかける《⇒ worry 類義語》: Does the TV *bother* you? テレビの音がうるさいですか / I don't want to ***bother you ***with*** this matter. V+O+with+名 この件で君に迷惑をかけたくない / It *bothers* me that I haven't heard from him. 彼から連絡のないのが気になる / ***I'm sorry to bother you***, but could you tell me the way to the station? Ⓢ《丁寧》恐れ入りますが駅へ行く道を教えていただけませんか.

> ♥ おじゃまして申しわけありませんでした (謝罪するとき)
> **I'm sorry I bothered you.**
>
> **I'm sorry I bothered you** so late.
> 夜分遅くおじゃまして申しわけありませんでした.
> Don't worry. I'm glad you called.
> 気にしないで. お電話ありがとう.
> ♥ 相手に迷惑をかけたことを謝罪するときに使われる.
>
> ♥ おじゃましてすみませんが… (依頼するとき)
> **I'm sorry to bother you, but ...**
>
> **I'm sorry to bother you, but** can you go to the post office and mail this package? 悪いんだけど, この小包を出しに行ってもらえる?
> I'm afraid I'm tied up now. すみません, 今ちょっと手が離せなくて....
> ♥ 依頼の前置きとして使われる緩和表現.
> ♥ 相手に負担をかけることになり申しわけないという思いを伝え, 押しつけを弱める働きがある.

❷ (体が)(人)に痛みを与える: My head is *bothering* me. 頭が痛い. ❸ (人)にいやがらせをする, (性的に)ちょっかいを出す.
— 自 ❶ [否定文・疑問文・条件節で] **わざわざ…する**《普通は否定文で「不必要[面倒]だから…しない」の意に用いる》: "Shall I wait for you?" "No, don't *bother*."「待っていましょうか」「いえ, おかまいなく」/ Do*n't* ***bother to*** call on him. V+to 不定詞 わざわざ彼を訪ねていかなくてもいい / Do*n't* ***bother*** answer*ing* this letter. V+現分 この手紙にはわざわざ返事を書くには及びません.
❷ (…のことを)**気にする**, 思い悩む (*with*, *about*): I don't ***bother about what*** other people think. V+about+wh 節 他の人がどう思おうと私は気にしない.
bóther onesèlf [one's héad] abòut [with] ... [動] 他 [普通は否定文で] …のことで思いわずらう, …を気にする.
cán't be bóthered (to dó ...**)** [動] (…)する気にならない, わざわざ(…)したくない.
Whỳ bóther dóing **[to** dó**] ...?** わざわざ…することはないじゃないか.
— 名 ❶ U **面倒**, 苦労, やっかい; 騒ぎ [≒trouble]: I had a bit of *bother* finding his house. 彼の家を探すのにちょっと苦労した / It's no *bother* at all. Ⓢ 全然かまいません, ちっとも迷惑ではありません / It saved me ***the bother of*** going out. それで出かける手間が省けた / go to *the bother of* ... わざわざ…する / It's more *bother* than it's worth. それは苦労してやるだけの価値がない.
❷ [a ～]《略式》**やっかいな人[こと]**: He is *a bother to* me. あの男には困ったもんだ. (形 bóthersome)
both·er·some /bɑ́(ː)ðɚsəm | bɔ́ðə-/ 形 うるさい, やっかいな, 面倒な. (名 bóther)

Bot·ti·cel·li /bɑ̀(ː)ṭɪtʃéli | bɔ̀t-/ 名 固 San·dro /sǽndrou/ ～ ボッティチェリ (1444?–1510)《イタリアの画家》.

＊bot·tle /bɑ́(ː)ṭl | bɔ́tl/
— 名 (～s /～z/) ❶ Ⓒ びん, ボトル: a plastic *bottle* ペットボトル / an empty *bottle* 空きびん / open a *bottle* びんを開ける.
❷ Ⓒ **びん[ボトル]1本の量**: three ***bottles of*** milk 牛乳3本. ❸ [the ～]《略式》酒: be *on the bottle* 酒びたりになっている. ❹ Ⓒ [普通は単数形で] (哺乳びんの)ミルク; 哺乳びん. ❺ Ⓤ《英略式》勇気, 度胸.
hít [táke to] the bóttle [動] 自《略式》深酒をするようになる; 大酒を飲む.
— 動 (bot·tles /～z/; bot·tled /～d/; bot·tling) 他 (酒など)を**びん[ボトル]に入れる[詰める]**; 《英》(果物など)を(保存用に)びん詰めにする: Beer *is bottled* in this factory. V+O の受身 この工場ではビールがびん詰めにされる.
bóttle óut [動] 自《英略式》しり込みする, おじけづく (*of*).
bóttle úp [動] 他 (感情)を押し殺す. 由来 びんに封じ込める, の意.

bóttle bànk 名 Ⓒ《英》空きびん回収箱.

bot·tled /bɑ́(ː)ṭld | bɔ́tld/ 形 びん[ボトル]詰めの.

bot·tle-feed /bɑ́(ː)ṭlfìːd | bɔ́tl-/ 動 (-feeds; 過去・過分 -fed /-fèd/; -feed·ing) 他 (赤ん坊)をミルク[人工栄養]で育てる. 関連 breast-feed 母乳で育てる.

bot·tle·neck /bɑ́(ː)ṭlnèk | bɔ́tl-/ 名 Ⓒ (交通渋滞の起こる)狭い道路; 障害(となるもの), 支障, ネック《⇒ neck 3 日英》.

bóttle òpener 名 Ⓒ (びんの)栓抜き.

＊bot·tom /bɑ́(ː)ṭəm | bɔ́t-/
— 名 (～s /～z/) ❶ [the ～] **最下部**, (山などの)ふもと; (木の)根元; (ページ・地図などの)下のほうの部分; (スカートなどの)すそ [⇔ top]: She stood ***at the bottom of*** the stairs. 彼女は階段の下の所に立った / *at the bottom of* the hill 丘のふもとに / the third line from *the bottom* 下から3行目.
❷ [the ～] (物の)**底**, 最低部 [⇔ top]: I found a ten-yen coin ***at the bottom of*** my bag. かばんの底に10円玉を見つけた. ❸ [the ～ または Ⓤ] 海底, 湖底, 川底: *at* [*on*] *the bottom of* the sea 海底に / The best fish swim near *the bottom*. 《ことわざ》最上の魚は水底近くを泳ぐ(大物はなかなか出てこない). ❹ Ⓒ (物の)底面, 裏面; (人の)しり [≒buttocks]: the *bottom of* the shoe 靴の裏. ❺ [the ～ または Ⓤ] 最下位, (社会の)最下層, (組織の)下っ端 [⇔ top]: This team is always (*at the*) *bottom of* the league. このチームはいつもリーグの最下位だ / start at *the bottom* 下積みから始める. ❻ Ⓒ [普通は複数形で] (スーツ・パジャマなどの)ズボン[スカート], ボトム [⇔ top]. ❼ [the ～]《主に英》(道の)つき当たり; (庭などの)いちばん奥 (*of*). ❽ Ⓒ〔野球〕(回の)裏 [⇔ top]: the *bottom* of the seventh inning 7回の裏.
at bóttom [副] 文修飾 心の底は; 根本的には.
be [líe] at the bóttom of ... [動] 他 ...の原因である.
Bóttoms úp! Ⓢ《略式》乾杯!, 飲み干せ! 由来 グラスの底を上に向け中身を飲み干せ, の意.
gét to the bóttom of ... [動] 他 ...の真相[原因]を突き止める.
knóck the bóttom òut of ... [動] 他《略式》...を根底からくつがえす, 台なしにする.
The bóttom dróps [fálls] óut (of ...). (1) (相場の)底値が崩れる. (2) (...の)望みがなくなる.
tóuch [hít, scrápe] bóttom [動] 自 底につく; どん底になる.
— 形 ❶ 限定 最も低い[下の] [⇔ top]: the *bottom* shelf いちばん下の棚 / the *bottom* price 最安値, 底値. ❷ 最下位の, 最後の [⇔ top]: come *bottom* in the exam 試験でびりになる.
— 動 [次の成句で] **bóttom óut** [動] 自〔商業〕(物価などが)底をつく.

bot·tom·less /bɑ́(ː)ṭəmləs | bɔ́t-/ 形 底なしの, 非常に深い; (資源が)無限の.

bóttom líne 名 ❶ [the ～] (物事の)要点, 核心, 結論: *The bottom line* is that ... 要するに...だ. ❷ [the ～] (決算書に示す最終的な)収益[損失]額. ❸ [the ～] (容認できる)最低金額.

bot·tom-up /bɑ́(ː)ṭəmʌ́p | bɔ́t-/ 形 (計画などが)細部から始めて全体へ向かう方式の; 下位から上位への [⇔ top-down].

bot·u·lis·m /bɑ́(ː)tʃʊlìzm | bɔ́tʃ-/ 名 Ⓤ〔医学〕ボツリヌス中毒《腐ったソーセージ・缶詰肉から起こる》.

bou·gain·vil·le·a, -vil·lae·a /bùːgənvíliə/ 名 Ⓒ,Ⓤ ブーゲンビリア《熱帯植物》.

bough /báʊ/ ❗発音 名 Ⓒ《文語》(木の)大枝《⇒ tree 挿絵》.

＊bought /bɔ́ːt/ ❗発音 -ght で終わる語の gh は発音しない. 動 **buy の過去形および過去分詞.**

bouil·la·baisse /bùːjəbéɪs/ ≪フランス語から≫ 名 Ⓤ,Ⓒ ブイヤベース《魚や貝を煮込んだスープ料理》.

bouil·lon /bʊ́jɑ(ː)n | búːjɔːŋ/ ≪フランス語から≫ 名 Ⓤ,Ⓒ ブイヨン《牛肉・とり肉などの澄ましスープ》.

boul·der /bóʊldə | -də/ 名 Ⓒ (大きな)丸石, 玉石.

bou·le·vard /bʊ́ləvɑ̀əd | búːləvɑ̀ːd/ ≪フランス語から≫ 名 Ⓒ 広い並木道, 大通り《略 blvd., Blvd》.

＊bounce /báʊns/ 動 (bounc·es /～ɪz/; bounced /～t/; bounc·ing) 自 ❶ (ボールなどが)**弾(はず)む**, バウンドする; (光・音などが)反射する: The ball ***bounced*** ***off*** the wall [***over*** the fence]. V+前+名 ボールは壁に当たってはね返った[バウンドして柵(さく)を越えた]. ❷ [副詞(句)を伴って] 跳び上がる, はね回る; 弾むように動く[進む]: *bounce up and down* with joy うれしくてはね回る. ❸ (小切手が)不渡りで戻る. ❹ (Eメールが)(相手に届かずに)戻ってくる (*back*).
— 他 ❶ (ボールなど)を**弾(はず)ませる**, バウンドさせる; (...)を上下に動かす; (光・音など)を反射させる (*off*): Tom ***bounced*** the basketball ***against*** the wall. V+O+前+名 トムはバスケットボールを壁にバウンドさせた / She *bounced* the baby *on* her knee. 彼女は赤ちゃんをひざの上でゆすってあやした. ❷ (小切手)を不渡りにする. ❸ (Eメール)を送り返す (*back*). ❹《略式》(人)を首にする; (人)を(...から)追い出す (*from*).
bóunce aróund [動] 自 (考えなどが)ころころ変わる. — 他《略式》(考え)をいろいろな人と議論する.
bóunce báck [動] 自 (失敗・不幸などから)立ち直る, (病気から)回復する (*from*).
bóunce ... ìnto ～ [動] 他 (人)に無理に[せかして]～させる.
bóunce ... òff ～ [動] 他 (考えなど)を(人に)ぶつけて反応をみる.
— 名 ❶ Ⓒ 弾(はず)み, はね返り: catch the ball on the

first *bounce* ボールをワンバウンドで取る. ❷ Ⓤ 弾力性; (髪の)はり, こし. ❸ [Ⓤ または a ～] 元気, 活力.

bounc·er /báʊnsə | -sə/ 名 Ⓒ (クラブなどの)用心棒.

bounc·ing /báʊnsɪŋ/ 形 限定 (赤ちゃんなどが)元気のいい.

bounc·y /báʊnsi/ 形 (bounc·i·er; -i·est) ❶ (ボールが)よく弾(はず)む; 弾力性のある. ❷ 元気のいい, 生き生きとした.

B

***bound**[1] /báʊnd/ 動 **bind の過去形および過去分詞.**

— 形 ❶ **確実に…するはずである,** きっと…する: Such a plan is ***bound to*** fail. +to 不定詞 そんな計画は失敗するに決まっている.

❷ **義務がある,** 責任がある; 拘束[束縛]された (⇒ bind 他 4): We are not ***bound by*** the decision. +by+名 私たちはその決定に縛られることはない / She is ***bound*** (***by*** her position) ***to*** answer these questions. (+by+名)+to 不定詞 彼女は(立場上)これらの質問に答える義務がある. ❸ (…で)結びついている (*together; by*). ❹ 縛(しば)られた, 結ばれた: a package *bound* with string ひもで縛った包み. ❺ (本が)装丁[製本]された: a book *bound in* leather 革装の本.

be bóund and detérmined to dó [動] 《米》 …することを固く決意している.

be bóund úp in … [動] 他 (1) …に夢中[かかりっきり]である. (2) = be bound up with ….

be bóund úp with … [動] 他 **…と密接な関係がある,** 深くかかわっている: The quality of sake *is* closely *bound up with* good water. 日本酒の品質は良質の水と密接な関係がある.

I'm bóund to sáy [admít] … 《格式》 …と言わ[認め]ざるをえない.

+**bound**[2] /báʊnd/ 動 (bounds /báʊndz/; bound·ed /～ɪd/; bound·ing) 自 [副詞(句)を伴って] **跳びはねながら進む** (⇒ jump 類義語): The rabbit ***bounded across*** the backyard. V+前+名 うさぎは裏庭をはねて通り過ぎた / The ball ***bounded away*** into our neighbor's garden. V+*away* ボールははねて隣の庭へ入ってしまった.

— 名 (bounds /báʊndz/) Ⓒ **弾(はず)み,** はね返り, バウンド: with [in] one *bound* ひと跳びで; 一躍して.

bound[3] /báʊnd/ 形 [名詞の後かまたは 叙述 として] …行きの, …へ行こうとして: a train *bound for* Paris パリ行きの列車 / a ship homeward [outward] *bound* 故国[外国]向けの船.

bound[4] /báʊnd/ 名 [複数形で] 限界, 限度, 範囲 [≒ limit]; 境界: *within the bounds of* … …の範囲内で / go *beyond* [*outside*] *the bounds of* … …の範囲を越える / His appetite *knows no bounds.* 《格式》 彼の食欲には際限がない. **in bóunds** [形・副] 〖スポーツ〗 コートの境界線内で[に]. **òut of bóunds** [形・副] (1) (場所が)(…の)出入禁止の[で] (*to, for*). (2) (話題などが)(…に)禁じられて (*to, for*). (3) 〖スポーツ〗 コートの境界線の外側で[に].

— 動 他 [普通は受身で] (…)に境界をつける, (…)と境を接する: Japan *is bounded by* the sea on all sides. 日本は四方を海に囲まれている.

-bound /báʊnd←/ 形 [合成語で] ❶ …に閉ざされた: a fog-*bound* airport 霧に閉ざされた空港. ❷ …に縛られた; …に拘束された: duty-*bound* 義務に縛られた. ❸ …行きの: north*bound* 北行きの.

bound·a·ry** /báʊndəri, -dri/ 名 (-a·ries /～z/) ❶ Ⓒ **境界線;** 国境 (⇒ 類義語): draw a *boundary* 境界線を引く / The Rio Grande forms the ***boundary between the US *and* Mexico. リオ・グランデ川が米国とメキシコの国境になっている. ❷ Ⓒ [普通は複数形で] 限界, 範囲: push back the *boundaries* of human knowledge 人間の知識の限界を押し広げる. ❸ Ⓒ (性質・感情などの)境界 (*of, between*).

類義語 **boundary** 地図や図面に明記されるような厳密な意味での国境や境界線で, 条約や契約によって決定・変更されるものをいう. **border** 山や川などの地理的条件による境界を意味して *boundary* ほど厳密でなく, また, 国境沿いの地域一帯も指す.

bound·less /báʊndləs/ 形 限りのない, 無限の.

boun·te·ous /báʊnṭiəs/ 形 《格式》 物惜しみしない, 気前のよい.

boun·ti·ful /báʊnṭɪf(ə)l/ 形 《格式》 (物が)豊富な; (人が)気前のよい, 物惜しみしない.

boun·ty /báʊnṭi/ 名 (boun·ties) ❶ Ⓒ (犯人逮捕などへの)報奨金; 奨励金. ❷ Ⓤ 《文語》 贈り物, 恵み.

bou·quet /boʊkéɪ, buː- | bʊ-, boʊ-/ ≪フランス語から≫ 名 ❶ Ⓒ ブーケ, (手に持つ)花束 (*of*). ❷ Ⓒ,Ⓤ 香り 《特にワイン・ブランデーの》.

bour·bon /bə́ːb(ə)n | bə́ː-/ 名 Ⓤ バーボン 《とうもろこしから作る米国産のウイスキー》; Ⓒ バーボン 1 杯.

bour·geois /bʊ́əʒwɑː | bʊ́ə-/ ≪フランス語から≫ 名 (複 ～ /bʊ́əʒwɑː(z) | bʊ́ə-/) ❶ Ⓒ 中産階級の市民. ❷ Ⓒ [軽蔑的] 体裁を気にする俗物. — 形 ❶ 中産階級の. ❷ [軽蔑的] ブルジョア根性の, 俗物の, 保守的な.

bour·geoi·sie /bʊ̀əʒwɑːzíː | bʊ̀ə-/ ≪フランス語から≫ 名 (複 ～) [the ～; 《英》 単数または複数扱い] 中産階級 《全体》; (マルクス主義理論で)有産階級, 資本家階級 《全体》 [⇔ proletariat].

+**bout** /báʊt/ 名 (bouts /báʊts/) ❶ Ⓒ (病気などの)**発作,** 発症: I had a ***bout of*** [《米》 ***with***] (the) flu this winter. 私はこの冬インフルエンザにかかった. ❷ Ⓒ 短い期間, ひとしきり (*of*). ❸ Ⓒ ひと勝負, (ボクシング・レスリングなどの)1 試合.

bou·tique /buːtíːk/ ≪フランス語から≫ 名 Ⓒ ブティック 《婦人服・装身具などの小売専門店》.

bo·vine /bóʊvaɪn/ 形 ❶ 《格式》 牛の(ような). ❷ Ⓦ のろまな, 鈍感な.

bow**[1] /báʊ/ 発音 (同音 bough) 動 (bows /～z/; bowed /～d/; bow·ing) 自 ❶ **おじぎをする,** 頭を下げる, (…の上に)かがみ込む (*over*); たわむ: We *bowed before* the king. 我々は王の前で頭を下げた / He ***bowed politely ***to*** his teacher. V+to+名 彼は先生に丁寧におじぎをした. ❷ (いやいや)従う, 屈服する: *bow to* public pressure 世論の圧力に屈する / *bow to* the inevitable 運命に従う.

— 他 ❶ (頭)を**下げる,** 垂れる, (ひざ・腰)をかがめる: *bow* one's head in prayer 頭を垂れて祈る / He stood with his head *bowed.* 彼は頭を下げて立っていた. ❷ [普通は受身で] (…)を曲げる.

bów and scrápe [動] 自 [軽蔑的] (必要以上に)ぺこぺこする (*to*). 由来 おじぎをしたり右足をうしろに引いて礼をする, という意.

bów dówn [動] 自 (1) (ひざまずいて)(…に)おじぎをする (*before, to*). (2) 《文語》 (…に)屈服する (*to*).

bów óut [動] 自 (…から)手を引く, 退く (*of*).

— 名 (～s /～z/) Ⓒ **おじぎ:** give [make] a low [deep] *bow to*… …に深くおじぎをする.

tàke a [one's] **bów** [動] 自 (舞台で)かっさい[拍手]にこたえて頭を下げる.

〖語源 ⇒ bow[2] 語源〗

*__bow__[2] /bóʊ/ 発音 名 (~s /~z/) ❶ C 弓: He shot an arrow from his *bow*. 彼は弓から矢を放った.
❷ C (楽器の)弓: A violin is played with a *bow*. バイオリンは弓で弾く. ❸ C ちょう結び: a ribbon (tied) in a *bow* ちょう結びのリボン.
— 動 他 (曲・楽器など)を弓で弾く. — 自 (弓形に)曲がる; 弓で弾く.
〖語源 元来は「曲がったもの」の意; bow[1] と同語源〗

bow[3] /báʊ/ 発音 名 C [しばしば複数形で] 船首, 艦首, へさき [⇔ stern].

Bow bells /bóʊbélz/ 名 複 ボウベル《London の the City にある St. Mary-le-Bow /sèntmé(ə)rilәbòʊ | s(ə)n(t)-/ 教会の鐘》. 参考 この音が聞こえる範囲内 (within the sound of Bow bells) で生まれた者が生粋(きっすい)のロンドン子といわれた.

bowd·ler·ize /bóʊdləràɪz | báʊd-/ 動 他 [軽蔑的] (著作)の不穏当な部分を削除訂正する.

+**bow·el** /báʊ(ə)l/ 名 (~s /~z/) ❶ C [普通は複数形で] 腸; [形容詞的に] 腸の: move [empty, open] one's *bowels* 排便する. ❷ [the ~s]《文語》(大地などの)内部, 奥 (*of*).

bówel mòvement 名 C 便通.

bow·er /báʊɚ | báʊə/ 名 C《文語》木陰(の休息所).

*bowl[1] /bóʊl/ 発音 (同音 boll)

— 名 (~s /~z/) ❶ C 鉢, わん, 茶わん, (料理用)ボウル《⇒ dish 類義語》: a salad *bowl* サラダボウル / a goldfish *bowl* 金魚鉢. ❷ C 鉢[わん]1 杯の量: three *bowls of* rice ご飯 3 杯. ❸ C (さじの)くぼみ; (パイプの)火皿; (トイレの)便器. ❹ C《米》(すり鉢形の)野外スタジアム[競技場]. ❺ C《米》〖アメフト〗(シーズン終了後の)上位チームによる試合: ⇒ Rose Bowl.

bowl[2] /bóʊl/ 名 C (ボウルズの)木球; (ボウリングの)球.
— 動 自 ❶ ボウリング[ボウルズ]をする. ❷〖クリケット〗投球する. ❸ 快調に走る (*along*). — 他 ❶ (ボウリングなどで)(球)を転がす. ❷〖クリケット〗(球)を投げる; (打者)をアウトにする (*out*). **bówl óver** [動] 他 (1) [普通は受身で] (人)をびっくりさせる. (2) ぶつかって(人)を転倒させる, 突き飛ばす.

bow·leg·ged /bóʊlèg(ɪ)d/ 形 O 脚の, がにまたの.

bowl·er[1] /bóʊlɚ | -lə/ 名 C〖クリケット〗投手.

bow·ler[2] /bóʊlɚ | -lə/, **bów·ler hát** 名 C《英》= Derby 4.

bowl·ful /bóʊlfʊ̀l/ 名 C 鉢[わん]1 杯の量 (*of*).

+**bowl·ing** /bóʊlɪŋ/ 名 U **ボウリング**: go *bowling* ボウリングをしに行く.

bówling àlley 名 C ボウリング場.

bowls /bóʊlz/ 名 U ボウルズ《芝生の上で木球を標的の近くまで転がす競技》.

bów tíe /bóʊ-/ 名 C ちょうネクタイ.

bow·wow /báʊwáʊ/ 間《小児語》わんわん《犬のほえる声》. — 名 C《小児語》犬, わんわん.

*box[1] /bá(ː)ks | bɔ́ks/

— 名 (~·es /~ɪz/) ❶ C 箱《普通「ふた」のついたものをいう》: She put her hat into the *box*. 彼女は帽子を箱にしまった / a cardboard *box* 段ボール箱.
❷ C **ひと箱の分量**: a *box of* apples りんごひと箱.
❸ C (解答用紙などの✓ 印をつける)四角(形), 枠, 解答欄; (新聞などの)囲み(欄): check [tick] a *box* 四角に✓ 印をつける. ❹ C 仕切った場所, ボックス; (劇場などの)ます席, ボックス席: the royal *box* 貴賓席 / a witness *box*《英》証人席. ❺ C 番小屋, 詰め所: a police *box* (日本の)交番. ❻ C 私書箱 (post-office box); = box number. ❼ C《米》〖野球〗(打者・コーチなどの)ボックス, (投手の)マウンド; [the ~]〖サッカー〗ペナルティーエリア. ❽ [the ~]《略式, 主に英》テレビ.
thínk outsìde the bóx [動] 自《略式, 主に米》(枠にとらわれないで)新しい考え方をする.
— 動 他 (...)を箱に入れる (*up*).
bóx ín [動] 他 (...)を(囲い込んで)動けなくする; (人)を自由に行動できなくする: feel *boxed in* 身動きできないように感じる.
bóx óff [動] 他 (空間など)を仕切る.
〖語源 つげ《⇒ box[3]》を箱の材料としたことから〗

+**box**[2] /bá(ː)ks | bɔ́ks/ 動 (box·es /~ɪz/; boxed /~t/; box·ing) 自 **ボクシングをする**: Paul *boxed with* [*against*] John. ポールはジョンとボクシングをした.
— 他 (人)とボクシングをする.

box[3] /bá(ː)ks | bɔ́ks/ 名 C,U つげ《生け垣などにする常緑樹》; U つげ材.

box·car /bá(ː)kskàɚ | bɔ́kskàː/ 名 C《米》有蓋(ゆうがい)貨車 [《英》van].

boxed /bá(ː)kst | bɔ́kst/ 形 箱入り[売り]の.

+**box·er** /bá(ː)ksɚ | bɔ́ksə/ 名 (~s /~z/) ❶ C **ボクサー**, ボクシングの選手. ❷ C ボクサー犬《⇒ dog 挿絵》.

bóxer shòrts 名 複 ボクサーショーツ, トランクス《ボクサーのはくような男性用パンツ》.

+**box·ing** /bá(ː)ksɪŋ | bɔ́ks-/ 名 U **ボクシング**, 拳闘.

Bóx·ing Dày /bá(ː)ksɪŋ- | bɔ́ks-/ 名 U,C《英》ボクシングデー《クリスマスの翌日の公休日 (bank holiday); 郵便配達人や使用人らにお礼の心付け (Christmas box)を与える》.

bóxing glòve 名 [複数形で] ボクシング用グラブ.

bóx lúnch 名 C《米》(箱に詰めた)昼食用弁当 [《英》packed lunch].

bóx nùmber 名 C 私書箱番号; (新聞の)広告番号《匿名広告などのあて名の代わり》.

bóx òffice 名 ❶ C (劇場などの)切符売り場. ❷ [単数形で] (興行の)売り上げ; 大当たり.

box-of·fice /bá(ː)ksɔ̀ːfɪs | bɔ́ksɔ̀f-/ 形 限定 (映画・演劇などが)人気をよぶ, 大当たりの.

bóx sprìng 名 C (ベッドの)スプリング.

*boy /bɔ́ɪ/ (同音 #buoy)

— 名 (~s /~z/) ❶ C **男の子**, 少年; 青年, 若者《普通 17-18 歳までをいう》: There are thirty *boys* in this class. このクラスには男子が 30 人いる / teenage *boys* 10 代の少年 / a baby *boy* 男の赤ちゃん / Be a good *boy*! いい子にしてなさいよ / That's my *boy*! よくやった《親が男の子をほめるときなど》/ *Boys* will be *boys*.《ことわざ》男の子はやはり男の子だ《いたずらは仕方がない》. 関連 schoolboy 男子生徒 / man 大人の男性 / girl 女の子.
❷ [形容詞的に] **男子の**: a *boy* student 男子学生.
❸ C [しばしば所有格の後で] **息子** [≒son]: This is *my* little *boy*. これはうちの息子です. 関連 girl 娘. ❹ C《略式》(ある土地・集団出身の)男: city *boys* 都会育ちの男. ❺ C 男の使用人. 語法 paper*boy* (新聞配達の少年), office *boy* (会社の使い走り), delivery *boy* (配達少年)のように普通は合成語で, 成人男性に用いると差別的. 参考 レストランのボーイは waiter, ホテルのボーイは《米》bellhop, bellboy,《英》page という. ❻ [the ~s として]《略式》男(仲間), 遊び仲

間; 同僚, 仕事仲間. ❼ Ⓒ [普通は the ～s として]《略式》(ある職業の)人々, 関係者《男性》: *the* press [science] *boys* 新聞記者[科学者]たち. ❽ [the [our] ～s として]《略式》(戦場の)兵士たち. ❾ Ⓒ おまえ《雄の犬・猫・馬などに対する呼びかけ》.

the bóys in blúe [名]《略式》警察, 警官.

— 間《略式, 主に米》わあ, すごーい《喜び・驚きなどを表わす》.

boy·cott /bɔ́ɪkɑ(ː)t | -kɔt/ !アク 動 他 (商品・サービスなど)をボイコットする, (...)に対し不買同盟を結ぶ; (...)を排斥(はいせき)する. — 名 Ⓒ ボイコット, 不買同盟, 不買運動 (*of, on, against*).

‡boy·friend /bɔ́ɪfrènd/

— 名 (-friends /-frèndz/) Ⓒ **恋人**《男性》, **彼氏**, ボーイフレンド; [遠回しに] 愛人《⇒ lover 語法》: Laura has been dating her *boyfriend* for three months. ローラは彼氏と 3 か月付き合っている. 関連 girlfriend 彼女.

boy·hood /bɔ́ɪhʊ̀d/ 名 [U または a ～] 少年時代, 少年期: He spent his *boyhood* in Rome. 彼は少年時代をローマで過ごした. 関連 manhood 男性の成年時代 / womanhood 女性の成年時代 / childhood 子供時代 / girlhood 少女時代.

boy·ish /bɔ́ɪɪʃ/ 形 [しばしばよい意味で] 少年らしい, 少年のような; (女の子が)男の子のような. **～·ly** 副 少年らしく; 男の子のように. **～·ness** 名 U 少年らしさ.

Bóy Scòut 名 Ⓒ ボーイスカウト, 少年団員 (Boy Scouts) の一員.

Bóy Scòuts 名 [the ～;《英》単数または複数扱い] ボーイスカウト, 少年団.

bo·zo /bóʊzoʊ/ 名 (～s) Ⓒ《略式》ばか, まぬけ.

bps, BPS /bíːpìːés/ 略〔コンピュータ〕ビット毎秒《*b*it *p*er *s*econd の略》.

*__Br.__ 略 = British, Brother.

bra /brɑ́ː/ 名 Ⓒ ブラジャー (brassiere).

+**brace** /bréɪs/ 動 (brac·es /～ɪz/; ～d /～t/; brac·ing) 他 ❶ (安定するように)(体の部分)を(壁などに)**押し当てる**, (足など)を(...に対して)ふんばる: She ***braced*** her back ***against*** the wall. V+O+*against*+名 彼女は壁によりかかって体を支えた. ❷ (...)を緊張させる; (...)に突っ張りをする, (...)を支える, 強固にする.

— 自 (困難などに)備える (*for*); 体を緊張させる.

bráce onesèlf [動] 自 (1) (困難などに)**備える**, (...の)覚悟をする (*to* do): She is *bracing herself for* the exams next week. 彼女は来週の試験に備えて気を引き締めている. (2) 体を緊張[安定]させる (*against, for*).

— 名 ❶ Ⓒ〔医学〕(体の部分を固定する)装具, 固定器, 添え木; [普通は複数形で]《米》(弱った脚を支える)歩行用添え金 [《英》calliper]: wear a neck *brace* 首に固定具をはめる. ❷ Ⓒ 締め金, かすがい; つっぱり, 支柱; (ドリルの)曲がり柄. ❸ Ⓒ [《米》ではしばしば複数形で] 歯列矯正器. ❹ Ⓒ [しばしば複数形で] 中かっこ《{ }; ⇒ parenthesis》. ❺ [複数形で]《英》ズボンつり [《米》suspenders]. ❻ Ⓒ (複 ～) (猟鳥などの)1 つがい, 1 対 [≒pair].

〖語源 ラテン語で「両腕」の意〗

brace·let /bréɪslət/ 名 Ⓒ ブレスレット, 腕輪.

brac·ing /bréɪsɪŋ/ 形 (空気などが)身の引き締まるような, すがすがしい, さわやかな.

brack·en /brǽk(ə)n/ 名 U わらび(の茂み).

brack·et /brǽkɪt/ 名 ❶ Ⓒ (所得・年齢などの)階層(の人たち), グループ: the higher income *bracket* 高所得層. ❷ Ⓒ [普通は複数形で]《英》(丸)かっこ《round bracket ともいう; ⇒ parenthesis》;《米》角がっこ《[ ]》[《英》square bracket]: angle *brackets* 山かっこ《〈 〉》. ❸ Ⓒ (棚などを支える)腕木, 腕金; (腕木で支えられた)張り出し棚; ブラケット《壁から突き出た電灯などを支える》. — 動 他 ❶ (...)をかっこでくくる (*off*). ❷ [しばしば受身で] (...)をひとまとめに扱う, 同じに扱う (*together, with*).

brack·ish /brǽkɪʃ/ 形 (水が)塩気のある, 汽水(性)の; 不快な.

brag /brǽg/ 動 (brags; bragged; brag·ging) 自 [軽蔑的] 自慢する (*of, about*). — 他 [軽蔑的] (...)と自慢する[して言う] (*that*).

brag·gart /brǽgət | -gɑt/ 名 Ⓒ《古風》自慢屋.

Brah·man /brɑ́ːmən/, **Brah·min** /-mɪn/ 名 Ⓒ バラモン《インド四姓中の最高階級の僧族》.

Brahms /brɑ́ːmz/ 名 固 Jo·han·nes /joʊhɑ́ːnɪs/ ～ ブラームス (1833-97)《ドイツの作曲家》.

braid /bréɪd/ 名 ❶ Ⓒ [しばしば複数形で]《米》編んだ髪, 三つ編み, おさげ髪 [《英》plait]. ❷ U 組みひも, モール. — 動 他《米》(髪など)を編む; おさげに結う; 組みひもで飾る, 縁取りする.

braid·ed /bréɪdɪd/ 形 (髪などが)編んだ; モールで飾った.

braille /bréɪl/ 名 U [しばしば B-] 点字(法).

‡brain /bréɪn/

— 名 (～s /～z/) ❶ C,U 脳, 脳髄; [複数形で] (食用の)動物の脳: Scientists have discovered a lot about how the human *brain* works. 科学者たちは人間の脳の働きについて多くのことを発見した / *brain* cells 脳細胞 / a *brain* tumor 脳腫瘍.

❷ C,U [しばしば複数形で] **頭脳**, 知力 [≒intelligence]: Use your *brain(s)*. 頭を使え / He doesn't have enough *brains* to do sums in his head. 彼は暗算をするほど頭がよくない. ❸ Ⓒ《略式》優れた頭脳の持ち主; [the ～s で単数扱い]《略式》(グループの)知的指導者, ブレーン: That's a good idea. You are a *brain*. それはいい考えだ. 君は頭がいい / She is *the brains behind* [*of*] our project. 彼女は我々の企画のブレーンだ.

béat [básh] one's **bráins òut** [動] 自 = rack one's brain(s).

hàve ... on the bráin [動] 他《略式》(...)が頭から離れない.

píck ...'s bráin(s) [動]《略式》...の知恵を借りる.

ráck one's **bráin(s)** [動] 自 一生懸命考える.

— 動 他 Ⓢ《略式》(人)の頭をぶん殴(なぐ)る.

brain·child /bréɪntʃàɪld/ 名 [単数形で]《略式》創案, 発案 (*of*).

brain-dead /bréɪndèd/ 形 ❶ 脳死した. ❷《略式》ばかな; (疲れなどで)頭が働かない.

bráin dèath 名 U 脳死.

bráin dràin 名 Ⓒ [the ～] (外国などへの)頭脳流出.

brain·less /bréɪnləs/ 形 頭の悪い, 愚かな.

brain·pow·er /bréɪnpàʊɚ | -pàʊə/ 名 U 知力; (国の)頭脳集団.

brain·storm /bréɪnstɔ̀ɚm | -stɔ̀ːm/ 名 ❶ Ⓒ《米略式》突然ひらめいた名案 [《英》brain wave]. ❷ Ⓒ《英略式》(突然の)頭の混乱.

brain·storm·ing /bréɪnstɔ̀ɚmɪŋ | -stɔ̀ːm-/ 名 U ブ

レーンストーミング《各人が自由にアイデアを出し合っていく会議のしかた》.

bráin sùrgery 名 U 脳外科(手術). **be nòt bráin sùrgery** Ⓢ 大して難しくない.

brain·teas·er /bréɪntìːzɚ | -zə/ 名 C (楽しみながら解く)難問, パズル.

bráin trùst 名 C 《米》 頭脳委員会, (非公式の)専門委員会[顧問団].

brain·wash /bréɪnwɑ̀(ː)ʃ, -wɔ̀ːʃ | -wɔ̀ʃ/ 動 他 (人)を洗脳する; 洗脳して...させる (*into*).

brain·wash·ing /bréɪnwɑ̀(ː)ʃɪŋ, -wɔ̀ːʃ- | -wɔ̀ʃ-/ 名 U 洗脳, (強制的な)思想改造教育.

bráin wàve 名 ❶ C [普通は複数形で]〔医学〕脳波. ❷ C 《英略式》 = brainstorm 1.

brain·y /bréɪni/ 形 (brain·i·er; -i·est) 《略式》 頭のいい, 利口な.

braise /bréɪz/ 動 他 (肉や野菜)を油でいためて密閉した鍋で蒸し煮する.

+**brake** /bréɪk/ (同音 break) 名 (~s /~s/) ❶ C ブレーキ(⇒ bicycle 挿絵); ブレーキペダル: *put on* [《格式》 *apply*] *the **brake**(s)* ブレーキをかける / a loose *brake* ゆるめのブレーキ / The *brake(s)* didn't work. ブレーキがきかなかった. 関連 air brake エアブレーキ / emergency brake 《米》, handbrake 《英》, parking brake 《米》 駐車ブレーキ, サイドブレーキ. ❷ C 抑制; 歯止め: put 「the *brake(s)* [a *brake*] *on* ... (出費など)を抑制する.

— 動 (brakes /~s/; braked /~t/; brak·ing) 他 (...)にブレーキをかける.

— 自 ブレーキをかける: *brake* suddenly [hard, sharply]. 急ブレーキをかける.

bráke lìght 名 C 制動灯, ブレーキランプ.

bram·ble /brǽmbl/ 名 C いばら, 野ばら; くろいちご (blackberry) の茂み.

bran /brǽn/ 名 U ふすま, ぬか; もみ殻. 関連 chaff もみ殻 / husk さや.

****branch** /brǽntʃ | brɑ́ːntʃ/

— 名 (~·es /~ɪz/)

意味のチャート
「枝」❶ → (枝状に分かれたもの) → 「支店」❷ / → 「部門」❸

❶ C (木の)枝(⇒ tree 挿絵): There are some birds on the *branches* of a tree. 木の枝に鳥がいる / trim [prune] a *branch* 枝を剪定(せんてい)する.

❷ C **支店, 支部**, 支局, 支社, 出張所 (branch office): A new *branch* will be opened in Chicago next month. 新しい支店が来月シカゴに開店する.

❸ C (組織などの)**部門**; (学問の)分野: a ***branch of*** mathematics 数学の一部門. ❹ C 分家; (山脈の)支脈; (川の)支流; わき道; (鉄道の)支線.

— 動 自 (道路などが)分かれる, 分岐する.

bránch óff [動] 自 (1) (道·鉄道などが)分岐する, 本道[本線]から分かれる (*from*). (2) (話題が)変わる, それる.

bránch óut [動] 自 (人·会社などが)事業[商売]の間口を広げる (*into*).

〖語源 ラテン語で「かぎづめのある足」の意〗

bránch òffice 名 C 支店, 支局, 支社. 関連 head office 本社, 本店, 本局.

****brand** /brǽnd/

— 名 (brands /brǽndz/)

意味のチャート
burn と同語源で「燃えさし」→「焼き印」❷ →「商標」❶ →「銘柄」❶

❶ C (商品の)**銘柄**, ブランド; 商標; 品質, (特別な)種類: the best *brand of* coffee 最高の銘柄のコーヒー / What *brand of* tea do you prefer? あなたはどの銘柄の紅茶が好きですか / the *brand* leader 一番良く売れているブランド / She has her own *brand of* humor. 彼女には独特のユーモアがある. 語法 make と比べて小さく, あまり高くない品物についていう(⇒ make 名 1).

日英 日本語の「ブランド」のような「高級品」の意味はない.「ブランド品」であることを明示する場合は branded [brand-name] products などという.

❷ C (家畜·商品などにつけた)**焼き印**, 烙印(らくいん); 焼きごて: On large farms, cattle are usually marked with *brands*. 大きな農場では家畜にはたいてい(持ち主を示す)焼き印が押されている.

— 動 他 ❶ (...)に汚名を着せる (*as*). ❷ (...)に焼き印[烙印]を押す (*with*).

brand·ed /brǽndɪd/ 形 限定 (商品が)有名ブランドの.

brand·ing /brǽndɪŋ/ 名 U ブランド戦略《商品に統一ブランド名をつけ印象づけること》.

bran·dish /brǽndɪʃ/ 動 他 (見せしめや威嚇のために)(刀など)を振り回す.

bránd nàme 名 C 銘柄名, ブランド名; 商標.

brand-name /brǽndnéɪm/ 形 有名ブランドの.

+**brand-new** /brǽn(d)n(j)úː | -njúː←/ 形 **真新しい**, 新品の; 入手したての. 関連 used 中古の.

bran·dy /brǽndi/ 名 (bran·dies) ❶ U,C ブランデー《ワインから作るアルコール分の強い酒》. ❷ C ブランデー1杯.

brash /brǽʃ/ 形 (brash·er; brash·est) 厚かましい, 生意気な, 偉そうな; (色などが)けばけばしい, 派手な.

Bra·sí·lia /brəzíljə/ 名 固 ブラジリア《ブラジルの首都》.

+**brass** /brǽs | brɑ́ːs/ 名 (~·es /~ɪz/) ❶ U **真ちゅう**, 黄銅: This plate is made of *brass*. この板は真ちゅう製だ. 関連 bronze ブロンズ, 青銅. ❷ U 金管楽器; [the ~; 《英》 単数または複数扱い] (オーケストラの)金管楽器部; 金管楽器の演奏者《全体》. ❸ U,C 真ちゅう製品《ろうそく立て·装飾品·馬具飾りなど》: do [clean, polish] the *brass* 真ちゅう器具を磨く. ❹ [the ~ として単数または複数扱い] 《米略式》 高級将校, お偉方《全体》. ❺ [the ~] 《略式》 厚かましさ, ずうずうしさ.

(as) bóld as bráss [形] 非常にずうずうしい.

由来 面(つら)の皮が真ちゅう製のように厚かましい, の意.

(形 brássy)

bráss bánd 名 C ブラスバンド, 吹奏楽団.

bras·se·rie /bræ̀səríː | brǽs(ə)ri/ ≪フランス語から≫ 名 C (食事も出す)飲み屋, 軽食堂.

bras·siere /brəzíɚ | brǽziə/ 名 C 《格式》 ブラジャー (bra).

bráss knúckles 名 複 《米》 メリケン(サック)《握りこぶしにはめる金属製の武器》.

bráss tácks 名 複 [次の成句で] **gèt [còme] dówn to bráss tácks** [動] 自 《略式》 本題に入る, 核心に触れる. 由来 brass tacks (真ちゅうのびょう)は物を留める要(かなめ)であることから.

brass·y /brǽsi | brɑ́ːsi/ 形 (brass·i·er; -i·est) ❶ [普通は軽蔑的] (特に女性が)けばけばしい, 厚かましい.

❷ 金管楽器のような音の, けたたましい. ❸ 真ちゅう(色)の; 真ちゅうで飾った. (名 brass)

brat /brǽt/ 名 C 《略式》 [軽蔑的] (行儀の悪い)子供, がき: a spoiled [spoilt] *brat* 悪がき.

bra·va·do /brəvɑ́:ḍoʊ/ ≪スペイン語から≫ 名 U 虚勢, 強がり.

B

brave** /bréɪv/ 形 (brav·er; brav·est) ❶ **勇敢な**; (...する)勇気のある; 大胆な [⇔ cowardly]: a *brave* soldier 勇敢な兵士 / a *brave* act 勇敢な行為 / Be *brave*! 勇気を出しなさい / ***It was ***brave of*** her ***to*** jump into the water and save the drowning boy. 水に飛び込んでおぼれている少年を救ったとは彼女は勇敢だった《⇒ of 12》. ❷ [the ~ として複数名詞扱い] 勇敢な人たち, 勇者. (名 brávery)

類義語 **brave** 最も一般的な語で, 危険や困難に直面して恐れない勇敢な行動を強調する: A *brave* man rescued the baby from the burning building. 勇敢な男の人が燃えている建物から赤ん坊を救い出した. **courageous** ある信念のもとに断固として恐怖心を排除して危険や困難に立ち向かうほか, 脅迫・苦痛・不幸などに屈しない精神的な強さを強調する: It was *courageous* of him to speak out against the law. その法律に異議を唱えるとは彼も勇敢だった. **bold** 性格的に大胆で, どちらかというと傲慢(ごうまん)で向こう見ずとも言えるような勇敢さをいう: Great scientists are *bold* thinkers. 偉大な科学者は大胆な思想家である.

— 動 他 Ⓦ (危険・死など)に勇敢に立ち向かう: *brave* the elements 悪天候をものともしない.

bráve it óut [動] 自 勇敢に立ち向かう.

— 名 C 《古風》 北米先住民の戦士.

brave·ly /bréɪvli/ 副 勇敢に(も), 勇ましく.

brav·er·y /bréɪv(ə)ri/ 名 U 勇敢さ. (形 brave)

bra·vo /brɑ́:voʊ/ ≪イタリア語から≫ 間 うまいぞ!, でかした!, ブラボー!《演奏者などをほめる叫び声》.

bra·vu·ra /brəv(j)ʊ́(ə)rə/ 名 U [しばしば形容詞的に] 華麗[大胆](な演技[演奏, 演出]).

brawl /brɔ́:l/ 名 C (人前での)騒々しいけんか[口論]; 大騒ぎ. — 動 自 けんかする, どなり立てる.

brawl·er /brɔ́:lə | -lə/ 名 C 大声でけんかする人.

brawn /brɔ́:n/ 名 U 筋肉; (知力に対して)腕力.

brawn·y /brɔ́:ni/ 形 (brawn·i·er; -i·est) 筋肉のたくましい; 強壮な, 屈強な.

bray /bréɪ/ 名 C ろばの鳴き声; 耳ざわりな声[音].

— 動 自 (ろばが)いななく; 大きな耳ざわりな声[音]を立てる.

Braz. 略 = Brazil, Brazilian.

bra·zen /bréɪz(ə)n/ 形 恥知らずな, ずうずうしい.

— 動 [次の成句で] **brázen it óut** [動] 自 (悪くても)ずうずうしく[平然と]押し通す.

bra·zen·ly /bréɪz(ə)nli/ 副 ずうずうしく(も).

bra·zier /bréɪʒə | -ziə/ 名 C 火鉢《金属製》.

+**Bra·zil** /brəzíl/ アク 名 固 **ブラジル**《南アメリカの共和国; 正式名は the Federative Republic of Brazil; 首都 Brasília; 略 Braz.》.

Bra·zil·ian /brəzíljən/ 形 ブラジルの; ブラジル人の; ブラジルのポルトガル語の. — 名 C ブラジル人; U ブラジルのポルトガル語《略 Braz.》.

breach** /brí:tʃ/ 名 (~·es/~ɪz/) ❶ C,U (法律・約束・契約の)**違反**, **不履**(ᵒ)**行**; (権利などの)侵害: *breach of* contract 契約違反 / *breach of* confidence 秘密漏洩(ろうえい) / *breach of* promise 違約, 婚約不履行 / a *breach of* the peace 治安妨害 / be ***in breach of the rules 規則に違反している. ❷ C 仲たがい, 不和 (*between, with*). ❸ C 裂け目, 突破口 (*in*). ❹ C (防御などの)突破: a *breach of* security 警備の突破《機密の漏洩など》.

stép ìnto the bréach [動] 自 救援にかけつける, (急場しのぎに)穴を埋める.

— 動 他 ❶ (法律・約束など)を破る, (契約など)に違反する. ❷ (防壁など)に穴を開ける, (...)を突破する.

〖語源 break(破る)と同語源〗

****bread** /bréd/ (同音 bred)

— 名 ❶ U **パン**. 日英 日本の「米」のような主食ではない: a piece [slice] of *bread* パン 1 切れ / a loaf of *bread* パンひと塊(かたまり) / fresh *bread* 焼きたてのパン / ***bake bread*** パンを焼く / ***slice bread*** パンを薄切りにする.

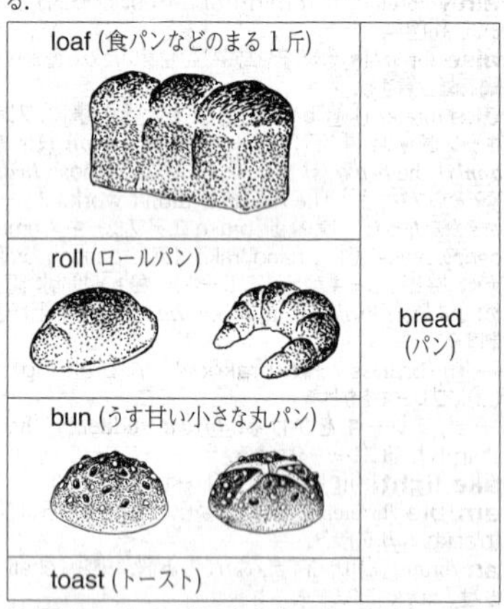

❷ U 《略式》 (一般に)食物, 命の糧(かて); 生計: ⇒ daily bread. ❸ C 《古風, 略式》金(かね).

bréad and bútter [名] (1) **バターを塗ったパン**. (2) [所有格の後で] 《略式》 生計(の手段).

knów which síde one's **bréad is búttered òn** [動] 自 《略式》 自分の利害関係に敏感である. 由来 パンのどちら側にバターが塗ってあるかをちゃんと知っている, の意.

bread-and-but·ter /brédnbʌ́ṭə | -tə/ 形 限定 ❶ (問題などが)生活にかかわる, 基本的な, 重要な. ❷ 生計のための.

bread·bas·ket /brédbæskɪt | -bɑ̀:s-/ 名 ❶ C パンかご. ❷ [the ~] 穀倉地帯 (*of*).

bread·crumbs /brédkrʌ̀mz/ 名 複 パンくず; パン粉.

bread·ed /bréḍɪd/ 形 パン粉をまぶした.

bread·fruit /brédfrù:t/ 名 C,U パンの木(の実).

bréad knìfe 名 C パン切りナイフ《刃がぎざぎざになった長いナイフ》.

bread·line /brédlàɪn/ 名 ❶ C 《米》 食料の配給を待つ列. ❷ [the ~] 《英》 最低の生活水準: be [live] on *the breadline* 極めて貧しい.

breadth /brédθ, brétθ/ 名 ❶ U,C 幅, 広さ [≒ width]: What is the *breadth of* this table? このテーブルの幅はどのくらいですか / The board is fifteen inches *in breadth*. その板は幅が 15 インチある《✪ The board is fifteen inches *wide*. というほうが普通》. ❷ U (心・識見などの)広さ; 寛容: *breadth of* vision [knowledge] 視野[知識]の広さ / *breadth of* mind 心のゆとり. (形 broad)

bread·win·ner /brédwìnɚ | -nə/ 名 C 一家の稼ぎ手, 大黒柱.

break /bréɪk/ 発音 (同音 brake)

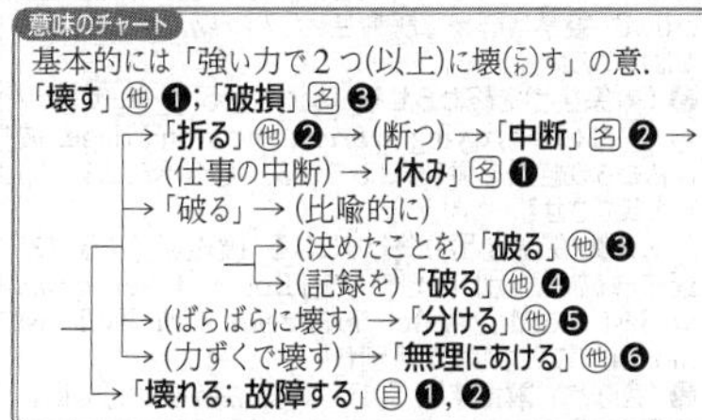

意味のチャート
基本的には「強い力で2つ(以上)に壊(こわ)す」の意.
「壊す」他 ❶;「破損」名 ❸
→「折る」他 ❷ →(断つ)→「中断」名 ❷ →
(仕事の中断)→「休み」名 ❶
→「破る」→(比喩的に)
→(決めたことを)「破る」他 ❸
→(記録を)「破る」他 ❹
→(ばらばらに壊す)→「分ける」他 ❺
→(力ずくで壊す)→「無理にあける」他 ❻
→「壊れる; 故障する」自 ❶, ❷

— 動 (breaks /~s/; 過去 broke /bróʊk/; 過分 bro·ken /bróʊk(ə)n/; break·ing) 他 ❶ (固い物)を壊(こわ)す, 割る, 砕く; 破損する (⇒ 類義語): Who *broke* the window? だれが窓ガラスを割ったのか / He ***broke*** the cookie ***in*** two [half]. V+O+*in*+名 彼はクッキーを2つ[半分]に割った / The radio *is broken*. V+O の受身 ラジオは壊れている.

❷ (枝など)を折る, (体の一部)を骨折する; (ひもなど)をぷっつり切る, ちぎる; (皮膚など)をすりむく, 切る: Don't ***break*** the branch ***from*** [***off***] the tree. V+O+*from* [*off*]+名 木の枝を折ってはいけない / She fell and *broke* her left leg. 彼女は倒れて左脚を骨折した.

❸ (法律・約束など)を破る, 犯す: *break* the law 法律を犯す / He never *breaks* his word [promise]. 彼は決して約束を破らない.

❹ (記録)を破る; (限度など)を越える: This world record will never *be broken*. V+O の受身 この世界記録はいつまでも破られないだろう / *break* the speed limit スピード違反をする. 関連 record-breaking 記録破りの.

❺ (そろった[まとまった]物)を分ける, ばらにする; (お金)をくずす; (隊列・足並みなど)を乱す: *break* a set (of books) 1 セット(の本)をばら売りする / Could you *break* this ten-dollar bill? この10ドル札をくずしていただけますか.

❻ (...)を無理にあける, 突き破る, (穴など)を突き破って開ける; (道など)を切り開く; (土地)を耕す: He *broke* open the package. 彼は小包を無理に開けた (⇒ break open (open 成句)) / They have ***broken*** a way ***through*** the forest. V+O+*through*+名 彼らは森の中に道を切り開いた. ❼ (力など)を抑える, 弱める; (気持ち・決心など)をくじく; (人)を打ちのめす, 破滅させる: He *was broken by* the failure of his business. 事業の失敗により彼は打ちのめされた. ❽ (ニュースなど)を初めて報道する; (悪い知らせ)を伝える, 打ち明ける: *break* the news (⇒ news 成句). ❾ (静けさ・沈黙など)を破る; (活動など)を中断する; (悪習・関係など)を絶つ; (行き詰まり・支配など)を打破する: *break* a strike スト破りをする / A rifle shot *broke* the peace of the early morning. ライフルの銃声が早朝の静けさを破った / *break* ...'s concentration ...の集中を乱す / *break* a cycle of violence 暴力の連鎖を断つ. ❿ (暗号)を解く, (事件・難問など)を解決する. ⓫ 〔テニス〕 (相手のサービス)を破る.

— 自 ❶ 壊(こわ)れる; 折れる; (ぷっつりと)切れる: These glasses *break* easily. このグラスは割れやすい / The rope *broke* under his weight. 綱は彼の重みで切れた / Better bend than *break*. 《ことわざ》 折れるより曲がれ (柳に雪折れなし).

❷ (機械が)故障する, 壊れる: My vacuum cleaner *broke* this morning. 掃除機が今朝故障した. ❸ 休憩する: We *broke for* lunch. 昼食のため休憩した. ❹ (あらし・叫び声などが)突然起こる; (秘密が)発覚する, (ニュースなどが)明らかになる, 報道される; [day, dawn などを主語として] 夜が明ける: The storm *broke* within ten minutes. 10 分もたたぬうちにあらしが襲ってきた / The news *broke* yesterday. その知らせはきのう初めて伝えられた / *Day* was beginning to *break*. 夜が明けかけていた. 関連 daybreak 夜明け. ❺ (雲などが)散らばる, 切れる; (続いた天候が)変わる, 崩れる: The clouds *broke* and the sun came through. 雲が切れて太陽が出た. ❻ 逃げ出す, 離れる; (束縛から)逃れる: He *broke* from my grasp. 彼は私の手をふりほどいた / The prisoner *broke* free. その囚人は逃げ出した. ❼ (体・健康・気力が)衰える, 弱る, (決意が)くじける: Her heart *broke* when her child died. 子供が死んだとき彼女はがっくりと気落ちした. ❽ 声変わりする; (声が)(強い感情で)上ずる. ❾ (波が)砕ける; (泡などが)割れる: The waves *broke against* the rocks. 波は岩に当たって砕けた.

break の句動詞

+**bréak awáy** 動 自 ❶ (振りほどいて)逃げる; 離脱する, 脱退する; 独立する; (レースで)振り切る: The prisoners ***broke away from*** the guards. 囚人たちは看守の手から逃げた / *break away from* traditional values 伝統的価値観を捨てる.
❷ 壊れてはずれる[落ちる]: The balcony ***broke away from*** the wall of the house. バルコニーがその家の壁から壊れ落ちた. (名 bréakawày)

***bréak dówn** 動 自 ❶ 壊れる; (機械などが)故障する. ❷ 取り乱す; (精神的に)参る; (健康などが)衰える: She *broke down* in tears when she heard the news. 彼女はその知らせを聞いて泣き崩れた. ❸ (交渉・計画・結婚などが)失敗に終わる. ❹ 分解[分析, 分類]される (*into*).
— 他 ❶ (...)を(打ち)壊す; 解体する; (ドアなど)を押し倒す[開ける] V+名・代 +*down* / V+*down*+名: They *broke down* part of the wall. 彼らは塀の一部を取り壊した.
❷ (...)を分解する; (...)を分析する, (...に)分類する V+名・代 +*down* / V+*down*+名: Heat will ***break*** this chemical ***down into*** harmless gases. 熱がこの化学物質を無害な気体に分解する / *break down* the expenses 支出の明細を示す / *Break* the data *down into* these six categories. データをこの6種に分類せよ. ❸ (人)を(精神的に)参らせる. ❹ (偏見・反対など)を打破する. (名 bréakdòwn)

bréak for ... 動 他 ❶ ⇒ 自 3. ❷ ...へ向かって走り[逃げ]出す: *Break for* it! 逃げろ.

***bréak ín** 動 自 ❶ (どろぼうが)押し入る, 侵入する (名 bréak-ìn): A burglar *broke in* while he was asleep. 彼が眠っている間にどろぼうが入った.
❷ 口を挟(はさ)む [≒cut in]: "Excuse me," Ann *broke in*. 「失礼ですが」とアンは口を挟んだ.
— 他 (車・靴など)を使い慣らす; (馬)を調教する; (人)を新しい仕事に慣れさせる: She *broke in* the pony. 彼女はその小馬を調教した.

bréak ín on ... [動] ⓗ (話など)に口を挟む: *break in on* a conversation 会話に割り込む.

+**bréak ínto ...** [動] ⓗ ❶ **...に侵入する** (受身 be broken into): They *broke into* the bank and robbed it. 彼らは銀行に押し入って金を奪った / His house was *broken into* last night. ゆうべ彼の家はどろぼうに入られた.
❷ **壊れて[破れて, 割れて]...になる:** The plate *broke into* pieces. 皿はこなごなに割れてしまった.
❸ **突然...しだす;** (汗など)を突然吹き出す: *break into* song [a run, tears] 急に歌い[走り, 泣き]だす / *break into* a sweat どっと汗が出る / They *broke into* a quarrel over a trifle. 彼らはつまらないことで突然口論を始めた. ❹ (新しい職業・分野など)に参入する: His ambition was to *break into* broadcasting. 彼の夢は放送業界に入ることだった. ❺ ...をじゃまする, (話など)に割り込む. ❻ (非常用蓄えなど)に手をつける.

+**bréak ... of ～** [動] ⓗ (人)に(癖など)**をやめさせる:** She tried to *break* her son *of* the habit of sucking his thumb. 彼女は親指を吸う息子の癖を直そうとした.

bréak óff** [動] ⓗ ❶ (関係・通信など)を**急に断つ,** 終わらせる; (行為など)を急にやめる, 中断する [V+名・代+off / V+off+名]: That country ***broke off diplomatic relations ***with*** the United States. その国は米国との外交関係を断絶した / John and Mary have *broken off* their engagement. ジョンとメアリーは婚約を解消した.
❷ (...)を**もぎ取る,** ちぎり取る [V+名・代+off / V+off+名]: Don't *break off* the branch. 枝をもぎ取らない[折らない]ように (⇒ ⓗ 2 例文).
— ⓐ ❶ **急に話をやめる;** 休憩する; 絶交する: Why don't we *break off* for a while and have some coffee? ちょっと手を休めてコーヒーを飲もうよ. ❷ (壊れて)はずれる, 折れて取れる.

+**bréak óut** [動] ⓐ ❶ (火事・戦争・暴動・病気などが)**起こる,** 突発[発生, 流行]する (⇒ happen 類義語) (名 óutbrèak): A fire *broke out* in my neighborhood. 近所で火事が起こった.
❷ (吹き出物などが)**突然出る,** 発疹する; (叫び声などが)急に発せられる: A rash *broke out* on her neck. 吹き出物が彼女の首に出た. ❸ 逃げ出す, 脱出する.
(名 bréakòut)

bréak óut in [ìnto] ... [動] ⓗ (人・体が)突然(吹き出物など)で覆(おお)われる, ...にまみれる: *break out in* a cold sweat [rash] 急に冷汗[吹き出物]が出る.

bréak óut dóing [動] 不意に...しだす.

bréak óut of [from] ... [動] ⓗ ...から脱出する; (退屈な日常など)から抜け出す: *break out of* jail 脱獄する / *break out of* one's daily routine 日頃の型にはまった生活を変える.

+**bréak thróugh** [動] ⓐ ❶ (強引に)**通り抜ける,** 突破する: Though the enemy's defenses were strong, we tried to *break through*. 敵の防御は強力だったが我々は突破しようと試みた.
❷ (太陽・月などが)**現われる.** ❸ (障害を克服して)大きく前進する, 大発見をする (*into, in*).
(名 bréakthròugh)

+**bréak thróugh ...** [動] ⓗ ❶ ...を(強引に)**通り抜ける,** ...を突破する (受身 be broken through).
❷ (太陽などが)**...の間から現われる:** The moon *broke through* the clouds. 月が雲の間から顔を出した. ❸ (困難・偏見など)を克服する.

***bréak úp** [動] ⓗ ❶ (...)を**粉々にする,** ばらばらにする; 解体する; 分割する [≒divide] (*into*) [V+名・代+up / V+up+名]: He *broke up* the concrete block with a hammer. 彼はハンマーでコンクリートブロックを粉々にした.
❷ (群衆・会など)を**解散させる;** (けんかなど)を止める [V+名・代+up / V+up+名]: The police *broke up* the crowd. 警察は群衆を解散させた / *Break* it *up*. (けんかは)やめろ.
❸ (関係など)を**終わらせる,** 解消させる [V+名・代+up / V+up+名]: He is trying to *break up* our marriage. 彼は私たちの結婚を壊そうとしている. ❹ 《米略式》(人)を大笑いさせる.
— ⓐ ❶ (関係などが)**終わりになる,** 破綻(はたん)する; (友達・夫婦などが)別れる: 言い換え Bob and Nell *broke up* last month. = Bob ***broke up with*** Nell last month. ボブとネルは先月別れた.
❷ (会などが)**解散する;** 《英》(学校・生徒などが)休暇に入る (*for*): The meeting *broke up* in confusion. 会は混乱のうちに解散になった / When did the Beatles *break up*? ビートルズはいつ解散したのか. ❸ ばらばらになる, くずれる; 破壊される; 分割される: The small ship *broke up on* a rock. その小さな船は岩に突き当たってばらばらになった. (名 bréakùp)

bréak with ... [動] ⓗ ...との関係を断つ, ...と手を切る; (伝統・過去)を捨てる: He *broke with* all his relatives. 彼はすべての親類と絶交した.

類義語 **break** 比較的固い物の形を刃物以外の力で瞬間的にいくつかの部分[断片]にすることで, 最も一般的な語 (刃物を使うのは cut). 日本語の「壊す」,「割る」,「折る」,「(引っ張って)切る」,「ちぎる」, などに相当する広い範囲に用いる. **crush** 圧力をかけて押しつぶすこと. **smash** 強い衝撃によって激しい音を立てて壊すこと. **shatter** 急に粉々に打ち砕くこと. **crack** ぱちっと鋭い音を立ててひび割れすること.

— 名 (～s /～s/) ❶ Ⓒ (短い)**休み, 休憩;** 短い休暇; Ⓤ (学校の)休み時間: an hour's ⌈***break for*** lunch [lunch ***break***] 1時間の昼休み / 会 "Let's ***take*** [***have***] a coffee ***break***, shall we?" "Yes, let's."「ひと休みしてコーヒーでも飲もうか」「うん, そうしよう」/ the Christmas *break* クリスマス休暇 // ⇒ tea break.
❷ Ⓒ **中断,** とぎれ; (天候などの)変わり目, 変化; (伝統・過去などとの)決別, 断絶: without a *break* 絶え間なく, ずっと / a commercial *break* コマーシャルの時間 / There was no ***break in*** the rain. 雨は小やみなく降っていた / a ***break from*** [***with***] tradition 伝統との断絶 / make a clean *break* さっぱりと別れる / The US announced a diplomatic *break with* Iran. 米国はイランとの外交断絶を宣言した.
❸ Ⓒ **破損,** 破壊; **裂け目,** 切れ目, 破損個所; 骨折(個所): a ***break in*** a pipe パイプの割れ目 / a *break in* the clouds 雲の切れ目 / He suffered a bad *break* in the ribs. 彼は肋骨(ろっこつ)をひどく折った. ❹ Ⓒ 《略式》チャンス, 運: get a big [lucky] *break* 幸運をつかむ. ❺ Ⓤ 《文語》夜明け (daybreak): at (the) *break* of day 夜明けに. ❻ [a ～] (...への)突進: make *a break* (*for* it) 脱走(しようと)する. ❼ Ⓒ 〖テニス〗(サービス)ブレーク.

gíve ... a bréak [動] ⓗ Ⓢ ...を大目に見る.

Gíve me a bréak! Ⓢ やめて[かんべんして]くれ, もうたくさんだ.

break·a·ble /bréɪkəbl/ 形 破れ[壊れ]やすい.

break·age /bréɪkɪdʒ/ 名 [複数形で] 破損物; Ⓤ 破損

額; U 《格式》破損行為.

break·a·way /bréɪkəwèɪ/ 名 C 分離, 脱退, 離脱 (*from*). (動 bréak awáy)
— 形 限定 分離した, 脱退した: a *breakaway* group 分派.

bréak dàncing 名 U ブレークダンス《激しく曲芸的な動きのダンス》.

+**break·down** /bréɪkdàʊn/ 名 ❶ C,U (制度・関係などの)**崩壊**, 破綻; (交渉・会談などの)中断; 挫折(ざっ): a *breakdown in* negotiations 交渉の決裂 / a *breakdown* of marriage 結婚の破綻.
❷ C (心身の)**衰弱**, 落ち込み: have [suffer] a *breakdown* ノイローゼになる // ⇒ nervous breakdown.
❸ C (突然の)**故障**, 破損: Our car had a *breakdown* at the bottom of the hill. 我々の車は丘のふもとで故障した. ❹ C 分類; (請求書などの)内訳, 明細 (*of*).
❺ U (物質の)分解. (動 bréak dówn)

bréakdown trùck 名 C 《英》= wrecker 1.

break·er /bréɪkə | -kə/ 名 ❶ C (岩に砕ける)波; 波頭. ❷ C 〔電気〕ブレーカー (circuit breaker). ❸ C [しばしば合成語で] 壊す物[人]《⇒ lawbreaker》.

**break·fast /brékfəst/ ❗発音

— 名 (~s /-fəsts/) U,C **朝食**《1 日の最初の食事; ⇒ meal¹ 参考》. 参考 米国では卵料理・ワッフル・トースト・ミルク・コーヒーまたはジュースが一般的. 英国では, シリアルやベーコン・卵などに加えトーストにバターやジャムをぬって食べる《English breakfast という; ⇒ continental breakfast》: What did you have for *breakfast*? 朝食には何を食べましたか / I had [ate] a late *breakfast* at ten. 10 時に遅い朝食を食べた / My father prepares [makes] *breakfast* for me. 父が私に朝食を作ってくれる / at *breakfast* (time) 朝食中に[で].
— 動 自 《格式》朝食を食べる.
〖語源 原義は「断食 (fast) をやめる (break)」《⇒ fast² 成句》; 夕食以後朝食まで何も食べないことから〗

bréakfast cùp 名 C モーニングカップ.

break-in /bréɪkìn/ 名 C (建造物などへの)侵入, 家宅[住居]侵入. (動 bréak ín 自 1)

bréak·ing pòint /bréɪkɪŋ-/ 名 U (忍耐などの)限度, 限界点.

break·neck /bréɪknèk/ 形 限定 (速度が)非常に危険な, 猛烈な: at *breakneck* speed 猛スピードで.

break·out /bréɪkàʊt/ 名 C (囚人などの)集団脱走. (動 bréak óut 自 3)
— 形 限定 《米》予期せぬ成功の, 突然ブレイクした.

+**break·through** /bréɪkθrùː/ 名 (~s /~z/) C (科学・技術の)**大躍進**, 大発見; (交渉などの)進展, 成功: We have ***made a breakthrough in*** negotiations. 交渉が大きく進展した. (動 bréak thróugh)

+**break·up** /bréɪkʌ̀p/ 名 (~s /~s/) ❶ C,U (関係などの)**解消**, **絶縁**; 離婚: the ***breakup of*** one's marriage 離婚. ❷ C,U 分割; 分解, 解体, 崩壊: the *breakup of* the Soviet Union ソ連の解体. (動 bréak úp)

break·wa·ter /bréɪkwɔ̀ːtə | -tə/ 名 C 防波堤.

***breast** /brést/ 名 (breasts /brésts/) ❶ C **乳房**: a baby at the *breast* 乳飲み子 / The baby is sucking [taking] its mother's *breast*. 赤ん坊は母親のおっぱいを吸って[飲んで]いる.
❷ C 《文語》**胸**《⇒ chest 類義語》; (服の)胸の部分: I have a pain in my *breast*. 私は胸が痛い. ❸ C (鳥の)胸; C,U (鶏などの食用の)胸肉. ❹ C 《文語》胸のうち, 胸中, 心の中 [≒heart].

màke a cléan bréast of ... [動] 他 ...をすっかり打ち明ける[白状する].
— 動 他 《格式》(...)の頂に着く; (波など)を押し切って進む.

breast·bone /brés(t)bòʊn/ 名 C 胸骨.

breast-fed /brés(t)fèd/ 形 母乳で育てられた.

breast-feed /brés(t)fìːd/ 動 (-feeds; 過去・過分 -fed /-fèd/; -feed·ing) 他 (赤ん坊)を母乳で育てる.
— 自 母乳で育てる. 関連 bottle-feed ミルク[人工栄養]で育てる.

breast·plate /brés(t)plèɪt/ 名 C (よろいの)胸当て.

bréast pòcket 名 C 胸のポケット.

breast·stroke /brés(t)stròʊk/ 名 U [(the) ~] 平泳ぎ: do (*the*) *breaststroke* 平泳ぎをする. 関連 backstroke 背泳ぎ / butterfly バタフライ / freestyle 自由型.

**breath /bréθ/ ❗発音

— 名 (~s /~s/) ❶ U **息**, **呼吸**: stop for *breath* 息をつくためにひと休みする / shortness of *breath* 息切れ / He has bad *breath*. 彼は息が臭い / I can smell alcohol on his *breath*. 彼の息は酒臭い.
❷ C **ひと息**, ひと呼吸: in one *breath* ひと息に, 一気に / take [draw] a deep [big] *breath* 深呼吸をする.
❸ [単数形で] Ⓦ 気配, きざし; (風の)そよぎ: feel the *breath of* spring 春の息吹を感じる.

a bréath of frésh áir [名] (1) (戸外の)新鮮な空気(を吸うこと). (2) (気分を)さわやかにしてくれる人[もの], 一服の清涼剤.

cátch one's **bréath** [動] 自 (1) (運動などの後で)呼吸を整える, ひと息つく. (2) (はっと)息をのむ.

dráw (a) bréath [動] 自 (1) ひと息つく《⇒ 2》. (2) 《文語》生きている, 生存する.

gásp [fíght, strúggle] for bréath [動] 自 あえぐ.

gét one's **bréath (bàck [agàin])** [動] 自 《主に英》= catch one's breath (1).

hóld one's **bréath** [動] 自 (1) (ちょっとの間)**息をとめる**. (2) Ⓦ 息をこらす《驚きや喜びで》, かたずをのむ. (3) [否定文で] Ⓢ 期待する: He said he would come, but *don't hold your breath*. 彼は来ると言っていたけれど, あまり期待しないで.

in the néxt bréath [副] つなぎ語 (...と言ったかと思うと)その舌の根も乾かぬうちに.

in the sáme bréath [副] (1) = in the next breath. (2) (...と)同類として (*as*, *with*): They are not to be mentioned *in the same breath*. それらは比較にならない.

òut [shórt] of bréath [形・副] **息が切れて**: All the runners were *out of breath*. 走者はみな息を切らしていた《⇒ 1》.

sáve [nòt wáste] one's **bréath** [動] 自 Ⓢ 黙っている《言ってもむだだと思って》.

táke ...'s bréath awày [動] ...をはっとさせる: The beautiful view *took my breath away*. その美しい光景に私は息をのんだ.

ùnder one's **bréath** [副] 小声で, ひそひそと.

with one's **lást [dýing] bréath** [副] 死ぬ間際に, いまわの際に. (動 breathe)

breath·a·ble /bríːðəbl/ 形 (生地が)通気性のある; (息ができるほど空気が)きれいな.

breath·a·lyze /bréθəlàɪz/ 動 他 [普通は受身で] (人)を飲酒検知器で調べる.

Breath·a·lyz·er 名 C 飲酒検知器《商標》.

*__breathe__ /bríːð/ !発音 動 (breathes /~z/; breathed /~d/; breath·ing) 自 ❶ **息をする**, 呼吸する: *Breathe* deeply and relax. 深呼吸してリラックスしなさい / *breathe* hard 荒い息づかいをする / ***breathe in*** and ***out*** V+副 息を吸ったり吐いたりする. ❷ (...に)息を吐く[吹きかける] (*on*). ❸ (衣類などが)通気性がある. ❹ (ワインなどが)空気に当たる.
— 他 ❶ (...)を**呼吸する**, 吸い込む: ***Breathe*** (***in***) fresh air. V(+副)+O 新鮮な空気を吸いなさい. ❷ (息など)を吐き出す (*out*), 吹きかける (*over*); (ため息など)を漏らす: *breathe* a sigh of relief ほっとしてため息を漏らす. ❸ Ⓦ (ことばなど)を口に出す, ささやく: Don't *breathe* a word of this *to* anyone. このことはだれにもひと言も漏らしてはいけない. ❹ (生気など)を吹き込む: The captain *breathed* (new) life *into* his tired crew. 船長は疲れた乗組員たちに新たな活力を吹き込んだ.
bréathe agáin = bréathe (mòre) éasily [éasy, fréely] [動] 自 ほっとひと息つく, ひと安心する.
bréathe one's **lást (bréath)** [動] 自 《文語》 [遠回しに] 息を引き取る, 死ぬ [≒die]. (名 breath)

__breath·er__ /bríːðɚ | -ðə/ 名 Ⓒ 《略式》 ひと休み: take [have] a *breather* ひと休みする.

__breath·ing__ /bríːðɪŋ/ 名 Ⓤ 息づかい; 呼吸: deep [heavy] *breathing* 深呼吸[荒い息づかい].

__bréathing spàce [ròom]__ 名 Ⓤ または a ~] ひと息つく暇; 十分な空間.

__breath·less__ /bréθləs/ 形 ❶ 息を切らした, あえいだ. ❷ 叙述 息を殺して, かたずをのんで (*with*). ❸ 限定 息もつけないほどの; 張りつめた, 緊迫した: a *breathless* speed 息もつかせぬ速さ. **~·ly** 副 息を切らして; 息を殺して, かたずをのんで.

__breath·tak·ing__ /bréθtèɪkɪŋ/ 形 はらはらさせる; 息をのむような; 驚くほどひどい. **~·ly** 副 はらはらさせるほど; 息をのむほど.

__bréath tèst__ 名 Ⓒ (飲酒検知器による)酒気検査.

__breath·y__ /bréθi/ 形 (breath·i·er, more ~; breath·i·est, most ~) (声が)息もれの多い.

+__bred__ /bréd/ (同音 bread) 動 **breed の過去形および過去分詞**: ⇒ thoroughbred.

__breech__ /bríːʧ/ 名 Ⓒ 銃尾. — 形 逆子(さかご)の.

__breech·es__ /bríʧɪz, bríːʧ-/ 名 複 (ひざ下で締める乗馬用の)半ズボン.

*__breed__ /bríːd/ 動 (breeds /bríːdz/; 過去・過分 bred /bréd/; breed·ing /-dɪŋ/) 自 (動物が)**子を産む**, 卵をかえす; 繁殖する. 語法 人に用いると軽蔑的になる: Rats *breed* quickly. ねずみの繁殖は早い.
— 他 ❶ (家畜など)を**飼育する**, 繁殖させる; (植物など)を栽培する, 品種改良する: He *breeds* cattle for market. 彼は市場に出す牛を飼っている. ❷ (状況など)を引き起こす, 生む; (場所・状況などが)(特定の人・世代)を生む: Poverty *breeds* crime. 貧困は犯罪を生む. ❸ [普通は受身で] (子供など)を育てる; しつける; (...)を(人に)教え込む (*into*).
be bórn and bréd ⇒ born 動 成句.
— 名 (breeds /bríːdz/) Ⓒ (動植物の)**品種**; 種類, タイプ: rare *breeds* 珍しい品種 / a new ***breed of*** novelist 新しいタイプの小説家.

+__breed·er__ /bríːdɚ | -də/ 名 (~s /~z/) Ⓒ **畜産[飼育]家**, 養魚[鶏]業者, ブリーダー: a dog *breeder* 犬の飼育家[育種業者].

__breed·ing__ /bríːdɪŋ/ 名 ❶ Ⓤ 飼育; 繁殖, ふ化; 品種改良: the *breeding* season 繁殖期. ❷ Ⓤ 《古風》 しつけ; 育ちのよさ.

__bréeding gròund__ 名 ❶ Ⓒ (悪・病気などの)温床 (*for*, *of*). ❷ Ⓒ (野生動物の)繁殖地[場所].

+__breeze__ /bríːz/ 名 (breez·es /~ɪz/) ❶ Ⓒ **弱い風**, 微風, そよ風 (⇒ wind[1] 語法): a land [sea] *breeze* 陸[海]風 / A cool *breeze* came up. 涼しい風が吹いてきた. ❷ [a ~] 《略式》 楽にできること[物].
shóot the bréeze [動] 自 《米略式》 おしゃべりをする. (形 bréezy)
— 動 自 [副詞(句)を伴って] すいすいと進む, 楽々とする: *breeze in* [*out*] すっと入ってくる[さっと出ていく].
bréeze thròugh ... [動] 他 《略式》 ...を楽々とやってのける.

__breez·i·ly__ /bríːzəli/ 副 快活に.

__breez·y__ /bríːzi/ 形 (breez·i·er; -i·est) ❶ (人・態度が)元気のよい, 快活な. ❷ (心地よい)風の吹く. (名 breeze)

__breth·ren__ /bréðrən/ 名 brother 3 の複数形.

__brev·i·ty__ /brévəṭi/ 名 ❶ Ⓤ 《格式》 簡潔さ; 短さ: *Brevity* is the soul of wit. 簡潔は知恵の精髄, ことばは簡潔さが第一 《シェークスピア (Shakespeare) 作の悲劇 *Hamlet* の中のせりふ》. ❷ Ⓤ 《格式》 (時間の)短さ. (形 brief)

+__brew__ /brúː/ 動 (brews /~z/; brewed /~d/; brew·ing) 他 ❶ (ビールなど)を**醸造する**. 関連 distill ウイスキーなどを蒸留する.
❷ (コーヒー・紅茶など)を**入れる** (*up*): He *brewed* a pot of tea for us. 彼は私たちにポット 1 杯の紅茶を入れてくれた.
— 自 ❶ (コーヒー・紅茶が)抽出される, 出る: The tea is *brewing* in the pot. ポットにお茶ができています. ❷ [普通は進行形で] (嵐・戦争などが)起ころうとしている; (陰謀などが)たくらまれる (*up*).
— 名 (~s /~z/) ❶ Ⓒ,Ⓤ 醸造飲料, ビール (⇒ home brew). ❷ Ⓒ 《英》 (紅茶の) 1 回に入れたもの[量]; Ⓤ 《米》 コーヒー. ❸ Ⓒ [a ~] 混じりあったもの.

__brew·er__ /brúːɚ | brúːə/ 名 Ⓒ ビール醸造業者.

__brew·er·y__ /brúːəri/ 名 (-er·ies) Ⓒ (ビールの)醸造所; ビール会社.

__Bri·an__ /bráɪən/ 名 固 ブライアン 《男性の名》.

__bri·ar__ /bráɪɚ | bráɪə/ 名 Ⓒ,Ⓤ = brier[1], brier[2].

+__bribe__ /bráɪb/ 名 (~s /~z/) Ⓒ **わいろ**; (子供をつる)ごほうび: offer [accept, take] *bribes* わいろを差し出す[受け取る].
— 動 (bribes /~z/; bribed /~d/; brib·ing) 他 (人)に**わいろを使う**, (人)を買収して...させる; (物で)(子供など)をつる (*with*): ***bribe*** a witness 証人を買収する / She ***bribed*** her child ***to*** take the bitter medicine. V+O+C (*to* 不定詞) 彼女は子供をごほうびでつって苦い薬を飲ませた. (名 bríbery)

__brib·er·y__ /bráɪb(ə)ri/ 名 Ⓤ わいろを使う[もらう]こと, 贈賄(ぞうわい), 収賄, 汚職. (動 bribe)

__bric-a-brac__ /bríkəbræ̀k/ 名 Ⓤ (安価な)ちょっとした装飾品, 骨董(こっとう)品 《全体》.

*__brick__ /brík/ 名 (~s /~s/) ❶ Ⓒ,Ⓤ **れんが**: lay *bricks* れんがを積む / a *brick* wall れんがの壁 / The house was built of red *brick*(*s*). その家は赤れんが造りだった. ❷ Ⓒ 《英》 積み木 [《米》 block].
brícks and mórtar [名] (資産としての)家屋.
dróp a brick [動] 自 《英略式》 まずいことを言う, へまをやる.
lìke a tón of brícks [副] 《略式》 猛烈な勢いで, 激

しく: come down on ... *like a ton of bricks* (人)を激しくしかる / hit ... *like a ton of bricks*《米》(人)に大きなショックを与える.

máke bricks without stráw [動] ⓐ《英》必要な材料[資金]なしに仕事をする. 由来 わらを使わないでれんがを作る(不可能なことをする), の意. 旧約聖書のことば.

— 動 他 (...)をれんがで囲む[ふさぐ] (*in, up*); れんが(の壁)で仕切る (*off*).

brick-and-mortar /brìkən(d)mɔ́ːəṭə | -mɔ́ːtə/, **bricks-and-mortar** /brìks-/ 形 限定 (ネット取引との対比で)実店舗で行なう.

brick·bat /bríkbæ̀t/ 名 C 手厳しい批評.

brick·lay·er /bríklèɪə | -lèɪə/ 名 C れんが(積み)職人.

brick·lay·ing /bríklèɪɪŋ/ 名 U れんが積み.

brick·work /bríkwə̀ːk | -wə̀ːk/ 名 U (建物・壁などの)れんが造りの部分; れんが積みの作業.

brid·al /bráɪḍl/ 形 限定 花嫁[新婦]の; 婚礼の: a *bridal* suite (ホテルの)新婚用のスイートルーム. (名 bride)

brídal pàrty 名 C 結婚式の(新婦側の)出席者.

brídal shòwer 名 C《米》結婚する女性にその女友達が贈り物を持ち寄るパーティー.

+**bride** /bráɪd/ 名 (brides /bráɪdz/) C **花嫁**, 新婦; 新妻 (⇒ June bride). (形 brídal)

+**bride·groom** /bráɪdgrùːm, -gròm/ 名 (~s /~z/) C **花婿**(はなむこ), 新郎.

brides·maid /bráɪdzmèɪd/ 名 C (結婚式で)花嫁に付き添う(未婚の)女性. 関連 best man 花婿に付き添う男性.

bride-to-be /bráɪdtəbíː/ 名 (複 brides- /bráɪdz-/) C 結婚まぢかの女性.

***bridge**[1] /brídʒ/

— 名 (bridg·es /~ɪz/) ❶ C **橋**: cross a *bridge* 橋を渡る / A *bridge* was built across [over] the river. その川に橋がかけられた / Cross that *bridge* when you come to it.《ことわざ》橋の所まで来たら橋を渡ればよい(取り越し苦労をするな). ❷ C 橋渡し, かけ橋, 仲立ち: build *bridges* between different cultures 異文化の橋渡しをする. ❸ [the ~] 船[艦]橋, ブリッジ《船長が指揮をとる場所》. ❹ C 鼻柱 (⇒ nose 1); (義歯・めがねなどの)ブリッジ (⇒ glasses 挿絵); (ギター・バイオリンなどの)こま, 柱(じ).

búrn one's **brídges (behìnd** one) [動] ⓐ《略式》(渡ってきた橋を焼いて)退路を断つ.

— 動 他 ❶ (ギャップ・溝など)を埋める: The gap between the two opinions could not *be bridged*. 2つの意見の溝は埋められないだろう. ❷ Ⓦ (川)に橋を掛ける; (...)の橋渡しになる: A log *bridged* the stream. 流れには丸木橋が渡されていた.

bridge[2] /brídʒ/ 名 U ブリッジ《トランプゲームの一種; ⇒ contract bridge》.

bridge·head /brídʒhèd/ 名 C 〔軍隊〕橋頭堡(きょうとうほ); (前進への)足がかり.

brídge [《英》**brídg·ing** /brídʒɪŋ/**] lòan** 名 C つなぎ融資.

bri·dle /bráɪḍl/ 名 C 馬勒(ばろく), 頭絡(とうらく)《馬の頭に取り付ける馬具の総称》. — 動 他 (馬)に馬勒をつける. — ⓐ Ⓦ (むっとして)反(そ)り返る, ぷんと怒る (*at*).

***brief** /bríːf/

— 形 (brief·er; brief·est) ❶ **短時間の** (⇒ short 類義語): a *brief* visit 短時間の訪問 / a *brief* period ごくわずかの間 / Could I have a *brief* word with you? ちょっとお話できませんか.
❷ (表現などが)**手短な**, 簡潔な: a *brief* note 短い手紙 / a *brief* summary of the day's news 1 日のニュースの簡単なまとめ / Please be *brief*. 手短に願います / to be *brief* 手短に言えば. ❸ (服などが)丈の短い. (名 brévity)

— 名 ❶ C 〔法律〕(訴訟事件での)摘要書, 申立書; 《英》(法廷弁護士が引き受ける)訴訟事件. ❷ C《米》短い文書, 要約. ❸ C《英》指示, 任務. ❹ [複数形で] ⇒ briefs.

hòld nó bríef for ... [動] 他《英格式》...を支持しない. **in bríef** [副] (1) 文修飾 要するに, 手短に言えば. (2) [名詞の後で] 大意の, 手短な, 要点のみの: news *in brief* 要点のみのニュース.

— 動 他《格式》(人)に要点を話す; 事前に必要な指示[情報]を与える (*on, about*).

brief·case /bríːfkèɪs/ ❗アク 名 C ブリーフケース《書類入れ用; ⇒ attaché case》.

+**brief·ing** /bríːfɪŋ/ 名 (~s /~z/) C,U (事前の)**状況説明(会)**, **打ち合わせ**; 指示: a press *briefing* 報道関係への説明会 / The prime minister got a ***briefing on*** the situation. 首相はその状況の説明を受けた.

***brief·ly** /bríːfli/ 副 ❶ **少しの間**: We met *briefly* at the party. 我々はパーティーでちょっと会った.
❷ **簡単に**, 手短に: I'll explain it *briefly*. 手短に説明します. ❸ 文修飾 簡単[手短]に言えば.

briefs /bríːfs/ 名 複 短いパンツ[パンティー]. 日英 日本語の「ブリーフ」のように男性用とは限らない.

bri·er[1] /bráɪə | bráɪə/ 名 C,U いばら, 野ばら.

bri·er[2] /bráɪə | bráɪə/ 名 C,U ブライア, 栄樹(えいじゅ)《南欧産の低木》; C ブライアの根で作ったパイプ.

+**bri·gade** /brɪgéɪd/ 名 (bri·gades /-géɪdz/) ❶ C 〔陸軍〕**旅団** (⇒ corps 参考); (軍隊式編制の)団体, 隊: a fire *brigade* 消防隊. ❷ C [軽蔑的] (ある主張・特徴を持つ)集団, 連中.

brig·a·dier /brɪ̀gədíə | -díə←/ 名 C《英》陸軍准将.

brígadier géneral 名 C《米》陸[空]軍准将.

***bright** /bráɪt/ ❗発音 -ght で終わる語の gh は発音しない.

— 形 (bright·er /-ṭə | -tə/; bright·est /-ṭɪst/)

> **意味のチャート**
> 「光り輝いている」❶
> → (色が)「鮮やかな」❷
> → (顔が)「晴れやかな」❹ → (生き生きとした)
> → 「利口な」❸
> → (未来などが)「輝かしい」❺

❶ **輝いている**; **明るい**, まぶしい [⇔ dim]: *bright* light 明るい光 / *bright* stars 輝く星 / a *bright* day 晴れ渡った日 / The garden was *bright* with sunshine. 庭は太陽の光を受けて明るかった.
❷ [普通は 限定] (色の)**鮮やかな**, さえた [⇔ dull]: *bright* red roses 鮮やかな赤のばら.
❸ (人が)**利口な**, 頭のいい《しばしば子供に用いる》; (考えなどが)**気のきいた**, うまい (⇒ intelligent 類義語) [⇔ dull]: a *bright* boy 利口な少年 / a *bright* idea [しばしば皮肉に] 結構な考え.
❹ (顔などが)**晴れやかな**, (目が)輝いた; 朗(ほが)らかな, 快活な: Her eyes were ***bright with*** joy. +with+名 彼女の目は喜びで輝いていた.
❺ **有望な**, (未来などが)輝かしい, 明るい: an actor

with a *bright* future 前途有望な俳優.
lóok on the bríght síde [動] ⓐ 物事の明るい面を見る, 楽観視する. (動 brighten)
— 副《文語》輝いて, 明るく. 語法 主に shine, burn とともに用いる. brightly の方が普通.
bríght and éarly [副] 朝早く.
— 名 [複数形で]《米》(車の)上向きにしたヘッドライト, ハイビーム.

B

bright·en /bráɪtn/ (同音 Brighton) 動 (bright·ens /~z/; bright·ened /~d/; -en·ing) ⓐ 明るくなる, 晴れやか[快活]になる; (天候·状況が)よくなる: Meg's face *brightened up* when he entered. 彼が入ってくるとメグの顔がぱっと明るくなった. — 他 ❶ (...)を明るくする, 輝かせる: The candle *brightened* (*up*) the room. ろうそくの光で部屋が明るくなった. ❷ (気分など)を明るくする, 晴れ晴れとさせる: The flowers *brightened* (*up*) the room. 花で部屋が明るくなった. (形 bright)

bríght líghts 名 [the ~] 都会の華やかさ.

***bright·ly** /bráɪtli/ 副 ❶ **輝いて**, 明るく: A fire was burning *brightly*. 火が赤々と燃えていた. ❷ 鮮やかに; 快活に.

+**bright·ness** /bráɪtnəs/ 名 ❶ Ⓤ **明るさ**, 輝き: The *brightness of* the sky showed that the storm had passed. 空が明るくなったのであらしが通り過ぎたことがわかった.
❷ Ⓤ **鮮やかさ**; **晴れやかさ**; 快活さ. ❸ Ⓤ 聡明(そうめい)さ.

Brigh·ton /bráɪtn/ 名 固 ブライトン《England 南東部の都市; 保養地, 海水浴場》.

bril·liance /brílјəns/ 名 Ⓤ 優れた才気, 優秀さ; 光り輝くこと, きらめき, 輝き; 鮮やかさ. (形 brilliant)

***bril·liant** /brílјənt/ 形 ❶ (人が)**きわめて優秀な**, (考えなどが)非常に気のきいた《⇒ intelligent 類義語》; **立派な**, 見事な, 華々しい; 《英略式》すばらしい, すてきな: a *brilliant* idea すばらしい考え / a *brilliant* career 華々しい経歴 / a *brilliant* success 大成功.
❷ (宝石·日光などが)**光り輝く**, きらびやかに輝いている; (色が)鮮明な: a *brilliant* diamond 光り輝くダイヤモンド / The water was *brilliant* in the sunshine. 水面が日の光を受けてきらきら輝いていた. (名 brilliance)
~·ly 副 見事に; すばらしく; きらきらと, 鮮やかに.

brim /brím/ 名 ❶ Ⓒ (帽子の)つば. ❷ Ⓒ (コップ·茶わんなどの)縁(ふち), へり: The glass was filled *to the brim* with water. コップには水がなみなみと入っていた. — 動 (brims; brimmed; brim·ming) ⓐ あふれそうになる, 満ちる: 言い換え Her eyes *brimmed with* tears. = Tears *brimmed in* her eyes. 彼女の目に涙があふれていた. **brím (óver) with ...** [動] 他 (...)であふれる; [普通は進行形で] (喜び·元気など)に満ちている: Tom was *brimming with* confidence. トムは自信満々だった.

brim·ful, brim·full /brímfól/ 形 叙述 (...で)いっぱいの, あふれんばかりの (*of*).

brin·dle(d) /bríndl(d)/ 形 (牛·犬·猫が)茶色地にまだらのある.

brine /bráɪn/ 名 Ⓤ 塩水《食品保存などに用いる》; 海水.

*****bring** /bríŋ/
— 動 (brings /~z/; 過去·過分 brought /brɔ́:t/; bring·ing) 他 ❶ (物)を**持ってくる**, (人)を**連れてくる**, (人に)(物)を持ってくる: Did you *bring* a camera? カメラを持ってきた? / *Bring* him home. V+O+副 彼を家へ連れてきなさい / *Bring* us two coffees, please. V+O+O コーヒーを2つ(持ってきて)ください / 言い換え She ***brought*** some flowers ***to*** me. V+O+to+名 = She *brought* me some flowers. V+O+O 彼女は私に花を持ってきてくれた《⇒ to' 3 語法》/ 言い換え I'll ***bring*** some tea ***for*** you. V+O+for+名 = I'll *bring* you some tea. V+O+O お茶を持ってきてあげる / Please ***bring*** some of your friends ***to*** the party ***with*** you. V+O+to+名+with+代 ぜひお友達と一緒にパーティーに来てね.

> 語法 **bring と take の違い**
> (1) bring は話し手[書き手]がいる場所に物を持ってきたり, 人を連れてくることを表わす. これに対して take は話し手[書き手]のいる場所から離れた所へ物を持って行ったり, 人を連れて行くことを表わす.
>
> 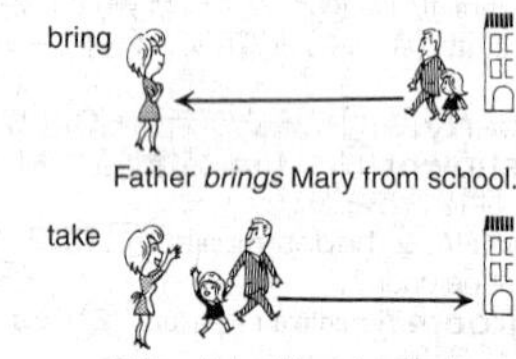
>
>
> Father *brings* Mary from school.
> Father *takes* Mary to school.
>
> (2) bring には「...のところへ持って[連れて]行く」という用法もある《⇒ come 2 語法》: I'm *coming* to your party and *bringing* you an unusual present. 私はあなたのパーティーに珍しいプレゼントを持って行きます.

❷ (...)を**もたらす**; (結果として)引き起こす; (新製品·技術など)を導入する, 持ちこむ: The summit meeting did not ***bring*** peace ***to*** the region. V+O+to+名 首脳会談はその地域に平和をもたらすことはなかった / The water pollution ***brought*** many health problems ***with*** it. V+O+with+代 水質汚染は多くの健康問題をもたらした / Rest *brought* him health. V+O+O 休養したので彼は健康になった / His writings *bring* him £8000 a year. 彼は著作で年 8000 ポンドの収入をあげている / Tourism ***brings*** lots of money ***into*** the area. V+O+into+名 観光でその地域に金がたくさん入る / The remark *brought* a smile *to* her face. そのことばを聞いて彼女は顔に笑みを浮かべた / Her scream ***brought*** the neighbors run***ning***. V+O+C (現分) 彼女の悲鳴を聞いて近所の人たちが駆けつけた.
❸ (物事が)(人)を(...に)**導く**; (用件などが)(人)を(...に)来させる; (話題などに)引き寄せる: A short walk ***brought*** me ***to*** the park. V+O+to+名 少し歩くと公園へ出た / What *brings* you *here*? V+O+副 Ⓢ どういったご用件でここにいらしたんですか《Why have you come here? の間接的な言い方》/ That *brings* us *to* the question of education. Ⓢ そこで教育の問題の話になります. ❹ (...)をある状態に至らせる《多くは成句で用いる》: *bring* the water *to* a [《英》 the] boil 水を沸騰させる / This *brings* the total *to* 50. これで合計が 50 となります. ❺〔法律〕(...に対して)(訴訟など)を提起する, 起こす (*against*); (苦情)を持ち出す.

bríng one**sèlf to** dó [動] [cannot を伴って] **...する気になる:** He *could not bring himself to* report her to the police. 彼はどうしても彼女のことを警察に知らせる気にはなれなかった.

bring の句動詞

*__bríng abóut__ 動 他 (変化・事故など)を**引き起こす**, もたらす V+名・代 +about / V+about+名: Liz's smile *brought about* a change in Tom's attitude. リズの微笑でトムの態度が変わった.

bríng alóng 動 他 (...)を連れて[持って]くる.

+**bríng aróund** 動 他 ❶ (人)の**考えを**(...へ)**変えさせる**, 説得する; (会話など)を(...のほうに)向ける V+名・代 +around: We managed to ***bring*** him ***around to*** our way of thinking. 私たちはやっと彼を説得して私たちの考えに同調させた.
❷ (人)の**意識を回復させる** V+名・代 +around: I slapped her face to *bring* her *around*. 私は彼女の顔を手でたたいて意識を回復させようとした. ❸ (家などに)(...)を連れて[持って]くる (*to*).

*bríng báck

動 他 ❶ (物)を**持って帰る**, **買って帰る**, (人)を**連れて帰る**; (もとへ)返す, 返却する (*to*): Don't forget to *bring* the book *back*. 本を返すのを忘れないでね / If you're going to the supermarket, will you please *bring* me *back* some oranges? スーパーへ行くのならオレンジをいくつか買ってきてくれませんか. 語法 *bring* me *back* some oranges の部分は *bring* me some oranges *back* または *bring* 「some oranges *back* [*back* some oranges] *for* me とすることもできる // My uncle *brought back* a lot of souvenirs from his trip to Paris. おじはパリ旅行のみやげをどっさり持ち帰ってきた / She *brought* me *back* here in her car. 彼女は車で私をここまで連れて帰ってくれた.
❷ (物事が)(...)を**思い出させる** V+back+名: The picture *brought back* a lot of memories. その写真はいろいろな思い出を呼び起こした. ❸ (制度など)を復活させる; (人など)を回復させる: *bring back* the death penalty 死刑を復活させる. ❹ (人・話題)を(元の話題などに)連れ戻す (*to*).

*__bríng dówn__ 動 他 ❶ (下のレベルまで)(...)を**下げる** V+名・代+down / V+down+名: *bring down* the level of unemployment 失業率を下げる.
❷ (...)を**下へ持ってくる**, **降ろす**; (飛行機)を着陸させる V+名・代+down / V+down+名: Go upstairs and *bring down* my suitcase. 2 階へ行って私のスーツケースを持ってきてくれ.
❸ (人・政府など)を**打ち倒す**; (飛行機・鳥)を撃ち落とす; (動物・立ち木など)を倒す V+名・代+down / V+down+名: The people tried to *bring down* the dictator. 民衆は独裁者を失脚させようとした. ❹ 〔サッカー〕(相手)を転倒させる, 倒す.

bríng ... dówn on ～ [動] 他 ～ に(災い・罰など)をもたらす: It will 「*bring* trouble *down* [*bring down* trouble] *on* your family. それはあなたの家に災難をもたらすだろう.

bríng fórth 動 他 《格式》(感情・結果など)をもたらす, 生む; (意見など)を出す.

bríng fórward 動 他 ❶ (...)の日時を繰り上げる (*to*). ❷ (問題・案など)を持ち出す, 提起する. ❸ 〔簿記〕(...)を繰り越す.

*__bríng ín__ 動 他 ❶ (中へ)(...)を**持ち込む**, **連れ込む**; (警察へ)連行する V+名・代+in / V+in+名: *bring in* the washing 洗濯物を中へ取り込む.
❷ (収入・利益など)を**生む**; (人が)(金)を**稼ぐ** [≒earn]; (作物)を取り入れる V+名・代+in / V+in+名: My wife's part-time job *brings in* a little extra money. 妻のパートの仕事で少し余分な金が入る. ❸ (法律・改革(案)など)を導入する, 取り入れる; (議案など)を提出する. ❹ (外部の人)を(...に)参加させる (*on*): I think we should *bring in* an expert *to* investigate. 専門家を入れて調査したほうがよいと思う. ❺ (陪審員が)(評決)を下す. ❻ (客など)を引きつける.

+**bríng óff** 動 他 (難事)を**成し遂**(と)**げる** V+名・代+off / V+off+名: He *brought off* the difficult feat quite easily. 彼はその難しいことをごく簡単にやってのけた.

+**bríng ón** 動 他 ❶ (病気・災害など)を**引き起こす** [≒cause] V+名・代+on / V+on+名: Standing in the rain *brought on* a bad cold. 雨の中に立っていたためにひどいかぜをひいてしまった. ❷ (人)を向上[前進]させる (*in*); (作物)を生育させる.

+**bríng ... on** ～ 動 他 ～ に(災いなど)を**招く**: They *brought* trouble *on* themselves. 彼らは自ら困難を招いた.

*__bríng óut__ 動 他 ❶ (...)を**世間に出す**, 生産する; **出版する** [≒publish] V+名・代+out / V+out+名: We are *bringing out* a new kind of sports car. 当社は新型のスポーツカーを発表します.
❷ (性質・意味など)を**引き出す**, 明らかにする, はっきり示す V+名・代+out / V+out+名: His photos *brought out* the full horror of the war. 彼の写真は戦争の怖さをよく表わしていた / The coach *brought out* the best in her. コーチは彼女の最も良い面を引き出した. ❸ (...から)持ち[連れ]出す (*of*).

bríng ... óut in ～ [動] 他 (...)に(吹き出物など)を出させる.

bríng ... óut of onesèlf [動] 他 (人)の心を開かせる.

bríng óver 動 他 ❶ (...)を持ってくる, 連れてくる: A lot of treasure was *brought over to* this country. たくさんの宝物がこの国に持ち込まれた. ❷ (人)の立場[考え]を(～に)変えさせる (*to*).

+**bríng róund** 動 他 《英》= bring around.

bríng ... thròugh ～ 動 他 (...)に(困難など)を切り抜けさせる, (病人など)を～から救う.

bríng tó /túː/ 動 他 (人)を正気にさせる《⇒ to³》.

+**bríng togéther** 動 他 ❶ (...)を**いっしょにする**; (**呼び)集める**: The two classes ***were brought together into*** a larger class. 2 つの組は合併されて大人数のクラスになった. ❷ (人)を結びつける; 団結[和解]させる.

bríng únder 動 他 (...)を鎮圧する, 押さえる.

bríng ... ùnder ～ 動 他 ❶ (...)を～できる状態におく: The fire *was brought under* control. 火の勢いは止められた. ❷ (所属・分類上などで)(...)を～の項目にまとめる.

*bríng úp

動 他 ❶ [しばしば受身で] (子供)を**育てる**, しつける V+名・代 +up / V+up+名: She ***was brought up*** (*as*) a Protestant. 彼女はプロテスタントとして育てられた / He ***was brought up to*** be a musician. 彼は音楽家になるように育てられた. 語法 bring up は家庭でのしつけを, educate は学校での教育を表わすのに用いられる.
❷ (話題・問題など)を**持ち出す** V+名・代+up / V+up+名: They *brought* the matter *up* for discussion. 彼らはその問題を討議にかけた. ❸ (...)を上へ[2 階へ]持ってくる; 上げる: I'll *bring* your luggage *up* to your room. 上のお部屋まで荷物をお持ちします. ❹ (...)を

(基準などに)到達させる (*to*). ❺ (...)をコンピューターの画面に出す. ❻ (法廷などへ)(人)を召喚する. ❼ (食べ物)を吐き出す, もどす. ❽ [~ short [with a start] として](人)をぎょっとさせる, (人)の話を急にやめさせる.

B

+**brink** /bríŋk/ 名 ❶ [the ~] **寸前, 間際:** be ***on the brink of*** bankruptcy 倒産寸前である / Years of overwork have brought him ***to the brink of*** a nervous breakdown. 長年の過労から彼はノイローゼ寸前だ. ❷ [the ~] 《文語》(がけの)縁(ふち).

brink(s)·man·ship /bríŋk(s)mənʃìp/ 名 U 瀬戸際政策《強硬な国際外交を押し進めること》.

brin·y /bráɪni/ 形 (brin·i·er; -i·est) 塩水の.

bri·oche /brióʊʃ | -ɔ́ʃ/ 名 C,U ブリオッシュ《甘い小型パン》.

+**brisk** /brísk/ 形 (brisk·er; brisk·est) ❶ (人・態度が)**活発な**, きびきびした; (口調などが)はきはきした; (商売が)活気のある**:** walk at a *brisk* pace きびきびした足どりで歩く. ❷ (空気などが)さわやかな, 心地よい.

bris·ket /brískɪt/ 名 U (牛の)胸部の食用肉.

brisk·ly /brískli/ 副 きびきびと, 活発に; さわやかに.

brisk·ness /brísknəs/ 名 U 活発さ.

bris·tle /brísl/ 名 C,U (あごなどの)短く堅い毛; (ブラシの)剛毛. — 動 自 (毛などが)逆立つ; 怒る, いら立つ (*at*). **brístle with ...** [動] 他 ...が多い; (感情・エネルギー)が満ちている.

bris·tly /brísli/ 形 (bris·tli·er, more ~; bris·tli·est, most ~) 剛毛質の; 剛毛の多い.

Bris·tol /brístl/ 名 固 ブリストル《England 南西部の港市》.

Brit /brít/ 名 C 《略式》 英国人, イギリス人.

*__Brit·ain__ /brítn/ (同音 Briton)

— 名 固 ❶ **英国**, イギリス《首都 London; 正式名は the United Kingdom of Great Britain and Northern Ireland; ⇒ United Kingdom; Briton》. ❷ グレートブリテン島《⇒ Great Britain》. ❸ 英連邦《⇒ Commonwealth of Nations》. (形 Brítish)

Bri·tan·nia /brɪtǽnjə/ 名 固 《詩語》 ブリタニア(像)《英国を象徴する女性の戦士像; かぶとをかぶり, 盾と矛を持つ》. 関連 Columbia 米国の擬人名.

britch·es /brítʃɪz/ 名 複 《古風》 = breeches.

Brit·i·cis·m /brítəsìzm/ 名 C イギリス語法. 参考 この辞書で《英》とあるのはイギリス語法のこと. 関連 Americanism アメリカ語法.

*__Brit·ish__ /brítɪʃ/

— 形 **英国の**, イギリスの; **英国人の**《略 Br.》**:** the *British* government 英国政府 / Beth is *British*. ベスはイギリス人だ. 語法 British は主に政治的・行政的な意味に用いる. 関連 American 米国(人)の. (名 Brítain)

— 名 [the ~ として複数扱い] **英国人**, イギリス人《全体》, 英国民《⇒ the¹ 5 語法》**:** *The British* are said to be conservative. 英国人は保守的だと言われている. 語法 (1) 1 人 1 人の英国人は a British person 《やや格式》, a Brit 《略式》, a Briton 《格式》 という. (2) 「彼はイギリス人だ」は最も普通には He is British《⇒ American 形 1 語法》. または He is from Britain. という.

Brítish Áir·ways /-éəwèɪz | -éə-/ 名 固 英国航空《略 BA》.

Brítish Bróadcasting Corporàtion 名 固 [the ~] 英国放送協会《略 BBC》.

Brítish Colúmbia 名 固 ブリティッシュコロンビア《カナダ西部の州》.

Brítish Cómmonwealth of Nátions 名 固 [the ~] = Commonwealth of Nations.

Brítish Émpire 名 固 [the ~] 大英帝国《英国およびその自治領と植民地の俗・旧称》.

Brítish Énglish 名 U イギリス英語《英本国, 特に London を中心とする England 南部の英語》. 関連 American English アメリカ英語.

Brítish Ísles 名 固 複 [the ~] 英国諸島《Great Britain 島, Ireland, Man 島, チャネル諸島および付近の島々の総称》.

Brítish Muséum 名 固 [the ~] 大英博物館.

Brítish Ráil 名 固 英国(国有)鉄道《略 BR》.

Brítish Súmmer Tìme 名 U 英国夏時間《3 月末から 10 月末まで英国で用いる時間; 略 BST》.

Brit·on /brítn/ 名 ❶ C 《格式》 [主に新聞で] 英国人《英国人全体は the British という》. ❷ C ブリトン人《古代 Britain 島の住人》.

Brit·ta·ny /brítəni/ 名 固 ブルターニュ《フランス北西部のイギリス海峡 (English Channel) に面する半島地方》.

brit·tle /brítl/ 形 (brit·tler, more ~; brit·tlest, most ~) ❶ (骨などが)もろい, 砕け[折れ]やすい. ❷ (関係などが)不安定な, 壊れやすい. ❸ (人が)温かみのない; 厳しい. ❹ (音・声が)けたたましい, かん高い.

bro /bróʊ/ 名 (~s) ❶ C S 《略式》 = brother. ❷ C S [呼びかけに用いて] 《略式, 主に米》 おい兄弟.

broach /bróʊtʃ/ 動 他 ❶ (扱いにくい話題)を切り出す. ❷ (びん・たる)の口をあける.

*__broad__ /brɔ́ːd/ ! 発音

— 形 (broad·er /-də | -də/; broad·est /-dɪst/)

意味のチャート
「幅の広い」❶
→「広々とした」❺ →「範囲の広い」❸ / →「大まかな」❹
→「いっぱいの」❻ →「明白な」❽

❶ **幅の広い** [⇔ narrow] 《⇒ wide 類義語》**:** a *broad* street 広い通り / *broad* shoulders 幅の広い肩 / The river is very *broad* near its mouth. その川は河口の近くではとても広い.

❷ 叙述 《主に英》 **幅が...で:** This board is two metres *broad*. この板は幅 2 メートルです.

❸ (範囲・支持などが)**幅広い**, 多様な; (知識・経験・教養などが)広範囲に及ぶ [⇔ narrow]**:** a *broad* range of interest 幅広い関心 / *broad* support 幅広い支持 / in the *broadest* sense 最も広い意味で. ❹ 限定 大まかな, 大要の**:** a *broad* outline of a plan 計画の概要 / reach a *broad* consensus 大筋で合意する. ❺ 広々とした, 広大な**:** a *broad* expanse of fields 広々とした畑. ❻ 限定 (笑顔が)いっぱいの; (光が)あふれた**:** a *broad* smile 満面の笑み // ⇒ in broad daylight (daylight 成句). ❼ (なまりが)丸出しの, 強い**:** a *broad* Texas accent 強いテキサスなまり. ❽ 限定 明白な, はっきりとした**:** a *broad* hint すぐにわかるヒント. ❾ (冗談などが)下品な.

It's as bróad as it's lóng. S 《英略式》 五十歩百歩だ. 由来 長さと幅が同じ, の意.

(名 breadth, 動 bróaden)

broad·band /brɔ́ːdbæ̀nd/ 名 U 〔コンピュータ〕 ブロードバンド《インターネットなどで大量のデータを高速で伝

送する方式》. ━形〘コンピュータ〙ブロードバンドの.
bróad bèan 名C《英》そら豆［《米》fava bean］.

＊broad·cast /brɔ́ːdkæ̀st | -kɑ̀ːst/

━動 (broad·casts /-kæ̀sts | -kɑ̀ːsts/; 過去・過分 broad·cast; -cast·ing) 他 ❶ (ラジオ・テレビで)(番組など)を**放送する**: The President's speech will *be broadcast* live this evening. V+O の受身 今晩大統領の演説が生放送される. ❷ (うわさなど)をふれ回る. ❸ (種子など)をまく. ━自 放送をする.

━名 (~s /-kæ̀sts | -kɑ̀ːsts/) C,U (ラジオ・テレビの)**放送**: a live *broadcast* of a baseball game 野球の生放送. 関連 telecast テレビ放送.
〘語源 原義は「広く (broad) ばらまく (cast)」; ⇨ forecast 語源〙

+broad·cast·er /brɔ́ːdkæ̀stɚ | -kɑ̀ːstə/ 名 (~s /~z/) C (テレビなどの)**解説者**, キャスター; 放送局.

＊broad·cast·ing /brɔ́ːdkæ̀stɪŋ | -kɑ̀ːst-/ 名U **放送**: satellite *broadcasting* 衛星放送.

bróadcasting stàtion 名C 放送局.

broad·en /brɔ́ːdn/ 動 他 (...)を広げる; (知識・視野など)を広める (*out*): Travel *broadens* the mind. 旅行は見聞を広める. ━自 広くなる, 広がる (*out*).
(形 broad)

bróad jùmp 名 [the ~]《米》= long jump.

+broad·ly /brɔ́ːdli/ 副 ❶ **大体**; [ときに 文修飾] **大ざっぱに(言って)**: *broadly* similar ideas 大筋で類似した考え方 /「*Broadly* speaking [Putting it *broadly*], there are two types of people. 大ざっぱに言って, 人間には2 種類いる. ❷ 幅広く; 広義に: The proposal was *broadly* supported. その提案は多くの人に支持された. ❸ あからさまに, 大っぴらに: smile [grin] *broadly* 満面の笑みをうかべる.

broad-mind·ed /brɔ́ːdmáɪndɪd←/ 形 心の広い, 寛大な; 偏見のない [⇔ narrow-minded]. **~·ness** 名U 寛大さ.

broad·sheet /brɔ́ːdʃìːt/ C《英》(大判の紙を使った普通の)新聞《⇨ tabloid》.

broad·side /brɔ́ːdsàɪd/ 名 ❶ C (ことばでの)一斉攻撃[批判]. ❷ C (船の)舷側からの一斉射撃. ━副 (車・船の)側面を(...に)向けて (*to*). ━動 他《主に米》(車など)の側面に衝突する.

Broad·way /brɔ́ːdwèɪ/ 名 固 ブロードウェー《米国 New York 市 Manhattan 区の劇場・娯楽街》.

bro·cade /broʊkéɪd/ 名 U,C 錦(にしき), きんらん.

broc·co·li /brɑ́(ː)kəli | brɔ́k-/ 名U ブロッコリー.

+bro·chure /broʊʃʊ́ɚ | bróʊʃə/ ≪フランス語から≫ 名 (~s /~z/) C (営業用の)**パンフレット**, 小冊子《⇨ pamphlet 日英》: get a travel *brochure* 旅行案内のパンフレットを手に入れる.

brogue[1] /bróʊg/ 名C [普通は単数形で] (アイルランド・スコットランドの)なまり.

brogue[2] /bróʊg/ 名C [普通は複数形で] (穴飾りのある)ふだん用の短靴.

broil /brɔ́ɪl/ 動 他《米》(肉・魚)を焼き網で焼く; (直火で)焼く, あぶる [≒grill]《⇨ roast 表, cooking 囲み》. ━自《米略式》(人が)ひどく暑く感じる.

broil·er /brɔ́ɪlɚ | -lə/ 名 ❶ C《米》グリル, 肉焼き器 [《英》grill]. ❷ C《主に米》食用若どり, ブロイラー.

broil·ing /brɔ́ɪlɪŋ/ 形《米》焼けつくように暑い.

＊broke /bróʊk/

━動 break の過去形.

━形 叙述《略式》無一文で; 破産して: go *broke* 破産する / He's flat *broke*. 彼は全くの一文なしだ.

gó for bróke [動] 自《略式》すべてをかける, 一発勝負に出る.

＊bro·ken /bróʊkən/

━動 break の過去分詞.

━形 ❶ [比較なし] **壊れた**, 砕けた, 破れた; **折れた**; **故障した**: *broken* glass 割れたガラス / a *broken* window ガラスの割れた窓 / a *broken* arm 骨折した腕 / The camera's *broken*. カメラは壊れている. ❷ (約束・法律などが)破られた, 犯された: a *broken* law 犯された法律 / a *broken* promise 破られた約束. ❸ 限定 (病気・悲嘆などで)くじけた, 衰弱した: a *broken* heart 打ちひしがれた心. ❹ 断続的な, とぎれがちの; でこぼこのある: *broken* sleep とぎれがちな眠り / a *broken* line 破線. ❺ 限定 (ことばが)不完全な, ブロークンな《一応意味は通じるが正確ではない》: *broken* English 片言の英語. ❻ 限定 (家庭が)崩壊した, (結婚が)破綻(はたん)した: a *broken* home [family] 崩壊した家庭《父母の離婚などで》.

bro·ken-down /bróʊkəndáʊn←/ 形 (機械などが)故障した, 動かない; 健康を損ねた; 衰弱した.

bro·ken-heart·ed /bróʊkənhɑ́ɚṭɪd | -hɑ́ːt-←/ 形 (失恋・死別などで)悲しみに暮れた.

+bro·ker /bróʊkɚ | -kə/ 名 (~s /~z/) C **ブローカー**, 仲買人; = stockbroker; 仲介者.
━動 他 (協定など)の仲介をする.

bro·ker·age /bróʊk(ə)rɪʤ/ 名 U 仲買(業); 仲買手数料, 口銭; C 証券会社.

brol·ly /brɑ́(ː)li | brɔ́li/ 名 (brol·lies) C《英略式》傘 [≒umbrella].

bro·mide /bróʊmaɪd/ 名 ❶ C,U〘化学〙臭化物; 鎮静剤. ❷ C《格式》陳腐な気休めのことば.

bro·mine /bróʊmiːn/ 名 U〘化学〙臭素《元素記号 Br》.

bron·chi·al /brɑ́(ː)ŋkiəl | brɔ́ŋ-/ 形 限定〘解剖〙気管支の: *bronchial* tubes 気管支.

bron·chit·ic /brɑ(ː)ŋkítɪk | brɔŋ-/ 形 気管支炎の.

bron·chi·tis /brɑ(ː)ŋkáɪṭɪs | brɔŋ-/ 名 U 気管支炎.

bron·co /brɑ́(ː)ŋkoʊ | brɔ́ŋ-/ 名 (~s) C ブロンコ《北米西部平原産の野生馬》.

bron·to·sau·rus /brɑ̀(ː)nṭəsɔ́ːrəs | brɔ̀n-/ 名 (複 ~·es, bron·to·sau·ri /-raɪ/) C ブロントサウルス, 雷竜《巨大な草食恐竜》.

Bronx /brɑ́(ː)ŋks | brɔ́ŋks/ 名 固 [the ~] ブロンクス《米国 New York 市北部の区》.

Brónx chéer 名C《米略式》(嫌悪を示す)舌を出して鳴らす音 [≒raspberry].

+bronze /brɑ́(ː)nz | brɔ́nz/ 名 (bronz·es /~ɪz/) ❶ U **ブロンズ**, **青銅**: a statue *in bronze* ブロンズ像. 関連 brass 真ちゅう.
❷ U **ブロンズ色**《黄[赤]みがかった茶色》. ❸ C ブロンズ製品[像]; C,U = bronze medal.
━形 ブロンズ製の[色の]: a *bronze* statue 銅像.

Brónze Àge 名 [the ~] 青銅器時代《Stone Age と Iron Age の間》.

bronzed /brɑ́(ː)nzd | brɔ́nzd/ 形 (人が)日に焼けた [≒tanned].

brónze médal 名 C,U 銅メダル《3 等賞》. 関連 gold medal 金メダル / silver medal 銀メダル.

brooch /bróʊʧ/ !発音 名C ブローチ [《米》pin].

brood /brúːd/ !発音 動 自 ❶ (...について)じっと考え込

む, くよくよ思う (*over*, *about*, *on*). ❷ 卵を抱く.
— 名 ❶ Ⓒ 一度にかえったひな《全体》: a hen and her *brood* of chickens めんどりとひとかえりのひな. ❷ Ⓒ [こっけいに] (一家の)たくさんの子供たち.

brood·ing /brúːdɪŋ/ 形《文語》不気味な; (表情などが)もの思いに沈んだ.

B

brood·y /brúːdi/ 形 (brood·i·er, more ~; brood·i·est, most ~) ❶ ふさぎ込んだ. ❷ (めんどりが)卵を抱きたがる; 《英略式》(女性が)子供を欲しがる.

brook[1] /brʊ́k/ 発音 名 Ⓒ 小川 (⇒ river 類義語).

brook[2] /brʊ́k/ 動 他 [否定文で]《格式》(干渉・反対など)を許す: *brook no* criticism 批判を許さない.

Brook·lyn /brʊ́klɪn/ 名 固 ブルックリン《米国 New York 市東部の区》.

broom /brúːm, brʊ́m/ 名 ❶ Ⓒ ほうき: sweep the floor with a *broom* 床をほうきで掃く / A new *broom* sweeps clean. 《ことわざ》新しいほうきはきれいに掃ける《新任の責任者は改革に意欲的である》. ❷ Ⓤ えにしだ《まめ科の低木》.

broom·stick /brúːmstɪ̀k, brʊ́m-/ 名 Ⓒ ほうきの柄; 柄の長いほうき (⇒ witch).

Bros. /brʌ́ðəz | -ðəz/ 略〔商業〕...兄弟商会《brothers の略》: Long *Bros.* & Co. ロング兄弟商会《brothers and company と読む; ⇒ ampersand》.

broth /brɔ́ːθ, brɑ́(ː)θ | brɔ́θ/ 名 Ⓤ,Ⓒ (肉・魚・野菜などでだしをとった)スープ, だし(汁): Too many cooks spoil the *broth*. 《ことわざ》料理人が多すぎるとスープがまずくなる(船頭多くして船山に登る).

broth·el /brɑ́(ː)θ(ə)l | brɔ́θ-/ 名 Ⓒ 売春宿.

***broth·er** /brʌ́ðə | -ðə/
— 名 (~s /~z/) ❶ Ⓒ **兄, 弟, 男の兄弟**: Do you have any *brothers*? (男の)兄弟はいますか. 関連 sister 姉, 妹.

> **日英 brother と「兄, 弟」**
> (1) 英米では生まれた順序で兄や弟のように区別をしない. 従って日本語の「兄」や「弟」に相当する一語の言い方がない. 普通は単に brother というが, 特に区別するときだけ兄に対しては an older [elder] *brother* または a big *brother* (⇒ big 形 2 語法) を用い, 弟に対しては a younger *brother* または a little *brother* を用いる (⇒ family tree 図).
> (2) 日本語の呼びかけの「お兄さん」に当たる英語はなく, 兄弟は互いに Jim, Ted など相手の名前で呼ぶ.

❷ Ⓒ [ときに呼びかけに用いて] 男の仲間, 同僚; (男性の)会員仲間; Ⓢ《米略式》(黒人男性同士を指して)兄弟, 仲間: *brothers* in arms 《文語》戦友. ❸ (複 breth·ren /bréðrən/, ~s) Ⓒ [しばしば B-] (男性の)同一の教会員, 信者仲間; 修道士 (略 Br.): *Brother* John ブラザージョン《呼びかけに用いる》. ❹ Ⓒ《米》(男子大学生社交クラブの)会員 (⇒ fraternity).
(形 brótherly)
— 間 [Oh ~! として]《主に米》おいおい, まいったなあ, 何てことだ!《いらだち・驚きを表わす》.

broth·er·hood /brʌ́ðəhʊ̀d | -ðə-/ 名 ❶ Ⓤ 友好(関係); 兄弟の間柄. ❷ Ⓒ 団体; 《古風》組合.

broth·er-in-law /brʌ́ðəɪnlɔ̀ː | -ðə(r)ɪn-/ 名 (複 broth·ers-in-law) Ⓒ 義兄, 義弟.

broth·er·ly /brʌ́ðəli | -ðə-/ 形 [普通は 限定] 兄弟の(ような), 兄弟にふさわしい: *brotherly* love 兄弟愛.
(名 bróther)

***brought** /brɔ́ːt/ 発音 -ght で終わる語の gh は発音しない. 動 **bring の過去形および過去分詞.**

brou·ha·ha /brúːhɑːhɑ̀ː/ 名 Ⓤ または a ~]《古風, 略式》[主に新聞で] 非難の嵐; 大さわぎ (*over*).

brow /bráʊ/ 発音 名 ❶ Ⓒ《文語》額(ひたい) [≒ forehead]: He mopped [wiped] his *brow*. 彼は額の汗をぬぐった. ❷ Ⓒ [普通は複数形で] まゆ, まゆ毛 (eyebrows): thick *brows* 濃いまゆ. ❸ [the ~] (丘の)頂上. **knít [wrínkle] one's brów(s)** [動] 自《文語》まゆをひそめる《不満・心配・熟考などで》.

brow·beat /bráʊbìːt/ 動 (-beats; 過去 -beat; 過分 -beat·en; -beat·ing) 他 (顔つき・ことばで)(人)を脅(おど)す; 脅して...させる (*into*).

brown /bráʊn/
— 形 (brown·er; brown·est) **茶色の, 褐色の**; 日に焼けた; (皮膚が)浅黒い: Helen has *brown* hair. ヘレンは茶色の髪の毛をしている.
— 名 Ⓤ (語法 種類を言うときは Ⓒ) **茶色, 褐色**: light *brown* 薄茶色 / dark *brown* 暗褐色.
— 動 他 (...)を茶色[褐色]にする[焼く]; 日焼けさせる.
— 自 茶色[褐色]になる; 日に焼ける.
be [gèt] brówned óff [動] 自《英略式》うんざりしている[する].
【語源 元来は「暗い」の意; brunette と同語源】

brówn bréad 名 Ⓤ 黒[全麦]パン《ふすまを取り除かない小麦粉で作った褐色のパン》.

brown·ie /bráʊni/ 名 ❶ Ⓒ ブラウニー《平たく四角いチョコレートケーキ》. ❷ [the Brownies] 複 (《米》ガールスカウト (Girl Scouts) または《英》少女団 (Guides) の)幼年部. ❸ Ⓒ [B-] ブラウニー (《米》ガールスカウトまたは《英》少女団の幼年団員; 7-10歳).

Brównie Guìde 名 Ⓒ = brownie 3.

brównie pòint 名 [次の成句で] **gét [éarn, wín, scóre] brównie pòints** [動] 自《略式》点数かせぎをする.

brown·ish /bráʊnɪʃ/ 形 茶色がかった.

brown-nose /bráʊnnòʊz/ 動 自《略式》[軽蔑的] ご機嫌をとる. — 他《略式》[軽蔑的] (人)のご機嫌をとる.

brown-nos·er /bráʊnnòʊzə | -zə/ 名 Ⓒ《略式》[軽蔑的] ご機嫌取り《人》.

brown·out /bráʊnàʊt/ 名 Ⓒ《米》電力供給制限.

brówn páper 名 Ⓤ (茶色の)包装紙.

brówn ríce 名 Ⓤ 玄米.

brown·stone /bráʊnstòʊn/ 名 Ⓤ 褐色砂岩; Ⓒ《米》褐色砂岩を用いた建物《New York 市に多い》.

brówn súgar 名 Ⓤ ブラウンシュガー, 赤砂糖.

+**browse** /bráʊz/ 発音 動 自 ❶ (商品・陳列品を)**ぶらぶら見て回る** (*around*); (本などを)拾い読みする (*through*); (本屋で本を)立ち読みする: "Can I help you?" "No thanks. I'm just *browsing*."「何かお探しですか」「いえちょっと見ているだけです」《店頭で》. ❷〔コンピュータ〕(インターネットなどを)検索[閲覧]する. ❸ (家畜が)草をはむ (*on*).
— 他 ❶ (店など)を見て回る; (本など)を拾い読みする. ❷〔コンピュータ〕(インターネットなど)を検索[閲覧]する: *browse* the website ホームページを閲覧する.
— 名 [a ~] (店を)見て回ること; 拾い読み.

brows·er /bráʊzə | -zə/ 名 ❶ Ⓒ〔コンピュータ〕(インターネットの)閲覧ソフト, ブラウザ. ❷ Ⓒ (商品を)ぶら

ぶら見て回る人, (本を)拾い読みする人.

+**bruise** /brúːz/ 名 (bruis·es /~ɪz/) C **打撲傷**, 打ち身, あざ; (果物などの)傷; (心の)傷.
— 動 (bruis·es /~ɪz/; bruised /~d/; bruis·ing) 他 ❶ (...)に**打撲傷を与える**, あざをつける; (果物など)を傷(いた)める: I fell and *bruised* my knee. 私は転んでひざにあざができた. ❷ [普通は受身で] (感情・誇り・自信など)を傷つける.
— 自 打った跡がつく, あざになる; (果物などが)傷む: Peaches *bruise* easily. 桃は傷みやすい.

bruis·er /brúːzə | -zə/ 名 C 《略式》 粗暴な大男.

bruis·ing /brúːzɪŋ/ 名 U 打撲傷《全体》: suffer *bruising* to ... ...に打撲傷を負う. — 形 (体験などが)いやな, 後味の悪い, しんどい.

brunch /brʌ́ntʃ/ 名 C,U (昼食兼用の)遅い朝食, ブランチ. 〖語源 *br*eakfast と l*unch* の混成語〗

Bru·nei /bruːnáɪ/ 名 固 ブルネイ《ボルネオ島北西部の国》.

bru·nette /bruːnét/ 名 C (髪が)黒褐色の女性. 参考 白人種のうちで髪の毛(と目)が黒(褐)色の人《⇒ hair 参考, fair[1] 4 表》.

brunt /brʌ́nt/ 名 [次の成句で] **béar [táke] the brúnt of ...** [動] 他 (攻撃など)をまともに受ける.

***brush**[1] /brʌ́ʃ/ 名 (~·es /~ɪz/) ❶ C **ブラシ, はけ**: First, clean your shoes with a *brush*. まずブラシで靴のよごれを落としなさい. 関連 hairbrush ヘアブラシ / paintbrush ペンキ用のはけ, 絵筆 / toothbrush 歯ブラシ. ❷ C 絵筆, 毛筆: paint with a *brush* 絵筆で描く. ❸ [単数形で] ブラシ[はけ]のひとかけ; 軽く[ちょっと]触れること: give one's hair a quick *brush* 髪をさっとブラシでとかす. ❹ C (人との)小さな衝突, 小ぜり合い; (いやなことなどに)遭遇しそうな体験: have a *brush with* death あやうく死にそうになる. ❺ C きつねの尾.
— 動 (brush·es /~ɪz/; brushed /~t/; brush·ing) 他 ❶ (...)に**ブラシをかける**, (ブラシで)(...)を磨く: She *brushed* her hair. 彼女は髪をブラシでとかした. ❷ (...)をブラシで取り除く[払いのける]; (手などで)払う: The girl *brushed* the dirt *from* her coat. 少女はコートのよごれを払った. ❸ (...)をかす(って通)る. ❹ (はけなどで)(...)に(油などを)塗る (*with*); (油など)を(...に)塗る (*onto*, *over*). — 自 かする (*against*); [副詞(句)を伴って] かすって通る: A cat *brushed past* [*by*] me. 猫が私のわきをかすめて行った.

> **brush の句動詞**
> **brúsh asíde [awáy]** 動 他 ❶ (考えなど)を無視する. ❷ (...)を払いのける.
> **brúsh dówn** 動 他 (...に)ブラシをかける.
> **brúsh óff** 動 他 ❶ (...)を払いのける. ❷ (人の意見など)を無視する: He *brushed off* my objections. 彼は私の反対を無視した.
> **brúsh onesèlf óff** [動] 自 (倒れた後などに)服の汚れを手で払う.
> **brúsh úp (on) ...** 動 他 (忘れかけている言語・学問など)をやり直す, 勉強し直す: I'll have to *brush up* (*on*) my French. (忘れかけた)フランス語をやり直さないといけないなあ.

brush[2] /brʌ́ʃ/ 名 U 低木の密生地, やぶ; = brushwood.

brush-off /brʌ́ʃɔ̀ːf | -ɔ̀f/ 名 [the ~] 《略式》 (そっけない)拒絶: 「give ... [get] *the brush-off* (人に)すげなく断わる[断わられる].

brush·stroke /brʌ́ʃstròʊk/ 名 C 筆[はけ]づかい.

brush·wood /brʌ́ʃwʊ̀d/ 名 U しば, そだ.

brush·work /brʌ́ʃwə̀ːk | -wə̀ːk/ 名 U (絵などの)筆使い, 画法.

brusque /brʌ́sk | brʊ́sk, brúːsk/ 形 (brusqu·er; brusqu·est) ぶっきらぼうな, 無愛想な. **~·ly** 副 ぶっきらぼうに. **~·ness** 名 U 無愛想.

Brus·sels /brʌ́slz/ 名 固 ブリュッセル《ベルギーの首都》.

brússels spróuts 名 複 [しばしば B-] 芽キャベツ.

+**bru·tal** /brúːtl/ 形 ❶ **残忍な**, 野蛮な: *brutal* attack 残酷な攻撃. ❷ 手加減のない; 《略式》 ひどい, 不快な: with *brutal* honesty 手加減しないで真っ正直に. (名 brutálity, 動 brútalìze)

bru·tal·i·ty /bruːtǽləṭi/ 名 (-i·ties) U 残忍性, 野蛮さ; C 残忍[野蛮]な行為 (*of*): police *brutality* 警察による容疑者虐待. (形 brútal)

bru·tal·ize /brúːṭəlàɪz/ 動 他 ❶ [普通は受身で] (ひどい経験などが)(人)に人間性を失わせる, (...)を残忍[無情]にする. ❷ (人)を残忍に扱う, 虐待する. (形 brútal)

bru·tal·ly /brúːṭəli/ 副 残酷に; 容赦なく.

brute /brúːt/ 名 ❶ C [ときにこっけいに] 残忍[野蛮]な人, 人でなし: a *brute of* a man 野獣のような男《⇒ of 18》. ❷ C けだもの, 野獣. — 形 限定 理性のない, 残忍な; 非情な, 冷徹な, あるがままの: by [with] *brute* force [strength] (理性ではなく)暴力で / a *brute* fact 紛れもない事実. 〖語源 ラテン語で「愚かな」の意〗

brut·ish /brúːṭɪʃ/ 形 獣のような; 残酷な, 野蛮な.

Bru·tus /brúːṭəs/ 名 固 Mar·cus /máəkəs | máː-/ Ju·nius /ʤúːnjəs/ ~ ブルートゥス, ブルータス (85–42 B.C.)《ローマの政治家; Caesar の暗殺者》.

B.S. /bíːés/ 略 《米》 = Bachelor of Science《⇒ bachelor》.

BSc /bíːèssíː/ 略 《英》 = Bachelor of Science《⇒ bachelor》.

BSE /bíːèsíː/ 名 U 〔医学〕 BSE, 牛(うし)海綿状脳症, 狂牛病《*b*ovine *s*pongiform *e*ncephalopathy の略》[《略式》 mad cow disease].

BST /bíːèstíː/ 略 = British Summer Time.

BTW 略 [E メールで] = by the way (ところで).

+**bub·ble** /bʌ́bl/ 名 (~s /~z/) ❶ C [しばしば複数形で] **泡**, あぶく; 気泡《⇒ foam 1》: soap *bubbles* シャボン玉 / blow *bubbles* シャボン玉を吹く / air *bubbles* in ice 氷の中の気泡. ❷ C ふとわき上がる感情 (*of*). ❸ C 漫画の吹き出し. ❹ C 夢のような状態, 幻想; (経済の)バブル: The *bubble* has burst. バブルがはじけた.
búbble and squéak [名] 《英》 バブル・アンド・スクイーク《じゃがいもやキャベツなどの残り物の野菜を油でいためたもの》.
búrst [príck] ...'s búbbles [動] ...の幻想をこわす. (形 búbbly)
— 動 (bub·bles /~z/; bub·bled /~d/; bub·bling) 自 ❶ **泡立つ**; 沸騰する (*away*); (泉などが)ぶくぶくわく: Water is ***bubbling up*** from the ground. V+up 水が地面からぶくぶくとわいている. ❷ [普通は進行形で] (喜びなどで)満ちあふれる (*with*); (感情・活動などが)続く (*away*, *up*); (感情が)こみ上げる.
búbble óver [動] 自 (1) 泡立ってあふれる. (2) [普通は進行形で] (喜びなどで)満ちあふれる (*with*).

búbble bàth 名 U 泡風呂入浴剤; C 泡風呂.

búbble gùm 名 U,C 風船ガム.

búbble wràp 名 U (梱包用の)気泡緩衝材, バブルラップ.

bub·bly /bʌ́bli/ 形 (bub·bli·er; -bli·est) ❶ (特に女性が)はつらつとした, 元気[陽気]な. ❷ 泡の多い.
(名 búbble)
— 名 U 《略式》 シャンパン.

buc·ca·neer /bʌ̀kəníə|-níə/ 名 ❶ C 海賊. ❷ C 野心家, 成り上がり者, 山師《特に実業家》.

Bu·cha·rest /b(j)ú:kərèst/ 名 固 ブカレスト《ルーマニアの首都》.

***buck**[1] /bʌ́k/ 名 (~s /~s/) C 《略式》 ドル [≒dollar]; 金: big [mega] *bucks* 大金. **máke a fást [quíck] búck** [動] 自 《略式》 [しばしば軽蔑的] (不正に)さっとひともうけする.

buck[2] /bʌ́k/ 動 自 ❶ (馬が)後足を蹴り上げる, 四つ足で跳(は)ね上がる. ❷ (車などが)急にがくんと動く. — 他 ❶ (...)に抵抗する: *buck* the system [trend] 体制[流れ]に逆らう. ❷ (人)を元気づける. **búck for ...** [動] 他 《米》 (昇進など)を得ようと必死になる. **búck úp** [動] 自 (1) [しばしば命令文で] 《略式》 元気を出す. (2) 《略式》 (事態などが)よくなる. — 他 (1) 《略式》 (人)を励ます. (2) 《略式》 (...)を改善する.

buck[3] /bʌ́k/ 名 C (複 ~(s)) (鹿・かもしか・やぎ・うさぎなどの)雄. 関連 doe 雌.

buck[4] /bʌ́k/ 名 [次の成句で] **páss the búck** [動] 自 責任を転嫁する. **The búck stóps「hére [with mé]**. 私に最終的な責任がある. 由来 buck は元来ポーカーのとき親を示すために使われたナイフで, そこから「責任」の意となった.

***buck·et** /bʌ́kɪt/ ❗発音 名 (buck·ets /-kɪts/) ❶ C **バケツ; 手おけ** [《米》 pail]: an ice *bucket* 氷入れ. ❷ C **バケツ[手おけ]1 杯の量:** a *bucket of* water バケツ 1 杯の水. ❸ [複数形で] 《略式》 大量 (*of*); [副詞的に] 大量に: weep *buckets* 大泣きする. ❹ C 〔バスケ〕ゴール.
by the búcket [副] 《略式》 大量に.
in búckets [副] 《略式》 どしゃぶりに.
kíck the búcket [動] 自 《古風》 [こっけいに] 死ぬ. 由来 首つり自殺をしようとする人が, 台のバケツを足でけることから, といわれているが異説もある.
— 動 自 《英略式》 どしゃぶりの雨が降る (*down*).

buck·et·ful /bʌ́kɪtfʊ̀l/ 名 C バケツ[手おけ]1 杯(の量); [複数形で] 大量 (*of*).

búcket sèat 名 C バケットシート《車・旅客機などの, 背の部分が丸くなった一人用座席》.

búcket shòp 名 C 《英略式》 格安航空券販売店.

Búck·ing·ham Pálace /bʌ́kɪŋəm-/ 名 固 バッキンガム宮殿《London の英国(女)王の宮殿》.

buck·le /bʌ́kl/ 動 他 ❶ (...)をバックル[締め金]で締める (*up, on*) [⇔ unbuckle]. ❷ (...)を曲げる, へこませる. — 自 ❶ バックル[締め金]で締まる (*up, on*). ❷ 曲がる, へこむ; 屈する: *buckle under* the pressure (*of* ...) (...の)圧力[重圧]に屈する. **búckle dówn** [動] 自 《略式》 (...に)精を出す[本気で取りかかる] (*to*).
búckle úp [動] 自 《米》 シートベルトを締める.
— 名 C バックル, 締め金: fasten [unfasten, undo] a *buckle* バックルを締める[はずす].

búck náked 形 《米略式》 すっ裸の.

buck·ram /bʌ́krəm/ 名 U バックラム《のり・にかわなどで堅くした麻布; 洋服のしん・製本などに用いる》.

buck·skin /bʌ́kskɪ̀n/ 名 U 鹿皮, やぎ皮.

búck téeth 名 複 出っ歯.

buck-toothed /bʌ́ktú:θt/ 形 出っ歯の.

buck·wheat /bʌ́k(h)wì:t/ 名 U そば(の実); そば粉《家畜の飼料; またシリアルやパンケーキの材料》.

+**bud**[1] /bʌ́d/ 名 (buds /bʌ́dz/) C **芽; つぼみ**; 発芽期: a flower *bud* つぼみ, 花芽 / a leaf *bud* 葉芽.
in búd [形・副] **芽を出した[て]**, つぼみを持った[て]: The trees are *in bud*. 木が芽を出し始めた.
níp ... in the búd [動] 他 (...)を早いうちにやめさせる, (危険など)の芽を摘み取る, (...)を未然に防ぐ.
— 動 (buds /bʌ́dz/; bud·ded /-ḍɪd/; bud·ding /-ḍɪŋ/) 自 芽を出す, 芽が出る, つぼみを持つ.

bud[2] /bʌ́d/ 名 《米》 = buddy 2.

Bu·da·pest /bú:ḍəpèst|b(j)ù:dəpést/ 名 固 ブダペスト《ハンガリーの首都》.

Bud·dha /bú:ḍə, bóḍə|bódə/ 名 固 仏陀(ぶった)《インドの宗教家; 仏教の開祖》; C 仏像, 仏画.

Bud·dhis·m /bú:ḍɪzm, bóḍ-|bód-/ 名 U 仏教.

Bud·dhist /bú:ḍɪst, bóḍ-|bód-/ 名 C 仏教徒.
— 形 仏教徒の, 仏教の.

bud·ding /bʌ́ḍɪŋ/ 形 ❶ 限定 新進気鋭の. ❷ 限定 芽を出しかけた; (恋愛などが)始まったばかりの.

bud·dy /bʌ́ḍi/ 名 (bud·dies) ❶ C 《略式》 (男の)仲間, 相棒; 親友 (⇒ friend 類義語). ❷ S 《米》 おい君, あんた《男性への呼びかけ; ときに失礼な表現》.
— 動 [次の成句で] **búddy úp** 自 《米略式》 (助け合うため)仲よくなる (*with, to*).

bud·dy-bud·dy /bʌ́dibʌ́di/ 形 《米略式》 (...と)仲のいい, 親しい (*with*).

budge /bʌ́ʤ/ 動 自 [普通は否定文で] ❶ (ちょっと)動く, 身動きする: He *wouldn't budge from* his chair. 彼はいすから動こうとしなかった. ❷ 意見[態度]を変える. — 他 [普通は否定文で] ❶ (...)を(ちょっと)動かす. ❷ (...)の意見[態度]を変えさせる.

bud·ger·i·gar /bʌ́ʤ(ə)rɪgɑ̀ə|-gɑ̀:/ 名 C 《英》 せきせいいんこ《オーストラリア原産》.

bud·get** /bʌ́ʤɪt/ 名 (bud·gets /-ʤɪts/) ❶ C **予算**, 予算案: a government *budget* 政府予算 / the *budget for* the 2023 fiscal year 2023 年度予算(案) / over [under] *budget* 予算超過[予算内]で / on a (tight) *budget* 限られた予算で / ***balance** the **budget 支出を予算内に抑える / cut a *budget* 予算を削減する / cut a *budget* deficit 予算赤字を減らす. ❷ C 経費, 家計: a family *budget* 家計. (形 búdgetàry)
— 動 自 予算を立てる: *budget for* the coming year 翌年の予算を立てる. — 他 ❶ (金)を割り当てる, 予算に組む: We have *budgeted* 10,000 dollars *for* the project. 我々はその計画に 1 万ドルの予算を組んだ. ❷ (金・時間など)を使う予定を立てる.
— 形 限定 [広告などで] 格安の, 徳用な.
〖語源 原義は「小さな革袋」; それから「革袋の中身(の金)」の意となった〗

bud·get·ar·y /bʌ́ʤətèri|-təri, -tri/ 形 予算(上)の.
(名 búdget)

bud·gie /bʌ́ʤi/ 名 C 《英略式》 = budgerigar.

Bue·nos Ai·res /bwèɪnəsé(ə)ri:z|-nɔsáɪ(ə)rez/ 名 固 ブエノスアイレス《アルゼンチンの首都》.

buff /bʌ́f/ 名 (~s) ❶ C 《略式》 ...愛好家, ...ファン: a jazz *buff* ジャズ通. ❷ U 淡黄褐色. **in the búff** [形・副] 《古風, 略式》 すっ裸の[で]. — 動 他 (...)を布で磨く (*up*). **búff úp** [動] 自 《略式》 (運動で)筋肉を鍛える. — 形 ❶ 淡黄色の. ❷ 《略式》 筋骨たくましい.

+**buf·fa·lo** /bʌ́fəlòʊ/ 名 (複 ~, ~(e)s /~z/) ❶ C **水牛** (water buffalo). ❷ C 《米》 アメリカ野牛, バッ

ファロー (bison).

buff·er /bʌ́fɚ | -fə/ 名 ❶ C (衝突・衝撃などを)和(やわ)らげる物[人] (*against, between*). ❷ C (鉄道の)緩衝器[装置]. ❸ C〔コンピュータ〕バッファー, 緩衝記憶装置. **hít [rún ìnto] the búffers** [動] 自《英略式》(計画などが)失敗に終わる.
— 動 (-er·ing /-f(ə)rɪŋ/) 他 ❶ (悪影響など)を和らげる; (...)を(〜から)守る (*against, from*). ❷〔コンピュータ〕(データ)をバッファーに移す.

búffer zòne 名 C 緩衝地帯.

buf·fet[1] /bəféɪ, bu:- | bófeɪ/ ≪フランス語から≫ 名 (〜s /〜z/) ❶ C ビュッフェ[バイキング]形式の食事. ❷ C《主に英》(駅などの)ビュッフェ《立食式の簡易食堂[カウンター]; ⇒ restaurant 関連》. ❸ C《米》食器棚.

buf·fet[2] /bʌ́fɪt/ 動 他 [しばしば受身で] (風・雨・波などが)(...)を打つ, 打ちのめす, もみくちゃにする.

buf·fét càr /bəféɪ- | bófeɪ-/ 名 C《英》軽食堂車.

buf·foon /bəfú:n/ 名 C《古風》道化者, おどけ者.

+**bug** /bʌ́g/ 名 (〜s /〜z/) ❶ C《主に米》(一般に)**虫**, 昆虫《甲虫類, くも, あり, はえなども含む; ⇒ insect 表》. ❷ C《略式》(軽い感染性の)病気; ばい菌, 病原菌, ウイルス: catch [pick up] the flu *bug* インフルエンザをもらう, かぜをひく. ❸ C (機械などの)欠陥;〔コンピュータ〕(プログラムの)誤り, バグ. ❹ [the 〜]《略式》...熱: get *the* travel *bug* 旅行熱にとりつかれる. ❺ C 盗聴器. — 動 (bugs; bugged; bug·ging) 他 ❶《略式》(人)を悩ます, 苦しめる. ❷ (...)に盗聴器を仕掛ける. **búg óff** [動] 自 [しばしば命令文で]《米略式》うせる. **búg óut** [動] 自 (1)《米略式》(驚きなどで目が)とび出す. (2)《米略式》立ち去る.

bug·a·boo /bʌ́gəbù:/ 名 (〜s) C《米》心配の種.

bug·ger /bʌ́gɚ | -gə/ 名 C《英卑語》(いやな)やつ.

bug·ger·y /bʌ́gəri/ 名 U〔法律〕肛門性交 [≒ sodomy].

bug·gy /bʌ́gi/ 名 (bug·gies) ❶ C《米》(寝かせるタイプの)ベビーカー [≒baby carriage]. ❷ C《英》(腰掛け式の)ベビーカー [《米》stroller]. ❸ C (1 頭立ての)軽馬車.

bu·gle /bjú:gl/ 名 C (軍隊の)らっぱ.

***build /bíld/ ❗発音

— 動 (builds /bíldz/; 過去・過分 built /bílt/; build·ing) 他 ❶ (...)を**建てる**, **建設する**, 建造する, (機械など)を組み立てる, 造る; (巣など)を作る, (火)を起こす; (人に)(...)を建てて[造って]あげる《⇒ 類義語》: He *built* a new house. 彼は新しい家を建てた. 語法 自分で建てたときにも, 業者に建てさせたときにもいう // A dam has *been built* across the river. V+O の受身 ダムがその川に建設された / The school *is built* (*out*) *of* wood. V+O+(out) of+名の受身 その学校は木造だ / A bird is *building* its nest. 鳥が巣を作っている / 言い換え I *built* them a cottage. V+O+O ＝ I *built* a cottage *for* them. V+O+for+名 私は彼らに別荘を建ててあげた《⇒ for 前 A 1 語法》.
❷ (...)を**築き上げる**, 確立する, 形成する; (感情など)を高める: The manager tried to *build* a strong team. 監督は強いチームを作ろうとした / *build* a career キャリアを形成する / *build* confidence 自信をつける.
— 自 ❶ 建築[建造]する; 建築業に従事する. ❷ (感情・緊張などが)増す, 高まる.

build の句動詞

buíld ... aròund 〜 動 他 〜に(...)の基礎を置く.
buíld ín 動 他 [しばしば受身で] (家具など)を作り付けにする.
buíld ... ínto 〜 動 他 [しばしば受身で] (...)を〜に作り付けにする; (...)を〜の一部とする, 〜に組み込む.
buíld ón 動 他 (...)を増築する, 建て増しする.
buíld on ... 動 他 (経験・成果など)に基礎を置く, (土台として)...を利用する, ...を基盤とする: One success *builds on* another. ひとつの成功が次の成功につながる.
+**buíld ... on [upòn] 〜** 動 他 [しばしば受身で] 〜に(...)の**基礎を置く**, (...)を(事実・情報・約束など)に基づかせる: Society *is built on* [*upon*] trust. 社会というものは信用の上に成り立っている.
****buíld úp** 動 他 ❶ (徐々に)(...)を**発達させる**, (次第に)増す; (健康など)を増進する, (身体)を鍛え上げる; (自信など)を強める V+名・代+up / V+up+名: I'm trying to *build up* my strength. 体力をつけようと努力しています / I don't want you to *build up* your hopes, but I'll try to help you. あまり期待しないでほしいのですがお力になれるよう努力します.
❷ (事業・名声など)を(徐々に)**築き上げる**, 確立する V+名・代+up / V+up+名: The company has *built up* a reputation for quality. その会社は品質に関して定評を得た. ❸ [しばしば受身で] (...)をもてはやす.
— 自 増える, (感情などが)高まる.
buíld úp to ... [動] 他 ...のために徐々に準備をする.
(名 buíldùp)

類義語 **build** 建物を建てるほか, 橋・船・巣などを作り上げる意味の一般的な語. **construct** 計画・設計に従って建物や公共物を作り上げること.

— 名 U または a 〜] 体格, 体つき: a man of (a) strong [slight] *build* がっしりした[きゃしゃな]体格の人.

+**build·er** /bíldɚ | -də/ 名 (〜s /〜z/) ❶ C **建築業者**: a trustworthy *builder* 信用のある建築業者.
❷ C [合成語で] **建設者**, 創始者, ...を築きあげるもの[人]: an empire *builder* 帝国を築いた人 / a character *builder* 性格を形成するもの.

***build·ing /bíldɪŋ/

— 名 (〜s /〜z/) ❶ C **建物**, **建築物**, ビル: They are putting up a new *building*. 新しい建物を建てている / a tall [high-rise] *building* 高い建物[高層ビル]. 関連 skyscraper 超高層ビル.
❷ U **建てること**, 建造: The *building of* the house took three months. その家を建築するのに 3 か月かかった. 関連 shipbuilding 造船.

buílding blòck 名 ❶ [複数形で] 構成要素, 基本的要素 (*of*). ❷ C (おもちゃの)積木, ブロック.

buílding socìety 名 C《英》住宅金融組合《米国の savings and loan association に相当》.

+**build·up** /bíldʌ̀p/ 名 (〜s/〜s/) ❶ C,U **増加**, 強化; (軍隊の)増強 (*of*). ❷ C,U 準備(段階) (*to*). ❸ C,U (新聞などでの)前宣伝, 売り込み. (動 buíld úp)

***built /bílt/

— 動 build の過去形および過去分詞.
— 形 ❶ 叙述 ...の特質を持つ, ...にふさわしい: That car is *built for* speed. あの車はスピード重視の作りです.
❷ [しばしば合成語で] ...の体つきの[で]; ...で作られた, ...製の: a heavily-*built* man 体つきががっしりした男 / a Japanese-*built* car 日本製自動車.

built-in /bíltín⁻/ 形 限定 はめ込みの, 作り付けの; 内蔵の; (ある性質・危険などが)本来備わった.

built-up /bíltʌ́p⁻/ 形 限定 (土地が)建て込んだ.

+**bulb** /bʌ́lb/ 名 (~s/~z/) ❶ C **電球** (light bulb); (温度計などの)球; 真空管: This *bulb* has gone [burned out]. この電球は切れた.
❷ C 〔植物〕 **球根**, 球茎, 鱗茎(りんけい): plant *bulbs* in a flowerbed 花壇に球根を植える. (形 búlbous)
〖語源 ギリシャ語で「玉ねぎ」の意〗

bul·bous /bʌ́lbəs/ 形 球根の形をした: a *bulbous* nose だんご鼻 (⇒ nose 挿絵). (名 bulb)

Bul·gar·i·a /bʌlgé(ə)riə, bʊl-/ 名 固 ブルガリア 《ヨーロッパ南東の Balkan 半島の共和国》.

Bul·gar·i·an /bʌlgé(ə)riən, bʊl-/ 形 ブルガリアの; ブルガリア人[語]の. — 名 C ブルガリア人; U ブルガリア語.

bulge /bʌ́ldʒ/ 名 C ふくらみ, 出っ張り; 膨張; (一時的な)急増 (*in*). — 動 自 ❶ ふくれる; 出っ張る (*out*; *with*). ❷ [普通は進行形で] (…で)いっぱいである (*with*).

bu·lim·i·a /b(j)uːlíːmiə, -lím-/ 名 U 〔医学〕 過食症.

bu·li·mic /b(j)uːlíːmɪk/ 形 名 C 〔医学〕 過食症の(人).

+**bulk** /bʌ́lk/ 名 (~s/~s/) ❶ [the ~] **大部分**, 大半: He finished *the bulk of* his work before dinner. 彼は夕食前に仕事の大部分を終えた.
❷ U (大きな)**容積**, かさ, 巨大さ: This box is hard to handle because of its *bulk*. この箱はかさばるので扱いにくい. ❸ [単数形で] 巨体, 大きな形: the *bulk* of an elephant 象の巨体.
in búlk [副] 大量に, 大口で. (形 búlky)
— 形 限定 大量の, 大口の.
— 動 [次の成句で] **búlk lárge** [動] 自 重要である, 大きくなる. **búlk óut [úp]** [動] 他 (他のものを追加して)(…)をふくらませる, 大きくみせる.

bulk·head /bʌ́lkhèd/ 名 C (船舶・飛行機などの)隔壁.

bulk·y /bʌ́lki/ 形 (bulk·i·er; -i·est) ❶ かさばった; 扱いにくい. ❷ (人が)大きい, 筋肉質の. (名 bulk)

+**bull**[1] /bʊ́l/ 発音 名 (~s/~z/) ❶ C (去勢されない)**雄牛** (⇒ cattle 表). ✪ 鳴き声については ⇒ cry 表. 関連 beef 牛肉. ❷ C (象・鯨など大きい動物の)雄; [形容詞的に] (象・鯨などが)雄の: a *bull* elephant 雄の象. 関連 cow 雌. ❸ C 〔株式〕 買い方, 強気筋 [⇔ bear]. ❹ C = bull's-eye. ❺ [the B-] 牡牛(おうし)座 《星座》 (Taurus).
a búll in a chína shòp [名] はた迷惑な乱暴者, (気配りや慎重さが要求される場で)話をぶちこわす人. 由来 陶磁器店へ暴れ込んだ雄牛, の意から.
lìke a búll at the gáte [副] (他には目もくれず)すごい勢いで.
tàke the búll by the hórns [動] 自 困難に真っ向[正面]から立ち向かう.

bull[2] /bʊ́l/ 名 U 《略式》 ばかげた話, たわごと.

bull[3] /bʊ́l/ 名 C ローマ法王の教書.

bull·dog /bʊ́ldɔ̀ːg | -dɔ̀g/ 名 C ブルドッグ 《しばしば英国人の象徴とされる; ⇒ dog 挿絵》.

bull·doze /bʊ́ldoʊz/ 動 他 ❶ (…)をブルドーザーでならす[壊す, 作る]. ❷ (法案など)を無理に通す; ごり押しする: *bulldoze* one's way 強引につき進む. ❸ (人)を脅す, 脅して[強引に]…させる (*into*).

bull·doz·er /bʊ́ldoʊzə | -zə/ 名 C ブルドーザー.

+**bul·let** /bʊ́lət/ 発音 名 (bul·lets/-ləts/) C **弾丸**, 小銃弾. 関連 shell 砲弾.
bíte the búllet [動] 自 《略式》 困難に立ち向かう.
swéat búllets [動] 自 《米略式》 とても不安である.
〖語源 フランス語で「小さな球 (ball)」の意; ⇒ ballot 語源〗

+**bul·le·tin** /bʊ́lətn, -tən | -tɪn/ 名 (~s/~z/) ❶ C (ラジオ・テレビの)**ニュース速報**.
❷ C (官庁の)**公報**, 告示; 掲示, 報告; (学会などの)**会報**, 紀要.

búlletin bòard 名 C 《米》 掲示板, 告示板 [《英》 notice board]; 〔コンピュータ〕 電子掲示板.

bul·let·proof /bʊ́lətprùːf/ 形 防弾の.

búllet tràin 名 C 弾丸列車 《日本の新幹線など》.

bull·fight /bʊ́lfàɪt/ 名 C 闘牛.

bull·fight·er /bʊ́lfàɪṭə | -tə/ 名 C 闘牛士.

bull·fight·ing /bʊ́lfàɪṭɪŋ/ 名 U 闘牛.

bull·finch /bʊ́lfɪntʃ/ 名 C うそ 《鳥》.

bull·frog /bʊ́lfrɔ̀ːg | -frɔ̀g/ 名 C 牛がえる, 食用がえる 《米国原産》.

bull·head·ed /bʊ́lhéḍɪd⁻/ 形 頑固な, 強情な.

bull·horn /bʊ́lhɔ̀ən | -hɔ̀ːn/ 名 C 《古風, 米》 (携帯)拡声器, ハンドマイク.

bull·ion /bʊ́ljən/ 名 U 金[銀]の延べ棒.

bull·ish /bʊ́lɪʃ/ 形 ❶ 叙述 (将来について)自信を持った, 楽観的な. ❷ 〔株式〕 強気の [⇔ bearish].

búll màrket 名 C 〔株式〕 上げ相場.

bull·ock /bʊ́lək/ 名 C 去勢牛.

búll pèn 名 C 〔野球〕 ブルペン 《救援投手の練習場》; 救援投手陣 《全体》.

bull·ring /bʊ́lrɪ̀ŋ/ 名 C 闘牛場.

búll sèssion 名 C 《米略式》 (気楽な)討論の場.

bull's-eye /bʊ́lzàɪ/ 名 C (ダーツなどの)的の中心; 中心を射た射撃[矢]: hit [score] a *bull's-eye* 的中する.

bull·shit /bʊ́lʃɪt/ 名 U 《卑語》 たわごと, でたらめ.
— 動 自 《卑語》 でたらめを言う. — 他 《卑語》 (人)にでたらめ[うそ]を言う.

bull·ter·ri·er /bʊ́ltériə | -riə/ 名 C ブルテリア 《ブルドッグとテリアとの雑種; ⇒ dog 挿絵》.

+**bul·ly** /bʊ́li/ 名 (bul·lies) C **弱い者いじめをする人**; いじめっ子. — 動 (bul·lies; bul·lied; -ly·ing) 他 (弱い者)をいじめる, 脅す; (人)を脅して…させる (*into*).

bul·ly·ing /bʊ́liɪŋ/ 名 U (弱い者に対する)いじめ.

búlly púlpit 名 C 《米》 (多くの人に影響力を持つ)権威ある地位[職].

bul·rush /bʊ́lrʌ̀ʃ/ 名 C あぶらがや 《いぐさに似た湿生植物》; 《英》 がま.

bul·wark /bʊ́lwə(ː)k | -wə(ː)k/ 名 ❶ C 《格式》 (…の)防壁となる人[物] (*against*): the *bulwark* of human rights 人権の擁護者. ❷ C 防壁; 土塁.

bum[1] /bʌ́m/ 名 ❶ C 《略式, 主に米》 浮浪者. ❷ C 《略式》 怠け者, 能なし. ❸ C 《略式》 (スポーツ・娯楽などに)熱中する人, …狂[マニア]. **gèt [be given] the búm's rúsh** 《略式》 追い払われる. — 動 (bums; bummed; bum·ming) 他 ❶ 《略式》 (人に)(もの)をたかる, せびる (*off*). ❷ 《米略式》 (人を)がっかりさせる (*out*). **búm aróund [《英》 abóut] (…)** [動] 自 《略式》 のらくらして暮らす. — 他 《略式》 …を気ままに旅する. — 形 ❶ 限定 《略式》 役に立たない, お粗末な; いやな: *bum* advice つまらない助言. ❷ 限定 《米略式》 (手・足などが)利かない.

bum[2] /bʌ́m/ 名 C 《英略式》 おしり [≒bottom].

bum·ble /bʌ́mbl/ 動 自 ❶ もぐもぐ言う (*on*). ❷ もたもたする (*around*). ❸ 《米》 しくじる.

bum·ble·bee /bʌ́mblbìː/ 名 C まるはなばち.

bum·bling /bʌ́mblɪŋ/ 形 限定 無器用な, へまな.
bum·mer /bʌ́mɚ | -mə/ 名 [a ~] Ⓢ がっかり[不愉快に]させること: What *a bummer*! がっかりだ.
+**bump** /bʌ́mp/ 動 (bumps /~s/; bumped /~t/; bump·ing) 自 ❶ **どんと突き当たる,** 衝突する: Two buses ***bumped into*** each other. V+*into*+名 2 台のバスが衝突した / Something ***bumped against*** me. V+*against*+名 何かが私に当たった. ❷ (車が)がたがたと進む (*along, up, down*).
— 他 ❶ (...)を**どんと突き当てる,** ぶつける; ぶつけて落とす[動かす]; (...)にどんと突き当たる: He ***bumped*** his head ***against*** [***on***] the wall. V+O+*against* [*on*]+名 彼は頭を壁にぶつけた / They *bumped* each other on the street. 彼らは通りでどんとぶつかった. ❷ (...)をがたがたと押して[引いて]いく. ❸ 《略式》 (...)を(別のグループなどへ)移す (*to*), (~から)はずす (*from, out of*).
búmp ínto ... [動] 他 《略式》 (人)に偶然出会う.
búmp óff [動] 他 《略式》 殺す, ばらす.
búmp úp [動] 他 《略式》 (価格など)を(大幅に)上げる; 《米》 (人)を昇進させる.
— 名 (~s /~s/) ❶ Ⓒ (ぶつかってできた)こぶ. ❷ Ⓒ (道路の)隆起, でこぼこ. ❸ Ⓒ ばたん[どすん]と当たること[音]; 《略式》 小さな交通事故: sit down with a *bump*. どすんと腰を下ろす.
bump·er[1] /bʌ́mpɚ | -pə/ 名 Ⓒ バンパー《自動車の前後の緩衝器; ⇒ car 挿絵》.
bum·per[2] /bʌ́mpɚ | -pə/ 形 限定 非常に大きな, 豊富な, 大量の: a *bumper* crop 豊作.
búmper stìcker 名 Ⓒ (自動車の)バンパーステッカー《標語などが書いてある》.
bump·er-to-bump·er /bʌ́mpɚtəbʌ́mpɚ | -pətəbʌ́mpə←/ 形 副 (車が)じゅずつなぎの[で].
bump·kin /bʌ́m(p)kɪn/ 名 Ⓒ 《略式》 いなかっぺ.
bump·y /bʌ́mpi/ 形 (bump·i·er; -i·est) (道が)でこぼこな; (車などが)がたがた揺れる [⇔ smooth]; (人生などが)困難の多い.
bun /bʌ́n/ 名 ❶ Ⓒ (ハンバーガー用の)丸パン, ロールパン; 《英》 甘い丸パン《⇒ bread 表》. ❷ Ⓒ (女性の)まとめ髪, おだんご. ❸ [複数形で] 《米略式》 尻. **hàve a bún in the óven** [動] 自 《英略式》 [こっけいに] 妊娠している.
bunch** /bʌ́ntʃ/ 名 (~·es /~ɪz/) ❶ Ⓒ **束**《⇒ bundle 類義語》: a ***bunch of flowers 1 束の花.
❷ Ⓒ (果物の)**房:** a ***bunch of*** bananas バナナ 1 房 / Grapes grow ***in bunches***. ぶどうは房になって実る. ❸ Ⓒ 《略式》 一団, 一味, 仲間 [≒group]: a *bunch of* thieves どろぼうの一味 / the best [pick] of the *bunch* (グループ中で)えり抜きの人[もの], ピカー. ❹ [a ~] 《米略式》 多数, 大量: *a* (whole) *bunch of* questions たくさんの質問.
— 動 (bunch·es /~ɪz/; bunched /~t/; bunch·ing) 自 ❶ 束になる, 一団になる (*together*); 固まる. ❷ (衣服が)ひだになる (*up*). — 他 ❶ (...)を束にする, 一団に集める; 固める. ❷ (衣服)をひだにする.
búnch úp [動] 自 **束になる,** 一団になる. — 他 (...)を束ねる, 一団に集める.
bun·dle** /bʌ́ndl/ 名 (~s /~z/) ❶ Ⓒ **束;** 巻いた物; 包み; ひとまとまり《⇒ 類義語》: a ***bundle of letters ひと束の手紙 / a *bundle* of old clothes ひと包みの古着. ❷ Ⓒ バンドル《コンピューターとセットで販売されるソフトウェアなど》. ❸ [a ~] 《略式》 大金: cost *a bundle* 大金がかかる.
a búndle of ... [名] 《略式》 ...という性質をたくさん持っている人[もの], ...のかたまり: He is *a bundle of* nerves. 彼はとても神経質だ / That wasn't *a bundle of* laughs. それはあまり楽しいものじゃなかった / *a* (little) *bundle of* joy (かわいい)赤ちゃん.
nót gò a búndle on ... [動] 他 《英略式》 ...があまり好きではない.

類義語 **bundle** いろいろな大きさのものが無造作に束ねられたもの. **bunch** 同種類のものをきちんと束ねたもの. **parcel** 郵便小包などきちんと包装してひもで縛ったもの.

— 動 他 ❶ (...)を束ねる; 包みにする (*together*). ❷ (人)を(...に)押し込む (*into*); (人)をせき立てる; (...)をごちゃごちゃに詰め込む. ❸ (製品など)を一括供給[販売]する (*with*). — 自 (集団で)急いで移動する[入る] (*into, through*).
búndle ... óff [動] 他 (人)を(別の所へ)追いやる (*to*).
búndle úp [動] 他 (1) (...)を束にする, 束ねる; ひとまとめにする. (2) (人)に厚着させる. — 自 厚着する.
bung /bʌ́ŋ/ 名 ❶ Ⓒ (たるの)栓. ❷ Ⓒ 《英略式》 わいろ. — 動 他 ❶ 《英略式》 (...)をふさぐ; (鼻など)を詰まらせる (*up*). ❷ 《英略式》 (...)をほうり投げる.
+**bun·ga·low** /bʌ́ŋgəlòʊ/ 名 (~s /~z/) Ⓒ 《米》 **バンガロー**《ベランダのある別荘風の木造の平屋; ときに小二階の付くものもある》; 《英》 平屋建ての家. 日英 日本語の「バンガロー」(キャンプ用貸し小屋)に相当する英語は cabin.
bún·gee (còrd) /bʌ́ndʒi-/ 名 Ⓒ バンジー《弾力性のある丈夫なひもで両端に引っ掛け用のかぎがつく》.
búngee jùmping 名 Ⓤ バンジージャンプ《バンジーを足首に結びつけて高所から飛び降りること》.
bun·gle /bʌ́ŋgl/ 動 他 (...)を下手にやる, しくじる. — 自 しくじる. — 名 [a ~] へま, しくじり.
bun·gler /bʌ́ŋglɚ | -glə/ 名 Ⓒ 不器用な人.
bun·gling /bʌ́ŋglɪŋ/ 形 へまな.
bun·ion /bʌ́njən/ 名 Ⓒ (足の親指のつけ根の)はれもの.
bunk[1] /bʌ́ŋk/ 名 ❶ Ⓒ (船・列車などの壁についた)寝台 [≒berth]. ❷ [複数形で] = bunk beds. — 動 自 《略式》 (自宅以外の場所で)寝る (*down*).
bunk[2] /bʌ́ŋk/ 名 [次の成句で] **dò a búnk** [動] 自 《英略式》 (誰にも言わずに)いなくなる, 逃げる. — 動 [次の成句で] **búnk óff** [動] 自 《英略式》 (学校・会社を)さぼる, 無断早退する.
búnk beds 名 複 (子供用の)2 段ベッド.
bun·ker /bʌ́ŋkɚ | -kə/ 名 ❶ Ⓒ 〔軍事〕 (地下の)掩蔽壕(えんぺいごう). ❷ Ⓒ 〔ゴルフ〕 バンカー《砂地の障害区域; ⇒ golf 挿絵》 [《米》 sand trap]. ❸ Ⓒ (船の)燃料庫; (戸外の)石炭入れ. — 動 他 [普通は受身で] 〔ゴルフ〕 (ボール)をバンカーに打ち込む.
bun·ny /bʌ́ni/ 名 (bun·nies) Ⓒ 《小児語》 うさ(ぎ)ちゃん《⇒ rabbit 参考》.
búnny slòpe 名 Ⓒ 《米》 スキー初心者用ゲレンデ.
Bún·sen búrner /bʌ́ns(ə)n-/ 名 Ⓒ ブンゼン灯《実験用のガスバーナー》.
bunt /bʌ́nt/ 動 他 〔野球〕 (球)をバントする. — 自 〔野球〕 バントをする. — 名 Ⓒ 〔野球〕 バント.
bun·ting /bʌ́nṭɪŋ/ 名 Ⓤ (布または紙製の)小旗を連ねたもの《万国旗など》; 装飾旗, 幔幕(まんまく).
Bunyan 名 固 Paul ~ ⇒ Paul Bunyan.
bu·oy /búːi, bɔ́ɪ | bɔ́ɪ/ 名 Ⓒ ブイ, 浮標. — 動 他 [普通は受身で] ❶ (人)を元気づける (*up*). ❷ (価格など)を高く保つ (*up*). ❸ (人・物)を浮かす (*up*).
buoy·an·cy /bɔ́ɪənsi/ 名 ❶ Ⓤ 浮力; (液体の)浮揚力. ❷ 楽天的性質; 快活さ. ❸ Ⓤ (景気などの)上

昇傾向.
buoy·ant /bɔ́ɪənt/ 形 ❶ 楽天的な, 快活な; うきうきした. ❷ (景気や価格が)上昇傾向にある, 上向きの. ❸ 浮力のある; 浮揚性の. **～·ly** 副 楽天的に.
bur /bə́ː | bə́ː/ 名 C = burr[1].
Bur·ber·ry /bə́ːberi | bə́ːb(ə)ri/ 名 (-ber·ries) C 防水コート, バーバリー《商標》.
bur·ble /bə́ːbl | bə́ː-/ 動 自 ❶ (わけのわからないことを)べらべらしゃべる (*on, away*). ❷ (川などが)ぶくぶく音を立てる. ― 他 (...)を[と]べらべらしゃべる.
burbs /bə́ːbz | bə́ːbz/ 名 複 [the ～]《米略式》郊外.
*__bur·den__ /bə́ːdn | bə́ː-/ 名 (～s/～z/) ❶ C (精神的な) **重荷, 負担; 義務:** bear the *burden of* heavy taxation 重税の重荷に耐える / I don't want to be a ***burden to*** [***on***] you. あなたの負担になりたくない. ❷ C《格式》重い荷物, 重荷: a beast of *burden* 荷物運搬用の動物.
the búrden of próof [名]〔法律〕立証責任.
(形 búrdensome)
― 動 (bur·dens /～z/; bur·dened /～d/; -den·ing) 他 [普通は受身で] ❶ (人)を悩ます, 苦しめる [⇔ unburden]: They *were burdened with* heavy taxes. 彼らは重税に悩まされた. ❷ (人)に(重い)荷を負わせる [≒load] (*with*).
〖語源 原義は「担っている (bear) 物」〗
bur·den·some /bə́ːdnsəm | bə́ː-/ 形《格式》重荷となる, 煩わしい, やっかいな. (名 búrden)
*__bu·reau__ /bjʊ́(ə)roʊ | bjʊ́ər-, bjɔ́ːr-/ ❗発音 名 (複 ～s /～z/, bu·reaux /bjʊ́(ə)roʊz | bjʊ́ər-, bjɔ́ːr-/) ❶ C《米》(官庁の)**局**《department の下; ⇒ FBI》[《英》department]. ❷ C (情報の収集・提供を行なう)事務局[所]; (新聞社などの)支局: a travel *bureau* 旅行案内所. ❸ C《米》たんす. ❹ C《英》引き出し付きの大きい机.
〖語源 フランス語で「机(のある部屋)」の意〗
+**bu·reau·cra·cy** ❗発音 ❗アク /bjʊrɑ́(ː)krəsi | bjʊ(ə)rɔ́k-, bjɔːr-/ 名 (-cra·cies) ❶ C,U **官僚制度**, 官僚政治; 官僚国家: a huge *bureaucracy* 巨大な官僚組織. ❷ U [しばしば軽蔑的] 官僚主義; 官僚《全体》.
+**bu·reau·crat** /bjʊ́(ə)rəkræ̀t | bjʊ́ər-, bjɔ́ːr-/ 名 (-reau·crats /-kræ̀ts/) C [しばしば軽蔑的] **官僚**; 官僚主義者: a powerful *bureaucrat* 有力官僚.
+**bu·reau·crat·ic** /bjʊ̀(ə)rəkrǽṭɪk | bjʊ̀ər-, bjɔ̀ːr-ˊ/ 形 [普通は軽蔑的] **官僚(主義)的な**; 官僚政治の: *bureaucratic* procedures お役所的な手続き.
bureaux 名 bureau の複数形.
bur·geon /bə́ːdʒən | bə́ː-/ 動 自《格式》急成長[発展]する; (人口などが)急増する.
+**burg·er** /bə́ːgə | bə́ːgə/ 名 (～s /～z/) ❶ C **ハンバーガー** (hamburger). ❷ C [合成語で] ...バーガー: a cheese*burger* チーズバーガー.
+**bur·glar** /bə́ːglə | bə́ːglə/ 名 (～s /～z/) C (押し込み)**強盗**, 泥棒: A *burglar* broke into Mr. Black's last night. ゆうべブラックさんの家に強盗が入った.
búrglar alàrm 名 C 侵入報知機, 防犯ベル.
bur·glar·ize /bə́ːgləràɪz | bə́ː-/ 動 他《米》(泥棒が)(...)へ忍び込む[押し入る] [《英》burgle].
bur·glar·y /bə́ːgləri | bə́ː-/ 名 (-glar·ies) C,U (押し込み)強盗《行為》, 不法侵入(罪).
bur·gle /bə́ːgl | bə́ː-/ 動《英》= burglarize.
Bur·gun·dy /bə́ːgəndi | bə́ː-/ 名 ❶ 固 ブルゴーニュ《フランスの南東部地方》. ❷ U [しばしば b-] ブルゴーニュ産のワイン. ❸ U ワインレッド, 暗紅色.
bur·i·al /bériəl/ ❗発音 名 U,C 埋葬; 葬式; (...を)地面に埋めること (*of*). (動 búry)
búrial gròund 名 C 埋葬地, 墓地.
bur·ka /bʊ́əkə | bʊ́ə-/ 名 C ブルカ《イスラム教の女性が頭からかぶる外衣》.
bur·lap /bə́ːlæp | bə́ː-/ 名 U《米》目の粗い麻布.
bur·lesque /bəːlésk | bəː-/ 名 ❶ C,U バーレスク《文学[芸術]作品などを茶化したもの》, パロディー, 戯画. ❷ U《米》(昔流行した)低俗なショー.
bur·ly /bə́ːli | bə́ː-/ 形 (bur·li·er; -li·est) (男が)たくましい, 頑丈な, 屈強な; 武骨な.
Bur·ma /bə́ːmə | bə́ː-/ 名 固 ビルマ《⇒ Myanmar》.
Bur·mese /bə̀ːmíːz | bə̀ː-ˊ/ 形 ビルマの; ビルマ人[語]の. ― 名 (複 ～) C ビルマ人; U ビルマ語.

burn /bə́ːn | bə́ːn/ (**)

― 動 (burns /～z/; 過去・過分 burned /～d/, burnt /bə́ːnt | bə́ːnt/; burn·ing) 語法《米》では burned,《英》では 他 では burnt, 自 では burned を多く用いる.
― 自 ❶ **燃える**; 焼ける: The fire [candle] is still *burning*. 火[ろうそく]がまだ燃えている.
❷ **焦(こ)げる**; 日に焼ける: The fish has *burned*. 魚が焦げた / I *burn* easily. 私はすぐに日に焼ける. 関連 sunburn 日焼け.
❸ **輝く**, 光を放つ: A light was *burning* in the bedroom. 寝室に明かりがともっていた.
❹ **燃えるように感じる**, ほてる, 赤面する; (口・舌・やけどなどが)ひりひりする: Her cheeks were ***burning with*** fever. V+*with*+名 彼女のほおは熱でほてっていた / It *burns*. (やけどなどで)ひりひりする. ❺ [普通は進行形で]《文語》興奮する, かっとなる; (...したいと)熱望する: He *was burning with* anger. 彼は怒りに燃えていた / She *is burning to* win Tom's love. 彼女はトムの愛を得たくてたまらない. ❻《略式》(車などが)疾走する (*along, up*).
― 他 ❶ (...)を**燃やす, 焼く**; (...)を燃料に用いる; (ガス・ろうそくなど)を点火する: This stove *burns* oil. このストーブは石油を燃料とする / *burn* firewood 薪(まき)を燃やす.
❷ (...)を**焼き焦(こ)がす**, 焦がして(穴)をあける; (...)に**やけどさせる**, (体の一部)をやけどする, (焼けるように)ひりつかせる; (日が)(...)に照りつける, 日焼けさせる: *burn* the meat 肉を焦がす / He ***burned*** the toast ***to*** a crisp. V+O+*to*+名 彼はパンをかりかりに焦がしてしまった / Ouch! I *burned* my finger on the hot handle. あちち. 取っ手が熱くて指をやけどした / My cigarette *burned* a hole in my coat. たばこの火で上着に焼け穴ができた / Two people were ***burned*** 「***to*** death [alive]. V+O+*to*+名[C (形)]の受身 2 人が焼け死んだ. 関連 scald (熱湯・蒸気などで)やけどさせる. ❸ (人)を火刑にする《⇒ stake 名 5》. ❹ (薬品が)(...)を傷つける. ❺ (脂肪など)を燃やす. ❻ [しばしば形式主語 it に伴って] S《米》(人)を激怒[しっと]させる. ❼〔コンピュータ〕(CD など)にデータを書き込む, (CD など)を焼く. ❽ [普通は受身で]《米略式》(人)をだます, (...)につけ込む.
be búrned to the gróund [動] **全焼する.**
búrn oneself [動] 自 **やけどする:** He *burned himself* on the iron. 彼はアイロンでやけどした.

burn の句動詞
búrn awáy 動 自 燃え尽きる; 焼け落ちる. ― 他

(...)を燃やし尽くす; 焼き払う.
+**búrn dówn** 動 他 (...)を**全焼させる**, 焼き尽くす V+名·代 +down / V+down+名: Ten houses *were burned down*. 10 戸が全焼した. — 自 ❶ 全焼する. ❷ (火が)弱まる.
búrn óff 動 他 (...)を焼いて取り除く; (エネルギー·脂肪など)を燃やす. — 自 《米》(朝もやなどが)消える.
+**búrn óut** 動 自 ❶ **燃え尽きる**; 焼き切れる: The (light) bulb in my room has *burned out*. 私の部屋の電球が切れた. ❷ (過労で)燃え尽きる. ❸ (ロケットが)燃料を使い果たす.
— 他 ❶ [普通は受身で] (...)を焼き尽くす, (建物)の中をすっかり焼く: The top floor *was* completely *burned out*. 最上階は全焼した. ❷ (過労で)(人)を燃え尽きさせる. ❸ (エンジンなど)を焼き切る.
búrn one**sèlf óut** [動] 自 (1) 燃え尽きる. (2) 精力を使い果たす. (名 búrnòut)
búrn thróugh 動 他 (...)を使い切る.
búrn úp 動 自 ❶ 燃え尽きる. ❷ ぱっと燃え上がる. ❸ [進行形で] Ⓢ (人が)高熱を出す. — 他 ❶ (...)を焼き尽くす, 焼き払う. ❷ 《米略式》(人)をひどく怒らせる. ❸ (カロリー·エネルギーなど)を消費する. ❹ 《略式》(電力, 金など)を浪費する.

— 名 (~s /~z/) ❶ C **やけど**; 焼け焦げ; (ひりひりして痛い)日焼け (sunburn); すり傷: He suffered a severe *burn on* his hand. 彼は手にひどいやけどを負った / a cigar *burn* on a carpet じゅうたんにできたたばこの焼け焦げ. 関連 scald 熱湯·蒸気などによるやけど / tan 健康的な日焼け. ❷ [the ~] 《略式》(激しい運動の後の)筋肉の痛み.
dò a slów búrn [動] 自 《米略式》徐々に怒りがこみあげる.

burned /bə́ːnd | bə́ːnd/
— 動 burn の**過去形および過去分詞**.
— 形 **焼けた**, 焦げた; **やけどした**: *burned* wood 焦げた木 / *burned* fingers やけどした指.
be [gèt] búrned [動] 自 (1) (心が)傷つく. (2) 大金を失う.
burn·er /bə́ːnə | bə́ːnə/ 名 C (こんろ·ストーブなどの)火口, 燃焼部, バーナー: a gas *burner* ガスバーナー. **pút [léave] ... on the báck búrner** [動] 他 《略式》(...(の処理))を後まわしにする.
+**burn·ing** /bə́ːnɪŋ | bə́ːn-/ 形 限定 ❶ **燃え[焼け]ている**; 焼けるように熱い. ❷ 燃えるような; (感情が)激しい, 強烈な: a *burning* ambition 強い野望. ❸ 緊急の; 重要な: a *burning* question [issue] 目下緊急の問題. — 副 焼けつくように.
bur·nish /bə́ːnɪʃ | bə́ː-/ 動 他 《格式》(金属)を磨く, 光らせる [≒polish]; (イメージなど)をよくする.
bur·nished /bə́ːnɪʃt | bə́ː-/ 形 光沢のある.
burn·out /bə́ːnàʊt | bə́ːn-/ 名 ❶ U,C (精神的·肉体的な)消耗, 燃え尽き. ❷ U,C (ロケットの)燃料終了点. (動 búrn óut)
Burns /bə́ːnz | bə́ːnz/ 名 固 Robert ~ バーンズ (1759-96)《Scotland の詩人; ⇒ auld lang syne 2》.
∗**burnt** /bə́ːnt | bə́ːnt/ 動 burn の**過去形および過去分詞**. — 形 = burned.
burp /bə́ːp | bə́ːp/ 動 自 げっぷをする. — 他 (背中をさすって)(赤ん坊)にげっぷをさせる. — 名 C げっぷ: let out a *burp* げっぷをする.
bur·qa /bʊ́əkə | bʊ́ə-/ 名 = burka.

burr[1] /bə́ː | bə́ː/ 名 ❶ C (くり·ごぼうなどの)いが. ❷ C (金属の削り跡の)粗い面, ぎざぎざ. **a búrr in [ùnder] the sáddle** [名] 《米略式》悩みの種.
burr[2] /bə́ː | bə́ː/ 名 C [普通は単数形で] ブーンという音; 〔音声〕口蓋垂顫動(せんどう)音の r《のどの奥で発音する; スコットランド方言などの発音の特徴》.
bur·ri·to /bəríːṭoʊ/ 名 (~s) C ブリトー《tortilla で肉とチーズと包んで焼いたメキシコ料理》.
bur·ro /bə́ːroʊ | bʌ́r-/ 名 (~s) C 《米》小さいろば.
bur·row /bə́ːroʊ | bʌ́r-/ 名 C (野うさぎ·きつねなどの)(巣)穴. — 動 他 ❶ (穴)を掘る. ❷ (体·顔など)をすり寄せる (*into, against*). — 自 ❶ 穴を掘って進む (*into, through, under*). ❷ すり寄る; もぐり込む (*into, under, down*). ❸ (ほじくるように)探す (*in, into, through*).
bur·sar /bə́ːsə | bə́ːsə/ 名 C (大学の)経理部長.
∗**burst** /bə́ːst | bə́ːst/ 動 (bursts /bə́ːsts | bə́ːsts/; 過去·過分 burst, 《米》ではまた burst·ed /~ɪd/; burst·ing) 自 ❶ **破裂する**, 爆発する: The water pipe has *burst*. 水道管が破裂した. ❷ [進行形で] (...で)はち切れそうだ, いっぱいである; 《英略式》トイレに行きたくてたまらない: The shop *was bursting with* people. 店は人でいっぱいだった / She *is bursting with* energy. 彼女はエネルギーに満ちあふれている. ❸ [副詞句を伴って] (急に)動く, 進む, 現われる: The mob *burst into* the hall. 暴徒は会場に乱入した.
— 他 ❶ (...)を**破裂させる**; 破る; 引きちぎる; 押し破る: Try and *burst* this balloon. この風船を割ってみて. ❷ (堤防やダム)を決壊させる.
be búrsting at the séams [動] 自 ⇒ seam 名 成句.
be búrsting to dó [動] ...したくてたまらない.
búrst ópen [動] ⇒ open 形 成句.

burst の句動詞

+**búrst ín on [upòn] ...** 動 他 (話など)**に割り込む**; ...のじゃまに入る: She *burst in on* our conversation. 彼女は私たちの話に口を挟んだ.
+**búrst ìnto ...** 動 他 ❶ **突然...の状態になる**: He *burst into* laughter [anger]. 彼は急に笑い[怒り]だした. ❷ ...に乱入する, 飛び込む《⇒ 自 3》.
búrst on [onto, upòn] ... 動 他 ...の前に突然現われる; ...を突然発見する, (真理など)が急にひらめく: She *burst onto* the music scene in 2012. 彼女は 2012 年に音楽界に躍り出た.
+**búrst óut ...** 動 他 突然...と言い出す.
búrst óut dóing [動] 他 **突然...しだす**《⇒ outburst》: She *burst out* cry*ing* [laugh*ing*]. 彼女はわっと泣きだした[笑いだした].

— 名 (bursts /bə́ːsts | bə́ːsts/) ❶ C **破裂**, 爆発, 破裂個所: the *burst* of a bomb 爆弾の炸裂(さくれつ) / a *burst* in the water pipe 水道管の破裂した個所. ❷ C **突発**, 突然現われること; (感情の)ほとばしり: a *burst of* applause [laughter] どっと起こる拍手[笑い声] / a *burst of* flame ぱっと燃え上がる炎 / a *burst* of anger 怒りの爆発. ❸ C (力·スピードなどを)一気に出すこと: put on a *burst of* speed 一気にスピードを上げる.
∗**bur·y** /béri/ 発音 (同音 berry) 動 (bur·ies /~z/; bur·ied /~d/; -y·ing /-riɪŋ/) 他 ❶ (死体)を**埋葬する**, 葬(ほうむ)る; 《文語》(家族など)と死別する: He *was buried in* the tomb. V+O+前+名の受身 彼はその墓に

葬られた / The sailor *was buried at* sea. その船乗りは水葬された.
❷ (...)を**埋める**; (感情・情報など)を隠す**:** The old man ***buried*** his gold coins ***in*** the ground. [V+O+*in*+名] 老人は金貨を地中に埋めた / *be buried* alive [V+O+C (形)の受身] 生き埋めにされる. ❸ (顔)を(手の中などに)埋める《感情を隠すため》; (手)を(ポケットなどに)突っ込む; (歯・ナイフなど)を突き刺す**:** She *buried* her face *in* her hands. 彼女は(頭を垂れて)顔を両手で覆った. ❹ (過去など)を葬り去る, 水に流す**:** *bury* one's differences 不和を忘れて水に流す. ❺《略式》〘スポ〙(シュート)を決める; (相手)に楽勝する.
búry onesèlf [be búried] in ... [動] ⑱ (1) ...にふける[没頭する]**:** She *buried herself in* her studies. 彼女は研究に没頭した. (2) (いなかなど)に引きこもる (*away*). (名 búrial)

***bus /bʌ́s/

— 名 (~·es, ~·ses /~ɪz/) Ⓒ **バス**《⇒ car 類義語》**:** Shall we walk or go 「***by bus*** [***on*** a ***bus***]? 歩こうか, それともバスで行こうか《⇒ by 前 2 語法》. 語法 (1) by bus は on foot, by car などと対照して用いる言い方. (2) by bus は「バスを使って」, on a bus は「バスに乗って」の感じが強い // He takes a *bus* to school. 彼はバスで通学している / I like riding *buses*. 《米》私はバスに乗るのが好きだ / get on a *bus* バスに乗り込む / get off a *bus* バスから降りる / catch [miss] the last *bus* 最終バスに間に合う[乗り遅れる] / a school *bus* スクールバス / a shuttle *bus* シャトルバス, 近距離往復バス / 🗨 "Does this *bus* go to Shinjuku?" "No. Take the Number 13. It comes every fifteen minutes."「このバスは新宿へ行きますか」「いいえ, 13 番に乗ってください. 15 分ごとに来ます」
— 動 (bus·es, bus·ses; bused, bussed; bus·ing, bus·sing) ⑱ ❶ [普通は受身で] (人)をバスで運ぶ. ❷《米》(子供)をバスで通学させる《特に人種差別解消のために人種の異なる地域に》. ❸《米》(レストランで)(食器・テーブル)を片付ける.
〘語源 omnibus の短縮形〙

bus·boy /bʌ́sbɔ̀ɪ/ 名 Ⓒ《米》(レストランの)給仕人の助手《食器の後片付けなどをする》.

***bush** /bʊ́ʃ/ ❗発音 名 (~·es /~ɪz/) ❶ Ⓒ **低木**, 灌木(かんぼく)《根元から多くの枝が出ている》[≒shrub]; やぶ, 茂み**:** a rose *bush* ばらの木. ❷ [the ~] (特にアフリカやオーストラリアの)森林地, 奥地, 未開拓の土地.
béat aròund [《英》 abòut] the búsh [動] ⓐ なかなか本題にふれない, 遠回しに言う. 由来 やぶの周りを打って(動物を)追い出す, の意. (形 búshy)

Bush /bʊ́ʃ/ 名 固 ❶ George (Herbert Walker) ~ ブッシュ (1924–2018)《米国の政治家; 第 41 代大統領 (1989–93)》. ❷ George (Walker) ~ ブッシュ (1946–)《米国の政治家; 1 の子; 第 43 代大統領 (2001–09)》.

bushed /bʊ́ʃt/ 形 叙述《略式》疲れ切って.

bush·el /bʊ́ʃ(ə)l/ 名 ❶ Ⓒ ブッシェル《米国では乾量 (dry measure) の単位で約 35 リットル; 英国では液量 (liquid measure) および乾量の単位で約 36 リットル》. ❷ [複数形で]《米略式》大量 (*of*).

búsh lèague 形《米略式》二流の, 下手な.

Bush·man /bʊ́ʃmən/ 名 (-men /-mən/) ❶ Ⓒ ブッシュマン族(の人)《アフリカ南部の狩猟民族》. ❷ [b-] Ⓒ (オーストラリアの)森林地帯の住人.

bush·y /bʊ́ʃi/ 形 (bush·i·er; -i·est) (毛が)もじゃもじゃ[ふさふさ]の; 低木[葉]の繁った. (名 bush)

bus·i·ly /bízəli/ 副 忙しそうに; せっせと.

***busi·ness /bíznəs/ ❗発音

— 名 (~·es /~ɪz/)

意味のチャート
「忙しい (busy) 状態 (-ness)」から「忙しくさせるもの」→「**仕事**」❻
→「**業務**」❷ →「**職業**」❸ →「**商売**」❶
→「**用事**」❺ →「**事柄**」❼

❶ Ⓤ **商売**, 取り引き; **商業**, 事業, 実業(界); **景気**, 商況; 顧客, (客の)引き立て**:** We ***do business with*** foreign companies. うちは外国の会社と取り引きをしている / ***go into business*** 商売を始める, 実業界に入る / set [start] up in *business* 起業する / the advertising *business* 広告業界 / *Business* is booming. 商売は活況を呈している / 🗨 "How's *business*?" "Not bad."「景気はいかがですか」「まあまあです」/ *Business* is *business*.《ことわざ》Ⓢ 商売は商売だ(人情は禁物) // ⇒ big business.
❷ Ⓤ **業務**, 仕事**:** He went to Paris ***on business***. 彼は仕事でパリへ行った / a *business* trip 出張 / All *business* was stopped by the strike. ストライキで業務はすべて停止した.
❸ Ⓒ,Ⓤ **職業**, 商売《⇒ occupation 類義語》**:** 🗨 "What (line of) *business* are you in?" "Construction."「お仕事は何ですか」「建設業です」
❹ Ⓒ **店**, 会社, **企業:** run a printing *business* 印刷会社を経営する / start a *business* 会社を起こす / He has a *business* in New York. 彼はニューヨークに店を持っている《have business なら「用事がある」の意; ⇒ 5》.
❺ Ⓤ **用事**, 用件; 日程, 議事**:** unfinished *business* やり終えていない用件 / Is there any other *business*? 他に議題はありますか / I have *business* with him. 彼に用事がある / What's your *business* here? どういったご用ですか.
❻ Ⓤ (やるべき)**仕事**, 職務, 務め [≒duty]; [所有格と共に用いて] (人にだけ)かかわりのあること**:** *Business* before pleasure.《ことわざ》遊ぶよりまず仕事 / It is a pupil's *business* to study. 勉強することは生徒の務めだ / That's *my business*. Ⓢ それは私だけの問題だ(口出しするな). ❼ [単数形で] 事柄 [≒matter]**:** a tricky *business* (やっかいな)事.
... and áll that búsiness Ⓢ《略式》...やその類のこと, ...など.
be áll búsiness [動] ⓐ まじめ[真剣]である[になる].
be in the búsiness of ... [動] ⑱ [否定文で] ...するつもりでいる**:** I'm *not in the business of* sitting up all night. 私は徹夜するつもりはない.
búsiness as úsual 平常どおり(営業).
gèt down to búsiness [動] ⓐ (肝心の)仕事[用件]に取りかかる.
gó abòut one's **búsiness** [動] ⓐ 通常どおり働く; 仕事に取りかかる.
gò óut of búsiness [動] ⓐ 破産[廃業]する.
hàve nó búsiness dóing = hàve nó búsiness to dó [動] ...する権利[資格]がない.
in búsiness [形] (1) 商売をして, 実業に従事して**:** be back *in business*《略式》営業[活動]を再開する. (2) Ⓢ 準備ができて.
lìke nóbody's búsiness [副] Ⓢ《略式》とても速

く[上手に]; 猛烈に, ひどく.
màke it one's **búsiness to** dó [動] ...することを引き受ける; ...しようと努力する: I'll *make it* my *business to* pay attention to what customers say. 顧客の声に耳を傾けるようにしようと思う.
méan búsiness [動] ⊜《略式》本気である, 本当にするつもりだ: "You're kidding!" "I *mean business.*"「冗談でしょ」「本気だよ」
mínd one's **ówn búsiness** [動] ⊜ [進行形で] Ⓢ いつもどおりにやる.
Mínd your ówn búsiness! Ⓢ 大きなお世話だ. 由来 自分のことだけを気にしてろ, の意.
Thàt's [It's] nóne of your búsiness. = Thàt's [It's] nó búsiness of yòurs. Ⓢ 君にはかかわりのないことだ, よけいなお世話だ《⇒ 6》.
búsiness càrd 名 Ⓒ (業務用の)名刺《英米人はあいさつ代わりではなく, 実際にその後連絡を取り合うために名刺交換する》.
búsiness clàss 名 Ⓤ (旅客機の)ビジネスクラス. 関連 economy class 普通席 / first class 1 等席.
búsiness ènd 名 [the ~]《略式》(道具・武器などの)役目を果たす(先端)部分: the *business end of* a gun 銃口.
búsiness Ènglish 名 Ⓤ 商業英語.
búsiness hòurs 名 複 勤務[営業]時間.
busi·ness·like /bíznəslàɪk/ 形 実務[能率]的な; てきぱきした. 日英「冷たい」という含みはない.
***busi·ness·man** /bíznəsmæ̀n/ 名 (-men /-mèn/) ❶ Ⓒ **実業家**《特に管理職にある人》; ビジネスマン. 日英 普通は経営者や管理職にある実業家を指すが, 時に日本でいう「ビジネスマン」のように一般の会社員, 事務員 (office worker) の意味で使われることもある. ❷ Ⓒ 実務家, 商売人; [形容詞とともに] 商売が...の人: a *good* [*poor*] *businessman* 商売が上手[下手]な人.
búsiness pèrson 名 Ⓒ 実業家《⇒ person 1 語法》.
búsiness schòol 名 Ⓒ《米》経営学大学院.
búsiness stùdies 名 複《英》経営学.
búsiness sùit 名 Ⓒ《米》背広服, スーツ.
busi·ness·wom·an /bíznəswʊ̀mən/ 名 (-wom·en /-wɪ̀mən/) Ⓒ 女性実業[実務]家.
bus·ing /bʌ́sɪŋ/ 名 Ⓤ《米》白人と黒人とを共学させるためのスクールバス通学《1950 年代実施》.
bús làne 名 Ⓒ バス専用車線, バスレーン.
bus·load /bʌ́slòʊd/ 名 Ⓒ《主に米》バスいっぱいの乗客, バス一台分(の人数): two *busloads of* passengers バス二台分の乗客.
bús·man's hóliday /bʌ́smənz-/ 名 [単数形で] 平常と同じ仕事をして過ごす休暇. 由来 バスの運転手がドライブに行くことから.
bús sèrvice 名 Ⓤ バスの便: There is no *bus service* in this town. この町にはバスが通っていない.
***bus·ses** /bʌ́sɪz/ 名 bus の**複数形**.
bús shèlter 名 Ⓒ (屋根や囲いつきの)バス停.
bús stàtion 名 Ⓒ バスターミナル(ビル).
bus stop /bʌ́sstɑ̀(ː)p | -stɔ̀p/ 名 Ⓒ バス停(留所).
+**bust**[1] /bʌ́st/ 動 (busts /bʌ́sts/; 過去・過分 bust·ed /~ɪd/,《英》bust; bust·ing) 他 ❶《略式》(...)を**破裂させる**; **こわす**: *bust* a balloon 気球を破裂させる. ❷《略式》(...)を破産させる, (財政)を破綻(はたん)させる. ❸《略式》(警察が)(人)を逮捕する (*for*); (警察が)(...)に手入れをする; (悪いことをする人)を見つける.
búst úp [動] ⊜ (1)《英略式》(夫婦・親友などが)仲たがいする, 別れる. (2)《米略式》大笑いする. — 他 (1)《米略式》(物)をこわす. (2)《略式》(関係など)を終わらせる.
— 名 ❶ Ⓒ《米略式》失敗. ❷ Ⓒ《略式》逮捕; (警察の)手入れ.
— 形 叙述《略式》破産して;《英略式》こわれて: go *bust* 破産する.
bust[2] /bʌ́st/ 名 ❶ Ⓒ 胸像 (*of*). ❷ Ⓒ (女性の)胸《⇒ chest 類義語》. ❸ Ⓒ バスト, 胸回り.
bust·er /bʌ́stɚ | -tə/ 名 Ⓢ《米略式》おい《男性に対する呼びかけ》.
-bust·er /bʌ̀stɚ | -tə/ 名 [合成語で]「...を破壊する人[もの]」の意: a crime-*buster* 犯罪撲滅者.
bus·tle /bʌ́sl/ 動 ⊜ [副詞(句)を伴って] せわしく動き回る, せかせかする; (場所が)(...で)にぎわう (*with*): They were *bustling around.* 彼らは忙しそうに動き回っていた. — 名 [単数形で] せわしい動き, ざわめき (*of*).
bus·tling /bʌ́slɪŋ/ 形 (場所が)にぎやかな, (...で)あふれて (*with*).
bust-up /bʌ́stʌ̀p/ 名 Ⓒ《略式》(結婚などの)破局 (*of*);《略式, 主に英》大げんか.
****busy** /bízi/ 発音
— 形 (bus·i·er /-ziɚ | -ziə/; bus·i·est /-ziɪst/) ❶ **忙しい**, 多忙な; せっせと...している [⇔ idle]: Are you *busy* now? 今忙しいですか / He is ***busy*** get*ting* ready for the journey. +現分 彼は旅のしたくで忙しい / She was ***busy with*** her work. +with+名 彼女は仕事に精を出していた / The *busiest* people find the most time.《ことわざ》忙しい人ほど暇を見つけるものだ.
❷ (時・生活が)**忙しい**; (場所が)**にぎやかな**, 混雑している: a *busy* day 忙しい 1 日 / a *busy* street [restaurant] にぎやかな通り[繁盛しているレストラン].
❸《主に米》(電話が)**話し中で** [《英》engaged]: The line is *busy.* 話し中です. ❹ (デザインなどが)くどい, ごてごてした.
gèt búsy [動] ⊜ 仕事に取りかかる.
kéep ... búsy [動] 他 ...を忙しくさせる.
— 動 (bus·ies; bus·ied; bus·y·ing) 他 [次の成句で] **búsy** one**sèlf** [動] ⊜ せっせと(...を)する, (...で)忙しい: I *busied myself* (*with*) answer*ing* emails. メールの返事をするのに忙しかった.
bus·y·bod·y /bízibɑ̀(ː)di | -bɔ̀di/ 名 (-bod·ies) Ⓒ [軽蔑的] おせっかいな人, でしゃばりな人.
búsy sìgnal 名 Ⓒ《米》(電話の)「話し中」の信号音 [《英》engaged tone].
****but** /(弱形) bət; (強形) bʌ́t/ (同音 #butt[1-3])

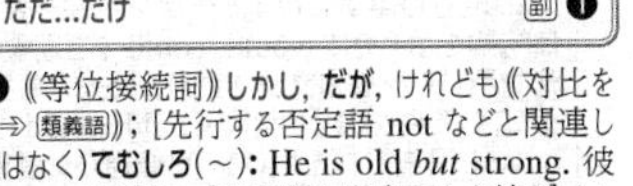
単語のエッセンス
基本的には「それとは反対に」の意.
1) しかし 接 ❶
2) ...を除いて 前
3) ほんの, ただ...だけ 副 ❶

— 接 ❶《等位接続詞》しかし, **だが**, けれども《対比を表わす; ⇒ 類義語》; [先行する否定語 not などと関連して] (...ではなく)**てむしろ**(~): He is old *but* strong. 彼は年を取っているが強い [形容詞と形容詞とを結ぶ] / A whale is *not* a fish *but* a mammal. (= A whale is a mammal, not a fish.) 鯨は魚ではなくて哺乳動物だ

[名詞と名詞]《✪「しかし」と訳さない; ⇒ not ... but ~ (not 成句)》/ I've decided *not* to buy it *but* to rent it. 私はそれを買うのではなく借りることにした. [不定詞と不定詞] / She sang *but* didn't dance. 彼女は歌ったが踊らなかった [動詞と動詞] / I did*n't* do well, *but* hé did. (= He did well, *but* I didn't) 私はうまくできなかったが彼はできた [節と節]. ❷《等位接続詞》(1) [yes, no などの後で] でも《修正を加える》: 🗨 "Did you like it?" "*Yes, but* not as much as I had expected." 「気に入った?」「うん, でも期待したほどじゃなかったな」 (2) [excuse me, sorry などの後で] Ⓢ けれども: Excuse me, *but* would you tell me the way to the station? すみませんが駅に行く道を教えていただけますか. (3) [前の語をくり返し強調して] Ⓢ そして, 実際, 本当に: *Everybody, but everybody*, knows it. みんなが, 実際みんながそれを知っているんだ. ❸《等位接続詞》[普通は文頭に用いて] (1) Ⓢ でも《反対の意見や疑問・驚きなどを述べるとき》: *But* I tell you I díd see it. でも見たんだよ. (2) Ⓢ では, ところで《新しい話題を導入する》: *But* now to the main point. では要点に話を移します. (3) [しばしば間投詞とともに] それにしても, なんと(まあ)《驚きや感嘆を強調する》. ❹《従属接続詞》[否定文の後で]《文語》...しないでは; ...しないほど; ...のほかに, ...を除いて: *Not* a day goes by *but* I think of it. その事を考えない日はない《⇒ never ... but ~ (never 成句)》.

[類義語] **but** は「だが, しかし」を表わす接続詞で, 最も一般的な語. 書き言葉では文頭の使用を避けた方がよいとされるが, 話し言葉では文頭でもよく用いる. **however** *but* よりも格式ばった語で, 文頭よりもむしろ文中に置くことが多く, 文尾に置くこともある. **still** 文や節の初めに置いて接続詞的に用い, *but* や *however* よりも意味が強い. **yet** *but, still, however* などよりも格式ばった語で, 意味が強い.

— [前] [no (one), nothing, anything, all, everybody, anywhere, who, where などの後で] **...を除いて, ...のほかは** [≒except]: There was *nothing but* water. 水以外は何もなかった / I turned off *every* light *but* one in the corner. 私は隅の一つ以外すべての明かりを消した / [言い換え] She was the oldest child *but* one. (= She was the second oldest child.) 彼女は上から 2 番目の子供だ //⇒ (the) last ... but one [two] (last¹ [形] 成句).

[語法] (1) but の後に代名詞が来る場合, 動詞の前でも目的格にするのが普通: Everyone *but* him [《格式》 he] was asleep. 彼以外はみな眠っていた.
(2) but him を後置する形も可能: Everyone was asleep *but* him《✪ but he とはしない》.

bùt for ... [前] (1) ...がなければ [≒without]: [言い換え] *But for* your help, my success *would* have been impossible. (= If it had not been for your help, my success would have been impossible.) 君の助けなしでは私の成功はなかっただろう.

[語法] 現在の事実に反する仮定や条件を表わすときには結論を示すのに would, could など助動詞の過去形を用い《⇒ **巻末文法** 11.2》, 過去の事実に反する仮定や条件を表わすには would, could などの後に have + 過去分詞を用いるのが普通《⇒ **巻末文法** 11.3》.

(2) ...以外は [≒except for].

bùt that ... [接] [否定文で doubt, question などの後で]《格式》...ということ: I've *no doubt but that* he'll come. 彼はきっと来る.

but thén (agáin) ⇒ then 成句.

— [副] ❶ ほんの, たった, ただ...だけ [≒only]: I was *but* a child then. 私はそのときはほんの子供でした. ❷ [can の後で] ともかく, ただ(...はできる): I *can but* try. とにかくやってみるだけだ. ❸ Ⓢ《米俗》(しかも)本当に, まさに: Do it *but* now! 今すぐそれをやりなさい.

— /bʌ́t/ [名] [複数形で] 反論: (There are) no buts about it. Ⓢ「でも」はなしだ, つべこべ言うな《命令などで》//⇒ ifs, ands, or buts (if² 成句).

bu·tane /bjúːteɪn/ [名] Ⓤ ブタン《調理・加熱用燃料》.

butch /bʊ́tʃ/ [形]《略式》[ときに差別的] (女性が)男っぽい; (男性が)タフな, たくましい.

+**butch·er** /bʊ́tʃɚ | -tʃə/ [発音] [名] (~s /~z/) ❶ Ⓒ **肉屋**《人・店》; 畜殺者: I bought it at the「*butcher* shop [*butcher's* (shop)]. それを肉屋で買った《⇒ -'s¹ 1 [語法]》. ❷ Ⓒ (残忍な)殺人者.

— [動] (-er·ing /bʊ́tʃ(ə)rɪŋ/) [他] ❶ (動物)を(食用に)畜殺する; (人)を惨殺[虐殺]する. ❷《略式》(...)を台なしにする.

butch·er·y /bʊ́tʃ(ə)ri/ [名] ❶ Ⓤ 大量殺人, 虐殺. ❷ Ⓤ 食肉処理(業).

but·ler /bʌ́tlɚ | -lə/ [名] Ⓒ 執事, 使用人頭(がしら)《裕福な家で酒倉・食器類などを管理する男性》.

butt¹ /bʌ́t/ [名] ❶ Ⓒ《略式, 主に米》しり (buttocks): Get off your *butt*! さっさとかかれ! / Get your *butt* over *here*!《米》Ⓢ さっさとこっちに来な / work [play] one's *butt* off《米》Ⓢ 一生懸命働く[遊ぶ]. ❷ Ⓒ (たばこの)吸いさし. ❸ Ⓒ 太い方の端, (銃の)台じり; (釣りざおの)手もと; (やりなどの)石突き.

butt² /bʌ́t/ [名] [the ~] (あざけりなどの)的 (*of*).

butt³ /bʌ́t/ [動] [他] (...)を頭で突く[押す]; 角で突く; (頭)をぶつける. — [自] (頭・角で)突く, ぶつかる (*against, into*). **bútt héads** [動] [自]《略式, 主に米》意見が合わない. **bútt ín** [動] [自]《略式》(話などに)口を差し挟む, 干渉する, でしゃばる (*on*). **bútt óut** [動] [自] Ⓢ《略式, 主に米》干渉しない. — [名] Ⓒ 頭突き.

butte /bjúːt/ [名] Ⓒ《米西部》ビュート《山頂が平らでまわりは絶壁の孤立した山[丘]》.

***but·ter** /bʌ́tɚ | -tə/ [名] Ⓤ **バター**; バターに似たもの《パンに塗る》: *Butter* is made from milk. バターは牛乳から作られる / spread *butter* on the bread パンにバターを塗る. [語法] 種類をいうときは Ⓒ: several English *butters* 数種のイギリス製バター. [関連] margarine マーガリン.

lóok as íf bútter wòuldn't mélt in one's **móuth** [動] [自] 虫も殺さぬ顔をしている, ねこをかぶる. [由来] 口の中でバターも溶けないような(すました)顔をしている, の意.

— [動] (-ter·ing /bʌ́tərɪŋ/) [他] (...)にバターを塗る《⇒ bread 成句》.

bútter úp [動] [他]《略式》(何かをしてもらう目的で) (人)にお世辞を言う, 取り入る.

but·ter·ball /bʌ́tɚbɔ̀ːl | -tə-/ [名] Ⓒ《米略式》[しばしば差別的] でぶ.

but·ter·cream /bʌ́tɚkrìːm | -tə-/ [名] Ⓤ バタークリーム《ケーキ用》.

but·ter·cup /bʌ́tɚkʌ̀p | -tə-/ [名] Ⓒ きんぽうげ, うまのあしがた. [参考] 英国の春を象徴する花.

but·ter·fin·gers /bʌ́tɚfɪ̀ŋgɚz | -təfɪ̀ŋgəz/ [名] [a ~]《略式》よく物を落とす人.

+**but·ter·fly** /bʌ́ṭəflàɪ | -tə-/ 名 (-ter·flies /~z/) ❶ Ⓒ **ちょう:** There is a *butterfly* hovering over the flower. ちょうが 1 羽花の上をひらひらと舞っている. ❷ [the ~] バタフライ泳法. 関連 backstroke 背泳ぎ / breaststroke 平泳ぎ / freestyle 自由形. ❸ Ⓒ [しばしば軽蔑的] 快楽を追い求める人; 移り気な人: a social *butterfly* はでな社交好きの人.
hàve [gèt] bútterflies (in one's **stòmach)** [動] 自 《略式》(何かする前に)あがる, どきどきする.

bútterfly stròke 名 Ⓤ = butterfly 2.

bútter knìfe 名 Ⓒ バターナイフ.

but·ter·milk /bʌ́ṭəmìlk | -tə-/ 名 Ⓤ バターミルク《バターを採った後の牛乳》.

but·ter·scotch /bʌ́ṭəskɑ̀(ː)ʧ | -təskɔ̀ʧ/ 名 Ⓤ バタースコッチ《バターと赤砂糖で作ったキャンディー》.

but·ter·y /bʌ́ṭəri, -tri/ 形 バターのような; バターを含む [塗った].

but·tock /bʌ́ṭəks/ 名 Ⓒ [普通は複数形で] しり《腰掛けるといすに触れる部分; ⇒ hip[1] 日英; back 挿絵》.

*****but·ton** /bʌ́tn/ ❗発音 名 (~s /~z/) ❶ Ⓒ (服の)**ボタン**; 《米》(標語などを記した)バッジ, 襟章: ***fasten*** [《英》 ***do up***] a ***button*** ボタンを留める / ***undo*** a ***button*** ボタンをはずす / *buttons* on a coat 上着のボタン / A *button* 「has come off [is missing]. ボタンが取れている[なくなっている].
❷ Ⓒ (ベルなどの)**押しボタン** (push button); 〔コンピュータ〕(画面上のクリックする)ボタン: Push [Press] the green *button*, and the light goes on. 緑のボタンを押してください. 明かりがつきます / at [with] the push [touch] of a *button* ボタンを押すだけで(簡単に) / click the OK *button* OK のボタンをクリックする.
(as) bríght as a bútton [形] (子供が)賢く快活な.
(as) cúte as a bútton [形] とてもかわいい.
on the bútton [副・形] 《略式, 主に米》 きっかり; どんぴしゃり, まさしく.
préss [púsh](áll) the ríght búttons [動] 自 《略式》うまくやる.
préss [púsh] ...'s **búttons** [動] 《略式》(人)を怒らせる.
— 動 (but·tons /~z/; but·toned /~d/; -ton·ing) 他 (...)の**ボタンを留める;** (ボタン)を留める [⇔ unbutton]: ***Button*** your shirt (***up***); that's sloppy. V+O(+up) シャツのボタンを留めなさい. だらしないから.
— 自 ボタンで留まる: This dress *buttons* (*up*). このドレスはボタン掛けだ / Her dress *buttons at* the back. 彼女のドレスは背中でボタンが掛かる.
Bútton it! Ⓢ 《英》 黙れ!
bútton one's **líp(s) [móuth]** [動] 自 [しばしば命令文で] 《米略式》 静かにする.

but·ton-down /bʌ́tndàʊn/ 形 限定 (えりが)ワイシャツにボタンで留まる, ボタンダウンの.

but·toned-up /bʌ́tndʌ́p/ 形 《略式》 無口な, 内気な.

but·ton·hole /bʌ́tnhòʊl/ 名 ❶ Ⓒ ボタンの穴. ❷ Ⓒ 《英》(上着のえり穴にさす)花, 花房. — 動 他 《略式》(人)を引き止めて長話をする.

but·tress /bʌ́trəs/ 名 Ⓒ 〔建築〕 控え壁《壁を補強する》. — 動 他 《格式》(...)を支える, 支持する; (主張など)を強化する (*up*).

bux·om /bʌ́ksəm/ 形 (女性が)豊満な.

*******buy** /báɪ/ (同音 bye[1,2], #by)
— 動 (buys /~z/; 過去・過分 bought /bɔ́ːt/; buy·ing) 他 ❶ (物)を**買う**, 購入する; (人に) (物)を買ってやる《⇒ 類義語》 [⇔ sell]; (人に)(飲食物)をおごる; (金(額)が)(物)を買える: I'd like to *buy* this PC. このパソコンを買いたいのですが《店先で》 / He ***bought*** it ***from*** his friend. V+O+*from*+名 彼はそれを友人から買った / I ***bought*** this book ***for*** ten dollars. V+O+*for*+名 私はこの本を 10 ドルで買った / 言い換え I ***bought*** a hat ***for*** her. V+O+*for*+名 = I *bought* her a hat. V+O+O 私は彼女に帽子を買ってあげた《⇒ for 前 A 1 語法》 / Let me *buy* you a drink. 一杯おごりましょう / Money can't *buy* happiness. 金で幸福は買えない.
❷ [普通は受身で] (物事)を(犠牲を払って)獲得する; 《略式》(人)を(わいろで)買収する (*with*): Peace *was bought* at the expense of many lives. 平和は多くの人命という高い代償を払って獲得された / He is a person of integrity, so he can't *be bought*. 彼は高潔な人なので買収できない. ❸ 《略式》(考え・説明など)を(本当と)受け取る, 信じる: He'll never *buy* that. 彼はそんなことは信じない.
— 自 買う, 購入する: *buy* online オンラインで購入する / *buying* and selling 売買. 日英 日本語と語順が逆.

> **buy の句動詞**
> **búy báck** 動 他 (...)を買い戻す (*from*): No man is rich enough to *buy back* his past. どんな金持ちでも自分の過去は買い戻せない《英国の作家ワイルド (Wilde) のことば》.
> **búy ín** 動 他 《英》(大量に)買い込む, 仕入れる.
> **búy ínto ...** 動 他 ❶ (会社)の株を買う. ❷ 《略式》(考えなど)を受け入れる, ...に賛同する.
> **búy óff** 動 他 (人)を買収する [≒bribe].
> **búy óut** 動 他 (企業など)を買い取る; (人)から株[権利]を買い取る.
> **búy úp** 動 他 (...)を買い占める[取る].

類義語 **buy** 一般的な語で, 小額の物にも, 高価な物を買う場合にも用いる: I *bought* a pen at the stationery store. 私は文房具店でペンを買った. **purchase** *buy* よりも《格式》の語で, 特に, 値段の交渉などを経て高価なものを買うときや, 大量に買うときなどに用いる: Louisiana *was purchased* by the US from France in 1803. ルイジアナは 1803 年に米国によってフランスから購入された.

— 名 ❶ Ⓒ 買い物; 買い得品, 格安品: It's a good *buy*. それはお買い得です. ❷ Ⓒ 《略式》 購入.

*****buy·er** /báɪə | báɪə/ 名 (~s /~z/) Ⓒ **買い手, バイヤー;** (デパートの)仕入れ係: A flood of *buyers* rushed to the firm. 会社に大勢の買い手が殺到した. 関連 seller 売り手.

búy·ers' màrket /báɪəz- | báɪəz-/ 名 [a ~] 買い手市場《需要より供給の多い経済状態》. 関連 sellers' market 売り手市場.

buy·out /báɪàʊt/ 名 Ⓤ (企業の)買い占め, 買収.

+**buzz** /bʌ́z/ 動 (buzz·es /~ɪz/; buzzed /~d/; buzz·ing) 自 ❶ (はちなどが)**ぶんぶんいう**; ぶんぶん飛ぶ《⇒ cry 表》: A bee was ***buzzing around*** [***about***]. V+around [about] はちが 1 匹ぶんぶんと飛び回っていた. ❷ (群集が)がやがやいう; (場所が)ざわめく; (機械などが)うなる; (耳が) 鳴る: The village was *buzzing with* excitement. 村中が興奮でざわめいていた. ❸ [副詞(句)を伴って] 忙しく動き回る (*around, about*). ❹ [進行形で] (頭が)(考えなどで)いっぱいになる; (考えなどが)(頭を)ぐるぐる巡る: 言い換え My head *is buzzing* *with* new ideas. = New ideas *are buzzing around* in my head.私の頭に新しい考えが巡っている. ❺ (ブザーを鳴らして)(...を)呼ぶ (*for*).

— ㊎ ❶ (人)をブザーで呼ぶ; ブザーを押して(人)を中に入れる[外へ出す] (*in, out, through*);《米略式》(人)に電話をかける. ❷《略式》(飛行機が) (...)すれすれに低空飛行する.

búzz óff [動] ㊐ [しばしば命令文で]《略式》立ち去る.

— 名 (~·es /~ɪz/) ❶ Ⓒ (はちなどの)**ぶんぶんいう音**; (機械などの)うなり[音]; ブザーの音: the *buzz of* bees みつばちのぶんぶんいう音. ❷ [単数形で] がやがやいう声, ざわめき; [the ~]《略式》うわさ(話): the *buzz of* conversation がやがやいう話し声. ❸ [a ~]《略式》興奮, わくわくすること; ほろ酔い気分: get *a buzz* 強い快感を覚える. ❹ [a ~]《略式》(電話の)呼び出し: I'll give you *a buzz* tonight. 今夜電話します.

buz·zard /bʌ́zəd | -zəd/ 名 Ⓒ《米》はげたか, コンドル [≒vulture];《英》のすり《たかの一種》.

buzz·er /bʌ́zə | -zə/ 発音 名 Ⓒ ブザー: press [sound] a *buzzer* ブザーを押す[鳴らす]. 関連 bell ベル / chime チャイム.

búzz sàw 名 Ⓒ《米》電動丸のこ.

buzz·word /bʌ́zwə̀ːd | -wə̀ːd/ 名 流行語になった専門[業界]用語; キャッチフレーズ.

***by /baɪ, báɪ/ (同音 #buy, #bye[1,2])

単語のエッセンス

基本的には「...によって」と「...のそばに」の 2 つ.

1) [行為者; 手段; 基準などを示して] **...によって:** [行為者] This story was written *by* a famous writer. この物語は有名な作家によって書かれた ⇒ 前 ❶ / a play *by* Shakespeare シェークスピアの書いた戯曲 ⇒ 前 ❹ / [手段] *by* train [boat] 列車[船]で ⇒ 前 ❷ / succeed *by* working hard 熱心に勉強することによって成功する ⇒ 前 ❸ / catch her *by* the arm 彼女の腕をつかむ ⇒ 前 ❾ / [基準] What time is it *by* your watch? あなたの時計で何時ですか ⇒ 前 ❿
2) (...の)**そばに; 通り過ぎて:** sit *by* me 私のそばに座る ⇒ 前 ❺ / walk *by* me 私の前を通り過ぎる ⇒ 前 ❼ / A car drove *by*. 車が(そばを)通り過ぎた ⇒ 副 ❶ / stand *by* そばに立つ ⇒ 副 ❷
3) **...を経由して:** come in *by* the back door 裏口から入る ⇒ 前 ❽
4) [期限を示して] **...までに:** finish it *by* 8 o'clock それを 8 時までに終える ⇒ 前 ❻
5) [程度を示して] **...だけ:** Prices have increased *by* 20%. 物価が 20% 上がった ⇒ 前 ⓫
6) **...を単位として, ...ずつ:** sell eggs *by* the dozen 卵を 1 ダース単位で売る ⇒ 前 ⓬ / Prices went up week *by* week. 物価は週ごとに上がった ⇒ 前 ⓭

— 前 ❶ [普通は受身の文において行為者を示して] **...によって**《⇒ 巻末文法 7.2》: This story was written *by* a famous writer. この物語はある有名な作家によって書かれた / government *by* the people 人民による政治《⇒ Gettysburg 参考》.

❷ [手段・原因などを示して] **...によって, ...で; ...の結果:** *by* train [boat] 列車[船]で / *by* car [bus] 自動車[バス]で / *by* chance 偶然に / *by* mistake 誤って / death *by* hanging 絞首刑 / *by* airmail 航空便で / *by* phone [email] 電話[メール]で. 語法 🔍 具体的な「物(道具)」ではなく「方法」が意識される場合, 後に続く名詞には冠詞がつかない. ただし次のように特定の列車などを指すときは定冠詞をつける: leave *by* 「the 6:30 a.m. [the first] train 午前 6 時 30 分の[始発]列車で出発する // The town was destroyed *by* an earthquake. その町は地震で壊滅した. ✪ 手段を示す with との比較については ⇒ with 3 語法.

❸ [動名詞の前につけて] **...することによって:** He succeeded *by* work*ing* hard. 彼は熱心に勉強することによって成功した / He earns his living *by* teach*ing*. 彼は教師をして生計を立てている.

❹ **...によって作られた**, ...によって書かれた[描かれた, 作曲された]: a play *by* Shakespeare シェークスピアの書いた戯曲 / We saw many pictures *by* Picasso. 私たちはピカソの絵をたくさん見た.

❺ **...のそばに[の, を]**, ...の近くに[の, を]; ...の手もとに: We had an enjoyable day *by* the sea. 私たちは海辺で楽しい一日を過ごした / Come and sit *by* me. こちらへ来て私のそばに座ってください / I always *keep* this smartphone *by* me. 私はいつもこのスマホを手もとに置いている.

> 語法 **by, beside, near の意味の違い**
> 「...の近くに」を表わす語には by, beside, near がある. 一般に by は「...のわきに」, near は「...から遠く離れないで」という意. We had an enjoyable day *by* the sea. を ... *near* the sea. とすると, 「海は見えないがとにかく海の近くで」という意味にもなる. また Come and sit *by* me. の文は Come and sit *beside* me. ともいえるが, beside は by よりも「...のわきに」の意味がはっきりしている. 「そば」の意味をさらに強く表わすときは by the side of を使う: a park *by the side of* the lake 湖畔の公園.

❻ [期限を示して] **...までに(は):** Can you finish it *by* 8 o'clock? それを 8 時までに終えられますか / *By* the end of the week, things were back to normal. 週の終わりまでには事態は通常通りに戻った.

> 語法 🔍 **by と till [until] の意味の違い**
> till や until が「...までずっと動作や状態が続く」こと(継続)を表わすのに対して, by は「...までに動作や状態が起こる[終了する]」こと(期限)を表わす.
> (A) I'll be (= come (back)) here *by* four. 4 時までにはここに(戻って)来ます.
>
> 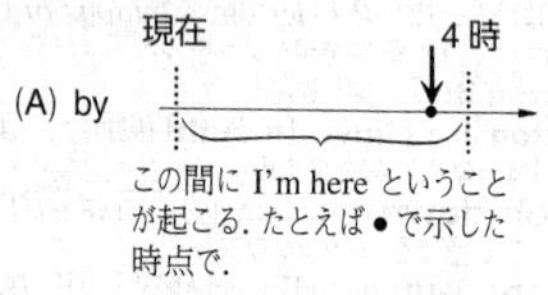
>
>
> (B) I'll be (= stay) here *till* [*until*] four. 4 時までずっとここにいます.
>
> 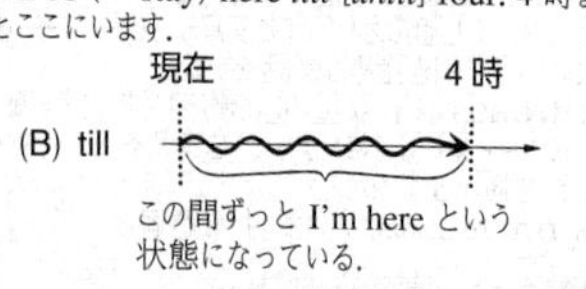
>

❼ /báɪ/ **...(の前[そば])を通り過ぎて**《⇒ past 前 1 語法》: He walked *by* me without speaking. 彼はこと

ばもかけずに私の前を通り過ぎた.
❽ **…を経由して, …を通って:** He came in *by* the back door. 彼は裏口から入ってきた / They traveled *by* land [sea]. 彼らは陸路[船]で旅行した / Did you come *by* the expressway? あなたは高速道路を通ってきましたか.
❾ [動作の対象となる身体などの部分を示して] (人の)**…を(取って):** He caught Maggie *by* the [her] arm. 彼はマギーの腕をつかんだ / She led the old woman to the church *by* the hand. 彼女はおばあさんの手を取って教会まで連れて行った. 語法 by の後の名詞には the または所有格がつく《⇒ the[1] 2》.
❿ [判断などの基準を示して] **…によって, …で;** (規則・許可など)に従って**:** What time is it *by* your watch? あなたの時計で何時ですか / I knew *by* his appearance that he wasn't Japanese. 私は彼の姿を見て彼が日本人でないことがわかった / play *by* the rules ルールに従ってプレーする.
⓫ [程度・差を示して] **…だけ,** …の程度まで**:** He is younger than me [I] *by* two years. 彼は私より 2 つ年下だ《⇒ than 前 1 語法 (1)》/ Prices have increased *by* 20%. 物価が 20% 上がった / The Yankees won the game *by* (a score of) 5-2 [five to two]. ヤンキースは 5 対 2 で試合に勝った.
⓬ **…を単位として**《⇒ the[1] 7》**:** sell eggs *by* the dozen 卵を 1 ダース単位で売る / They are paid *by* the hour. 彼らは時給で支払われている.
⓭ **…ずつ,** …ごと**:** Prices went up week *by* week. 物価は週ごとに上がった. 語法 冠詞をつけず, 複数形にもしない // He counted the books one *by* one. 彼はその本を一冊ずつ数えた. ⓮〔数学〕[乗除に用いて] …で(掛けて, 割って)《長さ・幅などの寸法表示にも用いる; 記号×を by の代わりに書くことができる》**:** Multiply 8 *by* 2. 8 に 2 を掛けよ(8×2) / Twenty-four divided *by* six is [equals] four. 24 を 6 で割れば 4(24÷6 = 4) / This room is sixteen feet *by* twenty-five (feet). この部屋は幅 16 フィート, 長さ 25 フィートだ. ⓯ [期間を示して] …の間**:** sleep *by* day and work *by* night 昼間に眠り, 夜に働く. 語法 by の後の名詞は通例無冠詞. ⓰ [come, stop, drop などに伴って]《略式》…に立ち寄って**:** Come *by* our house on your way home. お帰りの途中で私たちの家にお寄りください.
⓱ …に関して(は), …について(は)**:** She's a lawyer *by* profession. 彼女の職業は弁護士だ / I know her *by* sight [name]. 彼女の顔[名前]は知っている / That's fine *by* me. 私はそれで結構です《⇒ fine[1] 形 1 🗨》.
⓲ …にかけて**:** swear *by* God 神にかけて誓う. ⓳ …を父親とする**:** She has two sons *by* John. 彼女にはジョンとの間に生まれた息子が 2 人いる.
by fár ⇒ far 成句.
bỳ the bý [副] = by the way (⇒ way[1] 成句).
— /báɪ/ 副 ❶ **通り過ぎて:** A car drove *by*. 車が通り過ぎた / as time goes *by* 時が過ぎるにつれて. ❷ そばに**:** stand *by* そばに立つ. ❸ [come, stop, drop などに伴って]《略式》立ち寄って**:** Just stop *by* for a chat. ちょっと寄っておしゃべりしませんか. ❹ [keep, lay, put, set などに伴って] (備えのために)わきに; 取っておいて, 蓄えて**:** put some money *by* お金を蓄えておく.
bý and bý [副]《古風》やがて, まもなく.

by-, bye- /báɪ/ 接頭「副次的な・わきの」などの意**:** *by*-product 副産物 / *by*play わき演技.

*__bye__[1] /báɪ/ (同音 buy) 間 Ⓢ《略式》**ではまた,** じゃあね**:** *Bye* (for) now. じゃあまたね / 🗨 "*Bye!*" "Have a good day." 「いってきます!」「いってらっしゃい」

bye[2] /báɪ/ 名 Ⓒ〔スポーツ〕(トーナメントでの)不戦勝.

*__bye-bye__ /bàɪbáɪ, báɪbàɪ/ 間 Ⓢ《略式》**じゃあ, バイバイ**《⇒ goodbye 類義語》**:** 🗨 "*Bye-bye*, Dad [Mom]!" "*Bye-bye*, dear! Don't be late!" 「パパ[ママ]いってきます」「いってらっしゃい, 遅くならないようにね」
gó býe-býe [動] 自《小児語》ねんねする《《英》では go (to) bye-byes という》.

by-e·lec·tion, bye-e·lec·tion /báɪɪlèkʃən/ 名 Ⓒ《主に英》(国会の)補欠選挙.

by·gone /báɪgɔ̀ːn | -gɔ̀n/ 形 限定 過去の**:** *bygone* days [era] 過ぎし日, 昔. — 名 [複数形で] 過去のこと**:** Let *bygones* be *bygones*.《ことわざ》過去のことは過去のこととしておこう(過ぎたことは水に流せ).

by·law /báɪlɔ̀ː/ 名 ❶ Ⓒ《米》(クラブ・会社などの)内規, 内部規則. ❷ Ⓒ (地方自治体の)条例.

by-line /báɪlàɪn/ 名 Ⓒ (新聞・雑誌の)記事標題下の筆者名を記す行.

BYOB /bíːwàɪòʊbíː/ 略 = Bring Your Own Bottle. 酒類各自持参のこと《パーティーなどの案内で》.

+**by·pass** /báɪpæ̀s | -pɑ̀ːs/ 名 (~·es/~ɪz/) Ⓒ **バイパス**《自動車用迂回(うかい)路》;〔医学〕バイパス(手術); (ガス・水道などの)側管**:** I took the *bypass around* the city. 市を回るバイパスを通った / heart *bypass* surgery 心臓バイパス手術.
— 動 他 ❶ (…)を迂回する. ❷ (正規の手続・直属の上司など)をとびこす, 回避する.
〖⇒ pass キズナ〗

by-prod·uct /báɪprɑ̀(ː)dʌkt | -prɔ̀d-/ 名 ❶ Ⓒ 副産物 (*of*). ❷ Ⓒ (思いがけない)副次的結果 (*of*).

By·ron /báɪ(ə)rən/ 名 固 George Gordon Noel ~ バイロン (1788-1824)《英国の詩人》.

by·stand·er /báɪstæ̀ndə | -də/ 名 Ⓒ 傍観[目撃]者, 局外者**:** innocent *bystanders* 通りがかりの人, (現場にいたが)かかわりのない人.

byte /báɪt/ 名 Ⓒ〔コンピュータ〕バイト《情報量の単位》.

by·way /báɪwèɪ/ 名 Ⓒ わき道, 抜け道, 間道 [⇔ highway]; [複数形で] あまり知られていない分野.

by·word /báɪwə̀ːd | -wɔ̀ːd/ 名 Ⓒ (…の)典型的な例, 見本, 代名詞 (*for*); 決まり文句, ことわざ.

Byz·an·tine /bíz(ə)ntìːn | bɪzǽntaɪn/ 形 ❶ ビザンティウム (Byzantium) の; ビザンティウム風の; 東ローマ帝国の. ❷ [b-]《格式》[悪い意味で] 複雑な, わかりにくい. — 名 Ⓒ ビザンティウムの人.

Býzantine Émpire 名 固 [the ~] ビザンツ[ビザンティン]帝国《東ローマ帝国 (the Eastern Roman Empire) の別名》.

B

Cc

c¹, C¹ /síː/ 名 (複 c's, cs, C's, Cs /~z/) ❶ C,U シー《英語アルファベットの第 3 文字》. ❷〔ローマ数字〕100《⇒ number 表》. ❸ C [C] (成績の) C, 良と可の間《⇒ grade 1 表》. ❹ U,C [C]〔音楽〕ハ音, ハ調.

+**c²** 略 **センチメートル** (centimeter(s)).

+**C²** 略 ❶ **摂氏** (Celsius, centigrade). ❷ = copyright. ❸《略式》[E メールで] = see.

C³ 略〔電気〕単 2《乾電池のサイズ》.

***c.** 略 ❶ **セント** (cent(s)). ❷ = center, circa. ❸《米》= cup.

+**C.** 略 ❶ **世紀** (century). ❷ = cape¹.

***¢** 略 セント (cent(s))《通貨単位》: 1¢ 1 セント《one [a] *cent* と読む》/ 3¢ 3 セント《three *cents* と読む》《⇒ $》. 語法 $, £ と異なり数字の後につける.

© 著作権[版権]所有《copyright の略号》.

CA〔米郵便〕= California.

ca. 略 = circa.

C.A. 略 = Central America.

***cab** /kǽb/ 名 (~s /~z/) ❶ C **タクシー** [≒taxi]: take a *cab* home タクシーに乗って家に帰る. ❷ C (バス・トラックの)運転台; (機関車の)機関手室. ❸ C 辻(つじ)馬車《昔, 街頭で料金をとって客を乗せた馬車》.

ca·bal /kəbάːl, -bǽl | -bǽl/ 名 C《格式》(政治的な)陰謀団, 秘密結社; 陰謀.

cab·a·ret /kæ̀bəréɪ, kǽbərèɪ/ 名 ❶ U,C (レストラン・クラブなどの)ショー. ❷ C キャバレー《ショーが楽しめるレストラン・クラブ》.

+**cab·bage** /kǽbɪʤ/ !発音 名 (cab·bag·es /~ɪz/) ❶ C,U (結球した)**キャベツ**《植物》: a Chinese *cabbage* 白菜 / two *cabbages* = two heads of *cabbage* キャベツ(の玉)2 個. ❷ U (食用の)キャベツ(の葉): meat-stuffed *cabbage* ロールキャベツ / *a piece of cabbage* キャベツひと切れ.

cab·by, cab·bie /kǽbi/ 名 (cab·bies) C《略式》タクシーの運転手.

+**cab·in** /kǽbɪn/ 名 (~s /~z/) ❶ C (船・航空機の)**客室**, キャビン; (航空機の)操縦室.
❷ C **小屋:** a log *cabin* 丸太小屋 / live in a *cabin* 小屋に住む.

cábin clàss 名 U (船の)二等. 関連 first class 一等 / tourist class 三等.

cábin crèw 名 C [《英》単数形でもときに複数扱い] (航空機の)客室乗務員《全体》.

cábin crùiser 名 C (宿泊設備のある)行楽用の大型モーターボート.

***cab·i·net** /kǽb(ə)nɪt/ 名 (-i·nets /-nɪʦ/)

> 意味のチャート
> cabin と同語源で「小さな部屋」の意.
> →(大切な物を収める所) →「**戸棚**」❶
> →(王の私室) → (私室での相談役) →「**内閣**」❷

❶ C **戸棚**; 飾り棚[ケース]; (ラジオ・テレビなどの)キャビネット《外箱》: a medicine *cabinet* 薬品棚 // ⇒ file cabinet.
❷ C [しばしば C-] **内閣**《米国では各省長官で組織される大統領の助言機関; ⇒ department 表》: a *cabinet* meeting 閣議 / *cabinet* ministers《英》閣僚 / form [choose] a *Cabinet* 組閣する.

***ca·ble** /kéɪbl/ 名 (~s /~z/) ❶ C,U (船・つり橋などの) **太綱**《針金 (wire)・麻などをより合わせたもの》:「a *cable* [two *cables*] =「a piece [two pieces] of *cable* 綱 1[2]本 / The bridge is suspended by four *cables*. その橋は 4 本の太い綱でつってある.
❷ C,U (電話・電力などの)**ケーブル**, 海底[地下]ケーブル: computer *cables* コンピューター用のケーブル / an undersea *cable* laid between Tokyo and Hawaii 東京とハワイの間に敷かれた海底ケーブル. ❸ U ケーブルテレビ (cable television): on *cable* ケーブルテレビで. ❹ C《古風》(外国)電報, 海底電信.
— 動 (ca·bles /~z/; ca·bled /~d/; ca·bling) 他《古風》(人に)(通信)を外国電報で打つ; (人)に外国電報で知らせる.
— 自《古風》外国電報を打つ (*from, to*).

cáble càr 名 C ケーブルカー《ケーブル鉄道を走る車》; ロープウェー. 参考 サンフランシスコ (San Francisco) では路面軌道の下に動くケーブルが埋められていて, 市街を走っている《⇒ trolley 1》.

cáble ràilway 名 C ケーブル[綱索]鉄道.

cáble télevision, cáble TV 名 U ケーブルテレビ, 有線テレビ《略 CATV》.

ca·boose /kəbúːs/ 名 C《米》(貨物列車の後尾の)車掌車 [《英》guard's van].

Cab·ot /kǽbət/ 名 固 John ~ カボット (1450?–98?)《イタリアの航海者; 1497 年に北米大陸に到達》.

cáb rànk 名 C《英》= cabstand.

cab·stand /kǽbstæ̀nd/ 名 C《米》タクシー乗り場 [≒taxi stand].

ca·cao /kəkάʊ/ 名 (~s) ❶ U,C カカオの実《ココア・チョコレートの原料》. ❷ C カカオの木.

cache /kǽʃ/ 名 ❶ C (武器などの)隠し場所; 隠匿(いんとく)物資 (*of*). ❷ C〔コンピュータ〕キャッシュ(メモリー). — 動 他 ❶ (...)を(隠し場所に)貯える. ❷〔コンピュータ〕(データ)をキャッシュする.

cach·et /kæʃéɪ | kǽʃeɪ/ 名 U《格式》威信, 高い社会的地位.

cack·le /kǽkl/ 動 自 (めんどりが産卵後に)こっこっと鳴く, (がちょうが)くわっくわっと鳴く《⇒ cry 表 goose, hen》; (人が)けたけた笑う. — 名 ❶ U こっこっ《めんどりの鳴き声》. ❷ C (不快な)かん高い笑い.

ca·coph·o·ny /kækά(ː)fəni | kəkɔ́f-/ 名 C [普通は単数形で]《格式》不協和音; 不快な音調 (*of*).

cac·tus /kǽktəs/ 名 (複 ~·es, cac·ti /-taɪ/) C さぼてん.

CAD /kǽd/ 名 U キャド《コンピューター援用のデザイン[設計]; *c*omputer-*a*ided *d*esign の略》.

ca·dav·er /kədǽvɚ | -və/ 名 C〔医学〕(解剖用の)死体.

ca·dav·er·ous /kədǽv(ə)rəs/ 形《文語》死人のような; 青ざめた; やせこけた.

cad·die, cad·dy¹ /kǽḍi/ 名 (cad·dies) C〔ゴルフ〕キャディー《ゴルファーのクラブ (club) を運ぶ人; ⇒ golf 挿絵》. — 動 自 キャディーをする (*for*).

cad·dy² /kǽḍi/ 名 (cad·dies) C 茶筒, 茶缶 (tea caddy).

ca·dence /kéɪdns/ 名 C《格式》(声の)抑揚; リズム;

〔音楽〕(楽章などの)終末部.

ca·den·za /kədénzə/ 名 C 〔音楽〕カデンツァ《協奏曲の中の独奏楽器のみによる華やかな演奏》.

ca·det /kədét/ 名 C (陸海空軍)士官学校生徒; 士官[幹部]候補生; 警察学校生徒.

cadge /kǽʤ/ 動 他 《英略式》(人に)(物)をねだる, たかる (*from*, *off*). — 自 《英略式》ねだる, たかる (*from*, *off*).

Cad·il·lac /kǽdəlæ̀k/ 名 ❶ C キャデラック《米国製の高級車; 商標》. ❷ [the ~] 《米略式》最高級品 (*of*).

cad·mi·um /kǽdmiəm/ 名 U 〔化学〕カドミウム《元素記号 Cd》.

cad·re /kǽdri | kɑ́ːdə/ 名 C 《格式》(軍隊・政党・企業などの)幹部, 中核グループ《全体または一員》.

Cae·sar /síːzə | -zə/ 名 ❶ C カエサル《ローマ皇帝の称号》. ❷ 固 = Julius Caesar.

cae·sár·e·an (séction) /sɪzé(ə)riən-/ 名 C = cesarean (section).

*__ca·fé, ca·fe__ /kæféɪ | kǽfeɪ/ 名 (~s /~z/) C **喫茶店**, 軽食堂, コーヒー店, カフェ《⇒ restaurant 関連》: stop at a *café* for lunch カフェに立ち寄って昼食をとる // ⇒ Internet café.

ca·fé au lait /kæféɪoʊléɪ | kǽfeɪ-/ ≪フランス語から≫ 名 U カフェオレ, 牛乳入りコーヒー.

*__caf·e·te·ri·a__ /kæ̀fətí(ə)riə/ 名 (~s /~z/) C **カフェテリア**《工場・学校などのセルフサービスの簡易食堂; ⇒ restaurant 関連》: have lunch at a *cafeteria* カフェテリアで昼食をとる.

+**caf·feine** /kæfíːn | kǽfiːn/ 名 U **カフェイン**《茶・コーヒーなどに含まれるアルカロイド》.

caf·fè lat·te /kɑ́ːfeɪlɑ́ːteɪ, -lǽt-/ 名 U カフェラテ《同量のミルクを入れたエスプレッソコーヒー》.

caf·tan /kǽftæn/ 名 U カフタン《中東で男性が着る長そでのゆったりとした丈長の衣服》.

+**cage** /kéɪʤ/ 名 (cag·es /~ɪz/) C **鳥かご**; (獣を入れる)**おり**: There are three lions in the *cage*. おりの中には 3 頭のライオンがいる.
— 動 他 [普通は受身で] (鳥)をかごに入れる, (獣)をおりに入れる: *caged* birds かごの鳥.
cáge ín [動] 他 (...)の自由を束縛する.

ca·gey /kéɪʤi/ 形 (cag·i·er; -i·est) 《略式》話したがらない (*about*); 用心深い, 警戒している.

ca·hoots /kəhúːts/ 名 [次の成句で] **be in ca·hóots** [動] 自 《略式》(...と)ぐるになっている (*with*).

Cain /kéɪn/ 名 固 〔聖書〕カイン《アダム (Adam) とイブ (Eve) の長男; 弟アベル (Abel) を殺した》.

cairn /kéən | kéən/ 名 C ケルン, 道程標.

Cai·ro /káɪroʊ/ 名 固 カイロ《エジプトの首都》.

cais·son /kéɪs(ə)n, -sɑ(ː)n | -sən/ 名 ❶ C 〔土木〕ケーソン, 潜函(せんかん)《鉄筋コンクリート製の箱; 水中に設置し, この中で工事をする》. ❷ C 弾薬箱[車].

ca·jole /kəʤóʊl/ 動 他 (人)を言いくるめる [≒coax]: Kate *cajoled* the man *into* consent*ing*. ケートはその男をおだてて同意させた.

Ca·jun /kéɪʤən/ 名 C ケージャン人《フランス系のルイジアナ州の住民》. — 形 ケージャンの; (料理が)ケージャン風の.

cake /kéɪk/

— 名 (~s /~s/) ❶ C,U **ケーキ**, 洋菓子《小麦粉・砂糖・卵・バターなどを原料とした柔らかい菓子》: Don't eat too much *cake*. ケーキを食べ過ぎないように / She baked [made] three *cakes*. 彼女はケーキを 3 個焼いた / a birthday *cake* バースデーケーキ / a chocolate *cake* チョコレートケーキ / You cannot have your *cake* and eat it (《米》 too). 《ことわざ》 S お菓子を食べてしまって, しかも持っていることはできない(いい思いばかりはできない).

> 語法 大きなケーキまるごと一つを言う場合には C だが, ナイフを入れて切ったものは U で piece や slice を用いて数える: There are three *pieces* [*slices*] of *cake* on the table. 食卓にはケーキが 3 つある.

❷ C 丸くて薄い揚げた[焼いた]食物: a fish *cake* 魚のすり身のフライ / a rice *cake* もち. ❸ C (薄く平たい固形物の)1 個《⇒ piece 発音》: 「a *cake* [two *cakes*] of soap せっけん 1[2]個.
a pìece of cáke [名] S 《略式》朝飯前のこと.
gét [háve, wánt] a slíce of the cáke [動] 自 《英略式》(利益の)分け前を得る[得ている, 望む].
táke the cáke [動] 自 《米略式》一番ひどい.
— 動 他 [普通は受身で] (...)を(~で)厚く覆う, 固める (*with*, *in*). — 自 固まる.

Cal 略 = calorie(s)《⇒ calorie 1 参考》.

Cal. 略 = California.

cal·a·bash /kǽləbæ̀ʃ/ 名 C ひょうたんの木《熱帯アメリカ産の樹木》; ひょうたん(の実).

Ca·lais /kæléɪ | kǽleɪ/ 名 固 カレー《フランス北部の Dover 海峡に臨む港市》.

cál·a·mine (lótion) /kǽləmàɪn-/ 名 U カラミンローション《日焼けした皮膚などにつける》.

ca·lam·i·tous /kəlǽmətəs/ 形 《格式》不幸な, 災難の多い, 痛ましい (*to*).

ca·lam·i·ty /kəlǽməti/ 名 (-i·ties) C,U 大災害; (大きな)不幸, 災難《⇒ disaster 類義語》.

cal·ci·fy /kǽlsəfàɪ/ 動 (-ci·fies; -ci·fied; -fy·ing) 自 石灰質になる. — 他 (...)を石灰化する.

+**cal·ci·um** /kǽlsiəm/ 名 U **カルシウム**《元素記号 Ca》.

cal·cu·la·ble /kǽlkjʊləbl/ 形 計算[予測]できる.

*__cal·cu·late__ /kǽlkjʊlèɪt/ 動 (-cu·lates /-lèɪts/; -cu·lat·ed /-tɪd/; -cu·lat·ing /-tɪŋ/) 他 ❶ (...)を**計算する**; (...)と見積もる: The experts *calculate that* the population of the city will double by the year 2030. V+O (*that* 節) 専門家は 2030 年までにその都市の人口が 2 倍になると計算している 多用 / *Calculate how* much money we will need next year. V+O (*wh* 節) 来年はどのくらい金が要るか計算しなさい / We *calculated* the cost *at* 80,000 yen. V+O+*at*+名 私たちはその費用を 8 万円と見積もった. ❷ (...)を推定する; (...)と予測する: *calculate* the results of the election 選挙の結果を予想する / We *calculated that* we could reach the place within six days. 私たちはその場所へ 6 日以内に到着できると予想した. ❸ [受身で] (...)が(~するように)意図[計画]する: The Minister's speech *was calculated to* anger the opposition parties. 大臣の演説は野党を怒らせようという意図でなされた.
— 自 ❶ 計算する; 見積もる. ❷ 当てにする, 期待する: 言い換え We cannot *calculate on* his help. = We cannot *calculate on* him [his] help*ing* us. 彼の助けは当てにできない. (名 càlculátion)
〖語源 原義はラテン語で「小石を使って教える」; calculus と同語源〗

+**cal·cu·lat·ed** /kǽlkjʊlèɪṭɪd/ 形 限定 **計算された**; 故意の: a *calculated* insult 計画的な中傷 / take a *calculated* risk 危険を承知のかけをする.

cal·cu·lat·ing /kǽlkjʊlèɪṭɪŋ/ 形 [軽蔑的] 打算的な, 抜け目のない; たくらみのある (⇒ dry 形 日英).

+**cal·cu·la·tion** /kæ̀lkjʊléɪʃən/ 名 (~s /~z/) ❶ C,U **計算(すること)**, 計算法; C 計算(の結果): a rough ***calculation of*** the cost 費用の概算 / by my *calculation(s)* 私の計算では / make [do] a *calculation* 計算をする. ❷ C,U 推定, 予測. ❸ U,C [軽蔑的] 打算, 損得勘定. (動 cálculàte)

cal·cu·la·tor /kǽlkjʊlèɪṭɚ | -tə/ 名 C **計算機**: a pocket *calculator* 電卓.

cal·cu·lus /kǽlkjʊləs/ 名 U 〔数学〕 微積分学.

Cal·cut·ta /kælkʌ́ṭə/ 名 固 カルカッタ, コルカタ《インド北東部の港湾都市》.

cal·de·ra /kældé(ə)rə/ 名 C 〔地質〕 カルデラ《火山の爆発や陥没で生じる巨大なくぼ地》.

cal·dron /kɔ́:ldrən/ 名 C 大がま, 大なべ.

cal·en·dar /kǽləndɚ | -də/ アク

— 名 (~s /~z/) ❶ C **カレンダー**, 暦; 暦法: a desk [wall] *calendar* 卓上[壁かけ]カレンダー. 関連 almanac 日の出・日没・潮の干満・月齢などを記した暦. ❷ C 《米》 (カレンダー式の)手帳《予定などをメモする》 [《英》 diary]; (今後の)予定, スケジュール. ❸ C [普通は単数形で] 年中行事予定表; 予定一覧表.

cálendar mónth 名 ❶ C 暦月《1 日から 30 [31, 28, 29] 日まで》. ❷ C まるひと月.

cálendar yéar 名 C 暦年《1 月 1 日から 12 月 31 日まで》. 関連 school year 学年 / fiscal [《英》 financial] year 会計年度.

calf[1] /kǽf | kɑ́:f/ 名 (複 **calves** /kǽvz | kɑ́:vz/) ❶ C 子牛; (象・鯨・あざらしなどの)子. 関連 bull 去勢されない雄牛 / ox 去勢された雄牛 / cow 雌牛 / veal 子牛の肉. ❷ U = calfskin. **in [with] cálf** [形] (雌牛が)子をはらんで.

calf[2] /kǽf | kɑ́:f/ 名 (複 **calves** /kǽvz | kɑ́:vz/) C ふくらはぎ, こむら《ひざ (knee) から足首 (ankle) までの脚の後ろの部分; ⇒ leg 挿絵》.

calf·skin /kǽfskɪ̀n | kɑ́:f-/ 名 U 子牛のなめし革《製本・靴用》.

Cal·ga·ry /kǽlgəri/ 名 固 カルガリー《カナダ Alberta 州南部の市》.

cal·i·ber, 《英》 **-i·bre** /kǽləbɚ | -bə/ 名 ❶ U (人の)力量, 手腕; レベル: of the highest *caliber* 最高レベルの. ❷ C (銃砲や管の)口径; (弾丸の)直径.

cal·i·brate /kǽləbrèɪt/ 動 他 (計量器など)の目盛りを決める[正す, 調整する].

cal·i·bra·tion /kæ̀ləbréɪʃən/ 名 U (目盛りの)調整; C 目盛り.

cal·i·bre /kǽləbə | -bə/ 名 《英》 = caliber.

cal·i·co /kǽlɪkòʊ/ 名 (~(e)s) U,C 《主に米》 さらさ; 《主に英》 キャラコ. — 形 《米》 (猫が)三毛の.

Calif. 略 = California.

+**Cal·i·for·nia** /kæ̀ləfɔ́ɚnjə, -niə | -fɔ́:-ˉ/ 名 固 ❶ **カリフォルニア**《米国西部の州; 略 Calif., Cal., 〔郵便〕 CA》. ❷ the Gulf of ~ カリフォルニア湾. 〖語源 スペインの詩人が命名した架空の黄金の国の名から〗

Cal·i·for·nian /kæ̀ləfɔ́ɚnjən | -fɔ́:-ˉ/ 形 カリフォルニア州の. — 名 C カリフォルニア州の人.

cal·i·per, 《英》 **cal·li·per** /kǽləpɚ | -pə/ 名 ❶ [複数形で] カリパス《外径・厚さまたは内径を測定するコンパス状の器具》: a pair of *calipers* カリパス 1 丁. ❷ C [普通は複数形で] 《英》 (弱った脚を支える)歩行用添え金 [《米》 brace].

ca·liph /kéɪlɪf, kǽl-/ 名 (~s) C ハリハ, カリフ《ムハンマド (Muhammad) の後継者; イスラム教教主としてトルコ国王サルタンが用いた称号》.

ca·liph·ate /kéɪlɪfèɪt, kǽl-/ 名 C ハリハ[カリフ]の職; ハリハ領; ハリハの治世.

cal·is·then·ics /kæ̀ləsθénɪks/ 名 U (体の強化のための)美容体操法; [複数扱い] 美容体操.

call /kɔ́:l/

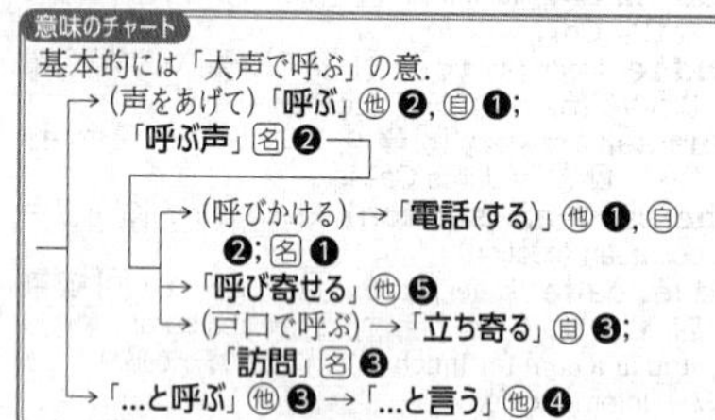

意味のチャート
基本的には「大声で呼ぶ」の意.
(声をあげて)「呼ぶ」 他 ❷, 自 ❶;
「呼ぶ声」 名 ❷
(呼びかける) → 「電話(する)」 他 ❶, 自 ❷; 名 ❶
「呼び寄せる」 他 ❺
(戸口で呼ぶ) → 「立ち寄る」 自 ❸;
「訪問」 名 ❸
「...と呼ぶ」 他 ❸ → 「...と言う」 他 ❹

— 動 (calls /~z/; called /~d/; call·ing) 他 ❶ (...)に**電話する** [≒phone, 《英》 ring]: I'll *call* you later. あとで電話するね / Could you *call* the restaurant to tell them we'll be late? レストランに電話して遅れると伝えてくれませんか / ***Call*** (us ***at***) 360-2276. 360-2276 番に電話してください《three six 0 /óʊ/, two two [《英》 double-two] seven six と読む》.

電話を表わすしぐさ

...に電話する

私は母に電話した.
○I called my mother.
×I called to my mother.

❷ (声をあげて)(...)を**呼ぶ**, (...)に呼びかける, (...)に来てくれと叫ぶ: He didn't hear you. *Call* him again. 彼は君の声が聞こえなかったのだ. もう一度呼んでごらん / Someone was *calling* my name from the other side of the wall. 塀の向こう側からだれかが私の名前を呼んでいた.

❸ (...)を~という名で**呼ぶ**, (...)を~と名づける, (...)を~と称する; (...)を(名字などで)呼ぶ: We all *call* him Mike. V+O+C (名) 私たちはみな彼をマイクと呼んでいる / Please *call* me Nellie. 私をネリーと呼んでね《親しい間柄になってもらいたいという気持ちを表わす; ⇒ diminutive》 / What do you *call* this flower in English? この花は英語で何と言いますか / Their son *was called* Edward. V+O+C (名)の受身 彼らの息子はエドワードと名づけられた / The girl *was called* Elizabeth *after* her grandmother. 女の子はおばあさんの名をとってエリザベスと名づけられた / He *calls* himself a prophet. 彼

は自らを預言者と称している / We *call* her **by** her nickname. V+O+*by*+名 我々は彼女をあだ名で呼ぶ.
❹ (...)を～**だと言う**, (...)を～呼ばわりする; (...)を～と考える[みなす]; Ⓢ (値段・時間などについて)～ということにする**:** People *called* them cowards. V+O+C (名) 人々は彼らをおくびょう者呼ばわりした / She *called* Tom's behavior dishonest. V+O+C (形) 彼女はトムの行動を不誠実だと言った / 「I don't *call* that [That's not what I *call*] a polite answer, Bobby! ボビー, そんな返事のしかたはお行儀がよいとは言えません《子供をたしなめて》/ "I think I owe you ＄52." "Oh, I'm not sure, so let's *call* it ＄50." 「君に 52 ドル借りていると思うんだが」「はっきりしないから 50 ドルということにしよう」
❺ (声・文書・電話などで)(...)を**呼び寄せる**, (人に)(...)を呼んでやる; [普通は受身で] (人)を召喚する; (会など)を招集する, (リハーサル・選挙など)を行なう[予定する]**:** 言い換え Please **call** a taxi **for me**. V+O+*for*+名 = Please *call* me a taxi. V+O+O タクシーを呼んでください《⇒ for 前 A 1 語法》/ I **was called into** the principal's office. V+O+前+名の受身 私は校長室に呼ばれた / The general assembly *was called* last Monday. V+O の受身 先週の月曜日に総会が招集された / She **was called to** give evidence in court. V+O+C (*to* 不定詞)の受身 彼女は法廷で証言するよう召喚された. ❻ (...)を命じる, 指令[宣言]する**:** Strikes *are called* almost monthly. ほとんど毎月ストライキの指令が出されている. ❼ (名簿(の名前)・番号など)を読み上げる**:** *call* the roll ⇒ roll 名 3 最初の例文. ❽〔スポーツ〕(...)を～と判定[宣告]する**:** The runner *was called* safe [out] at second. 走者は 2 塁でセーフ[アウト]になった. ❾〔スポーツ〕(試合)の中止を宣言する. ❿〔トランプ〕(せり札など)の宣言をする [≒bid]; (相手)に手札を見せるよう要求する. ⓫ (...)を予測する; (表か裏か)を予想して言う《順番・勝負を決めるコイン投げで》.
— 自 ❶ (人に聞こえるように)**呼ぶ**, **大声を出して呼ぶ**《⇒ shout 類義語》**:** I *called* and *called* but no one came. 何度も呼んだがだれも来てくれなかった / She is *calling* from upstairs. 彼女が上で呼んでいる / He *called to* her *to* come downstairs. V+*to*+名+*to* 不定詞 彼は彼女に下に降りてくるようにと叫んだ.
❷ **電話をかける** [《英》ring]**:** Please tell John that I *called*. 私から電話があったとジョンに伝えてください / Who's *calling*, please?↗ どなたさまでしょうか《電話口で; ⇒ who[1] 代 1 (2)🗨》/ I'll *call* again later. あとでかけ直します / She *called* home [from New York]. 彼女は家に[ニューヨークから]電話した / He *called to* say that he was ill. V+*to* 不定詞 彼は電話をかけて病気だと言った.
❸《主に英》**立ち寄る**, 訪問する; (物売り・配達人などが)定期的に来る; (電車が)停車する, (船が)寄港する (*at*)**:** He *called* while I was away. 彼は私の留守中に訪ねてきた / I **called to** take her to the party. V+*to* 不定詞 彼女をパーティーに連れていくために立ち寄った. ❹ (鳥・動物が)鳴く. ❺〔トランプ〕宣言をする. ❻ (表か裏か)結果を予想して言う《コイン投げで》.
be [féel] cálled「to dó [to ...] [動] 使命感で...する, ...すべきとの使命感をもつ**:** He *was* [*felt*] *called*「*to* become a priest [*to* the priesthood]. 彼は使命感で司祭になった[司祭になるべきだと感じた].
(nòw) thát's whàt I cáll ... Ⓢ それ[これ]こそ本物の...だ.
whàt is càlled ... いわゆる...**:** This is *what is called* a "new method." これがいわゆる「新方式」と言われるものだ.
whàt we [you, they] càll ... いわゆる...**:** Grace married a duke. She is *what we* [*you, they*] *call* a "Cinderella." グレースは公爵と結婚したのよ. 彼女こそいわゆる「シンデレラ」ね.

call の句動詞

cáll ... àfter ～ 動 他 (...)を～にちなんで名づける.
+**cáll at ...** 動 他《主に英》(場所)**に(ちょっと)立ち寄る**; (列車が)...に停車する, (船が)...に寄港する**:** 言い換え Shall we *call at* his house? (= Shall we call on him?) 彼のうちへちょっと寄ってみましょうか《⇒ call on ...》.
+**cáll awáy** 動 他 [しばしば受身で] (他の場所へ)(人)**を呼び出す** V+名・代+*away* / V+*away*+名**:** Paula *was called away* on urgent business. ポーラは緊急の用事で呼び出された.
*__cáll báck__ 動 他 ❶ (電話をくれた人)に**折り返し電話をする**; (人)に**電話をかけ直す** V+名・代+*back* / V+*back*+名**:** Would you please tell Mr. Rich to *call* me *back* later? 後ほど電話をくださるよう, リッチさんにお伝え願えますか. ❷ (人)を呼び戻す.
— 自 ❶ **折り返し電話する; 電話をかけ直す:** 🗨 "Dad's taking a bath now." "I'll *call back* later." 「父は入浴中です」「では後ほどかけ直します」 ❷《英》後でまた立ち寄る.
cáll bý 動 自《英略式》(途中で...に)立ち寄る (*at*).
cáll dówn 動 自 下に向かって呼ぶ (*from*).
— 他 ❶《文語》(天罰・天恵など)が(...に)下るように祈る (*on, upon*). ❷《米略式》(...)を酷評する; ひどくしかる (*for*). ❸ (...)に降りてこいと叫ぶ.
*__cáll for ...__ 動 他 ❶ **...を求めて叫ぶ; ...を電話で呼ぶ** (受身 be called for)**:** He *called for* help. 彼は助けを求めて叫んだ / The clerk *called for* an ambulance. 店員は救急車を呼んだ.
❷《主に英》(人)**を呼びに立ち寄る**, (物)を取りに立ち寄る (受身 be called for)**:** I'll *call for* you at seven. 7 時に迎えに行きます.
❸ **...を要求する** [≒demand]; (事が)**...を必要とする**; (お祝いなど)に値する**:** A typhoon is approaching. The situation *calls for* caution. 台風が接近している. 警戒が必要だ. ❹《米》(天候に関して)...を予報する.
cáll fórth 動 他《格式》(物事が)(...)を呼び起こす.
+**cáll ín** 動 他 ❶ (製品など)を**回収する**, (借金)を取り立てる**:** The company *called in* all the baby food made in July. 会社は 7 月に製造されたすべてのベビーフードを回収した. ❷ (...)を呼び入れる; (医者・警察など)を呼ぶ**:** *call in* a doctor 医者を呼ぶ.
— 自 ❶《主に英》(場所に)**立ち寄る**, (船が)寄港する; (人を)訪ねる (*on*)**:** They **called in at** their uncle's house for an hour. 彼らはおじさんのところに 1 時間立ち寄った.
❷ **電話を入れる**; (テレビ・ラジオ番組に)電話で参加する**:** He *called in* to say he could not attend the meeting. 彼は会に出席できないと電話を入れてきた.
cáll in síck [動] 自 **病気で休むと電話する:** Susie *called in sick* on Tuesday. スージーは火曜日に具合が悪いから休むと電話してきた.
*__cáll óff__ 動 他 ❶ (約束・命令など)を**取り消す**, 取りやめる; 中止する [≒cancel] V+名・代+*off* / V+*off*+名**:** *call off* a strike ストライキを中止する / The game *was*

called off due to bad weather. 試合は悪天候のため中止となった. ❷ (犬)に他人にほえつく[襲いかかる]のをやめさせる; (兵士など)に攻撃をやめさせる.
***cáll on ...** 動 他 ❶《主に英》(人)を(ちょっと)**訪問する** (受身 be called on): I *called on* him yesterday. きのう彼を訪ねた《⇒ call at ...》. ❷《格式》...に～するよう(正式に)求める; (先生が生徒)を指名する, あてる: He *called on* me *to* make a speech. 彼は私にスピーチをしてくれと頼んだ. ❸ (資質・能力など)を出す, 使う.
***cáll óut** 動 他 ❶ (...)を**大声で呼ぶ[言う]**; (名前など)を読み上げる V+名・代+*out* / V+*out*+名: She *called out* my name as I was crossing the street. 通りを横切っていたら彼女は大声で私の名前を呼んだ. ❷ (緊急事態に)(...)を呼び出す; (軍隊・警察など)を召集する, 出動させる; (...)にストライキを指令する: I *was called out to* the scene of the accident. 私は事故現場に呼び出された.
— 自 **大声で叫ぶ**, 呼び求める: She **called out** (*to* him) *for* help. 彼女は(彼に)大きな声で助けを求めた.
cáll óver 動 他 (...)を呼び寄せる (*to*).
cáll róund 動 自《英》立ち寄る.
***cáll úp** 動 他 ❶《主に米》(...)に**電話をかける** [≒ phone up, 《英》 ring up] V+名・代+*up* / V+*up*+名: I *called* him *up* and asked his schedule. 私は彼に電話して予定を尋ねた. ❷ (記憶・昔)を思い出させる. ❸〔コンピュータ〕(ディスプレーに)(データ)を呼び出す. ❹《英》(人)を徴兵する [《米》 draft]. ❺ (選手)を(代表チームに)招集する, (上位リーグのチームに)昇格させる.
— 自《主に米》**電話をかける:** My sister *called up* last night. 姉[妹]が夕べ電話をかけてきた.
cáll upòn ... 動 他《格式》= call on ....

— 名 (～s /～z/) ❶ C **電話をかけること**, (ベルなどの)**呼び出し**, 通話 [《英》 ring]: There's a *call for* you, Liz. リズ, 電話だよ / *make* a *call* (to ...) (...に)電話する / 🗨 "Will you *give* me a *call* tomorrow morning?" "Certainly." 「明朝電話をくれませんか」「承知しました」/ *get* [*receive*] a *call* (from ...) (...から)電話をもらう[受ける] / Will you *take* the *call*? 電話に出てくれる? / *return* ...'s *call* 折り返し...に電話する / a local *call* 市内電話 / a long-distance *call* 長距離電話 //⇒ collect call, wake-up call.
❷ C **呼ぶ声**, **叫び声** [≒cry, shout]; (鳥・動物の)鳴き声; (鳥などをおびき寄せるための)呼び笛; (角笛などの)合図, 信号: give a *call for* help 救いを求める声をあげる / the *calls* of the wild birds 野鳥の鳴き声.
❸ C (短い)**訪問**, 立ち寄り《しばしば儀礼的または仕事の上での訪問に用いる》: *make* a *call on* [*at*] ... = *pay* a *call on* ... = *pay* ... a *call* (ちょっと)...を訪ねる, ...を訪問する. 語法🔍 on の後では人, at の後では場所を表わす語が目的語になる // I must return his *call*. 今度は私のほうが彼を訪ねなければならない《⇒ 1, return 他 3》//⇒ house call. ❹ C 要求, 要請; 召集, 呼びかけ: There are *calls for* her *to* take up the post. 彼女がその地位につくようにとの要請がある / a *call to* arms 戦闘準備命令, 参戦の呼びかけ. ❺ U [否定文で] S (...する)理由, 必要: *There's no call for* you *to* say that. 君はそんなことを言う必要はない. ❻ U 需要: *There isn't much call for* ashtrays these days. 最近は灰皿の需要はあまりない. ❼ [the ～]《文語》(場所などの)誘惑, 魅力 (*of*). ❽ [単数形で] 使命(感). ❾ C (空港の)搭乗案内. ❿ C〔スポーツ〕(審判の)判定, 宣告. ⓫ C《略式》決断, 決心: make a *call* 決める / It's your *call*. あなたが決めることだ. ⓬ C〔トランプ〕(せり札の)宣言 [≒bid].
be on cáll [動] 自 待機している.
hàve fírst cáll on ... [動] 他 (品物・助力など)を優先的に入手[使用]できる, ...を最初にあてにできる.
the cáll of náture [名] [こっけいに] トイレに行きたくなること, 便意.
withìn cáll [副・形] 呼べば聞こえる所に.

CALL /kɔ́ːl/ 略 = computer assisted language learning コンピューター利用の言語学習.

cáll bòx 名 C《米》(道路沿いにある)非常用電話; 《英》公衆電話ボックス.

cáll cènter 名 C (通販などの)電話受付センター.

****called** /kɔ́ːld/
— 動 call の**過去形および過去分詞**.
— 形〔スポーツ〕試合中止を宣告された: a *called* game コールドゲーム.

+**call·er** /kɔ́ːlə | -lə/ 名 (～s /～z/) ❶ C **電話をかける[た]人**. ❷ C (短時間の)訪問者《⇒ visitor 表》.

cáller displày 名 C,U《英》= caller ID.

cáller ÌD 名 C,U《米》(電話の)発信者番号通知サービス.

cáll gìrl 名 C コールガール《電話で呼び出す売春婦》.

cal·lig·ra·phy /kəlígrəfi/ 名 U カリグラフィー, 書道; 能書; 筆跡, 書.

call·ing /kɔ́ːlɪŋ/ 名 ❶ C (特に宗教的仕事をしようとする)強い意欲[使命感]. ❷ C《格式》天職, 職業.

cálling càrd 名 ❶ C《古風, 米》(訪問用の)名刺 [《英》 visiting card]《⇒ business card》. ❷ C《米》テレホンカード [≒phonecard].

cáll-in /kɔ́ːlìn/ 名 C《米》〔テレビ・ラジオ〕視聴者参加番組《スタジオに電話してくる視聴者の意見や質問も放送する》[《英》 phone-in].

cal·li·per /kǽləpə | -pə/ 名《英》= caliper.

cal·lis·then·ics /kæ̀ləsθénɪks/ 名《英》= calisthenics.

cáll lètters 名 複《米》〔無線〕コールサイン, 呼び出し符号[信号] [《英》 call sign].

cáll nùmber 名 C《米》(図書館の)図書整理番号.

cal·lous /kǽləs/ 形 冷淡な, 無神経な (*to*). **～·ly** 副 冷淡に. **～·ness** 名 U 冷淡, 無神経.

cal·loused /kǽləst/ 形 (皮膚が)固くなった.

cal·low /kǽloʊ/ 形《文語》うぶな, 青二才の.

cáll sìgn 名 C《英》= call letters.

call-up /kɔ́ːlʌ̀p/ 名 ❶ C [普通は単数形で]《英》徴兵, 召集(令) [《米》 draft]. ❷ C (代表チームへの)招集, (上位リーグへの)昇格.

cal·lus /kǽləs/ 名 C たこ, 皮膚硬結.

***calm** /kɑ́ːm/ 発音
— 形 (calm·er; calm·est) ❶ (人・気分・態度が)**落ち着いた**, 冷静な; (事態などが)平静な: Be [Keep, Stay, Remain] *calm*. 落ち着いて, あわてないで / speak in a *calm* voice 落ち着いた声で話す.
❷ (天気・海などが)**穏やかな**, 静かな; 風のない《⇒ silent 類義語; quiet 表》: The sea became *calm* after the storm. 海はあらしのあと静かになった.
— 動 (calms /～z/; calmed /～d/; calm·ing) 他 (...)を**静める**, なだめる: The teacher *calmed* her pupils. 先生は生徒たちを静めた.
— 自 静まる, 落ち着く.

cálm dówn [動] ⓐ (人・事態などが)**静まる**, 静かになる: *Calm down*! 落ち着け. — ⓗ (人・事態など)を**静める**: The manager tried to *calm* the workers *down*. 支配人は従業員たちを静めようとした.
— 名 [U または a ～] 静けさ; 平穏, なぎ; 平静, 沈着: restore *calm* 平穏を取り戻す / the *calm* before the storm あらしの前の静けさ / After a storm comes *a calm*. 《ことわざ》 あらしの後にはなぎが来る.

calm·ly /kɑ́ːmli/ 副 静かに, 穏やかに; 冷静に, 平然と: Speak more *calmly*. もっと冷静に話せ.

calm·ness /kɑ́ːmnəs/ 名 U 静けさ, 穏やかさ, 平穏; 冷静さ, 落ち着き.

ca·lo·ric /kəlɔ́ːrɪk | -lɔ́r-/ 形 熱の; カロリーの.

+**cal·o·rie** /kǽləri/ 名 (-o·ries) ❶ C [ときに C-; 普通は複数形で] 〔物理・栄養〕 **カロリー** (《略》 Cal): count *calories* カロリー計算を(してダイエット)する / a low *calorie* diet 低カロリーの食事. 参考 熱量の単位で, large calorie (大カロリー)または kilocalorie (キロカロリー)ともいい, 1 キログラムの水の温度を摂氏 1 度高めるのに必要な熱量. ❷ C 〔物理〕 カロリー (1 のカロリーの千分の 1).

cal·o·rif·ic /kæ̀lərífɪk←/ 形 ❶ [普通は 限定] 熱を生じる. ❷ (食物が)高カロリーの.

cal·um·ny /kǽləmni/ 名 (-um·nies) C 《格式》 悪口; U 《格式》 悪口を言うこと, 中傷.

calve /kæv | kɑ́ːv/ 動 ⓐ (牛・象などが)子を産む.

calves[1] /kævz | kɑ́ːvz/ 名 calf[1] の複数形.

calves[2] 名 calf[2] の複数形.

Cal·vin /kǽlvɪn/ 名 固 John ～ カルヴァン (1509-64) (フランス生まれのスイスの宗教改革家).

Cal·vin·is·m /kǽlvənìzm/ 名 U カルヴァン主義.

Cal·vin·ist /kǽlvənɪst/ 名 C カルヴァン主義者.

calyces 名 calyx の複数形.

ca·lyp·so /kəlípsoʊ/ 名 (～s) C カリプソ (西インド諸島起源の歌・音楽; 普通は即興的).

ca·lyx /kéɪlɪks, kǽl-/ 名 (複 ～·es, **ca·ly·ces** /kéɪləsìːz, kǽl-/) C 〔植物〕 (花の)がく.

cam /kǽm/ 名 C 〔機械〕 カム (回転運動を往復運動に変える装置).

ca·ma·ra·de·rie /kɑ̀ːmərɑ́ːdəri/ 名 U 同志愛, 友情 (⇒ comrade).

cam·ber /kǽmbə | -bə/ 名 C,U (道路の)上反(うわぞ)り, かまぼこ形.

Cam·bo·di·a /kæmbóʊdiə/ 名 固 カンボジア (アジア南東部 Indochina 半島の王国).

Cam·bo·di·an /kæmbóʊdiən/ 形 カンボジアの; カンボジア人の; カンボジア語の. — 名 C カンボジア人; U カンボジア語.

cam·bric /kéɪmbrɪk/ 名 U 上質カナキン (白地の滑らかな薄い綿[麻]織物).

Cam·bridge /kéɪmbrɪʤ/ 名 固 ❶ ケンブリッジ (英国 England 中東部の都市; Cambridge 大学の所在地; ⇒ Oxford). ❷ ケンブリッジ (米国 Massachusetts 州東部の都市; Harvard 大学の所在地).

cam·cord·er /kǽmkɔ̀ədə | -kɔ̀ːdə/ 名 C 小型ビデオカメラ.

***came** /kéɪm/ 動 come の過去形.

cam·el /kǽm(ə)l/ 名 ❶ C らくだ: A *camel* is often called the ship of the desert. らくだはしばしば砂漠の船と呼ばれる. 関連 hump こぶ. ❷ U らくだ色 (淡い黄褐色).

cámel hàir 名 U らくだの毛(の織物).

ca·mel·lia /kəmíːljə/ 名 C つばき, さざんか.

Cam·em·bert /kǽməmbèə | -bèə/ 名 U,C カマンベール (柔らかく味の濃厚なフランス産のチーズ).

cam·e·o /kǽmiòʊ/ 名 (～s) ❶ C カメオ (浮き彫りを施しためのう・貝殻など); カメオ細工: a *cameo* brooch カメオのブローチ. ❷ C (映画・演劇の)わき役 (特に大物俳優による特別出演). ❸ C 珠玉の短編[描写].

***cam·er·a** /kǽm(ə)rə/
— 名 (～s /～z/) C **カメラ**, 写真機; テレビ[ビデオ]カメラ, 撮影機: a digital *camera* デジタルカメラ / I pointed my *camera* at the bird. 私はその鳥にカメラを向けた / pose for the *camera* カメラ用にポーズをとる / install a (security) *camera* 防犯カメラを設置する.
in cámera 《ラテン語から》 [副] (裁判が)非公開で, 内密に.
òff cámera [形・副] カメラに映らない(ところで).
on cámera [形・副] (テレビ)カメラに映って, (テレビで)放映されて: The suspect was caught *on camera*. 容疑者はカメラに映っていた.
〖語源 ラテン語で「(暗い)部屋」つまり「暗箱」の意; chamber と同語源〗

cam·er·a·man /kǽm(ə)rəmæ̀n/ 名 (-men /-mèn/) C (映画・テレビの)カメラマン, 撮影技師 (⇒ photographer 日英).

cámera phòne 名 C カメラつき携帯電話.

cam·er·a-shy /kǽm(ə)rəʃàɪ/ 形 写真嫌いの.

Cam·er·oon, -er·oun /kæ̀mərúːn/ 名 固 カメルーン (アフリカ中西部の共和国).

cam·i·sole /kǽməsòʊl/ 名 C キャミソール (肩ひもでつる女性の上半身用の下着).

cam·o·mile /kǽməmìːl, -màɪl/ 名 U,C カモミール, かみつれ (きく科の植物; 花は薬用).

cam·ou·flage /kǽməflɑ̀ːʒ/ 名 U,C カムフラージュ, 擬装, 迷彩; (動物の)擬態(手段); ごまかし (*for*): *in camouflage* 変装した[て]. — 動 ⓗ (...)をカムフラージュする, 擬装する, (...)に迷彩を施す (*with*); ごまかして隠す.

***camp**[1] /kǽmp/
— 名 (～s /～s/) ❶ C,U **キャンプ** (野宿のテントや小屋の集まり), キャンプ場[村], 野営地; 駐屯地: a *camp* near the lake 湖の近くのキャンプ場[村] / The boys ***made*** [***pitch***, ***set up***] (a)] ***camp*** by a river. 少年たちは川のそばでキャンプ[テント]を張った / ***break*** [***strike***] ***camp*** キャンプ[テント]をたたむ (ほかの場所へ移るために) / be in *camp* キャンプ中である // ⇒ base camp. ❷ C (捕虜・難民などの)収容所, 仮設住宅: The prisoners were put into a *camp*. 捕虜たちは収容所に入れられた / refugee *camp* 難民収容所. 関連 concentration camp 強制収容所. ❸ C (主義などが同じ)陣営, 同志たち: You and I are in the same *camp*. 君と僕とは同志だ. ❹ C,U (特に夏期の)キャンプ (⇒ summer camp), 合宿生活: (a) tennis *camp* テニス合宿.
— 動 (camps /～s/; camped /～t/; camp·ing) ⓐ **キャンプ(生活)をする**, 野営する; 仮住まいする: They *camped* by the lake for the night. 彼らはその夜湖のそばでキャンプした / go *camping* キャンプに行く[をする].
cámp óut [動] ⓐ (1) キャンプをする. (2) 仮住まいする. (3) (報道陣などが)居すわる.
〖語源 ラテン語で「野原」の意; campus と同語源〗

camp[2] /kǽmp/ 形 ❶ (男が)女のような. ❷ こっけいな

くらいわざとらしい.

***cam·paign** /kæmpéɪn/ 発音

— 名 (~s /~z/) ❶ C (ある目的のための一連の)**運動**, キャンペーン (*on*); 選挙運動: a sales *campaign* 販売促進キャンペーン / a *campaign for* recycling plastic bottles ペットボトルリサイクル運動 / launch [mount, start] an election *campaign* 選挙運動を始める / We waged [conducted, ran] a *campaign against* smoking. 我々は禁煙運動を展開した. ❷ C (一連の)軍事行動; 戦役.

— 動 自 運動を起こす (*to* do); 選挙運動をする: They *campaigned for* [*against*] the bill. 彼らはその法案に賛成[反対]する運動を行なった.

〖語源 ラテン語で「野原, 戦場」の意; ⇒ camp[1] 語源〗

+cam·paign·er /kæmpéɪnə | -nə/ 名 (~s /~z/) C (ある目的のための)**運動[活動]家**: a peace *campaigner* 平和運動家.

cam·pa·ni·le /kæ̀mpəníːleɪ, -li/ 名 (複 ~s, cam·pa·ni·li /-níːli/) C 鐘塔.

cámp bèd 名 C 《英》 = cot 1.

Cámp Dávid 名 固 キャンプデービッド《米国 Maryland 州にある大統領専用別荘》.

camp·er /kǽmpə | -pə/ 名 ❶ C キャンプをする人; キャンプ参加児童. ❷ C 《主に米》 キャンピングカー. 日英 「キャンピングカー」は和製英語.

camp·fire /kǽmpfàɪə | -fàɪə/ 名 C キャンプファイアー; 《米》 キャンプファイアーを囲むパーティー.

cámp fòllower 名 ❶ C (団体·主義などの)同調者. ❷ C 軍隊の民間同行者《売春婦·商人など》.

camp·ground /kǽmpgràʊnd/ 名 C 《主に米》 キャンプ場 [《英》 campsite].

cam·phor /kǽmfə | -fə/ 名 U 樟脳(しょうのう).

camp·ing /kǽmpɪŋ/ 名 U キャンプ(すること): *camping* gear [equipment] キャンプ用品.

cámping sìte 名 C 《英》 = campsite 1.

cámp mèeting 名 C 《米》 野外集会, テント内の伝道集会《祈禱(きとう)·説教などで数日にわたる》.

camp·site /kǽmpsàɪt/ 名 ❶ C 《英》 キャンプ場[村] [《米》 campground]. ❷ C 《米》 (キャンプ場内の)テント1つ分の場所.

+cam·pus /kǽmpəs/ 名 (~·es/~ɪz/) ❶ C,U (大学などの)**構内**, 学内, キャンパス: a college *campus* 大学の構内 / live ***on*** [***off***] ***campus*** 大学構内(の寮など)[大学の外]に住む. ❷ C 《米》 (総合大学の)分校, 学舎. ❸ [形容詞的に] 大学内の, 学校生活の: *campus* activities 学生活動 / *campus* life 学園生活.

〖語源 ラテン語で「野原」の意; camp[1] と同語源〗

***can**[1] /(弱形) k(ə)n; (強形) kǽn/

— 助 (過去 could /(弱形) kəd; (強形) kʊ́d/) ✪ 過去形の用法については ⇒ could.

> **単語のエッセンス**
> 基本的には「可能」を表わす.
> 1) [能力·可能] ...することができる ❶
> 2) [許可·容認] ...してもよい ❷(2)
> 3) [可能性·特性] ...でありうる ❸(1)
> 4) [否定の推量] ...である[する]はずがない ❹
> 5) [強い疑問] (一体)...だろうか ❺

❶ [能力·可能などを表わす] **...することができる**: I *can* /kən/ play the guitar. 私はギターを弾ける / My little brother *cannot* [《略式》 *can't*] read this book. 弟はこの本が読めない / You *can* swim well, *can't* you? あなたは泳ぐのは得意なんでしょう? / "*Can* you run fast?" "Yes, I *can* /kǽn/." 「君は速く走れる?」「うん, 走れるよ」 / "I *can* fly a model plane." "Oh, you *can*? (↗)" 「僕は模型飛行機を操縦できるよ」「へえ, そうなの」

> **語法 can の用法**
> (1) can は助動詞なので, その前にさらに助動詞をつけることができない. そのような場合には be able to を代用する《⇒ able[1] 成句》: You *will be able to* ski next winter. あなたは来年の冬にはスキーができるようになりますよ.
> (2) この意味の過去形としては, 仮定法にも用いる could よりも was [were] able to, または managed to や succeeded in ...ing のほうが普通《⇒ could A 最初の 語法 (1)》. ただし否定文では could not も普通である.
> (3) 普通は進行形にしない see, hear, feel, smell, taste, understand, believe などの感覚·知覚動詞とともに用いた場合は意味が弱く, 全体としての意味は動詞だけのときとほぼ同じで「知覚が続いている状態」を表わす: I (*can*) *see* two birds over there. 向こうに鳥が2羽見え(てい)る / I *can feel* something crawling up my leg. 何かが脚をはい上がっているのが感じられる. 次の文は「瞬間的な知覚」を表わしている: I *see* a bird! あっ, 鳥だ.

❷ (1) [Can you ...? などとして; 依頼を表わす] Ⓢ **...してもらえますか**: "*Can you* hold on a minute, please?" "Sure." 「(電話を切らずに)このまま少しお待ちいただけますか」「はい」

> ♥ **...してもらえますか** (依頼するとき)
> **Can you ...?**
> Lisa, **can you** help me with the dishes? リサ, 皿洗い手伝ってくれる?
> OK, I'm coming. うん, 今いく.
> ♥ やや直接的な依頼の表現.
> ♥ 相手が応じてくれることがほぼ予測できる際(親しい相手に負担の軽いことを頼む場合や, 相手に義務のあることを頼む場合など)に用いることが多い.
> ♥ can よりも仮定法の could を使ったほうが, 柔らかくより丁寧な印象になる. 《依頼の表現については ⇒ could B 1 (4)》
> ♥ 否定形の Can't you ...? は「...してはもらえないんですか」のような相手を非難するニュアンスを持つことがあるので注意.
> ♥ 単に能力があるか·可能かどうかを尋ねる疑問文と区別し, 依頼の意味であることをはっきりさせるために, 文末に for me [us] を加えたり please を挿入することがある.

(2) [許可·容認を表わす] **...してもよい**, ...してかまわない; [否定文で; 不許可を表わす] ...することはできない, ...してはいけない: Guests *can* use the swimming pool for free. 宿泊客はプールを無料で利用できる / "*Can* I take this one?" "Certainly [No, I'm afraid you *can't*]." 「これをもらってもいいですか」「いいですよ[いいえ, 残念ながらだめです]」《⇒ could B 1 (5) 語法》 / *Can* I have a Coke? コーラをいただけますか《♥ 実質的には依頼の意味で使われることもある》 / You *can't* smoke (in) here. ここではたばこを吸ってはいけません.

♥ **...してもいいですか** (許可を求めるとき)
Can I ...?

Can I come in?
入ってもいい?
♥ 許可を求める際のくだけた表現.
♥ 相手が断わる可能性が比較的低い場合(軽いことに関する許可を求める場合など)に使われることが多い.

＋ 許可を求める表現
♠ 許可を求める際には, 一般に次の表現がよく使われる. 上のものほど直接的で, 下のものほど間接的な言い方.
① Let me...
② Can [Could] I ...? / 《格式》 May I ...?
③ Do [Would] you mind if I ...? / Is it all right [okay] if I ...?
④ Do you think I could ...? / Would it be possible (for me) to ...?
⑤ I was wondering if I could ...?
相手が断わる可能性が低く, 応じてくれることが予測できる際(相手に迷惑がかからない場合や, 緊急性が高いなどその行為が状況的に妥当な場合, 相手が親しい人である場合など)には, より直接的な表現が使われる. 逆に, 相手が断わる可能性が高く, 応じるとは断定できない場合(相手に迷惑がかかること・相手に都合の悪い事柄の場合や, 相手が親しくない人である場合など)には, 相手に選択の余地を与えるよう, 押しつけを弱めた間接的な言い方が好まれる.

(3) [申し出・提案を表わす] Ⓢ (進んで)**...する,** (もしよければ)...できる**:** I *can* pick you up at your home if you like. よかったらご自宅まで車で迎えに行けますよ.

♥ **...しましょうか** (申し出るとき)
Can I ...?

Can I get you something to drink? 何か飲み物を持ってこようか.
♥ やや控えめな申し出の表現として使われる.
♥ 相手がその申し出を望んでいることがそれほど明らかでない状況で用いることが多い. 《申し出の表現については ⇒ shall 1 (1)》

(4) [勧告・命令を表わす] Ⓢ **...するのがよい, ...しなさい** 《しばしば, ぞんざいで皮肉な含みを持つ》**:** If you don't behave, you *can* leave (the room). 行儀よくしないなら(部屋を)出ていきなさい.

❸ (1) [可能性・特性を表わす] **...でありうる, ...の場合が考えられる;** (時に)**...すること[性質]がある:** It *can* be very warm even in November. 11月でもとても暖かいことがある / Meg *can* be very unpleasant at times. メグは時にひどくいやな態度をとることがある.

> 語法 🔍 **can と may, might, could の違い**
> この意味の can は「一般的・理論的な可能性」を表わす. 「現実の可能性」には may, might, could を用いる**:** The road *can* be blocked. その道路は通行止めのこともある《✪ この文は「その道路は通行止めにできる」の意味にもなる》/ The road *may* be blocked. その道路は今[これから]通行止めになっている[なる]かもしれない. 次の文では can は使えない**:** According to the radio it *may* [*might, could*] rain tonight. ラジオによると今夜は雨になるかもしれない.

(2) [否定文・疑問文で; 自発性を表わす] (とても)**...する気になれない:** I *can hardly* believe it. それはなかなか信じがたい.

❹ /kæn, kǽn/ [否定文で; 確信のある否定の推量を表わす] (1) **...である[する]はずがない:** 言い換え His story *can't* be false.(= It is not possible that his story is false.) 彼の話はうそのはずがない / Without air there *can* be *no* wind or sound on the moon. 空気がないので月の上では風も音もないはずだ.

(2) [cannot have＋過去分詞の形で; 過去のことについて] **...だった[した]はずがない**《⇒ may 1 (2)》**:** The rumor *can't have been* true. そのうわさが本当だったということはありえない. 語法 この意味の肯定の「きっと...[...だった]にちがいない」の意味では must を用いる《⇒ must[1] 3》.

❺ /kǽn/ [疑問文で; 強い疑問・驚き・いらだちの気持ちを表わす] Ⓢ (1) **(一体)...だろうか:** *Can* it be true? 本当かなあ《語法 Could とすると疑いの気持ちがさらに強くなる》/ What *can* she be doing at this time of the night? 彼女は夜のこんな時間に一体何をしているのだろう.

(2) [can have＋過去分詞の形で; 過去のことについて] **(一体)...だったのだろうか**《⇒ may 1 (2)》**:** *Can* she *have told* a lie? 彼女は本当にうそをついたのだろうか (私にはそうは思えないのだが).

❻ [目的を表わす副詞節で] **...するために,** ...することができるように《⇒ so that ... can do (so[1] 接 成句)》.

áll one cán [副] できる限り**:** He will help you *all he can*. 彼はできる限りあなたを助けるだろう.

as ... as ～ cán できるだけ... [≒as ... as possible]**:** Try to be *as* polite *as* you *can* in front of Mr. Green. グリーン先生の前ではできるだけ礼儀正しくするようにしなさい / I was so hungry that I ate *as* much *as* I *could*. とてもおなかがすいていたので食べられるだけ食べた //⇒ as best one can (best 副 成句).

as ... as can bé この上なく..., 最高に...**:** Jim said he wanted to marry me, and I'm *as* happy *as can be*. ジムが私と結婚したいと言ったの. それで私は最高に幸せ. 語法 ...の所に形容詞が入る.

càn but dó 《格式》 ただ...するだけである**:** I *can but* try. とにかくやってみるだけだ.

cánnot but dó 《格式》 ...しないではいられない, どうしても...してしまう**:** Seeing the scene, I *could not but* laugh. そのありさまを見て笑わずにはいられなかった《⇒ cannot help but do (help 動 成句)》.

cánnot dó enóugh ...しすぎることはない: I *can't* thank you *enough*. お礼の申し上げようもありません.

cánnot dó tòo ～ いくら～しても...しすぎるということはない: You *can't* be *too* careful about your health. どんなに体に気をつけても気をつけすぎということはない.

cánnot dó withòut dóing ～しないで...することはない, ...すれば必ず～する.

Nó can dó. Ⓢ [こっけいに] 無理だね**:** "Can I use your car tonight?" "Sorry, *no can do*." 「今晩車を借りていい?」「残念, 無理だね」

〖語源 元来は「(...のしかたを)知っている」の意〗

***can**[2] /kǽn/ 名 (～s /～z/) ❶ Ⓒ (缶詰の)**缶**(かん); **缶詰** [《英》 tin]**:** a *can of* tomatoes [soup] トマト[スープ]の缶詰 / three ⌈*cans of* beer [beer *cans*]⌋ 缶ビール3本 / open a *can* 缶を開ける.

❷ Ⓒ **缶**《液体・くずなどを入れて運ぶ円筒形の容器で, 取っ手・ふた・(注ぎ)口がついている》**:** Put the garbage in the *can*. ごみを缶に入れなさい / a garbage [trash] *can* 《米》 (屋外の)ごみ入れ. ❸ Ⓒ スプレー缶**:** a *can*

of hair spray ヘアスプレー缶. ❹ Ⓒ 缶 1 杯(の量) (*of*). ❺ [the ~]《米略式》トイレ; 刑務所.
a (whóle) cán of wórms [名] 解決困難な状況[問題]. **be in the cán** [動] ⓐ《略式》(映画などが)完成している. **cárry the cán** [動] ⓐ《英略式》責任を取らされる (*for*).
— 動 (cans /~z/; canned /~d/; can·ning) ⓗ ❶《主に米》(...)を**缶詰にする**. ❷《米略式》(人)を首にする [≒sack]. ❸《米略式》(...)をやめる.
Cán it! Ⓢ《米》黙れ.

Ca·naan /kéɪnən/ 名 固〔聖書〕カナン《ヨルダン川と地中海の間の古代地方; ほぼ Palestine に相当; 神がイスラエル人に約束した土地; ⇒ Promised Land》.

‡Can·a·da /kǽnədə/
— 名 固 **カナダ**《北米にある英連邦 (the Commonwealth) の独立国; 首都 Ottawa》. (形 Canádian)

‡Ca·na·di·an /kənéɪdiən/ 発音
— 形 **カナダの**; **カナダ人の**: the *Canadian* flag カナダの国旗. (名 Cánada)
— 名 (~s /~z/) Ⓒ **カナダ人**; [the ~s] カナダ人《全体》《⇒ the[1] 5》.

+ca·nal /kənǽl/ アク 名 (~s/~z/) ❶ Ⓒ **運河**, 水路; 堀割: the Panama [Suez] *Canal* パナマ[スエズ]運河. ❷ Ⓒ〔解剖〕管《食道・気管など》.
〖語源 channel と同語源〗

ca·nal·boat /kənǽlbòʊt/ 名 Ⓒ (運河で使う)細長い船.

can·a·lize /kǽnəlàɪz/ 動 ⓗ ❶〔土木〕(河川)を改修する; (...)に運河を開く; (川)を運河にする. ❷《格式》(精力・感情)を(...に)向ける.

can·a·pé /kǽnəpi, -pèɪ/ ≪フランス語から≫ 名 Ⓒ [普通は複数形で] カナッペ《薄いパン, またはクラッカーにキャビアやチーズなどをのせた前菜》.

Ca·nar·ies /kəné(ə)riz/ 名 複 [the ~] = Canary Islands.

ca·nar·y /kəné(ə)ri/ 発音 名 (-nar·ies) Ⓒ カナリア: keep a *canary* カナリアを飼う.

Ca·nár·y Íslands /kəné(ə)ri-/ 名 固 複 [the ~] カナリア諸島《アフリカ北西海岸沖のスペイン領の島々》.

Canaveral 名 固 Cape ~ ⇒ Cape Canaveral の項目.

Can·ber·ra /kǽnberə/ 名 固 キャンベラ《オーストラリア南東部の同国の首都》.

can·can /kǽnkæn/ ≪フランス語から≫ 名 Ⓒ [しばしば the ~] カンカン《女性が長いスカートをたくし上げ足を高くけり上げるフランスの踊り》.

***can·cel** /kǽns(ə)l/ 動 (can·cels /~z/; can·celed,《英》can·celled /~d/; -cel·ing,《英》-cel·ling) ⓗ ❶ (約束・決定・注文など)を**取り消す**, 解消する, キャンセルする; (行事など)を中止する: He *canceled* his hotel reservation. 彼はホテルの予約を取り消した / All the flights to Okinawa *were canceled*. V+O の受身 沖縄行きの便はすべて欠航になった / The game *was canceled* because of rain. 試合は雨で中止になった. ❷ (線を引いて)(...)を消す; (切手など)に消印を押す: a *canceled* stamp (消印を押した)使用済みの切手 / a *canceled* check 使用済みの小切手《穴をあけて破棄される》. ❸ (文書・契約)を無効にする; 相殺(そうさい)する.
— ⓐ (約束などを)取り消す.
cáncel óut [動] ⓗ (...)と相殺になる, つり合う. (名 càncellátion)
〖語源 ラテン語で「格子状にする」の意; ×印で文字を消すことから〗

can·cel·la·tion,《米》**can·ce·la·tion** /kænsəléɪʃən/ 名 ❶ U,C 取り消し, 解消, 中止; 取り消されたもの, キャンセル: the *cancellation* of a flight 飛行機の欠航. ❷ Ⓒ 消印. (動 cáncel)

‡can·cer /kǽnsə | -sə/
— 名 (~s /~z/) ❶ U,C **癌**(がん) (*of*): stomach [breast] *cancer* 胃[乳]癌 / develop *cancer* 癌になる / He has [suffers from] lung *cancer*. 彼は肺癌だ. ❷ Ⓒ《文語》(社会の)**害悪**, 悩みの種, 癌. ❸ 固 [C-] **かに座**《星座; ⇒ tropic 成句》; 巨蟹(きょかい)宮 (the Crab)《⇒ zodiac 挿絵》. ❹ Ⓒ かに座生まれの人. (形 cáncerous)
〖語源 ラテン語で「かに」の意. 癌に冒された部分の静脈をかにの足にたとえたことから〗

can·cer·ous /kǽns(ə)rəs/ 形 癌の(ような); 癌にかかった. (名 cáncer)

can·de·la·bra /kændəlɑ́:brə/ 名 (複 ~s) Ⓒ 枝付き燭台(しょくだい).

can·did /kǽndɪd/ 形 ❶ (ことば・意見・人などが)率直な, 遠慮のない《⇒ frank[1] 類義語》: his *candid* opinion 彼の率直な意見 / The teacher was *candid with* me *about* my chances of becoming a pilot. 先生は私がパイロットになれる可能性については率直だった《とても無理だと言った》. ❷ (写真が)ポーズを取らない, ありのままの, こっそりとった. **to be cándid with you** [副] 文修飾 [文頭で] 率直に言えば《⇒ to[2] B 7》. (名 cándor)

can·di·da·cy /kǽndɪdəsi/ 名 U,C 立候補 (*for*).

can·di·date** /kǽndɪdèɪt, -dət/ アク 名 (-di·dates /-dèɪts, -dəts/) Ⓒ **候補者**; 志願者;《英》受験者; (...になりそうな)人[物] (*to do*): presidential *candidates* 大統領候補者 / put up a ***candidate for governor 知事の候補者を立てる / a (likely) *candidate for* high blood pressure 高血圧になりそうな人.
〖語源 ラテン語で「(官職を志願する)白い服を着た人」の意; ⇒ ambition 語源〗

can·did·ly /kǽndɪdli/ 副 率直に; 文修飾 率直に言うと.

can·died /kǽndid/ 形 限定 (果実などが)砂糖漬けの, 砂糖で煮た; 氷砂糖で固められた.

+can·dle /kǽndl/ 名 (~s /~z/) Ⓒ **ろうそく**: light a *candle* ろうそくに火をつける / blow out a *candle* ろうそくの火を吹き消す.
búrn the cándle at bóth énds [動] ⓐ《略式》(仕事や遊びで)精力をフルに使う.
cán't [be nòt fít to] hóld a cándle to ... [動] ⓗ《略式》...にはとても及ばない. 由来 人の仕事にろうそくをかかげて明るくしてやる役目すら果たせない, の意.

can·dle·light /kǽndllàɪt/ 名 Ⓤ ろうそくの光.

can·dle·stick /kǽndlstɪk/ 名 Ⓒ ろうそく立て.

can-do /kǽndú:←/ 形 限定《略式》意欲的な: a *can-do* attitude [spirit] 意欲的な態度[精神].

can·dor,《英》**can·dour** /kǽndə | -də/ 名 Ⓤ 率直さ; 正直さ; 公平, 公正. (形 cándid)

C and [&] W /sí:əndʌ́blju:/ 略〔音楽〕= country and western.

***can·dy** /kǽndi/ 名 (can·dies /~z/) U,C《米》**キャンディー**, 砂糖菓子 [《英》sweet]《砂糖やシロップを煮固めて作る菓子; 広くはチョコレートなども含む》: a piece of *candy* キャンディー 1 個 / Betty is very fond of

candy. ベティーはキャンディーが大好きだ / mixed *candies* 各種詰め合わせのキャンディー類.
lìke tàking cándy from a bàby [形]《略式》赤子の手をひねるような.
cándy àpple 名 C《米》りんごに小さな棒を刺してあめでくるんだ菓子 [《英》toffee apple].
cándy bàr 名 C《米》キャンディーバー《ナッツ・キャラメルなどを棒状にし, チョコレートでコーティングしたもの》.
cándy càne 名 C《米》キャンディーケーン《紅白のしま模様のステッキ形のあめ; クリスマスに食べる》.
can·dy·floss /kǽndiflɑ̀(ː)s | -flɔ̀s/ 名 U《英》綿菓子 [《米》cotton candy].
+**cane** /kéɪn/ 名 (~s /~z/) ❶ C (籐(とう)・竹・さとうきびなどの)**茎**; (木いちごなどの)茎; U さとうきび (sugarcane). ❷ U 籐材《つえ・家具などを作る》: a *cane* chair 籐いす. ❸ C (籐製の)つえ; 植木用の支柱. ❹ C (体罰用の)むち; [the ~] むち打ち.
— 動 他 (子供)をむちで打つ.
cáne sùgar 名 U 甘蔗(かんしょ)糖.
ca·nine /kéɪnaɪn/ 形 犬の, いぬ科の. — 名 ❶ C《格式》犬. ❷ C = canine tooth.
cánine tòoth 名 C 犬歯.
can·is·ter /kǽnɪstə | -tə/ 名 C 缶《コーヒー・紅茶などを入れる小さな入れ物》, 茶筒.
can·ker /kǽŋkə | -kə/ 名 ❶ U,C〔医学〕(口内の)潰瘍(かいよう); (犬猫の)外耳炎;〔植物〕(果樹の)癌種(がんしゅ)病. ❷ C《文語》(社会の)害毒, 病根, 癌.
cánker sòre 名 C《米》〔医学〕口内炎.
can·na /kǽnə/ 名 C カンナ(の花).
can·na·bis /kǽnəbɪs/ 名 ❶ U 大麻(たいま). ❷ U カンナビス, 大麻《インド麻から作られる麻薬》.
+**canned** /kǽnd/ 動 **can² の過去形および過去分詞**.
— 形 ❶ [普通は 限定] 缶詰にした [《英》tinned]: *canned* beer 缶ビール《✪ can beer とは言わない》/ *canned* fish 缶詰の魚. ❷ (音楽・笑い声・拍手などが生でなく)録音した: *canned* laughter 録音された笑い声《テレビ番組などで使う》.
can·ner·y /kǽnəri/ 名 (-ner·ies) C 缶詰工場.
Cannes /kǽn/ 名 固 カンヌ《フランス南部の地中海に臨む保養地; 国際映画祭の開催地》.
can·ni·bal /kǽnəb(ə)l/ 名 C 人食い人; 共食いする動物.
can·ni·bal·is·m /kǽnəbəlìzm/ 名 U 人肉を食う風習; 共食い.
can·ni·bal·is·tic /kæ̀nəbəlístɪk←/ 形 人食いの; 共食い性の.
can·ni·bal·ize /kǽnəbəlàɪz/ 動 他 ❶ (部品)を取り外す《他の車などの修理のために》. ❷ (新製品が)(同一会社の他の製品)の売れ行きを悪くする.
+**can·non** /kǽnən/ 名 (複 ~(s) /~(z)/) ❶ C (戦闘機の)**機関砲**. ❷ C カノン砲《昔使われた大砲》.
— 動 自《英》激しくぶつかる (*into, off*).
can·non·ade /kæ̀nənéɪd/ 名 C 連続砲撃.
cánnon fòdder 名 U (大砲の犠牲になるだけの)兵士たち.
*****can·not** /kǽnɑ(ː)t, kənɑ́(ː)t | kǽnɔt, -nət/
《主に格式》**can¹ の否定形**. 語法 (1) cannot のほうが普通で, can not は否定を強調するときに用いる. (2)《略式》では can't と短縮される.
can·ny /kǽni/ 形 (can·ni·er; -ni·est) (商売・政治などで)抜けめのない; ぬかりのない, 用心深い.
ca·noe /kənúː/ 名 C カヌー, 丸木舟; (かい (paddle) でこぐ)軽ボート. 関連 kayak カヤック. — 動 (ca·noes; ca·noed; ca·noe·ing) 自 カヌーで行く, カヌーをこぐ.
ca·noe·ing /kənúːɪŋ/ 名 U カヌー《競技》.
ca·noe·ist /kənúːɪst/ 名 C カヌーのこぎ手.
can·on /kǽnən/ 名 ❶ C《格式》(行動・思考上の)規範, 基準 (*of*). ❷ C〔キリスト教〕(教会の)戒律, 法規. ❸ C [普通は単数形で]《格式》(作家の)真の作品《全体》; 不朽の名作. ❹ C〔音楽〕カノン.
ca·non·i·cal /kənɑ́(ː)nɪk(ə)l | -nɔ́n-/ 形 聖書の内容に従った; 教会法に基づく;〔数学〕正規の.
can·on·ize /kǽnənàɪz/ 動 他 [普通は受身で] (人)を聖人の列に加える, 列聖する.
cánon láw 名 U 教会法.
cán òpener 名 C《主に米》缶切り [《英》tin opener].
can·o·pied /kǽnəpid/ 形 天蓋付きの.
can·o·py /kǽnəpi/ 名 (-o·pies) ❶ C 天蓋(てんがい)《寝台・王座などの上にかける覆い》;《文語》(天蓋のように)覆うもの《空・枝など》. ❷ C (天蓋形の)ひさし, 張り出し;〔航空〕(操縦席上の)透明な円蓋.
cant¹ /kǽnt/ 名 ❶ U (道徳家ぶるが)本心からでないことば, うわべの[偽善的な]ことばづかい. ❷ U《格式》隠語《特定の仲間だけで使う語》.
cant² /kǽnt/ 動 他《格式》(...)を傾ける. — 自《格式》傾く.
*****can't** /kǽnt | kɑ́ːnt/ (同音《米》cant)《略式》cannot の短縮形: I *can't* swim. 私は泳げない.
can·ta·loupe, can·ta·loup /kǽnṭəlòʊp | -lùːp/ 名 C,U カンタロープ《マスクメロンの一種》.
can·tan·ker·ous /kæntǽŋk(ə)rəs/ 形 [普通は 限定] (老人が)不機嫌な, 気難しい.
can·ta·ta /kəntɑ́ːṭə/ 名 C〔音楽〕カンタータ《独唱・重唱・合唱から成る物語風の声楽曲》.
can·teen /kæntíːn←/ 名 ❶ C (兵士・旅行者などの)水筒. ❷ C《主に英》(工場・学校などの)食堂, 売店. ❸ C (軍隊の)酒保(しゅほ); 娯楽所. **a cantéen of cútlery** [名]《英》(携帯用)ナイフ・フォーク・スプーンのセット(入れ).
can·ter /kǽnṭə | -tə/ 名 C [普通は a ~] (馬の)ゆるい駆け足, 普通駆け足, キャンター(で乗ること)《⇒ gallop》: at *a canter* ゆるい駆け足で. — 動 (-ter·ing /-ṭərɪŋ, -trɪŋ/) 自 (馬が)キャンターで進む. — 他 (馬)をキャンターで進ませる.
Can·ter·bur·y /kǽnṭəbèri | -təb(ə)ri/ 名 固 カンタベリー《英国 Kent 州の都市; イングランド国教会の総本山がある》.
can·ti·cle /kǽnṭɪkl/ 名 C 聖歌.
can·ti·le·ver /kǽnṭəlìːvə | -və/ 名 C〔建築〕片持ち梁(はり)《バルコニーなどを支える》.
can·to /kǽnṭoʊ/ 名 (~s) C (詩歌の)編.
Can·ton /kæntɑ́(ː)n | -tɔ́n←/ 名 固 広東(カントン)《⇒ Guangzhou》.
Can·ton·ese /kæ̀nṭəníːz←/ 名 U 広東(カントン)語.
+**can·vas** /kǽnvəs/ (同音 canvass) 名 (~·es /~ɪz/) ❶ U **キャンバス地**, ズック(地)《織り目の粗い厚手の布; 袋・テント・靴などに用いる》; 帆布(ほぬの): a *canvas* bag キャンバス地の袋.
❷ C **画布**, カンバス: He painted a picture *on the canvas*. 彼はカンバスに絵を描いた. ❸ C 油絵.
ùnder cánvas [副・形]《英》テントの中で, 野営中で.

can·vass /kǽnvəs/ 動 他 ❶ (票集めなどのために)(場所・人々)を回って歩く; (支持など)を取りに回る (*for*). ❷ (...)の意見聴取をする, (人々の意見)を聴く. ❸ (...)を詳しく調べる, 検討する. — 自 選挙運動をする (*for*). — 名 C 選挙運動, 勧誘; 世論調査.

can·vass·er /kǽnvəsə | -sə/ 名 C 選挙運動員; (戸別訪問の)勧誘員.

+**can·yon** /kǽnjən/ 名 (~s /~z/) C (川のある)**深い峡谷**《⇒ valley 類義語》: ⇒ Grand Canyon.

can·zo·ne /kænzóʊni, kɑːntsóʊneɪ/ ≪イタリア語から≫ 名 (複 ~s /~z/, **can·zo·ni** /-niː/) C カンツォーネ《イタリア民謡風の歌曲》.

C

cap /kǽp/

— 名 (~s /~s/) ❶ C **帽子**《周りに縁のないもの; ただし前にひさしのあるものもある; ⇒ hat 表》; (地位や名誉の印としての)帽子, 制帽; 《英》(代表チームの)選手帽, (代表に選ばれた)選手: wear a *cap* 帽子をかぶっている / a nurse's *cap* 看護師の制帽 / a swimming *cap* 水泳帽 / ***If the cap fits*** (, ***wear it***). 《ことわざ》 S 《英》 帽子が合うなら(, それをかぶれ)(もし批判が思い当たるならば, 自分のことを言われていると思え)《⇒ shoe 名 1 最後の例文》. 語法 《米》では baseball cap などのように合成語で用いるのが普通.

❷ C [ときに合成語で] (びんなどの)**ふた**, (ペン・カメラなどの)**キャップ**; (きのこの)かさ: a *cap on* a bottle びんのふた. ❸ C (支出金額などの)上限 (*on*).

cáp in hánd [副] うやうやしく; ぺこぺこと.

— 動 (caps; capped; cap·ping) 他 ❶ (...)にふたをする, (びん・ペン)にキャップをする; [普通は受身で] (歯)に歯冠をかぶせる: *cap* the bottle びんにふたをする. ❷ [普通は受身で] (...)の頂上を覆(おお)う: a mountain *capped with* snow = a snow-*capped* mountain 冠雪した山. ❸ [しばしば受身で] (予算・支出など)の上限を定める. ❹ (...)をしのぐ, (...)の上をいく: *cap* a story [joke] (他の人・前のものより)もっとうまい話[冗談]を言う. ❺ (...)を締めくくる. ❻ [普通は受身で] 《英》 (...)を代表チームの選手に選ぶ (*for*).

to cáp it áll (óff) [副] つなぎ語 S あげくの果てに.

単語のキズナ CAP/頭=head

cap	(頭にかぶるもの)	→	帽子
capital	(頭の)	→	首都
captain	(集団の頭(かしら))	→	キャプテン
cape	(先頭, 先端)	→	岬
chapter	(小さい頭 → 部分)	→	章

cap. 略 = capital letter《⇒ capital 形 1》.

+**ca·pa·bil·i·ty** /kèɪpəbíləṭi/ 名 (-i·ties /~z/) ❶ C,U **能力**, 手腕, 力量; (機械の)性能《⇒ ability 類義語》: his ***capability for*** management 彼の経営手腕 / The new team has the ***capability*** 「***to*** win [***of*** win***ning***] the championship. +to 不定詞[of+動名] 新しいチームには優勝する力がある. ❷ [複数形で] 可能性, 将来性, 素質. ❸ C,U (国家の)軍事力: (a) nuclear *capability* 核戦力. (形 cápable)

ca·pa·ble** /kéɪpəbl/ 発音 形 ❶ 叙述 (人が...の)**能力[才能]がある** [⇔ incapable]: Mr. Brown is not ***capable of manag***ing*** a company. +of+動名 ブラウン氏には会社を経営する手腕はない.

❷ 叙述 (物事などが...が)**できる**, (...が)可能な [⇔ incapable]: This elevator is ***capable of*** carry***ing*** 30 persons at a time. +of+動名 このエレベーターは 1 度に 30 人の人を運べる. ❸ 有能な, 腕利きの [⇔ incapable]《⇒ able² 類義語》: a *capable* secretary 有能な秘書. ❹ 叙述 《格式》 (状況・言動などが...の)余地がある: be *capable of* being misunderstood 誤解されうる. ❺ 叙述 (...を)やりかねない: The boy is *capable of* robbery. その少年は盗みをしかねない. (名 càpabílity)

〖⇒ capture キズナ〗

ca·pa·bly /kéɪpəbli/ 副 うまく, 上手に, 立派に.

ca·pa·cious /kəpéɪʃəs/ 形 《格式》 広々とした; 大きい. (名 capácity)

ca·pac·i·ty** /kəpǽsəṭi/ 名 (-i·ties/~z/) ❶ U [しばしば a ~] **収容力**, 定員; 容積, 容量: a tank with *a* ***capacity of twenty liters 容積 20 リットルの水槽 / This room has *a* (seating) *capacity of* 55. この部屋には(座席数で)55 人が入れる / The hall was filled ***to capacity***. ホールは満員だった.

❷ U,C **能力**, 力量; 理解力《⇒ ability 類義語》 [⇔ incapacity]: She has a great ***capacity to*** remember facts. +to 不定詞 彼女には優れた記憶力がある 多用 / This committee has lost the ***capacity*** 「*to* do [***for***] such a job. この委員会はそんな仕事をする能力を失っている / That book is ***within*** [***beyond***] ***the capacity of*** high school students. あの本は高校生に理解できる[理解できない]. ❸ U [しばしば a ~] (特に工場などの)(最大)生産能力: *a* (production) *capacity of* 400 televisions a day 1 日にテレビ 400 台の生産力 / work *at full capacity* フル操業する. ❹ C [普通は単数形で] 《格式》 資格, 立場 [≒position]: I advise you in my *capacity as* (a) doctor to stop smoking. 私は医師としての立場であなたに禁煙するように忠告します. ❺ [形容詞的に] 最大限の, 満員の: a *capacity* crowd [audience] 満員の観衆.

〖⇒ capture キズナ〗

+**cape¹** /kéɪp/ 名 (~s /~s/) C **岬**《略 C.》. **the Cape** [名] = Cape of Good Hope. 〖⇒ cap キズナ〗

cape² /kéɪp/ 名 C ケープ《短いそでなしの外套(がいとう)》.

Cápe Ca·náv·er·al /-kənǽv(ə)rəl/ 名 固 ケープカナベラル《米国 Florida 州東海岸の岬; 人工衛星・宇宙ロケットの実験基地》.

Cápe Cód /-kɑ́(ː)d | -kɔ́d/ 名 固 コッド岬《米国 Massachusetts 州東端の岬; 1620 年 11 月, Mayflower 号に乗った Pilgrim Fathers がここに最初に到達した; ⇒ Plymouth Colony》.

Cápe Hórn /-hɔ́ən | -hɔ́ːn/ 名 固 ホーン岬《南米の最南端の岬》.

Cápe of Gòod Hópe 名 固 [the ~] 喜望峰(きぼうほう)《アフリカ最南端の岬》.

ca·per¹ /kéɪpə | -pə/ 名 C [普通は複数形で] ケッパー《ふうちょうぼく(地中海沿岸産の低木)のつぼみの酢漬け; 料理の風味づけに用いる》.

ca·per² /kéɪpə | -pə/ 動 (-per·ing /-p(ə)rɪŋ/) 自 《格式》 跳(は)ね回る, 戯れる (*about, around*). — 名 ❶ C 《略式》 違法行為; 危険な行為. ❷ C 悪ふざけ, いたずら. ❸ C 跳ね回ること.

Cape Town /kéɪptàʊn/ 名 固 ケープタウン《南アフリカ共和国の立法上の首都; ⇒ Pretoria》.

cap·il·lar·y /kǽpəlèri | kəpíləri/ 名 (-lar·ies) ❶ C 毛細血管. ❷ C 毛(細)管.

cápillary àction 名 U 〔物理〕 毛(細)管現象.

capita ⇒ per capita.

***cap·i·tal** /kǽpəṭl/ アク (同音 Capitol)

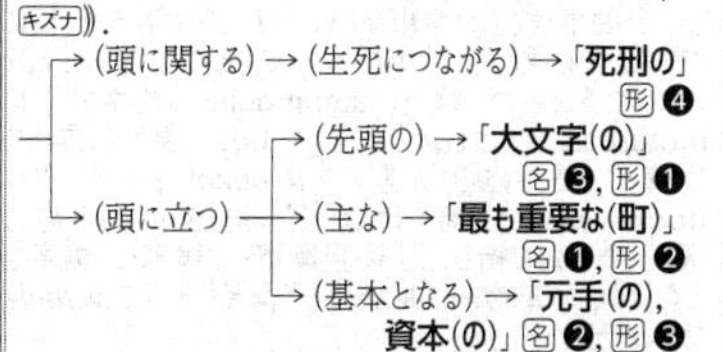
意味のチャート
ラテン語で「頭の」の意で cattle と同語源《⇒ cap キズナ》.
(頭に関する) → (生死につながる) → 「死刑の」 形❹
(先頭の) → 「大文字(の)」 名❸, 形❶
(頭に立つ) → (主な) → 「最も重要な(町)」 名❶, 形❷
(基本となる) → 「元手(の), 資本(の)」 名❷, 形❸

— 名 (~s /~z/) ❶ C 首都, 首府; 中心地: "What is the ***capital of*** the United States?" "Washington, D.C." 「アメリカの首都はどこですか」「ワシントンです」 語法 この意味では Where is ...? とは言わない // the state *capital of* Texas テキサス州都 / the fashion *capital* ファッションの中心地.

❷ [U または a ~] **資本**, 資本金, 元手; 固定資本: *capital* and interest 元利 / circulating [floating] *capital* 流動資本《現金・商品など》/ working *capital* 運転資本 / the necessary *capital* for the plan 計画に必要な資本.

❸ C **大文字**, 頭(かしら)文字: The title of the essay is written in *capitals*. その論文の題目は大文字で書いてある / An English sentence begins with a *capital*. 英語の文は大文字で始まる.

❹ U [ときに C-] 資本家階級. 関連 labor 労働者階級. ❺ C 〔建築〕柱頭《柱の上端の飾り》.

màke cápital òut of ... [動] 他 ...を利用する, ...につけ込む.

— 形 ❶ [比較なし] 限定 **大文字の**, 頭(かしら)文字の《⇒ small 形 4》: *capital* letters 大文字, 頭文字《略 cap.》.

❷ [比較なし] 限定 **最も重要な**, 主要な: the *capital* city 首都.

❸ [比較なし] 限定 **資本の**; 元金の: ⇒ capital gains, capital goods. ❹ 限定 死刑の, 死に値する; 重大な.

... with a cápital ~ [形・副] この上ない[なく]..., 本当の意味で(の)...: She has charm *with a capital* C. 彼女はすごい魅力の持主だ. 語法 capital の後に with の前の単語の最初の文字を大文字で示す.

cápital gáins 名 複 〔経済〕キャピタルゲイン, 資産益《有価証券や資産を売却した利得》.

cápital góods 名 複 〔経済〕資本財《商品を作るために用いられる財貨》.

cap·i·tal-in·ten·sive /kæ̀pəṭlınténsıv/ 形 資本集約型の.

+**cap·i·tal·is·m** /kǽpəṭəlìzm | kǽpət-, kəpít-/ 名 U **資本主義**. 関連 socialism 社会主義 / communism 共産主義.

+**cap·i·tal·ist** /kǽpəṭəlıst | kǽpət-, kəpít-/ 名 (~s /-lısts/) C **資本主義者**; 資本家; 資産家.
— 形 資本主義(者)の, 資本主義的な; 資本家的な.

cap·i·tal·is·tic /kæ̀pəṭəlístık⁺/ 形 資本主義的な, 資本家的な.

cap·i·tal·i·za·tion /kæ̀pəṭəlızéıʃən | -laız-/ 名 ❶ U 大文字の使用. ❷ U,C 出資, 投資, 資本化.

+**cap·i·tal·ize** /kǽpəṭəlàız/ 動 (-tal·iz·es /~ız/; -tal·ized /~d/; -tal·iz·ing) 他 ❶ (文字)を**大文字で書く**, (単語)を大文字で始める. ❷ [普通は受身で] (...)に出資[投資]する. ❸ (...)を資本化する; (...)の現在価値を見積もる. — 自 利用する, (...に)つけ込む (*on*).

cápital púnishment 名 U 死刑, 極刑.

cap·i·ta·tion /kæ̀pətéıʃən/ 名 C,U 人頭税; 均等割料金[支払い金].

Cap·i·tol /kǽpəṭl/ 名 [the ~] (米国の)国会議事堂; C [普通は c-] (米国の)州会議事堂.

Cápitol Híll 名 固 キャピトルヒル《米国 Washington, D.C. にある国会議事堂のある丘》; 米国議会. 関連 Westminster 英国議会.

ca·pit·u·late /kəpítʃʊlèıt/ 動 自 ❶ いやいや同意する (*to*). ❷ 《格式》(条件付きで)降伏する, 屈する (*to*).

ca·pit·u·la·tion /kəpìtʃʊléıʃən/ 名 C,U 《格式》(要求などの)受け入れ; (条件付きの)降伏, 屈服 (*to*).

ca·pon /kéıpɑ(ː)n | -p(ə)n/ 名 C (去勢した)食肉用おんどり.

cap·puc·ci·no /kæ̀pətʃíːnoʊ/ ≪イタリア語から≫ 名 (~s) U,C カプチーノ《泡立った熱いミルク入りのコーヒー》.

ca·price /kəpríːs/ 名 C,U 《格式》気まぐれ, 移り気.

ca·pri·cious /kəpríʃəs/ 形 《格式》気まぐれな; (天気・風などが)変わりやすい, 不安定な.

Cap·ri·corn /kǽprıkɔ̀ən | -kɔ̀ːn/ 名 ❶ 固 やぎ座《星座; ⇒ tropic 成句》; 磨羯(まかつ)宮 (the Goat)《⇒ zodiac 挿絵》. ❷ C やぎ座生まれの人.

cap·size /kǽpsaız, kæpsáız | kæpsáız/ 動 他 (船など)をひっくり返す. — 自 (船などが)ひっくり返る.

cap·stan /kǽpstən/ 名 C 車地(しゃち), キャプスタン《いかり・ロープなどを巻き上げる装置》.

cap·sule /kǽps(ə)l, -suːl | -sjuːl/ 名 ❶ C (薬の)カプセル. ❷ C 小型のプラスチック容器. ❸ C (ロケットの)カプセル.

Capt. 略 = captain.

*****cap·tain** /kǽptən/

— 名 (~s /~z/) ❶ C **船長**, 艦長, (航空機の)**機長**: *Captain* Cook クック船長《⇒ Cook》.
❷ C **海軍大佐**; 陸軍大尉; 《米》空軍大尉《略 Capt.》.
❸ C **キャプテン, 主将**: Tom is (the) ***captain of*** this baseball team. トムはこの野球チームのキャプテンだ.
— 動 他 (船長・主将などとして)(...)を指揮する.
〖語源 chief と同語源; ⇒ cap キズナ〗

cap·tain·cy /kǽptənsi/ 名 (-tain·cies) C,U captain の地位[任期, 資質].

***cap·tion** /kǽpʃən/ 名 (~s/~z/) C (挿絵・写真などの)**説明, キャプション**; (映画などの)字幕. — 動 他 [普通は受身で] (挿絵・写真など)に説明をつける; (映画)に字幕をつける. 〖⇒ capture キズナ〗

cap·ti·vate /kǽptəvèıt/ 動 他 [しばしば受身で] (...)をうっとりさせる, 魅惑する.

cap·ti·va·ting /kǽptəvèıṭıŋ/ 形 魅惑的な.

+**cap·tive** /kǽptıv/ 形 **とらわれた, 捕虜の**; (**動物が)捕らえられた**: the *captive* soldiers 捕虜の兵士たち / *take* [*hold*] ... *captive* (人)を捕虜にする[しておく].
a cáptive áudience [名] とらわれの視聴者《放送・広告などをいやでも見聞きさせられる人たち》.
— 名 (~s /~z/) C **捕虜** [≒prisoner].
〖⇒ capture キズナ〗

cap·tiv·i·ty /kæptívəṭi/ 名 U とらわれ(の状態), とらわれの身: in *captivity* とらわれの身で, (動物が)動物園に入れられて.

cap·tor /kǽptə | -tə/ 名 C 捕らえる人, 捕獲者.

***cap·ture** /kǽptʃə | -tʃə/ 動 (cap·tures /~z/; cap·

tured /～d/; cap·tur·ing /-ʧ(ə)rɪŋ/) ㊀ ❶ (人・動物)を**捕らえる**, 捕虜にする, 逮捕する《⇒ catch 類義語》: *capture* a robber 強盗をつかまえる. ❷ (建物・場所など)を**攻め取る**, 攻略する; 奪取する, 獲得する: The rebels have *captured* the broadcasting station. 反乱軍は放送局を占拠した. ❸ (...)を(映像・文章などに)うまくとらえる (*on*, *in*): His painting has *captured* the beauty of Hawaii. 彼の絵はハワイの美しさをうまくとらえている. ❹ (心・関心など)をとらえる. ❺〔コンピュータ〕コンピューターに(データ)を取り込む[記録する].

— 名 (～s /～z/) ❶ U **捕獲**(する[される]こと), 逮捕; 攻略; 奪取: avoid *capture* つかまるのを免れる / the *capture of* a thief どろぼうの逮捕. ❷ U〔コンピュータ〕(データの)取り込み.

単語のキズナ		CAP／つかむ＝take
capture	(つかむこと)	→ 捕える
captive	(つかまれた)	→ 捕虜の
capable	(つかむことができる)	→ 能力がある
capacity	(受け入れること)	→ 収容力
caption	(取り出すこと)	→ キャプション

*****car** /kάə | kά:/

— 名 (～s /～z/) ❶ C **車**, **自動車**《バスやトラックは含まない; ⇒ 類義語》: ***drive*** a ***car*** 車を運転する / ***get in*** [***into***] a ***car*** 車に乗り込む / ***get out of*** a ***car*** 車から降りる / ***park*** a ***car*** 駐車する / go for a drive ***in*** one's ***car*** (自分の)車でドライブに行く / I'm very tired. I want to go「***by car*** [***in*** a ***car***]. とても疲れた. 車で行きたい《⇒ by 前 2 語法》. 語法 by car は on foot, by train などと対照して用いられる言い方.

❷ C《米》(鉄道の)**車両**; **客車** [《英》carriage]《⇒ train[1] 1 語法》; [合成語で]...**車**: This train is made up of ten *cars*. この列車は 10 両編成だ / a dining *car* 食堂車 / a sleeping *car* 寝台車. ❸ C (エレベーターの)箱; (軽気球・飛行船・ロープウェーの)ゴンドラ: THIS CAR UP [DOWN] このエレベーターは上り[下り]です《エレベーターの表示》. ❹ [形容詞的に] 自動車の: a *car* accident 自動車事故 / the *car* industry 自動車産業.

類義語 **car** 車輪で走る乗り物一般に広く用いられる語. 自動車・鉄道の客車などは *car* と呼ばれるが, 特に《略式》では乗用自動車を *car* と言うことが多い. *car* に対する《米格式》は **automobile**,《英格式》は **motorcar**. バスは *car* とは言わず **bus** (《英》市内バスは *bus*, (長距離の)大型バスは **coach**), トラックは **truck**. **vehicle** 乗客や貨物を運ぶ陸上のあらゆる輸送機関・乗り物を指し, 列車・自動車・二輪車・三輪車などのほか, 荷車・ケーブルカー・そりなどもすべて *vehicle* である.

〖語源 career, carry と同語源〗

ca·rafe /kərǽf/ 名 C カラフ《ガラス製水差し・ワイン入れ》; カラフ 1 杯の分量.

car·a·mel /kǽrəm(ə)l/ 名 ❶ U カラメル《砂糖を煮詰めたもの; 食品の着色や味付けに使う》. ❷ C,U キャラメル.

car·at /kǽrət/ 名 ❶ C カラット《宝石の重さの単位で 1 カラットは 200mg; 略 ct.》: a 10-*carat* diamond 10 カラットのダイヤモンド. ❷ C《英》= karat.

car·a·van /kǽrəvæ̀n/ 名 ❶ C《英》トレーラーハウス [《米》trailer]. ❷ C《英》ほろ馬車. ❸ C (砂漠の)隊商, キャラバン: a *caravan* of camels らくだの一隊. — 動 自 [次の成句で] **gò cáravanning** [動] 自《英》トレーラーハウスで旅行する[休暇を過ごす].

cáravan sìte 名 C《英》= trailer park.

car·a·way /kǽrəwèɪ/ 名 C キャラウェー《せり科の植物》; U キャラウェーの実《パンやケーキの香味料》.

carb /kάəb | kά:b/ 名 C [普通は複数形で]《略式》= carbohydrate 2.

car·bine /kάəbi:n, -baɪn | kά:baɪn/ 名 C カービン銃《銃身が短いライフル銃》.

+**car·bo·hy·drate** /kὰəbooháɪdreɪt | kὰ:-/ 名 (-hy·drates /-dreɪts/) ❶ C,U〔化学〕**炭水化物**. ❷ C [普通は複数形で] 炭水化物を多く含む食品.

car·ból·ic ácid /kɑəbά(:)lɪk- | kɑ:ból-/ 名 U 石炭酸《消毒に用いる》.

cár bòmb 名 C 自動車に仕掛けられた爆弾.

***car·bon** /kάəb(ə)n | kά:-/ 名 (～s /～z/) ❶ U **炭素**《元素記号 C》; 二酸化炭素 (carbon dioxide)《地球温暖化に関して用いる》: *carbon* emissions 炭素排出

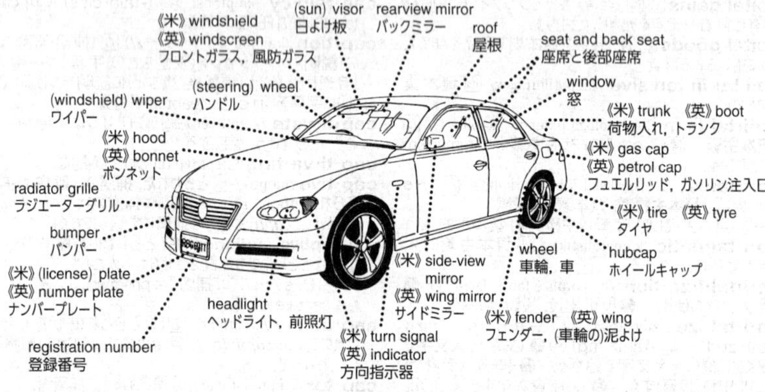

car

物. ❷ [U,C] = carbon paper. ❸ [C] = carbon copy.〘語源 ラテン語で「石炭」の意〙

car·bon·at·ed /kάɚbənèɪṭɪd | kά:-/ [形] (飲み物が)炭酸入りの: *carbonated* drinks 炭酸飲料.

cárbon cópy [名] ❶ [C] カーボン紙でとった写し, カーボンコピー(《[略] cc》). ❷ [C] 非常によく似たもの[人], うり二つ (*of*).

cárbon crédit [名] [C] [普通は複数形で] 炭素クレジット《売買可能な温室効果ガスの排出許可量》.

cárbon dàting [名] [U] 放射性炭素年代測定法.

cárbon dióxide [名] [U] 二酸化炭素, 炭酸ガス.

cárbon fòotprint [名] [C] (日常生活・業務に伴う)二酸化炭素[炭酸ガス]排出量.

car·bon·if·er·ous /kὰɚbənίf(ə)rəs | kὰ:-ˊ/ [形] 炭素[石炭]を生じる[含む].

car·bon·ize /kάɚbənὰɪz | kά:-/ [動] ⑩ 炭化させる.

cárbon monóxide [名] [U] 一酸化炭素.

cárbon néutral [形] カーボンニュートラルの《企業・活動などが二酸化炭素排出量を相殺する対策を行なう》.

cárbon pàper [名] [U,C] カーボン紙《複写用》.

cárbon tàx [名] [C,U] 炭素税《二酸化炭素排出に課される》.

cár-boot sàle /kάɚbù:t- | kά:-/ [名] [C] 《英》 = garage sale.

car·bun·cle /kάɚbʌŋkl | kά:-/ [名] ❶ [C] 〘医学〙 (悪性の)吹き出物, 癰(よう), 疔(ちょう). ❷ [C] (頂部を丸く磨いた)ざくろ石.

car·bu·re·tor, 《英》 **-ret·tor** /kάɚbərèɪṭɚ, -bjʊ- | kὰ:bjʊrétə/ [名] [C] (エンジンの)気化器, キャブレター(⇒ motorcycle 挿絵).

car·cass, 《英》 **car·case** /kάɚkəs | kά:-/ [名] ❶ [C] (獣の)死体《特に食肉用に畜殺されたもの》; (料理した鳥の)骨, がら. 関連 corpse 人間の死体. ❷ [C] [軽蔑的またはこっけいに] Ⓢ (人の)(死)体. ❸ [C] (自動車・建物などの)残骸(ざんがい).

car·cin·o·gen /kɑɚsínəʤən | kὰ:-/ [名] [C] 〘医学〙 発癌(がん)物質.

car·ci·no·gen·ic /kὰɚsənoʊʤénɪk | kὰ:-ˊ/ [形] 〘医学〙 発癌性の.

***card[1] /kάɚd | kά:d/

— [名] (cards /kάɚʣ | kά:ʣ/) ❶ [C] **カード**; 札, 券; 表《献立・番組などの》; [U] 《英》 厚紙, ボール紙: Write your name on this *card*. このカードに名前を書いてください / a membership *card* 会員券[証] / an ID [identification, identity] *card* 身分証明書.

❷ [C] **クレジットカード** (credit card): pay with a *card* クレジットカードで払う. 関連 bank card 《米》 (銀行の)クレジットカード, 《英》 小切手保証カード / cash card キャッシュカード / charge card クレジットカード / debit card デビットカード.

❸ [C] (誕生日やクリスマスの)**あいさつ状** (greeting card); **はがき**(⇒ postcard 参考; letter 類義語): get a *card* from Mary メアリーからはがきをもらう / a birthday *card* 誕生日祝いのカード / a Christmas *card* クリスマスカード.

❹ [C] **トランプの札** [《格式》 playing card](⇒ trump 日英); [複数形で] **トランプ遊び**: a deck [《英》 pack] of *cards* トランプ1組《52枚》 / deal [shuffle] the *cards* トランプ札を配る[切る] / Won't you *play cards* with us? いっしょにトランプをしませんか(⇒ play ⑩ 1 語法).

❺ [C] **名刺**《主に仕事用; ⇒ business card, calling card, visiting card》. ❻ [C] (競技などの)催し物(の内容), プログラム, (試合の)カード. ❼ [C] (スポーツ選手の)収集カード: baseball *cards* 野球カード. ❽ [C] 〘コンピュータ〙 カード《コンピューターに差し込んで使う回路基盤》: an expansion *card* 拡張カード.

be in [《英》 **on**] **the cárds** [動] ⓐ 《略式》 あり[起こり]そうだ. 由来 トランプ占いに出ている, の意.

hàve a [**another**] **cárd ùp** one's **sléeve** [動] ⓐ 奥の手を用意している.

hóld áll the cárds [動] ⓐ 《略式》 極めて有利な立場にある.

lày [**pùt**] one's **cárds on the táble** [動] ⓐ 手の内を見せる; 計画を公開する.

pláy one's **bést** [**stróngest, trúmp**] **cárd** [動] ⓐ (トランプで)切り札を出す; 奥の手を使う.

pláy [**kéep, hóld**] one's **cárds clóse to** one's **chést** [動] ⓐ 隠密に事を運ぶ.

pláy one's **cárds wéll** [**ríght**] [動] ⓐ [if 節で] 物事をうまく処理する.

— [動] ⑩ ❶ 《米略式》 (...)に身分証明書の提示を求める《酒場などで年齢を確認するため》. ❷ (サッカーで)(選手)にイエロー[レッド]カードを出す.

card[2] /kάɚd | kά:d/ [名] [C] すきぐし機. — [動] ⑩ (すきぐし機で)(...)をすく.

card·board /kάɚdbɔ̀ɚd | kά:dbɔ̀:d/ [名] [U] ボール紙, 板紙, 厚紙. — [形] ❶ [普通は 限定] ボール紙でできた: a *cardboard* box ボール箱. ❷ 限定 [軽蔑的] (登場人物などが)非現実的な, 実質のない.

card-car·ry·ing /kάɚdkæ̀riŋ | kά:d-/ [形] ❶ 限定 会員証を持った, (党員などが)正規の. ❷ 限定 [軽蔑的] 筋金入りの.

cárd càtalog [名] [C] 《米》 カード式目録.

cárd gàme [名] [C] トランプ(遊び).

card·hold·er /kάɚdhòʊldɚ | kά:dhòʊldə/ [名] [C] (クレジット)カードの所有者.

car·di·ac /kάɚḍiæ̀k | kά:-/ [形] 限定 〘医学〙 心臓(病)の: *cardiac* arrest [failure] 心停止[心不全].

car·di·gan /kάɚḍɪgən | kά:-/ [名] [C] カーディガン.

car·di·nal /kάɚḍən(ə)l | kά:-/ [名] ❶ [C] 枢機卿(きょう)《ローマ教皇の最高顧問でその中から新しい教皇を互選する; 緋の衣帽をつける》. ❷ [C] 紅冠鳥(こうかんちょう)《北米産》. ❸ [C] 〘文法〙 = cardinal number. — [形] 限定 《格式》 基本的な; 主要な, 非常に重要な.

cárdinal númber [名] [C] 〘数学・文法〙 基数(詞)《one, two, three など; ⇒ number 表》. 関連 ordinal number 序数.

cárdinal póints [名] 複 基本方位《「東西南北」のこと; 英語では北南東西 (NSEW) の順で呼ぶ》.

cárdinal sín [名] ❶ [C] 《略式》 してはならない過ち. ❷ [C] 〘キリスト教〙 大罪.

cárd ìndex [名] [C] 《英》 = card catalog.

car·di·ol·o·gist /kὰɚḍiά(:)ləʤɪst | kὰ:diɔ́l-/ [名] [C] 心臓(病)専門医.

car·di·ol·o·gy /kὰɚḍiά(:)ləʤi | kὰ:diɔ́l-/ [名] [U] 心臓(病)学.

car·di·o·vas·cu·lar /kὰɚḍioʊvǽskjʊlɚ | kὰ:dioʊvǽskjʊlə/ [形] 限定 〘医学〙 心臓血管の.

card·sharp /kάɚdʃὰɚp | kά:dʃὰ:p/ [名] [C] [軽蔑的] いかさまトランプ師.

cárd tàble [名] [C] (折りたたみ式の)トランプ台.

***care /kéɚ | kéə/

— [名] (~s /~z/)

意味のチャート
「心配(事)」❸, ❹ →(心づかい)
→「用心」❷
→(気をつけること)→「世話」❶

❶ Ⓤ 世話, 保護, 介護, ケア; **管理:** medical *care* 医療 / hair [skin] *care* 髪[肌]の手入れ / the *care of* elderly people 老人介護 / The baby was left「*in the care of* his grandparents [*in* his grandparents' *care*]. その赤ん坊は祖父母の世話になることになった. 関連 health care 健康管理 / intensive care 集中治療.
❷ Ⓤ **用心, 注意,** 配慮: HANDLE WITH CARE 取り扱い注意《荷物の注意書き》/ This needs special *care*. これは特別の注意がいる / drive without due *care* and attention 不注意運転をする.
❸ Ⓒ [しばしば複数形で]《格式》**心配事,** 悩みの種: try to forget one's *cares* 心配事を忘れようとする / You look as if you ***don't have a care in the world***. 君は何の悩みもないような顔をしているね.
❹ Ⓤ《格式》**心配,** 気苦労, 悩み: a life free from *care* 苦労のない生活[人生].
càre of ... =《米》**in càre of ...** [前]〔郵便〕**...方,** ...気付《略 c/o》: Please send a letter to the author (*in*) *care of* the publisher. 著者への手紙は出版社気付で送ってください.
in [ìnto] cáre [形・副]《英》(子供が)養護施設に預けられて(いる). ✪ into care は [副] でのみ用いる: be taken *into care* 施設に引きとられる.
tàke cáre [動] **気をつける,** 注意する: Special *care* should *be taken* on this point. この点については特に注意しなければならない / 🗨 "*Take care*." "You, too." 「気をつけてね」「君も」《別れるときのことば》.
tàke cáre of ... [動] 他 (1) **...の世話をする,** 面倒を見る; ...に気をつける: Please *take care of* my roses while I'm away. 私の留守の間ばらの世話をしてください. (2) ...を処理[始末]する. (3) [遠回しに] ...の支払いをする.
tàke cáre of onesèlf [動] 自 (1) **体を大事にする:** Please *take* good *care of yourself*. くれぐれもお体をお大事に. (2) 自分のことは自分でする.
tàke cáre (that) ... [動] **...するように注意する:** *Take care* (*that*) you don't oversleep. 寝過ごさないよう注意してください.
tàke cáre to dó [動] **...するように注意する;** 必ず...するようにする: *Take care to* keep your room tidy. 部屋をきちんとしておくように注意しなさい.
ùnder the cáre of ... = ùnder ...'s **cáre** [形・副] ...の治療を受けて, ...の世話になって. (形 cáreful)
— 動 (cares /~z/; cared /~d/; car·ing /ké(ə)rɪŋ/) 自 [進行形なし] [普通は否定文・疑問文で] **気にかける, 気にする;** 大切に思う: He would*n't care* if I left my job. 私が仕事をやめてもあの男は気にかけるものか / I do*n't care who* she marries. V+wh 節 彼女がだれと結婚しようが私にはどうでもいいことだ《*care* about *wh* 節の about が省略されてできた文と考えることができる》/ ***Who cares?*** Ⓢ だれがかまうものか, どうでもいいじゃないか《⇒ 巻末文法 13. 6》.

語法 **care と mind の違い**
(1) care は「(人・物を大切に思う気持ちから)気にかける」で, mind は「嫌がる, 気にする」である.
(2)「かまわない」「気にしない」という返答には I don't care. と I don't mind. があるが, I don't mind. は中立的な返答であるのに対して, I don't care. はやや突き放したニュアンスを含むこともある: Do whatever you want to do. *I don't care*. 好きなようにしたらいいよ. 別にどっちでもいいし.

— 他 [進行形なし] [普通は疑問文・否定文で] Ⓢ《格式》(...すること)を**望む;** ...したがる: Would you ***care to*** leave a message? V+O (to 不定詞) 何かご伝言はございませんか《♥ 丁寧に相手の意向を尋ねる》/ "Would you *care to* join me for lunch?" "Yes, I'd love to."「いっしょに昼食をいかがですか」「ええ, ぜひ」《誘い》/ I've fixed my car ***more*** times ***than*** I ***care to remember***. 私は思い出したくないほど何回も車を修理した.
còuldn't cáre léss =《米》**could cáre léss** Ⓢ いっこうに平気だ, 全くかまわない, どうでもいい《少しぞんざいな言い方》.
for áll ... cáre [副] 文修飾 [主に can, could, may, might を含む文中で用いる] Ⓢ ...のかまうところではないが《無関心を表わす》: She *can* leave *for all* I *care*. 彼女などいなくなったって何ともない.
Sée if I cáre! Ⓢ [怒って] 勝手にしろ, 知るか.
Whát do ... càre? Ⓢ ...は別に気にしない《少しぞんざいな言い方》: *What does* he *care*? He'll go his own way. 彼はいっこうに平気だ. 自分のやりたいようにするだろう.

care の句動詞
+**cáre abòut ...** 動 他 ❶ [しばしば否定文・疑問文で] **...に関心がある;** ...を気にする: I do*n't care about* what he thinks. 私は彼の考えに関心がない. ❷ = care for ... 2.
+**cáre for ...** 動 他 ❶ **...の世話をする, 面倒を見る;** ...の手入れをする (受身 be cared for). 語法 この意味では look after, take care of を用いるほうが普通: She *cared for* her father until his death. 彼女は父親が死ぬまで面倒を見た / The house was well *cared for*. その家はよく手入れされていた.
❷ [普通は否定文・疑問文で]《格式》**...が好きだ,** ...を好む [≒like]: I do*n't* really *care for* beer. 私はビールはあまり好きではありません. ❸ [普通は否定文・疑問文で] Ⓢ《格式》...が欲しい, ...を食べ[飲み]たい: Would you *care for* some coffee? コーヒーはいかがですか《♥ 食べ物・飲み物を丁寧に勧める》.

ca·reen /kəríːn/ 動 自 [副詞(句)を伴って]《主に米》(車・人が)横揺れしながら走る (*along, down*).
‡ca·reer /kəríə | -ríə/ アク (同音《英》Korea)
— 名 (~s /~z/) ❶ Ⓒ **職業,** (一生の) **仕事**《⇒ occupation 類義語》: I want to make a ***career in*** law. 私は法律を一生の職業にしたいと思っている.
❷ Ⓒ **経歴,** 履歴, 生涯: the *careers* of great people 偉人の経歴 / my *career as* a teacher 私の教師としての経歴 / He spent most of his *career* in the Department of Labor. 彼の経歴のほとんどは労働省勤務だった. ❸ [形容詞的に] 職業(上)の; (仕事を)一生の職業と考えている, 本職の: make a *career* change 転職する / a *career* diplomat 生(は)え抜きの外交官. — 動 (-reer·ing /-rí(ə)rɪŋ/) 自 [副詞(句)を伴って] = careen.
〖語源 ラテン語で「車道」の意; car と同語源〗
ca·reer·is·m /kərí(ə)rɪzm/ 名 Ⓤ [普通は悪い意味で]

立身出世主義, 出世第一主義.

ca·reer·ist /kəríː(ə)rɪst/ 名 C [普通は悪い意味で] 立身出世主義者.

caréer wòman 名 C [しばしば性差別的] 仕事を第一と考える女性, キャリアウーマン.

care·free /kéəfrìː | kéə-/ 形 (人·生活などが)心配事のない, のんびりとした, のんきな, 屈託のない.

‡care·ful /kéəf(ə)l | kéə-/

— 形 ❶ **注意深い**, 慎重な; 注意する, 気をつける《⇒ 類義語》 [⇔ careless]: Ms. White is a very *careful* driver. ホワイトさんの運転は大変慎重だ / *Careful* [Be *careful*]! It's very hot. Ⓢ 気をつけて! すごく熱いよ / Be *careful* not *to* make any noise. +to 不定詞 音を立てないように気をつけて 多用 / He is very *careful with* (his) money. +with+名 彼はむだづかいはしない / You should be very *careful of* [*about*] your health. +of [about]+名 自分の健康には十分注意しなさい / Be *careful what* you say. +wh 節 発言には注意しなさい / Be *careful* (*that*) you don't wake the baby. +(that)節 赤ちゃんを起こさないように気をつけて《⇒ that² B 3》 / Be *careful* crossing the street. +現分 通りを横断するときには注意しなさい / Tom is being very *careful* now. トムは今とても慎重に行動している《⇒ be² A 1 (1) 語法》.

❷ 限定 (仕事·調査·計画などが)**念入りな**, 綿密な: a *careful* study of modern history 近代史についての綿密な研究 / I have given the matter very *careful* attention [consideration]. 私はその問題について慎重に考慮した.

You cán't be tòo cáreful. Ⓢ 注意してもしすぎることはない. (名 care)

類義語 **careful** 最も普通の語で, 自分の仕事や責任に関して過ちを犯さないように注意すること: Be *careful* about grammar. 文法に注意しなさい. **cautious** 危険に対して注意すること: You must be *cautious* about lending people money. 人に金を貸すときは注意しなくてはならない. **wary** 油断なくまた危険に対して非常に用心深いこと: a *wary* reply 用心深い答え.

‡care·ful·ly /kéəfəli | kéə-/

— 副 **注意深く**, 慎重に; 入念に [⇔ carelessly]: Handle it *carefully*. 注意して取り扱ってください / You must do your work more *carefully*! 仕事をもっと気をつけてやりなさい / a *carefully* planned scheme 入念な計画.

care·ful·ness /kéəf(ə)lnəs | kéə-/ 名 U 注意深いこと, 慎重; 入念.

care·giv·er /kéəgìvə | kéəgìvə/ 名 C《米》(病人·子供などの)世話をする人, 介護者, 介護士.

+**care·less** /kéələs | kéə-/ 形 ❶ **不注意な**, うかつな; 不注意にも[うっかりして]...する; 不注意な態度の [⇔ careful]: a *careless* mistake 不注意な誤り / You shouldn't be so *careless about* [*with*] the key. +about [with]+名 鍵(の扱い)にそんなに不注意ではいけない / The students are being *careless* today. きょうは学生たち(の言動)が不注意になっている《⇒ be² A 1 (1) 語法》 / "I've forgotten my camera." "That was very *careless of* you." 「カメラを忘れてきた」「君もずいぶんうっかりしていたね」《⇒ of 12》. ❷ 叙述《格式》むとんちゃくな, かまわない [≒unconcerned]: He is *careless about* [*of*] his clothes. 彼は服装にはむとんちゃくだ / She was rather *careless with* money. 彼女はお金のことにはかなりいいかげんだった. ❸ 限定 (態度などが)自然な, 何気ない.

care·less·ly /kéələsli | kéə-/ 副 不注意に, うかつに, ぞんざいに [⇔ carefully]: George *carelessly* forgot to write his name. ジョージはうっかりして名前を書くのを忘れた.

care·less·ness /kéələsnəs | kéə-/ 名 U 不注意, 軽率, うかつ.

cáre pàckage 名 C《米》(親元を離れた学生などへの)仕送り小包《食料品など》.

car·er /ké(ə)rə | -rə/ 名 C《英》(在宅の)介護者.

ca·ress /kərés/ 名 C 愛撫(あいぶ), 抱擁. — 動 他 愛撫する;《文語》(風などが)(...)をそっとなでる.

+**care·tak·er** /kéətèɪkə | kéətèɪkə/ 名 (~s /~z/) ❶ C (家·土地の)**管理人**. ❷ C《英》= janitor. ❸ C《主に米》世話をする人《両親·教師·看護師など》. — 形 限定 暫定(ざんてい)的な: a *caretaker* government 暫定内閣.

cáre wòrker 名 C《英》(病院·養護施設などの)介護者, 看護人.

care·worn /kéəwɔ̀ən | kéəwɔ̀ːn/ 形 悩み疲れた, 心配でやつれた.

+**car·go** /káəgoʊ | káː-/ 名 (~(e)s /~z/) C,U (船·航空機·トラックなどの)**積み荷**, 貨物 [≒freight]: a ship carrying a ***cargo of*** crude oil 原油を積んだ船 / a *cargo* plane [ship] 貨物輸送機[船].

Car·ib·be·an /kærəbíːən←, kəríbiən/ 形 カリブ海(域)の: the *Caribbean* Sea カリブ海. — 名 固 [the ~] カリブ海.

car·i·bou /kǽrəbùː/ 名 (複 ~(s)) C カリブー《北米産の大きなとなかい》.

car·i·ca·ture /kǽrɪkətʃʊ̀ə | -tʃʊ̀ə/ 名 ❶ C 風刺漫画, カリカチュア, 戯画 (*of*)《人物などの特徴を誇張して描くことが多い》. 関連 cartoon 時事漫画 / comic strip 続き漫画. ❷ C 風刺文, 戯作(ぎさく) (*of*). ❸ U 戯画の技法. — 動 (-ca·tur·ing /-tʃʊ̀(ə)rɪŋ/) 他 (...)を漫画風に描く (*as*).

car·i·ca·tur·ist /kǽrɪkətʃʊ̀(ə)rɪst/ 名 C 風刺画家, 漫画家; 風刺文作家.

car·ies /ké(ə)riz/ 名 U〔医学〕カリエス; 虫歯.

ca·ril·lon /kǽrəlɑ̀(ː)n | kəríljən/ 名 C (教会の鐘楼の)組み鐘, カリヨン; 組み鐘の奏する曲.

***car·ing** /ké(ə)rɪŋ/ 形 ❶ **思いやりのある**, 気づかう. ❷ 限定《英》(在宅の)介護[養護]に係わる: the *caring* professions 介護·福祉関係の職業.

— 名 U **介護**, 養護.

car·jack /káədʒæk | káː-/ 動 他 (車)を乗っ取る《⇒ hijack》.

car·jack·er /káədʒækə | káːdʒækə/ 名 C カージャック[車の乗っ取り]犯.

car·jack·ing /káədʒækɪŋ | káː-/ 名 U,C カージャック, 車の乗っ取り.

Carl /káəl | káːl/ 名 固 カール《男性の名》.

car·load /káəlòʊd | káː-/ 名 C 車 1 台分(の人[荷物]): a *carload of* passengers 車 1 台分の乗客.

Car·men /káəmən | káːmen/ 名 固 カルメン《ビゼー(Bizet) 作の同名のオペラなどに登場する美しく情熱的な悪女》.

car·mine /káəmɪn, -maɪn | káː-/ 名 U カーミン, 洋紅色. — 形 洋紅色の.

car·nage /káənɪdʒ | káː-/ 名 U《格式》大虐殺《特に戦争などにおける》.

car·nal /káən(ə)l | káː-/ 形 限定《格式》肉体の; 肉欲

的な: *carnal* desires 肉欲 / *carnal* knowledge 性交.

car·na·tion /kɑənéɪʃən | kɑː-/ 名 C カーネーション, カーネーションの花.

Car·ne·gie /kɑ́ənəgi, kɑənéɪgi | kɑːnéɪgi/ 名 固 Andrew ~ カーネギー (1835–1919) 《米国の実業家・慈善家》.

Cárnegie Háll 名 固 カーネギーホール 《New York City の Manhattan にあるコンサートホール》.

+**car·ni·val** /kɑ́ənəv(ə)l | kɑ́ː-/ 名 (~s /~z/) ❶ C,U **謝肉祭, カーニバル**. 参考 カトリック教国で四旬節 (Lent) の直前に行なう祝祭. ❷ C 《米》 巡業大娯楽ショー, 移動遊園地 [《英》 fair]. ❸ C 《米》 催し物, 大会, 祭典. 〖語源 原義はラテン語で「肉を断つこと」〗

C

car·ni·vore /kɑ́ənəvɔ̀ə | kɑ́ːnəvɔ̀ː/ 名 C 肉食動物; [こっけいに] 肉を食べる人 《菜食主義者に対して》.

car·niv·o·rous /kɑənív(ə)rəs | kɑː-/ 形 肉食性の. 関連 herbivorous 草食性の / insectivorous 食虫の / omnivorous 雑食性の.

car·ol /kǽrəl/ 名 C キャロル 《特にクリスマスの祝いの歌》. — 動 (car·ols; car·oled, 《英》 car·olled; -ol·ing, 《英》 -ol·ling) 自 (家々を回って)クリスマスキャロルを歌って歩く: go *caroling* クリスマスキャロルを歌い家々を回る. — 他 (歌)を楽しげに歌う.

Car·ol /kǽrəl/ 名 固 キャロル 《女性の名》.

Car·o·li·na /kæ̀rəláɪnə←/ 名 固 カロライナ 《米国南部の North Carolina 州と South Carolina 州とを含めた地方; 両州を合わせて the Carolinas と呼ぶ》.

Car·o·line /kǽrəlɪn, -làɪn/ 名 固 キャロライン 《女性の名》.

Cár·o·line Íslands /kǽrəlàɪn-, -lɪn-/ 名 固 複 [the ~] カロリン諸島 《フィリピン東方の Micronesia 中の諸島》.

Car·o·lin·i·an /kæ̀rəlíniən←/ 形 カロライナ(地方)の. — 名 C カロライナ(地方)人.

car·o·tene /kǽrətìːn/ 名 U カロチン 《植物に含まれる黄色素》.

ca·rouse /kəráʊz/ 動 自 《文語》 飲んで騒ぐ.

car·ou·sel /kæ̀rəsél/ 名 ❶ C (空港の)円形ベルトコンベヤー 《この上に運ばれてくる荷物を乗客が受け取る》. ❷ C 《主に米》 = merry-go-round.

+**carp**[1] /kɑ́əp | kɑ́ːp/ 名 (複 ~(s) /~(s)/) C,U **こい(鯉)**.

carp[2] /kɑ́əp | kɑ́ːp/ 動 自 [普通は進行形で] (しつこく)あら探しをする, 難くせをつける (*at, about*).

cár pàrk 名 C 《英》 = parking lot; parking garage.

car·pen·ter /kɑ́əpəntə | kɑ́ːpəntə/ 名 C **大工**: He is a very good *carpenter*. 彼はとても腕のよい大工だ[大工仕事が上手だ].

car·pen·try /kɑ́əpəntri | kɑ́ː-/ 名 U 大工の仕事; 木工品.

+**car·pet** /kɑ́əpɪt | kɑ́ː-/ 名 (car·pets /-pɪts/) ❶ C,U **じゅうたん**, 敷物, カーペット 《⇒ living room 挿絵》: The floor is covered with a thick *carpet*. 床には厚いじゅうたんが敷いてある. 関連 rug 小さい敷物. ❷ C 《文語》 (草花などの)一面の広がり: a *carpet of* flowers [leaves] 一面の草花[落ち葉].

be [gèt] cálled on the cárpet [動] 自 《米略式》 (上司などから)呼びつけられてしかられる.

— 動 他 [普通は受身で] ❶ (...)にじゅうたんを敷く; 《文語》 (...)を(~で)一面に覆(おお)う (*with*). ❷ 《英略式》 (...)を(呼びつけて)しかる (*for*).

car·pet·bag·ger /kɑ́əpɪtbæ̀gə | kɑ́ːpɪtbæ̀gə/ 名 ❶ C [軽蔑的] 渡り屋政治家 《選挙区に住んでいない政治家》. ❷ C 《米》 南北戦争後ひともうけしようと北部から南部に渡った人.

car·pet-bomb /kɑ́əpɪtbɑ̀(ː)m | kɑ́ːpɪtbɔ̀m/ 動 他 (...)をじゅうたん爆撃する.

cárpet bòmbing 名 U じゅうたん爆撃.

car·pet·ing /kɑ́əpɪtɪŋ | kɑ́ː-/ 名 ❶ U 敷物材料, じゅうたん地; 敷物類. ❷ C 《英略式》 叱責(しっせき).

cárpet swèeper 名 C じゅうたん掃除機.

car·pool /kɑ́əpùːl | kɑ́ː-/ 動 自 《主に米》 相乗りで通勤[通学]する.

cár pòol 名 C 交替で各自の車を提供し合う相乗り(通勤)方式 《経費節約などのため》; [《英》 単数形でもときに複数扱い] 相乗りをしているグループ.

car·port /kɑ́əpɔ̀ət | kɑ́ːpɔ̀ːt/ 名 C カーポート 《建物のわきに屋根だけつけた自動車置き場》. 関連 garage 車庫.

+**car·riage** /kǽrɪdʒ/ 発音 名 (car·riag·es /~ɪz/) ❶ C **馬車** 《4 輪の自家用のもの》; 乗り物: drive a horse and *carriage* 馬車を走らす.
❷ C 《英》 (鉄道の)**客車** [《米》 car, 《英》 coach] 《⇒ train[1] 1 語法》: The first-class *carriages* are in front. 1 等の客車は前のほうだ. ❸ U 《英格式》 運搬, 輸送 (*of*); 運賃. ❹ C (機械の)運び台, (タイプライターの)キャリッジ 《文字送り台》. ❺ C 台架, 砲架. ❻ U 《格式》 身のこなし, 態度. ❼ C 《米》 = baby carriage.

car·riage·way /kǽrɪdʒwèɪ/ 名 C 《英》 車道.

Car·rie /kǽri/ 名 固 キャリー 《女性の名》.

***car·ri·er** /kǽriə | -riə/ 名 (~s /~z/) ❶ C **運輸業者** 《特に航空会社》; **運ぶ人**; 運搬人; 《米》 郵便配達人 (mail carrier): The *carrier* must take responsibility for lost baggage. 運輸業者は紛失した荷物に対し責任を負わねばならない.
❷ C **航空母艦**: a nuclear *carrier* 原子力空母.
❸ C (伝染病の)**保菌者**, キャリアー; 媒介体. ❹ C 運ぶ物; 輸送車; (自転車・自動車などの)荷台; 《英》 = carrier bag. ❺ C 《米》 通信会社; 保険会社.

cárrier bàg 名 C 《英》 買い物袋 《店がくれるビニールまたは紙の袋》 [《米》 shopping bag].

cárrier pìgeon 名 C 伝書ばと.

car·ri·on /kǽriən/ 名 U (動物の)腐肉, 死肉.

Car·roll /kǽrəl/ 名 固 Lewis ~ キャロル (1832–98) 《英国の童話作家・数学者》.

+**car·rot** /kǽrət/ (同音 carat, karat) 名 (car·rots /-rəts/) ❶ C,U **にんじん**. ❷ C 《略式》 ほうび, 説得の手段 《⇒ 次の成句》. **(the) cárrot and (the) stíck** [名] 甘い約束と脅し, あめとむち. 由来 棒の先ににんじんをぶら下げ, 同時にむちで打ちながら馬を走らせたことから.

car·rou·sel /kæ̀rəsél/ 名 C 《米》 = carousel.

***car·ry /kǽri/

— 動 (car·ries /~z/; car·ried /~d/; -ry·ing /-riɪŋ/) 他

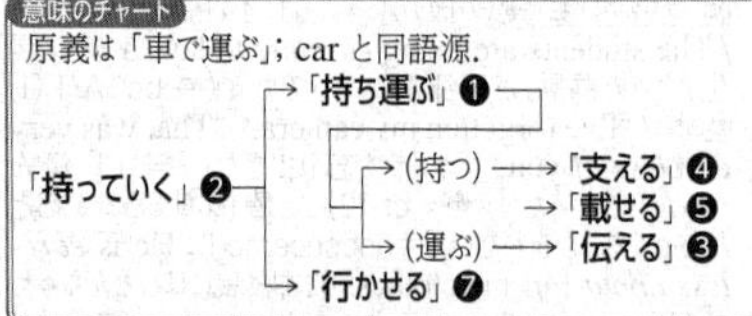

❶ (身につけて)(...)を**持ち運ぶ**, **持ち歩く**; 携帯する**:** She is *carrying* a purse. 彼女はハンドバッグを持っている / He is ***carrying*** his son ***on*** his back. [V+O+前+名] 彼は息子を背中におぶっている / I always *carry* at least 10,000 yen *on* [*with*] me. 私はいつも(財布の中に)最低 1 万円は持っている / Police officers *carry* guns when they are on duty. 警察官は勤務中けん銃を携帯している.

❷ (ある場所から他の場所へ)(...)を**運ぶ**, **持っていく**, **乗せていく:** The bus was *carrying* 36 passengers. バスは 36 人の乗客を乗せていた / The railroad ***carries*** coal ***from*** the mine ***to*** the port. [V+O+前+名] その鉄道は鉱山から港まで石炭を運ぶ / Will you please *carry* this suitcase *for* me? このスーツケースを運んでもらえますか.

❸ (話・知らせ・音など)を**伝える**, 広める; (水・空気・電気など)を通す, 導く; (菌・病気)を持っている, うつす(可能性がある)**:** He ***carried*** the news ***to*** every one of his friends. [V+O+前+名] 彼はそのニュースを友人の一人一人に知らせた / The telephone can *carry* your voice *anywhere* in the world. [V+O+副] 電話は声を世界中のどこへでも伝えることができる / He feared he might be *carrying* the HIV virus. 彼は自分がエイズの保菌者ではないかと恐れた.

❹ (重さ)を**支える**; (経済的にまたは個人的努力などで)(...)を支える, 援助する; (責任など)を負う; (...)の姿勢を保つ**:** These pillars cannot *carry* the whole weight of the roof. この柱では屋根全体の重さには耐えられない / Always *carry* your head *high*. [V+O+副] 頭はいつも高く真っすぐにしていなさい.

❺ [進行形なし] (新聞・雑誌が)(記事)を**載せる**, (テレビ・ラジオが)(...)を放送する; (警告・情報など)を含んでいる; (店が)(品物)を置く**:** This journal *carries* many good articles. この雑誌はよい記事を多く載せている / Cigarette packs *carry* a health warning. たばこの箱には健康上の警告がついている / Do you *carry Time*? ここ[この店]は『タイム』を置いてますか.

❻ [進行形なし] (重み・説得力)をもつ; (責任・義務・罰・危険など)を伴う, (結果として)生じる, (保険・保証など)がついている**:** Her words *carry* great weight with me. 彼女のことばは私にとって非常に重みがある.

❼ (人)を行かせる, (ある状態に)至らしめる. [語法] 主語には金(かね)や動機・理由が来ることが多い**:** Hard work *carried* him *to* the top of the firm. せっせと働いて彼は会社のトップに立った. ❽ [普通は受身で] (法案・動議など)を通過させる**:** The motion *was carried* by a vote of 250 to 210. 動議は 250 票対 210 票で通過した. ❾ [受身なし] (人々)の賛同[支持]を得る; 《米》(選挙区)を制する. ❿ (...)を記憶[心]に留めている**:** He *carried* a map of the area in his head [mind]. 彼の頭の中にはその地域の地図が入っていた. ⓫ (ある段階まで)(考えなど)を進める; 持ち込む. ⓬ (足し算などで)(数)をひとけた繰り上げる. ⓭ (旋律)を保つ, 正確に歌う. ⓮ [普通は進行形で] 《古風》 (子)を身ごもっている.

— ⓐ (音などが)届く, 伝わる; (ボールがある距離を)飛ぶ**:** My voice doesn't *carry* well in a large classroom. 私の声は大きな教室ではあまりよく通らない.

cárry éverything [áll] befòre one [動] ⓐ 《文語》 完全な成功[勝利]を収める.

cárry one**sèlf ...** [動] ⓐ (あるやり方で)ふるまう**:** She *carries herself* gracefully [like a dancer]. 彼女は物腰が優美[ダンサーのよう]だ.

carry の句動詞

cárry aróund [abóut] 動 ⓣ (傘など)を持ち歩く; (子供など)を抱いて歩く**:** He *carries* his umbrella *around* [*about*] *with* him every day. 彼は毎日傘を持っていく.

+**cárry awáy** 動 ⓣ ❶ (...)を**運び去る**; (暴風・洪水などが)さらっていく [V+名・代+*away* / V+*away*+名]**:** The police *carried away* the body. 警察はその死体を運び去った. ❷ [普通は受身で] (...)に我を忘れさせる, 夢中にさせる**:** The girls *were* [*got*] *carried away* by his songs. 女の子たちは彼の歌に夢中になっていた《⇒ get ⓐ 3 [語法]》.

+**cárry báck** 動 ⓣ ❶ (...)を**元の所に戻す**, 連れ戻す [V+名・代 +*back* / V+*back*+名]**:** The little girl *was carried back* home in her father's arms. 少女は父親に抱かれて家に帰った. ❷ (物事が)(...)に(昔を)思い出させる**:** The smell of cut grass *carries* me *back to* my childhood. 刈り取った草のにおいが私に子供のころを思い出させる.

cárry fórward 動 ⓣ ❶ (...)を先へ進める. ❷ (合計金額)を(次のページへ)繰り越す; (...)を(次期に)持ち越す (*to*).

cárry óff 動 ⓣ ❶ (...)を奪い[連れ]去る; (賞・勝利など)を得る**:** The newcomer *carried off* the first prize. 新人が 1 等賞をさらった. ❷ (...)をうまくやってのける[果たす].

cárry it óff (wéll) [動] ⓐ (困った事態を)うまく切り抜ける.

+**cárry ón** 動 ⓐ ❶ 《主に英》 (...を)**続ける: *Carry on***, please. どうぞ続けてください《話の続きを促すときなど》 / We'll ***carry on with*** the meeting after a ten-minute break. 10 分間の休憩後に会議を続けます. ❷ Ⓢ (泣いたりわめいたりして)騒ぎ立てる (*about*); みっともないふるまいをする. ❸ [普通は進行形で] 《古風》 (...と)浮気する (*with*).

— ⓣ ❶ 《主に英》 (...)を**続ける** [≒continue] [V+*on*+名]. [語法] (1) しばしば -ing 形を伴う. (2)「間断なく続ける」意と「中断後にまた続ける」意の 2 つの意味がある**:** After you've had some tea, *carry on* practic*ing*. お茶を飲んだあとは練習を続けなさい / How can they *carry on* a conversation in such a noisy room? あんな騒々しい部屋でどうして話が続けられるのだろう. ❷ (事業・伝統など)を引き継ぐ.

***cárry óut** 動 ⓣ ❶ (約束・計画・命令など)を**実行する**; (実験・調査など)を行なう [V+*out*+名]**:** The plan is hard to *carry out*. その案は実行が難しい.

❷ (...)を**運び出す** [V+名・代 +*out* / V+*out*+名]**:** Would you *carry out* the furniture? 家具を運び出してもらえますか.

cárry óver 動 ⓣ (...)を持ち越す, 繰り延べる; 繰り越す (*from, to, into*). — ⓐ 持ち越される.

+**cárry thróugh** 動 ⓣ ❶ (目的・計画など)を**やり遂**(と)**げる** [V+名・代 +*through* / V+*through*+名]**:** I intend to *carry* this project ***through to*** completion. 私はこの計画をぜひ完成させるつもりだ.

❷ (決意・神などが)(人)に(病気・苦難などを)**切り抜けさせる** [V+名・代+*through*]**:** The boy's basic good health *carried* him *through*. 少年はもともと健康だったので(病気を)切り抜けられた.

— ⓐ 《米》 (...を)やり遂げる (*on, with*).

+**cárry ... thróugh 〜** 動 ⓣ (決意などが)(人)に

C

(病気・苦難など)を切り抜けさせる: Nancy's sense of humor helped *carry* her *through* those difficult years. ナンシーのユーモアを解する心が苦しい年月を切り抜ける助けとなった.

— 名 [U または a ~] 射程(距離); (ゴルフボールの)飛距離.

car·ry·all /kǽriɔ̀:l/ 名 C 《米》(大型の)手さげバッグ, 旅行用バッグ [《英》holdall].

car·ry·cot /kǽrikɑ̀(:)t | -kɔ̀t/ 名 C 《英》携帯用ベビーベッド.

car·ry-on /kǽriɑ̀(:)n, -ɔ̀:n | -ɔ̀n/ 名 ❶ C 《米》機内持ち込み手荷物. ❷ [a ~] S 《英略式》ばかげたふるまい, (空)騒ぎ. — 形 限定 《米》機内に持ち込める: *carry-on* baggage 機内持込み手荷物.

car·ry·out /kǽriàʊt/ 形 限定 《米》= takeout.
— 名 C 《米》= takeout.

car·ry-o·ver /kǽriòʊvɚ | -və/ 名 [普通は単数形で] ❶ C (過去からの)名残, 持ち越されたもの (*from*). ❷ C 〔簿記〕繰り越し (*from*).

car·sick /kɑ́ɚsìk | kɑ́:-/ 形 [普通は 叙述] 車に酔った.
~·ness 名 U 車酔い.

+**cart** /kɑ́ɚt | kɑ́:t/ (同音 kart) 名 (carts /kɑ́ɚts | kɑ́:ts/) ❶ C **手押し車**, カート, (食事を運ぶ)ワゴン [《英》trolley]: a golf *cart* ゴルフカート. ❷ C 《米》(スーパーなどの)ショッピングカート (shopping cart) [《英》trolley] (⇒ supermarket 挿絵); (オンラインショッピングの)カート. ❸ C (2 輪または 4 輪の)荷馬車《農業用など》; 軽馬車. 関連 wagon 4 輪の荷馬車.
pùt the cárt befòre the hórse [動] 自 順序が逆のことをする, 本末を転倒する.
— 動 他 (...)を手押し車[荷車]で運ぶ; 《略式》(手で)(...)を苦労して運ぶ.
cárt óff [awáy] [動] 他 《略式》(人)を(拘置所などに)送る, 連行する (*to*).

carte ⇒ à la carte.

carte blanche /kɑ́ɚtblɑ́:nʃ | kɑ́:t-/ ≪フランス語から≫ 名 U 白紙委任, 全権委任 (*to* do).

+**car·tel** /kɑɚtél | kɑ:-/ 名 (~s /~z/) C [《英》単数形でもときに複数扱い]〔経済〕**カルテル**: form an oil *cartel* 石油カルテルを結ぶ.

Car·thage /kɑ́ɚθɪʤ | kɑ́:-/ 名 固 カルタゴ《アフリカ北部の現在のチュニジア付近にあった古代の都市国家》.

car·ti·lage /kɑ́ɚṭəlɪʤ | kɑ́:-/ 名 U,C 〔解剖〕軟骨(組織).

cart·load /kɑ́ɚtlòʊd | kɑ́:t-/ 名 C 荷馬車[荷車]1 台分(の荷) (*of*).

car·tog·ra·pher /kɑɚtɑ́(:)grəfɚ | kɑ:tɔ́grəfə/ 名 C 地図製作者.

car·tog·ra·phy /kɑɚtɑ́(:)grəfi | kɑ:tɔ́g-/ 名 U 地図作成(法).

car·ton /kɑ́ɚtn | kɑ́:-/ 名 C カートン, ボール箱, (ジュースなどの)紙[プラスチック]製容器: a *carton of* cigarettes 紙巻きたばこ 1 カートン《10 箱入り》/ a *carton of* eggs 卵 1 カートン《12 個入り》/ six milk *cartons* 牛乳 6 パック (⇒ pack 名 1 日英).

+**car·toon** /kɑɚtú:n | kɑ:-/ 名 (~s /~z/) ❶ C (新聞・雑誌などの)(時事)**漫画**, 戯画《普通は 1 こま》. 関連 caricature 風刺漫画 / comic strip 続き漫画. ❷ C = comic strip. ❸ C アニメ. ❹ C 〔美術〕(実物大の)下絵.

car·toon·ist /kɑɚtú:nɪst | kɑ:-/ 名 C 漫画家.

car·tridge /kɑ́ɚtrɪʤ | kɑ́:-/ 名 ❶ C (ゲーム機などの)カートリッジ. ❷ C (プリンター・万年筆の)カートリッジ. ❸ C 〔写真〕(フィルムの)カートリッジ. ❹ C 弾薬筒.

cart·wheel /kɑ́ɚt(h)wì:l | kɑ́:t-/ 名 ❶ C 腕立て側転: turn [do] *cartwheels* 腕立て側転をする. ❷ C 荷車の車輪. — 動 自 腕立て側転をする.

+**carve** /kɑ́ɚv | kɑ́:v/ 動 (carves /~z/; carved /~d/; carv·ing) 他 ❶ (...)を**彫る**, 刻む, 彫刻する; (素材)を彫る; (風・水などが)(土地)を浸食する: They ***carved*** their names ***on*** the wall. V+O+前+名 彼らは自分たちの名前をその壁に刻んだ / She ***carved*** designs ***in*** marble. 彼女は大理石に図案を彫った / 言い換え He ***carved*** a Buddhist image ***from*** [*out of*] wood. = He ***carved*** wood ***into*** a Buddhist image. 彼は木で仏像を彫った.
❷ (肉)を**切る**, 食卓で(肉)を切り分ける, (人に)(肉)を切り分けてやる: The host usually *carves* the roast at the table. 普通は招待側の男性が食卓で焼いた肉を切り分ける / Will you *carve* me another slice? V+O+O もうひと切れ切ってくれませんか. ❸ (地位・名声など)を苦労して手に入れる.
— 自 肉を切り分ける: The host *carved* for all the guests. 主人はお客全員に肉を切って分けた.
cárve óut [動] 他 (1) (...)を切り分ける, 分割する. (2) 努力して(地位・名声など)を得る, (人生)を切り開く.
cárve úp [動] 他 (1) (肉)を切り分ける. (2) [軽蔑的] (遺産・土地など)を都合のいいように分配する, 山分けする.

carv·er /kɑ́ɚvɚ | kɑ́:və/ 名 C 彫刻家[者].

carv·ing /kɑ́ɚvɪŋ | kɑ́:v-/ 名 U 彫刻《特に木彫り・象牙(ぞうげ)彫り》; 彫刻術; C 彫り物.

cárving fòrk 名 C (大型の)肉切り用フォーク.

cárving knìfe 名 C 肉の切り盛り用ナイフ.

cár wàsh 名 C 洗車場.

cas·cade /kæskéɪd/ 名 ❶ C 小さな滝《幾筋にも分かれて落ちるもの》. 関連 cataract 大きな滝. ❷ C 滝のように垂れたもの (*of*). ❸ [a ~] 一連のもの (*of*).
— 動 自 [副詞(句)を伴って] (滝のように)落ちる.

***case[1] /kéɪs/

— 名 (cas·es /~ɪz/)

意味のチャート
(出来事)
→ (個々の)「場合」❶ → (立場) → 「実情」❸
→ (具体的な)「実例」❷ → 「事件」❹ / 「症例」❺

❶ C 場合 (⇒ 類義語): *in* this *càse* この場合は / *in* some [many, most] *cases* ある[多くの, たいていの]場合には / The rule does not apply [hold good] *in óur càse*. その規則は我々の場合には当てはまらない. 発音 前の所有格の代名詞・名詞のほうが強く発音される.
❷ C 実例 [≒example]; 問題: a *case of* hard labor 重労働の一例 / a *case* in point 適切な例 / a classic *case of* love at first sight ひと目ぼれの典型的な例 / a *case of* life and [or] death 死活問題.
❸ [the ~] 実情, 事情, 真相: 「That is [That's not] *the case*. それは事実である[ではない] / That's always ***the case with*** him. 彼はいつもそうだ / ***It is*** sometimes ***the case that*** there is a lot of disagreement. 大きな意見の不一致が時々ある.
❹ C (犯罪などの)事件; 〔法律〕訴訟事件, 裁判; 判例: a murder *case* = a ***case of*** murder 殺人事件 /

an unsolved *case* 迷宮入りの事件 / The police are ***on the case***. 警察はその事件に取り組んでいる / win [lose] a *case* 勝訴[敗訴]する / a civil [criminal] *case* 民事[刑事]事件.
❺ Ⓒ (病気の)**症例**, 患者; 症状**:** There have been several ***cases of*** measles in the neighborhood. 近所で何人かはしかの患者が出た. ❻ Ⓒ [普通は単数形で] 主張, 言い分, 論拠**:** She made (out) a good [strong, clear] *case for* doing it alone. 彼女はそれを自分ひとりでしたいというもっともな[強力な, 明確な]主張をした / The employees pressed their *case against* the decision. 従業員たちはその決定に断固反対を主張した. ❼ C,U 〔文法〕 格.
as is óften the cáse (with ...) [副] 文修飾 《格式》 (...には)よくあることだが.
as the cáse may bé [副] 場合によって, 事情に応じて.
be on ...'s cáse [動] 《略式》 (人)に文句ばかり言う; 干渉する**:** My parents *are* always *on my case about* the clothes I wear. 両親は私の着る服にいつも口うるさいんだ.
cáse by cáse [副] 1 件ずつ《⇒ case-by-case 日英, by 13》.
gèt óff ...'s cáse [動] [普通は命令文で] Ⓢ (人)に文句を言うのをやめる; 干渉するのをやめる.
in ány càse [副] つなぎ語 **とにかく**, いずれにしても [≒ anyhow]**:** The party hasn't decided on their candidates yet, but *in any case* they're sure to lose. 同党はまだ候補者を決めていないが, どっちにしても負けるに決まっている.
in cáse of ... [前] (万一)**...の場合には[のために]**, もし...したら**:** *In case of* trouble, call this number. 困ったことが起きたらこの番号に電話しなさい.
(in) níne càses òut of tén [副] 十中八九.
in nó càse [副] 決して...でない.
in thát càse [副] つなぎ語 そういうことなら, それなら**:** You'll keep it secret? *In that case*, I'll tell you the truth. 秘密にしておけますか. それなら本当のことをお話ししましょう.
(jùst) in cáse [副] 万一に備えて, まさかのときのために**:** I'll take an umbrella (*just*) *in case*. 念のため傘を持っていこう.
(jùst) in cáse ... [接] ⑴ 《米》 **もし...した場合は** [≒ if]**:** *In case* you find the man, please let me know at once. もしその男を見つけたらすぐに私に知らせてください《✪ 未来を表わす will を用いて will find とは言わない》. ⑵ **もし...だといけないから, ...**の場合の用心に**:** Take a sweater (*just*) *in case* the weather turns [should turn] cold. 寒くなるといけないからセーターを持っていきなさい.

> 類義語 **case** 話題となっている(またはそれと類似の)状況・条件を意味し, 特に他との比較において用いる**:** in my *case* 私の場合には. **instance** ある事実を一般化して述べる場合の例証として挙げられる出来事**:** in one *instance* ある場合には.

+**case**² /kéɪs/ 名 (cas·es /~ɪz/) ❶ Ⓒ [しばしば合成語で] **入れ物, ケース**, ...入れ, ...袋; 外枠; 覆(おお)い**:** a jewelry *case* 宝石入れ / a pencil *case* 筆箱 / a glass *case* (展示用の)ガラスケース[棚] / a watch with a gold *case* 金側時計.
❷ Ⓒ **箱**, 詰め箱 [≒box]**:** There are 12 bottles in the *case*. その箱には 12 本のびんが入っている.
❸ Ⓒ **ひと箱**(の量), ひとそろい, 組**:** a *case of* wine ワイン 1 箱《12 本入り》. ❹ Ⓒ 《英》 = suitcase.
— 動 他 [普通は受身で] (...)を箱に入れる, 覆う (*in*).
case·book /kéɪsbʊ̀k/ 名 Ⓒ 症例集; 判例集.
case-by-case /kéɪsbaɪkéɪs←/ 形 限定 1 件ごとの, ケースバイケースの. **on a cáse-by-càse básis** [副] 1 件ごとに, ケースバイケースで[に]**:** consider all applications *on a case-by-case basis* すべての出願を 1 件ずつ[ケースバイケースに]考慮する. 日英 日本語の「ケースバイケースで」にあたる英語は case by case よりon a case-by-case basis か It [That] depends. が普通.
cáse hístory 名 Ⓒ 病歴; 個人歴, 事例史《ケースワーク (casework) の資料としての》.
cáse làw 名 Ⓤ 〔法律〕 判例法《⇒ common law; statute law》.
case·load /kéɪslòʊd/ 名 Ⓒ (医師・裁判所・福祉事務所などの)担当件数, 取り扱い件数.
case·ment /kéɪsmənt/ 名 Ⓒ 観音開きの窓《ドアのように前または後ろに開く》.
cásement wíndow 名 Ⓒ = casement.
cáse stùdy 名 Ⓒ 事例研究, ケーススタディー《個人・集団・事物の発達や行動の事例を特に背景・環境と関連づけて詳しく研究すること》.
case·work /kéɪswə̀ːk | -wə̀ːk/ 名 Ⓤ ケースワーク《精神的・肉体的・社会的に援助を必要とする人の生活記録・環境などを調べて治療や指導をする社会福祉事業》.
case·work·er /kéɪswə̀ːkə | -wə̀ːkə/ 名 Ⓒ ケースワーカー《casework に従事する人》.

⁑**cash** /kǽʃ/ (同音 cache)
— 名 ❶ Ⓤ **現金**《硬貨・紙幣》; お金**:** pay (*in*) *cash* 現金で払う / I have no *cash* on [with] me. 私は現金の持ち合わせがない / 🗨 "Will this be *cash* or charge?" "*Cash*, please."「(この)お支払いは現金になさいますかカードになさいますか」「現金でお願いします」 // ⇒ hard cash. 関連 check 小切手.
❷ Ⓤ 《略式》 **金**(かね)《現金とは限らず, 小切手や手形なども含む》**:** I'm short [out] of *cash* now. 私はいま金が不足している[金がない] / raise *cash* 金を集める.
cásh dówn [副] 《英》 即金で.
cásh on delívery [名] 代金引き換え払い《略 COD》.
— 動 (cash·es /~ɪz/; cashed /~t/; cash·ing) 他 (...)を**現金化する**, 現金に換える**:** I'll *cash* your check for you. あなたの小切手を現金にしてあげましょう / I'd like to have this *cashed*, please. これを現金にしたいのですが.
cásh ín [動] 自 (...を利用して)もうける, (...に)つけ込む (*on*). — 他 (債券など)を現金に換える.
cásh óut [動] 他 《米》 (当日売り上げ)を合計する.
cásh úp [動] 他 《英》 = cash out.
〖語源 フランス語で「金を入れる箱 (case²)」の意〗
cash-and-car·ry /kǽʃənkǽri←/ 名 (-car·ries) Ⓒ 現金販売の大型卸売店《配送しない》; Ⓤ 現金払い持ち帰り制.
cásh càrd 名 Ⓒ 《英》 キャッシュカード.
cásh còw 名 Ⓒ (会社の)もうかる部門, ドル箱.
cásh cróp 名 Ⓒ 換金作物. 関連 subsistence crop 自給用作物.
cásh dèsk 名 Ⓒ 《英》 (店の)レジカウンター.
cásh díscount 名 Ⓒ 現金割引.
cásh dispènser 名 Ⓒ 《英》 = ATM.

cash·ew /kǽʃuː, kəʃúː/ 名 ❶ Ⓒ カシュー《西インド諸島 (West Indies) 産のうるし科の植物; 粘性ゴムを採る》. ❷ Ⓒ カシューの実, カシューナッツ.

cásh flòw 名 [Ⓤ または a ～]〔商業〕現金流出入: have *cash flow* problems 金詰まりである.

+**cash·ier** /kæʃíə | -ʃíə/ 名 (～s /～z/) Ⓒ (商店・ホテル・食堂などの)**会計係**, レジ(係)《⇒ supermarket 挿絵》; (銀行などの)出納(すいとう)係.

cash·less /kǽʃləs/ 形 キャッシュレスの, 現金の要らない.

cáshless socíety 名 Ⓒ (クレジットカードや口座振替などによる)キャッシュレス[現金不要]の社会.

cásh machìne 名 Ⓒ《英》= ATM.

cash·mere /kǽʒmɪə, kǽʃ- | kǽʃmɪə/ 名 Ⓤ カシミア《インド産のやぎの毛またはそれを用いた毛織物》.

cásh règister 名 Ⓒ レジスター, 金銭登録器《⇒ supermarket 挿絵》.

cas·ing /kéɪsɪŋ/ 名 Ⓒ 覆(おお)い, 包装; (タイヤの)被覆, (ソーセージの)皮.

+**ca·si·no** /kəsíːnoʊ/ ≪イタリア語から≫ 名 (～s) Ⓒ **カジノ**《ダンス・音楽などの催しのある賭博(とばく)場》.

cask /kǽsk | kάːsk/ 名 ❶ Ⓒ たる [≒barrel]《特に酒を入れるもの》. ❷ Ⓒ 1 たるの量 (*of*).

cas·ket /kǽskɪt | kάːs-/ 名 ❶ Ⓒ《古風》(宝石などを入れる)小箱. ❷ Ⓒ《米》棺 [≒coffin].

Cás·pi·an Séa /kǽspiən-/ 名 固 [the ～] カスピ海.

cas·sa·va /kəsάːvə/ 名 Ⓒ,Ⓤ キャッサバ《熱帯植物》; Ⓤ (根からとる)キャッサバでんぷん.

cas·se·role /kǽsəròʊl/ 名 ❶ Ⓒ 蒸し焼きなべ, キャセロール. ❷ Ⓒ,Ⓤ なべ焼き料理.

cas·sette /kəsét, kæs-/ ❗アク 名 ❶ Ⓒ カセット(テープ). 関連 videocassette ビデオのカセットテープ. ❷ Ⓒ〔写真〕パトローネ, フィルム入れ.〖語源 フランス語で「小さな箱 (case²)」の意; ⇒ -ette〗

cassétte plàyer [recòrder] 名 Ⓒ カセットプレーヤー[レコーダー].

Cas·si·o·pe·ia /kæ̀siəpíːə/ 名 固 カシオペア座《星座》.

cas·sock /kǽsək/ 名 Ⓒ (聖職者の)法衣.

***cast** /kǽst | kάːst/ (同音 caste) 動 (casts /kǽsts | kάːsts/; 過去・過分 cast; cast·ing) 他

意味のチャート
「投げる」❺ から, 比喩的に用いられて
→(一票を)「**投じる**」❶
→(視線などを)「**投げかける**」❷
→(割り振る)→「**役につける**」❸

❶ (票)を**投じる:** I have never ***cast*** a [my] vote [《米》ballot] ***for*** him. V+O+*for*+名 私は今まで彼に投票したことはない.

❷ (目)を**向ける**, 注ぐ; (光・影・疑惑など)を**投げかける**, 落とす: He ***cast*** ⌈an eye [a glance, a look] ***at*** the box. V+O+前+名 彼はその箱をちらりと見た / The bribery scandal ***cast*** doubts ***on*** the government. 収賄事件は政府に疑惑を投げかけた / His father's death ***cast*** a shadow ***over*** the family. 父の死が彼の家族に影を落とした. ❸ (人)に(～の)役を割り当てる; (劇など)の配役をする; (人・物)を(～と)みなす, (…として)描く: He *was cast* ⌈*as* Hamlet [*in* the role of Hamlet]. 彼はハムレットの役をもらった. ❹ (溶けた金属など)を鋳型に入れる; 型に入れて作る, 鋳造する: a statue *cast in* bronze ブロンズで作った像. ❺《文語》(…)を投げる; (さいころ)を振る; (釣り糸)を投げる, (網)を打つ; (魔法)をかける《⇒ spell³ 1》: The die *is cast*. さいは投げられた《⇒ die², Rubicon》. ❻ (蛇が)(皮)を脱ぐ, 脱皮する.

— 自 釣り糸を投げる.

cast の句動詞

cást abóut 動 自 = cast around.

cást aróund 動 自 捜し回る; (手段・答えなどを)急いで探し求める (*for*).

cást asíde 動 他《格式》(物・友人・不安など)を捨て去る, (習慣など)を廃する.

cást awáy 動 他 [普通は受身で] (あらしなどが)(…)を難破[遭難]させる, (島などに)打ち上げる (*on*).

cást dówn 動 他 ❶ [普通は受身で]《文語》(…)の元気をなくさせる, がっかりさせる. ❷《文語》(目など)を下に向ける, 伏せる.

+**cást óff** 動 他 ❶《文語》(要らない衣服など)を**脱ぎ捨てる**; (友人・関係など)を**捨て去る**, 見捨てる: Gauguin *cast off* his wife and children and went to Tahiti. ゴーギャンは妻子を捨ててタヒチへ行った. ❷ (船)の綱を解き放つ. ❸ (編み目)を止める.

— 自 ❶ (乗員が)船の綱を解き放つ; (船が)綱を解かれる, 出帆する. ❷ 編み目を止める.

cást ón 動 他 (編み始めの目)を立てる.

— 自 編み始める.

cást óut 動 他《文語》(…)を(～から)追い出す (*of*, *from*).

cást úp 動 他《文語》(波が)(…)を(岸などに)打ち上げる (*on*).

— 名 (casts /kǽsts | kάːsts/) ❶ Ⓒ [《英》単数形でもときに複数扱い] **出演俳優**, キャスト《全体》, 配役: The *cast* is [《英》are] waiting for the curtain to go up. 出演俳優たちは幕が上がるのを待っている / *cast* of characters (物語・出来事の)登場人物《全体》. ❷ Ⓒ ギプス(包帯) (plaster cast): have one's arm in a *cast* 腕にギプスをしている. ❸ Ⓒ 鋳型に入れて作ったもの; 鋳型. ❹ [単数形で]《格式》特徴, 気質, タイプ: an unusual *cast of* mind 特異な気質. ❺ [a ～] 色合い: a blue dress with *a cast* of gray やや灰色がかった青いドレス. ❻ Ⓒ 投げること; 釣り糸を投げること, (網を)打つこと.

cas·ta·nets /kæ̀stənéts/ 名 複 カスタネット.

cast·a·way /kǽstəwèɪ | kάːst-/ 名 Ⓒ 難船者.

caste /kǽst | kάːst/ 名 Ⓒ カースト, 階級《インドの世襲的な階級制度》; 特権階級; Ⓤ 階級制.

cast·er /kǽstə | kάːstə/ 名 Ⓒ (ピアノ・いすなどの)脚輪, キャスター.

cas·ti·gate /kǽstɪgèɪt/ 動 他《格式》(人)を厳しく批評する, 酷評する; 厳しく罰する (*for*).

cas·ti·ga·tion /kæ̀stɪgéɪʃən/ 名 Ⓤ《格式》酷評; 厳罰.

+**cast·ing** /kǽstɪŋ | kάːst-/ 名 (～s /～z/) ❶ Ⓤ **役の振り当て**, 配役. ❷ Ⓒ 鋳造物, 鋳物.

cásting vóte 名 Ⓒ [普通は単数形で] キャスティングボート《賛否同数のとき議長が投ずる》.

cást íron 名 Ⓤ 鋳鉄.

cast-i·ron /kǽstáɪən | kάːstáɪən⁻/ 形 ❶ 限定 鋳鉄の. ❷ 限定 (意志などが)断固とした; (アリバイなどが)くつがえせない, 強力な; (保証が)確実な; (胃などが)頑健な.

*****cas·tle** /kǽsl | kάːsl/ ❗発音

— 名 (～s /～z/) ❶ Ⓒ 城; 大邸宅: An Englishman's home is his *castle*. 《ことわざ》 イギリス人にとって家は城である(家庭は神聖でだれの侵入も許さない)《イギリス人はプライバシーを尊重することを言ったもの》. ❷ Ⓒ 〘チェス〙 ルーク [≒rook].

build castles in the air [動] ⓐ 空想にふける.

cast·off /kǽstɔ̀ːf | kɑ́ːstɔ̀f/ 名 Ⓒ [普通は複数形で] (不要になった)古着, おさがり; 捨てられた物.

cast-off /kǽstɔ̀ːf | kɑ́ːstɔ̀f/ 形 限定 (衣服・靴などが)脱ぎ捨てられた, おさがりの.

cas·tor /kǽstɚ | kɑ́ːstə/ 名 Ⓒ = caster.

cástor óil 名 Ⓤ ひまし油《下剤として使われた》.

cas·trate /kǽstreɪt | kæstréɪt/ 動 ⓗ (...)を去勢する.

cas·tra·tion /kæstréɪʃən/ 名 Ⓤ 去勢.

+**ca·su·al** /kǽʒuəl, kǽʒʊl/ 形

意味のチャート
「場合 (case¹) による」から「**臨時の, 不定の**」❹ → (意図的でない) →「**何気ない**」❶ → (くつろいだ) →「**ふだん着の, 軽装の**」❷ となる

❶ **何気ない**, さりげない; 気まぐれの; おざなりな, いいかげんな, むとんちゃくな; 形式ばらない, 打ち解けた: a *casual* remark ふとした[出まかせの]ことば / a *casual* attitude おざなりな態度 / a *casual* observer 注意深くない観察者 / She tried to appear [sound] *casual* as she answered. 彼女はさりげなく答えようとした / He is surprisingly ***casual about*** win*ning* the game. [+about+動名] 彼は勝負には驚くほどむとんちゃくだ / a *casual* atmosphere 打ち解けた雰囲気.

❷ [普通は 限定] (衣服などが)**ふだん着の**, 軽装の, カジュアルな [⇔ formal]: *casual* clothes ふだん着 / shoes for *casual* wear ふだんばきの靴 / *casual* Friday 《米》 ふだん着で勤務してよい金曜日. ❸ [普通は 限定] (付き合いなどが)深くない, 行きずりの: a *casual* acquaintance ちょっとした知り合い. ❹ [普通は 限定] 臨時の, 不定の: *casual* workers 臨時労働者 / a *casual* visitor ときおり来る人. ❺ 限定 偶然の, 思いがけない: a *casual* encounter 偶然の出会い.

— 名 ❶ [複数形で] ふだん着, 軽装. ❷ Ⓒ 臨時労働者.

ca·su·al·ly /kǽʒuəli, kǽʒʊli/ 副 ❶ 何気なく, さりげなく, 無造作に: He glanced *casually* over the front page of the paper. 彼は何気なく新聞の1面を眺めた. ❷ 略式で: He was *casually* dressed in jeans and a T-shirt. 彼はジーンズとTシャツというふだん着だった. ❸ 臨時に.

+**ca·su·al·ty** /kǽʒuəlti, -ʒʊl-/ 名 (-al·ties) ❶ Ⓒ (事故などの)**死傷者**, 負傷者, 遭難者; 戦死者: The bombing caused heavy *casualties*. 爆撃で多数の死傷者が出た. ❷ Ⓒ (ある事の)被害者, 犠牲者 (*of*). ❸ Ⓒ 《英》 = emergency room.

*****cat** /kǽt/

— 名 (cats /kǽts/) ❶ Ⓒ **猫**: She has a *cat*. 彼女は猫を飼っている / Was it a *cat* I saw? 私が見たのは猫でしたか《回文》 / A *cat* may look at a king. 《ことわざ》 猫でも王様を見られる(身分の低い者でも相応の権利がある) / When [While] the *cat*'s away the mice will play. 《ことわざ》 猫のいない間にねずみは遊ぶ(「鬼のいぬ間に洗濯」). 関連 kitten 子猫 / pussy 《小児語》 猫ちゃん / tomcat 雄猫.

日英 猫は犬に次いで英米人の日常生活で親しまれている動物であるが, 英米では犬とは仲が悪いものとされている. 日本でいう「かつおぶし」に当たる好物はミルクで, 主として小形のねずみ (mouse) を捕らえる (⇒ dog 参考). また, しぶとく執念深いとされ, ことわざにも A *cat* has nine lives. 猫は9つの命を持つ / Curiosity killed the *cat*. 好奇心は猫をも殺した(詮索好きは身を誤る)などがある. ✪ 鳴き声については ⇒ cry 表.

❷ Ⓒ ねこ科の動物《ライオン・とら・ひょうなど》. 関連 wildcat 山猫. ❸ Ⓒ 《古風, 米俗》 男, やつ.

Cát gòt your tóngue? Ⓢ 猫に舌をとられてしまったのかな《質問に答えない子供などに向かって言うことば》.

lèt the cát òut of the bàg [動] ⓐ (うっかり)秘密を漏らす. 由来 豚の代わりに猫を入れて売ろうとしたのに, 袋から猫が飛び出してもくろみがばれてしまったことから.

lìke a cát on 「a hót tín róof [《英》 hót brícks] [形・副] とても神経質な[に], びくびくした[して]. 由来 熱いトタン屋根[れんが]の上を猫が歩くように, の意.

lìke the cát that 「áte the canáry [《英》 gót the créam] [副] 得意げに.

lóok lìke sòmething the cát bróught [drágged] ín [動] ⓐ 《略式》 (人が)きたならしい, だらしない.

pláy (a gáme of) cát and móuse with ... [動] ⓗ ...をなぶりものにする, いたぶる.

pút [sét] the cát amòng the pígeons [動] ⓐ 《英》 (秘密を漏らしたりして)大騒ぎを起こす. 由来 はとの群れに猫を放つ, の意.

cat·a·clys·m /kǽṭəklìzm/ 名 Ⓒ 《文語》 (自然の)大変動《特に大洪水や大地震》, 大異変; 大動乱《戦争・革命など》.

cat·a·clys·mic /kæ̀ṭəklízmɪk⁻/ 形 《文語》 大変動の, 大異変の; 大動乱の.

cat·a·comb /kǽṭəkòʊm/ 名 Ⓒ [普通は複数形で] 地下墓地《通路や部屋がある》.

Cat·a·lan /kǽṭəlæ̀n/ 形 カタルーニャ(人[語])の.

— 名 Ⓤ カタルーニャ語.

***cat·a·log** /kǽṭəlɔ̀ːg | -lɔ̀g/ 名 Ⓒ, 動 《米》 = catalogue.

***cat·a·logue** /kǽṭəlɔ̀ːg | -lɔ̀g/ ❗アク 名 (~s/~z/) ❶ Ⓒ **カタログ**, 目録: a mail-order *catalogue* 通信販売のカタログ / the *catalogue* of new cameras 新型カメラのカタログ. ❷ Ⓒ 《米》 (大学の)講義要項[一覧]. ❸ Ⓒ (悪いことの)連続, 一連のもの [≒series]: a *catalogue of* terrorist crimes 一連のテロ犯罪.

— 動 ⓗ (...)の目録を作る; (...)を目録に載せる; (...)を列挙する. 〘⇒ dialogue キズナ〙

Cat·a·lo·nia /kæ̀ṭəlóʊnjə/ 名 固 カタロニア, カタルーニャ《スペイン北東部の地方》.

ca·tal·y·sis /kətǽləsɪs/ 名 Ⓤ 〘化学〙 触媒作用, 接触反応.

cat·a·lyst /kǽṭəlɪst/ 名 ❶ Ⓒ 〘化学〙 触媒. ❷ Ⓒ (変化などを)促進する[きっかけとなる]もの[人] (*for*).

cat·a·lyt·ic /kæ̀ṭəlíṭɪk⁻/ 形 触媒作用の.

catalýtic convérter 名 Ⓒ 触媒コンバーター《自動車の排気ガス浄化装置》.

cat·a·ma·ran /kæ̀ṭəmərǽn/ 名 Ⓒ 双胴船.

cat·a·pult /kǽṭəpʌ̀lt/ 名 ❶ Ⓒ カタパルト《空母からの航空機射出装置》. ❷ Ⓒ 《英》 (石などを飛ばす)おもちゃのぱちんこ [《米》 slingshot]. ❸ Ⓒ 石弓《昔の投石用武器》. — 動 ⓗ ❶ (...)を勢いよく放つ[押し出す]; ほうり出す. ❷ (...)を急に(ある状態に)追いやる,

急に(スターの座などへ)押し上げる (*to*).

cat·a·ract /kǽṭərækt/ 名 ❶ C 〔医学〕白内障. ❷ C 《文語》大きな滝. 関連 cascade 小さな滝.

ca·tarrh /kətάɚ | -tά:/ 名 U カタル《粘膜の炎症, (特に)鼻[咽喉]カタル, 鼻かぜ》.

ca·tas·tro·phe /kətǽstrəfi/ 名 ❶ C,U (突然の)大災害, 大異変《破滅をもたらすようなもの; ⇒ disaster 類義語》. ❷ C (...にとっての)大打撃, 大被害 (*for*): suffer a *catastrophe* 大打撃をこうむる.
(形 càtastróphic)

ca·tas·troph·ic /kæ̀ṭəstrά(:)fɪk | -trɔ́f-/ 形 大災害を与える; 大変動の; 破滅[悲劇]的な.
(名 catástrophe)

cat·call /kǽtkɔ̀:l/ 名 C [普通は複数形で] (競技場・劇場などの)不満・不快を表わすやじ[鋭い口笛].

***catch** /kǽtʃ/

— 動 (catch·es /~ɪz/; 過去・過分 caught /kɔ́:t/; catch·ing)

> **単語のエッセンス**
> 基本的には「捕らえる」の意.
> 1) 捕らえる; (内容をとらえる)わかる 他 ❶; ❻
> 2) (現場を捕らえる)見つける 他 ❷
> 3) (乗り物を捕らえる)間に合う, 乗る 他 ❸
> 4) (好ましくないものを捕らえる)かかる 他 ❹
> 5) (心をとらえる)引く, 引きつける 他 ❼

— 他 ❶ (動いている物・人)を**捕らえる**, つかまえる《⇒ 類義語》; (球など)を受け(止め)る; (容器が)(液体など)を受け止める: The cat *caught* a mouse. 猫はねずみをつかまえた / I *caught* three fish yesterday. きのう魚を3匹捕った / The murderer has not *been caught* yet. V+O の受身 その殺人犯はまだつかまっていない / You must *catch* the ball with both hands. ボールは両手で捕れ / He ***caught*** me ***by the*** arm. V+O+*by*+名 彼は私の腕をつかんだ《⇒ the[1] 2 語法》.

❷ (人)が(よからぬことをしているのを)**見つける**; (様子・感情・においなど)に気づく; (病気など)を発見する: I ***caught*** him ***in*** the act of stealing. V+O+前+名 私は彼が盗みをしている現場を押さえた / The teacher *caught* the student cheat*ing* on [《英》in] the examination. V+O+C (現分) 教師は生徒が試験でカンニングしているのを見つけた / Cancers can be cured if they are *caught* early enough. 癌(がん)は早期発見で治せることもある.

❸ (列車・バス・飛行機など)に**乗る**; ...に**間に合う** [⇔ miss]; 追いつく, (人)とうまく接触する, 連絡がつく: I *caught* the ten o'clock train. 10時発の列車に間に合った / I'm glad I've finally *caught* you. やっとあなたに連絡がついてよかった《電話口などで》.

❹ (病気)に**かかる**, 感染する (*from*); (気分など)に染まる; (火)がつく: I've *caught* a bad cold. ひどいかぜをひいた / *catch* fire 火がつく.

❺ (指・衣服など)を(...に)**引っかける**, はさむ; (物が)(...)にからまる; (...)に当たる, ぶつかる [≒hit]: I ***caught*** my trousers ***on*** a nail. V+O+前+名 ズボンをくぎに引っかけた / My finger got ***caught in*** the door. 指がドアにはさまれた / A stone *caught* me *on the* head. 石が頭に当たった《⇒ the[1] 2》.

❻ [普通は否定文・疑問文で] Ⓢ (ことばなど)を**聞き取る**, わかる《⇒ know 類義語》: I did*n't* quite *catch* what you said. あなたの言ったことがよく聞き取れませんでした.

❼ (注意・興味・関心など)を**引く**, 引きつける: The picture *caught* my eye [attention]. その絵が目に留まった[私の注意を引いた]. ❽ (人)を(不意に)襲う; [普通は受身で] (人)が(困った事態などに)あう: We *were caught in* a storm on the way. 私たちは途中であらしにあった / *be caught without* ... (必要な時に)...を持ち合わせていない. ❾ (文章などが)(...)を巧みに描く; (写真などが)(...)をうまくとらえる. ❿ (風・光が)(...)に当たる; (物が)(風・光)を受ける. ⓫ Ⓢ 《米》(番組・映画・公演など)を見る, 聞く; (...)をする: *catch* a movie 映画を見る / *catch* a ride 車に同乗する.

— 自 ❶ 受け(止め)る; 〔野球〕捕手をする. ❷ 引っかかる, からまる; (かぎが)かかる: His shirt *caught* on a nail and tore. 彼のシャツがくぎに引っかかってやぶれた. ❸ (火が)つく, 発火する: This match won't *catch*; it must be damp. このマッチは火がつかない. きっと湿っているのだ.

cátch it [動] 自 《英略式》(子供が)しかられる, 罰を受ける: You'll *catch it*! しかられるぞ.

cátch onesèlf dóing [動] 自 自分が...していることにふと気づく.

Cátch you láter. Ⓢ じゃあまた後で.

You wón't cátch me dóing ... Ⓢ (私は)...はやらない: *You won't catch me* work*ing* on Sundays. 日曜日なんかに働きませんよ.

> **catch の句動詞**
>
> †**cátch at ...** 動 他 **...をつかまえようとする**: A drowning man will *catch at* a straw. 《ことわざ》おぼれる者はわらをもつかむ《⇒ clutch[1] 自; at 3 語法》.
>
> †**cátch ón** 動 自 ❶ 《略式》**わかってくる**, 理解する, 気づく: Tom's a beginner, but he *catches on* fast. トムは初心者だがのみ込みが早い / He had been taking money from the cash register for a year before his employer *caught on*. 雇い主が気づくまで1年間彼はレジから金を盗んでいた. ❷ (...に)人気が出る (*with*): This brand is starting to *catch on*. このブランドは人気が出始めている.
>
> **cátch ón to ...** [動] 他 《略式》...を理解する.
>
> **cátch óut** 動 他 ❶ 《主に英》(人)のうそ[悪事, 無知]を明らかにする, (人)にぼろを出させる. ❷ (物事が)(人)を困った事態に陥れる.
>
> ***cátch úp** 動 自 **追いつく**, 遅れを取り戻す: He walked so fast that I couldn't *catch up*. 彼がとても速く歩いたので追いつけなかった. — 他 《英》(人)に追いつく.
>
> **be cáught úp in ...** [動] 他 (心ならずも)...に巻き込まれる.
>
> **cátch úp on ...** [動] 他 (1) ...の遅れ[不足]を取り戻す. (2) (新しい情報など)に追いつく, 通じる.
>
> **cátch úp with ...** [動] 他 (1) **...に追いつく**: They *caught up with* us later. 彼らはあとで私たちに追いついた. (2) (犯人など)を逮捕する, 罰する. (3) (避けていた問題・困難などが)(人)を悩ませ始める, (人)につけが回ってくる.

類義語 **catch** 人・動物などをつかまえることを表わす一般的なことば. 追いかけたうえでつかまえることを意味することが多い: I *caught* a beautiful butterfly. 私はきれいなちょうをつかまえた. **capture** *catch* より格式ばった語で, 力ずくで, または奇襲などによって抵抗する敵や犯人などを捕らえることを意味する: They *captured* an enemy soldier. 彼らは敵の兵士を捕らえた.

trap わなを用いたり策略にかけて捕らえること: The hunters *trapped* a lion. そのハンターたちはライオンをわなで捕らえた. (⇒ take 類義語)

— 名 (~·es /~ɪz/) ❶ C 捕らえること, つかまえること; (球技の)捕球; U キャッチボール: make a great *catch* ナイスキャッチをする (⇒ nice 形 1 日英) / play *catch* キャッチボールをする. 日英「キャッチボール」は和製英語. ❷ C [普通は単数形で]《略式》策略, わな; (隠れた)問題点: There must be a *catch to* his question. 彼の質問にはわながあるに違いない. ❸ C 捕らえたもの; 漁獲高: a poor *catch* of fish 不漁. ❹ C (戸などの)引き金, 留め金, 掛けがね. 関連 safety catch 安全装置. ❺ [a ~]《古風》[ときにこっけいに] よい結婚相手. ❻ C (感情の高ぶりによる)声のつまり, つかえ.

catch·all /kǽtʃɔ̀:l/ 名 C《米》雑多な物入れ; 包括的なもの《語句など》. — 形 限定 包括的な.

catch·er /kǽtʃɚ, kéʧɚ | kǽtʃə/ 名 ❶ C〔野球〕捕手, キャッチャー: play *catcher* キャッチャーをする (⇒ play 他 3 語法). 関連 pitcher 投手 / battery バッテリー. ❷ C [普通は合成語で] 捕らえる人[もの].

catch·ing /kǽtʃɪŋ/ 形 叙述《略式》伝染性の; (感情などが)人に移る [≒infectious].

cátch·ment àrea /kǽtʃmənt-/ 名 ❶ C (湖·川などの)集水地域, 流域. ❷ C《英》(学校·病院などの)受け持ち区域, 通学[通院]区域.

catch·phrase /kǽtʃfrèɪz/ 名 C (政治家·有名人などの)決まり文句; 標語, キャッチフレーズ. 日英 日本でいう「キャッチフレーズ」に相当する英語は slogan のことが多い.

catch-22 /kǽtʃtwèn(t)itú: | -ti-/ 名 [U または a ~] (どう行動しても行き詰まる)困った状況, ジレンマ《米国の作家 Joseph Heller の同名の小説のタイトルから》: a *catch-22* situation 動きのとれない状況.

catch·word /kǽtʃwɚ̀:d | -wə̀:d/ 名 C 標語, キャッチフレーズ.

catch·y /kǽtʃi, kéʧi | kǽtʃi/ 形 (catch·i·er; -i·est) (曲·語句などが)覚えやすい.

cat·e·chis·m /kǽṭəkìzm/ 名 [単数形で] (教会の)教義問答書[集].

cat·e·gor·i·cal /kæ̀ṭəgɔ́:rɪk(ə)l | -gɔ́r-⁺/ 形 [普通は 限定] (答えや陳述が)断定的な, 無条件の; 明確な: a *categorical* denial 断固とした否認.

cat·e·gor·i·cal·ly /kæ̀ṭəgɔ́:rɪkəli | -gɔ́r-/ 副 断定的に; 断固として, 明確に: She *categorically* denied the rumor. 彼女はうわさをきっぱりと否定した.

***cat·e·go·rize** /kǽṭɪgəràɪz/ 動 (-go·riz·es /~ɪz/; -go·rized /~d/; -go·riz·ing) 他 (...)を**部門分けする**, 分類する (*as, according to*) [≒classify]. (名 cátegòry)

***cat·e·go·ry** /kǽṭəgɔ̀:ri | -gə-/ アク 名 (-go·ries /~z/) C **部門**, **部類** [≒class]: fall into three *categories* 3 種類に分類される / What *category* would you put this book in? この本はどの部門に入れますか / He leads *in* three *categories*. 彼は 3 部門で首位だ. (動 cátegorìze)

+**ca·ter** /kéɪṭɚ | -tə/ 動 (ca·ters /~z/; ca·tered /~d/; -ter·ing /-ṭərɪŋ/) 自 ❶ (業者などが出向いて)(パーティーなどに)**料理を提供する**, 仕出しをする: This restaurant also *caters for* [*at*] weddings and parties. V+for [at]+名 このレストランは婚礼やパーティーのケータリングもやっている. ❷ (...の)要求を満たす, (...に)必要なものを供給する (《米》*to*, 《英》*for*): programs *catering for* boys 少年向きの番組. ❸ (低俗な趣味·興味などに)迎合する (*to*). — 他《米》(業者などが出向いて)(パーティーなど)に料理を提供する.

ca·ter·er /kéɪṭərɚ | -rə/ 名 C 仕出し[ケータリング]業者, 仕出し屋.

ca·ter·ing /kéɪṭərɪŋ, -trɪŋ/ 名 U 仕出し(業), ケータリング(サービス) (*for*).

cat·er·pil·lar /kǽṭəpìlɚ | -təpìlə/ 名 ❶ C いも虫, 毛虫. ❷ C [C-] キャタピラー《商標》.

cat·er·waul /kǽṭɚwɔ̀:l | -tə-/ 動 自 (猫などが)ぎゃーぎゃー鳴く[騒ぐ].

+**cat·fish** /kǽtfɪʃ/ 名 (複 ~, ~·es) ❶ C なまず. ❷ C《略式》(SNS で)架空の人物になりすましてだます人.

cat·gut /kǽtgʌ̀t/ 名 U ガット, 腸線《弦楽器·テニスのラケット·外科手術用縫い糸に用いる》.

ca·thar·sis /kəθɑ́ɚsɪs | -θɑ́:-/ 名 (複 ca·thar·ses /kəθɑ́ɚsi:z | -θɑ́:-/) U,C《格式》カタルシス《芸術などによる感情の浄化; 怒り·悲しみからの解放》.

ca·thar·tic /kəθɑ́ɚṭɪk | -θɑ́:-/ 形《格式》カタルシスの, 浄化をもたらす.

+**ca·the·dral** /kəθí:drəl/ アク 名 (~s/~z/) C〔キリスト教〕**大聖堂**, 司教[主教]座聖堂, カテドラル《司教[主教] (bishop) の座があり, 司教[主教]管区 (diocese) を代表する》; (一般に)大寺院: a *cathedral* city《英》大聖堂のある町. 関連 dean 首席司祭 (cathedral の長).
〖語源 ラテン語で「司教の座のある(寺院)」の意; chair と同語源〗

Cath·e·rine /kǽθ(ə)rɪn/ 名 固 キャサリン《女性の名; 愛称は Cathie, Cathy, Kate, Kittie または Kitty》.

cath·e·ter /kǽθəṭɚ | -tə/ 名 C〔医学〕カテーテル《尿道·血管などに挿入する管》.

Cath·ie, Cath·y /kǽθi/ 名 固 キャシー《女性の名; Catherine の愛称》.

cath·ode /kǽθoʊd/ 名 C〔電気〕陰極 [⇔ anode].

cáth·ode-ray tùbe /kǽθoʊdrèɪ-/ 名 C〔電気〕陰極線管, ブラウン管 (略 CRT).

cath·o·lic /kǽθ(ə)lɪk/ 形《格式》包括的な, (関心などが)幅広い: have *catholic* tastes 幅広い趣味を持つ.

***Cath·o·lic** /kǽθ(ə)lɪk/ アク 形 **(ローマ)カトリック(教会)の**, (キリスト教の)旧教の; [ときに c-] 全キリスト教徒[教会]の: the *Catholic* Church (ローマ)カトリック教会; 全キリスト教会. 関連 Protestant プロテスタントの. — 名 C カトリック教徒.

Ca·thol·i·cis·m /kəθɑ́(:)ləsìzm | -θɔ́l-/ 名 U カトリック, カトリックの教義[信仰].

Cath·y /kǽθi/ 名 固 = Cathie.

cat·kin /kǽtkɪn/ 名 C (かば·柳などの)ねこ《猫の尾のように垂れる花穂(かすい)》;〔植物〕尾状花序.

cat·nap /kǽtnæ̀p/ 名 C《略式》うたた寝. — 動 (-naps; -napped; -nap·ping) 自《略式》うたた寝する.

cat·nip /kǽtnìp/ 名 U いぬはっか《猫がそのにおいを好む》.

CÁT scàn /kǽt-/ 名 C X 線体軸断層撮影による検査, CT スキャン; X 線体軸断層写真.

cát's crádle /kǽts-/ 名 U あや取り遊び.

cat's-eye /kǽtsàɪ/ 名 ❶ C 猫目石, キャッツアイ《宝石》. ❷ C《英》(道路などの)夜間反射装置《元来は商標》.

cat·suit /kǽtsù:t | -s(j)ù:t/ 名 C キャットスーツ《ボディラインを強調した女性用のぴったりしたスーツ》.

cat·sup /kéʧəp, kǽtsəp/ 名 U《米》= ketchup.

+**cat·tle** /kǽṭl/ 名 [複数扱い] (家畜としての)**牛**, 肉牛

《cows, bulls, oxen など》: raise *cattle* 牛を飼う / beef [dairy] *cattle* 肉牛[乳牛] / The farmer had fifty (head of) *cattle*. その農夫は50頭の牛を飼っていた《⇒ head 名 5》. ✪ 鳴き声については ⇒ cry 表.

cattle (家畜としての牛全体)	牛
cow (雌牛・乳牛)	
bull (去勢されない雄牛・種牛)	
ox (農耕や荷車用の去勢牛)	

〖語源 ラテン語で「財産」の意で capital と同語源; 家畜は財産であったことから〗

cáttle guàrd [《英》**grìd**] 名 C 牛逃亡防止溝《牛が逃げ出さないように溝の上に横木をわたしたもの》.

cat·tle·man /kǽṭlmən/ 名 C 牛飼い.

cat·ty /kǽṭi/ 形 (cat·ti·er; cat·ti·est) 《略式》(特に女性が)意地の悪い.

cat·ty-cor·ner(ed) /kǽṭikɔ̀ənə(d) | kæ̀tikɔ́:nə(d)←/ 形 副 《米略式》対角線上の[に], 斜めの[に].

CATV /síːèɪtìːvíː/ 略 = cable television; = community antenna television 共同アンテナテレビ.

cat·walk /kǽtwɔ̀ːk/ 名 C (ファッションモデルが歩く)花道; (船の機関室・橋・作業場などの)狭い通路.

Cau·ca·sia /kɔːkéɪʒə/ 名 固 コーカサス, カフカス《黒海とカスピ海の間にある地方》.

Cau·ca·sian /kɔːkéɪʒən/ 形 ❶ 白色人種の, 白人の [≒white]. ❷ コーカサス[カフカス]の; カフカス人の.
— 名 C 白人 [≒white]; カフカス人.

Cau·ca·sus /kɔ́ːkəsəs/ 名 固 ❶ [the ~] = Caucasus Mountains. ❷ = Caucasia.

Cáucasus Móuntains 名 固 複 [the ~] コーカサス[カフカス]山脈《黒海 (Black Sea) とカスピ海 (Caspian Sea) との間の山脈》.

cau·cus /kɔ́ːkəs/ 名 C (政党の)幹部会, 党員集会《候補者指名・政策決定などを行なう》; 地区委員会.

***caught** /kɔ́ːt/ ✪ -ght で終わる語の gh は発音しない. (同音《英》court)
動 catch の**過去形および過去分詞**.

caul·dron /kɔ́ːldrən/ 名 C = caldron.

cau·li·flow·er /kɔ́ːlɪflàʊə, ká(ː)lɪ- | kɔ́lɪflàʊə/ 名 U,C カリフラワー, 花野菜.

cáuliflower éar 名 C (ボクサーなどの)つぶれた耳.

caulk /kɔ́ːk/ 動 他 (船)の継ぎ目に防水物質を詰める; (...)のすきまをふさぐ.

caus·al /kɔ́ːz(ə)l/ 形 《格式》原因の, 原因となる; 因果関係の; 〖文法〗原因[理由]の: a *causal* relationship 因果関係. (名 cause)

cau·sal·i·ty /kɔːzǽləṭi/ 名 U 《格式》因果関係.

cau·sa·tion /kɔːzéɪʃən/ 名 U 《格式》原因; 因果関係.

caus·a·tive /kɔ́ːzəṭɪv/ 形 ❶ 《格式》原因となる, (...を)引き起こす. ❷ 〖文法〗使役的な: a *causative* verb 使役動詞《make, have, let など》.

***cause** /kɔ́ːz/
— 名 (caus·es /~ɪz/)

> 意味のチャート
> 「**原因**」❶ → (原因となる根拠) → 「**理由**」❷ → (正しい理由) → 「**大義**」❸

❶ C **原因**《ある結果 (effect) を生ずるもの》, 原因となる人[物]: The police are trying to find the *cause of* the fire. 警察は火事の原因を突き止めようとしている / *cause* and effect 原因と結果《無冠詞; ⇒ and 1 語法 (1)》.

❷ U (正当な)**理由**, 根拠; 言い分; 動機, いわれ [≒reason]: There is no ***cause for*** complaint [concern]. 不平を言う[心配する]理由は何もない / The news gave (us) *cause for* hope. その知らせは(私たちに)希望を抱かせた / You have no ***cause to*** go back now. [+*to* 不定詞] 今戻るべき理由はない / ***with*** [***without***] ***good cause*** 正当な理由があって[正当な理由なしに].

❸ C **大義**, 主義, 主張, 大目的; (道徳的な)運動: work for the ***cause of*** human rights 人権を守るために努力する / The *cause* they are fighting for is racial equality. 彼らが戦っている目標は人種的な平等である. ❹ C 〖法律〗訴訟事由.

for [in] a góod cáuse [形・副] 立派な目的のためで[に].

màke cómmon cáuse with ... [動] 他 《格式》(共通の目的のために)...と協力する. (形 cáusal)

— 動 (caus·es /~ɪz/; caused /~d/; caus·ing) 他 ❶ **(...)の原因となる**, (...)を引き起こす《普通はよくないことに用いる》: Careless driving *causes* accidents. 不注意な運転は事故をまねく / 言い換え What *caused* her death? (= What was the cause of her death?) 彼女の死因は何だったのか / 言い換え Your mistake *caused* the company a lot of trouble. [V+O+O] = Your mistake *caused* a lot of trouble ***for*** the company. [V+O+*for*+名] あなたのミスが会社に大きな迷惑をかけた《⇒ for 前 A 1 語法》/ The flood ***was caused by*** heavy rain. [V+O の受身] 洪水は豪雨で生じた.

❷ (...)に～ **させる**: Acid rain ***causes*** plants ***to*** die. [V+O+C (*to* 不定詞)] 酸性雨で植物が枯れる / What *caused* you *to* change your mind? 何で君は考えを変えたんだ.

cause·way /kɔ́ːzwèɪ/ 名 C 土手道《湿地などに通したもの》; 歩道《車道より高い》.

caus·tic /kɔ́ːstɪk/ 形 ❶ 限定 腐食性の, 苛性(かせい)の. ❷ (人・言葉が)痛烈な, 手厳しい.

cáustic sóda 名 U 苛性(かせい)ソーダ.

cau·ter·ize /kɔ́ːṭəràɪz/ 動 他 〖医学〗(傷口など)を焼く《出血や化膿(かのう)を防ぐため》.

+**cau·tion** /kɔ́ːʃən/ 名 (~s /~z/) ❶ U **用心**, 注意, 慎重さ: proceed ***with caution*** 用心して進む / use [exercise] extreme [great] *caution* 十分に注意する / *Caution* is advised. ご注意願います. ❷ U,C 警告, 注意; 《英》(警察官などの)警告 [≒warning]: Here's a word of *caution*. ここでひと言注意しておく / The policeman let him off with a *caution*. 警官は警告するだけで彼を放免した.

thrów [cást] cáution to the wínd(s) [動] 自 大胆な行動にでる. (形 cáutious, cáutionàry)

— 動 (cau·tions /~z/; cau·tioned /~d/; -tion·ing /-ʃ(ə)nɪŋ/) 他 ❶ 《格式》(...)に**警告する**, 用心させる; (...)に～と注意する, 忠告する [≒warn]: He ***cautioned*** me ***against*** [***about***] drink***ing*** the water. [V+O+*against* [*about*]+動名] 彼は私にその水を飲むのは危ないと警告した / The official ***cautioned*** them ***that*** taking pictures was not allowed there. [V+O+O (*that* 節)] 役人は彼らにそこでは写真撮影は許されていないと

警告した / She *was* ***cautioned*** not ***to*** park there. V+O+C (to 不定詞)の受身 彼女はそこに駐車するなと注意された. ❷ [普通は受身で]《英》(人)に(再度違反すると罰せられると)警告する; (被疑者)に(供述が裁判で証拠として用いられると)警告する.
— 自 警告する (*against*).

cau·tion·ar·y /kɔ́ːʃənèri | -ʃ(ə)nəri/ 形 限定 警告を与える: a *cautionary* tale 教訓となる話. (名 cáution)

*__cau·tious__ /kɔ́ːʃəs/ 形 **用心深い**, 注意深い, 慎重な (⇒ careful 類義語) [⇔ incautious]: a *cautious* approach 用心深い取り組み / a *cautious* driver 慎重な運転をする人 / He's ***cautious about*** express*ing* his opinion. +about+動名 彼は自分の意見を述べることについて慎重だ 多用 / Be ***cautious of*** your tongue. +of+名 口を慎みなさい / You must be ***cautious with*** a razor. +with+名 かみそりを使用するときは注意しなさい. (名 cáution)
~·ly 副 用心して, 慎重に: *cautiously* optimistic 慎重ながら楽観的な.

cav·al·cade /kæ̀vəlkéɪd←/ 名 ❶ C [《英》単数形でもときに複数扱い] (人・車の)パレード; 騎馬[馬車]の行列. ❷ C (物事の)連続 (*of*).

cav·a·lier /kæ̀vəlíɚ | -líə←/ 形 (他人の感情や重大事に)むとんちゃくな; いいかげんな: a *cavalier* attitude いいかげんな態度.

+**cav·al·ry** /kǽv(ə)lri/ 名 U [普通は the ~;《英》ときに複数扱い] **装甲部隊**《全体》; 騎兵(隊)《全体》.

cav·al·ry·man /kǽv(ə)lrimən/ 名 (-men /-mən/) C (1人の)騎兵; 装甲部隊員.

*__cave__ /kéɪv/ 名 (~s /~z/) C **洞穴**, 洞窟(どうくつ): They used to live in *caves*. 彼らは昔は洞穴に住んでいた.
— 動 [次の成句で] **cáve ín** [動] 自 (1) へこむ; 陥没[崩落]する (*on*). (2) 屈服[降参]する, 音を上げる (*to*).

ca·ve·at /kǽviæ̀t/ 名 C 《格式》(考慮すべき)警告, ただし書き (*that*).

cave-in /kéɪvɪ̀n/ 名 ❶ C (鉱山の)落盤, 陥没(個所). ❷ C 降参, 屈服.

cave·man /kéɪvmæ̀n/ 名 (-men /-mèn/) ❶ C (石器時代の)穴居人. ❷ C 《略式》無作法な男.

cav·ern /kǽvɚn | -və(ː)n/ 名 C (大きな)洞窟(どうくつ).

cav·ern·ous /kǽvɚnəs | -və-/ 形 《格式》(空間・建物などが)洞穴のような, 奥行きがあって広い.

cav·i·ar, -i·are /kǽviɑ̀ɚ | -ɑ̀ː/ 名 U キャビア《ちょうざめ (sturgeon) の卵の塩漬け》.

cav·il /kǽv(ə)l/ 動 (cav·ils; cav·iled, 《英》 cav·illed; -il·ing, 《英》 -il·ling) 自 《格式》(必要以上に)けちをつける, あらを探す (*at*). — 名 C,U けち, 文句.

cav·ing /kéɪvɪŋ/ 名 U (スポーツとしての)洞窟探検.

cav·i·ty /kǽvəṭi/ 名 (-i·ties) ❶ C 《格式》くぼみ, 穴; 空洞. ❷ C 〔解剖〕腔(こう). ❸ C 《格式》虫歯の穴: You have two *cavities*. 虫歯が2か所あります.

cávity wàll 名 C (空間を挟んだ)二重壁.

ca·vort /kəvɔ́ɚt | -vɔ́ːt/ 動 自 (人が)うるさく跳ね回る, はしゃぎ回る, 楽しそうに戯れる (*with*).

caw /kɔ́ː/ 名 C (からすの)かあかあという鳴き声. — 動 自 からすが鳴く (⇒ cry 表 crow).

cáy·enne pépper /káɪèn-, kéɪ-/ 名 U とうがらし粉《薬味》; とうがらし(の実).

CB /síːbíː/ 名 U,C 市民バンド《トランシーバー用などの個人用周波数帯; *C*itizens(') *B*and の略》.

CBS /síːbìːés/ 名 固 CBS《米国の3大放送会社の1つ; 旧社名 *C*olumbia *B*roadcasting *S*ystem の略 ⇒ ABC[2], NBC》.

cc /síːsíː/ 略 = carbon copy《手紙・Eメールなどで同じ文面を別の人に送る場合に用いる》, cubic capacity (⇒ cubic), cubic centimeter(s) (⇒ cubic).

CCTV /síːsìːtìːvíː/ 略 = closed-circuit television.

*__CD__[1] /síːdíː/ 名 (~s /~z/) C **CD, シーディー**《*c*ompact *d*isc の略》: play a *CD* CD をかける.

CD[2] 略 = certificate of deposit 預金証書.

CD plàyer 名 C CD プレーヤー.

CD-ROM /síːdìːrɑ́(ː)m | -rɔ́m/ 名 C,U CD ロム《コンピューターの情報読み出し専用コンパクトディスク; *c*ompact *d*isk *r*ead-*o*nly *m*emory の略》.

CDT /síːdìːtíː/ 略 ❶《米》= Central Daylight Time 中部夏時間. ❷《英》= Craft, Design, and Technology (教科としての)工作.

C.E. /síːíː/ 略 = Common Era 西暦, 紀元.

*__cease__ /síːs/ 発音 動 (ceas·es /~ɪz/; ceased /~t/; ceas·ing) 他 《格式》(続けていたこと)を**やめる**, 終える; ...ではなくなる, ...しなくなる (⇒ stop 類義語) [⇔ continue]: He ***ceased*** paint*ing*. V+O (動名) 彼は絵をかくのをやめた[絵筆を休めた] / The Western Roman Empire ***ceased to*** exist in 476. V+O (to 不定詞) 西ローマ帝国は476年に滅びた / He never *ceases to* amaze me. 彼にはいつも驚かされる / *Cease* fire! 撃ち方やめ《射撃中止の命令》.
— 自 《格式》(続いていたことが)**やむ**, 終わる: The cheering *ceased* suddenly. 声援がぴたりとやんだ. (名 cessátion)
— 名 [次の成句で] **withòut céase** [副] 《格式》絶え間なく.

*__cease-fire__ /síːsfàɪɚ | -fàɪə/ 名 (~s /~z/) C **停戦(命令)**: a *cease-fire* agreement 停戦協定.

cease·less /síːsləs/ 形 《格式》絶え間のない.
~·ly 副 絶え間なく.

Ce·cil /síːs(ə)l, sésl | sésl/ 名 固 セシル《男性の名》.

Ce·ci·lia /səsíːljə, -síl-/ 名 固 セシリア《女性の名》.

+**ce·dar** /síːḍɚ | -də/ 名 (~s /~z/) ❶ C **ヒマラヤ杉**. ❷ U ヒマラヤ杉材.

cede /síːd/ 動 他 《格式》(土地・権利)を譲り渡す, 引き渡す, (領土)を割譲する (*to*).

‡**ceil·ing** /síːlɪŋ/ 発音
— 名 (~s /~z/) ❶ C **天井**; 天井板 [⇔ floor]: a large room with a high *ceiling* 天井が高い大広間 / There is a fly ***on*** the ***ceiling***. はえが一匹天井にとまっている. ❷ C (物価・賃金などの)最高限度, 上限: a price *ceiling* 価格の上限 / put [impose, set] a *ceiling on* prices 価格の最高限度を定める. 関連 floor 下限. ❸ C 〔航空〕(飛行機の)上昇限度.
hít the céiling [動] 自 《略式》かっとなる.

ce·leb /səléb/ 名 C 《略式》= celebrity 1.

Ce·le·bes /séləbìːz/ 名 固 セレベス[スラウェシ]島《インドネシア東部の島》.

cel·e·brant /séləbrənt/ 名 C (ミサ・聖餐(せいさん)式の)執行司祭.

*__cel·e·brate__ /séləbrèɪt/ アク 動 (-e·brates /-brèɪts/; -e·brat·ed /-ṭɪd/; -e·brat·ing /-ṭɪŋ/) 他 ❶ (式を挙げて)(物事)を**祝う**; (儀式)をとり行なう (⇒ 類義語): They *celebrated* his birthday「with a party [by giving him a party]. 彼らは彼の誕生日をパーティーをして祝った / *celebrate* Christmas クリスマスを祝う / The priest *celebrated* Mass. 司祭はミサを行なった. ❷《格式》(...)を(公に)ほめたたえる. — 自

祝う, 式を挙げる; 祝って楽しむ. (名 cèlebrátion)
類義語 celebrate ある喜ばしい出来事・記念日・祭日などを, 儀式・祭りなどで祝うこと: Americans *celebrate* Independence Day with fireworks. 米国人は独立記念日を花火で祝う. congratulate *celebrate* が日・出来事を祝うのに対して *congratulate* は人を祝うこと: I *congratulate* you *on* your success. ご成功おめでとう. commemorate ある出来事や人物の栄誉をたたえて儀式で祝うこと: *commemorate* Washington's birthday ワシントンの誕生日を祝う.

C

+**cel·e·brat·ed** /séləbrèɪṭɪd/ 形 **有名な**, 名高い《⇒ famous 類義語》: a *celebrated* actor 有名な俳優 / The place is ***celebrated for*** its beautiful falls. +for+名 そこは美しい滝で有名だ.

cel·e·bra·tion** /sèləbréɪʃən/ 名 (~s /~z/) ❶ C **お祝い**(の会), 祝賀会, 祝典; U **祝うこと**, 祝賀; (式・祭典の)挙行: a birthday *celebration* 誕生日のお祝い / have a dinner ***in celebration of their twentieth wedding anniversary 彼らの結婚 20 周年を祝って夕食会をする. ❷ [U または a ~] 称賛, 賛美. (動 célebràte)

cel·e·bra·to·ry /séləbrətɔ̀:ri | sèləbréɪtəri, -tri/ 形 お祝いの.

+**ce·leb·ri·ty** /səlébrəṭi/ 名 (-ri·ties /~z/) ❶ C **有名人, 名士**, セレブ [《略式》 celeb]. ❷ U 《格式》 名声, 高名 [≒fame].

cel·er·y /sél(ə)ri/ 名 U セロリ《野菜》: a bunch of *celery* セロリ 1 束 / a stick of *celery* セロリ 1 本.

ce·les·tial /səléstʃəl | -tiəl/ 形 [普通は 限定] ❶《文語》天の, 空の; 天体の: *celestial* bodies 天体. 関連 terrestrial 地の. ❷《文語》天国の(ような), 神々しい; この世のものと思えない(ほどすばらしい).

Ce·li·a /sí:liə/ 名 固 シーリア《女性の名》.

cel·i·ba·cy /séləbəsi/ 名 U (特に宗教上の)禁欲[独身](生活).

cel·i·bate /séləbət/ 形 (宗教上)禁欲[独身]の.
— 名 C 禁欲主義者; 独身者.

*****cell** /sél/ (同音 sell)
— 名 (~s /~z/)

意味のチャート
「小部屋」→「独居室」→「独房」❷
→(独立の一単位)→「細胞」❶
→「電池」❸

❶ C 〔生物〕 **細胞**: *cells* of the brain = brain *cells* 脳細胞 / cancer *cells* がん細胞.
❷ C (刑務所の)**独房**, 小部屋; (修道院の)独居室.
❸ C **電池**《cell が集まって battery となる》: a dry *cell* 乾電池 / a solar *cell* 太陽電池 / a storage *cell* 蓄電池. ❹ C (政党・秘密結社などの)支部. ❺ C (はちの巣の) 穴. ❻ C 《米略式》 携帯(電話) [《英》 mobile]. ❼ C 〔コンピュータ〕 セル《表計算ソフトのます目》. (1 では 形 céllular 1)

cel·lar /sélə | -lə/ 名 ❶ C 地下室《食料品・燃料・ワインなどを貯蔵しておく所》; 穴蔵: a wine *cellar* (地下の)ワイン貯蔵室. 関連 basement 地下室. ❷ C ワインの蓄え.

céll divìsion 名 U,C 〔生物〕 細胞分裂.

cel·list /tʃélɪst/ 名 C チェロ奏者, チェリスト.

cell·mate /sélmèɪt/ 名 C (刑務所での)同房者.

cel·lo /tʃéloʊ/ 名 C チェロ《弦楽器》.

cel·lo·phane /séləfèɪn/ 名 U セロハン《商標》.

cell·phone /sélfòʊn/ 名 C 《主に米》 携帯電話 [《英》 mobile phone].

cel·lu·lar /séljʊlə | -lə/ 形 ❶ 細胞の, 細胞から成る; 細胞質[状]の. ❷ (電話が)セル方式の《無線電話の一種》: ⇒ cellular phone. ❸ (生地が)目の粗い. (1 では 名 cell 1)

céllular phóne 名 C 《主に米》 = cellphone.

cel·lu·lite /séljʊlàɪt/ 名 U セリュライト《太ももなどにつく皮下脂肪の塊》.

cel·lu·loid /séljʊlɔ̀ɪd/ 名 ❶ U セルロイド《商標》. ❷ U 《古風》 映画(のフィルム): on *celluloid* 映画で.

cel·lu·lose /séljʊlòʊs/ 名 U セルロース, 繊維素.

Cel·si·us /sélsiəs/ 形, 名 U 摂氏(の) [≒centigrade] 《略 C》: ten degrees *Celsius* 摂氏 10 度《10℃と略す》. 語法 普通は数字＋degree(s) の後に用いる // "It's ninety-five degrees Fahrenheit." "What's that in *Celsius*?" 「華氏 95 度です」「それは摂氏で何度ですか」 参考 centigrade よりも Celsius を用いるのが正式; 特に《米》では気温や体温を示すときに Fahrenheit を使う. 関連 Fahrenheit 華氏の.

Celt /kélt, sélt/ 名 C ケルト人; [the ~s] ケルト族《古代西ヨーロッパにいた民族; その子孫は現在 Ireland, Wales, Scotland などに住む》.

Celt·ic /kéltɪk, sél-/ 形 ケルト人[族]の; ケルト語の.
— 名 U ケルト語.

+**ce·ment** /sɪmént/ !アク 名 ❶ U **セメント**; 接合剤; 〔歯科〕 セメント: a bag of *cement* セメント 1 袋. 関連 concrete コンクリート. ❷ U 結びつけるもの, (友情などの)きずな.
— 動 他 ❶ (...)にセメントを塗る (*over*); [しばしば受身で] (セメントで)(...)を固める, 接合する (*to*; *together*). ❷ (友情・団結など)を強化する.
〖語源 ラテン語で「切り出したばかりの荒石」の意〗

cemént mìxer 名 C セメント[コンクリート]ミキサー(車).

+**cem·e·ter·y** /sémətèri | -tri, -təri/ 名 (-ter·ies /~z/) C **墓地**, (大規模な)共同墓地《教会に付属しない》. 関連 churchyard 教会付属の墓地.
〖語源 原義はギリシャ語で「眠る場所」〗

cen·o·taph /sénətæ̀f | -tà:f/ 名 C 記念碑《戦争で死んだ人のための》.

cen·sor /sénsə | -sə/ 名 C (出版物・映画・放送などの)検閲官. — 動 (-sor·ing /-s(ə)rɪŋ/) 他 (...)を検閲する.

cen·so·ri·ous /sensɔ́:riəs/ 形 《格式》 あら探しの好きな, 口やかましい, ひどく批判的な (*of*).

cen·sor·ship /sénsəʃɪp | -sə-/ 名 U 検閲(制度).

cen·sure /sénʃə | -ʃə/ 名 U 《格式》 非難, 酷評; 叱責(しっせき); 譴責(けんせき). — 動 (cen·sur·ing /-ʃ(ə)rɪŋ/) 他 《格式》 (...)を非難[酷評]する; 叱責する (*for*).

+**cen·sus** /sénsəs/ 名 (~·es /~ɪz/) C **人口[国勢]調査**《英米では普通 10 年ごとに行なう》; 統計調査 (*of*): take [conduct] a *census* 人口調査を行なう.

*****cent** /sént/ (同音 scent, sent)
— 名 (cents /sénts/) C **セント**《米国・カナダ・オーストラリア・ニュージーランド・欧州連合などの通貨単位; 1 ドル (dollar) または euro の 100 分の 1; 略 c., ct.; 記号 ¢; ⇒ coin 表》: sixty *cents* 60 セント《60¢ と略す》.
if (... is) a cént ⇒ if[1] 成句.
pùt [thrów] ín one's **twó cénts [cénts' wòrth]** 動 自 《米略式》 (よけいな)口出しをする.
〖語源 ラテン語で「100, 100 分の 1」の意〗

単語のキズナ CENT／100＝hundred

cent	(1ドルの100分の1) →	セント
century	(100の一組→100年間) →	世紀
centimeter	(100分の1メートル) →	センチメートル
centigrade	(100段階に分けた) →	摂氏の
centennial	(100年の) →	100年祭
percent	(100につき) →	パーセント

cent. 略 = central, century.

cen·taur /séntɔə | -tɔ:/ 名 C 〔ギリシャ・ローマ神話〕 ケンタウロス《半人半馬の怪物》.

cen·te·nar·i·an /sèntəné(ə)riən⁻/ 名 C, 形 100歳(以上)の(人).

cen·ten·a·ry /sénṭənèri, senténəri/ 名 (-a·ries) C = centennial.

cen·ten·ni·al /senténiəl/ 名 C 《米》 100年(記念)祭 (*of*). 関連 bicentennial 《米》 200年祭. 〖⇒ cent キズナ〗

***cen·ter, 《英》 cen·tre** /sénṭə | -tə/ ✪ Ⓢ 《米》では /sénə/.

— 名 (~s /~z/) ❶ [the ~] (物の)**中心**《略 c.》; 中央, 真ん中《⇒ middle 類義語》: *the center of* a circle 円の中心 / live in *the center of* Paris パリの中心部に住む / There is a table in *the center of* the room. 部屋の中央にテーブルがある.

❷ C [しばしば the ~] (活動の)**中心(地)**; 中心施設, センター《略 c.》: *the* political *center* of the Netherlands オランダの政治の中心地 / Broadway is ***the center of*** American theatrical activities. ブロードウェーはアメリカの演劇の中心地である / a shopping *center* ショッピングセンター / ***Centers for*** Disease Control and Prevention (米国の)疾病予防管理センター // ⇒ city centre, town centre.

❸ C [普通は the ~] (興味などの)**中心**, (事件の)核心; 中心人物: ***the center of*** attention 注目の的 / be at *the center of* a dispute 論争の中心にある[いる].

❹ C 〔球技〕 中堅, センター(フォワード); センターへのボール.

❺ [単数形で; 普通は the ~, the C-] (政治上の)中道派, 穏健派: His political views are (to the) left [right] of *center*. 彼の政治的立場は左[右]寄りだ. (形 céntral)

— 動 (cen·ters, 《英》 cen·tres /~z/; cen·tered, 《英》 cen·tred /~d/; -ter·ing, 《英》 cen·tring /-ṭərɪŋ, -trɪŋ/) 他 ❶ [しばしば受身で] (...)を(~に)**集中させる**, 中心に集める: The hopes of the parents *were* ***centered on*** [***upon***] their daughter. V+O+*on* [*upon*]+名の受身 両親の望みはすべて娘にかけられた / Economic activity ***is centered in*** large cities. V+O+*in*+名の受身 経済活動は大都市に集中している. ❷ (...)を中心[中央]に置く.

— 自 (...に)**集中する**, 集まる: Our conversation ***centered on*** [***upon***, ***around***, ***round***] the price of gasoline. V+*on* [*upon, around, round*]+名 我々の話題はガソリンの値段に集中した.

〖語源 ギリシャ語で「円の中心点」の意〗

+**cen·tered** /sénṭəd | -təd/ 形 ❶ (...に)**中心を置いた**: The festival was ***centered in*** the park. +*in*+名 祭りは公園を中心にして行なわれた. ❷ (精神的に)安定した. ❸ [合成語で] ...中心[本位]の: a learner-*centered* approach 学習者中心の学習法.

cénter fíeld 名 U 〔野球〕 センター, 中堅《⇒ outfield》.

cénter fíelder 名 C 〔野球〕 センター, 中堅手《⇒ outfielder》.

cen·ter·fold /sénṭəfòʊld | -tə-/ 名 C (新聞・雑誌などの)中央折込み[見開き]ページ(のヌード写真[モデル]).

cènter of grávity 名 ❶ [the ~] 〔物理〕 重心. ❷ [the ~] (活動などの)中心, 中核.

cen·ter·piece /sénṭəpi:s | -tə-/ 名 ❶ [the ~] (全体で)最重要な[目立つ]もの, 目玉 (*of*). ❷ C (テーブルなどの)中央に置く飾り物《生け花など》.

cénter stáge 名 U ひのき舞台; 注目の的: take *center stage* 注目を集める.

cen·ti- /sénṭɪ, -ṭə/ 接頭 「100」「100分の1」の意《⇒ kilo- 関連》: *centi*pede 百足(むかで) / *centi*meter センチメートル.

cen·ti·grade /sénṭəgrèɪd/ 形, 名 U 摂氏(の)《略 C; ⇒ Celsius》. 〖⇒ cent キズナ〗

cen·ti·gram, 《英》 -gramme /sénṭəgræ̀m/ 名 C センチグラム《100分の1グラム》.

cen·ti·li·ter, 《英》 -li·tre /sénṭəli:ṭə | -tə/ 名 C センチリットル《100分の1リットル; 略 cl》.

cen·time /sá:nti:m/ 名 C サンチーム《スイスやかつてのフランスなどの通貨単位; 100分の1フラン》; 1サンチーム貨.

***cen·ti·me·ter, 《英》 -me·tre** /sénṭəmì:ṭə | -tə/ 名 (~s/~z/) C **センチメートル**《100分の1メートル; 略 c, cm》. 〖⇒ cent キズナ〗

cen·ti·pede /sénṭəpi:d/ 名 C 百足(むかで).

***cen·tral** /séntrəl/

— 形 ❶ 限定 **中心の**, **中央の**《略 cent.》; 中心付近の; 中心部で便利な: the *central* part of Japan 日本の中心部 / The hotel has a very *central* location. そのホテルは大変便利な場所にある.

❷ [比較なし] **中心となる**, **主要な**: What is ***central to*** the new government's policy? +*to*+名 何が新政府の政策の中心なのか / play a *central* role 中心的役割を果たす / a *central* issue 重要な課題 / a *central* figure 中心人物. ❸ [名詞の後で] 《略式》 ...がよく行なわれる[集まる], ...の中心になる: party *central* たまり場. (名 cénter, 動 céntralìze)

céntral áir condítioning 名 U セントラル空調, 集中空調装置《冷房》.

Céntral América 名 固 中央アメリカ, 中米《略 C. A.; ⇒ America 2 語法; Middle America 3》.

Céntral Américan 形 中央アメリカの, 中米(人)の. — 名 C 中米人.

Céntral Ásia 名 固 中央アジア.

céntral bánk 名 C 中央銀行.

céntral héating 名 U セントラルヒーティング.

Céntral Intélligence Àgency 名 固 [the ~] 《米》 中央情報局《略 CIA》.

cen·tral·is·m /séntrəlɪzm/ 名 U 中央集権主義[体制].

cen·tral·i·za·tion /sèntrəlɪzéɪʃən | -laɪz-/ 名 U 集中; 中央集権化.

cen·tral·ize /séntrəlàɪz/ 動 他 (権力・富など)を中央に集める; (国家・政府)を中央集権化する. (形 céntral)

cen·tral·ly /séntrəli/ 副 中心(的)に; 中央に[で].

céntral nérvous sỳstem 名 C [しばしば the ~] 中枢神経系.

Céntral Párk 名 固 セントラルパーク《米国 New

York 市の中心部にある公園》.
céntral prócessing ùnit 名 C = CPU.
céntral reservátion 名 C《英》(高速道路の)中央分離帯 [《米》median strip].
Céntral Stándard Tìme 名 U《米》中部標準時《略 C.S.T.》.
‡**cen·tre** /séntə | -tə/ 名, 動《英》= center.
-cen·tric /séntrɪk/ 形 [合成語で] ...中心の, ...を対象とした: a kid-*centric* movie 子供対象の映画.

C

cen·trif·u·gal /sentrífjʊg(ə)l/ 形 ❶〔物理〕遠心(性)の, 中心から外に向かう [⇔ centripetal]: *centrifugal* force 遠心力. ❷ 遠心力(利用)の.
cen·tri·fuge /séntrəfjùːʤ/ 名 C 遠心分離機.
cen·trip·e·tal /sentrípəṭl/ 形〔物理〕求心(性)の, 外から中心に向かう [⇔ centrifugal]: *centripetal* force 求心[向心]力.
cen·trist /séntrɪst/ 名 C 中道主義者. ― 形 中道主義(者)の.
‡**cen·tu·ry** /sénʧ(ʊ)ri/
― 名 (-tu·ries /~z/) C [ときに C-] 世紀《略 C., cent.》; (任意の)100 年間: the greatest inventions of the twentieth *century* 20 世紀最大の発明 / The twenty-first *century* begins on January 1st in the year 2001 and ends on December 31st in 2100. 21 世紀は 2001 年の 1 月 1 日に始まり 2100 年 12 月 31 日に終わる《2001 は two thousand (and) one と読み, 2100 は twenty-one hundred と読む》/ during [in] this [the last] *century* 今[前]世紀(中)に. 語法 次と比較: within the last [past] *century* 過去 100 年の間に // at the turn of the *century*. 世紀の変わり目に. 関連 decade 10 年間.〖⇒ cent キズナ〗
CEO /síːìːóʊ/ 名 C (企業の)最高(経営)責任者《*c*hief *e*xecutive *o*fficer の略》.
ce·ram·ic /sərǽmɪk/ 形 [普通は 限定] 陶器の; 製陶術の: *ceramic* art 陶芸.
ce·ram·ics /sərǽmɪks/ 名 ❶ U 製陶術, 陶芸, 窯業(ようぎょう). ❷ 複 陶磁器類.
+**ce·re·al** /sí(ə)riəl/ 名 (~s /~z/) ❶ C,U シリアル《オートミール・コーンフレークのような朝食用の穀物加工食品》. ❷ C 穀物, 穀類; 穀草.
cer·e·bel·lum /sèrəbéləm/ 名 (複 ~s, cer·e·bel·la /-lə/) C〔解剖〕小脳.
cerebra 名 cerebrum の複数形.
ce·re·bral /sérəbrəl, səríː-/ 形 ❶ 限定〔解剖〕脳の, 大脳の: a *cerebral* hemorrhage 脳出血 / *cerebral* palsy 脳性小児まひ. ❷ (感性的というより)知性的な.
ce·re·brum /sérəbrəm, səríː-/ 名 (複 ~s, ce·re·bra /-brə/) C〔解剖〕大脳; 脳.
cer·e·mo·ni·al /sèrəmóʊniəl⁻/ 形 ❶ 限定 儀式(上)の. ❷ 名目[形]だけの. (名 céremòny)
― 名 U,C 儀式. **-al·ly** /-əli/ 副 儀式として.
cer·e·mo·ni·ous /sèrəmóʊniəs⁻/ 形 儀式ばった, ぎょうぎょうしい. (名 céremòny)
~**·ly** 副 儀式ばって.
*__cer·e·mo·ny__ /sérəmòʊni | -mə-/ アク 名 (-mo·nies /~z/) ❶ C **儀式**, 式(典): ⌐an opening [a closing] *ceremony* 開会[閉会]式 / a tea *ceremony* 茶の湯 / The graduation *ceremony* started at ten. 卒業式は 10 時に始まった.
❷ U (**社交上の)儀礼**, 礼儀: The coronation was performed with great *ceremony*. 戴冠式は儀礼を尽くしてとり行なわれた.
stánd on [upòn] céremony 動 自 [否定文で] 他人行儀にする; 形式ばる.
withòut céremony 副 気軽に.
(形 cèremónial, cèremónious)
Ce·res /sí(ə)riːz/ 名 固〔ローマ神話〕ケレス《農業の女神; ⇒ goddess 表》.
ce·rise /səríːs, -ríːz/ 名 U さくらんぼ色, 紅梅色.
― 形 さくらんぼ色の, 紅梅色の.
‡**cer·tain** /sə́ːtn | sə́ː-/
― 形

意味のチャート
「確定された」が元の意味.
→「確かな」❷,「確実な」❹ →「確信して」❶
→(ある定まった)→「ある」❸
→(ある限度の) →「ある程度の」❺

❶ 叙述 (人が)**確信して**《⇒ sure 類義語》[⇔ uncertain]: I'm ***certain*** (***that***) he'll succeed. +(that)節 私は彼が成功すると信じている《多用; ⇒ that² B 3》/ I'm absolutely ***certain of*** [***about***] that. +of [about]+名 私はそれを確信している / I'm not ***certain what*** has become of him. +wh節 彼がどうなったかはっきりしない.
❷ 叙述 (物事が)**確かで**, 確実で, 疑いのない; **必ず...になる**[**...する**]《⇒ sure 類義語》[⇔ uncertain]: She's ***certain to*** get the post. +to 不定詞 彼女はきっとその職につくだろう 多用 / 言い換え Our team is almost *certain to* win. = ***It*** is almost ***certain*** (***that***) our team will win. うちのチームの勝利はほぼ間違いない《⇒ that² A 2》/ ***It***'s not ***certain who*** came first. 誰が最初に来たのかは確かでない《⇒ it¹ A 4》.
❸ 限定 [比較なし] **ある(決まった)...**, 例の...; (はっきりとは言えない)ある..., ある種の...; [固有名詞につけて]《格式》...とかいう人: We meet at a *certain* place in the city on *certain* days every month. 我々は市内のある所で毎月何日か決まった日に会っている / He has a *certain* charm. 彼にはある種の魅力がある / A *certain* person has been complaining. ある人[だれかさん]が文句を言っていたよ / a man of a *certain* age ある程度年のいった男 / He telephoned a *certain* Mr. Brown. 彼はブラウンさんとかいう人に電話をした. 語法 話し手にはわかっているが, わざとぼかして言うときに用いる《⇒ some 形 3》; 人名の場合は単に a Mr. [Mrs.] Brown または a Henry Brown のように言うほうが普通《⇒ a² 6》.
❹ 限定 **確実な**, 当てになる, 信頼できる: *certain* evidence 確かな証拠 / a *certain* winner 間違いなく勝つ人 / That means *certain* death. そんなことをしたら必ず死ぬ(ことになる)[命はない].
❺ 限定 [a ~] (ある)**一定の(量の)**; (あまり多くではないが)**ある程度の**: *a certain* sum [amount] of money 一定の金額 / There was *a certain* caution in her tone. 彼女の声には少し警戒感があった.
for cértain 副 **確かに**, 確実に [≒surely]: He never *knew for certain* how it happened. 彼はそれがどんな具合に起こったかはっきりとはわからなかった. 語法 know や say などの動詞の後で用いることが多い.
―[形] 確かな: One thing's *for certain*. 1 つ確かなことがある.

màke cértain [動] ⓐ (1) **確かめる**, 念を押す: I think the last train leaves at 11:00, but you had better ***make certain*** (***of*** it). 終電は 11 時発だと思うが確かめておきなさい《11:00 は eleven o'clock と読む》. (2) (物事を)確実に実行(できるように)する; (席・券などを)確保する(ようにする): Let's go now since we want to *make certain of* (*getting*) seats. 席を確保したいから今すぐ出かけよう. 一 ⓗ (1) (...であること)を**確かめる**, 確認する [≒make sure]: You should ***make certain*** (***that***) the train leaves at noon. 列車が正午に出ることを確かめておいたほうがいい. (2) **確実に[間違いなく] ...する(ようにする)** [≒make sure]: We went early to ***make certain*** (***that***) we could get seats. 我々は席を確保できるように早く出かけた / We'll *make certain* (*that*) he doesn't get lost. 彼が迷わないように私たちがはからいます. 語法 未来のことでも that 節内では普通は現在時制を用いる. (名 cértainty)
一 代 [複数扱い]《格式》(...中の)いくつか, 何人か (*of*).

***cer·tain·ly** /sə́ːtnli | sə́ː-/
一 副 ❶ 文修飾 **確かに**, きっと, 間違いなく《⇒ likely 表》: 言い換え He will *certainly* come. 彼はきっと来るよ(= It is *certain* that he will come.《⇒ certain 2》) / You'll *certainly* get well if you take this medicine. この薬を飲めば必ずよくなるよ / The rumor is almost *certainly* false. そのうわさはほぼ間違いなくうそだ. 語法 疑問文・命令文には用いない.
❷ [頼み・質問の丁寧な受け答え・相づちとして] Ⓢ **ええどうぞ**, よろしいですとも, もちろん, 承知しました; そうですとも: "May I ask you a question?" "*Certainly.*" 「質問してもよろしいでしょうか」「ええ, どうぞ」 / "Excuse me." "*Certainly.*" 「失礼します」「どうぞ」《⇒ Excuse me. (excuse[1] 成句) (1) 語法 (2)》 / "It's hot today." "It *certainly* is." 「きょうは暑いね」「全くですね」
Cértainly nót! [返答に用いて] Ⓢ **とんでもない**, 違いますとも《強い否定・拒絶を表わす; ⇒ not (5) (ii)》: "Do you have a date with Jim tomorrow?" "*Cértainly nót!*" 「あしたジムとデートするの?」「とんでもない, するもんですか」

+**cer·tain·ty** /sə́ːtnti | sə́ː-/ 名 (-tain·ties /~z/) ❶ Ⓤ **確実性**; 確信; 必ず起こる[...する]こと [⇔ uncertainty]: I can say ***with certainty*** that .... 確実に...だと言える / face ***certainty of*** death 死が必ずやって来るという事実を直視する.
❷ Ⓒ **確実なもの[こと]**, 確かな事実 [⇔ uncertainty]: It's almost a *certainty* that an earthquake will hit the area someday. その地域にいつか地震が起こるのはほぼ確実だ. (形 cértain)

cer·ti·fi·a·ble /sə́ːṭəfàɪəbl | sə́ː-/ 形 ❶ 精神障害と認定できる; 《略式》頭のおかしい, 気のふれた. ❷ 限定《主に米》認定[証明, 保証]できる.

+**cer·tif·i·cate** /sə(ː)tífɪkət | sə(ː)-/ 名 (-i·cates /-kəts/) ❶ Ⓒ **証明書**, 証書: a birth [marriage, death] *certificate* 出生[結婚, 死亡]証明書 / issue a medical *certificate* 診断書を発行する / a *certificate* of deposit 預金証書《略 CD》.
❷ Ⓒ **免許状**, 免状; (課程)修了証書 (*in*): a teaching [teacher's] *certificate* 教員免許状.

cer·tif·i·cat·ed /sə(ː)tífəkèɪṭɪd | sə(ː)-/ 形 限定《英》資格[免許]を持った.

cer·ti·fi·ca·tion /sə̀ːṭəfəkéɪʃən | sə̀ː-/ 名 Ⓤ 証明, 保証, 検定 (*of*); Ⓒ,Ⓤ 証明書, 免許(状).

cer·ti·fied /sə́ːṭəfàɪd | sə́ː-/ 形 免許(状)を持った; 保証された: a *certified* candidate 公認候補.

cértified chéck 名 Ⓒ 支払い保証小切手.

cértified máil 名 Ⓤ《米》配達証明郵便 [《英》recorded delivery].

cértified públic accóuntant 名 Ⓒ《米》公認会計士《略 CPA》[《英》chartered accountant].

cer·ti·fy /sə́ːṭəfàɪ | sə́ː-/ ❗アク 動 (-ti·fies; -ti·fied; -fy·ing) ⓗ ❶ (文書で)(...)を証明する; 保証する; (...)を~だと証言[認定]する: This license *certifies* me *as* [*to be*] a teacher. この免許状は私が教師であることを証明している / 「This is to [I hereby] *certify that* ....であることを証明する《証明書の文句》 / The nurse said he *was certified* dead on arrival at hospital. 彼は病院に運ばれた時点で死亡と認定[確認]されたと看護師は言った. ❷ (人)に証明書[免許]を与える (*as*). ❸ [普通は受身で] (人)を精神障害と認定する.

cer·ti·tude /sə́ːṭət(j)ùːd | sə́ːtɪtjùːd/ 名 Ⓤ《格式》確信 [≒certainty].

Cer·van·tes /səvǽntiːz | səː-/ 名 固 Mi·guel /miːgél/ de /də/ ~ セルバンテス (1547–1616)《スペインの作家; ⇒ Don Quixote》.

cer·vi·cal /sə́ːvɪk(ə)l | sə(ː)váɪ-/ 形〘解剖〙子宮頸(けい)部の; 頸部の.

cer·vix /sə́ːvɪks | sə́ː-/ 名 (cer·vi·ces /sə́ːvəsìːz | səváɪsiːz/, ~·es) Ⓒ〘解剖〙子宮頸部.

ce·sár·e·an (séction) /sɪzé(ə)riən-/ 名 Ⓒ 帝王切開(術). 由来 Julius Caesar がこの方法で生まれたという伝説から.

ces·sa·tion /seséɪʃən/ 名 Ⓤ,Ⓒ《格式》中止, 休止, 停止: a *cessation* of hostilities 停戦. (動 cease)

ces·sion /séʃən/ 名 Ⓤ,Ⓒ《格式》(領土の)割譲, (権利の)譲渡, (財産などの)譲与.

Cess·na /sésnə/ 名 Ⓒ セスナ《軽飛行機; 商標》.

cess·pool /séspùːl/ 名 ❶ Ⓒ 汚水[汚物]だめ. ❷ Ⓒ (悪などの)たまり場, 汚い場所.

CET /síːìːtíː/ 略 = Central European Time 中央ヨーロッパ標準時《GMT より 1 時間早い》.

Cey·lon /sɪlɑ́(ː)n, seɪ- | sɪlɔ́n/ 名 固 セイロン島《インドの南にある島; Sri Lanka 共和国を成す》.

Cé·zanne /seɪzǽn/ 名 固 Paul ~ セザンヌ (1839–1906)《フランスの画家》.

+**cf.** /kəmpéə, síːéf | kəmpéə, síːéf/ 略 **...を参照[比較]せよ**: *cf.* p.10 10 ページを参照せよ.〘語源 ラテン語の confer (比較せよ)の略〙

+**CFC** /síːèfsíː/ 名 Ⓒ,Ⓤ〘化学〙**フロンガス**《*c*hloro*f*luoro*c*arbon の略》.

cha-cha /ʧɑ́ːʧɑ̀ː/, **cha-cha-cha** /ʧɑ́ːʧɑ̀ːʧɑ́ː/ 名 Ⓒ チャチャチャ《南米起源のダンス(曲)》.

Chad /ʧǽd/ 名 固 チャド《アフリカ中央部の共和国》.

chafe /ʧéɪf/ 動 ⓗ ❶ (...)をすりむく. ❷ (手など)をこすって暖める. 一 ⓐ ❶ こすれる, すりむける. ❷ いらいらする (*against*, *at*, *under*).

chaff /ʧǽf | ʧɑ́ːf/ 名 Ⓤ もみ殻; 切りわら《家畜の飼料用》. 関連 bran ふすま / husk さや.

chaf·finch /ʧǽfɪnʧ/ 名 Ⓒ ずあおあとり《ヨーロッパ産の美しい声で鳴く鳥》.

Cha·gall /ʃəgɑ́ːl/ 名 固 Marc /mɑ́ək | mɑ́ːk/ ~ シャガール (1887–1985)《ロシア生まれのフランスの画家》.

cha·grin /ʃəgrín | ʃǽgrɪn/ 名 Ⓤ《格式》無念, 残念, 悔しさ. **to ...'s chagrín = to the chagrín of ...** [副] 文修飾《格式》...にとって残念なことには. 一 動

㊀［受身で］《格式》（人）に無念［残念］な思いをさせる，悔しがらせる．

chain /ʧéɪn/

— 名（~s /~z/）❶ C,U 鎖，**チェーン**；チェーンのネックレス；防犯用チェーン：a bicycle *chain* 自転車のチェーン（⇒ bicycle 挿絵）/ We put *chains* on the tires of our car. 私たちは車のタイヤにチェーンをつけた / Keep your dog on a *chain*. 犬を鎖につないでおいてください．
❷ C（小売店・レストラン・ホテルなどの）**チェーン**（*of*）．
❸ C **ひと続き**，連なったもの，連続；連鎖：a ***chain of*** mountains = a mountain *chain* 山並み，山脈 / a *chain of* events 一連の出来事． ❹ C［普通は複数形で］（囚人などの）足［手］かせ；《文語》束縛（するもの），拘束：*in chains* 鎖につながれて；束縛されて / the *chains* of slavery 奴隷の身分という束縛．

— 動（chains /~z/; chained /~d/; chain·ing）㊀（...）を**鎖でつなぐ**；束縛する：The dog ***was chained*** (***up***) ***to*** the tree. V+O(+*up*)+*to*+名の受身 犬は鎖で木につながれていた / I *was chained to* my desk all day.（仕事などで）1 日中机の前から動けなかった．

cháin lètter 名 C チェーンレター《受取人が次々に数人の人に同じ手紙を出すようにさせるもの》．

cháin of commánd 名（複 chains of command）C 指揮［命令］系統．

cháin reàction 名 C 連鎖反応．

cháin sàw 名 C チェーンソー，鎖のこ．

chain-smoke /ʧéɪnsmòʊk/ 動 ㊁ 続けざまにたばこを吸う． — ㊀（たばこ）を続けざまに吸う．

chain-smok·er /ʧéɪnsmòʊkɚ | -kə/ 名 C チェーンスモーカー．

cháin stìtch 名 C,U 鎖縫い，チェーンステッチ．

cháin stòre 名 C チェーン店．

chair /ʧéɚ | ʧéə/

— 名（~s /~z/）❶ C **いす**《1 人用で普通は背があり，時にはひじかけもある》：He sat *in* [*on*] a ***chair***. 彼はいすに腰掛けた（⇒ in¹ 前 1 (1) 語法）/ He rose ***from*** [***in***] his ***chair***. 彼はいすから立ち上がった［半分腰を浮かした］． 語法 from は掛けていたいすから「離れて」の意味，in は掛けていたいすの「位置の所で（そこから離れずに）」の意味． 関連 armchair ひじ掛けいす / high chair ベビーいす / rocking chair 揺りいす / wheelchair 車いす．

chair（1 人用で背がある）	seat（腰かけるものの総称）	いす
stool（1 人用で背がない）		
bench, sofa, couch（2 人以上用）		
seat（乗り物・劇場などの固定された）		

❷ C［普通は the ~］（会議などの）**議長**，司会者；委員長；議長［会長］席；議長［会長，委員長］の職［地位］（*of*）：Please speak directly to *the chair*. 直接議長に話してください / ˹be ***in*** [***take***] ***the chair*** 議長を務める．❸ C 大学教授の職［地位］． ❹［the ~］《米略式》= electric chair.

— 動（chair·ing /ʧé(ə)rɪŋ/）㊀（...）の議長を務める：The meeting *was chaired by* the president. 会の議長は社長が務めた．
〘語源 ギリシャ語で「座席」の意で cathedral と同語源〙

chair·lift /ʧéɚlìft | ʧéə-/ 名 C（スキー場などの）リフト．

chair·man /ʧéɚmən | ʧéə-/ 名（-men /-mən/）❶ C **議長**，司会者（chair）：Mr. *Chairman* 議長《呼びかけのことば》/ He was elected *chairman* of the committee. 彼は委員会の議長に選ばれた． 語法 本来は男女を兼ねるが chairwoman と共に問題視され chairperson という語ができた． 関連 vice-chairman 副議長．
❷ C **委員長**；（大きな組織・会社の）**会長**，理事長：the *chairman* of the Zoological Society of Japan 日本動物学会会長．

chair·man·ship /ʧéɚmənʃɪp | ʧéə-/ 名 C,U［普通は単数形で］議長［委員長，会長］の職［任期］．

chair·per·son /ʧéɚpɚ̀ːs(ə)n | ʧéəpə̀ː-/ 名 C 議長；委員長；会長《性差別を避けた言い方》． 語法 (1) 複数形は chairpersons か chairpeople． (2) 女性であることが多い．

chair·wom·an /ʧéɚwòmən | ʧéə-/ 名（-wom·en /-wìmən/）C 議長［委員長，会長］《女性》（⇒ chairperson）．

cha·let /ʃæléɪ | ʃæleɪ/ ≪フランス語から≫ 名 ❶ C シャレー《スイスの山小屋；羊飼いなどが使う》． ❷ C《英》バンガロー．

chalk /ʧɔ́ːk/ ❗発音 名 ❶ U,C チョーク，白墨． 語法 チョーク 1 本，2 本は a piece of *chalk*, two pieces of *chalk* という．ただし種類をいうときは複数形も使われることがある：He drew beautiful patterns ˹with colored *chalk*(*s*) [in colored *chalk*]. 彼は美しい模様を色チョークで描いた． ❷ U 白亜（質）． **(as) different as chálk and chéese** 形《英》全く違って，月とスッポンで．（形 chálky）

— 動 ㊀（...）をチョークで書く［描く］，（...）にチョークで印をつける（*up*; *on*）． **chálk úp** 動 ㊀ (1)（勝利・得点など）をあげる，達成する；（...）を記録する． (2)（物品・酒代など）を（...の）勘定につける（*to*）． (3)（失敗など）を（...の）せいにする（*to*）．

chalk·board /ʧɔ́ːkbɔ̀ɚd | -bɔ̀ːd/ 名 C《主に米》黒板《緑または黒》［≒blackboard］．

chalk·y /ʧɔ́ːki/ 形（chalk·i·er; -i·est）チョークのような，白亜質の．（名 chalk）

chal·lenge /ʧǽlɪnʤ/ ❗アク

意味のチャート
元来は「とがめる，非難する」の意．
「**異議を唱える**」動 ❶ →（力量を問う）
→「**能力を試す**」動 ❸ →（試練）→「**難題**」名 ❶
→「**挑戦する**」動 ❷ →「**挑戦**」名 ❸

— 名（chal·leng·es /~ɪz/）❶ C,U（実力・努力などを必要とする）**難題**，**難問**；（やりがいのある）仕事：face a serious *challenge* 深刻な難題に直面する / meet [rise to] the ***challenge of*** climate change 気候変動という難題に対処する．
❷ C **異議**，異論：The player mounted a legal ***challenge to*** the organization's decision. その選手は組織の決定に法的な異議申し立てを行なった．
❸ C **挑戦**，（決闘の）申し込み：Their attack is a ***challenge to*** world peace. 彼らの攻撃は世界平和に対する挑戦である / Mike accepted Tom's ***challenge to*** run a race. +*to* 不定詞 マイクは競走しようというトム

の挑戦に応じた. ❹ C 誰何(すいか)《番兵などが怪しい者を呼び止める声》. ❺ C〔法律〕(陪審員に対する)忌避(きひ).

— 動 (chal·leng·es /~ɪz/; chal·lenged /~d/; chal·leng·ing) 他 ❶ (...)に**異議を唱える**; (...)を誤りだと主張する; (...)の正当性を疑う: He *challenged* the company's claims about the new medicine. 彼は新薬に関する会社の主張は疑わしいと言った / She ***challenged*** him ***on*** his views about women. V+O+*on*+名 彼女は女性についての彼の考えに異議を唱えた.

❷ (人)に**挑戦する**, (人)に(勝負などを)挑(いど)む; (人)に...するよう迫る: 言い換え He ***challenged*** the champion ***to*** another fight. V+O+*to*+名 = He ***challenged*** the champion ***to*** fight again. V+O+C (*to* 不定詞) 彼はチャンピオンに再度戦いを挑んだ.

挑戦する, チャレンジする

新しいことに挑戦する
○**try** new things ×challenge new things

難問に挑戦する
○**try** to solve difficult problems
×challenge difficult problems

✪ この意味では challenge の目的語は人・集団・組織を表わす語が普通.

❸ (...)の**能力を試す**, (...)に対して(~するように)やる気を刺激する: The new job *challenges* her. その新しい仕事は彼女の意欲をかきたてる / This problem ***challenges*** us ***to*** develop new methods. V+O+C (*to* 不定詞) この問題は我々が新方式を開発することを迫ってやまない. ❹ (名前・用件などを聞くために)(人)を呼び止める. ❺〔法律〕(陪審員)を忌避(きひ)する.

+**chal·lenged** /ʧǽlɪnʤd/ 形《主に米》[遠回しに] **障害のある** [≒disabled]: a visually [physically] *challenged* person 目[身体]の不自由な人.

+**chal·leng·er** /ʧǽlɪnʤə | -ʤə/ 名 (~s /~z/) C **挑戦者**;〔スポーツ〕選手権挑戦者 (*for*). 関連 defender 選手権保持者.

+**chal·leng·ing** /ʧǽlɪnʤɪŋ/ 形 ❶ (難しさ・目新しさなどで)**意欲をそそる**, やりがいのある: This is a *challenging* job. これはやりがいのある仕事だ. ❷ (態度・目つきなどが)挑戦的な, 挑(いど)むような.

*__cham·ber__ /ʧéɪmbə | -bə/ !発音 名 (~s/~z/) ❶ C **会議室**; 会議所. ❷ [the ~;《英》単数形でもときに複数扱い] 議院: *the* Lower [Upper] *Chamber* (議会の)下[上]院. ❸ [合成語で] (特別目的の)部屋: ⇒ gas chamber. ❹ C (動植物の体内の)小室, 房; (機械内・地下の)空間; (銃の)薬室. ❺ [複数形で] (裁判所内の)判事室. ❻ C《古語》部屋, 寝室.
〖語源 ラテン語で「部屋」の意; ⇒ camera 語源〗

cham·ber·lain /ʧéɪmbəlɪn | -bə-/ 名 C 侍従(じじゅう); (貴族の)家令, 執事.

cham·ber·maid /ʧéɪmbəmèɪd | -bə-/ 名 C (ホテルなどの)客室係のメイド.

chámber mùsic 名 U 室内楽.

chámber of cómmerce 名 (複 chambers of commerce) C 商業[商工]会議所.

chámber òrchestra 名 C (小編成の)室内管弦楽団.

cha·me·le·on /kəmíːliən/ 名 ❶ C カメレオン《動物》. ❷ C 無節操な人, 日和見(ひよりみ)主義者.

cham·ois[1] /ʃǽmi, ʃæmwɑ́ː | ʃǽmwɑː/ 名 (複 ~ /~(z)/) C シャモア《南欧・西南アジア産の羚羊(れいよう)》.

cham·ois[2] /ʃǽmi/ 名 (複 ~ /~z/) U,C セーム皮, シャミ皮《やぎ・羊などの皮をなめした柔らかい皮》.

cham·o·mile /kǽməmìːl, -màɪl/ 名 U,C = camomile.

champ[1] /ʧǽmp/ 名 C《略式》= champion 1.

champ[2] /ʧǽmp/ 動 他 (馬が)(まぐさ)をばりばりかむ; (はみ)をがりがりかむ; (人が)(食べ物)をばりばりかむ. — 自 ばりばり[がりがり]かむ (*at, on*). **chámp at the bít** [動] 自 [普通は進行形で] いらいらする, もどかしがる. 由来 bit は馬のくつわのはみ. 馬がはみをかむことから.

+**cham·pagne** /ʃæmpéɪn⁻/ ≪フランス語から≫ 名 (~s /~z/) U,C **シャンパン**.

champion /ʧǽmpiən/ (見出し: ✱✱**cham·pi·on**)

— 名 (~s /~z/) ❶ C **優勝者**, **選手権保持者**, **チャンピオン** [《略式》champ]: the reigning [new] world *champion* 現[新]世界チャンピオン / the *champion* team 優勝チーム.

❷ C (主義・主張の)**擁護者**, 闘士; (強い)支持者: a ***champion of*** liberty 自由の擁護者.

— 動 他 (主義・主張)のために戦う; (運動など)を擁護する; (強く)支持する.
〖語源 原義はラテン語で「戦場で戦う人」の意; ⇒ campaign 語源〗

*__cham·pi·on·ship__ /ʧǽmpiənʃɪp/ 名 (~s /~s/) ❶ C [しばしば複数形で] **選手権試合[大会]**; 決勝戦: the Japan Figure Skating *Championships* 全日本フィギュアスケート選手権大会.
❷ C [しばしば the ~] **選手権**, チャンピオンシップ, 優勝者の地位: take [hold] *the championship* 選手権をとる[保持する] / He won three *championships* in a year. 彼は 1 年間に 3 つの選手権を獲得した. ❸ U Ⓦ (自由などの)擁護(活動) (*of*).

Champs É·ly·sées /ʃɑ̃ːnzeɪliːzéɪ | -zelíːzeɪ/ 名 固 [the ~] シャンゼリゼ《Paris の繁華街》.

✱✱✱chance /ʧǽns | ʧɑ́ːns/

— 名 (chanc·es /~ɪz/)

意味のチャート
元来は「偶発的な出来事」の意.
→「**偶然**」,「**運**」❸ →「**機会**」,「**チャンス**」❶ →(それが起きる可能性) →「**見込み**」❷
《⇒ fortune 意味のチャート, luck 意味のチャート》

❶ C **機会**, **チャンス**, 好機 (*of*): ***Give*** me「a second [another] ***chance***. もう 1 度機会を与えてください / I had a ***chance to*** talk to her. +*to* 不定詞 彼女と話す機会があった / That was her big *chance* (*to* succeed). あれは彼女の(成功する)大チャンスだった / Today is my last *chance to* see the show. 今日はそのショーが見られる最後の機会だ / He ***jumped at*** the ***chance***. 彼はそのチャンスに飛びついた / Don't ***miss*** this ***chance***. この好機を逃すな.

chance	見込み, 可能性
opportunity	(よい)機会, 好機

❷ C,U **見込み**, **可能性**, **勝ち目** [≒probability, possibility]: ***have*** a fair [slight] ***chance*** まあまあ[わずかな]見込みがある / There is no [some] ***chance of*** his victory. 彼の勝利の見込みはない[いくらかある] / We have「a good [a fifty-fifty, an outside] ***chance***

of win*ning*. [+of+動名] 私たちは勝てる見込みが十分[五分五分で, わずかに]ある / [言い換え] His *chances of* success are one in ten. = The *chances of* his succeed*ing* are one in ten. = The ***chance that*** he will succeed is one in ten. [+that 節] 彼が成功する可能性は 10 に 1 つだ.
❸ Ⓤ **偶然; 運**, 思いがけないこと, 巡り合わせ [≒luck]: *Chance* led to the discovery of the new island. ふとしたことでその新島の発見となった / I met her ***by chance*** at the airport yesterday. 私はきのう空港で偶然彼女に会った / pure *chance* 全くの偶然 / ***leave nothing to chance*** 何事も成り行き任せにしない(周到に準備する). ❹ [形容詞的に] 偶然の, 不意の: a *chance* meeting [encounter] 偶然の出合い. ❺ Ⓒ 危険, 冒険 [≒risk].

as cháncé would háve it [副] [文修飾] 偶然にも, たまたま.

by ány cháncé [副] [文修飾] Ⓢ ひょっとしたら, もしかして: 🗨 "Excuse me. Are you Mr. White, *by any chance*?" "Yes, I am. I'm glad you recognized me." 「失礼ですがひょっとしてホワイトさんではありませんか」「そうです. 私だとわかっていただいてうれしいです」

fáncy ...'s cháncés [動] [否定文で] 《英》 ...がうまくいきそうだと思う.

Fát cháncé! Ⓢ = No [Not a] chance!

gíven hàlf a cháncé 少しでも機会が与えられれば.

Nó [Nót a] cháncé! Ⓢ そんなことはありっこない.

on the òff cháncé of ... [前] **= on the òff cháncé that ...** [接] 万一にも...と思って, ...を期待して.

stànd a (góod [fáir]) cháncé of *dóing* [動] ...する見込みが(相当)ある.

táke a cháncé = tàke cháncés [動] ⓐ 運を天に任せてやってみる, 一か八(ばち)かやってみる (*on*).

táke one's **cháncé(s)** [動] ⓐ 自分の運にかけてやるだけのことをやってみる.

(the) cháncés áre (that) ... 《略式》 たぶん...であろう: *Chances are* you have heard about the 'Leaning Tower of Pisa.' たぶんあなたは「ピサの斜塔」のことを聞いたことがあると思いますが.

— [動] ⓐ ❶ 《文語》 偶然[たまたま]...する [≒happen]: I *chanced to* meet her in the theater. 偶然劇場で彼女に会った. ❷ [it を主語として; ⇒ it¹ A 5] 《文語》 たまたま...が起こる, 偶然...となる: *It* (*so*) *chanced that* I was absent from school that day. たまたまその日は学校を休んでいた. — ⓗ (...)を思いきってやってみる.

cháncé it [動] ⓐ 《略式》 一か八(ばち)かやってみる.

cháncé on [upòn] ... [動] ⓗ 《格式》 たまたま...に出会う, ふと...を見つける.

chan·cel /ʧǽns(ə)l | ʧɑ́ːn-/ [名] Ⓒ (教会堂の)内陣 《東端で聖歌隊席 (choir) と聖職者の席; ⇒ church 挿絵》.

+**chan·cel·lor** /ʧǽns(ə)lɚ | ʧɑ́ːns(ə)lə/ [名] (〜s /〜z/) ❶ Ⓒ [しばしば C-] 《英》 **(財務)大臣**, 司法官, 長官. ❷ Ⓒ [しばしば C-] (ドイツ・オーストリアの)首相. ❸ Ⓒ 《米》 (一部の大学の)学長; 《英》 (名誉)総長.

the Cháncellor of the Exchéquer [名] ⇒ Exchequer 成句.

chan·cer·y /ʧǽns(ə)ri | ʧɑ́ːn-/ [名] (-cer·ies) ❶ [the C-] 《英》 大法官府[部]. ❷ Ⓒ 《米》 衡平法裁判所. ❸ Ⓒ 大使館[領事館]の事務局.

chanc·y /ʧǽnsi | ʧɑ́ːn-/ [形] (chanc·i·er; -i·est) 《略式》 不確実な, 当てにならない; 危なっかしい.

chan·de·lier /ʃæ̀ndəlíɚ | -líə/ [名] Ⓒ シャンデリア.

⁂change /ʧéɪnʤ/

— [動] (chang·es /〜ɪz/; changed /〜d/; chang·ing) ⓗ ❶ (...)を**変える**, 変化させる; 改める 《⇒ [類義語]》: Can you *change* the color *from* green *to* blue? [V+O+from+名+to+名] 色を緑から青に変えられませんか / Heat *changes* water *into* steam. [V+O+into+名] 熱は水を水蒸気に変える.
❷ (...)を**交換する**, (...)を(〜と)取り替える [≒replace, exchange]; (列車など)を**乗り換える**; (服)を**着替える**: *change* a light bulb 電球を交換する / I *changed* plac*es* ***with*** him. [V+O+with+名] 私は彼と場所[席]を替わった 《⇒ place 成句》 ✪ 同種のものを交換するときには目的語は複数形をとる // I'll have to *change* this shirt ***for*** a bigger size. [V+O+for+名] このシャツは大きいサイズと取り替えないといけない / *Change* trains at Chicago for New York. ニューヨークへ行くにはシカゴで列車を乗り換えなさい / *change* clothes = get *changed* 着替える.

乗り換える

新宿で電車を乗り換えた.
○We **changed trains** at Shinjuku.
×We changed our train at Shinjuku.
✪ 目的語が複数形になることに注意.

❸ (...)を**両替する**; (お金)をくずす: Could you *change* my yen *into* [*for*] dollars? [V+O+into [for]+名] この円をドルに替えられますか / I'd like to *change* a twenty-dollar bill. 20 ドル紙幣をくずしたいのですが. ❹ (子供)を着替えさせる. ❺ (ベッド)のシーツを取り替える. ❻ (車などのギア)を入れ替える.
— ⓐ ❶ **変わる**, 変化する; 移る: *changing* circumstances 変わってゆく状況 / The wind has *changed*. 風向きが変わった / The traffic light ***changed from*** green ***to*** yellow. [V+from+名+to+名] 交通信号が青から黄色に変わった / He ***changed into*** another man. [V+into+名] 彼は別人のようになった.
❷ **着替える**: Meg ***changed into*** a new dress. [V+into+名] メグは新しい服に着替えた / ***Change out of*** those dirty clothes. [V+out of+名] その汚れた服を着替えなさい.
❸ **乗り換える**: We ***changed at*** Shinagawa to a local train. [V+at+名] 私たちは品川で普通列車に乗り換えた / We ***changed from*** a train ***to*** a bus. [V+from+名+to+名] 私たちは列車からバスに乗り換えた.
❹ (車のギアを...に)入れ替える (*into*) [《米》 shift]: *change down* [*up*] 《英》 ギアを低速[高速]に切り替える.

chánge aróund [動] ⓗ (...)の(置き)場所を変える.

chánge óver [動] ⓐ 転換する, 切り替える (*from*, *to*) 《⇒ changeover》.

[類義語] **change** 外観や内容を全面的に変える意味での最も一般的な語: People can *change* their habits if they make an effort. 人は努力すればその習慣を変えることができる. **alter** やや格式ばった語で, 特に部分的に変えること: New company employees learn to *alter* their way of speaking. 新入社員たちは話し方を変えるようになる. **vary** 特に効果が出るように段階的・部分的に変えていくこと: Good writers *vary* their manner of writing. 優れた作家は使用する文体に変化をつける. **convert** 新しい用途や目的に応じて大幅に改造すること: He *converted* a barn into a house. 彼は納屋を住宅に改造した. **transform** 外形・性質・機能などが改善するよう根本的に変えること: The place was *transformed* into a pleasant residential area. その場所は快適な住宅地に変えられた.

— 名 (chang·es /~ɪz/) ❶ C,U **変化**, 変更; 変遷: the *change from* winter *to* spring 冬から春への推移 / a *change of* job 転職《✪ job は無冠詞》 / We cannot make a *change in* our schedule. 私たちの予定は変更できない / The country has undergone drastic *changes* as a result of industrialization. この国は工業化の結果で急激な変貌(へんぼう)を遂(と)げた / social *change* 社会の変化.

❷ C [普通は a ~] **気分転換**, (ふだんと趣の)異なること; 転地: Della needs *a change* (*from* her routine). デラは(いつもの仕事を休んで)気分転換が必要だ / It's *a change* for me to listen to classical music. 私にはクラシックを聴くのが気分転換になる.

❸ U **つり銭**: Here's your *change*. はいおつりです / Keep the *change*. おつりは(チップに)とっておいてください.

❹ U **小銭** (small change): Haven't you got any *change*? 細かいのをお持ちですか / I'd like to be paid the balance *in change*. 残りを小銭でいただきましょう / 🗨 "Can I have *change for* a dollar?" "Just a minute. Here you are." 「1ドルくずれる?」「ちょっと待って. はい, どうぞ」

❺ C **取り替え**; 着替え(のひとそろい): You should take a *change of* clothes [underwear] with you. 着替え(の衣服[下着])を持っていくほうがいい.

❻ C (列車の)**乗り換え**: make a quick *change* 急いで乗り換える.

a chánge for the bétter [wórse] [名] (事態の)好転[悪化].

a chánge of páce [名] 気分転換, 変化.

a chánge of scéne [scénery] [名] 環境の変化; 転地: go to the South of France for *a change of scene* [*scenery*] 南フランスへ転地療養に行く.

for a chánge [副] 変化をつけるために, いつもと変えて: Let's walk to school (just) *for a change*. たまには歩いて学校へ行ってみよう.

gèt nó chánge òut of ... [動] 他 S《英》...から何も聞き出せない, ...は何の助けにもならない.

hàve a chánge of héart [動] 自 気持ちが変化する, 心変わりする.

change·a·bil·i·ty /ʧèɪnʤəbíləṭi/ 名 U 変わりやすさ, 変わりやすい性質; 不安定(な状態).

change·a·ble /ʧéɪnʤəbl/ 形 (天気が)変わりやすい; 不安定な, 気まぐれな [⇔ unchangeable].

change·less /ʧéɪnʤləs/ 形 変化のない; 不変の.

change·ling /ʧéɪnʤlɪŋ/ 名 C《文語》取り換え子《さらった子の代わりに妖精(ようせい)たちが残すとされていた醜い子》; 赤ん坊のときこっそり取り換えられた子.

change·o·ver /ʧéɪnʤòʊvɚ|-və/ 名 C (体制などの)転換, 切り替え (*from, to*).

chánge pùrse 名 C《米》小銭入れ, 財布.

chang·ing room /ʧéɪnʤɪŋ-/ 名 C《英》更衣室.

***chan·nel** /ʧǽn(ə)l/ ❗発音 名 (~s /~z/)

> **意味のチャート**
> 元来は「**河床**」❺ の意で canal と同語源.
> →「**水路**」❹ →「**海峡**」❸
> 　　　　　→「**回路**」→「**チャンネル**」❶
> 　　　　　→「**経路**」❷

❶ C〔テレビ・ラジオ〕**チャンネル**; 回路: change [switch] 「the *channel* [*channels*] チャンネルを変える / You can watch the game ***on Channel*** 8. その試合は8チャンネルで見ることができる.

❷ C [しばしば複数形で] (伝達・流通などの)**経路**, ルート (*of*); (表現の)**手段** (*for*): distribution *channels* 流通経路 / diplomatic *channels* 外交ルート / go through official *channels* 公式のルートを通る.

❸ C **海峡**; [the C-]《英》**イギリス海峡** (English Channel).

channel (広い)	海峡
strait (狭い)	

❹ C **水路**《川・海・港などの船が通れる部分》. ❺ C 川底, 河床. ❻ C (柱などの)溝.

— 動 (chan·nels; chan·neled,《英》chan·nelled; -nel·ing,《英》-nel·ling) 他 ❶ (精力など)を(...へ)注ぐ, 向ける (*into*), (資金など)を(...を通して)送る (*through*). ❷ (水など)を水路[導管]で運ぶ, 送る. ❸ (溝など)を掘る[作る]. ❹ (死者など)の霊媒となる; (亡くなった有名人など)が乗り移ったようになる.

chánnel sùrfing 名 U テレビのチャンネルを次々と切り換えること.

Chánnel Túnnel 名 固 [the ~] (英仏をつなぐ)海峡トンネル (Eurotunnel).

chan·son /ʃɑ́:ŋsɔ́:ŋ|ʃɑ́:nsɔ:ŋ/ ≪フランス語から≫ 名 C シャンソン, (フランスの)歌曲.

chant /ʧǽnt|ʧɑ́:nt/ 名 ❶ C 単調な繰り返し; (デモ・集会・ファンの)調子をそろえた叫び声, シュプレヒコール. ❷ C,U 聖歌《繰り返しが多く単調なもの》. — 動 他 ❶ (シュプレヒコールなど)を繰り返す. ❷ (聖歌)を歌う. — 自 ❶ シュプレヒコールを叫ぶ. ❷ 聖歌を歌う.

Cha·nu·kah /hɑ́:nəkə|hɑ́nʊ-/ 名 固 = Hanukkah.

cha·os** /kéɪɑ(:)s|-ɔs/ ❗発音 名 ❶ U **無秩序, 大混乱**: The accident left the street ***in chaos. 事故で通りは大混乱となった. ❷ U カオス, (天地創造以前の)混沌(こんとん) [⇔ cosmos]. (形 chaótic)

cha·ot·ic /keɪɑ́(:)ṭɪk|-ɔ́t-/ 形 無秩序の; 混沌とした. (名 cháos)

+**chap** /ʧǽp/ 名 C《古風, 英略式》**男**, やつ.

chap. 略 = chapter.

+**chap·el** /ʧǽp(ə)l/ 名 (~s /~z/) ❶ C (教会の)**付属礼拝堂**; (学校・病院・刑務所などの)付属礼拝堂. ❷ U《英》(礼拝堂で行なう)礼拝: We go to *chapel* at ten. 我々は10時に礼拝に行く. ❸ C《英》(イングランド国教会・ローマカトリック教会以外の)教会(堂)《⇒ church 語法》. ❹ C《英》(新聞社・印刷会社の)労働組合(員).

chap·er·on, chap·er·one /ʃǽpəròʊn/ 名 ❶ C《米》(若い男女のパーティーなどの)お目付け役《親・教師など》. ❷ C (昔, 若い未婚女性が社交界に出るときの)付き添い《多くは年配の既婚の婦人》. — 動 他 (...)の付き添い役[お目付け役]を務める.

chap·lain /ʧǽplən/ 名 C 礼拝堂勤務の牧師《宮廷・大邸宅・陸海軍・学校・病院などの礼拝堂に所属》; 教戒師, 従軍牧師 (*of, to*).

Chap·lin /ʧǽplɪn/ 名 固 Sir Charles Spencer ~ チャップリン (1889-1977)《英国生まれの映画俳優・製作者》.

chapped /ʧǽpt/ 形 ひび[あかぎれ]が切れた.

chaps /ʧǽps/ 名 複 カウボーイの革ズボン《しりの部分が

chapter 218

なく, 脚を保護するために普通のズボンの上にはく》.

*chap·ter /ʧǽptɚ | -tə/ 名 (~s/~z/) ❶ C (本・論文などの)章《略 chap.》: *Chapter* X /tén/ 第 10 章 / This problem will be dealt with in *Chapter* 6. この問題は 6 章で扱う. ❷ C (歴史・人生などの)一時期: This incident opens a new *chapter* in our history. この事件は我々の歴史の新しい時期を開くものである. ❸ C《主に米》(組合・協会・クラブなどの)(地方)支部. ❹ C [《英》単数形でもときに複数扱い] 聖堂参事会会員; 聖堂参事会総会.

a chápter of áccidents [名]《英》不幸の連続.

give [quóte] ... chápter and vérse [動] 他 (人)に正確な情報[出典, 典拠]を教える. 由来 聖書の「章と節」の意より.

〖⇨ cap キズナ〗

char /ʧɑ́ɚ | ʧɑ́:/ 動 (chars; charred; char·ring /ʧɑ́:rɪŋ/) 他 (火が)(木)を炭にする, 黒焦げにする. — 自 黒焦げになる.

***char·ac·ter** /kǽrəktɚ, -rɪk- | -tə/ ❗アク ❗発音

— 名 (~s/~z/)

意味のチャート
ギリシャ語で「印刻を打つ道具」の意.
→ 印 → 「記号」→「文字」❻
　　→ (区別のしるし) →「特質」❷ → (人の特性)
　　　→「人格」❶ → (人物)
　　　→「登場人物」❸

❶ C,U [普通は単数形で] (個人・集団・国民などの)**性格**; **人格**, 品性; U 優れた人格[能力], 徳性, 気骨《⇨ 類義語》: He has a good *character*. 彼は性格がいい / a person of noble *character* 人格が高潔な人 / He has some serious flaws in his *character*. 彼の性格には重大な欠陥がある / the British national *character* イギリス人の国民性 / *character* building 人格形成 / It takes *character* to deal with such a difficult situation. そうした難局に対処するには気骨がいる.

❷ C,U [普通は単数形で] (物・事件・土地などの)**特質**, 特性; U 優れた[おもしろい]特徴, 特色; 種類: Each town has a ***character of*** its own. どの町にもそれなりの特質がある / The plants on this island are 「***of*** a peculiar [peculiar ***in***] ***character***. この島の植物には独特な性質がある.

❸ C (小説・劇などの)**登場人物**; 有名な人, 人物: a main *character* in the story 物語の主要な登場人物 / a great historical *character* 偉大な歴史上の人物. ❹ C《略式》人; 変わり者; 個性的な人, おもしろい人: She's 「a real *character* [quite a *character*]! 彼女はほんとにおもしろい人だ. ❺ U《格式》評判, 名声: a slur on ...'s *character* (...への)汚名. ❻ C (表意)文字; 記号: Chinese *characters* 漢字. 関連 letter 表音文字.

in [òut of] cháracter [形・副] その人らしく[らしくなく], 柄に合って[柄にもなく]; はまり役[不向き]で.

(形 chàracterístic, 動 cháracterìze)

類義語 **character** 道徳的・倫理的な観点からみた人格・特性. **personality** 人柄・個性といった意味での特性: Professor Smith has *character* but no *personality*. スミス教授は立派な人だが, おもしろ味がない. **nature** 生まれもった性質: It is not in her *nature* to give up easily. 簡単にあきらめるのは彼女の性に合わない. **temperament** 考え方や行動の基礎となる性質: He is better suited by *temperament* to research than to teaching. 彼は気質の点で教師より研究に向いている.

cháracter àctor 名 C 性格俳優.

+**char·ac·ter·ise** /kǽrəktəràɪz, -rɪk-/ 動《英》= characterize.

*char·ac·ter·is·tic /kæ̀rəktərístɪk, -rɪk-ˉ/ ❗アク 名 (~s/~s/) C [普通は複数形で] **特色**, 特質, 特性 (*of*): school *characteristics* 学校の特色, 校風 / The town preserves its ancient *characteristics*. その町は昔ながらの特色を今も残している.

— 形 **特有の**, 特質ある, 独特の: Each person has his or her own *characteristic* walk. 各人には独特の歩き方というものがある / Black and white stripes are ***characteristic of*** the zebra. +of+名 白黒のしま模様はしまうま特有のものである. (名 cháracter)

char·ac·ter·is·ti·cal·ly /kæ̀rəktərístɪkəli, -rɪk-/ 副 ❶ 特質を示すように; 特徴[特色]として. ❷ 文修飾 いかにも...らしいのだが, 例によって: *Characteristically*, Nancy ignored the rule. いかにも彼女らしいのだが, ナンシーはその規則を無視した.

char·ac·ter·i·za·tion /kæ̀rəktərɪzéɪʃən, -rɪk- | -raɪz-/ 名 ❶ U,C 特質[特性]を表わすこと, 特徴づけ (*of, as*). ❷ U,C 性格描写. (動 cháracterìze)

+**char·ac·ter·ize** /kǽrəktəràɪz, -rɪk-/ 動 (-ter·iz·es /~ɪz/; -ter·ized /~d/; -ter·iz·ing) 他 ❶ [しばしば受身で] (...)を**特徴づける**, (...)に特性[性格]を与える: His poems ***are characterized by*** an absence of punctuation. V+O の受身 彼の詩は句読点のないのが特徴だ. ❷ (...)の特徴を述べる [≒portray]: He *characterized* her *as* lively. 彼は彼女を快活な性格だと評した. (名 cháracter, chàracterizátion)

char·ac·ter·less /kǽrəktɚləs, -rɪk- | -tə-/ 形 特徴[個性]のない, 平凡な.

cha·rade /ʃəréɪd | -rɑ́:d/ 名 ❶ [複数形で単数扱い] シャレード《たとえば char·ac·ter·ize なら care (世話), actor (俳優), eyes (目)のように, 言葉を音節で区切り, 発音の似た別の語群におきかえて身ぶりで示し, もとの語を言い当てるジェスチャー遊び》: play *charades* シャレードをする. ❷ C 見えすいた動作[ジェスチャー]; 見せかけ.

char·coal /ʧɑ́ɚkòʊl | ʧɑ́:-/ 名 U,C 炭, 木炭; U チャコールグレー《黒に近い灰色》.

***charge** /ʧɑ́ɚʤ | ʧɑ́:ʤ/

意味のチャート
元来は「重荷(を負わせる)」の意.
→ (金銭上の) →「料金(を請求する)」名 ❶; 他 ❶, 自 ❶ → (つけにする) →「クレジットカードで払う」他 ❷
→ (仕事上の) →「責任(を負わせる)」名 ❷; 他 ❻
　→ (電荷を与える) →「充電する」他 ❺
→ (道義・法律上の) →「非難(する), 罪(を告発する)」名 ❸; 他 ❸ → (攻撃する) →「突撃する」他 ❹, 自 ❷

— 名 (charg·es /~ɪz/) ❶ C,U **料金**, **費用**; 手数料《⇨ price 類義語》; 借方記入, つけ, クレジット: a hotel *charge* ホテルの料金 / a six-dollar admission *charge* = an admission ***charge of*** six dollars 6 ドルの入場料 / There is an extra ***charge for*** that. それには追加料金がかかります / NO CHARGE FOR ADMISSION 入場無料《掲示》/ These services are provided ***free of charge***. これらのサービスは無料

で提供される / 🗨 "Will that be cash or *charge*?" "*Charge*, please."「お支払いは現金ですか, クレジットですか」「クレジットでお願いします」《店員と客が会計時に交わすことば; ⇒ ㊀ 2》.
❷ Ⓤ **管理**, 監督, 世話; 責任, 義務: Who has *charge* of this class? このクラスの担任はだれですか.
❸ Ⓒ〔法律〕**告発**, **告訴**; (告発すべき)**罪**; **非難**, 申し立て: a false *charge* 言いがかり / a criminal *charge* 刑事告発 / a ***charge of*** theft 窃盗罪 / The police dropped the ***charges against*** him. 警察は彼に対する告発を見送った / face「a *charge* [《主に米》*charges*] 告発される / He was arrested ***on charges*** [***a charge***] ***of*** murder. 彼は殺人容疑で逮捕された / She denied [rejected] the ***charge that*** she had taken bribes. +that 節 彼女はわいろを受けとったという申し立てを否定した. ❹ Ⓒ《格式》受け持って[面倒を見て]いる人[もの]《特に子供》: When my parents died, I became the *charge* of my uncle. 両親が死んだとき私はおじに預けられた. ❺ Ⓒ,Ⓤ 電荷, 充電; Ⓒ (1 回分の)弾薬, 爆薬, 装薬: a positive [negative] *charge* 正[負]電荷. ❻ Ⓒ 突撃, 攻撃 [≒attack]; 〔球技〕チャージ: The dogs made a *charge at* the bear. 犬はくまにとびかかった. ❼ Ⓒ《格式》命令, 勧告. ❽ [単数形で] (感情的な)力.
brìng chárges agàinst ... [動] ㊀〔法律〕...を告発[起訴]する.
gèt a chárge òut of ... [動] ㊀ Ⓢ《米》...に興奮する, ...を楽しむ.
in chárge [形] (...を)**預かっている**, (...の)責任を持っている; (...を)担当している: the person *in charge* (管理)責任者 / the teacher ***in charge of*** that class そのクラスの担当の先生 / I put my sister *in charge of* my shop. 私は店を姉に任せた.
in the chárge of ... = in ...'s chárge [前] **...に預けられて(いる)**, ...に監督されて(いる): The office is *in the charge of* Mr. Smith. この事務所はスミス氏が責任を持っています / The baby is *in my charge*. 赤ん坊は私が預かっている.
préss [prefér] chárges agàinst ... [動] ㊀〔法律〕...を告発[起訴]する.
tàke chárge of ... [動] ㊀ ...を受け持つ, ...を預かる: I *took charge of* the project. 私はそのプロジェクトを受け持った.
— 動 (charg·es /~ɪz/; charged /~d/; charg·ing) ㊀ ❶ (人に)(代金・料金など)を**請求する**: How much do you *charge*「***for*** send***ing*** this [***to*** send this] by airmail? V+O+for+動名[to 不定詞] これを航空便で送るといくらですか / The hotel ***charged*** me 80 dollars ***for*** the room. V+O+O+for+名 ホテルは部屋代として私に 80 ドルを請求した.
❷ (買い物)を(...の勘定に)**つける**, つけにする; 《米》(...)を**クレジットカードで払う**: *Charge* this ***to*** Room 673 [my account]. V+O+to+名 この支払いは 673 号室[私の勘定]へつけてください / I ***charged*** the sweater ***on*** my credit card. V+O+on+名 このセーターはクレジットカードで払った.
❸ [しばしば受身で]〔法律〕(特に刑事犯罪について)(人)を**告発[告訴]する**; 《格式》(人)を(公然と)**非難する**, (...)と申し立てる: He ***was charged with*** theft. V+O+with+名の受身 彼は窃盗罪で告発された / They ***charged*** (***that***) he had let out the secret. V+O ((that) 節) 彼らは彼が秘密を漏らしたと非難した.
❹ (...)を(激しく)**襲う**, (...)に突撃する, 突進する; (サッカーなどで)(人)に対してチャージングする: The dog suddenly *charged* some children. その犬は突然子供たちに襲いかかった.
❺ (電池など)を**充電する** (*up*) [⇔ discharge]: This battery must be *charged*. この電池は充電する必要がある. ❻ [しばしば受身で]《格式》(責任・仕事など)を(人)に負わせる, 課する, 託す; (人)に命じる: He *was charged with* an important task. 彼は大切な仕事を任せられた. ❼《英格式》(グラス)を満たす; 《古語》(銃)に弾丸を込める. ❽ [普通は受身で]《文語》(感情などで)(...)をいっぱいにする (*with*).
— ㊀ ❶ **料金を請求する**: He doesn't ***charge*** at all ***for*** it. V+for+名 彼はその代金を少しも請求しない.
❷ **突撃する**, 襲いかかる; [副詞(句)を伴って] 突進する: The lion suddenly ***charged at*** me. V+前+名 ライオンは突然私めがけて襲いかかってきた / The children ***charged out of*** the room. 子供たちは部屋から飛び出してきた. ❸ (電池が)充電される.
〖語源 carry と同語源〗

charge·a·ble /ʧɑ́ɚʤəbl | ʧɑ́ːʤ-/ 形 ❶ (費用が)請求される, (...に)請求できる; (税金が)課せられる: All expenses are *chargeable to* the sponsor. 費用は全てスポンサーが負担する. ❷ (罪が)告発されることになる.
chárge accòunt 名 Ⓒ《米》掛け勘定, つけ [《英》credit account].
chárge càrd 名 Ⓒ クレジットカード.
charged /ʧɑ́ɚʤd | ʧɑ́ːʤd/ 形 (議論などが)緊張した; 激論を呼び起こす: a highly *charged* subject 大いに異論の出るテーマ.
charg·er /ʧɑ́ɚʤɚ | ʧɑ́ːʤə/ 名 ❶ Ⓒ (バッテリーの)充電器. ❷ Ⓒ《文語》軍馬.
char·i·ot /ʧǽriət/ 名 Ⓒ (古代の)戦車《2 輪馬車》.
cha·ris·ma /kərízmə/ ≪ギリシャ語から≫ 名 (複 ~s, cha·ris·ma·ta /-məṭə/) Ⓤ カリスマ《民衆を引きつける強烈な指導力や人間的魅力》.
cha·ris·mat·ic /kærɪzmǽṭɪk⁻/ 形 カリスマ的な, 人を引きつける.
+**char·i·ta·ble** /ʧǽrəṭəbl/ 形 ❶ **慈悲深い**; (貧しい者に対して)施しを惜しまない; 寛大な (*to, toward*) [⇔ uncharitable]. ❷ 限定 慈善活動の, 慈善目的の.
(名 chárity)
-ta·bly /-ṭəbli/ 副 慈悲深く, 寛大に.

****char·i·ty** /ʧǽrəṭi/
— 名 (-i·ties /~z/) ❶ Ⓒ **慈善団体**.
❷ Ⓤ **慈善事業**; 慈善(行為), チャリティー; 義援金[物資]: give money to *charity* 慈善事業に金を出す.
❸ [形容詞的に] 慈善の: give a *charity* concert チャリティーコンサートを催す. ❹ Ⓤ《格式》(他人への)思いやり; 寛容: treat people with *charity* 人々を寛大に扱う. ❺ Ⓤ キリスト教的愛, 博愛: *Charity* begins at home. 《ことわざ》愛はまず自分の家(=身近なところ)から.
(形 cháritable)

chárity shòp 名 Ⓒ《英》= thrift shop [store].
char·la·tan /ʃɑ́ɚlətn | ʃɑ́ː-/ 名 Ⓒ いかさま師《専門的知識があるふりをする》; にせ医者.
Char·le·magne /ʃɑ́ɚləmèɪn | ʃɑ́ː-/ 名 固 シャルルマーニュ, カール大帝 (742-814)《フランク国王 (768-814); 神聖ローマ帝国皇帝 (800-14)》.
Charles /ʧɑ́ɚlz | ʧɑ́ːlz/ 名 固 ❶ チャールズ《男性の名; 愛称は Charley または Charlie》. ❷ ~ III /-ðəθɚ́ːd | -θə́ːd/ チャールズ三世 (1948-)《英国王 (2022-)》.

Charles·ton /ʧáəlstən | ʧá:-/ 名 固 チャールストン《米国 West Virginia 州の州都》.

Char·ley, Char·lie /ʧáəli | ʧá:-/ 名 固 チャーリー《男性の名; Charles の愛称》.

Chárlie Brówn 名 固 チャーリー ブラウン《米国の漫画 *Peanuts* に登場する何をやってもだめな男の子; Snoopy の飼い主》.

Char·lotte /ʃáələt | ʃá:-/ 名 固 シャーロット《女性の名; 愛称は Lottie, Lotty》.

+**charm** /ʧáəm | ʧá:m/ 名 (~s /~z/) ❶ U,C **魅力**, 人の心をとらえる力: the *charm* of her smile 彼女の笑顔の魅力 / The actress did not lose her *charm* as she grew old. その女優は年はとっても魅力を失わなかった. ❷ C (腕輪・ネックレス・時計の鎖などにつける)飾り. ❸ C まじない, 呪文(じゅもん) [≒spell]; 魔よけ, お守り.

wórk lìke a chárm [動] 自 見事にうまくいく[効く].

— 動 (charms /~z/; charmed /~d/; charm·ing) 他 ❶ (美しさで)(...)を**うっとりとさせる**, (楽しさで)魅了する; 楽しませる, 喜ばせる; 魅力で(人)に～させる (*into*): The children *were charmed by* the teacher's story. V+O の受身 子供たちは先生の話に引き付けられた. ❷ (人)に魔法をかける; 魔法をかけて[呪文(じゅもん)を唱えて](人)に～させる: The fairy *charmed* the princess asleep. その妖精(ようせい)は王女を魔法で眠らせた.

léad [líve, hàve, béar] a chármed lífe [動] 自 不死身である, 非常に運が強い. 由来 災難にあっても魔法で守られたように死なない, の意.

〖語源 ラテン語で「歌」の意〗

charm·er /ʧáəmə | ʧá:mə/ 名 ❶ C 魅力のある人. ❷ C = snake charmer.

+**charm·ing** /ʧáəmɪŋ | ʧá:m-/ 形 **チャーミングな**, 魅惑的な, うっとりさせる; とても楽しい: a *charming* smile すてきな笑顔. **~·ly** 副 魅力的に.

charred /ʧáəd | ʧá:d/ 形 黒焦げになった.

*__chart__ /ʧáət | ʧá:t/ 名 (charts /ʧáəʦ | ʧá:ʦ/) ❶ C **図表**, 図, グラフ: a weather *chart* 天気図 / an eye *chart* 視力検査表 / a pie *chart* 円グラフ. ❷ C **海図**; 航空図《⇒ map 表》: They made a *chart* of the bay. 彼らはその湾の海図を作った. ❸ [the charts として] (CD などの)週間ベストセラー表, ヒットチャート: the top of *the charts* ヒットチャート第 1 位.

— 動 他 ❶ (進行・発展など)を記録する; (方針など)を立てる. ❷ (海域・水路など)の地図を作る, (...)を(海)図に記す.

〖語源 ラテン語で「紙」の意; card¹ と同語源〗

*__char·ter__ /ʧáəṭə | ʧá:tə/ 名 (~s /~z/)

> **意味のチャート**
> ラテン語で「小さな紙片」の意《⇒ chart 語源》で, 約束事などの確認をするためのもの
> → (権限を与えるためのもの) → 「**特許状**」❹
> → (当事者間の取り決め) → 「**憲章**」❶
> → (飛行機などの一括使用契約) → 「**チャーター(便)**」❷, ❸

❶ C **憲章**《団体や組織の原則・趣旨・活動などを述べたもの》: the *Charter* of the United Nations = the United Nations [UN] *Charter* 国連憲章 ∥⇒ Great Charter. ❷ C **チャーター便**, チャーター機[船]: There's a *charter* leaving for New York on Monday. 月曜にニューヨーク行きのチャーター機がある. ❸ U (航空機などの)チャーター, 貸借契約. ❹ C 特許状; 免許状; (本部からの)支部設立許可.

— 動 (char·ters /~z/; char·tered /~d/; -ter·ing /-ṭərɪŋ, -trɪŋ/) 他 ❶ (飛行機・船・車など)を**チャーターする**, 借り切る: We *chartered* a bus. 私たちはバスをチャーターした. ❷ (...)に特許状を与える, (...)を認可する.

+**char·tered** /ʧáəṭəd | ʧá:təd/ 形 ❶ 限定 **チャーターした**, 借り切った: a *chartered* bus チャーターしたバス. ❷ 限定 《英》 公認の.

chártered accóuntant 名 C 《英》 = certified public accountant.

chárter flìght 名 C (飛行機の)チャーター便.

chárter mémber 名 C 《米》 団体の設立時のメンバー [《英》 founder member].

chárter schòol 名 C 《米》 チャータースクール《教師・親が地方自治体などの特許状を得て設立し, 公的資金によって運営される》.

char·y /ʧé(ə)ri/ 形 (char·i·er; -i·est) 叙述 (...せぬよう)用心して (*about*): He is *chary of* offend*ing* people. 彼は人を怒らせぬよう気を配っている.

*__chase__ /ʧéɪs/ 動 (chas·es /~ɪz/; chased /~t/; chas·ing) 他 ❶ (捕らえようとして)(...)を**追いかける**, (獲物など)を追う, 追跡する《⇒ follow 類義語》; (仕事・成功・金など)を追い求める; (異性)を追い回す: The dog *chased* the cat. 犬は猫を追いかけた. ❷ (...)を**追い払う**, 追い立てる (*away, off*): He *chased* the cattle *from* his wheat field. V+O+前+名 彼は小麦畑から牛を追い払った.

— 自 ❶ **追いかける**; (異性を)追い回す: The children *chased after* the parade. V+*after*+名 子供たちはパレードの後を追いかけた. ❷ [副詞(句)を伴って] 《略式》 急ぐ, 走り回る (*about, around*).

cháse dówn [動] 他 (人・物)を追い詰める; (...)を見つけ出す. **cháse úp** [動] 他 《英》 (...)を見つけ出す; (人)に催促する.

— 名 (chas·es /~ɪz/) ❶ C **追跡**, 追撃; 追求: give up the *chase* 追跡をやめる / After a long *chase*, we finally caught the thief. 長いこと追跡して, 我々はやっとそのどろぼうを捕らえた. ❷ [the ~] 狩猟, (きつね)狩り. **gìve cháse** [動] 自 追う, 追跡する (*to*).

〖語源 ラテン語で「つかもうとする」の意で catch と同語源〗

chas·er /ʧéɪsə | -sə/ 名 ❶ C 《主に米》 強い酒の直後に飲む弱い酒[水], チェーサー; 《主に英》 弱い酒の後に飲む強い酒. ❷ C 追っ手, 追撃者.

chas·m /kǽzm/ 名 ❶ C (地面・岩・氷河などの)深い割れ目; すきま. ❷ C [普通は単数形で] (感情・意見などの)隔たり (*between*).

chas·sis /ʧǽsi, ʃǽsi | ʃǽsi/ ≪フランス語から≫ 名 (複 ~ /~z/) C シャシー《自動車などの車台, 飛行機の脚部》.

chaste /ʧéɪst/ 形 (chast·er; chast·est) ❶ 《古風》 貞淑な; 純潔な. ❷ つつましい; 簡素な.

chas·ten /ʧéɪs(ə)n/ 動 他 《格式》 (人)を(よくするために)懲(こ)らしめる, 鍛える.

chas·tise /ʧæstáɪz/ 動 他 《格式》 (人)を厳しく批判する; 《古風》 (...)をせっかんする.

chas·tise·ment /ʧæstáɪzmənt, ʧǽstɪz-/ 名 U,C 《格式》 厳しい批評; 《古風》 せっかん.

chas·ti·ty /ʧǽstəṭi/ 名 U 純潔, 貞節; 純正.

chas·u·ble /ʧǽʒʊbl | -zjʊ-/ 名 C (ミサの)司祭の式服《そでがない》.

*__chat__ /ʧǽt/ 動 (chats /ʧǽʦ/; chat·ted /-ṭɪd/; chat·

ting /-ṭɪŋ/) 自 ❶ **おしゃべりする, 雑談する**, 世間話をする: I sometimes ***chat to*** my cousin on the phone. V+to+名 私は時々いとこと電話でおしゃべりする 多用 / The students were ***chatting*** (*away*) ***about*** their school trip. V(+away)+about+名 生徒たちは修学旅行のことをしゃべっていた. ❷〔コンピュータ〕チャットする.
chát úp [動] 他《英略式》(下心があって)(人)に話しかける, くどく.
— 名 (chats /ʧǽts/) ❶ C,U **おしゃべり**, 世間話, 雑談: I ***had*** a long ***chat with*** her ***about*** the actor. 私は彼女とその俳優について長々とおしゃべりをした. ❷ C,U〔コンピュータ〕チャット. (形 chátty)
〖語源 chatter の短縮形〗

chat·bot /ʧǽtbɑ̀(ː)t | -bɔ̀t/ 名 C チャットボット《人間と対話をするコンピュータープログラム》.

châ·teau, cha·teau /ʃætóʊ | ʃǽtoʊ/ ≪フランス語から≫ 名 (複 ~s, châ·teaux /ʃætóʊz | ʃǽtoʊz/) C (フランスの)城; (いなかの)大邸宅.

chát ròom 名 C〔コンピュータ〕チャットルーム.

chát shòw 名 C《英》= talk show.

chat·tel /ʧǽṭl/ 名 C《古風》所有物, 動産.

chat·ter /ʧǽṭɚ | -tə/ 動 (-ter·ing /-ṭərɪŋ, -trɪŋ/) 自 ❶ ぺちゃくちゃしゃべる, くだらないことをうるさくしゃべる (*on; about*): Several girls were *chattering* (*away*) in the bus. 数人の女の子たちがバスの中でぺちゃくちゃとおしゃべりをしていた. ❷ (鳥が)さえずる, (猿が)きゃっきゃっと鳴く (*away*)《⇒ cry 表 monkey》; (寒さや恐怖で歯が)かたかた鳴る, (機械が)かたかた音を立てる (*together*). — 名 U (くだらない)おしゃべり; (鳥の)さえずり声, (猿の)きゃっきゃっと鳴く声; かたかたという音 (*of*).

chat·ter·box /ʧǽṭɚbɑ̀(ː)ks | -təbɔ̀ks/ 名 C《略式》おしゃべり《人; 特に子供》.

chat·ty /ʧǽṭi/ 形 (chat·ti·er; -ti·est) おしゃべりな, 話好きの; (文章などが)会話体の. (名 chat)

Chau·cer /ʧɔ́ːsɚ | -sə/ 名 固 Geoffrey ~ チョーサー (1340?-1400)《英国の詩人》.

chauf·feur /ʃoʊfɚ́ː, ʃóʊfɚ | ʃóʊfə, ʃoʊfə́ː/ ≪フランス語から≫ 名 C お抱(かか)え運転手, 自家用車の雇われ運転手《⇒ driver》. — 動 (-feur·ing /-f(ə)rɪŋ/) 他 (人)のお抱え運転手を勤める; (人)を車に乗せて行く (*around, about*).

chau·vin·is·m /ʃóʊvənɪ̀zm/ 名 ❶ U [軽蔑的] (異性に対する)同性の優越主義; (特に)男尊女卑 (male chauvinism). ❷ U 極端な愛国[排他]主義.

chau·vin·ist /ʃóʊvənɪst/ 名 ❶ U = male chauvinist. ❷ U 極端な愛国主義者.

chau·vin·is·tic /ʃòʊvənístɪk←/ 形 ❶ 無自覚な愛国主義の. ❷ 異性に対する優越感を持った, 性差別の; 男性中心主義の, 男尊女卑の.

**cheap /ʧíːp/ (同音 cheep)

— 形 (cheap·er; cheap·est) ❶ (品物などが)**安い**, (店が)安く売る《⇒ 類義語》[⇔ expensive]; 割引き(料金)の: a *cheap* book 安い本 / Do you have something a little *cheaper*? もう少し安いのはありませんか《店頭で》/ *cheap* labor 賃金の安い労働(力).
❷ **安っぽい**, 安物の; 粗末な: a *cheap* imitation 安物の模造品. ❸ (人・言動が)卑しい, 下品な; 誠意のない; くだらない: *cheap* flattery 心にもないお世辞 / a *cheap* shot 野卑な批判 / His *cheap* jokes made me sick. 彼の下品な冗談にむかむかした. ❹《米》けちな, しみったれた [≒stingy,《英》mean].
chéap and násty [形]《英》安かろう悪かろうの.
féel chéap [動] 自 恥ずかしくなる.
on the chéap [副]《略式》金をかけずに, 安く. (動 chéapen)

類義語 **cheap** 通常の値段よりも安いこと, あるいは供給が豊富で安いこと. しばしば値段とともに質や内容も安っぽいことも意味する. **inexpensive** *cheap* よりはやや格式ばった語で内容の割には値段が安いことを表わし, 安っぽいという感じはない: *Inexpensive* but not *cheap*. 値段は手ごろだが安いというほどではない. **reasonable, moderate** は値段が高すぎず手ごろだという意味から, 比較的安いということを表わすことがある. なお, *cheap, inexpensive* は主に品物を修飾し, *reasonable, moderate* は値段 (price) を修飾する.

— 副 (cheap·er, cheap·est) **安く**: I bought [sold] it *cheap*. 私はそれを安く買った[売った].
nót còme chéap [動] 自 安くない.
〖語源 元来は名詞で「得な買い物」の意〗

cheap·en /ʧíːp(ə)n/ 動 他 (...)を安くする, (...)の値をまける; (...)を安っぽくする, おとしめる. — 自 安くなる. (形 cheap)

cheap·ly /ʧíːpli/ 副 安く, 安価に; 安っぽく.

cheap·ness /ʧíːpnəs/ 名 U 安価; 安っぽさ.

cheap·skate /ʧíːpskèɪt/ 名 C《略式》けち《人》.

+cheat /ʧíːt/ 動 (cheats /ʧíːts/; cheat·ed /-ṭɪd/; cheat·ing /-ṭɪŋ/) 他 ❶ **(人)をだます**; (人)をだまして(...を)取り上げる《⇒ 類義語》: I'd rather *be cheated* than *cheat* someone else. 私は他の人をだますより人にだまされたほうがましだ / I feel *cheated* だまされた気がする / He ***cheated*** me (***out***) ***of*** my money. V+O+(out) of+名 彼は私をだまして金を巻き上げた. ❷ (死・運命)をうまく逃れる.
— 自 ❶ **ごまかす**, 不正行為をする, カンニングする《⇒ cunning 日英》: He ***cheated on*** [《英》***in***] the examination. V+前+名 彼は試験でカンニングした / Gamblers sometimes ***cheat at*** cards. 賭博師は時々トランプでいんちきをする. ❷ (...に隠れて)浮気[不倫]をする (*on*).

類義語 **cheat** 自分の利益を得るために人をだます: They *cheated* me out of 50 dollars. 彼らは私をだまして 50 ドルを巻き上げた. **deceive** 真実を隠したり歪(ゆが)めたりして特に自分に信頼を寄せている人をだます: I trust her because I know she would never *deceive* me. 私は彼女が決して私を欺かないことを知っているので, 信頼している. **trick** 計略や策略を用いて人をだます: He *tricked* me into consenting. 彼は私をうまくはめて承知させた.

— 名 ❶ C 不正をする人, 詐欺師. ❷ C 不正行為, カンニング, 詐欺, ぺてん: a *cheat* sheet カンニングペーパー《⇒ cunning 日英》.

cheat·ing /ʧíːṭɪŋ/ 名 U 不正行為.

Chech·ny·a /ʧéʧniə/ 名 固 チェチェン《ロシア南西部の自治共和国》.

***check[1] /ʧék/ (同音 Czech)

意味のチャート
ペルシャ語で「王」の意. (チェスの)王手 → (王手を)「**阻止(する)**」名 ❹; 他 ❸ →「**抑える**」他 ❹ → (規制) → (規制して正確を期することから) →「**照合(する)**」名 ❶, ❷; 他 ❶, ❷
→ (照合符) →「**小切手**」(check[2]) / 「**伝票**」名 ❸ / 「**預かり証**」名 ❺

— 動 (checks /~s/; checked /~t/; check·ing) 他 ❶ (...)を**点検する**, **確認する**, 照合する, 調べる, 検査する, チェックする [≒examine]: *check* the tires タイヤを点検する / Please *check* (*that*) everyone is present. [V+O ((that)節)] 全員がいるかどうか確認してください [多用] / Would you *check whether* all the windows are closed? [V+O (if·whether 節)] 窓が全部閉まっているかどうか確認していただけませんか / You should *check* your results *with* [*against*] mine. [V+O+with [against]+名] あなたの結果を私のと照合してください / *Check* your dictionary *for* the meaning of that word. [V+O+for+名] その単語の意味を辞書で調べなさい. [関連] double-check 再点検する.
❷《米》(...)に**照合の印**《✓》**をつける**, チェックする [《英》tick]: Will you *check* the supplies you need on this list? このリストで必要な品にチェックしてくれませんか.
❸ (...)を**阻止する**, 食い止める [≒stop]: *check* the enemy's advance 敵の侵攻を阻止する / The spread of the disease *was checked*. [V+O の受身] 病気の広がりは食い止められた. ❹ (感情)を抑える, こらえる: *check* one's anger 怒りを抑える / *check* oneself 自制する. ❺《米》(手荷物)を預ける[預かる]; (手荷物)を預かって(客の目的地まで)運ぶ: I'll *check* my coat *at* that counter. あのカウンターにコートを預けよう / They *checked* their bags *through to* Paris. 彼らはかばんをパリまでの手荷物として預け(て運んでもらっ)た.
— 自 ❶ 調べる, 点検する, チェックする (*up*): "Mr. Smith, would you please *check for* grammatical mistakes in my English composition?" "With pleasure." 「スミス先生, 私の英作文に文法の誤りがないかみていただけますか」「いいですよ」 ❷ (人に)確認する, 問い合わせる: I'll *check with* Ken *to* see if he's coming. ケンに来るかどうか聞いてみよう. ❸《主に米》(正確に)一致する: My accounts *check with* his. 私の計算は彼のと一致する.

check の句動詞

+**chéck ín** 動 自 (ホテルで)**チェックインする**, 宿泊の記帳をする (*at*); (空港などで)搭乗手続きをする (*for*); (出勤・出席・到着などを)登録する: What time can I *check in*? 何時にチェックインできますか. [関連] check out チェックアウトする. — 他 ❶ (ホテルなどで)(人)の代わりに[ために]チェックインする: She *checked* us *in at* the Empire Hotel. 彼女はエンパイアホテルで我々のチェックインの手続きをしてくれた. ❷ (搭乗手続きなどで)(手荷物)を預け(て目的地まで送)る: Have you already *checked in* your baggage? 荷物をもうチェックインしましたか. (名 chéck-ìn)

chéck ínto ... 動 他 (ホテルなど)にチェックインする.

+**chéck óff** 動 他 (...)に**照合済みの印**《✓》**をつける**, チェックする [《英》tick off]: I *check off* each task on my list as soon as I complete it. 私は仕事をひとつ終えるごとにリストの上でチェックをする.

chéck on ... 動 他 (問題がないかどうか)...の様子を見る; ...を調べる, 確かめる: Would you *check on* the fire? (暖炉の)火を見てくれますか.

+**chéck óut** 動 自 ❶ (ホテルで)**チェックアウトする**; 《主に米》(スーパーマーケットなどで)会計を済ませて出る: I'd like to *check out* tomorrow morning. あすの朝チェックアウトしたいのですが. [関連] check in チェックインする. ❷ (情報が)(調査の結果)正確であると確認される (*with*). — 他 ❶《主に米》(本など)を借り出す: *check out* a book from a library 図書館から本を借りる. ❷ (...)を調査して確認する. ❸《略式》(...)を(興味を持って)見る. (名 chéckòut)

chéck óut of ... 動 他 料金を払って...から出る: We *checked out of* the hotel at ten. 私たちはそのホテルを 10 時にチェックアウトした.

+**chéck óver** 動 他 **...を調べる**, 点検する [V+名·代+over / V+over+名]: *Check* these papers *over*. これらの書類に目を通してくれ.

+**chéck úp on ...** 動 他 (特に経歴・人物・真偽などの点で)**...を詳しく調べる**, 調査する; (健康状態など)を検査する: The police are *checking up on* her. 警察は彼女を(内密に)調査中だ.

— 名 (~s /~s/) ❶ C **点検**, 検査, 調査, 確認, 照合, チェック: a dental *check* 歯の検査 / security *checks* 保安検査[点検] / a double *check* 再点検[再検査] / She gave her answer paper a thorough *check* before handing it in. 彼女は答案を出す前によくチェックした / make a final *check of* the plan 計画の最終確認をする / keep a constant *check on* the condition of the machine 機械の調子を絶えず点検する / The police were running [carrying out, doing] a *check on* the cars [*for* a stolen car]. 警察は車の[盗難車を探して]検問をしていた.
❷ C《米》**照合の印**, チェック印《注意を引いたり照合などに用いる ✓ の記号; 解答の正解である事を示すのにも用いられる; 日本の ○ に相当》[《英》tick]: Mark the correct answer with a *check*. 正しい答に ✓ をつけよ. [関連] cross ×や+の印.
❸ C《米・スコットランド》(商店・食堂などでの)**伝票**, 勘定書 [《英》bill]: ask for the *check* 会計をしてもらう / 🗨 "Can I have the *check*, please?" "Yes, sir." 「お会計をお願いします」「はい, かしこまりました」
❹ C [普通は単数形で] (突然の)**妨害**, 阻止, 停止; 抑制; 阻止する物[人]: Miss White's presence acted as a *check on* their mischief. ホワイト先生がいたので彼らのいたずらが防止できた. ❺ C《米》(手荷物などの)預かり証, 引換券[札(ふだ)]; (手荷物)預かり所, クローク: a baggage *check* 手荷物の預かり証 / a coat *check* 手荷物預かり所. ❻ C [しばしば複数形で] チェック, 格子じま, 市松模様; U チェックの織物. ❼ U 〔チェス〕王手.

hóld [kéep] ... in chéck [動] 他 (...)を食い止める, 抑制する.

***check**[2], 《英》**cheque** /ʧék/ (同音 Czech) 名 (~s /~s/) C **小切手**: a traveler's *check* 旅行者用小切手 / He drew a *check for* 100,000 yen *on* the bank. 彼は銀行で 10 万円の小切手を振り出した / He wrote a *check for* ten dollars. 彼は 10 ドルの小切手を書いた / pay *by check* 小切手で支払う. [関連] cash 現金 / (credit) card クレジットカード.

check·book, 《英》**cheque·book** /ʧékbʊ̀k/ 名 C 小切手帳.

+**checked** /ʧékt/ 形 **チェックの**, 格子じまの, 市松模様の: a blue and white *checked* tablecloth 青と白のチェックのテーブルクロス.

check·er[1], 《英》**che·quer** /ʧékə | -kə/ 名 C 格子じま, チェック, 市松模様.

check·er[2] /ʧékə | -kə/ 名 C 点検者, 照合係; (スーパーなどの)レジ係; (手荷物預かり所などの)係員.

check·er·board /ʧékəbɔ̀əd | -kəbɔ̀:d/ 名 C《米》チェッカー盤《チェッカーやチェスに用いる白黒交互 64 の目のある盤》[《英》draughtboard].

check·ered, 《英》 **che·quered** /ʧékərd | -kəd/ 形 ❶ チェックの, 市松模様の, 格子じまの. ❷ 限定 (経歴などが)変化に富んだ: a *checkered* past 波らん万丈の過去.

check·ers /ʧékərz | -kəz/ 名 U 《米》 チェッカー 《チェッカー盤の上で(2 人がそれぞれ)12 のこまを動かしこまを取り合う遊び》 [《英》 draughts].

check-in /ʧékìn/ 名 C,U チェックイン《ホテルなどの宿泊や空港などの搭乗手続き; 出勤・到着などを記録すること》; C (ホテル・空港などの)チェックインをする場所[カウンター]: a *check-in* counter [desk] (空港の)搭乗受付カウンター / 🗨 "When is the *check-in* time?" "(Any time after) 2 p.m." 「チェックインの時間は何時ですか」「午後 2 時(から)です」 関連 checkout チェックアウト. (動 chéck ín)

chécking accòunt /ʧékɪŋ-/ 名 C 《米》 当座預金 [《英》 current account] 《小切手で引き出す; ⇒ savings account》: open a *checking account* 当座預金の口座を開く.

check·list /ʧéklɪ̀st/ 名 C 照合用一覧表, チェックリスト (*of*).

check·mate /ʧékmèɪt/ 名 ❶ C,U 〔チェス〕 詰み; 王手詰み: *Checkmate*! 詰み! ❷ C,U 行き詰まり; 完敗. — 動 他 ❶ 〔チェス〕 (...)を詰める; 王手詰みにする. ❷ (...)を失敗させる.

check·out /ʧékàʊt/ 名 ❶ C レジ (checkout counter): wait in the *checkout* line at a supermarket スーパーのレジで順番を待つ. ❷ U,C チェックアウト《ホテルなどで会計を済ませて出ること》. 関連 check-in チェックイン. ❸ U,C チェックアウトの時刻. (動 chéck óut)

chéckout còunter 名 C レジ(カウンター)《⇒ register 名 2 日英; supermarket 挿絵》; (図書館などの)貸出しカウンター.

check·point /ʧékpɔ̀ɪnt/ 名 C 検問所.

check·room /ʧékrù:m/ 名 C 《米》 (携帯品)一時預かり所, クローク《ホテル・劇場などの》 [《英》 cloakroom]; (駅・空港などの)手荷物一時預かり所 [《英》 left luggage office].

check·up /ʧékʌ̀p/ 名 C 健康診断; 検査: a regular *checkup* 定期健診[点検] / get [have] a (physical) *checkup* 健康診断を受ける.

ched·dar /ʧéḍər | -də/ 名 U チェダーチーズ《元来は英国産》.

cheek** /ʧí:k/ 名 (~s /~s/) ❶ C **ほお**《⇒ head 挿絵》: She has rosy *cheeks*. 彼女はばら色のほおをしている / She kissed him ***on 「***the cheek*** [both ***cheeks***]. 彼女は彼のほお[両ほお]にキスした《⇒ on 前 5; the¹ 2》 / puff (out) one's *cheeks* ほおをふくらませる. ❷ C 《略式》 しり(の片方). ❸ [U または a ~] 《英》 生意気, 厚かましさ; 生意気な言動: What a *cheek*! 何て厚かましいんだ / He had the *cheek* to ask me to lend him some money. 彼は厚かましくも金を貸してほしいと頼んできた.

chéek by jówl [副・形] (...に)ぴったりくっついて; (...と)きわめて親しくして (*with*). 由来 ほおとあごはすぐ隣りどうしであることから.

túrn the óther chéek [動] 自 (仕返しせずに)相手の攻撃[侮辱]を耐え忍ぶ. 由来 右ほおを打たれたら反対側のほおも向けよという聖書のことばから.

(3 では 形 chéeky)

— 動 他 《英》 (人)に生意気を言う.

cheek·bone /ʧí:kbòʊn/ 名 C [普通は複数形で] ほお骨.

cheek·i·ly /ʧí:kɪli/ 副 [ときに 文修飾] 《英》 生意気に(も).

cheek·y /ʧí:ki/ 形 (cheek·i·er; -i·est) 《英》 (憎めないが)生意気な, ずうずうしい. (名 cheek 3)

cheep /ʧí:p/ 動 自 (ひな鳥が)ぴよぴよと鳴く《⇒ cry 表 chick》. — 名 C ぴよぴよ鳴く声.

‡**cheer** /ʧíə | ʧíə/

— 動 (cheers /~z/; cheered /~d/; cheer·ing /ʧí(ə)rɪŋ/) 自 **歓声を上げる**, かっさいする: The crowd *cheered* as the new president appeared on the stage. 新大統領がステージの上に現われるとみんながわっと歓声を上げた.

— 他 ❶ (...)に**歓声を上げる**, 声援を送る, かっさいする, (...)を歓迎する: The spectators *cheered* the weaker team. 観衆は弱いほうのチームに声援を送った / The winner of the contest *was cheered* as he came back to his hometown. V+O の受身 コンテストの優勝者は故郷に帰ると盛大な歓迎を受けた. 関連 applaud 拍手する.

❷ [普通は受身で] (人)を**元気づける**, 励ます [≒encourage]: We ***were cheered by*** the news. V+O の受身 その知らせで私たちは元気づいた.

chéer ón [動] 他 (人・チーム)に声援を送る.

chéer úp [動] 自 **元気を出す**: *Cheer up!* We can still win! 元気を出せ, まだ勝てる. — 他 (人)を励ます, 元気づける.

— 名 (~s /~z/) ❶ C **歓声**, 声援, かっさい; 《米》 応援歌: A *cheer* went up. 歓声があがった / give a *cheer* 声援を送る / She received *cheers* from the audience. 彼女は聴衆のかっさいを受けた. 関連 applause 拍手. ❷ U 励まし, 激励: words of *cheer* 励ましのことば. ❸ U 《格式》 元気, 喜び: Be of good *cheer*! 元気を出しなさい.

Chéers! ⇒ cheers の項目.

gìve thrée chéers [動] 自 (...のために)万歳を三唱する (*for*)《Hip, hip, hurray! を 3 回繰り返すことをいう; ⇒ hurray》. (形 chéerful, chéery)

〖語源 元来は「(元気のよい)顔」の意〗

+**cheer·ful** /ʧíəf(ə)l | ʧíə-/ 形 ❶ **元気な**, 明るい, 機嫌のいい [≒happy]《⇒ merry 類義語》: a *cheerful* voice 元気な声 / a *cheerful* smile 明るい笑顔 / The baby is *cheerful* now. 赤ん坊は今は機嫌がよい.

❷ (物・場所などが)**明るい気分にさせる**, 楽しい [⇔ cheerless]: I like wearing *cheerful* colors. 私は明るい色の服を着るのが好きだ. ❸ 限定 喜んで...する, 積極的な, 心からの: a *cheerful* giver 何でも気前よくあげる人. (名 cheer)

-ful·ly /-fəli/ 副 機嫌よく, 元気よく; 楽しげに; いそいそと. **~·ness** 名 U 上機嫌, 愉快.

cheer·i·ly /ʧí(ə)rəli/ 副 陽気に, 明るく.

cheer·ing /ʧí(ə)rɪŋ/ 形 元気づける, 励みになる; 喜ばしい: *cheering* news 喜ばしい知らせ. — 名 U かっさい, 声援, 歓声.

cheer·i·o /ʧì(ə)rióʊ/ 間 《英略式》 さようなら [≒goodbye].

cheer·lead·er /ʧíəlì:dər | ʧíəlì:də/ 名 C 《主に米》 チアリーダー《フットボールの試合などで観衆の応援をリードする女子学生の応援団員》. 日英 「チアガール」は和製英語.

cheer·less /ʧíələs | ʧíə-/ 形 (天候・場所・時機などが) 陰気な, 気の滅入る, わびしい [⇔ cheerful].

cheers /ʧíəz | ʧíəz/ 間 ❶ 乾杯!《⇒ toast² 参考》.

❷《英略式》ありがとう [≒Thank you.]. ❸《英略式》さよなら [≒goodbye].

cheer·y /ʧí(ə)ri/ 形 (cheer·i·er; -i·est) 陽気な; 元気な; 励ます《⇒ merry 類義語》. (名 cheer)

****cheese** /ʧíːz/

— 名 (chees·es /~ɪz/) U **チーズ:** a piece [slice] of *cheese* チーズ1切れ. 語法 種類や一定の形に固めた個数をいうときには C: several Dutch *cheeses* 数種[数個]のオランダ製チーズ. 参考 ねずみの好物とされる.

Chéese! = Sày chéese! Ⓢ はいチーズと言って《写真をとる人が言う》. 由来 cheese /ʧíːz/ の母音を発音する口もとが写真向きの笑顔に見えるので《⇒ **つづり字と発音解説** 10 挿絵》.

cheese·burg·er /ʧíːzbə̀ːgə | -bə̀ːgə/ 名 C チーズバーガー《ハンバーガーにチーズをはさんだもの》.

cheese·cake /ʧíːzkèɪk/ 名 C,U チーズケーキ.

cheese·cloth /ʧíːzklɔ̀ːθ | -klɔ̀θ/ 名 U 目の粗い薄地の綿布. 由来 昔チーズを包むのに用いたことから.

chees·y /ʧíːzi/ 形 (chees·i·er; -i·est) ❶ チーズのような, チーズ風味の. ❷《略式》安っぽい. ❸《略式》うそっぽい.

chee·tah /ʧíːṭə/ 名 C チータ.

chef /ʃéf/ ≪フランス語から≫ 名 (~s) C 料理長, シェフ; 料理人: Give my compliments to the *chef.* 料理長においしかったとお伝えください《料理が気に入ったときにウエーターに言う表現》.

Che·khov /ʧékɔːf | -kɔf/ 名 固 **An·ton** /ǽntɑ(ː)n | -tɔn/ **Pav·lo·vich** /pævlóʊvɪʧ/ ~ チェーホフ (1860–1904)《ロシアの劇作家・小説家》.

****chem·i·cal** /kémɪk(ə)l/

— 名 (~s /~z/) C [しばしば複数形で] **化学製品**, 化学薬品[物質]: agricultural *chemicals* 農薬.

— 形 [比較なし] 限定 **化学の**, 化学的な; 化学薬品[物質]の: *chemical* compounds 化合物 / the *chemical* industry 化学工業 / *chemical* weapons 化学兵器. (名 chémistry)

chémical engineéring 名 U 化学工学.

chem·i·cal·ly /kémɪkəli/ 副 化学的に.

che·mise /ʃəmíːz/ 名 C シュミーズ《ワンピースの女性用下着または肩からすそまでまっすぐの簡単なドレス》.

+**chem·ist** /kémɪst/ 名 (chem·ists/-ɪsts/) ❶ C **化学者**.

❷ C《英》**薬剤師**, 薬屋《人》; ドラッグストア店主 [《米》druggist]; [しばしば chemist's として] 薬局, 薬屋《店》[《米》pharmacy]: I bought it at a *chemist* [*chemist's*]. 私はそれを薬屋で買った《⇒ -'s[1] 1 語法》.

〖語源 alchemist (錬金術師)の al- が落ちたもの〗

+**chem·is·try** /kémɪstri/ 発音 名 ❶ U **化学:** applied *chemistry* 応用化学 / organic [inorganic] *chemistry* 有機[無機]化学. ❷ U 化学的性質, 化学構造[作用] (*of*). ❸ U (恋愛などの)不思議な作用; 相性 (*between*): have good *chemistry* 相性がいい. (形 chémical)

che·mo·ther·a·py /kìːmoʊθérəpi, kèm-/ 名 U (特に癌の)化学療法.

+**cheque** /ʧék/ 名 C《英》= check[2].

cheque·book /ʧékbʊ̀k/ 名 C《英》= checkbook.

chéque càrd 名 C《英》(銀行発行の)小切手保証カード《小切手を切るときに提示を求められる》.

che·quer /ʧékə | -kə/ 名 C《英》= checker[1].

che·quered /ʧékəd | -kəd/ 形 = checkered.

+**cher·ish** /ʧérɪʃ/ 動 (-ish·es /~ɪz/; cher·ished /~t/; -ish·ing) 他 ❶ (思い出など)を**胸に秘める**, (希望・夢など)を抱く: She *cherished* the memory all her life. 彼女は生涯その思い出を胸に秘めていた. ❷ [進行形なし] (愛情をこめて)(...)を大切にする, かわいがる: A mother *cherishes* her baby. 母親は赤ん坊を慈しむ.

Cher·no·byl /ʧənóʊbl | ʧə(ː)-/ 名 固 チェルノブイリ, チョルノービリ《ウクライナ共和国キーウ市北方の都市; 1986年に原子力発電所の大事故があった》.

***cher·ry** /ʧéri/ 名 (cher·ries /~z/) ❶ C **さくらんぼ**.

> 日英 欧米では桜 (cherry) は花を見るよりむしろ実(さくらんぼ)を食べるものなので, そのイメージはさくらんぼ色(鮮紅色)である. 桜の花は flower ではなく blossom《⇒ flower 表》.

❷ C **桜の木** (cherry tree). ❸ U 桜の木材. ❹ U さくらんぼ色《鮮紅色》.

— 形 さくらんぼ色の, 紅色の.

chérry blòssom 名 C [普通は複数形で] 桜の花《⇒ flower 表》: The *cherry blossoms* are at their best this week. 桜の花は今週が見ごろだ.

chérry tomàto 名 C チェリートマト, ミニトマト.

chérry trèe 名 C 桜の木: The *cherry trees* are in full blossom. 桜が満開だ.

cher·ub /ʧérəb/ 名 (複 ~s, 1 ではまた **cher·u·bim** /-bɪm/) ❶ C〔聖書〕ケルビム《天使の中の第2の位》; (絵に描かれた)翼をもった子供, ケルビムの姿. ❷ C かわいらしい子, 行儀のよい子.

che·ru·bic /ʧərúːbɪk/ 形 ケルビム (cherub) の(ような); かわいらしい, 無邪気な.

cher·vil /ʧə́ːv(ə)l | ʧə́ː-/ 名 U チャービル《ハーブの一種》.

Chés·a·peake Báy /ʧésəpìːk-/ 名 固 [the ~] チェサピーク湾《米国 Maryland 州と Virginia 州に入り込んだ湾》.

+**chess** /ʧés/ 名 U **チェス**《盤上で2人がそれぞれ16個のこまを動かす》: play *chess* チェスをする《⇒ play 他 1 語法》.

chess·board /ʧésbɔ̀əd | -bɔ̀ːd/ 名 C チェス盤《チェッカーにも用いる》.

chess·man /ʧésmæ̀n/ 名 (-men /-mèn/) C (チェスの)こま.

****chest** /ʧést/

— 名 (chests /ʧésts/) ❶ C **胸**《⇒ 類義語》: I have a pain in my *chest.* 私は胸に痛みがある / a hairy *chest* 毛深い胸 / put a hand on one's *chest* 胸に手を置く《国旗に対する敬意・忠誠心の表明のしぐさ》/ throw [stick] one's *chest* out 胸を反(そ)らせる, 胸を張る《自信・自慢などの表現》.

put a hand on one's chest

❷ C **箱**《普通ふたのついた大きくて頑丈なもの》; 収納箱, たんす; 箱1杯分: a tea *chest* = a *chest* of tea 茶箱.

gét ... óff one's **chést** [動] 他 (悩みなど)を打ち明け

(て楽になる)る.

[類義語] chest 肋骨に囲まれた, 心臓や肺のある部分, 「胸部」を指す. breast 胸部の前面のことで, 特に乳房や衣服の胸の部分を指すことが多い. bust 特に女性の胸部の意で, 洋服の寸法などにも用いる. ✪ *breast* や *bust* は男性の胸の意味には使わない. bosom *breast* に対する《文語》的な語で, 比喩的に胸のうち, 心情の意にも用いる.

chest·nut /ʧésnʌ̀t/ [名] ❶ [C] くりの実, とちの実《⇒ nut》. ❷ [C] くりの木, とちのき. ❸ [U] くりの木材. ❹ [U] くり色. ❺ [C] くり毛の馬. ❻ [C] [old ～] 聞き飽きた話; おやじギャグ. ― [形] くり色の.

chést of dráwers [名] (複 chests of drawers) [C] たんす [《米》 bureau] 《⇒ bedroom 挿絵》.

Chev·ro·let /ʃèvrəléɪ | ʃévrəlèɪ/ [名] [C] シボレー《米国の大衆車; 商標》.

chev·ron /ʃévrən/ [名] [C] 山形そで章《∧, ∨; 軍服・警官服につけて階級を示す》; V 字模様.

+**chew** /ʧúː/ [動] (chews /～z/; chewed /～d/; chew·ing) [他] (食べ物)を(**よく)かむ**, かみくだく[こなす] (*up*); (ガム・つめなど)をかみ続ける《味わうため, または緊張などで》; (物)を**かじる**: *Chew* your food well before you swallow it. 食べ物はよくかんで食べなさい / Tom *chewed* his lips unconsciously at the job interview. トムは就職面接で無意識に唇をかんでいた / A rat *chewed* a hole in the wall. ねずみがかじって壁に穴をあけた.

bite (ひと口かむ)	かむ
chew (よくかんで細かくする)	
crunch (音をたててかみ砕く)	

― [自] (**よく)かむ**, くり返しかむ: The dog is *chewing on* a bone. [V+*on*+名] 犬が骨をかじっている.

chéw ón [動] [他] 《略式》 = chew over.

chéw óut [動] [他] 《米略式》 (人)をしかりとばす.

chéw óver [動] [他] (...)をよく考える.

chéw the fát [動] [自] 《略式》 長くおしゃべりをする.

― [名] ❶ [C] かむこと, そしゃく. ❷ [C] (かむための)甘い菓子[ガム]; かみたばこの 1 片.

+**chéw·ing gùm** /ʧúːɪŋ-/ [名] [U] **チューインガム**: a pack [stick, piece] of *chewing gum* チューインガム 1 包み[1 枚].

chew·y /ʧúːi/ [形] (chew·i·er; -i·est) (食べものが)かみごたえのある.

Chey·enne /ʃàɪǽn, -én←/ [名] ❶ [固] シャイアン《米国 Wyoming 州の州都》. ❷ (複 ～(s)) [C] シャイアン族(の人)《北米西部の先住民》.

chi /káɪ/ [名] [C] カイ《ギリシャ語アルファベットの第 22 文字 χ, X; ⇒ Greek alphabet 表》.

Chiang Kai-shek /ʧɑ́(ː)ŋkàɪʃék, ʤǽŋ-/ [名] [固] 蒋介石 (1887-1975)《中国の軍人・政治家; 第 2 次大戦後中華民国(台湾)総統》.

chic /ʃíːk, ʃík/ [形] シックな, あか抜けた, いきな. ― [名] [U] シックなこと, あか抜けていること, いき.

+**Chi·ca·go** /ʃɪkɑ́ːgoʊ/ [名] [固] **シカゴ**《米国 Illinois 州北東部の都市》.

chi·ca·ner·y /ʃɪkéɪn(ə)ri/ [名] [U] 《格式》 ずるい言い抜け, (法律上の)ごまかし, 詭弁(きべん).

Chi·ca·no /ʧɪkɑ́ːnoʊ/ [名] (～s) [C] 《米》 メキシコ系米国人.

chick /ʧík/ [名] ❶ [C] ひな鳥, ひよこ, 若鳥. ✪ 鳴き声については ⇒ cry 表. [関連] chicken 鶏 / 《米》 rooster, 《英》 cock おんどり / hen めんどり. ❷ [C] 《略式》 [性差別的] ギャル.

chick·a·dee /ʧíkədìː/ [名] [C] アメリカこがら《北米産の頭部の黒い小鳥》.

**chick·en /ʧík(ə)n/

― [名] (～s /～z/) ❶ [C] 鶏; (鶏の)ひな, ひよこ, 若鳥: He keeps five *chickens* in the cage. 彼は鳥小屋に鶏を 5 羽飼っている / Which came first, the *chicken* or the egg? 鶏が先か卵が先か《⇒ chicken-and-egg; **つづり字と発音解説 97**》 / Don't count your *chickens* before they are hatched. 《ことわざ》 ひな鳥がかえらないうちにその数を数えるな(取らぬ狸(たぬき)の皮算用). [関連] 《米》 rooster, 《英》 cock おんどり / hen めんどり / chick ひな鳥.

❷ [U] **鶏肉**(とりにく)《⇒ meat [語法]》; ひな鳥の肉: fried *chicken* フライドチキン. ❸ [C] 《略式》 おくびょう者, 弱虫 [≒coward].

― [形] [叙述] 《略式》 おくびょうな.

― [動] [次の成句で] **chícken óut** [動] [自] 《略式》 (土壇場で)びびって(...を)やめる (*of*).

chick·en-and-egg /ʧík(ə)nəndég←/ [形] [限定] 二つの因果関係が分からない: a *chicken-and-egg* problem [situation] どちらがどちらの原因なのか分からない問題[状況].

chícken fèed [名] [U] 《略式》 小銭, はした金.

chícken pòx [名] [U] 水痘, 水ぼうそう.

chick·pea /ʧíkpìː/ [名] [C] ひよこ豆《食用》.

chic·le /ʧíkl/ [名] [U] チクル《中米産あかてつ科の植物から採るチューインガムの原料》.

chic·o·ry /ʧík(ə)ri/ [名] [U] 《英》 チコリー, きくにがな [《米》 endive] 《きく科の多年草; 葉はサラダ用》; チコリーの根(の粉)《コーヒーの代用》.

chid [動] chide の過去形および過去分詞.

chidden [動] chide の過去分詞.

chide /ʧáɪd/ [動] (chides; [過去] chid·ed, chid /ʧíd/; [過分] chid·ed, chid, chid·den /ʧídn/; chid·ing) [他] (人)をしかる (*for*) [≒scold]. ― [自] たしなめる.

**chief /ʧíːf/

― [形] [比較なし] ❶ [限定] **主な**, 主要な: her *chief* concern 彼女の主な関心事 / What is the *chief* aim of this society? この会の主な目的は何ですか.

❷ [限定] **最高位の**, 首位の, 首席の: the *chief* engineer 技師長, 開発責任者 / the *Chief* Cabinet Secretary 官房長官.

[類義語] chief 人や物が, 階級・権力・重要性において最高で, 他のものが従属していること. main 同じ種類の物の中で, 大きさ・力・重要性で抜きん出ていること: the *main* street of a small town 小さい町の本通り.

― [名] (～s /～s/) [C] **長**《何人かの人の上に立つ人》, 頭, 主任; (部族の)酋長(しゅうちょう): the *chief of* police 警察署長 / a section *chief* = the *chief of* the section 部長, 課長.

in chíef [形] 最高位の. [語法] the commander *in chief* (最高司令官), the editor *in chief* (編集主幹)のように階級のある職名の後につけて用いる.

Tóo màny chíefs and nót enòugh Índians. 《英》 大将ばかりで兵卒がいない, 船頭多くして船山に登る.

〘[語源] ラテン語で「頭(かしら)」の意; captain と同語源〙

chíef cónstable 名 C《英》(州・市などの)警察本部長.

Chíef Exécutive 名 [the ~]《米》行政長官《大統領》.

chíef exécutive ófficer 名 C = CEO.

chíef jústice 名 ❶ [the C- J-]《米》最高裁判所長官. ❷ [the ~] 裁判長; 首席判事: Lord *Chief Justice* (英国の)首席裁判官.

chief·ly /ʧíːfli/ 副 主として, 主に [≒mainly]: Air is composed *chiefly* of oxygen and nitrogen. 空気は主に酸素と窒素から成っている.

C

chíef of stáff 名 (複 chiefs of staff) ❶ C 参謀長;〔米陸・空軍〕参謀総長. ❷ C (大統領の)首席補佐官.

chief·tain /ʧíːftən/ 名 C 族長, 酋長(しゅうちょう).

chif·fon /ʃɪfɑ́(ː)n | ʃífɔn/ 名 U シフォン《シルク・レーヨンなどの非常に薄い生地》.

chi·gnon /ʃíːnjɑ(ː)n | -njɔn/ ≪フランス語から≫ 名 C シニヨン《後頭部で丸くまとめた女性の髪型》.

chi·hua·hua /ʧɪwɑ́ːwɑː/ 名 C チワワ《メキシコ原産のきわめて小型の犬》.

chil·blains /ʧílblèɪnz/ 名 複 しもやけ.

***child** /ʧáɪld/

— 名 (複 **chil·dren** /ʧíldrən/) ❶ C (大人に対して) **子供**; **児童**, 幼児; 赤ん坊; お腹の子 (⇒ 類義語) [⇔ adult]: a young *child* 幼い子 / This film is interesting to both *children* and adults. この映画は子供にも大人にもおもしろい / The *child* is father of [to] the man. 子供は大人の父(三つ子の魂百まで)《ワーズワース (Wordsworth) の詩より》/ *Children* should be seen and not heard. 子供は大人の前では静かにしていること《子供をたしなめるときに言うことば》. 関連 schoolchild 学童.
❷ C (親に対して)**子**, 子供《son または daughter》[⇔ parent]: an only *child* 一人っ子 / She has three *children*. 彼女には 3 人子どもがいる / raise [bring up] a *child* 子供を育てる / It's a wise *child* that knows its own father.《ことわざ》自分の父親のことがよくわかっている子は賢い子である(そんな子はめったにいない. 親の心子知らず). 関連 stepchild まま子. ❸ C [軽蔑的] 子供じみた人: Don't be such a *child*. そんな子供っぽいまねはよせ. ❹ C (ある時代・環境から生まれた)人, ...の申し子.

with chíld [形・副]《古風》妊娠して.

> 類義語 **child** 大体 14 歳以下の子供をいうが, 親子関係をいうときには年齢に関係なく用いる. **baby** 2 歳までの赤ん坊をいうが, 小さい子, 赤ん坊のようにふるまう子も *baby* と呼ぶことがある. **infant** 改まった語で, 幼児を指すが,《米》では特に歩き[話し]始める前の乳幼児 (baby) を言う.

chíld abùse /-əbjùːs/ 名 U 児童虐待.

child·bear·ing /ʧáɪldbè(ə)rɪŋ/ 名 U 出産. — 形 限定 出産可能な: a woman of *childbearing* age 出産適齢期の女性.

child·birth /ʧáɪldbɚ̀ːθ | -bə̀ːθ/ 名 U 出産, 分娩.

+**child·care** /ʧáɪldkèɚ | -kèə/ 名 U **保育**, 育児.

***child·hood** /ʧáɪldhòd/

— 名 [U または a ~] **子供のとき[ころ]**; 子供であること: from [since] *childhood* 子供のころから / I had *a* happy *childhood* in the country. 私はいなかで楽しい幼年時代を過ごした. 関連 manhood 男性の成人時代 / womanhood 女性の成人時代 / boyhood 少年時代 / girlhood 少女時代 / adulthood 成年期.

child·ish /ʧáɪldɪʃ/ 形 ❶ [軽蔑的] (大人のくせに)子供じみた, 子供っぽい, 幼稚な, 大人げない [≒immature] [⇔ grown-up]《⇒ childlike》: It was *childish of* him *to* behave like that. そんなふるまいをするとは彼も子供じみていた《⇒ of 12》. ❷ 子供らしい, 子供(特有)の: a *childish* face 子供らしい顔. **~·ly** 副 子供っぽく. **~·ness** 名 U 子供っぽさ.

child·less /ʧáɪldləs/ 形 子供のいない.

child·like /ʧáɪldlàɪk/ 形 [よい意味で] (大人が)子供のような, 無邪気な《⇒ childish 1》.

child·mind·er /ʧáɪldmàɪndɚ | -də/ 名 C《英》(親の仕事中に自宅で子供を預かる)保母《⇒ babysitter》.

chíld pródigy 名 C 神童, 天才児.

child·proof /ʧáɪldprùːf/ 形 子供がいじっても安全な[作動しない, 開かない].

***chil·dren** /ʧíldrən/ 名 child の複数形.

chíld's plày /ʧáɪldz-/ 名 U 簡単にできること, 造作(ぞうさ)ないこと.

chíld suppòrt 名 U (離婚後の親権者に支払われる)子供の養育費 [《英》maintenance].

Chil·e /ʧíli/ 名 固 チリ《南アメリカの太平洋岸の共和国; 首都 Santiago》.

Chil·e·an /ʧíliən/ 形 チリ(人)の. — 名 C チリ人.

chil·i,《英》**chil·li** /ʧíli/ 名 (chil·ies, chil·lies) ❶ U,C チリ《とうがらしの実; 香辛料》. ❷ U チリコンカルネ《こま切れ肉, 豆にチリパウダー, トマトソースなどを合わせて煮込んだメキシコ料理》.

chil·i con car·ne /ʧílikɑ̀(ː)nkɑ́ɚni | -kɔ̀nkɑ́ː-/ 名 U = chili 2.

chíli pòwder 名 U チリパウダー《粉末状とうがらし》.

+**chill** /ʧíl/ 動 (chills /~z/; chilled /~d/; chill·ing) 他 ❶ (...)を**冷やす**, 冷却する; (食品)を冷蔵する: The cold wind *chilled* the traveler to the bone. 冷たい風でその旅人の体は芯まで冷えた. ❷《文語》(人)をぞっとさせる. — 自 ❶ 冷える. ❷《略式》落ちつく, 頭を冷やす; くつろぐ (*out*).
— 名 ❶ [単数形で] **冷え**, 冷気: There is an autumn *chill* in the air. 空気には秋の肌寒さが感じられる. ❷ C **寒気**(さむけ), 悪寒(おかん); (寒気を伴う)かぜ: I have a slight *chill*. 私は少し寒気がする. ❸ [単数形で] ぞっとする気持ち. (形 chilly)
— 形 (chill·er; chill·est) 限定《格式》冷え冷えとした, 肌寒い [≒chilly].

chill·er /ʧílɚ | -lə/ 名 C《略式》ホラー小説[映画].

chil·li /ʧíli/ 名《英》= chili.

chill·i·ness /ʧílinəs/ 名 U 肌寒さ; 冷淡(さ).

chill·ing /ʧílɪŋ/ 形 (話などが)背筋の寒くなる, 怖い.

chill·y /ʧíli/ 形 (chill·i·er; -i·est) ❶ 冷え冷えとした; 肌寒い《⇒ cold 類義語》: *chilly* weather 肌寒い天気. ❷ 冷淡な, 冷ややかな: a *chilly* smile 冷笑. (名 chill)

chime /ʧáɪm/ 名 ❶ [複数形で] (教会などの)鐘《一定の旋律を奏(かな)でるひと組の鐘》; チャイム装置《玄関などの訪問客用》; (時計・ラジオ・テレビなどの)時報: ring *chimes* at noon 正午にチャイムを鳴らす. 関連 bell ベル / buzzer ブザー. ❷ C 鐘[チャイム]の音. — 動 他 (鐘・チャイム)を鳴らす; 鐘を鳴らして(時刻)を知らせる. — 自 (鐘・チャイムが)鳴る. **chíme ín** [動] 自 [しばしば引用語(句)を伴って] 人の話に(意見[口]を)さし挟(はさ)む, 話に加わる (*with*). **chíme (ín) with ...** [動] 他 ...と調和[一致]する.

chi·me·ra /kaɪmí(ə)rə/ 名 ❶ [C-] 固〔ギリシャ神話〕キメラ《頭はライオン, 胴体はやぎ, 尾は蛇で, 火を吐く怪獣》. ❷ C《格式》夢のような考え, 空想.

chim·ney /ʧímni/ 名 ❶ C 煙突: sweep the *chimney* 煙突の掃除をする. ❷ C〔登山〕チムニー《岩壁の縦の裂け目》.〖語源 ラテン語で「暖炉のある部屋」の意〗

chímney pòt 名 C《英》煙突頭部の煙出し.

chímney swèep 名 C 煙突掃除人.

chimp /ʧímp/ 名 C《略式》= chimpanzee.

chim·pan·zee /ʧìmpænzí:←/ 名 C チンパンジー.

***chin** /ʧín/ 名 (~s /~z/) C **下あご**, 下あごの先端《⇒ jaw 表; head 挿絵, neck 挿絵》: You've got some rice on your *chin*. あごにごはん粒がついていますよ / Mary's *chin* fell. メアリーは口をあんぐり開けた《驚きなどの表情》/ lift one's *chin* = thrust out one's *chin* 鼻をつんと立てる《反抗・自己主張などの気持ちを表わす》. 参考 chin は意志・決断・自己主張の表われる所と考えられている.

「**Kéep your chín [Chín] ùp!** Ⓢ がんばれ, 元気を出せ.

táke it on the chín [動] 自《米略式》ひどい打撃を受ける;《英略式》(批判などを)文句を言わずに受け止める.

+**chi·na** /ʧáɪnə/ 名 U **磁器**; 陶器《全体》: a piece of *china* 磁器 1 個 / a *china* cup 陶器のカップ / use the best *china* 最も上等の陶器を使う. 関連 japan 漆器.〖語源 原産地の China から〗

Chi·na /ʧáɪnə/

— 名 固 **中国**《アジア東部の共和国; 正式名は the People's Republic of China (中華人民共和国); 首都 Beijing》. (形 Chinése)

Chi·na·town /ʧáɪnətàʊn/ 名 C,U (外国都市の)中国人街, 中華街, チャイナタウン.

chin·chil·la /ʧɪnʧílə/ 名 C チンチラ《南米産のりすに似た小動物》; U チンチラの毛皮《灰色で柔らかい; 高級品》.

Chi·nese /ʧàɪní:z←/

— 形 ❶ **中国の**; **中国人の**; 中国系の; 中国製の: a *Chinese* boy 中国人の少年 / *Chinese* dishes 中華料理.

❷ **中国語の**: *Chinese* characters 漢字. (名 Chína)

— 名 (複 ~) ❶ C **中国人**; 中国系人; [the ~ として複数扱い] **中国人**《全体》, 中国国民《⇒ the[1] 5 語法》. 語法「一人の中国人」は a Chinese person, someone from China などの言い方が普通.

❷ U **中国語**: teach *Chinese* at a college 大学で中国語を教える.

Chínese chéckers 名 U ダイヤモンドゲーム《星型の盤の穴から穴へこまを進めるゲーム》.

Chínese lántern 名 C (紙張り)ちょうちん.

Chínese médicine 名 U 漢方(医学).

chink[1] /ʧíŋk/ 名 C (細い)裂け目, 割れ目, すきま (*in*); すきまから漏れる光. **a chínk in ...'s ármor** [名] (主張・性格などの)弱点, 弱み.

chink[2] /ʧíŋk/ 名 C ちりん, かちん《ガラスや金属の音》(*of*). — 動 自 ちりんと鳴る.

chi·nos /ʧí:noʊz/ 名 複 チノパンツ.

chintz /ʧínts/ 名 U チンツ《つやを出した厚地の更紗(さらさ)》.

chintz·y /ʧíntsi/ 形 (chintz·i·er; -i·est) ❶《米略式》安っぽい. ❷《米略式》けちな. ❸《英》チンツで飾った.

chin-up /ʧínʌ̀p/ 名 C《米》〔体操〕懸垂.

***chip** /ʧíp/

— 名 (~s /~s/) ❶ [複数形で]《米》**ポテトチップス** (potato chips) [《英》crisps]; トルティーヤチップス.
❷ [複数形で]《英》**フライドポテト** [《米》french fries].
❸ C〔電子工学〕チップ《集積回路を作りつけた半導体の小片》(microchip). ❹ C (木や石の)破片: a *chip* of wood = a wood *chip* こっぱ. ❺ C (陶器などの)欠けたところ; かけら. ❻ C 数取り, 点棒, チップ《ポーカーなどの点数計算用》. ❼ C〔ゴルフ・サッカーなど〕チップショット.

a chíp òff the óld blóck [名]《略式》親にそっくりな子供. 由来 古い木の塊のかけらの意.

hàve a chíp on one's **shóulder** [動] 自《略式》けんか腰である; ひがんでいる (*about*). 由来 昔, 米国で男の子がけんかをしかけるときに, 肩にこっぱを載せてこれを打ち落とさせたことから.

when the chíps are dòwn [副] Ⓢ《略式》いざというときに. 由来 ポーカーなどの賭(か)け事で, チップを出し終え手札を見せるときに, の意.

— 動 (chips /~s/; chipped /~t/; chip·ping) 他 ❶ (陶器など)を**欠く**, 割る, 砕く: Ann *chipped* my cup. アンが私のカップを欠いてしまった.
❷ (小片など)を**欠いて取る[落とす]**, **削る**, 削り取る; そぐ, はぐ: You've ***chipped*** a piece of lacquer ***off*** [***from***] this tray. V+O+前+名 君はこのお盆のラッカーちょっとはがしちゃったな / They *chipped* the ice *off* [*from*] the sidewalk. 彼らは歩道から氷を削り取った.
❸〔ゴルフ・サッカーなど〕(ボール)をチップショットで打つ[ける]. — 自 (陶器などが)欠ける; (ペンキなどが)はげ落ちる (*off*).

chíp awáy [動] 他 (...)を少しずつ削り取る[壊す].
— 自 少しずつ削り取る[壊す] (*at*).

chíp ín [動] 自 (1) (人の話に)口を挟む (*with*). (2) 金を出し合う (*with*). — 他 (金)を出し合う.

chíp and pín 名 U IC カードに暗証番号を用いた決済方式.

chip·munk /ʧípmʌŋk/ 名 C しまりす《北米・アジア産; 主に地上で生活する》.

chipped /ʧípt/ 形 (陶器などが)欠けている.

chip·pings /ʧípɪŋz/ 名 複《英》(舗装・線路用の)砂利, チップ.

chi·ro·prac·tic /kàɪrəprǽktɪk/ 名 U 脊椎(せきつい)指圧療法, カイロプラクティック.

chi·ro·prac·tor /káɪrəprǽktə | -tə/ 名 C 脊椎(せきつい)指圧師.

+**chirp** /ʧə́:p | ʧə́:p/ 動 (chirps /~s/; chirped /~t/; chirp·ing) 自 ❶ (小鳥・虫が)**ちゅんちゅん[ちいっちいっ]と鳴く**《⇒ cry 表 small bird, cricket》: Sparrows begin to *chirp* (*away*) very early in the morning. すずめは朝とても早くさえずり始める. ❷ 明るい[快活な]声で話す.
— 名 C ちゅんちゅん, ちいっちいっ《鳴き声》.

chirp·y /ʧə́:pi | ʧə́:-/ 形 (chirp·i·er; -i·est) 陽気な, 楽しげな.

chir·rup /ʧə́:rəp, ʧír- | ʧír-/ 動 = chirp.

chis·el /ʧíz(ə)l/ 名 C (大工などが使う)のみ, たがね.
— 動 (chis·els; chis·eled, 《英》chis·elled; -el·ing, 《英》-el·ling) 他 (石・木など)をのみで彫る, 彫刻する (*into*); 彫って(像など)を作る (*from, in*).

chis·eled, 《英》 **chis·elled** /ʧíz(ə)ld/ 形 (顔だちが)彫りの深い.
chit /ʧít/ 名 C 《英》 (飲食店などでの)請求伝票.
chit·chat /ʧítʧæ̀t/ 名 U 《略式》 むだ話, 世間話.
chiv·al·rous /ʃív(ə)lrəs/ 形 (女性に対して)親切な, 丁重な. **～·ly** 副 親切に, 丁重に.
chiv·al·ry /ʃív(ə)lri/ 名 U (特に女性への)丁重さ, 気遣い; 騎士道, 騎士道的精神《忠君・勇気・仁愛・礼儀などをモットーとし女性を敬い弱い者を助ける》.
chives /ʧáɪvz/ 名 複 えぞねぎ, チャイブ《あさつきに似たゆり科の野菜》.
chlo·ride /klɔ́ːraɪd/ 名 U,C 〔化学〕 塩化物: *chloride* of lime クロル石灰, さらし粉.
chlo·ri·nate /klɔ́ːrənèɪt/ 動 他 [しばしば受身で] (水など)を塩素で処理[消毒]する.
chlo·ri·na·tion /klɔ̀ːrənéɪʃən/ 名 U 塩素処理.
chlo·rine /klɔ́ːriːn/ 名 U 塩素《元素記号 Cl》.
chlo·ro·fluo·ro·car·bon /klɔ̀ːroʊflɔ̀ːroʊkɑ́ɚb(ə)n | -kɑ́ː-/ 名 C 〔化学〕 クロロフルオロカーボン《俗にフロンガスと呼ばれている; 略 CFC》.
chlo·ro·form /klɔ́ːrəfɔ̀ɚm | klɔ́rəfɔ̀ːm/ 名 U クロロホルム《無色揮発性の液体; 麻酔薬》.
chlo·ro·phyll /klɔ́ːrəfɪl/ 名 U 葉緑素.
choc-ice /ʧɑ́(ː)kàɪs | ʧɔ́k-/ 名 C 《英》 チョコアイス(クリーム).
chock /ʧɑ́(ː)k | ʧɔ́k/ 名 C 輪止め, まくらくさび《車輪・たる・戸などが動くのを防ぐ》.
chock-a-block /ʧɑ́(ː)kəblɑ̀(ː)k | ʧɔ̀kəblɔ́k←/ 形 叙述 (...で)ぎっしり詰まって (*with*).
chock-full /ʧɑ́(ː)kfʊ́l | ʧɔ́k-/ 形 叙述 《略式》 (...で)ぎっしり詰まって (*of*).
choc·o·hol·ic, choc·a·hol·ic /ʧɑ̀(ː)kəhɔ́ːlɪk | ʧɔ̀kəhɔ́l-/ 名 C 《略式》 大のチョコレート好き.

**choc·o·late /ʧɑ́(ː)k(ə)lət, ʧɔ́ː- | ʧɔ́k-/ !アク

— 名 (-o·lates /-ləts/) ❶ U,C チョコレート; C チョコレート菓子: three bars of *chocolate* 板チョコ 3 枚 / a *chocolate* cake チョコレートケーキ / a box of *chocolates* チョコレート(菓子)1 箱 //⇒ dark chocolate, milk chocolate.
❷ U,C ココア, チョコレート飲料: a cup of hot *chocolate* ココア 1 杯. ❸ U チョコレート色.

**choice /ʧɔ́ɪs/

— 名 (choic·es /～ɪz/) ❶ [U または a ～] **選択権**; 選択の自由: You have the ***choice of*** fish or meat. 魚か肉かどちらか選べます / I ***had no choice*** but to leave my house. 私は家を出るよりほかに選択の余地がなかった.
❷ C,U **選ぶこと, 選択:** You must ***make*** a careful ***choice of*** occupations. 職業は慎重に選ばなければならない / She was faced with a ***choice between*** her job and her family. 彼女は仕事か家族かの選択を迫られた / Smoking or health: the *choice* is yours. 喫煙か健康か, 選ぶのはあなたです《癌(がん)予防のスローガン》.
❸ [U または a ～] **選択の種類**, 選択の範囲: We have a wide ***choice of*** fruits at the supermarket. そのスーパーではいろいろな種類の果物が選べる.
❹ C [普通は単数形で] **選んだ人[物]**, 好みの人[物]: take one's *choice* 好きな物を取る / Who is your ***choice for*** [***as***] the chairman? 議長にはだれがいいですか.
by chóice [副] みずから好んで, 進んで.
of chóice [形] [名詞の後で] 一般的に好まれる: the treatment *of choice for* this illness この病気に(好んで)よく使われる治療法.
of one's **chóice** [形・副] **自分で選んだ[で]:** He married a girl *of his choice*. 彼は自分の選んだ女の子と結婚した.
òut of chóice [副] = by choice. (動 choose)
— 形 (choic·er; choic·est) ❶ 限定 《格式》 (食品などが)えりすぐった, 飛び切り上等の: the *choicest* fruit 最も上等の果物. ❷ 限定 (ことばなどが)よく選んだ; [皮肉に] 痛烈な: in a few *choice* words [皮肉に] 乱暴な[きびしい]ことばで.
choir /kwáɪɚ | kwáɪə/ ✪ 例外的な発音. 名 ❶ C [《英》 単数形でもときに複数扱い] (教会の)聖歌隊. 関連 chorus 合唱団. ❷ C 聖歌隊席.
choir·boy /kwáɪɚbɔ̀ɪ | kwáɪə-/ 名 C 聖歌隊の少年歌手.
choir·mas·ter /kwáɪɚmæ̀stɚ | kwáɪəmɑ̀ːstə/ 名 C 聖歌隊の指揮者.
+**choke** /ʧóʊk/ 動 (chokes /～s/; choked /～t/; chok·ing) 他 ❶ (人)を**窒息させる**; むせさせる; (人)の首を絞める: The man ***choked*** the woman (***to*** death). 男はその女性の首を絞め(て殺し)た / The baby swallowed a coin and *was* almost *choked*. V+O の受身 赤ん坊は硬貨をのみ込んで, もう少しで窒息するところだった. ❷ (...)をふさぐ, 詰める (*up*); (植物など)の成長を妨げる (*out*). ❸ (感情などが)(声など)を詰まらせる (*with*); 声を詰まらせながら(...)を言う (*out*).
— 自 ❶ **息が詰まる**, むせる; (物が)つかえる; (声が)詰まる (*with*): I ***choked on*** a piece of meat. V+*on*+名 肉がのどにつかえて息が詰まった. ❷ 《略式》 (緊張などで)あがる, あがって失敗する.

> **choke の句動詞**
> **chóke báck** 動 他 (感情)をぐっと抑える: *choke back* one's tears 涙をこらえる.
> **chóke dówn** 動 他 (食べ物)をやっとのみ込む.
> **chóke óff** 動 他 (...)を押さえ込む, 妨げる.
> **chóke úp** 動 自 (感情が高ぶって)ことばに詰まる.
> — 他 (感情などが)(人)に口をきけなくする.

— 名 ❶ C 窒息; むせび. ❷ C 〔機械〕 (ガソリンエンジンの)チョーク, 空気調節装置.
chóke chàin 名 C 《英》 = choke collar.
chóke cóllar 名 C 《米》 輪縄式首輪《犬の訓練用》.
chok·er /ʧóʊkɚ | -kə/ 名 C チョーカー, (襟元にぴったりする)短いネックレス.
chol·er·a /kɑ́(ː)lərə | kɔ́l-/ 名 U コレラ.
chol·er·ic /kɑ́(ː)lərɪk | kɔ́l-/ 形 《格式》 怒りっぽい.
+**cho·les·ter·ol** /kəléstəròʊl, -rɔ̀ːl | -rɔ̀l/ 名 U 〔生化〕 コレステロール《血液・胆汁に含まれる》.
chomp /ʧɑ́(ː)mp | ʧɔ́mp/ 動 = champ².
Chom·sky /ʧɑ́(ː)mski | ʧɔ́m-/ 名 固 No·am /nóʊ(ə)m/ ～ チョムスキー (1928-) 《米国の言語学者; 生成文法の創始者》.
choo-choo /ʧúːʧùː/ 名 C 《小児語》 汽車ぽっぽ.

**choose /ʧúːz/

— 動 (choos·es /～ɪz/; 過去 chose /ʧóʊz/; 過分 cho·sen /ʧóʊz(ə)n/; choos·ing) 他 ❶ (...)を選ぶ, **選択する**; (人に) (...)を選んでやる《⇒ 類義語》: *Choose* the kind of cake you like best. あなたのいちばん好きな

ケーキを選びなさい / My father *chose* two books *from* his bookcase. V+O+*from*+名 父は本箱から本を2冊選んだ / 言い換え Mary *was chosen* (*as*) May Queen. V+O+C ((*as*+)名)の受身 = Mary *was chosen to* be May Queen. V+O+C (*to* 不定詞)の受身 メアリーが5月の女王に選ばれた《⇒ as 前 1 語法 (1)》/ We *chose* her *for* the job. V+O+*for*+名 その仕事(をする人)に彼女を選んだ / 言い換え I *chose* a nice present *for* her. = I *chose* her a nice present. V+O+O 彼女のためによい贈り物を選んだ《⇒ for 前 A1 語法》.

choose (2つ以上の中から)	選ぶ《⇒ 類義語》
select (多数の中から)	
elect (選挙で)	

❷ (...すること)に**決める** [≒decide]; (...する)ほうがよいと思う, (...すること)を望む: George *chose to* vote for Mr. White. V+O (*to* 不定詞) ジョージはホワイト氏に投票することに決めた 多用 / Can I *choose what* program we watch this evening? V+O (*wh* 節) 今夜どの番組を見るか私が決めてもいいですか. 語法 アクセントの位置と not のかかり方に注意: She did *not chóose* to wear black. (= She had to wear black.) 彼女は自分で好んで黒の服を着たのではなかった / She did *not choose* to wear bláck. (= It was her choice not to wear black.) 彼女は黒い服を着ないことにした.

— 自 ❶ **選ぶ**, 選択する: *Choose from* the list below. V+*from*+名 以下のリストから選んでください / She had to *choose between* get*ting* a job *and* go*ing* on to college. V+*between*+動名+*and*+動名 彼女は就職するか大学に進学するか決めなくてはならなかった. 語法 and の代わりに or を用いることもある.

❷ **したいと思う**, 望む, 好む: You can come with me if you *choose*. よければ私といっしょに来てもいいですよ.

There is nóthing [líttle, nót múch] to chóose betwèen 「the twó [... and ~]. 両者[...と~]の間には優劣は全く[ほとんど, あまり]ない. (名 choice)

類義語 **choose** 自分の意志・判断によって選び出し, それを手に入れること: He *chose* a good job. 彼はよい仕事を選んだ. **select** *choose* よりも格式ばった語で, 多数の中から慎重に吟味して選び出すこと. 特に2つの中から1つを選ぶときには *choose* を用い, *select* は使わない: He *was selected* from among many applicants. 彼は多くの応募者の中から選ばれた. **pick**《略式》で, 多数から選ぶが *choose* や select ほど厳密な判断を意味しない: I *picked* the book nearest to me. 私はいちばん近くにある本を取った. **elect** 普通は選挙によって役職者を選ぶことをいう: He *was elected* to Congress. 彼は議員に選出された. **opt** (for) 主に利害得失上ある行動を選択すること: She *opted* to go home. 彼女は家に帰ることにした.

choos·er /ʧúːzɚ | -zə/ 名 C 選ぶ人, 選択者.

choos·y /ʧúːzi/ 形 (choos·i·er; -i·est) えり好みする, 気難しい (*about*).

***chop**[1] /ʧɑ́(ː)p | ʧɔ́p/ 動 (chops /~s/; chopped /~t/; chop·ping) 他 ❶ (おの・なたなどで)(...)を**たたき切る**, ぶち割る; (...)を**細かく刻む**《⇒ mince》: I'll go (and) *chop* some wood for the fireplace. 暖炉のまきを割ってくる / *Chop* these onions (*up*) *into* small pieces. V+O(+*up*)+*into*+名 これらのたまねぎを細かく刻んでください. ❷《略式》(経費など)をばっさり削る. ❸ (ボール)を切る(ように打つ).

— 自 たたき切る, 切りつける (*away*): He was *chopping at* a tree. 彼は木をたたき切っていた.

chóp dówn [動] 他 (木)を切り倒す [≒fell].

chóp óff [動] 他 (おのなどで)(...)を切り落とす.

— 名 ❶ C (羊・豚などの)厚切りの肉片, チョップ《普通は骨つき》. ❷ C (切りつけるように)殴ること, チョップ. ❸ C 切りつけること; 切断. ❹ [the ~]《英略式》解雇; 中止, 閉鎖: be *for the chop* 首になりそうである; (計画などが)打ち切られそうである.

chop[2] /ʧɑ́(ː)p | ʧɔ́p/ 動 (chops; chopped; chop·ping) [次の成句で] **chóp and chánge** [動] 自《英略式》考え[方針]をころころ変える.

chop-chop /ʧɑ́(ː)pʧɑ́(ː)p | ʧɔ́pʧɔ́p/ 間 早く早く.

Cho·pin /ʃóupæn | ʃɔ́pæŋ/ 名 固 **Fré·dé·ric** /frèdəríːk/ **Fran·çois** /frɑːnswɑ́ː/ ~ ショパン (1810–49)《ポーランド出身のピアニスト・作曲家》.

chop·per /ʧɑ́(ː)pɚ | ʧɔ́pə/ 名 ❶ C《略式》ヘリコプター; (改造)バイク. ❷ C (たたいて切る大型の)肉切り包丁; おの. ❸ [複数形で]《俗》歯.

chóp·ping blòck [《英》 bòard] /ʧɑ́(ː)pɪŋ- | ʧɔ́pɪŋ-/ 名 C = cutting board.

chop·py /ʧɑ́(ː)pi | ʧɔ́pi/ 形 (chop·pi·er; -pi·est) (水面が)三角波の立つ, 波立ち騒ぐ, 荒れる.

chops /ʧɑ́(ː)ps | ʧɔ́ps/ 名 複 ❶《略式》あご, 口もと. ❷《米略式》(演技などの)技能.

chop·sticks /ʧɑ́(ː)pstɪ̀ks | ʧɔ́p-/ 名 複 はし, わりばし: a pair of *chopsticks* はし1ぜん.

chop su·ey /ʧɑ̀(ː)psúːi | ʧɔ̀p-/ 名 U チャプスイ《肉野菜いためをごはんにかけた米国式の中華料理》.

cho·ral /kɔ́ːrəl/ 形 限定 合唱隊[曲]の; 合唱の: *The Choral Symphony* 合唱付き交響曲《Beethoven の交響曲第9番》. (名 chórus)

cho·rale /kərǽl | kərɑ́ːl/ 名 ❶ C (合唱)聖歌; 合唱曲. ❷ C《米》聖歌隊, 合唱団.

chord /kɔ́ɚd | kɔ́ːd/ 名 ❶ C〔音楽〕和音, コード. ❷ C〔数学〕弦《⇒ circle 挿絵》. **stríke [tóuch] a chórd** [動] 自 (人の)共感を呼ぶ (*with*): *strike* [*touch*] the right *chord* 人の心の琴線に触れる.

chore /ʧɔ́ɚ | ʧɔ́ː/ 名 ❶ C (毎日の家庭の)雑用, 半端仕事, 家事: do the household *chores* 家庭の雑用をする. ❷ C つまらない仕事.

cho·re·o·graph /kɔ́ːriəgræ̀f | kɔ́riəgrɑ̀ːf/ 動 他 (バレエ・ダンスなど)の振り付けをする.

chor·e·og·ra·pher /kɔ̀ːriɑ́(ː)grəfɚ | kɔ̀riɔ́grəfə/ 名 C (バレエ・ダンスなどの)振り付け師.

chor·e·og·ra·phy /kɔ̀ːriɑ́(ː)grəfi | kɔ̀riɔ́g-/ 名 U (バレエ・ダンスなどの)振り付け(法).

cho·ris·ter /kɔ́ːrɪstɚ | kɔ́rɪstə/ 名 C (教会の)聖歌隊(少年)歌手.

chor·tle /ʧɔ́ɚṭl | ʧɔ́ː-/ 動 自 楽しげ[得意げ]に笑う. — 名 C 楽しげ[得意げ]な笑い. 〖語源 *chuckle* と *snort* の混成語; ⇒ blend 名 3〗

+**cho·rus** /kɔ́ːrəs/ 発音 名 (~·es /~ɪz/) ❶ C **合唱(曲)**, コーラス; 折り返し [≒refrain]; (歌の)合唱部: We joined in the *chorus*. 私たちは合唱に加わった. ❷ C [《英》単数形でもときに複数扱い] **合唱団**, コーラス: Meg joined a *chorus*. メグは合唱団に入った. 関連 choir 聖歌隊. ❸ C [《英》単数形でもときに複数扱い] (ミュージカルの)ダンサーと歌手の一団. ❹ C 声をそろえて言うこと: a *chorus of* laughter [boos] 一斉に笑う[非難する]声.

in chórus [副] 声をそろえて. (形 chóral)
— 動 他 (...)を声をそろえて言う.
chórus gìrl 名 C (ミュージカルなどで歌って踊る)コーラスガール.
‡chose /ʧóʊz/ 動 choose の過去形.
‡cho·sen /ʧóʊz(ə)n/ 動 choose の過去分詞.
chow[1] /ʧáʊ/ 名 U《俗》食べ物. — 動 [次の成句で]
chów dówn [動] 自《米略式》食う (*on*).
chow[2] /ʧáʊ/, **chow chow** /ʧáʊʧàʊ/ 名 C チャウチャウ《中国原産の犬》.
chow·der /ʧáʊdə | -də/ 名 U チャウダー《魚介類・たまねぎ・豚肉などを牛乳で煮込んだもの》.
chow mein /ʧàʊméɪn/ 名 U チャーメン《米英の中華風焼そば》.
Chris /krís/ 名 固 ❶ クリス《男性の名; Christian, Christopher の愛称》. ❷ クリス《女性の名; Christiana, Christina, および Christine の愛称》.
***Christ** /kráɪst/ 発音 名 固 Jesus ~ **イエス キリスト** (04? B.C.–A.D. 29?)《人類の罪を負って十字架にかかった救世主》.
befòre Chríst [形] **紀元前**《略 B.C., B.C.》. ✪ 用法については ⇒ B.C.
— 間《卑語》畜生!, くそ!《⇒ swear 自 1 語法》: *Christ* no! とんでもねえ.
〚語源 原義はギリシャ語で「(儀式で)油を注がれた者」の意; 元来は王の称号〛
chris·ten /krís(ə)n/ 動 他 ❶ (...)に洗礼を施してキリスト教徒にする [≒baptize]. ❷ (洗礼を施して) (赤ん坊)に名をつける; (船)に命名する; (...)にあだなをつける: They *christened* the baby Edward. 彼らは赤ん坊にエドワードと洗礼名をつけた. 関連 Christian name 洗礼名. ❸ (...)を初めて使う.
chris·ten·ing /krís(ə)nɪŋ/ 名 U,C 洗礼(式).
***Chris·tian[1]** /krísʧən/ 形 ❶ **キリスト(教)の**: the *Christian* church [countries] キリスト教会[教国]. 関連 Catholic (ローマ)カトリックの / Protestant プロテスタントの.
❷ **キリスト教徒の**, クリスチャンの; [しばしば c-] キリスト教徒らしい; 立派な: live a *Christian* life キリスト教徒らしい生き方をする. (名 Chrìstiánity)
— 名 (~s /~z/) C **キリスト教徒**, クリスチャン. 関連 Catholic (ローマ)カトリック教徒 / Protestant プロテスタント.
Chris·tian[2] /krísʧən/ 名 固 クリスチャン《男性の名; 愛称は Chris》.
Chris·ti·an·a /krìstiǽnə | -ɑ́ːnə/ 名 クリスチアーナ《女性の名; 愛称は Chris》.
Chrístian éra 名 [the ~] キリスト紀元, 西暦紀元. 語法 キリスト紀元の年号をいうときには A.D. 29 か《米》29 A.D. (西暦 29 年)のように記す; ⇒ A.D., B.C.
+Chris·ti·an·i·ty /krìsʧiǽnəṭi/ 名 U **キリスト教**: spread *Christianity* among the Japanese 日本人の間にキリスト教を広める. (形 Chrístian)
Chrístian náme 名 C 洗礼名, クリスチャンネーム, (姓に対して個人の)名《洗礼 (christening) のときにつけられる名; ⇒ name 名 1 参考 (1)》.
Chrístian Scíence 名 U クリスチャンサイエンス《1879 年に米国で創立されたキリスト教派; 信仰療法が特色》.
Chris·tie /krísti/ 名 固 Agatha ~ クリスティー (1890–1976)《英国の推理小説家》.
Chris·ti·na /krɪstíːnə/ 名 固 クリスティーナ《女性の名; 愛称は Chris または Tina》.
Chris·tine /krɪstíːn, krístiːn/ 名 固 クリスティーン《女性の名; 愛称は Chris》.
‡Christ·mas /krísməs/
— 名 (~·es /~ɪz/) ❶ U,C **クリスマス**, キリスト降誕祭 (Christmas Day)《12 月 25 日のキリストの誕生を祝う日》: a white [green] *Christmas* 雪の積もった[降らない]クリスマス / celebrate *Christmas* クリスマスを祝う / All the family gathered together ***for Christmas***. 家族は全員クリスマスに集まった / I gave Mary a *Christmas* present. メアリーにクリスマスプレゼントをあげた. ❷ U,C クリスマスの季節 (Christmastime)《12 月 24 日から 1 月 1 日まで;《英》では 1 月 6 日まで》: We went skiing at Zao ***at Christmas***. クリスマスの時期に蔵王へスキーに行った / The store is closed ***over Christmas***. その店はクリスマスの間閉まる.
Mérry [Háppy] Chrístmas! クリスマスおめでとう《12 月 24–25 日のあいさつ》. 語法 返事は「The sáme [Sáme] to yóu. または You too. 参考 キリスト教信者でない人に配慮して, かわりに Happy holidays! を使う人もいる.
〚語源 'Christ's Mass' (キリストのミサ)の意〛
Chrístmas bòx 名 C《古風, 英》クリスマスのお礼の金《クリスマスの贈り物の日 (Boxing Day) に使用人・郵便配達人などに贈る》.
Chrístmas càke 名 C,U《英》クリスマスケーキ《干した果物を入れて周りを砂糖で飾ったケーキ; クリスマスに食べる》. 日英 日本でいう「クリスマスケーキ」とは違い, フルーツケーキの一種.
Chrístmas càrd 名 C クリスマスカード: I sent a *Christmas card* to Jim. 私はジムにクリスマスカードを送った. 日英 日本の年賀状と違い, クリスマスまでに相手に届けるのが慣習.
Chrístmas cárol 名 C クリスマスキャロル《クリスマスを祝う歌》.
Chrístmas còokie 名 C クリスマスのクッキー《クリスマスツリーや星などを形どったクッキー》.
Chrístmas cràcker 名 C《英》(クリスマスパーティー用の)クラッカー《紙製で両端を引っ張ると破裂して中から小さいおもちゃなどが出てくる》(cracker).
Chrístmas Dáy 名 U,C クリスマス, キリスト降誕祭《12 月 25 日; 米国の法定祝日 (legal holiday), 英国の公休日 (bank holiday); ⇒ holiday 表》.
Chrístmas dínner 名 C,U クリスマスディナー《クリスマスの昼食で, 七面鳥などを食べる》.
Chrístmas Éve 名 U,C クリスマスイブ《12 月 24 日》: on *Christmas Eve* クリスマスイブに.
Chrístmas púdding 名 U,C《英》クリスマスプディング《クリスマス用フルーツケーキ》.
Chrístmas stòcking 名 C クリスマスの靴下《サンタクロースからの贈り物用》.
Christ·mas·sy /krísməsi/ 形 クリスマスらしい.
Christ·mas·time /krísməstàɪm/ 名 U = Christmas 2.
Chrístmas trèe 名 C クリスマスツリー《もみの木 (fir) がよく用いられる》.
Chris·to·pher /krístəfə | -fə/ 名 固 クリストファー《男性の名; 愛称は Chris》.
chro·mat·ic /kroʊmǽṭɪk/ 形【音楽】半音階の.
chrome /króʊm/ 名 U【化学】クロム; クロム染料.
chróme yéllow 名 U クロムイエロー《黄色顔料》.

chro·mi·um /króʊmiəm/ [名] [U] 〔化学〕 クロム, クロミウム《元素記号 Cr》.

chro·mo·some /króʊməsòʊm/ [名] [C] 〔生物〕 染色体.

+**chron·ic** /krá(ː)nɪk | krɔ́n-/ [形] ❶ (病気が) **慢性の:** a *chronic* disease 慢性病. [関連] acute 急性の. ❷ (問題などが)長引く, 慢性的な; (人などが)常習的な.

chron·i·cal·ly /krá(ː)nɪkəli | krɔ́n-/ [副] 慢性的に.

chrónic fatígue sỳndrome [名] [U] 〔医学〕 慢性疲労症候群.

chron·i·cle /krá(ː)nɪkl | krɔ́n-/ [名] [C] 年代記, 記録; 物語 (*of*). — [動] 他 (...)を年代記に載せる, 年代順に記録する.

chron·i·cler /krá(ː)nɪklɚ | krɔ́nɪklə/ [名] [C] 年代記作者[編者]; 記録者.

chron·o·log·i·cal /krà(ː)nəlá(ː)ʤɪk(ə)l | krɔ̀nəlɔ́ʤ-⁻/ [形] 年代順の. **-cal·ly** /-kəli/ [副] 年代順に.

chro·nol·o·gy /krəná(ː)ləʤi | -nɔ́l-/ [名] (-o·gies) ❶ [C] 年代記, 年表. ❷ [U] 年代学.

chro·nom·e·ter /krəná(ː)məṭɚ | -nɔ́mətə/ [名] [C] クロノメーター《精密な時計で, 海上で経度測定のためなどに用いられる; ⇒ -meter》.

chrys·a·lis /krísəlɪs/ [名] (~·es) [C] (ちょう·がの)さなぎ. [関連] pupa (昆虫の)さなぎ.

chry·san·the·mum /krɪsǽnθəməm/ [名] [C] 菊《英米では葬儀用》.

Chry·sler /kráɪslɚ | -slə/ [名] 固 ❶ クライスラー《米国の大手自動車会社; 現在はドイツのダイムラー社と合併》. ❷ [C] クライスラー社製の自動車.

chub·by /ʧʌ́bi/ [形] (chub·bi·er; -bi·est) (特に子供が)丸々とした, ぽっちゃりした《⇒ fat [類義語]》.

+**chuck**[1] /ʧʌ́k/ [動] (~s /~s/; ~ed /~t/; ~ing) 他 ❶《略式》(...)を**ほうる, ぽいと投げる**《⇒ throw [類義語]》; つまみ[追い]出す (*off*)**:** Someone *chucked* a cigarette butt in front of my gate. だれかがうちの門の前にたばこの吸いがらを投げ捨てた. ❷《略式》(物)を捨てる; (仕事など)をやめる (*in*).

chúck awáy [動] 他《略式》(...)を捨てる, 処分する.

chúck óut [動] 他 (1)《略式》(...)を追い出す (*of*). (2)《略式》= chuck away.

chúck ... ùnder the chín [動] 他 (...)のあごの下を軽くつつく《愛情·たわむれのしぐさ》.

chuck[2] /ʧʌ́k/ [名] ❶ [C] (旋盤などの)チャック, つかみ. ❷ [U] 牛の首の回りの肉.

chuck·le /ʧʌ́kl/ [!発音] [動] 自 くすくす笑う, 含み笑い[忍び笑い]をする《⇒ laugh [類義語], 挿絵》**:** He was *chuckling at* the photo. 彼は写真を見てくすくす笑っていた. — [名] [C] くすくす笑い, 含み笑い**:** give a *chuckle* くすくす笑う.

chug /ʧʌ́g/ [名] [C] (エンジンなどの)どっどっという音. — [動] (chugs; chugged; chug·ging) 自 [副詞(句)を伴って] どっどっと音を立てて進む (*along, down, up*). — 他《米略式》(...)を一気に飲む.

chum·my /ʧʌ́mi/ [形] (chum·mi·er; -mi·est) [普通は [叙述]]《古風, 略式》仲のよい, 親しい (*with*).

chump /ʧʌ́mp/ [名] [C]《略式》ばか.

+**chunk** /ʧʌ́ŋk/ [名] (~s /~s/) ❶ [C] (チーズ·パン·肉片·木材などの)**大きい塊**, 厚切り (*of*). ❷ [C] 〔言語〕 決まり文句. ❸ [C] 大部分, 大量**:** a *chunk of* change《米》大金.

chunk·y /ʧʌ́ŋki/ [形] (chunk·i·er; -i·est) ずんぐり[ずっしり]した; がっしりした; (食物が)粒入りの.

Chun·nel /ʧʌ́n(ə)l/ [名] 固 [the ~]《略式》= Channel Tunnel.

****church** /ʧɚ́ːʧ | ʧə́ːʧ/

— [名] (~·es /~ɪz/) ❶ [C] (キリスト教の) **教会**, 教会堂**:** There are two *churches* in this town. この町には教会が 2 つある / That *church* is near our school. その教会は学校の近くにある. [語法] 英国ではイングランド国教会·ローマカトリック教会の教会堂を church と呼び, 他の宗派のものを chapel と呼ぶことがある.

church

❷ [U] (教会で行なう)**礼拝:** *Church* begins at ten. 礼拝は 10 時に始まる / They ***go to church*** every Sunday. 毎週日曜彼らは教会に(礼拝に)行く / He is ***in*** [***at***] ***church*** right now. 彼は今(教会で)礼拝中だ. ❸ [C] [普通は C-] (キリスト教の)宗派, 教派, ...教会. ❹ [the ~, ときに the C-] 聖職(者), 牧師(職). ❺ [U] (国家に対して)教会, 教権**:** the separation of *church* and state 政教分離.

the Chúrch of Éngland [名] イングランド国教会, 英国聖公会《[略] C of E》.

church·go·er /ʧɚ́ːʧgòʊɚ | ʧə́ːʧgòʊə/ [名] [C] (定期的に)教会へ礼拝に行く人.

Chur·chill /ʧɚ́ːʧɪl | ʧə́ː-/ [名] 固 Sir Win·ston /wínstən/ Leonard Spencer ~ チャーチル (1874–1965)《英国の政治家·首相 (1940–45, 1951–55)》.

church·man /ʧɚ́ːʧmən | ʧə́ːʧ-/ [名] (-men /-mən/) [C] 聖職者, 牧師.

church·war·den /ʧɚ́ːʧwɔ̀ɚdn | ʧə́ːʧwɔ̀ː-/ [名] [C] (イングランド国教会の)教区委員《教区を代表して教会財産の管理をする人》.

church·yard /ʧɚ́ːʧjɑ̀ɚd | ʧə́ːʧjɑ̀ːd/ [名] [C] (教会付属の)墓地《塀で囲まれている》. [関連] cemetery 共同墓地.

churl·ish /ʧɚ́ːlɪʃ | ʧə́ː-/ [形]《格式》失礼な, 無礼な.

churn /ʧɚ́ːn | ʧə́ːn/ [名] [C] 攪(かく)乳器《バターを作る道具》. — [動] 他 ❶ (クリーム·牛乳)を攪乳器でかき回す; かき回して(バター)を作る. ❷ (...)を激しくかき回す; (風などが)(波)をわき返らせる (*up*). — 自 (波などが)わき返る; 激しく動き回る; (胃が)むかつく. **chúrn óut** [動] 他《略式》[しばしば軽蔑的] (...)を大量生産する.

chute /ʃúːt/ [名] ❶ [C] 滑降斜面路, シュート《重いものを下へ送る装置》. ❷ [C]《略式》= parachute. **òut**

C

of the chúte [副]《米略式》最初から.
chut·ney /ʧʌ́tni/ [名] [U,C] チャツネ《甘辛いインドの調味料》.
chutz·pah /hútspə/ [名] [U]《略式》[よい意味で] 度胸, ずぶとさ.
CIA /síːàiéi/ [略] [the ～] = Central Intelligence Agency.
ciao /ʧáu/ [間] [S]《略式》ばいばい, じゃあ.
ci·ca·da /sɪkéɪḍə, -káː-/ [名] [C] せみ.
Cic·e·ro /sísəròu/ [名] [固] **Mar·cus** /máɚkəs | máː-/ ～ キケロ (106-43 B.C.)《ローマの政治家・雄弁家》.
CID /síːàidíː/ [略] [the ～] = Criminal Investigation Department (英国警視庁の)犯罪捜査課.
-cide /sàɪd/ [接尾] [名詞語尾]「...殺し, ...を殺す薬剤」の意: homi*cide* 殺人 / insecti*cide* 殺虫剤.
ci·der /sáɪḍɚ | -də/ [名] ❶ [U] りんごジュース; りんご酒. **参考**《米》では普通は未発酵のりんごジュース (sweet cider) を指し,《英》では発酵させたりんご酒 (《米》hard cider) をいう. ❷ [C] (1 杯・1 本の)りんごジュース[酒]. **日英** 日本語の「サイダー」に相当するものは pop,《米》ではまた soda (pop)など.
ci·gar /sɪgáɚ | -gáː/ **!アク** [名] [C] 葉巻き, シガー: *cigar* smoke 葉巻きの煙.
cig·a·rette,**《米まれ》**-a·ret** /sìgərét, sígərèt/ [名] (-a·rettes, -a·rets /sìgəréts, sígərèts/) [C] **紙巻きたばこ:** a pack [《英》packet] of *cigarettes* たばこ 1 箱 / ***smoke** a **cigarette たばこを吸う / ***light** a **cigarette*** たばこに火をつける /「***put out** [**stub out**] a **cigarette*** たばこの火を消す[もみ消す].
cigarétte hòlder [名] [C] 紙巻きたばこパイプ.
cigarétte lìghter [名] [C] (たばこ用)ライター.
cigarétte pàper [名] [C,U] たばこの巻紙.
C in C [略] = commander in chief.
cinch /sínʧ/ [名] [a ～]《略式》易しい[余裕でできる]こと;《主に米》確実なこと[人], 本命. ― [動] [他] ❶ (ベルトなどで)(...)をきつく締める. ❷《米》(...)を確実にする.
Cin·cin·nat·i /sìnsənǽṭi←/ [名] [固] シンシナティ《米国 Ohio 州南西部の都市》.
cin·der /síndɚ | -də/ [名] [C] (石炭などの) 燃えがら. **búrn ... to a cínder** [動] [他] (...)を黒こげにする.
cínder blòck [名] [C]《米》軽量ブロック.
Cin·der·el·la /sìndərélə/ **!アク** [名] ❶ [固] シンデレラ《まま子から王妃になった童話の主人公; ⇒ Prince Charming》. ❷ [C] 不当に軽視される人[もの].
Cin·die, Cin·dy /síndi/ [名] [固] シンディー《女性の名; Cynthia の愛称》.
***cin·e·ma** /sínəmə/ [名] (～s/～z/) ❶ [C]《英》**映画館** [《米》movie theater].
❷ [the ～]《英》**映画(の上映)** [《米》the movies]: Let's go to *the cinema.* 映画を見に行こう. ❸ [U または a ～] 映画産業[界] [《米》the movies].
〖**語源** 原義は「動く(絵)」の意〗
cin·e·mat·ic /sìnəmǽṭɪk←/ [形] 映画の.
cin·e·ma·tog·ra·pher /sìnəmətá(ː)grəfɚ | -tɔ́grəfə/ [名] [C] 映画撮影技師.
cin·e·ma·tog·ra·phy /sìnəmətá(ː)grəfi | -tɔ́g-/ [名] [U] 映画撮影術[法].
+**cin·na·mon** /sínəmən/ [名] [U] **シナモン**, 肉桂(にっけい)《香味料》.
ci·pher /sáɪfɚ | -fə/ [名] ❶ [C,U] 暗号(法): in *cipher* 暗号で. ❷ [C] 取るに足らない人. ❸ [C]《文語》(数字の)ゼロ [≒zero].〖**語源** zero と同語源〗
cir·ca /sə́ːkə | sə́ː-/ [前]《格式》およそ《[略] c., ca.》: *circa* [*c., ca.*] A.D.70 西暦 70 年ごろ.
cir·ca·di·an /səkéɪḍiən | səː-/ [形] [限定]〔生理〕24 時間周期の.

****cir·cle** /sə́ːkl | sə́ː-/

― [名] (～s /～z/)

意味のチャート
「小さい環, 円」❶ →(交友の輪)→「仲間」❷

❶ [C] 円, 丸; **輪**, 円形のもの, 環: draw a *circle* with (a pair of) compasses コンパスで円を描く / sit ***in a circle*** 輪になって座る / This town has a ***circle of*** mountains around it. この町はぐるりと山に囲まれている. [関連] semicircle 半円 / oval 楕円(だえん).

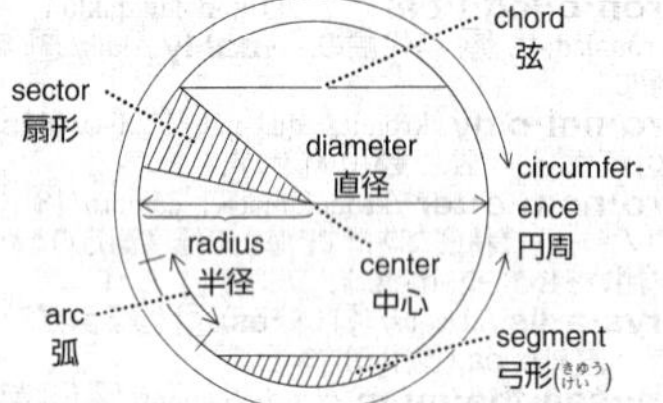

❷ [C] **仲間**, ...界, ...社会; (交際・活動などの)範囲: business *circles* 実業界 / She has quite a large ***circle of*** friends. 彼女は交際範囲がかなり広い. **日英**「同好会」や「サークル」に相当する英語は club. ❸ [C]《英》(円形の)桟敷(さじき), バルコニー席 [≒balcony]: the dress *circle*《英》劇場の特等席. ❹ [C] ひと巡り; 周期, 循環. ❺ [C]〔地理〕緯線, 緯度圏.
còme [gò,《英》tùrn] fúll círcle [動] [自] 一巡する, 振り出しに戻る.
gò [rún] aróund [róund] in círcles [動] [自] 堂々巡りをする. ([形] círcular)
― [動] (cir·cles /～z/; cir·cled /～d/; cir·cling) [他] ❶ (...)を(**丸で**)**囲む**; (腕など)を(...に)回す (*around*): *Circle* the right answers. 正しい答を丸で囲みなさい. ❷ (...)を**回る**, 旋回する: The rocket *circles* the earth in an hour and a half. そのロケットは 1 時間半で地球を一周する.
― [自] (特に空中を)**回る**, 旋回する: An airplane was ***circling around*** [***round, about***]「***over*** the ship [***above*** the cloud]. [V+副+前+名] 飛行機が船[雲]の上をぐるぐると回っていた / *circle* back 戻る.

単語のキズナ CIRC／環=circle

circle	(小さな環)	→	円; 回る
circumstance	(周囲に立っているもの)	→	事情
circuit	(回ること)	→	回路
circulate	(環のように動く)	→	循環する
circus	(円形の競技場)	→	サーカス
circumvent	(周りを囲む)	→	阻止する
circumference	(持って回るもの)	→	円周
encircle	(環にする)	→	取り囲む

cir·clet /sə́ːklət | sə́ː-/ [名] [C] 飾り輪《女性が頭・腕などにかける》.
***cir·cuit** /sə́ːkɪt | sə́ː-/ **!発音** [名] (cir·cuits/-kɪts/) ❶ [C]〔電気〕**回路**, 回線: a *circuit* diagram 回路図 / a break in the *circuit* 接触不良. ❷ [C] (公演などの)

巡回, 巡業, 一連の講演[興行など]; 〘スポーツ〙巡回トーナメント; 巡回地域, 巡回裁判地区, 巡回教区; 巡回裁判: a lecture *circuit* 講演旅行 / a mailman's *circuit* 郵便配達受持区. ❸ Ⓒ 《英》(自動車レースなどの)サーキット. ❹ Ⓒ 一周, 一巡; 巡回: make [do] a *circuit* of ... ...を一周する. (形 circúitous) 〚⇒ circle キズナ〛

círcuit bòard 名 Ⓒ 〘電気〙 基板《電気回路が組み込まれている板》.

círcuit brèaker 名 Ⓒ 〘電気〙 回路遮断器, ブレーカー (breaker).

círcuit cóurt 名 Ⓒ 巡回裁判所.

cir·cu·i·tous /sə(ː)kjúːəṭəs | sə(ː)-/ 形 《格式》 回り道の; 回りくどい, 遠回しの. (名 círcuit)

cir·cuit·ry /sə́ːkɪtri | sə́ː-/ 名 Ⓤ 電気回路(網).

círcuit tràining 名 Ⓤ サーキットトレーニング.

+**cir·cu·lar** /sə́ːkjʊlə | sə́ːkjʊlə/ 形 ❶ **円形の**, 丸い, 環状の [≒round]: a *circular* school building 円形校舎. ❷ 循環の, 巡回の; 回覧の: a *circular* letter 回覧状. ❸ (論法などが)堂々巡りの: a *circular* argument 堂々巡りの議論, 循環論法. (名 círcle) — 名 Ⓒ 回覧状, 回覧(板); チラシ.

círcular fíle 名 Ⓒ [こっけいに] くずかご.

cir·cu·lar·i·ty /sə̀ːkjʊlǽrəṭi | sə̀ː-/ 名 Ⓤ 循環性, 循環論法.

círcular sáw 名 Ⓒ (電動)丸のこ.

+**cir·cu·late** /sə́ːkjʊlèɪt | sə́ː-/ 動 (-cu·lates /-lèɪts/; -cu·lat·ed /-ṭɪd/; -cu·lat·ing /-ṭɪŋ/) 自 ❶ (血液・水・空気などが)**循環する**: Blood ***circulates through*** [***around***] the body. V+前+名 血は体中を循環する. ❷ (知らせなどが)伝わる, 広まる; (新聞・雑誌が)配布される; (貨幣が)流通する: The rumor *circulated* quickly *among* students. そのうわさは生徒たちの間ですぐに広まった. ❸ (パーティーなどで)話しかけて回る. — 他 ❶ (血液・水・空気など)を**循環させる**: By pushing this switch, we can ***circulate*** steam ***through*** the pipes. V+O+*through*+名 このスイッチを押すと蒸気をパイプに循環させることができる. ❷ (うわさなど)を広める; (文書など)を配布する, 回覧する; (貨幣)を流通させる. (名 cìrculátion) 〚⇒ circle キズナ〛

+**cir·cu·la·tion** /sə̀ːkjʊléɪʃən | sə̀ː-/ 名 (~s /~z/) ❶ U,C (血液・水・空気などの)**循環**; **血行**: This disease is caused by bad (blood) *circulation*. この病気は血液の循環が悪いと起こる / The *circulation* of air in this building is awful. この建物は空気の循環がひどく悪い.

❷ Ⓤ (貨幣の)**流通**; (うわさの)広まり: The *circulation* of money is slow. 貨幣の流通が緩慢だ.

❸ U,C [普通は単数形で] **発行部数**, 売れ行き; (本などの) 貸し出し数: This newspaper has a daily *circulation* of about 3 million. この新聞は 1 日の発行部数が約 300 万です.

in circulátion [形・副] (1) 流通した[て]; 広まった[て]. (2) (人が)社会の場に出て, 活動して: be back *in circulation* (病気回復後などに)(社会)復帰する, 平常の生活に戻る.

òut of circulátion [形・副] (1) 流通しないで. (2) (人が)社交の場に出ていない, つきあいを断って.

cír·cu·la·to·ry sỳstem /sə́ːkjʊlətɔ̀ːri- | sə̀ːkjʊléɪtəri-/ 名 [the ~] 〘解剖〙 循環系統《心臓・動脈・静脈など》.

cir·cum- /sə́ːkəm | sə́ː-/ 接頭 「周囲, 周回」の意: *circum*navigate 船で回る.

cir·cum·cise /sə́ːkəmsàɪz | sə́ː-/ 動 他 (人)に割礼を行なう, (男子)の陰茎の包皮を切除する; (女子)の陰核を切除する.

cir·cum·ci·sion /sə̀ːkəmsíʒən | sə̀ː-/ 名 C,U 割礼《ユダヤ教徒・イスラム教徒などの宗教的な儀式》.

cir·cum·fer·ence /səkʌ́mf(ə)rəns | sə-/ 名 C,U [しばしば the ~] 円周; 周辺, 周囲 (*of*) 《⇒ circle 挿絵》: a lake two miles *in circumference* 周囲 2 マイルの湖. 〚⇒ circle キズナ〛

cir·cum·lo·cu·tion /sə̀ːkəmloʊkjúːʃən | sə̀ːkəmlə-/ 名 《格式》 Ⓤ 回りくどさ, 遠回し; Ⓒ 回りくどい言い方.

cir·cum·nav·i·gate /sə̀ːkəmnǽvɪgèɪt | sə̀ː-/ 動 他 《格式》 (...)を船(など)で回る, 周航する.

cir·cum·nav·i·ga·tion /sə̀ːkəmnæ̀vɪgéɪʃən | sə̀ː-/ 名 C,U 《格式》 周航.

cir·cum·scribe /sə́ːkəmskràɪb | sə́ː-/ 動 他 ❶ [しばしば受身で] 《格式》 (...)を制限する. ❷ 〘幾何〙 (...)に外接円を描く.

cir·cum·spect /sə́ːkəmspèkt | sə́ː-/ 形 《格式》 (人・行動が)用心深い, 慎重な [≒cautious].

cir·cum·spec·tion /sə̀ːkəmspékʃən | sə̀ː-/ 名 Ⓤ 《格式》 慎重さ, 用意周到.

***cir·cum·stance** /sə́ːkəmstæ̀ns, -stəns | sə́ː-/ ❗アク 名 (-cum·stanc·es/~ɪz/) ❶ Ⓒ [普通は複数形で] (周囲の)**状況**, **事情**, 環境; Ⓤ 《格式》 (人がどうにもできない)事態, 境遇《⇒ 類義語, surroundings 類義語》: social *circumstances* 社会的状況 / according to *circumstances* 状況に応じて / It depends on *circumstances*. それはそのときの事情による / *Circumstances* made us change our plan. 事情があって我々は計画を変えなければならなかった / a victim of *circumstance* 境遇の犠牲者. ❷ [複数形で] (特に経済的な)境遇, 暮らし向き: in poor [bad] *circumstances* 貧しい境遇に.

ùnder [in] nó círcumstances [副] どんな事情があっても...しない, 決して...しない. 語法 通常文頭で用いられ, 後の主語と動詞が倒置される.

ùnder [in] the [thése] círcumstances [副] 文修飾 そう[こう]いう事情なので[では].

(形 cìrcumstántial)

類義語 **circumstance** 人や行動に影響を与えるある特定の状況: The *circumstances* must not be disregarded. 状況を無視してはならない. **situation** あることの周囲の状況との関係のしかた, つまり置かれた立場をいう. また総合的な周囲の状況・事態という意味にもなる: He was in an awkward *situation*. 彼はまずい立場にあった.

〚⇒ circle キズナ, distance キズナ〛

cir·cum·stan·tial /sə̀ːkəmstǽnʃəl | sə̀ː-ˊ/ 形 ❶ 状況による, 推定上の: *circumstantial* evidence 状況証拠. ❷ 《格式》 詳細な. (名 círcumstànce)

cir·cum·vent /sə̀ːkəmvént | sə̀ː-/ 動 他 《格式》 (人の計画など)を出し抜く, 阻止する. 〚⇒ circle キズナ〛

cir·cum·ven·tion /sə̀ːkəmvénʃən | sə̀ː-/ 名 Ⓤ 《格式》 出し抜くこと; 裏をかくこと; 回避 (*of*).

+**cir·cus** /sə́ːkəs | sə́ː-/ 名 (~·es/~ɪz/) ❶ Ⓒ [しばしば the ~] **サーカス**(の興行): a *circus* act サーカスの芸 / the *circus* ring サーカスの演技場 / go to *the circus* サーカス(を見)に行く. ❷ Ⓒ サーカスの一団. ❸ Ⓒ 《略式》 [軽蔑的] 騒がしい活動[会]: a media *circus* マスコミの話題となる騒ぎ. ❹ Ⓒ [地名で C-] 《英》 円形広場: Piccadilly *Circus* ピカデリー広場. 関連

square 四角い広場.
〖⇒ circle キズナ〗

cir·rho·sis /sɪróʊsɪs/ 名 U〔医学〕肝硬変.

cir·rus /sírəs/ 名 (複 cir·ri /síraɪ/, ～) U,C〔気象〕巻雲, 絹雲.

CIS /síːàɪés/ 略 [the ～] = Commonwealth of Independent States.

cis·tern /sístən | -tən/ 名 C《英》(貯水用)タンク; (水洗トイレの)水槽 [《米》tank].

cit·a·del /síṭədèl, -dl/ 名 C 城《市街を見下ろすもの》; とりで; 《文語》(物事の)拠点 (*of*).

C

ci·ta·tion /saɪtéɪʃən/ 名 ❶ C《米》(法廷への)召喚(状), 出頭命令. ❷ C (軍隊などの)表彰(状) (*for*). ❸ C 引用(文) [≒quotation]. (動 cite)

*__cite__ /sáɪt/ (同音 sight, site) 動 (cites /sáɪts/; cit·ed /-ṭɪd/; cit·ing /-ṭɪŋ/) 他 ❶ (本・著者など)を**引用する**, 例にあげる [≒quote]: She ***cited*** statistics ***as*** proof of her account. 彼女は説明の証拠として統計を引用した. ❷〔法律〕(人)を召喚する, (法廷へ)出頭を命ずる. ❸ (人)を表彰する (*for*). (名 citátion)

**__cit·i·zen__ /síṭəz(ə)n, -s(ə)n | -z(ə)n/ !アク
— 名 (～s /～z/) ❶ C **国民, 市民**, 公民, 人民《国家への義務と権利を有する; ⇒ subject[1] 7 語法》: a *citizen* of the United States アメリカ市民 / I am not an Athenian, nor a Greek, but a *citizen* of the world. 私はアテネ人でもなければギリシャ人でもない. 世界の一市民だ《ギリシャの哲学者ソクラテス (Socrates) のことばから》.
❷ C (都市の)**市民**, 町民, **住民**: the *citizens* of Paris パリ市民. 関連 senior citizen 高齢者.

cít·i·zen's arrést /síṭəz(ə)nz-/ 名 C 市民による逮捕.

cítizens(') bánd 名 U,C [しばしば C- B-] = CB.

cit·i·zen·ship /síṭəz(ə)nʃɪp, -s(ə)n- | -z(ə)n-/ 名 U 市民権, 公民権; 市民としての資格[義務].

cít·ric ácid /sítrɪk-/ 名 U クエン酸.

cit·ron /sítrən/ 名 C シトロン《レモンに似た樹木・果実》; U (砂糖漬けした)シトロンの皮.

cit·ro·nel·la /sìtrənélə/ 名 U シトロネラ油《防虫用》.

cit·rus /sítrəs/ 名 C 柑橘(かんきつ)類の樹木.

***__cit·y__ /síṭi/
— 名 (cit·ies /～z/) ❶ C **都市, 都会; 市, 町**. 参考《米》では town の中で重要なものを州の認可によって city と呼ぶ. 《英》では国王から特に許可を得た town を city と呼び, 大聖堂 (cathedral) があることが多い《⇒ town 日英》: "How long have you been living ***in*** this ***city***?" "About three months." 「どのくらいこの町に住んでいますか」「3 か月ほどです」
❷ [形容詞的に] **都市の, 市の**; 市街の: *city* life 都会の生活 / a *city* map 市街地図. ❸ C [普通は the ～] 市民たち《全体》; [the ～]《米》市当局: *The city* was alarmed by the earthquake. 全市民はその地震におびえた. ❹ [the C-]《英》シティー《London 中心部の地区; 英国の金融・商業の中心; 正式名 the City of London》. (形 cívic)

cíty céntre 名 C《英》市の中心街, 繁華街 [《米》downtown].

cíty cóuncil 名 C 市議会.

cíty désk 名 ❶ C《米》(新聞社の)地方記事部. ❷ C《英》(新聞社の)経済部.

cíty éditor 名 ❶ C《米》(新聞社の)地方記事編集長. ❷ C《英》(新聞社の)経済記事編集長.

Cíty Háll, cíty háll 名《主に米》C 市役所, 市庁舎; U 市当局: You can't fight *City Hall*. 行政と戦ってもむだだ(長いものには巻かれろ).

cíty plánning 名 U《米》都市計画 [《英》town planning].

cit·y·scape /síṭiskèɪp/ 名 C,U 市の景観.

cit·y-state /síṭistéɪt/ 名 C 都市国家.

civ·et /sívɪt/ 名 ❶ C じゃこう猫. ❷ U じゃこう《香料》.

civ·ic /sívɪk/ 形 ❶ 限定 市民(として)の: *civic* duties 市民の義務. ❷ 限定 (都)市の. (名 cíty)

cívic cénter 名 C《米》市民会館; 《英》市庁舎地区.

civ·ics /sívɪks/ 名 U《主に米》公民科《高等学校程度の倫理・社会を含む学科》.

*__civ·il__ /sív(ə)l/ 形 (civ·il·er, 《英》civ·il·ler, more ～; civ·il·est, 《英》civ·il·lest, most ～) ❶ 限定 [比較なし] **市民間の**; 国内の; (軍人・聖職者などに対して)**民間の**, 一般人の; (軍人に対して)文官の: (a) *civil* conflict 内乱 / *civil* aviation 民間航空 / marry in a *civil* ceremony (宗教的儀式によらず)役人の立会いで結婚する. 関連 military 軍の.
❷ 限定 [比較なし] **市民の**, 公民の; 公民としての: *civil* life 市民生活 / *civil* duties 市民の義務.
❸ (親しくはないが)**礼儀正しい**, 丁寧な; 礼儀正しくふるまう《⇒ polite 類義語》: Try to be ***civil to*** Mr. Long, even if you don't like him. +to+名 好きじゃなくてもロングさんには礼儀正しくするようにしなさい / That man is being *civil* today. あの男は今日は礼儀正しくふるまっている《⇒ be[2] A 1 (1) 語法》. ❹ 限定〔法律〕民事の. 関連 criminal 刑事の. (名 cívílity)

cívil defénse 名 U 民間防衛(組織).

cívil disobédience 名 U 市民的反抗《武力を用いず, 納税を拒否したりする》.

cívil engineér 名 C 土木技師.

cívil engineéring 名 U 土木工学[工事].

+__ci·vil·ian__ /səvíljən/ 名 (～s /～z/) C **民間人**《軍人に対して》, 一般人, 文民: Hundreds of *civilians* were killed in the fighting. 何百人もの民間人がその戦闘で死亡した. — 形 民間の, 一般人の.

+__civ·i·li·sa·tion__ /sìvəlɪzéɪʃən | -laɪz-/ 名 U,C《英》= civilization.

+__civ·i·lise__ /sívəlàɪz/ 動《英》= civilize.

+__civ·i·lised__ /sívəlàɪzd/ 形《英》= civilized.

ci·vil·i·ty /səvíləṭi/ 名 (-i·ties) ❶ U《格式》礼儀正しさ, 丁寧さ [⇔ incivility]. ❷ [複数形で]《格式》礼儀正しい言動. (形 cívil 3)

*__civ·i·li·za·tion__ /sìvəlɪzéɪʃən | -laɪz-/ 名 (～s /～z/) ❶ U,C **文明** (*of*): European *civilization* ヨーロッパ文明 / The early Egyptians had a remarkable *civilization*. 昔のエジプト人はすばらしい文明を持っていた. 関連 culture 文化. ❷ U 文明社会, 文明諸国《全体》. ❸ U 都会(の生活), 文化的生活. ❹ U 文明化, 開化, 教化. (動 cívilize)

civ·i·lize /sívəlàɪz/ !アク 動 他 ❶ (...)を文明国[社会]にする, 開化させる, 教化する: Europe *was civilized by* Rome. ヨーロッパはローマ(帝国)によって文明化された. ❷ (人)を洗練する, 礼儀を身につけさせる. (名 cìvilizátion)

+__civ·i·lized__ /sívəlàɪzd/ 形 ❶ **文明化した**, 開化した, 教化された [⇔ barbarous, savage, uncivilized]: *civi-*

lized life 文化生活 / a *civilized* society 文明社会. ❷ 礼儀正しい, 教養の高い; (人が)洗練された. ❸ 快適な: at a *civilized* hour 朝の早すぎない時間に.

cívil láw 名 U 民法. 関連 criminal law 刑法.

cívil líberty 名 C,U [普通は複数形で] 市民としての自由権《言論・思想の自由など》.

civ·il·ly /sívə(l)li | -vəli/ 副 ❶ 礼儀正しく. ❷ 民法上, 民事的に.

cívil pártnership 名 C 《英》 シビルパートナーシップ [≒civil union].

+**cívil ríghts** 名 複 **公民権**, 市民権: the *civil rights* movement 公民権運動《米国では特に1950年代以降の黒人の市民権獲得運動をいう》.

+**cívil sérvant** 名 C **公務員**, 文官.

cívil sérvice 名 [the ～] (軍・司法以外の)行政機関.

cívil únion 名 C 《米》 シビルユニオン《結婚に準ずる権利が認められる同性間の関係》.

+**cívil wár** 名 ❶ C,U **内戦**, 内乱: the outbreak of *civil war* 内乱の勃発(ぼっ). ❷ [the C- W-] 〔米国史〕 南北戦争《1861–65年; ⇒ Lincoln》.

CJD /síːdʒèɪdíː/ 名 U = Creutzfeldt-Jakob disease.

cl 略 = centiliter(s), class, clause.

clack /klǽk/ 動 自 かたっ[かたかた]と音をたてる, ぱちっと鳴る. — 名 [単数形で] かたっ[かたかた]という音.

clad /klǽd/ 形 《文語》 (…を)着た (*in*); (…に)覆(おお)われた: snow-*clad* hills 雪に覆われた山.

****claim** /kléɪm/

— 動 (claims /～z/; claimed /～d/; claim·ing) 他 ❶ (…だ)と**主張する**, 言い張る《⇒ 類義語》: 言い換え The child *claimed* (*that*) he had seen a ghost. V+O ((that)節) = The child *claimed to* have seen a ghost. V+O (to 不定詞) その子は幽霊を見たと言い張った / He *claimed* his innocence. 彼は無罪を主張した / She *claims* knowledge of what happened in class. 彼女は授業中に起こったことを知っていると言い張る.

❷ (当然の権利として)(…)を**要求する**; (もらうべきもの)を**請求する**; 自分のものだと言う《⇒ demand 類義語》: *claim* damages against [from] the company for unfair dismissal 会社に対して不当解雇の損害賠償を請求する / He *claimed* a share of his dead father's property. 彼は亡父の財産の分け前を要求した / Nobody *claimed* the lost hat. 忘れ物の帽子の持ち主はだれも名のり出なかった.

❸ (功績・責任など)が**自分にあると言う**, (行為など)を自分がしたと言う [⇔ disclaim]: The terrorists *claimed* responsibility for the explosion. テロリストたちはその爆破の犯行声明を出した. ❹ (災害・事故などが)(人の命)を奪う: That plane crash *claimed* the lives of 250 people. その飛行機の墜落は250人の命を奪った. ❺ (注意・時間など)を必要とする; (当然)(注目など)に値する. ❻ (賞など)を獲得する.

— 自 要求する, 権利を主張する (*on, for*).

cláim báck [動] 他 (…)の返還を要求する.

類義語 **claim** 証拠もなく主張する: They *claimed* that the election had been fixed. 彼らは選挙に不正があったと主張した. **argue** 論拠を示して主張する: Scientists *argue* that global warming causes climate change. 科学者たちは地球温暖化が気候変動の原因だと主張している. **assert** 確信を持って主張する: The old man *asserts* that eating garlic prevents rheumatism. にんにくを食べるとリューマチにかからないとその老人は言い張っている. **insist** 強引に主張する: She still *insists* (that) she has never met him. 彼女は彼には会ったことがないとまだ言い張っている. **maintain** 繰り返しまたは断固として主張する: He *maintains* that five hours of sleep is enough. 睡眠は5時間で十分だと彼はたびたび[強く]主張している.

— 名 (～s /～z/) ❶ C **主張**, 言い張ること: The company made a ***claim that*** a price increase was necessary. +that 節 その会社は値上げが必要だという主張をした / Nobody believed her ***claim to*** be an expert economist. +to 不定詞 彼女は自分が経済の専門家だと主張したが誰も信じなかった / ***Claims of*** bullying were denied. いじめがあるとの主張は否定された.

❷ C (権利としての)**要求**, 請求; (所有権などの)主張: ***claims for*** compensations 補償請求 / ***make*** [***put in***] a ***claim*** 要求[請求]する / meet a *claim for* a car damaged in the accident 事故で損傷した車に対する保険金請求に応じる / a *claim* form 請求用紙 / His ***claim to*** the land is quite reasonable. その土地に対する彼の所有権の主張は至極もっともだ. 日英 英語の claim には日本語の「クレーム」のような「苦情」や「文句」の意味はなく, これに相当するのは complaint. 「クレームをつける」は英語では make a complaint という.

❸ C,U (要求する)**権利**, 資格: You have no ***claim to*** [***on***] my sympathy. あなたには私の同情を求める資格はありません. ❹ C 請求物, 請求金.

...'s **cláim to fáme** [名] [しばしば滑稽] ...が自慢できること.

lày cláim to ... [動] 他 ...に対する権利を主張する: 言い換え Nobody *laid claim to* the estate. (= Nobody claimed the estate.) 誰もその土地の所有権を主張しなかった.

màke nó cláim to do [動] ...する[できる]とは言えない.

〖語源 ラテン語で「叫ぶ」の意; clamor と同語源〗

clai·mant /kléɪmənt/ 名 ❶ C 要求者, 請求者 (*to, of*); 《英》 受給者. ❷ C 〔法律〕 原告.

clair·voy·ance /kleəvɔ́ɪəns | kleə-/ 名 U 透視, 千里眼; 予知能力.

clair·voy·ant /kleəvɔ́ɪənt | kleə-/ 形 透視の, 予知能力のある. — 名 C 透視者, 予知能力者.

clam /klǽm/ 名 ❶ C 二枚貝《食用になるはまぐりなど》. ❷ C 《米略式》 無口の人. **(as) háppy as a clám** [形] 《米略式》 とてもうれしい. — 動 (clams; clammed; clam·ming) 自 [次の成句で] **clám úp** [動] 自 《略式》 突然口をつぐむ.

clam·bake /klǽmbèɪk/ 名 C 《米》 浜辺のパーティー[ピクニック]《はまぐりなどを焼いて食べる》.

clam·ber /klǽmbə | -bə/ 動 (-ber·ing /-b(ə)rɪŋ/) 自 [副詞(句)を伴って] (手足を使い)はい登る[下りる, 出る], よじ登る: *clamber up* [*down*] a cliff がけをよじ登る[伝い降りる] / *clamber into* [*onto*] a bus バスに苦労して乗り込む.

clam·my /klǽmi/ 形 (clam·mi·er; -mi·est) (汗などで)冷たくてべとべとする, じっとりした.

clam·or, 《英》 **clam·our** /klǽmə | -mə/ 名 C,U [普通は単数形で] 騒ぎ, 騒音; (抗議などの)騒々しい叫び: a *clamor for* peace 平和を求める叫び / a *clamor against* war 戦争反対の声. — 動 (-or·ing, 《英》 -our·ing /-m(ə)rɪŋ/) 自 (騒々しく)要求する (*for*; *to* do); 騒ぎ立てる. 〖語源 claim と同語源〗

+**clamp** /klǽmp/ 名 (～s /～s/) ❶ C (ねじで締める)**締め金**. ❷ C 《英》 車輪止め《駐車違反車両を動けな

くする》[《米》boot].
— 動 他 ❶ (締め金などで)(...)を締める, 固定する (*together*; *to*); (...)をしっかりと押さえる. ❷《主に米》(制限など)を押しつける, 課する (*on*). ❸ [普通は受身で]《英》(駐車違反の車)に車輪止めを付ける [《米》boot].
clámp dówn on ... [動] 他 ...を取り締まる.
clamp·down /klǽmpdàʊn/ 名 C 取り締まり (*on*).
clan /klǽn/ 名 C [《英》単数形でもときに複数扱い] 氏族; 一族, 一門《特に Scotland 地方の》;《略式》大家族; 一味, 仲間, 派閥.

C

clan·des·tine /klændéstɪn/ 形 限定《格式》内密の《悪い目的のために》.
clang /klǽŋ/ 動 自 (鐘などが)がらん[がちゃん]と鳴る. — 他 (鐘など)をがらん[がちゃん]と鳴らす. — 名 C がらん[がちゃん]という音.
clang·er /klǽŋɚ | -ŋə/ 名 C《英略式》大失敗, へま.
dróp a clánger [動] 自 大失敗[へま]をする, まずいことを言う.
clank /klǽŋk/ 動 自 (重い鎖などが)がちゃんと鳴る. — 他 (...)をがちゃんと鳴らす. — 名 C [普通は単数形で] がちゃんという音.
clan·nish /klǽnɪʃ/ 形 党派的な; 排他的な.
clans·man /klǽnzmən/ 名 (-men /-mən/) C 同氏族の人, 一門[一族]の人《男性》.
clap /klǽp/ 動 (claps; clapped; clap·ping) 他 ❶ (手)をたたく; (人・演技など)に拍手する: We all *clapped* our hands. 私たちはみな拍手をした. ❷ (親しみを込めて)(...)をぽんとたたく: He *clapped* his partner *on the* back [shoulder]. 彼は相手の背中[肩]をぽんとたたいた《⇒ the¹ 2》. ❸ (...)をさっと置く[入れる], ぶち込む: She *clapped* her [a] hand *over* her mouth in astonishment. 彼女は驚きのあまり口を手で押さえた. — 自 拍手をする, 手をたたく; ぴしゃりと音がする: The curtain rose and the audience *clapped*. 幕が上がり聴衆は拍手した. — 名 ❶ C ぴしゃり[ばたり, ぱーん]という音: a *clap* of thunder 雷鳴. ❷ [a ~] ぱんとたたくこと; 拍手: give ... *a clap* on the back [shoulder] ...の背中[肩]をぽんとたたく.
clap·board /klǽpbɔ̀ɚd, klǽbɚd | klǽpbɔ̀ːd/ 名 C,U《米》下見板, 羽目板 [《英》weatherboard].
clap·per /klǽpɚ | -pə/ 名 C (鐘・鈴の)舌.
clap·trap /klǽptræ̀p/ 名 U《略式》たわごと.
Clar·a /klé(ə)rə/ 名 固 クララ《女性の名》.
Clare /kléɚ | kléə/ 名 固 クレア《女性の名》.
Clar·ence /klǽrəns/ 名 固 クラレンス《男性の名》.
clar·et /klǽrət/ 名 U,C クラレット《フランスのボルドー地方産の赤ワイン》; U 赤紫色.
clar·i·fi·ca·tion /klæ̀rəfɪkéɪʃən/ 名 C,U《格式》明白[明らか]にすること, 解明 (*of*, *on*): seek [ask for] *clarification* 説明を求める. (動 clárify)
+**clar·i·fy** /klǽrəfàɪ/ 動 (-i·fies /~z/; -i·fied /~d/; -fy·ing) 他 ❶《格式》(...)を**明白にする**, 明らかにする, 解明する: *clarify* one's position 自分の立場を明らかにする. ❷ (バターなど)の不純物を除く.
(形 clear, 名 clarificátion)
clar·i·net /klæ̀rənét/ 名 C クラリネット《木管楽器》: play *the clarinet* クラリネットを演奏する.
clar·i·net·ist, -net·tist /klæ̀rənéṭɪst/ 名 C クラリネット奏者.
clár·i·on càll /klǽriən-/ 名 C《格式》行動を呼びかけることば.
clar·i·ty /klǽrəṭi/ 名 U (思想などの)明晰(めいせき)さ (*of*); (像・音の)鮮明さ. (形 clear)
Clark /klɑ́ɚk | klɑ́ːk/ 名 固 クラーク《男性の名》.
*__clash__ /klǽʃ/ 動 (clash·es /~ɪz/; clashed /~t/; clash·ing) 自 ❶ (軍隊・勢力などが)**衝突する**; (意見・利害などが)ぶつかり合う; (競技などで)対戦する: Japanese and American interests ***clashed on*** [***over***] this point. 日米の利害がこの点で衝突した / The two best teams will ***clash with*** each other this weekend. この週末には 2 つの最強チームが激突する. ❷ [進行形なし] (色・柄が)合わない (*with*). ❸《英》(行事などが)かち合う (*with*). ❹ がちゃんと鳴る.
— 他 (...)をがちゃんと鳴らす (*together*).
— 名 (~·es /~ɪz/) ❶ C (軍隊・勢力・意見などの)**衝突**, 不一致; (試合などの)対戦: border *clashes* 国境での軍事衝突 / a personality *clash* 性格の不一致 / There was a violent ***clash*** of opinion(s) ***between*** the two leaders. 2 人の指導者の間には激しい意見の衝突があった. ❷ C (色・柄が)合わないこと, 不調和. ❸ C《英》(行事などの)かち合い. ❹ C がちゃん[じゃん]という音.
clasp /klǽsp | klɑ́ːsp/ 名 ❶ C 留め金: a belt *clasp* ベルトの留め金 / She fastened the *clasp* of her necklace. 彼女はネックレスの留め金を留めた. ❷ C [普通は単数形で] 握り, 握手; 抱擁. — 動 他 ❶ (...)を握りしめる, しっかりつかむ, 抱き締める; (...)にからみつく: She *clasped* her hands tightly. 彼女は両手をぎゅっと組んだ《祈りや強い感情のしぐさ》/ The mother *clasped* her baby *to* her breast. 母親は赤ん坊を胸にしっかりと抱き締めた. ❷ (留め金で)(...)を留める, 締める [≒fasten].

***class /klǽs | klɑ́ːs/

— 名 (~·es /~ɪz/)

意味のチャート
ラテン語で「ローマ市民の階級」の意.
→(社会一般の)「**階級**」❸ →(最高の階層)→「**一流**」(⇒ classic)
→(学校の)「**級**」,「**クラス**」❶ →「**授業**」❷
→(物全般の)「**等級**」,「**部類**」❹

❶ C (同じ授業を受ける)**クラス**, **学級**(の生徒たち); (高校・大学の)**学年** (略 cl): an English *class* 英語のクラス / Good morning, *class*! 皆さん, おはよう《小学校などで》/ George is the best student in the history *class*. ジョージは歴史のクラスではいちばんできる生徒だ. 語法《英》ではクラスの一人一人を指すときには単数形でも複数扱いとなることがある: Our *class is* [*are*] all in good health. うちのクラスはみな健康だ. 関連《米》grade,《英》form 学年.

日英 日本の「クラス」は普通は A 組, B 組のように固定した学級をいうが, 英語では homeroom か担任の名をとって Mr. Jackson's *class*「ジャクソン先生の担当の組」のようにいう. ただし, 特に中・高等教育では一人一人が自由に時間割を決められる選択制授業が主体で学級としての実体があまりないことも多く, Tom and I were in the same *class*. は「トムと私は同じ授業をとった」または《米》では「同期生だ(5 の意味)」という意味になるのが普通.

❷ C,U **授業**, **講習**(会); 授業[講習]時間《⇒ lesson 類義語》: The history *class* starts at nine. 歴史の授業は 9 時に始まります / NO CLASS TODAY 本日休講

《掲示》/ have a *class* 授業がある / go to a *class* 授業に出る / miss a *class* 授業を休む / take a *class* 授業を取る / He is attending ***classes in*** French. 彼はフランス語の授業に出席している / This *class* is for advanced students. この授業は上級学生向けだ / Let's go to the cafeteria together after *class*. 授業が終わったらいっしょに食堂へ行こう / in *class* 授業中に. ❸ C,U [《英》単数形でもときに複数扱い] (社会の)**階級, 階層**; U 階級制度: the upper [middle, lower] *class* 上流[中流, 下層]階級 / the working *class(es)* 労働者階級 / the ruling *class(es)* 支配階級 / *class* distinction 階級差別.
❹ C (同じような性質の)**部類**《⇒ sort 類義語》; (乗り物などの)**等級**: first [second, third] *class* (乗り物などの) 1 [2, 3]等[級], 一[二, 三]流 / tourist *class* = 《米》coach *class*, 《英》economy *class* (旅客機の)普通席 / Our goods are of the highest *class*. 当店の品は最高級のものです. ❺ C《米》同期生《全体; ⇒ 1 の 日英》: the *class of* 2023 2023 年卒業の同期生 / the freshman *class* (同期生として卒業する)今年の新入生たち. ❻ U《略式》高級, 優秀; 気品; [形容詞的に] 一流の: a *class* player 一流選手 / That actress has a lot of *class*. あの女優は実に品がある. ❼ C〔生物〕綱(こう).
be in a cláss of one's **ówn** [動] 自 他に類を見ない.
be nót in the sáme cláss as ... [動] 他 ...には遠く及ばない. (動 clássify)
— 動 (~·es /~ɪz/; ~ed /~t/; ~·ing) 他 (...)を~**と分類する, みなす** [≒classify]: We ***classed*** it ***as*** criminal. V+O+C (*as*+形) 我々はそれを犯罪的だとみなした.
cláss áct 名 C《略式》一流の人.
cláss áction 名 C,U《米》集団訴訟.
class-con·scious /klǽskɑ́(ː)nʃəs | klɑ́ːskɔ́n-←/ 形 階級意識を持った[の強い].
cláss cónsciousness 名 U 階級意識.
***clas·sic** /klǽsɪk/ 形 [普通は 限定] ❶ **一流の,** 優れた, 名作の: a library of *classic* films 名作映画のライブラリー.
❷ **典型的な,** 代表的な [≒typical]: *classic* symptoms of neurosis ノイローゼの典型的な症状 / a *classic* example [case] of Japanese politeness 日本人の礼儀正しさの典型的な例. ❸ (スタイルなどが)伝統的な, 流行に左右されない, 簡素で上品な: a dress of *classic* design 伝統的なデザインのドレス / a *classic* car クラシックカー / *classic* rock クラシックロック《1960-70 年代のロック音楽》. 日英 日本語の「クラシック(音楽)」は classical music という.
— 名 (~s /~s/) ❶ C **古典**; 古典作品《⇒ classics》: the Japanese *classics* 日本の古典. ❷ C (芸術・文学・学問上の)一流の[代表的]作品, 名作: *classics* by the Beatles ビートルズの代表作. ❸ C 伝統的な大試合[行事]. (形 clássical)
〘語源 ラテン語で「最上位の階級 (class) に属する」の意; ⇒ class 意味のチャート〙

****clas·si·cal** /klǽsɪk(ə)l/
— 形 [普通は 限定] ❶ (理論・様式などが)**古典的な,** 伝統的な; [比較なし] **クラシック(音楽)の**; 〔芸術〕古典主義の: *classical* physics 古典物理学 / *classical* ballet クラシックバレエ / *classical* music クラシック音楽《⇒ classic 日英》. 関連 Romantic ロマン主義の.
❷ [比較なし] (古代ギリシャ・ローマの)**古典文学の,** 古典語の: the *classical* languages 古典語《ギリシャ語・ラテン語》. ❸ = classic 形 2. (名 clássic)
-cal·ly /-kəli/ 副 古典的に.
clas·si·cis·m /klǽsəsìzm/ 名 ❶ U〔芸術〕古典主義《均整・調和・形式を重んじる主義》. 関連 Romanticism ロマン主義. ❷ U (古代ギリシャ・ローマの)古典的精神[様式].
clas·si·cist /klǽsəsɪst/ 名 C 古典学者, 古代ギリシャ・ローマ文学の研究者; 古典主義者.
clas·sics /klǽsɪks/ 名 U 古典学《古代ギリシャ・ローマ文明の研究》; [the ~] 古典語, 古典文学.
+**clas·si·fi·ca·tion** /klæ̀səfɪkéɪʃən/ 名 U **分類,** (動植物・図書などの)分類法; C 分類項目, 部類: the *classification* of soil according to mineral content 鉱物含有量による土壌の分類. (動 clássify)
clas·si·fied /klǽsəfàɪd/ 形 ❶ 限定 (書類などが)機密扱いの, 秘密の: *classified* information 機密情報, 秘密書類. ❷ 限定 分類した. — 名 [複数形で] (新聞の)項目別個人広告欄.
clássified ád 名 C 項目別個人広告.
+**clas·si·fy** /klǽsəfàɪ/ ❗アク 動 (-si·fies; -si·fied; -fy·ing) 他 ❶ (...)を**分類する**; 等級に分ける: English words *are* usually *classified into* eight parts of speech. 英単語は普通 8 つの品詞に分類される / He *classified* the books *by* [*according to*] subject. 彼は本をテーマ別に分類した. ❷ (...)を~と分類する[みなす] (*as*). ❸ (書類など)を機密扱いにする [⇔ declassify]. (名 class, classificátion)
class·is·m /klǽsɪzm | klɑ́ːs-/ 名 U 階級差別.
class·less /klǽsləs | klɑ́ːs-/ 形 ❶ 階級(差別)のない: a *classless* society 階級のない社会. ❷ どの階級にも属さない.

****class·mate** /klǽsmèɪt | klɑ́ːs-/
— 名 (-mates /-mèɪts/) C **同級生,** クラスメート; (同じ年に卒業の)同期生.

*****class·room** /klǽsrùːm, -rʊ̀m | klɑ́ːs-/
— 名 (~s /~z/) C **教室**; [the ~] (学校)教育, 授業: "How many *classrooms* are there in this building?" "Twenty." 「この建物には教室はいくつありますか」「20 あります」/ We use computers in *the classroom*. 私たちは授業でコンピューターを使う.
cláss strúggle [wár] 名 U 階級闘争.
class·work /klǽswə̀ːk | klɑ́ːswə̀ːk/ 名 U 学校での勉強《⇒ homework》.
class·y /klǽsi | klɑ́ːsi/ 形 (class·i·er; -i·est)《略式》しゃれた, 上品な; 高級な; 立派な.
clat·ter /klǽṭə | -tə/ 動 (-ter·ing /-ṭərɪŋ, -trɪŋ/) 自 がたがた[がちゃがちゃ]音を立てる; [副詞(句)を伴って] がたがた音を立てて進む. — 他 (...)をがたがた[がちゃがちゃ]鳴らす. — 名 [単数形で] がたがた[がちゃがちゃ]いう音《皿など堅い物が連続的にぶつかり合う騒音》.
+**clause** /klɔ́ːz/ 名 (claus·es /~ɪz/) ❶ C (条約・法律の)**条項**《略 cl》: a contract *clause* 契約条項.
❷ C〔文法〕**節**《略 cl; ⇒ 巻末文法 1. 4 (2); sentence 関連》.
claus·tro·pho·bi·a /klɔ̀ːstrəfóʊbiə/ 名 U 閉所[密室]恐怖症.
claus·tro·pho·bic /klɔ̀ːstrəfóʊbɪk←/ 形 閉所恐怖症の; (場所が)狭苦しい.
clav·i·chord /klǽvəkɔ̀əd | -kɔ̀ːd/ 名 C クラビコード

《ピアノの前身》.

clav·i·cle /klǽvɪkl/ 名 C 〔解剖〕鎖骨.

claw /klɔ́ː/ 名 ❶ C (猫・わし・たかなどの曲がって鋭い)かぎづめ, かぎづめのある足; (かに・えびなどの)はさみ: The hawk seized a rabbit *in* its *claws*. たかはつめでうさぎをつかんだ. ❷ C つめ状の器具; (金づちの)くぎ抜きの部分. **gèt** one's **cláws ìnto ...** [動] 他 (相手)をつかまえてとりこにする; 《英》(人)を厳しく批判する.
— 動 他 (...)をつめで引っかく; つめで裂く[つかむ]; つめで(穴)をあける. — 自 つめで引っかく (*at*); つかまえ(ようとす)る (*at*). **cláw báck** [動] 他 (...)を苦労して取り返す. **cláw** one's **wáy** [動] 自 (つめで引っかくようにして)少しずつ進む.

+**clay** /kléɪ/ 名 U **粘土**; 土: a lump of *clay* ひと塊の粘土 / potter's *clay* 陶土. (形 cláyey)

clay·ey /kléɪi/ 形 (clay·i·er; -i·est) 粘土の(多い), 粘土状の, 粘土を塗った. (名 clay)

cláy pígeon 名 C クレー《クレー射撃の標的》.

***clean** /klíːn/

— 形 (clean·er; clean·est) ❶ (物・体などが)**きれいな**, **清潔な**, 汚れのない [⇔ dirty, foul, unclean]: *clean* water きれいな水 / *clean* clothes 清潔な衣服 / Keep yourself *clean*. 体を清潔にしておきなさい / Bob is being neat and *clean* today. ボブは今日は清潔でこぎれいにしている.

clean (清潔で汚れのない)	きれいな
clear (澄みきった)	

❷ 限定 **汚れていない**, 何も書いてない; 訂正のない; 未使用の, 無傷の: a *clean* sheet [piece] of paper 何も書いてない紙 / This pillowcase has been used. Give me a *clean* one. このまくらカバーはだれかが使ったものだ. 新しいのをください (⇒ one² 代 2).
❸ **きれい好きな**, 身ぎれいな.
❹ **環境汚染を引き起こさない**: *clean* energy 環境を汚染しないエネルギー. ❺ (スポーツ選手が)ルールを守る, 反則をしない [≒fair]; 違反していない, 前科のない: a *clean* fight 正々堂々の戦い[試合] / a *clean* record 前科のない経歴. ❻ (ことばなどが)みだらでない: a *clean* joke (性的でない)上品な冗談 / It's just good *clean* fun. ただの罪のないお遊びじゃないか《言いわけとして》/ Keep it *clean*! いやらしい話はやめて. ❼ (面・切り口が)なめらかな; (形が)すっきりとした, 整っている: a *clean* cut すぱっと切れた切り口 / a car with *clean* lines すっきりした形の車. ❽ 鮮(ᵃ)やかな, 巧みな; 完全な: a *clean* hit クリーンヒット. ❾ (味などが)さわやかな.
còme cléan [動] 自 《略式》誤り[不手際]を認める; (すっかり)白状する (*about, with*).
— 動 (cleans /~z/; cleaned /~d/; clean·ing) 他 ❶ (...)を**きれいにする**, **清潔にする**, (靴・歯など)を磨く; 掃除する; 洗濯する: The Browns are busy *cleaning* their living room. ブラウン一家は居間の掃除で忙しい / I had my suit *cleaned*. スーツをクリーニングしてもらった. ❷ (汚れなど)を除く, 落とす (*off, from*). ❸ (鳥・動物)の臓物(ぞうもつ)を除く《料理のために》. — 自 ❶ きれいになる. ❷ 掃除する.

clean の句動詞

+**cléan óut** 動 他 ❶ (...の中)を(すっかり)きれいにする; 一掃する V+名・代+*out* / V+*out*+名: *Clean out* the shed and throw away things you don't need. 小屋をきれいにして不要な物を捨てなさい. ❷《略式》(人)を一文なしにする; (部屋など)からごっそり盗み出す.
+**cléan úp** 動 他 ❶ (部屋など)を**きれいに(掃除)する**; (汚れなど)を取り除く; (町・政界など)を浄化する, 粛正する V+名・代+*up* / V+*up*+名: *clean* oneself *up* = get *cleaned up* 身ぎれいにする / *Clean up* the kitchen. 台所をきれいにしなさい / He *cleaned up* state politics. 彼は州の政治を浄化した. ❷《略式》(大金)をもうける. — 自 きれいに掃除する[片づける]: *Clean up after* your dog. 犬の後始末をきちんとしてください. (名 cléanùp)

— 副 ❶ すっかり, 全く [≒completely]: get *clean* away やすやすと逃げうせる / The arrow went *clean* through his heart. その矢は彼の心臓を貫通した. ❷ きれいに.
— 名 [a ~] 《主に英》きれいにすること, 掃除.

clean-cut /klíːnkʌ́t←/ 形 ❶ (人が)こざっぱりした, きちんとした. ❷ 輪郭のはっきりした, 形のよい; 明確な.

+**clean·er** /klíːnə | -nə/ 名 (~s /~z/) ❶ C **掃除人**, 清掃係: a window *cleaner* 窓ふき(人).
❷ C **掃除機**, 清浄機: a vacuum *cleaner* (電気)掃除機 / an air *cleaner* 空気清浄機.
❸ C **洗剤**, クリーナー: a floor *cleaner* 床用クリーナー.
❹ C (ドライ)クリーニング店員; [the cleaners [cleaner's] として] クリーニング店. 関連 laundry 水洗いの洗濯屋.
táke ... to the cléaners [動] 他 (1)《略式》(人)の有り金を残らず巻き上げる. (2)《略式》(人)を完全に打ち負かす.

clean·ing /klíːnɪŋ/ 名 掃除: do the *cleaning* 掃除をする.

cléaning làdy [wòman] 名 C 掃除婦.

clean·li·ness /klénlinəs/ 名 U 清潔; こぎれいさ; きれい好き: *Cleanliness* is next to godliness. 《ことわざ》《古風》清潔は敬神につぐ美徳(清潔にすることが信心深いことの次に大事なこと).

clean·ly /klíːnli/ 副 ❶ きれいに; すんなりと, すぱっと, 簡単に. ❷ 汚染[有害]物質を出さずに.

clean·ness /klíːnnəs/ 名 U 清潔; 潔白.

+**cleanse** /klénz/ ❗発音 動 (cleans·es /~ɪz/; cleansed /~d/; cleans·ing) 他 ❶ (傷口・皮膚など)を**清潔にする**, 洗浄する: a *cleansing* cream クレンジングクリーム《肌のよごれ・化粧を落とす》. ❷ (場所・組織・人・心など)から(悪いものを)取り除く, 浄化する: *cleanse* the city *of* corruption 都市の腐敗を一掃する.

+**cleans·er** /klénzə | -zə/ 名 (~s /~z/) ❶ C,U **洗剤**, 磨き粉, クレンザー ❷ C,U 洗顔料.

clean-sha·ven /klíːnʃéɪv(ə)n←/ 形 ひげをきれいにそった; ひげのない.

+**clean·up** /klíːnʌ̀p/ 名 (~s /~s/) C [普通は a ~] **大掃除**; (犯罪などの)一掃, 浄化運動: a *cleanup* campaign to tackle car pollution 自動車公害に取り組む一掃キャンペーン. (動 cléan úp)
— 形 限定 〔野球〕(打順が)4番の.

***clear** /klíə | klíə/

— 形 (clear·er /klí(ə)rə | -rə/; clear·est /klí(ə)rɪst/)

意味のチャート
「明るい」❻ ―「(見た目に)はっきりした」❹
→(濁りのない)→「澄みきった」❺
→(見通しの利く)→「じゃまがない」❼
→(物事が明瞭な)→「わかりやすい」❶,「明らかな」❷

❶ (説明・記事などが)**わかりやすい**, 明快な; 立場をはっきりさせた [⇔ unclear]**:** Her instructions were *clear*. 彼女の指示はわかりやすかった / He gave a *clear* idea of the problem. 彼はその問題をはっきり理解させた.
❷ (物事が)**明らかな**, 明白な, 明瞭(めいりょう)な (⇒ obvious 類義語) [⇔ unclear]**:** a *clear* case [example] of ... ...の疑う余地のない例 / make [get] one's meaning *clear* 言いたいことをはっきりわからせる / ***It*** is ***clear that*** you are right. あなたが正しいことは明白だ (多用; ⇒ that[2] A 2) / Galileo ***made it clear*** (***that***) the earth revolves around the sun. ガリレオは地球が太陽の周りを回っていることを明らかにした / ***It*** was not ***clear what*** he meant to say. 彼が言おうとしていることがはっきりしなかった (⇒ it[1] A 4) / The teacher said, "Is that ***clear to*** you, children?" 先生は「皆さん, わかりましたか」と言った / No talking in class. Do I ***make myself clear***? 授業中の私語はやめなさい. わかったね (怒りを含んだ言い方).
❸ 叙述 (人が...について)**はっきりとわかって**, 確かな, 確信がある [≒certain]**:** I'm not quite ***clear about*** [***on***] tomorrow's schedule. +about [on]+名 私はあすの予定についてはっきり知らない.
❹ (形・輪郭などが)**はっきりした**, 鮮明な**:** This photo is not *clear*. この写真ははっきり写っていない / There were several *clear* fingerprints on the door. ドアには数個の鮮明な指紋があった.
❺ **澄みきった**, 透明な (⇒ clean 表); (音などが)澄んだ, さえた [⇔ dull]**:** *clear* glass 透明なガラス / *clear* water 澄んだ水 / a *clear* sound of bells さえ渡るベルの音 / *clear* blue eyes 澄んだ青い目.
❻ (光・色などが)**明るい** [≒bright]; (天気などが)**晴れた**, 雲のない**:** a *clear* day 晴れた日 / *clear* weather 晴れた天気 / We used to watch the stars on *clear* nights. 晴れた夜にはよく星を眺めたものだ. 関連 cloudy 曇った / rainy 雨の.
❼ **じゃまがない**, ひらけた [≒open]; (じゃま物・危険物から)離れた**:** a *clear* space 空き地 / a field *clear of* trees 立ち木のない野原 (⇒ of 14) / We had a *clear* view of the lake below. 下の湖が(さえぎられずに)よく見えた / You're *clear* on the left. 左側は大丈夫です (運転手に言う).
❽ (皮膚などが)**傷[しみ]のない**; (顔などが)晴れやかな**:** *clear* skin しみのない肌. ❾ (頭脳・思考などが)明晰(めいせき)な. ❿ (いやなことを)免れて (*of*); (人・時間などが)予定のない, 自由な**:** I want to keep next weekend *clear*. 今度の週末はあけておきたい. ⓫ 潔白な, やましい所のない (*of*). ⓬ [限定] または名詞の後に用いて] (日数などが)まるまる...の; (賃金・利益が)正味の, 手取りの**:** a *clear* profit 純益 / two 「*clear* weeks [weeks *clear*] まる2週間. (名 clárity, 動 clárify)
— 動 (clears /~z/; cleared /~d/; clear·ing /klí(ə)rɪŋ/) 他 ❶ (じゃま物など)を(...から)**取り除く**; (...を取り除いて)(場所)を**きれいにする**, 片づける; (道など)を切り開く, (場所)を空ける; (人)を退去させる**:** 言い換え He was ***clearing*** snow ***from*** [***off***] the road. V+O+from [off]+名 = He was ***clearing*** the road ***of*** snow. V+O+of+名 彼は道路の雪かきをしていた (⇒ of 14) / She *cleared* (the plates *off* [*from*]) the table. 彼女はテーブルの上(の皿)を片づけた.
❷ (疑いなどを) (人)から**晴らす**, (...)の潔白を証明する**:** He tried to ***clear*** himself ***of*** the accusation. V+O+of+名 彼は自分にかかっている非難を晴らそうとした.
❸ (触れずに)(...)を**跳び越える**, 通過する, クリアーする**:** *clear* a hurdle [fence] ハードル[柵]を跳び越える / The driver managed to *clear* the accident scene. ドライバーはやっとのことで事故現場を避けて通過した / The athlete *cleared* six feet. その選手は6フィート(のバー)を跳び越えた. ❹ (...)を認可[許可]する; (...)を(~に)許可してもらう, (...)に関して(~の)許可を受ける (*with*); (船・飛行機・荷物・人)の出入港[離着陸, 出入国]の許可を与える[得る], (税関など)を通過する; (人)を機密などをまかせられると認める**:** *clear* customs 税関を通過する. ❺ (小切手)を現金化する; (借金)を清算する. ❻ (略式) 正味(...)を稼ぐ, (...)だけもうける**:** *clear* 500,000 yen a month 月に手取り50万円稼ぐ.
❼ (頭など)をすっきりさせる**:** A good night's sleep will *clear* your head. 一晩ぐっすり眠れば頭がすっきりするよ.
— 自 ❶ (天気・空などが)**晴れる**; 明るくなる; 澄む; (肌が)きれいになる**:** The sky [fog] is *clearing*. 空[霧]が晴れてきた / His face *cleared* as he heard the news. その知らせを聞いて彼の顔は明るくなった. ❷ (小切手が)現金化される. ❸ (頭・視力などが)はっきりする.
(名 cléarance)

clear の句動詞

+**cléar awáy** 動 他 (...)を**片づける**, 一掃する, 取り除く V+名・代+away / V+away+名**:** She *cleared away* the dishes from the table. 彼女は食卓の後片づけをした.

cléar óff 動 他 (じゃまなもの)を片づける; (食卓・机など)から物を片づける. — 自 (略式) 急いで立ち去る; 逃げる.

+**cléar óut** 動 自 (略式) (家などから)**急いで出ていく**, 立ち去る**:** *Clear out*! Ⓢ 出ていけ / When I arrived, they quickly ***cleared out of*** the house. 私が着くと彼らは急いで家から出ていった.
— 他 (不要なもの)を**片づける**, 捨てる; (部屋・引き出しなど)をきれいに片づける, 空(から)にする V+名・代+out / V+out+名**:** I'm going to *clear out* my room today. きょうは部屋を整理するつもりです.

***cléar úp** 動 自 ❶ (空が)**晴れ上がる:** The sky *cleared up* after the storm. あらしの後空は晴れ上がった. ❷ (病気が)治る; (吹出物が)消える; (肌が)きれいになる. ❸ 片づけをする.
— 他 ❶ (問題など)を**解決する**, 解く V+名・代+up / V+up+名**:** His explanation helped us *clear up* the mystery. 彼の説明は私たちがなぞを解明するのに役立った. ❷ (...)を片づける; 整理する.

— 副 (clear·er /klí(ə)rə | -rə/; clear·est /klí(ə)rɪst/) ❶ **離れて**; じゃまにならずに**:** Please stand ***clear of*** the door. ドアから離れてお立ちください (バスなどの掲示; ⇒ of 14). ❷ 全く, すっかり; (主に米) (...まで)ずっと**:** get *clear* away [off] 全く離れる, 逃げうせる / We can see *clear to* the islands today. 今日は島までずっと見通せる. ❸ はっきりと**:** Speak loud and *clear*. はっきりと話してください.
— 名 [次の成句で] **in the cléar** [形] 疑いが晴れて;

危険を脱して.

clear·ance /klí(ə)rəns/ 名 ❶ C,U 許可 (*to* do); 通関手続き; 出入港[離着陸]許可. ❷ C,U (場所の)ゆとり, 余裕, 間隔《橋げたと下を通過する車や船などの間の空間など》; (頭から天井までの)空き: Low *Clearance* 15 高さ制限 15 フィート《標識》. ❸ C,U 片づけ, 除去, 整理. ❹ C = clearance sale. ❺ C,U (小切手などの)決済. (動 clear)

cléarance sàle 名 C 在庫処分セール.

clear-cut /klíəkʌ́t | klíə-/ 形 はっきりした, 明白な; 輪郭のはっきりした: a *clear-cut* violation of the law 明白な法律違反.

clear·head·ed /klíəhédɪd | klíə-/ 形 頭のさえた, 頭脳明晰(めいせき)な.

+**clear·ing** /klí(ə)rɪŋ/ 名 (~s /~z/) C (森の中の)**木のない[開けた]所**, 開拓地.

clear·ing·house /klí(ə)rɪŋhàʊs/ 名 (-hous·es /-hàʊzɪz, -sɪz/) ❶ C 手形交換所. ❷ C 情報センター.

clear·ly /klíəli | klíə-/

— 副 ❶ はっきりと, 明瞭(めいりょう)に; 明晰(めいせき)に: Would you speak more *clearly*? もっとはっきり話してください / I can't hear you *clearly*. はっきり聞こえません《電話口などで》.

❷ 文修飾 **明らかに**(...である), ...は明白だ [≒obviously]: 言い換え *Clearly*, he has misunderstood me. (= It is clear that he has misunderstood me.) 明らかに彼は私を誤解している.

clear·ness /klíənəs | klíə-/ 名 U 明るさ; 透明(さ).

clear·out /klíəàʊt | klíə-/ 名 C [普通は a ~]《英略式》(不要物の)処分, 一掃.

clear-sight·ed /klíəsáɪṭɪd | klíə-/ 形 明敏な, 先見の明がある.

clear·way /klíəwèɪ | klíə-/ 名 C《英》駐停車禁止道路《緊急時は停車可能》.

cleat /klíːt/ 名 ❶ C [普通は複数形で] (靴底の)すべり止め; 《米》スパイクシューズ. ❷ C 索留め.

cleav·age /klíːvɪʤ/ 名 ❶ C,U (女性の) 胸の谷間. ❷ C《格式》(人・党派間の)対立, 溝.

cleave[1] /klíːv/ 動 (cleaves; 過去 cleaved, cleft /kléft/, clove /klóʊv/; 過分 cleaved, cleft, clo·ven /klóʊv(ə)n/; cleav·ing) 他 ❶《文語》(おのなどで)(...)を裂く, 割る; (2 つに)分裂させる. ❷《文語》(水・空気など)を切って進む. — 自 ❶《文語》裂ける, 割れる. ❷《文語》(...を)切って進む (*through*).

cleave[2] /klíːv/ 動 [次の成句で] **cléave to ...** [動] 他 (1)《格式》...に固執する. (2)《文語》...にくっつく.

cleav·er /klíːvə | -və/ 名 C 肉切りの大包丁.

clef /kléf/ 名 (~s) C〔音楽〕音部記号: a G [treble] *clef* ト音[高音部]記号 / an F *clef* ヘ音記号 / 「a C [an alto, a tenor] *clef* ハ音[中音部]記号.

cleft /kléft/ 動 cleave の過去形および過去分詞. — 形 裂けた, 割れた; (あごが)くぼみのある. — 名 C (岩などの)裂け目, 割れ目; くぼみ.

cléft líp 名 U,C 口唇裂.

clem·a·tis /kléməṭɪs/ 名 (複 ~, ~es) U,C クレマチス, てっせん《つる性の植物》.

clem·en·cy /klémənsi/ 名 U《格式》温厚, 寛大な処置.

clem·ent /klémənt/ 形 ❶《格式》(気候が)温和な. ❷《格式》温厚な, 寛大な.

clench /klénʧ/ 動 他 ❶ (歯)を食いしばる, (口)を堅く結ぶ, (こぶし)を固める. ❷ (物)を握りしめる (*in, with*), しっかりくわえる (*between*).

Cle·o·pat·ra /klìːəpǽtrə/ 名 固 クレオパトラ (69-30 B.C.)《エジプトの女王 (51-49, 48-30 B.C.)》.

cler·gy /klə́ːʤi | klə́ː-/ 名 [the ~ として複数扱い] 牧師たち, 聖職者《全体; ⇒ clergyman 語法》. 語法 英国ではイングランド国教会の牧師を指すことが多い. 関連 laity 俗人たち.

+**cler·gy·man** /klə́ːʤimən | klə́ː-/ 名 (-men /-mən/) C **牧師**, 聖職者《男性》. 語法 米国では聖職者を一般に clergyman と呼ぶが, 英国では普通はイングランド国教会 (the Church of England) の主教 (bishop) 以下の牧師を指し, 非国教派・長老派の牧師は minister と呼ばれる. 関連 layman 平信徒.

cler·gy·wom·an /klə́ːʤiwʊ̀mən | klə́ː-/ 名 (-wom·en /-wɪ̀mən/) C 牧師, 聖職者《女性》.

cler·ic /klérɪk/ 名 C 牧師, 聖職者.

cler·i·cal /klérɪk(ə)l/ 形 ❶ 限定 事務職の: *clerical* work 事務. ❷ 限定 牧師の, 聖職(者)の [⇔ lay]. (名 clerk)

*__clerk__ /klə́ːk | kláːk/ 名 (~s /~s/)

> 意味のチャート
> 元来は「牧師」の意. (学問があり読み書きできる人)
> →「**書記**」❶ →「**事務員**」❶ →「**店員**」❷

❶ C (事務所・会社・銀行などの)**事務員**, (官庁などの)**職員**; 書記; 出納係: a bank *clerk* 銀行員《⇒ banker》.

❷ C《米》**店員** (salesclerk) [《英》(shop) assistant]《⇒ supermarket 挿絵》; (ホテルの)フロント係 (desk clerk)《⇒ hotel 挿絵》: a grocery *clerk* 食料品店の店員. (形 clérical)

— 動 自《略式, 主に米》店員[事務員]として働く.

Cleve·land /klíːvlənd/ 名 固 クリーブランド《米国 Ohio 州の Erie 湖畔の港市》.

clev·er /klévə | -və/

— 形 (clev·er·er /-vərə | -rə/; clev·er·est /-vərɪst/) ❶ **頭のいい, 賢い**, 利口な, 物わかりの速い; 賢明にも...する《⇒ intelligent 類義語》: a *clever* child 頭のいい子供 / 言い換え ***It's clever of*** you not ***to*** have told Tom the truth. = You are *clever* not to have told Tom the truth. あなたがトムに真相を告げなかったのは賢明でしたね《⇒ of 12》. 語法「小利口な, ずる賢い」のように悪い意味で使われることもある.

❷ (考え・ことば・行為などが)**うまい, 巧みな**, 巧妙な; (道具などが)気のきいた, 使いやすい: a *clever* idea うまい考え / a *clever* play on words 巧みなことばの遊び.

❸ **器用な**, 得意な: a *clever* workman 腕のいい職人 / She is ***clever with*** her hands. +with+名 彼女は手先が器用だ / He is very ***clever at*** mak***ing*** money. +at+動名 彼は金もうけがとてもうまい. ❹《英略式》(人に)生意気な口をきく (*with*).

clev·er·ly /klévəli | -və-/ 副 ❶ うまく, 巧妙に; 器用に. ❷ [ときに 文修飾] 利口に(も), 賢く.

clev·er·ness /klévənəs | -və-/ 名 ❶ U うまさ, 巧妙さ; 器用さ. ❷ U 利口さ, 賢さ.

cli·ché /kliːʃéɪ | klíːʃeɪ/ ≪フランス語から≫ 名 C [軽蔑的] 決まり文句; 陳腐な考え.

+**click** /klík/ 動 (clicks /~s/; clicked /~t/; click·ing) 自 ❶ **かちり[ぱちっ]と音がする**: The camera (shutter) *clicked*. カメラ(のシャッター)がカシャッと鳴った.

❷〔コンピュータ〕**クリックする**《マウスのボタンを押す》: ***click on*** the icon V+on+名 アイコンをクリックする. ❸《略式》(物事の意味が)ぴんとくる, わかる. ❹《略式》(友人・男女などが)気が合う (*with*). ❺《略式》(物事が)うまく運ぶ; (劇・映画などが)(人に)受ける (*with*).

— 他 ❶ (...)をかちり[ぱちっ]と鳴らす. ❷〔コンピュータ〕(...)をクリックする.

— 名 (~s /~s/) ❶ C **かちっという音**《鍵(かぎ)がかかったり, スイッチが入ったりしたときの音》: I heard the *click* of the latch. 掛けがねのかちっという音が聞こえた. ❷ C〔コンピュータ〕(マウスの)**クリック**. ❸ C〔音声〕舌打ち音, 吸着音.

click·a·ble /klíkəbl/ 形〔コンピュータ〕(画面上の文字・画像が)クリックできる.

*__cli·ent__ /kláɪənt/ 名 (cli·ents /-ənʦ/) ❶ C (弁護士などの)**依頼人**《⇒ visitor 表》; 顧客, 取引先; 福祉を受ける人. ❷ C〔コンピュータ〕クライアント《サーバーから情報を受け取る端末のコンピューター》.

cli·en·tele /klàɪəntél, kli:- | klì:ɑ:n-/ 名 C [《英》単数形でもときに複数扱い] 訴訟依頼人《全体》; 顧客《全体》; (ホテル・劇場などの)常連《全体》.

clíent stàte 名 C (強国の)従属国 (*of*).

+**cliff** /klíf/ 名 (~s /~s/) C (主に海岸の)**がけ**, 絶壁.

cliff·hang·er /klífhæ̀ŋɚ | -ŋə/ 名 C 続きが気になる番組; 最後まではらはらさせる試合[状況], 接戦.

cliff·hang·ing /klífhæ̀ŋɪŋ/ 形 はらはらさせる.

cli·mac·tic /klaɪmǽktɪk/ 形 最高潮の, 頂点の, クライマックスの. (名 clímax)

*__cli·mate__ /kláɪmət/ 発音

— 名 (cli·mates /-məʦ/) ❶ U,C **気候**《⇒ weather 類義語》: a dry [humid] *climate* 乾燥した[湿気の多い]気候 / a tropical [mild] *climate* 熱帯性[温暖な]気候. ❷ U,C (気候からみた)地方, 風土. ❸ U,C (ある時代や社会の)風潮, 傾向; 雰囲気; 情勢: a political *climate* 政治状況 / a *climate of* racial discrimination 人種差別の風潮. (形 climátic)

clímate chànge 名 U 気候変動《しばしば地球温暖化と同義》.

cli·mat·ic /klaɪmǽtɪk/ 形 限定 気候(上)の; 風土的な. (名 clímate)

cli·ma·tol·o·gy /klàɪmətɑ́(:)ləʤi | -tɔ́l-/ 名 U 気候学; 風土学.

+**cli·max** /kláɪmæks/ 名 (cli·max·es /~ɪz/) ❶ C **最高潮**, 絶頂; 山場 (*of, to*): reach [come to] a *climax* 最高潮に達する. ❷ C 性的絶頂 [≒orgasm]. (形 climáctic)

— 動 自 (...で)最高潮に達する (*in, with*); 性的絶頂に達する. — 他 (...を)最高潮に到達させる.

*__climb__ /kláɪm/ 発音 (同音 clime)

— 動 (climbs /~z/; climbed /~d/; climb·ing /kláɪmɪŋ/) 他 ❶ (特に人・動物が)(木・山・はしごなど)に**登る**, よじ登る, 上る: *climb* a tree 木に登る / Have you ever *climbed* Mt. Fuji? 富士山に登ったことがありますか / The car *climbed* the long hill. 車は長い坂を上った.

> **上る**
> 東京スカイツリーに上る
> ○go up Tokyo Skytree　×climb Tokyo Skytree
> ✪ climb は手足を使って登るときに用いることが多い.

❷ (出世の階段)を上る《⇒ ladder 名 2》. ❸ (植物が)(...)に巻きついて登る.

— 自 ❶ (手足を使って)**登る**, よじ登る, 登山する; [副詞(句)を伴って] (ある方向へ)はうように進む; (車などに)乗り込む, もぐり込む: A cat was ***climbing up*** the tree. V+前+名 猫が木によじ登っていた / He ***climbed over*** the gate. 彼は門を乗り越えた / *go climbing* in the Alps アルプスに登山に行く / He ***climbed down*** the ladder. 彼ははしごを降りた.
❷ (価値・気温などが)**上がる**, 上昇する (*to*).
❸ **上る**, (太陽・月・煙などが)昇っていく [≒rise]; (道が)上り坂になる. ❹ (植物が)巻きついて登る (*up, to*).
❺ (努力して)昇進[出世]する (*to*).

clímb dówn [動] 自 (1) (手足を使って)**降りる**, 下る. (2)《英》(非を認めて)折れる, 引き下がる. — 他 (手足を使って)(...)を**降りる, 下る**《⇒ 自 1》.

— 名 (~s /~z/) ❶ C [普通は単数形で] **登ること**; 登り; 登山; (物価の)上昇; 向上, 昇進 (*to, in*): make a *climb* 登る / It was a difficult *climb*. 登るのは難しかった. ❷ C 登る場所, 急な斜面[坂].

climb-down /kláɪmdàʊn/ 名 [a ~]《英》自分の非を認めること, 譲歩《局面打開のための》.

climb·er /kláɪmɚ | -mə/ 名 C 登山者[家], よじ登る人[動物], はい上がる植物《つたなど》.

+**climb·ing** /kláɪmɪŋ/ 名 U **登山**; よじ登ること: mountain *climbing* 登山. 関連 rock-climbing ロッククライミング.

clímbing fràme 名 C《英》= jungle gym.

clime /kláɪm/ 名 C [普通は複数形で]《文語》地方, 国; 気候.

+**clinch** /klínʧ/ 動 (clinch·es /~ɪz/; clinched /~t/; clinch·ing) 他 (議論など)に**決着[かた]をつける**, 勝ち取る: *clinch* a deal 商談をまとめる / *clinch* a game 試合に決着をつける.

— 自〔ボクシング〕クリンチする; 取っ組み合う.

clínch it [動] 自《略式》(物事が)決着をつける, (人に)決心させる (*for*).

— 名 C〔ボクシング〕クリンチ; 取っ組み合い;《略式》抱擁.

clinch·er /klínʧɚ | -ʧə/ 名 C [単数形で]《略式》(議論・決断などの)決め手, 決定的な事実[発言].

+**cling** /klíŋ/ 動 (clings /~z/; 過去・過分 clung /klʌ́ŋ/; cling·ing) 自 ❶ **しがみつく**, (ぴったりと)くっつく, (においが)しみつく; (人に)すがりつく, まとわりつく: The cat ***clung to*** [***onto***] her. V+前+名 その猫は彼女にまとわりついた / It was time to part, but still the couple ***clung together***. V+together 別れるときになっても二人は抱き合っていた. ❷ (考え・習慣などに)執着する, 固執する; (地位・権力などに)しがみつく (*to*).

cling·film /klíŋfìlm/ 名 U《英》(食品包装用の)ラップ [《米》plastic wrap].

cling·ing /klíŋɪŋ/ 形 (衣服が)体にぴったりとした; (人に)つきまとう, まとわりつく.

cling·y /klíŋi/ 形 (cling·i·er; -i·est) = clinging.

*__clin·ic__ /klínɪk/ 名 (~s /~s/) ❶ C **診療所**, クリニック: 「an eye [a dental] *clinic* 眼科[歯科]の診療所. ❷ C《主に英》(専門)診療: hold a *clinic* 診療を行なう. ❸ C (医療などの)相談会; (ある問題の)相談所, ...教室. ❹ C《米》(複数の医師が協同する)グループ診療所. ❺ C 臨床講義.

+**clin·i·cal** /klínɪk(ə)l/ 形 ❶ 限定 **臨床の**: a *clinical* trial 臨床試験. ❷ 診療所の. ❸ 第三者的な, 冷ややかな: a *clinical* view 第三者的な見方. ❹ (部屋・

建物などが)飾り気のない, 殺風景な.
-cal·ly /-kəli/ 副 臨床的に(見て).
clínical thermómeter 名 C 体温計.
cli·ni·cian /klɪníʃən/ 名 C 臨床医(学者).
clink /klíŋk/ 名 C [普通は単数形で] (金属片・ガラスなどの)ちりん[かちん]と鳴る音. ― 動 他 (...)をちりん[かちん]と鳴らす. ― 自 ちりん[かちん]と鳴る.
clink·er /klíŋkɚ | -kə/ 名 ❶ C,U クリンカー, 金(かな)くそ《溶鉱炉で石炭を燃やしてできる》. ❷ C 《米》演奏のミス. ❸ C 《米略式》へま(なやつ), 大失敗.
Clin·ton /klíntn | -tən/ 名 固 Bill ～ (正式には William Jefferson ～) クリントン (1946-)《米国の政治家; 第 42 代大統領 (1993-2001)》.
+**clip**[1] /klíp/ 名 (～s /～s/) ❶ C **クリップ**, 紙[書類]ばさみ; (万年筆のキャップについているような)留め金具: a paper *clip* (金属製の)紙ばさみ / fasten papers together with a *clip* 書類をクリップで留める. ❷ C (機関銃の)挿弾子(そうだんし).
― 動 (clips /～s/; clipped /～t/; clip·ping) 他 (...)を(しっかり)**留める**; クリップで留める (*on*): The papers ***were clipped together***. V+O+*together* の受身 書類は(クリップで)しっかりと留められた / ***Clip*** this card ***to*** [***onto***] that one. V+O+前+名 このカードをあのカードにクリップで留めなさい《⇒ one² 代 2》.
― 自 クリップで留まる.
+**clip**[2] /klíp/ 動 (clips /～s/; clipped /～t/; clip·ping) 他 ❶ (...)を**はさみで切る**, 刈り込む; (羊など)の毛を刈る; (新聞などから)(記事など)を切り抜く: *clip* the sheep 羊の毛を刈る / I ***clipped*** the article ***from*** [***out of***] the newspaper. V+O+*from* [*out of*]+名 私は新聞からその記事を切り抜いた. ❷ (...)にぶつかる; 《英略式》(...)をたたく. ❸ (秒数など)を縮める: *clip* a second *off* the world record 世界記録を 1 秒短縮する.
― 名 ❶ C (生け垣・羊毛などの)刈り込み. ❷ C 映画[テレビ番組]の一部. ❸ C 《米》 = clipping 1. ❹ [a ～] 《米略式》1 つ, 1 個: ten cents *a clip* 1 個につき 10 セント. ❺ C 《英略式》平手打ち.
at a góod [rápid, fást] clíp [副] すばやく.
clip·board /klípbɔ̀ɚd | -bɔ̀:d/ 名 C クリップボード, 紙ばさみ付き筆記板.
clip-on /klípɑ̀(:)n | -ɔ̀n/ 形 限定 (イヤリングなどが)クリップで留める.
clipped /klípt/ 形 (話し方が)早口でそっけない.
clip·per /klípɚ | -pə/ 名 ❶ [複数形で] [しばしば合成語で] (枝・針金などを切る)はさみ; つめ切り; バリカン: a pair of *clippers* はさみ 1 丁. 関連 scissors (紙・布などを切る)はさみ ❷ C (19 世紀の)快速帆船.
clip·ping /klípɪŋ/ 名 ❶ C (新聞などの)切り抜き. ❷ C [普通は複数形で] 切り[刈り]取ったもの《枝・毛・つめなど》. ❸ U 切ること; 刈り込み.
clique /klí:k/ 名 C [《英》単数形でもときに複数扱い] [普通は軽蔑的] (排他的な)徒党, 派閥.
cliqu·ey /klí:ki/ 形 = cliquish.
cliqu·ish /klí:kɪʃ/ 形 [軽蔑的] 派閥[排他]的な.
clit·o·ris /klíṭərɪs/ 名 C 〔解剖〕クリトリス, 陰核.
Cllr 略 =《英》councillor.
cloak /klóʊk/ 名 ❶ C (そでなしの)外套(がいとう), マント. ❷ [単数形で] 《文語》仮面, 隠れみの, 口実: under the *cloak of* ... ...に隠れて, ...という口実で. ― 動 他 [普通は受身で] Ⓦ (...)を覆(おお)い隠す: *be cloaked in* secrecy 秘密のベールに包まれている. 〖語源 ラテン語で「鐘, ベル」の意; 形が似ているため; ⇒ clock 語源〗
cloak-and-dag·ger /klóʊkəndǽgɚ | -gə⁻/ 形 限定 (作戦などが)隠密の; (物語・映画など)スパイが活躍する.
+**cloak·room** /klóʊkrù:m, -rʊ̀m/ 名 (～s /～z/) ❶ C (携帯品)**一時預かり室**, クローク《ホテル・劇場などの》[《米》checkroom]: I checked my briefcase and umbrella *in* the *cloakroom.* かばんと傘をクロークに預けた. ❷ C 《英》(公共施設の)トイレ [《米》restroom].
clob·ber[1] /klɑ́(:)bɚ | klɔ́bə/ 動 (-ber·ing /-b(ə)rɪŋ/) 他 《略式》(人)をぼこぼこに殴る; (人)を徹底的に負かす; (人)を金銭的に苦しめる.
clob·ber[2] /klɑ́(:)bɚ | klɔ́bə/ 名 U 《英略式》衣服; 装備.

**clock /klɑ́(:)k | klɔ́k/

― 名 (～s /～s/) ❶ C **時計**《⇒ watch² 表》: set a *clock* 時計を合わせる / The *clock* is two minutes slow [fast]. 時計が 2 分遅れている[進んでいる] / This *clock* gains [loses] two seconds a day. この時計は 1 日に 2 秒進む[遅れる] / an alarm *clock* 目覚まし時計 / a wall *clock* 壁掛け時計. ❷ [the ～] 《略式》走行距離計; 速度計.
agàinst the clóck [副] 時間と競争で; (競技で)タイムを計って: work *against the clock* 締め切りに追われて仕事をする.
aròund [ròund] the clóck [副] まる一日中, 昼夜兼行で《⇒ around 最初の 語法》. 由来 時計の(短)針がぐるっと回る間, の意.
pút [sét] the clóck(s) ahèad [òn, fòrward] [動] 自 (夏時間用に)時計の針を進める.
pút [sét] the clóck(s) bàck [動] 自 (夏時間を元に戻すために)時計の針を戻す.
pút [túrn] the clóck bàck [動] 自 時勢[進歩]に逆らったことをする; (計画・方針などを)逆行させる, 昔のやり方に戻す.
wátch the clóck [動] 自 《略式》(仕事などの)終わりの時間を気にする.
― 動 他 ❶ (時間・速度など)を記録する. ❷ (...)を(ある速度と)測定する (*at*). ❸ 《英略式》(...)に気づく, (...)を見つめる.
clóck ín [《英》ón] [動] 自 (タイムレコーダーで)出勤時刻を記録する [《米》punch in].
clóck óut [《英》óff] [動] 自 (タイムレコーダーで)退勤時刻を記録する [《米》punch out].
clóck úp [動] 他 (...)を達成する, 記録する.
〖語源 ラテン語で「鐘」の意; 鐘で時刻を示したため; ⇒ cloak 語源〗
clóck rádio 名 C 時計[タイマー]つきラジオ.
clóck tòwer 名 C 時計塔, 時計台.
clock-watch·er /klɑ́(:)kwɑ̀(:)ʧɚ, -wɔ̀:ʧɚ | klɔ́kwɔ̀ʧə/ 名 C [軽蔑的] (仕事・授業などの)終了時刻ばかり気にする人.
clock-watch·ing /klɑ́(:)kwɑ̀(:)ʧɪŋ, -wɔ̀:ʧ- | klɔ́kwɔ̀ʧ-/ 名 U 《英》終了時刻ばかり気にすること.
clock·wise /klɑ́(:)kwàɪz | klɔ́k-/ 副 形 時計回りに[の], 右回りに[の] [⇔ counterclockwise].
clock·work /klɑ́(:)kwɚ̀:k | klɔ́kwə̀:k/ 名 ❶ U 時計仕掛け; ぜんまい仕掛け. ❷ [形容詞的に] 時計[ぜんまい]仕掛けの(ような): a *clockwork* toy ぜんまい仕掛けのおもちゃ / with *clockwork* precision 非常に正確に.
lìke clóckwork [副] 予定通りに, 正確に; 支障なく.
(as) régular as clóckwork [形・副] 非常に規則正しい[正しく].
clod /klɑ́(:)d | klɔ́d/ 名 ❶ C (土などの)塊 (*of*). ❷ C

《略式》のろま, ばか.

clod·hop·per /klá(ː)dhà(ː)pɚ | klɔ́dhɔ̀pə/ 名 [複数形で] [こっけいに] どた靴.

clog /klá(ː)g | klɔ́g/ 動 (clogs; clogged; clog·ging) 他 (管など)を詰まらせる, ふさぐ; (...)の動きを妨害する (*up*): The pipe *is clogged* (*up*) *with* grease. パイプが油で詰まっている. ― 自 詰まる; 動きが悪くなる (*up*). ― 名 C [普通は複数形で] 底が木のサンダル; 木靴.

clois·ter /klɔ́ɪstɚ | -tə/ 名 ❶ C [普通は複数形で]〔建築〕回廊, 廊下《修道院・大学などの中庭を囲み, 屋根がある》. ❷ C 修道院; [the ~] 修道院生活.

clois·tered /klɔ́ɪstɚd | -stəd/ 形《格式》(生活などが) 世間と隔絶した.

clone /klóʊn/ 名 ❶ C〔生物〕クローン《単一個体から無性生殖的に発生した群属》; クローンの個体. ❷ C《略式》そっくりなもの[人], コピー (*of*). ❸ C〔コンピュータ〕他機種の機能をそのまま持ったコンピューター. ― 動 他 (...)のクローンを作る.

clop /klá(ː)p | klɔ́p/ 名 C [普通は単数形で] ぱかっぱかっ《馬の足音》. ― 動 (clops; clopped; clop·ping) 自 (馬が)ぱかぱか(音をたてて)歩く.

***close**[1] /klóʊz/ **!**発音 close[2] と発音が違う. (同音 cloze, #clothes)

― 動 (clos·es /~ɪz/; closed /~d/; clos·ing) 他

❶ (開いているもの)を閉じる, **閉める** [⇔ open]; (すき間・傷口など)をふさぐ(⇒ shut 類義語): *Close* your eyes. 目を閉じて / *close* the door [window] ドア[窓]を閉める / *close* the crack with plaster 割れ目を石こうでふさぐ.

❷ (店など)を**閉める**, (事業・営業など)をやめる, (工場・通路など)を閉鎖する [⇔ open]: We *close* the store at eight on Saturdays. 土曜日は 8 時に閉店します / This road *is closed to* trucks. V+O+*to*+名の受身 この道路はトラックは通行禁止だ.

❸ (話など)を**終える**; 締め切る: They *closed* the discussion at ten o'clock. 彼らは 10 時に話し合いを終えた / I'd like to ***close*** my speech ***with*** [***by*** say***ing***] these words. V+O+「*with*+名 [*by*+動名]」 次のことばをもって話を終えたいと思います.

❹ (契約など)を結ぶ, (取引)をまとめる.

❺ (間隔など)を詰める: *close* the gap between the rich and (the) poor 金持ちと窮乏者との格差を埋める.

― 自 ❶ **閉じる**, 閉まる [⇔ open]; ふさがる: The door *closed* by itself. その戸はひとりでに閉まった.

❷ (店などが)**閉まる, 閉店する**, 休業する; (会などが)**終わる**, 閉会になる [⇔ open]: This store *closes at* six. この店は 6 時に閉まる.

❸ (株価・為替相場が)(...で)引ける, 終値が(...で)ある (*up, down; at*).

❹ (間隔などが) 詰まる, (...に)迫る, 肉薄する: The police are *closing on* the criminal. 警察は犯人に迫っている. (名 clósure)

close の句動詞

clóse aròund [ròund] ... 動 他 ...を取り囲む, 包む; (腕・手などが)...を抱き[握り]しめる(⇒ around 最初の 語法): Darkness *closed around* us. あたりに夕闇がたちこめてきた.

+**clóse dówn** 動 自 ❶ (店・工場などが)**閉鎖される**: This mine will *close down* next month. この鉱山は来月閉山となる. ❷《英》(一日の放送が)終了する. ― 他 (店・工場など)を**閉鎖する** V+名・代+*down* / V+*down*+名: The owner *closed down* the factory. 所有者は工場を閉鎖した.

+**clóse ín** 動 自 ❶ (じわじわと)**取り囲む**; (暗やみ・敵などが)**押し寄せる**, 迫る: The enemy troops ***closed in on*** the city. 敵軍がその市を取り囲んだ / Darkness and mist *closed in* outside. 外はやみが迫り霧が立ちこめた. ❷ (日が)短くなる.

clóse óff 動 他 (道路など)を閉鎖[遮断(しゃだん)]する.

clóse on ... 動 他 ❶ ...に迫る(⇒ 自 4). ❷《米》(主に家屋購入)のローン契約を結ぶ.

clóse óut 動 他 ❶ (...)を(~で)終える, 締めくくる (*with*). ❷《米》(商品)を見切り売りする.

clóse òver ... 動 他 = close around ....

+**clóse úp** 動 他 ❶ (...)を(**すっかり**)**閉ざす**, (店など)を(一時的に)閉める V+名・代+*up* / V+*up*+名: The house was *closed up* when its owners went on vacation. その家は住人が休暇で出かけるときにすっかり閉ざされた. ❷ (...)の間を詰める.

― 自 ❶ (すき間・傷口などが)すっかりふさがる. ❷ (店などが)閉まる; 店を閉める. ❸ 間を詰める. ❹ 黙る, 心を閉ざす.

clóse with ... 動 他 ❶ ...と合意する. ❷《文語》(攻撃などのために)...に接近する.

― 名 [単数形で]《格式》**終わり**, 終結: at the *close of* the day 1 日の終わりに.

bríng ... to a clóse [動] 他《格式》(...)を終わらせる.

cóme [dráw] to a clóse [動] 自《格式》終わる[終わりに近づく].

単語のキズナ　CLOSE／閉じる

close[1]	閉じる		
close[2]	(閉じている, すき間のない)	→	**ごく近い**
enclose	(閉じ込める)	→	**同封する**
disclose	(閉じておかない)	→	**明らかにする**
closet	(閉じられた小さな場所)	→	**クローゼット**

***close**[2] /klóʊs/ **!**発音 close[1] と発音が違う.

― 形 (clos·er; clos·est)

意味のチャート

動詞 close[1] と同語源で, 基本的には「(間が)閉じている」の意. (すき間のない)ことから

→ (間が) → 「**ごく近い**」❶ → 「**近似した**」❹
　　　　　→ 「**密な**」❽ → 「**親密な**」❷
→ (すきのない) → 「**綿密な**」❸

❶ (距離・時間・数量などが)**ごく近い**, 接近した(⇒ near 類義語): *close* neighbors ごく近所の人々 / His house is ***close to*** the church. +*to*+名 彼の家はその教会のすぐそばだ / Are you *close to* your sister in age? あなたは妹さんと年が近いですか / It's *close to* eight. もうすぐ 8 時だ.

❷ **親密な, 親しい**; (血縁関係が)近い [⇔ distant]: a *close* friend 親友 / *close* relatives 肉親 / I could not feel ***close to*** Liz. +*to*+名 私はリズには親しめなかった / She is getting *closer to* him. 彼女は彼と親密になっている.

❸ 限定 **綿密な**, 精密な; 注意深い [≒careful]; 厳重な: a *close* examination 精密な検査 / pay *close* attention 細心の注意を払う / keep a *close* watch 注意深く見守る / *close* supervision 厳重な監視.

❹ (関係などが)**近い**, 密接な, 緊密な; (類似性が)高い,

近似した; (原典などに)忠実な: be in *close* contact with ... (人)と密接な関係にある / Lucy bears a *close* resemblance to her mother. ルーシーは母親によく似ている / His translation is ***close to*** the original. [+to+名] 彼の翻訳は原典に忠実だ.
❺ [叙述] **もう少しで...しそうで:** *be close to* tears [cry*ing*] [+to+名[動名]] 今にも泣きそうである.
❻ (競走・戦いなどが)**ほぼ互角の:** a *close* finish ほぼ同着 / win [lose] a *close* game 接戦で勝つ[負ける] / be ***too close to call*** (接戦で)勝者を決めかねる.
❼ 《略式》 (危険などが)危うく免れた: That was *close*! 危なかった! //⇒ close call, close shave.
❽ [限定] 密な, 目の詰まった, 窮屈な: a *close* thicket 木がぎっしり生えた茂み / *close* print 細かく字を詰めた印刷 / (a) *close* texture 目の細かい布地.
❾ (ひげ・芝などが)短く刈り込んだ[そった]: The barber gave me a *close* shave. 床屋は僕のひげをきれいにそってくれた《⇒ close shave》.
❿ (部屋などが)風通しの悪い [≒stuffy]; (天候が)蒸し暑い: The weather was hot and *close*. とても蒸し暑い天気だった.
⓫ [叙述] (金などに)細かい, けちな (*with*).
⓬ [叙述] 話したがらない (*about*); 打ち解けない.
⓭ 〔音声〕 (母音が)狭い [⇔ open].
the clósest thíng [名] (...に)ほぼ近いもの, (...と)言ってよいもの (*to*).
(You're [That's]) clóse. Ⓢ (推測・答えなどが)もう少しで正解, 惜しい.
— [副] (clos·er; clos·est) ❶ (場所・位置が)**すぐそばに,** 近くに: She stood *close* behind the door. 彼女はドアのすぐ後ろに立っていた / Come *closer to* me. もっと私の近くに来なさい. ❷ ぴったりと, きっちりと; (髪・芝の刈り方などについて)短く.
clóse at hánd ⇒ at hand (hand [名] 成句).
clóse bý [副] すぐそばに.
clóse by ... [前] ...のすぐそばに.
clóse on ... [前] = close to ... (2).
clóse tó /túː/ **[úp]** [副] [ときに [文修飾]] 近づいて(見ると), 近くから.
clóse to ... [前] (1) ...の近く[そば]に: Don't sit too *close to* the television. テレビにあまり近づいてすわるな. (2) [数字とともに] ほとんど..., ...近くの: There were *close to* fifty people in the hall. ホールには50人近い人がいた.
clóse togéther [副] (1) (互いに)接近して. (2) 緊密に.
còme clóse to dóing [動] もう少しで...しそうになる: I was so angry that I *came* perilously *close to* hit*ting* him. とても腹が立って危うく彼を殴りそうになった. [C+1] dangerously, perilously といった副詞で意味を強めることがある.
ùp clóse [副] = close to [up].
〖⇒ close¹ [キズナ]〗
clóse cáll /klóʊs-/ [名] Ⓒ 《略式》 危機一髪.
close-cropped /klóʊskrɑ́(ː)pt | -krɔ́pt←/ [形] (髪・芝生などが)短く刈り込んだ.
+**closed** /klóʊzd/ [形] ❶ [比較なし] **閉じた;** 密閉した; 閉鎖された; 閉店した; 非公開の [⇔ open]: She kept her eyes *closed*. 彼女は目を閉じていた / CLOSED TODAY 本日休業《商店などの掲示》 / This garden is ***closed to*** the public. [+to+名] この庭園は一般公開されていない. ❷ かたくなな; 閉鎖的な, 排他的な: a *closed* mind かたくなな心 / a *closed* society 閉鎖的な社会. ❸ (特定の人などに)限定された: (a) *closed* membership 限定会員. ❹ (問題などが)決着のついた.
behìnd clósed dóors [副] 内密に, 非公開で.
clósed cáptioned [形] 〔テレビ〕 耳の不自由な人のための字幕のついた《専用のデコーダーをつけて見る》.
clósed-cìrcuit télevision [名] 有線[閉回路]テレビ《ビルの警備などに使用する; [略] CCTV》.
closed-door /klóʊzddɔ́ɚ | -dɔ́ː←/ [形] [限定] (会議などが)非公開の, 秘密の.
closed-mind·ed /klóʊzdmáɪndɪd/ [形] かたくなな, 他人の意見を聞かない.
close·down /klóʊzdàʊn/ [名] ❶ Ⓒ (工場などの)閉鎖. ❷ [C,U] 《英》 (1日の)放送の終了.
clósed séason [名] Ⓤ 《米》 禁猟[漁]期 (*for*) [《英》 close season] [⇔ open season].
clósed shóp [名] Ⓒ クローズドショップ《労働組合員だけを雇う事業所・雇用方式; ⇒ open shop, union shop》.
close-fit·ting /klóʊsfítɪŋ←/ [形] [限定] (服などが)体にぴったりとした.
close-knit /klóʊsnít/ [形] (人々が)緊密に結ばれた, 結束が固い.
*__close·ly__ /klóʊsli/ [副] ❶ **綿密に, 詳しく,** 注意して: Now listen *closely*. いいか, よく聞けよ.
❷ **密接に,** よく連携して: The insect *closely* resembles a fly. その虫ははえにとてもよく似ている / be *closely* related [connected, associated] 密接に関係している / work *closely* with each other 互いによく連携して働く.
❸ **接近して;** ぴったりと; ぎっしりと: The child clung *closely* to me. その子は私の体にしがみついた. ❹ (戦い・試合などが)接戦で, 互角に.
close-mouthed /klóʊsmáʊðd, -máʊθt←/ [形] 口が堅い; 話したがらない (*about*).
close·ness /klóʊsnəs/ [名] ❶ Ⓤ 近いこと, 接近. ❷ Ⓤ 親しさ, 親密さ.
close·out /klóʊzàʊt/ [名] Ⓒ 《米》 (閉店などによる)在庫処分(品).
clóse séason /klóʊs-/ [名] Ⓤ 《英》 = closed season; (サッカーなどの)シーズンオフ.
clóse sháve /klóʊs-/ [名] Ⓒ 《略式》 危機一髪.
+**clos·et** /klɑ́(ː)zɪt | klɔ́z-/ [名] (clos·ets /-ɪts/) Ⓒ 《主に米》 **押し入れ,** 戸棚《作りつけで床から天井までの高さのもの》, 物置《食料・衣服・道具用》: a walk-in *closet* ウォークインクロゼット / I hung my coat ***in*** the hall ***closet***. 私はコートを玄関の戸棚にかけた.
còme óut of the clóset [動] ⓐ 同性愛者であることを公表する; 秘密を公表する.
— [形] [限定] 秘密の, 隠れた: a *closet* alcoholic 隠れアルコール依存者.
— [動] ⓣ [普通は受身で] (密談などのため)(人)を小部屋にこもらせる: be *closeted with* ... (人)と密談する.
clóset onesèlf [動] ⓐ (部屋に)閉じこもる (*in*).
〖⇒ close¹ [キズナ]〗
clóse thíng /klóʊs-/ [名] [a ~] 危機一髪, きわどいところ; きわどい勝利, 接戦.
close-up /klóʊsʌ̀p/ ✪ /klóʊzʌ̀p/ とならないことに注意. [名] [C,U] 〔写真〕 大写し, クローズアップ (*of*); 大写しの場面: in *close-up* 大写しで.
clos·ing /klóʊzɪŋ/ [形] [限定] 終わりの, 最後の [⇔ opening]: a *closing* speech 閉会の辞. — [名] ❶ Ⓤ 閉鎖, 閉店. ❷ Ⓤ (手紙・演説の)結びの部分.

clósing cèremony 名 C 閉会式 [⇔ opening ceremony].

clósing tìme 名 C,U 終業時間, 閉店時間.

+**clo·sure** /klóʊʒɚ | -ʒə/ 名 (~s /~z/) ❶ C,U (工場・道路などの)**閉鎖**; 閉店, 休業: the *closure of* a factory 工場の閉鎖. ❷ U 終結; (気持ちの)区切り: a sense of *closure* ひと区切りがついたという感じ. (動 close¹)

clot /klá(ː)t | klɔ́t/ 名 C (血などの)どろっとした固まり, 凝血. —動 (clots; clot·ted; clot·ting) 他 (...)を凝結させる: *clotted* blood 凝固した血液 / *clotted* cream 《英》 クロテッドクリーム《スコーンなどに添えられる濃厚なクリーム》. — 自 (血などが)固まる, 凝固する.

*cloth /klɔ́ːθ | klɔ́θ/ 発音 名 (cloths /klɔ́ːðz, klɔ́ːθs | klɔ́θs/) ❶ U **布**; 反物, **織物**: cotton *cloth* 綿の布 / a piece of *cloth* 1 枚の布 / five yards of *cloth* 5 ヤールの布. 関連 clothes 衣服.
❷ C [しばしば合成語で] (特定の用途の)**布きれ**《ふきん・ぞうきんなど》; テーブルクロス (tablecloth): Do you have a *cloth* for wiping the table? テーブルをふくふきんはある? 関連 dishcloth 皿洗い布 / 《米》 washcloth, 《英》 facecloth 洗面用タオル. ❸ [the ~] 《古風, 格式》 聖職者《全体》: a man of *the cloth* 聖職者.

clothe /klóʊð/ 発音 動 他 ❶ [普通は受身で] 《格式》 (人)に衣服を着せる: The king *was clothed in* rags. 王さまはぼろを身にまとっていた. ❷ [普通は受身で] (人)に衣服を与える.

clothed /klóʊðd/ 形 《格式》 衣服を着た (*in*): fully *clothed* 服をすべて着たまま.

**clothes /klóʊ(ð)z/ (同音 #close¹) 発音

— 名 複 **衣服**, 着物: casual [work, formal] *clothes* ふだん着[作業服, 正装] / school *clothes* (学校の)制服 / ***put*** (one's) ***clothes on*** 服を着る / ***take*** (one's) ***clothes off*** 服を脱ぐ / ***wear clothes*** 服を着ている / ***change*** (one's) ***clothes*** 服を着替える / a suit of *clothes* 服ひとそろい[1 着] / *Clothes* make the man. 《ことわざ》 馬子(まご)にも衣装. 日英 日本語の「衣服」よりも意味の範囲が広く, 身につける (wear) すべてのものを含む《⇒ shoe 日英》. 関連 cloth 布.

clothes·bas·ket /klóʊ(ð)zbæ̀skɪt | -bɑ̀ːs-/ 名 C 洗濯物入れかご.

clóthes hànger 名 C 洋服掛け (hanger).

clothes·horse /klóʊ(ð)zhɔ̀ɚs | -hɔ̀ːs/ 名 ❶ C 《英》 (室内用)干し物掛け. ❷ C 《略式》 [軽蔑的] 着道楽の人, 衣装持ち《特に女性》.

clothes·line /klóʊ(ð)zlàɪn/ 名 C 物干し綱.

clóthes pèg 名 C 《英》 = clothespin.

clothes·pin /klóʊ(ð)zpɪ̀n/ 名 C 《米》 洗濯ばさみ [《英》 (clothes) peg].

*cloth·ing /klóʊðɪŋ/ 名 U 《格式》 **衣類**, 衣料品《身につけるもの全体》: an article [item] of *clothing* 衣類 1 点 // ⇒ food 1 2 番目の例.

+**cloths** /klɔ́ːðz, klɔ́ːθs | klɔ́θs/ 名 **cloth の複数形**.

**cloud /kláʊd/

— 名 (clouds /kláʊdz/) ❶ U,C **雲**: a rain *cloud* 雨雲 / There were black *clouds* in the sky. 空には黒雲が出ていた. 関連 thundercloud 雷雲. ❷ C (雲のような)大群: a *cloud of* flies はえの大群 / a *cloud of* smoke もうもうたる煙. ❸ C 暗い影, 物事の不安な見通し: cast a *cloud over* ... ...に暗い影を投げかける / the gathering *clouds of* war 戦争が起こりそうな気配. ❹ 〔コンピュータ〕 [the ~] クラウド.
a clóud on the horízon [名] 先行きの不安.
be on clóud níne [動] 自 《古風, 略式》 とても幸福である, 心が浮き浮きしている.
hàve one's **héad in the clóuds** [動] 自 考えが実際的でない, 空想にふけっている.
ùnder a clóud (of suspícion) [形・副] 疑いをかけられて. (形 clóudy)
— 動 他 ❶ (ガラスなど)を曇らせる, (液体)をにごらせる (*over*, *up*). ❷ (判断など)を鈍らせる, 混乱させる: Old age *clouded* her memory. 年老いて彼女の記憶はぼやけてきた. ❸ (...)に暗い影を投げかける, (楽しみ・名声など)を損なう. ❹ (問題など)を複雑にする, 分かりにくくする. ❺ 《格式》 (不安・怒りなどが)(顔など)を曇らせる (*over*): His mind *was clouded with* worry. 彼の心は心配事で暗くなった. ❻ (雲などで)(...)を覆(おお)う, 曇らせる.
— 自 ❶ (ガラスなどが)曇る, (液体が)にごる (*over*, *up*). ❷ 《格式》 (顔・目などが心配などで)曇る, 暗くなる (*over*; *with*). ❸ (空が)曇る (*over*, *up*).
〘語源 元来は「岩山」の意〙

cloud·burst /kláʊdbɚ̀ːst | -bə̀ːst/ 名 C どしゃ降り.

clóud compùting 名 U 〔コンピュータ〕 クラウドコンピューティング《端末でなくネットワーク上でデータの保存・編集をするコンピューター利用》.

cloud-cuck·oo-land /kláʊdkúːkuːlæ̀nd, -kʊ́k- | -kʊ́k-/ 名 U 《英略式》 夢の国[世界]: be [live] in *cloud-cuckoo-land* 現状認識ができない, 気楽すぎる.

cloud·ed /kláʊḍɪd/ 形 曇った; (気が)ふさいだ.

cloud·i·ness /kláʊḍinəs/ 名 U 曇っていること.

cloud·less /kláʊdləs/ 形 雲のない, 晴れ渡った [⇔ cloudy].

+**cloud·y** /kláʊḍi/ 形 (cloud·i·er /-ḍiɚ | -diə/; cloud·i·est /-ḍiɪst/) ❶ **曇った**, 曇天の [⇔ cloudless]: a *cloudy* sky 曇り空 / It is *cloudy* today. きょうは曇っている《⇒ it¹ A 2》. 関連 clear 晴れた / rainy 雨の. ❷ (考えなどが)はっきりしない, ぼんやりした; (液体などが)濁った. (名 cloud)

clout /kláʊt/ 名 ❶ U 《略式》 影響力, 権力. ❷ C 《英略式》 (手や硬い物で)強くたたく[ごつんと殴る]こと. — 動 他 《略式》 (...)を強くたたく[殴る].

clove¹ /klóʊv/ 名 C 丁子(ちょうじ)の木《熱帯産の常緑高木》; 丁子, クローブ《つぼみを干した香料》.

clove² /klóʊv/ 名 C 〔植物〕 (にんにくなどの)小鱗茎(りんけい).

clove³ 動 cleave の過去形.

cloven 動 cleave の過去分詞.

cló·ven hóof /klóʊv(ə)n-/ 名 C (牛・羊などの)割れたひづめ.

clo·ver /klóʊvɚ | -və/ 名 U,C クローバー, しろつめくさ, あかつめくさ《牧草; ⇒ four-leaf clover》. **in clóver** [副] 《略式》 安楽[裕福]に. 由来 クローバーは土地を肥沃(ひよく)にするので, 裕福さの象徴.

clo·ver·leaf /klóʊvɚlìːf | -və-/ 名 (~s, -leaves /-lìːvz/) C クローバーの葉; クローバー型立体交差.

clown /kláʊn/ 名 C (サーカスなどの)道化役, ピエロ; 道化者; 愚か者: the class *clown* クラスのおどけ者. — 動 自 ばかなまねをする, おどける, ふざける (*around*, *about*).

clown·ish /kláʊnɪʃ/ 形 道化者の[じみた].

cloy·ing /klɔ́ɪɪŋ/ 形 《格式》 (食物などが)いやになるほど甘い; (態度などが)うんざりするほど甘ったるい.

clóze tèst /klóʊz-/ 名 C 穴埋め式読解力テスト.

***club /klʌ́b/
— 名 (~s /~z/)

意味のチャート
「こぶのついた棒」❽ → (ゴルフ用の)「クラブ」❼ → (模様から)「トランプのクラブ」❾
「こぶ」の意味から(かたまる, 団結する) → (社交の)「会」❶ →「クラブ室」❷ →「チーム」❸ となった.

C

❶ Ⓒ [《英》 単数形でもときに複数扱い] クラブ, 同好会; 会, サークル《⇒ circle 日英》: a golf [yacht] *club* ゴルフ[ヨット]クラブ / ***join*** the tennis ***club*** in high school 高校のテニス部に入る / ***belong to*** a ***club*** クラブに所属する. ❷ Ⓒ 部室; クラブの建物[会館] (clubhouse). ❸ Ⓒ [《英》 単数形でもときに複数扱い] プロスポーツのチーム. ❹ Ⓒ (音楽・ダンスなどを楽しむ)クラブ, 娯楽場; (ナイト)クラブ (nightclub). ❺ Ⓒ [《英》 単数形でもときに複数扱い]《主に英》(普通は男性だけの)社交クラブ. ❻ Ⓒ (本・CD などの)頒布(はんぷ)会《⇒ book club》. ❼ Ⓒ (ゴルフ用の)クラブ (golf club)《⇒ golf 挿絵》. ❽ Ⓒ こん棒. ❾ Ⓒ 〔トランプ〕 クラブの札; [~s としてときに単数扱い] クラブの組: the five of *clubs* クラブの 5. 関連 diamond ダイヤ / heart ハート / spade スペード.

Jóin the clúb! = Wélcome to the clúb! Ⓢ 私(たち)と同じですね,お互いさまだよ《失恋や落第などよくないことをなぐさめ合うときのことば》.

— 動 (clubs; clubbed; club·bing) 他 (人や動物)をこん棒で打つ: They *clubbed* him to death. 彼らは彼をこん棒で殴り殺した.

clúb togéther [動] 自《英》(共通の目的のために)金を出し合う (*to* do).

club·foot /klʌ́bfʊ̀t/ 名 (-feet /-fìːt/) Ⓒ,Ⓤ (先天性の)曲がり足, えび足.

club·house /klʌ́bhàʊs/ 名 (-hous·es /-hàʊzɪz/) ❶ Ⓒ クラブハウス, クラブの建物[会館]; 部室 (club). ❷ Ⓒ《米》(運動選手の)ロッカールーム.

clúb sándwich 名 Ⓒ クラブサンドイッチ《3 枚重ねのサンドイッチ》.

cluck /klʌ́k/ 動 自 (めんどりが)こっこっと鳴く《⇒ cry 表 hen》; (人が)(不承認・同情などをこめた)声を出す, 舌打ちする. — 名 Ⓒ こっこっ《めんどりの鳴き声》; (不承認・同情などの)舌打ち.

+**clue** /klúː/ 名 (~s /~z/) ❶ Ⓒ (なぞを解く)**手がかり**, (調査・研究などの)糸口 (*to, about, as to*): search for *clues* 手がかりを探す / The police have no ***clues as to*** who killed the guard. 警察はだれが守衛を殺したかという手がかりはつかんでいない. ❷ Ⓒ (クロスワードパズルなどの)ヒント, かぎ.

nót hàve a clúe = hàve nó clúe [動] 自《略式》見当もつかない, さっぱりわからない; 無能である (*about*).

— 動 [次の成句で] **clúe ... ín** [動] 他《略式》(人)に(必要な情報を)教える (*on, about*).

clue·less /klúːləs/ 形 無知[無能]な.

clump /klʌ́mp/ 名 ❶ Ⓒ 木立ち, やぶ: a *clump* of pine trees 松の木立ち. ❷ Ⓒ (土などの)塊: a *clump of* mud 泥の塊. ❸ Ⓤ どしんどしんという足音 (*of*).
— 動 自 ❶ ひと塊になる, 群がる, 集まる (*together*). ❷ [副詞(句)を伴って] どしんどしんと歩く. — 他 (...)をひと塊にする, 寄せ集める.

clum·si·ly /klʌ́mzəli/ 副 不器用に, ぎこちなく.

clum·si·ness /klʌ́mzinəs/ 名 Ⓤ ぎこちなさ.

clum·sy /klʌ́mzi/ 形 (clum·si·er; clum·si·est) ❶ 不器用な, (動作が)ぎこちない《⇒ 類義語》: a *clumsy* man 不器用な男 / He is *clumsy with* his hands. 彼は手先が不器用だ / She is *clumsy at* tennis. 彼女はテニスが下手だ. ❷ (言いわけなどが)下手な, まずい: a *clumsy* apology 下手な言いわけ. ❸ (道具などが)使いにくい, 扱いにくい: a *clumsy* old-fashioned computer 使いにくい旧式のコンピューター.

類義語 **clumsy** 一見してわかるほど生まれつき不器用な. **awkward** 行動に滑らかさ, 上品さを欠く.

+**clung** /klʌ́ŋ/ 動 **cling の過去形および過去分詞.**

clunk /klʌ́ŋk/ 名 Ⓒ がちゃん[どすん]という音. — 動 自 がちゃん[どすん]と音がする. — 他 (...)にがちゃん[どすん]と音をさせる.

clunk·er /klʌ́ŋkɚ | -kə/ 名 ❶ Ⓒ《米略式》おんぼろ(車[機械]). ❷ Ⓒ《米略式》できそこない, 失敗作.

clunk·y /klʌ́ŋki/ 形《略式》重くてかっこ悪い, ださい; おんぼろの.

+**clus·ter** /klʌ́stɚ | -tə/ 名 (~s /~z/) ❶ Ⓒ (ぶどう・花などの)**房**(ふさ) [≒bunch]: a ***cluster of*** grapes ひと房のぶどう.
❷ Ⓒ (人・動植物・物などの)**群れ**, 集団 [≒group]: a *cluster of* houses 一群の家々.
— 動 (clus·ters /~z/; clus·tered /~d/; -ter·ing /-tərɪŋ, -trɪŋ/) 自 **群れを成す**; 群生する; 密集する: The skiers ***clustered*** (***together***) ***around*** [***round***] the stove. V+(*together*) *around* [*round*]+名 スキーヤーたちはストーブの周りに群がった.

clúster bòmb 名 Ⓒ 〔軍隊〕 クラスター爆弾《爆発の際に小型爆弾を飛散させる》.

+**clutch**[1] /klʌ́tʃ/ 動 (clutch·es /~ɪz/; clutched /~t/; clutch·ing) 他 (手・つめで)(...)を**ぐいとつかむ**, しっかり握る [≒grasp, seize]: He *clutched* her arm firmly. 彼は彼女の腕をしっかりとつかんだ.
— 自 **つかみかかる**, つかもうとする: A drowning man will ***clutch at*** a straw. V+*at*+名 《ことわざ》 おぼれる者はわらをもつかむ《⇒ catch の句動詞 catch at ...; at 3 語法》.
— 名 (~·es /~ɪz/) ❶ Ⓒ (車の)クラッチ: let in [out] the *clutch* クラッチをつなぐ[切る] / The *clutch* is in [out]. クラッチが入っている[切れている]. ❷ [複数形で] 支配, 手中: fall into 「the *clutches* of ... [...'s *clutches*] (人)の手中に陥る / have ... in one's *clutches* ...を支配している. ❸ Ⓒ《米略式》重大な場面, 危機, ピンチ: in the *clutch* 危機に際して, いざという時に / a *clutch* hitter 〔野球〕 チャンスに強い打者. ❹ Ⓒ [普通は単数形で] つかむ[つかまれる]こと.

clutch[2] /klʌ́tʃ/ 名 ❶ Ⓒ (卵の)ひとかえし; ひとかえりのひな. ❷ Ⓒ (同類の)小さな集団 (*of*).

clútch bàg 名 Ⓒ クラッチバッグ《女性がフォーマルな場で持つ小型ハンドバッグ》.

clut·ter /klʌ́ṭɚ | -tə/ 動 (-ter·ing /-ṭərɪŋ, -trɪŋ/) 他 [しばしば受身で] (場所)を取り散らかす: The floor *was cluttered* (*up*) *with* toys. 床にはおもちゃが散らかっていた. — 名 [Ⓤ または a ~] (不要な物の)散乱; 散乱物; 乱雑.

+**cm** 略 **センチメートル** (centimeter(s)).

CNN /síːènén/ 名 固 CNN《米国のニュース専門のケーブルテレビ局; *C*able *N*ews *N*etwork の略》.

C-note /síːnòʊt/ 名 Ⓒ《米略式》100 ドル紙幣.

CO 〔米郵便〕 = Colorado.

co- /koʊ/ 接頭 「共同・共通・同等」の意: *co*operate いっ

しょに仕事をする / *co*ordinate 調和させる.

＊**Co.**[1], **co.**[1] /kóʊ, kʌ́mp(ə)ni/ 略 **会社** (company)《⇒ incorporated 語法, limited company 語法》.

Co.[2], **co.**[2] 略 = county.

c/o /síːóʊ/〔郵便〕...方, ...気付(きづけ)《care of の略; ⇒ care 名 成句》: Mr. John Smith *c/o* Mrs. Brown ブラウン様方ジョン・スミス様.

‡coach /kóʊtʃ/

— 名 (~·es /~ɪz/)

意味のチャート
「馬車」❹ →(馬車の御者)→「コーチ」❶ / →「バス」❸,「客車」❺

❶ C (運動競技の) **コーチ**; (歌・踊りなどの)指導員;《主に英》(受験準備のための)個人[家庭]教師: a football *coach* フットボールのコーチ / a third base *coach*〔野球〕三塁コーチ / an English *coach* 英語の家庭教師 / a voice *coach* 発声の指導員. ❷ U《米》(旅客機・列車の)エコノミークラス [≒economy class]: *coach* passengers 飛行機のエコノミークラスの客. 関連 first class 1 等(席). ❸ C《主に英》長距離バス, 観光バス《⇒ car 類義語》: a *coach* tour バス旅行. ❹ C (4 輪の)馬車. 関連 stagecoach 駅馬車. ❺ C《英》(鉄道の)客車, 車両 [《米》car,《英》carriage]《⇒ train[1] 1 語法》.

— 動 (coach·es /~ɪz/; coached /~t/; coach·ing) 他 ❶ (...)を**指導[コーチ]する**; (...)のコーチをする;《主に英》(受験準備のため)(人)を指導する: *coach* a football team フットボールチームのコーチをする / He *coached* me *in* tennis. V+O+*in*+名 彼は私にテニスの指導をしてくれた / He *is coaching* me *for* the coming exam. V+O+*for*+名 彼は今度の試験に備えて私を指導してくれている. ❷ [軽蔑的] (人)に入れ知恵する (*on, in*). — 自 指導[コーチ]をする.

coach·ing /kóʊtʃɪŋ/ 名 U 指導[コーチ]すること; 受験指導.

coach·man /kóʊtʃmən/ 名 (-men /-mən/) C (馬車の)御者.

cóach stàtion 名 C《英》長距離[観光]バスのターミナル.

co·ag·u·late /koʊǽgjʊlèɪt/ 動 自 (血・液体が)凝固する. — 他 (血・液体)を凝固させる.

co·ag·u·la·tion /koʊæ̀gjʊléɪʃən/ 名 U 凝固.

＊**coal** /kóʊl/ 名 (~s /~z/) ❶ U **石炭**: burn *coal* 石炭を燃やす. 語法 石炭の塊 1 個 1 個を C として扱うこともある. ❷ C [普通は複数形で] (燃えている)石炭 [《米》木炭, 薪]の塊.

cárry [táke] cóals to Néwcastle /n(j)úːkæ̀sl | njúːkàːsl/ [動] 自《英》余計なことをする. 由来 石炭の産地 Newcastle にわざわざ石炭を運ぶことから.

ráke [hául] ... òver the cóals [動] 他 (人)を厳しくしかる, 非難する (*for*). 由来 異端者の刑罰として石炭の上を引きずり回したことから.

coal-black /kóʊlblǽk←/ 形 真黒な.

co·a·lesce /kòʊəlés/ 動 自《格式》集まって一体となる; 合体する (*into, with*).

co·a·les·cence /kòʊəlés(ə)ns/ 名 U 合体, 合同.

coal·field /kóʊlfìːld/ 名 C 炭田.

cóal gàs 名 U 石炭ガス, ガス.

＊**co·a·li·tion** /kòʊəlíʃən/ 名 (~s /~z/) ❶ C [《英》単数形でもときに複数扱い] **連立(内閣)**, 提携(団体): a *coalition between* the Conservative Party *and* the Liberal Party 保守党と自由党の連立 / form a *coalition* cabinet [government] 連立内閣[政権]をつくる. ❷ U 連合, 合同: in *coalition* with ... ...と連合[提携]して.

cóal mìne [《英》**pìt**] 名 C 炭鉱.

cóal mìner 名 C 炭鉱夫, 炭鉱労働者.

cóal scùttle 名 C 石炭入れ《室内用》(scuttle).

cóal tàr 名 U コールタール.

+**coarse** /kɔ́ːs | kɔ́ːs/ ❗発音 (同音 course) 形 (coars·er; coars·est) ❶ (生地・粒などが)**きめの粗い** [⇔ fine]; ざらざらした [≒rough]; (髪の毛が)硬い: *coarse* skin 荒れた肌 / *coarse* cloth 目の粗い布 / *coarse* hair 硬い髪.
❷ (ことば・態度などが)**粗野な**, 下品な [≒vulgar]; がさつな: *coarse* laughter 下品な高笑い / *coarse* jokes ひわいな冗談. (動 cóarsen)

coarse·ly /kɔ́ːsli | kɔ́ːs-/ 副 ❶ 粗く, (大きく)ざっ(くり)と《切る時など》. ❷ 下品に, みだらに.

coars·en /kɔ́ːs(ə)n | kɔ́ː-/ 動 他 ❶ (肌・髪など)を硬くする, 荒れさせる. ❷ (...)を粗野にする, 下品にする. — 自 ❶ (肌・髪などが)硬くなる, 荒れる. ❷ 粗野になる, 下品になる. (形 coarse)

coarse·ness /kɔ́ːsnəs | kɔ́ːs-/ 名 ❶ U (生地などの)粗さ, 硬さ. ❷ U 粗野, 下品.

‡coast /kóʊst/

— 名 (coasts /kóʊsts/) ❶ C [普通は the ~] **海岸, 沿岸**; [形容詞的に] 海岸[沿岸]の: the Pacific *coast of* Japan 日本の太平洋岸 / There are many factories ***on the coast***. 沿岸には工場がたくさんある / We can see a boat ***off the coast***. 沖合いに船が見える / a *coast* road 海岸道路.

coast (特に陸地から見たときの海岸)	岸 《⇒ shore[1] 類義語》
shore (特に海・大河・湖から見たときの)	

❷ [the C-]《米略式》太平洋岸.

(from) cóast to cóast [副]《米》国内の端から端まで; 全国に.

The cóast is cléar.《略式》敵[邪魔者]はもういない, もう安全である. 由来 密貿易者にとって沿岸警備隊がいない, の意から. (形 cóastal)

— 動 (coasts /kóʊsts/; coast·ed /~ɪd/; coast·ing) 自 ❶ [副詞(句)を伴って] **惰力で進む[下る]**: The driver let out the clutch and the car ***coasted along***. V+副 運転手はクラッチを切り, 車は惰力で走った / We ***coasted down*** the slope on our bicycles. V+前+名 私たちは自転車をこがずに坂を下った. ❷ 苦労せずに進む, 楽に成功を収める; [悪い意味で] のんきにやっていく (*along*): Our team *coasted to* victory. 私たちのチームは楽勝した. ❸ 海岸に沿って航行する.

+**coast·al** /kóʊstl/ 形 限定 **沿岸の**, 海岸(沿い)の, 近海の: *coastal* waters 沿岸水域. (名 coast)

coast·er /kóʊstə | -tə/ 名 ❶ C (コップなどの)下敷き, コースター. ❷ C 沿岸航行船. ❸ C《米》= roller coaster.

coast·guard /kóʊs(t)gàəd | -gàːd/ 名 ❶ [the ~] = coast guard 1. ❷ C《英》= coastguardsman.

cóast guàrd 名 ❶ [the ~;《英》単数または複数扱い] 沿岸警備隊《密貿易の取り締まり・海難救助などに当たる》. ❷ [the C- G-] (米国の)沿岸警備隊《有事

には海軍に編入される》.

coast·guards·man /kóʊs(t)gàədzmən | -gà:dz-/ 名 (-men /-mən/) C 《米》 沿岸警備隊員 [《英》 coastguard].

coast·line /kóʊstlàɪn/ 名 C 海岸線.

****coat** /kóʊt/

— 名 (coats /kóʊts/) ❶ C コート: He「put on [took off] his *coat*. 彼はコートを着た[脱いだ] / wear a *coat* コートを着ている.

❷ C 《米》 (スーツの)**上着** [≒jacket]《✪《英》では《古風》; ⇒ suit 参考》: The trousers are fine, but the *coat* is loose. ズボンはいいが上着がゆるい / Cut your *coat* according to your cloth. 《ことわざ》 服は布地に合わせて裁断せよ(身の程を知れ).

❸ C (ペンキなどの)**塗り**, 塗装; 被膜: This wall needs three *coats* of paint. この壁は 3 回塗る必要がある. ❹ C (動物の)外皮, 毛皮 [≒skin].

a cóat of árms [名] (盾(たて)形の)紋章 (arms)《家・国・都市・大学のシンボル》.

— 動 (coats /kóʊts/; coat·ed /-ṭɪd/; coat·ing /-ṭɪŋ/) 他 (ペンキなどを)(...)に**塗る**; (ほこり・氷などが)(...)を覆(おお)う; (食品)をコーティングする [≒cover] (*in*): He *coated* the frying pan ***with*** butter. V+O+with+名 彼はフライパンにバターを塗った.

cóat chèck 名 C 《米》 クローク [≒cloakroom].

cóat hànger 名 C 洋服掛け (hanger).

coat·ing /kóʊṭɪŋ/ 名 C 上塗り; 薄い層, 膜,被覆物, コーティング: There was a *coating* of frost on the window. 窓は霜で覆(おお)われていた.

coat·rack /kóʊtræ̀k/ 名 C コート掛け.

coat·room /kóʊtrù:m/ 名 C 《米》 = coat check.

coat·tails /kóʊttèɪlz/ 名 複 (燕尾(えんび)服の)上着のすそ. **on ...'s coattails** [副] (人)のおかげで, (人)に便乗して.

co·au·thor /kòʊɔ́:θə | -θə/ 名 C 共著者. — 動 他 共同で(...)を書く.

coax /kóʊks/ 動 他 ❶ なだめすかして(人)に...させようとする; (物)をうまく扱って動かす: We *coaxed* her *to* play the piano. 我々は彼女をなだめすかしてピアノを弾かせようとした. 語法 persuade と違って実際に弾かせたことは意味しない. ただし We *coaxed* her *into* play*ing* the piano. だと実際に弾かせたことを意味する // She *coaxed* her brother *out of* his bad temper. 彼女は弟をなだめて機嫌を直させた. ❷ なだめすかして(人から)(...)を手に入れる, 引き出す: She *coaxed* consent *from* [*out of*] her husband. 彼女は夫をうまく言いくるめて同意を得た.

coax·ing /kóʊksɪŋ/ 名 U 辛抱強く説得する[動かす]試み: It took some *coaxing* before we got her to agree. 彼女に同意させるのがなかなか難しかった.

cob /kɑ́(:)b | kɔ́b/ 名 ❶ C = corncob. ❷ C 足が短く頑丈な乗用馬. ❸ C 《英》 丸パン. ❹ C 雄の白鳥.

co·balt /kóʊbɔ:lt/ 名 ❶ U コバルト《元素記号 Co》. ❷ U = cobalt blue.

cóbalt blúe 名 U コバルトブルー, 濃青色.

cob·ble /kɑ́(:)bl | kɔ́bl/ 動 他 《古風, 略式》 (...)をやっつけ仕事で仕上げる, 急ごしらえする (*together*). — 名 C = cobblestone.

cob·bled /kɑ́(:)bld | kɔ́bld/ 形 (道路が)丸石 (cobblestone) を敷いた.

cob·bler /kɑ́(:)blə | kɔ́blə/ 名 ❶ C,U 《主に米》 コブラーパイ《フルーツパイの一種》. ❷ C 《古風》 靴直し職人. ❸ [複数形で] S 《英略式》 たわごと, ナンセンス: a load of (old) *cobblers* たくさんのたわごと.

cob·ble·stone /kɑ́(:)blstòʊn | kɔ́bl-/ 名 C [普通は複数形で] (道路用の)丸石, 玉石, くり石《pebble より大きい》.

co·bra /kóʊbrə/ 名 C コブラ《毒蛇》.

cob·web /kɑ́(:)bwèb | kɔ́b-/ 名 C くもの巣 (web) [《米》 spiderweb]; くもの糸.

blów [cléar] the cóbwebs awày [動] 自 (外出などして)頭をすっきりさせる.

Co·ca-Co·la /kòʊkəkóʊlə/ 名 U コカコーラ [《略式》 Coke]《商標》; C 1 本[1 杯]のコカコーラ.

+**co·caine** /koʊkéɪn/ 名 U **コカイン**《麻薬の一種; 麻酔剤として使うこともある》.

coc·cyx /kɑ́(:)ksɪks | kɔ́k-/ 名 (複 ~·es, coc·cy·ges /kɑ́(:)ksəʤì:z | kɔ́ksɪ-/) C 〔解剖〕 尾骨 [≒tailbone].

coch·i·neal /kɑ́(:)ʧənì:l | kɔ́ʧ-/ 名 U コチニール《鮮紅色の食品着色剤》.

+**cock** /kɑ́(:)k | kɔ́k/ 名 (~s /~s/) ❶ C 《主に英》 **おんどり**. 語法 3 の意味を連想するので, 《米》 では rooster が用いられる. ✪ 鳴き声については ⇒ cry 表. 関連 chicken 鶏 / hen めんどり / chick ひな鳥. ❷ (きじ・七面鳥などの)雄; [形容詞的に] (鳥が)雄の: a turkey *cock* 七面鳥の雄 / a *cock* pheasant 雄のきじ. 関連 peacock 雄のくじゃく. ❸ C 《卑語》 ペニス《⇒ taboo word》. ❹ C (ガス・水道などの)栓, コック [≒tap]: turn on [off] a *cock* 栓を開ける[閉める].

(the) cóck of the wálk [名] 《略式》 お山の大将, 親分, ボス.

— 動 他 ❶ (眉(まゆ)など)を上げる, 上に向ける, (耳)を立てる, (頭)をかしげる; (帽子)を斜めにかぶる. ❷ (銃)の撃鉄を起こす.

cóck an éye [éar] [動] 自 (...を)よく注意して見る[聞く] (*at*).

cóck úp [動] 他 《英俗》 (計画など)をめちゃくちゃにする.

cock·ade /kɑ(:)kéɪd | kɔk-/ 名 C 花形帽章《バッジとして帽子につける》.

cock-a-doo·dle-doo /kɑ́(:)kədù:ḍldú: | kɔ́k-/ 名 (~s) C こけこっこう《おんどりの鳴き声》.

cock-a-hoop /kɑ̀(:)kəhú:p | kɔ̀k-/ 形 叙述 《略式》 とても喜んで, 大得意で (*about, at, over*).

cóck-and-búll stòry /kɑ́(:)kənbʊ́l- | kɔ́k-/ 名 C でたらめ, まゆつばもの (*about*).

cock·a·too /kɑ́(:)kətù: | kɔ̀kətú:/ 名 (複 ~(s)) C ばたん《オーストラリアなどに生息するおうむ》.

cock·crow /kɑ́(:)kkròʊ | kɔ́k-/ 名 U 《文語》 鶏の鳴く朝の時刻, 夜明け.

cock·er·el /kɑ́(:)k(ə)rəl | kɔ́k-/ 名 C 若おんどり《生後 1 年以内》.

cóck·er spániel /kɑ́(:)kə- | kɔ́kə-/ 名 C コッカースパニエル《小型の狩猟用・愛玩(あいがん)用の犬; ⇒ dog 挿絵》.

cock·eyed /kɑ́(:)kàɪd | kɔ́k-/ 形 ❶ 《略式》 (考え・計画などが)ばかげた. ❷ 《略式》 ゆがんだ, 傾いた.

cock·fight /kɑ́(:)kfàɪt | kɔ́k-/ 名 C 闘鶏.

cock·i·ness /kɑ́(:)kinəs | kɔ́k-/ 名 U 《略式》 うぬぼれ.

cock·le /kɑ́(:)kl | kɔ́kl/ 名 C ざるがい, とりがい《食用二枚貝》.

cock·ney /kɑ́(:)kni | kɔ́k-/ 名 [しばしば C-] ❶ C ロン

ドン子《East End 地区に住みロンドンなまりで話す, 特に労働者階級の人; ⇒ Bow bells 参考》. ❷ U コクニー《ロンドンなまり》. — 形 [普通は 限定] ロンドン子(風)の; コクニーの.

+**cock·pit** /kɑ́(ː)kpɪ̀t | kɔ́k-/ 名 (cock·pits /-pɪ̀ts/) ❶ C (航空機の)**操縦室**《⇒ airplane 挿絵》; (船の)操舵室, (レーシングカーの)操縦席. ❷ C 闘鶏場.

cock·roach /kɑ́(ː)kròʊtʃ | kɔ́k-/ 名 C ごきぶり.

cocks·comb /kɑ́(ː)kskòʊm | kɔ́ks-/ 名 C (おんどりの)とさか (comb).

cock·sure /kɑ́(ː)kʃʊ́ə | kɔ́kʃɔ́ə⁻/ 形《古風, 略式》うぬぼれの強い, 鼻もちならない (*about, of*).

+**cock·tail** /kɑ́(ː)ktèɪl | kɔ́k-/ 名 (~s /~z/) ❶ C **カクテル**《ジンなどのベースの酒に甘味などを加えたもの》: make [mix] a *cocktail* カクテルを作る. ❷ C (かき・えび・果物などの)カクテル《前菜料理》: a shrimp *cocktail* 小えびのカクテル. ❸ C (有害な)混合物.

cócktail drèss 名 C カクテルドレス《女性の準正式の優美なドレス》.

cócktail lòunge 名 C (ホテルなどの)バー.

cócktail pàrty 名 C カクテルパーティー《カクテルの出る略式のパーティー》.

cock·y /kɑ́(ː)ki | kɔ́ki/ 形 (cock·i·er; -i·est)《略式》うぬぼれた; 生意気な.

co·coa /kóʊkoʊ/ 名 ❶ U ココア《cacao の実の粉末; チョコレートを作る》. ❷ U (飲料の)ココア [≒chocolate]; C 1 杯のココア.

cócoa bùtter 名 U カカオバター.

co·co·nut /kóʊkənʌ̀t/ 名 C ココナッツ, ココやしの実, やしの実; U (ココ)やしの果肉《食用》.

co·coon /kəkúːn/ 名 C (かいこなどの)繭(まゆ); すっぽりと包む[保護する]もの; 庇護(ひご), 保護 (*of*). — 動 他 [普通は受身で] (...)を包みこむ (*in*); 保護する (*from*).

co·coon·ing /kəkúːnɪŋ/ 名 U コクーニング, 巣ごもり《余暇の時間を外出せずに家にこもって過ごすこと》.

cod /kɑ́(ː)d | kɔ́d/ 名 (複 ~(s)) C たら; U たらの肉.

Cod 名 固 Cape ~ ⇒ Cape Cod.

COD /síːòʊdíː/ 略 = cash [collect] on delivery 代金引き換え払い.

co·da /kóʊdə/ 名 C 〔音楽〕コーダ, 終結部; (劇・小説の)結末.

cod·dle /kɑ́(ː)dl | kɔ́dl/ 動 他 ❶ (...)を甘やかす, 過保護に育てる. ❷ (卵など)をとろ火でゆでる.

*__code__ /kóʊd/ 名 (codes /kóʊdz/) ❶ C (社会や団体の)**規律**; おきて: a moral *code* 道徳律 / a dress *code* 服装規定 / the ***code of*** the school 校則. ❷ C,U [しばしば合成語で] **暗号**; **符号**, コード《データや命令の略字や記号による表現》; 〔コンピュータ〕コード: ***break*** [***crack***] ***a code*** 暗号を解読する / ***in code*** 暗号で. 関連《米》area code,《英》dialling code (電話の)地域番号 / bar code バーコード /《米》zip code,《英》postcode 郵便番号(制度). ❸ C 法典; 法規(集): the building *code of* this city この町の建築基準. 関連 penal code 刑法. (動 códify)
— 動 他 ❶ (情報)を符号[コード]化する《⇒ encode, decode》. ❷ (...)を暗号文にする.

cod·ed /kóʊdɪd/ 形 [普通は 限定] 暗号[コード]化された; (表現などが)間接的な.

co·deine /kóʊdiːn/ 名 U コデイン《鎮痛・催眠剤》.

códe nàme 名 C 暗号名, コード名.

códe wòrd 名 C 暗号名[表現]; 婉曲表現 (*for*).

co·dex /kóʊdeks/ 名 (複 co·di·ces /-dəsìːz/) C (古典や聖書の)古写本.

cod·fish /kɑ́(ː)dfɪʃ | kɔ́d-/ 名 (複 ~, ~·es) C,U = cod.

cod·ger /kɑ́(ː)dʒə | kɔ́dʒə/ 名 C [old ~]《略式》[軽蔑的] じじい, じいさん.

codices 名 codex の複数形.

cod·i·fi·ca·tion /kɑ̀(ː)dəfɪkéɪʃən | kòʊ-/ 名 C,U 法典編集, 成文化.

cod·i·fy /kɑ́(ː)dəfàɪ | kóʊd-/ 動 (-i·fies; -i·fied; -fy·ing) 他 (...)を法典に編む; 成文化する. (名 code)

cód-liv·er óil /kɑ́(ː)dlɪ̀və- | kɔ́dlɪ̀və(r)-/ 名 U 肝油.

co·ed /kóʊèd/ 形 男女共学の: a *coed* school 共学校. — 名 C《米古風》共学校の女子学生.

co·ed·u·ca·tion /kòʊèdʒʊkéɪʃən/ 名 U 男女共学.

co·ed·u·ca·tion·al /kòʊèdʒʊkéɪʃ(ə)nəl⁻/ 形 男女共学の.

co·ef·fi·cient /kòʊɪfɪ́ʃənt/ 名 C 〔数学〕係数; 〔物理〕係数, 率.

coe·la·canth /síːləkæ̀nθ/ 名 C シーラカンス《白亜紀末に絶滅したと考えられていた原始的な魚類》.

co·e·qual /kòʊíːkwəl⁻/ 形《格式》(...と)同等の, 同格の (*with*).

co·erce /koʊɚ́ːs | -ə́ːs/ 動 他《格式》(人)に強制する, 強要する: Her parents *coerced* Meg *into* marry*ing* him. 両親はメグを無理に彼と結婚させた.

co·er·cion /koʊɚ́ːʒən | -ə́ːʃən/ 名 U《格式》強制, 強要: under *coercion* 強制されて.

co·er·cive /koʊɚ́ːsɪv | -ə́ː-/ 形《格式》強制的な; 威圧的な.

*__co·ex·ist__ /kòʊɪgzɪ́st/ 動 (-ex·ists /-zɪ́sts/; -ist·ed /~ɪd/; -ist·ing) 自 (同一場所に)**同時に存在する**, 共存する (*with*).

co·ex·is·tence /kòʊɪgzɪ́stəns/ 名 U (同一場所に)同時に存在すること, 共存, 並立 (*of, with*).

C of E /síːəvíː/ 略 = Church of England《⇒ church 成句》.

***cof·fee** /kɔ́ːfi, kɑ́(ː)fi | kɔ́fi/ ❗アク

— 名 (~s /~z/) ❶ U **コーヒー**: a cup of *coffee* コーヒー1 杯 / black *coffee* ブラックコーヒー《ミルク[クリーム]を入れないコーヒー》/ white *coffee*《英》ミルク[クリーム]入りのコーヒー / iced *coffee* アイスコーヒー / make *coffee* コーヒーを入れる / *Coffee* for three, please. コーヒーを 3 人分ください / I'd like my *coffee* strong [weak]. 私はコーヒーは濃い[薄い]のがいい. 語法 数えるときや種類をいうときには C: I usually drink a blend of several *coffees*. 私は普通何種類かのコーヒーをブレンドして飲む // We had a pleasant chat over *coffee*. 私たちはコーヒーを飲みながら楽しいおしゃべりをした / May I have a large [small] container of *coffee*? コーヒーを大きな[小さな]容器で 1 杯いただけませんか《この文の単語の字数を並べると円周率となる; ⇒ mnemonic》/ 💬 "How would you like your *coffee*, black↗ or with cream?↘" "With cream, please [Black, please]."「コーヒーは何にしましょうか. ブラックですか, クリームを入れますか」「クリームを入れて[ブラックにして]ください」(⇒ or 1 発音) / "I'd like to have *coffee*." "With your meal or after, sir?"「コーヒーをください」「お食事といっしょですか, それとも後になさいますか」《レストランの注文で》. 日英 米国ではコーヒーは日本や英国のお茶ほどによく飲まれる. ただし, 大人の飲み物とされている; ⇒ milk 日英. 関連 tea 紅茶 / chocolate ココア.

❷ C **1 杯のコーヒー**: Two *coffees*, please. コーヒーを

2つください. ❸ Ⓤ = coffee bean. ❹ Ⓤ コーヒー色, とび色.
Wáke úp and sméll the cóffee. Ⓢ《米》目を覚まして現実を見なさい.
cóffee bàr 名 Ⓒ コーヒー店, コーヒーバー, カフェ.
cóffee bèan 名 Ⓒ コーヒー豆.
cóffee brèak 名 Ⓒ コーヒーの時間, 休憩《職場などでコーヒーなどを飲む休み時間; ⇒ tea break》.
cóffee càke 名 Ⓒ,Ⓤ《米》コーヒーケーキ《コーヒーを飲むときなどに食べるパン菓子》.
cof·fee cup /kɔ́ːfikʌ̀p, kɑ́(ː)fi- | kɔ́fi-/ 名 Ⓒ コーヒーカップ.
cóffee grìnder 名 Ⓒ コーヒーひき(器).
cof·fee·house /kɔ́ːfihàʊs, kɑ́(ː)fi- | kɔ́fi-/ 名 (-hous·es /-hàʊzɪz/) Ⓒ 喫茶店, カフェ; コーヒーハウス《18 世紀のロンドンなどで社交場として流行した》.
cóffee machìne 名 Ⓒ コーヒー自動販売機; = coffee maker.
cóffee màker 名 Ⓒ コーヒーメーカー.
cóffee mìll 名 Ⓒ = coffee grinder.
cof·fee·pot /kɔ́ːfipɑ̀(ː)t, kɑ́(ː)fi- | kɔ́fipɔ̀t/ 名 Ⓒ コーヒーポット《⇒ pot 挿絵》.
cóffee shòp 名 Ⓒ (ホテルなどの)軽食堂; 喫茶店.
cóffee tàble 名 Ⓒ コーヒーテーブル; (ソファーなどの前に置く)低いテーブル《⇒ living room 挿絵》.
cóf·fee-tà·ble bóok /kɔ́ːfitèɪbl-, kɑ́(ː)fi- | kɔ́fi-/ 名 Ⓒ 大型豪華本《客に見せるように置かれる》.
cof·fer /kɔ́ːfɚ | kɔ́fə/ 名 ❶ [複数形で]《格式》財源. ❷ Ⓒ 貴重品箱, 金庫.
cof·fin /kɔ́ːfɪn | kɔ́f-/ 名 Ⓒ 棺, ひつぎ [《米》casket].
cog /kɑ́(ː)g | kɔ́g/ 名 ❶ Ⓒ 歯車 (cogwheel). ❷ Ⓒ (歯車の)歯. **a cóg in the machíne [whéel]** [名]《略式》機械の歯車《組織の重要でない一員》.
co·gen·cy /kóʊʤənsi/ 名 Ⓤ《格式》(議論·理由などの)適切さ, 説得力.
co·gent /kóʊʤənt/ 形《格式》(理由などが)納得できる, 説得力のある. **~·ly** 副 説得力を持って.
cog·i·tate /kɑ́(ː)ʤətèɪt | kɔ́ʤ-/ 動 自《格式》(...について)考える, 熟慮する (*about, on*).
cog·i·ta·tion /kɑ̀(ː)ʤətéɪʃən | kɔ̀ʤ-/ 名 Ⓤ《格式》思考(力); 熟考.
co·gnac /kóʊnjæk | kɔ́n-/ 名 Ⓤ,Ⓒ コニャック《フランスのコニャック地方産のブランデー》.
cog·nate /kɑ́(ː)gneɪt | kɔ́g-/ 形〔言語〕同語族の, 同一語源の (*to, with*). ― 名 Ⓒ〔言語〕同族の言語, 同一語源の語.
cógnate óbject 名 Ⓒ〔文法〕同族目的語《動詞の目的語のうち, 語源や意味の上でその動詞と関連のあるもの: 例えば live a happy life (幸福な人生を送る)の life》.
cog·ni·tion /kɑ(ː)gníʃən | kɔg-/ 名 Ⓤ〔心理〕認識, 認知.
cog·ni·tive /kɑ́(ː)gnəṭɪv | kɔ́g-/ 形〔心理〕認知の, 認識(について)の.
cog·ni·zance /kɑ́(ː)gnəz(ə)ns | kɔ́g-/ 名 Ⓤ《格式》知識, 認識: have *cognizance* of ... ...を知っている.
tàke cógnizance of ... [動] 他《格式》...を認める; ...を考慮する.
cog·ni·zant /kɑ́(ː)gnəz(ə)nt | kɔ́g-/ 形 叙述《格式》(...を)認識して, 知って (*of*).
co·gno·scen·ti /kɑ̀(ː)njəʃénṭiː, kɑ̀(ː)gnə- | kɔ̀gnə-/ ≪イタリア語から≫ 名 複 [the ~]《格式》(ある分野に)詳しい人々, 通《全体》.
cog·wheel /kɑ́(ː)g(h)wìːl | kɔ́gwìːl/ 名 Ⓒ 歯車.
co·hab·it /koʊhǽbɪt/ 動 自《格式》同棲(どうせい)する (*with*).
co·hab·i·ta·tion /koʊhæ̀bətéɪʃən/ 名 Ⓤ《格式》同棲.
co·here /koʊhíɚ | -híə/ 動 (-her·ing /-hí(ə)rɪŋ/) 自 ❶《格式》(文章·理論などが)筋が通る, 首尾一貫する. ❷《格式》密着する; (人が)結束する.
co·her·ence /koʊhí(ə)rəns/, **co·her·en·cy** /koʊhí(ə)rənsi/ 名 Ⓤ (文章·理論などの)筋が通っていること, 首尾一貫性, つじつまがあっていること [⇔ incoherence]; (集団の)結束, まとまり.
co·her·ent /koʊhí(ə)rənt/ 形 (文章·理論などが)筋の通った, 首尾一貫した, つじつまがあった; (人が)話の明快な [⇔ incoherent]; (人が)結束した.
co·he·sion /koʊhíːʒən/ 名 ❶ Ⓤ《格式》結合(力); 結束, 団結 (*among, between*). ❷ Ⓤ〔言語〕(テキストの)結束性, つながり. ❸ Ⓤ〔物理·化学〕(分子の)凝集(力).
co·he·sive /koʊhíːsɪv/ 形《格式》結合力[結束性]のある; 粘着力のある.
co·hort /kóʊhɔɚt | -hɔːt/ 名 ❶ Ⓒ [《英》単数形でもときに複数扱い] [軽蔑的] 仲間, 一味, 支持者. ❷ Ⓒ [《英》単数形でもときに複数扱い]〔統計〕(同時出生集団などの)群, コーホート.
coif·fure /kwɑːfjʊ́ɚ | -fjʊ́ə/ ≪フランス語から≫ 名 Ⓒ《格式》髪型, 髪の結い方 [≒hairstyle].
coil /kɔ́ɪl/ 動 他 (...)をぐるぐる巻く, 渦巻きにする [⇔ uncoil]: He *coiled* the rope *up*. 彼はロープをぐるぐる巻いた / Her hair *was* neatly *coiled* on her head. 彼女の髪はきちんと巻き毛に整えられていた. ― 自 [副詞(句)を伴って] 輪を作る, 巻きつく, (蛇が)とぐろを巻く (*around, round*): The cat *coiled* (*up*) *into* a ball. 猫が丸くなっていた. ― 名 ❶ Ⓒ (巻いた)輪; 渦; とぐろ: a *coil of* wire 1 巻きの針金 / in a *coil* ぐるぐる巻きになって. ❷ Ⓒ〔電気〕コイル. ❸ Ⓒ 避妊リング.

**coin /kɔ́ɪn/

― 名 (~s /~z/) Ⓒ **硬貨, コイン**; Ⓤ 硬貨《全体》: a gold [silver] *coin* 金[銀]貨 / Please change this bill for *coins*. このお札をコインに替えてください. 関連《米》bill, 《英》note 紙幣.

coin	米国のコインの通称
1 cent	penny
5 cents	nickel
10 cents	dime
25 cents	quarter
50 cents	half dollar

the óther [ópposite, flíp] sìde of the cóin [名] (物事の)違った[反対の]見方[面].
tóss [flíp] a cóin [動] 自 コインを指ではじく《出るのが表 (heads) か裏 (tails) かで順番を決めたり占いをしたりする》.
twó sídes of the sáme cóin [名] 同じ物事の表と裏.
― 動 他 ❶ (新語など)を作り出す. ❷ (金属)を貨幣にする; (硬貨)を鋳造する.
cóin móney = cóin it (ín) [動] 自 [普通は進行形

で]《英略式》どんどん金をもうける. (名 cóinage)
coin·age /kɔ́ɪnɪʤ/ 名 ❶ U 硬貨の鋳造; (鋳造された)硬貨《全体》; 貨幣制度: decimal *coinage* 10 進法による貨幣制度. ❷ U (語句の)新造, 造語. ❸ C 新造語(句). (動 coin)
+**co·in·cide** /kòʊɪnsáɪd/ 動 (-in·cides /-sáɪʣ/; -in·cid·ed /-ḍɪd/; -in·cid·ing /-ḍɪŋ/) 自 ❶ (...と)**同時に起こる**: The two accidents ***coincided with*** each other. V+with+名 その 2 つの事故は同時に起こった.
❷ [進行形なし] (...と)**一致する**; 意見を同じくする: Her travel plans ***coincided with*** mine. V+with+名 彼女の旅行計画は私のと同じだった.
(名 coíncidence, 形 coíncident)
+**co·in·ci·dence** /koʊínsədns/ 名 (-ci·denc·es /~ɪz/) ❶ C,U **偶然の一致**, 同時発生; C 同時に発生したこと[もの]: by (a mere) *coincidence* 偶然の一致で / What a *coincidence*! まあ(驚いた), 偶然の一致ですね / sheer [pure] *coincidence* 全くの偶然 / It is no *coincidence* that all the students have complained about the new teacher. 生徒達が皆新しく来た先生に不平を言っているのは偶然ではない. ❷ [単数形で]《格式》(意見・利害などの)一致 (*of*). (動 còincíde)
co·in·ci·dent /koʊínsədnt/ 形《格式》時を同じくした; (...)と全く一致する (*with*). (動 còincíde)
co·in·ci·den·tal /koʊìnsədénṭl←/ 形 [普通は 叙述] 全くの偶然の, (偶然に)一致する (*with*). **-tal·ly** /-ṭəli/ 副 文修飾 全く偶然に(も).
cóin pùrse 名 C《米》小銭入れ, 財布.
co·i·tus /kóʊɪṭəs/, **co·i·tion** /koʊíʃən/ 名 U〔医学〕性交, 交接.
coke[1] /kóʊk/ 名 U コークス.
coke[2] /kóʊk/ 名 U《略式》= cocaine.
Coke, coke[3] /kóʊk/ 名 C,U《略式》= Coca-Cola.
col /kɑ́(ː)l | kɔ́l/ 名 C (山の尾根の)鞍部(あんぶ).
col- /kɑ(ː)l, kəl | kɔl, kəl/ 接頭 = con-《l- で始まる語の前の変形》: *col*lect 集める / *col*lide 衝突する.
col. 略 = column.
Col. 略 = colonel, Colorado.
+**co·la** /kóʊlə/ 名 U,C **コーラ飲料**; C 1 本[1 杯]のコーラ: drink too much *cola* コーラを飲み過ぎる.
col·an·der /kʌ́ləndɚ | -də/ 名 C 水切り(ボール)《たくさん穴のあいたボウル形の台所用具》.

***cold** /kóʊld/

— 形 (cold·er; cold·est) ❶ (物が)**冷たい**, (天候などが)**寒い**; **冷えた**《⇒ 類義語, hot 表》[⇔ hot]: *cold* water 冷たい水 / January is the *coldest* month in [of] the year. 1 月は一年中でいちばん寒い月だ / *Cold* day, isn't it? 寒い日ですね / It is getting *colder* day by day. 日増しに寒くなってゆく. C+1 意味を強める語として very のような一般的な副詞のほか bitterly, freezing などもよく用いられる: It's ***bitterly*** [***freezing***] ***cold*** outside. 外はひどく[凍(こ)えるほど]寒い // This beer isn't *cold* enough. このビールはよく冷えてない / I feel *cold*. 私は寒けがする.
❷ (人や態度が)**冷淡な**, 冷たい, よそよそしい; 無情な [⇔ warm]: a *cold* answer 冷淡な返事 / After the quarrel he was ***cold to*** [***toward***] me for several days. +to [toward]+名 けんかのあと数日間彼は私に冷たかった. ❸ (色・光が)冷たい, 寒色の; (空などが)寒々とした. ❹ 叙述 (正解・目標から)遠い, 見当はずれで《子供たちのクイズ・捜し物などで; ⇒ hot 10 関連》: You're getting *colder*. だんだん正解から遠くなっています. ❺ (料理が)冷やして食べる, 冷製の. ❻ (獲物などの臭跡・痕跡が)かすかな. ❼ 叙述《略式》(頭を打って)意識不明の, 気を失った; 死んでいる. ❽ 限定 (事実などが)冷厳な, がっかりさせるような.
léave ... cóld [動] 他 (人)に何の興味[印象]も与えない: The novel *left* me *cold*. その小説を読んだが興味がわかなかった.
óut cóld [形・副]《略式》意識を失って.

類義語 **cold** 気温・気候などが寒い. **chilly** *cold* ほどではないがうすら寒い: It will get *chilly* in the evening. 夕方には少し冷えるでしょう. **cool** 特に暑さとの対比で気持ちよく涼しい: It feels *cool* inside after the heat of the sun. 暑い日差しの後では屋内は涼しく感じる.

— 名 ❶ C [しばしば a ~] **かぜ**: ***catch*** (*a*) ***cold*** かぜをひく. 語法 catch の目的語になるときはしばしば無冠詞だが, catch a bad cold のように修飾語を伴うときは不定冠詞が必要 // ***have a cold*** かぜをひいている / *a cold* in the head = *a* head *cold* 鼻かぜ / Someone has given me *a cold*. だれかにかぜをうつされた. 関連 influenza インフルエンザ.
❷ U [しばしば the ~] **寒さ**, 冷気 [⇔ heat]: I don't like *the cold* in winter. 私は冬の寒さが好きではない / shiver with *cold* 寒さで震える / die from *cold* 凍死する / go out in *the cold* 寒い中を出かける.
còme ín from the cóld [動] 自 のけ者でなくなる.
léave ... (óut) in the cóld [動] 他《略式》(人)をのけ者にする, 無視する: They *left* him *out in the cold*. 彼らは彼をのけ者にした.
— 副 ❶《米》急に, 完全に: stop *cold* ぴたっと止まる. ❷ 準備なしに, いきなり.
cold-blood·ed /kóʊldblʌ́ḍɪd←/ 形 ❶〔動物〕冷血の, 変温の [⇔ warm-blooded]. ❷ 冷酷な, 血も涙もない. **~·ly** 副 冷酷に. **~·ness** 名 U 冷酷さ.
cóld cáll 名 C (セールスの)勧誘電話[訪問].
cold-call /kóʊldkɔ́ːl/ 動 他 (...)に勧誘電話[訪問]をする.
cóld cásh 名 U《米》現金 [≒hard cash].
cóld cómfort 名 U 少しも慰めとならないもの.
cóld crèam 名 U コールドクリーム《化粧落とし・保湿用》.
cóld cùts 名 複《主に米》(薄く切った)冷肉(とチーズ)の盛り合わせ.
cóld fràme 名 C 冷床《苗の保護用の枠組》.
cóld frònt 名 C〔気象〕寒冷前線《⇒ weather map 挿絵》.
cold-heart·ed /kóʊldhɑ́ɚṭɪd | -hɑ́ːt-←/ 形 (人が)冷たい, 冷淡な; 無情な [⇔ warm-hearted]. **~·ly** 副 冷淡に.
cold·ly /kóʊldli/ 副 冷たく, 冷淡に [⇔ warmly].
cold·ness /kóʊldnəs/ 名 U 寒さ, 冷たさ; 冷淡さ.
cóld shóulder 名 [次の成句で] **gét the cóld shóulder** [動] 自《略式》冷たくあしらわれる. **gíve ... the cóld shóulder** [動] 他《略式》(人を)冷たくあしらう. 由来 冷遇された旅人には冷えた羊の肩肉が出されたことから.
cold-shoul·der /kóʊldʃóʊldɚ | -də/ 動 他 (人)を冷遇する, 無視する.
cóld snàp 名 C (突然の)寒さの襲来 (snap).
cóld sòre 名 C 口唇ヘルペス《かぜ・熱などで口の周りにできる発疹》.
cóld spéll 名 C 寒波, 寒さ続き.
cóld stórage 名 ❶ U (食物などの)冷蔵(場所).

❷ Ⓤ (計画などの)凍結: put a plan in *cold storage* 計画を棚上げにする.

cóld stóre 名 Ⓒ 冷蔵倉庫.

cóld swéat 名 [a ~] 冷や汗: I was in *a cold sweat.* 私は冷や汗をかいていた.

cóld túrkey 名 Ⓤ (たばこ・麻薬などを)急に絶つこと; 禁断症状. **gò [quít, stóp] cóld túrkey** [動] 自 《略式》一気に麻薬[たばこ]を断つ.

cóld wár 名 [Ⓤ または a ~] 冷戦《武力を用いない対立》; [the C- W-] (米ソ間の)冷戦.

cole·slaw /kóʊlslɔ̀ː/ 名 Ⓤ コールスロー《キャベツなどを細かく刻んだサラダ》.

col·ic /kɑ́(ː)lɪk | kɔ́l-/ 名 Ⓤ (子供の)腹痛, 疝痛(せんつう).

co·li·tis /koʊláɪtɪs/ 名 Ⓤ 〔医学〕大腸炎, 結腸炎.

col·lab·o·rate /kəlǽbərèɪt/ 動 自 ❶ 共同して働く, 共同研究する; 協力する: He *collaborated with* the composer *on* [*in* creat*ing*] the musical. 彼は作曲者と協力してそのミュージカルを作った. ❷ (敵国・占領軍と)協力する (*with*). 〚⇒ labor キズナ〛

+**col·lab·o·ra·tion** /kəlæ̀bəréɪʃən/ 名 ❶ Ⓤ,Ⓒ **共同(作業), 協力; 共同研究[制作]**: ***collaboration between*** academic institutions ***and*** industry 産学協同 / ***in collaboration with*** ... ...と共同して. ❷ Ⓤ 利敵協力 (*with*).

col·lab·o·ra·tive /kəlǽb(ə)rəṭɪv/ 形 限定 共同の, 協力的な: a *collaborative* effort 共同作業.

col·lab·o·ra·tor /kəlǽbərèɪṭə | -tə/ 名 ❶ Ⓒ (敵国への)協力者. ❷ Ⓒ 共同研究者; 共著者, 合作者.

col·lage /kəlɑ́ːʒ/ 名 ❶ Ⓤ,Ⓒ 〔美術〕コラージュ《紙・布・木片などをはり合わせて抽象的効果を出す技法またはその作品》. ❷ Ⓒ (異なるものの)寄せ集め.

col·la·gen /kɑ́(ː)ləʤən | kɔ́l-/ Ⓤ コラーゲン, 膠原(こうげん)《硬たんぱく質の一つ》.

*__col·lapse__ /kəlǽps/ 動 (col·laps·es /~ɪz/; col·lapsed /~t/; col·laps·ing) 自 ❶ (建物などが)**崩れる**, 崩壊する [≒break down]: The bridge *collapsed* in the earthquake. 地震で橋が崩れ落ちた. ❷ (病気・疲労などで)倒れる; (崩れるように)座り込む, 横になる: Soon after that he *collapsed* (in a heap). その後まもなく彼は(ばったりと)倒れた. ❸ (事業・計画などが)つぶれる, 崩れる; (価格などが)急落する: Their business is sure to *collapse* within a year. 彼らの事業は1年以内にきっとだめになる. ❹ 折りたためる: This chair *collapses* easily. このいすは楽に折りたためる. ❺ 〔医学〕(肺・血管が)虚脱する.

— 他 (...)を折りたたむ: *collapse* a chair いすを折りたたむ.

— 名 (col·laps·es /~ɪz/) ❶ Ⓒ,Ⓤ (体制などの)**崩壊**; 失敗, 挫折(ざせつ): economic *collapse* 経済の崩壊 / save the company from *collapse* 会社を倒産から救う.

❷ Ⓤ **倒壊**, 崩壊: A strong wind caused the *collapse of* the tower. 強風で塔が倒壊した. ❸ Ⓤ,Ⓒ 衰弱; 意気消沈; 卒倒: She was in a state of *collapse*. 彼女は弱り果てていた. ❹ [単数形で] (価格などの)急落 (*in*).

col·laps·i·ble /kəlǽpsəbl/ 形 折りたためる: a *collapsible* chair 折りたたみいす.

+**col·lar** /kɑ́(ː)lə | kɔ́lə/ 名 (~s /~z/) ❶ Ⓒ **襟**(えり), カラー: She turned up her coat *collar.* 彼女は上着の襟を立てた / He took me by *the collar.* 彼は私の襟首をつかんだ《⇒ the¹ 2 語法》.

❷ Ⓒ (犬・猫の)**首輪**, (馬車馬の)首当て: a surgical *collar* (むち打ち症患者などの)首当て / This dog's *collar* is too tight. この犬の首輪はきつすぎる. ❸ Ⓒ 〔機械〕(2本の管をつなぐ)環, 軸つば.

— 動 (-lar·ing /-lərɪŋ/) 他 《略式》(人)の襟首をつかむ; (人)を捕らえる; (話をするため)(人)をひきとめる.

col·lar·bone /kɑ́(ː)ləbòʊn | kɔ́lə-/ 名 Ⓒ 鎖骨.

cól·lard grèens /kɑ́(ː)ləd- | kɔ́ləd-/ 名 複 《米》コラード《主に米国南部のキャベツの一品種; 食用》.

-col·lared /kɑ́(ː)ləd | kɔ́ləd/ 形 [合成語で] (...の)襟をつけた: an open-*collared* shirt 開襟シャツ.

col·late /kəléɪt/ 動 他 《格式》(情報など)を集めて整理する; 〔製本〕(本など)のページ順をそろえる.

+**col·lat·er·al** /kəlǽṭərəl, -trəl/ 名 Ⓤ 〔商業〕**担保物**: put up ... as *collateral* ...を担保にする.

— 形 ❶ 《格式》付随する; 付帯[二次]的な: *collateral* damage 付随的損害《戦争による民間人への被害》. ❷ 《格式》直系でない, 傍系の.

col·la·tion /kəléɪʃən/ 名 Ⓤ 《格式》照合, 校合(きょうごう); 〔製本〕(ページの)丁合い.

*__col·league__ /kɑ́(ː)liːg | kɔ́l-/ ❗発音 名 (~s /~z/) Ⓒ (主に官職・公務上の)**同僚**, 仲間.

col·lect /kəlékt/

— 動 (col·lects /-lékts/; -lect·ed /~ɪd/; -lect·ing) 他 ❶ (...)を**集める**, **収集する**《⇒ gather 類義語》: *collect* stamps 切手を収集する / Enough evidence *was collected.* V+O の受身 十分な証拠が集められた.

❷ (金)を**徴収する**, 取り立てる, 集金する; (寄付金・献金など)を募(つの)る: His job is to ***collect*** taxes ***from*** them. V+O+from+名 彼の仕事は彼らから税金を徴収することだ.

❸ (郵便物・ごみなど)を**集める**, 回収する (*up*); (ほこりなど)をためる: *collect* garbage ごみを集める / That guitar has been *collecting* dust for years. そのギターは何年もほこりにまみれている.

❹ 《主に英》(人)を**迎えにいく** [≒pick up]; (物)を取りにいく: *collect* one's child *from* school 学校へ子供を迎えにいく. ❺ (...)を手に入れる, 勝ち取る. ❻ (考えなど)をまとめる: *collect* one's thoughts 考えをまとめる, 心の準備をする.

— 自 ❶ (人が)**集まる**; (水・ほこりなどが)たまる: Crowds of people *collected* there. 多数の人々がそこに集まった / Fallen cherry blossom petals ***collected along*** the side of the road. V+前+名 散った桜の花びらが道ばたに積もった. ❷ 集金する; 寄付を募る: *collect for* charity 慈善の寄付を募る.

colléct onesèlf [動] 自 **気を取り直す**, 心を落ち着かせる: She *collected herself* and called home. 彼女は気を落ち着けて家に電話をした.

(名 colléction, 形 colléctive)

— 形 副 《米》(料金が)受信人[受取人]払いの[で].

cáll [phóne] ... colléct [動] 他 《米》(人)にコレクトコールをかける, 受信人払いで電話をかける [《英》reverse (the) charge(s)].

〚⇒ elect キズナ〛

col·lect·a·ble /kəléktəbl/ 形 名 = collectible.

colléct cáll 名 Ⓒ 《米》コレクトコール, 受信人払いの通話.

+**col·lect·ed** /kəléktɪd/ 形 ❶ 叙述 **落ち着いた**, 冷静な: ***cool, calm, and collected*** 落ち着き払って, 冷静で. ❷ 限定 **集められた**, 収集した: the *collected* works of Mark Twain マークトウェイン全集.

col·lect·i·ble /kəléktəbl/ 形 収集に値する; 収集可

能な. ―名C 収集品; 収集に値するもの.

****col·lec·tion** /kəlékʃən/

―名(~s /~z/) ❶ C **収集物**《全体》, **コレクション**, 採集物: a stamp *collection* 収集した切手類 / There is a large ***collection of*** dolls in her room. 彼女の部屋には人形の大コレクションがある. ❷ C コレクション, 新作展示品《デザイナー・メーカーが売り出す新作の衣服など》. ❸ C (小説・詩・音楽などの)選集 (*of*). ❹ U 集めること, 収集 (*of*): data *collection* データの収集. ❺ U,C (ごみなどの)収集; C《主に英》(ポストの郵便物の)回収: garbage *collection* ごみの収集. ❻ U,C (金などの)徴収, 取り立て: tax *collection* 税金の取り立て. ❼ C (教会などの)募金; (資金)カンパ; 募金の額 (*for*): have a *collection* 募金活動をする / a *collection* box 募金箱. ❽ C (物・人の)集まり; (ごみなどの)山, 堆積(たいせき) (*of*). (動 colléct)

***col·lec·tive** /kəléktɪv/ 形 限定 **集合的な**; **集団の**; 共同の: *collective* property 共有財産 / a *collective* decision 総意による決定 / a *collective* farm 集団農場. (動 colléct)

―名C 共同体; 集団農場; 共同事業体.

colléctive bárgaining 名U (労使間の)団体交渉.

col·lec·tive·ly /kəléktɪvli/ 副 集合的に, 一括して; 集団的に, 共同して [⇔ individually].

colléctive nóun 名C〔文法〕集合名詞《⇒ **巻末文法** 2. 1 (1)》.

col·lec·tiv·is·m /kəléktɪvìzm/ 名U 集産主義《土地・生産手段などを国家が管理する》.

+col·lec·tor /kəléktə | -tə/ 名(~s /~z/) C [しばしば合成語で] **集める人**, **収集家**; 採集者; 集金人; 収税吏: an art *collector* 美術品収集家 // ⇒ garbage collector, tax collector.

col·léc·tor's ìtem /kəléktəz- | -təz-/ 名C (収集家の珍重する)逸品, 珍品.

****col·lege** /ká(ː)lɪʤ | kɔ́l-/

―名(col·leg·es /~ɪz/) ❶ C,U **大学**, 単科大学《⇒ university 表》; **(特殊)専門学校**: ***go to college*** 大学に通う / ***graduate from college*** 大学を卒業する / She is ***in*** [***at***] ***college*** now. 彼女は大学に在学中だ / a junior *college* 短期大学 / a business *college* 実務専門学校.

> 語法 (1)《米》では university との区別は明確でなく, 一般に「大学」というときに college を用いることも多い.《英》では義務教育を終えて進む専門学校などをいう.
> (2) 建物ではなく一般に教育機関や課程を意味するときには U として扱い無冠詞が普通.

❷ [形容詞的に] **大学の**, 大学に関係のある: a *college* student 大学生 / a *college* edition (書物などの)学生版. ❸ C (大学の)学部 [≒faculty, school]: This university has five *colleges*. この大学には5つの学部がある. ❹ C《英》学寮《Oxford や Cambridge の大学 (university) を形成する自治権を持った組織体》; [しばしば校名で] (学寮にならった)パブリックスクール: Eton *College* イートン校. ❺ C [《英》単数形でもときに複数扱い] (college の)教職員と学生《全体》. ❻ C (医師など職業人の)団体, 協会, 学会. (形 collégiate)

〖語源 ラテン語で「同僚 (colleague) の集まり」の意〗

col·le·gi·ate /kəlíːʤ(i)ət/ 形 限定 大学の, 大学生(用)の;《英》学寮(組織)のある. (名 cóllege)

+col·lide /kəláɪd/ 動 (col·lides /-láɪʣ/; col·lid·ed /-ɖɪd/; col·lid·ing /-ɖɪŋ/) 自 ❶ **衝突する**, ぶつかる《⇒ 類義語》: Two bicycles *collided* at the corner. 2台の自転車が角でぶつかった / Our bus ***collided with*** a truck. V+*with*+名 私たちのバスがトラックと衝突した. ❷《格式》(意見などが)食い違う, 対立する; (異質なものが)ぶつかり合う: The committee ***collided with*** the government ***over*** the plan. その計画について委員会の意見は政府と対立した. (名 collísion)

> 類義語 **collide** 本来は動いている物どうしが対面で衝突することだが, 現在では片方が静止しているものにも使う. **crash** 本来は衝突する相手が静止している場合に用いるが, 現在では両方が動いている場合にも用いられる.

col·lie /ká(ː)li | kɔ́li/ 名C コリー《Scotland 原産の牧羊犬・愛玩(あいがん)犬; ⇒ dog 挿絵》.

col·lier·y /ká(ː)ljəri | kɔ́l-/ 名 (-lier·ies) C《英》炭鉱《関係設備を含めていう》.

+col·li·sion /kəlíʒən/ 名 (~s /~z/) ❶ C,U **衝突**: a *collision* 「***with*** a truck [***between*** two trucks] トラックとの[2台のトラックの]衝突 / a head-on *collision* 正面衝突. ❷ C,U《格式》(利害などの)衝突, 対立; (異質なものの)ぶつかり合い (*between*).

be on a collísion còurse [動] 自 衝突が必至である; 対立が避けられない (*with*). (動 collíde)

col·lo·cate /ká(ː)ləkèɪt | kɔ́l-/ 動 自〔言語〕(ある語が他の語と)結び付く, 連語をなす (*with*).

col·lo·ca·tion /kà(ː)ləkéɪʃən | kɔ̀l-/ 名〔言語〕U 語の結び付き; C コロケーション, 連語《go to college (大学に通う), commit a crime (罪を犯す), strong coffee (濃いコーヒー)のように慣用的に結び付いた語句で, イディオム[成句]ほど固定的でないもの》.

col·lo·qui·al /kəlóʊkwiəl/ 形 口語(体)の, 日常会話の: *colloquial* language 口語, 話しことば. 関連 literary 文語(体)の.

col·lo·qui·al·is·m /kəlóʊkwiəlìzm/ 名U 口語体, 会話体; C 口語的な語法[語句].

col·lo·qui·al·ly /kəlóʊkwiəli/ 副 口語体で.

col·lo·qui·um /kəlóʊkwiəm/ 名C《格式》(専門家)会議; セミナー; 討論会.

col·lo·quy /ká(ː)ləkwi | kɔ́l-/ 名 (-lo·quies) C《格式》(改まった)談話; 会談 (*with, between*).

col·lude /kəlúːd/ 動 自 共謀する (*with, in*).

col·lu·sion /kəlúːʒən/ 名U 共謀, 談合, 癒着 (*between*).

Colo. 略 = Colorado.

Co·logne /kəlóʊn/ 名 ❶ 固 ケルン《ドイツの Rhine 川に臨む都市》. ❷ [c-] U = eau de cologne.

Co·lom·bi·a /kəlʌ́mbiə | -lɔ́m-/ 名 固 コロンビア《南アメリカ北西部の共和国》.

Co·lom·bo /kəlʌ́mboʊ/ 名 固 コロンボ《Sri Lanka の海港; 旧首都》.

co·lon[1] /kóʊlən/ 名C〔文法〕コロン (:)《⇒ **巻末文法** 16.2》.

co·lon[2] /kóʊlən/ 名C〔解剖〕結腸.

+colo·nel /kə́ːn(ə)l | kə́ː-/ ✪ 全く例外的な発音. 名 (~s /~z/) C (**陸軍**) **大佐**;《米》空軍大佐《略 Col.》: *Colonel* White ホワイト大佐.

+co·lo·ni·al /kəlóʊniəl/ 形 ❶ 限定 **植民地の**, 植民地を持つ: *colonial* rule 植民地支配. ❷ 限定 [しばしば

C-]〔米国史〕東部植民地の; 東部植民地風の《⇒ colony 2》: *colonial* furniture 植民地時代[風]の家具. (名 cólony)
— 名 C 入植者.

co·lo·ni·al·is·m /kəlóʊniəlìzm/ 名 U 植民地主義.

co·lo·ni·al·ist /kəlóʊniəlɪst/ 名 C 植民地主義者.
— 形 植民地主義(者)の.

col·o·nist /kɑ́(ː)lənɪst | kɔ́l-/ 名 C 入植者.

col·o·ni·za·tion /kɑ̀(ː)lənɪzéɪʃən | kɔ̀lənaɪz-/ 名 U 植民, 植民地開拓; 植民地化.

col·o·nize /kɑ́(ː)lənàɪz | kɔ́l-/ 動 他 ❶ (...)を植民地として開拓する; 植民地化する. ❷ (動植物が)(...)に群生する, コロニーを作る. (名 cólony)

col·o·niz·er /kɑ́(ː)lənàɪzə | kɔ́lənàɪzə/ 名 C 植民地開拓者[国], 入植者.

col·on·nade /kɑ̀(ː)lənéɪd | kɔ̀l-/ 名 C (ギリシャ建築などの)列柱, 柱廊.

+**col·o·ny** /kɑ́(ː)ləni | kɔ́l-/ 名 (-o·nies/~z/) ❶ C **植民地, 開拓地**. 関連 protectorate 保護領. ❷ [the Colonies]〔米国史〕アメリカ合衆国の起源となった東部の 13 の英国植民地. ❸ C [《英》単数形でもときに複数扱い] 移民団, 入植者《全体》: The *colony* was barely able to survive the winter. 開拓民たちはかろうじて冬を乗り切ることができた. ❹ C [《英》単数形でもときに複数扱い] (同じ国の)居留民; (同業者などの)集まり, 群居地: Dejima was a foreigners' *colony* in the Edo period. 出島は江戸時代の外国人たちの居住地だった. ❺ C [《英》単数形でもときに複数扱い]〔生物〕(あり・みつばちなどの)生活集団, コロニー; (植物の)群落. (動 cólonìze, 形 colónial)
〘語源 ラテン語で「農場」の意〙

*****col·or,** 《英》 **col·our** /kʌ́lə | -lə/ ❗発音
— 名 (~s /~z/) ❶ U,C 色, 色彩《⇒ 類義語》: 言い換え What *color* is your car? = What is the *color of* your car? あなたの車の色は何ですか / warm *colors* 暖色《赤・だいだい・黄など》/ cool *colors* 寒色《青・緑・灰色など》/ primary *colors* 原色 / The dog is brown *in color*. その犬の色は茶色だ / Leaves *change color* in the fall. 秋には木の葉が色を変える / These plants *add color to* a garden. これらの植物は庭に色どりを添える.
❷ [形容詞的に] **色のついた, カラーの**: *color* photographs カラー写真 / *color* printing カラー印刷.
❸ U,C (皮膚の)色, 有色《特に黒い皮膚を遠回しに言うのに使われる; ⇒ colored 3》: people *of color* 有色人種 / *color* prejudice 肌の色に対する偏見. ❹ U 顔色, 血色: The *color* drained from his face. 彼の顔から血の気が引いた / A sip of brandy brought (the) *color* back to her cheeks. ブランデーをひと口すすると彼女のほおに血色が戻った. ❺ C,U 絵の具, 塗料, 染料; 着色料: ⇒ oil color. 関連 watercolor 水彩絵の具. ❻ U (人や文学・音楽作品などの)個性, 特色; 地方色; 生彩: the local *color* of the district その地方の郷土色 / add [give, lend] *color* to ... ...に色どりを添える, ...をおもしろくする. ❼ [複数形で] (学校・団体などの)目印, シンボルカラー; 《主に英》シンボルカラーのリボン[バッジ, ユニフォーム, 旗]; (軍隊などの)旗.
gíve [lénd] cólor to ... [動] 他 (主張など)をもっともらしく見せる《⇒ 6》.
in (fúll) cólor [形] (白黒に対して)カラーの[で].
sée the cólor of ...'s móney [動] 他 Ⓢ (人)が払えるかどうかを確かめる.
shów one's trúe cólors [動] 自 本性を現わす.
(形 cólorful)

類義語 **color** 色を表わす最も一般的な語: the *color* of a flower 花の色. **shade, tone** ともに色の濃淡や明暗の度合いをいう: all *shades* of green あらゆる色合いの緑. **hue** ほぼ *color* と同じ意味で詩などの文語的表現で用いるが, 特に色の変化などについて述べるときに用いる: The bright green changed into a less vivid *hue*. 明るい緑が少しぼけた色合いに変わった. **tint** ほのかな色合い: a rosy *tint* on the cheeks ほおにさすうっすらとしたばら色 / autumn *tints* 紅葉. **tinge** 全体に薄く混合している色をいう: yellow with a reddish *tinge* 少し赤みがかった黄色.

— 動 (col·ors, 《英》 col·ours /~z/; col·ored, 《英》 col·oured /~d/; -or·ing, 《英》 -our·ing /-l(ə)rɪŋ/) 他 ❶ (...)に**色をつける**, 色を塗る [≒paint]; (...)を染める: He began *coloring* the picture with crayons. 彼はその絵にクレヨンで色をつけ始めた / She *colored* the box red. V+O+C (形) 彼女はその箱を赤く塗った. ❷ (意見・態度・判断など)に(悪)影響を与える, (...)をゆがめる: This report *is* highly *colored*. この記事はずいぶん潤色されている.
— 自 ❶ 色を塗る. ❷《文語》(人が)顔を赤くする [≒blush] (*at*).
cólor ín [動] 他 (塗り絵など)に色を塗る.

Col·o·ra·dan /kɑ̀(ː)lərǽdn | kɔ̀lərɑ́ːdn←/ 形 コロラド州(人)の. — 名 C コロラド州人.

Col·o·ra·do /kɑ̀(ː)lərǽdoʊ, -rɑ́ː- | kɔ̀lərɑ́ː-←/ 名 固 ❶ コロラド《米国中西部の州; 略 Col., Colo.,〔郵便〕では CO》. ❷ [the ~] コロラド川《米国コロラド州に源を発し, California 湾に注ぐ川》.〘語源 スペイン語で「赤い(川)」の意〙

col·or·ant /kʌ́lərənt/ 名 C 着色剤, (髪の)染料.

col·or·a·tion /kʌ̀ləréɪʃən/ 名 U (動植物の)天然の色, 配色, 色の模様: protective *coloration*〔動物〕保護色.

col·o·ra·tu·ra /kʌ̀lərət(j)ʊ́(ə)rə | kɔ̀l-/ 名 ❶ U〔音楽〕コロラチュラ《トリルなどのきわめて華麗で技巧的な唱法》. ❷ C (女性の)コロラチュラ歌手.

col·or-blind /kʌ́ləblàɪnd | -lə-/ 形 ❶ 色覚異常の. ❷ 人種差別をしない.

cólor blìndness 名 U 色覚異常.

col·or-cod·ed /kʌ́ləkòʊdɪd | -lə-/ 形 (識別のために)色分けされた.

***col·ored,** 《英》 **col·oured** /kʌ́ləd | -ləd/ 形 ❶ 限定 (特に白・黒を除く)**色のついた**, 彩色してある; (髪が)染めてある: *colored* pencils 色鉛筆. ❷ [合成語で] ...色の: a cream-*colored* dress クリーム色のドレス. ❸《古風》[差別的] 有色人種の. 語法 現在では黒人は black や African American, Afro-American, 他は具体的な民族名などで呼ぶのが普通; ⇒ black 形 3 語法: *colored* people 有色人種, 黒人. ❹ [C-]《南ア》混血の. ❺ 事実をゆがめた, 偏向のある.
— 名 ❶ C《古風》[差別的] 有色人, 黒人. ❷ C [C-]《南ア》混血の人.

col·or·fast /kʌ́ləfæ̀st | -ləfɑ̀ːst/ 形 (生地が)色あせしない, 色落ちしない.

+**col·or·ful,** 《英》 **col·our·ful** /kʌ́ləf(ə)l | -lə-/ 形 ❶ **色彩に富んだ**, 多彩な, はでな [⇔ colorless]: The peacock has *colorful* tail feathers. 雄のくじゃくは尾の羽毛が色彩豊かである. ❷ (話などが)生彩のある, 生き生きとした; (経歴などが)変化に富んだ, 華麗な. ❸

(ことばが)乱暴な, 汚い. (名 cólor)
-ful·ly /-fəli/ 副 色彩に富んで.
col·or·ing, 《英》 **col·our·ing** /kʌ́lərɪŋ/ 名 ❶ C,U 色素, 着色料: food *coloring* 食品着色料. ❷ U 着色(法), 彩色(法). ❸ U 肌[髪, 目]の色, (顔の)血色; (動植物の)天然色.
cóloring bòok 名 C 塗り絵帳.
col·or·less, 《英》 **col·our·less** /kʌ́lələs | -lə-/ 形 ❶ 無色の [⇔ colorful]. ❷ (顔色などが)青白い, 血の気のない. ❸ 特色のない; 生彩のない, さえない.
cólor lìne 名 C [普通は単数形で] 《米》 黒人差別(の法律[慣習]) [《英》 colour bar].
co·los·sal /kəlá(ː)s(ə)l | -lɔ́s(ə)l/ 形 巨大な; (量·程度などが)非常に大きい, 膨大な, 途方もない.
Col·os·se·um /kà(ː)ləsíːəm | kɔ̀l-/ 名 固 [the ~] コロッセウム《ローマの円形大演技場; 紀元 1 世紀ごろの建造で今は遺跡》.
co·los·sus /kəlá(ː)səs | -lɔ́s-/ 名 (複 ~·es, co·los·si /-saɪ/) C 《文語》 巨人, 偉人; 巨大なもの; 巨像.

***col·our** /kʌ́lɚ | -lə/ 名 動 《英》 = color.
cólour bàr 名 《英》 = color line.
+**col·our·ful** /kʌ́lɚf(ə)l | -lə-/ 形 《英》 = colorful.
colt /kóʊlt/ 名 C 雄の子馬《4–5 歳まで》. 関連 filly 雌の子馬 / horse 馬.
Colt /kóʊlt/ 名 C コルト式自動けん銃《商標》.
colt·ish /kóʊltɪʃ/ 形 (子供などが)跳ね回る; (腕·脚が)ひょろ長い.
Co·lum·bi·a /kəlʌ́mbiə/ 名 固 ❶ コロンビア《⇒ District of Columbia》. ❷ [the ~] コロンビア川《米国北西部の川》. ❸ 《詩語》 コロンビア《米国を女性に擬人化した名》. 関連 Britannia 英国の擬人名.
col·um·bine /ká(ː)ləmbàɪn | kɔ́l-/ 名 C おだまき《観賞用植物, 米国 Colorado 州の州花》.
Co·lum·bus /kəlʌ́mbəs/ 名 固 Christopher ~ コロンブス (1451–1506)《イタリア生まれの航海者; 1492 年アメリカ大陸に到達》.
Colúmbus Dày 名 U 《米》 コロンブス祭《10 月の第 2 月曜日; 元来はコロンブスのアメリカ大陸到達を記念した 10 月 12 日; 法定祝日 (legal holiday); ⇒ holiday 表》.
***col·umn** /ká(ː)ləm | kɔ́l-/ !発音 名 (~s /~z/) ❶ C (新聞·雑誌などの)**縦の欄**, 段(《略》 col.); **コラム**, 特別寄稿欄《特定の人が記事を書いたり, 特定の内容を載せたりする個所》; コラムの記事: He writes a sports *column* for *The Times*. 彼は「タイムズ」のスポーツ欄を担当している // ⇒ personal column.
❷ C (表などの)**縦の列**: add up a *column* of figures 数字の縦の列を合計する.
❸ C **円柱**, 柱: Doric *columns* ドリア式の円柱. ❹ C 円柱のようなもの, 柱状のもの: a *column of* smoke 煙の柱. ❺ C (乗り物·人·動物などの)列 (*of*); 〘軍隊〙 縦隊.
+**col·um·nist** /ká(ː)ləm(n)ɪst | kɔ́l-/ 名 (-um·nists /-(n)ɪsts/) C (新聞·雑誌の)**コラムニスト**, 特約寄稿家: a newspaper *columnist* 新聞のコラムニスト.
com /ká(ː)m | kɔ́m/ 略 [.com としてインターネットのアドレスで] = commercial organization 商業組織, 営利団体《⇒ dot-com》.
com- /kɑ(ː)m, kəm | kɔm, kəm/ 接頭 = con-《b-, f-, m-, p- で始まる語の前の形》: *com*bine 結合する / *com*pact ぎっしり詰まった.
co·ma /kóʊmə/ !発音 名 C 昏睡(こんすい)(状態): 「be in [go into] a *coma* 昏睡状態にある[に陥る].
Co·man·che /kəmǽntʃi/ 名 (複 ~(s)) C コマンチ族(の人)《米国中西部のアメリカ先住民》.
co·ma·tose /kóʊmətòʊs/ 形 ❶ 〘医学〙 昏睡状態の. ❷ 《略式》 疲れ果てて; 眠りこけて.
comb /kóʊm/ 名 !発音 -mb で終わる語の b は発音しない. ❶ C くし; 飾りぐし; (羊毛·綿などの)すき具: the teeth of a *comb* くしの歯. ❷ [a ~] くしですく[とかす]こと: Her hair needs *a* good *comb*. 彼女の髪はくしでよくとかす必要がある. ❸ C (おんどりの)とさか (cockscomb). ❹ C,U = honeycomb. ― 動 他 ❶ (髪)をくしでとかす, くしですく; (羊毛·綿など)をすく: I *comb* my hair *back*. 私は髪をオールバックにしている. ❷ (場所)を徹底的に捜す: The police have *combed* the city *for* the missing child. 警察は行方不明の子供を捜して市内をくまなく捜索してまわった. **cómb óut** [動] 他 (...)をくしですく. **cómb thróugh ...** [動] 他 (文章·持ち物など)を徹底的に調べる.
〘語源 原義は「歯の立ったもの」〙
***com·bat**[1] /ká(ː)mbæt | kɔ́m-/ 名 (com·bats /-bæts/) U,C **戦闘**, 格闘 [≒fight]; [形容詞的に] 戦闘(用)の: He was killed *in combat*. 彼は戦闘中に死んだ / single *combat* 一騎打ち / armed *combat* 武器を使用した戦い / the *combat between* the forces of good *and* evil 善悪の力の間の戦い / *combat* aircraft 戦闘機. (動 combát[2])
com·bat[2] /kəmbǽt, ká(ː)mbæt | kɔ́mbæt, kəmbǽt/ 動 (com·bats; -bat·ed, -bat·ted; -bat·ing, -bat·ting) 他 (犯罪·病気など)と闘う; 《格式》 (武器を使って)(...)と戦う: Scientists are constantly working to *combat* disease. 科学者は絶えず病気と闘っている. (名 cómbat[1])
com·bat·ant /kəmbǽtnt | kɔ́mbət-/ 名 C 戦闘員[部隊, 国].
com·bat·ive /kəmbǽtɪv | kɔ́mbət-/ 形 闘争的な, 闘志盛んな.

***com·bi·na·tion** /kà(ː)mbənéɪʃən | kɔ̀m-/
― 名 (~s /~z/) ❶ C **組み合わせ(たもの)**; U **組み合わせること**, 結合: They created a good [successful] *combination of* Japanese and Western styles. 彼らは日本風と西洋風とをうまく組み合わせた / a winning *combination* すばらしい組み合わせ, 名コンビ / *in combination* (*with* ...) (...と)組み合わせて, いっしょに. ❷ C (文字合わせ錠の)組み合わせ文字[番号]; 〘数学〙 組み合わせ. ❸ [形容詞的に] (いくつかを)組み合わせた: a *combination* dictionary and thesaurus 辞書とシソーラスを兼ねた本. ❹ U 〘化学〙 化合. 関連 compound 化合物. (動 combíne[1])
combinátion lòck 名 C 文字合わせ錠《文字·数字·記号などの組み合わせで開く錠》.
***com·bine**[1] /kəmbáɪn/ 動 (com·bines /~z/; com·bined /~d/; com·bin·ing) 他 ❶ (...)を**結合する**, 組み合わせる; 合同する, 合併する《⇒ join 類義語》: They *combined* their efforts to a common end. 彼らは共通の目的を達するために努力を結集した / She *combined* her savings *with* her brother's to buy a computer. V+O+*with*+名 彼女はコンピューターを買うために自分と弟の貯金を合わせた. ❷ (2 つ以上の性質)を兼ねる, 兼ね備える; (2 つの事)を同時に行なう: *combine* business *with* [*and*] pleasure 仕事と楽しみを兼ねる. ❸ 〘化学〙 (...)を化合させる.
― 自 ❶ **結合する**, 合わさる; 連合する, 合併する; 協

力する: Plot and characters ***combine to*** make a good story. V+*to* 不定詞 話の筋と登場人物が合わさってよい物語を作る / England and France ***combined against*** Germany. V+*against*+名 英国とフランスは連合してドイツに対抗した. ❷〘化学〙化合する: 言い換え Carbon and oxygen *combine to* form carbon dioxide. = Carbon *combines with* oxygen *to* form carbon dioxide. 炭素と酸素が化合して二酸化炭素を作る. (名 còmbinátion)
〖語源 原義はラテン語で「2 つずつ合わせる」〗

C

com·bine[2] /kɑ́(ː)mbaɪn | kɔ́m-/ 名 ❶ C (人々または企業の)連合(体). ❷ C = combine harvester.

+**com·bined** /kəmbáɪnd/ 形 ❶ 限定 **連合した**, 協同の; 〘化学〙化合した: *combined* operations (軍の)合同演習. ❷ (...と)結合した, 組み合わさった; 全体としての: look at the sight with *combined* amazement and horror その光景を驚きと恐怖の混じった目で見る.

cómbine hàrvester 名 C コンバイン《刈り取り・脱穀などの機能を持つ機械》.

com·bín·ing fòrm /kəmbáɪnɪŋ-/ 名 C〘文法〙連結形, 結合形《Anglo-American の Anglo- など; 普通は接辞 (affix) よりも独立性の強いものをいうが, この辞書では区別せず [合成語で] または 接頭, 接尾 と記している》.

com·bo /kɑ́(ː)mboʊ | kɔ́m-/ 名 (~s) ❶ C コンボ《小編成の(ジャズ)楽団》. ❷ C《略式》(人・物の)組み合わせ; (料理の)盛り合わせ, セットメニュー.

com·bus·ti·ble /kəmbʌ́stəbl/ 形 可燃性の.

com·bus·tion /kəmbʌ́stʃən/ 名 U 燃焼, 発火: spontaneous *combustion* 自然発火.

***come** /kʌ́m/

— 動 (comes /~z/; 過去 came /kéɪm/; 過分 come; com·ing) 自

単語のエッセンス
基本的には「話し手のいる所に近づいてくる」の意《⇒ ❶, ❷ の 語法》[⇔ go]
1) (話し手の方へ)**来る** ❶; ❹, ❾
2) (相手の方へ)**行く** ❷
3) (目的地に)**着く**; **届く**, **達する** ❸; ❺, ❻
4) [to 不定詞とともに] (...するように)なる; (ある状態に)なる ❼; ❿
5) **起こる** ❽

❶ (話し手の方へ)**来る**, (こちらへ)**やって来る** [⇔ go, leave]; [to 不定詞とともに] ...するために[...しに]来る《⇒ 7》; [現在分詞とともに] ...しながら来る, ...しに来る: *Come* here [this way]. V+副 こちらへ来なさい.
日英 英米人は手招きの時, 図のように手のひらを自分の方に, 指を上に向け前後に動かす. 日本人のように手の甲を上に向けて手招きすると追い払うしぐさと受け取られる恐れがあるので注意.

手招きする

追い払う

She has ***come*** a long way ***from*** the village. V+*from*+名 彼女はその村から長い道のりをやって来た / My uncle ***came to*** see me when I was in Paris. V+*to* 不定詞 私がパリにいた時おじが会いにきた《⇒ come and do (成句) 語法》/ She ***came*** run***ning*** into my room. V+現分 彼女は私の部屋に駆け込んで来た / Here *comes* the train. 列車が来たよ《⇒ here 2 語法》/ Would you like to ***come to*** the party? V+*to*+名 パーティーにいらっしゃいませんか.

語法 come の使い方
(1) この用法の come は話し手のいる所[いた所, 行く所]へ来ることを表わす.

(2) 話し手の関心が向けられている場所へ向かうときにも come が用いられる: My friend Tom didn't *come to* school today. 私の友人のトムはきょう学校に来なかった.

❷ (...の方へ)**行く**, 伺う, 参上する: 「I'm *coming* [*Coming*]. いま行きます《呼ばれたときの返事》/ I'll *come* tomorrow afternoon. あすの午後伺います / I ***came to*** your office yesterday, but you were out. V+*to*+名 きのうお宅の事務所に伺ったのですがご不在でした / Won't you ***come with*** us? V+*with*+名 いっしょにいらっしゃいませんか / May I *come to* the party? パーティーに参加してもよろしいでしょうか.

語法 come と go の違い
go が話し手を中心に考えて「自分が...の方へ行く」という意味であるのに対して, この用法の come は意識の中心を話し手以外の人・場所に置き― 相手に対して親しみや敬意を持っているときが多い―「自分がそちらの方へ行く」という意味を表わす. 従って come が日本語の「行く」に相当することもある.

❸ (目的地に)**着く**, 到着する; (物などが)**届く** [≒arrive]; (...を)扱う段階に**達する**: Nobody has *come* yet. だれもまだ来ていない / At last they ***came to*** a village. V+*to*+名 やっと彼らはある村に着いた.
❹ (時・季節などが)**巡**(めぐ)**ってくる**, 到来する: Winter is gone and spring has *come*. 冬が去り春が来た《⇒ be[2] A 4》/ The time has *come* when we must part. 別れる時が来た.
❺ (...まで)**届く**, 達する [≒reach]: Her dress ***came*** almost ***to*** the floor. V+*to*+名 彼女のドレスは床まで届きそうだった.

❻ (結果·合計などが...に)**達する**, (...に)なる: Your bill *comes to* ten pounds. [V+to+名] お会計は 10 ポンドになります / What does that *come to*? 全部でいくらになりますか.
❼ [to 不定詞とともに] **...するようになる**; (たまたま)...することになる(⇒ get 自 4): I have *come to* understand what you said. あなたの言ったことがわかるようになりました / How did he *come to* meet her? 彼はどうして彼女と会うことになったのか.

...するようになる

すぐにこの町が好きになりますよ.
You'll soon **come** [×become] **to** like this town.
✪ to 不定詞を用いて「...するようになる」というときは become を用いない.

❽ (災難などが)**起こる**, 生ずる, (事が)結果として起こる [≒happen]; 現われる; (考え·答えなどが)心に浮かぶ (*into, upon*): Bad luck always ***comes to*** her. [V+to+名] 彼女はいつも不幸な目にあう / Her death ***came as*** a surprise to me. [V+as+名] 彼女の死は私にとって驚きだった / I just take life as it *comes*. 私は人生をそのままに受け入れる.
❾ [進行形なし; 副詞(句)を伴って] (順序として)**来る**; (...に)位置する, ある: Your work should always *come* first. 勉強が常に第一に来るべきだ.
❿ (ある状態に)**なる** [≒become]: His dream has *come* true. [V+C (形)] 彼の夢は実現した.

> [語法] 補語には好ましい状態を表わす形容詞がくることが多い: In the end, everything *came* right. 結局万事うまくいった(⇒ go 動 5 および 6 の [語法]). また un- で始まる過去分詞もよく用いられる: The string *came undone* [*un*tied]. [V+C (過分)] ひもがほどけた.

⓫ [進行形なし] (製品などが)得られる; (商品が...の形·容器·種類などで)売られる: This dress *comes in* three sizes [colors]. このドレスには 3 サイズ[色]がある / Does dessert *come with* this meal? この食事にはデザートがついてますか. ⓬ [命令文で] ⓢ《古風》さあ, おい《不賛成や励まし·なだめる気持ちなどを表わす》: *Come, come*, don't be so foolish. おいおい, そんなばかなまねはよせよ / *Come* now, give him a chance. まあまあ, 彼にチャンスをあげてください. ⓭ [原形で年月·時期などを表わす語(句)の前で] ⓢ ...が来ると, ...になると: She will be twenty *come* April. 4 月が来ると彼女は 20 歳になる. [語法] これは仮定法現在形の一種. ⓮《俗》オルガスムに達する, 「いく」.

as ... as they cóme 《略式》ひどく..., この上なく.... [語法] ...には人の性質を表わす形容詞がくるのが普通: She's *as* stingy *as they come*. 彼女はひどくけちだ.
còme agáin [動] 自 (1) また来る, 戻って来る. (2) [命令文で] ⓢ 何ですって, もう一度言ってください.
cóme and dó [動] ...しにくる [≒come to do] (⇒ and 5): Please *come and* see us again. また遊びにきてください《客を送り出すときなど》.

> [語法] (1) 《略式》または命令文では *Come to* see ... よりも *Come and* see ... のほうが普通.
> (2) 《米略式》ではしばしば *Come see* ... のように and を省略する.
> (3) and が省略される場合は, come は原形で用い, 過去形や進行形は用いない.

cóme and gó [動] 自 **行ったり来たりする**; 現われたり消えたりする; (流行などが)移り変わる: The sound *came and went*. その音は聞こえたり消えたりした. [日英] 日本語とは語順が逆.
Còme to thínk of it, ... [副] [つなぎ語] ⓢ 考えてみると...: *Come to think of it*, she was absent yesterday, too. 考えてみると[そう言えば]彼女はきのうもいませんでした.
cóme what máy [副] どんなことが起ころうとも.
Nòw (that) I còme to thínk of it, ... [副] [つなぎ語] = Come to think of it, ...
to cóme [形] [名詞の後につけて] 未来の, これから現われる: in years *to come* これから何年もたって / for some time [weeks, years] *to come* (これから先)しばらくの間[何週間も, 何年も] / the world *to come* 死後の世界.

come の句動詞

***còme abóut** 動 自 ❶ **(たまたま)起こる**, 生ずる; [it を主語として; ⇒ it¹ A 5] (たまたま)...することになる(⇒ happen [類義語]): A great change has *come about* since the war. 戦後大きな変化が生じた / How did *it come about that* you missed the plane? どうして飛行機に乗りそこなったの. ❷ (船·風が)向きを変える.
+**còme acróss** 動 自 ❶ (声·話などが)**伝わる**, 理解される: Your argument *came across* well. あなたの主張は相手によく伝わった.
❷ **横切ってくる:** He ***came across to*** where we were. 彼は私たちのいる所へ横切ってきた.
còme acróss as (bèing) ... [動] 他 (人に)...(である)という印象を与える (*to*).
còme acróss with ... [動] 他 (金·情報など)を与える.
***cóme acròss ...** 動 他 ❶ (偶然)**...に出会う**, ...に出くわす; ふと見つける: I *came across* an old friend. 私は昔からの友だちに偶然出会った.
❷ **...を横切る**; (考えなどが)(頭)に浮かぶ: He *came across* the Atlantic in a small sailboat. 彼は小さなヨットで大西洋を横断した.
***cóme àfter ...** 動 他 ❶ **...に続く**; **...の後を継ぐ:** Coffee *comes after* the meal. 食後にコーヒーが出る / Mr. Biden *came after* Mr. Trump. バイデン氏はトランプ氏の後を継いだ. ❷ ...を追ってくる, ...の所へ取り立てに[こらしめに, やっつけに]くる.
***còme alóng** 動 自 ❶ (偶然)**やって来る**; (機会などが)現われる: A fox *came along*. きつねが 1 匹ひょっこり現われた.
❷ **いっしょに来る[行く]**, ついて来る[行く]: You go now — I'll *come along* a little later. あなたはいま出なさい, 私は少し遅れて行きます / How about *coming along* (with me)? いっしょに来ませんか. ❸ [普通は進行形で]《略式》(仕事などが)うまく進む, (人が)上達する; (健康上)よくなる, (植物が)よく育つ: How *is* your business *coming along*? 商売の具合はどうですか / He's *coming along* nicely *with* his studies. 彼は勉強がうまく進んでいる. ❹ [命令文で] ⓢ 急げ, さあ早く; がんばって.
còme apárt 動 自 ❶ ばらばらになる, 崩れる. ❷ (結婚などが)破綻(はたん)する.
+**còme aróund** 動 自 ❶ **近くにやって来る**; (ぶらりと)訪ねる: I'd like to ***come around to*** your house sometime. いつか君の家を訪ねたいです.
❷ (定期的に)**回ってくる**, 巡(めぐ)ってくる; 遠回りしてく

C

る: The mailman *comes around* twice a day. 郵便配達は1日に2度やって来る / Christmas will soon *come around*. もうじきクリスマスがまたやって来る. ❸ (相手の考えなどに)同調[同意]する: I'm afraid Dad will never *come around to* our way of thinking. パパは私たちの考えには決して賛成してくれないと思う. ❹ 意識を取り戻す, 元気になる.

cóme at ... 動 他 ❶ ...に襲いかかる; (質問などが)(人)にどっとやってくる. ❷《略式》(問題など)に対処する.

còme awáy 動 自 ❶ (ボタンなどが)とれる, (柄などが)はずれる (*from*). ❷ (途中で)立ち去る, 出(て来)る, (席を立って)帰る (*from*); (ある感情・印象などを抱いて)去る[離れる] (*with*).

‡còme báck

動 自 ❶ **戻ってくる:** He will soon *come back*. 彼はもうすぐ戻ってきます. ❷ (事柄などが)思い出される: Her name did not *come back to* me. 彼女の名前が思い出せなかった. ❸ (元の状態・地位などに)戻る, (制度などが)復活する, カムバックする, (スタイルなどが)再び流行する (*in*). ❹ (相手に)言い返す: He *came back at* me *with* two questions. 彼は2つの質問で私に切り返した. (名 cómebàck)

*__cóme befòre ...__ 動 他 ❶ **...の前に現われる,** ...に先立つ: The Stone Age *came before* the Iron Age. 石器時代が鉄器時代に先行した. ❷ ...の上位にある: His wife and children *come before* his job. 彼は仕事よりも妻子を優先する. ❸《格式》(審判などのために)...に提出される; ...に出廷する.

cóme betwèen ... 動 他 ...の間に割り込む; ...の仲を裂く: He never lets anything *come between* himself *and* his work. 彼は自分の仕事にじゃまが入るのを許さない.

+**còme bý** 動 自 **そばを通る;** (人の家に)立ち寄る: I'll *come by* and pick you up tomorrow morning. あすの朝君のところへ車で迎えに行くよ.

+**cóme by ...** 動 他 ❶ ...(のそば)**を通り過ぎる** [≒ pass]; ...を通りかかる; ...に立ち寄る: *Come by* our house whenever you feel like it. 気の向いたときに私たちの家に寄ってください. ❷ ...を手に入れる [≒get]: How did you *come by* this money? どうやってこの金を手に入れたのだ.

‡còme dówn

動 自 ❶ **降りる;** (天井などが)落ちる, (雨・雪などが)降ってくる, (木などが)倒れる, (建物などが)取り壊される; (飛行機が)着陸[不時着]する (⇒ go down (go 句動詞) 3)): She *came down* to breakfast at eight. 彼女は8時に朝食を食べに降りてきた (⇒ bedroom 参考)).

❷ (値段・温度・評価などが)**下がる,** (物が)値下がりする; 値引きする, まける (*on, to*): Vegetables have *come down* (in price) this week. 今週は野菜が値下がりした / Can't you *come down* a bit? もう少しまかりませんか.

❸ (伝説などが) (...に)**伝わる:** The legend has ***come down*** (*to* us) ***from*** the time of King Alfred. その伝説はアルフレッド大王の時代から伝わっている. ❹ (賛成・反対などの)決定を出す: *come down*「in favor of [on the side of] ... ...に賛成[を支持]することに決める. ❺ (北方・大都会から)(地方へ)来る. ❻《略式》興奮からさめる.

còme dówn in the wórld [動] 自 落ちぶれる.

còme dówn on ... [動] 他《略式》(人)をしかりつける, 強く非難する; (人)を罰する (*for*): Our teacher *came down* hard *on* the liar. 先生はうそを言った者にきびしく当たった.

còme dówn to ... [動] 他 (1) **...まで垂れ下がる:** Her hair *came down to* her shoulders. 彼女の髪は肩まで届いていた. (2) **結局...に帰着する,** ...(の問題)に及ぶ: It (all) *comes down to* the same thing (in the end). 結局それは同じことになる. (3) (過去のものが)...に受け継がれる. (4)《略式》落ちぶれて...するようになる.

còme dówn with ... [動] 他 (病気)にかかる: *come down with* measles はしかにかかる.

+**cóme for ...** 動 他 ❶ **...を取りにくる, 迎えにくる;** ...を連行[逮捕]しにくる: Dan *came for* Judy at six. ダンは6時にジュディーを迎えにきた. ❷ ...に迫る[襲いかかる].

+**còme fórward** 動 自 **進み出る;** (助力などを)進んで申し出る (*with; to* do), (選挙などに)出る (*for*): The police asked those who had witnessed the accident to *come forward*. 警察は事故の目撃者に名のり出るよう求めた.

*__cóme from ...__ 動 他 ❶ [進行形なし] **...の出身である;** (ある家柄など)の出である; (物が)...からとれる, ...の産物である: 🗨 "Where do you *come from*?" "Texas."「どちらのご出身ですか」「テキサスです」 語法 この意味では常に現在時制で用い, 過去時制・完了形では用いない. 次と比較: Where *did* you *cóme fròm*? あなたがここに来る前にいたところはどこですか.

❷ **...に由来する,** ...の結果として生ずる; (音などが)...からする: The word 'arubaito' *comes from* German.「アルバイト」という語はドイツ語に由来する / His poor grades may ***come from*** (his) be***ing*** lazy. 彼の悪い成績は怠けているせいかもしれない.

cóming from ... [副] 文修飾 Ⓢ ...からそんなことばを聞くなんて.

whère one **is cóming fròm** [名]《略式》人の基本的な考え方[気持ち].

‡còme ín

動 自 ❶ **入る,** 入ってくる [⇔go out]: *Come in* (out of the rain). (雨を避けて)中にお入りなさい / May I *come in*? 入ってもよろしいですか (⇒ come 2 語法)) / When poverty *comes in* (at) the door, love flies out (at) the window.《ことわざ》貧乏が戸口から入ってくれば愛情は窓から出ていく(金の切れ目が縁の切れ目).

❷ **到着する;** (商品が)入荷する; (ある順位に)なる: The horse *came in* second in the race. その馬はレースで2着に入った.

❸ (ニュースなどが)**入ってくる:** The news of a plane crash has just *come in*. たった今飛行機の墜落事故のニュースが入ってきた. ❹ (金が)収入として入る. ❺ (計画・討論などに)参加する (*on*); 登場する, 役割をする: That's where you *come in*. そこが君の出番だ(腕の見せどころだ). ❻ (流行・スタイルなどが)始まる; (作物などが)出回る, 旬(しゅん)になる. ❼ (潮が)満ちてくる [⇔ go out].

còme ín for ... [動] 他 (非難など)を受ける.

‡còme ínto ...

動 他 ❶ **...へ入ってくる;** (頭など)に浮かぶ (⇒ come 8)): He *came into* my room. 彼は私の部屋へ入ってきた.

❷ (財産など)**を受け継ぐ**, 相続する, ...を手に入れる**:** Mary *came into* a large fortune. メアリーは莫大(ばくだい)な財産を手に入れた. ❸ [Ⓤの名詞の前に用いて] (ある状態)になり始める, (ある活動)に入り始める《多くはそれぞれの名詞の成句として扱われている》.

「come into＋Ⓤ(扱い)の名詞」のいろいろ
cóme ìnto béing [exístence] 生じる / **cóme ìnto blóom [blóssom, flówer]** 咲きだす / **cóme ìnto cóntact (with)** (...と)接触する / **cóme ìnto efféct [fórce]** 実施される / **cóme ìnto fáshion** 流行する / **cóme ìnto fócus** 焦点が合う / **cóme ìnto pláy** 活動し始める / **cóme ìnto pówer** 政権を取る / **cóme ìnto séason** (作物などが) 旬になる / **cóme ìnto síght [víew]** 見えてくる

❹ (...)にかかわる, 関係する, 重要である**:** When she passed the exam, luck didn't *come into* it. 彼女が試験に合格したとき運は関係なかった.

+**cóme of ...** 動 他 ...の結果として起こる**:** Nothing will *come of* buy*ing* such a thing. そんなものを買っても何にもならないだろう.

+**còme óff** 動 自 ❶ (柄などが)**はずれる**, 取りはずせる; (ボタンなどが)とれる; (ペンキなどが)はげる**:** My fingernail *came off*. つめがはがれた.
❷ **切り抜ける**, (うまく)やる; [副詞(句)を伴って]《略式》**結果が...となる:** *come off* well [badly] うまくいく[いかない] / He was lucky to ***come off with*** just a few bruises. 彼がわずかの打ち身ですんだのは幸運だった // ⇒ come off second-best (second-best 成句).
❸《略式》(催しなどが)行なわれる; (企てなどが)実現する, 成功する**:** When is the wedding *coming off*? 結婚式はいつですか. ❹《米》(...の)ようだ (*as*). ❺ (馬などから)落ちる.

+**cóme òff ...** 動 他 ❶ **...からはずれる**, はがれる, とれる**:** A tile has *come off* the bathroom wall. 浴室の壁からタイルが 1 枚はがれた. ❷ (自転車・馬など)から落ちる. ❸ ...から手を引く; (薬など)をやめる.
còme óff it! Ⓢ (そんな冗談は)よせよ.

⁑**còme ón**

動 自 ❶ [命令文で] Ⓢ **さあさあ**; さあ元気を出して; さあ行こう; 頼むよ, さあ早く; がんばれ; いいかげんにしろ, まさか; さあ来い《督促・激励・勧誘・疑念・挑戦などを表わす》**:** *Come on* (now)! さあさあ, ねえ頼むよ[いいじゃないか, やめてよ] / *Come on*, hurry up! さあ急げ.
日英 激励・勧誘などを表わすとき, 欧米では一般に手のひらを上に向け, 指・手・ひじから先を手前に曲げて表わす(⇒ come 1 の挿絵).
❷ (劇・映画が)**上演[上映]される**, (テレビ番組が)**放映される:** His favorite TV program *comes on* at nine o'clock on Saturdays. 彼の大好きなテレビ番組は土曜の 9 時に放送される.
❸ (電灯・テレビなどが)**つく:** The lights *came on* again in a few minutes. 電気は数分後にまたついた. ❹ (季節・雨・風・病気などが) 始まる, やって来る**:** The rain *came on*. 雨が降りだした. ❺ (事が)進展する; 進歩する; (健康が)よくなる, (植物が)よく育つ. ❻ (俳優などが)登場する.
Còme òn ín! Ⓢ さあお入りなさい.
còme ón to ... [動] 他 ❶ (話題)に移る. ❷ Ⓢ (異性)に言い寄る.
cóme on ... 動 他 ＝ come upon ....

⁑**còme óut**

動 自 ❶ (製品などが)**世に出る**, (本・雑誌などが)**発刊される**, (映画が)公開される**:** A new model of this smartphone will *come out* in the fall. このスマホの新型は秋に発売となる.
❷ [副詞(句)を伴って] (写真が[で])**...にうつる:** The pictures *came out* nicely. 写真はうまくとれていた / She always *comes out* well in photos. 彼女はいつも写真うつりがよい.
❸ (くぎ・歯などが)**抜ける**; (しみ・色などが)消える, あせる**:** Most of my baby teeth *came out* when I was five. 私の乳歯は 5 歳のときに大部分が抜けた.
❹ **出てくる**; (日・月・星などが) 現われる**:** Will you ***come out to*** [***for***] dinner with me? いっしょに外で食事しませんか.
❺ (花が)**咲く**, (芽が)出る**:** These flowers *come out* in May. この花は 5 月に咲く.
❻ (物事が)**知られる**, (秘密などが)公になる; (意味・本性などが)明らかになる; 同性愛者であることを公にする**:** The news *came out* just now. そのニュースは今し方発表された. ❼ はっきりと口に出す**:** *Come out* and say what you think. 考えをはっきり言いなさい / *come out* against [for, in favor of] ... ...への反対[賛成]を表明する. ❽ [副詞(句)を伴って] 結果[順位]が...となる**:** *come out* on top 勝つ. ❾ (答え・合計・結果が)出る; (合計が)...となる (*at*). ❿《英》ストライキをする. ⓫ (ことばなどが)出る; (ことばが)(...のように)理解される (*as*).
còme óut in ... [動] 他 (人・体の一部が)(吹き出物・汗)で覆(おお)われる.
còme óut with ... [動] 他 (1)《略式》(事実など)をすっぱ抜く, (驚くべきこと)をしゃべる; (提案など)を持ち出す. (2) (新製品など)を発表する.

+**còme óut of ...** 動 他 ❶ **...から出てくる**; ...から抜け出す; ...の結果として生じる**:** The train *came out of* the long tunnel. 列車は長いトンネルを出た. ❷ (くぎなどが)...から抜ける; (しみ・色などが)...から消える, 落ちる.
còme óut of onesèlf [動] 自《略式》自信を持ってふるまう, 打ち解ける.

*__còme óver__ 動 自 ❶ (はるばる[わざわざ])**やって来る**; 移住する (*to*)**:** Her parents have ***come over from*** Canada to see her. 彼女の両親ははるばるカナダから彼女に会いにやって来た. ❷ (ぶらりと)訪問する**:** Why don't you ***come over to*** have lunch with us? うちへ来ていっしょに昼食でもいかがですか. ❸ (相手の考えなどに)同調する, (...の)側につく (*to*). ❹ (話などが相手に)理解される [≒come across]. ❺ [気分を表わす形容詞を補語として]《略式, 主に英》急に...の感じになる.

+**cóme òver ...** 動 他 (病気・感情などが)(人)**を襲う**; (変化が)(人)**に起こる:** Such feelings often *came over* me. 私はよくそうした感情に襲われた / What's *come over* you? どうかしたの(です)か《相手のおかしな言動に対して》.

+**còme róund** 動 自《英》＝ come around.

+**còme thróugh** 動 自 ❶ (相手の求めるものを)**提供する**, 出す; (ローン・ビザなどが)下りる; (約束などを)果たす, 期待にこたえる**:** The bank ***came through with*** the loan we had requested. 銀行は我々が要請したローンを用立ててくれた. ❷ (伝言・情報などが)届く, 伝わる; (電話などで)連絡してくる (*on*). ❸ (病気

などを)切り抜ける.

+**còme thróugh ...** 動 他 ❶ **...を通り抜け(て来)る:** We *came through* a busy street. 私たちはにぎやかな通りを通り抜けた. ❷ (病気など)を切り抜ける, 生き抜く.

+**còme tó** /túː/ 動 自 ❶ **正気づく,** 意識を取り戻す (⇒ to³ 1): When did he *come to*? 彼はいつ気がついたのか. ❷ (船が)停泊する (⇒ to³ 2).

**cóme to ...

動 他 ❶ ...へ来る[行く]; 着く (⇒ come 1, 2, 3).
❷ ...まで届く; ...に達する; ...になる (⇒ come 5, 6); (ひどい事態)になる: I never expected it would *come to* this! こんな(ひどい)ことになるなんて思ってもみなかった.
❸ (突然)(人)(**の心)に浮かぶ;** (人)(の身)に起こる: It suddenly *came to* me that I was wrong. 自分が間違っているのだという考えが突然ひらめいた. ❹ (相続などで金・家屋などが)...のものになる.

> 「come to＋名詞」のいろいろ
> cóme to a conclúsion [decísion] 結論に達する / cóme to an énd 終わる / cóme to ⌈a hált [a stóp, rést] 止まる / cóme to hánd 手に入る / cóme to lífe 活気づく / cóme to líght 明るみに出る / cóme to mínd 思い浮かぶ / cóme to nóthing むだになる

cóme to oneséIf [動] 自 《古風》 意識を取り戻す; 我に返る.
Còme to thát, ... [副] つなぎ語 Ⓢ そういうことになれば..., ついでに言えば...: He's very good at tennis. *Come to that,* his brother's just as good. 彼はテニスがとても上手だ, そう言えば[上手と言えば]彼の弟も同じくらい上手だ.
Whát is ... cóming tò? Ⓢ ...は(一体)どうな(ってい)るのだろう《物事の悪化について言う》.
When it còmes to ... 《略式》 ...(のこと)となると: *When it comes to* earning a living, you often have to do things you don't like. 食べていくとなると往々にしてしたくないこともせねばならない.
còme togéther 動 自 一緒になる, 集まる; まとまる, 一体化する; 合意する (*on*).

+**cóme ùnder ...** 動 他 ❶ **...の部類[項目]に入る:** What heading does this *come under*? これは何の項目に入るか. ❷ ...の影響[支配など]を受ける; (攻撃など)を受ける.

***còme úp** 動 自 ❶ (人などに)**近寄る,** やって来る; [進行形で] (行事などが)近づく: He *came up* (*to* me) and introduced himself. 彼は(私のところに)近寄って来て自己紹介をした.
❷ (話題・審議に)**上る,** 取り上げられる; (法廷で)審理される: The proposal *came up* last week. その提案は先週出された.
❸ (問題などが)**起こる,** (機会が)生ずる, (仕事の空きなどが)出る: Something just *came up*. 急用ができた.
❹ (植物が)**芽を出す;** (魚などが)水面に浮上する: The tulips have begun to *come up*. チューリップが芽を出し始めた. ❺ 上(ってく)る, (階上に)来る; 出世[昇進]する. ❻ (北部・大都市へ)やって来る (*from, to*).
còme úp agàinst ... [動] 他 (困難・反対など)**にあう:** The new government will *come up against* resistance from the union. 新政府は組合からの抵抗にあうだろう.
còme úp for ... [動] 他 (再選など)の時期を迎える; (検討など)の対象になる.
còme úp in the wórld [動] 自 出世する.
còme úp with ... [動] 他 (1) (解決策など)**を考え出す,** 見つける, 思いつく: I've just *come up with* a great idea. いま名案が浮かんだぞ. (2) (金など)を用意する.
Cóming (rìght) úp! Ⓢ ただ今(お持ちします)《注文を受けて》.

cóme upòn ... 動 他 ❶ 《格式》 ...に(偶然)出会う, ...を(偶然)見つける. ❷ 《文語》 (いやな事が)(人)を不意に襲う.

***còme úp to ...** 動 他 ❶ **...まで達する,** ...の高さである: The water *came up to* my knees. 水は私のひざの高さだった.
❷ **...に近寄る, ...に近づく:** A stranger *came up to* me. 見知らぬ人が私に近寄ってきた / It's (just) *coming up to* midnight. 午前 0 時になろうとしている. ❸ (標準など)に達する, (期待など)にこたえる; ...に匹敵する: Your work doesn't *come up to* our standards. 君の仕事は我々の水準にまで達していない.

+**come·back** /kʌ́mbæ̀k/ 名 (〜s /〜s/) ❶ Ⓒ [普通は単数形で] (元の状態・地位などへの)**復帰,** 返り咲き, カムバック: ***make*** [***stage***] a ***comeback*** 返り咲く, カムバックする. ❷ Ⓒ (気のきいた)受け答え, やり返し. (動 còme báck)

+**co·me·di·an** /kəmíːdiən/ 名 (〜s /〜z/) ❶ Ⓒ **コメディアン,** 喜劇俳優《男女両性に用いる》. ❷ Ⓒ こっけいな人.

co·me·di·enne /kəmìːdién/ 名 Ⓒ 《古風》 コメディアン《女性》.

+**come·down** /kʌ́mdàʊn/ 名 (〜s /〜z/) Ⓒ [普通は単数形で] (地位・名誉の)**失墜.**

***com·e·dy** /kɑ́(ː)mədi | kɔ́m-/ 名 (-e·dies /〜z/) ❶ Ⓒ **喜劇**《作品》, コメディー [⇔ tragedy]: Life is a tragedy when seen in close-up, but a *comedy* in long shot. 人生は近くで見ると悲劇だが遠くから眺めると喜劇だ《チャップリン (Chaplin) のことば》.
❷ Ⓤ **喜劇**《演劇の部門》 [⇔ tragedy]: work in *comedy* 喜劇の仕事をする. ❸ Ⓤ (人物・物語などの)喜劇的要素, おかしみ. (形 cómic, cómical)

come·ly /kʌ́mli/ 形 (come·li·er, more 〜; come·li·est, most 〜) 《古風》 (女性が)器量のよい.

come-on /kʌ́mɑ̀(ː)n | -ɔ̀n/ 名 Ⓒ 《略式》 誘惑(するようなしぐさ); (客寄せの)目玉(商品).

com·er /kʌ́mə | -mə/ 名 ❶ Ⓒ [普通は前に形容詞をつけて] 来る人, 来場者; [all 〜s として] 《略式》 参加希望者: the first *comer* 先着者 / be open to *all comers* 飛び入り自由である. 関連 latecomer 遅刻者 / newcomer 新参者. ❷ Ⓒ 《米略式》 有望な人.

+**com·et** /kɑ́(ː)mɪt | kɔ́m-/ 名 (com·ets /kɑ́(ː)mɪts | kɔ́m-/) Ⓒ **彗星**(すいせい), ほうき星 (⇒ star 語法): the tail [nucleus] of a *comet* 彗星の尾[核].
〖語源 ギリシャ語で「長い髪の(星)」の意〗

come·up·pance /kʌmʌ́p(ə)ns/ 名 [単数形で] 《略式》 当然の報い.

com·fort** /kʌ́mfət | -fət/ ❗アク ❗発音 名 (com·forts /-fəts | -fəts/) ❶ Ⓤ **快適さ,** 気楽さ, 安楽 [⇔ discomfort]: 言い換え He lives a life of *comfort*. = He lives ***in comfort. 彼は安楽な生活をしている / This pillow will give you some *comfort*. この枕をすれば少しは楽になるだろう.
❷ Ⓤ **慰め,** 慰安; 安心感 [⇔ discomfort]: words of

comfort 慰めのことば / *find* [*take*] *comfort in* ... ...に慰めを見出す / *take* [*draw, derive*] *comfort from* ... ...から慰めを得る / *If it's any comfort* (to you), I made the same mistake at first. 慰めになるかどうかわからないけど私も最初同じ間違いをしたよ // ⇒ cold comfort.
❸ Ⓒ **慰めとなる人[物]:** Meg is a great *comfort to* me. メグは私にとって大きな慰めだ / It's a *comfort* to know that she's getting well. 彼女がよくなっていると知りほっとした. ❹ [複数形で] 生活を快適にする設備《冷暖房装置・豪華な調度など》.
gèt [be] tóo clóse [néar] for cómfort [動] ⓐ 不安になるほど近すぎる[接近する], (いやなことが)迫(っ)ている. (形 cómfortable)
— 動 (com·forts /kʌ́mfəts | -fəts/; -fort·ed /-ṭɪd/; -fort·ing /-ṭɪŋ/) ⓗ (悲しんでいる人など)を**慰める**; (肉体的に)楽にする: The girl *was comforted by* the letters she received. V+O の受身 その少女は送られてきた手紙に慰められた.
〖語源 ラテン語で「強くする」の意〗

****com·fort·a·ble** /kʌ́mfəṭəbl | -fə-/ 発音
— 形 ❶ **快適な, 気持ちのよい, 心地(ここち)よい** [⇔ uncomfortable]《いすが座り心地がよい, 衣服が着心地がよい, 靴がはき心地がよいなど; ⇒ 類義語》: a *comfortable* chair 座り心地のよいいす / His house is very *comfortable to* live in. +to 不定詞 彼の家は非常に住み心地がよい.
❷ 叙述 **気楽で**, ゆったりした; 苦痛[不安, 疑問]のない [⇔ uncomfortable]: Please make yourself *comfortable*. どうぞお楽になさってください《主人が客に言うことば》/ The cat looks *comfortable* on the couch. 猫はソファーの上で気持ちよさそうだ / Are you *comfortable with* this decision? +with+名 この決定で満足ですか. ❸ (収入などが)十分な; (人が)かなり豊かな. ❹ (勝利・リードなどが)大差の. (名 cómfort)
類義語 **comfortable** 最も一般的な語で, 特に身体的な苦痛・苦労などがなく, 快適で心地よいことをいうが, 精神的な意味にも用いる: I feel *comfortable* in these clothes. この服は着心地がよい. **easy** 苦痛・心配・やっかいなことなどがなくて気楽なこと: He led an *easy* life. 彼は気楽な生活をした. **cozy, snug** ともに寒さや雨露をしのぐ場所を得て, 安心してぬくぬくと暖かく心地よいこと. *snug* には狭い場所ながらよいという意味が加わる: a warm *cozy* bed 暖かくて心地よいベッド / a *snug* little room こぢんまりして居心地よい部屋.

com·fort·a·bly /kʌ́mfəṭəbli | -fə-/ 副 ❶ 快適に, 気持ちよく; ゆったりとして [⇔ uncomfortably]. ❷ 気楽に, 楽に; 安楽に. ❸ 難なく, 大差で: be *comfortably* ahead 大差をつけている.
be cómfortably óff [動] ⓐ (生活が)安楽である.

com·fort·er /kʌ́mfəṭə | -fətə/ 名 ❶ Ⓒ 慰める人[物]. ❷ Ⓒ《米》羽毛の掛けぶとん [《英》duvet].

com·fort·ing /kʌ́mfəṭɪŋ | -fə-/ 形 元気づける, 慰めるような; ほっとさせる. **~·ly** 副 慰めるように.

cómfort stàtion 名 Ⓒ《米》[遠回しに] 公衆便所 [《英》public convenience].

cómfort zòne 名 Ⓒ 快適帯《快く感じる場所・状況など》.

com·fy /kʌ́mfi/ 形 (com·fi·er, more ~; com·fi·est, most ~)《略式》= comfortable.

****com·ic** /kɑ́(ː)mɪk | kɔ́m-/
— 形 ❶ 限定 [比較なし] **喜劇の**, コメディーの [⇔ tragic]: a *comic* actor 喜劇俳優. ❷ こっけいな. (名 cómedy)
— 名 ❶ Ⓒ **漫画本[雑誌]** [《米》comic book]; [the ~s]《米》(新聞の)漫画欄《普通は 4 こま以上》. ❷ Ⓒ コメディアン.

com·i·cal /kɑ́(ː)mɪk(ə)l | kɔ́m-/ 形 こっけいな, おどけた. (名 cómedy)
-cal·ly /-kəli/ 副 こっけいに.

cómic bòok 名 Ⓒ《米》漫画本.

cómic strìp 名 Ⓒ (新聞・雑誌などの)続き漫画《いくつかのこまが続いているもの》(strip) [《英》strip cartoon]. 関連 caricature 風刺漫画 / cartoon 時事漫画.

*****com·ing** /kʌ́mɪŋ/
— 動 come の**現在分詞**.
— 形 ❶ 限定 **次の**, これから先の, きたるべき [≒next]: the *coming* generation 次世代の人々 / We'll have cold weather this *coming* week. この先 1 週間は寒い天気が続くだろう《⇒ week 図》. ❷ 限定 新進の, (成功の)見込みのある.
— 名 (~s /~z/) [単数形で] **来ること**, 到着, 到来 [≒arrival] [⇔ going]: We are waiting for the *coming of* spring. 春が来るのを待っている.
cómings and góings [名]《略式》人の行き来, 出入り; 動向 (*of*).

+com·ma /kɑ́(ː)mə | kɔ́mə/ 名 (~s /~z/) Ⓒ〔文法〕コンマ《⇒ 巻末文法 16. 4》.

***com·mand** /kəmǽnd | -mɑ́ːnd/
意味のチャート
「命令(する)」名 ❶; 動 ❶ →「支配(する)」名 ❸; 動 ❷ →(当然のこととして手中に収める)
→「値する」動 ❸ →「起こさせる」動 ❸
→「自由に使う力」名 ❹, 「自由にする」動 ❹
→(優位に立つ)→「見おろす」動 ❺

— 動 (com·mands /-mǽndz | -mɑ́ːndz/; -mand·ed /~ɪd/; -mand·ing) ⓗ ❶ (部下)に**命令する**《⇒ order 類義語》; (人)に命じて～させる: 言い換え He *commanded* his men *to* march. V+O+C (to 不定詞) =《格式》He *commanded that* his men (*should*) *march*. V+O (that 節) 彼は部下に行進せよと命じた《⇒ should A 8》.
❷ (...)を**指揮する, 支配する:** This ship *is commanded by* Captain White. V+O の受身 この船はホワイト船長によって指揮されている. ❸ [受身なし] (同情・尊敬の念)を起こさせる; (...)に値する: His courage *commanded* our admiration [respect]. 彼の勇気は我々に称賛[尊敬]の念を起こさせた / *command* a high price 高値がつく. ❹ (...)を思いのままに使う, 支配する, 制する. ❺ [受身なし]《格式》(高い場所が)(下の一帯)を見渡す: The fort *commands* the whole town. そのとりでは町全体を見おろしている.
— ⓐ 命令[指揮]する.
— 名 (com·mands /kəmǽndz | -mɑ́ːndz/) ❶ Ⓒ **命令**, 指図 [≒order]: The general gave the *command to* retreat. +to 不定詞 将軍は退却命令を下した / obey the *command* 命令に従う.
❷ Ⓒ〔コンピュータ〕**コマンド**, 操作指示.
❸ Ⓤ **指揮(権)**, 支配(力), 統率; 制御: The soldiers

are *under the* direct *command of* the President. 兵士たちは大統領の直接指揮下にある / Captain Long was *in command of* the fleet. ロング大佐が艦隊を指揮していた / ***take command of*** ... ...の指揮をとる, 主導権を握る / She was *in command of* herself. 彼女は自制できていた. ❹ [U または a ～] 自由に使う[使いこなす]力: have (*a*) perfect *command of* French フランス語を自由に操る. ❺ C 〔軍隊〕 指揮官管轄下の部隊; [C-] 司令部.

at one's commánd [形] 自由に使える.

at ...'s commánd [副・形] 《格式》 (人)の命令[仰せ]に従って[従う].

C

com·man·dant /ká(ː)məndæ̀nt, -dɑ̀ːnt | kɔ́m-/ 名 C 司令官, 指揮官.

com·man·deer /kɑ̀(ː)məndíɚ | kɔ̀məndíə/ 動 (-deer·ing /-dí(ə)rɪŋ/) 他 (軍隊が)(私有物)を徴用[徴発]する; (物)を奪い取る.

***com·mand·er** /kəmǽndɚ | -mɑ́ːndə/ 名 (～s /～z/) ❶ C **指揮官**, 司令官: the *commander* of the troops 軍司令官. ❷ C 海軍中佐.

commánder in chíef 名 (複 com·mand·ers in chief) C 最高司令官 《略 C in C》.

com·mand·ing /kəmǽndɪŋ | -mɑ́ːnd-/ 形 ❶ 限定 指揮している. ❷ 限定 (リードが)圧倒的な. ❸ 堂々とした; 威厳のある. ❹ 限定 見晴らしのよい.

commánding ófficer 名 C 指揮官.

com·mand·ment /kəmǽn(d)mənt/ 名 C 戒律, おきて: ⇒ Ten Commandments.

com·man·do /kəmǽndoʊ | -mɑ́ːn-/ 名 (～(e)s) C 奇襲部隊(員), コマンド部隊(員).

+**com·mem·o·rate** /kəmémərèɪt/ 動 (-o·rates /-rèɪts/; -o·rat·ed /-ṭɪd/; -o·rat·ing /-ṭɪŋ/) 他 (偉人・事件)**を記念する**, (行事などで)**祝う** 《⇒ celebrate 類義語》; (...)の記念となる: The tree *commemorates* the founding of our school. その木は我が校の創立記念だ. (名 commèmorátion, 形 commémorative)

com·mem·o·ra·tion /kəmèməréɪʃən/ 名 ❶ U 記念, 祝賀: *in commemoration of* ... ...を記念して. ❷ C 記念祝典. (動 commémoràte)

com·mem·o·ra·tive /kəmém(ə)rəṭɪv, -mərèɪṭ-/ 形 記念の. (動 commémoràte)

com·mence /kəméns/ 動 他 《格式》 開始する, 始める (*doing*, *to* do) 《⇒ begin 類義語》. — 自 《格式》 始まる (*with*, *by*). (名 comméncement 2)

com·mence·ment /kəménsmənt/ 名 ❶ C 《米》 (大学・高校などの)卒業式, 学位[卒業証書]授与式 [≒graduation]. 参考 米国では5月末か6月初めに行なわれることが多い. ❷ U 《格式》 開始 (*of*) [≒beginning]. (2 では 動 comménce)

com·mend /kəménd/ 動 他 ❶ 《格式》 (...)を称賛する, ほめる: He *was* highly *commended for* his bravery. 彼は勇敢だったと絶賛された. ❷ 《格式》 推薦する (*to*) [≒recommend]: have much [little] to *commend* it (物事が)よいところがいろいろある[ほとんどない]. ❸ 《格式》 (...)を(人に)任せる, 託する (*to*).

comménd onesèlf to ... [動] 他 《格式》 (物事が)(人)の気に入る, (人)によい感じを与える.

com·mend·a·ble /kəméndəbl/ 形 《格式》 ほめるに足る, 立派な, 感心な. **-a·bly** /-əbli/ 副 立派に.

com·men·da·tion /kɑ̀(ː)məndéɪʃən | kɔ̀m-/ 名 C 表彰, 褒賞(ほうしょう) (*for*); U 《格式》 称賛.

com·men·su·rate /kəméns(ə)rət/ 形 《格式》 (...に)つり合った, ふさわしい (*with*).

****com·ment** /ká(ː)ment | kɔ́m-/ アク

— 名 (com·ments /-ments/) ❶ C,U **論評, 意見**, 批評, 短評 《⇒ 類義語》: He *made* frank *comments on* [*about*] my work. 彼は私の作品に対して率直に意見を言ってくれた / ***Fair comment.*** Ⓢ 《英》 ご指摘のとおり, ごもっとも.

❷ C,U **解説**, 説明; 注釈: The paper limited itself to a few *comments on* that news. 新聞はそのニュースの解説を少しにとどめた. ❸ [a ～] (好ましくない)反映: be *a* sad *comment on* the quality of education 教育の質の嘆かわしい実態を物語っている.

Nó cómment. Ⓢ 何も言うことはない, ノーコメント.

類義語 **comment** ある問題・人物・書物などを観察した結果を意見にして述べたもの. **remark** 簡単な批評. **review** 書物・演劇などの批評. **criticism** 欠点や欠陥をあげた批評.

— 動 (com·ments /-ments/; -ment·ed /-ṭɪd/; -ment·ing /-ṭɪŋ/) 自 **論評する**, 批評する; 解説する; 意見を述べる: The professor *commented on* [*upon*, *about*] the government's policy toward China. V+*on* [*upon*, *about*]+名 教授は政府の中国政策について論評した. — 他 (...)と論評する, 述べる (*that*).

+**com·men·tar·y** アク /ká(ː)məntèri | kɔ́məntəri, -tri/ 名 (-tar·ies) ❶ C,U (スポーツ番組などの)(**実況**)**解説**: give a running *commentary on* a football game フットボールの試合の実況解説をする. ❷ C 論評; 注釈(書).

be a (sád) cómmentary on ... [動] 他 ...の(嘆かわしい)実態を物語っている.

com·men·tate /ká(ː)məntèɪt | kɔ́m-/ 動 自 実況放送をする; 解説者をつとめる (*on*).

***com·men·ta·tor** /ká(ː)məntèɪṭɚ | kɔ́məntèɪtə/ 名 (～s /～z/) C 〔放送〕 (時事問題・スポーツ番組などの)**解説者**; 評論家 (*on*): a political *commentator* 政治評論家.

***com·merce** /ká(ː)mɚ(ː)s | kɔ́mə(ː)s/ アク 名 U **商業**; 通商, 貿易 [≒trade]: the Department [Secretary] of *Commerce* 《米》 商務省[商務長官] 《⇒ department 表》. (形 commércial)

****com·mer·cial** /kəmɚ́ːʃəl | -mɜ́ː-/

— 形 ❶ 限定 [比較なし] **商業の**, 貿易の, 通商の: a *commercial* firm 商事会社 / a *commercial* bank 商業[普通]銀行.

❷ 限定 [比較なし] **営利的な**; 商業的な; スポンサー付きの, 民間放送の: a *commercial* enterprise 営利事業 / a *commercial* success [failure] 商業的成功[失敗] / *commercial* broadcasting [radio, television] 民間放送[ラジオ(放送), テレビ(放送)]. ❸ 限定 市販用の. ❹ 金めあての, もうけ主義の.

(名 cómmerce, 動 commércialize)

— 名 (～s /～z/) C **広告放送**, コマーシャル, CM: a TV *commercial* テレビのコマーシャル. 日英 英米では CM とは言わない.

com·mer·cial·is·m /kəmɚ́ːʃəlìzm | -mɜ́ː-/ 名 U [軽蔑的] 商業主義, 営利主義.

com·mer·cial·i·za·tion /kəmɚ̀ːʃəlɪzéɪʃən | -mɜ̀ːʃəlaɪz-/ 名 U 商業化, 営利目的化; 商品化.

com·mer·cial·ize /kəmɚ́ːʃəlàɪz | -mɜ́ː-/ 動 他 ❶ [普通は受身で] (...)を商業化する, 営利目的にする. ❷ (...)を商品化する. (形 commércial)

com·mer·cial·ly /kəmɚ́ːʃəli | -mɜ́ː-/ 副 [ときに

[文修飾] 商業上は; 商業的に(見て); 商品として.

com·mie /ká(ː)mi | kɔ́mi/ 名 C 《略式, 主に米》 [差別的] = communist.

com·min·gle /kəmíŋgl/ 動 他 《格式》 (...)を混ぜ合わせる. — 自 《格式》 混じり合う.

com·mis·er·ate /kəmízərèɪt/ 動 自 《格式》 (...に)同情する, (...)を哀れむ (*with*).

com·mis·er·a·tion /kəmìzəréɪʃən/ 名 [U または複数形で] 《格式》 (特に敗者への)同情, 哀れみ; 同情のことば.

com·mis·sar·y /ká(ː)məsèri | kɔ́mɪs(ə)ri/ 名 (-sar·ies) C 《米》 (軍などの)売店.

*__com·mis·sion__ /kəmíʃən/ アク 名 (~s /~z/)

意味のチャート
(委託すること) →「**委任**」❸
→ (委任された内容) →「**任務**」❸ → (それに対する代価) →「**手数料**」❷
→ (委任された機関) →「**委員会**」❶
《⇒ committee》

❶ C [《英》 単数形でもときに複数扱い] [しばしば C-] **委員(会)** 《全体》 (*on*): ˹set up [establish] a *commission* 委員会を設ける.
❷ C,U **手数料**, 歩合, 口銭: You will get a 10% ***commission on*** each sale. 1 個売れば[につき]1 割の手数料がもらえる / work ***on commission*** 歩合制で働く. ❸ C (委任された)任務, (依頼された)仕事, 作品制作; 職権 (*to* do); U (任務などの)委任, 委託, 依頼. ❹ C 将校の地位[職権]. ❺ U 《格式》 (罪を)犯すこと, 犯行.

in commíssion [形] (車・機械が)いつでも使用できる; (軍艦が)就役中の.

òut of commíssion [形] (1) (車・機械が)使えない. (2) 《略式》 (人が)病気で, 負傷して; 働けない.
(5 では 動 commít)

— 動 (~s /~z/; ~ed /~d/; ~ing) 他 ❶ (...)に**委託する**; (仕事)を頼む: I ***commissioned*** him ***to*** design the new office. [V+O+C (*to* 不定詞)] 私は新しい事務所の設計を彼に頼んだ. ❷ [普通は受身で] (将校に)任命する (*as*).

com·mís·sioned ófficer /kəmíʃənd-/ 名 C 〔軍隊〕 士官, 将校. [関連] noncommissioned officer 下士官.

*__com·mis·sion·er__ /kəmíʃ(ə)nɚ | -nə/ 名 (~s /~z/) ❶ C [しばしば C-] (政府などが任命した)**委員**, **理事**; 長官; (国連などの)弁務官. ❷ C [しばしば C-] 地方行政官. ❸ C [しばしば C-] 《米》 コミッショナー《プロスポーツ界の最高責任者》.

*__com·mit__ /kəmít/ アク 動 (com·mits /-míts/; -mit·ted /-ṭɪd/; -mit·ting /-ṭɪŋ/) 他 ❶ (罪など)を**犯す**, 行なう: He *committed* murder [adultery]. 彼は人殺し[不倫]をした / Society prepares the crime; the criminal *commits* it. 社会が犯罪を用意し犯罪者がこれを行なう.
❷ (人)に(...(すること)を)**約束させる**, 義務づける, (人)を拘束する: My contract ***commits*** me ***to*** three concerts a month. [V+O+*to*+名] 私は契約で月に 3 回コンサートを開かねばならない. ❸ (金・時間・兵力など)を(...に)当てる(ことにする), 割(さ)く, 投入する: *commit* a large sum *to* a project ある企画に大金を出す(と約束する). ❹ (人)を(刑務所や病院に)引き渡す, 収容する (*to*). ❺ 《格式》 (...)を(記憶などに)ゆだねる: *commit* ... *to* memory [writing, paper] ...を記憶する[書き留める].
— 自 ❶ (...(すること)を)確約する, (...に)深くかかわる (*to*). ❷ (人と)永続的関係をもつ; (...に)献身[傾倒]する (*to*).

commít onesèlf [動] 自 (1) (引っ込みのつかぬ)**約束をする**, 必ずすると言う, コミットする: Don't ***commit yourself*** ˹***to*** do***ing*** [***to*** do] it. それをやると確約はするな. (2) (人と)永続的関係をもつ; (...に)献身[傾倒]する (*to*). (3) 態度[意見]を明らかにする (*on*).
(他 1 では 名 commíssion 5, 他 2, 3 および成句では 名 commítment, 他 4 では 名 commíttal)
《⇒ permit¹ キズナ》

*__com·mit·ment__ /kəmítmənt/ 名 (-mit·ments /-mənts/) ❶ C (果たすといった)**約束**, **公約**, 言質(げんち): [言い換え] He made a firm ***commitment*** ˹***to*** help [***to*** help***ing***] us. [+*to* 不定詞 [*to*+動名]] = He made a firm ***commitment that*** he would help us. [+*that* 節] 彼は我々を援助すると確約した.
❷ [U または a ~] (主義・運動に)**身をささげること**, 傾倒, 献身: Mr. Smith showed a strong ***commitment to*** the pacifists' cause. スミス氏は平和運動に身を投ずる強い決心を表明した.
❸ C (約束による)**掛かり合い**; 責任 [≒responsibility]: Now that you have married, you have various *commitments*. 君は結婚したのだからいろいろな責任がある. ❹ U,C (資金・時間などの)割り当て, 投入.
(動 commít)

com·mit·tal /kəmíṭl/ 名 C,U (刑務所などへの)引き渡し, 収容.

+__com·mit·ted__ /kəmíṭɪd/ 形 ❶ (...に)**献身的な**, 身を投じて(いる) [⇔ uncommitted]: a *committed* pacifist 熱心な平和主義者 / She'*s* fully ***committed to*** work***ing*** for peace. [+*to*+動名] 彼女は熱心に平和運動に取り組んでいる.
❷ [叙述] (...(すること)を)**約束して(いる)**, (...に)深くかかわって(いる): I'm ***committed*** ˹***to*** help***ing*** [***to*** help] him. [+*to*+動名[+*to* 不定詞]] 私は彼を助けると確約している.

**__com·mit·tee__ /kəmíṭi/ アク
— 名 (~s /~z/) C **委員会**; **委員**《全体》: a steering *committee* 運営委員会 / be [***sit***, ***serve***] ***on*** a ***committee*** 委員になっている / a *committee* member 委員(の 1 人) / a *committee* meeting 委員会の会合 / The ***committee*** will ***meet*** next week. その委員会は来週開かれる.

[語法] 《英》 では委員会の 1 人 1 人を考えるときには単数形でも複数扱いとなることがある: The *committee is* [《英》 are] united on this question. この問題については委員会(の委員たちの意見)は一致している.

《⇒ permit¹ キズナ》

com·mo·di·ous /kəmóʊḍiəs/ 形 《格式》 (家・部屋などが)広い.

com·mod·i·ty /kəmá(ː)ḍəṭi | -mɔ́d-/ 名 (-i·ties) ❶ C 商品, (農・鉱業)生産品: agricultural *commodities* 農産物. ❷ C 《格式》 有用なもの.

com·mo·dore /ká(ː)mədɔ̀ɚ | kɔ́mədɔ̀ː/ 名 C 〔海軍〕 准将, 代将《少将と大佐との間》; 提督.

***__com·mon__ /ká(ː)mən | kɔ́m-/
— 形 (1, 4, 5 では more ~, com·mon·er; most

~, com·mon·est)

意味のチャート
「公共の」❸ →「共通の」❷《⇒ mean² 意味のチャート》→「普通の」❶ →「平凡な」❹ →「粗末な」❺

❶ 普通の, よくある; ありふれた《⇒ 類義語》[⇔ uncommon]: The 「*most common* [*commonest*] words are marked with stars in this dictionary. この辞書では最もよく使われる語には星印がついている / The disease is ***common among*** young people. [+among+名] その病気は若い人にはよくある / ***It is common for*** politicians ***to*** make inappropriate remarks. 政治家が失言するのはよくあることだ《⇒ for 前 B》/ a *common* sight ありふれた光景. 語法 人に用いると軽蔑的になる《⇒5》.
❷ [比較なし] **共通の**, 共同の: our *common* interests 我々共通の利害 / a *common* language 共通語 / The garden is ***common to*** the two houses. [+to+名] その庭は2軒に共同のものだ.
❸ 限定 [比較なし] **公共の**, 公衆の [≒public]; 一般の [≒general]: *common* land 公共の土地 / We must work for the *common* good. 私たちは公益のためにつとめねばならない. ❹ 限定 平凡な, 並みの; 当たり前の: the *common* people 庶民 / *common* courtesy [decency] 当たり前の礼儀(作法). 語法 5 の意味にもとられるので注意. ❺ 粗末な; 品のない, 下品な.

類義語 **common** 日常どこにでも見聞きされ, また起こることで, 特に他と異なる著しい特徴のない状態を意味する: *common* errors よくある誤り. **ordinary** ありふれた型にはまっていることを意味する: an *ordinary* piano lesson 普通のピアノのけいこ. **average** 量・数・質などが平均に近くありふれていること: people of *average* ability 普通の能力の人たち. **usual** 未知・不可解な所がなく, 普通の状態であれば起こることが予想されているようなことを意味する: It is *usual* for him to be late for school. 彼はいつも学校に遅れる. **normal** 基準からはずれていないことをいう: Your pulse is *normal*. あなたの脈は普通[正常]です.

— 名 C 共有地《村の牧草地や町の広場など》; [主に名称で] ...公園.

hàve ... in cómmon (with ~) [動] (~と)...**の共通点がある:** The two brothers *have* a lot *in common* (*with* each other). その2人の兄弟は共通点が多い.

in cómmon with ... [前]《格式》...と同様に.

cómmon cóld 名 C [普通は the ~] かぜ, 感冒 (cold). 関連 influenza インフルエンザ.

cómmon denóminator 名 ❶ C 公分母《½ と ⅗ では10》. ❷ C 共通点,「最大公約数」.

com·mon·er /ká(ː)mənə | kɔ́mənə/ 名 C (貴族に対して)平民, 庶民《⇒ nobleman》.

cómmon gróund 名 U 共通の立場[見解].

cómmon knówledge 名 U 常識《だれでもが持っている知識をいう; ⇒ common sense》.

cómmon láw 名 U 慣習[判例]法《特に England 1 の》. 関連 statute law 制定法, 成文法.

com·mon-law /ká(ː)mənlɔ̀ː | kɔ́m-/ 形 限定 慣習法の; 内縁(関係)の: a *common-law* marriage 慣習法上の結婚《婚姻と同等とみなされる内縁関係》/ Tom's *common-law* wife トムの内縁の妻.

***com·mon·ly** /ká(ː)mənli | kɔ́m-/ 副 **一般に**, 普通に[は] [≒usually] [⇔ uncommonly]; 俗に: The Executive Mansion is *commonly* called the White House. (米国の)大統領官邸は一般にホワイトハウスと呼ばれる.

cómmon nóun 名 C《文法》普通名詞《⇒ 巻末文法 2. 1 (1)》.

com·mon·place /ká(ː)mənplèɪs | kɔ́m-/ 形 ありふれた, 日常普通の: Travel by air is *commonplace* today. 今では空の旅は当たり前のことだ. — 名 C ありふれた事[物]; 決まり文句.

Com·mons /ká(ː)mənz | kɔ́m-/ 名 複 [the ~; ときに単数扱い] = the House of Commons《⇒ house¹ 4 の例文》.

+**com·mon·sense** /ká(ː)mənséns | kɔ́m-/ 形 限定 **常識的な**, 常識のある, 良識のある: *commonsense* people 常識[良識]のある人たち.

+**com·mon sense** /ká(ː)mənséns | kɔ́m-/ 名 U **良識, 常識**《日常生活や社会生活に必要な健全な判断力; ⇒ common knowledge》: *Common sense* tells us to save for old age. 老後のために蓄えるのは常識だ.

+**com·mon·wealth** /ká(ː)mənwèlθ | kɔ́m-/ 名 (~s /~s/) ❶ C《格式》**共和国** [≒republic]; **連邦**: the *Commonwealth* of Australia オーストラリア連邦. ❷ [the C-] = Commonwealth of Nations. ❸ C [C-]《米》州《公式には Massachusetts, Pennsylvania, Virginia, Kentucky に用いる》; コモンウェルス《Puerto Rico と Northern Mariana Islands の正式の地位》.

Cómmonwealth of Indepéndent Státes 名 固 [the ~] 独立国家共同体《1991 年ソ連の崩壊後その旧加盟国の一部が創設した連合体; 略 CIS》.

Cómmonwealth of Nátions 名 固 [the ~] 英連邦《英国 (the United Kingdom) を中心にカナダ・オーストラリア・ニュージーランド・インドなど 50 近くの国々から成る連合体》.

com·mo·tion /kəmóʊʃən/ 名 U,C 動揺; 騒動.

+**com·mu·nal** /kəmjúːn(ə)l, ká(ː)mjʊ- | kɔ́mjʊ-/ 形 ❶ (人種・宗教などの異なる)**共同体[集団]間の**. ❷ 公共の, 共有の; 自治体の; 共同社会の.

com·mune¹ /ká(ː)mjuːn | kɔ́m-/ 名 [《英》単数形でもときに複数扱い] ❶ C 生活共同体, 生活集団. ❷ C コミューン《フランス・ベルギー・イタリア・スペインの最小地方自治体》.

com·mune² /kəmjúːn/ 動 自《格式》(自然などと)心を通わす; 親しく交わる: *commune with* nature 自然に親しむ.

com·mu·ni·ca·ble /kəmjúːnɪkəbl/ 形《格式》(病気などが)伝染する [≒infectious]; 伝達できる.

com·mu·ni·cate** /kəmjúːnəkèɪt/ アク 動 (-ni·cates /-kèɪts/; -ni·cat·ed /-ṭɪd/; -ni·cat·ing /-ṭɪŋ/) 自 ❶ **連絡する**, 情報[意見]交換する, 意思[気持ち]を伝える: We ***communicate with each other online. [V+with+名] 私たちはお互いオンラインで連絡をとりあっている. ❷ 話が通じる, 理解しあう (*with*). ❸ (部屋などが)通じている (*with*).
— 他 ❶ (情報・意見など)を**伝達する**; (...)を(~に)伝える, 知らせる [≒inform]: She ***communicated*** her secret ***to*** no one. [V+O+to+名] 彼女は秘密をだれにも教えなかった. ❷ [普通は受身で] (病気)をうつす (*to*).
(名 commùnicátion)

****com·mu·ni·ca·tion** /kəmjùːnəkéɪʃən/ — 名 (~s /~z/) ❶ U (情報・意見などの)**伝達, コミュニケーション**, 情報交換, 意思疎通, 心の通じ合い: Language is a means of *communication*. 言語は伝達の手段である / ***communication between*** parents and children 親子間のコミュニケーション / be ***in communication*** (***with*** ...) (...と)連絡をとっている / *communication* skills コミュニケーション能力 // ⇒ mass communication.

❷ Ⓤ **通信**, 交信: establish *communication* 通信を確立する / All ***communication with*** the town was broken [cut] off due to the earthquake. 地震のためその町との通信はすべて途絶えた. 関連 telecommunications 電気通信.

❸ [複数形で] **通信機関[手段]** 《無線・電話・コンピューターなど》; **交通機関[手段]**: a *communications* network [system] 通信[交通]網 / We were shut off from ***communications with*** the mainland. 我々は本土との連絡が断たれた. ❹ Ⓒ 《格式》 連絡, 伝言, 手紙, 電話. (動 commúnicàte)

communicátions sàtellite 名 Ⓒ 通信衛星.

+**com·mu·ni·ca·tive** /kəmjúːnəkèɪṭɪv/ 形 ❶ 叙述 **話好きな** [⇔ uncommunicative]. ❷ コミュニケーションの(ための), (外国語での)伝達能力に関する.

com·mu·nion /kəmjúːnjən/ 名 ❶ Ⓤ [C-] 〘プロテスタント〙 聖餐(せいさん)式, 〘カトリック〙 聖体拝領 (Holy Communion). ❷ Ⓤ 《格式》 親しい交わり; 霊的な交渉 (*with, between*). ❸ Ⓒ 《格式》 宗教団体, 宗派.

com·mu·ni·qué /kəmjùːnəkéɪ, kəmjúːnəkèɪ/ ≪フランス語から≫ 名 Ⓒ (特に報道機関向けの)コミュニケ, 公式[共同]声明; 公報.

+**com·mu·nis·m** /ká(ː)mjʊnɪzm | kɔ́m-/ 名 ❶ Ⓤ **共産主義**. ❷ Ⓤ [C-] 共産主義体制. 関連 capitalism 資本主義 / socialism 社会主義.

+**com·mu·nist** /ká(ː)mjʊnɪst | kɔ́m-/ 名 (~s /-nɪsts/) ❶ Ⓒ **共産主義者**. ❷ Ⓒ [C-] 共産党員.
— 形 [ときに C-] 共産主義(者)の.

Cómmunist Pàrty 名 [the ~] 共産党.

***com·mu·ni·ty** /kəmjúːnəṭi/ アク
— 名 (-ni·ties /~z/) ❶ Ⓒ [《英》 単数形でもときに複数扱い] **共同社会** 《国家・都市・村などの地域社会や宗教・民族・職業などによって作られた共通の利害を持つ共同体》: the Jewish *community* in New York ニューヨークのユダヤ人社会 / the international *community* 国際社会 / the scientific *community* 科学界.

❷ [the ~] **一般社会**, 公衆: the welfare of *the community* 社会福祉. ❸ Ⓤ 共同体意識; 共有: a sense of *community* 連帯感. ❹ Ⓒ (動物の)群生; (植物の)群落.

commúnity cènter 名 Ⓒ コミュニティセンター《教育・文化・厚生・娯楽の設備のある所》.

commúnity cóllege 名 Ⓒ 《米》 (地方自治体の運営する)2 年制の短期大学.

commúnity sérvice 名 Ⓤ (自主的な, あるいは刑罰としての)(無給の)社会奉仕.

com·mu·ta·tion /kà(ː)mjʊtéɪʃən | kɔ̀m-/ 名 Ⓒ,Ⓤ 〘法律〙 減刑 (*from, to*).

+**com·mute** /kəmjúːt/ 動 (com·mutes /-mjúːts/; com·mut·ed /-ṭɪd/; com·mut·ing /-ṭɪŋ/) 自 **通勤する**, 通学する: *commute* by train 列車[電車]で通勤する / 言い換え Mr. Long ***commutes from*** his home in the suburbs ***to*** his office in Manhattan. V+*from*+名+*to*+名 = Mr. Long ***commutes between*** his home in the suburbs ***and*** his office in Manhattan. V+*between*+名+*and*+名 ロングさんは郊外の家からマンハッタンの会社まで通勤する.
— 他 (刑罰)を減ずる (*from, to*).
— 名 Ⓒ [普通は単数形で] 通勤.

com·mut·er /kəmjúːṭə | -tə/ 名 Ⓒ (電車などの)通勤[通学]者: *commuter* trains 通勤列車[電車].

commúter bèlt 名 Ⓒ 《英》 (都市周辺の)通勤圏.

comp /ká(ː)mp | kɔ́mp/ 名 Ⓒ 《米略式》 無料招待券 (complimentary ticket).

+**com·pact**[1] /kəmpǽkt, ká(ː)mpækt | kəmpǽkt/ ✪ 名詞の compact[2,3] とアクセントが違う. 形 ❶ **小型で使いやすい**, 軽便な: a *compact* camera コンパクトカメラ 《小型の自動式カメラ》.

❷ **ぎっしり詰まった**, 密な: a *compact* head of cabbage 固く巻いたキャベツの玉. ❸ (人が)小柄でがっしりした.
— 動 他 [普通は受身で] (...)を圧縮[凝縮]する.

com·pact[2] /ká(ː)mpækt | kɔ́m-/ ✪ 形容詞の compact[1] とアクセントが違う. 名 ❶ Ⓒ (化粧用の)コンパクト. ❷ Ⓒ 《米》 = compact car.

com·pact[3] /ká(ː)mpækt | kɔ́m-/ 名 Ⓒ 《格式》 契約, 盟約 (*with, between; to* do).

cómpact cár 名 Ⓒ 《米》 小型自動車.

cómpact dísc 名 Ⓒ CD, コンパクトディスク《略 CD》. 関連 videodisc ビデオディスク.

cómpact dísc plàyer 名 Ⓒ = CD player.

*__com·pan·ion__ /kəmpǽnjən/ 名 (~s /~z/) ❶ Ⓒ **仲間**, 友達; 話し相手 《⇒ friend 類義語》: a drinking *companion* 飲み仲間 / He will be a good *companion* for you. 彼はあなたのよい仲間[話し相手]になるでしょう / Fear was his constant *companion*. 恐怖が絶えず彼に付きまとっていた. 日英 日本語の「コンパニオン」のような「パーティーのホステス」の意味はない. ❷ Ⓒ ひと組[1 対]の片方; 対(つい)になるもの (*to*): a *companion* volume 姉妹編. ❸ Ⓒ 手引き書; (書名などで)...の友. ❹ Ⓒ 付添い人《老人や病人の話し相手や世話をする住み込みの人, 特に女性》.
〘語源 原義はラテン語で「パンを共にする仲間」; company と同語源〙

com·pan·ion·a·ble /kəmpǽnjənəbl/ 形 《格式》 友とするによい, 親しみやすい.

com·pan·ion·ship /kəmpǽnjənʃɪp/ 名 Ⓤ 仲間付き合い, 交友関係, 交わり.

***com·pa·ny** /kʌ́mp(ə)ni/ 発音
— 名 (-pa·nies /~z/)

> **意味のチャート**
> 原義は「パンを共にする仲間」《⇒ companion 語源》.
> 「**仲間**」❸
> → (仲間の集まり) → 「**団体**」❺ → 「**会社**」❶ / 「**来客**」❹
> → (仲間の関係) → 「**交わり**」❷ / 「**一緒にいること**」❷

❶ Ⓒ [《英》 単数形でもときに複数扱い] **会社** 《略 Co., co.; ⇒ firm[1] 類義語》: work for an electronics *company* エレクトロニクスの[を扱う]会社で働く / join a *company* 入社する / run a *company* 会社を経営する / set up a *company* 会社を設立する / This *company* has a lot of branches. この会社には支店がたくさんある. 日英 「会社に行く」という場合, 英語では go to work [the office] などという. company は「組織」, office は「職場」をいう.

❷ Ⓤ (ひとりでなく人と)**一緒にいること**, 同席, 人前; **交わり**, 人との付き合い: I enjoyed your *company*

C

very much. あなたとご一緒してとても楽しかった / We are happy to have your *company* this evening. 今晩はわざわざおいでくださって大変ありがたく思っております / We are looking forward to your *company*. ご出席をお待ちしております / ***for company*** 付き合いで, 話し相手に.

❸ U **仲間**, 友達;《格式》一緒にいる人, 同席の人《全体》: get [fall] into bad *company* 悪い仲間と付き合うようになる /「A man is known [You may know a man] by the *company* he keeps.《ことわざ》どんな友人と付き合っているかを見ればその人がわかる / Two's *company*(, three's a crowd).《ことわざ》2 人はよいが 3 人目はじゃま《恋人同士などが 2 人きりになりたいときに用いる》/ ***in ...'s company*** = ***in the company of*** ... ...と一緒に[同席して](いると). 語法 個人を指すこともある: Tom is good [poor, bad] *company*. トムはおもしろい[おもしろくない]相手だ.

❹ U **来客(たち)** [≒guest(s)]: I'm expecting [having] *company* this evening. 今晩は来客がある.

❺ C **団体**, 一行; (俳優・歌手の)一座: a theatrical *company* 劇団. ❻ C〔陸軍〕中隊《約 120 名; ⇒ corps 参考》.

be in góod cómpany [動] ⾃ (うまくいかなくても)他の人も似たようなものだ(から恥じることはない).

in cómpany [副] **人前で**, 人なかで: You must be a good boy [girl] *in company*. 人前ではお行儀よくしなさい.

in cómpany with ... [副] ...とともに.

kéep ... cómpany [動] ⾃ (遊び・話などで)(人)に付き合う, (人)の相手をする.

párt cómpany with ... [動] ⾃ ...と別れる, 絶交する; ...と意見を異にする. (動 accómpany)

+**com·pa·ra·ble** /kɑ́(ː)mp(ə)rəbl, kəmpǽrə- | kɔ́mp(ə)rə-, kəmpǽrə-/ アク 形 ❶ (...と)**比較できる**, (...と)似た点がある: 言い換え Japan is ***comparable with*** [*to*] Italy in many respects. +with [to]+名 = Japan and Italy are *comparable in* many respects. 日本は多くの点でイタリアに似たところがある. ❷ (...に)匹敵する, ひけをとらない [⇔ incomparable]: There is no jewel *comparable with* [*to*] a diamond. ダイヤモンドに匹敵する宝石はない.

-ra·bly /-rəbli/ 副 匹敵するほどに, 同程度に.

+**com·par·a·tive** /kəmpǽrəṭɪv/ 形 限定 ❶ **比較的...な**, (比較してみて)かなりの [≒relative]: live in *comparative* comfort 比較的快適な生活をする / a *comparative* beginner 比較的初心者である人.

❷ [比較なし] **比較の**, 比較に関する[基づく]: a *comparative* study of Japanese and American culture 日本とアメリカの文化の比較研究. ❸〔文法〕比較級の. (動 compáre)

— 名 [the ~]〔文法〕比較級.

com·par·a·tive·ly /kəmpǽrəṭɪvli/ 副 比較的, かなり, 割(合)に: I found the task *comparatively* easy. その仕事は割合(に)やさしかった. **compáratively spèaking** [副] 文修飾 比較して言えば.

****com·pare** /kəmpéə | -péə/ 発音

— 動 (com·pares /~z/; com·pared /~d/; com·par·ing /-pé(ə)rɪŋ/) 他 ❶ (...)を**比較する**, (...)を(~と)**比べる**, 対照する《⇒ cf.》: *Compare* the two pictures and tell me which you like better. その 2 枚の絵を比べてどちらが好きか言ってください / I *compared* the copy *with* [*to*, *and*] the original. V+O+with [to, and]+名 私は写しを元のものと比べてみた.

❷ (...)を**たとえる**, なぞらえる: Life *is* often ***compared to*** a voyage. V+O+to+名の受身 人生はよく航海にたとえられる. 語法 1 の意味では前置詞は with のほか to も普通, 2 の意味では普通は to を用いる.

— ⾃ (他と)**比較される**; [普通は否定文で] 肩を並べる: *No* book can *compare with* the Bible. 聖書に匹敵する本はない. C+1 しばしば副詞 favorably, unfavorably を伴って優劣を表わす: Her new novel ***compares favorably*** [***unfavorably***] ***with*** her previous works. 彼女の新しい小説は前の作品より優れている[劣る].

(as) compáred with [to] ... [前] **...と比較すると**, ...と比べて: The US is large *compared with* [*to*] Japan. 日本と比べると, アメリカ合衆国は広い. (名 compárison, 形 compárative)

— 名 [次の成句で] **beyònd [withòut] compáre** [副・形]《文語》比べ物にならないほど(の), 類がないほど(の)《優れている》.

com·par·i·son** /kəmpǽrəs(ə)n/ 発音 名 (~s /~z/) ❶ U,C **比較(する[される]こと)**, 対照: a ***comparison of gold ***and*** [***with***] silver 金と銀の比較 / make [draw] a ***comparison between*** ... (2 つのもの)を比較する / for *comparison* 比較するために. ❷ U,C 同類とすること, 類似(性); たとえること: the *comparison* of life *to* a voyage 人生を航海にたとえること / make [draw] a *comparison between* ... (2 つのもの)の類似点を指摘する.

béar [stánd] compárison [動] ⾃ (...に)匹敵する; (...に)類似する (*with*).

by compárison [副] つなぎ語 (前述のものと)比較すると, それと比べると; それにひきかえ.

in [by] compárison with [to] ... [前] **...と比較すると**, ...と比べると: *In comparison with* Mount Everest, Mont Blanc is not so high. エベレスト山と比べるとモンブランはそんなに高くない. C+1 しばしば動詞 pale とともに用いる: The unprecedented costs ***pale in comparison to*** the difficulty of finding staff. 人材探しの難しさを思えば前例のない出費など大した問題ではない.

There's nó compárison (betwèen ... and ~) S (...と~とでは)比較にならない《一方がはるかに優れている》. (動 compáre)

com·part·ment /kəmpɑ́ətmənt | -pɑ́ːt-/ 名 ❶ C 仕切り, 区画, 仕切られた空間[部屋]: the freezer *compartment* (冷蔵庫の)冷凍庫. ❷ C コンパートメント, (列車の)仕切り客室《小さく仕切られ, ドアを開けて中に入ると向かい合って座る 2 列の座席がある》.

com·part·men·tal·ize /kəmpɑ̀ətméntəlàɪz | kɔ̀mpɑːt-/ 動 他 (...)を仕切る, 区画に分ける (*into*).

com·pass /kʌ́mpəs/ 名 ❶ C (方位を測る)磁石, コンパス《⇒ magnet 表》: the points of the *compass* = the *compass* points コンパスの方位《32 ある》. ❷ C コンパス《円を描くための道具》: draw a circle with (a pair of) *compasses* コンパスで円を描く. ❸ U《格式》(活動・興味などの)範囲 (*of*).

+**com·pas·sion** /kəmpǽʃən/ 名 U **あわれみ**, 同情《⇒ pity 類義語》: have [show, feel] ***compassion for*** ... ...に同情する.

com·pas·sion·ate /kəmpǽʃ(ə)nət/ 形 情け深い, 同情的な (*to, toward*).

com·pat·i·bil·i·ty /kəmpæ̀ṭəbíləṭi/ 名 ❶ U〔コンピュータ〕互換性 (*with*). ❷ U 適合[両立]性; 相性

(*with, between*).

+**com·pat·i·ble** /kəmpǽṭəbl/ 形 ❶〘コンピュータ〙(機器などが)**互換性のある:** This software is ***compatible with*** any of those computers. +with+名 このソフトはそのコンピューターのいずれでも動く.
❷ (原則などが)**両立できる**, 矛盾のない; (人の性格が)合う [⇔ incompatible]: His values aren't ***compatible with*** mine. +with+名 彼の価値観は私とは合わない.

com·pa·tri·ot /kəmpéɪtriət | -pǽtri-/ 名 C [所有格の後で] 同国人, 同胞.

+**com·pel** /kəmpél/ 動 (com·pels /~z/; com·pelled /~d/; -pel·ling) 他 ❶ (...)に**無理に〜させる**, 〜せざるをえなくする《⇒ force 類義語》: Darkness ***compelled*** us ***to*** turn back. V+O+C (to 不定詞) 暗くなり私たちはやむなく引き返した / He ***felt compelled to*** resign. 彼は辞職せざるをえない気持ちになった. ❷ [進行形なし]《格式》(態度など)を強いる; (感情など)を抱かざるをえなくする: Her courage *compels* admiration. 彼女の勇気は称賛せずにはいられない.
(名 compúlsion, 形 compúlsive, compúlsory)

com·pel·ling /kəmpélɪŋ/ 形 ❶ (理由などが)なるほどと思わせる, 説得力のある; (欲求などが)抗しがたい: *compelling* evidence 納得せざるをえない証拠. ❷ (話・本などが)注目[熱中]させる, おもしろい. **〜·ly** 副 説得力をもって; 有無を言わせずに.

com·pen·di·um /kəmpéndiəm/ 名 (〜s, com·pen·di·a /-diə/) C《格式》大要, 概説(書).

+**com·pen·sate** /ká(ː)mpənsèɪt | kɔ́m-/ 動 (-pen·sates /-sèɪts/; -pen·sat·ed /-ṭɪd/; -pen·sat·ing /-ṭɪŋ/) 他 (損失など)を**償**(つぐな)**う**, (人)に(...の)補償をする: You must ***compensate*** him ***for*** his loss. V+O+for+名 あなたは彼の損失を償わねばならない.
— 自 **償う**, 埋め合わせる: Money cannot ***compensate for*** life. V+for+名 金で命は償えない.
(名 còmpensátion, 形 compénsatòry)

com·pen·sa·tion** /kà(ː)mpənséɪʃən | kɔ̀m-/ 名 (〜s /〜z/) ❶ U **賠償金; 補償**, 賠償, 償い: claim [pay] *compensation* 賠償金を請求する[支払う] / Did they make any ***compensation for the damage? 彼らは損害の補償をしましたか / ***in*** [***as***] ***compensation*** 償いとして. ❷ C,U 償いになるもの, 埋め合わせ. ❸ U《米》報酬. (動 cómpensàte)

com·pen·sa·to·ry /kəmpénsətɔ̀ːri | kɔ̀mpənséɪtəri, -tri⁻/ 形 償い[埋め合わせ]となる, 賠償[補償]の.
(動 cómpensàte)

com·père /ká(ː)mpeə | kɔ́mpeə/ 名, 動 (com·pèr·ing /-pe(ə)rɪŋ/)《英》= emcee.

com·pete** /kəmpíːt/ ❗アク 動 (com·petes /-píːts/; com·pet·ed /-ṭɪd/; com·pet·ing /-ṭɪŋ/) 自 **競争する**, 張り合う; (競争に)参加する: John had to ***compete with [***against***] his classmates in the examination. V+with [against]+名 ジョンはその試験で級友と競争しなければならなかった / They ***competed*** (***with*** each other) ***for*** the prize. V+(with+名+)for+名 彼らはその賞を目ざして(互いに)競争した / They are ***competing to*** win the prize. V+to 不定詞 彼らはその賞を取ろうと張り合っている.
càn't compéte (with ...) [動] (...に)かなわない.
(名 còmpetítion, 形 compétitive)

com·pe·tence /ká(ː)mpəṭəns, -tns | kɔ́m-/ 名 ❶ U 能力; 適性 (*as, in; to* do) [⇔ incompetence]: the *competence* necessary ***for*** the position その地位に必要な能力. ❷ U〘法律〙(裁判所・政府などの)権限. ❸ C (ある仕事に必要な)技能. (形 cómpetent)

+**com·pe·tent** /ká(ː)mpəṭənt, -tnt | kɔ́m-/ ❗アク 形 ❶ **能力のある**, 有能な (*as, at, in*) [⇔ incompetent]: She is ***competent to*** handle this assignment. +to 不定詞 彼女はこの任務を十分こなしていける. ❷ (要求を満たすのに)十分な; (できばえなどの点で)満足のいく.
(名 cómpetence)
〜·ly 副 有能に, 立派に.

com·pet·ing /kəmpíːṭɪŋ/ 形 ❶ 限定 (主張・利益・理論などが)衝突する, 矛盾する: *competing* theories 対立する理論. ❷ 限定 (商品などが)競合する.

⁑**com·pe·ti·tion** /kà(ː)mpətíʃən | kɔ̀m-/ ❗アク
— 名 (〜s /〜z/) ❶ U **競争:** There was ***competition between*** [***among***] them ***for*** the prize. その賞を目ざして彼らの間で競争があった / fierce [intense, stiff] *competition* 激しい競争 / be ***in competition with*** ... ...と競い合っている.
❷ C **競技(会)**, 試合, コンテスト [≒contest]: enter a *competition* 競技会に出る / win a *competition* 競技会で勝つ / hold a ***competition to*** find a name for the baby panda +to 不定詞 パンダの赤ちゃんにつける名前を決めるコンテストを行なう. ❸ U [普通は the 〜;《英》ときに複数扱い] 競争者[相手]: have no *competition* 競争相手がいない, ずっと優れている.
(動 compéte)

***com·pet·i·tive** /kəmpéṭəṭɪv/ 形 ❶ **競争の**, 競争的な: a highly *competitive* society 競争の激しい社会. ❷ (人が)**競争心の強い; 競争力のある**, 競争に耐えられる《品質がよいとか価格が安いなど》(*with*): Less *competitive* shops will go under. それほど競争力のない店はつぶれるだろう / at *competitive* prices よそに負けない価格で.
a compétitive édge [名] 競争面での優位[強み].
(動 compéte)
〜·ly 副 競争して, 競争に耐えられるように.

com·pet·i·tive·ness /kəmpéṭəṭɪvnəs/ 名 U (企業・商品などの)競争力; 競争[向上]心.

***com·pet·i·tor** /kəmpéṭəṭə | -tə/ 名 (〜s /〜z/) C **競争者**, 競争相手, ライバル企業[商品]; 競技[競争]の参加者《rival と違って敵意を含まない》: major *competitors* 主な競争相手 / *competitors* in a race レースの参加者.

com·pi·la·tion /kà(ː)mpəléɪʃən | kɔ̀m-/ 名 C 編集した物 (*of*); U 編集, 編纂(へんさん).

+**com·pile** /kəmpáɪl/ 動 他 ❶ (辞典・事典など)を**編集する**; (資料など)をまとめる (*for*): They ***compiled*** the dictionary ***from*** various sources. V+O+from+名 彼らは種々の資料を使ってその辞書を編集した. ❷〘コンピュータ〙(プログラム)を機械語に翻訳する, コンパイルする.

com·pil·er /kəmpáɪlə | -lə/ 名 ❶ C 編集者, 編纂(へんさん)者. ❷ C〘コンピュータ〙コンパイラー《コンピューター言語を機械語へ翻訳するためのプログラム》.

com·pla·cen·cy /kəmpléɪs(ə)nsi/ 名 U [軽蔑的] 自己満足 (*about*).

com·pla·cent /kəmpléɪs(ə)nt/ 形 [軽蔑的] 自己満足した, 独りよがりの (*about*). **〜·ly** 副 (独り)満足して, 悦に入って.

⁑**com·plain** /kəmpléɪn/
— 動 (com·plains /〜z/; com·plained /〜d/;

-plain·ing) 自 ❶ **不平を言う**, ぶつぶつ言う, ぐちをこぼす, (不平・不満・悲しみ・苦しみなどを)訴える: He is always *complaining*. 彼はいつも文句ばかり言っている (⇒ be² A 1 (3)) / She ***complained about*** her job. V+about+名 彼女は仕事のぐちをこぼした / He often ***complains of*** headaches. V+of+名 彼はよく頭痛を訴える.

complain (不満やいやな[苦しい]ことがあるので不平を言う)	ぶつぶつ言う
grumble (おもしろくないので小声で不平を言う)	
grunt (低い声でぶつぶつ言う)	

❷ (正式に)訴える; 抗議[苦情]を申し立てる: He *complained to* the police *about* his neighbor's dog. 彼は隣の家の犬のことで警察に訴えた.

— 他 [受身なし] (...である)と**不平を言う**, こぼす: She ***complained*** (*to* her mother) ***that*** the soup was cold. V(+to+名)+O (that 節) 彼女はスープがさめていると(母に)文句を言った.

Cán't [I cán't] compláin. Ⓢ まあまあだ.

(名 compláint)

〖語源 原義はラテン語で「(悲しみの表現として)胸をたたく」〗

com·plain·ant /kəmpléɪnənt/ 名 C 〔法律〕原告, 告訴人 [≒plaintiff].

com·plaint** /kəmpléɪnt/ !アク 名 (com·plaints /-pléɪnts/) ❶ C **不平[不満, 苦情](の種)**, クレーム (⇒ claim 名 2 日英): They made ***complaints about [***of, against***] the noise. 彼らはその騒音に対する苦情を言った / They disregarded [ignored] her ***complaints that*** she was being treated unfairly. +that 節 彼らは不当な扱いを受けているという彼女の苦情を無視した / receive a *complaint* 苦情を受ける.

❷ U **不平を言うこと**: have cause [grounds] for *complaint* 苦情を申し立てる理由がある. ❸ C 病気, 体の不調: have a heart [liver] *complaint* 心臓[肝臓]が悪い. ❹ C 〔法律〕告訴: file a *complaint* 告訴する.

(動 compláin)

com·plai·sance /kəmpléɪs(ə)ns, -z(ə)ns | -z(ə)ns/ 名 U 《格式》愛想のよさ; 従順.

com·plai·sant /kəmpléɪs(ə)nt, -z(ə)nt | -z(ə)nt/ 形 《格式》愛想のよい; 従順な.

+**com·ple·ment¹** /ká(ː)mpləmènt | kɔ́m-/ ✪ 名詞の complement² と発音が違う. (同音 compliment²) 動 (-ple·ments /-mènts/; -ment·ed /-ṭɪd/; -ment·ing /-ṭɪŋ/) 他 (...)を**引き立てる, 補完する**, (うまく)補う: Fine wine *complements* a good dinner. いいワインがあるとおいしい食事がぐっと引き立つ.

(名 cómplement²)

com·ple·ment² /ká(ː)mpləmənt | kɔ́m-/ ✪ 動詞の complement¹ と発音が違う. 名 ❶ C 補完する[引き立てる]もの, なくてはならぬもの: Cheese is a perfect *complement to* this wine. このワインにはチーズがよく合う. ❷ C (必要な)数[量], 定員, 定数, 定量: a full *complement of* teachers (定数まで)全部そろった教員. ❸ C 〔文法〕補語 (⇒ **巻末文法** 1. 1 (4)).

(動 cómplement¹, 形 còmpleméntary)

com·ple·men·ta·ry /kà(ː)mpləménṭəri, -tri | kɔ̀m-⁻/ 形 補い合う, 補完的な; 相補的な (*to*): *complementary* colors 補色 / *complementary* angles 〔数学〕余角 《足すと 90 度になる 2 つの角》.

(名 cómplement²)

***com·plete** /kəmplíːt/

— 形 ❶ [普通は 限定] [比較なし] (出来事・性質などが)**完全な**, 全くの, 徹底した; 完璧な (⇒ 類義語): a *complete* victory [defeat] 完全な勝利[完敗] / a *complete* fool 大ばか者 / He is a *complete* stranger. 彼は赤の他人だ. 語法 《略式》では比較級・最上級も使われることがある. almost, nearly, quite などの副詞で修飾可能.

❷ **全部そろっている**, 全部の [⇔ incomplete]; **完備した**, (...を)備えて[た]: the *complete* works of Shakespeare シェークスピア全集 / The apartment comes ***complete with*** furniture. +with+名 そのアパートは家具が完備している.

❸ 叙述 **完成して**, 仕上がって [≒finished] [⇔ incomplete]: This painting is nearly *complete*. この絵はほぼ完成している.

> 類義語 **complete** 必要なものを全部備えていること. **perfect** 完全であると同時に優れた性質を持っていること.

— 動 (com·pletes /-plíːts/; com·plet·ed /-ṭɪd/; com·plet·ing /-ṭɪŋ/) 他 ❶ (...)を**完成する**, 仕上げる; 終える: The building *is* now *completed*. V+O の受身 その建物はもう完成した.

❷ (...)を**完全なものにする**, 全部そろえる: I want to *complete* my set of Shakespeare. 私はシェークスピア全集をみなそろえたい. ❸ (書類など)に(全部)記入する: a *completed* form (必要事項を)記入済みの用紙.

(名 complétion)

***com·plete·ly** /kəmplíːtli/

— 副 ❶ **完全に, 全く**, すっかり [⇔ incompletely] (⇒ very¹ 表): I *completely* forgot it. 私はそれをすっかり忘れてしまった.

❷ [否定文で] **全く...であるというわけではない** 《部分否定を表わす》: I do*n't completely* disagree with you. あなたの意見に全く不賛成というのではない.

com·plete·ness /kəmplíːtnəs/ 名 U 完全(であること) [⇔ incompleteness].

+**com·ple·tion** /kəmplíːʃən/ 名 U **完成**, 完了, 落成: a *completion* ceremony 落成式 / This building is nearing *completion*. この建物は完成間近だ / ***on*** [***upon***] ***completion of*** ... ...が完成[完了]次第.

(動 compléte)

***com·plex¹** /kà(ː)mpléks⁻, kəmpléks | kɔ́mpleks, kəmpléks/ 形 ❶ **複雑な**, 入り組んだ; 理解[説明]しにくい (⇒ 類義語) [⇔ simple]: a *complex* device 複雑な装置 / There is no simple solution for [to, of] this *complex* problem. この複雑な問題には簡単な解決策はない. ❷ いろいろな要素から成る, 複合の; 〔文法〕複文の, 複素語の: a *complex* number 〔数学〕複素数.

(名 compléxity)

> 類義語 **complex** 互いに関連する込み入った要素から成り立ち, 理解するのにかなりの研究と知識を必要とするような複雑さ. **complicated** 非常に込み入っていて分析や理解が困難なほどの複雑さ. **sophisticated** 最新の技術を導入した高度に複雑・精密[精巧]な性能の優秀さ. **intricate** 緻密にデザインされ細部が込み入っている複雑さ. **involved** 互いに入り組んだ要素から成り, 部分を抜き出したり, 分析したりするのが困難な複雑さ. 特に人の立場・環境・考えなどに

‖ついて用いることが多い.
〘⇒ simple キズナ〙

+**com·plex**² /kɑ́(ː)mpleks | kɔ́m-/ 名 (~·es /~ɪz/) ❶ C **複合的な建物**, 総合センター, 団地; 〔工業〕コンビナート; 複合体[物]: a housing *complex* 住宅団地 / a sports *complex* スポーツセンター.
❷ C **過度の不安[恐怖]**; 〔心理〕コンプレックス, 複合《無意識の中にある抑えつけられた感情で, しばしば異常な行動の原因となることがある》: have a *complex about* one's looks 容姿をいつも気にする / 「a superiority [an inferiority] *complex* 優越[劣等]感. 日英 日本語の「コンプレックス」と違って, complex だけでは「劣等感」の意味はない.

com·plex·ion /kəmplékʃən/ 名 ❶ C 顔色, (顔の)色つや: a man with a fair [ruddy] *complexion* 色白[赤ら顔]の男性. ❷ C [普通は単数形で] (事態の)外観, 様子, 様相 [≒aspect]; 性質.

+**com·plex·i·ty** /kəmpléksəṭi/ 名 (-i·ties /~z/) ❶ U **複雑さ** [⇔ simplicity]: The *complexity of* the problem astonished me. 問題の複雑さに私は驚いた. ❷ [複数形で] 複雑なところ[点] (*of*). (形 compléx¹)

cómplex séntence 名 C 〔文法〕複文《文の構造上の分類のひとつで, 従属節を含むもの: 例えば I think *that he told a lie.* (私は彼がうそをついたのだと思う) [この従属節は名詞節]》.

com·pli·ance /kəmpláɪəns/ 名 ❶ U 《格式》(要求・規則などに)沿うこと, 服従, (法令)遵守(じゅんしゅ): *in compliance with* ... …に従って, …に応じて. ❷ U 《格式》人の言いなりになること, 従順さ, 追従 (*with*). (動 complý)

com·pli·ant /kəmpláɪənt/ 形 ❶ 従順な, 素直な; 人の言いなりになる (*with*). ❷ (規則・基準などに)沿っている, 準拠した (*with*). (動 complý)

+**com·pli·cate** /kɑ́(ː)mplɪkèɪt | kɔ́m-/ 動 (-pli·cates /-kèɪts/; -pli·cat·ed /-ṭɪd/; -pli·cat·ing /-ṭɪŋ/) 他 ❶ (…)を**複雑にする**, 込み入らせる; わかりにくくする [⇔ simplify]: To *complicate* matters further, Tom was absent. さらに面倒なことにはトムが欠席していた. ❷ [普通は受身で] (病気など)を悪化させる.

***com·pli·cat·ed** /kɑ́(ː)mplɪkèɪṭɪd | kɔ́m-/ !アク 形 **複雑な**, 込み入った; わかり[解決し]にくい《⇒ complex¹ 類義語》: The situation is a bit *complicated*. 事態は少々複雑です.

com·pli·ca·tion /kɑ̀(ː)mplɪkéɪʃən | kɔ̀m-/ 名 ❶ C 複雑な事柄, ごたごたの種; U 複雑な情況. ❷ C [普通は複数形で] 〔医学〕合併症, 余病.

com·plic·i·ty /kəmplísəṭi/ 名 U 《格式》共謀, 共犯 (*in*). 関連 accomplice 共犯者.

+**com·pli·ment**¹ /kɑ́(ː)mpləmənt | kɔ́m-/ ✪ 動詞の compliment² と発音が違う. (同音 complement²) 名 (-pli·ments /-mənts/) ❶ C **ほめことば**, 賛辞; **お世辞**; 敬意: ***pay*** him a ***compliment*** = ***pay*** a ***compliment to*** him 彼をほめる; 彼にお世辞を言う / Karen received many ***compliments on*** her new dress. カレンは新しいドレスを大勢の人からほめてもらった / I'll ***take*** that ***as a compliment***. それをほめことばとして受け取っておくよ / ***fish for compliments*** ほめてもらえるようにわざとしむける.

compliment (社交上のお世辞)	お世辞
flattery (程度を越えた追従(ついしょう))	

❷ [複数形で] 《格式》あいさつ[祝い, お礼]のことば: 「Please give my [My] ***compliments to*** the chef. The roast beef was delicious. シェフによろしく伝えてください. ローストビーフがおいしかったですよ.

retúrn the cómpliment [動] 自 返礼する; 仕返しする.

(with the) cómpliments of ... = **with ...'s cómpliments** 《格式》…より謹呈《物を人に贈るときに書き添えることば》.
(動 cómpliment², 形 còmpliméntary)

com·pli·ment² /kɑ́(ː)mpləmènt | kɔ́m-/ ✪ 名詞の compliment¹ と発音が違う. 動 他 (人)をほめる, 称賛する: I *complimented* Lucy *on* her new dress. 私はルーシーの新しい服をほめた. (名 cómpliment¹)

com·pli·men·ta·ry /kɑ̀(ː)mpləménṭəri, -tri | kɔ̀m-⁻/ 形 ❶ 無料の, 招待の [≒free]: a *complimentary* ticket 招待券. ❷ 称賛の, ほめたたえる: The teacher was very *complimentary about* her composition. 先生は彼女の作文を大変ほめた.
(名 cómpliment¹)

cómplimentary clóse /-klóʊz/ 名 U 《米》(手紙の)結びの文句, 結語《⇒ letter 図》.

+**com·ply** /kəmpláɪ/ 動 (com·plies /~z/; com·plied /~d/; -ply·ing) 自 《格式》(命令・要求・規則に)**応じる**, 従う: They ***complied with*** our request. V+with+名 彼らは我々の要求に従った.
(名 complíance, 形 complíant)

com·po·nent** /kəmpóʊnənt/ 名 (-po·nents /-nənts/) C (機械などの)**構成部分**, 部品; 成分: the ***components of a radio ラジオの部品.
— 形 限定 構成している.

+**com·pose** /kəmpóʊz/ 動 (com·pos·es /~ɪz/; com·posed /~d/; com·pos·ing) 他

意味のチャート
(ばらばらの物を)「組み立てる」❷ (まとまりのある物に)「作る」❶ → (うまく一つにまとめる) → (気持ちを)「静める」❸

❶ (…)を**作曲する**; (詩など)を**作る**, (文章・手紙など)を書く; (絵)の構図を組み立てる, 構成する: *The "Unfinished Symphony" was* ***composed by*** Schubert in 1822. V+O の受身 「未完成交響曲」は 1822 年にシューベルトによって作曲された.
❷ [進行形なし] 《格式》(…)を**構成する**, 組み立てる [≒make up]: Language is one of the most important elements that *compose* human culture. 言語は人類の文化を構成する最も重要な要素の一つである. 関連 decompose 分解する. ❸ (心など)を静める, 落ち着かせる; (考え)をまとめる.
— 自 作曲する.

be compósed of ... [動] 他 **…から成り立っている:** 言い換え The United States of America *is composed of* fifty states. (= The United States of America is made up of fifty states.) アメリカ合衆国は 50 の州から成る.

compóse onesèlf [動] 自 気を落ち着ける.
(1, 2 では 名 còmposítion, 3 では 名 compósure)
〘⇒ propose キズナ〙

com·posed /kəmpóʊzd/ 形 落ち着いた.

+**com·pos·er** /kəmpóʊzə | -zə/ 名 (~s /~z/) C (特にクラシック音楽の)**作曲家**.

+**com·pos·ite** /kəmpɑ́(ː)zɪt, kɑ(ː)m- | kɔ́mpəzɪt/ 形 限定 《格式》**合成の**, **混成の**: a *composite* photo-

graph モンタージュ写真.
— 名 ❶ C 合成物, 複合物 (*of*). ❷ C《米》モンタージュ写真 [《英》Identikit].

+**com·po·si·tion** /kɑ̀(ː)mpəzíʃən | kɔ̀m-/ 名 (〜s /〜z/) ❶ U **構成**, 組み立て; 構造; 構成要素, 成分; (人の)性質: the *composition* of a committee 委員会の構成.
❷ C (音楽・美術・文学の)**作品** [≒work]; **作文** [≒essay]: Write a short *composition* about your summer vacation in English. 英語で夏休みについての短い作文を書きなさい.
❸ U **作曲(法)**; (絵の)**構図**; **作文(法)**; 作詩(法): She got a good grade [mark] in English *composition*. 彼女は英作文でよい点をとった.
(動 compóse 1, 2)

+**com·post** /kɑ́(ː)mpoʊst | kɔ́mpɔst/ 名 U **堆肥**(たいひ).
— 動 他 (...)を堆肥にする.

com·po·sure /kəmpóʊʒɚ | -ʒə/ 名 U 落ち着き, 沈着, 平静: keep [lose] one's *composure* 落ち着きを保つ[失う] / recover [regain] one's *composure* 落ち着きを取り戻す. (動 compóse 3)

+**com·pound**[1] /kɑ́(ː)mpaʊnd | kɔ́m-/ ✪ 動詞の compound[2] とアクセントの傾向が違う. 名 (com·pounds /-paʊndz/) ❶ C〔化学〕**化合物**: a ***compound of*** oxygen and carbon 酸素と炭素の化合物. 関連 element 元素 / mixture 混合物. ❷ C 合成物, 混合物; 組み合わせ (*of*). ❸ C〔文法〕合成語, 複合語. (動 compóund[2])
— 形 ❶ 限定 合成の, 複合の;〔化学〕化合した. ❷ 限定〔文法〕合成語の, 複合語の; 重文の.

com·pound[2] /kɑ(ː)mpáʊnd, kɑ́(ː)mpaʊnd | kəmpáʊnd/ ✪ 名詞・形容詞の compound[1] とアクセントの傾向が違う. 動 他 ❶ (面倒なこと・問題)をいっそうひどくする. ❷《米》(利子)を複利で計算する. ❸《格式》(要素・成分など)を混合する, 混ぜ合わせる; (薬など)を調合する [≒mix]. ❹ [受身で]《格式》(部分から)(...)を構成する (*of, from*). (名 cómpound[1])

com·pound[3] /kɑ́(ː)mpaʊnd | kɔ́m-/ 名 C 壁・塀・建物に囲まれた敷地[建物群]《刑務所など》.

cómpound éye 名 C〔動物〕複眼.

cómpound frácture 名 C〔医学〕複雑骨折. 関連 simple fracture 単純骨折.

cómpound ínterest 名 U (金利の)複利. 関連 simple interest 単利.

cómpound nóun 名 C〔文法〕合成名詞, 複合名詞《2 つ以上の語の結合によって作られた名詞》.

cómpound séntence 名 C〔文法〕重文《文の構造上の分類のひとつで, 等位接続詞で結ばれる 2 つ以上の節から成るもの: 例えば Bill goes to college *and* his sister goes to high school. (ビルは大学生で妹は高校生だ)》.

com·pre·hend /kɑ̀(ː)mprɪhénd | kɔ̀m-/ ❗アク 動 他 [進行形なし]《格式》(...)を(十分に)理解する [≒understand] (⇒ know 類義語): I couldn't fully *comprehend* what he had said. 彼が言ったことを私は完全には理解できなかった.

com·pre·hen·si·ble /kɑ̀(ː)mprɪhénsəbl | kɔ̀m-⁻/ 形《格式》理解できる, わかりやすい (*to*) [⇔ incomprehensible].

com·pre·hen·sion /kɑ̀(ː)mprɪhénʃən | kɔ̀m-/ 名 ❶ U 理解, 理解力 [⇔ incomprehension]: be beyond (...'s) *comprehension* (...には)理解できない. ❷ C,U 読解[聴解]力(テスト[練習]): a test of reading [listening] *comprehension* 読解[聴解]力テスト.

*__com·pre·hen·sive__ /kɑ̀(ː)mprɪhénsɪv | kɔ̀m-⁻/ 形 **包括的な**, (範囲の)広い; 網羅的な: a *comprehensive* study of wild birds 野鳥の広範な研究.
〜·ly 副 包括[総合]的に, 広く.

comprehénsive schòol 名 C《英》総合制中等学校《grammar school, secondary modern school, technical school の別を廃し統合した 5–7 年制の公立中等教育機関; ⇒ school[1] 表》.

com·press[1] /kəmprés/ 動 他 ❶ (...)を圧縮する; (空気・ガスなど)を圧搾(あっさく)する (*into*): *compressed* air 圧搾[圧縮]空気. ❷ (思想・言語など)を簡潔にする, 要約する (*into*). ❸ (期間など)を短縮する. ❹〔コンピュータ〕(ファイル)を圧縮する [⇔ decompress]. — 自 圧縮される, 縮む. (名 compréssion)
〔⇒ press キズナ〕

com·press[2] /kɑ́(ː)mpres | kɔ́m-/ 名 C 湿布, (止血用)圧迫包帯.

com·pres·sion /kəmpréʃən/ 名 U 圧縮; (空気・ガスなどの)圧搾. (動 compréss[1])

com·pres·sor /kəmprésɚ | -sə/ 名 C 圧縮機.

*__com·prise__ /kəmpráɪz/ 動 (com·pris·es /〜ɪz/; com·prised /〜d/; com·pris·ing) 他 [進行形なし] ❶《格式》(...)を(部分として)**包含する**, 含む; (部分)から成る [≒consist of]: 言い換え The Ryukyus *comprise* 73 islands. (= The Ryukyus are *comprised of* 73 islands.) 琉球諸島は 73 の島から成る《✪ 後者は 2 の意味の受身形》. ❷《格式》(部分が)(...)を構成する, 成す [≒make up]: 言い換え Seventy-three islands *comprise* the Ryukyus. (= The Ryukyus consist *of* 73 islands.) 琉球諸島は 73 の島から成る.

*__com·pro·mise__ /kɑ́(ː)mprəmàɪz | kɔ́m-/ ❗アク 名 (-pro·mis·es /〜ɪz/) ❶ U,C **妥協**, 歩み寄り: ***reach a compromise*** 妥協にこぎつける / ***make compromises*** 妥協する / settle the argument ***by*** (a) ***compromise*** 歩み寄って論争にけりをつける.
❷ C **妥協案**; 折衷したもの: a ***compromise between*** the two proposals 2 つの提案の妥協案.
— 動 (-pro·mis·es /〜ɪz/; -pro·mised /〜d/; -pro·mis·ing) 自 **妥協する**, 歩み寄る, 譲歩する: I cannot ***compromise with*** him ***on*** matters of principle. V+*with*+名+*on*+名 私は原則に関わることでは彼と妥協はできない.
— 他 ❶ (信用など)を傷つける, (評判など)を落とす; 危険にさらす: The security of our country *was compromised*. わが国の安全が脅かされた. ❷ (主義など)を緩める, 曲げる.
cómpromise onesèlf [動] 自 評判を落とす.

com·pro·mis·ing /kɑ́(ː)mprəmàɪzɪŋ | kɔ́m-/ 形 信用を傷つけるような, 評判を落とすような, (人に見られると困るような)きわどい.

comp·trol·ler /kəntróʊlɚ | -lə/ 名 C《格式》(会計)検査官, 監査役.

com·pul·sion /kəmpʌ́lʃən/ 名 ❶ C 強い衝動 (*to* do). ❷ U 強制, 強迫: He was *under* no *compulsion to* resign. 彼は無理に辞める必要はなかった. (動 compél)

com·pul·sive /kəmpʌ́lsɪv/ 形 ❶ (...)しないではいられない; (行動などが)強迫的な, やめられない: a *compulsive* drinker 酒を飲まずにはいられない人. ❷ とてもおもしろい. (動 compél)
〜·ly 副 強迫的に.

*com·pul·so·ry /kəmpʌ́ls(ə)ri/ アク 形 ❶ [比較なし] **強制的な**, 義務的な [⇔ voluntary]: *compulsory* education 義務教育. ❷《英》(学科目が)必修の [《米》required, obligatory] [⇔《英》optional,《米》elective]: *compulsory* subjects 必修科目. (動 compél)

com·punc·tion /kəmpʌ́ŋ(k)ʃən/ 名 U,C [普通は否定文で]《格式》良心のとがめ, 後ろめたさ: He has [feels] *no compunction about* lying. 彼はうそをつくことを何とも思っていない.

com·pu·ta·tion /kὰ(ː)mpjʊtéɪʃən | kɔ̀m-/ 名《格式》C,U 計算, 算定(法); 評価; C 算定結果.

com·pute /kəmpjúːt/ 動 他《格式》(…)を計算する; 算定する (*at*). — 自 [普通は否定文で]《米略式》つじつまが合う.

***com·put·er** /kəmpjúːṭə | -tə/
— 名 (~s /~z/) C **コンピューター**: a personal *computer* パソコン / use [operate] a *computer* コンピューターを使う / switch on [off] a *computer* コンピューターの電源を入れる[切る] / store information ***on*** (a) ***computer*** 情報をコンピューターに保存する / be done ***by computer*** コンピューターで処理される(⇒ by 前 2 語法) / feed information into a *computer* 情報をコンピューターに入力する. (動 compúterìze)

compúter gàme 名 C コンピューターゲーム.

compúter gráphics 名 複 コンピューターグラフィクス, CG《コンピューターによる図形処理》.

com·put·er·i·za·tion /kəmpjùːṭərɪzéɪʃən | -raɪz-/ 名 U コンピューター処理; コンピューター化.

com·put·er·ize /kəmpjúːṭəràɪz/ 動 他 (情報)をコンピューターにかける[で処理する]; (作業・システム)をコンピューター化する: We have already *computerized* all employee records. 当社では全従業員の記録を既にコンピューター化している. (名 compúter)

compúter líteracy 名 U コンピューターを使いこなせること, コンピューター操作能力.

com·put·er-lit·er·ate /kəmpjúːṭəlíṭərət, -trət | -tə-/ 形 (人が)コンピューターを使いこなせる.

compúter scíence 名 U コンピューター科学.

compúter vírus 名 C コンピューターウイルス《ソフトウェアや記憶データを破壊するプログラム》.

+**com·put·ing** /kəmpjúːṭɪŋ/ 名 U **コンピューター操作[使用]**: do *computing* コンピューターを操作する.

com·rade /kɑ́(ː)mræd | kɔ́mreɪd/ 名 ❶ C《格式》(男性の)仲間, 僚友; 戦友《⇒ friend 類義語》: *comrades* in arms 戦友. ❷ C [呼びかけなどで] (共産党などの)同志.〖語源 スペイン語で「同室者」の意; ⇒ camera 語源〗

com·rade·ship /kɑ́(ː)mrædʃɪp | kɔ́mreɪd-/ 名 U《格式》仲間[同志]であること; 僚友[戦友]関係.

+**con**[1] /kɑ́(ː)n | kɔ́n/ 動 (cons /~z/; conned /~d/; con·ning) 他《略式》(信用させて)(…)を**だます**, 取り込み詐欺にひっかける; だまして…させる; (金)をだまし取る: He ***conned*** me ***out of*** ten dollars. V+O+*out of*+名 彼は私をだまして 10 ドル巻き上げた / I was ***conned into*** buy*ing* stolen goods. V+O+*into*+動名の受身 私はだまされて盗品を買った.
— 名 C《略式》= confidence game [trick].

con[2] /kɑ́(ː)n | kɔ́n/ 名 C [普通は複数形で] 反対意見[投票]《⇒ the pros and cons (pro[2] 成句)》.

con[3] /kɑ́(ː)n | kɔ́n/ 名 C《略式》= convict[2].

Con /kɑ́(ː)n | kɔ́n/ 略 = Conservative.

con- /kən, kɑ(ː)n | kən, kɔn/ 接頭「ともに」,「全く」の意: *con*sist (…から)成る / *con*temporary 同じ時代の. 語法 l- で始まる語の前では col- となり, b-, f-, m-, p- で始まる語の前では com- となり, r- で始まる語の前では cor- となる.

cón àrtist 名 C《略式》取り込み詐欺師.

con·cat·e·na·tion /kɑ(ː)nkæ̀ṭənéɪʃən | kən-/ 名《格式》U 連鎖; C (事件などの)結びつき, 一連 (*of*).

con·cave /kὰ(ː)nkéɪv | kɔ̀n-/ 形 (レンズが)凹(おう)の, 凹面の [⇔ convex]: a *concave* lens 凹レンズ.

con·cav·i·ty /kɑ(ː)nkǽvəṭi | kən-/ 名 ❶ U 凹状, 凹面 [⇔ convexity]. ❷ C 凹面体; くぼみ, 陥没部.

+**con·ceal** /kənsíːl/ 動 (con·ceals /~z/; con·cealed /~d/; -ceal·ing) 他《格式》(…)を**隠す**, 見せないでおく; 秘密にする [≒hide] [⇔ reveal]: He ***concealed*** the facts ***from*** me. V+O+*from*+名 彼はその事実を私に隠していた / a *concealed* (video) camera 隠しカメラ. (名 concéalment)

con·ceal·ment /kənsíːlmənt/ 名 U《格式》隠れること, 潜伏; 隠すこと (*of*). (動 concéal)

*con·cede /kənsíːd/ 動 (con·cedes /-síːdz/; con·ced·ed /-ḍɪd/; con·ced·ing /-ḍɪŋ/) 他 ❶ (事実・敗北など)を(しかたなく)**認める** [≒admit]; (…である)と認める; (議論などで)(相手に)(言い分)のあることを認める: *concede* defeat 敗北を認める / He ***conceded*** (***that***) he was wrong. V+O ((*that*)節) 彼は自分が間違っていると認めた. ❷ (権利・特権など)を与える, 譲渡する (*to*)

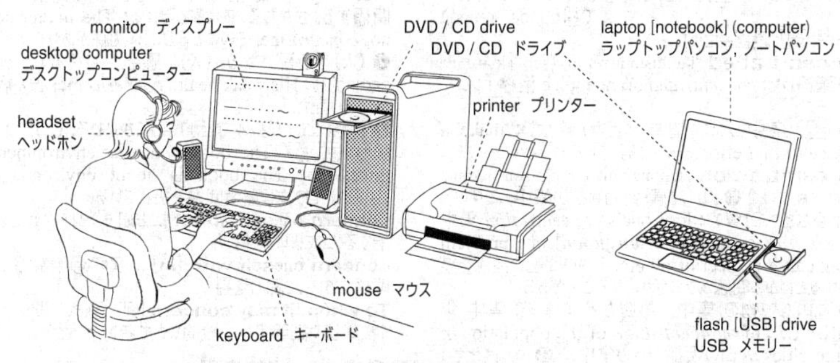

computer

[≒grant]; (得点など)を許す. ― 自 (試合・選挙などで)敗北を認める. (名 concéssion)

con·ceit /kənsíːt/ 名 ❶ U うぬぼれ, 自尊心. ❷ C 《格式》 思いつき, 奇抜な発想[表現, 比喩(ゆ)].

con·ceit·ed /kənsíːṭɪd/ 形 [軽蔑的] うぬぼれの強い, 思い上がった.

con·ceiv·a·ble /kənsíːvəbl/ 形 考えられる, 想像できる [≒imaginable] [⇔ inconceivable]: It's *conceivable that* there is a bug in the computer program. そのコンピューターープログラムに誤りがあることはありうる.

C

con·ceiv·a·bly /kənsíːvəbli/ 副 文修飾 [しばしば文中で] 考えられるところでは; ことによると.

+**con·ceive** /kənsíːv/ 動 (con·ceives /~z/; con·ceived /~d/; con·ceiv·ing) 他 ❶ (計画など)を**思いつく**; (考えなど)を心に抱く: *conceive* the idea of a new product 新製品の案を思いつく. ❷ 《格式》 (...)を想像する [≒imagine]; (...)と考える [≒think]: I can't *conceive* why you voted for him. なぜあなたが彼に投票したのか私には考えもつかない. ❸ (子供)を妊娠する. ― 自 妊娠する.

concéive of ... [動] 他 《格式》 ...を想像する, 考える: It's difficult to *conceive of* living without a smartphone. スマホのない生活は考えられない.

concéive of ... as ~ [動] 他 《格式》 ...を~とみなす[考える]: The ancients *conceived of* the earth *as* a flat surface. 古代人は地球は平らだと考えていた. (名 concéption)

〖⇒ receive キズナ〗

***con·cen·trate** /kɑ́(ː)ns(ə)ntrèɪt, -sen- | kɔ́n-/ アク 動 (-cen·trates /-trèɪts/; -cen·trat·ed /-ṭɪd/; -cen·trat·ing /-ṭɪŋ/) 自 ❶ **心を集中する**, 専念する, 全力を注ぐ: You must learn to *concentrate*. 集中力をつける必要がある / He **concentrated on** [**upon**] his new task. V+on [upon]+名 彼は新しい作業に専念した. ❷ 集中する: Businesses *concentrate in* large cities. 企業は大都市に集中する.

― 他 ❶ (注意・努力など)を(...に)**集中する**, 一点に注ぐ: You must ***concentrate*** your attention ***on*** [***upon***] your work. V+O+on [upon]+名 仕事に注意を集中しなければいけません.

❷ (...)を(1 か所に)**集める**, 集結する: The factories ***are concentrated in*** the southern part of the city. V+O+前+名の受身 工場は町の南部に集中している.

❸ 〖化学〗 (液体)を濃縮する.

cóncentrate the [...'s] mínd [動] (状況などが)(人に)真剣にものを考えさせる, よく考えるきっかけになる. (名 còncentrátion)

― 名 C,U 濃縮物[液].

+**con·cen·trat·ed** /kɑ́(ː)ns(ə)ntrèɪṭɪd, -sen- | kɔ́n-/ 形 ❶ **濃縮した**: *concentrated* orange juice 濃縮オレンジジュース.

❷ 限定 **集中した**; (憎悪などが) 激しい: make a *concentrated* effort 一心に努力する.

con·cen·tra·tion** /kɑ̀(ː)ns(ə)ntréɪʃən, -sen- | kɔ̀n-/ 名 (~s /~z/) ❶ U (注意・努力などの)**集中**, 集中力; (仕事などへの)専念: lose one's *concentration* 集中力を失う / ***Concentration on [***upon***] one problem may cause neglect of others. 1 つの問題に注意を集中するとほかの問題がなおざりになることがある.

❷ C,U (人・物の)**集中**, (軍隊などの)集結; 集中[集結]したもの: the ***concentration*** of the population ***in*** large cities 人口の大都市への集中. ❸ C,U 〖化学〗 (液体などの)濃度: high [low] *concentrations of* sodium 高[低]濃度のナトリウム. (動 cóncentràte)

concentrátion càmp 名 C (政治犯・捕虜の)強制収容所《特に第二次世界大戦中のナチスによる》.

con·cen·tric /kənséntrɪk/ 形 (円・球・軌道などが)中心を同じくする (*with*): *concentric* circles 〖数学〗 同心円. 関連 eccentric 中心を異にする.

****con·cept** /kɑ́(ː)nsept | kɔ́n-/ アク

― 名 (con·cepts /-septs/) C **概念**; 観念, 考え《⇒ idea 類義語》: grasp the basic ***concepts of*** the law 法の基本概念を理解する / the ***concept that*** all men are created equal +that 節 人はみな平等に創(つく)られているという考え. **hàve nó cóncept of ...** [動] 他 ...が理解できない. (形 concéptual)

+**con·cep·tion** /kənsépʃən/ 名 (~s /~z/) ❶ U,C **概念**; **認識**, (あることに対する)考え, 全般的理解: He has no ***conception of*** the difficulties that lie ahead. 彼は前途に横たわる困難について何の認識も持っていない. ❷ U 概念形成, 構想(力), 発案. ❸ U,C 妊娠, 受胎. (動 concéive, 形 concéptual)

con·cep·tu·al /kənséptʃuəl/ 形 《格式》 概念の, 概念的な: a *conceptual* framework 概念上の枠組み. (名 cóncept, concéption)

con·cep·tu·al·ize /kənséptʃuəlàɪz/ 動 他 《格式》 (...)を概念化する. ― 自 《格式》 概念的に理解する.

con·cep·tu·al·ly /kənséptʃuəli/ 副 《格式》 概念上, 概念的に.

****con·cern** /kənsə́ːn | -sə́ːn/ アク

― 名 (~s /~z/) ❶ U **心配**, 懸念 [⇔ unconcern]; C **懸念材料**, 心配事《⇒ worry 類義語》: We had [felt] great ***concern about*** [***over***, ***for***] her safety. 私たちは彼女の安否を大いに心配した / There is growing ***concern that*** another war may happen in the region. +that 節 その地域で戦争が再び起きるのではないかという懸念が高まりつつある / a cause for *concern* 心配の種.

❷ U **関心**; 気づかい [⇔ unconcern]; C **関心事**, 重要な事柄; 関係のある事柄: Their main *concern* is the economy. 彼らの一番の関心事は経済だ / a matter of *concern to* us 私たちにとって重大な関心事 / 言い換え It's not my *concern*. = It's none of my *concern*. = It's no *concérn* of mìne. それは私の知ったことではない. ❸ C 事業, 商売; 企業, 会社.

― 動 (con·cerns /~z/; con·cerned /~d/; -cern·ing) 他 ❶ [進行形・受身なし] (物事が)(...)に**関係する**, かかわる, 影響を与える: The matter does not *concern* me. そのことは私には関係がありません.

❷ (人)を**心配させる**, (人)に懸念を与える《⇒ concerned 2》: His weak health *concerns* me. 彼が病弱なので心配だ.

❸ [受身なし] (話・本などが)(...)に**かかわる**, (...)について扱う: 言い換え The book *concerns* environmental issues. (= The book is about environmental issues.) その本は環境問題を扱っている.

concérn onesèlf abòut ... [動] 他 《格式》 ...を心配する; ...に関心を持つ.

concérn onesèlf with [in] ... [動] 他 《格式》 ...に関係する; ...に関心を持つ.

To whóm it may concérn [副] 《格式》 関係各位《推薦状や証明書の一般的なあて名》.

****con·cerned** /kənsə́ːnd | -sə́ːnd/

— 形 ❶ 叙述 **関係して**, かかわって; (本などが)(...に)関連して《⇒ concern 動 3》; [名詞の後に置いて] 関係のある, 当該の**:** She is not ***concerned in*** [***with***] the affair. +in [with]+名 彼女はそのこととは関係がない / the authorities *concerned* 関係当局[官庁] / all *concerned* 関係者全員.
❷ **心配している**, 気づかって[案じて]いる; 心配そうな《⇒ worried 類義語》 [⇔ unconcerned]**:** I'm very ***concerned about*** [***for***] your future. +about [for]+名 私はあなたの将来がとても心配だ / I'm ***concerned*** (***that***) they may have missed the train. +(that)節 彼らが列車に乗り遅れたのではないかと心配だ. ❸ 叙述 関心を持って, 気にかけて (*with, about; to* do).
as [so] fàr as ... am [is, are] concèrned [副] 文修飾 Ⓢ (人・物事)**に関する限りでは:** *As far as Í'm concerned,* I can't agree to your proposal. 私としては, ご提案には賛成できません. ✪ ...の部分の名詞・代名詞が強く発音される.
where ... is [are] concèrned [副] 文修飾 Ⓢ (...)に関する限りでは.

***con·cern·ing** /kənsə́ːnɪŋ | -sə́ːn-/ 前《格式》**...に関して** [≒about]**:** the rumor *concerning* his behavior 彼の行動についてのうわさ.

***con·cert** /kɑ́(ː)nsə(ː)t | kɔ́nsət/ ❗アク 名 (con·certs /-sə(ː)ts | -səts/) Ⓒ **音楽会**, 演奏会, コンサート《普通複数の演奏家が出る》; [形容詞的に] 音楽会用の, コンサートで演奏される[できる]**:** a rock *concert* ロックのコンサート / give a *concert* 演奏会を開く / go to a *concert* コンサートに行く. 関連 recital 独奏[唱]会.
in cóncert [副] (1)《格式》協力して (*with*). (2) 音楽会で演奏されて, 生出演[演奏]して.

con·cert·ed /kənsə́ːtɪd | -sə́ːt-/ 形 限定 協定された, 申し合わせた**:** take *concerted* action 一致した行動をとる / make a *concerted* effort 力を合わせて努力する.

cóncert hàll 名 Ⓒ 演奏会場, コンサートホール.

con·cer·ti·na /kɑ̀(ː)nsətíːnə | kɔ̀nsə-/ 名 Ⓒ コンチェルティーナ《6 角形でアコーディオンに似た楽器》.

con·cert·mas·ter /kɑ́(ː)nsətmæ̀stə | kɔ́nsətmɑ̀ːstə/ 名 Ⓒ《米》〔音楽〕コンサートマスター《オーケストラの首席バイオリニスト》 [《英》 leader].

con·cer·to /kəntʃéətoʊ | -tʃéə-/ 名 (複 ~s) Ⓒ〔音楽〕協奏曲, コンチェルト.

con·ces·sion** /kənséʃən/ 名 (~s /~z/) ❶ Ⓤ,Ⓒ **譲歩**; (状況などへの)対応(策), 配慮 (*to*); Ⓤ 譲与, (敗北の)容認 (*of*)**:** make a ***concession to the employees 従業員に譲歩する / He managed to gain some ***concessions from*** the other party. 彼は何とか相手側からいくらかの譲歩を得た. ❷ Ⓒ 免許, 特権, (土地)使用権; 《米》営業権 (*to* do); 《米》(公園などの)営業[使用]許可区, 場内売り場. ❸ Ⓒ《英》(高齢者などに対する)割引(料金). (動 concéde)

con·ces·sion·aire /kənsèʃənéə | -néə/ 名 Ⓒ 営業[使用]権所有者.

concéssion stànd 名 Ⓒ《米》(催し物会場・劇場などの)売店.

conch /kɑ́(ː)ŋk | kɔ́ntʃ/ 名 Ⓒ 巻き貝(の貝殻).

con·ci·erge /kɔːnsiéəʒ | kɔ́nsièəʒ/ ≪フランス語から≫ 名 ❶ Ⓒ (ホテルの)接客[案内]係, コンシェルジュ. ❷ Ⓒ (アパートなどの)管理人.

con·cil·i·ate /kənsílièɪt/ 動 他《格式》(...)をなだめる; 懐柔する, 手なずける.

con·cil·i·a·tion /kənsìliéɪʃən/ 名 Ⓤ《格式》なだめること, 慰め; 懐柔; 和解, 調停.

con·cil·i·a·to·ry /kənsíliətɔ̀ːri | -təri, -tri/ 形《格式》なだめる(ような); 懐柔的な.

+**con·cise** /kənsáɪs/ ❗アク 形 ❶ (ことばなどが)**簡潔な**. ❷ 限定 (本が)簡約(版)の.
~·ly 副 簡潔に. **~·ness** 名 Ⓤ 簡潔さ.

con·clave /kɑ́(ː)nkleɪv | kɔ́ŋ-/ 名 Ⓒ 秘密会議 (*of*).

con·clude** /kənklúːd/ 動 (con·cludes /-klúːdz/; con·clud·ed /-dɪd/; con·clud·ing /-dɪŋ/) 他 ❶ [進行形なし] (...)と**結論を下す**; 断定する [≒decide]**:** We ***concluded (***that***) this plan was best. V+O ((that) 節) 我々はこの計画がいちばんよいと結論を下した 多用 / What did you ***conclude from*** this discussion? V+O+from+名 この議論からどのような結論になりましたか.
❷《格式》(話・会など)を**終える**, (...)に結末をつける《⇒ end 類義語》**:** She ***concluded*** her speech「***by*** say***ing*** [***with***] some words of thanks. V+O+by+動名 [with+名] 彼女は謝辞を述べてスピーチを終えた.
❸《格式》(条約など)を**結ぶ**, 締結する; (取引・売買など)を成立させる**:** *conclude* a peace treaty 平和条約を結ぶ / We must ***conclude*** an agreement ***with*** this company. V+O+with+名 我々はこの会社と協定を結ぶ必要がある.
— 自《格式》(話・会などが)**終わる**; (話などを)終える**:** The program ***concluded with*** a chorus. V+with+名 その番組はコーラスで終わった / He ***concluded by*** quot***ing*** the Bible. V+by+動名 彼は聖書のことばを引用して話を終えた.
Conclúded. 終わり, 完結《続き物の最終回の末尾に書く》.
To be conclúded. 次号完結《続き物の最後から 2 番目の回の末尾に書く》.
to conclúde [副] つなぎ語 終わりにあたって, 結論として. (名 conclúsion, 形 conclúsive)
〘⇒ include キズナ〙

con·clud·ing /kənklúːdɪŋ/ 形 限定 結びの, 最後の**:** *concluding* remarks 結びのことば, 結語.

****con·clu·sion** /kənklúːʒən/
— 名 (~s /~z/) ❶ Ⓒ **結論**; 断定, 決定 [≒decision]**:** a hasty *conclusion* 早合点 / We「came to [reached, arrived at] the ***conclusion that*** the project was a failure. +that 節 我々は計画は失敗だったという結論に達した / From the fact they drew the *conclusion that* the ship must have sunk. その事実から彼らは船が沈んだに違いないという結論を下した / What is your ***conclusion about*** our strategy for the election? 我々の選挙戦略についてのあなたの結論はどうですか.
❷ Ⓒ [普通は単数形で]《格式》**終わり, 結末**, 結び [≒end]**:** At the *conclusion* of the conference, the two governments issued a joint statement. 会議の終わりに両政府は共同声明を発表した.
❸ Ⓤ (条約を)**結ぶこと**, 締結**:** the *conclusion of* a treaty 条約の締結.
in conclúsion [副] つなぎ語 [文頭において] 最後に, 終わりにあたって [≒finally].
júmp [léap] to conclúsions [a conclúsion] [動] 自 早まった結論を下す, 早合点する.
(動 conclúde)

con·clu·sive /kənklúːsɪv/ 形 (議論などが)最終的な; (事実・証拠が)決定的な [⇔ inconclusive]**:** a *conclusive* answer 最終的な回答 / *conclusive* evidence 決定的な証拠. (動 conclúde)

～・ly 副 最終的に, 決定的に.

con・coct /kənká(ː)kt | -kɔ́kt/ 動 他 ❶ (話・言いわけなど)をでっちあげる, (陰謀)を仕組む. ❷ (スープ・飲み物など)を(意外な)材料を混ぜ合わせて作る.

con・coc・tion /kənká(ː)kʃən | -kɔ́k-/ 名 C (意外な材料を)混合して作った飲み[食べ]物, スープ, 調合薬.

con・com・i・tant /kənká(ː)mətənt, -tnt | -kɔ́m-/ 形 《格式》(...に)付随した; (...と)同時に生ずる (*with*). ― 名 C 《格式》付随した物; 付随した事情 (*of*).

con・cord /ká(ː)nkɔəd | kɔ́ŋkɔːd/ 名 ❶ U 《格式》(意見・利害などの)一致, 調和 [≒agreement]; 友好: in *concord* with ... ...と調和して, 友好的に. ❷ U 《文法》呼応, 一致.

Con・cord /ká(ː)ŋkəd | kɔ́ŋkəd/ 名 固 ❶ コンコード《米国 Massachusetts 州東部の町; Lexington とともに独立戦争最初の戦闘の舞台となった》. ❷ コンコード《米国 New Hampshire 州の州都》.

con・cor・dance /kənkɔ́ədns | -kɔ́ː-/ 名 ❶ C 用語索引, コンコーダンス《ある(作家の全)作品・聖書などに出てくる全ての単語とその箇所を(アルファベット順に)並べたリスト》. ❷ U 《格式》一致, 調和.

con・cor・dant /kənkɔ́ədnt | -kɔ́ː-/ 形 《格式》調和した, 一致した (*with*).

con・course /ká(ː)nkɔəs | kɔ́ŋkɔːs/ 名 C (駅・空港などの)中央ホール, 中央広場, コンコース.

*__con・crete__[1] /ká(ː)nkriːt | kɔ́ŋ-/ ❗アク concrete[2] とアクセントが違う. 名 U **コンクリート:** The bridge is built of reinforced *concrete*. その橋は鉄筋コンクリート製だ. 関連 cement セメント.
― 形 **コンクリート製の:** a *concrete* building コンクリートの建物.
― 動 他 (...)をコンクリートで覆う[固める] (*over*).

+**con・crete**[2] /kà(ː)nkríːt← | kɔ́ŋkriːt/ ❗アク concrete[1] とアクセントが違う. 形 **具体的な**, 形のある [⇔ abstract]; 実際的な: Show *concrete* evidence [proof] of his guilt. 彼が有罪だという具体的な証拠を示せ / Explain your project in more *concrete* terms. 君の計画をもっと具体的なことばで説明しなさい.

cóncrete júngle 名 C [普通は単数形で] コンクリートジャングル《うるおいのない大都会(の町並み)》.

con・crete・ly /ka(ː)nkríːtli | kɔŋkríːt-/ 副 具体的に.

cóncrete mìxer 名 C コンクリートミキサー.

con・cur /kənkə́ː | -kə́ː/ 動 (con・curs; con・curred; -cur・ring /-kə́ːrɪŋ | -kə́ːr-/) 自 ❶ 《格式》(意見が)一致する, 同意する [≒agree]: We *concurred with* them *on* [*in*] this matter. 我々はこの件では彼らと意見が一致した. ❷ 《格式》(事件などが)同時に起こる (*to* do).

con・cur・rence /kənkə́ːrəns | -kʌ́r-/ 名 ❶ U または a ～] 《格式》(意見などの)一致, 同意. ❷ [単数形で] 《格式》同時発生 (*of*).

con・cur・rent /kənkə́ːrənt | -kʌ́r-/ 形 同時に起こる[発生する] (*with*). **～・ly** 副 (...と)同時に, 共に (*with*).

con・cus・sion /kənkʌ́ʃən/ 名 ❶ C [《英》では U] 《医学》脳しんとう. ❷ C 震動, 激動.

*__con・demn__ /kəndém/ 動 (con・demns /～z/; con・demned /～d/; -demn・ing) 他 ❶ (...)を**非難する**, 責める, とがめる, 糾弾する [≒blame]: *condemn* child abuse 児童虐待を非難する / We **condemned** him **for** his rude conduct. V+O+for+名 我々は彼の不品行を責めた / The deal was **condemned as** unethical. V+O+C (as+形)の受身 その取り引きは道義にもとると非難された.
❷ [普通は受身で] (...)を(有罪と)**宣告する**; (人)に(特に死刑を)宣告する: He *was* **condemned to** death. V+O+to+名の受身 彼は死刑の判決を受けた / He was **condemned to** 「be shot [die]. V+O+C (to 不定詞)の受身 彼は銃殺刑[死刑]を宣告された / Joan of Arc ***was* condemned as** a witch and burned to death. V+O+C (as+名)の受身 ジャンヌダルクは魔女であると宣告され火刑に処された. ❸ [普通は受身で] (人)を(苦難などに)運命づける; (人)を(...するように)追い込む: She *was condemned* 「*to* a miserable life [to lead a miserable life]. 彼女はみじめな生活を送る運命になった. ❹ (建物など)を不良[不適, 危険]と認める (*as*).
(名 còndemnátion)

+**con・dem・na・tion** /kà(ː)ndemnéɪʃən | kɔ̀n-/ 名 (～s /～z/) U,C **非難(の理由)**, 糾弾 (*of*): 「(a) strong [(an) unfair] *condemnation* 激しい[不当な]非難.
(動 condémn)

con・den・sa・tion /kà(ː)ndensérʃən | kɔ̀n-/ 名 ❶ U (窓ガラスなどにできる)水滴, 結露. ❷ U 凝結, 液化. ❸ C,U 《格式》(思想・表現の)圧縮, 要約.

con・dense /kəndéns/ 動 他 ❶ (液体)を濃縮する; (気体)を凝結させる, 液化する (*into, to*): The orange juice *is condensed*. そのオレンジジュースは濃縮されている. ❷ (表現・思想など)を圧縮する, 短縮[要約]する: *condense* the novel *into* a TV scenario 小説を縮めてテレビの脚本にする. ― 自 (密度が)濃くなる; 凝結する: Steam *condenses into* water when it cools. 水蒸気は冷えると凝結して水となる.

con・dénsed mílk /kəndénst-/ 名 U コンデンスミルク, 加糖練乳.

con・dens・er /kəndénsə | -sə/ 名 ❶ C 凝縮器; 液化装置. ❷ C コンデンサー, 蓄電器.

con・de・scend /kà(ː)ndɪsénd | kɔ̀n-/ 動 自 ❶ [軽蔑的] (人に)偉そうな態度をとる (*to*). ❷ [しばしば軽蔑的] わざわざ...してくださる: The president *condescended to* visit our home. 社長はわざわざわが家を訪ねてくださった.

con・de・scend・ing /kà(ː)ndɪséndɪŋ | kɔ̀n-/ 形 [軽蔑的] 人を見下したような.

con・de・scen・sion /kà(ː)ndɪsénʃən | kɔ̀n-/ 名 U [軽蔑的] 人を見下した態度.

con・di・ment /ká(ː)ndəmənt | kɔ́n-/ 名 C 《格式》調味料, 薬味《塩・からし・こしょうなど》.

***con・di・tion /kəndíʃən/

― 名 (～s /～z/)

> **意味のチャート**
> ラテン語で「合意」の意 →「(合意の)**条件**」❸ → (外的な条件から)「**状況**」❷ →「**状態**」❶

❶ [U または a ～] **状態**《⇒ state 類義語》; 健康状態; (体・機械などの)コンディション: be ***in good*** [***bad, poor***] ***condition*** よい[悪い]状態である; 健康状態[調子]がよい[悪い] / the ***condition of*** the engine エンジンの状態 / We're worried about the poor *condition of* his health. 私たちは彼の健康状態がよくないので心配している.
❷ [複数形で] (周囲の)**状況**, 事情 [≒circumstances]; 天候状況: living *conditions* 生活状況 / working *conditions* 労働環境 / weather *conditions* 気象状況 / Under [In] these *conditions* we cannot start at once. こういう事情ですので私たちはすぐに出発

できません.
❸ Ⓒ 条件, 必要条件: Sincerity is an important *condition of* effective salesmanship. 誠実さは立派なセールスマンとなる重要な条件だ / meet [satisfy] the strict *conditions for* using weapons 武器の使用に関する厳しい条件を満たす / I cannot accept your proposal *on* such a *condition*. そんな条件ではあなたの提案を受け入れられない / *on one condition* 条件を1つつけて. ❹ Ⓒ 病気: a heart *condition* 心臓の病気.
be in nó condítion to dó [動] ...できる状態ではない, ...するのは無理だ.
be òut of condítion [動] ⓐ コンディション[体調]が悪い.
on nó condítion [副]《格式》どんなことがあっても...しない.
on (the) condítion (that) ... [接] **...という条件で,** もし...ならば [≒only if]: I'll go there *on condition that* you accommodate me. もしあなたがいっしょに来てくださるのならそこへ参りましょう《✪ 未来を表わす will を用いて will accompany とは言わない》.
(形 condítional)
— 動 他 ❶ [普通は受身で] (思いどおりの状況に)(...)を条件づける, 適応させる, 慣(な)らす (*to*; *to* do). ❷《格式》(物事が)(...)の条件となる; (事情などが)(...)を決定づける. ❸ (髪・肌など)をよい状態に保つ, (髪)にコンディショナーをつける.
con·di·tion·al /kəndíʃ(ə)nəl/ 形 [比較なし] ❶ 条件付きの, 暫定的な [⇔ unconditional]: a *conditional* agreement 条件付きの協定. ❷ (...を)条件としての, ...次第の: Success is *conditional on* [*upon*] good timing. 成功はタイミング次第だ. ❸ 限定〔文法〕条件を表わす.
(名 condítion)
— 名 Ⓒ〔文法〕条件文[節].
condítional cláuse 名 Ⓒ〔文法〕条件節《⇒ 巻末文法 9. 4》.
con·di·tion·al·ly /kəndíʃ(ə)nəli/ 副 条件付きで [⇔ unconditionally]: *conditionally* passed 条件付き合格《⇒ grade 1 表》.
*__con·di·tion·er__ /kəndíʃ(ə)nɚ | -nə/ 名 (~s /~z/) C,U (髪などの)**コンディショナー.**
con·di·tion·ing /kəndíʃ(ə)nɪŋ/ 名 Ⓤ 条件づけ, (動物などの)調教;《主に米》(体調などの)調整, トレーニング; 調節.
con·do /ká(ː)ndoʊ | kɔ́n-/ 名 (~s) Ⓒ《米略式》= condominium.
con·do·lence /kəndóʊləns/ 名 Ⓤ 悔やみ; Ⓒ [普通は複数形で] 哀悼のことば, 弔詞: Please accept my sincerest *condolences on* your father's death.《格式》お父様のご逝去(せいきょ)に対し心からお悔やみ申し上げます.
con·dom /ká(ː)ndəm, kʌ́n- | kɔ́n-/ 名 Ⓒ コンドーム: Use *condoms* for safer sex. より安全にセックスをしたいならコンドームを使いなさい.
con·do·min·i·um /kà(ː)ndəmíniəm | kɔ̀n-/ 名 Ⓒ《主に米》分譲マンション(の一室[一戸])《⇒ mansion 日英》.
con·done /kəndóʊn/ 動 他 (人が)(罪・違反など)を大目に見る, 容赦する.
con·dor /ká(ː)ndɚ | kɔ́n-dɔː/ 名 Ⓒ コンドル《南米産》.
con·du·cive /kənd(j)úːsɪv | -djúː-/ 形 叙述《格式》(...の)ためになる, (...に)貢献する (*to*).
con·duct[1] /kəndʌ́kt/ 🅰アク 名詞の conduct[2] とアクセントが違う.
— 動 (con·ducts /-dʌ́kts/; -duct·ed /~ɪd/; -duct·ing)

意味のチャート
元来は「導く」他 ❸ の意から(指図する)
→(業務を指図する)→「運営する」他 ❶
→(楽団を指図する)→「指揮する」他 ❷; 自

— 他 ❶ (業務・調査・実験など)を行なう, 運営する, 管理する, 処理する: We *conducted* our investigation with the greatest care. 私たちはきわめて慎重に調査を行なった.
❷ (楽団)を指揮する: She *conducted* the orchestra. 彼女はそのオーケストラを指揮した. ❸《格式》(...)を導く, 案内する [≒guide]: I *conducted* them *to* their seats. 私は彼らを席に案内した. ❹〔物理〕(物体が)(熱・電気など)を伝導する.
— 自 楽団を指揮する.
condúct onesèlf [動] 自 [副詞(句)を伴って]《格式》ふるまう.
(名 cónduct[2])
*__con·duct__[2] /ká(ː)ndʌkt, -dəkt | kɔ́n-/ 🅰アク 動詞の conduct[1] とアクセントが違う. 名 ❶ Ⓤ《格式》**行ない,** 行為, ふるまい《⇒ behavior 類義語》: violent *conduct* 乱暴な行為. ❷ Ⓤ《格式》運営, 管理; 実施 (*of*).
(動 condúct[1])
con·duc·tion /kəndʌ́kʃən/ 名 Ⓤ〔物理〕(熱・電気などの)伝導.
+**con·duc·tor** /kəndʌ́ktɚ | -tə/ 名 (~s /~z/) ❶ Ⓒ (楽団の)**指揮者.** ❷ Ⓒ (列車の)**車掌** [《英》guard]; 《英》(バスの)**車掌.** ❸ Ⓒ (熱・電気などの)(伝)導体. 関連 semiconductor 半導体 / super conductor 超伝導体 / nonconductor 不導体.
con·du·it /ká(ː)nd(j)uɪt, -dɪt | kɔ́ndjuɪt, -dɪt/ 名 ❶ Ⓒ 導管; 水道, 溝;〔電気〕コンジット《電線管》. ❷ Ⓒ《格式》(情報・金などの)パイプ役, ルート (*for*).
cone /kóʊn/ 名 ❶ Ⓒ 円錐(えんすい), 円錐形[体]. 関連 pyramid 角錐. ❷ Ⓒ アイスクリームコーン; (コーンに入れた)アイスクリーム (ice-cream cone). ❸ Ⓒ (松・もみなどの)球形の実, 球果(きゅうか). 関連 pinecone 松かさ. ❹ Ⓒ セーフティコーン《道路工事区域などを仕切る円錐柱》.
con·fec·tion /kənfékʃən/ 名 Ⓒ《格式》砂糖菓子, 糖菓《candy, bonbon など》; 砂糖漬け.
con·fec·tion·er /kənfékʃ(ə)nɚ | -nə/ 名 Ⓒ 糖菓製造[販売]者; 菓子屋《人》.
con·fec·tion·er·y /kənfékʃənèri | -ʃ(ə)nəri/ 名 Ⓤ 菓子類《cake, pastry などの総称》.
con·fed·er·a·cy /kənféd(ə)rəsi, -drə-/ 名 (-a·cies) ❶ Ⓒ (政治的な)連合, 同盟; 連邦. ❷ [the C-] = Confederate States.
con·fed·er·ate /kənféd(ə)rət, -drət/ 名 ❶ Ⓒ《格式》共謀[共犯]者. ❷ Ⓒ 同盟国; [C-]〔米国史〕(南北戦争当時の)南部同盟支持者; 南軍兵士.
— 形 ❶ 限定 同盟した. ❷ [C-]〔米国史〕(南北戦争当時の)南部同盟の: the *Confederate* Army 南部同盟軍, 南軍. 関連 Federal 北軍の.
Conféderate Státes 名 固 複 [the ~] (南北戦争当時の)南部同盟諸州《11 州》. 関連 Federal States 北部連邦同盟諸州.
con·fed·er·a·tion /kənfèdəréɪʃən/ 名 (~s /~z/) ❶ Ⓒ 連合(組織), 同盟; 連邦. ❷ [the C-]〔米国史〕アメリカ連合《1781-89 年のアメリカ植民地 13 州の同盟でアメリカ合衆国の母体となったもの》.
con·fer /kənfɚ́ː | -fɜ́ː/ 動 (con·fers; con·ferred;

-fer·ring /-fə́ːrɪŋ | -fə́ːr-/) 自《格式》相談する, 打ち合わせる [≒consult] (*with, about*). — 他《格式》(勲章・称号・栄誉など)を(...に)授与する (*on, upon*).
(自では 名 cónference)

‡con·fer·ence /ká(ː)nf(ə)rəns | kɔ́n-/ ❗アク
— 名 (-fer·enc·es /~ɪz/) ❶ C (数日間にわたる)会議; **相談**, 協議: hold a summit *conference* 首脳会談を開く / attend a ***conference on*** nuclear disarmament 核軍縮会議に出席する / have [hold] a ***conference with*** one's lawyer 弁護士と相談する / ***in conference*** (*with* ...) (...と)相談中で, 協議中で / a *conference* room 会議室 // ⇒ press conference. ❷ C《主に米》(アメフトなどの)競技連盟, リーグ.
(動 confér 自)
〖⇒ offer キズナ〗

cónference càll 名 C 電話会議.

+**con·fess** /kənfés/ ❗発音 動 (-fess·es /~ɪz/; con·fessed /~t/; -fess·ing) 他 ❶ (...)を**自白する**, 白状する; (...である)と告白する, 実は(...だ)と認める: He ***confessed*** his crimes (*to* the police). V+O(+*to*+名) 彼は(警察に)自分の犯罪を白状した / He ***confessed*** (*that*) his report was false. V+O ((*that*)節) 彼はその報告書は実はうそだと認めた / I (must [have to]) *confess* I don't like this novel. Ⓢ 実を言うと私はこの小説は好きではないのです. ❷〔宗教〕(罪)をざんげする,〔カトリック〕(司祭に)告解する (*to*).
— 自 ❶ **自白する**, 告白する, 認める: He ***confessed to*** the murder. V+*to*+名 彼は殺人を認めた / He ***confessed to*** hav*ing* played hooky. V+*to*+動名 彼は学校をさぼったと打ち明けた. ❷〔宗教〕ざんげする;〔カトリック〕告解する (*to*).
conféss one**sèlf (to be)** ... [動] 自《格式》自分が...であると打ち明ける. (名 conféssion)

con·fessed /kənfést/ 形 限定 自ら(...であると)認めた, 自白した, 告白した: a *confessed* thief 泥棒だと白状した人.

+**con·fes·sion** /kənféʃən/ 名 (~s /~z/) ❶ C,U **自白**, 白状; 告白: The criminal made a full ***confession of*** his crimes. 犯人は罪をすべて自白した. ❷ U,C〔宗教〕ざんげ;〔カトリック〕告解. ❸ C《格式》(信仰の)告白 (*of*). (動 conféss)

con·fes·sor /kənfésɚ | -sə/ 名 C 聴罪司祭.

con·fet·ti /kənféṭi/ ≪イタリア語から≫ 名 U (色紙の)紙吹雪《結婚式・パレードなどでまく》.

con·fi·dant /ká(ː)nfədæ̀ːnt | kɔ́n-/ 名 C (秘密を打ち明けられる)腹心の友, 信頼のおける人.

con·fi·dante /ká(ː)nfədæ̀ːnt | kɔ́n-/ 名 C 腹心の友, 信頼のおける人《女性》.

con·fide /kənfáɪd/ 動 他 (信用して)(秘密など)を(...に)打ち明ける (*to; that*). — 自 (信頼して人に)秘密を打ち明ける: She *confided in* me. 彼女は私に秘密を打ち明けた. (名 cónfidence)

‡con·fi·dence /ká(ː)nfəḍəns, -dns | kɔ́n-/ ❗アク
— 名 (-fi·denc·es /~ɪz/) ❶ U **自信**; 確信 [⇔ diffidence]: lose *confidence* 自信をなくす / act ***with confidence*** 自信をもって行動する / He lacks *confidence* (***in*** himself). 彼は(自分に)自信がない / I have every *confidence* (*that*) he will succeed. +(*that*)節 私は彼ならきっと成功すると確信している.
❷ U **信頼**, 信任《⇒ trust 類義語》: I have great ***confidence in*** you. 私はあなたを大いに信頼している / lose *confidence in* ... ...を信じられなくなる / gain [win, earn] ...'s *confidence* ...の信頼を得る. ❸ C 打ち明け話, 秘密, ないしょごと.
be in ...'s **cónfidence** [動] ...に信用[信任]されている.
in cónfidence [副] ないしょで, 秘密に.
in the stríctest cónfidence [副] 極秘で.
tàke ... ìnto one's **cónfidence** [動] 他 (人)に秘密を打ち明ける.
(動 confíde, 形 cónfident, cònfidéntial)

cónfidence gàme [《英》trìck] 名 C《格式》信用[取り込み]詐欺 [《略式》con].

‡con·fi·dent /ká(ː)nfəḍənt, -dnt | kɔ́n-/ ❗アク
— 形 ❶ **自信を持った**, 確信に満ちた [⇔ diffident]: a *confident* manner [smile] 自信に満ちた態度[微笑] / Are you ***confident about*** yourself? +*about*+名 自分に自信がありますか / She is ***confident in*** her own abilities. +*in*+名 彼女は自分の能力に自信を持っている.
❷ 叙述 **確信して**; 信用して: They were ***confident of*** victory. +*of*+名 彼らは勝利を確信していた / He felt ***confident*** (*that*) he would pass the examination. +(*that*)節 彼は試験に通るものと確信していた.
(名 cónfidence)

+**con·fi·den·tial** /kɑ̀(ː)nfədénʃəl | kɔ̀n-ˈ/ ❗アク 形 ❶ (文書・談話が)**秘密の**, 内々の [≒secret]: *Confidential*「親展」,「極秘」《封筒の上書き・書類などに書く》/ Remember that these papers are strictly *confidential*. この書類は極秘であることを忘れないように. ❷ (口調などが)ないしょ話をするような. ❸ 限定 信任の厚い, 腹心の. (名 cónfidence)

con·fi·den·ti·al·i·ty /kɑ̀(ː)nfədenʃiǽləṭi | kɔ̀n-/ 名 U 秘密性, 機密保持, 守秘.

con·fi·den·tial·ly /kɑ̀(ː)nfədénʃəli | kɔ̀n-/ 副 秘密に, ないしょに; 文修飾 ここだけの話だが.

con·fi·dent·ly /ká(ː)nfədəntli | kɔ́n-/ 副 自信をもって; 確信して, 大胆に.

con·fid·ing /kənfáɪdɪŋ/ 形 (たやすく人を)信頼する, 人を疑わない; ないしょの話をしたそうな.

con·fig·u·ra·tion /kənfìgjəréɪʃən/ 名 ❶ C《格式》配置, 配列; 外形, 輪郭 (*of*). ❷ C〔コンピュータ〕(機器・プログラムなどの)構成, (環境)設定.

+**con·fine** /kənfáɪn/ 動 (con·fines /~z/; con·fined /~d/; con·fin·ing) 他 ❶ (活動など)を**限る**, 制限する [≒restrict]; (火災・紛争など)を(ある場所などに)**とどめる**, (...より)拡大させない: ***Confine*** your remarks ***to*** yourself. V+O+*to*+名 批評は自分のことだけにしろ / I will ***confine*** myself ***to*** mak*ing* a few remarks. V+O+*to*+動名 私は 2, 3 お話しするだけにとどめたい. ❷ [普通は受身で] (...)を(狭い場所などに)閉じ込める; 監禁する: The princess *was confined in* a tower for three years. その王女は 3 年の間塔に閉じ込められた / *be confined to* bed with a cold かぜで寝込む.
(名 confínement)
〖⇒ final キズナ〗

+**con·fined** /kənfáɪnd/ 形 (特定の集団・時間・場所などに)**限られた**; 狭い: be ***confined to*** Japan 日本だけに限られる / work in a *confined* space 狭い所で働く.

+**con·fine·ment** /kənfáɪnmənt/ 名 U **監禁**, 禁固; 閉じ込める[られる]こと, 幽閉: ⇒ solitary confinement. (動 confíne)

con·fines /ká(ː)nfaɪnz | kɔ́n-/ 名 複《格式》境界; 限

界: within the *confines* of ... ...の範囲内で.

con·firm /kənfə́ːm | -fə́ːm/

— 動 (con·firms /~z/; con·firmed /~d/; -firm·ing) 他 ❶ [普通は進行形なし] (推測・うわさ・判断など)の**正しいことを確かめる[認める]**, (...)を**確証する**, (...)と確言する [⇔ deny]; (予約・約束など)を(電話・文書などで)**確認する**: Further tests *confirmed* the diagnosis. さらに検査を重ねてその診断は確かになった / The spokesman ***confirmed that*** the report was true. V+O (that 節) スポークスマンはその報道は本当であると確認した 多用 / She ***confirmed what*** I had said. V+O (wh 節) 彼女は私の話は確かだと言った / I'd like to *confirm* my reservation. 私の予約を確認したいのですが.

❷ [進行形なし] (信念など)を**強める**, 固めさせる; (人)に(信念などを)さらに強く確信させる: The news *confirmed* my suspicions. その知らせで私の疑いはいっそう強くなった / 言い換え The fact ***confirmed*** him ***in*** his opinion. V+O+*in*+名 = The fact *confirmed* his opinion. その事実で彼の意見はいっそう強固になった. ❸ [普通は受身で] 〘キリスト教〙(...)に堅信式を行なう.
(名 cònfirmátion)

〘語源 原義はラテン語で「全く (con-) 強固に(⇒ firm²)する」; ⇒ affirm 語源〙

con·fir·ma·tion /kɑ̀(ː)nfəméɪʃən | kɔ̀nfə-/ 名 ❶ U,C 確認, 確証; 確認通知 (*of*); U 承認, 認可. ❷ U,C 〘キリスト教〙堅信(式). (動 confírm)

con·firmed /kənfə́ːmd | -fə́ːmd/ 形 限定 凝り固まった, 常習的な, 筋金入りの: a *confirmed* bachelor 独身主義者.

con·fis·cate /kɑ́(ː)nfɪskèɪt | kɔ́n-/ 動 他 (...)を没収する, 押収する, (罰として)取り上げる (*from*).

con·fis·ca·tion /kɑ̀(ː)nfɪskéɪʃən | kɔ̀n-/ 名 U,C 没収, 押収; 徴発 (*of*).

con·fla·gra·tion /kɑ̀(ː)nfləgréɪʃən | kɔ̀n-/ 名 C 《格式》大火, 大火災; (大きな)争い, 戦争.

con·flate /kənfléɪt/ 動 他 《格式》(複数のもの)を一つにまとめる.

con·flict¹** /kɑ́(ː)nflɪkt | kɔ́n-/ ✪ 動詞の conflict² とアクセントが違う. 名 (con·flicts /-flɪkts/) ❶ C,U (意見・利害などの)**衝突**, **不一致**, 対立: a *conflict* of interest(s) 利害の衝突 / There should be no ***conflict between being a successful career woman ***and*** being a good mother. 成功したキャリアウーマンであることとよき母であることは何ら矛盾しないはずだ / **be *in conflict with*** ... ...と衝突している, ...に相反している / ***come into conflict with*** ... ...と衝突する.

❷ C,U [主に新聞で] **争い**, 闘争, 紛争: resolve an armed ***conflict between*** the two nations 2 国間の戦争を解決する. ❸ C 《米》(日程などの)かち合い, 重なり. ❹ C,U 〘心理〙葛藤(かっとう). (動 conflíct²)

+**con·flict²** /kənflíkt/ ✪ 名詞の conflict¹ とアクセントが違う. 動 (con·flicts /-flíkts/; -flict·ed /~ɪd/; -flict·ing) 自 ❶ (...と)**矛盾する**, 一致しない; 衝突する: 言い換え Your interests and mine *conflict*. = Your interests ***conflict with*** mine. V+*with*+名 あなたの利害は私のと一致しない. ❷ (日程上)かち合う (*with*). (名 cónflict¹)

con·flict·ing /kənflíktɪŋ/ 形 矛盾する, 相反する; かち合う: *conflicting* opinions 対立する意見.

con·flu·ence /kɑ́(ː)nfluːəns | kɔ́nfluəns/ 名 C 《格式》(川の)合流点; (物事の)合体, 合流 (*of*).

+**con·form** /kənfɔ́ːm | -fɔ́ːm/ 動 (con·forms /~z/; con·formed /~d/; -form·ing) 自 ❶ (規則・慣習などに)**従う**; 周りの人に合わせる: We should ***conform to*** [***with***] the customs of society. V+*to* [*with*]+名 社会の慣習に従うべきだ. ❷ (基準などに)一致する, 合う (*to, with*). (名 confórmity)
〘⇒ form キズナ〙

con·for·ma·tion /kɑ̀(ː)nfɔəméɪʃən, -fɔə- | kɔ̀nfɔː-, -fə-/ 名 C,U 《格式》形態, 構造.

con·form·ist /kənfɔ́əmɪst | -fɔ́ː-/ 形, 名 C [しばしば悪い意味で] (多数派に)同調する(人).

con·for·mi·ty /kənfɔ́əməṭi | -fɔ́ː-/ 名 U 《格式》(規則・慣習などに)従うこと. **in confórmity with ...** [前] 《格式》...に従って, ...に応じて. (動 confórm)

con·found /kənfáʊnd/ 動 他 ❶ 《格式》(予期しないことで)(人)を混乱させる, ろうばいさせる, うろたえさせる. ❷ 《格式》(予想など)をくつがえす, (...)の裏をかく.

con·front** /kənfrʌ́nt/ !発音 動 (con·fronts /-frʌ́nts/; -front·ed /-ṭɪd/; -front·ing /-ṭɪŋ/) 他 ❶ (事件・困難などが)(人)に**立ちはだかる**; (人が)(事件・困難など)に**直面する**, (勇敢に)立ち向かう; (人が)(人)と**対面する**, 対決する: Many dangers *confronted* the rescue team. 多くの危険が救助隊に立ちはだかった / *confront* numerous difficulties 多くの困難に直面する / She ***was confronted by dozens of reporters when she left the hospital. V+O の受身 彼女は退院するときに何十人もの記者に取り囲まれた. ❷ (...で)(人)を問い詰める, (人)に(...を)突きつける: The suspect *was confronted with* evidence by the police. 容疑者は警察から証拠を突きつけられた.
(名 cònfrontátion)

con·fron·ta·tion** /kɑ̀(ː)nfrəntéɪʃən, -frʌn- | kɔ̀n-/ 名 (~s /~z/) U,C **対決**, 衝突; (人と人との)**対面** (*with*): a ***confrontation between labor and management 労使の対決. (動 confrónt)

Con·fu·cian·is·m /kənfjúːʃənìzm/ 名 U 儒教《孔子が説いた教えおよびその哲学》.

Con·fu·cius /kənfjúːʃəs/ 名 固 孔子 (552–479 B.C.) 《中国の思想家; 儒教の創始者》.

con·fuse /kənfjúːz/

— 動 (con·fus·es /~ɪz/; con·fused /~d/; con·fus·ing) 他 ❶ (人)を困惑させる, **まごつかせる**; (...)の頭を混乱させる: The unexpected questions *confused* the teacher. 予期しない質問に先生はまごついた. ❷ (...)を(~と)**混同する**, ごっちゃにする: ***confuse*** Austria ***with*** [*and*] Australia V+O+*with*+名 オーストリアとオーストラリアを混同する.
❸ (物事)を**混乱させる**; (論点など)をわかりにくくする: His comment only *confused* the issue further. 彼の発言は問題をさらに混乱させただけだった.
(名 confúsion)

con·fused** /kənfjúːzd/ 形 ❶ (人が)**困惑した**, 混乱した, 途方に暮れた: I was ***confused about what to do. +*about*+*wh* 句 私は何をしたらよいかわからず困惑した. ❷ (説明などが)不明確な.

con·fus·ed·ly /kənfjúːzɪdli/ 副 困惑して.

***con·fus·ing** /kənfjúːzɪŋ/ 形 **混乱させる**, 紛(まぎ)らわしい: The tax forms are very *confusing*. 税金の書類は非常にややこしい.

con·fu·sion** /kənfjúːʒən/ 名 (~s /~z/) ❶ U,C (頭の)**混乱**; **不明瞭さ**: cause [create, lead to] *confusion* 混乱を招く / There seems to be some ***confusion

about the number of victims. 被災者の数に少し不明瞭な点があるようだ.
❷ U,C 混同, ごっちゃにすること (*between*): avoid *confusion* 混同を避ける.
❸ U 混乱(状態); 紛糾: I was surprised to see the *confusion* in the hall. 私は場内の混乱に驚いた / throw ... into *confusion* ...を混乱に陥れる.
❹ U 困惑; ろうばい: They ran away ***in confusion***. 彼らはあわてて逃げていった. (動 confúse)

C

con·ga /ká(:)ŋɡə | kɔ́ŋ-/ 名 ❶ C コンガ《キューバの踊りとその曲》. ❷ C コンガドラム《手でたたく太鼓》.

con·geal /kəndʒíːl/ 動 自 凝結する, 固まる.

con·ge·ni·al /kəndʒíːniəl/ 形《格式》気の合う, 感じのよい; 性分に合う, 楽しい; (...に)適した (*to*).

con·gen·i·tal /kəndʒénɪtl/ 形 (病気などが)先天的な; (性格が)生まれつきの: a *congenital* liar 根っからのうそつき.

cón·ger (éel) /ká(:)ŋɡə- | kɔ́ŋɡə-/ 名 C あなご《海産の食用魚》.

con·gest·ed /kəndʒéstɪd/ 形 ❶ (道路が乗り物で)混み合った, (場所が人で)いっぱいの (*with*). ❷〔医学〕充血した, うっ血した; 鼻づまりの.

con·ges·tion /kəndʒéstʃən/ 名 ❶ U (交通の)混雑, 渋滞. ❷ U〔医学〕充血, うっ血; 鼻づまり.

con·glom·er·ate /kənglá(ː)m(ə)rət | -ɡlɔ́m-/ 名 ❶ C〔商業〕複合企業《全く関連のない業種の子会社を併合し, 多角的に経営する企業》. ❷ C《格式》(異質の物の)集合, 集成. ❸ U,C〔地質〕礫岩(れきがん).

con·glom·er·a·tion /kənglà(ː)məréɪʃən | -ɡlɔ̀m-/ 名 C《格式》集合, 集積 (*of*).

Con·go /ká(ː)ŋɡoʊ | kɔ́ŋ-/ 名 固 ❶ [the ~] コンゴ《アフリカ中部の国》. ❷ コンゴ民主共和国《1 の隣国; 1997 年 Zaire から改称》.

con·grats /kəngrǽts/ 間《略式》おめでとう (congratulations)《⇒ congratulation 成句》.

+**con·grat·u·late** /kəngrǽtʃəlèɪt, -dʒʊ- | -tʃʊ-/ 動 (-u·lates /-lèɪts/; -u·lat·ed /-ṭɪd/; -u·lat·ing /-ṭɪŋ/) 他 (人)に対して(物事を)祝う, (人)に(...のことで)祝いのことばを述べる[おめでとうと言う]《⇒ celebrate 類義語》: They ***congratulated*** me ***on*** my success. V+O+*on*+名 彼らは私の成功を祝ってくれた / I ***congratulate*** you ***on*** pass***ing*** the examination. V+O+*on*+動名 試験合格おめでとう.

congrátulate onesèlf on [for] ... [動] 他 (1) (自分の成功・幸運など)を喜ぶ. (2) ...に自信[誇り]を持つ.
(名 congràtulátion, 形 congrátulatòry)
〖語源 原義はラテン語で「喜び合う」〗

con·grat·u·la·tion** /kəngrætʃʊléɪʃən, -dʒʊ- | -tʃʊ-/ 名 (~s /~z/) ❶ [複数形で] **祝いのことば, 祝辞**: They offered her their ***congratulations on [***upon***] her success. 皆は彼女の成功にお祝いのことばを述べた. ❷ U《格式》**祝い**, 祝賀: a speech of *congratulation* 祝辞.

Congratulátions! [間] おめでとう! 語法 (1) 普通は Thank you (very much). と答える. (2) 努力による成功や幸運に対するお祝いに言うことばで, 正月・クリスマスのような季節のあいさつには用いない《⇒ new year, Christmas 成句》: ***Congratulations on*** your graduation. 卒業おめでとう / *Congratulations on* your marriage. 結婚おめでとう. 参考 元来は新郎に対して言うものだが, 最近では新婦にも言う人が多い.
(動 congrátulàte)

con·grat·u·la·to·ry /kəngrǽtʃʊlətɔ̀ːri | -grætʃʊléɪtəri, -tri/ 形《格式》祝賀の: a *congratulatory* telegram 祝電. (動 congrátulàte)

con·gre·gate /ká(ː)ŋgrɪgèɪt | kɔ́ŋ-/ 動 自 集まる, 集合する.

con·gre·ga·tion /kà(ː)ŋgrɪgéɪʃən | kɔ̀ŋ-/ 名 C [《英》単数形でもときに複数扱い] (礼拝に)集まった人々, 会衆; (ある教会に所属する)信徒たち.

***con·gress** /ká(ː)ŋgrəs | kɔ́ŋgres/ アク 名 (~·es /~ɪz/) ❶ [C-] (米国の)**国会**, 議会《⇒ 下の表》: a Member of *Congress* 国会議員《略 MC》/ *Congress* will be convened next week. 来週議会が招集される. ❷ C 国会, 議会《中南米の共和国などの; ⇒ diet[2]》. ❸ C (正式な)会議, 大会.
(形 congréssional)
〖⇒ progress[2] キズナ〗

***con·gres·sion·al** /kəngréʃ(ə)nəl/ 形 ❶ 限定 [C-] (米国の)**議会の, 国会の**. ❷ 限定 会議の, 大会の.
(名 cóngress)

+**con·gress·man** /ká(ː)ŋgrəsmən | kɔ́ŋgres-/ 名 (-men /-mən/) C [しばしば C-] (米国の)**下院議員**《男性》《⇒ congress 表; -person 語法》.

con·gress·wom·an /ká(ː)ŋgrəswʊ̀mən | kɔ́ŋgres-/ 名 (-wom·en /-wɪ̀mən/) C [しばしば C-] (米国の)下院議員《女性》《⇒ congress 表; -person 語法》.

con·gru·ent /ká(ː)ŋgruənt, kəngrúː- | kɔ́ŋgru-/ 形《格式》一致する, 調和する (*with*);〔数学〕合同の.

con·i·cal /ká(ː)nɪk(ə)l | kɔ́n-/ 形 円錐(えんすい)形の.

con·i·fer /ká(ː)nəfə- | kɔ́nɪfə/ 名 C 針葉樹, 球果(きゅうか)植物《松・杉など》.

米国, 英国および日本の議会

	議会	上院	上院議員	下院	下院議員
米国	Congress	the Senate, the Upper House	a senator	the House of Representatives, the Lower House	a representative, a congressperson, a congressman, a congresswoman
英国	Parliament	the House of Lords, the Upper House	a peer, a peeress	the House of Commons, the Lower House	a Member of Parliament
	国会	参議院	参議院議員	衆議院	衆議院議員
日本	the Diet	the House of Councillors	a councillor, a member of the House of Councillors	the House of Representatives	a representative, a member of the House of Representatives

co·nif·er·ous /kounífərəs/ 形 針葉樹の; 球果を生じる.
conj. 略 = conjunction.
con·jec·tur·al /kənʤékʧ(ə)rəl/ 形《格式》推測による, 推測(上)の.
con·jec·ture /kənʤékʧə | -ʧə/ 名 C,U《格式》推量, 推測 [≒guess]: pure *conjecture* 単なる憶測.
— 動 (-jec·tur·ing /-ʧ(ə)rɪŋ/) 他《格式》(...)と推量[推測]する (*that*). — 自《格式》推量[推測]する.
con·join /kənʤɔ́ɪn/ 動 他《格式》(...)を結合[連合]させる. — 自《格式》結合[連合]する.
con·ju·gal /ká(:)nʤʊg(ə)l | kɔ́n-/ 形 限定《格式》夫婦の, 婚姻上の.
con·ju·gate /ká(:)nʤʊgèɪt | kɔ́n-/ 動 他〔文法〕(動詞)を活用[変化]させる. — 自〔文法〕(動詞が)活用[変化]する.
con·ju·ga·tion /kà(:)nʤʊgéɪʃən | kɔ̀n-/ 名 U,C〔文法〕(動詞の)活用, 変化; C (動詞の)活用[変化]形.
con·junct /ká(:)nʤʌŋ(k)t | kɔ́n-/ 名 C〔文法〕つなぎ語《先行する文や節とのつながりを示す副詞語句》.
con·junc·tion /kənʤʌ́ŋ(k)ʃən/ 名 (~s /~z/) ❶ C《格式》(事件などの)同時発生, 重なり (*of*). ❷ C〔文法〕接続詞《略 conj.; ⇒ **巻末文法 9. 1**》. **in conjúnction with ...** [前]《格式》...とともに.
con·junc·ti·vi·tis /kənʤʌ̀ŋ(k)təváɪtɪs/ 名 U〔医学〕結膜炎.
con·jure /ká(:)nʤə, kʌ́n- | kʌ́nʤə/ 動 (con·jur·ing /-ʤ(ə)rɪŋ/) 他 手品[奇術]で(...)を出現させる[消す]; 魔法のように(...)を(作り)出す (*out of*). — 自 手品[奇術]をする. **cónjure úp** [動] 他 (1) (...)を思いつかせる. (2) 魔法のように(...)を(作り)出す. (3) (霊)を呼び出す.
con·jur·er, -ju·ror /ká(:)nʤ(ə)rə, kʌ́n- | kʌ́nʤ(ə)rə/ 名 C 手品師, 奇術師.
con·man /ká(:)nmæ̀n | kɔ́n-/ 名 (con·men /-mèn/) C《略式》= con artist.
Conn. 略 = Connecticut.

**con·nect /kənékt/

— 動 (con·nects /-nékts/; -nect·ed /~ɪd/; -nect·ing) 他 ❶ (道具・材料を使い)(...)を**つなぐ, 結合する**, 接続する, (...)を(～と)つなぐ《⇒ join 類義語》[⇔ disconnect]: This bridge *connects* the two towns. この橋は 2 つの町をつないでいる / A bus line *connects* our village ***and*** [***to, with***] the city. V+O+and [to, with]+名 私たちの村はバス路線で市とつながっている / ***Connect*** the computer (*up*) ***to*** the electricity supply first. V+O(+up)+to+名 まずコンピューターを電源につないでください.
❷ (...)を(...と)**結びつけて考える**, 連想する, 関係づける; 関連づける: We *connect* Canada ***with*** maple trees. V+O+with+名 我々はカナダと聞くとかえでの木を思い出す.
❸ (電話で)(...)を(～に)**つなぐ**: Please *connect* me ***with*** Dr. White. V+O+with+名 ホワイト博士につないでください《電話で》/ ***Connect*** me ***to*** extension 337. V+O+to+名 内線 337 番につないでください《337 は three three seven と読む》.
— 自 ❶ (ネットワークなどに)接続する (*up*): *connect to* the Internet インターネットに接続する. ❷ (部屋などが)つながる; (列車・飛行機などが)接続する; (乗客が)乗り継ぐ: a *connecting* flight 接続便 / This train *connects with* another at Chicago. この列車はシカゴで別の列車に連絡する. ❸《略式, 主に米》(ねらった人・物に)当たる, (球などを)打つ (*with*): *connect* for a home run ホームランを打つ. ❹ 心が通じ合う, 理解し合う (*with*). (名 connéction)

+**con·nect·ed** /kənéktɪd/ 形 ❶ **関係のある**, 関連した [⇔ unconnected]: be ***closely connected*** 密接に関連している / I suspect he is ***connected with*** drug dealers. +with+名 彼は麻薬密売人と関係しているのではないかと思う. ❷ (...に)接続[連結]した (*to*). ❸ 縁故[親戚関係]のある: ⇒ well-connected.
Con·nect·i·cut /kənétɪkət/ 名 固 コネチカット《米国 New England 地方の州; 略 Conn.,〔郵便〕では CT》.〖語源 北米先住民のことばで「長い川で」の意〗
con·nec·tion** /kənékʃən/ 名 (~s /~z/) ❶ U,C **関係**, 関連; つながり; 心の通じ合い: the (close) ***connection between crime ***and*** poverty 犯罪と貧困の(密接な)関係 / It has some [no] ***connection with*** [***to***] that affair. それはあの事件と関係がある[ない] / ***make*** a ***connection*** 結びつけ(て考え)る.
❷ C (飛行機・列車などの)**乗り継ぎ, 接続**, 連絡; 連絡する物; 接続する乗り物(の便): make a *connection* at Paris ***for*** Rome パリでローマ行きに乗り継ぐ / miss a *connection* 接続便に乗りそこなう / Is there a ***connection with*** our train at Chicago? シカゴでこの列車に接続がありますか.
❸ C **接続部分**; U つなぐこと, 接続, 連結 (*to*): have a loose *connection* 接続不良である. ❹ U,C (電話・インターネットなどの)接続: have a bad *connection* 接続が悪い. ❺ [複数形で] 縁故, コネ; 親類の人, 縁者: have powerful *connections* 有力なコネがある.
in connéction with ... [前] **...に関して(の)**, ...に関連して: Do you have anything to say *in connection with* our plan? 私たちの計画に関連して何かご意見がありますか.
in thís [thát] connéction [副] つなぎ語《格式》これ[それ]に関連して. (動 connéct)
con·nec·tive /kənéktɪv/ 形 結合する. — 名 C〔文法〕連結詞《語・句・節を結ぶ働きをする語の総称》.
con·nex·ion /kənékʃən/ 名 U,C《英》= connection.
Con·nie /ká(:)ni | kɔ́ni/ 名 固 コニー《女性の名; Constance の愛称》.
con·niv·ance /kənáɪv(ə)ns/ 名 U [軽蔑的] 見て見ぬふり, 黙認, 黙過; 共謀.
con·nive /kənáɪv/ 動 自 ❶ [軽蔑的] (悪いことを)見て見ぬふりをする, 黙認する (*at, in*). ❷ [軽蔑的] 示し合わせる, 共謀する (*with; to* do).
con·nois·seur /kà(:)nəsə́ː | kɔ̀nəsə́ː/ ≪フランス語から≫ 名 C (美術品・ワインなどの)鑑定家, 目利き.
con·no·ta·tion /kà(:)nətéɪʃən | kɔ̀n-/ 名 C (語の)言外の意味, 含意, 含蓄 (*of*)《⇒ denotation》.
con·note /kənóʊt/ 動 他《格式》(ことばが)(裏の意味)を暗示する, (言外の意味)を含む《⇒ denote》.
+**con·quer** /ká(:)ŋkə | kɔ́ŋkə/ ❗発音 動 (con·quers /~z/; con·quered /~d/; -quer·ing /-k(ə)rɪŋ/) 他 ❶ (国など)を**征服する**, (征服して)支配する; (敵など)に**勝つ**《⇒ defeat 類義語》: England *was conquered* by William the Conqueror in 1066. V+O の受身 イングランドは 1066 年ウィリアム征服王に征服された.
❷ (困難・感情など)に**打ち勝つ**, 克服する: *conquer* the obstacles 障害を克服する. ❸ (地域など)を商業的に征服する; (高峰)を征服する. (名 cónquest)
〖語源 原義はラテン語で「完全に獲得する」〗

con·quer·or /kά(ː)ŋkərə | kɔ́ŋkərə/ 名 C 征服者; [新聞で] 勝利者: William the *Conqueror* ウィリアム征服王 (⇒ William 2).

con·quest /kά(ː)nkwest, kά(ː)ŋ- | kɔ́ŋ-/ 発音 名 ❶ U,C 征服, (国・敵などを)征服すること, (...に)征服されること; 克服: the *conquest of* Persia *by* Alexander the Great アレキサンダー大王のペルシャ征服. ❷ [the C-] = Norman Conquest. ❸ C 占領地. ❹ C [しばしばこっけいに] くどき落とした相手. (動 cónquer)

cons 名 ⇒ the pros and cons (pro² 成句).

C

+**con·science** /kά(ː)nʃəns | kɔ́n-/ アク 発音 名 (con·scienc·es /~ɪz/) U,C **良心**, 道義心, 善悪の観念[判断力]; 罪の意識: a clear *conscience* やましくない心 / have a bad [guilty] *conscience* やましく思う / It's a matter of *conscience*. それは良心の問題だ.

be on ...'s cónscience [動] (物事で)...の気がとがめている.

hàve ... on one's **cónscience** [動] 他 (...)を気に病む, (...)で気がとがめる.

in áll cónscience [副] [しばしば否定文で] 《格式》道義上, 正直なところ. (形 cònsciéntious)

con·science-strick·en /kά(ː)nʃənsstrɪk(ə)n | kɔ́n-/ 形 良心に責められた, 気がとがめている.

con·sci·en·tious /kὰ(ː)nʃiénʃəs | kɔ̀n-/ アク 形 (人・行為が)良心的な, 誠実な: a *conscientious* worker 良心的な働き手. (名 cónscience)

~·ly 副 良心的に, 誠実に.

consciéntious objéctor 名 C 良心的兵役拒否者.

*__con·scious__ /kά(ː)nʃəs | kɔ́n-/ 発音 形 ❶ 叙述 (...に)**気づいて**, (...を)意識して; 自覚して (⇒ aware 類義語) [⇔ unconscious]: He wasn't ***conscious of*** my presence in the room. +of+名 彼は私がその部屋にいるのに気づかなかった 多用 / 言い換え She was ***conscious of*** *being* followed by a man. +of+動名 = She was ***conscious that*** she was being followed by a man. +that 節 彼女は男につけられているのに気づいていた. 関連 subconscious 潜在意識の.
❷ [普通は 叙述] **意識のある**, 知覚のある [⇔ unconscious]: The patient became *conscious*. その患者は意識を回復した. ❸ [しばしば合成語で] (...を)強く意識した, ...意識の強い: health-*conscious* 健康志向の強い. ❹ 限定 (行動などが)意識的な, 意図的な, 故意の: a *conscious* effort 意識的な努力 / a *conscious* smile 作り笑い.

+**con·scious·ly** /kά(ː)nʃəsli | kɔ́n-/ 副 **意識的に**, 意図的に, 故意に; 意識して [⇔ unconsciously]: I don't think she was *consciously* trying to hurt your feelings. 彼女が意識的に君の気持ちを傷つけようとしていたとは思えない.

*__con·scious·ness__ /kά(ː)nʃəsnəs | kɔ́n-/ 名 ❶ U **意識**, 知覚 [⇔ unconsciousness]; U,C (認識としての)意識, 心, 思考; 考え方: lose *consciousness* 意識を失う / regain [recover] *consciousness* 意識を回復する / class *consciousness* 階級意識. ❷ [U または a ~] 自覚, 感づくこと: *a* clear *consciousness of* guilt 明確な罪の自覚 / raise public *consciousness* (about ...) (...についての)人々の意識を高める.

con·script¹ /kənskrípt/ 動 他 [普通は受身で] (...)を軍隊に取る, 徴兵する (*into*) [《米》 draft].

con·script² /kά(ː)nskrɪpt | kɔ́n-/ 名 C 徴集兵 [《米》 draftee].

con·scrip·tion /kənskrípʃən/ 名 U 徴兵(制度).

con·se·crate /kά(ː)nsɪkrèɪt | kɔ́n-/ 動 他 (建物など)を神にささげる; (人)を(司教などに)任ずる (*as*).

con·se·cra·tion /kὰ(ː)nsɪkréɪʃən | kɔ̀n-/ 名 U 神にささげること, 奉納; 神聖にすること; 叙階.

+**con·sec·u·tive** /kənsékjʊṭɪv/ 形 [普通は 限定] **連続的な**, 引き続いて [≒successive]: Prices have been rising for five *consecutive* months. 物価が5か月連続で上昇中だ. **~·ly** 副 連続で[して].

+**con·sen·sus** /kənsénsəs/ 名 [U または a ~] (意見などの)**一致**, 合意; (大多数の)一致した意見[判断], 総意: reach a ***consensus on*** taxation 税制に関する意見の一致をみる.
〖⇒ sense キズナ〗

*__con·sent__ /kənsént/ アク 名 U **同意**, 承諾; (意見の)一致 [≒agreement]: written [verbal] *consent* 書面[口頭]による同意 / He gave his ***consent to*** the proposal. 彼はその提案に同意した / without ...'s *consent* = without the *consent* of ... ...の同意なしで / by common *consent* 全員[満場]一致で / by mutual *consent* 双方が合意して.
— 動 (con·sents /-sénts/; -sent·ed /-ṭɪd/; -sent·ing /-ṭɪŋ/) 自 《格式》 **同意する**, 承諾する (⇒ agree 類義語): ***consent to*** the proposal V+to+名 その提案に同意する / His mother will not ***consent to*** let him go there alone. V+to 不定詞 彼の母は彼を一人でそこへ行かせることには賛成しないだろう.
〖⇒ sentence キズナ〗

con·sént·ing adúlt /kənsénṭɪŋ-/ 名 C 〔法律〕同意成人 (性行為への同意が法的に認められる年齢の人; ⇒ age of consent).

*__con·se·quence__ /kά(ː)nsɪkwèns, -kwəns | kɔ́nsɪkwəns/ アク 名 (-se·quenc·es /~ɪz/) ❶ C **結果**, 成り行き [≒result]; 影響: The accident was a ***consequence of*** years of neglect. その事故は長年の怠慢の結果だった / Global warming could have serious *consequences*. 地球の温暖化は重大な結果をもたらす可能性がある / ***face*** [***suffer***, ***take***] ***the consequences*** 結果を甘受する, 報いを受ける. ❷ U 《格式》 重要さ, 重要性 [≒importance]: a matter *of* no *consequence to* me 私にはどうでもよいこと.

as a cónsequence = in cónsequence [副] つなぎ語 その結果, 従って.

as a cónsequence of ... = in cónsequence of ... [前] ...の結果として.
(形 cónsequent, cònsequéntial)
〖語源 原義はラテン語で「後続するもの」; ⇒ subsequent 語源, sequence 語源〗

con·se·quent /kά(ː)nsɪkwənt, -kwènt | kɔ́nsɪkwənt/ 形 《格式》 (...の)結果として生ずる (*on*): the heavy rain and the *consequent* flooding 大雨とその結果起こった洪水. (名 cónsequènce)

con·se·quen·tial /kὰ(ː)nsɪkwénʃ(ə)l | kɔ̀n-/ 形 ❶ 《格式》 結果として起こる. ❷ 《格式》 重要な [⇔ inconsequential]. (名 cónsequènce)

*__con·se·quent·ly__ /kά(ː)nsɪkwèntli, -kwənt- | kɔ́nsɪkwənt-/ アク 副 つなぎ語 **その結果**, 従って, 結果的に [≒therefore]: The heavy rain continued, and, *consequently*, there was a great flood. 大雨が続き, その結果大洪水となった.

con·ser·van·cy /kənsə́ːv(ə)nsi | -sə́ː-/ 名 C [しばしば the C-] [《英》 単数形でもときに複数扱い] (河川・港湾・天然資源などの)管理委員会.

*__con·ser·va·tion__ /kὰ(ː)nsəvéɪʃən | kɔ̀nsə-/ アク 名

❶ Ⓤ (自然・環境などの)**保護**, 保全 (*of*): wildlife *conservation* 野生生物保護. ❷ Ⓤ (資源などの)節約: energy *conservation* 省エネ(ルギー). (動 consérve¹)

con·ser·va·tion·ist /kɑ̀(ː)nsɚvéɪʃ(ə)nɪst | kɔ̀nsə-/ 名 Ⓒ 環境保護論者.

con·ser·va·tis·m /kənsə́ːvətìzm | -sə́ː-/ 名 ❶ Ⓤ 保守主義; 保守性, 保守的傾向[気質]. ❷ Ⓤ [普通は C-] 《英》保守党の主義[政策].

*****con·ser·va·tive** /kənsə́ːvəṭɪv | -sə́ː-/ ❗アク 形 ❶ **保守的な** [⇔ progressive]: He's ***conservative in*** his political views. +*in*+名 彼の政治的な考え方は保守的だ. ❷ [C-] 《英》保守党 (the Conservative Party) の. ❸ (服装などが)地味な, おとなしい. ❹ 限定 (見積もりなどが)控えめの.
— 名 ❶ Ⓒ 保守的な人, 保守主義者 [⇔ progressive]. ❷ Ⓒ [C-] 《英》保守党員 [≒Tory]; 保守党支持者 (《略》 Con).
～·ly 副 ❶ 保守的に. ❷ 控えめに.

Consérvative Pàrty 名 [the ～] 《英》保守党 (英国の 2 大政党の一つ; ⇒ party 表).

con·ser·va·toire /kənsə́ːvətwɑ̀ɚ | -sə́ːvətwɑ̀ː/ 名 Ⓒ 《英》= conservatory 1.

con·ser·va·to·ry /kənsə́ːvətɔ̀ːri | -sə́ːvətəri, -tri/ 名 (-to·ries) ❶ Ⓒ 《米》音楽[演劇]学校 [《英》conservatoire]. ❷ Ⓒ (家屋に付属した)温室.

con·serve¹ /kənsə́ːv | -sə́ːv/ 動 他 ❶ (自然・環境など)を保護する, 保全する. ❷ (資源・エネルギーなど)を節約する, 大切に使う. (名 cònservátion)

con·serve² /kɑ́(ː)nsəːv | kɔ́nsəːv/ 名 Ⓤ,Ⓒ 《格式》(果物などの)砂糖漬け; ジャム.

*****con·sid·er** /kənsídɚ | -sídə/ ❗アク
— 動 (-sid·ers /～z/; -sid·ered /～d/; -er·ing /-sídərɪŋ, -drɪŋ/) 他 ❶ (...)を**よく考える**, 熟考する; 検討する: I'll *consider* the matter carefully. そのことをよく考えてみるよ / I'm *considering* resign*ing*. V+O (動名) 辞職するかどうか考慮中だ 多用 / 言い換え He *considered what* he *should* do next. V+O (wh 節) = He *considered what to* do next. V+O (wh 句) 彼は次にどうすべきか考えた 多用 / She ***considered*** him ***for*** the job. V+O+*for*+名 彼女は彼がその仕事に適任か検討した.
❷ [進行形なし] (...)を(～であると)思う, (...)を(～と)考える, (...)を(～と)**みなす** (⇒ regard 類義語): 言い換え He ***considers*** (*that*) he is very important. V+O ((*that*) 節) = He *considers* himself very important. V+O+C (形) = He ***considers*** himself *to* be very important. V+O+C (*to* 不定詞) 彼は自分を非常に偉いと思っている / 言い換え He *is considered* an excellent teacher. V+O+C (名)の受身 = He *is considered to* be an excellent teacher. V+O+C (*to* 不定詞)の受身 彼は優秀な教師だと考えられている / We ***consider*** him (*as*) brilliant. V+O+C ((*as*+)形) 私たちは彼を優秀だと思う (✪ as を不要とみる人もいる; ⇒ regard 動 1) / We *considered it* necessary *to* do so. 私たちはそうする必要があると思った / *Consider* yourself lucky that you got a ticket to the concert. Ⓢ そのコンサートのチケットが取れたなんてついてるね.

> 🔍「みなす」の意を表わす動詞グループ: to be 型 (⇒ regard グループ)
> **動詞＋A＋to be＋B　A を B とみなす**
> He *considers* himself (*to be*) very important. 彼は自分を非常に偉いと思っている.
> ✪ (1) to be は省くこともある. (2) この構文は《格式》的で, that 節を伴う構文のほうが普通.
> **assume, believe, consider, feel, find, think** A が B であると思う
> **declare, judge** A が B であると断言する
> **prove, show** A が B であると証明する
> **imagine** A が B であると想像する
> **know, understand** A が B であることがわかっている
> **acknowledge** A が B であると認める

❸ (...)を考慮に入れる, 斟酌(しんしゃく)する; (人(の気持ち))を思いやる, (...)に配慮する: *consider* ...'s background ...の経歴を考慮に入れる.
— 自 よく考える, 考慮する.
áll thíngs consídered [副] Ⓢ 文修飾 すべてを考慮に入れると, 結局.
Consíder it dóne. Ⓢ [依頼に答えて] いいですとも, 任せて. (形 consíderate, 名 considèrátion)

*****con·sid·er·a·ble** /kənsídərəbl, -drə-/ ❗アク 形 (量・程度・大きさ・重要性などが)**かなりの**, **相当な** [⇔ inconsiderable]: a *considerable* distance [income] かなりの距離[収入].

*****con·sid·er·a·bly** /kənsídərəbli, -drə-/ 副 **相当**, ずいぶん, かなり, だいぶ: Prices have risen *considerably*. 物価がかなり上がった. 語法 動詞のほかに比較級も修飾する: It's *considerably* colder today. 今日はずいぶん寒くなっている.

+con·sid·er·ate /kənsídərət, -drət/ 形 (他人に対して)**思いやりのある** [⇔ inconsiderate]: She is ***considerate of*** others. 彼女は他人に思いやりがある / ***It*** was very ***considerate of*** you ***to*** help us. 私たちを助けてくれてどうもありがとう (⇒ of 12). (動 consíder)
～·ly 副 思いやり深く.

*****con·sid·er·a·tion** /kənsìdəréɪʃən/
— 名 (～s /～z/) ❶ Ⓤ 《格式》**熟慮**, **考慮**, **よく考えること**; 検討: after much *consideration* 十分に考慮したうえで / Give this problem your careful *consideration*. この問題を慎重に考えなさい / She is one of the candidates ***under consideration*** for the post. 彼女はその職の候補として考えている 1 人である.
❷ Ⓒ **考慮すべきこと[事情]**: Price is an important *consideration*. 価格は考慮すべき重要な問題だ.
❸ Ⓤ **思いやり**, 配慮: Show *every **consideration for*** other people's feelings. 他人の感情に十分思いやりを示しなさい (⇒ every 4) / ***out of consideration for*** ... ...を気づかって, ...に配慮して. ❹ Ⓒ 《格式》報酬, 心付け.
in considerátion of ... [前] 《格式》...を考慮して; ...の報酬[見返り]として.
tàke ... ìnto considerátion [動] 他 (...)を**考慮する**: You should *take* her illness *into consideration*. 彼女が病気だということを考慮するべきだ.
tàking éverything ìnto considerátion [副] 文修飾 すべてのことを考慮すると. (動 consíder)

con·sid·ered /kənsídɚd | -dəd/ 形 限定 よく考えた上での, 熟慮の末の: in my *considered* opinion 私がよく考えてみた上でのことだが.

*****con·sid·er·ing** /kənsídərɪŋ, -drɪŋ/ 前 **...を考えると**; ...の割には: He looks young *considering* his age. 彼

は年の割には若く見える.
— 接 **...であることを考えると,** ...と思えば, ...だから: He's doing well, *considering* (*that*) he lacks experience. 経験がない割には彼はよくやっている.
— 副 [文末で] Ⓢ《略式》その割には: We live quite comfortably, *considering*. その割に私たちは安楽に暮らしている.

con·sign /kənsáɪn/ 動 他《格式》(ある場所・状態に) (...)を追いやる, 片づける; 預ける, 送る (*to*).

con·sign·ment /kənsáɪnmənt/ 名 ❶ C〔商業〕積み送りする品物; 委託販売品 (*of*). ❷ U《格式》託送. **on consígnment** [副] 委託販売で.

C

***con·sist** /kənsíst/ 動 (**con·sists** /-sísts/; **-sist·ed** /~ɪd/; **-sist·ing**) 自 [進行形なし] ❶ (...から)**成る,** (...で)成り立っている: Congress *consists of* two Houses. V+*of*+名 議会は二院より成る / Water *consists of* hydrogen and oxygen. 水は水素と酸素から成る.
❷《格式》(...に)**存する,** (...に)ある: Happiness *consists in* 「being contented [contentment]. V+*in*+動名 名 幸福は満足することにある.
《⇒ insist キズナ》

con·sis·ten·cy /kənsístənsi/ 名 (-ten·cies) ❶ U [よい意味で] (言行・思想などの)一貫性 (*in*) [⇔ inconsistency]: lack *consistency* 一貫性を欠いている. ❷ U,C (液体などの)濃度, ねばり(け). (形 consístent)

***con·sis·tent** /kənsístənt/ 形 ❶ [よい意味で] (人・言行・思想などが)**首尾一貫した, 矛盾がない;** 変わることのない, 継続的な [⇔ inconsistent]: Theories must be *consistent*. 理論は首尾一貫していなくてはならない / She's *consistent in* her opinions. +*in*+名 彼女の意見は首尾一貫している. ❷ 叙述 (...と)一致する, 両立する: a policy *consistent with* public welfare 公共の福祉にかなった政策. (名 consístency)

+**con·sis·tent·ly** /kənsístəntli/ 副 **(首尾)一貫して,** 変わることなく; 筋を通して.

con·so·la·tion /kɑ̀(ː)nsəléɪʃən | kɔ̀n-/ 名 U 慰め; C 慰めとなるもの[人]: if it's (of) any *consolation* (*to* you) 慰めとなるなら言うけれど. (動 consóle¹)

consolátion prìze 名 C 残念賞.

con·so·la·to·ry /kənsóʊlətɔ̀ːri | -sɔ́lətəri, -tri/ 形《格式》慰めの.

+**con·sole¹** /kənsóʊl/ ✪ 名詞の console² とアクセントが違う. 動 (**con·soles** /~z/; **con·soled** /~d/; **con·sol·ing**) 他 (人)を**慰める** [≒comfort]: Nothing can *console* me *for* the loss of my son. V+O+*for*+名 息子を亡くした私の心を慰められるものは何もない.
consóle onesèlf with ... [that ...] [動] 他 ...で[...と思って]自分を慰める: She *consoled herself* (*with* the thought) *that* the situation could be worse. もっとひどいことにだってなりうるのだと思って彼女は自分を慰めた. (名 cònsolátion)

con·sole² /kɑ́(ː)nsoʊl | kɔ́n-/ ✪ 動詞の console¹ とアクセントが違う. 名 ❶ C (機械などの)制御装置, 操作盤, コンソール: a game(s) *console* ゲーム機. ❷ C (テレビ・ステレオなどを収納する)キャビネット.

+**con·sol·i·date** /kənsɑ́(ː)lədèɪt | -sɔ́l-/ 動 (-i·dates /-dèɪts/; -i·dat·ed /-t̬ɪd/; -i·dat·ing /-t̬ɪŋ/) 他 ❶ (立場など)を**強化する,** 固める: He *consolidated* his position in the firm. 彼は会社での地位を固めた. ❷ (会社・負債など)を統合する, 合併する.

con·sol·i·da·tion /kənsɑ̀(ː)lədéɪʃən | -sɔ̀l-/ 名 U,C 強化; 合併, 統合.

con·som·mé /kɑ̀(ː)nsəméɪ | kɔnsɔ́meɪ/ ≪フランス語から≫ 名 U コンソメ《澄ましスープ》.

con·so·nance /kɑ́(ː)nsənəns | kɔ́n-/ 名 ❶ U《格式》一致, 調和 (*with*). ❷ U,C〔音楽〕協和(音) [⇔ dissonance].

con·so·nant /kɑ́(ː)nsənənt | kɔ́n-/ 名 ❶ C〔音声〕子音《⇒ **つづり字と発音解説** 1, 42》. ❷ C 子音字《⇒ **つづり字と発音解説** 41》. — 形 ❶《格式》(...と)一致する, 調和する (*with*). ❷〔音楽〕協和(音)の [⇔ dissonant].

consort¹ /kənsɔ́ɚt | -sɔ́ːt/ 動 自《格式》(よくない人と)交際する (*with*).

con·sort² /kɑ́(ː)nsɔɚt | kɔ́nsɔːt/ 名 C (国王・女王などの)配偶者: ⇒ prince consort.

con·sor·ti·um /kənsɔ́ɚt̬iəm, -ʃ(i)əm | -sɔ́ː-/ 名 (複 **con·sor·ti·a** /-t̬iə/, ~s) C コンソーシアム, 共同企業[事業]体《複数の企業などの連合》.

con·spic·u·ous /kənspíkjuəs/ 形 目立つ, 人目につく, 異彩を放つ; (成果などが)著しい, 顕著な [⇔ inconspicuous]: a *conspicuous* dress 人目を引くドレス / a *conspicuous* success 大成功 / He was *conspicuous* by his absence. 彼は(その場に)いないのでかえって目立った.

conspícuous consúmption 名 U 富や地位をひけらかすための浪費.

con·spic·u·ous·ly /kənspíkjuəsli/ 副 著しく, 目立って, 群を抜いて.

+**con·spir·a·cy** /kənspírəsi/ 名 (-a·cies) U,C **陰謀,** 共謀 [≒plot]《⇒ plan 類義語》: a *conspiracy to* overthrow the government +*to* 不定詞 政府を倒す陰謀 / a *conspiracy* of silence (共謀しての)沈黙の申し合わせ / a *conspiracy* theory 陰謀論.

con·spir·a·tor /kənspírət̬ɚ | -tə/ 名 C 陰謀者, 共謀者.

con·spir·a·to·ri·al /kənspìrətɔ́ːriəl←/ 形 陰謀[共謀]の; (表情などが)秘密を共有していることを示す: a *conspiratorial* wink 秘密を知る者同士の目くばせ.

con·spire /kənspáɪɚ | -spáɪə/ 動 (**con·spir·ing** /-spáɪ(ə)rɪŋ/) 自 ❶ 陰謀を企てる, (...と)共謀する: *conspire* (together) *against* the leader (皆で)指導者に対して陰謀を企てる / He *conspired* (*with* other officers) *to* overthrow the government. 彼は(ほかの士官たちと)共謀して政府を転覆しようとした. ❷《格式》(物事などが)重なり合って(運悪く)...する, (...に)不利に働く (*against*; *to* do).

+**con·sta·ble** /kɑ́(ː)nstəbl, kʌ́n- | kʌ́n-, kɔ́n-/ 名 (~s /~z/) C《主に英》**巡査,** 警官;《米》治安官.

Con·sta·ble /kʌ́nstəbl/ 名 固 John ~ コンスタブル (1776–1837)《英国の風景画家》.

Con·stance /kɑ́(ː)nstəns | kɔ́n-/ 名 固 コンスタンス《女性の名; 愛称は Connie》.

con·stan·cy /kɑ́(ː)nstənsi | kɔ́n-/ 名 ❶ U《格式》一定, 不変, 恒常性. ❷ U《格式》忠実さ; 誠実さ. (形 cónstant)

****con·stant** /kɑ́(ː)nstənt | kɔ́n-/ ❗アク
— 形 ❶ [普通は 限定] 絶えず続く, 不断の [≒continuous]; (断続的に)繰り返される [≒continual]: I feel *constant* pain. ずっと痛みがある / *constant* interruptions たび重なる中断. ❷ 不変の, 一定の [≒fixed] [⇔ inconstant, variable]: drive at a *constant* speed 一定の速度で運転する. ❸《文語》忠実な, 誠実な (*to*) [≒faithful]. (名 cónstancy)

— 名 C 《格式》不変なもの;〘数学・物理〙定数, 定量. 関連 variable 変数.
〚⇒ distance キズナ〛

Con·stan·tine /ká(ː)nstəntìːn, -tàɪn | kɔ́n-/ 名 固 ~ I /-ðəfɜ́ːst | -fɜ́ːst/ コンスタンティヌス一世 (280?–337) 《ローマ皇帝 (306–337)》.

Con·stan·ti·no·ple /kὰ(ː)nstænṭənóʊpl | kɔ̀n-/ 名 固 コンスタンティノープル《トルコの Istanbul の旧称; 東ローマ帝国の首都》.

+**con·stant·ly** /ká(ː)nstəntli | kɔ́n-/ 副 **絶えず**; [しばしば進行形とともに] **いつも…している**《⇒ be² A 1 (3)》: She *is constantly* find*ing* fault with others. 彼女はいつも他人のあらばかり探している.

con·stel·la·tion /kὰ(ː)nstəléɪʃən | kɔ̀n-/ 名 ❶ C 〘天文〙星座. ❷ C 《文語》(類似のものの)集まり, 一群 (*of*).

con·ster·na·tion /kὰ(ː)nstənéɪʃən | kɔ̀nstə-/ 名 U 《格式》非常な驚き[恐怖], 驚愕(きょうがく).

con·sti·pat·ed /ká(ː)nstəpèɪṭɪd | kɔ́n-/ 形 叙述 便秘した: get *constipated* 便秘になる.

con·sti·pa·tion /kὰ(ː)nstəpéɪʃən | kɔ̀n-/ 名 U 便秘: suffer from *constipation* 便秘になる.

+**con·stit·u·en·cy** /kənstítʃuənsi/ 名 (-en・cies /~z/) ❶ C **選挙区**; [《英》単数形でもときに複数扱い] 選挙区民, 有権者《全体》: There are sixty thousand voters in my *constituency*. 私の選挙区は 6 万人の有権者がいる. ❷ C 支援団体, 後援会.

+**con·stit·u·ent** /kənstítʃuənt/ 名 (-ents /-ənts/) ❶ C **選挙区民**, 有権者: His policy was supported by his *constituents*. 彼の政策は有権者に支持された. ❷ C 成分, (構成)要素 (*of*).
— 形 限定《格式》構成する, 成分[要素]を成す.
(動 cónstitùte)

+**con·sti·tute** /ká(ː)nstət(j)ùːt | kɔ́nstɪtjùːt/ ‼アク 動 (-sti·tutes /-t(j)ùːts | -tjùːts/; -sti·tut·ed /-ṭɪd/; -sti·tut·ing /-ṭɪŋ/) 他 ❶ [進行形なし]《格式》(…)を**構成する**, (…)の構成要素となる [≒make up]: These people *constitute* the upper class of our town. この人たちが我々の町の上流階級を構成する.
❷ [進行形なし] (…)**である(とみられる)**, (…)となる [≒be]: Does this *constitute* a threat to our society? これは我々の社会にとって脅威となるか. ❸ [普通は受身で]《格式》(組織・団体など)を設立[設置]する.
(名 cònstitútion, constítuent, 形 constítuent)

*con·sti·tu·tion /kὰ(ː)nstət(j)úːʃən | kɔ̀nstɪtjúː-/ ‼アク

名 (~s /~z/)

意味のチャート
「構成されたもの」
→ (一般的に)「**構造**」,「**構成**」❸
→ (具体的に) → (人体の)「**体格**」❷
→ (法体系として)「**憲法**」❶

❶ C [しばしば C-] **憲法**; (組織などの)規約: establish [defend, amend] a *constitution* 憲法を制定[擁護, 修正]する / The *Constitution* of Japan 日本国憲法.

参考 合衆国憲法 (the Constitution of the United States; 非公式には the Constitution と略す) は最も古い成文憲法 (a written constitution) で 1789 年に発効された; 独立宣言 (the Declaration of Independence (1776)) に基礎を置く; 英国は成文憲法を持たない点では少数派で, 憲法は慣習法による不文憲法 (an unwritten constitution) である.

❷ C [普通は単数形で] **体格**, 体質: He has a strong [weak] *constitution*. 彼は丈夫な[弱い]体質だ. ❸ U,C《格式》構成, 構造 (*of*).
(動 cónstitùte, 形 cònstitútional)

*+**con·sti·tu·tion·al** /kὰ(ː)nstət(j)úːʃ(ə)nəl | kɔ̀nstɪtjúː-⁻/ 形 [普通は 限定] ❶ **憲法(上)の**; 立憲制の; 合憲の; 規約(上)の [⇔ unconstitutional]: a *constitutional* reform 憲法改正 / a *constitutional* right 憲法で保障された権利 / *constitutional* monarchy 立憲君主制. ❷ 体格の, 体質上の.
(名 cònstitútion)

con·sti·tu·tion·al·is·m /kὰ(ː)nstət(j)úːʃ(ə)nəlìzm | kɔ̀nstɪtjúː-/ 名 U 立憲主義, 立憲政治.

con·sti·tu·tion·al·ly /kὰ(ː)nstət(j)úːʃ(ə)nəli | kɔ̀nstɪtjúː-/ 副 ❶ 憲法上. ❷ 体質上.

con·strain /kənstréɪn/ 動 他 ❶《格式》(…)を制限する, 抑える; (人)が(…するのを)妨げる (*from doing*). ❷《格式》[普通は受身で] (…)に強制する, 無理に…させる《⇒ force 類義語》: I felt *constrained* to resign my post. 私は辞職せざるをえないと思った.

con·strained /kənstréɪnd/ 形《格式》不自然な; ぎこちない: a *constrained* smile 作り笑い.

+**con·straint** /kənstréɪnt/ 名 (con·straints /-stréɪnts/) ❶ C **制約[拘束]するもの**: budget *constraints* 予算の制約 / impose ***constraints on*** government spending 政府の出費を制限する. ❷ U 強制, 束縛; 抑制: under *constraint* 強制されて.

con·strict /kənstríkt/ 動 他 (のど・血管など)を締めつける, 圧迫[圧縮]する, 収縮させる; (人)を束縛する.
— 自 締めつけられる.

con·strict·ed /kənstríktɪd/ 形 締めつけられた, 圧迫[圧縮]された; 束縛された.

con·stric·tion /kənstríkʃən/ 名 ❶ U,C 締めつけ, 圧迫, 圧縮, 収縮. ❷ U,C 束縛(するもの).

***con·struct** /kənstrʌ́kt/ 動 (con·structs /-strʌ́kts/; -struct·ed /~ɪd/; -struct·ing) 他 ❶ (建物・橋・道路など)を**建造[建設]する**, (機械など)を組み立てる《⇒ build 類義語》[⇔ destroy]: *construct* a building [bridge] 建物を建てる[橋をかける].
❷ (文章・理論など)を**構成する**: The novel *is* well *constructed*. V+O+副の受身 その小説は構成がうまくできている / He ***constructed*** the theory ***from*** [(***out***) ***of***] my data. V+O+*from* [(*out*) *of*]+名 彼は私の資料を使ってその説を打ち立てた. ❸〘幾何〙(…)を作図する.
(名 constrúction 1–5, 形 constrúctive)
〚⇒ structure キズナ〛

*con·struc·tion /kənstrʌ́kʃən/

— 名 (~s /~z/) ❶ U **建造**, **建設**, 組み立て [⇔ destruction]; 建設工事: the *construction* ***of*** new buildings 新しい建物の建設(工事) / the *construction* industry 建設業 / a *construction* site 工事現場 / A new bridge is now ***under construction***. 新しい橋が今建設中だ.
❷ U **建築様式**, 建て方, 造り方, 構造 [≒structure]: The new building is ***of*** solid *construction*.《格式》その新しい建物は頑丈な構造をしている.
❸ C《格式》**建造物**, 建築物 [≒building]: The new library is a very beautiful *construction*. 新しい図書館は非常に美しい建造物だ. ❹ U (理論の)構築.

❺ Ⓒ〔文法〕(文・語句の)構造, 構文. ❻ Ⓒ《格式》(語句・法律などの)解釈: put a good [bad] *construction* on ... ...を善意[悪意]に解釈する.
(1-5 では 動 constrúct, 6 では 動 constrúe)

constrúction pàper 名 Ⓤ《米》色画用紙.

+**con·struc·tive** /kənstrʌ́ktɪv/ 形 **建設的な** [⇔ destructive]; 有益な: *constructive* criticism 建設的な批判. (動 constrúct, 名 constrúction)

con·struc·tor /kənstrʌ́ktɚ | -tə/ 名 Ⓒ 建造者, 製造者, 建設業者.

con·strue /kənstrúː/ 動 他 [しばしば受身で] (語句・条文など)を解釈する: My silence *was construed as* approval. 私は黙っていたために賛成と受け取られた. (名 constrúction 6)

con·sul /kά(ː)ns(ə)l | kɔ́n-/ 名 Ⓒ 領事. 関連 consulate 領事館 / ambassador 大使 / minister 公使.

con·sul·ar /kά(ː)nsəlɚ | kɔ́nsjʊlə/ 形 領事(館)の.

con·sul·ate /kά(ː)nsələt | kɔ́nsjʊ-/ 名 Ⓒ 領事館. 関連 consul 領事 / embassy 大使館 / legation 公使館.

con·sult** /kənsʌ́lt/ 動 (con·sults /-sʌ́lts/; -sult·ed /~ɪd/; -sult·ing) 他 ❶ (専門家など)に**意見を聞く**; (医者)にかかる; (弁護士など)に相談する [≒talk with]: You'd better ***consult your doctor [lawyer] ***about*** it. V+O+*about*+名 その件に関して医者に診てもらいなさい[弁護士に相談しなさい].
❷ (人)に**相談する**: He decided to move without *consulting* his wife. 彼は妻に相談せずに引っ越すことを決めた.
❸ (辞書)を**引く**, (参考書など)を**調べる**: He *consulted* the dictionary for the meaning of the word. 彼はその単語の意味を辞書で調べた.
— 自 ❶ (決める前に)**相談する**, 協議する; 意見[情報]を交わす: I must ***consult with*** Tom ***about*** the matter. V+*with*+名+*about*+名 私はその問題についてトムと相談しなければならない. 語法 他 1 を専門家などの意見を聞くときに用いるのに対し, consult with は対等の関係で相談するときに用いる傾向があるが,《米》ではあまり区別しない. ❷《主に米》(会社などの)顧問を務める (*for*). (名 cònsultátion)

con·sul·tan·cy /kənsʌ́lt(ə)nsi/ 名 (-tan·cies) Ⓒ コンサルタント会社; Ⓤ コンサルタント業.

con·sul·tant** /kənsʌ́lt(ə)nt/ 名 (con·sul·tants /-t(ə)nts/) ❶ Ⓒ **顧問**, コンサルタント, (専門的な)相談相手: a legal *consultant* 法律顧問 / He's a ***consultant to the President ***on*** foreign affairs. 彼は外交問題に関する大統領の顧問だ. ❷ Ⓒ《英》(病院の)医長.

+**con·sul·ta·tion** /kὰ(ː)nsəltéɪʃən | kɔ̀n-/ 名 (~s /~z/) ❶ U,C **相談**, 協議; 諮問; 診察: I had a ***consultation with*** a lawyer ***about*** my will. 私は遺言のことで弁護士と相談した / ***in consultation with*** ... ...と相談[協議]して.
❷ Ⓒ **会議**, 協議会, 審議会: The executives held a ***consultation on*** [***about***] increasing exports. 重役たちは輸出の増大のことで会議を開いた. ❸ Ⓤ 参考, 参照. (動 consúlt)

con·sul·ta·tive /kənsʌ́ltətɪv/ 形 限定 諮問の.

con·súlt·ing ròom /kənsʌ́ltɪŋ-/ 名 Ⓒ 診察室.

con·sum·a·ble /kənsúːməbl | -s(j)úː-/ 形 消費[消耗]できる: *consumable* goods 消耗品. — 名 [複数形で] 消耗品.

+**con·sume** /kənsúːm | -s(j)úːm/ ！発音 動 (con·sumes /~z/; con·sumed /~d/; con·sum·ing) 他 ❶ (...)を**消費する** [⇔ produce]; 消耗する, 使い尽くす: My car *consumes* very little gas. 私の車はほとんどガソリンを食わない.
❷《格式》(人が)(特に大量に)(...)を**食べる, 飲む**: He *consumed* the whole bottle of wine at one sitting. 彼はワインひとびんを一度に飲んでしまった. ❸ [しばしば受身で]《格式》(激しい感情などが)(人)に取りつく: be *consumed with* [*by*] guilt 罪悪感に取りつかれている. ❹《格式》(火災が)(...)を焼き尽くす.
(名 consúmption)
〖⇒ resume キズナ〗

***con·sum·er** /kənsúːmɚ | -s(j)úːmə/
— 名 (~s /~z/) Ⓒ **消費者** [⇔ producer]: a *consumer* group 消費者団体 / *consumer* protection 消費者の保護 / a *consumer* society 消費社会.

consúmer dúrables 名 複《英》= durable goods.

consúmer gòods 名 複〔経済〕消費財 [⇔ producer goods].

con·sum·er·is·m /kənsúːmərɪ̀zm | -s(j)úːm-/ 名 ❶ Ⓤ [しばしば悪い意味で] 消費(拡大)主義《消費の拡大が経済や社会にとってよいとする考え》. ❷ Ⓤ 消費者保護(運動).

con·sum·er·ist /kənsúːmərɪst | -s(j)úː-/ 形 消費(拡大)主義の.

consúmer príce ìndex 名 Ⓒ〔経済〕消費者物価指数.

+**con·sum·ing** /kənsúːmɪŋ | -s(j)úːm-/ 形 限定 (感情などが)**激しい**, 焼き尽くすような, 強い: Baseball is his *consuming* passion [interest]. 彼は野球のことしか頭にない.

con·sum·mate[1] /kά(ː)nsəmət | kənsʌ́m-/ 形 限定《格式》熟練した; 申し分のない, 完全な; [悪い意味で] 途方もない: *consummate* happiness 無上の幸せ / a *consummate* liar 途方もないうそつき.

con·sum·mate[2] /kά(ː)nsəmèɪt | kɔ́n-/ 動 他 ❶《格式》性交することによって(結婚)を完了する. ❷《格式》(...)を完成[成就]する, (取引など)をまとめる.

con·sum·ma·tion /kὰ(ː)nsəméɪʃən | kɔ̀n-/ 名 ❶ U,C《格式》(性交による)結婚の完了. ❷ U,C《格式》(目的・願望などの)達成, 成就.

***con·sump·tion** /kənsʌ́m(p)ʃən/ ！発音 名 ❶ Ⓤ (資源などの)**消費** [⇔ production];《格式》飲食: goods for domestic *consumption* 国内消費用商品 / fit for human *consumption* 食用に適している.
❷ Ⓤ **消費量**: fuel *consumption* = *consumption* of fuel 燃料の消費量.
for ... [...'s] consúmption 副 (発言・情報などが) ...に聞かせる[読ませる]目的で, ...に向けられて.
(動 consúme)

consúmption tàx 名 (日本の)消費税.

cont. 略 = continued.

***con·tact** /kά(ː)ntækt | kɔ́n-/ ！アク
— 名 (con·tacts /-tækts/) ❶ Ⓤ (人と人, 国と国などの)**触れ合い**, 接触; **連絡**, 交渉: *contact between* the two countries 両国間の接触 / Most Japanese had no direct *contact with* Western civilization in those days. 当時はたいていの日本人が西欧文明とじかに接触することがなかった / I've been ***in contact with*** my friends from junior high school. 私は中学からの

友だちと連絡をとっている / ***make*** [***get in***] ***contact with*** ... ...と接触する, 連絡をとる / ***lose contact with*** ... ...と連絡がとれなくなる / ***stay*** [***keep***] ***in contact with*** ... ...と連絡をとり続ける / ***come into contact with*** ... ...と出会う / ***bring*** a person ***into contact with*** ... 人を...に接触させる[近づける].

❷ U (近づいて)**触れること, 接触:** sexual [physical] *contact* 性的[身体的]接触 / The heated air will be cooled ***on contact with*** the water. 熱せられた空気は水に触れると冷やされる.

❸ C **縁故**, つて, コネ [≒connection]; [複数形で] (...との)交際, 付き合い, 関係 (*with*): personal *contacts* 個人的なつて / a person with a lot of *contacts* 交際[顔]の広い人. ❹ U〔電気〕接触; C 接点: make [break] *contact* 電流を通じる[切る]. ❺ C = contact lens.

a póint of cóntact [名] 接点; 連絡窓口.

— 動 (con·tacts /-tækts/; -tact·ed /~ɪd/; -tact·ing) 他 (手紙·電話などで)(...)と**連絡をとる**, 接触する, 相談する, (...)に問い合わせる: May I have an address and phone number where I can *contact* you? ご連絡先の住所と電話番号をお願いできますか.

...と連絡をとる

彼にすぐ連絡します.

○I'll **contact** him soon.
○I'll **get in contact with** him soon.
×I'll contact with him soon.

— 形 ❶ 限定 連絡先の: a *contact* number 連絡先の電話番号. ❷ 限定 接触の; 接触で作用する.

cóntact lèns 名 C コンタクトレンズ: wear [put in] *contact lenses* コンタクトレンズをしている[する].

con·ta·gion /kəntéɪdʒən/ 名 ❶ U〔医学〕(病気の)接触伝染. ❷ C〔医学〕接触伝染病. ❸ C《格式》(思想·感情などの)伝染; 悪影響.

+**con·ta·gious** /kəntéɪdʒəs/ 形 ❶ **接触伝染性の**; (人が)接触伝染病にかかっている, 感染力がある. 関連 infectious 感染伝染病の. ❷ (感情などが)人から人に移りやすい, 伝染しやすい.

****con·tain** /kəntéɪn/

— 動 (contains /~z/; con·tained /~d/; -tain·ing) 他 ❶ [進行形なし] (...を)(内に)**含む**, (中に)**入れている**《⇒ include 類義語》: This box *contains* apples. この箱にはりんごが入っている / This tomato juice *contains* no salt. このトマトジュースには塩は入っていない / This book *contains* information on how to keep fit. この本には健康を保つ方法に関する情報が載っている.

❷ [進行形なし] (...)を**収容できる**, (...)が入る: The room *contained* fifty people. その部屋には 50 人入った.

❸ [しばしば否定文で] (感情など)を抑える, 我慢する: He was*n't* able to *contain* his anger. 彼は怒りをこらえきれなかった.

❹ (火災·病気·反乱など)を封じ込める, 食い止める.

contáin onesèlf [動] 自 [しばしば否定文で] 気持ち[感情]を抑える. (名 containment)

単語のキズナ TAIN／保つ=keep

contain (共に保つ)	→	**含む**
maintain (手の中に保つ)	→	**維持する**
entertain (間に保つ, 間を取り持つ)	→	**楽しませる**
obtain (...の方に保つ)	→	**得る**
retain (後ろへ保つ)	→	**保つ**
sustain (下から保つ)	→	**支える**
detain (離して保つ)	→	**拘留**(こうりゅう)**する**
abstain (離れて保つ)	→	**慎む**

+**con·tain·er** /kəntéɪnə | -nə/ アク 名 (~s /~z/) ❶ C **入れ物**, 容器: 「put ... into [take ... out of] a *container* ...を容器に入れる[から出す]. ❷ C (貨物輸送用の)コンテナ: a *container* car [truck] コンテナ専用貨車[トラック].

con·tain·ment /kəntéɪnmənt/ 名 U《格式》押さえ込み, 抑制; (敵対国の)封じ込め. (動 contáin)

con·tam·i·nant /kəntǽmənənt/ 名 C《格式》汚染物質[菌].

+**con·tam·i·nate** /kəntǽmənèɪt/ 動 (-i·nates /-nèɪts/; -i·nat·ed /-ṭɪd/; -i·nat·ing /-ṭɪŋ/) 他 ❶ (...)を**汚染する**, よごす (*with*)《⇒ pollute 類義語》: The whole bay ***was contaminated by*** the oil spill. V+O の受身 その湾全体が油の流出で汚染された. ❷ (...)に悪影響を及ぼす.

con·tam·i·nat·ed /kəntǽmənèɪṭɪd/ 形 (食品·水·土壌などが)汚染された.

con·tam·i·na·tion /kəntæ̀mənéɪʃən/ 名 U 汚染, よごすこと.

+**contd., cont'd** 略 = continued.

+**con·tem·plate** /ká(:)nṭəmplèɪt, -tem- | kɔ́n-/ アク 動 (-tem·plates /-plèɪts/; -tem·plat·ed /-ṭɪd/; -tem·plat·ing /-ṭɪŋ/) 他 ❶ (...しようか)と**考える**, (...)を検討する; (...)をあり得ることと思う, 予想する: I'm ***contemplating*** build***ing*** a new house. V+O (動名) 私は新しい家を建てようかと考えている / The thought of so many typhoons is too dreadful to *contemplate*. そんなに多くの台風なんて恐ろしくて考えられない.

❷ (...)を**熟考する**, じっくり考える [≒consider]: He *contemplated* the problem all day. 彼はその問題を一日中じっくりと考えた. ❸ (...)を凝視する, じっと見つめる [≒watch].

— 自 熟考する.

(名 còntemplátion, 形 contémplative)

con·tem·pla·tion /kɑ̀(:)nṭəmpléɪʃən | kɔ̀n-/ 名 ❶ U 熟考, 瞑想(めいそう). ❷ U 凝視. (動 cóntemplàte)

con·tem·pla·tive /kəntémpləṭɪv/ 形 瞑想的な, 瞑想にふける. (動 cóntemplàte)

con·tem·po·ra·ne·ous /kəntèmpəréɪniəs←/ 形《格式》同時(発生)の; 同時代の (*with*).

***con·tem·po·rar·y** /kəntémpərèri | -p(ə)rəri/ アク 形 [比較なし] ❶ **現代の**《⇒ modern 類義語》: *contemporary* art 現代美術 / *contemporary* literature 現代文学.

❷ **その当時の**, (...と)**同じ時代の:** Shakespeare was ***contemporary with*** Tokugawa Ieyasu. +with+名 シェークスピアは徳川家康と同じ時代の人だった.

— 名 (-rar·ies /~z/) C **同時代の人**; 同期生, 同年者: He was a ***contemporary of*** Lincoln. 彼はリンカンと同時代の人だった.

+**con·tempt** /kəntém(p)t/ アク 名 ❶ U **軽蔑**(けいべつ), 侮辱; (危険などの)軽視, 無視: speak *with contempt* 軽蔑して話す / I feel ***contempt for*** such shameful conduct. 私はこのような恥ずべき行為を軽蔑する / ***hold ... in contempt*** ...を軽蔑する. ❷ U〔法律〕(法廷などに対する)侮辱罪: *contempt* of court 法廷侮辱罪.

be benèath contémpt [動] ⓐ 軽蔑にも値しない.
(形 contémptible, contémptuous)

con·tempt·i·ble /kəntém(p)təbl/ 形《格式》軽蔑(けいべつ)すべき, 卑劣な. (名 contémpt)

-i·bly 副《格式》卑劣に.

con·temp·tu·ous /kəntém(p)ʧuəs/ 形 限定 人をばかにした, 軽蔑(けいべつ)的な; 叙述 (...を)軽蔑して (*of*): He gave a *contemptuous* laugh. 彼は人をばかにしたように笑った. (名 contémpt)

~·ly 副 人をばかにして, 軽蔑して.

+**con·tend** /kənténd/ 動 (con·tends /-téndz/; -tend·ed /~ɪd/; -tend·ing) ⓐ (...と)**競争する**, 争う: We ***contended with*** them ***for*** the prize. V+with+名+for+名 私たちはその賞金を目当てに彼らと競い合った.

— 他 [受身なし]《格式》(...)だと(強く)**主張する** [≒maintain]: The President ***contended that*** raising taxes was necessary. 大統領は増税が必要だと主張した.

conténd with ... [動] 他 (困難)と**闘う**, (問題など)に対処する: They had to *contend with* cultural differences. 彼らは文化の相違に対処しなければならなかった. (名 conténtion, 形 conténtious)
〖⇒ tend¹ キズナ〗

con·tend·er /kənténdɚ | -də/ 名 (~s /~z/) Ⓒ (競技などの)参加者, 競争者; 挑戦者 (*for*).

*__con·tent__¹ /kɑ́(ː)ntent | kɔ́n-/ !アク content² とアクセントが違う. 名 (con·tents /-tents/) ❶ [複数形で] ⇒ contents.
❷ Ⓤ (本・演説などの)**趣旨**, 要旨, 中身; (形式に対して)内容; 〔コンピュータ〕コンテンツ [⇔ form]: the *content* of a speech 演説の趣旨 / The book has no *content*. その本には内容がない. ❸ [単数形で; 名詞の後で] 含有量, (容器の)容量: the vitamin *content* ビタミン含有量.

*__con·tent__² /kəntént/ !アク content¹ とアクセントが違う. 形 叙述 **(一応)満足で**; (...だけで)満足して, (...に)甘んじて《⇒ satisfied 表, 類義語》: Be ***content with*** a small salary for now. +with+名 今は少ない給料でも満足しなさい / I'll be ***content to*** stay at home. +to 不定詞 家に残っても結構です.

nót contént with ... [副] ...では満足せず: *Not content with* his practice at school, he goes to a gym for weight training. 学校の練習だけでは満足せず, 彼はジムへ筋トレに行く.

— 名 Ⓤ《文語》満足 [≒contentment] [⇔ discontent].

to one's **héart's contént** [副] 心ゆくまで, 存分に.

— 動 他《格式》(...)を満足させる.

contént one**sèlf with ...** [動] 他 ...で満足する, ...に甘んじる. (名 conténtment)

con·tent·ed /kənténṭɪd/ 形 満足している, 満足そうな [⇔ discontented]: a *contented* look [smile] 満足そうな様子[ほほえみ].

+**con·ten·tion** /kənténʃən/ 名 (~s /~z/) ❶ Ⓒ《格式》**論点**, 主張: It's ***my contention that*** the project would be too expensive. +that 節 その計画は金がかかりすぎるというのが私の主張だ. ❷ Ⓤ《格式》口論, 論争.

in conténtion [形] (...を)争って, (...の)勝算があって: Three teams are *in contention for* the championship. 3 チームが優勝を争っている.

òut of conténtion [形] (...の)見込み[勝算]をなくして (*for*). (動 conténd)

con·ten·tious /kənténʃəs/ 形 (問題などが)論議を呼び起こす, 異論のある; (人が)論争好きな. (動 conténd)

~·ly 副 議論を引き起こして.

con·tent·ment /kənténtmənt/ 名 Ⓤ 満足, 満足すること. (動 contént²)

****con·tents** /kɑ́(ː)ntents | kɔ́n-/ !アク
— 名 複 ❶ (容器などの)**中身**, 内容物: the *contents of* the bag [drawer] かばん[引き出し]の中身 / He emptied the container of its *contents*. 彼は容器から中の物をすっかり出した.
❷ (本などの)**目次**, (手紙などの)**内容**: a table of *contents* 目次.

cón·tent wòrd /kɑ́(ː)ntent- | kɔ́n-/ 名 Ⓒ〔文法〕内容語《意味内容がはっきりした語; 名詞, 動詞, 形容詞など》. 関連 function word 機能語.

****con·test**¹ /kɑ́(ː)ntest | kɔ́n-/ ✪ 動詞の contest² とアクセントが違う.
— 名 (con·tests /-tests/) Ⓒ **競争**, **競技**, コンテスト [≒competition]; 抗争, 権力争い: She won a speech *contest*. 彼女はスピーチコンテストで優勝した / enter an essay *contest* エッセイコンテストに参加する / hold a beauty *contest* 美人コンテストを開催する / a ***contest for*** the leadership of the party 党の主導権争い.

nó cóntest [名]《略式》楽勝; Ⓢ ピカイチ.

pléad nó cóntest [動] ⓐ〔法律〕(法廷で訴因などに関して)争わないと申し立てる. (動 contést²)
〖⇒ protest¹ キズナ〗

con·test² /kəntést/ ✪ 名詞の contest¹ とアクセントが違う. 動 他 ❶ (勝利・賞・地位など)を(求めて)争う[競う]; (試合・選挙・競争など)を戦う. ❷ (判定・遺言状など)に異議を唱える. (名 cóntest¹)
〖⇒ protest¹ キズナ〗

con·tes·tant /kəntéstənt/ 名 Ⓒ (競技会などの)出場者, 競争者, 競争相手 (*for*).

*__con·text__ /kɑ́(ː)ntekst | kɔ́n-/ !アク 名 (con·texts /-teksts/) ❶ C,U (事件・考え方などの)**背景**, (前後の)状況: You must see this event ***in*** a historical [social] ***context***. この出来事は歴史的[社会的]背景の中で見る必要がある.
❷ C,U **文脈**, (文章の)**前後関係**: You should be able to tell the meaning of this word from its [the] *context*. 文脈からこの語の意味がわかるはずだ.

pút [pláce] ... in cóntext [動] 他 (...)を状況[背景]の中で考える.

táke [quóte] ... òut of cóntext [動] 他 文脈[背景]から切り離して...を引用する. (形 contéxtual)
〖⇒ text キズナ〗

con·tex·tu·al /kəntékstʃuəl/ 形 (文の)前後の関係上の, 文脈上の. (名 cóntext)

con·tig·u·ous /kəntígjuəs/ 形《格式》隣接する (*with, to*).

con·ti·nence /kɑ́(ː)nṭənəns | kɔ́n-/ 名 Ⓤ〔医学〕(便意・尿意の)自制. (形 cóntinent²)

*__con·ti·nent__¹ /kɑ́(ː)nṭənənt | kɔ́n-/ !アク 名 (-ti·nents /-nənts/) ❶ Ⓒ **大陸**: the African *continent* = the *continent* of Africa アフリカ大陸. 関連 subcontinent 亜大陸. 参考 普通は Asia, Europe, Africa, North America, South America, Australia および Antarctica の 7 大陸に分けられる. ❷ [the C-]《英》ヨーロッパ大陸《英国から見ていう》.

the Néw Cóntinent [名] 新大陸《南北アメリカ》.

the Óld Cóntinent [名] 旧大陸《ヨーロッパ・アジアおよびアフリカ》. (形 còntinéntal)

con·ti·nent[2] /ká(ː)nṭənənt | kɔ́n-/ 形 叙述 〔医学〕便意をこらえられる. (名 cóntinence)

+**con·ti·nen·tal** /kà(ː)nṭənénṭl | kɔ̀n-/ アク 形 ❶ **大陸の**, 大陸性の: a *continental* climate 大陸性気候. ❷ [しばしば C-]《英》ヨーロッパ大陸(風)の; 南欧風の. ❸ 限定 [しばしば C-]《米》北アメリカ大陸の. (名 cóntinent[1])
— 名 C [C-]《古風, 英》[しばしば軽蔑的] (英国から見て)ヨーロッパ大陸の人.

cóntinental bréakfast 名 C 大陸[ヨーロッパ]風朝食《パン・バター・ジャム・コーヒー・ジュースなどから成る軽い朝食; ⇒ English breakfast》.

cóntinental dríft 名 U 〔地質〕大陸移動.

cóntinental shélf 名 C 大陸棚.

con·tin·gen·cy /kəntíndʒənsi/ 名 (-gen·cies) C 偶発事件, 不慮の事故, 緊急事態: a *contingency* plan 万一の場合に備えての計画.

con·tin·gent /kəntíndʒənt/ 形 ❶ 叙述《格式》...次第の, (...を)条件としての (*on, upon*). ❷ (仕事・労働者が)臨時の. — 名 [《英》単数形でもときに複数扱い] ❶ C 分遣隊, 派遣団 (*of*). ❷ C (集会などへの)代表団 (*of*).

+**con·tin·u·al** /kəntínjuəl/ 形 ❶ 限定 [しばしば悪い意味で] **繰り返し起こる**, (断続的に)長く続く, 頻繁な, たび重なる: Susie has *continual* arguments with her husband. スージーは夫と口論ばかりしている. 関連 continuous 切れ目なく続く. 語法 現在では continuous との意味の区別が薄れて, 2 の意味でもよく用いる. ❷ 連続した, 絶え間のない. (動 contínue)

con·tin·u·al·ly /kəntínjuəli/ 副 [しばしば進行形とともに] 頻繁に; 絶えず, ひっきりなしに《⇒ be[2] A 1 (3)》: That child *is continually* cry*ing*. あの子はしょっちゅう泣いてばかりいる.

con·tin·u·ance /kəntínjuəns/ 名 ❶ U《格式》続くこと, 継続, 存続 (*of*). ❷ C [普通は単数形で]〔米法律〕(訴訟手続の)延期. (動 contínue)

con·tin·u·a·tion /kəntìnjuéɪʃən/ 名 ❶ U,C 続ける[続く]こと, 継続, 存続: the *continuation* of trade 貿易の継続. ❷ C,U (中途からの)継続, 続行, 再開. ❸ C (話などの)続き, 続編; (道路・家などの)継ぎ足し[延長, 増築]部分. (動 contínue)

***con·tin·ue** /kəntínjuː/ アク
— 動 (-tin·ues /~z/; -tin·ued /~d/; -tin·u·ing) 他 ❶ (...)を続ける, 持続する; 依然として...である[...し続ける] [⇔ discontinue, cease]: They *continued* their journey. 彼らは旅行を続けた / Prices will *continue to* rise. V+O (to 不定詞) 物価は上がり続けるだろう 多用 / He *continued* writ*ing* letters. V+O (動名) 彼は手紙を書き続けた.
❷ (中途からまた)(...)を**継続する**, (前に)引き続いて述べる: He ate supper and then *continued* his study. 彼は夕食を済ませるとまた研究に取りかかった / "Moreover," she *continued*, "there was something else." 「さらに」と言ってから「ほかにもありました」と彼女は続けた.
— 自 ❶ **続く**, 続いている, 継続[存続]する《⇒ 類義語》: The rain *continued* all day. 雨は一日中降り続いた / The cornfield *continued* as far as the eye could see. 見わたす限りとうもろこし畑が続いていた / He *continued with* his work till late at night. V+*with*+名 彼は夜遅くまで仕事を続けた.
❷ (中断後に)**続行される**; (発言を)続ける: After a shower, the game *continued*. にわか雨の後に, 試合が続行された.
❸ (道などを)**続けて進む**: If you *continue along* this road, you'll come to the gas station. V+前+名 この道をそのまま進めば, ガソリンスタンドのところに出る.
❹ **引き続き...である**, 依然として...だ [≒remain]; (地位などに)とどまる: The weather *continued* stormy. V+C (形) 天候は引き続き荒れ模様であった / The patient *continued to* be unconscious. V+C (to 不定詞) 患者はずっと意識不明のままだった / He *continued as* editor. V+C (as+名) 彼は引き続き編集長としてとどまった.
To be contínued. (次回に)続く, 以下次号《続き物の末尾に書く》. 関連 Concluded. 終わり / To be concluded. 次号完結.
(形 contínual, contínuous, 名 contínuance, continuátion, còntinúity)

類義語 **continue** 切れ目なしに続くこと: The meeting was still *continuing* when I left. 会合は私が出ていったときもまだ続いていた. **last** 一定の期間[時間]続くこと: The lesson *lasted* about two hours. 授業は2時間ほど続いた.

con·tin·ued /kəntínjuːd/ 形 限定 引き続く, 継続する.

contínuing educátion 名 U = adult education.

con·ti·nu·i·ty /kà(ː)nṭɪn(j)úːəṭi | kɔ̀ntɪnjúː-/ 名 (-i·ties) ❶ U,C 連続, 継続, 連続した状態, 連続性; (論理的な)一貫性 [⇔ discontinuity]: the *continuity between* the two chapters 2つの章のつながり / *continuity in* policy 政策の一貫性. ❷ U (映画・テレビなどの)場面の連続性; 場面をつなぐ音楽[語り]. (動 contínue)

*con·tin·u·ous /kəntínjuəs/ アク 形 ❶ 限定 **切れ目なく続く**, とぎれのない, 連続的な, ひっきりなしの [⇔ discontinuous]: *continuous* snow 絶え間なく降る雪 / a *continuous* procession of cars ひっきりなしに続く自動車の列. 関連 continual 繰り返し起こる. ❷〔文法〕進行時制の. (動 contínue)

con·tin·u·ous·ly /kəntínjuəsli/ 副 切れ目なく, 連続的に, 続けざまに: It's been raining *continuously* since yesterday morning. きのうの朝から絶え間なく雨が降っている.

con·tin·u·um /kəntínjuəm/ 名 (複 con·tin·u·a /-juə/, ~s) C《格式》(同じ性質のものの)連続(体).

con·tort /kəntɔ́ət | -tɔ́ːt/ 動 他 ❶ (...)をゆがめる, ねじ曲げる, (顔)をしかめる (*with, in*). ❷ (話などを)ゆがめる, こじつける. — 自 ゆがむ, ねじ曲がる.

con·tor·tion /kəntɔ́əʃən | -tɔ́ː-/ 名 ❶ U,C ねじれ, ゆがみ, ひきつり. ❷ U,C (話などの)こじつけ.

con·tor·tion·ist /kəntɔ́əʃ(ə)nɪst | -tɔ́ː-/ 名 C (体を自在に曲げる)曲芸師.

con·tour /ká(ː)ntʊə | kɔ́ntʊə, -tɔː/ 名 ❶ C 輪郭, 輪郭の線 [≒outline]; 外形: The *contours* of the mountain were hidden in the mist. 山の輪郭は霧に隠れていた. ❷ C = contour line.

cóntour lìne 名 C 等高線.

cóntour màp 名 C 等高線地図.

con·tra·band /ká(ː)ntrəbæ̀nd | kɔ́n-/ 名 U 密売買品, 密輸品; 禁制品. — 形 限定 密輸の.

con·tra·bass /ká(ː)ntrəbèɪs | kɔ̀ntrəbéɪs/ 名 C コントラバス《バイオリンの類では最大の弦楽器》.

con·tra·cep·tion /kɑ̀(ː)ntrəsépʃən | kɔ̀n-/ 名 U 避妊(法) [≒birth control].

con·tra·cep·tive /kɑ̀(ː)ntrəséptɪv | kɔ̀n-/ 名 C 避妊薬[剤], 避妊具. — 形 限定 避妊(用)の.

con·tract**[1] /kɑ́(ː)ntrækt | kɔ́n-/ ✪ contract[3] とのアクセントの違いに注意. 名 (con·tracts /-trækts/) ❶ C,U **契約**; 請負: We have a five-year ***contract with this company ***to*** supply automobile parts. +to 不定詞 我々はこの会社と5年間の自動車部品供給の契約を結んでいる / work ***on*** a three-year ***contract*** 3年契約で働く / be ***under*** (a) ***contract*** (***to*** ...) (...と)契約している / be in breach of *contract* 契約違反をしている / ***make*** [***enter*** (***into***)] a ***contract*** 契約を結ぶ. ❷ C 契約書: a lease *contract* 賃貸契約書 / sign a *contract* 契約書に署名する / exchange *contracts* 契約書を取り交わす. ❸ [形容詞的に] 契約の, 請負の: *contract* work 請負仕事 / a *contract* price 請負価格. ❹ C《略式》殺人の契約. **by cóntract** [副] 請負で. (動 cóntract[2], 形 contráctual)
〘⇒ attract キズナ〙

+**con·tract**[2] /kɑ́(ː)ntrækt | kəntrǽkt/ ✪ contract[3] とのアクセントの違いに注意. 動 (con·tracts /kɑ́(ː)ntrækts | kəntrǽkts/; -tract·ed /~ɪd/; -tract·ing) 他 ❶ (...するということ)を**契約する**, 請け負う;《格式》(関係・同盟など)を結ぶ: He ***contracted to*** design a new library. V+O (to 不定詞) 彼は新しい図書館の設計を請け負った / The king has ***contracted*** alliances ***with*** most of the neighboring monarchs. V+O+with+名 王は大方の近隣諸国と同盟を結んだ. ❷ /《米》kəntrǽkt/《格式》(病気など)にかかる.
— 自 (請負の)**契約をする**: 言い換え The city ***contracted with*** our company ***for*** a new city hall. V+with+名+for+名 = The city ***contracted with*** our company ***to*** build a new city hall. V+with+名+to 不定詞 市当局は当社と新市庁舎建設の契約を結んだ.
cóntract óut [動] 他 (仕事)を外注する (*to*).
(名 cóntract[1])

+**con·tract**[3] /kəntrǽkt/ ✪ contract[1,2] とのアクセントの違いに注意. 動 (con·tracts /kəntrǽkts/; -tract·ed /~ɪd/; -tract·ing) 他 ❶ (筋肉)を**収縮させる**; (金属など)を縮小[収縮]させる, 縮める [⇔ expand]: His leg muscles *were contracted* in a painful spasm. V+O の受身 彼の脚の筋肉はけいれんして痛んだ. ❷ (語・句)を短縮する (*to*).
— 自 (筋肉が)**収縮する**; (金属などが)縮小[収縮]する, 縮む [⇔ expand]: Stress can cause muscles to *contract* and lead to stiff shoulders. ストレスが筋肉を収縮させて肩凝(こ)りを起こすことがある.
(名 contráction)

cón·tract brídge /kɑ́(ː)ntrækt- | kɔ́n-/ 名 U コントラクトブリッジ《トランプのブリッジの一種》.

con·trac·tion /kəntrǽkʃən/ 名 ❶ U 縮むこと, 収縮, 短縮; C〔医学〕(筋肉, 特に出産時の子宮の)収縮, 陣痛. ❷〔文法〕U 短縮, 縮約; C 短縮形, 縮約形. (動 contráct[3])

+**con·trac·tor** /kɑ́(ː)ntræktə | kəntrǽktə/ 名 (~s /~z/) C **契約者[企業]**; (建築の)**請負人**; 土建業者.

con·trac·tu·al /kəntrǽktʃuəl/ 形 契約(上)の.
(名 cóntract[1])

con·tra·dict /kɑ̀(ː)ntrədíkt | kɔ̀n-/ 動 他 ❶ (人・考えなど)を否定する; (...)に反論する, 逆らう: The secretary flatly *contradicted* the news of the president's illness. 秘書は社長が病気だというニュースをきっぱりと否定した / I hate [don't mean] to *contradict* you, but your statement is wrong. おことばを返すようですが, あなたが述べられたことは間違っています. ❷ (...)と矛盾する: The reports on the assassination *contradict* each other. その暗殺についての報道記事は互いに矛盾している. — 自 否定[反論]する. **contradíct onesèlf** [動] 自 矛盾したことを言う.
(名 còntradíction, 形 còntradíctory)
〘語源 ラテン語で「...に反対して (contra-) 言う (-dict)」の意; ⇒ dictionary キズナ〙

+**con·tra·dic·tion** /kɑ̀(ː)ntrədíkʃən | kɔ̀n-/ 名 (~s /~z/) ❶ C,U **矛盾**; 矛盾した言動[事実]: There is no ***contradiction between*** his opinions ***and*** his actions. 彼の意見と行動には何の矛盾もない / ***in*** (***direct***) ***contradiction to*** ... ...と正反対で, 矛盾して / a *contradiction* in terms〘論理〙名辞矛盾《たとえば a married bachelor (既婚の独身男)》. ❷ U 否定; 反駁(はんばく). (動 còntradíct)

con·tra·dic·to·ry /kɑ̀(ː)ntrədíktəri, -tri | kɔ̀n-/ 形 矛盾した, 両立しない. 関連 self-contradictory 自己矛盾の. (動 còntradíct)

con·tra·dis·tinc·tion /kɑ̀(ː)ntrədɪstíŋ(k)ʃən | kɔ̀n-/ 名 U《格式》対照区別, 対比: in *contradistinction to* ... と対比して.

con·trail /kɑ́(ː)ntreɪl | kɔ́n-/ 名 C 飛行機雲.

con·tral·to /kəntrǽltoʊ/ 名 (~s) C〘音楽〙コントラルト《女声の最低音域; アルト (alto) に同じ》; コントラルト歌手.

con·trap·tion /kəntrǽpʃən/ 名 C (奇妙な)仕掛け, 妙な機械.

con·trar·i·wise /kɑ́(ː)ntreriwàɪz | kəntréəri-/ 副《格式》反対に, 逆に; つなぎ語 これに反して.

+**con·trar·y**[1] /kɑ́(ː)ntreri | kɔ́ntrə-/ 形 ❶ [比較なし] **反対の**, 逆の [≒opposite]; 全く違う; (...に)反する: *contrary* views 正反対の見方 / an act ***contrary to*** the law +to+名 法律に反する行為. ❷《格式》(天候・風などが)都合の悪い, 不利な, 逆風の.
— 名 [the ~]《格式》**正反対**: *The contrary* of 'high' is 'low'.「高い」の反対は「低い」だ.
on the cóntrary [副] (1) つなぎ語 それどころか, 全く反対で《自分で何かを否定したあとで, 実際は全くその反対であると述べるときに用いる》: I'm *not* against the plan. *On the contrary*, I'm strongly in favor of it. 私はその計画に反対ではない. それどころか大賛成だ. (2) つなぎ語 とんでもない, 実はその反対で《相手や自分の言ったことを否定して, その反対であると言うときに用いる》: 🗨 "I think he was pleased." "*On the contrary*, he was angry."「彼は喜んだと思うよ」「とんでもない, 彼は怒っていたよ」
quíte the cóntrary [副] 全くその反対で.
to the cóntrary (1) [形・副] **それとは反対の[に]**, そうでないと(いう): There is no evidence *to the contrary*. そうでないという証拠はない. (2) [副] つなぎ語《米》= on the contrary.
— 副 [次の成句で] **cóntrary to ...** [前] **...に反して**, 逆らって, 反対して: *contrary to* ⌈...'s expectation [popular belief] ...の予想[一般に信じられていること]に反して, 意外にも.

con·trar·y[2] /kəntré(ə)ri/ 形 (人・態度などが)ひねくれた, 強情[いこじ, 頑固]な, つむじ曲がりの.

****con·trast**[1] /kɑ́(ː)ntræst | kɔ́ntrɑːst/ ❗アク 動詞の contrast[2] とアクセントが違う. 名 (con·trasts /-træsts | -trɑːsts/) ❶ C,U (対照に

よる)差異; Ⓒ **対照的なもの**, 正反対のもの[人]: There is a stark [sharp, marked] ***contrast between*** winter ***and*** summer in this area. この地域では夏と冬の違いが著しい / He's a great ***contrast to*** his father. 彼は父親とは似ても似つかない.

❷ Ⓤ (明るさ・色の)**対照**, 対比; (画面・写真の)コントラスト: the ***contrast between*** light and shade 明暗の対照.

by [in] cóntrast [副] つなぎ語 (それとは)対照的に: *By contrast*, Japan's trade surplus has increased. それとは対照的に, 日本の貿易黒字は増加した.

in cóntrast to [with] ... [前] ...と(は)対照的に; ...とは著しく違って. (動 contrást²)

*__con·trast²__ /kəntrǽst | -trɑ́ːst/ アク 名詞の contrast¹ とアクセントが違う. 動 (**con·trasts** /-trǽsts | -trɑ́ːsts/; **-trast·ed** /~ɪd/; **-trast·ing**) ⓐ (...と)**よい対照を成す**; (...と)著しく違う: The white peaks ***contrast*** sharply [strikingly] ***with*** the blue sky. V+with+名 白銀の峰々は青い空と鮮やかな対照を成している.

— ⓗ (...)を**対照する**, (他のものと)比べてみる, 対比する; 対照して引き立たす: 言い換え Let's ***contrast*** spring and fall. = Let's ***contrast*** spring ***with*** fall. V+O+with+名 春と秋とを比較対照してみよう. (名 cóntrast¹)

con·trast·ing /kəntrǽstɪŋ | -trɑ́ːst-/ 形 (色・性質などが)際立っている, 対照的な.

con·tra·vene /kɑ̀(ː)ntrəvíːn | kɔ̀n-/ 動 ⓗ《格式》(法律・慣習など)に違反する.

con·tra·ven·tion /kɑ̀(ː)ntrəvénʃən | kɔ̀n-/ 名《格式》Ⓤ 違反; Ⓒ 違反行為: in *contravention* of ... ...に違反して.

***con·trib·ute** /kəntríbjʊt | -bjuːt/ アク

— 動 (**-trib·utes** /-bjʊts | -bjuːts/; **-trib·ut·ed** /-ṭɪd/; **-trib·ut·ing** /-ṭɪŋ/) ⓗ ❶ (金品)を(事業・団体などに)**寄付する**: She ***contributed*** lots of money ***to*** [***toward*** build***ing***] the hospital. V+O+to+名 [toward+動名] 彼女はその病院(の建設)に多額の寄付をした / We ***contributed*** food ***for*** [***to***] the refugees. V+O+for [to]+名 私たちは避難民に食物を提供した. 語法 for は第三者を通じて間接的に, to は直接提供する意味合いを持つ.

❷ (援助・助言など)を**与える**, 捧(ささ)げる, (意見・考えなど)を述べる: He didn't ***contribute*** anything ***to*** 「our plan [the discussion]. V+O+to+名 彼は我々の計画に何の力も貸さなかった[議論で何も発言しなかった].

❸ (新聞・雑誌などに)(...)を**寄稿する**, 投稿する: The writer ***contributed*** a short story ***to*** a magazine. V+O+to+名 その作家はある雑誌に短編を寄稿した.

— ⓐ ❶ **寄付する**: She ***contributes to*** a charity every year. V+to+名 彼女は毎年慈善団体に寄付をしている.

❷ (...の)**役に立つ**, (...に)寄与する, 貢献する: 言い換え He ***contributed*** greatly ***to*** the growth of the town. V+to+名 (= He made a great contribution to the growth of the town.) 彼は町の発展に大いに貢献した / Moderate exercise *contributes to* good health. 適度な運動は健康によい.

❸ (...の)**原因[一因]となる**: Smoking ***contributed to*** his premature death. V+to+名 喫煙が彼の早死にの一因となった.

❹ (新聞・雑誌などに)**寄稿する**, 投稿する: He often ***contributes to The Times***. V+to+名 彼はよく『タイムズ』に寄稿する. (名 còntribútion, 形 contríbutòry)

*__con·tri·bu·tion__ /kɑ̀(ː)ntrəbjúːʃən | kɔ̀n-/ 名 (~s /~z/) ❶ Ⓒ **貢献**, 寄与; (議論などでの)発言: He made a remarkable ***contribution to*** the progress of science. 彼は科学の発展に著しい貢献をした / a valuable [significant] *contribution* 価値ある[重要な]貢献.

❷ Ⓒ **寄付されたもの**, (少額の)寄付金, 寄贈品: a ***contribution of*** a thousand dollars 1,000 ドルの寄付金 / There were many ***contributions to*** the church. 教会への寄付がたくさんあった. ❸ Ⓒ (年金などのための)定期的支払い額, 保険料. ❹ Ⓒ 寄稿作品[記事]. ❺ Ⓤ 寄付(すること), 寄贈: the *contribution* of money *to* a school 学校への献金. (動 contríbute)

con·trib·u·tor /kəntríbjʊṭə | -tə/ 名 Ⓒ 寄付[寄贈]者, 貢献者; 寄稿家 (*to*);《格式》要因.

con·trib·u·to·ry /kəntríbjʊtɔ̀ːri | -təri, -tri/ 形 ❶ 限定 寄与する; 貢献する; 原因となる. ❷ (年金・保険が)拠出制の. (動 contríbute)

con·trite /kəntráɪt/ 形《格式》罪を深く悔いている.

con·tri·tion /kəntríʃən/ 名 Ⓤ《格式》悔悛(かいしゅん).

con·triv·ance /kəntráɪv(ə)ns/ 名 ❶ C,U《格式》(物語などの)わざとらしい方法[仕組み], 不自然さ. ❷ C,U《格式》たくらみ, (うまい)計略 (*for*; *to* do). ❸ Ⓒ《格式》仕掛け, 装置, 考案品 (*for*; *to* do).

con·trive /kəntráɪv/ 動 ⓗ ❶《格式》どうにか[うまく]...する [≒manage]; [皮肉に] (望ましくないこと)をやってのける (*to* do). ❷ (...)を画策する, (悪事)をたくらむ, 企てる. ❸ (特に急場でうまく)(...)を考案[工夫, 発明]する [≒invent].

con·trived /kəntráɪvd/ 形 わざとらしい.

***con·trol** /kəntróʊl/ 発音

— 名 (~s /~z/) ❶ Ⓤ **支配**, **統制**, 管理, 監督(権); 操縦: government ***control over*** [***of***] prices 政府の物価統制 / The department ***has control of*** [***over***] quality of their product. その部署は商品の品質を管理している / The rebel army ***gained*** [***took***] ***control of*** the area. 反乱軍はその地域の支配権を握った / The project is ***in the control of*** a new manager. その計画は新しい部長が管理している / be [come] ***under the control of*** the state 国の管理下にある[入る].

❷ Ⓤ **抑制(力)**, 制御: I don't ***have*** any ***control over*** what my company does. 私には会社がすることを抑制する力はない / I ***lost control of*** my emotions. 私は感情が抑えきれなくなった / The child is ***beyond*** [***outside***] my ***control***. その子は私の手に余る. 関連 self-control 自制心.

❸ Ⓒ **統制手段**; (機械の)操縦装置, 調整つまみ: We need tighter [more rigid] ***controls on*** guns. もっと厳しい銃規制策が必要だ. ❹ [単数形で]〔コンピュータ〕= control key. ❺ Ⓤ〔野球〕コントロール, 制球力. ❻ Ⓤ 管制官《全体》; 管制室; 審査(場), 検査(場): passport *control* 入国審査. ❼ Ⓒ〔生物〕(実験の)対照群.

be at the contróls [動] ⓐ (乗り物などを)運転[操縦]している.

in contról [形] (1) (...を)支配[管理]して (*of*). (2) (感情を)抑えて.

òut of contról [形] 制しきれなくなって: get [go] *out of control* 制しきれなくなる.

ùnder contról [形] (正しく)制御されて: Everything

is *under control*. すべては順調だ / bring [get] the fire *under control* 火事を食い止める / keep [have] the situation *under control* 事態を制御している.
— 動 (con·trols /~z/; con·trolled /~d/; -trol·ling) 他 ❶ (...)を支配[管理, 監督]する [≒direct]; 操作[操縦]する: *control* 「a company [one's children] 会社[子供]の管理[監督]をする.
❷ (量や質の点で)(...)を統制する, 抑制する, 調整する: In those days the price of rice *was controlled by* the government. V+O の受身 当時は米の値段は政府に統制されていた. ❸ (災害・病気など)を食い止める. ❹ (感情など)を抑える: He couldn't *control* his anger. 彼は怒りを抑えられなかった / *control* oneself 自制する.

contról frèak 名 C 《略式》 すべてを仕切りたがる人, 仕切り屋.

contról kèy 名 C 〔コンピュータ〕 コントロールキー.

con·trol·la·ble /kəntróʊləbl/ 形 統制[管理, 支配]できる; 抑制[操縦]できる [⇔ uncontrollable].

con·trolled /kəntróʊld/ 形 ❶ 感情を抑えた, 落ち着いた. ❷ 管理[統制]された; 制限[規制]された.

+**con·trol·ler** /kəntróʊlə | -lə/ 名 (~s /~z/) ❶ C 管理者, 統制者[官]: an air traffic *controller* 航空管制官. ❷ C (会計)検査官, 監査役. ❸ C (機械の)制御器.

contról tòwer 名 C 航空管制塔.

***con·tro·ver·sial** /kὰ(:)ntrəvə́:ʃ(ə)l | kɔ̀ntrəvə́:-⁻/ 形 異論の多い, 論争を引き起こす: a *controversial* decision [figure] 物議をかもす決定[人物].
-sial·ly /-ʃəli/ 副 物議をかもして.

con·tro·ver·sy** /kɑ́(:)ntrəvə̀:si | kɔ́ntrəvə̀:si, kəntrɔ́vəsi/ アク 名 (-ver·sies /~z/) U,C (普通は長期で公開の)論争, 論議 (⇒ argument 類義語): That new theory aroused [caused, provoked] a great deal of *controversy*. その新説は多くの論議を呼んだ / The heated ***controversy over [***about, surrounding***] wildlife preservation lasted for more than a year. 野生動物保護に関する激論が一年以上も続いた. 〖⇒ reverse キズナ〗

con·tu·sion /kənt(j)ú:ʒən | -tjú:-/ 名 U,C 〔医学〕 打撲傷; 挫傷.

co·nun·drum /kənʌ́ndrəm/ 名 C 《格式》 難問; なぞ; なぞなぞ, とんち問答.

con·ur·ba·tion /kὰ(:)nə(:)béɪʃən | kɔ̀nə(:)-/ 名 C 《格式》 大都市圏 《周辺都市を含む》.

con·va·lesce /kὰ(:)nvəlés | kɔ̀n-/ 動 自 (病[手術]後)(徐々に)快方に向かう; 療養する.

con·va·les·cence /kὰ(:)nvəlés(ə)ns | kɔ̀n-/ 名 [U または a ~] (徐々に)快方に向かうこと; 回復期(間).

con·va·les·cent /kὰ(:)nvəlés(ə)nt | kɔ̀n-⁻/ 形 ❶ 快方に向かっている, 回復期の. ❷ 限定 回復期の患者のための: a *convalescent* home 病後療養所. — 名 C 回復期の患者.

con·vec·tion /kənvékʃən/ 名 U 〔物理〕 対流.

+**con·vene** /kənví:n/ 動 (~s /~z/; ~d /~d/; -ven·ing) 他 (会議など)を招集する: An international conference was *convened* after the war. 戦争の後に国際会議が招集された.
— 自 会合する: The committee *convened* at nine in the morning. 委員会は朝 9 時に会合を開いた.
(名 convéntion 1)

***con·ve·nience** /kənví:njəns, -niəns/ アク

— 名 (con·ve·nienc·es /~ɪz/) ❶ U 便利(さ), 便宜, 好都合 [⇔ inconvenience]: There's an index ***for the convenience of*** readers. 読者に便利なように索引がついている / ***for convenience*** 便宜上 // ⇒ marriage 成句. ❷ C 便利な物, (文明の)利器; [複数形で] 便利な設備, 衣食住の便. ❸ C [複数形で] 《英格式》 公衆トイレ (public convenience).

at ...'s convénience [副] 《格式》 ...の都合のよいときに.

at your éarliest convénience [副] [商用文などで] ご都合つき次第, なるべく早く. (形 convénient)

convénience fòod 名 C,U インスタント食品.

convénience stòre 名 C コンビニ.

***con·ve·nient** /kənví:njənt, -niənt/ アク 発音

— 形 ❶ (...に)便利な, 都合のよい [⇔ inconvenient]: We couldn't find a mutually *convenient* time. 私たちはお互いに都合のいい時間が見つからなかった / Do you know of any *convenient* place *for* the meeting? どこか会合に都合のよい場所を知っていますか / If it's ***convenient for*** you, will you come and see me next Sunday? +for+名 都合がよければ次の日曜日に来ませんか / ***It's*** more ***convenient to*** go there by bus. そこへ行くにはバスがより便利だ.

> **...に都合がよい**
> あなたの都合のよいときに
> ○when it is **convenient for you**
> ×when you are convenient

❷ (...に近くて)便がよい; (器具などが)使いやすい: My house is *convenient to* [《英》 *for*] the local bus stop. 私の家はバス停に近くて便利だ. (名 convénience)
〖語源 ラテン語で「適合する, ふさわしい」の意〗

+**con·ve·nient·ly** /kənví:njəntli, -niənt-/ 副 ❶ 便利に, 都合よく; 便利な所に [⇔ inconveniently]: The date was *conveniently* arranged. 都合のよい日取りが決まった / I live *conveniently* near the college. 私は大学へ行くのに便利な所に住んでいる.
❷ 文修飾 都合のよいことに(は): *Conveniently*, I live near the college. 都合のよいことに私はその大学の近くに住んでいる.

con·vent /kɑ́(:)nv(ə)nt, -vent | kɔ́n-/ 名 C 女子修道会; 女子修道院. 関連 monastery (男子の)修道院.

***con·ven·tion** /kənvénʃən/ 名 (~s/~z/)

> 意味のチャート
> ラテン語で「集まること」の意. (会合) →「**大会**」❶ → (そこで決められた事柄から)「**協定**」❸ → (約束) → (社会全般の約束事) →「**慣習**」❷

❶ C (政治・宗教などの)大会, 代表者会議; 《米》 党大会: hold a teachers' *convention* 教員代表者会議を開く.
❷ U,C (社会の)慣習, しきたり, 慣例 [≒custom]: ignore social *conventions* 社会の慣習を無視する / ***by convention*** 慣習上, 慣例により.
❸ C 協定, 申し合わせ; 国際協定 《treaty よりも軽いもの》: sign an international ***convention on*** human rights 人権に関する国際協定に署名する. ❹ C (芸術・文学の)慣例, 手法.
(形 convéntional, 1 では 動 convéne)
〖⇒ event キズナ〗

***con·ven·tion·al** /kənvénʃ(ə)nəl/ 形 ❶ 限定 (方法・製品などが)伝統的な, 慣習的な, 従来の: a *conven-*

tional method 伝統的な方法.
❷ **型にはまった**; 古くさい, ありきたりの [⇔ unconventional]: *conventional* ideas 型にはまった考え方. ❸ 限定 在来の; (兵器が)通常の, 核を使わない: *conventional* weapons 通常兵器.
convéntional wísdom [名] 世間一般の通念.
(名 convéntion)

con·ven·tion·al·ly /kənvénʃ(ə)nəli/ 副 伝統的に(は), 従来(は); 慣習どおりに, ありきたりに.

con·verge /kənvə́ːdʒ | -və́ːdʒ/ 動 自 一点に集まる, 収束する (*on, at*); (意見などが)近づく, 同一になる [⇔ diverge].

con·ver·gence /kənvə́ːdʒəns | -və́ː-/ 名 [U または a ~] 一点に集まること, 収束.

con·ver·sant /kənvə́ːs(ə)nt | -və́ː-/ 形 ❶ 叙述《格式》(...に)精通して, (...を)詳しく知って (*with*). ❷ 叙述《米》(外国語で)ある程度会話ができる (*in*).

****con·ver·sa·tion** /kɑ̀(ː)nvəséɪʃən | kɔ̀nvə-/
— 名 (~s /~z/) C,U 会話, 談話, 対話: a telephone *conversation* 電話での会話 / I had a ***conversation with*** my friends ***about*** TV shows. 私は友だちとテレビ番組について話をした / ***carry on*** a ***conversation*** 会話を続ける / ***get into*** (a) ***conversation*** (*with* ...) (...と)会話を始める / be ***deep in conversation*** (*with* ...) (...と)話し込んでいる / Our *conversation* turned to movies. 私たちの話は映画のことになった / 🗨 "Do you want to join in our *conversation*?" "Thank you, yes. What are you talking about?" 「おしゃべりに加わりませんか」「いいですね. どうも. 何の話をしているのですか」 **màke conversátion** [動] 自 (話したいことはないが, 儀礼的に)会話をする. (形 cònversátional)
〖語源 原義はラテン語で「一緒に向かい合うこと」; ⇒ reverse キズナ〗

con·ver·sa·tion·al /kɑ̀(ː)nvəséɪʃ(ə)nəl | kɔ̀n-və-⁻/ 形 限定 会話の; (ことばが)会話体[風]の.
(名 cònversátion)

con·ver·sa·tion·al·ist /kɑ̀(ː)nvəséɪʃ(ə)nəlɪst | kɔ̀nvə-/ 名 C 話し上手な人, 話し好きな人; [前に形容詞をつけて] 話し方が...の人.

con·ver·sa·tion·al·ly /kɑ̀(ː)nvəséɪʃ(ə)nəli | kɔ̀nvə-/ 副 会話風に, 会話体で.

conversátion pìece 名 C 話の種.

con·verse¹ /kənvə́ːs | -və́ːs/ 動 自《格式》(...と)談話を交わす, 会話する (*with*).

con·verse² /kɑ́(ː)nvəːs, kənvə́ːs | kɔ́nvəːs, kənvə́ːs/ 名 [the ~]《格式》反対, 逆.

con·verse³ /kɑ́(ː)nvəːs, kənvə́ːs | kɔ́nvəːs, kənvə́ːs/ 形 限定《格式》(順序・考えなどが)逆の, あべこべの: in the *converse* order 逆の順序で.

con·verse·ly /kənvə́ːsli | -və́ːs-/ 副《格式》逆に; つなぎ語 (また)それとは逆に.

+con·ver·sion /kənvə́ːʒən | -və́ːʃən/ 名 (~s /~z/)
❶ U,C **変えること**, 変換, 転換: the ***conversion of*** the heating system ***from*** coal ***to*** oil 石炭から石油への暖房設備の転換 / the ***conversion of*** a barn ***into*** a house 納屋の住宅への改造.
❷ U,C **換算**: *conversion* of pounds *into* kilograms ポンドからキロへの換算 / a *conversion* table 換算表.
❸ C,U 転向, 改宗; 宗旨変え: many *conversions from* Buddhism *to* Christianity 仏教からキリスト教への多くの改宗例. ❹ C,U 〔ラグビー・アメフト〕コンバート《トライ[タッチダウン]後に追加得点をすること》.
(動 convért¹)

con·vert¹** /kənvə́ːt | -və́ːt/ ✪ 名詞の convert² とアクセントが違う. 動 (con·verts /-və́ːts | -və́ːts/; -vert·ed /-tɪd/; -vert·ing /-tɪŋ/) 他 ❶ (...)を(~に)**変える**, (別の方式などに)転換する, 変換する; (...)を**改造[改装]する**《⇒ change 類義語》: Steam *is converted to* power in this room. V+O+*to*+名の受身 この部屋で蒸気は動力に変えられる / We've ***converted the bedroom ***into*** a living room. V+O+*into*+名 私たちは寝室を居間に改造した.
❷ (人)を**改宗させる**; (人)の考え方を転向させる: His mother ***was converted to*** Christianity. V+O+*to*+名の受身 彼の母はキリスト教に改宗した. ❸ (金など)を(別の通貨などに)換える, 換算する; 〔経済〕兌換(だかん)する: *convert* yen *into* dollars 円をドルに換える. ❹ 〔ラグビー・アメフト〕(トライ・タッチダウン)をコンバートする.
— 自 ❶ 変わる [≒change]: This sofa *converts into* [*to*] a bed. このソファーはベッドにも変わる. ❷ (...に)改宗[転向]する (*to*). ❸ 〔ラグビー・アメフト〕コンバートする.
(名 convérsion, cónvert²)
〖⇒ divert キズナ〗

con·vert² /kɑ́(ː)nvəːt | kɔ́nvəːt/ ✪ 動詞の convert¹ とアクセントが違う. 名 C 改宗者; 改心者, 転向者 (*to*).
(動 convért¹)

con·vert·er /kənvə́ːtə | -və́ːtə/ 名 C 〔電気〕変換[変流]器; (ラジオの)周波数変換器; 〔テレビ〕チャンネル変換装置.

+con·vert·i·ble /kənvə́ːtəbl | -və́ː-/ 形 ❶ (家具・部屋などが)**変えられる**, 改造できる: a *convertible* sofa ベッドに変えられるソファー. ❷ (通貨が)両替できる; 〔経済〕兌換(だかん)できる (*into*). ❸ (自動車が)屋根を折りたためる[取りはずせる].
— 名 (~s /~z/) C **オープンカー**, コンバーチブル《屋根を折りたためる[取りはずせる]乗用車》. 日英 「オープンカー」は和製英語.

con·vex /kɑ̀(ː)nvéks | kɔ̀n-⁻/ 形 (レンズが)凸(とつ)の, 凸面の [⇔ concave]: a *convex* lens 凸レンズ.

con·vex·i·ty /kənvéksəṭi/ 名 (-i·ties) ❶ U 凸状, 凸面 [⇔ concavity]. ❷ C 凸面体.

+con·vey /kənvéɪ/ 動 アク (con·veys /~z/; con·veyed /~d/; -vey·ing) 他 ❶ (考え・感情など)を**伝える**, 伝達する, 知らせる: I ***conveyed*** my pleasure ***to*** the editor. V+O+*to*+名 私は喜びを編集者に伝えた / Words can never *convey* how glad I felt. 私がどんなにうれしく思ったかことばでは言い表わせない. ❷《格式》(...)を運ぶ, 運搬する (*from, to*). ❸ 〔法律〕(財産)を譲渡する (*to*).
(名 convéyance)

con·vey·ance /kənvéɪəns/ 名 ❶ U《格式》運搬, 運送; 伝達. ❷ C《格式》輸送機関, 乗り物. ❸ C (不動産の)譲渡証書.
(動 convéy)

con·vey·or, -vey·er /kənvéɪə | -véɪə/ 名 C 運搬人[器], 伝達人; ベルトコンベヤー.

convéyor bèlt 名 C ベルトコンベヤー.

con·vict¹** /kənvíkt/ ✪ 名詞の convict² とアクセントが違う. 動 (con·victs /-víkts/; -vict·ed /~ɪd/; -vict·ing) 他 [普通は受身で] 〔法律〕(人)を**有罪と証明[宣告]する** [⇔ acquit]: a *convicted* prisoner 既決囚 / He ***was convicted of murder. V+O+*of*+名の受身 彼は殺人で有罪の判決を下された.
(名 convíction 2, cónvict²)

con·vict² /kɑ́(ː)nvɪkt | kɔ́n-/ ✪ 動詞の convict¹ とアクセントが違う. 名 C 受刑者, 囚人. (動 convíct¹)

*con·vic·tion /kənvíkʃən/ 名 (~s /~z/) ❶ C,U 確信, 信念: We have a strong [deep] *conviction that* our constitution needs no change. +that 節 我々は自分たちの憲法は変える必要がないと確信している / with [without] *conviction* 確信を持って[持たずに]. ❷ C,U 〔法律〕有罪の判決 (*for*) [⇔ acquittal]. ❸ U 説得力.
cárry convíction [動] 自 (発言などが)説得力がある. (1 では 動 convínce, 2 では 動 convíct¹)

*con·vince /kənvíns/ !アク 動 (con·vinc·es /~ɪz/; con·vinced /~t/; con·vinc·ing) 他 ❶ (人)に(...と)**確信させる, 納得させる:** 言い換え I cannot *convince* him *of* the truth of it. V+O+*of*+名 = I cannot *convince* him (*that*) it is true. V+O+O ((that) 節) それが本当であることを彼に納得させることができない.
❷ (人)を**説得して...させる:** He *convinced* his son *to* study hard for the examination. V+O+C (*to* 不定詞) 彼は息子を説得して一生懸命に試験勉強させた. (名 convíction 1)

*con·vinced /kənvínst/ 形 ❶ 叙述 (...と)**確信して,** 必ず...だと思って: I am firmly *convinced* (*that*) he is innocent. +(that)節 私は彼が潔白であると強く確信している 多用 / We are *convinced of* the truth of it. +*of*+名 私たちはそれが本当だと確信している. ❷ 限定 信心深い, 熱烈な.

+con·vinc·ing /kənvínsɪŋ/ 形 ❶ (人・議論などが)**説得力のある,** なるほどと思わせる [⇔ unconvincing]: a *convincing* explanation 納得のいく説明. ❷ (勝利が)圧倒的な.
~·ly 副 納得のいくように; 圧倒的に.

con·viv·i·al /kənvíviəl/ 形《格式》(人・雰囲気などが)陽気な, にぎやかな, 楽しい.

con·viv·i·al·i·ty /kənvìviǽləṭi/ 名 U《格式》陽気さ.

con·vo·ca·tion /kɑ̀(ː)nvəkéɪʃən | kɔ̀n-/ 名 ❶ C《格式》(公式の)集会, 聖職者[教区]会議;《米》卒業式. ❷ U《格式》(会議などの)招集.

con·voke /kənvóuk/ 動 他《格式》(会議・議会)を招集する.

con·vo·lut·ed /kɑ́(ː)nvəlùːṭɪd | kɔ́n-/ 形 ❶ (話などが)込み入った, 複雑な. ❷《格式》渦巻き状の, 入り組んだ.

con·vo·lu·tion /kɑ̀(ː)nvəlúːʃən | kɔ̀n-/ 名 ❶ C《格式》(話などの)もつれ, 複雑さ (*of*). ❷ C [普通は複数形で]《格式》渦巻き, 回旋.

+con·voy /kɑ́(ː)nvɔɪ | kɔ́n-/ 名 (~s /~z/) C [《英》単数形でもときに複数扱い] (一緒に移動する)**乗り物の一団[船団];** 護送される車隊[船団]: send an aid *convoy* 救援輸送車隊を送る / a *convoy of* ten trucks 10台のトラック隊.
in cónvoy [副] 船団[隊列]を組んで.
ùnder cónvoy [副] (軍艦などに)護衛されて.
— 動 他 (...)を護送する.

con·vulse /kənvʌ́ls/ 動 他 ❶ [普通は受身で] (...)をけいれんさせる; 身もだえさせる: He *was convulsed with* laughter. 彼は笑いこけた. ❷ (国など)に大騒動を起こさせる, 震撼(しんかん)させる. — 自 けいれんする.

con·vul·sion /kənvʌ́lʃən/ 名 ❶ C [普通は複数形で] けいれん, ひきつけ. ❷ [複数形で] 爆笑: be in *convulsions* (of laughter) 腹をかかえて大笑いする. ❸ C [普通は複数形で] (社会・政界などの)異変, 動乱.

con·vul·sive /kənvʌ́lsɪv/ 形 けいれん性の, 発作的な; 激動の. **~·ly** 副 発作的に.

coo /kúː/ 動 自 ❶ (はとが)くーくーと鳴く《⇒ cry 表 pigeon》. ❷ (赤ん坊に)優しくささやく (*at, over, to*); (赤ん坊などが)くーくーと声を立てる. — 他 (...)と優しくささやく. — 名 (~s) C くーくー《はとの鳴き声》; 優しいささやき.

cook /kʊ́k/

— 動 (cooks /~s/; cooked /~t/; cook·ing) 他 (火で)(食物)を**料理する,** 調理する, (...)に火を通す, (食事)を作る, (人に)(...)を料理して[作って]やる. 日英 日本語の「料理する」は加熱しないときにも用いるが, cook は煮る (boil), 焼く (bake, roast), 揚げる (fry) など加熱して料理するときのみ用いる《⇒ 次ページの囲み》: *cook* lunch 昼食を作る / 言い換え He *cooked* some fish *for* his mother. V+O+*for*+名 = He *cooked* his mother some fish. V+O+O 彼は母に魚料理を作った《⇒ for 前 A 1 語法》.
— 自 ❶ **料理する:** 言い換え He *cooks* well. (= He is good at *cooking*.) 彼は料理が上手だ.
❷ [普通は副詞(句)を伴って] (食物が)(火で)**料理される,** 火が通る: Meat *cooks* more quickly than vegetables. 肉は野菜よりも早く料理ができる[煮える, 焼ける, など]. ❸ [進行形で]《略式》(事が)起こる, (ひそかに)企てられる: What*'s cooking*? 何が起きてるの?
be cóoking (with gás) [動] 自 Ⓢ うまくやる, 熱演する.
cóok the bóoks ⇒ book 名 成句.
cóok úp [動] 他 (1) (料理)を(あり合わせのもので)さっと作る. (2)《略式》(話・言いわけなど)をでっちあげる.
— 名 (~s /~s/) C **コック, 料理人;** 料理をする人; [前に形容詞をつけて] 料理が...の人: He worked as a *cook* in a restaurant. 彼はレストランでコックとして働いた / Meg is a *good* [*bad*] *cook*. メグは料理が上手[下手]だ / Were you the *cook*? あなたが作ったのですか《料理を前にして喜んで》. 関連 chef コック長.
〘語源 kitchen と同語源〙

Cook /kʊ́k/ 名 固 James ~ クック (1728–79)《英国の航海者; Captain Cook と呼ばれた》.

+cook·book /kʊ́kbʊ̀k/ 名 (~s /~s/) C《米》**料理の本.**

cooked /kʊ́kt/ 形 限定 調理[加熱]済みの: freshly *cooked* rice 炊(た)きたてのごはん.

cook·er /kʊ́kɚ | -kə/ 名 C 料理用具;《英》(料理用の)レンジ [≒ stove]: a pressure *cooker* 圧力がま.

cook·er·y /kʊ́k(ə)ri/ 名 U 料理法.

cóokery bòok 名 C《英》= cookbook.

*cook·ie /kʊ́ki/ 名 (cook·ies) ❶ C《主に米》**クッキー** [《英》biscuit]. ❷ C [前に形容詞をつけて]《略式》(...な)人, やつ. ❸ C〔コンピュータ〕クッキー《インターネットのサイトの設定情報を次の利用に備えてコンピューターに記憶させたもの》. **Thát's the wáy the cóokie crùmbles.**《略式》世の中とはそんなものだ.

cóokie cùtter 名 C《米》クッキーの抜き型.

cook·ie-cut·ter /kʊ́kikʌ̀ṭɚ | -tə/ 形 限定《米》型にはまった, 個性のない.

cook·ing /kʊ́kɪŋ/

— 名 U **料理(すること),** 料理法《⇒ 次ページの囲み》: do the *cooking* 料理をする / Indian *cooking* インド料理.

— 形 限定 料理用の: *cooking* oil 料理油.

cooking のいろいろ
cook 火その他の熱源を使って, 材料に熱を加えて料理することを意味するもっとも一般的な語. 目的語となるのは, meal, lunch など食事全体を表わす語, stew, steak などの個々の具体的な料理名, potato, fish, chicken などの料理の材料名のいずれでもよい. ただし, sandwich, salad, 刺し身など火や熱を使わないものは目的語にならない. **boil** は材料を湯に入れてゆでること. **stew** は材料に水および調味料を加えて煮ること. *boil* するときは普通ゆでた水を捨ててしまうのに対し, *stew* の場合には加えた水や調味料もいっしょに食べる. **steam** 底に水を入れた鍋などに底敷きをしたり, 別の容器を入れたりして, 水が直接材料にかからないようにして蒸すこと. **simmer** とろ火でゆっくり煮込むこと. **bake** 主としてパン, 菓子, パイ, 豆類などを油を使わずにオーブンを使って焼くこと. **deep-fry** 材料がすっかりつかってしまうほどの多量の油の中に入れて加熱することで, 日本語の「揚げる」「フライにする」に相当する. **roast** 主として肉を焼くときに使う語で, 大きな肉の塊を直接火にかけたり, オーブンを使ったりして焼くこと, かなり強い火で外側をこんがりと焼き, 中の肉汁が外に出ないような焼き方をいう. **broil, grill** 肉の切り身やステーキなどを焼き網などを使って直接火にかけて焼くこと. **fry** 油を入れた鍋を火にかけ, その中で料理することで, 肉, 魚, 野菜などのいろいろな食べ物に用いられる. 日本語の「いためる」にも「揚げる」にも相当する. **make** ものを作ることを表わし, 広い意味で使われる一般的な語であるが, 火や熱を使う料理にも使わない料理にも用いることができる. たとえば, sandwich, salad, 刺し身などは火を使わないので *cook* という動詞は使えないから, *make* を使うのが一般的である. **prepare** 元来「準備する」「用意する」という意味で, 食事を作る意味にも使われる. *make*, *cook* と入れかえ可能な場合も多いが, 少し改まった語で, しかも食事全体, つまり meal, lunch や salad などを目的語にすることが多い. **dress** 鶏・魚・食肉用動物などの臓物を取り除いて洗い, 適当な大きさに切って調理しやすいように準備すること.

cook·out /kʊ́kàʊt/ 名 C 《米略式》 (パーティー風の)野外の食事《焼き網などを使って料理して食べる》.
cook·ware /kʊ́kwèə | -wèə/ 名 U 調理器具.

⁑cool /kúːl/
— 形 (cool·er; cool·est) ❶ **涼しい**, (気持ちよく)冷たい, 少し寒い; (熱の)**冷めた**《warm と cold の中間; ⇒ cold 類義語, hot 表》; (服が)涼しい《薄い生地のものなど》: a *cool* room 涼しい部屋 / a nice *cool* drink 冷たくておいしい飲み物 / It's getting *cooler* day by day. 日一日と涼しくなってゆく.
❷ 《略式》 **すごい**, かっこいい; 楽しい: a really *cool* guy すごくかっこいいやつ / That's such a *cool* hairstyle. あのヘアスタイルはすごくかっこいい.
❸ Ⓢ **結構で**, 問題ない, 都合のよい: 🗨 "How about next Sunday?" "*Cool* [*That's cool*]." = "I'm ***cool with*** that." +with+名 「今度の日曜はどう?」「(それで)いいよ」
❹ **冷静な**, 落ち着いた [≒calm] [⇔ hot, warm]; 平然とした, ずぶとい: He was nervous but he tried to look *cool*. 彼はあがっていたが努めて落ち着いた様子を見せようとした / Keep [Stay] *cool*. かっかしないで / a *cool* head 冷静な頭脳.
❺ (人・態度が)**冷淡な**, 薄情な [⇔ warm]: a *cool* response 冷淡な反応 / Mary was very ***cool toward*** [***about***] my proposal. +toward [about]+名 メアリーは私の案に対して[関して]とても冷淡だった. ❻ (色が)涼しそうな, 寒色の [⇔ warm]: *cool* colors 寒色《緑・青・灰色など》. ❼ 限定 《略式》 (金銭などが)大枚..., 掛け値なしの: a *cool* million 大枚 100 万(ドル).
— 動 (cools /~z/; cooled /~d/; cool·ing) 他 ❶ (...)を**冷やす**, さます, 涼しくする [⇔ heat, warm]: *Cool* the strawberries in the refrigerator. そのいちごを冷蔵庫で冷やしなさい. ❷ (気持ち)を冷静にする, 静める.
— 自 ❶ **冷える**, さめる: Boiling water does not *cool* easily. 熱湯はなかなかさめない. ❷ (感情が)落ち着く, (怒りなどが)静まる, (関心などが)さめる: His passion has *cooled*. 彼の熱情はさめた.
cóol dówn [動] 自 (1) 冷える, さめる, 涼しくなる. (2) (人が)冷静になる; (運動後に)整理運動をする.
— 他 (1) (...)を冷やす, さます, 涼しくする. (2) (人)を冷静にする, (興奮)をさます.
cóol it [動] (1) [普通は命令文で] Ⓢ 《略式》 落ち着く, 冷静になる. (2) 力を抜く.
cóol óff [動] 自 (1) 涼しくなる, さめる. (2) (人が)冷静になる. — 他 (怒り)を静める.
— 名 [the ~] 涼しさ, 冷気; 涼しい場所[時].
kéep one's **cóol** [動] 自 《略式》 冷静さを保つ.
lóse one's **cóol** [動] 自 《略式》 冷静さを失う.
— 副 [次の成句で] **pláy it cóol** [動] 自 《略式》 (難局・危険に際して)冷静に行動する.

cool·ant /kúːlənt/ 名 U,C (エンジンなどの)冷却液.
***cool·er** /kúːlə | -lə/ 名 (~s /~z/) ❶ C **冷却器**, 冷却装置 [⇔ heater]; 《米》 保冷ボックス《ピクニックや釣り用》. ❷ C 《米》 クーラー, エアコン [≒air conditioner]. ❸ C 《米》 (ワインなどの入った)カクテル.
cool·head·ed /kúːlhédɪd⁻/ 形 冷静な.
cóol·ing-óff pèriod /kúːlɪŋɔ́ːf- | -ɔ́f-/ 名 C (労働争議などの)冷却期間; クーリングオフ期間《消費者保護のための》.
cool·ly /kúː(l)li/ 副 冷静に; 冷淡に [⇔ warmly].
cool·ness /kúːlnəs/ 名 ❶ U 冷たさ, 涼しさ. ❷ U 冷静; 冷淡さ (*to, toward*).
coon /kúːn/ 名 C 《米略式》 あらいぐま (raccoon).
coop /kúːp/ 名 C (家禽(かきん)を入れる)囲い, かご, 小屋.
flý the cóop [動] 自 《米略式》 去る, 逃げる. — 動 [次の成句で] **cóop úp** [動] 他 [普通は受身で] (人・動物)を(狭い所に)閉じ込める (*in*).
co-op /kóʊɑ̀(ː)p | -ɔ̀p/ 名 C 《略式》 = cooperative.
coo·per /kúːpə | -pə/ 名 C たる製造人.
co·op·er·ate** /koʊɑ́(ː)pərèɪt | -ɔ́p-/ ❗発音 動 (-er·ates /-rèɪts/; -er·at·ed /-ṭɪd/; -er·at·ing /-ṭɪŋ/) 自 **いっしょに仕事をする, 協力する**, 協同する: All the nations in the world should ***cooperate to establish permanent peace. V+to 不定詞 全世界の国民が恒久平和樹立のために協力すべきだ / Hundreds of the townspeople ***cooperated with*** the police ***in*** [***on***] the search for the missing child. V+with+名+in [on]+名 何百人という町民が行方不明の子供を捜すのに警察と協力した. (名 coòperátion, 形 coóperative)
《語源 原義はラテン語で「ともに (co-) 働く (operate)」》
***co·op·er·a·tion** /koʊɑ̀(ː)pəréɪʃən | -ɔ̀p-/ 名 U **協力**,

協同: *cooperation between* Japan and the US 日米間の協力 / Thank you for your *cooperation in* [*on*] this matter. この件にご協力いただきありがとうございます / We put out the fire *in cooperation with* the neighbors. 私たちは近所の人たちと協力してその火事を消した. (動 coóperàte)

+**co·op·er·a·tive** /koʊɑ́(ː)p(ə)rəṭɪv | -ɔ́p-/ 形 ❶ **協力的な**, 協同の: They were very *cooperative*. 彼らは非常に協力的だった. ❷ [普通は 限定] [比較なし] 協同(組合)組織の. (動 coóperàte)
— 名 C 協同組合; 協同組合の店.

co·op·er·a·tive·ly /koʊɑ́(ː)p(ə)rəṭɪvli | -ɔ́p-/ 副 協力的に, 協同して.

co-opt /koʊɑ́(ː)pt | -ɔ́pt/ 動 他 ❶ 《格式》 (他人の考え・やり方など)を取り入れる, 勝手に利用する; (人)を取り込む, 誘い入れる. ❷ 《英格式》 (人)を新会員[委員]として選ぶ (*into, onto, to*).

+**co·or·di·nate**[1] /koʊɔ́ɚḍənèɪt | -ɔ́ː-/ 動 (-di·nates /-nèɪts/; -di·nat·ed /-ṭɪd/; -di·nat·ing /-ṭɪŋ/) 他 ❶ (...)を**調和させる**, 協力させる, 調整する, まとめる (*with*): Government departments ought to *coordinate* their policies on environmental problems. 政府の各省は環境問題の政策を調整しなければならない. ❷ (体の各部分)を調和させて動かす. ❸ (衣服など)をコーディネートする. — 自 調和する, 調和して働く; コーディネートする (*with*).
(名 coòrdinátion, coórdinate[2])

co·or·di·nate[2] /koʊɔ́ɚḍənət, -dnət | -ɔ́ː-/ 名 ❶ C (地図などの)座標. ❷ [複数形で] コーディネート《色彩などの調和のとれた服[家具]などの組み合わせ》. 関連 suit スーツ / separates セパレーツ. — 形 ❶ 限定 同等の, 同格の. ❷ 〔文法〕 等位の. 関連 subordinate 従属の. ❸ 限定 座標の. (動 coórdinàte[1])

coórdinate cláuse 名 C 〔文法〕 等位節《⇒ **巻末文法** 9. 1 (1)》.

co·ór·di·nat·ing conjúnction /koʊɔ́ɚḍənèɪṭɪŋ- | -ɔ́ː-/ 名 C 〔文法〕 等位接続詞《⇒ **巻末文法** 9. 1 (1)》.

co·or·di·na·tion /koʊɔ̀ɚḍənéɪʃən | -ɔ̀ː-/ 名 ❶ U 調整, まとめ, 調和, 協力: close *coordination among* [*between*] the members 会員間の密接な協力 / *in coordination with* ... ...と協力して. ❷ U (運動器官の)連動: Professional athletes have excellent *coordination*. プロのスポーツ選手は運動器官がみごとに連動する. (動 coórdinàte[1])

co·or·di·na·tor /koʊɔ́ɚḍənèɪṭɚ | -ɔ́ːdənèɪtə/ 名 C 調整役, まとめ役, コーディネーター.

coot /kúːt/ 名 ❶ C おおばん《欧州産の水鳥》; くろがも. ❷ C [old ～ として] 《米略式》 (年寄りの)変人.

coo·ties /kúːṭiz/ 名 複 《米小児語》 (髪の中の)しらみ: have *cooties* しらみがいる, 汚らしい.

+**cop**[1] /kɑ́(ː)p | kɔ́p/ 名 (～s /～s/) C 《略式》 **おまわり(さん)**, 警官, 巡査 [≒police officer]: a traffic *cop* 交通巡査 / *cops* and robbers どろけい《子供の遊び》.

cop[2] /kɑ́(ː)p | kɔ́p/ 動 (cops; copped; cop·ping) 他 ❶ 《米略式》 (賞など)を得る. ❷ 《米略式》 (...)を盗む, 取る. ❸ 《英略式》 (ひどい目)にあう, (罰など)をくらう. **cóp it** [動] 自 《英略式》 しかられる; 殺される. **cóp óut** [動] 自 《略式》 (責任などを)のがれる; (約束などを)すっぽかす (*of, on*).

+**cope** /kóʊp/ 動 (copes /～s/; coped /～t/; cop·ing) 自 (難局などに)**うまく対処する**, 切り抜ける; (機械などが)処理する: How can we *cope with* our present difficulties? V+*with*+名 どうしたら今日の難局を切り抜けることができるだろうか.

Co·pen·ha·gen /kòʊp(ə)nhéɪgən←/ 名 固 コペンハーゲン《デンマークの首都》.

Co·pér·ni·can sýstem /koʊpɚ́ːnɪk(ə)n- | -pɔ́ː-/ 名 [the ～] (コペルニクスの)地動説. 関連 Ptolemaic system 天動説.

Co·per·ni·cus /koʊpɚ́ːnɪkəs | -pɔ́ː-/ 名 固 Nic·o·la·us /nìkəléɪəs/ ～ コペルニクス (1473–1543)《ポーランドの天文学者; 地動説を唱えた》.

cop·i·er /kɑ́(ː)piɚ | kɔ́piə/ 名 C 複写機, コピー(機) (photocopier); 書写[複写]する人.

co·pi·lot /kóʊpàɪlət/ 名 C 副操縦士.

co·pi·ous /kóʊpiəs/ 形 限定 多量の: *copious* amounts of beer 多量のビール. **～·ly** 副 多量に.

cop-out /kɑ́(ː)pàʊt | kɔ́p-/ 名 C 《略式》 責任のがれ(の言いわけ); (約束の)すっぽかし.

+**cop·per**[1] /kɑ́(ː)pɚ | kɔ́pə/ 名 ❶ U **銅** 《元素記号 Cu》: This kettle [wire] is made of *copper*. このやかん[針金]は銅製だ. ❷ [形容詞的に] 銅製の; 赤銅色の: a *copper* kettle 銅のやかん. ❸ [複数形で] 《英》 小銭.

cop·per[2] /kɑ́(ː)pɚ | kɔ́pə/ 名 C 《英略式》 = cop[1].

cop·per·plate /kɑ́(ː)pɚplèɪt | kɔ́pə-/ 名 U 銅板刷り書体《古風で美しい筆記体の書体》.

cop·pice /kɑ́(ː)pɪs | kɔ́p-/ 名 C = copse.

co·pra /kóʊprə | kɔ́p-/ 名 U コプラ《ココやしの実を乾燥させたもの; やし油・せっけんなどの原料》.

copse /kɑ́(ː)ps | kɔ́ps/ 名 C 低木林, 雑木林.

cóp shòp 名 C 《英俗》 警察署.

cop·ter /kɑ́(ː)ptɚ | kɔ́ptə/ 名 C 《略式》 = helicopter.

cop·u·la /kɑ́(ː)pjʊlə | kɔ́p-/ 名 (複 ～s) C 〔文法〕 連結動詞《主語と補語を結ぶ働きをする動詞; 代表的なものは be》.

cop·u·late /kɑ́(ː)pjʊlèɪt | kɔ́p-/ 動 自 《格式》 (動物が)交尾する, (人が)性交する (*with*).

cop·u·la·tion /kɑ̀(ː)pjʊléɪʃən | kɔ̀p-/ 名 U 《格式》 (動物の)交尾, (人の)性交.

****cop·y** /kɑ́(ː)pi | kɔ́pi/

意味のチャート
「多数」の意《⇒ 語源》から, (多数の写し)
→ (同一文書の複製) → 「(本の)**部, 冊**」 名 ❷
→ 「(原物を)**写す; 写し**」 他 ❶, 自 ❶; 名 ❶

— 名 (cop·ies /～z/) ❶ C 写し, コピー, **複写**; 模写; 複製(品); 模造品: Make two *copies of* this document. この文書のコピーを 2 通とってください / keep a *copy of* a letter 手紙のコピーをとっておく / This picture is a *copy of* a Picasso. この絵はピカソの複製だ / make a backup *copy of* the data データのバックアップを取る / a fair *copy* 清書 // ⇒ carbon copy. 関連 original 原物.
❷ C (同じ本・新聞・DVD などの)部, **冊**, 通, 枚: Five thousand *copies of* the book were sold. その本は 5 千部売れた / Dr. Smith gave me a *copy of* his book on the French economy. スミス博士は私に彼のフランス経済に関する本を 1 冊くれた. ❸ U (印刷に回す)原稿; 広告文, コピー; (新聞の)題材, ネタ: write (advertising) *copy* for a new product 新製品の広告文を書く / make good *copy* いいネタになる.
— 動 (cop·ies /～z/; cop·ied /～d/; -y·ing) 他 ❶ (...)を写す; **コピーする**, **複写する**; 模写する; 複製する;

(ビデオなど)をコピー[ダビング]する; 〔コンピュータ〕(ファイルなど)をコピーする: *Copy* this page *in* [*into*] your notebook. V+O+*in* [*into*]+名 このページをノートに写しておきなさい / Helen *copied* his address *from* the address book. V+O+*from*+名 ヘレンはアドレス帳から彼の住所を写し取った / *Copy* page 10 *from* this book. この本の 10 ページをコピーしてください / *copy* the data *to* [*onto*] a hard disk データをハードディスクにコピーする / *copy and paste* text from websites ウェブサイトの文章をコピーして貼り付ける[コピペする].
❷ (...)をまねる(⇒ imitate 類義語). ❸ (カンニングなどで)(人のもの)を写し取る.
— 自 ❶ 写す, 複製する, コピーする (*from*). ❷ (カンニングなどして)写し取る (*from, off*).
cópy dówn [動] 他 (...)を正確に書き[写し]取る.
cópy ... ín (on ~) [動] 他 (人)に(メールなどを)同報[CC]する.
cópy óut [動] 他 (文書)を正確に書き写す.
cópy úp [動] 他 《英》 (...)を清書する.
〖語源 ラテン語で「多数」の意; 写して増やすことから〗

copy·book /ká(ː)pibʊ̀k | kɔ́pi-/ 名 C (昔学校で用いた)習字の手本. **blót** one's **cópybook** [動] 《古風, 英略式》 評判を汚す.
— 形 限定 《英》 模範的な.

cop·y·cat /ká(ː)pikæ̀t | kɔ́p-/ 名 C 《略式》 まねっ子 《特に子供が用いる》. — 形 限定 模倣の: a *copycat* crime [murder] 模倣犯罪[殺人].

cópy èditor 名 C 原稿整理(編集)係.

cop·y·ist /ká(ː)piɪst | kɔ́p-/ 名 C (昔の)写字生, 筆耕人; (絵画などの)模倣者.

+**cop·y·right** /ká(ː)piràɪt | kɔ́p-/ 名 (-rights /-ràɪts/) C,U 著作権; 版権 (略 C). 参考 © と記号で示す: be out of [in, under] *copyright* 著作権が切れている[ある] / have [own, hold] the *copyright of* [*to, in, on*] a book 本の版権を所有している / infringement [breach] of *copyright* 著作権の侵害.
— 動 他 (...)の著作権を取得する.
— 形 著作権に関する; 著作権で保護された.

cop·y·writ·er /ká(ː)piràɪṭɚ | kɔ́piràɪtə/ 名 C コピーライター, 広告文案家.

co·quet·ry /kóʊkɪtri | kɔ́k-/ 名 (-quet·ries) 《文語》 U (女が)こびを売ること; C こび.

co·quette /koʊkét | kɔ-/ 名 C 《文語》 こびを売る女, 男たらし.

co·quet·tish /koʊkéṭɪʃ | kɔ-/ 形 《文語》 こびを見せる, コケティッシュな. **~·ly** 副 こびを見せて.

cor- /kər, kɔːr | kər, kɔr/ 接頭 = con- (r- で始まる語の前の変形): *cor*relate 関連を持つ / *cor*respond 一致する.

cor·al /kɔ́ːrəl | kɔ́r-/ 名 U さんご. — 形 さんご(色)の.

córal rèef 名 C さんご礁.

cor an·glais /kɔ́ɚɑːŋgléɪ | kɔ́ː(r)ɑ́ːŋgleɪ/ ≪フランス語から≫ 名 (cors an·glais /kɔ́ɚzɑːŋgléɪ | kɔ́ːzɑ́ːŋgleɪ/) C 《英》 = English horn.

+**cord** /kɔ́ɚd | kɔ́ːd/ (同音 chord) 名 (cords /kɔ́ɚdz | kɔ́ːdz/) ❶ C,U ひも, 縄, 綱 (string より太く, rope より細い; ⇒ string 類義語): tie [bind] with a *cord* ひもで縛る / tie [untie] *cords* ひもを結ぶ[ほどく] / He stretched a *cord* tight. 彼は綱をぴんと張った / two *cords* = two pieces of *cord* ひも 2 本. ❷ C,U (電気の)コード [《英》 flex, lead]: an extension *cord* 延長コード / connect *cords* コードをつなぐ. ❸ [複数形で] コーデュロイのズボン; U = corduroy 1. ❹ C 〔解剖〕 索状組織, 腱(けん).

cor·dial /kɔ́ɚdʒəl | kɔ́ːdiəl/ 形 心からの, 誠心誠意の, (温かい)思いやりのある [≒hearty]: *cordial* thanks 心からの感謝 / She's *cordial to* [*toward*] everybody. 彼女はだれにでも温かく接する. (名 còrdiálity)
— 名 U,C 《米》 リキュール (liqueur); 《英》 果汁入りの濃縮飲料.

cor·di·al·i·ty /kɔ̀ɚdʒiǽləṭi | kɔ̀ːdiǽl-/ 名 U 真心; 誠実; 温かい友情. (形 córdial)

cor·dial·ly /kɔ́ɚdʒəli | kɔ́ːdiə-/ 副 心から, 真心こめて.

cord·less /kɔ́ɚdləs | kɔ́ːd-/ 形 (電源)コードのない: a *cordless* telephone コードレス電話機.

cor·don /kɔ́ɚdn | kɔ́ː-/ 名 C (警察・軍隊による)非常(警戒)線; 交通遮断線: post [place, draw] a *cordon* 非常線を張る. — 動 [次の成句で] **córdon óff** [動] 他 (...)に非常線を張る; (...)の交通を遮断する.

cor·du·roy /kɔ́ɚḍərɔ̀ɪ | kɔ́ː-/ 名 ❶ U コーデュロイ. ❷ [複数形で] コーデュロイのズボン.

***core** /kɔ́ɚ | kɔ́ː/ (同音 corps, 《英》 caw) 名 (~s /~z/) ❶ C (りんご・なしなどの) 芯(しん) (⇒ fruit 挿絵): the *core* of an apple = an apple *core* りんごの芯.
❷ C [普通は the ~] (物の)中心(部); (物事の)核心; (集団などの)中核(の人たち): *the core of* London ロンドンの中心部 / *the core of* the problem その問題の核心. ❸ C 〔地質〕 (惑星の)中心核. ❹ C 〔物理〕 (原子炉の)炉心.
to the córe [副] 徹底的に.
— 形 限定 中核となる, 中心の: the *core* business 中核事業 / *core* subjects 主要科目.
— 動 (cor·ing /kɔ́ːrɪŋ/) 他 (りんごなど)の芯を取る.

cor·gi /kɔ́ɚgi | kɔ́ː-/ 名 C コーギー 《小型犬》.

co·ri·an·der /kɔ́ːriæ̀ndɚ | kɔ̀riǽndə/ 名 U 《英》 コリアンダー 《セリ科の植物》; コリアンダーの実 《香味料》.

cork /kɔ́ɚk | kɔ́ːk/ 名 ❶ C (びんの)コルク栓, (プラスチック製の)栓: draw [pull out] a *cork* コルク栓を抜く / stop a bottle with a *cork* びんにコルクの栓をする. ❷ U コルク(質): a *cork* table mat コルクのテーブルマット.
— 動 他 (びん)に(コルク)栓をする (*up*) [⇔ uncork]: She *corked* the bottle tightly. 彼女はしっかりとびんに栓をした.

cork·screw /kɔ́ɚkskrùː | kɔ́ːk-/ 名 C コルク栓抜き.

corm /kɔ́ɚm | kɔ́ːm/ 名 C 〔植物〕 球茎 《球根の一種》.

cor·mo·rant /kɔ́ɚm(ə)rənt | kɔ́ː-/ 名 C 鵜(う) 《海岸や内陸の水辺に住む鳥; 大食とされている》.

***corn**[1] /kɔ́ɚn | kɔ́ːn/ 名

> 意味のチャート
> (植物の種) → 「穀物」 ❷ → (その地方の主要穀物) → 《米》 「とうもろこし」 ❶

❶ U 《米・カナダ・豪》 とうもろこし [《英》 maize]; スイートコーン [《英》 sweet corn]: an ear of *corn* とうもろこし 1 本 / *corn* on the cob 焼いた[ゆでた]軸つきとうもろこし / grow [raise] *corn* とうもろこしを作る. 関連 popcorn ポップコーン.
❷ U 《英》 穀物, 穀類 [≒grain] (地域の主要穀物; イングランドの小麦 (wheat), スコットランドのからす麦 (oats) など). ❸ U 穀粒.

corn[2] /kɔ́ɚn | kɔ́ːn/ 名 C (足指の)うおのめ, たこ. 関連 blister 火ぶくれ, まめ.

Córn Bèlt 名 [the ~] (米国中西部の)とうもろこし栽培地帯.

córn brèad 名 U とうもろこしパン.

corn·cob /kɔ́ɚnkɑ̀(ː)b | kɔ́ːnkɔ̀b/ 名 C とうもろこしの

穂軸[芯(しん)].

cor·ne·a /kɔ́ɚniə | kɔ́ː-/ 名 C 〔解剖〕(目の)角膜.

cor·ne·al /kɔ́ɚniəl | kɔ́ː-/ 形 限定 〔解剖〕角膜の.

córned béef /kɔ́ɚn(d)- | kɔ́ːn(d)-/ 名 U コ(ー)ンビーフ.

***corner** /kɔ́ɚnɚ | kɔ́ːnə/

— 名 (~s /~z/) ❶ C 角(かど); 曲がり角, 町角《外側から見たとき》: the *corner of* the table テーブルの角 / I bought it at a store *on* [*at*] the *corner*. 私はそれを角の店で買った / ***Turn*** the ***corner*** and walk 100 meters. 角を曲がって 100 メートル歩きなさい. 日英 corner は通例直線が交差した角をいい, 陸上競技のトラックや競技場のように曲線で曲がっている「コーナー」は turn という.

corner 1

corner 2

❷ C 隅(すみ); 片隅《内側から見たとき》; (目・口などの)端: the *corner* of a room 部屋の隅 / Stand *in* the *corner*! 隅に立ってなさい《子供に罰として》/ He saw [looked at] what was happening out of the *corner* of his eye. 彼はその出来事がふと目に入った[を横目で(盗み)見た].

❸ C **隅っこ**, 人目につかない所; へんぴな場所, (遠く離れた)地域, 地方: a quiet *corner* of a great city 大都会の静かな片隅.

❹ [形容詞的に] **角の**, 隅の: a *corner* store [《英》 shop] 町角の小売店 / a *corner* table 部屋の隅に置くテーブル. ❺ C 窮地: back [force, drive] ... into a *corner* ...を窮地に追い込む / be in a (tight) *corner* 窮地に追い込まれている. ❻ C 〔サッカー〕 = corner kick. ❼ C 〔ボクシング・レスリング〕(リングの)コーナー.

cùt córners [動] 自 (曲がり角を避けて)近道をする; 手間を省く, (経費などを)切り詰める.

from áll [the fóur] córners of the wórld [副] 世界中から.

(júst) aròund [ròund] the córner [副] (1) **角を曲がった所に**, すぐ近くに: He lives *just around* [*round*] *the corner* from my house. 彼は私の家のすぐ近くに住んでいる. (2) **すぐ間近に(迫って)**: Christmas is *just around* [*round*] *the corner*. クリスマスはもうすぐだ.

túrn the córner [動] 自 (1) **角を曲がる**《⇒ 1》. (2) (困難な仕事・病気などの)峠を越す.

— 動 (-ner·ing /-n(ə)rɪŋ/) 他 ❶ (人・動物)を窮地に追い込む; (人)に詰め寄る. ❷ (商品など)を買い占める; (市場)を支配する. — 自 (車・運転手などが)角を曲がる.

〖語源 ラテン語で「角(つの)」の意〗

cor·ner·back /kɔ́ɚnɚbæ̀k | kɔ́ːnə-/ 名 C 〔アメフト〕コーナーバック.

córner kìck 名 C 〔サッカー〕コーナーキック.

cor·ner·stone /kɔ́ɚnɚstòʊn | kɔ́ːnə-/ 名 ❶ C 要(かなめ), (成功などの)土台, 基礎 (*of*). ❷ C 〔建築〕隅石(すみいし), 礎石《しばしば起工式に用いる》.

cor·net /kɔɚnét | kɔ́ːnɪt/ 名 ❶ C コルネット《トランペットに似ている音色の柔らかい金管楽器》. ❷ C 《英》 = ice-cream cone.

corn·field /kɔ́ɚnfiːld | kɔ́ːn-/ 名 C 《米》とうもろこし畑; 《英》小麦畑.

corn·flakes /kɔ́ɚnflèɪks | kɔ́ːn-/ 名 複 コーンフレーク.

corn·flour /kɔ́ɚnflàʊɚ | kɔ́ːnflàʊə/ 名 U 《英》 = cornstarch.

corn·flow·er /kɔ́ɚnflàʊɚ | kɔ́ːnflàʊə/ 名 C 矢車菊.

cor·nice /kɔ́ɚnɪs | kɔ́ː-/ 名 C 〔建築〕蛇腹(じゃばら), コーニス《壁や柱の上部に飾りに取り付けた突起》.

Cor·nish /kɔ́ɚnɪʃ | kɔ́ː-/ 形 コーンウォールの. (名 Córnwall)

corn·meal /kɔ́ɚnmìːl | kɔ́ːn-/ 名 U 《米》ひき割りとうもろこし.

corn·rows /kɔ́ɚnròʊz | kɔ́ːn-/ 名 複 コーンロー《堅く三つ編みにして頭皮にぴったり並べる髪形》.

corn·starch /kɔ́ɚnstɑ̀ɚtʃ | kɔ́ːnstɑ̀ːtʃ/ 名 U 《米》コーンスターチ [《英》 cornflour]《とうもろこしなどから取ったでんぷん; 料理などに用いる》.

córn sýrup 名 U コーンシロップ.

cor·nu·co·pi·a /kɔ̀ɚn(j)ʊkóʊpiə | kɔ̀ːnjʊ-/ 名 ❶ C 〔ギリシャ神話〕豊饒(ほうじょう)の角《幼時の Zeus に授乳したと伝えられるやぎの角; 美術では角の中に花・果物・穀類を盛った形で豊かさの象徴として描かれる》. ❷ [a ~]《文語》豊かな源, 豊富 (*of*).

Corn·wall /kɔ́ɚnwɔːl | kɔ́ːn-/ 名 固 コーンウォール《英国 England 南西端の州》.

corn·y /kɔ́ɚni | kɔ́ː-/ 形 (corn·i·er; -i·est)《略式》陳腐な, 古くさい; ばかばかしい, お涙ちょうだいの.

cor·ol·lar·y /kɔ́ːrəlèri | kərɔ́ləri/ 名 (-lar·ies) C 《格式》当然の結果; 推論 (*of*, *to*).

co·ro·na /kəróʊnə/ 名 (複 ~s, co·ro·nae /-niː/) C 〔天文〕(太陽・月の周りの)光冠; コロナ《皆既日食のときに見える光冠》.

cor·o·nar·y /kɔ́ːrənèri | kɔ́rən(ə)ri/ 形 〔医学〕心臓の; 冠状動脈の: a *coronary* artery 冠状動脈. — 名 (-nar·ies) C 《略式》 = heart attack.

córonary thrombósis 名 U,C 〔医学〕冠状動脈血栓症.

cor·o·na·tion /kɔ̀ːrənéɪʃən | kɔ̀r-/ 名 C 戴冠(たいかん)式, 即位式.

co·ro·na·vi·rus /kəróʊnəvàɪ(ə)rəs/ 名 U,C コロナウイルス《呼吸器感染症を起こすコロナの形をしたウイルス》.

cor·o·ner /kɔ́ːrənɚ | kɔ́rənə/ 名 C 検死官: a *coroner's* inquest 検死, 検視.

cor·o·net /kɔ̀ːrənét | kɔ́rənɪt/ 名 C (貴族などの)小冠; (婦人の)頭飾り.

+**Corp., corp.** 略 = corporation.

corpora 名 corpus の複数形.

cor·po·ral[1] /kɔ́ɚp(ə)rəl | kɔ́ː-/ 名 C 〔軍隊〕伍長《軍曹 (sergeant) のすぐ下の下士官》.

cor·po·ral[2] /kɔ́ɚp(ə)rəl | kɔ́ː-/ 形 身体の, 肉体の: *corporal* punishment 体罰, 体刑《むち打ちなど》.

*__cor·po·rate__ /kɔ́ɚp(ə)rət | kɔ́ː-/ 形 ❶ 限定 **会社の**, 企業の; 法人の: our *corporate* image 当社のイメージ / *corporate* hospitality (顧客に対する)会社の接待. ❷ 限定 団体の; 共同の: *corporate* responsibility 共同責任.

~·ly 副 会社[法人]として; 団体として.

*__cor·po·ra·tion__ /kɔ̀ɚpəréɪʃən | kɔ̀ː-/ 名 (~s /~z/) ❶ C **会社**, (大)企業, 株式[有限責任]会社《略

Corp., corp.; ⇒ firm¹ 類義語》: a multinational *corporation* 多国籍企業.
❷ C 社団法人, 法人《略 Corp., corp.》: the British Broadcasting *Corporation* 英国放送協会《略 BBC》. ❸ C《英》都市自治体: the Mayor and *corporation* 市長と市当局.

cor·po·re·al /kɔəpɔ́ːriəl | kɔː-/ 形《格式》身体上の, 肉体的な; 物質的な.

+**corps** /kɔ́ə | kɔ́ː/ ✪ p は発音しない, また s は単数形では発音しないが複数形では発音する. (同音 core) 名 (複 ~ /kɔ́əz | kɔ́ːz/) ❶ C [《英》単数形でもときに複数扱い] [しばしば C-]〔軍隊〕(特殊な)**部隊**: the US Marine *Corps* アメリカ海兵隊.
❷ C [《英》単数形でもときに複数扱い] [しばしば C-]〔軍隊〕**軍団**《軍 (army) の下で, 普通 2-3 個の師団 (division) から成る》. 参考 陸軍はこの下が division (師団), brigade (旅団), regiment (連隊), battalion (大隊)《騎兵大隊は squadron という》, company (中隊), platoon (小隊)のように細分される.
❸ C [《英》単数形でもときに複数扱い] (特定の活動をする)団体, 一団: the diplomatic *corps* 外交団.

+**corpse** /kɔ́əps | kɔ́ːps/ 名 (corps·es /~ɪz/) C (人間の)**死体**, 死骸(しがい). 関連 carcass 獣の死体.

cor·pu·lence /kɔ́əpjʊləns | kɔ́ː-/ 名 U《格式》肥満, 肥大.

cor·pu·lent /kɔ́əpjʊlənt | kɔ́ː-/ 形《格式》肥満した, 太った [≒fat].

cor·pus /kɔ́əpəs | kɔ́ː-/ ≪ラテン語から≫ 名 (複 cor·po·ra /-p(ə)rə/, ~·es) C《格式》(作品の)全集; (書類・文献・資料などの)集成;〔言語〕コーパス《言語研究のために集積されたテキスト・例文などのデータベース》.

cor·pus·cle /kɔ́əpʌsl | kɔ́ː-/ 名 C〔解剖〕血球: red [white] *corpuscles* 赤[白]血球.

cor·ral /kəræ̃l | -rɑ́ːl/ 名 C《米》(家畜用の)柵(さく), 囲い, おり. ― 動 (cor·rals; cor·ralled; -ral·ling) 他 (家畜)を囲い[おり]に入れる; (人)を集める.

cor·rect /kərékt/

― 形 ❶ **正しい**, **正確な**, 間違いのない《⇒ 類義語》[⇔ wrong, incorrect]: He gave *correct* answers to the questions. 彼は質問に対して正確な答えをした / 言い換え You are ***correct in*** think*ing* so. +*in*+動名 = You are ***correct to*** think so. +*to* 不定詞 君がそう考えるのは間違いではない / 💬 "Was the amount ten thousand yen?" "*Correct.*" 「金額は 1 万円だったのですか」「そのとおりです」
❷ **適切な**, 当を得た; 礼儀にかなった; 品行方正な [≒ proper] [⇔ incorrect]: make a *correct* decision 適切な決断をする / *correct* behavior 礼儀にかなった行動.

> 類義語 **correct** も **right** もともに誤りのないことを意味する: a *correct* [*right*] answer 正しい答え. このように *right*, *correct* はほぼ同じ意味で用いることが多いが, *correct* のほうがやや格式ばった語で, *right* は道徳的な正しさにも用いる. **accurate** *correct* よりも意味が強く, 努力と注意を払った結果正確であることを意味する. **exact** *accurate* よりもさらに意味が強く, まさにぴったりという寸分たがわぬ正しさをいう. **precise** 細かい点について正確, かつ明確であることをいう.

― 動 (cor·rects /-réks/; -rect·ed /~ɪd/; -rect·ing) 他 ❶ (誤り)を**訂正する**, (問題など)を修正する, 直す; (文章)を添削[校正]する; (人)の誤りを正す: Meg *corrected* my mistakes. メグは私の誤りを直してくれた / *Correct* me if I'm wrong, but I think it was Monday. Ⓢ 間違っていたら訂正してください, 月曜日だったと思いますが. ❷ (数値など)を補正[調整]する (*for*). ❸ (欠点を直すために)(人)をしかる, 矯正する.

corréct onesèlf [動] 自 言い直す.

I stánd corréctd. Ⓢ《格式》訂正されたとおりでございます, (おっしゃるとおり)誤りを認めます.

(名 corréction, 形 corréctive)

〘語源 ラテン語で「真っすぐにされた」の意〙

単語のキズナ　RECT／真っすぐな＝right

correct	(真っすぐにされた)	→	**正しい; 訂正する**
direct	(真っすぐにされた)	→	**一直線の, 直接の**
erect	(上へ真っすぐの)	→	**直立した**
rectangle	(直角のもの)	→	**長方形**
rectify	(真っすぐにする)	→	**正しくする**

+**cor·rec·tion** /kərékʃən/ 名 (~s /~z/) ❶ C,U (間違いの)**訂正**, 修正 (*to*); 添削, 校正; 補正; [間投詞的に] Ⓢ 失礼, もとい《前言の訂正》: He made [marked] several *corrections* in red. 彼は赤(文字)でいくつか訂正をした / the *correction* of a composition 作文の添削. ❷ U,C《古風》こらしめ; 矯正. ❸ U,C (株価の)反落. (動 corréct)

cor·rec·tion·al /kərékʃ(ə)nəl/ 形 限定《主に米》矯正の.

corréction flùid 名 U 修正液.

cor·rec·tive /kəréktɪv/ 形《格式》矯正的な; 誤りを正す: *corrective* surgery 矯正手術. (動 corréct)
― 名 C《格式》矯正手段; 訂正するもの (*to*).

+**cor·rect·ly** /kəréktli/ 副 ❶ **正確に**, 正しく; 文修飾 正確に言えば: If I remember *correctly*, there's an ATM near here. 私の記憶が正しければこの近くに ATM がある. ❷ 適切に.

cor·rect·ness /kərék(t)nəs/ 名 ❶ U 正しいこと, 正確さ. ❷ U (行ないの)正しさ, 品行方正.

+**cor·re·late¹** /kɔ́ːrəlèɪt | kɔ́r-/ 動 (-re·lates /-lèɪts/; -re·lat·ed /-t̬ɪd/; -re·lat·ing /-t̬ɪŋ/) 自《格式》(**互いに)関連を持つ**, 相関する: The likelihood of becoming seriously ill seems to ***correlate with*** age. V+*with*+名 重症化する可能性は年齢と関連があるようだ.
― 他《格式》(...)と(～とに)関連を持たせる: *correlate* lung cancer *with* smoking 肺癌(はいがん)と喫煙とを関連づける.

cor·re·late² /kɔ́ːrələt | kɔ́r-/ 名 C《格式》(互いに)関連するもの.

+**cor·re·la·tion** /kɔ̀ːrəléɪʃən | kɔ̀r-/ 名 (~s /~z/) C,U (...と～との間の)**相関(関係)**, 相互関係: a high [strong] ***correlation between*** smoking and lung cancer 喫煙と肺癌(はいがん)の強い相関関係.

+**cor·re·spond** /kɔ̀ːrəspɑ́(ː)nd | kɔ̀rəspɔ́nd/ 動 (-re·sponds /-spɑ́(ː)ndz | -spɔ́ndz/; -spond·ed /~ɪd/; -spond·ing) 自 ❶ **一致する** [≒agree]; 調和する: The goods didn't ***correspond to*** the samples. V+*to*+名 品物は見本と同じではなかった / The diagram doesn't ***correspond with*** your explanation. V+*with*+名 その図表は君の説明に合わない.
❷ **相当する**, 対応する, 該当する: Birds' wings ***correspond to*** human arms and hands. V+*to*+名 鳥の翼は人間の腕と手に相当する. ❸ 文通する, (手紙・メールで)連絡を取り合う: I'm *corresponding with* an American student. 私はアメリカの学生と文通している. (名 còrrespóndence)

+**cor·re·spon·dence** /kɔ̀:rəspá(:)ndəns | kɔ̀rəspɔ́n-/ 名 ❶ U または a ~] **文通**,通信; U 通信文, 書簡《全体》:「be in [enter into] *correspondence with* … …と手紙[メール]のやりとりをしている[始める] / commercial *correspondence* 商用文. ❷ U,C 一致, 調和: There is hardly any *correspondence between* his words and deeds. 彼の言行はどうも一致していない. ❸ U,C 対応: the *correspondence* of human arms *with* the forelegs of animals 人間の腕と動物の前足との対応. (動 còrrespónd)

correspóndence còurse 名 C 通信教育(課程).

*__cor·re·spon·dent__ /kɔ̀:rəspá(:)ndənt | kɔ̀rəspɔ́n-⁻/ 名 (-spon·dents /-dənts/) ❶ C (新聞社などの)**通信員**, 特派員: a foreign *correspondent* 海外通信[特派]員. ❷ C 手紙を書く人: a good [bad] *correspondent* 筆まめ[筆無精]な人.

+**cor·re·spond·ing** /kɔ̀:rəspá(:)ndɪŋ | kɔ̀rəspɔ́nd-⁻/ 形 [普通は 限定] **対応する**; それ相応の: You have certain privileges and therefore *corresponding* responsibilities. 特権をもつゆえに相応の責任もあるのだ / duties ***corresponding to*** rights +to+名 権利に対応する義務. **~·ly** 副 対応して; それ相応に.

+**cor·ri·dor** /kɔ́:rəḍə | kɔ́rɪdɔ̀:/ 発音 名 (~s /~z/) ❶ C (建物内の)**廊下**, (列車などの)通路: walk along [down] a *corridor* 廊下を歩く. ❷ C 回廊地帯《内陸国家から海などへ通じる他国にはさまれた細長い地域》; (主要河川·幹線道路沿いの)細長い地域.

the córridors of pówer [名] 権力の中枢(部).

cor·rob·o·rate /kərá(:)bərèɪt | -rɔ́b-/ 動 他《格式》(考え·推論など)を確証する, 裏づける.

cor·rob·o·ra·tion /kərà(:)bəréɪʃən | -rɔ̀b-/ 名 U《格式》確証, 裏づけ.

cor·rob·o·ra·tive /kərá(:)bəraṭɪv | -rɔ́b-/ 形 限定《格式》(情報が)確実な, 確証となる.

cor·rode /kəróʊd/ 動 他 (...)を腐食させる; (心·社会など)をむしばむ (*away*). ― 自 腐食する.

cor·ro·sion /kəróʊʒən/ 名 U 腐食(作用), 腐食によって生じるもの《さびなど》, 腐食部分; 衰退.

cor·ro·sive /kəróʊsɪv/ 形 ❶ 腐食性の. ❷ (社会·感情などを)むしばむ.

cor·ru·gat·ed /kɔ́:rəgèɪṭɪd | kɔ́r-/ 形 波形の, ひだのついた: *corrugated* paper [cardboard] 段ボール紙 / *corrugated* iron 波形トタン板.

+**cor·rupt** /kərʌ́pt/ アク 動 (cor·rupts /-rʌ́pts/; -rupt·ed /~ɪd/; -rupt·ing) 他 ❶ (人)を**堕落させる**, 腐敗させる, 不正にかかわらせる: These students have ***been corrupted by*** their environment. V+O の受身 この生徒たちは環境によって堕落したのだ. ❷ (ことば·伝統など)をくずす, 損なう. ❸〔コンピュータ〕(データなど)を損なう. ― 自 堕落する. (名 corrúption)

― 形 ❶ **不正な**, 汚職の, わいろを受け取る; **堕落した**, (道徳的に)腐敗した: *corrupt* politicians 汚職政治家たち / a *corrupt* society 退廃した社会. ❷ 限定 (データなどが)破損した; (ことばが)くずれた, なまりのある; (原本が)改作[改悪]された.

〖⇒ bankrupt キズナ〗

cor·rupt·i·ble /kərʌ́ptəbl/ 形 堕落[腐敗]しやすい; わいろのきく [⇔ incorruptible].

*__cor·rup·tion__ /kərʌ́pʃən/ 名 (~s /~z/) ❶ U **汚職**, 不正; **堕落**, (人·行為の)腐敗: political *corruption* 政治の腐敗 / Violence on TV could lead to the *corruption* of young people. テレビでの暴力は若者を堕落させるかもしれない. ❷ C [普通は単数形で] (ことばの)くずれ, なまり. ❸ U,C〔コンピュータ〕(データなどの)破損. (動 corrúpt)

cor·rupt·ly /kərʌ́ptli/ 副 堕落して; わいろを使って.

cor·sage /kɔəsá:ʒ | kɔ:-/ 名 C コサージュ《女性が胸·肩などにつける花飾り》.

cor·set /kɔ́əsɪt | kɔ́:-/ 名 C コルセット.

Cor·si·ca /kɔ́əsɪkə | kɔ́:-/ 名 固 コルシカ《地中海のフランス領の島; ナポレオン (Napoleon) の生地》.

cor·tege /kɔətéʒ | kɔ:téɪʒ/ ≪フランス語から≫ 名 C [《英》単数形でもときに複数扱い] 葬列.

cor·tex /kɔ́əteks | kɔ́:-/ 名 (複 **cor·ti·ces** /-ṭəsì:z/, ~·es) C〔解剖〕(脳などの)皮質; 外皮.

cor·ti·sone /kɔ́əṭəzòʊn | kɔ́:-/ 名 U コーチゾン《副腎皮質ホルモンの一種; 関節炎治療剤》.

cos[1] 略 = cosine.

*__cos__[2], **'cos** /(弱形) kəz, kəs; (強形) kɔ́:z | kɔ́z/ 接 S《英略式》= because.

co·sig·na·to·ry /kòʊsígnətɔ̀:ri | -təri, -tri/ 名 (-to·ries) C 連帯保証人, 連署人.

co·si·ly /kóʊzəli/ 副《英》= cozily.

co·sine /kóʊsaɪn/ 名 C〔数学〕コサイン, 余弦《略 cos》. 関連 sine サイン / tangent タンジェント.

+**cos·met·ic** /kɑ(:)zméṭɪk | kɔz-/ 名 (~s /~s/) ❶ C [普通は複数形で] **化粧品**: use *cosmetics* 化粧品を使う. ❷ C [普通は複数形で] 外見, うわべ.

― 形 ❶ 表面上の, うわべだけの: *cosmetic* changes うわべだけの変革. ❷ 限定 化粧用の; 美容の.

cosmétic súrgery 名 U 美容整形(手術).

cos·mic /ká(:)zmɪk | kɔ́z-/ 形 ❶ 限定 宇宙の: *cosmic* dust 宇宙塵(じん). ❷ 限定 巨大[広大]な, 途方もない: a disaster of *cosmic* proportions すさまじい規模の大災害.

cósmic ráys 名 複 宇宙線.

cos·mi·cal·ly /ká(:)zmɪkəli | kɔ́z-/ 副 宇宙的に; 途方もなく.

cos·mo·logy /kɑ(:)zmá(:)ləḍʒi | kɔzmɔ́l-/ 名 U 宇宙発生論, 宇宙進化論; 宇宙論.

cos·mo·naut /ká(:)zmənɔ̀:t | kɔ́z-/ 名 C (旧ソ連の)宇宙飛行士.

cos·mo·pol·i·tan /kɑ̀(:)zməpá(:)lətn | kɔ̀zməpɔ́l-⁻/ 形 ❶ [よい意味で] 全世界的な, 多文化[民族]的な, 国際的な: a *cosmopolitan* city 国際都市. ❷ 視野の広い, 国際的感覚の. ― 名 C 国際人, 世界主義者.

cos·mos[1] /ká(:)zməs | kɔ́zmɔs/ 発音 名 [the ~] (秩序ある統一体としての)宇宙 [⇔ chaos].

cos·mos[2] /ká(:)zməs | kɔ́zmɔs/ 名 (複 ~, ~·es) C コスモス《きく科の植物》.

cos·set /ká(:)sɪt | kɔ́s-/ 動 他 [しばしば悪い意味で] (人)を甘やかす; 機嫌をとる [≒pamper].

cost /kɔ́:st | kɔ́st/ 発音

― 名 (costs /kɔ́:sts | kɔ́sts/) ❶ C,U **代価**, 価格, 値段, 原価; **費用**《金を支払う側から見た場合に用いる; ⇒ price 類義語》; [複数形で] (企業などの)諸経費, 維持費: the *cost of* production 生産費 / ***at a cost of*** 1000 yen 千円で / at no extra *cost* 追加費用なしで / low running [operating] *costs* 安い維持費 /「The *cost of living* is [Living *costs* are] usually higher in cities than in the country. 生活費はいなかより都会のほうが普通は高い / ***cover*** the ***cost*** 費用を賄(まかな)う / ***bear*** the ***cost*** 費用を負担する / ***cut*** [***reduce***] ***costs***

経費を削減する.
❷ U,C (時間・労力などの)**犠牲**, 損害 [≒loss]; **失費:** He achieved fame *at* (a) great *cost to* his family. 彼は家族に大きな犠牲をしいて名声を得た / He saved the drowning child *at the cost of* (los*ing*) his own life. 彼は自分の命を犠牲にしてそのおぼれかけている子供を救った. ❸ [複数形で]〔法律〕訴訟費用.
at áll cósts = at ány cóst [副] ⑴ **どんな犠牲を払っても**, ぜひとも: We have to carry out this plan「*at all costs* [*at any cost*]. 我々は万難を排してこの計画を成し遂げなければならない. ⑵ どんなに費用をかけても.
at cóst (prìce) [副] 原価で, 仕入れ値で.
cóunt the cóst [動] ⓐ ⑴ 危険[不利など]を事前に考慮する. ⑵ (過ち・災難などの)悪影響を受ける[実感する] (*of*).
to one's **cóst** [副] [know, find out, learn などの動詞とともに] 迷惑[損害]を受けて, 苦い経験をして.
whatéver the cóst [副] = at all costs.
(形 cóstly)
— 動 (costs /kɔ́ːsts | kɔ́sts/; 過去・過分 cost; cost·ing) 他 ❶ [受身なし; 普通は進行形なし] (物が)(ある金額)だけ(費用が)かかる; (物が)(人にとって)(ある額)の**出費となる**; Ⓢ (人)にとって費用が高くつく: Each ticket *costs* one dollar. 切符は 1 枚 1 ドルだ / The desk *cost* me fifty pounds. V+O+O 机は 50 ポンドだった /「How much [What] will *it cost to* send this package by airmail? この小包は航空便で出すといくらかかりますか. 語法 it は to 以下を受ける形式主語; 動詞型は V+O // It'll *cost* you. Ⓢ それは高くつきますよ.
❷ [受身なし; 普通は進行形なし] (物事が)(人に) (貴重なもの)を**犠牲にさせる**; (物事が)(人に)(労力)を必要とさせる, (人に)(いやなこと)をもたらす: The work *cost* him his health [life]. V+O+O その仕事で彼は健康をそこねた[命を失った] / The war *cost* ten million lives. その戦争で 1 千万人の命が犠牲になった / Missing our turn *cost* us an extra hour. 曲がりそこねて 1 時間よけいにかかってしまった. ❸ (過去・過分 cost·ed) [普通は受身で]〔商業〕(...)の原価計算をする, 見積もりを出す (*out*; *at*).
co·star /kóʊstɑ̀ɚ | -stɑ̀ː/ 名 C 共演スター. — 動 (co·stars; co·starred; -star·ring /-stɑ̀ːrɪŋ/) ⓐ (...と)共演する (*with*). — 他 [受身なし] (スター)を共演させる.
Cos·ta Ri·ca /kòʊstəríːkə | kɔ̀s-/ 名 固 コスタリカ《中米の共和国》.
Cos·ta Ri·can /kòʊstəríːkən | kɔ̀s-⁺/ 形 コスタリカの. — 名 C コスタリカ人.
cost-ben·e·fit /kɔ́ːstbénəfɪt | kɔ́stbénəfɪt/ 形〔経済〕費用と便益の.
cost-cut·ting /kɔ́ːstkʌ̀tɪŋ | kɔ́st-/ 名 U 経費削減. — 形 限定 経費削減の.
cost-ef·fec·tive /kɔ́ːstɪféktɪv/ 形 費用対効果の高い.
+**cost·ing** /kɔ́ːstɪŋ | kɔ́st-/ 名 (~s /~z/) C,U〔商業〕**原価計算**, 費用見積もり.
+**cost·ly** /kɔ́ːs(t)li | kɔ́s(t)-/ 形 (more ~, cost·li·er /-liɚ | -liə/; most ~, cost·li·est /-liɪst/) ❶ **高価な**, 費用のかかる; ぜいたくな [⇔ cheap]《⇒ expensive 語法》: *costly* jewels 高価な宝石 / Weddings are often *costly*. 結婚式はお金がかかることが多い.
❷ **多くの犠牲[損害]を伴う:** a *costly* mistake 手痛い誤り / a *costly* victory 多くの犠牲を払って得た勝利 / His rash decision proved *costly*. 彼の軽率な決定は結局のところ高くついた. (名 cost)
cóst prìce 名 U〔商業〕原価, 仕入れ値. 関連 retail price 小売価格 / wholesale price 卸し値.
+**cos·tume** /kɑ́(ː)st(j)uːm | kɔ́stjuːm/ アク 名 (~s /~z/) ❶ C,U (舞台などの)**衣装**, 仮装, 扮装: The actors appeared *in* colorful *costumes*. 俳優たちは色とりどりの衣装をつけて現われた / a Halloween *costume* ハロウィーンの仮装.
❷ C,U **服装**, 身なり《ある民族・時代・地方などに特有の》: the *costume* of the Elizabethan age エリザベス朝時代の服装 / national *costume* 民族衣装. ❸ [形容詞的に] 特殊な衣装を身につけた: a *costume* party 《米》仮装パーティー / a *costume* drama (古い時代の衣装で演じられる)時代劇. ❹ C《英》= swimsuit.
〖語源 元来は「風俗, 習慣」の意で, custom と同語源〗
cóstume jéwelry 名 U 模造宝石類.
cos·tu·mi·er /kɑ(ː)st(j)úːmièɪ | kɔstjúːmiə/ 名 C 衣装屋; 貸し衣装屋.
+**co·sy** /kóʊzi/ 形《英》= cozy.
cot /kɑ́(ː)t | kɔ́t/ 名 ❶ C《米》折りたたみ式ベッド [《英》camp bed]. ❷ C《英》ベビーベッド [《米》crib].
cót dèath 名 U,C《英》= crib death.
Côte d'I·voire /kòʊtdiːvwɑ́ɚ | -vwɑ́ː/ 名 固 コートジボアール《西アフリカの共和国》.
co·te·rie /kóʊṭəri/ 名 C [《英》単数形でもときに複数扱い]《格式》(同じ趣味・目的を持つ)仲間, 同人, グループ《しばしば排他的》.
***cot·tage** /kɑ́(ː)ṭɪdʒ | kɔ́t-/ 名 (cot·tag·es /~ɪz/) C **いなか家**, 農家, (いなかの)小住宅; 小別荘.
cóttage chéese 名 U コテージチーズ《白くて軟らかい》.
cóttage índustry 名 C 家内工業.
cóttage píe 名 U,C = shepherd's pie.
***cot·ton** /kɑ́(ː)tn | kɔ́tn/ 名 ❶ U **綿**, 木綿, 綿花; 綿布, 綿織物; [形容詞的に] 綿製の: This cloth is made of *cotton*. この布は綿製だ / a *cotton* shirt 木綿のシャツ.
❷ U **綿**(わた)《あおい科の植物》: grow *cotton* 綿を栽培する. ❸ U《主に英》綿糸, 木綿糸. ❹ U《米》脱脂綿 [《英》cotton wool].
— 動 [次の成句で] **cótton ón** [動] ⓐ《略式》(...が)わかる (*to*). **cótton to ...** [動] 他《米略式》...が気に入る.
cótton bàll 名 C (丸い)脱脂綿.
Cótton Bèlt 名 [the ~] (米国南部の)綿花地帯.
cótton bùd 名 C《英》綿棒 [《米》Q-tip].
cótton cándy 名 U《米》綿菓子 [《英》candy-floss]《砂糖でつくる》.
cótton gìn 名 C 綿繰り機.
cot·ton·tail /kɑ́(ː)tntèɪl | kɔ́tn-/ 名 C わたおうさぎ《米国産》.
cot·ton·wood /kɑ́(ː)tnwʊ̀d | kɔ́tn-/ 名 C はひろはこやなぎ《北米産のポプラの一種》.
cótton wóol 名 ❶ U 生綿(きわた), 原綿. ❷ U《英》脱脂綿 [《米》cotton].
+**couch** /káʊtʃ/ 名 (~·es /~ɪz/) ❶ C **ソファー**, **寝いす**, 長いす [≒sofa]. ❷ C (精神科の診察用)ベッド《⇒ divan》.
— 動 他 [普通は受身で]《格式》(考えなど)を表現する: His refusal *was couched in* polite terms. 彼は丁

重なことばで断わった.

cóuch potàto 名 C《略式》[軽蔑的] カウチポテト族《座ってテレビばかり見ているような人》.

cou·gar /kú:gɚ | -gə/ 名 (複 ~(s)) C《米》クーガー, ピューマ, アメリカライオン.

*__cough__ /kɔ́:f | kɔ́f/ !発音 動 (coughs /~s/; coughed /~t/; cough·ing) 自 ❶ **せきをする,** せき払いする: He *coughed* very hard. 彼は激しくせきをした. ❷ (エンジンなどが)せきこむような音を出す.

cóugh úp [動] 他 (1) (血など)をせきをして吐き出す. (2)《略式》(金・情報など)をしぶしぶ出す.

— 名 (~s /~s/) C [しばしば a ~] **せき,** せき払い: give *a* (slight) *cough* (軽く)せき払いをする《注意・警告のため》/ He has *a* bad *cough.* 彼はひどくせきが出る. 関連 whooping cough 百日ぜき.

C

cóugh dròp 名 C せき止めドロップ.

cóugh mìxture 名 U《英》= cough syrup.

cóugh sỳrup 名 U せき止めシロップ.

***could /(弱形) kəd; (強形) kód/

— 助 can¹ の**過去形.**

単語のエッセンス
1) ...することができた A ❶
2) ...できるとしたら; ...することができるだろうに B ❶ (1) (2)
(しようと思えば)...できるだろう(に); (ことによると)...かもしれない B ❶ (3) (7)
3) ...できたとしたら; ...することができただろうに B ❷ (1) (2)

A [直説法過去形]

語法 **could の使い方**

(1) 肯定文では, 過去の時を指していることが文脈によって示されない場合には could はむしろ B 1 の仮定法過去形の意味になるのが普通で, 「...できた」という直説法の意味では was [were] able to, managed to, succeeded in ...ing などを用いるのが普通: He 「*was able to solve* [*managed to solve, succeeded in solving*] all the problems in an hour. 彼は 1 時間で全部の問題を解くことができた.

(2) could は肯定文では過去のある時期に「...の能力があった」というときには用いられるが, たまたまそのとき (1 回)だけ「...できた」という場合には用いない. 従って John *was able to* win the game. (ジョンはその試合に勝つことができた)とは言えるが, John *could* win the game. とは言わない.

(3) 感覚・知覚動詞と共に用いた場合は過去のある時点のことに言及する《⇒ can¹ 1 語法 (3)》: I *could see* a few stars in the sky. 空に星がいくつか見えた.

❶ ...**することができた**《⇒ can¹ 1, able¹》: My grandmother *could* stand by herself last year, but she can't now. 祖母は昨年はひとりで立てたが今は立てない.

❷ [主節の述語動詞が過去時制のとき, 従属節に用いて; ⇒ **巻末文法** 14.2 (4)]: 言い換え He said (that) he *could* solve the problem. (= He said, "I *can* solve the problem.") 彼は自分にはその問題が解けると言った / 言い換え She asked me if [whether] she *could* use my dictionary. (= She said to me, "*Can* I use your dictionary?") 彼女は私に辞書を借りてもよいかと尋ねた / I thought he *could* drive a car. 私は彼が車の運転ができると思っていた.

❸ [目的を表わす副詞節で] ...**するために,** ...することができるように《⇒ can¹ 6》: They brought it closer *so* (*that*) I *could* see it better. よく見えるように近くに持って来てくれた.

B [仮定法過去形]

❶ [仮定法の文で] (1) [仮定を表わす節や I wish の後で] (実際はできないのだが)(仮に)...**できるとしたら**《実現不可能な仮定を表わす》: *If* I *could* speak English, I *would* go to study in England. 英語が話せればイギリスに留学するんだけど / I wish I *could* be like her. 彼女みたいになれたらいいのに.

(2) [仮定の結果を表わす節で] (実際はそうではないのだが)(仮に...ならば)...**することができるだろうに**《仮定のもとでの推量を示す》: I *could* buy a car *if* I *wanted* to. その気になれば自動車ぐらいは買えるのだが / *If* she *used* a computer, she *could* (= *would be able to*) get a better position. もし彼女がコンピューターを使えたらもっとよい職が見つかるのに.

(3) [仮定を示す語句が省略されて; 現在・未来のことに用いて] (しようと思えば)...**できるだろう(に),** (できれば)...**したいものだ;** [否定文で] **とても...できない**《can よりはやや控えめな言い方》: He *could* help you. 彼ならあなたを助けられるだろうに / I *could*n't possibly give it up. どうしてもそれがあきらめられない.

(4) [Could you ...? などとして; 依頼を表わす] Ⓢ ...**していただけますか:** *Could you* get me a cab? タクシーを呼んでいただけますか《ホテルのフロントなどで》.

♥ **...していただけますか** (依頼するとき)
Could you ...?

Noah, can I ask you a favor? ノア, お願いなんだけど.
Sure.
うん.
My essay is due next week, and I need someone to correct my English. **Could you help me?** レポートの期限が来週で, 誰かに英語のチェックをお願いしたいんだ. 手伝ってもらえる?

♥ 仮定法の Could you ...? は, 「もし仮に頼んだとしたらできるか」という含みを持つため, Can you ...? よりも柔らかく丁寧な表現.

♥ 相手が断わる可能性が比較的低い場合(負担の大きくないことや, 相手の職務など必然性のあることを頼む場合など)に用いることが多い.

♥ 依頼の文の前に Can I ask you a favor?, I'm sorry to bother you などの前置きを入れたり, 事情を説明したりすることによって, 相手に配慮した控えめな依頼の表現になる.

＋ 依頼の表現

♠ 依頼する際には, 一般に次の表現がよく使われる. 上のものほど直接的で, 下のものほど間接的な言い方.
① Please ... / Will you ...? / Can you ...?
② Would you ...? / Could you ...? / Do [Would] you mind ...ing?
③ Do you think you could ...? / Is there any chance you could ...?
④《格式》I'd appreciate it if you could ...
⑤ I was wondering if you could ...?

相手が断わる可能性が低く, 応じることが予測できる場合(負担の小さいこと・相手に義務があることを頼む場合, 緊急性があるなど依頼内容が状況的に妥当な場合, 親しい人に頼む場合など)には, より直接的な表現が使われる. 逆に, 相手が断わる可能性が高く, 応じるとは断定できない場合(負担の大きいこと・相手に義務のないことを頼む場合, 親しくない人に頼む場合など)には, 相手に選択の余地を与えるよう, 押しつけの弱い間接的な言い方が好まれる.

(5) [Could I [we] ...? などとして; 許可を求める] Ⓢ **...してもいいですか:** *Could I* take a look? 見てみてもいいでしょうか / "Excuse me. *Could I* get a glass of water, please?" "Certainly. I'll be right back with that." 「すみません. お水を 1 杯もらえますか」「はい, すぐお持ちします」《♥ 実質的には依頼の意味で使われることもある》. 〔語法〕Could I [we] ...? に対する答えは, could ではなく can を用いて Yes, you can. / No, (I'm afraid) you can't. になる.

> ♥ **...してもいいですか** (許可を求めるとき)
> **Could I ...?**
>
> Dad, **could I** call back later? **お父さん, 後でかけ直してもいい?**
> ♥ 許可を求める疑問文.
> ♥ 仮定法の could を用いるため Can I ...? よりも柔らかい響きになる.
> ♥ 相手が断わる可能性が比較的低い場合(相手に迷惑がかからない事柄の場合など)に使うのが一般的.
> 《許可を求める表現については ⇒ can¹ 2 (2)》

(6) [申し出・提案・助言を表わす] Ⓢ (もしよければ)**...できます, ...しましょう(か):** I *could* show you around town, if you have time. もしお時間があれば街をご案内しますよ / Maybe we *could* get together sometime this week. 今週のいつか集まるのはどうかな.

> ♥ **...しましょうか** (申し出るとき)
> **Could I ...?**
>
> **Could I** take a message? **伝言を承りましょうか.**
> ♥ 申し出を表わし, Can I ...? とほぼ同じだが, 仮定法の could を用いるため, より柔らかい響きになる.《申し出の表現については ⇒ shall 1 (1)》

(7) [推量・可能性を表わす] (ことによると)**...かもしれない**《⇒ can¹ 3 〔語法〕》; [否定文で] ...であるはずがないだろう; [疑問文で] (一体)...だろうか**:** Will you answer the phone? It *could* be your mother. 電話に出てくれる? あなたのお母さんかもしれない / He *couldn't* be driving the car himself. 彼が自分で車を運転しているはずがない / *Couldn't* be better. Ⓢ これ以上よいことはありえない《最高だ》/ *Could* it be true? 本当かなあ《信じられない気持ちを表わす》.

❷ [could have＋過去分詞の形で] (1) [仮定を表わす節で] (事実はそうではなかったのだが)(仮に(あのとき))**...できたとしたら**《過去において実現不可能だった仮定を表わす; ⇒ **巻末文法** 11.3》**:** *If* I *could have bought* it, I *would have* (*done* so). もし(あのとき)それを買えたのなら, そうしていただろうになあ.

(2) [仮定の結果を表わす節で] (事実はそうではなかったのだが)(仮に(あのとき)〜だった[〜した]としたら)**...することができただろうに**《過去の事実と反対の仮定のもとでの推量を表わす》**:** 〔言い換え〕I *could have arrived* (＝ *would have been able to arrive*) there in time *if* there *had* not *been* a bus accident. バス事故がなかったら間に合っていただろうに.

(3) [仮定を示す語句が省略されて; 過去のことに用いて] ...できただろう(に)**:** I *could have lent* you the money. Why didn't you ask me? あなたにそのお金を貸すことができたのに. なぜ言わなかったのですか.

(4) [過去のことに対する推量を表わす] (ことによると)...した[であった]かもしれない; [否定文で] ...だったはずがないだろう; [疑問文で] (一体)...だったのだろうか**:** The bank *could have made* a mistake. 銀行が間違いをしたかもしれない / It *could have been* worse. もっとひどいことになっていたかもしれない《不幸中の幸いだった》/ He *couldn't have seen* Ann yesterday. 彼がきのうアンに会ったはずがない.

❸ (1) [強い感情的反応を表わす] Ⓢ (できれば)...したいくらいだ[だった]**:** I'm so angry, I *could* scream. もう頭にきた, 大声で叫びたいくらいだ / I *could have strangled* him. やつを絞め殺してやりたいぐらいだった.

(2) [非難・いらだちの気持ちを表わす] Ⓢ ...してもよい[よかった]だろう(に); [How could ...? として] 一体どうして...できる[できた]のか**:** You *could* at least tell me why you're not coming. どうして来ないのかわけを教えてくれてもいいだろう / You *could* (at least) *have called* to tell me you'd be late. (せめて)遅れそうだと電話をくれてもよかったのに / How *could* /kʊ́d/ you do this to me! よくも私にこんなひどいことができるね! / How *could* you! なんてことをしてくれたんだ!

Còuld bé. 《略式》そうかもしれない [≒maybe].

‡could·n't /kʊ́dnt/ 《略式》could not の短縮形.
A [直説法過去形]《⇒ could A》**:** 〔言い換え〕Liz said (that) she *couldn't* swim. (＝ Liz said, "I *can't* swim.") リズは泳げないと言った.
B [仮定法過去形]《⇒ could B》**:** *If* I *had* no parents, I *couldn't* go to college. 私に両親がいなかったら大学へは行けないだろう.

could've /kʊ́dəv/《略式》could have の短縮形**:** I *could've* visited there if I had had more time. もっと時間があったらそこを訪れることができたのに.

***coun·cil** /káʊns(ə)l/ (〔同音〕counsel) 〔名〕(〜s /〜z/) [《英》単数形でもときに複数扱い] ❶ Ⓒ (地方自治体の)**議会:** a city [county, town] *council* 市 [《英》州, 町] 議会.
❷ Ⓒ **審議会, 協議会:** a Cabinet *Council* 閣議 / Lord President of the *Council* 《英》枢密院議長《閣僚として扱われる》. 〔関連〕student council 学生自治会 / the Security Council (国連の)安全保障理事会.
a cóuncil of wár [名]《英》作戦会議.

cóuncil chàmber 〔名〕Ⓒ《英》会議室.

coun·cil·man /káʊns(ə)lmən/ 〔名〕(-men /-mən/) Ⓒ《米》市[町]会議員《男性》.

+coun·cil·or, 《英》**-cil·lor** /káʊns(ə)lɚ | -lə/ (〔同音〕counselor) 〔名〕(〜s /〜z/) Ⓒ (市議会・町議会などの)**議員**; 参議院議員**:** the House *of Councillors* (日本の)参議院《⇒ congress 表》.

coun·cil·wom·an /káʊns(ə)lwʊ̀mən/ 〔名〕(-wom·en /-wìmən/) Ⓒ《米》市[町]会議員《女性》.

***coun·sel** /káʊns(ə)l/ (〔同音〕council) 〔名〕❶ Ⓤ《格式》**助言**, 忠告, 勧告**:** a father's *counsel* to his son 父が息子に与える忠告 / A wise person gives good *counsel*. 賢い人はよい助言をしてくれる. ❷ (〔複〕〜) Ⓒ〔法律〕(特に裁判に関わる)弁護士, 弁護(士)団《⇒ counselor 3》(*for*).
kéep one's **(ówn) cóunsel** [動] 〔自〕《格式》(他人に)自分の考えを言わない, 計画を秘密にする.
— 〔動〕(coun·sels /〜z/; coun·seled, 《英》coun·selled /〜d/; -sel·ing, 《英》-sel·ling /-s(ə)lɪŋ/) 〔他〕❶ (人)に(...について)**カウンセリングをする**, 助言を与える

(*about, on*): He *counsels* alcoholics. 彼はアルコール依存症の人たちにカウンセリングをしている. ❷《格式》(人)に(...するよう)助言[忠告]する, 勧める (*to* do) [≒advise].

+**coun·sel·ing,** 《英》 **-sel·ling** /káʊns(ə)lɪŋ/ 名 U **カウンセリング**《学校・職場などにおける個人的な悩みについての専門家の助言; ⇒ advice 類義語》: *counseling for* career development 進路相談.

+**coun·sel·or,** 《英》 **-sel·lor** /káʊns(ə)lɚ | -lə/ (同音 councilor) 名 (~s /~z/) ❶ C (学校・職場などの)**カウンセラー,** 相談員: a career [marriage] *counselor* 進路[結婚]相談員 / see [talk to] a *counselor* カウンセラーに相談する. ❷ C 《米》(サマーキャンプの)指導員《普通は若者》. ❸ C 《米・アイルランド》(法廷)弁護士《⇒ lawyer 類義語; counsel 2》. 関連 judge 裁判官 / public prosecutor 検察官.

***count**[1] /káʊnt/

— 動 (counts /káʊnts/; count·ed /-ṭɪd/; count·ing /-ṭɪŋ/) 他 ❶ (...)を**数える,** 計算する (*up*): He *counted* the apples in the box. 彼は箱の中のりんごを数えた / Cathy *counted* her change. キャシーはつり銭を数えた.

❷ (...)を**数に入れる,** 考慮に入れる; 認める: We have invited thirty people, ***not counting*** the children. 子供を数に入れずに 30 人を招待した / Ken *is* no longer ***counted among*** the members of the club. V+O+*among*+名の受身 ケンはもはやクラブの会員の数には入っていない.

❸ [進行形なし] (...)を(~と)**思う,** みなす: I no longer *count* him *as* a friend. V+O+C (*as*+名) 私はもう彼を友人と思っていない / He *counted it* folly *to* do so. 彼はそうするのは愚策だと思った. 語法 it は to 以下を受ける形式目的語; 動詞型は V+O+C (名) // You should *count* yourself lucky to have such good friends. V+O+C (形) こんなにいい友達を持って幸せと思わなきゃ / They ***counted*** John ***as*** lost. V+O+C (*as*+形) 彼らはジョンが行方不明になったものとみなした.

— 自 ❶ (1 つずつ)**数を数える;** 計算する: ***Count*** (***up***) ***to*** ten. V(+*up*)+*to*+名 10 まで数えなさい / The child can ***count from*** one ***to*** ten. V+*from*+名+*to*+名 その子は 1 から 10 まで数えることができる. ❷ [進行形なし] 重要である [≒matter]: It is facts that *count*. 重要なのは事実だ. ❸ 数に入る, 認められる; (...と)みなされる: This book *counts as* a masterpiece. この本は名作とみなされている.

and cóunting Ⓢ そして(その数は)増え続けている.

can cóunt ... on (the fíngers of) óne hánd [動] 他 Ⓢ ...が片手で数えられるほど少ない.

Whò's cóunting? Ⓢ 誰が回数など気にするものか(気にならないよ).

count の句動詞

+**cóunt agàinst ...** 動 他 (物事が)**...の不利になる:** A poor school record will *count against* you when you look for a job. 学校の成績が悪いと職探しに不利だ.

cóunt ... agàinst ~ 動 他 (物事)を～に不利であると考える.

cóunt dówn 動 自 秒読みする《ロケットなどの発射の直前などに》; (...まで)指折り数えて待つ (*to*).
— 他 (残りの日数など)を指折り数えて待つ.

+**cóunt for ...** 動 他 **...ほどの重要性[意味]を持つ:** Her promises「*count for* nothing [don't *count for* much]. 彼女の約束には何の意味もない[あまり意味がない] / I want to make my life *count for* something. 私の人生を何か意味のあるものにしたい.

+**cóunt ín** 動 他 《略式》(人)を**含める;** 仲間に入れる V+名・代+*in* / V+*in*+名: If you are going to have a party, please *count* me *in*. もしパーティーを開くなら私も仲間に入れてください.

cóunt on [upòn] ...** 動 他 ❶ **...を当てにする,** 頼りにする; 期待する (受身 be counted on [upon]): You can *count on* me. お任せください / He's ***counting on win***ning*** the lottery. 彼は宝くじに当たることを期待している / I always ***count on*** you ***to*** advise me. いつもあなたの忠告を頼りにしています. ❷ 予想する: We didn't *count on* (Tom) com*ing* home so early. (トムが)こんなに早く帰宅するとは思っていなかった.

+**cóunt óut** 動 他 ❶《略式》(...)を**除外する,** 抜かす, 数に入れない: *Count* me *out*. 私は抜かしてください. ❷ (札など)を数えながら出す. ❸ [普通は受身で]〔ボクシング〕(選手)にカウントアウトを宣する《10 秒まで数えて立ち上がれない場合に》.

cóunt towàrd ... 動 他 ...の一部にカウントされる, ...に関して考慮される.

— 名 (counts /káʊnts/) ❶ C **計算,** 勘定; 数えること: ***do*** [***take***] a ***count of*** ... ...を数える / We made four *counts*. 我々は 4 回計算した / for a *count of* ten 10 まで数える間. ❷ C [普通は単数形で] 総数, 総計; ...数: The official *count* showed 1125 votes. 正式に発表された投票総数は 1125 票であった / a pollen *count* (花粉情報の)花粉数. ❸ [単数形で]〔野球〕(打者の)カウント: *The count* is「three balls and two strikes [three and two]. カウントはスリーボールツーストライクだ. 日英「ボールカウント」というのは和製英語. ❹ [単数形で]〔ボクシング〕カウント《ノックダウンのときに秒を数えること》. ❺ C〔法律〕(起訴状の)訴因.

at (the) lást cóunt [副] 最終集計で.

be óut [《米》 dówn] for the cóunt [動] 自 (1)〔ボクシング〕ダウンして意識をなくしている. (2) 熟睡してい

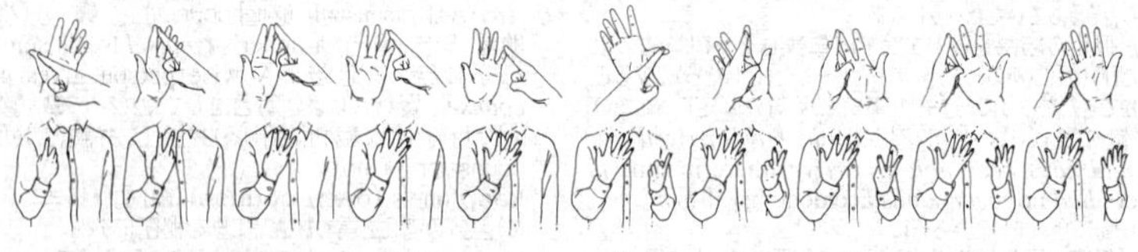

数を数えるときのしぐさ

る. (3) 倒産する, だめになる.
kéep cóunt [動] 自 (...の)数を覚えて[記録して]いる (*of*).
lóse cóunt [動] 自 (...の)数を数えきれなくなる, (...を)どこまで数えたか忘れる (*of*).
on áll [séveral, bóth] cóunts [副] あらゆる[いくつかの, 両方の]点で.

単語のキズナ COUNT／数える

count	数える		
counter	(計算のための机)	→	カウンター
account	(計算 → 計算書)	→	報告
accountant	(計算する人)	→	会計士
discount	(反対に数える(こと))	→	割引(する)

count² /káʊnt/ 名 C [しばしば C-] (英国以外の)伯爵.
count·a·ble /káʊntəbl/ 形 数えられる [⇔ uncountable]: a *countable* noun 可算名詞. ― 名 C〔文法〕数えられる名詞, 可算名詞 (⇒ **巻末文法** 2. 1 (1)).
count·down /káʊntdàʊn/ 名 [the ~] (ロケット発射などの)秒読み; (重要行事の)直前の時期 (*to*).
coun·te·nance /káʊnṭənəns/ 名 C《文語》顔つき, 表情, 容貌(ようぼう): a man with a grim *countenance* 厳しい顔つきをした男. ― 動 他《格式》(...)に賛成する, (...)を支持する; (...)を黙認する.

****count·er¹** /káʊnṭə | -tə/
― 名 (~s /~z/)

意味のチャート
count¹(数える)から
→ (数える場所) → (勘定台) → 「**カウンター**」❶
→ (数えるもの) → (物)「**カウンター**」❸ / (人)「**計算者**」❸

❶ C (商店・銀行・図書館・食堂などの)カウンター, **売り台**, 売場, (受付)窓口: the woman *behind the counter* 売場の(後ろの)女性《店員》/ "Where can I find the jeans *counter*?" "Go straight ahead and you'll see it on your right." 「ジーンズの売場はどこですか」「まっすぐに行くと右手に見えます」// ⇒ checkout counter. ❷ C《米》(台所の)調理台 [《英》worktop]. ❸ C (スピード・数値などを示す)カウンター, 度数計; [合成語で] 計数装置; 計算者; チップ《トランプなどの得点の計算用》.
òver the cóunter [副] (薬を買うとき)医師の処方箋(せん)によらないで.
ùnder the cóunter [副] (取り引きなどが)こっそりと, 不正に.
〔⇒ count¹ キズナ〕
coun·ter² /káʊnṭə | -tə/ 形 逆の, 反対の. ― 副 逆に, 反対に: go [run] *counter to* the rules 規約に反する. ― 動 (-ter·ing /-ṭərɪŋ, -trɪŋ/) 他 (...)に反論する, 対抗[反撃]する (*with*); (副作用など)を抑える. ― 自 反論[対抗]する (*with*). ― 名 C《格式》反論, 対抗 (*to*).
coun·ter- /káʊnṭə | -tə/ 接頭 「逆, 反対; 応答, 対応; 対抗, 報復」の意.
coun·ter·act /kàʊnṭəǽkt | -tə(r)ǽkt/ 動 他 (薬などの作用)を中和する; (毒など)を消す.
coun·ter·ac·tion /kàʊnṭəǽkʃən | -tə(r)ǽk-/ 名 U,C 中和; 反作用, 阻止.
coun·ter·at·tack /káʊnṭəətæ̀k | -tə(r)ət-/ 名 C 逆襲, 反撃; 反論 (*against*). ― 動 他 (...)に逆襲する, 反撃する. ― 自 逆襲する, 反撃する.
coun·ter·bal·ance¹ /kàʊnṭəbǽləns | -tə-/ 動 他 (...)をつり合わせる, 平衡させる.
coun·ter·bal·ance² /káʊnṭəbæ̀ləns | -tə-/ 名 ❶ C 均衡をとるもの, 平衡力 (*to*). ❷ C〔機械〕つり合いおもり.
coun·ter·clock·wise /kàʊnṭəklɑ́(ː)kwàɪz | -təklɔ́k-←/ 副, 形 限定《米》反時計回りに[の], 左回りに[の] [《英》anticlockwise] [⇔ clockwise].
coun·ter·cul·ture /káʊnṭəkʌ̀ltʃə | -təkʌ̀ltʃə/ 名 U,C (特に若者の)反体制文化.
coun·ter·es·pi·o·nage /kàʊnṭəéspiənɑ̀ːʒ | -tə(r)és-/ 名 U スパイ防止活動, 防諜(ぼうちょう)活動.
coun·ter·feit /káʊnṭəfɪt | -tə-/ 形 (貨幣・文書などが)偽造の; 模造の. ― 名 C 偽造物, にせ物. ― 動 他 (貨幣・文書など)を偽造する.
coun·ter·feit·er /káʊnṭəfɪṭə | -təfɪtə/ 名 C 偽造者; 偽金造り《人》.
coun·ter·foil /káʊnṭəfɔ̀ɪl | -tə-/ 名 C (小切手・チケットなどの)控え, 半券.
coun·ter·in·tel·li·gence /kàʊnṭəɪntéləʤəns | -tə(r)ɪn-/ 名 U スパイ防止活動.
coun·ter·mand /kàʊnṭəmǽnd | kàʊntəmɑ́ːnd/ 動 他《格式》(命令・注文)を取り消す.
coun·ter·mea·sure /káʊnṭəmèʒə | -təmèʒə/ 名 C [普通は複数形で] 対抗策[手段] (*against*).
coun·ter·of·fen·sive /káʊnṭəəfènsɪv | káʊntə(r)əfènsɪv/ 名 C 反攻, 逆襲 (*against*).
***coun·ter·part** /káʊnṭəpɑ̀ət | -təpɑ̀ːt/ 名 (-parts /-pɑ̀əts | -pɑ̀ːts/) C [the ~ または所有格の後で] **相当する物[人]**, 対応物, 対応相手, 同業[同地位]の人: the lead actor and his female *counterpart* 主演男優と相手役の女優 / The Japanese foreign minister met with *his* French *counterpart*. 日本の外務大臣はフランスの外務大臣と会談した.
coun·ter·point /káʊnṭəpɔ̀ɪnt | -tə-/ 名 ❶〔音楽〕U 対位法; C 対位旋律. ❷ C,U 対照的なもの (*to*). ― 動 他 (...)を対比させる, 際立たせる (*with*, *against*).
coun·ter·pro·duc·tive /kàʊnṭəprədʌ́ktɪv | -tə-/ 形 [普通は 叙述] 逆効果を招く.
coun·ter·rev·o·lu·tion /káʊnṭərèvəlúːʃən | -tə-/ 名 C,U 反革命.
coun·ter·rev·o·lu·tion·ar·y /kàʊnṭərèvəlúːʃənèri | -tərèvəlúːʃ(ə)nəri←/ 形 反革命的な. ― 名 (-ar·ies) C 反革命運動家[主義者].
coun·ter·sign /káʊnṭəsàɪn | -tə-/ 動 他 (文書)に連署する; 確認[承認]する.
coun·ter·ten·or /káʊnṭətènə | kàʊntəténə/ 名 C〔音楽〕カウンターテナー歌手《男声の最高音域を歌う歌手》.
coun·ter·ter·ror·ist /kàʊnṭətérərɪst | -tə-/ 形 限定 テロ対策の. ― 名 C テロ対策者[チーム, 計画].
coun·ter·vail·ing /káʊnṭəvèɪlɪŋ | -tə-/ 形 限定《格式》相殺(そうさい)するような, 対抗するほどの.
count·ess /káʊnṭəs/ 名 C 伯爵夫人; 女伯爵.
+count·less /káʊntləs/ 形 限定 [比較なし] **数えきれない, 無数の**: *countless* stars 無数の星.
cóunt nòun 名 C = countable.
coun·tri·fied /kʌ́ntrɪfàɪd/ 形 ❶ (人が)いなかじみた, やぼな. ❷ (景色などが)ひなびた.

****coun·try** /kʌ́ntri/ 発音
― 名 (coun·tries /~z/)

意味のチャート
contrary (反対の) と同語源で,「(自分の) 反対側に(広がっている土地)」の意から→「**土地, 地域**」❺→「**国土, 国**」❶→(自分の国)→「**故国, 故郷**」❷→「**いなか**」❸となった.

country (一般的な語で特に国土の意)	国
nation (国民の集まりとしての国)	
state (政治的統一体としての国家)	

❶ Ⓒ **国, 国家; 国土:** a foreign *country* 外国 / We have freedom of speech in this *country*. この国には言論の自由がある.
❷ Ⓒ [所有格の後で] **祖国, 故国:** She returned to *her country* after the war. 彼女は戦後帰国した / *My country* is Wales. 私の故郷はウェールズです.
❸ [the ~] **いなか, 田園:** live in *the country* いなかに住む / go for a drive in *the country* いなかへドライブに行く.
❹ [形容詞的に] **いなかの,** いなか風の: *country* life 田園生活 / *country* people いなかの人たち.
❺ Ⓤ (地形・地勢から見た) **地域,** 地方, 地帯, 土地; 分野, 領域: mountainous *country* 山国 / snowy *country* 雪国 / farming *country* 農耕地. 語法 普通は冠詞なしで形容詞を伴う. ❻ [the ~] 国民: *The* whole *country* opposed the plan to increase taxes. その増税案に対して国民はこぞって反対した. ❼ Ⓤ《米》= country music.
acròss cóuntry [副]〔スポーツ〕(道路を走らずに) 田野を横断して《⇒ cross-country》.
gó to the cóuntry [動] ⓐ《英》(総選挙により) 民意を問う.

cóuntry and wéstern 名 Ⓤ = country music《略 C and [&] W》.
cóuntry clùb 名 Ⓒ カントリークラブ《テニス・ゴルフ・水泳などの設備がある郊外の(社交)クラブ》.
cóuntry dànce [dàncing] 名 Ⓒ カントリーダンス《2列の男女が向かい合って踊るフォークダンス》.
cóuntry hóuse 名 Ⓒ《英》= country seat.
coun·try·man /kʌ́ntrimən/ 名 (-men /-mən/) ❶ Ⓒ [普通は所有格の後で] 同国[同郷]人. ❷ Ⓒ《英》いなかに住む人.
cóuntry mùsic 名 Ⓤ カントリーミュージック《米国南[西]部の郷土音楽から発生した大衆音楽》.
cóuntry séat 名 Ⓒ《英》(地方名士などの) 大邸宅.
***coun·try·side** /kʌ́ntrisàɪd/ 名 Ⓤ [普通は the ~] (自然の美しい) **いなか, 田園地帯:** I enjoy living in *the countryside*. 私はいなか暮らしを楽しんでいる.
coun·try·wide /kʌ́ntriwaɪd/ 形, 副 全国的な[に].
coun·try·wom·an /kʌ́ntriwʊ̀mən/ 名 ❶ Ⓒ [普通は所有格の後で] 同国[同郷]人《女性》. ❷ Ⓒ《英》いなかに住む人《女性》.
***coun·ty** /káʊnṭi/ 発音 名 (coun·ties /~z/) ❶ Ⓒ《米・カナダ》**郡**《略 Co., co.》. 参考 米国の州の中の最大の行政区画; ただし Louisiana 州では parish, Alaska 州では borough という. ❷ Ⓒ《英》(イングランド・ウェールズなどの) 州《⇒ shire 語法》.
cóunty cóurt 名 Ⓒ《米》郡裁判所;《英》州裁判所《民事裁判を行なう》.
cóunty fáir 名 Ⓒ《米》郡の農産物[家畜]品評会.
cóunty séat 名 Ⓒ《米》郡庁所在地.
cóunty tówn 名 Ⓒ《英》州庁所在地.
***coup** /kúː/ ≪フランス語から≫ 名 (coups /kúːz/) ❶ Ⓒ **クーデター,** 武力での政変. ❷ Ⓒ 大成功, 大手柄.
coup d'é·tat /kùːdeɪtáː/ ≪フランス語から≫ 名 (複 coups d'état /kùːdeɪtáː/) Ⓒ = coup 1.
coupe /kúːp/ 名 Ⓒ《米》= coupé.
cou·pé /kuːpéɪ | kúːpeɪ/ 名 Ⓒ クーペ(型乗用車)《2人乗り2ドアの小型車》.

*****cou·ple** /kʌ́pl/ 発音
— 名 (~s /~z/) ❶ (1) [a ~] (同種の)**2つ, 2人** [≒ two]; Ⓒ **対**(つい), (2つから成る)組《⇒ pair 類義語》: I'd like *a couple of* T-shirts. Tシャツを2枚ください.
(2) [a ~] **2, 3人[個],** いくつか [≒ a few]: ***a couple of*** months ago 2, 3か月前 / *a couple of* dollars 2, 3ドル / I have *a couple of* things to do. いくつかやることがある.

語法 (1) a couple of ... を受ける動詞は複数形: *A couple of* little girls *were* playing. 数人の少女が遊んでいた.
(2)《米略式》では (2) の意味のときはしばしば of を省略する.
(3) more, less を伴うときは of を省略するのが普通: Let me give you *a couple more* examples. もう2, 3の例を示しましょう.

❷ Ⓒ **男女ひと組,** 夫婦, 恋愛中の2人, カップル; (ダンスなどの) 男女のひと組: a married *couple* 夫婦 / make a good *couple* 似合いの夫婦になる.

語法《英》では「1対[ひと組]を成している2人」に重点が置かれるときには単数形でも複数扱いとなることがある: The *couple seem* to be happy. その夫婦は幸福そうだ / A *couple were* dancing. ひと組のカップルが踊っていた.

— 動 (cou·ples /~z/; cou·pled /~d/; cou·pling) ⓣ ❶ [普通は受身で] (...)を**つなぐ,** 連結する (*together*): Another car is going to ***be coupled on*** (*to* our train) at the next station. V+O+*on* (+*to*+名)の受身 次の駅で客車がもう1台(この列車に)つながれる.
❷ [普通は受身で] (...)を(~と)結びつけ(て考え)る, 関連させる: Unemployment, *coupled with* high interest rates, caused social unrest. 失業問題は高金利と相まって社会不安を引き起こした.
— ⓐ《格式》(動物が) 交尾する; (人が) 性交する.
〘語源 原義はラテン語で「継ぎ合わさったもの」〙
cou·plet /kʌ́plət/ 名 Ⓒ 2行連句, 対句.
cou·pling /kʌ́plɪŋ/ 名 ❶ Ⓒ (機械の) 継ぎ手, (鉄道車両の) 連結器, カプリング. ❷ Ⓒ [普通は単数形で] 組み合わせ, 結合. ❸ Ⓤ,Ⓒ《格式》交尾; 性交.
+**cou·pon** /kúːpɑ(ː)n, kjúː- | kúːpɔn/ 名 (~s /~z/) ❶ Ⓒ **クーポン券,** 割引券, 優待券: clip a *coupon* for coffee out of the ad 広告からコーヒーのクーポン券を切り取る. ❷ Ⓒ (広告などについている) 資料請求用紙, 応募用紙.
〘語源 原義はフランス語で「切り取られたもの」〙
coups d'état 名 coup d'état の複数形.
cour·age** /kə́ːrɪʤ | kʌ́r-/ 名 Ⓤ **勇気;** 度胸 [⇔ cowardice]: a man [woman] of great *courage* 非常に勇気のある男性[女性] / He ***had the courage to

tell the truth. [+to 不定詞] 彼には真実を話す勇気があった / *show courage* 勇気を示す / *summon* (*up*) *courage* 勇気を奮い起こす / These measures *take courage*. これらの方策には勇気が要る. **hàve the cóurage of** one's **(ówn) convíctions** [動] ⓐ (批判を恐れず)自分が信じていることを行なう[言う]勇気がある.
táke one's **cóurage in bóth hánds** [動] ⓐ 勇気を奮い起こす. (形 courágeous)
〘語源 フランス語で「心」の意; ⇒ record² キズナ〙

+**cou·ra·geous** /kəréɪʤəs/ [!アク] 形 **勇気のある**, 勇敢な《⇒ brave 類義語》[⇔ cowardly]: a *courageous* decision 勇気ある決断 / [言い換え] *It's courageous of* him *to* oppose his boss. = He's *courageous* to oppose his boss. 上役に反対するとは彼も勇気のある男だ《⇒ of 12》. (名 cóurage)
~·**ly** 副 勇敢に. ~·**ness** 名 U 勇敢さ.

cour·gette /kʊəʒét | kʊə-, kɔː-/ 名 C《英》= zucchini.

+**cou·ri·er** /kɚ́ːriɚ, kʊ́(ə)r- | kʊ́əriə, kʌ́r-/ 名 (~s /~z/) ❶ C **宅配業者**, 急送業者; 急使, 特使: send the package *by courier* 小包を宅配便で送る《⇒ by 前 2 語法》. ❷ C《英》(旅行の)添乗員, ガイド.
— 動 他 (...)を急送する.

*****course** /kɔ́ɚs | kɔ́ːs/ (同音 coarse)
— 名 (cours·es /~ɪz/)

意味のチャート
ラテン語で「走ること」の意.
「(時の)経過」❹ → (進行の方向) →「方向」❷, ❸
→ (進む順路) →「コース」❻
→ (切れ目なく進行するもの) →「課程」❶

❶ C (ひと続きの)**講義**, 講座, 科目《普通は高等学校以上の》;《主に英》(学位などを取るための)課程: She took [did] a history *course*. 彼女は歴史の講義をとった / offer a *course in* mathematics 数学の講座を開設している / an introductory *course* 入門講座 [関連] extension course 大学公開講座 / refresher course 再教育講習.
❷ C,U (行動の)**方向**, 方針: the best *course of action* 最善の策 / change *course* 方針を変える / adopt [steer, take] a middle *course* 中道を行く.
❸ C [普通は単数形で] (進む)**方向**, 進路, コース: The *course* of the ship was due east. 船の進路は真東だった / The plane changed (its) *course*. 飛行機は進路を変えた / on [off] *course* (目ざす)進路どおりに[からはずれて].
❹ U (時などの)**経過**, 進行, 推移, 成り行き: the *course* of life 人生行路 / the *course* of events 事態の推移.
❺ C (食事)1 **品**, コース《dinner で順次出される料理》: the main *course* メイン料理 / a five-*course* dinner 5 品料理. 日英「フルコース」は full-course dinner のようにいう.
❻ C (競技などの)**コース**, 走路. 日英 course はマラソンのように競走者の進路が一人一人はっきり区別されていないものをいい, 競泳のように選手の進路が決まっているものは lane という. ❼ C = golf course. ❽ C (治療などの)一連のもの (*of*). ❾ C (れんが・石などの)層.
a màtter of cóurse [名] **当然のこと**: Freedom of speech is not always taken as *a matter of course*. 言論の自由は当然のことと考えられているとは限らない.
in [dùring, òver] the cóurse of ... [前] ...の間に [≒during].
in the cóurse of tíme [副] やがて, そのうちに.
in the (nórmal [órdinary]) cóurse of evénts [副] [文修飾] 普通は, 順調なら.
of cóurse /əvkɔ́ɚs, əf- | -kɔ́ːs/ [副] (1) [文修飾] **もちろん**, 当然のことだが, ...は当然だ: *Of course* I'll come. もちろん伺います / *Of course* ↘ no one believes him. 当然ながらだれも彼の言うことなど信じていない. 語法 of course の後は下降調のイントネーションが普通.
(2) [つなぎ語] Ⓢ [質問に答えて] **もちろん**, 当たり前です《♥ 場合によって,「当然じゃないか, どうしてそんな当たり前のことを聞くんだ」と相手の質問にいらだっている印象にもなる》: 🗨 "Do you love your son?" "*Of course* I do."「息子さんを愛してますか」「当然です」/ "You didn't break the chair, did you?" "*Of course* nòt."「あなたがいすを壊したのではないでしょうね」「もちろん違いますよ」《⇒ not (5) (ii)》. 語法 of が省略されることもある.
(3) Ⓢ《丁寧》**もちろんです**, ええどうぞ《♥ 依頼や許可の求めに対し, 快く応じるときのことば》: 🗨 "May I borrow your umbrella?" "*Of course*."「傘をお借りしてもよろしいですか」「もちろんです」/ "Do you mind if I turn on the TV?" "*Of course* nòt."「テレビをつけてもかまいませんか」「ええどうぞ」《⇒ mind ⓐ ♥》. 語法 of が省略されることもある.
(4) [つなぎ語] Ⓢ [相手の言ったことを打ち消して] いやもちろん, 確かに: 🗨 "I'm not tired." "*Of course* you are."「疲れてないよ」「いや疲れていて当然だ」
(5) [相手に言われてやっと気づいて] ああそうだった: 🗨 "And, you are ...?" "I'm Alan Smith." "*Of course*. Mr. Smith."「それであなたは...」「アラン スミスです」「ああそうでした, スミスさんでしたね」
of cóurse ..., but ~ [接] もちろん...だがしかし~: *Of course* the plans are excellent, *but* they could be even better. もちろん計画はすばらしいものだ. しかしもっとよいものにできるだろう.
rún [táke] one's **cóurse** [動] ⓐ (病気などが)たどるべき経過をたどる.
stáy the cóurse [動] ⓐ 最後までがんばり通す.
— 動 ⓐ [副詞(句)を伴って]《文語》(水などが)勢いよく流れる; (感情などが)(頭を)めぐる (*down, through*).

course·book /kɔ́ɚsbʊ̀k | kɔ́ːs-/ 名 C《英》教科書 [≒textbook].

*****court** /kɔ́ɚt | kɔ́ːt/ (同音《英》caught)
— 名 (courts /kɔ́ɚʦ | kɔ́ːʦ/)

意味のチャート
原義はラテン語で「囲まれた場所」.
→「中庭」❺ → (庭) →「コート」❹
→「宮廷」❻ → (そこでの会議) →「裁判」❷ →「法廷」❶

❶ C **裁判所**; **法廷**: a *court* of law 裁判所 / the Supreme *Court* 最高裁判所 / a civil [criminal] *court* 民事[刑事]裁判所.
❷ U **裁判**, 公判; (裁判を行なう)法廷: *Court* is held every day. 公判は毎日開かれる / *appear in court* 出廷する / *take ... to court* (人)を訴える / *go to court* 裁判に訴える; (事件などが)裁判になる / be *settled out of court* 法廷外で[示談で]解決される.

❸ [the ～] (法廷の)**裁判官たち**《全体》**:** *The court* found him guilty. 裁判官は彼を有罪と判決した. [語法] 裁判官のほか吏員や陪審員・傍聴人全員を含めることもある.
❹ [C,U] (テニス・バスケットボールなどの)**コート: *on* (*the*) *court*** コート上で; (テニスなどを)プレー中で[に].
❺ [C] (建物や塀で囲まれた)**中庭** (courtyard)《⇒ garden [類義語]》; [しばしば C- としてマンションや路地の名称に用いて] ...コート; (建物内の吹き抜けの)区画**:** ⇒ food court. [関連] forecourt 建物の前庭. ❻ [C,U] 宮廷; 王室**:** the *court* of Queen Victoria ビクトリア女王の宮廷 / at *court* 宮廷で. ❼ [the ～] 宮廷の人たち《全体; 廷臣も含む》.
hòld cóurt [動] ⓐ (人気者などが)人々に取り囲まれ(て話をす)る.
— [動] ⓣ ❶ (有力者など)の機嫌を伺う, (人)にこびる. ❷ (称賛など)を求める, 得ようとする; 《古風》(女性)に求愛する. ❸ (危険など)を自ら招く.
— ⓐ 《古風》(男女が)(結婚を前提に)交際する.

córut càrd [名] [C] 《英》 = face card.

cour·te·ous /kə́ːṭiəs | kə́ː-, kɔ́ː-/ [形] 礼儀正しい, 丁重な; 思いやりのある (*to, toward*)《⇒ polite [類義語]》 [⇔ discourteous]**:** *courteous* greetings 丁寧なあいさつ / ***It's*** very ***courteous of*** you ***to*** help me. ご援助をいただいて本当にありがとうございます《⇒ of 12》.
([名] cóurtesy)
〖[語源] 元来は「宮廷 (court) 仕えに適した」の意〗
～·ly [副] 礼儀正しく.

+**cour·te·sy** /kə́ːṭəsi | kə́ː-, kɔ́ː-/ [!発音] [名] (-te·sies /～z/) ❶ [U] **礼儀(正しさ)**, 丁重さ; 好意, 思いやり [⇔ discourtesy]**:** She didn't even ***have the common courtesy to*** say hello to her boss. [+to 不定詞] 彼女は上司にあいさつするという常識的な礼儀すらなかった. ❷ [C] 礼儀正しいふるまい[ことば]**:** exchange *courtesies* あいさつを交わす / As a *courtesy to* other passengers, please do not talk on the phone. 他のお客様のご迷惑になりますので, 通話はご遠慮ください. ❸ [形容詞的に] 儀礼上の, 表敬の; 無料の, サービスの**:** a *courtesy* call 表敬訪問, 儀礼の電話 / a *courtesy* bus (ホテルなどの)無料送迎バス / a *courtesy* car 代車; (ホテルなどの)送迎車.
(by) cóurtesy of ... [前] (1) ...の好意によって(無料で); ...の提供[承認]によって**:** This picture was made available (*by*) *courtesy of* Mr. Smith. この絵はスミス氏のご好意によって提供されました. (2) ...のせい[おかげ]で.
dó ... the cóurtesy of dóing [動] ⓣ (人)に(一応[礼儀上])...してあげる. ([形] cóurteous)

court·house /kɔ́ɚthàʊs | kɔ́ːt-/ [名] (-hous·es /-hàʊzɪz/) ❶ [C] 《米》 裁判所. ❷ [C] 《米》 郡庁.

court·i·er /kɔ́ɚṭiɚ | kɔ́ːtiə/ [名] [C] 宮廷人, 廷臣.

court·ly /kɔ́ɚtli | kɔ́ːt-/ [形] (court·li·er; -li·est) うやうやしい, 上品な; 優雅な, 奥ゆかしい.

court-mar·tial /kɔ́ɚtmàɚʃəl | kɔ́ːtmɑ́ː-/ [名] (複 courts- /kɔ́ɚts- | kɔ́ːts-/, ～s) [C] 軍法会議. — [動] (-mar·tials; -mar·tialed, 《英》 -mar·tialled; -tial·ing, 《英》 -tial·ling) ⓣ (人)を軍法会議にかける.

córut órder [名] [C] 裁判所命令.

+**court·room** /kɔ́ɚtrùːm, -rʊ̀m | kɔ́ːt-/ [名] (～s /～z/) [C] **法廷.**

court·ship /kɔ́ɚtʃɪp | kɔ́ːt-/ [名] ❶ [C,U] 《古風》 (結婚前の)交際(期間). ❷ [U] (動物の)求愛行動. ❸ [U,C] (...の)支持を得ようとすること (*of*).

court·yard /kɔ́ɚtjɑ̀ɚd | kɔ́ːtjɑ̀ːd/ [名] [C] (城や大邸宅の)中庭.

****cous·in** /kʌ́z(ə)n/ [!発音]
— [名] (～s /～z/) ❶ [C] **いとこ** (first cousin)《男にも女にも使う; ⇒ family tree 図》**:** I have three *cousins* on my father's side. 私は父方にいとこが 3 人いる. ❷ [C] 親類, 縁者; (...の[と])類縁関係にあるもの, 近似[対応]するもの, 仲間 (*of, to*).

cou·ture /kuːtʊ́ɚ | -tjʊ́ə/ ≪フランス語から≫ [名] [U] (高級)婦人服(仕立業)《⇒ haute couture》.

cou·tu·ri·er /kuːtʊ́(ə)rièɪ | -t(j)ʊ́ə-/ ≪フランス語から≫ [名] [C] (高級)婦人服デザイナー.

cove /kóʊv/ [名] [C] 小さな湾, 入り江.

cov·e·nant /kʌ́v(ə)nənt/ [名] ❶ [C] 誓約, 盟約; 〔法律〕 契約(書). ❷ [C] (ある金額を定期的に支払う)契約(書)《特に慈善助成の》. ❸ [the C-] 〔聖書〕 (神とイスラエル民族との間の)契約. — [動] ⓣ (ある金額など)を(...に)支払う契約をする (*to*).

*****cov·er** /kʌ́vɚ | -və/
— [動] (cov·ers /～z/; cov·ered /～d/; -er·ing /-v(ə)rɪŋ/) ⓣ ❶ (...)を**覆**(おお)**う, 包む**; (...)にふたをする; (...)を覆い[押し]隠す [≒hide] [⇔ uncover]**:** His mother ***covered*** her son ***with*** a blanket. [V+O+with+名] 母親は息子に毛布をかけた / She *covered* her face *with* her hands. 彼女は両手で顔を覆った / *Cover* the pot and simmer for 10 minutes. なべにふたをして 10 分間煮込んでください.
❷ (...)の**表面を覆う:** Dust *covered* the desk. 机はほこりだらけだった / The hill ***was covered with*** [***in***] snow. [V+O+with [in]+名の受身] 丘は雪に覆われていた / I'll have the wall *covered with* good wallpaper. 壁には上質の壁紙を張ってもらおう.
❸ (...)を**包含する** [≒include]; (問題など)を扱う [≒deal with]; (ある範囲)にわたる, 及ぶ**:** We cannot *cover* the whole subject in one book. 問題のすべてを 1 冊の本で扱うことはできない / This rule *covers* all cases. この規則はあらゆる場合に当てはまる / Mountains *cover* over 70% of Japan. 日本の 7 割以上を山地が占める. ❹ (費用・損失など)を賄(まかな)う, 償うに足る; (保険が)(人・損失など)を補償する**:** *cover* the cost 費用を賄う / My income barely *covers* my expenses. 私の収入はやっと支出を賄うだけだ / The loss *was* fully *covered by* insurance. その損害は保険で全額補償された / We are *covered against* [*for*] fire. うちは火災保険に入っている. ❺ (記者などが)(...)を取材[報道]する**:** *cover* a conference 会議を取材する. ❻ (ある距離)を行く, 通過[踏破]する**:** *cover* the distance in an hour その距離を 1 時間で行く. ❼ 敵に銃をむけて(味方)を援護する; (犯人など)に銃口を向けておく. ❽〔野球〕 (塁)をカバーする; 〔スポーツ〕 (相手)をマークする; (ゴールなど)を守る. ❾ (他人の曲)をカバーする.
— ⓐ (人の)代わりをする; (うそをついたりして)(人を)かばう (*for*).
cóver onesèlf [動] ⓐ 《略式》 非難されないように手を打っておく (*against*).

cover の句動詞
cóver óver [動] ⓣ (穴など)をすっかり覆う.
***cóver úp** [動] ⓣ ❶ (...)を**すっかり覆う, くるむ;** (人)

に暖かい服を着せ(てや)る; 体(の一部)を隠す V+名·代+up / V+up+名: *Cover up* the injured man *with* this blanket. けが人をこの毛布でくるみなさい / *Cover* yourself *up*. ちゃんと服を着(て暖かくし)なさい, 肌を隠しなさい.
❷ (不正など)を**包み隠す**, もみ消す V+名·代+up / V+up+名: *cover up* the real cause of his death 彼の本当の死因を隠す.
— 自 暖かい服装をする; 体(の一部)を(タオルなどで)隠す (*with*).
+**cóver úp for ...** 動 他 《略式》(不正などを隠して)(人)**をかばう**: The police think she's trying to *cover up for* her husband. 警察は彼女が夫をかばおうとしていると思っている.

— 名 (~s /~z/) ❶ C **覆い, カバー**《⇒ 2 日英》; ふた; [the ~s] 寝具《毛布·シーツなど》: a chair *cover* いすのカバー /「put a *cover* over [take a *cover* off] ... ...にカバーをかける[からカバーをとる].
❷ C (本や雑誌の)**表紙**: a photo on the (front) *cover* 表紙の写真. 関連 hardcover 堅い表紙の本.
日英 英語の cover は本体から取り外せない表紙. 表紙の上にかける「カバー」は英語では (dust) jacket.
❸ U 隠す物; 遮蔽(しゃへい)物; 隠れ場所: run for *cover* 避難場所を求めて逃げる / A crowd provides good *cover for* a fleeing thief. 人込みは逃げる泥棒の絶好の隠れ場所だ. ❹ C [普通は単数形で] 見せかけ, 口実; 隠れみの: a *cover for* illegal activities 非合法活動の隠れみの. ❺ U 〔軍隊〕援護. ❻ U (地面[空]を覆う)雪[雲]. ❼ U 〔生態〕(ある地域の)植物. ❽ C = cover version. ❾ C 《米》 = cover charge. ❿ U 《英》〔保険〕補償(範囲) (*for, against*). ⓫ U 《英》代理, 代行 (*for*).
blów ...'s cóver [動] (人)の正体を暴く.
bréak cóver [動] 自 隠れ場所から飛び出す.
from cóver to cóver [副] (本などの)初めから終わりまで, 全部.
tàke cóver [動] 自 (攻撃や雨を避けて)隠れる, 避難する.
ùnder cóver [副·形] (1) 素性を隠して, 隠れた[て]; こっそり: work *under cover* 身元を隠して活動する. (2) (屋根などの)下に[で].
ùnder (the) cóver of ... [前] (1) ...に隠れ[まぎれ]て, ...の援護を受けて: The enemy attacked us *under cover of* darkness. 敵は夜陰に乗じて攻撃してきた. (2) ...の口実のもとに, ...にかこつけて.
ùnder séparate cóver [副] 〔商業〕別便で.
*__cov·er·age__ /kʌ́v(ə)rɪʤ/ 名 ❶ U (新聞·テレビ·ラジオなどの)**報道(の仕方)**; **取材**: live *coverage* 生放送 / TV *coverage* of the election 選挙のテレビ報道. ❷ U 《米》〔保険〕補償範囲; 補償額. ❸ U (問題などの)取り扱い範囲; 適用範囲 (*of*).
cov·er·alls /kʌ́vəɔ̀ːlz | -və(r)ɔ̀ːlz/ 名 複 《米》カバーオール, つなぎ《上着とズボンが一体の作業着》[《英》overalls].
cóver chàrge 名 C (レストランなどの)席料, サービス料. 日英「テーブルチャージ」は和製英語.
cov·ered /kʌ́vəd | -vəd/ 形 ❶ 限定 覆(おお)い[屋根, ふた]のついた. ❷ [合成語で] ...で覆(おお)われた: snow-*covered* mountains 雪に覆われた山々.
cóvered wágon 名 C 《米》(開拓時代の)ほろ馬車.
cóver gìrl 名 C カバーガール《雑誌などの表紙の美人モデル》.
+**cov·er·ing** /kʌ́v(ə)rɪŋ/ 名 (~s /~z/) ❶ C **覆い(のようなもの)**, カバー, 屋根: a light *covering of* snow on the ground 地面に少し積もった雪. ❷ [複数形で] (床·壁などの)覆い: floor *coverings* 床の敷物.
cov·er·let /kʌ́vələt | -və-/ 名 C 《古風》(ベッドの)上掛け, ベッドカバー [≒bedspread].
cóver lètter 名 C 《米》(書類·品物の)添付文書[説明書], 添え状.
cóver stòry 名 ❶ C (雑誌の)特集記事《表紙に大きな活字や写真[絵]で出ている》. ❷ C 口実, 作り話.
co·vert[1] /kóʊvəːt, kʌ́vət | kóʊvəːt, kʌ́vət/ 形 限定 《格式》ひそかな, 隠れた, 暗に示した [⇔ overt].
cov·ert[2] /kʌ́vət, kóʊvət | kʌ́və(t)/ 名 C (獲物の)隠れ場所《やぶなど》.
co·vert·ly /kóʊvəːtli, kʌ́vət- | kóʊvəːt-, kʌ́vət-/ 副 《格式》ひそかに, こっそり, それとなく.
cov·er-up /kʌ́vəʌ̀p | -və(r)ʌ̀p/ 名 C 隠蔽(いんぺい), もみ消し; ごまかし, とりつくろい (*for*).
cóver vèrsion 名 C カバーバージョン《他人のオリジナル曲を新たにレコーディングしたもの》(*of*).
cov·et /kʌ́vɪt/ 動 他 《格式》(人のもの)をひどく欲しがる, 切望する.
cov·et·ed /kʌ́vɪṭɪd/ 形 多くの人が欲しがる.
cov·et·ous /kʌ́vɪṭəs/ 形 《格式》(人のものを)むやみに欲しがる; 強欲な, 貪欲(どんよく)な (*of*). **~·ly** 副 欲ばって. **~·ness** 名 U 貪欲.
COVID-19 /kóʊvɪdnàɪntíːn/ 名 U 新型コロナウイルス感染症《*co*rona*vi*rus *d*isease 2019 の略》.
*__cow__[1] /káʊ/ 名 (~s /~z/) ❶ C **雌牛, 乳牛**《⇒ cattle 表》; (一般に)牛: a milk *cow* 乳牛 / milk a *cow* 牛の乳を搾(しぼ)る. ✪ 鳴き声については ⇒ cry 表. 関連 beef 牛肉 / calf 子牛. ❷ C (象·鯨など大型動物の)雌. ❸ C 《英俗》[差別的] あま, 女. 関連 bull 雄.
hàve a ców [動] 自 《米略式》かんかんに怒る; びっくりする.
till the cóws còme hóme [副] 《略式》いつまでも, 長い間. 由来 (動作の遅い)牛が帰ってくるまで, の意.
cow[2] /káʊ/ 動 他 [普通は受身で] (人)を脅す, 脅して...させる (*into*).
cow·ard /káʊəd | káʊəd/ 発音 名 C おくびょう者, ひきょう者.
cow·ard·ice /káʊədɪs | káʊəd-/ 名 U おくびょう, ひきょう [⇔ courage].
cow·ard·ly /káʊədli | káʊəd-/ 形 おくびょうな; ひきょうな [⇔ courageous, brave]: a *cowardly* attack 卑劣な攻撃.
cow·bell /káʊbèl/ 名 C 牛の首につけた鈴.
+**cow·boy** /káʊbɔ̀ɪ/ 名 (~s /~z/) ❶ C (米国西部などの)**カウボーイ**《馬に乗って牛などの世話をする男》. ❷ C 《英略式》悪徳業者, 仕事の粗い業者.
cow·catch·er /káʊkæ̀ʧə | -ʧə/ 名 C 《米》(機関車の前部の)排障器.
cow·er /káʊə | káʊə/ 動 (-er·ing /káʊ(ə)rɪŋ/) 自 (恐怖などで後ずさりしながら)身をかがめる, すくむ.
cow·girl /káʊgə̀ːl | -gə̀ːl/ 名 C (カウボーイのように)牧場で働く女性.
cow·hand /káʊhæ̀nd/ 名 C = cowboy, cowgirl.
cow·hide /káʊhàɪd/ 名 U,C 牛革.
cowl /káʊl/ 名 ❶ C (修道士の)ずきん. ❷ C (煙の逆流を防ぐ)煙突帽.
cow·lick /káʊlìk/ 名 C (額の上の)立ち毛.
cowl·ing /káʊlɪŋ/ 名 C (航空機の)エンジンカバー.

co·work·er /kóʊwə̀ːkə | -wə̀ːkə/ 名 C いっしょに働く人, 協力者, 同僚 [≒colleague].
cow·shed /káʊʃèd/ 名 C 牛舎, 牛小屋.
cow·slip /káʊslìp/ 名 C きばなのくりんざくら, 西洋さくらそう《野草》.
cox /kɑ́(ː)ks | kɔ́ks/ 名 C (ボートの)コックス, 舵手(だしゅ). — 動 他 (...)のコックスを務める.
cox·swain /kɑ́(ː)ks(ə)n | kɔ́k-/ 名 C = cox.
coy /kɔ́ɪ/ 形 (coy·er; coy·est) ❶ (女性(の態度)などが)恥ずかしそうな(ふりをした), おしとやかぶった. ❷ はっきり言わない, 隠しだてをする (*about*).
coy·ly /kɔ́ɪli/ 副 恥ずかしそうに; 明言を避けて.
coy·ote /kaɪóʊṭi | kɔɪ-/ 名 C コヨーテ《北米の大草原に住む犬科の獣》.
co·zi·ly, 《英》 **co·si·ly** /kóʊzɪli/ 副 居心地[住み心地]よく; 和やかに.
co·zi·ness /kóʊzinəs/ 名 U 居心地[住み心地]のよさ.
+**co·zy,** 《英》 **co·sy** /kóʊzi/ 形 (co·zi·er, 《英》 co·si·er; co·zi·est, 《英》 co·si·est) ❶ (暖かくてこぢんまりして)**居心地[住み心地]のよい**《⇒ comfortable 類義語》. ❷ 和やかな. ❸ [軽蔑的] (関係が)なれあいの (*with*).
CPA /síːpìːéɪ/ 略 《米》 = certified public accountant.
CPR /síːpìːɑ́ə | -ɑ́ː/ 名 U 〔医学〕 (心拍停止後の)心肺蘇生法《*c*ardio*p*ulmonary *r*esuscitation の略》.
CPU /síːpìːjúː/ 名 C 〔コンピュータ〕 中央処理装置《*c*entral *p*rocessing *u*nit の略》.
crab[1] /krǽb/ 名 ❶ C かに《やどかりなどのかにに似た甲殻類も含む》. 参考 気難しく怒りっぽい動物というイメージがある. ❷ U かにの肉. ❸ [複数形で] けじらみ症. ❹ [the C-] かに座《星座》 (Cancer). — 動 (crabs; crabbed; crab·bing) 自 かにを捕(と)る.
crab[2] /krǽb/ 名 C 《米略式》 気難しい人. — 動 (crabs; crabbed; crab·bing) 自 《米略式》 文句を言う.
cráb àpple 名 C 野生りんご(の木).
crabbed /krǽbd/ 形 ❶ (筆跡などが)読みにくい. ❷ 《古風》 = crabby.
crab·by /krǽbi/ 形 (crab·bi·er; -bi·est) 《略式》 不機嫌な; 気難しい.
crab·wise /krǽbwàɪz/ 副 横(歩き)に.
*****crack** /krǽk/ 動 (cracks /~s/; cracked /~t/; crack·ing) 自 ❶ **ひびが入る**; (ぱちんと)割れる《⇒ break 類義語》: The ice *cracked* when I stepped on it. 私が乗ると氷にひびが入った / The egg *cracked* open. V+C (形) 卵がぱかっと割れた.
❷ **ぱちっ[がちゃん, ぱん, ぴしっ]と音を立てる:** The fireworks *cracked* overhead. 花火が頭上でぱんぱんと鳴った / The whip *cracked* loudly [sharply]. むちがぴしっと鳴った. ❸ (精神的に)まいる, へこたれる: *crack* (*up*) *under* the strain 重圧に負ける. ❹ (声が)うわずる, かすれる, 調子が変わる. ❺ (制度などが)うまく機能しなくなる.
— 他 ❶ (...)に**ひびを入らせる**; (...)をぱちんと割る: *crack* nuts くるみを割る / *crack* a hard-boiled egg 固ゆで卵を割る.
❷ [受身なし] (...)を**ぱちっ[がちゃん, ぱん, ぴしっ]と鳴らす:** He *cracked* his whip. 彼はむちをぴしっと鳴らした. ❸ (...)をがつんとぶつける, 激突させる (*on, against*); ぴしゃりと打つ, がつんとなぐる: He *cracked* me *on the* buttocks with his ruler. 彼はものさしで私のおしりをぴしゃりと打った《⇒ the[1] 2》. ❹ (問題など)を解決する, (暗号)を解読する: *crack* a code 暗号を解読する. ❺ (金庫など)を破る, こじあける. ❻ 《略式》 (冗談)を飛ばす. ❼ 《略式》 (酒びんなど)を開けて飲む; (本)を開く. ❽ (犯罪・敵など)を阻止する. ❾ 〔コンピュータ〕 (ソフト)を不正にコピーする. ❿ (上位)入りを果たす.
cráck a smíle 動 自 (多少なりとも)ほほえむ.
gèt crácking 動 自 《略式》 さっさとやる[行く] (*on*).

> **crack の句動詞**
> **cráck dówn on ...** 動 他 ...に断固たる措置をとる, ...を厳しく取り締まる.
> **cráck ínto ...** 動 他 (コンピューターシステム)に侵入する.
> **cráck ón** 動 自 《英略式》 (仕事などを)どんどん進める (*with*).
> **cráck úp** 動 自 ❶ 《略式》 (精神的に)弱る, まいる. ❷ 《略式》 大笑いする. ❸ 《略式》 うまく機能しなくなる. — 他 《略式》 (人)を大笑いさせる.
> **be crácked úp to be ...** [動] [否定文で] 《略式》 ...という評判だ: That hotel is *not* all [everything] it's *cracked up to be*. そのホテルは評判ほどではない.

— 名 (~s /~s/) ❶ C **割れ目**, 裂け目, ひび; (ドア・窓などの狭い)**すき間**; (制度・考えなどの)欠点, 欠陥 (*in*): a *crack in* a plate 皿のひび / a *crack between* two fingers 指と指の間のすき間 / open the window a *crack* 窓を少しだけ開ける.
❷ C **ぱちっ(という音)**, がちゃん, がらがら, ぱん, ぴしっ《固い物が割れる音・銃[むち]の音など》: a *crack of* thunder 雷鳴. ❸ C がつんとぶつけること; ぴしゃりと打つこと: get a nasty *crack on* the head 頭をひどくぶつける. ❹ C 《略式》 皮肉, (きつい)冗談: make a *crack about* ... ...について冗談を言う. ❺ C 《略式》 試み, ためし: have [take] a *crack at* writing a poem 詩を書いてみる. ❻ C (突然の)声の調子の変化, 声がうわずること. ❼ U クラック《コカインを精製した純度の高い麻薬》. ❽ C 〔コンピュータ〕 システムへの侵入; ソフトを不正使用できるようにする情報[コード].
a fáir cráck of the whíp 名 《英略式》 公平な機会.
at the cráck of dáwn 副 夜明けに.
páper óver the crácks 動 自 欠陥[意見の不一致]を隠す[取りつくろう].
slíp [fáll] through the crácks 動 自 (制度などから)抜け落ちる.
— 形 限定 最優秀の, 第一級の: a *crack* shot 射撃の名手.
crack·down /krǽkdàʊn/ 名 C (不法行為などの)取り締まり, 手入れ, 断固たる措置 (*on, against*).
cracked /krǽkt/ 形 ❶ ひびの入った; 割れた; 限定 (こしょう・小麦などが)粗びきの, ひき割りの. ❷ (声が)うわずった, かすれた. ❸ 叙述 《略式》 気の変な, おかしい.
crack·er /krǽkə | -kə/ 名 ❶ C クラッカー《甘味をつけない薄い堅焼きビスケット》. 関連 cookie クッキー. ❷ C = firecracker. ❸ C = Christmas cracker. ❹ C 〔コンピュータ〕 ハッカー. ❺ C 《英略式》 すてきなもの, おもしろいもの.
crack·er·jack /krǽkəʤæ̀k | -kə-/ 形 《米略式》 優秀な, 一流の.
crack·ers /krǽkəz | -kəz/ 形 叙述 気が狂った.
crack·le /krǽkl/ 動 自 ぱちぱち音を立てる. — 名 C ぱちぱち鳴る音.

crack·ling /krǽklɪŋ/ 名 ❶ [U または a ～] ぱちぱちと音を立てること. ❷ [《米》 複数形で; 《英》 U] 焼いた豚肉のかりかりする皮.

crack·pot /krǽkpɑ̀(ː)t | -pɔ̀t/ 形 限定, 名 C 《略式》 頭のおかしな(人).

crack-up /krǽkʌ̀p/ 名 ❶ C 《米略式》 衝突事故. ❷ C 《略式》 ノイローゼ.

-cra·cy /krəsi/ 接尾 [名詞語尾] 「...の政治, ...の支配」の意 (⇒ -crat): aristó*cracy* 貴族政治 / demó*cracy* 民主政治. 発音 直前の音節に第一アクセントがくる.

cra·dle /kréɪdl/ 名 ❶ C (赤ん坊の)揺りかご, ベビーベッド: The hand that rocks the *cradle* rules the world. 《ことわざ》 揺りかごを揺する手が世界を支配する(子供の人格を形成するので母親の役割は大きい). ❷ [the ～] 《格式》 (文化·民族などが)発展した土地, 揺籃(ようらん)の地, 発祥地: *the cradle of* civilization 文明発祥の地. ❸ C 受話器をのせる台 (⇒ telephone 挿絵). ❹ [単数形で] 幼少時; 初期: from the *cradle* 幼少時から. ❺ C 《英》 (高所作業用の)ゴンドラ. **from (the) crádle to (the) gráve** [副] 揺りかごから墓場まで, 生まれてから死ぬまで, 一生を通じて.
— 動 他 (...)をそっと[大事そうに]持つ[抱く]: She was *cradling* the baby *in* her arms. 彼女は赤ん坊を腕に抱きかかえていた.

*__craft__[1] /krǽft | krɑ́ːft/ 名 (crafts /krǽfts | krɑ́ːfts/) ❶ C 手芸, 工芸; [単数形で] (職人などの)特殊技術 (⇒ technique 類義語); (特殊な技術を要する)職業: a school of [for] arts and *crafts* 美術工芸学校 / the carpenter's *craft* 大工の技術[職業]. 関連 handicraft 手芸. ❷ U 悪知恵, 悪だくみ, 巧妙さ.
(2 では 形 crafty)
— 動 他 [普通は受身で] (職人が)手で(...)を作る.
【語源 元来は「力」の意】

+**craft**[2] /krǽft | krɑ́ːft/ 名 (複 ～) ❶ C 船: a pleasure *craft* 遊覧船. 関連 vehicle (車輪のついた)陸上の乗り物 / hovercraft ホバークラフト. ❷ C 航空機 (aircraft); 宇宙船 (spacecraft).

craft·i·ly /krǽftɪli | krɑ́ːft-/ 副 ずるく.

craft·i·ness /krǽftinəs | krɑ́ːft-/ 名 U ずるさ.

crafts·man /krǽftsmən | krɑ́ːfts-/ 名 (-men /-mən/) C 職人, 熟練工; 工芸家, 名匠 《男性》.

crafts·man·ship /krǽftsmənʃɪp | krɑ́ːfts-/ 名 U 職人の技能; 熟練, 名人芸.

crafts·wom·an /krǽftswʊ̀mən/ 名 (-wom · en /-wɪ̀mən/) C 職人, 工芸家 《女性》.

craft·y /krǽfti | krɑ́ːf-/ 形 (craft·i·er; -i·est) ずるい, 悪賢い (⇒ sly 類義語). (名 craft[1] 2)

crag /krǽg/ 名 C ごつごつの岩, 険しい岩山.

crag·gy /krǽgi/ 形 (crag·gi·er; -gi·est) ❶ 岩の多い, 岩だらけの; 険しい. ❷ [普通はよい意味で] (男性の顔が)ほりの深い, いかつい.

cram /krǽm/ 動 (crams; crammed; cram·ming) 他 ❶ (人·物)を狭い所に詰め込む (*in*); (場所)をすし詰めにする: 言い換え The child *crammed* macaroni *into* his mouth. = The child *crammed* his mouth *with* macaroni. その子はマカロニを口いっぱいほおばった (⇒ pack 動 語法). ❷ (短期間に)(日程·予約など)を詰め込む (*in*). — 自 ❶ [副詞(句)を伴って] (多くの人が)押しかける, 入り込む (*in*, *into*). ❷ (...に備えて)詰め込み勉強をする (*for*).

crammed /krǽmd/ 形 (人·物で)いっぱいの, すし詰めの; 詰め[押し]込まれた: The hall was *crammed with* excited rock fans. ホールは興奮したロックファンでぎっしりだった.

cramp[1] /krǽmp/ 名 ❶ (筋肉の)けいれん, こむら返り. 語法 《米》では C, 《英》では U が普通: have [get] (a) *cramp* in one's leg 足にけいれんを起こす. ❷ [複数形で] 《米》 腹部の激痛, (特に)生理痛. — 動 他 (...)にけいれんを起こさせる. — 自 けいれんする (*up*).

cramp[2] /krǽmp/ 動 他 (成長など)を妨げる; 制限する. **crámp ...'s stýle** [動] 《略式》 ...の能力を十分に発揮させない, 足手まといとなる.

cramped /krǽmpt/ 形 ❶ 狭い, きゅうくつな: feel *cramped* (*for* space) (人が)きゅうくつに思う. ❷ (字が)小さくて読みにくい.

cram·pon /krǽmpɑ(ː)n | -pɔn/ 名 C [普通は複数形で] アイゼン 《登山靴などの底につける金具》.

crám schòol 名 C 学習塾, 予備校.

cran·ber·ry /krǽnbèri | -b(ə)ri/ 名 (-ber·ries) C クランベリー, つるこけもも 《常緑の小低木(の実)》.

cránberry sàuce 名 U クランベリーソース.

+**crane** /kréɪn/ 名 (～s /～z/) ❶ C 起重機, クレーン: operate a *crane* クレーンを動かす. ❷ C つる 《首·脚の長い鳥》.
— 動 他 (よく見ようとして)(首)を伸ばす. — 自 首を伸ばす (*forward*, *over*).

cra·ni·um /kréɪniəm/ 名 (複 ～s, cra·ni·a /-niə/) C 〔解剖〕 頭蓋(ずがい); 頭蓋骨.

crank /krǽŋk/ 名 ❶ C (機械·自転車の)クランク (⇒ bicycle 挿絵); (L 字形の)ハンドル. ❷ C 《米略式》 気難しい人, 怒りっぽい人. ❸ C 《略式》 [軽蔑的] 変人, 凝(こ)り屋. — 動 他 クランクを回して(エンジンなど)を始動させる; クランクを回して(...)を上げる[下げる] (*up*, *down*). **cránk óut** [動] 他 《略式》 (特に質の悪いもの)を大量に作り出す, 量産する. **cránk úp** [動] 他 《略式》 (音量など)を上げる.

cránk cáll [létter] 名 C いやがらせの電話[手紙].

crank·case /krǽŋkkèɪs/ 名 C (内燃機関の)クランク室.

crank·shaft /krǽŋkʃæ̀ft | -ʃɑ̀ːft/ 名 C クランク軸.

crank·y /krǽŋki/ 形 (crank·i·er; -i·est) ❶ 《米略式》 気難しい, 怒りっぽい. ❷ 《英略式》 奇妙な.

cran·ny /krǽni/ 名 (cran·nies) C 割れ目, 裂け目.

crap /krǽp/ 名 ❶ U 《卑語》 くだらぬこと[もの]; でたらめ; くず, がらくた: a load [《米》 bunch] of *crap* まったくばかばかしいこと / Cut the *crap*. でたらめを言うな. ❷ U 《卑語》 くそ; [a ～] くそをすること (⇒ taboo word). **nót tàke cráp from ...** [動] 他 ...にばかな[なめた]事はさせない[言わせない]. — 動 (craps; crapped; crap·ping) 自 《卑語》 くそをする. — 形 《英卑語》 劣悪な, 最低の; 下手な.

craps /krǽps/ 名 U 《米》 クラップス 《2 個のさいころで行なうばくち》: shoot *craps* クラップスをする.

**crash /krǽʃ/

— 動 (crash·es /～ɪz/; crashed /～t/; crash·ing) 自 ❶ (飛行機が)墜落する; (車などが)衝突する (⇒ collide 類義語): The plane ***crashed into*** a hillside. V+*into*+名 飛行機が山腹に墜落した / The car *crashed into* the bus. 車がバスに衝突した.
❷ [普通は副詞(句)を伴って] すさまじい音を立てて砕ける[崩れる, 落ちる, 進む]; ものすごい音を立てる: The tiles *crashed* down. V+副 かわらががらがらと落ちた / The vase ***crashed on*** the floor. V+前+名 花びんはがちゃんと床に落ちた. ❸ S (疲れて)寝る, 眠り込む (*out*); (人の家などに)泊まる. ❹ (コンピューターなど

が)突然故障する. ❺ (株式市場が)暴落する.
— ⑩ ❶ (車)を**衝突させる**; (飛行機)を墜落させる: The driver ***crashed*** his car ***into*** the wall. [V+O+前+名] 運転手は車を塀にぶつけた. ❷ (...)をがちゃんとたたきつける: She *crashed* her glass angrily *against* the table. 彼女は怒ってテーブルにコップをがちゃんとたたきつけた. ❸ (コンピューターなど)を突然故障させる. ❹《略式》= gate-crash. ❺《英》(試合で)惨敗する, 敗退する (*out*).

crásh and búrn [動] ⓐ《略式》(急に)だめになる.
— 图 (~·es /~ɪz/) ❶ Ⓒ (飛行機の)**墜落**; (車などの)**衝突**, 激突: Twenty people were killed ***in*** the plane [train] ***crash***. その墜落[列車]事故で 20 人が死んだ. ❷ Ⓒ (コンピューターなどの)突然の故障, クラッシュ. ❸ Ⓒ [普通は単数形で] がらがらっ[どしん]という音; (雷の)とどろき (*of*): with a *crash* がちゃんと(音をたてて). ❹ Ⓒ (株式市場の)暴落.
— 形 [限定] 応急の, 緊急の, 急激な: a *crash* course (*in* French) (フランス語の)速成コース, 集中講座 / a *crash* diet (短期間の)きびしいダイエット.

crásh bàrrier 图 Ⓒ《英》(高速道路の)中央分離帯; (車道の端にある)ガードレール [《米》guardrail].

crásh hèlmet 图 Ⓒ (バイク乗りなどの)ヘルメット《工事現場用のは普通 hard hat》.

crash-land /krǽʃlǽnd/ 動 ⑩ (飛行機)を不時着させる. — ⓐ (飛行機が)不時着する.

crásh lánding 图 Ⓒ (飛行機の)不時着: make a *crash landing* 不時着する.

crass /krǽs/ 形 愚かな, 無神経な; [限定] (無知などが)ひどい: *crass* ignorance 甚だしい無知.

-crat /krӕt/ [接尾] [名詞語尾]「...政治を支持する人」,「(特定の)権力階級の一員」の意: arístocràt 貴族 / démocràt 民主主義者 / búreaucràt 官僚. [発音] 2 つ前の音節に第一アクセントがくる. -crat, -cracy, -cratic の付く語の第一アクセントの位置に注意: démocrat, demócracy, democrátic.

crate /kréɪt/ 图 ❶ Ⓒ (果物・びんなどを運ぶ)木[プラスチック]枠, 木箱, ケース. ❷ Ⓒ ケース 1 杯の量 (*of*). ❸ Ⓒ《古風》(がたがたの)おんぼろ自動車[飛行機].
— 動 ⑩ (...)を木枠[ケース]に詰める (*up*).

cra·ter /kréɪṭɚ | -tə/ 图 Ⓒ 噴火口; (爆弾の破裂などによる)地面の穴; (月面の)クレーター.

cra·vat /krəvǽt/ 图 Ⓒ = ascot.

crave /kréɪv/ 動 ⑩ (...)を切望する, 強く求める.

cra·ven /kréɪv(ə)n/ 形《格式》おくびょうな.

crav·ing /kréɪvɪŋ/ 图 Ⓒ 切望, 強い欲求: have [feel] a *craving for* sweets 菓子をひどく欲しがる.

craw·fish /krɔ́:fɪʃ/ 图 (複 ~) Ⓒ,Ⓤ《米》ざりがに; いせえび [≒crayfish].

+**crawl** /krɔ́:l/ 動 (crawls /~z/; crawled /~d/; crawl·ing) ⓐ ❶ [普通は副詞(句)を伴って] **はう**, 腹ばいで進む: The baby ***crawled out of*** his playpen. [V+前+名] 赤ちゃんはベビーサークルからはって出た / The worm ***crawled up*** the twig. その虫は小枝をはい上がった. ❷ [普通は副詞(句)を伴って] (乗物・人が)のろのろ進む: *crawl into* [*out of*] bed はうようにベッドにもぐり込む[から出る] / Cars were *crawling along* at a snail's pace. 車はのろのろと走っていた. ❸ [進行形で] (場所が虫などで)うじゃうじゃしている: The tree *was crawling with* ants. その木にはありがうようよいた. ❹《英略式》[軽蔑的] (人に)ぺこぺこする (*to*).
— ⑩〘コンピュータ〙(ネット)の(自動)検索をする.
— 图 ❶ [a ~] 低速(走行): at *a crawl* のろのろと. ❷ Ⓤ [しばしば the ~] クロール泳法: do [swim] *the crawl* クロールで泳ぐ.

cray·fish /kréɪfɪʃ/ 图 (複 ~) Ⓒ,Ⓤ ざりがに; いせえび [《米》crawfish].

cray·on /kréɪɑ(:)n | -ɔn/ 图 Ⓒ,Ⓤ クレヨン: a picture *in crayon* = a *crayon* drawing クレヨン画. — 動 ⑩ (...)をクレヨンで描く. — ⓐ クレヨン画を描く.

craze /kréɪz/ 图 Ⓒ (一時的な)熱狂; 大流行 (*for*).

crazed /kréɪzd/ 形 錯乱[発狂]した (*with*).

cra·zi·ly /kréɪzɪli/ 副 狂ったように; めちゃくちゃに.

cra·zi·ness /kréɪzinəs/ 图 Ⓤ 狂気じみていること.

cra·zy /kréɪzi/

— 形 (cra·zi·er /-ziɚ | -ziə/; cra·zi·est /-ziɪst/) ❶《略式》ひどくばかげた, **頭がおかしい**, 狂気じみた; 気が狂った《⇒ [類義語]》: a *crazy* idea ばかげた考え / Kate must be ***crazy to*** do that. [+to 不定詞] そんなことをするなんてケートは頭がどうかしたに違いない《[多用]; ⇒ to² B 2》/ ***It was crazy to*** lend him your money. 彼に金を貸すなんて頭がどうかしていたんじゃないか / She felt like she was ***going crazy***. 彼女は気が狂いそうに感じた.
❷ [叙述]《略式》**熱中した**, 夢中になった; [合成語で] ...狂の: Tom is ***crazy about*** [***for***] rugby. [+about [for]+名] トムはラグビーに熱中している / The crowd ***went crazy***. 群衆は熱狂した / ski-*crazy* スキー狂の / boy [girl]-*crazy* 男[女]の子に夢中の. ❸《略式》怒った, かんかんになった: go *crazy* かっとなる / That noise is driving me *crazy*. あの音には頭にくる.

lìke crázy [副]《略式》猛烈に; ものすごく.
(图 craze)

[類義語] **crazy, mad** ともに, 実際に精神的障害のある人に対して用いるのは差別的. 怒りや興奮で我を失う場合にも用いる. **mentally ill** 実際に精神的障害のある場合に用いる. **insane** 改まった語で重症の精神障害に, 特に法的に用いる.

— 图 Ⓒ《略式, 主に米》頭の変なやつ.

crázy pàving 图 Ⓤ《英》様々な形をした敷石の舗装[歩道].

crázy quìlt 图 ❶ Ⓒ 寄せぎれで作ったベッドカバー. ❷ [a ~] 寄せ集め, つぎはぎ (*of*).

creak /krí:k/ 動 ⓐ (ドアなどが)きしむ. — 图 Ⓒ (ドアなどの)きしむ音.

creak·y /krí:ki/ 形 (creak·i·er; -i·est) きいきいいう, きしる; (制度などが)がたのきている.

cream /krí:m/

— 图 (~s /~z/) ❶ Ⓤ **クリーム**《牛乳の中の脂肪分》: fresh [whipped] *cream* 生[ホイップ]クリーム / Would you like some *cream* in your coffee? コーヒーにクリームはいかがですか. ❷ Ⓤ,Ⓒ クリーム状[入り]の食品: ice *cream* アイスクリーム / *cream* of tomato soup (裏ごしした)トマトのクリームスープ. ❸ Ⓤ,Ⓒ (化粧用・医薬品の)クリーム: shaving *cream* ひげそり用クリーム / foundation *cream* 化粧下地用クリーム / anti-itch *cream* かゆみ止め軟膏. ❹ Ⓤ クリーム色, 淡黄色. ❺ [the ~] 最良の部分: *the cream* of society 社会のトップクラスの人たち / the *cream* of the crop 最も優れた人たち[もの].
(形 créamy)
— 形 クリーム色の.
— 動 ⑩ ❶ (バターと砂糖など)をかき混ぜてクリーム状にする. ❷ [普通は受身で]《米略式》(試合で)(...)をこてんぱんにやっつける, 打ちのめす; ぶんなぐる. ❸ (牛乳)からクリームを分離する.

créam óff [動] ⑭ 《主に英》 (集団などからいちばんよい層・部分)を取る, 選び抜く.

créam chèese 名 U クリームチーズ.

cream·er /kríːmɚ | -mə/ 名 ❶ U クリーマー《コーヒーなどに入れるミルクの代用品》. ❷ C クリーム入れ.

créam pùff 名 C シュークリーム. 日英「シュークリーム」は和製フランス語.

créam sóda 名 U 《米》 バニラの香りを加えたソーダ水. 日英 日本の「クリームソーダ」のようにアイスクリームは浮かべていない.「クリームソーダ」は ice-cream soda という.

créam téa 名 U 《英》 クリームティー《ジャムやクリーム付き scone とお茶の出る午後の軽食》.

+**cream·y** /kríːmi/ 形 (cream·i·er; -i·est) ❶ **クリーム状の**; クリームを含んだ. ❷ クリーム色の. (名 cream)

crease /kríːs/ 名 C ひだ, (ズボンなどの)折り目, (紙や布の)しわ; (顔の)しわ. ― 動 ⑭ (...)に折り目をつける; しわをつける. ― ⑥ 折り目がつく; しわになる.

creased /kríːst/ 形 折り目[しわ]のついた.

***cre·ate** /kriéɪt/ 発音

― 動 (cre·ates /-éɪts/; cre·at·ed /-ṭɪd/; cre·at·ing /-ṭɪŋ/) ⑭ ❶ (新しいもの)を**創造する**, 創作する, 作り出す; (神などが)(...)を創造する: What can we do to *create* a better society? よりよい社会を作るために私たちに何ができるだろうか / *create* jobs 雇用を生み出す / God *created* the heaven and the earth. 神が天地を創造された《旧約聖書のことば》 / All men *are created* equal. V+O+C (形)の受身 人はみな生まれながらにして平等である《米国独立宣言中のことば》.

❷ (新事態など)を**引き起こす**, 生じさせる [≒cause]: The news *created* a great sensation. そのニュースは一大センセーションを巻き起こした. ❸ 《英》 (人)に(爵位を)授ける. (名 creátion, 形 creátive)

*cre·a·tion /kriéɪʃən/ 名 (~s /~z/) ❶ U (新しいもの の) **創造**, 創作, 創立: the ***creation of*** a new company 新会社の創設 / job *creation* 雇用の創出. ❷ C **創作物**, 創作品: the *creations* of Walt Disney ウォルトディズニーの作品. ❸ [the C-] 天地創造, 創世. ❹ U (神の創造した)世界, 宇宙, 森羅万象(しんらばんしょう). (動 creáte)

*cre·a·tive /kriéɪṭɪv/ 発音 形 **創造的な**, 創造力のある, 独創的な: *creative* power 創造力 / *creative* writing (小説・詩などの)創作 / We must find some *creative* solutions to environmental problems. 環境問題に対して独創的な解決策を見つける必要がある. (動 creáte, 名 crèatívity)

― 名 C 《略式》 (芸術・広告などで)独創性[創造力]のある人.

~·ly 副 創造的に, 独創的に.

creátive accóunting 名 U 粉飾決算.

cre·a·tiv·i·ty /krìːeɪtívəṭi/ 名 U 創造性, 独創性. (形 creátive)

+**cre·a·tor** /kriéɪṭɚ | -tə/ 名 (~s /~z/) ❶ C **創造者**, 創作者, 創設者: the ***creator of*** the website そのウェブサイトの創設者.
❷ [the C-] (万物の)**造物主**, 神.

*crea·ture /kríːtʃɚ | -tʃə/ 発音 名 (~s/~z/) ❶ C **生き物**《植物は除く》, 動物, 人間; (想像上の)奇妙な生き物: living *creatures* 生き物 / the wild *creatures* of the woods 森の獣たち / fellow *creatures* 人間どうし, 同胞. ❷ C [形容詞を伴って] 人, やつ: a lovely *creature* きれいな女性. ❸ [単数形で] 《格式》 子分, 手先 (*of*). ❹ C よくない[ひどい]産物 (*of*).

a créature of hábit [名] 習慣の奴隷, いつも決まった行動をする人.

〖語源 ラテン語で「(神によって)創造 (create) されたもの」の意〗

créature cómforts 名 複 肉体的安楽を与えるもの《衣食住など》.

crèche /kréʃ, kréɪʃ/ ≪フランス語から≫ 名 ❶ C 《米》 キリスト降誕の像 [《英》 crib]. ❷ C 《英》 託児所, 保育園.

cre·dence /kríːḍəns, -dns/ 名 U 《格式》 信用: a letter of *credence* 信任状 / gain *credence* 信じられる, 受け入れられる / give *credence* to ... ...を信じる / lend [give, add] *credence* to ... (物事が)...の裏づけとなる.

cre·den·tials /krɪdénʃəlz/ 名 複 ❶ 適性[能力]を示すもの《経歴・業績など》, 資格 (*for, as*). ❷ (大使・公使などに授ける)信任状; (身元・資格の)証明書.

+**cred·i·bil·i·ty** /krèḍəbíləṭi/ 名 U **信用できること, 信頼性** (*as, of*): gain [lose] *credibility* 信頼を得る[失う].

credibílity gàp 名 [単数形で] (政治家の)言行不一致, 食い違い (*between*).

+**cred·i·ble** /kréḍəbl/ 形 **信用できる**, 確かな [⇔ incredible]; (成功する)見込みのある, 有望な: a *credible* explanation 信じられる説明 / a *credible* candidate 候補として見込みある人[もの].

-i·bly /-əbli/ 副 確実に.

*cred·it /kréḍɪt/ 名 (cred·its /-ḍɪts/)

> 意味のチャート
> 元来は「**信頼, 信用**」❼ の意.
> → (信頼に値すること) → 「**名誉(となるもの)**」❸, ❹
> → (金銭上の) 「**信用度**」❶
> → (信用供与) → 「**クレジット, 貸付金**」❶
> → (信用の基) → 「**入金, 貸し方**」❷

❶ U **クレジット**, 掛け(売り), つけ, 信用販売; U,C (銀行の) **貸付金**, 融資; U (商取引の上での) 信用度: I don't like buying goods ***on credit***. 私は商品をクレジットで買うのは好まない / interest-free *credit* 無利子の信用販売 / The bank will not give me any more *credit*. 銀行はこれ以上は私に融資してくれないだろう.

❷ C,U (口座への)**入金**, 振り込み; 払い戻し金, (税などの)控除; 〖簿記〗 貸し方(記入) [⇔ debit]; U 預金(残高): a *credit* of fifty dollars 50 ドルの入金.

❸ U **名誉**, 手柄, 功績; **称賛** [⇔ discredit]: ***Credit for*** the success of our work goes [belongs] to Dr. White. 我々の仕事を成功させた功労者はホワイト博士です / They ***gave*** him ***credit for*** the discovery. 彼らはその発見の功績を彼のものとした / He ***took*** all the ***credit for*** the work. 彼はその仕事の手柄を全部自分のものとした.

❹ [a ~] **名誉となるもの[人]**: He is ***a credit to*** his school. 彼は学校の名誉だ. ❺ C (大学の)履修単位: get *credits in* history 歴史の単位を取る. ❻ [the ~s] 〖テレビ・映画〗 クレジット(タイトル)《出演者・制作者・監督などを示す字幕》. ❼ U 信頼, 信用; 名声: gain *credit* 信用される.

be in crédit [動] ⑥ (口座に)預金がある.

dò crédit to ... = dò ... crédit [動] ⑭ ...の名誉となる, ...に面目を施させる: The work will *do* you *credit*. その仕事はあなたの名誉になるだろう.

give ... (the) crédit for ~ [動] ⑭ (1) (行為など)を

(人が)したものとする, (人の)手柄にする《⇒ 3》. (2) (人が)当然〜を持っている[〜する]とみなす: I *gave* you *credit for* being more sensible. あなたはもっと良識のある人だと思っていました.

on the crédit sìde [副] (1) 〔簿記〕 貸し方に記入して. (2) よい点をあげれば.

to ...'s crédit [副・形] (1) [しばしば 文修飾] **...の名誉となって, ...は立派だ:** It's much *to his credit* that he won the prize. その賞を得たのは彼の大変な名誉になる. (2) ...の業績となって, ...の名義で: The pitcher already has got fifteen saves *to his credit*. その投手はすでに 15 セーブをあげた.

— 動 (cred·its /-ḍɪts/; -it·ed /-ṭɪd/; -it·ing /-ṭɪŋ/) 他 ❶ (ある金額)を(口座に)**入金する;** 〔簿記〕 (金額)を(人・口座の)貸し方に記入する [⇔ debit]: 言い換え A hundred dollars has been ***credited to*** my account. V+O+*to*+名の受身 = My account has been ***credited with*** a hundred dollars. V+O+*with*+名の受身 私の口座に 100 ドルが入金された. ❷ (...)が(〜の長所・能力などを)持っていると信じる; (手柄・名誉などが)(...)のものであるとする [≒ attribute]: I *credit* her *with* kindness. 私は彼女が優しい心の持ち主であると信じている / 言い換え Curie *is credited with* the discovery of radium. = The discovery of radium *is credited to* Curie. ラジウムを発見したのはキュリーだとされている. ❸ [普通は否定文・疑問文で] 《格式, 主に英》 (...)を信じる, 信用する [≒ believe] [⇔ discredit].

cred·it·a·ble /kréḍɪṭəbl/ 形 称賛に値する; (道徳的に)立派な [⇔ discreditable].

crédit accòunt 名 C 《英》 = charge account.

+**crédit càrd** 名 C **クレジットカード**《信用販売のカード; ⇒ charge 他 2》: Do you accept *credit cards*? クレジットカードは使えますか.

by crédit càrd [副] (クレジット)カードで.

crédit lìmit 名 C カード利用限度(額).

+**cred·i·tor** /kréḍɪṭə | -tə/ 名 (〜s /〜z/) C **債権者,** 貸し主; 〔簿記〕 貸し方 [⇔ debtor].

crédit ràting 名 C (個人・法人の)信用度, 支払能力評価.

cred·it·wor·thy /kréḍɪtwə̀ːði | -wə̀ː-/ 形 信用貸しできる, 信用がおける.

cre·do /kríːḍoʊ, kréɪ-/ 名 (〜s) C 《格式》 信条 [≒ creed].

cre·du·li·ty /krɪd(j)úːləṭi | -djúː-/ 名 U 《格式》 信じ[だまされ]やすいこと [⇔ incredulity]: strain [stretch] *credulity* (説明などが)信じがたい.

cred·u·lous /kréʤʊləs/ 形 《格式》 (相手を)信じやすい; だまされやすい [⇔ incredulous].

creed /kríːd/ 名 C 信条, 信念; 主義, 綱領.

+**creek** /kríːk/ 名 (〜s /〜s/) ❶ C 《米》 **小川,** 細流《brook より大きく, river より小さい》. ❷ C 《英》 小さな入り江. **ùp the créek (without a páddle)** [形] Ⓢ 窮地に陥って. 由来 小川に追い込まれて動きがとれない, の意.

creel /kríːl/ 名 C (魚釣りの)びく.

+**creep** /kríːp/ 動 (creeps /〜s/; 過去・過分 crept /krépt/; creep·ing) 自 [普通は副詞(句)を伴って] ❶ **こっそり[ゆっくり]進む;** 知らぬ間に生じる[入り込む, 過ぎる]; (霧・雲などが)立ちこめる; 《米》 はう: The cat *crept toward* the sparrow. V+前+名 猫はすずめの方へこっそり進んでいった. ❷ (つる草などがはうように)繁る, からみつく: Ivy has *crept over* the walls of the old stadium. つたは古い野球場の壁一面をおおって(生えて)いる. ❸ 《英略式》 (人に)へつらう (*up*; *to*).

créep ín [動] 自 忍び込む, 知らぬ間に入り込む.

créep ìnto ... [動] 他 知らぬ間に...に入り込む, 忍び込む, (間違いなどが)...に紛れ込む: *creep into* bed こっそりベッドにもぐり込む.

créep óut [動] 他 《略式》 (人)をぞっとさせる. 語法 過去・過分 は creeped を用いる.

créep úp [動] 自 徐々に増加[上昇]する (*to*).

créep úp on ... [動] 他 (人・物事などが)(人)に忍び寄る; (感情などが)徐々に(人)の心に広がる.

— 名 ❶ C 《略式》 いやなやつ; 《英》 おべっかを言うやつ. ❷ [the 〜s] 《略式》 ぞっとする感じ, 恐怖[嫌悪]感: It gave me *the creeps*. それにはぞっとした. (形 creepy)

creep·er /kríːpə | -pə/ 名 C つる性植物.

creep·ing /kríːpɪŋ/ 形 限定 (悪い事態が)じりじりと進行する, いつのまにか忍び寄る.

creep·y /kríːpi/ 形 (creep·i·er; -i·est) 《略式》 ぞっとするような; 気味の悪いほど嫌な[変な]. (名 creep)

cre·mate /kríːmeɪt, krɪméɪt | krɪméɪt/ 動 他 (死体)を火葬にする.

cre·ma·tion /krɪméɪʃən/ 名 U,C 火葬.

cre·ma·to·ri·um /krìːmətɔ́ːriəm, krèm- | krèm-/ 名 (複 〜s, cre·ma·to·ri·a /-riə/) C 火葬場.

cre·ma·to·ry /kríːmətɔ̀ːri, krémə- | krémətəri, -tri/ 名 (-to·ries) C 《主に米》 = crematorium.

crème de la crème /krémdələkrém/ ≪フランス語から≫ 名 [the 〜] 最も優れた人たち[もの].

cre·ole /kríːoʊl/ 名 ❶ U,C クレオール語《第 1 言語として話される混合[混交]言語》. 関連 pidgin ピジン. ❷ C [C-] クレオール人《西インド諸島・南米などに移住した白人の子孫や白人と現地人の混血児》. ❸ C [C-] 《米》 クレオール(人)《Louisiana 州のフランス系移民の子孫》. — 形 (料理が)クレオール風の《香辛料のきいたもの》; クレオール人[語]の.

cre·o·sote /kríːəsòʊt/ 名 U クレオソート《医療・防腐用》. — 動 他 (...)をクレオソートで処理する.

crepe, crêpe /kréɪp/ ≪フランス語から≫ 名 ❶ U クレープ, ちりめん. ❷ C クレープ《薄焼きのパンケーキ》. ❸ U クレープゴム《靴底のゴム》.

crépe pàper 名 U ちりめん紙《造花・ナプキン用》.

+**crept** /krépt/ 動 **creep の過去形および過去分詞.**

cre·scen·do /krəʃéndoʊ/ 名 (〜s) ❶ C (音などが)次第に大きくなること; 《文語》 盛り上がり, 最高潮. ❷ C 〔音楽〕 クレッシェンドの音[一節] [⇔ diminuendo].

+**cres·cent** /krés(ə)nt/ 名 (cres·cents /-s(ə)nts/) ❶ C **三日月(形)**《⇒ phase 挿絵》. ❷ C 三日月形の街路. ❸ [the C-] 新月章《イスラム教の象徴》.

cress /krés/ 名 U コショウソウ; オランダがらし, クレソン (watercress)《サラダや添え物にする》.

crest /krést/ 名 ❶ C [普通は単数形で] 山頂; 波頭(なみがしら) (*of*). ❷ C とさか; 冠毛. ❸ C 紋章《封印・便箋(びんせん)・皿などの》. 「**be on [be ríding (on)] the crést of a [the] wáve** [動] 自 (得意・成功などの)絶頂にある (*of*). — 動 自 (波などが)最高点に達する. — 他 《格式》 (山など)の頂上に到達する.

crest·fall·en /kréstfɔ̀ːlən/ 形 がっかりした.

Crete /kríːt/ 名 固 クレタ《ギリシャの南東端の島》.

Créutz·feldt-Já·kob disèase /krɔ́ɪtsfelt-jáːkoʊb- | -jǽkɔb-/ 名 U 〔医学〕 クロイツフェルト・ヤコブ病《BSE 感染などが原因とされる; 略 CJD》.

cre·vasse /krɪvǽs/ 名 C (氷河・岩の深い)割れ目, ク

レバス.

crev·ice /krévɪs/ 名 C (岩・壁の狭く深い)割れ目.

***crew** /krúː/ 名 (~s /~z/) ❶ C (飛行機・船などの)**乗務員, 乗組員**, 搭乗員《全体; 客 (passengers) に対して》; (高級船員 (officer) を除いた)船員たち: the *crew of* the space shuttle スペースシャトルの乗組員 / The ship has a large *crew*. その船には大勢の船員が乗っている. 語法 《英》では乗組員などの一人一人を指すときには複数扱いとなることがある; またその一人を指すときは crewman, crew member を用いる: All the *crew was* [*were*] drowned. 乗組員は全員おぼれて死んだ. ❷ C (共同で作業する)一団, 組, 班: a camera *crew* 撮影隊. ❸ [単数形で] 仲間, 連中, 一団. ❹ C (ボートレースなどの)ボートの選手《全体》, クルー.
— 動 自 乗務員[乗組員]として働く (*for, on*).
— 他 (...)の乗務員[乗組員]として働く.

créw cùt 名 C (男性の短い)角刈り.

crew·man /krúːmən/ 名 (-men /-mən/) C (特に男性の)乗務員(の1人).

créw nèck 名 C (セーターなどの)丸首; 丸首のセーター.

crib /kríb/ 名 ❶ C 《米》 ベビーベッド [《英》 cot]; 《英》揺りかご. ❷ C [所有格の後で] 《米俗》 うち, 住まい. ❸ C (牛馬の)まぐさおけ, まぐさ棚. ❹ C 《略式》 カンニングペーパー; とらの巻; 盗作. ❺ C 《英》 = crèche 1. — 動 (cribs; cribbed; crib·bing) 他 《古風》 (他人の考えなど)を盗用する, カンニングする (*from, off*). — 自 《古風》 カンニングする (*from, off*).

crib·bage /kríbɪʤ/ 名 U クリベッジ《トランプ遊びの一種》.

críb dèath 名 U,C 《米》 (睡眠中の)乳児の突然死.

críb nòte [shèet] 名 C 《略式》 カンニングペーパー.

crick /krík/ 名 [a ~] (首・背中などの)筋肉けいれん, 筋違え: have [get] *a crick in* one's neck 首の筋を違える. — 動 他 (...)の筋を違える.

crick·et[1] /kríkɪt/ 名 C こおろぎ. 日英 英米では夏の虫とされ, また鳴き声を日本人のように楽しむことはない. ✪ 鳴き声については ⇒ cry 表.

crick·et[2] /kríkɪt/ 名 U クリケット《英国の国技といわれ, 11人ずつの2組で芝生の上で行なう球技; ⇒ eleven 名 4》.

crick·et·er /kríkɪṭə | -tə/ 名 C クリケット選手.

*****cried** /kráɪd/ 動 **cry の過去形および過去分詞.**

*****cries** /kráɪz/ 動 **cry の三人称単数現在形.**
— 名 **cry の複数形.**

****crime** /kráɪm/
— 名 (~s /~z/) ❶ U **犯罪**《全体》; [形容詞的に] 犯罪の: prevent *crime* 犯罪を防ぐ / turn to *crime* 犯罪に走る / serious [petty] *crime* 重罪[軽犯罪] / organized *crime* 組織犯罪.
❷ C (法律上の)**罪**, 犯罪行為: ***commit*** a serious ***crime*** 重大な罪を犯す《✪ ×do [make] a crime とは言わない》 / a perfect *crime* 完全犯罪 / War is a ***crime against humanity***. 戦争は人道に対する罪だ / Murderers always return to the scene of the *crime*. 殺人犯は必ず犯行現場に戻る. 関連 punishment 罰.

crime (法律的な)	罪
sin (道徳的・宗教的な)	

❸ [a ~] S けしからんこと《道義に反することなど》: It's *a crime* to waste so much money. そんな大金を浪費するなんてとんでもないことだ. (形 críminal)

***crim·i·nal** /krímən(ə)l/ 形 ❶ [普通は 限定] **犯罪の**: a *criminal* act [offense] 犯罪行為. ❷ 限定 〔法律〕 刑事上の: a *criminal* case 刑事事件 / a *criminal* lawyer 刑事専門の弁護士. 関連 civil 民事の. ❸ けしからぬ, ひどい: It is *criminal* to waste electricity. 電気をむだ使いするのはけしからん. (名 crime)
— 名 (~s /~z/) C **犯罪者**, 犯人: arrest [punish] a *criminal* 犯人を逮捕[処罰]する. 関連 suspect 容疑者.

crim·i·nal·ize /krímənəlàɪz/ 動 他 (...)を違法にする; (人)を犯罪者にする.

críminal láw 名 U 刑法. 関連 civil law 民法.

crim·i·nal·ly /krímənəli/ 副 刑事上; 刑法からみて; 罪になるほど, ひどく.

críminal négligence 名 U 〔法律〕 刑事過失《事故の未然防止などの措置を取らないこと》.

críminal récord 名 C 前科, 犯罪歴.

crim·i·nol·o·gist /krìmənɑ́(ː)ləʤɪst | -nɔ́l-/ 名 C 犯罪学者.

crim·i·nol·o·gy /krìmənɑ́(ː)ləʤi | -nɔ́l-/ 名 U 犯罪学.

crimp /krímp/ 動 他 ❶ (髪)をカールさせる; (布など)にひだを寄せる. ❷ 《米》 (...)を妨げる, じゃまする.
— 名 [次の成句で] **pùt a crímp in [on]** ... [動] 他 《米》 ...をじゃま[妨害]する.

crim·son /krímz(ə)n/ 形 深紅色の. — 名 U 深紅色《紫がかった濃い赤; ⇒ scarlet》. — 動 自 深紅色になる; (顔などが)真っ赤になる.

cringe /kríndʒ/ 動 自 ❶ (怖くて)すくむ, たじろぐ (*in, at*). ❷ ばつの悪い思いをする (*at*).

crin·kle /kríŋkl/ 動 他 (...)にしわを寄せる (*up*). — 自 しわが寄る, 縮れる (*up*). — 名 C しわ.

crin·kled /kríŋkld/ 形 しわの寄った.

crin·kly /kríŋkli/ 形 (crin·kli·er, more ~; crin·kli·est, most ~) (布・紙などが)くしゃくしゃの; (毛髪が)縮れた.

crip·ple /krípl/ 動 他 [普通は受身で] ❶ (人)を身体障害者にする. ❷ (...)を無力にする, 役に立たなくする, 破損する: Traffic *was crippled* by the strike. ストライキで交通がまひした. — 名 C 《古風》 手足の不自由な人, 身体障害者: an emotional *cripple* 情緒障害のある人. 語法 lame よりさらに強い差別語なので, disabled を用いたほうがよい. 【語源 creep と同語源】

crip·pling /krípliŋ/ 形 限定 (病気などが)障害の残る; (影響などが)深刻な, (負担などが)過重な.

*****cri·ses** /kráɪsiːz/ 発音 名 **crisis の複数形.**

***cri·sis** /kráɪsɪs/ 発音 名 (複 cri·ses /-siːz/) ❶ C,U (人生・社会などの)**危機**, 難局: 「an economic [a financial] *crisis* 経済[金融]危機 / an energy [oil] *crisis* エネルギー[石油]危機 / face a *crisis* 危機に直面する / resolve [solve] a *crisis* 危機を解決する / avert a *crisis* 危機を回避する / Japan's energy policy is in *crisis*. 日本のエネルギー政策は危機的状況にある / *crisis* management 危機管理. ❷ C,U (重大な)**分かれ目**, 転機; (病気の)峠: The *crisis* has passed. (病気は)峠を越した. (形 crítical[2])

+**crisp** /krísp/ 形 (crisp·er; crisp·est) ❶ [普通はよい意味で] (食べ物が)**かりかりする**, ぱりぱりする, ほどよく堅い, 新鮮な: *crisp* toast かりっと焼いたトースト /

crisp lettuce しゃきっとしたレタス.
❷ (紙・布などが)(新しくて)**ぱりっとした**; (雪・枯れ葉などが)さくさくする / *crisp* bank notes 手の切れるようなぴん札(さつ). ❸ (空気・天気などが)ひんやりとさわやかな, すがすがしい: a *crisp* fall morning すがすがしい秋の朝. ❹ [ときに悪い意味で] (言動が)てきぱきした, 事務的な. ❺ (音・画像などが)鮮明な.
— 名 [複数形で] 《英》 = potato chips 1.
— 動 他 (...)をかりかりに焼く. — 自 かりかりになる.

crisp·ly /kríspli/ 副 ぱりぱりに; きびきびと.

crisp·y /kríspi/ 形 (crisp·i·er; -i·est) (食べ物が)ぱりぱり[かりかり]しておいしい.

criss·cross /krískrɔ̀ːs | -krɔ̀s/ 名 C 十文字, X じるし, 網目(模様). — 形 限定 十文字[網目, 格子]模様の, 交差した. — 動 他 (...)を(何度も)行き来する; (...)に十文字模様をつける; (...)と交差する. — 自 十文字模様になる; 交差する; 縦横に通る.

criteria 名 criterion の複数形.

+**cri·te·ri·on** /kraɪtí(ə)riən/ 発音 名 (複 **cri·te·ri·a** /-riə/, ~s) C (判断の)**基準**, 標準, 尺度 (*for*): meet the *criteria* 基準を満たす.

*__crit·ic__ /kríṭɪk/ 名 (~s/~s/) ❶ C (文学・芸術などの)**批評家**, 評論家: an art *critic* 美術評論家. ❷ C 批判者; 酷評家 (*of*). (形 crítical¹ 3)
〖語源 ギリシャ語で「判断力のある(人)」の意〗

crit·i·cal¹ /kríṭɪk(ə)l/

— 形 ❶ [悪い意味で] **批判的な**; [よい意味で] 批判力のある [⇔ uncritical]: *critical* remarks 批判的なことば / Don't be too *critical*! あまりあら探しをするな / Professor Long is very ***critical of*** his students. [+of+名] ロング教授は学生にとても厳しい / *critical* thinking 批判的思考《客観的・分析的な思考》. ❷ 限定 [比較なし] 批評の, 評論の: a *critical* essay 評論 / *critical* opinions on art and literature 美術と文学の批評. ❸ 限定 批評[評論]家の: *critical* acclaim 評論家の称賛.
(1, 2 では 名 críticìsm, 3 では 名 crític)

crit·i·cal² /kríṭɪk(ə)l/

— 形 ❶ **きわめて重大な**, 決定的な: issues of *critical* importance きわめて重要な問題 / Your support is ***critical to*** [***for***] our success. [+to [for]+名] あなたがたの支援は私たちの成功に欠かせない.
❷ **危機の**, きわどい, 危ない; 危篤の, 危篤状態にある(患者の): Today we stand at a *critical* point in history. 今日我々は歴史上の危機に直面している / The patient has passed the *critical* stage. 患者は(病状の)峠を越した / *critical* care 危篤患者の看護, 救命医療 / be ***in*** (《英》 a) ***critical condition*** 危篤状態である / be ***on the critical list*** 危篤状態にある. (名 crísis)

crit·i·cal·ly¹ /kríṭɪkəli/ 副 決定的に; 危機的に; 危ないほどに: *critically* injured [ill] 重傷[危篤]で.

crit·i·cal·ly² /kríṭɪkəli/ 副 批判的に; 批評で; 注意深く(点検して).

crit·i·cise /kríṭəsàɪz/ 動 《英》 = criticize.

crit·i·cis·m /kríṭəsìzm/ アク

— 名 (~s /~z/) ❶ U,C **批判**, 非難, あら探し(⇒ comment 類義語): His conduct drew [attracted] strong [harsh] *criticism*. 彼の行ないは猛烈な非難を招いた / take *criticism* 批判を受け入れる.
❷ U (文芸・美術などの) **批評**, 評論: literary *criticism* 文芸批評. (形 crítical¹, 動 críticìze)

*__crit·i·cize__ /kríṭəsàɪz/ アク 動 (-i·ciz·es /~ɪz/; -i·cized /~d/; -i·ciz·ing) 他 ❶ (...)を**批判する**, 非難する, (...)のあらを探す: 言い換え He ***was criticized for*** carelessness [be***ing*** careless]. [V+O+*for*+名[動名]の受身] 彼は不注意だと批判[非難]された. ❷ (...)を批評する, 評論する. — 自 批判する. (名 críticìsm)

cri·tique /krɪtíːk/ 名 C (文芸・思想などの)批評, 評論 (*of*). — 動 他 (...)を批評する.

crit·ter /kríṭɚ | -tə/ 名 C 《米略式》 生き物, 動物.

croak /króʊk/ 名 C (かえるの)があがあ鳴く声, (からすの)かあかあ鳴く声; (人の)しゃがれ声. — 動 自 ❶ (かえるが)があがあ鳴く, (からすが)かあかあ鳴く(⇒ cry 表 crow, frog); しゃがれ声を出す. ❷ 《俗》 死ぬ. — 他 (...)としゃがれ声で言う (*out*).

Cro·a·tia /kroʊéɪʃə/ 名 固 クロアチア《アドリア海に面するバルカン半島の共和国》.

Cro·a·tian /kroʊéɪʃən/ 形 クロアチア(人[語])の.
— 名 C クロアチア人; U クロアチア語.

cro·chet /kroʊʃéɪ | króʊʃeɪ/ ≪フランス語から≫ 名 U クローシェ編み《細いかぎ編みの一種》. — 動 他 (...)をクローシェ編みで作る. — 自 クローシェ編みをする.

crocked /krá(ː)kt | krɔ́kt/ 形 叙述 《米俗》 酔った.

crock·er·y /krá(ː)k(ə)ri | krɔ́k-/ 名 U 《主に英》 陶磁器類《カップ・皿など》.

Crock·ett /krá(ː)kɪt | krɔ́k-/ 名 固 Davy ~ クロケット (1786–1836)《米国の西部開拓者・政治家; Alamo の戦いで戦死し, 英雄視されている》.

croc·o·dile /krá(ː)kədàɪl | krɔ́k-/ 名 ❶ C わに《アフリカ・アジア・オーストラリア・南北アメリカ産; 口先が細長く, 口を閉じても下顎の第 4 歯が見える; 多くは大型で凶暴; ⇒ alligator》. ❷ U わに革. **shéd crócodile tèars** [動] 自 そら涙を流す. 由来 わには獲物を食うとき泣くという伝説から.

cro·cus /króʊkəs/ 名 C クロッカス(の花)《英国で春を告げる花とされる》.

crois·sant /krwɑːsáːŋ | krwǽsɑːŋ/ ≪フランス語から≫ 名 C クロワッサン.

Crom·well /krá(ː)mwəl | krɔ́m-/ 名 固 Oliver ~ クロムウェル (1599–1658)《英国の将軍・政治家; チャールズ一世を処刑し共和国を興した》.

cro·ny /króʊni/ 名 (cro·nies) C [普通は複数形で] [しばしば軽蔑的] 仲間, 悪友.

cro·ny·is·m /króʊniìzm/ 名 U (行政上のポストに就けるときの)えこひいき, 引き立て.

crook /krʊ́k/ 名 (~s /~s/) ❶ C 《略式》 悪いやつ, 詐欺師; どろぼう. ❷ C 曲がった物[所]; (羊飼いの)柄の曲がったつえ: the *crook* of one's arm 腕を曲げた内側の部分. — 動 他 (指・腕)を曲げる, 湾曲させる. — 自 曲がる, 湾曲する.

crook·ed /krʊ́kɪd/ 形 ❶ 曲がっている, 屈曲した, ゆがんだ: a *crooked* path 曲がりくねった道. ❷ 《略式》 (人や行為が)不正な [≒dishonest]: *crooked* profit 不当利益. **~·ly** 副 曲がって; 不正に.

croon /krúːn/ 動 自 優しく歌う, 口ずさむ. — 他 (...)を優しく歌う[話す], 口ずさむ.

*__crop__ /krá(ː)p | krɔ́p/ 名 (~s /~s/) ❶ C **農作物**, 作物; [the ~s] (一地方・一季節の)農作物《全体》: grow *crops* 作物を栽培する / gather *the crops* in 農作物の取り入れをする / Rice is the main *crop* of northeastern Japan. 米は日本の東北部の主な農産物である.
❷ C **収穫高**, 産額; 作柄 [≒harvest]: The potato

crop was very small [large] this year. 今年はじゃがいもの収穫が非常に少なかった[多かった]. ❸ [単数形で] (一度に発生する)群, 多数; (同じものの)続出: a good *crop of* freshmen 大勢の新入生. ❹ Ⓒ (乗馬用の)短鞭(たん). ❺ Ⓒ (頭髪の)刈り込み, 短髪.

— 動 (crops; cropped; crop·ping) 他 ❶ (頭髪など)を短く切る, 刈り込む; (写真)の縁を切り取る, (...)をトリミングする: closely *cropped* hair 短く刈り込んだ髪. ❷ (動物が)(草など)の先を食い切る. ❸ (作物)を収穫する. — 自 (作物が)できる.

cróp óut [動] 自 (岩などが)露出する.

cróp úp [動] 自 (問題などが)不意に起こる[出てくる].

crop-dust·ing /krɑ́(ː)pdʌ̀stɪŋ | krɔ́p-/ 名 Ⓤ 《米》 (飛行機による)農薬散布.

crop·land /krɑ́(ː)plæ̀nd | krɔ́p-/ 名 Ⓤ 耕作地.

crop·per /krɑ́(ː)pɚ | krɔ́pə/ 名 [次の成句で] **còme a crópper** [動] 自 《英略式》 大失敗[ぼろ負け]する; (人が)どしんと落ちる.

crop-spray·ing /krɑ́(ː)psprèɪɪŋ | krɔ́p-/ 名 Ⓤ 《英》 = crop-dusting.

cro·quet /kroʊkéɪ | króʊkeɪ/ 名 Ⓤ クローケー《木球を木づちで打って門柱の中を通す屋外のゲーム》.

cro·quette /kroʊkét | krɔ-/ ≪フランス語から≫ 名 Ⓒ コロッケ.

***cross** /krɔ́ːs | krɔ́s/

— 動 (cross·es /~ɪz/; crossed /~t/; cross·ing) 他 ❶ (...)を**横切る**, **渡る**, 越える: She *crossed* the bridge quickly. 彼女はすばやくその橋を渡った / She was hit by a car while *crossing* the street. 彼女はその通りを横断中に自動車にはねられた / *cross* the border 国境を越える.

❷ (...)と**交差する**; (...)を交差させる; (...)に横線を引く: The two roads *cross* each other here. 2 つの道路はここで交差している / He *crossed* his knife and fork. 彼はナイフとフォークを交差して置いた / Nancy *crossed* her arms on her chest. ナンシーは腕を組んで胸にあてた《女性の驚き・恐怖のしぐさ》. ❸ (ある思い・表情が)(心・顔など)に一瞬よぎる: A faint smile *crossed* his face. かすかな笑みが彼の顔によぎった. ❹ (動植物)を(異種と)交配する (*with*). ❺ (人)に逆らう.

— 自 ❶ **横切る**, 渡る: Don't *cross* while the signal is red. 信号が赤のうちは横断してはいけない / They ***crossed from*** England ***to*** France. V+*from*+名+*to*+名 彼らはイングランドからフランスへ渡った.

❷ **交差する**, 交わる; (手紙が)行き違う: The two highways ***cross at*** this point. V+*at*+名 2 つの幹線道路はこの地点で交差する.

cróss one's **[the] t's** /tíːz/ [動] 自 《略式》 t の横棒を引く; 細かいことまで注意を払う《⇒ dot 動 成句》.

cróss one**sèlf** [動] 自 十字を切る. 参考 右手を額・胸・左肩・右肩の順に動かして十字形を描くカトリックの祈りの型. 魔よけの意味で行なう人もいる.

cross oneself

cross の句動詞

***cróss óff** 動 他 (線を引いて...)を**消す**, 削る V+名・代+*off* / V+*off*+名: *Cross off* the names of the people who have paid their dues. 会費を払った人たちの名前は消してください.

***cróss ... òff ~** 動 他 **~から(...)を削る**, 消す: *Cross* his name *off* the list. リストから彼の名を消してください.

cróss óut** 動 他 (横線や×などをつけて)(誤りなど)を**削る**, **消す**, 抹消する V+名・代+*out* / V+*out*+名: *Cross out* all the wrong answers. 間違った答えは全部消すこと / That candidate's name was ***crossed out from the list. その候補者の名前は名簿から抹消された.

cróss óver 動 自 ❶ (向こうへ)渡る, 渡航する: The party *crossed over to* America. 一行はアメリカへ渡った. ❷ (演奏家などが)スタイル[ジャンル]を変える; (別の党などに)移る.

cróss óver ... 動 他 (山など)を越える, (川・通り・橋など)を渡る.

— 名 (~·es /~ɪz/) ❶ Ⓒ **十字形**, 十字記号《×や+などの印; ×は間違いを示すとは限らない》; 十字形のもの《記章・お守り・標識・飾り・塔・道路など》; [普通は単数形で] (祈りの前の)十字の印: Put a *cross* on the map to mark the place. 地図に×印を書いてその場所の印をつけてください. 関連 《米》 check, 《英》 tick ✓ の印 / the Southern Cross 南十字星.

❷ Ⓒ **十字架**; [the C-] (キリストがはりつけになった)**十字架**; 試練: Jesus died on *the Cross*. イエスは十字架上で死んだ / We all have our *crosses* to bear in life. 人生に試練は付き物. ❸ Ⓒ [普通は単数形で] 交配; 雑種, 混ざりもの: a *cross between* a horse and a donkey 馬とろばの雑種. ❹ [the C-] (十字架に象徴される)キリスト教: They fought for *the Cross*. 彼らはキリスト教のために戦った. ❺ Ⓒ [C-] 十字勲章. ❻ Ⓒ 〔スポーツ〕 クロスパス; 〔ボクシング〕 クロスカウンター.

— 形 (cross·er; cross·est) 《主に英》 怒っている; 不機嫌な: He got *cross with* me *for* being late. 私が遅く来たので彼は機嫌を悪くした.

cross·bar /krɔ́ːsbɑ̀ɚ | krɔ́sbɑ̀ː/ 名 Ⓒ (サッカーなどのゴールの)横棒, クロスバー; (自転車のハンドルとサドルをつなぐ)上パイプ.

cross·bones /krɔ́ːsbòʊnz | krɔ́s-/ 名 複 大腿(だい)骨を交差した図《死の象徴; ⇒ skull and crossbones》.

cross·bow /krɔ́ːsbòʊ | krɔ́s-/ 名 Ⓒ (中世の)石弓.

cross·breed /krɔ́ːsbrìːd | krɔ́s-/ 名 Ⓒ 雑種. — 動 (-breeds; 過去・過分 -bred /-brèd/; -breed·ing) 他 (動植物)の雑種をつくる (*with*). — 自 (動植物が)異種交配する (*with*).

cross-check /krɔ́ːstʃék | krɔ́s-/ 動 他 (情報など)を(別の角度から)確認する (*against*). — 自 確認する (*with*). — 名 Ⓒ 確認, 検算.

+**cross-coun·try** /krɔ́ːskʌ́ntri | krɔ́s-ˈ-/ 名 (-coun·tries /~z/) Ⓒ,Ⓤ **クロスカントリー(競技)**.

— 形 限定, 副 田野横断の[で], クロスカントリーの; 全国横断の[して]: a *cross-country* skier クロスカントリースキーヤー.

cross-cul·tur·al /krɔ́ːskʌ́ltʃ(ə)rəl | krɔ́s-ˈ-/ 形 限定 異文化間の, 比較文化の.

cross·cur·rent /krɔ́ːskɚ̀ːrənt | krɔ́skʌ̀r-/ 名 ❶ Ⓒ 逆流《川などの本流に対する》. ❷ Ⓒ [普通は複数形

で] 対立する意見.

cross-dress·er /krɔ́:sdrèsɚ | krɔ́sdrèsə/ 名 C 服装倒錯者.

cross-dress·ing /krɔ́:sdrèsɪŋ | krɔ́s-/ 名 U 服装倒錯《異性の服を着たがること》.

crossed /krɔ́:st | krɔ́st/ 形 ❶ (電話などが)混線した. ❷ 十文字に置いた, 交差した.

cross-ex·am·i·na·tion /krɔ́:sɪgzæ̀mənéɪʃən | krɔ́s-/ 名 U,C 〔法律〕 反対尋問; 詰問, 追及.

cross-ex·am·ine /krɔ́:sɪgzǽmɪn | krɔ́s-/ 動 他 〔法律〕 (法廷の証人)に反対尋問を行なう; (人)を詰問する (*about, on*).

cross-eyed /krɔ́:sàɪd | krɔ́s-/ 形 やぶにらみの, 内斜視の.

cross-fer·ti·lize /krɔ́:sfə́:ṭəlàɪz | krɔ́sfə́:-/ 動 他 ❶ 〔生物〕 (...)を他家受精させる. ❷ (異分野の考え方を導入して)(...)を刺激する, 豊かにする.

cross·fire /krɔ́:sfàɪɚ | krɔ́sfàɪə/ 名 U 〔軍隊〕 十字砲火; 激しい議論[争い]: be [get] caught in the *crossfire* 十字砲火を浴びる; 他人の争いに巻き込まれる.

cross·hatch·ing /krɔ́:shæ̀ʧɪŋ | krɔ́s-/ 名 U (図などの)網目の陰影.

+**cross·ing** /krɔ́:sɪŋ | krɔ́s-/ 名 (~s /~z/) ❶ C **横断歩道**, (鉄道の)踏切; (道路の)**交差点**; 十字路; (川の)渡り場, 国境横断地点: a grade [《英》 level] *crossing* 平面交差点, 踏切 / RAILROAD CROSSING 踏切あり《交通標識》 / pedestrian *crossing* 《英》 横断歩道. ❷ C,U 横断; 渡航: NO CROSSING 横断禁止《道路の標示》 / have a rough *crossing* of the Atlantic 荒れた大西洋を横断する.

cross-leg·ged /krɔ́:slég(ɪ)d | krɔ́s-⁻/ 副 形 あぐらをかいて[た].

cross·ly /krɔ́:sli | krɔ́s-/ 副 不機嫌に.

cross·o·ver /krɔ́:sòʊvɚ | krɔ́sòʊvə/ 名 ❶ C (芸能人が)別の分野で成功すること, 転身 (*from, to*). ❷ U,C 〔音楽〕 クロスオーバー《ジャズにロック・ソウルなど他音楽が混じり合った新しい音楽》.

cross·piece /krɔ́:spì:s | krɔ́s-/ 名 C 横木.

cross-pur·pos·es /krɔ́:spə́:pəsɪz | krɔ́spə́:-/ 名 [次の成句で] **at cróss-púrposes** [形·副] お互いに誤解して; (意図などが)食い違って.

cross-ques·tion /krɔ́:skwésʧən | krɔ́s-/ 動 他 《英》 (人)に反対尋問をする; (人)を詰問する.

cross-re·fer /krɔ́:srɪfə́: | krɔ́srɪfə́:/ 動 (-re·fers; -re·ferred; -fer·ring /-fə́:rɪŋ | -fə́:r-/) 他 (読者)に(同じ本の)他所を参照させる (*to*). — 自 他所を参照する (*to*).

cross-ref·er·ence /krɔ́:sréf(ə)rəns | krɔ́s-/ 名 C (本の中の)他所参照《この辞書で ⇒ 印で示したものなど》 (*to*). — 動 他 [普通は受身で] (本など)に他所参照(の表示)を付ける.

+**cross·roads** /krɔ́:sròʊʤ | krɔ́s-/ 名 (複 ~) C **交差点**, 十字路; (人生などの)岐路: come to a *crossroads* 十字路に出る / Turn right at the next *crossroads*. 次の交差点を右だ.

be [stánd] at a [the] cróssroads [動] 自 岐路に立つ.

cróss sèction 名 C,U 横断面; 断面(図); C 代表[典型, 一般]的な例[集団] (*of*).

cross-stitch /krɔ́:sstɪ̀ʧ | krɔ́s-/ 名 C,U クロスステッチ, 十字縫い《X 形の縫い方》.

cróss strèet 名 C 《米》 交差道路, 横道.

cross·town /krɔ́:stáʊn | krɔ́s-⁻/ 形 限定 《米》 市内横断の《バスなど》. — 副 市内を横断して.

cross·walk /krɔ́:swɔ̀:k | krɔ́s-/ 名 C 《米》 横断歩道 [《英》 pedestrian crossing].

cross·wind /krɔ́:swɪ̀nd | krɔ́s-/ 名 C 横風.

cross·wise /krɔ́:swàɪz | krɔ́s-/ 副 ❶ 斜めに, はすに. ❷ 交差して.

cross·word /krɔ́:swɚ̀:d | krɔ́swə̀:d/, **cróssword pùzzle** 名 C クロスワードパズル.

crotch /krɑ́(:)ʧ | krɔ́ʧ/ 名 C (人体の)また; (ズボン・パンツの)またの部分 [《英》 crutch]; (樹木の)また.

crotch·et /krɑ́(:)ʧɪt | krɔ́ʧ-/ 名 C 《英》 〔音楽〕 四分音符 [《米》 quarter note].

crotch·et·y /krɑ́(:)ʧəṭi | krɔ́ʧ-/ 形 《略式》 気難しい, 怒りっぽい, (老人が)偏屈な.

+**crouch** /kráʊʧ/ 動 (crouch·es /~ɪz/; crouched /~t/; crouch·ing) 自 **かがむ**, しゃがむ, うずくまる; (...の上に)身をかがめる (*over*): She ***crouched down*** by the gate. V+down 彼女は門のところにしゃがみこんだ. — 名 C かがむこと: in a *crouch* 身をかがめて.

croup /krú:p/ 名 U 〔医学〕 クループ《激しいせきが出て呼吸困難を起こす小児の気管粘膜の炎症》.

crou·ton /krú:tɑ(:)n | -tɔn/ ≪フランス語から≫ 名 C [普通は複数形で] クルトン《揚げたパンの小片; スープなどに浮かせる》.

crow[1] /króʊ/ !発音 名 C からす. 参考 争いや不和の象徴とされている. ✪ 鳴き声については ⇒ cry 表.

as the crów flìes [副] 直線距離にして. **éat crów** [動] 自 《米略式》 誤り[敗北]を認める.

crow[2] /króʊ/ 名 [単数形で] おんどりの鳴き声. — 動 自 ❶ (おんどりが)鳴く, 時を告げる《⇒ cry 表 cock, rooster》. ❷ [軽蔑的] 勝ち誇る; 自慢げに話す (*about, over*). ❸ 《英》 (特に赤ん坊が喜んで)きゃっきゃっと叫び声を上げる.

crow·bar /króʊbɑ̀ɚ | -bɑ̀:/ 名 C バール, かなてこ.

***crowd /kráʊd/ !発音

— 名 (crowds /kráʊʤ/) ❶ C **群衆**, 大勢; **人込み**; 観衆, 聴衆: A *crowd* gathered in the square. 群衆が広場に集まった / The singer was surrounded by ｢a ***crowd*** [***crowds***] ***of*** fans. 歌手は大勢のファンに取り囲まれた / His performance drew a big [large] *crowd*. 彼の演技は大群衆を引き寄せた / avoid the *crowds* 人込みを避ける.

> 語法 🔍 《英》 では群衆を一団[一群]と考えるときには単数扱い, 群衆の中の一人一人に重点を置くときには複数扱いとすることがある: There *was* a large *crowd* in the park. 公園には大群衆がいた / The *crowd was* [*were*] deeply impressed by [with] his speech. 群衆は彼の演説に深く感銘を受けた.

❷ [the ~] 民衆, 大衆 [≒the masses]: Many newspapers try to appeal to *the crowd*. 多くの新聞は大衆に受けようとしている / one of *the crowd* (目立たない)ありふれた人. ❸ [単数形で] 《略式》 仲間, 連中.

fóllow [gó with, móve with] the crówd [動] 自 世間の人がするようにする, 付和雷同する.

stánd óut from the crówd [動] 自 他と異なる, 目立つ.

— 動 (crowds /kráʊʤ/; crowd·ed /-ḍɪd/; crowd·ing /-ḍɪŋ/) 自 **群がる**, 殺到する; 押し合って入る (*in*):

People *crowded around* [*round*] the famous actor. V+前+名 人々はその有名な俳優の周りにどっと集まった / The fans *crowded into* the stadium. ファンが競技場へどやどやと入ってきた.

— ㊐ ❶ (人が)(...)に**群がる**, 集まる, 詰めかける; (人・物が)(場所)を混雑させる, いっぱいにする《⇒ crowded》: People *crowded* the stadium. その競技場にどっと人が押し寄せた. ❷ (人)を(...に)詰め込む, 押し込める (*in, together*): Many people *were crowded into* the bus. 多くの人がバスに押し込まれた. ❸ (考えなどが)(頭・心)をいっぱいにする: Memories *crowded* me as I looked over the photo album. アルバムを見ていると思い出で胸がいっぱいになった. ❹ (人)にくっつきすぎる; 《主に米》(人)のことに立ち入りすぎる; (人)にうるさく要求する.

crówd ín [動] ㊀ (考え・問題などが)(...に)どっと押し寄せる, 頭をいっぱいにする: Memories *crowded in on* me as I looked over the photo album. アルバムを見ていると思い出がどっとよみがえってきた.

crówd óut [動] ㊐ (...)を締め出す; 圧迫する (*of*).

〘語源 元来は「押す」の意〙

+**crowd·ed** /kráʊḍɪd/ 形 ❶ (場所が)**込み合った**, 混雑した, 満員の《⇒ crowd 動 ㊐ 1》: *crowded* cities 雑踏する都会 / Our train was very *crowded*. 私たちの列車は非常に込んでいた / The street was ***crowded with*** police officers. +with+名 通りは警官でいっぱいだった. ❷ いっぱいにふさがった; (予定などが)過密の: a room *crowded with* furniture 家具でいっぱいの部屋.

crowd·fund·ing /kráʊdfʌ̀ndɪŋ/ 名 U クラウドファンディング《特定の事業のためにインターネット上で多数の少額出資者を募ること》.

crowd·pleas·er /kráʊdplìːzɚ | -zə/ 名 C 大勢の人を楽しませる人[もの].

crowd·sourc·ing /kráʊdsɔ̀ɚsɪŋ | -sɔ̀ːs-/ 名 U クラウドソーシング《インターネットなどを通じて社外にアイデアや作業を委託すること》.

***crown** /kráʊn/ 名 (~s /~z/) ❶ C **冠, 王冠**: wear a *crown* 冠をかぶる.

❷ [the ~, the C-] (王冠の象徴する)**王位**, 王権; 王国: succeed to *the crown* 王位を継承する / wear *the crown* 王位にある. ❸ C 冠型のもの; 花冠, 葉冠: An olive *crown* was given to the winner of the race. レースの勝利者にオリーブの冠が授けられた. ❹ C [普通は単数形で] (優勝者の)栄冠, 栄誉; 王座. 関連 the Triple Crown 三冠. ❺ C (人工)歯冠. ❻ C [普通は the ~] 頭, 脳天; (帽子の)山; (山の)頂上. ❼ C クラウン銀貨《英国の旧 5 シリング硬貨》.

— 動 (crowns /~z/; crowned /~d/; crown·ing) ㊐ ❶ [普通は受身で] (...)を**王位につかせる**, 即位させる; (...)に冠をいただかせる: She *was crowned* Queen of England. V+O+C (名)の受身 彼女は英国女王の位についた. ❷ (...)に栄冠を与える; (...)の最後を飾る, 締めくくる: His efforts *were* finally *crowned with* success. 彼の努力は最終的には成功で終わった. ❸ 《文語》(...)の頂にのせる, (...)の上を覆(おお)う (*with*). ❹ (歯)に人工歯冠をかぶせる.

to crówn it áll [副] つなぎ語 《英》そのうえさらに, あげくの果てに.

crówn cólony 名 C [しばしば C- C-] (英国の)直轄植民地.

crown·ing /kráʊnɪŋ/ 形 限定 最後を飾る; 絶頂の, 最高の: the *crowning* achievement 最大の業績.

crówn prínce 名 C [しばしば C- P-] (英国以外の)皇太子《⇒ prince 成句》.

crówn príncess 名 C [しばしば C- P-] (英国以外の)皇太子妃; (英国以外の)王女.

crow's-feet /króʊzfìːt/ 名 複 目じりの小じわ.

CRT /síːàɚtíː | -àː-/ 略 = cathode-ray tube.

cru·cial** /krúːʃəl/ 形 (きわめて)**重大な**《生死を分けるほどに》, (...にとって)決定的な: play a *crucial* role 重大な役割をする / This is ***crucial to our future. +to+名 これは我々の将来にとって非常に重要なことだ 多用 / ***It's crucial that*** the bridge (*should*) *be* completed immediately. 橋を即刻完成させることが何よりも大切だ《⇒ should A 8》. (名 crux)

-cial·ly /-ʃəli/ 副 決定的に, 重大に.

cru·ci·ble /krúːsəbl/ 名 ❶ C るつぼ. ❷ C 《文語》厳しい試練.

cru·ci·fix /krúːsəfɪ̀ks/ 名 C 十字架上のキリスト像.

cru·ci·fix·ion /krùːsəfɪ́kʃən/ 名 ❶ C,U はりつけ. ❷ [the C-] キリストのはりつけ. ❸ C [しばしば C-] キリストはりつけの絵[像].

cru·ci·form /krúːsəfɔ̀ɚm | -fɔ̀ːm/ 形 十字(架)形の.

cru·ci·fy /krúːsəfàɪ/ 動 (-ci·fies; -ci·fied; -fy·ing) ㊐ ❶ (人)をはりつけにする. ❷ 《略式》(人)をつるし上げる, 責め苦しめる, 迫害する.

crud /krʌ́d/ 名 U 《略式》よごれ, かす.

crud·dy /krʌ́ḍi/ 形 (crud·di·er; -di·est) 《略式》不快な, いやな.

+**crude** /krúːd/ 形 (crud·er /-ḍɚ | -də/; crud·est /-ḍɪst/) ❶ (人・態度が)**粗野な**, 下品な, いやらしい: *crude* behavior 粗野なふるまい / *crude* language 下品なことば.

❷ (物やでき上がりが)**粗雑な**, 粗末な; **大ざっぱな**: a *crude* estimate 大まかな見積もり / ***in crude terms*** 大まかに言うと. ❸ [普通は 限定] 天然のままの, 未加工の [≒raw]: *crude* oil 原油 / *crude* rubber 生ゴム. (名 crúdity)

— 名 U 原油.

~·ly 副 粗雑に; 粗野に; 大ざっぱに. **~·ness** 名 U 粗野.

cru·di·ty /krúːḍəṭi/ 名 (-di·ties) ❶ U 生(なま), 未熟さ; 粗雑; 生硬. ❷ C 粗野な言動; (芸術などの)未熟な作品. (形 crude)

cru·el** /krúːəl/ 形 (cru·el·er, 《英》-el·ler; -el·est, 《英》-el·lest) ❶ (人・行為などが)**残酷な**, むごい; 残酷にも...する: a *cruel* act 残忍な行為 / Don't be ***cruel to animals. +to+名 動物たちを虐待するな 多用 / ***It's cruel of*** him ***to*** beat the dog like that. あんなに犬をぶつとは彼も残酷だ《⇒ of 12》.

❷ (物事・状況が)**悲惨な**, 無残な, 苦痛を与える, ひどい, つらい: a *cruel* sight 悲惨な光景 / His death was a *cruel* blow to [for] us. 彼の死は私たちにとって痛い打撃だった / a *cruel* disease ひどい病気.

be crúel to be kínd [動] ㊀ 相手のためを思ってつらくあたる, 心を鬼にする. (名 crúelty)

〘語源 crude と同語源〙

cru·el·ly /krúːəli/ 副 残酷に, むごく, 無慈悲に.

+**cru·el·ty** /krúːəlti/ !アク 名 (-el·ties /~z/) ❶ U **残酷さ**, むごさ, 残虐, 無慈悲: ***cruelty to*** children 子供に対する虐待 / Don't treat animals with *cruelty*. 動物を残酷に扱ってはいけない. ❷ C [普通は複数形で] 残虐行為, 虐待行為: commit *cruelties* 残虐行為を犯す. (形 crúel)

cru·et /krúːɪt/ 名 C (食卓用の)薬味びん, 薬味入れ《油・酢・塩・こしょうなどを入れる》.

***cruise** /krúːz/ 名 (cruis·es /~ɪz/) Ⓒ **船旅**; 巡洋航海, 巡航, クルーズ: go on a Caribbean pleasure *cruise* カリブ海の観光クルーズに出る.
— 動 (cruis·es /~ɪz/; cruised /~d/; cruis·ing) 自 ❶ **船旅をする**, 船で遊覧する; 巡洋航海する《観光などのために》, 巡航する: The elderly couple went ***cruising around*** the world. V+前+名 その老夫婦は世界一周の船旅に出た. ❷ (自動車・飛行機が)一定の速度[巡航速度]で走る[飛ぶ]. ❸ (タクシーが)流して走る; (パトカーなどが)巡回する; あてもなくドライブする. ❹ 楽に勝ち取る[成し遂げる] (*to*).
— 他 ❶ (海・川など)を船旅で楽しむ, 船で遊覧する, クルージングする. ❷ (...)をあてもなくドライブする.

crúise míssile 名 Ⓒ 巡航ミサイル.

cruis·er /krúːzɚ | -zə/ 名 ❶ Ⓒ 巡洋艦: a battle *cruiser* 巡洋戦艦. ❷ Ⓒ《米》パトロールカー. ❸ Ⓒ = cabin cruiser.

crúise shìp 名 Ⓒ 巡航客船.

crumb /krʌ́m/ ✪ -mb で終わる語の b は発音しない. 名 ❶ Ⓒ [普通は複数形で] (パンなどの)くず, かけら. ❷ Ⓒ ほんの少量, ごくわずか: a *crumb* of hope かすかな望み.

+**crum·ble** /krʌ́mbl/ 動 (crum·bles /~z/; crum·bled /~d/; crum·bling) 自 **ぼろぼろに崩れる**, 砕ける; (建物・希望などが)もろくも消えうせる, 滅びる (*away*): The old wall *crumbled down*. 古い塀が崩れ落ちた.
— 他 (...)を粉々にする, 砕く.

crum·bly /krʌ́mbli/ 形 (crum·bli·er; crum·bli·est) 砕けやすい, もろい.

crum·my /krʌ́mi/ 形 (crum·mi·er; -mi·est)《略式》くだらない, 低俗な; いやな, 気分がよくない.

crum·pet /krʌ́mpɪt/ 名 Ⓒ《英》ホットケーキの一種.

crum·ple /krʌ́mpl/ 動 他 (紙など)を(丸めて)くしゃくしゃにする (*up*). — 自 ❶ くしゃくしゃになる (*up*). ❷ 崩れるように倒れる (*up*). ❸ (顔が)(泣き出しそうに)しわくちゃになる (*up*).

crum·pled /krʌ́mpld/ 形 くしゃくしゃ[しわくちゃ]になった; 倒れ込んだ.

crunch /krʌ́ntʃ/ 動 他 ❶ (堅い食べ物)をばりばりかむ, ぽりぽりと食べる (⇒ chew 表): After her drink was gone, she started *crunching* the ice cubes. 飲み物がなくなると彼女は角氷をかみ砕き始めた. ❷ (砂利道など)をざくざく踏む. ❸【コンピュータ】(大量のデータ)を高速処理する. — 自 ばりばりかむ (*on*); ざくざく砕ける; ざくざく踏み鳴らして行く.
— 名 ❶ Ⓒ [普通は単数形で] ばりばりかみ砕くこと[音]; ざくざく砕くこと[音] (*of*). ❷ Ⓒ [普通は単数形で]《米》(特に経済的な)危機, 不足: the energy *crunch* エネルギー危機. ❸ [the ~] 正念場 (crunch time).
when [if] it cómes to the crúnch [副] 文修飾 いざというときには.

crúnch tìme 名 Ⓤ 正念場.

crunch·y /krʌ́ntʃi/ 形 (crunch·i·er; -i·est) [よい意味で] (食べ物などが)ぱりぱりする; ざくざくいう.

cru·sade /kruːséɪd/ 名 ❶ Ⓒ [ときに C-] 十字軍《聖地 Jerusalem をイスラム教徒から奪還しようとした中世のキリスト教国の遠征》; 聖戦. ❷ Ⓒ 改革[撲滅]運動: a *crusade against* AIDS エイズ撲滅運動.
— 動 自 改革[撲滅]運動に参加する (*for, against*).
〖語源 原義は「十字印 (cross) をつけた集団」〗

cru·sad·er /kruːséɪdɚ | -də/ 名 Ⓒ 十字軍戦士; 改革[撲滅]運動参加者.

+**crush** /krʌ́ʃ/ 動 (crush·es /~ɪz/; crushed /~t/; crush·ing) 他 ❶ (...)を**押しつぶす, 砕く**; (穀物など)をひく (⇒ break 類義語): He *crushed* the box. 彼はその箱をつぶした / The grain ***is crushed into*** flour. V+O+前+名の受身 穀物はひかれて粉になる / She ***crushed*** the juice ***from*** [***out of***] the grapes. 彼女はぶどうから果汁を絞り取った / be *crushed* to death 圧死する (⇒ to death (death 成句)).
❷ (敵など)を**粉砕する**; (希望など)をくじく; (人)を打ちひしぐ: *crush* a revolt 反乱を鎮圧する / Her only hope *was crushed*. V+O の受身 彼女の唯一の望みはくじかれた. ❸ (...)を押し込める (*into*), 押しつける (*against*). ❹ (...)をくしゃくしゃにする.
— 自 つぶれる; くしゃくしゃになる.
— 名 ❶ [単数形で] 押し合い, 雑踏; 群衆: There was a terrible *crush* in the subway. 地下鉄はひどい雑踏だった. ❷ Ⓒ (若者から年上の人への)(一時の)ほれこみ, のぼせ; あこがれの人: have a ***crush on*** ... ...に熱をあげる, のぼせ上がる. ❸ Ⓤ《英》果汁飲料.

crush·ing /krʌ́ʃɪŋ/ 形 [普通は 限定] 圧倒的な, 壊滅的な, (発言などが)大変手厳しい: a *crushing* defeat 壊滅的な敗北.

Crusoe 名 固 ⇒ Robinson Crusoe.

crust /krʌ́st/ 名 ❶ C,U パンの皮[耳]; パイ[ピザ]の皮: sandwiches with the *crust(s)* cut off 耳を切り落としたサンドイッチ. ❷ C,U 堅い表面; (雪・土などの)堅くなった表面. ❸ U,C〔地質〕地殻.

crus·ta·cean /krʌstéɪʃən/ 名 Ⓒ 甲殻類の動物《かに・えびなど》. — 形 甲殻類の.

crust·ed /krʌ́stɪd/ 形 表面が堅くなった (*with*).

crust·y /krʌ́sti/ 形 (crust·i·er; -i·est) ❶ (パンが)皮が(ほどよく)堅い; 表面が堅くなった. ❷《略式》気難しい, 無愛想な.

crutch /krʌ́tʃ/ 名 ❶ Ⓒ [普通は複数形で] 松葉づえ: a pair of *crutches* 1 対の松葉づえ / walk *on crutches* 松葉づえをついて歩く. ❷ Ⓒ [普通は悪い意味で] 支え; 依存するもの[人]. ❸ Ⓒ《英》= crotch.

crux /krʌ́ks/ 名 [the ~] 最も重要な点, 核心 (*of*).
(形 crúcial)

*****cry** /kráɪ/

— 動 (cries /~z/; cried /~d/; cry·ing) 自 ❶ (特に声を上げて)**泣く**, 泣き叫ぶ, 涙を流す: The baby is *crying*. 赤ん坊が泣いている / The story made me *cry*. その物語を読んで泣いてしまった / The child was ***crying for*** her mother. V+*for*+名 その子供は母親を探して泣いていた / He ***cried with*** happiness. V+*with*+名 彼は幸せのあまり泣いた / Don't *cry* before you are hurt.《ことわざ》けがをする前に泣くな(取り越し苦労をするな).

weep (《格式》泣く)	泣く
sob (すすり泣く)	
cry (泣く, 声を上げる)	
shout, cry out (大声で叫ぶ)	叫ぶ

❷ (悲しみなどで)**声を上げる, 叫ぶ**, 大声で呼ぶ[言う] (⇒ shout 類義語): People ***cried for*** help. V+*for*+名 人々は大声で助けを求めた / ***cry with*** [***in***] pain V+*with* [*in*]+名 痛さのあまり大声を上げる / They *cried to* the

gods *for* rain. 彼らは大声で神に雨乞いをした.
❸ (獣・鳥が)**鳴く**, (獣が)**ほえる:** A kitten was *crying* outside. 子猫が外で鳴いていた.
— ㊉ ❶ (...)と**叫ぶ**, 大声で(...)と言う: "Fire!" he *cried*. 「火事だ」と彼は叫んだ. ❷ (涙)を流す: *cry* tears of joy うれし涙を流す.
crý onesèlf to sléep [動] ㊀ 泣き疲れて眠ってしまう.
for crýing òut lóud [間] Ⓢ《略式》お願いだから; 何だって, 一体全体《要求を強めたり, いらだち・驚きなどを表わす》: *For crying out loud*, leave me alone! 頼むから放っておいて!

> **cry の句動詞**
> **crý abòut ...** 動 ㊉ = cry over ....
> ***crý for ...** 動 ㊉ ❶ **...を泣いて求める**《⇒ ㊀ 1》; **大声で...を求める**《⇒ ㊀ 2》. ❷ ...を強く求める, (物が)緊急に...を必要とする.
> **crý óff** 動 ㊀《英略式》約束を取り消す.
> +**crý óut** 動 ㊀ **大声を上げる**, 叫ぶ: He *cried out* with [in] pain. 彼は痛くて大声を上げた.
> — ㊉ (...)を[と]大声で言う: She *cried out* a warning. 彼女は大きな声で警告を発した.
> **crý óut for ...** [動] ㊉ [普通は進行形で] ...を大いに必要とする; ...をくれと強く要求する: The field *is crying out for* rain. 畑は今雨がどうしても必要だ.
> +**crý òver ...** 動 ㊉ (不幸・失敗など)**を嘆く:** 「It is no use *crying* [Don't *cry*] *over* spilled [spilt] milk. 《ことわざ》こぼれた牛乳を嘆いてもしかたがない(覆水(ふくすい)盆に返らず, 後悔先に立たず).

— 名 (cries /~z/) ❶ Ⓒ (苦痛・喜びなどの)**叫び(声)**, **大声:** I heard a *cry of* 'Fire!' 「火事だ」という叫び声が聞こえた / a *cry for* help 助けを求める声 / ***give*** [***let out***] ***a cry of*** fear 恐怖の叫び声を上げる // ⇒ battle cry, war cry.
❷ Ⓒ **声を上げて泣くこと**, 泣き声: She had a good *cry*. 彼女は思う存分泣いた.
❸ Ⓒ (獣・鳥などの)**鳴き声**, (獣の)ほえる声: the *cries* of wolves おおかみたちのほえ声. ❹ Ⓒ 世論の声; 標語, スローガン; 哀願, 要求: a *cry for* peace 平和を求める声.
a fár crý from ... [名] ...にはほど遠い[及びもつかない]もの: Tom's present batting average is *a far cry from* what we expected. トムの現在の打率は我々が期待したものとはほど遠い.
in fúll crý [形・副] 大声を張り上げて; 激しく批判して; (猟犬が)一斉にほえ立てて.

cry·ba·by /kráɪbèɪbi/ 名 (-ba·bies) Ⓒ《略式》泣き虫, 弱虫.
cry·ing /kráɪɪŋ/ 形 [次の成句で] **a crýing néed** [名] 差し迫った(...の)必要 (*for*). **It's a crýing sháme ...** Ⓢ ...はとても残念な[ひどい]ことだ, あんまりだ.
crypt /krípt/ 名 Ⓒ (教会の)地下室《埋葬・礼拝用》.
cryp·tic /kríptɪk/ 形 隠れた, 秘密の; なぞめいた; 難解な: a *cryptic* remark なぞめいた発言.
cryp·ti·cal·ly /kríptɪkəli/ 副 秘密めかして; なぞめいて.
***crys·tal** /kríst(ə)l/ 名 (~s /~z/) ❶ Ⓒ〔化学〕**結晶**, 結晶体: liquid *crystals* 液晶.
❷ Ⓤ **水晶**; Ⓒ **水晶の製品**, 水晶細工: a *crystal* watch 水晶時計. ❸ Ⓤ クリスタルグラス; Ⓤ クリスタルガラス製品, クリスタルガラス製食器類. ❹《米》(時

動物の鳴き声を表わす動詞

参考 lamb 子羊 baa とあれば A lamb baas. (子羊がめーと鳴く)のように言うことを示す.

animals (動物)

bear	くま	growl
bull	雄牛	bellow
cat	猫	meow, 《英》miaow / purr
cattle	牛	moo
cow	雌牛	moo
dog	犬	bark / growl / howl / whine / yelp
elephant	象	trumpet
fox	きつね	bark / yelp
goat	やぎ	bleat
horse	馬	neigh / snort / whinny
kitten	子猫	meow, 《英》miaow
lamb	子羊	baa / bleat
lion	ライオン	roar
monkey	猿	chatter / gibber
mouse	ねずみ	squeak
ox	雄牛	bellow
pig	豚	grunt / oink / squeal
puppy	子犬	yelp
sheep	羊	baa / bleat
tiger	とら	growl / roar
wolf	おおかみ	howl

birds (鳥)

bird	鳥一般	pipe / sing / twitter
small bird	小鳥	chirp / twitter
chick	ひよこ	cheep
cock	おんどり	crow
crow	からす	caw / croak
duck	あひる	quack
goose	がちょう	cackle / hiss
hen	めんどり	cackle / cluck
lark	ひばり	sing / warble
owl	ふくろう みみずく	hoot / scream / screech
pigeon	はと	coo
rooster	おんどり	crow
seagull	かもめ	scream
wild goose	がん	honk

other animals (その他)

bee	はち	buzz / hum
cricket	こおろぎ	chirp
fly	はえ	buzz
frog	かえる	croak
snake	蛇	hiss

C

計の)ガラス[プラスチック]のふた.

crýstal báll 名 C (占い師が使う)水晶[ガラス]玉.

crýs·tal cléar 形 (水晶のように)非常に澄んだ; はっきりとわかる; 明快な.

crys·tal·line /krístəlɪn | -làɪn/ 形 ❶ 《格式》水晶のような, 透明な. ❷ 結晶(質)の, 結晶状の.

crys·tal·li·za·tion /krìstəlɪzéɪʃən | -laɪz-/ 名 U 結晶化; 具体化 (*of*).

crys·tal·lize /krístəlàɪz/ 動 自 ❶ 結晶する. ❷ (思想などが)具体化する (*into*). — 他 ❶ (...)を結晶させる. ❷ (思想など)を具体化させる.

crys·tal·lized /krístəlàɪzd/ 形 (果物などが)砂糖漬けにした.

c-sec·tion /sí:sèkʃən/ 名 C = cesarean (section).

C.S.T. /sí:èstí:/ 略 《米》 = Central Standard Time.

CT 〔米郵便〕 = Connecticut.

ct. 略 = carat, cent.

ĆT scán /sí:tì:-/ 名 C 〔医学〕 CT スキャン (CAT scan).

cu 略 = cubic.

CU, cu /sí:ju:/ 略 = see you (ではまた) 《C は see, U は you の発音をなぞったもの; E メール などで用いる; ⇒ see 成句》.

cub /kʌ́b/ 名 ❶ C (くま・きつね・ライオン・とらなどの)子. ❷ C [C-] = Cub Scout. ❸ [the Cubs] 《英》 = Cub Scouts.

Cu·ba /kjú:bə/ 名 固 キューバ《米国 Florida 半島の南方の島, 共和国》.

Cu·ban /kjú:b(ə)n/ 形 キューバの; キューバ人の. — 名 C キューバ人.

cub·by·hole /kʌ́bihòʊl/ 名 C 狭い場所[部屋], 物入れ.

+**cube** /kjú:b/ 名 (~s/~z/) ❶ C 〔幾何〕 **立方体**, 正六面体; 立方形のもの《特に食べもの》: a *cube* of cheese さいころ形に切ったチーズ 1 切れ / an ice *cube* (冷蔵庫の)角氷 / a sugar [bouillon] *cube* 角砂糖[固形ブイヨン].

❷ C 〔数学〕 **3 乗**, 立方: The *cube* of 3 is 27. 3 の 3 乗は 27 (3^3 = 27). 関連 power 乗 / square 2 乗, 平方. (形 cúbic)

— 動 他 ❶ [普通は受身で] 〔数学〕 (数)を 3 乗する: 4 *cubed* is 64. 4 の 3 乗は 64 (4^3 = 64) / To *cube* 2 is to get 8. 2 を 3 乗すると 8 になる (2^3 = 8). 関連 square 2 乗する. ❷ (食べ物など)を立方体[さいの目]に切る.

〖語源 ギリシャ語で「さいころ」の意〗

cúbe róot 名 C 〔数学〕 立方根 《⇒ root[1] 名 6》. 関連 square root 平方根.

cu·bic /kjú:bɪk/ 形 ❶ 限定 3 乗の; 立方の, 3 次の 《略 cu》: *cubic* centimeter(s) 立方センチメートル 《略 cc》 / *cubic* capacity (特に自動車の)エンジンの立方容量, 総排気量 《略 cc》. 関連 square 2 乗の. ❷ 立方体[形]の. (名 cube)

cu·bi·cle /kjú:bɪkl/ 名 C (仕切られた)小部屋《小寝室・脱衣室など》.

cub·is·m /kjú:bɪzm/ 名 U [しばしば C-] 〔美術〕 立体派, キュビスム.

cub·ist /kjú:bɪst/ 名 C [しばしば C-] 立体派の画家[彫刻家]. — 形 限定 立体派の.

Cúb Scòut 名 C カブスカウト《ボーイスカウトの年少の団員; 7-10 歳》.

Cúb Scòuts 名 複 [the ~] 《米》 カブスカウト《年少のボーイスカウト (the Boy Scouts)》.

cuck·oo /kú:ku:, kók- | kók-/ 名 ❶ C かっこう: *Cuckoos* visit here in spring. かっこうは春ここにやって来る. 参考 米国産のかっこうは自分の巣に卵を産むが, ヨーロッパ産のかっこうはほかの鳥の巣に卵を産みほかの鳥にかえさせる. ❷ C かっこうの鳴き声.

cúckoo clòck 名 C はと時計, かっこう時計.

+**cu·cum·ber** /kjú:kʌmbə | -bə/ 名 (~s /~z/) C,U **きゅうり**. **(as) cóol as a cúcumber** [形] (緊急のときに)非常に冷静で.

cud·dle /kʌ́dl/ 動 他 (...)を抱き締める, 抱いてかわいがる [≒hug]. — 自 抱き合う. **cúddle úp** [動] 自 (...に)寄り添う; 寄り添って寝る (*together*; *against*, *to*). — 名 C [普通は a ~] 抱擁: give a child *a cuddle* 子供を抱き締める.

cud·dly /kʌ́dli/ 形 (cud·dli·er; -dli·est) 抱き締めたくなるような, かわいい; 限定 ぬいぐるみの.

cud·gel /kʌ́dʒəl/ 名 C (太く短い)こん棒. **tàke ùp (the) cúdgels for [on behàlf of] ...** [動] 他 《古風》 ...を強く弁護する.

*__cue__[1] /kjú:/ 名 (~s /~z/) ❶ C **きっかけ**, 合図, 手がかり: His yawning was the *cue for* us *to* leave. +for+名+to 不定詞 彼のあくびが私たちが帰るきっかけとなった. ❷ C 〔演劇〕 **キュー**, きっかけ《俳優の登場または発言の合図となるもの》: I need my *cue to* start. +to 不定詞 始めの合図が必要です.

(ríght [as if]) on cúe [副] (予想をした)まさにその時に.

táke a [one's] cúe from ... [動] 他 ...を模範とする, ...の手本にならう.

— 動 (cues; cued; cue·ing) 他 (人)に(せりふの)きっかけを与える, (人)に(出番の)合図をする.

cue[2] /kjú:/ 名 C キュー《玉突きの棒》.

cuff[1] /kʌ́f/ 名 (~s) ❶ C (ワイシャツ・ブラウスなどの)そで口, カフス. ❷ C 《米》 (ズボンの)折り返し [《英》 turn-up]. ❸ [複数形で] 《略式》 手錠 (handcuffs). **òff the cúff** ⇒ off-the-cuff. — 動 他 《略式》 (人)に手錠をかける.

cuff[2] /kʌ́f/ 名 (~s) C (平手で)軽くたたくこと, 平手打ち. — 動 他 (特に親愛の情をこめて平手で) (人)を軽く打つ.

cúff lìnks 名 複 カフスボタン. 日英 「カフスボタン」は和製英語.

cui·sine /kwəzí:n/ ≪フランス語から≫ 名 U,C 料理(法).

CUL, cul 略 = see you later (ではまた) 《E メールなどで用いる; ⇒ CU, see 成句》.

cul-de-sac /kʌ́ldəsæ̀k, kól-/ ≪フランス語から≫ 名 (複 culs-de-sac /~/, ~s) C 行き止まり, 袋小路; 行き詰まり, 八方ふさがり.

cul·i·nar·y /kʌ́lənèri, kjú:- | -n(ə)ri/ 形 限定 《格式》 食物の; 料理(用)の: *culinary* skills 料理の腕 / *culinary* delights 非常においしい食べ物.

cull /kʌ́l/ 動 他 ❶ (動物)を淘汰(とうた)する, 間引く. ❷ 《格式》 (...)をえり抜く, 抜粋する (*from*). — 自 (動物を)間引く. — 名 C 淘汰, 間引き.

cul·mi·nate /kʌ́lmənèɪt/ 動 自 《格式》 最高潮に達して...となる; ついには...となる (*in*, *with*): His election campaign *culminated in* a landslide victory. 彼の選挙戦は地滑り的な勝利に終わった.

cul·mi·na·tion /kʌ̀lmənéɪʃən/ 名 [the ~] 《格式》 最高点, 頂点, 絶頂; 結実, 成就 (*of*).

cu·lottes /k(j)ú:lɑ(:)ts | kju:lɔ́ts/ ≪フランス語から≫ 名 複 キュロット《ズボン風のスカート》.

cul·pa·bil·i·ty /kʌ̀lpəbíləṭi/ 名 U 《格式》過失(があること).
cul·pa·ble /kʌ́lpəbl/ 形 ❶ 《格式》責められるべき, 非難に値する, 不届きな. ❷ 〔法律〕有罪の.
cul·prit /kʌ́lprɪt/ 名 ❶ C 罪人, 犯罪者, 犯人. ❷ C (問題の)原因: the main *culprit* 元凶.
culs-de-sac 名 cul-de-sac の複数形.
+**cult** /kʌ́lt/ 名 (cults /kʌ́lts/) ❶ C **カルト**, (熱狂的)新興宗教団体.
❷ C (人・主義などの)**崇拝**, 礼賛; **流行**, ...熱; 崇拝の対象: a personality *cult* 個人崇拝 / the *cult* of success 成功第一主義. ❸ C 《格式》(宗教的な)崇拝; 祭式, 儀式.
— 形 限定 特定集団に大人気の; 熱狂的な: a *cult* following 追っかけ.
+**cul·ti·vate** /kʌ́ltəvèɪt/ アク 動 (-ti·vates /-vèɪts/; -ti·vat·ed /-ṭɪd/; -ti·vat·ing /-ṭɪŋ/) 他 ❶ (土地)を**耕す**, 耕作する: *cultivate* the poor soil やせた土地を耕す.
❷ (作物)を**栽培する** [≒grow]; (魚など)を**養殖する**.
❸ (才能・品性・習慣など)を**養う**, 修養する, 育てる.
❹ (自分の利益のために)(人)と交際を求める, 近づきになる; (友情・交際など)を深める. (名 cùltivátion)
cul·ti·vat·ed /kʌ́ltəvèɪṭɪd/ 形 ❶ 教養のある, 上品な. ❷ 栽培[養殖]された. ❸ 耕された.
cul·ti·va·tion /kʌ̀ltəvéɪʃən/ 名 ❶ U 耕すこと, 耕作; 栽培; 養殖; 培養: be under *cultivation* 耕作されている. ❷ U 養成, 修養, 教養: the *cultivation* of the mind 精神の修養. ❸ U (人間関係の)構築. (動 cúltivàte)
cul·ti·va·tor /kʌ́ltəvèɪṭə | -tə/ 名 ❶ C 《格式》耕作者; 栽培者; 養殖家. ❷ C 耕耘(こううん)機.

**cul·tur·al /kʌ́ltʃ(ə)rəl/

— 形 ❶ **文化の**, 文化的な: *cultural* exchange 文化交流 / nations with different *cultural* backgrounds 文化的背景の異なった国々.
❷ (芸術・文芸などに関わる)**文化の**, **教養の**; 教養を得るのに役立つ: *cultural* activities 文化的活動 / *cultural* studies 教養科目. (名 cúlture)
-al·ly /-əli/ 副 文化的に(は); 教養の面で.

**cul·ture /kʌ́ltʃə | -tʃə/

— 名 (~s /~z/)

> **意味のチャート**
> ラテン語で「耕作」の意 (⇒ agriculture 語源).
> 培い耕すこと → (生物・植物の)「**栽培, 培養**」❸, ❹
> → (比喩的に) → (個人の品性を培うこと)「**教養**」❷
> → (社会で培われた考え方)「**文化**」❶

❶ U,C (特定の社会・集団の)**文化** (考え方・生活様式など): the *cultures* of East Asian countries 東アジア諸国の文化 / Western *culture* 西洋文化 / the corporate *culture* 企業文化, 社風. 関連 civilization 文明.
❷ U (芸術・文芸などに関わる)**文化(活動)**, **教養**, (知的)洗練: popular *culture* 大衆文化[文芸] / a person of *culture* 教養のある人. ❸ U (植物の)栽培; (魚などの)養殖, 飼育: the *culture* of pearls 真珠の養殖. ❹ C,U (細菌などの)培養, 培養菌[株]. (形 cúltural)
— 動 他 (細菌など)を培養する.

cul·tured /kʌ́ltʃəd | -tʃəd/ 形 ❶ (人が)教養のある, 洗練された, 上品な. ❷ 栽培[養殖]された; 培養された: a *cultured* pearl 養殖真珠.
cúlture shòck 名 C,U カルチャーショック《異なった文化や習慣などに接したときの驚きや困惑》.
cul·vert /kʌ́lvət | -vət/ 名 C 暗渠(あんきょ), 排水溝; (電線などの)埋設溝.
cum /kʊm/ ≪ラテン語から≫ 前 [普通は 2 つの名詞を結ぶ合成語で] ...付きの〜, ...兼〜: a kitchen-*cum*-living room 台所兼居間.
cum·ber·some /kʌ́mbəsəm | -bə-/ 形 扱いにくい; やっかいな, 面倒な; (ことばが)長ったらしい.
cum lau·de /kʊ̀mláʊdeɪ | kʌ̀m-/ ≪ラテン語から≫ 副 形 《米》(大学卒業成績が)優良で[の].
cu·mu·la·tive /kjúːmjʊləṭɪv/ 形 次第に増加する, 累積する: a *cumulative* effect 累積効果 / *cumulative* deficits 累積赤字. **~·ly** 副 次第に増加して, 累積的に.
cu·mu·lus /kjúːmjʊləs/ 名 (複 cu·mu·li /-làɪ/) U,C 〔気象〕積雲.
cu·ne·i·form /kjúːniəfɔ̀əm | -fɔ̀ːm/ 名 U くさび形文字.
cun·ni·lin·gus /kʌ̀nɪlíŋgəs/ 名 U クンニリングス《女性器に対する口淫(こういん); ⇒ fellatio》.
cun·ning /kʌ́nɪŋ/ 形 ❶ ずるい, 悪賢い, こうかつな (⇒ sly 類義語): He is (as) *cunning* as a fox. 彼はきつねのように悪賢い. ❷ 巧妙な; (道具などが)うまくできた.
— 名 U 悪賢さ, 抜けめなさ, 悪知恵. 日英 日本語の「カンニング」の意味はない.「カンニングをする」は英語では cheat,「カンニング」は cheating という. **~·ly** 副 ずるく, こうかつに; 巧妙に.
cunt /kʌ́nt/ 名 ❶ C 《卑語》女性器, (女の)あそこ (⇒ taboo word). ❷ C 《卑語》いやな奴.

***cup /kʌ́p/

— 名 (~s /~s/) ❶ C **カップ**, **茶わん**. 参考 普通は取っ手のついたガラス製以外の容器で, 紅茶やコーヒーのような温かい飲み物を入れる; ⇒ glass 3 (参考): a *cup* and saucer 受け皿付きのカップ (⇒ and 1 語法 (1)).
❷ C **カップ[茶わん]1 杯(の量)**; 《米》計量カップ 1 杯の量 (約 0.24 リットル): have a ***cup of*** tea 紅茶を 1 杯飲む (⇒ piece 発音) / two *cups of* flour 小麦粉カップ 2 杯.
❸ C [しばしば the ~] **優勝杯**, 賞杯; [普通は C-] カップ戦: win *the cup* 優勝する / *the* World *Cup* ワールドカップ. ❹ C 茶わん形のもの; (ブラジャーの)カップ; (花の)がく; 《米》(男子運動選手が股間につける)プロテクター. 関連 eggcup ゆで卵立て. ❺ C 〔ゴルフ〕カップ, ホール [≒hole] (球を入れるグリーン上の穴).
be nót ...'s cùp of téa [動] 自 Ⓢ ...の好みでない.
— 動 (cups; cupped; cup·ping) 他 (手など)を(茶わんのように)やや丸める; 手を少し丸めて(...)を囲む: The old man *cupped* a hand *behind* his ear. 老人は(よく聞こえるように)手をおわんのようにして耳に当てた.

***cup·board** /kʌ́bəd | -bəd/ 発音 名 (-boards /-bədz | -bədz/) ❶ C **食器棚** (⇒ kitchen 挿絵): I put the dishes back in the *cupboard*. 私は食器を食器棚にしまった. ❷ C 《英》戸棚, 押し入れ [《米》closet].
cup·cake /kʌ́pkèɪk/ 名 C カップケーキ.
Cúp Fìnal 名 C 《英》(サッカーなどの)決勝戦, 優勝決定戦.
cup·ful /kʌ́pfʊ̀l/ 名 C = cup 2.
Cu·pid /kjúːpɪd/ 名 ❶ 固 〔ローマ神話〕キューピッド

《ビーナス (Venus) の子で恋愛の神; 弓矢を持ち, 翼のある裸体の少年; ⇒ god 表》. ❷ Ⓒ [c-] キューピッドの絵[彫像]. **pláy cúpid** [動] ⓐ (...の)愛の仲立ちをする (*for, to, with*).

cu·pid·i·ty /kjupídəṭi/ 名 Ⓤ 《格式》 貪欲(どんよく), 強欲.

cu·po·la /kjú:pələ/ 名 Ⓒ 丸屋根; 丸天井; (屋上の)丸屋根の塔.

cup·pa /kʌ́pə/ 名 Ⓒ Ⓢ 《英略式》 紅茶 1 杯(a cup of tea).

cúp tìe 名 Ⓒ 《英》 (サッカーなどの)優勝杯争奪戦.

cur·a·ble /kjʊ́(ə)rəbl/ 形 治せる, 治療できる [⇔ incurable].

cu·rate /kjʊ́(ə)rət/ 名 Ⓒ 《英》 副牧師《教区司祭[牧師] (rector, vicar) の代理または助手》.

cu·ra·tive /kjʊ́(ə)rəṭɪv/ 形 病気に効く, 治療の.

cu·ra·tor /kjʊ́(ə)reɪṭə, kjʊ(ə)réɪṭə | kjʊ(ə)réɪtə/ 名 Ⓒ (博物館・図書館などのある部門の)責任[管理]者, 学芸員, キュレーター.

+**curb** /kə́:b | kə́:b/ 名 (~s /~z/) ❶ Ⓒ 《米》 (歩道の)縁石(ふちいし) [《英》 kerb]: I pulled over to the *curb*. 私は歩道の縁に車を寄せて止めた. ❷ Ⓒ 抑制, 制約: put a *curb on* ... ...を抑制する.
— 動 他 (感情など)を抑える, 抑制する; 食い止める.

curd /kə́:d | kə́:d/ 名 Ⓒ,Ⓤ [普通は複数形で] 凝乳, カード《チーズの原料》.

cur·dle /kə́:dl | kə́:-/ 動 ⓐ 凝乳に固まる; 凝結する. — 他 (...)を凝乳に固める; 凝結させる. **cúrdle ...'s blóod = màke ...'s blóod cúrdle** [動] ...をぞっとさせる《⇒ bloodcurdling》.

*__cure__ /kjʊ́ə | kjʊ́ə, kjɔ́:/ 動 (cures /~z/; cured /~d/; cur·ing /kjʊ́(ə)rɪŋ/) 他 ❶ (病気・病人)を**治療する**, 治す: *cure* a cold かぜを治す / The doctor *cured* him *of* his illness. V+O+*of*+名 医者は彼の病気を治した《⇒ of 14》.

cure (病気・病人を治す)	治す
heal (傷を治す)	

❷ (問題など)を**解決する**; (人)の(悪癖などを)**直す**: *cure* a problem 問題を解決する / The child *was cured of* his bad habits. V+O+*of*+名の受身 その子は悪い癖が直った. ❸ (たばこ・肉・魚)を(乾燥・燻製(くんせい)・塩漬けなどにして)保存する.
— 名 (~s /~z/) ❶ Ⓒ **治療法**; 治療薬; 救済[解決]法: a *cure for* cancer 癌(がん)の治療薬 / a *cure for* the trade deficit 貿易赤字の解消法.
❷ Ⓒ **治す[治る]こと**; 回復; 治療, 治癒: effect [work] a *cure* 治す, 治療する.
〖語源 ラテン語で「注意; 世話」の意〗

単語のキズナ CURE／注意, 心配＝care

cure	(気にかける)	→	治療する
curious	(注意を向ける)	→	好奇心の強い
accurate	(...に注意が払われた)	→	正確な
secure	(心配のない)	→	安全な
manicure	(手を気にかけること)	→	手や爪の手入れ

cure-all /kjʊ́(ə)rɔ̀:l | kjʊ́ə(r)ɔ̀:l/ 名 Ⓒ 万能薬.

+**cur·few** /kə́:fju: | kə́:-/ 名 (~s /~z/) Ⓒ,Ⓤ (夜間の)**外出禁止令**; Ⓤ 外出禁止の時間帯; Ⓒ 《米》 門限.

Cu·rie /kjʊ́(ə)ri, -ri: | kjʊ́əri/ 名 固 Marie ~ (1867-1934), Pierre /pjéə | pjéə/ ~ (1859-1906) キュリー《フランスの物理・化学者夫妻; 共同でラジウムを発見した》.

cu·ri·o /kjʊ́(ə)riòʊ/ 名 (~s) Ⓒ 骨董(こっとう)品.

+**cu·ri·os·i·ty** /kjʊ̀(ə)riɑ́(:)səṭi | kjʊ̀əriɔ́s-, kjɔ̀:r-/ ❗発音 名 (-i·ties /~z/) ❶ Ⓤ または a ~] **好奇心**; 詮索(せんさく)好き (*about*): ***satisfy*** ...'s ***curiosity*** ...の好奇心を満たす / ***arouse*** ...'s ***curiosity*** ...の好奇心を刺激する / intellectual *curiosity* 知的好奇心 / He has enough ***curiosity to*** want to know the cause of the accident. +*to* 不定詞 彼には事故の原因を知りたがる程度の好奇心はある / *Curiosity* killed the cat. 《ことわざ》 好奇心は猫をも殺した《⇒ cat 日英》. ❷ Ⓒ 珍しい物, 変わり者; 骨董(こっとう)品: a *curiosity* shop 骨董屋.
òut of curiósity [副] 好奇心から; 文修飾 [質問に添えて] (ちょっと)知りたいのですが. (形 cúrious)

*__cu·ri·ous__ /kjʊ́(ə)riəs | kjʊ́ər-, kjɔ́:r-/ ❗発音 形 ❶ **好奇心の強い**, 物を知りたがる; **詮索(せんさく)好きな**, 物見高い: a *curious* glance 好奇の目 / *curious* neighbors 詮索好きな近所の人たち / Children are very ***curious about*** everything and ask many questions. +*about*+名 子供は何にでも好奇心が強いのでいろいろと質問するものだ / She's too *curious about* other people's business. 彼女は人のことをやたらに知りたがる / He was ***curious to*** know everything. +*to* 不定詞 彼は何でも知りたがった.
❷ 好奇心をそそる; 奇妙な, おかしな《⇒ strange 類義語》: a *curious* insect 珍しい昆虫 / ***It's curious that*** she should have asked you that question. 彼女が君にそういう質問をしたとは奇妙だ. (名 cùriósity)
〖語源 ラテン語で「注意を向ける」の意; ⇒ cure キズナ〗

+**cu·ri·ous·ly** /kjʊ́(ə)riəsli | kjʊ́ər-, kjɔ́:r-/ 副 ❶ 文修飾 **奇妙にも**, 不思議なことに: *Curiously* (*enough*), he didn't know the fact. 奇妙なことなのだが, 彼はその事実を知らなかった.
❷ **もの珍しそうに**; 好奇心から, もの好きに: The townspeople looked *curiously* at me. 町の人たちはもの珍しそうに私を見た. ❸ 妙に, ひどく.

+**curl** /kə́:l | kə́:l/ 名 (~s /~z/) ❶ Ⓒ,Ⓤ (髪の)**カール**, 巻き毛: I want *curls* there. そこはカールしてください《美容院で》. ❷ Ⓒ 渦巻き状のもの, ねじれ: a *curl* of smoke rising from a chimney ゆらゆらと立ちのぼる煙突の煙 / a *curl* of the lip 軽蔑的に唇をゆがめること《⇒ curl one's lip (lip 成句)》. ❸ Ⓒ カール《筋肉を鍛えるための負荷をかけた腕などの曲げ伸ばし運動》. (形 cúrly)
— 動 (curls /~z/; curled /~d/; curl·ing) 他 ❶ (髪)を**巻く**, カールさせる: She *curled* her hair for the party. 彼女はパーティーのために髪を巻いた. ❷ (...)を丸める, 巻きつける, からめる (*around, over*); (唇)をゆがめる.
— ⓐ ❶ (髪が)カールする: The baby's hair *curls* beautifully. その赤ちゃんの髪はきれいにカールしている. ❷ (物が)巻き上がる, 巻きつく, 丸まる; (煙が)渦を巻く; (唇が)ゆがむ: Smoke from the cowboy's fire *curled up into* the sky. カウボーイのたき火の煙は渦を巻いて空に上っていった.
cúrl úp [動] ⓐ (1) (体を)丸くして寝る, うずくまる, 体を折り曲げる. (2) (物が)巻き上がる, 丸まる, (紙などが)めくれ上がる. — 他 (体)を丸める, (指・脚など)を折り曲げる.

curl·er /kə́:lə | kə́:lə/ 名 Ⓒ [普通は複数形で] カーラー: eyelash *curlers* まつ毛カーラー.

cur·lew /kə́ːl(j)uː | kə́ː-/ 名 C だいしゃくしぎ《くちばしが下へ曲がっている鳥》.

curl·ing /kə́ːlɪŋ | kə́ːl-/ 名 U カーリング《氷上で平円形の重いみかげ石を滑らせて的に入れる競技》.

cúrling ìron 名 C 《米》 ヘアアイロン.

cúrling tòngs 名 複 《英》 = curling iron.

+**curl·y** /kə́ːli | kə́ː-/ 形 (curl·i·er; -i·est) **巻き[縮れ]毛の**; 渦巻き状の: *curly* hair 巻き毛. (名 curl)

cur·rant /kə́ːrənt | kʌ́r-/ 名 ❶ C 小粒の種なし干しぶどう. ❷ C [普通は合成語で] すぐり(の実).

***cur·ren·cy** /kə́ːrənsi | kʌ́r-/ 名 (-ren·cies /~z/) ❶ C,U **通貨, 貨幣**: foreign *currency* 外貨 / local *currency* 現地通貨 / paper *currency* 紙幣 / a strong *currency* 強い競争力のある通貨 / issue *currency* 通貨を発行する / U.S. *currency* is widely used here. 当地では米国の通貨が広く使われている. ❷ U 流通, 通用; 流布: gain [lose] *currency* (考え方などが)流通[通用, 流布]し始める[しなくなる] / enjoy [have] wide *currency* 広く流通している; 広まっている. (形 cúrrent)

****cur·rent** /kə́ːrənt | kʌ́r-/ (同音 currant)

— 形 ❶ 限定 [比較なし] **現在の**, 今の; 現時点での: the *current* month [year] 本月[年] / *current* news 最新のニュース / the *current* issue of the magazine 雑誌の今月[週]号 / Who is the *current* leader? 現時点での首位打者[トップランナー]はだれですか.

❷ **現在行なわれている**, 現在通用している, 今流通している; 流行の《⇒ modern 類義語》: *current* English 現代英語; 時事英語 / *current* fashions 現在の流行 / The shilling isn't in *current* use in Britain. シリングは現在英国では通用していない. ❸ 叙述 《主に米》 (新しいことに)精通して. (名 cúrrency)

— 名 (cur·rents /-rənts/) ❶ C (空気・水などの)**流れ** [≒flow]; 海流, 潮流; 水流; 気流: the Japan *Current* 日本海流, 黒潮 / a warm [cold] *current* 暖[寒]流 / swim with [against] a strong *current* 強い流れに従って[逆らって]泳ぐ.

❷ C,U **電流** (electric current): alternating [direct] *current* 交[直]流. ❸ C 時代の流れ; 時流, 風潮 (*of*).

単語のキズナ			CUR/走る=run
current	(走っている)	→	現在行なわれている
curriculum	(走るコース)	→	カリキュラム
cursor	(走るもの)	→	カーソル
excursion	(外へ走り出ること)	→	小旅行
occur	(...の方へ走る → 出くわす)	→	起こる
incur	(...の中に走り込む)	→	...を被る
recur	(再び走る)	→	再発する

cúrrent accóunt 名 C 《英》 = checking account.

cúrrent affáirs [《米》 evénts] 名 複 [しばしば単数扱い] 時事問題; [形容詞的に] 時事問題の.

***cur·rent·ly** /kə́ːrəntli | kʌ́r-/ 副 **今のところ**, 現在: The President is *currently* visiting Iraq. 大統領は現在イラクを訪問中だ《✪ 文頭の位置も可》.

+**cur·ric·u·lum** /kəríkjʊləm/ ❗アク ≪ラテン語から≫ 名 (複 cur·ric·u·la /-lə/, ~s) C 〔教育〕 **カリキュラム**, 教育[教科]課程: a college *curriculum* 大学の教育課程 / be (included) in [《英》 on] the *curriculum* 教科に入っている. 〘⇒ current キズナ〙

currículum ví·tae /-víːtaɪ/ ≪ラテン語から≫ 名 C 《主に英》 履歴(書)《略 CV》 [《米》 résumé].

cur·ried /kə́ːrid | kʌ́r-/ 形 限定 カレー粉で調味した: *curried* chicken カレーチキン.

***cur·ry**[1] /kə́ːri | kʌ́ri/ 名 (cur·ries) ❶ C,U **カレー料理**: (a) beef *curry* ビーフカレー / *curry* and rice カレーライス. ❷ U カレー粉.

— 動 (cur·ries; cur·ried; -ry·ing) 他 (...)をカレー料理にする; カレー味にする.

cur·ry[2] /kə́ːri | kʌ́ri/ 動 (cur·ries; cur·ried; -ry·ing) [次の成句で]. **cúrry fávor with ...** [動] [軽蔑的] (人)の機嫌をとる, (人)にへつらう.

cúrry pòwder 名 U カレー粉.

+**curse** /kə́ːs | kə́ːs/ 動 (curs·es /~ɪz/; cursed /~t/; curs·ing; ⇒ cursed) 他 ❶ (...)を**ののしる**, (...)の悪口を言う: He ***cursed*** the driver ***for*** be*ing* so slow. V+O+*for*+動名 彼は運転手にどうしてこんなに遅いのかと悪態をついた.

❷ (...)を**のろう** [⇔ bless]《⇒ cursed》: The witch *cursed* the girl with horrible words. 魔女は恐ろしいことばで少女をのろった.

— 自 **ののしる**, 悪態をつく: The drunkard ***cursed at*** a policeman. V+*at*+名 その酔っ払いは警官をののしった.

cúrse óut [動] 他 《米略式》 (人)をののしる.

— 名 (curs·es /~ɪz/) ❶ C **悪態**; 悪口のことば《⇒ swear 自 語法》: He fired a volley of *curses* at me. 彼は私に次々に悪態を浴びせた. ❷ [a ~] のろい [⇔ blessing]; のろいのことば: be under *a curse* のろわれている / put *a curse* on ... ...にのろいをかける. ❸ C 災いのもと, やっかいもの (*of*); たたり, 災い, ばち.

curs·ed /kə́ːsɪd, kə́ːst | kə́ːsɪd/ 形 のろわれた, たたられた [⇔ blessed]. **be cúrsed with [by] ...** [動] 他 (悪いもの)で苦しめられている: This area has *been cursed with* a series of earthquakes. この地域は一連の地震に苦しめられている.

cur·sive /kə́ːsɪv | kə́ː-/ 形 筆記体の, 草書体の, 続け書きの.

cur·sor /kə́ːsə | kə́ːsə/ 名 C 〔コンピュータ〕 カーソル. 〘⇒ current キズナ〙

cur·so·ri·ly /kə́ːsərəli | kə́ː-/ 副 ぞんざいに.

cur·so·ry /kə́ːsəri | kə́ː-/ 形 ぞんざいな, 雑な: give a *cursory* glance [look] ざっと目を通す.

curt /kə́ːt | kə́ːt/ 形 (curt·er; curt·est) ぶっきらぼうな, そっけない.

cur·tail /kətéɪl | kəː-/ 動 他 《格式》 (...)を切り詰める, 抑える; (出費など)を節減する; 短縮する.

cur·tail·ment /kətéɪlmənt | kəː-/ 名 U,C 《格式》 切り詰め, 抑制; 節減; 短縮.

***cur·tain** /kə́ːtn | kə́ː-/ ❗発音 名 (~s /~z/) ❶ C **カーテン**: open [draw (back), pull (back)] a *curtain* カーテンを開ける / close [draw, pull] a *curtain* カーテンを閉める / hang a *curtain* カーテンをつるす[つける]. 関連 drapes 《米》 厚手のカーテン.

❷ C [普通は the ~] (劇場の)**幕**, 緞帳(どんちょう)《上下に動く; ⇒ theater 挿絵》; 開演, 終演: *The curtain* rises [falls] at 8:30. 8 時半開演[終演].

❸ C [普通は a ~] **幕状のもの**; さえぎるもの: *A curtain of* mist blocked our view. 一面の霧で見晴らしがきかなかった. ❹ [複数形で] 《略式》 終わり, 最期, 死 (*for*).

bríng dówn the cúrtain on ... [動] 他 ...に幕を下

ろす; ...を終わりにする.
the cúrtain fálls [còmes dówn] [動] ⓐ (...に)幕が下りる《⇒ 2》; (事に)決着がつく (*on*).
— 動 他 (窓など)に幕[カーテン]を張る.
cúrtain óff [動] 他 (...)を幕で仕切る.
cúrtain càll 名 C カーテンコール《幕切れに観客が拍手して幕の前に役者を呼ぶこと》.
cúrtain ràil 名 C 《英》 = curtain rod.
cur·tain-rais·er /kə́ːtnrèɪzə | kə́ːtnrèɪzə/ 名 C 開幕劇, 前座; 大事の前ぶれとなる小事 (*to*).
cúrtain ròd 名 C カーテンレール《⇒ bathroom 挿絵》.
curt·ly /kə́ːtli | kə́ːt-/ 副 ぶっきらぼうに.
curt·sey /kə́ːtsi | kə́ː-/ 動 名 = curtsy.
curt·sy /kə́ːtsi | kə́ː-/ 動 (curt·sies; curt·sied; -sy·ing) ⓐ (女性が)(左足を引き, ひざを曲げ)おじぎをする.
— 名 (curt·sies) C (左足を引き, ひざを曲げる)女性のおじぎ.
cur·va·ceous /kəːvéɪʃəs | kəː-/ 形 (女性が)曲線美の.
cur·va·ture /kə́ːvətʃə | kə́ːvətʃə/ 名 U,C 《格式》 湾曲; 屈曲; 〔医学〕(背骨などの)湾曲.
*__curve__ /kə́ːv | kə́ːv/ 発音 名 (~s /~z/) ❶ C **曲線, カーブ:** draw a *curve* 曲線を描く.
❷ C **曲がった個所[部分], カーブ,** 湾曲部: a sharp [gentle] *curve* 急な[ゆるやかな]カーブ《⇒ hairpin》/ CURVE AHEAD 前方にカーブあり《道路標示》/ You must slow down for ***curves in*** the road. 道路がカーブした所では速度を落とさなければいけません. ❸ C 〔野球〕カーブ.
ahéad of the cúrve [形·副] 時代に先んじて.
behìnd the cúrve [形·副] 時代に遅れて.
thrów ... a cúrve [動] 他 (打者)にカーブを投げる; (予期せぬ質問などで)(人)の意表をつく.
— 動 (curves /~z/; curved /~d/; curv·ing) ⓐ (丸く)**曲がる; 曲線を描く,** カーブする: The river ***curves around*** [***round***] the city. V+前+名 川は市をとりまくように蛇行している / The road ***curved to*** the left. 道は左へカーブしていた.
— 他 (...)を(丸く)曲げる; カーブさせる.
curved /kə́ːvd | kə́ːvd/ 形 曲がった, 湾曲した, 曲線状の [⇔ straight]: a *curved* line 曲線.
curv·y /kə́ːvi | kə́ː-/ 形 (curv·i·er; -i·est) 曲線の多い; (女性が)曲線美の.
*__cush·ion__ /kʊ́ʃən/ 名 (~s /~z/) ❶ C **クッション,** 座ぶとん《⇒ living room 挿絵》: a sofa with *cushions* on it クッションの置いてあるソファー. ❷ C (クッションのように)衝撃を和らげるもの; (置き物などの)台ぶとん; 当座のしのぎ(の金), 予備費 (*against*): sit down on a *cushion* of soft grass 柔らかいクッションのような草の上に腰を下ろす.
— 動 他 ❶ (ショックなど)を和らげる; (影響·被害などから)(人)を保護する, 守る (*against, from*): *cushion* the blow 衝撃を和らげる. ❷ [普通は受身で] (...)にクッションを備える[当てる].
cusp /kʌ́sp/ 名 C (歯·葉·三日月などの)先端. **on the cúsp** [形·副] 境目[始まり]のところに (*between, of*).
cuss /kʌ́s/ 動 ⓐ Ⓢ 《米》 ののしる, 悪態をつく [≒ curse, swear]. **cúss óut** [動] 他 Ⓢ 《米》 (...)をどなりつける.
cus·tard /kʌ́stəd | -təd/ 名 ❶ U,C カスタード《牛乳·卵に砂糖·香料を加えて煮た[焼いた, 凍らせた]菓子》. ❷ U 《英》 カスタードソース.
cústard píe 名 C,U カスタードパイ《ときにどたばた喜劇で俳優が投げ合う》.
cus·to·di·al /kʌstóʊdiəl/ 形 保護[拘留]の.
cus·to·di·an /kʌstóʊdiən/ 名 ❶ C 後見人, 保護者 (*of*). ❷ C 《米》 (学校·ビル·事務所などの)管理人, 用務員《⇒ janitor 語法》.
+**cus·to·dy** /kʌ́stədi/ 名 ❶ U (後見人としての)**保護[監督, 養育](の権利·義務):** have ***custody of*** ... ...を保護する(権利がある); ...の親権を持つ / award [get] ***custody of*** the child 子供の養育権を与える[得る] / joint *custody* (離婚した両親による)共同親権. ❷ U 拘留, 監禁; 管理, 保管: hold [keep] ... ***in custody*** (人)を拘留しておく / take ... into *custody* (人)を拘引する.

**cus·tom /kʌ́stəm/

— 名 (~s /~z/)

意味のチャート
(習わしとなっていること)
→「**風習**」❶,「**習慣**」❷ 《⇒ costume 語源》
→ (店の常連) →「ひいき」,「**顧客**」❸ 《⇒ customer》
→ (慣例的な貢物) → (税金) →「関税」 《⇒ customs 2》

❶ C,U (社会の)**慣習, 風習**《⇒ habit 類義語》: the ***custom of*** exchang***ing*** New Year's cards 年賀状を出し合う慣行 / observe [follow] a *custom* 慣習を守る[に従う] / break with a *custom* 慣習をやめる / ***It's the custom for*** [***of***] Americans ***to*** do so. そうするのがアメリカ人の慣習だ / So many countries, so many *customs*. 《ことわざ》 国の数だけ慣習もある(所変われば品変わる).
❷ [単数形で] 《格式》 (個人の)**習慣**《⇒ habit 類義語》: ***It's*** my ***custom to*** take a bath in the morning. 朝ぶろに入るのは私の習慣だ / *Custom* is (a) second nature. 《ことわざ》 習慣は第二の天性である(習い性となる). ❸ U 《格式, 主に英》 (客の商人に対する)ひいき, 引き立て; 顧客, 得意先《全体》: lose *custom* 得意客を失う. ❹ [形容詞的に] 《主に米》 注文の, あつらえの: *custom* clothes [suits] 注文服. ❺ [複数形で] ⇒ customs. (動 accústom, 形 cústomàry)
cus·tom·ar·i·ly /kʌ̀stəmérəli | kʌ́stəm(ə)rəli/ 副 習慣的に, 慣例上.
cus·tom·ar·y /kʌ́stəmèri | -m(ə)ri/ 形 ❶ (社会の)慣例による, 慣習上の: ***Is it customary*** in Japan ***for*** you ***to*** tip waiters in restaurants? 日本ではレストランでウェーターにチップを渡す習慣がありますか. ❷ 限定 (個人の)習慣的な, いつもの. (名 cústom)
cus·tom-built /kʌ́stəmbílt/ 形 (乗用車·機械などが)注文して作った, 特注の.

**cus·tom·er /kʌ́stəmə | -mə/

— 名 (~s /~z/) ❶ C (商店などの)**客**《⇒ visitor 表》; 得意先, 取引先: a regular *customer* 常連客 / best *customers* 上得意 / The *customer* is always right. お客さまは常に正しい(お客さまは神さまです)《商店のモットー》. 日英 日本語の「お客さま」と違って呼びかけには使わない. ❷ C [前に形容詞をつけて] 《略式》 ...な人, やつ: a cool [tough] *customer* ずぶとい[手ごわい]やつ.
cus·tom·ize /kʌ́stəmàɪz/ 動 他 (車など)を特注製造

[改造]する; 〔コンピュータ〕カスタマイズする.

cus·tom-made /kʌ́stəmméɪd←/ 形 (服・靴などが)注文[特注]品の, あつらえの, オーダーメードの [《英》bespoke] [⇔ ready-made]. 日英「オーダーメード」は和製英語.

*__cus·toms__ /kʌ́stəmz/ 名 複 ❶ [しばしば (the) C- として単数扱い] **税関**; [形容詞的に] 税関の: It took half an hour to「get through [clear] *customs*. 税関を通過するのに 30 分かかった.

❷ **関税**: pay *customs* on ... ...に関税を払う.

***cut /kʌ́t/

— 動 (cuts /kʌ́ts/; 過去・過分 cut; cut·ting /-ṭɪŋ/) 他

意味のチャート

基本的には「**切る**」❷ から,
→「**切り取る**」❶
→「**削除する**」❹ →「**編集する**」❹
→ (予定から除く) →「**休む**」❾
→ (切断する) →「**横切っている**」❺
→「**中断する**」⓫
→ (切りつける) → (傷つける) →「**肌を刺す**」❿

❶ (...)を**切り取る**, 切り分ける, 切断する; (人に)(...)を切ってやる; (髪・つめなど)を切る, (草・作物など)を刈る, 刈り取る: *cut* a piece of cake ケーキをひと切れ切る / *Cut* the cake ***in*** two [half]. V+O+*in*+名 ケーキを 2 つ[半分]に切ってください / She *cut* the cake ***into*** three pieces. V+O+*into*+名 彼女はそのケーキを 3 つに切った / 言い換え Will you *cut* me a slice of cake? V+O+O = Will you *cut* a slice of cake ***for*** me? V+O+*for*+名 私にケーキをひと切れ切ってくれませんか《⇒ for 前 A 1 語法》/ He *cut* a branch ***from*** the tree. V+O+*from*+名 彼は木から枝を 1 本切り取った / Tom *cut* the pole short. V+O+C (形) トムは棒を短く切った / 言い換え I had [got] my hair *cut* today. (= I had a haircut today.) 今日髪を切った.

髪を切る

私は髪を切った《切ってもらった》.
○**I had my hair cut.**
×I was cut my hair.
✪ I cut my hair. と言うと「自分で髪を切った」の意になる.

❷ (刃物や鋭いもので)(...)を**切る**, 傷つける: He *cut* his finger ***on*** some broken glass. V+O+*on*+名 彼は割れたガラスで指を切った / I *cut* myself [my face] (while) shaving this morning. 私はけさひげをそっていて顔を切った / Be careful! Don't *cut* yourself. 気をつけなさい. 手[指]を切らないように / *cut* ... open = *cut* open ... ...を切り開く; ...に裂傷を負う.

❸ (...)を**減らす**, 縮小する [≒reduce]; (費用・値段など)を**切り詰める**, 下げる: We need to *cut* our traveling expenses. 旅費を切り詰める必要がある / *cut* the deficit in half 赤字を半分に縮小する.

❹ (文章・録画など)を**削除する**, カットする; (...)を(縮めて)**編集する**, 短くする; 〔コンピュータ〕(データ)を切り取る: The editor *cut* the article. 編集者はその記事を削除した: He *cut* the commercial to twenty seconds. 彼はコマーシャルを 20 秒にカットして編集した //⇒ cut-and-paste.

❺ (道路などが)(...)を**横切る**, 分断する; (線などが)(...)と交差する: The line *cuts* the circle just here. その線は円をちょうどここで二分する. ❻ (鋭いもので)切って[掘って](穴など)を作る; (道など)を切り開く: *cut* one's way《⇒ way¹ 成句の囲み》. ❼ (石など)を刻む, (像・文字など)を彫る [≒carve]; [普通は受身で] (布など)を裁つ, (服)を仕立てる: They *cut* their names *into* the bark. 彼らは木の皮に自分たちの名前を彫った. ❽ (...)を(～から切り離して)自由にする (*from*): ⇒ cut loose (loose 成句). ❾《略式》(会合・授業など)を(無断で)休む, すっぽかす; (...)を無視する: You shouldn't *cut* school [classes, 《米》class] so often. そうしょっちゅう学校[授業]をサボってはいけない《⇒ sabotage 日英》/ She *cut* me (《英》dead) in the street. 彼女は通りで私に知らん顔をした. ❿ (人)の感情を傷つける; (寒風などが)(人)の肌を刺す. ⓫ (...)を中断する, 止める; (供給・関係)を絶つ; 《略式》(話など)をやめる. ⓬ (レコード・CD など)を録音する: *cut* a new CD 新しい CD を出す. ⓭ (トランプの札)をカットする《切った札を二つに分け(て順序を入れかえ)る》. ⓮ (赤ん坊が)(歯)を生やす. ⓯ (テニスなどで)(球)をカットする.

— 自 ❶ (刃物などが)**切れる**; (物が)切(り分けら)れる: My scissors *cut* well. 私のはさみはよく切れる / Cheese *cuts* easily with a knife. チーズはナイフでたやすく切れる. ❷ 切り取る[離す] (*along, through*). ❸ [命令文で] Ⓢ〔映画〕カット! ❹〔映画・テレビ〕(場面が急に)切り替わる (*away; to, from*). ❺ 急に方向を変える. ❻ [副詞(句)を伴って] (身に)しみる, (刺すように)痛い.

ány wáy you cút it [副] 文修飾《略式》どう考えてみても.

cút it [動] 自 [普通は否定文で] Ⓢ 成果をあげる, うまくやる.

cút it clóse《米》= **cút it [thìngs] fíne**《英》[動] 自 Ⓢ (時間的に)ぎりぎりでやる, 余裕がない.

cut の句動詞

+**cút acròss ...** 動 他 ❶ **...を横切って近道をする**: Let's *cut across* the campus. 学校内を通り抜けて近道しよう.

❷ **...(の前)を横切る**: The truck *cut across* the path of our car. そのトラックは私たちの車の前を突っ切った.

❸ (限度・仕切りなど)を越える. ❹ ...に広く及ぶ, 渡る; ...に影響する.

+**cút awáy** 動 他 (...)を**切り取る**, 取り払う V+名·代+*away* / V+*away*+名: He ***cut away*** the dead branches ***from*** the tree. 彼はその木の枯れ枝を払った.

+**cút báck** 動 他 ❶ (生産・出費・人員など)を**縮小する**, 切り詰める V+名·代 +*back* / V+*back*+名: The factory had to *cut back* its production. 工場は生産を縮小せざるをえなかった. ❷ (木など)を刈り込む.

— 自 (...を)**切り詰める**, 縮小する: We were told to *cut back on* new projects. 我々は新しい計画を縮小せよと言われた. (名 cútbàck)

*__cút dówn__ 動 他 ❶ (...)を**切り倒す**; 《格式》(人)を殺す, 切り[打ち]倒す V+名·代+*down* / V+*down*+名: He *cut down* a tree in his garden. 彼は庭の木を切り倒した / He *was cut down* by cancer in his prime. 彼は男盛りに癌(がん)で死んだ.

❷ (...)の**数[量]を減らす**, (費用など)を**切り詰める**; (値段)を切り下げる V+名·代 +*down* / V+*down*+名: *cut down* the cost of production 生産費を切り詰める / Can you *cut* it ***down to*** one dollar? それを 1 ドルにまけられませんか.

C

cút dówn on ... [動] 他 ...の(消費)量を減らす**:** The doctor told him to *cut down on* smoking. 医者は彼にたばこを減らすように言った.

+**cút ín** 動 自 ❶ **話をさえぎる:** Don't *cut in on* 「our conversation [us]. 僕たちの話に割り込むなよ.
❷《米》(車の列などに)**割り込む:** A truck *cut in on* [*in front of*] me. トラックが私の前に割り込んだ.
— 他《略式》(人)を(仕事などの)仲間に入れる (*on*).

+**cút ìnto ...** 動 他 ❶ **...に割り込む**; (利益・価値)を減少させる. ❷ (ケーキなど)にナイフを入れる.

*****cút óff** 動 他 ❶ (...)を**切り取る**, 切り離す V+名・代+off / V+off+名**:** She *cut off* a slice of turkey and passed it to him. 彼女は七面鳥の肉をひと切れ切り取って彼に回した.
❷ [しばしば受身で] (供給・話など)を**中断する**, (ガス・水道など)の**供給を止める**; (人)の話に口を挟む; (通話中の人)の電話を切る V+名・代+off / V+off+名**:** They *were* [*got*] *cut off* in the middle of their conversation. 彼らは話している最中に電話を切られた[電話が切れた].
❸ [しばしば受身で] (...)を(...から)孤立させる**:** The island *is cut off from* the mainland. その島は本土から遠く離れている. ❹ (進路)をさえぎる. ❺《米》(人)の車の前に割り込む. — 自 = cut out.

*****cút óut** 動 他 ❶ (...)を**切り抜く[取る]** (*of, from*); (語句など)を削除する V+名・代+out / V+out+名**:** I *cut* the article *out of* the magazine. 私はその記事を雑誌から切り取った. ❷ [主に命令文で]《略式》(話・喫煙など)をやめる**:** *Cut out* the jokes! 冗談はよせ. ❸ (人)をはずす, 除く (*of*). ❹ (...)を切って[掘って]作る; (衣服)を裁断する. — 自 (エンジンが)急に止まる.

be cùt óut 「**for ...** [**to be ...**] [動] [普通は否定文で]《略式》...に(なるのに)適任である.

cút it [**that**] **óut** [動] 自 [普通は命令文で] Ⓢ **やめる:** Stop tickling me. *Cut it out*! くすぐるのはよせ. よせったら.

+**cút thròugh ...** 動 他 ❶ **...を突っ切って進む**, ...を通って近道をする; (風などが)...の中へ突き通る, (人)の肌を刺す**:** The cold wind *cut through* his coat. 冷たい風が彼のコートを通して身にしみた.
❷ **...を切り通す[開く]:** This blade can easily *cut through* one hundred sheets of paper. この刃は100枚の紙を楽々と切れる. ❸ (困難など)を切り抜ける; (面倒な手続きなど)をはしょる.

*****cút úp** 動 他 ❶ (...)を(小さく)**切る, 切り分ける**; (野菜など)を切り刻む; 切り裂く V+名・代+up / V+up+名**:** She *cut* the meat *up into* small pieces. 彼女は肉を細かく切った. ❷ [普通は受身で]《略式》(人)の心を痛める (*about*). — 自《米略式》ふざける.

— 名 (cuts /kʌ́ts/)

意味のチャート

「**切る[切られる]こと**」❻ (⇒ 動 他 **意味のチャート**)
→ (切り取ること) → 「**削除**」❷
→ (切り取られた物) → 「**切り身**」❹
→ (切断の仕方) → 「**裁ち方**」❸
→ (切りつけること) → 「**切り傷**」❶

❶ Ⓒ **切り傷**; 切り口, 切り込み**:** small *cuts* 小さな切り傷 / a bad *cut* on the head. 頭のひどい切り傷.
❷ Ⓒ (出費などの)**削減**, 切り詰め, 切り下げ; **削除(部分)**; (映画の)カット, 編集**:** a price *cut* = a *cut in* prices 値下げ / tax *cuts* 減税 / take a *cut in* pay 減給される / The writer made several *cuts in* the novel. 作家はその小説の数か所を削除した.
❸ Ⓒ [普通は単数形で] (髪の)**カット**; 髪型 (haircut); (衣服の)裁ち方, 型**:** I'd like a *cut* and a perm. カットとパーマをお願いします / He changed the *cut* of his hair. 彼は髪型を変えた / a dress of the latest *cut* 最新流行(の型)のドレス.
❹ Ⓒ (肉の)**切り身**, ひと切れ**:** Give me a nice *cut of* beef. 牛肉のいいところをひと切れください. ❺ Ⓒ [普通は単数形で]《略式》(利益などの)分け前, 配当 (*of*). ❻ Ⓒ 切ること; (刃物・むちなどでの)一撃**:** make a clean *cut* with a knife ナイフできれいに切る. ❼ Ⓒ《米》(道路などの)切り通し [《英》cutting]. ❽ Ⓒ (テニスなどで)球を切ること, カット.

be a cút abòve ... [動] 他 ...より一枚上だ.

the cút and thrúst [名]《英》(議論などの)活発なやりとり, 激しさ (*of*).

— 形 ❶ **切った**, 刈った, 摘んだ**:** *cut* grass 刈った草 / *cut* flowers 切り花. ❷ 刻んだ, 彫った; 磨いた**:** ⇒ cut glass. ❸ 切り詰めた.

cut-and-dried /kʌ́tndráɪd←/ 形 (結論などが)明確な, 確定的な; 型にはまった, お決まりの.

cut-and-paste /kʌ́tnpéɪst/ 動 他【コンピュータ】(...)をカットアンドペーストする《画面上で文字・画像を切り取り別の場所にはりつける》.

cut·back /kʌ́tbæ̀k/ 名 Ⓒ [普通は複数形で] (生産の)縮小, 削減 (*in*). (動 cút báck)

cute /kjúːt/
— 形 (cut·er /-ṭə | -tə/; cut·est /-ṭɪst/) ❶ (人や物が)(小さくて)かわいい [≒pretty]; 《米略式》セクシーな**:** a *cute* baby かわいい赤ちゃん / a *cute* costume かわいらしい衣装. ❷《米略式》[しばしば軽蔑的] 抜けめのない; 利口な, 機転のきく; きざな**:** a *cute* merchant 抜けめのない商人 / a *cute* remark きざな文句.
【語源 acute の a が落ちたもの】
~·ly 副 ❶ かわいく. ❷ 抜けめなく; 利口に.
~·ness 名 Ⓤ かわいさ; 抜けめなさ, 利口.

cút gláss 名 Ⓤ カットグラス.

cu·ti·cle /kjúːṭɪkl/ 名 Ⓒ (つめの付け根の)あま皮.

cut·ler·y /kʌ́tləri/ 名 Ⓤ《米》刃物類; 《英》食卓用金物《ナイフ・フォーク・スプーンなどの総称》.

cut·let /kʌ́tlət/ 名 ❶ Ⓒ (羊や子牛の)肉の切り身; カツレツ. ❷ Ⓒ (ひき肉などの)平たいコロッケ.

+**cut·off** /kʌ́ṭɔ̀ːf | -ɔ̀f/ 名 (~s /~s/) ❶ Ⓒ **停止(点)**, **限界**, 終了[中止]時期; 締め切り**:** What's the *cutoff* date for signing up? 登録の締め切りはいつですか. ❷ Ⓒ (水流などの)遮断装置, 開閉栓. ❸ Ⓒ《米》近道. ❹ [複数形で] ひざ上で切ったジーパン.

cut·out /kʌ́ṭàʊt/ 名 ❶ Ⓒ 切り抜き画[細工]. ❷ Ⓒ (電気の)安全開閉器.

cut-price /kʌ́tpráɪs←/ 形 限定 = cut-rate.

cut-rate /kʌ́tréɪt←/ 形 限定《米》値引きした; (店が)安売りの.

cut·ter /kʌ́ṭə | -tə/ 名 ❶ Ⓒ [主に合成語で] 切る道具, 裁断器**:** a glass *cutter* ガラス切り / wire *cutters* 針金切り, ペンチ. ❷ Ⓒ 切る人, 刈る人, 裁断師; フィルム編集者. ❸ Ⓒ カッター《軍艦搭載ボート》; 1本マストの小帆船の一種; 沿岸警備艇.

cut·throat /kʌ́tθròʊt/ 形 限定 情け容赦のない, 激烈な.

+**cut·ting** /kʌ́ṭɪŋ/ 名 (~s /~z/) ❶ Ⓒ《英》(新聞など

の)**切り抜き** [≒clipping]. ❷ Ⓒ 挿し木用の枝. ❸ Ⓒ《英》(道路などの)切り通し [《米》cut].
— 形 ❶ 限定 (言葉が)痛烈な, 皮肉な. ❷ 限定 (風などが)身を切るような.

cútting bòard 名 Ⓒ《米》まな板.

cútting édge 名 ❶ [the ~] 最先端: at [on] *the cutting edge* of ... …の最先端で[に]. ❷ [単数形で] 優位に立たせるもの, 強み: give ... a *cutting edge* …を有利にする.

cut·ting-edge /kʌ́tɪŋèʤ/ 形 限定 最先端の: *cutting-edge* technology 最先端の科学技術.

cut·tle·fish /kʌ́tlfɪʃ/ 名 (複 ~, ~·es) Ⓒ こういか《厚い石灰質の甲がある; ⇒ squid》.

CV /síːvíː/ 略 = curriculum vitae.

cwt. 略 = hundredweight.

-cy /si/ 接尾「性質・状態; 職・地位・身分」を表わす《⇒ -ency》: secre*cy* 秘密 / presiden*cy* 大統領の地位 / infan*cy* 幼時.

cy·an /sáɪæn, -ən/ 名 Ⓤ 青緑色, シアン(ブルー).

cy·a·nide /sáɪənàɪd/ 名 Ⓤ シアン化物; 青酸カリ.

cy·ber- /sáɪbɚ | -bə/ 接頭「コンピューター(ネットワーク)の, インターネットの」の意.

cy·ber·café /sàɪbɚkæféɪ | sáɪbəkæ̀feɪ/ 名 Ⓒ インターネットカフェ, サイバーカフェ.

cy·ber·net·ics /sàɪbɚnétɪks | -bə-/ 名 Ⓤ サイバネティックス, 人工頭脳学.

cy·ber·space /sáɪbɚspèɪs | sáɪbə-/ 名 Ⓤ サイバースペース《コンピューターネットワークで結ばれた世界, またはコンピューターの造り出す仮想現実環境》.

cy·borg /sáɪbɔɚg | -bɔːg/ Ⓒ サイボーグ, 人工[改造]人間.

cy·cla·men /sáɪkləmən, sík-/ 名 Ⓒ シクラメン, かがりびばな《球根植物》.

cy·cle[1] /sáɪkl/ (**)

— 名 (~s /~z/) ❶ Ⓒ ひと巡(めぐ)り, 循環; **周期**: the *cycle of* the seasons 季節の移り変わり / break [stop] the *cycle of* violence 暴力の繰り返しを絶つ / These phenomena appear in「a *cycle* [*cycles*]. これらの現象は周期的に現われる. ❷ Ⓒ 周波, サイクル《⇒ hertz》. ❸ Ⓒ 一連(の詩歌), 集成.
— 動 自《米》循環する. (形 cýclic)
〖語源 ギリシャ語で「輪」の意〗

+**cy·cle**[2] /sáɪkl/ 名 (~s /~z/) Ⓒ **自転車** (bicycle); オートバイ (motorcycle): ride a *cycle* 自転車に乗る / a *cycle* ride 自転車に乗ること[で行く道のり].
— 動 自 自転車に乗る, 自転車で行く, サイクリングする: *cycle to* a lake 湖まで自転車で行く / go *cycling* サイクリングに行く.

cýcle làne 名 Ⓒ《英》= bike lane.

cy·clic /sáɪklɪk, sík-/, **cý·cli·cal** /-k(ə)l/ 形 循環する; 周期的な. (名 cýcle[1])
-cal·ly /-kəli/ 副 周期的に.

cy·cling /sáɪklɪŋ/ 名 Ⓤ サイクリング.

cy·clist /sáɪklɪst/ 名 Ⓒ 自転車に乗る人, サイクリングする人.

cy·clone /sáɪkloʊn/ 名 Ⓒ 熱帯[温帯]性低気圧; 大暴風, 大あらし《特にインド洋方面のものをいう; ⇒ storm 参考》.

cyg·net /sígnət/ 名 Ⓒ 白鳥のひな[子]. 関連 swan 白鳥.

+**cyl·in·der** /sílɪndɚ | -də/ 名 (~s /~z/) ❶ Ⓒ **円筒**; 円柱; 円筒形の物. ❷ Ⓒ シリンダー; ボンベ; 回転弾倉.
be fíring [wórking, rúnning, hítting] on áll cýlinders [動] 自《略式》フル回転している, 全力で頑張っている. (形 cylíndrical)

cy·lin·dri·cal /sɪlíndrɪk(ə)l/ 形 円筒(形)の; 円柱(状)の. (名 cýlinder)

cym·bal /símb(ə)l/ 名 Ⓒ [普通は複数形で] シンバル《打楽器》.

cyn·ic /sínɪk/ 名 Ⓒ 皮肉屋, 冷笑家.

+**cyn·i·cal** /sínɪk(ə)l/ 形 ❶ **皮肉な**, 冷笑的な, 世をすねた: Don't be so ***cynical about*** doctors. [+about+名] 医者のことをそう皮肉っぽく言う[見る]な. ❷ 身勝手な, 冷淡な. **-cal·ly** /-kəli/ 副 皮肉に, 冷笑的に.

cyn·i·cis·m /sínɪsìzm/ 名 Ⓤ 冷笑, 皮肉.

Cyn·thi·a /sínθiə/ 名 固 ❶ シンシア《女性の名; 愛称は Cindie, Cindy》. ❷〔ギリシャ神話〕キュンティア《月の女神》(Artemis).

cy·pher /sáɪfɚ | -fə/ 名 動 = cipher.

cy·press /sáɪprəs/ 名 Ⓒ いとすぎ《ひのき科の常緑樹; 喪の印として墓地に植える》; Ⓤ いとすぎ材.

Cy·prus /sáɪprəs/ 名 固 キプロス《地中海東部の島, 共和国》.

Cy·ril·lic /səríl ɪk/ 形 限定 キリル文字の.
— 名 Ⓤ キリル文字《ロシア語アルファベットのもと》.

cyst /síst/ 名 Ⓒ (動物の)包嚢(ほうのう).

cys·ti·tis /sɪstáɪtɪs/ 名 Ⓤ〔医学〕膀胱(ぼうこう)炎.

czar /záɚ | záː/ 名 ❶ Ⓒ [しばしば C-] ロシア皇帝, ツァー(リ). ❷ Ⓒ《主に米》(特定分野の)担当官.

cza·ri·na /zɑːríːnə/ 名 Ⓒ ロシア皇后.

Czech /ʧék/ 形 チェコ人の; チェコ語の. — 名 Ⓒ チェコ人; Ⓤ チェコ語.

Czech·o·slo·vak /ʧèkəslóʊvɑːk, -væk←/ 名 Ⓒ チェコスロバキア人. — 形 チェコスロバキアの; チェコスロバキア人の.

Czech·o·slo·va·ki·a /ʧèkəsloʊvɑ́ːkiə, -vǽk-/ 名 固 チェコスロバキア《1992 年まで Czech Republic と Slovakia から成っていた連邦共和国》.

Czéch Repúblic 名 固 [the ~] チェコ《ヨーロッパ中部の共和国; ⇒ Czechoslovakia》.

Dd

d, D[1] /díː/ 名 (複 d's, ds, D's, Ds /~z/) ❶ C,U ディー《英語のアルファベットの第 4 文字》. ❷ U,C [D]〔音楽〕ニ音, ニ調. ❸〔ローマ数字〕500《⇒ number 表》. ❹ C [D] (成績の)D, 可《⇒ grade 1 表》: get (a) *D* on the math test 数学のテストで可をとる.

D[2] /díː/ 略 単 1《乾電池のサイズ》.

d. 略 = died: Charles Dickens, *d.* 1870 チャールズ ディケンズ, 1870 年没.

D. 略 = Democrat, Democratic.

d' /d/《略式》do[1] の短縮形《⇒ d'you》.

-d ⇒ -ed[1,2].

＊-'d[1] /d/《略式》would の短縮形.

＊-'d[2] /d/《略式》had[2] の短縮形.

＊**-'d**[3] /d/《略式》did[1] の短縮形.

D.A. /díːéɪ/ 名 C《米》= district attorney.

dab /dǽb/ 動 (dabs; dabbed; dab·bing) 他 ❶ (...)を軽く押さえる, 軽くたたく; (布などを当てて汚れなど)をぬぐう (*off, from*): *dab* one's eyes *with* a tissue 目をティッシュでそっと押さえる. ❷ (...)を(表面に)軽く塗る: *dab* paint *on* [*onto*] a surface 表面にペンキをひと塗りする. — 自 軽く押し当てる, 軽くたたく: *dab at* one's eyes *with* a tissue 目にティッシュを(何回か)そっと押し当てる. — 名 ❶ C ひと塗り, ひとはけ; 少量: a *dab of* butter 少量のバター. ❷ C 軽くたたく[押さえる]こと.

dab·ble /dǽbl/ 動 自 (おもしろ半分に)やってみる, 手を出す (*at, with*): *dabble in* art 美術をちょっとやってみる. — 他 (手足)を(水中で)ぱちゃぱちゃさせる (*in*).

da·cha /dɑ́ːtʃə | dǽtʃə/ 名 C (ロシアの)邸宅; 別荘.

dachs·hund /dɑ́ːks(h)ʊ̀nt | dǽks(ə)nd/ 名 C ダックスフント《胴長短脚の犬; ⇒ dog 挿絵》.

＊dad /dǽd/

— 名 (dads /dǽdz/) C《略式》**お父さん, パパ.** 語法 親しみの感じを表わす語で, 子供が(成人してからも)父親に呼びかけるときによく用いる; 固有名詞のように, 大文字で始まり, 冠詞をつけないことが多い《⇒ father 語法 (2)》: Are you coming, *Dad*? お父さん, 来るの / "Are your mom and *dad* in [at home]?" "No, they're out right now, but they'll be back soon." 「お父さんとお母さんは家にいますか」「今はでかけてますが, すぐに帰ると思います」《✪ mom and dad の語順に注意》. 関連《米》mom,《英》mum お母さん.

＊**dad·dy** /dǽḍi/ 名 (dad·dies /~z/) C《略式, 小児語》**お父さん, パパ** [≒dad]《⇒ father 語法 (2)》.
the [your] dáddy [名]《略式》最も偉い[立派な]人.

dáddy lóng·legs /-lɔ́ːŋlègz | -lɔ́ŋ-/ 名 (複 ~) C《米》めくらぐも;《主に英》ががんぼ.

Daed·a·lus /dédələs | díːd-/ 名 固〔ギリシャ神話〕ダイダロス《Crete 島の迷路を作った名工; ⇒ Icarus》.

dae·mon /díːmən/ 名 C = demon.

daf·fo·dil /dǽfədìl/ 名 C らっぱずいせん. 参考 春の到来を告げる代表的な花; Wales の国花; ⇒ rose[2] 関連, narcissus.

daf·fy /dǽfi/ 形 (daf·fi·er; -fi·est)《略式》ばかな, おかしな.

daft /dǽft | dɑ́ːft/ 形 (daft·er; daft·est)《略式》ばかな, おかしな. **~·ness** 名 U ばかなこと.

da Gama 名 固 = Gama.

dag·ger /dǽgə | -gə/ 名 ❶ C 短剣, 短刀. ❷ C〔印刷〕短剣符, ダガー《†》. **at dággers dráwn** [形]《英》敵意を抱いて, にらみ合って (*with*). **lóok dággers at ...** [動] 他 (人)をにらみつける.

dahl·ia /dǽljə, dɑ́ːl- | déɪl-/ 名 C ダリア《観賞用植物》.

＊dai·ly /déɪli/

— 形 限定 [比較なし] **毎日の, 日刊の; 1 日の:** *daily* life 日常生活 / a *daily* routine 日課 / a *daily* paper 日刊紙 / *daily* wages 日給 / The site is updated on a *daily* basis. そのサイトは毎日更新される. 語法 日曜日を(時には土曜日も)除いて毎日という意味で用いることもある. (名 day)

— 副 **毎日,** 1 日ごとに [≒every day]: Traffic accidents happen *daily*. 交通事故は毎日起こる.

— 名 (dai·lies /~z/) ❶ C **日刊紙**《✪ しばしば日曜は休刊》. ❷ [複数形で]《米》= rush[1] 名 6.

dáily bréad 名 U 日々の糧(かて)《⇒ bread 2》.

dain·ti·ly /déɪnṭəli/ 副 優美に, 上品に, 繊細に.

dain·ti·ness /déɪnṭinəs/ 名 U 優美さ.

dain·ty /déɪnṭi/ 形 (dain·ti·er; -ti·est) かわいらしい; きゃしゃな; 優美な, 上品な: a *dainty* movement 優美な動き.

dai·qui·ri /dǽkəri, dáɪ-/ 名 C ダイキリ《ラム酒・ライムジュース・砂糖を混ぜた甘いカクテル》.

+**dair·y** /dé(ə)ri/ ❗発音 名 (dair·ies /~z/) ❶ C **酪農所**; (牛乳・バター・チーズなどの)乳製品会社[販売店]. ❷ [形容詞的に] 牛乳(製造)の: *dairy* products [produce] 乳製品.

dáiry càttle 名 [複数扱い] 乳牛《⇒ beef cattle》.

dáiry fàrm 名 C 酪農場.

dair·y·man /dé(ə)rimən/ 名 (-men /-mən/) ❶ C 酪農場で働く男性; 酪農場主. ❷ C 乳製品販売店主[店員].

da·is /déɪɪs/ 名 C (講堂の)演壇; (広間の)上段.

dai·sy /déɪzi/ 名 (dai·sies) C デージー. 参考 いろいろな種類があるが英国ではひなぎく, 米国ではフランスぎくを指すことが多い. 〘語源 原義は 'day's eye' (太陽)〙

Da·ko·ta /dəkóuṭə/ 名 固 ダコタ《米国北部の North Dakota 州と South Dakota 州とを合わせて the Dakotas と呼ぶ》.

Da·lai La·ma /dɑ́ːlaɪlɑ́ːmə/ 名 [the ~] ダライラマ《チベット仏教の教主》.

Dal·las /dǽləs/ 名 固 ダラス《米国 Texas 州北東部の都市》.

dal·ly /dǽli/ 動 (dal·lies; dal·lied; -ly·ing) 自 ぐずぐずする, ぶらつく; もてあそぶ (*with*).

Dal·ma·tian /dælméɪʃən/ 名 C ダルメシアン《犬; ⇒ dog 挿絵》.

+**dam**[1] /dǽm/ (同音 damn) 名 (~s /~z/) C **ダム, せき:** A huge *dam* was built [constructed] to keep back the water. 水をせき止めるために巨大なダムが建設された.

— 動 (dams /~z/; dammed /~d/; dam·ming) 他 ❶ (川など)にダムを造る, (...)をせき止める: The river *is dammed* (*up*) in several places. その川は数か所ダムでせき止められている. ❷ (感情など)を抑える (*up*).

dam² /dǽm/ 名 C (四足獣の)雌親, 母獣《特に馬》.

****dam·age** /dǽmɪʤ/ ❗アク ❗発音

— 名 (dam·ag·es /~ɪz/) ❶ U **損害**, 被害, 損傷; 悪影響, 害, ダメージ: The storm caused serious [severe] *damage to* the village. あらしはその村に大損害を与えた《✪ ×give damage to とは言わない》/ suffer brain *damage* 脳に損傷を受ける / The rumor *did* a lot of *damage to* his good name. そのうわさは彼の名誉をひどく傷つけた / The *damage* is done. 被害はあった(もう手遅れだ, 後の祭りだ). ❷ [複数形で]〘法律〙損害賠償金[額]: He claimed ten thousand dollars (*in*) *damages* for the business he had lost. 彼は事業の損失の賠償金として1万ドルを要求した.

Whát's the dámage? Ⓢ [こっけいに] (勘定は)いくらですか《レストランなどで》.

— 動 (dam·ag·es /~ɪz/; dam·aged /~d/; dam·ag·ing) 他 (物)に**損害を与える**, (...)を傷つける《⇒ injure 類義語》; (名声など)を損なう: The building *was* badly [severely] *damaged by* the fire. V+O の受身 その建物は火事で大きな被害を受けた.

dam·aged /dǽmɪʤd/ 形 損害[損傷]を受けた: *damaged* hair 傷んだ髪.

dam·ag·ing /dǽmɪʤɪŋ/ 形 害を与える, 有害な (*to*, *for*): a *damaging* effect 悪影響.

Da·mas·cus /dəmǽskəs/ 名 固 ダマスカス《シリアの首都》.

dam·ask /dǽməsk/ 名 U ダマスク織り《テーブル掛けなどを作る》.

dame /déɪm/ 名 ❶ [D-]《英》デイム《一般人の Ms, Mrs などに相当》: *Dame* Alice (Smith) デイム アリス(スミス). 語法 ナイト爵 (knight) に叙せられた女性の敬称で男性の Sir に相当し, *Dame* Alice のように個人名につける. *Dame* Smith のように姓だけにつけることはない. ❷ C《古風, 米》女性.

+damn /dǽm/ (同音 dam) 形 限定 Ⓢ **(くそ)いまいましい**, いやらしい; ひどい: He's a *damn* fool. あいつは全くばかだ / This *damn* door won't open. くそ, このドアがどうしても開かない.

— 動 (damns /~z/; damned /~d/; damn·ing) 他 ❶ [間投詞的に] Ⓢ **こん畜生!**, くそくらえ!; ちぇっ!, しまった!《⇒ taboo word》: *Damn* the rain! いまいましい雨だ! / *Damn* him! あの野郎め! / *Damn* (it)! I forgot the keys. ちぇっ! 鍵を忘れた《✪ 目的語を省くこともある》. 語法 下品な語とされ, 特に年配の女性や信心深い人たちは使うのを避ける. その際, damn の代わりにしばしば darn が用いられる. damned も同じく darned で代用する. ❷ (...)を(ひどく)けなす, 酷評する. ❸ (神が)(...)を地獄へ落とす《⇒ damned 名》.

I'll be dámned! Ⓢ こりゃ驚いた.

(「**I'll be [I'm]) dámned if ...** Ⓢ 絶対に...しない[でない], ...であってたまるものか: *I'll be damned if* I will. そんなことするもんか. (名 damnátion)

— 名 [a ~ として否定文で] Ⓢ《略式》少しも: It is*n't* worth *a damn*. それは何の値打ちもない.

do nót gìve [cáre] a dámn [動] 自 Ⓢ 全く気にしない[構わない]: I *don't give a damn about* him. あいつのことなど知ったことか.

— 副 [形容詞·副詞を修飾して]《略式》全く, ひどく; とても: She came *damn* late. あの女はひどく遅れてやって来た.

dámn áll [代]《略式, 主に英》少しの...もない.

dam·na·ble /dǽmnəbl/ 形《古風》いまいましい, ひどい.

dam·na·tion /dæmnéɪʃən/ 名 U 地獄に落ちる[落とす]こと; 破滅: suffer eternal *damnation* 永遠に地獄で苦しむ. (動 damn)

+damned /dǽmd/ 形 限定 **くそいまいましい**; ひどい, とんでもない《⇒ damn 動 語法》.

— 副《略式》= damn.

— 名 [the ~; 複数扱い] 地獄に落とされた人たち.

damned·est /dǽmdɪst/ 形 限定 [the ~] Ⓢ ひどく驚くべき: It's *the damnedest* thing I ever saw! そんなの見たことないよ. — 名 [所有格の後で] Ⓢ 最善: do [try] one's *damnedest* せいぜいがんばる.

damn·ing /dǽmɪŋ/ 形 破滅となる, 不利な: *damning* evidence (罪を証明する)不利な証拠.

Dam·o·cles /dǽməklìːz/ 名 固 ダモクレス《古代シチリア島 (Sicily) シラクサの王の廷臣》. **the [a] swórd of Dámocles** [名]《文語》(栄華の最中にも)身に迫る危険. 由来 ダモクレスがあまりに王位の幸福をたたえたので, 王は彼を王座につかせ, その頭上に毛1本でつるされた剣を示して王位が安泰でないのを教えたことから.

Da·mon /déɪmən/ 名 固〘ローマ伝説〙ダモン《死刑宣告された親友ピュティアス (Pythias) を救った男性》.

Dámon and Pýthias [名] 無二の親友.

+damp /dǽmp/ 形 (damp·er; damp·est) (不快なほど)**湿気のある**, じめじめした《⇒ wet 類義語》: *damp* weather じめじめした天気 / Don't put that *damp* towel into the bag. そのぬれたタオルをかばんに入れないで. (動 dámpen)

— 名 U (不快な)湿気.

— 動 他 (...)を湿らせる [≒dampen].

dámp dówn [動] 他 (1) (火など)を弱める《灰をかけたり通気を調節したりして》. (2) (熱意など)をそぐ, 抑える.

damp·en /dǽmp(ə)n/ 動 他 ❶ (...)を湿らせる. ❷ (気力·熱意など)をくじく, 抑える (*down*): *dampen* ...'s enthusiasm (人)の熱意をそぐ. (形 damp)

damp·er /dǽmpə | -pə/ 名 C (ストーブの)調節弁; (ピアノの)止音器, ダンパー. **pùt a dámper on ...** [動] 他 ...の雰囲気をこわす, ...に水を差す.

damp·ly /dǽmpli/ 副 湿って, じめじめして.

damp·ness /dǽmpnəs/ 名 U 湿気, しめっぽさ.

dam·sel /dǽmz(ə)l/ 名 C《古語》乙女. **a dámsel in distrèss** [名] [こっけいに] 困っている女性.

dam·son /dǽmz(ə)n/ 名 C ダムソン《紫色の西洋すももの一種》; ダムソンの木.

Dan /dǽn/ 名 固 ダン《男性の名; Daniel の愛称》.

****dance** /dǽns | dɑ́ːns/

— 名 (danc·es /~ɪz/) ❶ C **踊り, ダンス**; 小躍り: do [perform] a *dance* ダンスをする / have a *dance* with ... (人)とダンスを踊る / He sat out most of the *dances* that night. 彼はその晩はほとんどダンスに加わらなかった / The waltz is my favorite *dance*. ワルツが私の好きなダンスです / do a *dance* of excitement 喜んで小躍りする / 🗨 "May I have this [the next] *dance*?" "With pleasure."「この[次の]ダンスをいっしょに踊っていただけますか」《舞踏会で男性が女性に対していうことば》「喜んで」

❷ Ⓒ **ダンスパーティー**, 舞踏会: go to a *dance* ダンスパーティーに行く《✪ dance party より dance が普通》/ She gave [had, held] a *dance* last night. 彼女はゆうべダンスパーティーを催した.

dance(略式の)	ダンスパーティー, 舞踏会
ball(公式で盛大な)	

❸ Ⓒ 舞踏曲, ダンス音楽: play a *dance* ダンス音楽を演奏する. ❹ Ⓤ (芸術としての)ダンス: study [teach] (modern) *dance* (モダン)ダンスを学ぶ[教える].

— 動 (danc·es /~ɪz/; danced /~t/; danc·ing) 自 ❶ **踊る, ダンスをする**: They *danced to* the music. V+*to*+名 彼らは音楽に合わせて踊った / I'd like to *dance with* you all night. V+*with*+名 私はあなたと一晩中踊りたい / ***go dancing*** 踊りに行く. ❷《文語》跳(は)ね回る, 跳び回る; (木の葉や波などが)踊る, 揺れる; (心臓などが)躍動する: The girl *danced for* joy at the news. その知らせを聞いてその少女は大喜びで跳び回った.

— 他 (踊りなど)を**踊る**; (バレエの役)を踊る: *dance* the waltz [tango] ワルツ[タンゴ]を踊る.

dánce bànd 名 Ⓒ ダンス音楽を演奏するバンド.

dánce flòor 名 Ⓒ ダンス用フロアー.

dánce hàll 名 Ⓒ《古風》ダンスホール, 舞踏場.

*__danc·er__ /dǽnsɚ | dɑ́:nsə/ 名 (~s /~z/) Ⓒ (プロの)**ダンサー**, 踊り子, 舞踊家; [前に形容詞をつけて] 踊るのが...の人: a ballet *dancer* バレエダンサー / 言い換え You're a very *good dancer*. (= You dance very well. = You're very good at dancing.) あなたはとてもダンスがお上手ですね.

*__danc·ing__ /dǽnsɪŋ | dɑ́:ns-/ 名 Ⓤ **ダンス**, 踊ること: a *dancing* teacher ダンスの先生.

dan·de·li·on /dǽndəlàɪən/ 名 Ⓒ たんぽぽ. 参考 雑草 (weed) 扱いで芝生の大敵とされる.〖語源 原義は「ライオンの歯」; 葉の形から〗

dan·der /dǽndɚ | -də/ 名 [次の成句で] **gèt ...'s dánder ùp** [動]《略式》[こっけいに] ...を怒らせる.

dan·druff /dǽndrəf/ 名 Ⓤ (頭の)ふけ: get [remove] *dandruff* ふけが出る[を取る].

dan·dy /dǽndi/ 形 (dan·di·er; -di·est)《古風, 主に米》とてもいい, すばらしい. — 名 (dan·dies) Ⓒ《古風》しゃれ男, めかし屋.

Dane /déɪn/ 名 ❶ Ⓒ デンマーク人; デンマーク系人《⇒ Denmark》. ❷ Ⓒ〘英国史〙デーン人《10 世紀ごろ England へ侵入した北欧人》.

dang /dǽŋ/ 間 Ⓢ《米略式》こん畜生, しまった《damn の遠回しな表現; ⇒ damn 動 1》. — 形, 副 Ⓢ《米略式》いまいましい[く], 全くの[全く].

**__dan·ger__ /déɪndʒɚ | -dʒə/ !発音

— 名 (~s /~z/) ❶ Ⓤ [ときに a ~] **危険**, 危険な状態; (いやなことの起こる)恐れ《⇒ 類義語》[⇔ safety]: SHARP TURN! DANGER! 急カーブ! 危険!《標識》/ ***face*** (a) ***danger*** 危険に直面する / 言い換え There's no [a] ***danger of*** flooding. = There's no [a] ***danger that*** there will be a flood. +*that* 節 洪水の危険はない[危険がある] / The doctor said that the patient was ***in*** no ***danger***. その患者は心配ないと医者は言った《⇒ dangerous 語法》/ The people are ***in danger of*** losing their homes because of the volcanic eruption. 人々は火山の爆発で家を失う危険にさらされている / My mother has been seriously ill, but she's now ***out of danger***. 母は危篤だったが今は危機を脱した / We must try to reduce the ***danger of*** nuclear war. 我々は核戦争の危険を減らすよう努力しなければならない.

❷ Ⓒ **危険なこと[物, 人]**; 脅威: He's a ***danger to*** the government. 彼は政府にとって危険人物だ / Global warming is a ***danger to*** human beings. 地球の温暖化は人類にとって脅威だ.

(形 dángerous, 動 endánger)

類義語 **danger** 危険を表わす最も一般的な語: His life is in *danger*. 彼の生命は危ない. **peril** *danger* よりも差し迫った重大な危険で, しばしば避け難い危険を意味する: The ship was in *peril* of being wrecked. 船は難破の危険にさらされていた. **risk** 個人の自由意志で冒す危険: Do it at your own *risk*. 自分の責任においてやりなさい. **hazard** 少し格式ばったことばで, 偶然に左右されたり人の力では避けられない危険: the *hazards* of mountain climbing 登山に伴う危険.

〖語源 元来は「君主の権力」の意; 後に「危険」の意となった〗

dánger mòney 名 Ⓤ《英》= danger pay.

**__dan·ger·ous__ /déɪndʒ(ə)rəs/

— 形 **危険な, 危ない** [⇔ safe]; 問題をかかえた[起こしそうな]: a very [highly] *dangerous* area 非常に危険な地域 / The pond is a ***dangerous*** place ***for*** children. その池は子供にとっては危険な所だ / Smoking is ***dangerous to*** your health. +*to*+名 喫煙は健康に害がある / ***It's dangerous*** (***for*** anyone) ***to*** walk on thin ice. (だれでも)薄い氷の上を歩くのは危ない.

語法 🔍 dangerous は周囲の人・ものに対して危険を引き起こす恐れがあること. これに対し, 人・ものが危険な状態にあるときは in danger を用いる. (名 dánger)

dan·ger·ous·ly /déɪndʒ(ə)rəsli/ 副 危険なほど, 危うく; 危ないやり方で: be *dangerously* ill 危篤である.

dánger pày 名 Ⓤ《米》危険手当 [《英》danger money].

dan·gle /dǽŋgl/ 動 自 ぶら下がる, ぶらぶらする (*from*). — 他 ❶ (...)をぶらぶらさせる. ❷ (報酬など)を(人に)ちらつかせる (*before, in front of*).

Dan·iel /dǽnjəl/ 名 固 ダニエル《男性の名; 愛称は Dan または Danny》.

Dan·ish /déɪnɪʃ/ 形 ❶ デンマークの; デンマーク人の; デンマーク系の《⇒ Denmark》. ❷ デンマーク語の.

— 名 ❶ Ⓤ デンマーク語. ❷ [the ~; 複数扱い] デンマーク人《全体; ⇒ the¹ 5》; デンマーク系人; デンマーク国民. ❸ Ⓒ [ときに d-] デニッシュ《フルーツなどを加えた菓子パン》.

Dánish pástry 名 Ⓒ = Danish 3.

dank /dǽŋk/ 形 (dank·er; dank·est) (場所・家などが)湿っぽい, じめじめした.

Dan·ny /dǽni/ 名 固 ダニー《男性の名; Daniel の愛称》.

Dan·te /dɑ́:nteɪ/ 名 固 ~ **Al·i·ghie·ri** /ælɪgjé(ə)ri/ ダンテ (1265-1321)《イタリアの詩人》.

Dan·ube /dǽnju:b/ 名 固 [the ~] ドナウ川, ダニューブ川《ドイツに発し黒海 (Black Sea) に注ぐ》.

Daph·ne /dǽfni/ 名 固 ❶ ダフネ《女性の名》. ❷〘ギリシャ神話〙ダフネ《アポロ (Apollo) に追われて月桂樹(げっけいじゅ)に化したニンフ》.

dap·per /dǽpɚ | -pə/ 形 (more ~; most ~) (小柄

な男性が)いきな, ぱりっとした.

dap·pled /dǽpld/ 形 まだらの, ぶちの.

Dar·da·nelles /dɑ̀ədənélz | dɑ̀ː-/ 名 固 [the ~] ダーダネルス海峡《マルマラ海とエーゲ海をつなぐトルコの海峡》.

*__dare__[1] /déə | déə/ 動 (dares /~z/; dared /~d/; dar·ing /dé(ə)rɪŋ/) 他 ❶ [進行形なし] **あえて…する**, 思い切って…する, …する勇気[ずうずうしさ]がある: No one ***dared to*** ask the question. V+O (to 不定詞) あえてその質問をする人はいなかった.

> 語法 **dare の使い方**
> (1) 否定文・疑問文では dare の後の不定詞に to がつかないことも多い. その場合は dare[2] に近い性質となる: She did*n't dare* (*to*) tell the secret to her husband. 彼女はその秘密を夫に打ち明ける勇気がなかった / *Did* he *dare* (*to*) ask for a raise? 彼は(厚かましくも)昇給を要求したのですか.
> (2) 例えば「彼は思ったことを恐れずに彼女に言う」は dare を用いて He *dares* to tell her what he thinks. とも言えるが, くだけた言い方ではむしろ次のような表現のほうが普通: He 「*isn't afraid* [*has the courage*] to tell her what he thinks.

❷ [受身なし] (できるならやってみろと)(人)**に挑む** [≒challenge]: I ***dare*** you ***to*** touch it. V+O+C (to 不定詞) それに触(さわ)れるものなら触ってみろ / She *dared* me *to* drink it. 飲めるものならそれを飲んでごらんと彼女は私に言った.

— 自 思い切ってする: You wouldn't *dare*! 君にはとてもできまい.

Dòn't you dáre (...)! Ⓢ (...するのは)やめなさい: *Don't you dare* say such a thing again! そんな事は二度と口にするな.

— 名 C [普通は a ~] 挑戦: take *a dare* 挑戦に応ずる / on [《英》 for] *a dare* 挑戦を受けて.

*__dare__[2] /déə | déə/ 助 (過去 dared /~d/) [主に否定文・疑問文・条件文で] 《主に英》 **あえて…する**, 思い切って…する, …する勇気[ずうずうしさ]がある: I *dare not* ask him to tell me the truth. 本当のことを言ってくれとはとても彼には言えない / *Dare* you ask her? 君は彼女に尋ねてみる勇気があるか. 語法 過去時制では, 助 の dare よりも 動 の dare のほうを多く用いる.

dáre I sáy (it) [副] Ⓢ 《格式》 あえて言わせてもらえば《同意を得られないだろうが》.

Hòw dáre ...![?] Ⓢ **よくもまあ…できるものだ**, 何を言う[する]んだ《いらだち・憤慨を表わす》. 語法 後に主語(特に you) (+原形不定詞)を伴う: *How dare you* (*say* such a thing to me)! (あなたは私に向かって)よくもまあそんなことが言えるもんだ.

I dàre sáy [副] Ⓢ 《主に英》 恐らく…だろう《⇒ daresay》.

dare·dev·il /déədèv(ə)l | déə-/ 名 C 向こう見ずの人, 命知らずの人. — 形 限定 向こう見ずな.

dare·n't /déənt | déə-/ 《主に英》 dare[2] not の短縮形《⇒ not (1) (i) 語法》.

dare·say /dèəséɪ | dèə-/ 動 [次の成句で] **I dare-sáy** [副] Ⓢ 《主に英》 恐らく…だろう [≒probably]: *I daresay* you're right. 恐らくあなたの言うことは正しいでしょう.

+**dar·ing** /dé(ə)rɪŋ/ 形 ❶ **勇敢な**, 大胆な: a *daring* attempt 大胆な試み. ❷ 思い切り新しい(ことを試みる), 斬新(ざんしん)な. — 名 U 大胆なこと, 大胆不敵.

~·**ly** 副 勇敢に, 大胆に; 思い切って.

***__dark__** /dɑ́ək | dɑ́ːk/

— 形 (dark·er; dark·est)

> 意味のチャート
> 基本的には「**暗い**」❶ ことから
> → (色が暗い) → 「**濃い**」❷
> → 比喩(ゆ)的に → (気持ちが) 「**陰気な**」❸
> → (物事が) 「**秘密の**」❹

❶ 暗い, 暗黒の [⇔ light]: a *dark* night 暗い夜 / It's (a bit) dark in here. ここは(少し)暗いね / It's getting *dark* outside. 外は暗くなりかけている / The room ***went dark*** suddenly. 突然部屋が暗くなった / The *darkest* hour is before the dawn. 《ことわざ》 最も暗い時間は夜明け直前だ(逆境もいつかは好転する).

❷ (色などが)濃い, 暗い感じの [≒deep] [⇔ light]; (髪の毛が)黒い, 黒褐色の《⇒ hair 参考》; (皮膚が)浅黒い, (人が)黒っぽい髪[肌, 目]をした《⇒ fair[1] 表》: *dark* green 深緑(ふかみどり)色 / Nell has *dark* hair and *dark* eyes. ネルは黒い髪と黒い目をしている. ❸ 暗黒の, 絶望的な; 陰気な, 不吉な; (たくらみなどが)腹黒い, 邪悪な: *dark* days 暗い時代 / *dark* thoughts 陰鬱(いんうつ)な思い / He always looks on the *dark* side of things. 彼はいつも物事の暗い面ばかりを見ている. ❹ 隠された, 秘密の. (動 dárken)

— 名 ❶ U [the ~] **暗がり**, やみ; 夜: I'm not afraid of *the dark*. 僕は暗やみは怖くない / A cat can see ***in the dark***. 猫は暗がりでも目が見える.

❷ U **夕暮れ**, 日暮れ: ***after dark*** 暗く[夜に]なってから / ***before dark*** 暗くならないうちに, 夕方までに / We had better wait ***until dark***. 暗くなるまで待ったほうがいい.

in the dárk [副・形] (1) 暗い所で[の]《⇒ 1》. (2) 何も知らないで: I kept [left] him *in the dark about* what was happening. 私は何が起こっているか彼には知らせずにおいた.

Dárk Áges 名 複 [the ~] 暗黒時代《紀元 476 年(ローマ帝国の滅亡)から 1000 年ごろまでの学問・文化が衰退した時代》.

dárk chócolate 名 U,C 《米》 ミルクの入っていないチョコレート [《英》 plain chocolate]《⇒ milk chocolate》.

dark·en /dɑ́ək(ə)n | dɑ́ː-/ 動 自 ❶ 暗くなる, 薄暗くなる: The sky *darkened* suddenly. 空が急に暗くなった. ❷ 陰鬱(いんうつ)[陰気]になる. — 他 ❶ (...)を暗くする, 薄暗くする [⇔ lighten]. ❷ (...)を陰鬱にする, 陰気にする. (形 dark)

dark·ened /dɑ́ək(ə)nd | dɑ́ː-/ 形 (部屋・廊下などが)(明かりがなくて)暗い.

dárk glásses 名 複 = sunglasses.

dárk hórse 名 C ダークホース《(競技・選挙などで)無名なのに意外にも勝ってしまう人》; 《英》 意外に実力[資質など]がある人. 由来 「実力が未知数の馬, 穴馬」の意から.

dark·ly /dɑ́əkli | dɑ́ːk-/ 副 ❶ 険悪に; 陰気に: speak *darkly* about climate change 気候変動について悲観した様子で話す. ❷ 暗く; (浅)黒く, 黒ずんで.

dárk màtter 名 U 〔天文〕 暗黒物質, ダークマター《電磁波による通常の観測では検知できない星間物質》.

*__dark·ness__ /dɑ́əknəs | dɑ́ːk-/ 名 ❶ U **暗さ**, やみ; (色の)黒さ [⇔ light]: Can you see in this *darkness*? こ

の暗やみの中で物が見えますか / The room was plunged into (total) *darkness*. (停電などで)部屋は突然真っ暗になった / *Darkness* fell soon after we reached the cottage. 小屋に着くとすぐに暗くなった. ❷ Ⓤ 邪悪; 陰気.

dark·room /dάɚkrù:m | dά:k-/ 名 Ⓒ 暗室.

***dar·ling** /dάɚlɪŋ | dά:-/ 名 (~s /~z/) ❶ Ⓒ Ⓢ **あなた, おまえ, ねえ**《夫・妻・恋人・(親から)子への呼びかけ; また他人でも特に女性への親しみを込めた呼びかけに使う; ⇒ dear 名》: My *darling*! How nice of you to come! あなた, 来てくださってありがとう.
❷ Ⓒ **かわいい人**, やさしい人; [しばしば the ~] お気に入り: He's such a *darling*. 彼ってとてもやさしいの / The child is being a real *darling* today. あの子は今日はとてもいい子だ《⇒ be² A 1 (1) 語法 (1)》/ She is ***the darling of*** the movies. 彼女は映画界の人気者だ.
— 形 ❶ 限定 Ⓢ **最愛の**, 大事な: my *darling* daughter 私の大切な娘. ❷ Ⓢ かわいい, すてきな: a *darling* dress すてきな服.

darn¹ /dάɚn | dά:n/ 動 他 [間投詞的に] Ⓢ《米略式》[遠回しに] ちぇっ!, いまいましい!《⇒ damn 動 語法》: *Darn* (it)! I've lost again. ちくしょう, また負けちゃった《✪ 目的語を省くこともある》. **I'll be dárned!** [間] Ⓢ《略式》こりゃ驚いた. — 形 限定 Ⓢ《略式》(いらだちを表わして)しゃくにさわる, いまいましい. — 副 Ⓢ《略式》ひどく, 全く; とても.

darn² /dάɚn | dά:n/ 動 他 (破れた服など)を繕(つくろ)う, かがる. — 名 Ⓒ 繕った所.

darned /dάɚnd | dά:nd/ 形 限定, 副 Ⓢ《略式》[遠回しに] = damned 形, 副《⇒ damn 動 語法》.

+**dart** /dάɚt | dά:t/ 動 (darts /dάɚʦ | dά:ʦ/; dart·ed /-ṭɪd/; dart·ing /-ṭɪŋ/) 自 [副詞(句)を伴って] **突進する**, すばやく動く: Tom ***darted out into*** the street. V+副+前+名 トムは通りに飛び出した. — 他《文語》(視線・矢など)を投げかける: She *darted* an angry glance [look] at him. 彼女はむっとした目つきで彼をちらっと見た.
— 名 (darts /dάɚʦ | dά:ʦ/) ❶ Ⓒ **投げ矢**; (ダーツの)投げ矢. ❷ [複数形で単数扱い] 投げ矢遊び, ダーツ《的 (dartboard) に矢を当てて得点を競う室内遊戯》. ❸ [a ~] 突進; 飛ぶように[すばやく]動くこと: He made *a dart for* [*toward*] the door. 彼はドアに向かって突進した. ❹ [a ~] 突然の痛み[感情]: *a dart of* pain 激痛. ❺ Ⓒ ダーツ《洋服などで体型に合うように縫い合わせたひだ》.

dart·board /dάɚtbɔ̀ɚd | dά:tbɔ̀:d/ 名 Ⓒ ダーツ[投げ矢]の的.

Dar·win /dάɚwɪn | dά:-/ 名 固 Charles Robert ~ ダーウィン (1809-82)《英国の博物学者; 進化論の提唱者》.

Dar·win·is·m /dάɚwɪnɪ̀zm | dά:-/ 名 Ⓤ ダーウィン説, 進化論.

+**dash** /dǽʃ/

意味のチャート
(瞬間的な激しい動作を示して)
→「突進(する)」動 自 ❶, 名 ❷
→「短距離競走」名 ❹
→「ぶつかる」動 自 ❷
→「投げつける」動 他 ❶ → (なぐり書き) → (文中の横棒) →「ダッシュ」名 ❸
→ (ぶっかけること) →「(加えた)少量」名 ❶

— 動 (dash·es /~ɪz/; dashed /~t/; dash·ing) 自 ❶ [普通は副詞(句)を伴って] (短い距離を)**突進する**, ダッシュする; 急いで行く: She *dashed* upstairs. 彼女は2階へ駆け上がった / I ***dashed to*** the store to get some milk. V+*to*+名 私は牛乳を買いに店にとんで行った.

dash(全速力で)	突進する
rush(非常にあわてて)	

❷ Ⓦ (波などが)ぶつかる (*against*).
— 他 ❶ Ⓦ (...)を投げつける, たたきつける; 打ち砕く: A strong wind and big waves *dashed* the boat *against* the rock. 強風と大波がボートを岩にたたきつけた / His glasses *were dashed to* the floor *by* the blow. 一撃をくらって彼の眼鏡は床にたたきつけられた. ❷ (希望など)を打ち砕く.

dásh óff [動] 他 (手紙・絵など)をさっと書き[描き]上げる, 走り書きする. — 自 急いで立ち去る[行く].
— 名 (dash·es /~ɪz/) ❶ Ⓒ [普通は a ~] (加えた)**少量**, ちょっと: Add ***a dash of*** vinegar. 少量の酢を加えてください.
❷ Ⓒ [普通は a ~] **突進**, 突撃; 大急ぎですること: a mad *dash* 死に物狂いの突進 / ***make a dash for*** ... …に向かって突進する.
❸ Ⓒ **ダッシュ**《— の記号; ⇒ **巻末文法** 16.5》.
❹ Ⓒ [普通は単数形で] 短距離競走 [≒sprint]: the 100-meter *dash* 100 メートル競走. 関連 run 長距離の競走. ❺ Ⓒ《米略式》= dashboard.

dash·board /dǽʃbɔ̀ɚd | -bɔ̀:d/ 名 Ⓒ (自動車・飛行機の操縦席正面の)計器盤, ダッシュボード.

dash·ing /dǽʃɪŋ/ 形 (男性が)さっそうとした.

DAT /dǽt, dí:èɪtí:/ 名 Ⓤ ダット《デジタル録音・再生装置; *d*igital *a*udio*t*ape の略》.

****da·ta** /déɪṭə, dǽṭə | déɪtə, dά:tə/
— 名 ❶ [Ⓤ または 複] **データ**, **資料**, **情報**; 議論の基礎となるもの, 論拠: a piece of *data* 一つのデータ / raw *data* 生のデータ / ***collect data*** データを集める / It will take time to analyze *this* [*these*] *data* *on* the crash. この墜落事故のデータを分析するのは時間がかかるだろう / No *data was* [*were*] available. 利用できる情報はなかった. ❷ Ⓤ 〘コンピュータ〙 データ《コンピューターに入力・記憶される情報》: store *data* (コンピューターに)データを保存する.
語法 元はラテン語 datum の複数形なので科学・技術分野では複数扱いすることもあるが, 普通は単数の Ⓤ 扱いが多い.
〖語源 ラテン語で「与えられたもの」の意〗

dáta bànk 名 Ⓒ = database.

+**data·base** /déɪṭəbèɪs, dǽṭ- | déɪ-, dά:-/ 名 (-bas·es /~ɪz/) Ⓒ 〘コンピュータ〙 **データベース**《コンピューターに蓄えた構造化された情報》: compile a *database* of the names and addresses of the members 会員の氏名と住所のデータベースを作成する.

dáta mìning 名 Ⓤ 〘コンピュータ〙 データマイニング《膨大なデータを統計的手法などで解析し, 有用な情報を得ること》.

dáta pròc·ess·ing /-prὰ(:)sesɪŋ | -pròʊ-/ 名 Ⓤ (コンピューターなどによる)データ処理《略 DP》.

****date¹** /déɪt/

意味のチャート
ラテン語の手紙で日付を記す書式の冒頭の 1 語「(...日付けで)与えられた」から
「日付(をつける)」名 ❶, 動 他 ❶
→(日時を決めて会うこと)→「デート」名 ❷
→「デートの相手」名 ❸

— 名 (dates /déɪts/) ❶ C **日付**, 年月日; 期日: give [write] one's「***date of birth*** [***birth date***] 生年月日を教える[書く] / ***set*** [***fix***] ***a date*** (*for* ...) (...の)日取りを決める / the ***closing date for*** applications 申し込みの締め切り日 / The letter bore no *date*. その手紙には日付がなかった / "What's today's *date*?" = "What's the *date* (today)?" = "What *date* is it (today)?" "February (the) twentieth."「きょうは何日ですか」「2 月 20 日です」 語法 曜日を尋ねるときには day を用いる(⇒ day 1).

語法 **日付の読み方と書き方**
(1) 6 月 3 日は,《米》では June 3,《英》では 3 [3rd] June と書くのが普通. June 3 は June (the) third,《米略式》ではまた June three とも読む. 3 [3rd] June は (the) third (of) June と読む.
(2) 2022 年 2 月 20 日を,《米》では 2/20/22 または 2-20-22,《英》では 20/2/22 または 20.2.22 と略記する. 2022 は two thousand (and) twenty-two か twenty twenty-two と読む.

❷ C **デート**, (異性との)待ち合わせの約束: ***go*** (***out***) ***on a date*** デートに出かける / I'm going to have a ***date with*** him next Sunday. 次の日曜日に彼とデートする. ❸ C《主に米》**デートの相手**: Mary was his *date*. メアリーが彼のデートの相手だった // ⇒ blind date. ❹ C (人と)会う約束(⇒ appointment 類義語): I have a *date with* my lawyer. 私は弁護士と会う約束がある / We *made a date to* meet for lunch. 私たちは会っていっしょにお昼を食べる約束をした / "How about Friday?" "OK, it's a *date*."「金曜日はどう」「オーケー, (じゃ)約束だ」 ❺ U 年代, 時代.

at a láter [fúture] dáte 副《格式》後日.
bríng [kéep] ... úp to dáte 動 他 (1) (物)を最新のものにする[しておく]. (2) (人)に最新情報を知らせる[知らせておく] (*with*, *on*).
òut of dáte 副·形 **時代遅れで[の]**, 旧式で[の], 廃(すた)れて[た]; 期限切れで[の]: This sort of skirt is getting *out of date*. この種のスカートは時代遅れになってきている(⇒ out-of-date 語法).
to dáte 副 現在まで: No news has reached us *to date*. 今までのところは何の知らせも来ていない.
úp to dáte 形 **最新(式)の**, 最近の; 最新情報を載せた(⇒ up-to-date 語法): This camera is *up to date*. このカメラは最新式だ.

— 動 (dates /déɪts/; dat·ed /-ṭɪd/; dat·ing /-ṭɪŋ/) 他 ❶ (手紙など)に**日付を入れる**: Please be sure to *date* your check. 小切手に必ず日付を入れてください / His letter *is dated* July 4. V+O+C (名)の受身 彼の手紙は 7 月 4 日付けだ(⇒ 名 1 語法 の囲み (1)). ❷ (...)の**時代を示す**; 年代を特定する: The shape of the sword ***dates*** it ***to*** the third century. V+O+*to*+名 その剣の形はそれが 3 世紀のものであることを示す. ❸《米》(人)と**デートする**, 付き合う: Meg has *dated* Tom several times. メグはトムと何回かデートをしている. ❹ (人)を古くさくする; (...)の年齢を示す.

— 自 ❶《米》デートする, 付き合う. ❷ (物が)時代遅れになる, 古くさくなる.
dáte from ... = dáte báck to ... 動 他 (起源が) **...にさかのぼる**: This church *dates from* the 12th century. この教会は 12 世紀からのものだ / Their quarrel *dates back to* last year. 彼らのけんかは昨年からだ.

date[2] /déɪt/ 名 C なつめやしの実.
date·book /déɪtbʊ̀k/ 名 C《米》(カレンダー式の)手帳 [《英》diary].
dat·ed /déɪṭɪd/ 形 ❶ (...の)日付のある: a letter *dated* May 28 5 月 28 日付けの手紙(⇒ date[1] 動 他 1). ❷ 時代遅れの, 古風な: a *dated* word 古風な語.
dáte lìne 名 [the ~] = international date line.
dáte ràpe 名 U,C デートレイプ(デートの相手によるレイプ).
dát·ing àgency [sèrvice] /déɪṭɪŋ-/ 名 C 恋人紹介所[業者].
da·tive /déɪṭɪv/ 名 C 〔文法〕与格, 間接目的格.
da·tum /déɪṭəm, dǽṭəm | déɪtəm, dɑ́ːtəm/ 名 ⇒ data 語法.
daub /dɔ́ːb/ 動 他 (絵の具など)を(無造作に)塗りたくる; (表面)に(無造作に)塗りつける: 言い換え He *daubed* paint *on* the wall. = He *daubed* the wall *with* paint. 彼は壁にペンキを塗りつけた. — 名 ❶ C (べたつくものの)少量 (*of*). ❷ U,C 塗りつけるもの(ペンキやしっくいなど).

*****daugh·ter** /dɔ́ːṭɚ | -tə/ 発音
— 名 (~s /~z/) C **娘**(⇒ family tree 図): This is my oldest [eldest] *daughter*. これは私の長女です / His only *daughter* married an American. 彼の一人娘はアメリカ人と結婚した.

daugh·ter-in-law /dɔ́ːṭəɪnlɔ̀ː | -tə(r)ɪn-/ 名 (複 daugh·ters-in-law,《略式》daugh·ter-in-laws) C 息子の妻, 嫁(⇒ family tree 図).
daunt /dɔ́ːnt/ 動 他 [普通は受身で] (人)を威圧する; (人)の気力をくじく: They *were daunted by* the difficulties. 彼らは困難にくじけた.
daunt·ing /dɔ́ːnṭɪŋ/ 形 (仕事などが)やる気をなくさせる, 困難な, やっかい(そう)な.
daunt·less /dɔ́ːntləs/ 形《文語》ひるむことのない, 不屈の.
Dave /déɪv/ 名 固 デイブ(男性の名; David の愛称).
Da·vid /déɪvɪd/ 名 固 ❶ デイビッド(男性の名; 愛称は Dave, Davie または Davy). ❷ ダビデ王(イスラエルの王; ⇒ Solomon).
Da·vie /déɪvi/ 名 固 デイビー(男性の名; David の愛称).
da Vinci 名 固 ⇒ Leonardo da Vinci の項目.
Da·vy /déɪvi/ 名 固 = Davie.
daw·dle /dɔ́ːdl/ 動 自 ぐずぐずする (*over*); ぶらぶら歩く: Stop *dawdling*! You'll be late. 早くして. 遅れるよ.
daw·dler /dɔ́ːdlɚ | -dlə/ 名 C 怠け者, のろま.
+**dawn** /dɔ́ːn/ 発音 名 (~s /~z/) ❶ U,C **夜明け**, 暁(あかつき), あけぼの [≒daybreak]: *Dawn* is breaking. 夜が明けかかっている / ***at dawn*** 夜明けに / from *dawn* to [until] dusk [dark] 夜明けから暗くなるまで. 関連 twilight たそがれ / dusk 夕やみ / nightfall 夕暮れ.
❷ [the ~]《文語》(物事の)**始まり**, 端緒; きざし [≒beginning]: ***the dawn of*** civilization 文明の始まり / The discovery marked *the dawn of* a new age. その

発見は新時代の始まりを画した.
— ⓓ (dawns /~z/; dawned /~d/; dawn·ing) ⓐ ❶ **夜が明ける,** (空が) 白む**:** The *morning* [*day*] *dawned* and birds began to sing. 夜が明け小鳥が鳴き始めた. ❷《文語》始まる; (事が)明らかになる, (感情などが)きざす**:** The age of space has *dawned*. 宇宙時代が訪れた.
dáwn on ... [動] ⓗ (事が)(人)に明らかになる, わかってくる**:** It *dawned on* me that he was serious. 彼が真剣なのがわかってきた.

***day** /déɪ/
— 名 (~s /~z/) ❶ Ⓒ **日, 1 日,** 一昼夜《午前 0 時から 24 時間》**:** There are twenty-four hours in a *day*. 1 日は 24 時間です / My uncle will stay here a few *days*. おじは数日ここに滞在する / He's going away in a few *days* [*days'* time]. 彼は数日したら出かける / I used to run a mile ***every day***. 私は昔は毎日 1 マイル走ったものだ / We work eight hours a *day*. 私たちは 1 日に 8 時間働く《⇒ a² 4》/ ***Have a nice day!*** Ⓢ《主に米》行ってらっしゃい, ではまた《別れのあいさつ; 遊びに行く人や客などに用いる》/ 🗨 "What *day* (of the week) is it today?" "(It's) Friday."「きょうは何曜ですか」「金曜日です」 語法 日付を尋ねるときには date を用いるか What *day* of the month is it today? と尋ねる《⇒ date¹ 名 1 🗨》.

> 語法 (1)「...日に」の場合には前置詞は on を用いる**:** "***On*** what ***day*** did they leave for Hawaii?" "They left *on the 22nd*."「彼らは何日にハワイに発(た)ったのですか」「22 日に発ちました」. ただし《略式》では What day ...? と on を省くこともある. また We met *every* [*the next*] day. (私たちは毎日[翌日]会った)のように every などがつくときには on は不要.
> (2) 後に節を伴うとき on を省略することがある**:** He died (*on*) the *day* she arrived. 彼は彼女の着いた日に亡くなった.

❷ U,C **昼間,** 日中《日の出から日の入りまで》[⇔ night]**:** The *days* get shorter in (the) fall. 秋になると日が短くなる / I waited ***all day***, but she didn't appear. 私は一日中待ったが彼女は現われなかった / It was very warm ***during the day***. 昼間はとても暖かだった / ***by day*** 日中に, 昼に / 言い換え I've had a long *day*. = It's been a long *day*. (忙しくて)長い 1 日だった.
❸ Ⓒ (労働時間としての)**1 日:** a *day's* work 1 日分の仕事 / an eight-hour *day* 8 時間労働(制) //⇒ day off. ❹ Ⓒ [普通は複数形で] **時代,** 時世 [≒period]**:** the present *day* 現代 / in those *days* その当時は / the good old *days* 古きよき時代 / in the old *days* 昔, かつて / ...'s childhood *days* ...の子供時代 / It was popular in the *days* of Queen Victoria. それはビクトリア女王の時代に人気があった. 関連 present-day 現代の. ❺ U,C 祝日, 祭日《⇒ holiday 表》**:** Mother's [Father's] *Day* 母[父]の日. ❻ [the ~ または所有格の後で] 栄えたとき, 盛時; 特定の日**:** Every dog has *his* [*its*] *day*.《ことわざ》どんな犬だって全盛時代がある(悪い事ばかりではない, いつかよい時もある) / Our town was different in *my day*. 私の若い時には町はこんなじゃなかった / *The day* will come when he regrets it. 彼がそのことを後悔する日が来るだろう. ❼ [所有格の後でしばしば複数形で] 一生, 生涯**:** end *one's days* in poverty 貧困の中で一生を終える.
ány dáy (nòw) [副] Ⓢ すぐにも.
(as) cléar [pláin] as dáy [形] きわめて明白で.
báck in the dáy [副] Ⓢ 昔は, 若かった頃には.
be on dáys = be wórking dáys [動] ⓐ Ⓢ 昼間の勤務である.
befòre dáy [副] 夜明け前に.
by the dáy [副] (1) **日ぎめで,** 1 日いくらで《⇒ the¹ 7》**:** We rented the cottage *by the day*. 私たちはその別荘を日割りで借りた. (2) 日ごとに.
cáll it a dáy [動] ⓐ《略式》仕事を切り上げる.
cárry the dáy [動] ⓐ 勝利[支持]を得る.
dáy àfter dáy [副] **来る日も来る日も,** 毎日.
dáy and níght [副] **昼も夜も,** 昼夜の別なく, 寝ても覚めても [≒night and day].
dáy by dáy [副] **日ごとに:** It's getting colder *day by day*. 日ごとに寒くなってくる.
dày ín and dày óut = dày ín, dày óut [副] 来る日も来る日も, 明けても暮れても.
èvery óther dáy [副] **1 日おきに:** He came *every other day*. 彼は 1 日おきに来た.
for dáys (and dáys) [副] **何日も:** Her fever lasted *for days*. 彼女の熱は何日も続いた.
for the dáy [副] (その) 1 回だけ(は), きょうはこれでおしまいとして**:** She went to Tokyo *for the day*. 彼女は東京へ日帰りで出かけた / My work is over *for the day*. きょうの私の仕事は済んだ.
from dáy óne [副] 最初から.
from dáy to dáy [副] (1) 日々, 日ごとに**:** I never know *from day to day* what's going to happen. (日ごとに違うので)この先どうなるかはよくわからない. (2) 1 日 1 日(と), その日その日で**:** live *from day to day* その日暮らしをする.
from óne dày to the néxt [副] = from day to day (1).
have hád one's **dáy** [動] ⓐ 全盛期を過ぎた.
have séen [knówn] bétter dáys [動] ⓐ (今とは違って)昔ははぶりをきかせていた時もあった.
I [We] dón't hàve áll dáy. Ⓢ 急いでくれ, 日が暮れちゃうよ.
if (... is) a dáy ⇒ if¹ 成句.
in a dáy [副] **1 日で,** 短期間に**:** Rome wasn't built *in a day*.《ことわざ》ローマは 1 日にして成らず(大きな事業は短期間では完成しない).
in a dáy or twó [副] **1 日 2 日のうちに,** 一両日中に**:** The work will be finished *in a day or two*. その仕事は一両日中に片づくでしょう.
in thís dày and áge [副] (昔はともかく)今の時代に, 今どき.
It's (just) óne of thòse dáys. Ⓢ きょうはいわゆる厄日だ《何をやってもうまくいかない》.
It's nót ...'s dáy. Ⓢ (きょうは)...はついてない.
it's nót évery dáy (that) ... Ⓢ ...はざらにあることではない.
lóse the dáy [動] ⓐ 敗北する.
máke a dáy of it [動] ⓐ Ⓢ 1 日を楽しく過ごす.
máke ...'s dáy [動]《略式》(人)にとってうれしい日とする, (人)をとても喜ばす**:** It'll *make* Grandma'*s day* if you go to see her. あなたが会いに行けばおばあちゃんにとってうれしい 1 日となるでしょう.
níght and dáy [副] = day and night.
... of the [one's] dáy [形] **当時の...,** 現代の...**:** Babe Ruth was one of the best players *of the day*. ベーブ

ルースは当時一流の選手の一人だった.

óne dày [副] (1) (過去の)**ある日:** *One day* a knight visited the castle. ある日一人の騎士がその城を訪れました. (2) (未来の)いつか**:** You'll understand *one day*. あなたはいつかはわかるでしょう.

òne of thèse dáys [副] Ⓢ 近日中に, そのうち**:** They say we'll have an earthquake *one of these days*. 近いうちに地震があるというううわさだ.

sóme dày = someday.

tàke éach dáy as it cómes = tàke (it) óne dáy at a tíme [動] ⓐ (取り越し苦労をせずに)その日その日を生きていく.

Thát'll be the dáy. Ⓢ [皮肉に] そうなったらお楽しみだが, そんなことはありえない, まさか.

the dày áfter = the fóllowing dáy [副·名] その次の日(に), 翌日(に).

(the) dáy àfter tomórrow ⇒ tomorrow 名 成句.

the dày befóre = the prévious dáy [副·名] その前の日(に), 前日(に).

(the) dáy befòre yésterday ⇒ yesterday 名 成句.

the òther dáy [副] (つい)**先日**, 数日前**:** I met her *the other day*. 私はつい先日彼女に会った.

thése dáys [副] Ⓢ **近ごろは:** Many old people go sightseeing *these days*. 近ごろは観光に出かけるお年寄りが多い. 語法 普通は現在時制で使う.

Thóse were the dáys. Ⓢ あの頃はよかった.

to the dáy [副] 1 日も違わずに, ちょうど.

to thìs dáy [副] 今日まで, 今まで.

wín the dáy [動] ⓐ = carry the day. (形 dáily)

day·break /déɪbrèɪk/ 名 Ⓤ 夜明け [≒dawn]**:** *at daybreak* 夜明けに. 関連 nightfall 夕暮れ.

dáy càmp 名 Ⓒ 《米》 (子供向けの)昼間キャンプ.

dáy càre 名 Ⓤ (子供·老人の)昼間の保育[世話]**:** be in *day care* 託児所[施設]に預けられている.

dáy-care cènter /déɪkèə- | -kèə-/ 名 Ⓒ 託児所, 保育園; 《英》 (老人などの)昼間の介護施設.

day·dream /déɪdrì:m/ 名 Ⓒ 現実逃避的な空想, 白昼夢. ― 動 (day·dreams; 過去·過分 -dreamed /-drèmt, -drì:md | -drèmt/; -dreamt /-drèmt/; -dream·ing) ⓐ 空想にふける (*about, of*).

day·dream·er /déɪdrì:mə | -mə/ 名 Ⓒ 空想にふける人, 夢想家.

Day-Glo /déɪglòʊ/ 形 デイグローの《明るい蛍光色の》. ― 名 Ⓤ デイグロー《蛍光塗料; 商標》.

+**day·light** /déɪlàɪt/ 名 ❶ Ⓤ **日光**, 明かり; **昼間:** It looks far more beautiful by *daylight*. それは日光のもとではずっと美しく見える / during *daylight* hours 日中(は). ❷ Ⓤ 夜明け [≒dawn]**:** at *daylight* 明け方に.

béat [knóck] the (lìving) dáylights òut of ... [動] ⓗ 《略式》 (人)をこっぴどくなぐる.

in bróad dáylight [副] 真昼に, 白昼に(公然と).

scáre [fríghten] the (lìving) dáylights òut of ... [動] ⓗ 《略式》 (人)をひどく怖がらせる.

dáylight sáving tìme, dáylight sàvings 名 Ⓤ 《米》 日光節約時間, 夏時間《略 DST》 [《英》 summer time]. 参考 米国では Arizona, Hawaii を除く州が採用し, 3 月の第 2 日曜から 11 月の第 1 日曜まで時計を 1 時間進める.

day·long /déɪlɔ̀:ŋ | -lɔ̀ŋ/ 形 限定 終日の.

dáy nùrsery 名 Ⓒ 《英》 託児所, 保育園.

dáy óff 名 (複 days off) Ⓒ 休日, 非番の日 [⇔ workday] 《⇒ off 副 4》.

day·room /déɪrù:m, -ròm/ 名 Ⓒ (病院などの)談話室.

days /déɪz/ 副 《主に米》 (いつも)昼間に, 日中に.

dáy schòol 名 ❶ Ⓒ,Ⓤ 学校《普通の昼間に通学する学校; boarding school (寄宿学校), night school (夜間学校)などに対してこれを区別するときに用いる言い方》. ❷ Ⓒ 1 日学校.

+**day·time** /déɪtàɪm/ 名 [the ～] **昼間**, 日中 [⇔ nighttime]**:** a *daytime* flight 昼間飛行. **in [dùring] the dáytime** [副] 昼間は[に].

+**day-to-day** /déɪtədéɪ←/ 形 ❶ 限定 **毎日の**, 日々の; 平常の**:** *day-to-day* troubles 日々の苦労. ❷ 限定 その日かぎりの, その日暮らしの.

dáy tràding 名 Ⓤ デイトレーディング《1 日で株の売買をくりかえし利ざやをかせぐ投機》.

daze /déɪz/ 名 [次の成句で] **in a dáze** [形·副] ぼうっとして; 茫然(ぼうぜん)として.

dazed /déɪzd/ 形 ぼうっとした; 茫然(ぼうぜん)とした.

daz·zle /dǽzl/ 動 ⓗ ❶ (人)の目をくらませる**:** The sunlight at the seashore almost *dazzled* us. 海岸の日光はまぶしくて目がくらむほどだった. ❷ [普通は受身で] (美しさ·才能などが)(人)を感嘆させる, (人)の目を奪う**:** The guests *were dazzled by* the splendid hall. 客はすばらしいホールに目を奪われた. ― 名 Ⓤ [ときに a ～] 目のくらむような輝き, 魅力.

daz·zling /dǽzlɪŋ/ 形 ❶ 目もくらむほどの, まばゆい. ❷ 人を魅了する, 見事な.

dB 略 = decibel(s).

*-**'d bet·ter** /dbéṭə | -tə/ 《略式》 had better **の短縮形:** You'*d better* not try it any more. 二度とそんなまねはしないことだ / I guess I'*d better* be「on my way [going]. そろそろ失礼しなくちゃ.

DC[1] /dí:sí:/ 略 = direct current.

DC[2] 〔米郵便〕 = District of Columbia.

+**D.C.** /dí:sí:/ 略 **コロンビア特別区** 《⇒ District of Columbia》.

D-Day /dí:dèɪ/ 名 ❶ Ⓤ 攻撃開始日, D デー《第二次世界大戦で連合軍が Normandy に上陸した 1944 年 6 月 6 日》. ❷ Ⓤ (重要な計画の)開始予定日.

DDT /dí:dì:tí:/ 名 Ⓤ ディーディーティー《殺虫剤; 現在は使用禁止》.

DE 〔米郵便〕 = Delaware.

de- /dì:, dɪ/ 接頭「除去·否定·反対·低下」などを表わす**:** *de*prive ...から奪う / *de*frost 霜[氷]を除く / *de*scend 下る / *de*nounce 非難する.

dea·con /dí:k(ə)n/ 名 Ⓒ 〘イングランド国教会など〙 執事, 〘カトリック〙 助祭《⇒ bishop 表》.

de·ac·ti·vate /dì:ǽktəvèɪt/ 動 ⓗ (装置)を作動させないようにする.

***dead /déd/

― 形 [比較なし]

意味のチャート

「(生命のあるものが)**死んだ**」❶ → (比喩的に)
→ (絶滅して過去のものとなった) →「**廃れた**」❷
→ (活力を失った) →「**活気のない**」❹

❶ **死んだ, 死んでいる**; (植物が)**枯れた** [⇔ alive, living, live]**:** a *dead* body 死体 / *dead* leaves 枯葉 / 言い換え She's been *dead* for two years. (= She died two years ago.) 彼女が亡くなって 2 年になる / Speak no ill of *the dead*. 《ことわざ》 死んだ人たちのことは悪く

言うな《複数名詞のように扱われる; ⇒ the[1] 3》/ The flowers will be *dead* by next month. 花は来月には枯れてしまうだろう. 関連 brain-dead 脳死した.

❷ **廃(すた)れた**, 今は行なわれない, 死滅した [⇔ living]: a *dead* custom 廃れた慣習 / a *dead* language 死語《今では使われない言語》.

❸ **機能を停止した**, 電流の通じていない, (電池などが)切れた; 使い切った, (びん・グラスが)空いた; 活動を停止した; 効力を失った [⇔ live]: The phone ***went dead*** in the middle of our conversation. 通話中に電話が切れた / a *dead* match 火の消えたマッチ / a *dead* volcano 死火山. ❹ 活気のない; (市況などが)沈滞した: This town is rather *dead* at night. この町は夜は少々活気がなくなる. ❺ 叙述 感覚のない, まひした; (...に)無感覚[無神経]で: My legs have gone *dead*. 足の感覚がなくなった / She's *dead to* all sense of shame. 彼女は羞恥(しゅうち)心が全くない. ❻ 生命のない [≒lifeless]: a dead planet 無生物の惑星. ❼ (声・目などが)感情を示さない. ❽ 限定 全くの, 絶対の [≒complete]: a *dead* silence しーんとした静けさ / come to a *dead* stop ぴたりと止まる. ❾ 叙述 Ⓢ 疲れ切った. ❿〔球技〕(ボールが)競技停止の, 無効の [⇔ live]. 日英 野球の「デッドボール」は和製英語. 英語では「デッドボールを受ける」は be hit by a pitch [pitched ball].

be déad (méat) [動] ⓐ [普通は if 節を伴って] Ⓢ《略式》(...すれば)ひどい事になる.

be déad to the wórld [動] ⓐ 眠りこけている.

cút ... déad [動] ⓗ《英》(人)に対して知らぬふりをする.

déad and búried [góne] [形] (1) (人が)死んで葬られて. (2) (提案・計画などが)葬り去られて.

déad on arrível [形] 来院時にすでに死亡して.

mòre déad than alíve [形] 死にそうな状態で.

ríse [retúrn, còme báck] from the déad [動] ⓐ よみがえる, 復活する.

would nót be càught [sèen] déad (dóing [in ...]) [動] Ⓢ (...する[...を身につける]のは)まっぴらだ.

(名 death, 動 die[1], déaden)

— 副 ❶《略式》**全く**, すっかり [≒completely]; Ⓢ とても [≒very]: I'm *dead* tired! へとへとだ. ❷《略式》突然, ぱったりと: stop *dead* ぱたっと止まる. ❸《略式》まともに, ちょうど: Go *dead* ahead. まっすぐに進みなさい.

— 名 [次の成句で]

in the [at] déad of ... [前] (暗やみ・寒さなど)の真っただ中に, ...の盛りに: *in the dead of* night [winter] 真夜中[真冬]に.

dead·beat /dédbì:t/ 名 Ⓒ《略式》怠け者; 借金を踏み倒す人.

déad dúck 名 [a ~]《略式》[こっけいに] 見込みのない人[もの].

dead·en /dédn/ 動 ⓗ (音など)を弱くする; (痛みなど)を和らげる, 鈍くする. (形 dead)

déad énd 名 Ⓒ (道路の)行き止まり; (仕事などの)行き詰まり: come to [hit] a *dead end* 行き詰まる.

dead-end /dédénd/ 形 ❶ 限定 行き止まりの. ❷ 限定 先の見通しのない.

déad héat 名 Ⓒ 同着(のレース), 引き分け《2 者以上が同着となったレース》; 互角の戦い, 接戦, デッドヒート.

déad létter 名 Ⓒ ❶ 空文化した法律; 時代遅れの慣行. ❷ 配達不能の手紙[郵便物].

***dead·line** /dédlàɪn/ 名 (~s /~z/) Ⓒ (原稿・申し込みなどの)**締め切り時間[日]**, 最終期限 (*for*): a tight *deadline* 余裕のない締め切り期限 / meet [miss] a *deadline* 締め切りに間に合う[遅れる].

dead·lock /dédlɑ̀(ː)k | -lɔ̀k/ 名 C,U (交渉などの)行き詰まり: reach a *deadlock* 行き詰まる / break the *deadlock* 行き詰まりを打開する.

+**dead·ly** /dédli/ 形 (more ~, dead·li·er /-liɚ | -liə/; most ~, dead·li·est /-liɪst/) ❶ **命にかかわる**, 致命的な [≒fatal]: a *deadly* wound 致命傷 / a *deadly* weapon 凶器 / This medicine proved ***deadly to*** birds. +to+名 この薬剤が鳥たちの命を奪った. ❷ 限定 生かしてはおけない: *deadly* enemies 不倶戴天(ふぐたいてん)の敵. ❸ 限定 全くの; ひどい: in *deadly* haste 大急ぎで. ❹ (批判などが)効果的な, 正確な; (選手などが)非常に巧みな. ❺《略式》ひどくつまらない. ❻ 限定 死んだような.

— 副 とても, ひどく [≒very]: *deadly* serious [dull] ものすごくまじめな[つまらない].

dead·pan /dédpæ̀n/ 形 無表情な, 大まじめな.

Déad Séa 名 固 [the ~] 死海《イスラエルとヨルダンの国境の塩水湖》.

dead·weight /dédwéɪt/ 名 ❶ C,U ずっしりと重いもの. ❷ C,U (精神的な)負担, 重荷《人・もの》.

dead·wood /dédwʊ̀d/ 名 ❶ Ⓤ 役に立たない人[物]. ❷ Ⓤ 枯れ木[枝].

deaf** /déf/ 形 (deaf·er; deaf·est) ❶ **耳が聞こえない**, 耳が遠い, 耳の不自由な: ***go deaf 耳が遠くなる / This device is very useful for ***the deaf***. この機械は耳の不自由な人たちには非常に役に立つ《⇒ the[1] 3》. 関連 blind 盲目の / dumb 口のきけない / mute (耳が聞こえないために)口のきけない / tone-deaf 音痴の.

❷ 叙述《文語》(人のことばを)**聞こうとしない**, ...に耳を傾けない: He was ***deaf to*** our advice. +to+名 彼は我々の忠告を聞こうともしなかった.

fáll on déaf éars [動] ⓐ (忠告などが)無視される.

túrn a déaf éar to ... [動] ⓗ ...に耳を貸さない.

(動 déafen)

deaf·en /déf(ə)n/ 動 ⓗ (大きい物音などで)(人)の耳を聞こえなくする, 耳をつんざく. (形 deaf)

deaf·en·ing /déf(ə)nɪŋ/ 形 耳をつんざくような.

deaf·ness /défnəs/ 名 Ⓤ 耳が聞こえないこと.

*****deal**[1] /dí:l/

— 名 [次の成句で]

a déal of ... [形]《古風》かなりの....

a gòod déal [代]《不定代名詞》**たくさん, 多量** [≒a great deal]: I bought only a little, but he bought *a good deal*. 私は少ししか買わなかったが彼はたくさん買った. —[副] **大変**, 非常に: I feel *a good deal* better today. きょうはずっと気分がよい / He has traveled *a good deal*. 彼は相当旅行した.

a gòod déal of ... [形] **たくさんの..., 多量の...**: I've spent *a good deal of* money on books. 私は本に相当金を使った. 語法 後に続く名詞は Ⓤ; a great deal の方が一般的.

a grèat déal [代]《不定代名詞》たくさん; **多量**: Don't worry; there's *a great deal* left for you. 心配するな. 君の分はたくさんある. —[副] **大変**, 非常に: Cabbages have become *a great deal* cheaper. キャベツがとても安くなった / We talked *a great deal*. 私たちは大いに話した.

a grèat déal of ... [形] たくさんの...; **多量の...**: *A great deal of* money was wasted. 多額の金が浪費さ

れた. 語法 後に続く名詞は U; C の名詞の場合は a large number of ... などを用いる《⇒ number 名 3》.
〘語源 元来は「(全体の)一部」の意; deal² と同語源〙

deal² /díːl/
— 名 (~s /~z/) ❶ C **取り引き, 契約**; (相互の利益のための)取り決め, 協定: Our company made [did, cut, struck] a ***deal with*** an American firm. 我々の会社はアメリカの会社と契約を結んだ / get a good *deal* (*on* a car) (車の)いい取り引き[買い物]をする / have a good *deal* (取り決めなどで)得をする / Okay, ***it's a deal!*** Ⓢ ではこれで手を打ちましょう《交渉がまとまったときに》/ Lower the price and you've got (yourself) a *deal*. 値段を下げれば買います. ❷ [a ~] 処置, 扱い: *a* fair [square] *deal* (*for* teachers) (先生にとっての)正当な扱い / *a* dirty *deal* 卑劣な仕打ち / get *a* raw [rough] *deal* (*from* one's company) (会社から)ひどい仕打ちを受ける. ❸ C (トランプの札を)配ること[番]: It's yóur *dèal*. 君が配る番だ.
Whàt's the déal (with ...)? Ⓢ《米》(...は)どうしたの?
— 動 (deals /~z/; 過去・過分 dealt /délt/; deal·ing) 他 ❶ (トランプの札など)を(人に)配る (*to*): Let's play bridge. Will you *deal* (us) the cards, John? ブリッジをしよう. ジョン, カードを配ってくれる? ❷ (麻薬)を密売買する. ❸ (打撃など)を加える, 与える (*to*): His death *dealt* us quite a blow. 彼の死で我々はかなりの打撃を受けた. — 自 ❶ トランプの札を配る. ❷《略式》麻薬を密売買する.

deal² の句動詞
déal ... ín 動 他 (人)を仲間に入れる.
déal in ... 動 他 ❶ (商品)を売買する, 商う: He *deals in* whiskey. 彼はウイスキーの商売をしている. ❷ (うわさなど)にかかわる, 頼る.
déal óut 動 他 (トランプの札など)を配る: I'll *deal out* three *to* each. 一人に 3 枚ずつ配ります.
*__déal with ...__ 動 他 ❶ (人・物事)**を扱う**, 待遇する; **...を処理する**, 取り組む (受身 be dealt with): Mr. Smith is a difficult person to *deal with*. スミスさんは扱いにくい人だ / These problems must *be dealt with* through international cooperation. これらの問題は国際的な協力によって処理しなければならない. ❷ (本・講演などが)...を扱う, 論じる: This paper *deals with* labor problems. この論文は労働問題を扱っている. ❸ (人・会社)と取り引きする. ❹ (悲しみ・困難など)に(うまく)対処する, 乗り越える.

deal³ /díːl/ 名 U《英》もみ材; 松材.
*__deal·er__ /díːlə | -lə/ 名 (~s /~z/) ❶ C **販売業者**, ディーラー, 商人, ...商; (麻薬の)密売人: a ***dealer in*** tea 茶商人 / a used car *dealer* 中古車の販売業者 // ⇒ newsdealer. ❷ C (トランプの札の)配り手.
deal·er·ship /díːləʃɪp | -lə-/ 名 C (特に車の)販売店; 販売権.
+**deal·ing** /díːlɪŋ/ 名 ❶ [複数形で] **取り引き**; 関係; 交際: have ***dealings with*** the company その会社と取り引き(関係)がある. ❷ U 売買; 取り引き.
*__dealt__ /délt/ 動 **deal² の過去形および過去分詞**.
dean /díːn/ 名 ❶ C (大学の)学部長; 学生部長. ❷ C 首席[主任]司祭《大聖堂 (cathedral) の長》;《英》地方監督 (rural dean). ❸ C《米》(団体の)最古参者, 長老 [≒doyen].
déan's lìst 名 C《米》(大学の)成績優秀者名簿.

dear /díə | díə/ !発音 (同音 deer)
— 形 (dear·er /dí(ə)rə | -rə/; dear·est /dí(ə)rɪst/)

意味のチャート
「大切な」❷ → (人について)「親愛な」❶ / (物について)「高価な」❸

❶ **親愛な, かわいい**, いとしい: a *dear* friend 親友 / my *dear little* boy 私のかわいい坊や. 語法 しばしば little, old を伴う // Maggie was very ***dear to*** her father. +to+名 マギーは父親にとてもかわいがられていた.
❷ **大切な**, 貴重な: Life is very ***dear to*** me. +to+名 私にとって人生は大変尊い.
❸ [普通は 叙述]《主に英》(物が)**高価な**, 高い [≒ expensive] [⇔ cheap]: The book is too *dear*; I can't afford it. その本は高すぎて私には買えない.
Déar ... 拝啓, 親愛なる...さん《手紙の書き出しに用いる; ⇒ salutation 参考》.
for déar lífe ⇒ life 成句.
hóld ... déar 動 他《格式》(...)をいとしく思う, こよなく愛する; 大切にする.
— 名 (~s /~z/) ❶ [呼びかけで] Ⓢ **あなた**《愛情・親しみの表現; ✪ 男性同士では用いない》: Yes, *dear*. そうだよ / Come here, *my dear*. さあ, こちらへいらっしゃい / Can I help you, *dear*? いらっしゃいませ《店員などのことば》. ❷ C Ⓢ《主に英》親切な人, いい子: What a *dear* she is! 彼女, なんていい子なんでしょう / Be a *dear* and hand me the newspaper, will you? お願い, 新聞をとってくれる?
— 間 **おや, まあ!**《驚き・哀れみ・同情・いら立ちなどを表わす; 女性がよく使う》: 言い換え Oh *dear*! = *Dear* oh *dear*! =《古風》*Dear* me! おやまあ, あらまあ.
— 副 [次の成句で]
cóst ... déar 動 他 Ⓦ (事が)(人)に高くつく: His carelessness *cost* him *dear*. 彼の不注意は彼にとって高いものについた.
dear·est /dí(ə)rɪst/ 名 C [しばしば my ~ として呼びかけで] Ⓢ 最愛の人, いとしい人.
dear·ly /díəli | díə-/ 副 ❶ 深く, 心から: He loves me *dearly*. 彼は私を心から愛しています. 語法 普通は love またはそれに似た意味の動詞とともに用いる // I miss him *dearly*. 私は心から彼の死を悼(いた)みます. ❷ 大きな犠牲を伴って: 言い換え She paid *dearly* for that mistake. = That mistake cost her *dearly*. その過ちは彼女にとって高いものについた《⇒ dear 副》.
dearth /dɚ́ːθ | dɜ́ːθ/ 名 U [しばしば a ~]《格式》不足, 欠乏 [≒lack]: *a dearth of* data データ不足.

death /déθ/
— 名 (~s /~s/) ❶ U,C **死, 死亡**; 死者; 死に方 [⇔ life]: 言い換え my father's *death* = the ***death of*** my father 父の死 / an accidental *death* 事故死 / brain *death* 脳死 / the number one ***cause of death*** 第 1 位の死亡原因 / *death* with dignity 尊厳死 / ***meet*** (one's) ***death*** (非業の)死をとげる / ***escape death*** 死を免れる / The accident caused many [five] *deaths*. その事故で多数[5 人]の死者が出た / The number of ***deaths from*** AIDS is decreasing year by year. エイズによる死者は年ごとに減っている / Keep *Death* off the Roads! 死亡事故を防ごう《安全運転の呼びかけ》/ They are united in *death*. 彼らは死んでのち[あの世で](も)結ばれている《同じ墓に入っているなど》/ die a ...

death《⇒ die¹ ⑭ 例文》. ❷ [the ~] 死因, 命取りになる物[事] (*of*). ❸ [U] しばしば the ~] 破滅 [≒ ruin]; 終わり [≒end]: *the death of* all hope すべての望みが絶たれる[た]こと. ❹ [D-] 死神. 参考 手に大がま (scythe) を持った黒衣の骸骨(がいこつ)として描かれる.

be at déath's dóor [動] ⓐ 死にかけている.

be the déath of ... [動] ⑭ (1) ...の死因である[になる]《⇒ 2》. (2) [will を伴って]《古風》(人が)...をひどく悩ます[心配させる].

dó ... to déath [動] ⑭《略式》[しばしば受身で] (冗談など)を繰り返し使いすぎる, やりすぎる.

pút ... to déath [動] ⑭ Ⓦ (...)を**殺す** [≒kill]; (人)を死刑にする**:** The infected chickens *were put to death* yesterday. 感染した鶏は昨日処分された.

till déath do us párt《主に米》**= till déath us do párt**《主に英》[副] 死が私たち[2 人]を分かつまで《結婚式での誓約のことば》.

to déath [副] (1) **死ぬまで**(...する), (...して)死ぬ**:** The murderer choked the boy *to death.* 犯人は少年を絞め殺した / freeze [starve] *to death* 凍死[餓死]する / Don't work yourself *to death.* [普通はこっけいに] 過労死するなよ(働きすぎるな). (2)《略式》死ぬほど, ひどく**:** I'm tired [worried, bored, scared] *to death.* 私は死ぬほど疲れきって[心配して, 退屈して, おびえて]いる.

to the déath [副] 死ぬまで; 最後まで.

(形 dead, déathly, 動 die¹)

death·bed /déθbèd/ 名 C 死の床, 臨終; [形容詞的に] 臨終の. **on** one's **déathbed** [副] 死ぬ間際に.

death·blow /déθblòʊ/ 名 C 致命的打撃 (*to*).

déath càmp 名 C 死の収容所《ナチスによるユダヤ人強制収容所など》.

déath certìficate 名 C 死亡診断[証明]書.

death·less /déθləs/ 形 不滅の, 不朽の.

death·ly /déθli/ 形 (death·li·er; -li·est) 限定 死を思わせる; 極度の, ひどい. (名 death)

— 副 (death·li·er; -li·est) 死んだように; 非常に.

déath màsk 名 C デスマスク, 死面.

déath pènalty 名 C [普通は the ~] 死刑.

déath ràte 名 C 死亡率. 関連 birth rate 出生率.

déath rów 名 U 死刑囚棟**:** be on *death row* 死刑囚棟に入っている.

déath sèntence 名 C 死刑判決[宣告].

déath tòll 名 C [しばしば the ~] 死亡者数.

déath tràp 名 C《略式》ひどく危険なもの《乗物・建物など》.

déath wàrrant 名 C 死刑執行令状. **síɡn** ...'s [one's **ówn**] **déath wàrrant** [動] 人の[自らの]死[失敗]を招くようなことをする.

déath wìsh 名 [a ~] (無意識の)死の願望.

deb /déb/ 名 C《略式》= debutante.

de·ba·cle, dé·bâ·cle /dɪbáːkl, deɪ-/ ≪フランス語から≫ 名 C 完全な失敗; (政府などの)瓦解(がかい); (軍隊の)総崩れ; (市場の)暴落.

de·bar /dɪbáə | -báː/ 動 (de·bars; de·barred; -bar·ring /-báːrɪŋ/) ⑭ [普通は受身で]《格式》(人)を締め出す, 除外する; 妨げる**:** He *was debarred from* vot*ing.* 彼は投票から締め出された.

de·base /dɪbéɪs/ 動 ⑭《格式》(...)の品質[価値, 評判]を落とす [≒degrade]; (貨幣)の価値を下げる.

de·base·ment /dɪbéɪsmənt/ 名 U,C《格式》(品質・価値・品位・評判を)落とすこと, 低下, 堕落.

de·bat·a·ble /dɪbéɪṭəbl/ 形 論争の余地のある, 異論のある**:** a highly *debatable* point 大いに異論のある点.

****de·bate** /dɪbéɪt/

— 名 (de·bates /-béɪts/) ❶ C,U (公開の場での)討論, **討議**, 議論, 論争《⇒ argument 類義語》**:** She opened the *debate on* [*about, over*] raising taxes. 彼女は増税に関する討論の口火を切った / This problem is likely to provoke「a great deal of [heated] *debate.* この問題は多くの[激しい]論議を呼びそうだ / The bill is now ***under debate*** in the committee. その法案は現在委員会で審議中である. ❷ C (テレビなどの)討論会, 討論コンテスト**:** hold [have] a *debate* 討論会を開く.

be ópen to debáte = be a mátter for debáte [動] ⓐ 議論の余地がある.

— 動 (de·bates /-béɪts/; de·bat·ed /-ṭɪd/; de·bat·ing /-ṭɪŋ/) ⑭ ❶ (公開の席などで)(...)を**討論する,** 討議する**:** The question *is* being hotly [heatedly] *debated.* V+O の受身 その問題は熱心に討論されている / The teachers ***debated*** the problem ***with*** the parents. V+O+*with*+名 教師たちは親たちとその問題を討議し合った / We ***debated how***「we should [*to*] do it. V+O (*wh* 節[句]) 私たちはそれをどのようにすべきかを議論した / They ***debated whether***「they should [*to*] reduce expenses. V+O (*whether* 節[句]) 彼らは経費削減の是非を論じた. ❷ (...)について熟考[熟慮]する [≒consider]**:** 言い換え She *debated whether to* buy a new car. = She *debated* buy*ing* a new car. 彼女は新車を買うかどうか思案した.

— ⓐ (...について)討論する, 討議する**:** *debate about* the expense 費用のことを討議する.

de·bat·er /dɪbéɪṭə | -tə/ 名 C 討論者.

de·bauched /dəbɔ́ːtʃt/ 形《格式》堕落した.

de·bauch·er·y /dɪbɔ́ːtʃ(ə)ri/ 名 (-er·ies) U,C《格式》酒色にふけること, 放蕩, 道楽.

Deb·by /débi/ 名 固 デビー《女性の名; Debora(h)の愛称》.

de·bil·i·tate /dɪbílətèɪt/ 動 ⑭ [普通は受身で]《格式》(人・体)を衰弱させる; (事が)(組織など)を弱体化させる**:** a *debilitating* disease 体が衰弱する病気.

de·bil·i·ty /dɪbíləṭi/ 名 U《格式》(体の)衰弱.

deb·it /débɪt/ 名 C〔簿記〕借り方(記入(額)); (口座からの)引き落とし(額) [⇔ credit]. **on the débit sìde** [副] マイナス面では. **—** 動 ⑭〔簿記〕(金額)を(口座から)引き落とす (*from*), (人(の口座)の)借り方に記入する (*against, to*); (金額・料金を)(口座)からの引き落としにする, (*for, with*) [⇔ credit].

débit càrd 名 C デビットカード《銀行の引き出し兼支払い用のキャッシュカード》.

deb·o·nair /dèbənéə | -néə/ 形《古風》(男性が)快活な, 颯爽(さっそう)とした, スマートな.

Deb·o·rah, Deb·o·ra /débərə/ 名 固 デボラ《女性の名; 愛称は Debby》.

de·brief /dìːbríːf/ 動 ⑭ (パイロット・外交官など)に帰還[帰任]報告をさせる; (...)に報告させる (*on*).

de·brief·ing /dìːbríːfɪŋ/ 名 U,C 情報聴取[報告].

de·bris /dəbríː, déɪbriː/ ≪フランス語から≫ 名 U 残骸(ざんがい), 瓦礫(がれき).

debt** /dét/ 発音 -bt で終わる語の b は発音しない. 名 (debts /déts/) ❶ C **借金**, 負債, 債務; U 借金状態**:** have ***debts of one million yen 100 万円の借金がある /「***pay*** (***off***) [***repay, clear***]「a ***debt*** [one's ***debt***(***s***)] 借金を返済する[返す] / ***run up*** a ***debt*** 借金をためる / He's still five hundred thousand yen ***in***

debt. 彼はまだ 50 万円の借金をしている / I'm *in debt to* the bookstore *for* a large sum. 私はあの本屋に多額の借りがある / ***get*** [***go, run***] ***into debt*** 借金をする / Out of *debt*, out of danger. 《ことわざ》 借りがなければ危険もない. ❷ Ⓒ [普通は単数形で] 恩義, (人の)おかげ: I owe a *debt* of gratitude to him. 彼には恩義がある.

be in ...'s débt [動] 《格式》 (人)に恩義がある: You saved my child's life. I'll always *be in your debt*. あなたは私の子供の命を救ってくれました. いつまでも御恩は忘れません.

debt·or /déṭɚ | -tə/ 名 Ⓒ 借り主, 債務者, 〔簿記〕 借り方 [⇔ creditor].

de·bug /dìːbʌ́g/ 動 (de·bugs; de·bugged; -bug·ging) 他 ❶ 〔コンピュータ〕 (プログラム)のバグ[誤り]を取り除く. ❷ (...)から盗聴器を取り除く.

de·bunk /dìːbʌ́ŋk/ 動 他 (...)の誤りをあばく.

*__de·but, dé·but__ /deɪbjúː, déɪbjuː | déɪbjuː/ 発音 ≪フランス語から≫ 名 (~s /~z/) Ⓒ **デビュー**《初舞台・初出演・初めて社交界へ出ることなど》; 初登場: ...'s stage *debut* ...の初舞台 / ...'s *debut* album ...のデビューアルバム / ***make*** one's ***debut*** (as ...) (...として)デビューする.

— 動 自 デビューする. — 他 (新商品)を発表する.

deb·u·tante /débjʊtɑ̀ːnt/ ≪フランス語から≫ 名 Ⓒ 初めて社交界に出る女性 [《略式》 deb].

+**Dec.** 略 **12 月** (December).

dec·a- /dékə/ 接頭 「10」を表わす《⇒ kilo- 関連》.

*__dec·ade__ /dékeɪd, dekéɪd/ 名 (dec·ades /dékeɪdz, dekéɪdz/) Ⓒ **10 年間** 《⇒ century 関連》: for several *decades* 数十年間 / The number of suicides in Japan has been gradually decreasing over [during] the past *decade*. ここ 10 年間に日本の自殺者数は徐々に減っている.

for décades [副] 長い間, 何十年(間)も.

dec·a·dence /dékədəns, -dns/ 名 Ⓤ 堕落, 退廃; 衰退(期).

dec·a·dent /dékədənt, -dnt/ 形 退廃的な; 衰退した.

de·caf /díːkæf/ 名 Ⓤ 《略式》 カフェイン抜きのコーヒー.

de·caf·fein·at·ed /dìːkǽfənèɪṭɪd/ 形 (コーヒー・お茶が)カフェイン抜きの.

de·cal /díːkæl, dɪkǽl/ 名 Ⓒ 《米》 移し絵, (車などに貼る)(転写式)ステッカー [《英》 transfer].

de·camp /dɪkǽmp/ 動 自 逃亡する (*from, to*).

de·cant /dɪkǽnt/ 動 他 (ワインなど)を別の容器に移す (*into*).

de·cant·er /dɪkǽnṭɚ | -tə/ 名 Ⓒ デカンター《ワインなどを入れる食卓用のガラスびん》.

de·cap·i·tate /dɪkǽpətèɪt/ 動 他 (人)を断頭する《特に処刑で》.

de·cap·i·ta·tion /dɪkæ̀pətéɪʃən/ 名 Ⓤ,Ⓒ 断頭(の刑).

de·car·bon·ize /dìːkɑ́ɚbənàɪz | -kɑ́ː-/ 動 他 (...)を脱炭素化する《エネルギー源の脱化石燃料化などにより二酸化炭素の排出を削減する》.

de·cath·lon /dɪkǽθlɑn | -lɔn/ 名 Ⓒ 十種競技. 関連 pentathlon 五種競技.

+**de·cay** /dɪkéɪ/ 動 (de·cays /~z/; de·cayed /~d/; -cay·ing) 自 ❶ (自然に少しずつ)**腐る**, 朽ちる [≒ rot]: His wooden house *decayed* from lack of repairs. 彼の木造の家は手入れをしないのですっかり傷んだ. ❷ 衰える, 弱る; さびれる. — 他 (...)を腐らせる.

— 名 ❶ Ⓤ **腐食**, 腐朽; 虫歯(の部分): prevent dental [tooth] *decay* 虫歯を防ぐ / remove the *decay* 虫歯を抜く. ❷ Ⓤ 衰え, 衰退; 荒廃: The street was in (complete) *decay*. その通りは(すっかり)さびれていた / fall into *decay* 衰退する, 荒廃する.

de·cease /dɪsíːs/ 発音 名 Ⓤ 〔法律〕 死亡.

de·ceased /dɪsíːst/ 形 〔法律〕 (最近)死去した [≒ dead]: his *deceased* father 彼の亡父. **the de·céased** [名] [単数または複数扱い; ⇒ the[1] 3] 〔法律〕 (最近)亡くなった人(々), 故人(たち): the will of *the deceased* 故人の遺書.

de·ceit /dɪsíːt/ 名 ❶ Ⓤ 欺くこと, 欺瞞(ぎまん); 詐欺, ぺてん: My father is incapable of *deceit*. 私の父は人をだますことができない人だ. ❷ Ⓒ [普通は a ~] 偽り; 詐欺行為. (動 decéive)

de·ceit·ful /dɪsíːtf(ə)l/ 形 ❶ ごまかしの, 偽りの, 不正直な. ❷ (外見が)人を誤らせやすい. **-ful·ly** /-fəli/ 副 偽って. **~·ness** 名 Ⓤ 不正直.

de·ceive /dɪsíːv/ 動 他 ❶ (人)をだます, 欺く《⇒ cheat 類義語》; (配偶者・恋人)を裏切る: They *deceived* me *into* believ*ing* that they would help me. 彼らは私をだまし, 助けてくれるものと信じ込ませた. ❷ (物事が)(人)を惑わす, 誤解させる. **decéive one·sèlf** [動] 自 真実から目をそらす, 思い違いをする: I *deceived myself into* think*ing* she would help me. 私は彼女が助けてくれると思い込もうとした.

(名 decéit, decéption, 形 decéptive)

《⇒ receive キズナ》

de·ceiv·er /dɪsíːvɚ | -və/ 名 Ⓒ だます人, 詐欺師.

de·cel·er·ate /dɪséləreɪt, dìː-/ 動 自 《格式》 減速する [⇔ accelerate]. — 他 《格式》 (...)の速度を落とす.

de·cel·er·a·tion /dɪsèləréɪʃən, dìː-/ 名 Ⓤ 《格式》 減速(度).

***__De·cem·ber__ /dɪsémbɚ | -bə/

— 名 (~s /~z/) Ⓤ,Ⓒ **12 月**《略 Dec.; ⇒ month 表》: It usually begins to snow ***in December***. 例年は 12 月には雪が降り始める / Christmas Day is (***on***) ***December*** 25. クリスマスは 12 月 25 日だ《December 25 は December (the) twenty-fifth と読む; ⇒ date[1] 名 1 語法》/ in early [mid-, late] *December* 12 月初旬[中旬, 下旬]に.

de·cen·cy /díːs(ə)nsi/ 名 Ⓤ ちゃんと[きちんと]していること, 礼儀正しさ, 品位 [⇔ indecency]: an offense against *decency* 礼儀に反すること, 無作法 / have a sense of *decency* 慎みがある / She should *have the decency to* apologize. 彼女は謝るくらいの礼儀はわきまえるべきだ. (形 décent)

+**de·cent** /díːs(ə)nt/ 発音 形 ❶ (人・身なり・ふるまいなどが)**ちゃんとした**, 礼儀にかなった, 見苦しくない, 適切な [⇔ indecent]: *decent* clothes きちんとした服装 / It isn't *decent* to make that sort of gesture in public. 人前でそういう身ぶりをするのは無作法だ / That man comes from a *decent* family. あの人は立派な家柄の出だ.

❷ **結構な**, 十分な, まあまあの, 悪くない [≒ adequate]: a *decent* meal 結構な食事 / *decent* wages 世間並みの賃金 / a *decent* house なかなかの家. ❸ 親切な, 気のいい: *It's* very *decent of* you *to* help me. 手助けしていただいてどうもありがとう《⇒ of 12》. ❹ 叙述 [こっけいに] ちゃんと服を着て. ❺ [普通は 叙述] (ことば・話などが)下品でない, みだら[わいせつ]でない [⇔

indecent]: He never tells stories that are not *decent*. 彼は決して下品な話はしない. (名 décency)

de·cent·ly /díːs(ə)ntli/ 副 ❶ ちゃんと, 礼儀正しく, 見苦しくなく; きちんと: You can't *decently* ask her that. 彼女にそんなことを尋ねたら失礼になる. ❷ 相当に. ❸ 親切に.

de·cen·tral·i·za·tion /dìːsèntrəlɪzéɪʃən | -laɪz-/ 名 U 分散; 地方分権(化).

de·cen·tral·ize /dìːséntrəlàɪz/ 動 他 (権限・組織など)を分散させる, 地方分権化する.

de·cep·tion /dɪsépʃən/ 名 U だますこと, 欺瞞(ぎまん); C ごまかし, ぺてん. (動 decéive)

de·cep·tive /dɪséptɪv/ 形 人を欺くような; 当てにならない; (人を)迷わす; 見かけと中身が違う: Appearances are *deceptive*. 《ことわざ》 外見はわからぬもの(人は見かけによらぬもの). (動 decéive)

de·cep·tive·ly /dɪséptɪvli/ 副 欺くように, 偽って; 見かけによらず: The problem looked *deceptively* easy. その問題は易しそうに見えた(けれども難しかった).

dec·i- /désə/ 接頭 「10 分の 1」を表わす (⇒ kilo- 関連): *deci*liter デシリットル.

dec·i·bel /désəbèl/ 名 C 〔物理〕 デシベル 《音の大きさの単位; 略 dB》.

***de·cide /dɪsáɪd/

— 動 (de·cides /-sáɪdz/; de·cid·ed /-dɪd/; de·cid·ing /-dɪŋ/) 他 ❶ (...しよう)と**決心する** (⇒ 類義語): 言い換え He *decided to* be a doctor. V+O (to 不定詞) = He *decided* (*that*) he would be a doctor. V+O ((that)節) 彼は医者になろうと決心した / 言い換え She *decided* not *to* rely on him. = She *decided that* she would not rely on him. 彼女は彼には頼るまいと決めた.

❷ (...)を**決定する**, 決める: 言い換え We couldn't *decide what to* do next. V+O (wh 句) = We couldn't *decide what* we should do next. V+O (wh 節) 私たちは次に何をするか決めかねた / The committee *decided that* the match (*should*) *be* postponed. V+O (that 節) 委員会は試合を延期すると決定した (⇒ should A 8).

> **まだ決めていない**
>
> まだどこへ行くか決めていない.
>
> ○I **haven't decided** where to go yet.
>
> ×I don't decide where to go yet.
>
> ✪「決めていないまま現在に至っている」ので現在完了形を使う.

❸ (...)を**解決する** [≒settle]; (...)に判決を下す [≒judge]; (物事が)(...)を決める, 決定づける, (...)に決着をつける: The court *decided* the case. 裁判所はその事件の判決を下した / Tom's home run *decided* the game. トムのホームランで試合にけりがついた / a *deciding* factor 決定的な要因. ❹ (...)と結論づける, 判断する: He *decided* (*that*) she had the talent to be a pro golfer. 彼女にはプロゴルファーになる才能があると彼は判断した. ❺ (物事が)(人)に決心させる: What *decided* you *against* it? どうしてそうしないことに決めたのですか.

— 自 ❶ **決める**, **決定する**; 決心する: I *decided on* the red hat. V+on+名 (考えた末に)私はその赤い帽子に決めた / She *decided on* marry*ing* Tom. V+on+動名 彼女はトムと結婚することに決めた / You have to *decide between* the two plans. V+between+名 あなたは 2 つの計画のどちらかに決めなければならない / 言い換え I *decided against* buy*ing* a new car. V+against+動名 (= I *decided* not to buy a new car.) 新車は買わないことにした. ❷ (...に有利[不利]な)判定を下す (*for, in favor of, against*). (名 decísion, 形 decísive)

> 類義語 **decide** 討議・熟慮の末にきっぱりと決心すること. **determine** *decide* よりも固い決意で, 時には執拗(しつよう)なまでの決意を表わす. **resolve** 慎重に考慮した結果, 最後までやり通そうとする固い決意を表わす格式ばった語. **make up** one's **mind** 一般に「決心する」を意味するややくだけた表現で, いろいろ考えたうえで決心することを表わす.

de·cid·ed /dɪsáɪdɪd/ 形 限定 はっきりした, 決定的な, 明確な [⇔ undecided]: a *decided* difference 明白な相違.

de·cid·ed·ly /dɪsáɪdɪdli/ 副 ❶ はっきりと, 明確に: The results were *decidedly* disappointing. 結果は明らかに期待はずれだった. ❷ 《主に英》 Ⓦ きっぱりと.

de·cid·er /dɪsáɪdə | -də/ 名 C [普通は単数形で] 勝者決定戦.

de·cid·u·ous /dɪsíʤuəs/ 形 〔植物〕 (樹木が)落葉性の [⇔ evergreen].

dec·i·li·ter, 《英》 **-li·tre** /désəlìːtə | -tə/ 名 C デシリットル 《1 リットルの 10 分の 1》.

dec·i·mal /désəm(ə)l/ 形 10 進法の; 小数(点以下)の: *decimal* currency 10 進法の通貨 / a number with two *decimal* places 小数第 2 位まである数字. 関連 duodecimal 12 進法の. — 名 C 小数: a repeating [recurring] *decimal* 循環小数. 関連 integer 整数.

décimal fràction 名 C = decimal.

décimal pòint 名 C 小数点 (point).

dec·i·mate /désəmèɪt/ 動 他 (疫病・戦争などが)(人口など)の多くを殺す; (...)を激減させる.

dec·i·ma·tion /dèsəméɪʃən/ 名 U 多数の殺害; 激減 (*of*).

de·ci·pher /dɪsáɪfə | -fə/ 動 (-pher·ing /-f(ə)rɪŋ/) 他 (文字など)を判読する; (暗号など)を解読する.

de·ci·pher·ment /dɪsáɪfəmənt | -fə-/ 名 U 判読, 解読.

***de·ci·sion /dɪsíʒən/ 発音

— 名 (~s /~z/) ❶ U,C **決定(すること)**; 決心; 解決; 結論; 裁決, 判決: *decision* by vote [majority] 票[多数]決 / Who made the final *decision to* put off the meeting? +to 不定詞 集会延期の最終決定をしたのはだれですか (多用; ⇒ to² C (4) 囲み) / She reconsidered her *decision* not *to* go abroad. 彼女は外国に行かないと決めたのを考え直した / It'll take a long time to reach a *decision on* [*about*] that matter. その問題の決着には長くかかりそうだ / come to a *decision* 結論に達する. ❷ U 決断力, 果断 [⇔ indecision]: a person of *decision* 決断力のある人. (動 decíde, 形 decísive)

de·ci·sion-mak·er /dɪsíʒənmèɪkə | -kə/ 名 C 意思[政策]決定者.

+**de·ci·sion-mak·ing** /dɪsíʒənmèɪkɪŋ/ 名 U **意思決定**, 政策[方針]決定: participate in *decision-making* 政策決定に加わる.

+**de·ci·sive** /dɪsáɪsɪv/ 形 ❶ **決定的な**, 決め手となる: a *decisive* battle 天下分け目の戦い / (the) *decisive* evidence 決定的な証拠 / play a *decisive* role in ...

...に決定的な役割を果たす.
❷ **断固とした**, きっぱりした, 決断力のある [⇔ indecisive]: a *decisive* answer きっぱりとした答え. ❸ 疑う余地のない, 明白な: a *decisive* advantage 明らかな有利. (動 decíde, 名 decísion)
~·**ly** 副 決定的に, はっきりと; きっぱりと, 断固として.

*__deck__ /dék/ 名 (~s /~s/)

意味のチャート
(船の板張りの覆い) →「**甲板**」❶
→ (板張りの床) →「**階**」❷
→ (台板) → (機器を支える台) →「**テープデッキ**」❺

❶ C (船の)**デッキ**, 甲板: a lower [upper] *deck* 下[上]甲板 / the main *deck* 主甲板 / go up ***on deck*** 上甲板へ出る.
❷ C (2階建てバス・電車・飛行機などの)**階**: the bottom [lower] *deck* (バスなどの) 1 階 / the top [upper] *deck* (バスなどの) 2 階. 関連 double-decker 2 階建てバス. ❸ C《米》(家の裏か横に作られた)木製のテラス. ❹ C《主に米》トランプ 1 組《52 枚》[《英》pack]. ❺ C テープデッキ (tape deck); (レコードプレーヤーの)デッキ《ターンテーブルとピックアップの載っている台》: a cassette (tape) *deck* カセットデッキ.
cléar the déck(s) [動] 自 活動の準備をする. 由来 戦闘準備のために余計な物や人を甲板から除く, の意から.
hít the déck [動] 自《略式》地面に伏せる[倒れる].
on déck [副・形] (1) 甲板へ(出て)《⇒ 1》. (2)《主に米》(活動・当直の)用意ができて; 手もとに; 〔野球〕(次の打者として)待機して. 関連 on-deck circle 〔野球〕ネクストバッターズサークル.
— 動 他 ❶ [しばしば受身で] (...)を飾る, 装う, めかす [≒decorate]: The streets *were decked with* flags. 通りは旗で飾りつけられていた. ❷《略式》(人)をぶちのめす.
déck óut [動] 他 [しばしば受身で] (...)を飾り立てる (*in*, *with*).

déck chàir 名 C デッキチェア《客船の甲板の上や浜辺など, 屋外で用いる折りたたみ式いす》.

déck shòe 名 C [普通は複数形で] デッキシューズ《ゴム底の靴》.

de·claim /dɪkléɪm/ 動 自《格式》熱弁をふるう.

dec·la·ma·tion /dèkləméɪʃən/ 名 U《格式》大げさな朗読(法), 雄弁術; C《格式》演説, 熱弁.

de·clam·a·to·ry /dɪklǽmətɔ̀ːri | -təri, -tri/ 形《格式》朗読風の, 演説調の, 大げさな調子の.

*__dec·la·ra·tion__ /dèkləréɪʃən/ 名 (~s /~z/) ❶ C,U **宣言**, 発表, 布告; (愛・信仰などの)表明: make a ***declaration of*** war 宣戦を布告する.
❷ C,U (税関や税務署での)**申告**: a *declaration* of income 収入の申告. ❸ C 申告書; 宣言書: a customs *declaration* 税関の申告書.
the Declarátion of Indepéndence [名] (米国の)独立宣言《1776 年 7 月 4 日英国から独立を宣言した; ⇒ American Revolution》. (動 decláre)

de·clár·a·tive sénténce /dɪklǽrətɪv-/ 名 C 〔文法〕平叙文《⇒ 巻末文法 1.5 (1)》.

*__de·clare__ /dɪkléə | -kléə/ 動 (de·clares /~z/; de·clared /~d/; de·clar·ing /-klé(ə)rɪŋ/) 他 ❶ (規約・規定などに従って)(...)を**宣言する**, 公表する, 布告する: The nation *declared* independence. その国は独立を宣言した / The government ***declared that*** the state of emergency was over. V+O (*that* 節) 政府は非常事態が終結したと宣言した 多用 / The king ***declared*** war ***on*** [***against***] France. V+O+*on* [*against*]+名 王はフランスに対して宣戦した / Henry *was declared* the winner of the match. V+O+C (名)の受身 ヘンリーが試合の勝者であると宣言された / We *declare* Jim Palmer elect*ed*. V+O+C (過分) ジム パーマー氏の当選を発表します / *declare* bankruptcy 破産を申し立てる.
❷ (...だ)と**断言する**, 言明する [≒assert]; (...)を表明する: 言い換え Mr. White ***declared that*** her story was false. V+O (*that* 節) = Mr. White ***declared*** her story ***to*** be false. V+O+C (*to* 不定詞) = Mr. White *declared* her story false. V+O+C (形) ホワイト氏は彼女の話はうそだと断言した / He *declared* his love to her. 彼は彼女に愛を打ち明けた.
❸ (税関・税務署で)(課税品・所得額など)を**申告する**; 申し立てる: 🗨 "Do you have anything to *declare*?" "No, (I have) nothing (to *declare*)."「何か課税品がありますか」「いえ, 何もありません」
— 自《英格式》宣言する; 断言する: *declare for* [*against*] ... ...に賛成[反対]を表明する.
decláre onesèlf [動] 自 立場[態度]を表明する: *declare oneself against* [*for*, *in favor of*] a policy 政策に反対[賛成]を表明する. (名 dèclarátion)
〖語源 ラテン語で「明らかにする」の意〗

de·clas·si·fy /dìːklǽsəfàɪ/ 動 (-si·fies; -si·fied; -fy·ing) 他 (書類など)の機密扱いを解く.

de·clen·sion /dɪklénʃən/ 名 U 〔文法〕語形変化; C 変化形.

*__de·cline__ /dɪkláɪn/
— 動 (de·clines /~z/; de·clined /~d/; de·clin·ing)

意味のチャート
元来は「わきへそれる」の意.
→ (申し入れに対して横を向く) →「**断わる**」自 ❷, 他 ❶
→ (直線からはずれる) → (傾く, 下降する) →「**低下する**」自 ❶

— 自 ❶ **低下する**, 減少する; (力などが)**衰える**, 弱まる: Last year prices *declined* a little [lot]. 昨年は物価が少し[大きく]下がった / My health began to *decline* in my early fifties. 50 代の初めになって私の健康は衰え始めた.
❷《格式》(丁重に)**断わる**, 辞退する: He *declined* when I invited him. 私が招待すると彼は辞退した.
— 他 ❶《格式》(...)を(丁重に)**断わる**, 辞退する, 謝絶する《⇒ refuse[1] 表》: He *declined* my invitation. 彼は私の招待を辞退した / The chairman ***declined to*** answer personal questions. V+O (*to* 不定詞) 議長は個人的な質問に答えることを拒絶した. ❷〔文法〕(名詞・代名詞・形容詞)を語形変化させる.
— 名 (~s /~z/) ❶ C,U [しばしば a ~] **低下**, **下降**; **減少**: ***a decline in*** prices 値下がり / *a* sharp [steep] ***decline in*** population 人口の急減.
❷ C,U [しばしば a ~] **衰え**, 衰退(期), 衰弱(期): the *decline* of the Roman Empire ローマ帝国の衰退.
be in declíne = be òn the declíne [動] 自 減少[衰退]している.

de·code /dìːkóʊd/ 動 他 (暗号文)を普通文にする, (表現など)を解読する; 〔電子工学〕(電子信号)を復号する [⇔ encode].

de·cod·er /dìːkóʊdə | -də/ 名 C (暗号の)解読者

[器]; (電子信号の)復号器, デコーダー.

de·col·o·ni·za·tion /dìːkɑ̀(ː)lənɪzéɪʃən | -kɔ̀lənaɪz-/ 名 U 非植民地化, 植民地解放.

de·col·o·nize /dìːkɑ́(ː)lənàɪz | -kɔ́l-/ 動 他 (植民地)を独立させる.

de·com·mis·sion /dìːkəmíʃən/ 動 他 (船・航空機など)の就役を解く, (原子炉)を解体する, (武器など)を廃棄する.

de·com·pose /dìːkəmpóʊz/ 動 自 腐敗する; 分解する (*into*). — 他 (...)を腐敗させる; (成分に)分解する.

de·com·pos·er /dìːkəmpóʊzə | -zə/ 名 C 分解する人[もの].

de·com·po·si·tion /dìːkɑ̀(ː)mpəzíʃən | -kɔ̀m-/ 名 U 腐敗; 分解.

de·com·press /dìːkəmprés/ 動 他 ❶ 徐々に(場所)の気圧を減らす; (ダイバーなど)を(水上にもどす前に)減圧させる. ❷〔コンピュータ〕(圧縮されたファイル)を復元[解凍]する. — 自《米略式》息抜きをする.

de·com·pres·sion /dìːkəmpréʃən/ 名 U 減圧; (圧縮されたファイルの)解凍.

decompréssion chàmber 名 C (ダイバー用の)減圧室.

decompréssion sìckness 名 U 潜水病.

de·con·ges·tant /dìːkənʤéstənt/ 名 C 鼻づまり薬.

de·con·tam·i·nate /dìːkəntǽmənèɪt/ 動 他 (...)の(放射能などの)除染をする, (...)を浄化する.

de·con·tam·i·na·tion /dìːkəntæ̀mənéɪʃən/ 名 U 汚染の除去, 除染, 浄化.

de·con·trol /dìːkəntróʊl/ 動 (-con·trols; -con·trolled; -trol·ling) 他 (...)の統制を解除[撤廃]する. — 名 U 統制解除[撤廃].

de·cor, dé·cor /deɪkɔ́ə | déɪkɔː/ ≪フランス語から≫ 名 C,U (室内)装飾; 舞台装置.

dec·o·rate** /dékərèɪt/ ❗発音 動 (-o·rates /-rèɪts/; -o·rat·ed /-ṭɪd/; -o·rat·ing /-ṭɪŋ/) 他 ❶ (場所・物)を**飾る**, 装飾する, (...)に飾りをつける: The children ***decorated their room ***with*** balloons. V+O+*with*+名 子供たちは風船で部屋を飾った / Her blouse ***is decorated with*** embroidery. V+O+*with*+名の受身 彼女のブラウスにはししゅうで飾りがしてある. ❷ (家など)の内装[外装]をする: How much did it cost to *decorate* this room? この部屋の内装にはいくらかかりましたか. ❸ [普通は受身で] (人)に(勲章を)授ける (*with*): He *was decorated for* his brave act. 彼は勇敢な行ないのために勲章をもらった. (名 dècorátion, 形 décorative)

+**dec·o·ra·tion** /dèkəréɪʃən/ 名 (~s /~z/) ❶ C [しばしば複数形で] **装飾品**: Christmas tree *decorations* クリスマスツリーの飾り. ❷ U **装飾**, 飾りつけ: interior *decoration* 室内装飾 / for *decoration* 装飾として. ❸ C 勲章, メダル. (動 décoràte)

Decorátion Dày 名《米》= Memorial Day.

+**dec·o·ra·tive** /dék(ə)rəṭɪv/ 形 **装飾用の**, 飾りの; 飾りになる: a photo in a *decorative* frame 装飾用のフレームに入った写真. (動 décoràte)

~·ly 副 装飾的に.

dec·o·ra·tor /dékərèɪṭə | -tə/ 名 ❶ C (家の)内装[外装]業者. ❷ C 室内装飾家[業者] (interior decorator).

dec·o·rous /dék(ə)rəs, dɪkɔ́ːrəs/ 形 限定《格式》(外見やふるまいが)礼儀正しい; 気品のある, 端正な.

~·ly 副 礼儀正しく; 端正に.

de·co·rum /dɪkɔ́ːrəm/ 名 U《格式》礼儀正しさ.

de·coy[1] /díːkɔɪ, dɪkɔ́ɪ/ 名 C おとり役; (鳥を)おびき寄せるおとり《模型の鳥》.

de·coy[2] /dɪkɔ́ɪ/ 動 他 (...)をおとりで誘う (*into*).

+**de·crease**[1] /dɪkríːs, díːkriːs/ ❗アク 名詞の decrease[2] とアクセントの傾向が違う. 動 (de·creas·es /~ɪz/; de·creased /~t/; de·creas·ing) 自 (数・量などが)**減る, 少なくなる**, 減少する; (力が)弱まる [⇔ increase]: 言い換え Accidents have ***decreased in*** number. V+*in*+名 = The number of accidents has *decreased*. 事故の数が減った / The factory's output ***decreased to*** half that of the previous year. V+*to*+名 工場の生産高は前年の半分に減少した / The population of that village *decreases* (*by*) five percent every year. その村の人口は毎年5パーセントずつ減っている.

— 他 (数・量)を**減らす**, 減少させる; (力)を弱める: *decrease* the speed スピードを落とす / You should *decrease* the amount of fat you eat. あなたは脂肪の摂取量を減らすべきだ / This medicine will *decrease* your pain. この薬を飲めば痛みは軽くなるでしょう. (名 décrease[2])

+**de·crease**[2] /díːkriːs, dɪkríːs/ ❗アク 動詞の decrease[1] とアクセントの傾向が違う. 名 (de·creas·es /~ɪz/) C,U **減少**, 縮小; C 減少量 [⇔ increase]: the rate of *decrease* 減少率 / There has been a 5 percent ***decrease in*** my income ***from*** the previous year. 前年に比べて私の収入が5パーセント減少した.

be òn the décrease [動] 自 次第に減少している. (動 decréase[1])

de·creas·ing /dɪkríːsɪŋ/ 形 減少している, 少なくなっていく [⇔ increasing].

+**de·cree** /dɪkríː/ 名 (~s /~z/) ❶ C **法令**, 政令, 布告: issue [revoke] a *decree* 布告を発する[取り消す]. ❷ C (裁判所の)判決.

— 動 他 (法令によって)(...)を命ずる, 布告する; (...)と判決する: The judge *decreed that* the compensation (*should*) *be* paid immediately. 裁判官は補償金を直ちに支払うように命じた《⇒ should A 8》.

de·crep·it /dɪkrépɪt/ 形 ❶ 老いぼれの, よぼよぼの. ❷ (建物などが)老朽化した.

de·crim·i·nal·i·za·tion /dìːkrìmənəlɪzéɪʃən | -laɪz-/ 名 U 非犯罪化, (麻薬などの)解禁.

de·crim·i·nal·ize /dìːkrímənəlàɪz/ 動 他 (...)を犯罪の枠からはずす, (麻薬などを)解禁する.

de·cry /dɪkráɪ/ 動 (de·cries; de·cried; -cry·ing) 他《格式》(...)を公然と非難する; けなす (*as*).

+**ded·i·cate** /déḍɪkèɪt/ 動 (-i·cates /-kèɪts/; -i·cat·ed /-ṭɪd/; -i·cat·ing /-ṭɪŋ/) 他 ❶ (主義・目的・活動などのために)(多くの時間など)を**ささげる**, そそぎ込む; (場所・金など)を(...に)あてる: She has ***dedicated*** her life ***to*** (help***ing***) poor people. V+O+*to*+動名[名] 彼女は一生を貧しい人々のためにささげた / I *dedicated* my spare time *to* this work. 余暇はこの仕事に専念しました. ❷ (著書・音楽など)を献呈する: *Dedicated to* Professor Smith スミス教授にささぐ《本の扉などに書くことば》. ❸ (...)を奉納する (*to*).

dédicate onesèlf to ... [動] 他 ...に専念する. (名 dèdicátion)

+**ded·i·cat·ed** /déḍɪkèɪṭɪd/ 形 ❶ (活動などに)**打ち込んでいる**, 献身的な, 熱心な [≒committed]: a *dedicated* teacher 熱心な先生 / She's ***dedicated to*** her job. +*to*+名 彼女は仕事に打ち込んでいる. ❷ 限定 専用の.

ded·i·ca·tion /dèdɪkéɪʃən/ 名 (~s /~z/) ❶ Ⓤ 献身, 奉仕(の精神): She showed wonderful *dedication to* duty. 彼女は職務に対するすばらしい奉仕ぶりを見せた. ❷ Ⓒ 奉納式, 落成式. ❸ Ⓒ 献呈のことば. (動 dédicàte)

de·duce /dɪd(j)úːs|-djúːs/ 動 他 《格式》(...)を推論[演繹(えんえき)]する: What can we *deduce from* these facts? これらの事実から何を推論できるか.

+**de·duct** /dɪdʌ́kt/ 動 (de·ducts /-dʌ́kts/; -duct·ed /~ɪd/; -duct·ing) 他 (...)を**差し引く**, 控除する: The manager ***deducted*** 15% ***from*** our salaries. V+O+*from*+名 支配人は我々の給料から 15% を差し引いた.

de·duct·i·ble /dɪdʌ́ktəbl/ 形 控除できる. ― 名 《米》(保険の)控除免責金額《被保険者の負担額》.

+**de·duc·tion** /dɪdʌ́kʃən/ 名 (~s /~z/) ❶ Ⓤ **差し引き**, 控除; Ⓒ 控除額 (*from*): get [receive] a tax *deduction* 税の控除を受ける.
❷ Ⓤ,Ⓒ **推論**; 〔論理〕演繹(えんえき)(法)《一般的な原理から個々の場合を推論すること》[⇔ induction]: make a *deduction* about ... ...について推論する. ❸ Ⓒ 結論.

de·duc·tive /dɪdʌ́ktɪv/ 形 〔論理〕演繹的な; 推論的な [⇔ inductive].

***deed** /díːd/ 名 (deeds /díːdz/) ❶ Ⓒ 《文語》(意図的な)**行為**, 行ない [≒act]; 実行, 行動: do a good *deed* 立派な行為をする / You're always judged by your *deeds*. 人はいつでもその行為によって判断される / A man of words and not of *deeds*, is like a garden full of weeds. ことばだけで実行のない人は雑草だらけの庭のようだ《英国の童謡集 *Mother Goose's Melodies* のことば》. ❷ Ⓒ 〔法律〕捺印(なついん)証書.
〖語源 元来は do の名詞形〗

dee·jay /díːʤèɪ/ 名 Ⓒ 《略式》= disc jockey.

+**deem** /díːm/ 動 (deems /~z/; deemed /~d/; deem·ing) 他 [進行形なし] 《格式》(...)を(~だと)**考える**, みなす, 思う: He ***deemed that*** it would be wise to accept the offer. V+O (*that* 節) 彼は申し出を受諾するのが賢明だと考えた.

***deep /díːp/

― 形 (deep·er; deep·est) ❶ **深い** [⇔ shallow]; 奥深い; (...の)深い[奥まった]所にある: a *deep* river 深い川 / I dug a *deep* hole. 私は深い穴を掘った / The water is *deepest* here. (川などの)水はここがいちばん深い《⇒ the[1] 1 (4) 語法 (1)》 / The street was ***deep in*** snow. +*in*+名 その通りは雪がたくさん積もっていた / They were *deep in* the forest. 彼らは森の奥深くに入りこんでいた.
❷ 叙述 **深さが...で[の]**; 奥行きが...で[の]; ...列[重]になった: How *deep* is the lake? その湖の深さはどのくらいですか / The pond is four feet *deep*. その池は深さが 4 フィートあります / a bookshelf 120cm wide, 180cm high and 30cm *deep* 幅 120 センチ, 高さ 180 センチ, 奥行き 30 センチの本棚 / stand two *deep* 2 列になって立つ.
❸ (色などが)**濃い**; (眠り・息・傷などが)**深い**; (声・音が)**低い**, 太い: a *deep* pink flower 濃いピンクの花 / He fell into a *deep* sleep. 彼は深い眠りに落ちた / Your wound isn't so *deep*. 君の傷はそんなに深くはない / in a *deep* voice 太い声で.
❹ (感情などが)**心の底からの**, 深い [≒profound]; (目つきなどが)真剣な: a *deep* interest in this project この企画への深い興味 / I would like to express my *deepest* sorrow for her death. 彼女の死に対して心から哀悼(あいとう)の意を表します.
❺ 叙述 **深くはまり込んだ[で]**, 没頭して [≒absorbed]: She's now ***deep in*** conversation [thought]. +*in*+名 彼女は今話に夢中になっている[もの思いにふけっている] / The business is *deep in* debt. その店は借金で首が回らなくなっている. ❻ (問題・悩みなどが)深刻な, 重大な: He's in *deep* trouble. 彼は今大変困ったことになっている. ❼ (考えなどが)深い, 深遠な; 理解しがたい, 難解な.
in [ìnto] déep wáter(s) [形・副] 《略式》 窮地に陥って, 非常に困って: get *into deep water* 窮地に陥る. 由来 深みにはまっている, の意から.
(名 depth, 動 déepen)
― 副 (deep·er; deep·est) ❶ **深く**; 奥深く: He was buried *deep*. 彼は地中深く埋められた / Dig a little *deeper*. もう少し深く掘れ / She looked *deep* into his eyes. 彼女は彼の目をじっと見つめた. ❷ (夜など)ずっと遅くまで: *deep* into the night 深夜まで.
déep dówn [副] 心の底では; (外見とは異なり)実際は, 根は: *Deep down*, he is warm-hearted. 彼は根は温かい. **rún [go] déep** [動] 自 (憎しみなどが)深く根ざしている.
― 名 [the ~] 《文語》 海.

+**deep·en** /díːp(ə)n/ 動 (deep·ens /~z/; deep·ened /~d/; -en·ing) 自 ❶ (事態が)**深刻化する**: a *deepening* crisis 深刻化する危機. ❷ (感情・知識などが)**深まる**: The mystery *deepened*. なぞが深まった. ❸ 深くなる; (色などが)濃くなる; (音などが)低く[太く]なる: The color of the autumn leaves *deepened* overnight. 一夜にして秋の木の葉の色は濃くなった.
― 他 ❶ (事態)を深刻にする. ❷ (感情・知識など)を深める: The movie *deepened* our understanding of Canada. その映画は私たちのカナダに対する理解を深めた. ❸ (...)を深くする; (色など)を濃くする; (音など)を低く[太く]する. (形 deep)

déep fréeze 名 ❶ Ⓒ (食品)冷凍庫《元来は商標; ⇒ kitchen 挿絵》. ❷ Ⓒ (活動・交渉などの)凍結状態.

deep-freeze /díːpfríːz/ 動 (-freez·es; 過去 -froze /-fróuz/; 過分 -fro·zen /-fróuz(ə)n/; -freez·ing) 他 (食べ物)を冷凍保存する.

deep-fried /díːpfráɪd/ 形 油で揚げた.

deep-fry /díːpfráɪ/ 動 (-fries; -fried; -fry·ing) 他 〔料理〕(魚や肉)を油で揚げる, フライにする《⇒ cooking 囲み, fry[1] 日英》.

**deep·ly /díːpli/

― 副 ❶ [比喩的に] **深く**, ひどく, 非常に; 心(の底)から; 真剣に: Betty loves Tom *deeply*. ベティーはトムを心から愛している / I was *deeply* impressed with her beauty. 私は彼女の美しさに深く印象づけられた / breathe *deeply* 深呼吸する / sleep *deeply* ぐっすり眠る. ❷ (具体的・物理的に)深く; 深々と. 語法 この意味では deep のほうが普通.

deep·ness /díːpnəs/ 名 Ⓤ 深さ.

deep-root·ed /díːprúːṭɪd←/ 形 = deep-seated.

deep-sea /díːpsíː←/ 形 限定 深海の; 遠洋の: *deep-sea* fish 深海魚.

deep-seat·ed /díːpsíːṭɪd←/ 形 [普通は 限定] (感情・偏見などが)根深い, 根強い, 頑固な.

deep-set /díːpsét/ 形 [普通は 限定] Ⓦ (目が)深くくぼんだ.

deep-six /díːpsíks/ 動 他 《米略式》(計画など)を不採

D

用にする.

Déep Sóuth 名 固 [the ~] 《米》 深南部《Georgia, Alabama, Mississippi, Louisiana, South Carolina の諸州》.

déep vèin thrombósis 名 U 〔医学〕 深部静脈血栓症《エコノミークラス症候群; 略 DVT》.

+**deer** /díə | díə/ (同音 dear) 名 (複 ~(s) /~(z)/) C 鹿(しか). 関連 stag, buck 雄鹿 / hind, doe 雌鹿 / fawn 子鹿 / venison 鹿肉.
〖語源 元来は「動物」の意〗

deer·skin /díəskìn | díə-/ 名 U 鹿皮(しかがわ)《上着用》.

de·face /dɪféɪs/ 動 他 (...)の外観[表面]を損なう.

de fac·to /dɪfǽktoʊ, deɪ-/ ≪ラテン語から≫ 形 限定 《格式》 事実上の: a *de facto* government 事実上の政府. — 副 《格式》 事実上.

def·a·ma·tion /dèfəméɪʃən/ 名 U,C 《格式》 中傷, 名誉毀損(きそん).

de·fam·a·to·ry /dɪfǽmətɔ̀:ri | -təri, -tri/ 形 《格式》 中傷的な, 名誉毀損の.

de·fame /dɪféɪm/ 動 他 《格式》 (...)を中傷する; (...)の名誉を毀損(きそん)する.

+**de·fault** /dɪfɔ́:lt/ 名 (de·faults /-fɔ́:lts/) ❶ U,C 《格式》 (債務などの)**不履行**; (料金などの)**滞納**; 怠慢; (法廷への)欠席: be ***in default*** 債務不履行である / a ***default on*** a loan ローンの支払い不履行. ❷ U 《格式》 (競技の)欠場, 不参加. ❸ U,C 〔コンピュータ〕 デフォルト, 初期設定, 既定値.
by defáult [副] 他の選択がなされないので, 対立して何もされないで; (相手の)欠場[棄権]によって; 〔コンピュータ〕 初期値で: win *by default* 不戦勝となる.
in defáult of ... [前] 《格式》 ...がないために.
— 動 自 《格式》 義務を怠る; (料金などを)滞納する (*on*); (法廷に)欠席する; (試合などに)欠場する.
defáult to ... [動] 他 〔コンピュータ〕 ...を初期状態とする.

*__de·feat__ /dɪfí:t/ 名 (de·feats /-fí:ts/) ❶ U,C **打ち負かされること, 負け**, 敗北 [⇔ victory]; **打ち負かすこと**, 打破, 打倒: Our team has suffered four successive *defeats* (at their hands). 私たちのチームは(彼らに)4 連敗を喫しています / a narrow [heavy] *defeat* 僅差[大差]の敗北 / We celebrated our team's ***defeat of*** last year's champions. 私たちはわがチームが昨年の優勝チームを負かしたことを祝った. ❷ U,C 失敗; 挫折.
— 動 (de·feats /-fí:ts/; -feat·ed /-ṭɪd/; -feat·ing /-ṭɪŋ/) 他 ❶ (試合・戦いで)(...)を**打ち負かす**, 打ち破る, (...)に勝つ《⇒ 類義語》: England *defeated* France *at* football. イングランドはサッカーでフランスを破った / Our team *defeated* them (*by*) 3–0 [《米》 three to nothing, 《英》 three-nil]. うちのチームは彼らに 3 対 0 で勝った / 言い換え Napoleon *was defeated* at Waterloo. V+O の受身 (= Napoleon suffered (a) defeat at Waterloo.) ナポレオンはワーテルローで敗れた. ❷ (計画・希望)をくじく, 挫折(ざせつ)させる; (問題などが)(人)を困らせる: Their lack of understanding *defeated* his plan. 彼らの理解不足で彼の計画は挫折した / *defeat* the object (of the exercise) (行動の)真の目的が達せられない.
類義語 **defeat** 単に打ち負かすことを意味し, その勝利が一時的なものであるか, 永続的なものであるかについては関係がない. それに対して **conquer** は大がかりで, しかも永続的な勝利を意味する: Tanks and planes may *defeat* the troops but they cannot *conquer* the people. 戦車や飛行機は軍隊を打ち破ることはできようが, 国民を(永続的に)征服することはできない. **beat** *defeat* と同じ意味で競争などについて用いることが多く, くだけた言い方.

de·feat·is·m /dɪfí:tɪzm/ 名 U 《格式》 敗北主義.

de·feat·ist /dɪfí:ṭɪst/ 名 C 形 敗北主義者(の).

def·e·cate /défɪkèɪt/ 動 自 《格式》 排便する.

def·e·ca·tion /dèfɪkéɪʃən/ 名 U 《格式》 排便.

+**de·fect**[1] /dí:fekt, dɪfékt/ 名 (de·fects /dí:fekts, dɪfékts/) C **欠陥**, 欠点 [≒fault]; 弱点 [≒weakness]; 不完全な部分: have 「a hearing *defect* [a ***defect in*** one's hearing] 耳が悪い. (形 deféctive)
《⇒ effect キズナ》

de·fect[2] /dɪfékt/ 動 自 (国・組織から)(敵側に)逃げる, 亡命する, 離反[離脱]する (*from, to*).

de·fec·tion /dɪfékʃən/ 名 U,C 離反, 脱党, 脱会, 亡命 (*from, to*).

de·fec·tive /dɪféktɪv/ 形 欠陥[欠点]のある, 不完全な; (...に)欠陥のある (*in*): *defective* cars 欠陥車. (名 défect[1])

de·fec·tor /dɪféktə | -tə/ 名 C 離反者; 亡命者.

*__de·fence__ /dɪféns/ 名 《英》 = defense.

de·fend /dɪfénd/

— 動 (de·fends /-féndz/; -fend·ed /~ɪd/; -fend·ing) 他 ❶ (危険・攻撃から)(...)を**守る, 防ぐ** [⇔ attack] 《⇒ 類義語》: The soldiers *defended* the border. 兵士たちは国境線を守った / They ***defended*** their country ***against*** [***from***] the invaders. V+O+against [from]+名 彼らは侵略者から国を守った.
❷ (...)を**弁護する**; 擁護する; (弁護士が)(人)を弁護する: He couldn't *defend* his opinion. 彼は自分の意見を弁護できなかった / *defend* the right to demonstrate デモをする権利を擁護する / I'll *defend* you in court. 法廷で君を弁護してやるよ. ❸ 〔スポーツ〕 (ゴールなど)を守る, 守備する; (タイトルなど)を防衛する: *defend* a title タイトルを守る / a *defending* champion タイトル防衛者.
— 自 ❶ (...から)身を守る (*against*). ❷ 〔スポーツ〕 守る, 守備する. ❸ 弁護する.
defénd onesèlf [動] 自 身を守る; 自己弁護する (*against, from*). (名 defénse, 形 defénsive)
類義語 **defend** 現実に攻撃してくるものに対して積極的に対抗して払いのけること. **guard** 安全を保つために常に警戒・監視すること. **protect** 危険・害から身を守り, 保護すること.

+**de·fen·dant** /dɪféndənt/ 名 (-fen·dants /-dənts/) C 〔法律〕 **被告** [⇔ plaintiff].

+**de·fend·er** /dɪféndə | -də/ 名 (~s /~z/) ❶ C 〔スポーツ〕 **ディフェンダー**《守備側の選手》; 選手権保持者. 関連 challenger 選手権挑戦者. ❷ C 擁護者, 弁護者.

*__de·fense__, 《英》 **de·fence** /dɪféns/ ![アク] 名 (de·fens·es, 《英》 de·fenc·es /~ɪz/) ❶ U **防御**, 防衛, 守備 [⇔ attack, offense]: They fought ***in defense of*** liberty. 彼らは自由を守るために戦った / national *defense* 国防 / the Department [Secretary] of *Defense* 《米》 国防総省[長官]《⇒ department 表》 / the Ministry of *Defence* 《英》 国防省.
❷ C,U **防御物**, 防御手段[方法, 能力]: A line of trees is a good ***defense against*** the wind. 並木はよい風よけになる / His body had no *defense(s) against* the disease. 彼の体はその病気に対して抵抗力がなかった.

❸ C,U [普通は単数形で] **弁護**, 弁明, 擁護; 抗弁: He made no ***defense of*** his actions. 彼は自分の行動について全く弁明をしなかった / ***come*** [***leap***] ***to*** ...'s ***defense*** ... をかばう, ...の弁護に回る. ❹ [the ~; 《英》単数または複数扱い]〔法律〕被告側《全体》[⇔ prosecution]. ❺ U〔スポーツ〕守備; C [普通は the ~; 《英》単数または複数扱い]〔スポーツ〕守備側, ディフェンス《全体》[⇔ offense]: Our football team is weak on [《英》in] *defense*. 私たちのフットボールチームは守備が弱い. 語法 この意味で offense と対照させるときは《米》ではしばしば /dí:fens/ と発音される《⇒ offense 3 語法》. ❻ C〔スポーツ〕(タイトルなどの)防衛戦. (動 defénd)

de·fense·less, 《英》**de·fence·less** /dɪfénsləs/ 形 防備できない, 弱い; 無防備の (*against*).

defénse mèchanism 名 C〔生物〕防衛機構; 〔心理〕防御機制[反応].

de·fen·si·ble /dɪfénsəbl/ 形 防御できる; 弁護できる, 正当と認められる [⇔ indefensible].

+**de·fen·sive** /dɪfénsɪv/ 形 ❶ **防御的な**, 防備の, 自衛上の [⇔ offensive, aggressive]: *defensive* weapons 防衛兵器. ❷ (人などが)弁護する; (むきになって)弁解する (*about*). ❸《米》〔スポーツ〕守備側の [⇔ offensive]. (動 defénd)

— 名 [次の成句で] **on the defénsive** [形·副] 防御態勢をとって, 守勢で; 自己弁護[弁解]をして: Mention of his name put her *on the defensive*. 彼の名前が出ると彼女は言いわけがましいことを言い始めた.

~·ly 副 防御的に, 守備上; 弁解的に.

~·ness 名 U 弁解的なこと.

de·fer[1] /dɪfə́ː | -fə́ː/ 動 (de·fers; de·ferred; -fer·ring /-fə́ːrɪŋ | -fə́ːr-/) 他《格式》(...)を延ばす, 延期する (*to, until*) [≒put off].

de·fer[2] /dɪfə́ː | -fə́ː/ 動 (de·fers; de·ferred; -fer·ring /-fə́ːrɪŋ | -fə́ːr-/) 自《格式》(敬意を表して...の意見に)従う (*to*).

def·er·ence /déf(ə)rəns/ 名 U《格式》敬意, 尊敬; 服従: treat guests *with* due *deference* 客を丁重に扱う / *in* [*out of*] *deference to*... ...を尊重して, ...に従って.

def·er·en·tial /dèfərénʃəl←/ 形《格式》うやうやしい.

-tial·ly /-ʃəli/ 副 うやうやしく.

+**de·fi·ance** /dɪfáɪəns/ ❗発音 名 U **反抗(的態度)**: He declared open ***defiance of*** the Government. 彼は政府に対して公然と反抗することを宣言した.

in defíance of ... [前] ...をものともせずに[無視して]: Nuclear testing was resumed *in defiance of* public opinion. 核実験が世論を無視して再開された. (形 defíant)

+**de·fi·ant** /dɪfáɪənt/ 形 **反抗的な**, けんか腰の; 傲慢(ごうまん)な: take a *defiant* attitude 反抗的な態度をとる. (名 defíance.)

~·ly 副 挑戦的に; 傲慢に.

de·fib·ril·la·tor /dìːfíbrəlèɪtə | -tə/ 名 C〔医学〕(心臓の)除細動器.

+**de·fi·cien·cy** /dɪfíʃənsi/ ❗発音 名 (-cien·cies /~z/) ❶ U,C **不足**, 欠乏; 不足分[額, 量] [≒ shortage]: a ***deficiency of*** vitamin C ビタミンCの不足 / She made up for her ***deficiencies in*** talent by practice. 彼女は才能不足を練習で補った. ❷ U,C 欠陥, 不備 (*in*).

de·fi·cient /dɪfíʃənt/ 形 ❶ (...が)不足した, (...の)不十分な: Their diet is *deficient in* vitamins. 彼らの食事はビタミンが不足している. ❷ 不完全な, 欠陥のある.

*__def·i·cit__ /défəsɪt/ 名 (-i·cits /-sɪts/) ❶ C **欠損**, (財政·企業の)**赤字**, **不足(額)** [⇔ surplus]: a trade *deficit* 貿易赤字 / a ***deficit of*** $5 million = a $5 million *deficit* 500万ドルの赤字. ❷ C (劣勢時の)得点差.

be in déficit [動] 自 赤字である.

〖⇒ office キズナ〗

de·file /dɪfáɪl/ 動 他《格式》(...)をよごす; 汚(けが)す.

de·file·ment /dɪfáɪlmənt/ 名 U《格式》よごす[よごされる]こと, 汚(けが)すこと.

de·fin·a·ble /dɪfáɪnəbl/ 形 定義できる; 限定できる; 明確な.

*__de·fine__ /dɪfáɪn/ 動 (de·fines /~z/; de·fined /~d/; de·fin·ing) 他 ❶ (語句·概念など)を**定義する**, (...)の意味を明確にする; (...)を(正確に)記述する: Ice can *be defined as* solid [frozen] water. V+O+C (as+名)の受身 氷とは固体の[凍った]水のことである[と定義できる]. ❷ (範囲など)を**限定する**; (...の性質·立場など)を**明示する**, 説明する: The power of the Cabinet ***is defined by*** law. V+O の受身 内閣の権限は法律で定められている / ***Define*** exactly ***what*** results you want. V+O (wh 節) どんな結果[成果]が望みなのかはっきりさせて[言って]くれ. ❸ (...)の境界[輪郭]をはっきり示す. (名 dèfinítion, 形 définite)

〖⇒ final キズナ〗

*__def·i·nite__ /déf(ə)nət/ ❗アク 形 ❶ (はっきりと)**限定された**, 一定の [⇔ indefinite]: a *definite* plan 定まった計画 / make an appointment for a *definite* place and time 場所と時間をはっきり約束する.

❷ **明確な**, 確かな [≒clear] [⇔ indefinite]; 叙述 確信して, 明言して: a *definite* answer 確答 / It's *definite* that he'll resign. 彼が辞職するのは間違いない / 言い換え He was very ***definite about*** having found it. +about+動名 = He was very ***definite that*** he had found it. +that 節 彼は確かにそれを発見したと言った. (動 defíne)

définite árticle 名 [the ~]〔文法〕定冠詞《⇒ **巻末文法** 2.2 (2), the[1]》.

**def·i·nite·ly /déf(ə)nətli/

— 副 ❶ 文修飾 **確かに**: This dictionary is *definitely* the best for students. この辞書は確かに学生のためには最もよい.

❷ [質問の答えとして] Ⓢ **全くそのとおり**, そうだとも: “Is Helen coming?” “*Definitely* [*Définitely* nòt].” 「ヘレンは来るの」「もちろん[絶対に来ない]」《⇒ not (5) (ii)》. ❸ 明確に [⇔ indefinitely]: answer *definitely* はっきりと答える.

*__def·i·ni·tion__ /dèfəníʃən/ 名 (~s /~z/) ❶ U,C **定義(すること)**, 定義づけ; (辞書の)語義, (正確な)記述: Give me the ***definition of*** the word “communication.” コミュニケーションという単語の定義は何ですか. ❷ U 限定; 明確(化), 説明. ❸ U (レンズ·テレビなどの)解像力, 鮮明度. 関連 high-definition 高精細度の.

by definítion [副] 文修飾 定義上; 本質的に, 当然, 明らかに(...と言える). (動 defíne)

+**de·fin·i·tive** /dɪfínətɪv/ 形 ❶ **決定的な**, 最終的な: a *definitive* solution to the problem 問題解決の決め手.

❷ [普通は 限定] **最も信頼できる**: the *definitive* book

D

on civil law 民法に関する本の決定版.
～·ly 副 決定[最終]的に, 断定的に.

de·flate /dɪfléɪt, dì:-/ 動 他 ❶ (タイヤ・気球など)を空気[ガス]を抜いてしぼませる. ❷ [しばしば受身で] (人)をしょげさせる, (自信など)をくじく. ❸〔経済〕(膨張した通貨)を収縮させる, デフレにする [⇔ inflate].
— 自 ❶ (気球などが)しぼむ. ❷〔経済〕デフレ政策をとる.

de·fla·tion /dɪfléɪʃən, dì:-/ 名 ❶ U〔経済〕デフレ, 通貨収縮 [⇔ inflation]. ❷ U 空気[ガス]を抜くこと.

de·fla·tion·ar·y /dɪfléɪʃənèri, dì:- | -ʃ(ə)nəri/ 形〔経済〕デフレの, 通貨収縮的な.

de·flect /dɪflékt/ 動 他 (...)の方向をそらす, 曲げる (*from, off*); (批判・注意など)をそらす. — 自 それる, 曲がる; 当たって方向が変わる (*from, off*).

D

de·flec·tion /dɪflékʃən/ 名 U,C (進路などが)それること; 曲がり; (計器などの針の)ふれ, 偏差; ゆがみ.

De·foe /dɪfóʊ/ 名 固 Daniel ～ デフォー (1660?-1731)《英国の作家; ⇒ Robinson Crusoe》.

de·fog /dì:fá(:)g, -fɔ́:g | -fɔ́g/ 動 他《米》(車の窓)の曇りを除く [《英》demist].

de·fo·li·ant /dì:fóʊliənt/ 名 C,U 枯れ葉剤.

de·fo·li·ate /dì:fóʊlièɪt/ 動 他 (...)に枯れ葉剤をまく.

de·for·est /dì:fɔ́:rɪst | -fɔ́r-/ 動 他 [普通は受身で] (地域)の樹木を伐採する [⇔ afforest].

de·for·es·ta·tion /dì:fɔ̀:rɪstéɪʃən | -fɔ̀r-/ 名 U 森林伐採 [⇔ afforestation].

de·form /dɪfɔ́ɚm | -fɔ́:m/ 動 他 変形させる; (...)を不格好にする, 奇形にする. — 自 変形する.

de·for·ma·tion /dì:fɔɚméɪʃən | -fɔ:-/ 名 U,C 不格好, 醜さ; 奇形; U 変形.

de·formed /dɪfɔ́ɚmd | -fɔ́:md/ 形 奇形の; 醜い.

de·form·i·ty /dɪfɔ́ɚməṭi | -fɔ́:-/ 名 (-i·ties) C,U 変形, 奇形; 不恰好, 醜さ; ゆがみ.

de·frag·ment /dì:frǽgmənt, -ment/,《略式》**de·frag** /dì:frǽg/ 動 他〔コンピュータ〕(ハードディスクなど)を最適化する.

de·fraud /dɪfrɔ́:d/ 動 他 (人・会社など)から(～を)だまし取る, 横領する: *defraud* the company *of* $20,000 会社から2万ドルをだまし取る.

de·fray /dɪfréɪ/ 動 他《格式》(費用)を負担する.

de·friend /dì:frénd/ 動 他 (SNS で)(人)を友だちのリストから削除する.

de·frost /dì:frɔ́:st | -frɔ́st/ 動 他 ❶ (冷凍肉など)を解凍する. ❷ (冷蔵庫など)の霜[氷]を除く. ❸《米》(車の窓)の霜[氷]を除く. — 自 解凍される; 霜[氷]が除かれる.

de·frost·er /dì:frɔ́:stɚ | -frɔ́stə/ 名 ❶ C 霜取り[よけ]装置. ❷ C《米》デフロスター《車の窓の曇り取り装置》.

deft /déft/ 形 (deft·er; deft·est) Ⓦ 器用な, 巧みな, 上手な (*at, in*). ～·ly 副 器用に, 巧みに.
～·ness 名 U 器用さ, 巧みさ.

de·funct /dɪfʌ́ŋ(k)t/ 形《格式》消滅した, 現存しない: now-*defunct* 今は使われていない.

de·fuse /dì:fjú:z/ 動 他 ❶ (緊張・危機など)を緩和する, 鎮める. ❷ (爆弾など)から信管を抜く.

+**de·fy** /dɪfáɪ/ 動 (de·fies /～z/; de·fied /～d/; -fy·ing) 他 ❶ (...)を**無視する**, 侮(あなど)る; (...)に(公然と)反抗する; (理屈など)に反する: He *defied* his parents and left home. 彼は両親に反抗して家出をした. ❷ (物事が)(...)を拒む, 不可能にする: The scene *defies* description. その景色は筆舌に尽くしがたい. ❸ Ⓢ《格式》(人)に(やれるならやってみろと)挑(いど)む [≒challenge]: I *defy* you *to* answer my question. 質問に答えられるものなら答えてみろ.

deg 略 = degree(s) 1.

de·gen·er·ate[1] /dɪʤénərèɪt/ 動 自 ❶ 悪化する, 劣悪になる; 堕落する (*from*): The discussion soon *degenerated into* a quarrel. 議論はすぐ口論になってしまった. ❷〔生物〕退化する.

de·gen·er·ate[2] /dɪʤén(ə)rət/ 形《格式》堕落[退廃]した; 悪化した; 退化した. — 名 C 堕落した人.

de·gen·er·a·tion /dɪʤènəréɪʃən/ 名 U (劣)悪化; 堕落, 退廃;〔生物〕退化.

de·gen·er·a·tive /dɪʤén(ə)rəṭɪv, -nərèɪ-/ 形〔医学〕(病気が)進行性の, 徐々に悪化する.

deg·ra·da·tion /dègrədéɪʃən/ 名 ❶ U,C (品位・価値・評価などの)下落, 零落, 堕落; 劣悪化: live a life of *degradation* 落ちぶれた生活をする. ❷ U〔化学〕分解.

de·grade /dɪgréɪd/ 動 他 ❶ (...)の品位[価値, 評価]を落とす, おとしめる [≒debase]; (状態など)を劣悪にする. ❷〔化学〕(物質)を分解する. — 自〔化学〕分解する.

de·grad·ing /dɪgréɪdɪŋ/ 形 屈辱的な, 自尊心[名誉]を傷つけるような (*to*).

**de·gree /dɪgrí:/ ❗アク

— 名 (～s /～z/)

> **意味のチャート**
> 「段階」の意《⇒ grade 語源》から
> 「程度」❷ ─→ (計器類に示された)「度」❶
> 　　　　　 └→ (学問の程度) →「学位」❸

❶ C (温度・角度・経緯度の)度《数字の後に° をつけて表わす; 略 deg》: Water freezes *at* zero and boils *at* 「100 *degrees* Celsius [100℃]. 水は摂氏0度で凍り, 100度で沸騰する《⇒ Fahrenheit 参考》/ 30 *degrees* below zero 零下30度 / He turned the mirror 35 *degrees* to the left. 彼は鏡を35度左へ回した / Our latitude is 「70 *degrees* [70°]」south. 我々のいる緯度は南緯70度です. 関連 minute 分 / second 秒.

❷ C,U 程度, 度合い, 段階 [≒extent]: He's interested in the proposal, but I don't know *to* what *degree*. 彼はその提案に関心を持っている. しかしどの程度だか私には分からない / She was worried *to* such a *degree that* she couldn't sleep. 彼女は心配で夜も眠れないくらいだった.

❸ C **学位**: have [hold] a doctor's ***degree in*** law from Harvard ハーバード大学の法学博士号を持つ / get [receive, take] a máster's [báchelor's] *degrèe* 修士[学士]の学位をとる.

❹ C〔医学〕(火傷の)損傷度; (犯罪の)等級.

❺ C〔文法〕級《⇒ **巻末文法 12.1**》.

by degrées [副] **次第に**, わずかずつ [≒gradually]: Her respect for him grew *by degrees* into love. 彼女の彼への尊敬は次第に愛情へと変わっていった.

nót ... in the slíghtest [léast] degrée [副] 少しも...でない.

to a [sóme, a cértain] degrée [副] **ある程度は**, ある程度まで: You can believe his reports *to a degree*. 彼の報告はある程度信じられる.

de·hu·man·ize /dì:hjú:mənàɪz/ 動 他 (人)から人間性を奪う.

de·hu·mid·i·fi·er /dì:hju:míḍəfàɪɚ | -fàɪə/ 名 C 除

湿器. 関連 humidifier 加湿器.
de·hy·drate /dìːháɪdreɪt/ 動 他 [普通は受身で] (...)を脱水する, 乾燥させる; (体)を脱水状態にする: get *dehydrated* 脱水状態になる. — 自 (体が)脱水状態になる.
de·hy·drat·ed /dìːháɪdreɪṭɪd/ 形 脱水した; 脱水状態の; 乾燥させた.
de·hy·dra·tion /dìːhaɪdréɪʃən/ 名 U 脱水(状態).
de·ice /dìːáɪs/ 動 他 (...)の除氷[防氷]をする.
de·i·fi·ca·tion /dìːəfɪkéɪʃən, dèɪə-/ 名 U《格式》神とみなすこと, 神格化.
de·i·fy /díːəfàɪ, déɪə-/ 動 (-i·fies; -i·fied; -fy·ing) 他《格式》(...)を神聖視する; 神としてあがめる.
deign /déɪn/ 動 他《格式》[軽蔑的またはこっけいに] もったいなくも...してくださる; 恥を忍んで...する: The boss would not *deign to* look at us. 上司は私たちには目もくれようとはしなかった.
de·i·ty /díːəṭi, déɪə-/ 名 (-i·ties) ❶ C 神 (god, goddess). ❷ [the D-]《格式》(唯一の)神 (God). ❸ U 神性.
dé·jà vu /dèɪʒɑːv(j)úː/ ≪フランス語から≫ 名 U〘心理〙既視感, デジャビュ《初めて見るものを以前見たように感じる錯覚》.
de·ject·ed /dɪʤéktɪd/ 形 落胆した, がっかりした: a *dejected* look 落胆した表情. **~·ly** 副 落胆して.
de·jec·tion /dɪʤékʃən/ 名 U 落胆, 失望.
Del. 略 = Delaware.
Del·a·ware /déləwèə | -wèə/ 名 固 デラウェア《米国東部の州; 略 Del.,〘郵便〙DE》.〚語源 Virginia 植民地の初代総督 De La Warr の名にちなむ〛

⁑de·lay /dɪléɪ/ アク
— 名 (~s /~z/) C,U 遅れ, 遅れる[遅らす]こと; 遅延(時間); 猶予, 延期: a slight [long] *delay* 少し[かなり]の遅れ / severe *delays* on Route 246 国道 246 のひどい遅滞 / The tourists arrived after「a *delay of* three hours [a three-hour *delay*]. 観光客たちは 3 時間遅れて到着した / I apologize for the *delay in* response. 返答が遅れて申しわけございません / ***without delay*** 遅れずに, すぐに, さっそく.
— 動 (de·lays /~z/; de·layed /~d/; -lay·ing) 他
❶ (...)を**延期する**, 延ばす, 遅らせる: He ***delayed*** start*ing*. V+O (動名) 彼は出発を遅らせた 多用 / We ***delayed*** our departure ***until*** the next day. V+O+until+名 私たちは次の日まで出発を延ばした.
❷ [しばしば受身で] (悪天候・事故などが)(...)を**遅らせる**, 遅延させる:「A storm [An accident] *delayed* the ship for an hour. あらし[事故]でその船は 1 時間遅れた / The mail ***was delayed by*** (the) heavy snow. V+O の受身 大雪で郵便が遅れた.
— 自 **ぐずぐずする**, 遅れる: Don't *delay*! Start today! ぐずぐずするな, きょうから始めなさい.
de·layed-ac·tion /dɪléɪdǽkʃən←/ 形 限定 遅延[時限]作動の: a *delayed-action* camera セルフタイマー付きのカメラ.
de·láy·ing táctic /dɪléɪɪŋ-/ 名 C [普通は複数形で] (議案通過阻止などの)引き延ばし作戦.
de·lec·ta·ble /dɪléktəbl/ 形 ❶《格式》(飲食物などが)おいしい, おいしそうな [≒delicious]. ❷ [こっけいに] (性的に)魅力的な.
de·lec·ta·tion /dìːlektéɪʃən/ 名 U《格式》楽しみ.
del·e·gate¹** /délɪgət, -gèɪt/ ✪ 動詞の delegate² と発音が違う. 名 (del·e·gates /-gəts, -gèɪts/) C (会議などに出席する)**代表**, 代議員, 使節《個人》: the ***delegates from India ***to*** the United Nations インドの国連代表. 関連 delegation 代表[使節]団. (動 délegàte²)
del·e·gate² /délɪgèɪt/ ✪ 名詞の delegate¹ と発音が違う. 動 他 ❶ (下位の者などに)(権限など)を委任する (*to*). ❷《格式》(会議などに)(人)を代表として派遣[任命]する; [普通は受身で] (人)を任命して...させる (*to do*). — 自 権限を委任する. (名 délegate¹, dèlegátion)
del·e·ga·tion** /dèlɪgéɪʃən/ 名 (~s /~z/) ❶ C **代表団**, 派遣団, 使節団: the British ***Delegation to the United Nations 英国の国連代表団. 関連 delegate 代表, 使節《個人》. ❷ U (権限などの)委任 (*of*); 代表任命[派遣]. (動 délegàte²)
de·lete /dɪlíːt/ 動 他 (文字・データなど)を削除する, 消す (*from*).
del·e·te·ri·ous /dèlətí(ə)riəs←/ 形《格式》有害な.
de·le·tion /dɪlíːʃən/ 名 U,C 削除(部分).
Del·hi /déli/ 名 固 デリー《インド北部の都市》.
del·i /déli/ 名 (~s) C《略式》= delicatessen.
***de·lib·er·ate¹** /dɪlíb(ə)rət/ ✪ 動詞の deliberate² と発音が違う. 形 ❶ **故意の**, たくらんだ [≒intentional] [⇔ accidental]: a *deliberate* attempt to annoy him 彼をいらだたせる意図的企て / The fire was *deliberate*. 火事は仕組まれたものだった. ❷ (言動などが)ゆっくりした, 落ち着いた; 慎重な; よく考えた上での: a *deliberate* decision よく考えた上での決定 / He's *deliberate in* choosing words. 彼はよく考えてことばを選ぶ. (動 delíberàte²)
〚語源 原義はラテン語で「はかりで量る」; ⇒ L³, lb.〛
de·lib·er·ate² /dɪlíbərèɪt/ ✪ 形容詞の deliberate¹ と発音が違う. 動 他 (重要なことなど)を熟考する; 検討[審議]する: We've been *deliberating whether to* import oil from that country. 我々はその国から石油を輸入すべきかどうか検討している. — 自 よく考える, 熟考する; 審議する: *deliberate on* [*about, over*] the projects for the coming year 来年度の計画を審議する. (形 delíberate¹)
+de·lib·er·ate·ly /dɪlíb(ə)rətli/ 副 ❶ **わざと**, 故意に: You're *deliberately* misinterpreting what I said. あなたは私の話を故意に誤って解釈している. ❷ 慎重に, ゆっくりと.
de·lib·er·a·tion /dɪlìbəréɪʃən/ 名 ❶ U,C [普通は複数形で] 審議, 討議; 熟慮: after much *deliberation* 熟慮の末. ❷ U 慎重さ, 落ち着き: with *deliberation* 慎重に, ゆっくりと.
del·i·ca·cy /délɪkəsi/ アク 名 (-ca·cies) ❶ C おいしいもの, 珍味, ごちそう. ❷ U (他人への)気配り; 敏感さ: with extreme *delicacy* 非常に慎重に. ❸ U 繊細さ; 優美さ, 上品さ; 精巧さ; 手際よさ. ❹ U 壊(こわ)れやすさ; きゃしゃなこと, かよわさ. ❺ U (問題などの)難しさ, 扱いにくさ, デリケートなこと. ❻ U (色・香りなどの)微妙さ, ほのかさ. (形 délicate)
+del·i·cate /délɪkət/ アク 形

意味のチャート
元来は「心地よい」の意. → (心地よさを与える) →「**優美な**」❸ →「**繊細な**」❸
→ (弱々しく) →「**壊れやすい**」❶
→ (扱いに注意を要する) →「**微妙な**」❷
→ (過度でない) →「**かすかな**」❺

❶ **壊(こわ)れやすい**; 虚弱な, かよわい [≒fragile]: Handle

this cup with care; it's *delicate*. このカップは注意して扱ってください. 壊れやすいから / a baby's *delicate* skin 赤ん坊の敏感な肌 / a *delicate* little boy 体の弱い男の子.
❷ (問題などが)**微妙な**, 扱いにくい, デリケートな; 細心の注意を要する: a *delicate* matter 微妙な問題.
❸ **繊細な**; **優美な**, ほっそりした: a *delicate* piece of silk 繊細な絹の織物 / Nancy has a *delicate* figure. ナンシーは優美な姿をしている.
❹ (細工などが)**細かい**, 精巧な; 手際のよい, 巧みな.
❺ (色・香りなどが)**かすかな**, ほのかな; (食物・味などが)上品でおいしい: have a *delicate* fragrance ほのかな香りがする. ❻ 鋭敏な, 敏感な. ❼ (人が)よく気を配る. (名 délicacy)

D

del·i·cate·ly /délɪkətli/ 副 優美に, 上品に; 微妙に; 繊細に, 精巧に; よく気を配って, そっと.

del·i·ca·tes·sen /dèlɪkətés(ə)n/ 名 C デリカテッセン《調理済み食品やチーズ・サラダなどを売る店・売り場》.

⁑de·li·cious /dɪlíʃəs/ アク

— 形 ❶ (非常に)**おいしい, うまい**: What a *delicious* dish! 何ておいしい料理なんでしょう / This is absolutely *delicious*! これはとてもおいしい. 語法 delicious はほめことばとして使われることが多く, 普通は疑問文・否定文には用いない. ❷ 香りのよい: A *delicious* smell drifted in from the dining room. 食堂からおいしそうな香りが漂ってきた. ❸《文語》とても気持ちよい[楽しい].
~·ly 副 ❶ (非常に)おいしく; 香りよく. ❷《文語》とても気持ちよく[楽しく].

de·light** /dɪláɪt/ ✪ -ght で終わる語の gh は発音しない. 名 (de·lights /-láɪts/) ❶ U **大喜び**; うれしさ; 楽しみ《身ぶりやことばに表われた喜びやうれしさ; ⇒ pleasure 類義語》: the ***delight of own***ing*** a luxury car 高級車を所有する喜び / The child opened the present ***with*** [***in***] ***delight***. その子は大喜びでプレゼントを開けた.
❷ C (非常な)**喜び[楽しみ]となるもの**, 大変うれしいもの (*of*): The doll was a real ***delight to*** Meg. その人形はメグにとっては本当にうれしいものでした.
tàke delíght in ... [動] 他 ...**を大いに楽しむ**, (いたずらなど)をおもしろがる: 言い換え The children ***took delight in*** teas***ing*** the dog. (= The children delighted in teasing the dog.) 子供たちはその犬をいじめて喜んだ.
to ...'s delíght = to the delíght of ... [副] 文修飾 **(人)にとってうれしい[喜ばしい]ことには**: *To my delight*, he said he would accompany me as far as Osaka. うれしいことに, 彼が大阪までいっしょに行くと言ってくれました. (形 delíghtful)
— 動 (de·lights /-láɪts/; -light·ed /-ṭɪd/; -light·ing /-ṭɪŋ/) 他 (人)を(非常に)**うれしがらせる**, 大いに喜ばせる; 楽しませる《⇒ delighted》: The pianist ***delighted*** the audience ***with*** a marvelous performance. V+O (名)+with+名 ピアニストはすばらしい演奏で聴衆を楽しませた.
— 自 (...を)喜ぶ, 大いに楽しむ, (いたずらなどを)おもしろがる: She *delights in* find*ing* fault with others. 彼女は他人のあら探しをしておもしろがっている.

de·light·ed** /dɪláɪṭɪd/ 形 [普通は 叙述] (人が)(非常に)**喜んでいる**, (とても)うれしがっている. 語法 pleased よりは意味が強い《⇒ pleased 囲み》: a *delighted* smile うれしそうな笑顔 / I'm ***delighted to see you. +to 不定詞 お会いできてうれしいです / He was absolutely ***delighted with*** [***by***] my gift. +with [by]+名 彼は私の贈り物を大変喜んだ / He's ***delighted that*** you are well again. +that 節 彼はあなたが全快されたことを喜んでいます / 言い換え She's ***delighted at*** receiv***ing*** so many letters. +at+動名 = She's *delighted to* receive so many letters. 彼女は手紙をこんなにたくさんもらって喜んでいる.
「**I will [I'll, I'd] be delíghted to** dó《丁寧》喜んで...いたします: *I will be delighted to* do it for you. あなたのために喜んでそれをしましょう.
~·ly 副 喜んで, うれしがって.

+de·light·ful /dɪláɪtf(ə)l/ 形 ❶ (物事が)(人にとって)**非常にうれしい**, (とても)楽しい, 愉快な (*to*): The climate here is *delightful*. ここの気候は実に快適だ. ❷ (人が)気持ちのいい, おもしろい. (名 delíght)

de·light·ful·ly /dɪláɪtfəli/ 副 楽しく, 快く.

de·lim·it /dɪlímɪt/ 動 他《格式》(...)の範囲[限界, 境界]を定める.

de·lin·e·ate /dɪlínièɪt/ 動 他《格式》(...)を詳しく描写[叙述]する; (...)を線で[正確に]描く; (境界)を標示する.

de·lin·e·a·tion /dɪlìniéɪʃən/ 名 U,C《格式》(輪郭)描写, 叙述; (境界の)標示.

de·lin·quen·cy /dɪlíŋkwənsi/ 名 (-quen·cies) U,C (未成年の)非行, 犯罪;《米》滞納: juvenile *delinquency* 少年犯罪.

de·lin·quent /dɪlíŋkwənt/ 形 ❶ 非行に走った; 罪を犯した. ❷《米》(人が)(支払いの)義務を怠った (*in*); (税金などが)滞納した. — 名 C (未成年の)非行者; 犯罪者.

de·lir·i·ous /dɪlí(ə)riəs/ 形 ❶ [普通は 叙述] (高熱などで)精神が錯乱して, うわごとを言う. ❷ 無我夢中の, 有頂天の: *delirious with* joy うれしさで我を忘れて.
~·ly 副 精神が錯乱して; 夢中になって; 無性に.

de·lir·i·um /dɪlí(ə)riəm/ 名 ❶ U,C 譫妄(せんもう), 精神錯乱, うわごとを言う状態. ❷ U [ときに a ~] 猛烈な興奮状態, 有頂天.

⁑de·liv·er /dɪlívɚ | -və/ アク

— 動 (-liv·ers /~z/; -liv·ered /~d/; -er·ing /-v(ə)rɪŋ/) 他

> **意味のチャート**
> 原義はラテン語で「自由にする」;「**救い出す**」❽
> →「引き渡す」❼ ─┬→「**配達する**」❶
> 　　　　　　　　　└→ (意見を)「**述べる**」❷

❶ (...)を配達する, 届ける: *deliver* newspapers 新聞を配達する / Will you *deliver* this message *to* her? V+O+to+名 彼女にこの伝言を伝えてくれませんか / We had a sofa *delivered*. 私たちはソファーを配達してもらった.
❷《格式》(意見など)を**述べる**, (演説・演技など)をする; (判決など)を下す: *deliver* a speech 演説をする. 語法《略式》では *give* a speech が普通. ❸ (約束など)を実行する, 果たす, 成し遂(と)げる. ❹《主に米》(票)を集める. ❺ (医者などが分娩(ぶんべん)で)(赤ん坊)をとりあげる; (妊婦)に分娩させる; (妊婦が)(赤ん坊)を産む. ❻ Ⓦ (打撃・攻撃など)を加える; (球など)を投げる. ❼《格式》(...)を引き渡す, 手放す (*to*). ❽《文語》(人)を救い出す (*from*).
— 自 ❶ 配達する, 届ける (*to*). ❷ (約束などを)果たす, やり遂げる (*on*).

be delívered of ... [動] ⑩《格式》...を産む.
(名 delívery)

de·liv·er·ance /dɪlív(ə)rəns/ 名 U《格式》救出, 救助; 釈放 (from).

de·liv·er·er /dɪlívərə | -rə/ 名 ❶ C (商品の)配達人. ❷ C《文語》救出者.

***de·liv·er·y** /dɪlív(ə)ri/ 名 (-er·ies /~z/) ❶ U,C 配達, (郵便などの)...の便 (to): *delivery of* goods 品物の配達 / make *deliveries* 配達する / pay *on delivery* 配達されたときに支払う //⇒ special delivery. ❷ U (情報・サービスなどの)提供 (of). ❸ C 配達品. ❹ C,U 出産, 分娩(ぶんべん): have「an easy [a difficult] *delivery* 安産[難産]である / a *delivery* room 分娩室. ❺ [U または a ~] (演説などの)話しぶり, 話し方: He has *a* clear *delivery*. 彼の話しぶりは明快だ. ❻ U,C 投球(方法).

tàke delívery of ... [動] ⑩《格式》...を受け取る.
(動 delíver)

de·liv·er·y·man /dɪlív(ə)rimæ̀n, -mən/ 名 (-men /-mèn, -mən/) C (商品の)配達人.

Del·la /délə/ 名 固 デラ《女性の名》.

del·ta /déltə/ 名 ❶ C デルタ《ギリシャ語アルファベットの第 4 文字 δ, Δ; ⇒ Greek alphabet 表》. ❷ C (河口の)三角州《大文字の形から》.

de·lude /dɪlúːd/ 動 ⑩《格式》(誤った情報などで)(人)を欺く, 勘違いさせる; (人)をだまして...させる (into).

delúde onesèlf [動] ⓐ 思い違いする, 勘違いする (into).

de·lud·ed /dɪlúːḍɪd/ 形 思い違いをしている.

del·uge /délјuːʤ/ 名 ❶ C [普通は単数形で](...の)殺到: a *deluge of* visitors 殺到する訪問客. ❷ C 大洪水, はんらん; 豪雨. ❸ [the D-] ノアの大洪水《⇒ Noah 参考》. — 動 ⑩ ❶ [普通は受身で] (手紙などが)(...)に殺到する, 押し寄せる (with). ❷ [しばしば受身で]《格式》(...)を水浸しにする.

de·lu·sion /dɪlúːʒən/ 名 ❶ C,U 妄想; 錯覚, 思い違い《⇒ illusion 類義語》. ❷ U 欺く[欺かれる]こと.

be ùnder the [a] delúsion that ... ...という幻想を抱いている.

de·lu·sion·al /dɪlúːʒ(ə)nəl/ 形 妄想的な.

de·lu·sive /dɪlúːsɪv/ 形 人を惑わせる; 思い違いの.

de·luxe /dɪlʌ́ks, -lóks/ ≪フランス語から≫ 形 [普通は 限定] 豪華な: a *deluxe* hotel 豪華なホテル.

delve /délv/ 動 ⓐ (深く)探究する, 詮索(せんさく)する (into); (バッグなどの中を)くまなく捜す (in, into).

Dem. 略 = Democrat, Democratic.

de·mag·net·ize /dìːmǽgnətàɪz/ 動 ⑩ (...)から磁気を除く; 〔電気〕(磁気録音テープ)から音を消す.

dem·a·gog /déməgὰ(ː)g | -gɔ̀g/ 名 C《米》= demagogue.

dem·a·gog·ic /dèməgά(ː)gɪk | -gɔ́g-←/ 形 [軽蔑的] 扇動政治家の; 扇動的な.

dem·a·gogue /déməgὰ(ː)g | -gɔ̀g/ 名 C [軽蔑的] 扇動政治家.

dem·a·gogu·er·y /déməgὰ(ː)g(ə)ri | -gɔ̀g-/ 名 U [軽蔑的] 民衆扇動, 扇動行為.

dem·a·gog·y /déməgὰ(ː)gi | -gɔ̀gi/ 名 U = demagoguery.

*****de·mand** /dɪmǽnd | -máːnd/

— 名 (de·mands /-mǽnʤ | -máːnʤ/) ❶ C 要求, 請求; [複数形で] **要求されること[もの]**, 負担: a *demand for* higher pay 給料引き上げの要求 / They made a *demand that* the regulation (should) be changed. [+that 節] 彼らはその規則の変更を要求した / There have been *demands for* the Cabinet *to* resign. [+for+名+to 不定詞] 内閣総辞職の要求が出ている / meet the *demands* of the international community 国際社会の要求にこたえる / give in to a *demand* 要求に屈する / reject a *demand* 要求をはねつける /「There are [I have] many *demands on* my time. 私は時間をとられることがいろいろある / This work ***makes*** heavy ***demands on*** [***upon***] me [my time]. この仕事には大変な労力[時間]をとられる.

❷ [a ~ または U] **需要** [⇔ supply]: meet [satisfy] consumer *demand* 消費者の需要を満たす / the gap between supply and *demand* 需要と供給のギャップ《⇒ supply 名 日英》/ There's *a* huge *demand for* such services. そのようなサービスに対する大きな需要がある.

be in demánd [動] ⓐ 需要がある, 引っぱりだこである: Good teachers *are in* great *demand*. 良い教師の需要は多い.

by pópular demánd [副] 多くの人々に求められて.

on demánd [副]《格式》要求に応じて: Our catalog will be sent *on demand*. ご請求あり次第カタログをお送りいたします.

— 動 (de·mands /-mǽnʤ | -máːnʤ/; -mand·ed /~ɪd/; -mand·ing) ⑩ ❶ (権利として)(...)を**要求する**, (必要な物)を請求する《⇒ 類義語》: She *demanded* an explanation. 彼女は説明を要求した / He's always *demanding* his rights. 彼はいつも自分の権利を主張してばかりいる《⇒ be² A 1 (3)》/ They ***demanded that*** the government (*should*) *give* up nuclear power generation. [V+O (that 節)] 彼らは政府に原子力発電をやめるよう要求した《多用; ⇒ should A 8》/ They ***demanded*** an apology ***from*** [***of***] him. [V+O+from [of]+名] 彼らは彼に謝罪を求めた / I ***demand to*** see the president. [V+O (to 不定詞)] ぜひ社長に会わせてもらいたい. 語法 ask などと違って「人に...するよう求める」の意味で [V+O+C (to 不定詞)] の型をとらない.

❷ (物事が)(...)を**要する**, 必要とする [≒need]: This problem *demands* further discussion. この問題はさらに議論が必要だ. ❸ (...か)を答えよと迫る, (...か)と詰問する; (名前など)を問いただす.

類義語 **demand** 必要なもの, あるいは支払われるべきものとして命令的に要求すること: He *demanded* our obedience. 彼は我々に服従を要求した / The storekeeper *demanded* payment of his bill. 店主は勘定の支払いを要求した. **claim** ある物[こと]を自分の正当な権利として主張・要求すること: They *claimed* compensation. 彼らは賠償を要求した. **require** しばしば受身で用いられ, 特に法律・規則などによって要求されることを表わす: All students are *required* to take the course. 全学生がその科目をとらなくてはならない.

de·mand·ing /dɪmǽndɪŋ | -máːnd-/ 形 (仕事などが)きつい, 骨の折れる, 努力[能力, 注意など]を要する; (人が)要求の厳しい.

de·mar·cate /dɪmάəkeɪt | díːmɑːkèɪt/ 動 ⑩《格式》(...)の境界[限界]を定める[示す]; (...)を区分する.

de·mar·ca·tion /dìːmɑəkéɪʃən | -mɑː-/ 名 U,C《格式》境界, 限界; 境界[限界]決定; 区分.

de·mean /dɪmíːn/ 動 ⑩ (...を)卑しめる; [~ oneself として] 品位を落とす.

de·mean·ing /dɪmíːnɪŋ/ 形 屈辱的な (*to*).
de·mean·or, 《英》 **-our** /dɪmíːnə | -nə/ 名 U [ときに a ~] 《格式》 ふるまい, 品行; 態度.
de·ment·ed /dɪménṭɪd/ 形 ひどく動揺した, 狂乱した; 《古風》 認知症の.
de·men·ti·a /dɪménʃ(i)ə/ 名 U 〔医学〕 認知症.
de·mer·it /dɪmérɪt, dìː- | dìː-/ 名 ❶ C [普通は複数形で] 《格式》 欠点; 落ち度. ❷ C 《米》 〔教育〕 (不良行為などに対して学校で記録される)罰点. **mérits and démerits** /díːmèrɪts/ [名] 《格式》 (人・物の)長所と短所, 功罪, 得失 (*of*) (⇒ merit 日英).
De·me·ter /dɪmíːṭə | -tə/ 名 固 〔ギリシャ神話〕 デメテル 《農業の女神; ⇒ goddess 表》.
dem·i·god /démigɑ̀(ː)d | -gɔ̀d/ 名 ❶ C 半神半人《神と人との間に生まれた者》. ❷ C 神格化された人.
de·mil·i·tar·i·za·tion /dìːmìləṭərɪzéɪʃən | -raɪz-/ 名 U 非武装化.
de·mil·i·ta·rize /dìːmíləṭəràɪz/ 動 他 (...)を非武装化する: a *demilitarized* zone 〔軍事〕 非武装地帯 (略 DMZ).
de·mise /dɪmáɪz/ 名 ❶ U 《格式》 消滅, 終了, 停止. ❷ U 《格式》 死去.
de·mist /dìːmíst/ 動 他 《英》 = defog.
dem·i·tasse /démɪtæ̀s/ 名 C 《主に米》 デミタス《食後のコーヒー用の小型カップ(1杯分のコーヒー)》.
dem·o /démoʊ, díːm-/ 名 (~s) ❶ C,U 《略式》 実演, (商品などの)実物宣伝, 実演販売 (demonstration). ❷ C 《英略式》 = demonstration 1. ❸ C (売り込み用の)デモテープ[音源]; 〔コンピュータ〕 試用ソフト; 宣伝用見本, 展示商品, 試乗車.
de·mob /dìːmɑ́(ː)b | -mɔ́b/ 動 (de·mobs; de·mobbed; -mob·bing) 《英略式》 = demobilize. — 名 U 《英略式》 = demobilization.
de·mo·bi·li·za·tion /dìːmòʊbəlɪzéɪʃən | -laɪz-/ 名 U (軍隊での)動員解除, 復員.
de·mo·bi·lize /dìːmóʊbəlàɪz/ 動 他 [普通は受身で] (部隊)を解隊する; (軍人)を復員[除隊]させる.
***de·moc·ra·cy** /dɪmɑ́(ː)krəsi | -mɔ́k-/ アク 名 (-ra·cies /~z/) ❶ U **民主制, 民主主義**, 民主政治: *Democracy* came from ancient Greece. 民主政治は古代ギリシャに由来する.
❷ C **民主主義国家**, 民主政体, 民主社会: In a *democracy* people choose their government by voting. 民主国家では国民が投票で政府を選ぶ. ❸ U (組織の)民主的運営; 社会的平等, 民主的精神.
(形 dèmocrátic)
[語源 原義はギリシャ語で「人民による支配」; ⇒ -cracy]
dem·o·crat /déməkræ̀t/ アク 名 ❶ C [D-] 《米》 民主党員 (略 D., Dem.); 民主党支持者. 関連 Republican 共和党員. ❷ C 民主主義者.
***dem·o·crat·ic** /dèməkrǽṭɪk←/ アク 形 ❶ **民主制の, 民主主義の**, 民主政治の: a *democratic* country 民主主義国 / a *democratic* system of government 民主主義的な政治体制.
❷ **民主的な**, (社会的に)平等な [⇔ undemocratic]; 庶民的な: Your way of making decisions isn't *democratic*. あなたの決め方は民主的ではない. ❸ [D-] 《米》 民主党(員)の (略 D., Dem.); 民主党支持の. 関連 Republican 共和党(員)の.
(名 demócracy, 動 demócratìze)
-crat·i·cal·ly /-kəli/ 副 民主(主義)的に.
Démocratic Párty 名 [the ~] 《米》 民主党《米国の2大政党の1つ; ⇒ party 表; donkey 参考》.
de·moc·ra·ti·za·tion /dɪmɑ̀(ː)krəṭɪzéɪʃən | -mɔ̀krətaɪz-/ 名 U 《格式》 民主化.
de·moc·ra·tize /dɪmɑ́(ː)krətàɪz | -mɔ́k-/ 動 他 《格式》 (...)を民主化する, 民主的にする.
(形 dèmocrátic)
dem·o·graph·ic /dèməgrǽfɪk, dìːm-←/ 形 人口統計学の. — 名 C (特定の)層, 集団.
dem·o·graph·ics /dèməgrǽfɪks, dìːm-/ 名 複 人口統計, 人口動勢.
de·mog·ra·phy /dɪmɑ́(ː)grəfi | -mɔ́g-/ 名 U 人口統計学.
***de·mol·ish** /dɪmɑ́(ː)lɪʃ | -mɔ́l-/ 動 (-ish·es /~ɪz/; -mol·ished /~t/; -ish·ing) 他 ❶ (建物など)を**取り壊す**; 破壊する (⇒ destroy 類義語). ❷ (主張など)をくつがえす, 粉砕する. ❸ (相手(チーム))に圧勝する. ❹ 《英略式》 (食物)を平らげる.
dem·o·li·tion /dèməlíʃən, dìː-/ 名 U,C 取り壊し, 破壊; 圧勝; 粉砕.
demolítion jòb 名 ❶ C 厳しい非難, 中傷 (*on*). ❷ C 圧勝.
de·mon /díːmən/ 名 ❶ C 鬼, 悪霊, 悪魔. ❷ C [普通は複数形で] 人を苦しめる[悩ます]もの. ❸ C 《略式》 [こっけいに] 超人的な人, (仕事などの)鬼, 達人: a *demon* for work 仕事の鬼.
(形 demónic)
de·mon·ic /dɪmɑ́(ː)nɪk | -mɔ́n-/ 形 鬼[悪霊, 悪魔]に取りつかれた; 鬼の(ような).
(名 démon)
de·mon·stra·ble /dɪmɑ́(ː)nstrəbl | -mɔ́n-/ 形 《格式》 証明できる, 明白な. **-stra·bly** /-bli/ 副 証明できるように, 明らかに.

**dem·on·strate /démənstrèɪt/ アク

— 動 (-on·strates /-strèɪts/; -on·strat·ed /-ṭɪd/; -on·strat·ing /-ṭɪŋ/) 他 ❶ (...)を**証明する**, 実証する [≒prove]; (物事が)(...)の証拠となる: The teacher ***demonstrated*** (***to*** his pupils) ***that*** hot air rises. V(+to+名)+O (*that* 節) 先生は(生徒に)熱い空気は上昇することを実証した.
❷ (実物で)(...)を**説明する**; (商品)を実物で[見本を見せて]宣伝する, 実演してみせる: I'll ***demonstrate how*** this machine works. V+O (*wh* 節) この機械の使い方を実際にお見せしましょう / The flight attendant *demonstrated* the life jacket. 客室乗務員は救命胴衣を装着してみせた. ❸ (感情など)を表に出す, あらわにする; (能力など)を示す.
— 自 デモをする, 示威運動をする: *demonstrate against* the new government 新政府反対のデモをする / *demonstrate for* [*in favor of*] reform 改革を求めてデモをする.
(名 dèmonstrátion, 形 demónstrative)
dem·on·stra·tion** /dèmənstréɪʃən/ 名 (~s /~z/) ❶ C **デモ**, 示威運動 [《英略式》 demo]: Thousands of people held [staged] a ***demonstration against the tax hike. 何千人もの人々が増税反対のデモを行なった.
❷ C,U **実演**, 実演教授; (商品などの)**実物宣伝**, 実演販売 [《略式》 demo]: give a ***demonstration of*** a new personal computer 新しいパソコンの実物宣伝をする / He taught the boys by *demonstration*. 彼は少年たちに実地教育をした. ❸ C,U 証明, 証拠 [≒proof]: a *demonstration of* the existence of God 神の存在の立証. ❹ [a ~] (感情などの)表出, 表明 (*of*).
(動 démonstràte)

de·mon·stra·tive /dɪmá(ː)nstrəṭɪv | -mɔ́n-/ 形 ❶ (人·行動などが)感情[愛情]をあらわに示す, 感情的な [⇔ undemonstrative]. ❷ 証拠となる, 証明する. ❸〔文法〕指示の. ― 名 C〔文法〕指示詞《that, this など》. (動 démonstràte)

*__dem·on·stra·tor__ /démənstrèɪṭə | -tə/ !アク 名 (~s /~z/) ❶ C **デモ参加者**, デモ隊の一員. ❷ C 実演者; 実演教授者. ❸ C (商品などの宣伝用)実物見本.

de·mor·al·i·za·tion /dɪmɔ̀ːrəlɪzéɪʃən, dìː- | -mɔ̀rəlaɪz-/ 名 U 士気喪失.

de·mor·al·ize /dɪmɔ́ːrəlàɪz, dìː- | -mɔ́r-/ 動 他 (...)の士気をくじく.

de·mote /dɪmóʊt/ 動 他 [しばしば受身で] (人)の階級[地位]を下げる, 降格させる (*from, to*) [⇔ promote].

de·mot·ic /dɪmá(ː)ṭɪk | -mɔ́t-/ 形《格式》(言語などが)民衆の, 庶民の; 庶民的な.

de·mo·tion /dɪmóʊʃən/ 名 U,C 階級[地位]を下げること, 降格 (*from, to*) [⇔ promotion].

de·mur /dɪmə́ː | -mə́ː/ 動 (de·murs; de·murred; -mur·ring /-mə́ːrɪŋ | -mə́ːr-/) 自《格式》(...に)異議を唱える (*at, to*). ― 名 U [次の成句で] **withòut demúr** [副]《格式》異議なく.

de·mure /dɪmjʊ́ə | -mjʊ́ə/ 形 (de·mur·er /-mjʊ́(ə)rə | -rə/, more ~; de·mur·est /-mjʊ́(ə)rɪst/, most ~) (女性·少女が)控え目な, 礼儀正しい; (衣服が)(肌を見せず)上品な. **~·ly** 副 控え目に; 上品に.

de·mys·ti·fy /dìːmístəfàɪ/ 動 (-ti·fies; -ti·fied; -fy·ing) 他 ...をわかりやすく(説明)する.

den /dén/ 名 ❶ C (野獣の)巣; 穴, ほら穴; (動物園の)おり. ❷ C《米》私室《書斎·趣味の部屋など多目的に使われる》;《古風, 英》書斎. ❸ C 隠れ家, (盗賊などの)巣窟(そうくつ); (子供の)秘密の遊び場: a *den of* iniquity [しばしばこっけいに] 悪の巣窟.

Den. 略 = Denmark.

de·na·tion·al·i·za·tion /dìːnæ̀ʃ(ə)nəlɪzéɪʃən | -laɪz-/ 名 U 非国有化, 民営化.

de·na·tion·al·ize /dìːnǽʃ(ə)nəlàɪz/ 動 他 (国営企業など)を非国有化[民営化]する.

+**de·ni·al** /dɪnáɪəl/ !アク 名 (~s /~z/) ❶ U,C **否定**, 否認: The police didn't believe his ***denial of*** the theft. 警察は彼が盗みを否定したのを真(ま)に受けなかった / The politician issued a ***denial that*** he had taken the bribe. +that 節 その政治家はわいろを受け取ったことを否定する声明を出した. ❷ U,C 拒絶, 拒否 (*of*). ❸ U〔心理〕否認《いやなことを現実として認めないこと》: He is *in denial* about the car accident. 彼は車の事故にあったという現実から目をそらしている. (動 dený)

deníal of sérvice attàck 名 C〔コンピュータ〕サービス妨害攻撃, DoS 攻撃《大量のデータや不正パケットを送りつけて, そのサイトへのアクセスを不能にする》.

den·i·grate /dénɪgrèɪt/ 動 他《格式》(...)を侮辱[中傷]する.

den·i·gra·tion /dènɪgréɪʃən/ 名 U 侮辱, 中傷.

den·im /dénɪm/ 名 ❶ U デニム《厚地の綿布》. ❷ [複数形で]《古風》デニムのパンツ [≒jeans].

Den·mark /dénmɑək | -mɑːk/ 名 固 デンマーク《ヨーロッパ北部の王国; 首都 Copenhagen; 略 Den.》. 関連 Dane デンマーク人 / Danish デンマーク語, デンマーク(人·語)の.

de·nom·i·na·tion /dɪnɑ̀(ː)mənéɪʃən | -nɔ̀m-/ 名 ❶ C 宗派, 教派. ❷ C (貨幣などの)単位名《cent, dollar など》; 額面金額, 金種.

de·nom·i·na·tion·al /dɪnɑ̀(ː)mənéɪʃ(ə)nəl | -nɔ̀m-ˊ/ 形 宗派の, 教派の.

de·nom·i·na·tor /dɪnɑ́(ː)mənèɪṭə | -nɔ́mənèɪtə/ 名 C〔数学〕分母. 関連 numerator 分子.

de·no·ta·tion /dìːnoʊtéɪʃən/ 名 C (語の明示的な)意味《⇒ connotation》.

de·note /dɪnóʊt/ 動 他《格式》(...)を示す [≒indicate]; (語·記号などが)(...)を意味する, 表わす《⇒ connote》.

de·noue·ment /dèɪnuːmɑ́ːŋ | deɪnúːmɑːŋ/ ≪フランス語から≫ 名 C《格式》(劇·小説の)大詰め; 結末.

+**de·nounce** /dɪnáʊns/ 動 (de·nounc·es /~ɪz/; de·nounced /~t/; de·nounc·ing) 他 ❶ (公然と)(...)を**非難する**: He ***was denounced as*** a hypocrite. V+O+C (as+名)の受身 彼は偽善者と非難された / They ***denounced*** Mr. Brown ***for*** fail*ing* to keep his promise. V+O+*for*+動名 彼らはブラウン氏が約束を守らなかったと非難した. ❷ (...)を(警察などへ)告発する (*to*). (名 denùnciátion)

+**dense** /déns/ 形 (dens·er; dens·est) ❶ (人·物が)**密集した**, 込み合った [⇔ sparse]; (場所などが)(...で)いっぱいで: a *dense* forest うっそうとした森 / a *dense* population 密集した人口 / The marsh is ***dense with*** reeds. +*with*+名 沼地にはあしが密生している. ❷ (気体などが)**濃い** [⇔ thin];〔物理〕(物質が)密度の高い: a *dense* cloud 厚い雲 / There was a *dense* fog this morning. 今朝は濃い霧がかかっていた. ❸ 叙述《略式》頭の悪い [≒stupid]. ❹ (本などが)難解な. (名 dénsity)

~·ly 副 密に, 密集して; 難解に.

+**den·si·ty** /dénsəṭi/ 名 (-si·ties) ❶ U **密度**, 密集(状態); 濃さ: population *density* = the *density of* population 人口密度 / traffic *density* 交通量. ❷ U,C〔物理〕濃度, 密度: high *density* 高密度. (形 dense)

dent /dént/ 名 C へこみ: make [put] a ***dent in*** the car 車をへこませる. **màke [pùt] a dént in ...** [動] 他 ...を減少させる; ...を弱める. ― 動 他 ❶ (...)をへこませる. ❷ (評判·自信など)を弱める, 損なう.

+**den·tal** /dénṭl/ 形 限定 **歯の; 歯科の**: You need *dental* treatment. あなたは歯の治療が必要です.

déntal flòss 名 U〔歯科〕デンタルフロス《歯間清掃用の強い糸》.

déntal hygíenist 名 C 歯科衛生士.

+**den·tist** /dénṭɪst/ 名 (den·tists /-ṭɪsts/) C **歯科医**: I have to see [visit] my *dentist*. 私は歯医者に行かなければいけない / He went to the *dentist('s)* for a checkup. 彼は歯医者へ検診に行った.

den·tist·ry /dénṭɪstri/ 名 U 歯科(医)学.

den·ture /déntʃə | -tʃə/ 名 [複数形で] 義歯, 入れ歯《全体》[≒false teeth]; C 義歯床.

de·nude /dɪn(j)úːd | -njúːd/ 動 他 [普通は受身で]《格式》(覆(おお)いなどを)(...)からはぐ, 剝奪(はくだつ)する (*of*).

de·nun·ci·a·tion /dɪnʌ̀nsiéɪʃən/ 名 U,C (公然の)非難, 弾劾; 告発. (動 denóunce)

Den·ver /dénvə | -və/ 名 固 デンバー《米国 Colorado 州中部の州都》.

Dénver bóot 名 C《米》(違法駐車の車を固定する)車輪止め [《英》clamp].

*__de·ny__ /dɪnáɪ/ !発音 動 (de·nies /~z/; de·nied /~d/; -ny·ing) 他 ❶ (...)を**否定する**, ...ではないと言う [⇔ confirm]; (...)を**認めない**, 否認する [⇔ admit]:

They *denied* the rumor. 彼らはうわさを否定した / He ***denied*** (*that*) the report was true. V+O ((that)節) 彼はその報道は本当ではないと言った / 言い換え She ***denied*** steal*ing* [hav*ing* stolen] anything. V+O (動名) = She *denied that* she had stolen anything. 彼女は何も盗まなかったと言った.

❷《格式》(要求)を**拒む**, (人に)(与えるべきもの)を与えない, 許可しない, 禁じる [≒refuse]: He never *denies* my requests. 彼は決して私の要求を拒むことはない / 言い換え They ***denied*** any help ***to*** her. V+O+to+名 = They *denied* her any help. V+O+O 彼らは彼女に何の援助も与えなかった《⇒ to[1] 3 語法》. 語法 しばしば次のように受身で用いる: She *was denied* any help by them.

denỳ onesèlf (...) [動]《格式》(...を)自制する, (...の)楽しみを断つ.

There's nó denýing (the fáct) that ... Ⓢ ...は否定できない[明らかである]. (名 deníal)

de·o·dor·ant /diːóʊdərənt, -drənt/ 名 C,U 消臭剤, 体臭消し, デオドラント《特にわきが止め》.

dep. 略 [時刻表で] = depart(s), departure《⇒ arr. 1》.

+**de·part** /dɪpáɚt | -pɑ́ːt/ 動 (**de·parts** /-páɚts | -pɑ́ːts/; **-part·ed** /-tɪd/; **-part·ing** /-tɪŋ/) 自 ❶《格式》**出発する** [≒leave, start] [⇔ arrive, reach]《略 dep.; ⇒ leave[1] 類義語》: The train will ***depart from*** track 8 in five minutes. V+from+名 列車は5分後に8番線から発車する / He ***departed for*** America with his children. V+for+名 彼は子供たちとアメリカへ発(た)った. ❷ (...から)それる, はずれる; ...と違うことをする: *depart from* tradition 伝統に背(そむ)く. ❸ 辞職[辞任]する (*from*). — 他 ❶《米》(場所)を出発する. ❷《米》(仕事)を辞める.

depárt this lífe [動] 自《格式》[遠回しに] この世を去る, 死ぬ. (名 depárture)

de·part·ed /dɪpáɚtɪd | -pɑ́ːt-/ 形 ❶ 限定 [遠回しに] 亡くなった: *the departed* [単数扱い] 故人; [複数扱い] 死んだ人々《⇒ the[1] 3》. ❷《文語》過ぎ去った: *departed* glory 過去の栄光.

de·part·ment /dɪpáɚtmənt | -pɑ́ːt-/ — 名 (**-part·ments** /-mənts/) ❶ C **部門, ...部** [≒branch]; (官庁の) 署《略 dep., dept.》: the sales *department* 販売部, 営業部 / the police [《米》fire] *department* 警察[消防]署.

❷ C (デパートの)**売り場**: The toy *department* is on the fifth floor. おもちゃ売り場は5階です.

❸ C **省**《⇒ 表》; 《英》(官庁の) 局《ministry の下》[《米》bureau]; 課 [《米》division]: the *Department* for Transport《英》運輸省.

❹ C (大学の) **学部, 学科**: the *department* of English = the English *department* 英語学科. ❺ [所有格の後で単数形で] Ⓢ 担当分野, 得意分野: Don't ask me — that's not *my department*. 私に聞かないで―私の担当じゃないから. ❻ [the ~] Ⓢ (...の)方面: be lacking in *the* brain [intelligence] *department* 頭のほうはよくない. (形 depàrtméntal) 〖⇒ part キズナ〗

米国の省

the Department of State	国務省
the Department of the Treasury	財務省
the Department of Defense	国防総省
the Department of Justice	司法省
the Department of the Interior	内務省
the Department of Agriculture	農務省
the Department of Commerce	商務省
the Department of Labor	労働省
the Department of Health and Human Services	保健社会福祉省
the Department of Housing and Urban Development	住宅都市開発省
the Department of Transportation	運輸省
the Department of Energy	エネルギー省
the Department of Education	教育省
the Department of Veterans Affairs	復員軍人省
the Department of Homeland Security	国土安全保障省

参考 司法長官は the Attorney General, それ以外の省の長官には the Secretary of State (国務長官) のように, Secretary を用いる.

de·part·men·tal /dɪpàɚtménṭl | dìːpɑːt-ˈ/ 形 限定 部門(別)の; 省[局, 課, 係]の. (名 depártment)

depártment stòre* 名 (~s /~z/) C **デパート, 百貨店: go shopping at a *department store* デパートへ買い物に行く. 日英 「デパート」は和製英語.

de·par·ture* /dɪpáɚtʃɚ | -pɑ́ːtʃə/ 名 (~s /~z/) ❶ C,U **出発, 発車《略 dep.》 [⇔ arrival]; C 出発便: I saw him shortly before his ***departure for*** London. ロンドンに発(た)つ少し前に私は彼に会った / arrivals and *departures* of trains 列車の発着 / 会話 "What's the *departure* time of flight 812?" "Two thirty in the afternoon." 「812便の出発時刻はいつですか」「午後2時半です」 ❷ C,U 辞職, 辞任 (*from*). ❸ C 離れること, 逸脱, 背反; (新しい)出発[試み], 発展 (*from*).

a póint of depárture [名] (議論などの)出発点; (旅の)出発点. (動 depárt)

depárture lòunge 名 C (空港の)出発ロビー.

de·pár·tures bòard /dɪpáɚtʃɚz- | -pɑ́ːtʃəz-/ 名 C (空港・駅の)出発時刻掲示板.

de·pend /dɪpénd/ — 動 (**de·pends** /-péndz/; **de·pend·ed** /~ɪd/; **-pend·ing**) 自 [depend on [upon] ...として]

意味のチャート
ラテン語で「ぶら下がる」の意《⇒ キズナ》→ (すがる) → 「頼りにする」❷ → 「...次第である」❶

❶ [進行形なし] (物事が)...**次第である, ...による**: The crop ***depends on*** [***upon***] the weather. V+on [upon]+名 収穫は天気次第だ / Everything ***depends on*** [***upon***] ***what*** he does. V+on [upon]+wh 節 すべて彼の出方次第だ / Our success ***depends on*** [***upon***] ***whether*** he'll help us or not. V+on [upon]+whether 節 私たちの成功は彼が援助してくれるかどうかにかかっている.

語法 「It depends on [upon]+wh 節」の構文の場合,《略式》では on [upon] を省略することがある: *It depends* (*on* [*upon*]) *who* you ask. 尋ねる相手次第だ / *It depends* (*on* [*upon*]) *how* she's feeling. 彼女の気持ち次第だ.

❷ (...)を**頼りにする**; (援助など)を当てにする, 信頼する

[≒rely]: We *depend on* [*upon*] you. V+*on* [*upon*]+名 私たちはあなたを頼りにしています / He cannot *be depended on* [*upon*]. 彼は当てにできない. 語法 ここでは depend on [upon] が他動詞と同じように扱われて受身になっている // She *depended on* [*upon*] me *for* help. V+*on* [*upon*]+名+*for*+名 彼女は私の助けを当てにしていた / 言い換え You can *depend on* [*upon*] me *to* do it. V+*on* [*upon*]+名+*to* 不定詞 = You can *depend on* [*upon*] my do*ing* it. V+*on* [*upon*]+動名 = You can *depend on* [*upon*] *it that* I'll do it. それをするのは私にお任せください. 語法 最後の例文の depend on [upon] it that ... は「...ということを当てにする」の意で, it は that 以下を受ける形式目的語.

depénding on ... [前] ...次第で, ...によって.

depénd on [upòn] it [文頭·文尾に用いて] 大丈夫だ, きっと.

It (áll) depénds. = Thàt (áll) depénds. Ⓢ 場合による, そのときの事情による: "Are you coming by car?" "*That depends.* If it rains, I will." 「車で来るの?」「場合によるよ. もし雨だったらそうするつもり」

(名 dependence, 形 dependent)

単語のキズナ PEND／ぶら下がる=hang

depend	(...からぶら下がる)	→	**頼りにする**
suspend	**ぶら下げる; 一時停止する**		
spend	(はかりで重さを量って支払う)	→	(金)を**費やす**
appendix	(...にぶら下がったもの)	→	**虫垂**
pendant	(ぶら下がったもの)	→	**ペンダント**
pendulum	(ぶら下がったもの)	→	**振り子**
pending	(ぶら下がっている, 宙ぶらりんの)	→	**未決定の**

de·pend·a·ble /dɪpéndəbl/ 形 頼りになる, 当てになる, 信頼できる. **-a·bly** /-bli/ 副 頼もしく.

de·pen·dence /dɪpéndəns/ 名 ❶ U 依存, 頼ること, 従属 [⇔ independence]; (...に)左右されること: our increasing *dependence on* [*upon*] computers 私たちのコンピューターへのさらなる依存 / the *dependence of* the harvest *on* [*upon*] the weather 収穫が天候に左右されること. ❷ U 薬物[麻薬]依存(症), 中毒. (動 depénd)

de·pen·den·cy /dɪpéndənsi/ 名 (-den·cies) ❶ U 依存(状態) (*on*). ❷ C 従属国; 保護領.

*__de·pen·dent__ /dɪpéndənt/ 形 ❶ (...に)**頼っている**, (...の)世話になっている [⇔ independent]: *dependent* children 独立していない子供たち / He remained *dependent on* [*upon*] his parents after forty. +*on* [*upon*]+名 彼は40を過ぎても両親の世話になっていた. ❷ 叙述 《格式》 **...次第の**, ...に左右される: The voter turnout is largely *dependent on* [*upon*] the weather. +*on* [*upon*]+名 投票率は天候に大きく左右される. ❸ 叙述 (薬物などに)依存している (*on, upon*). (動 depénd)

— 名 C 《米》 扶養家族《特に子供》.

+**de·pict** /dɪpíkt/ 動 (de·picts /-píkts/; -pict·ed /~ɪd/; -pic·ting) 他 (...)を**絵で示す**, (ことばで)**描く**, 描写する: The picture *depicts* a woman lying on a sofa. その絵は女性がソファーに横になっている姿を描いている / He's *depicted as* a genius. V+O+C (*as*+名)の受身 彼は天才として描かれている.

de·pic·tion /dɪpíkʃən/ 名 U,C 描写, 叙述.

de·pil·a·to·ry /dɪpílətɔ̀:ri | -təri, -tri/ 形 限定 脱毛作用のある. — 名 (-to·ries) C 脱毛剤.

de·plane /dì:pléɪn/ 動 自 《米》 飛行機から降りる.

de·plete /dɪplí:t/ 動 他 [普通は受身で] (資金·資源など)を減少させる, 使い果たす: Water supplies *have been* severely *depleted*. 水の供給が激減している.

de·ple·tion /dɪplí:ʃən/ 名 U 激減, 使い果たすこと, 消耗: the *depletion of* the ozone layer オゾン層破壊.

de·plor·a·ble /dɪplɔ́:rəbl/ 形 《格式》 嘆かわしい; 遺憾な; ひどい: *deplorable* living conditions of the poor 貧困層の悲惨な生活状況. **-a·bly** /-bli/ 副 嘆かわしく; 遺憾なほどに; ひどく.

de·plore /dɪplɔ́ɚ | -plɔ́:/ 動 (de·plor·ing /-plɔ́:rɪŋ/) 他 [進行形なし] 《格式》 (...)を(公然と)非難する, 遺憾に思う.

+**de·ploy** /dɪplɔ́ɪ/ 動 (de·ploys /~z/; de·ployed /~d/; -ploy·ing) 他 ❶ (軍隊)を**配置する, 展開させる**, 送り込む; (兵器)を配備する: The president had no intention of *deploying* ground troops. 大統領は地上軍を投入する考えを持っていなかった. ❷ 《格式》 (...)を活用する; (装置など)を作動させる.

de·ploy·ment /dɪplɔ́ɪmənt/ 名 U (軍隊の)配置, 展開, (兵器の)配備; 活用: the *deployment* of nuclear weapons 核兵器の配備.

de·pop·u·late /dì:pɑ́(:)pjʊlèɪt | -pɔ́p-/ 動 他 [普通は受身で] (...)の住民を減らす; (...)の人口を減少させる, 過疎にする: a *depopulated* area 過疎地域.

de·pop·u·la·tion /dì:pɑ̀(:)pjʊléɪʃən | -pɔ̀p-/ 名 U 住民を減らすこと; 人口減少, 過疎化.

de·port /dɪpɔ́ɚt | -pɔ́:t/ 動 他 (外国人)を(国外に)追放する, 退去させる (*from*): The illegal immigrants *were deported* to their own countries. 不法入国者は自分の国に送還された.

de·por·ta·tion /dì:pɔɚtéɪʃən | -pɔ:-/ 名 U,C 国外追放[退去], 強制送還.

de·por·tee /dì:pɔɚtí: | -pɔ:-/ 名 C 国外追放者.

de·port·ment /dɪpɔ́ɚtmənt | -pɔ́:t-/ 名 ❶ U 《古風, 主に米》 態度, ふるまい, 行儀. ❷ U 《主に英》 (若い女性の)立ち居ふるまい.

de·pose /dɪpóʊz/ 動 他 (王·権力者)を退位させる.

*__de·pos·it__ /dɪpɑ́(:)zɪt | -pɔ́z-/ 名 (-pos·its /-zɪts/) ❶ C [普通は単数形で] **手付金**, 頭金; 保証金, 預かり金, 敷金: The *deposit* is 10 percent. 手付金は1割です / pay [put down] a *deposit* (*on* ...) (...の)頭金[敷金]を払う / You'll get your *deposit* back when you return the empty bottles. 預かり金は空きびんを返すと戻る.

❷ C **預金**, 積立金《略 dep.》; 寄託物; 《英》 (選挙立候補者の)供託金: a fixed [time] *deposit* 定期預金 / *make a deposit of* a thousand dollars 千ドルの預金をする. ❸ C,U 堆積物; 沈殿物; 埋蔵物, 鉱床.

on depósit [副·形] (銀行に)預け(られ)て.

— 動 (-pos·its /-zɪts/; -it·ed /-ṭɪd/; -it·ing /-ṭɪŋ/) 他 ❶ 《格式》 (...)を**置く** [≒put]: She *deposited* the large box *on* the table. V+O+前+名 彼女はその大きな箱をテーブルの上に置いた.

❷ (金·貴重品)を**預ける**, 供託する; (...)を**預金する** [⇔ withdraw]: I'd like to *deposit* this cash [check] *in* my account. V+O+*in*+名 このお金[小切手]を私の口座に入れたいのですが / He *deposited* his papers *with* his lawyer. V+O+*with*+名 彼は書類を弁護士に預けた. ❸ (...)を手付金[頭金, 敷金]として払う. ❹ (風·流れが)(...)を堆積(たいせき)させる, 沈殿させる (*on*).

depósit accòunt 名 C 《英》 通知預金(口座) 《⇒

savings account》.
dep·o·si·tion /dèpəzíʃən, dì:-/ 名 ❶ U 堆積(たいせき)[沈殿](作用). ❷ C〔法律〕宣誓証言[証書]. ❸ U,C 免職; 廃位.
de·pos·i·tor /dɪpá(:)zəṭə | -pɔ́zɪtə/ 名 C 預金者.
de·pos·i·to·ry /dɪpá(:)zətɔ̀:ri | -pɔ́zɪtəri, -tri/ 名 (-to·ries) C 保管所, 倉庫.
+**de·pot**[1] /dí:poʊ | dép-/ 名 (~s /~z/) C《米》(鉄道の小さい)駅, (バスの)発着所《⇒ station 1 語法(2)》.
dep·ot[2] /dépoʊ/ 名 C 貯蔵所, 倉庫.
de·praved /dɪpréɪvd/ 形《格式》堕落した, 下劣な.
de·prav·i·ty /dɪprǽvəṭi/ 名 U《格式》堕落, 腐敗.
dep·re·cate /déprɪkèɪt/ 動 他 [進行形なし]《格式》(...)を非難する, 遺憾と思う; 軽視する.
dep·re·cat·ing /déprɪkèɪṭɪŋ/ 形《格式》非難する.
dep·re·ca·tion /dèprɪkéɪʃən/ 名 U《格式》反対, 不賛成, 非難.
dep·re·ca·to·ry /déprɪkətɔ̀:ri | -təri, -tri/ 形《格式》= deprecating.
de·pre·ci·ate /dɪprí:ʃièɪt/ 動 自 (貨幣などが)価値が下がる [⇔ appreciate]. — 他 ❶ (...)の価値を下げる;〔会計〕(...)を減価償却する. ❷《格式》(...)を軽視する.
de·pre·ci·a·tion /dɪprì:ʃiéɪʃən/ 名 U (貨幣などの)価値の低下 [⇔ appreciation];〔会計〕減価償却.
dep·re·da·tion /dèprədéɪʃən/ 名 C [普通は複数形で]《格式》略奪行為, 破壊の跡.
de·press /dɪprés/ 動 他 ❶ (人)を気落ち[落胆]させる [≒discourage]《⇒ depressed》. ❷《格式》(市場など)を不景気にする; (価格·需要など)を低下させる. ❸《格式》(ボタンなど)を押す, (ペダルなど)を踏む.
(名 depréssion)
〖⇒ press キズナ〗
+**de·pressed** /dɪprést/ 形 ❶ **気落ちした**, 落胆した, 気がめいった; 鬱(うつ)(病)の: He was deeply ***depressed about*** his exam results. +about+名 彼は試験の結果にひどく落ち込んでいた / We were ***depressed by*** the defeat. +by+名 私たちは敗北で気落ちした.
❷ **不景気の:** *depressed* areas 不況地区. ❸ (量·水準などが)低下した.
+**de·press·ing** /dɪprésɪŋ/ 形 **気落ちさせるような**, 気がめいるような; 陰鬱(いんうつ)な: a *depressing* gray sky 憂鬱な灰色の空. **~·ly** 副 重苦しく, 陰気に.
***de·pres·sion** /dɪpréʃən/ 名 (~s /~z/) ❶ U,C **憂鬱(ゆううつ), 落胆**, ふさぎ;〔医学〕鬱病: mental *depression* 意気消沈. 関連 mania 躁病.
❷ C (長期の)**不況**, 不景気: the (Great) *Depression* (1929-30 年の)世界大恐慌 / This industry is ***in*** a deep ***depression***. この産業はひどい不況にある. 関連 recession (一時的な)景気後退. ❸ C 沈下[陥没]個所, くぼみ. ❹ C〔気象〕低気圧(圏).
(動 depréss)
de·pres·sive /dɪprésɪv/ 形 憂鬱な;〔医学〕鬱病の. — 名 C 鬱病患者.
dep·ri·va·tion /dèprəvéɪʃən/ 名 U,C 欠乏, 不足; 貧困; 喪失.
(動 depríve)
+**de·prive** /dɪpráɪv/ 動 (de·prives /~z/; de·prived /~d/; de·priv·ing) 他 (...)から(~を)**奪う**, 奪い去る: The angry people ***deprived*** the dictator ***of*** all his power. V+O+of+名 怒った人民は独裁者からすべての権力を奪ってしまった《⇒ of 14》/ A toothache *deprived* me *of* sleep. 歯が痛くて眠れなかった.
(名 dèprivátion)
de·prived /dɪpráɪvd/ 形 (人·地域が)困窮した, 貧しい; 不足した: *the deprived* 貧しい人たち《⇒ the[1] 3》.
dept. 略 = department.
depth** /dépθ/ 名 (~s /~s/) ❶ C,U **深さ, 深度:** measure the ***depth of the river 川の深さを測る / The sunken ship lies ***at a depth of*** 100 meters. 沈没船は 100 メートルの深さのところにある / The lake is sixty feet ***in depth***. その湖の深さは 60 フィートだ.
❷ C,U (建物などの)**奥行き:** the ***depth of*** a building 建物の奥行き. 関連 width 間口. ❸ C [普通は複数形で] 深い所, 深み; (心の)奥底; どん底; まっただ中: search the *depths of* the drawers 引き出しの奥を捜す / Owls live in the *depths of* the forest. ふくろうは森の奥深い所に住んでいる / in the *depths of* despair 絶望の淵にあって / in the *depths of* winter 真冬に. ❹ U (感情·事態の)深刻さ, 重大さ; [よい意味で] (人格·知識·思考などの)深さ, 深遠: the great *depth of* his thought 彼の非常に深遠な思想. ❺ U (色の)濃さ. ❻ [the ~s]《文語》深海. ❼ U〔スポーツ〕(選手)層の厚さ.
be òut of one's **dépth** [動] (1) 能力が及ばない, 理解できない: I *was out of my depth* in that argument. あの議論では私はお手上げだった. (2)《英》背が立たない深みにいる.
in dépth [副·形] (1) 深さは[が]《⇒ 1》; 奥行きは[が]. (2) 徹底して: discuss a subject *in* great *depth* 問題を徹底的に論じ合う.
(形 deep)
dep·u·ta·tion /dèpjʊtéɪʃən/ 名 C《格式》代表(委員)団.
de·pute /dɪpjú:t/ 動 他《格式》(人)に代理で...させる (*to* do).
dep·u·tize /dépjʊtàɪz/ 動 他《主に米》(...)に代理を命じる. — 自《英》代理を務める (*for*). (名 députy)
***dep·u·ty** /dépjʊṭi/ 名 (-u·ties /~z/) ❶ C (最高責任者の) **次位の人, 次長**, 次官, 補佐; **代理人**; (米国の)保安官代理(略 dep.): Mr. Hart will act as my *deputy*. ハート氏が私の代理を務めます. ❷ [形容詞的に] 次位の, 副...: the *deputy* prime minister 副首相 / the *deputy* chief 次長.
(動 députìze)
de·rail /dɪréɪl/ 動 他 ❶ [普通は受身で] (列車)を脱線させる. ❷ (計画·交渉など)を妨げる, だめにする. — 自 (列車が)脱線する.
de·rail·ment /dɪréɪlmənt/ 名 U,C 脱線.
de·ranged /dɪréɪndʒd/ 形 発狂[錯乱]した.
de·range·ment /dɪréɪndʒmənt/ 名 U 発狂, (精神)錯乱.
Der·by /dɚ́:bi | dɑ́:-/ 名 ❶ [the ~] ダービー競馬《英国の Epsom で毎年行なわれる》. ❷ [the ~]《米》大競馬: *the* Kentucky *Derby* ケンタッキーダービー. ❸ C [d-] レース, 競技;《英》ダービーマッチ《同じ地域の 2 チームの対戦》: a motorcycle *derby* オートバイレース. ❹ C [d-]《米》山高帽 [《英》bowler].
de·reg·u·late /dì:régjʊlèɪt/ 動 他 [しばしば受身で] (...)の統制[規制]を撤廃[緩和]する.
de·reg·u·la·tion /dì:règjʊléɪʃən/ 名 U (統制の)撤廃, 規制緩和.
der·e·lict /dérəlɪkt/ 形 ❶ (建物·土地が)放棄[遺棄]された, 荒廃した. ❷《米》義務怠慢の (*in*). — 名 C (社会の)落後者, 浮浪者, ホームレス.
der·e·lic·tion /dèrəlíkʃən/ 名 ❶ U 放棄(された状態), 荒廃. ❷ U《格式》(職務の)怠慢: *dereliction* of duty 職務怠慢.
de·ride /dɪráɪd/ 動 他《格式》(...)をあざける, ばかにする

D

(*as*) [≒ridicule].

de ri·gueur /dəri:gə́:| -rɪgə́:/ ≪フランス語から≫ 形 叙述 (慣例・礼式上)必要とされる.

de·ri·sion /dɪríʒən/ 名 U あざけり, あざ笑い, 嘲笑(ちょうしょう): an object of *derision* 嘲笑の的.

de·ri·sive /dɪráɪsɪv/ 形 あざける[ばかにする]ような.
～**·ly** 副 あざけるように.

de·ri·so·ry /dɪráɪsəri/ 形 ❶ (金額などが)(あまりにもわずかで)ばかにされたような. ❷ = derisive.

der·i·va·tion /dèrəvéɪʃən/ 名 ❶ U,C 由来, 起源. ❷ U,C 〔言語〕派生; 語源; C 派生形. (動 deríve)

de·riv·a·tive /dɪrívəṭɪv/ 名 ❶ C 派生物; 〔言語〕派生語; 〔化学〕誘導体 (*of*). ❷ C [普通は複数形で] 金融派生商品. ― 形 [軽蔑的] 他を模倣した, 独創性のない. (動 deríve)

+**de·rive** /dɪráɪv/ アク 動 (de·rives /～z/; de·rived /～d/; de·riv·ing) 他 ❶ 《格式》 (利益・情報・楽しみなど)を**引き出す**, **得る:** You can ***derive*** great pleasure ***from*** books. V+O+*from*+名 書物から大きな楽しみが得られる.
❷ [普通は受身で] (...)**の起源[由来]を求める:** Many English words ***are derived from*** Latin. 英単語にはラテン語から派生したものが多い. ❸ 〔化学〕(化合物)を誘導する.
― 自 (...から)出る, (ことばなどが...に)由来する: Her stinginess *derives from* her poverty. 彼女がけちなのは貧しさからだ. (名 dèrivátion, 形 derívative)
〖語源 ラテン語で「川から水を引く」の意; ⇒ arrive キズナ〗

der·ma·ti·tis /də̀:mətáɪṭɪs | də̀:-/ 名 U 〔医学〕皮膚炎.

der·ma·tol·o·gist /də̀:mətá(:)ləʤɪst | də̀:mətɔ́l-/ 名 C 〔医学〕皮膚科医.

der·ma·tol·o·gy /də̀:mətá(:)ləʤi | də̀:mətɔ́l-/ 名 U 〔医学〕皮膚科学.

de·rog·a·to·ry /dɪrá(:)gətɔ̀:ri | -rɔ́gətəri, -tri/ 形 (ことばなどが)軽蔑的な; (名誉などを)傷つけるような.

der·rick /dérɪk/ 名 ❶ C デリック《起重機の一種》. ❷ C 油井(ゆせい)やぐら.

de·sal·i·na·tion /dì:sæ̀lənéɪʃən/ 名 U 脱塩, 淡水化.

Des·cartes /deɪkáːət | déɪka:t/ 名 固 **Re·né** /rənéɪ/ ～ デカルト (1596-1650)《フランスの哲学者・数学者》.

+**de·scend** /dɪsénd/ 動 (de·scends /-séndz/; -scend·ed /～ɪd/; -scend·ing) 自 ❶ 《格式》 **下る, 降りる**; 下りになる [⇔ ascend]: She ***descended from*** the hilltop. V+*from*+名 彼女は丘の頂上から下りてきた / This path ***descends to*** the valley. V+*to*+名 この小道は谷に降りている.
❷ (財産・性質・権利などが)伝わる: The land *descended from* father *to* son. その土地は父から子へと伝わった. ❸ ひどくなる, 落ちぶれる; (悪い状態に)陥いる (*into*): *descend to* cheating 詐欺[カンニング]をするまでに落ちぶれる. ❹ 《文語》 (夜・暗闇・気分などが)訪れる (*on, upon*).
― 他 《格式》 (...)を**降りる**, 下る: He *descended* the steps quietly. 彼は静かに階段を下りた.
be descénded from ... [動] 他 ...の系統を引く, ...の流れをくむ; ...の子孫である: She claims to *be descended from* a noble family. 彼女は貴族の系統を引いていると主張している.
descénd on [upòn] ... [動] 他 ...に押しかける, ...を不意に訪ねてくる: A lot of reporters *descended on* the site. たくさんの記者が現場に押し寄せた.
in descénding órder [副] (数・重要度などの)大きい方から順に, 降順に. (名 descént)

de·scen·dant /dɪséndənt/ アク 名 ❶ C 子孫 (*of*). 関連 ancestor 先祖. ❷ C (...から)発達したもの (*of*).

de·scent /dɪsént/ 発音 アク 名 ❶ C [普通は単数形で] 《格式》 降りること, 降下; 下山 [⇔ ascent]: during my *descent from* the peak 頂上から下山する途中で. ❷ C 下り坂 [⇔ ascent]: a steep *descent into* [*to*] a valley 谷に下りる険しい坂. ❸ U 家系, 血統: My wife is *of* Greek *descent*. 妻はギリシャ系だ. ❹ [単数形で] (悪い状態に)陥ること, 転落; 堕落 (*into*). (動 descénd)

*****de·scribe** /dɪskráɪb/
― 動 (de·scribes /～z/; de·scribed /～d/; de·scrib·ing) 他 ❶ (...)がどのようなもの[人]かを述べる, (...)を**描写する**; 叙述[記述]する: She *described* the plan in detail. 彼女は計画を詳しく述べた / Could you *describe what*'s going on there? V+O (*wh* 節) そこで起こっていることを詳しく教えていただけますか 多用 / He ***described*** the man ***to*** [***for***] us. V+O+*to* [*for*]+名 彼はその男の特徴を我々に説明した. 語法 ×He *described* us the man. のような V+O+O の動詞型はとらない // Words cannot *describe* the horror I felt. 私の経験した恐ろしさはことばでは言い表わせない.
❷ (...)を(～と)**言う**, 評する: She ***described*** my plan ***as*** a failure. V+O+C (*as*+名) 彼女は私の計画は失敗だと言った / They ***described*** my efforts ***as*** futile. V+O+C (*as*+形) 彼らは私の努力をむだだと言った. ❸ 《格式》 (図形など)を描く; (曲線など)を描いて動く.
(名 descríption, 形 descríptive)
〖語源 ラテン語で「書き留める」の意〗

単語のキズナ		SCRIBE／書く＝write
describe (書き留める)	→	記述する, ...の様子を述べる
prescribe (前もって書く)	→	(薬)を処方する
inscribe (書き入れる)	→	刻み込む
subscribe (下に名前を書く →署名する)	→	予約する, 定期購読する
transcript (書き換えたもの)	→	写し
script (書かれたもの)	→	台本

de·scrip·tion** /dɪskrípʃən/ 名 (～s /～z/) ❶ U,C **記述, 叙述**, 描写, 説明: She gave me a brief [detailed, full] ***description of what happened there. 彼女は私にそこでの出来事を手短に[詳しく, 全部]話してくれた. ❷ C 説明書; 人相書. ❸ C [of+形容詞+～ で] 種類, タイプ [≒type] (✪ every, some, any, all などに修飾される): cars *of* 「*every description* [all *descriptions*] あらゆる種類の車.
beyònd descríption [副・形] ことばでは表現できないほど(で)《よい意味にも悪い意味にも用いる》.
defý [béggar] descríption [動] 自 ことばでは表わせない, 筆舌に尽くし難い.
fít [ánswer, mátch] the descríption [動] 自 (人・物事が)人相書[説明]に一致する (*of*).
(動 descríbe)

de·scrip·tive /dɪskríptɪv/ 形 ❶ 記述的な, 叙述的

な; (生き生きと)描写する. ❷〔文法〕記述的な [⇔ prescriptive]. (動 descríbe)

des·e·crate /désɪkrèɪt/ 動 他 (...)の神聖を汚(けが)す, 冒涜(ぼうとく)する.

des·e·cra·tion /dèsɪkréɪʃən/ 名 U (神聖)冒涜(ぼうとく).

de·seg·re·gate /dìːségrɪgèɪt/ 動 他 (学校・バスなど)の人種差別を廃止する.

de·seg·re·ga·tion /dìːsègrɪgéɪʃən/ 名 U 人種差別廃止[撤廃].

de·se·lect /dìːsəlékt/ 動 他 ❶〔コンピュータ〕(...)の選択を解除する. ❷《英》(現職議員)を(次回選挙で)公認しない.

de·sen·si·tize /dìːsénsətàɪz/ 動 他 (...)を鈍感にする.

D

⁑des·ert[1] /dézət | -zət/ ❗アク 動詞の desert[2] とアクセントが違う.

— 名 (des·erts /-zəts | -zəts/) ❶ C,U **砂漠, 荒野:** the Sahara *Desert* サハラ砂漠. ❷ [形容詞的に] 砂漠の(ような); 住む人もない: a *desert* area 砂漠地域. ❸ C (おもしろいものが)何もない場所: a cultural *desert* 文化的に不毛の地.

〘語源 ラテン語で「見捨てられた(もの)」の意で, desert[2] と同語源〙

+de·sert[2] /dɪzə́ːt | -zə́ːt/ ❗アク 名詞の desert[1] とアクセントが違う. (同音 dessert) 動 (de·serts /-zə́ːts | -zə́ːts/; -sert·ed /-ṭɪd/; -sert·ing /-ṭɪŋ/) 他 ❶ (家族など)を**見捨てる**; (場所など)を(見捨てて)去る: He *was deserted by* his friends. V+O の受身 彼は友人から見捨てられた.

❷ (軍隊で)(持ち場・職場)を**捨てる**, (...)から脱走する: Many soldiers *deserted* their posts. 大勢の兵隊が持ち場から脱走した. ❸ Ⓦ (信念・勇気などが)(...)からなくなる: His courage *deserted* him. 彼は勇気を失った.

— 自 (軍隊から)脱走する. (名 desértion)

de·sert·ed /dɪzə́ːṭɪd | -zə́ːt-/ 形 ❶ 人の住まない, さびれ果てた; (通りなどが)人影のない. ❷ 限定 (人が)見捨てられた: a *deserted* child 捨て子.

de·sert·er /dɪzə́ːṭə | -zə́ːtə/ 名 C 脱走兵.

de·sert·i·fi·ca·tion /dɪzə̀ːṭəfɪkéɪʃən | -zə̀ː-/ 名 U 砂漠化.

de·ser·tion /dɪzə́ːʃən | -zə́ː-/ 名 ❶ U,C 捨て去ること, 遺棄; (軍隊からの)脱走. ❷ U〔法律〕(配偶者・被扶養者の)遺棄. (動 desért[2])

de·serts /dɪzə́ːts | -zə́ːts/ 名 複 [所有格の後で] 当然の報い, 相応の罰[賞]. **gét [recéive] one's (jùst) desérts** [動] 自 相応の罰を受ける.

de·serve** /dɪzə́ːv | -zə́ːv/ 動 (de·serves /~z/; de·served /~d/; de·serv·ing) 他 [進行形なし] (...)に**値する**, ...される[する]のにふさわしい, (...)を受けて当然だ: *deserve* attention [consideration] 注目[考慮]に値する / His crime *deserves* the death penalty. 彼の罪は死刑に値する / His conduct ***deserves to be praised. V+O (to 不定詞) 彼の行ないは称賛に値する / He's getting what he *deserves*. 彼は当然の報いを受けているのだ. C+1 特に過去分詞で意味を強めるために well, thoroughly, fully, richly などの副詞を用いる: The award ***was well deserved***. 賞は与えられるのに十分にふさわしいものだった.

de·served /dɪzə́ːvd | -zə́ːvd/ 形 受けて当然の: a *deserved* reputation 受けて当然の名声.

de·serv·ed·ly /dɪzə́ːvɪdli | -zə́ːv-/ 副 文修飾 当然, 正当に: Our team won, and *deservedly* so. 我々のチームが勝ったが, それも当然だ.

de·serv·ing /dɪzə́ːvɪŋ | -zə́ːv-/ 形 ❶ 限定 (助けなどを)当然受けるべき: *deserving* children 援助を受けるべき子供たち. ❷ 叙述《格式》(...される[する]に)値する: Her conduct is *deserving of* praise. 彼女の行ないは称賛に値する.

des·ic·cant /désɪkənt/ 名 C,U 〔化学〕乾燥剤.

des·ic·cate /désɪkèɪt/ 動 他《格式》(...)を乾かす; (保存のため)(食品)を乾燥させる.

⁂de·sign /dɪzáɪn/ ❗発音 -gn で終わる語の g は発音しない.

意味のチャート
「計画(する)」名 ❺, 動 ❸ →「設計(する)」名 ❷, 動 ❷ → (型の設計) →「デザイン(する)」名 ❶, 動 ❶ → (装飾的なデザイン) →「模様」名 ❸

— 名 (~s /~z/) ❶ U,C **デザイン, 図案, 意匠:** fashion *design* 服飾デザイン / a car of the latest *design* 最新型の車 / interior *design* 室内装飾 ∥⇒ graphic design.

❷ U,C **設計**; C **設計図:** a building under *design* 設計中の建物 / a *design* fault [flaw] 設計ミス / the ***designs for*** the new gym 新しい体育館の設計図.

❸ C **模様**, 柄: a curtain with a *design* of flowers 花模様のカーテン / a 「rose *design* [*design* of roses] on [in] a carpet じゅうたんのばらの模様. ❹ U (芸術作品などの)構想. ❺ C 計画, もくろみ: a grand *design* 壮大な計画.

by desígn [副] 故意に [≒intentionally] [⇔ by accident].

hàve desígns on ... [動] 他《格式》(財産・地位など)をねらっている; (ものにしようと)...に性的な下心をもつ.

— 動 (de·signs /~z/; de·signed /~d/; -sign·ing) 他 ❶ (...)を**デザインする**, (...)の**図案[意匠]を作る:** She *designs* dresses *for* young women. V+O+for+名 彼女は若い女性向けのドレスをデザインする.

❷ (...)を**設計する**; (方針など)の**構想を立てる:** He *designed* many bridges and buildings. 彼は橋や建物を数多く設計した / Who has ***designed*** this house ***for*** you? V+O+for+名 この家をあなたのために設計したのはだれですか.

❸ [普通は受身で] (...)を(ある目的に)**向けるつもりである**, (~のつもりで)作る (*as*); (...)を計画する [≒plan]: This scholarship ***is designed to*** attract bright students. V+O+C (to 不定詞)の受身 この奨学金は優秀な学生を集めるためのものである / The park ***was designed for*** small children. V+O+for+名の受身 その公園は小さな子供用に作られた.

— 自 デザインをする.

〘⇒ sign キズナ〙

+des·ig·nate[1] /dézɪgnèɪt/ 動 (-ig·nates/-nèɪts/; -ig·nat·ed /-ṭɪd/; -ig·nat·ing /-ṭɪŋ/) 他 [普通は受身で] ❶ (...)を**指定する**, 選定する; (...)を**指名する**, 任命する: That town ***was designated*** (***as***) a danger zone. V+O+C ((as+)名)の受身 その町は危険地帯に指定された / He ***was designated to*** chair the committee. V+O+C (to 不定詞)の受身 彼はその委員会の議長を務めるように指名された / at a *designated* time 指定の時間に.

❷ (記号などで)(...)を明確に示す, 明示する. (名 dèsignátion)

〘⇒ sign キズナ〙

des·ig·nate[2] /dézɪgnət, -nèɪt/ 形 [名詞の後につけて]

《格式》任命されたが未就任の.

dés·ig·nat·ed dríver /dézɪgnèɪṭɪd-/ 名 C 指名運転手《パーティーなどで酒を飲まずに仲間のために帰りの車の運転をするよう指名された人》.

désignated hítter 名 C〔野球〕指名打者《略 DH》.

des·ig·na·tion /dèzɪgnéɪʃən/ 名 ❶ U 指定; 指名, 任命 (*as*). ❷ C《格式》名称, 称号. (動 désignàte)

*__de·sign·er__ /dɪzáɪnɚ | -nə/ 名 (~s /~z/) ❶ C **デザイナー**, 意匠家, 図案家: a fashion *designer* 服飾デザイナー //⇒ graphic designer.
❷ C **設計者**; 企画者, 立案者: an aircraft *designer* 航空機設計者.
— 形 限定 有名デザイナー(制作)の, ブランドものの.

desígner báby 名 C デザイナーベビー《受精卵の遺伝子操作などで両親らが望むように作られた子供》.

de·sir·a·bil·i·ty /dɪzàɪ(ə)rəbíləṭi/ 名 U《格式》望ましさ; 性的魅力のあること. (形 desírable)

+**de·sir·a·ble** /dɪzáɪ(ə)rəbl/ 形 ❶《格式》**望ましい**, 好ましい, 手に入れたくなる [⇔ undesirable]: a highly *desirable* job 大変好ましい仕事 / ***It is desirable to*** promote student exchanges. 学生の交流を推進することが望ましい 多用 / 言い換え ***It is desirable that*** you (*should*) *attend* the meeting. = ***It is desirable for*** you ***to*** attend the meeting. その会合には出席されることが望ましい《⇒ should A 8; for 前 B》. ❷ 性的魅力のある. (名 desirabílity)
-a·bly /-bli/ 副 望ましく, 好ましい具合に.

de·sire /dɪzáɪɚ | -záɪə/
— 名 (~s /~z/) ❶ U,C **願望, 欲望**: a strong *desire for* money 強い金銭欲 / She felt a burning *desire to* see her child. +to 不定詞 彼女は子供に会いたいという非常に強い欲求に駆られた 多用 / I ***have no desire to*** see her again. 私は彼女にもう一度会いたいとは全く思いません《✪ 強意表現》/ She expressed the *desire that* her husband (*should*) *come* back soon. +that 節 彼女は夫にはぜひすぐ戻って欲しいと述べた.
❷ C [普通は単数形で所有格の後で] 望みのもの[人]: his heart's *desire* 彼が心から望むもの[人]. ❸ U,C《格式》性的欲望, 性欲 (*for*).
— 動 (de·sires /~z/; de·sired /~d/; de·sir·ing /-záɪ(ə)rɪŋ/) 他 [進行形なし] ❶《格式》(強く)(...)を願う, **望む**, (...しようと)欲する; (人)に(...して欲しいと)要求する: The Queen *desires to* see you at once. V+O (to 不定詞) 女王陛下があなたにすぐに会いたいとご所望です 多用 / 言い換え I *desire* their presence. = I *desire* them *to* be present. V+O+C (to 不定詞) = I *desire that* they (*should*) *be present*. V+O (that 節) 私は彼らが出席することを願っている《⇒ should A 8》/ a *desired* result 望んだ結果. ❷《格式》(性的に)(...)を求める.
lèave 「a lót [múch] to be desíred [動] 自 遺憾な点が大いにある, もの足りない.
lèave nóthing [líttle] to be desíred [動] 自 全く[ほぼ]申し分がない.
lèave sómething to be desíred [動] 自 少し不満が残る. (形 desírous)

de·sir·ous /dɪzáɪ(ə)rəs/ 形 叙述《格式》(...を)望んで, 欲しがって: She was *desirous of* success [get*ting* the position]. 彼女は成功を[その地位につきたいと]望んでいた. (動 desíre)

de·sist /dɪsíst, -zíst/ 動 自《格式》やめる, 断念する (*from*).

desk /désk/
— 名 (~s /~s/) ❶ C **机**: a writing *desk* 書き物机 / She sat *at* her *desk* working. 彼女は机に向かって勉強[仕事を]していた / Mr. Allen is away from his *desk* right now. アレンさんはただ今席をはずしています / Mr. Lee sat with his feet on the *desk*. リー氏は机の上に足をのせて座っていた. 日英 米国ではくつろぐ姿勢で, 打ち解けた場面でなら行儀悪くはない.
❷ C (会社・ホテルなどの)**受付**, フロント (front desk)《⇒ front 日英》: an information *desk* 案内所 / a reservation *desk* 予約の受付窓口 / Leave your key ***at*** the ***desk*** when you go out of the hotel. ホテルから外へ出るときにはフロントに鍵(かぎ)を預けてください. ❸ C (新聞社・テレビ局の)編集部, デスク: the news *desk* ニュース報道部. ❹ [形容詞的に] 机上の, 卓上の; 机用の: a *desk* job 机でする仕事, 事務 / a *desk* chair 机用のいす.

désk clèrk 名 C《米》(ホテルの)フロント係.

desk·top /désktɑ̀(ː)p | -tɔ̀p/ 名 C 机上, 卓上;〔コンピュータ〕デスクトップ《コンピューターの初期画面》; デスクトップコンピューター: create a folder on the *desktop* デスクトップにフォルダーを作る. — 形 限定 (コンピューターなどが)デスクトップ(型)の《⇒ laptop》; パソコン(利用)の: a *desktop* computer デスクトップコンピューター.

désktop públishing 名 U デスクトップパブリッシング《印刷までの編集作業をパソコンを用いて行なう出版方式; 略 DTP》.

des·o·late[1] /désələt, déz-/ 形 ❶ 荒れ果てた, 無人の: a *desolate* land 荒野. ❷ (人・人生などが)寂しい, 孤独な: a *desolate* life 孤独な人生.

des·o·late[2] /désəlèɪt, déz-/ 動 他 [普通は受身で]《文語》(人)を心細くする, 寂しくさせる.

des·o·la·tion /dèsəléɪʃən, dèz-/ 名 ❶ U《文語》寂しさ, わびしさ. ❷ U《文語》荒れていること, 荒廃.

+**de·spair** /dɪspéɚ | -spéə/ 名 U **絶望** [⇔ hope]: He killed himself ***in despair***. 彼は絶望して自殺した / I was filled with *despair* when I heard the news. その知らせを聞いて私は絶望の気持ちでいっぱいになった / drive ... 「to *despair* [into the depths of *despair*] ... を絶望へ追いやる.
be the despáir of ... [動] 他《古風》...の悩みの種である, ...の手に負えないものである.
to ...'s despáir = to the despáir of ... [副] 文修飾 ...が絶望したことには.
— 動 (de·spairs /~z/; de·spaired /~d/; -spair·ing /-spé(ə)rɪŋ/) 自《格式》**絶望する**: Never *despair* as long as you are alive! 生きている限り望みを捨てるな / He ***despaired of*** success [ever succeed*ing*]. V+of+名[動名] 彼は成功する望みを失った.
(形 désperate, 名 dèsperátion)

de·spair·ing /dɪspé(ə)rɪŋ/ 形 絶望している, 絶望的な: a *despairing* look 絶望した表情. **~·ly** 副 絶望して.

*__des·per·ate__ /désp(ə)rət/ アク 形 ❶ (人・行動が)**自暴自棄の**, やけくその; **必死の**, 死に物狂いの[で]: a *desperate* criminal やけくそになった犯人 / Hunger made them *desperate*. 空腹のため彼らはやけくそになった / The prisoner made a *desperate* attempt to escape. その囚人は死に物狂いで逃げようと試みた.

❷ [普通は 叙述] (...しようと)**必死で**; (...を)どうしても必要としていて, (...が)欲しくてたまらなくて: Mr. Smith was ***desperate to*** get the union's support. +to 不定詞 スミス氏は組合の支持を得ようと必死だった / He was ***desperate for*** a job. +for+名 彼は必死で仕事を探していた.
❸ (状況が)**絶望的な**, 深刻な, ひどい: He is in a *desperate* state. 彼は最悪の状態だ. (動 despáir)

+**des·per·ate·ly** /désp(ə)rətli/ 副 ❶ **死に物狂いで**, 必死に: The soldiers fought *desperately*. 兵士たちは必死に戦った. ❷ ひどく, すごく: *desperately* poor [tired] ひどく貧しい[疲れた].

des·per·a·tion /dèspəréɪʃən/ 名 U 自暴自棄, やけ; 死に物狂い: in [out of] *desperation* やけになって; 死に物狂いで. (動 despáir)

de·spic·a·ble /dɪspíkəbl, déspɪk-/ 形 《格式》 卑しむべき, 見下げ果てた, 卑劣な.

+**de·spise** /dɪspáɪz/ 動 (de·spis·es /~ɪz/; de·spised /~d/; de·spis·ing) 他 [進行形なし] (...)を**軽蔑**(けいべつ)**する** [≒look down on ...] [⇔ respect]; (...)を嫌悪する: Don't *despise* the poor. 貧しい人たちを見下すな / I ***despise*** him ***for*** refus***ing*** to accept responsibility. V+O+for+動名 私は彼が責任を取ろうとしないのを軽蔑する / *despise* oneself 自己嫌悪する.

***de·spite** /dɪspáɪt/
— 前 ...にもかかわらず(✪ in spite of ... よりもやや格式): They carried out their plan *despite* opposition. 彼らは反対を押し切り計画を実行した / 「*Despite* the fact that I had a cold [Despite having a cold], I went to see him. かぜをひいていたにもかかわらず, 私は彼に会いに行った.
despíte onesèlf [副] 思わず, 意に反して.

de·spoil /dɪspɔ́ɪl/ 動 他 《文語》 (場所・人)から(物を)略奪する (*of*); (...)を荒らす.

de·spon·den·cy /dɪspɑ́(ː)ndənsi | -spɔ́n-/ 名 U 落胆, 気落ち, 意気消沈.

de·spon·dent /dɪspɑ́(ː)ndənt | -spɔ́n-/ 形 落胆した, 気落ちした, みじめな (*about, over*).

des·pot /déspət/ 名 C 専制君主; 暴君.

des·pot·ic /despɑ́(ː)tɪk, dɪs- | -pɔ́t-/ 形 専制的な.

des·po·tis·m /déspətìzm/ 名 U 専制政治, 独裁.

+**des·sert** /dɪzə́ːt | -zə́ːt/ ❗発音 (同音 desert[2]) 名 (des·serts /-zə́ːts | -zə́ːts/) C,U **デザート**(食事, 特に dinner の最後に出る果物・ケーキ・パイ・プディング・アイスクリームなど; ⇒ sweet 名 2, pudding 2): What's ***for dessert***? デザートは何になさいますか / a rich *dessert* こってりしたデザート.

des·sert·spoon /dɪzə́ːtspùːn | -zə́ːt-/ 名 C 《主に英》 デザートスプーン(茶さじと食卓さじの間の大きさ); デザートスプーン1杯分 (*of*).

de·sta·bi·lize /dìːstéɪbəlàɪz/ 動 他 (政府など)を不安定にする.

+**des·ti·na·tion** /dèstənéɪʃən/ 名 (~s /~z/) C **目的地**, 行き先; (荷物などの)届け先, 到着地: the final *destination* 最終目的地, 終点 / a popular tourist *destination* 人気のある旅行先 / The ship reached [arrived at] its *destination* in safety. 船は無事に目的地に着いた / What's your *destination*, sir [ma'am]? どちらまでですか(車内で車掌が乗客に).

des·tined /déstɪnd/ 形 叙述 (前もって)運命づけられた; 前もって定められた: He was *destined to* be their king. 彼は彼らの王となるべき運命であった. **be déstined for ...** [動] 他 (1) ...となる予定[運命]である. (2) (飛行機・品物などが)...行き[向け]である. (名 déstiny)

+**des·ti·ny** /déstəni/ 名 (-ti·nies /~z/) ❶ C [普通は単数形で] (前もって定められた)**運命**, 定め, 宿命(⇒ fate 類義語): It was his *destiny* to die in prison. 獄死するのが彼の宿命であった. ❷ U 運命の力: a sense of *destiny* 使命感.

des·ti·tute /déstət(j)ùːt | -tjùːt/ 形 ❶ 極貧の, 生きるのがやっとの, 貧窮の: *the destitute* 困窮者たち(⇒ the[1] 3). 語法 poor よりもはるかにひどい状態を表わす. ❷ 叙述 《格式》 (...に)欠けている (*of*).

des·ti·tu·tion /dèstət(j)úːʃən | -tjúː-/ 名 U 極貧, 窮乏.

***de·stroy** /dɪstrɔ́ɪ/
— 動 (de·stroys /~z/; de·stroyed /~d/; -stroy·ing) 他 ❶ (...)を**破壊する**, 打ち壊す [⇔ construct]; (文書・証拠など)を破棄する: The storm *destroyed* our school building. あらしで校舎が壊れた / This town *was* completely *destroyed* during the war. V+Oの受身 この町は戦争中に完全に破壊された.
❷ (計画・希望など)を**打ち砕く**, だめにする; (人)を破滅させる: The scandal *destroyed* his political career. そのスキャンダルで彼の政治生命は絶たれた / My dreams ***were destroyed by*** the failure of my father's business. V+Oの受身 私の夢は父の商売の失敗で打ち砕かれた. ❸ 《略式》 (相手)に完勝する, (...)をやっつける. ❹ (病気などの動物)を始末[処分]する. (名 destrúction, 形 destrúctive)

類義語 **destroy** 築き上げたものを壊してだめにする, の意で一般的な語. 建造物や町などのほか, 比喩的に友情・人の一生などをだめにする場合にも用いる. **demolish** 主として建物などをすっかり破壊すること. **ruin** 力で破壊するほかに, 徐々に荒廃させる場合にも用い, すっかりだめになってしまった結果に重点をおく語. **wreck** 乱暴で手荒な手段で破壊すること. ✪ ⇒ break 類義語.

de·stroy·er /dɪstrɔ́ɪə | -strɔ́ɪə/ 名 ❶ C 駆逐艦. ❷ C 破壊する人[物], 破壊者 (*of*).

de·struc·tion** /dɪstrʌ́kʃən/ 名 U **破壊(する[される]こと)** [⇔ construction]; 破滅, 滅亡 [≒ruin]: environmental *destruction* 環境破壊 / the ***destruction of forests 森林破壊[伐採] / weapons of mass *destruction* 大量破壊兵器 / The *destruction of* the bridge was a great blow to this town. 橋が壊れたことはこの町にとって大打撃だった. (動 destróy)
〘⇒ structure キズナ〙

+**de·struc·tive** /dɪstrʌ́ktɪv/ 形 ❶ **破壊的な** [⇔ constructive]; 有害な: a *destructive* force 破壊力 / Acid rain is ***destructive to*** trees. +to+名 酸性雨は樹木に有害である / Rigid rules are ***destructive of*** creativity. +of+名 厳しい規則は創造性を損なう. ❷ 破壊(主義)的な, 非建設的な: *destructive* criticism けちをつけるだけの批評, あら探し. (動 destróy)
~·ly 副 破壊的に, ひどい損害を与えて.
~·ness 名 U 破壊性, 破壊力.

des·ul·to·ry /dés(ə)ltɔ̀ːri | -təri, -tri/ 形 《格式》 とりとめのない, 散漫な, 気まぐれな.

de·tach /dɪtǽtʃ/ 動 他 ❶ (...)を(~から)取りはずす, 切り離す, 分離する [⇔ attach]: Don't *detach* the key *from* the chain. 鎖から鍵を取りはずさないように / Do not *detach.* 切り離さないでください《印刷物などの表示; 目的語は省略》. ❷〔軍隊〕(軍隊・艦隊)を分遣する. — ⾃ 分離する, はずれる (*from*). **detách onesèlf from ...** [動] ⑯ ...から離れる; ...とのかかわりをなくす. (名 detáchment)

de·tach·a·ble /dɪtǽʧəbl/ 形 取りはずせる.

de·tached /dɪtǽʧt/ 形 ❶ 無関心な, かかわりを持たない; (利害などに)とらわれない, 公平な (*from*). ❷《主に英》一戸建ての. ❸ 分離した.

de·tach·ment /dɪtǽʧmənt/ 名 ❶ U 超然としていること, 無関心 (*from*); 公平: with cool *detachment* 平静に. ❷ C〔軍隊〕分遣隊《全体》. ❸ U 取りはずし, 分離, 脱離; 剥離(はくり). (動 detách)

****de·tail** /díːteɪl, dɪtéɪl/

— 名 (~s /~z/) ❶ C (個々の)細かい点, 細目; U 細部《全体》: I remember every ***detail of*** the story. 私は話の細かな点も覚えている / ***down to the last detail*** 最も細かい点に至るまで, 完全に / ***attention to detail*** 細部に対する注意 / She has ***a good eye for detail.*** 彼女は細かいところまでよく見る目がある.

❷ [複数形で] **詳細**, 詳しい情報[説明]: Would you give me some ***details about*** this microwave? この電子レンジの詳しい説明をしていただけませんか / Please send me ***details of*** your advertised holiday tour. 広告に出ていた休日旅行の詳細を送ってください / For further *details* call 466-917. 詳細は466-917 番にお電話を. ❸ C,U (絵画・彫刻などの)ディテール, 細部. ❹ C〔軍事〕(特別任務のための)分遣隊; [U または a ~] 特別任務.

gó ìnto détail(s) [動] ⾃ 細部にわたる, 詳しく述べる (*about, on*).

in détail [副] **細部にわたって**, 詳細に: This subject should be discussed *in detail.* この問題は詳しく論じなければならない.

— 動 ⑯ ❶ (...)を詳しく述べる. ❷《米》(車)を徹底的に掃除する. ❸ [しばしば受身で] (兵士など)を(特定の任務に)つかせる (*to* do).

〖語源 原義は「細かく切る」; ⇒ tailor 語源〗

***de·tailed** /díːteɪld, dɪtéɪld/ 形 **詳細な**, 詳しく述べた[説明した] [⇔ general]: a *detailed* description 詳細な説明 / have a *detailed* discussion 細かい議論をする.

+de·tain /dɪtéɪn/ 動 (de·tains /~z/; de·tained /~d/; -tain·ing) ⑯ ❶ (人)を**勾留**(こうりゅう)**する**, **抑留する**; (人)を入院させておく: One of his friends *was detained* for questioning. V+O の受身 彼の仲間の 1 人が尋問のため勾留された. ❷《格式》(人)を引き止める; 居残りさせる. (名 deténtion)

〖⇒ contain キズナ〗

de·tain·ee /dɪtèɪníː | dìːteɪ-/ 名 C 抑留者, 勾留者《特に政治犯》.

+de·tect /dɪtékt/ 動 (de·tects /-ték(t)s/; -tect·ed /~ɪd/; -tect·ing) ⑯ (器具などを用いて)(隠れているもの)を**見つけ出す**, 発見する, 探知[検出]する [≒discover]; (...)に気づく: *detect* cancer early 早期に癌(がん)を発見する / *detect* the smell of gas ガスのにおいを探知する. (名 detéction)

de·tect·a·ble /dɪtéktəbl/ 形 見つけ出せる, 探知できる.

de·tec·tion /dɪtékʃən/ 名 U 見つけ出す[される]こと, 探知, 発見; 発覚. (動 detéct)

***de·tec·tive** /dɪtéktɪv/ 名 (~s /~z/) C **刑事**; 探偵: a private *detective* 私立探偵.

detéctive stòry [nòvel] 名 C 推理[探偵]小説.

detéctive wòrk 名 U (長期の)捜査, 調査.

de·tec·tor /dɪtéktə | -tə/ 名 C 検出器, 探知器: a smoke *detector* 煙感知器 // ⇒ lie detector.

dé·tente, de·tente /deɪtáːnt/ ≪フランス語から≫ 名 U《格式》(国家間の)緊張緩和, デタント.

+de·ten·tion /dɪténʃən/ 名 (~s /~z/) ❶ U **勾留**(こうりゅう), 抑留. ❷ U 引き止める[られる]こと; U,C (学校での)居残り: get *detention* 居残りさせられる. (動 detáin)

deténtion cènter 名 C (不法入国者などの)収容所; 拘置所.

+de·ter /dɪtə́ː | -tə́ː/ 動 (de·ters; de·terred; -ter·ring /-tə́ːrɪŋ | -tə́ːr-/) ⑯ (恐怖・懸念などを起こさせて)(...)に(~するのを)**やめさせる**, 思いとどまらせる; (...)を阻止[抑止]する: Fear did not ***deter*** him ***from*** rescu***ing*** the drowning child. V+O+*from*+動名 彼は怖くてもひるまずおぼれかかった子供を助けた. (名 detérrence)

de·ter·gent /dɪtə́ːʤənt | -tə́ː-/ 名 C,U 洗剤: wash with *detergent* 洗剤で洗う / synthetic *detergents* 合成洗剤. 関連 soap せっけん.

+de·te·ri·o·rate /dɪtí(ə)riərèɪt/ 動 (-o·rates /-rèɪts/; -o·rat·ed /-ṭɪd/; -o·rat·ing /-ṭɪŋ/) ⾃ **悪くなる**, 悪化する [≒worsen]; 悪化して...になる (*into*): The patient's health *deteriorated* rapidly. その患者の具合が急に悪化した.

de·te·ri·o·ra·tion /dɪtì(ə)riəréɪʃən/ 名 U,C 悪化; (水準などの)低下.

de·ter·mi·nant /dɪtə́ːmɪnənt | -tə́ː-/ 名 C《格式》決定する原因, 決定要素 (*of*).

de·ter·mi·nate /dɪtə́ːmɪnət | -tə́ː-/ 形《格式》限定された [⇔ indeterminate]. (動 detérmine)

de·ter·mi·na·tion** /dɪtə̀ːmənéɪʃən | -tə̀ː-/ 名 (~s /~z/) ❶ U **決断力**; **決心**, 決意, (強い)意志(の力) [≒resolution]: show dogged *determination* 不屈の意志を見せる / Her ***determination to go to college never wavered. +*to* 不定詞 大学へ進もうという彼女の決心は揺らがなかった / with *determination* 断固として. ❷ U,C《格式》決定, 確定: make a ***determination of*** a date 日取りを決める. ❸ U,C《格式》(量・位置などの)測定; 特定 (*of*). (動 detérmine)

****de·ter·mine** /dɪtə́ːmɪn | -tə́ː-/ ❗発音 ❗アク

— 動 (-ter·mines /~z/; -ter·mined /~d/; -ter·min·ing) ⑯ ❶ (調査などで)(事実・原因など)を**特定する**, 明らかにする; (量・位置など)を測定する: The police are trying to ***determine when*** the victim was killed. V+O (*wh* 節) 警察は被害者がいつ殺されたのか特定しようとしている.

❷ (物事が要因となって)(...)を**決定する**, (...)の決め手となる: Prices ***are determined by*** demand. V+O の受身 物の値段は需要によって決まる. ❸ (正式に)(...)を決定する, 確定する: The date for the general meeting has yet to be *determined.* 総会の日程はまだ決定していない. ❹《格式》(...する)決心をする, 決意する《⇒ decide 類義語》: 言い換え She ***determined to*** marry John. = She *determined that* she would marry John. 彼女はジョンと結婚する決心をした. (名 detèrminátion, 形 detérminate)

〖語源 ラテン語で「境界を定める」の意; ⇒ term キズナ〗

***de·ter·mined** /dɪtə́ːmɪnd | -tə́ː-/ 形 **固く決心した**, 断固とした: a very *determined* woman 非常に意志の強い女性 / make a *determined* effort 断固とした努力を

する / The boy was ***determined to*** be a pianist. [+to 不定詞] その少年はピアニストになろうと固く決心していた / They're ***determined*** (***that***) the party will be a success. [+(that)節] 彼らはその会を成功させようと心に決めている.

de·ter·min·er /dɪtə́ːmɪnə | -tə́ːmɪnə/ 名 C 〔文法〕決定詞, 限定詞.

de·ter·min·is·m /dɪtə́ːmɪnɪzm | -tə́ː-/ 名 U 〔哲学〕決定論《すべては前もって決められているとする》.

de·ter·rence /dɪtə́ːrəns | -tér-/ 名 U 《格式》防止, 阻止; 抑止(力): nuclear *deterrence* 核の抑止力, 核抑止(戦略).

de·ter·rent /dɪtə́ːrənt | -tér-/ 名 C (戦争・犯罪などを)阻止するもの (*to, against*); 戦争抑止力《核兵器など》. — 形 限定 妨げる; 戦争抑止の: *deterrent* power 抑止力.

de·test /dɪtést/ 動 他 [進行形なし]《格式》(...)を憎む, ひどく嫌う [≒loathe]: *detest* each other 互いに大嫌いである / She *detests* speak*ing* in public. 彼女は人前で話をするのをひどく嫌う.

de·test·a·ble /dɪtéstəbl/ 形《格式》憎むべき, 大嫌いな. **-a·bly** /-əbli/ 副 憎らしく.

de·throne /dɪθróʊn/ 動 他 (王・皇帝)を退位させる; (人)を権力[トップ]の座から退ける.

det·o·nate /détənèɪt/ 動 他 (大音響とともに)(...)を爆発させる. — 自 爆発する.

det·o·na·tion /dètənéɪʃən/ 名 U,C 爆発.

det·o·na·tor /détənèɪtə | -tə/ 名 C (爆弾の)起爆装置; 起爆剤.

de·tour /díːtʊə | -tʊə/ 名 C 回り道, 迂回路: make [take] a *detour* 回り道をする. — 動 (-tour·ing /-tʊ(ə)rɪŋ/) 自《米》回り道をする (*around, to*). — 他《米》(...)に回り道させる.

de·tox /díːtà(ː)ks | -tɔ̀ks/ 名 ❶ U《略式》(アルコール・麻薬の)依存症患者更正治療: in *detox* 依存症の治療を受けて. ❷ U《略式》解毒, 有害物質除去.

de·tox·i·fi·ca·tion /dìːtà(ː)ksəfɪkéɪʃən | -tɔ̀k-/ = detox.

de·tract /dɪtrǽkt/ 動 [次の成句で] **detráct from ...** [動] 他 [進行形なし] (物事が)...(の価値・よさ・見ばえ)を減じる[損なう]: Your poor presentation *detracts from* the value of your ideas. プレゼンが下手でせっかくのアイデアの値打ちが下がっている.

de·trac·tor /dɪtrǽktə | -tə/ 名 C 中傷[非難]する人.

det·ri·ment /détrəmənt/ 名 U《格式》損害, 損失. **to the détriment of ... = to ...'s détriment** [副]《格式》...を損なって. **withòut détriment to ...** [前]《格式》...を損なわずに.

det·ri·men·tal /dètrəméntl←/ 形《格式》(...に)有害な, 損失を与える (*to*).

de·tri·tus /dɪtráɪtəs/ 名 U《格式》残骸(ざんがい), ごみ; 有機堆積物, デトリタス.

+**De·troit** /dɪtrɔ́ɪt/ 名 固 デトロイト《米国 Michigan 州南部の都市; 自動車工業で有名》.

deuce /d(j)úːs | djúːs/ 名 ❶ C 〔トランプ〕2 の札; (さいころの) 2 の目《⇒ ace 1》. ❷ U,C (テニスなどの)ジュース.

Deutsch·mark /dɔ́ɪtʃmàək | -màːk/ 名 C ドイツマルク《ドイツの旧通貨単位; ⇒ euro》.

de·val·u·a·tion /dìːvæljuéɪʃən/ 名 U,C 平価切り下げ. (動 dèvalue)

de·val·ue /dìːvǽljuː/ 動 他 ❶ (通貨)の平価を切り下げる: *devalue* the currency 平価を切り下げる. ❷ (人・作品など)を低く評価する. — 自 平価切り下げを行なう. (名 dèvaluátion)

dev·as·tate /dévəstèɪt/ 動 他 ❶ (国土など)を荒らす, 荒廃させる; (...)に大損害を与える. ❷ [しばしば受身で] (人)を打ちのめす.

+**dev·as·tat·ing** /dévəstèɪtɪŋ/ 形 ❶ **壊滅的な**, 荒廃させる: a *devastating* heat wave 猛烈な熱波 / a *devastating* effect [impact] 壊滅的影響. ❷ (知らせなどが)ショッキングな. ❸ とてもすばらしい, すごい; 魅力的な. ❹ (議論などが)手きびしい, 痛烈な.

dev·as·ta·tion /dèvəstéɪʃən/ 名 U 荒廃; 惨害.

****de·vel·op** /dɪvéləp/ [アク]

— 動 (-vel·ops /~s/; -vel·oped /~t/; -op·ing) 自 ❶ **発達する, 発展する**, 発育する [≒grow]; 発達[発展, 発育]して...になる: Japan ***developed into*** a major economic power after World War II. [V+into+名] 日本は第二次大戦後経済大国へと発展した [多用] / plants which ***develop from*** seeds [V+from+名] 種から生長する植物 / The baby panda is *developing* well. パンダの赤ちゃんは順調に成長しています. ❷ (病気・問題などが)現われてくる, (新事実が)明らかになる: Cancer *developed* in his stomach. 彼は胃に癌(がん)ができた.

— 他 ❶ (...)を**発達させる, 発展させる; 発育させる:** He *developed* his father's business ***from*** a little shop ***into*** a large department store. [V+O+from+名+into+名] 彼は父の事業を小さな店から大百貨店へと発展させた / Reading *develops* your mind. 読書はあなたの心を成長させる.

❷ (資源・土地・新製品など)を**開発する:** We *developed* nuclear energy for peaceful purposes. 我々は原子力を平和目的のために開発した.

❸ (主題・議論など)を**展開する**, 詳しく述べる: We will *develop* this idea further in the next chapter. この考え方については次章で詳しく述べることにする.

❹ (能力など)を**伸ばす**, (習慣・好み・趣味など)を身につける [≒acquire]: *develop* physical strength 体力をつける / *develop* a taste for wine ワインを好むようになる. ❺ (問題など)を発生させる, (隠れているもの)を明らかにする; (病気)になる[かかる]: My car *developed* engine trouble. 私の車はエンジンの故障を起こした / *develop* a cold かぜをひく. ❻ 〔写真〕(フィルム)を現像する. (名 devélopment)

〘語源 原義は「包みを解く」; ⇒ envelop〙

+**de·vel·oped** /dɪvéləpt/ 形 **発達した**, 発育した; 発展した; 開発された《⇒ developing》[⇔ undeveloped]: *developed* countries [nations] 先進国 / the *developed* world 先進国《全体》/ highly *developed* skills 高度に発達した技能.

+**de·vel·op·er** /dɪvéləpə | -pə/ 名 (~s /~z/) ❶ C **宅地[土地]開発業者**; (製品などの)開発(業)者, 製作者: a property *developer* 不動産開発業者. ❷ C,U 〔写真〕現像液[剤].

***de·vel·op·ing** /dɪvéləpɪŋ/ 形 限定 **発展途上の**, 発展[発達]中の; 発育中の: *developing* countries [nations] 発展途上国 / the *developing* world 発展途上国《全体》.

****de·vel·op·ment** /dɪvéləpmənt/ [アク]

— 名 (-op·ments /-mənts/) ❶ U **発達**, 発育; 発展, 進展 [≒growth]: one's personal *development* 自己啓発 / an important stage in the *development*

of the mind and body of children 子供の心身の発達にとって重要な段階 / industrial [economic] *development* 産業[経済]の発展.
❷ Ⓒ (事件・情勢などの)**進展**, 展開: new *developments* at the summit conference 首脳会談での新たな進展.
❸ Ⓤ (資源・土地・新製品などの)**開発**, 製作; (議論などの)展開: a new vaccine under [in] *development* 開発中の新しいワクチン / the Department of Housing and Urban *Development* 《米》住宅都市開発省 (⇒ department 表).
❹ Ⓒ **発達の結果**, 発展の成果; 新製品[発明, 品種]: the latest ***developments in*** medical science 医学の最近の成果. ❺ Ⓒ 住宅団地; 造成地. ❻ U,C 〔写真〕現像. (動 devélop)

de·vel·op·men·tal /dɪvèləpménṭl←/ 形 [普通は 限定] 発達[発育](上)の; 開発の.

de·vi·ant /díːviənt/ 名 Ⓒ, 形 逸脱した(人); 変質者(の).

de·vi·ate /díːvièɪt/ 動 自 (正しい進路・標準から)それる, はずれる, 離れる, 逸脱する (*from*).

de·vi·a·tion /dìːviéɪʃən/ 名 ❶ U,C (正しい進路・標準から)それること, 逸脱 (*from*). ❷ U,C 〔統計〕偏差; Ⓒ 偏差値: ⇒ standard deviation.

de·vice** /dɪváɪs/ **!**アク 名 (de·vic·es /~ɪz/) ❶ Ⓒ (小さな)**装置**, 仕掛け, 機器, 器具 (⇒ tool 類義語): an electronic *device* 電子機器 / a safety *device* 安全装置 / a ***device for circulation of water = a ***device to*** circulate water +*to* 不定詞 水を循環させる装置. ❷ Ⓒ 方法, 工夫; 企て, 策略 (*for*; *to* do). ❸ Ⓒ 爆弾 [≒bomb].
léave ... to ...'s ówn devíces [動] 他 (人)に思いどおりにやらせる, 勝手にさせる. (動 devíse)

+dev·il /dév(ə)l/ 名 (~s /~z/) ❶ Ⓒ **悪魔**; [the D-] 魔王, サタン [≒Satan] (神の敵で地獄の王): Speak [Talk] of *the devil*, and he will [is sure to] appear. 《ことわざ》悪魔の話をすると悪魔がやって来る(うわさをすれば影がさす). 語法 Ⓢ《略式》では and 以下を略すことが多い // Better *the devil* you know (than the *devil* [one] you don't). 《ことわざ》Ⓢ 知らない悪魔より知っている悪魔の方がよい(未知の危険を冒すよりいやでもなじみの人[状況]を相手にする方が楽である). ❷ Ⓒ《略式》(行儀の悪い)いたずらっ子, 手に負えないやつ (普通は好意を持って用いる): a little *devil* いたずらっ子. ❸ Ⓒ《略式》やつ, 男 [≒fellow]: (the) *poor devil* 気の毒なやつ. ❹ [疑問詞の後で; the ~] Ⓢ《古風》一体: *What the devil* are you doing? 何やってんだ.
a dévil of a ... [形] Ⓢ《古風》ひどい..., ものすごい...: I had *a devil of a* time getting a new job. 私は新しい仕事を得るのにとても苦労した.
Bé a dévil! Ⓢ《英》さあ, 思い切ってやってみな.
betwèen the dévil and the déep blúe séa [形・副] 進退窮まって, にっちもさっちもいかなくて.
由来 この devil は「船の水線付近の板の継ぎ目」という船員用語で深い海すれすれのところに追い込まれて, の意. (形 dévilish)

dev·il·ish /dévəlɪʃ/ 形 悪魔のような, 極悪な; やっかいな; いたずらっぽい. (名 dévil)
~·ly 副 ひどく.

dev·il-may-care /dév(ə)lmeɪkéə | -kéə←/ 形 限定 (態度が)のんきな.

dév·il's ádvocate /dév(ə)lz-/ 名 [単数形で] (議論を面白くするために)わざと反対する人: play [be] *devil's advocate* わざと反対する.

de·vi·ous /díːviəs/ 形 ❶ よこしまな, 不正な. ❷《格式》遠回りした, 曲がりくねった.

+de·vise /dɪváɪz/ 動 (de·vis·es /~ɪz/; de·vised /~d/; de·vis·ing) 他 (方法・手段など)を**考案する**, 考え出す, 工夫する: The cook *devised* a new method for [of] keeping the food warm. その料理人は新しい料理保温法をあみ出した. (名 devíce)

de·void /dɪvɔ́ɪd/ 形 叙述《格式》(...に)欠けている: He is *devoid of* common sense. 彼は常識がない.

dev·o·lu·tion /dèvəlúːʃən, dìːv-/ 名 Ⓤ《格式》(中央政府から地方自治体への)(権限などの)委譲, 移管.

de·volve /dɪvɑ́(ː)lv | -vɔ́lv/ 動 他《格式》(権限・職責など)を(...に)移す, 委譲する (*on, upon, to*). ― 自 ❶《格式》(職責などが)(...に)移る: The work *devolved on* [*upon, to*] me. その仕事は私の肩にかかってきた. ❷〔法律〕(財産が)受け継がれる (*on, upon, to*). ❸《米格式》退化[悪化]する (*into*).

Dev·on /dév(ə)n/ 名 固 デヴォン (英国 England 南西部の州).

+de·vote /dɪvóʊt/ 動 (de·votes /-vóʊts/; de·vot·ed /-ṭɪd/; de·vot·ing /-ṭɪŋ/) 他 (時間・努力・金など)を(ある目的に)**ささげる**, つぎ込む; (特定の場所・時間などを)(...に)あてる [≒dedicate]: He ***devoted*** all his time ⌈***to*** improv***ing*** [***to*** the improvement of] his invention. V+O+*to*+動名[名] 彼は全ての時間を自分の発明品の改良に費やした.
devóte onesèlf to ... [動] 他 **...に専念する**, ...に身をささげる: She *devoted herself to* her sick father. 彼女はひたすら病身の父を世話した.
(名 devótion, 形 devóut)

+de·vot·ed /dɪvóʊṭɪd/ 形 ❶ 限定 **献身的な**; 愛情をささげた; 熱心な: a *devoted* wife 献身的な妻 / a *devoted* friend 親身になってくれる友人.
❷ 叙述 (...に)**専心して**; (...を)たいへん愛して; (物事が)(...を)もっぱら扱って: She's ***devoted to*** her baby. +*to*+名 彼女は赤ちゃんをとてもかわいがっている.
~·ly 副 献身的に; 一心に; 熱心に.

dev·o·tee /dèvətíː/ 名 ❶ Ⓒ 熱心な人, 熱愛者, 愛好家 (*of*). ❷ Ⓒ 熱心な信者 (*of*).

de·vo·tion /dɪvóʊʃən/ 名 ❶ Ⓤ (献身的な)愛情, 熱愛; 傾倒: the *devotion* of a mother *to* her children = a mother's *devotion to* her children 母親の子供に対する愛情. ❷ Ⓤ 専念(すること), 献身: The *devotion* of too much time *to* study will harm your health. あまりに勉強に時間を割(さ)くと健康によくないですよ. ❸ Ⓤ 信仰, 信心. ❹ [複数形で] 祈り, 祈禱(きとう). (動 devóte)

de·vo·tion·al /dɪvóʊʃ(ə)nəl/ 形 限定 礼拝の.

de·vour /dɪváʊə | -váʊə/ 動 (-vour·ing /-váʊ(ə)r-ɪŋ/) 他 ❶ (...)をむさぼり食う, がつがつたいらげる: The tiger *devoured* its prey. とらはえじきをむさぼり食った. ❷ (...)をむさぼり読む, 夢中になって見る[聞く]: I *devoured* the stories of Sherlock Holmes. シャーロックホームズの物語を夢中になって読んだ. ❸《文語》(疫病・災害などが)(...)を滅ぼす, 壊滅させる, (火事が)焼き尽くす [≒destroy]: The city *was devoured by* fire. その町は火事で焼き尽くされた. **be devóured by ...** [動] 他 (強い感情)で心がいっぱいである.

de·vout /dɪváʊt/ 形 ❶ 信心深い, 敬虔(けいけん)な. ❷ 限定《格式》心からの; 熱烈な. (動 devóte)
~·ly 副 ❶ 信心深く, 敬虔(けいけん)に. ❷《格式》熱心に, 心から.

dew /d(j)úː | djúː/ 名 U 露: wet with *dew* 露でぬれて / The *dew* has fallen. 露が降りた.

dew·drop /d(j)úːdrɑ̀(ː)p | djúːdrɔ̀p/ 名 C 露のしずく.

dew·y /d(j)úːi | djúːi/ 形 (dew·i·er; -i·est) 露を帯びた, 露にぬれた.

dex·ter·i·ty /dekstérəṭi/ 名 U 器用さ; 機敏さ.

dex·ter·ous /dékstərəs, -trəs/ 形 《格式》 (手先の) 器用な; 巧みな; 機敏な. **~·ly** 副 器用に.

dex·trose /dékstroʊs/ 名 U 〘化学〙 ぶどう糖.

dex·trous /dékstrəs/ 形 = dexterous.

DH 略 = designated hitter.

Di /dáɪ/ 名 固 ダイ《女性の名; Diana の愛称》.

di- /daɪ/ 接頭 「2, 2 倍, 2 重」の意: *di*lemma ジレンマ / *di*oxide 二酸化物.

D

+**di·a·be·tes** /dàɪəbíːtiːz/ 名 U **糖尿病**.

di·a·bet·ic /dàɪəbéṭɪk←/ 形 糖尿病の; 糖尿病患者(用)の. — 名 C 糖尿病患者.

di·a·bol·ic /dàɪəbɑ́(ː)lɪk | -bɔ́l-←/ 形 = diabolical 1.

di·a·bol·i·cal /dàɪəbɑ́(ː)lɪk(ə)l | -bɔ́l-←/ 形 ❶ 残忍な, 極悪非道な. ❷ 《英略式》 ひどい, いやな.

di·a·dem /dáɪədèm/ 名 C 《文語》 王冠.

+**di·ag·nose** /dàɪəgnóʊs, -nóʊz/ 動 (-ag·nos·es /~ɪz/; -ag·nosed /~d/; -ag·nos·ing) 他 (人·病気)を**診断する**; (原因·問題点)を明らかにする: The doctor ***diagnosed*** my illness ***as*** pneumonia. V+O+*as*+名 医者は私の病気を肺炎と診断した / I ***was diagnosed with*** [***as*** hav***ing***] lung cancer. V+O+*with*+名[*as*+動名]の受身 私は肺癌(がん)と診断された.

+**di·ag·no·sis** /dàɪəgnóʊsɪs/ 名 (複 di·ag·no·ses /-siːz/) C,U 〘医学〙 **診断** (*of*); C 診断書: make [give] a *diagnosis* 診断する.

di·ag·nos·tic /dàɪəgnɑ́(ː)stɪk | -nɔ́s-←/ 形 [普通は 限定] 診断の[に用いる].

di·ag·o·nal /daɪǽgən(ə)l/ 形 対角線の, 対角を結ぶ; 斜線の, 斜めの (*to*). 関連 horizontal 水平な / vertical 垂直の. — 名 C 対角線; 斜線. **-nal·ly** /-nəli/ 副 対角線の方向に; 斜めに.

+**di·a·gram** /dáɪəgrǽm/ 名 C **図**, 図形, 図表, 図式: draw a ***diagram of*** a building 建物の図を描く.
(形 dìagrammátic)
— 動 (-grams; -grammed, -gramed; -gram·ming, -gram·ing) 他 (...)を図で示す.

di·a·gram·mat·ic /dàɪəgrəmǽṭɪk←/ 形 [普通は 限定] 図形[図表, 図解, 図式]の. (名 díagràm)

+**di·al** /dáɪ(ə)l/

> **意味のチャート**
> ラテン語で「日 (day) の」の意; (日時計) 「**時計の文字盤**」→「**ダイヤル**」名 →「(ダイヤルを回して) **電話をかける**」動 となった.

— 名 (~s /~z/) C (時計·羅針盤の)**文字盤**, (各種計器の)目盛り盤; (電話·ラジオなどの)ダイヤル《⇒ push button》: turn a *dial* to the right ダイヤルを右へ回す.

— 動 (di·als /~z/; di·aled, 《英》 di·alled /~d/; -al·ing, 《英》 -al·ling) 他 (ダイヤル·押しボタンを使って)(番号·人·会社·場所など)に**電話をかける**: Will you *dial* 362-3061? 362 局の 3061 番へかけてください《three six two, three 0 /óʊ/ six one と読む》/ *Dial* the police at once. すぐ警察に電話をしなさい / *dial* 911 《米》 = 《英》 *dial* 999 (警察·消防署へ)緊急電話をする《日本の 110 番, 119 番に相当する》. 語法 911 は níne òne óne, 999 は níne nìne níne と読む. — 自 電話をかける.

díal úp [動] 他 (1) (...)に(電話回線で)接続する. (2) (...)を強める, 上げる.

di·a·lect /dáɪəlèkt/ 名 C,U (ある地域の)方言; (特定の階層などの)方言: speak a Southern *dialect* 南部方言を話す.

di·a·lec·tic /dàɪəléktɪk/ 名 [U または複数形で単数扱い] 〘哲学〙 弁証法.

di·a·lec·ti·cal /dàɪəléktɪk(ə)l←/ 形 弁証(法)的な.

dí·al·ling còde /dáɪəlɪŋ-/ 名 C 《英》 = area code.

díalling tòne 名 《英》 = dial tone.

di·a·log /dáɪəlɔ̀ːg, -lɑ̀(ː)g | -lɔ̀g/ 名 C,U 《米》 = dialogue.

díalog bòx 名 C 〘コンピュータ〙 ダイアログボックス《次の操作へ進む際に使用者に応答を求める画面上の枠》.

*__di·a·logue__ /dáɪəlɔ̀ːg, -lɑ̀(ː)g | -lɔ̀g/ 名 (~s /~z/) ❶ C,U (小説·演劇·映画などの)**対話**(の部分); 対話劇《⇒ monologue 2》.
❷ C,U (二者間の正式な)**対話, 意見交換**, 会談: ***dialogues between*** the two leaders 2 人の指導者間の対話 / The mayor tried to have a ***dialogue with*** the citizens. 市長は市民との対話を持とうと努めた《✪ talk(s) の方が一般的》.

> **単語のキズナ** LOG／話す＝speak
>
> | | | | |
> |---|---|---|---|
> | dialogue | (2 人の間で話すこと) | → | 対話 |
> | monologue | (1 人でしゃべること) | → | 独白 |
> | prologue | (前に話す言葉) | → | プロローグ |
> | catalogue | (完全に話す, 一覧にする) | → | カタログ |
> | apology | (言い訳をすること) | → | わび |
> | logic | (議論の進め方) | → | 論理 |

díal tòne 名 [the ~] 《米》 (電話の)発信音《電話がかけられることを知らせる》 [《英》 dialling tone].

di·al·y·sis /daɪǽləsɪs/ 名 U 〘医学〙 透析.

+**di·am·e·ter** /daɪǽməṭə | -tə/ アク 名 (~s /~z/) ❶ C **直径**《⇒ circle 挿絵》: 言い換え The circle is three feet ***in diameter***. = The circle has a *diameter* of three feet. その円は直径 3 フィートある《✪ in diameter では無冠詞》. 関連 radius 半径. ❷ C 〘光学〙 倍率: This microscope magnifies 600 *diameters*. この顕微鏡は 600 倍だ.

di·a·met·ri·cal·ly /dàɪəmétrɪkəli/ 副 完全に: *diametrically* opposed [opposite] 正反対で.

+**di·a·mond** /dáɪ(ə)mənd | dáɪə-/ アク 名 (-a·monds /-mənʣ/) ❶ C,U **ダイヤ(モンド)**; [形容詞的に] ダイヤモンド(製)の: a *diamond* ring [necklace] ダイヤの指輪[ネックレス]. ❷ C ダイヤモンド[ひし]形. ❸ C 〘トランプ〙 ダイヤの札; [~s としてときに単数扱い] ダイヤの組: the king of *diamonds* ダイヤのキング. 関連 club クラブ / heart ハート / spade スペード. ❹ C 〘野球〙 内野 [≒infield]; 野球場.

a díamond in the róugh [名] 《米》 不作法だが[洗練されていないが]優れた素質のある人 [《英》 a rough diamond]; 手をかけると値打ちの出るもの.

díamond annivérsary 名 C 《主に米》 ダイヤモンド婚式[記念日]《結婚 60[75]周年》.

di·a·mond·back /dáɪ(ə)məndbæ̀k | dáɪə-/ 名 C ひしもんがらがらへび《北米産》.

díamond júbilee 名 C 60[75]周年記念祭.

Di·an·a /daɪǽnə/ 名 固 ❶ 〘ローマ神話〙 ディアナ, ダイアナ《月と狩猟の女神; ⇒ goddess 表》. ❷ ダイアナ

《女性の名; 愛称は Di》.

di·a·per /dáɪ(ə)pə | dáɪəpə/ 名 C 《米》(赤ん坊の)おむつ [《英》 nappy]: disposable *diapers* 紙おむつ / change a baby's *diaper(s)* 赤ちゃんのおむつを取り替える / *diaper* rash おむつかぶれ.

di·aph·a·nous /daɪǽfənəs/ 形 《文語》(布などが)透き通って見える.

di·a·phragm /dáɪəfræ̀m/ 名 ❶ C 〔解剖〕横隔膜. ❷ C ペッサリー《女性用避妊具》. ❸ C (受話器・スピーカーなどの)振動板; 〔写真〕(レンズの)絞り.

di·ar·rhe·a, di·ar·rhoe·a /dàɪəríːə | -ríə/ 名 U 下痢: I have severe [terrible] *diarrhea*. ひどい下痢だ.

di·a·rist /dáɪərɪst/ 名 C 日記をつける人; 日記作家.

****di·a·ry** /dáɪ(ə)ri/ !発音

— 名 (-a·ries /~z/) ❶ C **日記**, 日誌: She keeps a *diary*. 彼女は(習慣として)日記をつけている / He wrote it in his *diary* for April 20. 彼はそのことを4月20日の日記に書いた. ❷ C 《英》(カレンダー式の)手帳 [《米》 datebook].

類義語 diary が著者自身の経験・出来事・感想などを中心にしたものをいうのに対して, **journal** は多少公的な記録に用いることが多い.

di·as·po·ra /daɪǽspərə/ 名 U 《格式》(集団などの)国外離散[移住]; 国外離散した集団[人々].

di·a·tribe /dáɪətràɪb/ 名 C 《格式》痛烈な非難[攻撃, 批判], 酷評.

dibs /díbz/ 名 複 《米略式》権利: have first *dibs on* it それを一番にもらえる[使える, する]権利がある.

dice /dáɪs/ 名 ❶ C (複 ~) さいころ; 小立方体: throw [roll, shake] the *dice* さいころを投げる[転がす, 振る].
語法 元来は die² の複数形だが, 普通は2個1組として用いるので, 単数形 die はあまり用いない. 単数を示すときはしばしば one of the *dice* か a *dice* という. ❷ U ダイス, さいころ遊び: play *dice* さいころ遊びをする. **nó díce** [形] Ⓢ 《古風, 主に米》だめだ《拒否の返答》; 無理だ. — 動 他 (野菜など)をさいの目に切る (*up*).
díce with déath [動] 自 大きな危険を冒(おか)す.

dic·ey /dáɪsi/ 形 《略式》危うい, 危なっかしい.

di·chot·o·my /daɪkɑ́(ː)ṭəmi, dɪ- | -kɔ́t-/ 名 (-o·mies) C 《格式》二分(される相違), 対立 (*between*).

dick /dík/ 名 C 《卑語》ペニス《⇒ taboo word》.

Dick /dík/ 名 固 ディック《男性の名; Richard の愛称》.

dick·ens /díkɪnz/ 名 = devil 4.

Dick·ens /díkɪnz/ 名 固 Charles ~ ディケンズ (1812-70)《英国の作家》.

dick·er /díkə | -kə/ 動 (-er·ing /-k(ə)rɪŋ/) 自 《主に米》取り引きする, 値切る (*about, over*).

dick·y·bird /díkibə̀ːd | -bə̀ːd/ 名 C 《英小児語》小鳥ちゃん.

dicta 名 dictum の複数形.

+dic·tate¹ /díkteɪt, dɪktéɪt | dɪktéɪt/ ✪ 名詞の dictate² とアクセントの傾向が違う. 動 (**dic·tates**/díkteɪts, dɪktéɪts | dɪktéɪts/; **dic·tat·ed** /-ṭɪd/; **dic·tat·ing** /-ṭɪŋ/)
他 ❶ (...)を**口述[口授]する**, 口で言って書き取らせる: The president often **dictates** letters **to** his secretary. V+O+*to*+名 その社長はよく秘書に手紙を口述する. ❷ (権力により)(条件など)を課する, 押しつける, 命令[指図]する (*to*): He wants to *dictate how* I should behave. 彼は私のふるまい方を指図したがる. ❸ (物事が)(...)を決定する, (...)に影響する.
— 自 **口述[口授]する**.
díctate to ... [動] 他 [しばしば受身で] (頭ごなしに)...に命令する, 指図する: I won't *be dictated to* by anyone. 私は誰にも指図されたくない.
(名 dictátion, díctate²)
〖語源 ラテン語で「繰り返し言う」の意; ⇒ dictionary キズナ〗

dic·tate² /díkteɪt/ ✪ 動詞の dictate¹ とアクセントの傾向が違う. 名 C [普通は複数形で] 《格式》(良心などの)命令, 指図 (*of*). (動 dictate¹)

dic·ta·tion /dɪktéɪʃən/ 名 ❶ U 書き取り, ディクテーション; C,U 書き取りのテスト[文]: an exercise in *dictation* 書き取りの練習 / do an English *dictation* 英語の書き取りをする. ❷ U 口述: take *dictation* 口述を書き取る. (動 dictate¹)

+dic·ta·tor /díkteɪṭə, dɪktéɪ- | dɪktéɪtə/ 名 (~s /~z/) C [軽蔑的] **独裁者**, 専制者; (一般に)独裁的な人, ワンマン《⇒ one-man 日英》: a merciless *dictator* 無慈悲な独裁者.

dic·ta·to·ri·al /dìktətɔ́ːriəl←/ 形 [軽蔑的] 独裁者の, 独裁的な; 尊大な, ワンマンな.

+dic·ta·tor·ship /dɪktéɪṭəʃɪp, díkteɪ- | dɪktéɪtə-/ 名 (~s /~s/) ❶ C,U **独裁政治[政権]**; 独裁 (*of*). ❷ C 独裁国家.

dic·tion /díkʃən/ 名 ❶ U 話し方. ❷ U 〔修辞〕ことばづかい, 語法, 言い回し.

***dic·tio·nar·y** /díkʃənèri | -n(ə)ri/

— 名 (-nar·ies /~z/) C **辞書**, **辞典**, 字引; 事典: an English *dictionary* 英語の辞書 / 「an English-Japanese [a Japanese-English] *dictionary* 英和[和英]辞典 / a ***dictionary of*** biology 生物学事典 / Look up the word in your *dictionary*. その語を辞書で引きなさい / consult [refer to] a *dictionary* 辞書を引く / a walking *dictionary* 生き字引 / There is no such word as "impossible" in my *dictionary*. 私の辞書には「不可能」などということばはない《フランスの皇帝ナポレオン (Napoleon) 一世の言ったことばと伝えられる》.
〖語源 ラテン語で「ことばの本」の意; ⇒ diction〗

単語のキズナ　DICT／言う＝say

dictionary	(ことばの本)	→	**辞書**
dictate	(繰り返し言う)	→	**書き取らせる**
pre**dict**	(前もって言う)	→	**予言する**
contra**dict**	(反対して言う)	→	**否定する**
ver**dict**	(真実を言うこと)	→	**評決**

dic·tum /díktəm/ 名 (複 **dic·ta** /díktə/, ~s) ❶ C 格言, 金言. ❷ C (公式の)見解, 言明.

*****did¹** /(弱形) dɪd; (強形) díd/

— 助 **do¹ の過去形**《⇒ -'d³》.
A [直説法過去形] ✪ 用法について詳しくは ⇒ do¹.
❶ [否定文で]: We *did not* go there yesterday. 私たちはきのうそこへ行かなかった.
❷ [疑問文で]: *Did* you finish it? 終わりましたか.
❸ /díd/ [be 動詞以外の動詞の代用として]: You should *write* as I *did* (= as I *wrote*). 私が書いたように書きなさい / "I *left* my umbrella at her house." "Oh, 「you *did* [*did* you]?" 「彼女のうちに傘を忘れてきた」「え, そうなの」.
❹ [主節の述語動詞が過去時制のとき, 従属節に用いて; ⇒ **巻末文法** 14.2 (4)]: 言い換え She said she *did*n't like cats. (= She said, "I *don't* like cats.")

彼女は猫が好きではないと言った.
❺ /díd/ [文中の述語動詞を強調する; ⇒ do¹ 3 語法]: "I didn't break the vase." "Who *díd* break it, then?" 「僕は花びんを割ってないよ」「じゃあ一体だれが割ったのよ」.
❻ [副詞(句)が強調のため文頭にきたとき; ⇒ **巻末文法** 15.2 (2)] 《格式》: *Seldom did* he visit his mother. 彼が母親を訪れることはめったになかった.
B [仮定法過去形] (事実はそうではないのだが)(仮に)… **しない[でない]とするならば** 《not を伴って現在の事実と反対の条件を表わす》: *If* I *didn't* trust you, I *would*n't tell you the secret. もし私があなたを信用していないなら, その秘密を打ち明けたりはしない.

did² /díd/ 動 do² の過去形.

di·dac·tic /daɪdǽktɪk/ 形 ❶ 《格式》 教訓的な. ❷ 《格式》 [軽蔑的] お説教がましい, 教師然とした.

did·dle /dídl/ 動 他 《英略式》 (人)から(金などを)だまし取る (*out of*). — 自 《米略式》 ぶらぶら過ごす (*around*); (…を)いじって遊ぶ (*with*).

did·n't /dídnt/ 《略式》 did¹ not の短縮形: The party *didn't* visit London. 一行はロンドンを訪れなかった.

die¹ /dáɪ/ !発音
— 動 (同音 Di, dye) (dies /~z/; died /~d/; dy·ing /dáɪɪŋ/) 自 ❶ (動物が) **死ぬ**, (植物が) **枯れる** 《⇒ 類義語》 [⇔ live]: My grandfather *died* in 2005. 祖父は 2005 年に亡くなった / Her son *died* in an accident. 彼女の息子は事故で死んだ / *die* for one's country 祖国のために死ぬ / These flowers will soon *die*. この花はもうすぐ枯れそうだ.
❷ [補語を伴って] …の状態で死ぬ: *die* happy [poor] 幸せのうちに[貧しさの中で]死ぬ / *die* a hero 英雄として死ぬ / Those whom God loves *die* young. 《ことわざ》 神の愛する者は若くして死ぬ(佳人薄命).
❸ 消える, 滅びる, なくなる: Mary's love for Tom will never *die*. メアリーのトムへの愛情は消えることはないだろう / The secret *died* with her. 秘密は彼女の死とともに葬られた.
❹ 《略式》 (機械が)突然止まる, 動かなくなる.
— 他 (…な死に方)をする: *die a* natural *death* 自然死をする.
be dýing for … [動] 他 Ⓢ …が欲しくてたまらない: I'*m dying for* a glass of cold water. 私は冷たい水を1杯飲みたくてたまらない.
be dýing of … [動] 他 (1) (病気・けがなど)で死にかけている 《⇒ 句動詞 die of …》. (2) Ⓢ (空腹など)で死にそうだ, ひどく…だ.
be dýing to dó [動] Ⓢ …したくてたまらない: I'*m dying to* see that movie. 私はあの映画が見たくてたまらない.
díe hárd [動] 自 (古い考え・習慣などが)なかなか消えない[なくならない] 《⇒ diehard》.
díe in one's **béd** [動] 自 (病気・老衰で)寿命で死ぬ, 「畳の上で死ぬ」.
díe láughing [動] 自 Ⓢ 笑いこける.
I could have díed. = I néarly [《米》 **júst**] **díed.** Ⓢ 死ぬかと思った 《驚き・恥ずかしさなどで》.
Néver sày díe! Ⓢ 弱音(よわね)をはくな.
to díe fòr [形] 《略式》 何としても欲しくなるような, とてもすばらしい: a view *to die for* すてきな眺め.
(名 death, 形 dead)

> **die¹ の句動詞**
> **díe awáy** 動 自 (音が)徐々に聞こえなくなる; (光などが)見えなくなる; (風などが)少しずつ静まる.
> **díe báck** 動 自 (植物が)枯れて根だけ残る.
> +**díe dówn** 動 自 (音などが) **小さくなる**, 静まる; (風などが)衰える; (火が) **下火になる**; (興奮などが)冷める: Gradually the noise from the party upstairs *died down*. 2 階のパーティーのやかましい音は次第に静かになった.
> ✱**díe of [from] …** 動 他 (病気・けが・事故など)が**もとで死ぬ**: He *died of* [*from*] cancer [hunger]. 彼は癌(がん)[飢え]で死んだ / The policeman *died from* [*of*] gunshot wounds. その警官は弾丸の傷がもとで亡くなった. 語法 die of は「病気などで死ぬ」場合に, die from は「けがなどがもとで死ぬ」場合に用いるといわれることがあるが, 実際には区別されていない.
> **díe óff** 動 自 次々と死ぬ, 死に絶える.
> +**díe óut** 動 自 ❶ **死に絶える**, 絶滅する: Dinosaurs suddenly *died out* about 65 million years ago. 恐竜は 6500 万年ほど前に突然絶滅した. ❷ (習慣などが)廃(すた)れる.

類義語 **die** 死ぬことを意味する最も単刀直入なことば. **be killed** 事故・戦争などで死ぬ場合に用いる: She *was killed* in a car accident. 彼女は自動車事故で死んだ. **pass away** [on] 「死ぬ」ということばを嫌って遠回しにいう言い方. **perish** 《格式》 または新聞でよく用いる語. 突然の災害などで苦しい死に方をすることをいう: Many people *perished* because of famine. 多くの人がききんで死んだ.

die² /dáɪ/ 名 (複 dice /dáɪs/) Ⓒ さいころ. 語法 次の句以外は普通は複数形の dice を用いる 《⇒ dice 語法》: The *die* is cast. さいは投げられた(いよいよ始まった, もう後へは引けない) 《⇒ Rubicon》.

die·hard /dáɪhὰəd | -hὰːd/ 名 Ⓒ 頑強な保守主義者; [形容詞的に] 頑強な, 保守的な; (支持などが)根強い.

+**die·sel** /díːs(ə)l, -z(ə)l | -z(ə)l/ 名 (~s /~z/) ❶ Ⓤ **ディーゼル燃料**. ❷ Ⓒ ディーゼル車[機関車, 船].

díesel èngine 名 Ⓒ ディーゼルエンジン.

díesel fùel [òil] 名 Ⓤ = diesel 1.

di·et¹ /dáɪət/
— 名 (di·ets /-əts/) ❶ Ⓒ,Ⓤ (日常の) **食物**, **常食**: eat [have] a balanced *diet* バランスのとれた食事をとる / a vegetarian *diet* 菜食 / a *diet of* rice and fish 米と魚の食事.
❷ Ⓒ **ダイエット**, 食事[食餌(しょくじ)]療法, 食事制限; (療養・健康・美容などのための)規定食: *be* [*go*] *on a diet* ダイエットをしている[始める] / follow a salt-free *diet* 無塩食だけを食べる / You must stick to your *diet*. 決まった食事以外はとらないように. ❸ [単数形で] [軽蔑的] 決まって与えられるもの, お決まりのもの: grow up on *a diet of* video games テレビゲームばかりして育つ. (形 díetàry)
— 動 自 ダイエットをする.

+**di·et²** /dáɪət/ 名 Ⓒ [普通は the D-] (日本・デンマークなどの) **国会**, 議会 《⇒ congress 表》: *The Diet* is now sitting. 国会は今開会中だ.

+**di·et·ar·y** /dáɪətèri | -təri, -tri/ 形 [普通は 限定] **食物[食事]の**: *dietary* fiber 食物繊維. (名 díet¹)

di·et·er /dáɪəṭə | -tə/ 名 Ⓒ ダイエットをしている人.

di·e·ti·tian, -ti·cian /dàɪətíʃən/ 名 Ⓒ 栄養学者;

栄養士.

+**dif·fer** /dífə | -fə/ アク 動 (dif·fers/~z/; dif·fered /~d/; -fer·ing /-f(ə)rɪŋ/) 自 ❶ [進行形なし] **異なる**, 違う [≒be different] (⇒ vary 1 語法): Tastes *differ*. 《ことわざ》人の好みはいろいろと違うもの / 言い換え Your answer *differs* greatly *from* mine. V+from+名 (= Your answer is greatly different from mine.) あなたの答えは私のとは大きく違う / The two sisters *differ in* looks. V+in+名 その二人の姉妹は顔だちが違う / English *differs from* Japanese *in* hav*ing* articles. V+from+名+in+動名 英語は冠詞があるという点で日本語と異なる / The educational system *differs from* country *to* country. V+from+名+to+名 教育制度は国によって異なる (⇒ from 1 語法 (3)). ❷ 意見が合わない, 一致しない [≒disagree]: They *differed on* the method. 彼らはやり方のことで意見が合わなかった / I *differ with* [*from*] him *about* [*on, over*] this problem. 私はこの問題については彼と考えが異なる.

I bég to dífer. Ⓢ《格式》失礼ながら賛成いたしかねます. (名 dífference, 形 dífferent)
〖⇒ offer キズナ〗

****dif·fer·ence** /díf(ə)rəns/ アク
— 名 (-fer·enc·es /~ɪz/) ❶ C,U **違い**, **相違**, 相違点 [⇔ similarity]: There are lots of *differences between* Japan and the United States. 日本と米国には多くの違いがある / tell [see] the *difference* 違いを見分ける / What's the *difference*? どこが違うの? 《ときに「それがどうしたの(かまわないじゃない)」の意味になる》.
❷ U [ときに a ~] **差**; 差額: the *difference in* temperature *between* London and Paris ロンドンとパリの気温の差 / 「A *difference in* age [An age *difference*] doesn't matter. 年齢差は問題ではない / "What is 「the time *difference* [the *difference in* time] *between* Tokyo and San Francisco?" "Seventeen hours." 「東京とサンフランシスコの時差はどのくらいですか」「17 時間です」 ❸ C [しばしば複数形で] 意見の対立; 不和 [≒disagreement]: We have our *differences* about the plan. 私たちの間にはその計画について意見の対立がある / settle [resolve] one's *differences* 不和を解決する / a *difference* of opinion 意見の対立.

màke a dífference [動] 自 **違いを生む**, **影響する**, **重要である**; 区別する: It *makes* 「*a* big *difference* [all the *difference*] which way you go. あなたがどちらへ行くかで話が大きく違ってくる / It 「***makes*** no [doesn't *make* any] ***difference to*** me. それは私にとっては全然問題ではない[どうでもいいことだ] / What is it that will ***make*** the ***difference between*** success and failure? 成功と失敗を分けるものは何だろうか.

Sáme dífference. Ⓢ 同じようなものだ《相手の細かい区別立てなどに対することば》.

splít the dífference [動] 自 (条件などの)間を取る, 歩み寄る; 半分ずつ負担する.

with a dífference [形] [名詞の後に用いて]《略式》(新しい)特色のある, 一味違った: a drama *with a difference* 一味違った劇.
(動 dífer, 形 dífferent, dìfferéntial)

****dif·fer·ent** /díf(ə)rənt/ アク
— 形 ❶ **違った**, 異なった [⇔ similar]: Their way of thinking is very *different from* ours. +from+名 彼らの考え方は私たちとはかなり異なる 多用 / The two opinions are slightly *different in* this respect. +in+名 その 2 つの意見はこの点において少し違っている / She looks *different* today. 彼女は今日は別人のようだ.

> 語法 **different の使い方**
> different に続く前置詞は from が普通であるが,《英》では to,《米》や《略式》では than を用いることもある. ただし後に節が続くときには than が好まれる: Nancy is quite a ***different*** girl ***than*** she was five years ago. +than+節 ナンシーは 5 年前とはすっかり違った少女になっている / Students are quite *different* 「*than* they used to be [from what they used to be]. 学生は以前とはすっかり変わった.

❷ 限定 **別々の**, 別個の; **別の** [≒another]: boys in *different* age groups 別々の年齢層の少年たち / I consulted a *different* doctor. 私は別の医者に見てもらった.
❸ 限定 [複数名詞とともに] **いろいろな**, さまざまな [≒various]: There are *different ways* of giving up smoking. たばこをやめるにはいろいろな方法がある / *Different people* have *different ideas*. 人それぞれの考えがあるものだ. ❹ Ⓢ 普通でない, 変わった.

Thát's dífferent. それは違うよ《相手の発言に異論を唱え, その理由を述べる言い方》.
(動 dífer, dìfferéntiàte, 名 dífference)

dif·fer·en·tial /dìfərénʃəl/ 名 C《格式》(数量などの)差; (賃金)格差; 〔数学〕微分. — 形 限定《格式》相違を示す, 差別的な. (名 dífference)

díferential cálculus 名 U〔数学〕微分学 (⇒ integral calculus).

+**dif·fer·en·ti·ate** /dìfərénʃièɪt/ 動 (-ti·ates /-èɪts/; -ti·at·ed /-ṭɪd/; -ti·at·ing /-ṭɪŋ/) 他 ❶ (...)を**区別する**, 見分ける [≒distinguish]: You need to ***differentiate*** facts ***from*** opinions. V+O+from+名 あなたは事実と意見を区別する必要がある. ❷ (性質などが)(...)を(他から)区別する, (...)の特徴となる: What *differentiates* cheese *from* butter? チーズとバターはどこが違うのか.
— 自 ❶ 区別をする, 見分ける: I cannot *differentiate between* the twins. 私にはその双子の区別がつかない. ❷ 差別する (*between*). (形 dífferent)

dif·fer·en·ti·a·tion /dìfərènʃiéɪʃən/ 名 U 区別.

+**dif·fer·ent·ly** /díf(ə)rəntli/ 副 **違ったように**, 異なって: She always wants to dress *differently from* her sister. 彼女はいつも姉とは違う感じの服装をしたがる.

****dif·fi·cult** /dífɪk(ə)lt, -kʌ̀lt | -k(ə)lt/ アク
— 形 ❶ **難しい**, **困難な** (⇒ 類義語) [⇔ easy, simple]: a *difficult* problem 難問 / It's a very ***difficult*** job ***for*** us. それは私たちにとってとても難しい仕事だ / ***It's*** very ***difficult*** (***for*** me) ***to*** tell the difference. その違いを見分けるのは(私には)非常に難しい / The question is not so ***difficult to*** answer. +to 不定詞 その質問はそれほど答えにくいものではない. 語法 この場合 to 不定詞の動詞は他動詞で, 前の名詞がその意味上の目的語である (⇒ to² B 6 語法).
❷ **問題の多い**, 苦しい, やっかいな: These are *difficult* times for farmers. 近ごろは農家にとっては苦しい時代だ. ❸ (人が)扱いにくい; 気難しい; 気難しくする: a *difficult* child 扱いにくい子 / Don't be so *difficult*! そ

D

んなに難しいことを言わないで. (名 difficùlty)
類義語 **difficult** 複雑で技術を要するような難しさをいう. また次の *hard* より少し堅苦しい語である. **hard** あらゆる意味の難しさについて用いられる意味の広い語であるが, 特に大きな労力や努力を要する難しさをいう. **tough** *hard* と同様骨の折れる困難さを表わす.
〘⇒ office キズナ〙

****dif·fi·cul·ty** /dífɪk(ə)lti, -kʌ̀l- | -k(ə)l-/ ⚠アク
— 名 (-cul·ties /~z/) ❶ U **難しさ, 苦労** [⇔ ease]: I ***had*** great ***difficulty*** [no ***difficulty***] (*in*) get*ting* the tickets. そのチケットを入手するのはとても大変だった[ごく簡単だった] / He *has difficulty* (*in*) hear*ing*. 彼は耳が遠い. 語法 (1) have *difficulty to* do のように不定詞を伴うことはない. (2) 名詞を伴うときは前置詞は with: I *have* ***difficulty with*** some English sounds. 私は英語のいくつかの発音には苦労する // He became aware of the *difficulty of* earn*ing* a living. 彼は生計を立てることの難しさに気づいた / She answered my questions ***with difficulty***. 彼女はどうにかこうにか私の質問に答えた / The boy solved the problem ***without difficulty***. 少年はその問題を難なく解いた / a high level of *difficulty* 難易度が高いこと.
❷ C **難しいこと, 困難**, 問題; [U または複数形で] 難局, 苦境; 財政的な困難: due to technical *difficulties* 技術上の問題により / The *difficulty* is explaining [to explain] it plainly. 難しいのはそれをわかりやすく説明することだ / We encountered many ***difficulties in*** feed*ing* the tropical fish. 熱帯魚を飼うにはいろいろと難しいことがあった / ***experience difficulties*** 困難にあう / ***face difficulties*** 困難に直面する / ***overcome difficulties*** 困難を乗り越える / *Difficulties* arose in the construction of the subway. 地下鉄の建設にはいろいろと問題が生じた / My firm is ***in*** financial ***difficulty*** [***difficulties***] now. 私の会社は今金に困っている / ***get*** [***run***] ***into difficulty*** [***difficulties***] 困難に陥る. (形 dífficult)

dif·fi·dence /dífədəns, -dns/ 名 U 遠慮がちなこと, 内気, 気おくれ; 自信のなさ [⇔ confidence].

dif·fi·dent /dífədənt, -dnt/ 形 自信がない, 内気な, おずおずした; 遠慮がちな (*about*) [⇔ confident].
~·ly 副 自信なさそうに; 遠慮がちに.

dif·fuse¹ /dɪfjúːz/ 動 他 ❶ (光・熱など)を拡散[発散]させる. ❷ (知識など)を広める, 普及させる. ❸ (権力など)を分散させる; (悪感情など)を和らげる. — 自 ❶ 拡散する. ❷ (知識などが)広まる, 普及する.

dif·fuse² /dɪfjúːs/ 形 ❶ 拡散した, 広がった. ❷ (文体などが)冗漫な, ことば数の多い.

dif·fu·sion /dɪfjúːʒən/ 名 ❶ U 拡散, 発散. ❷ U 普及.

****dig** /díg/
— 動 (digs /~z/; 過去・過分 dug /dʌ́g/; dig·ging)
他 ❶ (地面・穴など)を**掘る**, 掘り起こす[返す]: *dig* a hole [grave] 穴[墓]を掘る / The gardener is *digging* the ground in preparation for planting. 庭師は植え付けの準備に土地を掘り返している / They *dug* a tunnel *through* the mountain. V+O+前+名 彼らはその山にトンネルを掘った.
❷ (土の中などから)(...)を**掘り出す**, 発掘する: *dig* potatoes じゃがいもを掘る. ❸ 《古風, 俗》(...)が気に入る; (...)がわかる.
— 自 ❶ **土を掘る**, 掘り抜く, 穴を掘る: They *dug* *under* the sea to build a tunnel to the island. V+前+名 彼らはその島へのトンネルを作るために海底を掘り抜いた. ❷ (かき分けて)捜す (*around*; *in*, *through*).

dig の句動詞
díg for ... 動 他 ...を探して掘る; (手がかりなど)を探る.
díg ín 動 自 ❶ 《略式》食べ始める. ❷ 〔軍隊〕ざんごうを掘って入る. — 他 (肥料)を土中に混ぜ込む.
díg onesèlf ín [動] 自 = dig in 自 2.
díg into ... 動 他 ❶ ...の中を捜す; ...を詳しく調べる. ❷ (物が)...に食い込む. ❸ 《略式》...を食べ始める. ❹ 《略式》(資金など)に手をつける.
díg ... ínto ~ 動 他 ❶ (...)を~に突き立てる: The child *dug* his fingers *into* the sand. その子供は指を砂の中へ突っ込んだ. ❷ (肥料)を(土)に混ぜ込む.
díg óut 動 他 ❶ (...)を(~から)掘り出す (*of*). ❷ (...)を捜し出す.
+**díg úp** 動 他 ❶ (物)を**掘り出す**; (土地)を**掘り起こす**; 発掘する: My dog *dug up* a bone. 私の犬が骨を掘り出した.
❷ (事実など)を**探り当てる**: He *dug up* some information about the suspect's past. 彼は容疑者の過去に関するいくつかの情報を探り出した.

— 名 ❶ C 当てつけ, 当てこすり: have [take] a *dig* at ... ...にいやみを言う. ❷ C ひと突き, こづき: give ... a *dig* (人)をつつく. ❸ C 掘ること; (考古学の)発掘(場所). ❹ [複数形で] 《米略式》住まい; 《古風, 英略式》下宿.

+**di·gest¹** /daɪʤést, dɪ-/ ⚠アク 名詞の digest² とアクセントが違う. 動 (di·gests /-ʤésts/; -gest·ed /~ɪd/; -gest·ing) 他 ❶ (食物)を**消化する**: Food *is digested* in the stomach. V+O の受身 食物は胃の中で消化される. ❷ (意味など)をよく理解する, 会得する: Read the poem several times and *digest* it. その詩を何回か読んで鑑賞しなさい. — 自 (食物が)消化される: Do boiled eggs *digest* easily? ゆで卵は消化がいいですか. (他 1, 自 では 名 digéstion; 形 digéstive)

di·gest² /dáɪʤest/ ⚠アク 動詞の digest¹ とアクセントが違う. 名 C 要約, ダイジェスト; (小説などの)あら筋: a *digest of* today's news きょうのニュースのダイジェスト.

di·gest·i·ble /daɪʤéstəbl, dɪ-/ 形 消化しやすい; 理解しやすい [⇔ indigestible].

+**di·ges·tion** /daɪʤésʧən, dɪ-/ 名 (~s /~z/) U **消化(作用)**; C,U 消化力: I have a good [poor] *digestion*. 私は胃が丈夫だ[弱い]. (動 digést¹ 他 1, 自)

di·ges·tive /daɪʤéstɪv, dɪ-/ 形 限定 消化の, 消化力のある, 消化を助ける. (動 digést¹ 他 1, 自)

digéstive sỳstem 名 [the ~] 消化(器)系.

dig·ger /dígɚ | -gə/ 名 C 掘る人; 掘削機械.

dig·i·cam /díʤɪkæm/ 名 C 《略式》デジカメ (digital camera).

dig·it /díʤɪt/ 名 ❶ C 数字《0 から 9 までのアラビア数字》: a four-*digit* number = a number with four *digits* 4 桁(けた)の数字. ❷ C 〔解剖〕(手・足の)指.
〘語源 ラテン語で「指」の意; 指で数えることから〙

***dig·i·tal** /díʤətl/ 形 ❶ 限定 **デジタル(式)の**, 数字で表示する [⇔ analog]: *digital* books 電子書籍 / *digital* audiotape ⇒ DAT. ❷ 《格式》指の, 指状の.

dígital cámera 名 C デジタルカメラ, デジカメ.

dígital clóck 名 C デジタル置き[掛け]時計.

dígital compúter 名 C デジタルコンピューター.

関連 analog computer アナログコンピューター.
dígital divíde 名 [the ～] 情報[デジタル]格差《インターネットなどの利用者と非利用者の間に生じる》.
dig·i·tal·ly /díʤəṭəli/ 副 デジタル方式で.
dígital recórding 名 C,U デジタル録音.
dígital télevision 名 U デジタルテレビ放送; C デジタルテレビ(受像機).
dígital wátch 名 C デジタル腕時計.
dig·i·tize /díʤətàɪz/ 動 他 (データなど)をデジタル化する.
dig·ni·fied /dígnəfàɪd/ 形 品位のある, 高貴な; 威厳のある, 堂々とした.
dig·ni·fy /dígnəfàɪ/ 動 (-ni·fies; -ni·fied; -fy·ing) 他 (...)に威厳をつける; (...)を高貴にする; (...)にもったいをつける: The house *is dignified by* [*with*] a great elm tree. その家は大きなにれの木があって立派に見える. (名 dígnity)
dig·ni·tar·y /dígnətèri | -təri, -tri/ 名 (-tar·ies) C 高官, 高位の人.
+**dig·ni·ty** /dígnəṭi/ 名 ❶ U **威厳**, 重々しさ, 品位: a person of *dignity* 気品のある人 / face one's death ***with dignity*** 堂々と死と向き合う.
❷ U **尊さ**, 尊厳; 自尊心, 誇り, 体面: human *dignity* 人間の尊厳 / A great man [woman] can maintain his [her] *dignity* in any state. 偉大な人はどんな状態においても誇りを保つことができる / die ***with dignity*** 尊厳をもって死ぬ.
be benèath ...'s **dígnity** [動] ...の体面にかかわる.
stánd on one's **dígnity** [動] 自《格式》もったいぶる. (動 dígnify)
di·gress /daɪgrés/ 動 自 (話·文章で)横道へそれる, 本筋を離れる, 脱線する (*from*).
di·gres·sion /daɪgréʃən/ 名 C,U (話·文章が)横道にそれること, 余談, 脱線 (*from*).
dike, dyke /dáɪk/ 名 ❶ C 堤防; 土手. ❷ C 溝(みぞ), 水路 [≒ditch].
di·lap·i·dat·ed /dɪlǽpədèɪṭɪd/ 形 (建物などが)荒れ果てた, 崩れかかった; (家具などが)がたがたの.
di·lap·i·da·tion /dɪlæ̀pədéɪʃən/ 名 U 荒廃, 崩壊; 破損.
di·late /dáɪleɪt, daɪléɪt | daɪléɪt/ 動 自 (血管·瞳孔(どうこう)などが)広がる, 膨張する. — 他 (血管·瞳孔など)を広げる, 膨張させる. **dílate on [upòn]** ... [動] 他《格式》...を詳しく話す[書く], ...を敷衍(ふえん)する.
di·la·tion /daɪléɪʃən, dɪ-/ 名 U 膨張, 拡張.
dil·a·to·ry /dílətɔ̀ːri | -təri, -tri/ 形《格式》遅い, 遅々とした; 引き延ばしの.
+**di·lem·ma** /dɪlémə, daɪ-/ 名 (～s /～z/) C **ジレンマ**, 板挟み《選択の困難な窮地》: She was ***in a dilemma*** (⌐***as to*** [***about***]) whether to defend the company ***or*** quit the job. 彼女は会社を弁護するか仕事をやめるかのジレンマに陥っていた.
be on the hórns of a dilémma [動] 自 ジレンマに陥っている.
dil·et·tante /dìlətɑ́ːnṭi, -tǽn- | -tǽn-/ 名 (複 ～s, **dil·et·tan·ti** /dìlətɑ́ːnṭi, ～taɪ/) C [軽蔑的] ディレッタント《美術や文学の素人(しろうと)の愛好家》, 素人評論家.
dil·i·gence /díləʤəns/ 名 U《格式》勤勉, 精勤 (*in*): study *with diligence* 勤勉に学ぶ.
dil·i·gent /díləʤənt/ !アク 形《格式》(人が)勤勉な, 熱心な; せっせと励む《特に興味や関心を持っていることに対して; ⇒ industrious》; (仕事などが)丹念な: a *diligent* pupil よく勉強する生徒 / She is very *diligent in* her work. 彼女は大変仕事熱心だ.
～·ly 副《格式》熱心に, せっせと.
dill /díl/ 名 U ディル, いのんど《実や葉は香辛料》.
díll píckle 名 C (dill で味付けした)きゅうりのピクルス.
+**di·lute** /daɪlúːt, dɪ-/ 動 (**di·lutes** /-lúːts/; **di·lut·ed** /-ṭɪd/; **di·lut·ing** /-ṭɪŋ/) 他 ❶ (液体)を(水などで)**薄める**, 希釈する: He ***diluted*** the whiskey ***with*** water. V+O+*with*+名 彼はウイスキーを水で割った. ❷ (効力など)を弱める, (質)を下げる.
— 形 限定 (酸などが)薄めた, 希釈した.
di·lu·tion /daɪlúːʃən, dɪ-/ 名 U,C 薄める[弱める]こと; C 希釈液.
+**dim** /dím/ 形 (**dim·mer**; **dim·mest**) ❶ (明かり·光·場所などが)**薄暗い** [⇔ bright]: the *dim* light of a lamp ランプの薄暗い明かり / The moon is *dim* on a hazy night. かすみのかかった夜の月は薄暗い.
❷ (姿などが)**ぼんやりした**, はっきりしない; (記憶が)おぼろげな: We saw the *dim* shape of a tower in the mist. 霧の中にぼんやりした塔の形が見えた / I have only *dim* memories of my father. 私は父のことはかすかに覚えているだけだ. ❸ (目が)かすんだ, よく見えない: Her eyesight is getting *dim* with age. 彼女の視力は年とともに弱くなってきている. ❹ (見通しなどが)はっきりしない, 見込み薄の. ❺《略式》頭が鈍い.
— 動 (**dims**; **dimmed**; **dim·ming**) 他 ❶ (...)を薄暗くする; ぼんやりさせる: She *dimmed* the lights of her room. 彼女は部屋の明かりを薄暗くした. ❷ (感情など)を弱める. ❸《米》(ヘッドライト)を下に向ける [《英》dip].
— 自 ❶ 薄暗くなる. ❷ (感情などが)弱まる.
*__dime__ /dáɪm/ 名 (～s/～z/) C《米·カナダ》**10 セント貨**《⇒ coin 表》: He had only three *dimes* left. 彼は 30 セントしか残っていなかった.
be a díme a dózen [動] 自《米略式》ありふれている, 価値がない [《英》be two [ten] a penny]. 由来 1 ダース 10 セント(という安物)の意.
on a díme [副]《米略式》狭い所で; すばやく.
〖語源 ラテン語で「10 分の 1」の意〗
+**di·men·sion** /dɪménʃən, daɪ-/ 名 (～s /～z/) ❶ C (縦·横·高さの) **寸法** [≒size]: a room with the following *dimensions*: 18 ft. long, 14 ft. wide, 8 ft. high 次の寸法の部屋: 縦 18 フィート, 横 14 フィート, 高さ 8 フィート / What are the ***dimensions of*** the box? 箱の寸法はどのくらいか.
❷ C [普通は複数形で] (問題などの)**大きさ**, 規模, 範囲; 重要性: a disaster of vast *dimensions* 大規模な災害.
❸ C **局面**, 様相 [≒aspect]: a new *dimension* 新局面 / a political *dimension* 政治的な(側)面. ❹ C 〔数学·物理〕次元: the third *dimension* 第 3 次元.
+**di·men·sion·al** /dɪménʃ(ə)nəl/ 形 [合成語で] **...次元の**: ⇒ three-dimensional.
díme stòre 名 C《古風, 米》日用[安物]雑貨店.
+**di·min·ish** /dɪmínɪʃ/ 動 (-ish·es/～ɪz/; -min·ished /～t/; -ish·ing) 他 ❶ (...)を**減らす**, 少なくする [≒lessen]: The war *diminished* the wealth of the country. 戦争はその国の富を減らした. ❷ (人·業績など)の重要性を下げる, おとしめる.
— 自 **減少する**, 少なくなる: His interest in golf gradually *diminished*. 彼はゴルフに対する興味をだんだんと失っていった. (名 dìminútion)
〖語源 ラテン語で「小さくする」の意; ⇒ minute¹ キズナ〗
di·min·u·en·do /dɪmìn(j)uéndoʊ | -nju-/ 形 副〔音

D

楽》ディミニュエンド《次第に弱く(なる)》. ― 名 (~s) C ディミニュエンドの音[一節] [⇔ crescendo].

dim·i·nu·tion /dìmən(j)úːʃən | -njúː-/ 名 C,U 《格式》減少(額), 縮小 (*of, in*). (動 dimínish)

di·min·u·tive /dɪmínjʊṭɪv/ 形 《格式》とても小さい, 小柄な. ― 名 ❶ C 愛称《親しみを表わす呼び名; Robert に対して Bob, Margaret に対して Meg など》. ❷ C 〔文法〕指小語《-let や -ie のように小さいこと, かわいらしさを示す接辞をつけて作った語; 例 pig*let* 子豚, dogg*ie* わんわん》; 指小辞.

dim·ly /dímli/ 副 薄暗く; ぼんやりと, かすかに.

dím·mer swìtch /dímə- | -mə-/ 名 C 調光器《照明の明るさを調節する装置》.

dim·ple /dímpl/ 名 ❶ C えくぼ. ❷ C 小さいくぼみ. ― 動 自 えくぼを作る[見せる].

dim·pled /dímpld/ 形 えくぼのある.

din /dín/ 名 [U または a ~] (連続的な)やかましい音, 騒音: above the *din* 騒音に負けないで. ― 動 (dins; dinned; din·ning) [次の成句で] **dín ... into ~** [動] 他 (...)を~にやかましく言い聞かせる.

Di·nah /dáɪnə/ 名 固 ダイナ《女性の名》.

*__dine__ /dáɪn/ 動 (dines /~z/; dined /~d/; din·ing) 自 《格式》**ディナーを食べる**; 食事をする: I will *dine* ⌈*with* Mr. Brown [*at* Mr. Brown's] this evening. V+*with* [*at*]+名 今晩はブラウン氏と[ブラウン氏宅で]食事をする // ⇒ wine and dine (wine 動 成句).

díne on [òff] ... [動] 他 《格式》(特に高価なもの)を食事にとる.

díne óut [動] 自 《格式》外食する; ディナーに招待されて出かける.

díne óut on ... [動] 他 《英略式》(食事中に)(おもしろい経験など)を話して人を楽しませる. (名 dínner)

〖語源 元来は「断食をやめる」の意; ⇒ breakfast 語源〗

din·er /dáɪnə | -nə/ 名 ❶ C (レストランで)食事をする人[客]. ❷ C 《米》(カウンターのある)軽[安]食堂.

di·nette /daɪnét/ 名 C 《米》(台所の一部などに作られた)小食堂.

ding·dong /díŋdɔ̀ːŋ | -dɔ̀ŋ/ 名 ❶ U じゃんじゃん, ごーんごーん《鐘の音》; ピンポン《ドアベルの音》. ❷ [a ~] 《英略式》激しい応酬[けんか].

din·ghy /díŋ(g)i/ 名 (din·ghies) ❶ C ディンギー《甲板のない小型ヨット; ⇒ yacht 日英》. ❷ C 小ボート; 救命ボート: a rubber *dinghy* ゴムボート.

din·gy /díndʒi/ 形 (din·gi·er; -gi·est) (建物・場所などが)くすんだ, すすけた, 薄汚い.

dín·ing càr /dáɪnɪŋ-/ 名 C 食堂車 [《英》restaurant car].

+**díning ròom** 名 (~s /~z/) C (家・ホテルなどの)**食堂**, ダイニングルーム.

díning tàble 名 C (家具としての)食卓.

dink·y /díŋki/ 形 (din·ki·er; -ki·est) ❶ 《米略式》ちっぽけな. ❷ 《英略式》小さくてかわいい.

***din·ner /dínə | -nə/

― 名 (~s /~z/) ❶ U,C **ディナー**《1 日のうちでの主要な食事; ⇒ meal¹ 参考》: We usually have [eat] *dinner* at seven. 私たちは普通は 7 時にディナーを食べる / make [cook] *dinner* ディナーをつくる / 💬 "What would you like *for dinner*?" "I'd like roast beef if possible." 「ディナーは何がいいですか?」「できればローストビーフがいいです」 / Let's ask [invite] the Browns to *dinner*. ブラウン一家をディナーに招こう / Would you like to go out for [to] *dinner* tomorrow? 明日ディナーに行きませんか / *Dinner* is ready [served]. ディナーの用意ができました / We had [ate] a splendid *dinner* that evening. その晩は私たちはすばらしいディナーを食べた. 語法 形容詞に修飾される場合を除いては動詞の have や前置詞の at, to などの後では普通は冠詞をつけない // a Christmas *dinner* クリスマスディナー. ❷ C **晩餐**(ばんさん)**会**; 夕食会 (dinner party): They held a *dinner* for the new president. 彼らは新しい社長のために晩餐会を催した. (動 dine)

dínner jàcket 名 C 《英》タキシード [≒ tuxedo].

dínner pàrty 名 C (自宅に招いてする)夕食会.

dínner sèrvice [sèt] 名 C 《英》(ディナー用)食器類一式.

dínner tàble 名 [the ~] ディナーの席[機会]; (食事が用意された[食事中の])食卓《⇒ dining table》.

dínner thèater 名 C 《米》ディナーシアター《食事の後観劇のできるレストラン》.

din·ner·time /dínəṭàɪm | -nə-/ 名 U ディナーの時間.

+**di·no·saur** /dáɪnəsɔ̀ə | -sɔ̀ː/ 名 (~s /~z/) ❶ C **恐竜**《古生物》. ❷ C 時代遅れのもの[人].

dint /dínt/ 名 C [次の成句で] **by dínt of ...** [前] 《格式》...の力で, ...によって: He succeeded *by dint of* hard work. 彼は努力により成功した.

di·oc·e·san /daɪá(ː)səs(ə)n | -ɔ́s-/ 形 限定 司教[主教]管区の.

di·o·cese /dáɪəsɪs/ 名 C 司教[主教]管区《⇒ cathedral》.

di·ode /dáɪoʊd/ 名 C 〔電子工学〕ダイオード.

Di·o·ny·sus /dàɪənáɪsəs/ 名 固 〔ギリシャ神話〕ディオニュソス《酒の神; ⇒ god 表》.

+**di·ox·ide** /daɪá(ː)ksaɪd | -ɔ́k-/ 名 C,U 〔化学〕**二酸化物**: carbon *dioxide* 二酸化炭素.

di·ox·in /daɪá(ː)ks(ə)n | -ɔ́k-/ 名 C,U 〔化学〕ダイオキシン《毒性の強い有機塩素化合物》.

+**dip** /díp/ 動 (dips /~s/; dipped /~t/; dip·ping) 他

> **意味のチャート**
> deep (深い)と同語源で「深く下ろす」→「**浸す**」❶ → (ちょっと浸して上げる) →「**すくい上げる**」❹

❶ (...)を**ちょっと浸す**, ちょっとぬらす; (何かを取るために)(手など)を(...に)入れる: He ***dipped*** his hands ***in*** the basin. V+O+前+名 彼は両手をちょっと洗面器の中につけた / She ***dipped*** the cloth ***into*** the water and wiped the table. 彼女はふきんを水につけてテーブルをふいた. ❷ (頭など)をかがめる; 《英》(ヘッドライト)を下に向ける [《米》dim]. ❸ (家畜など)を殺菌液に浸す. ❹ (さじ・手などで)(液体)をすくい上げる, くみ取る: *dip* water *out of* a bucket バケツから水をくみ出す.

― 自 ❶ (物・数量が)(急に)下がる, (日が)沈む [≒ sink]; (土地・道路などが)下方に傾斜する, 下る: The sun is going to *dip below* the horizon. 今まさに太陽が地平線に沈むところだ. ❷ (水などに)ちょっと潜(もぐ)る.

díp ínto ... [動] 他 (1) ...をちょっと調べる; ...にざっと目を通す. (2) ...に手を入れ(て中のものを取)る. (3) (貯金など)に手をつける.

― 名 ❶ C,U ディップ《ポテトチップス・生野菜などにつけて食べるクリーム状のソース》. ❷ C (ちょっと)浸すこと; 《略式》ひと泳ぎ: take a *dip* in the lake 湖でひと泳ぎする. ❸ C (物・数量が)下がること, 下降; (土地などの)沈下, 傾斜; くぼみ: a *dip in* prices 物価の下落 / a *dip in* the road 道のくぼみ. ❹ U,C (家畜などの)殺菌液. ❺ C S 《米》ばか, まぬけ. ❻ [a ~] ざっと調べる[目を通す]こと (*into*).

diph·the·ri·a /dɪfθí(ə)riə/ 名 U 〘医学〙ジフテリア.

diph·thong /dífθɔːŋ | -θɔŋ/ 名 C 〘音声〙二重母音 (⇒ つづり字と発音解説 16).

+**di·plo·ma** /dɪplóʊmə/ 名 (~s /~z/) ❶ C **卒業[修了]証書**; 学位記: a high school *diploma* 高校の卒業証書. ❷ C 免許状 (*in*).

+**di·plo·ma·cy** /dɪplóʊməsi/ アク 名 ❶ U **外交**: avoid a war through *diplomacy* 外交を通じて戦争を回避する. ❷ U 外交的手腕, 人扱いのうまさ, 如才なさ. (形 diplomátic)

*__dip·lo·mat__ /dípləmæ̀t/ アク 名 (-lo·mats /-mæ̀ts/) ❶ C **外交官**: She is a *diplomat* at the French embassy. 彼女はフランス大使館勤務の外交官だ. ❷ C 外交的手腕のある人, 人扱いのうまい人, 外交家. (形 diplomátic)

*__dip·lo·mat·ic__ /dìpləmǽṭɪk/ アク 形 ❶ 限定 [比較なし] **外交の**, 外交上の; 外交官の: establish [break off] *diplomatic* relations with ... ...と外交関係[国交]を結ぶ[断つ]. ❷ [よい意味で] 外交的手腕のある, 人扱いのうまい, 如才のない (*with*). (名 diplómacy, díplomàt)

-mat·i·cal·ly /-kəli/ 副 外交上, 外交的に; そつなく.

diplomátic còrps 名 [the ~] 外交団 (ある国に駐在している外交官全員). ✪ corps の発音については ⇒ corps.

diplomátic immúnity 名 U 外交官の免除特権 (課税・逮捕などを免れる権利).

dip·per /dípɚ | -pə/ 名 ❶ C ひしゃく (液体をすくう道具). ❷ [the D-] (主に米) 北斗七星 [(英) the Plough]. ❸ C 水中に潜る鳥 (かわがらすなど).

dip·py /dípi/ 形 (略式) ばかな, いかれた.

dip·so·ma·ni·ac /dìpsəméɪniæ̀k/ 名 C アルコール依存症患者 [≒alcoholic].

dip·stick /dípstɪ̀k/ 名 ❶ C 計量棒 (エンジンオイルの量を測るゲージなど). ❷ C (略式) ばか, まぬけ.

dire /dáɪɚ | dáɪə/ 形 (dir·er /dáɪ(ə)rɚ | -rə/; dir·est /dáɪ(ə)rɪst/) ❶ (必要・危険などが)差し迫った; 極度の, ひどい: in *dire* need of food 食糧が緊急に必要で / be in *dire* straits ひどい窮境にある. ❷ 恐ろしい; 不吉な: a *dire* warning 恐ろしい警告.

di·rect /dərékt, dàɪrékt/

— 形 (more ~, di·rect·er; most ~, di·rect·est) ❶ 限定 [比較なし] **直接の**, 直接的な, じかの [⇔ indirect]; (親族が)直系の: I've been in *direct* contact with him. 私は彼と直接連絡をとっている / have a *direct* impact on ... ...に直接影響を与える / as a *direct* result of the storm あらしの直接の結果として / *direct* sunlight 直射日光 / *direct* descendants 直系の子孫たち.

❷ [普通は 限定] **一直線の**, 真っすぐの [≒straight]; 直行する [⇔ indirect]: a *direct* route 直行ルート / a *direct* flight (from Tokyo) to Paris (東京から)パリへの直行便. ❸ 率直な, 単刀直入の (⇒ frank¹ 類義語) [⇔ indirect]: a *direct* answer 率直な返事 / a *direct* manner 単刀直入の態度. ❹ 限定 全くの, 絶対の; (引用などが)そのままの: the *direct* opposite 正反対.

— 副 **真っすぐに**, 直行して; 直接に: This plane flies *direct* to London. この飛行機はロンドンへ直行する / The publisher sends the books *direct* to the readers. 出版社はその本を読者に直送する.

— 動 (di·rects /-rékts/; -rect·ed /~ɪd/; -rect·ing) 他

意味のチャート
ラテン語で「真っすぐに向ける」の意.
→ (視線を)「向ける」❶
→「方向を教える」❹ → 「指図する」❺
→ (わき道へそれないように)「指揮する」❷, ❸

❶ (注意・視線など)を(...に)**向ける**; (ことば・批判など)を(...に)向けて言う: He ***directed*** all his energies ***to*** the completion of his own research. V+O+前+名 彼は自分の研究の完成に全精力を傾けた / Nancy ***directed*** her eyes ***toward*** the building. ナンシーは目をその建物の方へ向けた / They ***directed*** their attacks ***against*** our seaports. 彼らは攻撃を我々の海港に向けた / Her remarks *were* not ***directed at*** me. V+O+前+名の受身 彼女の発言は私に向けたものではなかった.

❷ (...)を**指導する**, 管理する, 監督する [≒control]: Mr. Smith is *directing* the investigation. スミス氏がその調査の指揮をとっている.

❸ (映画・演劇・テレビ番組など)を**演出する**, 監督する; (演奏)を指揮する [≒conduct]: Who *directed* the play? その演劇の演出をしたのはだれですか.

❹ (人)に(...への)**道を教える** (⇒ guide 類義語): Could you ***direct*** me ***to*** the Empire State Building? V+O+*to*+名 エンパイアステートビルへ行く道を教えてくださいませんか.

❺ (格式) (...)を**指図する**, 命令する (order や command ほど意味は強くない; ⇒ order 類義語): 言い換え The general ***directed*** the soldiers ***to*** treat the prisoners well. V+O+C (*to* 不定詞) = The general ***directed that*** the soldiers (*should*) *treat* the prisoners well. V+O (*that* 節) 将軍は兵士たちに捕虜をちゃんと扱うよう指図した (⇒ should A 8). ❻ (手紙など)を(...に)あてて送る[書く] (*to*).

— 自 (映画などを)演出する, 監督する. (名 diréction)

[⇒ correct キズナ]

diréct áction 名 U 直接行動 (ストライキ・デモなど).

diréct cúrrent 名 U 〘電気〙直流 (略 DC). 関連 alternating current 交流.

diréct débit 名 C,U (英) 自動振替, 口座引き落とし.

diréct depósit 名 U (米) (給与)自動振込.

di·rec·tion /dərékʃən, daɪ-/

— 名 (~s /~z/)

意味のチャート
「真っすぐに向けること」(⇒ direct 意味のチャート)
→「方向」❶
→「指示」❷

❶ C,U **方向**, (東西南北の)方角; (活動・発展などの)方面, 傾向: The ship sailed away ***in the direction of*** Hawaii. その船はハワイの方向へ行った (✪ ×to the direction of とは言わない) / She walked ***in*** my ***direction***. 彼女は私の方に歩いてきた / go ***in*** the opposite [wrong] *direction* 反対の[間違った]方へ行く / have a good [bad, poor] ***sense of direction*** 方向感覚がよい[方向音痴だ] / His business expanded in all *directions*. 彼の事業はあらゆる方面へと発展した.

❷ [複数形で] (行動・道筋などの)**指示**, 指図; (薬・道

具などの)**使用法:** ask a policeman for ***directions to*** the station 警官に駅への道を尋ねる / Could you ***give*** me ***directions to*** the Imperial Hotel? 帝国ホテルへ行く道順を教えていただけませんか / ***Follow the directions*** on the bottle. びんに書いてある使用法通りにすること. ❸ Ⓤ 監督, 管理; 指導; 演出: under ...'s *direction* = under the *direction* of ... ...の管理のもとで, ...の指導で. ❹ Ⓤ (人生の)方針, 目的意識: He *lacks direction*. 彼はどうしたいのか目標がはっきりしない. (動 diréct, 形 diréctional)

di·rec·tion·al /dərékʃ(ə)nəl, daɪ-/ 形 方向の; 〔通信〕指向性の(ある): a *directional* antenna 指向性アンテナ. (名 diréction)

+**di·rec·tive** /dəréktɪv, daɪ-/ 名 (~s /~z/) Ⓒ **指令** (*on*): a presidential *directive* 大統領の指令. ― 形 《格式》指示をする, 指導的な.

di·rect·ly /dəréktli, daɪ-/

― 副 ❶ **直接に**, じかに [⇔ indirectly]: Put it *directly* on the skin. それをじかに肌にはりなさい / I want to speak *directly* to people who suffered the tsunami disaster. 私は津波で被災した人々に直接語りかけたい.

❷ **真っすぐに**; どこにも立ち寄らずに: go *directly* to the station 駅へ真っすぐに行く / She looked *directly* at her teacher. 彼女は先生を真っすぐ見た / Is there a bus that goes *directly* to Leeds? リーズ行きの直行バスはありますか.

❸ **ちょうど**, まさに: almost *directly* overhead ほとんど真上に / The church is *directly* opposite our school. 教会は私たちの学校の真向かいにある. ❹ 率直に, あからさまに: answer *directly* 率直に答える. ❺ すぐに, じきに: *directly* after the game 試合のすぐ後に.

― 接 /しばしば drékli/ 《英》...するとすぐに.

diréct máil 名 Ⓤ ダイレクトメール.

diréct márketing 名 Ⓤ 直接販売.

di·rect·ness /dəréktnəs, daɪ-/ 名 Ⓤ 率直さ.

diréct óbject 名 Ⓒ 〔文法〕 直接目的語 (⇒ **巻末文法** 1.2 (4)).

di·rec·tor /dəréktə, daɪ- | -tə/

― 名 (~s /~z/) ❶ Ⓒ **管理者**; **重役**, **取締役**; 指導者; (研究所などの)所長, (官庁の)局長, 長官; 部長: a board of *directors* 重役会議, 理事会 / the *director* of an institute 研究所の所長.

❷ Ⓒ (映画・演劇・ラジオ・テレビ番組などの)**監督**, **演出家**, ディレクター (⇒ producer); (音楽の)指揮者 [≒ conductor]: stage *director* 演出家, 舞台監督.

di·rec·tor·ate /dəréktərət, daɪ-, -trət/ 名 Ⓒ [《英》単数形でもときに複数扱い] 重役会, 理事会 (全体); (省庁の)局, 部, 課.

diréctor géneral 名 Ⓒ 《英》 (公的機関などの)総裁, 長官, 会長.

di·rec·to·ri·al /dərèktɔ́:riəl, dàɪrek-⁻/ 形 限定 監督の, 演出家の.

di·rec·tor·ship /dəréktəʃɪp, daɪ- | -tə-/ 名 Ⓒ 管理者[重役]の職[任期].

+**di·rec·to·ry** /dəréktəri, daɪ-, -tri/ 名 (-to·ries /~z/) ❶ Ⓒ **名簿** (普通は住所も併記してある): look up a name in the *directory* 名簿で名前を調べる. ❷ Ⓒ 電話帳 [≒ phone book]. ❸ Ⓒ 〔コンピュータ〕 ディレクトリー.

diréctory assístance 名 Ⓤ 《米》 電話番号案内 [《英》 directory enquiries].

diréctory enquíries 名 複 [しばしば単数扱い] 《英》 = directory assistance.

diréct spéech 名 Ⓤ 〔文法〕 直接話法 (⇒ **巻末文法** 14.1).

diréct táx 名 Ⓒ,Ⓤ 直接税.

dirge /də́:ʤ | də́:ʤ/ 名 ❶ Ⓒ 葬送歌, 哀歌, 悲歌. ❷ Ⓒ (ゆっくりすぎて)退屈な歌[曲].

***dirt** /də́:t | də́:t/ 名 ❶ Ⓤ **ほこり**, ごみ [≒ dust]; 汚物, 汚いもの, よごれ; 《略式》 糞(ふん): Wash the *dirt* off your face. 顔のよごれを洗い落としなさい / Her apron was covered with *dirt*. 彼女のエプロンには汚いものがいっぱいついていた / dog *dirt* 犬の糞.

❷ Ⓤ **泥** [≒ mud]; 土 [≒ soil]: He brushed the *dirt* off [from] his trousers. 彼はズボンの泥を払い落とした / play in (the) *dirt* 泥んこの中で遊ぶ. ❸ Ⓤ 《略式》 悪口, スキャンダル: dig up *dirt* on the politician その政治家の悪いネタを探し出す. ❹ Ⓤ わいせつな文章[映像, ことば].

dísh the dírt [動] 自 悪いうわさを立てる (*on*).

hít the dírt [動] 自 《略式》 (危険を避けて)身を伏せる. (形 dírty)

dírt bàg 名 Ⓒ 《米略式》 いやなやつ.

dírt bìke 名 Ⓒ オフロードバイク.

dirt cheap /də́:ttʃí:p | də́:t-⁻/ 形 副 《略式》 ばか安い[く].

dírt fàrmer 名 Ⓒ 《米》 貧しい自作農.

dirt-poor /də́:tpóə, -pɔ́ə | də́:tpɔ́:, -pʊ́ə⁻/ 形 《略式》 極貧の.

dírt róad 名 Ⓒ 舗装していない道路.

dirt·y /də́:ṭi | də́:-/

― 形 (dirt·i·er /-ṭiə | -tiə/; dirt·i·est /-ṭiɪst/) ❶ **汚い**, よごれた; (仕事などが)体のよごれる [⇔ clean]: *dirty* hands [dishes] よごれた手[皿] / a *dirty* job よごれる仕事 / Her clothes were *dirty* with paint and oil. 彼女の服はペンキと油でよごれていた. ❷ 限定 いやらしい, 卑猥(ひわい)な: a *dirty* joke いやらしい冗談 / *dirty* words いやらしいことば. ❸ 限定 (道徳的に)汚い, 卑劣な; 不正な [≒ unfair]: *dirty* money 汚い金 / a *dirty* liar 卑劣なうそつき. ❹ 《米俗》 麻薬を持っている; (競技者が)薬物を不正使用している.

dò the dírty on ... [動] 他 《英》 (人に)卑劣な[汚い]ことをする.

gíve ... a dírty lóok [動] 他 (人に)いやな顔をする. (名 dirt)

― 動 (dirt·ies; dirt·ied; -y·ing) 他 (...)をよごす, 汚らしくする; (名声など)を汚(けが)す.

― 副 不正に; みだらに: play *dirty* 不正をする / talk *dirty* 卑猥な話をする.

dírty bómb 名 Ⓒ 汚い爆弾 (放射性物質を含む).

dírty òld mán 名 Ⓒ すけべおやじ.

dírty tríck 名 [複数形で] 裏[不正]工作; Ⓒ 汚いやり方: play a *dirty trick on* him 彼を汚い手でだます.

dírty wòrk 名 Ⓤ 人のいやがる[不正な]仕事; よごれる仕事: do a person's *dirty work* 人の代わりにいやな[不正な]仕事をする.

dis /dís/ 動 (diss·es /~ɪz/; dissed /~t/; diss·ing) 他 《米俗》 (人)を侮辱する.

dis- /dɪs, dìs/ 接頭 「反対, 非..., 不..., 分離」 などの意: *dis*appear 見えなくなる / *dis*grace 不名誉.

語法 反対の意味の dis- の語を肯定的な意味の語と対照させて用いるときには dis- のほうを強く発音する

のが普通: The idea of starting before dawn has both *advántages* and *dísadvàntages*. 夜明け前に出発するという案にはメリットもデメリットもある.

+**dis·a·bil·i·ty** /dìsəbíləṭi/ 名 (-i·ties /~z/) ❶ C,U (**身体[精神]障害**, ハンディキャップ: people with *disabilities* 障害のある人々 // ⇒ learning disability ❷ U 《米》 障害者手当[給付金].

dis·a·ble /dɪséɪbl/ 動 他 ❶ [しばしば受身で] (人)を身体障害者にする: My uncle *was disabled* in the war. 私のおじは戦争で身体障害者になった. ❷ (機械など)を運転不能にする, (機能を)無効にする.

****dis·a·bled** /dɪséɪbld/ 形 (**身体[精神]障害のある** [≒ challenged]; 身障者用の: *the disabled* 障害者たち《複数名詞のように扱われる; ⇒ the¹ 3》/ mentally *disabled* 知的障害のある.

dis·a·ble·ment /dɪséɪblmənt/ 名 U,C 身体障害者になる[する]こと; 障害(のあること).

dis·a·bl·ing /dɪséɪblɪŋ/ 形 (身体の)障害をもたらす.

dis·a·buse /dìsəbjúːz/ 動 他 《格式》 (人)の誤解を解く, (人)から(偏見などを)取り去る (*of*).

dis·ad·van·tage** /dìsədvǽnṭɪʤ | -vɑ́ːn-/ アク 名 (-van·tag·es /~ɪz/) C,U **不利な立場**, 不利なこと; **欠点**, デメリット [⇔ advantage]《⇒ dis- 語法; merit 日英》: There was a great [serious] ***disadvantage to that method. そのやり方には大きな欠点があった.

at a disadvántage [形・副] 不利な立場で[に]: That put [placed] her *at a* (decided) *disadvantage*. そのことで彼女は(はっきりと)不利になった.

be [wórk] to ...'s disadvántage [動] ...にとって不利となる: My age *worked to my disadvantage*. 年齢が私には不利に働いた. (形 dìsadvantágeous)

dis·ad·van·taged /dìsədvǽnṭɪʤd | -vɑ́ːn-⁻/ 形 限定 (社会的に)不利な; [遠回しに] 貧しい, 恵まれない: *the disadvantaged* 恵まれない人々《複数名詞のように扱われる; ⇒ the¹ 3》.

dis·ad·van·ta·geous /dìsæ̀dvæntéɪʤəs, -vən-⁻/ 形 《格式》 不利な, 都合の悪い (*to, for*) [⇔ advantageous]. (名 dìsadvántage)

dis·af·fect·ed /dìsəféktɪd⁻/ 形 《格式》 (組織などに)不満を抱いた, 離反した.

dis·af·fec·tion /dìsəfékʃən/ 名 U 《格式》 (組織などへの)不満, 離反.

‡dis·a·gree /dìsəgríː/

— 動 (-a·grees /~z/; -a·greed /~d/; -gree·ing) 自 [進行形なし] ❶ (人と)**意見が合わない**, (意見などに)同意しない; (提案などに)異議を唱える [⇔ agree]: I ***disagree with*** him. V+with+名 私は彼と意見が違う / The witnesses ***disagreed with*** each other ***about*** [***over, on***] the time of the accident. V+about [over, on]+名 事故発生の時刻について証人たちの意見が食い違った.

> ♥ **それには賛成できません** (反対するとき)
> **I have to disagree with you on that.**
>
> I understand what you are saying, but **I have to disagree with you on that.** 君の言うことはわかるんだけど, それについては賛成できないな.
>
> ♥ I disagree (with you). という言い方は直接的で相手の面子に対して配慮していないため, 失礼な感じを与えることもある.
>
> ♥ この例のように, まず相手に共感を示したり, 「(不本意だが)反対しなければならない」という姿勢を見せるようにすると, 相手の面子に配慮しながら反対を表明することができる.

❷ (話・報告・数字などが)**一致しない**, 矛盾する [⇔ agree]: What the author says ***disagrees with*** the facts. V+with+名 著者の述べていることは事実と一致しない. ❸ (気候・食べ物などが)体に合わない, 気持ち悪くさせる: Milk *disagrees with* me. 牛乳は私の体に合わない. (名 dìsagréement)

dis·a·gree·a·ble /dìsəgríːəbl⁻/ 形 ❶ 《格式》 (物事が)不愉快な, いやな [≒ unpleasant]: a *disagreeable* job いやな仕事. ❷ 《格式》 (人が)気難しい, 怒りっぽい: He was *disagreeable to* me this morning. 彼はけさは私に対してつんつんしていた.

+**dis·a·gree·ment** /dìsəgríːmənt/ 名 (-a·gree·ments /-mənʦ/) ❶ U,C (意見の)**不一致**, 口論; 見解の相違, 異論 [⇔ agreement]: She had a ***disagreement with*** her parents. 彼女は親と言い争いをした / There is (a) serious ***disagreement between*** the two parties ***about*** [***over, on, as to***] the defense problem. 防衛問題について両党間には深刻な意見の対立がある / We are ***in*** total ***disagreement with*** them *on* this issue. この問題について我々は彼らと全く意見が異なっている. ❷ U (説明などの)食い違い (*between*). (動 dìsagrée)

dis·al·low /dìsəláʊ/ 動 他 (要求・得点など)を(公式に)承認しない, 却下する.

‡dis·ap·pear /dìsəpíɚ | -əpíə/

— 動 (-ap·pears /~z/; -ap·peared /~d/; -pear·ing /-əpí(ə)rɪŋ/) 自 ❶ **見えなくなる, 姿を消す**; 失踪(しっそう)する; 紛失する《⇒ 類義語》 [⇔ appear]: She ***disappeared around*** [***round***] the corner. V+前+名 彼女は角を曲がって姿が見えなくなった / The train ***disappeared from*** view [sight]. 列車は視界から消えた / The plane *disappeared* in the distance. 飛行機は遠くに消えた / My car keys have *disappeared* again. また車のキーがなくなった. ❷ 消滅する, なくなる: The world's tropical forests are fast *disappearing*. 世界の熱帯林が急速になくなりつつある. (名 dìsappéarance)

> 類義語 **disappear** 消えるという意味の一般的な語で, 突然消えることも, 徐々になくなることも意味する: The village *disappeared* from the map. その村は地図から消えた. **vanish** 突然, しばしば原因不明のまま完全に消えてなくなることをいう: The fish in the pond have *vanished*! 池の魚が(突然)一匹もいなくなってしまったんだよ. **fade** 溶け込むように徐々に消えていくこと: The ship *faded* (away) into the fog. 船は次第に霧の中に消えていった.

dis·ap·pear·ance /dìsəpí(ə)rəns/ 名 ❶ U 見えなくなること; C,U 失踪(しっそう). ❷ U 消滅. (動 dìsappéar)

dis·ap·point /dìsəpɔ́ɪnt/ 動 他 ❶ (人)を失望させる, がっかりさせる: I'm sorry to *disappoint* you, but I forgot to buy a cake for you. がっかりさせて申し訳ないがあなたにケーキを買ってくるのを忘れてしまった. ❷ (期待など)を裏切る, (計画)をくじく. — 自 失望させる, 期待を裏切る. (名 dìsappóintment)

‡dis·ap·point·ed /dìsəpɔ́ɪnṭɪd⁻/ 発音

— 形 ❶ **がっかりした, 失望した**: 言い換え We were very ***disappointed at*** [***about, with***] the news. +前

[+名] = We were very *disappointed to* hear the news. [+to 不定詞] その知らせを聞いて私たちは大変がっかりした / I'm *disappointed in* [*with*] my son. 息子にはがっかりしている / He was *disappointed* (*that*) he did not find her in the room. [+(that)節] 彼女が部屋にいなかったので彼はがっかりした《⇒ that² B 3》 / She looked bitterly *disappointed*. 彼女はひどくがっかりした顔つきだった / a *disappointed* look がっかりした表情.
❷ (計画・希望などが)くじかれた, 挫折(ざっ)した: a *disappointed* hope 当てがはずれた希望.

+**dis·ap·point·ing** /dìsəpɔ́ɪntɪŋ←/ [形] **がっかりさせる,** 期待はずれの, つまらない: a *disappointing* result 期待はずれの結果 / Tonight's game was pretty *disappointing* for the fans. 今晩の試合はファンにとってはかなり期待はずれだった.
～·ly [副] がっかりさせるほどに; [文修飾] 残念なことに(は).

D

+**dis·ap·point·ment** /dìsəpɔ́ɪntmənt/ [名] (-point·ments /-mənts/) ❶ [U] **失望,** 期待はずれ, がっかりすること: express one's ***disappointment with*** a proposal 提案に対して失望を表わす / Her ***disappointment at*** los*ing* the game was painful to see. 試合に負けたときの彼女の落胆ぶりは見ていてつらかった.
❷ [C] **がっかりさせる物[人],** 案外つまらない物[事, 人]: The new teacher was a big [great, major] ***disappointment to*** the class. 新任の先生はそのクラスの生徒にとっては大きな期待はずれだった.
to ...'s disappóintment [副] [文修飾] **...ががっかり[失望]したことに(は):** *To our* great *disappointment*, he did not come. 彼が来なかったので私たちは大変がっかりした. ([動] dìsappóint)

dis·ap·pro·ba·tion /dìsæ̀prəbéɪʃən/ [名] [U] 《格式》 不承認《特に不道徳なことに対しての》, 不賛成.

dis·ap·prov·al /dìsəprúːv(ə)l/ [名] [U] 不承認, 不賛成, 却下 (*of*): The boss expressed his *disapproval* with a frown. 主任は渋い顔をして不賛成の意を示した / She shook her head *in disapproval*. 彼女は賛成できず首を横に振った. ([動] dìsappróve)

dis·ap·prove /dìsəprúːv/ [!発音] [動] [自] 賛成しない, よくないと思う: He strongly *disapproved of* our project. 彼は我々の計画に強い難色を示した / The mother *disapproved of* her son's go*ing* abroad. 母親は息子が外国へ行くのに反対だった. — [他] 《格式》 (...)を認可しない. ([名] dìsappróval)

dis·ap·prov·ing /dìsəprúːvɪŋ←/ [形] 不賛成を示す, 不満の: a *disapproving* look 不満気な顔. **～·ly** [副] 不賛成の意を示して, 不満げに.

dis·arm /dɪsáəm, dɪz-|-áːm/ [動] [自] 武装解除する, (国が)軍備を縮小[廃止]する. — [他] ❶ (...)から武器を取り上げる, (...)の武装を解除する. ❷ (人)の怒り[敵意, 警戒心]を和(やわ)らげる; (批判など)を静める. ❸ (爆弾など)を処理する.

dis·ar·ma·ment /dɪsáəməmənt, dɪz-|-áːm-/ [名] [U] 軍備縮小; (核)武装解除: nuclear *disarmament* 核軍縮. [関連] rearmament 再武装.

dis·arm·ing /dìsáəmɪŋ, dɪz-|-áːm-←/ [形] 怒り[敵意, 警戒心]を和(やわ)らげるような, 心をなごませる: a *disarming* smile 心がなごむような笑み.

dis·ar·range /dìsəréɪndʒ/ [動] [他] 《格式》 (...)を乱雑にする, 乱す.

dis·ar·ray /dìsəréɪ/ [名] [U] 《格式》 混乱; 乱雑: leave one's papers *in disarray* 紙類を散乱させる.

dis·as·so·ci·ate /dìsəsóʊʃièɪt, -sièɪt/ [動] [他] = dissociate.

*__di·sas·ter__ /dɪzǽstə|-záːstə/ [名] (～s /～z/) ❶ [C,U] (突然の)**大災害,** 惨事《⇒ [類義語]》; (大きな)不幸, 災難: Earthquakes and floods are natural *disasters*. 地震や洪水は天災だ / a man-made *disaster* 人災 / suffer a *disaster* 被災する / Just then *disaster* struck. ちょうどその時災難が襲った. ❷ [C,U] 《略式》 大失敗(した人, 物事). ([形] disástrous)
[類義語] **disaster** 災害・事故などのように, 突然降りかかる大きな不幸を表わす. **calamity** *disaster* と同じく思いがけない大きな不幸を表わすが, 特に, それによる深い悲しみや悲惨な気持ちに重きをおく. **catastrophe** 悲劇的な結末・破局の意で, 結果に重きをおく.
〖[語源] 元来は占星術で「星の位置の悪い」の意; ⇒ astro-〗

disáster àrea [名] ❶ [C] 被災地, 災害指定地域. ❷ [C] 《略式》 散らかり放題の場所.

+**di·sas·trous** /dɪzǽstrəs|-záːs-/ [形] **大災害をもたらす;** 災難を生じる; **悲惨な,** ひどい(結果になる): a *disastrous* war 悲惨な戦争 / It would be *disastrous* to our way of life. それは我々の生活に悲惨な結果をもたらすだろう. ([名] disáster)
～·ly [副] 悲惨に; ひどく.

dis·a·vow /dìsəváʊ/ [動] [他] 《格式》 (関与・責任など)を否認する, (...)を知らないと言う.

dis·a·vow·al /dìsəváʊəl/ [名] [U,C] 《格式》 否認.

dis·band /dɪsbǽnd/ [動] [他] (団体など)を解散させる. — [自] (団体などが)解散する.

dis·bar /dɪsbáə|-báː/ [動] (-bar; -barred; -bar·ring /-báːrɪŋ/) [他] [普通は受身で] (人)から弁護士の資格を奪う (*from*).

dis·be·lief /dìsbəlíːf, -bɪ-/ [名] [U] 信じ(られ)ないこと, 不信: in [with] *disbelief* 信じられないというふうに.

dis·be·lieve /dìsbəlíːv, -bɪ-/ [動] [他] [進行形なし] 《格式》 (...)を信じない, 信用しない. [語法] do not believe というほうが普通. — [自] 《格式》 (存在・価値などを)信じない (*in*).

dis·be·liev·ing /dìsbəlíːvɪŋ, -bɪ-/ [形] 《格式》 (表情などが)不信そうな, 疑いの.

dis·burse /dɪsbə́ːs|-bə́ːs/ [動] [他] 《格式》 (基金・資金・貯金などから)(金)を支出する.

dis·burse·ment /dɪsbə́ːsmənt|-bə́ːs-/ [名] ❶ [U] 支出. ❷ [C] 助成金, 支払い金.

+**disc** /dísk/ [名] (～s /～s/) ❶ [C] **ディスク**《⇒ compact disc, laser disc, videodisc》. ❷ [C] = disk 1, 2, 3.

dis·card /dɪskáəd|-káːd/ [動] [他] ❶ (...)を捨てる, 処分する. ❷ 〖トランプ〗 (札)を捨てる.

dis·cern /dɪsə́ːn, -zə́ːn|-sə́ːn, -zə́ːn/ [動] [他] [進行形なし] 《格式》 (見えにくいもの)を見つける; (目以外の感覚で) (...)に気づく, (...)を認識する: He *discerned* a figure in the distance. 彼は遠くに人影を見つけた / I soon *discerned that* he was lying. 私は彼がうそをついていることをすぐ見抜いた.

dis·cern·i·ble /dɪsə́ːnəbl, -zə́ːn-|-sə́ːn-, -zə́ːn-/ [形] 《格式》 (はっきりと)見て取れる; 認識できる. **-i·bly** /-əbli/ [副] 目に見えて.

dis·cern·ing /dɪsə́ːnɪŋ, -zə́ːn-|-sə́ːn-, -zə́ːn-/ [形] 見抜く力のある, 違いのわかる [≒discriminating].

dis·cern·ment /dɪsə́ːnmənt, -zə́ːn-|-sə́ːn-, -zə́ːn-/ [名] [U] 《格式》 見識, 識別力, 見抜く力.

+**dis·charge¹** /dɪstʃáədʒ|-tʃáːdʒ/ ✪ 名詞の discharge² とアクセントが違う. [動] (dis·charg·es /～ɪz/; dis·charged /～d/; dis·charg·ing)

意味のチャート
元来は「負担を取り除く」の意《⇒ charge 意味のチャート》から,
→(拘束を取り除く) →「解放する」他 ❶ →「解雇する」他 ❷
→(中の物を放出する) →「排出する」他 ❸ →「流れ出る」自

— 他 ❶ [普通は受身で] (束縛などから)(人)を**解放する**, (患者)を**退院させる**, (囚人)を**釈放する**; (軍人)を除隊させる: He *was* ***discharged from*** the hospital. V+O+*from*+名の受身 彼は退院した / The prisoner *was discharged* last week. 囚人は先週釈放された.
❷ [普通は受身で] (人)を**解雇する**, 免職する: He *was discharged* for dishonesty. V+O の受身 彼は不正を働いてやめさせられた.
❸ (液体・気体)を**排出する**, 流出させる; (電気)を放電する, (電池など)を放電させる [⇔ charge]; (傷口が)(うみ・血)を出す: The factory ***discharged*** waste ***into*** the river. V+O+前+名 工場は川に廃液をたれ流した.
❹《格式》(義務・責任など)を遂行する, 果たす; (借金)を支払う. ❺《格式》(銃・弾丸など)を発射する, 放つ. ❻ (積み荷・乗客)を降ろす.
— 自 ❶ (液体・気体が)流れ出る, (川が)注ぐ (*into*); 放電する. ❷《格式》(銃が)発砲される.
(名 díscharge[2])

dis·charge[2] /dístʃɑəʤ | -tʃɑːʤ/ ✪ 動詞の discharge[1] とアクセントが違う. 名 ❶ U,C 退院; 除隊; 釈放; 解雇: after *discharge from* (the) hospital 退院後 / an honorable *discharge* (無事故・満期の)名誉除隊. ❷ U,C (液体・気体の)排出, 流出; 排出[流出] 物, うみ, 鼻水, おりもの: the *discharge* of poisonous gases *from* chimneys 有毒ガスの煙突からの排出. ❸ U《格式》(義務の)遂行; (借金の)返済. ❹ U,C 放電. ❺ U 発砲. (動 dischárge[1])

dis·ci·ple /dɪsáɪpl/ 名 ❶ C (特に教祖の)弟子; 信奉者 (*of*). ❷ C [しばしば D-] キリストの十二使徒の 1 人《⇒ apostle》.

dis·ci·pli·nar·i·an /dìsəplɪné(ə)riən/ 名 C 規律に厳しい人; しつけ係.

+**dis·ci·plin·ar·y** /dísəplɪnèri | -nəri/ 形 限定 **懲罰の**; 規律上の: *disciplinary* measures 懲戒処分 / take *disciplinary* action 懲罰処置をとる. (名 díscipline)

*__dis·ci·pline__ /dísəplɪn/ !発音 名 (~s /~z/) ❶ U **しつけ**, 鍛練, 修養, 訓練 [≒training] [⇔ indiscipline]: home *discipline* 家庭のしつけ / Young people need the *discipline* of hard work. 若い人は厳しい勉強[仕事]で鍛えることが必要だ.
❷ U **規律**, 統制 [≒order]; 自制(心), 忍耐力: maintain *discipline* 規律を保つ / The *discipline* in this class is good. この組の生徒は規律正しい. ❸ C 鍛練法. ❹ U 懲罰, 懲戒. ❺ C 学問(分野), 学科. (形 dísciplinàry)
— 動 他 ❶ (人)を懲罰に付する, 懲戒する: John *was disciplined for* negligence. ジョンは職務怠慢で罰せられた. ❷ (人)をしつける, 鍛える; 訓練する: *discipline myself to* eat less 自分を律して食べる量を減らす.
〖語源 ラテン語で「弟子 (disciple) の教育」の意〗

dis·ci·plined /dísəplɪnd/ 形 規律正しい, 鍛えられた; (方法などが)厳格な.

dísc jòckey 名 C (ラジオの音楽番組やディスコなどの)ディスクジョッキー, DJ《略 DJ》[《略式》 deejay].

dis·claim /dɪskléɪm/ 動 他《格式》(責任・関与など)を否認[否定]する; (権利など)を放棄する.

dis·claim·er /dɪskléɪmə | -mə/ 名 C 免責条項, (責任がないという)断り書き; 権利放棄.

+**dis·close** /dɪsklóʊz/ 動 (dis·clos·es /~ɪz/; dis·closed /~d/; dis·clos·ing) 他 ❶《格式》(秘密など)を**明らかにする**, 公表する; (情報)を公開[開示]する [≒reveal] (*to*): *disclose* the secret 秘密を明らかにする / The soldiers ***disclosed that*** they had killed citizens. V+O (*that* 節) 兵士たちは市民を殺したことを打ち明けた. ❷《格式》(覆いを取って)(...)を見せる (*to*). (名 disclósure)
〖⇒ close[1] キズナ〗

+**dis·clo·sure** /dɪsklóʊʒə | -ʒə/ 名 (~s /~z/) ❶ U (秘密などの)**公表**; (情報の)**公開**, 開示 (*of*). ❷ C 発覚した事柄; 公開情報. (動 disclóse)

+**dis·co** /dískoʊ/ 名 (~s /~z/) ❶ C **ディスコ**(パーティー). ❷ U ディスコ音楽.

dis·col·or,《英》**-col·our** /dìskʌ́lə | -lə/ 動 (-or·ing, -our·ing /-l(ə)rɪŋ/) 他 (...)を変色[退色]させる, (...)の色をよごす. — 自 変色[退色]する.

dis·col·or·a·tion,《英》**-col·our·a·tion** /dìskʌ̀ləréɪʃən/ 名 U 変色, 退色; C 変色[退色]部分.

dis·com·fit /dɪskʌ́mfɪt/ 動 他《格式》(人)をまごつかせる, 当惑させる [≒embarrass].

dis·com·fi·ture /dɪskʌ́mfətʃʊ̀ə | -tʃə/ 名 U《格式》うろたえ, 当惑.

+**dis·com·fort** /dɪskʌ́mfət | -fət/ 名 (-com·forts /-fəʦ | -fəʦ/) ❶ U (ちょっとした)**不快**, 軽い痛み (*in*). ❷ U 不安, 当惑 (*at*). ❸ C 人を不快にするもの, 不便, 難儀 (*of*). — 動 他 [しばしば受身で]《格式》(人)を不快[不安]にさせる.

dis·com·pose /dìskəmpóʊz/ 動 他《格式》(人)の落ち着きを失わせる, (人)を不安にする.

dis·con·cert /dìskənsə́ːt | -sə́ːt/ 動 他 (人)を困惑させる; 不安にする.

dis·con·cert·ed /dìskənsə́ːṭɪd | -sə́ːt-←/ 形 困惑した; 不安な.

dis·con·cert·ing /dìskənsə́ːṭɪŋ | -sə́ːt-←/ 形 困惑させる(ような), 不安にさせる(ような): a *disconcerting* question どぎまぎさせる質問.

+**dis·con·nect** /dìskənékt/ 動 (-con·nects /-nékʦ/; -nect·ed /~ɪd/; -nect·ing) 他 ❶ (器具など)を(電源などから)**はずす**, (...)の接続を断つ; (...)を(~から)切り離す (*from*). ❷ [普通は受身で] (人・家など)への(電気・ガス・水・電話などの)供給[接続]を止める; (2 人)の通話を切る; (...)のインターネット接続を切る. — 自 ❶ (...から)切り離される (*from*). ❷ (インターネットから)接続を切る (*from*).
— 名 [単数形で] (2 者の)断絶, 隔たり (*between*).

dis·con·nect·ed /dìskənéktɪd←/ 形 ❶ 切り離された. ❷ (話・文章などが)つながり[まとまり]のない, 支離滅裂の.

dis·con·nec·tion /dìskənékʃən/ 名 U,C (電気・ガス・水・電話などの)供給停止; 分離, 切断.

dis·con·so·late /dɪskɑ́(ː)ns(ə)lət | -kɔ́n-/ 形《格式》ひどく悲しい, わびしい.

dis·con·tent /dìskəntént/ 名 U 不平, 不満.

dis·con·tent·ed /dìskənténṭɪd/ 形 (...に)不満のある (*with*). **~·ly** 副 不満を抱いて.

dis·con·tin·u·a·tion /dìskəntìnjuéɪʃən/ 名 U 中断, 中止.

D

dis·con·tin·ue /dìskəntínjuː/ 動 他 ❶ (...)を中止する, (途中で)やめる (doing) (⇒ stop 類義語). ❷ (製品などの製造[提供]を中止する.

dis·con·ti·nu·i·ty /dìskà(ː)ntɪn(j)úːəṭi | -kɔ̀ntɪnjúː-/ 名 (-i·ties) ❶ U 不連続(性), つながりのなさ. ❷ C (連続性のない急な)変化, とぎれ (between).

dis·con·tin·u·ous /dìskəntínjuəs←/ 形 《格式》 不連続の, 断続的な [⇔ continuous].

dis·cord /dískɔəd | -kɔːd/ 名 ❶ U 《格式》 不一致 [≒disagreement]; 不和, 仲たがい [⇔ harmony]: marital *discord* 夫婦間の不和. ❷ U,C 〔音楽〕 不協和(音).

dis·cor·dant /dɪskɔ́əḍənt, -dnt | -kɔ́ː-/ 形 [普通は 限定] 《格式》 調和しない; 耳ざわりな, 不協和音の.

dis·co·theque /dískətèk, dìskəték/ 名 C ディスコ (disco).

dis·count**[1] /dískaʊnt/ ✪ 動詞の discount[2] とアクセントの傾向が違う. 名 (dis·counts /-kaʊnts/) C,U **割引**; 割引率[額]; [形容詞的に] 割引の, 格安の: 🗨 "Can「you give me [I get] a ***discount on this PC?" "We give a「20 percent *discount* [***discount of*** 20 percent] *on* all cash purchases."「このパソコン割引してもらえますか」「現金の買い物はすべて 2 割引します」/ buy books ***at a discount*** 割引で本を買う / a *discount* price 割引価格. (動 discóunt[2])

+**dis·count**[2] /dɪskáʊnt, dískaʊnt/ ✪ 名詞の discount[1] とアクセントの傾向が違う. 動 (dis·counts /dɪskáʊnts, dískaʊnts/; dis·count·ed /-ṭɪd/; -count·ing /-ṭɪŋ/) 他 ❶ (...)を**割引する**: Department stores are *discounting* summer wear heavily. デパートでは夏物衣料を大幅に割引して売っている. ❷ (人の話など)を割引して聞く[考える], 軽視する, 無視する: *discount* the possibility of ... ...の可能性を軽視する. (名 díscount[1])
〖⇒ count[1] キズナ〗

díscount ràte 名 [the ～] 〔金融〕 公定歩合; 割引歩合.

díscount stòre [shòp] 名 C 安売店, ディスカウントストア.

+**dis·cour·age** /dɪskə́ːrɪʤ | -kʌ́r-/ 動 (-cour·ag·es /～ɪz/; -cour·aged /～d/; -cour·ag·ing) 他 ❶ (人)に**思いとどまらせる** [⇔ encourage]: His parents tried to ***discourage*** him ***from*** join***ing*** the army. V+O+*from*+動名 彼の両親は彼が軍隊に入るのを思いとどまらせようとした. 語法 🔍 ×discourage him to join とは言わない.
❷ (人)に**自信[勇気]を失わせる**, (人)を**がっかりさせる**, 落胆させる [⇔ encourage]: Mr. Smith's words *discouraged* Tom. スミス先生のことばにトムはがっかりした. ❸ (計画・行為など)を思いとどまらせる, 妨げる: *discourage* smoking [corruption] 喫煙[汚職]を止めさせる. (名 discóuragement)

dis·cour·aged /dɪskə́ːrɪʤd | -kʌ́r-/ 形 がっかりして, やる気を失って: Don't be *discouraged*; try again. がっかりしないで. もう一度やってごらん.

dis·cour·age·ment /dɪskə́ːrɪʤmənt | -kʌ́r-/ 名 ❶ U 落胆, 失望; がっかりさせること; C 落胆[失望]させるもの [⇔ encouragement]. ❷ U 思いとどまらせること; 妨害; C 抑止するもの (to) [⇔ encouragement]. (動 discóurage)

dis·cour·ag·ing /dɪskə́ːrɪʤɪŋ | -kʌ́r-/ 形 がっかりさせる, 落胆[失望]させる [⇔ encouraging]. **～·ly** 副 がっかりさせるよう[ほど]に.

+**dis·course**[1] /dískɔəs, dɪskɔ́əs | dískɔːs, dɪskɔ́ːs/ 名 (dis·cours·es /～ɪz/) ❶ U 《格式》 **討論**, (まじめな)**対話**, 対談 (on): political *discourse* 政治討論. ❷ C 《格式》 講話, 講演; 論説, 論文 (on, upon).

dis·course[2] /dɪskɔ́əs | -kɔ́ːs/ 動 自 《格式》 演説[論述]する, 話す, 語る (on, upon).

dis·cour·te·ous /dìskə́ːṭiəs | -kə́ː-/ 形 《格式》 失礼な, ぶしつけな, 無礼な, 無作法な [≒rude].

dis·cour·te·sy /dìskə́ːṭəsi | -kə́ː-/ 名 (-te·sies) 《格式》 U 無礼, 無作法; C 無礼な言行.

***dis·cov·er /dɪskʌ́vɚ | -və/ !アク

— 動 (-cov·ers /～z/; -cov·ered /～d/; -er·ing /-v(ə)rɪŋ/) 他 ❶ (...)を**発見する**, 突き止める; (...)に**気がつく**; (...)の楽しみに気づく, (...)に興味を持つ: Radium ***was discovered by*** Madame Curie. V+O の受身 ラジウムはキュリー夫人によって発見された / On his way home, he ***discovered that*** he had lost his wallet. V+O (*that* 節) 彼は帰宅途中で財布をなくしたことに気づいた / We never ***discovered who*** had stolen the money. V+O (*wh* 節) だれがその金を盗んだのかついにわからなかった. ❷ (有望な人)を見出す, 発掘する. (名 discóvery)
〖語源 ラテン語で「覆い (cover) を取り除く」の意〗

dis·cov·er·er /dɪskʌ́v(ə)rɚ | -rə/ 名 C 発見者.

***dis·cov·er·y /dɪskʌ́v(ə)ri/

— 名 (-er·ies /～z/) ❶ C,U **発見**; (...に)気がつくこと; (新人の)発掘: Madame Curie's ***discovery of*** radium = the ***discovery of*** radium ***by*** Madame Curie キュリー夫人のラジウム発見 / make an important scientific *discovery* 科学上の重要な発見をする / She was shocked at the ***discovery that*** her husband was a murderer. +*that* 節 彼女は夫が殺人犯だったと知ってショックを受けた.
❷ C **発見されたもの[こと]**; 発掘された新人: Electricity is one of the greatest *discoveries* of mankind. 電気は人間の発見した最も重要なものの一つだ. (動 discóver)

+**dis·cred·it** /dìskrédɪt/ 動 (-cred·its /-dɪts/; -it·ed /-ṭɪd/; -it·ing /-ṭɪŋ/) 他 ❶ (...)の**信用を傷つける**: a *discredited* government 信用を失った政府. ❷ (証拠など)を信用しない, 疑う.
— 名 U 不名誉; C 不名誉となる人[もの]: bring *discredit* on [to] ... ...の名を汚(けが)す.
to ...'s discrédit [副] 文修飾 ...の評判を落とすことに.

dis·cred·it·a·ble /dìskréḍɪṭəbl←/ 形 《格式》 信用を傷つけるような, 恥ずべき; 不名誉な.

+**dis·creet** /dɪskríːt/ 形 (人・言動などが)**思慮のある**, 慎重な, 口の堅い; 控えめな, 目立たない; (宝石などが)上品な [⇔ indiscreet]: make *discreet* inquiries 慎重に調べる. **～·ly** 副 慎重に; そっと, それとなく.

+**dis·crep·an·cy** /dɪskrép(ə)nsi/ 名 (-an·cies) C,U **不一致**, 食い違い, 相違 (between, in).

dis·crete /dɪskríːt/ 形 《格式》 分離した, 別々の.

+**dis·cre·tion** /dɪskréʃən/ 名 ❶ U **思慮分別**, 慎重さ, 口の堅さ; 慎重な判断 [⇔ indiscretion]: with *discretion* 慎重に / You can count on her *discretion*. 彼女の口は堅いと思ってよい / *Discretion* is the better part of valor. 《ことわざ》 慎重さは勇気の大半である(君子危うきに近よらず). ❷ U 行動[判断, 選択]の自由, (自由)裁量: use one's *discretion*

自分で決める / That decision has been left *to the discretion of* the leader. その決定は指導者の判断に任せられている.

at ...'s discrétion = at the discrétion of ... [副] ...の判断で; ...の計らいで.

dis·cre·tion·ar·y /dɪskréʃənèri | -ʃ(ə)nəri/ 形 [普通は 限定] 任意の, 自由裁量の.

discrétionary íncome 名 U 裁量所得《生活必要経費を除いた自由に使える所得》.

dis·crim·i·nate /dɪskrímənèɪt/ 動 自 ❶ 差別する: The firm should not *discriminate against* him because of his race. 会社は人種を理由に彼を差別すべきではない. ❷ 区別する, 見分ける: *discriminate between* red *and* green 赤と緑を区別する.
— 他 (...)を区別する, 見分ける (*from*).
(名 discriminátion)

dis·crim·i·nat·ing /dɪskrímənèɪtɪŋ/ 形 [よい意味で] (客・味覚などが)違いのわかる, 目の肥えた.

dis·crim·i·na·tion** /dɪskrìmənéɪʃən/ 名 ❶ U **差別**; 差別待遇: racial [religious] *discrimination* 人種[宗教]差別 / ***discrimination against women (女性に対する)性差別 / ***discrimination in favor of*** whites 白人に対する優遇. ❷ U [よい意味で] 識別する能力, センス (*in*).
(動 discríminàte)

dis·crim·i·na·to·ry /dɪskrímənətɔ̀ːri | -təri, -tri/ 形 差別的な.

dis·cur·sive /dɪskə́ːsɪv | -kə́ː-/ 形《格式》(文章などが)話が次々に移る; 散漫な.

dis·cus /dískəs/ 名 ❶ C 円盤《競技用》: a *discus* thrower 円盤投げの選手. ❷ [the ~]《スポーツ》円盤投げ.

‡dis·cuss /dɪskʌ́s/ ❗発音

— 動 (-cuss·es /~ɪz/; dis·cussed /~t/; -cuss·ing) 他 (...)について**論じ合う**, **話し合う**, (...)を論議[討議]する [≒talk about]; (書物などで)(あるテーマ)を論じる: I want to *discuss* the problem ***with*** him. V+O+with+名 その問題について彼と話し合ってみたい / 言い換え They ***discussed how*** they should solve the problem. V+O (wh 節) = They ***discussed how to*** solve the problem. V+O (wh 句) 彼らはその問題をどう解決するか討議した 多用 / We ***discussed*** join*ing* the union. V+O (動名) 我々はその組合に加入することについて話し合った.

...について話し合う

私たちは計画について話し合った.
○We **discussed** the plan.
×We discussed about [on] the plan.
✪ discuss は他動詞.

(名 discússion)

‡dis·cus·sion /dɪskʌ́ʃən/

— 名 (~s /~z/) U,C **討議**, **話し合い**, 議論, 論議《⇒ argument 類義語》; C (あるテーマについての)論考, 論述 (*of*): The committee had a lively ***discussion about*** [***on***] the new project. 委員会は新計画について活発な議論を行なった / have ***discussions with*** the president 社長と話し合う / a heated *discussion* 激論 / ***under discussion*** 審議中で //⇒ panel discussion.
(動 discúss)

dis·dain /dɪsdéɪn/ 名 U《格式》軽蔑(けいべつ)(的な態度) [≒contempt] (*for*): treat a person with *disdain* 人を見下す. — 動 他 [進行形なし] ❶《格式》(...)を軽蔑する, 見下す, 侮(あなど)る. ❷《格式》ばかにして...しない, ...するのを恥と思う (*to* do).

dis·dain·ful /dɪsdéɪnf(ə)l/ 形《格式》軽蔑的な, 見下す (*of*). **-ful·ly** /-fəli/ 副 軽蔑的に, 見下して.

‡dis·ease /dɪzíːz/ ❗発音

— 名 (dis·eas·es /~ɪz/) ❶ C,U **病気**《⇒ illness 類義語》: suffer from a serious ***disease of*** the liver 重い肝臓の病気にかかる / My uncle developed heart *disease*. 私のおじは心臓病になった / catch [《格式》contract] a *disease* 病気にかかる / cure (a) *disease* 病気を治療する / spread (a) *disease* 病気を広める. ❷ C (社会の)病弊; (精神の)不健全.
〖語源 原義は「安楽 (ease) がないこと」〗

+**dis·eased** /dɪzíːzd/ 形 ❶ **病気になった[かかった]**. ❷ (社会が)病んでいる, (精神が)不健全な.

dis·em·bark /dìsɪmbáɚk, -em- | -báːk/ 動 自《格式》(船・飛行機などから)降りる (*from*). — 他《格式》(船・飛行機などから)(乗客・積み荷)を降ろす.

dis·em·bar·ka·tion /dìsèmbɑɚkéɪʃən | -bɑː-/ 名 U《格式》下船, 上陸, 降機; 陸揚げ.

dis·em·bod·ied /dìsɪmbɑ́(ː)did, -em- | -bɔ́d-/ 形 [普通は 限定] (声が)姿の見えない人からの; (霊魂などが)肉体から遊離した: a *disembodied* spirit 亡霊.

dis·em·bow·el /dìsɪmbáʊəl, -em-/ 動 (-bow·els; -bow·eled,《英》-bow·elled; -el·ing,《英》-el·ling) 他 (人・動物)の内臓を抜く, えぐり出す.

dis·en·chant·ed /dìsɪntʃǽntɪd, -en- | -tʃɑ́ːnt-/ 形 (...)に幻滅した (*with*).

dis·en·chant·ment /dìsɪntʃǽntmənt, -en- | -tʃɑ́ːnt-/ 名 U 幻滅 (*with*).

dis·en·fran·chise /dìsɪnfrǽntʃaɪz, -en-/ 動 他 (人)から公民権[選挙権]を奪う [⇔ enfranchise].

dis·en·fran·chised /dìsɪnfrǽntʃaɪzd, -en-/ 形 公民権[選挙権]を剥奪(はくだつ)された.

dis·en·gage /dìsɪngéɪdʒ, -en-/ 動 他 ❶ (束縛などから)(...)を離す, ほどく, 解く (*from*). ❷ (軍隊)を撤退させる. — 自 ❶ (...から)離れる, ほどける, はずれる (*from*). ❷ (...に)かかわり[関心]を持たなくなる (*from*). ❸ (軍隊が)撤退する.

dis·en·gaged /dìsɪngéɪdʒd, -en-/ 形 (気持ちが)離れた, かかわり[関心]をなくした (*from*).

dis·en·gage·ment /dìsɪngéɪdʒmənt, -en-/ 名 U 離れること; 関心をなくすこと; 撤退 (*from*).

dis·en·tan·gle /dìsɪntǽŋgl, -en-/ 動 他 ❶ (ひもなど)のもつれをほどく. ❷ (ごたごた)を解明する; (もつれから)(...)を解き放す (*from*). **disentángle onesèlf** [動] 自 (混乱などから)抜け出す (*from*).

dis·e·qui·lib·ri·um /dɪsìːkwəlíbriəm/ 名 U《格式》不均衡, 不安定.

dis·es·tab·lish /dìsɪstǽblɪʃ, -es-/ 動 他《格式》(教会)を非国教化する.

dis·fa·vor,《英》**-fa·vour** /dìsféɪvɚ | -və/ 名 U《格式》嫌悪, 不賛成: fall into *disfavor* 嫌われる.

dis·fig·ure /dɪsfígjɚ | -gə/ 動 (-fig·ur·ing /-gj(ə)rɪŋ | -g(ə)r-/) 他 (...)の形[外観]を損(そこ)ねる; (顔など)を醜くする.

dis·fig·ure·ment /dɪsfígjɚmənt | -gə-/ 名 U,C 醜くする[される]こと; 傷.

dis·fran·chise /dìsfrǽntʃaɪz/ 動 他 = disenfranchise.

dis·gorge /dɪsgɔ́ɚdʒ | -gɔ́ːdʒ/ 動 他 ❶《格式》(水・煙

など)を(大量に)吐き出す, 放出する. ❷ Ⓦ (乗り物・建物などが)(人)をどっと(吐き)出す. ❸ (食べた物)を吐き出す. ― 自 (川が)(...に)注ぐ (*into*).

dis·grace /dɪsgréɪs/ 名 ❶ Ⓤ 不名誉, 不面目, 恥 [≒shame]: *in disgrace* 面目を失って, 不興をかって / His behavior brought *disgrace on* [*to*] his family. 彼のふるまいは家名を汚(けが)した. ❷ [a ～] (...に)恥[不名誉]となる人[もの, こと], 恥さらし (*to*). ― 動 他 (人)に恥をかかせる, (...の名)を汚す; [受身で] (不名誉なことで)(人)を失脚させる. **disgráce onesèlf** [動] 自 恥ずべきことをする, 恥をかく.

dis·grace·ful /dɪsgréɪsf(ə)l/ 形 不面目な, 品格に欠ける. **-ful·ly** /-fəli/ 副 不名誉にも.

dis·grun·tled /dɪsgrʌ́ntld/ 形 不満な; 不機嫌な.

D

+**dis·guise** /dɪsgáɪz/ 動 (dis·guis·es /～ɪz/; dis·guised /～d/; dis·guis·ing) 他 ❶ [しばしば受身で] (...)を**変装させる**, (...)の姿を変える: She *was disguised as* a nurse. [V+O+C (as+名)の受身] 彼女は看護師になりすましていた.
❷ (本心・感情など)を**隠す** [≒hide]; (事実など)を偽る, ごまかす: *disguise* one's sorrow 悲しみを隠す / ***thinly disguised*** hostility 見え見えの敵意 / There is no *disguising* the fact that his illness is serious. 彼の病気が重いことは隠しようがない.
disguíse onesèlf [動] 自 **変装する**: He ***disguised himself as*** a salesman. 彼はセールスマンになりすました.
― 名 (dis·guis·es /～ɪz/) U,C **変装**, 仮装; **変装に用いるもの[衣装]**: a master of *disguise* 変装の名人 / put on a *disguise* 変装する.
in disguíse [副・形] 変装して[た]; 見てくれだけよくした: a blessing *in disguise* (⇒ blessing 成句).

+**dis·gust** /dɪsgʌ́st/ アク 名 Ⓤ (むかむかするほどの)**嫌悪**, いや気: I felt ***disgust at*** his behavior. 彼のふるまいにむかついた / She looked at me ***with disgust***. 彼女はいやそうに私を見た / ***in disgust*** むかむかして, うんざりして.
to ...'s disgúst [副] 文修飾 ...がむかついたことには.
― 動 (dis·gusts /-gʌ́sts/; -gust·ed /～ɪd/; -gust·ing) 他 [進行形なし] (人)を**むかむかさせる**, うんざりさせる: Your manners would *disgust* anyone. 君の行儀では誰だって気分を悪くするだろう.

dis·gust·ed /dɪsgʌ́stɪd/ 形 いや気がさした, うんざりした: be *disgusted at* [*with, by*] ... ...でむかむかする, ...にうんざりする. **～·ly** 副 うんざりして.

+**dis·gust·ing** /dɪsgʌ́stɪŋ/ 形 **むかつく**; とてもひどい: It smelled [tasted] *disgusting*. それはとてもひどいにおい[味]だった.
～·ly 副 むかつかせるほど[よう]に; とてもひどく.

dish /díʃ/
― 名 (～·es /～ɪz/) ❶ Ⓒ **皿**, **深皿**, 鉢《料理を盛って食卓に出したり調理に使ったりする深い皿; ただし《米》では取り皿 (plate), 鉢 (bowl) をも指す; ⇒ 類義語》: a serving *dish* 料理を盛って出す皿 / a baking *dish* (オーブンなどで)焼くときに用いる皿.

dishes (総称) (⇒類義語)	dish(料理の盛り皿)	皿
	plate(各自の取り皿)	
	saucer(受け皿)	

dishes

❷ [the ～es] **食器類**, **皿類**: ***do*** [***wash***] ***the dishes*** 食器類を洗う (⇒ do² 他 6 語法) / Let me help you with the *dishes*. 皿洗いを手伝おう. 参考 食事に使った後の, 深皿 (dish), 取り皿 (plate), 鉢 (bowl), 受け皿と茶わん (cup and saucer), ナイフやフォークまで含む.
❸ Ⓒ **料理**; 食物: a meat [fish] *dish* 肉[魚]料理 / a main *dish* メインの料理 / This is my favorite *dish*. これは私の大好きな料理だ. ❹ Ⓒ 一皿[鉢]分(の料理): eat a whole *dish of* salad サラダを丸一皿食べる. ❺ Ⓒ 皿状の物《電波望遠鏡の反射板など》; (衛星放送受信用の)アンテナ (satellite dish).
― 動 [次の成句で]
dísh it óut [動] 自 《略式》他人を批判する.
dísh óut [動] 他 (1) (食べ物)を(皿に盛って)出す. (2) 《略式》(...)をどんどん配る; (助言など)を与える.
dísh úp [動] 他 《略式》(食べ物)を皿に盛りつける.
類義語 dish 料理を入れて運んでくる大きい皿. 《米》では platter ともいう. plate dish から一人一人に取り分ける浅く平らな皿. 食卓に並べられる多くの皿は *plate* である. サラダを入れるような深い入れ物は bowl と呼ばれる. saucer は cup の受け皿をいう. なお皿類を総称して *dishes* (⇒ 2) ともいう.

dis·har·mo·ny /dìshɑ́ɚməni | -hɑ́:-/ 名 Ⓤ 《格式》(意見の)不一致, 対立, 不調和.

dish·cloth /díʃklɔ̀:θ | -klɔ̀θ/ 名 (-cloths /-klɔ̀:ðz, -klɔ̀:θs | -klɔ̀θs/) Ⓒ (皿洗い用)ふきん (⇒ kitchen 挿絵).

dis·heart·en /dìshɑ́ɚtn | -hɑ́:tn/ 動 他 《格式》(人)をがっかりさせる, 落胆させる.

dis·heart·ened /dìshɑ́ɚtnd | -hɑ́:tnd/ 形 《格式》がっかりした, 落胆した.

dis·heart·en·ing /dìshɑ́ɚtnɪŋ | -hɑ́:t-/ 形 がっかりさせるような. **～·ly** 副 がっかりさせるほど.

di·shev·eled, 《英》 **di·shev·elled** /dɪʃév(ə)ld/ 形 (髪・服などが)乱れた, ぼさぼさの; (人が)髪[服装]を乱した, だらしのない.

+**dis·hon·est** /dɪsɑ́(:)nɪst, dìs- | -ɔ́n-/ 形 **不正直な**, 不誠実な; 不正な [⇔ honest]: Cheating on a test is a *dishonest* act. 試験でカンニングをすることは不正行為である. (名 dìshónesty)
～·ly 副 不正直に, 不誠実に; 不正に.

dis·hon·es·ty /dɪsɑ́(:)nɪsti, dìs- | -ɔ́n-/ 名 Ⓤ 不正直, 不誠実; 不正(行為) [⇔ honesty]. (形 dìshónest)

dis·hon·or, 《英》 **-hon·our** /dɪsɑ́(:)nɚ, dìs- | -ɔ́nə/ 名 Ⓤ 《格式》不名誉, 恥 [≒shame] [⇔ honor]: bring *dishonor* on one's family 家名に泥をぬる.
― 動 (-or·ing, -our·ing /-n(ə)rɪŋ/) 他 《格式》 ❶ (...)の名誉を汚(けが)す [⇔ honor]. ❷ (銀行が)(手形)の支払いを拒む; (約束など)を破る.

dis·hon·or·a·ble, 《英》 **-hon·our·a·ble** /dɪsɑ́(:)n(ə)rəbl, dìs- | -ɔ́n-/ 形 不名誉な; 卑劣な [⇔ honorable].

dish·pan /díʃpæ̀n/ 名 Ⓒ 《米》皿洗い容器, 洗いおけ.

dísh ràck 名 C 《米》(皿を乾かす)水切りかご.
dish·rag /díʃræ̀g/ 名 C 《米》= dishcloth.
dísh tòwel 名 C 《米》(洗った皿をふく)ふきん [《英》tea towel].
dish·wash·er /díʃwɑ̀(ː)ʃɚ, -wɔ̀ːʃɚ | -wɔ̀ʃə/ 名 C (自動)食器洗い機 (⇒ kitchen 挿絵); 皿洗い(人).
dísh·wash·ing lìquid [detèrgent] /díʃwɑ(ː)ʃɪŋ-, -wɔːʃ- | -wɔʃ-/ 名 U,C 《米》食器用洗剤 [《英》washing-up liquid].
dish·water /díʃwɔ̀ːṭɚ | -tə/ 名 U 皿を洗った汚い水: ⇒ dull 形 成句.
dish·y /díʃi/ 形 《古風》セクシーな, ハンサムな.
dis·il·lu·sion /dìsɪlúːʒən/ 動 他 (人)を幻滅させる; (人)の迷いをさまさせる. ― 名 U = disillusionment.
dis·il·lu·sioned /dìsɪlúːʒənd/ 形 (...に)幻滅を感じる: be *disillusioned with* politics 政治に幻滅を感じる.
dis·il·lu·sion·ment /dìsɪlúːʒənmənt/ 名 U 幻滅(感); 覚醒(かくせい) (*with*).
dis·in·cen·tive /dìsɪnsénṭɪv/ 名 C 意欲をそぐもの, 抑止要因 (*to*).
dis·in·cli·na·tion /dìsɪnklənéɪʃən/ 名 [U または a ~] 《格式》気の進まないこと, いやけ (*for*; *to* do).
dis·in·clined /dìsɪnkláɪnd/ 形 叙述 《格式》(...に)気が進まない (*for*), (...する)気にならない (*to* do).
dis·in·fect /dìsɪnfékt/ 動 他 ❶ (傷・器具・場所など)を(殺菌)消毒する. ❷ (コンピューター)のウイルスを駆除する.
dis·in·fec·tant /dìsɪnféktənt/ 名 U,C 殺菌剤, 消毒剤.
dis·in·for·ma·tion /dìsɪnfɚméɪʃən | -fə-/ 名 U (敵などを惑わすための)偽情報, デマ.
dis·in·gen·u·ous /dìsɪndʒénjuəs←/ 形 《格式》不誠実な, 欺瞞(ぎまん)的な.
dis·in·her·it /dìsɪnhérɪt/ 動 他 (子供など)から相続権を奪う.
dis·in·te·grate /dɪsínṭəgrèɪt/ 動 自 (物が)ばらばらになる; (社会などが)崩壊する. ― 他 (...)を分解する.
dis·in·te·gra·tion /dɪsìnṭəgréɪʃən/ 名 U 崩壊, 分解, 分裂 (*of*).
dis·in·ter /dìsɪntɚ́ː | -tɚ́ː/ 動 (-in·ters; -in·terred; -ter·ring /-tɚ́ːrɪŋ | -tɚ́ːr-/) 他 ❶ [普通は受身で] 《格式》(墓から)(死体)を掘り出す [⇔ inter]. ❷ (...)を見つけ出す.
dis·in·ter·est /dìsíntrəst, -ṭərèst/ 名 ❶ U 無関心 (*in*). ❷ U 利害関係のないこと, 公平無私.
dis·in·ter·est·ed /dìsíntrəstɪd, -ṭərèst-←/ 形 ❶ 私心のない, 公平な, 第三者による. ❷ 無関心な [≒ uninterested] (*in*). 語法 この意味で用いるのは誤りとされることがある.
dis·joint·ed /dìsdʒɔ́ɪnṭɪd/ 形 (話などが)つじつまの合わない, 支離滅裂な.
+**disk, disc** /dísk/ 名 (~s /~s/) 語法 1 では《米》《英》ともに disk. 2, 3 では《米》disk, 《英》disc のつづりが普通. ❶ C 〔コンピュータ〕**ディスク**《円盤状の記憶装置; hard disk, floppy disk など》: insert [take out, eject] a *disk* ディスクを挿入する[取り出す].
❷ C (平らな)**円盤**; 円盤状のもの《硬貨・メダルなど》. ❸ C 〔解剖〕円盤状組織; 椎間板: a slipped *disk* 椎間板ヘルニア.
dísk drìve 名 C ディスクドライブ《ディスクを回転させてデータの記録や読み出しをする装置》.
dis·kette /dɪskét/ 名 C = floppy disk.
dísk jòckey 名 C = disc jockey.
+**dis·like** /dɪsláɪk, dìs-/ 動 (dis·likes /~s/; dis·liked /~t/; dis·lik·ing) [進行形なし] 他 (...)を**嫌う**, (...するの)をいやがる: A lot of children *dislike* spinach. ほうれんそうが嫌いな子が多い / He ***dislikes*** shopp*ing* with his sister. V+O (動名) 彼は妹と買い物をするのが嫌いだ. 語法 like と違い, to 不定詞を伴って ×He dislikes to shop with his sister. とはしない.
― 名 U,C 嫌悪(感); [普通は複数形で] 嫌いなこと[もの]: He has a *dislike of* [*for*] work. 彼は仕事が嫌いだ / take an instant *dislike to* ... ...をすぐに嫌いになる / líkes and *díslikes* 好きなこと[もの]と嫌いなこと[もの] (⇒ dis- 語法).
dis·lo·cate /dísloukèɪt, dɪslóukeɪt | dísloukèɪt/ 動 他 ❶ (...)を脱臼(だっきゅう)する: a *dislocated* shoulder 脱臼した肩. ❷《格式》(計画・ダイヤなど)を狂わせる.
dis·lo·ca·tion /dìsloukéɪʃən/ 名 U,C 脱臼(だっきゅう); 《格式》混乱, 狂い.
dis·lodge /dɪslɑ́(ː)dʒ | -lɔ́dʒ/ 動 他 (...)を(~から)取りはずす, 取り除く [≒remove]; (...)を(場所・地位などから)追い払う, 追放する (*from*).
dis·loy·al /dìslɔ́ɪəl←/ 形 不忠実な, 不実な (*to*).
dis·loy·al·ty /dìslɔ́ɪəlti/ 名 U 不(忠)実 (*to*).
dis·mal /dízm(ə)l/ 形 ❶ 陰気な, 暗い: *dismal* weather うっとうしい天気. ❷ (できばえなどが)情けない, みじめな: a *dismal* failure さんたんたる失敗.
-mal·ly /-məli/ 副 陰気に; みじめに.
+**dis·man·tle** /dɪsmǽnṭl, dìs-/ 動 (-man·tles /~z/; -man·tled /~d/; -man·tling) 他 ❶ (機械など)を**分解する**, 解体する: *dismantle* electrical appliances 電化製品を分解する. ❷ (制度など)を徐々に廃止する.
+**dis·may** /dɪsméɪ, dɪz-/ 名 U **うろたえ**, ろうばい; **おびえ**; (ひどい)**落胆**, **失望**: The news filled him with *dismay*. その知らせで彼はうろたえた / They watched the scene ***in*** [***with***] ***dismay***. 彼らはおびえてその光景を見つめた. **to ...'s dismáy = to the dismáy of ...** [副] 文修飾 ...がうろたえたことには. ― 動 他 (人)をうろたえさせる; おびえさせる; がっかりさせる.
dis·mayed /dɪsméɪd, dɪz-/ 形 うろたえた; おびえた; がっかりした: 言い換え She was *dismayed by* [*at*] the news. = She was *dismayed to* hear the news. 知らせを聞いて彼女はうろたえた.
dis·mem·ber /dìsmémbɚ | -bə/ 動 (-ber·ing /-b(ə)rɪŋ/) 他 (人)の手足を切断する; 《格式》(国土など)を分割する.
dis·mem·ber·ment /dìsmémbɚmənt | -bə-/ 名 U 手足の切断; 《格式》(国土などの)分割.
*__dis·miss__ /dɪsmís/ 動 (-miss·es /~ɪz/; dis·missed /~t/; -miss·ing) 他

> **意味のチャート**
> 元は「追い払う」の意から
> → (考えを払いのける) → 「**捨てる**」❶
> → (職場から追い出す) → 「**解雇する**」❷
> → (集団を追い払う) → 「**解散させる**」❸

❶ (考え・思いなど)を**捨てる**, **退ける**; (人・問題など)を忘れ去る, 無視する: He ***dismissed*** the idea ***as*** foolish. V+O+C (as+形) 彼はその考えをばからしいと一蹴(いっしゅう)した.
❷ (...)を**解雇する**, 免職にする: The minister *was **dismissed from*** his position shortly after the scandal. V+O+*from*+名の受身 そのスキャンダルの後すぐにその大臣は解任された / He *was **dismissed for***

「be*ing* dishonest [dishonesty]. V+O+*for*+動名[名]の受身 彼は不正を働いたので解雇された. ❸《格式》(集会・クラスなど)を解散させる, 立ち去らせる [≒send away]; (許可して)退出させる: Class *dismissed*! 授業はこれで終わり. ❹〔法律〕(訴訟など)を却下[棄却]する. (名 dismíssal)
《⇒ promise キズナ》

+**dis·miss·al** /dɪsmís(ə)l/ 名 (~s /~z/) ❶ U,C **解雇**, 免職, 放校: unfair *dismissal* 不当解雇. ❷ U,C (考えなどの)無視, 切り捨て (*of*); (訴訟の)却下, 棄却. (動 dismíss)

dis·mis·sive /dɪsmísɪv/ 形 (考えなどを)軽視する, 退けるような (*of*): a *dismissive* gesture 拒むようなしぐさ. **~·ly** 副 そっけなく, 冷ややかに.

dis·mount /dɪsmáʊnt, dìs-/ 動 自 (馬・自転車などから)降りる (*from*) [≒get off] [⇔ mount] — 他 (銃など)を台座から取りはずす.

Dis·ney /dízni/ 名 固 Walt ~ ディズニー (1901-66)《米国の動物・アニメ映画制作者》.

Dis·ney·land /dízniIæ̀nd/ 名 固 ディズニーランド《Disney の作った遊園地》.

dis·o·be·di·ence /dìsoʊbíːḍiəns, -sə-/ 名 U 不従順, 反抗; (命令・法律・規則への)違反 (*to*).

dis·o·be·di·ent /dìsoʊbíːḍiənt, -sə-⁻/ 形 不従順な, 反抗的な, 言うことを聞かない; 違反する (*to*).

dis·o·bey /dìsoʊbéɪ, -sə-/ 動 他 (...)にはむかう; (命令など)に従わない. — 自 従わない.

+**dis·or·der** /dìsɔ́ɚḍɚ | -ɔ́ːdə/ 名 (~s /~z/) ❶ C,U (心身の)**不調**, 障害, (軽い)病気: He suffers from a stomach *disorder*. 彼は胃の不調に苦しんでいる / an eating *disorder* 摂食障害《拒食症・過食症など》. ❷ U (社会的な)無秩序, 騒動; 暴動: civil [public] *disorder* 無政府状態. ❸ U 混乱, 乱雑 [⇔ order]: The room was *in* complete *disorder*. 部屋はめちゃくちゃに散らかっていた. (形 dìsórderly)

dis·or·dered /dìsɔ́ɚḍɚd | -ɔ́ːdəd⁻/ 形 ❶ 乱雑な. ❷ (心身の)調子の狂った: mentally *disordered* 精神障害のある.

dis·or·der·ly /dìsɔ́ɚḍɚli | -ɔ́ːdə-/ 形 ❶《格式》無秩序の, 乱雑な [⇔ orderly]. ❷《格式》(人・行動が)無法な, 乱暴な; 騒々しい: *disorderly* conduct 治安[風紀]を乱す行為. (名 dìsórder)

dis·or·ga·nized /dìsɔ́ɚgənàɪzd | -ɔ́ː-/ 形 混乱した, まとまりのない; (人が)計画性のない.

dis·o·ri·ent /dɪsɔ́ːriènt/ 動 他 ❶ (人)を混乱させる, まごつかせる. ❷ (人)の方向感覚を失わせる.

dis·o·ri·en·tate /dìsɔ́ːriəntèɪt/ 動《英》= disorient.

dis·o·ri·en·tat·ed /dìsɔ́ːriəntèɪṭɪd/ 形《英》= disoriented.

dis·o·ri·en·ta·tion /dìsɔ̀ːriəntéɪʃən/ 名 U 方向感覚の喪失(そうしつ).

dis·o·ri·ent·ed /dìsɔ́ːrièntɪd/ 形 ❶ 混乱して, まごついて. ❷ 方向がわからなくなって.

dis·o·ri·ent·ing /dìsɔ́ːrièntɪŋ/ 形 方向感覚を失わせる; まごつかせる, 混乱させる.

dis·own /dìsóʊn/ 動 他 [進行形なし] (子供など)と縁を切る; (人・物)との関係を否認する.

dis·par·age /dɪspǽrɪʤ/ 動 他《格式》(人・物)をけなす, さげすむ.

dis·par·age·ment /dɪspǽrɪʤmənt/ 名 U,C《格式》けなし, こきおろし.

dis·par·ag·ing /dɪspǽrɪʤɪŋ/ 形 批判的な, けなす: *disparaging* comments 批判的なコメント.

dis·par·ate /dísp(ə)rət, dɪspǽr- | dísp(ə)r-/ 形《格式》(本質的に)異なる; (全く)異種のもので構成された.

dis·par·i·ty /dɪspǽrəṭi/ 名 (-i·ties) U,C《格式》相違; 不均衡, 格差 (*between, in*).

dis·pas·sion·ate /dìspǽʃ(ə)nət⁻/ 形 [よい意味で] 感情に動かされない, 冷静な; 公平な. **~·ly** 副 冷静に.

dis·patch /dɪspǽʧ/ 動 他 ❶《格式》(人・物)を急送する, 派遣する; (手紙など)を発送する (*to*). ❷ (仕事・試合の相手など)をさっと片づける. — 名 ❶ C 至急報; (急送の)公文書; (記者・通信社の)特電: send a *dispatch* from Paris to Moscow パリからモスクワへ至急報を送る. ❷ U 急送, 急派, 特派 (*of*). **with dispátch** [副]《格式》手早く, てきぱきと.

dispátch bòx 名《英》C (公文書の)送達箱.

dis·patch·er /dɪspǽʧɚ | -ʧə/ 名 C《米》(タクシー・救急車・列車などの)配車係, 操車係.

dis·pel /dɪspél/ 動 (dis·pels; dis·pelled; -pel·ling) 他 (心配・疑い・うわさなど)をぬぐい去る, 消し去る.

dis·pens·a·ble /dɪspénsəbl/ 形 なくても済む, 必ずしも必要でない [⇔ indispensable].

dis·pen·sa·ry /dɪspéns(ə)ri/ 名 (-sa·ries) C (病院などの)薬局《⇒ pharmacy》.

dis·pen·sa·tion /dìspənséɪʃən/ 名 ❶ C,U (規則などの)適用免除, 特別許可; 〔カトリック〕特免(状). ❷ U《格式》提供; (法の)施行 (*of*).

dis·pense /dɪspéns/ 動 他 ❶《格式》(...)を(一定量)与える, 配る (*to*); (機械が)(食品・飲料・現金など)を出す: This machine *dispenses* green tea if you push the button. この機械はボタンを押すとお茶が出る. ❷《格式》(公的なサービスなど)を提供する; (法)を施行する: *dispense* justice 法を施行する, 裁判をする. ❸ (薬)を調合して与える. **dispénse with ...** [動] 他《格式》...なしで済ませる, ...を省く [≒do away with ...]: A student of a foreign language cannot *dispense with* a dictionary. 外国語を研究[学習]する者は辞書なしには済まされない / *dispense with* the formalities 堅苦しいことは抜きにする.

dis·pens·er /dɪspénsɚ | -sə/ 名 C ディスペンサー《食品・飲料・ペーパータオルなどを一定量ずつ取り出せる容器・機械》; 自動販売機: ⇒ cash dispenser.

dis·pers·al /dɪspɚ́ːs(ə)l | -pə́ː-/ 名 U,C 散布, 分散; (群衆などを)散らすこと.

+**dis·perse** /dɪspɚ́ːs | -pə́ːs/ 動 自 (群衆・雲などが)**分散する**, 散らばる, 消える: After we finished high school, my friends *dispersed* in all directions. 高校卒業後私の友だちはちりぢりになった.
— 他 (...)を**分散させる**, 散らす [≒scatter]: *disperse* a crowd 群衆を追い散らす.

dis·per·sion /dɪspɚ́ːʒən | -pə́ːʃən/ 名 U《格式》分散, 拡散.

di·spir·it·ed /dɪspírɪṭɪd/ 形 落胆した.

+**dis·place** /dɪspléɪs/ 動 (-plac·es /~ɪz/; -placed /~t/; -plac·ing) 他 ❶ (人・物)に**取って代わる** [≒replace]; (地位にある人)をやめさせる, 解任する: a *displaced* worker 失職者.
❷ (戦争・災害などが)(人・動物)を**追い立てる**; (通常の位置から)(物・人)を移動させる: Many people *were displaced* after the great earthquake. V+Oの受身 大震災後, 多くの人がやむなく立ち退くことになった. (名 displácement)

dis·pláced pérson /dɪspléɪst-/ 名 C 《格式》 難民 [≒refugee].

dis·place·ment /dɪspléɪsmənt/ 名 ❶ U 《格式》 取って代わ(られ)ること; 追い立て, (強制)立ち退き: the *displacement of* workers by machines 労働者が機械にとって代わられること. ❷ U または a ~] 〘航海〙 (船の)排水量. (動 displáce)

***dis·play** /dɪspléɪ/

— 名 (~s /~z/) ❶ C **展示**, 陳列 [≒exhibition]; 展示物, 陳列品《全体》: a *display of* French paintings フランス絵画の展示 / She looked at the *display of* toys in the store window. 彼女はショーウインドーのおもちゃを見た.

❷ C **見せ物**, ショー: a firework(s) *display* 花火大会.

❸ C **ディスプレー**《パソコンなどの文字・画像を表示する装置; ⇒ liquid crystal display》. ❹ C (感情・性質などを)示すこと, 見せること: a *display of* anger 怒りの表明.

on displáy [形・副] 陳列された[て], 展示中の[で]; (感情・才能などが)示された[て].

— 動 (dis·plays /~z/; dis·played /~d/; -play·ing) 他 ❶ (...)を**展示する, 見せる**, 陳列する: Jewelry *was displayed* in the shop window. V+O の受身 ショーウインドーには宝石類が陳列されていた.

❷ (感情・性質など)を**はっきりと示す**: He ***displayed*** his ignorance ***to*** everyone by making that comment. V+O+*to*+名 そのように言ったために彼は皆に自分の無知をさらけだしてしまった. ❸ (パソコンなどが)(データ)を画面に表示する.

dis·please /dɪsplíːz/ 動 他 《格式》 (人)を不機嫌にする, 怒らせる [⇔please].

dis·pleased /dɪsplíːzd/ 形 叙述 《格式》 (...に)腹を立てて, (...が)不満で: He was *displeased with* his neighbor. 彼は隣人に腹を立てていた.

dis·plea·sure /dɪsplézə, dɪs-|-ʒə/ 名 U 《格式》 不愉快, 不満; 不機嫌, 立腹 (*at, with*).

dis·pos·a·ble /dɪspóʊzəbl/ 形 [普通は 限定] 使い捨て(式)の; 自由に使える. — 名 C [普通は複数形で] 使い捨て用品.

dispósable íncome 名 U 可処分所得《手取り所得》.

+dis·pos·al /dɪspóʊz(ə)l/ 名 (~s /~z/) ❶ U **処分**, 処理; 売却: waste *disposal* = the *disposal of* waste 廃棄物の処理 / *disposal* by sale 売却処分. ❷ C 《米》 ディスポーザー [《英》 waste disposal]《台所の生ごみを粉砕して下水に流す装置; ⇒ kitchen 挿絵》.

at ...'s dispósal [副・形] ...が勝手に使えて, ...の思いのままになって: I have $ 1,000 *at my disposal*. 私は自由に使える金を千ドル持っている / I'm *at your disposal*. 何でもおっしゃるとおりにします.

+dis·pose /dɪspóʊz/ 動 (dis·pos·es /~ɪz/; dis·posed /~d/; dis·pos·ing) 自 [dispose of ... として] ❶ **...を処分する**, 捨てる [≒get rid of ...]; ...を売却する: He has no right to *dispose of* the house. 彼にはその家を処分する権利はない. ❷ (問題など)をうまく処理する. ❸ (相手)を打ち負かす; (...)を殺す.

— 他 ❶ [副詞(句)を伴って] 《格式》 (...)を配列[配置]する [≒arrange]. ❷ 《格式》 (物事が)(人)を(...したい)気にさせる (*to, toward*). (名 dìspositíon)
〖⇒ propose キズナ〗

dis·posed /dɪspóʊzd/ 形 叙述 ❶ 《格式》 (...する)気がある, ...したいと思う [≒inclined]: I am [feel] *disposed to* undertake the work. その仕事を引き受けてみたいと思う. ❷ [副詞を伴って] 《格式》 (...に対して)~の気持ちである: He is *well* [*favorably*] *disposed toward* [*to*] us. 彼は私たちに好意的だ. ❸ 《格式》 ...の傾向があって [≒inclined] (*to*).

dis·po·si·tion /dìspəzíʃən/ 名 ❶ C [普通は単数形で] 《格式》 性質, 気質 [≒temperament]: a man with a cheerful [generous] *disposition* 陽気な[気前のよい]性質の人. ❷ [a ~] 《格式》 (...したい)気持ち, 意向, 傾向 [≒inclination] (*to, toward*; *to* do). ❸ C,U 《格式》 配置, 配列 [≒arrangement] (*of*). ❹ U,C 〘法律〙 処分《譲渡や贈与》 (*of*). (動 dispóse)

dis·pos·sess /dìspəzés/ 動 他 [普通は受身で] 《格式》 (人)から(土地・建物などを)奪う (*of*): *the dispossessed* 土地・家を奪われた人たち, 流民《複数名詞のように扱われる; ⇒ the[1] 3》.

dis·pro·por·tion /dìsprəpɔ́əʃən|-pɔ́ː-/ 名 U または a ~] 《格式》 不均衡(な点) (*between*).

dis·pro·por·tion·ate /dìsprəpɔ́əʃ(ə)nət|-pɔ́ː-←/ 形 (数量などが)不つり合いな (*to*). **~·ly** 副 不つり合いに[なほど].

dis·prove /dɪsprúːv/ 動 他 (...)を反証する, (...)が誤っていることを示す [⇔prove].

dis·put·a·ble /dɪspjúːṭəbl, díspjʊ-/ 形 議論の余地のある; 疑わしい [⇔indisputable].

dis·pu·ta·tion /dìspjʊtéɪʃən/ 名 U,C 《格式》 論争, 討論. (動 dispúte[2])

dis·pu·ta·tious /dìspjʊtéɪʃəs←/ 形 《格式》 議論好きな; 論争の的となる.

dis·pute[1]** /dɪspjúːt, díspjuːt/ ✪ 動詞の dispute[2] とアクセントの傾向が違う. 名 (dis·putes /dɪspjúːts, díspjuːts/) C,U **論争, 議論; 紛争**; 争議, 口論 (*with*) 《⇒ argument 類義語》: The brothers had a heated ***dispute over [***about***] her marriage. 兄弟たちは彼女の結婚について激論を交わした / a ***dispute between*** the U.S. and China 米国と中国との間の論争 / a labor *dispute* 労働争議.

be ópen to dispúte [動] 自 議論の余地がある.

beyònd (áll) dispúte [形・副] 議論の余地がない[なく], 確かで[に]: His honesty is *beyond dispute*. 彼が誠実なのは議論の余地がない.

in dispúte [形] (1) (物事が)論争[紛争]中の[で], 問題になって(いる): The reform plan is still *in dispute*. その改革案はまだ議論されている. (2) (人が)論争[争議]中で[の]: The fishermen are *in dispute with* the government *over* compensation for water pollution. 漁師たちは水質汚染の補償について政府と係争中だ. (動 dispúte[2])

+dis·pute[2] /dɪspjúːt/ ✪ 名詞の dispute[1] とアクセントの傾向が違う. 動 (dis·putes /-pjúːts/; dis·put·ed /-ṭɪd/; dis·put·ing /-ṭɪŋ/) 他 ❶ (説など)に**異議を唱える**, 反論する, 文句をつける, (...)を疑問視する: They *disputed* the referee's decision. 彼らはレフリーの判定に抗議した / I don't ***dispute that*** what he said is true. V+O (*that* 節) 彼の発言が真実であることには異論はない. ❷ (...)について論争する, 議論する; (領有権など)をめぐって争う (*with*): The issue *was* hotly *disputed* in the Diet. その問題は国会で激しく議論された / *disputed* territory 領有権を係争中の領土.

— 自 論争する, 争う [≒argue] (*with*).

(名 dispúte[1], dìsputátion)

D

dis·qual·i·fi·ca·tion /dɪskwɑ̀(ː)ləfɪkéɪʃən, dɪ̀s- | -kwɔ̀l-/ 名 C,U 失格, 資格剥奪(はくだつ) (*from*).

dis·qual·i·fy /dɪskwɑ́(ː)ləfàɪ, dɪ̀s- | -kwɔ́l-/ 動 (-i·fies; -i·fied; -fy·ing) 他 [しばしば受身で] (人)の資格を剥奪(はくだつ)する, (人)を失格とする; 不適任と判定する: He *was disqualified from* (tak*ing* part in) the contest. 彼はその競技の出場資格を失った / Her lack of experience *disqualified* her *for* the job. 彼女は経験不足でその職に就けなかった.

dis·qui·et /dɪskwáɪət, dɪ̀s-/ 名 U《格式》不安, 心配 (*over, about*).

dis·qui·si·tion /dɪ̀skwəzíʃən/ 名 C《格式》(長々しい)講演; 論文, 論説.

+**dis·re·gard** /dɪ̀srɪgɑ́ːd | -gɑ́ːd/ 動 (-re·gards /-gɑ́ːdz | -gɑ́ːdz/; -gard·ed /-ḍɪd/; -gard·ing /-dɪŋ/) 他 (...)を**無視する**, 軽視する, なおざりにする(⇒ neglect 類義語). ― 名 [U または a ～] 無視, 軽視: show a total [complete] *disregard for* [*of*] ... ...を完全に無視する.

dis·re·pair /dɪ̀srɪpéə | -péə/ 名 U (手入れ不足による)破損(状態), 荒廃: be in [fall into] *disrepair* (家などが)荒れている[荒れる].

dis·rep·u·ta·ble /dɪsrépjʊṭəbl, dɪ̀s-/ 形 評判のよくない, いかがわしい [⇔ reputable].

dis·re·pute /dɪ̀srɪpjúːt/ 名 U 不評, 悪評: fall into *disrepute* 評判を落とす / bring ... into *disrepute* ...の評判を落とす.

dis·re·spect /dɪ̀srɪspékt/ 名 [U または a ～] 敬意のなさ, 無礼, 軽視 (*for, to*).
nó disrespéct (to ...) [副] つなぎ語 Ⓢ (人を)けなすつもりはない: *No disrespect*, but your idea will not work. けなすつもりはないのですが, あなたの案はうまく行かないでしょう. ― 動 他 (人)に失礼なことをする, 無礼をはたらく.

dis·re·spect·ful /dɪsrɪspéktf(ə)l/ 形 敬意を示さない, 失礼な, 無礼な (*to*). **-ful·ly** /-fəli/ 副 敬意を示さずに, 無礼に.

dis·robe /dɪsróʊb/ 動 自《格式》衣服を脱ぐ. ― 他 (人)の衣服を脱がせる.

+**dis·rupt** /dɪsrʌ́pt/ 動 (dis·rupts /-rʌ́pts/; -rupt·ed /～ɪd/; -rupt·ing) 他 (会議・通信・交通など)を**混乱させる**, 中断させる, 妨害する: Rail service *was disrupted by* the storm. V+O の受身 あらしで列車の便が混乱した.
〖⇒ bankrupt キズナ〗

dis·rup·tion /dɪsrʌ́pʃən/ 名 U,C 混乱, 妨害 (*to*).

dis·rup·tive /dɪsrʌ́ptɪv/ 形 混乱を起こさせる, 妨害する, 破壊的な (*to*). **～·ly** 副 妨げとなるほど.

diss /dís/ 動 他《俗》= dis.

dis·sat·is·fac·tion /dɪ̀(s)sæṭɪsfǽkʃən/ 名 U,C 不満, 不平 [⇔ satisfaction]: express *dissatisfaction with* [*at*] ... ...に不満を示す.

+**dis·sat·is·fied** /dɪ̀(s)sǽṭɪsfàɪd/ 形 **不満を抱いた** [⇔ satisfied]: The laborers were ***dissatisfied with*** their wages. +with+名 労働者たちは賃金に不満だった.

dis·sect /dɪsékt/ 動 他 (動物など)を解剖[切開]する; (著書など)を分析する; (土地など)を分断する.

dis·sec·tion /dɪsékʃən/ 名 U,C 解剖, 切開; 分析; 分断 (*of*).

dis·sem·ble /dɪsémbl/ 動 自《文語》本心を隠す.

dis·sem·i·nate /dɪsémənèɪt/ 動 他《格式》(思想・知識・ニュースなど)を広める, 普及させる.

dis·sem·i·na·tion /dɪsèmənéɪʃən/ 名 U《格式》普及, 宣伝.

dis·sen·sion /dɪsénʃən/ 名 U,C《格式》意見の相違, 不和 (*among, between, within*).

+**dis·sent** /dɪsént/ 名 (-sents /-sénts/) ❶ U (公式の考えなどに対する)**不同意**, 異議 [⇔ assent]: a voice of *dissent* 反対の声. ❷ C〘米法律〙(少数意見の判事による)反対意見.
― 動 自《格式》(公式の考えなどと)意見を異にする, 同意しない (*from*) [⇔ assent].
〖⇒ sentence キズナ〗

dis·sent·er /dɪsénṭə | -tə/ 名 C 反対者.

dis·sent·ing /dɪsénṭɪŋ/ 形《格式》異議を唱える, 反対する: *dissenting* opinions 反対意見.

dis·ser·ta·tion /dɪ̀səṭéɪʃən | -sə-/ 名 C 論文; 博士論文,《主に英》修士論文 (*on*).

dis·ser·vice /dɪ̀(s)sə́ːvɪs | -sə́ː-/ 名 [U または a ～] ひどい仕打ち; 害: do ... *a disservice* = do *a disservice to* ... ...に害を与える, ...を損なう.

dis·si·dence /dísəḍəns, -dns/ 名 U 不同意, 不賛成, 反体制.

dis·si·dent /dísəḍənt, -dnt/ 名 C 反体制の人[活動家]. ― 形 限定 反体制(派)の.

dis·sim·i·lar /dɪ̀(s)símələ | -lə/ 形《格式》(...と)似ていない, 異なる (*to*) [⇔ similar].

dis·sim·i·lar·i·ty /dɪ(s)sɪ̀məlǽrəṭi/ 名 (-i·ties) U 相違 (*between*); C 相違点.

dis·sim·u·late /dɪsímjʊlèɪt/ 動 自《格式》本心を隠す. ― 他《格式》(感情など)を偽り隠す.

dis·si·pate /dísəpèɪt/ 動 他 ❶《格式》(雲・霧など)を散らす; (悲しみ・恐怖など)を消す, 晴らす. ❷《格式》(時間・財産など)を浪費する. ― 自《格式》(雲・感情などが)消える.

dis·si·pa·tion /dɪ̀səpéɪʃən/ 名 ❶ U《格式》消散, 消失. ❷ U《格式》浪費. ❸ U《格式》放蕩(ほうとう).

dis·so·ci·ate /dɪsóʊʃièɪt, -si-/ 動 他《格式》(人・物事)を(...から)引き離す, 切り離して考える (*from*) [⇔ associate]. **dissóciate onesèlf from ...** [動] 他 ...との関係を絶つ[否認する].

dis·so·ci·a·tion /dɪsòʊʃiéɪʃən, -si-/ 名 U 分離(作用[状態]) (*from*).

dis·so·lute /dísəlùːt/ 形《格式》ふしだらな.

dis·so·lu·tion /dɪ̀səlúːʃən/ 名 ❶ U (議会・組織などの)解散; (結婚・契約などの)解消 (*of*). ❷ U 崩壊, 消滅 (*of*). (動 dissólve)

+**dis·solve** /dɪzɑ́(ː)lv | -zɔ́lv/ 動 (dis·solves /～z/; dis·solved /～d/; dis·solv·ing) 他 ❶ (...)を**溶かす**, 溶解する: He ***dissolved*** sugar ***in*** water. V+O+in+名 彼は砂糖を水に溶かした.
❷ (議会・組織など)を**解散する**; [普通は受身で] (結婚・契約など)を解消する: The Prime Minister has the power to *dissolve* Parliament. 首相は議会を解散する権限を持つ / Their marriage *was dissolved* in 2005. 二人の婚姻は 2005 年に解消した. ❸ (感情など)を消滅させる.
― 自 ❶ **溶ける**(⇒ melt 類義語): Sugar ***dissolves*** easily ***in*** hot water. V+in+名 砂糖は容易に湯に溶ける. ❷ 感情が抑え切れなくなる: *dissolve into* [*in*] tears [laughter] 泣き崩れる[笑いだす]. ❸ (感情などが)薄らぐ, 消える. (名 dìssolútion)

dis·so·nance /dísənəns/ 名 ❶ U《格式》不一致. ❷ U,C〘音楽〙不協和(音) [⇔ consonance].

dis·so·nant /dísənənt/ 形 ❶《格式》不一致の. ❷

〔音楽〕不協和(音)の [⇔ consonant].

dis·suade /dɪswéɪd/ 動 他 (説得して) (人)に思いとどまらせる, 断念させる [⇔ persuade]: I tried to *dissuade* her *from* marry*ing* him. 私は彼女に彼との結婚を思いとどまらせようとした.

dis·taff /dístæf | -tɑːf/ 名 C 糸巻き棒.

****dis·tance** /dístəns/

— 名 (dis·tanc·es /~ɪz/) ❶ C,U 距離, 隔たり: What is the *distance from* here *to* New York? ここからニューヨークまでの距離はどのくらいありますか / How can the *distance between* planets be measured? 惑星間の距離はどうやったら測定できるのか / walk a long *distance* 長い距離を歩く / ***at a distance of*** 50 meters 50 メートルの距離の所に.

❷ [単数形で] **遠方**, かなり離れた距離[所]: His house is「***some distance*** [***quite a distance***, ***a good distance away***] ***from*** the bus stop. 彼の家はバス停からかなり遠い所にある / That village is a great *distance* off [away]. その村はかなり遠い / You may not have heard the noise from [at] that *distance*. そんなに離れていたのでは, その音は聞こえなかったのかもしれない. ❸ U,C (時間の) 隔たり, 経過: *at* this *distance* in time これだけの年月がたった今となっては. ❹ U,C (人間関係の)隔たり, よそよそしさ: He tried to put *distance between* himself and his parents. 彼は両親との間に距離を置こうとした.

at a dístance [副·形] **ある距離を置いて[た]**, 少し離れて[た] (⇒ 1): This picture looks better *at a distance*. この絵はやや離れて見たほうがよい.

from a dístance [副] **遠くから**, 離れた所から: Mt. Fuji is more beautiful seen *from a distance*. 富士山は遠くから見たほうが美しい.

gó the (fúll) dístance [動] 自 《略式》 最後までやり抜く, 完投[完走]する.

in [ìnto] the dístance [副] **遠くに**: What do you see *in the distance*? 遠くに何が見えますか.

kéep ... at a dístance [動] 他 (人)を遠ざける, 近づけない; (人)によそよそしくする.

kéep one's **dístance** [動] 自 (1) (人と)あまり親しくしない (*from*). (2) (...から)遠ざかっている, (...に)あまり近づかない (*from*).

withìn wálking [dríving] dìstance [副·形] (...から[...まで])歩いて[車で]行ける所に[の] (*of*).

(形 dístant)

— 動 他 (心理的に)(...)を遠ざける (*from*).

dístance onesèlf from ... [動] 他 ...と距離を置く; ...とのかかわりをなくす[否認する].

〖語源 ラテン語で「離れて (⇒ dis-) 立っていること (⇒ stance)」〗

単語のキズナ　STANCE／立っていること＝standing

distance	(離れて立っていること) →	距離
circumstance	(周囲に立っているもの) →	事情
substance	(下に立っているもの → 存在するもの) →	本質; 物質
stance	(立っている位置) →	立場
instance	(すぐ近くに立っているもの) →	例
instant	(すぐ近くに立っている) →	緊急の; 即時の
constant	(しっかり立っている) →	絶えず続く

dístance lèarning 名 U (テレビ·インターネットなどを利用した)通信教育.

dis·tant** /dístənt/ 形 ❶ (距離が)**遠い**; 離れている (⇒ far 類義語) [⇔ near]: *distant* countries 遠い国々 / 言い換え The station is about two miles ***distant from here. +from+名 (= The station is about two miles away from here.) 駅はここからおよそ 2 マイル離れている. ❷ (時間的に)遠い, 離れた [⇔ near]: in the (dim and) *distant* past 遠い昔に / in the not too *distant* future 近いうちに. ❸ かけ離れている (*from*); (類似性などが)わずかな; 限定 (親類などが)遠縁の [⇔ close]: She is one of my *distant* relatives. 彼女は私の遠い親戚だ. ❹ よそよそしい: Don't be so *distant*. そんなに水くさいこと言わないで. ❺ (目つきが)遠くを見るような, ぼんやりした. (名 dístance)

~·ly 副 ❶ 遠く(で[に]); かすかに. ❷ よそよそしく. ❸ 遠縁で.

dis·taste /dɪstéɪst, dɪs-/ 名 [U または a ~] 不快感, 嫌悪(けんお) [≒dislike]: have *a distaste for* violence 暴力を嫌う.

dis·taste·ful /dɪstéɪstf(ə)l, dɪs-ˊ/ 形 (物事が)(人にとって)不愉快な, いやな [≒unpleasant] (*to*).

-ful·ly /-fəli/ 副 不愉快に.

dis·tem·per /dɪstémpə | -pə/ 名 U ジステンパー《犬·うさぎなどの伝染病》.

dis·tend /dɪsténd/ 動 他 《格式》 (内部の圧力によって)(身体の一部など)をふくらませる. — 自 《格式》 (腹部などが)ふくらむ.

dis·ten·sion, 《米》 **-tion** /dɪsténʃən/ 名 U 〔医学〕 膨張, 膨満(ぼうまん).

dis·till, 《英》 **dis·til** /dɪstíl/ 動 (dis·tills, 《英》 dis·tils; dis·tilled; -till·ing) 他 ❶ (...)を蒸留する (*from*); (ウイスキーなど)を蒸留して造る. 関連 brew ビールなどを醸造する. ❷ (思索·体験などから)(...)を引き出す (*from*), (...)を(~に)まとめる (*into*).

dis·til·la·tion /dìstəléɪʃən/ 名 ❶ U,C 蒸留(物). ❷ C,U (思想などの)精髄, エッセンス (*of*).

dis·tílled wáter /dɪstíld-/ 名 U 蒸留水.

dis·till·er /dɪstílə | -lə/ 名 C 蒸留酒製造会社[業者].

dis·till·er·y /dɪstíləri/ 名 (-er·ies) C (ウイスキーなどの)蒸留酒製造所.

dis·tinct** /dɪstíŋ(k)t/ アク 形 (more ~, -tinct·er; most ~, -tinct·est) ❶ **別の**, 違った, 異なった: *distinct* species 別種 / They are similar in form, but quite ***distinct from each other. +from+名 それらは形は似ているがお互い全く別物だ.

❷ (知覚的に)**はっきりした**, 明瞭(めいりょう)な [⇔ indistinct]; 限定 明確な, まぎれもない: a *distinct* flavor はっきりした味 / have a *distinct* advantage 明らかな利点がある / He showed a *distinct* lack of enthusiasm. 彼は明らかに熱意が欠けていた.

as distínct from ... [前] ...とは異なった[て].

(動 distínguish)

***dis·tinc·tion** /dɪstíŋ(k)ʃən/ 名 (~s /~z/)

意味のチャート
「**区別**」❶ → (他と区別をする)「**特徴**」❷ → (優れた特徴)「**優秀さ**」❸ → (優秀さの印)「**名誉**」❹

❶ C,U **区別**, 差異; U (身分·性などによる)区別だて: There is no ***distinction between*** the two cases. この 2 つの事例に区別はない / It is hard to ***make*** [***draw***] ***a*** clear ***distinction between*** the meanings of these two words. この 2 つの語の意味をはっきり区別するのは

D

難しい / ***without distinction of*** sex 性差なく.
❷ Ⓒ (区別となる)**特徴**, 特質, 相違点: What is the chief ***distinction between*** man and woman? 男女のいちばん大きな相違点は何か. ❸ Ⓤ 優秀さ: a scientist *of distinction* 優れた科学者. ❹ Ⓒ,Ⓤ 名誉(の印), 殊勲 [≒honor]; 称号; 《英》 優秀な成績: an academic *distinction* 学問上の肩書《博士など》/ a dubious *distinction* 不名誉なレッテル / enjoy [hold, have] the *distinction of* doing ... …するという栄誉を担う / graduate *with distinction* 優等で卒業する.
(動 distínguish)

+**dis·tinc·tive** /dɪstíŋ(k)tɪv/ 形 (他のものとの)**区別を示す, 特色のある**, 特有の [≒characteristic] (*of*): He has a *distinctive* way of speaking. 彼は特徴のある話し方をする. (動 distínguish)
〜·ly 副 区別して, 独特に.
〜·ness 名 Ⓤ 特有さ.

dis·tinct·ly /dɪstíŋ(k)tli/ 副 ❶ はっきりと, 明瞭に [⇔ indistinctly]: I *distinctly* remember seeing her. 彼女に会ったことをはっきり覚えている. ❷ まぎれもなく, 確かに. ❸ [形容詞を強めて] 非常に.

*__dis·tin·guish__ /dɪstíŋ(g)wɪʃ/ 発音 動 (-guish·es /〜ɪz/; -tin·guished /〜t/; -guish·ing) 他 ❶ (...)を**識別する**, 区別する, (...)と(〜とを)見分ける, 聞き分ける: The twins were so much alike that I could not ***distinguish*** one ***from*** the other. V+O+*from*+名 その双子はとてもよく似ていたので私には見分けがつかなかった / 言い換え Can you *distinguish* American English *from* British English? = Can you *distinguish* American English and British English? アメリカ英語とイギリス英語の違いがわかりますか.
❷ [進行形なし] (物事が)(...)の**特徴となる**, (...)を特色づける, (...)を(〜と)区別する: Connie's husky voice ***distinguishes*** her ***from*** other girls. V+O+*from*+名 コニーは声がハスキーなのでほかの女の子と区別がつく.
❸ [進行形なし] (...)をはっきりと見る[聞く, 感じる]: I could not *distinguish* the signal in the fog. 霧で信号がよく見えなかった. ❹ [〜 oneself として] 目立つ, 有名になる: She *distinguished herself by* winning one award after another. 彼女は次々に賞をとって有名になった.
— 自 **識別する**, 見分ける: ***distinguish between*** colors V+*between*+名 色を見分ける.
(名 distínction, 形 distínct, distínctive)

dis·tin·guish·a·ble /dɪstíŋ(g)wɪʃəbl/ 形 区別できる, 見分けのつく (*from*); はっきりと聞こえる[見える] [⇔ indistinguishable].

+**dis·tin·guished** /dɪstíŋ(g)wɪʃt/ 形 ❶ **著名な**, 名高い《⇒ famous 類義語》; 優れた, 抜群の: a *distinguished* pianist 著名なピアニスト / He is ***distinguished for*** his knowledge of Japanese painting. +*for*+名 彼は日本画に造詣(ぞうけい)が深いことで知られている. ❷ (人が)威厳[気品]のある.

+**dis·tort** /dɪstɔ́ət | -tɔ́:t/ 動 (dis·torts /-tɔ́əʦ | -tɔ́:ʦ/; -tort·ed /-ṭɪd/; -tort·ing /-ṭɪŋ/) 他 ❶ (事実・真理など)を**ゆがめる**, 曲げる, 歪曲(わいきょく)する: He has *distorted* what I said. 彼は私が言ったことをゆがめて伝えた.
❷ (形・顔など)を**ゆがめる**, ねじる; (音声)をひずませる: Her face ***was distorted with*** [***by***] pain. V+O の受身 彼女の顔は苦痛でゆがんだ. (名 distórtion)
〚⇒ torture キズナ〛

dis·tort·ed /dɪstɔ́əṭɪd | -tɔ́:t-/ 形 ゆがんだ; (音などが)ひずんだ.

dis·tor·tion /dɪstɔ́əʃən | -tɔ́:-/ 名 ❶ Ⓤ,Ⓒ (事実などを)曲げて伝えること, 歪曲(わいきょく) (*of*). ❷ Ⓤ,Ⓒ (形・顔などを)ゆがめること, ゆがみ; (音声の)ひずみ.
(動 distórt)

dis·tract /dɪstrǽkt/ 動 他 (人)の注意をそらす, (注意)をそらす; (人)の気をまぎらす: Television *distracted* him [his attention] *from* his worries. テレビで彼の心配はまぎれた. 〚⇒ attract キズナ〛

dis·tract·ed /dɪstrǽktɪd/ 形 (心配などで)気が散って, そわそわした. **〜·ly** 副 うわの空で.

dis·tract·ing /dɪstrǽktɪŋ/ 形 注意をそらすような, 気の散る.

dis·trac·tion /dɪstrǽkʃən/ 名 ❶ Ⓒ,Ⓤ 注意をそらす[気をまぎらす]もの (*from*); Ⓒ 気晴らし, 娯楽. ❷ Ⓤ 心が乱されること, いらだち: *drive ... to distraction* (人)をいらだたせる.

dis·traught /dɪstrɔ́:t/ 形 取り乱した, 不安な.

+**dis·tress** /dɪstrés/ 名 ❶ Ⓤ **大変な悩み**, 悲痛, 苦悩, 深い悲しみ: Your carelessness has caused us much *distress*. あなたの不注意で私たちは大変苦しい目にあった / ***in distress*** 心を痛めて.
❷ Ⓤ **困難**, 難儀; 困窮, 災難 [≒trouble]; (船・航空機の)遭難: He is ***in*** economic ***distress***. 彼は金に困っている / a ship *in distress* 難破船. ❸ Ⓤ 《格式》(肉体的)苦痛.
— 動 他 (人)を苦しめる, 悩ます.

dis·tressed /dɪstrést/ 形 ❶ 悩んで; 動揺して (*at*, *by*; *to* do); (痛みに)苦しんで. ❷ (家具・衣服などが)古く見せてある. ❸ 《格式》(経済的に)困窮して.

dis·tress·ing /dɪstrésɪŋ/ 形 苦しめる, つらい, 悲惨な.
〜·ly 副 悲惨に.

distréss sìgnal 名 Ⓒ 遭難信号.

*__dis·trib·ute__ /dɪstríbju:t/ アク 動 (-trib·utes /-bju:ʦ/; -trib·ut·ed /-ṭɪd/; -trib·ut·ing /-ṭɪŋ/) 他
❶ (...)を**配る**, 分配する, 配給する [≒give out]; 配達[配送]する; 流通させる; 配信する: He ***distributed*** his land ***among*** his sons. V+O+前+名 彼は土地を息子たちに分けた / She usually ***distributes*** presents ***to*** the children at the meeting. 彼女はいつもその会合で子供たちにプレゼントを配る. ❷ [しばしば受身で] (...)を分布させる, 配置する; むらなく広げる.
(名 dìstribútion, 形 distríbutive)

*__dis·tri·bu·tion__ /dìstrəbjú:ʃən/ 名 (〜s /〜z/) ❶ Ⓤ **分配**, 配給, 配布; 配達; 流通; 配信: the ***distribution of*** profit 「*among* the partners [*to* the stockholders] 利益の出資者[株主]への分配 / the *distribution* system 流通機構.
❷ Ⓤ,Ⓒ **分布**, **配置**: the ***distribution of*** cranes in the world 世界におけるつるの分布. (動 distríbute)

dis·trib·u·tive /dɪstríbjuṭɪv/ 形 [普通は 限定] 流通の; 分配の.

+**dis·trib·u·tor** /dɪstríbjuṭə | -tə/ 名 (〜s /〜z/) ❶ Ⓒ (商品の)**配給[流通, 卸売]業者**. ❷ Ⓒ (エンジンの)配電器.

*__dis·trict__ /dístrɪkt/ 名 (dis·tricts /-trɪkts/) ❶ Ⓒ (ある特色を持った)**地域, 地方**: a commercial *district* 商業地域 / a residential *district* 住宅地域.
❷ Ⓒ **地区**, 管区, 区域《行政・教育・郵便・選挙などの必要から区分された地域; ⇒ region 類義語》: a school *district* 学区 / a police *district* 警察管轄地区 / an electoral *district* 選挙区 // ⇒ District of Columbia.
〚語源 原義はラテン語で「支配」; 後に「支配の及ぶ地

域」の意となった〕

dístrict attórney 名 C [しばしば D- A-] 《米》地方検事《連邦・州の地方裁判区の首席検事; 略 D.A.》.

dístrict cóuncil 名 C 《英》地区評議会.

dístrict cóurt 名 C 《米》(連邦)地方裁判所.

+**Dis·trict of Co·lum·bi·a** /dístrɪktəvkəlʌ́mbiə/ 名 固 [the ~] **コロンビア特別区**《米国連邦政府の直轄地; 略 D.C., 〔郵便〕DC; 合衆国の首都 Washington と同一地域で, まとめて Washington, D.C. /díːsíː/ と呼ばれる》.

dis·trust /dɪstrʌ́st, dìs-/ 動 他 (...)を信用しない, 怪しむ《mistrust より疑いの度合いが強い》. — 名 U または a ~] 不信感, 疑念: have *a* deep *distrust of* ... ...に強い不信感を抱く.

dis·trust·ful /dɪstrʌ́stf(ə)l, dìs-⁻/ 形 疑い深い, (...を)信用しない (*of*). **~·ly** 副 疑い深そうに.

*__dis·turb__ /dɪstə́ːb | -tə́ːb/ !アク 動 (dis·turbs /~z/; dis·turbed /~d/; -turb·ing) 他 ❶ (休息[仕事]中の人)の**じゃまをする**; (休息・睡眠など)を妨げる《⇒ prevent 類義語》: Don't *disturb* me when I'm resting. 休んでいるのにじゃましないでくれ / I'm sorry to *disturb* you, but can I ask a question? おじゃまして申し訳ありませんがちょっとお尋ねしてもよろしいですか.
❷ (人・心)を**不安にする**, 悩ます: The rumor *disturbed* our village. そのうわさは私たちの村を不安に陥れた. ❸ (物)の位置を変える, 動かす; (平安・秩序など)をかき乱す, 混乱させる.
— 自 (休息・睡眠などの)妨げとなる, じゃまをする: DO NOT DISTURB 起こさないでください《ホテルなどの部屋のドアにかける掲示》. (名 distúrbance)

+**dis·tur·bance** /dɪstə́ːb(ə)ns | -tə́ː-/ 名 (-tur·banc·es /~ɪz/) ❶ C,U **騒動**, 暴動: cause [create] a *disturbance* 騒動を起こす.
❷ U,C **じゃま(となるもの)**, 妨害. ❸ U,C (バランスなどの)乱れ; (心の)動揺, (情緒)障害. (動 distúrb)

+**dis·turbed** /dɪstə́ːbd | -tə́ːbd/ 形 ❶ **悩んで**, 心配して: He was very *disturbed by* your attitude. +by+名 彼はあなたの態度にとても心配していました. ❷ (精神・情緒に)障害のある, 落ち着かない: an emotionally *disturbed* child 情緒不安定の子 / *disturbed* sleep 睡眠障害.

+**dis·turb·ing** /dɪstə́ːbɪŋ | -tə́ːb-/ 形 **不安にさせる**, (心を)動揺させる: *disturbing* news 不安なニュース.
~·ly 副 不安にさせるほど.

dis·u·nit·ed /dìsjuːnáɪṭɪd⁻/ 形 《格式》(組織などが)分裂した, 不統一の.

dis·u·ni·ty /dìsjúːnəṭi/ 名 U 《格式》不統一.

dis·use /dìsjúːs/ 名 U 不使用, 廃止: fall into *disuse* 廃(すた)れる, 使われなくなる.

dis·used /dìsjúːzd⁻/ 形 [普通は 限定] 使用されなくなった: *disused* mines 廃鉱.

+**ditch** /dítʃ/ 名 (~·es /~ɪz/) C (道路わきなどの)**溝**(みぞ), どぶ, 排水溝, 掘り割り.
— 動 他 ❶ 《略式》(...)を捨てる; (人・恋人)を見捨てる. ❷ S 《米略式》(学校など)をさぼる. ❸ S 《米略式》(人)を置き去りにする. ❹ (飛行機)を水上に不時着させる. — 自 (飛行機が)水上に不時着する.

ditch·wa·ter /dítʃwɔ̀ːṭə | -tə/ 名 ⇒ dull 形 成句.

dith·er /díðə | -ðə/ 動 (-er·ing /-ð(ə)rɪŋ/) 自 ためらう, (あれこれ)迷う (*about, over*). — 名 [次の成句で]
in a díther [形] 《略式》あれこれ迷って; うろたえて.

dith·er·er /díðərə | -rə/ 名 C 優柔不断な人.

dit·sy /dítsi/ 形 = ditzy.

dit·to /díṭoʊ/ 名 (~(e)s) C 「同上」, 「同前」の意の符号《" または " の符号; 一覧表などに用いる》. — 副 S 《略式》私も同じ(だ); [名詞を伴って] ...も同じだ: "Hotels are expensive here." "*Ditto* restaurants." 「ここはホテルが高い」「レストランも同じだ」

dit·ty /díṭi/ 名 C [こっけいに] 短い単純な歌[詩].

ditz /díts/ 名 C 《米略式》ばか, まぬけ.

dit·zy /dítsi/ 形 《米略式》ばかな, 忘れっぽい.

di·ur·nal /dàɪə́ːn(ə)l | -ə́ː-/ 形 ❶ 日中の; (動物が)昼行性の [⇔ nocturnal]. ❷ 毎日の.

di·u·ret·ic /dàɪjʊréṭɪk⁻/ 名 C 〔医学〕利尿剤.
— 形 利尿(作用)の.

div., Div. 略 = division.

di·va /díːvə/ 名 C (オペラの)プリマドンナ; 超一流の女性歌手, 歌姫.

di·van /dɪvǽn, daɪvǽn/ 名 C ディバン《ひじかけ, 背のない長いす; ⇒ couch》; ソファーベッド.

+**dive** /dáɪv/ 動 (dives /~z/; 過去 dived /~d/, 《米》ではまた dove /dóʊv/; 過分 dived; div·ing) 自 ❶ (頭から先に水中へ)**飛び込む** (*in; off, from*): *dive into* a pool V+前+名 プールに飛び込む.
❷ **水に潜**(もぐ)**る**; (潜水艦が)潜水する: *go diving* 潜水[ダイビング]に行く / These women *dive for* pearls. V+前+名 この女性たちは真珠を採りに潜る.
❸ (鳥・飛行機が)**急降下する**: An eagle *dived down on* a mouse. V+*down*+前+名 わしが 1 羽急降下してねずみを襲った. ❹ [副詞(句)を伴って] もぐり込む, 逃げ込む; 突進する: The rabbit *dived into* its hole. うさぎは穴に逃げ込んだ / I *dived for* the ball but missed it. 私はボールめがけて飛びついたが捕れなかった. ❺ (...に)手を突っ込む: He *dived into* his pocket *for* the key. 彼は鍵を取ろうとしてポケットに手を突っ込んだ. ❻ (価格などが)急落する. ❼ (仕事などに)熱心に[すぐに]取りかかる (*into*).
díve ín [動] 自 (ある事に)熱心に[すぐに]取りかかる.
— 名 (~s /~z/) ❶ C **飛び込むこと**, 飛び込み, ダイビング: He made a beautiful *dive into* the pool. 彼はプールに見事な飛び込みをした. ❷ C 潜水. ❸ C (鳥や飛行機の)急降下; (価格などの)急落: go into a *dive* (飛行機が)急降下する / take a *dive* 急落する / put a plane in a *dive* 飛行機を急降下させる. ❹ C 逃げ込み; 突進: make a *dive for* ... ...に向けて突進する. ❺ C 《略式》安酒場, 安宿.

dive-bomb /dáɪvbɑ̀(ː)m | -bɔ̀m/ 動 他 (...)を急降下爆撃する.

díve bòmber 名 C 急降下爆撃機.

div·er /dáɪvə | -və/ 名 C 潜水士, 潜水夫, ダイバー; ダイビング選手: a pearl *diver* 真珠貝採りの潜水夫. 関連 skydiver スカイダイビングをする人.

+**di·verge** /dɪvə́ːdʒ, daɪ- | -və́ːdʒ/ 動 (di·verg·es /~ɪz/; -verged /~d/; -verg·ing) 自 ❶ **分岐する**, 分かれる [⇔ converge]. ❷ (意見などが)分かれる, 異なる; 逸脱する (*from*).

di·ver·gence /dɪvə́ːdʒəns, daɪ- | -və́ː-/ 名 U,C 分岐; 逸脱; (意見などの)相違.

di·ver·gent /dɪvə́ːdʒənt, daɪ- | -və́ː-/ 形 分岐する; (意見などが)相違した.

+**di·verse** /dɪvə́ːs, daɪ- | daɪvə́ːs/ 形 **多様な**, 種々の; 異なった [≒different]: There were very *diverse* views among the voters. 投票者の中には多種多様な意見があった. (名 divérsity)
〘⇒ reverse キズナ〙

di·ver·si·fi·ca·tion /dɪvə̀ːsəfɪkéɪʃən, daɪ- | -və̀ː-/ 名

U,C 多様化; 多角経営.

+**di·ver·si·fy** /dɪvə́ːsəfàɪ, daɪ- | -vɔ́ː-/ 動 (-si·fies /~z/; -si·fied /~d/; -fy·ing) 自 ❶ (会社などが)**経営を多角化する**, 事業を広げる; 投資を分散する: *diversify into* software V+*into*+名 (会社が)事業拡大してソフトも扱う. ❷ 多様化する.
— 他 (...)を**多様化させる**; 多角化する: Our school has been trying to *diversify* the campus. 私たちの学校はキャンパスを多様化しようとしています.

di·ver·sion /dɪvə́ːʒən, daɪ-|-vɔ́ːʃən/ 名 ❶ U,C わきへそらすこと; (方向・用途の)転換; (資金などの)流用: the *diversion of* funds *from* the housing program 住宅計画からの資金の流用. ❷ C 注意をそらすこと: create a *diversion* 人の注意をそらす. ❸ C《格式》(気分の)転換, 気晴らし; 娯楽. ❹ C《英》迂回路 [≒ detour]. (動 divért)

di·ver·sion·ar·y /dɪvə́ːʒənèri, daɪ-|-vɔ́ːʃ(ə)nəri/ 形 注意をそらす: *diversionary* tactics 人の気をそらす術.

+**di·ver·si·ty** /dɪvə́ːsəṭi, daɪ-|-vɔ́ː-/ 名 [U または a ~] **多様性**, さまざまであること: ***a diversity of*** opinions さまざまな意見 / ethnic [cultural] *diversity* 民族的[文化的]多様性. (形 divérse)

+**di·vert** /dɪvə́ːt, daɪ- | -vɔ́ːt/ 動 (di·verts /-və́ːts | -vɔ́ːts/; -vert·ed /-ṭɪd/; -vert·ing /-ṭɪŋ/) 他 ❶ (流れ・交通など)を(別の方向に)**向ける**, (...)の進路を変える; (資金など)の**用途を転換する**: The flow of the river *was **diverted from*** east ***to*** south. V+O+*from*+名+*to*+名の受身 川の流れは東から南へ変えられた / The government should ***divert*** more funds ***into*** social welfare. V+O+*into*+名 政府は財源をもっと社会福祉に回すべきだ.
❷ (注意など)を(...から)**そらす**, わきへ向ける: At that moment his attention *was **diverted from*** the speech. V+O+*from*+名の受身 その瞬間彼の注意が演説からそれた. ❸《格式》(人)を気分転換させる, 楽しませる. ❹ (かかってきた電話)を(他の人に)回す. (名 divérsion)

> **単語のキズナ** VERT／向ける＝turn
>
> | | | | |
> |---|---|---|---|
> | divert | (向こうへ向ける) | → | **そらす** |
> | avert | (わきへ向ける) | → | **目をそらす; 避ける** |
> | convert | (完全に向ける) | → | **変える** |
> | advertise | (...に注意を向ける) | → | **広告する** |

di·vert·ing /dɪvə́ːṭɪŋ, daɪ-|-vɔ́ːt-/ 形《格式》気晴らしになる, 楽しい.

di·vest /daɪvést, dɪ-/ 動 他 ❶《格式》(資産・株など)を売却する. ❷《格式》(...)から(権限などを)奪う (*of*).
divést onesèlf of ... [動] 他《格式》(所持品など)を手放す, 売る; (服など)を脱ぐ.

di·vest·ment /daɪvéstmənt/ 名 C,U (株・資産などの)売却.

＊di·vide /dɪváɪd/

— 動 (di·vides /-váɪdz/; di·vid·ed /-ḍɪd/; di·vid·ing /-ḍɪŋ/) 他 ❶ (...)を**分割する**, **分ける**《⇒ separate[2] 類義語》: Mom ***divided*** the cake ***into*** eight pieces. V+O+*into*+名 母はそのケーキを 8 つに分けた / The playground *is divided into* three areas *by* white lines. V+O+*into*+名の受身 グランドは白線で 3 つに区切られている. 語法 into の代わりに in を使うのは誤り.
❷ (...)を**分離する**, 隔てる: A river *divides* the town. 川がその町を分断している / The kitchen *is divided* (***off***) ***from*** the dining area ***by*** a counter. V+O(+*off*)+*from*+名の受身 台所はカウンターでダイニングと仕切られている.
❸ (...)を(均等に)**分配する**, 分ける; (時間など)を配分する, 割り当てる: She ***divided*** the candy equally ***between*** the two children. V+O+前+名 彼女はそのキャンディーを 2 人の子供に均等に分けた / Let's *divide* the profits ***among*** us [ourselves]. その利益は我々の間で分配しよう / ***Divide*** the work ***with*** your friends. 仕事を友だちと分担しなさい.
❹ (数)を(~で)**割る**; (数)で(~を)割る: 言い換え ***Divide*** 15 ***by*** 5. V+O+*by*+名 = ***Divide*** 5 ***into*** 15. V+O+*into*+名 15 を 5 で割れ / Twelve ***divided by*** three equals [is] four. 12 を 3 で割ると 4 (12÷3 = 4). 関連 add 足す / take, subtract 引く / multiply 掛ける.
❺ (人)を引き離す (*from*); 分裂させる, (...)の仲を裂く《⇒ divided 2》. ❻ (...)を分類[区分]する.
— 自 ❶ **分かれる**, 分離する: The river ***divides into*** two branches here. V+*into*+名 川はここで 2 つの支流に分かれる. ❷ 割り算する; (ある数が)(別の数で)割り切れる (*into*).
divíde and rúle [cónquer] [動] 自 分割統治する.
divíde úp [動] 他 (...)を**分ける**, 分配する V+名·代+*up* / V+*up*+名: ***Divide*** the cake ***up between*** [***among***] you. ケーキをあなたたちで分けなさい. (名 divísion)
— 名 ❶ C [普通は単数形で] (意見などの)違い, 溝, 分裂: a cultural *divide* 文化の隔たり. ❷ C《米》分水嶺(れい): ⇒ Great Divide.

di·vid·ed /dɪváɪḍɪd/ 形 ❶ 分割された; 分離した [⇔ undivided]: a *divided* country 分断国家. ❷ 分裂した; 意見が分かれた, 不一致で: Experts are *divided on* [*over, about*] the issue. その問題をめぐって専門家の意見が分かれている / United we stand, *divided* we fall.《ことわざ》団結すれば立ち, 分裂すれば倒れる.

divíded híghway 名 C《米》中央分離帯のある幹線道路 [《英》dual carriageway].

＊**div·i·dend** /dívədènd, -ḍənd/ 名 (-i·dends /-dèndz, -ḍəndz/) ❶ C (株式の)**配当金**, 利益配当: a big *dividend* 多額の配当金. ❷ C〔数学〕被除数《割られる数; 8÷4 = 2 の 8》[⇔ divisor].
páy [bríng] dívidends [動] 自 (後に)利益[好結果]を生む.

di·vid·er /dɪváɪḍə | -də/ 名 ❶ C 仕切り, 分割する物. ❷ [複数形で] 分割コンパス, ディバイダー.

di·víd·ing lìne /dɪváɪḍɪŋ-/ 名 C [普通は単数形で] 境界線 (*between*).

div·i·na·tion /dìvənéɪʃən/ 名 U《格式》占い.

+**di·vine** /dɪváɪn/ 形 [普通は 限定] **神の**, 神のような; 神から授かった; 神聖な: the *divine* will 神のみ心 / *divine* intervention 天の助け / *divine* service 礼拝(式). 関連 human 人間の. (名 divínity)
— 動 他《文語》(意図など)を見抜く, 言い当てる.
— 自 占い棒で(地下水脈・鉱脈を)探る (*for*).

divíne ríght 名 ❶ [U または a ~] (帝王の)神権(説); 神から与えられた王権. ❷ [U または a ~]《略式》当然の権利.

div·ing /dáɪvɪŋ/ 名 U 潜水; ダイビング, 飛び込み: ⇒ scuba diving, skin diving. 関連 skydiving スカイダイビング.

díving bèll 名 C 潜水鐘(しょう)《つり鐘型の潜水器》.
díving bòard 名 C 飛び込み板.
díving sùit 名 C 潜水服.

di·vin·i·ty /dɪvínəṭi/ 名 (-i·ties) ❶ U 神学 [≒

theology]. ❷ Ⓤ 神性; Ⓒ 神. (形 divíne)

di·vis·i·ble /dɪvízəbl/ 形 叙述 分けられる, 分割できる; 割り切れる (*by, into*) [⇔ indivisible].

*__di·vi·sion__ /dɪvíʒən/ 名 (~s /~z/) ❶ [Ⓤ または a ~] **分割, 分けること:** the *division of* a year *into* four seasons 1 年を 4 つの季節に分けること. ❷ [Ⓤ または a ~] **分配**, 配分, 分担 (*between, among*): *a* fair *division of* the profit 公平な利益配分 / the *division of* labor 分業. ❸ C,U (集団内の) **意見の対立**, 不和, 分裂; 格差 (*between, among*): deep *divisions within* the party 党内の深い亀裂. ❹ Ⓒ (分割された)部分, 一部, 区分 (⇒ part 類義語). ❺ Ⓒ [《英》単数形でもときに複数扱い] 局, 部門, 《米》課; 〔陸軍〕師団 (⇒ corps 参考). ❻ Ⓤ 割り算, 除法. 関連 addition 足し算 / subtraction 引き算 / multiplication 掛け算. ❼ Ⓒ 〔スポーツ〕ディビジョン, 部 (リーグの下の区分). ❽ Ⓒ 分けるもの, 区切り, 境界線 (*between*). ❾ C,U 《英》(議会での)採決 (賛成・反対に分かれる). (動 divíde)

di·vi·sion·al /dɪvíʒ(ə)nəl/ 形 限定 部門[局, 課, 師団]の; 〔スポーツ〕ディビジョンの.

divísion sìgn 名 Ⓒ 除法記号 (÷). 関連 multiplication sign 乗法記号 (×).

di·vi·sive /dɪváɪsɪv/ 形 不和[分裂]を生む: a *divisive* issue 対立を引き起こす問題.

di·vi·sor /dɪváɪzə | -zə/ 名 Ⓒ 〔数学〕除数 (割る数; 8÷4 = 2 の 4) [⇔ dividend]; 〔数学〕約数: the greatest common *divisor* 最大公約数.

*__di·vorce__ /dɪvɔ́ɚs | -vɔ́:s/ 名 (di·vorc·es /~ɪz/) ❶ U,C **離婚:** (a) *divorce* by mutual consent 協議離婚 / She *got* a *divorce from* her husband. 彼女は夫と離婚した / the high *divorce* rate 高い離婚率. 関連 marriage 結婚 / separation 別居. ❷ Ⓒ [普通は単数形で] 《格式》分離, 断絶 (*between*).

— 動 (di·vorc·es /~ɪz/; di·vorced /~t/; di·vorc·ing) 他 ❶ (夫・妻)と**離婚する**; (夫婦)を離婚させる: He has legally *divorced* his wife. 彼は妻と正式に離婚した. ❷ 《格式》(...)を分離する, 切り離す (*from*). — 自 離婚する. 関連 marry 結婚する / separate 別居する.

+**di·vorced** /dɪvɔ́ɚst | -vɔ́:st/ 形 ❶ **離婚した:** He is *divorced from* Mary. +from+名 彼はメアリーと離婚している / They were *divorced* two years ago. 彼らは 2 年前に離婚した / ***get divorced*** 離婚する. ❷ 《格式》分離[遊離]した: ideas *divorced from* reality 現実離れした考え.

di·vor·cée /dɪvɔ̀ɚséɪ, -síː | -vɔ̀ː-/ 名 Ⓒ 《米》離婚した女性; 《英》離婚した人.

div·ot /dívət/ 名 Ⓒ 〔ゴルフ〕ディボット (打球の際に削り取られた芝生).

di·vulge /dɪvʌ́lʤ, daɪ-/ 動 他 《格式》(秘密)を漏らす [≒ reveal] (*to*).

div·vy /dívi/ 動 (div·vies; div·vied; -vy·ing) 他 《略式》(...)を分配する, 山分けする (*up*).

Dix·ie /díksi/ 名 固 《略式》米国南部諸州.

Dix·ie·land /díksilæ̀nd/ 名 Ⓤ ディキシーランド (古典的なジャズの一種).

DIY /dí:àɪwáɪ/ 略 《英》 = do-it-yourself.

diz·zi·ly /dízəli/ 副 めまいがする[を起こす]ように.

diz·zi·ness /dízinəs/ 名 Ⓤ めまい.

+**diz·zy** /dízi/ 形 (diz·zi·er; -zi·est) ❶ **めまいがする, ふらふらする, くらくらする:** I feel *dizzy*. 私はめまいがする / a *dizzy* spell 一時的なめまい. ❷ 目がくらむような, 目まぐるしい. ❸ (...で)混乱した, 浮かれた (*with*). ❹ 《略式》間抜けで忘れっぽい.

diz·zy·ing /díziɪŋ/ 形 限定 目がくらむような.

+**DJ** /dí:ʤèɪ/ 略 ❶ **DJ**, ディスクジョッキー (disc jockey). ❷ 《英》 = dinner jacket.

Dja·kar·ta /ʤəkáːətə | -káː-/ 名 固 ⇒ Jakarta.

+**DNA** /dí:ènéɪ/ 名 Ⓤ 〔生化学〕**デオキシリボ核酸**, DNA (生物の細胞の核の中にある遺伝子の本体; *d*eoxyribo*n*ucleic *a*cid の略): *DNA* profiling DNA 鑑定(法).

***__do__[1] /(弱形) (子音の前では) dʊ, (母音の前では) du; (強形) dú:/ (同音 《米》 # dew, 《米》 #due)

助 ✪ 代動詞としての用法もここで扱う. (三単現 does /(弱形) dəz; (強形) dʌ́z/; 過去 did /(弱形) dɪd; (強形) díd/)

語法 助 の do 自身には特別の意味はないが **be 以外の動詞に伴って次のような働きをする** (⇒ have[1] 1 語法 の囲み (3), (4)).

単語のエッセンス	
1) [否定文をつくる]	❶
2) [疑問文をつくる]	❷
3) [強調]	❸, ❹
4) [動詞の代用として]	[代動詞]

❶ [否定文をつくる]: I「*do not* [*don't*] *know* him. 私は彼を知らない / He「*does not* [*doesn't*] *read*. 彼は本を読まない / *Do not* [*Don't*] *lie*. うそをつくな / *Do not* [*Don't*] *be* afraid. 怖がらないで (✪ 否定の命令文では do は be にも伴う; ⇒ be[1] A 語法 (3)).

❷ (1) [疑問文をつくる]: *Do* you *understand*? わかりますか / *Does* she *teach* English? 彼女は英語を教えていますか / How *did* you *find* it? それをどうやって見つけましたか / Why *does*n't he buy a car? どうして彼は車を買わないの? (買えばいいのに, の意味にもなる).

> 語法 主語が疑問詞のときには do は用いない: *What* happened? 何が起こったんだ / *Who* broke the vase? だれが花びんを割ったんですか.

(2) [感嘆を表わす]: *Didn't* she *dance* well! 彼女は実に見事に踊ったじゃないか. 語法 否定疑問文の形で下降調で話すのが普通; ⇒ **巻末文法** 13.6.

❸ /dú:/ [文中の述語動詞を強調する; ⇒ **巻末文法** 15.1 (3)]: I *dó remèmber* it quite well. 今でも本当に覚えていますよ (I *remember* it. の強調) / Yet it (= the earth) *dóes mòve*. それでもやはりそれ (= 地球) は動く (Yet it *moves*. の強調) / She *díd trỳ* hard, but she wasn't successful. 彼女は確かに一生懸命努力したのだが, うまくいかなかった (She *tried* hard, ...の強調) / *Dó còme* in. さあ入ってください (Please *come* in. の強調; ♥ 遠慮したりしてなかなか入ろうとしない相手に向かって積極的に勧める).

> 語法 **強調の do**
> (1) 🔍 do /dú:/, does /dʌ́z/, did /díd/ のように常に強く発音し, その後の動詞は少し弱く発音する.
> (2) 🔍 相手が否定ないし消極的な態度をとっているときなどに, 自分の考えを強く主張する場合に用いる.
> (3) 強調の命令文では do は be にも伴う (⇒ be[1] A 語法 (3)): *Dó bè* quiet. どうか静かにしてくれ (*Be* quiet. の強調; なかなか静かにしない相手に向かって).

D

❹ [副詞(句)などが強調のため文頭にきたとき; ⇒ **巻末文法 15.2 (1)**]: 言い換え *Rarely do* I *go* there. (= I *rarely go* there.) そこにはめったに行かない.

— [代動詞] /dúː/ (三単現 does /dʌ́z/; 過去 did /díd/; 過分 done /dʌ́n/; do·ing) 語法 **be 動詞以外の動詞の代用として.**

❶ [前に出た述語動詞の代わりとして]: He *thinks* as I *do* (= as I *think*). 彼の考えは私(の考え)と同じだ / She *studied* harder than he *did* (= he *studied*). 彼女は彼よりもよく勉強した.

> 語法 動詞が目的語を持つ場合はその全体の代用となる: Jane *likes classical music* and Bill *does* too (= *likes classical music* too). ジェーンはクラシック音楽が好きで, ビルも同じだ.

❷ [疑問文の答えで] 語法 do /dúː/, does /dʌ́z/, did /díd/ のように普通は強く発音する: "Do you *love him*?" "Yes, I *do* (= I *love him*)." 「あなたはあの人が好きですか」「はい, 好きです」/ "Does she *play the piano*?" "Yes, she *does* (= she *plays the piano*)." 「彼女はピアノを弾きますか」「ええ, 弾きます」/ "Didn't they *come* to see you?" "Yes, they *did* (= they *came*)." 「彼らはあなたに会いに来なかったのですか」「いいえ, 来ましたよ」

❸ [付加疑問で]: You like sushi, *don't* you? 寿司(すし)が好きですよね / He *doesn't eat* meat, *does* he? 彼はお肉を食べないのでは.

> 語法 主節が肯定文ならば付加疑問では don't, doesn't, didn't を用い, 主節が否定文ならば do, does, did を用いる《⇒ **巻末文法** 1.5 (2) ④》.

❹ [相手の話に相づちを打ったり賛成の意を表わして]: "I *saw* lots of lions in Kenya." "Oh, *did* you?" 「僕はケニアでライオンをたくさん見たよ」「へえ, そうなんだ」/ "I never *drink* wine." "Oh, *don't* you?" 「私はワインは全く飲みません」「あ, そうなの」/ "John *likes* driving." "So he *does*." 「ジョンは車を運転するのが好きだよね」「そうだね」《⇒ 5 語法, so[1] 副 6》.

❺ [so や neither で始まる応答の文などで《⇒ so[1] 副 7 語法, neither 副 語法 (1)》]: "I really *like* chocolate." "*So do* I. (= I *like* chocolate, too.)" 「私はチョコレートが大好き」「私も」/ "I *didn't go* there yesterday." "*Neither did* I. (= I *didn't go*, either.)" 「私はきのうはそこに行かなかった」「私も行かなかった」. 語法 この意味では上記 4 の場合と違って do は主語の前に出る《⇒ **巻末文法** 15.2 (3)》.

❻ [動作を示す動詞の代表形として特に what で始まる関係詞節に用いて《⇒ **巻末文法** 15.1 (2)》]: *What* he *did* with your book was (to) hide it. 彼が君の本をどうしたかというと隠したんだ / *What* they are *doing* is ruining the economy. 彼らがしているのは経済をだめにすることだ.

> **参考** 辞書によっては成句などで, 例えば have a mind to *do* (...する気がある)や keep on *doing* (...し続ける)のように, 動詞の代表形に用いることがある《この辞書では **have a mind to** do や **keep on** doing の形で示している》.

⁑do[2] /dúː/ (同音 《米》 #dew, 《米》 #due)

— 動 (三単現 does /dʌ́z/; 過去 did /díd/; 過分 done /dʌ́n/; do·ing)

> **単語のエッセンス**
> 基本的には「ある行為をする」の意.
>
> | | |
> |---|---|
> | 1) (事柄・動作・行為を)する | 他 ❶, ❷, ❸ |
> | 2) 仕上げる | 他 ❹ |
> | 3) してやる, 与える | 他 ❺ |
> | 4) 始末する | 他 ❻ |
> | 5) 行動する | 自 ❶ |
> | 6) 暮らす | 自 ❷ |
> | 7) 間に合う | 自 ❸ |

— 他 ❶ (...)をする, **行なう**: You can *do* it by yourself. それはあなた一人でできる / You *did* it! やったね(おめでとう), でかした / What are you *doing* now? あなたは今何をしているの《✪ What do you *do* (for a living)? は「あなたの職業[仕事]は何ですか」の意》/ Is there anything I can *do for* you? V+O+*for*+名 何か手伝うことはありますか / There's nothing we can *do about* the problem. V+O+*about*+名 その問題は手に負えない / *Do what* you like. V+O (*wh* 節) 自分の好きなことをやりなさい.

❷ (動作・行為)をする, **行なう.** 語法 動作を示す名詞か the, some, much などを伴った動名詞を目的語とする: They had to *do* the *trip* in two days. 彼らは旅行を 2 日でしなければならなかった / You *do the* shop*ping* and I'll *do the* cook*ing*. あなたが買い物をしてください. 私は料理をします / The novelist *did a lot of* writ*ing* last year. その作家は昨年たくさん執筆した.

❸ (任務・義務など)を**果たす**; (最善)を尽くす: She *did* her work very well. 彼女は自分の仕事を大変立派に果たした / Maggie *did* her best in the race. マギーはレースでベストを尽くした / I *did* everything I could. 私はできることはすべてやった.

❹ [完了形または受身で]《略式》(...)を**仕上げる**, **終える** [≒finish]: I'*ve done* it. それはもうやってしまった / We'*ve done* our read*ing*. Now let's write our papers. V+O (動名) 読むのは終わった. 今度は自分たちでレポートを書いてみよう / *Is* your homework *done* yet? V+O の受身 もう宿題は済んだの.

❺ (...に)(よいこと)を**してやる**, (...に)(益・害など)を**与える**, もたらす: Would you *do* me a favor? V+O+O (名) お願いがあるのですが / This medicine will *do* (you) a great deal of good. V+(O+)O (名) この薬はとてもよく効く / Bob's success *does* credit *to* his family. V+O (名)+*to*+名 ボブの成功は一家の名誉になる.

❻ (...)を**始末する**, 処理する. 語法 特定の目的語と結びついて, 料理する, きれいにする, 色を塗る, 飾る, 演じる, 解く, 《英》勉強する, などいろいろな意味を表わす: The steak *is* well *done*. V+O の受身 そのステーキはよく焼けている《⇒ well-done》/ *do the dishes* 皿を洗う / *do* one's [*the*] *room* 部屋を片づける[掃除する], 部屋の壁を塗る[模様替えをする] / Nelly spent nearly an hour *doing her face* [*hair, nails*]. ネリーはお化粧[髪のセット, 爪の手入れ]をするのに 1 時間近くもかけた / an actor who *did* Hamlet ハムレットを演じた俳優 / I can't *do this sum*. この計算問題ができない.

❼ (...)をこしらえる, 作り上げる. 語法 目的語によって, 書く, 描く, 製作する, 提供する, 売る, などの意味を表わす: That writer *does* a few *novels* every year. その作家は毎年 2, 3 編の小説を書く / They *did a film* on animals. 彼らは動物映画を作った / We're *doing* a *play* at the school festival. 私たちは学園祭で劇を上

演する / That restaurant doesn't *do lunch* on Sundays. あのレストランは日曜日はランチ営業していない. ✪ 間接目的語を伴うことがある: *Do us* a report on that subject. その問題について私たちにレポートを出してくれ.
❽《略式》(いっしょに食事・映画など)をする[見る]: *do* lunch (together) 昼食を共にする / Let's *do* a movie tonight. 今夜いっしょに映画を見よう.
❾ (ある距離)を移動する, 旅行する [≒travel]; (...)の速度で進む;《略式》(...)を観光する, 訪れる [≒visit]: He *did* two hundred miles on the first day of his road trip. 彼は自動車旅行の初日に200マイル進んだ / I *did* America by bus. 私はアメリカをバスで旅行した.
❿ [進行形なし] [主に Ⓢ] (人)の役に立つ, (...)にとって十分である: Ten pounds will *do* me for the moment. 当座は10ポンドもあれば十分だろう. ⓫《略式》(時)を過ごす; (刑期・任期)を務める. ⓬ (...)の物まねをする. ⓭《略式》(麻薬)を常用する. ⓮ Ⓢ《英》(...)を罰する: be [get] *done* for speeding スピード違反でつかまる. ⓯《英略式》(...)をだます.
— 自 ❶ **行動する**, ふるまう; する: *Do* as you're told. 言われたとおりにしなさい《子供に向かって》/ *Dó sò*, please. どうかそうしてください《⇒ so¹ 副 2》.
❷ [普通は副詞を伴って] **暮らす**, やっていく [≒get along]; (事が)進行する: Bill is *doing* great. ビルは立派にやっている / How are you *doing*? Ⓢ 元気? / How is he *doing* in school? 彼の学校の成績はどうですか / Mother and child are both *doing* well [nicely]. 母子ともに元気です《産後について》/ He's *doing* very well in his business. 彼は商売のほうは大変順調だ / My business *did* very well. 私の商売はとてもうまく運んだ.
❸ [進行形なし] [しばしば will とともに] [主に Ⓢ] **間に合う**, 役に立つ, 十分である: This'*ll do* nicely *as* a chair. V+C (as+名) これはいすにちょうどいい / This room *will* **do for** my study. V+for+名 この部屋は私の書斎に使える / That *won't do*. = That *will* never *do*. それじゃあだめだ / It won't *do* to be late. 遅刻するのはよくない. / I wanted a new car but this one *will* have to *do*. 新車が欲しかったがこの車で間に合わせるしかない / 🗨 "When is it convenient for you?" "Any weekend *will do*." 「いつがご都合よろしいですか」「週末ならいつでも結構です」
❹ [doing の形で] Ⓢ《略式》起こ(ってい)る: What's *doing* there? そこで何が起きているの / There's nothing *doing* in a small town like this. こんな小さい町では何も(おもしろいことが)起こらない.
❺ [否定文で; 形容詞を伴って] [こっけいに] Ⓢ《略式》...にふるまえる: Sorry, I *don't do* nice. 悪いけど, やさしくはふるまえないね.
be dóne with ... [動] 他 ...を済ませる, ...の用が済む; ...と縁を切る.
be sómething to dó with ... [動] 他 = have...to do with ~《⇒ have¹ 成句》.
be to dó with ... [動] 他 = have to do with ...《⇒ have¹ 成句》.
cán't be dóing with ... [動] 他 Ⓢ《英》...に我慢できない.
could [can] dó with ... [動] 他 Ⓢ **...が必要である**, ...があるとよい, ...が欲しい [≒want]: Oh, I *could do with* a cup of coffee. ああコーヒーが一杯飲みたいなあ / These shoes *could do with* a shine. この靴は一度磨いたほうがよい.
dó or díe [動] 自 必死の覚悟でやる.
dò wéll ⇒ well¹ 副 成句.
hàve dóne with ... [動] 他 ...を済ませてしまう; ...と縁を切る: Let's *have done with it*!《英》もうそれで終わりにしよう.
hàve to dó with ... ⇒ have¹ 成句.
hàve ... to dó with ~ ⇒ have¹ 成句.
Hów do you dó? ⇒ how¹ 成句.
màke ... dó = màke dó with ... [動] 他 (手近な物など)で間に合わせる: I'll have to「*make* my old gloves *do* [*make do with* my old gloves] this winter. この冬は古い手袋で間に合わせなくては.
màke dó withòut ... [動] 他 ...なしで済ませる: I didn't have time to go buy any butter today. You'll have to *make do without* (it). きょうはバターを買いに行く時間がなかった. なしで済まさないとね《⇒ go and do (go 成句) 語法》. 語法《英》では目的語を省略することがある.
Thát dóes it! Ⓢ もうたくさんだ; これでよし.
Thát should [òught to] dó it. Ⓢ それで完了だ.
Thát will dó. Ⓢ それでよい, それで十分だ; [子供に向かって] いいかげんにしなさい.
Whát can I dó for yòu? Ⓢ 何かお探しでしょうか, どういったご用件でしょうか《店員・受付係などが客などに言うことば; ⇒ help 他 1 ♥》.
Whát is ... dòing ~? Ⓢ [しばしば非難の意を表わして] どうして...が～にいる[ある]のか: *What* are you *doing* up so late at night? なぜこんな夜遅くまで起きてるんだ / *What*'s that knife *doing* on my chair? どうしてそのナイフが私のいすの上にあるの.
Whát is ... dòing with ~? Ⓢ どうして(人)が～などを持っているのか: *What* are you *doing with* my smartphone? 私のスマホにさわらないで.
Whát will [do] you dó for ...? ...(の手配[入手, 工面])はどうするんですか.

do² の句動詞

+**dò awáy with ...** 動 他 ❶ **...を捨て去る**, ...を廃止する [≒abolish] (受身 be done away with): We should *do away with* outdated ideas. 古臭い考えは捨てるべきだ. ❷《略式》...を殺す [≒kill]: *do away with* oneself 自殺する.
dò dówn 動 他《英略式》(人・物事)の悪口をいう, (...)をけなす: *do* oneself *down* 卑下する.
+**dó for ...** 動 他 ❶ **...に間に合う**; ...の代わりをする《⇒ 自 3》. ❷《英略式》...を殺す; へとへとに疲れさせる; だめにする.
+**dó ... for ~** 動 他 [much, a lot, something, what などを目的語として]《略式》(...の程度)だけ～**のためになる**, ～に(役立つ事)をしてやる[もたらす, 与える]; (...の程度)だけ～をよく見せる: The discovery will *do a lot for* the local economy. その発見は地域の経済に大いに役立つだろう / This will *do something for* his confidence. これで彼も少し自信がつくだろう / I don't think that hat *does anything for* you. その帽子は君には似合わないと思う.
dó ín 動 他 ❶《略式》(人)を殺す: *do* oneself *in* 自殺する. ❷《略式》[しばしば受身で] (人)を(へとへとに)疲れさせる.
dó óut 動 他 ❶《英》(部屋)を装飾する. ❷《英》(部屋など)をきれいにする, 整理する.
dó ... óut of ~ 動 他《略式》(金・機会・職場などを)(...)からだまして取り上げる[奪う].

dó óver 動 他 ❶《米》(...)をやり直す, 繰り返す: You have to *do* your composition *over*. 君の作文は書き直す必要がある. ❷《米》(部屋など)を改装する. ❸《英略式》(家など)に盗みに入る. ❹《英略式》(人)を襲う, たたきのめす.

dó úp 動 他 ❶ (ボタン・靴ひも・衣服など)を留める: *Do up* your zipper. ファスナーを閉めなさい. ❷ (...)を(きちんと)包む, 結ぶ; (髪)をきちんと束ねる: *Do* it *up* securely. しっかりと包んで[結んで]ください. ❸ (部屋など)を装飾する;《英》(家・車など)を手入れする, 修理する. ❹ [do oneself up としてまたは受身で]《略式》着飾る, めかす. — 自 (衣服などが)留められる: This dress *does up* in [at] the back. この服は背中で留めるようになっている.

***dó with ...** 動 他 ❶ [疑問詞 what とともに] **...を(どう)処置[処理]する**, 扱う; Ⓢ ...を(どこに)置く: I don't know *what* to *do with* this money. この金をどうしたらいいかわからない / 言い換え *What* did you *do with* your summer vacation? = *What* did you *do with* yourself during the summer vacation? 夏休みはどう過ごしましたか / "*What* have you *done with* my camera?" "I put it on the shelf." 「私のカメラはどこ」「棚に置いたよ」 ❷ ⇒ could [can] do with ... (成句).

***dó withòut ...** 動 他 ❶ [普通は can, have to とともに] **...なしで済ませる:** We *can't do without* a heater in this cold weather. こんな寒い天気ではストーブなしではやっていけない / We *had to do without* oil during the war. 我々は戦時中は石油なしで済まさなければならなかった. 語法 目的語を省略することがあるが, その場合は次のようなアクセントとなる: If you don't like the cake, you can *dó withóut*. そのケーキがいやならなしで済ませなさい.
❷ [can, could とともに] Ⓢ [皮肉に] (よけいなことなど)**がないほうがよい:** I *can do without* your advice. ご忠告は結構です.

do[3] /dúː/ 名 (do's, dos) ❶ Ⓒ《米略式》= hairdo. ❷ Ⓒ《略式》パーティー, 催し. **dós and dón'ts** [名]《略式》すべきこととしてはいけないこと, 規則.

do[4] /dóʊ/ 名 [単数形で]〔音楽〕ド《全音階の第1音》.

D.O.A. /dìːòʊéɪ/ 略 = dead on arrival 来院時すでに死亡.

do·a·ble /dúːəbl/ 形 叙述《略式》できる, やれる.

d.o.b. 略 = date of birth 生年月日.

Do·ber·man(n) (pin·scher) /dóʊbəmən (pínʃə) | -bəmən (pínʃə)/ 名 Ⓒ ドーベルマン《ドイツ産の大型警察犬》.

doc /dá(ː)k | dɔ́k/ 名 Ⓒ [普通は呼びかけで]《略式》先生, 医者 (doctor).

doc·ile /dá(ː)s(ə)l | dóʊsaɪl/ 形 素直な, 従順な; 扱いやすい. **~·ly** /dá(ː)sə(l)li | dóʊsaɪlli/ 副 従順に.

do·cil·i·ty /dɑ(ː)síləṭi | doʊ-/ 名 Ⓤ おとなしさ, 従順.

+**dock**[1] /dá(ː)k | dɔ́k/ 名 (~s /~s/) ❶ C,U **ドック**《船荷の積み降ろしや船の修理をする設備》: be *in dock* (船が)ドックに入っている // ⇒ dry dock. ❷ Ⓒ [普通は the ~s] 港湾(施設); 造船所. ❸ Ⓒ《米》埠頭(ふとう), 波止場. ❹ Ⓒ《米》(トラック・貨車用の)積み降ろし(プラット)ホーム. ❺ Ⓒ ドック《ノートパソコン・スマートフォンなどに接続する拡張機器》.
— 動 他 ❶ (船)をドックに入れる. ❷ (宇宙船)をドッキング[結合]させる; (パソコンなど)を接続する.
— 自 ❶ (船が)ドックに入る. ❷ (宇宙船が)ドッキングする.

dock[2] /dá(ː)k | dɔ́k/ 名 [the ~] (刑事法廷の)被告席. **be in the dóck** [動] 自 裁判を受けている.

dock[3] /dá(ː)k | dɔ́k/ 動 他 ❶ (尾など)を短く切る. ❷ (賃金など)を減らす (*from, off*).

dock·er /dá(ː)kə | dɔ́kə/ 名 Ⓒ《英》港湾労働者 [≒ longshoreman].

dock·et /dá(ː)kɪt | dɔ́k-/ 名 ❶ Ⓒ《米》(訴訟の)審理予定表, 審議項目; (会議の)協議事項. ❷ Ⓒ〔商業〕内容摘要; 荷札.

dock·land /dá(ː)klænd | dɔ́k-/ 名 Ⓤ または複数形で] 港湾地域.

dock·side /dá(ː)ksàɪd | dɔ́k-/ 名 [単数形で] 波止場(の近辺).

dock·work·er /dá(ː)kwə̀ːkə | dɔ́kwə̀ːkə/ 名 Ⓒ 港湾労働者.

dock·yard /dá(ː)kjàəd | dɔ́kjàːd/ 名 Ⓒ 造船所.

*****doc·tor** /dá(ː)ktə | dɔ́ktə/
— 名 (~s /~z/) ❶ Ⓒ (一般的に)**医者**, 医師; (外科医・歯科医に対して)**内科医**; [the doctor's として] 医院: You should see [go to] a *doctor* (about that cough) at once. すぐに(そのせきを)医者に見てもらいなさい / I have a *doctor*'s appointment today. 今日医者の予約がある / I saw her at *the doctor's* yesterday. きのう医院で彼女を見かけた / That boxing match was ordered to be stopped by the *doctor*. そのボクシングの試合はドクターストップがかかった 日英「ドクターストップ」は和製英語 // Is there a *doctor* in the house? お客様の中にお医者さんはいらっしゃいませんか《劇場などで急病人が出たときのことば》/ I have a headache, *Doctor*. 先生, 頭痛がするんです // ⇒ family doctor. 関連 physician 医師, 内科医 / surgeon 外科医 / dentist 歯科医 / nurse 看護師 / patient 患者. 参考 (1)《米》では外科医, 歯科医, 獣医も Doctor と呼ばれるが《英》では内科医以外の医者は Mr [Ms] Smith のように呼ぶ. (2) 医者の診察室は《米》office,《英》surgery という.
❷ Ⓒ **博士:** a *Doctor* of Law 法学博士 / a *Doctor* of Literature [Letters] 文学博士 / a *Doctor* of Medicine (= an M.D.) 医学博士 / a *Doctor* of Philosophy 博士(号)《博士課程修了者に与えられる; 略 Ph.D., D.Phil.》 参考 この philosophy は「学問」の意 // a *Doctor* of Science 理学博士 / He took a *doctor's* degree at the University of Chicago. 彼はシカゴ大学で博士号をとった. 関連 master 修士 / bachelor 学士. 語法 1, 2 では敬称として姓(と名)の前に Dr., Dr をつける(⇒ Dr.[1]).
júst whàt the dóctor órdered [名]《略式》まさに必要な[欲しかった]もの. (2 では 形 dóctoral)
— 動 (-tor·ing /-tərɪŋ, -trɪŋ/) 他 ❶ (...)に手を加える, 改竄(かいざん)する; (飲食物など)に(毒・薬などを)盛る[入れる]. ❷ (病気・人)の治療をする.
〖語源 ラテン語で「教師」の意〗

doc·tor·al /dá(ː)ktərəl, -trəl | dɔ́k-/ 形 限定 博士の: a *doctoral* degree 博士号. (名 dóctor 2)

doc·tor·ate /dá(ː)ktərət, -trət | dɔ́k-/ 名 Ⓒ 博士号: a *doctorate in* literature 文学の博士号.

doc·tri·naire /dà(ː)ktrɪnéə | dɔ̀ktrɪnéə←/ 形《格式》空論の, 非現実的な, 狂信的な.

doc·tri·nal /dá(ː)ktrɪn(ə)l | dɔktráɪ-, dɔ́ktrɪ-/ 形 限定《格式》教義上の; 学説上の. (名 dóctrine)

+**doc·trine** /dá(ː)ktrɪn | dɔ́k-/ 名 (~s /~z/) ❶ C,U **教義**, 教理; 学説: preach a *doctrine* 教義を説く.

❷ [しばしば D-] Ⓒ《米》(政策上の)**原則, 主義**, 綱領: a defense *doctrine* 防衛政策 // ⇒ Monroe Doctrine. (形 dóctrinal)

doc·u·dra·ma /dá(ː)kjʊdràːmə | dɔ́k-/ 名 Ⓒ ドキュメンタリードラマ《実話にもとづいたテレビドラマ》.

‡doc·u·ment[1] /dá(ː)kjʊmənt | dɔ́k-/ ✪ 動詞の document[2] と発音が違う.
— 名 (-u·ments /-mənts/) ❶ Ⓒ (証拠となる公的な)**文書, 書類; 文献**: an official *document* 公文書 / classified *documents* 機密文書. ❷ Ⓒ〘コンピュータ〙ドキュメント, 文書ファイル: display *documents* on the computer screen 文書を画面に表示する. (動 dócumènt[2], 形 dòcuméntary)

doc·u·ment[2] /dá(ː)kjʊmènt | dɔ́k-/ ✪ 名詞の document[1] と発音が違う. 動 他 文書[映像]で記録する; (...)に典拠をあげる (*with*): a well-*documented* thesis 典拠がきちんと示された論文. (名 dócument[1])

+doc·u·men·ta·ry /dà(ː)kjʊménṭəri, -tri | dɔ̀k-/ 名 (-ta·ries /~z/) Ⓒ (映画·テレビなどの)**ドキュメンタリー**, 記録物 (*on, about*): a TV *documentary* テレビのドキュメンタリー.
— 形 ❶ 限定 文書の[に基づく]: *documentary* proof [evidence] 文書による裏づけ. ❷ 限定 事実を記録した: a *documentary* film 記録映画. (名 dócument[1])

doc·u·men·ta·tion /dà(ː)kjʊməntéɪʃən, -men- | dɔ̀k-/ 名 ❶ Ⓤ (証拠)文書, 資料《全体》; (パソコンなどの)取扱説明書. ❷ Ⓤ,Ⓒ 書類[映像]による記録; 文書化 (*of*).

dod·der·ing /dá(ː)ḍərɪŋ, -drɪŋ | dɔ́d-/ 形 (年をとって)よろよろした.

dod·dle /dá(ː)ḍl | dɔ́dl/ 名 [a ~]《英略式》とても簡単なこと.

+dodge /dá(ː)ʤ | dɔ́ʤ/ 動 (dodg·es /~ɪz/; dodged /~d/; dodg·ing) 他 ❶ (...)を(ひらりと)**よける, 避ける** [≒avoid]: He *dodged* the blow. 彼はすばやく一撃をかわした. ❷ (責任·問題など)からずるく逃げる, (税金など)をごまかす [≒evade]; (質問など)をはぐらかす.
— 自 [副詞句を伴って] ひらりと身をかわす: *dodge through* the crowd 人ごみを縫って進む.
— 名 Ⓒ《略式》ごまかし, 言い抜け: a tax *dodge* 税金逃れ.

dodge·ball /dá(ː)ʤbɔ̀ːl | dɔ́ʤ-/ 名 Ⓤ《米》ドッジボール《球技》.

dodg·em /dá(ː)ʤəm | dɔ́ʤ-/ 名《英》❶ [the ~s] ドッジャム遊び《遊園地で小型電気自動車をぶつけ合う》. ❷ Ⓒ (ドッジャム遊びに使う)電気自動車.

dódgem càr 名 Ⓒ《英》= dodgem 2.

dodg·er /dá(ː)ʤə | dɔ́ʤə/ 名 Ⓒ うまく逃れる[ごまかす]人: ⇒ draft dodger.

dodg·y /dá(ː)ʤi | dɔ́ʤi/ 形 ❶《英略式》いんちきな, 怪しげな. ❷《英略式》危険な. ❸《英略式》不調の.

do·do /dóʊḍoʊ/ 名 (~(e)s) ❶ Ⓒ ドードー《絶滅した大型の飛べない鳥》. ❷ Ⓒ《米略式》うすのろ, ばか者.
(as) déad as a [the] dódo [形] 完全に消滅した; 全く時代遅れで.

doe /dóʊ/ 名 (複 ~(s)) Ⓒ (鹿(しか)·うさぎなどの)**雌**: a *doe* hare 雌うさぎ. 関連 buck 雄.

do·er /dúːə | dúːə/ 名 Ⓒ 実行[実践]者《口先だけの人に対して》: ⇒ wrongdoer.

‡does[1] /(弱形) dəz; (強形) dʌ́z/
— 助 do[1] の三人称単数現在形. ✪ 用法について詳しくは ⇒ do[1].
❶ [否定文で]: Mr. Smith「*does not* [*doesn't*] *smoke*. スミスさんはたばこを吸わない.
❷ [疑問文で]: *Does* she *like* skiing? 彼女はスキーが好きですか.
❸ /dʌ́z/ [be 動詞以外の動詞の代用として]: I cannot *sing* as well as she *does* (= as she *sings*). 私は彼女のようにはうまく歌えない / "She *plays* the piano at concerts." "Oh, she *does*?"「彼女は音楽会でピアノを弾いてるんだ」「へえ, そう」
❹ /dʌ́z/ [文中の述語動詞を強調する]: He *does have* faults, but I love him. 彼は確かに欠点はあるけれど私は彼が大好きだ.
❺ [副詞(句)などが強調のため文頭に来たとき; ⇒ **巻末文法 15.2 (1)**]: 言い換え *Not only does* he *teach* at school, but he (also) writes for the newspaper. 彼は学校で教えているだけでなく新聞に記事も書いている《He *not only teaches* at school, but he (also) writes for the newspaper. の強調》.

‡does[2] /dʌ́z/ 動 do[2] の三人称単数現在形.

‡does·n't /dʌ́znt/《略式》does[1] not の短縮形: My daughter *doesn't like* apples. うちの娘はりんごが好きではない.

‡dog /dɔ́ːg, dá(ː)g | dɔ́g/
— 名 (~s /~z/) ❶ Ⓒ **犬**《⇒ 次ページ挿絵》; 雄犬: We ***have* a *dog***. うちでは犬を飼っている / ***walk* a *dog*** 犬を散歩させる / This *dog* never barks. この犬は決してほえない / Love me, love my *dog*.《ことわざ》私が好きなら, 私の犬もかわいがって(人を愛するなら, その人の好きなものをすべて受け入れなさい). 関連 puppy 子犬 / hound 猟犬 / guide dog, Seeing Eye dog 盲導犬.

> **参考** 特に英国では「犬は人間の最良の友だ」(A *dog* is a man's best friend.)と言われ忠実 (fidelity) の象徴とされる《⇒ cat 日英》. 屋外ではなく, 屋内で飼うことが多い. ✪ 鳴き声については ⇒ cry 表.

❷ Ⓒ おおかみやきつねの雄.
❸ Ⓒ《略式》醜い女, ブス.
❹ Ⓒ《略式》いやなやつ; [前に形容詞をつけて] ...なやつ: You lucky *dog*! 運のいいやつだ.
❺ Ⓒ《米略式》だめなもの, 失敗(作).
❻ [複数形で]《米略式》(人の)足.
as síck as a dóg [形]《略式》とても気分が悪い.
dóg èat dóg [名] 食うか食われるか(の争い).
gó to the dógs [動] 自《略式》だめになる.
lìke a dóg with twó táils [副]《英略式》大喜びで.
nót hàve a dóg's chánce [動] 自《英略式》まるで見込みがない.
— 動 (dogs; dogged; dog·ging) 他 (...)のあとをつける; (不運などが)(...)について回る.

dóg and póny shòw 名 Ⓒ《米略式》派手な[手の込んだ]宣伝[キャンペーン].

dog·catch·er /dɔ́ːgkæ̀ʧə, dá(ː)g- | dɔ́gkæ̀ʧə/ 名 Ⓒ《米》野犬捕獲人 [《英》dog warden].

dóg còllar 名 ❶ Ⓒ 犬の首輪. ❷ Ⓒ《略式》(牧師の)白い立ちカラー.

dóg dàys 名 複 [しばしば the ~]《文語》土用, 暑中

dogs
beagle
bloodhound
boxer
bulldog
bullterrier
cocker spaniel
collie
dachshund
Dalmatian
Eskimo dog
fox terrier
《米》German shepherd
《英》Alsatian
Great Dane
greyhound
mastiff
Pekingese
pointer
Pomeranian
poodle
pug
Saint Bernard
Scottish terrier
setter
spitz
Yorkshire terrier

《7 月初めから 8 月中ごろまで; 大犬座の主星シリウス (Dog Star) が太陽とともに昇る時期》.

dog-eared /dɔ́:giəd, dá(:)g-|dɔ́giəd/ 形 (本が)ページのすみの折れた.

dog·fight /dɔ́:gfàɪt, dá(:)g-|dɔ́g-/ 名 ❶ C 闘犬; 乱闘. ❷ C (戦闘機の)空中戦.

dog·fish /dɔ́:gfɪʃ, dá(:)g-|dɔ́g-/ 名 (複 ～) C 小型ざめ.

dog·ged /dɔ́:gɪd, dá(:)g-|dɔ́g-/ 形 [普通は 限定] [よい意味で] 頑強な, 不屈の, 粘り強い. **～·ly** 副 粘り強く.

dog·ger·el /dɔ́:g(ə)rəl, dá(:)g-|dɔ́g-/ 名 へたな詩; こっけいな詩.

dog·gie /dɔ́:gi, dá(:)gi|dɔ́gi/ 名 C 《小児語》わんわん.

dóggie [dóggy] bàg 名 C 食べ残し持ち帰り袋《レストランで客に渡す》. 由来 犬にやるという口実で持ち帰ったことから.

dog·gone /dɔ́:ggɔ̀:n, dá(:)ggà(:)n|dɔ́gɔ̀n/ 動《古風, 米略式》(...)をのろう《damn の遠回しな言い方》: *Doggone* it! ちぇっ, いまいましい. ― 形《古風, 米略式》限定 いまいましい. ― 副《古風, 米略式》ひどく.

dog·gy /dɔ́:gi, dá(:)gi|dɔ́gi/ 名 (dog·gies) C = doggie. ― 形 (dog·gi·er; -gi·est) 犬の(ような).

dóggy pàddle 名 = dog paddle.

dog·house /dɔ́:ghàʊs, dá(:)g-|dɔ́g-/ 名 (-hous·es /-hàʊzɪz/) C《米》犬小屋《⇒ kennel 参考》. **in the dóghouse** [形]《略式》面目を失って, 機嫌を損(そこ)ねて (*with*).

dog·leg /dɔ́:glèg, dá(:)g-|dɔ́g-/ 名 C (道路などの)急カーブ.

dog·ma /dɔ́:gmə, dá(:)g-|dɔ́g-/ 名 C,U (教会などが定めた)教義; 信条; [軽蔑的] 独断的な考え.

dog·mat·ic /dɔ:gmǽṭɪk, dá(:)g-|dɔg-/ 形 [軽蔑的] 独断的な; 教条主義的な (*about*). **-mat·i·cal·ly** /-kəli/ 副 独断的に.

dog·ma·tis·m /dɔ́:gmətìzm, dá(:)g-|dɔ́g-/ 名 U [軽蔑的] 独断的態度; 教条主義.

dog·ma·tist /dɔ́:gməṭɪst, dá(:)g-|dɔ́g-/ 名 C [軽蔑的] 独断家; 教条主義者.

do-good·er /dú:gʊ̀ḍə|dù:gʊ́də/ 名 C [軽蔑的] おせっかいな善人, ひとりよがりな慈善家.

dóg pàddle 名 [単数形で]《略式》犬かき(泳ぎ).

dóg's bréakfast [dínner] 名 [a ～]《英略式》めちゃくちゃ(な状態): make *a dog's breakfast* of ....をめちゃくちゃにする.

dog·sled /dɔ́:gslèd, dá(:)g-|dɔ́g-/ 名 C 犬ぞり.

dóg's lìfe 名 [a ～] みじめな生活.

Dóg Stàr 名 固 [the ～] シリウス (Sirius).

dóg tàg 名 C《米》(兵士の)認識票.

dog-tired /dɔ́:gtáɪəd, dá(:)g-|dɔ́gtáɪəd⁻/ 形 [普通は 叙述]《略式》へとへとに疲れた.

dóg wàrden 名 C《英》= dogcatcher.

dog·wood /dɔ́:gwʊ̀d, dá(:)g-|dɔ́g-/ 名 C,U はなみずき《北米原産の花木》.

doh /dóʊ/ 名 = do⁴.

d'oh /dóʊ/ 間 [こっけいに] あーあ, あちゃー《自分がへまをしたときに》.

DoH /dí:òʊéɪtʃ/ 略 [the ～]《英》= Department of Health 保健省.

doi·ly /dɔ́ɪli/ 名 (doi·lies) C ドイリー《花びん・ケーキなどの下に敷く敷物; レース・紙などで作る》.

***do·ing** /dú:ɪŋ/ 動 do² の現在分詞および動名詞.
― 名 (～s /～z/) ❶ [複数形で] **行動**, ふるまい; (社会的な)活動, 出来事: These *doings* will get you into trouble! こういうことをしていると困ったことになるよ.
❷ U **する[した]こと**, しわざ: This must be (all) her (own) *doing*. これは(みな)彼女(自身)のしたことにちがいない / It's your own *doing*. それは君自身がしたことだ《自業自得だ》.
táke some [a lót of] dóing [動] 自《略式》相当の[大変な]労力を必要とする, 一仕事になる.

do-it-your·self /dù:ɪṭʃəsélf, -ɪtjə-|-ɪtjə-⁻/ 名 U, 形 限定 日曜大工(の)《略《英》DIY》.

dol·drums /dóʊldrəmz|dɔ́l-/ 名 複 [the ～] (赤道付近海上の)無風帯. **in the dóldrums** [形] (物事が)沈滞して; (人が)ふさぎ込んで.

dole /dóʊl/ 名 [the ～]《英》失業手当;《米》社会福祉手当 [≒welfare]: go [be] on *the dole* 失業手当[生活保護]を受ける[受けている]. ― 動 [次の成句で]
dóle óut [動] 他《略式》(金・食物など)を(人々に)与える, 配る (*to*).

dole·ful /dóʊlf(ə)l/ 形 悲しげな, 憂いに沈んだ.

+**doll** /dá(:)l, dɔ́:l|dɔ́l/ 名 (～s /～z/) ❶ C **人形**: She's busy playing with her *dolls*. 彼女はお人形遊びに夢中になっている / a rag *doll* 縫いぐるみの人形. ❷ [a ～]《米略式》いい人. ❸ C《古風, 略式》[普通は軽蔑的] かわいこちゃん.
― 動 [次の成句で] **be [gèt] dólled úp** = **dóll onesèlf úp** [動] 自《略式》着飾る.

*****dol·lar** /dá(:)lə|dɔ́lə/ !発音
― 名 (～s /～z/) ❶ C **ドル**. 参考 米国・カナダ・オーストラリア・ニュージーランドなどの通貨単位; 100 セント (cents); 記号 $, $: fifteen *dollars* 15 ドル《$15 と記す》/ At that shop, you can pay in *dollars* or euros. その店ではドルでもユーロでも支払うことができます.
❷ C **1 ドル(紙幣[銀貨])**: I handed him a *dollar* as a tip. 私は彼にチップとして 1 ドルを渡した.
❸ [the ～] **ドル相場**: *The dollar* has「grown stronger [become weaker] against the yen. ドルが円に対して強く[弱く]なった(ドル高[ドル安]になった).
féel [lóok] lìke a míllion dóllars [動] 自《略式》とてもいい気分である[すばらしく見える].

doll·house /dá(:)lhàʊs, dɔ́:l-|dɔ́l-/ 名 (-hous·es /-hàʊzɪz/) C《米》人形の家《おもちゃ》.

dol·lop /dá(:)ləp|dɔ́l-/ 名 C《略式》(クリームなどの)ひとすくい, スプーン 1 杯分; 少量 (*of*).

dóll's hòuse /dá(:)lz-, dɔ́:lz-|dɔ́lz-/ 名 C《英》= dollhouse.

dol·ly /dá(:)li|dɔ́li/ 名 (dol·lies) ❶ C《小児語》お人形ちゃん. ❷ C (荷物運搬用の)台車.

Dol·ly /dá(:)li|dɔ́li/ 名 固 ドリー《女性の名; Dorothy の愛称》.

dol·men /dóʊlmən, dɔ́:l-|dɔ́lmen/ 名 C〔考古〕ドルメン, 支石墓《巨石を使った太古の民族の遺物》.

+**dol·phin** /dá(:)lfɪn, dɔ́:l-|dɔ́l-/ 名 (～s /～z/) C **いるか**, まいるか《鼻先がとがっている》.

-dom /dəm/ 接尾 [名詞語尾] ❶「...の状態」の意: free*dom* 自由 / bore*dom* 退屈. ❷「...の地位, 領地」の意: king*dom* 王国. ❸「...の集団」の意: official*dom* 公務員《全体》.

+**do·main** /doʊméɪn, də-/ 名 (～s /～z/) ❶ C《格式》(学問・思想・活動などの)**分野**, 領域; 勢力範囲: This problem is outside [within] my *domain*. この問題は私の専門外[内]である. ❷ C 領地. ❸ C〔コン

ピュータ》ドメイン《インターネット上の一つの単位として管理されるグループ》; = domain name.

domáin nàme 名 C 〔コンピュータ〕ドメイン名《インターネットのアドレスで組織名・種別・国名を表わす部分; kenkyusha.co.jp など》.

+**dome** /dóʊm/ 名 (~s /~z/) ❶ C (半球状の)**円屋根,** 円天井, ドーム. ❷ C 半球形のもの, ドーム型スタジアム; (はげた)頭.

domed /dóʊmd/ 形 円屋根のある; 半球形の.

***do·mes·tic** /dəméstɪk/ 形

意味のチャート
元来は「家の」の意.
「家(庭)の」❷ →(自分の所の)
→「自国の, 国内の」❶
→(家で世話をされていて)「飼いならされた」❹

❶ [比較なし] **国内の,** 自国の; 自国製[産]の [⇔ foreign]: *domestic* news 国内ニュース / *domestic* demand 内需 / a *domestic* flight (航空機の)国内便 / *domestic* wines 国産のワイン各種.
❷ 限定 [比較なし] **家庭の,** 家事の; 家庭用の: *domestic* violence 家庭内[配偶者間]暴力 / *domestic* chores 家庭の雑用 / a *domestic* relations court = a court of *domestic* relations《米》家庭裁判所 / *domestic* appliances 家庭用電化製品.
❸ **家庭的な,** 家事が好きな: I'm not the *domestic* type so I hate housework. 私は家庭的なタイプではないので家事は嫌いだ. ❹ (動物などが)飼いならされた [≒tame] [⇔ wild]: *domestic* animals 人間に飼いならされている動物《ペット》, 家畜《牛・馬・羊など》.
(動 doméstìcàte)
— 名 ❶ C《古風》(家の)使用人. ❷ C《英略式》(家庭内の)けんか.

-mes·ti·cal·ly /-kəli/ 副 国内的に(は); 家庭的に.

do·mes·ti·cate /dəméstɪkèɪt/ 動 他 (動物)を飼いならす [≒tame]. (形 doméstic)

do·mes·ti·cat·ed /dəméstɪkèɪṭɪd/ 形 ❶ (動物が)飼いならされた. ❷ (人が)家庭的な, 家事好きな.

do·mes·ti·ca·tion /dəmèstɪkéɪʃən/ 名 U 飼いならすこと.

doméstic hélp 名 C,U 家事手伝いの人(たち); U 家事の手伝い.

do·mes·tic·i·ty /dòʊmestísəṭi/ 名 U 家庭生活.

doméstic pártner 名 C《米》同棲相手.

doméstic scíence 名 U《古風, 英》= home economics.

dom·i·cile /dɑ́(ː)məsàɪl, -s(ə)l | dɔ́m-/ 名 ❶ C《格式》居住地; 住居. ❷ C〔法律〕(登録上の)住所.

dom·i·ciled /dɑ́(ː)məsàɪld, -s(ə)ld | dɔ́m-/ 形 叙述〔法律〕居住している (*in*).

dom·i·nance /dɑ́(ː)mənəns | dɔ́m-/ 名 U 優越, 優勢 (*in*); 支配 (*of, over*).

+**dom·i·nant** /dɑ́(ː)mənənt | dɔ́m-/ 形 ❶ **支配的な,** 有力な, 主要な; 優位にある; 目立つ, 顕著な: *dominant* members 有力会員たち / a *dominant* arm 利き腕 / a *dominant* personality 支配的な性格. ❷〔生物〕優性の [⇔ recessive]. (動 dómìnàte)

***dom·i·nate** /dɑ́(ː)mənèɪt | dɔ́m-/ 動 (-i·nates /-nèɪts/; -i·nat·ed /-ṭɪd/; -i·nat·ing /-ṭɪŋ/) 他 ❶ (力ずくで)(...)を**支配する,** 威圧する; (...)に君臨する: The company has *dominated* the car market for years. その会社は何年もの間自動車市場を支配してきた. ❷ (...)の中心となる: The story has *dominated* the news this week. 今週はその話がニュースの中心だ. ❸ (山・塔などが)(...)にそびえる, (...)を見下ろす: The tower *dominates* the town. その塔は町を見下ろしている. ❹ (試合など)で優勢である: We *dominated* the first half of the game. 我々は試合の前半は優勢だった.
— 自 支配する; 優勢である.
(名 dòminátion, domínion, 形 dóminant)

dom·i·nat·ing /dɑ́(ː)mənèɪṭɪŋ | dɔ́m-/ 形 (人・性格が)周囲を圧倒する, 影響力が強い.

dom·i·na·tion /dɑ̀(ː)mənéɪʃən | dɔ̀m-/ 名 U 支配, 統治 [≒rule] (*of, over*); 優勢. (動 dómìnàte)

dom·i·neer·ing /dɑ̀(ː)mənɪ́(ə)rɪŋ | dɔ̀m-/ 形 威圧的な, 横暴な.

Do·min·i·can /dəmínɪk(ə)n/ 形 ❶ (カトリック教会の)ドミニコ会の. ❷ ドミニカ共和国の. — 名 ❶ C ドミニコ会修道士. ❷ C ドミニカ共和国人.

Domínican Repúblic 名 固 [the ~] ドミニカ共和国《カリブ海 Hispaniola 島東部を占める共和国; 首都 Santo Domingo》.

do·min·ion /dəmínjən/ 名 ❶ U《文語》支配権, 主権; 支配 [≒rule] (*over*). ❷ C《格式》領土. (動 dómìnàte)

dom·i·no /dɑ́(ː)mənòʊ | dɔ́m-/ 名 (~(e)s) ❶ [複数形で単数扱い] ドミノ《28 枚のこまで点合わせをする遊び》. ❷ C ドミノのこま《長方形》.

dómino effèct 名 [単数形で] ドミノ効果.

don[1] /dɑ́(ː)n | dɔ́n/ 名 ❶ C (特に英国の Oxford 大学, Cambridge 大学の)先生, 教官. ❷ C《略式》(マフィアの)首領, ドン.

don[2] /dɑ́(ː)n | dɔ́n/ 動 (dons; donned; don·ning) 他《格式》(服・帽子など)を身につける.

Don /dɑ́(ː)n | dɔ́n/ 名 固 ドン《男性の名; Donald の愛称》.

Don·ald /dɑ́(ː)n(ə)ld | dɔ́n-/ 名 固 ドナルド《男性の名; 愛称は Don》.

Dónald Dúck 名 固 ドナルドダック《Walt Disney のアニメ・漫画に登場するあひる》.

+**do·nate** /dóʊneɪt, doʊnéɪt | doʊnéɪt/ 動 (do·nates /dóʊneɪts, doʊnéɪts | doʊnéɪts/; do·nat·ed /-ṭɪd/; do·nat·ing /-ṭɪŋ/) 他 ❶ (慈善事業・宗教団体などに)(...)を**寄付する,** 寄贈する: My uncle ***donated*** ten thousand dollars ***to*** the Red Cross. V+O+*to*+名 私のおじは赤十字社に 1 万ドル寄付した《✪ ×... donated the Red Cross ten thousand dollars とするのは誤り》. ❷ (血液・臓器など)を提供する (*to*): *donate* (one's) blood 献血する.
— 自 ❶ 寄付する, 寄贈する. ❷ (血液・臓器などを)提供する. (名 donátion)

+**do·na·tion** /doʊnéɪʃən/ 名 (~s /~z/) ❶ U,C **寄付,** 寄贈《⇒ present[3] 類義語》: She made a ***donation of*** five thousand dollars ***to*** the college. 彼女は大学に 5 千ドルの寄付をした. ❷ C 寄贈された物品, 寄付金. ❸ U,C (血液・臓器などの)提供: organ *donation* 臓器提供. (動 dónate)

*****done** /dʌ́n/ !発音 (同音 dun)
— 動 do[2] **の過去分詞.**
— 形 ❶ 叙述 **済んだ,** 終わった: Well *done*! よくやった / I'll be *done* soon. すぐに終わります. ❷ [しばしば合成語で] (食物が)料理された, 焼けた: The toast is *done*. トーストが焼けた. 関連 well-done (肉などが)よく火の通った / over done 煮[焼き]すぎた / under done 生煮えの[生焼けの]. ❸ 社会的に認められる: Spit-

ting on the street just isn't *done*. 通りでつばを吐くのは無作法だ / the *done* thing 《英》 礼儀[慣習]にかなったこと.

be dóne dóing [動] 《米》 ...は済んだ: I'*m done* talk*ing*. 私の話は済んだ.

be dóne fòr [動] ⓐ 《略式》 おしまいだ, もうだめだ.

be dóne ín [動] ⓐ 《略式》 疲れきっている, へとへとだ.

be dóne with ... ⇒ do[2] 成句.

Dóne! [間] それで決まりだ, 了解.

dóne déal 名 [a ~] 《略式》 決定事項.

Don Ju·an /dà(ː)nʤúːən, dà(ː)n(h)wáːn | dɔ̀n-/ 名 ❶ 固 ドンファン《多くの女性を誘惑したスペインの伝説上の人物》. ❷ Ⓒ 《略式》 女たらし.

don·key /dáːŋki, dʌ́ŋ- | dɔ́ŋ-/ 名 Ⓒ ろば《ass[2] の日常語》. 参考 米国の民主党の象徴とされる《⇒ elephant 参考》.

dónkey's yèars 名 複 《英略式》 ずいぶん長い間. 由来 years をロバの耳 (ears) が長いことにかけた.

don·key·work /dá(ː)ŋkiwə̀ːk, dʌ́ŋ- | dɔ́ŋkiwə̀ːk/ 名 Ⓤ 《英略式》 単調な骨折り仕事.

Don·na /dá(ː)nə | dɔ́nə/ 名 固 ドナ《女性の名》.

don·nish /dá(ː)nɪʃ | dɔ́n-/ 形 《主に英》 (世事にうとい)学者のような, 学究的な.

+**do·nor** /dóunə | -nə/ 名 (~s /~z/) ❶ Ⓒ **寄付者**, 寄贈者, 援助国.

❷ Ⓒ (血液・臓器などの)**提供者**, ドナー: a heart *donor* 心臓提供者 //⇒ blood donor.

dónor càrd 名 Ⓒ ドナーカード《死亡時の臓器提供承諾カード》.

do-noth·ing /dúːnʌ̀θɪŋ/ 形 限定 《英略式》 何もしない, 無為無策の, 怠惰な.

Don Qui·xo·te /dà(ː)nkı(h)óuṭi, dà(ː)nkwíksət | dɔ̀n-/ 名 ❶ 固 ドンキホーテ《スペインの作家セルバンテス (Cervantes) 作の同名の小説の主人公; 多くの冒険や失敗をする理想主義的・非現実的な騎士》. ❷ Ⓒ 非現実的な理想家, 誇大妄想狂.

*****don't**[1] /dóunt/ ❗発音 《略式》 do[1] not **の短縮形:** I *don't* like cats. 私は猫が好きではない.

don't[2] /dóunt/ 名 Ⓒ してはいけないこと, 禁止事項. 関連 must しなければならないもの[こと].

do·nut /dóunʌt/ 名 Ⓒ 《主に米》 = doughnut.

doo·dad /dúːdæd/ 名 Ⓒ 《米略式》 (小さな)装置, 道具; あれ《名前が思い出せない[わからない]物》.

doo·dah /dúːdɑː/ 名 Ⓒ 《英略式》 = doodad.

doo·dle /dúːḍl/ 名 Ⓒ (考えごとなどをしている時の)いたずら書き. — 動 ⓐ いたずら書きをする.

doo·hick·ey /dúːhìki/ 名 Ⓒ 《米略式》 = doodad.

doom /dúːm/ 名 Ⓤ (不幸なまたは恐ろしい)運命, 悲運《⇒ fate 類義語》; 破滅 [≒ruin]; 死 [≒death]: a sense of impending *doom* 不吉な運命の予感 / spell *doom* for ... ...の破滅をもたらす / meet one's *doom* 死ぬ, 滅ぶ. **dóom and glóom = glóom and dóom** [名] 絶望的な状態. — 動 他 (...)の運命を(不幸な結果に)定める, 運命づける; (人)に刑を宣告する《⇒ doomed》.

+**doomed** /dúːmd/ 形 **不幸な運命の**, 必ず失敗する: a *doomed* marriage 破綻する運命の結婚 / The experiment was ***doomed*** 「***to*** failure [***to*** fail]. +to+名 [to 不定詞] その実験は失敗する運命にあった.

doom·say·er /dúːmsèɪə | -ə/ 名 Ⓒ 《主に米》 災害や大惨事を予言する人.

dooms·day /dúːmzdèɪ/ 名 Ⓤ [しばしば D-] 最後の審判の日《⇒ Last Judgment》; 世の終わり(の日). **till [untìl] dóomsday** [副] 《略式》 永久に.

doom·ster /dúːmstə | -stə/ 名 Ⓒ 《英略式》 = doomsayer.

*****door** /dɔ́ə | dɔ́ː/

— 名 (~s /~z/) ❶ Ⓒ **ドア, 戸, 扉.** 日英 英米のドアは内側に開くことが多い: Could you ***open*** the ***door***? ドアを開けてもらえますか / ***Close*** the ***door*** behind you. 入ったら[出たら]ドアを閉めてください / ***shut*** [***slam***] the ***door*** ドアを閉める[ばたんと閉める] / ***lock*** [***unlock***] the ***door*** ドアの鍵をかける[開ける] / ***knock on*** [***at***] the ***door*** 戸をたたく / Stand clear of the *door(s)*. (危険ですから)ドアから離れてお立ちください《バスなどの掲示》 / The ***door to*** this room is always locked. この部屋のドアはいつも鍵がかかっている.

❷ Ⓒ **戸口, 出入り口** [≒doorway]: There's someone ***at*** the ***door***. 玄関に誰か来ているよ / Come through the front [back, side] *door*. 表[裏, 横]の戸口から入ってください.

❸ Ⓒ **1 戸**, 1 軒: He lives a few *doors* from us. 彼はうちから数軒先に住んでいる / Mr. Smith lives two *doors* down [up, away]. スミス氏は 2 軒先に住んでいる //⇒ next door. ❹ Ⓒ 門戸, ...へ至る道: a *door to* success 成功への道.

ánswer [gèt] the dóor [動] ⓐ (ベル・ノックなどに応じて)玄関に出る.

clóse [shút] the dóor on ... [動] 他 (交渉など)を受けつけない, ...に門戸を閉ざす: After 1639 Japan *closed* [*shut*] *the door on* foreign trade. 1639 年以後日本は外国貿易に対して門戸を閉ざした.

(from) dóor to dóor [副] (1) **1 軒ごとに:** The salesperson went (*from*) *door to door*. その販売員は(各家庭を)1 軒ずつ訪ねて回った. (2) ドア[玄関]からドア[玄関]まで; (旅行などの)出発地点から到着地点まで.

láy ... at ~'s dóor = láy ... at the dóor of ~ [動] 《格式》 (罪・過去など)を~の責任にする.

léave the dóor òpen [動] ⓐ (討論・交渉の)余地を残しておく (*for*).

ópen dóors [動] ⓐ (...に)機会を与える (*for*).

ópen the dóor [動] ⓐ (1) (...を)可能にする, (...への)道を開く (*to*). (2) = open doors.

óut of dóors [副] **戸外に[で, へ]**, 野外で[へ] [≒outdoors]: play *out of doors* 外で遊ぶ. 語法 《米》 では outdoors のほうが普通.

sée [shów] ... to the dóor [動] 他 (...)を(丁重に)玄関まで送る.

shów ... the dóor [動] 他 (ドアを指して)(...)に出て行ってくれと言う, (...)を追い出す.

shút [slám] the dóor in ...'s fáce [動] (...の)面会[話し合い]を断わる; (...に)門前払いをくわせる.

door·bell /dɔ́əbèl | dɔ́ː-/ 名 Ⓒ 玄関のベル.

do-or-die /dúːədáɪ | -ɔː-/ 形 限定 必死の(覚悟の).

door·jamb /dɔ́əʤæ̀m | dɔ́ː-/ 名 Ⓒ (戸口の)わき柱.

door·keep·er /dɔ́əkìːpə | dɔ́ːkìːpə/ 名 Ⓒ 門番.

door·knob /dɔ́ənà(ː)b | dɔ́ːnɔ̀b/ 名 Ⓒ ドアノブ.

door·man /dɔ́əmən | dɔ́ː-/ 名 (-men /-mèn/) Ⓒ (ホテルなどの)ドアマン, ドアボーイ《戸を開閉したりタクシーを呼んだりする》. 日英 「ドアボーイ」は和製英語.

door·mat /dɔ́əmæ̀t | dɔ́ː-/ 名 ❶ Ⓒ (玄関前の)靴ぬぐい (mat). ❷ Ⓒ 《略式》 踏みつけられても黙っている

D

人, 意気地なし.

door·nail /dɔ́ɚnèɪl | dɔ́ː-/ 名 [次の成句で] **(as) déad as a dóornail** [形] 《略式》 完全に死んで.

door·post /dɔ́ɚpòʊst | dɔ́ː-/ 名 C = doorjamb.

dóor prìze 名 C 《米》 (パーティー·劇場などで)入場時に渡されるくじの当選賞品.

door·step /dɔ́ɚstèp | dɔ́ː-/ 名 C 戸口の段: stand *on* the *doorstep* 戸口の階段に立つ. **on [at] ...'s dóorstep** [副] ...の(家の)すぐ近くに.

door·stop /dɔ́ɚstɑ̀(ː)p | dɔ́ːstɔ̀p/ 名 ❶ C (ドアを開けたままにしておく)ドアストッパー. ❷ C 戸当たり《ドアが壁に直接当たるのを防ぐゴム製の器具》.

door-to-door /dɔ́ɚṭədɔ́ɚ | dɔ́ːtədɔ́ː←/ 形 限定 家から家への, 戸別(訪問)の; 宅配の.

+**door·way** /dɔ́ɚwèɪ | dɔ́ː-/ 名 (~s /~z/) C **戸口**, 玄関口, 出入り口: Don't stand *in* the *doorway*. 戸口に立ちふさがらないでください.

doo·zy /dúːzi/ 名 (-zies) C 《米略式》 とてもよい[悪い, 妙な]もの, 際立った[すごい]もの.

dope /dóʊp/ 名 ❶ U 《略式》 麻薬; 興奮剤; (睡眠)薬: a *dope* test ドーピングテスト. ❷ C S 《略式》 まぬけ, ばか. ❸ [the ~] (秘密の)情報 (*on*). — 動 他 《略式》 (競技者·競走馬)に薬物[興奮剤など]を与える, ドーピングをする; (人·動物)に薬を飲ませ(て眠らせ)る; (飲食物)に薬物を混ぜる. **be dóped úp** [動] 自 《英》 薬[麻薬]が効いている, 薬でぼーっとしている (*on*). — 形 《米俗》 すばらしい.

dope·head /dóʊphèd/ 名 C 《俗》 麻薬常用者.

dop·ey /dóʊpi/ 形 (dop·i·er; -i·est) ❶ 《略式》 (薬の影響などで)ぼーっとした. ❷ 《略式》 まぬけな.

dop·ing /dóʊpɪŋ/ 名 U ドーピング《競技成績をあげるための薬物使用》.

Do·ra /dɔ́ːrə/ 名 固 ドーラ《女性の名》.

Dor·ic /dɔ́ːrɪk | dɔ́r-/ 形 〔建築〕 ドリア式の: the *Doric* order ドリア様式《最古のギリシャ式建築》.

Dor·is /dɔ́ːrɪs | dɔ́r-/ 名 固 ドリス《女性の名》.

dork /dɔ́ɚk | dɔ́ːk/ 名 C 《略式》 まぬけ, ばか.

dork·y /dɔ́ɚki | dɔ́ː-/ 形 (dork·i·er; -i·est) 《略式》 まぬけな.

dorm /dɔ́ɚm | dɔ́ːm/ 名 C 《略式》 = dormitory.

dor·man·cy /dɔ́ɚmənsi | dɔ́ː-/ 名 U 休止[休眠]状態.

dor·mant /dɔ́ɚmənt | dɔ́ː-/ 形 休止[休眠]状態にある, 不活発な [≒inactive]; 潜在している: a *dormant* volcano 休火山 / lie [remain] *dormant* (動植物が)休眠[冬眠]している.

dór·mer (wíndow) /dɔ́ɚmɚ- | dɔ́ːmə-/ 名 C 屋根窓《屋根裏部屋の明かりとり; ⇒ house 挿絵》.

dormice 名 dormouse の複数形.

+**dor·mi·to·ry** /dɔ́ɚmətɔ̀ːri | dɔ́ːmətəri, -tri/ 名 (-to·ries) ❶ C 《米》 **寄宿舎**, 寮 [《略式》 dorm]. ❷ C 共同寝室. 〖語源 原義はラテン語で「眠る場所」〗

dórmitory tòwn 名 C 《英》 (郊外の)ベッドタウン [《米》 bedroom suburb].

dor·mouse /dɔ́ɚmàʊs | dɔ́ː-/ 名 (複 dor·mice /-màɪs/) C やまね《ねずみの仲間; 冬眠する》.

Dor·o·thy /dɔ́ːrəθi | dɔ́r-/ 名 固 ドロシー《女性の名; 愛称は Dolly》.

dor·sal /dɔ́ɚs(ə)l | dɔ́ː-/ 形 限定 〔解剖〕 背[背部]の: a *dorsal* fin (魚の)背びれ.

do·ry /dɔ́ːri/ 名 (do·ries) C 平底の小型漁船.

DOS /dɑ́(ː)s, dɔ́ːs | dɔ́s/ 名 U 〔コンピュータ〕 ドス《コンピューター操作のソフトウェア; *D*isk *O*perating *S*ystem の略; 商標》.

dos·age /dóʊsɪdʒ/ 名 C [普通は単数形で] 1 回分の投薬[服用]量: a high [low] *dosage* 大量[少量]の服用量.

+**dose** /dóʊs/ 名 (dos·es /~ɪz/) ❶ C (薬の)**1 服**; (1 回分の)服用量 (*of*): Take three *doses* a day. 1 日に 3 回服用のこと. ❷ C (特にいやな体験の)1 回分, 一定量: suffer from a bad *dose of* flu ひどいかぜをひく / I can only stand his conversation *in small doses*. 彼の話には少しの間しか耐えられない.
— 動 他 (...)に投薬する; (...)に(薬をたくさん)飲ませる (*up*): *dose* oneself *with* cough syrup せき止めシロップを飲む.

dosh /dɑ́(ː)ʃ | dɔ́ʃ/ 名 U 《英略式》 お金 [≒money].

doss /dɑ́(ː)s, dɔ́ːs | dɔ́s/ 動 《英略式》 ごろ寝する (*down*). **dóss aróund [abóut]** [動] 自 《英略式》 だらだらして過ごす.

dos·si·er /dɔ́ːsièɪ, dɑ́(ː)s- | dɔ́s-/ ≪フランス語から≫ 名 C (事件·人物の)関係書類一式 (*on*).

Dos·to·yev·sky /dɑ̀(ː)stəjéfski | dɔ̀stɔɪéf-/ 名 固 **Fyo·dor** /fjóʊdɚ | -də/ **Mi·khai·lo·vich** /mɪkáɪləvɪtʃ/ ~ ドストエフスキー (1821-81)《ロシアの小説家》.

+**dot** /dɑ́(ː)t | dɔ́t/ 名 (dots /dɑ́(ː)ʦ | dɔ́ʦ/) ❶ C (小さな)**点** [≒point]《i や j の点, 小数点など》; S (アドレスの)ドット: a tie with blue *dots* 青色の水玉模様のネクタイ / Put three *dots* when you omit a word or phrase. 語句の省略の時は点を 3 つ打ちなさい. 関連 polka dots 水玉模様. ❷ C 小さな点のようなもの. ❸ C (モールス信号の)短音,「トン」(·で表わす).
òn the dót [副] 《略式》 時間ちょうどに, きっかりに: at two (o'clock) *on the dot* 2 時ぴったりに.
sìnce the yéar dót [副] 《英略式》 大昔から.
— 動 (dots /dɑ́(ː)ʦ | dɔ́ʦ/; dot·ted /-ṭɪd/; dot·ting /-ṭɪŋ/) 他 ❶ (...)に**点を打つ**: You should *dot* an "i" just above it. "i" の点は(ちゃんと)真上に打ちなさい《⇒ 成句》. ❷ [しばしば受身で] (...)に点々とばらまく, 点在させる; (物が)(...)に点在する; (物)を散在させる (*about, around*): The pond *was dotted with* fallen leaves. 池には落ち葉が点々と浮かんでいた. ❸ (物の表面)に(少量の物を)塗る, つける: *dot* the bread *with* butter = *dot* butter *on* [*over*] the bread パンにバターをつける.
dót one's **[the] i's** /áɪz/ **and cróss** one's **[the] t's** /tíːz/ [動] 自 《略式》 (最後の仕上げのときに)細部まで注意を払う. 由来 i に点を打ち t に横棒を引く, の意.

dot·age /dóʊṭɪdʒ/ 名 [次の成句で] **in** one's **dót-age** [副·形] もうろくして.

dot-com, dot.com, dot com /dɑ̀(ː)tkɑ́(ː)m | dɔ̀tkɔ́m←/ 名 C ドットコム《商品の販売やサービスの提供にインターネットを使う会社》. — 形 限定 (会社などが)インターネットを使って商取引を行なう.

dote /dóʊt/ 動 [次の成句で] **dóte on ...** [動] 他 (子供など)を溺(でき)愛する, 見境なくかわいがる.

dot·ing /dóʊṭɪŋ/ 形 限定 愛におぼれた, 溺愛する, 親ばかの. **~·ly** 副 溺愛して.

dót-má·trix prìnter /dɑ́(ː)tméɪtrɪks- | dɔ́t-/ 名 C ドット(マトリックス)プリンター《文字を点の集合にして打ち出す印字機》.

dót·ted líne /dɑ́(ː)ṭɪd- | dɔ́t-/ 名 C 点線《……》.
sígn on the dótted líne [動] 自 《略式》 正式に同意する.

dot·ty /dɑ́(ː)ṭi | dɔ́ti/ 形 (dot·ti·er; -ti·est) ❶ 《古風, 略式》 気の変な. ❷ 《古風, 略式》 夢中で (*about*).

****dou·ble** /dʌ́bl/
— 形 [普通は 限定] [比較なし] ❶ **二重の,** 複式の; **対になった;** 2 人用の: *double* doors 両開きの扉 / a *double*-page advertisement 見開き広告 / a *double* bed ダブルベッド / "How do you spell your name?" "M, *double* O, D, Y /ém dʌ̀bl óʊ díː wáɪ/, Moody." 「お名前はどうつづりますか」「エム, オー2つ, ディー, ワイで Moody です」 ✪ 同一文字, 数字, 記号などが 2 つ重なるときは double ... と読むことがある. 関連 single 単式の / triple 3 重の.
❷ 2 倍の: This material is *double* width. この生地は 2 倍幅になっている / families with a *double* income 共働きの家庭. 語法 double には定冠詞・所有格などの前に置く用法がある《これを 副 と見ることもできる; ⇒ twice 2》: at *double the* speed 2 倍の速度で / Pay *double the* cost. その 2 倍の金額を払ってください / The cost of living is *double what* it was then. 生活費は当時の 2 倍だ. 関連 triple 3 倍の / quadruple 4 倍の. ❸ 二様の, (ことばなどが)二様に解釈される, あいまいな; (言行に)裏表のある: This word has a *double* meaning. この語にはどちらともとれる意味がある / a *double* advantage 二重の利点 / lead a *double* life 二重生活を送る. ❹ 花弁の数が多い, 八重咲きの: *double* tulips 八重咲きのチューリップ. 関連 single 一重の.
— 副 **2 倍(だけ)** [≒twice] 《⇒ 形 2 語法》; 二重に(なるように), 二様に: I'll pay *double*. 倍額払いましょう / She was almost bent *double* with age. 彼女は年のせいでまるで二つ折りにしたように腰が曲がっていた / see *double* 物が二重に見える.
— 名 (~s /~z/) ❶ U **2 倍(の数[量]),** 倍額, 倍量; 2 倍のもの: Six is the *double* of three. 6 は 3 の 2 倍だ. ❷ C 生き写しの人; (俳優の)代役, スタントマン: She's her mother's *double*. 彼女は母親にそっくりだ. ❸ [複数形で単数扱い] (テニス・卓球などの)ダブルス(の試合): women's *doubles* 女子ダブルスの試合. 関連 singles シングルス. ❹ C 〔野球〕 二塁打: hit a *double* 二塁打を打つ. 関連 single 単打 / triple 三塁打. ❺ [the ~] 〔スポーツ〕 二連勝, ダブル優勝. ❻ C (ホテルなどの)2 人部屋, ダブル[ツイン](ルーム). 関連 single 1 人部屋. ❼ C ダブル《普通の 2 倍の量のウイスキーなど》.
at the dóuble [副] 《英略式》 = on the double.
dóuble or nóthing [《英》 **quíts**] [名] (賭(か)け事で)勝てば今までの取り分が 2 倍になるが負ければゼロになるような勝負.
on the dóuble [副] 《米略式》 早く, 急いで.
— 動 (dou·bles /~z/; dou·bled /~d/; dou·bling) 他 ❶ (...)を **2 倍にする;** (...)の 2 倍ある: *double* the dose 服用量を倍にする.
❷ (...)を**二重にする,** 二つに折り重ねる (*over, up*): *Double* the blanket. 毛布を折りたたみなさい.
— 自 ❶ **2 倍になる,** 倍増する: ***double in*** size [number] V+*in*+名 大きさ[数]が倍になる. ❷ 二役を務める, 兼用になる; 代役をする (*for*): This room *doubles as* a dining room. この部屋は食堂を兼ねる. ❸ 〔野球〕 二塁打を打つ.
dóuble báck [動] 自 (来た道を)引き返す.
dóuble óver [動] 自 = double up (1). — 他 = double up.
dóuble úp [動] 自 (1) (おかしさや痛みで)体を二つに折り曲げる. (2) (物を)共用する (*on*), (人と)(部屋などを)共にする (*with*). — 他 (体など)を二つ折りにする: be *doubled up with* laughter [pain] 笑いころげる[痛みで体を折り曲げる].

dóuble ágent 名 C 二重スパイ.
dou·ble-bar·reled, 《英》 **-bar·relled** /dʌ́blbǽrəld←/ 形 [普通は 限定] ❶ 二重銃身の, 二連発式の. ❷ (計画などが)二つの面[目的]をもつ. ❸ 《米》 (攻撃などが)強力な. ❹ 《英》 (姓が)ハイフン付きで二つの部分から成る《Day-Lewis など》.
dóuble báss /-béɪs/ 名 C ダブルベース, コントラバス (contrabass).
dóuble bíll 名 C (映画などの)2 本立て.
dóuble bínd 名 C 板ばさみ, ジレンマ.
dóuble bóiler 名 C 《米》 二重鍋《料理用》.
dou·ble-book /dʌ́blbʊ́k/ 動 他 (部屋・座席など)の予約を二重に受けつける. — 自 二重に予約を受けつける.
dou·ble-book·ing /dʌ́blbʊ́kɪŋ/ 名 U 予約の二重受けつけ.
dou·ble-breast·ed /dʌ́blbréstɪd←/ 形 (上着などが)ダブルの.
dóuble chéck 名 C 再点検[確認] (*on*).
dou·ble-check /dʌ́bltʃék/ 動 他 (...)を再点検[確認]する. — 自 再点検[確認]を行なう.
dóuble chín 名 C 二重あご.
dóuble clìck 名 C 〔コンピュータ〕 ダブルクリック.
dou·ble-click /dʌ́blklɪ̀k/ 動 自 〔コンピュータ〕 ダブルクリックする: *double-click on* an icon アイコンをダブルクリックする.
dóuble cróss 名 C 裏切り(行為).
dou·ble-cross /dʌ́blkrɔ́ːs | -krɔ́s/ 動 他 (人)を裏切る.
dóuble dáte 名 C ダブルデート《2 組の男女がいっしょにするデート》.
dou·ble-date /dʌ́bldéɪt/ 動 自 ダブルデートをする. — 他 (...)とダブルデートをする.
dou·ble-deal·er /dʌ́bldíːlə | -lə/ 名 C 《略式》 裏表のある人, 二枚舌を使う人.
dou·ble-deal·ing /dʌ́bldíːlɪŋ/ 名 U 《略式》 二枚舌. — 形 裏表のある, 不誠実な.
dou·ble-deck·er /dʌ́bldékə | -kə/ 名 ❶ C 2 階建てバス. ❷ C 《米》 (3 枚のパンを使った)2 段重ねのサンドイッチ.
dou·ble-dig·it /dʌ́bldídʒɪt←/ 形 限定 《米》 2 桁の.
dóuble dígits 名 複 《米》 2 桁の数.
dou·ble-Dutch /dʌ́bldʌ́tʃ/ 名 ❶ U 《英略式》 理解できない話[ことば]. ❷ U 《米》 ダブルダッチ《2 本の縄を跳ぶ縄跳び》.
dóuble dúty 名 [次の成句で] **dò dóuble dúty** [動] 自 二つの役目[機能]を果たす (*as*).
dou·ble-edged /dʌ́blédʒd←/ 形 ❶ (かみそりが)両刃の. ❷ (意見などが)賛否両方にとれる. ❸ (物事が)相反する 2 つの側面[目的, 効果]をもつ: a *double-edged* sword もろ刃の剣(つるぎ)《メリットと同時にデメリットのあるもの》.
dóuble fáult 名 C (テニスなどの)ダブルフォールト.
dóuble féature 名 C 《米》 (映画などの)2 本立て.
dou·ble-fig·ure /dʌ́blfígjə | -gə←/ 形 限定 = double-digit.
dóuble fígures 名 複 《主に英》 = double digits.
dou·ble·head·er /dʌ́blhédə | -də/ 名 C 《米》 (野球などの)ダブルヘッダー.

D

dóuble jéopardy 名 U 〘米法律〙 二重の危険《同一の犯罪で被告を再度裁判にかけること; 一事不再理の原則に反する》.

dou·ble-joint·ed /dʌ́bldʒɔ́ɪntɪd←/ 形 (前後左右に自由に動く)二重関節をもった.

dóuble négative 名 C 〘文法〙 二重否定(文)《文中で否定を表わす語を 2 つ用いること; I didn't do nothing. (私は何もしなかった)のように否定を表わす用法は《非標準》で, 正しくは I didn't do anything. のように言う; 肯定を表わす用法については ⇒ **巻末文法** 13.4》.

dou·ble-park /dʌ́blpάɚk | -pά:k/ 動 他 [しばしば受身で] (車)を他の車と並べて二重駐車させる《駐車違反》. ― 自 二重駐車する.

dóuble pláy 名 C 〘野球〙 併殺, ダブルプレー.

dou·ble-quick /dʌ́blkwík←/ 形 限定, 副 《英略式》 駆け足の[で]; 大急ぎの[で]: in *double-quick* time 大急ぎで.

dóuble quótes 名 複 二重引用符(“ ” の符号; ⇒ **巻末文法** 16.9).

dóuble róom 名 C = double 名 6.

dou·ble-sid·ed /dʌ́blsáɪdɪd←/ 形 両面の: *double-sided* adhesive tape 両面粘着テープ.

dou·ble·speak /dʌ́blspì:k/ 名 U = double-talk.

dóuble stándard 名 C 二重基準《相手によって扱いなどを変える(不公平な)やり方》.

dou·blet /dʌ́blət/ 名 C ダブレット《16-17 世紀ごろ流行した男性用の胴衣》.

dóuble táke 名 [次の成句で] **dò a dóuble táke** [動] 自 (喜劇役者などが)少したってから気がついてびっくりするしぐさをする; もう一度見る[考える].

dou·ble-talk /dʌ́bltɔ̀:k/ 名 U (故意に)あいまいな[人を煙にまく]話[しゃべり方].

dóuble tìme 名 U (休日出勤などでの)給料 2 倍支給.

dóuble vísion 名 U 複視《物が二重に見える》.

dóuble whám·my /-(h)wǽmi | -wǽmi/ 名 (-wham·mies) C 《略式》 二重の災難, ダブルパンチ.

dou·bly /dʌ́bli/ 副 ❶ [形容詞の前で] 2 倍に; いっそう…に: be *doubly careful* 念には念を入れる. ❷ 二重に, 二様に.

***doubt

/dáʊt/ 発音 -bt で終わる語の b は発音しない.

― 名 (doubts /dáʊts/) U,C 疑い, 疑念 [⇔ belief]; 疑問, 不審: I have my ***doubts about*** his report. 私は彼の報告に疑念をもっている / 言い換え I have no ***doubt that*** you will succeed. +that 節 = I have no ***doubt about*** your success. あなたが成功するのは間違いないと思っている(⇒ 動 他 語法 (1)) / There's some ***doubt*** (***about*** [***as to***]) ***whether*** she'll come. +(about [as to] +)whether 節 彼女が来るかどうか多少疑問だ / ***cast doubt on ...*** …に疑いを投げかける / ***raise doubts*** [(a) ***doubt***] (***about ...***) (…について)疑いの念を起こさせる / “We've got to work harder.” “***No*** [There's ***no***] ***doubt about it***.” 「もっとしっかりやらなくちゃだめだ」「それは確かだ」

beyònd (a [àny]) dóubt = beyònd áll (póssible) dóubt [副] 文修飾 **疑う余地なく**, 確かに: We believe *beyond doubt* that you are innocent. 我々はあなたの無実を堅く信じている.

beyònd (a) réasonable dóubt [副] 合理的な疑いを差し挟む余地なく.

cáll ... ìnto dóubt [動] 他 = call ... into question (⇒ question 名 成句).

in dóubt [形] (1) (物事が)不確かで: Her ability is still *in* (some) *doubt*. 彼女の力についてはまだ(少し)疑問がある. (2) (人が)疑念をもって (*about*): If [When] *in* (*any*) *doubt*, don't (do that). (少しでも)迷っているならやめておけ.

léave nó dóubt that ... [動] …であることに疑いの余地を与えない: The evidence *leaves no doubt that* he is guilty. その証拠により彼が犯人であることは間違いない.

nò dóubt [副] (1) 文修飾 **恐らく**, たぶん [≒probably] (⇒ without (a) doubt 語法): *No doubt* she'll be in time for the train. たぶん彼女は列車に間に合うだろう. (2) 文修飾 確かに: You were right, *no doubt*, but I wanted to do it my way. 確かに君の言うとおりだったが, 私はそれを自分のやり方でやってみたかったのだ. 語法 しばしば but を伴い譲歩を表わす.

ópen to dóubt [形] 疑いの余地がある.

withòut (a) dóubt [副] 文修飾 **疑いなく**, 確かに: He'll finish it by then *without doubt*. 彼はきっとその時までにそれを終わらせるだろう. 語法 without (a) doubt, undoubtedly は no doubt, doubtless より確信の度合いが強い. (形 dóubtful)

― 動 (doubts /dáʊts/; doubt·ed /-ṭɪd/; doubt·ing /-ṭɪŋ/) 他 [進行形なし] (…)を**疑う**, 疑わしい[…ではない]と思う [⇔ believe]; おぼつかなく思う: 言い換え I *doubt* him [his word]. = I ***doubt if*** [***whether***] he's telling the truth. V+O (if [whether]節) 彼が本当のことを言っているかどうか怪しい / She ***doubted*** very much ***whether*** [***that***] her husband would come back to her. V+O (whether [that]節) 彼女は夫が自分の所へ戻ってくるかどうか大変危ぶんでいた / Do you ***doubt*** (***that***) he will succeed? V+O ((that)節) 彼の成功は危ないと思いますか / I don't *doubt that* Bob loves me. ボブが私を愛していることは信じて疑わない / “Think it'll clear up tonight?” “***I doubt it***.” 「今夜晴れるかな」「怪しいね」

> 語法 **doubt の使い方**
> (1) doubt の次にくる接続詞としては一般に肯定文では if, whether を用い, 否定文では that を用いる(that は省かれることもある).
> (2) 肯定文に (that) 節を用いると強い不信を表わす: 言い換え I *doubt* (*that*) she will come. (= I don't think she will come.) 私は彼女は来ないと思う.
> (3) doubt と suspect の意味の違いに注意: I *doubt* (that) she is guilty. 彼女は有罪**ではない**と思う / I *suspect* (that) she is guilty. 彼女は有罪**である**と思う.

〖語源 原義はラテン語で「2 つの物の間で迷う」〗

doubt·er /dáʊṭɚ | -tə/ 名 C 疑う人.

+**doubt·ful** /dáʊtf(ə)l/ 形 ❶ (物事が)**疑わしい**, はっきりしない, あやふやな; (成り行きなどが)おぼつかない; 叙述 (選手などがけがなどで)出場が不確かな (*for*): ***It's doubtful if*** [***whether***] he will pass the examination. 彼が試験に受かるかどうかわからない / ***It's doubtful that*** they will arrive on time. きっと彼らは時間どおりには来ないだろう (⇒ doubt 動 他 語法 (2)) / We are facing a *doubtful* future. 私たちは不安な未来に直面している.

❷ [普通は 叙述] (人が)**疑いを抱いている**, 疑わしく思っている; 迷っている: I'm ***doubtful about*** [***of***] his motives. +about [of]+名 私は彼の動機に疑いを持っている / He's ***doubtful about what to*** do for her. +about+wh 句 彼女のために何をしたらいいか彼は迷っている / I felt ***doubtful about*** accept*ing* it. +about+動名 それを受けていいかどうか迷った / I'm ***doubtful whether*** (or not) we should go. +whether 節 私は我々が行くべきかどうか迷っている. ❸ 限定 (人・物などが)怪しげな, 疑わしい: a *doubtful* character いかがわしい人物 / That water is of *doubtful* quality. その水は水質が怪しい. (名 doubt)

-ful·ly /-fəli/ 副 疑わしげに.

dóubt·ing Thómas /dáʊṭɪŋ-/ 名 C [単数形で]《古風》疑い深い人. 由来 キリストの弟子トマスがキリストの復活を容易に信じなかったことから.

doubt·less /dáʊtləs/ 副 ❶ 文修飾 疑いなく, 確かに: He's *doubtless* the best player on our team. 彼がうちのチームでいちばんの選手であることは間違いない. ❷ 文修飾 恐らく, たぶん [≒probably]《⇒ without (a) doubt (doubt 名 成句) 語法》: You're *doubtless* aware of his absence. 彼がいないことは恐らくお気づきのことでしょう. 語法 no doubt よりも《格式》.

douche /dúːʃ/ 名 C [普通は単数形で] 膣(ちつ)洗浄(水), (医療などのための)注水; 膣洗浄器.

Doug /dʌ́g/ 名 固 ダグ《男性の名; Douglas の愛称》.

+**dough** /dóʊ/ 名 ❶ U **こね粉**; パン生地. ❷ U《古風, 略式》金銭, 現なま.

*__dough·nut__ /dóʊnʌt/ 名 (-nuts /-nʌts/) C **ドーナツ**.

dough·ty /dáʊṭi/ 形 限定《文語》勇敢な, 勇猛な.

dough·y /dóʊi/ 形 こね粉[パン生地]のような; 生焼けの; (皮膚が)青白い.

Doug·las /dʌ́gləs/ 名 固 ダグラス《男性の名; 愛称は Doug》.

dour /dóə, dáʊə | dóə, dáʊə/ 形 (**dour·er** /dó(ə)rə, dáʊ(ə)rə | -rə/; **dour·est** /dó(ə)rɪst, dáʊ(ə)r-/) (人が)むっつりした, 気難しい, 厳しい; (物事が)陰気な, いやな; (場所が)活気のない. **~·ly** 副 気難しく.

douse /dáʊs/ 動 他 ❶ (...)に水をかけて消火する; (...)に水をかける, 注水する (*with*); (...)を(水などに)つける (*in*). ❷ (明かり)を消す.

dove[1] /dʌ́v/ ❗発音 名 ❶ C はと. 参考 pigeon の中で特に小さい種類を指すことが多い; ⇒ pigeon 表; 平和・無邪気・優しさの象徴; ⇒ olive branch 由来. ❷ C はと派[穏健派]の人 [⇔ hawk].

dove[2] /dóʊv/ 動《米》dive の過去形.

dove·cote /dʌ́vkòʊt/, **dove·cot** /dʌ́vkɑ̀(ː)t | -kɔ̀t/ 名 C はと小屋.

Do·ver /dóʊvə | -və/ 名 固 ❶ the Strait(s) of ~ ドーバー海峡《英国 England とフランスの間の海峡》. ❷ ドーバー《England 南部のドーバー海峡に臨む都市》.

dove·tail /dʌ́vtèɪl/ 動 自 (緊密に)つながり合う, ぴったりはまる (*with, into*). ― 他 ❶ (...)をぴったり適合させる (*with, into*). ❷〔木工〕(...)をありつぎにする (*together*). ― 名 C〔木工〕ありつぎ《二つの木材をつなぐ時, 片方の材のはとの尾状の部分と他方の材の穴でつなぐこと》.

dov·ish /dʌ́vɪʃ/ 形 はと派的な [⇔ hawkish].

dow·a·ger /dáʊədʒə | -dʒə/ 名 ❶ C (王侯の)未亡人. ❷ C《略式》(威厳のある)年配の婦人.

dowd·y /dáʊdi/ 形 (**dowd·i·er**; **-i·est**) [軽蔑的] (女性が)身なりのさえない; (服装が)ぱっとしない.

dow·el /dáʊəl/ 名 C 合わせくぎ, だぼ.

Dów Jónes àverage [ìndex] /dáʊdʒóʊnz-/ 名 [the ~]〔株式〕ダウ平均(指数).

***__down__[1] /dáʊn/ ❗発音

単語のエッセンス
基本的には「低い方へ」の意.
1) **低い方へ[に], ...の下(流)へ[に]; ...を下って**: The ship went *down* to the bottom. 船は海底に沈んだ ⇒ 副 ❶ / The hot-air balloon stayed *down*. 熱気球は低くとどまっていた ⇒ 副 ❷ / sail *down* toward the sea 流れを下って海へ向かう ⇒ 副 ❸ / I traveled as far *down* as Chile. 私は南はチリまで旅行した ⇒ 副 ❹ / The moon was *down*. 月は沈んでいた ⇒ 形 ❶ / run *down* the hill 丘を駆け降りる ⇒ 前 ❶
2) **遠くへ, 話し手から離れて, 周辺へ**: I'll meet you *down* at the station. 駅で会いましょう ⇒ 副 ❺ / walk *down* the street 通りをずっと歩いていく ⇒ 前 ❸
3) **小さい[少ない]方へ**: Count from 100 *down* to 20. 100 から 20 まで逆に数えなさい ⇒ 副 ❻
4) **弱って**: The wind has died *down*. 風が静まった ⇒ 副 ❼ / He was *down* after losing his girlfriend. 彼はガールフレンドと別れて落ち込んでいた ⇒ 形 ❹

― 副 [比較なし] ❶ (高い所から)**低い方へ, 下(の方)へ**, 降りて, 地面へ; (立っているものを)横にして, 倒して《移動や運動を表わす》[⇔ up]: The sun is going *down*. 太陽が沈もうとしている / The ship went *down* to the bottom. 船は海底に沈んだ / jump *down* 飛び降りる / Please sit *down*. お座りください / He was knocked *down* by the champion. 彼はチャンピオンに打ち倒された / lie *down* on the sofa ソファーで横になる.

❷ **低い所に[で]**, 下方に《位置を表わす》; (ある面を)下にして [⇔ up]: The hot-air balloon stayed *down* for some time, and then began to go up again. 熱気球はしばらく低くとどまっていたが, それからまた上昇し始めた / It's foggy *down* in the valley. 下の谷は霧が立ちこめている / Many people go *down* to the seaside in summer. 夏には海岸に行く人が多い / You should keep this side of the box *down*. 箱のこの面を下にしておきなさい.

❸ (流れの)**下流へ[に]**, 下手(しも)へ[に]; (過去から)下って, 後代へ [⇔ up]: We sailed *down* toward the sea in a small boat. 私たちは小舟で流れを下って海へ向かった / This book deals with the history of China *down* to the nineteenth century. 本書は 19 世紀までの中国の歴史を扱う.

❹ (北から)**南へ, 南に[で]** [⇔ up]: I traveled as far *down* as Chile. 私は南はチリまで旅行した / It is much warmer *down* south. 南方はずっと暖かい.

❺ (位置の高低に関係なく)(近くから)**遠くへ; 話し手から離れて**, 話し手の注意を向けているものから離れた方へ; (中心から)**周辺へ**; 《英》(特にオックスフォード・ケンブリッジ)大学を離れて (*from*)《帰郷・卒業する場合》; Ⓢ 地元で, 近所で [⇔ up]: He drove *down* to the hotel. 彼はホテルまで車で行った / I'll meet you *down* at the station tomorrow morning. あすの朝に駅で会いましょう《⇒ up 副 5 最後の例文》.

❻ (数量・重要度などが)**小さい[少ない]方へ, 下がって** [⇔ up]: Count from 100 *down* to 20. 100 から 20 まで逆に数えなさい《⇒ countdown》/ The temperature will go *down* to zero tonight. 今夜気温は零度に下がるだろう / His reports were accurate *down* to the smallest detail. 彼の報告は細部に至るまで正確だった.

「動詞＋down 6」のいろいろ
bóil dówn 煮詰まる / **cút dówn** 切り詰める / **grínd dówn** すりつぶす / **márk dówn** 値引きする / **nárrow dówn** 制限する / **pláy dówn** 小さく扱う

❼ (力が)**弱って**, (勢いが)衰えて; (気持ちが)沈んで [⇔ up]: The wind has died *down*. 風が静まった / The fire is burning *down*. 火の勢いが衰えてきている / The train slowed *down*. 列車がスピードを落とした / The work wore him *down*. その仕事で彼は参ってしまった.

「動詞＋down 7」のいろいろ
bréak dówn 故障する / **cálm dówn** 静まる / **cóol dówn** 冷静になる / **quíet dówn** 静かになる / **rùn dówn** (時計が)止まる / **túrn dówn** (火・音を)小さくする / **wéar dówn** 疲れさせる

❽ 押さえつけて, 抑圧して; 却下して: The government put *down* the strike. 政府はストライキを抑圧した / vote *down* the budget 予算案を否決する.
❾ しっかりと《「固定する」意の動詞とともに用いる》; (紙に)書き留めて[留められて]: I have your phone number *down* in my address book. 住所録にあなたの電話番号を書き留めてある.

「動詞＋down 8, 9」のいろいろ
hóld [**kéep**] **dówn** 抑圧する / **húnt** [**rún**] **dówn** 追い詰める / **tráck dówn** 突き止める / **náil dówn** くぎで留める / **pín** [**stíck**] **dówn** 固定する / **tíe dówn** 縛りつける / **wríte** [**pùt, nóte, márk**] **dówn** 書き留める

❿ 即金で, 頭金で: pay ＄100 *down* 100 ドルの頭金を支払う. ⓫ すっかり; 本気で; 最後まで: wash the car *down* 車をすっかり洗う. ⓬ (飲食物を)(胃の中へ)飲み込んで: gulp *down* the beer ビールを一気に飲む.
dòwn belów [副] (1) すぐ下に, ずっと下方へ《⇒ below 副 1 の例文》. (2) 地下[船倉]に.
dówn thròugh ... [前]《格式》(ある時期)の間中ずっと.
dòwn únder [副・形・名]《略式》オーストラリア[ニュージーランド](へ[に, で, の]). 由来 北半球の英国などから見ると両国が地球の裏側だから.
Dówn with ...! Ⓢ (不要だから)...を追放[廃止]せよ!, ...を倒せ!: *Down with* the Government! 政府を打倒せよ!
úp and dówn ⇒ up 副 成句.
— /dáʊn/ 前 ❶ ...を下って, ...の下(の方)へ, ...を降りて, ...の下流へ《移動・運動を表わす》[⇔ up]: run *down* the steps [hill] 階段[丘]を駆け降りる / Tears ran *down* her face. 涙が彼女の顔を伝わって落ちた / We went *down* the Mississippi. 私たちはミシシッピー川を下った.
❷ ...の下(の方)に, ...の下手に《状態を表わす》[⇔ up]: The bridge is about a mile *down* the stream. その橋は流れの約 1 マイル下流にある.
❸ (道など)**に沿って**(離れた方へ), ...を(通って) [≒ along]; ...を通って向こうの端へ, ...を行った所に [⇔ up]: We walked *down* the street. 我々は通りをずっと歩いていった《高低差とは関係ない》/ He went *down* the row(s) of corn in the garden. 彼はとうもろこしの列に沿って菜園を進んで行った / The bathroom is *down* the hall. 洗面所は廊下を(ずっと)行った所にある. ❹ ...の間ずっと: *down* the years その年月ずっと.
úp and dówn ... ⇒ up 前 成句.
— /dáʊn/ 形 [比較なし] ❶ 叙述 **低い所で**[に], **下に降りて**; (立っているものが)横になって, **倒れて** [⇔ up]: The moon was *down*. 月は沈んでいた / The river is *down*. 川の水は引いている / Liz is up, but not yet *down* (= downstairs). リズは起きているがまだ降りてはきていない《階上の寝室から服装を整えて階下へ降りてきていないこと; ⇒ bedroom 参考》/ The flagpole is *down*. 旗ざおが倒れている.
❷ 限定 **下方への**, 下向きの, 下り坂の [⇔ up]: the *down* escalator 下りのエスカレーター / a *down* slope 下り坂. ❸ 限定 (交通機関が)商業地域行きの; 《英》下りの [⇔ up]: a *down* train 下りの列車. ❹ 叙述《略式》気落ちした, 元気のない; (病気で)寝込んで: He was *down* after losing his girlfriend. 彼はガールフレンドと別れて落ち込んでいた / be [come, go] *down* with ... (病気)で寝込んでいる[寝込む]; ...にかかっている[かかる]. ❺ 頭金の; 現金の: ⇒ down payment. ❻ 叙述 (値段などが)下がって; (ある金額だけ)損して: 「Eggs are [The price of eggs is] a bit *down from* last week. 卵が先週より少し下がっている / I found myself「fifty dollars *down* [*down* fifty dollars] last night. 昨夜(ギャンブルで)50 ドル負けた. ❼ (景気などが)停滞した, 落ち込んだ: a *down* year 景気の冷え込んだ 1 年. ❽ 叙述 (試合で)(...点)リードされて [⇔ up]: The team was three runs *down* in the top of the seventh inning. チームは 7 回の表で 3 点リードされていた. ❾ 叙述 (...する人として)記名[登録]されて, (...が)予定されて (*for*). ❿ 叙述 Ⓢ 完了して, 済んで; 〔野球〕アウトになって: Five days *down*, and two to go. 5 日が過ぎて残りは 2 日だ / One *down* and two to go. ワンアウトであと 2 人だ. ⓫ 叙述 (コンピューター・システムが)ダウンして, 動かなくて. ⓬ 叙述 Ⓢ《米俗》(...に)同意して (*with*). ⓭ 叙述《略式》(...と)親しい (*with*).
be dówn and óut [動] 自《略式》落ちぶれている, 困窮している.
be dówn on ... [動] 他 Ⓢ《略式》...を批判している, 嫌っている.
be dówn to ... [動] 他 (1) ...の責任である, ...次第である; ...のせい[おかげ]である. (2) (金などが)...しか残っていない: I'*m down to* my last ten dollars. 10 ドルしか残っていない.
— 動 (downs /~z/; downed /~d/; down·ing) 他 ❶《略式》(...)を**飲み下す**, (さっと)飲む[食べる]: He *downed* a glass of beer in one gulp. 彼は 1 杯のビールを一気に飲み干した.
❷ [主に新聞で] (...)を(**打ち**)**倒す**; (飛行機)を撃ち落とす; (...)を打ち負かす.
dówn tóols [動] 自《英》(労働者が)ストライキに入る《道具を下に置くことから》.
— 名 ❶ Ⓒ (道などの)下り; 不運《⇒ up 名 成句》.
❷ Ⓒ〔アメフト〕ダウン.
hàve a dówn on ... [動] 他《英略式》...に反感を抱く, ...を嫌う.
〘語源 原義は「丘《⇒ downs》から(下って)」〙

down² /dáʊn/ 名 Ⓤ (水鳥の)綿毛, 羽毛《羽軸のないもの》; うぶ毛. 関連 feather 羽軸のある羽.

down- /dáʊn/ 接頭 [名詞・動詞・形容詞・副詞をつくる]「下に, 劣って, 悪い, 小さく」の意: *down*stairs 階下に /

*down*grade 格下げする / *down*side 欠点 / *down*size 削減[縮小]する.

down-and-out /dáʊnən(d)áʊt←/ 形《略式》落ちぶれ果てた. — 名 C《英》落ちぶれ果てた人, 路上生活者.

down-at-(the-)heel(s) /dáʊnət(ðə)híːl(z)←/ 形 みすぼらしい, (服装などが)だらしない《⇒ down at (the) heel(s) (heel¹ 名 成句)》.

down·beat /dáʊnbìːt/ 形 ❶《略式》陰気な, 悲しい, 憂鬱(ゆう)な. ❷《略式》感情を抑えた. [⇔ upbeat] — 名 C〔音楽〕ダウンビート, 下拍《小節の第 1 拍の強いビートまたはそれを示す指揮棒の降りおろし; ⇒ upbeat》.

down·cast /dáʊnkæ̀st | -kɑ̀ːst/ 形 しおれた, がっかりした; (視線が)下に向いた, 伏し目の.

down·er /dáʊnə | -nə/ 名 ❶ C《略式》鎮静剤《⇒ upper》. ❷ C《略式》[普通は a ~] 気を滅入らせること[状況, 人].

down·fall /dáʊnfɔ̀ːl/ 名 U 失脚; 没落のもと [≒ruin]: be ...'s *downfall* ...の破滅のもととなる.

down·grade /dáʊngrèɪd/ 動 他 ❶ (職員など)を降職する, 左遷(さん)する; (...)を格下げする (*from, to*) [⇔ upgrade]. ❷ (人·物)を軽んずる.

down·heart·ed /dáʊnhάəṭɪd | -hάːt-←/ 形 叙述 落胆した.

+**down·hill** /dáʊnhíl←/ 副 **坂の下へ**, 下って [⇔ uphill]. **gò downhíll** [動] 自 坂を下る; 悪くなる, さびれる. — 形 ❶ 限定 下り坂の [⇔ uphill]: *downhill* skiing 滑降スキー競技. ❷ 叙述 楽な [⇔ uphill]. **be (áll) downhíll (from hère) = be downhíll àll the wáy (from hère)** [動] 自 (1) (これから)あとは楽だ. (2) (これから)悪くなる一方だ.

down-home /dáʊnhòʊm/ 形 限定《米》田舎風の, 素朴な.

Dówn·ing Strèet /dáʊnɪŋ-/ 名 固 ダウニング街《London の中心部にある地区; その 10 番地に首相官邸がある》; 英国政府. 関連 White House ホワイトハウス, 米国政府.

*****down·load** /dáʊnlòʊd/ 動 (down·loads /-lòʊdz/; -load·ed /-dɪd/; -load·ing /-dɪŋ/) 他〔コンピュータ〕(データ·プログラムなど)を**ダウンロードする**《手元のコンピューターに移す》: You can *download* the app free from the Internet. そのアプリはインターネットから無料でダウンロードできる. — 名 C ダウンロードしたもの《データ·ファイルなど》; U,C ダウンロード(すること).

down·load·a·ble /dáʊnlòʊdəbl/ 形 ダウンロード可能な.

down-mar·ket /dáʊnmὰəkɪt | -mὰː-/ 形《英》(店·商品などが)低所得層向けの, 大衆向けの, 安っぽい [《米》 downscale]. — 副《英》大衆向けに, 安っぽく: go [move] *down-market* 大衆向けに移行する.

dówn páyment 名 C (分割払いの)頭金, 手付金 (*on*): make a *down payment* 頭金を払う.

down·play /dáʊnplèɪ/ 動 他 (マスコミなどが)(...)を軽視する, 小さな扱いですます [≒play down].

down·pour /dáʊnpɔ̀ə | -pɔ̀ː/ 名 C [普通は単数形で] どしゃ降り.

down·right /dáʊnràɪt/ 副《略式》(悪いことが)徹底的に, 全く. — 形 限定《略式》(悪いことが)徹底的な, 全くの: a *downright* lie 真っ赤な嘘.

down·riv·er /dáʊnrívə | -və/ 副 = downstream.

downs /dáʊnz/ 名 複《英》(小高い)高原地, 丘陵.

down·scale /dáʊnskèɪl/ 形《米》(店·商品などが)低所得層向けの, 大衆向けの, 安っぽい [《英》 down-market]. — 動 他 ❶《米》(...)を小型化する. ❷《米》(...)の価格を下げる.

down·shift /dáʊnʃɪft/ 動 自 ❶《米》(車のギアを)シフトダウンする. ❷ 楽な仕事をして生活を楽しむ.

down·side /dáʊnsàɪd/ 名 [the ~] (物事の)否定的な面, 欠点 (*of*) [⇔ upside].

down·size /dáʊnsàɪz/ 動 他 (...)を小型化[縮小]する; (人員など)を削減する. — 自 (会社などが)人員削減をする.

down·siz·ing /dáʊnsàɪzɪŋ/ 名 U 人員削減, 事業縮小.

down·spout /dáʊnspàʊt/ 名 C《米》(屋根から地面におりる)縦雨どい [《英》 drainpipe].

Dówn('s) sỳndrome /dáʊnz-/ 名 U〔医学〕ダウン症(候群).

down·stage /dáʊnstéɪdʒ←/ 副 舞台前方で[に]. — 形 限定 舞台前方の [⇔ upstage].

*****down·stairs** /dáʊnstéəz | -stéəz←/ 副 **階下へ**[に] [⇔ upstairs]: Let's go *downstairs* for dinner. ディナーを食べに下に行こう《⇒ bedroom 参考》/ He's studying *downstairs*. 彼は下の部屋で勉強している. — 形 限定 階下の: a *downstairs* room [phone] 階下の部屋[電話]. — 名 [the ~; 単数扱い] 階下(の部屋)《全体》.

down·state /dáʊnstéɪt←/ 形 副《米》州の南部の[に, へ] [⇔ upstate].

+**down·stream** /dáʊnstríːm←/ 副 **下流に**, 流れを下って [⇔ upstream]. — 形 下流の.

down·time /dáʊntàɪm/ 名 ❶ U ダウンタイム《コンピューターなどの休止時間》. ❷ U《略式》[ときに down time として] (人の)休憩時間.

down-to-earth /dáʊntuə́ːθ | -ɜ́ːθ←/ 形 [よい意味で] 現実的な; 気取らない, さばけた.

*****down·town** /dáʊntáʊn←/ 副《米》**町の中心街へ[に]**, 商業地区へ[で], 繁華街へ[で] [⇔ uptown]: go *downtown* 繁華街へ出かける. — 形 限定《米》**町の中心街の**, 商業地区の, 繁華街の [⇔ uptown]: *downtown* Tokyo 東京都心. — 名 (~s /~z/) C,U《米》**町の中心街**, 商業地区, 繁華街 [《英》 city [town] centre] [⇔ uptown]. 日英 日本語の「下町」とは意味が違う.

down·trod·den /dáʊntrὰ(ː)dn | -trɔ̀dn/ 形《文語》(権力者などに)踏みつけられた, しいたげられた.

+**down·turn** /dáʊntə̀ːn | -tə̀ːn/ 名 (~s /~z/) C [普通は単数形で] (景気などの)**下降**, 悪化 (*in*) [⇔ upturn].

+**down·ward** /dáʊnwəd | -wəd/ 副 ❶ **下の方へ**, 下向きに; 下降して, 悪くなって [⇔ upward]: face *downward* うつぶせになる / I was looking *downward* to the bottom of the valley. 私は谷底を見下ろしていた / He went *downward* in life. 彼は落ちぶれていった. ❷ (下位に至るまで)ずっと; ...以降 [⇔ upward]: from the president *downward* 社長以下全員. ❸ より少ない数へ, 下方へ: revise the death toll *downward* 死者の数を下方修正する. — 形 ❶ 限定 [比較なし] **下方への**, 下向きの; 悪化する [⇔ upward]: a *downward* slope 下り坂 / His life was in a *downward* spiral. 彼の生活はどんどん落ちぶれていった. ❷ 限定 [比較なし] より少ない数への, 下方への.

down·wards /dáʊnwədz | -wədz/ 副 = downward.

down·wind /dáʊnwínd←/ 副 形 風下に[の].

down·y /dáʊni/ 形 (down·i·er; -i·est) 綿毛[羽毛]

の(ような), 柔らかい; 綿毛でおおわれた; 綿毛入りの.
dow·ry /dáʊ(ə)ri/ 名 (dow·ries) C (新婦の)結婚持参金.
dowse /dáʊz/ 動 自 (占い棒で)地下の水脈[鉱脈]を探る (*for*).
dows·er /dáʊzɚ | -zə/ 名 C (占い棒で)地下の水脈[鉱脈]を探る人.
doy·en /dɔ́ɪən, -en/ 名 C (団体などの)古参, 長老; (ある分野の)第一人者(⇒ doyenne): the *doyen of* literary critics 文芸批評の第一人者.
doy·enne /dɔɪén, dwɑːjén | dɔɪén, dwaɪǽŋ/ 名 C 古参, 長老(女性); (ある分野の)第一人者.
Doyle /dɔ́ɪl/ 名 固 Sir Arthur Co·nan ～ ドイル (1859–1930)(英国の推理作家; ⇒ Sherlock Holmes).
doz. 略 = dozen(s).
doze /dóʊz/ 動 自 居眠りする; うとうとする. **dóze óff** [動] 自 うとうとと眠り込む. — 名 [a ～] 居眠り.

doz·en /dʌ́z(ə)n/ 発音
— 名 (～s /～z/) ❶ C ダース(12 個; 略 doz., dz.; ⇒ gross[2]): These eggs are ¥240 a *dozen*. この卵は1ダース240円だ.

語法 **dozen の使い方**
(1) 前に数字や several, many などの数を表わす語(some を除く)があるときには dozen を複数形にしない: A gross is twelve *dozen*. 1 グロスは 12 ダースだ / How many *dozen* do you want? 何ダースお入り用ですか.
(2) 次に名詞が来るときは of をつけず, dozen を形容詞的に用いる: three *dozen* bottles of wine ワイン3ダース / several *dozen* pencils 鉛筆数ダース / A *dozen* doughnuts are too many for me. ドーナツ12個は私には多すぎる / Can I have「half a [(主に米) a half] *dozen* eggs, please? 卵を半ダースいただけますか.
(3) ただし次に定まった人・物を示す代名詞や「the＋名詞」などが来るときには of がつく: I'll take「a *dozen* [two *dozen*] *of* them [the eggs]. それ[その卵]を1ダース[2ダース]いただきます.
(4) 正確に「12」でなく,「10 個[人]ほど[余り]」の意味のことも多い: some *dozens* of people 数十人ほどの人 / Half a *dozen of* them [the eggs] were bad. それら[その卵]のうち 5, 6 個は腐っていた.

❷ C (略式) **多数**: a *dozen* times 何度も / ***dozens*** (***and dozens***) ***of*** times 何度も何度も.
by the dózen [副] (1) **ダース単位で**, 1ダースいくらで (⇒ the[1] 7): Apples are sold *by the dozen*. りんごは1ダース単位で売られている. (2) 何ダースも, 何十も.
doz·y /dóʊzi/ 形 (doz·i·er; -i·est) ❶ (略式) 眠い; 眠そうな; 眠気を誘うような. ❷ (英略式) 頭の鈍い.
DP /díːpíː/ 略 = data processing.
D.Phil. /díːfíl/ 略 = Doctor of Philosophy(⇒ doctor).
dpi 略 〔コンピュータ〕 = dots per inch(プリンターの解像度).
*__Dr.__[1], (主に英) **Dr**[1] /dɑ́(ː)ktɚ | dɔ́ktə/ 略 ❶ ...**先生**(医者 (doctor) の名につける敬称): *Dr.* White ホワイト先生.
❷ ...**博士**(博士 (doctor) の学位を持つ人の名につける敬称): *Dr.* Schweitzer シュバイツァー博士.
Dr.[2], (主に英) **Dr**[2] 略 [街路名で] = drive 名 3.
drab /drǽb/ 形 (drab·ber; drab·best) ❶ (さえない)茶色の. ❷ 単調な, おもしろみのない.
drabs /drǽbz/ 名 ⇒ dribs 成句.
dra·co·ni·an /drəkóʊniən, dreɪ-/ 形 (格式) (法律・処置などが)極めて厳しい.
Drac·u·la /drǽkjʊlə/ 名 固 ドラキュラ(怪奇小説に登場する吸血鬼の伯爵).
*__draft__[1], (英) **draught** /drǽft | drɑ́ːft/ 名 (drafts, draughts /drǽfts | drɑ́ːfts/)

意味のチャート
元来は「引くこと」の意で, drag, draw と同語源.
→ (線・図面を引く) → 「**下書き**」❶
→ (引き入れる) → (空気を入れる) → 「**すき間風**」❷
→ (引き入れる) → (液体を入れる) → 「**飲むこと**」❼
→ ((金を)引き出す) → 「**為替手形**」❸

❶ [(英) でも普通は draft] C **下書き**, 草稿, 草案; 設計図, 図面: the first *draft* 第一稿 / the final *draft* 最終稿 / make a (rough) ***draft of*** a letter 手紙の下書きを書く / a *draft* copy [proposal] 草稿[草案] / in *draft* form (案などが)草案の[で] / I had the *draft* drawn up at Mr. Green's. 私はグリーン氏の事務所で設計図を作ってもらった.
❷ C (不快な)**すき間風**; 通風: a *draft* from the window 窓からのすき間風 / Don't sit in a *draft*. (冷たい)すき間風の来る所に座らないように.
❸ [(英) でも普通は draft] C **為替手形**, 小切手 [≒ check]; U 手形振り出し: draw [make] a ***draft for*** £500 on a bank 銀行あてに500ポンドの手形を振り出す / payment ***by draft*** 手形払い. ❹ [the ～] (米) 徴兵(制度) [≒ conscription]. ❺ C 選抜された一団, 〔軍隊〕 分遣隊; U [普通は the ～] (米) 徴募兵(全体). ❻ [the ～] (米) (プロスポーツの)ドラフト(新人選手の獲得制度). ❼ C (格式) (ひと息に)飲むこと. ❽ C 生ビール.
on dráft [形・副] (ビールなどが)たる出しの[で]: beer *on draft* 生ビール. (動 draft[2])
draft[2] /drǽft | drɑ́ːft/ 動 他 ❶ (...)の草案を書く, (...)を立案する; (...)の下書きをする. ❷ [普通は受身で] (米) (人)を徴兵する (*into*); (ドラフトで)(選手)を採る. ❸ (人)を選抜する, 派遣する (*in*; *into*). (名 draft[1])
dráft dòdger 名 C (米) 徴兵忌避者.
draft·ee /dræ̀ftíː | drɑ̀ːf-/ 名 C (米) 被徴兵者, 徴集兵, 召集兵.
draft·er /drǽftɚ | drɑ́ːftə/ 名 C (文書・法律の)起草者; 製図者.
drafts·man, (英) **draughts·man** /drǽftsmən | drɑ́ːfts-/ 名 (-men /-mən/) C (文書・法律の)起草者, 立案者; 製図者[工].
draft·y, (英) **draught·y** /drǽfti | drɑ́ːfti/ 形 (draft·i·er, draught·i·er; draft·i·est, draught·i·est) (部屋などが)すき間風の入る.
*__drag__ /drǽg/ 動 (drags /～z/; dragged /～d/; drag·ging) 他 ❶ (重い物など)を**引っ張る**, 引きずる; (...)を引く(⇒ pull 類義語): They're *dragging* the net aboard. 彼らは船に網を引き上げている / She walked *dragging* her feet. 彼女は足を引きずるようにして歩いた / The dog came running in *dragging* her leash behind her. 犬が革ひもを引きずって走り込んできた.
❷ [しばしば ～ oneself として; 副詞(句)を伴って] (略

式》(人)を(無理やり)連れて行く: *drag oneself out of* the pool しぶしぶプールから上がる / We could hardly *drag* the children *away from* the TV. テレビから子供たちを引き離すのは一苦労だった. ❸ (困難・争いなどに)(...)を引きずり込む《⇒ drag ... into ~ (句動詞)》: We should not *be dragged into* a useless war. 私たちは無益な戦争に巻き込まれてはならない. ❹ (川など)をさらう, 探る: The police *dragged* the river *for* the missing pistol. 警察はその川をさらってなくなったピストルを捜した. ❺〔コンピュータ〕(マウス)をドラッグする; (マウスなどで)(画面上のもの)を移動させる.

— 自 ❶ **引きずられる**, 引っ張られていく: Her gown ***dragged behind*** her. V+前+名 彼女はガウンを引きずっていた. ❷ のろのろ進む: *drag behind* others 他の人の後をゆっくりと歩く. ❸ (時間・仕事などが)だらだら長引く《⇒ drag on (句動詞)》.

drág ... kícking and scréaming [動] 他 [こっけいに] (人など)を無理やり(~に)引きずり込む[巻き込む] (*into, to*).

drag の句動詞

drág alóng 動 他 (...)を引きずって行く.
drág bý 動 自 (時間が)だらだらと過ぎる.
drág dówn 動 他 (物・水準など)を引き下げる; (人)を堕落させる (*to*); 失望させる.
+**drág ín** 動 他 ❶ (...)を**引きずり込む**, 引き入れる V+名・代+*in* / V+*in*+名: Help me *drag in* this carpet. このカーペットを(引き)入れるのを手伝って. ❷ (いやな[関係ない]話題)を持ち出す.
drág ... ínto ~ 動 他 (...)を~に引きずり込む《⇒ 他 3》; (いやな[関係ない]話題など)を~に持ち込む.
drág ... ìnto dóing [動] 他 (人)に無理やり~させる.
+**drág ón** 動 自 **だらだらと長引く**: The discussion *dragged on* for hours. 討議は何時間も長引いた.
drág óut 動 他 ❶ (...)を引きずり出す; (真相など)を(人から)聞き出す (*of*). ❷ (...)を長引かせる: *drag out* the speech too long 演説をあまりにも長く引き延ばす.
drág úp 動 他 ❶ (...)を引きずり上げる. ❷ (いやな話題など)を持ち出す, むし返す.

— 名 ❶ [a ~] 《略式》 足手まとい, じゃまもの: *a drag on* my career 私の出世のじゃまになるもの. ❷ [a ~] 《略式》 つまらないこと, 退屈な人[物]: The meeting was *a* real *drag*. 会議は本当に退屈だった. ❸ C 《略式》 たばこの一服: take a *drag on* a cigarette たばこを吸う. ❹ U 《略式》 (男の)女装, (女の)男装: in *drag* 女装[男装]して / a *drag* queen 女装した男性[ゲイ]. ❺ U 風圧, 空気抵抗; 〔物理〕抗力. ❻ [the main ~ で] 《米略式》 (町の中心の)大通り.

drag·net /drǽgnèt/ 名 ❶ C 底引き網. ❷ C (警察の)捜査網.

+**drag·on** /drǽg(ə)n/ 名 (~s /~z/) C **ドラゴン**, 竜《翼・つめを持ち, 火を吐くという伝説上の動物》.

drag·on·fly /drǽg(ə)n-flàɪ/ 名 (-flies) C とんぼ.

dra·goon /drəgúːn/ 名 C 《古風》 重装備騎兵, 竜騎兵. — 動 他 W (人)に無理やり...させる (*into*).

drág ràce 名 C ドラッグレース《自動車の短距離加速競争》.

drag·ster /drǽgstə | -stə/ 名 C ドラッグレース用自動車.

*__drain__ /dréɪn/ 動 (drains /~z/; drained /~d/; drain·ing) 他 ❶ (...)の**排水をする**, (...)から(水などを)除く; (地域・建物など)に排水設備を施す; (水など)を(...から)抜く: well-*drained* soil 水はけのよい土壌 / The swimming pool should *be drained* and cleaned every year. V+O の受身 水泳プールは毎年水を抜いて清掃しなければならない / ***Drain*** the water ***from*** [***out of***] the tank. V+O+*from* [*out of*]+名 タンクから水を抜いてください. ❷ (...)の水気を切る, (水分)をとる: *drain* the vegetables 野菜の水を切る. ❸ (...)を消耗させる; (資源など)を使い果たす; (...)から(力・富などを)奪う: The war *drained* Japan *of* its people and money. その戦争は日本から人命や金を奪い取った. ❹ W (容器)を空にする, 飲み干(ほ)す.

— 自 ❶ **排水される**; (水が)流れ出る, はける: This river ***drains into*** the Pacific Ocean. V+*into*+名 この川は太平洋に注ぐ / The flood is beginning to *drain*. 出水は引き始めている. ❷ 水気が切れる, 乾く: These glasses *drain* easily. このグラスはすぐ水気が切れる. ❸ (血の気などが)引く: The color *drained from* her face. 彼女の顔から血の気がうせた.

dráin awáy [動] 自 (1) (水などが)流出する. (2) (力・感情などが)徐々になくなる, 尽きる.

dráin óff [動] 自 (水などが)流出する. — 他 (水など)を流出させる; (水気など)を切る. (名 dráinage)

— 名 (~s /~z/) ❶ C **排水管**, 排水路, (下水の)溝(みぞ); 《英》 (路面の)排水口: The *drain* in the sink is blocked [clogged]. 流しの排水管が詰まっている. ❷ C 《米》 (流し・浴槽などの)排水口 [《英》 plughole]. ❸ [a ~] (財貨などの)流出; (絶えず)減少[消耗]させるもの: *a drain of* national treasures *to* foreign countries 国宝の海外流出 / The little-used airport was *a drain on* the city's finances. ほとんど使われないその空港は市の財政を圧迫した // ⇒ brain drain.

gó dòwn the dráin [動] 自 《略式》 むだになる; (組織・制度などが)だめになる.

drain·age /dréɪnɪʤ/ 名 ❶ U 排水. ❷ U 排水装置; 排水路. (動 drain)

drain·board /dréɪnbɔ̀ əd | -bɔ̀ːd/ 名 C 《米》 (台所の)水切り板[台].

drained /dréɪnd/ 形 [普通は 叙述] 疲れきった; (血の気・感情などが)うせた (*of*).

dráin·ing bòard /dréɪnɪŋ-/ 名 C 《英》 = drainboard.

drain·pipe /dréɪnpàɪp/ 名 ❶ C 排水管, 下水管. ❷ C 《英》 = downspout.

drake /dréɪk/ 名 C あひる[かも]の雄鳥. 関連 duck あひる[かも]の雌鳥.

dram /drǽm/ 名 ❶ C ドラム《重量の単位; 1/16 オンス, 約 1.77 グラム; ⇒ pound' 表》. ❷ C 《主にスコットランド》 (酒の)少量.

****dra·ma** /dráːmə, drǽmə | dráːmə/

— 名 (~s /~z/) ❶ C 劇, ドラマ; 戯曲, 脚本《⇒ play 名 4》: the text of a *drama* (劇の)台本 / act in a TV *drama* テレビドラマに出演する. 関連 comedy 喜劇 / tragedy 悲劇.

❷ U **演劇**, 劇文学: study American *drama* アメリカ演劇を勉強する. ❸ C,U 劇的事件(の連続); 劇的興奮, ドラマ: Napoleon's life was full of *drama*. ナポレオンの一生はドラマの連続であった.

màke a dráma òut of ... [動] 他 (ささいなこと)をおおげさに扱う. (形 dramátic, 動 drámatìze)

〖語源 ギリシャ語で「行為」の意〗

****dra·mat·ic** /drəmǽtɪk/ アク

— 形 ❶ 劇的な; 目ざましい: a *dramatic* change [increase] 劇的な変化[増加] / He won a *dramatic* victory. 彼は劇的な勝利をおさめた.
❷ 限定 [比較なし] **劇の**, 戯曲の, 演劇の, 脚本の: *dramatic* works 演劇作品. ❸ 叙述 芝居がかった, おおげさな. (名 dráma)

+**dra·mat·i·cal·ly** /drəmǽṭɪkəli/ 副 **劇的に**; がらっと, 大幅に.

dra·mat·ics /drəmǽṭɪks/ 名 ❶ [複数扱い] [軽蔑的] 芝居がかった言動. ❷ U 演出法; 演技.

dram·a·tis per·so·nae /drǽməṭɪspəsóʊniː, drάːm-, -naɪ | -pə-/ ≪ラテン語から≫ 名 [the ～; 複数扱い] 《格式》(劇の)登場人物.

dram·a·tist /drǽməṭɪst/ 名 C 劇作家.

dram·a·ti·za·tion /drὲməṭɪzéɪʃən | -taɪz-/ 名 U,C 劇化, 脚色.

dram·a·tize /drǽmətὰɪz/ 動 他 ❶ (...)を劇にする, 脚色する. ❷ (...)をおおげさに表現する. ❸ (...)を浮き彫りにする. (名 dráma)

***drank** /drǽŋk/ 動 drink の過去形; 《米》 drink の過去分詞.

drape /dréɪp/ 動 他 ❶ (カーテン・布など)をたらしてかける, (コートなど)をはおる (*around, over*); (...)を(布などで)おおう, 飾る (*with, in*): 言い換え *drape* a flag *around* [*over*] the coffin = *drape* the coffin *with* [*in*] a flag 棺を旗でおおう. ❷ (手足など)をだらりとたらす, もたせかける (*over, around*).

drap·er·y /dréɪp(ə)ri/ 名 (-er·ies) ❶ [U または複数形で] (美しい)ひだのある織物《掛け布・垂れ幕・カーテン・服地など》. ❷ C [複数形で] 《米》 = drapes. ❸ U 《英》 織物, 服地 [《米》 dry goods].

drapes /dréɪps/ 名 複 《米》 (厚い)カーテン.

+**dras·tic** /drǽstɪk/ 形 [普通は 限定] **抜本的な**, 徹底的な, 思い切った: take *drastic* action [measures] 思い切った行動[抜本的な対策]を取る.

dras·ti·cal·ly /-kəli/ 副 抜本的に, 大幅に.

*-**'d rath·er** /drǽðə | drὰːðə/ 《略式》 had rather, would rather の短縮形 (⇒ rather[1] 成句).

***draught** /drǽft | drάːft/ 名 《英》 = draft[1].

draught·board /drǽftbɔ̀əd, | drάːftbɔ̀ːd/ 名 C 《英》 = checkerboard.

draughts /drǽfts | drάːfts/ 名 U 《英》 = checkers.

draughts·man /drǽftsmən | drάːfts-/ 名 (-men /-mən/) C 《英》 = draftsman.

draught·y /drǽfti | drάːfti/ 形 《英》 = drafty.

***draw** /drɔ́ː/ (同音 《英》 drawer[1])

— 動 (draws /～z/; 過去 drew /drúː/; 過分 drawn /drɔ́ːn/; draw·ing) 他

意味のチャート
「引く」❷
→ (真っすぐに動かす) → 「(線を)引く」❶
→ 「描く」❶
→ (中のものを外へ) → 「引き出す」❸
→ 「得る」❺
→ (競技から引き上げる) → 「引き分ける」❿
→ (一か所に) → 「引き寄せる, (注意を)引く」❹

❶ (絵や図)を**描く**, (...)の**絵をかく**《鉛筆・ペン・クレヨンなどで》; (線)を**引く**; (...)を(ことばで)描く, 描写する: 言い換え I'll *draw* you a rough map. V+O+O = I'll *draw* a rough map *for* you. V+O+*for*+名 あなたに略図をかいてあげよう. ⚡ ×write a map とは言わない // The boy *drew* a picture [boat] on the blackboard. 少年は黒板に絵[船]を描いた / *draw* a line 線を引く / The characters in Shakespeare's dramas are well *drawn*. シェークスピアの劇の登場人物はみごとに描かれている.

draw(鉛筆・ペン・クレヨンなどで)	(絵を)描く
paint(絵の具で)	

❷ (...)を**引く**, **引っ張る**, 引っ張って動かす (⇒ pull 類義語): *draw* a bow 弓を引く / *Draw* the curtain, please. カーテンを引いてください. 語法 カーテンを「開ける」ことも「閉じる」ことも意味する // Two horses *drew* the carriage. 2頭の馬がその馬車を引いた / *Draw* your chair ***closer to*** the fire. V+O+副+前+名 いすをもっと火の近くに引き寄せなさい.

❸ (物)を(...から)**引き出す**, 取り出す; (水など)をくみ出す; (けん銃など)を抜く; (預金)を引き出す [≒withdraw]; (給料など)を受け取る; (利子など)を生む: ***draw*** a cork ***out of*** a wine bottle V+O+前+名 ワインのびんのコルクを抜く / She ***drew*** water ***from*** the well. 彼女は井戸から水をくみ出した / The robber *drew* a gun *on* the clerk. 強盗はけん銃を抜いて店員に突きつけた / He *drew* some money *from* the bank. 彼は銀行からお金を少しおろした / *draw* a pension 年金を受給する.

❹ (注意・関心)を**引く** [≒attract]; (人など)を**引き寄せる**, 引き付ける; [普通は受身で] (人)に(...について)語らせる (*about, on*): The picture *drew* my attention. その絵が私の注意をひいた / What ***drew her*** (***back***) ***to*** politics? V+O+*to*+名 彼女はどうして(また)政治に関心をもったのか / The accident *drew* a great crowd. その事故現場にたくさんの人々が集まった.

❺ (支持・慰めなど)を**得る**, (批判・称賛など)を受ける, (反応など)を引き起こす, 誘う: *draw* criticism 批判を招く / He ***drew*** a lot of comfort ***from*** her kind words. V+O+*from*+名 彼は彼女の優しいことばに大いに慰められた / The story *drew* tears *from* us [our eyes]. その物語を聞いて我々は涙を誘われた.

❻ (結論・教訓など)を引き出す (*from*). ❼ (区別・比較など)をする, (類似点)を指摘する (*between*). ❽ (くじ)を引く; (くじで)(賞品・相手など)を引き当てる: *draw* lots くじを引く / *draw* a prize くじで賞品を当てる. ❾ (息・たばこなど)を吸う, (ため息)をつく: *draw* a deep breath 息を深く吸う. ❿ 《主に英》 (試合)を引き分け[ドロー]にする [≒tie]. ⓫ (文書)を作成する; 〘商業〙 (...宛に)(手形など)を振り出す (*on*).

— 自 ❶ 絵を描く: He *draws* well. 彼は絵がうまい. ❷ [副詞(句)を伴って] Ⓦ (次第に)移動する, 来る, 行く, 近づく: Christmas is *drawing* near [close]. クリスマスが近い. ❸ 《主に英》 引き分ける [≒tie] (*with*): The teams *drew*. 両チームは引き分けた. ❹ (...を決めるため)くじ[札]を引く (*for*). ❺ (たばこなどを)吸う (*at, on*). ❻ (けん銃などを)抜く.

draw の句動詞

dráw apárt 動 自 離れていく; 離反する: The boat was seen to *draw apart from* the others. そのボートが他から離れていくのが見えた. — 他 ❶ (カーテン)を両側へ引き開ける. ❷ (...)を離す.

dráw asíde 動 他 (人)をわき[片すみ]へ連れていく《ないしょ話などのために》: The coach *drew* him *aside*

and gave him some advice. コーチは彼をわきに呼んでアドバイスをした.
dráw awáy 動 自 ❶ (...から)離れる: The child *drew away from* her mother. その子は母から離れた. ❷ (競走などで...を)引き離す: The leader gradually *drew away from* the pack in the marathon. マラソンで先頭ランナーは次第に集団を引き離していった. — 他 (...)を引き離す, 引っ込める (*from*).
dráw báck 動 自 ❶ 後ずさりする, 身を引く; しりごみする ❷ (事業などから)手を引く: They *drew back from* the contract. 彼らはその契約から手を引いた. — 他 (...)を引き戻す, 引っ込める; (カーテンなど)を引いて開ける.
dráw dówn 動 他 ❶ (...)を引き降ろす. ❷ (貯蓄など)を減らす, 利用する; 〔商業〕(資金など)を引き出す.
dráw ín 動 他 (...)を引き入れる, 引っ込める; (人)を引き寄せる, 誘い込む: *draw in* a net (張った)網を引き寄せる. — 自 ❶ Ⓦ (車などが)道路ぎわに寄る; (列車などが)到着する. ❷ 《主に英》(日が)短くなる [⇔ draw out].
dráw ... ínto 〜 動 他 (人)を〜に引きずり込む, 誘い込む.
dráw óff 動 他 (液体)を(たるなどの大きな容器から)抜き[取り, 注ぎ]出す (*from*).
dráw ón 動 他 (...)に(話すよう)促す, 勧める; 誘い込む: She *drew* the child *on* to tell her what had happened. 彼女は子供を促して何があったのか話させた. — 自 《英格式》(時が)過ぎ行く, (事が)終わりに近づく.
+**dráw on ...** 動 他 ❶ (経験・知識・蓄えなど)を**利用する**, ... に頼る: The writer *drew on* his own experience for ideas. その作家は彼自身の経験を着想に利用した. ❷ (たばこなど)を吸う.
+**dráw óut** 動 他 ❶ (...)を**引き伸ばす** [≒stretch]; (時間的に)延長する [≒prolong] V+名·代+*out* / V+*out*+名: They tried to *draw out* the meeting. 彼らは会議を引き伸ばそうとした. ❷ (誘いをかけて)(人)に話させる (*about*, *on*); (人)の気持ちをほぐす: Your encouragement will *draw* her *out*. あなたが勇気づけてやれば彼女は進んで話すでしょう. ❸ (...)を引き出す, 誘い出す (⇒ 他 3); (真相など)を(人から)聞き出す (*of*). ❹ (金)をおろす.
— 自 ❶ (列車などが)(駅などから)出発する (*of*). ❷ 《主に英》(日が)長くなる, 延びる [⇔draw in].
+**dráw úp** 動 自 (車などが)(近づいてきて)**止まる** [≒stop]: 「A car [We] ***drew up at*** the entrance. 1 台の車[私たちの車]が入り口に止まった.
— 他 ❶ (文書・案など)を**作成する**; (...)の草案を作る V+名·代+*up* / V+*up*+名: *draw up* a contract [plan] 契約書[計画]を作成する.
❷ (...)を**引き寄せる**; 引き上げる V+名·代+*up* / V+*up*+名: *draw up* a chair to the fireplace いすを暖炉のそばに寄せる / She *drew up* the curtain. 彼女は(舞台の)幕を上げ[開け]た. ❸ (兵士)を整列させる.
dráw onesèlf úp (to one's **fúll héight)** [動] 自 (怒り・決意のために)直立する.

— 名 (〜s /〜z/) ❶ Ⓒ 《主に英》(勝負などの)**引き分け**, ドロー [≒tie]: The game ended in a *draw*. その試合は引き分けに終わった. ❷ Ⓒ [普通は単数形で] くじ引き, 抽選(会) [《米》drawing]; 《英》抽選で組み合わせが決められた試合: the luck of the *draw* くじ運. ❸ Ⓒ 人を引き付けるもの[人], 呼び物: The movie [actor] is a great *draw with* young women. その映画[俳優]は若い女性に大変人気がある. ❹ Ⓒ (たばこなどの)一服: take a *draw on* one's cigarette たばこを一服する.
be quíck [fást] on the dráw [動] 自 けん銃[刀]を抜くのがすばやい; 《略式》理解[返答]が早い.

+**draw·back** /drɔ́ːbæ̀k/ 名 (〜s /〜s/) Ⓒ **欠点**, 短所 (*of*, *to*).
draw·bridge /drɔ́ːbrɪ̀dʒ/ 名 Ⓒ はね橋, つり上げ橋.
***drawer**[1] /drɔ́ːə | drɔ́ː/ ✪ awer は例外的に /ɔə | ɔː/ と発音する. drawer[2] と発音が違う. (同音 《英》draw) 名 (〜s /〜z/) Ⓒ (たんす・机などの)**引き出し** (⇒ chest of drawers): open [shut] a *drawer* 引き出しを開ける[閉める].
draw·er[2] /drɔ́ːə | drɔ́ːə/ 名 Ⓒ (ペンなどで)描く人; 製図者[工]; 〔商業〕手形振出人.
***draw·ing** /drɔ́ːɪŋ/ 名 (〜s /〜z/) ❶ Ⓒ **絵** (鉛筆・ペン・クレヨンなどで描いたもの); 図: This is a *drawing* of my sister. これは私の妹を[妹が]描いた絵だ. / a line *drawing* 線画 / make a *drawing* 絵[図]を描く. 関連 painting 絵の具で描いた絵. ❷ Ⓤ (ペンなどで)絵を描くこと; 製図: He is good at *drawing*. 彼は絵[製図]が上手だ. ❸ Ⓒ 《米》くじ引き, 抽選(会) [≒draw].
dráwing bòard 名 Ⓒ 画板, 製図板. **báck to the dráwing bòard** [副] (計画などの)振り出しに戻って. **on the dráwing bòard** [形] 計画[立案]中で[の].
dráwing pìn 名 Ⓒ 《英》画びょう [《米》thumbtack].
dráwing pòwer 名 Ⓤ 《米》集客力 [《英》pulling power].
dráwing ròom 名 Ⓒ 《古風, 格式》(特に邸宅の)応接間; 居間 [≒living room]. 〔語源 'withdrawing room' ((食堂から)引き下がる部屋)から〕
drawl /drɔ́ːl/ 動 他 (母音を引きのばして)(...)をゆっくりと発音する. — 自 ゆっくりとしゃべる. — 名 [単数形で] ゆっくりした話し方.

**drawn /drɔ́ːn/

— 動 draw の**過去分詞**.
— 形 (人・顔が)やつれた, 悩んでいる.
drawn-out /drɔ́ːnáʊt←/ 形 長々とした, 長引いた.
draw·string /drɔ́ːstrɪ̀ŋ/ 名 Ⓒ (袋・衣服などの)引きひも.
+**dread** /dréd/ 動 (dreads /drédz/; dread·ed /-ḍɪd/; dread·ing /-ḍɪŋ/) 他 (前途の危険など)を**非常に恐れる**, 怖がる, ひどく心配する: A burnt child *dreads* the fire. 《ことわざ》やけどをした子供は火を恐れる(羹(あつもの)に懲(こ)りて膾(なます)を吹く) / My daughter ***dreads*** consult*ing* doctors. V+O (動名) 私の娘は医者にかかるのを怖がる / He ***dreaded*** (*that*) he might be dismissed. V+O ((*that*)節) 彼は首になりはしないかとびくびくしていた.
dréad to thínk ... [動] 他 ...を考えると怖くなる.
— 名 ❶ [Ⓤ または a 〜] (将来の危険などに対する)**恐怖**, 不安, 心配 (⇒ fear 類義語): have a ***dread of*** failure 失敗を恐れる / The prospect of meeting him ***filled*** me ***with dread***. 彼に会うと思うと不安でいっぱいになった. ❷ [複数形で] 《略式》= dreadlocks.
— 形 限定 《文語》= dreaded.
dread·ed /drédɪd/ 形 限定 [しばしばこっけいに] 恐ろしい.

+**dread·ful** /drédf(ə)l/ 形 ❶ **ひどく不快な**, 最悪な: The service of the restaurant was really *dreadful*. そのレストランのサービスは実にひどかった. ❷ 限定 とんでもない: a *dreadful* mistake 大失敗. ❸ [普通は 限定] 恐ろしい, 怖い.

dread·ful·ly /drédfəli/ 副 ❶ ひどく, とても [≒terribly]: I'm *dreadfully* busy today. きょうはひどく忙しい. ❷ ひどく悪く.

dread·locks /drédlɑ̀(ː)ks | -lɔ̀ks/ 名 複 ドレッドロックス[ヘア]《髪を細く束ねて縮らせたヘアスタイル》.

***dream /dríːm/

— 名 (~s /~z/) ❶ C (眠っているとき見る)**夢**: have a *dream about* going to the moon 月へ行く夢を見る / I often see my mother *in* (*my*) *dreams*. 夢の中によく母が出てくる / Sweet *dreams*! 楽しい夢を(おやすみなさい) / He seemed to have just woken up from a *dream*. 彼は夢からさめたばかりのようだった.

❷ C (実現したいと思っている)**夢**, 理想: My *dream* is to be a diplomat. 私の夢は外交官になることだ / Don't give up on your *dreams*. 夢を捨てるな / "I have a *dream* ..." 「私には夢がある...」《黒人の将来への強い希望を表わした King 牧師の演説のことば》/ Her *dream of* playing the part of Juliet came true. [+of+動名] ジュリエットの役を演じたいという彼女の夢が実現した. ❸ C [普通は単数形で] 夢想状態, 夢うつつ: be in a *dream* 夢心地でいる. ❹ [a ~] 《略式》 すばらしい物[人]. ❺ [形容詞的に] 夢のような, 夢のようにすばらしい, 理想的な: a *dream* vacation in Hawaii 夢のようなハワイでの休日.

a bád dréam [名] (本当と思えないほど)ひどいこと, 悪夢のようなこと.

be a dréam còme trúe [動] 自 ようやくかなった夢だ.

be (líving) in a dréam wòrld [動] 自 幻想を抱いている.

beyònd ...'s wíldest dréams [形・副] ...の夢想[予想]もしないほどによい[よく].

in one's **(wíldest) dréams** [副] [否定語とともに] Ⓢ 夢にも(...ない): *Never in my wildest dreams* did I imagine I would win. 自分が勝つなんて夢にも思わなかった《⇒ 巻末文法 15.2 (1)》.

Ìn your dréams! Ⓢ 《略式》 ありえないよ.

lìke a dréam [副] Ⓢ 見事に, 完ぺきに.

(形 dréamy)

— 動 (dreams /~z/; 過去・過分 dreamed /dríːmd, drémt/, dreamt /drémt/; dream·ing) 語法 過去・過分 は dreamed のほうが普通. 自 ❶ (眠って)**夢を見る**: I *dreamed* a lot last night. 昨晩たくさん夢を見た / The crew often *dreamed about* [*of*] their homes. [V+about [of]+名] 乗組員たちはよく故郷の夢を見た.

❷ (...することを)**夢見る**, 空想する; **夢想にふける**: I often *dreamed of* [*about*] becom*ing* a great inventor like Edison. [V+of [about]+動名] 私はエジソンのような大発明家になることをよく夢見たものだ《✪ of のほうがよく用いられる》/ spend time *dreaming* 空想にふけって時を過ごす.

❸ [否定文で] **想像する**, 考えてみる: Cinderella *never dreamed of* marry*ing* a prince. [V+of+動名] シンデレラは王子と結婚するとは夢にも思わなかった / I *wouldn't dream of* allow*ing* her to go alone. Ⓢ 彼女を一人で行かせるなんてとても考えられない[とんでもない].

— 他 ❶ (...という)**夢を見る**, 夢で(...)を見る: Tommy *dreamed* (*that*) he was flying high above the clouds. [V+O ((that)節)] トミーは雲の上高く飛んでいる夢を見た / *dream a* happy *dream* 楽しい夢を見る《✪ have a ... dream のほうが普通》.

❷ (...)を**夢見る**, 空想する: She *dreams that* she will be an actress. [V+O (that 節)] 彼女は女優になることを夢見ている《⇒ 自 2 ⚡》.

❸ [否定文で] (...)を**想像する**, 考えてみる: I *never dreamed that* I would be the winner of the competition. [V+O (that 節)] 私はその競技会で優勝するとは夢にも思っていなかった.

dréam awáy [動] 他 (時)をぼんやりと過ごす.

Dréam ón! Ⓢ (それは)無理だよ.

dréam úp [動] 他 《略式》 (とんでもないこと)を考え出す.

⚡ **...することを夢見る**

彼は事業で成功することを夢見ている.

○He **dreams of** being successful in business.

○He **dreams that** he will be successful in business.

×He dreams to be successful in business.

***dreamed /dríːmd, drémt/ 動 dream の過去形および過去分詞.

dream·er /dríːmɚ | -mə/ 名 ❶ C [ときに軽蔑的] 夢想家. ❷ C 夢を見る人.

dream·i·ly /dríːmɪli/ 副 夢心地で, ぼんやりと.

dream·land /dríːmlæ̀nd/ 名 ❶ U または a ~] [ときに軽蔑的] 夢の国, 夢想. ❷ U 《略式》 眠り.

dream·less /dríːmləs/ 形 限定 (眠りが)夢を見ない, 深い.

dream·like /dríːmlàɪk/ 形 夢のような.

***dreamt /drémt/ 動 dream の過去形および過去分詞.

dream·y /dríːmi/ 形 (dream·i·er; -i·est) ❶ 夢見るような, 空想にふけった; (人・考えなどが)実際的でない. ❷ (光景・音楽などが)夢のような, 心のなごむ. ❸ 《古風, 略式》 すてきな, すばらしい. (名 dream)

drear·i·ly /drí(ə)rəli/ 副 ものさびしく, わびしく.

drear·i·ness /drí(ə)rinəs/ 名 U ものさびしさ.

drear·y /drí(ə)ri/ 形 (drear·i·er; -i·est) ❶ ものさびしい, わびしい, 暗い [≒gloomy]; 荒涼とした: a *dreary* winter day ものさびしい冬の日. ❷ (話・仕事などが)退屈な, おもしろくない.

dredge[1] /drédʒ/ 動 他 (港湾・河川)をしゅんせつする, (...を求めて)さらう (*for*); (水底から)(泥など)をさらい上げる (*up*; *from*). — 自 しゅんせつする, (...を求めて)水底をさらう (*for*). **drédge úp** [動] 他 (昔のいやなこと)をほじくり返す; (記憶など)を思い起こす. — 名 C = dredger.

dredge[2] /drédʒ/ 動 他 (...)に(小麦粉・砂糖などを)振りかける, まぶす (*with*).

dredg·er /drédʒɚ | -dʒə/ 名 C しゅんせつ機[船].

dregs /drégz/ 名 複 ❶ (液体の底に残る)おり, かす. ❷ [the ~] (人間・社会の)くず (*of*).

drench /drénʧ/ 動 他 [しばしば受身で] (...)をずぶぬれにする; 液体に浸す (*with*): I *got drenched* to the skin *in* the rain. 私は雨でずぶぬれになった.

***dress /drés/

意味のチャート

元来は「整える」の意味 →「身なりを整える」→「**衣服を着せる**」他 ❶ →「**衣服**」名 ❷ となった.

— 名 (~·es /~ɪz/) ❶ Ⓒ ドレス, ワンピース《⇒ one-piece 日英》: She wore a blue *dress*. 彼女は青いドレスを着ていた / put on a *dress* ドレスを着る / take off a *dress* ドレスを脱ぐ / This *dress* is too long [tight] for me. このワンピースは私には長すぎる[きつすぎる].
❷ Ⓤ [しばしば合成語で] (一般的に)服装, 衣服: formal [informal] *dress* (パーティーなどの)正装[略装] / casual *dress* 普段着, 軽装 / nineteenth-century *dress* 19 世紀の服装 / traditional Japanese *dress* 伝統的な和服 / I don't care much about *dress*. 私は服装をあまり気にしない.
— 動 (dress·es /~ɪz/; dressed /~t/; dress·ing) 他《⇒ dressed》❶ (子供など)に服を着せる [⇔ undress]: She ***dressed*** her daughter ***in*** warm clothes. V+O+*in*+名 彼女は娘に暖かい服を着せた / Is your daughter old enough to ***dress herself*** yet? 娘さんはもう自分で服を着られるような年になりましたか.
❷ [進行形なし; しばしば受身で] (...)にある服装をさせる《⇒ dressed》; (デザイナーなどが)(...)の服を作る, (...)に服を提供する: He came to the party *dressed as* a woman. 彼は女装してパーティーに来た / She's *dressed by* a promising young designer. 彼女が着る服は有望な若手デザイナーが作っている. ❸ (消毒して)(傷)の手当てをする, (...)に包帯をする. ❹ (手を加えて)(...)を用意[下準備]しておく [≒prepare]; (臓物などを除いて)調理用に下ごしらえする《⇒ cooking 囲み》; (サラダ)にドレッシングをかける: a *dressed* chicken 下ごしらえした鶏. ❺《格式》(...)を美しく飾る; (髪)を整える; (馬)の毛をすく: *dress* the store window *for* their Christmas sale ショーウインドーにクリスマスセールの飾りつけをする. ❻ (石材·木材など)を仕上げる, (皮)をなめす. ❼〔軍隊〕(兵士)を整列させる.
— 自 ❶ 服を着る, 身じたくをする: He always *dresses* well [badly]. 彼はいつもよい[ひどい]身なりをしている / Lucy ***dressed*** warmly ***for*** hiking. V+*for*+名 ルーシーはハイキング用に暖かく着込んだ. ❷ [進行形なし] (ある)服装をしている: *dress* fashionably 流行の服を着ている / He *dressed in* his best suit. 彼はいちばんいいスーツを着ていた. ❸ 正装する: We don't *dress for* the opera these days. このごろはオペラへ正装していくことはない. ❹〔軍隊〕(兵士が)整列する.
dréss dówn [動] 自 着飾らない, カジュアルな服装をする. — 他 (人)をしかる.
dréss one**sèlf** [動] 自 服を着る, 身じたくをする《⇒ 他 1》.
dréss úp [動] 自 (1) 正装[盛装]する, 着飾る (*for*). (2) (特に子供が)仮装する (*as, in*). — 他 (1) (...)に仮装させる (*as, in*); 正装[盛装]させる. (2) (...)を飾る, 実際よりよく見せる, 粉飾する.

dréss círcle 名 Ⓒ [普通は the ~]《主に英》劇場の特等席《2 階正面席》. 由来 この席の客は evening dress を着たことから.

dréss còde 名 Ⓒ 服装規定.

dressed** /drést/ 形 ❶ 服を着た: I ***got dressed and went downstairs. 服を着て階下に下りた / I was not *dressed* then. 私はその時服を着ていなかった.
❷ (ある(色の)衣服を)身につけた, (...な)服装[身なり]をした: Kate was ***dressed in*** white [a new suit]. ケートは白い服[新しいスーツ]を着ていた《✪ dressed with ... とするのは誤り》/ be smartly [poorly] *dressed* きちんとした[見すぼらしい]服を着ている.
be dréssed to kíll [動] 自《略式》(人の目を引くために)着飾っている, めかしこんでいる.
be dréssed (úp) to the nínes [動] 自《略式》めかしこんでいる.

dress·er[1] /drésɚ | -sə/ 名 Ⓒ 着つけをする人, (劇場の)衣装方; [前に形容詞をつけて] 服装[着こなし]が...の人: Susie is the *best* [*worst*] *dresser* in our class. スージーは私たちのクラスでいつもいちばん着こなしがうまい[へただ].

dress·er[2] /drésɚ | -sə/ 名 ❶ Ⓒ《米》(鏡付き)化粧だんす, ドレッサー; 化粧台. ❷ Ⓒ《英》食器棚.

dress·ing /drésɪŋ/ 名 ❶ Ⓒ,Ⓤ (サラダなどにかける)ドレッシング. ❷ Ⓤ《米》(鳥料理の)詰め物. ❸ Ⓒ,Ⓤ 傷の手当て(用品); 包帯, ガーゼ; 軟こう. ❹ Ⓤ 服を着ること; 着つけ.

dress·ing-down /drésɪŋdáʊn/ 名 [a ~]《古風, 略式》厳しい小言, 大目玉.

dréssing gòwn 名《主に英》= bathrobe 2.

dréssing ròom 名 ❶ Ⓒ (劇場の)楽屋; 更衣室. ❷ Ⓒ《米》試着室. ❸ Ⓒ (寝室の隣の)化粧部屋.

dréssing tàble 名 Ⓒ 化粧テーブル, 鏡台《⇒ bedroom 挿絵》.

dress·mak·er /drésmèɪkɚ | -kə/ 名 Ⓒ ドレスメーカー《婦人服の洋裁師》. 関連 tailor 紳士服の仕立師.

dress·mak·ing /drésmèɪkɪŋ/ 名 Ⓤ 婦人服仕立て, 洋裁.

dréss rehéarsal 名 Ⓒ〔演劇〕(本番と同じ条件で行なう)仕上げの舞台げいこ, 総ざらい.

dréss sènse 名 Ⓤ 着こなしのセンス.

dréss shìrt 名 Ⓒ (正装用)ワイシャツ《⇒ shirt 日英》.

dréss shòes 名 複 (正装用の)靴.

dress·y /drési/ 形 (dress·i·er; -i·est) ❶ (服装が)正装らしい, 華やかな, しゃれた. ❷ (人が)服装に凝った.

***drew** /drúː/ 動 draw の過去形.

drib·ble /dríbl/ 動 自 ❶ [副詞(句)を伴って] したたる, 垂れる. ❷ (赤ちゃんなどが)よだれを垂らす [≒drool]. ❸〔球技〕ドリブルする. ❹ (金·情報などが)少しずつ流れる[動く]. — 他 ❶ (...)をしたたらせる, 少しずつ垂らす. ❷〔球技〕(ボール)をドリブルする. — 名 ❶ Ⓒ したたり; 少量 (*of*). ❷ Ⓤ よだれ. ❸ Ⓒ〔球技〕ドリブル.

dribs /dríbz/ 名 [次の成句で] **in dríbs and drábs** [副]《略式》少しずつ.

***dried** /dráɪd/

— 動 dry の過去形および過去分詞.
— 形 限定 乾燥した, 干した: *dried* milk 粉ミルク / *dried* fruit [flowers] ドライフルーツ[フラワー].

***dri·er**[1] /dráɪɚ | dráɪə/ 形 dry の比較級.

+**dri·er**[2] /dráɪɚ | dráɪə/ 名 Ⓒ = dryer.

***dries** /dráɪz/ 動 dry の三人称単数現在形.

***dri·est** /dráɪɪst/ 形 dry の最上級.

drift** /dríft/ 動 (drifts /dríftsʲ/; drift·ed /~ɪd/; drift·ing) 自 ❶ (空中·水面などを)漂流する, 漂う: The boat ***drifted across the bay. V+前+名 そのボートは湾を横切って漂流した / They ***drifted down*** the river. 彼らは流れに乗って川を下った / The lifeboat ***drifted with*** the current. 救命ボートは潮に乗って漂流した.
❷ [副詞(句)を伴って] あてもなく動く, ふらふら進む; さまよう; (漠然と)時を過ごす: My nephew *drifted from* job *to* job. 私のおいは職を転々とした / He *drifted*

aimlessly *through* life. 彼は人生を何の目的もなしにぶらぶらと過ごした. ❸ (状況などに)押し流されて行く, 知らないうちに(...に)なる: The two countries *drifted into* war. 両国はずるずると戦争へ引き込まれた. ❹ (雪・砂などが)吹き積もる, 吹き寄せられる: The snow has *drifted around* the gate. 雪が門のあたりに吹き積もった. ❺ (価格・価値などが)ゆるやかに変動する. ❻ (音が)聞こえてくる.

— ㊀ ❶ [副詞(句)を伴って] (...)を漂流させる; 押し流す. ❷ (雪・砂など)を吹き寄せる, 吹き積もらす.

dríft apárt [動] ㊁ (人などが)互いに疎遠になる.

dríft óff (to sléep) [動] ㊁ いつの間にか眠る.

— 名 (drifts /dríſts/) ❶ C (雪・砂・落ち葉などの)**吹き寄せられたもの**; 漂うもの, 漂流物; (氷河による)漂積物: a ***drift of*** snow [sand] 雪[砂]の吹きだまり / a *drift of* cloud across the sky 空に流れる雲 / *drift* ice 流氷. 関連 snowdrift 雪の吹きだまり. ❷ [単数形で] (人・物事の)絶え間ない動き, 流れ (*from, to, into*); 傾向, 大勢 [≒tendency]: the *drift of* modern history 現代史の流れ. ❸ U,C 漂流, 吹き流れること; (大陸などの)ゆるやかな移動: the *drift* of the raft いかだの漂流. ❹ [単数形で] 《略式》 趣旨, 大意: catch [get] ...'s *drift* ...の言っていることを理解する.

〖語源 drive と同語源〗

drift·er /dríftə | -tə/ 名 ❶ C 流れ者, 住所や職業を転々と変える人; 詐欺師. ❷ C 流し網漁船.

dríft nèt 名 C 流し網.

drift·wood /dríftwòd/ 名 U 流木.

***drill**[1] /dríl/ 名 (~s /~z/) C **ドリル**, きり, 穴あけ器.

— 動 (drills /~z/; drilled /~d/; drill·ing) ㊀ (ドリルで)(...)に**穴をあける**; (穴)をあける; 穴をあけて(トンネルなど)を掘る: The dentist *drilled* (a hole in) her tooth. 歯科医は彼女の歯に穴をあけた.

— ㊁ 穴をあける: They intended to *drill for* oil. 彼らは穴をあけて石油を掘り当てようとした.

+**drill**[2] /dríl/ 名 (~s /~z/) ❶ C,U **反復練習**, 訓練, 練習, けいこ, ドリル《⇒ practice 類義語》: pronunciation *drill* = ***drill in*** pronunciation 発音練習. ❷ U,C 軍事教練; 防災訓練 [≒fire drill]. ❸ [the ~]《古風》(物事の)正しいやり方, 手順.

— 動 (drills /~z/; drilled /~d/; drill·ing) ㊀ ❶ (学生など)に**反復練習させる**, (...)に(繰り返して)厳しく教え込む; (事実など)を(...に)教え込む: The teacher ***drilled*** the class ***in*** math all morning. V+O+*in*+名 先生は午前中ずっとそのクラスに数学の練習問題をくりかえしやらせた / Mr. Smith ***drilled*** irregular verbs ***into*** his pupils. V+O+*into*+名 スミス先生は不規則動詞を生徒にたたき込んだ. ❷ (兵士など)を訓練[教練]する. — ㊁ 訓練を受ける.

drill[3] /dríl/ 名 C 種まき機; (種まき用の)溝(みぞ).

drill[4] /dríl/ 名 U ドリル《丈夫な綾織綿布》.

dri·ly /dráɪli/ 副 = dryly.

*****drink** /dríŋk/

— 名 (~s /~s/) ❶ C,U (食べ物に対して)**飲み物**, **飲料**: Would you like a *drink*? 飲み物はいかがですか / Are you satisfied with the food and *drink* at this hotel? このホテルの飲食物には満足していますか. 日英 日本語の「飲食物」と語順が逆 // soft *drinks* 清涼飲料 / bottled *drinks* びん入りの各種飲料.

❷ C,U **アルコール飲料**, 酒, ワイン: I'd like a *drink* before dinner. 食事の前にお酒がほしい / Don't say it was just a joke over *drinks*. 酒の上のことだったなんて言わないでよ.

❸ C **ひと飲み**; 1 杯, ひと口: Let's go and have a *drink*. 飲みに行こう / go out for a *drink* 飲みに出かける / Could I buy you a *drink*? 1 杯おごりましょうか / John took a ***drink of*** water and began to speak. ジョンは水を 1 杯飲んでから話し出した. ❹ U 飲酒(癖), 大酒: take to *drink* 大酒を飲むようになる / He is given to *drink*. 彼は酒びたりだ. ❺ [複数形で]《英》飲み会. ❻ [the ~]《古風》海, 湖, 河川.

— 動 (drinks /~s/; 過去 drank /drǽŋk/; 過分 drunk /drʌ́ŋk/, 《米》ではまた drank; drink·ing) ㊀ ❶ (液体)を**飲む**: I want something to *drink*. 何か飲み物が欲しい / What would you like to *drink*? 飲み物は何がいいですか / What are you *drinking*? 何を飲んでいるのですか, 何を飲みますか《酒(のお代わり)をおごる時など》/ She *drank* the milk cold [hot]. V+O+C(形) 彼女は牛乳を冷たくして[温めて]飲んだ.

drink(液体を口から直接飲む)	飲む
have(茶・コーヒーなどを飲む)	
eat(スプーンなどを使って飲む)	
swallow(飲みこむ)	
take(薬を飲む)	

❷ (水分)を吸収する; (気体)を吸う.

— ㊁ ❶ **飲む**: eat and *drink* 飲み食いする. 日英 日本語とは語順が逆 // Who has been ***drinking from*** my cup? V+*from*+名 だれが私のカップで飲んじゃったの.

❷ **酒を飲む**; 大酒を飲む: I neither smoke nor *drink*. 私は酒もたばこもやらない / My uncle *drinks* (heavily). 私のおじは(大)酒飲みだ / Don't *drink* and drive. 飲んだら乗るな, 飲酒運転禁止《標語》.

drínk onesèlf ... [動] 酒を飲んで...の状態になる: *drink oneself* unconscious [*to* death] 酒を飲みすぎて意識をなくす[死ぬ].

drínk ... ùnder the táble [動] ㊀《略式》(人)を酔いつぶす, (人)より酒が強い.

drink の句動詞

drínk dówn 動 ㊀ (...)を(一気に)飲み干す.

drínk ín 動 ㊀ (...)を熱心に聞く[眺める], (...)に聞きほれる, 見とれる.

+**drínk to ...** 動 ㊀ **...を祈って乾杯する**: Let's *drink to* his success. 彼の成功を祈って乾杯しよう.

I'll drínk to thát! Ⓢ 同感だ, そのとおりだ.

+**drínk úp** 動 ㊀ (...)を**飲み干す**; 吸い上げる V+名・代+*up* / V+*up*+名: *Drink up* your milk. 牛乳を全部飲みなさい.

— ㊁ **飲み干す**: *Drink up*! さあ飲み干して.

drink·a·ble /dríŋkəbl/ 形 ❶ 飲める, 飲用に適する. ❷ (ワイン・ビールが)おいしい.

drink-driv·ing /dríŋkdráɪvɪŋ/ 名 U 《英》 = drunk driving.

drink·er /dríŋkə | -kə/ 名 ❶ C 飲む人: a coffee *drinker* コーヒーを飲む人. ❷ C 酒飲み: a heavy [hard] *drinker* 大酒飲み.

drink·ing /dríŋkɪŋ/ 名 U 飲むこと; 飲酒.

drínking fòuntain 名 C (公園などの)噴水式水飲み器[場] [≒water fountain].
drínking pròblem 名 C 《米》 アルコール依存症: have a *drinking problem* アルコール依存症である.
drínking wàter 名 U 飲料水.
drínk pròblem 名 C 《英》 = drinking problem.
+**drip** /dríp/ 動 (drips/~s/; 過去・過分 dripped /~t/; drip·ping) 自 **しずくが落ちる**, (水などが)ぽたぽたと落ちる; (蛇口・ノズルなどが)しずくを落とす: Water is ***dripping*** (***down***) ***from*** the ceiling. V+(*down*+)*from*+名 天井から水が垂れている / The faucet is *dripping*. 蛇口からぽたぽた水が垂れている.
— 他 (液体)のしずくを垂らす, したたらせる: This pipe *drips* oil. このパイプは油が垂れる.
drip with ... [動] 他 [普通は進行形で] ...でびしょぬれである; ...でいっぱいである: 言い換え His forehead *was dripping with* sweat. (= Sweat was *dripping* from his forehead.) 彼の額から汗がしたたっていた / His voice *was dripping with* sarcasm. 彼の声は皮肉たっぷりだった.
— 名 (~s /~s/) ❶ [the [a] ~] **しずくが落ちること**, したたり: She fixed *the drip* of the faucet. 彼女は蛇口の水もれを直した. ❷ U ぽたぽた落ちる音: the *drip* of the rain on the roof 屋根に当たる雨の音. ❸ C 〔医学〕 点滴装置[剤]: She was put *on a drip* last night. 彼女は昨夜点滴を受けた. ❹ C 《略式》 つまらない人.
〖語源 drop と同語源〗
drip-dry /drípdràɪ/ 形 限定 (衣服・生地が)絞らずにつるしてすぐ乾く, アイロン掛け不要の.
drip·ping /drípɪŋ/ 名 U,C [《米》では複数形で] (焼いた肉から出る)脂, 肉汁. — 形 しずくの垂れる(ほどぬれた). — 副 しずくの垂れるほど: be *dripping* wet びしょぬれになっている.

***drive** /dráɪv/

— 動 (drives /~z/; 過去 drove /dróʊv/; 過分 driv·en /drív(ə)n/; driv·ing) 他

> **意味のチャート**
> 「追いやる, 駆り立てる」❹ が元の意味.
> → (馬車を) 「御す」 → (車を) 「**運転する**」 ❶ →
> (運転して) 「**乗せて行く**」 ❷
> → (力ずくで動かす) → 「**無理に...させる**」 ❸

❶ (車など)を**運転する**: He *drives* a German car. 彼はドイツ製の車を運転する / My father used to *drive* a taxi in his youth. 私の父は若いころはタクシー運転手をしていた / What kind of car do you *drive*? どんな車を持って[使って]いますか. 関連 ride (馬・自転車・バス・列車などの乗り物に)乗る.
❷ [普通は副詞(句)を伴って] (個人の車などで)(...)を**乗せて行く**: I will *drive* you *home*. V+O+副 家まで車で送るよ / He ***drove*** me ***to*** the hotel. V+O+*to*+名 彼は私を車でホテルまで送ってくれた.
❸ (人)を(よくない状態などに)**追いやる, 追い込む**; (人)に**やむなく...させる**, どうしても...しないわけにはいかなくする [≒force]: Rain ***drove*** us ***into*** our house. V+O+*into*+名 雨が降ってきたので私たちはしかたなく家に入った / 言い換え Anger ***drove*** them ***to*** violence. V+O+*to*+名 = *Driven* by anger, they resorted to violence. 怒りのあまり彼らは暴力をふるった / 言い換え The pressure almost *drove* her mad. V+O+C (形) = The pressure almost ***drove*** her ***out of*** her ***mind***. 彼女は重圧で頭がおかしくなりそうだった / What ***drove*** him ***to*** do that? V+O+C (*to* 不定詞) 彼はなぜあんなことをしてしまったのか.
❹ (人・動物)を追い立てる, 駆り立てる, 追い払う: He *drove* the cattle *to* market. 彼は牛を市場へ追っていった / They had to *drive* the enemy *from* [*out of*] the country. 彼らは敵を国から追い払わなければならなかった.
❺ [しばしば受身で] (水力・電力などで)(機械)を動かす: This toothbrush *is driven by* electricity. この歯ブラシは電動だ. ❻ [副詞(句)を伴って] (くぎ・くいなど)を打ち込む, (ねじなど)を締め込む; (トンネル・井戸など)を掘る, (穴)をあける: *drive* the posts deep *into* the ground くいを地中に深く打ち込む. 関連 screwdriver ねじ回し. ❼ (...)を過度に働かせる, 酷使する: Don't *drive* yourself too hard. 働き[勉強し]すぎないように. ❽ (風が)(...)を吹き動かす, (水が)押し流す (*along*; *onto*). ❾ 〔球技〕 (...)を強打する; 〔ゴルフ〕 (ボール)をドライバーで打つ.
— 自 ❶ **車を運転する**; [普通は副詞(句)を伴って] **ドライブする**; (自動車などで)行く: *Drive* carefully. 気をつけて運転しなさい / How about ***driving around*** the city? V+前+名 市内一周ドライブはどうですか / We *drove to* Chicago. 我々はシカゴまで車で行った (⇒ car 1 語法). ❷ [副詞(句)を伴って] (車などが)走る, 進む; (雨・波などが)激しくたたきつける: Our car was *driving* carefully along the highway. 私たちの車は幹線道路を慎重に走っていた / The rain was *driving* 「*into* his face [*against* the window]. 雨が彼の顔に[窓に]激しく降りつけていた. ❸ 〔球技〕 強打する; 〔ゴルフ〕 ドライバーで打つ.
be dríving at ... [動] 他 [what を目的語にして] 《略式》 ...をする[言う]つもりだ: *What are* you *driving at*? 何をする気だ[何が言いたいんだ].
dríve ... hóme [動] 他 (1) (くぎなど)をしっかり打ち込む. (2) (要点など)を(徹底的に)たたき込む, 納得させる. (3) (...)を車で家まで送る (⇒ 他 2).

> **drive の句動詞**
>
> ***dríve awáy** 動 他 ❶ (...)を**追い払う**, (不安など)を吹き飛ばす V+名・代+*away* / V+*away*+名: *drive* insects *away* 虫を寄せ付けない. ❷ (人)を車で送って行く; (車)を運転して去る.
> — 自 (人が)**車を運転して去る**; (車が)走り去る: Bill *drove away* without even saying goodbye. ビルはさようならも言わずに車で走り去った.
> **dríve báck** 動 自 車を運転して帰る. — 他 (...)を追い返す.
> **dríve dówn** 動 自 車で行く (*to*). — 他 (物価など)を急に下げる.
> **dríve ín** 動 他 ❶ 〔野球〕 (打点)をあげる. ❷ (知識など)をたたき込む. ❸ (くぎなど)を打ち込む.
> +**dríve óff** 動 自 ❶ (人が)**車を運転して去る**, (車が)走り去る [≒drive away]: I saw a car *drive off* after the accident. 事故の後に一台の車が走り去るのを見た. ❷ 〔ゴルフ〕 最初の1打を打つ.
> — 他 ❶ (...)を**追い払う**: They managed to *drive off* the enemy. 彼らはなんとか敵を追い払った. ❷ (...)を車に乗せて連れ去る.
> **dríve ón** 動 自 (止まらずに)運転を続ける. — 他 (人)を(行動に)駆り立てる.
> **dríve óut** 動 他 (...)を追い出す, 駆逐する (*of*).
> — 自 車で出かける.

dríve úp 動 自 車でやってくる (*to*). — 他 (物価など)を押し上げる.

— 名 (~s /~z/) ❶ C ドライブ, (自動車などでの)旅行: They *went for a drive* to Niagara Falls. 彼らはナイアガラの滝にドライブに出かけた / We *took a* pleasant *drive* along the coast. 海岸線を楽しくドライブした / I'll *take* you *for a drive* in the country. いなかにドライブに連れて行ってあげよう. ❷ C (車に乗って行く)道のり: The mountain is a twenty-minute *drive from* here. その山はここから車で 20 分だ. 関連 ride (馬・自転車・バス・列車などの)乗り物で行く道のり / walk 歩いて行く道のり. ❸ C = driveway; [地名で D-] (小さな)通り (《略》 Dr., Dr). ❹ [単数形で] (ある目的のための)努力, 運動: start a *drive* 「*to* raise money [*for* traffic safety] 募金[交通安全]運動を始める. ❺ U 元気, 精力; 迫力, やる気: She's got a lot of *drive*. 彼女はやる気満々だ. ❻ C,U 〔心理〕(本能的な)衝動: the male sex *drive* 男性の性衝動. ❼ U 〔機械〕 駆動装置; C 〔コンピュータ〕 ドライブ: front-wheel *drive* 前輪駆動 / a DVD *drive* DVD ドライブ (⇒ computer 挿絵). ❽ C 〔球技〕 強打, ドライブ; 〔ゴルフ〕 ドライバーでの一打, 長打; (球の)飛距離. ❾ C (軍隊の)猛攻撃. ❿ C (家畜を)追い立てること.

drive-by /dráɪvbàɪ/ 形 限定 走行中の車からの: a *drive-by* shooting 走行車からの銃撃.

drive-in /dráɪvìn/ 形 限定 車で乗り入れのできる, ドライブイン式の: a *drive-in* theater [restaurant, bank] ドライブイン式の映画館[食堂, 銀行]. — 名 C ドライブイン.

日英 日本でいう「ドライブイン」(幹線道路沿いの食堂) に相当するのは roadside restaurant; 《米》 では truck stop, 《英》 では transport cafe ともいう. 英語の drive-in は「車に乗ったままで用が足せる」の意で, 車に乗ったままで注文や食事ができるレストランや車に乗ったまま見られる野外の映画館などを指す (⇒ drive-through).

driv·el /drív(ə)l/ 名 U たわごと. — 動 (driv·els; driv·eled, 《英》 driv·elled; -el·ing, 《英》 -el·ling) 自 たわごとを言う (*on*; *about*).

**driv·en /drív(ə)n/ !発音

— 動 drive の過去分詞.
— 形 達成意欲の強い, やる気満々の.

***driv·er /dráɪvɚ | -və/

— 名 (~s /~z/) ❶ C (車などの)運転手[士] (⇒ chauffeur), 《英》 (機関車の)機関士 [《米》 engineer]; [前に形容詞をつけて] 運転が...な人: a taxi *driver* タクシーの運転手 / Can you take us to the Elm Hotel, *driver*? 運転手さん, エルムホテルまで行ってくれますか. 語法 呼びかけに driver を使うと失礼ととられることがある // 言い換え John is a *good driver*. (= John is good at driving.) ジョンは車の運転がうまい. ❷ C 〔コンピュータ〕 ドライバー (プリンターなどの接続機器を制御するプログラム). ❸ C 〔ゴルフ〕 ドライバー (長打用のクラブ). ❹ C 推進力, 原動力.

drív·er's lìcense /dráɪvɚz- | -vəz-/ 名 C 《米》 運転免許証 [《英》 driving licence].

dríver's sèat 名 C [普通は the ~] 《米》 運転席 [《英》 driving seat]. 関連 passenger seat 助手席 / back seat 後部座席. **be in the dríver's sèat** (1) 運転席にいる. (2) 人を指図する立場にある.

drive-through, drive-thru /dráɪvθrù:/ 形 限定 ドライブスルーの, 車に乗ったまま利用できる. — 名 C ドライブスルーの店[銀行など].

dríve tìme 名 U (朝夕の車による)通勤時間帯.

+**drive·way** /dráɪvwèɪ/ 名 (~s /~z/) C **私有車道**; 車回し (公道から車庫または玄関口まで通じる私有地内の道; ⇒ house 挿絵). 日英 英米では日本でいう「ドライブウェー」(自動車でドライブする道路)の意味では用いない.

***driv·ing** /dráɪvɪŋ/ 名 U (車の)**運転**; 運転のしかた: do a lot of *driving* よく車を運転する / safe *driving* 安全運転 / careless *driving* 不注意な運転 / *driving* lessons 運転教習 // ⇒ drunk driving.

dríving 「**while intóxicated [ùnder the ínfluence]** [名] 《米》 飲酒運転 (《略》 DWI, DUI).

— 形 ❶ 限定 推進する; 精力的な: the *driving* force behind the economy 経済の推進力. ❷ 限定 (雨・雪などが)強烈な, 激しい.

dríving lìcence 名 C 《英》 = driver's license.

dríving rànge 名 C ゴルフ練習場.

dríving schòol 名 C 自動車学校[教習所].

dríving sèat 名 C 《英》 = driver's seat.

dríving tèst 名 C 運転免許試験.

dríving whèel 名 C 〔機械〕 動輪.

driz·zle /drízl/ 名 U 霧雨, こぬか雨 (⇒ rain 関連). — 動 自 [it を主語として; ⇒ it¹ A 2] 霧雨が降る: *It drizzled* all day. 一日中霧雨が降っていた. — 他 (食物に)(調味料など)をふりかける (*over*); (食物)に(...を)かける (*with*).

drizz·ly /drízli/ 形 (driz·zli·er; -zli·est) 霧雨が降る.

droll /droʊl/ 形 《古風》 こっけいな, おかしな.

drom·e·dar·y /drɑ́(:)mədèri | drɔ́mədəri, -dri/ 名 (-dar·ies) C ひとこぶラクダ.

drone /dróʊn/ 名 ❶ C [普通は単数形で] ぶーんという音 (*of*). ❷ C (みつばちの)雄ばち (針がなく働かない). 関連 bee 働きばち. ❸ C ドローン, (遠隔操作の)小型無人機. ❹ C 怠け者, (社会の)寄生者. — 動 自 ❶ ぶーんとうなる[音をたてる]. ❷ 単調に話す (*on*; *about*).

drool /drú:l/ 動 自 ❶ よだれを垂らす [≒ dribble]. ❷ (...に)うつつを抜かす (*over*). — 名 U よだれ.

droop /drú:p/ 動 自 ❶ (力なく)垂れる, うなだれる; (草木が)しおれる: The boy's eyelids began to *droop*. 男の子のまぶたが(眠気で)重くなりだした. ❷ (元気が)衰える; しょんぼりする; 伏し目になる. — 名 [単数形で] (頭などを)垂れていること (*of*).

droop·y /drú:pi/ 形 (droop·i·er; -i·est) 垂れ下がった.

***drop /drɑ́(:)p | drɔ́p/

— 動 (drops /~s/; dropped /~t/; drop·ping) 自 ❶ **落ちる**, 落下する (fall に対して, drop は突然思いがけなく落ちる意味を持つ); (意図的に)飛び降りる; (しずくが)したたり落ちる: The fruit *dropped down to* the ground. V+*down*+前+名 木の実は地面に落ちた / A parachutist *dropped from* the airplane. V+前+名 パラシュートを付けた人が飛行機から飛び降りた.
❷ [しばしば副詞(句)を伴って] (落ちるように, ばったりと)**倒れる**, へたりこむ; 《略式》 へとへとに疲れる: He *dropped into* the chair. V+前+名 彼はいすにどさっと

座り込んだ / She was so tired that she felt she would *drop*. 彼女は大変疲れていたので倒れてしまいそうに感じた / Don't work until you *drop*. 倒れるまで働かないで.
❸ (値段・温度・順位などが)**下がる**, 落ちる; (勢いなどが)衰える, 弱くなる: The price of eggs *dropped* suddenly. 卵の値段が急に下がった / The wind *dropped*. 風が静まった / The doctor's voice ***dropped to*** a whisper. [V+to+名] 医者の声はささやくように小さくなった. ❹ (目・視線が)下を向く. ❺ (話などが)終わる, やめになる: Let the subject *drop*. その話題はやめよう. ❻ (道などが)(急勾配で)下っている (*away, down*). ❼ [しばしば ~ open として] (驚くなどして)(口が)開く: ⇒ jaw 1 例文.
— ㊉ ❶ (...)を**落とす**, 下ろす; 投下する; (人)を殴り倒す: Don't *drop* the cup. そのカップを落とさないように / I *dropped* my key somewhere. 私は鍵をどこかに落とした / The bombers ***dropped*** bombs ***on*** the ship. [V+O+前+名] 爆撃機はその船に爆弾を落とした / *drop* one's pants [《英》 trousers] (ふざけなどで)ズボンを下げる.
❷ (程度・数量など)を**下げる**, 落とす, 弱める: The driver *dropped* his speed. 運転手は速度を落とした / She ***dropped*** her voice ***to*** a whisper. [V+O+to+名] 彼女は声を落としてささやいた.
❸ (客・荷物など)を**降ろす**, 送り届ける [⇔ pick up]: Please ***drop*** me ***at*** the bank. [V+O+at+名] 銀行の所で降ろしてください. ❹ (目・視線)を下に向ける, 伏せる. ❺ (計画・履修科目など)をやめる; (告訴・訴訟など)を取り下げる; (話題など)を打ち切る; (人)との関係を絶つ: *drop* everything 何もかも放り出す / We'd better *drop* the subject. その話題はやめにした方がよい. ❻ (...)を脱落させる, 省略する [≒omit]; 除名する, (チームから)はずす: Your name *was dropped from* the list. 君の名前は名簿から削られた. ❼ (ことばなど)を漏らす, (...)を口にする: She *dropped* me a hint. そっとヒントを与えてくれた. ❽ (短い便り)を書き送る, 出す: Please *drop* me a line [note]. お便りをください.
❾ 《略式》 (賭(か)け事などで)(金銭)を失くす. ❿ (試合などに)負ける, (...)を落とす.
dróp déad [動] ㊀ (1) 《略式》 急死する, くたばる. (2) [命令文で] Ⓢ 《略式》 うるさい, とっととうせろ.
dróp ... ín it [動] ㊉ 《英略式》 (余計なことをして)(人)を困らせる.
lèt dróp ⇒ let[1] 成句.

drop の句動詞

dróp awáy 動 ㊀ いつの間にか減少する, (関心・支持などが)なくなっていく.
dróp báck 動 ㊀ ❶ = drop behind. ❷ 〖アメフト〗 (パスする際に)後ろに下がる.
dróp behínd 動 ㊀ (仲間などから)遅れる.
dróp behìnd ... 動 ㊉ ...より遅れる.
+**dróp bý** 動 ㊀ (ついでの折などに)**立ち寄る**, ちょっと訪ねる: ***Drop by for*** lunch sometime. そのうちお昼でも食べに来てよ.
+**dróp bý ...** 動 ㊉ **...に立ち寄る**: Junko missed school today, so I'm going to *drop by* her house on my way home. 純子がきょう学校を休んだから, 私が帰りに彼女の家に寄ってみます.
+**dróp ín** 動 ㊀ **ちょっと立ち寄る**: If you are free, why not *drop in* 「***on*** me [***at*** my house] and have a cup of coffee? 時間があるならちょっと家に寄ってコーヒーを飲んでいかないか. 語法 「人」には on, 「家」には at が用いられる.
dróp ínto ... 動 ㊉ ...に立ち寄る.
+**dróp òff** 動 ㊉ (人・荷物)を(車から)**降ろす**, 置いて行く, 預ける, 届ける [V+名・代+off / V+off+名]: ***Drop*** me ***off at*** school. 学校の所で降ろしてください.
— ㊀ ❶ 離れていく, 減る: Attendance always *drops off* during the rainy season. 雨季の間はいつも出席者が減る. ❷ 《略式》 うとうとする.
+**dróp óut** 動 ㊀ ❶ (学校を)**中退する**; (競争などから)脱落する, 落後する; 抜ける: Tom ***dropped out of*** school when he was sixteen. トムは 16 のときに学校を中退した. ❷ (体制・社会などから)離脱する; 逃避する. ❸ (ことばなどが)すたれる. (名 drópòut)
dróp óver 動 ㊀ = drop by, drop in.

— 名 (~s /~s/) ❶ Ⓒ (雨などの)しずく, **水滴**: *drops of* rain 雨のしずく / *a drop of* blood 1 滴の血 / He drank the wine to the last *drop*. 彼はワインを最後の 1 滴まで飲んだ. 関連 dewdrop 露のしずく / raindrop 雨のしずく / teardrop 涙のしずく.
❷ Ⓒ [普通は a ~] 《略式》 **ほんの少しの量**, 微量; (酒などの)ほんの 1 杯: I haven't touched *a drop* for a month. 1 か月の間 1 滴の酒も飲んでいない / He doesn't have a ***drop of*** sympathy in him. 彼にはひとかけらの情けもない.
❸ Ⓒ [普通は a ~] (値段・温度・順位などの)**低下**, 降下; 減少: There was *a* sudden ***drop in*** (the) temperature. 温度が急に下がった / I took *a* large *drop in* salary when I changed jobs. 私は転職で給料が大きく減った.
❹ Ⓒ **落ちること**, 落下; **落とすこと**, 投下(物); [a ~] 落下距離, 落差: Because of an air pocket the plane ***made a drop of*** 300 feet. エアポケットのために飛行機は 300 フィート降下した / The Red Cross ***made a drop of*** medical supplies to the flood victims. 赤十字は洪水の被災者に医薬品を投下した / There was *a drop of* ten meters to the rocks below. 下の岩まで 10 メートルの落差があった. ❺ Ⓒ (菓子の)ドロップ; [複数形で] 点滴薬: eye *drops* 目薬.
a dróp in the búcket [《英》 **ócean**] [名] 大海の一滴, 焼け石に水, 取るに足らない量.
at the dróp of a hát [副] 待ってましたとばかりに, すぐにでも.
dróp by dróp [副] 1 滴ずつ, 少しずつ.

dróp-dòwn ménu /drá(ː)pdàʊn-| drɔ́p-/ 名 Ⓒ 〖コンピュータ〗 ドロップダウンメニュー《クリックするとオプションが示される》.
dróp gòal 名 Ⓒ 〖ラグビー〗 ドロップゴール《ドロップキックできめたゴールで得点は 3 点》.
dróp-in /drá(ː)pìn | drɔ́p-/ 形 限定 いつでも(予約なしで)立ち寄れる.
drop·kick /drá(ː)pkìk | drɔ́p-/ 名 Ⓒ 〖ラグビーなど〗 ドロップキック《ボールを地面に落とし, はね上がりぎわにける; ⇒ placekick》.
drop·let /drá(ː)plət | drɔ́p-/ 名 Ⓒ 小さなしずく (*of*).
drop·out /drá(ː)pàʊt | drɔ́p-/ 名 ❶ Ⓒ 中途退学者. ❷ Ⓒ (体制・社会などからの)離脱者; 逃避者. (動 dróp óut)
drop·per /drá(ː)pə | drɔ́pə/ 名 Ⓒ 点滴器, スポイト.
drop·pings /drá(ː)pɪŋz | drɔ́p-/ 名 複 (鳥や獣の)糞.
dróp shòt 名 Ⓒ (テニスなどの)ドロップショット.
dross /drá(ː)s, drɔ́ːs | drɔ́s/ 名 ❶ Ⓤ 価値のないもの, く

ず. ❷ Ⓤ (溶けた金属の)浮きかす.

drought /dráʊt/ 発音 名 C,U 日照り, 干ばつ.

***drove**[1] /dróʊv/ 動 drive の過去形.

drove[2] /dróʊv/ 名 ❶ Ⓒ (牛・豚・羊などの) 群れ《⇒ group 類義語》: a *drove* of cattle 牛の群れ. ❷ Ⓒ [普通は複数形で] (一団となって動く)群衆; 大量の物 (*of*): in *droves* 大挙して.

drov·er /dróʊvə | -və/ 名 Ⓒ 家畜の群れを市場へ追って行く人, 牛追い; 家畜商.

+drown /dráʊn/ 発音 動 (drowns /~z/; drowned /~d/; drown·ing) 自 **おぼれ死ぬ**, 水死する: A girl ***drowned in*** the pond yesterday. V+前+名 1 人の少女がきのう池でおぼれ死んだ / A *drowning* man will catch [clutch] at a straw. 《ことわざ》 おぼれる者はわらをもつかむ. 日英 日本語の「おぼれる」は死ぬことも死にそうになることも意味するが, 英語の drown は死ぬことを意味する. 死にそうになることは nearly [almost] drown か He *was drowning*. (彼はおぼれかけていた)のように言う.

― 他 ❶ (...)を**溺死**(できし)**させる**, 水死させる: The flood *drowned* a lot of livestock. 洪水で多くの家畜が溺死した / He *was drowned* in the river. 彼は川でおぼれ死んだ. ❷ (...)を浸水[冠水]させる: Hundreds of fields *were drowned by* the flood. 洪水で何百もの畑が冠水した. ❸ (...)に(液体を)たっぷりかける, (液体に)浸す (*with*): He *drowned* the cereal *in* milk. 彼はコーンフレークにたっぷり牛乳をかけた. ❹ (音などが)(他の音)をかき消す (*out*).

drówn in ... [動] 他 (大量の物事)に埋もれる, 圧倒される.

drówn onesèlf [動] 自 **身投げをする**, 入水自殺をする: The girl ***drowned herself in*** the lake. 少女は湖に身を投げた.

drown·ing /dráʊnɪŋ/ 名 U,C 溺死.

drowse /dráʊz/ 動 自 うとうと[居眠り]する.

drows·i·ly /dráʊzɪli/ 副 うとうとと, 眠そうに.

drows·i·ness /dráʊzinəs/ 名 Ⓤ 眠気.

drows·y /dráʊzi/ 形 (drows·i·er; -i·est) ❶ 眠い, 眠そうな [≒sleepy]: She looks *drowsy*. 彼女は眠そうな顔をしている. ❷ まどろむような, 静かな: a *drowsy* afternoon のんびりした午後.

drub·bing /drʌ́bɪŋ/ 名 Ⓒ [普通は a ~] 《略式》 大敗, ぼろ負け; 酷評: get [take] *a drubbing* ぼろ負けする, たたきのめされる / give ... *a drubbing* ...をこてんぱんに負かす, やっつける, たたきのめす.

drudge /drʌ́ʤ/ 名 Ⓒ (単調で骨の折れる仕事を)こつこつとする人, あくせく働く人. ― 動 自 (いやな仕事を)こつこつとする, あくせく働く.

drudg·er·y /drʌ́ʤ(ə)ri/ 名 Ⓤ 単調な重労働.

****drug** /drʌ́g/

― 名 (~s /~z/) ❶ Ⓒ **麻薬**; 覚醒剤, 興奮剤《ヘロイン・コカイン, ときにはアルコールやたばこを指すこともある》; (ドーピングに使用される)薬物: take [use, 《略式》 do] *drugs* 麻薬を飲む[打つ] / be ***on drugs*** 麻薬をやっている / illegal *drugs* 違法薬物 / *drug* rehabilitation 麻薬更生者の社会復帰 // ⇒ hard drug, soft drug. ❷ Ⓒ 薬, 薬剤, 薬品《薬 (medicine) の材料になる》 (*for*): a *drug* company 製薬会社 / prescribe *drugs* (医者が)薬を処方する. ⚡ 現在では 1 の意味に使うことが多いので, 「薬」の意味では medicine を使うのが無難. ― 動 (drugs; drugged; drug·ging) 他 ❶ (...)に薬を服用させる; (...)に薬物[麻薬]を飲ませる. ❷ (飲食物)に薬物[麻薬, 睡眠薬]を加える.

drúg abùse 名 Ⓤ (快楽のための)薬物濫用.

drúg àddict 名 Ⓒ 麻薬常用者.

drúg dèaler 名 Ⓒ 麻薬密売人.

drug·gie /drʌ́gi/ 名 Ⓒ 《略式》 麻薬常用[中毒]者.

drug·gist /drʌ́gɪst/ 名 Ⓒ 《米古風》 薬剤師; 薬屋《人・店》 [《英》 chemist].

***drug·store** /drʌ́gstɔ̀ə | -stɔ̀ː/ 名 (~s /~z/) Ⓒ 《米》 **ドラッグストア**《薬局 (pharmacy) があるほか化粧品・たばこ・文房具・本・飲食物なども売っていて, 簡単な食事もできる店》: I bought a newspaper, soap, and magazine at the *drugstore*. 私は新聞とせっけんと雑誌をドラッグストアで買った.

****drum** /drʌ́m/

― 名 (~s /~z/) ❶ Ⓒ **太鼓**, ドラム: a bass *drum* 大太鼓 / beat a *drum* 太鼓をたたく / He plays (the) *drums* in the band. 彼はバンドでドラムを担当している《⇒ play 他 2 語法》 / *Drums* rolled at the beginning of the event. 催し物の始まりにドラムが(ひとしきり)鳴った. ❷ Ⓒ ドラム缶; 太鼓の形をしたもの, (機械の)円筒形部, ドラム: an oil *drum* ドラム缶. 関連 eardrum 鼓膜. ❸ [単数形で] 太鼓の(ような)音 (*of*).

béat [báng] the drúm [動] 自 (...を)盛んに支持[宣伝]する (*for*).

béat ... lìke a drúm [動] 他 ...に圧勝する, ...をたたきのめす.

― 動 (drums; drummed; drum·ming) 自 太鼓[ドラム]を打つ; どんどん[とんとん]たたく: Don't *drum on* the table (*with* your fingers). テーブルを(指で)とんとんたたかないでください. ― 他 (足・指など)でどんどん[とんとん]とたたく: *drum* one's fingers *on* the table 指でテーブルをとんとんたたく.

drúm ... ínto ~ [~'s héad] [動] 他 (...)を~にやかましく教え込む.

drúm ... óut [動] 他 [普通は受身で] (...)を(~から)追放する (*of*).

drúm úp [動] 他 (支持)を得ようと努力する; (宣伝などによって)(商売など)を活気づける.

drum·beat /drʌ́mbìːt/ 名 Ⓒ 太鼓の音.

drúm màjor 名 Ⓒ 軍楽隊長《行列の先頭に立ってバトンを振る》; (マーチングバンドの先頭に立つ)リーダー[指揮者].

drúm ma·jor·étte /-mèɪʤərét/ 名 Ⓒ バトンガール. 日英 「バトンガール」は和製英語.

+drum·mer /drʌ́mə | -mə/ 名 (~s /~z/) Ⓒ **ドラム[太鼓]奏者**, ドラマー.

drum·ming /drʌ́mɪŋ/ 名 ❶ Ⓤ 太鼓[ドラム]を打つこと[音]. ❷ [Ⓤ または a ~] どんどん[とんとん]という連続音.

drum·stick /drʌ́mstɪ̀k/ 名 ❶ Ⓒ 太鼓のばち, ドラムスティック. ❷ Ⓒ 〔料理〕 鶏[七面鳥]の足.

*****drunk** /drʌ́ŋk/

― 動 drink の過去分詞.

― 形 (drunk·er; drunk·est) ❶ 叙述 **酔った**, 酔っ払った: He came home dead [blind] *drunk*. 彼は泥酔して家に帰ってきた / She got *drunk on* wine. 彼女はワインで酔っ払った. ❷ 叙述 酔いしれて, 我を忘れて: Bob was *drunk with* success. ボブは成功して有頂天になっていた.

(as) drúnk as a skúnk [《英》 lórd] [形] 《略式》

ひどく酔っ払って.
drúnk and disórderly [形]〔法律〕酔って手のつけられない(ふるまいをする).
— 名 C 大酒飲み, 酔っ払い.
drunk·ard /dráŋkəd | -kəd/ 名 C《古風》(常習の)飲んだくれ.
drúnk dríver 名 C《米》飲酒運転者.
drúnk dríving 名 U《米》飲酒運転.
drunk·en /dráŋkən/ 形 ❶ 限定 酔っ払った; 飲んだくれの: Peggy's *drunken* husband ペギーの飲んだくれの亭主. ❷ 限定 酔ったあげくの; 酔っ払いたちの: a *drunken* brawl 酔っ払いのけんか.
~·ly 副 酔って, 酒の上で. **~·ness** 名 U 泥酔状態, 酩酊(めいてい); 酒びたり.
drúnken dríving 名 U《英》= drunk driving.

***dry** /dráɪ/
— 形 (dri·er, dry·er; dri·est, dry·est) ❶ **乾いた,** 湿ってない, 乾燥した [⇔ wet]; (食物が)水分不足の: *dry* wood 乾いた木材 / *dry* skin 乾燥肌 / Keep your clothes *dry* to prevent mold. かび防止のため服は湿気のつかないようにしておきなさい.
❷ **日照り続きの,** 雨の降らない [⇔ wet, rainy]: *dry* weather 日照り / a *dry* season 乾季.
❸ **水のなくなった;** (インク・燃料などが)出ない; 涙[つば, たん]の出ない; (牛などが)乳が出ない: a *dry* well 水のかれた井戸 / a *dry* cough (たんの出ない)空(から)せき / with *dry* eyes 涙ひとつこぼさずに. ❹ [よい意味で] (冗談などが)さりげない, まじめな顔で言った: *dry* humor とぼけた顔でいうユーモア, 皮肉なユーモア. ❺ 無味乾燥な, おもしろくない [≒dull]; (声などが)そっけない, 冷ややかな: a *dry* subject 退屈な話題. ❻ (ワインなどが)辛口の [⇔ sweet]; 限定 (トーストなどが)バター[ジャム]をつけていない. ❼ (人が)禁酒した, (国や州などが)酒の販売を禁じている [⇔ wet]. ❽《略式》のどが渇いた [≒ thirsty]; (仕事などが)のどの渇く. **日英** 日本でいう「ドライ」のような「割り切った」という意味はない. これに相当する英語は businesslike, calculating など《⇒ wet 形 日英》.
gò [rùn] drý [動] 自 (川・井戸などの)水がかれる; (蓄えなどが)尽きる.
There was nòt a drý éye in the hóuse. [こっけいに] 聴衆全員が泣いた.
— 動 (dries /~z/; dried /~d/; dry·ing) 他 ❶ (...)**を乾かす,** 乾燥させる, 干す [⇔ wet]: *dry* one's hair 髪を乾かす / *dry* clothes 服を干す.
❷ (ふいて)(...)の**水気をとる,** ふく: Bob *dried* the dishes with a dishcloth. ボブはふきんで皿をふいた / *Dry* your hands on the towel. タオルで手をふきなさい / *dry* one's eyes [tears] 涙をふく; 泣くのをやめる.
— 自 ❶ **乾く;** (水が)かれる: This undershirt *dries* quickly. この下着は乾きが早い. ❷ (皿などを)ふく.

dry の句動詞
drý óff 動 自 乾く; 体を乾かす[ふく]. — 他 (...)を乾かす; (体など)をふく: *dry* oneself *off* 体をふく.
drý óut 動 自 ❶ すっかり乾く; 水分がすっかりなくなる. ❷《略式》(アルコール依存症患者が治療を受けて)酒を断つ. — 他 ❶ (...)をすっかり乾かす. ❷《略式》(アルコール依存症患者)に酒を断たせる.
+**drý úp** 動 自 ❶ **(水分が)蒸発してなくなる;** (川・井戸などが)すっかり乾く[干上がる]: The pond *dried up* last summer. この前の夏にこの池は水がなくなった. ❷ (資金などが)尽きる, なくなる. ❸ (途中で)ことばに詰まる; [普通は命令文で] S 黙る. ❹《英》(皿などを)ふく.
— 他 ❶ (...)**をすっかり乾かす;** 干上がらせる V+名・代+*up* / V+*up*+名: The well has *been dried up* by the long spell of fine weather. 晴天が続いて井戸が干上がった. ❷《英》(洗った皿など)をふく.

drý bàttery 名 C 乾電池《⇒ battery 1》.
drý cèll 名 C 乾電池.
dry-clean /dráɪklìːn/ 動 他 (...)をドライクリーニングする.
drý clèaner 名 C ドライクリーニング屋《人・店》: a *dry cleaner*'s ドライクリーニング店.
drý clèaning 名 U ドライクリーニング.
Dry·den /dráɪdn/ 名 固 John ~ ドライデン (1631–1700)《英国の詩人・劇作家》.
drý dòck 名 C,U 乾ドック《排水可能なドック》.
dry·er /dráɪə | dráɪə/ 名 C [しばしば合成語で] 乾燥器[機]: a spin *dryer* (洗濯物の)遠心脱水機 / a clothes *dryer* 衣服の乾燥機. **日英** dryer だけだと洗濯物の乾燥機を意味するのが一般的. 髪を乾かすドライヤーは普通 hairdryer という.
drý éye 名 U〔医学〕ドライアイ.
drý-èyed /dráɪàɪd/ 形 叙述 泣いていない.
drý gòods 名 複 ❶《古風, 米》織物, 服地 [《英》drapery]. ❷《英》乾物《たばこ・コーヒー・小麦粉など》.
drý íce 名 U ドライアイス.
drý lànd 名 U (海などに対して)陸地.
dry·ly /dráɪli/ 副 さりげなく; そっけなく, 冷淡に.
drý méasure 名 U 乾量《⇒ measure 名 3》.
dry·ness /dráɪnəs/ 名 ❶ U 乾燥(状態). ❷ U さりげなさ; 冷淡.
drý rót 名 U (木材の)乾燥腐敗病(を起こす菌).
drý rún 名 C 予行演習, リハーサル.
dry·wall /dráɪwɔ̀ːl/ 名 U《米》乾式壁. — 動 他《米》(...)を乾式壁にする. — 自《米》乾式壁にする.
DST /díːèstíː/ 略 = daylight saving time.
DTP /díːtìːpíː/ 略 = desktop publishing.
+**du·al** /d(j)úːəl | djúː-/ 形 限定 **二重の:** have *dual* nationality [citizenship] 二重国籍を持つ.
dúal cárriageway 名 C《英》= divided highway.
du·al·i·ty /d(j)uːǽləṭi | djuː-/ 名 U 二重[元]性.
+**dub**[1] /dʌ́b/ 動 (dubs; dubbed; dub·bing) 他 ❶ (特に新聞で) (...)に**あだ名をつける,** (...)を~と呼ぶ: Chicago *is dubbed* the "Windy City." V+O+C (名の受身) シカゴは「風の町」と呼ばれている. ❷ (国王が抜いた剣で肩を軽くたたいて)(...)にナイト爵 (knight) を授ける.
+**dub**[2] /dʌ́b/ 動 (dubs; dubbed; dub·bing) 他 ❶〔映画〕(映画など)を(他の言語に)**吹き替える:** English *dubbed* version 英語吹き替え版 / a film *dubbed in* [*into*] Japanese 日本語に吹き替えられた映画. ❷ (映画などに)(音楽など)を加える; (録音)を合成する (*in*; *into*). ❸ (音楽 CD など)をコピー[ダビング]する.
+**du·bi·ous** /d(j)úːbiəs | djúː-/ 形 ❶ [軽蔑的] (人・行為が)**怪しげな,** いかがわしい; (物事が)**疑わしい,** はっきりしない; 限定 [しばしば皮肉に] 額面通りに受け取れない: a *dubious* victory (勝ったかどうか)怪しい勝利 / a *dubious* compliment 皮肉ともとれるお世辞 / have the *dubious* honor of ... ...というありがたくない名誉をもらう. ❷ 叙述 (人が)疑いを持って, 半信半疑で: I'm

D

dubious about [*of*] his chances of success. 私は彼の成功の見込みを疑問に思っている.
〜·ly 副 疑わしげに, けげんそうに; 疑わしく.

Dub·lin /dʌ́blɪn/ 名 固 ダブリン《Ireland 東部の都市; アイルランド共和国の首都》.

du·cal /d(j)úːk(ə)l | djúː-/ 形 限定《格式》公爵の; 公爵らしい. (名 duke)

duch·ess /dʌ́tʃəs/ 名 C [しばしば D-] 公爵夫人; 女公爵《⇒ peerage 表》.

duch·y /dʌ́tʃi/ 名 (duch·ies) C 公爵領, 公国《duke, duchess の領地》.

***duck**[1] /dʌ́k/ 名 (〜s /〜s/) ❶ C **あひる, かも**《⇒ goose 挿絵》; あひる[かも]の雌鳥: a wild *duck* かも / a domestic *duck* あひる / a flock of *ducks* あひる[かも]の一群. ✪ 鳴き声については ⇒ cry 表. 関連 drake あひる[かも]の雄鳥 / duckling あひるの子. ❷ U あひる[かも]の肉. ❸ C [ときに 〜s] Ⓢ《英略式》かわいい人《愛称·呼びかけに用いる》.
dúcks and drákes [名] 水切り遊び《水面に平たい小石を投げる》.
(lìke) wáter òff a dúck's báck [形·副]《略式》(忠告·批判などが)何の効き目もなくて, かえるの面(つら)に水で. 由来 かもの背の羽毛は水をはじくことから.
táke to ... lìke a dúck to wáter [動] 自 ...にすぐなじむ, ...に自然に慣れる. 由来 かもが水を好むのと同じように好きになる, の意.

duck[2] /dʌ́k/ 動 自 ❶ 頭をひょいと下げる (*down*); (強打などから)かがんで身をかわす: *Duck* under my umbrella. 私の傘に入りなさい / *Duck!* 危ない, かがめ. ❷ すばやく身を隠す (*into*). ❸ (ひょいと)水に潜(もぐ)る.
— 他 ❶ (頭)をひょいと下げる, (体)をちょっとかがめる; 身をかわして(...)をよける. ❷《略式》(難問·責任など)をかわす. ❸ (人)を(ひょいと)水に沈める. **dúck óut** [動] 自 (...から)こっそりいなくなる;《略式》(責任などを)回避する (*on*, *of*).

dúck·billed plátypus /dʌ́kbɪ̀ld-/ 名 C = platypus.

duck·ling /dʌ́klɪŋ/ 名 ❶ C あひるの子, 子がも《⇒ ugly duckling》. 関連 duck あひる. ❷ U 子がもの肉.

duct /dʌ́kt/ 名 C 管, 輸送管; 送水管, 送風管; (地下の)電線管, ダクト;〔解剖·植物〕導管.

dúct tàpe 名 U《米》ダクトテープ《粘着力の強いクロステープ; 配管工事·家屋修繕用》.

dud /dʌ́d/ 名 ❶ C《略式》役に立たない物[人]. ❷ [複数形で]《略式》服. — 形 限定《略式》役に立たない.

dude /d(j)úːd | djúːd/ 名 C《略式, 主に米》男, やつ [≒ guy].

dúde rànch 名 C《米》(西部の)観光用牧場.

dud·geon /dʌ́dʒən/ 名 [次の成句で] **in hígh dúdgeon** [副]《格式》ひどく立腹して.

****due** /d(j)úː | djúː/ (同音 dew, 《米》#do[1, 2, 3])
— 形 [比較なし]

> 意味のチャート
> 元来は「**当然支払うべき**」❷ の意.
> 「**当然与えられるべき**」❸ → 「**正当な**」❹ / → 「**予定されている**」❶

❶ 叙述 **...する予定で; 到着する予定で**: She's *due to* speak for the class. +to 不定詞 彼女はクラスを代表して演説することになっている / Her new book is *due* (*to* be) out in the fall. 彼女の新しい本は秋に出る予定だ / Their new CD is ***due for*** release early next year. +*for*+名 彼らの新しい CD は来年初めに発売予定だ / The express is *due* (in) at 10:00. 急行は 10 時到着予定だ / When's your baby *due*? 赤ちゃんはいつ生まれるの / He was *due* back an hour ago. 彼は 1 時間前に戻っているはずだった.
❷ 叙述 (負債などが)**支払わなければならない**; 支払期日が来ている, 満期で;《主に米》(宿題·本などが)提出[返却]期日が来て《⇒ overdue》: the money ***due*** (***to***) Mr. Smith +(*to*+)名 スミスさんに払うべき金 多用 / When is the rent *due*? 家賃はいつ払うことになっていますか / The debt is *due* on Nov. 30. その借金は 11 月 30 日が支払い期日だ / The library books are *due* back tomorrow. 図書館の本は明日返さなければなりません / 💬 "When's your paper *due*?" "(It's *due*) at the end of May." 「レポートはいつが締め切りですか」「5 月末です」

> 語法 **due の使い方**
> (1) 普通は「物事+(be+)*due*+*to*+人」の型であるが, 特に《米》で to が落ち, その場合 due を前置詞とみることができる: Fifty dollars in traveling expenses is *due* (*to*) *me*. 旅費のうち 50 ドルは私に払ってください.
> (2) 人が主語になって「...を当然与えられるべきで」の意になることもある: I'm still *due* ⌈ten dollars [two weeks' vacation]. 私はまだ 10 ドル[2 週間の休暇]をもらえるはずだ / She's ***due*** (***for***) a raise soon. 彼女はまもなく昇給する.

❸ 叙述 (敬意·感謝などが)**当然与えられるべきで**: Respect is ***due*** (*to*) one's elders. +(*to*+)名 年長者には当然敬意を払うべきだ / Our thanks are *due* (*to*) Mr. Long. 私たちは当然ロング氏に感謝する義務がある.
❹ 限定《格式》**正当な**, 当然与えられるべき [≒ proper]; 十分な [≒ sufficient]: the *due* reward of her efforts 彼女の努力に対する正当な報酬 / You should give the matter *due* consideration. その件は十分考慮しなければいけない.
be dúe to ... [動] 他 **...の結果である**, ...のためである《⇒ due to の項目》: His success *was due to* diligence. 彼の成功は勤勉のたまものだった.
dúe prócess (of láw) [名] 正当な法の手続き《合衆国憲法第 5 条, 14 条; これによらなければ個人の権利·自由は奪われない》.
dùe to ... ⇒ due to の項目.
in dúe cóurse [tíme] [副] **そのうちに**, やがて, 時が来れば: Our town will grow into a large city *in due course* [*time*]. 我々の町はそのうちに発展して大都会になるだろう.
with (áll) dúe respéct [副] 文修飾 Ⓢ《丁寧》敬意は十分払いますが, 失礼ではありますが《相手と考えが違うことを述べようとするときに用いる》: *With all due respect*, I can't agree with you. 気持ちはわかりますが, あなたの意見には賛成しかねます.
— 名 ❶ [単数形で所有格とともに] 当然与えられる[報われる]べきもの: Respect is the old man's *due*. 尊敬はその老人が当然受けるべきものだ. ❷ [複数形で] 会費, 組合費; 料金, 使用料[税].
gíve ... ...'s dúe [動] 他 (好ましくないものでも)(...を)正当に扱う: To *give* Tom *his due*, he did try to work harder. トムを正当に評価して言えば彼は確かに

がんばろうとはした / *Give* the devil *his due.* 《ことわざ》悪魔にも当然しかるべき待遇をせよ(いやな人でも認めるべき点は認めてやれ).

páy one's **dúes** [動] ⓐ (苦しくとも)やるべきことをやる; (苦労を重ねるなどして)尊敬[地位]を得る.

— 副 (方角が)正しく, 真...に [≒exactly]: *due* south [north] 真南[真北]に.

dúe dàte 名 C (支払いなどの)期日, 期限; 出産予定日.

du·el /d(j)úːəl | djúː-/ 名 C 決闘, 果たし合い; (2者間の)闘争: a pitchers' *duel* 投手戦 / The two teams fought a ten-inning *duel.* 両チームは10イニングにわたる熱戦を展開した. — 動 (du·els; du·eled, 《英》 du·elled; -el·ing, 《英》 -el·ling) ⓐ 決闘する; 争う (*with*).

du·et /d(j)uːét | djuː-/ ≪イタリア語から≫ 名 C 〔音楽〕二重奏[唱](曲), デュエット.

*__due to__ /(子音の前では) d(j)úːṭo | djúː-, (母音の前では) -ṭu/ 前 **...のために, ...が原因で:** The river banks collapsed *due to* heavy rain. 豪雨のため堤防が決壊した.

duff /dʌ́f/ 名 C 《米略式》 尻.

dúf·fel [dúf·fle] bàg /dʌ́f(ə)l-/ 名 C ダッフルバッグ《ズック製の円筒型のバッグ; キャンプ用など》.

dúffel [dúffle] còat 名 C ダッフルコート.

duf·fer /dʌ́fɚ | -fə/ 名 C 《略式》 ばか; 下手な人《《米》では特にゴルフが下手な人》.

*__dug__ /dʌ́g/ (同音 Doug) 動 **dig の過去形および過去分詞.**

du·gong /dúːgɑ(ː)ŋ, -gɔːŋ | -gɔŋ/ 名 C ジュゴン《人魚のモデルとなったと言われている水生哺乳類》.

dug·out /dʌ́gàʊt/ 名 ❶ C 〔野球〕ダッグアウト, (控えの)ベンチ. ❷ C 防空[待避]壕(ごう). ❸ C 丸木舟.

DUI /díːjùːáɪ/ 略 《米》 = driving under the influence 飲酒運転《⇒ driving 名 成句》.

+**duke** /d(j)úːk | djúːk/ 名 (~s /~s/) ❶ C [しばしば D-] **公爵**《貴族の最高位; ⇒ peerage 表》: the *Duke* of Edinburgh エジンバラ公. ❷ C (欧州の公国の)元首. (形 dúcal)

duke·dom /d(j)úːkdəm | djúːk-/ 名 ❶ C 公爵の位[身分]. ❷ C 公爵領, 公国.

+**dull** /dʌ́l/ 形 (dull·er; dull·est) ❶ **退屈な,** つまらない [⇔ interesting]; 平凡な《⇒ boring 類義語》: a *dull* lesson つまらない授業 / I always find Ms. Smith *dull.* スミスさんにはいつもうんざりする.

❷ (色・音が)**はっきりしない;** (空・天気が)曇った, どんよりした; (光が)鈍い, ぼんやりした [⇔ bright, clear]: a *dull* sky 曇り空 / The candle gave a *dull* light. ろうそくが鈍い光を放っていた / The peach fell to the ground with a *dull* thud. 桃は鈍い音をたてて地面へ落ちた. ❸ (痛みなどが)鈍い: I have a *dull* pain in my back. 背中に鈍痛がする. ❹ (刃などが)鈍い [≒ blunt] [⇔ sharp]: a *dull* weapon 鈍器 / The edge of this knife is *dull.* このナイフの刃はよく切れない. ❺ 《古風》 (頭の)鈍い, 鈍感な [⇔ bright]. ❻ (市況が)活気のない, 低調な.

(as) dúll as díshwater [《英》 **dítchwater**] [形] 《略式》 全くつまらない.

Néver [There's néver] a dúll móment. [しばしばこっけいに] 楽しくてしょうがない.

— 動 ⓣ (色など)を曇らせる; (音・痛みなど)を弱くする; (感覚・活動)を鈍らせる [⇔ sharpen]. — ⓐ 鈍くなる; ぼんやりする.

dull·ness /dʌ́lnəs/ 名 ❶ U 退屈. ❷ U 鈍さ. ❸ U 不活発さ; 元気のなさ.

dul·ly /dʌ́l(l)i/ 副 ❶ 退屈するほど, つまらなく. ❷ 鈍く. ❸ 元気なく.

du·ly /d(j)úːli | djúː-/ 副 ❶ 時間[予想]どおりに, 滞りなく. ❷ 《格式》 正しく, しかるべく, 十分に.

+**dumb** /dʌ́m/ ❗発音 -mb で終わる語の b は発音しない. 形 (dumb·er /dʌ́mɚ | -mə/; dumb·est /dʌ́mɪst/) ❶ 《略式》 **まぬけの;** ばかげた [≒stupid]: play [act] *dumb* ばかのふりをする. ❷ [普通は 叙述] (人が)口をきこうとしない [≒silent]; (驚きなどで)口もきけない: be struck *dumb* with amazement 驚いて口もきけない. ❸ 《古風》 口のきけない; 物を言わない: *dumb* animals 物を言えない動物 / a deaf and *dumb* person 聾唖(ろうあ)者. 語法 人に用いると差別語となるので, 代わりに speech-impaired (言語障害の)などの表現を使う. 関連 blind 盲目の / deaf 耳が聞こえない / mute (耳が聞こえないために)口のきけない.

— 動 [次の成句で] **dúmb dówn** [動] ⓣ 《略式》 [悪い意味で] (教科書・放送など)の内容のレベルを下げる.

dumb·bell /dʌ́mbèl/ 名 ❶ C ダンベル, 亜鈴. ❷ C 《米略式》 ばか, まぬけ.

dumb·found /dʌ̀mfáʊnd/ 動 ⓣ (人)を唖然(あぜん)とさせる.

dumb·found·ed /dʌ̀mfáʊndɪd/ 形 唖然とした.

dumb·ly /dʌ́mli/ 副 無言で, 黙々と.

dumb·ness /dʌ́mnəs/ 名 ❶ U 愚かさ. ❷ U 口がきけないこと; 無言.

dumb·struck /dʌ́mstrʌ̀k/ 形 = dumbfounded.

dumb·wait·er /dʌ́mwèɪṭɚ | -tə/ 名 C 料理・食器運搬用の小型エレベーター.

dum·dum /dʌ́mdʌ̀m/ 名 C ダムダム弾.

dum·my /dʌ́mi/ 名 (dum·mies) ❶ C マネキン人形; (衝突実験用などの)ダミー人形; 腹話術師の人形. ❷ C 模造品, 模型, 見本, ダミー. ❸ C 《米略式》 ばか者. ❹ C 《英》 (赤ん坊の)おしゃぶり [《米》 pacifier]. ❺ U 〔トランプ〕 (ブリッジの)ダミー(の手). ❻ C 《英》 (サッカーなどで)フェイント. — 形 限定 模造の, まがいの.

dúmmy rún 名 C = dry run.

*__dump__ /dʌ́mp/ 動 (dumps /~s/; dumped /~t/; dump·ing) ⓣ ❶ (荷物など)を(適当に)**どさっと置く,** 投げ出す; (容器の中身)をあける: I *dumped* my bag *on* the floor. V+O+前+名 私はかばんを床にどさっと置いた.

❷ (ごみなど)を(**投げ**)**捨てる:** The truck *dumped* the dirt on the ground. トラックは土を地面に投げ捨てた / The wastes *were dumped* into the sea. V+Oの受身 廃棄物が海中に投棄された. ❸ 《略式》 (人など)を(見)捨てる, 首にする, (恋人)をふる; (いやなこと)を押しつける: She *dumped* her child *on* her mother for the weekend. 彼女は週末に母親に子供を押しつけていった. ❹ 〔商業〕 (商品)を(外国市場へ)投げ売り[ダンピング]する. ❺ 〔コンピュータ〕 (データ)を(ディスクなどに)出力する.

— ⓐ ごみを捨てる.

dúmp on ... [動] ⓣ (1) 《略式, 主に米》 ...をこきおろす. (2) 《略式》 ...に悩みごとをぶちまける.

— 名 ❶ C ごみ捨て場; ごみの山. ❷ C 《略式》 汚い[ボロい]場所. ❸ C 〔軍事〕 (食糧・弾薬の)臨時集積場. ❹ C 〔コンピュータ〕 ダンプ《データをディスクなどに出力すること》.

D

dówn in the dúmps [形]《略式》ふさぎこんで, がっくりして.

dúm·per trùck /dʌ́mpɚ- | -pə-/ 名 C《英》＝ dump truck.

dump·ing /dʌ́mpɪŋ/ 名 U (ごみの)(不法)投棄.

dúmping gròund 名 C ごみ捨て場 (*for*); はきだめ.

dump·ling /dʌ́mplɪŋ/ 名 C (小麦粉を練って作る)だんご《スープなどに入れる》; (果物入り)パイ.

Dump·ster /dʌ́m(p)stɚ | -stə/ 名 C [ときに d-]《米》ダンプスター《金属製大型ごみ容器; 商標》[《英》skip].

dúmp trùck 名 C《米》ダンプカー [《英》dumper truck]. 日英「ダンプカー」は和製英語.

dump·y /dʌ́mpi/ 形 (dump·i·er; -i·est) ❶ (人が)ずんぐりした. ❷《米》汚い.

dun /dʌ́n/ 形 (dun·ner; dun·nest) 灰色がかった茶色の. ― 名 U 灰色がかった茶色.

Dun·can /dʌ́ŋkən/ 名 固 ダンカン《男性の名》.

dune /d(j)úːn | djúːn/ 名 C (海浜の)砂丘.

dung /dʌ́ŋ/ 名 U (牛・馬などの)ふん; こやし.

dun·ga·rees /dʌ̀ŋgəríːz/ 名 複《英》ダンガリー《青デニムの作業服》[《米》overalls].

dun·geon /dʌ́ndʒən/ 名 C (城内の)土牢(ろう), 地下牢.

dunk /dʌ́ŋk/ 動 他 ❶ (パンなど)を(コーヒー・紅茶などに)つける (*in, into*);《主に米》(人)を軽く水に沈める, (物)を水に浸す. ❷〘バスケ〙(ボール)をダンクシュートする. ― 名 C 浸すこと; ダンクシュート.

dúnk shòt 名 C〘バスケ〙ダンクシュート, ダンクショット《ジャンプしてリングの上からボールをたたき込むようにして入れる》.

dun·no /dənóʊ/ Ⓢ《非標準》＝(I) don't know.

+**du·o** /d(j)úːoʊ | djúː-/ 名 (～s /～z/) ❶ C (芸人などの)二人組. ❷ C 二重奏[唱]者; 二重奏[唱]曲.

duodena 名 duodenum の複数形.

du·o·de·nal /d(j)ùːədíːn(ə)l | djùː-←/ 形 十二指腸の: a *duodenal* ulcer 十二指腸潰瘍(かいよう).

du·o·de·num /d(j)ùːədíːnəm | djùː-/ 名 (複 du·o·de·na /-nə/, ～s) C〘解剖〙十二指腸.

dupe /d(j)úːp | djúːp/ 名 C だまされやすい人, カモ. ― 動 他 [普通は受身で] (人)をだます, だまして…させる (*into doing*).

du·plex /d(j)úːpleks | djúː-/ 名 ❶ C《米》2 軒 1 棟建ての家《2 軒が境の壁を共有している》[《英》semidetached]. ❷ C《米》＝ duplex apartment.

dúplex apártment 名 C《米》重層式アパート, メゾネット《1 戸が上下 2 階から成る》.

+**du·pli·cate**[1] /d(j)úːplɪkət | djúː-/ 形 限定 (他と)**全く同じの**, 複製の, 複写の; 対をなす, 二重の: a *duplicate* copy 副本, 写し / *duplicate* keys 合い鍵(かぎ). ― 名 C 複製, 複写, 写し (*of*); 合い札. **in dúplicate** [副・形] (正副)2 通にして[からなる].

+**du·pli·cate**[2] /d(j)úːplɪkèɪt | djúː-/ 動 (-cates /-kèɪts/; -cat·ed /-ṭɪd/; -cat·ing /-ṭɪŋ/) 他 ❶ [しばしば受身で] (…)を**複製する**, 複写する, (書類など)の写しを取る. ❷ (…)を(むだに)繰り返す, 再現する.

du·pli·ca·tion /d(j)ùːplɪkéɪʃən | djùː-/ 名 U,C 複製, 複写; 繰り返し; (作業などの)重複.

du·plic·i·ty /d(j)uːplísəṭi | djuː-/ 名 U《格式》(言動に)裏表のあること, 二枚舌, 陰ひなた.

du·ra·bil·i·ty /d(j)ʊ̀(ə)rəbíləṭi | djʊ̀ər-/ 名 U 耐久性[力]; 永続性.

+**du·ra·ble** /d(j)ʊ́(ə)rəbl | djʊ́ər-/ 形 **耐久性のある**, 丈夫な; 永続的な: *durable* cloth 長もちする布.

dúrable góods 名 複《米》耐久(消費)財《自動車・冷蔵庫・家具など》[《英》consumer durables].

+**du·ra·tion** /d(j)ʊréɪʃən | djʊ(ə)r-/ 名 U《格式》**持続期間**; 持続: popularity of long [short] *duration* 長[短]期間の人気.

for the durátion [副] その間ずっと; (…の)間中(ずっと) (*of*).

du·ress /d(j)ʊrés | djʊ(ə)r-/ 名 U《格式》強迫; 監禁: under *duress* 強迫されて.

*****# dur·ing /d(j)ʊ́(ə)rɪŋ | djʊ́ər-, djɔ́ːr-/

― 前 ❶ **…の間ずっと, …の間中**《ある特定の期間ずっと動作・状態が続いていることを示す》: I stayed in Paris *during* my vacation. 私は休みの間ずっとパリに滞在していた. 語法 (1) この場合 during の代わりに throughout を用いると「ずっと」の意味が強くなる. (2) during と for との違いについては ⇒ for 前 A5 語法 (2) // 言い換え We talked about our tour *during* our meal. (＝ We talked about our tour while (we were) having our meal.) 食事の間中私たちは旅行のことを話した.

❷ **…の間のいつかに**《期間中のある一点で動作・状態が生じたことを示す》: A friend of mine came to see me *during* my stay in Kyoto. 京都滞在中に友人が私に会いにきた / *During* the night the rain changed to snow. 夜の間に雨が雪に変わった. 語法🔍 この場合は during の代わりに in を用いてもよいが, during のほうが「ずっと続いている期間(のあるとき)」という感じが強い.

⚡ …する間に

彼は刑務所にいる間に本を書いた.

○He wrote a book **while** he was in prison.

×He wrote a book during he was in prison.

✪ during は前置詞なので後に主語＋動詞は来ない.

dusk /dʌ́sk/ 名 U 夕暮れ, たそがれ《twilight がさらに暗くなった状態》: at *dusk* 夕暮れに. 関連 dawn 夜明け. (形 dúsky)

dusk·y /dʌ́ski/ 形 (dusk·i·er; -i·est)《文語》薄暗い; (色が)黒ずんだ, くすんだ. (名 dusk)

***dust** /dʌ́st/ 名 ❶ U **ほこり, ちり**: The table was covered with *dust*. テーブルがほこりだらけだった / *Dust* tends to collect in the corner. ほこりは隅にたまりやすい.

❷ U (もうもうとあがる)**砂[土]ぼこり**: brush *dust* off [from] … …からほこりを払う / raise a cloud of *dust* もうもうと土煙を立てる. ❸ U 粉末, 粉末状のもの《花粉・金粉など》: gold *dust* 金粉. 関連 sawdust おがくず. ❹ [a ～]《英》ほこり[ちり]を払うこと: give the table *a dust* テーブルのほこりを払う.

bíte the dúst [動] 自《略式》(ばったり倒れて)死ぬ; 消える; 敗北する; 失敗する, 倒産する; (機械などが)壊れる. 由来 旧約聖書のことば.

gáther [collect] dúst [動] 自 (物が)ほこりをかぶっている, 使われずにいる.

léave … in the dúst [動] 他《米略式》(競争相手)にはるかに勝る.

the dúst séttles 騒ぎ[混乱]がおさまる: let *the dust settle* ＝ wait for *the dust* to *settle* 騒ぎ[混乱]がおさまるのを待つ. (形 dústy)

― 動 (dusts /dʌ́sts/; dust·ed /～ɪd/; dust·ing) 他 ❶ (…)の**ほこり[ちり]を払う**; (ほこりなど)を払う: *Dust* the table once again. もう 1 度テーブルのほこりを払っ

てくれ. 関連 brush ブラシをかける / sweep 掃(は)く / scrub 強くこする / wipe ふく. ❷ (...)に(粉などを)まく, 振りかける; (粉など)を(表面に)まく: 言い換え She *dusted* the cake *with* sugar. = She *dusted* sugar *over* [*onto*] the cake. 彼女はケーキに砂糖を振りかけた. — 自 ちり払いをする.

dúst óff [《英》 **dówn**] [動] 他 (1) (...)のちりを払う; (ほこりなど)を払う. (2) (長い間使わなかったもの)を引っ張り出す, 使い始める.

dust·bin /dʌ́stbìn/ 名 C 《英》 ごみ入れ缶《屋外用》 [《米》 garbage can, trash can].

dúst bòwl 名 C 黄塵(こうじん)地帯《砂あらしなどが激しい》; [the D- B-] (米国中南部の)黄塵地帯.

dúst bùnny 名 C 《米略式》 綿ぼこり.

dust·cart /dʌ́stkɑ̀ət | -kɑ̀:t/ 名 C 《英》 ごみ収集車 [《米》 garbage truck].

dúst còver 名 ❶ C ほこりよけカバー. ❷ C = dust jacket.

dust·er /dʌ́stə | -tə/ 名 ❶ C はたき; ふきん, ぞうきん. ❷ C 《米》 ダスター《昔ほこりよけ用に着た軽いコート》.

dúst jàcket 名 C 本のカバー (jacket).

dust·man /dʌ́stmən/ 名 (-men /-mən/) C 《英》 ごみ収集人, 清掃業者 [《米》 garbage collector].

dust·pan /dʌ́stpæ̀n/ 名 C ちり取り, ごみ取り.

dúst stòrm 名 C 砂あらし.

dust·y /dʌ́sti/ 形 (dust·i·er; dust·i·est) ❶ ほこりっぽい, ほこり[ちり]まみれの. ❷ 灰色がかった, くすんだ. (名 dust)

*__Dutch__ /dʌ́tʃ/ 形 **オランダの**; オランダ人の; オランダ系の; オランダ語の; オランダ風の《⇒ Netherlands》: the *Dutch* language オランダ語 / Her husband is *Dutch*. 彼女の夫はオランダ人だ.

gò Dútch [動] 自 [ときに差別的] 各自の費用は自分で払う; 割り勘にする: I *went Dutch with* her *for* [*on*] lunch. 私は彼女と昼食を割り勘にした.

— 名 ❶ U **オランダ語**.

❷ [the ~; 複数扱い] **オランダ人**《全体》, オランダ国民《⇒ the[1] 5》.

Dútch áuction 名 C,U 逆競り, たたき売り.

Dútch cóurage 名 U 《英略式》 酒の上のから元気.

Dutch·man /dʌ́tʃmən/ 名 (-men /-mən/) C オランダ人; オランダ系の人《⇒ Netherlands》.

Dútch tréat 名 U 《米》 費用各自持ちの会食[映画鑑賞].

du·ti·a·ble /d(j)ú:ṭiəbl | djú:-/ 形 税金のかかる.

du·ti·ful /d(j)ú:ṭɪf(ə)l | djú:-/ 形 本分を守る, 忠実な, 従順な. (名 dúty)

-ful·ly /-fəli/ 副 忠実に.

**__du·ty__ /d(j)ú:ṭi | djú:-/

— 名 (du·ties /~z/) ❶ C,U (法律的・道義的な)**義務**, 本分; 義理: our *duty to* our country 私たちの国に対する義務 / He has a strong ***sense of duty***. 彼は強い義務感を持っている.

❷ C,U [しばしば複数形で] **職務**, 任務: official *duty* 公務 / the *duties* of a police officer 警察官の任務 / ***perform*** [***carry out***, ***discharge***] one's ***duties*** 職務を遂行する / report for *duty* 出勤する / I must go now — *duty* calls. もう失礼します. しなければならないことがありますので / *Duty* before pleasure. 《ことわざ》 楽しみは仕事の後で. ❸ C,U (商品・印紙などに対する)**税**, 関税《⇒ tax 類義語》: customs *duties* 関税 / a *duty on* foreign goods 外国商品に対する関税.

be (in) dúty bóund to *dó* [動] 《格式》 ...する義務[義理]がある.

dò dúty as [for] ... [動] 他 (物が)...の代用になる.

òff dúty [形・副] **勤務時間外で**, 非番で: I'm *off duty* now. 今は非番なんだ / go *off duty* 勤務を終える.

on dúty [形・副] **勤務時間中で**, 当直で: Which nurse is *on* night *duty* this week? どの看護師が今週夜勤ですか / go *on duty* 勤務につく. (形 dútiful)

〖語源 原義は「負うべきこと」〗

du·ty-free /d(j)ú:ṭifrí: | djú:-ˊ/ 形 免税の, 税金[関税]のかからない: a *duty-free* shop 免税店. — 副 免税で. — 名 C,U 《英略式》 免税品.

du·vet /d(j)u:véɪ, d(j)ú:veɪ | d(j)ú:veɪ/ 名 C 《英》 羽毛の掛けぶとん [《米》 comforter].

DVD /dí:vì:dí:/ 名 C,U DVD《*d*igital *v*ideo *d*isc または *d*igital *v*ersatile *d*isc の略》: Is the movie available *on DVD*? その映画は DVD になっていますか.

DVD́ plàyer 名 C DVD プレーヤー.

Dvo·řák /(d)vɔ́əʒæk | (d)vɔ́:-/ 名 固 An·to·nín /ɑ́:ntooni:n/ ~ ドボルザーク (1841-1904)《チェコの作曲家》.

DVR /dì:vì:ɑ́ə | -ɑ́:/ 名 C デジタルビデオ録画装置《*d*igital *v*ideo *r*ecorder の略》.

DVT /dí:vì:tí:/ 略 = deep vein thrombosis.

+**dwarf** /dwɔ́əf | dwɔ́:f/ 名 (複 ~s /~s/, dwarves /dwɔ́əvz | dwɔ́:vz/) ❶ C (童話などの)**小人**(こびと) [⇔ giant]: *Snow White and the Seven Dwarfs* 白雪姫と7人の小人たち《童話の題名》. 語法 現実の人間に対して用いるのは古風でときに差別的. ❷ C 矮性(わいせい)動物[植物].

— 形 限定 (動植物が)小型の; (植物が)矮性の.

— 動 他 [普通は受身で] (対照によって)(...)を小さく見せる: The cathedral *is dwarfed* by the surrounding office buildings. 大聖堂はオフィスビルに囲まれてとても小さく見える.

+**dwarves** 名 dwarf の**複数形**.

dweeb /dwí:b/ 名 C 《米俗》 ださいやつ.

dwell /dwél/ 動 (dwells /~z/; 過去・過分 dwelt /dwélt/, dwelled /~d/; dwell·ing) 自 《文語》 住む, 居住する [≒live]. **dwéll on [upòn] ...** [動] 他 ...を長く[くよくよ]考える, ...にこだわる; ...についてくどくど話す[書く].

dwell·er /dwélə | -lə/ 名 C [しばしば合成語で] 住人, 居住者: city *dwellers* 都市の住人.

+**dwell·ing** /dwélɪŋ/ 名 (~s /~z/) C 《格式》 **住居**, 住宅《⇒ house[1] 類義語》: a *dwelling* area 住宅地域.

dwélling hòuse 名 C 《英》〘法律〙 住宅《店や事務所に対して》.

dwélling plàce 名 C 《古風》 = dwelling.

dwelt /dwélt/ 動 dwell の過去形および過去分詞.

DWI /dí:dʌ́blju:áɪ/ 略 《米》 = driving while intoxicated 飲酒運転《⇒ driving 名 成句》.

dwin·dle /dwíndl/ 動 自 だんだん小さくなる; 次第に減少する; 衰える: His money *dwindled* (*away*) to nothing. 彼の金はついに底をついてしまった.

+**dye** /dáɪ/ ❗発音 (同音 die[1, 2]) 名 (~s /~z/) C,U **染料**: artificial [natural] *dyes* 人工[天然]染料.

— 動 (dyes /~z/; dyed /~d/; dye·ing) 他 (...)を**染める**, (...)に色をつける: *dye* Easter eggs イースターエッグに彩色する / She *dyed* her white handkerchief pink. V+O+C (形) 彼女は白いハンカチをピンクに染めた.

dyed-in-the-wool /dáɪḍɪnðəwólˊ/ 形 [普通は

限定 [普通は軽蔑的] 筋金入りの, 根っからの.

*dy·ing /dáɪɪŋ/ (同音 dyeing) 動 die¹ の現在分詞および動名詞.
— 形 ❶ 死にかかっている, (植物が)枯れかかっている; 滅びかけている: *the dying* 今にも死にそうな人たち《複数名詞のように扱われる; ⇒ the¹ 3》/ a *dying* tree 枯れかかっている立ち木. ❷ 限定 死ぬときの, 臨終の: ...'s *dying* wish ...の死に際(ぎわ)の願い.
be dýing for ... ⇒ die¹ 成句.
be dýing to dó ⇒ die¹ 成句.
to [till] one's **dýing dáy** [副] 死ぬまで.

dyke /dáɪk/ 名 = dike.

Dyl·an /dílən/ 名 固 Bob ~ ディラン (1941-)《米国のフォークロックシンガー・ソングライター; ノーベル文学賞受賞 (2016)》.

+**dy·nam·ic** /daɪnǽmɪk/ 形 ❶ (人が)活動的な, 精力的な: a *dynamic* person 活動的な人. ❷ 動的な; ダイナミックな; 動力の; 力学の: a *dynamic*, developing economy ダイナミックに発展している経済.
— 名 C《格式》(社会・経済などの)変動の原動力.

dy·nam·i·cal·ly /daɪnǽmɪkəli/ 副 ❶ ダイナミックに; 活動的に. ❷ 動的に; 力学的に.

dy·nam·ics /daɪnǽmɪks/ 名 ❶ 複 力関係, 人間関係. ❷ U〔物理〕力学, 動力学. ❸ 複〔音楽〕強弱(の変化).

dynámic vérb 名 C〔文法〕動作動詞《⇒ stative verb, 巻末文法 4 (3)》.

dy·na·mis·m /dáɪnəmìzm/ 名 U (人が)活動的なこと; 活(動)力.

dy·na·mite /dáɪnəmàɪt/ 名 ❶ U ダイナマイト: explode the *dynamite* ダイナマイトを爆発させる. ❷ U (強い反応を呼び起こす)衝撃的[ぶっそう]なこと;《古風, 略式》[よい意味で] すごい迫力の人[もの]. — 動 他 (...)をダイナマイトで爆破する.

dy·na·mo /dáɪnəmòʊ/ 名 (~s) ❶ C 発電機 [≒ generator]《⇒ bicycle 挿絵》. ❷ C《略式》精力的[タフ]な人. ❸ C 原動力.

dy·nas·tic /daɪnǽstɪk | dɪ-/ 形 [普通は 限定] 王朝の, 王家の.

dy·nas·ty /dáɪnəsti | dín-/ 名 (-nas·ties) C 王朝, 王家; (権力者の)一門, 名門.

+**d'you** /djuː/ Ⓢ《略式》do¹ [did¹] you の短縮形: *D'you* know him? 彼を知っていますか.

dys·en·ter·y /dís(ə)ntèri | -təri, -tri/ 名 U 赤痢.

dys·func·tion /dɪsfʌ́ŋ(k)ʃən/ 名 ❶ C〔医学〕機能不全[障害]. ❷ U〔社会〕(集団生活への)不適応.

dys·func·tion·al /dɪsfʌ́ŋ(k)ʃ(ə)nəl/ 形 ❶〔医学〕機能不全[障害]の. ❷〔社会〕集団生活に不適応な: a *dysfunctional* family 崩壊(した)家族.

dys·lex·i·a /dɪsléksiə/ 名 U〔医学〕難読症.

dys·lex·ic /dɪsléksɪk/ 形, 名 C〔医学〕難読症の(人).

dys·pep·sia /dɪspépʃə, -siə | -siə/ 名 U〔医学〕消化不良 [≒indigestion].

dys·pep·tic /dɪspéptɪk/ 形〔医学〕消化不良(性)の.

dystrophy ⇒ muscular dystrophy.

dz. /dʌ́z(ə)n(z)/ 略 = dozen(s).

Ee

e, E[1] /íː/ 名 (複 e's, es, E's, Es /～z/) ❶ C,U イー《英語アルファベットの第 5 文字》. ❷ U,C [E]〔音楽〕ホ音, ホ調. ❸ C [E] (成績の)E, 条件付き合格《⇒ grade 1 表》. ❹ U,C [E]《俗》＝ ecstasy 2.

*E**[2] 略 ❶ **東** (east). ❷ ＝ earth 4, eastern, English.

e-, E- /íː/ 接頭「電子の (electronic)」「インターネット関連の」の意《⇒ email, e-commerce》.

***each /íːʧ/

— 形 **それぞれの, めいめいの, 各…:** *Each* person may try twice. 各人とも 2 回やってよい / *Each* one of them has *his* [《略式》*their*] own house. 彼らはそれぞれ自分の家を持っている《⇒ 代 1 語法 (1)》/ There are small stores on *each* side of the street. 通りのどちらの側にも小さな店が並んでいる《両側が同時に意識されていれば on both sides of ...》.

> 語法 **each 形容詞の使い方**
> 数えられる名詞の単数形につける. every が全体を考えた上で 1 つ 1 つのものを示すのに対して, each は全体に関係なく 1 つ 1 つのものを取り上げて示す. each は 2 つ以上のものに用い, every は 3 つ以上のものに用いる《⇒ all 形 語法, every 1 語法》.

éach and évery ... [形] どれもこれも, だれもかれも《each の強調》.

— 代 ❶《不定代名詞》**それぞれ, めいめい,** 各自**:** *Each* has his [his or her] own taste. それぞれ自分の好みがある / I gave ten dollars to *each*. 私はそれぞれに 10 ドルずつやった / *Each* of you has to play well, or the team will lose. 君たちはみんなしっかりプレーをしろ, そうでないとチームは負けるぞ.

> 語法 **each 代名詞の使い方**
> (1) 単数扱いが原則だが, each を受ける代名詞として特に《略式》では複数の代名詞 they などが用いられる**:** *Each* of the girls gave *her* [《略式》*their*] opinion. 少女たちの 1 人 1 人が意見を述べた.
> (2)《略式》では「each＋of＋(長い) 複数名詞」の形のときには複数扱いをすることもある**:** *Each of* the two successful boys *has* [《略式》*have*] won a prize. 合格した 2 人の少年のそれぞれが賞をもらった.

❷ [複数の名詞・代名詞と同格に用いて] **…は[を, に]それぞれ, …は[を, に]めいめい**《⇒ all 代 2, both 代 2》**:** *We* [*They*] *each* have a car. 私たち[彼ら]はそれぞれ車を持っている / *Tom, Mary,* and *Betty each* write a blog almost every day. トムとメアリーとベティーはそれぞれほぼ毎日ブログを書く. 語法 複数として扱われる.

èach óther ⇒ each other の項目.

to éach his [their] ówn = éach to his [their] ówn (好みなど)人それぞれだ.

— 副 **1 つにつき, それぞれ:** 言い換え These books cost five dollars *each*. (＝ Each of these books costs five dollars.) この本はいずれも 1 冊 5 ドルだ / The boys were given two pieces of cake *each*. 少年たちはそれぞれケーキを 2 切れもらった.

***each oth·er /iːʧʌ́ðɚ | -ʌ́ðə/ アク

— 代《不定代名詞》**お互い**《⇒ one another の項目》**:** We love *each other*. 私たちは互いを愛している / The boys began to blame *each other*. 少年たちは互いを非難し始めた / My parents looked at *each other*. 両親は互いに顔を見合わせた / They knew *each other*'s weaknesses. 彼らは互いの欠点を知っていた.

> 語法 **each other の使い方**
> (1) 動詞または前置詞の目的語や, 所有格 each other's として用い, 主語としては用いない.
> (2) 2 人[2 つの物]のときは each other, 3 以上のときは one another が原則とされてきたが, 普通は区別しない. 特に《略式》では each other のほうが一般的.

お互いに

このことについてお互いに話し合おう.
○Let's talk **to each other** about this.
×Let's talk each other about this.
✪ each other は代名詞なので副詞のように使うのは誤り.

*ea·ger /íːgɚ | -gə/ 形 (more ～; most ～) ❶ 叙述 **熱望して(いる); しきりに…したがって(いる):** They are ***eager to*** learn English. ＋to 不定詞 彼らはとても英語を学びたがっている 多用 / She is always *eager to* help others. 彼女は人を助けたいといつも強く願っている / People were ***eager for*** peace. ＋for＋名 人々は平和を熱望していた.

❷ (人・表情などが)**熱心な;** (欲望などが)激しい, 強烈な**:** He looked at the picture with *eager* eyes. 彼は熱心な目つきでその絵を見た.

> 類義語 **eager** 非常に熱心にあることをしたいと希望することを表わす**:** He is *eager* to learn how to drive a car. 彼は車の運転をとても習いたがっている. **keen**《主に英》*eager* とほぼ同義**:** He is *keen* to improve his English. 彼は非常に英語の力をつけたがっている. **anxious** 切望しながらも結末にやや不安がある気持ち**:** I am *anxious* to know the truth. 私は真相がとても知りたい.

〖語源 ラテン語で「鋭い」の意〗

éager béaver 名 C《略式》[ときに悪い意味で] 仕事熱心な人, 仕事の虫.

ea·ger·ly /íːgəli | -gə-/ 副 熱心に; しきりに, 切に**:** He was *eagerly* awaiting her arrival. 彼は彼女の到着を心待ちにしていた.

ea·ger·ness /íːgɚnəs | -gə-/ 名 U 熱心, 熱望**:** in my *eagerness to* get it それを手に入れたいあまりに.

ea·gle /íːgl/ 名 ❶ C わし**:** The *eagle* does not catch flies.《ことわざ》わしははえを捕らえぬ(大人物は小事にかかわらない) // ⇒ bald eagle. 関連 eaglet わしの子.
❷ C〔ゴルフ〕イーグル《ホールの基準打数 (par) より 2 つ少ない打数; ⇒ birdie, bogey》.

éagle èye 名 C [普通は単数形で] 鋭い観察眼.

ea·gle-eyed /íːgláɪd/ 形 観察眼の鋭い.

ea·glet /íːglət/ 名 C わしの子[ひな], 子わし.

***ear**[1] /íɚ | íə/

— 名 (~s /~z/) ❶ C 耳, 外耳《⇒ head 挿絵》: I put my hands over my *ears*. 私は手で耳をふさいだ / Beth has had her *ears* pierced. ベスは耳たぶにピアスの穴をあけている / He whispered in my *ear*. 彼は私の耳もとでささやいた / A word in your *ear*. ちょっとお耳を拝借 / My *ears* are ringing. 耳鳴りがする.
❷ C **聴力**, 聴覚; [an ~] 音を聞き分ける力: He has keen [sharp] *ears*. 彼の聴覚は鋭い / She has「*an ear* [*a* good *ear*] *for* music. 彼女は音楽がよくわかる. 関連 eye 視力.
be áll éars [動] 自《略式》とても聞きたがっている.
be óut on one's **éar** [動] 自《略式》首になる.
be ùp to one's **éars** [動] 自《略式》(仕事などに)忙殺されている; (借金で)首が回らない (*in*).
bénd ...'s **éar** [動] S《略式》...に(悩み事などを)長々と話す.
cannòt belíeve one's **éars** [動] 自 耳を疑う.
clóse [shút] one's **éars to ...** [動] 他 (不愉快な話など)を聞こうとしない, ...に耳を貸さない.
féel one's **éars bùrning** [動] 自 だれかが自分のうわさをしている気がする《日本でいう「(うわさをされて)くしゃみが出る」に相当》.
gò ín (at) óne éar and óut (at) the óther [動] 自《略式》右の耳から入って左の耳から抜ける, 聞いたことが素通りしていく.
hàve [kéep] an [one's] **éar to the gróund** [動] 自 世論の動向[情勢]に注意する.
hàve「...'s **éar [the éar of ...]** [動] (信頼されていて)(有力者)に自分の言い分を聞いてもらえる.
kéep one's **éars òpen** [動] 自 (耳を澄まして)気をつけている, 注意している.
lénd an éar to ... [動] 他 ...に耳を貸す[傾ける].
pláy [síng] ... by éar [動] 他《略式》(...)を暗譜で演奏する[歌う].
pláy it by éar [動] 自《略式》臨機応変に行動する.
smíle [grín] from éar to éar [動] 自 満面に笑みを浮かべる.

ear[2] /íə | íə/ 名 C (麦・稲などの)穂; (とうもろこしの)実: an *ear of* corn とうもろこし 1 本.

ear·ache /íəèɪk | íə(r)èɪk/ 名 C,U 耳の痛み: 《米》I have an *earache*. = 《英》I have *earache*. 耳が痛い. 関連 backache 背中[腰]の痛み / headache 頭痛 / stomachache 胃痛 / toothache 歯痛.

ear·drum /íədrʌ̀m | íə-/ 名 C 鼓膜, 中耳.

ear·ful /íəfʊ̀l | íə-/ 名 [an ~]《略式》小言, 文句: give ... *an earful* ...に小言を言う.

earl /ɚ́:l | ə́:l/ 名 C (英国の)伯爵《⇒ peerage 表》. 関連 countess 伯爵夫人; 女伯爵.

Earl /ɚ́:l | ə́:l/ 名 固 アール《男性の名》.

ear·li·er /ɚ́:liɚ | ə́:liə/
— 副 ❶ [early の比較級] **より早く**, より前に [⇔ later]: We arrived *earlier than* they did. 私たちは彼らより早く着いた / He went to school *earlier than* usual. 彼はいつもより早く学校へ行った.
❷ **以前に** [⇔ later]: This is based on an experience I had *earlier*. これは私が以前に得た経験に基づくものだ.
éarlier ón [副] もっと早い時期に.
— 形 ❶ [early の比較級] **より早い**, より早めの [⇔ later]: Is there an *earlier* train? もっと早く出る列車はありますか. ❷ 以前の.

+**ear·li·est** /ɚ́:liɪst | ə́:-/ 形 副 **early の最上級**.

at the (vèry) éarliest [副] (どんなに)**早くとも**, 早くて [⇔ at the latest]: The meeting won't be held until next week *at the earliest*. その会合は早くても来週までは開かれない.

ear·lobe /íəlòʊb | íə-/ 名 C 耳たぶ.

ear·ly /ɚ́:li | ə́:-/
✪ 比較級 earlier の用法は ⇒ earlier.
— 形 (**ear·li·er** /-liɚ | -liə/; **ear·li·est** /-liɪst/) ❶ 限定 (時期が)**早い**, 初期の, 若いころの [⇔ late]: *early* spring 早春 / in *early* times 昔 / *early* marriage 早婚 / *early* potatoes 早生(わせ)のじゃがいも / at [from] an *early* age 若い[小さい]時に[から] / In his *early* days [years] he was known as a great pianist. 若いころ彼は優れたピアニストとして知られていた / The war broke out in the *early* (part of the) nineteenth century. その戦争は 19 世紀の初期に起こった. 関連 fast 速度が速い.
❷ (普通・予定より)**早い**, **早めの** [⇔ late]: You are very *early* this morning. けさはずいぶんお早いですね / The bus was five minutes *early*. バスは 5 分早く到着した / She was *early* (*in*) com*ing* back from the party. +(in+)動名 彼女はパーティーから戻るのが早かった / ***It's*** still too ***early to*** get up. まだ起きるには早すぎる / I'll have an *early* night tonight. 今夜は早く寝よう / an *early* riser 早起き(の人) / in the *early* hours of the morning 朝早くに // ⇒ keep early hours (hour 成句). ❸ 限定《格式》近い将来の, 近々の, 早めの: We are looking forward to your *early* reply. 早めのご返事を期待しております.
— 副 (**ear·li·er** /-liɚ | -liə/; **ear·li·est** /-liɪst/) (時刻・時期などが)**早く**, 早くから; (普通より)**早めに** [⇔ late]: *early* in life 幼いころに / They started *early* in the morning. 彼らは朝早く出発した / How *early* do you leave home tomorrow morning? 明日の朝はどのくらい早く家を出るの / Mother gets up (*the*) *earliest* in my family. 母は家中でいちばん早起きだ《⇒ the¹ 1 (4) 語法 (2)》/ Winter will come *early* this year. 今年は冬が来るのが早いだろう / *Early* to bed and *early* to rise (makes a man healthy, wealthy, and wise). 《ことわざ》早寝早起き(すれば健康で, 裕福で賢明になる)《フランクリン (Franklin) のことば》.
as éarly as ... [副] 早くも...のころに: The story was well known *as early as* the eighteenth century. その話は早くも 18 世紀にすでに有名だった.
éarly ón [副] 早いうちに, 早くから.

éarly bìrd 名 ❶ C [こっけいに] 早起きの人《次のことわざに由来》: The *early bird* catches [gets] the worm. 《ことわざ》早起き鳥は虫を捕らえる(早起きは三文の得). ❷ C (会などに)定刻より早く来る人.

ear·mark /íəmàɚk | íəmà:k/ 動 他 [普通は受身で] (資金など)を(ある目的に)向ける, 取っておく: The money *has been earmarked for* a new piano. そのお金は新しいピアノのために取ってある.
— 名 C [普通は複数形で]《米》特徴, 目印.

ear·muffs /íəmʌ̀fs | íə-/ 名 複 防寒用耳当て.

earn /ɚ́:n | ə́:n/ (同音 urn)
— 動 (earns /~z/; earned /~d/; earn·ing) 他 ❶ (金)を**稼ぐ**, 働いて(...)を得る: She *earns* one hundred thousand dollars a year. 彼女は年に 10 万ドル稼ぐ.
❷ (利益など)を**生む**: The book *earned* five thousand dollars in a month. その本は 1 か月で 5 千ドルの

収益をあげた.
❸ (名声など)を得る; (感謝・報酬など)を受けるに値する; (行為などが)(人に)(名声など)をもたらす: *earn* a reputation [promotion] 名声[昇進]を得る / I think he's *earned* a week off. 彼は1週間休んでよい(だけの働きをした)と思う / His dedication *earned* him everyone's respect. V+O+O 彼はひたむきだったのでみんなの尊敬をかち得た.

éarned rún /ɚ́:nd-|ə́:nd-/ 名 C 〔野球〕(投手の)自責点.

éarned rún àverage 名 C 〔野球〕防御率《9イニングあたりの自責点; 略 ERA》.

earn·er /ɚ́:nɚ|ə́:nə/ 名 C 稼ぎ手; 利益をもたらすもの《事業など》: a high *earner* 高給取り.

+**ear·nest** /ɚ́:nəst|ə́:-/ 形 (非常に)**まじめな**, 真剣な; 熱心な《⇒ serious 類義語》: an *earnest* student まじめな学生 / It is his *earnest* desire to become a doctor. 医者になるのが彼の強い願いだ.
— 名 [次の成句で]
in éarnest [副・形] (1) **本格的に[な]**, 本式に[の]: The election campaign began *in earnest*. 選挙戦が本格的に始まった. (2) **まじめに[な]**, 本気で[の]: I'm *in* (*dead* [*deadly, complete*]) *earnest*. 本気で(言っています).

ear·nest·ly /ɚ́:nəstli|ə́:-/ 副 まじめに, 真剣に.

ear·nest·ness /ɚ́:nəstnəs|ə́:-/ 名 U まじめ, 真剣さ, 熱心: in all *earnestness* 本当に真剣に.

***earn·ings** /ɚ́:nɪŋz|ə́:n-/ 名 複 **所得**, 稼ぎ高; 利益, もうけ《⇒ pay 類義語》: average *earnings* 平均所得 / Her *earnings* rose by 20 percent in the year. 彼女の所得はその年20%上昇した. 関連 income 収入 / salary 給料 / wage 賃金.

ear·phones /íɚfòʊnz|íə-/ 名 複 イヤホン, ヘッドホン(の耳にあたる部分) (headphones): use [put on] *earphones* イヤホンを使う[つける] / listen with [through] *earphones* イヤホンで聴く.

ear·piece /íɚpì:s|íə-/ 名 ❶ C イヤホン; (電話の)受話器. ❷ C [普通は複数形で] (めがねの)耳づる《⇒ glasses 挿絵》.

ear·plug /íɚplʌ̀g|íə-/ 名 C [普通は複数形で] 耳栓(みみせん).

ear·ring /íɚrìŋ|íə-/ 名 C [しばしば複数形で] イヤリング, 耳飾り: pierced *earrings* ピアス / 「put on [wear] *earrings* イヤリングをつける[している].

ear·shot /íɚʃɑ̀(:)t|íəʃɔ̀t/ 名 U 声[音]の届く範囲.
òut of éarshot [副・形] 声の聞こえない所に (*of*).
withìn éarshot [副・形] 声の聞こえる所に (*of*).

ear-split·ting /íɚsplɪ̀tɪŋ|íə-/ 形 耳をつんざくような: an *ear-splitting* noise 耳をつんざくようなごう音.

***earth /ɚ́:θ|ə́:θ/

— 名 (~s /~s/) ❶ [the ~ [E-] または U] **地球**《⇒ planet 挿絵; world 類義語》: *The earth* goes around the sun. 地球は太陽の周りを回る / In old times people thought that *the earth* was flat. 昔は人々は地球が平らだと思っていた / orbit *the earth* (衛星が)地球を回る / return to *Earth* (宇宙船などが)地球に帰還する / life **on earth** 地球上の生命. 関連 sun 太陽 / moon 月 / star 星. ❷ [the ~ または U] (空や海に対して)大地, 地, 地面, 陸《⇒ ground[1] 類義語》[⇔ sky, sea]: Coal lies below *the earth*. 石炭は地下に埋まっている. ❸ U 土, 土壌: rich *earth* 肥えた土. ❹ C [普通は単数形で]《英》(電気器具の)アース《略 E》[《米》ground].
còme báck [dówn] to éarth (with a báng [búmp]) [動] 自 (夢からさめて)現実の世界に戻る.
dówn to éarth [形] 現実[実際]的な; 率直な.
on éarth [副] (1) [疑問詞を強めて] Ⓢ **一体**: *What on earth* has happened to you? 一体きみに何が起こったのか. (2) **地上の[に]**, この世で: I am the happi*est* man *on earth*. 私はこの世で最も幸福な男だ. 語法 普通は最上級を強調する. (3) [否定を強めて] 全然, ちっとも. (形 éarthen, éarthly, éarthy)
— 動 他 [普通は受身で]《英》〔電気〕アース[接地]する[《米》ground].

earth·bound /ɚ́:θbàʊnd|ə́:θ-/ 形 ❶ 地表を離れられない, 地上で活動する. ❷ 想像力の欠けた, 世俗的な.

Éarth Dày 名 U アースデー, 地球の日《環境保全・自然保護などを考える日; 4月22日》.

earth·en /ɚ́:θ(ə)n|ə́:-/ 形 限定 (床・壁などが)土でできた; 陶器の. (名 earth)

earth·en·ware /ɚ́:θ(ə)nwèɚ|ə́:θ(ə)nwèə/ 形, 名 U 陶器(の), 土器(の).

earth·i·ness /ɚ́:θinəs|ə́:-/ 名 U 土臭さ; あけっぴろげなこと; 粗野.

earth·ling /ɚ́:θlɪŋ|ə́:θ-/ 名 C 地球人, 人間《SF などで》.

earth·ly /ɚ́:θli|ə́:θ-/ 形 ❶ 限定 [否定文を強めて] 全く; [疑問文を強めて] 一体: There was *no earthly* reason to stay there. あそこにとどまる理由は何もなかった. ❷ 限定《文語》地上の; この世の, 俗世間の [⇔ heavenly, unearthly]: an *earthly* paradise この世の楽園. (名 earth)

**earth·quake /ɚ́:θkwèɪk|ə́:θ-/

— 名 (~s /~s/) C **地震** [《略式》quake]: 言い換え A severe [strong] *earthquake* hit [struck] Alaska yesterday. = 「There was [They had] a severe [strong] *earthquake* in Alaska yesterday. きのうアラスカで激しい地震があった. 関連 epicenter 震源地.

éarth scìence 名 C,U 地球科学.

earth-shat·ter·ing /ɚ́:θʃæ̀ṭərɪŋ|ə́:θ-/ 形 非常に重要な, 驚くべき.

earth·work /ɚ́:θwɚ̀:k|ə́:θwə̀:k/ 名 C [普通は複数形で] (昔, 防衛を目的として築かれた)土塁.

earth·worm /ɚ́:θwɚ̀:m|ə́:θwə̀:m/ 名 C みみず.

earth·y /ɚ́:θi|ə́:-/ 形 (earth·i·er; -i·est) ❶ 土の, 土質の, 土のような: *earthy* colors 土色. ❷ (体や性に関して)あけっぴろげな, おおらかな; 粗野な [≒coarse]. (名 earth)

***ease** /í:z/ 名 ❶ U **容易さ**, 簡単さ, 平易 [⇔ difficulty]: 言い換え He did it **with ease**. (= He did it easily.) 彼はそれを簡単にやってのけた / It is designed for **ease of** use. それは使いやすいように作られている.
❷ U **気楽さ**, 安楽, くつろぎ; 安心; (心・態度の)落ち着き: lead [live] a life of *ease* 気楽に暮らす / Everybody admired her *ease* of manner. 彼女の打ち解けた態度に皆が感心した.
at (one's) éase [形・副] **気楽に**, くつろいで; **安心して**, 落ち着いて: He was lying *at ease* on the sofa. 彼はくつろいでソファーに横になっていた / I ***feel*** (completely) ***at ease*** 「with him [in his company]. 彼といっしょにいると(すっかり)気持ちが安らぐ.
íll at éase [形] 落ち着かずに, 不安で.
pút [sét] ... at (...'s) éase [動] ...を安心させる: *Put* [*Set*] your mind *at ease*. 安心してください.

(Stánd) at éase. 〔軍隊〕 Ⓢ 休め! (⇒ attention 4).
(形 éasy)

— 動 (eas·es /~ɪz/; eased /~d/; eas·ing) 他 ❶ (苦痛など)を**和らげる**, (気持ちなど)を**楽にさせる**; (問題・規制など)を緩和する, 軽減する: The medicine *eased* the pain in my back. その薬で私の背中の痛みが和らいだ / His mind *was eased by* the news. V+O の受身 その知らせで彼の心は楽になった / *ease* the food shortage 食糧不足を改善する.

❷ (事)を**容易にする**, 楽にする: *ease* the transition to a new system 新制度へ移行しやすくする.

❸ [普通は副詞(句)を伴って] (...)を**そっと動かす**: *ease* the door open V+O+C (形) ドアをそっとあける / *Ease* the desk ***into*** the room. V+O+*into*+名 机をそっと部屋の中に入れてくれ. ❹ (締めつけなど)をゆるめる: *ease* one's grip 握った手をゆるめる.

— 自 ❶ (緊張などが)**和らぐ**, ゆるむ: The headache *eased* (*away* [*off*]). 頭痛が和らいだ. ❷ [副詞(句)を伴って] ゆっくり動く[進む].

éase óff [úp] [動] 自 (1) (雨・風などが)収まる, 弱まる; (厳しい状態などが)和らぐ: At last the traffic began to *ease off*. 交通渋滞がやっと緩和しだした. (2) (仕事などのペースを)ゆるめる; (...に対する)厳しさ[圧力]をゆるめる, (...を)減らす (*on*).

éase onesèlf [動] 自 [副詞(句)を伴って] そっと動く: He *eased himself into* the chair. 彼はゆっくりといすに腰かけた.

éase onesèlf ìnto ... [動] 他 (仕事など)に徐々に慣れる.

ea·sel /íːz(ə)l/ 名 Ⓒ 画架, イーゼル.

**eas·i·ly /íːz(ə)li/

— 副 ❶ **容易に**, 楽に, 簡単に, すぐに: We can solve this problem *easily*. 私たちにはこの問題が簡単に解ける / He passed the exam *easily*. 彼は試験に楽に合格した. ❷ [普通は can, could, might とともに] たぶん, おそらく(は): You *could easily* get lost there. そこでは迷子になってしまう恐れが十分ある. ❸ [普通は最上級を強めて] 確かに, 疑いなく: Michael is *easily* the *best* player on the team. マイケルは確かにそのチームでいちばんよい選手だ. **còme éasily to ...** [動] 他 ...にはすらすら[楽々]とできる.

eas·i·ness /íːzinəs/ 名 ❶ Ⓤ 気楽さ, のんき; 安楽 [⇔ uneasiness]. ❷ Ⓤ 容易さ.

**east /íːst/

— 名 ❶ [the ~ または Ⓤ; しばしば E-] **東**, **東部**, 東方 (略 E; ⇒ north 日英): They went to *the east*. 彼らは東へ行った / The wind is blowing from *the east*. 風は東から吹いている / The sun rises in *the east*. 太陽は東から昇る (✪ in の代わりに from を用いるのは誤り) / On a map, *the east* is on the right. 地図では東は右だ / There was an old castle ***to the east of*** the town. その町の東の方に古い城があった (⇒ to¹ 1 語法) / in *the east* of... ...の東部に. 関連 north 北 / south 南 / west 西.

❷ [the E-] **東洋**, アジア (特に日本, 中国, 韓国など); 東欧; 旧東側(陣営) (旧共産圏諸国); (米) 米国東部 (広くはミシシッピー川以東の地域, 狭くは Maine 州から Maryland 州まで): *East*-West relations 東西関係 (東側諸国と西側諸国の関係). 関連 Far East 極東 / Middle East 中東 / Near East 近東.
(形 éastern, éasterly)

— 形 限定 [比較なし] [ときに E-] **東の**, 東部の, 東方の; 東向きの; 東風の; 東からの (⇒ north 形 語法): on the *east* coast [side] 東海岸[東側]に / an *east* wind 東風 (英国では寒風).

— 副 [しばしば E-] **東に**, 東へ, 東方へ: The house faces *east*. その家は東向きだ / Austria is (situated) ***east of*** Switzerland. オーストリアはスイスの東にある.

báck Éast [副] (米略式) (西部から見て)東部へ[で].

east·bound /íːstbàund/ 形 限定 (乗り物などが)東へ向かっている, 東回りの.

Éast Chína Séa 名 固 [the ~] 東シナ海 (中国・台湾・九州・南西諸島に囲まれた黄海の南の海). 関連 the South China Sea 南シナ海.

Éast Cóast 名 固 [the ~] (米国の)東海岸 (大西洋岸, 特に Washington, D.C. より北の地域; ⇒ West Coast).

Éast Énd 名 固 [the ~] (英) イーストエンド (London 東部の一帯; かつては労働者階級の人が多い工業・港湾地区だった; ⇒ West End).

+**Eas·ter** /íːstɚ | -tə/ 名 Ⓤ,Ⓒ **復活祭**, イースター (キリストの復活を祝う記念祭で, 春分の日以後の最初に満月のあった次の日曜日(満月の日が日曜日のときはその次の日曜日)); 復活祭(直前・直後)のころ[時期]: at *Easter* 復活祭(のころ)に / on *Easter* Sunday 復活祭の日曜日に.

Éaster Bùnny 名 [the ~] 復活祭のうさぎ (復活祭に贈り物を持ってくると子供たちに信じられている想像上のうさぎ).

Éaster Dáy 名 Ⓤ,Ⓒ (主に英) = Easter.

Éaster ègg 名 Ⓒ イースターエッグ (復活祭の贈り物や飾りに用いる彩色した卵; 復活祭の日に, 隠した卵を子供が探して遊ぶ; チョコレートや砂糖などを卵形にした菓子のこともある): go on an *Easter egg* hunt (子供が)イースターエッグ探しに行く.

east·er·ly /íːstɚli | -tə-/ 形 ❶ 限定 東の, 東寄りの. ❷ 限定 (風が)東からの. (名 east)

— 名 (-er·lies) Ⓒ 東風.

**east·ern /íːstɚn | -tən/

— 形 ❶ 限定 [しばしば E-] **東の**; 東からの; 東向きの; 東への (略 E; ⇒ north 形 語法): the *eastern* sky 東の空 / on the *eastern* side 東側に. 関連 northern 北の / southern 南の / western 西の.

❷ 限定 [比較なし] [E-] **東洋の** (特に日本, 中国, 韓国); 東欧の; 旧東側(諸国)の: *Eastern* culture 東洋の文化. 関連 Western 西洋の. ❸ 限定 [E-] (米) 米国東部の: the *Eastern* States 東部諸州. (名 east)

Éastern Dáylight Tìme 名 Ⓤ (米) 東部夏時間 (略 EDT).

East·ern·er /íːstɚnɚ | -tənə/ 名 Ⓒ (米) 東部地方の住民, 東部出身の人.

Éastern Hémisphere 名 [the ~] 東半球.

east·ern·most /íːstɚnmòust | -tən-/ 形 最東(端)の.

Éastern Róman Émpire 名 固 [the ~] 東ローマ帝国 (ローマ帝国が 395 年東西に分裂し Constantinople を首都として成立した帝国; 1453 年滅亡; ⇒ history 参考).

Éastern (Stándard) Tìme 名 Ⓤ (米) 東部標準時, 東部時間 (略 E(S)T).

east-north·east /íːstnɔ̀ːɚθíːst | -nɔ̀ːθ-/ 名 [the ~] 東北東 (略 ENE). — 形 東北東の.

east-south·east /íːstsàuθíːst/ 名 [the ~] 東南東 (略 ESE). — 形 東南東の.

east·ward /íːstwərd | -wəd/ 副 東の方へ, 東に向かって, 東向きに. — 形 限定 東の方への, 東に向かう, 東向きの.
east·wards /íːstwərdz | -wədz/ 副 《英》 = eastward.

‡eas·y /íːzi/
— 形 (eas·i·er /-ziə | -ziə/; eas·i·est /-ziɪst/)

意味のチャート
基本的には「**楽な**」❷ の意. 物事が楽にできることから「**易しい**」❶ の意となった.

❶ 易しい, **容易な**, 簡単な; (人·ものが)...しやすい [⇔ hard, difficult]; 安易な: an *easy* question 易しい質問 / Tom is *easy to* please. +to 不定詞 トムはおだてやすい 多用. 語法 この場合 to 以下の動詞は他動詞で, 前の名詞や代名詞はその意味上の目的語になる《⇒ to² B 6 語法》 // 言い換え *It is easy to* read this book. = This book is *easy to* read. この本は読みやすい 多用 / It is not *easy for* me *to* solve this problem. +for+名+to 不定詞 この問題を解くのは私には簡単ではない《⇒ for 前 B》 / The work was *easier* than I had thought. 仕事は思ったより易しかった / The Internet has made things a lot *easier*. インターネットのおかげでいろいろな事がずいぶん簡単になった / within *easy* walking distance 気軽に歩いて行ける所に / *easy* money 楽に手に入るお金, あぶく銭.

...するのは簡単だ
この本を読むのは簡単だ.
○**It is easy to** read this book.
×I'm easy to read this book.

❷ **気楽な**, 安楽な; くつろいだ《⇒ comfortable 類義語》 [⇔ uneasy]: with an *easy* mind 安心して / live [lead] an *easy* life 気楽に暮らす / He spoke in an *easy* manner. 彼はくつろいだ態度で話した / I don't feel ***easy about*** leav*ing* you alone. +about+動名 君を一人にしておくのは安心できない. ❸ (人が)こだわらない, おおらかな; 感じのいい. ❹ 限定 だまされやすい, (攻撃などに)さらされやすい: *easy* prey いいカモ / an *easy* target for criticism 批判の格好の的.
be éasy on the éar [éye, 《米》 **éyes]** [動] 自 《略式》 聞いて[見て]快い[楽しい]; かわいい, 魅力的だ: Karen's soft voice *is* always *easy on the ear*. カレンの優しい声は聞いていていつも耳に快い.
Ì'm éasy. Ⓢ どっちでもいい[かまわない]よ《選択を求められたときの返答》. (名 ease)
— 副 (eas·i·er /-ziə | -ziə/; eas·i·est /-ziɪst/) ❶ **たやすく**, 容易に: *Easy* come, *easy* go. Ⓢ 得やすいものは失いやすい(悪銭身につかず) / *Easier* said than done. Ⓢ 《ことわざ》 言うは易し行なうは難し.
❷ ゆっくりと, 落ち着いて: *Easy!* 気をつけて[そっと]やれ.
bréathe [rést, sléep] éasy [動] 自 安心する.
Éasy dóes it. Ⓢ ゆっくりやれ, 慎重にやれ.
gò éasy on ... [動] 他 [普通は命令文で] (1) 《略式》 ...を控えめに使う[飲む, 食べる]: *Go easy on* the salt. 塩はほどほどに. (2) 《略式》 (人·もの)を優しく[大事に]扱う: You should *go easier on* her. 彼女にはもっと優しくしてあげなさい.
gò éasy with ... [動] 他 = go easy on ... (1).
táke it éasy [動] 自 (1) 《略式》 **のんきに構える**, のんびりやる. (2) [命令文で] Ⓢ 落ち着いて; 気にするな. (3) [命令文で] Ⓢ 《米》 さよなら, じゃあね《親しい者同士の別れのことば》.
táke thìngs éasy [動] 自 = take it easy (1).

éasy chàir 名 Ⓒ 安楽いす.
eas·y·go·ing /íːzigóʊɪŋ⁺/ 形 (more ~, easi·er·go·ing; most ~, eas·i·est·go·ing) [よい意味で] のんびりした; (物事に)こだわらない [⇔ uptight].
éasy lístening 名 Ⓤ イージーリスニング音楽.

‡eat /íːt/
— 動 (eats /íːts/; 過去 ate /éɪt | ét, éɪt/; 過分 eat·en /íːtn/; eat·ing /-tɪŋ/) 他 ❶ (...)を**食べる**《⇒ 類義語》, (スープ)を飲む《⇒ drink 表; soup 日英》: What did you *eat* for lunch? あなたは昼食に何を食べましたか / Do you have anything to *eat*? 何か食べるものはありますか / I *ate* soup for breakfast. 私は朝食にスープを飲んだ / I couldn't *eat* another thing. もうおなかいっぱいだ. ❷ [進行形で] 《略式》 (物事が)(人)を悩ませる, いらいらさせる [≒bother, annoy]: What'*s eating* him? Ⓢ あいつは何でいらいらしているんだ. ❸ (...)を大量に使用する.
— 自 **食べる**; 食事をする: *eat* and drink 飲み食いする. 日英 日本語と語順が逆 // *eat* healthily [right, 《英》 properly] 健康な食生活をする / We *ate* and drank heartily. 私たちはたっぷり食べたり飲んだりした / What time shall we *eat*? 何時に食事にしようか.
éat ... alíve [動] 他 《略式》 (1) (人)を簡単に打ち負かす; (人)をひどいめにあわせる. (2) [しばしば受身で] (虫などが)(人)を刺す, かむ.
hàve ... éating òut of one's **hánd** [動] 他 《略式》 ...を従順にさせる, ...を言いなりにさせる.

eat の句動詞
éat awáy 動 他 (...)を徐々に破壊する; 浸食する; 腐食する [≒erode]: Rust *ate away* the iron bar. その鉄の棒はさびでぼろぼろになった.
éat awáy at ... 動 他 ❶ ...を徐々に減らす[損なう]; 浸食する. ❷ (人)を心配させる, 悩ます.
éat ín 動 自 (出かけずに)家で食事をする [⇔eat out].
éat ìnto ... 動 他 ❶ (蓄えなど)に食い込む. ❷ ...を腐食する.
+**éat óut** 動 自 (家ではなく)**外で食事をする**, 外食する [⇔eat in]: Mike *eats out* almost every night. マイクはほとんど毎晩外食だ.
+**éat úp** 動 他 ❶ [主に Ⓢ] (...)を**食べ尽くす** V+名·代+up / V+up+名: Sit down and *eat up* your lunch. 座ってお昼ごはんを残さず食べなさい. ❷ 《略式》 (金·時間など)を使い尽くす. ❸ [普通は受身で] (感情などが)(人)の心をいっぱいにする: She *is eaten up* by [*with*] jealousy. 彼女の心はしっとでいっぱいである. — 自 [主に Ⓢ] (残さずに)食べる. **éat it úp** [動] 自 《略式》 大いに楽しむ.

類義語 **eat** 食べ物を食べることを表わす一般的なことば: I don't *eat* pork. 私は豚肉は食べません. **have** 「食べる」のほかに「飲む」,「(たばこなどを)吸う」という広い意味を持つ: I'd like to *have* ham sandwiches and a cup of coffee. 私はハムサンドとコーヒーをいただきます. **take** 「栄養物をとる」,「薬を飲む」という意味に用いられる: *Take* this medicine after each meal. 毎食後この薬を飲んでください.

eat·a·ble /íːtəbl/ 形 (食べ物が)食べられる《古くなったり腐ったりしていない; ⇒ edible》.

*****eat·en** /íːtn/ (同音 Eton) 動 eat の過去分詞.

eat·er /íːṭɚ | -tə/ 名 C 食べる人; [前に形容詞をつけて] 食べるのが…の人: a *big* [*heavy*] *eater* 大食家 / a *light* [*small*] *eater* 小食家.

eat·er·y /íːṭəri/ 名 (-er·ies) C《略式, 主に米》食堂, レストラン.

eat·ing /íːṭɪŋ/ 名 U 食べること, 食事: *eating* and drinking 飲食. 日英 日本語と語順が逆.

éating disòrder 名 C 摂食障害《過食症 (bulimia) や拒食症 (anorexia) など》.

eats /íːts/ 名 複《略式》(特に会食用の)食べ物.

eau de co·logne /óʊḍəkəlóʊn/ ≪フランス語から≫ 名 U オーデコロン《香りの薄い香水》.

eaves /íːvz/ 名 複 (家の)軒(のき), ひさし.

eaves·drop /íːvzdrὰ(ː)p | -drɔ̀p/ 動 (-drops; -dropped; -drop·ping) 自 盗み聞きする, 立ち聞きする: *eavesdrop on* a conversation 会話を盗み聞きする. 関連 overhear ふと耳にする.

eaves·drop·per /íːvzdrὰ(ː)pɚ | -drɔ̀pə/ 名 C 盗み聞きする人.

e·Bay /íːbeɪ/ 名 U イーベイ《インターネットのオークションサイト (auction) のサイト; 商標》: buy a painting on *eBay* イーベイで絵を買う.

ebb /éb/ 名 ❶ U [普通は the ~] 引き潮 [⇔ flow]. ❷ U (勢いなどの)衰え. **at a lów ébb** [形] 引き潮で; 下り坂で, 不振で. **the ébb and flów** [名] (潮の)満ち干; (物事の)移り変わり, 増減, 盛衰 (*of*).
— 動 自 (潮が)引く [⇔ flow]; (勢いなどが)衰える, 薄れる (*away*).

ébb tìde 名 C 引き潮, 干潮 [⇔ flood tide].

E·bó·la (vìrus) /ɪbóʊlə-/ 名 U エボラウイルス《出血熱の原因となるウイルス》.

E·bon·ics /iːbá(ː)nɪks | -bɔ́n-/ 名 U エボニックス《黒人英語》.

eb·o·ny /ébəni/ 名 U 黒檀(こくたん)《南インド・セイロン産の木材で高級家具用》. — 形《文語》黒檀色の, 漆黒の: *ebony* skin 黒い肌.

e-book /íːbʊ̀k/ 名 C 電子書籍《専用端末やコンピューターの画面で読む本》.

e·bul·lience /ɪbʊ́ljəns, ɪbʌ́l-/ 名 U《格式》(元気・感情などの)ほとばしり.

e·bul·lient /ɪbʊ́ljənt, ɪbʌ́l-/ 形《格式》(元気・感情などで)あふれんばかりの.

e-busi·ness /íːbɪ̀znəs/ 名 U = e-commerce.

EC /íːsíː/ 略 [the ~] = European Community.

e-cash /íːkæ̀ʃ/ 名 U 電子マネー.

+ec·cen·tric /ɪkséntrɪk, ek-/ 形 ❶ (人・行為などが)**常軌を逸した**, 風変わりな, 奇妙な, エキセントリックな: *eccentric* behavior 常軌を逸した行動. ❷ (円・球・軌道などが他と)中心を異にする. 関連 concentric 中心を同じくする.
— 名 C 変人, 奇人.

ec·cen·tric·i·ty /èksentrísəṭi/ 名 (-i·ties) U 風変わり(な言動); C [普通は複数形で] 奇行, 奇癖.

ec·cle·si·as·ti·cal /ɪklìːziǽstɪk(ə)l⁻/ 形 [普通は 限定] (キリスト)教会の; 牧師の.

ECG /íːsìːdʒíː/ 略 = electrocardiogram.

ech·e·lon /éʃəlὰ(ː)n | -lɔ̀n/ 名 ❶ C [普通は複数形で]《格式》(組織・指揮系統などの)段階, 階層: the upper *echelons of* society 社会の上層階級. ❷ C (飛行機・船・軍隊などの)梯形(ていけい)編成.

***ech·o** /ékoʊ/ 動 (ech·oes; ech·oed; -o·ing) 自 **反響する**, こだまする; 鳴り響く: 言い換え The music *echoed in* the empty hall. = The empty hall *echoed with* [*to*] the music. V+前+名 がらんとした会場にその音楽が鳴り渡った / The thunder *echoed* back from the mountains. 雷鳴が山々から反響して戻ってきた. — 他 (賛同して)(人の考えなど)をまねる, 反映する; (人のことば)を繰り返す [≒repeat].
— 名 (~es /~z/) ❶ C **こだま**, やまびこ: We heard the *echo* of our voices from the other side of the valley. 私たちの声のこだまが谷の向こう側から聞こえた. ❷ C (…の)繰り返し, 模倣, 影響 (*of*); 反響, 共感: find an *echo* in … …に共感を得る.

Ech·o /ékoʊ/ 名 固〔ギリシャ神話〕エコー《空気と土との間に生まれた森の精; ナルキッソス (Narcissus) への恋がかなわず, 体はやせ細って消え, 声だけが残った》.

e-cig·a·rette /íːsìgərèt/ 名 C 電子たばこ.

é·clair /ɪkléɚ, eɪ- | -kléə/ ≪フランス語から≫ 名 C エクレア《チョコレートをかけた細長いシュークリーム》.

ec·lec·tic /ekléktɪk, ɪk-/ 形《格式》折衷的な; 多様な, 幅広い: an *eclectic* mix of music 多様な音楽の組み合わせ. — 名 C《格式》折衷主義者.

ec·lec·ti·cis·m /ekléktəsìzm, ɪk-/ 名 U《格式》折衷主義.

e·clipse /ɪklíps/ 名 ❶ C〔天文〕(太陽・月の)食: a total *eclipse* of the sun 皆既日食 / a partial *eclipse* 部分食 / a lunar [solar] *eclipse* 月[日]食. ❷ [単数形で] (名声・影響力などの)失墜 (*of*): in *eclipse* 勢い[人気]を失って. — 動 他 ❶ [しばしば受身で] (競争者)をしのぐ; (…)の影を薄くする. ❷〔天文〕(天体が)(他の天体)を食する.

e·co- /ékoʊ, íːk-/ 接頭「生態; 環境; 環境に配慮した」の意: *eco*logy 生態学 / *eco*-friendly 環境にやさしい.

e·co-friend·ly /èkoʊfréndli, ìːk-⁻/ 形 環境にやさしい.

E. co·li /íːkóʊlaɪ/ 名 U 大腸菌.

+e·co·log·i·cal /èkəlá(ː)dʒɪk(ə)l, ìːk- | -lɔ́dʒ-⁻/ 形 限定 **生態の**; (生物の)**環境の**; 生態学の, 生態学的な; (団体・運動などが)環境保護を主張する: *ecological* balance 生態[環境]のバランス.

e·co·log·i·cal·ly /èkəlá(ː)dʒɪkəli, ìːk- | -lɔ́dʒ-/ 副 [ときに 文修飾] 生態上は; 生態学的には: *ecologically* sound 生態上健全な.

+e·col·o·gist /ɪká(ː)lədʒɪst | ɪkɔ́l-/ 名 (~s /-dʒɪsts/) C **生態学者; 環境保護論者**.

+e·col·o·gy /ɪká(ː)lədʒi | ɪkɔ́l-/ 名 ❶ [U または an ~] **生態**; (生物の)**環境**, 自然環境: *Ecology* before economy. 経済の前に環境を《環境保護の標語》. ❷ U 生態学《生物とその環境との関係の研究》.

e-com·merce /íːkὰ(ː)mɚːs | íːkɔ̀məːs/ 名 U (インターネットによる)電子商取引, e コマース.

****ec·o·nom·ic** /èkəná(ː)mɪk, ìːk- | -nɔ́m-⁻/ !アク
— 形 ❶ 限定 [比較なし] **経済(上)の**: *economic* climate 経済環境 / *economic* growth 経済成長 / *economic* powers 経済大国 / the *economic* policy of the government 政府の経済政策 / Organization for *Economic* Cooperation and Development 経済協力開発機構《略 OECD》. 関連 economical 経済的な. ❷ 限定 経済学の. ❸ 利益の上がる, 採算の取れる. (名 èconómics, ecónomy 1)

ec·o·nom·i·cal /èkəná(ː)mɪk(ə)l, ìːk- | -nɔ́m-⁻/ 形 経済的な, 節約になる, 徳用の; (人が)倹約家の; (ことばなどが)むだのない [⇔ uneconomical]: an *economi-*

cal car (燃費のよい)経済的な車 / an *economical* person 倹約家 / He is *economical with* the truth. [こっけいに] 彼はなかなか本当のことは言わない. 関連 economic 経済(上)の. (名 ecónomy 2, 3)

ec·o·nom·i·cal·ly /èkənɑ́(ː)mɪkəli, ìːk- | -nɔ́m-/ 副 ❶ [ときに 文修飾] 経済(学)的には, 経済的に言えば: *economically* active [inactive] 就業[失業]している / *economically* disadvantaged people 貧しい人々. ❷ 経済的に, 節約して; むだなく.

****ec·o·nom·ics** /èkənɑ́(ː)mɪks, ìːk- | -nɔ́m-/ !アク
— 名 ❶ U **経済学:** home *economics* 家政学; 家庭科. ❷ 複 [ときに単数扱い] (一国の)経済状態; 経済的側面: consider the *economics* of the project その企画の経済面をよく考える. (形 èconómic)

***e·con·o·mist** /ɪkɑ́(ː)nəmɪst | ɪkɔ́n-/ !アク 名 (-o·mists /-mɪsts/) C **経済学者.**

e·con·o·mize /ɪkɑ́(ː)nəmàɪz | ɪkɔ́n-/ 動 自 (時間·労力·金などを)経済的に使う, 節約する [≒cut down]: *economize on* fuel 燃料を節約する. — 他 《主に米》(時間など)を節約する. (名 ecónomy 2, 3)

****e·con·o·my** /ɪkɑ́(ː)nəmi | ɪkɔ́n-/ !アク
— 名 (-o·mies /~z/) ❶ C [しばしば the ~] (国·社会·家庭などの)**経済;** 経済組織, 経済機構: *the* Japanese *economy* 日本の経済 / *the* global [world] *economy* 世界経済 / a free-market *economy* 自由市場経済.
❷ U **節約,** 倹約: *economy* of time [labor] 時間[労力]の節約 / for reasons of *economy* 節約のため / We should try to practice *economy*. 我々は節約を心がけるべきだ. 関連 waste 浪費.
❸ C **節約になること,** 倹約した行ない: make various *economies* いろいろと節約をする / a false *economy* 間違った倹約. ❹ [形容詞的に] 経済的な, 徳用の, 安い [≒cheap]; 節約の: an *economy* size 徳用サイズ / *economy* cars 燃費のいい車. ❺ U = economy class.
(1 では 形 èconómic, 2, 3 では 形 èconómical; 2, 3 では 動 ecónomìze)
〚語源 ギリシャ語で「家の管理」の意〛

ecónomy clàss 名 U, 副 (旅客機の)エコノミークラス(で), 普通席(で) [《米》 coach]. 関連 first class 1 等(席) / business class ビジネスクラス.

ecónomy clàss sỳndrome 名 U エコノミークラス症候群《長時間狭い席に座り続けた結果, 足の静脈に血のかたまりができて生じる病気》.

e·co·sys·tem /ékoʊsìstəm, íːk-/ 名 C 生態系. 関連 biosphere 生物圏 / habitat 生息地.

e·co·tour·is·m /ékoʊtʊ̀(ə)rɪzm, íːk-/ 名 U エコツーリズム《環境保護の重要性を参加者に認識してもらうためのツアー(事業)》.

e·co·tour·ist /ékoʊtʊ̀(ə)rɪst, íːk-/ 名 C エコツアーの参加者.

ec·sta·sy /ékstəsi/ 名 (-sta·sies) ❶ U,C 有頂天, 無我夢中; うっとりとした状態; 《文語》(宗教的な)法悦: She was *in* an *ecstasy* of joy. 彼女はうれしくて有頂天になっていた / go *into ecstasies* about [over] ... ...に有頂天になる. ❷ U [E-] エクスタシー《特に若者の用いる幻覚剤》[《俗》E].

ec·stat·ic /èkstǽṭɪk←/ 形 有頂天の, 夢中の; うっとりとした (*about, over*); (拍手などが)熱狂的な.

Ec·ua·dor /ékwədɔ̀ɚ | -dɔ̀ː/ 名 固 エクアドル《南米北部の共和国; 首都 Quito /kíːtoʊ/》.

e·cu·men·i·cal /èkjʊménɪk(ə)l | ìːk-←/ 形 《格式》全キリスト教会の; 世界キリスト教会統一の.

ec·ze·ma /éksəmə/ 名 U 〘医学〙湿疹(しっしん).

Ed /éd/ 名 固 エド《男性の名; Edgar, Edmund, Edward, Edwin の愛称》.

ed. 略 = edited (by)《編者を示す; ⇒ edit》, edition, editor, education.

****-ed**[1] /ɪd, əd, d, t/ 接尾 **動詞の過去形および過去分詞の語尾.** ✪ 発音·用法について詳しくは ⇒ 巻末文法 6.1 (2), 8.3 (2).

-ed[2] /ɪd, əd, d, t/ 接尾 [名詞につく形容詞語尾]「...を持った, ...の特徴のある」の意: beard*ed* あごひげのある / talent*ed* 才能のある.

Ed·die, Ed·dy /éḍi/ 名 固 エディー《男性の名; Edgar, Edmund, Edward, Edwin の愛称》.

ed·dy /éḍi/ 名 (ed·dies) C (水·風などの)渦巻き. — 動 (ed·dies; ed·died; -dy·ing) 自 渦巻く; 渦巻くように動く.

e·del·weiss /éɪḍlvàɪs/ ≪ドイツ語から≫ 名 C エーデルワイス《アルプスなどのキク科の高山植物》.

E·den /íːdn/ 名 固 〘旧約聖書〙エデンの園 (the Garden of Eden, Paradise).

> 参考 エホバ (Jehovah) の神が人類最初の男女アダム (Adam) とエバ (Eve) を造って住まわせた楽園. 神はそこの「禁断の木の実」(forbidden fruit)を食べることを禁じたが, 2 人は悪賢い蛇の誘惑に負けて食べたため, 神の怒りに触れてエデンの園から追われた《⇒ original sin》.

Ed·gar /édgɚ | -gə/ 名 固 エドガー《男性の名; 愛称は Ed, Eddie, Eddy, Ned, Neddie または Neddy》.

****edge** /éʤ/
— 名 (edg·es /~ɪz/) ❶ C へり, 端, 縁; (町などの)はずれ: the *edge* of a cliff がけっぷち / sit on the *edge* of a bed ベッドの端にすわる / stand at the water's *edge* 水際に立つ / a house at [on] the *edge* of town 町はずれの家.
❷ C **刃先;** 刃(の鋭さ): the *edge* of a razor かみそりの刃 / This knife has no *edge*. このナイフは切れない / I have to put an *edge* on the knife. そのナイフの刃を研がなければならない.

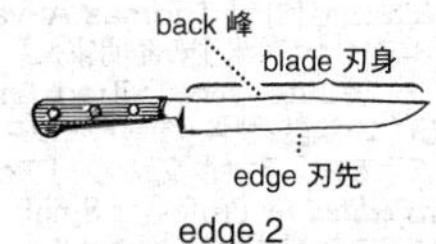

edge 2

❸ C [普通は the ~] 瀬戸際, 危機: bring the animal to *the edge of* extinction その動物を絶滅の危機にさらす. ❹ [単数形で] (多少の)優勢, 有利: have the [an] *edge on* [*over*] ... ...に少し勝っている, ...より少し有利である / get an *edge* 優位に立つ. ❺ [単数形で] (口調などの)鋭さ, 激しさ; 強烈さ: There was *an edge of* anger in her voice. 彼女の声には怒りが感じ取れた.

be on édge [動] 自 いらだって[気が立って]いる.
be on the édge of ... [動] 他 ...の寸前である.
hàve róugh édges = be róugh aròund the édges [動] 自 (作品·人などが)荒削りな所がある,

少々の欠点がある.
on the édge [形・副] 《略式》 頭がおかしくなりかけて.
on the édge of one's **séat [cháir]** [形・副] 興奮して, 夢中になって.
tàke the édge òff ... [動] ⑩ ...を和らげる, 弱める, 鈍くする; ...の興をそぐ: A piece of bread will *take the edge off* my hunger. パンをちょっと食べれば空腹が和らぐ.
— 動 (edg·es /~ɪz/; edged /~d/; edg·ing) ⓐ [副詞(句)を伴って] (体を斜めにして)**じりじりと進む**, 割り込む; (価格などが)少しずつ変わる (*up, down*): I *edged past* the onlookers *to* the scene of the accident. V+前+名 私は見物人のわきを事故現場までじりじりと進んだ.
— ⑩ ❶ [副詞(句)を伴って] (...)をそろそろとずらす, 少しずつ[注意深く](横に)動かす: We carefully *edged* the piano *through* the door. 私たちはピアノを注意深く横にずらしてドアから出した. ❷ [普通は受身で] (...)にへり[縁]をつける, (...)を縁取る: The tablecloth *was edged with* lace. そのテーブルクロスにはレースの縁取りがしてあった. ❸ (草)を刈り込む.
édge óut [動] ⑩ (...)にわずかの差で勝つ; (人)を(地位などから)じりじりと押しのける (*of*).
édge one's **wáy** [動] ⓐ 体を斜めにして少しずつ進む (*into, through*) (⇒ way¹成句の囲み).

edge·wise /éʤwàɪz/, 《英》 **-ways** /-wèɪz/ 副 斜めに, 横に, 横から; へり[縁]が外側[前]に向かって.
cannót gèt a wórd in édgewise [動] (相手がおしゃべりで)ことばをはさむ余地がない.

edg·ing /éʤɪŋ/ 名 C,U 縁飾り; (花壇などの)へり.

edg·y /éʤi/ 形 (edg·i·er, more ~; edg·i·est, most ~) ❶ いらいらした, ぴりぴりした [≒nervous] (*about*): He's gotten *edgy* because his exam is soon. 彼は試験が近いせいでいらいらしている. ❷ (音楽・本などが)おもしろい, 斬新な; (流行の)先端を行く.

ed·i·ble /édəbl/ 形 (物が)食べられる, 食用に適する (⇒ eatable) [⇔ inedible]: an *edible* plant 食用植物 / *edible* mushrooms 食用きのこ.

e·dict /íːdɪkt/ 名 C 《格式》 布告, 勅令 [≒order].

ed·i·fice /édəfɪs/ 名 C 《格式》 (壮大な)建築物.

ed·i·fy /édəfàɪ/ 動 (-i·fies; -i·fied; -fy·ing) ⑩ 《格式》 (...)を教化[啓発]する.

Ed·in·burgh /édnbə̀ːrə, -roʊ | édnb(ə)rə/ 名 固 エジンバラ (英国 Scotland 南部の都市; Scotland の首都).

Ed·i·son /édəs(ə)n/ 名 固 Thomas Al·va /ǽlvə/ ~ エジソン (1847–1931) (米国の発明家).

***ed·it** /édɪt/ 動 (ed·its /édɪts/; -it·ed /-ṭɪd/; -it·ing /-ṭɪŋ/) ⑩ ❶ (本・雑誌・映像・録音・データなど)を**編集する**; (原稿)に手を加える; (本文)を校訂する: The dictionary *was edited by* Professor Smith. V+O の受身 その辞書はスミス教授によって編集された. ❷ (新聞・雑誌など)の編集責任者を務める.
édit onesèlf [動] ⓐ 自分の発言に手を加える.
édit óut [動] ⑩ (...)を編集で削除する. (名 edítion)

E·dith /íːdɪθ/ 名 固 イーディス (女性の名).

***e·di·tion** /ɪdíʃən/ アク 名 (~s /~z/) ❶ C (本・新聞・雑誌などの)**版** (1 回に発行される部数全体, またはその一冊; 略 ed.): the first *edition* 初版 / a revised *edition* 改訂版 / The book went through ten *editions*. その本は 10 版を重ねた. 語法 増補または改訂した場合を edition, 内容を変えずにただ増刷した場合を printing, impression という.
❷ C (本などの)...**版**, 体裁: a paperback *edition* ペーパーバック版 / the electronic *edition* of the newspaper その新聞の電子版. ❸ C (連続テレビ番組などの)一回分(の放送). (動 édit)

***ed·i·tor** /édɪṭə | -tə/ 名 (~s /~z/) ❶ C (本・新聞・雑誌・テレビ番組などの)**編集者**, 編集主任, 編集長 (*of*) (略 ed.): letters to the *editor* 読者からの投稿 / the chief *editor* = the *editor* in chief 編集長, 編集主幹. ❷ C 〘コンピュータ〙 エディター (テキスト・データの編集プログラム). (形 èditórial)

***ed·i·to·ri·al** /èdətɔ́ːriəl←/ 名 (~s /~z/) C (新聞などの)**社説**, 論説 [《英》 leader, leading article]: an *editorial on* child abuse 児童虐待に関する論説.
— 形 [普通は 限定] **編集(上)の**; 編集者の; 社説の: an *editorial* assistant 編集助手 / *editorial* policy 編集方針 / the *editorial* staff 編集部員, 編集スタッフ. (名 éditor)

ed·i·to·ri·al·ly /èdətɔ́ːriəli/ 副 ❶ 編集上; 編集者として. ❷ [ときに 文修飾] 社説として; 社説で.

ed·i·tor·ship /édɪṭəʃɪp | -tə-/ 名 U 編集者の職[任期, 技量].

Ed·mund /édmənd/ 名 固 エドモンド (男性の名; 愛称は Ed, Eddie, Eddy, Ned, Neddie または Neddy).

EDT /íːdìːtíː/ 略 = Eastern Daylight Time.

edu /íːdìːjúː/ 略 [.edu としてインターネットのアドレスで] = educational institution 教育機関.

+**ed·u·cate** /éʤʊkèɪt/ アク 動 (-u·cates /-kèɪts/; -u·cat·ed /-ṭɪd/; -u·cat·ing /-ṭɪŋ/) ⑩ ❶ [しばしば受身で] (...)を**教育する**, (子供)を学校へ行かせる: He *was educated* 「*at* Harvard University [*in* Germany]. V+O+前+名の受身 彼はハーバード大学で[ドイツで]教育を受けた. ❷ (人)を教える, 教化する: *educate* young people *about* [*on*] the importance of nature conservation 若者に自然保護の重要性について教える. (名 èducátion)
〘語源 ラテン語で「(能力を)導き出す」の意; ⇒ introduce キズナ〙

+**ed·u·cat·ed** /éʤʊkèɪṭɪd/ 形 ❶ [しばしば合成語で] 限定 **教育を受けた**, 教育[教養]のある [⇔ uneducated]: a well-*educated* person 十分な教育を受けた人 / Harvard-*educated* ハーバード(大学)で教育を受けた / *educated* people 教養のある人々. ❷ 限定 (推測などが)知識[経験]に基づいた: make an *educated* guess 知識に基づく推測をする.

*****ed·u·ca·tion** /èʤʊkéɪʃən/
— 名 ❶ [U または an ~] **教育**; 教育による知識[教養, 能力, 精神的発達] (略 ed.): get [receive] a good *education* よい教育を受ける; 立派な教養を身につける / provide (an) *education* for ... (人)に教育を施す[受けさせる] / elementary *education* 《米》 = 《英》 primary *education* 初等教育 / secondary [higher] *education* 中等[高等]教育 / compulsory *education* 義務教育 / the Department [Secretary] of *Education* 《米》 教育省[長官] (⇒ department 表) / a board of *education* 《米》 = 《英》 an *education* committee 教育委員会. ❷ U 教育学, 教育法: a college of *education* 《英》 教員養成大学 [《米》 a teachers college].
(動 éducàte, 形 èducátional)

*****ed·u·ca·tion·al** /èʤʊkéɪʃ(ə)nəl←/
— 形 ❶ [比較なし] **教育上の**, 教育の(ための): *educational* levels [standards] 教育水準 / *educa-*

tional television 教育テレビ.
❷ **教育的な**, 教訓となる: *educational* experience 有益な経験. (名 èducátion)

ed·u·ca·tion·al·ist /èʤʊkéɪʃ(ə)nəlɪst/ 名 C 《英》 = educator 2.

ed·u·ca·tion·al·ly /èʤʊkéɪʃ(ə)nəli/ 副 [ときに 文修飾] 教育上は, 教育的に.

****ed·u·ca·tor** /éʤʊkèɪṭɚ | -tə/ 名 (~s /~z/) ❶ C **教育者**, 教師. ❷ C 《米》 教育学者.

ed·u·tain·ment /èʤʊténmənt/ 名 U 教育娯楽映画[番組, ソフト].

Ed·ward /édwəd | -wəd/ 名 固 エドワード《男性の名; 愛称は Ed, Eddie, Eddy, Ned, Neddie, Neddy または Ted, Teddy》.

Ed·win /édwɪn/ 名 固 エドウィン《男性の名; 愛称は Ed, Eddie, Eddy, Ned, Neddie または Neddy》.

-ee /íː/ 接尾 ❶ [他動詞につく名詞語尾]「...される人」の意《⇒ -er²》: employ*ee* 雇われた人. ❷ [形容詞・名詞・動詞につく名詞語尾]「ある状況にある人」「...する人」の意: absent*ee* 欠席者 / refug*ee* 難民 / escap*ee* 脱獄者.

EEG /íːìːʤíː/ 略 = electroencephalogram, electroencephalograph.

eek /íːk/ 間 [しばしばこっけいに] きゃーっ, ひゃーっ, わぁー《突然の恐怖や驚きの叫び》.

+**eel** /íːl/ 名 (~s /~z/, ~) C,U **うなぎ**.

-eer /íɚ | íə/ 接尾 [名詞語尾]「...に携わる人, ...を扱う人」の意《⇒ -er²》: engin*eer* 技師 / mountain*eer* 登山家. 語法 悪い意味を持つことがある: profit*eer* 暴利をむさぼる者 / racket*eer* ゆすり屋.

ee·rie /í(ə)ri/ 形 (ee·ri·er; -ri·est) 気味の悪い, ぞっとするような.

ee·ri·ly /í(ə)rəli/ 副 気味悪く, ぞっとするほど.

ef·face /ɪféɪs/ 動 他 《格式》 (文字など)を消す, 削除する; (記憶など)をぬぐい去る [≒erase]. **effáce onesèlf** [動] 自 《格式》 目立たないようにする.

**ef·fect /ɪfékt/ !アク

— 名 (ef·fects /ɪfékts/)

意味のチャート
ラテン語で「成し遂(と)げられたもの」の意 →「**結果**」❷ →(結果をもたらす力)→「**効力**」,「**影響**」❶

❶ C,U **効果**, **影響**; (薬などの)効き目, 作用; (法律などの)効力: the *effects of* the drug 薬の効き目[作用] / The new tax will ***have*** an ***effect on*** the economy. 新しい税は経済に影響を及ぼすだろう / have the opposite *effect* 逆効果になる / Our advertising campaign produced [achieved] a profound [major] *effect on* the increase in sales. 我々の宣伝キャンペーンは売り上げ増に大きな効果があった //⇒ side effect.

❷ C,U **結果**《ある原因 (cause) から生じるもの》: cause and *effect* 原因と結果 / He's suffering from the *effects of* overwork. 彼は過労の結果病気になっている. ❸ C (形・色などによる)効果, 印象, 感じ. ❹ [複数形で]〔演劇・映画〕(音響・色彩などの)効果: sound [color] *effects* 音響[色彩]効果 / special *effects* 特殊効果. ❺ [複数形で] 《格式》 動産 [≒belongings]: personal *effects* 身の回り品.

cóme [gó] ìnto efféct [動] 自 (法律・規則などが) 効力を発する, 実施[施行]される: The recycling law *came into effect* in 1998. そのリサイクル法は1998年に施行された.

for efféct [副・形] [悪い意味で] 効果を狙って(の): cry just *for effect* ただ思わせぶりに泣く.

in efféct [副] 文修飾 (見かけはそうでなくても)**実際には**, **事実上**: His reply was *in effect* a refusal. 彼の返事は事実上拒絶だった. —[形] (法律・規則が)効力ある, 有効で.

pút [bríng] ... ìnto efféct [動] 他 (...)を実行する, 実施する: The plan was immediately *put into effect*. その計画は直ちに実行に移された.

tàke efféct [動] 自 **効力を生じる**, (法律が)発効する: This medicine will *take effect* within an hour. この薬は1時間以内に効く.

to góod [líttle, nó] efféct [副] 効果的に[ほとんど効果なく, 全く効果なく].

to the efféct that ... [接] ...という趣旨の, ...の目的で: He left a message *to the effect that* the meeting had been canceled. 彼は会議が中止になったという趣旨の伝言を残した.

to thís [thát] efféct [副・形] この[その]趣旨で[の].

with efféct [副] 効果的に; 《格式》 効力を発して: *with effect* from May 5月以降効力を発して.
(形 efféctive, efféctual)

— 動 (ef·fects /ɪfékts/; -fect·ed /~ɪd/; -fect·ing) 他 《格式》 (効果・変化など)を**生じさせる** [≒cause]; (目的など)を果たす, 遂(と)げる: All the doctors' efforts failed to *effect* a cure. 医師たちのあらゆる努力も治療の効果をあげられなかった.

単語のキズナ	FECT／作る, なす＝make, do	
effect	(完全になされたもの)	→ **効果**
affect	(...に作用する)	→ **影響を及ぼす**
infect	(中に作用する)	→ **病気をうつす**
perfect	(完全になされた)	→ **完全な**
defect	(不完全にされたもの)	→ **欠陥**

**ef·fec·tive /ɪféktɪv/

— 形 ❶ (期待している)**効果のある**, 有効な; 効果的な; 印象的な [⇔ ineffective]: The government adopted *effective* measures to prevent such disasters. 政府はこのような災害を防ぐために有効な手段を講じた / The new drug is highly ***effective against*** allergies. その新薬はアレルギーに非常によく効く. ❷ 叙述 (法律などが)実施されて, 効力のある: The rules become *effective from* May 1. その規則は5月1日から実施される. ❸ [文頭で] ...から始まって, ...以後: *Effective* tomorrow, the library will be open until ten. 明日から図書館は10時まで開館します. ❹ 限定 実際の, 事実上の [≒actual]: the *effective* ruler 事実上の支配者.
(名 efféct)

**ef·fec·tive·ly /ɪféktɪvli/

— 副 ❶ **有効に**, 効果的に: We need to learn how to communicate *effectively*. 人と効果的に話ができるようになる必要がある. ❷ 文修飾 (見かけはそうでなくても)実際には, 事実上 [≒in effect].

ef·fec·tive·ness /ɪféktɪvnəs/ 名 U 効果のあること, 有効(性) (*of*).

ef·fec·tu·al /ɪféktʃuəl/ 形 《格式》 (言動・計画などが) 有効な, 効果のある [⇔ ineffectual]. (名 efféct)
-al·ly /-əli/ 副 有効に.

ef·fem·i·na·cy /ɪfémənəsi/ 名 U めめしさ, 軟弱.

E

ef·fem·i·nate /ɪfémənət/ 形 [軽蔑的] (男性(の行動)が)女性的な, 男らしくない, 軟弱な.
ef·fer·ves·cent /èfɚvés(ə)nt | èfə-⁻/ 形 ❶ [よい意味で] 活気に満ちた, 活発な, 快活な. ❷ (炭酸水などが)泡立つ, 発泡性の.
ef·fete /ɪfí:t, ef-/ 形 《格式》 精力のない, 衰退した, 弱々しい; (男性が)めめしい.
ef·fi·ca·cious /èfəkéɪʃəs⁻/ 形 《格式》 (薬・治療などが)効き目のある, 有効な.
ef·fi·ca·cy /éfɪkəsi/ 名 U 《格式》 効き目, 効能.
*__ef·fi·cien·cy__ /ɪfíʃənsi/ 名 (-cien·cies) ❶ U **能率**(のよさ), **効率(性)**; (効率よく仕事をする)能力, 有能さ [⇔ inefficiency]: improve [increase] the *efficiency* of one's work 仕事の能率を上げる / with greater *efficiency* より効率よく / Your salary will depend on your *efficiency*. 給料は能力次第だ / fuel *efficiency* 燃費. ❷ [複数形で] 効率化, 省力化.
(形 effícient)
effíciency apàrtment 名 C 《米》 ワンルームマンション《家具付き》.

ef·fi·cient /ɪfíʃənt/ !アク
— 形 ❶ (人が)**有能な**, 手際のよい [⇔ inefficient]: an *efficient* nurse 有能な看護師 / The new secretary is very ***efficient at*** us*ing* the computer. 新しい秘書はコンピューターの操作がとても巧みだ.
❷ (方法などが)**効率のよい**, 有効な [⇔ inefficient]: a fuel-*efficient* car 燃費のよい車 / This method is highly ***efficient in*** reduc*ing* waste. この方法はむだを減らすのに非常に効率がいい. (名 effíciency)
《⇒ office キズナ》
～·ly 副 有能に; 効率的に, 効果的[有効]に.
ef·fi·gy /éfəʤi/ 名 (-fi·gies) ❶ C (憎い者に似せた)人形(ひとがた). ❷ C (有名な人の)像, 彫像, 肖像.
búrn [háng] ... in éffigy [動] 他 (...)の人形を焼く[縛り首にする]《憎しみやのろいを表わす》.
ef·flu·ent /éflu:ənt | éfluənt/ 名 U,C 《格式》 (工場などの)廃液, 廃水, 汚水.

ef·fort /éfɚt | éfət/ !アク
— 名 (ef·forts /éfɚts | éfəts/) ❶ U,C **努力**, 骨折り; 労力; 骨の折れること: His *efforts to* solve the problem failed. +to 不定詞 彼は問題を解こう[解決しよう]と努力したが失敗した《⇒ to² C (4) 囲み》 / We will ***make*** every ***effort to*** win the game. 私たちは試合に勝つためにあらゆる努力をします / ***in*** an ***effort to*** reduce costs 経費を削減しようと努力して / ***despite*** ...'s ***efforts*** (人)の努力にもかかわらず / It did not ***take*** [***require***] much time or ***effort***. それはあまり時間や労力を必要としなかった / She ***put*** a lot of ***effort into*** her work. 彼女は仕事[勉強]に大いに力を入れた / It was quite an *effort* to get him to agree. 彼を同意させるのにひと苦労した / It's well ***worth the effort***. それはやりがいが十分ある / ***with*** (an) ***effort*** 苦労して / ***without effort*** 楽に, 苦もなく / an *effort* of will 意志の力. ❷ C (ある目的達成のための)活動: relief *efforts* in the disaster area 被災地での救援活動. ❸ C 努力の成果; 労作: That's quite a good *effort*. それはかなりいいできだ.
ef·fort·less /éfɚtləs | éfət-/ 形 (苦労せず)楽にしている(ように見える), 軽々とした; 自然な. **～·ly** 副 苦もなく, 楽々と.
ef·fron·ter·y /ɪfrʌ́nṭəri/ 名 U 《格式》 厚かましさ, ずうずうしさ: He had the *effrontery to* laugh at us. 彼は厚かましくも私たちのことを笑った.
ef·fu·sion /ɪfjú:ʒən/ 名 ❶ C,U 《格式》 (話・文章などで)オーバーな感情の表出, (感情の)ほとばしり. ❷ U 《格式》 流出, 浸出; C 流出物.
ef·fu·sive /ɪfjú:sɪv/ 形 (人が)(感情の表出などが)オーバーな, おおげさな. **～·ly** 副 おおげさに.
EFL /ì:èfél/ 名 U 外国語としての英語《*E*nglish as a *F*oreign *L*anguage の略; ⇒ ESL》.
+**e.g.** /í:ʤí:/ **例えば.** 語法 元来は英語の for example に相当するラテン語 exempli gratia の略語で /fərɪgzǽmpl | -zɑ́:m-/ と発音されることも多い: There are several gases in the atmosphere: *e.g.* oxygen, nitrogen and hydrogen. 大気中には例えば酸素, 窒素および水素のような何種類かの気体がある.
e·gal·i·tar·i·an /ɪgæ̀lətéˌ(ə)riən⁻/ 形 平等主義の: an *egalitarian* society 平等主義社会.
e·gal·i·tar·i·an·is·m /ɪgæ̀lətéˌ(ə)riənìzm/ 名 U 平等主義.

egg[1] /ég/
— 名 (～s /～z/) ❶ C 卵; **鶏卵**; C,U (料理した)卵《⇒ ham¹ 成句》: lay (one's) *eggs* (鳥などが)卵を産む / hatch [sit on] one's *eggs* (鳥などが)卵をかえす[抱く] / Some *eggs* are hatching. 卵がいくつかかえっている / a boiled *egg* ゆで卵 / a fried *egg* 目玉焼き / a raw *egg* 生卵 / a poached *egg* 落とし卵 / *eggs* over easy 《米》 両面を軽く焼いた目玉焼き / beat [whisk] an *egg* 卵をかきまぜる[泡立てる] / You've got (some) *egg* on your chin. あごに卵がついているよ / 💬 "How would you like your *eggs*?" "Scrambled, please." 「卵はどのようにいたしましょうか」「スクランブルエッグにしてください」《レストランなどで》. ❷ C 〔生物〕 卵子, 卵細胞.
gèt [hàve, be léft with] égg on [àll òver] one's fáce [動] 自 《略式》 (へまをして)きまりの悪い[かっこ悪い]思いをする, 面目を失う.
láy an égg [動] 自 《米略式》 (試みなどが)失敗する.
pùt [hàve] áll one's éggs in óne básket [動] 自 《略式》 1 つのことにすべてをかける: Don't *put all your eggs in one basket*. 《ことわざ》 卵を全部 1 つのかごに入れるな(危険は分散させよ).
egg[2] /ég/ 動 [次の成句で] **égg ón** [動] 他 (人)をそそのかす, (...するように)けしかける (*to* do).
egg·beat·er /égbì:ṭɚ | -tə/ 名 C (卵などの)泡立て器.
egg·cup /égkʌ̀p/ 名 C ゆで卵立て《食卓用》.
egg·head /éghèd/ 名 C 《略式》 [軽蔑的] 知識人, インテリ.
egg·nog /égnɑ̀(:)g | -nɔ̀g/ 名 C,U エッグノッグ《生卵にミルク・砂糖・酒類を混ぜた飲み物; クリスマスや新年に飲まれる》.
egg·plant /égplæ̀nt | -plɑ̀:nt/ 名 C,U 《主に米・豪》 なす《日本のものよりも大きい》 [《英》 aubergine].
égg ròll 名 C 《米》 春巻 [≒spring roll].
egg·shell /égʃèl/ 名 C,U 卵の殻. — 形 限定 (塗料が)つや消しの.
égg tìmer 名 C エッグタイマー, ゆで卵用(砂)時計.
+**e·go** /í:gou, ég-/ 名 (～s /～z/) ❶ C **自尊心**; うぬぼれ: have a big *ego* 自尊心[うぬぼれ]が強い. ❷ C 〔心理〕 自我, エゴ.
e·go·cen·tric /ì:gouséntrɪk, èg-⁻/ 形 [軽蔑的] 自己中心的な, 自分本位の [≒self-centered].
e·go·is·m /í:gouìzm, ég-/ 名 = egotism.

e·go·ist /íːgoʊɪst, ég-/ 名 = egotist.

e·go·is·tic /ìːgoʊístɪk, èg-←/, **-is·ti·cal** /-tɪk(ə)l←/ 形 = egotistic.

e·go·ma·ni·ac /ìːgoʊméɪniæ̀k/ 名 C 極端[病的]に自己中心的な人.

e·go·tis·m /íːgətìzm, ég-/ 名 U [軽蔑的] 自分本位, 自己中心癖, 利己主義, エゴイズム; うぬぼれ [≒conceit]. 関連 altruism 利他主義.

e·go·tist /íːgətɪst, ég-/ 名 C [軽蔑的] 自分本位の人, 自己中心的な人; うぬぼれ屋.

e·go·tis·tic /ìːgətístɪk, èg-←/, **-tis·ti·cal** /-tɪk(ə)l←/ 形 [軽蔑的] 自分本位の; うぬぼれた.

égo trìp 名 C [軽蔑的] 自分勝手[ひとりよがり]な行動: be on an *ego trip* 自分本位にふるまう.

e·gre·gious /ɪgríːʤəs/ 形 《格式》(誤りなどが)とてもひどい. **~·ly** 副 とてもひどく.

e·gress /íːgres/ 名 U 《格式》出ていくこと.

E·gypt /íːʤɪpt/ !アク 名 固 エジプト《アフリカ北東部の国; 正式名はエジプトアラブ共和国 (the Arab Republic of Egypt); 首都 Cairo》.

E·gyp·tian /ɪʤípʃən/ !アク 形 エジプトの; エジプト人の. — 名 C エジプト人.

eh /éɪ, é | éɪ/ 発音 普通は上昇調で発音される《⇒ **つづり字と発音解説** 94》. (同音 #a²) 間 ❶ Ⓢ《主に英・カナダ》…でしょ?, ね?; どう?《同意を求める》[《米》huh]: It's funny, *eh*? おかしいでしょ? ❷ Ⓢ《主に英・カナダ》えっ!, 何だって!: *Eh*? What did you say? えっ, 何ですって?

ei·der·down /áɪdədàʊn | -də-/ 名 C 《英》(けわたがもの綿毛を詰めた)羽ぶとん.

Éif·fel Tów·er /áɪf(ə)l-/ 名 固 [the ~] エッフェル塔《Paris にある鉄塔 (330m)》.

⁑eight /éɪt/ (同音 《米》 ate)

— 代《数詞》[複数扱い] **8 つ, 8 人, 8 個; 8 ドル[ポンド, セント, ペンスなど]**《⇒ number 表》: *Eight were* found. 8 人[8 個]が見つかった. 関連 eighth 8 番目の.

— 名 (eights /éɪts/) ❶ C (数としての) **8**: Lesson *Eight* 第 8 課 / *Eight* and *eight* is [makes, equals, are, make] sixteen. 8 足す 8 は 16 (8＋8 ＝ 16) / Three times *eight* is twenty-four. 8 の 3 倍は 24 (3×8 ＝ 24)《⇒ times 日英》/ Forty divided by *eight* equals five. 40 割る 8 は 5 (40÷8 ＝ 5).

❷ U **8 時, 8 分; 8 歳**: boys of *eight* 8 歳の少年たち / School begins *at eight*. 学校は 8 時に始まる. ❸ C 8 の数字. ❹ C 8 つ[8 人, 8 個]ひと組のもの; エイト《8 本オールのボートおよびその選手たち》. ❺ C〔トランプ〕8 の札.

— 形 ❶ 限定 **8 つの, 8 人の, 8 個の**: *eight* times 8 回, 8 倍 / She is *eight* years old. 彼女は 8 歳だ. ❷ 叙述 **8 歳で**: I went to America when I was *eight*. 私は 8 歳のときアメリカへ行った.

⁑eigh·teen /èɪtíːn←/

— 代《数詞》[複数扱い] **18, 18 人, 18 個; 18 ドル[ポンド, セント, ペンスなど]**《⇒ number 表, -teen, teens》.

— 名 (~s /~z/) ❶ C (数としての) **18**. ❷ U (24 時間制で)18 時, 18 分; 18 歳. ❸ C 18 の数字. ❹ C 18[18 人, 18 個]でひと組のもの.

— 形 ❶ 限定 **18 の, 18 人の, 18 個の**. ❷ 叙述 18 歳で.

⁑eigh·teenth /èɪtíːnθ←/

— 形 ❶ [普通は the ~; ⇒ the¹ 1 (4)] **18 番目の, 第 18 の**《18th とも書く; ⇒ number 表》: in *the eighteenth* century 18 世紀に.
❷ 18 分の 1 の.

— 名 (~s /~s/) ❶ [単数形で; 普通は the ~] **18 番目の人[もの]; (月の)18 日**《18th とも書く; ⇒ date¹ 名 1 語法 囲み》.
❷ C **18 分の 1, 1/18**《⇒ **巻末文法** 16.11 (3)》.

⁑eighth /éɪtθ, éɪθ | éɪtθ/

— 形 ❶ [普通は the ~; ⇒ the¹ 1 (4)] **8 番目の, 第 8 の**, 8 位の《8th とも書く; ⇒ number 表, eight》: *the eighth* lesson 第 8 課 / *the* two hundred (and) *eighth* line 208 番目の行 / *The eighth* month of the year is August. 1 年の 8 番目の月は 8 月だ.
❷ **8 分の 1 の**: an *eighth* part 8 分の 1 の部分.

— 名 (eighths /éɪtθs, éɪts | éɪtθs/) ❶ [単数形で; 普通は the ~] **8 番目の人[もの]**, 8 位の人[もの], 第 8 号.
❷ [単数形で; 普通は the ~] (月の)**8 日**(ようか)《8th とも書く》: on *the eighth* of April ＝ on April *8* 4 月 8 日に《April 8 は April (*the*) *eighth* と読む; ⇒ date¹ 名 1 語法 囲み》.
❸ C **8 分の 1, 1/8**《⇒ **巻末文法** 16.11 (3)》: an [one] *eighth* 1/8 / three *eighths* 3/8.

— 副 つなぎ語 8 番目に[として].

éighth nòte 名 C 《米》〔音楽〕8 分音符 [《英》quaver].

***eight·i·eth** /éɪṭiəθ/ 形 ❶ [普通は the ~; ⇒ the¹ 1 (4)] **80 番目の, 第 80 の**《80th とも書く; ⇒ number 表》. ❷ 80 分の 1 の.

— 名 (~s /~s/) ❶ [単数形で; 普通は the ~] **80 番目の人[もの]**.
❷ C **80 分の 1, 1/80**《⇒ **巻末文法** 16.11 (3)》.

⁑eight·y /éɪṭi/

— 代《数詞》[複数扱い] **80, 80 人, 80 個; 80 ドル[ポンド, セント, ペンスなど]**《⇒ number 表, -ty²》.

— 名 (eight·ies /~z/) ❶ C (数としての) **80**. ❷ U 80 歳. ❸ [複数形で the または所有格の後で] 80 年代; 80 歳代; (速度・温度・点数などの)80 番台[度台, 点台]《しばしば the 80's [80s] とも書く》: in *the* (nineteen) *eighties* [19*80's*, 19*80s*] 1980 年代に《⇒ **巻末文法** 16.1 (2)》/ in *one's eighties* 80 歳代で. ❹ C 80 の数字. ❺ C 80 [80 人, 80 個]でひと組のもの.

— 形 ❶ 限定 **80 の, 80 人の, 80 個の**. ❷ 叙述 80 歳で.

Ein·stein /áɪnstaɪn/ 名 固 Albert ~ アインシュタイン (1879–1955)《ドイツ生まれの米国の物理学者》.

Ei·sen·how·er /áɪz(ə)nhàʊɚ | -hàʊə/ 名 固 Dwight /dwáɪt/ David ~ アイゼンハワー (1890–1969)《米国の第 34 代大統領 (1953–61)》.

⁑ei·ther /íːðɚ, áɪðɚ | áɪðə, íːðə/

単語のエッセンス
基本的には「どちらか一方」の意.

1) どちらか一方(の)	形 ❶, 代 ❶
2) [either ... or ~ で] ...か~か	接 ❶
3) [否定文で] どちらも(...ない)	形 ❷, 代 ❷
4) [否定文で] ...もまた(~ない)	副 ❶

5) [either ... or ～ で否定文で]
...も～も(―ない) 接❷
6) どちらの...も 形❸

— 形 [単数の名詞につけて] ❶ (2つ[2人]のうち)**どちらか(一方)の; どちらの...でも**, どちらでも任意の: We have to choose *either* plan. 私たちはどちらかの案を選ばなければならない / You can take *either* train. どちらの電車に乗っても大丈夫です. 語法「3つ[3人] 以上のうちどれでも」の意味には any を用いる《⇒ any 形 2》.

❷ [否定文で] **どちらの...も～ない; 両方とも...でない** 《⇒ neither 形》: I do*n't* like *either* color. (= I like *neither* color.) 私はどちらの色も好きではない.

❸ どちらの...も, 両方の: There was a chair at *either* end of the long table. 長いテーブルの両端にそれぞれいすが置いてあった.

> 語法 「どちらの...も」の意味は特に side, end, hand など対を表わす名詞と結合するときに用いるが, 次の例のように both (＋複数名詞)や each (＋単数名詞)を用いることも多い: There were chairs at *both* end*s* of the long table. / There was a chair at *each* end of the long table.

èither wáy [副] (1) **どちらのしかたでも**, どちらへでも: The word "economic" has two pronunciations (/èkənɑ́(ː)mɪk/ and /iːkənɑ́(ː)mɪk/) and you can pronounce it *either way*. 「economic」という語には(/èkənɑ́(ː)mɪk/ と /iːkənɑ́(ː)mɪk/ の) 2つの発音がありどちらに発音してもよい. (2) つなぎ語 Ⓢ **どちらにしても**: *Either way*, I don't believe him. どちらにしても私は彼の言うことを信じない.

— 代 《不定代名詞》 ❶ (2つ[2人]のうち)**どちらか一方**; どちらでも: *Either* of you may go. あなたがた(2人)のうちどちらか(1人)は行ってもいい / *Either* will do. どちらでもよい.

> 語法 (1) **either の数**
> either は単数扱いが原則だが,《略式》で「either＋of＋複数(代)名詞」の形のときには複数扱いのこともある: *Is either* of them [the men] a spy? =《略式》*Are either* of them [the men] spies? 彼ら[あの2人の男]のうちどちらかがスパイなのか.
> (2) 「3つ[3人]以上のうちどれでも」の意味には any を用いる《⇒ any 代 2》.

❷ [否定文で] **どちらも...ない**, 両方とも...ない: 言い換え I do*n't* want *either*. (= I want *neither*.) 私は両方とも欲しくない / She did*n't* know *either* of the boys. (= She knew *neither* of the boys.) 彼女はその(2人の)少年のどちらも知らなかった. 語法 部分否定を表わす both と比較《⇒ both 代 3 語法》: I do*n't* want *both*. Just give me one. 私は両方は要りません. ひとつだけください.

— 副 ❶ [先行する否定的表現に続く否定文で] **...もまた** (～しない, ～でない)《⇒ neither 副》: I do*n't* like this, and I do*n't* like thát, éither. これも気に入らないしあれも気に入らない / 言い換え If she does*n't* go, Í wo*n't* go éither. (= If she does*n't* go, *neither* will I.) 彼女が行かないのなら私も行かない《✪ either は文尾で用い, neither は文や節の初めで用いて倒置を引き起こす》/ "I can't go to the party." "Me *either*." Ⓢ《米》「パーティーには行けません」「私も(行けません)」.《✪ Me neither. のほうが普通》.

> 語法 (1) **「...もまた」の言い方**
> 肯定文では too, also, as well または so を用いる: If she goes, I'll go, *too*. = If she goes, I'll *also* go. = If she goes, I'll go *as well*. = If she goes, *so* will I. 彼女が行くのなら私も行く.
> (2) 「...もまた」の意味がかかる語を強く発音する.

❷ [先行する肯定表現に続く否定文で] その上(...でもない), それも[といっても](...ではない): He won a sum of money, and *not* such a small one, *either*. 彼は賞金を手に入れた. それもそんなに少額ではない[かなりの大金だ]《✪ この one は sum を指す》.

— /íːðə, áɪðə | áɪðə, íːðə/ 接 ❶ [either ... or ～ として肯定文で] (2つのうち)**...かまたは～か, どちらか一方**《選択を表わす or を強調する; ⇒ or 1, neither 接》: I will give you *either* an apple *or* an orange, but not both. りんごかオレンジのどちらかを君にあげるが, 両方ともではない [名詞と名詞] / *Either* you *or* I must go. あなたか私かどちらかが行かなければならない [代名詞と代名詞] / A door must be *either* shut *or* open.《ことわざ》ドアは閉まっているか開いているかのどちらかだ(一度に2つのことはできない) [形容詞と形容詞] / If you need my help, *either* call *or* email me. 私の助けが必要なら電話をかけるかメールしてください [動詞と動詞] / *Either* you go with him, *or* you leave him. 彼と一緒に行くか, 彼の元を去るかのどちらかだ [節と節].

> 語法 (1) either A or B の形において, A と B は同じ品詞の語か同種の句・節.
> (2) **either A or B と数**
> either A or B の形が主語であるとき, それに続く動詞の人称や数は B の名詞または代名詞に合わせるのが普通: *Either* you *or he has* to go. あなたか彼かどちらかが行かなければならない.
> (3) 《略式》では選択肢が3つになることもある: He'll leave on vacation *either* this morning, (*or*) tonight, *or* tomorrow. 彼は今朝か今夜かあすのいずれかに休暇で出かける.

❷ [either ... or ～ として否定文で] **...も～も** (―でない)《⇒ or 2, neither 接》: 言い換え She can*not* speak *either* French *or* German. (= She can speak *neither* French *nor* German.) 彼女はフランス語もドイツ語も話せない. 語法 both ... and ～ が否定されたときの部分否定と比較: She can*not* speak *both* French *and* German. Only French. 彼女はフランス語もドイツ語も話せるというわけではない. フランス語だけだ.

〖語源 whether と同語源〗

e·jac·u·late /ɪʤǽkjʊlèɪt/ 動 他 〔生理〕(精液)を射精する. — 自 〔生理〕射精する.

e·jac·u·la·tion /ɪʤæ̀kjʊléɪʃən/ 名 U,C 〔生理〕射精.

e·ject /ɪʤékt/ 動 他 ❶ 《格式》(人)を追い出す, 追放する, 排斥する (*from*). ❷ (ディスクなど)を取り出す (*from*). ❸ (...)を押し[投げ]出す, 放出する. — 自 ❶ (飛行機から)緊急脱出する (*from*). ❷ (ディスクなどが)出てくる (*from*). 〖⇒ reject[1] キズナ〗

ejéction sèat 名 C 《米》(戦闘機などの)射出座席《緊急脱出用》[《英》ejector seat].

ejéctor sèat 名 C 《英》= ejection seat.

eke /íːk/ 動 他 [次の成句で] **éke óut** [動] 他《文語》(不足)を(十分ではないが)補う, 節約して長もちさせる (*by, with*). **éke óut「a líving [an exístence]** [動] 自 かろうじて生計を営む.

EKG /íːkèɪʤíː/ 略《米》= electrocardiogram.

+**e·lab·o·rate**[1] /ɪlǽb(ə)rət, əl-/ ✪ 動詞の elaborate[2] と発音が違う. 形 [普通は 限定] ❶ **手の込んだ**, 凝った, 精巧な: an *elaborate* design 凝ったデザイン. ❷ 念入りに計画[準備]した: an *elaborate* plan 念入りに組まれた計画. (動 eláboràte[2])
〘⇒ labor キズナ〙

e·lab·o·rate[2] /ɪlǽbərèɪt, əl-/ ✪ 形容詞の elaborate[1] と発音が違う. 動 自 詳細に述べる; 磨きをかける: *elaborate on* [*upon*] an idea 考えを詳しく述べる. — 他 (案など)を練る. (形 eláborate[1])

e·lab·o·rate·ly /ɪlǽb(ə)rətli, əl-/ 副 念入りに; 精巧に.

e·lab·o·ra·tion /ɪlæ̀bəréɪʃən, əl-/ 名 ❶ U 念入りな仕上げ; 詳述. ❷ C 労作; 詳細.

e·lapse /ɪlǽps, əl-/ 動 自 [進行形なし]《格式》(時が)経過する [≒pass, go by]: *elapsed* time 経過時間.

+**e·las·tic** /ɪlǽstɪk, əl-/ 名 (~s /~s/) ❶ U **ゴムひも**; ゴム入りの布: a piece of *elastic* ゴムひも 1 本. ❷ C《米》= rubber band. — 形 ❶ 弾力性のある, (ゴムで)伸縮自在の: an *elastic* string ゴムひも. ❷ (考え方などが)融通の利く, ものごとにこだわらない.

elástic bánd 名 C《英》= rubber band.

e·las·tic·i·ty /ɪlæ̀stísəṭi, ìːlæs-/ 名 U 弾力, 弾性; 伸縮性; 融通の利くこと.

E·las·to·plast /ɪlǽstəplæ̀st | -plɑ̀ːst/ 名 C,U《英》= Band-Aid.

e·lat·ed /ɪléɪṭɪd, əl-/ 形 大喜びで, 大得意の (*at, by, about, over*) [⇔ depressed].

e·la·tion /ɪléɪʃən, əl-/ 名 U 大喜び; 大得意.

El·ba /élbə/ 名 固 エルバ《イタリア本土とコルシカ (Corsica) 島の間の小島; ナポレオン (Napoleon) が最初に流された所》.

+**el·bow** /élboʊ/ 名 (~s/~z/) ❶ C **ひじ**《⇒ body 挿絵》; (服の)ひじの部分: Don't stick your *elbows* out. ひじを張らないでください. 関連 tennis elbow (テニスなどで痛めた)ひじの痛み. ❷ C ひじの形をしたもの《鉄管などの屈曲部分》.

at ...'s élbow [副·形] ...のそばに[の].

gíve ... the élbow [動] 他《英略式》(人)と縁を切る, 絶交する; (人)を首にする.

— 動 (el·bows /~z/; el·bowed /~d/; -bow·ing) 他 (...)を**ひじで押す**: 言い換え He ***elbowed*** me ***aside***. V+O+副 = He ***elbowed*** me ***out of*** the way. V+O+前+名 彼は私をひじで押しのけた.

élbow one's **wáy** [動] 自 **ひじで押しのけて進む** (*into, through*)《⇒ way[1] 成句の囲み》.

〘語源 原義は「弓(⇒ bow[2])のような腕」〙

élbow grèase 名 U《略式》(磨いたりする)力仕事.

el·bow·room /élboʊrùːm/ 名 U (自由に動けるだけの)場所, ゆとり, 余地.

+**el·der**[1] /éldɚ | -də/ 形《old の比較級; ⇒ eldest》❶ 限定《主に英》(兄弟·姉妹の関係で) (...より)**年上の**, 年長の [≒older] [⇔ younger]《⇒ brother 日英, sister 日英》: my *elder* brother [sister] 私の兄[姉]. 語法 older と違い elder には than を伴って二者の比較をする 叙述 の用法はない. ❷ [the ~]《格式》(同名または同姓の人·父子·兄弟などで)年上の [⇔ younger]: *the elder* Smith = Smith *the elder* 父親[兄]のスミス.

— 名 (~s /~z/) ❶ [the ~ または所有格とともに]《格式》**年長者**, 年上の人; **先輩**: Respect *your elders*. 年上の人たちを敬いなさい / 言い換え She is *my elder* by three years. = She is three years *my elder*. 彼女は私より 3 歳年上だ / Who is *the elder* of the two? 2 人のうちどちらが年上ですか. ❷ C 元老, (部族·教会などの)長老.

élders and bétters [名] [所有格とともに] 目上の人[先輩]たち.

el·der[2] /éldɚ | -də/ 名 C にわとこ(の木).

el·der·ber·ry /éldɚbèri | -də-/ 名 (-ber·ries) C にわとこの実.

*__el·der·ly__ /éldɚli | -də-/ 形《丁寧》**年配の**, 高齢の, お年寄りの: an *elderly* woman 老婦人 / *the elderly* お年寄り《⇒ the[1] 3》. 語法 しばしば old に対する遠回しな語として用いられるが, 失礼と感じる人もいる《⇒ old 類義語》.

élder státesman 名 C (政界の)長老; (組織などの)相談役, 有力者.

el·dest /éldɪst/ 形《old の最上級; ⇒ elder[1]》限定《主に英》(兄弟·姉妹の関係で)いちばん年上の, 最年長の [≒oldest] [⇔ youngest]: my *eldest* brother [sister] 私のいちばん上の兄[姉] / my *eldest* son [daughter] 私の長男[長女]. — 名 [the ~]《主に英》最年長者: Tom is *the eldest* of my three sons. 3 人の息子の中でトムがいちばん年上だ.

El Do·ra·do /èldərɑ́ːḍoʊ/ 名 (~s) 固 エルドラド《南米 Amazon 河岸にあるとされた黄金の国》.

El·ea·nor, El·ea·nore /élənɚ | -nə/ 名 固 エリナー《女性の名; 愛称は Nell, Nellie, Nelly または Nora》.

e-learn·ing /íːlɚ̀ːnɪŋ | -lɜ̀ːn-/ 名 U e ラーニング《インターネットを利用した学習》.

*__e·lect__ /ɪlékt, əl-/ 動 (e·lects /ɪlékts, əl-/; e·lect·ed /~ɪd/; e·lect·ing) 他 ❶ (投票などによって)(...)を(~に)**選挙する**, **選出する**, 選ぶ《⇒ choose 表, 類義語》: *elect* the chairman 議長を選出する / Kennedy ***was elected to*** the presidency in 1960. V+O+*to*+名の受身 ケネディは 1960 年に大統領に選ばれた / We ***elected*** Mr. Long (***as***) our leader. V+O+C ((*as*+)名) 我々はロング氏を指導者に選んだ / 言い換え They *elected* him mayor. V+O+C (名) = They *elected* him *to* be mayor. V+O+C (*to* 不定詞) 彼らは彼を市長に選んだ. 語法 (1) 補語となる役職名には普通は冠詞をつけない. (2) 正式の役職名でないときには as がつくこともある. ❷《格式》(...すること)に決める [≒decide] (*to* do). (名 eléction, 形 eléctive)

— 形《格式》当選した; 選ばれた(がまだ就任していない): the president [senator]-*elect* (就任前の)大統領[上院議員]当選者《⇒ designate》.

— 名 [the ~ または所有格の後で複数扱い]《格式》(特に)選ばれた人たち, エリート [≒elite]; 特権階級.

単語のキズナ		LECT/選ぶ=choose
elect	(選び出す)	→ **選挙する**
collect	(選んでいっしょにする)	→ **集める**
select	(別に選び出す)	→ **選ぶ**
neglect	(選ぶことをしない)	→ **怠る**
intellect	(中から選び出す(能力))	→ **知性**
lecture	(選んだものを読むこと)	→ **講義**

*__e·lec·tion__ /ɪlékʃən, əl-/ 名 (~s /~z/) U,C **選挙**; 選ぶ[選ばれる]こと, 選出, 当選: a general [local] *election* 総[地方]選挙 / a national *election* 国政選

挙 / a presidential *election* 大統領選挙 / an *election* campaign 選挙運動 / **hold** an **election** 選挙を行なう / **run** [《英》**stand**] **for election** 選挙に立候補する / **win** [**lose**] an **election** 選挙に勝つ[負ける] / Many people voted in this *election*. 多くの人が今回の選挙で投票した / The committee members are chosen by *election*. 委員は選挙で選ばれる / We were happy to hear of Mr. White's **election to** the presidency. ホワイト氏が会長に選出されたのを聞いて私たちは喜んだ. (動 eléct)

Eléction Dày 名 U 《米》総選挙日《11月の第1月曜日の翌日の火曜日; 4年ごとに大統領選挙が行なわれる; 法定祝日 (legal holiday); ⇒ holiday 表》.

e·lec·tion·eer·ing /ɪlèkʃəní(ə)rɪŋ, əl-/ 名 U 選挙運動.

e·lec·tive /ɪléktɪv, əl-/ 形 ❶ [普通は 限定] 《格式》(役職などが)選挙によって決められる: hold *elective* office 公選職に就いている. ❷ [普通は 限定] 《格式》選挙権を有する. ❸ 《米》(学科目が)選択の [《英》optional] [⇔ obligatory, 《英》compulsory]. ❹ 《格式》(手術などが)選択的な《緊急・必須ではなくて患者によって選ばれる》. (動 eléct)
— 名 C 《米》選択科目.

e·lec·tor /ɪléktɚ, əl-|-tə/ 名 ❶ C 選挙人, 有権者. ❷ C 《米》大統領[副大統領]選挙人. 参考 米国の大統領選挙は間接選挙で, 有権者は州ごとに選挙人に投票し, 自分を支持する選挙人を多く獲得した候補者が大統領に選出される.

+**e·lec·tor·al** /ɪléktərəl, əl-, -trəl/ 形 限定 **選挙の**; 選挙人の: an *electoral* system 選挙制度.

eléctoral cóllege 名 [the ~; しばしば E- C-] 《米》大統領[副大統領]選挙人団《各州から選出された538人の選挙人から成る; ⇒ elector 参考》.

+**e·lec·tor·ate** /ɪléktərət, əl-, -trət/ 名 (-tor·ates /-tərəts, -trəts/) C [《英》単数形でもときに複数扱い] **選挙民**《全体》, 有権者: The *electorate* has spoken. 選挙民は判定を下した.

E·léc·tra còmplex /ɪléktrə-, əl-/ 名 [the ~] 〔心理〕エレクトラコンプレックス《娘が無意識のうちに母親に反発し父親を慕う傾向》. 関連 Oedipus complex エディプスコンプレックス.

***e·lec·tric** /ɪléktrɪk, əl-/ アク 形 ❶ 限定 [比較なし] **電気で動く**, 電動の: an *electric* car [vehicle] 電気自動車 / an *electric* guitar エレキギター / an *electric* shaver [razor] 電気かみそり.
❷ 限定 [比較なし] **電気の**; 電気を[で]生じる, 電気を帯びた: an *electric* spark 電気の火花 / an *electric* fence 通電柵《動物を寄せつけない》.

> 語法 electric は直接電気そのものに関係して「電気で動く」,「電気を[で]生じる」などの意. これに対して electrical は直接の関係は薄く「電気に関する」の意が普通.

❸ (雰囲気などが)興奮[熱狂]させるような, しびれるような. (名 elèctrícity, 動 eléctrify)
〖語源 原義は「こはくから生じる」; こすると静電気が生じることから〗

+**e·lec·tri·cal** /ɪléktrɪk(ə)l, əl-/ 形 [普通は 限定] [比較なし] **電気の**, 電気に関する (⇒ electric 語法): *electrical* engineers [engineering] 電気技師[工学] / *electrical* apparatus 電気装置 / *electrical* appliances 電化製品.

-cal·ly /-kəli/ 副 電気で, 電気の作用で.

eléctrical stórm 名 C 雷雨.

eléctric blánket 名 C 電気毛布.

eléctric cháir 名 [the ~] 電気いす(による死刑) [《米略式》the chair] (⇒ electrocute).

eléctric cúrrent 名 C 電流 (current).

e·lec·tri·cian /ɪlèktríʃən, əl-, ì:lek-/ 名 C 電気技師; 電気工.

****e·lec·tric·i·ty** /ɪlèktrísəṭi, əl-, ì:lek-/ アク
— 名 ❶ U 電気; 電流: generate *electricity* 発電する / turn on [off] the *electricity* 電源を入れる[切る] / This machine runs on *electricity*. この機械は電気で動く. ❷ U 強い興奮(状態), 熱気. (形 eléctric)

eléctric líght 名 C 電灯 (light); U 電灯光.

eléctric shóck 名 C 電撃, 感電 (shock).

e·lec·tri·fi·ca·tion /ɪlèktrəfɪkéɪʃən, əl-/ 名 U (鉄道・地域などの)電化.

e·lec·tri·fied /ɪléktrəfàɪd, əl-/ 形 限定 (柵などが)電気の流れた.

e·lec·tri·fy /ɪléktrəfàɪ, əl-/ 動 (-tri·fies; -tri·fied; -fy·ing) 他 ❶ [普通は受身で] (鉄道・地域など)を電化する. ❷ (人)を興奮させる. (形 eléctric)

e·lec·tri·fy·ing /ɪléktrəfàɪɪŋ, əl-/ 形 興奮[熱狂]させるような, しびれるような.

e·lec·tro- /ɪléktroʊ, əl-/ 接頭「電気」の意: *electro*magnetic 電磁石の.

e·lec·tro·car·di·o·gram /ɪlèktroʊkɑ́ɚḍiəgræ̀m, əl-|-kɑ́:-/ 名 C 〔医学〕心電図.

e·lec·tro·car·di·o·graph /ɪlèktroʊkɑ́ɚḍiəgræ̀f, əl-|-kɑ́:diəgrɑ̀:f/ 名 C 〔医学〕心電計.

e·lec·tro·cute /ɪléktrəkjù:t, əl-/ 動 他 [しばしば受身で] (人)を感電(死)させる; 電気いすで処刑する.

e·lec·tro·cu·tion /ɪlèktrəkjú:ʃən, əl-/ 名 U 感電(死); 電気いすによる死刑.

e·lec·trode /ɪléktroʊd, əl-/ 名 C 〔電気〕電極(棒).

e·lec·tro·en·ceph·a·lo·gram /ɪlèktroʊɪnséfələgræ̀m, -en-|-kéf-, -séf-/ 名 C 〔医学〕脳波図, 脳電図 (略 EEG).

e·lec·tro·en·ceph·a·lo·graph /ɪlèktroʊɪnséfələgræ̀f, -en-|-kéfələgrɑ̀:f, -séf-/ 名 C 〔医学〕脳波計 (略 EEG).

e·lec·trol·y·sis /ɪlèktrɑ́(:)ləsɪs, əl-|-trɔ́l-/ 名 U 〔化学〕電気分解; (むだ毛・腫瘍(しゅよう)の)電気除去法.

e·lec·tro·lyte /ɪléktrəlàɪt, əl-/ 名 C 〔化学〕電解質, 電解液.

e·lec·tro·mag·net /ɪlèktroʊmǽgnɪt, əl-/ 名 C 〔物理〕電磁石.

e·lec·tro·mag·net·ic /ɪlèktroʊmægnéṭɪk, əl-⁻/ 形 〔物理〕電磁石の, 電磁気の: an *electromagnetic* wave [field] 電磁波[電磁場].

e·lec·tro·mag·net·is·m /ɪlèktroʊmǽgnətɪzm, əl-/ 名 U 〔物理〕電磁気(学).

+**e·lec·tron** /ɪléktrɑ(:)n, əl-|-trɔn/ 名 (~s /~z/) C 〔物理〕**電子**, エレクトロン.

***e·lec·tron·ic** /ɪlèktrɑ́(:)nɪk, əl-|-trɔ́n-⁻/ 形 [普通は 限定] [比較なし] ❶ **電子の**; 電子装置[コンピューター]による (⇒ e-): an *electronic* circuit 電子回路 / *electronic* banking 電子銀行取引, 電子決済 / an *electronic* dictionary 電子辞書. ❷ 電子工学の, エレクトロニクスの: *electronic* industries エレクトロニクス産業.

+**e·lec·tron·i·cal·ly** /ɪlèktrɑ́(:)nɪkəli, əl-|-trɔ́n-/ 副

電子媒体[装置]により, 電子的に.

eléctronic cásh 名 U = electronic money.

eléctronic cigarétte 名 C = e-cigarette.

electrónic engineéring 名 U 電子工学.

eléctronic máil 名 U = email.

eléctronic móney 名 U 電子マネー.

+**e·lec·tron·ics** /ɪlèktrá(ː)nɪks, əl- | -trɔ́n-/ アク 名 ❶ U **電子工学**, エレクトロニクス; 電子工業. ❷ [複数扱い] 電子機器.

eléctronic tágging 名 U 電子タグによる犯罪者などの監視.

eléctron mìcroscope 名 C 電子顕微鏡.

e·léc·tro·shock thèrapy /ɪléktroʊʃà(ː)k-, əl- | -ʃɔ̀k-/ 名 U 〔医学〕 電気ショック療法《脳内に電流を通す精神障害療法》.

el·e·gance /élɪɡəns/ アク 名 ❶ U 優雅, 上品, 高尚《⇒ grace 類義語》. ❷ U (思考・計画などの)簡明さ. (形 élegant)

***el·e·gant** /élɪɡənt/ アク 形 ❶ **優雅な**, 上品な, 気品のある, 高尚な《⇒ grace 類義語》[⇔ inelegant]: an *elegant* lady 上品な婦人 / an *elegant* jacket 品のよい上着 / She has *elegant* manners. 彼女は物腰が上品だ. ❷ (解決法・計画などが)簡明な, 単純で巧みな: an *elegant* solution to the difficult problem 難問に対する簡明な解決案. (名 élegance)
〖語源 原義は「注意深く選んだ」; elect と同語源〗

~·ly 副 優雅に, 上品に; 簡明に.

el·e·gi·ac /èlɪʤáɪək←/ 形 《文語》 哀愁を帯びた.

el·e·gy /éləʤi/ 名 (-e·gies) C 悲歌; (死者を悼(いた)む)エレジー, 挽歌(ばんか), 哀歌.

el·e·ment** /éləmənt/ 名 (-e·ments /-mənts/) ❶ C **要素, 成分**, 部分: a key [major, basic] *element* 重要な[主な, 基本的な]要素 / Hard work is an essential ***element of [*in*] success. 勤勉は成功に不可欠な要素だ.
❷ [単数形で] **ある程度**(の性質・感情など), 多少(の...): lose [preserve] the ***element of*** surprise 意外性を失う[残す] / an *element of* truth [danger, risk] 多少の真実[危険性].
❸ C 〔化学〕 **元素**: Iron and copper are *elements*. 鉄や銅は元素である. ❹ C [しばしば複数形で] [普通は悪い意味で] (社会の)構成分子: the criminal *elements* in the city 都市の犯罪分子. ❺ [the ~s] 自然の力; 暴風雨: be exposed to *the elements* 風雨にさらされる. 参考 古代ギリシャの哲学者が万物は地・水・火・風の四大元素 (four elements) から成り立っていると信じていたことによる. ❻ C (電熱器などの)抵抗線, 電熱線, 加熱部. ❼ [the ~s] (学問の)原理 [≒ principles]; 初歩, 基礎: *the elements* of physics 物理学の原理.
be in one's **élement** [動] 自 自分の適所にいる; 自分の本領を発揮できる《水中の魚のように》.
be òut of one's **élement** [動] 自 不得意である; 不向きな環境にいる《陸(おか)に上がった魚のように》.
(形 èleméntal, èleméntary)

el·e·men·tal /èləméntl←/ 形 [普通は 限定] ❶ 根本[本質]的な. ❷ 〔化学〕 元素の; 要素の. ❸ 《格式》 自然力の; すさまじい. (名 élement)

****el·e·men·ta·ry** /èləménṭəri, -tri←/ アク
— 形 ❶ 限定 初歩の, 基本の, 初等の [⇔ advanced]; 《米》 小学校の: *elementary* education 《米》 初等教育 / *elementary* mathematics 初等数学. ❷ 簡単な, 単純な. (名 élement)

eleméntary párticle 名 C 〔物理〕 素粒子.

eleméntary schòol 名 C,U 《米》 小学校《4-8 年制の初等教育機関; ⇒ school[1] 表》 [《英》 primary school]: enter [leave] an *elementary school* 小学校に入学[を卒業]する.

****el·e·phant** /éləf(ə)nt/
— 名 (-e·phants /-f(ə)nts/, ~) C 象《⇒ bull[1], cow[1]》: an African [Indian] *elephant* アフリカ[インド]象 //⇒ white elephant. 関連 trunk 象の鼻 / tusk きば / ivory 象牙. ✪ 鳴き声については ⇒ cry 表. 参考 米国の共和党の象徴とされている《⇒ donkey 参考》.
the élephant in the róom [líving ròom] [名] 誰もが気づいているが口にしない問題. (形 èlephántine)

el·e·phan·tine /èləfǽntiːn, -taɪn←/ 形 《格式》 象のような, 巨大でぶざまな, のっそりした. (名 élephant)

+**el·e·vate** /éləvèɪt/ 動 (-e·vates /-vèɪts/; -e·vat·ed /-ṭɪd/; -e·vat·ing /-ṭɪŋ/) 他 ❶ 《格式》 (...)を**昇進させる**; (地位など)を向上させる, 高める: He *was elevated to* party chair. V+O+*to*+名の受身 彼は党首の座に昇った. ❷ 《格式》 (...)を(持ち)上げる [≒ raise]. ❸ 《格式》 (量・血圧・体温など)を増大[上昇]させる. ❹ 《格式》 (心など)を高揚させる.

el·e·vat·ed /éləvèɪṭɪd/ 形 ❶ 《格式》 周りより高い; (鉄道などが)高架の; (数値が)正常より高い: *elevated* blood pressure 高血圧. ❷ 《格式》 高尚な, 気高い, 品位のある. ❸ 限定 (地位が)高い.

élevated ráilroad 名 C 《米》 高架鉄道《Chicago のものが有名; 略 L》.

élevated ráilway 名 C 《英》 高架鉄道.

el·e·va·tion /èləvéɪʃən/ 名 ❶ [単数形で] 高さ, 海抜: at an *elevation of* 10,000 feet 海抜 1 万フィートで. ❷ U 《格式》 昇進 (*to*); 高めること, 向上; U,C 上昇. ❸ C 〔建築〕 立面図, 正面図.

***el·e·va·tor** /éləvèɪṭə | -tə/ アク 名 (~s /~z/) ❶ C 《米》 **エレベーター**, 昇降機 [《英》 lift]: We took an *elevator* to the fifth floor. 私たちはエレベーターに乗って 5 階へ行った《⇒ floor 2 語法》 / Does this *elevator* stop at the sixth floor? このエレベーターは 6 階に止まりますか / operate an *elevator* エレベーターを動かす. ❷ C (航空機の)昇降舵(だ). ❸ C (穀物などの)つり上げ機[装置]. ❹ C 《米》大穀物倉庫.

*****e·lev·en** /ɪlév(ə)n, əl-/
— 代 《数詞》 [複数扱い] **11**, 11 人, 11 個; 11 ドル[ポンド, セント, ペンスなど]《⇒ number 表》: *Eleven were* present. 11 人が出席していた. 関連 eleventh 11 番目の.
— 名 (~s /~z/) ❶ C (数としての) **11**: Lesson *Eleven* 第 11 課 / Fifty-five divided by *eleven* equals five. 55 を 11 で割ると 5 (55÷11 = 5) / *Eleven* times eight is eighty-eight. 8 の 11 倍は 88 (11×8 = 88)《⇒ times 日英》.
❷ U **11 時**, 11 分; 11 歳: The runners started at *eleven*. 走者たちは 11 時にスタートした / a girl of *eleven* 11 歳の少女. ❸ C 11 の数字. ❹ C 11 [11 人, 11 個]でひと組のもの; [《英》 単数形でもときに複数扱い] (サッカー・クリケット・ホッケーの)チーム.
— 形 ❶ 限定 **11 の**, 11 人の, 11 個の: *Eleven* children were playing on the playground. 遊び場では 11 人の子供が遊んでいた. ❷ 叙述 11 歳で: My family left Japan when I was *eleven*. 私が 11 歳のと

き家族は日本を離れた.
〖語源 原義は「(指で 10 数えて)残り 1」; ⇒ twelve 語源〗

***e·lev·enth** /ɪlév(ə)nθ, əl-/

— 形 ❶ [普通は the ～; ⇒ the¹ 1 (4)] **11 番目の, 第 11 の**《11th とも書く; ⇒ number 表》: *the eleventh* lesson 第 11 課 / *the* seven hundred (and) *eleventh* person 711 番目の人. ❷ 11 分の 1 の.

at the eléventh hóur [副] 終わり間際に, きわどいときに. 由来 新約聖書の「マタイ伝」から.

— 名 (e·lev·enths /ɪlév(ə)n(θ)s, əl-/) ❶ [単数形で; 普通は the ～] **11 番目の人[もの]**; (月の)**11 日**《11th とも書く》: on *the eleventh* of November = on November *11* 11 月 11 日に《November 11 は November (*the*) *eleventh* と読む; ⇒ date¹ 名 1 語法 囲み》.

❷ Ⓒ **11 分の 1**, 1/11《⇒ 巻末文法 16. 11 (3)》: three *elevenths* 3/11.

elf /élf/ 名 (複 elves /élvz/) Ⓒ 小妖精(ようせい)《森・穴などに住み, 人間にいたずらをするといわれる》.

elf·in /élfɪn/ 形 小妖精の(ような), 小さく繊細な.

e·lic·it /ɪlísɪt, əl-/ 動 他《格式》(反応・情報など)を(何とかして)引き出す, 聞き出す (*from*): *elicit* a response 反応を引き出す.

e·lide /ɪláɪd, əl-/ 動 他 (発音するときに)(音)を省く.

el·i·gi·bil·i·ty /èlɪʤəbíləṭi/ 名 Ⓤ (選ばれる)資格のあること, 適任, 適格; 有資格 [⇔ ineligibility].

+**el·i·gi·ble** /élɪʤəbl/ 形 ❶ (条件的に)**資格がある**; 適任の, 適格の [⇔ ineligible]: Mr. Smith is ***eligible for*** promotion. [+*for*+名] スミス氏は昇進する資格がある / Almost anyone of 18 and over is ***eligible to*** vote in Japan. [+*to* 不定詞] 日本ではほとんどの 18 歳以上の人は選挙権がある. ❷ 限定 (結婚相手として)望ましい: an *eligible* bachelor 夫として望ましい(独身)男性.

*****e·lim·i·nate** /ɪlímənèɪt, əl-/ 動 (-i·nates /-nèɪts/; -i·nat·ed /-ṭɪd/; -i·nat·ing /-ṭɪŋ/) 他 ❶ (...)を**除去する**, 排除する, 消去する: Waste material ***is eliminated from*** the body. [V+O+*from*+名の受身] 老廃物は体から除去される. ❷ [普通は受身で] (選手・チーム)を敗退させる (*from*). ❸《格式》(...)を殺す,「消す」.
(名 elìminátion)

e·lim·i·na·tion /ɪlìmənéɪʃən, əl-/ 名 ❶ Ⓤ 除去, 排除, 消去(法) (*of*): by a process of *elimination* 消去法で. ❷ C,U 敗退(させること) (*from*).
(動 elíminàte)

El·i·nor /élənə | -nə/ 名 固 エリナー《女性の名; 愛称は Nell, Nellie, Nelly または Nora》.

El·i·ot /éliət/ 名 固 Thomas Stearns /stə́ːnz | stə́ːnz/ ～ エリオット (1888-1965)《米国生まれの英国の詩人》.

+**e·lite** /eɪlíːt, ɪl-/ ≪フランス語から≫ 名 (e·lites /-líːts/) Ⓒ [しばしば the ～;《英》単数形でもときに複数扱い] **エリート**, えり抜きの人たち, 精鋭; [形容詞的に] エリートの: an *elite* force 精鋭部隊.

e·lit·is·m /eɪlíːtɪzm, ɪl-/ 名 Ⓤ [軽蔑的] エリート主義; エリート意識.

e·lit·ist /eɪlíːṭɪst, ɪl-/ 形 [軽蔑的] エリート(主義)の. — 名 Ⓒ [軽蔑的] エリート主義者.

e·lix·ir /ɪlíksə, əl- | -sə/ 名 ❶ Ⓒ《文語》不老不死の薬. ❷ Ⓒ (問題解決の)特効薬 (*for*).

E·li·za /ɪláɪzə, əl-/ 名 固 イライザ《女性の名; Elizabeth の愛称》.

E·liz·a·beth /ɪlízəbəθ, əl-/ 名 固 ❶ エリザベス《女性の名; 愛称は Bess, Bessie, Bessy, Beth, Betsy, Betty, Eliza, Elsie, Lisa, Liz, Liza, Lizzie または Lizzy》. ❷ ～ I /-ðəfə́ːst | -fə́ːst/ エリザベス一世 (1533-1603)《England および Ireland 女王 (1558-1603)》. 参考 生涯結婚しなかったので Virgin Queen (処女王)と呼ばれた. ❸ ～ II /-ðəsék(ə)nd/ エリザベス二世 (1926-2022)《英国女王 (1952-2022)》.

E·liz·a·be·than /ɪlìzəbíːθ(ə)n, əl-⁻/ 形 [普通は 限定] エリザベス朝[一世時代] の. — 名 Ⓒ エリザベス一世時代の人, エリザベス朝の文人[政治家].

elk /élk/ 名 (～, ～s) ❶ Ⓒ《英》へらじか《北欧・アジア産》[《米》moose]. ❷ Ⓒ《米》ワピチ《北米産の大じか》.

El·len /élən/ 名 固 エレン《女性の名》.

el·lipse /ɪlíps, əl-/ 名 Ⓒ 長円, 楕円(だえん) [≒oval].

el·lip·sis /ɪlípsɪs, əl-/ 名 (複 el·lip·ses /-siːz/) U,C〔文法〕省略《⇒ 巻末文法 15.4》.

el·lip·ti·cal¹ /ɪlíptɪk(ə)l, əl-/, **el·lip·tic¹** /-tɪk/ 形 長円形の, 楕円(だえん)形の.

el·lip·ti·cal² /ɪlíptɪk(ə)l, əl-/, **el·lip·tic²** /-tɪk/ 形 ❶〔文法〕省略の, 省略してある. ❷《格式》(ことばなどが)省略[含み]が多くてわかりにくい.

Él·lis Ísland /élɪs-/ 名 固 エリス島《New York 湾の小島; かつて移民の入国管理局があった》.

elm /élm/ 名 ❶ Ⓒ にれ(の木). ❷ Ⓤ にれ材.

El Ni·ño /elníːnjoʊ/ ≪スペイン語から≫ 名 (～s) U,C〔気象〕エルニーニョ現象《ペルー沖で海面温度が急上昇する現象》.

el·o·cu·tion /èləkjúːʃən/ 名 Ⓤ 発声法, 明瞭(めいりょう)な話し方; 演説法, 朗読法.

el·o·cu·tion·ist /èləkjúːʃ(ə)nɪst/ 名 Ⓒ 発声法[演説法]の専門家; 雄弁家.

e·lon·gate /ɪlɔ́ːŋgeɪt, əl- | íːlɔŋgèɪt/ 動 他 (物)を長く伸ばす. — 自 (物が)長く伸びる.

e·lon·gat·ed /ɪlɔ́ːŋgeɪṭɪd, əl- | íːlɔŋgèɪṭ-/ 形 限定 (物が)長く伸ばされた, 細長い.

e·lope /ɪlóʊp, əl-/ 動 自 (...と)駆け落ちする (*with*), (男女が)駆け落ちする.

e·lope·ment /ɪlóʊpmənt, əl-/ 名 U,C 駆け落ち.

el·o·quence /éləkwəns/ 名 Ⓤ 雄弁, 能弁, さわやかな弁舌; 雄弁法; 修辞法.

el·o·quent /éləkwənt/ 形 ❶ [よい意味で] 雄弁な, 弁舌さわやかな; 人の心を動かす: an *eloquent* speaker 雄弁な話し手. ❷ (目・表情などが) (ことばを使わずとも) よく表わしている, 雄弁に語る. **～·ly** 副 雄弁に, 弁舌さわやかに; はっきりと.

El Sal·va·dor /elsǽlvədɔ̀ə | -dɔ̀ː/ 名 固 エルサルバドル《中米西部の共和国; 首都 San Salvador》.

***else** /éls/

— 形 [不定代名詞や疑問詞の後につけて] **そのほかの, ほかの**, 別の: *No one else* came here. ほかにはだれもここに来なかった / *Anything else*? Ⓢ ほかに何かお入り用のもの[付け加えたいこと]はありますか / *Who else* can answer my question? だれかほかに私の質問に答えられる人はいますか / *What else* can I do? Ⓢ ほかに何ができますか《ほかに方法はない》.

語法 人を示す不定代名詞の後では else's /élsɪz/ として所有格をつくることができる: I put on *someone*

E

else's hat instead of my own. 私は自分のでなくだれかほかの人の帽子をかぶってしまった / This isn't my umbrella; it's *somebody else's*. これは私の傘ではない. だれかほかの人のだ.

— 副 [some-, any-, no- のつく副詞や疑問副詞の後につけて] **そのほかに**, ほかに, 別に: 言い換え You can't buy it *anywhere else*. (= You can buy it *nowhere else*.) それはほかの場所では買えない / *How else* can I get there? ほかにどんな方法でそこに行けますか / *Where else* can I go? ほかにどこへ行けるというのか.

or élse [接] (1) [命令文または must, have to, had better などを含む文の後で] **そうでないと**, さもないと《⇒ or 3 語法》: Drive slowly, *or else* she will get carsick. ゆっくり運転してください, でないと彼女が気分が悪くなりますので.

語法 《略式》では次の文のように or else の後を省略して,「そうしないとどんなことになるかわからないぞ」という警告や脅迫の気持ちを表わすことがある: Release all the prisoners, *or else*! 囚人を全員釈放せよ. さもないと(ひどい目にあうぞ).

(2) もしそうでないとしたら: It [Either it] must be in the locker, *or else* I've lost it. ロッカーの中にあるに違いない. もしそうでなければなくしてしまったんだ.

***else·where** /éls(h)wèɚ | èlswéə, élswèə/ 副 **ほかの場所で[へ]**, どこかよそで: Let's shop *elsewhere*. どこかほかの場所で買おう / You will have to look *elsewhere* for further information. それ以上の情報はほかを探さなければならないだろう.

El·sie /élsi/ 名 固 エルシー《女性の名; Elizabeth の愛称》.

ELT /íːèltíː/ 略 《英》 = English language teaching (英語を母語としない人に対する)英語教育[教授法].

e·lu·ci·date /ɪlúːsədèɪt, əl-/ 動 他 《格式》 (難解な事・問題など)を明らかにする [≒clarify]. — 自 《格式》 明らかにする.

e·lu·ci·da·tion /ɪlùːsədéɪʃən, əl-/ 名 U,C 《格式》 説明, 解説.

e·lude /ɪlúːd, əl-/ 動 他 ❶ (うまく)身をかわして(...)を避ける, 逃れる. ❷ (欲しい物などが)(人)の手に入らない: Happiness *eluded* her. 幸福は彼女の手に入らなかった. ❸ (物事が)(人)にとってとらえにくい, 理解できない; (...)を思い出せない: His name *eludes* me. その人の名が思い出せない.

e·lu·sive /ɪlúːsɪv, əl-/ 形 (うまく)逃げる; つかまえにくい; 手に入れにくい; わかりにくい; 思い出せない.

elves 名 elf の複数形.

E·ly·sian /ɪlíʒən, əl- | -ziən/ 形 《文語》 極楽の; 至福の: the *Elysian* Fields 極楽.

em- /ɪm, em/ 接頭 = en-《b-, m-, p- で始まる語の前の変形》: *em*bitter 苦々しい思いをさせる / *em*power ...に権限を与える.

+**'em** /(弱形) əm, (/p/, /b/ の後では) m/ (同音 #am) 代 《人称代名詞; 第三人称・複数・目的格》《略式》 **彼ら[彼女ら, それら]を[に]**. 語法 them の代わりにくだけた会話で用いる: You see the two *girls* over there? Do you know *'em* (= the girls)? あそこに女の子が 2 人いるよね, 知り合い?

e·ma·ci·at·ed /ɪméɪʃièɪṭɪd/ 形 (人・動物が)(病気・飢餓で)やせ衰えた, やつれた.

email, e-mail** /íːmèɪl/ 名 C,U **(電子)メール**, E メール (electronic mail): ***send an ***email*** E メールを送る / ***receive*** an ***email*** E メールを受け取る / ***reply to*** an ***email*** E メールに返信する / ***check*** one's ***email*** E メールをチェックする / by [via] *email* E メールで. 日英 携帯メールは a text message という.

— 動 他 (人に)(文書など)を**電子メールで送る**; (人)に E メールを送る: 言い換え We will ***email*** your new password ***to*** you. V+O+*to*+名 = We will *email* you your new password. V+O+O 新しいパスワードはメールで送ります. — 自 電子メールを送る.

émail àddress 名 C 〔コンピュータ〕 (電子[E])メールアドレス. 語法 アドレスで 'name@xyz.com' は name at xyz dot /dɑ(ː)t | dɔt/ com /kɑ(ː)m | kɔm/ と読む.

em·a·nate /émənèɪt/ 動 自 《格式》 (光・音・香りなどが)出る, 発する (*from*). — 他 《格式》 (光・音・香りなど)を出す, 発する.

em·a·na·tion /èmənéɪʃən/ 名 U 発散, 放射.

e·man·ci·pate /ɪmǽnsəpèɪt/ 動 他 《格式》 (法律的・政治的・社会的に)(...)を解放する (*from*).

e·man·ci·pat·ed /ɪmǽnsəpèɪṭɪd/ 形 《格式》 解放された.

e·man·ci·pa·tion /ɪmæ̀nsəpéɪʃən/ 名 U 《格式》 解放(する[される]こと): the *Emancipation* Proclamation 〔米国史〕 奴隷解放令.

e·man·ci·pa·tor /ɪmǽnsəpèɪṭɚ | -tə/ 名 C 《格式》 解放者.

e·mas·cu·late /ɪmǽskjʊlèɪt/ 動 他 [しばしば受身で] ❶ 《格式》 (...)を無気力にする, 弱くする; (文章・法律など)を骨抜きにする. ❷ 〔医学〕 (...)を去勢する.

em·balm /ɪmbɑ́ːm, em-/ 動 他 (死体)に防腐処置を施す.

em·bank·ment /ɪmbǽŋkmənt, em-/ 名 C (鉄道・道路の)築提, 堤防, 土手; 盛り土.

+**em·bar·go** /ɪmbɑ́ɚgoʊ, em- | -bɑ́ː-/ 名 (~es) C **禁輸, 通商禁止**; (商船の)出[入]港禁止(令): an ***embargo on*** arms ***against*** the country その国に対する武器の禁輸 / impose [place, put] an *embargo on* ... ...を禁輸する, (通商)を禁止する / lift [end] an *embargo* 禁輸を解除する, 通商を解禁する.

— 動 他 (...)を禁輸する; (報道など)を禁止する.

+**em·bark** /ɪmbɑ́ɚk, em- | -bɑ́ːk/ 動 (**em·barks** /~s/; **em·barked** /~t/; **-bark·ing**) 自 ❶ (船・航空機に) **乗り込む**, 乗船する (*on*) [⇔ disembark]: The tourists ***embarked for*** Europe. V+*for*+名 観光客たちはヨーロッパへ向けて乗船した.

❷ (新事業などに)**乗り出す**, やり始める (*on, upon*).

— 他 (人・荷物)を(船・航空機に)乗り込ませる, 積み込む.

em·bar·ka·tion /èmbɑɚkéɪʃən | -bɑː-/ 名 ❶ U,C (船・航空機に)乗り込ませる[乗り込む]こと, 搭乗, 乗船, 積み込み [⇔ disembarkation]. ❷ U (新事業などへの)乗り出し (*on, upon*).

+**em·bar·rass** /ɪmbǽrəs, em-/ !アク 動 (**em·bar·rass·es** /~ɪz/; **-bar·rassed** /~t/; **-rass·ing**) 他 ❶ (...)に**きまりの悪い[恥ずかしい, 気まずい]思いをさせる**, (...)を困惑させる: It *embarrassed* her to enter a room full of strangers. 知らない人のたくさんいる部屋に入るので彼女はきまりが悪かった. ❷ (政府・政治家など)を窮地に陥れる. (名 embárrassment)

*em·bar·rassed /ɪmbǽrəst, em-/

— 形 ❶ **きまりの悪い[恥ずかしい]思いをした**, どぎまぎした (*about, at*) 《⇒ ashamed 表》: I was very *embarrassed to* find I'd forgotten his name. [+to 不定詞] 彼の名前を忘れたのに気がついてとてもばつの悪い思いをした. ❷ 財政困難な: I'm financially *embarrassed* now. 今金銭的に困っている.

+**em·bar·rass·ing** /ɪmbǽrəsɪŋ, em-/ 形 **気まずい思いをさせる**; やっかいな, 困った (*for, to*): an *embarrassing* situation 気まずい状況[立場].

+**em·bar·rass·ment** /ɪmbǽrəsmənt, em-/ アク 名 (-rass·ments /-mənts/) ❶ Ⓤ **気まずさ**, 恥ずかしさ, きまりの悪さ, 困惑: She couldn't hide her ***embarrassment at*** her father's rudeness. 彼女は父親の不作法に困惑を隠せなかった / to ...'s *embarrassment* ... にとってばつの悪いことに. ❷ Ⓒ 当惑させるもの[こと], 頭痛の種; やっかい者 (*to, for*). ❸ Ⓒ 財政困難.
an embárrassment of ríches [名] あり余る豊かさ, (あれもよいこれもよいという)ぜいたくな悩み.
(動 embárrass)

*__em·bas·sy__ /émbəsi/ 名 (-bas·sies /~z/) ❶ Ⓒ [しばしば E-] **大使館**: the British *Embassy* in Tokyo 東京の英国大使館. 関連 ambassador 大使 / legation 公使館 / consulate 領事館. ❷ Ⓒ 大使館員《全体》.

em·bat·tled /ɪmbǽtḷd, em-/ 形 [普通は 限定] 敵に包囲された; (人・組織などが)苦境に立たされた.

em·bed /ɪmbéd, em-/ 動 (em·beds; -bed·ded; -bed·ding) 他 [しばしば受身で] (...)を埋める, 埋め込む; (考え・感情など)を(心などに)深く留める: be *deeply embedded in* ...'s memory ...の記憶に深く埋め込まれている.

em·bel·lish /ɪmbélɪʃ, em-/ 動 他 (...)を装飾する, 飾る [≒decorate] (*with*); (物語など)を潤色する, (...)に尾ひれをつける (*with*).

em·bel·lish·ment /ɪmbélɪʃmənt, em-/ 名 Ⓤ 装飾する[される]こと; 潤色; Ⓒ 飾り, 装飾品.

em·ber /émbɚ | -bə/ 名 Ⓒ [普通は複数形で] (まき・石炭などの)燃えさし, 燃え残り.

em·bez·zle /ɪmbézl, em-/ 動 他 (公金など)を使い込む, 横領する. — 自 使い込み[横領]をする.

em·bez·zle·ment /ɪmbézlmənt, em-/ 名 Ⓤ 使い込み, 横領.

em·bez·zler /ɪmbézlɚ, em- | -lə/ 名 Ⓒ 横領者.

em·bit·ter /ɪmbíṭɚ, em- | -tə/ 動 (-ter·ing /-ṭərɪŋ, -trɪŋ/) 他 (人)に苦々しい[つらい]思いをさせる.
(形 bítter)

em·bit·tered /ɪmbíṭɚd, em- | -təd/ 形 感情を害した, 憤った.

em·bla·zon /ɪmbléɪz(ə)n, em-/ 動 他 [普通は受身で] (...)を(派手に)飾る (*with*), (デザインなど)を目立つように示す (*on*).

em·blem /émbləm/ 名 Ⓒ 印(しるし), 象徴, 表象 [≒symbol]; 記章 [≒badge]; シンボルマーク《⇒ symbol 1 日英》: the *emblem* of a school 校章.

em·blem·at·ic /èmbləmǽṭɪk←/ 形 [普通は 叙述] 《格式》象徴的な, (...を)象徴する (*of*).

em·bod·i·ment /ɪmbá(ː)dɪmənt, em- | -bɔ́d-/ 名 [the ~] 《格式》化身, 権化; (思想・原則などの)具体的表現: He is *the embodiment of* health. 彼は健康そのものだ.

em·bod·y /ɪmbá(ː)ḍi, em- | -bɔ́di/ 動 (-bod·ies; -bod·ied; -y·ing) 他 ❶ (思想・感情など)を具体化する, 具体的に表現する (*in*) [≒represent]. ❷ 《格式》(...)を含む, 盛り込む [≒include].

em·bold·en /ɪmbóʊld(ə)n, em-/ 動 他 [しばしば受身で] 《格式》(人)を大胆にする, 勇気づける. (形 bold 1)

em·bo·lis·m /émbəlɪzm/ 名 Ⓒ 〔医学〕塞栓(そくせん)症.

em·boss /ɪmbá(ː)s, em-, -bɔ́ːs | -bɔ́s/ 動 他 [普通は受身で] (金属・紙・皮など)に浮き彫り細工[エンボス加工]を施す (*with*); (模様・図案)を浮き出しにする (*on*).

+**em·brace** /ɪmbréɪs, em-/ 動 (em·brac·es /~ɪz/; em·braced /~t/; em·brac·ing) 他 ❶ (...)を**抱き締める**, 抱擁する [≒hug]: The mother *embraced* her child. その母親は子供を抱き締めた. ❷《格式》(主義・信仰など)を受け入れる, 歓迎する. ❸《格式》(...)を含む, 包含する [≒include].
— 自 **抱き合う**: They shook hands and *embraced*. 彼らは握手して抱き合った.
— 名 (em·brac·es /~ɪz/) ❶ Ⓒ **抱擁**: in a close *embrace* しっかりと抱き締めて. ❷ [単数形で] 《格式》(主義などの)受容.
〖語源 原義は「両腕《⇒ brace》の中へ《⇒ em-》」〗

em·broi·der /ɪmbrɔ́ɪḍɚ, em- | -də/ 動 (-der·ing /-ḍərɪŋ, -drɪŋ/) 他 ❶ (...)にししゅうする; (模様など)を縫い込む: She *embroidered* 「her name *on* the handkerchief [the handkerchief *with* her name]. 彼女はハンカチに自分の名前を縫い込んだ. ❷ (話など)に尾ひれをつける. — 自 ししゅうをする.

em·broi·der·y /ɪmbrɔ́ɪḍəri, em-, -dri/ 名 (-der·ies) ❶ Ⓒ,Ⓤ ししゅう, 縫い取り. ❷ Ⓤ (話などの)尾ひれ.

em·broil /ɪmbrɔ́ɪl, em-/ 動 他 [しばしば受身で] (人)を争いなどに巻き込む (*in*).

+**em·bry·o** /émbriòʊ/ 名 (~s) ❶ Ⓒ **胎児**《人は妊娠 8 週間以内》; 〔生物〕胚(はい). 関連 fetus 妊娠 8 週間以後の胎児. ❷ Ⓒ (計画などの)初期の段階.
in émbryo [形] 未発達の, 未完成の; 準備中の.

em·bry·ol·o·gy /èmbriá(ː)lədʒi | -ɔ́l-/ 名 Ⓤ 発生学; 胎生学.

em·bry·on·ic /èmbriá(ː)nɪk | -ɔ́n-←/ 形 [普通は 限定] 胎児の, 胚(はい)の; 未発達の, 初期の.

em·cee /émsíː/ 名 Ⓒ 《米略式》(バラエティ番組・パーティーなどの)司会者 [≒master of ceremonies, 《英》compère]. — 動 他 (番組)の司会をする. — 自 司会を務める.

em·er·ald /ém(ə)rəld/ 名 ❶ Ⓒ エメラルド《緑色の宝石》. ❷ Ⓤ エメラルド色, 緑色. ❸ [形容詞的に] エメラルドの, エメラルド[鮮緑]色の.

*__e·merge__ /ɪmɚ́ːdʒ | ɪmə́ːdʒ/ 動 (e·merg·es /~ɪz/; e·merged /~d/; e·merg·ing) 自 ❶ (物陰などから)**出てくる**, 現われる [≒come out]; (...として)頭角を現わす (*as*): The figures of two men ***emerged from*** the forest. [V+*from*+名] 2 人の男の姿が森から現われた. ❷ (事実などが)明らかになる, (問題などが)生じる: *It emerged from* the investigation *that* the game had been fixed. 調査の結果その試合は八百長だったことが明らかになった. ❸ (難局・危機などを)切り抜ける, 脱出する (*from*). (名 emérgence)

+**e·mer·gence** /ɪmɚ́ːdʒəns | ɪmə́ː-/ 名 ❶ Ⓤ **台頭**, 出現; 発生: ***emergence of*** a new leader 新指導者の台頭. ❷ Ⓤ (難局・危機などからの)脱出 (*from*).
(動 emérge)

‡**e·mer·gen·cy** /ɪmɚ́ːdʒənsi | ɪmə́ː-/ アク
— 名 (-gen·cies /~z/) Ⓤ,Ⓒ **緊急事態**, 緊急時, 非常の出来事, 危急のこと: declare a state of *emergency* 非常事態を宣言する / in an *emergency* = in case of *emergency* 緊急[非常]の場合には / make an *emergency* landing 緊急着陸する / *emergency*

evacuation 緊急避難 / an *emergency* case 急患 / an *emergency* hospital 救急病院.
〖語源 ラテン語で「(思いがけなく)現われること」の意〗

emérgency bràke 名 C 《米》 駐車ブレーキ, サイドブレーキ [《英》 handbrake]; (列車の)非常ブレーキ.

emérgency èxit 名 C 非常口.

emérgency médical technícian 名 C 救急救命士《略 EMT》.

emérgency nùmber 名 C 緊急電話番号, 緊急連絡先.

emérgency ròom 名 C 《米》 緊急治療室《略 ER》 [《英》 accident and emergency, casualty].

emérgency sèrvices 名 複 [the ~] 《英》 救急隊《警察・消防・救急医療など》.

e·mer·gent /ɪmə́ːʤənt | ɪmə́ː-/ 形 限定 現われ出る, 新生の, (国などが)新興の.

e·merg·ing /ɪmə́ːʤɪŋ | ɪmə́ːʤ-/ 形 限定 新興の, 発展中の.

e·mer·i·tus /ímérəṭəs/ 形 名誉退職の: Professor *Emeritus at* Yale イェール大学名誉教授.

ém·er·y bòard /ém(ə)ri-/ 名 C 爪やすり.

em·i·grant /éməgrənt/ アク 名 C (他国への)移住者, 移民: *emigrants from* Japan *to* Brazil ブラジルへの日本人移住者《日本から見て》. 語法 Brazil から見ると *immigrants to* Brazil *from* Japan となる《⇒ immigrant 表》.

+**em·i·grate** /éməgrèɪt/ 動 (-i·grates /-grèɪts/; -i·grat·ed /-ṭɪd/; -i·grat·ing /-ṭɪŋ/) 自 (他国へ)**移住する** [⇔ immigrate]: A large number of people ***emigrated from*** Japan ***to*** Brazil during the 1920s. V+*from*+名+*to*+名 多くの人が1920年代に日本からブラジルへ移住した. (名 èmigrátion)

+**em·i·gra·tion** /èməgréɪʃən/ 名 (~s /~z/) ❶ U,C (他国への)**移住**, 移民; 出国 (*from, to*) [⇔ immigration]. ❷ U (他国への)移民(者)《全体》. (動 émigràte)

é·mi·gré /émɪgrèɪ/ ≪フランス語から≫ 名 C (政治的な)亡命者.

Em·i·ly /éməli/ 名 固 エミリー《女性の名》.

em·i·nence /émənəns/ 名 U (地位・身分などの)高いこと, 高位; (特に科学・芸術面の)著名: She won [achieved] *eminence* as a pianist. 彼女はピアニストとして名声を得た.

em·i·nent /émənənt/ 形 ❶ (地位・身分の)高い; 著名な, 高名な《⇒ famous 類義語》: an *eminent* violinist 著名なバイオリニスト. ❷ 限定 (才能・素質などが)優れた, 抜きん出た.

éminent domáin 名 U 〔米法律〕 土地収用権《政府が私有財産を公共の用途のために取り上げる権利》.

em·i·nent·ly /émənəntli/ 副 《格式》 [よい意味で] きわめて, 非常に [≒highly].

e·mir /ɪmíə, eɪ- | emíə/ 名 C (イスラム教国の)首長.

e·mir·ate /émərət, -rèɪt/ 名 C (emir の治める)首長国; 首長の地位: ⇒ United Arab Emirates.

em·is·sar·y /éməsèri | émɪs(ə)ri/ 名 (-sar·ies) C 《格式》 (政府派遣などの)使者, 特使 [≒envoy].

+**e·mis·sion** /ɪmíʃən, iːm-/ 名 (~s /~z/) ❶ U 《格式》 (光・熱・におい・ガスなどの)**放出**, **放射**, 排出: reduce the *emission* of carbon dioxide 二酸化炭素の排出を減らす / *emission* control (汚染物質の)排出規制. ❷ C [普通は複数形で] 放出[放射, 排出]物: auto *emissions* 自動車の排ガス.

emíssions tràding 名 U 排出権取引《温室効果ガスなどを排出する権利の売買》.

e·mit /ɪmít, iːm-/ 動 (e·mits; e·mit·ted; e·mit·ting) 他 《格式》 (光・熱・音など)を発する, 発散する. 〖⇒ permit[1] キズナ〗

Em·ma /émə/ 名 固 エマ《女性の名; 愛称は Emmie および Emmy》.

Em·mie, Em·my /émi/ 名 固 エミー《女性の名; Emma の愛称》.

e·mol·lient /ɪmɑ́(ː)ljənt | ɪmɔ́l-/ 形 ❶ 《格式》 (皮膚を)柔らかにする, 荒れ止めの. ❷ 《格式》 気持ちを和らげる, なだめるような. — 名 C 《格式》 (皮膚)軟化薬《荒れ止めクリームなど》.

e·mol·u·ment /ɪmɑ́(ː)ljʊmənt | ɪmɔ́l-/ 名 C [普通は複数形で] 《格式》 報酬, 手当, 俸給.

e-mon·ey /íːmʌ̀ni/ 名 U 電子マネー.

e·mote /ɪmóʊt/ 動 自 (劇・映画などで)感情を大げさに表現する.

e·mo·ti·con /ɪmóʊṭɪkɑ̀(ː)n | -kɔ̀n/ 名 C 〔コンピュータ〕 顔文字, エモーティコン《電子メールなどで感情表現に用いる; 例(右側を下にして見る) :-) (笑顔) :-((渋顔); ⇒ smiley》.

***e·mo·tion** /ɪmóʊʃən/ 名 (~s /~z/) ❶ C (強い)**感情**, 情緒《⇒ feeling 類義語》: lose control of one's *emotions* 感情の抑制がきかなくなる / show one's *emotions* 感情をあらわにする / have mixed *emotions* 複雑な感情を抱く.
❷ U **感動**, **興奮**: speak with strong *emotion* ひどく興奮して話す. (形 emótional, emótive)
〖⇒ motion キズナ〗

***e·mo·tion·al** /ɪmóʊʃ(ə)nəl/ 形 ❶ 限定 **感情の**, 情緒の: an *emotional* illness 情緒[精神]障害.
❷ (ことばなどが)**感情に訴える**, 感動的な: an *emotional* speech 感情に訴える演説.
❸ **感情的な**, 感激性の, 情緒的な《すぐに怒ったり泣いたりする》; 感情的にふるまった: get *emotional* 感情的になる. (名 emótion)

e·mo·tion·al·ly /ɪmóʊʃ(ə)nəli/ 副 [ときに 文修飾] 感情的に(は); 感情に動かされて.

e·mo·tion·less /ɪmóʊʃənləs/ 形 感情のない; 無表情な; 感動しない.

e·mo·tive /ɪmóʊṭɪv/ 形 感情に訴える; 感動的な. (名 emótion)

em·pa·thize /émpəθàɪz/ 動 自 〔心理〕 感情移入する; 共感する (*with*).

em·pa·thy /émpəθi/ 名 U 〔心理〕 感情移入; 共感 (*with, for*).

+**em·per·or** /émp(ə)rə | -rə/ 名 (~s /~z/) C **皇帝**《帝国 (empire) を治める人》; **天皇**: a Roman *emperor* ローマ皇帝 / the *Emperor* Showa 昭和天皇 / His Majesty the *Emperor* 皇帝[天皇]陛下. 関連 empress 女帝, 皇后 / king 王. (形 impérial)

***em·pha·ses** /émfəsìːz/ 名 **emphasis の複数形**.

em·pha·sis** /émfəsɪs/ アク 名 (複 em·pha·ses /-sìːz/) ❶ U,C **強調**, 重点, 重要視 [≒stress]: He campaigned ***with an emphasis on the need for change. 彼は運動で変革の必要性を強調した / Our school ***puts*** [***places, lays***] great ***emphasis on*** English education. わが校は英語教育を特に重視している. ❷ U,C 〔文法〕 強調《⇒ 巻末文法 15.1》. (動 émphasìze, 形 emphátic)

em·pha·sise /émfəsàɪz/ 動 《英》 = emphasize.

***em·pha·size** /émfəsàɪz/ アク 動 (-pha·siz·es /~ɪz/; -pha·sized /~d/; -pha·siz·ing) 他 (...)を

強調する, 力説する; (事実など)を目立たせる; (語句)を強調して言う [≒stress]: 言い換え She *emphasized* the importance of education. = She ***emphasized how*** important education was. V+O (wh 節) = She ***emphasized that*** education was important. V+O (that 節) 彼女は教育の重要性を力説した. (名 émphasis)

em·phat·ic /ɪmfǽṭɪk, em-/ ❗アク 形 ❶ 強調した[された], 強意の; 語気の強い: be *emphatic about* crisis management 危機管理を強調する. ❷ (信念などが)強固な, はっきりとした: an *emphatic* opinion 強固な意見. ❸ (勝利が)確実な, 目立つ: an *emphatic* victory 圧勝. (名 émphasis)

-phat·i·cal·ly /-kəli/ 副 強調して; 力強く; 断然.

em·phy·se·ma /èmfəzíːmə, -síː-/ 名 U《医学》肺気腫(しゅ).

***em·pire** /émpaɪə | -paɪə/ 名 (~s /~z/) ❶ C [しばしば E-] 帝国: the Roman [Russian] *Empire* ローマ[ロシア]帝国. ❷ C 巨大企業組織. (形 impérial)

Émpire Stàte 名 [the ~] New York 州の愛称.

Émpire Stàte Bùilding 名 固 [the ~] エンパイアステートビル《New York 市にある高層ビル》.

+**em·pir·i·cal** /ɪmpírɪk(ə)l, em-/ 形 限定 **経験(主義)的な**; 実証的な.

em·pir·i·cis·m /ɪmpírəsìzm, em-/ 名 U 経験主義; 実証主義.

**em·ploy /ɪmplɔ́ɪ, em-/ ❗アク

— 動 (em·ploys /~z/; em·ployed /~d/; -ploy·ing)

意味のチャート
「ふり向ける, 充当する」が元の意.
→ (人を)「**雇う**」❶
→ (物を)「**用いる**」❷

— 他 ❶ (人)を**雇う**, 雇用する《⇒ hire 類義語》: The restaurant *employed* a new cook. そのレストランでは新しい料理人を雇った / John ***was employed as*** a clerk. V+O+C (as+名)の受身 ジョンは店員として雇われた / She ***is employed to*** babysit. V+O+C (to 不定詞)の受身 彼女はベビーシッターとして雇われている. ❷《格式》(物・手段など)を用いる, 活用する [≒use]: He *employed* this knowledge *in* business. 彼は事業にこの知識を活用した. ❸ [普通は受身で]《格式》(時間)を費やす [≒spend]: That day *was employed in* prepar*ing* for the trip. その日は旅行の準備に費やされた.

be emplóyed in dóing [動] 他 (人が)(せっせと)...している, ...するのに忙しい. (名 emplóyment)

— 名 [次の成句で] **be in ...'s emplóy = be in the emplóy of ...** [動]《格式》...に雇われている, ...に勤めている [≒work for ...].

em·ploy·a·ble /ɪmplɔ́ɪəbl, em-/ 形 (職員・使用人として)雇うのにふさわしい.

**em·ploy·ee /ɪmplɔ̀ɪíː, em-, -plɔ́ɪiː/ ❗発音

— 名 (~s /~z/) C **従業員**, **被雇用者**, 社員 [⇔ employer]: government *employees* 公務員.

**em·ploy·er /ɪmplɔ́ɪə, em- | -plɔ́ɪə/

— 名 (~s /~z/) C **雇用者**, 雇い主; 企業主 [⇔ employee]: an equal opportunity *employer* 機会均等雇用者《人種・性・宗教・性的志向などによる差別をしない雇用者》.

***em·ploy·ment** /ɪmplɔ́ɪmənt, em-/ 名 (-ploy·ments /-mənts/) ❶ U **雇用**, 雇う[雇われる]こと [⇔ unemployment]: full *employment* 完全雇用 / terms and conditions of *employment* 雇用条件.
❷ U **職**, 勤め口, 仕事《人に雇われて従事するもの; ⇒ occupation 類義語》: seek full-time *employment* 正社員の職を探す / find *employment* 就職口が見つかる / be in *employment* 職に就いている / be out of [without] *employment* 失業している. ❸ U《格式》使用(すること), 利用: the *employment of* solar heat 太陽熱の利用. (動 emplóy)

emplóyment àgency 名 C 職業紹介会社.

em·po·ri·um /ɪmpɔ́ːriəm, em-/ 名 (複 ~s, em·po·ri·a /-riə/) C 大店舗; (...の)専門店《特定の品物の大規模小売店の名前に用いる》.

+**em·pow·er** /ɪmpáʊə, em- | -páʊə/ 動 (-pow·ers /~z/; -pow·ered /~d/; -er·ing /-páʊ(ə)rɪŋ/) 他 ❶ (人)に**力を与える**, 自立させる. ❷ [しばしば受身で]《格式》(...)に(~する)権限を与える (*to* do). (名 pówer)

em·pow·er·ment /ɪmpáʊəmənt, em- | -páʊə-/ 名 U 力を与えること, 自立促進; 権限を与えること.

em·press /émprəs/ 名 ❶ C (君主としての)女帝: Her Majesty the *Empress* 女王[皇后]陛下. 関連 emperor 皇帝 / queen 女王. ❷ C (皇帝の夫人としての)皇后.

emp·ti·ness /ém(p)tinəs/ 名 [U または an ~] 空虚, むなしさ; (場所などの)人けのなさ.

**emp·ty /ém(p)ti/

— 形 (emp·ti·er /-tiə | -tiə/; emp·ti·est /-tiɪst/) ❶ **からの**, (中に)何もない; (場所が)人のいない; (席などが)空いている; (あるべきものが)ない, 欠けている《⇒ 類義語》[⇔ full]: an *empty* glass からのグラス / an *empty* house 空き家 / an *empty* street 人通りのない街路 / go to school on an *empty* stomach 食事をとらずに学校へ行く / The train was nearly ***empty of*** passengers. +of+名《格式》列車にはほとんど乗客が乗っていなかった. ❷ 内容[値打ち]の乏しい, 無意味な; 空虚な: an *empty* promise から約束 / feel [be] *empty* むなしい, 悲しい.

類義語 **empty** 単にからっぽで中に何もない: an *empty* room 家具も住む人もない部屋. **vacant** 本来そこに存在するはずの人や物がない: a *vacant* room (アパートやホテルなどの)空室.

— 動 (emp·ties /~z/; emp·tied /~d/; -ty·ing) 他 ❶ (...)を**からにする**, (...)の中身をあける (*out*) [⇔ fill]: *empty* a box 箱をからにする / He *emptied* his glass. 彼はグラスを飲み干した.
❷ (...(の中身))を(~に)**あける**, 移す: Who ***emptied*** (***out***) the box ***onto*** the table? V(+out)+O+前+名 その箱の中身をテーブルの上にあけたのはだれ / ***empty*** the water from one bucket ***into*** another 水を一方のバケツから別のに移す.

— 自 ❶ **からになる**: The theater ***emptied*** (***of*** people) after the play. V(+of+名) 芝居が終わると劇場はからになった. ❷ (川が)注ぐ: The Danube *empties into* the Black Sea. ドナウ川は黒海に注ぐ.

— 名 (emp·ties) [複数形で]《略式》空いた入れもの《びん・グラスなど》.

〖語源 原義は「暇な」〗

emp·ty-hand·ed /ém(p)tihǽndɪd←/ 形 叙述 (何の

収穫もなくて)手ぶらで, から手で.

emp·ty-head·ed /ém(p)tihéḍɪd←/ 形《略式》頭のからっぽな, 愚かな.

émpty nést·er /-néstə | -tə/ 名 C (子供が巣立って)家に残された親.

EMT /íːèmtíː/ 略 = emergency medical technician.

e·mu /íːmjuː/ 名 (複 ~(s)) C エミュー《だちょうに似たオーストラリア産の飛べない大鳥》.

em·u·late /émjʊlèɪt/ 動 他 ❶《格式》(...)を見習ってがんばる. ❷〔コンピュータ〕(...)をエミュレートする《他機種のプログラムを実行できるよう変換する》.

em·u·la·tion /èmjʊléɪʃən/ 名 U《格式》(見習って)がんばること (*of*).

e·mul·sion /ɪmʌ́lʃən/ 名 ❶ C,U〔化学・薬学〕乳剤; 乳状液. ❷ C,U〔写真〕感光乳剤.

en- /ɪn, en/ 接頭 ❶ [動詞をつくる] [形容詞・名詞につく]「...にする」の意: ***en***large 大きくする. ❷ [動詞をつくる] [名詞・動詞につく]「...の中に入れる」の意: ***en***danger 危険にさらす. 語法 b-, m-, p- で始まる語の前では em- となる.

-en[1] /(ə)n/ 接尾 [形容詞・名詞につく動詞語尾]「...にする, ...になる」の意: black***en*** 黒くする[なる] / sharp***en*** 鋭くする[なる] / length***en*** 長くする[なる].

-en[2] /(ə)n/ 接尾 [物質名詞につく形容詞語尾]「...製の, ...から成る, ...質の」の意: gold***en*** 金色の.

*__en·a·ble__ /ɪnéɪbl, en-/ 動 (-a·bles /~z/; -a·bled /~d/; -a·bling) 他 ❶ (物事が)(人・生物)に...**できるようにする**, (...)に～する力を与える: Airplanes ***enable*** us ***to*** go around the world in a few days. V+O+C (to 不定詞) 飛行機のおかげで私たちは 2, 3 日で世界一周ができる. ❷ (物事)を可能にする, 容易にする. (形 áble[2])

-en·a·bled /ɪnéɪbld, en-/ 接尾 [名詞につく形容詞語尾]「(機器・プログラムなどが)...対応の」の意: Internet-*enabled* devices インターネット対応機器.

+**en·act** /ɪnǽkt, en-/ 動 (en·acts /-ǽkts/; -act·ed /~ɪd/; -act·ing) 他 [しばしば受身で] ❶ (...)を(法律として)**制定する**, 立法化する: The Diet failed to *enact* the bill. 国会はその法案を成立させられなかった. ❷《格式》(劇など)を上演する.

en·act·ment /ɪnǽktmənt, en-/ 名 U,C (法律の)制定; C 法令, 法規.

e·nam·el /ɪnǽm(ə)l/ 名 U,C エナメル(塗料), ほうろう; (陶器の)上薬(うわぐすり); (歯の)エナメル質. ― 動 (-nam·els; -nam·eled,《英》-nam·elled; -el·ing,《英》-el·ling) 他 [しばしば受身で] (...)にエナメルを塗る; (...)に上薬をかける, (...)のつやを出す.

en·am·ored,《英》**en·am·oured** /ɪnǽməd | -məd/ 形 叙述《格式》(...に)すっかり夢中である (*of, with*).

en bloc /ɑːmblɑ́(ː)k | -blɔ́k/ ≪フランス語から≫ 副《格式》ひとまとめにして, 一括して.

en·camp /ɪnkǽmp, en-/ 動 自《格式》野営する. ― 他 [普通は受身で]《格式》(...)を野営させる.

en·camp·ment /ɪnkǽmpmənt, en-/ 名 C (特に軍の)野営地.

en·cap·su·late /ɪnkǽpsəlèɪt, en- | -sjʊ-/ 動 他 (事実・考えなど)を要約する, まとめる (*in*).

en·case /ɪnkéɪs, en-/ 動 他 [しばしば受身で]《格式》(...)を箱に入れる; 包む (*in*).

-ence /(ə)ns/ 接尾 [名詞語尾]「性質・状態」を示す: abs***ence*** 不在 / sil***ence*** 静けさ. (形 -ent)

en·chant /ɪnʧǽnt, en- | -ʧɑ́ːnt/ 動 他 ❶ (...)をうっとりさせる, 魅惑する [≒charm]; 大いに喜ばせる [≒delight]: The prince *was enchanted by* [*with*] the beautiful girl. 王子はその美しい少女にうっとりとした. ❷《文語》(...)に魔法をかける.

en·chant·ed /ɪnʧǽnṭɪd, en- | -ʧɑ́ːnt-/ 形 ❶ うっとりとした, 魅惑された; 大いに喜んだ (*with*). ❷《文語》魔法をかけられた.

en·chant·er /ɪnʧǽnṭə, en- | -ʧɑ́ːntə/ 名 C《文語》魔法使い《⇒ enchantress》.

en·chant·ing /ɪnʧǽnṭɪŋ, en- | -ʧɑ́ːnt-/ 形 うっとりさせるような, 魅惑的な; 楽しい [≒delightful].

en·chant·ment /ɪnʧǽntmənt, en- | -ʧɑ́ːnt-/ 名 ❶ U,C 魅惑, 魅力; 楽しみ. ❷ U《文語》魔法をかけ(られ)ること. ❸ C《文語》魔法.

en·chant·ress /ɪnʧǽntrəs, en- | -ʧɑ́ːn-/ 名 C《文語》魅惑的な女性; 魔法使い《女性》, 魔女《⇒ enchanter》.

en·chi·la·da /èntʃəlɑ́ːḍə/ 名 C エンチラーダ《ひき肉を詰めたトルティーヤ (tortilla) にチリソースをかけたメキシコ料理》. **the whóle enchiláda** [名]《米略式》すべて, 一切合切.

en·cir·cle /ɪnsə́ːkl, en- | -sə́ː-/ 動 他 [しばしば受身で] (...)を取り囲む [≒surround].〖⇒ circle キズナ〗

en·cir·cle·ment /ɪnsə́ːklmənt, en- | -sə́ː-/ 名 U 囲む[囲まれる]こと, 包囲.

en·clave /énkleɪv, ɑ́(ː)ŋ- | én-/ 名 C 飛び領土; 周囲から孤立した異民族集団[地域].

+**en·close** /ɪnklóʊz, en-/ 動 (en·clos·es /~ɪz/; en·closed /~d/; en·clos·ing) 他 ❶ (...)を**同封する**, 封入する: *Enclose* return postage. 返信料同封のこと / I ***enclose*** pictures of London ***with*** this letter. V+O+with+名 この手紙にロンドンの写真を同封します / 言い換え We *enclose* our new catalogue. ＝《格式》Please find *enclosed* our new catalogue. 当社の新しいカタログを同封いたします.
❷ [普通は受身で] (...)を(塀・壁で)**囲む** [≒surround]: The yard ***is enclosed with*** a wall. V+O+with+名の受身 庭は塀で囲われている. (名 enclósure)〖⇒ close[1] キズナ〗

en·clo·sure /ɪnklóʊʒə, en- | -ʒə/ 名 ❶ C 囲い地, 構内. ❷ U (土地に)囲いをすること, 囲い込み (*of*). ❸ C (手紙の)同封物. (動 enclóse)

en·code /ɪnkóʊd, en-/ 動 他 [しばしば受身で] (普通文)を暗号文にする;〔コンピュータ〕(情報など)をコード化する [⇔ decode].

en·com·pass /ɪnkʌ́mpəs, en-/ 動 他 ❶《格式》(...)を含む [≒include]. ❷《格式》(...)を取り囲む.

en·core /ɑ́ːŋkɔə | ɔ́ŋkɔː/ ≪フランス語から≫ 間 アンコール!《演奏者などに向かって再演を求める叫び声や拍手》. ― 名 C アンコールに応じた再演.

*__en·coun·ter__ /ɪnkáʊnṭə, en- | -tə/ 動 (-coun·ters /~z/; -coun·tered /~d/; -ter·ing /-ṭərɪŋ, -trɪŋ/) 他 ❶《格式》(敵・危険・困難など)に**遭遇する**, 出くわす; 直面する: *encounter* resistance 抵抗にあう / *encounter* problems 問題に直面する. ❷《格式》(偶然)(...)に出会う, (...)とばったり顔を合わせる.
― 名 (~s /~z/) C《格式》(敵・危険・困難などとの)**遭遇**; (突然・偶然の)出会い: a chance *encounter* 偶然の出会い / the first ***encounter between*** the party leaders 初の党首顔合わせ / have a close ***encounter with*** a bear 熊と遭遇する.

**__en·cour·age__ /ɪnkə́ːrɪʤ, en- | -kʌ́r-/

E

— 動 (-cour·ag·es /~ɪz/; -cour·aged /~d/; -cour·ag·ing) 他 ❶ (...)を励ます, **勇気づける** [≒cheer]; 奨励する [⇔ discourage]: The teacher *encouraged* the student *to* try again. V+O+C (*to* 不定詞) 先生はもう一度やってみるようにと生徒を励ました / The mother *encouraged* her boy *in* his studies. V+O+*in*+名 その母親は息子の勉強を励ました. 語法 V+O+C (*to* 不定詞) の文型はこれからすることを励ますとき, V+O+*in*+名 の文型は今していることを励ますときに用いる.

❷ (物事)を**助長する**, 促進する: Warmth and rain *encourage* the growth of plants. 暖かさと雨は植物の成長を促進する. (名 encóuragement)

+**en·couraged** /ɪnkə́ːrɪʤd, en-|-kʌ́r-/ 形 叙述 **勇気の出た**, 励まされた: 言い換え I was *encouraged at* [*by*] the news. +*at* [*by*]+名 = I was *encouraged to* hear the news. +*to* 不定詞 私はその知らせを聞いて元気が出た.

+**en·cour·age·ment** /ɪnkə́ːrɪʤmənt, en-|-kʌ́r-/ 名 (-age·ments /-mənts/) U **勇気づける[勇気づけられる]こと**, 激励, 奨励, 促進; C 奨励[刺激]となるもの [⇔ discouragement]: offer words of *encouragement* 励ましのことばを贈る / a great *encouragement to* students 生徒にとって大きな励みとなるもの. (動 encóurage)

+**en·cour·ag·ing** /ɪnkə́ːrɪʤɪŋ, en-|-kʌ́r-/ 形 **励みとなる**, 奨励する, 激励となる [⇔ discouraging]: *encouraging* news 励みとなる知らせ.

~·ly 副 励ますように, 激励して.

en·croach /ɪnkróʊʧ, en-/ 動 自 (権利を)侵害する (*on, upon*); 侵略[侵入]する.

en·croach·ment /ɪnkróʊʧmənt, en-/ 名 U,C 侵害 (*on, upon*); 侵略, 侵入; 浸食.

en·crust·ed /ɪnkrʌ́stɪd, en-/ 形 (皮殻などで)覆われた; (...を)かぶせた, ちりばめた (*with, in*).

en·crypt /ɪnkrɪ́pt, en-/ 動 他 〔コンピュータ〕(データなど)を暗号化する.

en·cryp·tion /ɪnkrɪ́pʃən, en-/ 名 U 〔コンピュータ〕(データなどの)暗号化.

en·cum·ber /ɪnkʌ́mbɚ, en-|-bə/ 動 (-ber·ing /-b(ə)rɪŋ/) 他 [普通は受身で] 《格式》 (...)をじゃまする, (動きなど)を妨げる: We *are* heavily *encumbered by* [*with*] debt. 借金で全く身動きできない.

en·cum·brance /ɪnkʌ́mbrəns, en-/ 名 C 《格式》 じゃま物[者], やっかい者; 足手まとい.

-en·cy /(ə)nsi/ 接尾 [名詞語尾]「性質・状態」を示す: consist*ency* 一貫性 / frequ*ency* 頻発. (形 -ent)

en·cy·clo·pe·di·a, 《英》 **-clo·pae·di·a** /ɪnsàɪkləpíːḍiə, en-/ 名 C 百科事典; 専門事典.

en·cy·clo·pe·dic, 《英》 **-clo·pae·dic** /ɪnsàɪkləpíːḍɪk, en-⁻/ 形 百科事典的な; 博学な.

***end** /énd/

— 名 (ends /énʣ/)

> **意味のチャート**
> 基本的には「**終わり**」❶ の意.
> → (物の終わりの部分) → 「**端**」,「**先**」❷
> → (程度・状態の終わり) → 「**限度**」❻
> → (人生の終わり) → 「**死**」❺
> → (最終のねらいとするもの) → 「**目的**」❸

❶ C [普通は単数形で; しばしば the ~] 終わり, 最後; 終わりの部分 [⇔ beginning]; (行為などの)終止, 廃止: at [by] *the end of* the month 月末に[までに] / That's not *the end of* the story. 話はそれで終わらない(まだ続きがある) / call for an ***end to*** violence 暴力をやめるよう要求する.

❷ C **端**, 先; 末端: the ***end of*** a stick = a stick's *end* 棒の先 / the tail *end* 末端, 尾部 / the voice at the other *end of* the phone [line] 電話の相手の声 / Mary and Tom were sitting at opposite *ends of* the bench. メアリーとトムはベンチの両端に座っていた / Turn to the right at the *end of* this hallway. この廊下の突き当たりを右に曲がってください / His house was at the far *end of* the street. 彼の家は通りのはずれにあった. ❸ C [しばしば複数形で] 《格式》 目的, 目標 [≒aim]: He won [gained, achieved, attained] his *end*(*s*). 彼は目標を達成した / *to* this [that] *end* こういう[そういう]目的で / for one's own *ends* 私的な目的のために. ❹ C 《略式》 (事業などの)部門, (方)面, 側. ❺ C 《文語》 [遠回しに] 最期, 死 [≒death]. ❻ C 限度, 限り, 際限: We are at the *end of* our food supplies [patience]. 我々は食糧の貯えが尽きた[我慢の限界にきた]. ❼ C 《英》 [しばしば複数形で] (特に細長いものの)切れ端, くず.

at the énd of the dáy [副] つなぎ語 Ⓢ あらゆる点を考慮に入れると; 結局は.

be an énd in itsélf [動] 自 それ自体が目的である.

be at an énd [動] 自 終わ(ってい)る: The meeting *was at an end*. 会は終わった.

bríng ... to an énd = bríng an énd to ... [動] 他 (...)を終わらせる: He *brought* his speech *to an end*. 彼は演説を終えた.

cóme to an énd [動] 自 **終わる**: When will his speech *come to an end*? 彼の話はいつ終わるのか.

énd of (stóry) Ⓢ 《略式》 (話は)これでおしまい, それだけのこと.

énd to énd [副] 端と端をつなげて.

from énd to énd [副] 端から端まで.

gò óff the déep ènd [動] 自 《略式》 (突然)取り乱す, おかしくなる. 由来 プールの深いほうに入る, の意.

gó to the énds of the éarth to dó [動] 《文語》 ...するためならどんなことでもする.

in the énd [副] (1) つなぎ語 **ついに, とうとう, 結局** (⇒ finally 類義語): The doctor treated the patient as best she could but *in the end* the patient died. 医者は患者にできるだけの治療をしたが, 患者は結局死亡した. (2) つなぎ語 結局のところ: *In the end*, you have no one to blame but yourself. 要するにあなたは自分を責めるしかない.

júmp [be thròwn] ín at the déep ènd [動] 自 《略式》 いきなり難しい仕事をやる[やらされる].

màke (bóth) énds méet [動] 自 収支を合わせる, 収入に応じた暮らしをする.

nó énd [副] Ⓢ 非常に, とても [≒very much].

nó énd of ... [形] Ⓢ 際限がないほどの..., たくさんの...; この上ない....

nót the énd of the wórld Ⓢ この世の終わりというわけじゃない, 大したことじゃない.

on énd [副] (1) 直立して: The terrible sight made my hair stand *on end*. その恐ろしい光景を見て身の毛がよだった. (2) 引き続いて: It rained for days *on end*. 何日も立て続けに雨が降った.

pùt an énd to ... [動] 他 **...を終わらせる**, ...をやめる: I tried to *put an end to* the quarrel. 私はそのけんかをやめさせようとした.

the énd of the líne [róad] [名] (忍耐などの)限界; 破局.
to nó énd [副・形] むだに [≒in vain].
to the énd [副] 最後まで.
to [until] the énd of tíme [副] 《文語》 永遠に.
— 動 (ends /éndz/; end·ed /~ɪd/; end·ing) 自 **終わる**, おしまいになる; (活動を)終える《⇒ 類義語》 [⇔ begin]: When will the fair *end*? その博覧会はいつ終わりますか / The road *ends* here. 道はここで行き止まりだ / World War II *ended* in 1945. 第二次世界大戦は 1945 年に終わった / The conference is *ending* tomorrow. 会議はあす終わることになっている《⇒ 巻末文法 6.2 (1)》 / I'd like to *end by* say*ing* this: .... V+*by*+動名 こう述べて私の話を終えたいと思います.
— 他 (...)を**終える**, やめる [⇔ begin]: She *ended* her story with a sigh. 彼女は話を終えてため息をついた / Try to *end* your discussion as soon as possible. なるべく早く議論を終えるようにしてくれ.
énd it àll [動] 自 自殺する.

end の句動詞

+**énd in ...** 動 他 **終わりが...になる**, ...(という結果)に終わる: Our attempt *ended in* failure. 我々の企ては失敗に終わった.
+**énd úp** 動 自 (特に意図しないのに)**最後は(...に)終わる**, (...に)なる; 最後は(ある場所に)着く, 結局(...に)行きつく (*at, in, on*): He started as an office boy and *ended up* (*as*) president of the company. 彼は雑用係として働き始め最後はその会社の社長になった / If you commit such a crime, you'll *end up in* prison. そんな犯罪を犯したら, しまいには刑務所に入ることになるぞ.
énd úp (by) dóing [動] 結局...する(ことになる): I *ended up* (*by*) apologiz*ing* to the boss. 私は結局上司に謝罪するはめになった.
énd úp with ... [動] 他 結局...を持つ[相手にする](ことになる): If you go out in this weather, you'll *end up with* a cold. こんな天気に外出したらかぜをひいてしまうよ.
+**énd with ...** 動 他 **...で終わる**: The play *ended with* a chorus. その劇は合唱で終わった.

類義語 **end** 「終わる」,「終える」という意味の最も一般的な語で, 普通は予定されていたことが終了する意味を持つ: He *ended* his speech. 彼は演説を終えた. **finish** 予定していたことを完結する意味で, 特に最後の仕上げをして終える感じを表わす: I have just *finished* my paper. 今論文を書き終えたところだ. なお他動詞としては finish のほうが end より普通. 自動詞としては end よりも《略式》. **conclude** 何か結末や決論をつけて話や会などを終える意味: He *concluded* his lecture by saying that .... 彼は...と言って講義を終えた. **terminate** 限界や期限が来て, または境界まで来て終わるという感じを表わす: The contract *terminates* on Oct. 10. その契約は 10 月 10 日に切れる.

+**en·dan·ger** /ɪndéɪnʤɚ, en- | -ʤə/ 動 (-dan·gers /~z/; -dan·gered /~d/; -ger·ing /-ʤ(ə)rɪŋ/) 他 (...)を**危険にさらす**: Smoking *endangers* your health. 喫煙は健康によくない. (名 dánger)
+**en·dan·gered** /ɪndéɪnʤɚd, en- | -ʤəd/ 形 (動植物が)**絶滅の危機にさらされた**: an *endangered* species 絶滅危惧(きぐ)種.
en·dear /ɪndíɚ, en- | -díə/ 動 (-dear·ing /-dí(ə)rɪŋ/) 他 (...)を好ましく思わせる, 慕わせる: *endear* oneself to ... ...に好かれる.
en·dear·ing /ɪndí(ə)rɪŋ, en-/ 形 人に好かれる, 愛らしい. **~·ly** 副 かわいらしく, 愛らしく.
en·dear·ment /ɪndíɚmənt, en- | -díə-/ 名 ❶ U 親愛; 寵愛(ちょうあい): a term of *endearment* 親愛の情を表わす呼びかけの表現《darling, dear, honey など》. ❷ C [普通は複数形で] 愛情を示す行為[ことば].
+**en·deav·or,** 《英》 **en·deav·our** /ɪndévɚ, en- | -və/ 発音 動 (-deav·ors, 《英》 -deav·ours /~z/; -deav·ored, 《英》 -deav·oured /~d/; -or·ing, 《英》 -our·ing /-v(ə)rɪŋ/) 自 《格式》 (真剣に)**努力する**《⇒ try 類義語》: He ***endeavored to*** arrange an agreement between the two countries. V+*to* 不定詞 彼は両国間の協定をまとめようと努力した.
— 名 (~s /~z/) C,U 《格式》 (懸命な)**努力**: The country made every ***endeavor to*** stop inflation. +*to* 不定詞 国はインフレを止めようとあらゆる努力をした.
en·dem·ic /endémɪk/ 形 《格式》 (病気が)一地方[集団]特有の, 風土性の (*in, to*).
+**end·ing** /éndɪŋ/ 名 (~s /~z/) ❶ C (物語・映画などの)**終わり**; 結末: a story with a happy *ending* ハッピーエンドで終わる物語. 日英 「ハッピーエンド」は和製英語. ❷ U 終わり, 終結: the *ending of* the dictatorship 独裁政治の終結. ❸ C 〔文法〕 (活用)語尾.
en·dive /éndaɪv | -dɪv/ 名 ❶ C,U エンダイブ, きくぢしゃ《サラダ用》. ❷ C,U 《米》 チコリー [《英》 chicory].
+**end·less** /éndləs/ 形 ❶ **終わりのない**, 無限の, 果てしない; 無数の: an *endless* argument 終わりのない議論 / an *endless* ocean 果てしない大洋 / The possibilities are *endless*. 可能性は無限だ. ❷ 限定 〔機械〕 切れ目のない, 循環する, エンドレスの: an *endless* belt エンドレスベルト. **~·ly** 副 無限に, 果てしなく.
end·note /éndnòʊt/ 名 C (本の)巻末[章末]の注.
en·do·crine /éndəkrɪn | -kràɪn/ 形 限定 〔生理〕 内分泌の: an *endocrine* gland 内分泌腺.
éndocrine dis·rúpt·or /-dɪsrʌ́ptɚ | -tə/ 名 C 内分泌攪乱(かくらん)化学物質, 環境ホルモン.
en·dor·phin /endɔ́ɚfɪn | -dɔ́ː-/ 名 C エンドルフィン《鎮痛・多幸作用のある神経伝達物質》.
+**en·dorse** /ɪndɔ́ɚs, en- | -dɔ́ːs/ 動 (en·dors·es /~ɪz/; en·dorsed /~t/; en·dors·ing) 他 ❶ (行動・意見など)を**支持する**, 是認する; 推薦する; (広告で)(商品)を推奨する: The committee *endorsed* the party's proposal. 委員会は党の提案を支持した. ❷ (小切手など)に裏書きをする. (名 endórsement)
en·dorse·ment /ɪndɔ́ɚsmənt, en- | -dɔ́ːs-/ 名 ❶ U,C 是認, 承認 [≒approval]; 賛成, 支持; 推奨. ❷ U,C (小切手などの)裏書き. (動 endórse)
en·do·scope /éndəskòʊp/ 名 C 内視鏡.
en·dos·co·py /endɑ́(ː)skəpi | -dɔ́s-/ 名 U 内視鏡検査(法).
en·dow /ɪndáʊ, en-/ 発音 動 他 ❶ (大学・病院など)に(基金を)寄付する, 財産を贈る (*with*). ❷ [普通は受身で] 《格式》 (人・もの)に(能力・才能・性質などを)授ける, 与える (*with*). (名 endówment)
+**en·dow·ment** /ɪndáʊmənt, en-/ 名 (-dow·ments /-mənts/) ❶ C,U (大学・病院などへの)**寄付金**: We received a large *endowment* from the foundation. 私たちはその財団から多額の寄付を受けた. ❷ U 寄贈, 寄付. ❸ C [普通は複数形で] 素質, 才能. (動 endów)

en·dur·a·ble /ɪnd(j)ʊ́(ə)rəbl, en- | -djʊ́ər-, -djɔ́ːr-/ 形 [しばしば否定語とともに]《格式》我慢できる, 耐えられる.

en·dur·ance /ɪnd(j)ʊ́(ə)rəns, en- | -djʊ́ər-, -djɔ́ːr-/ 名 ❶ U 忍耐, 我慢, 辛抱; 忍耐力, 持久力: come to the end of one's *endurance* 我慢の限界にくる / beyond *endurance* 我慢できないほど(の) / an *endurance* test 耐久[持久]力テスト. ❷ U (物の)耐久性. (動 endúre)

+**en·dure** /ɪnd(j)ʊ́ə, en- | -djʊ́ə, -djɔ́ː/ 動 (**en·dures** /~z/; **en·dured** /~d/; **en·dur·ing** /-d(j)ʊ́(ə)rɪŋ | -djʊ́ər-, -djɔ́ːr-/) 他《格式》(苦しみ・痛み)を**我慢する**, 辛抱する, 耐え忍ぶ(⇨ bear[1] 類義語): *endure* a hard life 苦しい生活を耐え忍ぶ / We could not ***endure*** hear***ing*** the groans of the victims. V+O (動名) 私たちは犠牲者のうめき声を聞くことに耐えられなかった.
— 自《格式》持ちこたえる, 存続する [≒last]; 生き延びる. (名 endúrance)
〖語源 ラテン語で「固くする」の意〗

en·dur·ing /ɪnd(j)ʊ́(ə)rɪŋ, en- | -djʊ́ər-, -djɔ́ːr-/ 形 永続する, 永久的な [≒lasting].

énd ùser 名 C (企業の視点から見て製品などの)末端使用者, 最終消費者, エンドユーザー.

énd zòne 名 C 〔アメフト〕エンドゾーン《ゴールラインとエンドラインの間の得点ゾーン》.

ENE 略 = east-northeast.

en·e·ma /énəmə/ 名 C 浣腸(かんちょう); 浣腸液.

****en·e·my** /énəmi/
— 名 (**-e·mies** /~z/) ❶ C **敵**, かたき; 敵対者 [⇔ friend]: a political *enemy* 政敵 / He always treats me like an *enemy*. 彼はいつも私を目のかたきにする / He ***made*** a lot of ***enemies*** in business. 彼は商売上の敵をたくさん作った / *make* an *enemy of* ... ...を敵にまわす.
❷ [the ~;《英》単数または複数扱い] **敵軍**, 敵兵: *The enemy* fired first. 敵が先に発砲した / *The enemy was* [*were*] driven back. 敵は撃退された / ***defeat the enemy*** 敵に打ち勝つ. ❸ C《文語》(...に)害となるもの; (...の)敵 (*of*): a public *enemy* 社会の敵《凶悪犯人など》/ a natural *enemy* 天敵. ❹ [形容詞的に] 敵の, 敵国の: an *enemy* plane [ship] 敵機[艦].

+**en·er·get·ic** /ènəʤéṭɪk | ènə-⁻/ 形 **精力的な**, 活気に満ちた, 活動的な, エネルギッシュな: an *energetic* politician 精力的な政治家. (名 énergy)
-get·i·cal·ly /-kəli/ 副 精力的に, 活動的に.

en·er·gize /énəʤàɪz | énə-/ 動 他 (...)に精力を与える; (...)を活動的にする. (名 énergy)

*****en·er·gy** /énəʤi | énə-/ アク 発音
— 名 (**-er·gies** /~z/) ❶ U **精力**, **元気**, 気力, エネルギー; 勢い, 力, 活気《⇨ power 類義語》: with *energy* 元気に, 力をこめて / He is full of *energy*. 彼は元気いっぱいだ / I just don't have the *energy* to get out of bed. ベッドから起き上がる気力も(出)ないよ / It's a waste of *energy*. それは精力のむだだ.
❷ [複数形で所有格とともに] (ある活動に向ける)**精力**, 活動力, 行動力: concentrate one'*s energies* on ... ...に精力を集中させる / He applied [devoted] all *his energies* to the project. 彼はその企画に全精力を傾けた.
❸ U〔物理〕**エネルギー**; エネルギー資源: solar *energy* 太陽エネルギー / This engine will save *energy*. このエンジンは省エネになるだろう. (形 ènergétic, 動 énergìze)

en·er·vate /énəvèɪt | énə-/ 動 他《格式》(...)の気力を弱める, 元気を奪う.

en·fant ter·ri·ble /ɑːŋfáːnterí:bl/ ≪フランス語から≫ 名 (複 **en·fants ter·ri·bles** /~/) C 型破り[過激]な(若い)人, 問題[革命, 異端]児.

en·fee·bled /ɪnfí:bld, en-/ 形《格式》衰弱した.

en·fold /ɪnfóʊld, en-/ 動 他《文語》(...)を包む; (腕に)抱く(*in*).

+**en·force** /ɪnfɔ́əs, en- | -fɔ́ːs/ 動 (**en·forc·es** /~ɪz/; **en·forced** /~t/; **en·forc·ing**) 他 ❶ (法律など)を**施行する**, 実施する: The law was strictly *enforced*. その法律は厳格に施行された. ❷《格式》(規則など)を無理強いする, 押しつける: The coach *enforced* a strict training program *on* me. コーチは私に厳しい練習計画を強く命じた. (名 enfórcement)

en·force·a·ble /ɪnfɔ́əsəbl, en- | -fɔ́ːs-/ 形 叙述 施行できる; 強制できる.

+**en·force·ment** /ɪnfɔ́əsmənt, en- | -fɔ́ːs-/ 名 ❶ U (法律などの)**施行**, 執行: rigid *enforcement* of the law 法律の厳格な施行. ❷ U 強制. (動 enfórce)

en·fran·chise /ɪnfrǽnʧaɪz, en-/ 動 他 [しばしば受身で]《格式》(...)に参政権[選挙権]を与える [⇔ disenfranchise].

en·fran·chise·ment /ɪnfrǽnʧaɪzmənt, en- | -ʧɪz-/ 名 U 参政[選挙]権賦与.

***Eng.** 略 ❶ **イングランド** (England). ❷ **英語(の)** (English).

***en·gage** /ɪngéɪʤ, en-/ 動 (**en·gag·es** /~ɪz/; **en·gaged** /~d/; **en·gag·ing**) 他

> 意味のチャート
> 元来は「抵当に入れて(約束する)」の意 →「拘束する」,「約束する」
> → (結婚の約束) →「**婚約させる**」《⇨ engaged 1》
> → (雇用の契約) →「**雇う**」❷
> → (仕事での拘束) →「**従事させる**」《⇨ engaged 2》

❶《格式》(注意など)を**引く**; (時間など)を取る; (人)を(話などに)引き込む [≒draw]: The picture *engaged* her attention. その絵は彼女の注意を引いた / One man ***engaged*** me ***in*** (a) conversation while the other stole my wallet. V+O+*in*+名 1人の男が私を話に引き込んでもう1人の男が私の財布を盗んだ.
❷《格式》(...)を**雇う**《⇨ hire 類義語》: The college ***engaged*** a web designer ***to*** create its new website. V+O+C (*to* 不定詞) 大学はウェブデザイナーを雇って新しいウェブサイトを作らせた / They ***engaged*** the boy ***as*** a guide. V+O+C (*as*+名) 彼らはその少年をガイドとして雇った. ❸《格式》(歯車など)をかみ合わせる; (クラッチ・ギア)を入れる. ❹《格式》(敵)と交戦する.
— 自 ❶《格式》(...に)従事する; 関係する; 参加する: He *engaged in* foreign trade. 彼は外国貿易に従事した. ❷ (人・物と)かかわる (*with*). ❸《格式》(歯車などが)かみ合う (*with*). ❹《格式》交戦する. (名 engágement)

+**en·gaged** /ɪngéɪʤd, en-/ 形 ❶ [比較なし] **婚約している**: an *engaged* couple 婚約した二人 / Jack and Betty got ***engaged*** (***to*** be married). +*to* 不定詞 ジャックとベティーは婚約した / Helen is ***engaged to*** John. +*to*+名 ヘレンはジョンと婚約している.

❷ 叙述 [比較なし]《格式》(仕事などに)**従事して**, 忙しい [≒busy] (*on*): He is ***engaged in*** business. +*in*+名 彼は商売に従事している / She is ***engaged in*** writ*ing* a novel. +*in*+動名 彼女は小説の執筆に取り組んでいる / be otherwise *engaged* 別の用事がある. ❸ 叙述《英》(電話が)話し中で [《米》busy];《英》(トイレが)使用中で [《米》occupied] [⇔ vacant]: The number [line] is *engaged*. お話し中です.

engáged tòne 名 C《英》= busy signal.

+**en·gage·ment** /ɪngéɪʤmənt, en-/ 名 (-gage·ments /-mənts/) ❶ C **婚約**: announce one's *engagement* 婚約を発表する / Tom broke off his ***engagement to*** Liz. トムはリズとの婚約を破棄した. ❷ C (会合などの)**約束**, 予約; 契約《⇒ appointment 類義語》: I have several previous [prior] *engagements*. いくつか先約があります / a speaking *engagement* 講演の約束[仕事]. ❸ U (...との)かかわり, 関与 (*with*). ❹ C,U 交戦, 合戦. ❺ U,C《英》雇い入れ [≒employment]; 雇用. ❻ U (歯車などの)かみ合い. (動 engáge)

engágement rìng 名 C 婚約指輪. 日英 「エンゲージリング」は和製英語. 関連 wedding ring 結婚指輪.

en·gag·ing /ɪngéɪʤɪŋ, en-/ 形 人を引き付ける, 魅力のある, 愛嬌(あいきょう)のある [≒attractive]: an *engaging* smile 魅力のある笑顔. **～·ly** 副 愛想よく.

en·gen·der /ɪnʤéndə, en- | -də/ 動 (-der·ing /-dərɪŋ, -drɪŋ/) 他《格式》(事態·感情)を引き起こす, 発生させる.

*en·gine /énʤɪn/

— 名 (~s /~z/) ❶ C **エンジン**, **機関**; 発動機《⇒ motorcycle 挿絵》: a jet *engine* ジェットエンジン / a steam *engine* 蒸気機関 / start the *engine* エンジンを始動させる[かける] / turn off the *engine* エンジンを切る / with the *engine* running エンジンをかけたままで. ❷ C 機関車 [≒locomotive]. ❸ C [普通は単数形で] (変革などの)推進力, 原動力 (*of*). ❹ C (インターネットの)検索エンジン (search engine).

***en·gi·neer** /ènʤəníə | -níə/ アク 名 (~s /~z/) ❶ C **技師**, エンジニア, 技術者: an electrical *engineer* 電気技師 / a civil *engineer* 土木技師. ❷ C (船·航空機の)機関士;《米》(機関車の)機関士, 運転士 [《英》driver].

— 動 (-gi·neers; -gi·neered; -neer·ing /-ní(ə)rɪŋ/) 他 ❶ (陰謀など)を**たくらむ**, (...)の(裏)工作をする: The explosion ***was engineered by*** terrorists. V+O の受身 爆発はテロリストによって企てられたものだった. ❷ [普通は受身で] (...)を設計[建設]する. ❸ (...)の遺伝子の構造を変える: genetically *engineered* corn 遺伝子操作をしたとうもろこし.

*en·gi·neer·ing /ènʤəní(ə)rɪŋ/ アク

— 名 U **工学**, 工学技術: civil *engineering* 土木工学 / genetic *engineering* 遺伝子工学.

*En·gland /íŋglənd, ínlənd/

— 名 固 ❶ **イングランド**《Great Britain 島の南半分を占める地方; 首都 London; 略 Eng.》. 参考 この意味では Scotland と Wales は含まれない.
❷ **英国** (the United Kingdom). 語法 England は本来 1 の意味で, この用法は不正確だがしばしば使われる《⇒ English 形 3 語法》. (形 Énglish)

*En·glish /íŋglɪʃ, ínlɪʃ/

— 名 ❶ U **英語**; (学科としての)英語, 英文学《略 E, Eng.》: American *English* アメリカ英語, 米語 / British *English* イギリス英語 / standard *English* 標準英語《⇒ **つづり字と発音解説** 1》/ How do you say "mizu" ***in English***?「水」は英語で何と言いますか // ⇒ King's [Queen's] English. 語法「世界各地のさまざまな英語」の意味で複数形の Englishes を使うことがある.
❷ [the ~ として複数扱い] **イングランド人**《全体; スコットランド人·アイルランド人·ウェールズ人に対して》; **英国人**, 英国民《全体; この意味では the British のほうが正しい; ⇒ 形 3, the[1] 5 語法》. 関連 Scots スコットランド人 / Irish アイルランド人 / Welsh ウェールズ人.
in pláin Énglish 副 わかりやすいことばで; 文修飾 わかりやすく[平たく]言えば.
— 形 ❶ 限定 **英語の**《略 E, Eng.》: an *English* word 英語の単語 / *English* grammar 英文法 / the *English* language 英語.
❷ **イングランドの**; **イングランド人の**: *English* folk songs イングランドの民謡.
❸ **英国の**; **英国人の**. 語法 この意味に用いるのは正確ではないがしばしば使われる; 正確には British《⇒ England 2 語法》. (名 Éngland)

Énglish bréakfast 名 C,U イギリス風朝食《ベーコン, 卵, トーストなどからなる量の多い朝食; ⇒ breakfast, continental breakfast》.

Énglish Chánnel 名 固 [the ~] イギリス海峡, 英仏海峡《England とフランスの間の海峡》(the Channel).

Énglish hórn 名 C《主に米》〔音楽〕イングリッシュホルン《木管楽器》[《英》cor anglais].

***En·glish·man** /íŋglɪʃmən, ínlɪʃ-/ 名 (-men /-mən/) ❶ C **イングランド人**《男性; スコットランド人·アイルランド人·ウェールズ人に対して》. 関連 Scotsman スコットランド人 / Irishman アイルランド人 / Welshman ウェールズ人.
❷ C **イギリス人**, 英国人《男性; ⇒ English 形 3 語法》.

Énglish múffin 名 C《米》イングリッシュマフィン [《英》muffin]《平たい円形のパンで, 薄く 2 つに切ってトーストにする; ⇒ muffin 挿絵》.

Énglish-spéaking 形 限定 (日常的に)英語を話す.

+**En·glish·wom·an** /íŋglɪʃwòmən, ínlɪʃ-/ 名 (-wom·en /-wìmən/) ❶ C **イングランド人**《女性》. ❷ C イギリス人, 英国人《女性; ⇒ English 形 3 語法》.

en·grave /ɪngréɪv, en-/ 動 他 ❶ (石·金属など)に(文字などを)彫る; (文字など)を(...に)彫り込む: He *engraved* ˹the stone *with* a poem [a poem *on* the stone]. 彼はその石に詩を彫り込んだ. ❷ [受身で]《格式》(...)を(心·記憶などに)刻み込む: The scene *is engraved on* [*in*] my memory [mind, heart]. その光景は私の記憶[心]に刻み込まれている.

en·grav·er /ɪngréɪvə, en- | -və/ 名 C 彫版師.

en·grav·ing /ɪngréɪvɪŋ, en-/ 名 ❶ C 版画. ❷ U 彫版(術).

en·gross /ɪngróʊs, en-/ 動 他 [普通は受身で] (人)の注意[心, 時間]を奪う; (人)を熱中させる: She *was* deeply *engrossed in* the novel. 彼女はすっかりその小説に夢中になっていた.

en·gross·ing /ɪngróʊsɪŋ, en-/ 形 (物事が)人の心を奪う, おもしろくてたまらない.

E

en·gulf /ɪngʌ́lf, en-/ 動 他 ❶ (強い感情などが)(人)を襲う. ❷ [しばしば受身で] (炎・波などが)(人・もの)を飲み込む, 包み込む (*in*).

***en·hance** /ɪnhǽns, en- | -hɑ́:ns/ 動 (en·hanc·es /~ɪz/; en·hanced /~t/; en·hanc·ing) 他 (質・価値・魅力・力など)を**高める**, 増す**:** *enhance* one's reputation 評判を高める / Computers *enhance* workers' efficiency. コンピューターは労働者の能率を上げる. (名 enháncement)

en·hanced /ɪnhǽnst, en- | -hɑ́:nst/ 形 Ⓦ (性能・機能などが)強化[拡張]された.

en·hance·ment /ɪnhǽnsmənt, en- | -hɑ́:ns-/ 名 C,U 高揚, 増進. (動 enhánce)

en·hanc·er /ɪnhǽnsɚ, en- | -hɑ́:nsə/ 名 C (質・価値・力などを)高めるもの**:** a flavor *enhancer* 味をよくするもの.

e·nig·ma /ɪnígmə/ 名 C なぞ [≒riddle]; なぞの人, 不思議な物[事].

e·nig·mat·ic /ènɪgmǽṭɪk←/ 形 なぞのような, 解き難い; (人が)得体の知れない, なぞに包まれた.

en·join /ɪndʒɔ́ɪn, en-/ 動 他《格式》(人)に命令する (*to* do);〔法律〕(人)が(...するのを)禁止する (*from*).

*****en·joy** /ɪndʒɔ́ɪ, en-/ アク

— 動 (en·joys /~z/; en·joyed /~d/; -joy·ing) 他 ❶ (...)を**楽しむ**, (...)を**喜ぶ**, (...)が**楽しい:** I really *enjoyed* your party. 本当に楽しいパーティーでした《パーティーの客が帰るときに家の主人や主催者に言う》/ I have *enjoyed* talk*ing* to you. V+O (動名) あなたとお話しして楽しかった / We found this wine very good. I hope you'll *enjoy* it. このワインはとてもおいしいと思いました. 召しあがってみてください《物を贈るときなど》/ *Enjoy*! Ⓢ どうぞごゆっくり(お楽しみを)《目的語は省略; 料理を出す時などに言う》.

楽しむ

そのパーティーでは楽しかった.
○I **enjoyed the party.**
○I **enjoyed myself** at the party.
×I enjoyed at the party.
✪ enjoy は他動詞なので常に目的語が必要.
それを見て楽しかった.
○I **enjoyed** watch**ing** it.
×I enjoyed to watch it.
✪ enjoy は不定詞をとらない.

❷《格式》(よいもの・有利なもの)を**持っている**, 享受する**:** He *enjoys* good health. 彼は健康に恵まれている / We *enjoy* freedom in this country. この国には自由がある / We still *enjoy* an advantage over them. 我々は依然として彼らより有利だ.

enjóy onesèlf [動] 自 **愉快に過ごす**, 楽しい思いをする [≒have a good time]**:** *Enjoy yourself!* 楽しんできてね / We really *enjoyed ourselves* at the seaside. 私たちは海辺でとても楽しく過ごした. (名 enjóyment)

+**en·joy·a·ble** /ɪndʒɔ́ɪəbl, en-/ 形 (物事・経験などが)**楽しい**, おもしろい, 愉快な**:** It was a very *enjoyable* evening. Thank you very much. とても楽しい晩でした. どうもありがとうございました《パーティーなどで客が帰るときのあいさつ》. **-a·bly** /-əbli/ 副 楽しく, 愉快に.

en·joy·ment /ɪndʒɔ́ɪmənt, en-/ 名 ❶ U 楽しむこと, 喜ぶこと. ❷ C《格式》楽しみ, 楽しみ[喜び]を与えるもの, 快楽 [≒pleasure]**:** various *enjoyments* in life 人生におけるいろいろな楽しみ. ❸ U《格式》(よいものを)持っていること, 享受 (*of*). (動 enjóy)

+**en·large** /ɪnlɑ́ɚdʒ, en- | -lɑ́:dʒ/ 動 (en·larg·es /~ɪz/; en·larged /~d/; en·larg·ing) 他 (...)を**大きくする**, 広くする, 拡張する [≒expand]; (写真)を引き伸ばす; (本)を増補する**:** *enlarge* one's vocabulary 語彙(ごい)を増やす.

— 自 ❶ 大きくなる, 拡大する, 広がる. ❷《格式》(補足して)詳しく述べる [≒elaborate] (*on, upon*). (形 large, 名 enlárgement)

en·large·ment /ɪnlɑ́ɚdʒmənt, en- | -lɑ́:dʒ-/ 名 ❶ C 引き伸ばした写真. ❷ U 拡大, 増大, 拡張, (家の)増築; (写真の)引き伸ばし; (本の)増補 (*of*). (動 enlárge)

en·larg·er /ɪnlɑ́ɚdʒɚ, en- | -lɑ́:dʒə/ 名 C (写真の)引き伸ばし機.

en·light·en /ɪnláɪtn, en-/ 動 他《格式》(人)を啓発する, 啓蒙(けいもう)する; (人)に教える**:** He *enlightened* us *about* [*on*] the current situation. 彼は現状について私たちに教えてくれた.〖語源 元来は「明るくする」の意; ⇒ en-, lighten[1]〗

en·light·ened /ɪnláɪtnd, en-/ 形 [普通は 限定] 啓発された; 見識のある; (正しい)知識のある; (事情に)明るい.

en·light·en·ing /ɪnláɪtnɪŋ, en-/ 形《格式》啓発的な; (物事を)はっきりさせる.

en·light·en·ment /ɪnláɪtnmənt, en-/ 名 ❶ U《格式》啓発; 啓蒙, 教化; (仏教などでの)悟り. ❷ [the E-] (18 世紀西欧の)啓蒙運動《伝統・宗教よりも科学・論理を重視した思想運動》.

en·list /ɪnlíst, en-/ 動 自 兵役に入る, 応募する**:** *enlist in* the army 陸軍に入隊する. — 他 ❶ [普通は受身で] (...)を兵籍に入れる (*in, for, as*). ❷ (協力など)を得る, (...)の力を借りる**:** *enlist* ...'s help ...の援助を求める.

en·líst·ed màn /ɪnlístɪd-, en-/ 名 C《米》下士官兵《下士官または応募兵》.

en·list·ment /ɪnlístmənt, en-/ 名 U,C 兵籍編入; 募兵; 応召, 入隊; 兵籍[入隊]期間.

en·liv·en /ɪnláɪv(ə)n, en-/ 動 他《格式》(催し物など)に活気[おもしろみ]を与える, 景気づける. (形 live[2])

en masse /ɑ:nmǽs/ ≪フランス語から≫ 副 一団になって, いっしょに.

en·meshed /ɪnméʃt, en-/ 形 叙述 (困難な状況などに)巻き込まれて (*in, with*).

en·mi·ty /énməṭi/ 名 (-mi·ties) U,C《格式》敵意, 悪意, 恨み, 憎しみ; 反目, 敵対感情.

en·no·ble /ɪnóʊbl, en-/ 動 他《格式》(...)を貴族にする; 気高くする, 高尚にする. (形 nóble)

en·nui /ɑ:nwí: | ɑ́:nwi:/ ≪フランス語から≫ 名 U《文語》倦怠(けんたい), アンニュイ; 退屈, 手もちぶさた.

e·nor·mi·ty /ɪnɔ́ɚməṭi | ɪnɔ́:-/ 名 (-mi·ties) ❶ U 極悪(非道); 深刻[重大]さ (*of*). ❷ C [普通は複数形で]《格式》(凶悪な)犯罪行為, 凶行.

***e·nor·mous** /ɪnɔ́ɚməs | ɪnɔ́:-/ 形 **巨大な**, 莫大(ばくだい)な (⇒ huge 類義語)**:** an *enormous* building 巨大建築物 / an *enormous* amount of money 莫大な金額.〖語源 ラテン語で「標準 (norm) からはずれている」の意〗

e·nor·mous·ly /ɪnɔ́ɚməsli | ɪnɔ́:-/ 副 非常に, とても.

*****e·nough** /ɪnʌ́f/ 発音

— /ɪnʌ̀f/ 副 語法 修飾する形容詞・副詞・動詞などの後に置く. ❶ **十分に**, (...に)必要なだけ, (...するに)足る

だけ: Is the room large *enough*「*to* have [*for*] a party? その部屋はパーティーをするのに十分に広いですか / The matter has been discussed *enough*. そのことは十分に討論された / You're old *enough to* know better. もう大人なんだからもう少し分別があってもいいはずだよ《⇒ know better (know 成句), to² B 5》/ 言い換え The box is light *enough for* a child *to* carry. (= The box is *so* light *that* a child can carry it.) その箱は子供が持てるほど軽い. ❷ まずまず, かなり: The present situation is bad *enough* but I'm afraid it will get worse. 現状も相当ひどいがさらに悪くなるのではないかと思う.

✪ oddly [curiously, strangely] *enough*, sure [right, fair] *enough* などはそれぞれの副詞・形容詞の例文・成句で扱っている.

cánnot ... enóugh = can néver ... enóugh いくら...しても足りない: We *cannot* praise him *enough*. 彼はいくらほめてもほめ足りない.

— 形 [比較なし] (...に)**十分な**(量[数]の), (...に)足る, (...する)だけ[ほど]の; (うんざりするほど)十分な《⇒ 類義語》: There are *enough* chairs *for* everyone. いすは全員分ある / Don't ask me to do it. I've got *enough* things to do. 私にそんなことは頼まないでくれ. 今でさえ手いっぱいなのだから.

> 語法 **enough の使い方**
> (1) 普通は数えられない名詞か, 数えられる名詞の複数形とともに用いる. 名詞の前後どちらにも置かれるが, 前に置くほうが普通: We have *enough* time (*to* finish it). = We have time *enough* (*to* finish it). (それを終えるのに必要な)時間は十分にある / He did not have「*enough* money [《古風》 money *enough*] *to* buy the book. 彼はその本を買うだけのお金がなかった.
> (2) 数えられる名詞の単数形とともに用いる場合は名詞は無冠詞で形容詞的になり, enough は後に置かれるが一般的ではない: I was fool *enough* (= foolish *enough*) to believe him. 私は愚かにも彼を信じた.

móre than enóugh [形] 十二分の, 必要以上の; 多すぎる(ほどの): There is *more than enough* money *for* our trip. 旅行資金は十二分にある.

— 代 《不定代名詞》 (...に)**十分**(な量[数]), (...するに)足るだけのもの; (うんざりするほど)たくさん(のもの) (*of*): I earn just *enough to* support my family. 私はどうにか家族を養っていくだけの分を稼いでいます / We don't even have *enough to* finish the job. その仕事を終えるにはどうしても(必要な人数[物, 金, 材料など]が)足りない / "Would you like some more fruit?" "I've had *enough*. Thank you."「もっと果物を召し上がりませんか」「ありがとうございます. もう十分いただきました」

cánnot gét enóugh of ... ...はいくら～しても足りない: I *can't get enough of* this marvelous scenery. このすばらしい景色はいくら見ても飽きない.

Enóugh alréady! Ⓢ 《米》 もうたくさんだ, もういいかげんにしてくれ.

Enóugh is enóugh! Ⓢ もうたくさんだ, もうやめるんだ, いいかげんにしろ.

Enòugh sáid! Ⓢ なるほど, わかった, (それ以上言わなくても)もう十分だ.

have hàd enóugh (of ...) [動] Ⓢ (...は)もうたくさんだ: I'*ve had enough of* your excuses. 君の言いわけはもう聞き飽きた.

móre than enóugh [代] 十二分(の量), 必要以上; 多すぎるほど(の量).

That's (quìte) enóugh. Ⓢ それで十分だ; [普通は子供に対して] もうやめなさい, いいかげんにしなさい.

— 間 もうたくさんだ, やめろ.

> 類義語 **enough**「数量が必要や希望を満たすのに十分な」の意. **sufficient** *enough* よりも格式ばった語で,「ある目的のために十分な」の意で, 程度について用いることが多い: He has *sufficient* reason to resign. 彼には辞職する十分な理由がある. **adequate**「ある目的のために何とか(かろうじて)十分な」の意. **ample** あり余るほどたっぷり十分, の意: We have an *ample* supply of food. 私たちには食糧の持ち合わせがたっぷりある.

en·quire /ɪnkwáɪə, en-|-kwáɪə/ 動 = inquire.

en·quir·y /ɪnkwáɪ(ə)ri, en-/ 名 = inquiry.

en·rage /ɪnréɪʤ, en-/ 動 他 [普通は受身で] (...)を激怒させる: He *was enraged by* the article. その記事を読んで彼はかっとなった.

en·rap·ture /ɪnrǽpʧə, en-|-ʧə/ 動 (-rap·tur·ing /-ʧ(ə)rɪŋ/) 他 [普通は受身で] 《格式》 (...)をうっとりさせる, 狂喜させる, 有頂天にする.

en·rich /ɪnríʧ, en-/ 動 他 ❶ (心・人生など)を豊かにする: Reading *enriches* the mind. 読書は心を豊かにする. ❷ (食品)の栄養価を高める; (味・色など)を濃くする; (土地)を肥やす: *enriched* food 栄養強化食品. ❸ (...)を富ませる, 豊富にする. ❹〔物理〕(放射性元素)を濃縮する.

en·rich·ment /ɪnríʧmənt, en-/ 名 U 豊か[豊富]にすること; (食品の)強化.

en·roll, 《英》 **en·rol** /ɪnróʊl, en-/ 動 (en·rolls, 《英》 en·rols; en·rolled; -roll·ing) 自 登録する, 会員になる; 入学[入隊]する: *enroll in* [《英》 *on, for*] the summer English course 夏期英語講座に登録する.

— 他 (...)を名簿に登録する, 会員にする [≒register]; 入学させる; 兵籍に入れる: He *enrolled* his daughter *in* a swimming class. 彼は娘を水泳教室に入れた.

en·roll·ment, 《英》 **en·rol·ment** /ɪnróʊlmənt, en-/ 名 ❶ U 登録; 入会, 入学, 入隊. ❷ C 入会[入学, 入隊]者数; 在籍[登録]者数.

en route /ɑːnrúːt | ɔn-/ ≪フランス語から≫ 副 途中; 途上で (on the way) (*from, to,* 《英》 *for*).

en·sconce /ɪnskɑ́(ː)ns, en-|-skɔ́ns/ 動 他 [受身または ～ oneself で] 《格式》 (快適[安全]な場所に)(...)を落ち着かせる (*in*).

en·sem·ble /ɑːnsɑ́ːmbl | ɔnsɔ́m-, ɑːnsɑ́ːm-/ 名 ❶ C [《英》 単数形でもときに複数扱い]〔音楽〕アンサンブル《少人数の合奏[合唱]団またはその合奏[合唱]曲》. ❷ C [普通は単数形で] アンサンブル《組み合わせて着るひとそろいの服》. ❸ C [普通は単数形で] 《格式》 (調和した)全体, 全体的効果[調和].

en·shrine /ɪnʃráɪn, en-/ 動 他 [普通は受身で] 《格式》 (権利・理念など)を(憲法などに)正式に記す; (...)を神殿[社]に祭る; 大切に保存する (*in*).

en·shroud /ɪnʃráʊd, en-/ 動 他 《文語》 (...)を覆(おお)い隠す, 包む (*in*).

en·sign¹ /éns(ə)n/ 名 C 《米》 海軍少尉.

en·sign² /éns(ə)n, -saɪn | -saɪn/ 名 C (船の)国旗; 海軍旗; 《米》 記章.

en·slave /ɪnsléɪv, en-/ 動 他 [普通は受身で] ❶ (人)を奴隷にする. ❷ 《格式》 (...)を支配する (*to*).

en·slave·ment /ɪnsléɪvmənt, en-/ 名 U 奴隷にする

こと; 奴隷状態.

en·snare /ɪnsnéə, en- | -snéə/ 動 (en·snar·ing /-sné(ə)rɪŋ/) 他 ❶《格式》(人)を陥れる (*in*); 誘惑する. ❷ [しばしば受身で] (...)をわなにかける.

+**en·sue** /ɪnsúː, en- | -s(j)úː/ 動 (en·sues /~z/; en·sued /~d/; en·su·ing) 自《格式》(当然の結果として)**続いて起こる**, 続く [≒follow].

en·sure** /ɪnʃʊ́ə, en-, -ʃə́ː | -ʃɔ́ː, -ʃʊ́ə/ (同音 #insure) 動 (en·sures /~z/; en·sured /~d/; en·sur·ing /-ʃʊ́(ə)rɪŋ/) 他 (...)を**確実にする**, 確実に...になるようにする, (...であること)を確かめる [≒make sure]; 保証する [≒guarantee]: Please ***ensure that your seat belt is fastened. V+O (*that* 節) 座席のベルトをお締めになったかどうかお確かめください / We cannot *ensure* 「his success [*that* he will succeed]. 彼の成功は保証できない. (形 sure)

-ent /(ə)nt/ 接尾 ❶ [形容詞語尾]「性質・状態」を示す: frequ*ent* たびたびの / sil*ent* 無言の / differ*ent* 違った. ❷ [名詞語尾]「...する人[もの]」の意: deterr*ent* 阻止するもの / correspond*ent* 通信員 / resid*ent* 居住者. (名 -ence, -ency)

en·tail /ɪntéɪl, en-/ 動 他 (...)を要する, (必然的に)伴う.

en·tan·gle /ɪntǽŋgl, en-/ 動 他 [普通は受身で] ❶ (...)をからませる, もつれさせる (*in, with*) [⇔ disentangle]. ❷ (人)を(困難などに)巻き込む (*in*); (人)を(...と)かかわり合わせる (*with*).

en·tan·gle·ment /ɪntǽŋglmənt, en-/ 名 ❶ C (事態の)紛糾, ごたごた; (人間関係の)もつれ. ❷ U もつれ(させ)ること. ❸ C [しばしば複数形で] 有刺鉄条網.

*****en·ter** /éntə | -tə/

— 動 (en·ters /~z/; en·tered /~d/; -ter·ing /-tərɪŋ, -trɪŋ/) 他 ❶《格式》(場所)に**入る** [≒go [come] into]; (体内など)に入り込む; (考えなどが)(頭)に浮かぶ; (感情などが)(声など)に入る: *enter* the room 部屋に入る.

...に入る

家に入る
○enter the house
×enter into the house
✪「(場所)に入る」というときは他動詞で, 前置詞は用いない.

❷ [受身なし] (...)に**加わる**, 加入する, 入学する, 入会する; (競技など)に**参加する**, 出場する: *enter* the army 陸軍に入隊する / I *entered* this school [college] two years ago. 私はこの学校[大学]に2年前に入学した / *enter* the competition 競技会に出る. ❸ (仕事・活動など)を始める; (ある時期・段階など)に入る: *enter* politics 政界に入る / *enter* negotiations 交渉を始める / The negotiations have *entered* their 「third day [final stage]. 交渉は3日目[最終段階]に入った. ❹ (...)を入らせる, 入学[入会]させる; (...)を(競技などに)参加[出場]させる; (...)に(試験を)受けさせる (*for*): Mr. Smith *entered* his horse *in* the Derby. スミス氏はダービーに自分の馬を出場させた. ❺ (情報)を(書類などに)記入する, (本などに)載せる; 〔コンピュータ〕(情報)を入力する (*in, into*). ❻《格式》(苦情・抗議・嘆願など)を申し立てる, 提出する.

— 自 ❶ **入る**; 登場する: He ***entered through*** [***by***] the window. V+前+名 彼は窓から入った. 関連 exit 退場 / exeunt (2人以上が)退場. ❷ (競技・試験などに)参加[出場]する (*for*). (名 éntrance¹, éntry)

enter の句動詞

+**énter ìnto ...** 動 他 ❶《格式》(仕事・談話・交渉など)を**始める**, (...)に**取りかかる**, 参加する; (協定・契約など)を結ぶ (*with*): *enter into* a discussion 討論を始める. ❷ [受身なし]《格式》(計画・考慮)の中に入る: That did not *enter into* our calculations. それは私たちの計算の中に入っていなかった. ❸ (人の気持ち)に共鳴する, 同感する: He *entered into* the spirit of the game. 彼は試合の雰囲気にとけこんだ.

énter upòn [on] ... 動 他《格式》(仕事など)を始める, ...に取りかかる.

— 名 U 〔コンピュータ〕(キーボードの)エンターキー.

***en·ter·prise** /éntəpràɪz | -tə-/ アク 名 (-ter·pris·es /~ɪz/)

意味のチャート
原義は「手に取る」→(手を出す)→「**企て**」❷
→(企てを行なうもの)「**企業**」,「**会社**」❶
→(企てを行なう意欲)「**冒険心**」❸

❶ C **企業**, 会社; U 企業活動: a government [state] *enterprise* 国営企業 / a private *enterprise* 民間企業 / a smaller *enterprise* 中小企業. ❷ C **企て**, (困難で勇気のいる)事業: a bold *enterprise* 大胆な企て. ❸ U [よい意味で] 冒険心, チャレンジ精神: have the spirit of *enterprise* チャレンジ精神がある.

énterprise cùlture 名 C,U 起業文化[社会, 精神]《事業を起こすことを奨励する社会や風土》.

énterprise zòne 名 C 産業振興地域.

en·ter·pris·ing /éntəpràɪzɪŋ | -tə-/ 形 [よい意味で] 進取の気性に富んだ, 冒険心のある; 行動的な.
~·ly 副 進取の気性をもって, 行動的に.

en·ter·tain** /èntətéɪn | -tə-/ アク 動 (-ter·tains /~z/; -ter·tained /~d/; -tain·ing) 他 ❶ (...)を**楽しませる**, おもしろがらせる [≒amuse]: The comedian's jokes *entertained* us all. そのコメディアンのジョークは私たちみんなを楽しませた / The king and (the) queen ***were greatly ***entertained by*** the play. V+O の受身 王と王妃はその芝居をとても喜んだ / She ***entertained*** us ***with*** an interesting episode. V+O+*with*+名 彼女は私たちにおもしろい話をして楽しませてくれた. ❷ (客)を**もてなす**, (家などに)招待する, (食事などで)接待する: The Smiths often *entertained* their friends over the weekend. スミス夫妻はよく友人たちを週末に家に招いてもてなした / We ***were entertained with*** refreshments in another room. V+O+*with*+名の受身 私たちは別室でお茶菓子のもてなしを受けた / She *entertained* her friends at dinner. 彼女は友人を夕食に招待した. ❸ [進行形なし]《格式》(感情・考え・希望・疑いなど)を心に抱く; (相手からの提案など)を考慮する: He had once *entertained* the idea of becoming a writer. 彼はかつて作家になることを考えたことがあった.

— 自 人を楽しませる; 客をもてなす, (家などに)招待する, 接待する. (名 èntertáinment)
〖⇒ contain キズナ〗

***en·ter·tain·er** /èntətéɪnə | -tətéɪnə/ 名 (~s /~z/) ❶ C **エンターテイナー**, 芸人. ❷ C 楽しませる人.

en·ter·tain·ing /èntətéɪnɪŋ | -tə-/ 形 楽しませる, おもしろい《⇒ interesting 表》. — 名 U もてなし, 接待.

***en·ter·tain·ment** /èntətéınmənt | -tə-/ ― 名 (-tain·ments /-mənts/) ❶ U,C 娯楽, 楽しみ; 慰み; **演芸**, 余興: a place of *entertainment* 娯楽場 / read mysteries *for entertainment* 楽しみにミステリーを読む / a musical *entertainment* 音楽会 / live *entertainment* ライブの余興.
❷ U (客の)**接待**, もてなし: Mrs. Long was careful about the *entertainment* of her guests. ロング夫人はお客のもてなしに気を配っていた. (動 èntertáin)

en·thrall, 《英》 **en·thral** /ınθrɔ́ːl, en-/ 動 (en·thralls, 《英》 en·thrals; en·thralled; -thrall·ing) 他 [普通は受身で] (物語などが)(...)の心を奪う, 魅惑する [≒charm]; 夢中にさせる: The little girl *was enthralled by* the story. 少女はその物語にすっかり夢中になってしまった.

en·thrall·ing /ınθrɔ́ːlıŋ, en-/ 形 魅惑的な.

en·throne /ınθróun, en-/ 動 他 [普通は受身で] 《格式》 (...)を王位につける; 司教にする.

en·throne·ment /ınθróunmənt, en-/ 名 《格式》 U 即位; C 即位式.

en·thuse /ınθ(j)úːz, en-/ 動 自 (...のことを)夢中になって話す (*about, over*). ― 他 ❶ (...)と熱く語る (*that*). ❷ [普通は受身で] (...)を熱中[熱狂]させる (*by, with*).

en·thu·si·as·m** /ınθ(j)úːziæ̀zm, en-/ !アク 名 (~s /~z/) ❶ U **熱中**, 熱心, 熱意, 熱狂: a lack of ***enthusiasm for learning 学習意欲の欠如 / ***with enthusiasm*** 熱中して, 熱心に / She seemed full of *enthusiasm.* 彼女は熱意に満ちあふれているようだった / ***show enthusiasm for*** ... ...に熱中する / ***dampen*** ...'s ***enthusiasm*** ...の熱意をさます. ❷ C 《格式》 熱中しているもの. (形 enthùsiástic)

+en·thu·si·ast /ınθ(j)úːziæ̀st, en-/ 名 (-si·asts /-æ̀sts/) C **熱狂者**, ファン [≒fan]; ...狂, ...マニア (*for*) (⇒ mania 日英): a car *enthusiast* カーマニア.

+en·thu·si·as·tic /ınθ(j)ùːziǽstık, en-←/ !アク 形 **熱烈な**, 熱心な, 熱狂的な; (案などに)乗り気で, すごく興味を持って: He has many *enthusiastic* supporters. 彼には熱烈な支持者が大勢いる / She is ***enthusiastic about*** [*over*] ballet. +about [over]+名 彼女はバレエに熱中している. (名 enthúsiàsm)

-as·ti·cal·ly /-kəli/ 副 熱烈に, 熱心に, 熱狂的に, 大いに気乗りして.

en·tice /ıntáıs, en-/ 動 他 (...)を(悪いことに)誘う, そそのかす, 誘惑する: *entice* people *away from* the region 人々がその地域から離れるよう仕向ける / She *enticed* me 「*into* staying [*to* stay] away from school. 私は彼女にそそのかされて学校を休んだ.

en·tice·ment /ıntáısmənt, en-/ 名 ❶ U 誘惑. ❷ C [しばしば複数形で] 誘惑するもの.

en·tic·ing /ıntáısıŋ, en-/ 形 誘惑するような, 心を誘う: an *enticing* smell おいしそうなにおい.

***en·tire** /ıntáıə, en-, éntaıə | ıntáıə, en-/ !アク 形 ❶ 限定 [比較なし] **全体の**, まるまるの (⇒ whole 類義語): hear the *entire* story 話の一部始終を聞く / sleep an *entire* day まる1日寝る.
❷ 限定 [比較なし] **全くの** [≒complete]: an *entire* stranger 赤の他人 / I was in *entire* ignorance of what had happened. 私は何が起こったのか全く知らなかった. ❸ 完全な; 欠けていない. (名 entírety)

***en·tire·ly** /ıntáıəli, en- | -táıə-/ 副 ❶ **全く**, すっかり [≒completely]; もっぱら, ひたすら (⇒ very[1] 表): It is *entirely* his fault. それは全く彼の過失だ / I *entirely* agree with you. 私はあなたと全く同じ意見です / She did it *entirely* for money. 彼女がそうしたのはもっぱら金のためだ.
❷ [否定文で] **全く...であるというわけではない** 《部分否定を表わす》: I am *not entirely* satisfied. 私は完全に満足しているわけではない.

en·ti·re·ty /ıntáı(ə)rəṭi, en-, -táıəṭi | -táıərə-, -táıəti/ 名 [the ~] 《格式》 全体 (*of*). **in its [their] entírety** [副] 《格式》 そっくりそのまま. (形 entíre)

en·ti·tle** /ıntáıṭl, en-/ 動 (-ti·tles /~z/; -ti·tled /~d/; -ti·tling /-tlıŋ/) 他 ❶ [しばしば受身で] (...)に(~する)**権利[資格]を与える**: I ***am not ***entitled to*** attend the meeting. V+O+C (to 不定詞)の受身 私はその会合に出席する資格がない / I ***am entitled to*** extra money. V+O+to+名の受身 私は臨時手当をもらう権利がある.
❷ [普通は受身で] (...)に(~という)**表題をつける**: The book *is entitled How to Learn English.* V+O+C (名)の受身 その本には『英語の学び方』という題がついている.

en·ti·tle·ment /ıntáıṭlmənt, en-/ 名 ❶ U,C (与えられた)資格, 権利 (*to*). ❷ C 《米》 エンタイトルメント 《一定の資格を持つ受給者に給付金などを与える政府の策》.

+en·ti·ty /éntəṭi/ 名 (-ti·ties) C 《格式》 **実在物**, 実体: a physical *entity* 物理的実体 / a political *entity* 国家, 政体.

en·tomb /ıntúːm, en-/ 動 他 [普通は受身で] 《格式》 (...)を埋める, 閉じ込める; (...)を埋葬する (*in*).

en·to·mol·o·gist /èntəmɑ́(ː)lədʒıst | -mɔ́l-/ 名 C 昆虫学者.

en·to·mol·o·gy /èntəmɑ́(ː)lədʒi | -mɔ́l-/ 名 U 昆虫学.

en·tou·rage /ɑ̀ːntʊrɑ́ːʒ | ɔ́ntʊrɑ̀ːʒ, ɑ́ːn-/ ≪フランス語から≫ 名 C [《英》 単数形でもときに複数扱い] 側近の人々, 随員たち 《全体》.

en·trails /éntreılz/ 名 複 (人間・動物の)内臓, 腸.

en·trance[1]** /éntrəns/ 名 (en·tranc·es /~ız/) ❶ C **入り口** [⇔ exit], 玄関, 戸口: ***at the front [back] ***entrance of*** the hotel ホテルの正面玄関[裏口]で / There are three ***entrances to*** the park. その公園には入り口が3つある.
❷ C,U **入場**, 登場; **入学**, 入会; 入ること, 入(い)れること [⇔ exit]; (新生活などに)入ること, 門出, 就業, 開始: That actor made three *entrances.* その俳優は舞台に3度登場した / His ***entrance into*** the race for governor gave us a surprise. 彼が知事選に立候補したので私たちは驚いた. ❸ U 入る権利: gain [obtain] *entrance into* [*to*] ... ...に入ることができる / I was refused *entrance to* the meeting. 私はその会(場)への立ち入りを拒否された. (動 énter)

en·trance[2] /ıntrǽns, en- | -trɑ́ːns/ 動 他 [普通は受身で] 《文語》 (人)をうっとりさせる, 魅了する.

en·tranced /ıntrǽnst, en- | -trɑ́ːnst/ 形 《文語》 うっとりした[て] (*by, with*).

éntrance examinàtion 名 C,U 入学[入社]試験 (*of, for, to*).

éntrance fèe 名 C 入場料; 入会金, 入学金.

en·tranc·ing /ıntrǽnsıŋ, en- | -trɑ́ːns-/ 形 《文語》 うっとりさせるような, 魅惑的な.

en·trant /éntrənt/ 名 C (競技などの)参加者; 《主に英》 新入生, 新入社員, 新入会員 (*to*).

en·trap /ıntrǽp, en-/ 動 (en·traps; en·trapped;

-trap·ping) ㊀《格式》(...)をわなにかける [≒trap] (*by, in*); (人)を陥れる, だまして...させる (*into*).

en·trap·ment /ɪntrǽpmənt, en-/ 名 U《格式》わなにかけること[かかること]; おとり捜査.

en·treat /ɪntríːt, en-/ 動 ㊀《格式》(...)に嘆願する, 熱心に頼む: I *entreated* him「*to* help me [*for* his help]. 私は彼に助けてほしいと頼み込んだ.

en·treat·y /ɪntríːṭi, en-/ 名 (-treat·ies) C,U《格式》折り入って[たって]の願い; 嘆願, 哀願.

en·trée, en·tree /áːntreɪ/ ≪フランス語から≫ 名 ❶ C《主に米》(食事の)メインの料理;《英》アントレー《正式のディナーで魚 (fish) と肉 (joint) との間に出す盛り合わせの料理》. ❷ U,C《格式》(社交界への)入場(許可), 入場権 (*into, to*).

en·trench /ɪntréntʃ, en-/ 動 ㊀ [普通は受身または ~ oneself で] (自分)の立場を固める: The idea *is deeply entrenched in* Japanese society. その考え方が日本の社会に深く根ざしている.

en·trenched /ɪntréntʃt, en-/ 形 (習慣・信念などが)確立した, 凝(こ)り固まった.

en·trench·ment /ɪntréntʃmənt, en-/ 名 ❶ U (習慣・信念などの)確立, 固守, 固定化. ❷ C [普通は複数形で] 塹壕(ざんごう).

en·tre·pre·neur /àːntrəprənə́ː, -n(j)ʊ́ə | ɔ̀ntrəprənə́ː, àːn-/ ≪フランス語から≫ 名 C 起業家, 企業家, 事業家.

en·tre·pre·neur·i·al /àːntrəprənə́ːriəl, -n(j)ʊ́(ə)r- | ɔ̀ntrəprənə́ːr-, àːn-⁻/ 形 起業家の, 企業家の, 事業家らしい.

en·trust /ɪntrʌ́st, en-/ 動 ㊀ (...)をゆだねる, (人)に任せる, 委任する: *entrust* money *to* a bank 金を銀行に預ける / 言い換え We *entrusted* the work *to* him. = We *entrusted* him *with* the work. 私たちは彼にその仕事を任せた.

****en·try** /éntri/

— 名 (en·tries /~z/) ❶ U,C 入ること; **加入**, **加盟**, **参加**; U 入場権, 入場許可: Japan's *entry into* the United Nations 日本の国連加盟 / NO ENTRY (車両)進入禁止, 立ち入り禁止《掲示; ⇒ no 形 3》/ ***make*** one's ***entry into*** ... ...に入る / We ***gained*** [were ***refused***] ***entry to*** that area. 我々はその地域に入ることを許された[拒否された].

❷ C (競技などの)**参加者**, 出品物; [普通は単数形で] (全体の)参加者[出品]数: There were sixty *entries for* the contest. そのコンテストには 60 人が参加した / The race has attracted a large *entry*. そのレースには多数の参加者がいる. ❸ C (帳簿などへの)記載事項; (辞書などの)収録項目 (*in*). ❹ U (データの)入力. ❺ C 入り口, 玄関, 門 [≒entrance]. (動 énter)

en·try-lev·el /éntrilèv(ə)l/ 形 限定 (製品が)初心者向けの, 基本的な; (仕事が)初歩的な, 下級の.

En·try·phone /éntrifòʊn/ 名 C《英》エントリーホン《マンションなどの入り口で入居者と話すための電話; 商標》.

en·try·way /éntriwèɪ/ 名 C《米》入り口.

en·twine /ɪntwáɪn, en-/ 動 ㊀ [普通は受身で] (...)を絡み[より]合わせる (*with, in, around*).

E-num·ber /íːnʌ̀mbə | -bə/ 名 C《英》E ナンバー《EU 加盟国使用の食品添加物表示番号》.

e·nu·mer·ate /ɪn(j)úːmərèɪt | ɪnjúː-/ 動 ㊀《格式》(...)を数え上げる, 列挙する.

e·nun·ci·ate /ɪnʌ́nsièɪt/ 動 ㊀ ❶ (語)をはっきりと発音する. ❷《格式》(理論・主義など)を表明[発表]する. — ㊁ はっきりと発音する.

e·nun·ci·a·tion /ɪnʌ̀nsiéɪʃən/ 名 ❶ U (はっきりとした)発音(のしかた). ❷ U (考え・意見などの)表明, 発表.

en·vel·op /ɪnvéləp, en-/ 動 ㊀《格式》(...)を包む, 覆(おお)う, 囲む (*in*).

+en·ve·lope /énvəlòʊp/ アク 名 (~s /~s/) C **封筒**: put a stamp on an *envelope* 封筒に切手を貼る // ⇒ SASE. ✪ 封筒のあて名の書き方については ⇒ address. **púsh the énvelope** [動] ㊁《主に米》(...の)限界に挑む (*of*).

en·vi·a·ble /énviəbl/ 形 うらやましい, あやかりたい(ほどの): be in an *enviable* position うらやましい(ほど理想的な)立場にいる. (動 énvy)

-a·bly /-əbli/ 副 うらやましいほど, ねたましいほどに.

en·vi·ous /énviəs/ 形 (人が)うらやましがる, うらやましげな; ねたみ深い, しっと深い《⇒ jealous 類義語》: an *envious* look うらやましげな顔つき / He was *envious of* his friend's success. 彼は友人の成功をねたんでいた. (名 énvy)

~·ly 副 うらやましげに; ねたんで.

*****en·vi·ron·ment** /ɪnváɪ(ə)rənmənt, en-, -váɪən- | -váɪ(ə)rən-/ アク

— 名 (-ron·ments /-mənts/) ❶ [the ~] (自然の)**環境**: protect [preserve] *the environment* 環境を保護する / harm [damage] *the environment* 環境を破壊する / cause damage to *the environment* 環境に害を与える. ❷ C,U (人間的な)**環境**, 周囲(の事情)《⇒ surroundings 類義語》: the social *environment* 社会的環境 / a learning [working] *environment* 学習[労働]環境 / live ***in***「a favorable [an unfavorable] ***environment*** 恵まれた[恵まれない]環境で暮らす. (形 envìronméntal)

****en·vi·ron·men·tal** /ɪnvàɪ(ə)rənméntl, en-, -vàɪən- | -vàɪ(ə)rən-⁻/ アク

— 形 限定 **環境の**; 環境による, 周囲(の事情)からの: *environmental* issues [problems] 環境問題 / *environmental* protection [destruction] 環境保護[破壊] / the *environmental* influence *on* children 子供たちへの周囲の影響力. (名 envíronment)

en·vi·ron·ment·al·is·m /ɪnvàɪ(ə)rənméntəlɪzm, en-/ 名 U 環境保護(主義).

+en·vi·ron·men·tal·ist /ɪnvàɪ(ə)rənméntəlɪst, en-/ 名 (-tal·ists /-lɪsts/) C **環境保護論者**; 環境問題専門家.

en·vi·ron·men·tal·ly /ɪnvàɪ(ə)rənméntəli, en-/ 副 環境的に(は): an *environmentally* sensitive area 環境面で影響を受けやすい地域 / *environmentally* friendly products 環境に優しい製品.

environméntal pollútion 名 U 環境汚染, 公害.

en·vi·ron·ment-friend·ly /ɪnváɪ(ə)rənməntfréndli, en-⁻/ 形 (製品などが)環境に優しい.

en·vi·rons /ɪnváɪ(ə)rənz, en-/ 名 複《格式》(都市の)近郊, 郊外.

+en·vis·age /ɪnvízɪdʒ, en-/ 動 (-vis·ag·es /~ɪz/; -vis·aged /~d/; -vis·ag·ing) ㊀ (将来のこと)を**心に描く**; 予測[予想]する: *envisage* great success in business 事業での大成功を心に描く / I can't *envisage* them get*ting* married. V+O+C (現分) あのふたり

が結婚するなんて想像できない.

+**en·vi·sion** /ɪnvíʒən, en-/ 動 (-vi·sions /~z/; -vi·sioned /~d/; -vi·sion·ing) 他《米》(将来のこと)を**心に描く**; 予測[予想]する.

+**en·voy** /énvɔɪ/ 名 (~s /~z/) C (特命を帯びた)**使節**; 使者; (全権)公使《ambassador と minister の間の資格》: send ... as a special *envoy* of the Japanese government ...を日本政府の特使として派遣する.

+**en·vy** /énvi/ 動 (en·vies /~z/; en·vied /~d/; -vy·ing) 他 [進行形なし] (人·物)を**うらやむ**, (人の)(...)をうらやましがる; ねたむ: I *envy* you! あなたがうらやましい / 言い換え I *envy* his success. = I *envy* him his success. V+O+O 彼の成功がうらやましい / I *envy* you hav*ing* such a close friend. V+O+C (現分) そんなによい友人に恵まれているあなたがうらやましい / ***I don't envy*** you your job. Ⓢ あなたのような(大変な)仕事をやるのが私じゃなくてよかった. (形 énviable)
— 名 ❶ U **ねたみ**, しっと, 羨望(せんぼう): I feel no ***envy at*** [***of***, ***for***] his good fortune. 私は彼の幸運が少しもうらやましくない / with *envy* うらやましそうに, ねたんで. ❷ [the ~] ねたみの種; 羨望の的 (*of*). (形 énvious)

+**en·zyme** /énzaɪm/ 名 (~s /~z/) C **酵素**.

e·on /íːən/ 名 C [普通は複数形で] 非常に長い期間.

E·os /íːɑ(ː)s | -ɔs/ 名 固 〔ギリシャ神話〕エオス《あけぼのの女神; ⇒ goddess 表》.

ep·au·let《主に米》, **ep·au·lette**《主に英》 /èpəlét/ 名 C 肩章《将校制服などの肩飾り》.

e·phem·er·a /ɪfém(ə)rə, ef-/ 名 複 短命なもの, (短命な)収集品.

e·phem·er·al /ɪfém(ə)rəl/ 形《格式》短命な, つかの間の, はかない.

+**ep·ic** /épɪk/ 名 (~s /~s/) ❶ C **大作**《小説·映画など》. ❷ C 叙事詩. 関連 lyric 叙情詩.
— 形 ❶ 限定 叙事詩的な; 雄大な, 壮大な. ❷ 並はずれた: a mistake of *epic proportions* とてつもなく大きな間違い.

ep·i·cen·ter, 《英》 **-cen·tre** /épɪsèntə | -tə/ 名 C (地震の)震央, 震源地; (活動の)中心地.

ep·i·cure /épɪkjʊ̀ə | -kjʊ̀ə/ 名 C《格式》食通, 美食家 [≒gourmet].

ep·i·cu·re·an /èpɪkjʊríːən←/ 形《格式》快楽主義の; 食道楽の, 美食家的な.

+**ep·i·dem·ic** /èpɪdémɪk←/ 名 (~s /~s/) C (伝染病の)**流行**; (悪事などの)流行: an ***epidemic of*** a new type of influenza 新型インフルエンザの流行.
— 形 ❶ (病気が)流行性の, 伝染する. ❷ (一般に)流行している: reach *epidemic* proportions (悪いことが)大流行している, 蔓延(まんえん)している.

ep·i·de·mi·ol·o·gy /èpədìːmiɑ́(ː)ləʤi, -dèm- | -ɔ́l-/ 名 U 疫学, 流行病学.

ep·i·der·mis /èpɪdə́ːmɪs | -də́ː-/ 名 U または an ~ 〔解剖〕表皮, 上皮.

ep·i·gram /épɪgræ̀m/ 名 C 警句; 風刺詩.

ep·i·lep·sy /épəlèpsi/ 名 U てんかん.

ep·i·lep·tic /èpəléptɪk←/ 形 てんかん(性)の: an *epileptic* fit てんかんの発作. — 名 C てんかん患者.

ep·i·log /épəlɔ̀ːg | -lɔ̀g/ 名 C《米》= epilogue.

ep·i·logue /épəlɔ̀ːg | -lɔ̀g/ 名 ❶ C (詩·物語·劇などの)結びのことば[部分], エピローグ (*to*) [⇔ prologue]. ❷ [単数形で] (一連の出来事の)結末.

E·piph·a·ny /ɪpífəni/ 名 ❶ [the ~] 顕現日《東方の三博士 (Magi) の前にキリストが姿を現わした日を祝う; 1月6日》. ❷ C [e-] 突然の理解[認識], ひらめき.

e·pis·co·pal /ɪpískəp(ə)l/ 形 限定 ❶〔キリスト教〕監督[司教, 主教]の. ❷ [E-] 聖公会の.

Epíscopal Chúrch 名 [the ~] 聖公会.

E·pis·co·pa·li·an /ɪpìskəpéɪliən←/ 形 (特に米国とスコットランドの)聖公会の. — 名 C 聖公会の会員.

+**ep·i·sode** /épəsòʊd/ アク 名 (-i·sodes /-sòʊdz/) ❶ C **エピソード**; 挿話的な出来事[事件]: the most interesting ***episode in*** his life 彼の一生で最も興味深い出来事.
❷ C (連続ドラマなどの)**1話**; (劇·小説中の)挿話. (形 èpisódic)

ep·i·sod·ic /èpəsɑ́(ː)dɪk | -sɔ́d-←/ 形 ❶《格式》時々起こる. ❷《格式》(小説·劇などが)いくつかの挿話からなる. (名 épisòde)

e·pis·tle /ɪpísl/ 名 ❶ C《格式》(長文の)手紙, 書簡. ❷ [the E-] (新約聖書の)使徒書簡.

e·pis·to·lar·y /ɪpístəlèri, ep- | -ləri/ 形 限定《格式》手紙の, 書簡の; (小説などが)書簡体の.

ep·i·taph /épətæ̀f | -tɑ̀ːf/ 名 C 墓碑銘, 碑文.

ep·i·thet /épəθèt/ 名 ❶ C (人·物の特性を適切に表現する)形容語[辞]《the *coldhearted* murderer の coldhearted など》. ❷ C ののしりことば: hurl racial *epithets* 人種差別的なことばを浴びせる.

e·pit·o·me /ɪpíṭəmi, ep-/ 名 C [the ~] (...の)典型, 権化, (...)そのもの: ***the epitome of*** evil 悪の権化.

e·pit·o·mize /ɪpíṭəmàɪz, ep-/ 動 他 (...)の典型である.

e plu·ri·bus u·num /íːplʊ́(ə)rɪbəsjúːnəm, éɪplʊ́(ə)rɪbəsúːnəm/ ≪ラテン語から≫ 多数からできたひとつ; 多くの州の連合でできた1つの政府《米国の国璽(こくじ)および一部の硬貨の標語》.

ep·och /épək, épɑ(ː)k | íːpɔk, ép-/ 発音 名 ❶ C 新時代; (画期的な)時代, 時期《⇒ period 類義語》: mark the end of an *epoch* 一つの時代の終わりを告げる. ❷ C 〔地質〕世《紀 (period) の下位区分; ⇒ era 3》.

ep·och-mak·ing /épəkmèɪkɪŋ, épɑ(ː)k- | íːpɔk-, ép-/ 形 (出来事が)新時代を開く, 画期的な.

e·pon·y·mous /ɪpɑ́(ː)nəməs | ɪpɔ́n-/ 形 限定《格式》(登場人物が)ある作品の題名となった.

ep·si·lon /épsəlɑ̀(ː)n, -lən | epsáɪlən/ 名 C エプシロン《ギリシャ語アルファベットの第5文字 ε, E; ⇒ Greek alphabet 表》.

Ep·som /épsəm/ 名 固 エプソム《英国 London の南の町; Derby, Oaks 競馬の開催地》.

e-pub·lish·ing /íːpʌ̀blɪʃɪŋ/ 名 U 電子出版.

eq·ua·ble /ékwəbl, íːk-/ 形 ❶《格式》(人·気持ちが)おだやかな, 落ち着いた. ❷〔気象〕(気温などが)一様な, 安定した.

⁑e·qual /íːkwəl/ 発音

— 形 ❶ [比較なし] (数·量·価値などが)等しい, **同等の**, 匹敵する《⇒ same 類義語》 [⇔ unequal]: two boys of *equal* height 同じ背の高さの2人の少年 / an *equal* number of ... 同数の... / Twice three is ***equal to*** six. +to+名 3の2倍は6 (2×3 = 6) 多用 / The two cities are almost ***equal in*** population. +in+名 その2つの都市は人口がほぼ同じだ / He is not ***equal to*** his father *in* strength.《格式》彼は体力の点で父親には及ばない.
❷ **平等の**, 対等の, 互角の [⇔ unequal]: an *equal* match 互角の試合 / *equal* time 均等時間割当て《政見放送などの》/ an *equal* opportunity 機会均等 / an *equal* right to vote 平等の投票権 / Human beings are born *equal*. 人間は生まれながらに平等である.

❸ 叙述《格式》(人が...に)**対処できる**; (...するだけの)資格がある [⇔ unequal]: I'm not ***equal to*** the task. +to+名 私ではその仕事はできない / Do you feel ***equal to*** mak*ing* a long journey? +to+動名 あなたは長旅に耐えられると思いますか.

áll (óther) thìngs bèing équal [副] 文修飾 Ⓢ (他の)条件が変わらなければ, このぶんならば, このままでいけば.

on équal térms (with ...) = on an équal fóoting (with ...) [副] (...と)同じ条件で, (...と)対等で. (名 equálity, 動 équalize)

— 名 (~s /~z/) Ⓒ **同等の人[もの]**; 匹敵するもの: Our teacher treats everybody as *equals*. 私たちの先生はみんなを同等に扱います / 言い換え She ***has no equal in*** wit. = Her wit is ***without equal***.《格式》機知では彼女にかなう者はいない.

— 動 (e·quals /~z/; e·qualed,《英》e·qualled /~d/; e·qual·ing,《英》e·qual·ling) 他 ❶ [進行形なし] (...)**に等しい:** Two and two *equals* four. 2 足す 2 は 4 (2+2 = 4) / Four times five *equals* twenty. 5 の 4 倍は 20 (4×5 = 20)《⇒ times 日英》.

❷ (...)に**匹敵する**, (...)に劣らない; (最高記録など)に並ぶ: Betty *equals* Nancy as a singer. ベティーは歌手としてはナンシーに劣らない / He *equaled* the Olympic record. 彼はオリンピックタイ記録を出した / His passion for music *is equaled* only *by* his passion for baseball. V+O の受身 彼の音楽への情熱は野球への熱に劣らず強いものだ. ❸ (ある結果)を招く: Hard work *equals* success. 一生懸命働けば成功することになる.

〘語源 ラテン語で「平らな」の意〙

+**e·qual·i·ty** /ɪkwɑ́(ː)ləṭi | ɪkwɔ́l-/ 名 Ⓤ **等しいこと**, 平等, 同等 (*between, with*) [⇔ inequality]: *equality* of opportunity 機会の均等 / racial [sexual] *equality* 人種[男女]の平等. (形 équal)

e·qual·i·za·tion /ìːkwəlɪzéɪʃən | -laɪz-/ 名 Ⓤ (大きさ・数などを)等しくすること, 均等[平等]化.

e·qual·ize /íːkwəlàɪz/ 動 他 (...)を等しくする, 同等にする, 平等にする (*with, to*). — 自《英》(特にサッカーで)同点にする. (形 équal)

e·qual·iz·er /íːkwəlaɪzə | -zə/ 名 ❶ Ⓒ 等しく[平等に]するもの. ❷ Ⓒ《英》〔スポーツ〕同点(とする得点).

***e·qual·ly** /íːkwəli/

— 副 ❶ 等しく, 同様に [⇔ unequally]: The two boys are *equally* bright. その 2 人の少年は同じくらい頭がよい.

❷ **平等に**, 同等に, 等しく [⇔ unequally]: Divide the work *equally*. 仕事を平等に分けなさい.

❸ つなぎ語《格式》**それと同様に**, それと同時に: We need economic development. But *equally*, we have to protect the environment. 経済発展は必要である. しかし同時に環境も守らなければならない.

équal sign,《英》**équals sìgn** 名 Ⓒ〔数学〕等号《=》.

e·qua·nim·i·ty /ìːkwənímәṭi, èk-/ 名 Ⓤ《格式》(特に困難な状況での)平静, 落ち着き.

e·quate /ɪkwéɪt/ 動 他 (...)を(~と)等しいとみなす, 同等視する: *equate* criticism *with* blame 批判と非難を同一視する. **equáte to ...** [動] 他 ...に匹敵する, 等しい.

***e·qua·tion** /ɪkwéɪʒən, -ʃən/ 名 (~s /~z/) ❶ Ⓒ **等式**, **方程式:** a mathematical *equation* 数式 / a chemical *equation* 化学方程式 / an *equation* of the second degree 2 次方程式. ❷ Ⓒ [普通は the ~] (いくつかの要因が絡む)問題[状況]: enter (into) *the equation* 問題となる. ❸ Ⓤ (...と~が)等しいとみなすこと, 同等視: the *equation* of wealth *with* happiness 富と幸福の同一視.

+**e·qua·tor** /ɪkwéɪṭə | -tə/ 名 [the ~, the E-] **赤道**《⇒ zone 挿絵》: cross *the equator* [*Equator*] 赤道を横切る / be right *on the equator* 赤道直下にある. 〘語源 ラテン語で「(地球を)等分するもの」の意〙

e·qua·to·ri·al /ìːkwətɔ́ːriəl, èk-←/ 形 赤道の; 赤道付近の(ような); 非常に蒸し暑い.

e·ques·tri·an /ɪkwéstriən/ 形 限定 馬術の, 乗馬の. — 名 Ⓒ《格式》乗馬者; 騎手.

e·qui- /íːkwɪ, ékwɪ, -kwə/ 接頭「等しい」の意: *equi*nox 彼岸の中日 / *equi*valent 同等の.

e·qui·dis·tant /ìːkwədíst(ə)nt/ 形 叙述《格式》(...から)等距離の (*from, between*).

e·qui·lat·er·al /ìːkwəlǽṭərəl, -trəl←/ 形〔数学〕等辺の: an *equilateral* triangle 正三角形.

e·qui·lib·ri·um /ìːkwəlíbriəm, èk-/ 名 [Ⓤ または an ~] 均衡, つり合い, バランス; (心の)平静: recover one's *equilibrium* 心の平静を取り戻す.

e·quine /íːkwaɪn, ék-/ 形《格式》馬の(ような); 馬に関する.

e·qui·nox /íːkwənɑ̀(ː)ks | -nɔ̀ks/ 名 Ⓒ [しばしば the ~] 彼岸の中日《昼と夜の長さが同じになる時》, 分(ぶん): *the* vernal [spring] *equinox* 春分 / *the* autumn(al) *equinox* 秋分.

+**e·quip** /ɪkwíp/ 動 (e·quips /~s/; e·quipped /~t/; e·quip·ping) 他 ❶ (人)に**身じたくをさせる**; (設備などを)(...)に**備える**, (船・軍隊など)を装備する (*to do*): This submarine ***is equipped with*** missiles. V+O+with+名の受身 この潜水艦にはミサイルが装備されている / The ship *was* ***equipped for*** a long voyage. V+O+for+名の受身 その船は長い航海ができるように装備が整っていた.

❷ (能力・技術などを)(人)に**身につけさせる**; (人)に力をつけさせる (*for*): This course is designed to ***equip*** students ***with*** practical skills. V+O+with+名 このコースは学生に実用的な技術を身につけさせることを目的としている / He *is* not well ***equipped to*** deal with difficult students. V+O+C (to 不定詞)の受身 彼には問題を抱えた生徒に対処する十分な力がない. (名 equípment)

***e·quip·ment** /ɪkwípmənt/

— 名 ❶ Ⓤ **設備**, 備品, 用品; 装置, 器具, 機器《全体》: useful pieces of ***equipment for*** the office オフィスで役に立つ備品 / camping *equipment* キャンプ用具.

❷ Ⓤ **装備(すること)**, したく, 準備: the ***equipment of*** ships ***with*** radio 船に無線を装備すること. ❸ Ⓤ 資質, 技能. (動 equíp)

eq·ui·ta·ble /ékwəṭəbl/ 形《格式》公平な, 公正な, 正当な [⇔ inequitable].

+**eq·ui·ty** /ékwəṭi/ 名 (-ui·ties /~z/) ❶ Ⓤ《格式》**公平, 公正** [≒fairness] [⇔ inequity]. ❷ Ⓤ〔商業〕(担保などを除く)純資産額. ❸ [複数形で]〔商業〕普通株.

e·quiv·a·lence /ɪkwívələns/ 名 Ⓤ,Ⓒ《格式》同等, 同量, 同数, 同価値, 同意義.

***e·quiv·a·lent** /ɪkwívələnt/ 形 [比較なし] **同等の**, 同

量の, 同数の, 同価値の; (...に)相当する: an *equivalent* amount of salt 同量の塩 / One mile is ***equivalent to*** 1.6 kilometers. [+to+名] 1マイルは1.6キロメートルに相当する《one point six kilometers と読む》/ Her silence was *equivalent to* consent. 彼女が黙っていたのは承諾したも同然であった.
— 名 (-a·lents /-lənts/) Ⓒ **同等物**, 等価値のもの, 相当量; 同義語; 相当語(句): a noun *equivalent* 名詞相当語(句) / The English ***equivalent of*** the Japanese "inu" is "dog." 日本語の「犬」に相当する英語は 'dog' である.
〖語源 ラテン語で「同じ(⇒ equi-)価値(⇒ value)の」の意〗

e·quiv·o·cal /ɪkwívək(ə)l/ 形 ❶《格式》(ことばなどが)両方の意味にとれる, (わざと)あいまいな(⇒ obscure 類義語) [⇔ unequivocal]. ❷《格式》(情報などが)不確かな, はっきりしない.

e·quiv·o·cate /ɪkwívəkèɪt/ 動 自《格式》(わざと)あいまいに話す, ごまかす.

e·quiv·o·ca·tion /ɪkwìvəkéɪʃən/ 名 U,C《格式》(わざと)あいまいに話すこと, (ことばの)ごまかし.

+**er** /ə:, ʌ:/ 間 **えー**, あのー《ことばにつかえたときに発する》: Is there a gentleman here named *-er* — Mr. Iwasaki? こちらに, えー, 岩崎さんという男性の方はいらっしゃいますか.

ER /í:áə | -á:/ 略《米》= emergency room.

*****-er**[1] /ə | ə/ 接尾 1音節および一部の2音節の**形容詞・副詞の比較級の語尾**(⇒ 巻末文法 12.1 (2), more[2]): larg*er* もっと大きい / heavi*er* もっと重い / hard*er* もっと硬い.

+**-er**[2] /ə | ə/ 接尾 ❶ [動詞につく名詞語尾]「**...する者[物]**」の意: hunt*er* 狩りをする人 / print*er* 印刷機.
❷ [名詞語尾]「(...に)**従事する人**, (...に)**関係する者**」の意: farm*er* 農園主 / hatt*er* 帽子屋.
❸ [名詞語尾]「...に住む人」の意: London*er* ロンドン市民. ❹ [名詞語尾]「...をもつ物, ...である物」の意: double-deck*er* 2階建てバス.

「人」の意を表わす名詞グループ

-er	manag*er* (経営者); employ*er* (雇用者); lawy*er* (弁護士)
-or	act*or* (俳優); edit*or* (編集者); sail*or* (船員)
-ar	li*ar* (うそつき); begg*ar* (こじき); burgl*ar* (強盗)
-ee	employ*ee* (従業員); train*ee* (訓練を受ける人); refug*ee* (難民)
-ess	actr*ess* (女優); godd*ess* (女神); host*ess* (女主人)
-ist	pian*ist* (ピアニスト); novel*ist* (小説家); econom*ist* (経済学者); terror*ist* (テロリスト)
-ian	histor*ian* (歴史家); politic*ian* (政治家)
-ant	assist*ant* (助手); serv*ant* (使用人); applic*ant* (申込者)
-eer	engin*eer* (技師); volunt*eer* (ボランティア); pion*eer* (先駆者)

e·ra** /í(ə)rə, érə | íərə/ 発音 名 (~s /~z/) ❶ Ⓒ (重要な出来事などにより特色づけられる) **時代**, 年代(⇒ period 類義語): in the Meiji [Showa] *era* 明治[昭和]時代に / an ***era of globalization グローバル化の時代 / This invention marks the beginning of a new *era*. この発明は新時代を画するものである. ❷ Ⓒ 紀元: the Christian *era* キリスト紀元. ❸ Ⓒ〔地質〕代《年代区分の単位でいくつかの紀 (period) からなる》.
関連 period 紀 / epoch 世.

ERA /í:àəéɪ | -à:(r)éɪ/ 略 = earned run average.

e·rad·i·cate /ɪrǽdəkèɪt/ 動 他《格式》(病気・問題など)を根絶する, 一掃する (*from*).

e·rad·i·ca·tion /ɪræ̀dəkéɪʃən/ 名 U《格式》根絶, 一掃.

e·rase** /ɪréɪs | ɪréɪz/ 動 (e·ras·es /~ɪz/; e·rased /~t | ~d/; e·ras·ing) 他 ❶ (データ・録音・映像など)を**消去する**, 消す: I accidentally ***erased everything ***from*** my computer. [V+O+*from*+名] 私は誤ってすべてをコンピューターから消去してしまった.
❷ (書かれたもの)を**消す**, 削除する: *Erase* the blackboard. 《米》黒板を消しなさい (=《英》Clean the blackboard.) / Her name has ***been erased from*** the list. [V+O+*from*+名の受身] 彼女の名は名簿から削られている. ❸ (記憶・考えなど)を消し去る, 忘れ去る: *erase* the memory *from* one's mind 思い出を記憶からぬぐい去る. (名 erásure)

***e·ras·er** /ɪréɪsə | -zə/ 名 (~s /~z/) ❶ Ⓒ《主に米》**消しゴム** [《英》rubber]. ❷ Ⓒ 黒板ふき.

e·ra·sure /ɪréɪʃə | -ʒə/ 名 ❶ U《格式》消去. ❷ Ⓒ《格式》削除個所[語句], 消し跡. (動 eráse)

ere /éə | éə/ 前《古語・詩》...の前に (before). — 接《古語・詩》...する前に, ...しないうちに.

+**e·rect** /ɪrékt, ər-/ 動 (e·rects /ɪrékts/; e·rect·ed /~ɪd/; e·rect·ing) 他 ❶《格式》(...)を**建てる**, 建設する [≒build]: A magnificent church *was erected* in the town. [V+Oの受身] すばらしい教会が町に建てられた. ❷《格式》(...)を直立させる, (テントなど)を立てる. ❸ (組織・制度など)を設立する. (名 eréction)
— 形 ❶ **直立した**, 真っすぐの [≒upright]: stand *erect* 直立する / He held the flag *erect*. 彼は旗を真っすぐに立てていた. ❷〔生理〕勃起(ぼっき)した.
〖⇒ correct キズナ〗

e·rec·tion /ɪrékʃən, ər-/ 名 ❶ Ⓒ〔生理〕勃起(ぼっき): get [have] an *erection* 勃起する[している]. ❷ U《格式》建設; 組み立て (*of*). (動 eréct)

er·go /ə́:gou | ə́:-/ ≪ラテン語から≫ 副《格式》それゆえに (therefore).

er·go·nom·ic /ə̀:gəná(:)mɪk | ə̀:gənɔ́m-ˉ/ 形 人間工学の.

er·go·nom·ics /ə̀:gəná(:)mɪks | ə̀:gənɔ́m-/ 名 U 人間工学.

Er·ic /érɪk/ 名 固 エリック《男性の名》.

Er·i·ca /érɪkə/ 名 固 エリカ《女性の名》.

E·rie /í(ə)ri/ 名 固 Lake ~ エリー湖《米国とカナダの間の湖; ⇒ Great Lakes》.

er·mine /ə́:mɪn | ə́:-/ 名 (複 ~s, ~) ❶ Ⓒ おこじょ, アーミン, 白てん《いたちの一種; 冬季に毛色が赤褐色から白色に変わったもの》. ❷ U アーミンの毛皮.

Er·nest /ə́:nəst | ə́:-/ 名 固 アーネスト《男性の名; 愛称は Ernie》.

Er·nie /ə́:ni | ə́:-/ 名 固 アーニー《男性の名; Ernest の愛称》.

+**e·rode** /ɪróud, ər-/ 動 (e·rodes /ɪróudz, ər-/; e·rod·ed /-dɪd/; e·rod·ing /-dɪŋ/) 他 ❶ [しばしば受身で] (風雨などが)(...)を**浸食する**; (酸などが)(金属)を腐食する: The coast is *being* ***eroded away by*** the waves. [V+O+*away*の受身] 海岸が波で浸食されている. ❷ Ⓦ (権威・自信など)を徐々に失わせる; (質・価値など)を

徐々に損なう.
— 自 ❶ 浸食される (*away*); 腐食される. ❷ (権威・自信などが)徐々に失われる; (質・価値などが)徐々に損なわれる.

e·rog·e·nous /ɪrɑ́(ː)ʤənəs, ər-|ɪrɔ́ʤ-/ 形 性的刺激に敏感な: *erogenous* zones 性感帯.

Er·os /érɑ(ː)s, í(ə)r-|íərɔs/ 名 ❶ 固 〔ギリシャ神話〕 エロス《アフロディテ (Aphrodite) の子で恋愛の神; ⇒ god 表》. ❷ U 《格式》 性愛.

e·ro·sion /ɪróʊʒən, ər-/ 名 U 浸食; (金属の)腐食; 衰退, (権威・自信などの)低下 (*of*).

+**e·rot·ic** /ɪrɑ́(ː)ṭɪk, ər-|ɪrɔ́t-/ 形 (作品などが)**性愛を扱った**, 性的刺激の強い, エロチックな; 性的な《⇒ sexual 類義語》: *erotic* films 性愛を扱った映画.

e·rot·i·ca /ɪrɑ́(ː)ṭɪkə, ər-|ɪrɔ́t-/ 名 U エロ本[写真], 春画.

e·rot·i·cal·ly /ɪrɑ́(ː)ṭɪkəli, ər-|ɪrɔ́t-/ 副 エロチックに.

e·rot·i·cis·m /ɪrɑ́(ː)ṭəsìzm, ər-|ɪrɔ́t-/ 名 U (芸術・文学などにおける)エロチシズム, 好色性.

err /éə, ə́ː|ə́ː/ 動 (**err·ing** /ə́ːrɪŋ, é(ə)r-|ə́ːr-/) 自 《古風》 誤る, 間違う, 間違って…する: To *err* is human, to forgive, divine. 過ちを犯すは人の常, これを許すは神の心《英国の詩人ポープのことば》. **érr on the síde of ...** [動] 他 《格式》 …すぎる, …に失する: It's still better to *err on the side of* caution. 慎重すぎるほうがまだ(不注意より)よい. (名 érror)

er·rand /érənd/ 名 ❶ C 使い, 使い走り: run [go on, do] an *errand* (*for* ...) (…の)使い走りをする / send ... (out) on an *errand* …を使いにやる. ❷ C (使いの)用向き, 用事: I have an *errand* to do in the city. 私はその市に用事がある. **a fóol's érrand** [名] むだ足, 徒労. **an érrand of mércy** [名] 人助け.

er·rant /érənt/ 形 限定 《格式》 正道からはずれた, 道を誤った; 不貞の.

errata 名 erratum の複数形.

er·rat·ic /ɪrǽṭɪk, er-/ 形 [普通は軽蔑的] むら気の; とっぴな; 不規則な, 不安定な. **-rát·i·cal·ly** /-kəli/ 副 気まぐれに, とっぴに; 不規則に.

er·ra·tum /erɑ́ːṭəm/ ≪ラテン語から≫ 名 (複 **er·ra·ta** /-ṭə/) C [普通は複数形で] 《格式》 誤り, 誤字, 誤植: an *erratum* slip 正誤表.

er·ro·ne·ous /ɪróʊniəs, ər-/ 形 《格式》 (ことば・考えなどが)誤った, 間違った. (名 érror)
~·ly 副 誤って, 間違って.

***er·ror** /érə|érə/

— 名 (~s /~z/) ❶ C **誤り**, **間違い**; 〔コンピュータ〕 エラー《⇒ mistake 類義語》: an *error in* spelling つづりの間違い / an *error of* [*in*] judgment 判断の誤り / a minor [small] *error* ちょっとした間違い[ミス] / He *made* [*committed*] a serious [grave] *error*. 彼は重大な間違いをした / Correct *errors*, if any. 誤りがあれば正せ. ❷ U 考え違い, 思い違い, 誤信: human *error* 人為的誤り. ❸ C 〔野球〕 エラー, 失策.
in érror [副・形] 《格式》 間違って; 考え違いをして: I was *in error about* it. それは私の間違いだった.
sée the érror of one's **wáys** [動] 自 《文語》 自らの過ちに気づく. (動 err, 形 erróneous)

er·satz /éəzɑːts|éəsæts/ ≪ドイツ語から≫ 形 [普通は 限定] 代用の, 模造の, にせの.

erst·while /ə́ːst(h)wàɪl|ə́ːstwàɪl/ 形 限定 《格式》 昔の, かつての [≒former].

er·u·dite /érʊdàɪt/ 形 《格式》 博学な [≒learned].

er·u·di·tion /èrʊdíʃən/ 名 U 《格式》 学識, 博学.

+**e·rupt** /ɪrʌ́pt, ər-/ 動 (**e·rupts** /ɪrʌ́pts, ər-/; **e·rupt·ed** /~ɪd/; **e·rupt·ing**) 自 ❶ (火山が)**噴火する**, 爆発する; (溶岩などが)噴出する (*from*): A seabed volcano suddenly *erupted* off the coast. 沖合いで突然海底火山が噴火した. ❷ (騒動などが)突然起こる, 勃発(ぼっ)する; 急に…しだす: A riot *erupted* outside the city hall. 市庁舎前で暴動が起きた / *erupt into* laughter 急に笑いだす. ❸ (発疹(ほっしん)などが)吹き出る.
— 他 (...)を噴出[爆発, 発生]させる.
〘⇒ bankrupt キズナ〙

e·rup·tion /ɪrʌ́pʃən, ər-/ 名 ❶ C,U (火山の)噴火, 爆発; (溶岩などの)噴出. ❷ C,U (怒り・笑いなどの)爆発. ❸ C,U 〔医学〕 発疹(ほっしん), 吹き出物.

-er·y /(ə)ri/ 接尾 ❶ [名詞語尾] 「…の性質, …の状態, …の境遇」 の意: brav*ery* 勇敢さ / slav*ery* 奴隷の身分. ❷ [名詞語尾] 「…類, …全体」 の意: machin*ery* 機械類 / scen*ery* 風景. ❸ [名詞語尾] 「…の場所, …製造所, …店」 の意: bak*ery* パン屋 / groc*ery* 食料雑貨店. ❹ [名詞語尾] 「…業, …術」 の意: arch*ery* アーチェリー / fish*ery* 漁業.

***-es**[1] /ɪz, əz/ 接尾 **名詞の複数形の語尾.** ✪ 発音・用法については ⇒ **巻末文法** 2.1 (1).

***-es**[2] /ɪz, əz/ 接尾 **動詞の三人称単数現在形の語尾.** ✪ 用法については ⇒ **巻末文法** 6.1 (1).

+**es·ca·late** /éskəlèɪt/ !アク 動 (**-ca·lates** /-lèɪts/; **-ca·lat·ed** /-ṭɪd/; **-ca·lat·ing** /-ṭɪŋ/) 自 ❶ (争いなどが)**悪化[エスカレート]する**, **拡大する**: The quarrel *escalated into* a fight. V+*into*+名 口論はついに取っ組み合いになってしまった. ❷ (物価・費用などが)上昇する. — 他 ❶ (争いなど)を拡大させる. ❷ (物価など)を上昇させる.

es·ca·la·tion /èskəléɪʃən/ 名 C,U 拡大, 強化; 増大; 上昇 (*in*, *of*).

es·ca·la·tor /éskəlèɪṭə|-tə/ !アク 名 C エスカレーター: go up [down] on the *escalator* エスカレーターで上がる[下がる].

es·cal·ope /éskəlòʊp|-lɔ̀p/ 名 C 《主に英》 〔料理〕 エスカロップ《薄切り肉などのソテーまたはフライ》.

es·ca·pade /éskəpèɪd, èskəpéɪd/ 名 C 脱線的な行動; とっぴな行為; いたずら.

***es·cape** /ɪskéɪp, es-/ !アク

— 動 (**es·capes** /~s/; **es·caped** /~t/; **es·cap·ing**) 自 ❶ (…から)**逃げる**, 逃亡する, 脱出する: 言い換え Some prisoners *escaped from* jail. V+*from*+名 数人の囚人が刑務所から脱走した.
❷ (危険・災難などから)**逃れる**, 免れる: She *escaped with* only minor injuries. V+*with*+名 彼女は軽傷を負っただけで済んだ / My son *escaped* unhurt. V+C (形) 私の息子は無傷で助かった.
❸ (ガス・液体などが)**漏れる**, 抜ける; 《文語》 (声・ため息などが)思わず漏れ出る: Gas *escaped* from [out of] the joint of the pipes. ガスがパイプの継ぎ目から漏れた.
— 他 [受身なし] ❶ (危険・束縛)を**逃れる**, 免れる; (...)から脱出する: None of us can *escape* death. 我々はだれも死を免れることはできない / 言い換え We narrowly *escaped* punishment. = We narrowly *escaped* be*ing* punished. V+O (動名) 我々はかろうじて罰されずに済んだ. 語法 自 1 が 「すでに起きている(よくない)状態から逃げ出す」 という意味なのに対して 他 1 は 「よくない状態になるのを(事前に)防ぐ[避ける]」 の意; 次を比較: *escape from* prison 脱獄する / *escape* prison 投

獄を免れる.
❷ (物が)(人(の注意など))を**免れる**, (記憶など)に残らない: Her name *escaped* me. 彼女の名前が思い出せなかった / Nothing *escaped* her notice [attention]. 何事も彼女の目から逃れることはなかった. ❸《文語》(声・ため息などが思わず)(...)から漏れ出る.
There's nó escáping the fáct that ... ...という事実は認めなければならない.
— 名 (～s /～s/) ❶ U,C **逃亡**, 逃走; 脱出: an *escape* vehicle 逃亡車 / his *escape* route 彼の逃亡経路 / The prisoner made his ***escape from*** jail. その囚人は刑務所から脱走した.
❷ U,C (危険などを)**免れること**, 脱すること: have a narrow [lucky] ***escape from*** disaster 災害をかろうじて[運よく]免れる. ❸ C 逃れる手段; 避難装置, 非常口: There is no *escape from* it. それを逃れる方法はない. ❹ [U または an ～] 現実逃避(の手段). ❺ C,U (ガス・液体などの)漏れ: an *escape* of gas ガス漏れ. ❻ U〔コンピュータ〕エスケープキー.
màke góod one's **escápe** [動] 自《格式》うまく逃れる.
〘語源 原義はラテン語で「マントを脱ぐ」; そこから「束縛から逃れる」の意となる〙

es·caped /ɪskéɪpt, es-/ 形 限定 逃亡した: an *escaped* prisoner 脱獄囚.

es·cap·ee /ɪskèɪpíː, es-/ 名 C 脱獄者, 脱走者.

es·cap·is·m /ɪskéɪpɪzm, es-/ 名 U 現実逃避; 逃避主義.

es·cap·ist /ɪskéɪpɪst, es-/ 形 現実逃避の.

es·car·got /èskɑəgóʊ | ɪskáːgoʊ/ ≪フランス語から≫ 名 (～s /～(z)/) C エスカルゴ《食用かたつむり》.

es·carp·ment /ɪskɑ́əpmənt, es- | -kɑ́ːp-/ 名 C 急斜面; 断崖(だんがい).

es·chew /ɪstʃúː, es-/ 動 他《格式》(悪いことなど)を避ける, 慎む.

+**es·cort¹** /éskɔət | -kɔːt/ ✪ 動詞の escort² とアクセントが違う. 名 (es·corts /-kɔəts | -kɔːts/) ❶ C **護衛者(一行)**《一人一人にも全体にも用いる》; 護送者[団]; 護衛機[艦](隊): That carrier entered the port with an *escort* of five frigates. その空母は5隻のフリゲート艦の護衛付きで入港した.
❷ C (パーティーなどへの)**付き添い人**, 同伴者; 雇われてパーティーなどに同伴する人; 売春婦: Emmie's ***escort to*** the party was a tall, handsome man. エミーをエスコートしてパーティーへ行ったのは背の高いハンサムな男だった.
ùnder éscort [副] 護衛のもとに, 護衛[護送]されて: *under* police *escort* 警察に護衛[護送]されて.
(動 escórt²)

+**es·cort²** /ɪskɔ́ət, es- | -kɔ́ːt/ ✪ 名詞の escort¹ とアクセントが違う. 動 (es·corts /-kɔ́əts | -kɔ́ːts/; -cort·ed /-ṭɪd/; -cort·ing /-ṭɪŋ/) 他 ❶ (...)を**護衛する**, 警護する, 護送する: The premier ***was escorted by*** five policemen. V+O の受身 首相は5人の警官に護衛されていた. ❷ [副詞(句)を伴って] (人)を(...へ)送り届ける, 案内する; 《古風》(男性が)(女性)に付き添う, エスコートする: Our tour guide *escorted* us *to* the airport. 観光ガイドが私たちを空港まで送り届けてくれた.
(名 éscort¹)

+**-ese** /íːz, íːs | íːz←/ 接尾 ❶ [形容詞語尾] 「**...国の, ...地方の; ...語の**」の意: Chin*ese* 中国(語)の / Japan*ese* 日本(語)の.
❷ [名詞語尾] 「**...人, ...語**」の意: Japan*ese* 日本人[語]. ❸ [名詞語尾] [しばしば軽蔑的] 「...特有の文体」の意: journal*ese* 新聞特有の文体.

ESE 略 = east-southeast.

Es·ki·mo /éskəmòʊ/ 名 (複 ～(s)) ❶ C エスキモー《北米や東シベリアなどの北極地方に住む民族》. 語法 差別的な語とされる場合もあり, 一部では Inuit と言い換えられる. ❷ U エスキモー語.

Éskimo dòg 名 C エスキモー犬《そり犬の一種; ⇒ dog 挿絵》.

ESL /ìːèsél/ 名 U 第二言語としての英語《*E*nglish as a *S*econd *L*anguage の略; ⇒ EFL》.

ESOL /íːsɑ(ː)l | -sɔl/ 名 U 外国語としての英語《*E*nglish for *S*peakers of *O*ther *L*anguages の略; ⇒ EFL》.

e·soph·a·gus /ɪsɑ́(ː)fəgəs, iː- | -sɔ́f-/ 名 (複 e·soph·a·gi /-gàɪ/, ～·es) C〔解剖〕食道.

es·o·ter·ic /èsətérɪk←/ 形《格式》深遠[難解]な.

ESP /íːèspíː/ 略 ❶ = extrasensory perception. ❷ = English for Specific [Special] Purposes 特定[特殊]目的の英語《ビジネス英語・科学英語など》.

esp. 略 = especially.

es·pe·cial /ɪspéʃəl, es-/ 形 限定《英格式》特別な, 格別の [≒ special].

*****es·pe·cial·ly** /ɪspéʃəli, es-/
— 副 ❶ **特に, 特別に**, とりわけ《略 esp.》: I like going hiking, *especially* in the fall. 私は特に秋にハイキングに行くのが好きだ / Nara is worth visiting, *especially if* you like old temples. 奈良は訪れる価値があるよ, 特に古寺が好きなら / It's *especially* cold this morning. けさは格別に寒い / This is *especially for* you. (ほかならぬ)あなたにこれをさしあげます.
語法 文頭には用いない.
❷ [否定文で] **特に...であるというわけではない**《部分否定を表わす》: It is *not especially* hot today. きょうはとりわけ暑いというほどではない / "Do you like cats?" "*Not especially.*" 「猫は好きですか」「別に」.

Es·pe·ran·to /èspərǽnṭoʊ, -rɑ́ːn-/ 名 U エスペラント語《人工の国際語》.

es·pi·o·nage /éspiənɑ̀ːʒ, -nɑ̀ːdʒ/ 名 U スパイ行為: industrial *espionage* 産業スパイ(活動).

es·pla·nade /ésplənɑ̀ːd | èsplənéɪd/ 名 C (海岸・湖畔などの広い)遊歩道, ドライブウェー.

e·sports /íːspɔ̀əts | -spɔ̀ːts/ 名 複 e スポーツ《対戦型のコンピューターゲームで行なわれる競技》.

es·pous·al /ɪspáʊz(ə)l/ 名 [U または an ～]《格式》(主義などの)支持, 擁護 (*of*).

es·pouse /ɪspáʊz, es-/ 動 他《格式》(主義・政策など)を支持する, 信奉する.

es·pres·so /esprésoʊ/ 名 (～s) U,C エスプレッソコーヒー《粉末に蒸気を通して作る濃いコーヒー》.

es·prit de corps /espríːḍəkɔ́ə, ɪs- | -kɔ́ː/ ≪フランス語から≫ 名 U《格式》団体精神, 団結心.

Esq. /éskwaɪə, ɪskwáɪə, es- | ɪskwáɪə, es-/ 名《古風, 主に英》...様, ...殿《Esquire の略》 語法 手紙のあて名や公式文書などで男性の氏名の後につける敬称: John Smith, *Esq.* ジョン・スミス様[殿]. 《米》では男女を問わず弁護士に対して用いる.

-esque /ésk←/ 接尾 [名詞につく形容詞語尾] 「...の様式の, ...風の」の意: pictur*esque* 絵のように美しい.

-ess /əs, ɪs, es/ 接尾 [名詞につく名詞語尾] 「女性・雌」を示す《⇒ -er²》: princ*ess* 王女 / lion*ess* 雌ライオン.

***es·say**[1] /éseɪ/

— 名 (~s /~z/) C (生徒・学生の)**小論文**, レポート, 作文; **随筆**, エッセイ; 小論, 評論: an *essay* contest 作文コンクール / an ***essay on*** literature [modern civilization] 文学[近代文明]論 / The students wrote an ***essay about*** their excursion. 生徒たちは遠足について作文を書いた.

es·say[2] /eséɪ, éseɪ/ 名 C 《格式》 試み, 企て, 努力 (*in, into*). — 動 他 《文語》 (...)を試みる.

es·say·ist /éseɪɪst/ 名 C 随筆家, エッセイスト.

+es·sence /és(ə)ns/ アク 名 (es·senc·es /~ɪz/) ❶ [the ~] **本質**, 神髄: Kindness is *the* (very) ***essence of*** human love. 親切心(こそ)は人間愛の本質だ. ❷ U,C (植物などから抽出した)精, エキス, エッセンス《主に料理用》: vanilla *essence* バニラエッセンス.

be of the éssence [動] 自 《格式》 非常に重要である: Time [Speed] *is of the essence.* 時間[速さ]がきわめて重要だ.

in éssence [副] 文修飾 《格式》 本質的に(は).

(形 esséntial)

***es·sen·tial** /ɪsénʃəl, es-/ アク

— 形 ❶ **欠かせない**, 肝心の, きわめて重要な [⇔ inessential]: Sleep and good food are ***essential to*** [***for***] health. +to [for]+名 睡眠と栄養に富む食物は健康に欠かせない 多用 / 言い換え ***It is essential that*** you do the work at once. = ***It is essential for*** you ***to*** do the work at once. 君はその仕事をすぐにする必要がある.

❷ 限定 **本質的な**, 根本的な [≒fundamental]: The *essential* meaning of the play was that crime does not pay. その劇の真意は犯罪は引き合わないということだった.

(名 éssence)

— 名 (~s /~z/) [the ~s] **本質的な要素**, 不可欠なもの; 要点: *the* bare *essentials* ぎりぎりの必需品 / the *essentials* of economics 経済学の要点.

***es·sen·tial·ly** /ɪsénʃ(ə)li, es-/ 副 ❶ **本質的に**, 基本的に: Americans are *essentially* friendly people. アメリカ人は本来親切な国民だ.

❷ 文修飾 **本質的には**, 本来は: *Essentially*, the two are different things. 本質的にはその2つは別の物だ.

esséntial óil 名 U,C 精油, エッセンシャルオイル.

Es·sex /ésɪks/ 名 固 エセックス《England 南東部の州》.

EST /íːèstíː/ 略 《米》 = Eastern Standard Time.

est. 略 ❶ = established. ❷ = estimated.

***-est** /ɪst, əst/ 接尾 1 音節および一部の 2 音節の**形容詞・副詞の最上級の語尾**(⇒ **巻末文法** 12.1 (2), most[2]): tall*est* いちばん背が高い / fast*est* いちばん速い[速く].

***es·tab·lish** /ɪstǽblɪʃ, es-/

— 動 (-lish·es /~ɪz/; -tab·lished /~t/; -lish·ing) 他 ❶ (...)を**設立する**, 創立[設置]する [≒set up]; (記録など)を樹立する, (関係など)を築く; (規則など)を制定する(⇒ found[2] 類義語): The English *established* colonies in America. イギリス人はアメリカに植民地を建設した / This college *was established* in 1901. V+O の受身 この大学は 1901 年に創立された.

❷ (...)を**立証[確証]する**: 言い換え She *established* her innocence. = She ***established that*** she was innocent. V+O (*that* 節) 彼女は自分の無罪を立証した / We couldn't ***establish where*** he had been. V+O (*wh* 節) 彼がどこにいたか立証できなかった.

❸ (習慣・先例・名声など)を**確立する**, 固める; (一般に)認めさせる: These customs *were* well *established* three centuries ago. V+O の受身 このような習慣は 3 世紀前にしっかり確立されていた / John ***established*** a name for himself ***as*** a professional golfer. V+O+as+名 ジョンはプロゴルファーとしての名声を確立した. ❹ [受身で] (人)を(地位・職業・場所などに)落ち着かせる; 定住させる: They *are established in* their new house. 彼らは新居に落ち着いている.

estáblish onesèlf [動] 自 (1) 身を落ち着ける, 定住する (*as, in*). (2) (...としての)地位を確立する, (...として)身を立てる, 開業する (*as*). (3) (自然と)確立する, 設立される.

(名 estáblishment)

〖語源 ラテン語で「しっかり立たせる」の意; ⇒ stand キズナ〗

+es·tab·lished /ɪstǽblɪʃt, es-/ 形 ❶ 限定 **確立した**, 確定した; 設立[制定]された(略 est.): *established* order 既成の体制 / It's an *established* fact. それは既成の事実だ. ❷ 限定 定評のある. ❸ 限定 国教の: an *established* church 国教会.

***es·tab·lish·ment** /ɪstǽblɪʃmənt, es-/ 名 (-lish·ments /-mənts/) ❶ C 《格式》 **設立物**, 施設《軍隊・病院・学校・会社・店舗など》: military *establishments* 軍事施設.

❷ U **設立**, 創立, 設置; 樹立; 制定: the ***establishment of*** a school 学校の創立. ❸ [the ~, 普通は the E-; 《英》 単数または複数扱い] [しばしば悪い意味で] 支配階級[体制].

(動 estáblish)

***es·tate** /ɪstéɪt, es-/ アク 名 (es·tates /-téɪts/) ❶ C,U 〔法律〕 **財産**; 遺産: personal *estate* 動産 / real *estate* 不動産.

❷ C **地所**《いなかの大きな土地で大邸宅のあるものをいう》: He has a large *estate* in the country. 彼はいなかに大きな地所を持っている. ❸ C 《英》 団地: a council *estate* 公営住宅団地.

estáte àgent 名 C 《英》 不動産業者 [《米》 real estate agent, Realtor]; 不動産店.

estáte càr 名 C 《英》 = station wagon.

estáte tàx 名 C,U 《米》 遺産税《遺産に対して相続前に課される; ⇒ inheritance tax》.

+es·teem /ɪstíːm, es-/ 名 U 《格式》 **尊敬**, 尊重 [≒respect]; 評価: a token [mark] of ...'s *esteem* ...の尊敬のしるし / He gained everyone's *esteem*. 彼はだれからも尊敬を受けた / The students ***hold*** Professor Green ***in*** high [great] ***esteem***. 学生たちはグリーン教授を非常に尊敬している.

— 動 他 [進行形なし; 普通は受身で] 《格式》 尊敬する, 尊重する, 尊ぶ [≒respect]: a highly *esteemed* composer 非常に尊敬されている作曲家.

Es·ther /éstɚ | -tə/ 名 固 エスター《女性の名》.

es·thete /ésθiːt | íːs-/ 名 《米》 = aesthete.

es·thet·ic /esθétɪk/ 形 《米》 = aesthetic.

es·thet·ics /esθétɪks/ 名 《米》 = aesthetics.

es·ti·ma·ble /éstəməbl/ 形 《格式》 尊敬すべき, 尊重すべき.

es·ti·mate**[1] /éstəmət/ 発音 動詞の estimate[2] と発音が違う. 名 (-ti·mates /-məts/) ❶ C **見積もり**, 概算, 推定; (価値などの)評価: make [form] an ***estimate of ... ...を見積もる; ...を評価する / a conservative *estimate* 控え目な見積もり. ❷ C 見積書 (*for*).

at [as] a róugh éstimate [副] 文修飾 ざっと見て,

大ざっぱに見積もると. (動 éstimàte²)

*es·ti·mate² /éstəmèɪt/ 発音 名詞の estimate¹ と発音が違う. 動 (-ti·mates /-mèɪts/; -ti·mat·ed /-ṭɪd/; -ti·mat·ing /-ṭɪŋ/) 他 [進行形なし] (...の大きさ・値段・価値など)をざっと(〜と)**見積もる**, 概算する, 推定する《⇒ estimated》; (大まかに)(...)と判断する [≒ judge]: They ***estimate that*** it will cost about ten million yen. V+O (*that* 節) 彼らはそれには1千万円くらいの費用がかかると見ている 多用 / We ***estimated*** his losses ***at*** a thousand dollars. V+O+*at*+名 我々は彼の損害を1千ドルと見積もった / ***It is estimated that*** the number of victims was over ten thousand. V+O (*that* 節)の受身 犠牲者数は1万人以上とみられる / I ***estimated*** the room ***to*** be 20 feet long. V+O+C (*to* 不定詞) 私はその部屋は奥行き20フィートと見た / 言い換え It is not easy to ***estimate how*** long it is. V+O (*wh* 節) = It is not easy to *estimate* its length. その長さがどれほどか見当をつけるのは容易でない. (名 éstimate¹, èstimátion)

+es·ti·mat·ed /éstəmèɪṭɪd/ 形 限定 **推定[見積もり]の**《略 est.》. C+1 しばしば「an+estimated+数詞+名詞」の形で用いる.複数名詞でも不定冠詞がつく: *an estimated* 3,000 refugees 推定で3,000人の難民.

es·ti·ma·tion /èstəméɪʃən/ 名《格式》U (価値の)判断, 評価, 意見; C 見積もり, 概算 (*of*): go up [down] in ...'s *estimation* ...の評価が上がる[下がる]. **in ...'s estimátion = in the estimátion of ...** [副] 文修飾 ...の見るところでは[考えでは]: Who, *in your estimation*, is going to win the election? あなたの考えではその選挙で勝つのはだれですか. (動 éstimàte²)

Es·to·ni·a /estóʊniə/ 名 固 エストニア(共和国)《バルト海に面する東欧の共和国》.

es·tranged /ɪstréɪnʤd, es-/ 形 ❶《格式》別居中の: an *estranged* couple 別居中の夫婦. ❷《格式》仲たがいした, 疎遠になった, 心が離れた (*from*).

es·trange·ment /ɪstréɪnʤmənt, es-/ 名 U,C《格式》別居; 仲たがい, 疎遠 (*from, between*).

es·tro·gen /éstrəʤən | íːs-, és-/ 名 U〔生理〕エストロゲン《女性ホルモンの一種》.

es·tu·ar·y /ésʧuèri | -tjuəri/ 名 (-ar·ies) C (幅の広い)河口.

ET 略 = extraterrestrial.

e·ta /éɪṭə, íː- | íː-/ 名 C エータ《ギリシャ語アルファベットの第7文字 η, H; ⇒ Greek alphabet 表》.

ETA /íːtìːéɪ/ 略 = estimated time of arrival 到着予定時刻. 関連 ETD 出発予定時刻.

e-tail·er /íːteɪlə | -lə/ 名 C ネット小売業者. 〖語源 *e*lectronic と *retailer* の混成語〗

et al. /etáːl, etǽl | etǽl/ ≪ラテン語から≫ 副 およびその他の人たち(で)《論文・法律文などで用いる》.

etc. /etséṭərə, -trə/

≪ラテン語から≫ 略 Ⓦ ...など, その他《et cetera の略》: lions, tigers, leopards, *etc.* ライオン, とら, ひょうなど. 語法 (1) 日常の文章では and so on [forth]《⇒ so¹ 副 成句》を用いるのが普通. (2) etc. の前にはコンマを打つ. (3) and etc. とするのは誤り.

et cet·er·a /etséṭərə, -trə/ ≪ラテン語から≫ ...など, その他《略 etc.》.

etch /éʧ/ 動 他 ❶ (銅板など)にエッチングする《金属板などに絵・模様などを刻む》(*with*); (絵など)をエッチングで描く (*in, into, on, onto*). ❷ [普通は受身で]《文語》(...)を(心に)焼き付ける, 刻み込む; (顔)に(苦悩などを)くっきり刻む (*with*): The event will *be* etched *in* [*on*] people's memory. その出来事は人びとの記憶に刻み込まれるだろう. — 自 エッチングする.

etch·ing /éʧɪŋ/ 名 U エッチングの技法; C エッチング(の作品).

ETD /íːtìːdíː/ 略 = estimated time of departure 出発予定時刻. 関連 ETA 到着予定時刻.

+e·ter·nal /ɪtə́ːn(ə)l | ɪtə́ː-/ 形 ❶ [比較なし] **永遠の**, 永久の [≒everlasting]; 不変の: *eternal* truths 永遠の真理 / pledge *eternal* love 永遠の愛を誓う. ❷ 限定《略式》[悪い意味で] 果てしない, いつまでも続く: Stop your *eternal* grumbling! いつまでもぐちをこぼすのはやめなさい. (名 etérnity)

Etérnal Cíty 名 [the 〜] 永遠の都《ローマ (Rome) のこと》.

e·ter·nal·ly /ɪtə́ːnəli | ɪtə́ː-/ 副 ❶ 永遠に, 永久に; いつまでも: I'll be *eternally* grateful for your help. ご助力に対して大変感謝いたします. ❷《略式》[特に悪い意味で] 果てしなく, しょっちゅう(...してばかりいる) [≒always]: They are *eternally* quarreling. 彼らはいつもけんかばかりしている.

etérnal tríangle 名 [the 〜] (恋愛の)三角関係.

e·ter·ni·ty /ɪtə́ːnəṭi | ɪtə́ː-/ 名 ❶ U 永遠, 永久: for (all) *eternity* 永遠に. ❷ U (いつまでも続く)死後の世界, 来世. ❸ [an 〜] (無限に思われるような)長い時間. (形 etérnal)

eth·a·nol /éθənɔ̀ːl | -nɔ̀l/ 名 U〖化学〗エタノール (ethyl alcohol).

Eth·el /éθ(ə)l/ 名 固 エセル《女性の名》.

e·ther /íːθə | -θə/ 名 ❶ U エーテル《溶剤・麻酔剤》. ❷ [the 〜] (電波・インターネット情報の伝わる)空間.

e·the·re·al /ɪθí(ə)riəl/ 形《格式》この世のものとは思えない, 妙(たえ)なる; 優美な; ごく軽い.

E·ther·net /íːθənèt | -θə-/ 名 U〔コンピュータ〕イーサネット《LAN のためのケーブル網[規格]; 商標》.

eth·ic /éθɪk/ 名 [単数形で] 倫理, 道徳律.

+eth·i·cal /éθɪk(ə)l/ 形 ❶ 限定 [比較なし] **倫理(上)の**, 道徳上の, 倫理的な《⇒ moral 類義語》; 倫理学の: *ethical* problems 倫理上の諸問題.
❷ [しばしば否定文・疑問文で] **倫理的な**, 道義にかなった [⇔ unethical]: ***It's not ethical for*** you ***to*** work for both companies. あなたが両方の会社の仕事をするのは倫理的ではない.

eth·i·cal·ly /éθɪkəli/ 副 ❶ 倫理的に, 道徳[道義]的に. ❷ 文修飾 倫理的には, 道徳的にいうと.

+eth·ics /éθɪks/ 名 ❶ [複数扱い] (個人・社会・職業の) **倫理**, 道徳原理, 道義, モラル: corporate *ethics* 企業倫理 / a code of *ethics* 道徳律. ❷ U 倫理学.

E·thi·o·pi·a /ìːθióʊpiə/ 名 固 エチオピア《アフリカ北東部の国》.

E·thi·o·pi·an /ìːθióʊpiən←/ 形 エチオピアの; エチオピア人の. — 名 C エチオピア人.

*eth·nic /éθnɪk/ 形 ❶ **民族的な**, 人種的な: *ethnic* conflicts 民族紛争 / *ethnic* Chinese 中国系少数派民族. ❷ 民族[種族, 人種]特有の, エスニックな: an *ethnic* costume 民族衣装. — 名 C《主に米》少数民族の一員. **-ni·cal·ly** /-kəli/ 副 民族的に(は).

éthnic cléans·ing /-klénzɪŋ/ 名 U 民族浄化.

+eth·nic·i·ty /eθnísəṭi/ 名 (-i·ties /〜z/) U,C **民族性**, 民族的帰属.

éthnic minórity 名 C 民族的少数派.

eth·no·cen·tric /èθnoʊséntrɪk←/ 形 自民族中心[優越]主義の.

E

eth·no·cen·tris·m /èθnouséntrɪzm/ 名 U 自民族中心[優越]主義[思想].

eth·nog·ra·phy /eθná(:)grəfi | -nɔ́g-/ 名 U 民族誌学.

eth·no·log·i·cal /èθnəlá(:)ʤɪk(ə)l | -lɔ́ʤ-/ 形 民族学的な. **-cal·ly** /-kəli/ 副 民族学的に.

eth·nol·o·gist /eθná(:)ləʤɪst | -nɔ́l-/ 名 C 民族学者.

eth·nol·o·gy /eθná(:)ləʤi | -nɔ́l-/ 名 U 民族学.

e·thos /íːθɑ(:)s | -θɔs/ 名 [単数形で]《格式》エトス《ある個人や社会の持つ精神·気風·倫理観·風潮など》.

éth·yl álcohol /éθ(ə)l-/ 名 U エチルアルコール.

et·i·quette /étɪkət, -kèt/ アク 名 U 礼儀作法, エチケット; (専門同業者間の)礼儀, 仁義: a breach of *etiquette* 無作法.〖語源 原義は「規定事項を記した札」; ticket と同語源〗

E·ton /íːtn/ 名 固 イートン《英国 England 中南部の町; Eton College の所在地》.

Éton Cóllege 名 固 イートン校《Eton にある有名な public school》.

-ette /ét/ 接尾 ❶ [名詞語尾]「小さいもの」の意: cigar*ette* 紙巻きたばこ / kitchen*ette* 簡易台所. ❷ [名詞語尾]「模造品」の意: leather*ette* 模造革.

et·y·mo·log·i·cal /èṭəməlá(:)ʤɪk(ə)l | -lɔ́ʤ-/ 形 語源的な, 語源(学)上の.

et·y·mol·o·gy /èṭəmá(:)ləʤi | -mɔ́l-/ 名 (-o·gies) ❶ U 語源学. ❷ C (ある語の)語源, 語源の説明.

EU /íːjúː/ 略 [the ~] = European Union.

eu·ca·lyp·tus /jùːkəlíptəs/ 名 (複 ~·es, eu·ca·lyp·ti /-taɪ/) C,U ユーカリ, ユーカリの木《オーストラリア原産の常緑の高木; ⇒ koala》.

Eu·cha·rist /júːkərɪst/ 名 [the ~]〘キリスト教〙聖餐(せいさん),〘カトリック〙聖体(祭儀)《キリストの体のしるしとしてのパンとぶどう酒(の儀式); ⇒ Holy Communion, Mass, sacrament》.

Eu·clid /júːklɪd/ 名 固 ユークリッド《紀元前 300 年ごろのギリシャの数学者·物理学者》.

Eu·gene /juːʤíːn, júːʤiːn/ 名 固 ユージン《男性の名; 愛称は Gene》.

eu·gen·ic /juːʤénɪk/ 形〘生物〙優生(学)の.

eu·gen·ics /juːʤénɪks/ 名 U〘生物〙優生学.

eu·lo·gize /júːləʤàɪz/ 動 他《格式》(...)を称賛する, ほめたたえる (*as*).

eu·lo·gy /júːləʤi/ 名 (-lo·gies) C,U《格式》称賛のことば, 賛辞; 弔辞, 追悼演説[文].

eu·nuch /júːnək/ 名 C (昔の)宦官(かんがん).

eu·phe·mis·m /júːfəmìzm/ 名 U〘修辞〙婉曲(えんきょく)語法《例えば die (死ぬ)の代わりに pass away, トイレに行きたいときに, May I use the [your] bathroom? というなど》; C 婉曲語 (*for*).

eu·phe·mis·tic /jùːfəmístɪk←/ 形〘修辞〙婉曲な. **-mis·ti·cal·ly** /-kəli/ 副 婉曲に, 遠回しに.

eu·pho·ri·a /juːfɔ́ːriə/ 名 U (一時的な)幸福感.

eu·phor·ic /juːfɔ́ːrɪk | -fɔ́r-/ 形 幸福感にあふれた.

Eu·phra·tes /juːfréɪtiːz/ 名 固 [the ~] ユーフラテス川《トルコ·シリア·イラクなどを流れてペルシャ湾に注ぐ大河; その流域は古代文明発祥の地; ⇒ Babylonia, Mesopotamia》.

Eur·a·sia /jʊ(ə)réɪʒə, -ʃə/ 名 固 ユーラシア《ヨーロッパとアジアを含む大陸》.

Eur·a·sian /jʊ(ə)réɪʒən, -ʃən/ 形 ユーラシア(大陸)の; 欧亜混血の. — 名 C 欧亜混血児.

eu·re·ka /jʊríːkə/ 間 [こっけいに] 見つけたぞ!, わかった! (I have found it!). 参考 アルキメデス (Archimedes) が王冠の金の純度を測る方法を入浴中に発見したときのギリシャ語の叫び声.

‡eu·ro /jʊ́(ə)roʊ/

— 名 (~s /~z/, ~) ❶ C ユーロ《欧州連合の共通通貨単位; 100 セント (cents); 記号 €》: I want to change 5,000 yen into *euros*. 5 千円をユーロに替えたいのですが / All prices are given in pounds and *euros*. 値段はすべてポンドとユーロで表示されている. ❷ [the ~] ユーロ相場: *The euro* strengthened [weakened] against the dollar. ユーロがドルに対して強く[弱く]なった(ユーロ高[安]になった).

Eu·ro- /jʊ́(ə)roʊ/ 接頭「(西)ヨーロッパの[と]...」「ヨーロッパ連合 (European Union), ヨーロッパ共同体 (European Community)」の意.

Eu·ro·dol·lar /jʊ́(ə)roʊdɑ̀(:)lə | -dɔ̀lə/ 名 C ユーロダラー《ヨーロッパの銀行に預金されている米ドル》.

Eu·ro·land /jʊ́(ə)roʊlæ̀nd/ 名 固 = Eurozone.

‡Eu·rope /jʊ́(ə)rəp/ 発音

— 名 固 ❶ ヨーロッパ, **欧州**《⇒ continent[1] 参考》. ❷ ヨーロッパ連合. ❸《英》英国を除いたヨーロッパ大陸. (形 Èuropéan)

‡Eu·ro·pe·an /jʊ̀(ə)rəpíːən←/ アク

— 形 ❶ [比較なし] ヨーロッパの, **欧州の; ヨーロッパ[欧州]人の**: *European* countries ヨーロッパ諸国. ❷ ヨーロッパ連合の. (名 Éurope)

— 名 (~s /~z/) C **ヨーロッパ人**, 欧州人; [the ~s] ヨーロッパ[欧州]人《全体; ⇒ the[1] 5》.

Européan Commíssion 名 固 [the ~] 欧州委員会《European Union の執行機関》.

Européan Commúnity 名 固 [the ~] 欧州共同体《European Union の前身; 略 EC》.

Éuropean Párliament 名 固 [the ~] 欧州議会《European Union の政策審議機関; 各加盟国から選ばれた議員から成る》.

Européan plàn 名 [the ~]《米》ヨーロッパ方式《ホテルで部屋代と食費を別勘定にする方式; ⇒ American plan》.

***Éuropean Únion** 名 固 [the ~] **ヨーロッパ[欧州]連合**《1993 年 European Community が改組発展したもの; 略 EU》.

Eu·ro·star /jʊ́(ə)roʊstɑ̀ə | -stɑ̀ː/ 名 固 ユーロスター《英仏海峡トンネルを通りロンドンとパリなどを結ぶ高速列車》.

Eu·ro·tun·nel /jʊ́(ə)roʊtʌ̀n(ə)l/ 名 固 ユーロトンネル社《英仏海峡トンネルを管理·運営していた会社》; [the ~] = Channel Tunnel.

Eu·ro·vi·sion /jʊ́(ə)roʊvìʒən/ 名 固 ユーロビジョン《西ヨーロッパ諸国の国際的テレビ放送網》.

Eu·ro·zone /jʊ́(ə)roʊzòʊn/ 名 固 [the ~] ユーロ圏, ユーロゾーン《euro を通貨として使用する諸国》.

eu·tha·na·si·a /jùːθənéɪʒ(i)ə | -ziə/ 名 U 安楽死(させること) [≒mercy killing].

E·va /íːvə/ 名 固 エバ《女性の名》.

+e·vac·u·ate /ɪvǽkjuèɪt/ 動 (-u·ates /-èɪts/; -u·at·ed /-ṭɪd/; -u·at·ing /-ṭɪŋ/) 他 ❶ **(人)を避難させる**, 疎開させる (*from*); (軍隊)を撤退させる; (場所)から人を立ち退かせる: The children *were evacuated to* the country during the war. V+O+to+名の受身 子供たち

は戦争中, いなかに疎開させられた. ❷《格式》(腸など)から(便を)排泄(はいせつ)する (of).
―自 避難する, 立ち退く.

e·vac·u·a·tion /ɪvæ̀kjuéɪʃən/ 名 U,C 避難, 疎開, 立ち退き; 撤退, 撤兵 (from, to).

e·vac·u·ee /ɪvæ̀kjuíː/ 名 C 避難民, 疎開者.

e·vade /ɪvéɪd/ 動 他 ❶ (責任·義務など)を回避する; (逮捕など)を免れる: *evade* (pay*ing*) taxes 脱税する. ❷ (攻撃など)をかわす; (質問など)をはぐらかす; (人)を避ける. ❸《格式》(成功などが)(人)からすり抜ける, (真実などが)(人)にわからない.

+**e·val·u·ate** /ɪvǽljuèɪt/ 動 (-u·ates /-èɪts/; -u·at·ed /-t̬ɪd/; -u·at·ing /-t̬ɪŋ/) 他 (...)を**評価する**, 査定する, 値踏みする: How do you *evaluate* his ability? 彼の能力をどう評価しますか. (名 válue, evàluátion)

+**e·val·u·a·tion** /ɪvæ̀ljuéɪʃən/ 名 U,C **評価**, 査定, 値踏み: a fair *evaluation* 公平な評価 / make [carry out] an ***evaluation of*** ... ...を評価する. (動 eváluàte)

ev·a·nes·cent /èvənés(ə)nt←/ 形《文語》つかの間の, はかない.

e·van·gel·i·cal /ìːvænʤélɪk(ə)l, èv-←/ 形 ❶ 福音書 (Gospel) の, 福音伝道の. ❷ [しばしば E-] 福音主義の; (教会が)福音派の. ❸ 主義などの普及に熱心な. ―名 C 福音主義者; 福音派の人.

e·van·ge·lis·m /ɪvǽnʤəlìzm/ 名 U 福音伝道.

e·van·gel·ist /ɪvǽnʤəlɪst/ 名 ❶ C 福音伝道師. ❷ C [E-] 福音書記者《福音書 (Gospels) の著者の 1 人; マタイ (Matthew), マルコ (Mark), ルカ (Luke) または ヨハネ (John)》.

e·van·ge·lis·tic /ɪvæ̀nʤəlístɪk←/ 形 福音伝道(者)の.

+**e·vap·o·rate** /ɪvǽpərèɪt/ 動 (-o·rates /-rèɪts/; -o·rat·ed /-t̬ɪd/; -o·rat·ing /-t̬ɪŋ/) 自 ❶ **蒸発する**. ❷ (希望·怒り·計画などが)消えてなくなる. ―他 (...)を蒸発させる. (名 vápor)

e·váp·o·rat·ed mílk /ɪvǽpərèɪt̬ɪd-/ 名 U 無糖練乳, エバミルク.

e·vap·o·ra·tion /ɪvæ̀pəréɪʃən/ 名 U 蒸発(作用); 蒸発乾燥.

e·va·sion /ɪvéɪʒən/ 名 ❶ U,C (責任·義務などの)回避, 忌避 (of): tax *evasion* 脱税. ❷ U,C 言い抜け, 逃げ口上.

e·va·sive /ɪvéɪsɪv/ 形 (危険などを)回避する; 明言を避けた, 言い逃れの (about). **tàke evásive áction** [動] 自 (危険などからの)回避行動をとる.
~·ly 副 明言を避けて.

+**eve** /íːv/ 名 ❶ C [普通は E-] (祭日など特別な日の)**前夜**, 前日: Christmas *Eve* クリスマスイブ / ***on*** New Year's ***Eve*** 大みそかに. ❷ [the ~; 新聞で] (事件などの)直前: *on the eve* of the election 選挙の直前に. ❸ C《詩語》夕べ.

Eve /íːv/ 名 固 ❶〔聖書〕エバ, イブ《エホバ (Jehovah) の神がアダム (Adam) の肋骨(ろっこつ)の 1 本から造った最初の女性; ⇒ Eden》. ❷ イブ《女性の名》.

Ev·e·lyn /év(ə)lɪn, íːv-/ 名 固 エブリン, イーブリン《女性もしくは男性の名》.

***e·ven**[1] /íːv(ə)n/

―副

単語のエッセンス
基本的には「強調」を表わす.
1) ...でさえ ❶
2) さらに ❷
3) それどころか ❸

❶ (...で)さえ, (...で)すら: He gets up early *even* on hólidays. 彼は(平日だけでなく)休日でさえも早く起きる / I have never *even* héard of such a book. こんな本のことは聞いたことさえない(まして読んだことはない) / *Even* a chíld can answer it. 子供でもそんなことは答えられる. 語法 (1) even は最後の例のように名詞·代名詞も修飾する. 普通は修飾する語の前に置かれる. (2)「...でさえ」という意味がかかる語が強く発音される.
❷ [比較級を強めて] **さらに**, なお, いっそう [≒still]: Thís flower is *even* prett*ier* than thát one. この花はあの花よりさらにきれいだ. 語法「あの花も美しいが, この花のほうがそれにもまして美しい」という意味になる // He can do it *even better*. 彼はそれをさらに上手にできる.
❸ **それどころか**: Mary dislikes Tom, 「*even* hátes him [hátes him *even*]. メアリーはトムが嫌いだ. いや, 憎んでいると言ってもいいくらいだ / She is willing, 「*even* éager [éager *even*], to help you. 彼女はあなたを手伝ってもかまわない, というより喜んで手伝うつもりだ.

èven as ... [接]《格式》...する[した]まさにそのときに: *Even as* she went out, it started to rain. 彼女が外に出たちょうどそのとき雨が降り出した.

èven if ... [接] ⇒ if[1] 成句.

èven nów [副] 今でも, それでもなお: *Even now* she won't speak to me. 今でも彼女は私と口をきいてくれない.

èven só [副] つなぎ語 S **たとえそうでも**: This book contains some mistakes; *even so*, it is very useful. この本には多少の誤りがある. たとえそうだとしてもこの本は有益である.

èven thén [副] それでもなお, そうなっても.

èven thòugh ... [接] ⇒ though 接 成句.

+**e·ven**[2] /íːv(ə)n/ 形 (more ~; most ~)

意味のチャート
「平らな」❶ →「むらのない」❸ →「均等な」❹
→ (均等に二分できる) →「偶数の」❺
→ (立場が対等な) →「貸し借りのない」❻

❶ **平らな**, 水平の《⇒ flat[1] 類義語》[⇔ uneven]: an *even* surface 平らな表面. ❷ 同じ高さの, 同じ平面の; (...と)平行の: Soon the water became *even with* my knees. やがて水は私のひざと同じ高さになった. ❸ むらのない, (温度·速度などが)一定の, (並び方などが)規則的な [⇔ uneven]; (気質·声などが)落ち着いた, 平静な: an *even* color むらのない色. ❹ 均等な; (試合などが[で])互角の[で] (with); (可能性が)五分五分の [⇔ uneven]: They took *even* shares of the money. 彼らはその金を均等に分けた / 言い換え His chances are *even*. = He has [stands] an *even* chance. 彼の勝ち目は五分五分だ / The two teams are *even* now. 両チームは今同点だ. ❺ 偶数の [⇔ odd]; 端数のない: an *even* number 偶数 / an *even* hundred = a hundred *even* ちょうど百. ❻ 叙述《略式》(金銭の)貸し借りのない (with); おあいこの: We are *even* now, aren't we? これで貸し借りがなくなったね.

bréak éven [動] 自 損得なしに終わる.

gèt [be] éven with ... [動] 他《略式》...**に仕返しをする**: I'll ***get even with*** you ***for*** this insult! この侮辱にはきっと仕返しをしてやるからな.

— 動 他 (...)を同じにする.
éven óut [動] 他 (...)を平ら[一定]にする, ならす; 同等にする. — 自 平ら[一定]になる; 同等になる.
éven úp [動] 他 (...)を均一にする, (試合・チームなど)を互角にする.
e·ven·hand·ed /íːv(ə)nhǽndɪd←/ 形 公平な, 公明正大な [≒fair].

⁑eve·ning /íːvnɪŋ/

— 名 (~s /~z/) ❶ U,C 晩, **夕方**, 夕暮れ; 宵(よい)《日の入りまたは一日の仕事の終了から寝るときまで》: She came home ***in the evening***. 彼女は夕方[晩]に帰宅した / early *in* the *evening* = *in* (the) early *evening* 夕方(早く) / late *in* the *evening* = *in* (the) late *evening* 晩に, 夕方遅く《✪ おおよそ夜の 7 時から 9・10 時あたりを言う; これに対し late at night は夜 10 時から 2 時ごろを指す》.

> 語法 **evening と前置詞**
> (1) 🔍「夕方に」には前置詞は in を用いるが,「特定の日の夕方に」の場合には on を用いる: I had a date with Fred (***on***) Saturday ***evening***. 私は土曜日の晩フレッドとデートをした《《米》では前置詞を省略することがある》/ We met *on* the *evening* of January 2. 私たちは 1 月 2 日の晩に会った《January 2 は January (the) second と読む》.
> (2) 前置詞を伴わずに this, yesterday, tomorrow, every, next などとともに副詞句を作る: We'll see you again *tomorrow evening*. またあすの晩お会いしましょう / We have supper at six *every evening*. 毎晩 6 時に夕食を食べる / We had rain *this* [*yesterday*, *last*] *evening*. 今晩[ゆうべ]雨が降った.

❷ [形容詞的に] **夕方の**: the *evening* news (テレビなどの)夕方のニュース. ❸ [~s として副詞的に] (いつも)晩に. ❹ C 夜会, (催し物の)夕べ: a musical *evening* 音楽の夕べ.
gòod évening ⇒ good evening の項目.
the óther évening [副] 数日前の晩[夕方].
— 間 = good evening.
évening clàss 名 C (社会人向け)夜間講座.
évening drèss 名 ❶ C (すその長い)イブニングドレス《女性用》. ❷ U 夜会服《女性用および特に黒の男性用の正装》.
évening gòwn 名 C 《主に米》 = evening dress 1.
évening stár 名 [the ~] 宵の明星《日没後西に見える明るい星; 普通は金星 (Venus) を指す》. 関連 the morning star 明けの明星.
e·ven·ly /íːv(ə)nli/ 副 ❶ 一様に, むらなく. ❷ 均等に; 互角に. ❸ 一定に. ❹ 平静に.
e·ven·ness /íːv(ə)nnəs/ 名 U 水平; 平等, 均等性; むらのなさ; 互角; 平静.
e·ven·song /íːv(ə)nsɔ̀ːŋ|-sɔ̀ŋ/ 名 U [しばしば E-] (イングランド国教会の)夕べの祈り; 〔カトリック〕晩課.

⁑e·vent /ɪvént, əv-/ ❗アク

— 名 (e·vents /ɪvénts, əv-/) ❶ C (重要な)**出来事**, (**大**)**事件**; 行事, 催し(物), イベント: What were the major *events* of last year? 昨年の主な出来事は何でしたか / a sequence [series, chain] of *events* 一連の出来事 / It was quite an *event*. それは大変な出来事だった / sporting *events* スポーツイベント.

	出来事
event (重要で注目に値する)	
happening, occurrence (思いがけない)	
incident (付随的に起こる小さな)	
accident (不慮の)	

❷ C (競技の)種目, 1 試合: a team *event* 団体競技 / The 100-meter breaststroke will be tomorrow's main *event*. 100 メートル平泳ぎが明日の主要種目だ / How many *events* are you entered in? 何種目に出場しますか // ⇒ field event, track event.
at áll evènts = in ány evènt [副] つなぎ語 **とにかく**, いずれにしても: It may not happen, but *at all events*, there will be no great loss. そんなことにはならないだろうが, いずれにしても大損はしないだろう.
in éither evènt [副] つなぎ語 いずれにしても.
in thát evènt [副] つなぎ語 《格式》その場合には.
in the evént [副] 文修飾 《格式, 主に英》実際には, 結局は《結果が予想と異なる場合》.
in the evént of ... [前] 《格式》(万一)...の際[場合]には [≒in case of ...]: John will inherit his aunt's fortune *in the event of* her death. おばが死亡した際にはジョンが財産を相続する.
in the evént that ... [接] 《格式》もしも...のときには: *In the event that* an earthquake should hit this area, many houses would collapse. 万一この地域で地震が起きたら多くの家が倒れるだろう.
in the nórmal cóurse of evénts [副] 文修飾 普通にいけば, 通常は. (1 では 形 evéntful)

> 単語のキズナ VENT／来る＝come
>
> | | | | |
> |---|---|---|---|
> | event | (外に出てくること) | → | **出来事** |
> | prevent | (先に来る) | → | **妨害する** |
> | invent | (...に向かって来る → 出くわす) | → | **発明する** |
> | convention | (一緒に来る [集まる]こと) | → | **大会** |
> | intervention | (間に来ること) | → | **仲裁, 介入** |
> | adventure | (来ようとするもの) | → | **冒険** |
> | venture | (来ようとするもの) | → | (冒険的な)**事業** |

e·ven-tem·pered /íːv(ə)ntémpəd|-pəd←/ 形 (気質の)穏やかな, 平静な.
e·vent·ful /ɪvéntf(ə)l, əv-/ 形 (興味深い[重要な])出来事の多い, 波乱に富んだ [⇔ uneventful]: an *eventful* year 多事な 1 年. (名 evént 1)
+**e·ven·tu·al** /ɪvénʧuəl, əv-/ 形 限定 (当然の結果として)**いつかは起こる**, 最終的な, 結局の: the *eventual* failure of his business 来るべくして来た彼の商売の失敗. (名 evèntuálity)
e·ven·tu·al·i·ty /ɪvènʧuǽləṭi, əv-/ 名 (-i·ties) C 《格式》不測の事態, 万一の場合: I am ready for any *eventuality*. 私はどんなことになろうと準備はできている. (形 evéntual)

⁑e·ven·tu·al·ly /ɪvénʧuəli, əv-/

— 副 [しばしば つなぎ語] **結局(は)**, 最後には《⇒ finally 類義語》; いずれ(は): They「*eventually* got married [got married *eventually*]. 彼らは結局結婚した / We waited for Meg to come, but *eventually* we went shopping without her. 私たちはメグが来るのを待っていたが結局彼女を連れずに買い物に行った / *Eventually*, he'll find out. いずれ彼にもわかりますよ.

***ev·er** /évɚ | évə/

— 副

単語のエッセンス
基本的には「常に」の意.
1) [疑問文で] **いつか, 今までに** ❶
2) [否定語とともに] **どんなときでも** ❷
3) [最上級; 比較級とともに] **今までで; 今までよりも** ❸
4) [条件を表わして] **いつか** ❹

❶ [疑問文で] **いつか(ある時に); 今までに**《日本語に訳さない場合が多い》: "Have you *ever* been to Paris?" "「No, never. [Yes, I have.]" 「(今までに)パリに行ったことがありますか」「いいえ, ありません[はい, あります]」 語法 肯定の答えには ever を用いない // "「Have you *ever* visited [Did you *ever* visit] the Tower of London?" "Yes, once [twice]." 「ロンドン塔へ行ったことがありますか」「ええ 1 度[2 度]あります」/ "Does he *ever* complain?" "「No, never. [Yes(, sometimes).]" 「彼が不平を言うことがありますか」「いいえ, 全然[ええ(時々)あります]」/ Aren't you *ever* lonely? あなたは寂しい思いをすることはありませんか.

語法 Did you *ever* ...? は驚きや不信を表わすのに用いることもある古風な表現: *Did you ever* hear of such a thing? そんなことって聞いたことある?

❷ [否定語とともに] **どんなときでも**(...しない, ...でない), **決して**(...しない, ...でない); 今までに(...した[であった]ことがない)(⇒ never): *None* of us have [has] *ever* seen it. 我々のだれもそれを見たことがない / *Nothing ever* happens in this town. この町では全く何事も起こらない. 語法 never とともに用いるのは《略式》の強調した言い方: I *never ever* smoke. 私はたばこは絶対吸わない.

❸ [最上級とともに] **今まで[かつて]...したうちで**; [比較級とともに] **今までよりも**, ますます; [原級または名詞とともに]《格式》常に [≒always]: It is the tall*est* tree that I 「*ever* saw [have *ever* seen]. それは私が今まで見た中でいちばん高い木だ / She looked *more* beautiful than *ever*. 彼女は今までにないほど美しく見えた. 語法 first, last や最上級の後に用いて「これまでの中で」の意を表わす: He's the great*est* wrestler *ever*. 彼はこれまでで最も偉大なレスラーだ.

❹ [条件を表わす節の中で] **いつか**: *If* you *ever* visit London, please call at my office. もしいつかロンドンへいらっしゃることがありましたら私の事務所へお寄りください / *If* I *ever* have another chance! いつかもう一度チャンスがあったらなあ. ❺ [強意語として] 一体《疑問詞を強める》: *Who ever* did it? 一体だれがそれをしたのだろう / *What ever* can it be? 一体あれは何だろう. 語法 この意味では whoever, whatever のように 1 語でも書くが, 分けて書くほうがよいとされている. why ever は常に分けて書く. ❻ [(助)動詞＋主語＋ever (...)! の形で強意表現として] Ⓢ《略式, 主に米》本当に: Was she *ever* angry! (= Wasn't she angry!) 彼女の怒ったのなんのって.

áll ... èver dó [dóes] is ~ Ⓢ ...は~してばかりいる: *All* she *ever does is* complain. 彼女は不平を言ってばかりいる.

(as) ... as éver [副] **相変わらず...**, いつまでも...; いつものように...: She was *as* beautiful *as ever*. 彼女は相変わらず美しかった.

as ... as éver líved [wás] [副] 今までにないくらい...である, 非常に...である.

as éver [副] いつものように, 相変わらず.

As éver, 親愛なる...より《手紙の結びで》.

Díd you éver? [間]《古風》まさか(⇒ 1 語法).

èver áfter ⇒ after 副 成句.

èver sínce ⇒ since 副 成句.

éver sìnce ... ⇒ since 接 成句.

éver so ... [副] Ⓢ《英略式》非常に[とても]....

éver sùch a ... Ⓢ《英略式》非常に...: He's *ever such a* good boy. 彼はとてもいい子だ.

for éver ⇒ forever.

for éver and éver ⇒ forever 成句.

hárdly [scárcely] éver [副] **めったに...しない**, めったに...でない [≒almost never] (⇒ always 表; likely 表): My family *hardly ever* eats out. 私の家族はめったに外食しない.

if éver [副] たとえあったとしても(まれにしか...しない)(⇒ seldom 成句).

if éver thère wás (òne) [副] [強意表現として] まさしく, 確かに.

Yóurs éver, = Éver yóurs,《略式》= As ever,.

ev·er- /évɚ | évə/ 接頭 常に(...の), 絶えず(...の): *ever*-increasing 増え続ける.

Ev·er·est /év(ə)rɪst, -vərèst/ 名 固 Mount ~ エベレスト山《ヒマラヤ山脈の Nepal と Tibet の境にある世界最高峰 (8848 m)》.

ev·er·green /évɚgrì:n | évə-/ 形 ❶ (樹木が)常緑の [⇔ deciduous]. ❷ 人気[体力]の衰えない, (作品が)不朽の. — 名 Ⓒ 常緑樹.

ev·er·last·ing /èvɚlǽstɪŋ | èvəlɑ́:st-/ 形 永遠の, 永久に続く [≒eternal]; 不朽の: *everlasting* fame 不朽の名声.

***ev·ery** /évri/

— 形 限定

単語のエッセンス
1) **どの...も** ❶
2) **毎..., ...ごとに** ❷
3) [否定文で] **どの...も~というわけでは(ない)** ❸

❶ [数えられる名詞の単数形につけて] **どの...も, すべての**(⇒ all 形 1 表): *Every* window is (= All the windows are) closed. 窓はどれも閉まっている / I've read *every* book on my father's bookshelves. 私は父の本棚にある本はどれもみんな読んだ / ***Every*** (***single***) student here has a smartphone. ここにいるどの学生もみんなスマホを持っている(✪ single で強調される) / I've tried *every* way. 私はありとあらゆる方法を試みた.

語法 **every の使い方 1**
(1) 数えられる名詞につける all が全体をまとめて示すのに対して, every は 1 つ 1 つのものを考えた上で, 全体として述べるのに用いられる(⇒ each 形 語法).
(2) every の前に冠詞はつかないが,《格式》では(代)名詞の所有格がつく: *Tom's* [*His*] *every* word was false. トム[彼]のことばはすべてうそであった.
(3) every の次に名詞が 2 つ(以上)きても単数として扱う: *Every man* and *woman* visits a doctor

occasionally. だれでも時々医者へ行く.
(4) 🔍 every＋単数名詞を受ける代名詞としては単数の形(he, he or she など)もあるが, 今では特に《略式》で複数の代名詞 they が広く用いられる: *Every* candidate must write *their* name in full. 受験者は姓名を略さずに書きなさい. ✪ この代名詞の選択の問題はしばしば複数形にして避けられる: *All* candidate*s* must write *their* name*s* in full. (⇒ he[1] 2, they 1 語法 (1)).
(5) ⇒ every one[1] (成句) 語法 (2).

❷ **毎 ..., ... ごとに:** He goes there *every* day [morning, week, month, year]. 彼は毎日[毎朝, 毎週, 毎月, 毎年]そこへ行く(✪ 次と比較: *all* day 1 日中 / *all* morning 午前中ずっと).

語法 🔍 **every の使い方 2**
(1) 主に数詞とともに用いる.
(2)「every＋基数 [few]」には複数名詞が続き,「every＋序数」には単数名詞が続く: *every* few day*s* 数日ごとに / The Olympic Games take place *every* ⌈four year*s* [fourth year]. オリンピックは4年ごとに開かれる / *every* ten mile*s* 10 マイルごとに / ⌈*Every* fifth person [One *in every* five people] in this country has a car. この国では5人に1人は車を持っている.

❸ [否定文で] **どの...も～というわけでは(ない)**《部分否定を表わす; ⇒ **巻末文法** 13.2 (2)》: 言い換え *Every* ↘ girl can*not* be a ballerina. ↗ = *Not évery* gìrl can be a ballerina. どの女の子もバレリーナになれるというわけではない(なれる子もいればなれない子もいる) / I do*n't* know *every* ↘ one of you. ↗ 私はあなたがた全員を知っているというわけではない(知らない人もいる).

語法 (1) 下降上昇調のイントネーションが用いられる《⇒ **つづり字と発音解説 95**》.
(2) 次の全体否定の文と比較: *No* girl can be a ballerina. ↘ どの女の子もバレリーナにはなれない / I know *none* of you. ↘ あなたがたは全員私の知らない人ばかりだ.

❹ [chance, hope, reason などの抽象名詞とともに] ありとあらゆる, 可能な限りの; 十分な: He showed me *every* (possible) kindness. 彼は私に最大限の親切を示してくれた / There is *every* reason to believe it. それを信じるに足る十分な理由がある.
❺ [大きな全体の部分について] (...の)どの～も 1 つ残らず[ことごとく]: 言い換え He enjoyed *every* minute of the game. (= He enjoyed ⌈the whole game [all of the game].) 彼は試合の一瞬一瞬を楽しんだ. 語法 この意味は全体よりも個々のものを強調し,「all＋複数名詞」で言い換えられない.
évery lást ... [形] [単数名詞を伴って] (最後のものに至るまで)あらゆる...: *Every last* ticket for the game has been sold. その試合の入場券は完売した.
èvery nów and thén [agáin] ⇒ now 成句.
èvery óne[1] [代] (...の)だれもかれも, どれもこれも: *Every one of* the soldiers was killed. 兵士たちは1人残らず殺された / I've read *every one of* these books. 私はこれらの本を1冊残らず読んだ.

語法 (1) 強めるときは every single one (of ...)となる (⇒ 1).
(2) every には代名詞用法がないので「彼らのだれもかれも」を *every* of them とはできず, *every one* of them とする. これに対して each の場合は代名詞用法もあるので each of them, each one of them の両用法が可能である.

évery òne[2] [代] = everyone.
èvery óther ... [形] [数えられる名詞の単数形につけて] (1) **1 つおきの...:** Our uncle comes to see us *every other* day [week, month, year]. おじさんは1日[1週, 1月, 1年]おきに私たちを訪ねてくる. (2) ほかのすべての....
èvery sécond ... [形] = every other ... (1).
èvery Tóm, Díck, and Hárry [名] Ⓢ だれもかれも, 猫もしゃくしも.

⁑ev·ery·bod·y /évribà(ː)di, -bʌ̀di | -bɔ̀di/

— 代《不定代名詞》❶ **だれでもみな,** めいめいがみな [≒everyone]: *Everybody* knows the news. だれでもみなそのニュースを知っている / She was loved by *everybody* in the village. 彼女は村のみんなからかわいがられていた / Supper is ready, *everybody*. みなさん夕食のしたくができましたよ.

語法 🔍 **everybody の使い方**
(1) 単数として扱われる. everyone よりもくだけた感じの語.
(2) everybody を受ける代名詞としては単数の形(he, he or she など)もあるが, 今では特に《略式》で複数の代名詞 they が広く用いられる: *Everybody* knows *their* job, don't *they*? みんな自分の務めを心得ているね.
(3) 命令文では次のような用法が可能: *Everybody*(,) shut *your* [*their*] eyes. みなさん目を閉じて.

❷ [否定文で] **だれでもがみな...というわけでは(ない)**《部分否定を表わす; ⇒ **巻末文法** 13.2 (2)》: 言い換え *Everybody* ↘ can*not* be a hero. ↗ = *Not éverybody* can be a hero. ↘ だれでもがみな英雄になれるわけではない(なれる人もいればなれない人もいる) / I do*n't* know *everybody* ↘ in this town. ↗ 私はこの町の人をみな知っているわけではない(知っている人もいれば知らない人もいる).

語法 (1) 下降上昇調のイントネーションが用いられる《⇒ **つづり字と発音解説 95**》.
(2) 次の全体否定の文と比較: *Nobody* can be a hero. ↘ だれも英雄になることはできない / I know *nobody* in this town. ↘ 私はこの町の人はだれも知らない.

*ev·ery·day /évridèɪ/

— 形 ❶ 限定 **毎日の,** 日々の; 日常の: *everyday* life 日常生活 / *everyday* conversation 日常会話 / *everyday* words 日常語.

⚡ 毎日
私は毎日コーヒーを飲む.
I drink coffee **every day** [×everyday].
✪ 副詞的に用いる場合は every day と 2 語に分けて書く (⇒ day 1).

❷ 限定 **ふだんの**, ありふれた; 平凡な: in *everyday* clothes ふだん着で / *everyday* occurrences 日常茶飯事.

***ev·ery·one** /évriwʌ̀n/

— 代 《不定代名詞》 ❶ **だれでもみな**, めいめいがみな [≒everybody]: *Everyone* (in the class) likes Ms. Jones. (クラスの)だれもがみなジョーンズ先生のことが好きだ / Experience is the name *everyone* gives to *their* mistakes. 経験とはすべての人が自己の失敗に与える名である《英国の作家ワイルド (Wilde) のことば》.

> 語法 **everyone の使い方**
> (1) 用法は everybody と同じ《⇒ everybody 1 語法》.
> (2) *everyone in* the village という言い方はよいが, everyone の後に of を続けて *everyone of* the boys とは言えない. 続けるときは every one の形になる: *every one of* the boys 少年たち一人残らず《⇒ every one[1] (every 成句)》.

❷ [否定文で] **だれでもがみな…というわけでは(ない)** 《部分否定を表わす; ⇒ **巻末文法** 13.2 (2)》: 言い換え *Everyone* ↘ is *not* honest. ↗ = *Not éveryone* is honest. ↘ だれもがみな正直とは限らない / I do*n't* like *everyone* ↘ in my class. ↗ 私はクラスのみんなが好きというわけではない(嫌いな人もいる).

> 語法 (1) 下降上昇調のイントネーションが用いられる《⇒ **つづり字と発音解説** 95》.
> (2) 次の全体否定の文と比較: *No one* here is honest. ↘ ここにいるだれも正直でない / I do*n't* like *anyone* in my class. ↘ = I like *no one* in my class. ↘ 私はクラスのだれも好きではない(全員嫌いだ).

ev·ery·place /évriplèɪs/ 副 《米略式》 = everywhere.

***ev·ery·thing** /évriθìŋ/

— 代 《不定代名詞》 ❶ **何でもみな**, 何もかも, すべてのこと[もの], 万事: He thinks he knows *everything*. やつは自分が何でも知っていると思っている / *Everything* is fine at the moment. 今のところ万事うまくいっている / I've tried *everything*, but nothing works. あれこれやってみたがどれもうまくいかない / Thank you for *everything*. いろいろとありがとう / How's *everything* (going) (with you)? 《略式》 調子はどう.

> 語法 **everything の使い方**
> (1) 単数として扱われる: *Everything is* now ready for you. 何もかももうあなたのために用意ができている / *Everything* comes to him who waits. 《ことわざ》 万事は待つ人のところにやって来る(待てば海路の日和(ひより)あり).
> (2) everything を修飾する形容詞はその後へ置く: Tell me *everything important* about it. それについて重要なことは何もかも話しなさい.

❷ [否定文で] **何でもみんな…というわけでは(ない)** 《部分否定を表わす; ⇒ **巻末文法** 13.2 (2)》: 言い換え *Not everything* in life is pleasant. = *Everything* ↘ is*n't* pleasant in life. ↗ 人生は何でもみんな楽しいというわけにはいかない(楽しいこともあれば楽しくないこともある) / You can*not* take *everything*. ↘↗ 何もかも取ることはできませんよ(少しは残しておきなさい).

> 語法 (1) 下降上昇調のイントネーションが用いられる《⇒ **つづり字と発音解説** 95》.
> (2) 次の全体否定の文と比較: He says *nothing* is pleasant in life. ↘ 人生には何も楽しいものはないと彼は言う / She will do *nothing* of the kind. ↘ 彼女はそんなことは何もしないだろう.

and èverything [代] Ⓢ 《略式》 その他何やかや, …など [≒and so on].

éverything from ... to ~ …から～まであらゆるもの, すべて: She plays *everything from* classical *to* pop. 彼女はクラシックからポップまですべて弾く.

— 名 U [be や mean の後で] 最も大切なこと[もの, 人]: Money *means everything to* him. 彼にとっては金がすべてだ.

***ev·ery·where** /évri(h)wèə | -wèə/

— 副 ❶ **どこでも**, どこに[へ]でも, 至る所で[に] [《米略式》 everyplace]: We looked *everywhere* for the missing boy. 私たちはその行方不明の少年をあちこちくまなく捜した / Fast food restaurants are *everywhere* in Japan. 日本ではファーストフード店が至る所にある.

> 語法 (1) 名詞的に用いることがある: *Everywhere* looks beautiful in the spring. 春になるとどこも美しく見える [主語として].
> (2) 接続詞的に用いることがある: *Everywhere* (= Wherever) you go, you meet Japanese people. どこへ行っても日本人に会う.

❷ [否定文で] **どこでもみんな…というわけでは(ない)** 《部分否定を表わす; ⇒ **巻末文法** 13.2 (2)》: You can*not* eat Japanese food *everywhere* ↘ in that country. ↗ その国ではどこでも和食が食べられるわけではない(食べられる所もあれば食べられない所もある).

> 語法 (1) 下降上昇調のイントネーションが用いられる《⇒ **つづり字と発音解説** 95》.
> (2) 次の全体否定の文と比較: You can*not* eat Japanese food *anywhere* in that country. ↘ = *Nowhere* in that country can you eat Japanese food. ↘ その国ではどこへ行っても和食が食べられない《⇒ **巻末文法** 15.2 (2)》.

e·vict /ɪvíkt, əv-/ 動 他 [普通は受身で] (法的に)(借家人など)を立ち退(の)かせる (*from*).

e·vic·tion /ɪvíkʃən, əv-/ 名 U,C 立ち退かせる[される]こと (*from*): an *eviction* order (裁判所による)立ち退き命令.

***ev·i·dence** /évədəns, -dns, -dèns | -d(ə)ns/ アク

— 名 (-i·denc·es /~ɪz/) ❶ U **証拠** [≒proof]; 〔法律〕 証拠, (証人の)証言: We've found no clear *evidence of* a crime. 犯罪行為があったという明らかな証拠は見つかっていない / Is there any scientific *evidence for* [*against*] his statement? 彼の言っていることを裏付ける[否定する]科学的証拠が何かありますか / There was no hard *evidence that* he had been

E

in the theater at that time. [+that 節] その時刻に彼がその劇場にいたという確かな証拠はなかった / She had strong *evidence to* support her claim. [+to 不定詞] 彼女には自分の主張を裏付ける強力な証拠があった / a piece of *evidence* 1つの証拠(品) / direct [circumstantial] *evidence* 直接[情況]証拠 / ***give evidence*** 証言する; (事実などが)(...の)証拠を示す / ***provide evidence*** 証拠を提示する. ❷ [U,C] (...の)形跡, 跡; 徴候 [≒sign]: The room showed [gave, bore] *evidence of* someone having entered. その部屋にはだれかが入った形跡があった.

in évidence [形] 《格式》 はっきり見えて, 目立って: The police are very much *in evidence* today. 今日は警官がずいぶん目につく. —[副] 証拠[証人]として.

on the évidence of ... [前] ...の証言に基づいて; ...を証拠[根拠]にすれば.

— [動] [他] [普通は受身で] 《格式》 (...)を明示する, (...)の証拠となる: as *evidenced* by ... ...で明らかなように.
〖語源 ラテン語で「はっきり見えるもの」の意〗

E

ev·i·dent** /évədənt, -dnt, -dènt | -d(ə)nt/ [!アク] [形] (周囲の状況などから)**明白な**, 明らかな; (だれの目にも)それとわかる (*from*) (⇒ obvious [類義語]): an *evident* mistake 明らかな間違い / ***It was evident to all of us ***that*** he was innocent. [+to+名] 彼が無実であることは私たちすべてにとって明らかだった (⇒ that² A 2) / Her excitement was ***evident in*** her voice. [+in+名] 彼女が興奮していることは声に表われていた.

+**ev·i·dent·ly** /évədəntli, -dnt-, -dènt- | -d(ə)nt-/ [副] ❶ [文修飾] **明らかに**, 明白に [≒clearly]: [言い換え] He was *evidently* surprised when he bumped into me. (= It was *evident* that he was surprised when he bumped into me.) 私にばったり会ったとき彼は明らかに驚いていた. ❷ [文修飾] 見たところ, どうやら(...らしい) [≒apparently]: *Evidently*, his business has failed. どうやら彼は事業に失敗したらしい / "Was he guilty?" "*Evidently*." 「彼は罪を犯したんですか」「どうやらね」

+**e·vil** /íːv(ə)l/ [形] (e·vil·er, more ~; e·vil·est, most ~) ❶ (人・考え・行動などが)**邪悪な**, よこしまな, 悪い; 有害な (⇒ bad [類義語]): *evil* thoughts よこしまな考え / *evil* spirits 悪霊ども. ❷ (におい・天候などが)不快な, いやな: an *evil* smell いやなにおい.

gíve ... the évil éye [動] [他] (人を)いやな目で見る, にらむ.

the évil hóur [dáy, mómemt] [名] [しばしばこっけいに] いやなことをせざるを得ない時.

— [名] (~s /~z/) ❶ [U] 《格式》 **邪悪**, 悪; 悪事: good and *evil* 善悪 / do *evil* 悪事をなす / They returned *evil* for good. 彼らは恩を仇(あだ)で返した. ❷ [C] 《格式》 害悪, 弊害; 災い: the *evils of* drinking 飲酒の害 / a necessary *evil* 必要悪.

e·vil·do·er /íːv(ə)ldùːɚ | -dúːə/ [名] [C] 《古風》 悪事を働く者, 悪人.

e·vil-mind·ed /íːv(ə)lmáɪndɪd←/ [形] 腹黒い, 意地の悪い.

e·vince /ɪvíns/ [動] [他] 《格式》 (感情・性質など)をはっきりと示す.

ev·o·ca·tion /èvoʊkéɪʃən, ìːvə-/ [名] [U,C] 《格式》 (感情・記憶などを)呼び起こすこと[もの], 喚起 (*of*).

e·voc·a·tive /ɪvɑ́(ː)kəṭɪv | ɪvɔ́k-, əv-/ [形] 《格式》 (感情・記憶などを)呼び起こす, 喚起する (*of*).

+**e·voke** /ɪvóʊk, əv-/ [動] (e·vokes /~s/; e·voked /~t/; e·vok·ing) [他] 《格式》 (心に感情・記憶・反応など)を**呼び起こす**, 呼びさます: The film *evokes* memories of my childhood. その映画は私の子供の頃の記憶を呼び起こす.

+**ev·o·lu·tion** /èvəlúːʃən, ìːv-/ [名] ❶ [U] 〔生物〕 **進化**; 進化論: human *evolution* 人類の進化 / the theory of *evolution* 進化論.
❷ [U] (徐々に起こる)**発展**, 進展; 進化: the ***evolution*** of airplanes ***from*** the Wright brothers ***to*** jets ライト兄弟の時代からジェット機に至る航空機の進化.
([形] èvolútionàry, [動] evólve)

ev·o·lu·tion·ar·y /èvəlúːʃənèri, ìːv- | -ʃ(ə)nəri←/ [形] 〔生物〕 進化(論)の; 発展的な. ([名] èvolútion)

+**e·volve** /ɪvɑ́(ː)lv | ɪvɔ́lv/ [動] (e·volves /~z/; e·volved /~d/; e·volv·ing) [自] 〔生物〕 **進化する**; **発展する**, 進展する (*out of*): What has man ***evolved from***? [V+from+名] 人類は何から進化したのか / The situation ***evolved into*** a critical stage. [V+into+名] 情勢は危機的な段階に進展した. — [他] (...)を発展[展開]させる; 〔生物〕 進化させる. ([名] èvolútion)
〖⇒ involve [キズナ]〗

ewe /júː/ [名] [C] 雌羊. [関連] ram 雄羊.

ew·er /júːɚ | júːə/ [名] [C] (昔の広口の)水差し.

ex /éks/ [名] (~·es) [C] 《略式》 前の夫; 前[先]妻; 前の恋人.

ex-[1] /ɪks, eks/ [接頭] 「外へ, 外に」の意 [⇔ in-[2]]: *ex*clude 締め出す / *ex*ternal 外部の.

ex-[2] /éks/ [接頭] 「前の, 前...」の意: *ex*-president 前大統領 / *ex*-wife 前の妻. [語法] (1) ハイフンをつける. (2) 存命中の人に用いる (⇒ late [形] 3).

ex·ac·er·bate /ɪgzǽsɚbèɪt, eg- | -sə-/ [動] [他] 《格式》 (病気・問題など)を悪化させる.

ex·ac·er·ba·tion /ɪgzæ̀sɚbéɪʃən, eg- | -sə-/ [名] [U] (事態などの)悪化 (*of*).

***ex·act** /ɪgzǽkt, eg-/ [形] ❶ [比較なし] **正確な** (⇒ correct [類義語]) [⇔ inexact]: the *exact* number [time] 正確な数[時間] / the *exact* meanings of words 単語の正確な意味 / an *exact* copy [replica] of a Picasso ピカソの(作品の)正確な複製.
❷ [比較なし] [限定] **まさにその**: the *exact* opposite of ... ...と正反対(の人[物, こと]) / the *exact* same thing 全く同じこと / That's the *exact* word (that) I was looking for. それはまさに私の求めていたことばだ. ❸ 厳密な; 精密な: Weather forecasting is not an *exact* science. 天気予報は精密科学ではない(から, はずれることがある). ❹ きちょうめんな: He is *exact in* his work. 彼は仕事がきちょうめんだ.

to be exáct [副] [文修飾] Ⓢ 《格式》 (もっと)正確に言えば: *To be exact*, the baby is five months and two days old. 正確に言うと赤ちゃんは5か月と2日だ.
([名] exáctitùde)

— [動] [他] 《格式》 (...)を強要する, 強いる; (税など)を厳しく取り立てる; (復讐)をする; (犠牲)を払わせる: *exact* taxes *from* people 国民から税を厳しく取り立てる.
〖⇒ act [キズナ]〗

ex·act·ing /ɪgzǽktɪŋ, eg-/ [形] きつい要求をする, 厳しい; (仕事などが)骨の折れる, 努力[注意, 技量など]を要する.

ex·ac·ti·tude /ɪgzǽktət(j)ùːd, eg- | -tjùːd/ [名] [U] 《格式》 正確さ, 精密 [≒exactness]. ([形] exáct)

***ex·act·ly** /ɪgzǽk(t)li, eg-/

— [副] ❶ **正確に**(は); **ちょうど**, きっかり; **まさに**: It's ⌈*exactly* nine o'clock [nine o'clock *exactly*]. ちょうど9時だ / That's *exactly* 1,000 yen. ちょうど千円で

す. 語法 just 1,000 yen と言うと普通は「たったの千円」という意味になるので注意 // The train arrived「*exactly* at [at *exactly*] five. その列車は5時ちょうどに到着した / That's ***exactly what*** he said. それはまさに彼が言ったとおりのことだ /「***Where exactly*** [*Exactly where*] did you find it? 正確にはどこでそれを見つけたのですか / I don't「know *exactly* [*exactly* know]. はっきりとはわかりません / *exactly* the opposite まさに正反対(のもの[人]).

❷ Ⓢ [yes の意味の返事を強めて] **(まさに)そのとおり:** 🗨 "So you think there's a chance?" "*Exactly*."「つまり, 見込みはあると考えていらっしゃるんですね」「そのとおりです」

nòt exáctly [副] (1) Ⓢ [返答で] 《丁寧》 必ずしもそうではない, 少し違う: 🗨 "Do you mean that he's dishonest?" "Well, *not exactly*, but ...."「彼は不正直だということですか」「いや, そういうわけではないのですが, しかし...」 (2) Ⓢ [皮肉に] ...とは言いがたい(「...では全然ない」の意).

ex·act·ness /ɪgzǽk(t)nəs, eg-/ 名 Ⓤ 正確さ.

+**ex·ag·ger·ate** /ɪgzǽʤərèɪt, eg-/ ❗発音 動 (-ger·ates /-rèɪts/; -ger·at·ed /-ṭɪd/; -ger·at·ing /-ṭɪŋ/) 他 (...)を**誇張する**, 大げさ[オーバー]に言う: He is *exaggerating* the danger. 彼はその危険を大げさに言っている / It's impossible to *exaggerate* the importance of education. 教育の重要さは誇張してもしすぎることはない.

— 自 大げさ[オーバー]な言い方をする, 誇大に言う. 日英 「大げさな」,「誇張した」という意味で「オーバー」というのは和製英語. (名 exàggerátion)

+**ex·ag·ger·at·ed** /ɪgzǽʤərèɪṭɪd, eg-/ 形 **誇張した**, 大げさな; 不自然な, わざとらしい: the greatly [grossly, wildly] *exaggerated* number of casualties 著しく誇張された死傷者数 / an *exaggerated* sigh わざとらしいため息.

ex·ag·ger·a·tion /ɪgzæ̀ʤəréɪʃən, eg-/ 名 ❶ Ⓒ 大げさなことば, 誇張した表現: It is no *exaggeration* to say that well begun is half done. 始めがうまくいけば半分終わったと言っても過言ではない. ❷ Ⓤ 誇張: speak without *exaggeration* 誇張なしに話す. (動 exággeràte)

ex·alt /ɪgzɔ́ːlt, eg-/ 動 他 ❶ 《格式》 (...)の地位を高める. ❷ 《格式》 (神など)を賛美する.

ex·al·ta·tion /ègzɔːltéɪʃən/ 名 ❶ Ⓤ 《格式》 大得意; 有頂天. ❷ Ⓤ 《格式》 (地位を)高める[高められる]こと, 昇格.

ex·alt·ed /ɪgzɔ́ːltɪd, eg-/ 形 ❶ 《格式》 位の高い; (地位などが)高い. ❷ 《格式》 大得意の, 有頂天の.

***ex·am** /ɪgzǽm, eg-/

— 名 (~s /~z/) ❶ Ⓒ **試験** (《格式》 examination); 《米》 (試験の)問題用紙: ***take*** [***do***, 《英》 ***sit***] an ***exam*** 試験を受ける / ***pass*** an ***exam*** 試験に合格する / ***fail*** an ***exam*** 試験に落ちる / We are going to have「an English [a history] *exam* tomorrow. あす英語[歴史]の試験がある / "How did you do ***on*** [《英》 ***in***] the ***exam***?" "I'm sure I didn't pass it."「試験はどうだった」「受からないと思う」/ When will [can] we know the *exam* results? 試験の結果はいつわかりますか. ❷ Ⓒ 《米》 (医療の)検査: an eye *exam* 目の検査.

ex·am·i·na·tion** /ɪgzæ̀mənéɪʃən, eg-/ 名 (~s /~z/) ❶ Ⓤ,Ⓒ **検査**, 調査; Ⓒ 診察: This water needs further *examination*. この水はさらに検査が必要だ / have a medical *examination* 健康診断を受ける / The doctor did a thorough (physical) ***examination of [***on***] the patient. 医師は患者に対して徹底的な検査を行なった / ***under examination*** (物事が)調査[検討]中で / ***on*** (***closer***) ***examination*** (さらによく)調べてみると.

❷ Ⓒ 《格式》 **試験** (exam): an entrance *examination* 入学[入社]試験 / Tom's performance ***on*** [《英》 ***in***] that ***examination*** was good [poor]. トムのその試験の成績はよかった[悪かった].

examination (特に適性を見るための本格的な)	試験
test (特に習得の程度を見るための)	
quiz (簡単なテスト)	

❸ Ⓤ,Ⓒ 〔法律〕 尋問 (*of*). (動 exámine)

***ex·am·ine** /ɪgzǽmɪn, eg-/ ❗アク

— 動 (-am·ines /~z/; -am·ined /~d/; -am·in·ing) 他 ❶ (...)を調べる, **検査する**, 調査する; 検討する; (人)を診察する(⇒ 類義語): The police were *examining* their bags. 警官たちが彼らのかばんを調べていた / They ***examined*** the room ***for*** evidence. V+O+*for*+名 彼らは証拠を捜して部屋を調べた / We ***examined how*** the accident happened. V+O (*wh* 節) 私たちは事故がどのようにして起きたかを調べた / I had my teeth *examined*. 私は歯を診察してもらった. 語法 日常語では have [take] a look at ... が普通. ❷ 《格式》 (学生など)に(学科の)試験をする: You will be *examined on* [*in*] history next week. 来週歴史の試験があります. ❸ 〔法律〕 (...)を尋問する (*on*). (名 exàminátion)

類義語 **examine** 事実や物の状態・性質を調べたり検査することを表わす一般的な語. **investigate** 新事実を見出したり事実の誤りがないことを確かめるために調査研究すること: The police are *investigating* his death. 警察は彼の死を調査している. **inspect** 誤りや欠点がないかどうかを専門的立場から綿密に検討し調べること: The customs officials *inspected* our passports. 税関の役人が私たちのパスポートを検閲した.

ex·am·i·nee /ɪgzæ̀məníː, eg-/ 名 Ⓒ 《格式》 被験者, 受験者 [⇔ examiner].

ex·am·in·er /ɪgzǽm(ə)nɚ, eg-|-mɪnə/ 名 Ⓒ (口頭試問の)試験官; 審査官, 検査官 [⇔ examinee].

***ex·am·ple** /ɪgzǽmpl, eg-|-záːm-/

— 名 (~s /~z/) ❶ Ⓒ (代表的・典型的な)**例**, 実例 (⇒ 類義語): This is a good ***example of*** a traffic accident caused by carelessness. これは不注意による交通事故のよい例である / ***Give*** an ***example of*** a city that flourished in the Middle Ages. 中世において栄えた都市の例を一つあげなさい / a classic [typical] *example* 典型的な例 / Please give me a specific [concrete] *example*. 具体例を教えてください / ***provide*** an ***example of*** ... ...の例をあげる; ...の一例となる / Let's take baseball as an *example*. 野球を例にとってみよう.

❷ Ⓒ [普通は単数形で] **手本**, 模範, 手本[模範]とな

る人[行為] [≒model]: He is a good *example to* us all of an honest man. 彼は私たちみんなにとって正直者のよいお手本だ / Her success ***set an*** [***a good***] ***example for*** [***to***] the other people. 彼女の成功は他の人たちのよい手本となった / ***follow*** ...'s ***example*** = ***follow the example of*** ... ...の例にならう, ...を手本とする.

by wày of exámple [副] 例として.

for exámple [副] [つなぎ語] **たとえば**《⇒ e.g.》: Many animals have good hearing. Dogs, *for example*, can hear much better than we can. 動物には耳がいいものが多い. たとえば犬は人間よりずっと耳がいい.

léad by exámple [動] ⓐ 自ら手本を示す.

máke an exámple of ... [動] ⓗ (人)をみせしめに罰する, ...を懲(こ)らしめる.

[類義語] **example** 物事・活動・状態などの一般的な原則などを具体的に示す代表的な実例: a good *example* of his honesty 彼の正直さを示す好例. **instance** 一般的なものを具体的に示す例の意では *example* とほぼ同じであるが, 代表的な例としてではなく単に個別的な事例としてあげる場合に用いることが多い: an *instance* of kindness 親切さの一例. **sample** 具体的な物質や物体, 特に商品などに関して, 同種類の他の物も同じであることを示すための見本: a *sample* of brandy ブランデーの見本. **specimen** 主として, 科学的・技術的な検査や調査研究などのために用いる見本・標本: a blood *specimen* 血液の標本.

〖語源〗 原義はラテン語で「(見本として)取り出したもの」; sample と同語源〗

ex·as·per·ate /ɪgzǽspərèɪt, eg-/ [動] ⓗ (人)を非常にいらだたせる, 怒らせる.

ex·as·per·at·ed /ɪgzǽspərèɪṭɪd, eg-/ [形] いらいらした, 怒った: John was *exasperated by* [*at, with*] her slowness. ジョンは彼女がのろいので腹を立てた.

ex·as·per·at·ing /ɪgzǽspərèɪṭɪŋ, eg-/ [形] (物事が)ひどく腹立たしい, 頭にくる.

ex·as·per·a·tion /ɪgzæ̀spəréɪʃən, eg-/ [名] Ⓤ 激怒, 強いいらだち: in *exasperation* 憤激して.

ex·ca·vate /ékskəvèɪt/ [動] ⓗ ❶ (うずもれたもの)を発掘する. ❷《格式》(穴・トンネルなど)を掘る. ― ⓐ ❶ 発掘する. ❷《格式》穴を掘る.

ex·ca·va·tion /èkskəvéɪʃən/ [名] ❶ Ⓤ,Ⓒ〔考古〕発掘. ❷ Ⓤ,Ⓒ《格式》穴掘り, 掘削; Ⓒ ほら穴. ❸ Ⓒ [普通は複数形で] 発掘現場, 発掘跡.

ex·ca·va·tor /ékskəvèɪṭɚ | -tə/ [名] ❶ Ⓒ = steam shovel. ❷ Ⓒ 発掘者; 掘削者.

+**ex·ceed** /ɪksíːd, ek-/ [動] (**ex·ceeds** /-síːdz/; **-ceed·ed** /-dɪd/; **-ceed·ing** /-dɪŋ/) ⓗ ❶ [進行形なし]《格式》(...)より**大きい**[**多い**], (...)を上回る, 越える, 超過する: His success *exceeded* (all) our expectations. 彼の成功は我々の(すべての)期待を上回るものであった / Our income ***exceeded*** expenditure(s) ***by*** one hundred dollars this month. [V+O+*by*+名] 今月の収入は支出より 100 ドル多かった. ❷《格式》(限度など)を越す, 超過する: Your luggage *exceeds* the weight limit. あなたの手荷物は重量制限を越えています. ([名] excéss[1])

〖⇒ proceed [キズナ]〗

ex·ceed·ing·ly /ɪksíːdɪŋli, ek-/ [副]《格式》非常に, きわめて《very より強意》: an *exceedingly* good breakfast きわめておいしい朝食.

ex·cel /ɪksél, ek-/ [!アク] [動] ⓐ [進行形なし]《格式》優れている, 秀でる, 抜きん出る: He *excels in* [*at*] sports [music]. 彼はスポーツ[音楽]に秀でている / The girl *excels at* play*ing* the violin. その少女はバイオリンの演奏に秀でている. **excél** one**sèlf** [動] ⓐ《英》いつもよりうまくやる. ([形] éxcellent)

+**ex·cel·lence** /éks(ə)ləns/ [名] Ⓤ **優れていること**[**性質**], 優秀さ, すばらしさ (*in, at*): academic *excellence* 学問的な優秀さ. ([形] éxcellent)

Ex·cel·len·cy /éks(ə)lənsi/ [名] (-len·cies) Ⓒ 閣下《大臣・大使・知事・司教およびその配偶者などに対する敬称》: His [Her] *Excellency* 閣下(夫人)《間接的に指すとき》/ Your *Excellency* 閣下《直接呼びかけるとき》/ Their *Excellencies* 両閣下. ✪ 用法については ⇒ majesty [語法].

‡ex·cel·lent /éks(ə)lənt/ [!アク]

― [形] 優れた, **優秀な**; **すばらしい**; (成績が)優の《⇒ grade 1 表》: used cars in *excellent* condition 非常によい状態の中古車 / He is ***excellent in*** [***at***] math. [+*in* [*at*]+名] 彼は数学がよくできる / Her speech was absolutely [really] *excellent*. 彼女の演説はとてもすばらしかった《✪ ×very excellent とは言わない》/ You've done an *excellent* job! すばらしい出来でしたね《♥ 相手をほめるときの表現; good よりも強く肯定的評価を表わす》. ([動] excél, [名] éxcellence)

― [間] Ⓢ すばらしい, 大変結構《承認・満足などを表わす》: "I'll get this done by tomorrow." "*Excellent*!" 「これを明日までに終わらせます」「すばらしい!」

~·ly [副] 優れて, すばらしく.

‡ex·cept /ɪksépt, ek-, ək-/

― [前] **...を除いて(は)**, **...以外は**, **...のほかは**: No one was absent *except* John [him]. ジョン[彼]以外にはだれも欠席した者はいなかった / He works every day *except* Sunday. 彼は日曜日以外は毎日働いている / I have nothing to declare *except* my genius. 私には自分の天才以外には申告するものは何もない《英国の作家ワイルド (Wilde) が New York の税関で言ったことば》.

[語法] (1) 文頭には用いない《⇒ except for ... (成句) [語法]》.
(2) 普通は一般化を示すような all, any, every, no などのつく語句が前に来る場合に用いる.
(3) (代)名詞以外を目的語にとることがある: They don't do anything *except* what I tell them to do. 彼らは私が言うこと以外は何もしない《目的語は名詞節》/ I don't go by bus *except* when it is rainy. 雨の日以外はバスに乗らない《目的語は副詞節》/ I've done nothing *except* eat and sleep this week. 今週は食べて寝るほかは何もしなかった《目的語は動詞》/ You cannot lose *except* 「through your own carelessness [by being careless]. 不注意による以外は負けるはずがない《目的語は前置詞句》.

excépt for ... [前] (1) **...(があるの)を除いては**, ...以外(の点で)は: Your speech was very good *except for* a few errors in pronunciation. あなたの演説は発音上の 2, 3 の誤り以外はとてもよかった.

[語法] (1) 文頭でも用いる: *Except for* one phone call, the whole day passed peacefully. 1 回の電話を除けば一日中平穏無事に過ぎた.

(2) A except B は同じ種類の A と B が比較されて共に表現されているときに用いるのに対し, A except for B では A と B は種類が違い「(部分的に) B の点を除けば A である」の意に用いる. ただし all, any, every, no などのつく語句が前に来る場合には except for を except と同じ意味に用いることもある: I managed to answer *all* the questions *except* (*for*) the last one. 最後のを除いて全部の問題になんとか答えた / *Nobody* came *except* (*for*) Liz and Mary. リズとメアリーを除いてだれも来なかった.

(2) ...がなければ, ...がなかったならば [≒but for ...].

excépt that ... [接] (1) **...ということを除けば**, ...は別にして: We know nothing *except that* he did not come home that night. 私たちは, 彼がその夜は帰宅しなかったということ以外は何も知らない. (2) ...ということがなければ《⇒ 接 2》.

— 接 ❶ **...ということを除けば**, ...は別にして: He didn't tell me anything about the event *except* it would take place on Sunday. 彼はその行事については日曜日に行なわれるということ以外何も私に教えてくれなかった. ❷ Ⓢ ...ということがなければ, ただし...: I would buy this watch, *except* it's too expensive. この時計を買いたいところだが高すぎる.

— 動 /ɪksépt, ek-/ (ex·cepts /-sépts/; -cept·ed; -cept·ing) 他 [普通は受身で; しばしば否定文で]《格式》(...)を除く, 除外する [≒exclude]: Tom *is not excepted from* the list. トムはリストから除外されていない.

... excépted [nòt excépted] [名詞の後で] ...は除外して[...も例外でなく]: Everyone worked very hard, Bob *excepted* [*not excepted*]. みんな懸命に働いた. ボブは別として[ボブも含めて]. (名 excéption)

ex·cept·ing /ɪkséptɪŋ, ek-, ək-/ 前《格式》...を除いて(は), ...以外は, ...のほかは [≒except]. 語法 (1) except より格式ばった語. (2) not, always, without などの後に用いることが多い. (3) except と異なり文頭で用いることができる.

‡ex·cep·tion /ɪksépʃən, ek-, ək-/

— 名 (~s /~z/) C,U **例外**, 例外的な場合[事]: There are three ***exceptions to*** this rule. この規則には例外が 3 つある / The *exception* proves the rule. 《ことわざ》例外があるということは規則のある証拠.

be nó excéption [動] 自 例外ではない.

màke an excéption [動] 自 例外とする, 特別扱いにする.

tàke excéption to ... [動] 他 (1) ...に異議を申し立てる, ...に反対する. (2) ...に腹を立てる.

with the excéption of ... [前] ...を除いては, ...のほかは [≒except]. C+1 しばしば possible, notable などとともに用いる: *with* the possible *exception of* ... ...は例外かもしれないが / *with the* notable *exception of* ... ...という目立った例外もある.

withòut excéption [副] 例外なく.

(動 excépt, 形 excéptional)

+ex·cep·tion·al /ɪksépʃ(ə)nəl, ek-, ək-/ 形 ❶ **特別に優れた**: *exceptional* ability 特に優れた能力. ❷ **例外的な**; 異常な [≒unusual]: in *exceptional* circumstances 例外的な状況で. (名 excéption)

ex·cep·tion·al·ly /ɪksépʃ(ə)nəli, ek-, ək-/ 副 特に優れて, 並はずれて; 例外的に: play *exceptionally* well 並はずれた演技[演奏, プレー]をする.

+ex·cerpt¹ /éksəːpt, égz- | -səː-/ 名 (ex·cerpts /éksəːpts, égz- | -səː-/) C (書物·映画·楽譜などからの)**抜粋**, 抄録, 引用句; (論文などの)抜き刷り: an ***excerpt from*** a journal 機関誌からの抜粋.

ex·cerpt² /eksə́ːpt, egz-, éksəːpt, égzəːpt | eksə́ːpt/ 動 他 [普通は受身で] (...)を抜粋する (*from*).

ex·cess¹** /ɪksés, ek-, ək-, ékses/ 名 (~·es /~ɪz/) ❶ [U または an ~] **超過(分)**, 超過額[量], 余分; 過多, 過剰: ***an excess of imports ***over*** exports 輸出に対する輸入の超過 / Any *excess* in payment will be returned. お支払い金額の超過分はお返しいたします / *an excess of* fat [passion] 脂肪過多[度を越した情熱]. ❷ [U または複数形で] 度を過ぎた行為, やりすぎ (*of*).

in excéss of ... [前] ...より多く, ...を越えて: a debt *in excess of* $10,000 1 万ドル以上の借金.

to excéss [副] 過度に, よけいに.

(動 excéed, 形 excéssive, éxcess²)

ex·cess² /ékses, ɪksés, ek-/ 形 限定 超過の; 余分の: *excess* baggage [luggage] 重量オーバーの手荷物 / an *excess* fare 乗り越し料金 / *excess* postage 郵便物の不足料金. (名 excéss¹)

***ex·ces·sive** /ɪksésɪv, ek-, ək-/ 形 **過度の**, 多すぎる; 法外な [⇔ moderate]: *excessive* charges 法外な料金 / Their demands were *excessive*. 彼らの要求は度を越したものであった. (名 excéss¹)

~·ly 副 過度に; 甚だしく.

‡ex·change /ɪkstʃéɪndʒ, eks-/

— 動 (ex·chang·es /~ɪz/; ex·changed /~d/; ex·chang·ing) 他 ❶ (...)を**交換する**, (...)を(~と)取り替える; 取り交わす: *exchange* ideas [information] 意見[情報]を交わす / *exchange* presents at Christmas クリスマスにプレゼントを交換する / 言い換え I ***exchanged*** seats ***with*** John. V+O+with+名 = John and I *exchanged* seats. 私はジョンと席を替わった. 語法 同種のものを交換し合う場合, 目的語が数えられる名詞なら複数形となる // He ***exchanged*** the shirt ***for*** a smaller size. V+O+for+名 彼はそのシャツを小さいサイズと取り替えた.

❷ (...)を(外国の通貨と)**交換する**, 両替する: I'd like to ***exchange*** all these dollars ***for*** yen. V+O+for+名 このドルを全部円と交換したいのですが.

— 名 (ex·chang·es /~ɪz/) ❶ C,U **交換**, 取り替え; C 交換留学[相互訪問](制度), 交流 (*with*); (ことばなどの)やりとり, 口論: an ***exchange of*** students ***between*** two countries 2 国間の学生交換《相互に留学させること》/ an Australian girl on an *exchange* オーストラリアからの交換女子留学生 / There was a friendly *exchange of* opinions [views] *between* the two parties. 両者間で友好的な意見の交換があった / an *exchange of* fire 砲火を交えること.

❷ U **為替**; 両替: foreign *exchange* 外国為替 / the rate of *exchange* 為替相場, 為替レート / a bill of *exchange* 為替手形. ❸ C [しばしば E-] 取引所: the stock *exchange* 証券取引所. ❹ C = telephone exchange.

in exchánge for ... [前] **...と交換に**, ...と引き換えに: They sent us butter *in exchange for* jam. 彼らはジャムと交換にバターを送ってきた.

ex·change·a·ble /ɪkstʃéɪndʒəbl, eks-/ 形 交換できる, 取り替えられる.

***exchánge ràte** 名 C **為替相場**, 為替レート.

exchánge stùdent 名 C 交換留学生: We have *exchange students from* China staying with us. 私たちのところには中国からの交換留学生がいる.

ex·cheq·uer /ékstʃekə, ɪkstʃékə, eks- | ɪkstʃékə, eks-/ 名 ❶ [the E-]《英》財務省 [≒Treasury]. ❷ [the ~] 国庫, 公庫. **the Cháncellor of the Exchéquer** [名]《英》財務大臣《米国の the Secretary of the Treasury に相当》.

ex·cise[1] /éksaɪz/ 名 U,C 国内消費税, 物品税.

ex·cise[2] /ɪksáɪz, ek-/ 動 他《格式》(腫瘍(しゅよう)など)を切除[摘出]する; (語句など)を削除する (*from*).

ex·ci·sion /ɪksíʒən, ek-/ 名 U,C《格式》切除[摘出](されたもの); 削除(されたもの).

ex·cit·a·bil·i·ty /ɪksàɪṭəbíləṭi, ek-/ 名 U 興奮しやすさ, 激しやすさ.

ex·cit·a·ble /ɪksáɪṭəbl, ek-/ 形 興奮しやすい.

+**ex·cite** /ɪksáɪt, ek-/ 動 (**ex·cites** /-sáɪts/; **ex·cit·ed** /-ṭɪd/; **ex·cit·ing** /-ṭɪŋ/) 他 ❶ [進行形なし] (人)を**興奮させる**, 刺激する; わくわくさせる; 動揺させる, 不安にさせる《⇒ excited》: The news *excited* me. そのニュースは私をわくわくさせた. ❷《格式》(感情など)を起こさせる, 呼び起こす; (興味)をそそる; (人)を(性的に)刺激する [≒arouse]; (人)を刺激して...をさせる (*to*; *to* do): His story *excited* curiosity *in* everyone. 彼の話はすべての人の好奇心を呼び起こした / *excite* comment 話題になる. ❸〔生理〕(器官など)を刺激する.
(名 excítement)

ex·cit·ed /ɪksáɪṭɪd, ek-/

— 形 **興奮した**; (人が)わくわくした; やっきになった; 動揺した, 不安な; 性的に興奮した: The players were ***excited about*** win*ning* the game. +前+動名 選手たちは試合に勝ったので興奮していた / The girls were all ***excited at*** the thought of meeting the actor. +前+名 少女たちはその俳優に会えると思ってわくわくしていた / The children were ***excited by*** the scene. 子供たちはその光景を見てわくわくした / Jimmy was very ***excited to*** see you. +*to* 不定詞 ジミーはあなたにお目にかかれて感激していました / Don't get *excited*. 興奮しないで / in an *excited* tone of voice 興奮した口調で.

興奮している

私は興奮している.
○I'm **excited.**
×I'm exciting.
その試合には興奮した.
○The game was **exciting.**

be nóthing to gèt excíted abòut [動] 自 S (映画・本などが)たいしたことない, つまらない.

~·ly 副 興奮して; わくわくして; 動揺して.

*__ex·cite·ment__ /ɪksáɪtmənt, ek-/ 名 (**-cite·ments** /-mənts/) ❶ U **興奮**; わくわくする[させる]こと; 刺激; (興奮した)騒ぎ, (人心の)動揺: The book caused [aroused] great *excitement* among the readers. その本は読者の間に大きな興奮を巻き起こした / She was flushed with ***excitement at*** the thought of meeting the actor. 彼女はその俳優に会えると思うと興奮して顔が紅潮した. ❷ C《格式》興奮させるもの[事件], 刺激的なもの: the *excitements* of city life 都会生活のいろいろな刺激.

in (one's) **excítement** [副] **興奮して**, 興奮のあまり: They were jumping about *in* (*their*) *excitement*. 彼らは興奮して跳び回っていた. (動 excíte)

ex·cit·ing /ɪksáɪṭɪŋ, ek-/

— 形 **興奮させる**, はらはらさせる, おもしろい, 刺激的な; わくわくさせる《⇒ interesting 表》: Soccer is an *exciting* game. サッカーはおもしろいスポーツだ / That sounds *exciting*! それはすごくおもしろそうですね《♥ interesting よりも強く肯定的評価を表わす》.

+**ex·claim** /ɪkskléɪm, eks-/ 動 他 (強い感情をこめて突然)(...)と**叫ぶ**, (大声で)(...)と言う《⇒ shout 類義語》: "We won!" the boys *exclaimed*. 「勝ったぞ」と少年たちは叫んだ / 言い換え He *exclaimed that* it was a terrible noise. (= He said, "What a terrible noise it is!") 彼は何て騒々しいんだと突然大声で言った. 語法 感嘆文を間接話法にするときの伝達動詞として用いられる. — 自 (苦痛・怒り・驚き・喜びなどで突然)叫ぶ (*at*, *over*).

ex·cla·ma·tion /èkskləméɪʃən/ 名 C (驚き・喜び・抗議などの)叫び; 感嘆; 叫び声; 感嘆詞.

exclamátion pòint《米》[《英》**màrk**] 名 C 感嘆符《! の記号; ⇒ **巻末文法** 16.6》.

ex·clam·a·to·ry /ɪksklǽmətɔ̀:ri, eks- | -təri, -tri/ 形 感嘆の, 感嘆を表わす: an *exclamatory* sentence 感嘆文.

*__ex·clude__ /ɪksklú:d, eks-/ 動 (**ex·cludes** /-klú:dz/; **ex·clud·ed** /-ḍɪd/; **ex·clud·ing** /-ḍɪŋ/) 他 ❶ (...)を(仲間などから)**締め出す**, 入れない [≒shut out]; **除外する**, 除く [≒leave out] [⇔ include]: They ***excluded*** the boy ***from*** their group. V+O+*from*+名 彼らはその少年を仲間からのけ者にした / No one will *be excluded* because of race, religion, or sex. V+O の受身 だれも, 人種, 宗教, 性別を理由に締め出されることはない / Basic words have been *excluded from* the list. 基本語はリストから除かれている. ❷ (可能性など)を排除する; (疑いなど)の余地を与えない: We cannot *exclude* the possibility that she was murdered. 彼女が殺害されたという可能性も排除できない.
(名 exclúsion, 形 exclúsive)
【語源 ラテン語で「閉め(-clude)出す (ex-)」の意; ⇒ include キズナ】

ex·clud·ing /ɪksklú:dɪŋ, eks-/ 前 ... を除いて [⇔ including]: Sixteen people attended, *excluding* the organizers. 幹事たちを除いて 16 人が出席した.

+**ex·clu·sion** /ɪksklú:ʒən, eks-/ 名 U **除外**, 締め出す[出される]こと, 排除 [⇔ inclusion]: the ***exclusion of*** minorities ***from*** the political process 政治過程からの少数民族の締め出し / an *exclusion* zone 立入[進入]禁止地域.

to the exclúsion of ... [前] ...を除外して, ...を締め出して(しまうほど): He is obsessed with work, *to the exclusion of* everything else. 彼は他の事をすべて忘れてしまうほど仕事にとりつかれている. (動 exclúde)

+**ex·clu·sive** /ɪksklú:sɪv, eks-/ 形 ❶ **独占的な**, 専用の, 唯一の: an *exclusive* interview 独占会見 / This content is ***exclusive to*** registered users. +to+名 このコンテンツは登録ユーザー専用です.
❷ **排他的な** [⇔ inclusive]; 閉鎖的な, 入会[入学]資格の厳しい: an *exclusive* club 入会資格の厳しい[上流階級限定の](社交)クラブ.
❸ (店・商品などが)**高級な**, ほかにはないような; 専門的な: an *exclusive* hotel 高級[一流]ホテル. ❹ 相いれない; 矛盾する: The two concepts are mutually *exclusive*. その2つの概念は互いに相いれない.

exclúsive of ... [前] ...を除いて [⇔ inclusive of ...]. (動 exclúde)

— 名 C (新聞などの)独占記事, 特ダネ, スクープ.

+**ex·clu·sive·ly** /ɪksklúːsɪvli, eks-/ 副 **もっぱら**, 全く...だけ [≒only]: The offer is intended *exclusively* for readers of the newspaper. この商品は本紙の読者限定です.

ex·clu·siv·i·ty /èksklu:sívəṭi/ 名 U 高級さ; 排他(性), 独占.

ex·com·mu·ni·cate /èkskəmjúːnəkèɪt/ 動 他 〔キリスト教〕(人)を(教会から)破門する; 除名する.

ex·com·mu·ni·ca·tion /èkskəmjùːnəkéɪʃən/ 名 U,C 〔キリスト教〕破門, 除名.

ex·cre·ment /ékskrəmənt/ 名 U 《格式》糞便(ふんべん).

ex·crete /ɪkskríːt, eks-/ 動 他 《格式》(...)を排泄(はいせつ)する.

ex·cre·tion /ɪkskríːʃən, eks-/ 名 ❶ U 《格式》排泄(作用). ❷ U,C 《格式》排泄物.

ex·cru·ci·at·ing /ɪkskrúːʃièɪṭɪŋ, eks-/ 形 (痛みが)激しい; 耐えがたい.

+**ex·cur·sion** /ɪkskə́ːʒən, eks-|-kə́ːʃən/ 名 (~s/~z/) ❶ C (団体の)**観光旅行**, 遠足, 小旅行; 遊覧旅行; 周遊[割引]旅行 (⇒ travel 名 表): We went on a day ***excursion to*** the lake. 私たちはその湖へ日帰り旅行[遠足]をした. ❷ C (買い物などの)お出かけ. ❸ C 《格式》(体験や理解のための)試み (*into*). 〔⇒ current キズナ〕

ex·cus·a·ble /ɪkskjúːzəbl, eks-/ 形 (言動が)許される, 許してもよい [⇔ inexcusable].

****ex·cuse**[1] /ɪkskjúːz, eks-/ ❗発音 名詞の excuse[2] と発音が違う.

— 動 (ex·cus·es /~ɪz/; ex·cused /~d/; ex·cus·ing) 他

> **意味のチャート**
> 原義はラテン語で「非難を取り除く」;「**許す**」❶,「**免じる**」❷ →(事柄が人の行為を許す根拠となる) →「**弁解になる**」❸ →「**弁解する**」❸

❶ (人・行為)を**許す**, 勘弁する, 大目に見る (⇒ forgive 表, 類義語): I cannot *excuse* what she has done. 私は彼女のしたことを許せない / 言い換え He wouldn't *excuse* my carelessness. = He wouldn't *excuse* me *for* be*ing* careless. V+O+*for*+動名 彼は私の不注意を許すまい / 言い換え Please *excuse* me *for* call*ing* you so late. = Please *excuse* my call*ing* you so late. V+O (動名) こんなに遅くに電話してすみません (♥ さほど深刻でない, 軽いことに対する謝罪に用いる; ⇒ sorry 1) // *Excuse* me *for* say*ing* this, but I don't think it will work. こんなことを言って失礼ですが, それはうまくいかないと思います (♥ 言いにくいことを述べる際などの前置き表現).

❷ [普通は受身で] (義務・借金・出席など)を**免じる**, (人)を(...から)免除する; (人)の退席を許す: He *was* ***excused from*** do*ing* the homework. V+O+*from*+動名の受身 彼は宿題をすることを免除された / 言い換え She *was* ***excused from*** violin practice. V+O+*from*+名の受身 = 《主に英》 She *was excused* violin practice. V+O+O の受身 彼女はバイオリンの練習をしなくて済んだ / I hope you'll *excuse* me. もう失礼したいと思いますが (パーティーなどから帰りたいとき) / Can I *be excused*? V+O の受身 もう席を離れてもいい? 参考 英米の多くの家庭では, 食後に子供は親の許可がなくては食卓を離れられない // You 「may *be* [*are*] *excused*. もう行って[さがって]よろしい. ❸ (人が)(...)の言いわけをする, 弁解する; [普通は否定文で] (事情が)(...)の弁解になる, 言いわけとして通る: Nothing can *excuse* his rudeness. どんな事情があっても彼の無礼の言いわけにはならない / His ignorance does *not excuse* his mistake. 知らなかったからといって彼の間違いが通るわけではない.

Excúse me. (1) Ⓢ 《丁寧》 **ちょっと失礼**, すみません (♥ 人に道をあけてもらったり, 席をはずしたりするときに言う).

> 語法 **Excuse me. の使い方**
> (1) 2 人以上のときは *Excuse us*. と言う: *Excuse us*. It's about time we went home. 失礼します. そろそろ帰る時間ですので (夫婦そろって帰るときなど).
> (2) これに対する受け答えとしては普通 Certainly. か Of course. か 《主に米》 Sure. と言うが, 何も言わない場合もある.

(2) Ⓢ **ごめんなさい**, 失礼しました, すみません (♥ 人に失礼なことをして謝るときに言う) [≒Pardon me., Sorry.]. 語法 これに対する受け答えは That's all right. (大丈夫ですよ), No problem. (問題ありません), Never mind. (お気になさらないで), Excuse me /míː/. (こちらこそ)などと言う. 日英 日本語の軽いお礼の意味の「すみません」に相当するのは Thank you.

Excúse me? Ⓢ 《主に米》 **すみませんがもう一度おっしゃってください** [≒I beg your pardon?, Pardon (me)?, Sorry?] 発音 上昇調で発音される (⇒ **つづり字と発音解説 94**): 🗨 "Would you like some Darjeeling?" "*Excuse me*?" "I said, 'Would you like some Darjeeling tea?'" "Oh, thank you. Yes, please."「ダージリンをいかがですか」「すみません, 何とおっしゃったのですか」「『ダージリンの紅茶をいかがですか』と言ったのです」「それはどうも. はい, いただきます」

Excúse me, (but) ... [副] (1) Ⓢ 《丁寧》 **すみませんが**(...していただけますか, ...してもよろしいですか) (♥ 相手の注意を引くときに使われる; 特に知らない人に呼びかける際に用いる): *Excuse me, but* could you tell me the way to the station? すみません, 駅へ行く道を教えていただけますか / *Excuse me*, sir, you dropped something. すみません, 何か落としましたよ / *Excuse me*, could you let me through? すみません, 通してください. (2) Ⓢ 《丁寧》 **失礼ですが** (♥ 相手の発言に異議を唱えたり, 反論するときの前置き表現; あまり親しくない人に対して用いることが多い): "I'm bored. There's nothing interesting to do in this town." "*Excuse me, but* I don't think that's true."「ああつまらない. この町にはおもしろいことがありませんね」「失礼ですが, それは違うと思います」

excúse onesèlf [動] 自 (1) (断って)席をはずす (*from*). (2) 弁解する, 謝る. (名 excúse[2])

ex·cuse**[2] /ɪkskjúːs, eks-/ ❗発音 動詞の excuse[1] と発音が違う. 名 (ex·cus·es /~ɪz/) ❶ C **言いわけ**, 弁解; (過失などの)理由; 口実: He ***made excuses for be*ing* late. 彼は遅くなったことについていろいろと言いわけをした / There's [You have] ***no excuse for*** be*ing* lazy. 怠けていてよい理由などありはしない / That's *no excuse*. それは言いわけにはならない / The salesman's visit gave me a good ***excuse to*** stop my work. +*to* 不定詞 セールスマンが来たので仕事を中断するよい口実ができた. ❷ C [普通は複数形で] (欠席・中座などの)おわび, 謝罪(のことば): 言い換え Please give [offer]

E

them my *excuses.* = Please *make my excuses* to them. (出席できませんが)よろしくお伝えください. ❸ Ⓒ [前に形容詞をつけて] 申しわけ程度のもの: a *poor excuse for* a paper 論文とは名ばかりのもの. ❹ Ⓒ《米》(保護者などからの)欠席届, 病欠証明書. (動 excúse¹)

ex·ec /ɪgzék, eg-/ 名 Ⓒ《略式》= executive 1.

ex·e·cra·ble /éksəkrəbl/ 形《格式》とてもひどい, 実にいやな, 忌まわしい.

***ex·e·cute** /éksɪkjùːt/ ❗発音 ❗アク 動 (-e·cutes /-kjùːts/; -e·cut·ed /-ṭɪd/; -e·cut·ing /-ṭɪŋ/) 他 ❶ [普通は受身で] (...)を**処刑する**, 死刑にする: The murderer *was executed.* V+O の受身 その殺人犯は処刑された / He *was* **executed for** murder. V+O+*for*+名の受身 彼は殺人の罪で処刑された.
❷《格式》(命令・計画など)を**実行する**, (職務など)を果たす [≒carry out]: They hastened to *execute* the plan. 彼らはその計画の実行を急いだ. ❸《格式》(難しいこと)をこなす; (役など)を演じる, (音楽)を演奏する [≒perform]; (芸術作品)を制作する. ❹〔コンピュータ〕(プログラムの命令など)を実行する. ❺ (法律)を執行する, 実施する; (遺言・契約など)を執行する, 履行(りこう)する; (契約書など)を作成する: Congress makes laws; the President *executes* them. 議会が法律を作り大統領がそれを執行する. (名 èxecútion, 形 exécutive)

+**ex·e·cu·tion** /èksɪkjúːʃən/ 名 ❶ U,C **処刑**, 死刑執行: The *execution* of the murderers will take place tomorrow. 殺人犯たちの処刑は明日行なわれる. ❷ Ⓤ《格式》(職務などの)遂行, (命令・計画などの)実行, (約束の)履行(りこう): the *execution of* one's duties 職務の遂行. ❸ Ⓤ《格式》演技, (音楽の)演奏(ぶり) [≒performance]; (芸術作品の)制作. ❹ Ⓤ (法律・判決などの)執行, 実施; (遺言の)執行 (*of*). ❺ U,C〔コンピュータ〕(プログラムの)実行. (動 éxecùte)

ex·e·cu·tion·er /èksɪkjúːʃ(ə)nə | -nə/ 名 Ⓒ 死刑執行人.

****ex·ec·u·tive** /ɪgzékjʊṭɪv, eg-/ ❗発音
— 名 (~s /~z/) ❶ Ⓒ [《英》単数形でもときに複数扱い] (企業などの)**経営者**, **経営陣**, **執行役員**, **重役(陣)**《個人にも全体にも用いる》[《略式》exec]: the chief *executive* 社長. ❷ [the ~;《英》ときに複数扱い] (政府の)行政部;《米》[the E-] 行政長官《大統領や各州知事》;《主に英》組合執行部: ⇒ Chief Executive.
— 形 ❶ 限定 **経営の**, 管理の; 管理権限[能力]のある; 執行力のある: *executive* talents 経営の手腕 / an *executive* position in a company 会社における執行役員の地位 / an *executive* committee [board] 執行委員会.
❷ 限定 **行政(上)の**, 行政的な: an *executive* officer 行政官 / the *executive* branch of government (国・自治体の)行政府[部門], (狭義の)政府 / the *Executive* Mansion (米国の)大統領官邸. 関連 administrative 行政の / judicial 司法の / legislative 立法の. ❸ 限定 執行役員(用)の; 高級な: an *executive* dining room 執行役員用の食堂. (動 éxecùte)

exécutive prívilege 名 Ⓤ《米》(機密保持に関する)行政特権, 大統領特権.

ex·ec·u·tor /ɪgzékjʊṭə, eg- | -tə/ 名 Ⓒ〔法律〕遺言執行人.

ex·e·ge·sis /èksəʤíːsɪs/ 名 (複 ex·e·ge·ses /-siːz/) C,U《格式》(文献, 特に聖書の)綿密な解釈.

ex·em·plar /ɪgzémplə, eg- | -plə/ 名 Ⓒ《格式》模範; 典型, 見本.

ex·em·pla·ry /ɪgzémpləri, eg-/ 形 ❶ 模範的な, 立派な. ❷ 限定 (罰などが)見せしめの.

ex·em·pli·fi·ca·tion /ɪgzèmpləfɪkéɪʃən/ 名《格式》Ⓤ 例証, 模範; Ⓒ 標本, 適例.

ex·em·pli·fy /ɪgzémpləfàɪ/ 動 (-pli·fies; -pli·fied; -fy·ing) 他《格式》(...)のよい例となる; (...)を実例で示す, 例示[例証]する.

+**ex·empt** /ɪgzém(p)t, eg-/ 形 叙述 (...を)**免除された**, 免れた: a student who is ***exempt from*** tuition +*from*+名 授業料を免除されている学生. 関連 tax-exempt《米》免税の. — 動 他《格式》(人)の(義務・仕事・支払いなどを)免除する: He was *exempted from* military service. 彼は兵役を免除された.

ex·emp·tion /ɪgzém(p)ʃən, eg-/ 名 ❶ Ⓒ 所得控除(額). ❷ U,C (義務の)免除: *exemption from* taxes = tax *exemption* 免税.

*****ex·er·cise** /éksəsàɪz | -sə-/ ❗アク
— 名 (-er·cis·es /~ɪz/)

意味のチャート
原義はラテン語で「家畜を小屋から追い出して(働かせる)」→「**働かすこと**」❻ →「**運動**」❶ →(能力向上のための運動)「**練習**」❷ →「**練習問題**」❸

❶ Ⓤ (身体の)**運動**, (心身の)鍛錬: Regular *exercise* is good for your health. 定期的な運動は健康によい / Jogging is too much *exercise* for a person with a weak heart. ジョギングは心臓の弱い人にはきつすぎる運動だ / ***get*** [***do***,《英》***take***] two hours' ***exercise*** 2 時間の運動をする / lack of *exercise* 運動不足.
❷ Ⓒ **練習**, けいこ, 実習, 訓練 (⇒ practice 類義語): piano *exercises* ピアノの練習 / gymnastic *exercises* 体操 / do ***exercises in*** oral English 英語の話し方の練習をする.
❸ Ⓒ **練習問題**; 課題; 練習曲: There are grammar *exercises* after each lesson. 各課の終わりに文法の練習問題がある. ❹ [単数形で] (ある結果を生む)行為, 活動: an *exercise in* reducing expenses 経費削減活動 / an *exercise in* futility 無益な行為. ❺ Ⓒ [普通は複数形で] 軍事演習, 教練. ❻ [Ⓤ または an ~]《格式》(力・権利などの)行使, (効果的に体・精神力などを)働かすこと, (能力の)発揮: Safe driving requires the *exercise of* caution. 安全運転には注意力を働かせることが必要だ. ❼ [複数形で]《米》儀式: commencement [graduation] *exercises* 卒業式.
— 動 (-er·cis·es /~ɪz/; -er·cised /~d/; -er·cis·ing) 他 ❶ (体)を**鍛える**; (動物)を運動させる, 訓練する: This machine helps to *exercise* the leg muscles. このマシンは脚の筋肉を鍛えるのに役立つ.
❷《格式》(権利など)を**行使する**, (役目など)を果たす; (影響など)を及ぼす: We can *exercise* our rights as citizens at any time. 私たちはいつでも市民としての権利を行使することができる. ❸《格式》(器官・精神力など)を働かせる, 用いる: *Exercise* caution in turning corners. かどを曲がるときには注意しなさい. ❹ [普通は受身で]《格式》(...)を悩ませる, 心配させる (*about*).
— 自 **運動する**; 練習する: I *exercise* regularly to stay in shape. 私は健康を維持するため定期的に運動している.

éxercise bìke 名 Ⓒ エクササイズ[フィットネス]バイク

《室内運動用の固定式自転車》.

éxercise bòok 名 C 《主に英》 練習帳, ノート (notebook).

+**ex·ert** /ɪgzə́ːt, eg-|-zə́ːt/ 発音 動 (ex·erts /-zə́ːts|-zə́ːts/; -ert·ed /-ṭɪd/; -ert·ing /-ṭɪŋ/) 他 (権力・影響力など)を**行使する**, 及ぼす; (力など)を出す, 働かす: He tried to *exert* his influence on the congressmen. 彼は下院議員に影響力を行使しようとした.

exért onesèlf [動] 自 (大いに)努力する.

ex·er·tion /ɪgzə́ːʃən, eg-|-zə́ː-/ 名 U,C 力を出すこと; 努力, (力の)発揮; (権力の)行使.

ex·e·unt /éksiʌnt, -siənt/ ≪ラテン語から≫ 動 自 (2人以上が)退場する《舞台指示; 脚本のト書きで原形のみ用いる; ⇒ exit, enter》.

ex·ha·la·tion /èks(h)əléɪʃən/ 名 U (息・煙などを)吐き出すこと; C 吐き出されたもの《息・煙など》 [⇔ inhalation].

ex·hale /ekshéɪl/ 動 他 (息・煙など)を吐き出す [⇔ inhale]. — 自 息を吐く.

*__ex·haust__ /ɪgzɔ́ːst, eg-/ 動 (ex·hausts /-zɔ́ːsts/; -haust·ed /~ɪd/; -haust·ing) 他 ❶ (...)を**疲れ果てさせる**, 疲弊させる, 消耗させる《⇒ exhausted》: The long war *exhausted* the country. 長い戦争でその国は疲弊した.

❷ (...)を**使い果たす**, 尽きさせる, からにする: He *exhausted* his savings [strength]. 彼は貯金[体力]を使い果たした / Our supplies have *been exhausted*. V+O の受身 我々の蓄えは尽きてしまった. ❸ (研究題目など)を研究し[語り]尽くす; (可能性など)をすべて試す.

exháust onesèlf [動] 自 疲れ切る.

(名 exháustion, 形 exháustive)

— 名 ❶ U 排気: *exhaust* fumes [gas] 排気ガス. ❷ C 排気管 (exhaust pipe); 排気装置.

〘語源 ラテン語で「水をくみ出す, 枯らす」の意〙

*__ex·haust·ed__ /ɪgzɔ́ːstɪd, eg-/ 形 ❶ **疲れ切った**, へとへとになった (*from*)《⇒ tired 類義語》: Anne looks *exhausted*. アンはとても疲れているようだ / He was ***exhausted by*** his long walk. +前+名 彼は長い間歩いて疲れ果てた. ❷ 使い尽くされた, 枯渇した.

+**ex·haust·ing** /ɪgzɔ́ːstɪŋ, eg-/ 形 (心身を)**疲れさせる**, 消耗させる: I had an *exhausting* day. ひどく疲れた1日だった.

ex·haus·tion /ɪgzɔ́ːstʃən, eg-/ 名 ❶ U (極度の)疲労, 疲労困憊(こんぱい): mental [physical] *exhaustion* 精神的[肉体的]疲労. ❷ U 《格式》 使い尽くすこと, 枯渇: the *exhaustion of* natural resources 天然資源の枯渇. (動 exháust)

ex·haus·tive /ɪgzɔ́ːstɪv, eg-/ 形 徹底的な, 漏れのない, 完全な [≒thorough, complete]: an *exhaustive* inquiry 徹底的な調査. (動 exháust)

~·ly 副 徹底的に, 余すところなく.

exháust pìpe 名 C 排気管《⇒ motorcycle 挿絵》.

+**ex·hib·it** /ɪgzíbɪt, eg-/ 発音 動 (-hib·its /-zíbɪts/; -it·ed /-ṭɪd/; -it·ing /-ṭɪŋ/) 他 ❶ (...)を**展示する**, 陳列[出品, 公開]する: They are going to *exhibit* many famous old paintings *at* [*in*] the gallery. その画廊では多くの古い名画を展示する予定だ.

❷ 《格式》 (人の前で)(...)を**見せる**, 示す, (感情など)を表わす: He *exhibited* great talent in his childhood. 彼は子供のころ大変な才能を示した.

— 自 展示[出品]する. (名 exhibítion)

— 名 ❶ C 出品物, 陳列品, 展示品. ❷ C 《米》 展示会 [≒show, exhibition]. ❸ C 〔法律〕 証拠物件[書類]. **on exhíbit** [形・副] 陳列[出品]されて.

*__ex·hi·bi·tion__ /èksəbíʃən/ 発音 名 (~s /~z/) ❶ C **展覧会**; 展示会 [≒show]; 博覧会; (動物・植物などの)品評会; U 展示: Many art *exhibitions* are held in the fall. 秋には多くの美術展がある / The company held [put on] an ***exhibition of*** the new machines. その会社は新しい機械の展示会を開いた / ***on exhibition*** 展示[陳列, 出品]されて. 関連 exposition 大規模な博覧会.

❷ [単数形で] (人の前で)**見せること**, 発揮(すること): Don't you think it's a good opportunity for the ***exhibition of*** your talents? あなたの才能を示すよい機会だと思いませんか. ❸ C 模範演技[演奏], 公開[模範]試合.

màke an exhibítion of onesèlf [動] 自 恥さらし(な真似)をする. (動 exhíbit)

ex·hi·bi·tion·is·m /èksəbíʃənìzm/ 名 ❶ U [軽蔑的] 自己顕示(癖). ❷ U 〔心理〕 露出症, 露出癖.

ex·hi·bi·tion·ist /èksəbíʃ(ə)nɪst/ 名 ❶ C [軽蔑的] 目立ちたがり屋, 自己顕示欲の強い人. ❷ C 〔心理〕 露出症患者.

ex·hib·i·tor /ɪgzíbɪṭɚ, eg-|-tə/ 名 C (展覧会などの)出品者.

ex·hil·a·rate /ɪgzíləreɪt, eg-/ 動 他 (人)の気分をうきうきさせる, (人)を陽気にする.

ex·hil·a·rat·ed /ɪgzíləreɪṭɪd, eg-/ 形 うきうきした気分の, 陽気な.

ex·hil·a·rat·ing /ɪgzíləreɪṭɪŋ, eg-/ 形 気分をうきうきさせるような, 陽気にするような.

ex·hil·a·ra·tion /ɪgzìləréɪʃən, eg-/ 名 U 気分を引き立たせること; うきうきした気分, 陽気.

ex·hort /ɪgzɔ́ɚt, eg-|-zɔ́ːt/ 動 他 《格式》 (人)に熱心に説く, 勧める [≒urge]: He *exhorted* me *to* study harder. 彼は私にもっと一生懸命に勉強するように勧めた.

ex·hor·ta·tion /èksɔɚtéɪʃən|ègzɔː-/ 名 C,U 《格式》 熱心な勧め, 勧告, 奨励, 勧誘.

ex·hu·ma·tion /èks(h)juːméɪʃən/ 名 U,C 《格式》 (死体の)発掘.

ex·hume /ɪgzúːm, eg-|eks(h)júːm/ 動 他 [普通は受身で] 《格式》 (死因調査などで)(死体)を発掘する, (墓から)掘り起こす.

ex-hus·band /ékshʌ́zbənd/ 名 C 前の夫, 先夫 [《略式》 ex] 《⇒ ex-² 語法 (2)》.

ex·i·gen·cy /éksəʤənsi/ 名 (-gen·cies) ❶ C [普通は複数形で] 《格式》 切迫した事情, 急務. ❷ U 《格式》 急を要する場合, 危急.

*__ex·ile__ /égzaɪl, éksaɪl/ 名 (~s /~z/) ❶ U (国外への)**追放**, 流罪; 亡命; (長期の)国外[異郷]生活: live [be] ***in exile*** 亡命生活を送る / The president ***went into exile***. 大統領は亡命した / He was ***sent into exile***. 彼は国外に追放された.

❷ C **亡命者**; 国外追放者; 国外[異郷]生活者: an ***exile from*** home 故国からの亡命者.

— 動 他 [普通は受身で] (本国から)(人)を追放する; 亡命させる (*from*, *to*).

*__ex·ist__ /ɪgzíst, eg-/

— 動 (ex·ists /-zísts/; -ist·ed /~ɪd/; -ist·ing) 自 ❶ [進行形なし] **存在する**, 実在する, ある [≒be]: Ghosts do not *exist*. 幽霊は存在しない / No life *exists* on the moon. 月には生物はいない.

❷ **生存する**, 生きている [≒live]; (ひどい状況で)暮らし

E

ていく: No living thing can *exist* without water. どんな生物も水なしでは生きられない / We cannot ***exist on*** such poor food. [V+on+名] 我々はこんなひどい食事では生きていけない. (名 exístence, 形 exístent)
《⇒ insist キズナ》

*__ex·is·tence__ /ɪgzístəns, eg-/ [!発音] 名 ❶ U **存在**, 存在すること; 実在: He could not believe in the ***existence of*** God. 彼は神の存在が信じられなかった.
❷ U **生存**, 生きていること: the struggle for *existence* 生存競争 / Water is necessary for our *existence*. 我々が生きてゆくには水が必要だ.
❸ C [普通は単数形で] (特に恵まれない)**生活**, 生活ぶり, 暮らし [≒life]: He led *a* miserable *existence*. 彼はみじめな生活をしていた.
còme into exístence [動] 自 **生まれる**; 成立する: The law *came into existence* ten years ago. その法律は10年前に成立した.
in exístence [形] 現存の, 存在して: It is the oldest wooden building *in existence*. それは現存する最古の木造建築だ. (動 exíst)

ex·is·tent /ɪgzístənt, eg-/ 形《格式》実在する [⇔ nonexistent]; 現在の [≒existing]. (動 exíst)

ex·is·ten·tial /ègzɪsténʃəl⁻/ 形 限定《格式》実存の; 〔哲学〕実存主義の.

ex·is·ten·tial·is·m /ègzɪsténʃəlìzm/ 名 U 〔哲学〕実存主義.

*__ex·ist·ing__ /ɪgzístɪŋ, eg-/ 形 限定 **現在の**, 現行の, 現存する, 従来の: A drastic change must be made in the *existing* tax system. 現行の税体系は思いきった変更が必要だ.

*__ex·it__ /égzɪt, éksɪt/ 名 (ex·its /égzɪts, éksɪts/) ❶ C (建物・高速道路などの)**出口** [⇔ entrance]: a fire *exit* 火災の際の非常出口 / an emergency *exit* 非常口. ❷ C 退出; (役者の)退場; 離脱, 脱落 (*from*) [⇔ entrance]: He made a quick *exit* when he saw her. 彼は彼女を見ると急いで出ていった.
— 動 自 ❶《格式》出ていく, 立ち去る [≒go out] (*from, through*). ❷〔コンピュータ〕(プログラムを)終了する. ❸ (1人が)退場する: *Exit* Hamlet. ハムレット退場《舞台指示; 脚本のト書きで用いる》. 語法 exit は主語の前にきて, 三単現 -s をつけない. 関連 enter 登場 / exeunt (2人以上が)退場.
— 他 ❶ (...)を出る, 立ち去る. ❷〔コンピュータ〕(プログラム)を終了する.

éxit stràtegy 名 C 出口戦略《危害や不利益を被ることなく危険な状況から撤退しようとする計画》.

ex·o·dus /éksəḍəs/ 名 ❶ C [普通は単数形で] (大勢の人の)脱出, 集団移動; (移民などの)大量出国 (*from, to*). ❷ [the E-] エジプト出国《Moses の率いるイスラエル人がエジプトを去りイスラエルへの長い旅に出たこと》; [E-]〔聖書〕出エジプト記.

ex of·fi·ci·o /èksəfíʃiòʊ/ 形 副《格式》職務[職権]上(の).

ex·on·er·ate /ɪgzá(ː)nərèɪt, eg- | -zɔ́n-/ 動 他《格式》(人)を無罪にする; (人)を(義務・責任などから)免除する (*from, of*).

ex·on·er·a·tion /ɪgzà(ː)nəréɪʃən, eg- | -zɔ̀n-/ 名 U《格式》無実の罪を晴らすこと; (義務の)免除.

ex·or·bi·tant /ɪgzɔ́ɚbəṭənt, eg-, -tnt | -zɔ́ː-/ 形《格式》(要求・値段などが)法外な, 途方もない.

ex·or·cise, -or·cize /éksɔɚsàɪz | -sɔː-/ 動 他 ❶ (...から)(悪魔・幽霊)をはらう (*from*); (人・場所)をはらい清める, (...)の厄払い[魔よけ]をする. ❷ (いやな思い出・経験など)を払い去る.

ex·or·cis·m /éksɔɚsìzm | -sɔː-/ 名 U,C 悪魔払い(の呪文[儀式]); いやな思い出[経験など]を払い去ること.

ex·or·cist /éksɔɚsɪst | -sɔː-/ 名 C (悪魔払いの)祈禱(きとう)師.

+__ex·ot·ic__ /ɪgzá(ː)ṭɪk, eg- | -zɔ́t-/ 形 ❶ [よい意味で] **異国風の**; 異国情緒のある; 風変わりな: This town has an *exotic* atmosphere. この町には異国情緒がある. ❷ 外国産の, 外来の《特に熱帯の》.

ex·ot·i·cal·ly /ɪgzá(ː)ṭɪkəli, eg- | -zɔ́t-/ 副 [よい意味で] 異国風に; 風変わりに.

*__ex·pand__ /ɪkspǽnd, eks-/ [!アク] 動 (ex·pands /-pǽndz/; -pand·ed /~ɪd/; -pand·ing) 自 ❶ **広がる, 大きくなる, ふくらむ**, 膨張する [⇔ contract]: The city is *expanding* rapidly. その市は急速に大きくなりつつある / Metal *expands* when (it is) heated. 金属は加熱すると膨張する.
❷ **拡張する**, 拡大する; 発展する: The small shop ***expanded into*** a large department store. [V+into+名] その小さな店は大きな百貨店になった. ❸ 詳しく述べる: Could you *expand on* your ideas? あなたの考えを詳しく話してもらえませんか.
— 他 ❶ (...)を**広げる**; 膨張させる [⇔ contract]: Heat *expands* metal. 熱は金属を膨張させる.
❷ (...)を**拡張する**, 拡大する: He *expanded* his business. 彼は商売を拡張した. ❸ (議論など)を発展させる (*into*).
(名 expánse, expánsion, 形 expánsive)

ex·pand·a·ble /ɪkspǽndəbl, eks-/ 形 (...まで)拡張できる, 拡大できる (*to*).

ex·panse /ɪkspǽns, eks-/ 名 C (大きな)広がり: an *expanse of* blue sky 広々とした青空. (動 expánd)

*__ex·pan·sion__ /ɪkspǽnʃən, eks-/ 名 (~s /~z/) ❶ U **膨張**: the ***expansion of*** gases 気体の膨張.
❷ U **拡張**, 拡大; 広がること: territorial *expansion* 領土の拡張. ❸ U 展開; 発展 (*into*): the *expansion* of trade 貿易の発展. ❹ C 拡大[拡張, 発展]させたもの[結果]. (動 expánd)

ex·pan·sion·is·m /ɪkspǽnʃənìzm, eks-/ 名 U (領土・経済の)拡張主義.

ex·pan·sion·ist /ɪkspǽnʃ(ə)nɪst, eks-/ 形 拡張主義(者)の.

ex·pan·sive /ɪkspǽnsɪv, eks-/ 形 ❶ 広々とした, 広大な; 広範囲にわたる. ❷ 気さくな, 打ち解けた; 心の広い; 開放的な. ❸ (経済などが)発展的な. (動 expánd)

ex·pat /èkspǽt/ 名 C《略式》= expatriate.

ex·pa·tri·ate /ekspéɪtriət, ɪks-, -trièɪt | -pǽtriət, -péɪ-/ 名 C 国外移住者. — 形 限定 国外に移住した.

***__ex·pect__ /ɪkspékt, eks-/
— 動 (ex·pects /-pékts/; -pect·ed /~ɪd/; -pect·ing) 他

意味のチャート
「心の中で待ち受ける」(⇒ 語源) の意から
→「(楽しみにして)**期待する**」❷
→「(当然のこととして)**期待する**」❸
→「**予期する**」❶

❶ (...)を**予期する**, **予想する**, **たぶん(...(する)だろう)と思う**, (人)が...することを予測する[予定に入れる]《✪ よい事にも悪い事にも用いる》: We *expect* a very cold winter this year. 今年の冬はたぶん非常に寒いだろう / He fully [half] *expects to* pass the next exam. V+O (to 不定詞) 彼は次の試験では絶対受かるだろう[受かるかもしれない]と思っている 多用 / I (had) *expected to* meet [《まれ》 I *expected to* have met] other travelers, but there were none. 私はほかの旅行者にも出会うと思っていたが誰もいなかった《予期したことが実現しなかった場合; ⇒ to² G 2》/ 言い換え I *expect* him *to* come. V+O+C (to 不定詞) = I *expect* (*that*) he'll come. V+O ((that)節) 彼はやって来ると思う.

❷ [しばしば進行形で] (よい事)を期待する, (人・物)が来る[着く]ものと思う: I *was expecting* a letter *from* her. V+O+from+名 私は彼女から手紙が来るかと待っていた / 言い換え I *was expecting* you last night. = I was *expecting* you *to* come last night. V+O+C (to 不定詞) = I was *expecting* (*that*) you would come last night. V+O ((that)節) ゆうべはあなたが来るかと待っていました / What time *is* Mr. Long *expected* back? V+O+C (形)の受身 ロングさんはいつお帰りになるでしょうか.

❸ (…)を(当然のこととして)期待する, 要求する; (人)に…してほしいと思う: They *expect* higher wages for their work. 彼らは自分たちの仕事に対してもっと高い賃金を期待している / The parents *expected* too much *of* [*from*] their son. V+O+of [from]+名 その両親は息子に期待しすぎた / England *expects* every man *to* do his duty. V+O+C (to 不定詞) 英国は各人がその本分を尽くすことを期待する《英国の提督ネルソン (Nelson) が Trafalgar の海戦のときに掲げた信号のことば》. ❹ [I ～ として] [進行形なし] Ⓢ (…ではないか)と思う [≒think]: ▢ "Will he run for election?" "*I expéct sò* [nòt]." 「彼は選挙に出馬するだろうか」「する[しない]と思う」《⇒ so¹ 副 4, not (5)》.

as expécted = as mìght be [have been] expécted [副] 文修飾 予想通り, やはり.

be expécted to dó [動] **…すると思われている**, …するはずだ; [丁寧な要請を表わして] …してください: This team *is expected to* win the championship. このチームは優勝すると思われている / You *are expected to* be here at eight tomorrow. 明日は8時に来てください.

be expécting (a báby [chíld]) [動] 自 (女性が)おなかが大きい, 出産予定である. 語法 遠回しに言うときには a baby [child] を省略する.

be (ónly) to be expécted [動] 自 予期されることである, 当然[普通]のことだ: Such a result *was to be expected.* このような結果は当然予想された.

Hów do [can] you expéct …? Ⓢ どうして…できると思うのか, …するなんて無理だ.

Whàt (élse) do [can] you expéct? Ⓢ (ほかに)何を望むというのか(それ以上は望めない), 当然だ.

(名 èxpectátion, expéctancy, 形 expéctant)

〖語源 原義はラテン語で「…を求めて外を見る」; ⇒ prospect¹ キズナ〗

ex·pec·tan·cy /ɪkspékt(ə)nsi, eks-/ 名 U 見込み, 予期; 期待《⇒ life expectancy》. (動 expéct)

ex·pec·tant /ɪkspékt(ə)nt, eks-/ 形 ❶ 期待して(待って)いる, (…を)予期している: an *expectant* look [pause] (相手の返答などを)期待して待つ表情[話の間]. ❷ 限定 近く子供が生まれる: an *expectant* mother (出産の近い)妊婦. (動 expéct)

～·ly 副 期待して, 心待ちにして.

****ex·pec·ta·tion** /èkspektéɪʃən/ — 名 (～s /～z/) ❶ U,C **予期**, 予想, 見込み; 期待: the *expectation of* life 平均余命《⇒ life expectancy》/ They began the job without much *expectation of* success. 彼らは大した成功の見込みもないのにその仕事を始めた / I have no *expectation of* pass*ing* the examination. 私は試験にパスすることを期待していない / There is a general *expectation that* the economy will improve. +that 節 経済が好転するという期待感が広まっている.

❷ C [普通は複数形で] **期待されるもの[こと]**: We have great [high] *expectations for* our children. 私たちは子供たちには大いに期待している / John failed to 「*live up to* [*come up to*, *meet*] his father's *expectations*. ジョンは父親の期待にこたえられなかった / *fall short of expectations* 期待を裏切る.

agàinst [cóntrary to] (áll) expectátions [副] 文修飾 (全く)予想に反して.

beyònd (áll) (one's) **expectátions** [副] 期待していた以上に, 予想外に.

in (the) expectátion of … [前] **…を期待して**, …を見越して: He ran up huge debts *in expectation of* his father's legacy. 彼は父親の遺産を当てにして莫大(ばくだい)な借金をこしらえた. (動 expéct)

ex·pec·to·rate /ɪkspéktərèɪt, eks-/ 動 自 《格式》つば[たん, 血など]を吐く.

ex·pe·di·ence /ɪkspíːdiəns, eks-/ 名 U,C = expediency.

ex·pe·di·en·cy /ɪkspíːdiənsi, eks-/ 名 U,C 便宜, 好都合; 方便, 便法.

ex·pe·di·ent /ɪkspíːdiənt, eks-/ 形 (正しくないとしても)好都合で, 便宜的な; 適した, 有効な. — 名 C (便宜的な)手段; 方便, (臨機の)処置.

ex·pe·dite /ékspədàɪt/ 動 他 《格式》(…)を促進する, はかどらせる.

+**ex·pe·di·tion** /èkspədíʃən/ 名 (～s /～z/) ❶ C **探検**, 遠征; (調査・研究などの)旅行: go on an *expedition to* the South Pole 南極探検に行く.

❷ C [《英》単数形でもときに複数扱い] **探検隊**, 遠征隊《全体》: He was a member of the *expedition to* Mount Everest. 彼はエベレスト探検隊の一員だった.

❸ C 外出, お出かけ [≒trip]: a shopping *expedition* 買い物, 買い出し. (形 èxpedítionàry)

ex·pe·di·tion·ar·y /èkspədíʃənèri | -ʃ(ə)nəri/ 形 限定 探検の; 遠征の: an *expeditionary* force 海外派兵隊. (名 èxpedítion)

ex·pe·di·tious /èkspədíʃəs←/ 形 《格式》迅速な.

+**ex·pel** /ɪkspél, eks-/ 動 (ex·pels /～z/; ex·pelled /～d/; -pel·ling) 他 ❶ (組織・国などから)(…)を**追い出す**, 追い払う; 追放する: Tom *was expelled from* school (*for* fight*ing*). V+O+from+名(+for+動名)の受身 トムは(けんかが原因で)退学処分になった. ❷ (空気・ガスなど)を排出する. (名 expúlsion)

ex·pend /ɪkspénd, eks-/ 動 他 《格式》(時間・金・労力など)を費やす, 消費する [≒spend]; 使い果たす (*in*, *on*). (名 expénditure, expénse)

ex·pend·a·ble /ɪkspéndəbl, eks-/ 形 消費してよい; (戦略上)犠牲[使い捨て]にしてもよい.

+**ex·pen·di·ture** /ɪkspéndɪtʃə, eks- | -tʃə/ 名 (-di·tures /～z/) ❶ U,C **支出**, 出費; 経費, 費用: monthly *expenditures* 毎月の支出額 / the *expenditure of* money *on* education 教育に対する出費. 関連 income 収入. ❷ U,C (時間・労力などの)使用, 消費: with an immense *expenditure of* energy 莫大

E

なエネルギーを費やして. (動 expénd)

*ex·pense /ɪkspéns, eks-/ アク 名 (ex·pens·es /~ɪz/) ❶ U または an ~] 支出; 費用, 出費: *at* great *expense* 多額の費用をかけて / *at* little [no] *expense* ほとんど[全く]費用をかけないで / spare no *expense* 出費を惜しまない.

❷ [複数形で] (...に必要な)経費, ...費: travel(ing) *expenses* 旅費 / living *expenses* 生活費 / ***cover expenses*** 出費を賄う / ***pay*** ...'s ***expenses*** ...の経費を支払う. ❸ C [普通は単数形で] 費用のかかるもの[こと]: a great *expense* 大変な出費.

áll expénses páid [形] 全額支給の, (会社などが)費用を負担した: an *all-expenses-paid* trip 旅費全額会社持ちの旅行.

at one's (ówn) expénse [副] 自費で; 自分を犠牲にして: She studied in America *at her own expense*. 彼女は自費でアメリカに留学した.

at ...'s expénse [副] (1) ...の費用で, ...が費用を負担して: He traveled around the world *at* the firm's *expense*. 彼は費用は会社持ちで世界一周旅行をした. (2) ...を(笑いの)ねたにして.

at the expénse of ... [前] ...を犠牲にして; ...という犠牲[代償]を払って: He did it *at the expense of* his health. 彼は自分の健康を犠牲にしてそれをした.

gó to gréat [a lót of, consíderable] expénse to dó [動] ...するのに大金を使う.

gó to the expénse of dóing [動] ...することに金を使う.

nó expénse(s) spáred [副] 出費を惜しまずに.

(動 expénd, 形 expénsive)

expénse accòunt 名 C (給料外の)必要経費《出張旅費・交際費など会社の負担となるもの》.

ex·pen·sive /ɪkspénsɪv, eks-/ アク
— 形 ❶ (品物などが)高価な, 費用のかかる [⇔ inexpensive, cheap]: Do you have less *expensive* ones? もっと安いものはありますか / The big car was *expensive to* maintain. +to 不定詞 その大きな車は維持費が高かった. 語法 expensive, costly はともに品物などが高価であることを表わすが, costly のほうがやや改まった感じで意味が強い.「(価格が)高い」というときは high を用いる. ❷ 損失の大きい, 高くつく: an *expensive* mistake 手痛い誤り. (名 expénse)
~·ly 副 費用をかけて.

ex·pe·ri·ence /ɪkspí(ə)riəns, eks-/ 発音
— 名 (-ri·enc·es /~ɪz/) ❶ U 経験, 体験; 経験による知識[能力] [⇔ inexperience]: We have thirty years' ***experience in*** this field. わが社はこの分野では30年の経験がある / a lawyer of [with] considerable *experience* 経験豊かな弁護士 / lack of *experience* 経験不足 / learn ***by*** [***from, through***] ***experience*** 経験から学ぶ / In my *experience*, this method is very useful. 私の経験からすると, この方法は非常に役に立つ.

❷ C 経験[体験]したこと, 心に残ったこと: We had an unforgettable *experience* on our trip. 我々は旅行で忘れられない経験をした / I can never forget the *experiences* I had during my stay in America. アメリカに滞在中の経験は決して忘れられない. ❸ [the ... experience として] (特定の集団が共有する)経験, 体験: *the* black *experience* (集団としての)黒人の経験.
— 動 (-ri·enc·es /~ɪz/; -ri·enced /~t/; -ri·enc·ing) 他 (...)を経験する, 体験する, (...)に(出)あう; (痛みなど)を感じる: We have *experienced* many hardships on our journey. 我々は旅行中に多くの困難な目にあった / In life, you *experience* both joy and sorrow. 人生では喜びも悲しみも経験する.
〖語源 ラテン語で「試みること」の意; experiment, expert と同語源〗

+**ex·pe·ri·enced** /ɪkspí(ə)riənst, eks-/ 形 経験を積んだ, 経験のある; 老練な, ベテランの《⇨ veteran 日英》 [⇔ inexperienced]: an *experienced* pilot [nurse] ベテランのパイロット[看護師] / She is ***experienced in*** [***at***] teach***ing***. +in [at]+動名 彼女は教職の経験が豊富だ.

ex·per·i·ment[1] /ɪkspérəmənt, eks-/ 発音 動詞の experiment[2] と発音が違う. 名 (-i·ments /-mənts/) C,U 実験, 試み [≒test]: by *experiment* 実験をして / do [carry out, perform] 「chemical *experiments* [*experiments in* chemistry] 化学実験をする / conduct a new ***experiment on*** human subjects 人を被験者として新しい実験を行なう.
(動 expériment[2], 形 expèriméntal)

+**ex·per·i·ment**[2] /ɪkspérəmènt, eks-/ 発音 名詞の experiment[1] と発音が違う. 動 (-i·ments /-mènts/; -ment·ed /-ṭɪd/; -ment·ing /-ṭɪŋ/) 自 実験する, 試してみる: He ***experimented on*** animals. V+on+名 彼は動物実験をした / The engineer ***experimented with*** a new method. V+with+名 技師は新しい方法を試してみた. (名 expériment[1], expèrimentátion)

+**ex·per·i·men·tal** /ɪkspèrəménṭl, eks-/ 形 実験の, 実験に基づく; 実験用の; 試験的な: *experimental* evidence 実験による証拠 / *experimental* methods 実験的な方法 / *experimental* psychology 実験心理学 / *experimental* rats 実験用のねずみ.
(名 expériment[1])

-tal·ly /-ṭəli/ 副 実験によって; 試験的に.

ex·per·i·men·ta·tion /ɪkspèrəmentéɪʃən, eks-, -mən-/ 名 U 実験; 実地練習 (*with, in, on*).
(動 expérimènt[2])

ex·pert[1] /ékspəːt | -pəːt/ アク
— 名 (ex·perts /-pəːts | -pəːts/) C 専門家; 熟練者, 達人, 名人, ベテラン《⇨ veteran 日英》: a computer *expert* コンピューターの専門家 / get the advice of the ***experts on*** agriculture 農業の専門家の助言をもらう / She is an ***expert at*** [***in***] teach***ing*** English to children. 彼女は子供に英語を教える名人だ. 語法 ×expert of ... とは言わない. (形 éxpert[2])
〖語源 ラテン語で「試された, 経験のある」の意; experience と同語源〗

+**ex·pert**[2] /ékspəːt, ekspə́ːt, ɪks- | ékspəːt, ekspə́ːt/ 形 専門家の, 専門の知識を持った; 熟練した, 老練な [≒ skilled] [⇔ inexpert]: seek *expert* advice 専門家の助言を求める / She has become ***expert at*** [***in***] tak***ing*** pictures. +at+動名 彼女は写真をとるのがとても上手になった. (名 éxpert[1])

+**ex·per·tise** /èkspə(ː)tíːz | -pə(ː)-/ 名 U 専門的知識, 専門的な意見[技術], 熟練: They have no ***expertise in*** operat***ing*** the machine. 彼らにはその機械を操作する専門的技術がない.

ex·pert·ly /ékspəːtli | -pəːt-/ 副 上手に.

ex·pi·ra·tion /èkspəréɪʃən/ 名 U (期限・契約などの)満期, 終了; 期限切れ (*of*).

expirátion dàte 名 C《米》(食品などの)賞味[販売]期限, (クレジットカード・証明書などの)使用[有効]期限; (契約などの)満期(日).

+**ex·pire** /ɪkspáɪə, eks-|-páɪə/ 動 (**ex·pires** /~z/; **ex·pired** /~d/; **ex·pir·ing** /-páɪ(ə)rɪŋ/) 自 ❶ **期限切れとなる**, 失効する; 満期になる, 終了する; 賞味[有効]期限が切れる [≒run out]: This passport has already *expired*. このパスポートはすでに有効期限が過ぎている. ❷《文語》息を引き取る, 死ぬ. ❸《格式》息を吐く.

ex·pi·ry /ɪkspáɪ(ə)ri, eks-/ 名 U《英》= expiration.

expíry dàte 名 C《英》= expiration date.

***ex·plain** /ɪkspléɪn, eks-/

— 動 (**ex·plains** /~z/; **ex·plained** /~d/; **-plain·ing**) 他 ❶ (...)を**説明する**: Could you ***explain*** the rules (*to* me)? V+O(+*to*+名) その規則を(私に)説明してくれませんか / The teacher ***explained why*** the moon waxes and wanes. V+O (*wh* 節) 先生はなぜ月は満ちたり欠けたりするのか説明してくれた / I ***explained that*** I couldn't stay any longer. V+O (*that* 節) 私はもうこれ以上滞在できないことを説明した.

人に...を説明する

私は彼に状況を説明した.
○I **explained** the situation **to** him.
×I explained him the situation.

❷ (人が)(...)を弁明[釈明]する; (事情が)(...)の弁解[言いわけ, 説明]となる: That does not *explain* 「his absence [*why* he was absent]. それは彼の欠席の弁解にならない / Oh, that *explains* it.《略式》ああなるほど, それでわかった.

— 自 説明する; 弁明[釈明]する.

expláin awáy [動] 他 (1) (...)をうまく言い逃れる. (2) (疑惑・不安など)を説明して取り除く.

expláin onesèlf [動] 自 自分の考えをはっきり説明する; (怒っている人に)自分の立場[行為]を弁明する.

(名 èxplanátion, 形 explánatòry)

〖語源 ラテン語で「平ら(⇒ plane²)にする」の意〗

***ex·pla·na·tion** /èksplənéɪʃən/

— 名 (~s /~z/) C,U **説明**, 解説; **弁明**, 弁解; (説明となる)**理由**: He has to ***give*** [***provide***, ***offer***] a satisfactory ***explanation for*** [*of*] his conduct. 彼は自分の行為について満足のいく説明をする必要がある / We demanded an *explanation for* [*of*] what had happened. 私たちは何が起こったのかについて説明を要求した / Their ***explanation that*** a solution would take time didn't satisfy anyone. +*that* 節 解決には時間がかかるという彼らの弁明にはだれも納得しなかった / ***without explanation*** 説明なしに, 理由も言わずに / ***by way of explanation*** 説明[弁解]として.

(動 expláin)

ex·plan·a·to·ry /ɪksplǽnətɔ̀:ri, eks-|-təri, -tri/ 形 限定 説明的な, 説明に役立つ. (動 expláin)

ex·ple·tive /éksplətɪv|ɪksplí:t-/ 名 C《格式》(強い感情・ののしりを表わす)感嘆詞, ののしりのことば《Dear me!, My goodness!, Damn! など》.

ex·plic·a·ble /ɪksplíkəbl, eks-, éksplɪk-/ 形《格式》(行為などが)説明のできる, 解説できる [⇔ inexplicable].

ex·pli·cate /éksplәkèɪt/ 動 他《格式》(文学作品・思想など)を詳細に解説[解析]する.

+**ex·plic·it** /ɪksplísɪt, eks-/ 形 ❶ **明白な**, はっきりとことばに表われた [≒clear] [⇔ implicit]: an *explicit* threat あからさまな脅迫. ❷ (人が)はっきりと[隠さずに]ものを言う: She was *explicit in* explain*ing* [her explanation as to] why she did it. 彼女はなぜそれをしたのかはっきりと説明した. ❸ (性・暴力の描写が)露骨な.

~·ly 副 (ことばに出して)はっきりと, 明確に; (性に関して)露骨に.

*__ex·plode__ /ɪksplóʊd, eks-/ !アク 動 (**ex·plodes** /-plóʊdz/; **ex·plod·ed** /-dɪd/; **ex·plod·ing** /-dɪŋ/) 自 ❶ (爆弾などが)**爆発する**, 破裂する: Several bombs *exploded*. 数個の爆弾が爆発した. ❷ (感情などを)**爆発させる**; (感情などが)爆発する: He ***exploded with*** [***in***, ***into***] rage. V+前+名 彼は怒りでかっとなった. ❸ (人口などが)激増する, 爆発的に増える. ❹ (暴動などが)突然起こる; (人などが)急に...しだす (*into*); 急速に動く. ❺ 大きな音をたてる.

— 他 ❶ (爆弾など)を**爆発させる**, 破裂させる [≒blow up]: The soldiers *exploded* bombs in front of the building. 兵士たちはその建物の前で爆弾を破裂させた. ❷ (迷信など)を打破する; (学説)を覆(くつがえ)す.

(名 explósion, 形 explósive)

explód·ed díagram [víew] /ɪksplóʊdɪd-, eks-/ 名 C〔機械〕分解組立図.

*__ex·ploit¹__ /ɪksplɔ́ɪt, eks-/ ✪ 名詞の exploit² とアクセントが違う. 動 (**ex·ploits** /-plɔ́ɪts/; **-ploit·ed** /-tɪd/; **-ploit·ing** /-tɪŋ/) 他 ❶ [悪い意味で] (...)を(**利己的に**)**利用する**, 食い物にする, 搾取する: The workers in the factory *were exploited*. V+O の受身 その工場の労働者は搾取されていた. ❷ (...)を(十分に)**活用する**; (資源)を**開発する**, 開拓する: *exploit* natural resources 天然資源を開発する.

(名 èxploitátion)

ex·ploit² /éksplɔɪt/ ✪ 動詞の exploit¹ とアクセントが違う. 名 C [普通は複数形で] 偉業, 手柄, 功績.

ex·ploi·ta·tion /èksplɔɪtéɪʃən/ 名 ❶ U (利己的な)利用, 搾取. ❷ U 開発; 活用. (動 explóit¹)

ex·ploit·a·tive /ɪksplɔ́ɪtətɪv, eks-/ 形 (利己的に)利用する, 搾取する.

+**ex·plo·ra·tion** /èkspləréɪʃən, -plɔ:r-/ 名 (~s /~z/) U,C **探検**, 探検旅行; (実地の)調査; (問題などの)探究: plan an *exploration* of the Antarctic 南極探検を計画する. (動 explóre)

ex·plor·a·to·ry /ɪksplɔ́:rətɔ̀:ri, eks-|-plɔ́rətəri, -tri/ 形 探検の, 調査の. (動 explóre)

*__ex·plore__ /ɪksplɔ́ə, eks-|-plɔ́:/ 動 (**ex·plores** /~z/; **ex·plored** /~d/; **ex·plor·ing** /-plɔ́:rɪŋ/) 他 ❶ (...)を**探検する**; (実地に)調査する: *explore* the region around the South Pole 南極周辺の地域を探検する. ❷ (問題など)を探究[追求, 調査]する: *explore* various possibilities さまざまな可能性を追求する. ❸ (手などで)(...)をさわる, 探る.

— 自 探検する; 調査する (*for*): go *exploring* 探検[調査]に行く. (名 èxplorátion, 形 exploratòry)

ex·plor·er /ɪksplɔ́:rə, eks-|-rə/ 名 C 探検家; 探究する人.

*__ex·plo·sion__ /ɪksplóʊʒən, eks-/ !発音 名 (~s /~z/) ❶ C,U **爆発**, 爆発音: a nuclear *explosion* 核爆発 / an ***explosion of*** dynamite ダイナマイトの爆発. ❷ C (怒り・笑いなどの)爆発, 激発: an *explosion of* laughter (大)爆笑. ❸ C 爆発的な増加[成長]: a population *explosion* 人口爆発. (動 explóde)

+**ex·plo·sive** /ɪksplóʊsɪv, eks-/ 形 ❶ **爆発(性)の**: *explosive* materials 爆発物. ❷ (感情が)爆発しそう

な: an *explosive* temper すぐかっとなる性質. ❸ (情勢などが)爆発寸前の, 一触即発の; (問題が)議論の沸騰する. ❹ (増加が)爆発的[急激]な. ❺ (音が)強烈な, ものすごい. (動 explóde)
— 名 (~s /~z/) C,U **爆発物**, **爆薬**: high *explosives* 高性能爆薬 / plant an *explosive* 爆発物を仕掛ける. 関連 plastic explosive プラスチック爆薬[爆弾].

ex·po /ékspoʊ/ 名 (~s) C《略式》= exposition 2.

ex·po·nent /ɪkspóʊnənt, eks-/ 名 ❶ C 主唱者, 支持者 (*of*). ❷ C 名人, 達人; 典型[代表]的な人 (*of*). ❸ C〔数学〕指数.

ex·po·nen·tial /èkspənénʃəl←/ 形《格式》(増加が)指数関数的な, 急激な;〔数学〕指数(関数)の.

*****ex·port**[1] /ɪkspɔ́ət, eks-, ékspɔət | ɪkspɔ́:t, eks-, ékspɔ:t/ ⚠アク 名詞の export[2] とアクセントの傾向が違う. 動 (**ex·ports** /ɪkspɔ́əʦ, eks-, ékspɔəʦ | ɪkspɔ́:ʦ, eks-, ékspɔ:ʦ/; **-port·ed** /-ṭɪd/; **-port·ing** /-ṭɪŋ/) 他 ❶ (...)を**輸出する** (*to*) [⇔ import]: Japan *exports* a lot of automobiles. 日本は多くの自動車を輸出している. ❷ (思想・活動など)を(外国などに)伝える, 広める. ❸〔コンピュータ〕(データなど)をエクスポートする.
— 自 輸出をする (*to*). (名 éxport[2], èxportátion)
〖語源 ラテン語で「外へ(⇒ ex-[1])運び出す」の意〗

単語のキズナ PORT／運ぶ＝carry

export	(外へ運び出す)	→	**輸出(する)**
import	(中へ運び入れる)	→	**輸入(する)**
report	(運び戻す)	→	**報告(する)**
sport	(仕事から人を遠ざける → 気晴らし)	→	**スポーツ**
support	(下から運び上げる)	→	**支持(する)**
transport	(他の場所に運ぶ)	→	**輸送(する)**
portable	(持ち運びできる)	→	**携帯用の**
porter	(運ぶ人)	→	**ポーター**

*****ex·port**[2] /ékspɔət | -pɔ:t/ ⚠アク 動詞の export[1] とアクセントの傾向が違う. 名 (**ex·ports** /-pɔəʦ | -pɔ:ʦ/) ❶ U **輸出**; 輸出業 [⇔ import]: the ***export of*** wool 羊毛の輸出 / an *export* market 輸出市場. ❷ C [普通は複数形で] 輸出品 [⇔ import]: Last year the total *exports* exceeded imports. 昨年は輸出総額が輸入総額を上回った. (動 expórt[1])

ex·por·ta·tion /èkspɔətéɪʃən | -pɔ:-/ 名 U 輸出(すること) (*to*) [⇔ importation]. (動 expórt[1])

ex·port·er /ɪkspɔ́əṭə, eks- | -pɔ́:tə/ 名 C 輸出業者, 輸出国 [⇔ importer]: the world's largest *exporter of* cars 車の世界最大輸出国.

*****ex·pose** /ɪkspóʊz, eks-/ 動 (**ex·pos·es** /~ɪz/; **ex·posed** /~d/; **ex·pos·ing**) 他 ❶ (...)を(日光・風雨などに)**さらす**; (危険などに)さらす; (異文化・新しい体験などに)触れさせる: It can be dangerous to ***expose*** our skin ***to*** the sun's rays. V+O+*to*+名 肌を太陽光線にさらすと危険なことがある / The soldiers *were exposed to* enemy fire. V+O+*to*+名の受身 その兵士たちは敵の砲火にさらされた.
❷ (...)を**人目にさらす**, 露出する; (感情など)をあらわにする: The dog growled and *exposed* its fangs. 犬はうなってきばをむいた.
❸ (秘密・悪事など)を**暴露する**, (...としての)正体をあばく; (人)を摘発する (*to*): The newspaper *exposed* the mayor's illegal financial dealings. 新聞は市長の不法な金融取り引きをあばいた / She was *exposed as* a liar. 彼女はうそつきであることがばれた. ❹〔写真〕(フィルム)を露出[露光]する.
expóse onesèlf [動] 自 性器を露出する.
expóse onesèlf to ... [動] 他 (危険など)に身をさらす; (非難など)を受ける. (名 expósure)
〖⇒ propose キズナ〗

ex·po·sé /èkspoʊzéɪ | ekspóʊzeɪ/ ≪フランス語から≫ 名 C (醜聞などの)暴露(記事), すっぱ抜き.

ex·posed /ɪkspóʊzd, eks-/ 形 ❶ 風雨にさらされた, 野ざらしの; 露出した. ❷ 攻撃[批判など]にさらされた, 無防備な.

ex·po·si·tion /èkspəzíʃən/ 名 ❶ C,U《格式》(詳細な)説明, 解説. ❷ C 博覧会 [《略式》expo]《普通は exhibition よりも大規模・国際的なもの》: a world *exposition* 万国博覧会.

*****ex·po·sure** /ɪkspóʊʒə, eks- | -ʒə/ 名 (~s /~z/) ❶ U,C (日光・風雨などに)**さらす[さらされる]こと**; (危険などに)身をさらすこと; (異文化・新しい体験などに)触れること: Long ***exposure*** of the skin ***to*** strong sunshine is harmful. 肌を強い日光に長く当てるのは有害だ / die of *exposure* in the mountains 山中で寒気に身をさらして(低体温症で)死ぬ.
❷ U,C (秘密・悪事などの)**暴露**, 摘発, 発覚, 露見: The bank feared the ***exposure of*** its financial difficulties. 銀行は経営の悪化が発覚するのを恐れていた / *exposure of* corruption 汚職の摘発 / They threatened us with public *exposure*. 彼らはことを公にすると言って脅してきた. ❸ U (テレビ・雑誌などで)人目につくこと, 取り上げられること: get [receive] media *exposure* マスコミに取り上げられる. ❹ U,C〔写真〕露出, 露光時間. ❺ C (フィルムの)ひとこま: a 36-*exposure* roll (of film) 36 枚どりのフィルム. ❻ [an ~] (家・部屋の)向き: a house with *an* eastern *exposure* 東向きの家. (動 expóse)

ex·pound /ɪkspáʊnd, eks-/ 動 他《格式》(...)を詳しく説明する (*to*). — 自《格式》(...について)詳述する (*on*).

ex-pres·i·dent /ékspréz(ə)ḍənt/ 名 C 前大統領, 前会長[社長, 学長]《⇒ ex-[2] 語法 (2)》.

***
ex·press /ɪksprés, eks-/ ⚠アク

意味のチャート
「はっきりと表現する」 動 ❶ →「はっきりした」 形 ❷ → (目的がはっきりした) →「特別な」 形 ❸ → (特別仕立ての) →「急行の」 形 ❶

— 動 (**ex·press·es** /~ɪz/; **-pressed** /~t/; **-press·ing**) 他 ❶ (考え・感情など)を**表現する**, (ことばなどで)**言い表わす**: *Express* your feelings freely. あなたの感じていることを自由に表現しなさい / Tears *expressed* her sorrow. 涙で彼女の悲しみがよくわかった / He *expressed* an interest in seeing the remains. 彼はその遺跡を見てみたいと言った / She ***expressed*** no such wish ***to*** me. V+O+*to*+名 彼女はそんな願いを私には少しも言わなかった / Words ***cannot express how*** happy I am. V+O (*wh* 節) 私がどんなに幸福かことばでは表わせない.

人に...を言う
彼にお礼を言う
○**express** my thanks **to** him
×express him my thanks

❷《米》(荷物・手紙など)を急送する (*to*). ❸〔数学〕

(...)を(符号で)表わす, 示す.

expréss oneself [動] 自 (1) 思うことを述べる, 自己を表現する. (2) (感情などが...に)表われる (*in*).

(名 expréssion, 形 expréssive)

— 形 ❶ 限定 [比較なし] **急行の**; 速達の; 至急運送便の: an *express* bus 急行バス / an *express* letter 速達の手紙 / an *express* highway 高速道路 / an *express* lane [line] (スーパーなどの)特急レジ《少数品目を購入する客用》/ The parcel was marked EXPRESS. 小包には「至急」と記されていた. ❷ 限定《格式》明確な, はっきりした [≒clear]: It was his *express* wish that mourners send no flowers. 弔問客は花を送ってこないように[弔花はご辞退したい]というのが彼のたっての希望であった《send は原形; ⇒ should A 8 語法》. ❸ 限定 (目的や意図が)特別な [≒specific]: for the *express* purpose of exploring the land その土地を探検するという特別の目的で.

— 名 (~·es /~ɪz/) ❶ C **急行列車**, 急行便, 急行バス: I am going to take the 8:30 ***express for*** [*to*] Osaka. 私は 8 時 30 分の大阪行きの急行列車に乗ることになっている. ❷ U 速達便; 至急運送便.

by expréss [副] **急行で**; 速達で; 至急運送便で: We traveled to New York *by express*. 私たちは急行でニューヨークへ行った / send a letter *by express* 手紙を速達で送る.

— 副 速達で; 至急運送便で: send a letter *express* 手紙を速達で送る.

〖語源 ラテン語で「外へ押し出す」の意; ⇒ press キズナ〗

***ex·pres·sion** /ɪkspréʃən, eks-/

— 名 (~s /~z/) ❶ U,C (ことばなどによる)**表現**: freedom of *expression* 表現の自由 / the *expression of* ideas 思想の表現 / as an *expression of* thanks 感謝の気持ちの表現として / A sigh is often an *expression of* sadness. ため息はしばしば悲しみの表われだ / ***give expression to*** ... ...を表現する.

❷ C **表情**, 顔つき: a serious *expression* 真剣な顔つき / There was an ***expression of*** happiness [disappointment] ***on*** her face. 彼女の顔には幸福[失望]の表情が浮かんでいた.

❸ C **言い回し**, 語句: set [fixed] *expressions* 決まり文句 / There are some awkward *expressions* in your composition. あなたの作文にはいくつかぎこちない表現がある.

❹ U **表現力**, 表現の豊かさ: Put more *expression* into your singing. 歌にもっと情感を込めて. ❺ C 〔数学〕記号, 式.

find expréssion in ... [動] 他 ...となって表われる: His satisfaction *found expression in* a broad smile. 彼の満足感は満面の笑みとなって表われた.

if you'll párdon [forgíve, excúse] the expréssion Ⓢ こう言ってはなんですが, このような言い方をお許し願えるなら. (動 expréss)

ex·pres·sion·is·m /ɪkspréʃənɪ̀zm, eks-/ 名 U [しばしば E-] 〔美術・音楽・文学〕表現主義《事物や経験よりも感情を表現しようとする主義》. 関連 impressionism 印象主義.

ex·pres·sion·ist /ɪkspréʃ(ə)nɪst, eks-/ [しばしば E-] 名 C 表現主義の作家[芸術家]. — 形 表現主義の.

ex·pres·sion·less /ɪkspréʃənləs, eks-/ 形 無表情の, 表情の乏しい.

ex·pres·sive /ɪksprésɪv, eks-/ 形 ❶ 表情に富む, 表現力に富む, 意味ありげな [⇔ inexpressive]: *expressive* gestures 表情に富むしぐさ / Barbara has a very *expressive* face. バーバラは非常に表情豊かです. ❷ 叙述《格式》(感情などを)表わす, (...を)表現している: a look *expressive of* relief 安堵(あんど)の気持ちが現われた表情. (動 expréss)

~·ly 副 表情たっぷりに, 意味ありげに.

ex·press·ly /ɪksprésli, eks-/ 副《格式》明白に, はっきりと; 特別に, わざわざ.

expréss tráin 名 C 急行列車.

ex·press·way /ɪkspréswèɪ, eks-/ 名 C《米》高速(自動車)道路 [《英》motorway]《⇒ road 表, highway 日英》.

ex·pro·pri·ate /ɪkspróʊprièɪt, eks-/ 動 他《格式》(土地・財産など)を取り上げる, 公用徴収する.

ex·pro·pri·a·tion /ɪkspròʊpriéɪʃən, eks-/ 名 U,C《格式》取り上げ, 収用.

+**ex·pul·sion** /ɪkspʌ́lʃən, eks-/ 名 (~s /~z/) U,C **追放**, 国外退去; 除名; 《格式》排除, 排出: *expulsion from* school 放校. (動 expél)

ex·punge /ɪkspʌ́nʤ, eks-/ 動 他《格式》(本・リストから)(語や名前)を消す, 削る, 削除する; (いやなこと)を(記憶から)消し去る (*from*).

ex·pur·gat·ed /ékspəgèɪtɪd | -pə-/ 形《格式》(本などが)不穏当な箇所が削除された.

+**ex·quis·ite** /ɪkskwízɪt, eks-, ékskwɪz-/ 形 ❶ **きわめて見事な**, 非常に美しい; 優雅な: an *exquisite* fragrance 非常によい香り / This lace has an *exquisite* design. このレースは優雅な模様です. ❷ 精巧な, 絶妙な: *exquisite* workmanship 精巧な細工. ❸ (感覚が)鋭い, (好みが)洗練された. ❹《格式》(苦痛などが)激しい; (楽しみなどが)非常に大きい.

~·ly 副 見事に; 優雅に; 精巧に; 鋭く.

ex-ser·vice·man /ékssə́ːvɪsmən | -sə́ː-/ 名 (-men /-mən/) C《英》退役軍人 [≒veteran].

ext. 略 = extension 4, exterior, external.

ex·tant /ékstənt, ekstǽnt/ 形《格式》(古いものが)今なお残っている, 現存の.

ex·tem·po·ra·ne·ous /ekstèmpəréɪniəs←/ 形《格式》即座の, 即席の, 即興の.

ex·tem·po·re /ɪkstémpəri, eks-/ 副 形《格式》(原稿などの)準備なしで[の], 即興的に[な].

ex·tem·po·rize /ɪkstémpəràɪz, eks-/ 動 自《格式》即席演説をする, 即興演奏をする.

ex·tend** /ɪksténd, eks-/ 動 (ex·tends /-téndz/; -tend·ed /~ɪd/; -tend·ing) 自 ❶ [副詞(句)を伴って] **広がる**, 延びる; (適用範囲などが)及ぶ, 届く (*beyond, through*): This hiking path ***extends for miles. V+前+名 このハイキングコースは何マイルも続いている / The desert ***extends from*** the hills ***to*** the sea. 砂漠は丘から海まで広がっている / The politician's influence began to ***extend over*** the country. その政治家の影響力が全土に及び始めた. ❷ (時間などが)継続する, (...に)わたる (*into, over*).

— 他 ❶ (...)を**拡張する**, 拡大する; (適用範囲など)を広げる: The city is planning to *extend* the park. 市は公園を拡張する計画だ.

❷ (...)を**延長する**; (期間など)を延ばす: They are planning to ***extend*** the railroad ***to*** the next town. V+O+前+名 彼らは隣町まで鉄道を延長することを計画している / He ***extended*** his stay in the United States「(***for***) another year [***by*** a year]. 彼は米国での滞在をもう 1 年延長した. ❸《格式》(親切・援助な

ど)を(人に)及ぼす, 施す; (謝意など)を(人に)表わす, 示す: *extend* credit *to* customers 客に信用貸しをする / *extend* a warm welcome *to* visitors 訪問者を温かく迎え入れる. ❹ (手足など)を伸ばす, 広げる [≒ stretch out]; (綱など)を張る: *Extend* your arms. 両腕を伸ばして / John *extended* his hand *to* the boy. ジョンは手を少年のほうへ差し伸べた.
(名 exténsion, extént, 形 exténsive)
〖⇒ tend¹ キズナ〗

*****ex·tend·ed** /ɪksténdɪd, eks-/ 形 限定 **長時間[長期]にわたる**, 長い; 延ばした, 広げた; 詳細な.

exténded fámily 名 C 拡大家族《夫婦・子供のほかに近親も同居する家族》. 関連 nuclear family 核家族.

*****ex·ten·sion** /ɪksténʃən, eks-/ 名 (~s /~z/) ❶ C **延ばした[広げた]部分**, 延長[拡張, 建て増し]箇所; U 延長, 建て増し: They built an ***extension to*** the office. 彼らは事務所を建て増しした / the ***extension of*** a road [railroad] 道路[鉄道]の延長.
❷ C (期限などの)**延長**, 猶予(期間): The professor gave me a week's *extension* to finish my thesis. 教授は私の論文完成の期限を1週間延長してくれた.
❸ [U または an ~] (範囲などが)**拡張する[される]こと**, 拡大: an ***extension of*** authority 権力の拡大.
❹ C (電話の)**内線**《略 ext.》; (親子電話の)子機: Could you give me *extension* 460, please? 内線460番をお願いします《460 は four six o(h) /óʊ/ [zero] または four sixty と読む》. ❺ C 《英》= extension cord. ❻ [複数形で] つけ毛. ❼ U (大学の)公開教育(部), 公開講座.: an *extension* course 大学公開講座《夜間・通信講座などを含む》. ❽ C 〔コンピュータ〕 拡張子《ファイル名のピリオド以降; ファイルの種別を表わす》.
by exténsion [副] (既に述べたことを)拡大して, さらに言うと, ひいては; さらに踏み込んで. (動 exténd)

exténsion còrd 名 C 《米》(電気の)延長コード.

exténsion lèad /-lìːd/ 名 C 《英》= extension cord.

exténsion nùmber 名 C 内線番号.

*****ex·ten·sive** /ɪksténsɪv, eks-/ 形 **広範囲にわたる**, 広い; 大規模な, 大量の [⇔ intensive]: suffer *extensive* damage 大規模な被害を受ける / *extensive* knowledge 広範な知識. (動 exténd)
~·ly 副 広く, 広範囲にわたって.

*****ex·tent** /ɪkstént, eks-/ ❗アク 名 ❶ [U または単数形で, 普通は the ~] **程度**, 範囲, 限度: ***the extent of*** my patience 私の我慢の限界 / ***the extent of*** the damage 損害の程度 / *The extent* and accuracy of his knowledge are amazing. 彼の知識の広さと正確さは驚くほどだ / I don't really know ***to*** what ***extent*** he can be trusted. 彼がどの程度まで信用できるか私にはよくわからない.
❷ [U または単数形で, 普通は the ~] **広がり**, 広さ, 大きさ, 長さ: I could see ***the*** full ***extent of*** the valley from the top of the cliff. がけの上から谷の全景が見渡せた / The ground is several acres ***in extent***. その土地は数エーカーの広さがある.
the extént to which ... [名] どの程度...であるか [≒ how much ...]: The book discusses *the extent to which* global warming affects Japan. その本は地球温暖化がどの程度日本に影響するかを論じている.
to a gréat [lárge] extént [副] 大部分は, 大いに.
to a gréater [lésser] extént [副] それより大きい程度で[程度は小さいが].
to sóme [a cértain] extént [副] **ある程度は:** The rumor is true *to some extent*. そのうわさはある程度本当だ.
to súch an extént that ... = to the extént that ... [接] ...するほどひどく[までに], あまりに～なので...: She worried about it *to such an extent that* she became ill. 彼女はそのことを非常に気に病んで病気になった.
to the extént of ... [前] ...の程度[限度]まで; ...するほどまで. (動 exténd)

ex·ten·u·at·ing /ɪksténjuèɪṭɪŋ, eks-/ 形 限定 《格式》 罪などを軽くする, 酌量(しゃくりょう)すべき: *extenuating* circumstances 酌量すべき情状.

ex·te·ri·or /ɪkstí(ə)riə, eks-|-riə/ 名 ❶ C [普通は単数形で] (建物の)外部, 外面 [≒ outside] [⇔ interior]. ❷ [単数形で] (人の)外観, 外見. ━ 形 [普通は 限定] 外部の, 外側の; 外面の《略 ext.; ⇒ external 類義語》 [⇔ interior]: *exterior* walls 外壁.

ex·ter·mi·nate /ɪkstə́ːmənèɪt, eks-|-tə́ː-/ 動 他 (...)を根絶[絶滅]する, 皆殺しにする; 駆除する. 〖⇒ term キズナ〗

ex·ter·mi·na·tion /ɪkstə̀ːmənéɪʃən, eks-|-tə̀ː-/ 名 U 根絶, 絶滅, 皆殺し; 駆除.

ex·ter·mi·na·tor /ɪkstə́ːmənèɪṭə, eks-|-tə́ːmənèɪtə/ 名 C 害虫駆除業者.

+**ex·ter·nal** /ɪkstə́ːn(ə)l, eks-|-tə́ː-/ 形 [普通は 限定] ❶ **外部の**, 外面の; 外からの, 外的な《略 ext.; ⇒ 類義語》 [⇔ internal]: *external* form 外形 / *external* influences 外部からの影響 / *external* wounds 外傷.
❷ 対外的な, 国外の [⇔ internal]: *external* affairs 外国事情 / *external* trade 海外貿易. ❸ (薬が)外用の: FOR EXTERNAL USE ONLY 外用薬《薬のラベル》.
━ 名 [複数形で] 《格式》 外形, 外観: the *externals* of religion 宗教の外面的形式《儀式など》.

> 類義語 **external** 内部と対照して, 外から見た「外部」をいう: the *external* appearance of the house 家の外観. **exterior** 物の「外側」「外面」をいい, それが物の一部を構成することを含意する: the *exterior* walls 外壁《建物などの一部》.

ex·ter·nal·ize /ɪkstə́ːnəlàɪz, eks-|-tə́ː-/ 動 他 《格式》 (感情など)を具体的に表現する, 外面化する.

ex·ter·nal·ly /ɪkstə́ːnəli, eks-|-tə́ː-/ 副 外部に[から]; 外面的に(は); 対外的に.

ex·tinct /ɪkstíŋ(k)t, eks-/ 形 (生物などが)絶滅した; 消滅した; (習慣などが)廃(すた)れた: become *extinct* 絶滅する / an *extinct* species 絶滅種.

ex·tinc·tion /ɪkstíŋ(k)ʃən, eks-/ 名 U 死滅, 絶滅, 消滅: be in danger of *extinction* 絶滅の危機に瀕(ひん)している.

ex·tin·guish /ɪkstíŋgwɪʃ, eks-/ 動 他 ❶ 《格式》 (火・光など)を消す [≒ put out]: The fire *was* soon *extinguished*. その火事はすぐ鎮火された. ❷ 《格式》 (希望など)を失わせる; 絶やす.

ex·tin·guish·er /ɪkstíŋgwɪʃə, eks-|-ʃə/ 名 C 消火器 (fire extinguisher).

ex·tol /ɪkstóʊl, eks-/ 動 (ex·tols; ex·tolled; -tol·ling) 他 《格式》 (...)をほめる, 激賞する: *extol* the winner *as* a hero 勝者を英雄とほめそやす / *extol* the virtues of ... ...の美点を激賞する.

ex·tort /ɪkstɔ́ət, eks-|-tɔ́ːt/ 動 他 (金など)をゆすり取る; (約束・自白など)を無理強いする (*from*).

ex·tor·tion /ɪkstɔ́əʃən, eks- | -tɔ́:-/ 名 U,C 強要, 強奪, ゆすり.

ex·tor·tion·ate /ɪkstɔ́əʃ(ə)nət, eks- | -tɔ́:-/ 形 (価格などが)法外な; 強要的な, 強奪的な. **~·ly** 副 法外に(高く); 強要して.

***ex·tra** /ékstrə/

— 形 ❶ 限定 **余分な**, 追加の [≒additional]; 臨時の: an *extra* charge [fee] 割増料金, 追加料金 / an *extra* train 増発[臨時]列車 / work an *extra* two hours 2 時間余分に働く / The game went into *extra* innings. (野球の)試合は延長戦に入った. ❷ 叙述 別料金で.

— 副 **余分に**, 割増して; [形容詞·副詞の前で] 特別に: pay *extra* for a better seat もっとよい席をとるために余分に払う / I was charged three dollars *extra*. 3 ドル余分に請求された / an *extra* good wine 特別上等のワイン.

— 名 (~s /~z/) ❶ C **割増料金**, 追加料金; 割増[追加]料金の必要なもの, オプション; 標準以上のもの: optional *extras* (追加料金が必要な)オプション. ❷ C (映画などの)エキストラ(俳優). ❸ C (新聞の)臨時版, 号外.

ex·tra- /ékstrə/ 接頭 「...外の, ...の範囲外; 《略式》特に ...」の意 [⇔ intra-]: *extra*curricular 課外の / *extra*ordinary 異常な.

+**ex·tract¹** /ɪkstrǽkt, eks-/ ✪ 名詞の extract² とアクセントが違う. 動 (**ex·tracts** /-trǽkts/; **-tract·ed** /~ɪd/; **-tract·ing**) 他 ❶ 《格式》(歯など)を**引き抜く**, 抜き取る [≒pull out]: I had a tooth *extracted* at the dentist's. 私は歯医者で歯を抜かれた / The surgeon ***extracted*** a bullet ***from*** the wound. V+O+*from*+名 外科医は傷口から弾丸を抜き取った.

❷ (成分など)を**抽出する**, 搾(しぼ)り出す: She ***extracted*** as much juice as possible ***from*** the orange. V+O+*from*+名 彼女はオレンジからできるだけ汁を搾った. ❸ (情報·自白·金など)を(無理に)引き出す: He *extracted* the secret *from* the secretary. 彼はその秘書から無理やり秘密を聞き出した. ❹ (語句など)を抜粋する, 抜き出す, 引用する. (名 éxtract², extráction) 〘⇒ attract キズナ〙

ex·tract² /ékstrækt/ ✪ 動詞の extract¹ とアクセントが違う. 名 ❶ C 抜粋, 引用(章)句 (*from*). ❷ U,C 抽出物, エキス, エッセンス. (動 extráct¹)

ex·trac·tion /ɪkstrǽkʃən, eks-/ 名 ❶ U,C 抜き取り, 引き抜き, 摘出; 抽出: the *extraction* of a tooth 抜歯. ❷ U 血統, 系統: an American of Japanese *extraction* 日系アメリカ人. (動 extráct¹)

ex·trac·tor /ɪkstrǽktə, eks- | -tə/ 名 C 《英》(排気用の)換気扇.

ex·tra·cur·ric·u·lar /èkstrəkəríkjʊlə | -lə⁻/ 形 限定 課外の: *extracurricular* activities 課外活動, クラブ活動.

ex·tra·dite /ékstrədàɪt/ 動 他 (外国からの逃亡犯人など)を(本国官憲に)引き渡す (*to*).

ex·tra·di·tion /èkstrədíʃən/ 名 U,C (逃亡犯人の)引き渡し.

ex·tra·mar·i·tal /èkstrəmǽrəṭl⁻/ 形 限定 (性関係が)婚外の, 不倫の: *extramarital* relations 婚外交渉, 不倫関係.

ex·tra·mu·ral /èkstrəmjʊ́(ə)rəl⁻/ 形 ❶ 限定 (組織の)区域外の. ❷ 限定 《米》(競技などが)学校[学外]対抗の [⇔ intramural]; 《英》学外の, 学外者対象の; 課外の: *extramural* courses (大学の)公開講座.

ex·tra·ne·ous /ɪkstréɪniəs, eks-/ 形 《格式》無関係の (*to*); 外部からの, 外来の.

ex·traor·di·nar·i·ly /ɪkstrɔ̀əḍənérəli, eks- | -trɔ́:d(ə)nərəli/ 副 ❶ 並はずれて, 法外に, 非常に: an *extraordinarily* clever child 非常に賢い子. ❷ 異常に: behave *extraordinarily* 異常な行動をする.

ex·traor·di·nar·y** /ɪkstrɔ́əḍənèri, eks- | -trɔ́:d(ə)nəri/ 形 ❶ **並はずれた**, 異常な; とっぴな [⇔ ordinary]: Two hundred fifty kilograms is an *extraordinary* weight even for a sumo wrestler. 250 キロというのは相撲取りとしても並はずれた体重だ / Leonardo da Vinci was a man of *extraordinary* genius. レオナルド ダ ビンチは並はずれた天才だった / ***It was extraordinary that he did not come. 彼が来ないとは珍しいことだった.

❷ 限定 **特別の**, 臨時の: an *extraordinary* general meeting 臨時総会. ❸ [名詞の後で] 特派の, 特命の: an ambassador *extraordinary* 特命大使.

ex·trap·o·late /ɪkstrǽpəlèɪt, eks-/ 動 他 《格式》(既知の事実から)(物事)を推測する (*from*). — 自 《格式》(既知の事実から)推測する (*from*).

ex·trap·o·la·tion /ɪkstræ̀pəléɪʃən, eks-/ 名 U,C 《格式》(既知の事実からの)推測 (*from*).

ex·tra·sén·so·ry percéption /èkstrəséns(ə)ri-/ 名 U 超感覚的知覚, 霊感 (略 ESP).

ex·tra·ter·res·tri·al /èkstrəṭəréstriəl⁻/ 形 地球外の, 大気圏外の. — 名 C 地球外生物, 宇宙人 (略 ET).

ex·trav·a·gance /ɪkstrǽvəgəns, eks-/ 名 ❶ U 浪費; C ぜいたく(品). ❷ C,U (言動などの)とっぴさ; 豪華さ.

ex·trav·a·gant /ɪkstrǽvəgənt, eks-/ 形 ❶ 浪費する, むだ使いする (*with*); ぜいたくな, 豪勢な. ❷ (言動などが)とっぴな; 法外な. ❸ (物が)はでな, 豪華な. **~·ly** 副 浪費して; ぜいたくに; 途方もなく.

ex·trav·a·gan·za /ɪkstræ̀vəgǽnzə, eks-/ 名 C 豪華絢爛(けんらん)な催し[ショー].

***ex·treme** /ɪkstrí:m, eks-/

— 形 ❶ 限定 [比較なし] **極度の**, 非常な: *extreme* poverty 極度の貧困 / an *extreme* penalty 《格式》極刑 / I was in *extreme* pain. 私は激痛を感じた.

❷ **極端な**, 例外的な: in an *extreme* case 極端な場合は.

❸ [しばしば軽蔑的] (考え·人などが)**過激な**, 極端な: He belongs to the *extreme* left. 彼は極左に属している / She is always ***extreme in*** her views. +*in*+名 彼女は考えがいつも極端だ.

❹ 限定 [比較なし] **いちばん端の**, 先端の: the *extreme* edge of the city 市のいちばん端 / a seat on the *extreme* right. 右端の席. ❺ 限定 〖スポーツ〗極限[エクストリーム]の《バンジージャンプなどの危険を伴うもの》. (名 extrémity)

— 名 (~s /~z/) C [普通は複数形で] **極端なもの**; 極端な行為[手段, 状態], 両極端: We experienced the ***extremes of*** heat and cold. 我々は暑さと寒さの両極端を経験した / *Extremes* meet. 《ことわざ》両極端は相通ずる.

gó from óne extrème to the óther = gó to the ópposite extrème [動] 自 もう一方の極端に走る, 正反対の行動をとる.

gó to extrémes [動] 自 極端に走る, 極端なことをする.
in the extréme [副]《格式》極端に, 極度に [≒ extremely].
táke [cárry] ... to extrémes [動] ㊀ (...)に関して極端なやり方をする.

ex·treme·ly /ɪkstríːmli, eks-/ 発音
— 副 きわめて, **極端に**; とても. 語法 very よりも意味が強い (⇒ very¹ 表): It is *extremely* difficult to solve the problem. その問題の解決はきわめて困難である / The situation is *extremely* dangerous. 情勢は非常に危険だ.

ex·trem·is·m /ɪkstríːmɪzm, eks-/ 名 U (政治·宗教的な)過激主義.

ex·trem·ist /ɪkstríːmɪst, eks-/ 名 C (政治·宗教的な)過激主義者, 過激派. — 形 過激主義(者)の.

ex·trem·i·ty /ɪkstréməṭi, eks-/ 名 (-i·ties) ❶ C 先端, 末端. ❷ C [普通は複数形で] 手足: the lower [upper] *extremities* (人間の)脚[腕]. ❸ C,U 極端, 極度, ...の極み《喜び·悲しみ·痛みなど》; 窮境, 窮地: in *an extremity of* pain 極度の痛みを感じて.
(形 extréme)

ex·tri·cate /ékstrəkèɪt/ 動 ㊀ (危険などから)(...)を救出する, 助け出す (*from*). **éxtricate onesèlf from ...** [動] ㊀ ...から脱する.

ex·trin·sic /èkstrínzɪk, ɪks-, -sɪk⁻/ 形《格式》外部(から)の; 固有でない, 非本質的な [⇔ intrinsic].

ex·tro·vert /ékstrəvə̀ːt | -və̀ːt/ 名 C〘心理〙外向性の人; 社交家 [⇔ introvert].

ex·tro·vert·ed /ékstrəvə̀ːṭɪd | -və̀ːt-/ 形〘心理〙外交性の; 社交的な [⇔ introverted].

ex·trude /ɪkstrúːd, eks-/ 動 ㊀《格式》(...)を押し出す, 突き出す; (金属·プラスチックなど)を型から押し出して成形する.

ex·tru·sion /ɪkstrúːʒən, eks-/ 名 U,C《格式》押し出し, 突き出し; 成型(されたもの).

ex·u·ber·ance /ɪgzúːb(ə)rəns, eg- | -z(j)úː-/ 名 U 活気, 豊富, (感情の)ほとばしり; 繁茂.

ex·u·ber·ant /ɪgzúːb(ə)rənt, eg- | -z(j)úː-/ 形 (あふれるばかりに)活気のある, 大喜びの; 豊富な; 生い茂る; 華麗な: an *exuberant* personality 明るい性格 / an *exuberant* imagination 豊かな想像力 / *exuberant* vegetation 生い茂った植物. **~·ly** 副 あふれるばかりに, 元気に; 豊富に.

ex·ude /ɪgzúːd, eg- | -z(j)úːd/ 動 ㊀ (...)をにじみ出させる, 発散させる; (自信など)を振りまく. — ㊁ にじみ出る, 発散する (*from*).

ex·ult /ɪgzʌ́lt, eg-/ 動 ㊁《格式》大喜びする, 有頂天になる; 勝ち誇る: *exult over* good luck 幸運を喜ぶ / *exult in* [*at*] victory 勝利に有頂天になる.

ex·ul·tant /ɪgzʌ́ltənt, eg-/ 形《格式》大喜びの; 勝ち誇った. **~·ly** 副 大喜びで; 大得意で.

ex·ul·ta·tion /èksʌltéɪʃən, ègz-/ 名 U《格式》歓喜, 大喜び (*at*); 大得意; 勝ち誇り (*over*).

ex-wife /ékswáɪf/ 名 C 前の妻, 先妻 [《略式》ex] (⇒ ex-² 語法 (2)).

-ey /i/ 接尾 [名詞につく形容詞語尾]「...を含む, ...に似た」などの意: clay*ey* 粘土のような (⇒ -y¹).

eye /áɪ/ ✪ 例外的な発音. (同音 ay(e), I²)
— 名 (~s /~z/) ❶ C **目**, 眼 (⇒ head 挿絵); ひとみ: She has blue [dark, brown] *eyes*. 彼女は青い[黒い, 茶色い]目をしている / ***open*** one's ***eyes*** 目を開ける / ***close*** [***shut***] one's ***eyes*** 目を閉じる / Her *eyes* were wide open. 彼女は目を大きく開けていた(目を丸くしていた)《驚きの表情》/ Where are your *eyes*? どこに目をつけているんだ(ぼやぼやするな). 参考 (1) ひとみの色は髪の色とともに, 身分証明書などに記入する身体的特徴として扱われる. (2) 黒いひとみはしばしば brown や dark で表わされる (⇒ black eye).
❷ C **視力**, 視覚; **視線**: My grandfather has weak *eyes*. 祖父は視力が弱い / He is blind in the left *eye*. 彼は左の目が見えない / lose an *eye* 視力を失う, 失明する / He cast an *eye* on [at] an old vase on the table. 彼は机の上の古い花びんに視線を向けた / ***drop*** [***lower***] one's ***eyes*** 視線を落とす, 目を伏せる. 関連 ear 聴力.
❸ C [普通は単数形で] **観察力**, (ものを)見分ける[鑑賞する]力, 眼力: He has a sharp *eye*. 彼は観察力が鋭い.
❹ C [普通は複数形で] 目つき, 目もと.
❺ C 目の形をしたもの《針の穴·ホックの留め穴·ロープなどの先の輪など》; 〘気象〙(台風の)目: the *eye of* a needle 針の穴 / the *eye of* the storm 嵐の目 / the *eye of* a potato じゃがいもの芽(が出る所).

an éye for an éye 目には目を《受けた損害と同等の報復を加える意味; 旧約聖書のことば》.
be áll éyes [動] ㊁ (全身を目のようにして)一心に見る, 目を皿のようにする.
befòre ...'s (véry) éyes [副] ...の見ている前で; 公然と.
be ùp to one's **éyes in ...** [動] ㊀《略式》(仕事·借金など)に深くはまり込んでいる.
cannòt belíeve one's **éyes** [動] ㊁ 自分の目が信じられない, 本当とは思えない.
cást 「an éye [one's **éyes] òver ...** [動] ㊀ ...にざっと目を通す.
cátch ...'s éye [動] ...の目に留まる; ...と目が合う.
cláp éyes on ... [動] ㊀ = set eyes on ....
clóse one's **éyes to ...** [動] ㊀ = shut one's eyes to ....
crý one's **éye òut** [動] ㊁《略式》大泣きする.
fíx [fásten] one's **éyes on [upòn] ...** [動] ㊀ ...に目[視線]を注ぐ, ...をじっと見つめる.
for ...'s éyes ónly [副] ...以外には極秘で: This report is *for your eyes only*. このレポートは他人には見せないでください.
gét one's **éye ìn** [動] ㊁《英·豪》(ボールの動きに)目を慣らす.
gíve ... the éye [動] ㊀《略式》(人)に色目を使う.
hàve an [a góod] éye for ... [動] ㊀ ...を見る目がある, ...の目が高い.
hàve an éye to ... [動] ㊀ ...を目指している; ...に目をつけている.
hàve one's **éye on ...** [動] ㊀ (魅力的だと思って)...に目をつける; ...を欲しがる; ...を見張る.
hàve éyes in the báck of one's **héad** [動] ㊁ Ⓢ 何でもお見通しである.
hàve éyes ónly for ... [動] ㊀ = only have eyes for ....
hàve [kèep] óne [hálf an] éye on ... [動] ㊀ (何かをしながら同時に)...にも目をやる, ...を横目で見る.
in ...'s éyes = in the éyes of ... [副] 文修飾 ...の見るところでは, ...の考えでは: *in the eyes of* the law 法律に従えば / *in the eyes of* the public [world] 世間[世界]の人の目には.

in frónt of ...'s **(véry) éyes** [副] = before ...'s (very) eyes.
kèep an [one's] **éye on ...** [動] ㊀《略式》**...から目を離さないでいる, ...を見張る:** You must always *keep* a watchful *eye on* these children; they are not good swimmers. この子供たちから目を離すな. みんな泳ぎは得意じゃないから.
kéep an éye òut [òpen] for ... [動] ㊀ (他のことをしながらも)...に注意している, ...を用心して探す.
kéep one's **éye on the báll** [動] ㊁《略式》(常に)気をつける, 集中する.
kéep one's **éyes òpen** [動] ㊁ 気をつけている, 注意している; (...に)目を光らせている (*for*).
láy éyes on ... [動] ㊀ = set eyes on ....
màke éyes at ... [動] ㊀《略式》(人)に色目を使う.
ónly hàve éyes for ... [動] ㊀ (特定の異性)にしか興味がない, ...のこと以外には目もくれない.
ópen ...'s **éyes to** ~ [動] ~に対して...の目を開かせる, ...に~を理解させる**:** This serious illness *opened my eyes to* the meaning of life. この重い病気で私の生きる意味に対する目が開いた.
róll one's **éyes** [動] ㊁ 目玉をくるりと動かす《驚き・いらだち・非難などの表情》(*at*).
rún 「**an éye** [one's **éye(s)**] **òver ...** [動] ㊀ = cast「an eye [one's eye(s)] over ....
sèe éye to éye with ... [動] ㊀ [しばしば否定文で] (...に関して)...と意見が一致する (*about, on*).
sèt éyes on ... [動] ㊀ (特に初めて)...を見る, ...に会う [≒see].
shút one's **éyes to ...** [動] ㊀ ...を見て見ぬふりをする; ...を見ようとしない.
tàke one's **éyes òff ...** [動] ㊀ [否定文で] ...から目を離す**:** She was so pretty that he could*n't take his eyes off* her. 彼女がとてもかわいらしかったので彼は彼女から目を離せなかった.
thére is móre to ... than méets the éye ...には見かけ以上の価値[理由, 問題]がある.
to ...'s **èye** [副] [文修飾] ...の考えでは.
ùnder ...'s **éye = ùnder the éye of ...** [副] ...の監視のもとで.
with an éye to (dóing) ... [副] ...をする目的で, ...を目当てに.
with one's **éyes clòsed [shùt]** [副] 目を閉じたままでも[つぶっていても], いとも簡単に.
with one's **éyes òpen** [副] (困難などを)承知[覚悟]の上で.
— [動] (eyes; eyed; eye·ing, ey·ing) ㊀ ❶ (...)を(もの欲しそうに, または不審そうに)じろじろ見る. ❷ (人)に色目を使う (*up*).

eye·ball /áɪbɔ̀ːl/ [名] [C] 眼球. **éyeball to éyeball** [副] 顔と顔をつき合わせて, けんか腰で (*with*). **ùp to the** [one's] **éyeballs** [形・副]《略式》(厄介なことに)深くかかわって; (仕事などに)忙殺されて (*in*).
— [動] ㊀《略式》(...)をよくよく見る.

éye bànk [名] [C] 角膜銀行, アイバンク.

+**eye·brow** /áɪbràʊ/ [名] (~s /~z/) [C] **まゆ, まゆ毛** (brow)《⇒ head 挿絵》.
be ùp to one's **éyebrows** [動] ㊁ (...から)目が離せない, (...で)多忙である (*in*).
knít one's **éyebrows** [動] ㊁ まゆをひそめる《困惑や不機嫌の表情》.

knit one's eyebrows

raise one's eyebrows

ráise「one's **éyebrows [an éyebrow]** [動] ㊁ まゆを上げる (*at*)《驚き・非難などの表情》.

éye càndy [名] [U]《略式》一見魅力的な人[もの], 見た目だけの人, 見掛け倒し.

eye-catch·ing /áɪkæ̀ʧɪŋ/ [形] 人目を引く.

éye còntact [名] [U] 視線を合わせること, アイコンタクト**:** make *eye contact* with ... ...と視線を合わせる.

-eyed /áɪd/ [形] [合成語で] ...の目をした, 目が...の**:** one-*eyed* 片目の.

éye dòctor [名] [C] 目医者.

eye·ful /áɪfʊ̀l/ [名] ❶ [C] 目に入った物《水・ほこりなど》. ❷ [an ~]《古風, 略式》人目を引くもの, (特に)目のさめるような美人. **gèt [hàve] an éyeful** [動] ㊁《略式》(興味を引くものなどを)たっぷりと見る, 目の保養にする.

eye·glass /áɪglæ̀s | -glɑ̀ːs/ [名] [C] 片めがね; [複数形で]《米》めがね (glasses).

eye·lash /áɪlæ̀ʃ/ [名] [C] [普通は複数形で] まつげ (lash)**:** false *eyelashes* つけまつげ.

eye·less /áɪləs/ [形] 目のない.

eye·let /áɪlət/ [名] [C] (靴などの)ひも穴; はと目.

éye lèvel [名] [U] 目の高さ**:** at *eye level* 目の高さで.

eye·lid /áɪlɪ̀d/ [名] [C] まぶた.

eye·lin·er /áɪlàɪnɚ | -nə/ [名] [U,C] アイライナー.

eye-o·pen·er /áɪòʊp(ə)nɚ | -nə/ [名] [an ~] 目を見張らせるようなこと[物]; はっと思わせる新事実.

eye·piece /áɪpìːs/ [名] [C] (顕微鏡・望遠鏡などの)接眼[対眼]レンズ.

éye shàdow [名] [C,U] アイシャドー.

+**eye·sight** /áɪsàɪt/ [名] [U] **視力,** 視覚**:** have good [poor, weak] *eyesight* 視力がよい[悪い] / have failing *eyesight* 視力が衰える / lose one's *eyesight* 視力を失う. 参考 日本の1.0に相当する視力のことを twenty-twenty vision という. 20 フィート離れて物がよく見えることに由来する.

eye·sore /áɪsɔ̀ɚ | -sɔ̀ː/ [名] [an ~] 目ざわり(な建物).

eye·strain /áɪstrèɪn/ [名] [U] 目の疲れ, 眼精疲労.

éye tòoth [名] (複 eye teeth) [C] 犬歯, 糸切り歯. **gíve** one's **éye tèeth for ...** [動] ㊀ ...のためなら犠牲を惜しまない.

eye·wit·ness /áɪwítnəs/ [名] [C] (犯罪や事故などの)目撃者, 証人 [≒witness]**:** an *eyewitness to* a murder 殺人の目撃者 / an *eyewitness* account of the crime その犯罪の目撃者の証言.

eying /áɪɪŋ/ [動] eye の現在分詞および動名詞.

ey·rie, ey·ry /áɪ(ə)ri, é(ə)ri/ [名] (ey·ries) [C]《英》高巣《わしなどが高いがけの上などに作る》; 高所の住居[事務所].

e-zine /íːzìːn/ [名] [C] ウェブ[メール]マガジン, 電子雑誌.

E

Ff

f¹, F¹ /éf/ 名 (複 f's, fs, F's, Fs /~s/) ❶ C,U エフ《英語アルファベットの第 6 文字》. ❷ U,C [F]〔音楽〕ヘ音, ヘ調. ❸ C [F] (成績の)F, 不可《⇒ grade 1 表》: get an *F* in math 数学で不可をとる.

f² 略 = forte².

+**F²** 略 ❶ **華氏の** (Fahrenheit). ❷ = false.

+**f.** 略 ❶ **女の, 雌の; 女性, 雌** (female). ❷ = feminine.

+**F.** 略 ❶ **女(性)の**, 雌(の) (female). ❷ = franc(s).

fa /fáː/ 名 [単数形で]〔音楽〕ファ《全音階の第 4 音》.

fab /fǽb/ 形《略式》すばらしい, すてきな(fabulous).

fa·ble /féɪbl/ 名 ❶ C 寓話(ぐうわ)《動物などを擬人化して教訓を含んだ物語》: Aesop's *Fables* イソップ物語. ❷ U 伝説, 説話; 神話. ❸ C,U 作り話, うそ [≒lie]. (形 fábulous)

fa·bled /féɪbld/ 形 限定《文語》[しばしばこっけいに] 寓話にある; 物語[伝説]で名高い.

Fa·bre /fáːbr(ə)/ 名 固 Jean /ʒáːŋ | ʒɔ́ŋ/ Hen·ri /ɑːnríː | ɔ́nri/ ~ ファーブル (1823–1915)《フランスの昆虫学者》.

+**fab·ric** /fǽbrɪk/ 名 (~s /~s/) ❶ C,U **織物** [≒cloth]; 生地: woolen *fabrics* 毛織物 / weave a *fabric* 織物を織る. ❷ [the ~] (基本)構造, 組織; (建物の)骨組: *the fabric of* society 社会の組織.

fab·ri·cate /fǽbrɪkèɪt/ 動 他 ❶ (話など)を捏造(ねつぞう)する, でっちあげる; (書類など)を偽造する. ❷ (品物など)を製造する, 組み立てて作る.

fab·ri·ca·tion /fæ̀brɪkéɪʃən/ 名 ❶ U 捏造, 偽造; C 作り事; 偽造物. ❷ U 製造, 組立て.

+**fab·u·lous** /fǽbjʊləs/ 形 ❶《略式》**すばらしい**: We had a *fabulous* time at the party. そのパーティーはとても楽しかった. ❷ 限定《格式》途方もなく大きい[多い]: *fabulous* wealth 巨万の富. ❸ 限定《文語》伝説上の, 神話にあるような. (名 fáble)

~·ly 副 途方もなく.

fa·cade, fa·çade /fəsáːd/ 名 ❶ C (建物の)正面. ❷ C [普通は単数形で] 見かけ, 外見.

***face** /féɪs/

— 名 (fac·es /~ɪz/) ❶ C **顔**《頭部の前面の目・鼻・口のある部分だけをさす; ⇒ head 名 1 日英 および挿絵》: She has a lovely round *face*. 彼女はかわいい丸顔をしている / I wash my hands and *face* before I have my breakfast. 私は朝食の前に手と顔を洗う / a scar ***on*** his ***face*** 彼の顔の傷跡 / He fell (flat) *on* his *face*. 彼はうつぶせに[顔を下にして]倒れた.

❷ C **顔つき**, 表情 [≒look]: a smiling *face* 笑顔 / an angry *face* 怒った顔 / You don't have to tell me. I can see it in [on] your *face*. 言わなくてもいいよ. 君の顔を見ればわかる[顔に書いてある] / You should have seen her *face* when I told her the news. 私がそのことを知らせたときの彼女の顔を見せたかったよ. ❸ C [前に形容詞をつけて] (...な)人: a new *face* 新顔 / a famous *face* 有名人 / a familiar *face* なじみの顔. ❹ C 表面, 表側, 表(おもて); (建物・山などの)正面 [≒front] [⇔ back]; (道具の)使用面; (石炭などの)採掘面: the *face of* a card トランプの表 / the *face of* a watch 時計の文字盤. ❺ [the ~] (物事の)うわべ, 外観, 様子, 様相; 側面 [≒aspect]: *the* ugly *face of* capitalism 資本主義の醜い側面.

be nót jùst a prétty fáce [動] 自 S 見かけだけじゃない, 能力もある.

...'s **fáce dòesn't fít** ...が(仕事などに)合わない, 向いていない.

fáce dówn [副] 顔[表]を下にして[向けて].

...'s **fáce fàlls** (人が)がっかりする, 気分が沈む.

fáce to fáce [副] (1) **面と向かって**, 差し向かいで: come *face to face with* ... ...と出くわす / I have something to talk with you about *face to face*. あなたと直接お話したいことがある. (2) (...に)直面して: come [be brought] *face to face with* death 死に直面する.

fáce úp [副] 顔[表]を上にして[向けて].

gèt óut of ...'s **fáce** [動] 自 [普通は命令文で] S《略式》消え失せる, いなくなる.

hàve the fáce to dó [動]《英略式》厚かましくも[ずうずうしくも]...する.

in ...'s **fáce** [副] (1) まともに(受けて): We had the sun *in our faces*. 私たちは太陽の光をまともに受けていた. (2) (人)の面前で, 公然と: She laughed *in my face*. 彼女は私に面と向かってばかにした. 語法 laugh や sneer のような軽蔑を表わす動詞とともに用いる.

—[形] S《略式》(言動などが)あからさまで, 気にさわる;《米》(人が)□うるさい: Don't get *in my face*. S うるさいこと言うな.

in the fáce of ... [前] (1) **...に直面して**; ...に向かい合って: He remained calm *in the face of* great danger. 彼は大きな危険に直面しながらも落ち着いていた. (2) ...にもかかわらず.

kèep a stráight fáce [動] 自 (おかしさをこらえて)まじめな顔をしている.

lóse fáce [動] 自 **面目を失う** (*with*) [⇔ save face]: Your father will *lose face* if you don't keep your promise. あなたが約束を守らないとお父さんの立場がなくなりますよ.

màke fáces [a fáce] = púll fáces [a fáce] [動] 自 **顔をしかめる**, いやな顔をする; おどけた顔をする: She *makes* [*pulls*] *faces* [*a face*] *at* that man. 彼女はその男を見るといやな顔をする.

on the fáce of it [副] 文修飾 見かけでは, 一見したところ.

pùt a bráve [góod, bóld] fáce on ... [動] 他 ...を取りつくろう, ...に対して平静を装う.

pùt one's **fáce òn** [動] 自《略式》化粧をする.

pùt ón a bráve [góod, bóld] fáce [動] 自 平気な顔をする, 平静を装う.

sáve fáce [動] 自 **面目を保つ** [⇔ lose face]: He *saved face with* his girlfriend by beating his rival. 彼はライバルに勝ってガールフレンドに対して面目を保った.

sèt one's **fáce agàinst ...** [動] 他《主に英》...に強く反対する [≒oppose].

shów one's **fáce** [動] 自 (会合などに)顔を出す.

to ...'s **fáce** [副] **...に面と向かって**, ...の面前で, 公然と [⇔ behind ...'s back]: Did he say such a thing *to your face?* 彼はあなたに面と向かってそんなことを言っ

たのですか. (形 fácial)

— 動 (fac·es /~ɪz/; faced /~t/; fac·ing) 他 ❶ (人が)(災難·困難など)に**直面する**, 立ち向かう; (事実など)を直視する; (いやな人)と向き合う; (人)を(災難·困難などに)**直面させる**, 立ち向かわせる; (危険·困難などが)(...)に迫る, (...)の前に現われる: He *faced* death with no fear. 彼は何の恐れもなく死に立ち向かった / He refused to *face* the fact that he was defeated. 彼は自分が負けたという事実を認めようとしなかった / I *was faced with* an unpleasant choice. V+O+*with*+名の受身 私はいやな選択を迫られていた / The problem that *faces* us is serious. 我々の直面している問題は深刻だ.

❷ (建物などが)(...)に**面する**, (人が)(...)に**向く**: sit *facing* each other 向かい合って座る / My room *faces* the garden. 私の部屋は庭に面している. ❸ [can't とともに] Ⓢ (いやな事)をする気になる: I *can't face* work*ing* all day. 私は一日中仕事をする気になれない. ❹ (試合で)(...)と対戦する. ❺ [普通は受身で] (壁などの上塗りをする (*with*).

— 自 [副詞(句)を伴って] 面する, 向く: Our house *faces* south. 私の家は南向きだ.

(Lèt's) fáce it =(Lèt's) fáce (the) fácts Ⓢ (いやな事などを)事実として認める(ことにしよう).

face の句動詞

fáce dówn 動 他 《主に米》 (...)を(にらんで)威圧[圧倒]する, やりこめる, 黙らせる.

fáce óff 動 自 ❶ 《主に米》 対決する. ❷ 〔アイスホッケー〕 試合を開始する.

+**fáce úp to ...** 動 他 ...**に真正面から立ち向かう**; (厳しい現実など)を直視する (受身 be faced up to): You've got to *face up to* the fact that Jim will never come back. あなたはジムが帰ってこないという現実を受け入れなければならない.

Face·book /féɪsbʊ̀k/ 名 固 フェイスブック《インターネットの交流サイト; 商標》.

fáce càrd 名 C 《主に米》 トランプの絵札 [《英》 court card].

face·cloth /féɪsklɔ̀ːθ | -klɔ̀θ/ 名 (-cloths /-klɔ̀ːðz, -klɔ̀ːθs | -klɔ̀θs/) C 《英》 = washcloth.

fáce crèam 名 U,C 美顔クリーム.

-faced /féɪst/ 形 [合成語で] ...の顔をした: red-*faced* 赤ら顔の / sad-*faced* 悲しい顔をした.

face·less /féɪsləs/ 形 [軽蔑的] 個性のない.

face-lift /féɪslɪ̀ft/ 名 ❶ C (しわなどをとる)顔の美容整形. ❷ C (建物の外装などの)改修, 模様がえ.

fáce màsk 名 ❶ C (顔面を保護する)マスク, 面. ❷ C = face pack.

face-off /féɪsɔ̀ːf, -ɑ̀(ː)f | -ɔ̀f/ 名 ❶ C 《略式, 主に米》 対決. ❷ C 〔アイスホッケー〕 試合開始.

fáce pàck 名 C 《英》 美顔用パック.

fáce pòwder 名 U 化粧パウダー.

face-sav·ing /féɪssèɪvɪŋ/ 形 限定 顔を立てる.

fac·et /fǽsɪt/ 名 ❶ C (物事の)面, 側面 [≒aspect] (*of*). ❷ C 小面《結晶体·宝石の》.

fáce tìme 名 ❶ U 《米略式》 直接顔を合わせる時間 (*with*). ❷ U 《米略式》 (上司などへのアピールで勤務時間外で)職場にいる時間. ❸ U 《米略式》 (有名人などが)テレビに出ている時間.

fa·ce·tious /fəsíːʃəs/ 形 [軽蔑的] (場違いで)こっけいな, おどけた; 不まじめな. **~·ly** 副 おどけて.

face-to-face /féɪstəféɪs←/ 形 限定 面と向かっての, 差し向かいでの. — 副 面と向かって.

fáce válue 名 [単数形で] 額面価格《公債などの表面に記載してある額》. **táke ... at fáce válue** [動] 他 (...)を額面どおりに受け取る[信用する].

+**fa·cial** /féɪʃəl/ 形 限定 **顔の**; 顔に用いる: a *facial* expression 顔の表情 / a *facial* scrub 洗顔用スクラブ. (名 face)

— 名 C 顔面マッサージ, 美顔エステ.

fac·ile /fǽsl | -saɪl/ 形 ❶ 《格式》 [軽蔑的] (考えなどが)軽薄な, 安易な. ❷ 限定 《格式》 [軽蔑的] (勝利などが)(あまりに)たやすく得られる. ❸ 限定 《格式, 主に米》 達者な, 軽快な.

+**fa·cil·i·tate** /fəsílətèɪt/ 動 他 《格式》 (物事が)(...)を**容易にする**, 促進する. (名 facílity)

fa·cil·i·ta·tion /fəsìlətéɪʃən/ 名 U 《格式》 助長, 促進.

fa·cil·i·ta·tor /fəsílətèɪṭɚ | -tə/ 名 ❶ C 補助者, 進行役. ❷ C 《格式》 促進するもの.

****fa·cil·i·ty** /fəsíləṭi/

— 名 (-i·ties /~z/) ❶ C [しばしば複数形で] **施設, 設備**; 便宜; [複数形で] Ⓢ 《米》 お手洗い: leisure *facilities* レジャー施設 / sports *facilities* = ***facilities for*** sports スポーツ施設 / transportation *facilities* 交通機関. ❷ C [普通は単数形で] (機器などの)特別な機能. ❸ [単数形で] 能力, (容易に行なえる)才能 [≒talent]: She has a *facility for* language. 彼女には語学の才能がある. (動 facílitàte)

fac·ing /féɪsɪŋ/ 名 ❶ C,U (壁·建物の)化粧仕上げ(面). ❷ U,C (衣服の)へり取り; [複数形で] (コートなどの襟·そでの)縫い取り.

fac·sim·i·le /fæksíməli/ 名 ❶ C (筆跡·絵画などの原物どおりの)複写, 模写 (*of*). ❷ C,U 《格式》 = fax. 〖⇒ fact キズナ〗

*****fact** /fǽkt/

— 名 (facts /fǽkts/) ❶ C **事実**, 実際にあった(と信じられている)事: This book deals with *facts about* Japanese history. この本は日本史に関する事実を扱っている / He did well ***given*** [***in view of***] ***the fact that*** he is only ten. +*that* 節 彼は 10 歳にすぎないことを考えるとよくやった (⇒ that² A 4).

❷ U **現実の話**, 事実, 真実《想像·理想·理論などに対して》 [⇔ fiction]: Which part of the story is *fact* and which is fiction? その物語のどの部分が事実でどの部分が創作なのか.

a fáct of lífe [名] 人生の現実, 厳しい現実.

áfter the fáct [副] 事後に, 〔法律〕 犯行後に.

as a màtter of fáct [副] (1) つなぎ語 Ⓢ **実を言うと** [≒actually]《予想に反して, 意外にも, などの気持ちを含むことが多い》: "Who was elected?" "Well, *as a matter of fact*, I was." 「だれが当選したんですか」「いや, それが実は私なんですよ」 (2) つなぎ語 Ⓢ ところが実際は, 事実は, 実際のところは《直前の発言と異なる意見やそれを否定するような事柄を述べる》: He looked confident, but *as a matter of fact* he was scared. 彼は自信ありげに見えたが, 本当のところはこわかったのだ. (3) つなぎ語 [前言を強調して] Ⓢ それどころか: Tom is not a lazy boy. *As a matter of fact*, he works hard. トムは怠け者ではない. それどころかよく勉強する.

Fáct ís ... Ⓢ 《略式》 = The fact is (that) ....

fácts and fígures [名] 複 正確な情報; 詳細.

for a fáct [副] Ⓢ = for certain《⇒ certain 成句》.
in (áctual) fáct [副] (1) 文修飾 **実際は**, 事実上(は), 本当に [≒actually]《予想・見かけ・名目などに反して, の意味合いを含む》: He is *in fact* the president of this company. 彼は実はこの会社の社長だ. (2) つなぎ語 **ところが実際は**, 事実は, 実際のところは《直前の発言と異なる意見やそれを否定するような事柄を述べる》: Everyone thinks he is a nice person, but *in fact* I don't trust him. 彼はいい人だと思われているけれど, 実は私は信用していない. (3) つなぎ語 [前言を強調して] **それどころか:** He wasn't very helpful. *In fact*, all this resulted from his carelessness. 彼は大して助けにならなかった. それどころかこれはみな彼の不注意から起こったのだ.
in póint of fáct [副] つなぎ語 Ⓢ《格式》実のところ, 実際は. 語法 in fact より強調的.
Is thát a fáct? Ⓢ 本当なの?
The fáct is (that) ... = The fáct of the màtter is (that) ... Ⓢ **実は...(なの)です:** *The fact* (*of the matter*) *is* (*that*) he doesn't love her. 実は彼は彼女を愛していないのです.
The fáct remáins (that) ... ...という事実は依然として残る, ...ということは否定できない.
the fácts of lífe [名] [遠回しに] (子供たちに教える) 性知識.
the fácts spéak for themsélves 事実が物語っている. (形 fáctual)
〘語源 ラテン語で「なされたこと, 行為」の意〙

単語のキズナ		FACT/作る, なす=make, do
fact	(なされたこと)	→ 事実
factory	(作る所)	→ 工場
factor	(結果を作るもの)	→ 要因
faculty	(ことをなす力)	→ 能力
facsimile	(似たものを作れ!)	→ 複写
manufacture	(手で作ること)	→ 製造(する)
benefactor	(善をなす人)	→ 後援者

fact-find·ing /fǽktfàɪndɪŋ/ 形 限定 実情調査の: a *fact-finding* committee 実情調査委員会.
***fac·tion** /fǽkʃən/ 名 ❶ Ⓒ (政党・組織などの中の)**派閥**, 党派: One *faction* within the party wants tax reform. その党の一派閥は税制改革を求めている. ❷ Ⓤ《格式》党派[派閥]の争い; 党派心.
fac·tion·al /fǽkʃ(ə)nəl/ 形 派閥の.
fac·ti·tious /fæktíʃəs/ 形《格式》人為的な.

**fac·tor /fǽktə | -tə/

— 名 (~s /~z/) ❶ Ⓒ (ある結果を生じる)**要因**, 要素: Honesty was the crucial [key, deciding] ***factor in*** his success. 正直さが彼の成功の最も重要な要因であった. ❷ Ⓒ (尺度の)レベル; (増減の)量: *by a factor of* three 3倍(だけ). ❸ Ⓒ〔数学〕因数 (*of*).
— 動 (-tor·ing /-tərɪŋ, -trɪŋ/) 他 ❶ (...)を計算に入れる (*in*; *into*); (...)を除外する (*out*). ❷〔数学〕...を因数分解する.
〘⇒ fact キズナ〙
fac·to·ri·al /fæktɔ́:riəl/ 名 Ⓒ〔数学〕階乗.

**fac·to·ry /fǽktəri, -tri/

— 名 (-to·ries /~z/) Ⓒ (機械で大量生産する)**工場**, 製作所: work in a car *factory* 自動車工場で働く / close [shut down] a *factory* 工場を閉鎖する / run [manage, operate] a *factory* 工場を経営する.

factory	(工場《最も一般的な語》)	工場
mill	(原材料を製造する工場)	
plant	(大規模な工場)	
works	((普通は完成品を製造しない) 大規模な工場)	

〘⇒ fact キズナ〙
fáctory fàrm 名 Ⓒ (食肉・鶏卵などを大量生産する) 促成飼育場.
fáctory fàrming 名 Ⓤ 促成飼育.
fáctory flóor 名 [the ~] 工場の作業現場; (工場内の)労働者.
fáct shèet 名 Ⓒ 概要報告書.
fac·tu·al /fǽktʃuəl/ 形 事実(上)の; 事実に基づく. (名 fact)
-al·ly /-əli/ 副 事実上; 事実に基づいて.
+**fac·ul·ty** /fǽkəlti/ 名 (-ul·ties /~z/) ❶ Ⓒ [しばしば F-] (大学の)**学部:** the ***Faculty of*** Law = the Law *Faculty* 法学部.
❷ C,U [普通は the ~;《英》単数形でもときに複数扱い]《主に米》(大学の)(**学部)教員**《全体》: a member of the *faculty* (一人の)学部教員 / a *faculty* meeting 教授会 / the *faculty* and staff 教職員 / Our *faculty* *is* [*are* (all)] excellent. 本学の教員はすべて優秀だ. 語法《米》では大学の1学科の教員や高校の教員にも用いる.
❸ Ⓒ [普通は複数形で] (身体各器官の)**機能**, (精神的・身体的な)能力: the ***faculty of*** speech [sight] 言語[視覚]能力 / He's in full possession of all his *faculties*. 彼の心身には全く異常がない.
❹ [単数形で]《格式》(人・生物の)**能力**, 才能, 手腕 [≒talent]: a ***faculty for*** music 音楽の才能 / He has a ***faculty for*** [*of*] mak*ing* other people happy. 彼には他人を楽しませる才能がある.
〘⇒ fact キズナ〙
fad /fǽd/ 名 Ⓒ 一時的流行, ブーム, 熱狂 (*for*).
fad·dy /fǽḍi/ 形 (fad·di·er; -di·est)《英略式》[軽蔑的] (食べ物の)好き嫌いが激しい.
fade** /féɪd/ 動 (fades /féɪdz/; fad·ed /-ḍɪd/; fad·ing /-ḍɪŋ/) 自 ❶ (音・光・記憶・力・希望・若さなどが)**徐々に消えてなくなる**, 衰える, 薄らぐ; (姿が)消えていく (*from*, *out of*)《⇒ disappear 類義語》: The sound *faded* (away***) ***into*** the distance. V+前+名 その音は遠くに消えていった.
❷ (色が)**あせる**, さめる: This material *fades* when (it is) washed. この生地は洗うと色があせる. ❸ (花が)しおれる; (人が)衰弱する, 死ぬ. ❹ (チーム・選手などが)勢いがなくなる.
— 他 (...)の色をあせさせる: Sunshine *faded* the carpet. 日光でじゅうたんの色があせた.

fade の句動詞

+**fáde awáy** 動 自 ❶ (薄れて)**消え去る**, (次第に)弱っていく: As the sun rose, the stars *faded away*. 日が昇るにつれて星は消えていった. ❷ (人が)姿を消す; 衰弱する; 死ぬ.
fáde ín 動 自 (画像が)次第に現われる; (音が)次第に大きくなる《⇒ fade-in》. — 他 (画面)を次第に明る

くする; (音)を次第に大きくする.
fáde óut 動 自 (画像が)次第に消えていく; (音が)次第に小さくなる《⇒ fade-out》. ― 他 (画面)を次第に暗くする; (音)を次第に小さくする.

fade-in /féɪdìn/ 名 U,C 〔映画・テレビ〕 フェイドイン《⇒ fade-out》.
fade-out /féɪdàʊt/ 名 U,C 〔映画・テレビ〕 フェイドアウト《⇒ fade-in》.
fae·cal /fíːk(ə)l/ 形 《英》 = fecal.
fae·ces /fíːsiːz/ 名 複 《英》 = feces.
fag /fǽg/ 名 ❶ C = faggot 1. ❷ C 《英略式》 = cigarette.
fág énd 名 ❶ C 《英略式》 (紙巻きたばこの)吸い殻. ❷ [the ~] 《英略式》 最後のどうでもいい部分 (*of*).
fagged /fǽgd/ 形 叙述 《英略式》 くたくたで (*out*). **I càn't be fágged (to dó).** 《英略式》 疲れて[あきあきして]やる気がしない.
fag·got /fǽgət/ 名 ❶ C 《米卑語》 おかま, ホモ. ❷ C 《英》 肉だんご.
Fahr·en·heit /fǽrənhàɪt/ 形 華氏の《略 F》: 100° *F* 華氏 100 度《one hundred degrees Fahrenheit と読む》 / The boiling point of water is 212° *F*, and the freezing point is 32° *F*. 水の沸点は華氏 212 度で, 氷点は華氏 32 度である. 参考 摂氏温度と華氏温度の換算式は C = 5/9(F-32) F = 9/5C+32. 気温や体温を示すとき, 米国では普通は華氏を用いるが, 英国では普通は摂氏を用いる《⇒ degree 名 1》. 関連 Celsius, centigrade 摂氏の.

*****fail** /féɪl/
― 動 (fails /~z/; failed /~d/; fail·ing)

意味のチャート
「基準に足りなく期待を裏切る」の意から,
→(力不足に終わる) →「失敗する」自 ❶
→「落第させる」他 ❶
→(期待に背く) →「怠る」自 ❷
→「働かない」自 ❸
→「役に立たない」他 ❷

― 自 ❶ **失敗する**, しくじる [⇔ succeed, pass]: We *failed to* persuade Mr. Brown. V+*to* 不定詞 我々はブラウン氏を説得できなかった 多用 / She *failed in* all her attempts to get her father's approval. V+*in*+名 彼女は父親の賛成を得ようと何度か試みたがすべてだめだった / He *failed in* French. 彼はフランス語の試験に落ちた. 語法 試験に落ちる場合は in のないほうが普通《⇒ 他 1》 // *Failed* (成績の)不可《⇒ grade 1 表》.
❷ [主に Ⓦ] 《格式》 (...するのを)**怠る**, ...しそこなう; ...**しない**: He *failed in* his duty [responsibility]. V+*in*+名 彼は義務[責任]を怠った / John often *fails to* keep his promises. V+*to* 不定詞 ジョンは約束を守らないことがよくある / I *fail to* see why she didn't come. なぜ彼女が来なかったのかわからない.
❸ (機械などが)**働かない**; 動かない, 故障する; (事業が)行き詰まる, 破産する: The brakes *failed*. ブレーキがきかなかった / Several banks will *fail* this year. 今年はいくつかの銀行がつぶれるだろう. ❹ [普通は進行形で] (力・健康・視力などが) 衰える, 弱る: 言い換え His health *is failing* fast. = He *is* fast *failing in* health. 彼の健康は急速に衰えている. ❺ (供給・収穫などが)不足[欠乏]する: The crops *failed* that year. その年は不作だった. ❻ (雨季などに)(雨が)降らない.
― 他 ❶ (学生が)(科目・単位など)を**落とす**, (...)で落第点を取る; (教師が)(学生)を(試験で)**落第させる** [⇔ pass]: He *failed* math [the test]. 彼は数学を落とした[その試験に落ちた]《⇒ 自 1 語法》 / The examiner *failed* two-thirds of the candidates. 試験官は志願者の 3 分の 2 を落とした / Mr. Smith ***failed*** me ***in*** history. V+O+*in*+名 スミス先生は歴史で私に落第点をつけた.
❷ (いざというときに)(人)の**役に立たない**, (人)の期待に背(そむ)く, (人)を失望させる [≒disappoint]: He *failed* me when I needed his help. 彼の助けが欲しいときに彼は私を見捨てた / ***Words failed*** me. 私はことばが出なかった / ***Her will failed*** her after all. とうとう彼女の意志がくじけた.
nót [néver] fáil to dó [動] **必ず...する:** 言い換え Do*n't fail to* let me know. (= Don't forget to let me know. = Be sure to let me know. = Let me know without fail.) 必ず知らせてくれ / She *never fails to* accept my advice. 彼女は私の忠告を必ず受け入れる. 語法 not fail to do は 1 回きりの行為, never fail to do は習慣的行為を表わす. (名 fáilure)
― 名 C (試験の)落第(点) (*in*).
withòut fáil [副] 間違いなく, きっと, 必ず: I'll attend the meeting *without fail*. 間違いなくその会には出席します.

failed /féɪld/ 形 限定 失敗した.
fail·ing /féɪlɪŋ/ 名 C [普通は複数形で] (ちょっとした)欠点, 弱点. ― 前 [次の成句で] **fáiling thát** [副] 《格式》 それがだめならば.
fail-safe /féɪlsèɪf/ 形 限定 (万一の事故に対する)安全装置のついた; (計画が)絶対確実な.
fail·ure** /féɪljə | -ljə/ 名 (~s /~z/) ❶ U (事業・計画などの)**失敗**; (試験などの)**落第**, (選挙などの)**落選**; U,C 破産 (*of*) [⇔ success]: Our plan ended [resulted] in *failure*. 我々の計画は失敗に終わった / ***failure in an examination 試験に落ちること / business *failure* 企業の倒産.
❷ C **失敗したこと, 失敗作; 失敗者, 落第者, 落選者** [⇔ success]: The attack was a dismal *failure*. その攻撃はみじめな失敗だった / She was a complete *failure* as an actress. 彼女は女優としては全くだめだった / There will be some *failures in* the next exam. 次の試験で落第者が数人出るだろう.
❸ U,C (必要なことを)**しないこと**; 不履行: I was disappointed by his ***failure to*** help me. +*to* 不定詞 彼が私を助けてくれないのでがっかりした.
❹ U,C (機能などの)**停止**, 故障 (*in*): a power *failure* 停電 / heart *failure* 心不全, 心臓まひ / He began to notice the gradual *failure* of his health. 彼は健康が次第に衰えていくのを感じ出した. ❺ U,C 不足, 欠如: (a) crop *failure* 不作. (動 fail)
+faint /féɪnt/ (同音 feint) 形 (faint·er /-ṭə | -tə/; faint·est /-ṭɪst/) ❶ (音・色・光などが)**かすかな**, ほのかな, 弱い, 薄い: a *faint* light [smell] かすかな光[におい] / The dying man said something in a *faint* voice. その死にかかった男はかすかな声で何か言った.
❷ (考え・記憶などが)**ぼんやりした**; (望みなどが)かすかな [≒slight]: There is still a *faint* hope [chance] that we may succeed. 我々が成功する望み[見込み]はまだかすかにある / I do***n't have the faintest*** (***idea***) where it is. それがどこにあるのか全くわからない. ❸ 叙述 気が遠くなって, ふらついて, (体が)弱って: The children were *faint with* [*from*] hunger. 子供たちは空腹のため

F

ふらふらしていた. ❹ 気のない, 熱意のない: a *faint* smile 気のない笑み.

— 動 (faints /féɪnts/; faint·ed /-ṭɪd/; faint·ing /-ṭɪŋ/) 自 **失神する**, 気が遠くなる, 卒倒する: Some students ***fainted from*** (the) heat during the ceremony. V+*from*+名 式の最中に数人の生徒が暑さで倒れた / I ***almost*** [***nearly***] ***fainted*** when I heard the news. Ⓢ その知らせを聞いて卒倒しそうになった.

— 名 [a ~] 気絶, 失神: fall (down) in *a* (*dead*) *faint* (完全に)気を失って倒れる.

faint-heart·ed /féɪnthάɚṭɪd | -hά:t-ˊ/ 形 気乗りのしない; 意気地のない, 気の弱い. **be nót for the faint-héarted** [動] 自 [こっけいに] 気の弱い人には向かない.

faint·ly /féɪntli/ 副 かすかに, 少し; 弱々しく.

****fair**[1] /féɚ | féə/ !発音 (同音 fare)

— 形 (fair·er /fé(ə)rɚ | -rə/; fair·est /fé(ə)rɪst/)

意味のチャート
元来は「美しい」の意.
→ (明るい) → (人が)「金髪の」;「色白の」❹
　　　　　　→ (空が)「晴れた」❻
→ (汚れのない, 清らかな) → 「公正な」❶ → 「規則にかなった」❷
　　　　　　→ (立派な) → (望ましい)
　　　　　　→ 「かなりの」「まずまずで」❸, ❺

❶ **公正な**, **公平な**, フェアな; **正当な**, 妥当な, 適正な, 理にかなった, むちゃではない (⇒ 類義語) [⇔ unfair]: a *fair* judge 公正な裁判官 / *fair* employment 公正雇用 / You are not quite ***fair to*** me. +*to*+名 あなたは私に対して少し不公平です / ***It is*** not ***fair to*** give him such a high salary. 彼にそんな高い給料を払うのは妥当ではない / ***It's fair to say that*** he is not guilty. 彼に罪はないと言ってさしつかえない / All's *fair* in love and war. 《ことわざ》 恋と戦争ではすべてが正当(恋と戦争は手段を選ばない).

❷ [比較なし] 〔スポーツ〕 **規則[ルール]にかなった** [⇔ unfair]; 〔野球〕 **フェアの** [⇔ foul]: a *fair* ball フェアボール / His blow was *fair*. 彼のパンチはルールにかなっていた.

❸ 限定 [比較なし] 《略式》 (数量などが)**かなりの**, 相当な [≒considerable]: a *fair* distance かなりの距離 / There were a *fair* number of people in the hall. ホールにはかなりの数の人がいた / I have a *fair* way to go. やることがかなり残っている.

❹ (人・髪の毛が)**金髪の**; (皮膚が)**白い**: Fanny has *fair* hair and *fair* skin. ファニーは金髪で白い肌をしている.

fair, blond(e)	髪は金髪で, 肌は白く目は青か灰色
dark, brunet(te) (⇒hair 参考)	髪は黒か黒褐色で, 肌は浅黒く目は黒か黒褐色

❺ [比較なし] (成績などが)(あまりよくないが)**まずまずで**, 並の [≒average]; 限定 (推測などが)まずまず妥当な, おそらく正しい: Her performance was no more than *fair*. 彼女の演技[演奏]はまあまあでしかなかった / I have a *fair* idea of the answer. 答えがだいたいわかっている. 参考 次の尺度を用いることがある: excellent (優秀な), good(良い), fair(並の), poor(不良の).

❻ **晴れた**, 天気がよい [≒fine]; 《文語》 順風の [⇔ foul]: a *fair* sky 晴天 / The weather will be *fair*. 晴れるだろう. ❼ 《文語》 美しい, 麗(うるわ)しい [≒beautiful].

Be fáir! Ⓢ そんなに厳しく言うな.

by fáir mèans or fóul [副] 手段を選ばずに.

Fàir enóugh! [間] Ⓢ 《主に英》 結構だ, オーケーだ; まあいいでしょう (相手の意見や行為に対する同意; 時にいやいやながらの同意を表わす): 🗨 "I'll do the cooking and you clean up afterwards. OK?" "*Fair enough!*" 「私が料理をするから(君は)後片づけをしてね. いい?」「いいよ」

Fáir's fáir. Ⓢ 公平にやろうよ.

to be fáir [副] 文修飾 Ⓢ 公平に言えば.

類義語 **fair** 最も一般的な語で, 自己の利益や偏見に左右されずすべての人・事を平等に扱うことを意味する: The game was not *fair*. その試合は公平ではなかった. **just** 特に道徳的基準に合致して正しくふるまうことをいう: Was the sentence *just*? その判決は公正であったか. **impartial** 一方の側に特に好意を示して他方に不利を与えることなく公平であること: An umpire must be *impartial*. 審判は公平でなくてはならない.

— 副 (fair·er /fé(ə)rɚ | -rə/; fair·est /fé(ə)rɪst/) **公明正大に**; 規則[ルール]を守って: They fought *fair*. 彼らは正々堂々と戦った.

fáir and squáre [副] 公明正大に, 正々堂々と; 《英》 まともに, はっきりと.

pláy fáir [動] 自 正々堂々とプレーする[やる].

+fair[2] /féɚ | féə/ (同音 fare) 名 (~s /~z/) ❶ Ⓒ 《英》 (巡業制の)**屋外娯楽ショー**, 移動遊園地 [《米》 carnival]. ❷ Ⓒ (農産物・家畜の)**品評会**, 共進会. 参考 祭日などに定期的に開かれ, 優秀なものには賞が与えられる. 会場には見せ物や屋台が並んで賑(にぎ)わう: The state [county] *fair* was held last week. 州[郡]の農産物[家畜]品評会が先週開かれた.

❸ Ⓒ [ときに F-] **博覧会**, 見本市, 展示会; 説明会: a book *fair* 書籍展示会, ブックフェア / a world's *fair* 万国博覧会 / an international trade *fair* 国際貿易見本市 / a job [careers] *fair* 就職[会社]説明会. ❹ Ⓒ 慈善市, バザー.

fáir gáme 名 Ⓤ 批判[攻撃, 追跡]の標的.

fair·ground /féɚgràʊnd | féə-/ 名 Ⓒ 品評会会場; 博覧会[見本市]会場; 屋外ショーの会場.

fair-haired /féɚhéɚd | féəhéədˊ/ 形 金髪の.

***fair·ly** /féɚli | féə-/ 副 ❶ [形容詞・副詞を強めて] **まあまあ, まずまず**; なかなか, かなり (⇒ 類義語; very[1] 表): She is a *fairly* good singer. 彼女は歌がまあまあうまい / This is a *fairly* interesting book. これはなかなかおもしろい本だ / He can speak English *fairly* well. 彼は英語をまあまあうまく話せる. 語法 rather と違って比較級や too の前では使えない.

❷ **公正に**; 公平に, 正しく [⇔ unfairly]: We are not treated *fairly*. 我々は公平な扱いを受けていない. ❸ [動詞の前に用いて] 《古風》 全く; 本当に, まるで(...するかのように).

fáirly and squárely [副] = fair and square (⇒ fair[1] 副 成句).

類義語 **fairly, rather, pretty** いずれも基本的に「very とまではいかない」程度だということを表わす (⇒ very[1] 表). **fairly** はこの中では一番弱い程度を表わし, 好ましい意味で「やや, まあまあ」という場合に使う. **rather** は *fairly* より意味が強い少し改まった語で, よい意味にも使えるが, 悪い意味合いや話者の不快感を含むことが多い. 従って普通は The room is *fairly* clean. その部屋はまあまあきれいだ《好ましいと思っている》/ The room is *rather* dirty. その部屋はかなり汚い《不快感を表わす》のように使い分ける. 同様に It's *fairly* warm. は「快適な暖かさ」であることを, It's *rather* warm. は「少し暖かすぎて不快」といった意味を表わす. pretty はよい意味·悪い意味両方に用いる口語的表現. しばしば程度が上がって very の意味にもなる: She is *pretty* tall. 彼女はかなり背が高い.

fair-mind·ed /féəmáɪndɪd | féə-⌐/ 形 (人が)公正な, 公平な, 偏見のない.

fair·ness /féənəs | féə-/ 名 U 公正[公平]さ. **in (áll) fáirness** [副] 文修飾 公平に言えば.

fáir pláy 名 U 正々堂々の試合ぶり; 公明正大な行動, フェアプレー [⇔ foul play].

fáir séx 名 [the ~]《古風》女性《全体》.

fáir tráde 名 U フェアトレード, 公正取引.

fair·way /féəwèɪ | féə-/ 名 C 〘ゴルフ〙フェアウェイ《tee と green の間の芝生の区域; ⇒ golf 挿絵》.

fáir-weath·er fríend /féəwèðə- | féəwèðə-/ 名 C [軽蔑的] いざというときに頼りにならない友人. 由来 晴天 (fair weather) のときの友, の意から.

+**fair·y** /fé(ə)ri/ (同音 #ferry) 名 (fair·ies /~z/) ❶ C 妖精(ようせい), 仙女. 参考 ヨーロッパの民話に登場する fairy は美しい小人(こびと)の姿をし, 背中にちょうやはちのような翼があり魔力を持っている. fairyland (おとぎの国) に住み, 地上の花から花へと飛び回り, 時々人間にいたずらをする, と言われる《⇒ nymph》. ❷ [形容詞的に] 妖精のような, 優美な: a *fairy* shape 妖精のような姿. ❸《卑語》ホモ.

fáiry gódmother 名 C 困った時に助けてくれる女性. 由来 (物語の)女魔法使いから.

fair·y·land /fé(ə)rilæ̀nd/ 名 ❶ U 妖精の世界, おとぎの国《⇒ fairy 参考》. ❷ [a~] 美しい[特別な]所, 桃源郷.

fáiry lìghts 名 複《英》(装飾用の)豆電球.

fáiry tàle [stòry] 名 ❶ C おとぎ話, 童話. ❷ C 作り話.

fair·y-tale /fé(ə)ritèɪl/ 形 限定 (物語のように)幸せな, 夢のような.

fait ac·com·pli /féɪṭəkɑ(ː)mplíː, féṭ- | -kɔ́mpliː/ 名 (複 faits ac·com·plis /féɪṭəkɑ(ː)mplíː | féɪzəkɔ́mpliː, féz-/) C《格式》既成事実.

*faith /féɪθ/ 名 (~s /~s/) ❶ U **信頼**, 信用《証明できるかどうかにかかわらず信じる気持ち; ⇒ trust 類義語》: I ***have faith in*** him. 彼のことを信頼している / I have ***lost faith in*** the doctor. 私はもうあの医者を信用しない / That experience ***destroyed*** [***restored***] her ***faith in*** science. その経験で彼女の科学に対する信頼が崩れた[回復した] / take [accept] the story on *faith* その話をそのまま信じる / put one's *faith* in ... ...を信用する.
❷ U,C **信仰**, 信念 [≒belief]; 確信: His ***faith in*** God is genuine. 彼の神に対する信仰は本物だ / Teachers should give their children the ***faith that*** tomorrow will be brighter and happier. +*that* 節 教師は子供たちに, あすはより明るく幸福になるという確信を与えねばならない.
❸ U **信義**, 誠実, 誠意; 誓約, 約束: I'll never ***break faith with*** you. 私は決してあなたを裏切りません / She ***kept faith with*** me. 彼女は私との約束を守った. ❹ C 宗教, 教義.
an áct of fáith [名] 人を信頼しての行為.
in bád fáith [副] 不誠実に, 裏切って.
in góod fáith [副] (結果はどうあれ)誠意を持って; 疑念をもたずに, (相手を)信用して. (形 fáithful)

+**faith·ful** /féɪθf(ə)l/ 形 ❶ (人·職務などに)**忠実な**, 誠実な [≒loyal] [⇔ faithless]; 限定 (車などが)頼りになる: a *faithful* friend 誠実な友人 / a *faithful* worker 勤勉な労働者 / She was ***faithful to*** her promise. +*to*+名 彼女は約束を誠実に守った.
❷ **正確な**, (事実に)忠実な (*to*) [≒accurate]: a *faithful* copy 原物そっくりの複写 / This book gives a *faithful* account of life during the war. この本は戦時中の生活を忠実に記している. ❸ 浮気をしない, (...に)貞節な (*to*) [⇔ unfaithful]. (名 faith)
— 名 ❶ [the ~; 複数扱い] 熱心な信者[支持者]たち. ❷ C 忠実な支持者[信奉者].

+**faith·ful·ly** /féɪθfəli/ 副 ❶ **忠実に**, **誠実に**: She ***promised faithfully*** that she would be on time. 彼女は時間を守ると堅く約束した. ❷ 正確に. ❸ 規則正しく, きちんと.
Yóurs fáithfully,《英格式》敬具《Dear Sir / Madam などで始まる商用文の結びのあいさつ》.

faith·ful·ness /féɪθf(ə)lnəs/ 名 U 忠実, 誠実; 貞節; 正確 (*to*).

fáith hèal·ing /-hìːlɪŋ/ 名 U 信仰療法.

faith·less /féɪθləs/ 形《格式》信義のない, 不(誠)実な [⇔ faithful]. **~·ness** 名 U 不(誠)実.

+**fake** /féɪk/ 名 (~s /~s/) ❶ C **偽物**, いんちき: a *fake* of Dali's ダリの偽物. ❷ C 偽者. ❸ C《主に米》〘スポーツ〙フェイント.
— 形 限定 **偽(物)の**; 模造の [⇔ genuine]《⇒ artificial 類義語》: a *fake* antique 骨董(こっとう)品の偽物.
— 動 (fakes /~s/; faked /~t/; fak·ing) 他 ❶ (...)を**偽造する**; でっちあげる: *fake* a famous sculpture 有名な彫刻を偽造する. ❷ (...)のふり[芝居]をする [≒pretend]: *fake* it《略式》ふりをする. ❸《主に米》〘スポーツ〙(動作)をすると見せかける, (相手)にフェイントをかける.
— 自 ❶ (見せかけの)芝居をする. ❷《主に米》〘スポーツ〙フェイントをかける.
fáke óut [動] 他《略式, 主に米》(人)をだます.

fal·con /fǽlk(ə)n | fɔ́ː(l)-/ 名 C (たか狩りの)たか, はやぶさ.

***fall[1] /fɔ́ːl/
— 名 (~s /~z/) ❶ U,C《米》**秋** [≒autumn]《⇒ month 表》: (the) early [late] *fall* 初[晩]秋 / Fruits become ripe ***in*** (***the***) ***fall***. 秋にはいろいろな実が実る《✪ 特定の年の特定の季節を指すとき以外でも the をつけることがある》.

> 語法 🔍 **前置詞を省く場合**
> しばしば前置詞を伴わずに副詞句を作る: They are going to get married this [next] *fall*. 彼らは今年[来年]の秋に結婚する予定だ / A great earthquake hit Mexico last *fall*. 去年の秋にメキシコで大地震があった.

❷ [形容詞的に]《米》**秋の**, 秋向きの: *fall* winds 秋風 / *fall* dresses 秋の服 / the *fall* semester 秋学期. 〘語源 木の葉が落ちる《⇒ fall[2] 動 1》季節だから; ⇒ spring[1] 語源〙

***fall[2] /fɔ́ːl/

意味のチャート
「落ちる」動 ❶, 「落ちること」名 ❶
→(葉が落ちること) →「秋」(⇒ fall²)
→(水が落ちること) →「滝」名 ❺
→「倒れる」動 ❷, 「転倒」名 ❷, 「没落」名 ❹
→「下がる」動 ❸, 「低下」名 ❸ →(上から下がる) →「垂れる」動 ❺
→(ある状態におちいる) →「...になる」動 ❹

— 動 (falls /~z/; 過去 fell /fél/; 過分 fall·en /fɔ́ːlən/; fall·ing) 自 ❶ **落ちる** (⇒ drop 動 自 1); (雨・雪などが)**降る:** Suddenly rain began to *fall*. 突然雨が降りだした / The leaves have all *fallen*. 葉が全部落ちてしまった / Newton saw an apple ***fall from*** the tree. V+前+名 ニュートンはりんごが木から落ちるのを見た / The car ***fell in*** [***into***] the lake. 車はその湖に落ちた.
❷ (人が)**倒れる**, 転ぶ, (家などが)倒壊する: *fall on* the ice 氷の上で転ぶ / He slipped and ***fell on*** [***to***] the ground. V+前+名 彼は滑って地面に倒れた / She ***fell against*** the fence. 彼女は(つまずいて)フェンスにぶつかった.
❸ (数量・温度・値段などが)**下がる**, 減る; (声・音が)低くなる; (風などが)弱まる [⇔ rise]**:** The temperature has ***fallen to*** five degrees. V+*to*+名 温度が 5 度まで下がった / Stock prices *fell* sharply [steeply]. 株価が急落した / Her voice *fell* (*to* a whisper) when she began the story. 彼女はその話を始めると声をひそめた.
❹ (...の状態に)**なる:** He *fell* asleep. V+C (形) 彼は眠り込んだ / The pupils *fell* silent when the teacher entered the room. 先生が部屋に入ってくると生徒たちは静かになった / This sheet is ***falling to pieces***. このシーツはぼろぼろになってきた.
❺ **垂れる**, (幕などが)下りる [≒drop] [⇔ rise]**:** Her hair ***fell over*** [***to***] her shoulders. V+前+名 彼女の髪は肩の上に[肩まで]垂れていた / The curtain *fell* at 10 p.m. (芝居の)幕は午後 10 時に下りた. ❻ (政府などが)崩壊する, (都市などが)陥落する: At last the castle *fell to* the enemy. ついにその城は敵の手に落ちた. ❼ 《文語》 (やみ・静けさなどが)おりる, やって来る; (時節などが)到来する (⇒ fall on ... (句動詞) 1)**:** Night is *falling upon* the village. 村に夜のとばりが下りてきた / Easter *fell* early this year. 今年は復活祭が早かった (⇒ Easter). ❽ (光・影が) (...)に落ちる, さす (*across, on, over*). ❾ (土地が)傾斜する, 下がる (*away; to, toward*). ❿ (目・視線が)下を向く (⇒ fall on ... (句動詞) 2); (顔が急に)失望を表わす, (気分が)沈む: Pete's face *fell* at her words. 彼女のことばを聞いてピートの顔は曇った. ⓫ 《文語》 戦死する, 倒れる.
fáll flát ⇒ flat¹ 副 成句.

fall の句動詞

fáll abóut 動 自 《英略式》 笑いころげる.
fáll apárt 動 自 ❶ [しばしば進行形で] (物が)ばらばらになる, 壊れる; (組織・関係などが)崩れる, 崩壊する. ❷ (人が)精神的に参る.
fáll awáy 動 自 ❶ (土地などが)傾斜する. ❷ 《英》 (数などが)減る; (音・気持ちなどが)弱まる. ❸ (...から)はずれて[はがれて]落ちる (*from*).
fáll báck 動 自 ❶ (人が)後ろに下がる, 後ずさりする; (軍隊が)退却する (*to*). ❷ (物価などが)下がる, 減る. ❸ (元のやり方などに)戻る (*into*).
fáll báck on ... [動] 他 (最後の手段として)...に頼る, ...をよりどころにする**:** I have nothing to *fall back on*. 私にはもう頼るものがない.
+**fáll behínd** 動 自 (行進・支払い・学業などに)**遅れる**, 落伍する**:** Don't *fall behind with* [*on*] your rent. 部屋代を滞納しないように.
+**fáll behìnd ...** 動 他 **...より遅れる:** He is studying hard so he won't *fall behind* the rest of the class. 彼はクラスのみんなに遅れないように一生懸命勉強している.
*__fáll dówn__ 動 自 ❶ **倒れる**, 転ぶ**:** He *fell down* on the ice and hurt his leg. 彼は氷の上で転んで脚を傷めた.
❷ [進行形で] (建物が)**崩れる:** London Bridge is *falling down*. ロンドン橋が落ちる (遊戯の歌; 英国の童謡集 *Mother Goose's Melodies* の中のことば). ❸ (計画・主張などが)うまくいかない.
fáll dówn on ... [動] 他 ...に失敗する: *fall down on* the job 仕事をきちんとこなしていない.
*__fáll dòwn ...__ 動 他 (階段など)**から落ちる:** ...に垂れ下がる**:** He *fell down* the stairs. 彼は階段から落ちた / Her long hair *fell down* her back. 彼女の長い髪は背中に垂れていた.
fáll for ... 動 他 ❶ 《略式》 (人)に夢中になる, ほれ込む: Laura *fell for* a sailor and ran away with him. ローラは船員にほれて駆け落ちした. ❷ 《略式》 (計略)にはまる, (話など)にだまされる: The enemy *fell for* our trick. 敵は我々の計略にはまった.
+**fáll ín** 動 自 ❶ **中に落ちる**, (屋根などが)落ち込む; めり込む**:** The moment I ran out of the door, the roof *fell in*. 私が戸口から走り出たとたんに屋根が落ちた. ❷ (人の後に)ついて歩く (*behind*); 〔軍隊〕整列する.
fáll ín with ... [動] 他 (1) (計画・提案など)に同意する, 同調する: The club members all *fell in with* my proposal. クラブの会員は全員私の提案に同意した. (2) (偶然出会った人)と仲良くなる (受身 be fallen in with): At college he *fell in with* a group of would-be writers. 大学で彼は自称作家連中と知り合った.
+**fáll ìnto ...** 動 他 ❶ (ある部類)**に入る;** 分類される**:** They *fall into* five groups. それらは 5 つのグループ[部門]に分かれる.
❷ (ある気分・状態)**になる**, ...に陥る; (くせ)がつく**:** She *fell into* a rage. 彼女は(急に)怒りだした / He *fell into* bad habits. 彼は悪いくせがついた. ❸ (ベッドなど)に倒れ込む. ❹ (偶然)...を始める: I *fell into* conversation with the man who sat next to me. 私は隣に座った男性と話し始めた.
+**fáll óff** 動 自 **減少する**, 低下する; 衰える**:** Consumption of electricity has ***fallen off*** (***from*** last month's figure). 電力消費量が(先月の数字より)減少した.
*__fáll òff ...__ 動 他 **...から落ちる**, (ボタンなどが)...からとれて落ちる**:** Mary *fell off* her bicycle. メアリーは自転車から落ちた / A fork *fell off* the table. フォークがテーブルから落ちた.
+**fáll on [upòn] ...** 動 他 ❶ (休日・誕生日などが) **...に当たる**, かち合う (⇒ 自 7)**:** The Fourth of July *falls on* a Monday this year. 7 月 4 日[独立記念日]は今年は月曜日だ. ❷ (目・視線が)...に(ふと)向く (⇒ 自 10); (弾丸・光・音などが)...に(打ち)当たる, 落ちる: His eye *fell on* the picture on the wall. 壁の絵が彼の目に留まった. ❸ (仕事・責任・費用などが)...に降りかかる**:** All the expenses will *fall on* the sponsor. 費用

はすべて後援者の負担だ. ❹《文語》...に襲いかかる; (食物)をむさぼり食う. ❺ (つらい目)にあう, 経験する.

*fáll óut 動 自 ❶ **外へ落ちる**; (歯・髪などが)抜ける: When I opened the refrigerator, an apple *fell out*. 冷蔵庫を開けたらりんごが落ちた / The young bird ***fell out of*** its nest. ひな鳥は巣から落ちてしまった.
❷ (...と)**仲たがいする**, 口げんかする: He ***fell out with*** Betty over the problem. 彼はその問題でベティーとけんかした. ❸〔軍隊〕隊列から離れる.

+fáll óver 動 自 **転ぶ**; (高い物が)倒れる: Ann *fell over* and hurt herself. アンは転んでけがをした / Look out! That billboard's going to *fall over*! 気をつけろ. その掲示板が倒れるぞ.

+fáll òver ... 動 他 ❶ **...の上に倒れ[垂れ]かかる**; ...につまずいて[ぶつかって]転ぶ: The little boy *fell over* the tricycle. その幼い子は三輪車に足を引っかけて転んだ. ❷ ...から転がり落ちる: The truck *fell over* a cliff into the river. トラックはがけから川の中へ落ちた.

fáll (àll) óver oneself to dó [動]《略式》...しようと躍起になる.

+fáll thróugh 動 自 ❶ (計画などが)**挫折(ざせつ)する**; 失敗する: His plan *fell through*. 彼の計画は挫折した. ❷ (開いた穴などを)通り抜けて落ちる.

+fáll to ... 動 他 ❶ (仕事・責任などが)**...に降りかかる**: It *fell to* me to take care of the children. 私が子供たちの面倒を見るはめになった. ❷《文語》(仕事など)に取りかかる; ...し始める: They immediately *fell to* work. 彼らはすぐに仕事に取りかかった / He *fell to* think*ing* about his childhood. 彼は子供のころに思いをめぐらせ始めた.

fáll ùnder ... 動 他 ❶ ...に該当する, ...の部門に入る: That *falls under* a different heading. それは別の項目に入る. ❷ ...の影響下に入る.

— 名 (~s /~z/) ❶ C **落ちること**, 落下, 降下 [⇔ rise]; **降雨[雪]**, 降雨[雪]量; 落下物; [a ~] 落下距離, 落差 (*of*): a ***fall from*** a horse 落馬 / Can you explain the ***fall of*** an apple? りんごが落ちるわけを説明できますか / We had a heavy ***fall of*** snow last winter. この前の冬は大雪だった / Humpty Dumpty sat on a wall, Humpty Dumpty had a great *fall*. ハンプティーダンプティーは塀の上に座っていた. ハンプティーダンプティーは勢いよく落っこちた《英国の童謡集 *Mother Goose's Melodies* の中の歌》. 関連 rainfall 雨量 / snowfall 降雪(量).
❷ C **転倒**: She was injured in a *fall*. 彼女は転んでけがをした / He had [took] a bad [nasty] *fall* on the ice. 彼は氷の上でひどく転んだ.
❸ C **低下**, (物価・賃金の)下落, 減少 (*of*) [⇔ rise]: Will you check the *fall in* temperature? 温度の低下を調べてください / There will be no sharp ***fall in*** prices this year. 今年は物価の急落はないだろう.
❹ [単数形で] **没落**, 転落 [⇔ rise]; 陥落; 崩壊; 堕落; [the F-]〔聖書〕人類の堕落: a ***fall from*** favor [grace] 支持を失うこと[失脚] / the ***fall of*** the Soviet Union ソ連の崩壊.
❺ [複数形で] **滝** (waterfall): Niagara *Falls* ナイアガラの滝. 語法 固有名詞のときは普通は単数扱い. ❻ C〔レスリング〕フォール;〔柔道〕押さえ込み.
bréak ...'s fáll [動] (木の枝などが)...の落下のショックをやわらげる.

fal·la·cious /fəléɪʃəs/ 形《格式》誤った, うその.

fal·la·cy /fǽləsi/ 名 (-la·cies) C 誤った考え; U,C《格式》誤謬(ごびゅう), 誤った推論.

fall·back /fɔ́:lbæ̀k/ 名 C (失敗したときの)代わりの手段, 頼みの綱.

fall·en /fɔ́:lən/

— 動 fall[2] の過去分詞.
— 形 ❶ 限定 **落ちた**, 倒れた: *fallen* leaves 落ち葉. ❷ 限定 堕落した; 死んだ: a *fallen* angel 堕天使《地獄に落とされた天使》/ *the fallen*《格式》戦死者たち《複数名詞扱い; ⇒ the[1] 3》.

fáll gùy 名 C《略式, 主に米》身代わりにされた人; だまされやすい人.

fal·li·ble /fǽləbl/ 形《格式》誤りがちで; 不確かな [⇔ infallible].

fall·ing-out /fɔ́:lɪŋáʊt/ 名 (複 fal·lings-, -outs) C《略式》仲たがい, 不和 (*over*): have a *falling-out* (with ...) (...と)けんかする.

fálling stár 名 C 流れ星 [≒shooting star].

fall-off /fɔ́:lɔ̀:f, -ɑ̀(:)f | -ɔ̀f/ 名 [a ~] (数量などの)減少, 低下 (*in*).

fall·out /fɔ́:làʊt/ 名 ❶ U 放射性降下物《核爆発後の》, 死の灰: a *fallout* shelter 核シェルター. ❷ U (予期せぬ)影響 (*from*).

fal·low /fǽloʊ/ 形 (土地が)休閑中の; 活動休止の.

fállow déer 名 C ダマ鹿(じか)《淡黄褐色の鹿; ヨーロッパ産で夏は白い斑点(はんてん)を生じる》.

*false /fɔ́:ls/ 発音 形 (fals·er; fals·est) ❶ (話・情報などが)**間違った**, 正しくない [⇔ true]: *false* news 誤報 / Are the following statements true or *false*? 以下に述べたことは正しいか間違いか / That rumor proved (to be) *false*. そのうわさはデマだとわかった / a *false* economy (逆に不経済な)間違った倹約 / a *false* sense of security 誤って安全だと思いこむこと, 油断.
❷ **うその**, 偽りの, 不正の: *false* tears 偽りの涙 / *false* arrest 不当逮捕 / use a *false* name 偽名を使う / She made a *false* statement to the police. 彼女は警察にうその陳述をした / The documents were *false*. その書類は偽物だった.
❸ **本物でない**, 偽の; 人造の《⇒ artificial 類義語》[⇔ real, genuine]: *false* coins 偽硬貨 / *false* teeth 入れ歯, 義歯. ❹《文語》不誠実な, 不実な: *false* modesty 見せかけのけんそん / a *false* friend 不誠実な友 / Emmie was unable to be *false* to her husband. エミーは夫を裏切ることができなかった.
(名 fálsehòod, fálsity)

fálse alárm 名 C 間違った警報; 根拠のないこと.

false·hood /fɔ́:lshʊ̀d/ 名 ❶ C《格式》うそ [≒lie]. ❷ U《格式》虚偽; うそをつくこと [⇔ truth].
(形 false)

false·ly /fɔ́:lsli/ 副 誤って; 偽って; 不正に.

fálse stárt 名 ❶ C〔スポーツ〕フライング: make a *false start* フライングをする. 日英 「フライング」は和製英語. ❷ C 出だしの失敗.

fal·set·to /fɔ:lsétoʊ/ 名 (~s) C,U〔音楽〕(男性の)裏声, ファルセット. — 副 裏声で.

fals·ies /fɔ́:lsiz/ 名 複《略式》(胸を大きく見せるためにブラジャーに入れる)パッド; つけまつげ.

fal·si·fi·ca·tion /fɔ̀:lsəfɪkéɪʃən/ 名 U,C (書類などの)偽造, 変造 (*of*); (事実の)歪曲(わいきょく).

fal·si·fy /fɔ́:lsəfàɪ/ 動 (-si·fies; -si·fied; -fy·ing) 他 (書類など)を偽造[変造]する; (事実)を偽って伝える, 歪曲(わいきょく)する.

fal·si·ty /fɔ́:lsəṭi/ 名 (-si·ties) U《格式》虚偽(性);

誤っていること; Ⓒ うそ. (形 false)

fal·ter /fɔ́ːltə | -tə/ 動 (-ter·ing /-tərɪŋ, -trɪŋ/) 自 ❶ (力・勢いが)弱まる, 衰える. ❷ よろける, ふらつく; つまずく: *falter on* the stairs 階段でつまずく. ❸ ためらう, たじろぐ; (決心などが)ゆらぐ: He never *faltered in* his resolution. 彼の決心はゆらがなかった. ❹ 口ごもる, (声が)震える, とぎれる. — 他 (...)と口ごもって言う.

fal·ter·ing /fɔ́ːltərɪŋ/ 形 ふらつく, 不安定な; (勢いの)弱まっている.

+**fame** /féɪm/ 名 Ⓤ **名声**, 有名なこと, 声望: *fame* and fortune 名声と富 / a writer of great *fame* 高名な作家 / win [gain] *fame* = rise to *fame* 有名になる. (形 fámous)

famed /féɪmd/ 形 Ⓦ 有名な, 名高い [≒famous]: He is *famed for* his learning. 彼は学識で高名だ.

fa·mil·ial /fəmíljəl, -liəl/ 形 限定 《格式》 家族の; 家族のような; 〔医学〕 家系特有の.

fa·mil·iar /fəmíljə | -liə/ アク

— 形 ❶ (物事が人に)**よく知られている**, なじみ深い [≒well-known] [⇔ unfamiliar]; ありふれた: a *familiar* face なじみの顔 / the *familiar* voice of a famous star 有名なスターの聞き慣れた声 / The song is ***familiar to*** me. +to+名 その歌はよく知っている.
❷ 叙述 (人が見たり聞いたりして...を)**知っている, ...になじみがある:** I'm not very ***familiar with*** this part of Tokyo. +with+名 私は東京のこの辺りはあまりよく知らない / Are you *familiar with* the rules of baseball? あなたは野球のルールを(一応)知っていますか. 語法 (1) この意味では 1 と違って必ずしも詳しく知っていることは意味しない. (2) 疑問文・否定文で使われることが多い.
❸ **打ち解けた**, くだけた; [悪い意味で] なれなれしい: a *familiar* conversation 打ち解けた会話 / a *familiar* greeting くだけたあいさつ / Jane is too ***familiar with*** my husband. +with+名 ジェーンはうちの夫にあまりにもなれなれしい.
be on famíliar térms [動] 自 (...と)親しい仲である (*with*). (名 famìliárity, 動 famíliarìze)

fa·mil·i·ar·i·ty /fəmìliǽrəṭi/ 名 ❶ Ⓤ よく知っていること, 精通, 知識; なじみ: his *familiarity with* English literature 英文学についての彼の知識. ❷ Ⓤ 親しみ, 親交; 心安さ; [悪い意味で] なれなれしさ: *Familiarity* breeds contempt. 《ことわざ》心安くなりすぎると侮(あなど)りを生むようになる. (形 famíliar)

fa·mil·i·ar·ize /fəmíliəràɪz/ 動 他 (人)に(...を)親しませる, よく知らせる: They *familiarized* the newcomer *with* the rules. 彼らは新人に規則をよく教えた. **famíliarize onesèlf with ...** [動] 他 ...に精通する[慣れる], ...を覚える. (形 famíliar)

fa·mil·iar·ly /fəmíljəli | -liə-/ 副 親しげに; なれなれしく; 通俗的に: be *familiarly* called [known as] Bob 通称でボブと呼ばれる[として知られる].

fam·i·ly /fǽm(ə)li/

— 名 (-i·lies /~z/) ❶ Ⓒ **家族**, 世帯: 言い換え There are four people in my *family*. = We are a ***family of*** four. うちは 4 人家族だ / This dog is like a member of my *family*. この犬は私の家族の一員のようなものだ / 「the whole [all the] family 家族全員 / Her *family* is small [large]. 彼女の家族は少ない[多い] / a single-parent *family* 片親家族 / support [feed] a *family* 家族を養う[食べさせる] / There are three thousand *families* in this town. この町には 3 千世帯ある. 語法 特に《英》で家族の一人一人を指すときには単数形でも複数扱いとなることがある: "How *is* [《英》 *are*] your *family*?" "*They are* all fine, thank you." 「おうちのみなさんはいかがですか」「ありがとう, みんな元気です」 関連 nuclear family 核家族.
❷ Ⓒ [《英》 単数形でもときに複数扱い] **一族**, 一家; Ⓤ **家柄:** an old *family* in this district この地方の旧家 / a man of respectable *family* 確かな家柄の男 / the *family* estate 先祖代々伝わる家屋敷.
❸ Ⓒ,Ⓤ [《英》 単数形でもときに複数扱い] (一家の)**子供たち:** raise [bring up] a *family* 子供を育てる / start a *family* (夫婦が)第一子をもうける / They are planning on having a large *family*. 2 人は子供をたくさんつくるつもりでいる / How is [《英》 are] your *family*? お子さんたちはいかがですか《夫婦などに対して》.
❹ [形容詞的に] **家族の**, 家庭用の, 家族向けの: *family* life 家庭生活 / a *family* car ファミリーカー / a *family* restaurant 家族向きのレストラン. ❺ Ⓒ (共通の祖先から出た)一族, 種族, 民族; 〔生物〕 科; (言語の)語族: the cat *family* ねこ科.
in the [《米》 a] fámily wày [形・副] 《古風》 妊娠して. **rún in the [...'s] fámily** [動] 自 (素質・病気が)一族に遺伝している.

fámily dóctor 名 Ⓒ かかりつけの医者, 主治医.

fámily màn 名 ❶ Ⓒ 所帯持ちの男. ❷ Ⓒ 家庭を大事にする男, マイホーム主義者.

fámily nàme 名 Ⓒ (名に対して)姓 (⇒ name).

fámily plánning 名 Ⓤ 家族計画, 産児制限.

fámily práctice 名 Ⓤ 家庭医療《米国の一般医療》.

fámily practítioner 名 Ⓒ 《主に英》 一般開業医.

fámily ròom 名 ❶ Ⓒ 《米》 居間. ❷ Ⓒ ホテルの家族部屋. ❸ Ⓒ 《英》 パブのキッズルーム.

fámily trée 名 Ⓒ 家系図 (tree).

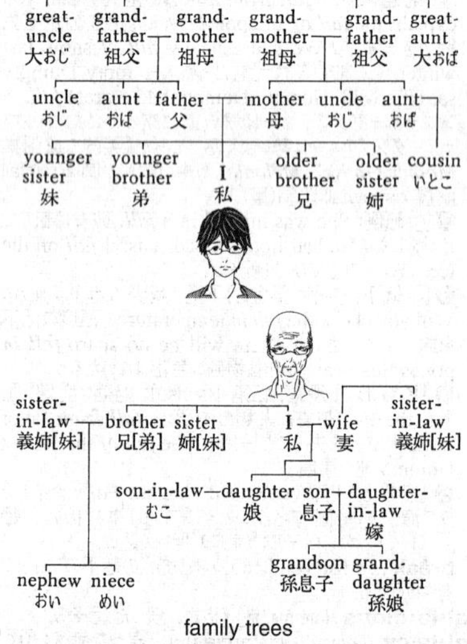

family trees

+**fam·ine** /fǽmɪn/ アク 名 (~s /~z/) U,C ききん, (深刻な)食料不足: face [suffer] *famine* ききんに直面する[苦しむ] / *famine* relief ききん救済.

fam·ished /fǽmɪʃt/ 形 叙述 《略式》 とてもおなかがすいて.

***fa·mous** /féɪməs/

— 形 **有名な**, 名高い: a *famous* singer 有名な歌手 / The town is *famous for* its old castle. +for+名 その町は古い城があるので有名だ 多用 / Miami is *famous as* a winter resort. +as+名 マイアミは避寒地として有名だ / *the famous* 有名人たち《複数名詞のように扱う; ⇒ the[1] 3》. (名 fame)

類義語 **famous** よい意味で用いる最も一般的な語で, 多くの人々に知られているという意味. **well-known** *famous* とほぼ同じ意味に用いることも多いが, 悪い意味で有名な場合にも用いる. **celebrated** 賞をもらったり顕著な業績があることなどで有名なこと. **renowned** 語り伝えになっているような有名さをいう. *famous* よりも意味が強い. **eminent** 専門的な分野などにおいて他の人々よりひときわ抜きん出ていて有名なこと. **noted** その学識・技術・業績などが優れていて人々に注目されていること. 従ってある専門分野での有名さを意味し, *famous* ほど一般的な知れ渡り方を意味しないことが多い. **distinguished** 優れていることを世間に認められ, 尊敬を受けているような有名さをいう. しばしば有名だとされている本人のいる所で, その人に言及するときに儀礼的な意味も込めて用いられる. **notorious, infamous** 悪い意味で有名なこと.

fa·mous·ly /féɪməsli/ 副 ❶ よく知られているように. ❷《古風, 略式》うまく: get on [along] *famously* 仲よくやる.

***fan**[1] /fǽn/

— 名 (~s /~z/) C **ファン, 愛好者**: baseball [basketball] *fans* 野球[バスケットボール]ファン / a movie *fan* 映画の愛好者 / a big Giants *fan* 巨人の大ファン / a great *fan of* the Beatles ビートルズの大ファン / The *fans* were excited even before Ichiro came up to bat. ファンたちはイチローが打席に立つ前から興奮していた.

〖語源 fanatic の短縮形〗

***fan**[2] /fǽn/ 名 (~s /~z/) ❶ C **扇風機**; 〔機械〕送風機: turn on the *fan* 扇風機をかける.

❷ C **うちわ**, 扇, 扇子(せんす); 扇形のもの: a folding *fan* 扇子.

— 動 (fans /~z/; fanned /~d/; fan·ning) 他 ❶ (扇などで)(...)を**あおぐ**; (風を送って)(火)を強く燃え立たせる: He *fanned* himself *with* his notebook. 彼はノートであおいだ. ❷《文語》(感情)をあお(り立て)る. ❸ (...)を扇形に広げる (*out*). ❹《略式》〔野球〕(打者)を三振させる. — 自 ❶ (軍隊などが)扇形に広がる (*out*). ❷《略式》〔野球〕(打者が)三振する.

fa·nat·ic /fənǽṭɪk/ 名 ❶ C [軽蔑的] 熱狂者, 狂信者. ❷ C マニア.

fa·nat·i·cal /fənǽṭɪk(ə)l/ 形 [しばしば軽蔑的] 熱狂的な, 狂信的な; ひどく熱心な (*about*).

fa·nat·i·cis·m /fənǽṭəsìzm/ 名 U [軽蔑的] 熱狂; 狂信.

fan·boy /fǽnbɔ̀ɪ/ 名 C (ゲーム・音楽などの)マニアの少年.

fan·ci·a·ble /fǽnsiəbl/ 形 《英略式》 セクシーな.

fan·ci·er /fǽnsiə | -siə/ 名 C [普通は合成語で] (花・鳥・犬などの)愛好家: a pigeon *fancier* はと愛好家.

fan·ci·ful /fǽnsɪf(ə)l/ 形 ❶ [軽蔑的] (考えなどが)空想的な, 非現実的な. ❷ (装飾などが)風変わりな, 奇抜な, 凝った. (名 fáncy)

fán clùb 名 C (スターなどの)ファンクラブ, 後援会.

***fan·cy** /fǽnsi/

意味のチャート
「空想」名 ❷, ❸
→「空想の」形 ❺ → (空想的な) → (意匠を凝らした) →「装飾的な」形 ❷
→ (気まぐれな思い) → (一時の好み) →「好み」名 ❶ →「好む」動 ❶
→ (空想する) →「思う」動 ❹

— 形 (fan·ci·er /-siə | -siə/; fan·ci·est /-siɪst/) ❶ 限定 **高級な**; 《米》(食料品などが)極上の, 特選の: a *fancy* restaurant 高級レストラン / *fancy* sauces 特選のソース.

❷ (こまごまとした)**装飾的な**, 意匠を凝らした, はでな: a *fancy* cake 飾りのついたケーキ, デコレーションケーキ. 日英「デコレーションケーキ」は和製英語 // a *fancy* button 飾りボタン / This pattern is too *fancy* for me. この柄(がら)は私にははですぎる. ❸ 凝った, 複雑な, 曲芸的な: a *fancy* name 凝った名前 / *fancy* flying 曲芸飛行. ❹ 限定 (値段が)法外な. ❺ 空想の, 気まぐれな.

— 動 (fan·cies /~z/; fan·cied /~d/; -cy·ing /-siɪŋ/) 他 ❶《略式, 主に英》(...)を**好む**, (...)が気に入る [≒like]; (...)が欲しい, ...したい [≒want]; (...)に(性的に)ひかれる: Do you *fancy* a cup of coffee? コーヒーはいかが / Do you *fancy* eat*ing* out tonight? V+O (動名) 今夜は外食したくない? ❷《英略式》(...)が勝つ[うまくいく]と思う: Who do you *fancy* in this event? この種目ではだれが勝つと思う? ❸ [命令文で] S《古風, 英略式》(まあ)(...)を考えてごらん(驚きだ): *Fancy* meet*ing* you here. 君にここで会うとは(驚きだなあ) / *Fancy* (that)! こりゃ驚いた! ❹《文語》(何となく)(...)と思う; (人・物)が...である気がする: He *fancied that* somebody was calling his name. 彼はだれかに名前を呼ばれているような気がした.

fáncy onesèlf ((as) ...) [動]《略式, 主に英》自分を(...だと)思い込む; [軽蔑的] (...と)うぬぼれる.

— 名 (fan·cies /~z/) ❶ [単数形で] **好み**, 愛好 (*for, to*): The novel suited the *fancy* of most readers. その小説は大部分の読者の好みに合った. ❷ U《文語》(気まぐれな)空想, 幻想; 空想力, 想像力 (⇒ imagination 類義語); 気まぐれ: a world of *fancy* 空想の世界. ❸ C《古風》空想したもの; (気まぐれな)考え, 思いつき.

cátch [stríke, táke, tíckle] ...'s fáncy [動]《略式》(物が)...の気に入る, 好みに合う.

tàke a fáncy to ... [動] 他 (わけもなく)...が好きになる, 気に入る. (形 fánciful)

〖語源 fantasy の短縮形〗

fáncy dréss 名 U《英》仮装服.

fan·cy-free /fǽnsifríː/ 形 叙述 (独身などで)自由気ままな.

fáncy gòods 名 複《英》小物雑貨, 装飾品.

fan·fare /fǽnfeə | -feə/ 名 ❶ C〔音楽〕ファンファーレ《華やかなトランペット(など)の合奏》. ❷ U,C 大騒ぎ, 喧伝(けんでん).

fang /fǽŋ/ 名 C (肉食動物の鋭い)きば; (蛇の)毒牙(どくが). 関連 tusk 象などの長く曲がったきば.

fan·light /fǽnlàɪt/ 名 ❶ C《米》扇形窓. ❷ C《主

に英》明かり取り窓《ドアの上部などの》[《米》transom].

fán màil 名 U ファンレター《全体》.

fan·ny /fǽni/ 名 (fan·nies) ❶ C 《米略式》しり. ❷ C 《英卑語》女性器, あそこ.

Fan·ny /fǽni/ 名 固 ファニー《女性の名》.

fánny pàck 名 C 《米》ウエストポーチ.

fan·ta·si·a /fæntéɪʒ(i)ə | -ziə/ 名 C 〔音楽〕幻想曲; メドレー, 接続曲.

fan·ta·size /fǽnṭəsàɪz/ 動 自 空想にふける (*about*). — 他 (...)と空想する (*that*).

+**fan·tas·tic** /fæntǽstɪk/ アク 形 ❶ 《略式》**とてもすばらしい**, すてきな [≒excellent, wonderful]: a *fantastic* view すばらしい眺め / You look *fantastic* in that dress. その服すごく似合ってるよ《♥ 相手をほめるときの表現; good よりも強く肯定的評価を表わす》/ You won first prize? *Fantastic!* Ⓢ 1 等賞だって?すごい! ❷ 《略式》(量などが)**想像を絶する**, とてつもない [≒huge]: Some foreign companies pay their executives *fantastic* salaries. 外国の会社の中には役員にとてつもない給料を払っているところがある. ❸ (企画・考えなどが)現実離れした. ❹ 限定 風変わりな: a *fantastic* tale 風変わりな話. (名 fántasy)

-tas·ti·cal·ly /-kəli/ 副 途方もなく; すてきに; 異様に.

fan·tas·ti·cal /fæntǽstɪk(ə)l/ 形 = fantastic 4.

fan·ta·sy** /fǽnṭəsi/ 名 (-ta·sies /~z/) ❶ C,U **空想**, 幻想; 白昼夢《⇒ imagination 類義語》: have ***fantasies about winning the gold medal 金メダルの獲得を空想する / live in a *fantasy* world 空想の世界に住む. ❷ [a ~ または U] 空想[幻想]の産物; C,U 空想作品, ファンタジー. (形 fantástic)

fan·zine /fǽnziːn/ 名 C ファン雑誌.

FAQ /éfèɪkjúː, fǽk/ 略 〔コンピュータ〕= frequently asked question(s) よくある質問《ホームページ上などでよくある質問とその答えを集めたもの》.

*****far** /fɑ́ɚ | fɑ́ː/ (同音 《英》fa)

— 副 (比 far·ther /fɑ́ɚðɚ | fɑ́ːðə/, fur·ther /fɚ́ːðɚ | fə́ːðə/; 最 far·thest /fɑ́ɚðɪst | fɑ́ː-/, fur·thest /fɚ́ːðɪst | fə́ː-/) ✪ farther, farthest; further, furthest についてはそれぞれの項目を参照.

> **単語のエッセンス**
> 基本的には「遠くに」の意.
> 1) (場所・距離が)遠くに ❶
> 2) (時間・程度が)はるかに ❷

❶ (場所・距離が)**遠くに**, 遠くへ《⇒ 類義語》[⇔ near]: We didn't go very *far* because it began to rain. 雨が降り始めたので私たちはそんなに遠くへは行かなかった / ***How far*** is it from the airport to the hotel? 空港からホテルまでどのくらいありますか / He lives ***far away*** from here. 彼はここからはるか遠くに住んでいる.

> 語法 **far の使い方**
> (1) 上の例文のように 1 の意味では far は主として疑問文・否定文に用いる. 肯定文では as [so, too] far のような形や far away となることが多い. このため We went *far*. (我々は遠くへ行った) / The church is *far from* here. (教会はここから遠い)の代わりに, 普通はそれぞれ We went *a long way*. / The church is *a long way from* here. という.
> (2) この意味では《米》では比較級に farther, 最上級に farthest を用いる. 《英》では further, furthest が好まれるが, 比較級は《米》でも further を用いる傾向にある.

❷ (時間・程度などが)**はるかに**, 大いに, ずっと《⇒ 類義語》: Jim studied ***far into*** the night. ジムは夜遅くまで勉強した / These shoes are *far* too small for me. この靴は私にはあまりにも小さすぎる / Gold is *far* heav*ier* than iron. 金は鉄よりずっと重い. 語法 (1) 最後の例のように far は very と違って比較級を強めることもできる. (2) この意味での比較級は further が普通; 最上級はあまり用いない.

as fár as ... [前] (1) **...まで(も)**《最終の目的地を示すとは限らない》: We drove *as far as* Chicago on Tuesday. 火曜日にはシカゴまで車で行った. (2) ...ほど遠くまで, ...と同じ距離だけ: I didn't go *as far as* you. 私はあなたほど遠くまでは行かなかった. (3) ...するところ[程度]までは: We've got *as far as* finding the cause of the trouble, but we haven't found a solution yet. 故障の原因を突きとめるところまでは来たが解決策を見出すには至っていない. (4) 《略式》...に関しては [≒as for].

—[接] **...の限りでは**, ...だけ: The field was white *as far as* the eye could see. 見渡す限り野原は真っ白だった / ***As far as Í know*** [***remember***], Tom has never made such a mistake. Ⓢ 私が知る[記憶する]限りではトムはそんな間違いをしたことがない.

as fàr as it góes [副] 文修飾 ある範囲内では, それなりに(は).

by fár [副] [比較級・最上級などを強めて] **はるかに**, ずっと: Australia is *larger by far* than Japan. オーストラリアは日本よりはるかに大きい / This is *by far the better*. こちらのほうがずっとよい / Baseball used to be *by far the most popular* sport in Japan. 野球は以前は日本で飛び抜けて人気のあるスポーツだった.

cárry ... tòo fár [動] 他 (事)をやりすぎる: He *carries* his teasing *too far*. 彼のからかいは度が過ぎる.

fár and awáy [副] = by far.

fár and wíde = fár and néar [副] あらゆる所に[を], 至る所に[を] [≒everywhere].

fàr bè it from mé to dó Ⓢ 私は...するつもりは全くない, 全く...したくはない.

fár from ... **...にはほど遠い**, ...どころか(全く反対で), とても...でない: His answer was *far from* satisfactory. 彼の回答は満足なものとはほど遠かった(きわめて不満足だった) / "Did you like the movie?" "***Far from it!***" 「映画はよかった?」「いーや全然」 語法 (1) 🔍 後に(代)名詞や動名詞のほかに形容詞を伴うこともある. (2) 主節に対する副詞的修飾語の場合は特に文頭で (so) far from do*ing* (,) となる: *Far from* hesitat*ing*, she willingly offered to help me. ちゅうちょするどころか彼女は喜んで私を援助すると言ってくれた.

fár óff [副] (1) ずっと遠くに (*from*). (2) [否定文で]《略式》ひどく間違って.

gó as [so] fàr as to dó [動] **...しさえする**: She *went as* [*so*] *far as to* call him a liar. 彼女は彼をうそつきとまで言った.

gò fár, gò tóo fár ⇒ go 成句.

hòw fár [副] (1) **どれだけ(遠く)**, どこまで《⇒ 1》. (2) どの程度まで: I don't know *how far* to trust him. 彼をどこまで信用できるか私にはわからない.

in so [as] fár as ... [接]《格式》**...の限りにおいては**,

...の限りでは: *In so far as* you are loyal to us, we will support you. あなたが私たちを裏切らない限りあなたを支持しよう.

so far [副] (1) [só fàr] **今までは**, これまでは: Our task has been easy *so far*, but it will be difficult from now on. 私たちの仕事はこれまでは易しかったがこれからは難しくなるだろう. (2) [sò fár] そこまで, その点まで: You can only go *so far* (and no farther [further]). そこまで, それ以上はだめです.

so fàr as ... 《⇒ as far as ...》 [前] [普通は否定文で] (1) **...までは**: We did*n't* go *so far as* Boston. 私たちはボストンまでは行きませんでした. (2) ...ほど遠くまで: I can*not* swim *so far as* you. 私はあなたほど遠くまで泳げない. (3) ...するところ[程度]までは.

—[接] **...の限りでは**: ***So far as Í know***, he's honest. Ⓢ 私の知っている限りでは彼は正直です.

Só fàr, sò góod. Ⓢ これまでのところは順調だ(が先行きはわからない).

táke ... tòo fár [動] ⊕ = carry ... too far.

thùs fár [副] 《格式》 これまでは, 今までのところ: He's done well *thus far*. ここまでは彼もうまくやった.

— 形 (比 **far·ther** /fáəðə | fá:ðə/, **fur·ther** /fə́:ðə | fə́:ðə/; 最 **far·thest** /fáəðɪst | fá:-/, **fur·thest** /fə́:ðɪst | fə́:-/) ❶ [限定] 《文語》 **遠い, はるかな** 《⇒ 類義語; ✪ be 動詞などの後に来る用法については ⇒ 副 1 語法》: a *far* country はるかな国 / a *far* journey 遠い旅 / the *far* northern tip of Hokkaido 北海道の最北端. ❷ [限定] (2つのうち)遠いほうの, 向こう[反対]側の: the *far* bank of the river 川の対岸 / on the *far* side of the river 川の向こう側に. ❸ [限定] (主義などが)極端な: the *far* left [right] 極左[右].

> 類義語 **far** 距離・時間・関係などが非常に離れていることを表わす. 形 としては文語的: *far* into the future 遠い未来に. **distant** 漠然と遠方を意味することもあるが, 距離が測れるときにはこの語を用いる: It is 2 miles *distant* from here. それはここから2マイルの距離にある. **remote** 中心と考えられる地点から離れてへんぴなことを意味する: a *remote* village (都会または話し手の住んでいる所から)遠く離れた村.

Far·a·day /fǽrədèɪ/ 名 固 Michael ~ ファラデー (1791-1867) 《英国の物理・化学者》.

far·a·way /fá:rəwéɪ/ 形 ❶ [限定] 《文語》 遠くの, 遠方の; 遠い: a *faraway* town 遠くの町 / I would like to travel to *faraway* countries. 遠くの国に旅行したい. ❷ [限定] (目つきなどが)ぽかんとした, 夢見るような: She spoke with a *faraway* look in her eyes. 彼女は夢見るようなまなざしで話した.

farce /fáəs | fá:s/ 名 ❶ [C,U] 笑劇. ❷ [a ~] 茶番, お笑い, ばからしいまね.

far·ci·cal /fáəsɪk(ə)l | fá:-/ 形 ばかげた.

*__fare__ /féə | féə/ [!発音] (同音 fair[1, 2])

> 意味のチャート
> 「行く」(⇒ 語源) → (行くための料金)「**運賃**」 名 ❶ → (運賃を払う人)「**乗客**」 名 ❷
> → 「**やっていく**」 動 → (食べる) → 「**食事**」 名 ❸

— 名 (~s /~z/) ❶ [C] (乗り物の)**運賃**, 料金; バス代, 電車賃 《⇒ price 類義語》: air [bus, train, taxi] *fares* 航空[バス, 列車, タクシー]料金 / a one-way [round-trip] *fare* 《米》 片道[往復]運賃 / a children's *fare* 子供運賃 / Children travel (at) half *fare*. 子供は運賃が半額です 《✪ 無冠詞》 / *Fares*, please. 料金をお願いします(切符を拝見いたします) 《車内での車掌のことば》. ❷ [C] (タクシーの)乗客 [≒ passenger]. ❸ [U] Ⓦ (レストランなどの)食事: a bill of *fare* 《古風》 メニュー. ❹ [U] (映画・テレビなどの)内容, 題材.

— 動 (**far·ing** /fé(ə)rɪŋ/) ⊜ (人が)やっていく: She *fared well* [*badly*] in the interview. 彼女はインタビューをうまくこなした[しくじった].

〘語源 元来は「行く, 旅する」の意〙

+**Far East** /fáəí:st | fá:(r)í:st/ 名 固 [the ~] **極東** 《アジア東部の太平洋に面した地域を指し, 日本・中国・韓国・タイ・ミャンマー・マレーシア・インドネシア・ベトナム・フィリピンなどを含む》. 関連 Middle East 中東 / Near East 近東.

Fár Éastern 形 極東の.

fare·well /féəwél | féə-/ 間 《古風》 さらば!, ごきげんよう! — 名 [C,U] 《古風》 いとまごい, 別れ; 別れ[告別]のことば: a sad *farewell* 悲しい別れ / *A Farewell to Arms* 『武器よさらば』 《ヘミングウェイ (Hemingway) の小説の題名》. **bíd farewéll to ... = bíd ... farewéll** [動] ⊕ 《古風》 (...)に別れを告げる. — 形 送別の: a *farewell* party 送別会. 〘語源 原義は「よく 《⇒ well[1]》 旅をせよ 《⇒ fare》」; ⇒ welfare 語源〙

far-fetched /fáəféʧt | fá:-/ 形 こじつけの; (話などが)信じがたい, 不自然な.

far-flung /fáəflʌ́ŋ | fá:-/ 形 [普通は 限定] 《文語》 遠くの; 広範囲にわたる.

***__farm__ /fáəm | fá:m/

— 名 (~s /~z/) ❶ [C] **農場, 農園** 《家屋・納屋などの建物も含む》: All of his family work *on a farm*. 彼の家族はみな農場で働いている 《✪ *in* a farm とは言わない》 / a fruit *farm* 果樹園.

❷ [C] [主に合成語で] (家畜・家禽(かきん)の)**飼育場**, 牧場, 養殖場: a chicken *farm* 養鶏場 / a fish *farm* 養魚場. ❸ [C] (農場にある)農家 [≒farmhouse].

— 動 ⊕ (土地)を耕作する; (家畜・魚)を飼育[養殖]する: My father *farms* sixty acres. 父は60エーカーの土地を耕作している.

— ⊜ 農業をする, 農場[飼育場]を経営する.

fárm óut [動] ⊕ (1) (仕事)を下請けに出す (*to*). (2) [軽蔑的] (子供など)を預ける (*to*).

*__farm·er__ /fáəmə | fá:mə/

— 名 (~s /~z/) [C] **農園主, 農場経営者** 《⇒ peasant 語法》; 農民: a péanut *farmer* ピーナッツ農園主 / a tenant *farmer* 小作人 / George Washington was a *farmer* in Virginia. ジョージ ワシントンはバージニアの農園主だった.

fármers' màrket 名 [C] (農民による)生産物の直売市.

farm·hand /fáəmhæ̀nd | fá:m-/ 名 [C] 農場労働者.

farm·house /fáəmhàʊs | fá:m-/ 名 (-hous·es /-hàʊzɪz/) [C] (農場付近の)農場主の住宅, 農家.

+**farm·ing** /fáəmɪŋ | fá:m-/ 名 [U] **農業** 《✪ agriculture より略式》, 農場経営; 飼育, 養殖: organic *farming* 有機農業 / sheep *farming* 牧羊.

farm·land /fáəmlæ̀nd | fá:m-/ 名 [U] 農地.

farm·stead /fáəmstèd | fá:m-/ 名 [C] 《米》 農場 《土地建物一切を含めていう》.

fárm tèam 名 [C] 〘野球〙 二軍(チーム).

farm·yard /fáəmjàəd | fá:mjà:d/ 名 [C] 農場の構内, 農家の庭 《農家や納屋などに囲まれている》.

F

far-off /fáəɔ́ːf | fáː(r)ɔ́f←/ 形 限定《文語》はるかかなたの, 遠く離れた; はるか昔の.

far-out /fáəáʊt | fáː(r)-←/ 形《略式》とても変わった, 奇抜な.

far-reach·ing /fáərí:ʧɪŋ | fáː-←/ 形 (効果·影響などが)遠くまで及ぶ, 影響の大きい, 広範な.

far·sight·ed /fáəsáɪṭɪd | fáː-←/ 形 ❶《主に米》遠視の [《英》longsighted] [⇔ nearsighted]. ❷ 先見の明のある; 先を見越した [⇔ shortsighted]. **～·ness** 名 ❶ U《米》遠視. ❷ U 先見の明.

fart /fáət | fáːt/ 名 ❶ C《卑語》屁(へ). ❷ C《卑語》くだらない[いやな]やつ. ― 動 自 ❶《卑語》屁をする. ❷《卑語》だらだら過ごす (*around*).

+**far·ther** /fáəðə | fáːðə/ (同音《英》father) 副 ❶ [far の比較級] **さらに遠く(に)**, もっと先に [≒further]: He went *farther* into the cave. 彼はさらにほら穴の奥に入っていった / They moved ***farther away from*** the fire. 彼らは火のところからさらに遠くへ移った. ❷ さらに, もっと [≒further].

― 形 [far の比較級] [普通は 限定] **さらに遠くの**, もっと先の [≒further]: The car stopped at the *farther* end of the street. 車は通りの向こうの端で止まった / The nearer the church, the ***farther from*** God. [+ *from*+名]《ことわざ》教会に近いほど神からは遠くなる(教会経営と信仰生活は並行しがたい).

+**far·thest** /fáəðɪst | fáː-/ 副 [far の最上級] **最も遠くに** [≒furthest]; 最も, 一番: Who can throw the ball (*the*) *farthest?* だれが一番遠くまでボールを投げられるか (⇒ the[1] 1 (4) 語法 (2)).

― 形 [far の最上級] 限定 最も遠くの [≒furthest]; 最長の: Neptune is *the farthest* planet *from* the sun. 海王星は太陽から最も遠くにある惑星である.

fas·ci·a /féɪʃ(i)ə/ 名 ❶ C《英》計器盤. ❷ C《英》(店の)看板;〔建築〕鼻隠し板. ❸ C (携帯電話の)カバー. ❹ C〔解剖〕筋膜.

+**fas·ci·nate** /fǽsənèɪt/ !アク 動 (-ci·nates /-nèɪʦ/; -ci·nat·ed /-ṭɪd/; -ci·nat·ing /-ṭɪŋ/) 他 [進行形なし] (...)を**魅了する**, (...)の心をひきつける [≒charm]: The beautiful scenery *fascinates* every traveler. その美しい景色はどの旅人をも魅惑する.

― 自 興味をそそる. (名 fàscinátion)

fas·ci·nat·ed /fǽsənèɪṭɪd/ 形 叙述 魅了されて, 興味をそそられて: He was *fascinated by* [*with*] her beauty. 彼は彼女の美しさに心を奪われた / I was *fascinated to* learn she had been in China. 彼女が中国にいたことがあると知って興味をそそられた (⇒ interested 形 1 語法).

*__fas·ci·nat·ing__ /fǽsənèɪṭɪŋ/ !アク 形 **魅惑的な**, とてもおもしろい: a *fascinating* story とてもおもしろい話 / It is *fascinating* to see how small children react to the story. 小さい子供がその話にどう反応するかを見るのはとても興味深い.

～·ly 副 魅惑的に; 興味をそそって.

fas·ci·na·tion /fæ̀sənéɪʃən/ 名 ❶ [U または a ～] 魅せられること, 魅了: in *fascination* うっとりと / have a *fascination with* [*for*] ... (人が)...に魅了される. ❷ C,U 魅惑, 魅力: have [hold] a *fascination for* ... (物事が)...を魅了する. (動 fáscinàte)

fas·cis·m /fǽʃɪzm/ 名 U ファシズム, 極右独裁制; 独裁.

fas·cist /fǽʃɪst/ 名 C ファシズム信奉者, ファシスト; 《略式》独裁的な人; 極右の人. 関連 Nazi ナチ党員.

― 形 ファシズムの.

fash·ion /fǽʃən/ (**)

― 名 (～s /～z/) ❶ U,C (服装·風習などの)**流行, はやり**: the ***fashion for*** miniskirts ミニスカートの流行 / This style of hat is now ***in fashion***. この型の帽子が今流行だ / That dress is already ***out of fashion***. あのドレスはもう流行遅れだ / Long skirts will soon ***go out of fashion***. ロングスカートはもうすぐはやらなくなるだろう / come (back) into *fashion* (再び)流行してくる / follow every new *fashion* 次々と新しい流行を追いかける.

❷ C,U **流行の服装[髪型]**, ファッション; U ファッション[服飾]業: Paris *fashions* パリのファッション / This is the latest *fashion*. これが最新の流行です / a *fashion* magazine [model] ファッション雑誌[モデル].

❸ [単数形で]《格式》**しかた**, やり方, 流儀 (⇒ method 類義語): He ate ***in*** a rapid, but careful ***fashion***. 彼はすばやくしかしきれいに食べた.

àfter [in] a fáshion [副]《格式》どうにかこうにか, 曲がりなりにも, 一応.

àfter the fáshion of ... [前]《格式》...流で, ...にならって; ...をまねて.

be áll the fáshion [動] 自 大流行である. (形 fáshionable)

― 動 他 ❶ (材料を使って)(...)を形作る (*from, out of, into*). ❷ [普通は受身で] (性格など)を形成する [≒shape].

+**fash·ion·a·ble** /fǽʃ(ə)nəbl/ 形 ❶ **流行の**, はやりの, おしゃれな [⇔ unfashionable]: a *fashionable* dress 流行のドレス / It's become ***fashionable for*** young women to wear hats. 若い女性の間で帽子をかぶるのがはやっている. ❷ 上流社会の, 高級な: a *fashionable* restaurant 高級レストラン. (名 fáshion)

-a·bly /-nəbli/ 副 流行に従って.

fash·ion·ist·a /fæ̀ʃəní:stə/ 名 C [主に新聞で]《略式》ファッション業界人; ファッションに関心の強い人.

fáshion vìctim 名 C《略式》流行に振り回される人.

fast[1] /fǽst | fáːst/ (***)

意味のチャート
「固定した」形 ❹ →「堅く」副 ❸ → (力をこめて) →「速く」副 ❶,「速い」形 ❶
→ (普通より速い) →「進んでいる」形 ❷
→ (次々と続く) →「ひっきりなしに」副 ❷

― 形 (fast·er; fast·est) ❶ **速い, 急速な**; 時間がかからない, 急ぎの [⇔ slow] (⇒ 類義語): a *fast* runner 足の速い走者 / a *fast* train 急行列車 / a *fast* worker 仕事の速い人;《略式》(男女の関係で)手の早い人 / a *fast* pitcher 速球投手. 関連 early 時刻や時期が早い.

fast (人や物の速度が速い)	速い
rapid (変化·変動などが急激な)	
quick (行動がすばやい)	
swift (動きがなめらかで軽快な)	
speedy (仕事や行動などが敏速な)	

❷ 叙述 (時計が)進んでいる, 早い [⇔ slow]: This clock is three minutes *fast*. この時計は3分進んでいる.
❸ 限定 (道路などが)高速用の; 〔写真〕(フィルムが)高感度の; (レンズが)高速撮影用の. ❹ 固定した; しっかりと閉まった: make ... *fast* ...をしっかりとつなぐ, 結び付ける. ❺ 変色しない, (色が)あせない; 《文語》(心が)変わらない, 忠実な: a *fast* color あせない色. ❻ 《古風》(女性が)ふしだらな.

類義語 **fast** と **rapid** はいずれも速度の速さを表わすが, *fast* では動き・動作の速いことに重点が置かれるのに対し, *rapid* は変化の速さ・急激さに重点が置かれる: a *fast* car 速い車 / *rapid* change 急速な変化. **quick** 速度よりもむしろ行動のすばやさに意味の重点がある: *quick* action すばやい行動. **swift** 速度の速さに加えて, なめらかな動きを意味する: *swift* change 急な変化. **speedy** 速度の速さにも, 行動のすばやさにも用いる: a *speedy* recovery from sickness 病気からの速やかな回復.

— 副 (fast·er; fast·est) ❶ **速く, 急速に** [⇔ slowly]; (定刻より)早く: He talks too *fast*. 彼はあまりにも早口だ / Tom ran (*the*) *fastest* in his class. クラスではトムがいちばん速く走った《⇒ the[1] 1 (4) 語法 (2)》/ How *fast* that horse is running! あの馬は何て速く走るんだろう. 語法 how とともに文頭にくるとき以外は fast は常に動詞の後にくる // Bad news travels *fast*. 《ことわざ》悪いうわさは伝わるのが速い(悪事千里を走る).
❷ **短時間で**, 急速に; ひっきりなしに: My childhood dream is *fast* becoming a reality. 子供のころの夢が急速に現実となりつつある / The news followed *fast*. 次々と知らせが入ってきた.
❸ **堅く**, しっかりと; ぐっすりと: be stuck *fast* in the mud 泥にしっかりはまって動けない / My sister is *fast* asleep. 妹はぐっすり眠っている.
hóld fást [動] 自 (1) しっかりとつかむ[握る]: *Hold fast to* the rail. 手すりにしっかりつかまりなさい. (2) 《格式》(原則などに)固執する, (信念などを)固持する (*to*).
Nót sò fást! Ⓢ そう急ぐな, 慎重に.
stánd fást [動] 自 (1) しっかりと立つ. (2) (...に関して)断固として譲らない (*against*).

fast[2] /fǽst | fάːst/ 動 自 (宗教上の理由で)断食する.
— 名 Ⓒ 断食; 断食期間. **bréak** one's **fást** [動] 自 断食をやめる《⇒ breakfast 語源》.

fast·ball /fǽstbɔ̀ːl | fάːst-/ 名 Ⓒ 〔野球〕速球.

fást bréeder (reàctor) 名 Ⓒ 高速増殖炉.

+**fas·ten** /fǽs(ə)n | fάːs(ə)n/ ⚠発音 動 (fas·tens /~z/; fas·tened /~d/; -ten·ing) 他 ❶ (衣服など)を(ボタンなどで)**留める** [≒do up]; (...)を(~に)**しっかり留める**, 固定する, 締める, 縛る《⇒ tie 類義語》[⇔ unfasten]: *fasten up* (the button of) one's dress ドレスのボタンを留める / Please *fasten* your seat belt. シートベルトを締めてください / He ***fastened*** the two boards ***together with*** a rope. V+O+副+*with*+名 彼はその2枚の板をロープでしっかり縛った / My father ***fastened*** a shelf ***to*** [***onto***] the wall. V+O+*to* [*onto*]+名 父は壁に棚を取り付けた.
❷ (戸・窓など)を**しっかり閉める**: Make sure that the doors and windows *are fastened* before you go out. V+O の受身 出かける前にドアや窓の戸締まりを確かめなさい. ❸ (腕など)を(...のまわりに)しっかりからませる (*around*); (歯など)を(...に)くい込ませる (*onto*, *into*).
❹ (注意・視線など)を(...に)しっかりと向ける, 集中する: The pupils *fastened* their eyes *on* the teacher. 生徒たちはじっと先生の方へ目を向けた.
— 自 (ボタン・ホックなどが)留まる; (戸などが)閉まる, (鍵が)かかる; (腕などが)しっかりからむ (*around*): This shirt *fastens* at the back. このシャツは背中で留める.
fásten on [ònto, upòn] ... [動] 他 (1) (考えなど)に注目し利用する; 飛びつく: He *fastened on* the new idea. 彼はその新しい考えに飛びついた. (2) (人)にまとわりついて離れない.

fas·ten·er /fǽsnɚ | fάːsnə/ 名 Ⓒ 留める[締める]物; 留め[締め]金具; ファスナー, ジッパー, クリップ, スナップ: do up a *fastener* ファスナーを締める.

fas·ten·ing /fǽsnɪŋ | fάːsn-/ 名 Ⓒ = fastener.

fást fóod 名 U,C ファーストフード.

fast-for·ward /fǽs(t)fɔ́ɚwɚd | fάːs(t)fɔ́ːwəd/ 動 他 (ビデオなど)を早送りする. — 自 早送りする; 先へ進む (*to*). — 名 U (テープ・ビデオなどの)早送り(ボタン).

fas·tid·i·ous /fæstídiəs/ 形 きちょうめんな, 細心の (*about*); 潔癖な; 気難しい. **~·ly** 副 きちょうめんに; 潔癖に.

fást láne 名 Ⓒ 高速車線, 追越し車線《⇒ slow lane》. **lífe in the fást láne** [名] 《略式》(成功と快楽を追う)ハイペースな人生.

fast·ness /fǽs(t)nəs | fάːs(t)-/ 名 Ⓒ 《文語》要塞(ようさい), 隠れ家.

fast-talk·er /fǽs(t)tɔ̀ːkɚ | fάːs(t)tɔ̀ːkə/ 名 Ⓒ 《略式》口車に乗せるのがうまい人.

fást tràck 名 [単数形で] (出世などの)最短コース: on the *fast track* 出世コースに乗って.

fast-track /fǽs(t)træ̀k | fάːs(t)-/ 動 他 (人)を昇進させる; 優先させる. — 形 限定 昇進[出世]の早い; 優先的な.

*fat /fǽt/

— 形 (fat·ter /-ṭɚ | -tə/; fat·test /-ṭɪst/) ❶ **太った**, 肥えた, ずんぐりした《⇒ 類義語》[⇔ thin, lean]: a *fat* man 太った男 / a *fat* chicken 太らせた鶏《食肉市場用》/ get *fat* 太る.
❷ 限定 (財布などが)**ふくれた**; (形が)厚い, 大きい: He must have a *fat* purse. 彼はふところが暖かいに違いない / a *fat* dictionary 分厚い辞書. ❸ 限定 《略式》高額[多額]の: a *fat* check 高額小切手.
(a) fát chánce [名] Ⓢ ほとんど無理な[ありえない]こと (*of*).
(a) fát lót of góod [úse] [形] Ⓢ 全然役に立たない.
grów fát on ... [動] 他 《略式》[軽蔑的] ...で金持ちになる. (動 fátten)

類義語 **fat** 最も一般的で, 直接的な語. 面と向かって使うのは失礼にあたる. **overweight** はその遠回しな言い方(**big, large,** 《米》では **heavy** なども同様の趣旨で使うことがある). **stout** がっしりした体つきをいうが, 今では fat の遠回しな言い方で, 特に中年を過ぎた人に用いる. **plump** 「かわいらしくふっくらと太った」の意味で, 女性や子供について使う. **obese** 格式語で, 不健康なほどひどく太っている, の意. **chubby** 「ぽっちゃりと太った」の意味で, 赤ん坊や子供について使う.

— 名 ❶ U **脂肪**《人・動物の体の》; U,C (食品の)脂肪(分), 脂身: 言い換え a diet that is low [high] in *fat* = a low-*fat* [high-*fat*] diet 脂肪分の少ない[多い]食事 / cut the amount of *fat* in one's diet 食事での脂肪

分を減らす.
❷ C,U (料理用の)油: potatoes fried in deep *fat* 油で揚げたじゃがいも《⇒ fry[1] 日英》/ The *fat* is in the fire. 油が火に入った(後で面倒なことになる).
líve òff the fát of the lánd [動] 自 (あまり働かずに)ぜいたくな暮らしをする. (形 fátty)

+**fa·tal** /féɪṭl/ 形 ❶ **致命的な**, 命取りの《生き残る可能性のないことを意味する》: a *fatal* disease 不治の病, 死病 / The wound was [proved] ***fatal to*** her. +to+名 その傷は彼女の命取りとなった.
❷ (失敗・破滅を招くほど)**重大な**, 取り返しのつかない, 致命的な (*to*): a *fatal* flaw 重大な欠陥 / They have made a *fatal* mistake. 彼らは取り返しのつかないミスをしてしまった. (名 fatálity)

fa·tal·is·m /féɪṭəlìzm/ 名 U 運命論, 宿命論.

fa·tal·is·tic /fèɪṭəlístɪk←/ 形 運命(論)的な.

fa·tal·i·ty /feɪtǽləṭi, fə-/ 名 (-i·ties) ❶ C (事故・戦争などによる)死, 死者 [≒death]; U (特に病気の)致死性[率]: the number of traffic *fatalities* 交通事故の死者の数 / a 30 percent *fatality* rate (癌(がん)などの) 30% の致死率. ❷ U《格式》宿命, 運命; 諦観(ていかん). (形 fátal)

fa·tal·ly /féɪṭəli/ 副 致命的に, 命にかかわるほどひどく: be *fatally* injured 致命的な負傷を負う.

fát càt 名 C《略式》[軽蔑的] 高給取り; 大物.

fate** /féɪt/ (同音 fete) 名 (fates/féɪts/) ❶ C [普通は単数形で] **運命**《人・物事にふりかかる, 特に悪い出来事全体》, 命運, **行く末**, 将来; 結末 (*of*): Who has the right to decide our *fate*? 我々の将来を決める権利などだれにあるか(だれにもありはしない) / He suffered the same *fate*. 彼も同じ不運にあった / I will not ***leave you ***to*** your ***fate***. 君を見殺しにはしない.
❷ U [しばしば F-] (逃れられない)**運命**(の力), 宿命: by a twist of *fate* 運命のめぐりあわせで. ❸ [the Fates]〔ギリシャ・ローマ神話〕運命の三女神.
a fáte wòrse than déath [名] [しばしばこっけいに] とてもいやな[恐ろしい]経験: suffer *a fate worse than death* ひどい目にあう. (形 fáteful)

類義語 **fate** 神などの意思によって定められた, 避けられない運命. 特に不運な宿命の意に用いることが多い. **destiny** *fate* と同様に避けられない運命の意であるが, 必ずしも悪い運命とは限らない. **doom** 不幸な, または悲惨な終局的運命.

〖語源 原義はラテン語で「(予言者によって)語られたこと」〗

fat·ed /féɪṭɪd/ 形 叙述 運命づけられて: 言い換え The lovers were *fated to* be unhappy. = It was *fated that* the lovers should be unhappy. 恋人たちは不幸になる運命だった.

fate·ful /féɪtf(ə)l/ 形 [普通は 限定] 運命を決めるような, (悪)影響のある, 重大な. (名 fate)

fat-free /fǽtfríː←/ 形 脂肪のない, 無脂肪の.

*****fa·ther** /fáːðɚ | -ðə/ (同音《英》farther)
— 名 (~s /~z/) ❶ C **父, 父親**《⇒ family tree 図》: He is the ***father of*** three (children). 彼は 3 人の子供の父親だ / Like *father*, like son. 《ことわざ》この父にしてこの子あり(かえるの子はかえる). 関連 mother 母 / stepfather 継父 / paternal 父の.

語法 **father の使い方**
(1) 家族の間では father を固有名詞のように冠詞をつけずに用い, 書くときは Father とすることが多い. この用法は《やや格式》: *Father* has gone fishing. 父は釣りに出かけました.
(2) 子供から父親への呼びかけには Dad, Daddy などを用いるのが普通. いずれも成人しても用いるが Daddy は子供っぽい《⇒ mother 語法 (2)》.

❷ C [F-] 神父, ...師《カトリックの神父に対する敬称; 略 Fr.》; (初期教会の)教父: (the) Holy *Father* ローマ法王 / *Father* Smith スミス神父. ❸ [しばしば Our [the] F-] 天の父, キリスト教の神. ❹ C [普通は the ~] 創始者, 開祖, 生みの親: Galileo is *the father of* modern science. ガリレオは近代科学の創始者である / George Washington is said to be *the father of* his country. ジョージ ワシントンはアメリカの国父であるといわれている. ❺ [複数形で]《文語》先祖, 祖先. ❻ C [普通は複数形で]《古風》(地域・議会などの)長老(たち).
from fáther to són [副] 代々. (形 fátherly)
— 動 (-ther·ing /-ð(ə)rɪŋ/) 他 ❶ (...)の父となる. ❷《格式》(...)を創始する, 生み出す.

Fáther Chrístmas 名 固《英》サンタクロース (Santa Claus).

fáther fìgure 名 C (後輩の)よき相談相手《父親代わりとして頼りになる人》(*to, for*).

fa·ther·hood /fáːðɚhʊ̀d | -ðə-/ 名 U 父であること.

fa·ther-in-law /fáːðərɪnlɔ̀ː | -ðə(r)ɪn-/ 名 (複 fa·thers-in-law, fa·ther-in-laws) C 義理の父, 義父, しゅうと.

fa·ther·land /fáːðɚlæ̀nd | -ðə-/ 名 C [普通は単数形で] 祖国.

fa·ther·less /fáːðɚləs | -ðə-/ 形 父親のいない.

fa·ther·ly /fáːðɚli | -ðə-/ 形 限定 (よい)父としての; 父親のような《⇒ paternal》: *fatherly* advice 父親としての[親身の]助言. (名 fáther)

Fá·ther's Dày /fáːðɚz- | -ðəz-/ 名 C,U 父の日《6 月の第 3 日曜日》.

fath·om /fǽðəm/ 名 (~(s)) C〔海事〕ひろ《水深を測る単位; 6 フィート; 1.83 メートル》. — 動 他 [進行形なし; しばしば否定文で] (人の意図など)を見抜く, 十分理解する: I could*n't fathom* (《英》*out*) why she was crying. なぜ彼女が泣いているのか私にはわからなかった.

fath·om·less /fǽðəmləs/ 形《文語》測ることができない, 底知れない; 不可解な, 計り知れない.

+**fa·tigue** /fətíːg/ ❗発音 名 (~s /~z/) ❶ U (極度の)**疲れ**, 疲労; 意欲の減退: He fell ill from [with] *fatigue*. 彼は疲労で病気になった. ❷ U〔物理〕(金属などの)疲労: metal *fatigue* 金属疲労. ❸ [複数形で] 戦闘[作業]服; (懲罰的な)雑役.

fa·tigued /fətíːgd/ 形 叙述《格式》疲労して《⇒ tired 類義語》: I was too *fatigued* to work anymore. 私は疲れてそれ以上は働けなかった.

fa·tigu·ing /fətíːgɪŋ/ 形《格式》疲労させる; つらい: a *fatiguing* day (多忙で)くたびれる日.

fat·so /fǽtsoʊ/ 名 (~es) C《略式》= fatty.

fat·ten /fǽtn/ 動 他 (家畜)を太らせる (*up*)《食肉用に》; (人)を太らせる (*up*). — 自 太る. (形 fat)

fat·ten·ing /fǽtnɪŋ/ 形 (食物が)人を太らせる.

+**fat·ty** /fǽṭi/ 形 (fat·ti·er; -ti·est) **脂肪質の**; 脂(あぶら)っこい: *fatty* soup 脂っこいスープ. (名 fat)
— 名 (fat·ties /~z/) C《略式》[軽蔑的] 太っちょ, でぶ.

fátty ácid 名 C〔化学〕脂肪酸.

fat·u·ous /fǽtʃuəs/ 形《格式》愚かな, 愚鈍な.

+**fau·cet** /fɔ́ːsɪt/ 名 C《米》**蛇口**, 栓, コック《⇒ bathroom 挿絵, kitchen 挿絵》[《英》tap]: turn on [off] a *faucet* 蛇口をひねって開ける[閉める].

Faulk·ner /fɔ́ːknɚ | -nə/ 名 固 William ～ フォークナー (1897–1962)《米国の作家》.

****fault** /fɔ́ːlt/ 発音 名 (faults /fɔ́ːlts/) ❶ U,C (過失の)**責任**, 罪: It's yóur *fault*. それはあなたの責任だ(悪いのはあなただ) / It is mý *fault* that we are late. 私たちが遅くなったのは私のせいです / It's your own ***fault for*** not work*ing* hard. それは懸命に勉強しなかった君の責任です / The *fault* lies with him. その責任は彼にある / through no *fault* of one's own 自分が悪いわけではないのに.

❷ C (人・物事の)**欠点**, 欠陥, 短所 [⇔ merit]: Everybody has both merits and *faults*. だれにでも長所と短所がある / There are many ***faults in*** your reasoning. あなたの論法には欠陥が多い.

❸ C 誤り, 過失, 落ち度 [≒error, mistake]: a *fault in* grammar 文法の誤り《✪ mistake が普通》.

❹ C〔球技〕フォールト《サーブの失敗》.

❺ C〔地質〕断層.

be at fáult [動] 自 責任がある, 悪い (*for*).

fínd fáult with ... [動] 他 **...の欠点[あら]を探す**, ...にけちをつける [≒criticize]: He is always *finding fault with* others. 彼はいつも他人のあらばかり探している《⇒ be² A 1 (3)》.

to a fáult [副] W (長所について)極端に, あまりにも: be honest *to a fault* 正直すぎる. (形 fáulty)

— 動 他 [しばしば否定文で] (...)のあらを探す, (...)をけなす: His performance was hard to *fault*. 彼の演奏[演技]は文句のつけようがなかった.

fault·find·ing /fɔ́ːltfàɪndɪŋ/ 名 U あら探し, 難癖をつけること.

fault·less /fɔ́ːltləs/ 形 欠点のない, 申し分のない, 完ぺきな [≒perfect] [⇔ faulty]. **～·ly** 副 申し分なく, 完ぺきに.

fault·y /fɔ́ːlti/ 形 (fault·i·er; -i·est) 欠点のある, 不完全な [⇔ faultless]; (推論などが)誤った: The connection was found to be *faulty*. 接続部分に欠陥があることが判明した. (名 fault)

faun /fɔ́ːn/ 名 C〔ローマ神話〕ファウヌス《田野・森林の神で, 上半身は人間で下半身はやぎの姿をしている; ギリシャ神話の satyr に当たる》.

fau·na /fɔ́ːnə/ 名 U,C〔動物〕(一地域または一時代特有の)全動物, 動物相. 関連 flora 全植物, 植物相.

Faust /fáʊst/ 名 固 ファウスト《ドイツの伝説・文学, 特に Goethe の同名の戯曲に登場する学者; 全知全能を望み悪魔メフィストフェレスに魂を売った》.

faux pas /fòʊpάː/ ≪フランス語から≫ 名 (複 ～ /～z/) C (社交上の)失敗, 不作法; 失言.

fá·va bèan /fάːvə-/ 名 C《米》そら豆 [《英》broad bean].

fave /féɪv/ 名 C《略式》お気に入りの人[物] [≒favorite]. — 形《略式》お気に入りの.

****fa·vor,** 《英》 **fa·vour** /féɪvɚ | -və/

— 名 (～s /～z/) ❶ C **親切な行ない**, 手助け, 好意: Would you ***do*** me ***a favor***? ひとつお願いがあるのですが / ***as a favor*** (***to*** ...) (人への)好意として / I ***owe*** her ***a favor***. 彼女には恩義がある / I'll ***return the favor*** someday. 今度お返しをします / I need a *favor* (from you). (あなたに)お願いがあります.

♥ **お願いしてもいいですか** (依頼するとき)
Can I ask you a favor?

Can I ask you a favor?
ちょっとお願いしてもいい?
Sure, what's it?
うん, 何?
I think I left my wallet at home. Could you lend me some money to buy lunch? 財布を家に忘れてきちゃったみたいなの. お昼ごはん買うお金を貸してもらえる?
Okay.
いいよ.

♥ 依頼をするときの前置き表現として使われる.
♥ これから頼み事をすることを前もって伝え, 相手に心の準備をする時間を与えるため, より丁寧な印象になる.
《依頼の表現については ⇒ could B 1 (4)》

❷ U (相手の希望・計画などに対する)**好意**; **引き立て**, 賛成, 支持 [≒support]; 人気: I hope this plan will ***find favor with*** my boss. この計画が上司に気に入られるといいのですが / Eco-friendly products are ***gaining favor with*** consumers. 環境にやさしい製品が消費者に支持されてきている / At last we could ***win*** her ***favor***. とうとう我々は彼女に気に入られることができた / ***lose favor*** 支持[人気]を失う / Your *favor* will be much appreciated. お引き立ていただければ大変ありがたく存じます. ❸ U えこひいき, 偏愛: show *favor* to ... ...をえこひいきする. ❹ C《米》(パーティーの)記念品.

Dó me a fávor! (1) S お願いだよ, 頼むから: *Do me a favor* and be quiet. たのむから静かにしてよ / "Give me more cookies, mom!" "No. You've had enough." "*Do me a favor!* Just one. Please!"「ママ, もっとクッキーちょうだい」「だめ. もう十分食べたでしょ」「お願い! 1 つだけだから, ね!」《強く頼む場合》 (2) S《英》とんでもない! 勘弁してよ!《相手の質問にあきれたときなど》

in fávor [形・副] (...に)気に入られて (*with*).

in fávor of ... [前] (1) **...に賛成して**, ...に味方して, ...を支持して: They are *in favor of* your plan. 彼らはあなたの計画に賛成しています. (2) ...の利益となるように, ...のために. (3) ...のほうを選んで: The city abandoned streetcars *in favor of* buses. 市は路面電車を廃止してバスにした.

in ...'s fávor [形] (1) **...に気に入られて**: Helen is *in his favor*. ヘレンは彼のお気に入りだ. (2) ...に有利で. —[副] ...の有利[利益]になるように.

òut of fávor [形・副] (...に)嫌われて (*with*).
(形 fávorable, fávorite)

— 動 (fa·vors, 《英》 fa·vours /～z/; fa·vored, 《英》 fa·voured /～d/; -vor·ing, 《英》 -vour·ing /-v(ə)rɪŋ/) 他 ❶ (...)に**好意を示す**, 賛成する; (...)を**支持する**, 援助する, (他のものより)好む (*over*): The President *favored* that project. 大統領はその計画を支持した / Fortune *favors* the brave. 《ことわざ》運は勇敢な者の味方.

❷ (...)を**えこひいきする**, 偏愛する; (...)のために便宜をはかる: The mother *favored* the youngest child. その母親は末っ子を特にかわいがった / the tax code that *favors* the rich *over* the poor 貧困層よりも富裕層を優遇する税制. ❸ (状況などが)(...)に有利[好都合]である: The weather *favored* us. 天候は我々に幸いした. ❹《格式》(好意で)(...)に(～をして)あげる, (...)に(～を)

恵む: Ladies and gentlemen, Miss White will *favor* us *with* a few words. みなさん, ホワイトさんがちょっとお話をしてくださいます.

+**fa·vor·a·ble,** 《英》 **fa·vour·a·ble** /féɪv(ə)rəbl/ 発音 形 ❶ (意見などが)**好意的な**, 親切な; 賛成する [⇔ unfavorable]: a *favorable* answer 好意的な返事 / He sent a *favorable* report on Ms. Long's business. 彼はロングさんの事業について好意的な報告書を送った / She's ***favorable to*** the scheme. +to+名 彼女はその計画に賛成している.

❷ (...にとって)**好都合な**, 有望な, 有利な (*to*); 好ましい [⇔ unfavorable]: a *favorable* wind 順風 / on *favorable* terms 有利な条件で / The weather was ***favorable for*** our flight. +for+名 天候は私たちの飛行に好都合だった / He made a *favorable* impression on us. 彼は私たちによい印象を与えた. (名 fávor)

+**fa·vor·a·bly,** 《英》 **fa·vour·a·bly** /féɪv(ə)rəbli/ 副 ❶ **好意的に**, 前向きに: He spoke *favorably* of Jane. 彼はジェーンのことをよく言っていた. ❷ 有利に, 都合よく, 順調に.

fa·vored, 《英》 **fa·voured** /féɪvəd | -vəd/ 形 ❶ 優遇された. ❷ 好意をもたれた, 気に入られた. ❸ 有望な, 勝ちそうな, 本命の: be *favored to* win 勝つと予想されている. ❹ (場所などが)恵まれた.

‡fa·vor·ite, 《英》 fa·vour·ite

/féɪv(ə)rət/ 発音

— 形 限定 [比較なし] (いちばん)**お気に入りの**, **いちばん好きな**, ひいきの: Who is your *favorite* singer? あなたのいちばん好きな歌手はだれですか.

> **いちばん好きな**
>
> **私のいちばん好きな色**
>
> ○my **favorite** color ×my most favorite color
>
> ✪ favorite はそれ自体が最上級としての意味を持つので most favorite とは言わない.

(名 fávor)

— 名 (-vor·ites, 《英》 -vour·ites /féɪv(ə)rɪts/) ❶ C **お気に入りの人[物]**, 人気者; 好きな物: 言い換え Mary is everybody's *favorite*. = Mary is a ***favorite with*** everybody. メアリーはみんなの人気者です / This dish is his *favorite*. この料理は彼のいちばんの好物だ. ❷ C (先生などが)ひいきにしている人, お気に入り. ❸ C [普通は the ~] (競技などの)優勝候補, (競馬などの)本命 (*for*) (⇒ outsider 2): That horse is *the* firm [hot] *favorite to* win the race. あの馬はレースの大本命だ. ❹ [複数形で] 〔コンピュータ〕 お気に入り 《よく利用するウェブサイトなどの一覧》.

fa·vor·it·is·m /féɪv(ə)rətɪ̀zm/ 名 U えこひいき, 情実; 偏愛.

‡fa·vour /féɪvə | -və/ 名 動 《英》 = favor.

+**fa·vour·a·ble** /féɪv(ə)rəbl/ 形 《英》 = favorable.

+**fa·vour·a·bly** /féɪv(ə)rəbli/ 副 《英》 = favorably.

‡fa·vour·ite /féɪv(ə)rət/ 形 名 《英》 = favorite.

fawn[1] /fɔ́:n/ 名 ❶ C 子鹿(こじか) 《1 歳以下》. 関連 deer 鹿. ❷ U 淡黄褐色. — 形 淡黄褐色の.

fawn[2] /fɔ́:n/ 動 自 こびる, へつらう (*on, over*).

+**fax** /fǽks/ 名 (~·es /~ɪz/) ❶ C **ファックス**《通信文·写真》 (facsimile); U ファックス《伝送方法》: send [receive, get] a *fax* ファックスを送る[受け取る] / Will you ***send*** this ***by fax***? これをファックスで送ってくれませんか. ❷ C ファックス機.

— 動 (fax·es /~ɪz/; faxed /~t/; fax·ing) 他 (...)を(人に)**ファックスで送る**; (人·場所など)にファックスを送る: Could you ***fax*** the copy ***to*** me? V+O+to+名 = Could you *fax* me the copy? V+O+O そのコピーを私にファックスで送ってくれませんか.

fáx machìne 名 C = fax 2.

faze /féɪz/ 動 他 [普通は否定文で] 《略式》 (...)の心を騒がせる, (...)をあわてさせる, こわがらせる: He wasn't *fazed* at all. 彼は全くあわてなかった.

FBI /éfbì:áɪ/ 略 [the ~] = Federal Bureau of Investigation (米国)連邦捜査局.

FDA /éfdì:éɪ/ 略 [the ~] 《米》 = Food and Drug Administration 食品医薬品局.

fe·al·ty /fí:(ə)lti/ 名 U 《古風》 (領主·国王に対する)忠誠, 忠節.

‡fear /fíə | fíə/ 発音

— 名 (~s /~z/) ❶ U,C **恐れ**, **恐怖**; 畏怖 (⇒ 類義語): the *fear of* death 死の恐怖 / shake [tremble] with *fear* 恐怖に震える / ***overcome*** one's ***fear of*** ... ...への恐怖を克服する / ***arouse fear*** 恐怖心を呼び起こす / You need not have such *fear*. 君はそんなに怖がる必要はない / have a great *fear of* ... ...をひどく怖がる.

❷ U,C **不安**, 心配 [≒ anxiety]; (よくないことの起こる)可能性, 恐れ, 懸念(けねん): ...'s worst [greatest] *fear* ...の最も不安なこと / There is no *fear of* rain today. きょうは雨の心配はない / Isn't there any ***fear of*** be*ing* misunderstood? 誤解される恐れはないだろうか / My ***fears that*** he might fail proved to be unfounded. +that 節 彼が失敗するのではないかという私の不安は結局いらない心配だった / She shows no ***fear for*** the future. 彼女は将来への不安を見せていない / ***confirm*** ...'s ***fears*** ...の不安を裏づける / ***allay*** [***dispel***] ...'s ***fears*** ...の不安を和らげる[消し去る].

for féar of ... [前] **...を恐れて**, ...が心配で; ...のないように: We don't live in a high-rise apartment *for fear of* earthquakes. 私たちは地震が怖いので高層マンションに住みません.

for féar of dóing [副] **...しないように**, ...するといけないので: I kept quiet *for fear of* anger*ing* him. 彼を怒らせるといけないので黙っていた.

for féar (that) ... [接] **...しないように**, ...するといけないので: I didn't tell you the truth *for fear that* you *would* [*might*] be angry. あなたが怒るといけないと思って本当のことは言わなかった.

in féar of ... [前] ...を恐れて, ...を心配して: live *in* (constant) *fear of* ... ...を(絶えず)心配して暮らす.

in féar of [《米》 **for] one's lífe** [副·形] 自分の身の安全を心配して, びくびくして.

Nó féar! 《英略式》 とんでもない, まさか!

withòut féar or fávor [副] 《格式》 公平に.

(形 féarful)

> 類義語 **fear** 「恐れ·恐怖」を表わす最も一般的な語. **dread** 危険またはいやなことを予想するときの恐れの気持ち. **fright** 突然ぎょっとするような短い時間の恐怖. **terror** 体がすくむような非常に強い多少長い時間の恐怖. **horror** 身の毛のよだつような, またひどくいやな感じを伴った恐怖. **alarm** 今まで気がつかなかった危険に急に気がついたときの恐れ. **panic** 急に人々の間に広がって, 人々がうろたえて非理性的な行動をとるような恐怖. しばしば根拠のない恐怖.

— 動 (fears /~z/; feared /~d/; fear·ing /fí(ə)rɪŋ/) 他 [進行形なし] ❶ (...)を恐れる, 怖がる [≒be afraid of]: Animals *fear* fire. 獣は火を怖がる / The soldiers did not *fear* (the) danger. 兵士たちは危険を恐れなかった / The boys ***feared to*** enter the cave. V+O (to 不定詞) 少年たちはほら穴に入るのが怖かった.
❷ (...)を心配する, 気づかう, 危ぶむ: *fear* the worst 最悪の事態を恐れる / Paul ***feared*** (***that***) he *would* [*might*] fail. V+O ((that)節) ポールは失敗するのではないかと心配だった 多用 / Some people are *feared* dead. V+O+C (形)の受身 何人かの死者が出た恐れがある.
❸ [I ～ として] 《格式》(残念ながら)...ではないかと思う 《⇒ hope 囲み》: I ***fear*** (***that***) the situation will not improve much. V+O ((that)節) 状況は大きく改善しないのではないかと思う / ***I féar sò*** [***nòt***]. (残念ながら)そのようだ[そうではないようだ].
— 自 心配する, 気づかう: My parents *feared for* my safety. 両親は私の安否を案じた / Never *fear*! = *Fear* not! 《古風》 心配無用.
〘語源 元来は「不意の災難」の意〙

fear·ful /fíəf(ə)l | fíə-/ 形 ❶ 叙述 《格式》 恐れて, 怖がって, 心配して [≒afraid]: People were *fearful of* the danger. 人々はその危険を恐れていた / 言い換え They were *fearful of* being detected by the police. = They were *fearful that* they would [might] be detected by the police. 彼らは警察に探知されはしないかと心配だった. ❷ 《格式》 おびえた, びくびくした [≒frightened]: The girl answered with a *fearful* look on her face. 少女はおびえた表情で答えた. ❸ 《古風, 略式》 ひどい, ものすごい: a *fearful* noise ものすごい音. ❹ 限定 Ⓦ 恐ろしい, ぞっとするような: a *fearful* accident 恐ろしい事故. (名 fear)
-ful·ly /-fəli/ 副 ❶ おそるおそる, 怖がって, こわごわ. ❷ 《英古風》 ひどく.
～·ness 名 U 怖がること, 恐怖.

fear·less /fíələs | fíə-/ 形 [よい意味で] (何ものも)恐れない; 大胆不敵な: a *fearless* soldier 何ものをも恐れぬ兵士. **～·ly** 副 恐れることなく, 大胆に. **～·ness** 名 U 大胆不敵さ.

fear·some /fíəsəm | fíə-/ 形 恐ろしい; ぞっとする.

fea·si·bil·i·ty /fìːzəbíləṭi/ 名 U 実行できること, 実行可能性.

fea·si·ble /fíːzəbl/ 形 実行できる, 実行可能な [≒possible]: a *feasible* plan 実行可能な計画 / It is not economically *feasible* to build a factory here. ここに工場を建てるのは経済的に無理だ.

+**feast** /fíːst/ 名 (feasts /fíːsts/) ❶ C (豪華な)祝宴, 宴会; ごちそう: give [hold] a *feast* 祝宴を催す / Enough is as good as a *feast*. 《ことわざ》 十分[必要量]あればごちそうも同様.
❷ C (目・耳などを)楽しませるもの, 楽しみ: The music was a ***feast for*** our ears. その音楽は私たちの耳を楽しませてくれた. ❸ C (宗教的な)祝祭, 祭日, 祝日. (形 féstive)
— 動 自 おいしい物を[たらふく]食べる (*on, upon*); 祝宴に加わる. — 他 (目・耳など)を楽しませる: They were *feasting* their eyes *on* the beautiful scene. 彼らはその美しい光景に見とれていた.

+**feat** /fíːt/ 名 (feats /fíːts/) C 偉業, 功績; 手柄, 目ざましい行為; 離れ業, 妙技: perform [accomplish, achieve] a *feat* 偉業を成し遂げる / an impressive *feat of* engineering 工学技術の見事な偉業[成果].
nó mèan féat [名] 至難の業.

*__feath·er__ /féðə | -ðə/ ❗発音 名 (~s /~z/) C (鳥の)羽, 羽毛 《羽軸のあるもの》; 羽飾り: Fine *feathers* make fine birds. 《ことわざ》 羽が美しければ鳥も立派になる(馬子(まご)にも衣装). 関連 down 羽軸のない羽 / plumage (集合的に)鳥の羽 《feather の集まったもの》.
a féather in ...'s **cáp** [名] ...にとって誇り[名誉]となること, ...の手柄. 由来 成功をたたえて羽飾りをつけたアメリカ先住民などの慣習から.
(as) líght as a féather [形] (羽毛のように)非常に軽い.
rúffle ...'s **féathers** [動] ...を少し怒らせる, いらだたせる. 由来 鳥が怒ったりすると羽毛を逆立てることから. (形 féathery)
— 動 (feath·er·ing /-ð(ə)rɪŋ/) 他 (矢)に矢羽をつける; (...)を羽で飾る.
féather one's **(ówn) nést** [動] 自 (地位などを利用して)私腹を肥やす. 由来 鳥が自分の巣に羽を敷くことから.

feath·er·brained /féðəbrèɪnd | -ðə-/ 形 ばかな, ばかげた.

feath·ered /féðəd | -ðəd/ 形 羽の生えた, 羽のついた; 羽毛でできた. **a féathered fríend** [名] [こっけいに] 《略式》 鳥.

feath·er·weight /féðəwèɪt | -ðə-/ 名 C (ボクシングなどの)フェザー級の選手.

feath·er·y /féð(ə)ri/ 形 ❶ 羽毛状の; 羽毛で覆われた. ❷ 柔らかくて軽い. (名 féather)

*__fea·ture__ /fíːtʃə | -tʃə/
— 名 (~s /~z/)

> **意味のチャート**
> ラテン語で「作られたもの」の意から「**顔のつくり**」「**顔だち**」❸ →(物の)「**特徴**」❶ →(他と際立っているもの)→「**呼び物**」❷ となった.

❶ C (著しい)特徴, 特色, 目立つ[重要な]部分: 「an important [a key] *feature* 重要な特徴 / safety *features* 安全(対策)上の特色 / a common *feature of* many animals 多くの動物に共通する特色 / Earthquakes are a *feature of* life in Japan. 地震は日本の生活にはつきものである.
❷ C (新聞・雑誌・テレビなどの)特集, 特別記事, 特別番組; 呼び物, 目玉; (映画館で上映される)長編(劇)映画: The magazine will run a special ***feature on*** [***about***] global warming. その雑誌は地球温暖化についての特別記事を掲載する予定だ / Her dance was the main *feature* on the program. 彼女の踊りはそのプログラムの呼び物だった //⇒ double feature.
❸ C 顔のつくり(の 1 つ)《目・鼻・口・耳など》; [複数形で] 顔だち, 目鼻だち, 容貌(ようぼう): Her mouth is her best *feature*. 彼女は口もとがいちばん魅力的だ / a boy with handsome *features* 美少年.
— 動 (fea·tures /~z/; fea·tured /~d/; fea·tur·ing /-tʃ(ə)rɪŋ/) 他 (...)を特色[呼び物]とする; (映画・番組などが)(俳優など)を主役とする[登場させる] (*as*); (事件など)を大きく取り上げる, (特色として)扱う; (商品)を大々的に宣伝する: The scandal will *be featured* in tomorrow's newspapers. V+O の受身 そのスキャンダルはあすの新聞で大きく取り上げられるだろう.
— 自 主要[重要]部分を占める; ひときわ目立つ: Fish certainly *feature*(*s*) *in* the Japanese diet. 魚は日本人の食生活で大きな役割を果たしている.

fea·ture·less /fíːtʃələs | -tʃə-/ 形 (場所などが)特色のない, おもしろくない, 何の変哲もない.

+**Feb.** 略 2月 (February).

fe·b·rile /fíːbrəl, féb- | -braɪl/ 形 《文語》 熱狂的な, 熱気のある; 〔医学〕 熱病の; 熱から起こる.

*****Feb·ru·ar·y** /fébruèri, -bjuèri | -bruəri, -bju(ə)ri/ ! アク

— 名 (-ar·ies /~z/) U,C **2月** (略 Feb.; ⇒ month 表): We have a lot of snow here *in February*. 当地は2月には雪が多い / Washington was born *on February* 22, 1732. ワシントンは1732年2月22日に生まれた (February 22 は February (the) twenty-second と読む; ⇒ date[1] 名 1 語法) / in early [mid-, late] *February* 2月初旬[中旬, 下旬]に.

fe·cal, 《英》 **fae·cal** /fíːk(ə)l/ 形 [普通は 限定] 《格式》 糞便(ふんべん)の.

fe·ces, 《英》 **fae·ces** /fíːsiːz/ 名 複 《格式》 糞便(ふんべん).

feck·less /fékləs/ 形 (人が)無気力な; 無責任な.

fec·und /fék(ə)nd, fíːk-/ 形 《格式》 多産な; 肥沃(ひよく)な, 豊饒(ほうじょう)な; 想像力の豊かな [≒fertile].

fe·cun·di·ty /fɪkʌ́ndəṭi/ 名 U 《格式》 多産, 肥沃; 想像力の豊かさ.

F

***fed**[1] /féd/ 動 **feed の過去形および過去分詞.**

fed[2], **Fed**[1] /féd/ 名 C 《米略式》 FBI の捜査官.

Fed[2] /féd/ 名 [the ~] 《略式》 (米国)連邦準備制度(理事会) (*Fed*eral Reserve System [Board] の略).

***fed·er·al** /féḍərəl, -drəl/ 形 ❶ 限定 **連邦の, 連合の:** a *federal* republic 連邦共和国 / The United States is a *federal* union. アメリカ合衆国は連邦制の連合国家である.
❷ [しばしば F-] 限定 (米国などで州政府に対して)**連邦政府の** (⇒ state 4): the *Federal* Constitution 米国憲法 / the *Federal* Government 連邦政府 / the *Federal* court 連邦裁判所 / the *Federal* Bureau of Investigation 連邦捜査局 (略 FBI). 参考 他国の National (国立の), 英国の Royal (王立の)などに相当するもので, 国家機関[組織, 権能]を示す名称に冠して用いられる. ❸ [F-] 限定 〔米国史〕 (南北戦争当時の)北部連邦同盟の, 北軍の: the *Federal* army 北部連邦同盟軍, 北軍. 関連 Confederate 南軍の.

fed·er·al·is·m /féḍərəlìzm, -drə-/ 名 U 連邦主義, 連邦制度.

fed·er·al·ist /féḍərəlɪst, -drə-/ 名 C 連邦主義者. — 形 連邦主義(者)の.

Féderal Repúblic of Gérmany 名 固 [the ~] ドイツ連邦共和国 (ドイツの公式の名称; ⇒ Germany).

Féderal Reserve Bànk 名 [the ~] (米国)連邦準備銀行 (中央銀行に相当し, 全国に 12 行ある; 略 FRB).

fed·er·ate /féḍərèɪt/ 動 自 連邦[連合]に加わる, 合同する (*with*). (名 fèderátion)

fed·er·at·ed /féḍərèɪṭɪd/ 形 連邦[連合]制の: a *federated* state 連邦国家.

fed·er·a·tion** /fèḍəréɪʃən/ 名 (~s /~z/) ❶ C **連邦**; 連合(体), 連盟, 同盟; 連合政府: A ***federation was formed ***between*** the two countries. 両国の間に連合が形成された. ❷ U 連合(すること), 連邦化. (動 féderàte)

fe·do·ra /fɪdɔ́ːrə/ 名 C フェドーラ (フェルト製の中折れ帽).

****fee** /fíː/

— 名 (~s /~z/) ❶ C **料金**; 入場料, 手数料, 会費, 入会金 (⇒ price 類義語): school *fees* 授業料 / a rental *fee* レンタル料 / book *fees* 教材費 / an entrance *fee* 入学[会]金 / an annual membership *fee* 年会費 / charge [pay] a *fee* 料金を請求する[支払う].
❷ C [普通は複数形で] **謝礼, 報酬** (主に医者・弁護士など専門職の人に払うもの; ⇒ pay 類義語): lawyer's [legal] *fees* 弁護料 / God heals and the doctor takes the *fee*. 神が病気を治し, 医者が治療代を取る (米国の政治家フランクリン (Franklin) のことば).

fee·ble /fíːbl/ 形 (fee·bler; fee·blest) ❶ (体力が)弱い, 衰弱した; 弱気な: a *feeble* old man 弱々しい老人. ❷ (光・音などが)かすかな, 微弱な: a *feeble* cry for help 助けを呼ぶかすかな声. ❸ 効果[説得力]のない, (内容の)乏しい. (動 enféeble)

fee·ble-mind·ed /fíːblmáɪndɪd←/ 形 優柔不断の; [差別的] 精神薄弱の; 知能の低い.

fee·ble·ness /fíːblnəs/ 名 U 弱さ, 力なさ; かすかなこと.

fee·bly /fíːbli/ 副 弱々しく, 力なく; かすかに.

***feed** /fíːd/

— 動 (feeds /fíːdz/; 過去・過分 fed /féd/; feed·ing /-ḍɪŋ/) 他

意味のチャート
「食物を与える」❶
→ (養分を与える) → (必要不可欠なものを) 「供給する」❷, ❸
→ (食欲を満たす) → (要求・必要を) 「満足させる」❹

❶ (人)に**食物を与える**, (動物)に**えさをやる**; (赤ん坊)に授乳する; (...に)(食物・えさ)を与える; (家族など)を**養う**, (ペットなど)を飼う; (植物)に肥料をやる: She *fed* her child with a spoon. 彼女は子供にスプーンで食べさせた / DO NOT FEED THE ANIMALS 動物にえさをやらないでください (動物園の掲示) / During the winter they *feed* the cattle *on* hay. V+O+*on*+名 冬の間は干し草を牛のえさにします / 言い換え They are *feeding* hay *to* the cattle. V+O+*to*+名 = They are *feeding* the cattle hay. V+O+O 彼らは牛に干し草を食べさせている / He had a large family to *feed*. 彼には養うべき大家族があった.
❷ (...)に(必要な物を)(絶えず)**供給する**, (...)に(原料・燃料などを)送り込む, 入れる; (...)を(機械・装置などに)供給する, 送り込む, 入れる; (...)を(穴などに)通す: 言い換え She ***fed*** the vending machine ***with*** coins. V+O+*with*+名 = She ***fed*** coins ***into*** the vending machine. V+O+*into*+名 彼女は自動販売機に硬貨を入れた. ❸ (データ・信号など)を機械に送り込む; (人)に(情報など)を提供する, (テレビ・ラジオ番組)を供給する: The data was *fed into* a computer. そのデータはコンピューターに入力された. ❹ (欲求など)を満足させる; (感情など)を強める, あおる. ❺ 〔スポーツ〕 (味方)にパスを送る.
— 自 (動物・赤ん坊が)**ものを食べる:** Horses are *feeding* in the stable. 馬がうまやでえさを食べている / There are some sheep ***feeding on*** the grass. 羊が草を食べている. 語法 赤ん坊以外の人やペットの犬・猫の場合には eat を使う. 人に feed を使うとこっけいな言い

方になる《⇒ 名 語法》.
féed onesèlf [動] 自 (自分で)食事をとる.

feed の句動詞
féed báck 動 他 (人に)(助言・批評など)を寄せる, フィードバックする (*to*).
féed ìnto ... 動 他 ...に流れ[入り]込む; 合流する; (影響などが)...に及ぶ.
féed on [òff] ... 動 他 ❶ ...をえさとする, (赤ん坊が)...を食べ物とする《⇒ 自》. ❷ [しばしば悪い意味で] (悪感情などが)...によって強まる; ...を利用する, 食い物にする.
+**féed úp** 動 他《英》(...)にたっぷりと食べさせる, (...)を太らせる [≒fatten up].
be féd úp (with ...) [動]《略式》(...に)**うんざりしている**, いらいらしている: I'*m fed up with* his complaints. あいつの泣き言にはうんざりだ.

— 名 (feeds /fíːdz/) ❶ U,C **えさ**, 飼料; (赤ん坊の)食べ物; (植物の)肥料: We don't have enough *feed* for the cows. 牛にやる十分なえさがない. 語法 人やペットの犬・猫の場合は food を使う《⇒ 自 語法》. ❷ C《英》(乳児への)授乳, 食事を与えること. ❸〔機械〕C (燃料などの)給送口[管, 装置]; U (機械の)原料, 燃料. ❹ C,U (テレビ・ラジオの)番組(の供給).
〖語源 food と同語源〗
+**feed·back** /fíːdbæ̀k/ 名 ❶ U **反応**, 感想, 意見《使用者・消費者などからメーカーなどへの》: get ***feedback on*** the product その製品の感想を聞く. ❷ U〖電算・電気・生物・心理〗フィードバック. ❸ U ハウリング《マイクなどのキーンという騒音》.
feed·er /fíːdə | -də/ 名 (~s /~z/) ❶ C えさ箱[台], かいばおけ. ❷ C (機械の)原料供給装置; (プリンターなどの)給紙装置. ❸ C (幹線道路に通じる)支線道路; 支線《航空路・鉄道の》; (川の)支流. ❹ C [前に形容詞・名詞をつけて] 食べるのが...の動物[人]; (肥料を)食うのが...の植物: This elephant is a *heavy feeder*. この象はよくえさを食う.
feed·ing /fíːdɪŋ/ 名 C《米》(乳児への)授乳 [《英》feed].
féeding bòttle 名 C《英》= nursing bottle.
féeding grò̀und 名 C (動物の)えさ場.

⁑feel /fíːl/

— 動 (feels /~z/; 過去・過分 felt /félt/; feel·ing)

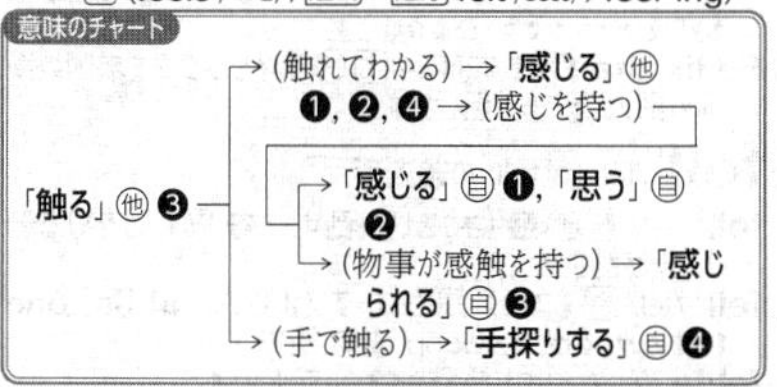

— 自 ❶ (自分が...と)**感じる**, (気分が)...**である**; (自分がまるで...と)感じられる: I *felt* very cold [sad]. V+C(形) ひどく寒かった[悲しかった] 多用 / She *felt* hurt at his words. V+C(過分) 彼女は彼のことばで気を悪くした / 💬 "「How do you *feel* [How are you *feeling*] today?" "「I *feel* [I'm *feeling*] much better now, thank you." 「きょうはご気分はいかがですか」「おかげさまでずっとよくなりました」/ I know (exactly) how you *feel*. Ⓢ あなたの気持ちは(よく)わかります《同情を示す》/ I *felt* quite a new man [woman]. V+C(名) 自分がすっかり生まれ変わったような気持ちになった.
❷ (感じとして...と)**思う**: I *feel* certain [sure] that he will succeed. V+C(形) 彼はきっと成功すると思う / How do you ***feel about*** it? V+*about*+名 それについてあなたはどう思いますか.
❸ [進行形なし] (物事が...と)**感じられる**, 触ると...のように感じる: The air here *feels* fresh. V+C(形) このあたりの空気はさわやかな感じだ / Your hand *feels* cold. あなたの手は冷たい / *It feels* nice *to* be out in the countryside. いなかに来ると気持ちがいい. 語法 it は to 以下を受ける形式主語; 動詞型は V+C(形) // How does *it feel to* be a champion? チャンピオンになるというのはどんな気分ですか. 関連 look ...のように見える / sound ...のように聞こえる.
❹ (...を)**手探りする**, (手探りで)探す: I *felt* in my pocket ***for*** the ticket. V+*for*+名 私はポケットの中の切符を探した / I ***felt around*** [***about***] in the dark room *for* the door. V+*around* [*about*]+*for*+名 私は暗い部屋の中でドアを手探りで探した. ❺ 同情する, あわれむ: I *feel for* you. 心中をお察しします.

— 他 ❶ [進行形なし] (物)があるのを**感じる**, 感じでわかる, (...)に感づく, 気づく; (喜び・怒りなど)を覚える: I *felt* a sharp pain in my back. 背中に鋭い痛みを感じた / I can *feel* his anger. 私には彼が怒っているのがわかる / Do you *feel* the wind? 風が吹いているのを感じますか. 語法 しばしば can, could とともに用いる.
❷ [普通は受身・進行形なし] (...)が～するのを**感じる**; (...)が～するのに感づく: I *felt* the house *shake*. V+O+C(原形) 私は家が揺れるのを感じた / He *felt* something *touch* his cheek. 彼は何かがほおに触れたのを感じた / She ***felt*** her heart beat***ing*** wildly. V+O+C(現分) 彼女は心臓が激しく打っているのを感じた. 語法 (1) C が原形不定詞のときと現在分詞のときとでは前者が動作の完結を, 後者がその進行中を暗示する違いがある. (2) しばしば can, could とともに用いる: I *felt* [*could feel*] myself blush*ing*. 私は自分の顔が赤くなるのを感じた.
❸ (手・指などで)(...)に**触る**, (...)を触ってみる[調べる]; (...かどうか)を触って確かめる: She *felt* [was *feeling*] her sick child's forehead. 彼女は病気の子の額を触ってみた[触っていた]《この意味では進行形が可能》/ Just ***feel how*** soft this sweater is! V+O(*wh* 節) このセーターがどんなに柔らかいかちょっと触ってみてください.
❹ [進行形なし] (何となく)(...)と**思う**, 感じる; (...)が(～だと)**感じる**, (...という)気がする: I ***feel*** (***that***) he will come. V+O((*that*)節) 彼が来るような気がする 多用 / I *feel it* my duty *to* do so. そうするのが私の義務だと感じている. 語法 it は to 以下を受ける形式目的語; 動詞型は V+O+C(名) // 言い換え I ***felt*** his idea (***to be***) selfish. V+O+C(*to* 不定詞[形]) = I *felt that* his idea was selfish. 彼の考えは利己的だと感じた. ❺ (...)を痛切に感じる, (...)が(身に)こたえる, (...)を思い知る: I really *feel* the cold [heat]. 寒さ[暑さ]がこたえる / I *felt* his death deeply. 私は彼の死を心から惜しんだ.
féel as if [thòugh] ... [動] [進行形なし] **まるで...のような気がする**; (物事が)...のように感じられる: I *felt as if* [*though*] I were dreaming. 私は夢を見ているような気がした / It *felt* (to me) *as if* something terrible was going to happen. (私は)何か恐ろしいことが起こるような気がした.
féel one's **wáy** [動] 自 (1) 手探りで進む《⇒ way¹ 成

F

句の囲み》. ⑵ 用心して行動する[ふるまう].
nòt féel one**sélf** [動] Ⓢ 体の調子がよくない.

feel の句動詞

‡féel lìke ...
動 他 ❶ (自分が)...**のように感じる**, ...みたいな気[感じ]がする; (物事が)...のような手触り[感じ]がする: I *felt like* a fool. 自分がまるでばかみたいに感じられた / It *feels like* fur. それは毛皮のような手触りだ / Today *feels like* fall. きょうは秋のような感じだ / What does it *feel like* to be all alone? 全くのひとりぼっちというのはどんな感じがしますか. ❷ (どうやら)...らしい: It *feels like* rain. どうやら雨になりそうだ. ❸ Ⓢ (仕事・行為など)をしたい気がする, (飲食物など)が欲しい気がする: Do you *feel like* a cup of tea? お茶を 1 杯いかがですか.
féel lìke dóing [動] Ⓢ **...したい気がする:** I have heartburn and I don't *feel like* eat*ing*. 胸やけがして食べる気がしない.
féel óut 動 他 《米略式》(...)の意向を探る, (...)に探りを入れる: I'll *feel out* my boss *about* taking a day off. 1 日休めるか上司の意向を探ってみます.
féel úp 動 他 《略式》(いやらしく)(人)の体に触る.
+**féel úp to ...** 動 他 [普通は否定文・疑問文で] 《略式》(仕事など)**に耐えられそうな気がする**, ...をやれそうに思う: I do*n't feel up to* (doing) this task. とてもこの仕事はやっていけそうもない.

— 名 C [単数形で] 手触り, 感じ, 感触; 雰囲気 (*about*): It is soft to the *feel*. それは手触りが柔らかい / I don't like the sticky *feel of* the handle. その柄のべたべたした感じが気にくわない.
by féel [副] (手の)感触で; 手探りで.
gèt a féel for ... = gèt the féel of ... [動] 他 《略式》...の感じをつかむ, ...に慣れる.
hàve a féel for ... [動] 他 《略式》...の才能[理解力]がある.

feel·er /fíːlə | -lə/ 名 ❶ C [普通は複数形で] 〔動物〕触角, 触毛. ❷ C (相手の意向を探る)打診: put [send] out *feelers* 探りを入れる.

feel-good /fíːlgʊ́d/ 形 限定 (映画・音楽などが)幸せな気分にさせる.

‡feel·ing /fíːlɪŋ/
— 名 (~s /~z/) ❶ C (心・体の)**感じ**, **気持ち**, 心持ち, 意識; [単数形で] (漠然とした)感じ, 予感: a *feeling of* hunger [happiness] 空腹[幸福]感 / a *feeling of* gratitude 感謝の気持ち / a *feeling of* guilt 罪の意識 / have mixed *feelings* 複雑な気持ちを抱く / 言い換え ***I know the feeling***. (= I know how you feel.) Ⓢ お気持ちはわかります / The *feeling* is mutual. Ⓢ こちらも同じ気持ちだ[お互い様だ] / I have ***the*** [***a***] ***feeling*** (***that***) something terrible will happen. +(that)節 何か恐ろしいことが起こりそうな予感がする (⇒ that² A 4).
❷ [複数形で] (理知に対して)**感情**, 気分 (⇒ 類義語): You should think of other people's *feelings*. 他の人の気持ちを考えるべきだ / ***express*** [***show***] one's ***feelings*** 感情を表わす / ***hide*** one's ***feelings*** 感情を隠す / ***hurt*** ...'s ***feelings*** ...の感情を傷つける / ***arouse feelings*** 感情をかきたてる / Oh, I'm sorry! ***No hard feelings***, I hope. Ⓢ ああ, すみません. 悪く思わないでください.
❸ C,U (直感的な)**意見** [≒opinion]; (大方の)見方, 考え (*against, in favor of*): What is the general [popular] ***feeling about*** this matter? このことに対する一般の人の考えはどうですか / I asked him what his ***feelings*** were ***on*** the nuclear plant. 私は彼に原子力発電所をどう思うか尋ねた.
❹ U **感覚**, 触感; 触れること: I have lost all *feeling* in my toes. 私はつま先の感覚をすっかり失ってしまった. ❺ U 同情, 思いやり; 愛情: She shows no *feeling for* poor children. 彼女は貧しい子供たちに何の同情も示さない. ❻ [U または複数形で] 興奮, (怒りなどの)激情: bad [ill] *feeling*(*s*) 反感, 怒り. ❼ [U または a ~] 感受性, (芸術などに対する)理解力: The painter has a keen *feeling for* color. その画家は色彩感覚が鋭い. ❽ C [単数形で] (場所・物などの)雰囲気, 印象.
with féeling [副] 気持ちをこめて; 感情をあらわにして.

類義語 **feeling** 「理性」に対する「感情」の意で最も普通の語. **emotion** 怒り・愛・憎しみなどの強い感情をいう: She wept with *emotion*. 彼女は感きわまって泣いた.

— 形 感じやすい, 思いやりのある, 同情的な; 限定 感情のこもった, 心からの [⇔ unfeeling].

feel·ing·ly /fíːlɪŋli/ 副 感情をこめて, しみじみと.

‡feet /fíːt/ (同音 feat) 名 **foot の複数形**.

feign /féɪn/ ✪ -gn で終わる語の g は発音しない. 動 他 《格式》(病気など)のふりをする, (無関心など)を装う, (...)に見せかける (⇒ pretend 類義語): *feign* ignorance 知らないふりをする.

feint /féɪnt/ 名 C (ボクシングなどの)フェイント: make a *feint* フェイントをかける. — 動 自 フェイントをかける, 攻撃のふりをする (*at, against*).

feist·y /fáɪsti/ 形 (feist·i·er; feist·i·est) 威勢のいい, 元気のある, 精力的な.

feld·spar /fél(d)spàə | -spɑ̀ː/ 名 U 〔鉱物〕長石.

fe·lic·i·tous /fəlísəṭəs/ 形 《格式》(表現・選択などが)適切な, うまい; 的を射た.

fe·lic·i·ty /fəlísəṭi/ 名 (-i·ties) ❶ U 《格式》非常な幸福. ❷ U 《格式》(表現の)適切さ. ❸ [複数形で] 《格式》うまい[適切な]表現.

fe·line /fíːlaɪn/ 形 ❶ 猫[ねこ科]の. ❷ (外観・動作などが)猫のような; しなやかな. — 名 C ねこ科の動物 《猫・とら・ライオン・ひょうなど》.

Fé·lix the Cát /fíːlɪks-/ 名 固 フィリックス 《米国の漫画の主人公である黒い猫》.

‡fell[1] /fél/ 動 **fall² の過去形**.

fell² /fél/ 動 他 ❶ (木)を切り倒す. ❷ Ⓦ (人)を打ち倒す, 投げ倒す.

fell³ /fél/ 形 《文語》残忍な, すさまじい. **at [in] óne féll swóop** ⇒ swoop 成句.

fel·la /félə/ 名 C Ⓢ 《略式》 = fellow 1.

fel·la·ti·o /fəléɪʃiòʊ/ 名 U フェラチオ 《男性器に対する口淫(こういん); ⇒ cunnilingus》.

fel·ler /félə | -lə/ 名 C Ⓢ 《略式》 = fellow 1.

***fel·low** /féloʊ/ 形 限定 **仲間の**, 連れの, 同僚の: *fellow* countrymen 同国人(たち) / a *fellow* student 学友 / My *fellow* citizens ... 国民のみなさん 《大統領の呼びかけなどで》.
— 名 (~s /~z/) ❶ C 《古風, 略式》**男**, 人, やつ [≒

man]. 語法 親愛や軽蔑などの感情がこめられることが多い: My dear *fellow*! おい君《呼びかけ》/ He's a funny *fellow*. あいつはおもしろいやつだ. ❷ Ⓒ《米》奨学金を受けている大学院生;《英》(大学の)特別研究員, フェロー; (学会の)会員; (大学の)評議員. ❸ [複数形で]《古風》仲間, 同僚.
〖語源 原義は「投資し合う仲間」〗

féllow féeling 名 [U または a ~] 仲間意識, 共感, 相互理解 (*for, with*).

fel·low·ship /féloʊʃìp/ 名 ❶ Ⓤ 仲間意識, 連帯感; 仲間であること, 交際. ❷ Ⓒ 団体, 組合, クラブ《共通の信仰·利害·趣味などを持つ人たちの》; Ⓤ (団体の)会員であること. ❸ Ⓒ《米》(大学院生の)研究奨学金[基金];《英》特別研究員の地位.

féllow tráveler 名 ❶ Ⓒ (旅の)道連れ. ❷ Ⓒ [軽蔑的] (特に共産党の)シンパ, 同調者.

fel·on /félən/ 名 Ⓒ〔法律〕重罪犯人.

fel·o·ny /féləni/ 名 (-o·nies) Ⓒ,Ⓤ〔法律〕重罪《殺人·放火·強盗など》.

***felt**[1] /félt/ 動 feel の過去形および過去分詞.

felt[2] /félt/ 名 Ⓤ フェルト: a *felt* hat フェルト帽.

félt típ, félt-tip(ped) pén /félttìp(t)-/ 名 Ⓒ フェルトペン, サインペン, マジック. 日英 「サインペン」「マジック(インキ)」は和製英語.

fem. 略 = feminine, female.

***fe·male** /fíːmeɪl/ アク

— 形 ❶ (雄に対して)**雌の**; (男性に対して)**女性の**, 女の; 女性特有の《略 f., F., fem.; ⇒ feminine 語法》[⇔ male]: a *female* dog 雌犬 / a *female* flower 雌花 / the *female* sex 女性 / a *female* student 女子学生 / *female* education in Japan 日本の女子教育. ❷〔機械〕(部品が)凹型の, 雌の [⇔ male]: a *female* plug 雌の差し込み.

— 名 (~s /~z/) Ⓒ (雄に対して)**雌**; (男性に対して)**女性**, 女《略 f., F., fem.; ⇒ woman 類義語》[⇔ male]. 語法 female, male は書類などで性別を示す場合以外は通例動物に用いる. 名詞として人間に用いると軽蔑的になることが多いので避けたほうがよい.

+**fem·i·nine** /fémənɪn/ 発音 形 ❶ **女性の**, 女の [⇔ masculine]: *feminine* beauty 女性美. 語法 female と違って人にだけ用いる. ❷ 女らしい; (男性が)女性のような: a *feminine* gesture 女性らしいしぐさ. ❸〔文法〕女性の《略 f., fem.》.

fem·i·nin·i·ty /fèmənínəṭi/ 名 Ⓤ [普通はよい意味で] 女らしさ; 女性であること [⇔ masculinity].

fem·i·nis·m /fémənìzm/ 名 Ⓤ 男女同権主義, 女性解放論, フェミニズム; 女権拡張運動.

+**fem·i·nist** /fémənɪst/ 名 (-i·nists /-nɪsts/) Ⓒ **男女同権主義者**, フェミニスト《✪🔍「女性にやさしい男」という意味はない》; 女権拡張論者: an ardent *feminist* 熱心な男女同権主義者.

— 形 限定 男女同権主義(者)の.

femme fa·tale /fémfətǽl, fǽm- | fǽmfətáːl/ ≪フランス語から≫ 名 (複 femmes fa·tales /~(z) | ~/) Ⓒ 妖しい魅力を持つ女, 妖婦(ようふ).

fe·mur /fíːmə | -mə/ 名 (複 ~s, fem·o·ra /fém(ə)rə/) Ⓒ〔解剖〕大腿骨(だいたいこつ).

fen /fén/ 名 Ⓒ,Ⓤ (特に England 中東部の)沼地, 沼沢地, 湿地帯.

*__fence__ /féns/ 名 (fenc·es /~ɪz/) ❶ Ⓒ **柵**(さく), 囲い, 垣, フェンス; (馬術の)障害(柵): jump over a *fence* 柵を跳び越える / They「put up [built] a *fence* around the garden. 彼らは庭の周りに柵を設けた / Good *fences* make good neighbors.《ことわざ》よい垣根はよい隣人を作る(親しき仲にも礼儀あり). 関連 hedge 生け垣. ❷ Ⓒ《略式》盗品売買人, 故買屋.

còme dówn on óne sìde of the fènce or the óther [動] 自 どちらか一方を支持する.

ménd (one's) **fénces** [動] 自 仲直りする (*with*).

sít [be] on the fénce [動] 自 [軽蔑的] (どういう行動をとろうかと)形勢を見る, 日和見(ひよりみ)する. 由来 垣根の上に座って様子を見る, の意.

— 動 (fenc·es /~ɪz/; fenced /~t/; fenc·ing) 他 (...)に**囲いをする**, (...)に柵[垣, 塀]を巡(めぐ)らす: He *fenced* his field. 彼は自分の畑に囲いをした.

— 自 ❶ 剣を使う, フェンシングをする. ❷ (人の質問などを)うまくかわす (*with*).

fénce ín [動] 他 (...)を囲い込む; (人)を束縛する.

fénce óff [動] 他 (...)を囲い[柵]で仕切る (*from*).
〖語源 defence の短縮形〗

fenc·er /fénsə | -sə/ 名 Ⓒ フェンシング選手, 剣士.

fenc·ing /fénsɪŋ/ 名 ❶ Ⓤ フェンシング, 剣術. ❷ Ⓤ 垣根, 塀《全体》; 垣根[塀]の材料.

fend /fénd/ 動 [次の成句で] **fénd for oneséIf** [動] 自 自活する, 独力で何とかやっていく. **fénd óff** [動] 他 (打撃·質問など)をかわす, しのぐ.

fend·er /féndə | -də/ 名 ❶ Ⓒ《米》(自動車などの)フェンダー, (車輪の)泥よけ [《英》wing]《⇒ car 挿絵》; (自転車の)泥よけ [《英》mudguard]《⇒ bicycle 挿絵》. ❷ Ⓒ 炉格子(ろごうし), フェンダー《壁炉の前に置き, 燃える石炭が落ちるのを防ぐ柵(さく)》. ❸ Ⓒ (船の)防舷(げん)物《接岸時などの衝撃緩和用に船側につるすロープや古タイヤなど》.

fend·er-bend·er /féndəbèndə | -dəbèndə/ 名 Ⓒ《米略式》(車の軽い)接触事故.

fen·nel /fén(ə)l/ 名 Ⓤ ういきょう, フェンネル《香辛料·薬用にするせり科の植物》.

fer·al /férəl/ 形 (犬·猫などが飼育された後)野生化した: *feral* dogs 野犬.

fer·ment[1] /fə(ː)mént | fə(ː)-/ 動 他 (...)を発酵させる.
— 自 発酵する.

fer·ment[2] /fɚ́ːment | fə́ː-/ 名 Ⓤ 騒ぎ; 動揺. **in férment** [形] 大騒ぎして, 沸き立って.

fer·men·ta·tion /fɚ̀ːmentéɪʃən, -mən- | fə̀ː-/ 名 Ⓤ 発酵(作用).

fern /fɚ́ːn | fə́ːn/ 名 Ⓒ,Ⓤ しだ植物, しだ.

fe·ro·cious /fəróʊʃəs/ 形 ❶ どうもうな, 凶暴な, 乱暴な: a *ferocious* animal 凶暴な動物. ❷ 激しい, 厳しい, ひどい: *ferocious* heat ひどい暑さ. **~·ly** 副 どうもうに; ひどく.

fe·roc·i·ty /fərɑ́(ː)səṭi | -rɔ́s-/ 名 Ⓤ どうもう, 凶暴; 激しさ (*of*).

fer·ret /férɪt/ 名 Ⓒ フェレット《けながいたちの畜産品種で, 毛は白く目が赤い; うさぎ·ねずみなどを穴から追い出すために飼育される》. — 動 自 ❶《略式》(...を)捜し回る (*around, about; for*). ❷ [普通は go ferreting で] フェレットを使って狩りをする. **férret óut** [動] 他《略式》(...)を捜し出す; (秘密など)をかぎ出す;《米》(問題のある人物など)を(見つけて)追い出す.

Fér·ris whèel /férɪs-/ 名 Ⓒ《主に米》(遊園地などの)大観覧車 [《英》big wheel]《米国人技師 G.W.G. Ferris が発明した》.

fer·rous /férəs/ 形 限定〔化学〕鉄の; 鉄を含む.

fer·rule /férəl/ 名 Ⓒ (つえ·傘などの)石突き《先端の金

具》; (ナイフの柄などの)金輪(かなわ).

+**fer·ry** /féri/ (同音《米》#fairy) 名 (fer·ries /~z/) C フェリー, 連絡船; 渡し舟: take a *ferry* フェリーで行く / a railroad *ferry* 鉄道連絡船 / a car *ferry* カーフェリー / We crossed the channel ***by*** [***on*** a] ***ferry***. 私たちは連絡船で海峡を渡った《⇒ by 前 2 語法》.

— 動 (fer·ries /~z/; fer·ried /~d/; -ry·ing /-riɪŋ/) 他 (人・物)を**船で渡す**; (定期的に)空輸する; (特に短距離間を)車で運ぶ: The people ***were ferried across*** the river. V+O+*across*+名の受身 人々は川の向こう岸まで船で運ばれた / The plane ***ferries*** cars ***between*** England and America. V+O+*between*+名 その飛行機は英国と米国の間で自動車を空輸する / The bus ***ferries*** children ***from*** their homes ***to*** the kindergarten. V+O+*from*+名+*to*+名 そのバスが子供たちを家から幼稚園まで運ぶ.

fer·ry·boat /féribòʊt/ 名 C = ferry.

fer·ry·man /férimən/ 名 (-men /-mən/) C 渡船[フェリー]業者; 渡し守, フェリー乗組員.

+**fer·tile** /fə́ːṭl | fə́ːtaɪl/ 形 ❶ (土地が)**肥えた**, 肥沃(ひよく)な [⇔ barren, sterile, infertile]; (作物が)よくできる: *fertile* land 肥沃な土地. ❷ (生物が)多産の, 繁殖力のある; 生殖能力のある; 受精[受粉]した [⇔ sterile, infertile]: a *fertile* egg 受精卵, 有精卵. ❸ 限定 (人・心などが)発想の豊かな, 着想に富んだ: a *fertile* imagination 豊かな想像力. ❹ 限定 (場所・状況などが)良い結果を生む: (a) *fertile* ground for musical talents すぐれた音楽家を生む土壌. (名 fertílity, 動 fértilìze) 〖⇒ offer キズナ〗

fer·til·i·ty /fəːtíləṭi | fəː-/ 名 U (土地の)肥沃(ひよく); (作物の)多産; 受精[生殖, 繁殖]能力; (着想などの)豊かさ [⇔ sterility, infertility]. (形 fértile)

fertílity drùg 名 C 排卵誘発剤.

fer·til·i·za·tion /fə̀ːṭəlɪzéɪʃən | fə̀ːtəlaɪz-/ 名 ❶ U 受精, 受胎; 受粉: external *fertilization* 体外受精. ❷ U (土地を)肥やすこと; 施肥.

fer·til·ize /fə́ːṭəlàɪz | fə́ː-/ 動 他 ❶ (...)を受精[受胎, 受粉]させる. ❷ 肥料を与えて(土地)を肥やす, 肥沃(ひよく)にする. (形 fértile)

+**fer·til·iz·er** /fə́ːṭəlàɪzɚ | fə́ːtəlàɪzə/ 名 (~s /~z/) U,C **肥料**《⇒ manure》: chemical [organic] *fertilizer* 化学[有機]肥料.

fer·vent /fə́ːv(ə)nt | fə́ː-/ 形 [普通は 限定] (人・感情などが)熱烈な, 強烈な. **~·ly** 副 熱烈に.

fer·vid /fə́ːvɪd | fə́ː-/ 形《格式》熱情的な, 熱烈な. **~·ly** 副 熱烈に.

fer·vor,《英》**fer·vour** /fə́ːvɚ | fə́ːvə/ 名 U 熱烈, 熱情: religious *fervor* 宗教的熱情.

fess /fés/ 動 [次の成句で] **féss úp** [動] 自《米略式》(軽い過失などを)認める, 白状する (*to*).

-fest /fèst/ 名 C [合成語で]《略式》...の集い[祭り]: a beer*fest* ビール祭り.

fes·ter /féstɚ | -tə/ 動 (-ter·ing /-tərɪŋ, -trɪŋ/) 自 ❶ (憎しみなどが)増す, 募(つの)る; (問題が)悪化する. ❷ (傷口が)うむ. ❸ (食物・ごみなどが)腐る.

fes·ti·val /féstəv(ə)l/ アク

— 名 (~s /~z/) ❶ C [しばしば F-] (定期的な)**催し物**, ...**祭**, フェスティバル: hold a music *festival* 音楽祭を催す.

❷ C **祝日**, 祭日; 祝祭: Christmas is a church *festival*. クリスマスは教会の祭日だ. (形 féstive)

fes·tive /féstɪv/ 形 祝祭の, お祝いの; お祭り気分の, 楽しい: a *festive* occasion お祝いの日《誕生日など》/ the *festive* season 祝いの季節《Christmas のころ》. (名 feast, féstival)

fes·tiv·i·ty /festívəṭi/ 名 (-i·ties) ❶ U お祭り気分, 陽気; 歓楽. ❷ [複数形で] お祝いの催し[行事].

fes·toon /festúːn/ 動 他 [普通は受身で] (部屋など)を花綱で飾る (*with*). — 名 C《格式》花綱, 花綱飾り《花・色紙などで作ったひも飾り》.

fé·ta (chéese) /féṭə(-)/ 名 U フェタチーズ《やぎや羊の乳から作るギリシャ原産の白いチーズ》.

fe·tal,《英》**foe·tal** /fíːṭl/ 形 胎児(fetus)の.

+**fetch** /fétʃ/ 動 (fetch·es /~ɪz/; fetched /~t/; fetch·ing) 他 ❶《主に英》(物)を**行って取ってくる**, **行って**(人)を**連れてくる**[**呼んでくる**] (*from*); (人に)(...)を取って[持って]来てやる 語法《米》では《まれ》またはいなか風の語; 代わりに (go and) get, bring などを用いる: Go and *fetch* a doctor. 医者を連れてきてくれ / 言い換え Please ***fetch*** a chair ***for*** me. V+O+*for*+名 = Please *fetch* me a chair. V+O+O いすを持ってきてください《⇒ for 前 A 1 語法》. ❷ (特に競売で商品が)(ある値)で売れる.

fétch and cárry [動] 自 (人のために)雑用をする (*for*).

fétch úp [動] 自 (予定しない所に)着く.

fetch·ing /fétʃɪŋ/ 形 魅力的な.

fete, fête /féɪt/ ≪フランス語から≫ 名 C《米》祝宴, 祝賀会;《英・豪》(募金目的のための)戸外の催し, ...祭. — 動 他 [普通は受身で]《格式》(宴を催して)(...)を歓待する, もてなす.

fet·id /féṭɪd/ 形《格式》悪臭を放つ, 臭い.

fet·ish /féṭɪʃ, fíː-/ 名 ❶ C (病的な)執着, 偏愛;〖心理〗(異常な)性的興味(を満たす対象物[行為]), フェチ: have a *fetish for* [*about*] ... ...に異常に執着する. ❷ C 呪物(じゅぶつ)《霊が宿っているものとして崇拝される物》.

fet·ish·is·m /féṭɪʃìzm/ 名 ❶ U〖心理〗フェティシズム, 拝物愛《性的倒錯の一種》. ❷ U 呪物(じゅぶつ)崇拝, 物神(ぶっしん)崇拝.

fet·lock /fétlɑ̀(ː)k | -lɔ̀k/ 名 C 球節《馬の足のけづめ毛の生ずる部分》.

fet·ter /féṭɚ | -tə/ 名 C [普通は複数形で]《文語》束縛, 拘束(するもの); (昔の囚人の)足かせ. **in fétters** [形・副] 捕らわれの身で, 束縛されて. — 動 (-ter·ing /-ṭərɪŋ/) 他 [普通は受身で]《文語》(人)を拘束[束縛]する; (...)に足かせをはめる.

fet·tle /féṭl/ 名 [次の成句で] **in fíne [góod] féttle** [形・副]《古風, 略式》元気[すばらしい状態]で.

fe·tus,《英》**foe·tus** /fíːṭəs/ 名 C 胎児《妊娠 8 週間以後》. 関連 embryo 妊娠 8 週間以内の胎児.

feud /fjúːd/ 名 C 不和, 反目, 積もる恨み《特に 2 人[両家, 両派]の間の長年にわたるもの》(*between, with, over*). — 動 自 反目する (*with, over*).

feu·dal /fjúːdl/ 形 ❶ 限定 封建(制度)の: a *feudal* lord 領主, 大名. ❷ 封建的な.

feu·dal·is·m /fjúːdəlìzm/ 名 U 封建制度.

*__fe·ver__ /fíːvɚ | -və/ 名 ❶ [U または a ~] (病気の)**熱**, 発熱《平熱 (normal temperature) よりも高いもの; ⇒ heat 表》: He has *a* high [mild, slight] *fever*. 彼は高い[少し]熱がある / Tom is in bed with *a fever*. トムは熱を出して寝ている / She's running *a fever*. 彼女は熱が出ている. ❷ U 熱病: ⇒ scarlet fever. ❸ [U または a ~] [主に合成語で] 熱中, 熱狂, フィーバー: gold *fever* 金鉱熱.

in a féver of ... [前] ...に浮かされて, ...で興奮して. (形 féverish)

féver blìster 名 C 《米》 = cold sore.

fe·vered /fíːvəd | -vəd/ 形 ❶ 限定 《文語》 (病的な)熱のある. ❷ 限定 《文語》 ひどく興奮した; 猛烈な, 異常な.

fe·ver·ish /fíːv(ə)rɪʃ/ 形 ❶ 熱のある, 熱っぽい; 熱病の, 熱による: I feel *feverish* today. きょうはなんだか熱っぽい. ❷ 限定 興奮した, 猛烈な, 大あわての; 心配した: *feverish* activity 大わらわの活動. (名 féver)
~·ly 副 熱病にかかって; 大あわてで, 必死に.

féver pìtch 名 U,C (興奮などの)最高潮.

few /fjúː/ (同音 #phew, 《英》 #whew)
— 形 (few·er; few·est)

単語のエッセンス
基本的には「わずかの」の意.
1) [a ~] 少しではあるが...(がある) ❶
2) [a をつけずに] 少しの...(しかない) ❷

語法 (1) 数えられる名詞の複数形とともに用いられる (⇒ little[1] 形 最初の 語法). (2) few を 叙述 に用いることは《略式》ではまれ.

❶ [比較なし] [a ~] **少しではあるが...** (がある), 少数の, 多少の (⇒ some 類義語; all 形 1 表).

a few (少数の)	少しではあるが…(がある)
a little (少量の)	

I have *a few* friends. 私には友人が少しはいる / *A few* people were in the room. 少数の人がその部屋にいた / He will be here in *a few* (more) minutes. (もう)数分すれば彼はここへ来る. 語法 限定的な場合には a が the や所有格などに代えられる: for *the first* [*last*, *next*] *few* minutes 最初[最後, 次]の数分間 (✪ 次と比較: for *a few* minutes 数分間) / I enjoyed *my few* days there. そこでのわずかな数日間を楽しんだ.

❷ [a をつけずに] **少しの...(しかない), ...はほとんどない,** ほんのわずかの (数の少ないことを示す; ⇒ all 形 1 表) [⇔ many] (⇒ 巻末文法 13. 1 (2)).

few (数が少ない)	少ない
little (量が少ない)	

a person of *few* words 口数の少ない人 / He has *few* friends. 彼は友人が少ない. 語法 few を単独で用いるのは《やや格式》.《略式》では very を伴って He has *very few* friends. の形で用いる. Ⓢ では He does*n't* have *many* friends. が普通 // *Few* children were in the room. 部屋にはほとんど子供がいなかった / I have so *few* eggs left that I can't give you even one. 卵はほとんど残っていないので一つもあげられない / There were too *few* volunteers to do the work. その仕事をするにはボランティアの数が足りなかった / Mike made three *fewer* mistakes than Liz. マイクの間違いはリズより 3 つ少なかった / She made the *fewest* mistakes. 彼女が間違いがいちばん少なかった.

語法 **a few と few**
1 と 2 の違いは話し手の気持ちの問題で, 数の大小によるわけではない. 仮に試験で数個の間違いをしたときでも, I'm happy that you made *so few* mistakes. と言えばほめたことになるし, I must point out that you've made *a few* mistakes. と言えば間違いのあることを指摘し, 場合によっては責める気持ちも含まれる (⇒ little[1] 形 2 語法).

a góod féw ... [形] 《主に英》 = quite a few ...
as féw as ... [形] [数詞を伴って] わずか...: *as few as* six people わずか 6 人.
be féw and fár betwéen [動] 自 (数が)少ない, わずかしかない; まれ[まばら]である.
nò féwer than ... ...ほども [≒as many as ...]: *No fewer than* ten students were absent yesterday. きのうは 10 人もの生徒が欠席した.
nòt a féw ... [形] 《格式》 **少なからずの...,** かなりの...: *Not a few* students come to school by bicycle. かなりの生徒が自転車通学をしている.
ònly a féw ... = jùst a féw ... [形] **ほんのわずか[少数]の...,** ...はほとんどない. 形 2 とほぼ同じ意味であるが, この言い方のほうが普通: *Only a few* people understood it. それを理解した人はほんのわずかしかいなかった.
quìte a féw ... [形] **かなり多くの...:** I've been there *quite a few* times. そこは何度も行きました.
whàt fèw ... [形] わずかではあるが全部の...: Henry contributed *what few books* he had to the library. ヘンリーは持っていたわずかの本をみな図書館に寄付した.

— 代 《不定代名詞》 ❶ [a ~] **少数, 少数のもの, 少数の人,** 多少: I have read *a few of* those books. その本のうち何冊かは読んだ / I saw *a few of* my old friends. 私は古い友人 2, 3 人に会った.
❷ [a をつけずに] **少数しかないもの[人],** ほんのわずかしかないもの[人], ほとんどないもの[人] [⇔ many]: Very *few* were absent. 欠席した人はほとんどいなかった (⇒ 形 2 語法) / *Few of* my friends live in Tokyo. 私の友人で東京に住んでいる者は少ない.

語法 この 代 の few は数えられる名詞の複数形の代わりに用いられ, 複数として扱われる. また 形 に示した成句の多くに 代 の用法もある点に注意: *Only a few of* the students understood it. 学生の中でそれを理解したものはほんのわずかしかいなかった (⇒ only a few ... (形 成句)).

❸ [the ~] 少数の人たち, (少数の)選ばれた人たち [⇔ the many]: *the* chosen *few* 少数の選ばれた人たち / think only of the interests of *the few* 少数の人の利益だけを考える.

hàve a féw (tòo mány) [動] [普通は現在完了形で] 《略式》 (ビールなどを)何杯か(酔っ払うほど)飲む.
quìte a féw [代] **かなり多数:** *Quite a few* (*of* them) were absent. (彼らのうち)かなり多くの者が欠席した.
to náme [méntion] (bùt) a féw [副] [例の後に用いて] (ほんの)2, 3 例をあげると.
whàt féw [代] [複数扱い] わずかばかりのもの全部: *What few* they had were stolen. 彼らが持っていたわずかばかりのものが全て盗まれた.

fey /féɪ/ 形 (人・ふるまいが)気まぐれな, 風変わりな; 現実離れした.

fez /féz/ 名 (複 fez·zes /~ɪz/, ~·es) C トルコ帽 (円筒形の赤い男性用帽子; 黒いふさがつく).

ff 略 = fortissimo.

ff. 略 = (and the) following (pages [lines]) ...ページ[行]以下: See p.10 *ff.* 10 ページ以下を参照せよ.

F

fi·an·cé /fiːɑːnséɪ, fiɑ́ːnseɪ | fiɔ́nseɪ/ ≪フランス語から≫ 名 C (女性からみた)婚約者, フィアンセ.

fi·an·cée /fiːɑːnséɪ, fiɑ́ːnseɪ | fiɔ́nseɪ/ ≪フランス語から≫ 名 C (男性からみた)婚約者, フィアンセ.

fi·as·co /fiǽskoʊ/ 名 (~(e)s) C (計画などの)大失敗, 完全なしくじり.

fi·at /fíːət/ 名 C,U 《格式》(権威者からの)命令.

fib /fíb/ 名 C S 《略式》(軽い)うそ: tell *fibs* うそをつく (⇒ lie² ⚡). ― 動 (fibs; fibbed; fib·bing) 自 S 《略式》(軽い)うそをつく (*about*).

fib·ber /fíbə | -bə/ 名 C S 《略式》軽いうそをつく人 (⇒ lie² ⚡).

+**fi·ber,** 《英》 **fi·bre** /fáɪbə | -bə/ 名 (~s /~z/) ❶ U,C **繊維質**, 繊維組織; 人工繊維; (布の)生地: dietary *fiber* 食物繊維 / synthetic *fiber* 合成繊維 / a fabric of coarse *fiber* 粗い生地の織物 // ⇒ optical fiber.

❷ C **繊維:** cotton [wool] *fibers* 木綿[羊毛]の繊維 / nerve *fibers* 神経繊維. ❸ U 性質, 精神力: moral *fiber* 道義的精神.

with évery fíber of one's **béing** [副] 《文語》 心底から, 強烈に(思う[感じる]). (形 fíbrous)

fi·ber·board /fáɪbəbɔ̀əd | -bəbɔ̀ːd/ 名 U 繊維板《木材繊維を圧縮した建築用材》.

fi·ber·glass /fáɪbəglæ̀s | -bəglɑ̀ːs/ 名 U 繊維ガラス, ファイバーグラス [≒glass fiber].

fiber-optic /fáɪbəɑ̀(ː)ptɪk | -bə(r)ɔ̀p-/ 形 限定 光ファイバーの[による].

fíber óptics 名 U 光ファイバー (optical fiber) による情報伝達.

+**fi·bre** /fáɪbə | -bə/ 名 《英》 = fiber.

fi·brous /fáɪbrəs/ 形 繊維質[状]の. (名 fíber)

-fi·ca·tion /fɪkéɪʃən/ 接尾 [-fy で終わる動詞につく名詞語尾]「…にすること, …化」の意: mòdi*ficátion* (変更)←módi*fy*. 語法 2 つ前の音節に第 2 アクセントがある. (動 -fy)

fick·le /fíkl/ 形 ❶ [軽蔑的] 気まぐれな. ❷ (天気などが)変わりやすい.

*__fic·tion__ /fíkʃən/ 名 (~s/~z/) ❶ U (文学の一部門としての)**小説**, 創作, フィクション (⇒ story¹ 類義語) [⇔ nonfiction]: Fact [Truth] is stranger than *fiction*. 《ことわざ》 事実は小説より奇なり.

❷ C,U **作り話** [⇔ fact]; 作り事, 虚構: What he said was (a) pure *fiction*. 彼の言った事は全くの作り話だった. (形 fictítious, fíctional)

〖⇒ office キズナ〗

fic·tion·al /fíkʃ(ə)nəl/ 形 創作上の, 架空の: a *fictional* character 架空の人物. (名 fíction)

fic·tion·al·ize /fíkʃ(ə)nəlàɪz/ 動 他 (実際の出来事など)を(多少脚色して)小説[映画]化する.

fic·ti·tious /fɪktíʃəs/ 形 偽りの; 創作上の, 架空の: a *fictitious* name 偽名. (名 fíction)

fid·dle /fídl/ 動 自 ❶ (物を)いじる, もてあそぶ (*with*). ❷ 《略式》 バイオリンを弾く. ― 他 《英略式》 (金額など)をごまかす. **fíddle aróund** [《英》 **abóut**] [動] 自 《略式》 ぶらぶら過ごす. **fíddle (aróund [《英》 abóut]) with ...** [動] 他 …をいじる[もてあそぶ]. ― 名 ❶ C 《略式》 バイオリン《特にジャズやポピュラー音楽で使用するもの》: play the *fiddle* バイオリンを弾く. ❷ C 《英略式》 いかさま, 詐欺. **(as) fít as a fíddle** [形] 《略式》 とても元気で, ぴんぴんして. **pláy sécond fíddle** [動] 自 (人の)下につく, わき役をつとめる (*to*). 由来 合奏で第二バイオリンを弾く, の意から.

fid·dler /fídlə | -lə/ 名 ❶ C 《略式》 バイオリン弾き《人》 [≒violinist]. ❷ C 《英略式》 (帳簿などを)ごまかす人, ペテン師.

fid·dl·ing /fídlɪŋ/ 形 限定 つまらない, くだらない.

fi·del·i·ty /fɪdéləṭi, faɪ-/ 名 ❶ U (配偶者への)貞節; 忠実, 誠実, 忠誠 (⇒ dog 参考) [⇔ infidelity]: *fidelity to* a leader 指導者に対する忠誠. ❷ U 《格式》 (翻訳・再生・写しなどの)正確さ; 忠実度 (*to*): ⇒ high fidelity.

fidg·et /fíʤɪt/ 動 自 そわそわする, もじもじする (*around, about*). **fídget with ...** [動] 他 …をもてあそぶ, いじくる. ― 名 C 《略式》 落ち着きのない人《特に子供》.

fidg·et·y /fíʤəṭi/ 形 《略式》 そわそわする.

Fi·do /fáɪḍoʊ/ 名 固 《米》 ファイドー《飼い犬の典型的な名; ⇒ Rover》.

***field /fíːld/

― 名 (fields /fíːldz/)

意味のチャート
「**野原**」❶ → (区切られた土地)
→ (農業用の)「**畑**」❶
→ (特定の区画)「**使用地**」❹; 「**競技場**」❷
→ (比喩(ゆ)的に, 区切られた領域)「**分野**」❸

❶ C 畑, 田; 牧草地; 野原: a rice *field* = a *field of* rice たんぼ, 稲田 / Some people are working ***in*** the *fields*. 何人かの人が畑で働いている / *field* flowers 野の花. 関連 cornfield 《米》 とうもろこし畑, 《英》 小麦畑.

❷ C **競技場**; (競技場の)**フィールド**《トラックの内側》; 球場; [the ~; 《英》 単数または複数扱い] 〔野球・クリケット〕 守備側 (⇒ infield, outfield): a football *field* フットボール競技場 / ***on*** [***off***] ***the field*** 競技場で[の外で], 競技中で[を離れて]. 関連 track トラック / track and field 陸上競技.

❸ C (研究・活動の)**分野**, 領域: the ***field of*** physics 物理学という分野 / He is an expert ***in*** this ***field***. 彼はこの分野の専門家だ / The problem is outside my *field*. その問題は私の専門外だ.

❹ C [普通は合成語で] (ある目的のための)**使用地**, 広場; (鉱物などの)産地: an oil *field* 油田. ❺ [単数形で; 《英》 時に複数扱い] 競争相手《会社・商品など; 全体》, 全競技者; 〔競馬〕 全出走馬. ❻ [the ~] 現場, 現地, 実地《実験室や研究所に対して》; [形容詞的に] 実地の: study [test] in *the field* 現地[実地]で研究[テスト]する // ⇒ fieldwork. ❼ C (レンズなどの)視野: a *field* of vision 視野. ❽ C [普通は the ~] 戦場 [≒battlefield]: on [in] *the field* (*of* battle) 戦場で[の]. ❾ C [普通は合成語で] (氷・雪などの)一面の広がり: an ice *field* (極地方の)氷原. 関連 snowfield 雪原. ❿ C 〔物理〕 場, 界: a magnetic *field* 磁場. ⓫ C 〔コンピュータ〕 (データの)記録指定域, 欄, フィールド.

a fíeld of fíre [名] 〔軍事〕 射界, 射程範囲.

léad [be ahéad of] the fíeld [動] 自 (業界・競技などで)先頭を切る[切っている].

léave the fíeld cléar for ... = léave ... in posséssion of the fíeld [動] 他 競うことをやめて(人)に勝ち[成功]を譲る.

pláy the fíeld [動] 自 《略式》 複数の異性と付き合う.

tàke the fíeld [動] 自 (試合開始のため)競技場に入る.

— 動 他 ❶〔野球・クリケット〕(打球)をとる, さばく. ❷ (チーム)を出場させる; (候補者)を立てる; (軍隊)を動員する. ❸ (質問・電話など)をうまくさばく.
— 自〔野球・クリケット〕守備につく.

field dày 名 ❶ C《米》(学校などの)運動会の日. ❷ C《略式》(存分に)楽しめる日, (したいことができる)好機: have a *field day* 大いに楽しむ, (批判などをして)大騒ぎする.

field·er /fíːldɚ | -də/ 名 C〔野球・クリケット〕野手: a *fielder's* choice 野選, フィルダーズチョイス. 関連 infielder 内野手 / outfielder 外野手.

field evènt 名 C〔スポーツ〕フィールド種目《投擲(てき)・跳躍など》. 関連 track event トラック種目.

field glàsses 名 複 双眼鏡 [≒binoculars].

field gòal 名 C〔スポーツ〕フィールドゴール.

field hòckey 名 U《米》ホッケー [《英》hockey].

field·ing /fíːldɪŋ/ 名 U〔野球・クリケット〕守備.

field màrshal 名 C [しばしば F- M-]《英》陸軍元帥 [《米》general of the army].

field spòrts 名 複《英》野外スポーツ《狩猟・釣りなど》.

field tèst 名 C (新製品などの)実地試験.

field-test /fíːldtèst/ 動 他 (新製品など)を実地試験[テスト]する.

field trìp 名 C 校外[社会]見学, 野外観察[実習].

field·work /fíːldwɚ̀ːk | -wə̀ːk/ 名 U (生物・地質などの)野外研究, 実地調査, フィールドワーク.

field·work·er /fíːldwɚ̀ːkɚ | -wə̀ːkə/ 名 C 野外研究者, 実地調査員.

fiend /fíːnd/ 名 ❶ C 悪魔のような(残酷な)人; 《文語》悪魔. ❷ C [名詞の後で]《略式》(...が)大好きな人, (...)マニア, (...)常習者: a golf *fiend* ゴルフ狂.

fiend·ish /fíːndɪʃ/ 形 ❶ 限定 悪魔のような, 残酷な. ❷ 限定《略式》(計画などが)ずる賢い, 抜け目のない; (問題などが)ひどくやっかいな, 最悪の.

***fierce** /fíɚs | fíəs/ 形 (fierc·er; fierc·est) ❶ (風雨・暑さ・感情などが)**ものすごい**, 猛烈な, 激しい: a *fierce* storm 猛烈なあらし / a *fierce* battle 激戦 / The competition was very *fierce*. 競争は実に激しかった. ❷ **どうもうな**, たけだけしい: a *fierce* tiger 猛虎(もうこ) / He looked *fierce*. 彼は恐ろしい顔をしていた.
~·ly 副 猛烈に, ひどく; どうもうに.
~·ness 名 U 猛烈さ; どうもうさ.

fi·er·y /fáɪ(ə)ri/ 形 (fi·er·i·er; -i·est) ❶ [普通は 限定] Ⓦ 火の, 火のような; 燃えるような: a *fiery* sunset 燃えるような夕焼け. ❷ 熱烈な; (気の)荒い, (性格の)激しい; 激しやすい: a *fiery* temper 激しい気性. ❸ (味が)ひりひりと辛い. (名 fire)

fi·es·ta /fiéstə/ ≪スペイン語から≫ 名 C (スペイン・ラテンアメリカなどの)宗教的祝祭(日); (一般に)パーティー.

FIFA /fíːfə/ ≪フランス語から≫ 名 固 国際サッカー連盟, フィファ《*F*édération *I*nternationale de *F*ootball *A*ssociation の略》.

fife /fáɪf/ 名 C 横笛《特に軍楽隊が用いる》.

***fif·teen /fìftíːn←/

— 代《数詞》[複数扱い] 15, 15 人, 15 個; 15 ドル[ポンド, セント, ペンスなど]《⇒ number 表, -teen, teens》.
— 名 (~s /~z/) ❶ C (数としての)15. ❷ U (24 時間制で)15 時, 15 分; 15 歳. ❸ C 15 の数字. ❹ C 15[15 人, 15 個]ひと組のもの; [《英》単数形でもときに複数扱い] ラグビーのチーム. ❺ U〔テニス〕フィフティーン《ゲームの 1 点目》.
— 形 ❶ 限定 15 の, 15 人の, 15 個の. ❷ 叙述 15 歳で.

**fif·teenth /fìftíːnθ←/

— 形 ❶ [普通は the ~; ⇒ the[1] 1 (4)] **15 番目の, 第 15 の**《15th とも書く; ⇒ number 表》: *the fifteenth* lesson 第 15 課. ❷ 15 分の 1 の.
— 名 (~s /~s/) ❶ [単数形で; 普通は the ~] **15 番目の人[もの]**; (月の)**15 日**《15th とも書く; ⇒ date[1] 名 1 語法 囲み》.
❷ C **15 分の 1**; 1/15《⇒ **巻末文法** 16. 11 (3)》.
— 副 つなぎ語 15 番目に[として].

***fifth /fífθ/

— 形 ❶ [普通は the ~; ⇒ the[1] 1 (4)] **5 番目の, 第 5 の**, 5 位の《5th とも書く; ⇒ number 表》: *the fifth* lesson 第 5 課 / *the* five hundred (and) *fifth* line 第 505 行 / Beethoven's *Fifth* Symphony ベートーベンの第五交響曲 / *The fifth* month of the year is May. 1 年の 5 番目の月は 5 月だ. ❷ 5 分の 1 の: a *fifth* part 5 分の 1 の部分.
— 名 (~s /fɪf(θ)s/) ❶ [単数形で; 普通は the ~] **5 番目の人[もの]**, 5 位の人[もの], 第 5 号.
❷ [単数形で; 普通は the ~] (月の)**5 日**(いつか)《5th とも書く》: I was born 「on *the fifth* of June [on June 5], 1997. 私は 1997 年 6 月 5 日に生まれた《June 5 は June (*the*) *fifth* と読む; ⇒ date[1] 名 1 語法 囲み》.
❸ C **5 分の 1**, 1/5《⇒ **巻末文法** 16. 11 (3)》: a [one] *fifth* 1/5 / three *fifths* 3/5. ❹ C《米》5 分の 1 ガロン《酒類の容量単位》.
tàke [pléad] the Fífth [動] 自《米》黙秘(権を行使)する; 返答を拒む, ノーコメントである《⇒ Fifth Amendment》.
— 副 5 番目に[として].

Fífth Améndment 名 [the ~]〔米国憲法〕第 5 修正個条《刑事裁判でいかなる人も自分に不利な証言を拒否できる》.

Fífth Ávenue 名 固 五番街《米国 New York 市の目抜き通り; 一流の商店が立ち並ぶ》.

fífth cólumn 名 C 第 5 列, 第 5 部隊《戦時にスパイ行為などで敵国の進撃を助ける一団》.

fífth whéel 名 C《米略式》余計[邪魔]な人.

***fif·ti·eth** /fíftiəθ/ 形 ❶ [普通は the ~; ⇒ the[1] 1 (4)] **50 番目の, 第 50 の**《50th とも書く; ⇒ number 表》. ❷ 50 分の 1 の.
— 名 (~s /~s/) ❶ [単数形で; 普通は the ~] **50 番目の人[もの]**.
❷ C **50 分の 1**, 1/50《⇒ **巻末文法** 16. 11 (3)》.

***fif·ty /fífti/

— 代《数詞》[複数扱い] **50**, 50 人, 50 個; 50 ドル[ポンド, セント, ペンスなど]《⇒ number 表, -ty[2]》.
— 名 (fif·ties /~z/) ❶ C (数としての)**50**. ❷ U 50 分; 50 歳. ❸ [複数形で; the または所有格の後で] 50 年代; 50 歳代; (速度・温度・点数などの) 50 番台[度台, 点台]《しばしば the 50's [50s] とも書く》: in *the* (nineteen) *fifties* [*1950's*, *1950s*] 1950 年代に《⇒ **巻末文法** 16.1 (2)》/ in *one's* (early [mid, late]) *fifties* 50 歳代(前半[半ば, 後半])で. ❹ C 50 の数字. ❺ C 50[50 人, 50 個]ひと組のもの. ❻ C 50 ドル[ポンド]紙幣.

— 形 ❶ 限定 50 の, 50 人の, 50 個の. ❷ 叙述 50 歳で.

fif·ty-fif·ty /fíftifífti⁻/ 副 Ⓢ (分け前が)半々に, 折半で: split [divide, share] the cost *fifty-fifty* 費用を折半する. **gò fífty-fífty** [動] 自 Ⓢ (...の)費用を折半する, (...を)割り勘にする (*on*). — 形 Ⓢ 五分五分の: a *fifty-fifty* chance 五分五分の可能性. **on a fífty-fífty básis** [副] Ⓢ 対等に.

fig /fíg/ 名 ❶ Ⓒ いちじく; いちじくの実[木]. ❷ [a ~ として副詞的に; 否定文で]《古風, 略式》ちっとも.

+**fig.** 略 ❶ 図 (figure): *Fig.* 10 第 10 図. ❷ = figurative, figuratively.

*****fight** /fáɪt/ ✪ -ght で終わる語の gh は発音しない.

— 動 (fights /fáɪts/; 過去・過分 fought /fɔ́:t/; fight·ing /-ṭɪŋ/) 自 ❶ **戦う; 殴り合う**, けんかする: The people of the country ***fought for*** independence. V+for+名 その国の人たちは独立のために戦った 多用 / Japan ***fought against*** [***with***] the United States in World War II. V+against [with]+名 日本は第二次世界大戦で米国と戦った. 語法 (1) against のほうが with よりも敵対の意味が強い. (2) fight with ... にはまた次の例文のように「...に味方して戦う」という意味もある. このときの with のアクセントは少し強い: Great Britain *fought with* France *against* Germany. 英国はフランスとともにドイツと戦った // Two boys were *fighting* in the park. 2 人の少年が公園でけんかしていた.

❷ **口論する**, 言い争う, 口げんかをする [≒argue, quarrel]: They ***fought over which*** way to take. V+over+wh 句 どっちの道を行くかで彼らは争った / My sister and I always ***fight about who*** will do the dishes. V+about+wh 節 妹と私はどちらが皿を洗うかでいつもけんかする.

❸ **奮闘する**, 努力する; (貧困・不正などと)闘う: Since the operation she has been ***fighting for*** her life. V+for+名 手術以来彼女は生きる闘いを続けている 多用 / We are ***fighting to*** secure peace. V+to 不定詞 我々は平和を確保するために奮闘している 多用 / Even a saint has to ***fight against*** various temptations. V+against+名 聖者でさえさまざまな誘惑と闘わねばならない. ❹ (地位などを求めて)激しく競う (*for*); (ボクシングで)試合をする.

— 他 ❶ (...)と**戦う**; (戦いなど)を交える[する]: *fight* the invaders 侵略者と戦う / *fight* a war [battle] 戦争[戦闘]をする. ❷ (災害・犯罪など)に立ち向かう, 対抗する; (病気など)と闘う; (感情など)を抑える: The sailors *fought* a storm. 船員たちはあらしと闘った / The firefighters bravely *fought* the fire. 消防士たちは勇敢に消火にあたった. ❸ (相手)と競う, 争う; (選挙)を戦う; (ボクシングで)(相手)と対戦する (*for*).

fíght lìke cát(s) and dóg(s) [動] 自 激しくけんかをする, 犬猿の仲である.

fíght to the déath [fínish] [動] 自 決着がつくまで戦う.

fíght tóoth and náil [動] 自 必死に戦う.

fíght one's **wáy** [動] 自 戦いながら前進する; 苦労して進む《⇒ way¹ 成句の囲み》.

fight の句動詞

+**fíght báck** 動 自 **反撃する**, 抵抗する (*against, at*): The ruling party began to *fight back*. 与党は巻き返しに出た.

— 他 (感情など)を抑える: I was unable to *fight back* my tears. 私は涙をこらえることができなかった.

fíght dówn 動 他 = fight back.

fíght óff 動 他 (...)を寄せつけない; 撃退する.

fíght óut 動 他 (争いなど)に決着をつける.

fíght it óut [動] 自 最後まで戦う[争う].

— 名 (fights /fáɪts/) ❶ Ⓒ **戦い**, 戦闘; (殴り合いの)**けんか**; (ボクシング・レスリングの)試合《⇒ 類義語》: My dog had a ***fight with*** his dog. 私の犬が彼の犬とけんかした / ***get into*** [***start***] a ***fight*** けんかを始める / ***pick*** a ***fight with...*** ...にけんかを売る / ***win*** [***lose***] a ***fight*** けんかに勝つ[負ける] / ***stop*** a ***fight*** けんかをやめさせる / a snowball *fight* 雪合戦 / a free *fight* 乱闘. 関連 bullfight 闘牛 / dogfight 闘犬.

❷ Ⓒ **闘争**, 格闘; 競争: a ***fight for*** higher pay = a ***fight to*** obtain higher pay +to 不定詞 賃上げ闘争 / a hard *fight for* reelection 再選に向けての厳しい戦い / We must not forget the ***fight against*** pollution. 我々は公害との闘いを忘れてはならない.

❸ Ⓒ **口げんか**, 口論: She had a big ***fight with*** her parents last night. 彼女は昨晩両親と大げんかした.

❹ Ⓤ **闘志**, 戦意, ファイト; 戦闘力: show *fight* 闘志を示す / He had plenty of *fight* left in him. 彼にはまだ闘志が十分残っていた.

a fíght to the déath [fínish] [名] 勝負がつくまでの戦い, 死闘.

pùt úp a góod fíght [動] 自 善戦する.

類義語 **fight** 「戦い, 争い」を表わすごく一般的な語だが, しばしば暴力に訴える個人的な争いを指す. **struggle** 障害などを克服するための身体的・精神的な激しい努力や苦闘: a bitter *struggle* with cruel fortune 苛酷な運命との悪戦苦闘. **strife** 不和・反目が激しく, 絶えず敵意を抱き合っている状態: labor *strife* 労働争議.

fight·back /fáɪtbæ̀k/ 名 Ⓒ《英》反撃, 巻き返し.

***fight·er** /fáɪṭɚ | -tə/ 名 (~s /~z/) ❶ Ⓒ **戦闘機**. 関連 bomber 爆撃機.

❷ Ⓒ (格闘技の)**選手**, (特に)プロボクサー (prizefighter); [前に形容詞をつけて] ボクシングが...の人. ❸ Ⓒ 戦士, 闘士; [よい意味で] 闘志のある人.

fíghter plàne 名 Ⓒ = fighter 1.

fight·ing /fáɪṭɪŋ/ 形 限定 戦う; 好戦的な, けんかごしの: *fighting* spirit 闘志 / *fighting* words [talk] けんかを売るような[挑戦的な]ことば[話し方]. — 名 Ⓤ 戦い, 戦闘; 争い (*between*).

fíghting chánce 名 [a ~] (努力次第で得られる)成功の見込み, チャンス (*of; to* do).

fíg lèaf 名 ❶ Ⓒ (裸体彫刻の局部を覆う)いちじくの葉. ❷ Ⓒ (都合の悪いものを)覆い隠すもの.

fig·ment /fígmənt/ 名 [次の成句で] **a fígment of** one's **imaginátion** [名] 想像の産物.

fig·u·ra·tive /fígjərəṭɪv/ 形 ❶ 比喩(ゆ)的な, 転義の《略 fig.》: a *figurative* meaning 比喩的な意味. 関連 literal 文字どおりの / metaphorical 比喩的な. ❷ 〔美術〕具象的な [⇔ abstract].

fig·u·ra·tive·ly /fígjərəṭɪvli/ 副 比喩的に《略 fig.》: The word "fight" is used *figuratively* here. 「戦う」という語はここでは比喩的な意味で使われている. 関連 literally 文字どおりに.

*****fig·ure** /fígjɚ, -gjʊɚ | -gə/

— 名 (~s /~z/)

意味のチャート
原義はラテン語で「作られたもの」.
→(形)→(人の形)→「**人の姿**」❺→「**人物**」❸
　　　→「**図**」❹→(記号)→「**数字**」❶

❶ Ⓒ [普通は複数形で] (統計などの)**数字**, 数値, 額; (アラビア)**数字**《0 から 9 まで》; (数字の)位, けた: monthly sales *figures* 月間売り上げ額 / unemployment *figures* 失業者数 / the *figure* six 数字の 6 / Arabic *figures* アラビア数字 / a ten-*figure* phone number 10 けたの電話番号 / (in) single [double, three] *figures* 1 [2, 3] けたの数字(で) / in round *figures* 端数は切り捨てて. 関連 number 数.
❷ Ⓒ **金額**, 価格 [≒price]: I was able to get the PC at [for] a low *figure*. 私はそのパソコンを安い値段で手に入れることができた.
❸ Ⓒ [普通は形容詞・名詞を伴って] **人物**; 重要人物; ...的存在の人: a *public figure* 有名人 / one of the *greatest figures* in French history フランス史上の大人物の一人 / a *mother figure* 母親的存在 / an *authority figure* = a ***figure of*** authority 権威を感じさせる人 //⇒ father figure.
❹ Ⓒ **図**, 図解《略 fig.》; 図形, 図案, 模様《⇒ form 類義語》: *Figure* 1 第 1 図 / an eight-sided *figure* 8 角形 / beautiful *figures* in cloth 布地の美しい模様.
❺ Ⓒ (人の)**姿**, 人影; (体の)格好, 体型, スタイル; 風采(ふうさい), 容姿; 外形: I saw a *figure* approaching in the distance. 遠くから人影が近づいてくるのが見えた / keep one's *figure* すらりとした体型を保つ / Meg has a good *figure*. メグはスタイルがいい / Dancing is good for the *figure*. ダンスはスタイルをよくするのにいい《⇒ style 名 3 日英》. ❻ Ⓒ (彫刻・絵画などの)人物像, 彫像; 動物の像: a *figure in* marble 大理石の像. ❼ [複数形で] 計算: have a head for *figures* 計算が得意だ. ❽ Ⓒ 〔ダンス・スケート〕フィギュア《1 単位をなす連続の運動》.
a fígure of fún [名] もの笑いになる人, 笑い者.
cùt a ... fígure [動] ⓐ ...に見える, ...の姿を呈する: He *cut a* fine [poor] *figure* in company. 彼は人なかで立派に[貧相に]見えた.
pùt a fígure on ... [動] ⓗ ...の正確な額[数字]を言う.
— 動 (~s /~z/; ~d /~d/; fig·ur·ing /-gj(ə)rɪŋ, -gjʊ(ə)r- | -g(ə)r-/) ⓐ **重要な部分[位置]を占める**, (...として)(大きく)かかわる, 現われる (*as*): In future, he will ***figure*** prominently ***in*** the Japanese literary world. V+*in*+名 彼はこれからの日本の文学界で重要な位置を占めるだろう.
— ⓗ ❶ Ⓢ《略式》(...だ)**と思う**, 考える; (...だ)と判断する: He ***figured*** (*that*) his son was cutting school. V+O ((*that*)節) 彼は息子が学校をさぼっていると考えた. ❷《米》(...)を計算する (*at*).
Gò fígure. Ⓢ《米略式》それは変だ, 信じられない.
Thát [It] fígures. = Fígures. Ⓢ《略式, 主に米》やっぱり(思ったとおりだ); もっともなことだ.

figure の句動詞
fígure on ... 動 ⓗ Ⓢ《略式, 主に米》...を見込む, 予期する; ...をもくろむ, (...する)つもりである; ...を当てにする.
+**fígure óut** 動 ⓗ ❶ (物事・人)を**理解する**, (...)がわかる; (...)を解決する, (策など)を考え出す V+名・代+*out* / V+*out*+名: I couldn't *figure out* what he had said. 私には彼の言ったことがどうしてもわからなかった. ❷ (...)を計算する.

fig·ured /fígjəd, -gjʊəd | -gəd/ 形 限定《格式》小さな模様のある.
fígure éight 名 Ⓒ《米》8 の字型《結び方・模様など》[《英》figure of eight].
fig·ure·head /fígjəhèd, -gjʊə- | -gə-/ 名 ❶ Ⓒ 名目上の最高責任者. ❷ Ⓒ 船首像《昔船首に飾った全身または半身の木製の女性像》.
fígure of éight 名 Ⓒ (複 figures of eight)《英》= figure eight.
fígure of spéech 名 (複 figures of speech) Ⓒ 比喩(ゆ), ことばのあや.
fígure skàter 名 Ⓒ フィギュアスケートをする人[選手].
fígure skàting 名 Ⓤ フィギュアスケート.
fig·u·rine /fìgjəríːn, -gər-/ 名 Ⓒ 小立像, 人形.
Fi·ji /fíːdʒiː/ 名 固 フィジー《フィジー諸島などから成る南太平洋の独立国》.
fil·a·ment /fíləmənt/ 名 Ⓒ (電球の)フィラメント; 細糸, 繊維.
filch /fíltʃ/ 動 ⓗ《略式》(あまり金目でないもの)をくすねる, ちょろまかす (*from*).

***file**[1] /fáɪl/
— 名 (~s /~z/) ❶ Ⓒ **ファイル**, とじ込み(帳), 書類ばさみ; 書類整理箱[棚]: keep papers in a *file* 書類をファイルに入れて保管する.
❷ Ⓒ (項目別の)**書類**, 記録《資料として整理・ファイルされたもの》(*of, on*); 〔コンピュータ〕ファイル《整理して収録された情報》: a club membership *file* クラブ会員関係書類 / keep *files* on ... ...に関する記録を保存しておく / access a data *file* (パソコンなどの)データファイルにアクセスする / open [close] a *file* ファイルを開く[閉じる] / create [copy, save, delete] a *file* ファイルを作成[コピー, 保存, 削除]する.
on fíle [形・副] (ファイルに)整理されて; (公式に)記録されて: We keep all the data *on file*. データはすべて整理して保存してある.
— 動 ⓗ ❶ (書類など)を(とじ込んで)整理する: Will you *file* (*away*) these papers? これらの書類を整理してくれませんか.
❷〔法律〕(訴状・願書など)を提出する (*with*): *file* (a) suit *against* the company その会社を告訴する.
❸ (記事など)を(新聞社などへ)送る.
fíle for ... [動] ⓗ〔法律〕...を法的に申し込む, 申し立てる.
〖語源 原義は「(とじるための)糸」〗
+**file**[2] /fáɪl/ 名 (~s /~z/) Ⓒ (人・物などの)**縦列**, 列: a *file of* children 子供の列. 関連 rank 横列.
(in) síngle [Índian] fíle [副] 1 列で; 一人ずつ.
— 動 ⓐ [副詞(句)を伴って] (縦に)1 列になって進む.
file[3] /fáɪl/ 名 Ⓒ やすり: a nail *file* つめやすり. — 動 ⓗ (...)にやすりをかける, (...)をやすりで磨く (*away, down*).
fíle càbinet 名 Ⓒ《米》書類整理棚.
fi·let /fílɪt, fɪléɪ | fíleɪ/ 名 動《米》= fillet.
fil·i·al /fíliəl/ 形 [普通は 限定]《格式》子としての [⇔ parental]: *filial* duty 子としての義務.
fil·i·bus·ter /fíləbʌ̀stə | -tə/ 名 Ⓒ《主に米》議事妨害. — 動 (-ter·ing /-tərɪŋ, -trɪŋ/) ⓐ《主に米》(長演説で)議事の進行を妨害する.
fil·i·gree /fíləgrìː/ 名 Ⓤ (金銀の)線(条)細工.

F

fil·ing[1] /fáɪlɪŋ/ 名 ❶ U とじ込み, 書類整理. ❷ C (書類の)提出, 申請; 提訴.
fil·ing[2] /fáɪlɪŋ/ 名 [複数形で] やすりの削りくず.
fíling càbinet 名 C 《英》 = file cabinet.
fil·ings /fáɪlɪŋz/ 名 複 やすりの削りくず.
+**Fil·i·pi·no** /fìləpíːnoʊ/ 名 (~s /~z/) C **フィリピン人**; U **フィリピン語** (⇒ Philippines).
— 形 フィリピン人[語]の.

***fill** /fíl/ (同音 Phil)

— 動 (fills /~z/; filled /~d/; fill·ing) 他 ❶ (入れ物など)を満たす; (場所・空間)を(物・人で)**いっぱいにする**, (...)にぎっしり詰める; (音・光・においなどが)...に充満する; (風が)(帆)をいっぱいに張る [⇔ empty]: *Fill* this glass for me. このグラスにいっぱいついでください / Children *filled* the room. 子供で部屋中がいっぱいになった / Helen ***filled*** the bottle ***with*** hot water. V+O+with+名 ヘレンはびんにお湯をいっぱい入れた / *Fill* the glass full. V+O+C (形) グラスをいっぱいにしてください.
❷ (穴・空所など)を**埋める**, ふさぐ; (歯)を充填(じゅうてん)する; (地位など)を**占める**, (職務・役割など)を果たす: *fill* the crack ***with*** cement V+O+with+名 裂け目をセメントでふさぐ / The vacancy *was* already *filled*. V+O の受身 その欠員はすでに補充された / *fill* the role of an editor 編集者の職務を果たす.
❸ (心)を(喜び・悲しみなどで)**満たす**, いっぱいにする: The sight ***filled*** my heart ***with*** anger. V+O+with+名 その光景を見て私の心は怒りでいっぱいになった / Jane *was filled with* joy to see Tom safe and sound. V+O+with+名の受身 トムが無事なのを見てジェーンの胸は喜びであふれた.
❹ (要求)を満たす; (注文)に応じる: We cannot *fill* such orders. 我々はそんな注文には応じきれない.
❺ (時間)を(...して)過ごす: She *filled* her time (by) read*ing* a weekly. 彼女は週刊誌を読んで時間をつぶした.
— 自 ❶ **いっぱいになる**, 満ちる: The stadium soon *filled*. 競技場はすぐ満員になった / His heart ***filled with*** sorrow. V+with+名 彼の心は悲しみで満ちた.
❷ (帆が)風をはらむ.
fill onesèlf (úp) [動] 自 《略式》 (飲食物で)満腹になる (*with, on*).

fill の句動詞

fill ín** 動 他 ❶ (用紙など)に(必要事項を)**書き込む**; (必要事項)を記入する V+名·代+in / V+in+名: ***Fill in the blanks ***with*** the correct words. 空所に正しい語を記入せよ / *Fill in* your name and address on this paper, please. この書類に住所と名前を記入してください. ❷ (人)に(情報などを)教える: Please *fill* me *in on* the details. 詳細を教えてください. ❸ (穴など)をふさぐ; (図形など)を塗りつぶす. ❹ (暇)をつぶす.
— 自 (臨時に)(人の)代わりをする (*for*).
+**fill óut** 動 他 (書類など)に(必要事項をすべて)**書き込む** V+名·代+out / V+out+名: Will you *fill out* this form? この用紙に記入してください. — 自 (顔などが)ふっくらする; (体に)肉がつく.
+**fill úp** 動 他 ❶ (...)を**いっぱいに満たす**; (空間・時間)を埋める, ふさぐ V+名·代+up / V+up+名: *Fill* it [her] *up*, please. 満タンにしてください (ガソリンスタンドで) / The tank is ***filled up with*** gasoline. タンクはガソリンでいっぱいだ // ⇒ fill oneself up (成句). ❷ 《略式》 (人)に満腹感を与える. — 自 ❶ いっぱいになる (*with*): The pond *filled up* after the rain. 池は雨が降って満水になった. ❷ (...で)おなかを満たす (*with, on*).

— 名 [次の成句で]
éat [drínk] one's **fíll** [動] 自 思う存分食べる[飲む].
have hád one's **fíll of ...** [動] 他 (...)をいやというほど味わった, (...)には飽き飽きした.
〖語源 full と同語源〗

fill·er /fílə | -lə/ 名 U,C 詰め物; (穴をふさぐ)目止め剤; (新聞・雑誌などの)埋めくさ.
fil·let /fílɪt, fɪléɪ | fílɪt/ 名 C,U 〘料理〙 ヒレ肉 (牛・豚の腰の肉で極上), (魚肉の骨のない)切り身 (*of*). — 動 他 (魚・肉)を切り身にする.
fill·ing /fílɪŋ/ 名 ❶ C,U 詰め物; (サンドイッチなどの)中身: a pie *filling* パイの中身. ❷ C (歯の)充填(じゅうてん)材 (金など). — 形 (食べ物が)腹にたまる, 満腹感を与える.
fílling stàtion 名 C = gas station.
fil·lip /fílɪp/ 名 [a ~] 刺激 (*to, for*).
fil·ly /fíli/ 名 (fil·lies) C 雌の子馬 (4 歳未満). 関連 colt 雄の子馬 / mare 雌馬.

***film** /fílm/

— 名 (~s /~z/)

意味のチャート
「薄膜」❸ → (フィルムの薄膜) → 「**フィルム**」❷ → (写真) → 「**映画**」❶

❶ C 《主に英》 (個々の)**映画** [《米》 movie, motion picture]; U 映像; [U または ~s] 映画(制作), 映画産業: see [watch] a *film* 映画を見る / show a *film* 映画を上映する / be recorded ***on film*** 映像に記録される / My father is in *film(s)*. 父は映画の仕事をしている.
❷ U,C **フィルム**: shoot a roll of *film* フィルム 1 本を撮影する / a twenty-four exposure *film* 24 枚撮りフィルム / develop *film* フィルムを現像する / 「put *film* in [load *film* into] one's camera フィルムをカメラに入れる.
❸ C [普通は単数形で] (表面の)**薄膜**, 薄皮: The pond was covered with a ***film of*** oil. 池の表面は油の薄い膜で覆われていた. (3 では 形 fílmy)
— 動 他 (ビデオ・(映画用)カメラで)(...)を撮る, (映画など)を撮影する; (小説など)を映画化する: This picture *was filmed* in Hawaii. この映画はハワイで撮影された.
— 自 (映画の)撮影をする.
film·ing /fílmɪŋ/ 名 U 映画撮影[制作].
film·mak·er /fílmmèɪkə | -kə/ 名 C 映画制作者.
fílm stàr 名 C 《英》 = movie star.
film·strip /fílmstrɪ̀p/ 名 C (教材用の)映写スライド.
film·y /fílmi/ 形 (film·i·er; -i·est) [普通は 限定] (布地が)透けるほど薄い. (名 film 3)
+**fil·ter** /fíltə | -tə/ 名 (~s /~z/) ❶ C **ろ過器[装置]**, 水こし: The water is cleaned by a *filter*. 水はろ過器で浄化される. ❷ C (カメラ・たばこなどの)フィルター; (電波・音波の)ろ波器; 〘コンピュータ〙 フィルター.
— 動 (fil·ters /~z/; fil·tered /~d/; -ter·ing /-tərɪŋ, -trɪŋ/) 他 (...)を**ろ過する**, こす; ろ過して除く: The water must ***be filtered through*** a cloth to remove the dirt. V+O+through+名の受身 その水はごみを除くのに布でこさねばならない.
— 自 ❶ [副詞(句)を伴って] (液体が)しみ出る[込む];

(音が)漏れる, (光が)差し込む; (群衆などが)徐々に移動する: Moonlight *filtered through* the thin curtain *into* the room. 月の光が薄いカーテンを通して部屋に差し込んでいた / The crowd *filtered into* the park. 群衆が次第に公園に入り込んできた. ❷ [副詞(句)を伴って] (情報などが)徐々に知れ渡る, 漏れる (*out, through; into, to*).

fílter óut [動] ⊕ (1) (...)をろ過して[フィルターで]取り除く; (光)を(フィルターで)遮断する. (2) (不適切な人・物・情報など)を(フィルターをかけて)取り除く, ふるい落とす.

fílter pàper 名 U ろ紙, こし紙.

fílter tìp 名 C フィルター(付きの紙巻きたばこ).

filth /fílθ/ 名 ❶ U 汚物, 不潔なもの. ❷ U みだら(なことば・絵), 卑猥(ひわい)なもの.

+**filth·y** /fílθi/ 形 (filth·i·er; -i·est) ❶ **不潔な**, よごれた: Take those *filthy* shoes off! そのきたない靴を脱いで. ❷ みだらな, 卑猥(ひわい)な. ❸ 怒った. ❹ 《英略式》(天気が)ひどい.
— 副 《略式》すごく, ひどく: *filthy* rich 大金持ちので].

fil·tra·tion /fɪltréɪʃən/ 名 U 《格式》ろ過(作用).

+**fin** /fín/ 名 (~s /~z/) ❶ C (魚の)**ひれ**: a tail *fin* 尾びれ. ❷ C ひれ状のもの; (航空機の)垂直安定板《⇒ airplane 挿絵》; (自動車の)尾翼.

fi·na·gle /fənéɪgl/ 動 ⊕ 《米略式》(...)をせしめる; (人)から(...を)だまし取る (*out of*).

⁑fi·nal /fáɪn(ə)l/

— 形 ❶ 限定 **最終の, 最後の** 《⇒ last[1] 類義語》: the *final* act of a play 芝居の最後の幕 / the *final* round (競技の)最終回, 決勝.
❷ **最終的な**, 決定的な: the *final* decision 最終的な決定 / the *final* ballot 決選投票 / the *final* result 最終結果 / I won't do it ***and that's final***! Ⓢ 私はやらない, 絶対にね. (名 finálity, 動 fínalìze)
— 名 (~s /~z/) ❶ C **決勝戦**; [複数形で] 決勝リーグ[トーナメント]: The team won the semifinals and advanced to the *finals*. そのチームは準決勝に勝って決勝に進出した. 関連 semifinal 準決勝戦 / quarterfinal 準々決勝戦.
❷ C 《米》学期[学年]末試験; [複数形で] 《英》(大学の)最終試験.

単語のキズナ　FIN／終わり, 限界＝end

final	最終の		
fine[1]	(完成された)	→	すばらしい
fine[2]	(決着(をつける))	→	罰金(を科す)
finish	(終わりにする)	→	終える
finance	(勘定に決着をつけること)	→	財政
define	(限界をはっきりさせる)	→	定義する
confine	(境界を共にする)	→	限る
infinite	(終わりのない)	→	無限の
refine	(さらに仕上げる)	→	精製する

fi·na·le /fənǽli, -ná:-|-ná:-/ ≪イタリア語から≫ 名 C 終楽章, フィナーレ; (劇の)最終幕; 結末 (*to*).

fi·nal·ist /fáɪnəlɪst/ 名 C 決勝戦出場選手[者].

fi·nal·i·ty /faɪnǽləṭi/ 名 U 《格式》最終的なこと; 結末, 決着: with an air of *finality* きっぱりとした様子で. (形 fínal)

fi·na·li·za·tion /fàɪnəlɪzéɪʃən|-laɪ-/ 名 U 完結[終了, 決着]させること.

fi·nal·ize /fáɪnəlàɪz/ 動 ⊕ (計画・協定など)を完結させる, 終了させる, (...)に決着をつける: *finalize* the details 細部をつめる. (形 fínal)

⁑fi·nal·ly /fáɪnəli/

— 副 ❶ ついに, とうとう; **ようやく**, やっと, 結局 《⇒ 類義語》: We waited and waited, and *finally* he came. 待ちに待ってようやく彼がやって来た / Our plane *finally* took off three hours later. 飛行機は3時間遅れてやっと飛び立った.
❷ つなぎ語 **最後に**, 終わりに当たって《最後の論点や項目に言及したり, 最後の質問をするときに用いる》: *Finally*, I would like to say a few words about next month's meeting. 最後に来月の会について申し上げたいと思います.
❸ 最終的に, 決定的に; すっかり: We have *finally* settled the matter. 私たちはその問題を最終的に解決した.

> 類義語 **finally** 困難を伴いながら, 長いこと待って「ようやく」という意味: A new agreement has *finally* been reached after years of debate. 長年の議論の末に新しい合意がようやく成立した. **at last** 長い間待ち望んでいたことがいろいろと努力を重ねた結果ついに実現したことを表わす: The escaped prisoner cried, "*At last* I'm free!" 脱走に成功した囚人は「ついに自由になったぞ!」と叫んだ. **in the end, eventually** 長い時間的経過の末に結末として, の意味: She worked very hard and, *in the end*, passed her exam. 彼女は一生懸命勉強し, とうとう試験に合格した.

***fi·nance** /fáɪnæns, faɪnǽns, fɪ-/ 名 (fi·nanc·es /~ɪz/) ❶ U **財政**, 財務; 財政学: the Minister [Ministry] of *Finance* (日本の)財務大臣[省] / He is an expert in *finance*. 彼は財政の専門家だ.
❷ [複数形で] **財源**, 財力; 財政状態; 資金運用: The city's *finances* were not sound. 市の財政状態は健全ではなかった. ❸ U (銀行などからの)融資, 資金 (*for*). (形 fináncial)
— 動 (fi·nanc·es /~ɪz/; fi·nanced /~t/; fi·nanc·ing) ⊕ (...)に**資金援助する**, 融資する [≒ fund]: The college ***is financed by*** the state. V+O の受身 その大学は州[国]立だ.
《⇒ final キズナ》

fínance còmpany [《英》**hòuse**] 名 C (特に企業相手の)金融会社.

***fi·nan·cial** /faɪnǽnʃəl, fɪ-/ 発音 形 [普通は 限定] **財政上の**, 財務の; 金融の; 財界の: *financial* difficulties 財政困難 / *financial* services 金融[投資]情報サービス(業) / the *financial* world 財界 / a *financial* institution 金融機関. (名 fínance)

fináncial áid 名 U 《米》(大学の)奨学金.

***fi·nan·cial·ly** /faɪnǽnʃəli, fɪ-/ 副 [ときに 文修飾] **財政的に(は)**: The movie turned out to be *financially* successful. その映画は金銭[興行]的には成功した.

fináncial yéar 名 [the ~] 《英》会計年度《一般に企業では4月1日から3月31日までの1年間》[《米》fiscal year]. 関連 calendar year 暦年 / school year 学年.

fin·an·cier /fìnənsíə|faɪnǽnsiə/ 名 C 財政家, 財務官; 金融業者, 融資[出資]者.

fi·nanc·ing /fáɪnænsɪŋ, faɪnǽns-, fɪ-/ 名 U 融資(金).

finch /fíntʃ/ 名 C フィンチ《太めのくちばしを持ち, 鳴き声の美しいひわ・あとり類の小鳥》. 関連 bullfinch うそ.

⁑find /fáɪnd/

— 動 (finds /fáɪndz/; 過去・過分 found /fáʊnd/; find·ing) 他

意味のチャート
「ふと見つける」❷
→「見つかる」❻
→(見つける)→「捜し出す」❶→「得る, 手に入れる」❺
→「発見する」❸→「知る」❹

❶ [進行形なし] (なくしたもの・人など)を**捜し出す**, (捜して)**見つけ出す**; (人に)(なくしたもの)を見つけて[捜し出して]やる [⇔ lose]: She lost her hat but *found* it soon. 彼女は帽子をなくしたがすぐに見つけた / I can't *find* my key. 鍵が見つからない / 言い換え Please *find* me my overcoat. V+O+O = Please *find* my overcoat *for* me. V+O+*for*+名 どうか私のコートを捜してください《⇒ for 前 A 1 語法》/ We *found* the missing girl wander*ing* about in the woods. V+O+C (現分) 私たちは行方不明の女の子が森をさまよっているのを見つけ出した.

見つけ出す
(捜していた)スーツケースを見つけた.
○I **found** my suitcase.
×I found out my suitcase.
✪ find out は主に調査・熟考・観察などの結果, 事実や実情などを知ることをいう. なくしたものなどを見つけ出す意味では find を用いる.

❷ (...)を**ふと見つける**, (...)に(たまたま)会う; (...)が(〜であるのを)**発見する:** I *found* a dollar (bill) on the floor. 私は床の上に 1 ドル(紙幣)を見つけた / I *found* your sister sit*ting* on a bench. V+O+C (現分) 妹さんがベンチに座っているのを見ました / The boy *was found* dead [injur*ed*] in the woods. V+O+C (形[過分])の受身 少年は森の中で死んで[けがをして]いるのを発見された.

❸ (調査・研究して)(未知の事)を**発見する**, (答えなど)を見つけ出す; (調べて)(...だ)と**知る**, わかる: I've *found* it! 見つけたぞ!, あった!《⇒ eureka》/ The doctor ***found that*** the patient had stomach cancer. V+O (*that* 節) 医者は患者が胃癌(がん)になっているのを発見した.

❹ (経験して・試してみて) (...)が (〜だ)と**知る**, **わかる**, 思う, 感じる: I ***found*** (***that***) it's the best way. V+O ((*that*) 節) それが最もよい方法だとわかった 多用 / I *found* the book easy. V+O+C (形) その本は易しいと(読んでみて)わかった. ✪ easy (形容詞) と easily (副詞) との違いに注意: I *found* the book easily. その本は簡単に見つかった《1 の意味》// We *found* the money *gone*. V+O+C (過分) 金がなくなっているのがわかった / We ***found*** her ***to*** be very friendly. V+O+C (*to* 不定詞) 彼女はとても親切だと思った / 言い換え They *found it* necessary *to* learn more about the issue. = They *found it* necessary *that* they (should) learn more about the issue. 彼らはその問題についてもっとよく知る必要があると感じた. 語法 it は to 以下または that 以下を受ける形式目的語; 動詞型は V+O+C (形) // 💬 "How did you *find* Switzerland?" "Fantastic!" 「スイスはいかがでしたか」「すばらしかったですよ」

❺ [進行形なし] (必要なもの)を**得る**, **手に入れる:** We couldn't *find* (the) time to see the garden. その庭を見学する時間がなかった.

❻ [受身で, または you, one を主語として; 進行形なし] (...)が**見つかる**[**ある**](**ことを知る**). 語法 「見つけ出す」の意味が弱まって, 「存在」を示す there is [are] ...の構文に近い意味を表わす: This sort of bird can *be found* everywhere in Japan. V+O の受身 この種の鳥は日本中どこにでもいる / 言い換え *You* won't *find* much water around here. (= There isn't much water around here.) このあたりには水があまりない.

❼ [進行形なし]〔法律〕(裁判・陪審で)(人)を(...と)判決[評決]する: The jury *found* him guilty [not guilty]. 陪審は彼を有罪[無罪]と評決した.

— 自 [進行形なし]〔法律〕(...に有利[不利]な)判決[評決]を下す (*for*, *in favor of*, *against*).

fínd onesèlf [動] 自 (1) [副詞(句)・形容詞(句)などを伴って] **自分が**(...にいる[...である]のに)**気がつく:** When I awoke, I *found myself* in (the) hospital. 目が覚めたら私は病院にいた. (2)《略式》[しばしばこっけいに] 自己の才能[進むべき道]を知る.

fínd one's **wáy** [動] 自 **何とかして行く**, 努力して進む, たどり着く《⇒ way[1] 成句の囲み》: I managed to *find my way* home. 私は何とか家にたどり着いた.

find の句動詞

fìnd ... in 〜 動 他 (活動など)に(喜びなど)を見出す: *find* pleasure *in* cooking 料理を楽しいと感じる.

⁑fínd óut

動 他 ❶ (調査などをして)(事実など)を**見つけ出す**, **発見する**, つきとめる《⇒ find 他 1》 V+*out*+名: Could you ***find out how*** to get there? そこへ行く方法を調べていただけませんか / Please *find out when* [at *what* time] the plane takes off. 飛行機はいつ[何時に]出るか調べてください / I ***found out*** (***that***) her name was Mary. 彼女の名前がメアリーだとわかった. ❷ (人)の正体を見抜く, (人の悪事)を見破る: It's only a matter of time before someone *finds* him *out*. 彼の正体がばれるのも時間の問題だ.

— 自 (調べて)**事実を知る:** Before you employ him, you'd better ***find out about*** his past. 彼を雇う前に過去のこと[経歴]を知って[調べて]おくべきだ.

— 名 (finds /fáɪndz/) C [しばしば a 〜] **見つけた物**, **掘り出し物**; (鉱山などの)発見: That restaurant was a real *find*. あのレストランは全くのめっけ物だった / make a great *find* すばらしい掘り出し物をする.

find·er /fáɪndə | -də/ 名 ❶ C 発見者, 拾得人: *Finders* keepers(, losers weepers). Ⓢ 見つけた人はもらう人(, なくした人は泣く人)《「落とし物は拾った人のもの」の意で; keepers と weepers は韻 (rhyme) を踏んでいる; 子供たちがよく使うことば》. ❷ C = viewfinder.

fin de siè·cle /fǽndəsiékl/ ≪フランス語から≫ 形 限定 (19)世紀末の; 世紀末[退廃]的な.

***find·ing** /fáɪndɪŋ/ 名 (〜s /〜z/) ❶ C [普通は複数形で] (調査・研究による)**結論**, **調査**[**研究**]**結果:** The commission's *findings* indicated that carelessness (had) caused the accident. 委員会の結論では事故の原因は不注意ということだった. ❷ C〔法律〕(裁判官の)判決, (陪審の)評決.

⁑fine[1] /fáɪn/

— 形 (fin·er; fin·est)

意味のチャート

「完成された」の意《⇒ final キズナ》から,
「すばらしい」❸
→「優れた」❹ →(体調がよい)→「元気な」❷
→(状況がよい)→「結構な」❶
→(隅々まで配慮が行き届いた)→「細かい」❻

❶ 叙述 [比較なし] Ⓢ (1) **結構な**, 満足のいく: 🗨 "How about going fishing tomorrow?" "That's *fine* (*with* [*by*] me)." +with [by]+名「あす釣りに行かない」「いいよ」/ "Have you finished it?" "Yes." "*Fine*."「それ終わった?」「はい」「よし」/ "When would it be convenient, Meg?" "Tuesday would be *fine for* me." +for+名「いつが都合いいの, メグ」「火曜日がいいです」 (2) [断わりなどを表わして] (いえ)結構です: 🗨 "(Would you like) more coffee?" "No, I'm *fine*, thanks." ="No, thanks, I'm *fine*."「もっとコーヒーはどう」「いえもう結構[十分]です」/ *Fine* then, I'll go alone. じゃいいよ. ひとりで行くから.

❷ 叙述 [比較なし] **元気な**, 健康で; 気分がいい: He looked *fine* this morning. 彼はけさ元気そうだった / 🗨 "Hi! Hòw áre you?" "*Fíne*, thánk you, and yóu?"「やあ, 元気ですか」「おかげさまで元気です. あなたは?」

語法 1, 2 の意味では否定文や疑問文には用いない.

❸ [普通は 限定] **すばらしい**, 見事な, 立派な; 美しい, 洗練された: a *fine* building すばらしい建物 / a *fine* play ファインプレー / He has grown up to be a *fine* man. 彼は成長して立派な大人になった.

❹ **優れた**, 上手な; 精巧な: a *fine* singer 優れた歌手 / *fine* works of art 優れた芸術作品.

❺ (天気が)**晴れた** [≒clear].

❻ [普通は 限定] (粒などが)**細かい** [⇔ coarse]; (糸・髪などが)**細い**; (布地などが)きめ細かい; (刃などが)鋭い: *fine* dust 細かいほこり / a *fine* thread 細い糸 / *fine* texture きめの細かい織物 / A *fine* rain was falling. 霧雨が降っていた. ❼ 限定 繊細な, 微妙な; (感覚が)鋭敏な: the *finer* points (議論などの)細かな点 / a *fine* distinction 微妙な相違 / *fine* tuning 〘ラジオ・テレビ・通信〙(波長などの)微調整 //⇒ a fine line between ... and ~ (line¹ 名 成句). ❽ 限定《略式》[怒り・皮肉を表わして] ご立派な, とんだ: That's a *fine* excuse! ご立派な言いわけだね. ❾ (ことば・文章などが)きどった, 凝った; (うわべは)聞こえのよい. ❿ 混じり物のない, 上質の: *fine* gold 純金.

nót to pùt tóo fìne a póint on it [副] 文修飾 はっきり[露骨に]言えば.

óne fíne dáy [mórning] [副] ある日[朝]《物語などで過去にも未来にも使う; 実際の天候は無関係》.

— 副 ❶《略式》**立派に**, うまく: That will suit me *fine*. それは私にはとても好都合だ / He's doing *fine*. 彼は立派にやっています. ❷ Ⓢ 細かく, 細く.

cút it [things] fíne [動] ⓐ《略式》(時間などが)ぎりぎりである, 余裕がない.

*fine² /fáɪn/ 名 (~s/~z/) Ⓒ **罰金**, 科料: impose [pay] a *fine for* illegal parking 駐車違反の罰金を科す[支払う].

— 動 (fines /~z/; fined /~d/; fin·ing) ⓣ (...)に**罰金を科する**, (人に)(ある額)の罰金を科する: The judge *fined* her ten dollars. V+O+O 裁判官は彼女に 10 ドルの罰金を科した / He *was fined* five hundred dollars *for* drunken driving. V+O+O+for+名の受身 彼は飲酒運転で 500 ドルの罰金を科せられた.

〘⇒ final キズナ〙

fíne árt 名 ❶ [U または (the) ~s] 美術, 芸術《絵画・彫刻・建築など》. ❷ U 美術[芸術]品《全体》.

fine·ly /fáɪnli/ 副 ❶ 細かく, 微細に; 精巧に; 微妙に. ❷ 立派に, 見事に.

fine·ness /fáɪnnəs/ 名 U 細かさ, 細さ; 織細さ.

fíne prínt 名 [the ~]《米》(契約書などの見落としやすい)細字部分, 細目 [《英》small point].

fin·er·y /fáɪn(ə)ri/ 名 U《格式》豪華な服装[装飾品].

fi·nesse /fənés/ 名 U 巧みさ: with *finesse* 巧みに.
— 動 ⓣ (...)を巧妙に処理する.

fíne-tòoth [fíne-tòothed] cómb /fáɪntù:θ(t)-/ 名 Ⓒ 目の細かいくし. **gò óver [thróugh] ... with a fíne-tòoth(ed) cómb** [動] ⓣ ...を入念に調べる.

fine-tune /fáɪnt(j)ú:n | -tjú:n/ 動 ⓣ (...)を微調整する.

***fin·ger** /fíŋgə | -gə/

— 名 (~s /~z/) ❶ Ⓒ (手の)**指**《⇒ hand 挿絵》.

日英 finger は親指 (thumb) を含むことも含まないこともある. 指を数えるときには親指は含まれず, 例えば third finger というと薬指のこと: hold a pen between one's *fingers* ペンを指ではさみもつ / She ran her *fingers* through her hair. 彼女は指で髪をかき上げた / The child was counting on his *fingers*. その子は指を使って数を数えていた《⇒ count¹ 挿絵》. 関連 digit (手・足の)指.

finger (手の指)		指
thumb (手の親指)		
toe (足の指)		

❷ Ⓒ 手袋の指; 指状のもの (*of*).

búrn one's **fíngers** [動] ⓐ (よけいな事をして)痛い目にあう; 投機で大損する.

clíck one's **fíngers** [動] ⓐ = snap one's fingers.

cróok one's **fínger** [動] ⓐ (...に対し)指を曲げて招く (*at*)《⇒ come 1 挿絵》.

cróss one's **fíngers** [動] ⓐ 人さし指の上に中指を重ねる《厄よけや幸運を願うしぐさ; またはうそをつくときにその罪を消してもらうため背後でするしぐさ》.

cross one's fingers

gèt one's **fínger òut** [動] ⓐ《英略式》= pull one's finger out.

gíve ... the fínger [動] ⓣ《米略式》...に手の甲を向けて中指を立てる《相手への怒りを示す下品なしぐさ》.

hàve a fínger in évery píe [動] ⓐ《略式》何にでも首をつっこむ, 多方面に手を出す.

háve [kéep] one's **fínger on the púlse of ...** [動] ⓣ ...の最新情報に通じている.

kéep [háve] one's **fíngers cròssed** [動] ⓐ 中指を人さし指に重ね(ている), 幸運を祈る《⇒ cross one's fingers》: I'm *keeping my fingers crossed* that he'll

come home safe. 私は彼が無事に帰ってくるのを祈っています.
láy a fínger on ... [動] ⑩ [普通は否定文・条件文で] (危害を加えようと)...に手を出す, 触れる.
nót líft [ráise] a fínger [動] ⓐ 指 1 本動かさない, 何の努力もしない (*to* do).
póint the [a] fínger at ... [動] ⑩ ...を非難する, (非難の対象として)...を指さす: He *pointed an* accusing *finger at* me. 彼は私を非難した.
púll one's **fínger òut** [動] ⓐ 《英略式》 てきぱきと仕事を始める, 精を出す.
pút one's **fínger on ...** [動] ⑩ [普通は否定文で] ...をはっきり指摘する.
pùt twó fíngers at ... [動] ⑩ 《英略式》 ...に手の甲を向けて人差し指と中指を立てる《相手への怒りを示す下品なしぐさ》 [《米略式》 give ... the finger].
sháke one's **fínger** [動] ⓐ (相手に)立てた人さし指を2, 3 回振る《警告・非難のしぐさ》.

shake one's finger

slíp through ...'s **fíngers** [動] ⓐ (好機などが)...からするりと逃げる, なくなる.
snáp one's **fíngers** [動] ⓐ (親指と中指で)指をぱちんと鳴らす《人の注意を引くしぐさ》.
the fínger of bláme [suspícion] [名] 非難[疑惑]の目: *The finger of suspicion* 「fell on him [was pointed at him]. 彼に疑惑の目が注がれた.
twíst [wráp, wínd] ... aròund one's **(líttle) fínger** [動] ⑩ ...を意のままに操る.
wórk one's **fíngers to the bóne** [動] ⓐ 懸命に働く.
— 動 (-ger·ing /-g(ə)rɪŋ/) ⑩ ❶ (...)を指で触る, 指でいじる. ❷ 《略式》 (...)を密告する (*to*).

fínger bòwl 名 Ⓒ フィンガーボウル《食事のときの指洗い用の器》.

fin·ger·ing /fíŋg(ə)rɪŋ/ 名 Ⓤ (楽器の)運指法, 指使い.

fin·ger·nail /fíŋgənèɪl | -gə-/ 名 Ⓒ (手の)指のつめ [≒nail].

fínger pàints 名 複 フィンガーペイント《特に子供が指で描く時に用いる絵の具》.

fin·ger·print /fíŋgəprìnt | -gə-/ 名 Ⓒ 指紋: take ...'s *fingerprints* ...の指紋を取る. **...'s fíngerprints are on [àll óver]** ~ ...の~への関与[影響]が明白である. — 動 ⑩ (人)の指紋を取る.

fin·ger·tip /fíŋgətìp | -gə-/ 名 Ⓒ [普通は複数形で] 指先. **háve ... at** one's **fíngertips** [動] ⑩ (...)が手近にある; (...)を詳しく知っている. **to** one's **fíngertips** [副] 《英》 完全に.

fin·ick·y /fíniki/ 形 ❶ [軽蔑的] (食べ物・服装などに)えり好みが激しい, 気難しい (*about*). ❷ (仕事などが)細心の注意を要する.

***fin·ish** /fínɪʃ/ (同音 Finnish)
— 動 (-ish·es /~ɪz/; fin·ished /~t/; -ish·ing) ⑩ ❶ (...)を終える, **済ます**, 完了する《⇒ end 類義語》: Have you *finished* your work [homework]? 仕事[宿題]は済んだの / He *finished* school in March. 彼は 3 月に学校を終えた / She ***finished*** her speech ***by*** thank***ing*** the audience. 彼女は聴衆に感謝してスピーチを終えた / I haven't ***finished*** read***ing*** this book. V+O (動名) 私はこの本をまだ読み終えていない.

...し終える
彼女は話を終えた.
○She **finished** speak**ing.**
×She finished to speak.
✪ finish は不定詞をとらない.

❷ (飲食物)を**食べ[飲み]終える**, 平らげる; (本など)を読み[書き]終える; (物)を使いきる: He's *finished* his cake. 彼はケーキを平らげた / Have you *finished* the book yet? その本はもう読み終わったの.
❸ (...)の**仕上げをする**; (...)に磨きをかける: This work *is* beautifully *finished*. V+O の受身 この製品は美しく仕上がっている. ❹ = finish off (句動詞) 3. ❺ (レース)を(...位で)ゴールインする (*in*).
— ⓐ ❶ **終わる, 済む**, おしまいになる; (仕事などを)終える, 済ます: School *finishes* at three. 学校は 3 時に終わる / Let me *finish*. 最後まで言わせてください, おしまいまで聞いてください《発言への割り込みをさえぎるときなど》 / The class reunion ***finished with*** everyone singing the school song. V+*with*+名 同窓会は皆で校歌を歌って終わった.
❷ (レースで)**ゴールインする**《⇒ goal 日英》: Mark *finished* first [second, third] in the race. V+C (形) マークはレースで 1[2, 3]着でゴールインした.
be fínished [動] ⓐ (1) (仕事・話などを)**済ませ(てしまってい)る**; (...の)用が済んでいる; (...と)縁が切れ(ている): *Are* you *finished* (*with* your work)? (お仕事は)もうお済みですか. (2) 《略式》 (人・関係などが)終わ(ってい)る, だめにな(ってい)る. (3) (仕事が)仕上がっている; (食物が)平らげられている.
the fínishing tóuch(es) [名] (仕事・絵画などの)最後の仕上げ《⇒ touch 名 4 の例文》.

finish の句動詞
fínish óff 動 ⑩ ❶ (仕事)を完成する; (事)を終える; (...)の仕上げをする. ❷ (飲食物)をきれいに平らげる; (...)を使い切る. ❸ 《略式》 (...)にとどめをさす, (...)をやっつける, 殺す; すっかり参らせる[疲れさせる].
fínish óff (...) 「**with** ~ **[by dóing]** [動] ⑩ (...を)~で[~して]終わりにする, (...の)最後は~に[~すること]になる: *finish off* lunch *with* coffee 昼食の終わりにコーヒーを飲む.
fínish úp 動 ⑩ (...)を終える; (...)を仕上げる; (飲食物)を平らげる. — ⓐ 《主に英》 最後には(...に)なる[行き着く]: You'll *finish up* apologiz*ing* to her. 結局は彼女に謝ることになるよ / He *finished up in* jail. 彼は最後には刑務所に入った. **fínish úp with ...** [動] ⓐ ...で終わる, 最後には...になる.
+**fínish with ...** 動 ⑩ [普通は完了形で] **...を完了する**, ...の用を済ます; (恋人)と別れる: *Have* you *finished with* this book? この本はもうお済みですか. 語法 be finished with ... の形も用いる《⇒ be finished (成句)》: *Are* you *finished with* this book?

— 名 ❶ Ⓒ [普通は単数形で] **終わり**, 最後; (競走の)**ゴール (地点)**《⇒ goal 表, 日英》: Hundreds of

spectators were waiting ***at*** the ***finish***. ゴールでは何百人という観衆が待ち受けていた / The race ended in a close *finish*. レースの最後は大接戦だった. ❷ C,U 仕上げ, 磨き; 仕上げ材[方法]: a glossy *finish* 光沢仕上げ / This work lacks *finish*. この製品は仕上げがまだだ.
〖⇒ final キズナ〗

*__fin·ished__ /fínɪʃt/ 形 ❶ 叙述 **終わって(いる)**, 済ませて(いる)《⇒ be finished (finish 動 成句)》. ❷ 限定 終えた; 完成した, 仕上がった [⇔ unfinished]; 洗練された.

fin·ish·er /fínɪʃɚ|-ʃə/ 名 C (レースの)完走者.

fínishing lìne 名 [the ~]《英》= finish line.

fínish lìne 名 [the ~]《米》(競走の)ゴール [《英》finishing line]: Bob reached [crossed] the *finish line* first [second]. ボブは1[2]着でゴールインした《⇒ goal 表, 日英》.

fi·nite /fáɪnaɪt/ 形 ❶ 限定されている, 有限の [⇔ infinite]. ❷〔文法〕定形の.

fínite vérb 名 C〔文法〕定形動詞.

fink /fíŋk/ 名 C《米略式》密告者; いやなやつ.

Fin·land /fínlənd/ 名 固 フィンランド《ヨーロッパ北部の共和国; 首都 Helsinki》. 関連 Finn フィンランド人 / Finnish フィンランド(人・語)の.

Finn /fín/ 名 C フィンランド(系)人.

Finn·ish /fínɪʃ/ 形 ❶ フィンランドの; フィンランド人の; フィンランド系の《⇒ Finland》. ❷ フィンランド語の.
— 名 ❶ U フィンランド語. ❷ [the ~ として複数扱い] フィンランド人《全体》; フィンランド国民.

fi·ord /fiɔ́ɚd|fíːɔːd/ 名 C = fjord.

fir /fɚ́ː|fə́ː/ 名 ❶ C もみ, もみの木《クリスマスツリーに使われる》. ❷ U もみ材.

***__fire__ /fáɪɚ|fáɪə/
— 名 (~s /~z/) ❶ U **火**, 火炎《⇒ light[1] 名 4》; 火花: Animals are afraid of *fire*. 動物は火を恐れる.
❷ U,C **火事**, 火災: a forest *fire* 山火事 / ***start*** a ***fire*** 火事を起こす / ***put out*** a ***fire*** 消火する / 言い換え A big ***fire broke out*** last night. = There was a big *fire* last night. ゆうべ大火事があった / *Fire*! 火事だ!
❸ C (暖房用・炊事用の)**火**, たき火, 炉火: an open *fire* おおいのない(壁炉の)火 / ***light*** a ***fire*** 火をつける, 点火する / ***make*** [***build***, ***start***] a ***fire*** 火をおこす / lay a *fire* (暖炉の中に紙や薪を置いて)火をおこす用意をする / Please warm yourself at [by] the *fire*. どうぞ火におあたりください.
❹ U **砲火**, 銃火, 射撃: The enemy ***opened fire on*** us. 敵は我々に砲撃を開始した / ***return*** (...'s) ***fire*** (...に)撃ち返す / We ***exchanged fire*** with the enemy. 我々は敵と砲火を交えた / ***cease fire*** 砲撃を停止する. 関連 gunfire 発砲. ❺ U 熱情, 情熱, 熱気; 激怒: with *fire* in one's belly《略式》熱意[やる気]をもって / Their hearts [eyes] were full of *fire*. 彼らの心[目]には熱情がみなぎっていた. ❻ C《英》暖房装置《ヒーター・ストーブなど》.

be in the líne of fíre [動] 自 = be on [in] the firing line《⇒ firing line 成句》.

be [còme] ùnder fíre [動] 自 (1) 砲火にさらされる (*from*). (2) 厳しい非難を浴びる.

cátch (on) fíre [動] 自 **火がつく**: Wooden houses *catch fire* easily. 木造家屋には火がつきやすい.

dráw ...'s fíre [動] (しばしば意図的に)...の怒り[非難, 注意]を自分に向けさせる.

fíght fíre with fíre [動] 自 相手と同じ手段[論法]で対抗する.

gó through fíre (and wáter) [動] 自《古風》(...のために)あらゆる困難をものともしない (*for*).

háng fíre [動] 自 (計画・会議などが)遅延する, ぐずつく, 手間取る; (人が)行動を遅らせる, 待つ.

hóld (one's) fíre [動] 自 発砲を控える; 批判を控える.

líght a fíre ùnder ... [動] 他 S《米》(人)をやる気にさせる, (人)に活を入れる.

on fíre [形・副] (1) **燃えて(いる)**, 火災を起こして: The ship was *on fire*. 船は火災を起こしていた. (2) 興奮[熱中]して (*with*). (3) (体の一部が)ひりひり痛んで.

pláy with fíre [動] 自 危険なことをする.

sèt fíre to ... = sét ... on fíre [動] 他 ...に火をつける: The man「*set fire to* the house [*set* the house *on fire*]. 男はその家に火をつけた. (形 fíery)

— 動 (fires /~z/; fired /~d/; fir·ing /fáɪ(ə)rɪŋ/) 他
❶ (銃・弾丸など)を**発射する**, 発砲する; (矢)を射る, (ボールなど)を投げつける: Someone *fired* a gun [shot]. だれかが銃を撃った[発砲した] / The criminal ***fired*** his gun ***at*** a policeman. V+O+*at*+名 犯人は一人の警官に向けてけん銃を発砲した.
❷ (...)を**首にする**, 解雇する [≒ dismiss]: The manager ***fired*** the cook ***for*** theft. V+O+*for*+名 支配人はそのコックが盗みをしたので首にした / You're *fired*! V+Oの受身 お前は首だ / He *was* [*got*] ***fired from*** his job last week. 彼は先週仕事を首になった. ❸ (興味・想像力など)を刺激する, かき立てる; (人)を(感情で)燃え立たせる (*with*): The scene *fired* his blood. その光景は彼の血を沸かせた. ❹ (焼き物)を焼く. ❺ (...に)(質問)を浴びせる: The students *fired* questions *at* the lecturer. 学生たちは講演者に質問を浴びせかけた.
— 自 ❶ **発砲する**, 発射する; (銃が)火を吹く: The enemy ***fired at*** [***on***] us. V+*at* [*on*]+名 敵は我々に向けて発砲した. ❷ (エンジンが)かかる, 点火する.

Fíre awáy. S《略式》(さあ)質問を始めて.

fíre báck [動] 自 (...に)すぐに言い返す (*at*).

fíre óff [動] 他 (1) (弾)を発射する, 撃ち尽くす. (2) (抗議など)を送りつける.

fíre úp [動] 他 (1)《略式》(...)に点火する, (エンジン)をかける; (コンピューター)を立ち上げる. (2) (人)を興奮させる, 燃え立たせる.

fíre alàrm 名 C 火災報知機: set off the *fire alarm* 火災報知機を鳴らす.

fire·arm /fáɪɚɑ̀ɚm|fáɪə(r)ɑ̀ːm/ 名 C [普通は複数形で]《格式》小火器, 銃器《ライフル・ピストルなど》.

fire·ball /fáɪɚbɔ̀ːl|fáɪə-/ 名 C 火の玉; (爆発で生じる)火球.

fire·bomb /fáɪɚbɑ̀(ː)m|fáɪəbɔ̀m/ 名 C 焼夷(しょうい)弾.
— 動 他 (...)を焼夷弾で攻撃する.

fire·brand /fáɪɚbræ̀nd|fáɪə-/ 名 C (デモなどの)扇動者.

fire·break /fáɪɚbrèɪk|fáɪə-/ 名 C (樹木を切り払った)防火帯.

fire·brick /fáɪɚbrìk|fáɪə-/ 名 C 耐火れんが.

fíre brigàde 名 C《米》(私設の)消防団; [単数形でもときに複数扱い]《英》消防署; 消防隊.

fire·bug /fáɪɚbʌ̀g|fáɪə-/ 名 C《米略式》放火魔.

fire·crack·er /fáɪɚkræ̀kɚ|fáɪəkræ̀kə/ 名 C 爆竹, かんしゃく玉《祝典の際などに用いる》.

fíre depàrtment 名 C《米》(機構としての)消防署 [《英》fire service].

fíre drìll 名 U,C 火災避難訓練.
fíre èngine 名 C 消防(自動)車 [《米》 fire truck].
fíre escàpe 名 C 非常階段; 火災避難用具《避難ばしごなど》.
fíre extìnguisher 名 C 消火器.
+**fire·fight·er** /fáɪɚfàɪṭɚ | fáɪəfàɪtə/ 名 (~s /~z/) C **消防士** [≒fireman]《性別を示す語を避けた言い方》.
fíre fìghting 名 U 消防, 消火活動.
fire·fly /fáɪɚflàɪ | fáɪə-/ 名 (-flies) C ほたる. 関連 glowworm つちぼたる.
fire·guard /fáɪɚgàɚd | fáɪəgà:d/ 名 C 《英》 = fire screen.
fíre hỳdrant 名 C 消火栓.
fíre ìrons 名 複 炉辺用具《火ばし・火かきなど》.
fire·light /fáɪɚlàɪt | fáɪə-/ 名 U 火明かり《暖炉・たき火などの》.
+**fire·man** /fáɪɚmən | fáɪə-/ 名 (-men /-mən/) C **消防士**, 消防隊員[団員]《⇒ firefighter》.
fire·place /fáɪɚplèɪs | fáɪə-/ 名 C (部屋の壁の中に作り付けた)暖炉: The family gathered by the *fireplace*. 家族は暖炉のそばに集まった. 参考 英米の家庭の一家だんらんの中心となる場所. 上部の飾り棚が mantelpiece (炉棚)で, 時計・置物・写真などが飾ってある《⇒ hearth》.
fire·pow·er /fáɪɚpàuɚ | fáɪəpàuə/ 名 ❶ U (軍隊・兵器の)火力. ❷ U (活動)能力, 財力, 知力.
fire·proof /fáɪɚprù:f | fáɪə-/ 形 防火の, 耐火性の. — 動 他 (...)を耐火性[構造]にする.
fíre sàle 名 C (焼け残り品の)特売; 大安売り.
fíre scrèen 名 C 《米》 (暖炉の前の)囲い.
fíre sèrvice 名 [the ~] 《英》 = fire department.
fire·side /fáɪɚsàɪd | fáɪə-/ 名 ❶ [the ~] 炉端《しばしば一家だんらんの象徴》. ❷ [形容詞的に] 炉端の; 打ち解けた, 一家だんらんの: a *fireside* chat 《米》 大統領の炉辺談話《政見談話(の放送)》.
fíre stàtion 名 C (建物・施設としての)消防署.
fire·storm /fáɪɚstɔ̀ɚm | fáɪəstɔ̀:m/ 名 C 火事あらし《大火・爆弾によって引き起こされる熱風》.
fire·trap /fáɪɚtræ̀p | fáɪə-/ 名 C 火災のとき逃げ道のない建物.
fíre trùck 名 C 《米》 = fire engine.
fire·wall /fáɪɚwɔ̀:l | fáɪə-/ 名 ❶ C 防火壁. ❷ C 〔コンピュータ〕 ファイアウォール《ネットワークへの不正侵入を防ぐシステム》.
fire·wood /fáɪɚwʊ̀d | fáɪə-/ 名 U まき, 薪(たきぎ).
fire·work /fáɪɚwɚ̀:k | fáɪəwɜ̀:k/ 名 ❶ C [普通は複数形で] 花火《⇒ Fourth of July 参考》: a *firework(s)* display 花火大会 / set off *fireworks* 花火を打ち上げる. ❷ [複数形で] 《略式》 激怒; 見事な技.
fir·ing /fáɪ(ə)rɪŋ/ 名 ❶ U 発砲, 発射. ❷ U,C 解雇.
fíring lìne 名 C (戦闘の)最前線. **be on [《英》 in] the fíring lìne** [動] 自 砲火にさらされている; 攻撃[非難]の的になっている.
fíring squàd 名 C 銃殺刑執行隊.

***firm**[1] /fɚ́:m | fɜ́:m/

— 名 (~s /~z/) C [《英》 単数形でもときに複数扱い] (小規模の)**会社**, **商会**: run [manage] a *firm* 会社を経営する / He works for a law *firm*. 彼は法律事務所で働いている.

‖ 類義語 **firm** 比較的小規模の専門的な会社をいう. **company** 物を作ったり売ったりする会社を表わす最も一般的な語. **corporation** 法人として認められている大きな会社をいう.

***firm**[2] /fɚ́:m | fɜ́:m/

— 形 (firm·er; firm·est) ❶ **堅い**, 頑丈な, 堅固な《⇒ hard 類義語》: *firm* ground 堅い地面, 大地 / *firm* muscles 引き締まった筋肉 / I prefer a *firm* mattress. 私は固めのマットレスの方が好きだ.
❷ **しっかりした**, ぐらつかない [≒steady]; 堅実な, 力強い: Make sure the ladder is *firm* before you use it. 使用前にはしごがぐらつかないことを確かめなさい / *firm* faith 堅い信仰 / a *firm* handshake 力強い握手. ❸ (決定・意見などが)確定的な, 確かな, 変わることのない: a *firm* offer 最終的な申し出 / *firm* evidence 確実な証拠. ❹ 断固たる, 厳格な; きっぱりとした: He is *firm with* his daughter. 彼は娘に厳しい. ❺ (物価・市況などが)変動しない, 安定した.
be on fírm gróund [動] 自 確かな基盤[基礎]の上に立っている, 確かな論拠がある.
— 副 [次の成句で] **hóld fírm** [動] 自 (方針・信念などを)どこまでも守る (*to*). **stánd fírm** [動] 自 断固として譲らない (*on*).
— 動 他 (...)を固める. **fírm úp** [動] 他 (1) (契約など)を固める, つめる. (2) (筋肉)を引き締める.
*__firm·ly__ /fɚ́:mli | fɜ́:m-/ 副 ❶ **断固として**, きっぱりと, かたく: Ted *firmly* said, "No." テッドはきっぱりと「いやだ」と言った. ❷ しっかりと, 堅固に: Keep both feet *firmly* on the ground. 両足をしっかりふみしめなさい.
firm·ness /fɚ́:mnəs | fɜ́:m-/ 名 ❶ U 堅さ; 力強さ. ❷ U しっかりした態度[考え].
firm·ware /fɚ́:mwèɚ | fɜ́:mwèə/ 名 U 〔コンピュータ〕 ファームウェア《ハードウェアに組み込まれた操作プログラム》.

***first** /fɚ́:st | fɜ́:st/

— 形 ❶ [普通は the ~; ⇒ the[1] 1 (4)] **1 番目の**, **第 1 の**, 1 位の《1st とも書く; ⇒ number 表, one[1]》: *the first* lesson 第 1 課 / *the first* floor 《米》 1 階, 《英》 2 階《⇒ floor 語法》 / *the* one hundred (and) *first* person 101 番目の人 / *The first* letter of the English alphabet is '*A*.' 英語のアルファベットの第 1 文字は「A」だ / Tom is *first* in his class. トムはクラスで 1 番だ.
❷ **最初の**, 初めの, 先頭の [⇔ last]: 言い換え Betty was the *first* girl *to* come. = Betty was the *first* girl who came. ベティーが最初にやって来た女の子だった《⇒ that[3] 代 1 語法 (2)》 / I'll go back to London by the *first* train. 始発列車[(その時点で)最初に来る列車]でロンドンに戻ります《⇒ by 前 2 語法》 / She is *first* in line for tickets. 彼女が券を買う列の先頭です / The *first* two days of my trip were rainy. 旅行の初めの 2 日間は雨降りだった / Prizes were given to the *first* three runners. 先着 3 名の走者に賞品が与えられた.
❸ **最も重要な**, 最高の, 一流の: (the) *first* prize 1 等賞 / What is your *first* concern now? 今あなたが最も関心のあることは何ですか. ❹ (車のギアが)ローの; 〔音楽〕 第一の: *first* violin 第一バイオリン.
(at) fírst hánd [副] 直接に, じかに: Reporters should see the horrors of war *at first hand*. 記者はじかに戦争の恐ろしさを見るべきだ.
at fírst síght [glánce] ⇒ sight [glance] 成句.
be fírst amòng équals [動] 自 グループの中でリーダー的存在である.

fírst thíng [副] Ⓢ **まず第一に**, 真っ先に**:** I'll do it *first thing* in the morning. あすの朝一番にそれをします.

fírst thìngs fírst [副] Ⓢ《ことわざ》重要なことから先に(⊛ 2 番目の first は 副 2 の用法).

for the fírst tíme [副] **初めて** [⇔ for the last time]**:** The boy saw an elephant *for the first time* in his life. 少年は生まれて初めて象を見た. C+1 後ろに in ... years や since などを伴って「...年ぶり」という意味を表わすことがある**:** *for the first time in* 10 years 10 年ぶりに / *for the first time since* 2000 2000 年以来初めて.

in the fírst plàce [副] (1) つなぎ語 **まず第一に:** 言い換え *In the first place*, a politician must be sincere. (= First of all, a politician must be sincere.) まず第一に政治家は誠実でなければならない. (2) [文末で] Ⓢ そもそも, 何よりも**:** He should never have called her *in the first place*. 彼はそもそも彼女に電話すべきでなかった.

nót knòw the fírst thíng abòut ... [動] 他 ...について何も知らない.

the fírst tíme ... [接] 最初に...したとき**:** *The first time* I met her I was five years old. 初めて彼女に会ったとき私は 5 歳だった.

— 副 ❶ **1 番目に**, 第 1 に, 1 位で**:** Who do you think will reach the finish line *first*? だれが 1 着でゴールすると思いますか?(⇒ goal 日英) / He ranked *first*. 彼は 1 位を占めた.

❷ **最初に**, まず初めに [⇔ last]**:** SAFETY FIRST. 安全第一《標語》/ *First* come, *first* served.《ことわざ》先に来た者から順に応対される(先着順, 早い者勝ち).

❸ つなぎ語 **第一に**, まず最初に《理由・項目・論点を列挙するときに用いる; ⇒ firstly 語法》**:** There are several reasons. *First*, I'm too busy. いくつかの理由があります. まず第一に, 私は忙しすぎます. 語法 この意味では at first は用いない.

❹ **初めて:** It was ten years ago when I「*first* met you [met you *first*]. 私が初めてあなたにお目にかかったのは 10 年前でした. ❺ Ⓢ《略式》(...するくらいなら) むしろ～ [≒rather]**:** Steal? No way! I'd starve *first*! 盗みをするって? とんでもない. それなら飢え死にしたほうがましだ.

còme fírst [動] 自 (1) (競走などで)1 位になる. (2) (何よりも)重要[一番]だ (*with*)**:** Health *comes first*. 健康第一.

fírst and fóremost [副] 真っ先に, 何よりもまず.

fírst and lást [副] あらゆる点で, 何にもまして.

fírst of àll [副] つなぎ語 **まず第一に**, まず最初に; 何よりも**:** *First of all* I must warn you not to drink the water here. 何はさておき, ここの水は飲まないよう警告しておかなければなりません.

fírst óff [副] Ⓢ《略式》まず初めに.

pút ... fírst [動] 他 (...)を最優先する.

— 名 (firsts /fɚ́ːsts | fə́ːsts/) ❶ [単数形で; 普通は the ～] **第 1 の人[もの]**; 1 番目の人[もの]; 1 位の人[もの], 第 1 号 [⇔ last]《⇒ former[1] 語法》**:** Elizabeth *the First* = Elizabeth *I* エリザベス一世 / He was *the first to* arrive. +to 不定詞 彼が最初に到着した者だった.

❷ [単数形で; 普通は the ～] (月の)1 日(ついたち)《1st と略す》**:** May Day is celebrated「on *the first* of May [on May *1*]. 5 月祭[メーデー]は 5 月 1 日に行なわれる《May 1 は May (*the*) *first* と読む; ⇒ date[1] 名 1 語法》. ❸ [the ～; 後に hear, know を含む節を伴って] Ⓢ 初めて...するとき**:** That was *the first* I *heard* of it. そのことを聞いたのはそれが初めてだった. ❹ C [普通は a ～] 初めてのこと[快挙], 前人未到の記録**:** That's *a first*. それは初めてだ. ❺ C (競技の)第 1 位, 優勝者. ❻ C《英》第 1 級(の優等学位)《大学卒業の優等 (honours) 試験で最上位の成績》. ❼ U〔野球〕一塁 (first base). ❽ U (車の)ローギア.

at fírst [副] **最初のうちは, 初めは**《後の出来事と対比させる場合に用い, but などがしばしば後に続く》**:** *At first* I wanted to go skiing, *but* then I changed my mind. 最初はスキーに行きたかったのだが, その後気が変わった.

from fírst to lást [副] 初めから終わりまで.

from the (véry) fírst [副] 初めから.

fírst áid 名 U 応急手当, 応急処置**:** give ... *first aid* ...に応急手当を施す.

first-aid /fɚ́ːstéɪd | fə́ːst-⁺/ 形 限定 応急(手当)の**:** a *first-aid* kit 救急箱.

fírst báse 名 U〔野球〕一塁《⇒ base[1] 4 語法, infield》**:** play *first base* 一塁手を務める / Who's *on first base*? 一塁ランナー[一塁手]はだれですか.「**gét to [réach] fírst báse** [動] 自 (1) [普通は否定文で]《米略式》(目標へ)第一歩を踏み出す. (2)《米略式》(特に女性と)(キス・抱擁などの)第一段階まで進む (*with*).

fírst báseman 名 C〔野球〕一塁手《⇒ infielder》.

first·born /fɚ́ːs(t)bɔ́ɚn | fə́ːs(t)bɔ́ːn/ 形, 名 C 第一子(の).

first class /fɚ́ːs(t)klǽs | fə́ːs(t)klɑ́ːs/ 名 ❶ U 第一種郵便物《《米》では封書・はがきなど;《英》では速達扱いの郵便物》. ❷ U (乗り物などの)一等; 一流. 関連 second class 二等(席) / cabin class 船の二等 / tourist class 船の三等, 旅客機の普通席 /《米》coach, economy class 旅客機の普通席 / business class 旅客機のビジネスクラス.

+**first-class** /fɚ́ːs(t)klǽs | fə́ːs(t)klɑ́ːs⁺/ 形 ❶ **一流の**, 最高級の, 最上の**:** a *first-class* hotel 一流のホテル. 関連 second-class 二流の / third-class 三流の.

❷ (乗り物などの)**一等の**; (郵便などの)第一種[類]の**:** a *first-class* carriage 一等車.

— 副 一等で; 第一種(郵便)で**:** travel *first-class* ファーストクラスで旅行する.

fírst-cóme, fírst-sérved bàsis /fɚ́ːs(t)kʌ́m fɚ́ːs(t)sɚ́ːv(d)- | fə́ːs(t)kʌ́m fə́ːstsə́ːv(d)-/ 名 [次の成句で] **on a fírst-cóme, fírst-sérved bàsis** [副] 先着順に.

fírst cóusin 名 C いとこ (cousin).

first-de·gree /fɚ́ːs(t)dɪgríː | fə́ːs(t)-⁺/ 形 ❶ 限定《主に米》(犯罪が)第 1 級の《最も罪の重いもの》. ❷ 限定 (やけどなどが)第 1 度の《3 段階中最も軽いもの》**:** a *first-degree* burn 第 1 度熱傷.

fírst-degrèe múrder 名 U〔米法律〕第 1 級謀殺《情状酌量の余地のないもの》.

first-ev·er /fɚ́ːstévɚ | fə́ːstévə/ 形 限定 (これまでで)初めての, 史上初の.

fírst fámily 名 [the ～; しばしば the F- F-] (米国の)大統領一家.

fírst flóor 名 C《米》1 階;《英》2 階《⇒ floor 2 語法》.

fírst géar 名 U (自動車などの)ローギア.

fírst generátion 名 [the ～] ❶ 第一世代《移民(一世)または移民の子の世代(二世)》. ❷ (機器などの)

第一世代.

+**first·hand** /fə́ːsthǽnd | fə́ːst-⁻/ 形 限定 (経験・情報などが)**直接得た**, じかの. 関連 secondhand また聞きの.
— 副 直接に, じかに.

fírst lády 名 [the ~] ❶ [しばしば the F- L-] (米国の)大統領[州知事]夫人. ❷ (ある分野の)女性第一人者 (*of*).

+**first·ly** /fə́ːstli | fə́ːst-/ 副 つなぎ語 **第一に**, まず最初に: There are several reasons why we can't do it. *Firstly*, it costs too much. それができない理由はいくつかあります. 第一に, 費用がかかりすぎます. 語法 列挙するときに用いるが, その場合でも first, second(ly), third(ly), ... last(ly)のように first を使う方がよいとされている《⇒ first 副 3》.

fírst nàme 名 C (姓に対し個人の)名, ファーストネーム《⇒ name 参考》: What was his *first name*? 彼のファーストネームは何だっけ.

first-name /fə́ːstnèɪm | fə́ːst-/ 形 [次の成句で] **be** 「**on a fírst-nàme básis** [《英》 **on fírst-nàme térms**] [動] 自 (姓でなく名で呼び合う)親しい関係である (*with*).

fírst níght 名 C (公演の)初日 [≒opening night].

fírst offénder 名 C 〔法律〕 初犯者.

fírst pérson 名 [the ~] 〔文法〕 第一人称《⇒ **巻末文法** 3 (1)》.

first-rate /fə́ːs(t)réɪt | fə́ːs(t)-⁻/ 形 一流の, 最上の: a *first-rate* hotel 一流ホテル. 関連 second-rate 二流の / third-rate 三流の.

first-string /fə́ːs(t)stríŋ | fə́ːs(t)-⁻/ 形 限定 〔スポーツ〕 一線級の, 一軍の, レギュラーの. 関連 second-string 二線級の.

first-time /fə́ːs(t)táɪm | fə́ːs(t)-⁻/ 形 限定 初めての: a *first-time* buyer 初めて(家などを)購入する人.

firth /fə́ːθ | fə́ːθ/ 名 C 《スコットランド》 入り江, 湾.

*__fis·cal__ /físk(ə)l/ 形 限定 [比較なし] 《格式》 **財政上の, 会計の**: a *fiscal* crisis 財政危機 / *fiscal* 2012 2012 会計年度《2012 は two thousand (and) twelve または twenty twelve と読む》.
-cal·ly /-kəli/ 副 財政[会計]上.

físcal yéar 名 [the ~] 《米》 会計年度《10 月 1 日から翌年 9 月 30 日まで》 [《英》 financial year]. 関連 calendar year 暦年 / school year 学年.

***fish /fíʃ/

— 名 (複 ~, ~·es /~ɪz/) 語法 複数形は普通 fish; 種類をいうときには fishes とすることもある. ❶ C **魚**: John caught five [a lot of] *fish*. ジョンは魚を 5 匹[たくさん]とった / The *fish*(*es*) in the lake include trout, carp, and eels. その湖の魚はます, こい, うなぎなどである / There are 「plenty more *fish* [other *fish*] in the sea. Ⓢ 《ことわざ》 海にはまだまだ魚がたくさんいる(好機を逸しても[失恋しても]落胆するな). 関連 fry 幼魚.
❷ U **魚肉**《⇒ meat 語法》: raw *fish* 生魚 / *Fish* is cheap today. きょうは魚が安い / We had *fish* for dinner. 我々はディナーに魚を食べた. ❸ C 《略式》 やつ, 人 [≒fellow]: a cold *fish* 冷たいやつ. ❹ [the Fishes] 魚座《星座》 [≒Pisces].
be nèither físh nor fówl [動] 自 得体が知れない, はっきりしない.
drínk lìke a físh [動] 自 (習慣的に)大酒を飲む.
hàve bígger [óther] físh to frỳ [動] 自 《略式》 ほかに大切な用事がある.
lìke a físh òut of wáter [形] 陸(おか)へ上がった魚[河童(かっぱ)]のような, 勝手が違った. (形 físhy 2)

— 動 (fish·es /~ɪz/; fished /~t/; fish·ing) 自 ❶ **魚を捕らえる**, 釣りをする《⇒ fishing 類義語》: They ***fish for*** salmon in the sea. V+*for*+名 彼らは海でさけをとる / I ***went fishing in*** the river yesterday. きのう川に魚をとりに行った. ⚡ ×to the river とはしない《⇒ go doing (go 動 成句) ⚡》. ❷ [副詞句を伴って] 捜す, 探る (*about, around*); (情報などを)探り出そうとする: He *fished* in his pocket *for* a piece of paper. 彼は紙きれを取り出そうとしてポケットを探った / *fish for* information 情報を探る.
— 他 (川・池など)で釣りをする, 魚をとる: They *fished* the lake. 彼らはその湖で魚をとった.
físh óut [動] 他 (水中などから)(...)を引っ張り出す; 取り[探り]出す: The police *fished* the car *out of* the river. 警察は川から車を引き上げた.

fish and chips /fíʃəntʃíps/ 名 U フィッシュアンドチップス《白身魚のフライとフライドポテトの付け合わせ; 英国の大衆食》.

fish·bowl /fíʃbòʊl/ 名 ❶ C 金魚鉢. ❷ C プライバシーのない場所[状態]: live in a *fishbowl* プライバシーのない生活をする.

físh càke 名 C フィッシュケーキ《魚肉とマッシュポテトを平たくまとめて揚げたもの》.

+**fish·er·man** /fíʃəmən | -ʃə-/ 名 (-men /-mən/) C **漁師**, 漁夫; (趣味の)釣り人 [≒angler].

+**fish·er·y** /fíʃəri/ 名 (-er·ies /~z/) ❶ C [普通は複数形で] **漁場**: offshore *fisheries* 近海漁場. ❷ C 養魚場 [≒fish farm]. ❸ U,C 漁業; 水産業.

físh-eye léns /fíʃàɪ-/ 名 C 魚眼レンズ.

físh fàrm 名 C 養魚場.

físh fínger 名 C 《英》 = fish stick.

fish·hook /fíʃhòk/ 名 C 釣り針 [≒hook].

***fish·ing /fíʃɪŋ/

— 名 U **魚とり, 釣り; 漁業**: My uncle is very fond of *fishing*. おじはとても釣りが好きだ / *fishing* grounds 漁場.

> 類義語 **fishing** は最も一般的な語で, 魚を捕らえる手段は何でもよく, また仕事の場合も趣味の場合も含まれる. **angling** は釣りざおと釣り針を用いて(特にスポーツや趣味として)魚釣りをすること.

físhing lìne 名 C,U 釣り糸 [≒line].

físhing pòle 名 C 《米》 = fishing rod.

físhing ròd 名 C 釣りざお [≒rod].

físhing tàckle 名 U 釣り道具一式.

físh knìfe 名 C 魚肉用ナイフ.

fish·mon·ger /fíʃmʌ̀ŋgə | -gə/ 名 C 《主に英》 魚屋《人またはその店》.

fish·net /fíʃnèt/ 名 U 網目の布地: *fishnet* stockings 網目のストッキング.

físh slìce 名 C 《英》 フライ返し [《米》 spatula].

físh stìck 名 C 《米》 フィッシュスティック《魚の細長い切り身のフライ》 [《英》 fish finger].

fish·y /fíʃi/ 形 (fish·i·er; -i·est) ❶ 《略式》 (話などが)疑わしい, 怪しい; うさんくさい. ❷ (におい・味・形などが)魚のような. (名 2 では fish)

fis·sion /fíʃən/ 名 U 〔物理〕 核分裂; 〔生物〕 分裂.

fis·sure /fíʃə | -ʃə/ 名 C (岩石などの深い)裂け[割れ]目.

+**fist** /físt/ 名 (fists /físts/) ❶ C **握りこぶし**, げんこつ, 鉄拳(てっけん): a *fist* fight こぶしでのなぐり合い / He clenched his *fists*. 彼は両こぶしを握りしめた. ❷ C

握りこぶし形のもの《☞ (「参照せよ」)など》.
hóld óut one's **clénched físts** [動] ⓐ ぎゅっと握りしめた両こぶしを差し出す《戦う構え》.
màke a góod [bád, póor] físt of ... [動] ⓗ《古風, 英略式》...をうまくやる[しくじる].
sháke one's **físt** [動] ⓐ (...に向かって)こぶしを振る《激しい怒り・挑戦のしぐさ》(*at*).

hold out one's clenched fists　shake one's fist

físt bùmp 名 C お互いのこぶしを軽くぶつけ合うこと,「グータッチ」.
fist·ful /fístfòl/ 名 C ひとつかみ(の量): a *fistful of* sand 一握りの砂.

****fit¹** /fít/
— 動 (fits /fíts/; fit·ted /-ṭɪd/,《米》ではまた 過去・過分 fit; fit·ting /-ṭɪŋ/) ⓗ ❶ [受身・進行形なし] (寸法・型・目的などの点で)(...)に**合う**; (事実・描写・地位など)に合致する, (...)にかなっている: This dress *fits* me ⌈very well [perfectly]. このドレスは私にぴったりです《✪ fit は大きさや型が合うこと; suit は人に「似合う」こと》/ This button doesn't *fit* the button hole. このボタンはボタン穴にはまらない / The expression exactly *fits* my feelings. その表現は私の気持ちを表わすのにぴったりだ.
❷ [進行形なし] (時間・寸法・目的などの点で)(...)を(~に)**合わせる**; (人)に合わせて(衣服などを)作る[調整する];《格式, 主に英》(人)を(...に)適するようにする: I'll *fit* my schedule *to* yours. V+O+*to*+名 私の予定をあなたのに合わせましょう / I *was fitted for* a new coat. V+O+前+名の受身 私は新しいコートのサイズを合わせてもらった / My grandfather needs to *be fitted with* a hearing aid. 祖父は補聴器を作ってもらう必要がある / 言い換え Only hard training will *fit* you *for* such a long race. V+O+*for*+名 = Only hard training will *fit* you *to* run such a long race. V+O+C (*to* 不定詞) そのような長いレースを走れるようになるには厳しい練習をするしかない.
❸ (...)を**ぴたりとはめる**, 差し込む; 収める, (乗り物などに)収容する: I *fitted* a key *in* [*into*] the lock. V+O+*in* [*into*] +名 私は鍵(かぎ)を鍵穴へ差し込んだ / *fit* the pieces *together* 部品を組み合わせる.
❹ (器具など)を**取り付ける**; (場所など)に(...を)備える, 設置する: I *fitted* new lights *to* [*onto*] my bike. V+O+前+名 私は自転車に新しいライトを取り付けた / We've *fitted* new locks *on* all the doors. 私たちは全部のドアに新しい錠を取り付けた / *fit* the room *with* a new carpet 部屋に新しいカーペットを敷く.
— ⓐ [進行形なし] (体などに)**合う**, 適合する; ぴったり納まる (*in, into, on*); 調和する (*with*): This coat *fits* very well. この上着はぴったり合う / The door doesn't *fit*. 戸がうまくはまらない.

fit の句動詞

fít ín 動 ⓐ きちんと合う, 調和する; なじむ: He soon *fitted in* at school. 彼はすぐ学校になじんだ.
— ⓗ ❶ (...)を適合させる (*with*). ❷ (...)をはめ込む. ❸ (...)のために時間[場所]の都合をつける, (人・物事)をうまく予定に組み入れる: Dr. Smith can *fit* you *in* on Friday afternoon. スミス先生は金曜日の午後ならあなたにお会いできます / Can you *fit in* a visit to Paris? パリを訪れる都合がつきますか.
fít ín with ... [動] ⓗ ...に適合する, なじむ.
fít ìnto ... 動 ⓗ (場所・集団・区分など)にうまく納まる[入る, なじむ, 合う], あてはまる.
fít óut 動 ⓗ (部屋など)に(必要品を)備え(付け)る; (人)に(必要なものを)あてがう, 調えてやる (*with*).
fít úp 動 ⓗ ❶《英》= fit out. ❷《英略式》(...)にぬれぎぬを着せる.

— 形 (fit·ter /-ṭə | -tə/; fit·test /-ṭɪst/) ❶ (定期的な運動により)**体の調子がよい**, 健康で《⇒ healthy 類義語》[⇔ unfit]: be physically *fit* 体調がよい / 言い換え I keep *fit* by playing tennis. = Playing tennis keeps me *fit*. テニスをしているので私は健康だ / I feel *fit* again. もうすっかり調子は戻った / Is he *fit* enough to walk? 彼はもう歩けるくらい元気ですか.
❷ [普通は 叙述] (ある目的・状況などに)**ぴったりで**, 適当で; (...に)適した, ふさわしい《⇒ proper 類義語》[⇔ unfit]: a dress *fit for* a princess +*for*+名 王女にふさわしい服装 / Barbara isn't *fit to* teach children. +*to* 不定詞 バーバラは子供たちを教えるのに向いていない / 言い換え He's *in no fit state to* drive. = He's not in a *fit* state *to* drive. 彼は運転できる状態にはない / I haven't found a house *fit for* you *to* live in. +*for*+名+*to* 不定詞 あなたが住むのにふさわしい家がまだ見つかりません《⇒ for 前 B》. ❸ (社会的基準からみて)当を得た, 穏当な: 言い換え *It's* not *fit for* you *to* say so. = *It's* not *fit that* you *should* say so. あなたがそう言うのは穏当でない. ❹ 叙述《英略式》今にも...しそうで; [副詞的に] ...するばかりに: be *fit to* drop (疲れて)今にも倒れそうである / She was *fit to* burst with laughter. 彼女は今にも笑いだしそうであった / She was laughing *fit to* burst. 彼女は大笑いしていた. ❺《英略式》セクシーな.
fít for a kíng [形] 最上級の, すばらしい.
fít to be tíed [形]《米》ひどく怒って[動揺して]《動かないようにつないでおく方がよいということから》.
sèe [thìnk] fít (to dó) [動] (...するのが)よいと判断する: You can spend your money as you *think fit*. 君は使いたいように金を使ってもいい / We *saw fit to* inform him of the fact. 私たちは彼に事実を伝えるのがよいと思った.
— 名 C,U [普通は形容詞を伴って a ~] 合い具合(が...なもの)《衣服など》: This sweater is *a good* [*tight*] *fit*. このセーターはぴったりだ[きつい].

+fit² /fít/ 名 (fits /fíts/) ❶ C (病気の)**発作**, ひきつけ, 差し込み: have a ⌈*fit* of coughing [coughing *fit*] 急にせき込む / fall down in a *fit* 発作で倒れる. ❷ C (感情の)発作; 一時的興奮: in *fits* (of laughter) 大爆笑して / in a *fit* of anger 腹立ちまぎれに.
by [in] fíts and stárts [副] とぎれとぎれに, 断続的に. **hàve [thròw] a fít** [動] ⓐ (1) 発作を起こす. (2)《略式》かんかんに怒る, ショックを受ける.

fit·ful /fítf(ə)l/ 形 とぎれとぎれの, 断続的な: a *fitful*

F

sleep 浅い眠り.

fit·ful·ly /fítfəli/ 副 とぎれとぎれに, 断続的に.

fit·ness /fítnəs/ 名 ❶ U 健康であること, フィットネス: physical *fitness* 体調のよさ, 体の健康. ❷ U 適合[適格]性, 適切さ (*for*; *to* do).

fit·ted /fíṭɪd/ 形 ❶ 叙述 (...が)備え付けられた, ...付きの (*with*). ❷ 限定 (服が)体の線にぴったり合った. ❸ 限定 《英》(家具などが)作り付けの. ❹ 叙述 《英》(...に)適した: He *is fitted for* [*to* do] the job. 彼はその仕事に適している.

fit·ter /fíṭɚ | -tə/ 名 ❶ C 組み立て工《機械・部品などの》. ❷ C (衣服・靴などの)寸法を合わせる人.

+**fit·ting** /fíṭɪŋ/ 名 (~s /~z/) ❶ C [普通は複数形で] **付属品**; (移動可能な)備品, 家具類: electrical *fittings* 電気器具. 関連 fixture 据え付け品. ❷ C (仮縫いの)試着, 寸法合わせ: have a *fitting* for a suit スーツの試着[仮縫い]をする.

— 形 《格式》適当な, 似合いの, ふさわしい [≒ suitable]: in *fitting* terms うまいことばで / It's (only) *fitting* that you (should) say so. あなたがそう言うのももっともだ.

fítting ròom 名 C (衣服の)試着室.

F

***five** /fáɪv/

— 代 《数詞》[複数扱い] **5つ, 5人, 5ドル[ポンド, セント, ペンスなど]** 《⇒ number 表》: *Five* left and *five* remained. 5人が去り5人が残った / Only *five* (*of* them) *were* present. (彼らのうちの)たった5人しか出席していなかった.

— 名 (~s /~z/) ❶ C (数としての)5: Lesson *Five* 第5課 / *Five* and *five* is [make(s), equals, are] ten. 5足す5は10 (5+5 = 10) / *Five* from eleven is [leaves] six. 11引く5は6 (11−5 = 6).
❷ U 5時, 5分; 5歳: The train left *at five* past *five*. 列車は5時5分過ぎに発車した / a child of *five* 5歳の子供. ❸ C 5の数字. ❹ C 5ドル[ポンド]札. ❺ C 5つ[5人, 5個]ひと組のもの. ❻ C 〔トランプ〕5の札.

gíve ... (a) fíve [動] 他 《略式》(喜びのしるしとして) ...と手のひらを打ち合わせる《⇒ high five》.

tàke fíve [動] 自 S 《略式》5分間[ちょっと]休む.

— 形 ❶ 限定 **5つの, 5人の, 5個の**: *five* times 5回, 5倍 / There are *five* apples in the box. 箱の中にはりんごが5つある. ❷ 叙述 5歳で: My sister was born when I was *five*. 私が5歳のとき妹が生まれた.

five-and-ten /fáɪv(ə)ntén/, **five-and-dime** /fáɪv(ə)ndaɪm/ 名 C 《古風, 米》= dime store.

fíve-day wéek /fáɪvdèɪ-/ 名 [a ~] 週5日制.

fíve o'clòck shádow 名 [a ~] (朝そって午後5時ごろにまた)伸びかけたひげ.

fiv·er /fáɪvɚ | -və/ 名 C 《略式》5ドル[ポンド]札.

five-star /fáɪvstáɚ | -stá:←/ 形 限定 (ホテル・レストランなどが)5つ星の, 最高級の.

fíve-star géneral 名 C 《米》陸軍元帥.

fix /fíks/

意味のチャート
「固定する」❹
→「決定する」❸ →(動かさない)→ (心に)「留める」; (視線を)「じっと向ける」❻
→(きちんとする)→「修理する」❶ / 「用意する」❷

— 動 (fix·es /~ɪz/; fixed /~t/; fix·ing) 他 ❶ (...)を**修理する**, 繕(つくろ)う《⇒ repair 類義語》; (問題)を解決する: He *fixed* the bicycle *for* me. V+O+*for*+名 彼は自転車を直してくれた / How long will it take to get this camera *fixed?* このカメラを修理してもらうのにどのくらい時間がかかりますか / Environmental problems must be *fixed* before it is too late. 手遅れになる前に環境問題を解決しなければならない.

❷ 《主に米》(...)を**用意する**, (食事など)の**したくをする**, (人に)(...)を用意してやる [≒prepare]; (髪など)を整える: 言い換え She ***fixed*** a meal ***for*** us. V+O+*for*+名 = She *fixed* us a meal. V+O+O 彼女は私たちに食事を用意してくれた / She's *fixed* her hair [face]. 彼女は髪を整えた[化粧した].

❸ (日取り・値段など)を**決定する**, **決める** [≒set]; (会合など)を**取り決める**, (...)の手はずを整える; (場所・時間など)を特定する: We *fixed* the time and place for the meeting. 私たちはその会合の時と場所を決めた / They ***fixed*** the price ***at*** five dollars. V+O+*at*+名 彼らはその値段を5ドルと決めた / We've ***fixed*** a meeting ***for*** Friday. V+O+*for*+名 私たちは会合の日を金曜日にした / He ***fixed to*** meet her on Sunday. V+O (*to* 不定詞) 彼は彼女と日曜に会うと決めた.

❹ (物)を(~に)**固定する**, 据え付ける, (しっかりと)取り付ける [⇔ move]: I ***fixed*** a shelf ***to*** the wall. V+O+前+名 私は棚を壁に取り付けた / ***fix*** a nameplate ***on*** the door 表札を玄関に打ちつける. ❺ (競争など)で八百長を仕組む; (...)に(不正な)圧力をかける, (...)を買収する: *fix* a race 八百長レースを仕組む / *fix* an election 選挙で買収行為をする. ❻ (目・注意など)をじっと向ける, 凝らす; (人)をじっと見つめる; (...)を(心に)留める; (物事が)(注意など)を引き付ける: She *fixed* her eyes *on* me. 彼女は私を見つめていた / He *fixed* me *with* an angry stare. 彼は怒った目で私をじっと見た / The date is *fixed in* my mind. その日付はよく覚えている.
❼ 《略式》(...)に仕返しをする, (...)をやっつける. ❽ (罪・責任など)を(人に)負わせる, 着せる (*on*). ❾ 《米略式》(動物)を去勢する. ❿ 〔化学・生物〕(...)を固定する; (染色など)の色止めをする. ⓫ 《略式》(傷・体の部位)を治す.

be fíxing to dó [動] 《米略式》...しようとする; ...するつもりである. (名 fixátion, fíxture)

fix の句動詞

+**fíx on [upòn] ...** 動 他 ❶ (日取りなど)を**決める**, (ある日時・金額など)に決める, ...を選ぶ: They've *fixed on* October 10 *for* the party. 彼らはパーティーの日取りを10月10日に決めた. ❷ (目・注意などが)(...)に向けられる.

+**fíx úp** 動 他 ❶ (...)を**修理[改造]する**, 手入れする V+名・代+*up* / V+*up*+名: *fix up* a house 家を修理する.
❷ (日時など)を**決める**; (会合・切符など)の**手配をする** V+名・代+*up* / V+*up*+名: The company *fixed up* the plane tickets for me. 会社が私のために航空券を用意してくれた / I've *fixed up* a meeting with him. 私は彼と会う日時を決めた.

fíx ... úp with ~ [動] 他 ❶ (人)に(必要なもの)をあてがう, 用意してやる: I'll *fix* him *up with* a room in the hotel. 彼にホテルの部屋を取ってやろう. ❷ 《略式》(人)に(デートの相手など)を紹介する.

— 名 ❶ C 解決策: a quick *fix* その場しのぎの[てっとり早い]解決策. ❷ C [普通は a ~] 困った立場, 苦境: I'm really *in a* (fine) *fix*. 本当にやっかいなことになった / get oneself into *a fix* 苦境に陥る. ❸ [単数形で]《略式》麻薬の注射, (元気づけの)飲物, 食物. ❹ Ⓒ 八百長(試合), 仕組んだもの.
gèt a fíx on ... [動] ⑩ (1) (人・物)の位置をつきとめる. (2) ...をよく理解する.

fix·a·ted /fíkseɪṭɪd/ 形 叙述 (...に)病的にこだわって, 執着して (*on*).

fix·a·tion /fɪkséɪʃən/ 名 Ⓒ 病的な執着, 固執 (*about, on, with*). (動 fix)

fix·a·tive /fíksəṭɪv/ 名 C,U 固定剤; 定着剤.

*__fixed__ /fíkst/ 形 ❶ **決まった**, 確固たる, 不動の; 固定した: a *fixed* income 定収入 / *fixed* assets 固定資産 / *fixed* costs 固定費(用) / sell [buy] at a *fixed* price 定価で売る[買う] / have *fixed* ideas [opinions] about [on] ... [軽蔑的] ...について固定観念をもつ. ❷ 固定した, 定着した, 据え付けの: a *fixed* seat 据え付けの座席 / a *fixed* focus camera 固定焦点カメラ / The bench is *fixed to* the floor. そのベンチは床に据え付けられている. ❸ 限定 (視線・表情が)動かない: a *fixed* stare 凝視 / a *fixed* smile 作り笑い. ❹ 叙述 Ⓢ《略式》(必要なものの)備え[準備]がある: How are you *fixed for* cash? 現金はどれくらいありますか / How are you *fixed for* Friday? 金曜日の都合はどうですか. ❺ 八百長の, 不正工作された.

fix·ed·ly /fíksɪdli/ 副 じっと, 固定して: stare *fixedly* じっと見つめる.

fíxed stár 名 Ⓒ 恒星《⇒ star 1 語法》.

fix·er /fíksə | -sə/ 名 Ⓒ (ときに不正な手段を用いる)調停人, まとめ役; 黒幕.

fix·er-up·per /fíksəʌ́pə | -sə(r)ʌ́pə/ 名 Ⓒ《米略式》(修理が必要な)ぼろ家.

fix·ings /fíksɪŋz/ 名 複 [the ~]《米》料理の付け合わせ《野菜・パンなど》.

fix·i·ty /fíksəṭi/ 名 Ⓤ《格式》不変性, 不動 (*of*).

+**fix·ture** /fíkstʃə | -tʃə/ 名 (~s /~z/) ❶ Ⓒ [普通は複数形で] (室内などの)**据え付け品**, 建具, 造作, 備品: gas and electric light *fixtures* ガスと電灯の設備. 関連 fitting 付属品, 備品. ❷ Ⓒ (競技などの)開催予定日;《英》(期日の確定した)競技大会. ❸ Ⓒ [しばしば a permanent ~ として] (地位・場所などに)定着した人, (...の)主(ぬし), 名物. (動 fix)

fizz /fíz/ 動 ⓐ (飲み物が)しゅーという[泡立つ]. ― 名 ❶ Ⓤ しゅーという音; 炭酸ガスの泡. ❷ Ⓤ《英略式》発泡性飲料, シャンパン: gin *fizz* ジンフィズ.

fiz·zle /fízl/ 動 ⓐ《略式》しりすぼみになる, 立ち消えになる (*out*).

fizz·y /fízi/ 形 (fizz·i·er; -i·est) (飲み物が)泡立つ, しゅーと音を立てる: a *fizzy* drink《英》発泡性飲料.

fjord /fiːɔ́əd | fíːɔːd/ 名 Ⓒ フィヨルド《高い断崖(だんがい)の間に深く入り込んだ峡湾; ノルウェーの海岸に多い》.

fl. 略 = floor.

FL 〔米郵便〕 = Florida.

Fla 略 = Florida.

flab /flǽb/ 名 Ⓤ《略式》[軽蔑的] ぜい肉.

flab·ber·gast /flǽbəgæ̀st | -bəgɑ̀ːst/ 動 ⑩ [普通は受身で]《略式》(...)をびっくり仰天させる; あきれさせる.

flab·by /flǽbi/ 形 (flab·bi·er; -bi·est) ❶《略式》[軽蔑的] (筋肉などが)ゆるんだ, たるんだ. ❷《略式》[軽蔑的] (議論などが)だれた, 効果のない.

flac·cid /flǽ(k)sɪd/ 形《格式》(筋肉・精神が)弛緩(しかん)した, たるんだ, ゆるんだ; 無力な, 弱々しい.

flack /flǽk/ 名 Ⓒ《米略式》広報[宣伝]係.

flag[1] /flǽg/

― 名 (~s /~z/) ❶ Ⓒ **旗**: *wave* a *flag* 旗を振る《⇒ wave the flag (成句)》/ *fly* a *flag* 旗を掲げている《⇒ fly the flag (成句)》/ the national *flag* 国旗《⇒ Stars and Stripes, Union Jack》//⇒ red flag, white flag.
❷ [the ~] (旗が象徴する)国家, 団体: loyalty to *the flag* 国家への忠誠.
❸ Ⓒ《米》(郵便受けについた)旗(状の部分)《⇒ mailbox 参考》.
❹ Ⓒ = flagstone.
flý [shów, wáve] the flág [動] ⓐ 愛国心[支持, 信念]を表明する.
kéep the flág flýing [動] ⓐ 愛国心[信念]を貫く; (競技などで)自国[団体]のために活躍する.
ùnder the flág of ... [前] ...の旗の下に, ...の指揮下で.
― 動 (flags; flagged; flag·ging) ⑩ (...)に(目立つように)印をつける.
flág dówn [動] ⑩ (タクシーなど)を手を振って止める: *flag down* a cab タクシーを止める[拾う].

flag[2] /flǽg/ 動 (flags; flagged; flag·ging) ⓐ (気力などが)衰える, なえる; (興味などが)薄れる.

Flág Dày 名 Ⓤ《米》国旗制定記念日《1777 年に国旗が制定されたことにちなむ; 6 月 14 日》.

flág fòotball 名 Ⓤ《米》フラッグフットボール《アメリカンフットボールの変種; タックルする代わりに相手選手が身につけた旗を奪ってその前進をはばむ》.

flag·ging /flǽgɪŋ/ 形 衰え[なえ]かけた, だれ気味の.

flag·pole /flǽgpòʊl/ 名 Ⓒ 旗ざお.

fla·grant /fléɪgrənt/ 形 限定 (悪事が)目にあまる, 露骨な, ひどすぎる: a *flagrant* violation of the law 目にあまる法律違反. **~·ly** 副 露骨に.

flag·ship /flǽgʃɪp/ 名 ❶ Ⓒ 旗艦《指揮官の乗っている軍艦》. ❷ Ⓒ (会社の)看板となるもの《商品・店など》: a *flagship* store 主力店舗, 旗艦店.

flag·staff /flǽgstæ̀f | -stɑ̀ːf/ 名 Ⓒ = flagpole.

flag·stone /flǽgstòʊn/ 名 Ⓒ 敷石, 板石.

flail /fléɪl/ 動 ⓐ 腕を振り回す, 足をばたばたさせる (*around, about*). ― ⑩ ❶ (腕)を振り回す, (足)をばたばたさせる. ❷ (...)を(棒などで)激しくたたく. ― 名 Ⓒ からざお《脱穀用の農具》.

flair /fléə | fléə/ 名 ❶ [Ⓤ または a ~] (天賦の)才能, センス (*for*). ❷ Ⓤ 独自のスタイル, 品のよさ.

flak /flǽk/ 名 ❶ Ⓤ《略式》(厳しい)批判, 非難: get a lot of *flak* ひどく非難される. ❷ Ⓤ 対空砲火.

flake /fléɪk/ 名 ❶ Ⓒ 薄片, 薄いかけら: *flakes* of snow 雪片 / *flakes* of old paint はげ落ちた古いペンキの薄片. 関連 snowflake 雪片. ❷ Ⓒ フレーク《穀粒を薄片にした食品》. 関連 cornflakes コーンフレーク. ❸ Ⓒ《略式, 主に米》変人. ― 動 ⓐ 薄片となって落ちる; (ペンキ・皮膚が)ぼろぼろはげる (*off*); (魚肉などが)フレーク状にほぐれる. **fláke óut** [動] ⓐ (1)《英略式》(疲れ果てて)眠り込む. (2)《米略式》妙なことをする; 約束を守らない (*on*).

flák jàcket 名 Ⓒ 防弾チョッキ.

flak·y /fléɪki/ 形 (flak·i·er; -i·est) ❶ 薄片状の; はげ落ちやすい, (ペンキ・皮膚が)ぼろぼろにはげる. ❷《略式, 主に米》(人などが)風変わりな, 当てにならない.

flam·boy·ance /flæmbɔ́ɪəns/ 名 Ⓤ 華麗さ, はでさ; けばけばしさ.

flam·boy·ant /flæmbɔ́ɪənt/ 形 華麗な, けばけばしい, 極彩色の; (態度などが)はでな.

+**flame** /fléɪm/ 名 (~s /~z/) ❶ U,C **炎**, 火炎《⇒ 類義語》: the Olympic *flame* オリンピックの聖火 / Natural gas gives off a blue *flame*. 天然ガスは青い炎を出す. ❷ C 炎のような輝き[色彩]. ❸ C《文語》燃える思い, 激情: the *flames* of love 恋の熱情. ❹ C《略式》恋人: an old *flame* 昔の恋人. ❺ C〔コンピュータ〕中傷メール.

búrst ìnto fláme(s) [動] 自 ぱっと燃え上がる.
fán the fláme(s) [動] 自 (感情などを)あおる (*of*).
in fláme(s) [形・副] **炎となって**, 燃えて: The hotel went up *in flames*. そのホテルは炎上した.

類義語 **flame** ろうそくの炎のように舌のような形をした炎: the *flame* of a candle ろうそくの炎. **blaze** 勢いよく燃える大きな火: the *blaze* of a burning building 燃えている建物の炎. **flicker** ちょろちょろと燃える炎: the *flicker* of a candle (消えそうな)ろうそくの火. **flare** 短い時間ぱっと燃え上がる炎: the *flare* of a match マッチの炎.

— 動 自 ❶ 燃え上がる, 炎を出す (*up*): The logs *flamed* brightly. まきは赤々と燃え上がった. ❷《文語》ぱっと赤くなる; (情熱・怒りなどで)燃える: His face *flamed* (red) *with* excitement. 彼の顔は興奮でぱっと赤くなった. ❸《文語》炎のように輝く.
— 他《略式》〔コンピュータ〕(電子掲示板などで)(相手)を攻撃[中傷]する.

fla·men·co /fləméŋkoʊ/ 名 (~s /~z/) C,U フラメンコ《スペインの情熱的な踊り・歌曲》.

flame·throw·er /fléɪmθròʊə | -θròʊə/ 名 ❶ C 火炎放射器; 火炎殺虫[除草]器. ❷ C《略式》〔野球〕剛速球投手.

flam·ing /fléɪmɪŋ/ 形 ❶ 限定 燃え立つ, 火を吐く. ❷ 限定 (色彩が)燃えるように赤い. ❸ 限定 (感情・口論などが)激しい: a *flaming* row 大げんか.

fla·min·go /fləmíŋgoʊ/ 名 (~s, ~es) C フラミンゴ, べにづる.

flam·ma·ble /flǽməbl/ 形 可燃性の, 燃えやすい [⇔ nonflammable]. 語法 inflammable もこの意味で用いるが,「燃えにくい」という意味に誤解されやすいので, ラベル・掲示などでは flammable のほうが用いられる.

flan /flǽn/ 名 C,U フラン《《米》カラメルをのせたカスタード;《英》果物・チーズなどの入ったパイの一種; ⇒ pie 参考》.

Flan·ders /flǽndəz | flɑ́:ndəz/ 名 固 フランドル, フランダース《フランス北部・ベルギー・オランダにまたがる北海沿岸の地方; ⇒ Fleming, Flemish》.

flange /flǽnʤ/ 名 C〔機械〕フランジ; (車輪の)輪縁(わぶち); (レールの)出縁(でぶち); (鉄管などの端の)つば.

flank /flǽŋk/ 名 ❶ C 横腹, わき腹. ❷ C (建物・山などの)側面; (部隊の)側面: a *flank* attack 側面攻撃.
— 動 他 [普通は受身で] (...)の側面[両側]に位置する: The street *is flanked* (on both sides) *with* [*by*] tall buildings. その通りの両側に高い建物が立ち並んでいる / The movie star appeared *flanked by* his bodyguards. その映画スターはボディガードに両わきを護衛されて現われた.

flank·er /flǽŋkə | -kə/ 名 C〔ラグビー・アメフト〕フランカー.

flan·nel /flǽn(ə)l/ 名 ❶ U フランネル, フラノ;《米》綿ネル: *flannel* trousers フランネルのズボン. ❷ [複数形で] フランネル製品《ズボンなど》. ❸ C《英》= washcloth. ❹ U《英略式》はぐらかし; たわごと.

+**flap** /flǽp/ 動 (flaps /~s/; flapped /~t/; flap·ping) 他 (...)を**ぱたぱた動かす**, はためかせる; (腕・翼など)を上げ下げする. 語法 一方が固定し(て垂れ下がっ)た布・紙などがぱたぱた動く場合に用いる: The wind *flapped* the sail. 風で帆がはためいた / The bird was *flapping* its wings. 鳥は翼を羽ばたかせていた.
— 自 ❶ **はためく**, ぱたぱたする: There were many flags *flapping* in the wind. たくさんの旗が風にはためいていた / The curtain *flapped against* the window. カーテンがぱたぱたと窓に当たった. ❷ 羽ばたく; (大きな鳥が)ゆっくりと飛ぶ: The eagle *flapped away*. わしは羽ばたいて飛び去った. ❸《英略式》そわそわする, あたふたする.
— 名 (~s /~s/) ❶ C (ひらひらと)**垂れ下がる物**, (ポケット・テントの)垂れぶた; (封筒の)折り返し; (机などの)垂れ板 (*of*). ❷ C (航空機の)フラップ, 下げ翼《⇒ airplane 挿絵》. ❸ [a ~]《略式》はらはら, そわそわ; 騒ぎ, 抗議: be *in a flap* はらはら[そわそわ]している, うろたえている / get into [in] *a flap* はらはら[そわそわ]する, うろたえる. ❹ C [普通は単数形で] はためき(の音); 羽ばたき(の音).

flap·jack /flǽpʤæk/ 名 ❶ C《米》パンケーキ. ❷ C《英》(オート麦・バター・シロップなどで作る)ビスケット.

+**flare** /fléə | fléə/ 動 (flares /~z/; flared /~d/; flar·ing /flé(ə)rɪŋ/) 自 ❶ (炎が)**燃え上がる**, ぱっと[ゆらゆらと]燃える: The candle *flared* in the breeze. ろうそくの火がそよ風でゆらゆらと揺れた. ❷ (感情・暴動などが)爆発する, 突然始まる; (病気などが)急に悪化する. ❸ (朝顔形に)広がる; (スカート・ズボンなどが)フレア[すそ広がり]になっている (*out*).
fláre úp [動] 自 (1) 燃え上がる. (2) かっと怒る (*at*); (暴動などが)勃(ぼっ)発する; 激しさを増す. (3) (病気などが)再発[悪化]する.
— 名 (~s /~z/) ❶ C (救助などを求める)**閃光(せんこう)装置[信号]**, 照明弾; (屋外などの)照明: send up a *flare* 照明弾を打ち上げる. ❷ C [普通は単数形で] 揺らめく炎《⇒ flame 類義語》. ❸ C すその広がり, (スカートの)フレア. ❹ [複数形で] らっぱズボン.

flared /fléəd | fléəd/ 形 (ズボン・スカートが)すそが広がった, フレアのついた.

flare-up /fléəʌ̀p | fléə(r)ʌ̀p/ 名 ❶ C ぱっと燃え上がること. ❷ C かっと怒ること; (問題などの)急激な再燃; (病気などの)再発.

flash** /flǽʃ/ 動 (flash·es /~ɪz/; flashed /~t/; flash·ing) 自 ❶ **ぱっと光る**, ひらめく《⇒ shine 類義語》;《文語》(目などが)(怒りなどで)きらり[ぎらり]と光る: Lightning *flashed* several times. 何回か稲妻がぴかっと光った / The red lights *flashed* on and off. 赤信号が点滅していた / Her eyes ***flashed with anger. V+*with*+名 彼女の目は怒りでぎらりと光った.
❷ (考えなどが心に)**ぱっと浮かぶ**, ひらめく: A good idea ***flashed through*** [***across***, ***into***] my mind. V+前+名 よい考えが心にぱっと浮かんだ / His life *flashed* before his eyes. 人生のさまざまな場面が走馬灯のように彼の目に浮かんだ《死などに直面して》.
❸ [副詞(句)を伴って] さっと過ぎ[飛び]去る: An express train *flashed by* [*past*] (us). 急行列車がさっと通り過ぎた.
❹ [副詞(句)を伴って] (映像などが)(画面に)突然映し出される (*up*; *on*, *across*).
— 他 ❶ (...)を**ぴかっと光らせる**, きらめかす, ぱっと照らす: He ***flashed*** a light ***at*** the object. V+O+前+名 彼はその物体に向けて明かりを照らした.
❷ (人に)(...)を**ぱっと知らせる**, 点滅[フラッシュ]で合図

する; (人に)(視線・ほほえみなど)をちらりと向ける: They *flashed* a signal. 彼らは明かりを点滅させて合図した / She ***flashed*** a smile ***at*** him. [V+O+*at*+名] 彼女は彼を見てにこっと笑った.
❸ (...)をちらりと[ぱっと]見せる; 見せびらかす: The police officer *flashed* his badge. 警官はバッジをちらっと見せた / *flash* one's money around お金を見せびらかす. ❹ (映像など)を(画面に)突然映し出す. ❺ (ニュース)を急送する.
flásh báck [動] ⓐ (1) (記憶が)ふと昔に返る (*to*). (2) (映画で)過去の場面に転じる (*to*).
flásh fórward [動] ⓐ (映画などで)場面が未来に飛ぶ (*to*).
flásh on ... [動] ⓗ《米略式》...を急に思い出す, ...をふと思いつく; (考えなどが)...に浮かぶ.
— [名] (~·es /~ɪz/) ❶ Ⓒ **ぱっと出る光**, ひらめき, 閃光(せんこう); (点滅・旗による 1 回の)合図: a ***flash of*** lightning 稲妻のひらめき.
❷ Ⓒ (考えなどの)**ひらめき**, ちらっと(心に)浮かぶこと: I had a ***flash of*** inspiration. 名案がひらめいた.
❸ Ⓒ,Ⓤ (カメラの)**フラッシュ(装置)**; フラッシュ撮影: *flash* photography フラッシュ撮影 / The *flash* didn't go off. フラッシュが光らなかった. ❹ Ⓒ (テレビなどの)ニュース速報 (newsflash). ❺ Ⓒ《英》ちらっと見る[見せる]こと (*of*).
a flásh in the pán [名] (たまたまの)成功, まぐれ(当たり). [由来] (火打ち石銃が)火皿の中で発火するが空発に終わることから.
(as) quíck as a flásh [副] (応答などで)すばやく.
in a flásh = lìke a flásh [副] たちまち, すぐに: I'll be back *in a flash* すぐに戻ります.
— [形] (flash·er; ~·est) ❶ [限定] (火事・あらしなどが)突発的な; 一瞬の: *flash* flood 鉄砲水. ❷ [限定]《英略式》[軽蔑的] はでな, けばけばしい.
flash·back /flǽʃbæ̀k/ [名] ❶ Ⓒ,Ⓤ (映画・小説などの)フラッシュバック(の場面)《回想などのための切り返し》: *in* (a) *flashback* フラッシュバックで. ❷ Ⓒ (過去の出来事を)突然鮮明に思い出すこと; (薬物による)幻覚の再現: have a *flashback of* [*to*] the car crash 車の衝突事故を急に思い出す.
flash·bulb /flǽʃbʌ̀lb/ [名] Ⓒ〔写真〕閃光(せんこう)電球, フラッシュの球.
flásh càrd [名] Ⓒ フラッシュカード《文字・絵などをかいた学習用のカード; 生徒に瞬間的に見せて答えさせる》.
flásh drìve [名] Ⓒ〔コンピュータ〕フラッシュドライブ, USB メモリー.
flash·er /flǽʃɚ | -ʃə/ [名] ❶ Ⓒ《略式》露出狂《男》. ❷ Ⓒ《米》(交通信号・車などの)自動点滅装置.
flash·gun /flǽʃgʌ̀n/ [名] Ⓒ フラッシュガン《カメラの閃光(せんこう)装置》.
flash·i·ly /flǽʃɪli/ [副]《略式》[軽蔑的] けばけばしく.
+**flash·light** /flǽʃlàɪt/ [名] (-lights /-làɪts/) Ⓒ《主に米》**懐中電灯** [《英》torch].
flásh pòint [名] ❶ Ⓒ,Ⓤ (暴動が発生する)危険地帯; (我慢の)限界. ❷ Ⓒ〔化学〕引火点.
flash·y /flǽʃi/ [形] (flash·i·er; -i·est)《略式》[軽蔑的] けばけばしい, きんぴか[ぎんぎら]の; (人が)これ見よがしの高級品を身につけた.
flask /flǽsk | flɑ́ːsk/ [名] ❶ Ⓒ (実験用の)フラスコ; (携帯用の)酒びん. ❷ Ⓒ《英》= Thermos.

⁑flat[1] /flǽt/

— [形] (flat·ter /-ṭɚ | -tə/; flat·test /-ṭɪst/)

意味のチャート
「平らな」❶
→ (体が地面に平らな) →「**大の字になって**」❷
→ (ぺしゃんこの) →「**パンクした**」❸

❶ **平らな**, **平たい**, 平べったい; でこぼこのない; (靴が)かかとのない[低い]《⇒ [類義語]》: a *flat* wall 平らな壁 / *flat* dishes 平たい皿 / The top of the hill is *flat*. その丘の頂上は平らだ //⇒ flatfoot.
❷ [叙述] [比較なし] **大の字になって**, (べったり)横になって; (壁などに)ぴったり接して: Stand with your back ***flat against*** the wall. 背中を壁にぴったりとつけて立て. [語法] この flat は [副] ともとれる《⇒ [副] 1》.
❸ (タイヤが)**パンクした**, 空気が抜けた: The tire went *flat*. タイヤがパンクした //⇒ flat tire. ❹ つまらない, 退屈な [≒dull]; 単調な, 平板な; (色・絵などが)深み[陰影]のない: a *flat* speech つまらない演説 / in a *flat* voice (感情を出さない)単調な[そっけない]声で. ❺ (ビールなどが)気の抜けた; 《英》(電池が)切れた [≒dead]: This beer is [has gone] *flat*. このビールは気が抜けている / The battery has gone *flat*. バッテリーがあがってしまった. ❻ [限定] きっぱりした, あからさまな: give a *flat* refusal [denial] きっぱりと拒絶[否認]する. ❼ [限定] (料金などが)均一[一律, 定額]の: a *flat* fee [rate] 均一料金. ❽ (市場などが)不活発な. ❾〔音楽〕[調名の後につけて] フラットの, 変音の, 半音下の《記号 ♭》; (楽器・声・人が)正しい音より低い(音を出す): a sonata in B *flat* major 変ロ長調のソナタ. [関連] sharp シャープの. ([動] flátten)

[類義語] **flat** 表面に凸凹がなく平らであることを意味する. 水平であるか斜めであるかなどの面の方向には関係がない: The top of a desk must be *flat*. 机の表面は平らでなくてはならない. **level** 水平であることを意味する: An airport must be built on *level* ground. 空港は水平な土地に造らなくてはならない. **even** 面が均一的に平らであるかまたは水平であることを意味する. また面が他の面と同じ高さであることも表わす: Some of the boards have warped, and so the floor isn't *even*. 板の何枚かが反っていて床が平らでない. **smooth** 磨いたり, 削ったり, あるいは何らかの手を加えた結果がなめらかであること: *smooth* paper つるつるした紙.

— [名] (flats /flǽts/) ❶ [the ~] **平らな部分**, **平面**: ***the flat of*** the hand 手のひら. ❷ Ⓒ [普通は複数形で] 平地, 平原, 低湿地: salt *flats* 塩田 / on the *flat* 平地で. ❸ Ⓒ《主に米》= flat tire. ❹ Ⓒ〔音楽〕フラット, 変音; 変記号《♭》. [関連] sharp シャープ. ❺ Ⓒ (舞台背景用の)わく張り物. ❻ [複数形で]《略式》(女性用の)かかとの低い靴.
— [副] ❶ **平らに**, 平たくなって《⇒ [形] 2》: Hold your hands out *flat*. 両手を(平らに)開いて差し出しなさい / He was lying ***flat on*** his back. 彼はべったりあおむけに寝ていた.
❷ [時間表現の後で]《略式》(驚いたことに)**...きっかり**, ちょうどに, (わずか)...(の早さ)で: He ran 100 meters in 11 seconds *flat*. 彼は 100 メートルを 11 秒フラット[ちょうど]で走った. ❸《略式》きっぱりと; 全く, すっかり: He's *flat* broke. 彼は無一文だ. ❹〔音楽〕フラット[変音]で, 半音低く.
fáll flát [動] ⓐ (1) (冗談が)相手に通じない, 受けない. (2) [しばしば fall flat on one's face として] (うつぶせに)ばったりと倒れる; (計画が)ぶざまに失敗する.
flát óut [副] (1)《略式》全速力で, 全力で. (2)《略式, 主に米》率直に, きっぱりと; 全く.

*__flat__[2] /flǽt/ 名 (flats /flǽts/) ❶ C 《英》 **マンション**, アパート《同じ階の数室を一世帯が使っているもの; ⇒ mansion 日英》 [《米》 apartment]: rent a *flat* アパートを貸す[借りる] / let a *flat* アパートを貸す / live in a *flat* アパートに住む. ❷ [複数形で] 《英》 フラット式の共同住宅, マンション, アパート《建物全体》.
a blóck of fláts [名] 《英》 フラット式の共同住宅, マンション, アパート《建物全体》 [《米》 apartment house [building]].

flat·foot /flǽtfʊ̀t/ 名 C (複 -feet /-fìːt/) 扁平足.

flat-foot·ed /flǽtfʊ́tɪd←/ 形 扁平足の. **cátch ... flát-fóoted** [動] 他 《米》 ...の不意を襲う.

flát·lànd 名 C (丘や谷のない)平坦地.

flat·ly /flǽtli/ 副 ❶ きっぱりと, にべもなく: He *flatly* refused my offer. 彼は私の申し出をはねつけた. ❷ 活気なく, 単調に; そっけなく. ❸ 平らに.

flat·mate /flǽtmèɪt/ 名 C 《英》 アパートの(同じ部屋に住む)同居人 [《米》 roommate].

flat·ness /flǽtnəs/ 名 ❶ U 平らなこと. ❷ U 単調さ; そっけなさ.

flat-out /flǽtàʊt/ 形 限定 ❶ 《略式, 主に米》 全くの, 完全な: a *flat-out* lie 全くのうそ. ❷ 《略式》 最大限の, 全力の.

flat·screen /flǽtskrìːn/ 形 限定 (テレビなどが)薄型の.

flat·ten /flǽtn/ 動 他 ❶ (...)を平らにする (*out*): *flatten* the pizza dough ピザの生地を平らに伸ばす. ❷ (...)をぺちゃんこにする, 破壊する: The houses around here were all *flattened by* the earthquake. このあたりの家は全部地震でぺちゃんこになった. ❸ (体(の一部))を(...に)ぴったりつける: *flatten* oneself *against* the wall 壁にぴったり身を寄せる, はりつく. ❹ 《略式》 (人)をなぐり倒す; (試合・論争などで)(...)を一方的に打ち負かす. — 自 平らになる (*out*); (価格などが)低下したままになる. (形 flat[1])

+**flat·ter** /flǽṭɚ | -tə/ 動 (flat·ters /~z/; flat·tered /~d/; -ter·ing /-ṭərɪŋ/) 他 ❶ (...)に**お世辞を言う**, おべっかを使う, こびへつらう: He's always *flattering* his boss. 彼はいつも上司にお世辞を言っている《⇒ be[2] A 1 (3)》 / She ***flattered*** Mrs. Smith ***about*** [***on***] her dancing. V+O+*about*[*on*]+名 彼女はスミス夫人にダンスがお上手ですねとお世辞を言った.
❷ (...)を**大げさにほめる**, うれしがらせるようなことを言う; [しばしば受身で] (...)を喜ばす, 満足させる, 得意にさせる: His comments about her youthful appearance *flattered* her. 若く見えるという彼のことばに彼女は喜んだ / 言い換え I *am* [*feel*] ***flattered by*** [***at***] your invitation. V+O の受身 = I *am* [*feel*] ***flattered to*** be invited. = I *am* [*feel*] ***flattered that*** you have invited me. ご招待頂き光栄です / 🗨 "This is the best meal I've ever had!" "Oh, you *flatter* me." 「これは今まででいちばんおいしい食事ですよ」「まあ, お口がお上手ですね」 ❸ (絵・写真・衣服などが)(...)を実物以上によく見せる《⇒ flattering》: This photo *flatters* Meg. この写真はメグの実物よりよい.
flátter onesèlf [動] 自 うぬぼれる (*on*).
flátter onesèlf (that) ... [動] うぬぼれて...と思う, ...と自負[自賛]する. (名 fláttery)
〖語源 原義は「なでてやる」〗

flat·ter·er /flǽṭərɚ | -rə/ 名 C お世辞を言う人, おべっかを使う人, 口のうまい人.

flat·ter·ing /flǽṭərɪŋ/ 形 (絵・写真・衣服などが)実物以上によく見せる; お世辞の, うれしがらせる.

flat·ter·y /flǽṭəri/ 名 U お世辞, へつらい, 追従(ついしょう) 《⇒ compliment[1] 表》: *Flattery* will get you nowhere. Ⓢ お世辞をいってもだめだよ, そんなおだてには乗らないよ. (動 flátter)

flát tíre 名 C パンクしたタイヤ: I [My car] had a *flat tire*. 私の車がパンクした.

flat·top /flǽttɑ̀(ː)p | -tɔ̀p/ 名 ❶ C (男性の短い)角刈り. ❷ C 《米略式》 空母, 航空母艦.

flat·u·lence /flǽtʃʊləns/ 名 U 《格式》 鼓腸(こちょう) 《胃腸内にガスがたまること》.

flat·ware /flǽtwèɚ | -wèə/ 名 U 《米》 銀製食器類 《ナイフ・フォーク・スプーンなど》.

flaunt /flɔ́ːnt/ 動 他 [軽蔑的] (誇らしげに)(...)を見せびらかす, 誇示する: If you've got it, *flaunt* it. Ⓢ [こっけいに] 良い点は隠すことはない.

flau·tist /flɔ́ːṭɪst/ 名 C 《主に英》 = flutist.

*__fla·vor__, 《英》 **fla·vour** /fléɪvɚ | -və/ 名 (~s /~z/) ❶ U,C (味と香りを含めた)**風味**; (独特の)味, 香り [≒ taste]; 調味料: candy with a chocolate *flavor* チョコレート味のキャンディー / add (a) lemon *flavor* to the tea 紅茶にレモンの風味を加える / five *flavors* of ice cream 5 種類のアイスクリーム《⇒ ice cream 例文》. ❷ C,U [普通は単数形で] **味わい**, 趣(おもむき); 特色: a castle with the ***flavor of*** the Middle Ages 中世の趣のある城.
the flávor of the mónth [名] 今一番人気のもの[人].
— 動 (fla·vors, 《英》 fla·vours /~z/; fla·vored, 《英》 fla·voured /~d/; -vor·ing, 《英》 -vour·ing /-v(ə)rɪŋ/) 他 (...)に**風味[香り]を添える**, 味をつける; (...)に趣を添える: The soup was ***flavored with*** lemon. V+O+*with*+名の受身 スープはレモンの香りが加えられていた.

fla·vored /fléɪvɚd | -vəd/ 形 [合成語で] ...の味をつけた: almond-*flavored* アーモンド風味の.

fla·vor·ing /fléɪv(ə)rɪŋ/ 名 ❶ U,C 調味料, 薬味. ❷ U 味付け, 調味.

fla·vor·less /fléɪvɚləs | -və-/ 形 風味[趣]のない.

*__fla·vour__ /fléɪvɚ | -və/ 名 動 《英》 = flavor.

flaw /flɔ́ː/ 名 ❶ C きず, 割れ目: a *flaw in* a jewel 宝石のきず. ❷ C (理論などの)欠陥; (性格上の)問題点: a fatal *flaw in* his character 彼の性格上の重大な欠点. — 動 他 (...)にきずをつける; (...)を損なう.

+**flawed** /flɔ́ːd/ 形 **きず[欠陥, 欠点]のある.**

flaw·less /flɔ́ːləs/ 形 きず[欠点]のない; 完璧(ぺき)な.
~·ly 副 きずがなく, 完璧に.

flax /flǽks/ 名 U 亜麻(あま); 亜麻の繊維.

flax·en /flǽks(ə)n/ 形 《文語》 (髪が)亜麻色の.

flay /fléɪ/ 動 他 ❶ 《格式》 (...)を酷評する, こき下ろす. ❷ (獣など)の皮をはぐ. ❸ (...)を激しくむちで打つ.

flea /flíː/ 名 C のみ《吸血昆虫》. **sénd ... óff [awáy] with a fléa in ...'s èar** [動] 他 《英》 (人)をきつくしかって追い払う.

flea·bag /flíːbæ̀g/ 名 ❶ C 《米》 (汚い)安ホテル. ❷ C 《英》 薄汚い人[動物]. — 形 《米》 安くて汚い.

fléa màrket 名 C のみの市《露天の古物市》, がらくた市, フリーマーケット.

fleck /flék/ 名 ❶ C 斑点(はんてん), 斑紋《皮膚の》; そばかす. ❷ C 小片, 少量 (*of*). — 動 他 [普通は受身で] (...)に斑点をつける: The wall *was flecked with* blood. 壁には点々と血の跡があった.

+**fled** /fléd/ 動 **flee の過去形および過去分詞.**

fledged /flédʒd/ 形 (ひな鳥が)羽毛の生えそろった.

fledg·ling, 《英》 **fledge·ling** /flédʒlɪŋ/ 名 C 羽の

生えたてのひな鳥. ― 形 限定 (国・組織などが)生まれたての.

+**flee** /flíː/ (同音 flea) 動 (flees /~z/; 過去・過分 fled /fléd/; flee·ing) 自 (危険を避けたり敗退して)**逃げる,** 逃れる**:** He *fled from* the angry bull. V+前+名 彼は怒り狂った雄牛から逃れた / The enemy *fled into* the forest. 敵は森の中へ逃げ込んだ.
― 他 (...)から逃れる, 避ける**:** *flee* the country 国外に逃亡する. (名 flight²)

fleece /flíːs/ 名 ❶ C (1 頭分の)羊毛. ❷ U フリース《羊毛状の裏地用布地》. ❸ C《英》フリース地の服《ジャケットなど》. ― 動 他《略式》(人)から(金を)だまし取る, 巻き上げる.

fleec·y /flíːsi/ 形 (fleec·i·er; -i·est) 羊毛で覆われた; 羊毛状の, ふわふわした.

****fleet**¹ /flíːt/ 名 (fleets /flíːts/) [《英》単数形でもときに複数扱い] ❶ C **艦隊**; 船団**:** a *fleet* made up of a carrier and three destroyers 航空母艦 1 隻と駆逐艦 3 隻からなる艦隊 / the United States Sixth *Fleet* 米国第 6 艦隊. 関連 squadron 小艦隊. ❷ C [普通は the ~] (一国の)海軍. ❸ C (飛行機・バスなどの)一隊**:** a *fleet of* taxis タクシーの一団.

fleet² /flíːt/ 形 (fleet·er; fleet·est)《文語》速い.

fleet·ing /flíːtɪŋ/ 形 限定 素早く過ぎていく, つかの間の, はかない**:** get [catch] a *fleeting* glimpse of ... ...がちらっと見える. **~·ly** 副 わずかな間.

Fléet Strèet 名 固 フリート街《ロンドンの通り; かつての新聞業の中心地》; U イギリスの新聞界.

Flem·ing /flémɪŋ/ 名 C フラマン人《フランドル (Flanders) 人またはフラマン語を話すベルギー人》.

Flem·ish /flémɪʃ/ 形 フランドル[フランダース] (Flanders) の; フラマン人の; フラマン語の. ― 名 ❶ U フラマン語, フランドル[フランダース]語《ベルギーで話されるオランダ語に近いことば》. ❷ [the ~ として複数扱い] フラマン人《全体》[≒the Flemings].

****flesh** /fléʃ/ 名 ❶ U (人・動物の)**肉**; (果物・野菜の)果肉, 葉肉《⇒ fruit 挿絵》**:** A wolf lives on *flesh.* おおかみは肉食だ. ❷ U (人間の)皮膚, 肌. ❸ [the ~]《文語》肉体 [≒body]; 肉欲.
flésh and blóod [名] (1) 生身の人間, 人間性, 人情. (2) [所有格とともに] 肉親**:** *my own flesh and blood* 私の肉親.
in the flésh [副・形] 生身で; (写真などでなく)実物[本人]で; 自ら**:** I have seen [met] the writer *in the flesh.* その作家本人に直接会ったことがある.
máke ...'s flésh cràwl [crèep] [動] (人)をぞっとさせる.
préss the flésh [動] 自 [こっけいに] (選挙運動などで)多くの人と握手をする.
pùt flésh on (the bónes of)... [動] 他《英》...を充実させる, ...に肉付けする. (形 fléshy)
― 動 他 (内容など)に(...で)肉付けする (*out*; *with*).

flesh-col·ored /fléʃkʌ̀lərd | -ləd←/ 形 (白人の肌のように)淡いピンク色の.

flesh·pots /fléʃpɑ̀(ː)ts | -pɔ̀ts/ 名 複《略式》[こっけいに] 歓楽街.

flésh wòund /-wùːnd/ 名 C (骨・臓器に達しない)浅い傷.

flesh·y /fléʃi/ 形 (flesh·i·er; -i·est) ❶ 肉付きのよい, 太った**:** *fleshy* arms ぽっちゃりした腕. ❷ 肉の, 肉質の. ❸ (果実などが)多肉質の. (名 flesh)

*****flew** /flúː/ (同音 flu, flue) 動 fly¹ の過去形.

flex /fléks/ 動 他 (手足)を曲げる, 動かす《準備運動に》. **fléx one's múscles** [動] 自 ⇒ muscle 成句.
― 名 C,U《英》電気のコード [≒cord].

flex·i·bil·i·ty /flèksəbíləṭi/ 名 ❶ U しなやかさ, 融通性, 適応性. ❷ U 曲げやすいこと, 柔軟性.

****flex·i·ble** /fléksəbl/ 形 ❶ **柔軟な,** 融通のきく [⇔ inflexible]**:** a *flexible* plan 融通のきく計画 / Be more *flexible.* もっと柔軟な態度をとりなさい. ❷ 曲げやすい, たわみやすい**:** a *flexible* cord 自由に曲がるコード.

flex·i·bly /fléksəbli/ 副 柔軟に, 融通がきいて.

flex·time /flékstàɪm/《米》, **flex·i-** /fléksi-/《英》名 U 自由勤務時間制, フレックスタイム《一定の労働時間の中で出勤・退社時を従業員が選べる制度》.

+**flick** /flík/ 動 (flicks /~s/; flicked /~t/; flick·ing) 他 ❶ (...)を**急に[ぱっと]動かす;** (...に)(視線など)をさっと向ける**:** The snake *flicked* its tongue. 蛇は舌をちろちろ動かした / *flick* a glance at ... ...をちらっと見る. ❷ (...)を軽く打つ, はじく**:** *flick* a switch *on* [*off*] スイッチをパチッと入れる[切る]. ❸ (指先などで)(...)を軽く払いのける (*away*; *from*)**:** He *flicked* a speck of dust *off* his hat. 彼は帽子のほこりを払った.
― 自 [副詞(句)を伴って] ぴくぴく動く.
flíck thróugh ... [動] 他 (本など)にざっと目を通す.
― 名 ❶ C 軽く打つこと, ちょいと動かす[動く]こと**:** at the *flick* of a switch スイッチをちょっと押すだけで. ❷ C (1 本の)映画. **hàve a flíck through ...** [動] 他 (本など)にざっと目を通す.

flick·er /flíkə | -kə/ 動 (-er·ing /-k(ə)rɪŋ/) 自 ❶ (明かりが)ゆらゆらする, ちらちらする, 明滅する《⇒ shine 類義語》**:** The light *flickered* and then went out. 明かりはちらちらして, そして消えた. ❷ (旗などが)ひらひらする, (木の葉が)そよぐ; (まぶたなどが)ぴくぴく動く. ❸ [副詞(句)を伴って] (希望・恐怖などが)よぎる (*across*, *through*, *on*). ― 名 ❶ C [普通は単数形で] (明かりの)ゆらめき, 明滅, 微動 (*of*)《⇒ flame 類義語》. ❷ [a ~] (希望・喜び・後悔などの)一瞬の現われ (*of*).

flíck knìfe 名 C《英》= switchblade.

flied /fláɪd/ 動 fly¹ 自 8 の過去形および過去分詞.

fli·er, fly·er /fláɪə | fláɪə/ 名 ❶ C (広告の)ちらし, ビラ. ❷ C 飛行士, パイロット; (飛行機の)旅客.

*****flies**¹ /fláɪz/ 動 **fly¹ の三人称単数現在形.**
― 名 **fly¹ の複数形.**

****flies**² /fláɪz/ 名 **fly² の複数形.**

*****flight**¹ /fláɪt/ ✪ -ght で終わる語の gh は発音しない.
― 名 (flights /fláɪts/)

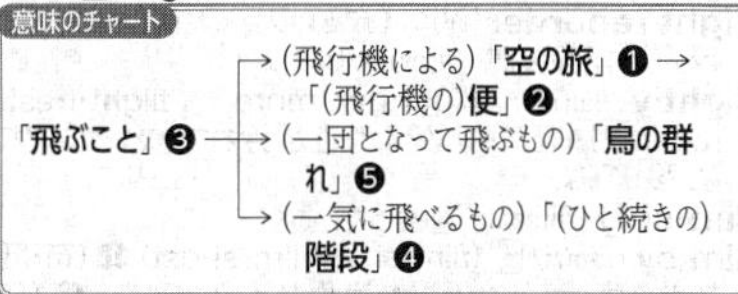

❶ C **空の旅, 飛行機旅行[コース]:** How was your *flight?* 空の旅はいかがでしたか / Have a pleasant [good] *flight.* 楽しい(空の)旅を, いってらっしゃい《飛行機で旅行する人を送ることば》/ a long-distance [nonstop, direct] *flight* 長距離[直通]飛行. 関連 spaceflight 宇宙飛行.
❷ C (飛行機の)**便:** book a *flight* 飛行機を予約する /

F

catch a *flight* 飛行機に間に合う / take a *flight* 飛行機に乗る / announce the departure of *flight* 708 708便の出発を告げる《708 は séven o(h) /òʊ/ éight と読む》/ Do you have a ***flight to*** New York next Thursday? 来週の木曜日のニューヨーク行きの便はありますか / All ***flights from*** Haneda ***to*** Naha were canceled due to the typhoon. 台風のため羽田発那覇行きは全便欠航となった / 🗨 "Are there any nonstop *flights to* Warsaw?" "I'm afraid not. You'll have to change planes at Moscow."「ワルシャワへの直行便はありますか」「いいえ, モスクワで乗り継ぎになります」
❸ Ⓤ **飛ぶこと**, 飛行(経路): the *flight* of an arrow 矢が飛ぶこと / He studied the *flight* (patterns) of birds. 彼は鳥の飛び方を研究した / an artificial satellite ***in flight*** 飛行中の人工衛星.
❹ Ⓒ **階段**《方向の変わらないひと続きの》: a *flight* of stairs [steps] ひと登りの階段 / Her room is four *flights* up. 彼女の部屋は 4 つ階段を上がった所にある.

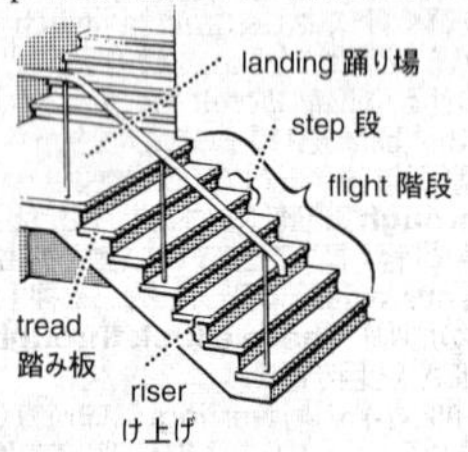

flight¹ 4

❺ Ⓒ (飛ぶ鳥の)**群れ**; 飛行機の一隊《⇒ group 類義語》: a *flight* of wild geese 飛ぶがんの群れ / several *flights* of bombers 数編隊の爆撃機. ❻ Ⓒ (思想・想像などの)飛躍: a *flight* of fancy [imagination] 奔放な空想.
tàke flíght [動] 自 (1)《米》飛び立つ. (2)《米》(想像などが)飛躍する, 活発になる. (動 fly¹)

flight² /fláɪt/ 名 [Ⓤ または a ~] 敗走, 逃走; 脱出 (*from*); 〔経済〕(資本などの)逃避, 流出: a *flight* of capital (abroad) 資本の(国外)逃避. **tàke (to) flíght** [動] 自 逃亡する. (動 flee)

flíght attèndant 名 Ⓒ (航空機の)客室乗務員《stewardess のような性別を示す語を避けた言い方》.

flíght dèck 名 ❶ Ⓒ (飛行機の)操縦室. ❷ Ⓒ (空母の)飛行甲板.

flight·less /fláɪtləs/ 形 (鳥・虫が)飛べない.

flíght pàth 名 Ⓒ 飛行経路.

flíght recòrder 名 Ⓒ 〔航空〕フライトレコーダー, 飛行データ記録装置 [≒black box].

flight·y /fláɪṭi/ 形 (flight·i·er, more ~; flight·i·est, most ~) [軽蔑的] (特に女性が)浮わついた; 気まぐれな, 移り気な.

flim·si·ly /flímzəli/ 副 もろく, 弱く.

flim·sy /flímzi/ 形 (flim·si·er; flim·si·est) ❶ (布・紙などが)薄っぺらな; (建物・道具などが)もろい. ❷ (口実・理由などが)薄弱な, 説得力がない: a *flimsy* excuse 見え透(す)いた言いわけ.

flinch /flíntʃ/ 動 自 たじろぐ, びくっとする (*at*); しりごみする, (...するのを)回避する; ひるむ: That brave man didn't *flinch from* danger. その勇敢な男は危険にもしりごみしなかった.

+**fling** /flíŋ/ 動 (flings; 過去・過分 flung /flʌ́ŋ/; fling·ing) 他 ❶ [副詞(句)を伴って] (力まかせに)(...)を**投げる**, 投げつける, ほうり出す《⇒ throw 類義語》; (人)を押し倒す; (非難・視線など)を投げかける: He ***flung*** his sweater ***on*** [***onto***] the sofa. V+O+前+名 彼はセーターをソファーの上へほうり投げた / ***fling*** one's hat ***into*** the air 帽子を空中にほうり上げる / He ***flung*** a stone ***at*** me. 彼は私に石を投げつけた. ❷ (体(の一部))を急に動かす; (腕など)を振り回す, 乱暴に振る: He *flung himself onto* the couch. 彼はソファーの上にどしんと腰をおろした / He *flung back* his head and laughed. 彼は頭を後ろに反らせて笑った / She *flung* her arms *around* my neck. 彼女は私の首にさっと抱きついた. ❸ (ドア・窓など)を突然(...の状態に)する: She *flung* ⌈open the door [the door open] and went out. 彼女はドアをぱっと開けて出て行った.
flíng óff [動] 他《略式》(...)を脱ぎ捨てる. **flíng onesèlf ìnto ...** [動] 他 ...に本腰を入れる, 没頭する.
flíng ón [動] 他《略式》(...)を(急いで雑に)着る.
flíng óut [動] 他 (1)《英略式》(人)を追い出す (*of*). (2)《英略式》(...)を捨てる, 処分する.
— 名 Ⓒ [普通は単数形で]《略式》はめをはずして楽しむこと[時]; (軽い)浮気: have a *fling* 好き勝手なことをして楽しむ; 浮気をする (*with*).

flint /flínt/ 名 Ⓒ ライターの石; Ⓤ,Ⓒ 火打ち石.

flint·y /flínṭi/ 形 (flint·i·er; -i·est) 冷酷無情な.

+**flip** /flíp/ 動 (flips /~s/; flipped /~t/; flip·ping) 他 ❶ (...)を**ひょいとひっくり返す**, さっと動かす; (ページなど)をぱらぱらとめくる; (指などで)(...)を**はじく**, (軽く)ぽんと打つ: Let's *flip* a coin to decide who goes first. コインをはじいて[コイントスで]どちらが先に行くか決めよう《⇒ head 名 7》/ He ***flipped*** the ash ***off*** his cigar. V+O+前+名 彼は葉巻きの灰をぽんと落とした. ❷ (器具など)のスイッチをぱちんと入れる[切る]: He *flipped on* [*off*] the bedside lamp. 彼はベッド脇のライトをぱちんとつけた[消した].
— 自 ❶ ひっくり返る, ひょいと[ぴくっと]動く. ❷《略式》かっとなる, 動揺する, 頭がおかしくなる (*out*).

flip の句動詞

flíp óff 動 他《米略式》(人)に向けて中指を立てる《⇒ give ... the finger (finger 成句)》.
flíp óver 動 他 ❶ (...)をさっと裏返す, ひっくり返す: She *flipped* an egg *over* in the pan. 彼女はフライパンの中で卵をひょいとひっくり返した. ❷ (ページなど)をぱらぱらとめくる. — 自 ひっくり返る.
flíp thróugh 動 他 (本など)にざっと目を通す, 走り[拾い]読みする.

— 名 ❶ Ⓒ 指ではじくこと, ぽんと打つこと; (ページなど)をぱらぱらとめくること: by the *flip* of a coin コイントスをして. ❷ Ⓒ とんぼ返り.
— 形《略式》= flippant.

flíp chàrt 名 Ⓒ フリップ(チャート)《1 枚ずつめくれる大型の解説用図表》.

flip-flop /flípflɑ̀(ː)p | -flɔ̀p/ 名 ❶ Ⓒ [普通は複数形で] = thong 3. ❷ Ⓒ《米略式》(意見・方針の)転換 (*on*). — 動 自《略式, 主に米》意見・方針を転換する (*on*).

flip·pan·cy /flípənsi/ 名 Ⓤ 軽薄, 軽率.

flip·pant /flípənt/ 形 軽薄な, 軽率な, 軽々しい.
~·ly 副 軽々しく.

flip·per /flípɚ | -pə/ 名 ❶ Ⓒ (あざらしなどの)ひれ足, ペンギンの翼. ❷ Ⓒ (潜水用の)足ひれ, 水かき.

F

flíp sìde 名 [the ~] (物事の)マイナス面, 悪い面.

flirt /flə́ːt | flə́ːt/ 動 自 (男女が)ふざける, いちゃつく.
flírt with ... [動] 他 (1) (異性)とたわむれに恋をする, 浮気をする. (2) [受身なし] (気まぐれに)ふと...と考えてみる; (危険など)を軽く扱う, もてあそぶ. — 名 C 浮気な人.

flir·ta·tion /flɚːtéɪʃən | flə:-/ 名 ❶ C 一時的な興味[関心] (*with*). ❷ U,C (男女の)ふざけ; 浮気.

flir·ta·tious /flɚːtéɪʃəs | flə:-/ 形 気を引くような, 気のあるそぶりを見せる, 浮気な.

flit /flít/ 動 (flits /flíts/; flit·ted /-ṭɪd/; flit·ting /-ṭɪŋ/) 自 [副詞(句)を伴って] (鳥・はち・ちょうなどが)すいすい[ひらひら]飛ぶ, 飛び回る: Butterflies were *flitting from* flower *to* flower. ちょうが花から花へ飛び回っていた.

*__float__ /flóʊt/ 動 (floats /flóʊts/; float·ed /-ṭɪd/; float·ing /-ṭɪŋ/) 自 ❶ **浮く**, 浮かぶ [⇔ sink]: Is there any metal that ***floats on*** water? V+前+名 水に浮く金属はありますか. ❷ [副詞(句)を伴って] (水面・空中に)漂う [≒drift]; (音・におい・うわさなどが)流れる, 広まる; (考えなどが)(心に)浮かぶ: The boat *floated out* to sea. ボートは海へ漂い出た / A balloon *floated across* the sky. 気球が空を漂っていった / There are rumors of bribery and corruption *floating around*. 贈収賄のうわさが広まっている. ❸ [副詞(句)を伴って] (人が)さまよい歩く; (居場所・職を変えて)転々とする. ❹ 軽やかに歩く. ❺ (為替相場が)自由に変動する.
— 他 ❶ (...)を**浮かべる**; 浮かせる; 流す: The children ***floated*** toy ships ***on*** the pond. V+O+前+名 子供たちは池におもちゃの船を浮かべた. ❷ (考え・案など)を提示する. ❸ (株式)を公開する. ❹ (通貨)を変動相場にする.
— 名 ❶ C (パレードの)山車(だし). ❷ C (釣り糸の)浮き; (水泳・救命用の)浮き袋. ❸ C 《米》 フロート《アイスクリームを浮かせた飲み物》. ❹ C 《英》 (つり銭用の)小銭.

float·ing /flóʊṭɪŋ/ 形 [普通は 限定] 流動的な, 一定していない, 変動的な: *floating* exchange rates 変動為替レート / *floating* voters 浮動投票者.

+**flock**[1] /flá(ː)k | flɔ́k/ 名 (~s /~s/) ❶ C (羊・やぎ・鳥などの)**群れ** 《⇒ group 類義語》: a ***flock of*** sheep 羊の群れ / *flocks* and herds 羊と牛《全体》. ❷ C [普通は a ~] 人の群れ, 群衆 [≒crowd] (*of*). ❸ C [普通は a ~] 《文語》 (教会の)信者たち, 会衆.
— 動 (flocks /~s/; flocked /~t/; flock·ing) 自 [副詞(句)を伴って] **群れを成す**, 群がる; 群れを成して行く[来る]: Sheep usually ***flock together***. 羊は普通は群れを成す / Fans ***flocked to*** the game. V+前+名 その試合にはファンが大勢押し寄せた.

flock[2] /flá(ː)k | flɔ́k/ 名 U 毛くず, 綿くず《詰め物用》; 粉末状の毛くず[綿くず]《壁紙などの装飾用》.

floe /flóʊ/ 名 C (大きな)流氷, 浮氷 (ice floe).

flog /flá(ː)g | flɔ́g/ 動 (flogs; flogged; flog·ging) 他 ❶ (...)をむち打つ. ❷ 《略式》 (...)を売る. **flóg a déad hórse** [動] 自 ⇒ horse 成句. **flóg ... to déath** [動] 他 《英略式》 ...をうんざりするほど繰り返す.

flog·ging /flá(ː)gɪŋ | flɔ́g-/ 名 C,U むち打ち《体罰》.

*__flood__ /flʌ́d/ ❗発音

> 意味のチャート
> 原義は「流れること」《flow と同語源; ⇒ influence キズナ》→「あふれて流れ出ること[もの]」→「**洪水**」名 ❶ →「**水浸しにする**」動 他 ❶ となった.

— 名 (floods /flʌ́dz/) ❶ C,U **洪水**, 大水, 出水: The heavy rain caused a *flood* in the lower part of the city. 大雨は市の低地を水浸しにした.
❷ C **あふれること**, はんらん, 充満; 多量: The actress received a ***flood of*** fan letters. その女優は山のようなファンレターを受け取った. ❸ [the F-] ノアの大洪水 [≒the Deluge] 《⇒ Noah 参考》.
in flóod [形] はんらんして, 洪水となって.
in flóods of téars [副] 大泣きして.
— 動 (floods /flʌ́dz/; flood·ed /-ḍɪd/; flood·ing /-ḍɪŋ/) 他 ❶ (地域・建物など)を**水浸しにする**, (川・池など)を**はんらんさせる**: The river *flooded* the village. 川はその村を水浸しにした / The rain *flooded* the stream. 雨はその小川をはんらんさせた / About three hundred houses *were flooded*. V+O の受身 約 300 戸の家が浸水した / Don't *flood* the bathroom. 浴室を水浸しにしないで.
❷ (多くの物・人が)(...)に**殺到する**, 押し寄せる; (考え・感情などが)(...)にどっと押し寄せる; (場所)を(...で)あふれさせる: Applicants *flooded* the office. 応募者たちは事務所に殺到した / The Japanese market ***is flooded with*** Chinese products. V+O の受身 日本の市場は中国製品であふれている. ❸ (光などが)(...)に充満する; (...)を(光などで)満たす (*with*). ❹ (エンジンのキャブレター)にガソリンを入れ過ぎ(て故障させ)る.
— 自 ❶ (川などが)**はんらんする**, (場所・家などが)水浸しになる: This river ***flooded*** (***over***) last month. この川は先月はんらんした.
❷ (多くの物・人が)**どっと来る**, 殺到する; (考え・感情などが)どっと押し寄せる: Movie fans ***flooded in***. V+副 映画ファンが殺到した / Complaints about the program ***flooded into*** the TV station. V+前+名 その番組についての苦情がテレビ局にどっと押し寄せた / After the war, immigrants ***flooded into*** America ***from*** Asia. 戦後アジアから米国へ移民が殺到した. ❸ (光などが)たっぷり差し込む (*into*). ❹ (エンジンが)ガソリンが入り過ぎ(て故障す)る.
flóod báck [動] 自 (記憶が)まざまざと蘇(よみがえ)る.
flóod óut [動] 他 [普通は受身で] (人)を洪水で避難させる.

flood·gate /flʌ́dgèɪt/ 名 C [普通は複数形で] 水門; (感情の)はけ口. **ópen the flóodgates** [動] 自 急に(...への)きっかけ[道]をつくる (*for, to*); (感情の)はけ口を開く.

flood·ing /flʌ́ḍɪŋ/ 名 U 洪水, はんらん.

flood·light /flʌ́dlàɪt/ 名 ❶ C [普通は複数形で] 投光照明灯, 投光器. ❷ U フラッドライト, ライトアップ, 投光照明《建物の外観・夜間試合などの照明》. 関連 spotlight スポットライト. — 動 (-lights; 過去・過分 -light·ed, -lit /-lìt/; -light·ing) 他 (...)を投光照明で照らす.

flood·lit /flʌ́dlìt/ 形 投光照明灯で照らされた.

flóod plàin 名 C はんらん原《洪水時に水でおおわれる》.

flóod tìde 名 C 満ち潮, 満潮 [⇔ ebb tide].

***__floor__ /flɔ́ɚ | flɔ́ː/ ❗発音 (同音 《英》 flaw)
— 名 (~s /~z/) ❶ C [普通は単数形で] 床(ゆか), フロア [⇔ ceiling]: Don't sit *on* the *floor*. 床の上に座らないで / sweep [mop, wipe] the *floor* 床を掃く[モップでふく, ふく] / a wooden *floor* 木の床 / the *floor* space 床面積 / I wish I could sink through the *floor*. 私は(恥ずかしくて)穴があったら入りたい. ❷ C

(建物の)階, フロア《略 fl.》: I did some shopping *on* the second *floor*. 私は2階[《英》3階]でちょっと買い物をした / live *on* the third *floor of* the building ビルの3階[《英》4階]に住む.

語法 挿絵のように《米》では1階から上へ the first floor (1階), the second floor (2階), the third floor (3階) のように数え, 《英》では the ground floor (1階), the first floor (2階), the second floor (3階) のように数える.

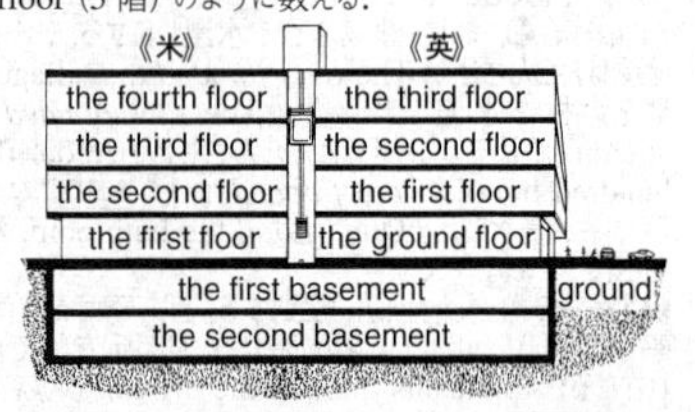

❸ C [普通は単数形で] (海・谷などの)底: the ocean *floor* 海の底. ❹ [the ~] (議会などの)出席者, 参加者; 議場, 議員席; (議会などでの)発言権: questions from *the floor* 参加者からの質問 / get [have] *the floor* 発言権[発言の機会]を持つ. ❺ C [普通は単数形で] 〔商業〕(物価・賃金などの)最低限度, 下限. 関連 ceiling 上限. ❻ C [普通は単数形で] (特別の目的のための)フロア; (作業などの)現場: the dance *floor* ダンスフロア / the factory [《英》 shop] *floor* 工場の作業現場. ❼ C 《英》 = floorboard 2.

gó through the flóor [動] 自 (価格などが)底を割る.

hóld the flóor [動] 自 発言の機会を独占する.

tàke the flóor [動] 自 (1) (議会などで)話し始める, 討論に加わる. (2) [ときに take to the floor として] ダンスを始める.

wípe the flóor with ... [動] 他《略式》(議論などで)(人)をこてんぱんにやっつける.

— 動 (floor·ing /flɔ́ːrɪŋ/) 他 ❶ (...)に床を張る: *floor* the room *with* tile その部屋をタイルの床にする. ❷ (相手)を床に打ち倒す; (人)をあぜんとさせる, ろうばいさせる. ❸ [普通は floor it として]《米略式》(アクセルをいっぱいに踏んで)(車)を全速力で走らせる.

floor·board /flɔ́ɚbɔ̀ɚd | flɔ́ːbɔ̀ːd/ 名 ❶ C 床板. ❷ C 《米》(自動車の)床面 [《英》 floor].

floor·ing /flɔ́ːrɪŋ/ 名 U 床板, 床張り材.

flóor làmp 名 C 《米》(床の上に置く)スタンド, フロアランプ [《英》 standard lamp] (⇒ living room 挿絵).
日英 「フロアスタンド」は和製英語.

floor-length /flɔ́ɚlèŋ(k)θ | flɔ́ː-/ 形 限定 (カーテンなどが)床に届く長さの.

flóor plàn 名 C (建物・部屋の)平面図, 間取り図.

flóor shòw 名 C フロアショー《ナイトクラブなどでステージではなくフロアで行う歌・踊り》.

flop /flɑ́(ː)p | flɔ́p/ 動 (flops; flopped; flop·ping) 自 ❶ [副詞(句)を伴って] どさっと座る[倒れ込む]: Tired from the day's work, he *flopped down into* the chair. 一日の仕事で疲れて, 彼はいすにどさっと腰を下ろした. ❷ [副詞(句)を伴って] ばたばた[ぎこちなく]動く; (髪などが)ばさっと垂れる. ❸《略式》(公演などが)大失敗する. — 名 ❶ [単数形で] ぱたりと倒れること[音], どさっと落ちること[音]: with a *flop* どさっと. ❷ C 《略式》大失敗(作).

flop·house /flɑ́(ː)phàʊs | flɔ́p-/ 名 C 《米略式》安ホテル, 簡易宿泊所.

flop·py[1] /flɑ́(ː)pi | flɔ́pi/ 名 (flop·pies) C 《略式》= floppy disk.

flop·py[2] /flɑ́(ː)pi | flɔ́pi/ 形 (flop·pi·er, more ~; flop·pi·est, most ~) だらりと垂れた; やわらかい: a *floppy* hat つばの垂れ下がった帽子.

flóppy dísk 名 C 〔コンピュータ〕フロッピーディスク.

flo·ra /flɔ́ːrə/ 名 U 〔植物〕(一地方・一時代特有の)全植物, 植物相. 関連 fauna 全動物, 動物相.

Flo·ra /flɔ́ːrə/ 名 固 ❶ 〔ローマ神話〕フローラ《花と春の女神》. ❷ フローラ《女性の名》.

flo·ral /flɔ́ːrəl/ 形 [普通は 限定] 花の, 花柄の: a curtain with a *floral* pattern [design] 花柄のカーテン. (名 flówer)

Flor·ence[1] /flɔ́ːrəns | flɔ́r-/ 名 固 フローレンス《女性の名》.

Flor·ence[2] /flɔ́ːrəns | flɔ́r-/ 名 固 フィレンツェ, フローレンス《イタリア中部の都市; 中世では共和国を成し, 文学・美術の中心であった》.

Flor·en·tine /flɔ́ːrəntìːn, -tàɪn | flɔ́r-/ 形 フィレンツェの. — 名 C フィレンツェ市民.

flo·ret /flɔ́ːrət/ 名 C [普通は複数形で] (ブロッコリー・カリフラワーなどの)食べられる花芽.

flor·id /flɔ́ːrɪd | flɔ́r-/ 形 ❶《文語》(文体などが)飾り立てた, はでな. ❷《文語》(顔色が)赤らんだ.

Flor·i·da /flɔ́ːrəḍə | flɔ́r-/ 名 固 フロリダ《米国南東部の Florida 半島を中心とする州; 略 Fla, 〔郵便〕FL》.
〖語源 スペイン語で「花の」の意〗

flor·ist /flɔ́ːrɪst | flɔ́r-/ 名 C 花屋《人》: buy some roses at the *florist('s)* 花屋でばらを数本買う (⇒ -'s[1] 1 語法).

floss /flɑ́(ː)s | flɔ́s/ 名 ❶ U = dental floss. ❷ U かま糸《よりをかけてないししゅう用糸》. — 動 他 (歯間)をデンタルフロスできれいにする. — 自 歯間をデンタルフロスできれいにする.

flo·ta·tion /floʊtéɪʃən/ 名 ❶ C,U (新規株などの)募集, 発行. ❷ U 浮かぶこと, 浮遊.

flo·til·la /floʊtílə/ 名 C 小艦隊; 小型船団[船隊].

flot·sam /flɑ́(ː)tsəm | flɔ́tsəm/ 名 U (難破船の)漂流物, 浮き荷. **flótsam and jétsam** [名] 浮き荷と投げ荷; がらくた; 浮浪者たち《全体》.

flounce[1] /fláʊns/ 動 自 [副詞(句)を伴って] (怒って)ぷいと立ち去る (*out*, *away*, *off*; *out of*); 大げさな身振りで歩く[動く]. — 名 C [普通は単数形で] (怒りを示す)大げさな身振り: walk out of the room with *a flounce* (怒って)ぷいと部屋から出て行く.

flounce[2] /fláʊns/ 名 C (スカートなどの)ひだ飾り.

floun·der[1] /fláʊndɚ | -də/ 動 (-der·ing /-dərɪŋ, -drɪŋ/) 自 ❶ (物事が)困難に直面する, 行き詰まる: Our country's economy is still *floundering*. 我が国の経済はまだ困難に直面している. ❷ まごつく; しどろもどろになる. ❸ [副詞(句)を伴って] (水中・ぬかるみなどで)もがく, あがく: A drowning woman was *floundering* (*about* [*around*]) in the river. おぼれかけた女性が川でもがいていた.

floun·der[2] /fláʊndɚ | -də/ 名 (複 ~(s)) C,U かれい, ひらめ《食用魚》.

***flour** /fláʊɚ | fláʊə/ 発音 (同音 flower) 名 U **小麦粉**, (穀物の)粉: Bread is made from *flour*. パンは小麦から作られる. 関連 meal あらびき粉. (形 flóury)
— 動 (flour·ing /fláʊ(ə)rɪŋ/) 他 (...)に(小麦)粉を振り

かける.
〘語源 原義は「小麦の花」つまり「小麦の中で最もよい部分」; flower と同語源〙

+**flour·ish** /flə́:rɪʃ | flʌ́r-/ 動 (-ish·es /~ɪz/; flour·ished /~t/; -ish·ing) 自 (草木が)**繁茂する**; (事業などが)繁盛する, 繁栄する: Banana trees ***flourish in*** the tropics. V+前+名 バナナの木は熱帯で繁茂する / His business is *flourishing*. 彼の事業は繁盛している.
— 他 (...)を振り回す; (...)を見せびらかす, 誇示する.
— 名 ❶ C 大げさな動作; 目立つやり方: *with a flourish* 仰々しく; 華々しく. ❷ C 華やかな吹奏; 美辞麗句; (署名などの)飾り書き: a *flourish* of trumpets 高らかなトランペットの吹奏, ファンファーレ.

flour·y /fláʊ(ə)ri/ 形 (flour·i·er; -i·est) (小麦)粉の, 粉状の; 粉まみれの; (じゃがいもが)ほくほくした. (名 flour)

flout /fláʊt/ 動 他 (法律・規則など)に公然と逆らう, (...)を無視する.

****flow** /flóʊ/ 発音 (同音 floe)

— 動 (flows /~z/; flowed /~d/; flow·ing) 自 ❶ (液体・ガス・電気などが絶えず)**流れる**: The river ***flows into*** the lake. V+前+名 その川は湖に注いでいる / The Thames ***flows through*** London. テムズ川はロンドンを流れている / Tears ***flowed from*** her eyes. 涙が彼女の目から流れた. ❷ (交通・会話が)うまく流れる[運ぶ]; (物品・人・情報などが)大量に流入[移動]する, あふれる: The traffic began to *flow* again. 車が再び流れ始めた. ❸ [副詞(句)を伴って] (髪・衣服が)優雅に垂れ下がる: Her hair *flowed down* to her waist. 彼女の髪は腰のところまで垂れていた. ❹ (酒が)ふんだんに出される. ❺ (感情が)あふれ出る (*through, over*). ❻ 《格式》起こる (*from*). ❼ (潮が)満ちる, 差す [⇔ ebb].
— 名 ❶ C [普通は単数形で] **流れ**, 流水; 流出量; (人・物・情報などの)行き来, 流れ; (ガス・電気などの)供給: a ***flow of*** water 水の流れ / There is a constant [steady] *flow of* traffic along this road. この道路は車の流れが絶えない. ❷ U (話・思考などの)流れ, 筋道: Don't interrupt my *flow of* thought. 私の考えをさえぎらないでくれ. ❸ [the ~] 上げ潮 [⇔ ebb]: The tide is on *the flow*. 潮が満ちてきている.
be in fúll flów [動] 自 (1) 《略式》とうとうと話し続けている. (2) (活動などが)活発に行なわれている.
gó agàinst [with] the flów [動] 自 世の中の[周囲の]流れに逆らう[従う].

flow·chart /flóʊtʃàət | -tʃà:t/ 名 C 流れ図, 生産工程表, フローチャート.

*****flow·er** /fláʊə | fláʊə/ (同音 flour)

— 名 (~s /~z/) ❶ C **花**; **草花**: pick *flowers* 花を摘む / plant *flowers* 花を植える / arrange *flowers* 花を生ける / No *flowers*, please. 弔花ご辞退いたします《死亡・葬儀の通知などに用いる文句; ⇒ no 形 3》.
関連 wildflower 野生の草花 / leaf 葉.

flower (草花や木の花)	花
bloom (観賞用の花)	
blossom (特に果樹の花)	

❷ U **開花**, 満開: be ***in flower*** (花が)満開である / ***come into flower*** 咲き始める, 開花する. ❸ [the ~] 《文語》最も美しい[よい]部分, 精華; (元気などの)盛り: *the flower of* ancient civilization 古代文明の精華 / in *the flower of* one's youth 若い盛りに. (形 flóral, flówery)
— 動 (flow·ers /~z/; flow·ered /~d/; -er·ing /fláʊ(ə)rɪŋ/) 自 ❶ **花が咲く**: Tulips *flower* in (the) spring. チューリップは春に花が咲く. ❷ 《文語》(才能などが)花開く; 栄える.

flówer arràngement 名 U,C 生け花.
flówer ar·ràng·ing /-ərèɪndʒɪŋ/ 名 U 生け花.
flow·er·bed /fláʊəbèd | fláʊə-/ 名 C 花壇.
flow·ered /fláʊəd | fláʊəd/ 形 [普通は 限定] 花模様の, 花柄の; 花で飾られた.
flówer gàrden 名 C 花園, (大きな)花壇.
flówer gìrl 名 C 《米》(結婚式で花を運ぶ)花嫁付き添いの少女.
flow·er·ing /fláʊ(ə)rɪŋ/ 名 C [普通は the ~] (思想などの)開花(期); 全盛(期) (*of*). — 形 花をもつ.
flow·er·pot /fláʊəpà(:)t | fláʊəpɔ̀t/ 名 C 植木鉢.
flow·er·y /fláʊ(ə)ri/ 形 (flow·er·i·er, more ~; flow·er·i·est, most ~) ❶ 花柄の, 花模様の; 花でおおわれた, 花いっぱいの; (香りなどが)花のような. ❷ [普通は軽蔑的] (ことば・文体などが)はでな, 飾りたてた: *flowery* language 美辞麗句. (名 flówer)
flow·ing /flóʊɪŋ/ 形 限定 流れる(ような), なだらかな, なだらかに垂れた; 流暢(りゅうちょう)な.

*****flown** /flóʊn/ 動 fly[1] の過去分詞.

fl oz 略 = fluid ounce.

flu /flú:/ 名 U インフルエンザ《influenza の略》: You 「have *the flu* [《英》have *flu*]. あなたはインフルエンザです / be in bed with (the) *flu* インフルエンザで寝込んでいる.

flub /flʌ́b/ 動 (flubs; flubbed; flub·bing) 他 《米略式》(...)をしくじる. — 自 《米略式》へまをする.

fluc·tu·ate /flʌ́ktʃuèɪt/ 動 自 (価格・数値などが)変動する: The indicator *fluctuates between* the two figures. その指針は 2 つの数字の間を上下する.

fluc·tu·a·tion /flʌ̀ktʃuéɪʃən/ 名 C,U (価格・数値などの)変動 (*in, of*).

flue /flú:/ 名 C (暖房の)熱気送管; ガス送管; (煙突の)煙道, (ボイラーの)炎管.

flu·en·cy /flú:ənsi/ 名 U (ことばの)流暢(りゅうちょう)さ; (動作などの)なめらかさ (*in*): with *fluency* 流暢に, すらすらと, よどみなく.

flu·ent /flú:ənt/ 形 (ことばが)流暢(りゅうちょう)な, よどみのない; (動作などが)なめらかな: 言い換え Helen speaks *fluent* Japanese. = Helen is *fluent in* Japanese. = Helen is a *fluent* speaker of Japanese. (= Helen speaks Japanese fluently.) ヘレンは流暢な日本語を話す. 〘⇒ influence キズナ〙 **~·ly** 副 流暢に, すらすらと, よどみなく.

fluff /flʌ́f/ 名 (~s) ❶ U 毛玉, 綿ぼこり. ❷ U 綿毛, 産毛(うぶげ). ❸ U 軽薄でくだらないもの. — 動 他 ❶ (...)をけばだてる; ふわりとふくらませる (*out, up*). ❷ 《略式》(...)をしくじる; (せりふ)をとちる.

fluff·y /flʌ́fi/ 形 (fluff·i·er; -i·est) ❶ 綿毛の; 綿毛で覆(おお)われた, ふわっとした. ❷ (食品が)ふんわりした.

+**flu·id** /flú:ɪd/ 名 (flu·ids /flú:ɪdz/) U 〘化学・物理〙**流動体**, 流体. 語法 流動体の種類をいうときには C. 関連 gas 気体 / liquid 液体 / solid 固体.
— 形 ❶ **流動性[体]の**《気体および液体の》: a *fluid* substance 流動性の物質. 関連 gaseous 気体の /

liquid 液体の / solid 固体の. ❷ (情勢が)流動的な. ❸ (動きが)なめらかな, 優雅な. (名 fluídity)
〖⇒ influence キズナ〗

flu·id·i·ty /fluːídəṭi/ 名 U 流動性[状態]; 変わりやすさ, なめらかさ. (形 flúid)

flúid óunce 名 C 液量オンス《液量の単位で米国では1/16 pint, 英国では1/20 pint; 略 fl oz》.

fluke /flúːk/ 名 C《略式》幸運(な出来事), まぐれ当たり, フロック: by a *fluke* まぐれで / It's only a *fluke*. まぐれだよ.

+**flung** /flʌ́ŋ/ 動 fling **の過去形および過去分詞.**

flunk /flʌ́ŋk/ 動 他 ❶《米略式》(試験など)に落ちる, (科目)で単位を落とす: I *flunked* math. 数学(の単位)を落とした. ❷《米略式》(学生)に落第点をつける. — 自《米略式》(試験などに)落ちる, 失敗する.
flúnk óut [動] 自《米略式》成績不良で退学になる (*of*).

flun·ky, flun·key /flʌ́ŋki/ 名 (flun·kies, flun·keys) ❶ C [軽蔑的]取り巻き, 子分. ❷ C 小間使い, 下働き.

fluo·res·cence /flɔːrés(ə)ns/ 名 U 蛍光(発光), 蛍光性.

fluo·res·cent /flɔːrés(ə)nt/ 形 蛍光性[色]の.

fluoréscent líght [lámp, túbe] 名 C 蛍光灯.

fluo·ri·date /flɔ́ːrədèɪt/ 動 他 [しばしば受身で] (飲料水など)にフッ化物を入れる《虫歯を防ぐため》.

fluo·ri·da·tion /flɔ̀ːrədéɪʃən/ 名 U フッ化物添加《虫歯を防ぐため》.

fluo·ride /flɔ́ːraɪd/ 名 C,U〔化学〕フッ化物.

fluo·rine /flɔ́ːriːn/ 名 U〔化学〕フッ素《非金属元素; 記号 F》.

fluo·ro·car·bon /flɔ̀ːroʊkάəb(ə)n | -kάː-/ 名 U,C〔化学〕フルオロカーボン《日本では一般にフロン(ガス)と呼ばれている; ⇒ chlorofluorocarbon》.

flur·ry /flə́ːri | flʌ́ri/ 名 (flur·ries) ❶ C [普通は単数形で] (突発的な)あわただしい動き, 混乱; (電話などの)殺到 (*of*). ❷ C (一時的な)降雪[吹雪], にわか雪[雨] (*of*).

+**flush**[1] /flʌ́ʃ/ 動 (flush·es /~ɪz/; flushed /~t/; flush·ing) 自 ❶ (トイレなどの)**水をどっと流す**; (トイレの水が)流れる: Please *flush* after using. 使用後は水を流してください《トイレの注意書き》/ This toilet won't *flush* properly. V+副 このトイレはうまく水が流れない / The water *flushed* out in torrents. 水が奔流となって流れ出た.
❷ (顔が)**赤らむ**, ぽっと赤くなる, 紅潮する, ほてる《⇒ 類義語》: Susan ***flushed with*** joy. V+with+名 スーザンは喜びで顔を紅潮させた / He *flushed* at the insult. 彼は侮辱されて(怒りで)顔が赤くなった / George *flushed* deep red with embarrassment. V+C (形) ジョージは恥ずかしくて顔が真っ赤になった.
— 他 (トイレなど)を**水で洗い流す**, (水など)をどっと流す (*out*): *flush* the toilet トイレの水を流す / ***flush*** hot water ***through*** the pipe V+O+前+名 パイプに湯を流す / Don't ***flush*** anything ***down*** the toilet except toilet paper. トイレットペーパー以外は流さないでください.

> 類義語 **flush, blush** ともに顔が赤くなることに用いるが, *flush* は興奮・感情の高まりあるいは運動の後などで赤くなることに, *blush* は間違いをしたときの恥ずかしさ・はじらい・困惑による赤面に用いることが多い.

— 名 (~·es /~ɪz/) ❶ C [普通は単数形で] (顔などの)**紅潮**, 赤面; (赤い)輝き: a *flush* on the girl's cheeks 少女のほおの赤らみ / the *flush* of dawn 朝焼け. ❷ C [普通は単数形で] 激情, 興奮, 高揚: feel a *flush of* anger 急に怒りがこみ上げる. ❸ C [普通は単数形で] 水をどっと流すこと; (トイレの)水洗(装置): give the toilet a *flush* トイレの水を流す.
in the (fírst) flúsh of ... [前] ...の最初[盛り]の勢いで: *in the* (*first*) *flush of* youth 若い盛りに.

flush[2] /flʌ́ʃ/ 形 (flush·er; flush·est) ❶ 叙述 同一平面の, 同じ高さの [≒level]: windows *flush with* the wall 壁面に凹凸なしについた窓. ❷ 叙述《略式》金がたっぷりある: be *flush with* money 金回りがよい.

flush[3] /flʌ́ʃ/ 動 他 (人・動物など)を(隠れ場所から)追い出す (*out*).

flush[4] /flʌ́ʃ/ 名 C〔トランプ〕手ぞろい, フラッシュ《ポーカーで同種の札がそろうこと; ⇒ royal flush》.

flushed /flʌ́ʃt/ 形 (顔が)紅潮して (*with*).

flus·ter /flʌ́stə | -tə/ 動 (-ter·ing /-tərɪŋ, -trɪŋ/) 他 (...)をあわてさせる, めんくらわせる: When I realized I'd lost my ticket, I got all *flustered*. 切符をなくしたことがわかったとき私はすっかりうろたえた. — 名 [次の成句で] **in a flúster** [形・副]《英》あわてて.

flute /flúːt/ 名 ❶ C フルート, 横笛: play the *flute* フルートを吹く. ❷ C (細長い)シャンパングラス.

flut·ist /flúːṭɪst/ 名 C《米》フルート奏者 [《英》flautist].

flut·ter /flʌ́ṭə | -tə/ 動 (-ter·ing /-ṭərɪŋ/) 自 ❶ [しばしば副詞(句)を伴って] (鳥などが)羽ばたきする; 羽ばたいて飛ぶ, ひらひらと飛ぶ: Some butterflies were *fluttering about*. 数匹のちょうがひらひらと飛んでいた. ❷ (旗などが)はためく, 翻(ひるがえ)る; (花びらなどが)ひらひら舞う: The Rising Sun was *fluttering* in the wind. 日の丸の旗が風にはためいていた / Dead leaves were *fluttering to* the ground. 枯葉がひらひらと地面に落ちていた. ❸ (心臓・脈などが)どきどきする, 不規則に打つ; (まぶたが)ぴくぴく動く. — 他 (鳥などが)(羽)をばたばた動かす; (旗など)をはためかす, ひらひら動かす; (女性が)(まつ毛)をぱちぱちさせる《相手の気を引くため》(*at*): The canary *fluttered* its wings. カナリアは羽をばたばたさせた. — 名 ❶ C [普通は単数形で] 羽ばたき, はためき, 翻ること: with *a flutter* of wings 羽ばたきして. ❷ [a ~] 胸のときめき, (心の)動揺: feel *a flutter* of excitement 胸のときめきを覚える / be *in a flutter* うろたえる, あわてる / cause *a flutter* 世間を騒がせる. ❸ U,C〔医学〕(心臓の)異常鼓動. ❹ C《英略式》少額の賭(か)け《特に競馬の》: have a *flutter on* a horse 馬に賭ける.

flux /flʌ́ks/ 名 U 流れ, 流動, 流転; 変転, 変動: be in (a state of) *flux* 絶えず変化している, 流動的である, 変転[変動]している.

***fly**[1] /fláɪ/

— 動 (flies /~z/; 過去 flew /flúː/; 過分 flown /flóʊn/; fly·ing; ⇒ 自 8) 自 ❶ (鳥・飛行機などが)飛ぶ; **飛行する**: The sparrows were ***flying around*** [***about***] in the park. V+副 すずめが公園で飛び回っていた / An eagle was ***flying above*** [***over***] the valley. V+前+名 1 羽のわしが谷の上を飛んでいた / This airplane ***flies across*** the Pacific. この飛行機は太平洋を横断飛行する.
❷ **飛行機で行く**, 空の旅をする; 飛行機を操縦する: *fly* first-class ファーストクラス(の飛行機)で行く / He'll *fly* home next Saturday. V+副 彼は次の土曜日に飛行機で帰る / She's ***flying around*** the world. V+前+名

彼女は世界中を飛行機で旅している / We *flew from* New York *to* London. 我々はニューヨークからロンドンへ飛行機で行った《⇒ plane[1] 名 語法》.
❸ [しばしば副詞(句)を伴って] **大急ぎでいく**, 飛んでいく; **飛ぶように過ぎる:** Her brother *flew to* her rescue. V+前+名 兄は彼女の救助に駆けつけた / She *flew down* the stairs *to* meet her husband. V+*to* 不定詞 彼女は夫を出迎えに急いで階段を駆け下りた / I must *fly*. Ⓢ 急いで行かなくちゃ / Time *flies*. 《ことわざ》 時は飛ぶように過ぎ去る(光陰矢のごとし).
❹ (髪などが)翻(ひるがえ)る, 風になびく; (旗が)揚がる; (風などで)飛ぶ, 空中を舞う, 飛び散る: Her long hair was *flying* in the wind. 彼女の長い髪が風になびいていた / The paper *flew out of* his hand. 彼が持っていた新聞が風で飛んだ.
❺ さっと動く; 突然...になる: The door *flew* open [shut]. 戸がさっと開いた[閉じた] / He *flew into* a rage. 彼はかっと怒った.
❻ (うわさなどが)広まる, 飛び交う: Rumors are *flying* that he will step down soon. 彼がまもなく辞任するといううわさが広まっている.
❼ [普通は否定文で] 《米略式》 (案などが)受け入れられる: That plan is*n't* going to *fly*. その計画はうまく行かないだろう.
❽ (過去・過分 flied /fláɪd/) 〔野球〕 フライを打つ.
— 他 ❶ (ある距離・海など)を**飛行機で飛ぶ**, (空中を飛んで)横断する[渡る]; (人・荷物)を飛行機で運ぶ: We *flew* the Pacific. 我々は太平洋を飛んだ / Three hundred people *were flown to* Germany. V+O+*to*+名の受身 300 人の人たちがドイツへ飛行機で送られた.
❷ (鳥・飛行機)を**飛ばす**, (飛行機)を操縦する; (たこ)を**揚げる**, (旗)を掲げる: The Wright brothers *flew* an airplane for the first time in history. ライト兄弟が史上初めて飛行機を飛ばした / *fly* a kite たこを揚げる / The ship *flies* the Japanese flag. その船は日本の国旗を掲げている. ❸ (ある航空会社)の飛行機を利用する.
flý at ... [動] 他 ...に襲いかかる, ...を(突然)攻撃する.
flý hígh [動] 自 (1) 高く飛ぶ. (2) [進行形で] 有頂天になる; 成功する.
flý in the fáce [《米》 téeth] of ... [動] 他 (権威・常識など)に真っ向から反抗する.
gò flýing [動] 自 投げ出される, 転ぶ; 飛び散る.
lèt flý [動] 自 (1) (弾丸・石などを)飛ばす, 放つ; 攻撃する: He *let fly at* the deer *with* an arrow. 彼は鹿(しか)をねらって矢を放った. (2) (悪口を)浴びせる (*with*). — 他 (1) (弾丸・矢・石など)を飛ばす, 放つ. (2) (悪口)を浴びせる (*at*).
sénd ... flýing [動] 他 (物・人)をふっ飛ばす, 飛び散らす. (名 flight[1])
— 名 (flies) ❶ Ⓒ 〔野球〕 フライ, 飛球: catch a *fly* フライを捕る / a long *fly* 大きなフライ // ⇒ sacrifice fly, pop fly. ❷ Ⓒ [《英》 ではしばしば複数形で] (ズボンなどの)ファスナー, ボタン隠し: Tom, your 「*fly* is [《英》 *flies* are] undone [open]! トム, ズボンの前が開いているよ. ❸ Ⓒ テントの垂れ布.
on the flý [副] (1) 大急ぎで. (2) 飛んでいるところを, 飛行中に. (3) 〔コンピュータ〕 プログラムの作動中に.

***fly**[2] /fláɪ/ 名 (flies /~z/) ❶ Ⓒ **はえ**; 飛ぶ虫: catch a *fly* はえをつかまえる. ✪ 羽音については ⇒ cry 表. ❷ Ⓒ (釣り用の)毛針, 蚊針.
a [the] flý in the óintment [名] 《略式》 玉にきず, 楽しみをぶち壊す物[人]. 由来 旧約聖書から.
a flý on the wáll [名] こっそり見て[聞いて]いる人.
lìke flíes [副] 《略式》 大量に, ばたばたと: be dying [dropping] *like flies* 多数がばたばたと死んでいく[倒れていく].
Nó [There are nó] flíes on ... 《略式》 Ⓢ ...は全く抜けめがない.
wóuldn't húrt [hárm] a flý [動] 自 《略式》 (虫も殺せないほど)優しい, おとなしい.

fly·a·way /fláɪəwèɪ/ 形 (髪が)柔らかくてまとまりにくい.
flý báll 名 Ⓒ 〔野球〕 フライ, 飛球.
fly-by-night /fláɪbaɪnàɪt/ 形 限定 《略式》 (金銭問題で)信用のおけない.
fly·er /fláɪɚ | fláɪə/ 名 Ⓒ = flier.
fly-fish·ing /fláɪfìʃɪŋ/ 名 Ⓤ 毛[蚊]針釣り, フライフィッシング.
fly·ing /fláɪɪŋ/ 形 限定 (走って)飛ぶ; 飛ぶことのできる. — 名 Ⓤ 飛行 [≒flight]. ✪ 日本語の「フライング」は ⇒ false start, jump the gun (gun 名 成句).
flýing cólors 名 複 翻(ひるがえ)る旗; 大成功: pass a test *with flying colors* 見事に試験に合格する.
flýing dóctor 名 Ⓒ (オーストラリアなどの)飛行派遣医師《遠隔地の急患に飛行機で往診する》.
flýing físh 名 Ⓒ とびうお.
flýing sáucer 名 Ⓒ 空飛ぶ円盤《⇒ UFO》.
flýing squàd 名 Ⓒ [普通は the F- S-] 《英》 (警察の)特別機動隊.
flýing stárt 名 Ⓒ 助走スタート《カーレースなどで出発合図前にスタートラインの手前から助走してスタートすること》; 《まれ》 (競走などでの)フライング《⇒ false start 日英》. **gèt óff to a flýing stárt** [動] 自 好調なスタートを切る.
fly·leaf /fláɪlìːf/ 名 (-leaves /-lìːvz/) Ⓒ 見返しの遊び《書物の巻頭・巻末の白紙》, 遊び紙.
fly·o·ver /fláɪòʊvɚ | -və/ 名 ❶ Ⓒ 《英》 (立体交差の)上の道路, 高架道路; 跨線(こせん)橋, 陸橋 [《米》 overpass] [⇔ underpass]. ❷ Ⓒ 《米》 編隊飛行, 低空[儀礼]飛行《儀式・祭典用》 [《英》 flypast].
fly·pa·per /fláɪpèɪpɚ | -pə/ 名 Ⓒ,Ⓤ はえ取り紙.
fly·past /fláɪpæ̀st | -pɑ̀ːst/ 名 Ⓒ 《英》 = flyover 2.
fly·swat·ter /fláɪswɑ̀(ː)ṭɚ | -swɔ̀tə/ 名 Ⓒ はえたたき.
fly·weight /fláɪwèɪt/ 名 Ⓒ (ボクシングなどの)フライ級の選手.
***FM** /éfém/ 名 Ⓤ FM(**放送**), 周波数変調(放送)《*fre*quency *m*odulation の略; ⇒ AM》.
foal /fóʊl/ 名 Ⓒ (特に 1 歳未満の)子馬, 子ろば.
foam /fóʊm/ 名 ❶ Ⓤ 泡《bubble が集まってかたまりとなったもの》, 泡沫(ほうまつ) [≒froth]; 泡つばき; 泡汗; 泡状物質: the *foam* of beer ビールの泡. ❷ Ⓤ = foam rubber. — 動 自 ❶ 泡立つ. ❷ (馬などが)泡を吹く. **fóam at the móuth** [動] 自 《略式》 [普通は進行形で] (口から泡を飛ばして)激怒する.
fóam rúbber 名 Ⓤ 気泡ゴム, フォームラバー.
foam·y /fóʊmi/ 形 (foam·i·er; -i·est) 泡の, 泡立つ, 泡だらけの.
fob /fɑ́(ː)b | fɔ́b/ 動 他 [次の成句で] **fób ... óff on ~** [動] 他 (偽物・不良品など)を~につかませる. **fób ... óff with ~** [動] 他 ...に(偽物・不良品など)をつかませる; ...を(うそなど)ではぐらかす[丸めこむ].
fo·cal /fóʊk(ə)l/ 形 限定 焦点の; 焦点となっている: a *focal* issue 焦点となっている問題. (名 fócus)
fócal lèngth [dìstance] 名 Ⓒ 焦点距離.
fócal pòint 名 Ⓒ [しばしば the ~] (レンズの)焦点; (活動・興味・話題などの)中心 (*of*).

+**fo·ci** /fóusaɪ/ 名 focus の複数形.

***fo·cus** /fóukəs/

— 動 (-cus·es, -cus·ses /~ɪz/; fo·cused, fo·cussed /~t/; -cus·ing, -cus·sing) 自 ❶ (...に)**注意[関心]を集中する**, 重点[主眼]をおく, 主題とする, 中心に扱う: You should *focus on* something more realistic. V+on+名 もっと現実的なものに興味を向けたほうがよい. ❷ 焦点[ピント]が合う; 焦点を合わせる (*on*).

— 他 ❶ (注意・努力・感情など)を(...に)**集中させる**, 向ける: They *focused* their attention *on* that problem. V+O+on+名 彼らはその問題に焦点を絞(しぼ)って考えた / All eyes are *focused on* me. みなの視線が私に注がれた.

❷ (...に)(レンズ・目など)の**焦点[ピント]を合わせる**; (光など)を一点に集める: I *focused* 「my camera [the lens] *on* the dog. V+O+on+名 私はカメラ[レンズ]のピントをその犬に合わせた.

— 名 (複 ~·es /~ɪz/, fo·ci /fóusaɪ/) ❶ U,C [普通は単数形で; しばしば the ~] (興味・関心などの)**中心**; 特別な注意, 注目, 重視: ***the focus of*** worldwide attention 世界的な注目の的 / ***the focus of*** the trouble 紛争の焦点 / ***The focus of*** the discussion was ***on*** the meaning of education. 議論の中心は教育の意味に向けられていた / The plight of the refugees was ***brought into focus***. 難民の窮状が浮き彫りになった / ***come into focus*** 注目を集める.

❷ U **焦点**, ピント(合わせ); 焦点距離 [≒focal length]; C (地震の)震源: the *focus* of a lens レンズの焦点(距離) / The image was ***in focus***. 像はピントが合っていた / The picture of the tower was [went] ***out of focus***. 塔の写真はピンぼけだった[になった] / Her face came ***into focus***. (焦点が合って)彼女の顔がはっきり見えた. (形 fócal)

〖語源 ラテン語で「暖炉」の意; fuel と同語源〗

fo·cused, fo·cussed /fóukəst/ 形 明確な目標のある, 目的意識をもった.

fócus gròup 名 C フォーカスグループ《新製品・政策などの意識調査用に討論してもらう市民代表の小集団》.

fod·der /fá(ː)ḍə | fɔ́də/ 名 U 家畜の飼料, かいば; [悪い意味で] 使い捨ての人員[物]; (新聞などの)ネタ (*for*).

foe /fóu/ 名 C《文語》敵, かたき [≒enemy].

foe·tal /fíːṭl/ 形《英》= fetal.

foe·tus /fíːṭəs/ 名 C《英》= fetus.

+**fog** /fá(ː)g, fɔ́ːg | fɔ́g/ 名 (~s /~z/) U **霧**, もや, 煙霧: The mountain was covered in *fog*. 山は霧で覆われていた / The *fog* cleared [lifted]. 霧が晴れた. 語法 いろいろな状態の霧をいうときには C となることもある: We had a thick [dense, heavy] *fog* last night. ゆうべは濃霧だった.

fog (視界のきかないほどの濃い霧)	霧
mist (湿気を含んだ薄い霧)	

in a fóg [副・形]《略式》当惑して, 途方に暮れて; 五里霧中で. (形 fóggy)

— 動 (fogs; fogged; fog·ging) 他 ❶ (窓・眼鏡など)を曇らせる (*up*). ❷ (...)を霧[もや, 煙]で覆う: The airport was *fogged in*. 空港は霧で視界がきかなかった. ❸ (問題など)をぼかす, あいまいにする: *fog* the issue 問題点をあいまいにする.

— 自 ❶ (窓・眼鏡などが)曇る (*up*). ❷ 霧[もや]が立ちこめる.

fog·bound /fɔ́ːgbàund | fɔ́g-/ 形 (人・乗り物・空港が)濃霧で立ち往生した[使えない].

fo·gey /fóugi/ 名 C《英》= fogy.

fog·gy /fá(ː)gi, fɔ́ːgi | fɔ́gi/ 形 (fog·gi·er; -gi·est) ❶ 霧[もや]の立ちこめた: a *foggy* day 霧の立ちこめた日. ❷ もうろうとした, ぼんやりした. **nót hàve the fóggiest (idéa)** [動] 自 S《略式》まったくわからない: I did*n't have the foggiest* (*idea*) where to go next. 次はどこへ行けばよいのか私にはさっぱりわからなかった. (名 fog)

fog·horn /fá(ː)ghɔ̀ən, fɔ́ːg- | fɔ́ghɔ̀ːn/ 名 C 霧笛《濃霧のときに船が鳴らす号笛》.

fóg lìght《米》, **fóg làmp**《英》名 C (自動車の)フォグライト, 霧灯.

fo·gy /fóugi/ 名 (fo·gies) C [普通は old ~ で]《略式》時代遅れの人[頑固者].

foi·ble /fɔ́ɪbl/ 名 C《格式》(性格上のちょっとした)弱点, 欠点, 短所; 癖.

foie gras 名 U = pâté de foie gras.

+**foil**[1] /fɔ́ɪl/ 名 (~s /~z/) ❶ U **金属の薄片**《leaf よりは厚いもの》, はく, ホイル《紙状の金属片(で覆った紙)》: bake potatoes ***in*** aluminum ***foil*** アルミはくに包んでじゃがいもを焼く / The vegetables were wrapped in *foil*. 野菜はホイルに包まれていた. 関連 tinfoil すずはく / gold foil 金ぱく. ❷ C [普通は a ~] (...の)引き立て役《物・人》(*for, to*).

foil[2] /fɔ́ɪl/ 動 他 [しばしば受身で] (相手・計略など)をくじく, 阻止する, (...)の裏をかく (*in*).

foil[3] /fɔ́ɪl/ 名 C フルーレ《フェンシング用の剣》.

foist /fɔ́ɪst/ 動 他 [次の成句で] **fóist (óff) ... on ~** [動] 他 (いやなもの[こと])を～に押しつける; (偽物など)を～につかませる: He tried to *foist* (*off*) his difficulties *on* me. 彼は自分のいざこざを私に押しつけようとした.

fold**[1] /fóuld/ 動 (folds /fóuldz/; fold·ed /~ɪd/; fold·ing) 他 ❶ (紙・布など)を**折りたたむ**, 折り重ねる, (端など)を折り曲げる, (傘)をたたむ, すぼめる [⇔ open, spread, unfold]: *Fold* the shirts neatly. シャツをきちんとたたみなさい / She ***folded an origami ***into*** a boat. V+O+前+名 彼女は折り紙を折って船をつくった / ***Fold*** the paper ***in*** half. 紙を半分に折りなさい / *Fold* the letter *into* quarters. 手紙を四つ折りにしてください.

❷ (手・腕など)を**組む**; (...)を(両腕に)抱える; (両腕)を巻きつける: *fold* one's arms 腕組みをする / She ***folded*** her child 「***in*** her arms [***to*** her breast]. V+O+in[to]+名 彼女は子供を両腕に[胸に]抱き締めた / The girl ***folded*** her arms ***around*** [***about***] her mother's neck. V+O+around[about]+名 少女は母の首に抱きついた.

❸ (...)を**包む**, くるむ; (紙など)を巻きつける, (...)で包む: 言い換え She ***folded*** the baby ***in*** the blanket. V+O+in+名 = She ***folded*** the blanket ***around*** the baby. V+O+around+名 彼女は赤ちゃんを毛布にくるんだ / The hill *was folded in* clouds. V+O+in+名の受身 山は雲に覆われていた.

— 自 ❶ 折りたためる, 折り重なる: Does this bed *fold?* このベッドは折りたためますか / The chairs *fold* flat. そのいすは平たくたためる. ❷ (事業などが)失敗する; (芝居などが)上演中止になる.

fold の句動詞

fóld awáy 動 他 (...)を折りたたんで小さくする. — 自 小さく折りたためる.

fóld báck 動 他 (端など)を折り返す. — 自 折り返せる.

fóld ín 動 他〔料理〕(とき卵など)を(泡立ちを保って)切るように混ぜ込む[入れる].

fóld ... ìnto ～ 動 他〔料理〕(とき卵など)を(他の材料)に切るように混ぜ入れる[合わせる].

+**fóld úp** 動 他 (...)を(きちんと)**折りたたむ**, たたみ込む V+名·代+*up* / V+*up*+名: She *folded* the letter *up*. 彼女は手紙を折りたたんだ / ***Fold*** it ***up in*** paper. それを紙で包みなさい.

— 自 ❶ **折りたためる:** This chair *folds up* easily. このいすは簡単に折りたためる. ❷ (事業·劇などが)失敗する.

— 名 ❶ C 折りたたみ, 折り目; [普通は複数形で] (衣服などの)ひだ, (皮膚の)たるみ: the *folds in* [*of*] a dress 服の折り目 / *in* loose *folds* ゆったりとしたひだになって. ❷ C〔地質〕(地層の)褶曲(しゅうきょく).

fold[2] /fóʊld/ 名 ❶ C (家畜の, 特に羊の)おり[囲い]. ❷ [the ～] (教会の)信者たち, 会衆 [≒flock]; 自分を保護してくれるところ[仲間]. **retúrn to [còme báck ìnto] the fóld** [動] 自《格式》元の家に帰る; 元の信仰[政党]に戻る. 由来 羊[教会の信者たち]が元のおり[教会]に戻る, の意から.

-fold /fòʊld/ 接尾 ❶ [形容詞語尾]「...倍[...重]の」の意: two*fold* 2 倍[2 重]の. ❷ [副詞語尾]「...倍[...重]に」の意: three*fold* 3 倍[3 重]に.

fold·a·way /fóʊldəwèɪ/ 形 限定 折りたたみ式の.

+**fold·er** /fóʊldɚ | -də/ 名 (～s /～z/) ❶ C **紙[書類]挟み**, フォルダー: put papers in a *folder* 書類をフォルダーに挟む. ❷ C〔コンピュータ〕フォルダー《ファイルを入れておく所》.

fold·ing /fóʊldɪŋ/ 形 限定 折りたたみ(式)の: a *folding* bed [chair] 折りたたみ式ベッド[いす].

fo·li·age /fóʊliɪʤ/ 名 U (1 本の木の)葉《全体》.

fo·li·o /fóʊliòʊ/ 名 (～s) ❶ U 二つ折り判: in *folio* 二つ折り判の[で]. ❷ C 二つ折り紙; 二つ折り判の本《週刊誌の倍の大きさで, 最も大版の本》.

*__folk__ /fóʊk/ !発音 l は発音しない. 名 (～s /～s/) ❶ [単数形でも複数扱い; 特に《米》では複数形で] **人々**, (ある世代·地域などの)人たち, 連中. 語法 people よりくだけた感じの語: old *folk*(*s*) 老人たち / country *folk*(*s*) いなかの人たち / Idle *folk* have (the) least leisure. 《ことわざ》怠け者がいちばん暇がない.

❷ [複数形で] [普通は所有格とともに]《略式, 主に米》**家族**, 身内, 親族; 両親: How are *your folks*? お宅のみなさんはいかがですか. ❸ [複数形で呼びかけとして] S《略式》(ねえ)みんな, (ちょっと)みなさん. ❹ U = folk music.

— 形 限定 民間の, 通俗の; 民俗の, 民族的な: a *folk* remedy 民間療法.

fólk dànce 名 C,U フォークダンス, 民俗[郷土]舞踊; C フォークダンス曲.

fólk hèro 名 C (ある地域社会の)庶民の英雄《Casey Jones などの庶民の間で語り継がれる人物》.

folk·lore /fóʊklɔ̀ɚ | -lɔ̀ː/ 名 U 民間伝承《風俗·習慣·伝説·ことわざなど》; 民俗学.

folk·lor·ist /fóʊklɔ̀ːrɪst/ 名 C 民俗学者.

fólk mùsic 名 U 民俗[郷土]音楽; フォーク《ギターを使う民謡調の歌》.

fólk sìnger 名 C フォーク[民謡]歌手.

fólk sòng 名 C フォークソング; 民謡.

folk·sy /fóʊksi/ 形 (folk·si·er; -si·est)《略式, 主に米》気取らない; 気さくな; 素朴な, 田舎風の.

folk·tale /fóʊktèɪl/ 名 C 民話, 伝説物語.

fol·li·cle /fɑ́(ː)lɪkl | fɔ́l-/ 名 C 毛穴; 小胞(しょうほう).

fol·low /fɑ́(ː)loʊ | fɔ́l-/

— 動 (fol·lows /～z/; fol·lowed /～d/; -low·ing)

意味のチャート

基本的には「後に続く」の意.

→ (事柄が)「(...の)**後に続く**」他 ❷; 「**続いて起こる**」自 ❷ → 「**当然...となる**」自 ❹
→ 「**後についていく**」他 ❶; 「**後から行く[来る]**」自 ❶ → 「**追う**」他 ❺
→ 「**たどる**」他 ❸
→ (追従する) → 「**従う**」他 ❹
→ (筋を追う) → 「**理解する**」他 ❻, 自 ❸

— 他 ❶ (...)の**後についていく**, (...)に従う, 伴う: The tourists *followed* the guide. 旅行者らはガイドの後についていった / The general ***was followed by*** two soldiers. V+O の受身 将軍には兵士が 2 人ついた / The boy ***followed*** his mother ***to*** the door. V+O+前+名 その男の子は玄関先まで母親についてきた / My car *followed* his. 私の車は彼の車の後ろに続いた(⇒ his[2]).

❷ (順序として) (...)の**後に続く**, (...)の後に来る; (結果として)(...)の後で起こる, (...)の次に来る [⇔ precede]: 言い換え Summer *follows* spring. = Spring ***is followed by*** summer. V+O の受身 春の後に夏が来る / One failure *followed* another. 次から次へと失敗が重なった / The meeting ***was followed with*** [*by*] tea. 会の後はお茶になった.

❸ (道など)を**たどる**, (...)に沿っていく; (標識など)に従っていく; (計画·方針)についていく; (本·映画などが)(...)を扱う: ***Follow*** this road ***to*** the end of the next block. V+O+*to*+名 この道路を次のブロックの端まで行きなさい / We can't *follow* your plan any longer. 我々はもうこれ以上あなたの計画についていけない / The movie *follows* American soldiers during the Vietnam war. その映画はベトナム戦争中のアメリカ人兵士を扱っている.

❹ (風習·忠告·命令など)に**従う**, 服する, (...)を守る; (...)を模範とする, (例など)にならう; (...)の跡を継ぐ: *follow* one's instincts 直感に従う / *follow* one's heart 自分の本心に従って行動する / She won't *follow* my advice. 彼女はどうしても私の忠告を聞こうとしない / *Follow* the instructions. 指示に従いなさい / The people willingly *followed* the new leader. 人々は喜んで新しい指導者に従った / *follow* ...'s example (人)の例にならう / He ***followed*** his father ***into*** the teaching profession. V+O+*into*+名 彼は父にならって教職に就いた.

❺ (...)を**追う**, 追跡する: *Follow* that car! あの車を追え / He was ***being followed by*** the police. V+O の受身 彼は警察に追われていた.

❻ [しばしば否定文·疑問文で] (話など)を**理解する**, (人)の話についていく [≒understand]: Sorry, I do*n't follow* you. すみませんがおっしゃることがわかりません / Do you *follow* me? わかりますか.

❼ (獲物など)を目で追う; (話など)を注意して聞く: The

lion *followed* every movement of the zebra. ライオンはしまうまの一挙一動を目で追った. ❽ (...)に関心をもつ, 注目する: I'm *following* the lawsuit. その裁判の成り行きに注目している. ❾ (職業)に従事する. ❿ (SNS で)(人・アカウントなど)をフォローする.

— 自 ❶ **後から行く[来る], ついていく, 続く:** Go (on) ahead. I'll *follow* later. 先に行って. 私は後から行くから / Fall passed and winter *followed*. 秋が去り, 続いて冬がやって来た / We ***followed*** close ***behind***. V+副 我々はぴったりと後に続いた / A dog was ***following*** (***along***) ***behind*** Meg. V(+副)+前+名 1 匹の犬がメグの後についていった.

❷ **後に続く; 続いて起こる:** No one can tell what will *follow*. 後に何が起こるか誰にもわからない / ***There followed*** a long silence. その後長い沈黙があった / His death *followed* soon after his wife's. 妻の死後まもなく彼は死んだ / Nothing ***followed from*** his efforts. V+*from*+名 彼の努力からは何も生まれなかった.

❸ [しばしば否定文・疑問文で] **理解する,** 人の話についていく [≒understand]: I do*n't* quite *follow*. 私にはよくわかりません.

❹ [普通は it を主語として; ⇒ it¹ A 5; 進行形なし] **当然の結果として...となる,** 当然...という結論になる: ***From*** this evidence ***it follows*** (***that***) he isn't the murderer. この証拠から当然彼は殺人犯ではないということになる.

as fóllows [副・形] **次のとおり,** 次のように: The members are *as follows*: .... 会員は次のとおりである / He spoke to the audience *as follows*: .... 彼は次のように聴衆に話しかけた. 語法 as follows の後にはコロン (:)が置かれるのが普通.

to fóllow [副] 次の料理として; 後に来ることになって: There's ice cream *to follow*. この後アイスクリームが出ます / The session is at six o'clock with a party *to follow*. 会合は 6 時からでその後パーティーです.

follow の句動詞

+**fóllow aróund** [《英》 **abóut**] 動 他 (...)に**つきまとう** V+名・代 +*around* [*about*]: Liz always *follows* her mother *around*. リズはいつも母親につきまとっている.

fóllow ón 動 自 後から行く; (...の後に)続く (*from*).

+**fóllow thróugh** 動 自 ❶ **最後までやり抜く:** We must ***follow through with*** [***on***] this project. この計画は最後までやり抜かなければならない. ❷ (バット・クラブなどで球を打った後)完全に振り切る, フォロースルーを行なう. — 他 (...)を最後までやり通す.
(名 fóllow-thròugh)

+**fóllow úp** 動 他 (...)**をさらに続けて行う;** (...の)追跡調査[継続管理]をする; 本腰を入れて対応する V+名・代 +*up* / V+*up*+名: I like photography, and I want to *follow* it *up* after retirement. 私は写真が好きで定年後は身を入れてやりたい / We'll *follow up* your suggestion. あなたのご提案を真剣に検討いたします.

fóllow úp on ... [動] 他 《米》 ...を追跡調査する; (提案・苦情など)に適切[真剣]に対応する: We try to *follow up on* customers' complaints. 当店ではお客様の苦情に適切に対応するよう努めております.

fóllow (úp) ... with ～ [動] 他 (...)の後にさらに～を続ける[行なう, 言う]: That salesman *followed up* his phone call *with* a visit. その販売員は電話をした後さらに訪問までした.
(名 fóllow-ùp)

類義語 **follow** 「後を追う」という意味の一般的な語: *Follow* that taxi! あのタクシーを追ってくれ. **pursue** 逃げようとするものをつかまえるために執拗に追跡すること: The police *pursued* the suspect. 警察は容疑者を追った. **chase** 積極的に逃げようとするものを, *pursue* よりも接近して速く激しく追いかけること: The dog *chased* a cat. その犬は猫を追いかけた. **run after** 追いかけることであるが, 追われる側は必ずしも逃げようという気持ちがあるわけではない: The dog *ran after* a ball. 犬はボールを追いかけた.

+**fol·low·er** /fá(ː)loʊɚ | fɔ́loʊə/ 名 (～s /～z/) ❶ C **従者,** 家来; (...の)**信奉者,** 信者, 弟子; 熱心なファン; 党員: the ***followers of*** Freud フロイト信奉者 / a dedicated *follower* of baseball 熱心な野球ファン. ❷ C フォロワー《SNS で他のユーザーの投稿を受信するよう登録している人》.

*****fol·low·ing** /fá(ː)loʊɪŋ | fɔ́l-/

— 形 ❶ [the ～] 限定 [比較なし] **次の,** 以下の, 次に続く [⇔ preceding]: *the following* chapter 次の章 / He died in *the following* month [the month *following*] (= the month that followed). 彼はその翌月に死んだ. ❷ 限定 [比較なし] 〔航海〕 順風の, 追い風の: a *following* wind 順風.

— 前 **...に次いで,** ...のあとで[に] [≒after]; ...の結果: *Following* the ceremony, refreshments were served. 式典のあと軽食が出た.

— 名 ❶ [the ～ として単数または複数扱い] **次のこと[もの],** 次の人(たち); 以下: *The following is* his explanation. 以下が彼の説明である / The witness had *the following* to say. 証人は次のように述べた / 言い換え *The following were* present at the party: .... = Those present at the party were *the following*: .... 次の者が会に出席していた. 語法 しばしば後にコロン(:)を置いて具体的内容や例を示す. ❷ C [普通は単数形で] 支持者[ファン, 信奉者]たち《全体》: a politician with a large *following* 大勢の支持者がいる政治家.

fol·low-on /fá(ː)loʊà(ː)n | fɔ́loʊɔ̀n/ 名 C (...に)後続するもの (*to, from*). — 形 限定 後続の.

fol·low-the-lead·er /fá(ː)loʊðəlíːdɚ | fɔ́loʊðəlíːdə/, 《英》 **fol·low-my-lead·er** /-maɪ-/ 名 U 大将ごっこ《大将役の動作をまねる子供の遊び》.

fol·low-through /fá(ː)loʊθrùː | fɔ́l-/ 名 ❶ U,C フォロースルー《野球・ゴルフなどで打球の後に腕を十分伸ばして振り切ること》. ❷ U,C (計画などの)仕上げ(の作業).
(動 fóllow thróugh)

+**fol·low-up** /fá(ː)loʊʌ̀p | fɔ́l-/ 名 (～s /～s/) ❶ C,U **フォローアップ, 追跡(調査),** 追加措置: The government is doing a ***follow-up on*** the health of veterans. 政府は復員軍人の健康の追跡調査を行なっている. ❷ C (本・映画・製品などの)後に続くもの, 続編; (新聞記事などの)続報, 追跡記事 (*to*).
(動 fóllow úp)

— 形 限定 引き続き行なわれる; 追跡の.

fol·ly /fá(ː)li | fɔ́li/ 名 (**fol·lies**) U 愚かさ, 愚劣 [⇔ wisdom]; C 愚かな行ない[考え], 愚行.

fo·ment /foʊmént, fóʊment/ 動 他 《格式》 (不和・騒ぎなど)を促進[助長]する.

+**fond** /fá(ː)nd | fɔ́nd/ 形 (**fond·er; fond·est**) ❶ 叙述 (...が)**好きで,** (...を)好んで: She is ***fond of*** children.

+of+名 彼女は子供好きだ / Henry is [has grown] ***fond of*** play***ing*** baseball. +of+動名 ヘンリーは野球をするのが好きだ[好きになった]. 語法 持続的な好みを示し, like よりも意味が強く「度を越して好き」を意味することもある.
❷ 限定 **愛情の深い**, 優しい; 甘い; (記憶などが)懐かしい: a *fond* glance 愛情のこもった視線 / a *fond* mother 子供に甘い母親 / a *fond* farewell なごり惜しい別れ / *fond* memories *of* one's school days 学生時代の懐かしい思い出. ❸ 限定 (考え・望みなどが)楽天的すぎる, 甘い, あさはかな: a *fond* hope 甘い期待.

fon·dle /fá(:)ndl | fɔ́n-/ 動 他 (...)をかわいがる, 愛撫(あいぶ)する; (...)に性的ないたずらをする.

fond·ly /fá(:)ndli | fɔ́nd-/ 副 ❶ 愛情を込めて, 優しく; 懐かしく. ❷ 文修飾 あさはかにも.

fond·ness /fá(:)n(d)nəs | fɔ́n(d)-/ 名 U または a ～] 愛情, いつくしみ, 溺愛(できあい); 好み (*for*).

fon·due /fa(:)nd(j)ú:, fá(:)nd(j)u: | fɔ́nd(j)u:/ ≪フランス語から≫ 名 C,U フォンデュ《溶かしたチーズなどの熱いソースにパンなどを浸して食べる料理》.

font[1] /fá(:)nt | fɔ́nt/ 名 C 〘印刷〙 フォント, 書体《同じ大きさ・型のひとそろいの活字》.

font[2] /fá(:)nt | fɔ́nt/ 名 C (教会の)洗礼盤, 聖水盤.

***food** /fú:d/ ❗発音

— 名 (foods /fú:dz/) ❶ U **食物**, (飲み物に対して)**食べ物**, 食糧; C,U (個々の種類の)食品, 加工食品: *food* and drink 飲食物 / *food*, clothing, and housing [shelter] 衣食住. 日英 以上 2 例とも日本語と語順が異なる // prepare *food* for a party パーティー用の食べ物を準備する / a *food* shortage 食糧不足 / 「an item [three items] of *food* 食品 1 点[3 点] / frozen *food(s)* 冷凍食品 / canned *food(s)* 缶詰食品 / health *food(s)* 健康食品 / natural [processed] *food(s)* 自然[加工]食品 / dog *food* ドッグフード / Ice cream and bananas are his favorite *foods*. アイスクリームとバナナは彼の大好きな食べ物だ. 関連 seafood 海産物. ❷ U (思考などの)糧(かて), 材料: *food for* the soul 魂の糧 / *food for* thought 考えるべき事柄, 反省材料.

fóod bànk 名 C 《米》 食糧銀行《困窮者に食糧を配るための施設》.

fóod chàin 名 [the ～] 〘生態〙 食物連鎖.

fóod còurt 名 C フードコート《ショッピングセンターなどで小さな飲食店が集まった一画》.

fóod gròup 名 C 食品群《肉・野菜・乳製品などの区分》.

food·ie /fu:di/ 名 C 《略式》 料理好き; 食通.

fóod pòisoning 名 U 食中毒.

fóod pròcessor 名 C フードプロセッサー《食品を高速で切ったり, つぶしたりする電動調理器具》.

fóod stàmp 名 C [普通は複数形で] 《米》 食糧(割引)切符, 食券《低所得者に政府が発行》.

food·stuff /fú:dstʌ̀f/ 名 (～s) C,U [普通は複数形で] 《格式》 (特に材料としての)食糧, 食品, 食材.

+**fool** /fú:l/ 名 (～s/～z/) ❶ C **ばか**, 愚か者: I felt like a *fool*. ばかみたいに感じた / 言い換え He was a *fool* to do such a thing. = He was *fool* enough to do such a thing. そんなことをするとは彼もばかだった《⇒ enough 形 語法 (2); to[2] B 2》 / He is no [nobody's] *fool*. 彼は(愚か者どころか)なかなか賢いやつだ《⇒ no 形 2》 / Where's that ***fool of*** a man? あのばか野郎はどこにいるんだ《⇒ of 18》 / He is being a *fool*. 彼はばかなことをしている / *Fools* rush in (where angels fear to tread). 《ことわざ》 (天使が足を踏み入れるのを恐れる所へも)愚か者は飛び込む. ❷ C 道化師《昔の王侯・貴族に仕えた》.

áct the fóol [動] 自 = play the fool.

ány fòol can ... Ⓢ 誰でも...できる.

màke a fóol of one**sèlf** [動] 自 ばかなまねをする, 笑いものになる.

màke a fóol (òut) of ... [動] 他 (人)を笑いものにする, かつぐ: He *is* always *making a fool of* me. 彼はいつも私をおちょくっている《⇒ be[2] A 1 (3)》. 語法 ...が複数名詞の場合は make fools of ... となる. 受身 ... is made a fool of も可能.

pláy the fóol [動] 自 ばかなまねをする; ふざける.
(形 fóolish)

— 形 限定 《略式》 ばかな [≒foolish]: *fool* ideas ばかな考え.

— 動 他 (...)をだます, 欺く [≒deceive]; だまして...させる: You can't *fool* me. わたしはだまされないよ / *fool* oneself 自分を偽る, 思い違いをする / They *fooled* the woman *into* send*ing* them a lot of money. 彼らはその女性をだましてたくさん送金させた. — 自 ふざける; 冗談を言う: I was just [only] *fooling*. Ⓢ ただ冗談を言っただけだ / No *fooling*. 本当の事だ, うそじゃない.

fóol aróund [《英》 **abóut**] [動] 自 (1) ぶらぶらする, だらだら過ごす. (2) ばかなまねをする, ふざける. (3) いじくり回す (*with*). (4) (...と)浮気する (*with*).

fóol with ... [動] 他 ...をいじくる, ...をもてあそぶ.

You còuld have fóoled mé! Ⓢ うそつけ, まさか.

〖語源 ラテン語で「ふいご」の意; 後に「頭がからっぽの人」の意となる〗

fool·har·di·ness /fú:lhɑ̀ədinəs | -hɑ̀:-/ 名 U 向こう見ずなこと, 無鉄砲, 蛮勇.

fool·har·dy /fú:lhɑ̀ədi | -hɑ̀:-/ 形 (-har·di·er; -di·est) 向こう見ずの, 無鉄砲な.

+**fool·ish** /fú:lɪʃ/ 形 **ばかな**, 愚かな, ばかげた; 愚かにも...する [⇔ wise]; [普通は 叙述] ばつの悪い, ばかに見える: a *foolish* mistake ばかな間違い / 言い換え ***It's foolish of*** you ***to*** love a man like Jim. = You're ***foolish*** (enough) ***to*** love a man like Jim. +to 不定詞 ジムのような男を愛するなんて君はばかだ《⇒ of 12》 / Don't be *foolish*. ばかなまね[考え]はよせ / feel *foolish* ばつの悪い思いをする.
(名 fool)

類義語 **foolish** 「頭が悪い」という意味ではなく, 「判断が悪い」という意味での「ばか」. 書きことばでよく使われる. **stupid** 「頭が悪い」という意味で, 相手に対して使うと批判的になるので要注意. 話しことばでよく使われる. **silly** おかしさを含む「ばかばかしい」という意味. 話しことばでよく使われる.

fool·ish·ly /fú:lɪʃli/ 副 ❶ ばかみたいに [⇔ wisely]. ❷ 文修飾 ばかなことに, 愚かにも, ...するのは愚かである: *Foolishly*, Laura married Tom. ローラは愚かにもトムと結婚した.

fool·ish·ness /fú:lɪʃnəs/ 名 U 愚かさ.

fool·proof /fú:lprù:f/ 形 (方法・機械などが)間違えようのない; だれにでも使いやすい.

fóol's góld 名 ❶ U 金に似た鉱物《黄鉄鉱, 黄銅鉱など》. ❷ U 見かけ倒し(のもの).

fóol's páradise 名 [次の成句で]. **be (líving) in a fóol's páradise** [動] 自 幸福の幻想に酔っている, (現実を知らずに)うかれている.

***foot** /fʊ́t/ ❗発音

F

— 名 (複 feet /fíːt/, 2 ではときに《略式》で ～)

意味のチャート
「足」❶ →(単位として, 足の長さ) → 「フィート」❷
→(足に相当する部分) → 「底の部分」「末席」❸

❶ Ⓒ **足**《足首 (ankle) から下の部分; ⇒ leg 表, 挿絵》; (靴下などの)足の部分: He hurt his left *foot* when he fell. 彼は転んで左足をけがした / walk around in bare *feet* 素足で歩き回る / stamp [tap] one's *feet* 足を踏み鳴らす[こつこつと鳴らす].
❷ Ⓒ **フィート**《長さの単位; 12 インチ, 約 30 センチ; 数字の後に′ をつけて表わす; 略 ft.; ⇒ yard² 表》: an eight-*foot* pole 8 フィートの棒 / The bridge is three hundred *feet* long. その橋は長さが 300 フィートである / She is [stands] five *feet* [*foot*] three inches tall. (= She is [stands] 5′ 3″ tall.) 彼女は身長 5 フィート 3 インチです. 語法 数詞のあとでは feet も foot も用いるが大きい数字のあとでは feet が普通.
❸ [the ～] (物の)**底の部分**, 基部, 根元, (山の)ふもと; (寝台などの)足の部分; 末席 [⇔ head]: *the foot of* a page ページの下の部分《⇒ footnote》/ *the foot of* a pillar 柱の根元 / *the foot of* the stairs 階段の上がり口. ❹ Ⓒ〔詩学〕詩脚《詩の 1 行を成す単位》.

at ...'s féet [形·副] ...の足もとに; ...に服従して.
at the fóot of ... [前] ...の下部に, ...のふもとに.
be rún [rúshed] òff one's **féet** [動] 自《主に英》大変忙しい.
drág one's **féet** [動] 自 (1) 足を引きずって歩く. (2)《略式》仕事をのろのろ[いやいや]する.
féet fírst [副] [こっけいに] 死んで.
fínd one's **féet** [動] 自 (1) (子供などが)**立てるようになる**; 一人前になる: You are old enough to *find your feet*. お前ももう子供ではない, しっかりしろ. (2) 新しい環境になじむ, 落ち着く.
gèt [hàve] a [one's] **fóot in the dóor** [動] 自 (組織などに)入り込む; きっかけをつかむ.
gèt [hàve] cóld féet [動] 自《略式》突然おじけづく.
gèt one's **féet wèt** [動] 自《略式, 主に米》(新しいことに)積極的にかかわ(り始め)る, 初めて(経験)する. 由来 足をぬらして川を渡り始めることから.
gèt [stárt] óff on the ríght [wróng] fóot [動] 自 出だしがうまくいく[うまくいかない]; (人との)関係をよい[まずい]形で始める (*with*).
gèt to one's **féet** [動] 自 **立ち上がる**.

「立ち上がる」のいろいろな表現
gèt to one's **féet = ríse to** one's **féet** 立ち上がる: All the students *got to their feet* when the teacher entered. 先生が入ってくると生徒たちは全員立ち上がった.
júmp to one's **féet = léap to** one's **féet** 跳び上がる, ぱっと立ち上がる: They *jumped* [*leaped*] *to their feet* at the alarm. 警報を聞いて彼らは跳び上がった.
púll one**sèlf to** one's **féet** 体を引き上げる, 立ち上がる.
scrámble to one's **féet** あわてて立ち上がる.
spríng to one's **féet** 跳び起きる, さっと立ち上がる: He *sprang to his feet* when he heard the scream. 彼はその叫び声を聞いて跳び起きた.
stágger to one's **féet** よろよろと立ち上がる: The drunken man *staggered to his feet*. 酔っ払いはよろよろと立ち上がった.
strúggle to one's **féet** 必死に立ち上がろうとする, やっとのことで立ち上がる: The old man *struggled to his feet*. その老人は必死に立ち上がろうとした.

hàve a fóot in bóth cámps [動] 自 両方の陣営にかかわる, 中立[どっちつかず]である.
hàve [kèep] bóth [one's] **féet on the gròund** [動] 自 足が地についている, 現実的に行動する.
hàve féet of cláy [動] 自《文語》隠れた欠陥[弱点]がある.
hàve twó léft féet [動] 自《略式》とても不器用である.
hélp ... to ...'s féet [動] 他 (...)を助けて立ち上がらせる.
kéep (on) one's **féet** [動] 自 倒れない, 真っすぐ立っている[歩く]《滑りやすい所などで》.
lánd [《英》 fáll] on one's **féet** [動] 自 困難をうまく切り抜ける; 運がいい.
My fóot! [間]《古風》まさか!, とんでもない!
òff one's **féet** [副·形] 座って; 横になって.
on one's **féet** [形·副] (1) 立って; (話すのに)立ち上がろうとして; 歩いて: I have been *on my feet* all morning and I am very tired. 午前中ずっと立っていたので疲れてしまった. (2) (病後に)起きて, 元気になって: I think he will be back *on his feet* in a week. 1 週間後には彼は元気になるでしょう. (3) (経済的に)ひとり立ちして, 自立して: help victims get back *on their feet* 被災者が生活を立て直す手助けをする.
on fóot [副·形] 歩いて, 徒歩で: 🗨 "Do you go to school by bus?" "No, I go (there) *on foot*." 「あなたは学校へバスで行きますか」「いいえ, 私は歩いて通学します」 語法 🔍 go on foot は go by bus [train] などと対比して用いられる言い方で, 普通は I walk to school. という // How long does it take *on foot?* 歩いたらどのくらいかかりますか.
pùt a fóot wróng [動] 自 [主に否定文で]《主に英》間違える; へまをする; 失言する.
pùt one's **bést fòot fórward** [動] 自 全力を尽くす.
pùt one's **féet ùp** [動] 自 (腰かけながら)両足を高い所にのせる;《略式》体を休める, くつろぐ.
pùt one's **fóot dòwn** [動] 自 (1) 断固たる態度を示す, 強く反対する. (2)《英》(車の)スピードを上げる.
pùt one's **fóot** 「**in** one's **móuth** [《英》 **in it**] [動] 自 失言する, へまをする.
sèt fóot in ... [動] 他 ...に入る.
sèt fóot on [upòn]... [動] 他 ...の上に足を踏み入れる, ...に足跡をしるす: Here men from the planet Earth first *set foot upon* the moon. July 1969, A.D. 惑星地球からの人間, ここ月に第一歩をしるす. 西暦 1969 年 7 月《アポロ 11 号の乗員が月面に置いた金属板に刻まれたことば》.
sét ... on ...'s féet [動] 他 (人·会社など)をひとり立ち[自立]させる.
stánd on one's **ówn (twó) féet** [動] 自 ひとり立ちする, 自立[独立]する.
ùnder ...'s féet [形] ...の邪魔になって.
— 動 [次の成句で] **fóot the bíll** ⇒ bill¹ 成句.

+**foot·age** /fóṭɪʤ/ 名 Ⓤ (**記録**)**映画**[**映像**], (フィルム

の)場面 (of, from).

fóot-and-móuth disèase /fóṭənmáʊθ-/ 名 U 口蹄疫(こうていえき)《牛・羊の口・ひづめを冒す伝染病》.

****foot·ball** /fótbɔ̀:l/

— 名 (~s /~z/) ❶ U フットボール; 《英》 サッカー, ラグビー. 参考 米国では普通アメリカンフットボール (American football) を指し, 英国では普通サッカー (soccer, association football) を指す《⇒ eleven 名 4》: a *football* game [《英》 match] フットボール[サッカー]の試合《⇒ game¹ 語法》/ *football* players フットボール[サッカー]の選手たち / They played *football* after school. 彼らは放課後フットボール[サッカー]をした. ❷ C フットボール用ボール; サッカー[ラグビー]ボール.

foot·ball·er /fótbɔ̀:lɚ | -lə/ 名 C 《英》 (特にプロの)サッカー[フットボール]選手.

foot·bridge /fótbrɪ̀ʤ/ 名 C 歩行者用の(狭い)橋; 歩道橋.

foot-drag·ging /fótdræ̀gɪŋ/ 名 U わざと対応を遅らせること (on).

-foot·ed /fóṭɪd⁻/ 形 [合成語で] 足が...の, ...足の: a four-*footed* animal 四つ足の動物.

foot·er /fóṭɚ | -tə/ 名 C 〔コンピュータ〕 フッター《各ページの下に表示される文字; ⇒ header》.

-foot·er /fóṭɚ | -tə/ 名 [合成語で] 身長[長さ]...フィートの人[物].

foot·fall /fótfɔ̀:l/ 名 C 《文語》 足音.

foot·hills /fóthɪ̀lz/ 名 複 山のふもとの小丘.

foot·hold /fóthòʊld/ 名 ❶ C 足がかり, 足場. ❷ C [普通は単数形で] しっかりした立場: gain [establish] a *foothold* 足場を固める. 関連 handhold 手がかり.

foot·ie /fóṭi/ 名 U 《英略式》 サッカー.

foot·ing /fóṭɪŋ/ 名 ❶ U [所有格の後で] 足もと, 足がかり: keep [lose] one's *footing* 足場を保つ[失う]. ❷ [単数形で] (確かな)基盤, 地位, 立場; 間柄, 関係: I am *on* an equal *footing with* the president. 私は社長と対等の立場にある / The country was *on* a war *footing*. その国は臨戦態勢だった / be *on* a firm *footing* 確かな基盤の上にある / get [gain] a *footing* 足場[確固たる地位]を得る.

foot·lights /fótlàɪts/ 名 複 フットライト, (舞台の)脚光.

foot·lock·er /fótlɑ̀(:)kɚ | -lɔ̀kə/ 名 C 《米》 (特に兵士がベッドの足元に置く)小型トランク.

foot·loose /fótlù:s/ 形 (家庭などの)束縛のない, 身軽な, 自由な. **fóotloose and fáncy frée** [形] 気楽で気ままな, ひとり身で自由な.

foot·man /fótmən/ 名 (-men /-mən/) C 従僕《客の取り次ぎ・給仕・ドアの開閉などをした》.

foot·note /fótnòʊt/ 名 C 脚注; 補足説明 (to).

foot·path /fótpæ̀θ | -pɑ̀:θ/ 名 (-paths /-pæ̀θs, -pæ̀ðz | -pɑ̀:ðz/) C (特に田舎の)歩道, 小道.

foot·print /fótprɪ̀nt/ 名 ❶ C (人・動物の)足跡. ❷ C (パソコンなどの)机上に占める面積, 設置面積.

foot·rest /fótrèst/ 名 C 足のせ台, 足置き《歯科医の診療台・理髪台・バイクなどにある》.

foot·sie /fótsi/ 名 [次の成句で] **plày fóotsie** [動] 自 (1) 《略式》 (テーブルの下で)足を触れ合っていちゃつく. (2) 《米略式》 (...と)なれ合う (with).

foot·sore /fótsɔ̀ɚ | -sɔ̀:/ 形 叙述 《格式》 (長く歩いて)足を痛めた, 靴ずれのできた.

foot·step /fótstèp/ 名 C [普通は複数形で] 足音; 足跡 [≒step]: hear *footsteps* 足音が聞こえる. **fóllow (in) ...'s fóotsteps** [動] ...の例にならう, ...の志を継ぐ.

foot·stool /fótstù:l/ 名 C 足(のせ)台.

foot·wear /fótwèɚ | -wèə/ 名 U はき物類《靴・靴下など》.

foot·work /fótwɚ̀:k | -wə̀:k/ 名 U (球技・ボクシング・踊りなどの)フットワーク; 巧みな方法[対応]: fancy *footwork* 華麗なフットワーク[対応].

****for** /(弱形) fɚ | fə; (強形) fɔ́ɚ | fɔ́:/ (同音 #fore, #four)

> **単語のエッセンス**
>
> 基本的には「...のために」の意.
>
> 前
>
> 1) [利益・目的・用途] **...のために[の]; ...に[の]:** [利益] write *for* a magazine ある雑誌のために書く ⇒ A ❶ / [目的] fight *for* independence 独立のために戦う ⇒ ❷ / [用途] What did you have *for* breakfast? 朝食には何を食べましたか ⇒ ❸ / I gave him a baseball mitt *for* his birthday. 彼の誕生祝いにミットをあげた ⇒ ❼
>
> 2) [時間・距離] **...の間:** stay there *for* three months そこに 3 か月滞在する ⇒ ❺
>
> 3) [代理・交換] **...の代わりに; ...と引き換えに:** speak *for* one's classmates 級友を代表して話す ⇒ ❹ / pay 200 dollars *for* the watch その時計に 200 ドル払う ⇒ ❻
>
> 4) [行き先] **...に向かって:** a train *for* Boston ボストン行きの列車 ⇒ ❽
>
> 5) **...を支持して:** vote *for* the Democratic Party 民主党に投票する ⇒ ⓫
>
> 6) [関連・対象] **...について, ...にとって, ...に対して:** So much *for* that topic. その話題はそこまでにしよう ⇒ ❾ / The hat was too big *for* Ann. 帽子はアンには大きすぎた ⇒ ❿ / I feel sorry *for* him. 私は彼を気の毒に思う ⇒ ⓬
>
> 7) **...の理由で:** He was rewarded *for* saving the girl's life. 彼は少女の命を救ったのでほうびをもらった ⇒ ⓭
>
> 8) [for＋名詞・代名詞＋to 不定詞で, 行為・状態の主体を表わす] **...が(~する[である]):** 言い換え It is important *for* you *to* go there. = *For* you *to* go there is important. あなたがそこへ行くことが重要だ ⇒ B
>
> 接 [理由を示して] **というのは...だからだ:** He felt no fear, *for* he was brave. 彼は恐怖を感じなかった, というのは勇気があったからだ.

— 前 A ❶ [利益などの対象・受け手などを示して] **...のために[の]; ...に与えるために[の]**, (手紙などが)...あての: I write *for* a magazine. 私はある雑誌のために(原稿を)書いている / Smoking is bad *for* your health. 喫煙は健康に悪い / Can I do anything *for* you? 何か役に立てることはありませんか / This letter is *for* you. この手紙はあなたあてです / Tom, there's a call *for* you. トム, 君に電話だよ / Flora bought a new tie *for* Tom. フローラはトムに新しいネクタイを買ってあげた.

> 語法 上の最後の文は V+O+*for*+名 の文型であるが, 間接目的語を用いて言い換えると次のようになる: Flora bought Tom a new tie. V+O+O 《⇒ **巻末文法** 1.2 (4), to¹ 3 語法》.

F

❷ [目的・追求・準備などを示して] **...のために**, ...をしに, **...を得るために**, ...を求めて; ...に備えて**:** They fought *for* independence. 彼らは独立のために戦った / Let's go out *for* a walk in the park. 公園へ散歩に行こう / He came to me *for* help. 彼は助けを求めて私のところへ来た / I studied very hard *for* the exam. 私は試験に備えて一生懸命勉強をした / "Who are you waiting *for* /fɔə | fɔː/?" "I'm waiting *for* /fə | fə/ John."「だれを待っているの」「ジョンを待っているの」/ 言い換え ***What*** did you do that ***for***? (= Why did you do that?) どうして[何のために]そんなことをしたの.

❸ [用途・適合などを示して] ...**向きに[の]**, ...**用に[の]**; ...**に適した:** This is a car *for* young people. これは若者向きの車だ / What did you have *for* breakfast? 朝食には何を食べましたか / This is no place *for* a child like you. ここはお前のような子供の来る所じゃない / He is the right man *for* the job. 彼こそまさにその仕事の適任者だ / Baseball isn't *for* me. 《略式》野球は私の好みに合わない / "***What's*** this tool ***for***?" "It's *for* cut*ting* wood." (= It's *to* cut wood.)「この道具は何に使うものですか」「木を切るためのものです」

❹ [代理・代表などを示して] ...**の代わりに**; ...**を代表して**; ...を表わして[表わす]**:** Since he was poor, he used to use a box *for* a chair. 彼は貧しかったのでいすの代わりに箱を使っていた / Mary spoke *for* her classmates. メアリーは級友を代表して話した / What's the Japanese word *for* "rose"?「rose」は日本語で何といいますか / The stars of the Australian flag are *for* the Southern Cross. オーストラリアの国旗の星は南十字星を表わす.

❺ [時間・距離などを示して] ...**の間**; (金額などが)...まで(の), ...分だけ**:** We stayed there *for* three months. 私たちはそこに 3 か月滞在した / I've been here *for* a week. 私はここに来て 1 週間になる / We walked *for* miles. 私たちは何マイルも歩いた / The train won't arrive *for* two hours. 列車は 2 時間の間は到着しないだろう / *For* miles and miles there's nothing but trees. 何マイルもの間木のほかは何もない.

> 語法 (1) 最後の 2 例のように否定文や文頭に用いるとき以外は, この意味の for は省略できる**:** 言い換え I stayed there *for* three days. = I stayed there three days. 私はそこに 3 日間滞在した.
> (2) for がある動作や状態が続いた「長さ」を示す (How long ...? の答えに相当)のに対して, during は動作や状態があった「時期」を示す(When ...? の答えに相当)《⇒ during 1》**:** My father was in the hospital *for* five weeks *during* the summer. 父は夏に 5 週間入院していた.

❻ [交換・取り引き・代償・報酬・報復などを示して] **...と引き換えに**, ...と取り替えに; (商品など)**に対して**; ...の金額で, ...で; (好意・親切など)**に対して:** Will you give me your CD *for* my book? 君の CD を僕の本と取り替えないか / I paid 200 dollars *for* the watch. 私はその時計に 200 ドル払った / These eggs are a hundred yen *for* six. この卵は 6 個で 100 円だ / I bought it *for* 10 dollars. 私はそれを 10 ドルで買った / We thanked him *for* his kindness. 私たちは彼の親切に対して感謝した.

❼ [指定の日時・祝日などを示して] **...に[の]**; ...の時に; ...を祝うために**:** The wedding has been fixed *for* May 5. 結婚式は 5 月 5 日に決まった / I gave him a baseball mitt *for* his birthday. 私は彼の誕生祝いにミットをあげた.

❽ [目的地・行き先などを示して] **...に向かって**, ...へ行くために[の]《⇒ bound[3]》**:**「a train [passengers] *for* Boston ボストン行きの列車[乗客] / This express is *for* Paris only. この急行はパリ直行だ(他には停車しない) / They made a rush *for* the exit. 彼らは出口へ殺到した. 語法 for は行き先を示すだけで to のように到達の含意がない《⇒ to[1] 前 2》. 次の文を比較**:** I caught the 9:00 train *for* Paris. 9 時のパリ行きの列車に乗った / I caught the 9:00 train *to* Paris. 9 時の列車に乗ってパリへ行った《9:00 は nine o'clock と読む》.

❾ **...について(は)**, ...の場合には; [普通は形容詞の後に用いて] **...にしては**, ...の割には**:** *For* more information please contact our website. 詳しくはわが社のウェブサイトにお問い合わせください / So much *for* that topic. その話題はそこまでにしよう / Fortunately *for* me, the train was late, too. 私にとって運がよかったことに列車も遅れていた / *For* a tall building this method will be suitable. 高い建物の場合はこの方法が適切だろう / It was rather *cold for* September. 9 月にしてはかなり寒かった.

❿ [too＋形容詞[副詞] や(形容詞[副詞, 名詞]＋) enough の後に用いて] **...にとって(は)**《⇒ too[2] 副 1, enough 形, 副 1》**:** The hat was *too* big *for* Ann. その帽子はアンには大きすぎた / This is quite good *enough for* me. 私にはこれでもう十分です.

⓫ **...を支持して**, **...に賛成して** [⇔ against]**:** Will you vote *for* the Democratic Party? あなたは民主党に投票しますか / Are you *fór* /fɔə | fɔː/ or agáinst (the proposal)? ↷ あなたは(提案に)賛成ですか, 反対ですか《⇒ **つづり字と発音解説 97**》/ She's all *for* go*ing* shopping. 彼女は買い物に行くことに大賛成だ.

⓬ [好み・趣味・愛情などの対象を示して] **...に対して(は):** I feel sorry *for* him. 私は彼を気の毒に思う / I have a taste *for* music. 私は音楽が好きだ.

⓭ **...の理由で**, ...のせいで, ...で; [比較級の後に用いて] ...の結果として**:** He was rewarded *for* sav*ing* the girl's life. 彼はその少女の命を救ったのでほうびをもらった / I took a nap after lunch and felt all the *better for* it. 昼食後に昼寝をしたらその分ずっと気分がよくなった. ⓮ [each, every や数詞の前に用い, 対比割合を示して] ...に対して**:** *For every* three members who attended the meeting, there were two who didn't. 会合に出席した会員と欠席者の割合は 3 対 2 だった.

⓯ ...として [≒as]**:** They chose him *for* their leader. 彼らは彼をリーダーに選んだ / He was left on the mountain *for* dead [lost]. 彼は死んだものとして山に置き去りにされた. 語法 この文では形容詞が for の目的語になっている《⇒ for lost (lost 成句)》.

B [for＋名詞・代名詞＋to 不定詞の形で] [不定詞の表わす行為や状態の主体を表わす] **...が**(～することは[を, で], ～するために(は), ～するための), ...にとって(～するのが)《⇒ to[2], of 12》**:** 言い換え [形式主語 it の後で] *It* is important *for* you *to* go there. =[主語として]《格式》*For* you *to* go there is important. (= It is important that you (should) go there.) あなたがそこへ行くことが重要だ《⇒ it[1] A 4》.

> 語法 次のような文では for you は形容詞との結びつきが強く,「君にとって(悪い)」という意味合いもある《⇒ A 1》**:** 言い換え It is bad *for* you *to* smoke. (= Smoking is bad *for* you.) たばこを吸うのは君の体に

悪い.

[主格補語として] The idea is *for* us *to* meet on Monday. 私たちは月曜日に会おうという考えだ / [動詞の後で] I'm waiting *for* the shop *to* open. 私は店が開くのを待っているところだ《⇒ A 2》/ [目的を表わして] I've brought the books *for* you *to* examine. 私はこの本をあなたに調べてもらおうと思って持ってきました / [形容詞を修飾して] Is English difficult *for* you *to* learn? あなたには英語を学ぶのは難しいですか / [副詞を修飾して] He ran too fast *for* me *to* keep up. 彼は走るのが速すぎて私はついていけなかった / [名詞を修飾して] Here's another book *for* you *to* look at. あなたに見てもらいたい本がここにもう 1 冊ある. 語法 存在を表わす there は主語のように感じられるので, 次のような構文もある《⇒ there[1] 1 の 2 番目の 語法 (2)》: It is possible *for there to* be a compromise between them. 彼らの間に妥協が生じる可能性はある.

às for ... ⇒ as 成句.

be (ín) for it [動] ⓐ《略式》(きっと)ひどい目にあう, ただではすまない.

bùt for ... ⇒ but 成句.

excépt for ... ⇒ except 前 成句.

for áll ... [前] (1) **...にもかかわらず**, ...があっても [≒in spite of ...]: *for all* that それにもかかわらず / 言い換え *For all* her faults, I still love her. (= Though she has faults, I still love her.) 彼女にはいろいろ欠点もあるが, それでもやはり私は彼女が好きだ. (2) ...(が大したものでないこと)を考慮して: *For all* the progress you've made, you might as well never have started trying to be a guitarist. 今までの進歩から見る限り君はギタリストになろうとしたのが間違いだったようだ. — [接] [しばしば that を伴って] ...だけれども [≒although].

for àll ... knòw [cáre] ⇒ know [care] 動 成句.

— 接《等位接続詞》《文語》**というのは...だからだ**, なぜなら《⇒ because 類義語》: He felt no fear, *for* he was brave. 彼は恐怖を感じなかった, というのは彼は勇気があったからだ. 語法 for ... は前に述べたことの(判断)理由を補足的に示す; 改まった語で, 会話やくだけた文では用いない. 先行する節の後にコンマを置いた後で用いるのが普通だが, 文の後に *For* ... と独立した文を導くこともある.

for·age /fɔ́ːrɪdʒ | fɔ́r-/ 動 ⓐ (食糧などを)捜し回る (*for*). — 名 U (牛馬の)飼料.

for·ay /fɔ́ːreɪ | fɔ́r-/ 名 ❶ C (別分野への)進出の試み, 参入 (*into*). ❷ C 侵略, 急襲 (*into*). ❸ C 出かけること (*into, to*).

+**for·bade** /fəbǽd, fɔə- | fə-, fɔː-/ 動 **forbid の過去形**.

for·bear[1] /fɔəbéə | fɔːbéə/ 動 (for·bears; 過去 for·bore /-bɔ́ə | -bɔ́ː/; 過分 for·borne /-bɔ́ən | -bɔ́ːn/; -bear·ing /-bé(ə)rɪŋ/) ⓐ《格式》控える, 慎む (*from*). — ⓣ《格式》(...するの)を控える (*to* do).

for·bear[2] /fɔ́əbèə | fɔ́ːbèə/ 名 C = forebear.

for·bear·ance /fɔəbé(ə)rəns | fɔː-/ 名 U《格式》忍耐, 自制 [≒patience]; 寛容.

for·bear·ing /fɔəbé(ə)rɪŋ, fə- | fɔː-, fə-/ 形《格式》忍耐強い; 寛容な (*toward*).

+**for·bid** /fəbíd, fɔə- | fə-, fɔː-/ !アク 動 (for·bids /fəbídz, fɔə- | fə-, fɔː-/; 過去 for·bade /-bǽd/, for·bid; 過分 -bid·den /-bídn/, -bid; -bid·ding /-dɪŋ/) ⓣ ❶ (...)を**禁じる**; (人)が(...するのを)**禁止する**; (...に)(〜)を許さない《⇒ 類義語》: 言い換え Her father *forbade* their marriage. = Her father ***forbade*** them ***from*** marry*ing*. V+O+*from*+動名 彼女の父は二人の結婚を許さなかった / The law ***forbids*** park*ing* here. V+O (動名) 法律によりここは駐車禁止である / We can't *forbid* him [his] attend*ing* the meeting. 私たちは彼がその会合に出席するのを禁じることはできない / I ***am forbidden to*** use this phone. V+O+C (to 不定詞)の受身 私はこの電話を使うのを禁止されている / 言い換え We *forbid* you entry to this room. V+O+O = We ***forbid*** you ***to*** enter this room. V+O+C (to 不定詞) = We *forbid* you [your] enter*ing* this room. 《格式》我々は諸君がこの部屋に入ることを禁止する.

語法 次の文のように否定の命令文を間接話法にするときの伝達動詞として用いる《⇒ **巻末文法** 14. 2 (3)》: 言い換え The doctor *forbade* the man *to* smoke. 《間接話法》(= The doctor *said* to the man, "*Don't* smoke."《直接話法》) 医者はその男にたばこを吸わないようにと言った.

❷《格式》(物事が)(...)を妨げる [≒prevent].

Gód forbíd! = Héaven forbíd! [間] Ⓢ そんなことのないように!, そんなことがあってたまるか!

Gód [Héaven] forbíd that ... Ⓢ 願わくは...ということがありませんように《⇒ **巻末文法** 11.4 (4)》: *God* [*Heaven*] *forbid that* another war should break out. どうか再び戦争が起こりませんように.

類義語 **forbid**「禁じる」という意味の一般的な語で, 特に親・主人・教師などの権威ある者が個人的に禁止の命令を与える: The mother *forbade* her child to use the smartphone. 母親は子供にスマホの使用を禁じた. **prohibit** 改まった語で, 法律・規則など公的な権威によって禁じる: Smoking on the street is *prohibited*. 路上喫煙は禁じられている. **ban** 宗教的・道徳的などの基準に合わないとして公的に禁じる: Nuclear tests should be *banned*. 核実験は禁止されるべきである.

+**for·bid·den** /fəbídn, fɔə- | fə-, fɔː-/ 動 **forbid の過去分詞**.

— 形 (規則などで)**禁じられた**, 禁制の (*to*): a *forbidden* place 立ち入り禁止の場所 / 言い換え Smoking is strictly *forbidden* here. = It is strictly ***forbidden to*** smoke here. ここでの喫煙は厳禁である.

forbídden frúit 名 U 〘旧約聖書〙禁断の木の実《エデンの園に生えていた知恵の木の実; ⇒ Eden, Adam's apple》; U,C 禁断の快楽.

for·bid·ding /fəbídɪŋ, fɔə- | fə-, fɔː-/ 形 (場所などが)危険で近づけない, 険しい; (人・外見などが)厳しい, 怖い, 人を寄せつけない. **〜·ly** 副 不気味に.

forbore 動 forbear[1] の過去形.

forborne 動 forbear[1] の過去分詞.

force /fɔ́əs | fɔ́ːs/

— 名 (forc·es /〜ɪz/) ❶ U **暴力**, **腕力**; 武力, 軍事力: Don't use *force*. 暴力を用いるな / They resorted to *force*. 彼らは暴力に訴えた / He took it from her *by force*. 彼はそれを力ずくで彼女から奪った / Conflicts among nations should not be settled *by force*. 国家間の紛争は武力で解決すべきではない.

❷ C,U (物理的な)**力**, 作用; **勢い**, 威力《⇒ power 類義語》: the *force* of the wind 風の力 / the *force* of gravity 重力 / the *forces* of nature 自然の力《あらし・地震など》/ The *force* of the current carried the bridge away. 流れの勢いが橋を押し流してしまった /

The waves were beating against the cliff ***with*** tremendous ***force***. 波が激しく絶壁に打ちつけていた.
❸ Ⓒ **部隊, 兵力**; [the (armed) forces] **軍隊**《特に《米》では陸軍》; [the ~] 警察; (ある目的のための)一団, 要員: a naval *force* 海軍 / the air *force* 空軍 / rebel *forces* 反乱軍 / UN peace-keeping *forces* 国連平和維持軍 / our sales *force* 当社の販売要員. 関連 police force 警察(力) / task force 機動部隊.
❹ U,C (精神的な)**力**, 気力; (他に与える)**影響力**, 説得力, 強制力; 効果, 効力: *force* of mind [will] 精神力[意志の力] / a *force* for good 善へ向かわせる力 / the *force* of public opinion 世論の力 / the *force* of law 法の拘束力 / We're apt to do things ***by*** [***from, out of***] ***force of*** habit. 我々は習慣(の力)[惰性]でものごとをしがちである.
❺ Ⓒ **影響力のある人[もの]**, 勢力のある人[もの]: the driving *force* behind ... ...の原動力となる人[もの].
bríng ... ìnto fórce [動] ⑩ = put ... into force.
còme ìnto fórce [動] ⓐ (法律などが)実施される, 効力を生じる.
in fórce [形] (法律などが)有効で, 施行されて. — [副] 大挙して, 大勢で.
jóin [combíne] fórces [動] ⓐ (...と)協力[提携]する (*with*).
pút ... ìnto fórce [動] ⑩ (...)を実施[施行]する.
(形 fórcible)
— 動 (forc·es /~ɪz/; forced /~t/; forc·ing) ⑩ ❶ (人)に(...することを)強(し)いる, 強制する; (...)に無理に[やむなく]~させる《⇒ 類義語》: Nobody *forced* me. I decided by myself. だれの強制でもない. 自分で決めた / They *forced* him ***to*** sign the letter. V+O+C (to 不定詞) 彼らは彼に無理やり手紙に署名させた / The islanders ***were forced to*** leave their homes ***by*** the eruption of the volcano. V+O+C (to 不定詞)の受身 火山の噴火で島民は家を離れねばならなかった / 言い換え Bad health *forced* her ***into*** early retirement. V+O+into+名 = Bad health *forced* her ***into*** taking early retirement. V+O+into+動名 健康上の理由で彼女は早期退職を余儀なくされた.
❷ (...)を**力で[強引に]進ませる**, 押し込む; (ドア・窓・錠など)を押し[こじ]開ける: I had to ***force*** the clothes ***into*** my small suitcase. V+O+前+名 私は小さなスーツケースに服を押し込まなければならなかった / *force* a lock 錠前をこじ開ける / They *forced* (an) entry *into* the house. 彼らはその家に押し入った / He *forced* the door (open). V+O(+C (形)) 彼はドアをこじ開けた.
❸ (事態)を推し進める: The government *forced* a bill *through* the legislature. 政府は議会で法案を強引に通した. ❹ (笑顔・笑い声など)を無理に作る[出す]: *force* a smile 無理に笑おうとする. ❺ (...)を促成栽培する.
fórce báck [動] ⑩ (涙・感情など)を抑える.
fórce dówn [動] ⑩ (1) (...)を押さえつける. (2) (飲食物)を無理して口に入れる[食べさせる]. (3) (飛行機)を強制着陸させる.
fórce ... on [upòn] ~ [動] ⑩ (物事)を~**に押しつける**: Her parents *forced* marriage *on* her. 両親は彼女に結婚を押しつけた.
fórce ...「òut of [from] ~ [動] ⑩ (...)を~から力ずくで奪う; (自白など)を~に強要する: They *forced* a confession「*out of* [*from*] her. 彼らは彼女に無理やり白状させた.
fórce one**sèlf to dó** [動] 無理して...する.
fórce one's **wáy** [動] ⓐ 無理やりに進む《⇒ way[1] 成句の囲み》.

> 類義語 **force** 抵抗を押し切り無理に...させるという意味の一般的な語. 暴力による強制などの非常に強い意味にも用いる: He *forced* the child to jump into the cold water. 彼はその子を無理やり冷たい水の中へ飛び込ませた. **compel** *force* よりはやや弱く, 暴力行使を意味することは少ないが, いやがったり抵抗したりするのを無理に...させる, の意: Public opinion *compelled* him to resign. 世論のために彼はいやおうなしに辞任するはめになった. **oblige** *compel* よりもさらに意味が弱く, 義務や必要上やむをえず...させる, の意: I was *obliged* to get up early to catch the first train. 一番列車に乗るために私はしかたなく早起きした. **constrain** 本来は制約・拘束などの力で強制することであるが, *compel* とほぼ同じ意味に用い, 比較的頻度の少ない語: He was *constrained* to confess his crime. 彼は罪の自白に追いこまれた.

forced /fɔ́ɚst | fɔ́:st/ 形 ❶ 限定 強制の, 無理強いの: *forced* labor 強制労働 / a *forced* entry 不法侵入. ❷ 不自然な; こじつけの: a *forced* laugh 作り笑い.
fórced lánding 名 Ⓒ (飛行機の)不時着.
force-feed /fɔ́ɚsfì:d | fɔ́:s-/ 動 (-feeds; 過去・過分 -fed /-fèd/; -feed·ing /-dɪŋ/) ⑩ (...に)無理やり食べさせる[飲ませる].
force·ful /fɔ́ɚsf(ə)l | fɔ́:s-/ 形 [よい意味で] (性格などが)強い, 強力な [≒strong]; (議論などが)説得力がある [≒powerful]. **-ful·ly** /-fəli/ 副 強く, 強力に; 説得力をもって.
force ma·jeure /fɔ̀ɚsmɑ:ʒə́: | fɔ̀:smæʒə́:/ ≪フランス語から≫ 名 U 〔法律〕 不可抗力.
force-out /fɔ́ɚsàʊt | fɔ́:s-/ 名 Ⓒ 〔野球〕 封殺, フォースアウト.
for·ceps /fɔ́ɚsəps, -seps | fɔ́:-/ 名 複 鉗子(かんし), ピンセット《医療器具》.
forc·i·ble /fɔ́ɚsəbl | fɔ́:-/ 形 限定 無理強いの, 力ずくの, 強制的な: a *forcible* search 強制捜査 / *forcible* entry 力ずくの[不法]侵入. (名 force)
-i·bly /-əbli/ 副 力ずくで, 強制的に, 無理やり(に); 明快に, 効果的に.
ford /fɔ́ɚd | fɔ́:d/ 名 Ⓒ 浅瀬, (川などの)歩いて[車で]渡れる所. — 動 ⑩ (川など)を歩いて[車で]渡る.
Ford /fɔ́ɚd | fɔ́:d/ 名 Ⓒ フォード《米国 Ford 社製の車; 商標》.
fore /fɔ́ɚ | fɔ́:/ 名 [次の成句で] **cóme to the fóre** [動] ⓐ 前面に出てくる; 目立ってくる, 頭角を現わす. — 形 限定 前部の, 前の [⇔ hind]; 〔航空〕 機首の近くの; 〔航海〕 船首の [⇔ aft]. — 副 〔航空〕 前部に[へ]; 〔航海〕 船首に [⇔ aft].
fore- /fɔ́ɚ | fɔ́:/ 接頭 (時間・地位・位置に関して)「前, 先, 前もって, あらかじめ」の意: *fore*cast 予報する / *fore*head 額.
fore·arm /fɔ́ɚàɚm | fɔ́:(r)ɑ:m/ 名 Ⓒ 前腕《ひじ (elbow) から先; ⇒ body 挿絵》.
fore·armed /fɔ̀ɚɑ́ɚmd | fɔ̀:(r)ɑ́:md/ 形 (困難などに)備えて《⇒ forewarn の例文》.
fore·bear /fɔ́ɚbèɚ | fɔ́:bèə/ 名 Ⓒ [普通は複数形で] 《格式》 先祖, 祖先.
fore·bod·ing /fɔɚbóʊdɪŋ | fɔ:-/ 名 U,C (不吉な)予感, 虫の知らせ (*about*; *that*).
+**fore·cast** /fɔ́ɚkæ̀st | fɔ́:kɑ̀:st/ 名 (fore·casts /fɔ́ɚkæ̀sts | fɔ́:kɑ̀:sts/) Ⓒ **予報**, 予想, 予測; **天気予報** [≒weather forecast]: listen to the *forecast* 予報を

聞く / a sales *forecast* 販売高予測 / a *forecast* of 2% economic growth 2%の経済成長予測 / 🗨 "What's the ***forecast for*** tomorrow?" "It says it'll be fine but with scattered clouds."「明日の天気予報はどうだって」「晴れるけど時々曇りだって」

— 動 (fore·casts /fɔ́ɚkæ̀sts | fɔ́ːkɑ̀ːsts/; 過去・過分 -cast, -cast·ed /~ɪd/; -cast·ing) 他 (天候・自然現象など)を**予報する**; (...)を予想する, 予測する: 言い換え The weather report ***forecasts*** rain ***for*** tomorrow. = Rain *has been forecast for* tomorrow. V+O の受身 あすの天気予報は雨だ / The weather bureau ***forecast*** (*that*) we would have a dry summer this year. V+O ((that)節) 気象局は今年の夏は雨が少ないと予報していた / I can't ***forecast whether*** unemployment will fall this year. V+O (wh 節) 失業率が今年下がるかどうか予測できない.

類義語 **forecast** 現在手元にある情報に基づいて天候や将来のことを予測する. **foretell** 不思議な力によって予言する. **predict** 事実・経験・自然法則などに基づいて推測し予言する. **prophesy** 神がかった超人的な能力によって予言する.

〖語源 原義は「前もって (fore-) 投げる (cast)」; ⇒ broadcast 語源〗

fore·cast·er /fɔ́ɚkæ̀stɚ | fɔ́ːkɑ̀ːstə/ 名 C (気象)予報士, お天気キャスター; (経済などの)予測者.

fore·cas·tle /fóʊksl/ 名 C 《米》〘航海〙 船首楼(内の船員部屋).

fore·close /fɔɚklóʊz | fɔː-/ 動 自 〘法律〙 抵当流れ処分にする (*on*).

fore·clo·sure /fɔɚklóʊʒɚ | fɔːklóʊʒə/ 名 U,C 〘法律〙 抵当物受戻し権喪失.

fore·court /fɔ́ɚkɔ̀ɚt | fɔ́ːkɔ̀ːt/ 名 C 《英》 (ホテル・ガソリンスタンドなどの)前庭.

fore·doomed /fɔɚdúːmd | fɔː-/ 形 《格式》 あらかじめ(失敗が)運命づけられた (*to*).

fore·fa·ther /fɔ́ɚfɑ̀ːðɚ | fɔ́ːfɑ̀ːðə/ 名 C [普通は複数形で] 《文語》 (特に男性の)祖先, 先祖.

fore·fin·ger /fɔ́ɚfɪ̀ŋgɚ | fɔ́ːfɪŋgə/ 名 C [しばしば所有格の後で] 人さし指 [≒index finger] (⇒ hand 挿絵): He shook *his forefinger* at me. 彼は私に向けて人さし指を振った 《注意の合図》.

fore·foot /fɔ́ɚfʊ̀t | fɔ́ː-/ 名 (-feet /-fìːt/) C [普通は複数形で] (動物の)前足.

fore·front /fɔ́ɚfrʌ̀nt | fɔ́ː-/ 名 [the ~] 最前部; 第一線. **in [at, to] the fórefront of ...** [前] ...の最前線[最先端]に[で]; ...の中心[先頭]となって.

fore·go·ing /fɔɚgóʊɪŋ | fɔː-⁻/ 形 限定 [the ~] 《格式》 先の, 前の; 前述の. **the foregóing** [名] [単数または複数扱い] 《格式》 前述のもの.

fóre·gone conclúsion /fɔ́ɚgɔ̀ːn- | fɔ́ːgɔ̀n-/ 名 [a ~] 初めからわかっている結果, 必然的結末.

fore·ground /fɔ́ɚgràʊnd | fɔ́ː-/ 名 [the ~] (風景・写真・絵画などの)前景. 関連 background 背景 / middle distance 中景. **in the fóreground** [形・副] 最も目立つ[重要な]位置で[に].

fore·hand /fɔ́ɚhæ̀nd | fɔ́ː-/ 名 ❶ C (テニスなどの)フォアハンド, 前打ち [⇔ backhand]. ❷ [単数形で; 普通は所有格の後で] フォア(ハンド)の側. — 形 限定 フォアハンド[前打ち]の.

+**fore·head** /fɔ́ɚhèd, fɑ́(ː)rɪd, fɔ́ːr- | fɔ́ːhèd, fɔ́rɪd/ ❗発音 名 (fore·heads /fɔ́ɚhèdz, fɑ́(ː)rɪdz, fɔ́ːr- | fɔ́ːhèdz, fɔ́rɪdz/) C **額**(ひたい), 前額部 [≒brow] (⇒ head 挿絵): a high [low] *forehead* 広い[狭い]額. 参考 性格・感情を示す部分とされる.

rúb one's **fórehead** [動] 自 額をこする《思い出そうとするときのしぐさ》.

***for·eign** /fɔ́ːrən | fɔ́r-/ ✪ -gn で終わる語の g は発音しない.

— 形 ❶ [比較なし] **外国の, 外国人の** [⇔ domestic, home]; 外来の, 在外の; 限定 対外の: *foreign* countries 諸外国 / a *foreign* language 外国語 / *foreign* trade [travel] 外国貿易[旅行] / *foreign* students 外国人学生, 留学生 (⇒ overseas 語法 (2)) / *foreign* aid 対外援助(資金) / *foreign* policy 外交[対外]政策. ❷ 叙述 《格式》 (...に)なじみのない, 未知の; 相いれない, 無関係で: Flattery is *foreign to* his nature. へつらうということは彼の性質とは相いれないものだ. ❸ 限定 《格式》 外部からの, 異質の: a *foreign* body [object] in the eye 目の中に入った異物《ごみなど》. 〖語源 ラテン語で「戸外の」の意〗

fóreign affáirs 名 複 外務, 外政: the Minister of *Foreign Affairs* 外務大臣. 関連 home affairs 内務.

Fóreign and Cómmonwealth Òffice 名 [the ~] 《英》 外務(連邦)省.

*__for·eign·er__ /fɔ́ːrənɚ | fɔ́rənə/ 名 (~s /~z/) C **外国人**; 部外者: John was the first *foreigner* ever to visit that mountain village. ジョンはその山の村を訪れた最初の外国人だった. ⚡「よそ者」という軽蔑の感じを含むことがあるので, John is「from Canada [Canadian]. のように具体的に国籍を表わす語を使うか, 国籍が不明のときは a person from abroad [another country] というほうが無難 (⇒ American 形 1 語法).

類義語 **foreigner** 外国から旅行または移住してきた人. **immigrant** ある国に定住するか, しようとしている *foreigner* をいい, *foreigner* よりも無色の語. 帰化して国籍を取得した後でも, 言語・風俗などの違いが感じられる間は *immigrant* と呼ばれることが多い. **alien** ある国に住んでいて, まだ国籍を取得していない人をいう. 公的に外国人を指す語として用いられる: *alien* registration 外国人登録.

+**fóreign exchánge** 名 ❶ U **外国為替(取引)**: The yen has gone down suddenly on the *foreign exchange* markets. 外国為替市場で円相場が急落した. ❷ U 外貨. ❸ C 交換留学[相互訪問](制度) (⇒ exchange student).

fóreign mínister 名 C 外務大臣.

Fóreign Òffice 名 [the ~] 《英》 外務省《正式には ⇒ Foreign and Commonwealth Office》. 関連 Home Office 《英》 内務省.

Fóreign Sécretary 名 [the ~] 《英》 外務大臣《正式には the Secretary of State for Foreign and Commonwealth Affairs》. 関連 Home Secretary 《英》 内務大臣.

fore·knowl·edge /fɔɚnɑ́(ː)lɪʤ | fɔːnɔ́l-/ 名 U 《格式》 予知, 先見(の明) (*of*).

fore·leg /fɔ́ɚlèg | fɔ́ː-/ 名 C (獣の)前肢(ぜんし).

fore·lock /fɔ́ɚlɑ̀(ː)k | fɔ́ːlɔ̀k/ 名 C (人・馬の)前髪. **túg [tóuch]** one's **fórelock** [動] 《英》 (目上の人などに)ぺこぺこする (*to*).

fore·man /fɔ́ɚmən | fɔ́ː-/ 名 (-men /-mən/) ❶ C (労働者の)親方, 職長. ❷ C 〘法律〙 陪審長.

fore·most /fɔ́ɚmòʊst | fɔ́ː-/ 形 限定 [the ~] 第 1 位の, 一流の, 主要な: He was *the foremost* scholar of his time. 彼は当時一流の学者だった. — 副 いちばん先に, 真っ先に (*among, in*). **fírst and fóremost** [副] 真っ先に, 何よりも.

F

fore·name /fɔ́ɚnèɪm | fɔ́ː-/ 名 C 《主に英》《格式》(姓に対して)名 [≒first name].

fo·ren·sic /fərénsɪk/ 形 限定 (犯罪の)科学捜査の; 法医学の: *forensic* medicine 法医学.

fo·ren·sics /fərénsɪks/ 名 U 犯罪(捜査)科学.

fore·play /fɔ́ɚplèɪ | fɔ́ː-/ 名 U (性行為の)前戯.

fore·run·ner /fɔ́ɚrʌ̀nɚ | fɔ́ːrʌ̀nə/ 名 C 先駆者, 先駆け (*of*); 前ぶれ, 前兆.

fore·saw /fɔ̀ɚsɔ́ː | fɔː-/ 動 foresee の過去形.

fore·see /fɔ̀ɚsíː | fɔː-/ 動 (fore·sees /~z/; 過去 fore·saw /-sɔ́ː/; 過分 fore·seen /-síːn/; -see·ing) 他 (先のこと)を見通す, 見越す, 予知[予測]する: *foresee* difficulties 困難を予測する / He *foresaw* (*that*) there would be trouble. 彼はもめごとになるのを見越していた / No one can *foresee what* will happen next. 次に何が起こるかだれにも見通せない. (名 fóresìght)

fore·see·a·ble /fɔ̀ɚsíːəbl | fɔː-/ 形 予見[予知]できる. **for the foreséeable fúture** [副] 当分(は). **in the foreséeable fúture** [副] 近い将来に, まもなく.

fore·seen /fɔ̀ɚsíːn | fɔː-/ 動 foresee の過去分詞.

fore·shad·ow /fɔ̀ɚʃǽdoʊ | fɔː-/ 動 他《格式》(将来の事など)の前兆となる, (...)を予示する.

fore·shore /fɔ́ɚʃɔ̀ɚ | fɔ́ːʃɔ̀ː/ 名 [単数形で; 普通は the ~]《英》前浜(まえはま); なぎさ, いそべ.

fore·short·en /fɔ̀ɚʃɔ́ɚtn | fɔːʃɔ́ːtn/ 動 他 ❶〔絵画〕(遠近法によって)(...)の奥行きを縮めて描く, 遠見(とおみ)に描く. ❷《格式》(...)を短縮する.

fore·sight /fɔ́ɚsàɪt | fɔ́ː-/ 名 U [よい意味で] 先を見通す力, 先見(の明), 洞察; 将来に対する配慮: She had the *foresight to* study Italian. 彼女は先を見通してイタリア語を勉強した. 関連 hindsight あと知恵. (動 fòresée)

fore·skin /fɔ́ɚskɪ̀n | fɔ́ː-/ 名 C (陰茎の)包皮.

***for·est** /fɔ́ːrəst | fɔ́r-/

— 名 (for·ests /-rəsts/) C,U 森, **森林**; 森林地帯: a thick [dense] *forest* 密林 / a tropical *forest* 熱帯林 / I like taking a walk in the *forest*. 私は森を散歩するのが好きだ.

forest (野獣の住むような人里離れた天然の大森林)	森
wood(s) (小動物の生息する人里近くの森)	

a fórest of ... [形] 林のように立ち並ぶ...: *a forest of* masts in the harbor 港に林立するマスト.

cannót sée the fórest for the trées [動] 自《米》木を見て森を見ず; 細部にとらわれて大局を見失う [《英》cannot see the wood for the trees].

fore·stall /fɔ̀ɚstɔ́ːl | fɔː-/ 動 他《格式》(人など)の機先を制する; (事)を未然に防ぐ.

for·est·ed /fɔ́ːrəstɪd | fɔ́r-/ 形 樹木に覆われた.

for·est·er /fɔ́ːrəstɚ | fɔ́rəstə/ 名 ❶ C 森林(監督)官. ❷ C 森林労働者.

fórest rànger 名 C《主に米》森林監視員.

for·est·ry /fɔ́ːrəstri | fɔ́r-/ 名 U 林学; 林業.

fore·taste /fɔ́ɚtèɪst | fɔ́ː-/ 名 [a ~] (将来の事の)予兆, 前触れ; 事前体験 (*of*).

fore·tell /fɔ̀ɚtél | fɔː-/ 動 (fore·tells; 過去・過分 fore·told /-tóʊld/; -tell·ing) 他《格式》(...)を予言[予告]する (⇒ forecast 類義語).

fore·thought /fɔ́ɚθɔ̀ːt | fɔ́ː-/ 名 U《格式》事前の考慮; (将来への)配慮, 用心 (*to* do).

foretold 動 foretell の過去形および過去分詞.

*__for·ev·er,__《英》**for ev·er** /fərévɚ | -və/ 副 ❶ [しばしば文末に用いて] **永久に**, 永遠に, いつまでも: I'll remember you *forever*. いつまでもあなたのことを覚えているでしょう. ❷ [文中で進行形とともに用いて] Ⓢ《略式》いつも(...してばかりいる), しょっちゅう(...している) [≒always]: He *is forever* complain*ing*. 彼はしょっちゅう不平を言っている (⇒ be² A 1 (3)). 語法 非難の気持ちを含み,《英》でも forever と 1 語につづる. ❸ [名詞的に用いて] Ⓢ《略式》ひどく長い時間: It took (me) *forever* to finish it. それを仕上げるのにひどく時間がかかった.

forévcer and a dáy [副] Ⓢ 延々と, いつまでも.

forévcer [for éver] and éver [副] 永久に《特に物語で》.

gò ón forévcer [動] 自《米》いつ[どこ]までも続く, はてしなく長い[大きい].

fore·warn /fɔ̀ɚwɔ́ɚn | fɔːwɔ́ːn/ 動 他 (...)にあらかじめ警告する (*of, about, against*; *that*): *Forewarned* is forearmed.《ことわざ》事前の警告は事前の武装に等しい(備えあれば憂いなし).

fore·wom·an /fɔ́ɚwʊ̀mən | fɔ́ː-/ 名 (-wom·en /-wɪ̀mən/) C 職長《女性》;〔法律〕陪審長《女性》.

fore·word /fɔ́ɚwɚ̀ːd | fɔ́ːwɜ̀ːd/ 名 C 前書き, 序文《普通は著者以外の人が書く》. 関連 preface (著者が書く)序文.

for·feit /fɔ́ɚfɪt | fɔ́ː-/ 動 他 (罰などとして)(...)を喪失する, 没収される, (権利など)を失う. — 名 C 没収品, 罰金; 代償.

for·fei·ture /fɔ́ɚfɪtʃɚ | fɔ́ːfɪtʃə/ 名 U,C〔法律〕(財産の)没収; 失権, (名声の)喪失 (*of*).

+**for·gave** /fɚgéɪv | fə-/ 動 **forgive の過去形.**

+**forge¹** /fɔ́ɚdʒ | fɔ́ːdʒ/ 動 (forg·es /~ɪz/; forged /~d/; forg·ing) 他 ❶ (文書・署名など)を**偽造する:** *forge* a passport パスポートを偽造する. ❷ (関係など)を形成する; (地位など)を築きあげる. ❸ (金属を)熱して(...)を作る. (名 fórgery)

— 名 C かじ屋《仕事場》; 鉄工場, 製鉄所; 炉.

forge² /fɔ́ɚdʒ | fɔ́ːdʒ/ 動 自 ぐんぐんと進む; どんどん続ける (*ahead, along, on*; *into, through*).

fórge ahéad with ... [動] 他 (...)を推し進める.

forg·er /fɔ́ɚdʒɚ | fɔ́ːdʒə/ 名 C 偽造者, 犯人.

forg·er·y /fɔ́ɚdʒ(ə)ri | fɔ́ː-/ 名 (-er·ies) ❶ U 偽造, 贋造(がんぞう). ❷ C 偽物; 偽造文書. (動 forge¹)

***for·get** /fɚgét | fə-/ アク

— 動 (for·gets /fɚgéts | fə-/; 過去 for·got /-gɑ́(ː)t | -gɔ́t/; 過分 for·got·ten /-gɑ́(ː)tn | -gɔ́tn/, for·got; -get·ting /-ṭɪŋ/) 他 [普通は進行形なし] ❶ (...)を忘れる, (過去のこと)を**思い出せない** [⇔ remember]: 「I've *forgotten* [I *forget*] his name. 彼の名前を忘れてしまった. 語法 Ⓢ では I've forgotten の意味で単に I forget を用いることが多い // I completely [《米略式》clean] *forgot* (*that*) you were coming. V+O ((*that*) 節) 君が来るのをすっかり忘れてた (多用; 主に Ⓢ では進行形 I *was* completely *forgetting* ... も可能) / He has *forgotten where* he put his umbrella. V+O (*wh* 節) 彼はどこに傘を置いたか忘れた 多用 /「I've *forgotten* [Ⓢ I *forget*] *how to* use this camera. V+O (*wh* 句) このカメラの使い方が思い出せない / I'll never *forget* visit*ing* this museum. V+O (動名) この博物館

を訪れたことを決して忘れないだろう《⇒ 2 語法》/ You're always *forgetting* things. 君はよく物忘れをするね《⇒ be² A 1 (3)》.

❷ (...するの)を忘れる; (...するの)を怠る, し忘れる [⇔ remember]: 言い換え Don't *forget to* turn out the light. V+O (to 不定詞) (= *Remember to* turn out the light.) 明かりを消すのを忘れないでね / I almost *forgot to* renew my passport. もう少しでパスポートを更新するのを忘れるところだった / Don't *forget* (*to* bring) the money. お金を(持ってくるのを)忘れないように《⇒ 3》/ Don't ***forget*** (***that***) you have to prepare for the English test. V+O ((that)節) 英語のテスト勉強をしなくちゃいけないの忘れないようにね / 言い換え Aren't you *forgetting* something? (= Haven't you *forgotten* something?) Ⓢ 何かお忘れじゃありませんか.

> 語法 forget+to *do* と forget+*do*ing
> V+O (to 不定詞) の動詞型は「これからしなければならないことを忘れる」の意味. 一方 V+O (動名) の動詞型は「過去にあったことを忘れる」という 1 の意味で, will never *forget* ...ing の形で用いることが多い《⇒ remember 3 語法》.

❸ (...) を(持ってくる[いく]のを)忘れる; 買い忘れる: He *forgot* his umbrella and went back for it. 彼は傘を忘れて取りに戻った / Have you *forgotten* anything? 何か忘れ物はありませんか / Don't let me *forget* the report. その報告書を忘れないように(私に)言って[注意して]ください. 語法 普通は I *forgot* my key. (鍵を忘れた)のように言い,「場所」を示さない.「場所」を示す場合は I *left* my key *at home*. と言うほうが一般的《⇒ leave¹ 他 3》. ❹ (...)を考えない[忘れる]ようになる[する], 気にしない; (...)をあきらめる: Let's *forget* ⌈the past [our quarrel]. 過去[けんか]のことは水に流そう.

— 自 [普通は進行形なし] 忘れる; 考えないようにする; あきらめる: Please give me a call on Friday evening. Don't *forget*. 金曜の夜に電話して. 忘れないでね / She seemed to have ***forgotten about*** her promise. V+about+名 彼女は約束のことを忘れてしまっていたようだった / You can ***forget about*** buy*ing* a new computer. V+about+動名 新しいコンピューターを買う話はあきらめて. 語法「...する予定を忘れる」または「...した事実を忘れる」の意にもなる: I ***forgot about*** mail*ing* the letter. 私はその手紙を出すのを[出したことを]忘れていた.

(...) and dón't (you) forgét it! Ⓢ いいか, 忘れるな[覚えてろ]《相手に怒りながら注意することば》.

befòre I forgét (it) [副] 忘れないうちに(言うと).

Forgét it. (1) Ⓢ《略式》(そのことは)気にしなくていいよ; もういい, (いや)何でもない; やめてくれ. (2) Ⓢ《略式》だめだ, あきらめて《提案・申し出などを拒絶することば》.

forgét one**sèlf** [動] 自 (1) (怒りなどで)我を忘れる, 正気を失う. (2)《英》(...に)没頭する (*in*).

Forgét thàt. Ⓢ《米略式》= Forget it (2).

nót forgétting ... [前]《英》...をも含めて.

(形 forgétful)

for·get·ful /fəgétf(ə)l | fə-/ 形 ❶ (物を)忘れやすい, よくもの忘れをする: get *forgetful* もの忘れをするようになる. ❷ 叙述《格式》(...を)怠りがちで (*of*). (動 forgét)

~·ly /-fəli/ 副 忘れっぽくて. **~·ness** 名 U 忘れやすいこと, 健忘症.

for·get-me-not /fəgétminɑ̀(ː)t | fəgétminɔ̀t/ 名 C 忘れな草《信実・友愛の象徴》.

for·get·ta·ble /fəgétəbl | fə-/ 形 [こっけいに] つまらない, すぐ忘れられる, 心に残らない.

for·giv·a·ble /fəgívəbl | fə-/ 形 (過失などが)許されてよい, 大目に見てよい.

*__for·give__ /fəgív | fə-/ 動 (for·gives /~z/; 過去 for·gave /-géɪv/; 過分 for·giv·en /-gív(ə)n/; for·giv·ing) 他 ❶ [進行形なし] (過ちや罪を犯した人)を**許す**, 勘弁する; (人の)(過ち・罪)を許す, (言動)を大目に見る: 言い換え She ***forgave*** the boy ***for*** his rudeness. V+O+for+名 = She ***forgave*** the boy ***for*** be*ing* rude. V+O+for+動名 = She *forgave* the boy his rudeness. V+O+O 彼女は少年が無作法なのを許してやった / 💬 "Sorry." "It's OK, you'*re forgiven*." V+O の受身「すみません」「いいよ, 許してあげる」/ ***I'd never forgive myself*** if anything happened to my parents. もし両親に何かあったら私は自分を許せない(自分のせいだ).

> ♥ 許してください (謝罪するとき)
> **Will you forgive me?**
> I'm sorry. It was all my fault. **Will you forgive me?** ごめんね. 全部私のせいなの. 許してくれる?
> ♥ 相手に許しを請うときの表現.
> ♥ 相手に大きな迷惑をかけたり, 相手の感情を傷つけてしまったときなど, 深刻な謝罪で用いることが多い.《謝罪の表現については ⇒ sorry 1》

forgive, pardon, excuse (過失や罪などをとがめない)	許す
allow, let (許可する, やらせてやる)	

❷《格式》(国・銀行などが)(負債など)を免除する.

— 自 許す: *Forgive* and forget.《ことわざ》許して忘れよ(過ぎたことは水に流せ).

could [might, can, may] be forgíven for dóing ...するのは無理もない: You *could be forgiven* for think*ing* so. 君がそう思うのも無理はない.

> 類義語 **forgive** 個人的な同情で人の罪を許すこと: I'll *forgive* the boy for breaking the window. 私は少年が窓ガラスを割ったことを許してやる. **pardon** 元来公的な機関が罪人を許すことを意味し, 個人的な関係で用いられるときは *forgive* や *excuse* よりも大げさな許し方を意味する. **excuse** ささいな過ちや失礼を許す意味: Please *excuse* my hat. 帽子をかぶったままで失礼します.

+**for·giv·en** /fəgív(ə)n | fə-/ 動 **forgive の過去分詞.**

for·give·ness /fəgívnəs | fə-/ 名 U 許し, 容赦, 勘弁: ask for *forgiveness* 許しを求める.

for·giv·ing /fəgívɪŋ | fə-/ 形 寛大な, (...を)快く許す (*of*).

for·go /fɔəgóʊ | fɔː-/ 動 (for·goes; 過去 for·went /-wént/; 過分 for·gone /-gɔ́ːn | -gɔ́n/; -go·ing) 他《格式》(...)を(あえて)断念する, 見送る.

⁑**for·got** /fəgɑ́(ː)t | fəgɔ́t/ 動 forget の過去形および過去分詞.

⁑**for·got·ten** /fəgɑ́(ː)tn | fəgɔ́tn/ 動 forget の過去分詞.

⁑**fork** /fɔ́ək | fɔ́ːk/

— 名 (~s /~s/) ❶ C フォーク: (a) knife, *fork* and

spoon (ひと組の)ナイフとフォークとスプーン《⇒ and 1 語法 (1)》/ a salad *fork* サラダ用フォーク. ❷ Ⓒ くま手; またぐわ. 関連 pitchfork 干し草用くま手. ❸ Ⓒ (道路・川の)分岐点; 支流, 支道《枝分かれした片方》: a *fork* in the road 道の分岐点. ❹ [the ～s] (自転車などの)ホーク《⇒ bicycle 挿絵》.

— 動 自 ❶ (道路・川が)分岐する (*off*). ❷ (人が分岐点で)曲がる (*off*): *Fork* right at the bridge. 橋のところを右に曲がってください.

— 他 ❶ (...)をフォーク[くま手]で運ぶ[持ち上げる]. ❷ (...)をまたぐわで掘る[埋める].

fórk óver [óut] [動] 他《略式》(...に)(金)を(しぶしぶ)出す (*on, for*).

fork·ball /fɔ́ɚkbɔ̀ːl | fɔ́ːk-/ 名 Ⓒ 〔野球〕フォークボール.

forked /fɔ́ɚkt | fɔ́ːkt/ 形 フォーク状の; 枝分かれした, 分岐した: *forked* lightning 枝分かれした稲妻.

fork·ful /fɔ́ɚkfʊ̀l | fɔ́ːk-/ 名 Ⓒ フォーク一杯(の量) (*of*).

fórk·lift (trùck) /fɔ́ɚklɪ̀ft(-) | fɔ́ːk-/ 名 Ⓒ フォークリフト《重い荷物を積み降ろしするフォーク型のつり上げ機》.

for·lorn /fɚlɔ́ɚn | fəlɔ́ːn/ 形 (more ～, for·lorn·er; most ～, for·lorn·est) ❶《文語》(人などが)孤独な, わびしい. ❷《文語》(場所が)荒れ果てた, さびれた. ❸ 限定 (望み・試みなどが)見込みのない.

＊＊form /fɔ́ɚm | fɔ́ːm/

— 名 (～s /～z/)

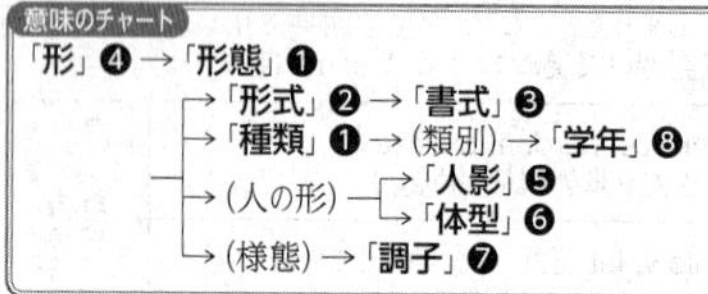

意味のチャート
「形」❹ →「形態」❶
→「形式」❷ →「書式」❸
→「種類」❶ → (類別) →「学年」❽
→ (人の形) →「人影」❺
→「体型」❻
→ (様態) →「調子」❼

❶ Ⓒ **形態**, (現われ方などの違いによる)種類, タイプ [≒type]: There are several ***forms of*** government. 政治の形態にはいくつかある / Steam is one of the *forms of* water. 水蒸気は水の形態の 1 つである.

❷ Ⓤ,Ⓒ (内容に対して)**形式** [⇔ content], 型; 表現形式, 様式; 〔文法〕形式; 語形: a dictionary in electronic *form* 電子辞書 / The meeting will ***take the form of*** a debate. その会合はディベート形式になる / You must not insist on *form* at the expense of content. 形式にこだわりすぎて中身を忘れてはいけない / the plural *form* 複数形.

❸ Ⓒ **書式**, ひな形, 書き込み用紙, 書類: an application *form* 申込用紙, 願書 / an order *form* 注文用紙 / We need your signature ***on*** this ***form***. この用紙にあなたの署名が必要です / Please fill out [in] this *form*. この用紙に記入してください.

❹ Ⓤ,Ⓒ **形**, 外形《⇒ 類義語, shape 表》: The roof was built ***in the form of*** a triangle. 屋根は三角形に作られた / in some *form* or other 何らかの形で // ⇒ take form (成句).

❺ Ⓒ **人影**, 物影, 物体: Suddenly a *form* appeared at the door. 突然戸口に人影が現われた / the dark *forms* of trees 黒い木の影.

❻ Ⓤ,Ⓒ (人の)**体型**, 外観, フォーム: her slender *form* 彼女のすらっとした体型. ❼ Ⓤ (スポーツ選手などの)調子, 状態: He was *in* [《英》*on*] good [great] *form* yesterday. 彼はきのうは調子がよかった[元気だった] / John is *in* bad [poor] *form* this season. ジョンは今シーズンは不調だ / on present [current] *form* 現在までの調子[成績]で判断すると. ❽ Ⓒ《古風, 英》学級, 学年《⇒ sixth form》. ❾ Ⓤ,Ⓒ《主に英》(習慣・作法による)やり方, 形式, 様式.

as a mátter of fórm [副] 形式上, 儀礼上《文頭・文尾に用いる》.

in fórm《主に米》= **on fórm**《主に英》[形・副] (スポーツ選手などが)好調で.

òut of fórm = **òff fórm**《主に英》[形・副] (スポーツ選手などが)不調で.

tàke fórm [動] 自 形を成す, 現われる, 具体化する.

(形 fórmal)

類義語 **form** 最も一般的な語で, 具体的あるいは抽象的のいずれを問わず, ある種類のもの全体に共通の形・形式をいう: Architects pay attention to *form*. 建築家は形に気を配る. **shape** 普通は具体的で, 個々のものに特有の形をいう: It has the *shape* of the letter S. それは S 字形をしている. **figure** 線や面で囲まれた図形や姿で, 特にその輪郭に重点をおく場合に使う語: a geometric *figure* 幾何学的図形.

— 動 (forms /～z/; formed /～d/; form·ing) 他 ❶ (物)を**形作る**; (ある形)を**作り出す**; (物)を(ある形に)作り上げる, 形成する: The children *formed* a circle and sang together. 子供たちは輪になって一緒に歌った / The boy ***formed*** the sand ***into*** the shape of a ship. V+O+*into*+名 その少年は砂を船の形に作り上げた.

❷ (...)を**構成する**; (...)に**なる**: Humans *form* social groups. 人間は社会集団を形成する / Water *forms* ice at 0℃. 水は 0 度で氷になる《0℃ は zero degrees Celsius [centigrade] と読む》. ❸ (...)を組織[結成]する: *form* a cabinet 組閣する. ❹ (交際・関係など)を結ぶ; (人物・能力・品性など)を形成する, 鍛える; (習慣)をつける: He *formed* a friendship *with* the painter. 彼はその画家と親交を結んだ / Our character *is formed through* education. 人格は教育によって形成される. ❺ (考え)をまとめる, (思想)を抱く, 思い浮かべる: *form* an opinion [impression] 考えを抱く.

— 自 ❶ (物が)**形を成す**; (列・群衆などが)**形成される**; (ある形に)なる: Ice *formed* on the pond. 池に氷が張った / Clouds are *forming* over the mountain. 山の上に雲がかかっている / The volunteers ***formed*** (***up***) ***into*** a line. V+(*up*+)*into*+名 ボランティアたちは 1 列になった. ❷ (考え・思想などが)生まれる, 浮かぶ: A good idea *formed* in my mind. 私の心によい考えが浮かんだ.

(名 formátion)

単語のキズナ FORM／形

form	形; 形作る		
formal	(型にはまった)	→	公式の
formula	(小さな型)	→	公式
uniform	(1 つの形)	→	制服
reform	(再び形を作る)	→	改革する
transform	(形を他へ移す)	→	一変させる
inform	(心の中に形を作る)	→	通知する
conform	(...に合わせて形を作る)	→	(規則)に従う

＊for·mal /fɔ́ɚm(ə)l | fɔ́ː-/

— 形 ❶ (ことば・話し方・行動などが)**改まった**, 堅苦しい, 格式的な [⇔ informal]: *formal* language 改まったことば / She was very ***formal with*** me. +*with*+名 彼女は私に対してとてもかしこまっていた / Don't be so *formal!* そう改まらないで.

❷ **公式の**, **正式な**, 儀礼的な [⇔ informal, casual]: a

formal dress 礼服 / a *formal* visit 公式訪問 / a *formal* contract 正式な契約 / a *formal* party 格調の高いパーティー《夜会服やタキシードなどを着ていくような》. ❸ 限定 (教育が)正規の, 学校での: *formal* education 正規の(学校)教育. ❹ 形式的な, 形の上での: a *formal* likeness 外形上の類似.
(名 form, formálity, 動 fórmalìze)
— 名 C 《米》正式な舞踏会; イブニングドレス.
〖⇒ form キズナ〗

form·al·de·hyde /fɔəmǽldəhàɪd | fɔː-/ 名 U 〔化学〕ホルムアルデヒド《防腐・消毒剤》.

for·ma·lin /fɔ́əməlɪn | fɔ́ː-/ 名 U 〔化学〕ホルマリン《殺菌・消毒剤》.

for·mal·is·m /fɔ́əməlìzm | fɔ́ː-/ 名 U (芸術・宗教などの)形式主義.

for·mal·i·ty /fɔəmǽləṭi | fɔː-/ 名 (-i·ties) ❶ C [普通は複数形で] 正式な手続き: go through the *formalities* 正式な手続きを経る. ❷ [a ～] 形式的なこと[手続き]; 儀礼的行為: It's just [only, merely] a *formality*. それは単に形式だけのことだ. ❸ U 形式にこだわること; 堅苦しさ; 丁重さ: without *formality* 儀式ばらずに.
(形 fórmal)

for·mal·ize /fɔ́əməlàɪz | fɔ́ː-/ 動 他 (...)を正式にする; (...)の形を整える.
(形 fórmal)

+**for·mal·ly** /fɔ́əməli | fɔ́ː-/ (同音 《英》formerly) 副 ❶ **正式に**, 公式に [⇔ informally]; [ときに 文修飾] 形式上, 形の上で(は): She *formally* announced that she would run for President. 彼女は大統領に立候補すると正式に表明した. ❷ 格式[儀式]ばって, 堅苦しく [⇔ informally].

+**for·mat** /fɔ́əmæt | fɔ́ː-/ 名 (for·mats /-mæts/) ❶ C (会合などの)**形式**, 構成, 計画: The *format* of the interview has not been decided. 面接の形式は決定されていない. ❷ C (本などの)体裁, 型, 判; 〔コンピュータ〕フォーマット, 書式.
— 動 (for·mats; -mat·ted; -mat·ting) 他 ❶ 〔コンピュータ〕(ディスク)を初期化する; (データ)をあるフォーマット[書式]に配列する. ❷ (本など)をある体裁[型, 版]で作る.

+**for·ma·tion** /fɔəméɪʃən | fɔː-/ 名 (～s /～z/) ❶ U **構成**, 編成, 形成: the ***formation of*** a Cabinet 組閣 / the *formation of* one's character 自己の人格の形成. ❷ U,C 〔軍隊〕隊形; 〔球技〕フォーメーション: in *formation* (飛行機などが)編隊を組んで. ❸ C,U 組成物, 構成物, 形成物; 形態; 〔地質〕層.
(動 form)

for·ma·tive /fɔ́əməṭɪv | fɔ́ː-/ 形 限定 形成する; (形成期に)重要な: *formative* arts 造形美術 / He spent his *formative* years in London. 彼は成長期をロンドンで過ごした.

for·mat·ted /fɔ́əmæṭɪd | fɔ́ː-/ 形 ❶ 〔コンピュータ〕初期化した. ❷ ある体裁になった.

for·mat·ting /fɔ́əmæṭɪŋ | fɔ́ː-/ 名 ❶ U 〔コンピュータ〕初期化; フォーマット配列. ❷ U 体裁, 書式設定.

***for·mer**[1] /fɔ́əmə | fɔ́ːmə/
— 形 ❶ 限定 **以前の**, 前の; 昔の: the *former* president 前[元]大統領 / He is my *former* teacher. 彼は以前の私の先生だ / in *former* times [years] 《格式》昔(は), 以前は / You're looking more like your ***former self***. もとのあなたにもどってきましたね. 関連 present 現在の.
❷ [the ～ として代名詞的に] 《格式》**前者**, 前のもの [⇔ the latter]: I prefer Noh to Kabuki, because *the former* is more abstract than the latter. 私は能のほうが歌舞伎より好きです, なぜなら前者(能)のほうが後者(歌舞伎)より抽象的だから.

語法 **former の使い方**
(1) the former, the latter は 2 つのものに用い, 3 つ以上のものは the first, the second, the third などのようにいう.
(2) the former, the latter は単数名詞を受けるときは単数扱い, 複数名詞を受けるときは複数扱い.

❸ 限定 [the ～] 前者の, 前のほうの [⇔ the latter]: I think *the former* view is correct. 私は前者の意見のほうが正しいと思う.

form·er[2] /fɔ́əmə | fɔ́ːmə/ 名 C 《英》[序数詞とともに] (中学)...年生: a sixth *former* 中学 6 年生.

+**for·mer·ly** /fɔ́əməli | fɔ́ːmə-/ (同音 《英》formally) 副 **以前は**, かつて, 昔(は) [≒previously] [⇔ latterly]: This castle was *formerly* owned by a nobleman. この城は昔はある貴族のものだった.

For·mi·ca /fɔəmáɪkə | fɔː-/ 名 U フォーマイカ《テーブルなどの表面仕上げに用いる合成樹脂(板); 商標》.

fór·mic ácid /fɔ́əmɪk- | fɔ́ː-/ 名 U 〔化学〕蟻酸(ぎさん).

+**for·mi·da·ble** /fɔ́əmɪḍəbl | fɔ́ː-/ 形 ❶ **驚異的な**, 強力な, すごい; 恐ろしい, 恐るべき: a *formidable* opponent 恐るべき相手. ❷ 侮(あなど)り難い, 手ごわい: a *formidable* task 手に負えそうもない仕事.
-da·bly /-ḍəbli/ 副 驚異的に; 恐ろしく.

form·less /fɔ́əmləs | fɔ́ːm-/ 形 形の定まらない.

fórm lètter 名 C 定型書状《あて名だけを変えて多数に送る同文の手紙》.

for·mu·la** /fɔ́əmjʊlə | fɔ́ː-/ 名 (複 ～s /～z/, 2 では for·mu·lae /fɔ́əmjʊlìː | fɔ́ː-/) ❶ C (問題解決のためなどの)**方式**, 案; 決まったやり方: The two sides tried to work out a ***formula for a cease-fire. 両者は停戦案を見つけ出そうと努めた / There's no magic *formula for* success. 成功に秘策などない.
❷ C 〔数学〕**公式**, 定式, 式; 〔物理・化学〕式; (薬・飲み物などの)製法, 処方, 配合: a ***formula for*** calculat*ing* the density 密度を計算する公式 / The chemical *formula for* water is H_2O. 水の化学式は H_2O である. ❸ C (競走車の)フォーミュラ, 公式規格《エンジンの排気量などによる分類》: *Formula* One フォーミュラワン, F 1《最高規格のレーシングカーレース; 商標》. ❹ U 《米》乳児用調製粉乳. ❺ C 決まった言い方, 決まり文句《How do you do? (はじめまして), Thank you. (ありがとう), など》.
(動 fórmulàte)
〖⇒ form キズナ〗

***for·mu·lae** /fɔ́əmjʊlìː | fɔ́ː-/ 名 **formula 2 の複数形.**

for·mu·la·ic /fɔ̀əmjʊléɪɪk | fɔ̀ː-←/ 形 《格式》型通りの, 陳腐な.

+**for·mu·late** /fɔ́əmjʊlèɪt | fɔ́ː-/ 動 (-mu·lates /-lèɪts/; -mu·lat·ed /-ṭɪd/; -mu·lat·ing /-ṭɪŋ/) 他 ❶ (計画・提案など)を**案出する**, 編み出す: The government has been unable to *formulate* a sensible foreign policy. 政府は適切な外交政策を打ち出せずにいる. ❷ (ことばを選んで)(考えなど)を明確に述べる, 順序立てて説明する: *formulate* a clear statement of one's political goals 政治目標を明確に述べる. ❸ (...)を調合する.
(名 fórmula, fòrmulátion)

for·mu·la·tion /fɔ̀əmjʊléɪʃən | fɔ̀ː-/ 名 ❶ U (計画などの)案出; (薬などの)調合 (*of*). ❷ U 明確に述べること, 順序立てて説明すること; C 明確な陳述, 順序

F

立った説明. (動 fórmulàte)

for·sake /fəséɪk | fə-/ 動 (for·sakes; 過去 for·sook /-sʊ́k/; 過分 for·sak·en /-séɪk(ə)n/; for·sak·ing) 他 ❶《文語》(親しい人など)を見捨てる. ❷《文語》(習慣など)をやめる, 捨てる; (研究・趣味など)をあきらめる, 断念する.

for·swear /fɔəswéə | fɔ:swéə/ 動 (for·swears; 過去 for·swore /-swɔ́ə | -swɔ́:/; 過分 for·sworn /-swɔ́ən | -swɔ́:n/; -swear·ing /-swé(ə)rɪŋ/) 他《文語》(...)を誓って[断然]やめる.

for·syth·i·a /fəsíθiə, -sáɪθ- | fɔ:-/ 名 U,C れんぎょう《庭木》.

+**fort** /fɔ́ət | fɔ́:t/ (同音《英》fought, #forte¹) 名 (forts /fɔ́əts | fɔ́:ts/) ❶ C **とりで**, 要塞(ようさい)《⇒ fortress》: attack a *fort* とりでを攻撃する / occupy the enemy's *fort* 敵の要塞を占領する. ❷ C《米》(常設の)陸軍駐屯地.

hóld (《米》dówn) the fórt 動 自《略式》(職場・家庭などで)人の留守を預かる. 由来「とりでを守る」の意から.

〘語源 ラテン語で「強い」の意; force と同語源〙

forte¹ /fɔ́ət, fɔ́əteɪ | fɔ́:teɪ, fɔ́:t/ 名 C [普通は単数形で所有格とともに] 得手(えて), 得意.

for·te² /fɔ́əteɪ, -ti | fɔ́:-/ 副 形〘音楽〙フォルテで[の]《強く, 強音[声]で; 略 f》. 関連 piano ピアノ, 弱く.

+**forth** /fɔ́əθ | fɔ́:θ/ 副 ❶《文語》**前へ, 先へ** [≒forward]; 外へ [≒out]: set *forth* 出発する.
❷《文語》[時間的に] (...)**以後** [≒onward]: *from* this [that] day *forth* 今日[その日]以後.
and só fòrth ⇒ so¹ 副 成句.
báck and fórth ⇒ back 副 成句.

+**forth·com·ing** /fɔ̀əθkʌ́mɪŋ | fɔ̀:θ-⁻/ 形 ❶ 限定 **もうすぐ来る, きたる**, 今度の: a list of *forthcoming* books 近刊書リスト. ❷ 叙述 [普通は否定文で] 手近に(得られて), 利用できて [≒ready]: New funds were not *forthcoming*. 新しい財源のめどはついていなかった. ❸ 叙述 [しばしば否定文で] (...について)情報提供に協力的で, 率直に話して (*about*).

forth·right /fɔ́əθràɪt | fɔ́:θ-/ ✪ -ght で終わる語の gh は発音しない. 形 率直な, 無遠慮な, あけすけな.

forth·with /fɔ̀əθwíθ | fɔ̀:θ-/ 副《格式》直ちに.

*__for·ti·eth__ /fɔ́əṭiəθ | fɔ́:-/ 形 ❶ [普通は the ~; ⇒ the¹ 1 (4)] **40 番目の, 第 40 の**《40th とも書く; ⇒ number 表》. ❷ 40 分の 1 の.
— 名 (~s /~s/) ❶ [単数形で; 普通は the ~] **40 番目の人[もの]**. ❷ C 40 分の 1, 1/40《⇒ 巻末文法 16. 11 (3)》.

for·ti·fi·ca·tion /fɔ̀əṭəfɪkéɪʃən | fɔ̀:-/ 名 ❶ C [普通は複数形で] 防御工事, とりで, 要塞(ようさい). ❷ U 要塞化. ❸ U (食物の)栄養強化.

for·ti·fy /fɔ́əṭəfàɪ | fɔ́:-/ 動 (-ti·fies; -ti·fied; -fy·ing) 他 ❶ (...)に防御工事を施す; (...)を要塞(ようさい)化する (*with, against*). ❷ (肉体的・精神的に)(...)を強くする [≒strengthen] (*with*). ❸ [普通は受身で] (食品・酒)の栄養価[アルコール分]を強化する[高める] (*with*). 〘語源 ⇒ fort 語源, -fy〙

for·tis·si·mo /fɔətísəmòʊ | fɔ:-/ 副 形〘音楽〙フォルティシモで[の]《きわめて強く[強い]; 略 ff》. 関連 pianissimo ピアニシモで.

for·ti·tude /fɔ́əṭəṭ(j)ù:d | fɔ́:tətjù:d/ 名 U《格式》(逆境・苦痛などに耐える)我慢強さ, 不屈の精神.

Fòrt Knóx /-nɑ́(:)ks | -nɔ́ks/ 名 固 フォートノックス《Kentucky 州中北部の合衆国金塊貯蔵所がある軍用地》; [比喩的に] 警備が厳重な場所.

fort·night /fɔ́ətnàɪt | fɔ́:t-/ 名 C [普通は単数形で]《英》2 週間. **in a fórtnight's tíme** 副《英》2 週間後に.

fort·night·ly /fɔ́ətnàɪtli | fɔ́:t-/ 形《英》2 週間に 1 回の; 隔週発刊の [≒biweekly]. — 副《英》2 週間ごとに, 隔週に [≒biweekly].

FOR·TRAN, For·tran /fɔ́ətræn | fɔ́:-/ 名 U〘コンピュータ〙フォートラン《プログラム言語; *for*mula と *tran*slation の混成語; ⇒ blend 名 3》.

for·tress /fɔ́ətrəs | fɔ́:-/ 名 C 要塞(ようさい)《通例大規模で永久的なものか fort の集合に用いる》.

for·tu·i·tous /fɔət(j)ú:əṭəs | fɔ:tjú:-/ 形 ❶《格式》思いがけない, 偶然の. ❷《格式》幸運な.

+**for·tu·nate** /fɔ́ətʃ(ʊ)nət | fɔ́:-/ 形 (人が)**幸運な**, 運のよい; (...の点で)恵まれている; (物事が)幸運をもたらす [≒lucky]《⇒ fortune 類義語 ✪》[⇔ unfortunate]: *the* less *fortunate* 恵まれない人々《⇒ the¹ 3》/ 言い換え I was ***fortunate*** (enough) ***to*** escape the accident without injury. +to 不定詞 = I was ***fortunate that*** I escaped the accident without injury. +that 節 = ***It was fortunate that*** I escaped the accident without injury. 私は運よく無傷でその事故を逃れた / You're ***fortunate in*** find***ing*** such a good job. +in+動名 そんないい仕事が見つかってあなたは運がいい / That was ***fortunate for*** him. +for+名 それは彼にとっては幸運だった. (名 fórtune)

+**for·tu·nate·ly** /fɔ́ətʃ(ʊ)nətli | fɔ́:-/ 副 文修飾 **幸運にも, 運よく** [≒luckily] [⇔ unfortunately]: 言い換え *Fortunately*, we saw a light in the distance. (= It was fortunate that we saw a light in the distance.) 運よく遠くに明かりが見えた / ***Fortunately for*** us, it began to clear up. 私たちにとってありがたいことに天気がよくなってきた.

*__for·tune__ /fɔ́ətʃən | fɔ́:-/ 名 (~s /~z/)

> **意味のチャート**
> 「運」❷ → (特によい運を指して)「幸運」❸ →「富」❶
> 《⇒ chance 意味のチャート, luck 意味のチャート》

❶ C **富, 財産** [≒wealth]; 大金: He married the woman for her *fortune*. 彼は財産目当てにその女性と結婚した / make a *fortune* 一財産作る / inherit a *fortune* 一財産を相続する / cost a *fortune* 大金がかかる / spend a *fortune* on ... ...に大金を使う.
❷ U,C **運** [≒luck]; 運命: by good [ill, bad] *fortune* 幸運[不運]にも / I had the good ***fortune to*** obtain his help. +to 不定詞 私は幸運にも彼の助力が得られた / He tried his *fortune* in investments. 彼は投資に自分の運命を賭(か)けた.
❸ U **幸運**, 幸せ, 果報 [⇔ misfortune]《⇒ 類義語》: At that moment, *fortune* was on my side. そのとき, 私はついていた. ❹ C [普通は複数形で] (運の)盛衰, 浮き沈み: *fortunes* of war 武運. ❺ [F-] 運命の女神: *Fortune's* wheel = the wheel of *Fortune* 運命の女神の車輪; 運命 / *Fortune* favors the brave.《ことわざ》幸運は勇者に味方する《⇒ the¹ 3》.
séek one's **fórtune** 動 自《文語》(家などを離れて)成功[出世]を目指す, 一旗あげようとする.
téll ...'s fórtune 動 ...の運命を占う《⇒ fortune-teller》. (形 fórtunate)

> 類義語 **fortune** 思いがけず起こる幸運で, 周囲の状況などを含めて, 自分の運命に都合のよい状況を意味する. *luck* よりも重要[重大]なことに用いられることが多

い. luck *fortune* よりもくだけたことばで, 賭け事のように何の因果関係もない全くの幸運をいう. ✪ fortunate, lucky という形容詞の意味の違いも同様.

fórtune còokie 名 C 占いクッキー《中華料理店で食事後に配られるおみくじの入ったクッキー》.

for·tune-tell·er /fɔ́ɚtʃʊntèlɚ | fɔ́:tʃʊntèlə/ 名 C 占い師, 易者.

for·ty /fɔ́ɚṭi | fɔ́:-/ (同音)《英》#forte[2])

— 代《数詞》[複数扱い] 40, 40 人, 40 個; 40 ドル[ポンド, セント, ペンスなど]《⇒ number 表, -ty[2]》.

— 名 (for·ties /~z/) ❶ C (数としての) 40. ❷ U 40 分; 40 歳: Life begins at *forty*.《ことわざ》人生は 40 から. ❸ [複数形で the または所有格の後で] 40 年代; 40 歳代; (速度・温度・点数などの) 40 番台[度台, 点台]《しばしば the 40's [40s] とも書く》: in *the* (nineteen) *forties* [19*40's*, 19*40s*] 1940 年代に《⇒ **巻末文法** 16.1 (2)》/ in *one's* (early [mid, late]) *forties* 40 歳代(前半[半ば, 後半])で. ❹ C 40 の数字. ❺ C 40 [40 人, 40 個]ひと組のもの. ❻ U〘テニス〙フォーティー《ゲームの 3 点目》.

— 形 ❶ 限定 40 の, 40 人の, 40 個の. ❷ 叙述 40 歳で.

for·ty-five /fɔ́ɚṭifáɪv | fɔ́:-/ 名 ❶ C 45 口径のピストル《.45 とも書く》. ❷ C 45 回転のレコード《45 とも書く》.

for·ty-nin·er /fɔ́ɚṭináɪnɚ | fɔ́:tináɪnə/ 名 C《米略式》49 年組の人《1849 年のゴールドラッシュ (gold rush) に浮かれて California に殺到した》.

fórty wínks 名 複 [しばしば単数扱い]《略式》うたた寝, (短い)昼寝: have *forty winks* 昼寝をする.

***fo·rum** /fɔ́:rəm/ 名 (複 ~s) ❶ C (テレビ・新聞などでの)**公開討論の場**, フォーラム; 公開討論会 (*on*): hold a *forum* 公開討論会を開く / a free *forum for* discussion 自由な公開討論の場. ❷ C (ネット上の)フォーラム《討論や情報交換の場またはグループ》. ❸ C (古代ローマの)公開大広場《公事集会所用》.

for·ward /fɔ́ɚwɚd | fɔ́:wəd/

— 副 ❶ **前方へ**[に], **先へ** [⇔ backward]: John moved *forward* to the gate. ジョンは門のところまで出てきた / The girl stepped *forward* to welcome the Queen. 少女は前へ出て女王を歓迎した / He went *forward* to receive his medal. 彼はメダルを受けるために進み出た. ❷ (計画などが)前進[進展]して: find a way *forward* 前進する方法を見つける / Will political reform *go forward* in the country? その国の政治改革は進むだろうか. ❸ 将来に向かって, 今後(のこと)を; 前向きに [⇔ backward]: look *forward* 将来を考える. ❹ [名詞の後に用いて]《格式》(時間的に)(...)以後: from that day *forward* その日以降. ❺ (日付などについて)早めて, 繰り上げて《⇒ bring forward (bring 句動詞) 1》. ❻ (船・飛行機で)(...の)前方に (*of*).

gò fórward [動] 自 (1) **前進する**《⇒ 1》. (2) (計画などが)進む《⇒ 2》; (計画などを)進める (*with*); (競争などで)勝ち進む (*to, into*). (3) (時計が夏時間で)(1 時間)早くなる.

lóok fórward to ... ⇒ look 句動詞.

pùt fórward ⇒ put 句動詞.

— 形 ❶ 限定 **前方への**, 前向きの; 前方の, 前部の [⇔ backward]: a *forward* roll (体操の)前転 / *forward* and backward movements 往復運動. ❷ 限定 将来(に向けて)の; 積極的な; 進歩した: *forward* planning 事前の計画. ❸ 叙述 [否定文で] (人が仕事・計画などで)進んで, はかどって: We're *no further forward* with the negotiation. 交渉はいまだに進んでいない. ❹ でしゃばりな, ずうずうしい.

— 動 (for·wards /-wɚdz | -wədz/; -ward·ed /-ḍɪd/; -ward·ing /-ḍɪŋ/) 他 ❶ (郵便・メールなど)を**転送する**: Please *forward* my mail *to* this address. V+O+*to*+名 郵便はこの住所へ転送してください. ❷《格式》(...)を進める, 促進する. ❸《格式》(...)を送る, 発送する [≒send] (*to*).

— 名 C〘球技〙フォワード, 前衛 (略 fwd). 関連 halfback ハーフバック / fullback フルバック.

〘語源 ⇒ fore, -ward〙

fór·ward·ing addrèss /fɔ́ɚwɚḍɪŋ- | fɔ́:wəd-/ 名 C (郵便などの)転送先(のあて名).

for·ward-look·ing /fɔ́ɚwɚdlʊ̀kɪŋ | fɔ́:wəd-/ 形 [よい意味で] 前向きの, 将来を考えた, 進歩的な [⇔ backward-looking].

for·ward·ness /fɔ́ɚwɚdnəs | fɔ́:wəd-/ 名 U 生意気, ずうずうしさ.

for·wards /fɔ́ɚwɚdz | fɔ́:wədz/ 副《英》= forward.

for·ward-think·ing /fɔ́ɚwɚdθɪŋkɪŋ | fɔ́:wəd-/ 形 = forward-looking.

forwent 動 forgo の過去形.

+**fos·sil** /fá(:)s(ə)l | fɔ́s(ə)l/ 名 (~s /~z/) ❶ C **化石**: ⇒ living fossil. ❷ C《略式》[軽蔑的] (時代遅れの)老人.

— 形 化石の.

fóssil fùel 名 C,U 化石燃料《石油・石炭など》.

fos·sil·ize /fá(:)səlàɪz | fɔ́s-/ 動 他 [普通は受身で] (...)を化石にする; 時代遅れにする; 固定化する. — 自 化石になる; 時代遅れになる; 固定化する.

+**fos·ter** /fá(:)stɚ, fɔ́:s- | fɔ́stə/ 動 (fos·ters /~z/; fos·tered /~d/; -ter·ing /-tərɪŋ, -trɪŋ/) 他 ❶ (技能・感情など)を**育成する**, 助長する: The typhoon *fostered* unity in the community. 台風によって共同体の一体感が強まった. ❷ (他人の子)を(里子として)**養育する**, (血縁関係にない者)を世話する: They *fostered* the orphan. 彼らはその孤児を育てた.

— 形 限定 (血縁でなく)**養育による, 養...**: a *foster* brother [sister] 乳(ち)兄弟 / a *foster* parent 里親《foster father (養父)または foster mother (養母)》/ a *foster* child 里子《foster daughter (養女)または foster son ((男の)養子)》/ a *foster* home 養家, (里子などの)委託扶養家庭.

Fos·ter /fá(:)stɚ, fɔ́:s- | fɔ́stə/ 名 固 Stephen Collins /ká(:)lɪnz | kɔ́l-/ ~ フォスター (1826–64)《米国の歌曲の作詞・作曲家》.

fought /fɔ́:t/ ✪ -ght で終わる語の gh は発音しない. (同音)《英》fort,《英》#forte[1])

動 fight **の過去形および過去分詞**.

+**foul** /fáʊl/ 発音 (同音 fowl) 形 (foul·er; foul·est) ❶ (におい・味が)**とてもいやな**; ひどく不快な; [普通は 限定] (ことばが)下品な, 口汚い: There's a *foul* smell in this room. この部屋はとてもいやなにおいがする / 言い換え Don't use *foul* language. = Don't have a *foul* mouth. 汚いことばを使うな. ❷ 不潔な, 汚い, よごれた [≒dirty] [⇔ clean]: Let's open the window and let out the *foul* air. 窓を開けてよごれた空気を外へ出そう. ❸ 限定〘スポーツ〙反則の;〘野球〙ファウルの [⇔ fair]: a *foul* blow 反則打 / a *foul* ball [fly, grounder] ファウルボール[フライ, ゴロ]. ❹《英》(機嫌が)悪い:

She was in a *foul* mood [temper] this morning. 彼女は今朝不機嫌だった. ❺ (天候などが)悪い, 荒れた [⇔ fair]: *foul* weather 悪天候. ❻《文語》不正な, 悪い; 残忍な.

fàll fóul of ... [動] ⑩ (法など)に触れる; (人・当局など)と争いを起こす.

— 動 ⑩ ❶〔スポーツ〕反則して(相手)を妨害する;〔野球〕(球)をファウルする. ❷ (...)をよごす, 汚くする; 汚染する (*up*). ❸ (綱などが)(...)にからむ; (綱など)をからませる (*up*). — ⓐ〔スポーツ〕反則をする;〔野球〕ファウルを打つ.

fóul óut [動] ⓐ〔スポーツ〕反則で退場する (*of*);〔野球〕ファウルを捕らえられてアウトになる.

fóul úp [動] ⑩《略式》(...)をだめ[めちゃめちゃ]にする. — ⓐ《略式》だめにする, へまをする.

— 名 Ⓒ〔スポーツ〕反則 (*against, on*);〔野球〕ファウル; ファウルボール.

fóul lìne 名 Ⓒ〔野球・バスケット〕ファウルライン.

foul·ly /fáʊ(l)li/ 副 ❶ ひどく不快に; 口汚く. ❷《文語》残忍に.

foul-mouthed /fáʊlmáʊðd←/ 形 口の悪い.

fóul pláy 名 ❶ Ⓤ 不正行為, ずる [⇔ fair play]; 暴行, 凶行, 殺人. ❷ Ⓤ〔スポーツ〕反則.

foul-up /fáʊlʌ̀p/ 名 Ⓒ《略式》混乱, へま.

F

***found**[1] /fáʊnd/ 動 find の過去形および過去分詞.

***found**[2] /fáʊnd/ 動 (founds /fáʊndz/; found·ed /~ɪd/; found·ing) ⑩ ❶ (基金を出して)(組織・施設など)を**設立する**, 創立する; (町・建物など)を建設する (⇒ 類義語): They collected funds and *founded* a school. 彼らは基金を集めて学校を設立した / This town *was founded* in 1620. V+O の受身 この町は1620年に建設された. ❷ [普通は受身で] (理論など)の根拠を(...に)置く; (建物など)を(...の)基礎の上に造る: His argument *is founded on* [*upon*] facts. 彼の議論は事実に基づいている. (名 foundátion)

類義語 **found** 新しく設立して基礎を作る, の意. それに要する資金 (fund) の調達の意味を含むことが多い. **establish** 設立して基礎を確実な安定した (stable) ものにするという意味 (⇒ establish 語源).

〖語源 ラテン語で「基礎を据える」の意; fund と同語源〗

***foun·da·tion** /faʊndéɪʃən/ 名 (~s /~z/)

意味のチャート
「基盤を据えること」(⇒ found[2] 語源)
→ (組織体の)「**設立**」❸ → (設立されたもの)「**財団**」❷
→「**基礎**」❶ → (比喩(ゆ)的に)「**根拠**」❹

❶ Ⓒ [しばしば複数形で] (建物の)**基礎**, 土台; (物事の)**基盤** (⇒ base[1] 類義語): lay the ***foundation***(*s*) ***of*** a building 建物の基礎を据える / The *foundation of* free nations is democracy. 自由諸国の基盤は民主主義である / 言い換え The new discovery ***shook*** [***rocked***] the ***foundations of*** the accepted theory. = The new discovery ***shook*** [***rocked***] the accepted theory ***to its foundations***. その新発見は従来の説を根底から揺るがした.

❷ Ⓒ [しばしば F- として固有名詞をつくる] (...)**財団**, (...)基金 (病院・学校・研究所などの維持のために寄付された資金による); (寄付金などによる)施設, 団体, 組織: the Ford *Foundation* フォード財団.

❸ Ⓤ **設立**, 創立: The *foundation* of this university dates back to the 17th century. この大学の創立は17世紀にさかのぼる.

❹ Ⓤ **根拠**: a rumor without *foundation* 根拠のないうわさ / have no *foundation* 事実無根である. ❺ Ⓤ 基礎化粧品, ファンデーション.

(動 found[2], 形 fùndaméntal)

foundátion stòne 名 Ⓒ (定)礎石 (記念のことばを刻んで公共建築物の定礎式に据える); 基礎.

found·er**[1] /fáʊndə | -də/ 名 (~s /~z/) Ⓒ **創立者**, 建設者; 開祖: the ***founder of the college 大学の創設者.

foun·der[2] /fáʊndə | -də/ 動 (-der·ing /-dərɪŋ, -drɪŋ/) ⓐ《格式》(計画などが)失敗する (*on*).

fóunder mémber 名 Ⓒ《英》= founding member.

Fóund·ing Fáthers /fáʊndɪŋ-/ 名 複 [the ~] (1787年の)アメリカ合衆国憲法制定者たち.

fóunding mémber 名 Ⓒ《米》(組織などの)設立時のメンバー (*of*).

found·ry /fáʊndri/ 名 (found·ries) Ⓒ 鋳造所.

fount /fáʊnt/ 名 Ⓒ《文語》(知識などの)泉, 源 (*of*).

+**foun·tain** /fáʊntn, -tɪn | -tɪn/ 名 (~s /~z/) ❶ Ⓒ **噴水**, 噴水池; (水・溶岩などの)噴出, 噴流: Several children were playing in the *fountain*. 数人の子供が噴水で遊んでいた / A ***fountain of*** water was shooting from the hole in the hose. ホースの穴から水しぶきがほとばしっていた. ❷ Ⓒ《文語》水源; 源泉, 源 [≒source] (*of*). ❸ Ⓒ = drinking fountain.

foun·tain·head /fáʊntnhèd | -tɪn-/ 名 Ⓒ《文語》源泉; (情報などの)源 [≒source] (*of*).

fóuntain pèn 名 Ⓒ 万年筆.

***four** /fɔ́ə | fɔ́:/ (同音 fore, #for)

— 代《数詞》[複数扱い] 4つ, 4人, 4個; 4ドル[ポンド, セント, ペンスなど] (⇒ number 表): *Four* went there, but only two returned. そこへは4人行ったが2人しか帰ってこなかった. 関連 fourth 4番目の.

— 名 (~s /~z/) ❶ Ⓒ (数としての) 4: Book *Four*, Lesson *Four* 第4巻, 第4課 / *Four* and *four* is [make(s), equals, are] eight. 4足す4は8 (4+4 = 8) / *Four* from nine is [leaves] five. 9引く4は5 (9−4 = 5).

❷ Ⓤ 4時, 4分; 4歳: a girl of *four* 4歳の少女 / School is over *at four*. 学校は4時に終わる. ❸ Ⓒ 4の数字. ❹ Ⓒ 4つ[4人, 4個]ひと組のもの; フォア (4本オールのボート(の選手たち)). ❺ Ⓒ〔トランプ〕4の札.

in fóurs [形・副] 4つ[人]で.

on áll fóurs [形・副] 四つんばいになった[て]: go [get] down *on all fours* 四つんばいになる.

— 形 ❶ 限定 4つの, 4人の, 4個の: *four* times 4回, 4倍 / There are *four* colleges in this city. この市には4つ大学がある / We are *four* in all. 私たちはみんなで4人です. ❷ 叙述 4歳で. 日英 日本語の「四」は「死」との連想から嫌われる数字であるが, 英語の four は安定性や完全性を表わす「よい数字」のイメージがある.

four-by-four, 4×4 /fɔ́əbaɪfɔ́ə | fɔ́:baɪfɔ́:/ 名 Ⓒ 四輪駆動車.

four·fold /fɔ́əfòʊld | fɔ́:-/ 形 副 4倍の[に], 4重の[に].

Fóur-Ĥ Clùb /fɔ́əéɪtʃ- | fɔ́:(r)-/ 名 Ⓒ《米》4Hクラブ (*h*ead, *h*eart, *h*ands, *h*ealth の向上を目ざす農村青年教育機関).

fóur-leaf clóver /fɔ̀əlì:f- | fɔ̀:-/, 《英》 **fóur-leaved clóver** /-lì:vd-/ 名 C 四つ葉のクローバー《見つけた者に幸運が訪れるとされている》.

fóur-let·ter wórd /fɔ́əlèṭə-|fɔ́:lètə-/ 名 C [遠回しに] 四文字語, 卑猥(ひわい)語《cunt や fuck のように 4 つの文字からなるタブー語が多いことから; ⇒ taboo word, swearword》.

fóur-póst·er (béd) /fɔ̀əpóustə(-)|fɔ̀:póustə(-)/ 名 C 四柱式ベッド.

four·some /fɔ́əsəm|fɔ́:-/ 名 C 4 人組《特にゲーム・競技などで男女 2 人ずつの》; 4 人 1 組でするゲーム, 4 人競技: make up a *foursome* 4 人組を編成する. 関連 twosome 2 人組 / threesome 3 人組.

four·square /fɔ̀əskwéə|fɔ̀:skwéə←/ 形 ❶ (建物が) 真四角(で堅固)な. ❷ しっかりした, 断固とした; 率直な. — 副 ❶ 断固として. ❷ しっかりと.

four-star /fɔ́əstáə|fɔ́:stá:←/ 形 限定 (ホテル・レストランなどが)4 つ星の, 高級の.

***four·teen** /fɔ̀ətí:n|fɔ̀:-←/

— 代 《数詞》 [複数扱い] 14, 14 人, 14 個; 14 ドル[ポンド, セント, ペンスなど]《⇒ number 表, -teen, teens》.

— 名 (~s /~z/) ❶ C (数としての) 14. ❷ U (24 時間制で) 14 時, 14 分; 14 歳. ❸ C 14 の数字. ❹ C 14[14 人, 14 個]ひと組のもの.

— 形 ❶ 限定 14 の, 14 人の; 14 個の. ❷ 叙述 14 歳で.

*four·teenth /fɔ̀ətí:nθ|fɔ̀:-←/

— 形 ❶ [普通は the ~; ⇒ the[1] 1 (4)] **14 番目の, 第 14 の**《14th とも書く; ⇒ number 表》: *the fourteenth* lesson 第 14 課.

❷ **14 分の 1 の.**

— 名 (~s /~s/) ❶ [単数形で; 普通は the ~] **14 番目の人[もの]**; (月の) **14 日**《14th とも書く; ⇒ date[1] 名 1 語法 囲み》.

❷ C **14 分の 1**, 1/14《⇒ **巻末文法** 16. 11 (3)》.

— 副 つなぎ語 14 番目に.

***fourth** /fɔ́əθ|fɔ́:θ/ (同音 forth)

— 形 ❶ [普通は the ~; ⇒ the[1] 1 (4)] **4 番目の, 第 4 の**, 4 位の《4th とも書く; ⇒ number 表, four》: *the fourth* lesson 第 4 課 / *the fourth* floor 《米》 4 階, 《英》 5 階《⇒ floor 語法》 / *the* four hundred and *fourth* person 404 番目の人 / *The fourth* month of the year is April. 1 年の 4 番目の月は 4 月です.

❷ **4 分の 1 の:** a *fourth* part of the liquid その液体の 4 分の 1.

— 名 (~s /~s/) ❶ [単数形で; 普通は the ~] **4 番目の人[もの]**, 4 位の人[もの], 第 4 号.

❷ [単数形で; 普通は the ~] (月の) **4 日**(よっか): The party was held on 「*the fourth* of May [May 4]. パーティーは 5 月 4 日に行なわれた《May 4 は May (*the*) *fourth* と読む; ⇒ date[1] 名 1 語法 囲み》.

❸ C **4 分の 1**, 1/4 [≒quarter]《⇒ **巻末文法** 16.11 (3)》: a [one] *fourth* 1/4 / Three *fourths* of the population is whites. 人口の 4 分の 3 は白人である.

❹ [the F-] 《米》 = Fourth of July.

— 副 = fourthly.

fóurth diménsion 名 [the ~] 第 4 次元《特に SF で空間を構成する「縦・横・高さ」の次の次元と考えられる「時間」》.

fóurth estáte 名 [the ~] 第 4 階級《新聞・雑誌・テレビなどの言論界》.

fourth·ly /fɔ́əθli|fɔ́:θ-/ 副 つなぎ語 4 番目に[として].

Fóurth of Julý 名 [the ~] 《米》 独立記念日 [≒ Independence Day]《7 月 4 日》. 参考 花火 (fireworks) を打ち上げ, パレードを行なって祝う.

fóur-whèel drive 名 U,C 四輪駆動(車).

+**fowl** /fául/ (同音 foul) 発音 名 (複 ~(s)/~(z)/) ❶ C 鶏《特に成長した鳥》, 家禽(かきん)《肉を取るために飼う七面鳥など》: keep *fowls* 鶏[家禽]を飼う. 関連 chicken 鶏のひな / poultry 家禽. ❷ U 鶏肉, 鳥肉《⇒ meat 語法》. 〖語源 元来は「鳥」の意〗

+**fox** /fá(:)ks|fɔ́ks/ 名 (複 ~·es /~ɪz/, ~) ❶ C **きつね** 日英 日本でのきつね同様, 英語の fox もずる賢いというイメージがある. ✪ 鳴き声については ⇒ cry 表. 関連 vixen 雌ぎつね. ❷ U きつねの毛皮. ❸ [a ~] ずるい人. ❹ C 《米略式》 (セクシーな)いい女[男].

(as) cúnning as a fóx [形] きつねのように悪賢い.

— 動 他 《英略式》 (問題などが)難しすぎて(人)をまごつかせる; (人)をまんまとだます.

FOX /fá(:)ks|fɔ́ks/ 名 固 フォックス《米国の放送会社》.

fox·glove /fá(:)ksglʌ̀v|fɔ́ks-/ 名 C,U ジギタリス, きつねのてぶくろ《薬用・観賞用植物》.

fox·hole /fá(:)kshòul|fɔ́ks-/ 名 ❶ C 〔軍隊〕 たこつぼ壕(ごう)《1-2 人用で地表に掘る弾よけ穴》. ❷ C きつねの巣穴.

fox·hound /fá(:)kshàund|fɔ́ks-/ 名 C フォックスハウンド《きつね狩り用の猟犬; 俊足で鼻が鋭敏》.

fox·hunt·ing /fá(:)kshʌ̀nṭɪŋ|fɔ́ks-/ 名 U きつね狩り《馬に乗り猟犬に追わせる; 英国では 2005 年以降法律で禁止》 [《英》 hunting].

fóx térrier 名 C フォックステリア《短毛種のテリア; もとはきつねを穴から狩り出すのに用いた; ⇒ dog 挿絵》.

fox-trot /fá(:)kstrɑ̀t|fɔ́kstrɔ̀t/ 名 C フォックストロット《軽快な社交ダンスの一種, およびその曲》. — 動 自 フォックストロットを踊る.

fox·y /fá(:)ksi|fɔ́ksi/ 形 ❶ 《米略式》 (女性が)色っぽい. ❷ きつねのような. ❸ ずる賢い.

foy·er /fɔ́ɪə, fɔ́ɪeɪ|fɔ́ɪeɪ/ 名 ❶ C (劇場・ホテルなどの)休憩室, ロビー, ホワイエ. ❷ C 《米》 玄関の広間.

FPO /éfpì:óu/ 略 ❶ = field post office 野戦郵便局. ❷ = fleet post office 艦隊郵便局.

Fr. 略 = father 名 2, franc(s), France, French.

fra·cas /fréɪkəs | frǽkɑ:/ 名 (複 《米》 ~·es /fréɪkəsɪz/, 《英》 ~ /frǽkɑ:z/) C [普通は単数形で] 大げんか, 騒ぎ, 騒動.

frac·tal /frǽktl/ 名 C 〔数学〕 次元分裂図形.

+**frac·tion** /frǽkʃən/ 名 ❶ C **わずかな部分**, ごく一部; ほんの少し: a small *fraction of* my income 私の収入のごく一部 / for a *fraction of* a second ほんの一瞬(の間). 語法 通例 a fraction of の後に続く名詞が単数形ならば動詞は単数扱い, 複数形ならば複数扱いとなる. ❷ C 〔数学〕 分数: a decimal *fraction* 小数 / a common [vulgar] *fraction* 常分数 / an improper *fraction* 仮分数. 〖語源 ラテン語で「壊すこと」の意; fragile, fragment と同語源〗

frac·tion·al /frǽkʃ(ə)nəl/ 形 ❶ わずかの: a *fractional* increase 微増. ❷ 〔数学〕 分数の, 小数の.

-al·ly /-ʃ(ə)nəli/ 副 ごくわずか(に), 微妙に.

frac·tious /frǽkʃəs/ 形 怒りっぽい, 気難しい.

+**frac·ture** /frǽktʃə|-tʃə/ 名 ❶ C,U 〔医学〕 **骨折:** a compound [simple] *fracture* 複雑[単純]骨折. ❷ C 割れ目, ひび.

F

— 動 (frac·tur·ing /-ʧ(ə)rɪŋ/) 他 ❶ (...)を骨折する; 割る: a *fractured* skull 頭蓋骨骨折. ❷ (集団)を分裂させる. — 自 骨折する; 割れる; 分裂する.

+**frag·ile** /frǽʤəl | -ʤaɪl/ アク 形 ❶ **壊れやすい**, もろい: FRAGILE 割れ物注意《小包などの表示》/ a *fragile* vase 壊れやすい花びん / Is anything *fragile* enclosed? 何か壊れやすいものが入っていますか. ❷ (状態・関係などが)**不安定な**, もろい: a poor country's *fragile* economy 貧しい国の脆弱(ぜいじゃく)な経済. ❸ (体質などが)虚弱な. (名 fragílity)

fra·gil·i·ty /frəʤíləṭi/ 名 U 壊れやすさ, もろさ; 虚弱. (形 frágile)

****frag·ment**[1] /frǽgmənt/ ✪ 動詞の fragment[2] と発音が違う. 名 (frag·ments /-mənts/) C **破片**, 断片, かけら; (文学作品などの)一部分 (⇒ part 類義語): The vase broke into *fragments*. 花びんはこなごなになった / I could catch only ***fragments of*** their conversation. 彼らの会話はとぎれとぎれにしか聞き取れなかった. (動 frágment[2], 形 frágmentàry)

frag·ment[2] /frǽgment, frægmént | frægmént/ ✪ 名詞の fragment[1] と発音が違う. 動 自 断片[ばらばら]になる. — 他 (...)を断片[ばらばら]にする. (名 frágment[1])

frag·men·tar·y /frǽgməntèri | -təri, -tri/ 形 破片の; 断片的な, 切れ切れの. (名 frágment[1])

frag·men·ta·tion /frægməntéɪʃən/ 名 U 分裂, ばらばらにする[なる]こと, 断片化.

frag·ment·ed /frǽgmenṭɪd, frægménṭ- | frægmént-/ 形 ばらばらな, 分裂した; 断片的な.

+**fra·grance** /fréɪgrəns/ 名 (-granc·es /~ɪz/) ❶ C,U **芳香**, 香気 (⇒ smell 類義語): the *fragrance* of flowers 花の芳香. ❷ C 香水, コロン.

fra·grant /fréɪgrənt/ 形 香りのよい, 芳香のある, 芳(かんば)しい: The air of the garden was *fragrant with* roses. 庭の空気はばらの香りでかぐわしかった.

frail /fréɪl/ 形 (frail·er; frail·est) (老いて)弱々しい, ひ弱な, やせこけた, かよわい; はかない; 壊れやすい, もろい: *frail* happiness はかない幸福.

frail·ty /fréɪlti/ 名 (frail·ties) ❶ U 弱々しさ, ひ弱さ; はかなさ (*of*). ❷ U,C (性格上の)もろさ, 弱さ; 弱点: human *frailties* 人間的弱さ.

****frame** /fréɪm/ 名 (~s /~z/) ❶ C (窓などの)**枠**; 額縁; [普通は複数形で] (眼鏡の) 縁, フレーム (⇒ glasses 挿絵): a picture *frame* 絵の額 / a window *frame* 窓枠 (⇒ window 挿絵). ❷ C (建造物・機械などの)**骨組み**, 枠組み; (人間・動物の)**骨格**, 体格: the *frame* of a house [ship] 家[船]の骨組み / a bed *frame* ベッドの骨組み / a man of large *frame* 大柄な男 (✪ of の後では無冠詞) / He has a small *frame*. 彼は小柄な男だ. ❸ C [普通は単数形で] (物事の) 基盤; 体制, 機構: the *frame* of society 社会の体制. ❹ C (育苗用の)フレーム, 冷床 (cold frame). ❺ C (漫画・フィルムの)ひとこま; 〔ボウリング〕 フレーム《10 フレームで 1 ゲームとなる》. ❻ C 〔コンピュータ〕 (ウェブページの)フレーム.

a fráme of réference [名] (分析や判断の)基準系, 理論の枠組み; 視点.

in a ... fráme of mínd [形・副] ...な気分で, ...の気持ちで: He was *in a* happy *frame of mind* at the dinner. 彼は晩餐(ばんさん)のときは楽しい気分だった.

— 動 (frames /~z/; framed /~d/; fram·ing) 他 ❶ [普通は受身で] (...)を**枠にはめる**, (...)に縁をつける: She had her father's photograph *framed*. 彼女は父の写真を額縁に入れてもらった / The lawn ***was framed by*** a border of tulips. V+O の受身 芝生は周囲をチューリップで縁どられていた. ❷ [普通は受身で] (人)をわなにかける, 陥れる: I've *been framed!* 私ははめられた. ❸ (考えなど)をことばに表わす, 言う. ❹ 《格式》 (計画など)を立案する, 工夫する: *frame* a splendid plan すばらしい計画を立てる.

frame-up /fréɪmʌ̀p/ 名 C 《略式》 陰謀, わな.

+**frame·work** /fréɪmwə̀ːk | -wə̀ːk/ 名 (~s /~s/) ❶ C (判断・決定などのための)**枠組み**, 基盤, 基本構想 (*of*): These principles provide a ***framework for*** an agreement. この原則が合意の枠組みになる. ❷ C 組織, 体制, 機構, 構造: a social *framework* 社会構造. ❸ C (建築物などの) 骨組み; 枠組み: This bridge has a steel *framework*. この橋の骨組みは鉄だ.

franc /frǽŋk/ 名 C フラン《スイスなどの通貨単位, フランス・ベルギーの旧通貨単位; 100 サンチーム (centime); 略 F., Fr.》.

**France /frǽns | fráːns/

— 名 固 フランス《ヨーロッパ西部の共和国; 首都 Paris; 略 Fr.》. (形 French)

Fran·ces /frǽnsɪs | fráːn-/ 名 固 フランシス《女性の名; 愛称は Frannie, Franny》.

fran·chise /frǽnʧaɪz/ 名 ❶ C,U フランチャイズ《親会社が地域の業者に与える販売・営業特権》; C フランチャイズ店. ❷ C 《米》 プロスポーツチーム. ❸ U 《格式》 参政権, 選挙権.

fran·chi·see /fræ̀nʧaɪzíː/ 名 C フランチャイズ[営業権]を得た者[業者].

Fran·cis /frǽnsɪs | fráːn-/ 名 固 ❶ フランシス《男性の名; 愛称は Frank, Frankie》. ❷ St. ~ ⇒ St. Francis.

Fran·co- /frǽŋkoʊ/ 接頭 「フランス(人)」の意.

+**frank**[1] /frǽŋk/ (同音 franc, Frank[1,2]) 形 (frank·er, more ~; frank·est, most ~) **率直な**, 隠しだてをしない, ざっくばらんな: I'd like to hear your *frank* opinion. あなたの率直な意見を聞きたい / He's quite ***frank with*** me ***about*** everything. +with+名+about+名 彼はどんなことでも私に全く隠しだてしない.

to be fránk (with you) [副] 文修飾 S **率直に言えば**, 実は (⇒ to[2] B 7): *To be frank (with you)*, I don't like your proposal. 実はあなたの案は気に入りません.

類義語 **frank** 自分の考えや気持ちなど言いたいことを自由に表現して遠慮しないこと: a *frank* opinion 率直な意見. **candid** 意見などを表明するのに, 言い逃れやごまかしがなく, 時には相手にとって耳が痛いほど真っ正直なこと: a *candid* opinion 歯に衣きせぬ意見. **open** 人柄について, 隠しだてしないざっくばらんな率直さを意味する好意的な語. *candid* ほどの生まじめさは表わさない: She was *open* with them about her illness. 彼女は自分の病気を彼らに隠しだてすることはなかった. **outspoken** 遠慮なくずけずけ言う場合に用いるが, 必ずしも悪い意味ではない: *outspoken* comments 遠慮のないことば. **direct** *outspoken* と同様に言い方が直接的で遠慮がないこと. 時に「無礼であること」を遠回しに言う表現として使われる.

〖語源 ラテン語で「Frank 族の(ように自由な)」の意; Frank 族が Gaul 地方の自由民だったことから〗

frank[2] /frǽŋk/ 動 他 (郵便物)に(無料)郵便印を押す, (...)を料金別納にする.

frank[3] /frǽŋk/ 名 C 《米》 = frankfurter.

Frank[1] /frǽŋk/ 名 固 ❶ フランク《男性の名; Francis

の愛称》. ❷ Anne ~フランク (1929-45)《ユダヤ系ドイツ人の少女; 『アンネの日記』の作者》.

Frank² /frǽŋk/ 名 C フランク人; [the ~s] フランク族《Rhine 川流域に住んでいたゲルマン族》.

Fran·ken·stein /frǽŋkənstàın/ 名 固 フランケンシュタイン《怪奇小説の主人公; 自分の造った怪物 (Frankenstein('s monster)) のために破滅した》.

Frank·furt /frǽŋkfə(ː)t | -fə(ː)t/ 名 固 フランクフルト《ドイツ中部の都市》.

frank·furt·er /frǽŋkfəṭə | -fətə/ 名 C フランクフルトソーセージ [《米》 frank, wiener].

Fran·kie /frǽŋki/ 名 固 フランキー《男性の名; Francis の愛称》.

frank·in·cense /frǽŋkınsèns/ 名 U 乳香《ユダヤ人が祭式などに用いた香料》.

Frank·lin /frǽŋklın/ 名 固 Benjamin ~ フランクリン (1706-90)《米国の政治家・発明家・著述家》.

***frank·ly** /frǽŋkli/ 副 ❶ **率直に**, あからさまに: If you have anything you want to say, you had better speak out *frankly*. 言いたいことがあったら率直に言いなさい.
❷ 文修飾 **率直に言うと**. 語法 特に言いにくい内容を言うときに用いる: *Frankly* [Quite *frankly*], I cannot afford to buy the car. 正直言ってその車は買えない.
fránkly spéaking [副] 率直に言えば [≒to be frank (with you)].

frank·ness /frǽŋknəs/ 名 U 率直(さ).

Fran·nie, Fran·ny /frǽni/ 名 固 フラニー《女性の名; Frances の愛称》.

fran·tic** /frǽnṭık/ 形 ❶ **半狂乱となった**《苦しみ・悲しみ・怒りなどで》, 血迷った: *frantic* cries for help 助けを求める半狂乱の叫び声 / She was ***frantic with worry. +with+名 彼女は心配で気が狂いそうだった.
❷ 大あわての, 取り乱した.
fran·ti·cal·ly /-ṭıkəli/ 副 狂ったように; 必死で, 大あわてで.

frat /frǽt/ 名 C 《米略式》 = fraternity 1.

fra·ter·nal /frətə́ːn(ə)l | -tə́ː-/ 形 ❶ [普通は 限定] 《格式》 友愛の, 友好的な; 同好の. ❷ [普通は 限定] 《格式》 兄弟の, 兄弟らしい. **-nal·ly** /-nəli/ 副 兄弟として; 兄弟のように.

fratérnal twín 名 C [普通は複数形で] 二卵性双生児(の1人) (⇒ identical twin).

fra·ter·ni·ty /frətə́ːnəṭi | -tə́ː-/ 名 (-ni·ties) ❶ C 《米》 男子大学生社交クラブ. 関連 sorority 女子大学生の社交クラブ. ❷ C [《英》 単数形でもときに複数扱い] 仲間, 同好者, 同業者. ❸ U 《格式》 友愛, 同胞愛.

fratérnity hòuse 名 C 《米》 男子大学生クラブハウス《寮を兼ねる》.

frat·er·nize /frǽṭənàız | -tə-/ 動 自 (親しくしてはいけない人・敵と)親しく交わる (*with*).

frat·ri·cid·al /frǽtrəsáıdl⁻/ 形 限定 兄弟[姉妹]殺しの; (戦争・紛争が)身内[同胞]殺しの.

frat·ri·cide /frǽtrəsàıd/ 名 C,U 兄弟[姉妹]殺し; 身内[同胞]殺し.

***fraud** /frɔ́ːd/ 名 (frauds /frɔ́ːdz/) ❶ U **詐欺**, 欺瞞(ぎまん): get money by *fraud* 金を詐取する / e-mail [credit card] *fraud* メールを使った[クレジットカード]詐欺. ❷ C 詐欺行為; いかさま, ぺてん: tax *fraud* 脱税行為. ❸ C 詐欺師; まがい物.

fraud·ster /frɔ́ːdstə | -stə/ 名 C 《英》 詐欺師.

fraud·u·lence /frɔ́ːdʒələns/ 名 U 詐欺, 不正.

fraud·u·lent /frɔ́ːdʒələnt/ 形 詐欺の, 不正の.

fraught /frɔ́ːt/ ✪ -ght で終わる語の gh は発音しない. 形 ❶ 叙述 (よくないことに)満ちて, (危険などを)伴って: a voyage [an enterprise] *fraught with* danger 危険をはらんだ航海[事業]. ❷ 《主に英》 困った, 心配して; (事が)心配な, 不安な, 緊迫した.

fray¹ /fréı/ 動 自 ❶ すり切れる, ほつれる. ❷ (気分が)いらいらする. — 他 ❶ (布など)を使ってぼろぼろにする, (...)の端をすり切らす, (...)をほつれさせる. ❷ (神経)をすり減らす, いらいらさせる.

fray² /fréı/ 名 [the ~] けんか, 騒ぎ, 争い: join [enter] the *fray* 争いに加わる.

frayed /fréıd/ 形 ぼろぼろになった; いらいらした.

fraz·zle /frǽz(ə)l/ 名 [a ~] 《略式》 くたくた(の状態): be worn [burned] to *a frazzle* すっかりくたくたになって[焼け落ちて]いる.

fraz·zled /frǽz(ə)ld/ 形 《略式》 くたびれ果てた.

FRB /éfɑ̀əbíː | -ɑ̀ː-/ 略 ❶ = Federal Reserve Bank. ❷ = Federal Reserve Board (米国)連邦準備制度理事会《Federal Reserve Bank を監督》.

+**freak** /fríːk/ 名 ❶ C 《略式》 **フリーク**, ...狂, マニア. 語法 必ずしも悪い意味ではない: a movie *freak* 映画マニア. ❷ C [軽蔑的] 変人, 変わり者. ❸ C [ときに差別的] 奇形, 変種; 変異.
a fréak of fáte [名] 全くの偶然.
a fréak of náture [名] 造化の戯れ《奇形の物など》.
— 形 限定 **変わった, 異常な**, 珍しい: a *freak* accident めったにない異常な事故 / *freak* weather 異常な天候.
— 動 自 《略式》 ひどく動揺する, 怒る (*out*).
— 他 《略式》 (人)をひどく動揺させる (*out*).

freak·ish /fríːkıʃ/ 形 異常な, とっぴな.

freak·y /fríːki/ 形 (freak·i·er; -i·est) 《略式》 異常な, 変わった; とっぴな; 気味の悪い.

freck·le /frékl/ 名 C [普通は複数形で] そばかす, (顔の)しみ.

freck·led /frékld/ 形 そばかす[しみ]のある.

Fred /fréd/ 名 固 フレッド《男性の名; Alfred, Frederic(k)の愛称》.

Fred·dy /frédi/ 名 固 フレディー《男性の名; Alfred, Frederic(k)の愛称》.

Fred·er·ic, Fred·er·ick /frédərık/ 名 固 フレデリック《男性の名; 愛称は Fred, Freddy》.

*****free** /fríː/
— 形 (fre·er; fre·est)

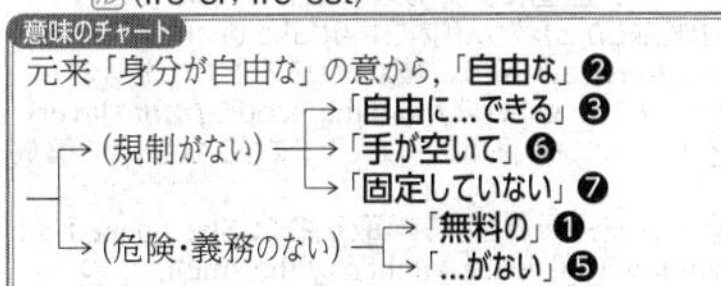

意味のチャート
元来「身分が自由な」の意から, 「自由な」❷
→(規制がない)
→「自由に...できる」❸
→「手が空いて」❻
→「固定していない」❼
→(危険・義務のない)
→「無料の」❶
→「...がない」❺

❶ [比較なし] **無料の, ただの**: a *free* ticket 無料切符 / ADMISSION FREE 入場無料《掲示》 / There's no such thing as a *free* lunch. 《ことわざ》 ただほど高いものはない.
❷ **自由な**, 自主独立の; 束縛のない, 釈放[解放]された: *Free* speech is allowed in this country. この国では自由な言論[言論の自由]が許されている / *free* countries 自由主義諸国 / She ***set*** the bird ***free from*** the cage. 彼女はかごからその鳥を放してやった.
❸ 叙述 **自由に...できる**, 勝手に...してよい: You're *free*

to use this room. [+to 不定詞] この部屋を使うのはあなたの自由だ《自由に使える》.
❹ **自由に入れる[通れる]**, 開放された, 障害のない: (a) *free* passage 自由に通れる通路 / All our students have *free* access to this room. 生徒はみな自由にこの部屋に入れる.
❺ [比較なし] (危険・じゃま・制約などが)**ない**, (...の)恐れがない; (税などを)免れて, 無税の: These vegetables are organically grown and ***free of*** chemicals. [+of+名] これらの野菜は有機栽培で無農薬だ [多用] / Her life is quite ***free from*** care. [+from+名] 彼女の生活は全く苦労がない / be *free of* tax 無税で.
❻ [比較なし] **手が空いて, 暇で**; (部屋などが)空いて: Are you ***free for*** dinner tonight? [+for+名] 今晩夕食をご一緒できる時間がありますか / Do you have any rooms *free*? 空き部屋はありますか. ❼ [比較なし] 固定しないで, つないでいない, 離れた, (...を)離れて (*of*): The dog was *free*. 犬はつないでなかった / One end of the rope was *free*. 綱の一方が結ばれていなかった. ❽ (慣習・権威などに)とらわれない, 自由な: *free* composition 自由作文 / a *free* translation (語句にとらわれない)自由な訳, 意訳. ❾ [叙述] 物惜しみしない, 大まかで, 好きなように[むやみに]...する: be *free with* money 金離れがよい / My uncle is *free with* his advice. 私のおじはどしどし忠告(だけ)はしてくれる.
cút ... frée [動] ⑯ (ロープなどを切り離して)(...)を自由にする, (～から)(...)を切り離す (*from*).
Fèel frée! Ⓢ どうぞ遠慮なく(してください): 🗨 "May I use your telescope?" "*Feel free!*" 「あなたの望遠鏡をお借りしてもいいですか」「どうぞ遠慮せずに」
fèel frée to dó [動] [しばしば命令形で] 自由に...してよい: If you want more information, please *feel free to* ask us. もっとお知りになりたければ, どうぞご遠慮なく私どもにお尋ねください.
for frée [副] 無料で, ただで.
frée and éasy [形] 自由で気楽な; くつろいだ.
màke frée with ... [動] ⑯ 《英》 (他人の物)を勝手に[無断で]使う[食べる]. (名 fréedom)
— 副 ❶ **無料で, ただで**: Members are admitted *free*. 会員は無料で入れる / You can use the bus ***free of charge***. そのバスは無料で利用できる / travel *free* ただで旅行する《✪ travel freely は(束縛なしに)自由に旅行する, の意》. ❷ 自由に, じゃま物がなく, 勝手に.
— 動 (frees /～z/; freed /～d/; free·ing) ⑯ ❶ (...)を(～から)**自由にする**, (束縛などから)解放[釈放]する, (困難などから)救う, 免れさせる: She opened the cage and *freed* the birds. 彼女はかごを開けて鳥を放してやった / The general ***freed*** the people ***from*** slavery. [V+O+from+名] 将軍はその人々を奴隷(状態)から解放した.
❷ (...)から(不要なものを)**取り除く**: She opened the window to ***free*** the kitchen ***of*** the smell. [V+O+of+名] 彼女は台所からにおいを消すために窓を開けた. ❸ (物事が)(人)に(自由に)～できるようにする; (...)を取って[空けて]おく (*up*): Hiring a housekeeper *freed* her *to* concentrate on her job. 家政婦を雇ったので彼女は仕事に専念できるようになった.

-free /fríː/ 形 [合成語で] [名詞につけて] 「...のない」の意: tax-*free* 免税の[で].

frée ágent 名 Ⓒ 自由行為者; 自由契約選手.

free·bie /fríːbi/ 名 Ⓒ 《略式》 ただの物, 粗品, 景品.

free·dom /fríːdəm/
— 名 (～s /～z/) ❶ [U,C] **自由**, 束縛のないこと, 自主独立 (⇨ [類義語]): ***freedom of*** speech 言論の自由 / *freedom of* the press 出版[報道]の自由 / *freedom of* choice 選択の自由 (✪ freedom of choosing とは言わない) / academic *freedom* 学問(研究)の自由. [語法] 種類をいうときは Ⓒ となることもある. ❷ Ⓤ 行動の自由, のびのびしていること; 気まま, 無遠慮: express one's opinions with *freedom* 遠慮せずに自分の意見を述べる / I want the *freedom to* do what I like. 自分のやりたいことをする自由が欲しい. ❸ [the ～] 出入りの自由, 自由使用権: The students have *the freedom* of the library. 学生は図書館を自由に利用できる. ❹ Ⓤ (義務・心配・じゃまなどが)ないこと, 免除, 解放: *freedom from* poverty 貧困からの解放.
fréedom of informátion [名] 情報公開.
gíve ... the fréedom of the cíty [tówn] [動] ⑯ 《英》 (人)を名誉市民にする. (形 free)

[類義語] **freedom** 最も幅の広い意味を持ち, 抑圧も拘束もなく自由が与えられていることを意味する: *freedom* of religion 宗教[信仰]の自由. **liberty** *freedom* よりやや改まった感じの語で, ほぼ同じ意味で用いられることも多いが, まだ抑圧され拘束されていて自由がないか, あるいは自由がおびやかされる危険のあることを暗示することがある: Give me *liberty*, or give me death! われに自由を与えよ, しからずんば死を与えよ《18 世紀の米国の愛国者 Patrick Henry のことば》. **license** 自分のしたいことをする「放縦」の意味: sexual *license* 性的放縦.

fréedom fìghter 名 Ⓒ (専制政治と戦う)自由の戦士.

frée énterprise 名 Ⓤ 自由企業体制.

frée fáll 名 ❶ Ⓤ 自由落下. ❷ [Ⓤ または a ～] (価格・株価などの)急落, 暴落.

frée-flóat·ing /fríːflóʊṭɪŋ/ 形 ❶ 自由に動く[漂う]. ❷ (為替相場などが)変動的な. ❸ 主義[組織]に縛られない, 中立的な. ❹ (不安などが)漠然とした.

free-for-all /fríːfəɔ̀ːl | -fə(r)ɔ̀ːl/ 名 Ⓒ 飛び入り自由の競技[討論]; 乱闘(騒ぎ).

free·hand /fríːhæ̀nd/ 形 [限定] (定規・コンパスを使わず)手で描いた. — 副 手書きで.

frée hánd 名 [a ～] 自由裁量, 行動の自由. **gèt [hàve] a frée hánd** [動] ⓐ 自由裁量権を得る[がある] (*in, with*). **gíve ... a frée hánd** [動] ⑯ (人)に行動の自由を与える.

free·hold /fríːhòʊld/ 名 [U,C] 《英》〔法律〕(不動産の)自由保有権.

free·hold·er /fríːhòʊldə | -də/ 名 Ⓒ 《英》〔法律〕(不動産の)自由保有権保有者.

frée kíck 名 Ⓒ (サッカーなどの)フリーキック.

free·lànce /fríːlæ̀ns | -lɑ̀ːns/ 形, 副 (作家・俳優・記者などが)自由契約の[で], フリーの[で]: a *freelance* journalist フリーのジャーナリスト. — 動 ⓐ 自由契約[フリー]で働く. — 名 Ⓒ 自由契約[フリー]で仕事をする人, フリーランサー.

free·lanc·er /fríːlæ̀nsə | -lɑ̀ːnsə/ 名 Ⓒ = freelance.

free·load /fríːlóʊd/ 動 ⓐ 《略式》 人にたかる, 居候(いそうろう)をする (*on, off*).

free·load·er /fríːlóʊdə | -də/ 名 Ⓒ 《略式》 たかり屋, 居候(いそうろう).

frée lóve 名 Ⓤ 自由恋愛.

+**free·ly** /fríːli/ 副 ❶ **自由に**, じゃまされずに; 容易に: You can enter and leave the library *freely*. 皆さんは自由に図書館に出入りできる / *freely* available 簡単

に手に入る. ❷ 遠慮なく; 進んで, 喜んで: Speak *freely*. 遠慮せずに話してください / I *freely* admit that I was wrong. 私が間違っていたと率直に認めましょう. ❸ 惜しげもなく; 大まかに: give *freely* 気前よく与える.

free·man /fríːmən/ 名 (-men /-mən/) ❶ C (奴隷でない)自由民. ❷ C《英》名誉市民.

frée márket 名 C〔経済〕(自由競争で価格が決まる)自由市場. 参考「フリーマーケット, のみの市」は flea market.

frée marketéer 名 C 自由市場主義者.

Free·ma·son /fríːmèɪs(ə)n/ 名 C フリーメーソンの会員《会員相互の友愛と善行を重んじる世界主義的な秘密結社の会員》.

Free·ma·son·ry /fríːmèɪs(ə)nri/ 名 ❶ U フリーメーソンの主義[制度, 慣行]; フリーメーソン《全体》. ❷ U [f-] 暗黙の友愛, 仲間意識 (*of*).

free·mi·um /fríːmiəm/ 名 C,U フリーミアム《基本サービスを無料で, 付加的サービスを有料で提供するビジネスモデル》. — 形 限定 フリーミアムの.

frée pórt 名 C 自由港, 無関税港.

*__fre·er__ /fríːɚ | fríːə/ 形 free の比較級.

free-range /fríːréɪndʒ/ 形 (鶏·豚などが)放し飼いの; (卵·肉が)放し飼いの鶏[家畜]の.

free·si·a /fríːʒ(i)ə | -ziə/ 名 C〔植物〕フリージア.

frée spírit 名 C (しきたりにとらわれない)自由人.

*__fre·est__ /fríːɪst/ 形 free の最上級.

free·stand·ing /fríːstǽndɪŋ←/ 形 ❶ 支えなしで立っている. ❷ 独立した.

free·style /fríːstàɪl/ 名 ❶ U〔水泳〕自由形;〔レスリング〕フリースタイル. 関連 backstroke 背泳ぎ / breaststroke 平泳ぎ / butterfly バタフライ. ❷ C 即興で歌うラップ.

free·think·er /fríːθíŋkɚ | -kə/ 名 C (宗教上の)自由思想家.

free·think·ing /fríːθíŋkɪŋ←/ 形 自由思想の.

frée thrów 名 C〔バスケ〕フリースロー.

frée tráde 名 U 自由貿易(制度).

frée vérse 名 U 自由詩.

free·ware /fríːwèɚ | -wèə/ 名 U〔コンピュータ〕フリーウェア《無料で使えるソフトウェア》.

*__free·way__ /fríːwèɪ/ 名 (~s /~z/) C《米》高速道路 (⇒ highway 日英).

free·wheel·ing /fríː(h)wíːlɪŋ | -wíːl-/ 形 限定 自由奔放に行動する, 気ままな; 規則に縛られない.

frée wíll 名 U 自由意志;〔哲学〕自由意志説[論].
of one's ówn frée wíll [副] 自分の自由意志で.

*‡*freeze /fríːz/

— 動 (freez·es /~ɪz/; 過去 froze /fróʊz/; 過分 fro·zen /fróʊzn/; freez·ing) 自 ❶ (物が)凍る, 凍りつく: The lake *froze*. 湖が凍った / The juice has *frozen* solid [hard]. V+C (形) ジュースがこちこちに凍った / Water *freezes* at zero degrees Celsius. 水は摂氏 0 度で凍る (⇒ Fahrenheit 参考). 関連 thaw, melt 溶[解]ける.
❷ [it を主語として; ⇒ it¹ A 2] (気温が)氷点下になる, 氷が張る: *It froze* hard last night. V+副 ゆうべは(氷が張るほど)ひどく冷え込んだ.
❸ (人が)凍(こご)えるほど寒い; 凍死する: I'm *freezing*! 寒くて凍えそうだ / *freeze to death* 凍え死ぬ; 凍えるほど寒い. ❹ 凍って[冷たくて]動かなくなる; (パソコンが)フリーズする: The screen has *frozen*. 画面がフリーズした. ❺ (凍りつくように)堅くなる, こわばる; (体が)すくむ, ぞっとする: My blood *froze* at the sight. その光景を見て血が凍った. ❻ 急に立ち止ま(ってじっとす)る: "*Freeze!*" the gunman said.「動くな!」と殺し屋は言った. ❼ 冷凍がきく: Does this fruit *freeze* well? この果物は冷凍がききますか.
— 他 ❶ (...)を凍らせる; 凍(こご)えさせる: The very low temperature *froze* the water in the lake. 非常に低い気温で湖の水が凍った / be *frozen to death* 凍え死ぬ.
❷ (食べ物など)を冷凍する [⇔ unfreeze]: She *froze* meat to eat later. 彼女は後で食べる肉を冷凍した.
❸ (資産·物価·賃金など)を凍結する, (...)の運用を禁止する. ❹ (...)を凍結[寒さ]で動かなくする.

fréeze óut [動] 他 (人)を(活動などから)締め出す (*of*).

fréeze óver [動] 自 一面に氷が張る.

fréeze úp [動] 自 (1) 凍りつく. (2) (緊張·恐怖·驚きなどで)固まる. — 他 (...)を凍りつかせる.

— 名 ❶ C (物価·賃金などの)凍結 (*on*): a price *freeze* 価格凍結. ❷ C (活動の)停止 (*on*); (パソコンの)フリーズ. ❸ C《米》(夜間の)冷えこみ; 氷結;《英》(氷点下になる)厳寒(期), 寒波: There was a big *freeze* last week. 先週はひどい冷え込みがあった.

freeze-dried /fríːzdráɪd/ 形 凍結乾燥した.

freeze-dry /fríːzdráɪ/ 動 (-dries; -dried; -dry·ing) 他 [普通は受身で] (食品)を凍結乾燥する.

freeze-frame /fríːzfrèɪm/ 名 U (映像の)コマ止め. — 動 (映像)をコマ止めする.

+**freez·er** /fríːzɚ | -zə/ 名 (~s /~z/) ❶ C 冷凍庫 [≒ deep freeze] (⇒ kitchen 挿絵): keep frozen food in a *freezer* 冷凍庫に冷凍食品を保存する. 関連 refrigerator, fridge 冷蔵庫.
❷ C (冷蔵庫内の)冷凍室, フリーザー.

freez·ing /fríːzɪŋ/ 形 凍るような, 凍りつくように寒い; [副詞的に] 凍りつくように, 凍(こご)えるほど: It's *freezing* tonight. 今夜は凍るほど寒い. — 名 U 摂氏 0 度: below *freezing* 氷点下で.

fréezing pòint 名 ❶ U 摂氏 0 度. ❷ C 氷点. 参考 水の氷点は華氏 32 度, 摂氏 0 度 (⇒ Fahrenheit 参考). 関連 boiling point 沸点 / melting point 融点.

+**freight** /fréɪt/ ❗発音 -ght で終わる語の gh は発音しない. 名 (freights /fréɪts/) ❶ U (船·飛行機·鉄道などの)貨物, 積み荷 [《英》goods]; (船·航空機などの)貨物 [≒cargo]: The truck is loaded with heavy *freight*. トラックは重い荷を積んでいる / by air [sea] *freight* 航空[船]便で.
❷ U (長距離の)貨物運送《水上運送·陸上運送·空輸》: Our company also handles *freight*. 当社は貨物輸送も扱います. ❸ U (貨物·船荷の)運賃. ❹ C《米》= freight train.
— 動 他 (...)を積み出す, 運送する.

fréight càr 名 C《米》貨車 [《英》wagon].

freight·er /fréɪṭɚ | -tə/ 名 C 貨物船; 貨物機.

fréight tràin 名 C 貨物列車 [《英》goods train]. 関連 passenger train 旅客列車.

*‡*French /fréntʃ/

— 形 ❶ フランスの, フランス人[系]の, フランス製の (略 Fr.): *French* cuisine フランス料理 / a *French* Canadian フランス系カナダ人 / His wife is *French*. 彼の妻はフランス人だ.
❷ フランス語の: the *French* language フランス語 / She speaks with a *French* accent. 彼女はフランス語

なまりで話す. (名 France)
— 名 ❶ U フランス語: Both *French* and English are spoken in Canada. カナダではフランス語も英語も話されている.
❷ [the ～ として複数扱い] フランス人《全体》, フランス国民《⇒ the[1] 5 語法》; フランス系人.
Párdon [Excúse] my Frénch. 《略式》 きたない言葉を使って失礼.

Frénch bréad 名 U フランスパン.

Frénch dóors 名 複 《主に米》 = French windows.

Frénch dréssing 名 U フレンチドレッシング《酢・油・塩・香辛料入りのサラダドレッシング; 《米》ではマヨネーズとケチャップを混ぜたオレンジ色のドレッシング》.

Frénch frý 名 C [普通は複数形で] 《米》 フライドポテト, フレンチフライ [《英》 chips].

Frénch hórn 名 C フレンチホルン《渦巻き形でバルブ付きの金管楽器; 単に horn ともいう》.

Frénch kíss 名 C フレンチキス《舌をからませるディープキス》.

+**French·man** /fréntʃmən/ 名 (-men /-mən/) C **フランス人**; フランス人[系]の男性《⇒ Frenchwoman》.

Frénch Revolútion 名 [the ～] フランス革命 (1789–1799)《王制が倒れ共和制となった》.

Frénch tóast 名 U フレンチトースト《牛乳と卵に浸しフライパンで焼いたトースト》.

Frénch wíndows 名 複 フランス窓《庭やバルコニーに面した観音開きのガラス窓でドア兼用》.

+**French·wom·an** /fréntʃwòmən/ 名 (-wom·en /-wìmən/) C **フランス人[系]の女性**《⇒ Frenchman》.

fren·e·my /frénəmi/ 名 C 《略式》 フレネミー, 友人のふりをした敵.

fre·net·ic /frənéṭɪk/ 形 熱狂的な, せわしない.

fren·zied /frénzid/ 形 限定 熱狂[興奮]した, 半狂乱の.

fren·zy /frénzi/ 名 U 狂乱(状態), 乱心; 熱狂. **in a frénzy of ...** [前] ...で気が狂ったようになって.

*__fre·quen·cy__ /frí:kwənsi/ ❗発音 名 (-quen·cies /～z/) ❶ C,U (物事の起こる)**回数**, 度数, 頻度: The *frequency* of crime in this town is high. この町の犯罪発生率は高い.
❷ U **しばしば起こること**, 頻発, 頻繁: the *frequency* of earthquakes in Japan 日本における地震の頻発.
❸ C,U 【物理】 周波数(帯): high [low] *frequency* 高[低]周波. (形 fréquent[1])

fréquency modulátion ⇒ FM.

*__fre·quent__[1] /frí:kwənt/ ✪ 動詞の frequent[2] とアクセントが違う. 形 **たびたびの**, しばしば起こる, 頻繁な; 常習的な [⇔ infrequent]: *frequent* visits たびたびの訪問 / a *frequent* visitor しばしば訪れる客 / Typhoons are *frequent* in Japan. 日本には台風がよく来る.
(名 fréquency, 動 frequént[2])
〖語源 ラテン語で「混んでいる」の意〗

fre·quent[2] /frɪkwént/ ✪ 形容詞の frequent[1] とアクセントが違う. 動 他 [普通は受身で] 《格式》 (...)にしばしば行く, よく出入りする, (...)を頻繁に訪問する: a restaurant *frequented by* tourists 旅行者がよく訪れるレストラン. (形 fréquent[1])

*__fre·quent·ly__ /frí:kwəntli/ ❗発音 副 ❶ **しばしば**, たびたび, 頻繁に《⇒ always 表》: He *frequently* visits the library. 彼はよくその図書館を訪れる. 語法 often に比べて特に短期間に頻繁に行なわれることを示す. ❷ [事例を表わして] ...のことが多い: Children *frequently* dislike carrots. 子供はにんじんが嫌いなことが多い.

fres·co /fréskoʊ/ 名 (～(e)s) ❶ C フレスコ壁画. ❷ U フレスコ画法.

⁑fresh /fréʃ/

— 形 (fresh·er; fresh·est)

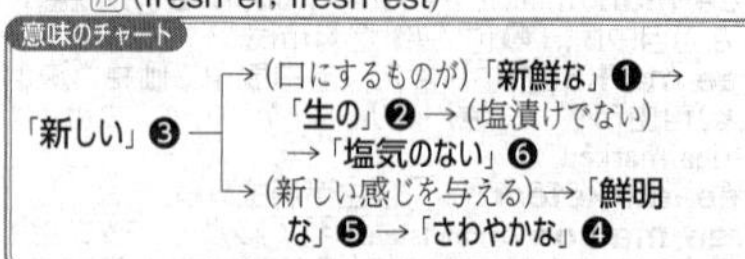

意味のチャート
「新しい」❸
(口にするものが)「新鮮な」❶ →
「生の」❷ → (塩漬けでない)
→「塩気のない」❻
(新しい感じを与える) →「鮮明な」❺ →「さわやかな」❹

❶ 新鮮な, できたての, みずみずしい [⇔ stale]; ...したての: *fresh* fruit [vegetables] 新鮮な果物[野菜] / *fresh* eggs 生みたての卵 / Is this milk *fresh*? この牛乳は新しいですか / This bread is *fresh from* [*out of*] the oven. [+from [out of]+名] このパンは焼きたてだ / Jane is *fresh* 「*out of* [*from*] college. ジェーンは大学を出たてだ《⇒ 副 成句》.
❷ 限定 [比較なし] **生の**《塩漬けや冷凍でない》: *fresh* fruit 生の果物 / *fresh* meat 生肉.
❸ 限定 [比較なし] **新しい**, 最新の; **新規の**, 新規まき直しの, 別な; (服が)おろしたての, ぱりっとした, 清潔な: *fresh* ideas 新しい考え / make a *fresh* start 再出発する / Is there any *fresh* news of the crash? 墜落事故について新しいニュースはないか. C+1 attack, violence など好ましくないイメージの語を修飾することもある: launch a *fresh attack* 新たな攻撃を開始する.
❹ **さわやかな**, すがすがしい; (風が)冷たく強い: *fresh* air 新鮮な空気 / The air was *fresh* and cool. 空気はさわやかで冷たかった.
❺ (印象などが)**鮮明な**, 生々しい; (表情などが)**生き生きとした**, 若々しい, 元気な, 活発な; (色が)鮮明な: *fresh* impression 生々しい印象 / She always looks *fresh*, even after working all day. 一日中働いた後でさえ彼女はいつも元気そうだ / *fresh* in ...'s mind《⇒ mind 名 3 用例》.
❻ 限定 [比較なし] (水などが)**塩気のない** [⇔ salt]: *fresh* water 真水, 淡水. ❼ 叙述 《略式》 生意気な, ずうずうしい; なれなれしい: get [be] *fresh with* ... (異性)になれなれしくする. (動 fréshen)
— 副 新しく, 新たに; [合成語で] ...したての: *fresh*-baked bread 焼きたてのパン / *fresh*-ground coffee ひきたてのコーヒー.
frésh òut of ... [形] Ⓢ 《米》 ...を使い[売り]尽くしたばかりで《⇒ 形 1》.

fresh·en /fréʃən/ 動 他 ❶ (物)を新鮮にする, さっぱりさせる; (...)の外見[装い]を新たにする, 模様変えする (*up*). ❷ 《主に米》 (飲み物)を注ぎ足す (*up*). — 自 (風が)強く[冷たく]なる. **fréshen (oneself) úp** [動] 自 (入浴・着替えなどをして)さっぱりした気分になる.
(形 fresh)

fresh-faced /fréʃfèɪst/ 形 若々しい顔の.

+**fresh·ly** /fréʃli/ 副 [過去分詞の前で] **新たに**, 新しく: *freshly* picked strawberries 取りたてのいちご.

*__fresh·man__ /fréʃmən/ 名 (-men /-mən/) C 《米》 (大学・高等学校の) **1 年生**, 新入生《⇒ junior 名 2, senior 名 2, sophomore》: a *freshman at* the University of Tokyo 東京大学の 1 年生. 語法 女子学生にも用いるが, 性差別を避けた first-year student を用いることもある. 日英 英語では普通は「新入社員」を freshman とはいわない.

fresh·ness /fréʃnəs/ 名 U 新鮮さ; はつらつさ.

fresh·wa·ter /fréʃwɔ̀ːṭɚ | -tə⁻/ 形 限定 淡水(性)の, 淡水産の: *freshwater* fish 淡水魚. 関連 saltwater 塩水の.

fret[1] /frét/ 動 (frets; fret·ted; fret·ting /-ṭɪŋ/) 自 やきもきする; 悩む; ぐずる: He kept *fretting about* [*over*] his defeat. 彼は負けたことでずっとくよくよしていた. — 他 (人)をやきもきさせる, じらす.

fret[2] /frét/ 名 C 〘音楽〙 (ギターなどの)フレット《指板上の音程を決める仕切り》.

fret·ful /frétf(ə)l/ 形 いらだつ, 気難しい; ぐずる. **-ful·ly** /-fəli/ 副 いらだって; ぐずって. **~·ness** 名 U いらだち; ぐずり.

Freud /frɔ́ɪd/ 名 固 Sig·mund /zíːgmʊnt/ ~ フロイト (1856–1939)《オーストリアの精神分析学者》.

Freud·i·an /frɔ́ɪḍiən/ 形 ❶ フロイトの, フロイト学派の. ❷ (発言・行動が)潜在意識から生じた, つい本心の出た: *Freudian* slip 本心が出た失言.

+**Fri.** 略 **金曜日** (Friday).

fri·a·ble /fráɪəbl/ 形 (岩が)砕けやすい, もろい.

fri·ar /fráɪɚ | fráɪə/ 名 C 〘カトリック〙 托鉢(たく)修道士《世間に出て旅をした; ⇒ monk》.

fri·ar·y /fráɪəri/ 名 (-ar·ies) C 托鉢修道士の僧院.

fric·as·see /fríkəsìː/ 名 C,U フリカッセ《細切り肉をホワイトソースで煮込んだフランス料理》.

fric·a·tive /fríkəṭɪv/ 名 C 〘音声〙 摩擦音.

fric·tion /fríkʃən/ 名 ❶ U **摩擦**: the *friction* of the rope *against* the fence ロープがフェンスに当たって[こすれて]起きる摩擦. ❷ U,C あつれき, 不和: trade [economic] *friction between* Japan *and* the United States 日米間の貿易[経済]摩擦.

***Fri·day /fráɪdèɪ, -ḍi/

— 名 (~s /~z/) ✪ 詳しい説明は ⇒ Sunday. ❶ C,U **金曜日**《略 Fri.》: Today is *Friday*. 今日は金曜日だ / It was a warm *Friday* in May. それは5月の(ある)暖かい金曜日だった / *on Friday* (いつも)金曜日に(は); (この前[次]の)金曜日に / *on Fridays* = every *Friday* いつも金曜日に / last [next] *Friday* この前[次]の金曜日に. 参考 13日の金曜日 (Friday the thirteenth) は不吉だという迷信がある.

❷ [形容詞的に] **金曜日の**: *on Friday* morning [afternoon]. (この前[次]の)金曜日の朝[午後]に《⇒ on 前 2 語法》. ❸ [副詞的に] 金曜日に (on Friday); [Fridays として] (いつも)金曜日に(は) (every Friday).

〘語源 原義は「北欧神話の愛の女神 Frigg/fríg/ の日」〙

*__fridge__ /frídʒ/ 名 (fridg·es /~ɪz/) C **冷蔵庫**《✪《米》では refrigerator が普通》: Put the milk in the *fridge*. 牛乳を冷蔵庫に入れてください / "What have you got in the *fridge*?" "Only eggs and some cheese." 「冷蔵庫に何がある?」「卵とチーズだけだよ」 関連 freezer 冷凍庫.

*__fried__ /fráɪd/ 動 **fry**[1] **の過去形および過去分詞.**

— 形 ❶ **油でいためた[揚げた]**, フライにした, (卵が)目玉焼きにした: *fried* chicken フライドチキン. ❷《米略式》(疲労・心配などで)(頭が)働かない.

***friend /frénd/ !発音

— 名 (friends /fréndz/) ❶ C **友だち, 友人**《⇒ 類義語》: Tom is *a friend of mine*. トムは私の友だち(の1人)です《⇒ ... of mine (mine[1] 成句); ✪ ... of me とは言わない》/ my *friend* Sam 私の友人のサム / an old *friend* of my mother's 母の昔からの友だち《✪ ... of my mother とは言わない》/ We're good [close, great] *friends*. 私たちは親友だ / Kate and I are ***just*** (***good***) ***friends***. Ⓢ ケートと僕はただの友だちさ[別に特別な関係じゃないよ].

❷ C **味方** [⇔ enemy]; 後援者, 支持者; (美術館などの)会員: He was a good ***friend of*** [***to***] the poor. 彼は貧しい人たちのよい味方であった / The President is a good *friend* of the arts. 大統領は芸術のよき理解者である. ❸ C 連れ, 仲間, 同志: A dog is man's best *friend*. 犬は人間の最良の友である. ❹ C [呼びかけで]《格式》友よ; 皆さん; あなた: *my* learned *friend*《英》博学なる友《法廷などでの弁護士どうしの敬称》. ❺ [our [your] ~ などとして] Ⓢ [皮肉に] (いやな)やつ. ❻ C [F-] フレンド会員《俗に Quaker という; ⇒ Society of Friends》.

be fríends with ... [動] 他 **...と親しい**: I've *been friends with* his family for a long time. 私はずっと前から彼の家族とは親しくしています.

màke fríends [動] 自 (1) **友だちができる**: Tom is a lively boy and *makes friends* easily. トムは元気のよい少年ですぐ友だちができる. (2) **仲直りする**: They often quarrel but soon *make friends* again. 彼らはよくけんかをするがじきに仲直りする.

màke fríends with ... [動] 他 **...と親しくなる**: I *made friends with* 「an American woman [some Americans] at the party. パーティーである米国人女性[数人の米国人]と親しくなった. (形 friendly)

類義語 **friend** 最も一般的な語で, 敵意を抱いていない人という意味から, 親しい愛情を持っている人までのすべての人に用いられ, 日本語の「友人」よりは範囲が広い. **acquaintance** 面識があり, ことばを交わす間柄の人という意味. また *friend* と対比される場合には *friend* ほど付き合いの深くない知人をいう. **companion** 親しい友人, または単なる知人のいずれにも用いるが, いずれの場合も同席している友人, または同じ場所にいる友人のことを意味する. **comrade** 苦楽をともにする友人・同志のこと. **pal, buddy**《米》, **mate**《英》いずれも仲間や友人を表わすくだけた感じの語.

— 動 他 (SNS で)(人)を友だちのリストに追加する.

〘語源 原義は「愛する人」〙

friend·less /fréndləs/ 形《文語》友のない, 孤独な.

friend·li·ness /fréndlinəs/ 名 U 友好, 親善.

***friend·ly /fréndli/

— 形 (friend·li·er /-liɚ | -liə/; friend·li·est /-liɪst/) ❶ (...に対して)**好意的な**, **親切な**, **優しい**; 人なつっこい; 好意的にふるまう [⇔ unfriendly]: a *friendly* welcome 温かい歓迎 / a *friendly* smile 人なつっこい笑顔 / Emmie is ***friendly to*** [***toward***] everybody. +to [toward]+名 エミーはだれにでも親切です / That was *friendly of* you. どうもご親切に《⇒ of 12》.

❷ (...と)**親しい**, 友人関係にある, 友好的な, 親しい態度の [⇔ hostile]: a *friendly* nation 友好国 / a *friendly* game [match] 親善試合 / We're ***friendly with*** our neighbors. +with+名 私たちは近所の人と仲がよい / I'm on *friendly* terms *with* Dr. Long. 私はロング博士とは親しい間柄です. (名 friend)

-friend·ly /fréndli/ 形 [合成語で] ...に優しい, ...に好都合の, ...に配慮した: a user-*friendly* computer 使いやすいコンピューター / environmentally-*friendly* = eco-*friendly* 環境に優しい.

fríendly fíre 名 C 〘軍事〙 味方による誤爆[誤射].

fríendly socìety 名 C 《英》 共済組合.

*__friend·ship__ /frén(d)ʃɪp/ 名 (~s /~s/) ❶ C (個々

の)**友情**, 交友関係; Ⓤ 友愛, 友情: She formed a ***friendship with*** the student from abroad. 彼女はその留学生と友だちになった / a close [lasting, lifelong] *friendship* 親しい[長く続く, 一生涯の]友情 / strike up a *friendship* 友だちになる / Nothing is as valuable as *friendship*. 友情ほど貴重なものはない / I shall never forget our *friendship*. 私は決して私たちの友情を忘れません. ❷ Ⓤ,Ⓒ (国などの)親交, 友好関係: promote *friendship with* ... ...との友好を促進する / extend the hand of *friendship* 友情の輪を広げる.

Fríends of the Éarth 名 固 地球の友《世界規模の環境保護団体》.

fri·er /fráɪɚ | fráɪə/ 名 Ⓒ = fryer.

*__fries__ /fráɪz/ 動 **fry¹ の三人称単数現在形.**
— 名 fry¹ の複数形.

frieze /fríːz/ 名 Ⓒ〔建築〕フリーズ《建築の柱の上の部分; 彫刻を施すことが多い》; (壁面上部の)帯状装飾.

frig·ate /fríɡət/ 名 Ⓒ〔海軍〕フリゲート艦《小型・中型の高速軍艦・護衛艦》.

fright /fráɪt/ ✪ -ght で終わる語の gh は発音しない. 名 ❶ Ⓤ (突然の)恐怖, 激しい驚き; Ⓒ [普通は単数形で] 恐ろしい経験《⇒ fear 類義語》: scream *in fright* ぎょっとして悲鳴を上げる / shake *with fright* 恐怖で震える / *get* a *fright* 恐怖に襲われる, ぎょっとする / *give* ... a *fright* (人)を恐れさす[どきりとさせる] / It was the biggest *fright* I ever had. それは私の経験したいちばん恐ろしいことでした. ❷ [a ~]《古風》不格好な[おかしな]人[物]. **tàke fríght** [動] 自 ぎょっとする, おびえる (*at*). (動 fríghten)

*__fright·en__ /fráɪtn/ 動 (fright·ens /~z/; fright·ened /~d/; -en·ing) 他 ❶ (人)を**怖がらせる**, ぎょっとさせる, びっくりさせる《⇒ frightened; 類義語》: The barking dog *frightened* the child. 吠えかかる犬にその子はびっくりした / They ***were frightened by*** the earthquake. V+O の受身 彼らは地震にびっくりした.
❷ (...)を**脅かす**, 脅かして...させる: The ringing of the bell ***frightened*** the thieves ***away*** [***off***]. V+O+*away* [*off*] ベルが鳴ったのでどろぼうたちはびっくりして逃げ去った / They ***frightened*** him ***into*** obedience. V+O+*into*+名 彼らは彼を脅かして服従させた / They ***frightened*** him ***out of*** the house. V+O+*out of*+名 彼らは彼を脅かして家から追い出した / They ***frightened*** him ***out of*** go*ing* with them. V+O+*out of*+動名 彼らは彼を脅かしていっしょに行かせないようにした.
fríghten ... òut of ...'s wíts [動] 他《略式》(人)をひどくびっくりさせる.
fríghten ... to déath = fríghten the lífe òut of ... [動] 他 (人)をひどくおびえさせる. (名 fright)

類義語 **frighten** 突然恐怖心を起こさせること. **scare** *frighten* とほぼ同じ意味だが, やくだけた感じの語である. **terrify** 恐怖心を強調する語で, しばしば自制心を失うほどの恐怖心を起こさせることを意味する.

*__fright·ened__ /fráɪtnd/ 形 **おびえた**, ぎょっとした, 怖がった: The *frightened* child began to cry. おびえた子は泣きだした / She was very ***frightened of*** (meet*ing*) strangers. +*of*+動名[名] 彼女は見知らぬ人(に会うの)をとても怖がっていた / 言い換え They were ***frightened to*** see the ghost. +*to* 不定詞 = They were *frightened* at the sight of the ghost. 彼らは幽霊を見てぎょっとした / I was ***frightened that*** the dog might jump at me. +*that* 節 私はその犬が飛びかかるのではないかと恐れた.

*__fright·en·ing__ /fráɪtnɪŋ/ 形 **ぎょっとさせるような**, 恐ろしい, 驚くべき: It was a *frightening* sight. それは恐ろしい光景だった / ***It is frightening to*** think what might happen if another war broke out. また戦争が勃発したら何が起こるかと思うとぞっとする.
~·ly 副 恐ろしく, 驚くほど.

fright·ful /fráɪtf(ə)l/ 形 ❶《古風》恐ろしい, ぞっとするような: a *frightful* sight 恐ろしい光景 / a *frightful* argument ものすごい口論. ❷《古風》ひどい, いやな: *frightful* weather ひどい天気. **-ful·ly** /-fəli/ 副《古風》ひどく, とても.

frig·id /fríʤɪd/ 形 ❶ (女性が)不感症の. ❷ 冷淡な, よそよそしい. ❸ 寒さが厳しい, 極寒の.

fri·gid·i·ty /frɪʤídəṭi/ 名 ❶ Ⓤ (女性の)不感症. ❷ Ⓤ 冷淡, よそよそしさ. ❸ Ⓤ 極寒.

frig·id·ly /fríʤɪdli/ 副 冷淡に; 凍えるほど.

frígid zòne 名 [the ~] 寒帯《⇒ zone 挿絵》.

frill /fríl/ 名 ❶ Ⓒ フリル, ひだ飾り. ❷ [複数形で] 無用の飾り, 余分なもの.

frilled /fríld/ 形 フリル[ひだ飾り]のついた.

frill·y /fríli/ 形 (frill·i·er; -i·est) フリルのついた, ひだ飾りのついた.

+__fringe__ /frínʤ/ 名 (fring·es /~ɪz/) ❶ Ⓒ (布・肩掛けなどの)**へりの房**, 房べり; (物の)縁取り: the *fringe* of a rug じゅうたんの縁飾り.
❷ Ⓒ (一般に)**縁**, へり, 周辺(部); (組織などの)非主流[少数]派: There was a road on the *fringe*(*s*) of the forest. 森の周辺には道があった / *fringe* benefits 付加給付《有給休暇・健康保険など》. ❸ Ⓒ《英》(女性の)切り下げた前髪 [《米》bang].
— 形 限定 (集団などが)周辺的な, 非主流の.
— 動 他 (...)に縁をつける, (...)を房で飾る: The road *was fringed with* [*by*] trees on either side. 道の両側に並木が立っていた.

fringed /frínʤd/ 形 房飾りのついた.

frip·per·y /fríp(ə)ri/ 名 (-per·ies) Ⓒ,Ⓤ 安ぴか物; 不要な飾り[物].

Fris·bee /frízbi/ 名 Ⓒ,Ⓤ フリスビー《投げ合って遊ぶプラスチック製の円盤; 商標》.

Fris·co /frískoʊ/ 名 固《略式》= San Francisco.

frisk /frísk/ 動 他 (警官が)(人)の体を服の上から触って(武器などを)捜す, ボディチェックする. — 自 (動物が)跳ね回る, (じゃれて)飛び回る (*around*).

frisk·y /fríski/ 形 (frisk·i·er; -i·est) ❶ 元気に飛び回る, じゃれる, 快活な, 陽気な; ふざける. ❷《略式》欲情している.

fris·son /friːsóːŋ | fríːsɔŋ/ 名 Ⓒ《格式》(興奮・恐怖による)身震い (*of*).

frit·ter¹ /fríṭɚ | -tə/ 名 Ⓒ 揚げ物, フリッター《薄切りの果実・肉などに衣をつけて油で揚げたもの》.

frit·ter² /fríṭɚ | -tə/ 動 (-ter·ing /-ṭərɪŋ, -trɪŋ/) [次の成句で] **frítter awáy** [動] 他 (時間・金・精力など)をむだに使う (*on*).

fritz /fríts/ 名 [次の成句で] **on the frítz** [形]《米略式》(電気製品が)故障して, 不調で.

fri·vol·i·ty /frɪvɑ́(ː)ləṭi | -vɔ́l-/ 名 (-i·ties) ❶ Ⓤ 浅薄さ, 軽薄さ. ❷ Ⓒ 軽々しい言動, くだらないこと.

friv·o·lous /frív(ə)ləs/ 形 あさはかな, 軽薄な; つまらない, くだらない. **~·ly** 副 あさはかに.

frizz /fríz/ 動 自 (毛髪などが)縮れる. — 他 (毛髪など)を縮らせる. — 名 Ⓤ 縮れ髪.

frizz·y /frízi/ 形 (frizz·i·er; -i·est) 縮れ毛の; 細かく縮れた.

fro /fróʊ/ 副 [次の成句で] **tó and fró** [副] あちらこちらへ, 行ったり来たり: Children are running *to and fro*. 子供たちがあちらこちらへ走り回っている.

frock /frɑ́(ː)k | frɔ́k/ 名 C 修道士の服《そでが広く丈が長い》.

fróck còat 名 C (紳士用の)フロックコート《現在のモーニングに相当する 19 世紀の礼服》.

frog /frɑ́(ː)g, frɔ́ːg | frɔ́g/ 名 ❶ C かえる. ✪ 鳴き声については ⇒ cry 表. 関連 bullfrog 牛がえる / toad ひきがえる. ❷ C [F-]《略式》[差別的] フランス人《かえるを食用とすることから》. ❸ C (上着などの)飾りボタン. **hàve a fróg in** one's **thróat** [動] 自 (一時的に)しわがれ声になる, 声がしわがれている.

frog·man /frɑ́(ː)gmæ̀n, frɔ́ːg-, -mən | frɔ́g-/ 名 (-men /-mèn | -mən/) C フロッグマン, 潜水夫.

frol·ic /frɑ́(ː)lɪk | frɔ́l-/ 動 (frol·ics; frol·icked; frol·ick·ing) 自 はしゃぎ回る, 跳ね回る. — 名 C,U ふざけ, 戯れ; 浮かれ騒ぎ.

frol·ic·some /frɑ́(ː)lɪksəm | frɔ́l-/ 形 ふざけて跳ね回る, 陽気な.

***from /(弱形) frəm; (強形) frɑ́(ː)m, frʌ́m | frɔ́m/

— 前

単語のエッセンス

基本的には「...を基点に, ...から」の意.

1) [運動の出発点] ...から: start *from* London ロンドンから出発する ⇒ ❶
2) [時間・順序の始まり] ...から: *from* Monday to Friday 月曜日から金曜日まで ⇒ ❷
3) [隔たり・区別を示して] ...から(離れて): three miles (away) *from* here ここから 3 マイル離れて ⇒ ❸ / How does a violin differ *from* a viola? バイオリンはビオラとどう違うのですか ⇒ ❽
4) [出所を示して] ...から(来た); ...出身の: a letter *from* my aunt おばからの手紙 ⇒ ❹
5) [変化を示して] ...から(変わって): change *from* blue to gray 青から灰色に変わる ⇒ ❺
6) [原料を示して] ...から: Wine is made *from* grapes. ワインはぶどうから造られる ⇒ ❻
7) ...が原因で: die *from* a wound 傷がもとで死ぬ ⇒ ❼

❶ [運動などの出発点を示して] ...から [⇔ to]; [視点を示して] ...から(見ると): They started *from* London. 彼らはロンドンから出発した / It was hanging *from* the branch. それは木の枝からぶら下がっていた / *From* the top of the hill you can see the whole town. あの丘の上から町全体が見える.

語法 **from の使い方**

(1) from は到達点を示す to とは反対に運動の出発点を表わす. それに対して, off は「...から離れて」という分離の意味が強い《⇒ off 前 1》.

(2) from の目的語には, 本来の名詞・代名詞のほかに, 副詞または前置詞付きの副詞句を用いることも多い: How far is it *from here* to the station? ここから駅までどのくらいありますか / He picked up a pen *from under the table*. 彼はテーブルの下からペンを拾い上げた.

(3) from A to B の形のとき名詞の冠詞を省略することがある. 特に A, B に同じ名詞を用いる場合は省略する: The bee moved *from* flower *to* flower. はちは花から花へと移っていった.

❷ [時間・順序の始まり・起点を示して] ...から; [数量・値段などの下限を示して] (下は)...から [⇔ to, until, till, through]: *from* today *on* [*onward*] きょうから, きょう以降《⇒ from ... on (成句)》/ We go to school *from* Monday *to* [《米》 *through*] Friday. 私たちは月曜日から金曜日まで学校へ行く《⇒ through 前 3》/ I enjoyed the movie *from* beginning *to* end. 私はその映画を初めから終わりまで楽しく見た《⇒ 1 の 語法 (3)》/ He worked *from* morning *till* night. 彼は朝から晩まで働いた《⇒ till[1] 前 1 語法 囲み》/ "Teenagers" means boys and girls *from* thirteen *to* [《米》 *through*] nineteen. 「ティーンエージャー」とは 13 歳から 19 歳までの少年少女の意味である / Lunch hours are *from* 11:00 a.m. *to* 2:00 p.m. 昼食の時間は午前 11 時から午後 2 時までです. 日英 「学校は 8 時 [8 日]から始まる」というように単に開始の時点を表わす場合には from は用いずに begin「*at* eight [*on* the eighth]」のようにいう《⇒ begin 自 ⚡》// We have cheese *from* $2 a pound. 当店ではチーズは 1 ポンド 2 ドルからあります / We saw *from* ten *to* twenty yachts. 10 艘(そう)から 20 艘ぐらいのヨットを見た. 語法 このような場合 from A to B 全体が一つの数詞のように扱われて名詞を修飾している.

❸ [隔たりなどを示して] ...から(離れて); [分離・除去などを示して] ...から, ...から離して; [隔離・解放などを示して] ...から, ...することを(やめる[防ぐ]): The town is three miles (away) *from* here. その町はここから 3 マイル離れている《⇒ 1 の 語法 (2)》/ He wanted to live in a place not far *from* his office. 彼は仕事場から遠く離れていない所に住みたいと思った / She's absent *from* school. 彼女は学校を欠席している / He took the toy (away) *from* the boy. 彼はその子からおもちゃを取り上げた / Take 6 *from* 10. 10 から 6 を引きなさい / The young man saved a child *from* drowning. その青年は子供がおぼれそうになっているのを助けた.

❹ [出所・由来・生産地・出身地などを示して] ...から(来た), ...からの, ...に由来する; ...出身の, ...生まれの: I received a letter *from* my aunt. おばから手紙をもらった / This passage is *from* the Bible. この一節は聖書からの引用だ / A strange sound was heard *from* within. 中から変な物音が聞こえた / I'm not *from* around here. 私はこの辺の者ではありません《⇒ 1 の 語法 (2)》/ 💬 "Where are you *from* /frɑ̀(ː)m, frʌ̀m | frɔ̀m/?" "Florida."「ご出身はどちらですか」「フロリダです」

❺ [変化を示して] ...から (変わって[変えて]〜へ): The sky suddenly changed *from* blue *to* gray. 空は急に青から灰色に変わった / He grew *from* a weak boy *into* his nation's best marathon runner. 彼は体の弱い少年から国で一番のマラソン走者に成長した / This book has been translated *from* English *into* Japanese. この本は英語から日本語に翻訳された.

❻ [原料・材料を示して] ...から, ...で: Wine is made *from* /frəm/ grapes. ワインはぶどうから造られる / What is bread made *from* /frɑ̀(ː)m, frʌ̀m | frɔ̀m/? パンは何で作りますか / The bird shaped its nest *from* mud and sticks (= shaped mud and sticks *into* a nest). その鳥は泥と小枝で巣を作った.

語法 from は製品になったときに材料の質がかなり変化しているときに用いる《⇒ of 9 語法》.

❼ ...が原因で, ...の理由で, ...の結果: He died *from* a

F

wound. 彼は傷がもとで死んだ / She's weak *from* hunger. 彼女は空腹で弱っている / He was tired *from* the hike. 彼はハイキングで疲れていた. ❽ [区別・相違を示して] ...から, ...と: Can you tell a cherry tree *from* a peach tree? あなたは桜の木と桃の木の区別ができますか / How does a violin differ *from* a viola? バイオリンはビオラとどう違うのですか. ❾ ...に基づいて, ...から(判断すると); ...を手本にして: We do it only *from* habit. 私たちはそれをただ習慣でしているだけです / *From* what I heard, nobody seemed happy about it. 私が聞いたところから察するとだれもそのことを喜んでいないようだった.

from ... ón [副] ...からずっと: *from* that day *on* あの日からずっと // ⇒ from now on (now [名] 成句).

frond /frá(ː)nd | frɔ́nd/ [名] [C] (しだ・しゅろなどの)葉.

＊＊＊front /frʌ́nt/ [発音]

— [名] (fronts /frʌ́nts/)

意味のチャート
ラテン語で「額(ひたい)」の意.
→「顔」→(顔に表われる表情から)「態度」❺
→(前面に位置するものから)「前部」❶ →「前線」❸

❶ [C] [普通は the ～] **前部**, 前面, 正面, (裏に対する)表(おもて); (体の)前[胸]の部分; (建物の)**正面**, 側(面); (行列などの)**先頭** [⇔ back, rear]: *the* ***front of*** one's shirt シャツの前の部分 / She sat ***at the front of*** the class. 彼女はクラスの最前列に座った / doors *at the front of* the building 建物の正面のドア / The date of publication is printed in *the* ***front*** *of* English books. 英語の本では刊行日は巻頭に印刷されている / Decorations were put up ***on the front of*** the building. 建物の正面に飾り付けが行なわれた. [語法] 本体の前の部分をいい, 離れた前方は意味しない.「建物から離れた前方に」を意味するときは *in front* of the building という (⇒ in front of ...(成句)). [日英] ホテルの「フロント」は和製英語. 英語では (front [《英》 reception]) desk という.

❷ [C] [普通は単数形で] **活動領域**, 分野, 方面《主にジャーナリズム用語》: problems ***on*** the educational ***front*** 教育面での問題. ❸ [C] 〔気象〕前線: a cold [warm] *front* 寒冷[温暖]前線. ❹ [C] (悪事などの)隠れみの, カムフラージュ; (表面上の)看板: That pawnshop was *a front for* smugglers. その質屋は密輸業者たちの隠れみのだった. ❺ [単数形で] 顔(つき); (見せかけの)態度: ⌐put on [show, present] a brave [bold] *front* 大胆に構える, 平気な顔をする. ❻ [C] (戦いの)前線, 戦線 (front line); 戦地; (政治的な)戦線: the Pacific *front* 太平洋戦線 / the National Liberation *Front* 国民解放戦線 / present a united *front* 共同戦線を張る. ❼ [C] (湖・川・海岸などに)面している所; [the ～] 《英》 散歩道《海・湖などに面した》: a hotel *on the* (lake) *front* 湖に面したホテル. [関連] seafront 海岸の遊歩道 / waterfront 河岸(かし).

in frónt [副・形] **前に[の]**, 前方に[の]: I walked *in front*. 私は先に立って歩いた / I sat *in front*. 私は前の席に座った.

in frónt of ... [前] (1) (場所が)...**の前に[を]**, ...の正面に, ...の前方に[を] [⇔ behind]: sit *in front of* a computer コンピューターの前に座る(コンピューターを使う) / The teacher stood *in front of* the class. 先生はクラスの生徒の前に立った / There's a large cherry tree *in front of* the building. 建物の正面に大きな桜の木がある.

[語法] in [at] the front of ... が「本体の前[正面]の部分に」を示すのに対して, in front of ... は「...から離れた前方[正面]に」を表わす. 次の文を比較: A dog ran *in front of* the car and was hit. 犬が車の前方に飛び出してはねられた / Bill sat *in the front of* (= in the front seat of) the car. ビルは車の前の席に座った. (⇒ back [名] 2 [語法])

(2) (人のいる)前で, 面前で: Don't use such words *in front of* the teacher. 先生の前でそんなことばを使ってはいけません. (3) (時間・問題などが)(人)の前に控えて, (人)を待ち受けて.

òut frónt [副] (建物の)外で.

ùp frónt [副] (1) 《略式》 前払いとして, 前金で. (2) 《略式》 最初からはっきりと. ([形] fróntal)

— [形] ❶ [限定] [比較なし] **前部にある**, 最前部の, 正面の, 前面の, 表の [⇔ back, rear]: the *front* yard 前庭 / a *front* room 通りに面した部屋《主に客間用》 / a *front* view 正面からの眺め. ❷ 隠れみの[見せかけ]の.

— [動] [他] ❶ (...)に面する, 向く: The hotel *fronts* the lake. ホテルは湖に面している. ❷ [普通は受身で] (建物)の正面を覆う: be *fronted with* glass 正面がガラス張りである. ❸ (バンドなど)を率いる.

— [自] ❶ [副詞(句)を伴って] 面する, 向く: The house *fronts onto* [*on*] the sea. その家は海に面している. ❷ 隠れみのの役目をする (*for*).

front·age /frʌ́nṭɪʤ/ [名] [C,U] (建物の)正面, 間口; 軒先; 空き地《街路・水際に面する》.

fron·tal /frʌ́nṭl/ [形] [限定] 《格式》 正面の, 前面の; 前頭部の; 〔気象〕前線の: a *frontal* attack 正面攻撃 / a *frontal* system 〔気象〕前線. ([名] front)

front-and-cen·ter /frʌ́ntnsénṭɚ | -tə/ [形] [限定] 《米》 (問題などが)最優先の, 最大関心事の. [語法] [叙述] の用法では front and center とつづる.

frónt désk [名] [C] (ホテルの)フロント, 受付 [≒reception desk] (⇒ hotel 挿絵; front [名] 1 [日英]).

frónt dóor [名] [C] 正面玄関.

＊fron·tier /frʌntíɚ, frɑ(ː)n- | frʌ́ntɪə, frʌntíə/ [名] (～s /～z/) ❶ [C] **国境(地方)**, 辺境: cross the *frontier* by car 車で国境を越える / on [at] the ***frontier between*** Russia ***and*** China ロシアと中国との国境で. [語法] この意味では border を用いるほうが普通. frontier を使うと境界を挟んだ両者の間に敵対関係が存在することを暗示することが多い.

❷ [the ～] **フロンティア**, 辺境《特に 17–19 世紀北米西部の未開拓地と開拓地の境界地方》: Pioneers lived in log cabins ***on the frontier***. 開拓者たちは辺

境地帯の丸太小屋に住んでいた. ❸ Ⓒ [普通は the ~s] (学問などの)最先端, 新分野 (*of*).

fron·tiers·man /frʌntíəzmən, frɑ(ː)n-|frʌ́ntɪəz-/ 名 (-men /-mən/) Ⓒ (米国の)辺境開拓者.

fróntier spírit 名 Ⓤ 開拓者精神[気質]《米国の国民性の一つの特質とされている》.

frónt líne 名 [the ~] (戦いの)前線, 戦線 (front); (活動などの)最前線, 第一線. **in the frónt líne** [形] 第一線に, 責任ある地位に.

frónt màn 名 ❶ Ⓒ (組織の)代表者, 表看板; (隠れみの的存在として)表向きの人物. ❷ Ⓒ (バンドなどの)リーダー.

frónt óffice 名 [the ~] (組織の)首脳部.

frónt páge 名 Ⓒ (新聞の)第一面.

+**front-page** /frʌ́ntpéɪʤ←/ 形 限定 (新聞の) **第一面で扱う**, 重大な: a *front-page* article 一面記事.

front-run·ner /frʌ́ntrʌ́nə|-nə/ 名 Ⓒ (競走などの)先頭集団の走者[馬]; 有力候補, 本命.

frost /frɔ́ːst, frɑ́(ː)st|frɔ́st/ ❗発音 名 ❶ Ⓤ 霜, 霜柱: Flowers die when (the) *frost* comes. 霜が降りると花は枯れる / *Frost* has formed on the ground. 地面に霜が降りた / *frost* damage 霜害. 語法 いろいろな状態の霜をいうときには Ⓒ となることもある: ˹an early [a late] *frost* 早[遅]霜 / There was a hard [heavy, severe] *frost* this morning. けさはひどい霜が降りた. ❷ Ⓤ,Ⓒ (霜が降りるほどの)寒気, (氷点下の)冷え込み: We'll have (a) *frost* tomorrow morning. あすの朝は冷え込むだろう. — 動 他 ❶ (...)を霜で覆(おお)う (*over*, *up*). ❷《主に米》(ケーキなど)に砂糖の衣をかける [《英》 ice]. — 自 (物が)霜で覆われる, 凍る (*over*, *up*).

frost·bite /frɔ́ːs(t)bàɪt|frɔ́s(t)-/ 名 Ⓤ 霜焼け, 凍傷《✪ chilblains よりも重い》.

frost·bit·ten /frɔ́ːs(t)bìtn|frɔ́s(t)-/ 形 霜焼け[凍傷]にかかった; (植物が)霜で傷んだ.

frost·ed /frɔ́ːstɪd|frɔ́st-/ 形 霜で覆(おお)われた; 《米》砂糖をまぶした; 《米》(髪が)メッシュの.

frost·ing /frɔ́ːstɪŋ, frɑ́(ː)st-|frɔ́st-/ 名 Ⓤ 《米》砂糖の衣《ケーキの上にかける》 [《英》 icing].

frost·y /frɔ́ːsti, frɑ́(ː)sti|frɔ́sti/ 形 (frost·i·er; -i·est) ❶ 凍るほど寒い; 霜で覆われた. ❷ 冷ややかな; 冷淡な.

froth /frɔ́ːθ, frɑ́(ː)θ|frɔ́θ/ 名 ❶ [Ⓤ または a ~] (ビールなどの)泡, 泡沫(ほうまつ). ❷ Ⓤ くだらぬ物[話]. — 動 自 泡立つ; (口から)泡を吹く. — 他 (...)を泡立たせる (*up*). **fróth at the móuth** [動] 自 《略式》(口から泡を飛ばして)かんかんに怒る.

froth·y /frɔ́ːθi|frɔ́θi/ 形 (froth·i·er; -i·est) ❶ 泡の(ような), 泡の多い. ❷ 空虚[浅薄]な, くだらない.

+**frown** /fráʊn/ ❗発音 動 (frowns /~z/; frowned /~d/; frown·ing) 自 **しかめっ面(つら)をする**, まゆをひそめる, いやな顔をする; 難しい顔をする: Mom *frowned* when she saw my muddy shoes. お母さんは私の泥だらけの靴を見ていやな顔をした / The old man *frowned at* the boy. V+*at*+名 老人はしかめっ面をして子供を見た.

frówn on [upòn] ... [動] 他 ...に対して渋い顔をする, ...に難色を示す: Kissing in public *is frowned on* [*upon*] in this country. 人前でのキスはこの国ではひんしゅくを買う.

類義語 **frown** 不賛成·困惑などや考え込むときなどにまゆをひそめて渋い顔をする. **scowl** ひどい不快感·不機嫌·いらだち·怒りなどを表わして, まゆをひそめてきつい顔をする. **glower** 不機嫌な怒った顔でにらみつける.

— 名 (~s /~z/) Ⓒ [普通は単数形で] **しかめっ面**, 渋い顔《怒り·不機嫌などの表情》: He looked at me *with a frown*. 彼は顔をしかめて私を見た.

*＊***froze** /fróʊz/ 動 **freeze の過去形.**

*＊***fro·zen** /fróʊz(ə)n/ 動 **freeze の過去分詞.**

— 形 ❶ **凍った**, 冷凍した; 極寒の: *frozen* fish [meat] 冷凍魚[肉] / *frozen* food 冷凍食品. ❷ [普通は 叙述] Ⓢ 凍(こご)えるほど寒い: be *frozen* (*stiff*) 凍えるほど寒い. ❸ (恐怖などで)身動きひとつできない (*with*, *in*). ❹〔経済〕(預金などが)凍結された.

fru·gal /frúːg(ə)l/ 形 倹約な, 節約した; (食事などが)質素な, つましい (*with*).

fru·gal·i·ty /fruːgǽləṭi/ 名 Ⓤ 倹約, 質素.

fru·gal·ly /frúːgəli/ 副 節約して, つましく.

⁑fruit /frúːt/

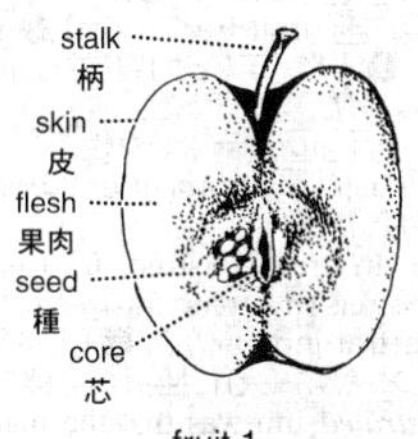

fruit 1

— 名 (fruits /frúːʦ/) ❶ Ⓤ **果物**, フルーツ: They grow *fruit* here. ここでは果物を栽培している / Apples, peaches and strawberries are all *fruit*. りんご, 桃, いちごは皆果物である. 語法 果物の種類をいうときは Ⓒ となることもある: They sell tropical *fruits* (= various kinds of tropical fruit) at that store. あの店は(いろいろな)熱帯の果物を売っている. また The potato is not a *fruit*. (じゃがいもは果物ではない)のように be 動詞のあとでも Ⓒ となる.

fruit (一般的に)	(大きめで汁があり柔らかいもの)	果実
	berry (小さくて汁があり柔らかなもの)	
	nut (硬くて汁がないもの)	

❷ Ⓒ,Ⓤ〔植物〕果実, 実: The *fruits* of the rose are red. ばらの実は赤い. ❸ Ⓒ [普通は複数形で] 収穫, 産物, 実り: the *fruits* of the earth 大地の実り《穀物·果物·野菜など》. ❹ Ⓒ [しばしば複数形で] (努力·研究などの)結実, 結果, 成果: His new book is *the fruit of* his long study. 彼の新しい本は彼の長年の研究の成果である.

béar frúit [動] 自 (1) (努力が)成果をあげる[生む]. (2) (植物が)実を結ぶ. (形 frúitful, frúity)

— 動 自〔植物〕結実する, 実を結ぶ.

〖語源 ラテン語で「楽しみ」の意〗

fruit·cake /frúːtkèɪk/ 名 Ⓒ,Ⓤ フルーツケーキ《干しぶどうやくるみ入り》; Ⓒ 《略式》奇人, 変人. **(as) nútty as a frúitcake** [形] 《略式》全く頭がおかしい, 気が狂って.

frúit flỳ 名 Ⓒ みばえ《果物につく害虫》.

fruit·ful /frúːtf(ə)l/ 形 ❶ (仕事・研究などが)実りの多い, 成果の多い [⇔ fruitless]: a *fruitful* meeting 実りある会合 / Her efforts proved *fruitful*. 彼女の努力は実を結んだ. ❷ 《文語》(土地が)豊作をもたらす, 土地の肥えた [≒fertile]. (名 fruit)
～·ly /-fəli/ 副 実り多く, 有効に. **～·ness** 名 U 実りの多さ, 豊富な成果.

fru·i·tion /fruːíʃən/ 名 U 《格式》(希望などの)達成, 実現; 成果: come to *fruition* = be brought to *fruition* 実現する.

frúit knìfe 名 C 果物用ナイフ.

fruit·less /frúːtləs/ 形 (企て・努力などが)結果を生まない, 成果のない, むなしい [⇔ fruitful]: *fruitless* attempts むだな試み. **～·ly** 副 かいなく, むなしく. **～·ness** 名 U むなしさ.

frúit machìne 名 C 《英》スロットマシン《果物の絵の組み合わせで賞金が決まる》[《米》slot machine].

frúit sálad 名 C,U フルーツサラダ.

fruit·y /frúːṭi/ 形 (fruit·i·er; -i·est) ❶ 果物の味[香り]がする. ❷ 《英》(声などが)豊かな, 朗々とした. ❸ 《米略式》ばかげた, 気の狂った. (名 fruit)

frump /frʌ́mp/ 名 C やぼったい女性.

frump·y /frʌ́mpi/ 形 (frump·i·er; -i·est) (女性・服装などが)やぼったい.

*__frus·trate__ /frʌ́streɪt | frʌstréɪt, frʌ́streɪt/ 動 (frus·trates /frʌ́streɪts | frʌstréɪts, frʌ́streɪts/; frus·trat·ed /-ṭɪd/; frus·trat·ing /-ṭɪŋ/) 他 ❶ (人)を**欲求不満にさせる**, いらつかせる, (人)に挫折(ざせつ)感を起こさせる: What *frustrated* Jim was that the manager didn't let him pitch. ジムが不満だったのは監督が彼に登板させてくれなかったことだった. ❷ (計画など)を挫折させる, はばむ; (人)の計画を失敗させる: Illness *frustrated* his plans for the trip. 病気で彼の旅行の計画は挫折した. (名 frustrátion)

frus·trat·ed /frʌ́streɪṭɪd | frʌstréɪt-, frʌ́streɪt-/ 形 ❶ 欲求不満の; 挫折感を抱いた; 限定 (...として)挫折(ざせつ)した(人): a *frustrated* actor 俳優になりそこねた人 / She got [felt] *frustrated at* [*with*] the monotony of her work. 仕事が単調なので彼女は不満を募らせていた. ❷ (性的に)欲求不満の.

frus·trat·ing /frʌ́streɪṭɪŋ | frʌstréɪt-, frʌ́streɪt-/ 形 (人に)不満を抱かせるような, 悔しい思いをさせる(ような), いらだたしい.

frus·tra·tion /frʌstréɪʃən/ 名 ❶ U,C 欲求不満, 挫折感: His *frustration* with his job gradually increased. 仕事に対する彼の欲求不満は次第に増大した / in [with] *frustration* いらいらして. ❷ U 挫折(ざせつ), 失敗. (動 frústrate)

*__fry__[1] /fráɪ/ 動 (fries /～z/; fried /～d/; fry·ing) 他 (...)を**油でいためる[揚げる]**, (卵)を目玉焼きにする, (フライパンなどで)油をひいて焼く(⇒ cooking 囲み): This fish *is fried* well. V+O の受身 この魚はよく揚がっている. 日英 fry は油でいためる場合にも油に浸して揚げる場合にも用いるので, 天ぷらのように揚げることをはっきりいう場合には deep-fry, fry ... in deep fat のようにいう. 一方, 肉や野菜などをすばやくいためることをいう場合には stir-fry を用いる.
— 自 **油でいため[揚げ]られる**, 焼ける: The liver is *frying*. レバーがいためられている / Shrimps *fry* easily. えびはすぐ揚がる.
— 名 (fries) C 《米》= French fry.

fry[2] /fráɪ/ 名 (複 ～) [複数扱い] (ふ化したばかりの)幼魚 (⇒ small fry). 関連 fish 魚.

fry·er, fri·er /fráɪə | fráɪə/ 名 ❶ C フライ用なべ. ❷ C 《米》フライ用若鶏.

frý·ing pàn /fráɪɪŋ-/ 名 C フライパン. **júmp [léap] óut of the frýing pàn (and) ínto the fíre** [動] 自 一難去ってまた一難, 小難を逃れて大難に陥る. 由来 フライパンから飛び出して火の中へ, の意.

frý pàn 名 C 《米》= frying pan.

*__ft.__ 略 フィート(⇒ foot 2).

FTP, ftp 略 〔コンピュータ〕= file transfer protocol ファイル転送プロトコル.

fuch·sia /fjúːʃə/ 名 ❶ C フクシア《観賞用小低木》. ❷ U 紫紅色.

+**fuck** /fʌ́k/ 動 (～s /～s/; ～ed /～t/; ～·ing) 他 ❶ [間投詞的に] Ⓢ 《卑語》**くそったれ**, こん畜生! (⇒ taboo word): *Fuck* you! このくそ野郎 / *Fuck* it! 畜生! ❷ Ⓢ 《卑語》(人)とセックスする, やる.
— 自 ❶ [間投詞的に] Ⓢ 《卑語》くそったれ, 畜生! ❷ Ⓢ 《卑語》セックスする, やる.
Fúck óff. Ⓢ 《卑語》うせろ.
fúck úp [動] 他 Ⓢ 《卑語》(...)を台なし[ぶちこわし]にする.
fúck with ... [動] 他 Ⓢ 《卑語》(人)を怒らせる; (物)をいじくりまわす.
— 名 ❶ [the ～] [語気を強めたり怒り・驚きなどを表わして] Ⓢ 《卑語》全く, 一体全体: What *the fuck* are you doing? 何をしてやがるんだ / Get *the fuck* out of here! とっととうせろ! ❷ C Ⓢ 《卑語》セックス(の相手).

+**fuck·ing** /fʌ́kɪŋ/ 形 限定, 副 Ⓢ 《卑語》**くそいまいましい**, ひどい[く]. 語法 taboo word の一つで, 特に意味なく用いられ, 語気を強めたり怒りなどの感情を表わす. 実際の用法は damn(ed)に似ている.

fudge /fʌ́dʒ/ 名 ❶ U ファッジ《砂糖・バター・牛乳・チョコレートなどで作った柔らかいキャンディー》. ❷ C ごまかし, でたらめ. — 動 他 (...)をでっちあげる, ごまかす.

*__fu·el__ /fjúːəl/

— 名 (～s /～z/) ❶ U **燃料**: *use fuel* 燃料を使う / *run out of fuel* 燃料がなくなる / *save fuel* 燃料を節約する / We have little *fuel* for this winter. 今年の冬の燃料がほとんどない / diesel *fuel* ディーゼル油. 語法 燃料の種類をいうときは C となることもある: *fuel(s)* such as coal, oil and gas 石炭, 石油, ガスなどの燃料 / fossil *fuels* 化石燃料《石油・石炭など》. ❷ U (感情を)たきつけるもの, あおるもの (*to*).
ádd fúel to the fíre [flámes] [動] 自 火に油を注ぐ; (事件などを)あおり立てる.
— 動 (fu·els /～z/; fu·eled, 《英》fu·elled /～d/; -el·ing, 《英》-el·ling) 他 ❶ (よくない状況・感情など)を**強める**, 悪化させる, あおり立てる: *fuel* speculation 憶測をあおる. ❷ (...)に燃料を補給する[積み込む].
— 自 燃料補給をする (*up*).
〖語源 focus と同語源〗

fúel cèll 名 C 燃料電池.

fuel-ef·fi·cient /fjúːəlɪfɪʃənt/ 形 燃費がよい.

fúel injèction 名 U 燃料噴射(方式).

fu·gi·tive /fjúːdʒəṭɪv/ 名 C 逃亡者, 脱走者 (*from*); 亡命者. — 形 ❶ 限定 逃亡中の, 逃亡した; 亡命の. ❷ 限定 《文語》つかの間の, 一時の.

fugue /fjúːg/ 名 C 〔音楽〕フーガ, 遁走(とんそう)曲.

+**-ful**[1] /f(ə)l/ 接尾 [形容詞語尾]「**...に満ちた, ...の多い, ...の性質を有する**」の意: beauti*ful* 美しい, forget*ful* 忘

れっぽい. 語法 -ly がついた副詞の発音は /fəli/ となる.

-ful² /fòl/ 接尾 [名詞語尾]「...1 杯, ...1 杯の量」の意: cup*ful* カップ 1 杯(の量), spoon*ful* スプーン 1 杯(の量), arm*ful* 腕いっぱい(の量).

Fúl·bright Schòlarship /fólbraɪt-/ 名 U フルブライト奨学金《米国の交換留学援助奨学金》.

ful·crum /fólkrəm, fʌ́l-/ 名 (複 ~s, **ful·cra** /-krə/) C (てこの)支点; てこまくら.

***ful·fill,** 《英》 **ful·fil** /folfíl/ 動 (ful·fills, ful·fils /~z/; ful·filled /~d/; ful·fill·ing) 他 ❶ (希望・予言など)を**実現する**, 遂げる; (義務など)を**果たす**, (約束)を履行する [≒carry out]; (期限・仕事)を完了する: Tom *fulfilled* his parents' hopes. トムは両親の希望をかなえた / Try to *fulfill* your obligations. 義務を果たすように努力しなさい. ❷ (条件)を満たす, (目的など)にかなう: They failed to *fulfill* the conditions. 彼らはその条件を満たすことができなかった.

fulfíll onesèlf [動] 自 自己の実力[能力]を十分に発揮する. (名 fulfíllment)

ful·filled /folfíld/ 形 満足した, 充足感をもった.

ful·fill·ing /folfílɪŋ/ 形 満足のいく, 充足感のある.

ful·fill·ment, 《英》 **ful·fil·ment** /folfílmənt/ 名 ❶ U 満足(感), 充足感: a sense [feeling] of *fulfillment* 達成感 / find *fulfillment* 充足感を見い出す. ❷ U 実現, 達成; 履行(りこう), 遂行: *fulfillment* of a promise 約束の履行. (動 fulfíll)

*****full** /fól/

― 形 (full·er; full·est) ❶ **いっぱいの[で], 満ちた** [⇔ empty]: a *full* glass いっぱい入ったコップ / The classroom is *full of* students. +of+名 教室は生徒でいっぱいだ / Don't speak with your mouth *full*. 口をいっぱいにしたままで話してはいけません / The bottle is half *full*. びんには半分入っている / The people were *full of* life and joy. 人々は活気と歓喜に満ちていた.

❷ 限定 (数量・分量などが)**まるまる(...だけ)の**, 完全な; 十分な; 最大限の, 正式な: a *full* hour まる 1 時間 / a *full* member 正会員 / at *full* speed 全速力で / thirty *full* miles = a *full* thirty miles まる 30 マイル / The cherry trees are in *full* bloom. 桜が満開です / I'll tell you the *full* story. 何から何までお話しします / I got *full* marks in [for] history. 《主に英》 私は歴史(の試験)で満点をとった.

❸ 叙述 **腹いっぱいで**; 胸がいっぱいで: My heart is *full*. 私は胸がいっぱいだ / 口 "Won't you have some more?" "No, thank you. I'm *full*." 「もっといかがですか」「もう結構です. おなかがいっぱいです」

❹ **豊かな**, 充実した; (服が)ゆったりした; [普通は 限定] ふっくらした, 太った, 肥満体の《fat の遠回しな言い方》: a *full* day いろいろとやることのある[忙しい]日 / a *full*(*er*) figure 肥満体 / She is *full* in the face. 彼女はふっくらした顔をしている. ❺ (光・色などが)強烈な, 強い; (声などが)豊かな, 声量のある; (酒などが)こくのある: Her voice is *full* and rich. 彼女の声は豊かで丸みがある. ❻ 叙述 (...で)頭がいっぱいで, 夢中で: She's *full of* her own affairs. 彼女は自分のことで頭がいっぱいだ.

be fúll of onesèlf [動] 自 自分のことばかり考えている; うぬぼれている.

be fúll úp [動] 自 (1) 《英》 いっぱいである, ぎっしり詰まっている (*with*). (2) 《英》 満腹である.

― 副 ❶ まともに, ちょうど: The beam of light caught him *full in* the face. 光線が彼の顔をまともにとらえた. ❷ 十分に, 完全に: I knew *full* well that he wouldn't come. 私は彼が来ないことをよく知っていた.

― 名 [the ~] 全部, 十分; 真っ盛り.

in fúll [副] 全部, 略さずに; 全額: Sign your name *in full*. 名前を略さずに(姓名ともに)書いてください / pay the debt *in full* 借金を全額返済する.

to the fúll [副] 十分に, 心ゆくまで.

full·back /fólbæ̀k/ 名 C 〔球技〕 フルバック, 後衛. 関連 forward フォワード / halfback ハーフバック.

full-blood·ed /fólblʌ́dɪd/ 形 ❶ 限定 威勢のいい; 熱心な, 激しい. ❷ 限定 純血種の.

full-blown /fólblóʊn⁻/ 形 ❶ 限定 全面的な, 本格的な: *full-blown* AIDS (最終段階に)病状の進んだエイズ. ❷ 《文語》 (花が)満開の.

fúll bóard 名 U 《英》 (ホテルなどで)全食付き(の宿泊). 関連 half board 一泊 2 食付き.

full-bod·ied /fòlbɑ́(ː)dɪd | -bɔ́d-⁻/ 形 (ワインなどが)こくのある.

full-col·or /fólkʌ́lə | -lə⁻/ 形 限定 フルカラーの.

fúll-còurt préss /fólkɔ̀ət- | -kɔ̀ːt-/ 名 ❶ [単数形で] 〔バスケ〕 フルコートプレス《全コートで相手に圧力をかける防御体制》. ❷ [単数形で] 《米》 全面攻勢.

fúll dréss 名 U 正装, 礼装《男性は燕尾(えんび)服に白いちょうネクタイ; 女性はすその長いドレス》.

full-face /fólféɪs/ 形 限定 (写真などが)正面を向いた; 顔全体をおおう.

full-fledged /fólflédʒd⁻/ 形 限定 《米》 十分に発達した, 成熟した; 立派に一人前になった, 資格十分な; (幼鳥が)羽毛の生えそろった《飛べる》 [《英》 fully-fledged].

fúll fróntal 形 ❶ 限定 (ヌード(写真)が)正面がまる見えの. ❷ 限定 (攻撃などが)全面的な.

full-grown /fólgróʊn⁻/ 形 十分に成長[発育]した, すっかり大人になった [《英》 fully-grown].

fúll hóuse 名 ❶ C (劇場などの)大入り満員. ❷ C 〔トランプ〕 フルハウス《ポーカーで 3 枚の同位の札と 2 枚の同位の札との手》.

full-length /fóllén(k)θ⁻/ 形 限定 (写真・肖像画・鏡などが)全身の, 全身を映す; (カーテンなどが)床まで届く, (ドレスなどが)足首まで届く; (映画などが)省略なしの, 通常の長さの. ― 副 体をまっすぐに伸ばして.

fúll móon 名 [単数形で] 満月《⇒ moon 語法, phase 挿絵》.

fúll náme 名 C (略さない)氏名《例えば J.F. Kennedy に対して John Fitzgerald Kennedy; ⇒ name 参考》.

full·ness, 《英》 **ful·ness** /fólnəs/ 名 U ふくよかさ, 丸み; 充実, 完全; (音・味などの)豊かさ; いっぱい. **in the fúllness of tíme** [副] 時満ちて, いつかは.

full-page /fólpéɪdʒ⁻/ 形 限定 (記事・広告・写真などが)ページ全体[全面]の.

full-scale /fólskèɪl/ 形 ❶ 限定 実物大の. ❷ 限定 (攻撃などが)全面的な, 本格的な, (研究などが)完全な.

full-size /fólsàɪz/ 形 標準サイズの.

+**full stop** /fólstɑ́(ː)p | -stɔ́p/ 名 (~s /~s/) C 《英》 〔文法〕 **ピリオド**, 終止符《⇒ **巻末文法** 16.10》 [《米》 period].

cóme to a fúll stóp [動] 自 完全に停止する.

― 間 《英》 = period.

fúll tíme 名 U 《英》 フルタイム, 試合終了. 関連 half time ハーフタイム.

***full-time** /fóltáɪm⁻/ 形 限定 **フルタイムの, 常勤の**, 専任の; 全日制の: a *full-time* lecturer 専任講師. 関連

F

part-time 非常勤の. **a fúll-time jób** [名] (1) 常勤の仕事. (2)《略式》時間のとられる大変な仕事.
― 副 フルタイムで, 常勤で, 専任で.

full-tim·er /fóltáɪmɚ | -mə/ 名 C 常勤者, 専任者.

***ful·ly** /fól(l)i | fóli/
― 副 ❶ 十分に, 完全に: I *fully* understand the problem. その問題は十分に理解しています / She has *fully* recovered. 彼女は完全に回復した / The party was *fully* equipped for mountain climbing. 登山隊は完全装備をしていた.
❷ [数詞の前において] まるまる, たっぷり, 少なくとも: The task will take *fully three* weeks. その仕事はまるまる3週間はかかるだろう. ❸ [否定文で] 全く...であるというわけではない《部分否定を表わす》: What the lecturer said was*n't fully* understood by the audience. 講師が話したことを聴衆が全部理解したわけではない.

ful·ly-fledged /fóliflédʒd←/ 形《英》= full-fledged.

ful·ly-grown /fóligróʊn←/ 形《英》= full-grown.

ful·mi·nate /fólmənèɪt, fʌ́l-/ 動 自《格式》どなりつける, 激しく非難する (*at, against, about*).

ful·mi·na·tion /fòlmənéɪʃən, fʌ̀l-/ 名 C,U《格式》猛烈な非難 (*against*).

ful·some /fólsəm/ 形《格式》(お世辞などが)度の過ぎた, 大げさな, 鼻につく. **～·ly** 副 大げさに.

fum·ble /fʌ́mbl/ 動 自 ❶ 手探りで捜す; いじくり回す: He was *fumbling* in his briefcase *for* his key. 彼はかばんの中の鍵(かぎ)を手探りで捜していた / She *fumbled with* the lock. 彼女はがたがたと錠前を開けようとした / I was *fumbling about* [*around*] in the dark. 私は暗がりの中をごそごそ捜し回った. ❷ 口ごもる; 物をつかみそこなう;〔球技〕ファンブルする (*with*). ― 他 (...)を不器用にいじくる; (物)をつかみそこなう;〔球技〕(ボール)をファンブルする. ― 名 C〔球技〕ファンブル.

+fume /fjúːm/ 名 [複数形で] (においの強い[有毒な])煙, 蒸気, 排気ガス.
― 動 自 ❶ ぷりぷりする, かっかする (*at, about, over*). ❷ 発煙する, けむる.

fu·mi·gate /fjúːmɪgèɪt/ 動 他 (消毒・殺虫のために)(...)をいぶす, 燻蒸(くんじょう)消毒する.

fu·mi·ga·tion /fjùːmɪgéɪʃən/ 名 U 燻蒸(消毒[殺虫]).

***fun** /fʌ́n/
― 名 U (遊び・スポーツなどの)楽しさ, **おもしろさ**; 戯れ, ふざけ; 楽しさを与えてくれるもの, おもしろいもの[人]: Try! It's (a lot of) *fun*. やってごらん. (とても)おもしろいよ / The children were having *fun* with the dog. 子供たちは犬と楽しく遊んでいた / Have *fun*! 楽しんでらっしゃい《遊びに行く人などに対して》/ It was no ***fun playing*** [***to*** play] in the park. 公園で遊ぶのはおもしろくなかった / What *fun* it is to ride a horse! 馬に乗るのは何て楽しいことだろう / He's great [good] *fun* (to be with). 彼はとてもおもしろい人だ(一緒にいてとても楽しい人だ) / He's full of *fun*. 彼はおもしろいことばかり言う[する].
for fún [副] **おもしろ半分に**; 楽しみのために: Nancy learned Chinese characters just *for fun*. ナンシーはほんのおもしろ半分に漢字を習った.
for the fún of it [副] = for fun.
fún and gámes [名] お遊び; 悪ふざけ.
in fún [副] (悪意でなく)戯れに, ふざけて.
màke fún of ... = póke fún at ... [動] 他 ...をからかう; あざ笑う: The boys *made fun of* the newcomer. 少年たちはその新入生をからかった. (形 fúnny)
― 形 限定 楽しい, 愉快な: We had a *fun* time. 私たちは楽しい時を過ごした / a *fun* person おもしろい人.
〖語源 原義は「ばか(な)」〗

func·tion** /fʌ́ŋ(k)ʃən/ !発音 名 (～s/～z/) ❶ C,U (そのもの本来の)**働き**, **機能**, (本来の)作用; **職務**, 職能, 役目: the heart *function* 心臓の機能 / The ***function of education is to develop the mind. 教育の働きは精神を発達させることである / perform the *functions of* a principal 校長の職務を果たす. ❷ C 儀式, 式典, 祭典 [≒ceremony]; 宴会, 社交上の会合: The Queen attended the *function*. 女王はその式典に参列された. ❸ C〔数学〕関数. ❹ C〔コンピュータ〕機能, ファンクション. (形 fúnctional)
― 動 (func·tions /～z/; func·tioned /～d/; -tion·ing /-ʃ(ə)nɪŋ/) 自 ❶ (機械などが)**働く**, 作用する: This engine doesn't *function* well in cold weather. V+副 このエンジンは寒いとよく動かない. ❷ 役目を果たす: This watch can also *function as* a calculator. この時計は計算機の役目もする.
〖語源 ラテン語で「成し遂げること」の意〗

func·tion·al /fʌ́ŋ(k)ʃ(ə)nəl/ 形 ❶ 機能的な, 機能本位の, (装飾的でなく)実用的な; 機能(上)の: The furniture wasn't ornamental but *functional*. その家具は装飾よりも機能本位のものであった. ❷ (正常に)機能する, 動く. (名 fúnction)

func·tion·al·ism /fʌ́ŋ(k)ʃ(ə)nəlìzm/ 名 U (建築・家具などの)機能主義.

func·tion·al·ly /fʌ́ŋ(k)ʃ(ə)nəli/ 副 ❶ 機能上; 職務上. ❷ 機能本位に, 実用的に.

func·tion·ar·y /fʌ́ŋ(k)ʃənèri | -ʃ(ə)nəri/ 名 (-ar·ies) C 職員, (小)役人.

fúnction kèy 名 C〔コンピュータ〕ファンクションキー.

fúnction wòrd 名 C〔文法〕機能語《冠詞・代名詞・前置詞・接続詞・助動詞・関係詞などで, それ自身のはっきりした意味を持つよりは, 文法的な関係を示す語》. 関連 content word 内容語.

fund** /fʌ́nd/ 名 (funds /fʌ́ndz/) ❶ C **基金**, 資金; (組織としての)基金(団体): a relief *fund* 救済資金 / We have no ***fund for buying library books. 図書館の本を買う資金がない / establish [set up] ***the*** Save the Children *Fund* 児童救済基金を設立する.
❷ [複数形で] **手持ち資金**; 財源: government *funds* 政府資金 / I'm too 「***short of*** [***low on***] ***funds*** to make the down payment. 頭金を払うには手持ち資金が足りません. ❸ [a ～] (知識などの)蓄え: The explorer had *a fund of* exciting stories. その探検家はわくわくする話をたくさん知っていた.
in fúnds [形]《格式》お金のある.
― 動 (funds /fʌ́ndz/; fund·ed /～ɪd/; fund·ing) 他 (...)に**資金援助する**: This university is ***funded by*** the government. V+O の受身 この大学は政府の助成金を受けている.
〖語源 found² と同語源〗

fun·da·men·tal** /fʌ̀ndəméntḷ←/ !アク 形 ❶ **基礎の**, **基本的な**, 根本的な [≒basic]; 本質的な: *fundamental* rules 基本法則 / ***fundamental human rights 基本的人権.
❷ **必須の**, 欠くことのできない, 重要な: Patience is ***fundamental to*** success. +to+名 忍耐は成功に欠くことができない. (名 foundátion)

— 名 (~s /~z/) [the ~s] **基本**, 基礎; 原則, 原理: learn ***the fundamentals of*** physics 物理学の基本を学ぶ.

fun·da·men·tal·is·m /fʌ̀ndəméntəlìzm/ 名 U 原理主義《聖書の創造説を文字どおりに信じ進化論を全く排する主義》; 根本主義.

fun·da·men·tal·ist /fʌ̀ndəméntəlɪst/ 名 C 原理[根本]主義者.

fun·da·men·tal·ly /fʌ̀ndəméntəli/ 副 ❶ 根本[本質]的に: *fundamentally* different 根本的に異なる. ❷ 文修飾 基本的には, 元来は.

+**fund·ing** /fʌ́ndɪŋ/ 名 U **資金(提供)**, 財政支援: get state ***funding for*** a project 事業への州の財政支援を得る.

fund-rais·er /fʌ́ndrèɪzə | -zə/ 名 C 資金調達(担当)者; 資金集めのための催し《パーティーなど》.

fund-rais·ing /fʌ́ndrèɪzɪŋ/ 名 U 資金調達, 募金, カンパ. — 形 資金調達の, 募金の.

+**fu·ner·al** /fjú:n(ə)rəl/ 名 (~s /~z/) ❶ C **葬式**, 葬儀, 告別式: hold a decent *funeral* 世間並みの葬式をする / attend a *funeral* 葬儀に列席する. ❷ [形容詞的に] **葬式の**, 葬儀の: *funeral* services 葬儀 / *funeral* expenses [costs] 葬儀の費用.

It's yóur fùneral. Ⓢ 君自身の責任だ, 私の知ったことではない. (形 funéreal)

fúneral dirèctor 名 C 葬儀屋《人》.

fúneral hòme 名 C 葬儀場, 斎場.

fúneral pàrlor 名 C = funeral home.

fu·ner·ar·y /fjú:nərèri | -n(ə)rəri/ 形 限定 葬式[埋葬]の.

fu·ne·re·al /fju:ní(ə)riəl/ 形 葬送の; 葬式にふさわしい, しめやかな; 陰気な. (名 fúneral)

fun·fair /fʌ́nfèə | -fèə/ 名 C《英》= fair[2] 3.

fun·gal /fʌ́ŋg(ə)l/ 形 きのこの; 菌(性)の, 菌による.

fungi 名 fungus の複数形.

fun·gi·cide /fʌ́nʤɪsàɪd, fʌ́ŋgə-/ 名 C,U 殺菌剤, 防かび剤.

fun·gus /fʌ́ŋgəs/ 名 (複 **fun·gi** /fʌ́nʤaɪ, fʌ́ŋgaɪ/, ~·es) ❶ C きのこ. ❷ U,C 菌類《細菌・かびなど》.

fu·nic·u·lar /fju:níkjʊlə | -lə/ 名 C ケーブルカー.

funk[1] /fʌ́ŋk/ 名 ❶ U〔音楽〕ファンク《強烈なリズムのジャズが基本の音楽》. ❷ U《米略式》体臭.

funk[2] /fʌ́ŋk/ 名 C《米略式》落ち込み, 憂鬱な気分;《英略式》おびえ, おじけ. **in a (blúe) fúnk** [形]《米略式》(気分が)落ち込んで;《英略式》おじけづいて.

funk·y /fʌ́ŋki/ 形 (funk·i·er; -i·est) ❶《略式》(よい意味で)一風変わった, いかす. ❷〔音楽〕ファンク調の, ファンキーな. ❸《米》悪臭のする.

fun·nel /fʌ́n(ə)l/ 名 C じょうご;《英》煙突《機関車・汽船などの》. — 動 (fun·nels; fun·neled,《英》fun·nelled; -nel·ing,《英》-nel·ling) 自 [副詞(句)を伴って] (大勢の人などが)狭い場所を通る. — 他 ❶ (狭い所を通して) (...)を入れる. ❷ (金など)を送り込む (*into*).

fun·nies /fʌ́niz/ 名 [the ~]《米略式》(新聞の)漫画のページ[欄].

fun·ni·ly /fʌ́nəli/ 副 奇妙に; こっけいに. **fúnnily enóugh** [副] 文修飾 = funny enough《⇒ funny 副 成句》.

⁑fun·ny /fʌ́ni/

— 形 (fun·ni·er /-niə | -niə/; fun·ni·est /-niɪst/) ❶ **おかしな**, **こっけいな**, **おもしろい**; おかしなふるまいの《⇒ interesting 表》: a *funny* story おもしろい話 / She made a *funny* face. 彼女はおどけた顔をした / His joke wasn't *funny* at all. 彼の冗談はちっともおかしくなかった / She ***saw the funny side of*** my mistake. 彼女は私の間違いのこっけいな面に目を向けた(とがめだてしなかった).

❷ **奇妙な**, 変な [≒strange];《略式》怪しげな, いんちきな: in a *funny* way 変なふうに / That fish has a *funny* smell. この魚は変なにおいがする / ***It's funny (that [how])*** I can't remember her name. Ⓢ 彼女の名前を思い出せないのは変だ.

語法 Ⓢ で相手が funny と言ったときに 1 と 2 の意味の区別を次の形で尋ねることがある: "Something *funny* happened today." "*Funny* strange [《英》peculiar] or *funny* ha-ha?"「今日おかしなことがあった」「それって奇妙なという意味なの, それともこっけいなってこと?」

❸ 叙述《略式》(気分・調子が)すぐれない;《英》(頭が)少々おかしい: I feel *funny* today. きょうは調子がおかしい.

Thát's fúnny. Ⓢ 変だな, おかしいな.

The fúnny thíng is ... Ⓢ おかしい[奇妙な]のは...だ.

Véry fúnny! Ⓢ [皮肉に] (ふざけている人などに)全然笑えないよ, ふざけないで. (名 fun)

— 副 こっけいに; 奇妙に. **fúnny enóugh** [副] 文修飾 おかしな[奇妙な]ことに(は).

fúnny bòne 名 C (ひじの)尺骨の端《ぶつけるとぴりっとひびく》.

fúnny fàrm 名 C《略式》[こっけいに] 精神病院.

fun·ny·man /fʌ́nimæ̀n/ 名 C お笑い芸人.

fúnny mòney 名 U にせ金.

fúnny pàpers 名 複《米略式》(新聞の)漫画欄.

fún rùn 名 C ファンラン《競争よりも楽しむことや募金を目的としたマラソン大会》.

+**fur** /fə́: | fə́:/ (同音 fir) 名 (~s /~z/) ❶ U (うさぎ・猫などの)**柔らかいふさふさとした毛**: The girl stroked her cat's soft *fur*. 少女は猫の柔らかい毛をなでた. ❷ U,C (柔らかい)**毛皮**; U 毛皮に似せた合成織物: a *fur* coat 毛皮のコート / clothes made of *fur* 毛皮製の服 / fake [imitation, artificial] *fur* 人造毛皮. ❸ C 毛皮製品, 毛皮の服: a fox *fur* きつねの毛皮の製品 / She wore expensive *furs*. 彼女は高い毛皮をまとっていた. ❹ U《英》(鉄パイプ・やかんなどの)湯[水]あか. ❺ U (病気のときの)舌苔(ぜったい).

màke the fúr flỳ [動] 自 大げんか[大騒ぎ]をする.

the fúr flìes 口論[けんか]が始まる. (形 fúrry)

+**fu·ri·ous** /fjʊ́(ə)riəs/ 形 ❶ 叙述 **怒り狂う**, **激怒して**《⇒ angry 類義語》: He is ***furious at*** [***about***] the decision. +*at* [*about*]+名 彼はその決定にひどく腹を立てている / She was ***furious with*** [***at***] you ***for*** what you did. +*with* [*at*]+名+*for*+名 彼女は君のしたことですごく腹を立てていた. ❷ 限定 **猛烈な**, ものすごい, 荒れ狂う: a *furious* struggle 猛烈な闘争 / They drove at a *furious* speed. 彼らは猛スピードで車を走らせた. (名 fúry)

~·ly 副 怒り狂って; 猛烈に.

furl /fə́:l | fə́:l/ 動 他 (旗・帆など)を巻き上げる; (傘など)をたたむ [⇔ unfurl].

furled /fə́:ld | fə́:ld/ 形 巻いた; 折りたたまれた.

fur·long /fə́:lɔ:ŋ | fə́:lɔŋ/ 名 C ファーロング《競馬で用いる長さの単位; ⅛ マイル, 201.17 メートル》.

fur·lough /fə́:loʊ | fə́:-/ 名 U,C (特に軍人の)長期休暇;《米》(従業員の)一時帰休;《米》(囚人の)仮出所: on *furlough* 休暇[仮出所](中)で.

+**fur·nace** /fə́ːnəs | fə́ː-/ 名 (-nac·es /~ɪz/) C **炉**, かまど; 高炉; 暖房炉, ボイラー.

+**fur·nish** /fə́ːnɪʃ | fə́ː-/ 動 (-nish·es /~ɪz/; fur·nished /~t/; -nish·ing) 他 ❶ (場所)に(必要な物を)**備え付ける**; (家・部屋)に家具を備える[取り付ける]: The room *was **furnished with*** luxurious furniture. V+O+*with*+名の受身 その部屋はぜいたくな家具が備え付けてあった.
❷《格式》(必要な物を)(...)に**供給する** [≒supply]; (物)を与える: The sun *furnishes* enormous energy. 太陽は莫大(ばくだい)なエネルギーを供給する / The river *furnishes* this town ***with*** water. V+O+*with*+名 その川はこの町に水を供給している.

fur·nished /fə́ːnɪʃt | fə́ː-/ 形 家具付きの [⇔ unfurnished]: a *furnished* room 家具付きの部屋.

fur·nish·ings /fə́ːnɪʃɪŋz | fə́ː-/ 名 複 (家・部屋の)備品, 造作, 家具《furniture よりも意味が広く, 浴室・カーテン・ガス・水道なども含む; ⇒ fixture》.

***fur·ni·ture** /fə́ːnɪtʃə | fə́ːnɪtʃə/ ❗アク
— 名 U **家具**, 備品, 調度《テーブル・ベッド・ソファー・戸棚など; ⇒ bedroom, living room 挿絵》: I bought some *furniture* for my room. 私は自分の部屋の家具を少々買った / There's too much [little] *furniture* in his house. 彼の家には家具がたくさんありすぎる[家具がなさすぎる].

> 語法 (1) furniture は数えられない名詞なので ×furnitures のような複数形では用いない.
> (2) 数えるときには次のようにいう: a *piece of furniture* 家具 1 点《⇒ piece 1 発音》/ There were three *pieces* [*articles*] *of furniture* in the room. 部屋には家具が 3 点あった.

〘語源 原義は「備え付け (furnish) られたもの」〙

fu·ror /fjʊ́(ə)rɔə | fjʊ́(ə)rɔː, fjɔ́ːr-/ 名 [単数形で]《米》熱狂; (世間の)憤激 (*over*).

fu·rore /fjʊ́(ə)rɔə | fjʊ(ə)rɔ́ːri, fjʊ́ərɔː/ 名《英》= furor.

fur·ri·er /fə́ːriə | fʌ́riə/ 名 C 毛皮商人; 毛皮加工業者.

fur·row /fə́ːroʊ | fʌ́r-/ 名 ❶ C (うねの間の)すじ, 溝(みぞ), あぜ溝, (車の)わだち. ❷ C (顔の)深いしわ.
— 動 他 (顔)に深いしわを寄せる; (...)に溝を作る.
— 自 しわが寄る.

fur·rowed /fə́ːroʊd | fʌ́r-/ 形 しわが寄った.

fur·ry /fə́ːri | fə́ːri/ 形 (fur·ri·er; -ri·est) 柔毛質の; 毛皮で覆(おお)われた: *furry* friends《略式》柔毛で覆われた動物. (名 fur)

fúr sèal 名 C おっとせい (seal).

***fur·ther** /fə́ːðə | fə́ːðə/ 副 ❶ [far の比較級] **なおそのうえに, さらに**: You must examine it *further*. それはさらに調べなければなりません. ❷ [far の比較級] さらに遠く(に), もっと先に. ❸ つなぎ語《格式》さらにまた, そのうえ. 語法 この意味では furthermore のほうを多く用いる.
fúrther to ... [前]《格式》...に関して(述べれば)《主に商用文で用いる》.
gò fúrther [動] 自 さらに進める[述べる].
— 形 ❶ 限定 **それ以上の**, なおいっそうの: Wait until *further* notice. 追って通知があるまで待ちなさい / Did you get *further* information? それ以上の情報を得ましたか / Do you have any *further* questions? ほかに何か質問がありますか. C+1 しばしば「a＋further＋数詞＋名詞」の形で用いる. 複数名詞でも不定冠詞がつく: The deadline was extended for *a further* three days. 締め切りはさらに 3 日延長された. ❷ [far の比較級] 限定 もっと遠くの, さらに先の [≒farther].
— 動 (fur·thers /~z/; fur·thered /~d/; -ther·ing /-ð(ə)rɪŋ/) 他 (...)を**促進する**, 助長する, 進める [≒promote]: The city tried to *further* its five-year plan. 市は 5 か年計画を推進しようとした. (名 fúrtherance)

fur·ther·ance /fə́ːð(ə)rəns | fə́ː-/ 名 U《格式》助長, 助成, 促進: in *furtherance* of ... ...の推進のために. (動 fúrther)

fúrther educátion 名 U《英》社会人教育《大学へ行かない人たちのための》.

+**fur·ther·more** /fə́ːðəmɔ̀ə | fəːðəmɔ́ː/ 副 つなぎ語《格式》**なお**, そのうえ, さらに《⇒ besides 類義語》: I'm not ready to leave yet. *Furthermore*, I wonder if it's a good idea to go at all. まだ出かける用意ができていない, だいいち行くのがよいかどうかもわからない.

fur·ther·most /fə́ːðəmòʊst | fə́ːðə-/ 形《格式》最も遠い [≒farthest].

fur·thest /fə́ːðɪst | fə́ː-/ 副 形 ❶ [far の最上級] 最も遠くに[の] [≒farthest] (*from*). ❷ [far の最上級] (程度・時間などが)最大限に[の].

fur·tive /fə́ːṭɪv | fə́ː-/ 形 こそこそした; ひそかな, 内密の [≒stealthy]: cast a *furtive* glance at ... ...を盗み見る.
~·ly 副 こそこそと; ひそかに.

+**fu·ry** /fjʊ́(ə)ri/ 名 (fu·ries /~z/) ❶ U,C **激しい怒り**, 憤激, 激怒《rage よりも強い》: We were filled with *fury*. 我々は激しい怒りに燃えた / He threw a dish ***in a fury***. 彼はかっとなって皿を投げた / fly into a *fury* 急に激しく怒る. ❷ [a ~] (感情の)激しさ; U (天候・病気・戦争などの)激しさ, 猛威: in a *fury* of excitement とてもわくわくして / the *fury* of the storm 嵐の激しさ.
lìke fúry [副]《略式》猛烈に, 激しく. (形 fúrious)

fuse[1] /fjúːz/ 名 C〘電気〙ヒューズ. **blów a fúse** [動] 自 (1) ヒューズを飛ばす. (2) S《略式》激怒する.
hàve [be on] a shórt fúse [動] 自 すぐに怒る.
— 動 他 ❶ (...)を一体化する, 融解する, 融合する (*together*; *into*, *with*). ❷ (金属)を溶かす (*into*, *with*). ❸《英》(...)のヒューズを飛ばす. — 自 ❶ 一体化する, 融解する, 融合する (*together*; *into*, *with*). ❷ (金属が)溶ける. ❸《英》ヒューズが飛ぶ.

fuse[2] /fjúːz/ 名 C (爆弾などの)信管; 導火線: a time *fuse* 時限信管.

fúse bòx 名 C ヒューズ箱.

fu·se·lage /fjúːsəlàːʒ, -zə-/ 名 C (飛行機の)胴体, 機体《⇒ airplane 挿絵》.

fu·sil·lade /fjùːsəlàːd | fjùːzəléɪd/ 名 C 一斉射撃; (質問などの)連発, 矢つぎばや (*of*).

fu·sion /fjúːʒən/ 名 ❶ U,C 融合, 連合 (*of*). ❷ U 溶解; 融解; 〘物理〙核融合 (nuclear fusion). ❸ U フュージョン《ジャズやロックなど異なるポピュラー音楽の融合したもの》.

fúsion bòmb 名 C 核融合爆弾, 水素爆弾 [≒hydrogen bomb].

+**fuss** /fʌ́s/ 名 U [しばしば a ~] (つまらないことに対する) **大騒ぎ**; やきもきすること; ひともんちゃく (*about*, *over*): make [kick up] a *fuss* (怒って)大騒ぎする / I don't see ***what all the fuss is about***. 何を大騒ぎしているのかわからない.
màke a fúss òver [《英》 **of**] **...** [動] 他 ...をちやほやする, ...の世話を焼く. (形 fússy)

— 動 自 ❶ (つまらないことで)やきもきする, 気をもむ (*about, over*); ちやほやする (*over*). ❷ (...を)むやみに気にする, いじる (*around; with*).

fuss·bud·get /fʌ́sbʌ̀ʤɪt/ 名 C 《米略式》 小うるさい人.

fuss·i·ly /fʌ́səli/ 副 (つまらないことに)大騒ぎして, (大げさに)やきもきして; (服装などに)いやに凝って.

fuss·y /fʌ́si/ 形 (fuss·i·er; -i·est) ❶ (つまらないことに)騒ぎ立てる; 小うるさい: a *fussy* eater 食べ物にうるさい人 / He's very *fussy about* his food. 彼は食べ物にとてもやかましい. ❷ (服装などが)凝りすぎた, ごてごてした. ❸ (行動・動きなどが)神経質な. (名 fuss)

fus·ty /fʌ́sti/ 形 (fus·ti·er; -ti·est) ❶ (部屋・服などが)かび臭い. ❷ 古くさい, 時代遅れの.

fu·tile /fjúːtl, -taɪl | -taɪl/ 形 役に立たない, むだな: *futile* attempts [efforts] 徒労 / *It is futile to* protest. 抗議してもむだだ.

fu·til·i·ty /fjuːtíləṭi/ 名 U 無益, 無用.

****fu·ture** /fjúːʧɚ | -ʧə/

— 名 ❶ [the ~] **未来**, 将来; 今後(起こること), これから先: We discussed *the future* of Japan. 私たちは日本の将来について話し合った / You should plan for *the future*. 将来に備えて計画を立てたほうがよい / look to *the future* 未来に目を向ける / No one can tell what will happen ***in the future***. 将来は何が起こるかだれにもわからない / I hope to hear from her *in the near future*. 近いうちに彼女から便りがあるといいな / *in the* distant *future* 遠い将来に. 関連 present 現在 / past 過去.

❷ C **前途**, 将来性; 成功の見込み: a man with a (promising) *future* 将来性のある男 / a bleak [dark, grim] *future* わびしい将来 / He has a bright *future* ahead of him. 彼の前途には明るい未来がある / There's no *future* in his project. 彼の企画には成功の見込みはない.

❸ [the ~] 〔文法〕 未来, 未来時制 (⇒ **巻末文法** 6. 1 (3)). ❹ [~s] 〔商業〕 先物.

in fúture [副] 《英》 = in the future (2)

in the fúture [副] (1) **未来に**, 将来(に) (⇒ 1). (2) 《米》 (今までとは違って)**今後は**, 将来は [《英》 in future]: Don't do that *in the future*. これからはしないように / I'll try to do better *in the future*. 今後はがんばります.

— 形 ❶ 限定 **未来の**, 将来の; 今後の, これから先の: Meg is Tom's *future* wife. メグは将来トムの奥さんになる人だ / *future* flights これからあとの飛行便 / That's a *future* problem. それは今後の問題だ / Let's keep the money for *future* use. その金は将来の支出に備えてとっておこう / *future* generations 未来の世代(の人々). 関連 present 現在の / past 過去の.

❷ 限定 〔文法〕 未来の, 未来時制の (⇒ **巻末文法** 6. 1 (3)). (名 futúrity)

【語源 原義はラテン語で「起ころうとすること」】

fúture pérfect 名 [the ~] 〔文法〕 未来完了.

fu·ture-proof /fjúːʧəprùːf | -ʧə-/ 動 他 将来を見越して(...)を作る. — 形 時代に左右されない.

fútures màrket 名 C 〔商業〕 先物市場.

fúture ténse 名 [the ~] 〔文法〕 未来時制 (⇒ **巻末文法** 6. 1 (3)).

fu·tur·ist·ic /fjùːʧərístɪk←/ 形 ❶ 前衛的な. ❷ (物語などが)未来を扱った.

fu·tu·ri·ty /fjʊt(j)ʊ́(ə)rəṭi | -tjʊ́ər-/ 名 U 《格式》 未来, 将来. (形 fúture)

fu·tur·olo·gist /fjùːʧərɑ́(ː)ləʤɪst | -rɔ́l-/ 名 C 未来学者.

fu·tur·olo·gy /fjùːʧərɑ́(ː)ləʤi | -rɔ́l-/ 名 U 未来学.

fuze /fjúːz/ 名 C 《米》 = fuse².

fuzz /fʌ́z/ 名 ❶ U けば; 綿毛, 産毛(うぶげ). ❷ U 《米》 綿ぼこり. ❸ [the ~] 《俗, 古風》 サツ (警察).

fuzz·y /fʌ́zi/ 形 (fuzz·i·er; -i·est) ❶ (輪郭・考え・音などが)ぼやけた, はっきりしない, あいまいな: a *fuzzy* snapshot ピンぼけのスナップ写真. ❷ けばのような, けばだった; 産毛(うぶげ)の生えた; (毛が)縮れた. **wárm and fúzzy** [形] 《略式》 心地よい.

fúzzy lógic 名 U 〔コンピュータ〕 ファジー[あいまい]論理.

fwd 略 = forward 名.

FWD 略 = front-wheel drive 前輪駆動.

FWIW 略 [E メールで] = for what it's worth 一応言っておきますが, 念のため, ちなみに.

f-word /éfwɚ̀ːd | -wə̀ːd/ 名 [the ~] fuck という語.

fwy. 略 《米》 = freeway.

FX 略 ❶ = foreign exchange. ❷ = special effects.

FY 略 《米》 = fiscal year.

-fy /fàɪ/ 接尾 [名詞・形容詞につく動詞語尾] 「...にする, ...化する」の意: beauti*fy* 美しくする / solid*ify* 凝固させる. (名 -fication)

FYI 略 [E メールで] = for your information ご参考までに (⇒ information 成句).

Gg

g¹, G¹ /ʤíː/ ❶ C,U ジー《英語アルファベットの第 7 文字》. ❷ U,C [G]〔音楽〕ト音, ト調.
g², G² /ʤíː/ 略〔物理〕重力 (gravity); 重力加速度.
g³ 略 = gram(s).
G³ 略 = German.
G⁴ /ʤíː/ 名 C,U, 形《米》〔映画〕一般向き(の)《general の略》.
g. 略 = gulf.
Ga. 略 = Georgia¹.
GA¹〔米郵便〕= Georgia¹.
GA² 略 = General Assembly.
gab /gǽb/ 名 [次の成句で] **hàve the gíft of (《英》the) gáb** [動] 自《略式》[ときに悪い意味で] 口が達者である. — 動 (gabs; gabbed; gab·bing) 自《略式》むだ口をきく, おしゃべりする (*about*).
gab·ar·dine /gǽbədìːn | gæ̀bədíːn/ 名 ❶ U ギャバジン布《目の細かいあや織り地》. ❷ C ギャバジン製(レイン)コート.
gab·ble /gǽbl/ 動 自 (わけのわからないことなどを)早口にしゃべる (*on, away*). — 他 (...)をまくしたてる (*out*). — 名 U または a ~] (数人の)わけのわからないおしゃべり.
ga·ble /géɪbl/ 名 C〔建築〕破風(はふ), 切妻(きりづま).
ga·bled /géɪbld/ 形 破風造りの, 切妻のある.
Ga·bri·el /géɪbriəl/ 名 固 ❶ ガブリエル《男性の名》. ❷〔聖書〕天使ガブリエル《マリアにキリストの受胎を告知した》.
gad /gǽd/ 動 (gads; gad·ded; gad·ding) [次の成句で] **gád abóut [aróund]** [動] 自《略式》遊び歩く.
gad·fly /gǽdflàɪ/ 名 (-flies) ❶ C [軽蔑的] 小うるさい人. ❷ C (うし)あぶ.
gad·get /gǽʤɪt/ 名 C (ちょっとした) 装置, 機械; 小道具《かん切り・栓抜きなど; ⇒ tool 類義語》: electronic *gadgets* 電子機器.
gad·get·ry /gǽʤɪtri/ 名 U (最新の)機械装置, 小道具(類)《全体》.
Gael /géɪl/ 名 C ゲール人《Ireland や Scotland の高地地方の人》.
Gael·ic /géɪlɪk/ 形 ゲール人[語]の. — 名 U ゲール語《Ireland や Scotland の高地地方の言語》.
gaff /gǽf/ 名 ❶ C 魚かぎ《大きな魚を陸揚げするときに使う》. ❷ C《英俗》家, アパート.
gaffe /gǽf/ 名 C (社交上の)失言, 失態, 失敗.
gag /gǽg/ 動 (gags; gagged; gag·ging) 他 (...)にさるぐつわをはめる; (...)の言論を抑圧する: be bound and *gagged* (手足を)縛られてさるぐつわをはめられる. — 自 (のどに食べ物を詰まらせて)もどす; 吐き気を催す (*on*). — 名 ❶ C《略式》受けねらいのせりふ, ギャグ; だじゃれ, 冗談. ❷ C さるぐつわ. ❸ C 口止め; 言論抑圧.
ga·ga /gáːgaː/ 形 ❶ 叙述《略式》[軽蔑的] (年を取り)ぼけた, もうろくした. ❷ 叙述《略式》夢中で, うつつをぬかして (*about, over*).
gage /géɪʤ/ 名 C, 動《米》= gauge.
gag·gle /gǽgl/ 名 ❶ C [普通は a ~] がちょうの群れ (*of*). ❷ C [普通は a ~] [軽蔑的] 騒々しい連中[一団] (*of*).
gág òrder 名 C (法廷で審議中の事柄の)報道禁止令, 箝口(かんこう)令.
gai·e·ty /géɪəṭi/ 名 U《古風》陽気. (形 gay 3)
gai·ly /géɪli/ 副 ❶ 陽気に, 明るく; はでに, 華やかに. ❷ よく考えずに, 軽率に.

⁑gain /géɪn/

— 動 (gains /~z/; gained /~d/; gain·ing) 他

意味のチャート
「得る」❶ →「得させる」❸
→ (数量を加える) →「増す」❷ → (時計が)「進む」❹

❶ (重要[必要]なものなど)を得る, 獲得する《⇒ get 類義語》[⇔ lose]: *gain* wealth 富を得る / *gain* access to information 情報を得る / She *gained* some valuable experience *from* the job. V+O+*from*+名 彼女はその仕事で貴重な経験を積んだ / There's nothing to *be gained by* worrying about it. そのことを心配しても得るところは何もない.
❷ (スピード・力・重さなど)を**増す**, 加える: *gain* speed 速度を増す / The yen *gained* strength against the dollar today. 今日円はドルに対して高くなった / I've *gained* five pounds. 私は 5 ポンド体重が増えた. ❸ (物事が)(...)をもたらす; (人に)(...)を得させる: This book will *gain* him a reputation. この本で彼は名声を得るだろう. ❹ (時計が)(...)だけ進む [⇔ lose]: *gain* ten seconds a day 1 日に 10 秒進む. ❺《文語》(努力の結果)(場所)に達する.
— 自 ❶ **利益を得る**, もうける: He *gained* in the end *from* his honesty. V+*from*+名 彼は正直だったので結局得をした 多用 / No one will ***gain from*** [*by*] obey*ing* the new rule. V+*from* [*by*]+動名 新規則に従って得する者はいないだろう. ❷ (価値などが)上がる (*against*). ❸ (時計が)進む [⇔ lose].
gáin in ... [動] 他 (力・経験・自信など)をより多く得る, ...が増す: *gain in* popularity 人気が増す.
gáin on [upòn] ... [動] 他 ...に追い迫る.
— 名 (~s /~z/) ❶ U または複数形で] **利益**, もうけ [⇔ loss] (*of*): financial *gains* 財政利益 / for *gain* 利益を得るために / ill-gotten *gains* 不正利得 / No pain, no *gain*.《ことわざ》苦痛なければ得るものなし.
❷ C,U (量・価値などの)**増加**; 前進, 進歩: a ***gain in*** weight 体重の増加 / a ***gain of*** six yards 6 ヤードの前進《フットボールなどで》. (形 gáinful)
gain·ful /géɪnf(ə)l/ 形《格式》(職が)収入を得られる; 利益のある, もうかる. (名 gain)
-ful·ly /-fəli/ 副 収入を得て.
gain·say /gèɪnséɪ/ 動 (gain·says /~z/; 過去・過分 gain·said /-séd, -séɪd/; -say·ing) 他 [普通は否定文で]《格式》(...)を否定する, 認めない [≒deny].
gait /géɪt/ 名 [単数形で]《文語》歩きぶり, 足どり.
gai·ter /géɪṭə | -tə/ 名 C [普通は複数形で] (ボタンでとめる)ゲートル《足首・すねのおおい》.
gal /gǽl/ 名 C《略式, 主に米》= girl.
gal. 略 = gallon(s).
ga·la /géɪlə, gǽlə | gáː-, géɪ-/ 名 C お祭り, 祝祭, 祝賀会;《英》(水泳などの)競技会. — 形 限定 お祭り[祝

い]の, 祝賀会の: a *gala* performance (有名人が出席する)特別[チャリティー]公演.
ga·lac·tic /gəlǽktɪk/ 形 限定 〔天文〕銀河(系)の.
Ga·lá·pa·gos Íslands /gəlɑ́ːpəgoʊs- | -lǽpəgəs-/ 名 固 [the ～] ガラパゴス諸島《南米エクアドル西方の同国領の島々; 珍しい動物が多い》.
+**gal·ax·y** /gǽləksi/ 名 (-ax·ies) ❶ [the G-] 〔天文〕**銀河**, 天の川 (the Milky Way); 銀河系. ❷ C 〔天文〕(銀河系外の)銀河, 星雲, 小宇宙. ❸ C (有名人などの)華やかな集団: a *galaxy of* stars きらびやかなスターの一団.
gale /géɪl/ 名 ❶ C 強風, 大風《風力 7〜10 または秒速 14–28m; storm より弱い》; (海上の)暴風. ❷ C (笑いなどの)激発, あらし: *gales of* laughter 爆笑(の渦).
Gal·i·lee /gǽləlìː/ 名 固 ❶ ガリラヤ《イスラエル北部の地域; 聖書の史跡が多い》. ❷ The Sea of ～ ガリラヤ湖《イスラエル北東部の湖》.
Ga·li·le·o Ga·li·le·i /gæ̀ləlíːoʊgæ̀ləléɪiː, -léɪoʊ-/ 名 固 ガリレオ ガリレイ (1564–1642)《イタリアの天文学者; 地動説の正しいことを証明した》.
gall[1] /gɔ́ːl/ 名 ❶ U《略式》ずうずうしさ: have the *gall to* do ずうずうしくも...する. ❷ U《古風》苦い思い; 憎しみ.
gall[2] /gɔ́ːl/ 動 他 (...)をいらだたせる, 怒らせる.
gal·lant[1] /gǽlənt/ 形 ❶《古風》勇ましい, 勇敢な [≒ brave]. ❷《文語》(物事が)立派な, 堂々とした.
gal·lant[2] /gəlǽnt/ 形《古風》女性に対して親切[丁重]な. ― 名 C《古風》女性に親切[丁重]な男;《古語》しゃれ男, だて男.
gal·lant·ly[1] /gǽləntli/ 副《古風》勇ましく.
gal·lant·ly[2] /gəlǽntli/ 副《古風》(女性に)丁重に.
gal·lant·ry /gǽləntri/ 名 ❶ U《格式》勇敢, 武勇. ❷ U《格式》(女性に対する)いんぎんさ.
gall·blad·der /gɔ́ːlblæ̀də | -də/ 名 C 胆嚢(たんのう).
gal·le·on /gǽliən/ 名 C ガリオン船《15–17 世紀ごろのスペインの 3[4]層甲板の大帆船》.
*__gal·ler·y__ /gǽl(ə)ri/ 名 (-ler·ies /～z/) ❶ C **美術館**; 美術品展示室; 画廊: the National *Gallery* (英国)国立美術館《London にある》. ❷ C (劇場・教会などの)上に突き出た座席; 天井桟敷《最も安い席; ⇒ theater 挿絵》; [the ～; 複数扱い] 天井桟敷の観客; (ゴルフなどの)観客. ❸ C 廊下《特に片側に窓のあるもの》, 回廊. ❹ C 細長い部屋: ⇒ shooting gallery. ❺ C (鉱山などの)横坑道, 地下道.
 pláy to the gállery [動] 自 大衆受けをねらう.
gal·ley /gǽli/ 名 ❶ C (船・飛行機の)調理室. ❷ C ガレー船《昔奴隷や囚人にこがせた軍船》. ❸ C 〔印刷〕= galley proof.
gálley pròof 名 C 〔印刷〕校正刷り, ゲラ刷り.
Gal·lic /gǽlɪk/ 形 ❶ フランス(人)の, フランス的な. ❷ ガリア (Gaul) の; ガリア人の.
gall·ing /gɔ́ːlɪŋ/ 形 いらだたせる, 腹立たしい.
gal·li·vant /gǽləvæ̀nt/ 動 自 [普通は進行形で]《略式》[こっけいに] 遊び回る (*about, around*).
+**gal·lon** /gǽlən/ 名 (～s /～z/) C **ガロン**《液量 (liquid measure) の単位; 米国では 4 quarts, 約 3.8 リットル, 英国では 4 quarts, 約 4.5 リットル; 略 gal., 複数形は gals.》: 30 miles per *gallon* 1 ガロンにつき 30 マイル《ガソリンの燃料消費率を示す; 略 30 mpg》/ by the *gallon* ガロン単位で, 1 ガロンいくらで. 参考 米国ではガソリン・牛乳・水などは(半)ガロン単位で売られる.
gal·lop /gǽləp/ 動 自 ❶ [副詞(句)を伴って] (馬が)全速力で駆ける; (騎手が)馬を全速力で走らせる; (人が)早足で行く: The horse [rider] *galloped* across the field. その馬[騎手]は全速力で野原を横切った. ❷《略式》(物事が)急速に進行する; (仕事などを)大急ぎですませる (*through*). ― 他 (馬)を全速力で駆けさせる. ― 名 ❶ [a ～] (馬の)競走駆け足, 襲歩, ギャロップ; 疾駆: break into *a gallop* ギャロップで駆け出す. ❷ C 競走駆け足での乗馬. **at a [fúll] gállop** [副] (1) ギャロップで. (2)《略式》全速力で, 急速に.
gal·lop·ing /gǽləpɪŋ/ 形 限定 急速に進行する.
gal·lows /gǽloʊz/ 名 (複 ～) C 絞首台: send ... to the *gallows* (人)を絞首刑にする.
gall·stone /gɔ́ːlstòʊn/ 名 C 胆石.
Gál·lup pòll /gǽləp-/ 名 C ギャラップ世論調査《商標》.
ga·lore /gəlɔ́ə | -lɔ́ː/ 形 [名詞の後で]《略式》たくさんの, 豊富な: have friends *galore* 友達が多い.
ga·losh /gəlɑ́(ː)ʃ | -lɔ́ʃ/ 名 C [複数形で] (ゴムの)オーバーシューズ《悪天候用》[≒ overshoes].
gals. 略 = gallons《⇒ gallon》.
ga·lumph /gəlʌ́mf/ 動 自 [副詞(句)を伴って]《略式》騒々しく[どたばた]歩く.
gal·van·ic /gælvǽnɪk/ 形 ❶ 直流電気の《電池によって生ずる》. ❷《格式》(動作などが)電気ショックを受けたような; 衝撃的な, どきっとさせる.
gal·va·nize /gǽlvənàɪz/ 動 他 ❶ (人)を刺激する, にわかに元気[活気]づかせる: *galvanize* ... *into* action (人)に行動を起こさせる. ❷ [普通は受身で] (...)に亜鉛メッキをする: *galvanized* iron 亜鉛引き鉄板.
Ga·ma /gǽmə | gɑ́ːmə/ 名 固 Vas·co /vǽskoʊ/ da /də/ ～ ガマ (1469?–1524)《ポルトガルの航海者; 喜望峰回りのインド航路を発見 (1498)》.
Gam·bi·a /gǽmbiə/ 名 固 [the ～] ガンビア《アフリカ西部の共和国》.
gam·bit /gǽmbɪt/ 名 ❶ C (言動の)手始め; (優位に立つための)策略, 作戦; (会話などの)きっかけ: an opening *gambit* (話などの)切り出し. ❷ C 〔チェス〕さし始めの手《ポーン (pawn) などを捨てごまにする》.
+**gam·ble** /gǽmbl/ (同音 #gambol) 動 (gam·bles /～z/; gam·bled /～d/; gam·bling) 自 ❶ **賭(か)け事をする**, 賭博(とばく)をする: *gamble at* cards 賭けトランプをする / He is addicted to ***gambling on*** horse races. V+*on*+名 彼は競馬(で賭けをするの)がやめられない. ❷ 危険を冒(おか)す; 当てにする: *gamble with* one's family's happiness 家族の幸福を危うくする / We can't *gamble on* the bus('s) being on time. バスが時間どおりに来るかどうか当てにならない.
― 他 ❶ (...に)(金など)を賭ける (*on*); 賭け事で失う (*away*). ❷ (...)に一か八(ばち)か望みをかける: I'm *gambling* (*on* the fact) *that* they don't know the secret. 私は彼らがその秘密を握っていないほうに賭けている. 語法 on the fact を省略しないと 自 2 の例となる.
― 名 (～s /～z/) C [普通は単数形で] **賭け事**, ばくち; 一か八かの冒険: take *a gamble* (*on* ...) (...に)一か八か望みをかける / Trying to steal home is always *a* real *gamble*. ホームスチールはいつも賭けだ.
gam·bler /gǽmblə | -blə/ 名 C ばくち打ち《人》, ギャンブラー: a compulsive *gambler* ギャンブル狂.
+**gam·bling** /gǽmblɪŋ/ 名 U **賭け事**, 賭博(とばく); 一か八かやること: a *gambling* den 賭博場.
gam·bol /gǽmb(ə)l/ 動 (gam·bols; gam·boled, 《英》 gam·bolled; -bol·ing, 《英》 -bol·ling

G

/-b(ə)lɪŋ/) 自《文語》跳ね[飛び]回る, はしゃぐ. ― 名 C《文語》跳ね回る[はしゃぐ]こと.

***game**[1] /géɪm/

― 名 (~s /~z/)

意味のチャート
元来は「楽しみ」の意.「**遊戯**」❶ →(楽しみの)「**競技**」,「**試合**」❷
→(試合のやり方)→「**計略**」❻
→(特にスポーツとしての狩り)→「**獲物**」❽

❶ C **遊戯**, **ゲーム**, 遊び; ゲーム用品: play a word *game* ことば遊びをする / We used to play *games of* tag. 私たちは昔鬼ごっこをよくした // ⇒ video game, computer game, board game, card game.
❷ C **試合**, **競技**, 勝負; (野球などの)ゲーム差; [the ~s として単数または複数扱い; しばしば the G-s] (国際的な)競技会: "How did yesterday's soccer *game* go?" "England won by a score of 3-0 (= three to nothing)."「きのうのサッカーの試合はどうだった」「3 対 0 でイングランドが勝った」《⇒ zero 語法 (2)》/ a *game of* baseball 野球の試合 / ***play** a **game*** 試合をする / ***win*** [***lose***] a ***game*** 試合に勝つ[負ける] / a losing *game* 勝ち目のない試合 / a tied *game* 引き分け試合 / The *game* is yours. 勝負は君の勝ちだ / *the* Olympic *Games* オリンピック大会.

語法 《米》では baseball, basketball, football のように -ball がつく競技の試合には game を用い, golf, tennis などには match を用いる傾向がある.《英》では米国起源の競技以外は一般に match が用いられるが, 漠然と「試合」の意で game を用いることもある.

❸ C,U **ゲーム**《1 試合, 特に 1 セット中の》: She won the first *game* of the set. 彼女はそのセットの第 1 ゲームを取った / *Game* [One *game*] all. ワンゲームオール《どちらも 1 ゲームずつ取った》. 参考 テニスでは game が集まって 1 セット (set) に, set が集まって 1 試合 (match) になる《⇒ game point》: ***Game***, set and match ***to*** Federer. (この試合は)フェデラーの勝利です《テニスのマッチポイント (match point) が決まった時のアナウンス》. ❹ [単数形でしばしば所有格と共に] 勝負の仕方[腕前], 試合運び: He plays a good [poor] *game* of cards. 彼はトランプがうまい[下手だ] / You have improved *your game*. 腕をあげたね. ❺ C 遊び, 冗談: It's just a *game* to them. 彼らにとってそれは単なるお遊びだ. ❻ C [普通は単数形で]《略式》計略, たくらみ: The *game*'s up. S 計略は失敗した, 万事休す / What's your *game*? 何をたくらんでいるんだ. ❼ C [普通は単数形で]《略式》職業, 仕事. ❽ U (猟の)獲物; 猟鳥[獣]の肉: ⇒ big game.

a gáme of chánce [名] 運のゲーム, 賭け事.
ahéad of the gáme [副・形] 有利で, 優勢で.
béat [pláy] ... at ...'s ówn gáme [動] 他 (人)を相手の得意なやり方で負かす, (人)のお株を奪う.
Gáme ón! S《略式》さあ勝負だ.
gìve the gáme awày [動] 自 (うっかり)秘密(の計画)を漏らす.
... gòt gáme《米略式》(人が)勝つ力がある, うまい.
pláy ...'s gáme [動] (しばしば知らないうちに)(人)の有利になるようなことをする, (人)の手に乗る.
plày (sílly) gámes [動] 自 (...を)もてあそぶ[いいかげんに扱う], (...と)かけひきをする (*with*).
pláy the gáme [動] 自 (1) 公明正大に行動する, 公正である. (2) ルールを守って勝負する.
the ónly gáme in tówn [名] 唯一の選択肢.

game[2] /géɪm/ 形 ❶ 叙述 (進んで...する)元気[気力]がある (*for*; *to* do): I'm *game*. (相手の誘いに乗って)よしやってみよう. ❷ 勇敢な, 不屈の.

game·keep·er /géɪmkìːpə | -pə/ 名 C 狩猟場番人.

game·ly /géɪmli/ 副 勇敢に, 果敢に.

gáme plàn 名 ❶ C (試合前に練る)作戦計画. ❷ C (長期にわたる)行動方針, 戦略.

gáme pòint 名 C,U (テニスなどの)ゲームポイント《1 ゲームの勝ちを決めるポイント; ⇒ game[1] 3》.

gáme resèrve [《米》**presèrve**] 名 C 動物保護区.

gáme shòw 名 C (テレビの)ゲーム[クイズ]番組.

games·man·ship /géɪmzmənʃɪp/ 名 U [しばしば軽蔑的] (心理作戦に基づく反則すれすれの)かけひき.

gam·ing /géɪmɪŋ/ 名 ❶ U テレビゲームをすること. ❷ U 賭博(とばく).

gam·ma /gǽmə/ 名 C ガンマ《ギリシャ語アルファベットの第 3 字 γ, Γ; ⇒ Greek alphabet 表》.

gam·mon /gǽmən/ 名 U《英》ガモン《塩漬けまたは薫製にした, 豚の背からももにかけての肉》.

gam·ut /gǽmət/ 名 [the ~] 全範囲, 全般: run *the* (whole) *gamut of* hardship あらゆる苦労を経験する.

gan·der /gǽndə | -də/ 名 ❶ C がちょうの雄, がんの雄. 関連 goose がちょうの雌. ❷ [a ~] S《略式》一瞥(べつ) [≒glance]: have [take] *a gander* (*at* ...) (...を)ちょっと見る.

Gan·dhi /gáːndi, gǽn-/ 名 固 **Mo·han·das Kar·am·chand** /mòʊhəndáːskʌ̀rəmtʃʌ́nd/ ~ ガンジー (1869-1948)《インドの独立運動の指導者; 敬称マハトマ ガンジー (Mahatma Gandhi)》.

***gang** /gǽŋ/ 名 (~s /~z/)

意味のチャート
元来は「行くこと」の意で「一団となって進む」から「**一団**」❸ →「**仲間**」❷ →(悪人の仲間)→「**一味**」❶

❶ C [《英》単数形でもときに複数扱い] (悪党などの)**一味**, 暴力[ギャング]団; (特に 10 代・20 代の男子の)非行[不良]グループ; [形容詞的に] 非行グループの: a *gang* of robbers 盗賊の一味. 日英 一人一人の「ギャング」は gangster という.
❷ C [普通は単数形で]《略式》**仲間**, 連中; (特に 10 代の)遊び仲間: Let's invite the (whole) *gang* to a party. 連中をパーティーに招待しよう.
❸ C [《英》単数形でもときに複数扱い] (労働者・囚人の)**一団**: A *gang* of workers *was* [*were*] digging a ditch. 労働者の一団が溝を掘っていた.
― 動 [次の成句で] **gáng togéther** [動] 自《略式》徒党を組む, 集団で行動する. **gáng úp on [agàinst] ...** [動] 他《略式》一団となって[ぐるになって]...に対抗する; 集団で...を襲う.

gang·bust·er /gǽŋbʌ̀stə | -tə/ 名 [次の成句で] **lìke gángbusters** [副] 自《米略式》勢いよく, 急速に.

Gan·ges /gǽndʒiːz/ 名 固 [the ~] ガンジス川《Bengal 湾に注ぐインド北部の大河》.

gang·land /gǽŋlæ̀nd/ 形 限定 暗黒街の.

gan·gling /gǽŋglɪŋ/ 形 (体が)ひょろ長い.

gan·gly /gǽŋgli/ 形 = gangling.

gang·plank /gǽŋplæ̀ŋk/ 名 C タラップ《船の乗降用の板[橋]; ⇒ gangway》.

gan·grene /gǽŋgriːn/ 名 U〘医学〙壊疽(えそ), 脱疽(だっそ).

gang·ster /gǽŋstə | -stə/ 名 C ギャング (gang) の一員, 暴力団員: a *gangster* film ギャング映画.

gang·way /gǽŋwèɪ/ 名 ❶ C (船の)タラップ《普通は gangplank の大型のもの》. ❷ C《英》(劇場などの)座席の間の通路 [≒aisle]. — 間 S 道路[道]をあけて!

gan·try /gǽntri/ 名 (gan·tries) C 構台《移動起重機を支える》;〘鉄道〙跨(こ)線橋; クレーン形構造物《ロケットなどの組み立てや操作に用いる》.

gaol /ʤéɪl/ 名 動《英》= jail.

gaol·er /ʤéɪlə | -lə/ 名 C《古風, 英》= jailer.

*__gap__ /gǽp/ 名 (~s /~s/) ❶ C **すきま, 裂け目**; とぎれ, 空白期間; 欠落: a ***gap in*** the wall 壁の裂け目 / a *gap in* the conversation 会話のとぎれ / fill a *gap* すきまを埋める; 欠落[不足]を補う.
❷ C (距離・時間などの)**隔たり**, 差; (意見などの)**相違**, ずれ; 断絶, ギャップ: a ***gap of*** ten kilometers 10 キロメートルの隔たり / a wide ***gap between*** supply ***and*** demand 需要と供給の大きなずれ《⇒ supply 名 3 日英》/ the *gap between* ⌈the rich *and* the poor [rich *and* poor] 貧富の差, 格差《✪ 日本語と語順が逆; ⇒ rich 語法》/ We have to bridge [narrow, close] the *gap between* our points of view. 私たちは相互間の見解の隔たりを狭めなければならない //⇒ generation gap. ❸ C 峡谷, 山あい.
a gáp in the márket [名] 市場のすきま《市場参入の好機(の商品[分野])》.

gape /géɪp/ 動 自 ❶ 大口を開けてじっと見る, 口を開けて見とれる《驚きから》: They *gaped at* the burned-out building. 彼らはぽかんと口を開けて焼けおちた建物を見た. ❷ (穴・傷口などが)大きく開く: *gape* open 大きく[ぱっかり]開いている.

*__ga·rage__ /gərɑ́ːʒ, -rɑ́ːʤ | gǽrɑːʒ, -rɑːʤ/ !発音
— 名 (ga·rag·es /~ɪz/) ❶ C (車の)**ガレージ**, 車庫《囲いのついたもの; ⇒ house 挿絵》; (地下などの)駐車場: a one-car [two-car] *garage* 車 1[2]台(収容)のガレージ. 関連 carport 囲いのない自動車置き場. ❷ C (車の)修理工場;《英》ガソリンスタンド [《米》gas station].
— 動 他 (...)を車庫に入れる[入れておく].
〘語源 原義はフランス語で「保護する場所」〙

garáge sàle 名 C《主に米》中古[不用]品セール《自宅のガレージで行なう; ⇒ yard sale》.

garb /gɑ́ːb | gɑ́ːb/ 名 U《格式》服装, 衣装《特に職業・時代・国柄に特有のもの》. — 動 他 [普通は受身で]《格式》(...)に着せる (*in*).

*__gar·bage__ /gɑ́ːbɪʤ | gɑ́ː-/
— 名 ❶ U《主に米》**ごみ, くず, 廃物** [≒trash,《英》rubbish]; ごみ捨て場, ごみ入れ: *Garbage* is collected three times a week. ごみは週 3 回収集される / take out the *garbage* ごみを出す / dispose of one's [the] *garbage* ごみを処理する. ❷ U《略式》くだらないもの[こと]; たわごと.

gárbage càn [bìn] 名 C《米》屋外のごみ入れ, ごみバケツ [《英》dustbin].

gárbage collèctor 名 C《米》ごみ収集人, 清掃業者 [《英》dustman].

gárbage dispòsal 名 C《米》料理くず[生ごみ]処理機, ディスポーザー《流し口に取り付けて野菜くずなどを粉砕して流す》[《英》waste disposal].

gar·bage·man /gɑ́ːbɪʤmæ̀n | gɑ́ː-/ 名 (-men /-mèn/) C《米》= garbage collector.

gárbage trùck 名 C《米》ごみ収集車 [《英》dustcart].

gar·bled /gɑ́ːbld | gɑ́ː-/ 形 (伝言・話などが)混乱した, 意味不明の; 聞き[読み]取りにくい; (E メールなどが)文字化けした.

gar·çon /gɑəsɔ́ːŋ | gɑ́ːsɔn/ ≪フランス語から≫ 名 C《英》(特にフランス料理店の)給仕, ボーイ, ギャルソン.

*__gar·den__ /gɑ́ədn | gɑ́ː-/
— 名 (~s /~z/) ❶ C (植物を植えてある)**庭, 庭園**《⇒ 類義語》; [形容詞的に] 庭の, 園芸の: The children are out in the *garden*. 子供たちは庭に出ている / a large *garden* 大きな[広い]庭 / ***water*** a ***garden*** 庭に水をまく / Everything in the *garden* is lovely [rosy].《ことわざ》《英》庭のものはすべて美しい(万事うまく行っている).
❷ C (家庭)**菜園** [《英》kitchen garden]: This tomato came from our *garden*. このトマトはうちの菜園で取れたものです.
❸ C [普通は複数形で] **公園**, 遊園地 [≒park]: botanical [zoological] *gardens* 植物[動物]園. ❹ [地名で Gardens として]《英》...通り, ...街.
léad ... ùp [dòwn] the gárden páth [動] 他《略式》(人)を惑わす, だます.
— 動 自 園芸をする, 庭いじりをする.

> 類義語 **garden**《英》では住宅に付属する, 芝生や木・草花・野菜を植えてある土地をいい,《米》では特に花や野菜を植えてある部分をいう. **yard** 敷地内の建物の周りの空き地面を指し,《米》では《英》の *garden* とほぼ同義に使われる.《英》では舗装されたものをいうことが多い. **court** 建物や塀で囲まれた中庭.

〘語源 yard[1] と同語源〙

gárden cènter 名 C 園芸店.

gárden cíty 名 C《英》田園都市《公園・緑地などを計画的に多く取り入れた都市》.

+**gar·den·er** /gɑ́ədnə | gɑ́ːdnə/ 名 C **庭師**, 園丁, 植木屋; (趣味に)庭作りをする人; [前に形容詞をつけて] 草花[植木]を育てるのが...の人: a *good gardener* 草花[植木]を育てるのがうまい人.

gar·de·ni·a /gɑədíːniə | gɑː-/ 名 C くちなし《常緑低木》; くちなしの花.

gar·den·ing /gɑ́ədnɪŋ | gɑ́ː-/ 名 U 造園術; 園芸, 庭いじり, ガーデニング.

gárden of Éden 名 ❶ 固 [the G-] エデンの園《⇒ Eden》. ❷ [単数形で] 楽園, 楽しいこと.

gárden pàrty 名 C《英》園遊会, ガーデンパーティー [《米》lawn party].

gar·den-va·ri·e·ty /gɑ́ədnvəràɪəṭi | gɑ́ː-/ 形 限定《米》ごく普通の, ありふれた.

gar·gan·tu·an /gɑəgǽnʧuən | gɑːgǽntjuən/ 形 [普通は 限定] W (食事の量・食欲などが)ものすごい, 大量の; 巨大な [≒gigantic].

gar·gle /gɑ́əgl | gɑ́ː-/ 動 自 (...で)うがいをする (*with*).
— 名 ❶ C,U うがい液[薬]. ❷ [a ~] うがい; うがいをする音.

gar·goyle /gɑ́əgɔɪl | gɑ́ː-/ 名 C〘建築〙屋根の水落とし口, ガーゴイル《ゴシック建築で怪物の形をしている》.

gar·ish /géə(ə)rɪʃ/ 形 [軽蔑的] ぎらぎら光る, けばけばしい, はでな. **~·ly** 副 ぎらぎら光って; けばけばしく.

gar·land /gɑ́ələnd | gɑ́ː-/ 名 C (頭につけたり首にかけ

る)花輪, 花の冠 (*of*). — 動 他 [普通は受身で]《文語》(...)に花輪をかぶせる; (...)を花輪で飾る (*with*).

+**gar·lic** /gάəlɪk | gά:-/ 名 U **にんにく**, ガーリック: two cloves of *garlic* にんにく2かけ.

+**gar·ment** /gάəmənt | gά:-/ 名 (gar·ments /-mənts/) C《格式》(一点の)**衣服**: a *garment* in the latest fashion 最新流行の服 / *garment* industry アパレル業界.

gar·ner /gάənə | gά:nə/ 動 (-ner·ing /-n(ə)rɪŋ/) 他《格式》(情報など)を集める, 蓄える; (注目・支持など)を集める.

gar·net /gάənɪt | gά:-/ 名 ❶ C ざくろ石, ガーネット《宝石》. ❷ U ガーネット色, 深紅色.

gar·nish /gάənɪʃ | gά:-/ 動 他 (料理)につま[つけ合わせ]を添える: The cook *garnished* the dish *with* parsley. 料理人は料理のつけ合わせとしてパセリを添えた.
— 名 C (料理の)つま, つけ合わせ.

gar·ret /gǽrət/ 名 C (むさ苦しい)屋根裏部屋《⇒ attic 参考》.

gar·ri·son /gǽrəs(ə)n/ 名 ❶ C [《英》単数形でもときに複数扱い]〔軍隊〕守備隊, 駐屯(ちゅうとん)軍. ❷ C〔軍隊〕駐屯地. — 動 他〔軍隊〕(都市など)に守備隊を置く; (部隊)を駐留させる.

gar·ru·lous /gǽrələs/ 形 (くだらないことを)よくしゃべる, 口数の多い.

gar·ter /gάəṭə | gά:tə/ 名 ❶ C 靴下留め, ガーター《脚に巻く》. ❷ C《米》(ガーターベルトの)靴下つり [《英》suspender]. ❸ [the G-] ガーター勲章 (the Order of the Garter)《英国の最高勲章》.

gárter bèlt 名 C《米》ガーターベルト《女性用靴下留め; ウエストに締める》[《英》suspender belt].

gárter snàke 名 C ガーター蛇《北米産》.

Gar·y /gé(ə)ri | géəri/ 名 固 ゲーリー《男性の名》.

***gas**[1] /gǽs/
— 名 (~·es, ~·ses /~ɪz/) ❶ U **気体**; (空気以外の)**ガス**, ガス状のもの: exhaust *gas* 排気ガス / toxic *gas* 有毒ガス / *Gas* can move around freely. 気体は自由に動き回る. 語法 気体の種類をいうときには C: Air is a mixture of *gases*. 空気はいろいろな気体の混合物である. 関連 liquid 液体 / fluid 流動体 / solid 固体.
❷ U ガス《燃料・暖房用》; [形容詞的に] ガス(使用)の: natural *gas* 天然ガス / cook *with* [*on*] *gas* ガスで調理する / turn on [off] the *gas* ガスをつける[消す] / She put a kettle on the *gas*. 彼女はガスにやかんをかけた. ❸ U (手術などで使う)麻酔ガス. ❹ U 毒ガス (poison gas): tear *gas* 催涙ガス. ❺ U《米略式》(胃腸内の)ガス, おなら [《英》wind]. ❻ [a ~] S《米古風》とても楽しいこと[もの].
(形 gáseous, gássy)
— 動 (gas·es, gas·ses; gassed; gas·sing) 他 (...)をガスで攻撃する[殺す]; ガス中毒にさせる: *gas* oneself ガス自殺する. — 自《英略式》長々とむだ話をする.

***gas**[2] /gǽs/
— 名 ❶ U《米》ガソリン (gasoline) [《英》petrol]: We've run out of *gas*. ガソリンが切れてしまった. ❷ [the ~]《米》= gas pedal. **rún óut of gás** [動] 自《米》精力を使い果たす《⇒ 1》. **stép on the gás** [動] 自 (1)《米略式》(自動車の)アクセルを踏む, スピードを出す. (2)《米略式》急ぐ.
— 動 (gas·ses; gassed; gas·sing) 他《米》(車)にガソリンを補給する (*up*). — 自《米》ガソリンを補給する (*up*).

gas·bag /gǽsbæ̀g/ 名 C《略式》おしゃべり《人》.

gás bùrner 名 C ガスの火口, ガスバーナー.

gás càp 名 C《米》ガソリン注入口《⇒ car 挿絵》.

gás chàmber 名 C ガス室《処刑・屠殺用》.

gas·e·ous /gǽsiəs/ 形〔化学〕気体の, ガス(状)の: a *gaseous* state ガス状. (名 gas[1])

gas-guz·zler /gǽsgʌ̀zlə | -lə/ 名 C《米略式》ガソリンを食う車, 高燃費車.

gash /gǽʃ/ 名 C 長く深い切り傷, 深手 (*in*, *on*).
— 動 他 (手・足など)を深く切る.

gas·hold·er /gǽshòʊldə | -də/ 名 C《英》= gas tank 2.

gas·ket /gǽskɪt/ 名 C ガスケット《ガス漏れなどを防ぐパッキング》. **blów a gásket** [動] 自 (1) (エンジンが)ガス漏れする. (2)《略式》(人が)かっとなる.

gás làmp 名 C ガス灯.

gas·light /gǽslàɪt/ 名 U ガス灯の光; C ガス灯.

gás lìghter 名 ❶ C ガスライター. ❷ C ガス点火器.

gas·man /gǽsmæ̀n/ 名 (-men /-mèn/) C《略式》ガス会社の人, ガス検針員; ガス工事人.

gás màsk 名 C 防毒[ガス]マスク.

gás mèter 名 C ガスのメーター.

gas·o·hol /gǽsəhɔ̀:l | -hɔ̀l/ 名 U《米》ガソホール《ガソリンとアルコールの混合燃料》.

+**gas·o·line, -o·lene** /gǽsəlì:n, gæ̀səlí:n/ 名 U《米》**ガソリン** (gas) [《英》petrol]: fill up the tank with *gasoline* ガソリンを満タンにする. 参考 米国ではガロン (gallon) 単位で, 英国・オーストラリアではリットル (liter) 単位で単価が表示される.

gas·om·e·ter /gæsά(:)məṭə | -sɔ́mətə/ 名 C《英》= gas tank 2.

*** gasp** /gǽsp | gά:sp/ 動 (gasps /~s/; gasped /~t/; gasp·ing) 自 (恐怖・驚きで)**息をのむ**, 息が止まる; **あえぐ**, 息を切らす: She **gasped for** breath [air]. V+for+名 彼女は息が苦しくてあえいだ / He **gasped in** [**with**] horror **at** the sight. V+in [with]+名+at+名 彼はその光景にぞっとして息をのんだ. — 他 (...)を[と]あえぎながら言う (*out*).

gasp (特に驚き・恐怖などで)	あえぐ
pant (特に激しい運動の後などで)	

— 名 (~s /~s/) C **あえぎ**, 息切れ; はっと息をのむこと: She looked at the picture and gave [let out] a **gasp of** amazement. 彼女はその絵を見て驚嘆のあまり息をのんだ.
the [one's] **lást gásp** [名] 息を引き取る間際; 最後, 土壇場: at *the last gasp* of winter 冬の終わりに.

gás pèdal 名 C《米》(車の)アクセル [≒accelerator].

gás pòisoning 名 U ガス中毒.

gás rànge 名 C ガスレンジ《料理用》.

*** gas·ses** /gǽsɪz/ 名 **gas**[1] **の複数形**.

gás stàtion 名 C《米》ガソリンスタンド, 給油所. 日英 「ガソリンスタンド」は和製英語.

gás stòve 名 C ガスレンジ, ガス台《料理用》; ガスストーブ《暖房用》.

gas·sy /gǽsi/ 形 (gas·si·er; -si·est) ❶ ガス(状)の;

《英》(飲み物が)炭酸を多く含んだ. ❷《米》(腹に)ガスがたまった. (名 gas[1])

gás tànk 名 ❶ C《米》(自動車などの)ガソリンタンク[《英》petrol tank]《⇒ motorcycle 挿絵》. ❷ C ガスタンク[《英》gasholder, gasometer].

gas·tric /gǽstrɪk/ 形 限定〔医学〕胃の, 胃部の: *gastric* juices 胃液 / *gastric* flu (ウイルス性の)胃腸炎.

gástric úlcer 名 C 胃潰瘍(かいよう).

gas·tri·tis /gæstráɪṭɪs/ 名 U〔医学〕胃炎.

gas·tro·nom·ic /gæ̀strənɑ́(ː)mɪk | -nɔ́m-⁻/ 形 限定《格式》美食の, グルメの.

gas·tron·o·my /gæstrɑ́(ː)nəmi | -trɔ́n-/ 名 U《格式》美食法, 食道楽.

gas·tro·scope /gǽstrəskòʊp/ 名 C 胃カメラ.

gas·works /gǽswə̀ːks | -wə̀ːks/ 名 (複 ~) C ガス製造所, ガス工場.

gate /géɪt/ (同音 gait)

— 名 (gates /géɪts/) ❶ C 門, 通用門, 城門; 出入り口, 改札口, ゲート, (空港の)搭乗口; 扉, 木戸: open a *gate* 門を開ける / stand at the *gate* 門の所に立っている / I went through the *gate(s)*. 私は門を通り抜けた. 語法 両開きの場合は門が一つでも gates // Passengers on flight 447 should proceed to *gate* (number) five. 447 便のお客様は 5 番ゲートにお進みください《空港のアナウンス; 447 は four four seven と読む》. 関連 tollgate (有料道路などの)料金徴収所 / starting gate (競馬の)ゲート. ❷ C (運河・ドックなどの)水門;〔スキー〕旗門. 関連 floodgate 水門. ❸ C《英》(試合・コンサートなどの)入場者数; U 入場料総額 (gate money).

gate-crash /géɪtkræ̀ʃ/ 動 自《略式》(パーティーなどに)招待状なしで押しかける. — 他《略式》(招待状なしで)(パーティー)に押しかける.

gate-crash·er /géɪtkræ̀ʃə | -ʃə/ 名 C《略式》(パーティーなど)招待状なしで押しかける人.

gát·ed commúnity /géɪṭɪd-/ 名 C《米》門衛付き高級住宅地《周囲をフェンスで囲い, 門で警備員が出入りをチェックする》.

gáte·hòuse 名 C (公園などの)守衛詰め所.

gate·keep·er /géɪtkìːpə | -pə/ 名 C 門衛, 門番.

gáte mòney 名 U《英》(競技場などの)入場料総額.

gate·post /géɪtpòʊst/ 名 C 門柱.

+**gate·way** /géɪtwèɪ/ 名 (~s /~z/) ❶ C (塀・垣などの)**出入り口**, 通り口. ❷ [単数形で] (ある所へ行くための)入り口となる都市; (...に至る)道, 手段 (*to*). ❸ C〔コンピュータ〕ゲートウェイ《複数のネットワークを相互に接続するハードウェアおよびソフトウェア》.

gath·er /gǽðə | -ðə/

— 動 (gath·ers /~z/; gath·ered /~d/; -er·ing /-ð(ə)rɪŋ/) 他 ❶ (...)を**集める**, 寄せ集める; (事実・情報など)を**収集する**, 集める《⇒ 類義語》: The child *gathered* blocks *together* [*up*]. V+O+*together* [*up*] その子供は積み木をかき集めた / She *gathered* a lot of children *around* [*round*] her [herself]. V+O+*around* [*round*]+名 彼女は周りに大勢の子供を呼び寄せた / I *gathered* information about the topic. 私はその話題についての情報を集めた. ❷ [進行形なし] (事柄)を(...から)判断する, (...)と推測する: *From* his words I *gathered* (*that*) he did not know the truth. 彼のことばから私は彼が本当のことを知らないとみた. ❸ (花・果実など)を摘み取る, 採集する; (作物)を取り入れる: How many shells have you *gathered*? いくつ貝殻を拾ったの. ❹ (速力・力など)を加える, 増す: The car *gathered* speed. 車はスピードをあげた. ❺ (服・布地)にギャザーを寄せる; (額)にしわを寄せる. ❻ (衣服など)を(体の周りに)引き寄せる, 巻く (*around*, *round*); (人)を抱き寄せる (*to*). ❼ (力・勇気など)を奮い起こす; (考えなど)を集中する (*together*): I tried to *gather* my thoughts. 私は考えをまとめようとした.

— 自 ❶ (3 人以上が)**集まる**, 群がる: ***Gather around*** [***round***], boys and girls. V+副 みなさん周りに集まって / A crowd ***gathered around*** him. V+前+名 群衆が彼の周りに集まった. ❷ (次第に)増す; (だんだん)たまる, 蓄積する; (不安・夕やみなどが)募(つの)る, 深まる: Clouds are *gathering*. There's going to be a storm. 雲が集まって[空が曇って]きた. ひとあらし来そうだ / Tears of relief *gathered in* my mother's eyes. 母の目には安堵(あんど)の涙がたまった.

as fár as I can gáther = from whàt I can gáther [副] 私の見るところ[推測では].

gáther ín [動] 他 (1) (...)を収穫する, (...)の取り入れをする. (2) (服・布地)にギャザーを寄せる.

gáther onesèlf [動] 自 (困難に立ち向かうため)気を落ち着かせる[引き締める].

gáther úp [動] 他 (1) (...)を拾い[かき]集める; (衣服など)を引き寄せる. (2) (人)を抱き寄せる.

類義語 **gather** 最も一般的な語で広く散らばっているものを 1 か所に集めること, またはそれらが 1 か所に集まることをいう: We *gathered* shells. 私たちは貝殻を拾い集めた. **collect** 目的をもって, 注意深く選んで集めることをいう: My hobby is *collecting* stamps. 私の趣味は切手の収集です. **assemble** やや格式ばった語で, 人に用いられる場合にはある目的のために集める[集まる]こと: The members were *assembled* in the hall. 部員たちがホールに集められた. 物に用いられる場合には, 単に集めるだけでなく組み立てることをいう: The police *assembled* the fragments of the bomb. 警察は爆弾の破片を集めて組み立てた. **get together** 人が集まる意味の最もくだけた感じの語: Let's *get together* sometime soon. 近いうちに集まろうよ.

— 名 C [普通は複数形で] (布の)ひだ, ギャザー.

+**gath·er·ing** /gǽð(ə)rɪŋ/ 名 (~s /~z/) ❶ C **集まり**, つどい, 集会《打ち解けた人たちの非公式の集まりに用いられる; ⇒ meeting 類義語》: a social *gathering* 懇親会 / The President made a speech at a ***gathering of*** lawyers. 大統領は弁護士の集まりでスピーチをした. ❷ U 集めること, 収集. ❸ C ひだ, ギャザー (gather).

ga·tor /géɪṭə | -tə/ 名 C《米略式》わに (alligator).

GATT /gǽt/ 名 固 ガット, 関税と貿易に関する一般協定《*G*eneral *A*greement on *T*ariffs and *T*rade の略; 1995 年から WTO (*W*orld *T*rade *O*rganization)となる; ⇒ acronym》.

gauche /góʊʃ/ ≪フランス語から≫ 形 (gauch·er, more ~; gauch·est, most ~) 気のきかない, ぎこちない, 洗練されていない.

gau·cho /gáʊtʃoʊ/ 名 (~s) C ガウチョ《南米のパンパのカウボーイ》.

gau·dy /gɔ́ːḍi/ 形 (gau·di·er; -di·est) けばけばしい, はでで俗っぽい[安っぽい].

+**gauge** /géɪdʒ/ ✪ au は例外的に /eɪ/ と発音する. 名 (gaug·es /~ɪz/) ❶ C **計器**, ゲージ: a pressure *gauge* 圧力計. ❷ C 標準規格, 標準の寸法; (針金

などの)太さ, (鉄板などの)厚さ; (銃の)口径. ❸ [a ~] 判断基準, 評価方法 (*of*). ❹ Ⓒ 〔鉄道〕 軌間《レールの間隔》: the standard *gauge* 標準軌《1.435m》/ the broad [narrow] *gauge* 広[狭]軌《標準軌より広い[狭い]もの》. — 動 他 ❶ (...)を推測する; (...)と判断する. ❷ (計器を使って)(...)を測定する: *gauge* the rainfall 雨量を測定する.

Gau·guin /goʊgǽŋ | góʊgæŋ/ 名 固 Paul ~ ゴーギャン (1848-1903)《フランスの画家》.

Gaul /gɔ́:l/ 名 ❶ 固 ガリア《現在のフランスを中心とする古代ローマ帝国の領地》. ❷ Ⓒ ガリア人.

gaunt /gɔ́:nt/ 形 (gaunt·er; gaunt·est) ❶ (病気・心配などで)やせこけた, やつれた, げっそりした. ❷《文語》(場所が)寂しい, 荒涼とした, 不気味な.

gaunt·let[1] /gɔ́:ntlət/ 名 Ⓒ 長手袋《乗馬・剣道・作業用など》; こて《中世の騎士が用いた金属製の手の防具》. **pick [take] úp the gáuntlet** [動] 自 挑戦に応じる. **thrów dówn the gáuntlet** [動] 自 挑戦する. 由来 中世の騎士が挑戦のしるしにこてを投げたことから.

gaunt·let[2] /gɔ́:ntlət/ 名 [次の成句で] **rún the gáuntlet** [動] 自 (多くの人の)攻撃[批判]を受ける (*of*).

gauze /gɔ́:z/ 名 ❶ Ⓤ (綿・絹などの)薄織物, 紗(しゃ); ガーゼ: a *gauze* curtain レースのカーテン / a *gauze* bandage ガーゼの包帯. ❷ Ⓤ《米》包帯 [≒bandage]. ❸ Ⓤ,Ⓒ (虫よけ用などの)金網.

gauz·y /gɔ́:zi/ 形 ガーゼ[レース]のような, 薄く透き通る.

gave /géɪv/ 動 give の過去形.

gav·el /gǽv(ə)l/ 名 Ⓒ (議長・競売人などの)つち《静粛を命じるときに卓上をたたく》.

gawk /gɔ́:k/ 動 自《略式》[軽蔑的] ぽかんと眺める (*at*).

gawk·y /gɔ́:ki/ 形 (gawk·i·er; -i·est) (特に体のひょろ長い若者が)(動きなどの)ぎこちない.

gawp /gɔ́:p/ 動 自《英略式》= gawk.

*__gay__ /géɪ/ 形 (gay·er; gay·est) ❶ (特に男性が)**同性愛の**, ゲイの《✪ 軽蔑的な含みはない》: *gay* rights 同性愛者の人権 / the *gay* community ゲイ社会[集団]. ❷《古風》**はでな**, 華やかな: *gay* colors はでな色. ❸《古風》陽気な, 快活な, 楽しげな. (3 では 名 gáiety) — 名 (~s /~z/) Ⓒ (特に男性の)**同性愛者**, ゲイ. 関連 lesbian 同性愛の女性.

gay·ness /géɪnəs/ 名 Ⓤ 同性愛(者であること).

+**gaze** /géɪz/ 動 (gaz·es /~ɪz/; gazed /~d/; gaz·ing) 自 [副詞(句)を伴って] **じっと見つめる**《感心・喜び・興味・あこがれの気持ちでまたは考えこんで》: He *gazed into* her eyes. V+前+名 彼は彼女の目をじっと見つめた / He was *gazing at* the setting sun. 彼は夕日をじっと見つめていた.
— 名 [単数形で] **じっと見つめること**, 凝視: a steady *gaze* 凝視 / fasten [fix] one's *gaze* on ... ...をじっと見つめる / meet ...'s *gaze* ...と目を合わせる / drop [lower] one's *gaze* 目を伏せる.

ga·ze·bo /gəzéɪboʊ | -zí:-/ 名 (~s) Ⓒ (庭園などの)あずまや; 見晴らし[展望]台.

ga·zelle /gəzél/ 名 (複 ~(s)) Ⓒ ガゼル《小型のれいよう》.

ga·zette /gəzét/ 名 ❶ Ⓒ [新聞名として] ...新聞: the Westminster *Gazette* ウェストミンスター新聞. ❷ Ⓒ《英》官報, 公報.

gaz·et·teer /gæ̀zətíə | -tíə/ 名 Ⓒ 地名辞典; (地図帳の)地名索引.

ga·zil·lion /gəzíljən/ 名 Ⓒ《略式》莫大(ばくだい)な数 (*of*).

+**GB**[1] /ʤí:bí:/ 略 **グレートブリテン島**; 英国 (Great Britain).

GB[2], **Gb** 略 = gigabyte.

+**GDP** /ʤí:dì:pí:/ 名 [the ~]〔経済〕**国内総生産**《*g*ross *d*omestic *p*roduct の略》.

*__gear__ /gíə | gíə/ ❗発音 名 (~s /~z/)

意味のチャート
「道具一式」❷ →「装置」❹ → (特に歯車のついた機械装置から) →「歯車」❶

❶ Ⓒ,Ⓤ **ギア**, 歯車; (自動車などの)変速装置: a car with six *gears* 6 段ギアの車 / (a) reverse *gear* バックギア / in second *gear* セカンドギアで / put a car in *gear* 車のギアを入れる / The car started [came to a halt] with a crashing of *gears*. 車はギアをがちゃつかせながら動き出した[止まった].
❷ Ⓤ (ある目的の)**道具一式**, 用具ひとそろい; 装備, 装具: camping *gear* キャンプ用具一式 / sports *gear* スポーツ用品 / rain *gear* 雨具 / soldiers *in* combat *gear* 戦闘装備をした兵士たち. ❸ Ⓤ《略式》(流行の)服. ❹ Ⓤ [主に合成語で] (機械)装置: communications *gear* 通信機器.
chánge [《米》 shíft] géar(s) [動] 自 (1) 変速する. (2) 手法[調子]を変える.
in géar [形・副] ギアが入って; 作動して; 順調で.
in hígh [《英》 tóp] géar [形・副] (1) (車が)高速で. (2) (人・物事が)快調で, 順調で.
in lów [《英》 bóttom] géar [形・副] (1) (車が)低速で. (2) (人・物事が)低調で, 調子が悪く.
òut of géar [形・副] ギアが入っていない; 作動しないで; 調子が狂って.
— 動 (gear·ing /gí(ə)rɪŋ/) 他 [普通は受身で] (...)を(~に)適合させる; (~に合わせて)調整する (*to* do): This program *is geared to* [*toward*] children. この番組は子供向けに作られている.
géar oneself úp [動] 自 心の準備をする (*for*, *to*; *to* do). **géar úp** [動] 他 [普通は受身で] (...)に準備させる (*for*, *to*; *to* do). — 自 (...の)準備をする (*for*, *to*; *to* do).

gear·box /gíəbɑ̀(:)ks | gíəbɔ̀ks/ 名 Ⓒ (自動車の)変速装置.

géar lèver 名 Ⓒ《英》= gearshift.

gear·shift /gíəʃɪft | gíə-/ 名 Ⓒ《米》(自動車・自転車などの)変速レバー, ギア転換装置《⇒ bicycle 挿絵》.

géar stìck 名 Ⓒ《英》= gearshift.

geck·o /gékoʊ/ 名 (~(e)s) Ⓒ やもり.

GED /ʤí:ì:dí:/ 名 Ⓒ《米》(高校を出ていない人のための)高校卒業資格《*G*eneral *E*quivalency *D*iploma の略》.

gee /ʤí:/ 間《略式, 主に米》おっ, わあ, すごい.

geek /gí:k/ 名 Ⓒ《略式》変人, ダサいやつ; おたく: a computer *geek* コンピューターおたく.

geek·y /gí:ki/ 形 変な; おたくっぽい.

+**geese** /gí:s/ 名 **goose の複数形**.

gee-whiz /ʤí:(h)wíz | -wíz/ 形 限定《米略式》世間をあっと言わせるような, すばらしい.

gee·zer /gí:zə | -zə/ 名 Ⓒ《英略式》やつ [≒man]; 《米略式》風変わりな老人.

Geh·rig /gérɪg/ 名 固 Lou /lú:/ ~ ゲーリッグ (1903-41)《米国の野球選手》.

G

Géi·ger còunter /gáɪgə-|-gə-/ 名 C ガイガーカウンター[計数管]《放射能測定器》.

G8 /ʤíːéɪt/ 略 = Group of Eight 主要 8 か国(首脳会議).

gei·sha /géɪʃə/ ≪日本語から≫ 名 C 芸者.

+**gel** /ʤél/ 名 (～s /～z/) U,C **ジェル**《整髪用などの》; [主に合成語で] ゲル, 膠化(こうか)体《ゼリーなど》.
— 動 (gels; gelled; gel·ling) 自 = jell. — 他 [普通は受身] (髪)にジェルをつける.

gel·a·tin /ʤélətn|-tɪn/, **gel·a·tine** /ʤélətn|-tìːn/ 名 U ゼラチン, にかわ.

ge·lat·i·nous /ʤəlǽṭənəs/ 形 ゼラチン状の.

geld /géld/ 動 他 (馬)を去勢する.

geld·ing /géldɪŋ/ 名 C 去勢馬.

gem /ʤém/ 名 ❶ C 宝石《特にカットして磨いた宝石》[≒jewel]. ❷ C 貴重[大切]なもの[人], 至宝, 珠玉 (*of*): an absolute *gem* 最高にすばらしいもの[人].

+**Gem·i·ni** /ʤémənàɪ, -nìː/ 名 ❶ 固 〔天文〕 **ふたご座**; 双子(そうし)宮 (the Twins)《⇒ zodiac 挿絵》. ❷ C ふたご座生まれの人.

Gen. 略 《米》 陸[空]軍大将; 《英》 陸軍大将; 将軍; 将官 (general).

gen·darme /ʒɑ́ːndɑəm|-dɑːm/ 名 C フランスの憲兵.

*__gen·der__ /ʤéndə|-də/ 名 (～s /～z/) ❶ C,U 《格式》 (社会的・文化的に見た)**性別**, ジェンダー; (集合的に) 男性[女性]たち: *gender* roles 男女の役割 / *gender* identity 性同一性, 性自認《自分が男性または女性であるという自己認識》. ❷ C,U 〔文法〕 性.

génder gàp 名 C 性差, ジェンダーギャップ《社会的・文化的行動[態度]・機会・地位などにみられる男女間の差》.

gen·der·less /ʤéndələs|-də-/ 形 性差のない.

+**gene** /ʤíːn/ 名 (～s/～z/) C 〔生物〕 **遺伝子**, 遺伝因子. 〖⇒ generate キズナ〗

Gene /ʤíːn/ 名 固 ジーン《男性の名; Eugene の愛称》.

ge·ne·a·log·i·cal /ʤìːniəlɑ́(ː)ʤɪk(ə)l|-lɔ́ʤ-⁻/ 形 系図の, 家系の: a *genealogical* tree (木の枝をかたどった)系図, 系統樹《⇒ family tree》.

ge·ne·al·o·gist /ʤìːniɑ́(ː)ləʤɪst, -niǽl-|-niǽl-/ 名 C 系図学者, 系図屋.

ge·ne·al·o·gy /ʤìːniɑ́(ː)ləʤi, -niǽl-|-niǽl-/ 名 (-o·gies) ❶ U 系図学; 系統学. ❷ C (人間の)家系, 系統, 系譜; 系統図, 家系図 [≒family tree].

géne pòol 名 C 遺伝子プール《集団の有する遺伝子全体》.

gen·er·a /ʤénərə/ 名 genus の複数形.

⁑gen·er·al /ʤén(ə)rəl/

> **意味のチャート**
> ラテン語で「種族全体の」の意から 形 ❷「**一般の**」の意となった《⇒ generate キズナ》. 特に「全体を統括する(軍人)」の意から 名「**将軍, 大将**」となった.

— 形 ❶ (詳細でなく)**概略の**, 概括的な [⇔ detailed]; 漠然とした: a *general* plan 大まかな計画 / in *general* terms 概括的なことばで, 漠然と / They had a *general* idea of the situation. 彼らは状況を大体把握していた / in the *general* direction of ... ...方面へ.
❷ (特殊でなく)**一般の**, 全般的な; (一部でなく)全体の, すべて[多く]の人の [⇔ individual, particular, specific]: a topic of *general* interest 一般の人の興味を引く話題 / a *general* consensus 全体の合意 / Dissatisfaction with the government's farm policy is pretty *general*. 政府の農業政策への不満がかなり広まっている.
❸ 限定 (専門的でなく)**一般的な** [⇔ special]; 総合的な; 雑多な; 普通の, 通常の: a *general* hospital 総合病院 / *general* principles 一般原則 / a *general* magazine 総合雑誌 / *general* affairs 庶務. ❹ [しばしば G- で官職名の後で] ... 長官, 総 ...: the Secretary-*General* 事務総長[局長] //⇒ Attorney General. (動 géneralìze, 名 gèneràlity)
— 名 (～s /～z/) C 《米》 **陸[空]軍大将**; 《英》 **陸軍大将**; 将軍; 将官 (略 Gen.): *General* Grant グラント将軍 / *general* of the air force 《米》 空軍元帥 / *general* of the army 《米》 陸軍元帥 [《英》 field marshal] //⇒ lieutenant general. 関連 admiral 海軍大将.

in géneral [副] 文修飾 **一般に**, 普通は, たいてい [≒generally]: *In general*, old people are early risers. 一般に年寄りは早起きだ. —[形] [名詞の後で] 一般の, 大概の: Little girls *in general* like dolls. たいていの女の子は人形が好きだ.

Géneral Assémbly 名 [the ～] [単数または複数扱い] ❶ 国連総会(略 GA). ❷ (米国のいくつかの州の)州議会.

géneral delívery 名 U 《米》 局留め(扱い); (郵便局の)局留め郵便課 [《英》 poste restante].

> **参考** 封筒に書く場合は次のように示す:
> John Smith
> c/o *General Delivery*
> Main Post Office, Miami, FL
> フロリダ州マイアミ市中央郵便局局留め,
> ジョン スミス行

géneral educátion 名 [単数形で] 一般教育.

+**géneral eléction** 名 C **総選挙**.

géneral héadquarters 名 複 [ときに単数扱い] 総司令部 (略 GHQ).

gen·er·al·ise /ʤén(ə)rəlàɪz/ 動 《英》 = generalize.

gen·er·al·ist /ʤén(ə)rəlɪst/ 名 C 多方面の知識をもつ人, 博学[万能]の人.

gen·er·al·i·ty /ʤènərǽləṭi/ 名 (-i·ties) ❶ C [普通は複数形で] 《格式》 一般論, 一般原則, 概論; 一般的な話: speak in *generalities* 大ざっぱに話す. ❷ [the ～ として単数または複数扱い] 《英格式》 大部分, 大半 (*of*). ❸ U 《格式》 一般的なこと, 一般性. (形 géneral)

gen·er·al·i·za·tion /ʤèn(ə)rəlɪzéɪʃən|-laɪz-/ 名 ❶ U 一般化; 総合; 概括; 帰納. ❷ C (しばしば早まった)一般論; 帰納的結果. (動 géneralìze)

+**gen·er·al·ize** /ʤén(ə)rəlàɪz/ 動 (-al·iz·es /～ɪz/; -al·ized /～d/; -al·iz·ing) 自 **概括して言う**, 一般論として言う, (しばしば早まって)結論を下す[出す] (*from*): Collect more data before you ***generalize about*** the phenomenon. V+*about*+名 その現象について一般化する前にもっとデータを集めなさい. — 他 [しばしば受身で] 《格式》 (一般原理など)を広く適用する (*to*). (形 géneral, 名 gèneralizátion)

gen·er·al·ized /ʤén(ə)rəlàɪzd/ 形 [普通は 限定] 一般[全体]的な [≒general]; 一般化した, 広まって(いる).

géneral knówledge 名 U (深くはないが)常識的な[広い]知識; 広く知られていること.

⁑gen·er·al·ly /ʤén(ə)rəli/

— 副 ❶ 文修飾 普通(は), **一般に**, 通例 [≒usually]《⇒ always 表》: *Generally*, pitchers aren't good batters. 一般にピッチャーはいいバッターではない.
❷ **広く**, 多くの人に, 世間一般に: Her proposal was *generally* supported. 彼女の提案は広く支持された / It is *generally* believed that he died in the plane crash. 彼はその飛行機事故で死んだと一般に信じられている.
❸ **おおむね**, 概して: Reviews of the book were *generally* favorable. その本の批評は大体好意的だった.
génerally spéaking [副] 文修飾 **一般的に言うと**, 概して言えば: *Generally speaking*, this part of Japan has a mild climate. 一般的に言って日本のこの地方の気候は温和だ.

géneral méeting 名 C 総会.

Géneral Póst Òffice 名 [the ~] (中央)郵便本局; 《英》(旧)逓(てい)信省.

géneral práctice 名 ❶《主に英》U 一般診療《一般開業医の診療》; C 一般診療所. ❷《主に米》U (弁護士の)一般営業; C 弁護士事務所.

géneral practítioner 名 C《主に英》一般開業医《略 GP》. 関連 specialist 専門医.

géneral públic 名 [the ~;《英》単数または複数扱い] 一般大衆.

gen·er·al-pur·pose /ʤén(ə)rəlpə́ːpəs | -pə́ː-←/ 形 限定 多目的の, 用途の広い.

géneral stáff 名 [the ~] 参謀, 幕僚《全体》.

géneral stóre 名 C (特にいなかの)雑貨店.

géneral stríke 名 C ゼネスト, 総罷業.

***gen·er·ate** /ʤénərèɪt/ 動 (-er·ates /-ərèɪts/; -er·at·ed /-ṭɪd/; -er·at·ing /-ṭɪŋ/) 他 ❶ (利益・収入・感情・行動・事態など)を**生み出す**, **引き起こす**: This project will *generate* a lot of profit. この計画は多くの利益を生むだろう. ❷ (電気・熱など)を発生させる, 起こす: *generate* electricity 発電する.

単語のキズナ　GEN／**生まれ**, **種族**＝birth, race

generate	**生み出す**		
generation	(生み出されたもの)	→	**世代**
general	(種族全体の)	→	**一般の**
generous	(高貴な生まれの)	→	**気前のよい**
gentle	(生まれのよい)	→	**優しい**
genuine	(生まれつきの)	→	**本物の**
genius	(生まれながらの能力)	→	**天才**
gene	(生み出す素(もと))	→	**遺伝子**

**gen·er·a·tion /ʤènəréɪʃən/

— 名 (~s /~z/)

意味のチャート
「生み出されたもの」の意から, (同じもとから生まれたもの) →「(家族の)**一代**」❷ →「**一世代**」❸ →「**同時代の人々**」❶

❶ C [《英》単数形でもときに複数扱い] **世代**, **同時[世]代の人々**: My *generation is* [《英》*are*] worried about the worsening environment. 私の世代は環境悪化を心配している / the younger *generation* 若い世代の人々 / a new *generation* of writers 新世代の作家たち / preserve the resources for future *generations* 次世代のために資源を守る.
❷ C (家族の) **一代**: The picture shows three *generations* — Grandfather, Father and me. その写真には三世代—祖父と父と私—が写っている / This jewel has been in my family ***for generations***. この宝石は代々わが家に伝わるものだ.
❸ C **一世代**《子が成長し, 結婚し, 子を持つまでの約 30 年間》: That style was in fashion a *generation* ago. そのスタイルは一世代前に流行していた. ❹ C [普通は単数形で] 世代, 型, タイプ《機械などで同一時期に属するもの》(*of*): fifth *generation* computers 第 5 世代コンピューター. ❺ U (電気・熱などの)発生, 生成; 〔生物〕生殖, 出産: the *generation of* electricity by water power 水力発電.
from generátion to generátion [副] 代々.
〖⇒ generate キズナ〗

gen·er·a·tion·al /ʤènəréɪʃən(ə)l/ 形 限定 世代(間)の.

generátion gàp 名 [the ~] 世代間のずれ, ジェネレーションギャップ.

Generátion X́ /-éks/ 名 U X 世代《アメリカで 1960 年代半ばから 70 年代半ばに生まれた世代》.

gen·er·a·tive /ʤén(ə)rəṭɪv/ 形 生成する, 生み出す力のある: *generative* grammar 〔言語〕生成文法.

+**gen·er·a·tor** /ʤénərèɪṭə | -tə/ 名 (~s /~z/) C **発電機** [≒dynamo]; (...を)生み出す人[もの] (*of*).

ge·ner·ic /ʤənérɪk/ 形 ❶ 限定 一般的な, 総括的な; 〔文法〕総称的な. ❷ 限定 (薬品などが)商標登録されていない, ノーブランドの: a *generic* drug ジェネリック医薬品. ❸ 限定 〔生物〕属 (genus) の. **-ner·i·cal·ly** /-kəli/ 副 一般[総称]的に; ノーブランドで.

gen·er·os·i·ty /ʤènərá(ː)səṭi | -rɔ́s-/ 名 ❶ U 気前のよさ (*to, toward*). ❷ U 寛大, 寛容, 雅量 (*in*).
(形 génerous)

gen·er·ous** /ʤén(ə)rəs/ 形 ❶ **気前のよい**, 物惜しみしない: He is ***generous with his money. +with+名 彼は金を出し惜しみしない / She was very ***generous to*** her guests. +to+名 彼女は客に対してとても気前がよかった.
❷ [普通は 限定] **豊富な** [≒plentiful]; (普通より)大きい: a *generous* helping of pasta 大盛りパスタ.
❸ **寛大な**, 寛容な; 度量の大きい: He was ***generous in*** judg*ing* the people around him. +in+動名 彼は周囲の人に対する判断が寛大だった / ***It is*** very ***generous of*** you ***to*** forgive him. 彼を許してあげるとは大変心が広いですね(⇒ of 12). (名 gènerósity)
〖語源 ラテン語で「高貴な生まれの」の意; ⇒ generate キズナ〗
~·ly 副 気前よく; 寛大に; 豊富に.

gen·e·sis /ʤénəsɪs/ 名 (複 gen·e·ses /-sìːz/) ❶ [G-] 〔聖書〕創世記《天地の創造を記した最初の 1 編》. ❷ C [普通は the ~]《格式》起源, 起こり [≒origin] (*of*).

géne thèrapy 名 U 〔医学〕遺伝子治療.

+**ge·net·ic** /ʤənéṭɪk/ 形 **遺伝子の**; 遺伝学的な.
-net·i·cal·ly /-kəli/ 副 遺伝子的に; 遺伝(学)的に.

genétically módified [enginéered] 形 (食品・作物などが)遺伝子組み換えの(⇒ GM): *genetically modified* food 遺伝子組み換え食品.

genétic códe 名 C 〔生物〕遺伝暗号[情報].

genétic enginéering 名 U 遺伝子工学, 遺伝子操作.

genétic fínger·prìnt·ing /-prìntɪŋ/ 名 U DNA [遺伝子]鑑定(法).

ge·net·i·cist /ʤənéṭəsɪst/ 名 C 遺伝学者.

+**ge·net·ics** /ʤənétɪks/ 名 U **遺伝学**.

Ge·ne·va /ʤəníːvə/ 名 固 ジュネーブ《スイス西部の都市; 国際赤十字社の本部がある》.

Genéva Convéntion 名 [the ~] ジュネーブ条約《戦時中の傷病兵・捕虜などの取り扱いを協定した条約》.

Gen·ghis Khan /ʤéŋgɪskáːn/ 名 固 チンギスハン, ジンギスカン(成吉思汗) (1162-1227)《モンゴルの王; アジアとヨーロッパ東部を征服した》.

ge·ni·al /ʤíːniəl/ 形 親切な, 優しい; 陽気で人付き合いのよい: a *genial* greeting 愛想のよいあいさつ.

ge·ni·al·i·ty /ʤìːniǽləṭi/ 名 U 親切, 陽気, 愛想のよさ.

ge·ni·al·ly /ʤíːniəli/ 副 親切に, 陽気に.

ge·nie /ʤíːni/ 名 C (アラビアの物語に出てくる)魔人, 精霊.

gen·i·tal /ʤénəṭl/ 形 限定 生殖の, 生殖器の: the *genital* organs 生殖器. — 名 [複数形で]《格式》生殖器; 外陰部.

gen·i·ta·lia /ʤènətéɪljə/ ≪ラテン語から≫ 名 複〔医学〕生殖器, 外陰部.

gen·i·tive /ʤénəṭɪv/ 名 C [しばしば the ~]〔文法〕属格, 所有格. — 形〔文法〕属格の, 所有格の: the *genitive* case 属格, 所有格.

+**ge·nius** /ʤíːnjəs, -niəs/ !発音 名 (~·es/~ɪz/) ❶ C **天才**《人》; 特殊な才能のある人: a ***genius at*** [***in***] mathematics 数学の天才.
❷ U **天才**《非凡な創造的才能》: a person of *genius* 天才 / a stroke of *genius* 天才的なひらめき / *Genius* is one percent inspiration and ninety-nine percent perspiration. 天才とは 1 パーセントのひらめきと 99 パーセントの汗である《米国の発明家エジソン (Edison) のことば》.
❸ [a ~] [ときに皮肉に] (...の)**才能**, 天分: Mary has ***a genius for*** music [compos***ing*** music]. メアリーには音楽[作曲]の才能がある.
〖⇒ generate キズナ〗

Gen·o·a /ʤénoʊə/ 名 固 ジェノバ, ジェノア《イタリア北部の港市》.

gen·o·ci·dal /ʤènəsáɪdl←/ 形 大量虐殺の.

gen·o·cide /ʤénəsàɪd/ 名 U (人種・国民などの根絶を目的とした)大量虐殺, 皆殺し.

ge·nome /ʤíːnoʊm/ 名 C〔生物〕ゲノム《生命の生活維持に必要な最小限の遺伝子群を含む染色体の 1 組》.

+**gen·re** /ʒáːnr(ə)/ ≪フランス語から≫ 名 (~s /~z/) ❶ C《格式》(文学・芸術作品などの)**形式**, 様式, ジャンル; 種類, 類型 (*of*). ❷ U〔美術〕風俗画.

gent /ʤént/ 名 C《古風, 略式》紳士 [≒gentleman]《⇒ gents》.

gen·teel /ʤentíːl/ 形 ❶ 気取った, 上品ぶった: live in *genteel* poverty 貧乏なのに見栄(ミエ)を張った生活をする. ❷《古風》生まれ[家柄]のよい, 上流の.
-teel·ly /-tíː(l)li | -tíːlli/ 副 上品ぶって.

gen·tian /ʤénʃən/ 名 C りんどう属の植物《山地に生える; その根から健胃剤を採る》.

gen·tile /ʤéntaɪl/ 名 C [しばしば G-] 異教徒《特にユダヤ人から見た非ユダヤ教徒; ⇒ heathen》. — 形 限定 [しばしば G-] 異教徒[非ユダヤ教徒]の.

gen·til·i·ty /ʤentíləṭi/ 名 U《格式》[よい意味で] 上流風, 上品な態度.

****gen·tle** /ʤénṭl/
— 形 (gen·tler /-tlə | -tlə/; gen·tlest /-tlɪst/)

意味のチャート
元来は「生まれのよい」の意《⇒ generate キズナ》. それにふさわしく「おっとり優しい」ことから一般的に「**優しい**」❶,「**穏やかな**」❷ となった《⇒ kind¹ 意味のチャート》.

❶ 優しい, 親切な, 温和な; おとなしい, 従順な: a *gentle* heart 優しい心 / He is ***gentle with*** children. +with+名 彼は子供たちに優しい.
❷ **穏やかな**, 静かな; 緩(ユル)やかな: a *gentle* breeze 穏やかな風 / a *gentle* touch 軽く触れること / a *gentle* slope 緩やかな斜面.

gen·tle·folk(s) /ʤénṭlfòʊk(s)/ 名 複《古風》良家の人たち.

****gen·tle·man** /ʤénṭlmən/
— 名 (-men /-mən, -mèn/) ❶ C《丁寧》**男性, 男の方**, 殿方《man に対して用いられる敬語》: This *gentleman* wants to talk to you. この(男の)方があなたとお話ししたいそうです. 関連 lady 女性.

語法 元来は gentry (上流階級)に属する男性のことをいった. 今日では人格が立派で, いわゆる「紳士的な男性」に用いられる.

❷ C **紳士**, 立派な男: a perfect [real] *gentleman* 申し分ない[本物の]紳士 / He is no *gentleman*. 彼が紳士だなんてとんでもない《⇒ no 形 2》. 関連 lady 淑女.
❸《丁寧》(1) [複数形で] **皆さん**, 諸君《複数の男性に呼びかけることば; 男性 1 人に対する呼びかけ sir の複数に対応する; ⇒ Ladies and gentlemen! (lady 成句)》. (2) [Gentlemen] 拝啓, 謹啓《特に《米》で会社あての商用文などの書き出しに用いる》. ❹ C S《米》(上院・下院の)男性議員. (形 géntlemanly)

gen·tle·man·ly /ʤénṭlmənli/ 形 紳士的な, 礼儀正しい. (名 géntleman)

gén·tle·man's agréement /ʤénṭlmənz-/ 名 C 紳士協定.

***gen·tle·men** /ʤénṭlmən, -mèn/ 名 **gentleman の複数形**.

gén·tle·men's agréement /ʤénṭlmənz-/ 名 C = gentleman's agreement.

+**gen·tle·ness** /ʤénṭlnəs/ 名 U **優しさ**, 温和; 穏やかさ; 緩(ユル)やかなこと: The dog's *gentleness* made it a good companion for children. 犬はおとなしかったので子供たちのよい遊び相手となった.

gen·tle·wom·an /ʤénṭlwʊ̀mən/ 名 (-wom·en /-wɪ̀mən/) C《古風》貴婦人.

***gent·ly** /ʤéntli/ 副 **穏やかに**, 優しく, 静かに; 緩(ユル)やかに: She spoke *gently* to the children. 彼女は子供たちに優しく話しかけた. **Géntly (dóes it)!** S《英》そっと[気をつけて]やりなさい.

gen·tri·fi·ca·tion /ʤèntrəfɪkéɪʃən/ 名 U (スラム街などの)高級住宅化.

gen·tri·fy /ʤéntrəfàɪ/ 動 他 [普通は受身で] (...)を高級住宅地化させる.

gen·try /ʤéntri/ 名 U [普通は the ~ として複数扱い]《古風》上流階級の人たち《全体; 貴族階級 (nobility) の次の階級》: *the* landed *gentry* 地主階級.

gents /ʤénts/ 名 (複 ~) C [the ~ として単数扱い]《英略式》= men's room.

gen·u·flect /ʤénjʊflèkt/ 動 自《格式》(礼拝のため)

G

ひざを曲げる; (...に)へつらう, こびる (*to*).

*__gen·u·ine__ /ʤénjuɪn/ [アク] [形] ❶ **正真正銘の**, 本物の《⇒ real [類義語]》 [⇔ fake, false, imitation]: a *genuine* diamond 本物のダイヤモンド / This is a *genuine* picture by Millet. これは正真正銘ミレーの絵です. ❷ 心からの, 誠実な: a *genuine* friend 誠実な友 / *genuine* sympathy 心からの同情.
the génuine árticle [名] 《略式》 本物《人にも用いる》.
〖[語源] ラテン語で「生まれつきの」の意; ⇒ generate [キズナ]〗
～·ly [副] 真に, 紛れもなく; 心から. **～·ness** [名] [U] 真実性; 誠実さ.

ge·nus /ʤíːnəs/ [名] (複 **gen·er·a** /ʤénərə/) [C] 〔生物〕 属; 《略式》 種類, 部類 [≒kind].

ge·o- /ʤíːoʊ/ [接頭] 「地球, 土地」の意: *geo*logy 地質学 / *geo*graphy 地理学.

ge·o·cen·tric /ʤìːoʊséntrɪk←/ [形] 地球を中心とした; 地球の中心から見た[測った].

Geoff /ʤéf/ [名] [固] ジェフ《男性の名; Geoffrey の愛称》.

Geof·frey /ʤéfri/ [名] [固] ジェフリー《男性の名》.

ge·og·ra·pher /ʤiá(ː)grəfɚ | -ɔ́grəfə/ [名] [C] 地理学者.

+**ge·o·graph·i·cal** /ʤìːəgrǽfɪk(ə)l←/, **-graph·ic** /-grǽfɪk←/ [形] [限定] **地理学(上)の**, 地理(学)的な: the *geographical* features of the area その地域の地理的な特徴. ([名] geógraphy)
-cal·ly /-kəli/ [副] 地理(学)的に.

*__ge·og·ra·phy__ /ʤiá(ː)grəfi | -ɔ́g-/ [アク] [名] ❶ [U] **地理学**, 地理: human *geography* 人文地理学 / physical *geography* 自然地理学. ❷ [the ～] (ある場所の)地理, 地勢, 地形; 《略式》 (建物内などの)配置, 間取り: *the geography of* the campus 構内の様子, キャンパスの地理. ([形] gèográphic(al))
〖[語源] ⇒ geo-, -graphy; ⇒ graph [キズナ]〗

ge·o·log·i·cal /ʤìːəlá(ː)ʤɪk(ə)l | -lɔ́ʤ-←/ [形] [限定] 地質(学)の. **-cal·ly** /-kəli/ [副] 地質(学)上(は).

ge·ol·o·gist /ʤiá(ː)ləʤɪst | -ɔ́l-/ [名] [C] 地質学者.

ge·ol·o·gy /ʤiá(ː)ləʤi | -ɔ́l-/ [名] [U] 地質学; 地質.

ge·o·met·ric /ʤìːəmétrɪk←/, **-met·ri·cal** /-trɪk(ə)l←/ [形] ❶ 幾何学的な: a *geometric* pattern 幾何学的模様. ❷ [比較なし] 幾何学の. ([名] geómetry)
-cal·ly /-kəli/ [副] 幾何学的に.

geométric progréssion [名] [C] 〔数学〕 等比数列.

ge·om·e·try /ʤiá(ː)mətri | -ɔ́m-/ [アク] [名] [U] 幾何学: plane [solid] *geometry* 平面[立体]幾何学.
[関連] mathematics 数学 / arithmetic 算術 / algebra 代数. ([形] gèométric(al))
〖[語源] ⇒ geo-, -metry〗

ge·o·phys·ics /ʤìːoʊfízɪks/ [名] [U] 地球物理学.

ge·o·po·lit·i·cal /ʤìːoʊpəlítɪk(ə)l←/ [形] 地政学の.

ge·o·pol·i·tics /ʤìːoʊpá(ː)lətɪks | -pɔ́l-/ [名] [U] 地政学.

George /ʤɔ́ɚʤ | ʤɔ́ːʤ/ [名] [固] ❶ ジョージ《男性の名》. ❷ St. ～ ⇒ St. George. ❸ ～ II /-ðəsékənd/ ジョージ二世 (1683-1760)《英国王 (1727-60)》.

Geor·gia[1] /ʤɔ́ɚʤə | ʤɔ́ː-/ [名] [固] ジョージア《米国南東部の州; [略] Ga., 〔郵便〕 GA》. 〖[語源] ジョージ (George) 二世の名にちなむ〗

Geor·gia[2] /ʤɔ́ɚʤə | ʤɔ́ː-/ [名] [固] ジョージア, グルジア《黒海とカスピ海の間にある共和国》.

Geor·gia[3] /ʤɔ́ɚʤə | ʤɔ́ː-/ [名] [固] ジョージア《女性の名》.

Geor·gian[1] /ʤɔ́ɚʤən | ʤɔ́ː-/ [形] ジョージア州(人)の. — [名] [C] ジョージア州人.

Geor·gian[2] /ʤɔ́ɚʤən | ʤɔ́ː-/ [形] ジョージア[グルジア](人[語])の. — [名] [C] ジョージア[グルジア]人; [U] ジョージア[グルジア]語.

Geor·gian[3] /ʤɔ́ɚʤən | ʤɔ́ː-/ [形] ❶ ジョージ五世時代の《20 世紀初期の英国の文芸様式》. ❷ ジョージ一～四世時代の《18-19 世紀の英国の建築·美術様式》.

ge·o·ther·mal /ʤìːoʊθə́ːm(ə)l | -θə́ː-←/ [形] 地熱の.

Ger. [略] = German, Germany.

Ger·ald /ʤérəld/ [名] [固] ジェラルド《男性の名; 愛称は Jerry》.

ge·ra·ni·um /ʤəréɪniəm/ [名] [C] ゼラニウム.

ger·bil /ʤə́ːb(ə)l | ʤə́ː-/ [名] [C] アレチネズミ.

ger·i·at·ric /ʤèriǽtrɪk←/ [形] ❶ [限定] 老年医学の. ❷ 《略式》 [軽蔑的] 老いぼれた.

ger·i·a·tri·cian /ʤèriətríʃən/ [名] [C] 老人病医.

ger·i·at·rics /ʤèriǽtrɪks/ [名] [U] 老人医学.

+**germ** /ʤə́ːm | ʤə́ːm/ [名] (～s /～z/) ❶ [C] [普通は複数形で] **ばい菌**; 細菌, 病原菌. ❷ [the ～] 芽ばえ, 始まり; 根源: *the germ* of an idea アイデアの芽ばえ. ❸ [C] 〔生物〕 胚種(はいしゅ), 胚芽(はいが).

Ger·man /ʤə́ːmən | ʤə́ː-/
— [形] ❶ **ドイツの**; **ドイツ人の**, ドイツ系の; ドイツ製の《[略] G, Ger.》: *German* food ドイツ料理 / My car is *German*. 私の車はドイツ製だ / His wife is *German*. 彼の奥さんはドイツ人だ.
❷ **ドイツ語の**: the *German* language ドイツ語. ([名] Gérmany)
— [名] (～s /～z/) ❶ [C] **ドイツ人**; ドイツ系人: Many *Germans* live in this town. この町には大勢のドイツ(系)人が住んでいる.
❷ [the ～s] ドイツ人《全体》, ドイツ国民《⇒ the[1] 5》.
❸ [U] **ドイツ語**《[略] G, Ger.》: study *German* ドイツ語を勉強する.

ger·mane /ʤə(ː)méɪn | ʤə(ː)-/ [形] 《格式》 (考え·発言などが)密接な関係のある, 適切な (*to*).

Ger·man·ic /ʤə(ː)mǽnɪk | ʤə(ː)-/ [形] ❶ (様式·行動などが)ドイツ(人)的な. ❷ ゲルマン語の; ゲルマン民族の. — [名] [U] ゲルマン語.

Gérman méasles [名] [U] 風疹(ふうしん) [≒rubella].

Gérman shépherd [名] [C] 《主に米》 (ジャーマン)シェパード《警察犬などに用いる; ⇒ dog 挿絵》 [《英》 Alsatian].

Ger·ma·ny /ʤə́ːm(ə)ni | ʤə́ː-/
— [名] [固] ドイツ《ヨーロッパ中北部の国; 正式名 Federal Republic of Germany; 1949 年東西に分裂, 90 年統一; 首都 Berlin; [略] Ger.》. ([形] Gérman)

ger·mi·nate /ʤə́ːmənèɪt | ʤə́ː-/ [動] [自] (種が)芽を出す, (植物が)生長し始める; (考え·感情などが)芽ばえる. — [他] (種)に芽を出させる, (植物)を生長させる.

ger·mi·na·tion /ʤə̀ːmənéɪʃən | ʤə̀ː-/ [名] [U] 発芽; (考えなどの)萌芽(ほうが).

gérm wárfare [名] [U] 細菌戦.

ger·on·tol·o·gy /ʤèrəntá(ː)ləʤi | -rɒntɔ́l-/ [名] [U] 老人学; 老化現象の研究.

ger·ry·man·der /ʤérimæ̀ndɚ | -də/ [動] (-der·ing

/-dərɪŋ, -drɪŋ/) ㊉〔政治〕[軽蔑的] (選挙区)を自党に有利に改める. ━ ㊊〔政治〕[軽蔑的] 選挙区を自党に有利に改める.〖語源 19 世紀の Massachusetts 州知事 Gerry /géri/ が自党に有利に改変した選挙区の形が salamander に似ていたので〗

ger·ry·man·der·ing /ʤérimæ̀ndərɪŋ, -drɪŋ/ 名 U ゲリマンダー《自党に有利な選挙区改定》.

Ger·trude /gɚ́ːtruːd | gə́ː-/ 名 固 ガートルード《女性の名》.

ger·und /ʤérənd/ 名 C〔文法〕動名詞《⇒ **巻末文法** 8.2》.

ges·ta·tion /ʤestéɪʃən/ 名 ❶ U〔医学〕妊娠. ❷ [単数形で]〔医学〕妊娠期間. ❸ U《格式》(計画などの)準備期間[過程].

ges·tic·u·late /ʤestíkjʊlèɪt/ 動 ㊊《格式》(興奮してまたは適切な言葉が見つからず)身ぶりで表わす[話す].

ges·tic·u·la·tion /ʤestìkjʊléɪʃən/ 名《格式》U 身ぶりで表わす[話す]こと; C 身ぶり, 手まね.

ges·ture /ʤésʧɚ | -ʧə/

━ 名 (~s /~z/) ❶ C,U (自分の気持ちを示す)**身ぶり**, 手まね; (演劇の)しぐさ《⇒ charade》: He *made* a beckoning *gesture*. 彼は手まねきをした / She raised her hand in a *gesture of* farewell. 彼女は手をあげて別れの気持ちを示した《⇒ goodbye 挿絵》/ by *gesture* 身ぶりで, 手まねで. ❷ C (気持ちなどの)印, 意思表示: I invited Mr. Hill as a *gesture of* friendship. 私は友情の印にヒルさんを招待した. ❸ C (心にもない)そぶり, ジェスチャー; 外交辞令: It was only a *gesture*; he didn't really help me. それはふりだけで彼は実際には私を助けてくれなかった.

━ 動 (ges·tur·ing /-ʧərɪŋ/) ㊊ 身ぶり[手ぶり]で示す: *gesture toward* the door ドアの方を指さす / She *gestured for* [*to*] me *to* keep quiet. 彼女は私に静かにしているようにと身ぶりで合図した. ━ ㊉ (...)を(人に)身ぶり[手ぶり]で表わす (*that*).

get /gét/

━ 動 (gets /géts/; 過去 got /gɑ́(ː)t | gɔ́t/; 過分 got, 《米》ではまた got·ten /gɑ́(ː)tn | gɔ́tn/; get·ting /-ṭɪŋ/) ✪「持つ」の意味の have ['ve] got については ⇒ have got の項目,「...しなければならない」の意味の have ['ve] got to ... については ⇒ have got to の項目.

単語のエッセンス
基本的には「手に入れる」の意.
㊉ 1) 受ける, 得る; つかまえる ❶, ❷, ❸, ❽
2) 取ってくる; 持って行く ❹, ❿
3) (被害を)受ける ❺
4) ...を~にする; ...を~させる ❻, ❼
5) ...がわかる ❾
㊊ 1) ...になる, ...するようになる ❶, ❹
2) 着く ❷
3) ...される ❸

━ ㊉ [普通は受身なし] ❶ (...)を**受ける**, **受け取る**, もらう [≒receive]; (ある行為)をしてもらう《⇒ ㊉ 5》: She *gets* music lessons twice a week at her school. 彼女は週 2 回学校で音楽の授業を受ける / I *got* a letter *from* my aunt in London. V+O+*from*+名 ロンドンのおばから手紙をもらった / I *got* a call *from* Meg this morning. けさメグから電話があった.

❷ (...)を**買う**, (金を払って)手に入れる, (人に)(...)を買ってやる [≒buy]: I *got* a new hat *for* 5,000 yen at the department store. V+O+*for*+名 デパートで新しい帽子を 5,000 円で買った / *get* a ticket in advance 事前にチケットを買っておく / 言い換え *Get* me a Coke. V+O+O = *Get* a Coke *for* me. V+O+*for*+名 コーラを買ってよ《⇒ for 前 A 1 語法》.

❸ (...)を**得る**, **手に入れる**, かせぐ《⇒ 類義語》; (考え・印象・感情など)を持つようになる: How did you *get* the money? どうやってそのお金を手に入れたんだ / get (the) first prize 1 等賞を取る《⇒ prize¹ 語法》/ How much do you *get* a week? 君は一週間にどのくらいかせぐの / I *got* an "A" in math. 私は数学で A をとった / When you add three and nine, you *get* twelve. 3 と 9 を足すと 12 となる / I *get* the feeling that someone is always watching me. いつもだれかに見られているような気がする.

❹ (...)を**取ってくる**, 持って[連れて]くる, (人に)(...)を持って[取って]きてやる [≒bring]: 言い換え ***Get*** a chair ***for*** me. V+O+*for*+名 = *Get* me a chair. V+O+O いすを持ってきてください《⇒ for 前 A 1 語法》/ She has to go and ***get*** her child ***from*** school. V+O+*from*+名 彼女は子供を学校に迎えに行かなければならない.

❺ (病気)に**かかる**; (罰・傷・損害など)を**受ける**; (ある行為)を**される**《⇒ ㊉ 1; give ㊉ 5 語法 (2)》: I've *got* a bad cold. ひどいかぜをひいた / *get* a year (in prison) for robbery 強盗で 1 年の刑を受ける / *get* a bad cut on the back 背中にひどい切り傷を受ける / *get* a good scolding for being late 遅れてたっぷりしかられる.

「get＋動作名詞」のいろいろ
(1) 〈得る, (うまく)...する; ...してもらう《⇒ ㊉ 1》〉: **gèt a glímpse of ...** ...をちらりと見る / **gèt a góod lóok (at ...)** (...を)よく見る / **gèt a góod stárt** よいスタートを切る / **gèt some [a lìttle] rést [sléep]** (少し)休む[眠る] / **gèt a (phýsical) chéckup** (身体の)検査をしてもらう / **gèt a ríde [líft]** 乗せてもらう / **gèt a háircut** 髪を切ってもらう.
(2) 〈受ける; ...される《⇒ ㊉ 5》〉: **gèt a shóck [surpríse]** ショックを受ける[驚かされる] / **gèt a whípping** むちで打たれる.

❻ /gèt/ [補語を伴って] (...)を(ある状態に)**する**; [過去分詞を伴って] (必要なこと)をしてしまう: She is *getting* breakfast ready. V+O+C (形) 彼女は朝食のしたくをしている / Don't *get* your hands dirty. 手を汚さないで / Can you ***get*** the clock go***ing*** again? V+O+C (現分) 時計をまた動かすことができますか / Can you ***get*** your work finish***ed*** by noon? V+O+C (過分) 正午までに仕事を終えられますか / I must *get* this work *done* by this evening. 私はこの仕事をきょうの夕方までにやってしまわなければならない.

❼ /gèt/ [過去分詞を伴って] (...)を~**させる**[~**してもらう**]《⇒ ㊉ 6, 12》; [to 不定詞を伴って] (...)に~**させる**[~**してもらう**]: I ***got*** the children dress***ed***. V+O+C (過分) 子供たちに服を着せた / I must *get* my hair *cut*. 髪を切ってもらわなくちゃ / I ***got*** my parents ***to*** babysit. V+O+C (*to* 不定詞) 両親に子供の面倒をみてもらった.

❽ (...)を**つかまえる**, 捕らえる, つかむ [≒catch]; (電話などで)(...)と**連絡をつける**, (放送局など)を受信する; (乗り物)に乗る; 《略式》(電話・戸口など)に出る, 応答する: The police couldn't *get* the thief. 警察はどろぼうをつかまえることができなかった / *Get* your sister on the phone. お姉さんを電話に出して / *Get* me extension 301, please. V+O+O 内線 301 につないでください《three o(h) /óʊ/ one と読む》/ We *get* channel 7 at home. 家では 7 チャンネルを受信できる / I'll *get* the last train to Paris. パリ行きの最終列車に乗ります / Can you *get* the phone? 電話に出てもらえる?

❾《略式》(...)が**わかる** [≒understand]《⇒ know 類義語》; 聞き取る [≒catch]: *get* the joke 冗談がわかる / I've *got* you [it]. わかりました《⇒ get it (成句)》/ I'm sorry, I didn't *get* your name. すみませんがお名前が聞き取れませんでした.

❿ [副詞(句)を伴って] (しばしば苦労して)(...)を**持って[連れて]行く**, 動かす, 運ぶ: ***Get*** all the chairs ***upstairs***. V+O+副 いすを全部 2 階に運びなさい / How can I *get* this parcel home? この包みはどうやったら家に持って帰れるだろうか / ***Get*** your car ***into*** the garage. V+O+前+名 車を車庫へ入れなさい / She *got* her baby *to* bed. 彼女は赤ん坊を寝かしつけた. ⓫《略式》(人)をやっつける, 殺す, (人)に傷を負わせる; (人)に仕返しをする (*for*); 参らせる, (議論などで)負かす; (人)をかつぐ, びっくりさせる; 悩ます, いら立たせる; 感動させる, 魅惑する: This puzzle has *got* me. このパズルには参った / You've *got* me there! Ⓢ わからない, 降参だ / It really *gets* me the way she talks to me. Ⓢ 彼女の口のきき方にはまったく頭にくる / I *got* him good. Ⓢ 彼をうまくかついでやった. ⓬ /gét/ [過去分詞を伴って] (...)を~される《⇒ 他 7》: He had a fight and *got* his arm *broken*. 彼はけんかをして腕を折られた. ✪ 次の文と比較: He fell down and *broke* his arm. 彼は転んで腕を折った // We *got* our roof *blown* off in the gale last night. 昨夜の強風で家の屋根が吹き飛ばされた. ⓭ (人の)(食事)のしたくをする [≒prepare]; 食べる [≒have]: 言い換え He's *got* the children their breakfast. = He's *got* breakfast *for* the children. 彼は子供たちの朝食のしたくをし終えた. ⓮《略式》(人)を打つ, (...)に当たる[当てる]: The bullet *got* him *in* the leg. 彼の脚に弾丸が当たった《⇒ the¹ 2》. ⓯ Ⓢ (...)の代金を払う, (...代)を出す: That's all right. I'll *get* it. いいよ, 私が払うから.

— 自 ❶ (ある状態に)**なる** [≒become]: Don't ***get angry***. V+C (形) 怒るな / It's *getting* warmer. だんだん暖かくなってきている / I hope you'll *get* well soon. 早くよくなりますように / They *got* married. V+C (過分) 彼らは結婚した.

❷ [副詞(句)を伴って] (しばしば苦労して)(場所に)**着く**, 行く, (地位などに)達する《⇒ get to ... (句動詞)》; (ある距離を)移動する; (仕事などが...まで)進む: You'll *get* there by three o'clock. 3 時までにはそこへ着きますよ / We *got* home at six. 私たちは 6 時に家に帰った / How far did you *get with* your work? 仕事はどの程度進みましたか. 語法「移動する」の意で, しばしば about, across, in, out, through などの前置詞・副詞を伴って用いられる. この辞書ではこの種の結合は成句または句動詞として別個に扱っている.

❸ [過去分詞とともに] ...**される**: The child *got* scold*ed* [punish*ed*] by the teacher. その子は先生にしかられた[罰せられた].

> 語法 🔍 受身の助動詞 be のように用いられるが, be よりも get による受身のほうが強意的でくだけた感じ. 疑問文・否定文では一般動詞と同じ扱いとなる《⇒ **巻末文法** 7.2 (3)》.

❹ [to 不定詞とともに]《略式》(...)**するようになる**《⇒ come 7》; (機会があって, または許されてうまく)...できる, ...する(ことが認められる): You'll soon ***get to*** like him. すぐに彼のことが気に入りますよ / When did you *get to* know him? 彼とはいつ知り合いになったの / He's ***getting to*** be a naughty boy. 彼はいたずらっ子になってきた / I'll *get to* see Paris next year. 私は来年パリ見物ができる / She never *gets to* use the new computer. 彼女は新しいコンピューターを使わせてもらえない. ❺ [現在分詞とともに] ...し始める [≒begin]: "Let's *get* go*ing*?" "Yes, sure."「さあ出かけ[始め]ようか」「うん, そうしよう」. 語法 後に続く現在分詞は普通は going または moving.

gèt ahéad ⇒ ahead 成句.

gèt góing [動] 自 出かける; (物事を)始める; 話し始める《⇒ 自 5》.

gèt ... góing [動] 他 (...)を動き出させる, 始動させる; (人)に(話などを)始めさせる《⇒ 他 6》.

gét it [動] 自 (1) Ⓢ《略式》理解する, わかる: It's a joke. *Get it?* 冗談だよ. わかった? (2) Ⓢ《略式》(推測などが)当たる, (クイズなどの答えが)正解だ: You've *got it*. その通り. (3) [I'll get it として] Ⓢ《略式》(電話・玄関などに)私が出ます. (4) 罰を受ける, しかられる (*for*).

gét thère [動] 自 [普通は進行形で] Ⓢ《略式》目的を達する, 成功する, うまくいく[やる].

gèt thís Ⓢ《主に米》[挿入的に] びっくりしないでよ, なんと, 聞いてくれよ.

gét to dó [動] [不定詞とともに] ⇒ 自 4.

gét to dóing [動]《略式》(徐々に)...するようになる: After my grandmother died, I *got to* think*ing* about something she once said. 祖母が死んでから, 私は祖母がかつて話したことを考えるようになった.

have ['ve] gót ⇒ have got の項目.

have ['ve] gòt to dó ⇒ have got to の項目.

You [We] gèt ...《略式》...がある[いる]: Nowadays *you get* a lot of children reading science fiction. 最近 SF を読む子が多い.

> **get の句動詞**
>
> **gèt abóut** 動 自 ❶《英》歩き回る [≒go about], 動き回る; (あちこち)旅行する: He is eighty, but he still *gets about*. 彼は 80 になるが, まだあちこち出歩いている. ❷《英》(うわさなどが)広まる [≒get around].
>
> ***gèt acróss** 動 自 ❶ **渡る**: The bridge had been destroyed, so we could not *get across*. 橋が壊されていたので私たちは渡れなかった. ❷ (発言などが)伝わる; 考え[話]を(相手に)わからせる: Her explanation did not *get across to* her pupils. 彼女の説明は生徒に伝わらなかった.
>
> — 他 ❶ (考え・言いたいこと)を**理解させる**, 伝える V+名・代 +*across*: The politician could not ***get*** his message ***across to*** voters. その政治家は選挙民に主張を伝えられなかった.
>
> ❷ (...)を**渡らせる** V+名・代+*across*: He *got* the bicycle *across* with difficulty. 彼は自転車をやっと向こう側へ運んだ.
>
> ***gèt acróss ...** 動 他 (橋・道など)**を渡る**, 横切る; (国境など)を越える: He managed to *get across* the river. 彼は何とか川を渡ることができた.
>
> **gèt ... acróss ~** 動 他 (...)に(橋・道など)を渡らせる.
>
> +**gèt áfter ...** 動 他 ❶《米略式》(人)**を責める**, しかる; (...してくれと)(人)にせがむ: My mother is always

getting after me *for* my mistakes. 母はいつも私の間違いを責めてばかりいる / She *got after* him *to* hurry up. 彼女は彼に急ぐようにとがみがみ言った. ❷ …の後を追う.

*gèt alóng

動 自 ❶ **仲よくやっていく, (うまく)折り合っていく:** Do you think your father and I can *get along* (*well*) *together* [*with* each other]? あなたのお父さんと私はうまくやっていけると思いますか.
❷ **暮らしていく; (何とか)やっていく:** How are you *getting along*? いかがお過ごしですか / Can we *get along on* such a small salary? こんな安い給料でやっていけるだろうか / I can't *get along with* this new computer. この新しいコンピューターは使い勝手が悪い[うまく使いこなせない].
❸ **先へ進む; 進歩する,** (仕事などが)はかどる; (仕事などを)進める (*in*): How are you *getting along with* your studies? 研究の進み具合はいかがですか. ❹ [普通は進行形で] Ⓢ 行く, 出発する: I'd better *be getting along* now. もう帰らなければなりません, そろそろ失礼します.
gèt alóng (wéll) withòut … [動] 他 …の助けなしで(うまく)やっていく.
*__gèt aróund__ 動 自 ❶ **歩き回る,** 動き回る《⇒ around 最初の 語法》; (社交などで)あちこちによく出歩く; よく旅行する: I'm old and can't *get around* much. 私は年であまり歩き回れない.
❷ (うわさなどが) **広まる:** It *got around* that the president was ill. 社長が病気だという話が広まった.
gèt aróund to … [動] 他 **…する機会[ひま]ができる;** (やっと)…に取りかかる (受身 be got around to): I finally *got around to* writ*ing* to my parents. やっと両親に手紙を書いた.
+**gèt aróund …** 動 他 ❶ (困難など)**に打ち勝つ,** 対処する; (法律・税金など)をうまく逃れる: He couldn't find any way of *getting around* his difficulties. 彼は困難を乗り越える方法を見つけられなかった. ❷ (人)を説得して考えを変えさせる. ❸ …を歩き回る, 動き回る.
*__gét at …__ 動 他 ❶ (手を伸ばすなどして)…**に届く;** …を手に入れる (受身 be got at): Put this medicine where small children can't *get at* it. この薬は小さい子供(の手)が届かない所に置いてください.
❷ **…を突き止める;** …を確かめる (受身 be got at): We found it hard to *get at* the truth of the matter. 問題の真相を突き止めるのは難しかった.
❸ [普通は進行形で]《略式》**…を暗示する,** ほのめかす: What *are* you *getting at*? 何が言いたいんだ, (それは)どういう意味だ. ❹ [普通は進行形で]《英略式》…をからかう, いじめる; …を非難する. ❺《米略式》…に取りかかる.

*gèt awáy

動 自 ❶ **立ち去る,** 離れる(ことができる): He couldn't *get away* (*from* the office) at five. 彼は 5 時に(会社を)出ることができなかった.
❷《略式》**休暇をとる:** I want to *get away* (*from* work). (仕事を離れて)休みたい. ❸ 逃げる, 逃走する; 抜け出す: Have the thieves *gotten away*? 泥棒たちは逃げてしまったのか / I couldn't *get away from* the party. パーティーから抜け出せなかった.
— 他 (…から)(…)を**奪い取る,** 取り去る; 引き離す V+名·代+away: How can we *get* the ball *away from* the dog? どうすればあの犬からボールを取り戻せるかな.
gèt awáy! Ⓢ《英》冗談だろ, まさか.
gèt awáy from … [動] 他 (事実など)から逃れる, …を避ける[認めない]; (本筋)からそれる: There's *no getting away from* the facts. Ⓢ その事実は否定できない.
gèt awáy from it àll [動] 自《略式》(休暇をとったりして)日常生活のわずらわしさから逃れる.
gèt awáy with … [動] 他 (1) **…を持ち逃げする;** …を連れて逃げる: The bank robber *got away with* five million yen. その銀行強盗は 500 万円を持って逃走した. (2) (よくないこと)**を**(罰せられずに)**うまくやる,** まんまと…の罰を逃れる, …しても何も罰を受けずに済む: He *got away with* cheating on an exam. 彼は試験でカンニングをしても見つからなかった. (3) (軽い叱責(しっせき)・罰など)だけで済む: He *got away with* a year in prison. 彼は 1 年の刑で済んだ. (4) Ⓢ (自信・個性・社会的地位などのおかげで)人のできないことができる, …しても許される. (名 gétawày)

*gèt báck

動 自 ❶ **戻る,** (家に)帰る (*to*); 政権の座に返り咲く (*in*): I don't know when Jack'll *get back*. ジャックがいつ帰ってくるか分かりません / Do you want to *get back into* your old job? あなたは元の仕事に戻りたいのですか.
❷ [普通は命令文で] Ⓢ **後ろへ下がる:** *Get back!* 下がれ.
— 他 ❶ [受身なし] (…)を**取り戻す** V+名·代+back / V+back+名: I must *get* the money *back* from him. その金を彼から取り戻さなければならない.
❷ (…)を(元へ)**戻す,** (人を)送り帰す V+名·代+back: You have to *get* these books *back* to the library in a week. あなたはこれらの本を 1 週間で図書館に返さなければなりません. ❸《略式》(人)に仕返しをする (*for*).
gèt báck at … [動] 他《略式》(人)**に仕返しをする:** I'll *get back at* him *for* this. 彼にこの仕返しをしてやる.
gèt báck to … [動] 他 (1) Ⓢ《略式》(考えたり調べたりして)**後で(人)に返事[連絡]をする:** I'll *get back to* you as soon as I can. できるだけ早くお返事します《電話口などで》. (2) (元の状態・話題など)に戻る: *get back to* normal 平常に戻る.
gèt behínd 動 自 (支払い・仕事などで)遅れる: We *got behind with* our work. 私たちは仕事が遅れた.
gèt behínd … 動 他《略式》(人・物事)を支援する, 応援する.
*__gèt bý__ 動 自 ❶ **何とかやっていく[切り抜ける]** [≒ manage]: He can *get by on* a small income. 彼はわずかな収入でやっていける.
❷ (人の)**目を逃れる,** うまく[罰せられずに]逃れる. ❸ 通り抜ける: Let me *get by*, please. 道をあけて[通して]ください.
gèt bý … 動 自 ❶ (難所)を通り抜ける. ❷ …の目を逃れる; …に認められる.

*gèt dówn

動 自 ❶ (高いところから)**降りる:** The kitten couldn't *get down from* the tree. 子猫は木から降りられなかった. ❷《英》(子供が食後に)食卓を離れる.
— 他 ❶ (…)を**降ろす;** (費用など)を下げる V+名·代+down: *Get* the books *down from* the top shelf. 一番

上の棚から本を降ろしなさい.
❷《略式》(人)を**がっくりさせる**, 弱らせる: His low grades *got* him *down*. 成績が悪くて彼は憂鬱(ゆううつ)になった. ❸ (...)を書き取る: Did you *get down* what I said? 私の言ったことが書き取れましたか. ❹ (...)を(やっと)飲み込む.

gèt dówn to ... [動] 他 **...に本気で[真剣に]取りかかる:** He finally *got down to* work. やっと彼は仕事に取りかかった / I must *get down to* repair*ing* the house. 家の修繕に取りかからなければ.

+**gèt dówn ...** 動 他 **...から降りる:** He had difficulty *getting down* the fire escape. 彼は避難ばしごをやっと降りた.

*gèt ín

動 自 ❶ **中に入る:** The burglar *got in* through the window. 強盗は窓から侵入した.
❷ (乗用車・タクシー・列車・バスなどに)**乗る**《⇒ get on 表》[⇔get out]: I caught a taxi and *got in*. 私はタクシーを拾って乗り込んだ. ❸ 到着する: The train *got in* three minutes early. 列車は 3 分早く着いた. ❹ 帰宅する. ❺ 当選する, 政権につく. ❻ 入学[入会]する.
— 他 ❶ (...)を**中に入れる**, (車などに)乗せる V+名・代+in: She *got* the children *in* at once. 彼女は子供たちをすぐ中に入れた《⇒ get ... into ~ 1 語法》.
❷ (作物など)を**取り入れる**; (食料品など)を買い込む; (金など)を集める, 取り立てる V+名・代+*in* / V+*in*+名: Please *get* the laundry *in* — it's raining. 洗濯物を取り込んでください, 雨です. ❸ (予定などに)(仕事など)を組み入れる; (ことば)を差し挟む. ❹ (人)を入学させる. ❺ (医者・職人など)を(家に)呼ぶ. ❻ (...)を提出する.

gèt ín on ... [動] 他《略式》...に参加する, 加わる《⇒ get in on the act (act 名 成句)》.

gèt ín with ... [動] 他《略式》(人)と親しくなる; (人)に取り入る.

*gét in ...

動 他 (乗用車・タクシー・列車・バスなど)**に乗る**《⇒ get on 表》[⇔get out of ...]: I *got in* a taxi. 私はタクシーに乗った / Please *get in* the back. 後ろ(の座席)にお乗りください.

*__gèt ínto ...__ 動 他 ❶ **...の中に入る**; (列車などが)...に到着する: How did the thief *get into* the house? どうやって泥棒は家に入ったのだろう.
❷ (車・タクシーなど)**に乗る**《⇒ get on 表》[⇔get out of ...] (受身 be got into): I *got into* ⌈Tom's car [an elevator]. 私はトムの車[エレベーター]に乗った.
❸ (よくない状態)**になる[巻き込まれる]**, (けんかなど)を始める, (習慣など)が身につく: *get into* a rage かっとなる / *get into* a traffic jam 交通渋滞に巻き込まれる / *get into* drugs 麻薬に手を出す. ❹《略式》...を(苦労して)身に着ける, 着る, はく: I can't *get into* these pants. このズボンは(きつくて)はけない. ❺ (苦労して)(学校など)に入る; (議員・メンバー)に選出される; ...にかかわる, (仕事)を始める. ❻ (やり方など)に慣れる;《略式》...に興味をもつ, ...にのめり込む. ❼ (ある考えなどが)(人)に取りつく: What's *got into* her? Ⓢ 彼女は一体どうしちゃったんだろう. ❽《略式》...を話し始める.

*__gét ... ìnto ~__ 動 他 ❶ (...)を **~の中に入れる:** I can't *get* all these books *into* the bag. この本全部はかばんに入りきらない. 語法 この場合 in を用いることもある: He *got* the key *in* the keyhole. 彼は鍵(かぎ)を鍵穴に差し込んだ.
❷ (...)を**(悪い状態)にする:** *get* oneself *into* trouble 困った立場になる / I don't want to *get* you *into* trouble. あなたを巻き込みたくない.

*gèt óff

動 自 ❶ (列車・バス・旅客機・船・馬・自転車などから)**降りる** [⇔get on]; (駅で)降りる: Helen ***got off at*** the next stop. ヘレンは次の駅[停留所]で降りた / I *got off at* Osaka and changed to a train for Tokyo. 大阪で降りて東京行きの列車に乗った.

get off (...)(列車・バス・旅客機などの大型の公共の乗り物から)	降りる
get out (of ...)(タクシー・乗用車など小型の乗り物から)	

❷ **出発する**, 出かける; 離れる: The train finally *got off* an hour late. 列車は 1 時間遅れでやっと出発した / It's time we ***got off to*** school. 学校へ行く時間だ《⇒ time 7 語法》. ❸ (軽い刑罰・けがなどで)逃れる, 免れる: He *got off with* a fine [warning]. 彼は罰金[警告]で済んだ. ❹ 仕事から離れる, 退社する: I *get off* at five. 私は 5 時に退社する. ❺《英》眠りにつく.
— 他 ❶ (...)を**脱ぐ**, 取る, 外す [≒take off] V+名・代+*off*: *Get* your wet clothes *off*. ぬれた服を脱ぎなさい.
❷ (人)を送り出す; (手紙など)を送る (*to*). ❸ (人)に罰を免れさせる (*with*). ❹《英》(赤ちゃんなど)を寝つかせる.

gèt óff on ... [動] 他《略式》...に(特に性的に)興奮する.

gèt óff with ... [動] 他《英略式》(異性)と親密になる.

Whére does ... gèt òff (dóing ~)? Ⓢ (~するとは)...は何様のつもりだ.

*gèt óff ...

動 他 ❶ (列車・バス・旅客機・船・馬・自転車など)**から降りる**《⇒ get off 表》[⇔get on ..., get onto ...]: He *got off* the bus and took the subway. 彼はバスを降りて地下鉄に乗った. ❷ (屋根・はしごなど)から降りる;《略式》(場所・電話など)から離れる: *get off* the main street 大通りからはずれる / *Get off* those apples! そのりんごに触るな! ❸ (仕事)から離れる; (話題など)を終わりにする, (話)をそらす, (論点)からはずれる; ...を免れる.

+**gét ... òff ~** 動 他 (...)を**~から取りはずす[取り除く]**; (...)を~から降ろす: *Get* your dirty hands *off* that book! その本に汚い手で触るな.

*gèt ón

動 自 ❶ (列車・バス・旅客機・船・馬・自転車などに)**乗る** [⇔get off]: The bus arrived and we *got on*. バスが着いたので私たちは乗り込んだ.

get on (...), get onto ... (列車・バス・旅客機など大型の公共の乗り物に)	乗る
get in (...), get into ... (タクシー・乗用車など小型の乗り物に)	

❷ **暮らしていく**; (何とか)やっていく [≒get along]; 《英》仲よく[うまく]やっていく (*together*; *with*): How are you *getting on*? いかがお過ごしですか.
❸ **進む**, (仕事などが)はかどる [≒get along]; (仕事などを)進める, (中断していたことを)続ける (*with*): John is *getting on* well at school. ジョンは学校の勉強が順調にいっている.
❹ [進行形で] 《略式》(人が)**年を取る**; (時が)たつ, 遅くなる: Dad *is getting on* (in years). 父も年を取ってきた. ❺ 成功[繁盛]する.
— ㊐ ❶ (...)を**身に着ける**; 取り付ける [V+名·代+*on* / V+*on*+名]: *Get* your coat *on*. 上着を着なさい. ❷ (...)を(乗り物に)乗せる.
gèt ón for ... [動] ㊐ [進行形で] (時刻·数値など)に近づく.
gèt ón to ... = get onto ....
gèt ón (wéll) withòut ... [動] ㊐ = get along (well) without ... (⇒ get along 成句).
gèt ón with ... [動] ㊐ (1) **...を続ける**, ...をどんどんやる: *Get on with* your work! 仕事[勉強]を(中断しないで)続けなさい. (2) 《主に英》(人)**と仲よくやっていく**: He is easy to *get on with*. 彼は付き合いやすい.
gèt ón with it! Ⓢ 《略式》急げ.

**gèt ón ...

動 ㊐ (列車·バス·旅客機·馬·自転車など)**に乗る** (⇒ get on 表) [⇔get off ...]: If you're going to Osaka, *get on* this train. もし大阪へ行くのならこの列車に乗りなさい.
+**gèt ónto [ón to]...** 動 ㊐ ❶ (列車·バス·旅客機·馬など)**に乗る**; ...(の上)にあがる (⇒ get on 表) [⇔ get off ...]: He *got onto* the bus at 42nd Street. 彼は 42 番通りでバスに乗った. ❷ 《略式》(人)のごまかし[秘密]を見つける; ...を突き止める. ❸ 《英略式》(人)に連絡する. ❹ (新しい話題·仕事など)に取りかかる, 進む. ❺ ...に選出[任命]される, ...の一員になる.

**gèt óut

動 ㊀ ❶ (外に)**出る**, (車から)**降りる** (⇒ get off 表) [⇔get in]; (社交などで)外出する: *Get out* (*of* here)! (ここから)出て行け. ❷ 逃げ出す; (組織などから)抜け出す (*of*): I *got out* just in time. 私はうまく間に合って逃げ出せた. ❸ (秘密などが)漏れる, 知れ渡る: How did the news *get out*? そのニュースはどうして漏れたのだろう.
— ㊐ ❶ (...)を(外に)**出す**, 取り出す [≒take out]; (栓·とげ·歯など)を抜く [V+名·代+*out* / V+*out*+名]: He *got out* his pen and signed the check. 彼はペンを出して小切手にサインした / Can you *get* this stain *out*? このしみは取れますか.
❷ (本など)を**出版する**; 生産する [V+名·代+*out* / V+*out*+名]: We've got to *get* this book *out* next month. この本は来月出版しなければならない. ❸ (人)が逃げ出すのを助ける (*of*). ❹ (ことば)をやっと発する[言う].

**gèt óut of ...

動 ㊐ ❶ **...から出る**, (衣服など)を脱ぐ: I *got out of* the bathtub and reached for my towel. 私は湯ぶねから出てタオルに手を伸ばした.
❷ (乗用車·タクシー)**から降りる** (⇒ get off 表) [⇔get in [into] ...].
❸ **...を避ける**, (...すること)を免れる, ...せずにすませる (受身 be got out of): She tried to *get out of* (going to) the party. 彼女はパーティーへ出るのを避けようとした.
❹ **...から逃れる**; ...の届かぬ所に行く: I *got out of* the burning building just before it collapsed. 私は燃えている建物から崩れる直前に逃れた. ❺ (習慣など)から抜け出る; (活動など)をやめる.
***gèt ... óut of ~** 動 ㊐ ❶ **~から(...)を出す**, 取り出す, 抜き取る: He *got* his wallet *out of* his pocket. 彼はポケットから財布を取り出した / Can you *get* this stain *out of* my shirt? このしみはワイシャツから取れますか. ❷ (人)から(真相など)を聞き出す; ~から(利益·楽しみなど)を得る: The police were unable to *get* anything *out of* the suspect. 警察は容疑者から何も聞き出せなかった. ❸ (...)に(~すること)を免れさせる.
+**gèt óver** 動 ㊀ ❶ **乗り越える**, (向こうへ)渡る; (訪ねて)行く: They ***got over to*** the other side before the river flooded. 川がはんらんしないうちに彼らは反対側へ渡った. ❷ (物事が)終わる.
— ㊐ ❶ (相手に)(考えなど)を**理解させる**, 伝える [V+名·代+*over*]: You have to ***get*** this message ***over to*** the students. このことばを学生にわからせることが必要だ. ❷ (いやな仕事など)をし終える. ❸ (人など)を乗り越えさせる, 渡らせる; (物)を届ける (*to*).
gèt ... óver (and dóne) wìth [動] ㊐ 《略式》(いやな仕事など)を**し終える** [≒get over]. 語法 with には目的語がつかない: We'll be glad to *get* this job *over with*. この仕事を片づけてしまったらうれしいだろう.
***gèt óver ...** 動 ㊐ ❶ (困難など)**に打ち勝つ**, ...を克服する; (病気·痛手など)**から回復する**, 立ち直る: Mrs. Long never *got over* the shock of her son's death. ロング夫人は息子が死んだショックから立ち直れなかった / Have you *got over* your cold yet? もうかぜは治りましたか.
❷ **...を乗り越える**: How is he going to *get over* that high fence? あの高い塀を彼はどうやって乗り越えるつもりなのか.
I cán't [cóuldn't] gèt óver ... Ⓢ 《略式》...には驚いた, ...とは信じられない.
gèt ... óver ~ 動 ㊐ (...)に(柵(さく)など)を越えさせる, (橋·川など)を渡らせる: We managed to *get* the children safely *over* the bridge. 私たちは子供たちを無事に橋の向こうに渡らせることができた.
+**gèt róund** 動 ㊀ 《英》= get around.
gèt róund ... 動 ㊐ 《英》= get around ....
gèt thróugh** 動 ㊀ ❶ (目的地に)**達する**, 届く; (相手に電話などで)**通じる**, 連絡ができる; (相手に)考えなどを理解させる: The supplies didn't *get through to* the refugees. 糧食は難民にまで届かなかった / I tried to call you last night but couldn't *get through*. あなたに昨晩電話したが通じなかった / I just couldn't seem to ***get through to him. 私の話を彼にはどうも理解してもらえなかったようだ.
❷ (仕事などを)**やり終える** [≒finish]: What time will you *get through* today? きょうはいつ(仕事が)終わりますか. ❸ 通り抜ける, (水などが)(穴などから)入り込む, 抜ける. ❹ (試験に)通る, 合格する; (議案などが)通過する. ❺ (困難·病気などを)切り抜ける; 何とかやってゆく. ❻ (選手·チームが)(...の段階まで)勝ち進む (*to*).
— ㊐ ❶ (...)を通り抜けさせる, (穴などに)通す: I couldn't *get* my finger *through*. 私は指を通すことができなかった. ❷ (...)を合格させる; (議案など)を通過させる. ❸ (相手に)(考えなど)を理解させる; (...)を(目

G

的地に)届ける: I can't seem to *get it through to* him *that* I love him. 彼のことが好きだということがわかってもらえないみたい《⇒ it¹ B 3》.

gèt thróugh with ... [動] ⑩ **...をやり終える,** 仕上げる (受身 be got through with): I don't know when I'll *get through with* this pile of papers. この書類の山をいつ片づけられるかわからない.

+**gèt thróugh ...** 動 ⑩ ❶ **...を通り抜ける:** The train *got through* the tunnel without any trouble. 列車は無事にトンネルを通過した.
❷ (仕事など)**を終える,** やり遂(と)げる (受身 be got through): I am trying to *get through* this math homework tonight. この数学の宿題を今夜中にやり終えるつもりだ.
❸ (困難など)**を切り抜ける,** 乗り切る: Can these plants *get through* a cold winter? これらの植物は寒い冬を越せるだろうか.
❹ (試験)**に通る;** (議会)を通過する: I *got through* my exam all right. 無事に試験にパスした. ❺《略式》(金など)を使い果たす; (飲食物)を平らげる.

+**gèt ... thróugh ~** 動 ⑩ ❶ (...)に~を**通り抜けさせる:** *get* a box *through* the window 箱を窓から通す. ❷ (人)を(試験)に合格させる; (案など)を(議会など)で通過させる. ❸ (人)に(困難など)を切り抜けさせる.

**gét to ...

動 ⑩ ❶ ...**に着く;** (ある段階など)**に達する**《⇒ arrive 類義語》: They *got to* New York last week. 彼らは先週ニューヨークに到着した / How can I *get to* the station? 駅へはどう行けばいいですか.
❷《略式》(人)**の心にじんとくる;** (人)の身にしみる; (人)をいら立たせる, 怒らせる: Laura's words *got to* him. ローラのことばは彼にこたえた.
❸ ...**に取りかかる,** 着手する: *get to* work in earnest 真剣に仕事に取りかかる / *get to* think*ing*《略式》考え始める.

gét ... to ~ 動 ⑩ (...)を~に到着させる: The train *got* him *to* Tokyo just before noon. その列車で彼は正午直前に東京に着いた.

gèt togéther** 動 ⓐ ❶ (人が) **集まる**《⇒ gather 類義語》: Let's ***get together with the Hills one of these days. そのうちヒル家[夫妻]と集まろう / More than 100,000 people *got together* in Central Park. 10 万人以上の人たちがセントラルパークに集まった. ❷ 意見が一致する (*on*). ❸ 恋愛[性的]関係になる.
— ⑩ (人・金など)を集める. (名 gét-togèther)

gèt one's **lífe togéther** [動] ⓐ《略式》生活を立て直す.

gét one**sèlf [ⓢ it] togéther** [動] ⓐ《略式》立ち直る, ちゃんとする.

gèt únder ... 動 ⑩ ...の下に入る, ...の下を通る.

**gèt úp

動 ⓐ ❶ **起床する, 起きる**《⇒ wake¹ 表》: I *got up* early this morning. けさは早く起きた / What time do you usually *get up*? あなたはふだん何時に起きますか.
❷ **立ち[起き]上がる:** They *got up* (*from* the sofa) when I entered the room. 私が部屋へ入って行くと彼らは(ソファーから)立ち上がった. ❸ (海・風などが)荒れる. ❹ 上る, 登る; (馬などに)乗る.
— ⑩ ❶ (...)**を起こす,** 起床させる: Can you *get* me *up* at six tomorrow? あすは私を 6 時に起こしてくれませんか. ❷ (...)を立ち[起き]上がらせる. ❸ (...)を準備[組織]する; 整える: Let's *get up* a party *for* the freshmen. 新入生のためのパーティーを準備しよう. ❹ (低い所から高い所へ)(...)を上げる: Can you *get* it *up to* the fourth floor? それを 4 階へ上げてもらえますか《⇒ floor 語法》. ❺ (勇気・食欲など)をかき立てる.

gét one**sèlf úp** [動] ⓐ [しばしば受身 be got up で]《英》身なり[髪など]を整える, 装う (*in*); (...に)扮装(ふんそう)する (*as*).

+**gèt úp ...** 動 ⑩ ...**を上がる,** ...に登る: My car couldn't *get up* the hill. 私の車はその山を登れなかった.

gèt ... ùp ~ 動 ⑩ (...)を~に登らせる[運び上げる].

+**gèt úp to ...** 動 ⑩ ❶ (温度などが)...**まで上がる:** The temperature *got up to* eighty degrees. 温度は 80 度まで上がった. ❷ ...に近づく, 到達する; ...に追いつく; ...へ行く. ❸《略式》(いたずらなど)をする[たくらむ].

類義語 **get**「手に入れる」という意味では最も広い意味で用いられる, 格式ばらない語. **obtain** 強く欲しているものを努力して手に入れることで, *get* よりも格式ばった語: We *obtain* knowledge through books. 我々は書物から知識を得る. **acquire** *get* よりも格式ばった語で, 時間をかけて手に入れること: He *acquired* a fine collection of coins. 彼はみごとな硬貨のコレクションを築いた. **gain** 自分に利益となるものを努力して勝ち取ること: They *gained* great esteem after a long struggle. 彼らは長い苦闘の末大きな尊敬を受けた.

get·a·way /gétəwèɪ/ 名 ❶ Ⓒ 逃走: a *getaway* car 逃走車 / He made a successful *getaway*. 彼はうまく逃走した. ❷ Ⓒ (短期)休暇; 保養地. (動 gèt awáy)

get-to·geth·er /géttəgèðɚ | -ðə/ 名 Ⓒ《略式》(形式ばらない)集まり; 親睦(しんぼく)会. (動 gèt togéther)

Get·tys·burg /gétɪzbɜ̀ːg | -bɜ̀ːg/ 名 固 ゲティズバーグ《米国 Pennsylvania 州南部の町》.

参考 リンカン (Lincoln) 大統領が 1863 年にこの地で行なった the Gettysburg Address と呼ばれる演説中の "We here highly resolve ... that government of the people, by the people, for the people, shall not perish from the earth."(我々はここに...人民の, 人民による, 人民のための政治はこの世から滅ぼしてはならないと固く決心する)ということばは有名《⇒ shall 5》.

get·up /gétʌ̀p/ 名 Ⓒ《略式》(異様な)身なり.

get-up-and-go /gétʌ̀pəngóʊ/ 名 Ⓤ《略式》積極性, やる気; 熱意.

gey·ser /gáɪzɚ | -zə/ 名 ❶ Ⓒ 間欠泉《一定の間隔で噴出する温泉》. ❷ /gíːzɚ | -zə/ Ⓒ《英》自動湯沸かし器.

Gha·na /gáːnə/ 名 固 ガーナ《アフリカ西部の共和国》.

Gha·na·ian /gɑːnéɪən/ 形 ガーナ(人)の. — 名 Ⓒ ガーナ人.

ghast·ly /gǽstli | gáːst-/ 形 (ghast·li·er, more ~; ghast·li·est, most ~) ❶《略式》ひどく悪い, とてもいやな: a *ghastly* failure ひどい失敗. ❷ (ぞっとするほど)恐ろしい [≒horrible], 身の毛もよだつ. ❸ 叙述 (顔色が)青ざめた, 死人のような: He looked *ghastly*. 彼は真っ青な顔をしていた. ❹ [普通は 叙述] 具合の悪い [≒ill]; 気が動転して.

gher·kin /gə́ːkɪn | gə́ː-/ 名 C ガーキン《酢漬け用のとげのある小さなきゅうり; 米国・西インド諸島産》.

ghet·to /gétoʊ/ 名 (~s, ~es) ❶ C [ときに差別的] (民族的・宗教的に同一グループの人々の住む)貧民街. ❷ C ゲットー《以前ヨーロッパの都市にあったユダヤ人の強制居住区域》.

ghétto blàst·er /-blæ̀stə | -blɑ̀ːstə/ 名 C《略式》大型ラジカセ.

+**ghost** /góʊst/ 発音 名 (ghosts /góʊsts/) ❶ C **幽霊**, 亡霊 (*of*): People say that house is haunted by a *ghost*. あの家には幽霊が出るそうだ. ❷ [単数形で] 幻影, かすかな名残(なごり)[形跡]: He is a mere *ghost of* his former self. 彼には昔の面影はない / I noticed the [a] *ghost of* a smile around her eyes. 私は彼女の眼がわずかに笑ったのに気づいた / There's not a *ghost of* a chance. 見込みが全くない. ❸ C〔光学・テレビ〕ゴースト(像). **gìve úp the ghóst** [動] 自 (1) [遠回しに] 死ぬ. (2) [こっけいに] (機械が)こわれて動かなくなる. (形 ghóstly)
— 動 他 = ghostwrite.
〖語源 元来は「魂」の意〗

ghost·ly /góʊstli/ 形 (ghost·li·er, more ~; ghost·li·est, most ~) ❶ 幽霊のような; 幽霊の出そうな. ❷ (形や姿が)ぼおっとした. (名 ghost)

ghóst stòry 名 C 怪談, 幽霊話.

ghóst tòwn 名 C 無人の町, ゴーストタウン.

ghost·write /góʊstràɪt/ 動 (-writes /-ràɪts/; 過去 -wrote /-ròʊt/; 過分 -writ·ten /-rìtn/) 他 (作品)を代作する.

ghost·writ·er /góʊstràɪṭə | -tə/ 名 C ゴーストライター, 代作者.

ghoul /gúːl/ 名 C 墓をあばいて死肉を食うといわれる悪鬼; 残忍な出来事に興味を示す人.

ghoul·ish /gúːlɪʃ/ 形 残忍な, ぞっとする.

GHQ /ʤíːèɪtʃkjúː/ 略 = general headquarters.

GI /ʤíːáɪ/ 名 (複 GIs, GI's) C (第二次大戦の)米軍兵士, 米兵.

gi·ant /ʤáɪənt/
— 形 限定 [比較なし] **巨大な**《⇒ huge 類義語》: *giant* industries 巨大産業 / a *giant* step [leap, stride] 飛躍的進歩.
— 名 (gi·ants /ʤáɪənts/) ❶ C **巨人**《神話・伝説などに現われる》[⇔ dwarf]. ❷ C 大男; 巨大な動物[植物]; 大組織[企業]: an economic *giant* 経済大国. ❸ C 傑出した人, 偉大な人 (*of*). (形 gigántic)

gíant kìller 名 C《英》大物食い《強豪を倒す選手やチーム》.

gíant pánda 名 C (ジャイアント)パンダ.

gib·ber /ʤíbə | -bə/ 動 (-ber·ing /-b(ə)rɪŋ/) 自 (おびえたりして)わけのわからないことを(早口に)しゃべる [≒ jabber]; 意味のないことをしゃべりたてる (*away*, *on*; *about*).

gib·ber·ish /ʤíb(ə)rɪʃ/ 名 U《略式》わけのわからないおしゃべり, ちんぷんかんぷん.

gib·bon /gíbən/ 名 C てながざる.

gibe /ʤáɪb/ 動名 = jibe[1].

gib·lets /ʤíbləts/ 名 複 鳥の臓物《食用》.

Gi·bral·tar /ʤɪbrɔ́ːltə | -tə/ 名 固 ジブラルタル《スペイン南端の港町; イギリスの植民地》.

gid·di·ly /gíḍəli/ 副 めまいがするほど; わくわくして.

gid·di·ness /gíḍinəs/ 名 U めまい.

gid·dy /gíḍi/ 形 (gid·di·er; -di·est) ❶ めまいがする; 限定 目の回るような: I feel *giddy*. 私はめまいがする. ❷ 叙述 わくわくして, 有頂天で: be *giddy with* success 成功に浮かれている.

GIF /gíf, ʤíf, ʤíːàɪéf/ 名 C〔コンピュータ〕GIF(形式の画像ファイル)《*G*raphic *I*nterchange *F*ormat の略》.

gift /gíft/
— 名 (gifts /gífts/)

> **意味のチャート**
> give と同語源.「**贈り物**」❶ →(天から与えられたもの) →「**才能**」❷

❶ C **贈り物**, ギフト, 寄贈品; 寄付金《⇒ present[3] 類義語》: a birthday [Christmas] *gift* 誕生日[クリスマス]の贈り物 / a free *gift* 景品, おまけ / I hope you'll like the small *gift* I'm sending today. きょうはちょっとした贈り物をお送りします. 気に入ってもらえるとうれしいです / This doll would make a nice *gift* for Meg. この人形はメグへのプレゼントによさそうだ / make a *gift of* property *to* a charity 財産を慈善団体に寄付する. ❷ C (天賦の)**才能**: a person of many *gifts* 多才な人 / He has a ***gift for*** music. 彼には音楽の才能がある. ❸ [単数形で]《英略式》割安なもの; 楽に手に入るもの, もうけもの.
a gíft from Gód [the góds] [名] 偶然の幸運.
— 動 他 (人)に(...の)贈り物をする (*with*); (人に)(...)を贈る (*to*).

gíft certìficate 名 C《米》商品券 [《英》gift token].

+**gift·ed** /gíftɪd/ 形 (生まれつきの)**才能のある**, 天分のある: She is *gifted with* rare talents. 彼女はまれな才能に恵まれている / be *gifted in* music 音楽の才能がある.

gíft hòrse 名 [次の成句で] **Dón't [Néver] lóok a gíft hòrse in the móuth.**《ことわざ》Ⓢ もらい物のあらを探すな. 由来 馬の歯を見ると年がわかることから.

gíft shòp 名 C ギフトショップ.

gíft tòken [vòucher] 名 C《英》= gift certificate.

gíft wràp 名 U 贈答用包装紙.

gift-wrap /gíftræ̀p/ 動 (-wraps; -wrapped; -wrap·ping) 他 [しばしば受身で] (...)に贈り物用の包装をする《リボンを巻いたりして》: Would you like it *gift-wrapped*? ご進物用にお包みいたしましょうか. 日英 英米の商店の包装は日本のように見ばえのするものではなく, ごく簡素. 贈り物用に念入りな包装を頼むときには別料金を払うのが普通.

+**gig** /gíg/ 名 (~s /~z/) ❶ C (ジャズなどの)**生演奏**, ライブ: play [do, have] a *gig* ライブ演奏をする. ❷ C《米略式》(短期の)仕事.

gig·a·byte /gígəbàɪt/ 名 C〔コンピュータ〕ギガ(バイト)《10 億バイト; 略 GB, Gb; ⇒ byte》.

gi·gan·tic /ʤaɪgǽnṭɪk/ 形 巨人のような, 巨大な; 膨大な《⇒ huge 類義語》: *gigantic* waves 大波. (名 gíant)

+**gig·gle** /gígl/ 動 (gig·gles /~z/; gig·gled /~d/; gig·gling) 自 **くすくす笑う**《⇒ laugh 類義語》: She *giggles at* [*over*] anything. V+*at* [*over*]+名 彼女は何を見てもくすくす笑う.
— 名 (~s /~z/) ❶ C **くすくす笑い**: give a little *giggle* 少しくすくす笑う. ❷ [the ~s] くすくす笑いが止まらないこと: get [have] *the giggles* くすくす笑いが

止まらない.
gig·gly /gígli/ 形 (gig·gli·er; -gli·est) くすくす笑う.
gig·o·lo /ʤígəlòʊ, ʒíg-/ 名 (~s) C [軽蔑的] (金持ちの中高年の)女に養われる男, ひも.
Gil·bert /gílbɚt | -bət/ 名 固 ギルバート《男性の名》.
gild /gíld/ 動 他 ❶ (...)に金ぱくをかぶせる, 金めっきする. ❷《文語》(...)を金色に輝かせる. **gíld the líly** [動] 自 美しいものによけいな手を加える.
gill¹ /gíl/ 名 C [普通は複数形で] 魚のえら. **be [gò] gréen aròund [《英》abòut] the gílls** [動]《略式》(恐怖や病気で)青ざめている[青ざめる]. **to the gílls** [副] 目いっぱいに, すっかり.
gill² /ʤíl/ 名 C《古風》ジル《《米》では液量 (liquid measure) の単位で ¼ pint, 約 0.12 リットル; 《英》では液量および乾量 (dry measure) の単位で ¼ pint, 約 0.14 リットル》.
gilt /gílt/ 名 U 金ぱく, 金粉. — 形 限定 金ぱくを張った; 金めっきをした.
gilt-edged /gíltéʤd←/ 形 (株式などが)優良の.
gim·crack /ʤímkræ̀k/ 形 限定 安ぴかの, 見かけ倒しの.
gim·let /gímlət/ 名 C きり《T 字形の取っ手がある》: have「*gimlet* eyes [eyes like *gimlets*] 人を射るような鋭い目付きをしている.
gim·me /gími/ Ⓢ = give me. — 名 C《米略式》たやすいこと, 楽勝.
gim·mick /gímɪk/ 名 C《略式》[軽蔑的] 人目を引くことを狙っただけのもの.
gim·mick·y /gímɪki/ 形《略式》[軽蔑的] 人目を引くための.
gin /ʤín/ 名 U ジン《強い酒の一種》; C 一杯のジン: *gin* and tonic ジントニック.
gin·ger /ʤínʤɚ | -ʤə/ 名 ❶ U しょうが. ❷ U しょうが色, 赤[黄]褐色; (髪の)赤色. — 形 ❶ 限定 しょうがの味のする. ❷《英》しょうが色の; 赤毛の. — 動 (-ger·ing /-ʤ(ə)rɪŋ/) [次の成句で] **gínger úp** [動] 他《英》(...)を活気づける.
gínger ále 名 U,C ジンジャーエール《しょうがで味をつけた清涼飲料》.
gínger béer 名 U,C ジンジャービール《しょうが・砂糖・酵母で発酵させた清涼飲料》.
gin·ger·bread /ʤínʤɚbrèd | -ʤə-/ 名 U しょうが入りビスケット[ケーキ].
gin·ger·ly /ʤínʤɚli | -ʤə-/ 副 非常に用心深く, きわめて慎重に.
gínger nùt 名 C《英》= gingersnap.
gin·ger·snap /ʤínʤɚsnæ̀p | -ʤə-/ 名 C しょうが入りクッキー.
gin·ger·y /ʤínʤ(ə)ri/ 形 しょうが味[色]の.
ging·ham /gíŋəm/ 名 U ギンガム《一種の棒じまままたは格子じまの綿布またはリンネル》.
gin·gi·vi·tis /ʤìnʤəváɪṭɪs/ 名 U〔歯科〕歯肉炎.
gink·go /gíŋkoʊ/ 名 (~es) C いちょう.
gi·nor·mous /ʤaɪnɔ́ɚməs | -nɔ́:-/ 形《英略式》[こっけいに] 巨大な, でかい.
gin·seng /ʤínseŋ/ 名 U ちょうせんにんじんの根《薬用》.
gip·sy /ʤípsi/ 名 C = gypsy.
gi·raffe /ʤəræ̀f | -rá:f/ 名 (複 ~(s)) C きりん, ジラフ.
gird /gɚ́:d | gə́:d/ 動 (girds; 過去・過分 gird·ed, girt /gɚ́:t | gə́:t/; gird·ing) 他 [次の成句で] **gírd (onesèlf) for ...** [動] 他 ...に備える.
gird·er /gɚ́:ḍɚ | gə́:də/ 名 C〔建築〕(鉄製の)桁(けた), 梁(はり).
gir·dle /gɚ́:dl | gə́:-/ 名 C ガードル《スリムに見せる女性用下着》. — 動 他《格式》(...)を一周する; 取り囲む.

***girl** /gɚ́:l | gə́:l/
— 名 (~s /~z/) ❶ C **女の子, 少女**; [しばしば性差別的] 若い女性, 娘: There are only ten *girls* in this class. このクラスには女子は 10 人しかいない / teenage *girls* 10 代の女の子 / a baby *girl* 女の赤ちゃん / That's my *girl*! よくやった《親が娘をほめるときなど》. 関連 schoolgirl 女子生徒 / woman 大人の女性 / boy 男の子.
❷ [形容詞的に] **女子の**: a *girl* student 女子学生.
❸ C [しばしば所有格とともに] **娘** [≒daughter]: This is *my* little *girl*. これはうちの娘です. 関連 boy 息子.
❹ [the ~s]《略式》女友達; C《古風》= girlfriend 1. ❺ C [しばしば性差別的]《古風》女性従業員. 語法 office *girl* (女性社員), sales*girl* (女性店員)のように普通は合成語として用いる. ❻ C [しばしば性差別的]《略式》女性《年齢に関係なく》[≒woman]; [女性が親しい女性への呼びかけで用いて]《米略式》ね え, みんな.
〔語源 元来は男女の別なく「若者」の意〕
gírl Fríday 名 (複 girls Friday, girl Fridays) C《古風》忠実な女性の部下[助手].

***girl·friend** /gɚ́:lfrènd | gə́:l-/
— 名 (-friends /-frèndz/) ❶ C (男性にとっての)恋人《女性》, **彼女**, ガールフレンド; [遠回しに] 愛人 (⇒ lover 語法): Tom took his *girlfriend* out on Saturday night. トムは土曜の夜に彼女をデートに誘い出した. 関連 boyfriend 彼氏.
❷ C《主に米》(女性にとっての)**女友達**.
Gírl Guíde 名 C《古風, 英》= guide 4.
girl·hood /gɚ́:lhòd | gə́:l-/ 名 U 少女時代, 少女期. 関連 manhood 男性の成人時代 / womanhood 女性の成人時代 / childhood 子供時代 / boyhood 少年時代.
girl·ie /gɚ́:li | gə́:-/ 形 ❶ 限定 (雑誌などが)女性ヌードを載せた. ❷ 女の子っぽい.
girl·ish /gɚ́:lɪʃ | gə́:l-/ 形 女の子らしい, 女の子のような; 少女向きの. **~·ly** 副 女の子らしく.
gírl pòwer 名 ❶ U 女性の自立(の考え方). ❷ U 女性の(社会的・政治的)影響力.
Gírl Scòut 名 C《米》ガールスカウト (Girl Scouts) [少女団] の一員 [《英》Guide].
Gírl Scòuts 名 [the ~として単数または複数扱い]《米》ガールスカウト, 少女団 [《英》Guides].
girl·y /gɚ́:li | gə́:-/ 形 = girlie.
gi·ro /ʤí(ə)roʊ | ʤáɪ(ə)r-/ 名 (~s) ❶ C《英》ジャイロ小切手《病人・失業者への給付金用》. ❷ U《英》ジャイロ《電子送金制度》.
girt 動 gird の過去形および過去分詞.
girth /gɚ́:θ | gə́:θ/ 名 ❶ U,C (木などの)周囲の寸法, 太さ; (人の)腰回りの寸法. ❷ C (馬の)腹帯 [《米》cinch].
gist /ʤíst/ 名 [the ~] 要点, 要旨: get *the gist of* a report 報告書の要点をつかむ.

***give** /gív/
— 動 (gives /~z/; 過去 gave /géɪv/; 過分 giv·en /gív(ə)n/; giv·ing) 他

単語のエッセンス
基本的には「与える」の意.
1) **与える** ❶, ❸, ❻, ❽
2) **手渡す, 差し出す** ❷, ❿
3) **示す, 伝える** ❹
4) (動作・行為を)**する** ❺
5) (演技を)**行なう** ❼
6) (注意・関心を)**向ける** ❾

❶ (ただで)(...に)(~)を**与える**, あげる, くれる, やる, 寄贈する, (名誉・権利など)を授ける; (...)を**供給する**: [言い換え] My aunt *gave* me the doll. [V+O+O] = My aunt *gave* the doll *to* me. [V+O+to+名] おばは私にその人形をくれた《⇒ to¹ 3 [語法]》.

[語法] (1) 上の文を受身の文にすると次のようになる: The doll *was given* (to) me by my aunt. (直接目的語を主語としたとき) / I *was given* the doll by my aunt. (間接目的語を主語としたとき)《✪ 実際に用いる文としては間接目的語を主語にするほうが普通; ⇒ be² A 2 [語法] (1)》.
(2) 《英》では直接目的語の it を短い人称代名詞 me, him, her などの間接目的語とともに用いるときはそれらの前に来ることが多い: I *gave it* him [her]. 私はそれを彼[彼女]にあげた / *Give it* me. それを私にください. 《米》では I *gave it to* him [her]. / *Give it to* me. というのが普通.
(3) 疑問詞 who を使う場合, *Who* did your aunt *give* the doll *to*? のほうが *Who* did your aunt *give* the doll? よりも普通.

Give food *to* the poor and hungry children. 貧しく飢えた子供たちに食物を与えよ / My teacher *gave* my paper a B⁺. 先生は私のレポートに B⁺をつけた《⇒ plus [形] 3》/ This dam *gives* (us) water and electricity. このダムは(私たちに)水と電気を供給してくれる.

❷ (...)を**手渡す**, 渡す [≒hand, pass]; (...)を**預ける**, 引き渡す, (管理など)を託す: She *gave* him a package to mail. [V+O+O] 彼女は郵送するように小包を彼に渡した / He ***gave*** his baggage ***to*** a porter. [V+O+to+名] 彼はポーターに手荷物を預けた.

❸ (認めて)(...)を**与える**, 許す; (罰・課題など)を課する; (...)が(ある時間)続くと見込む; 《略式》(人に)(論点など)を譲る, (...)が事実であると認める: Please *give* me a chance to go abroad. [V+O+O] 私に外国へ行く機会を与えてください / They *gave* us a week to think the problem over. 彼らはその問題を考えるのに1週間の猶予をくれた / The teacher *gave* us a lot of homework. 先生は私たちにたくさん宿題を出した / I'd *give* their marriage six months at (the) most. Ⓢ 彼らの結婚はもってもせいぜい半年だろう // ⇒ I'll give you that. (成句).

❹ (...)を**示す**, 提示する [≒show]; (...)を**伝える**, 述べる: *give* one's opinion 意見を述べる / *Give* us a better example. [V+O+O] もっといい例をあげてください / The answer he *gave* was quite surprising. 彼が出した答えはとても驚くべきものだった / The list of candidates *was given* in yesterday's newspaper. [V+O の受身] 候補者一覧はきのうの新聞に載っていた.

❺ [動作を意味する名詞を目的語として] [受身なし] (ある動作)を**する**, (声など)を出す; (...に)(ある行為)を**行なう**: She *gave* a cry of pain. 彼女は苦痛の叫び声をあげた《次と比較: *have* a (good) cry (思う存分)泣く》/ He *gave* me a signal. [V+O+O] Ⓢ 彼は私に合図した / She *gave* her child a kiss. 彼女は子供にキスした / I *gave* the door a push. 私はドアをひと押しした《✪ この意味では, 間接目的語を [to+名] の形にすることはできない; *gave* a push *to* the door は誤り》.

[語法] (1) He *gave* a jump. は「彼は(思わず)跳び上がった」の意で, この場合 give は意図的でない動作を表わす. これに対し, He *took* a jump. は「彼は(意図的に)跳び上がった」の意で, take は普通意図的行為を表わす.
(2)「(ある行為を)される」意の get の用法と比較: A car *gave* him a bad knock. 車が彼にひどくぶつかった / He *got* a bad knock from a car. 彼は車にひどくぶつけられた // The teacher *gave* him a good scolding. 先生は彼をひどくしかった / He *got* a good scolding from the teacher. 彼は先生にひどくしかられた.

「give (+名)+動作名詞」のいろいろ
(1) [V+O (+of+名)]: **gíve a gróan** うめく / **gíve a sígh of relíef** ほっとため息をつく / **gíve a (fríendly) smíle** (親しげに)にっこりする / **gíve a yáwn** あくびをする / **gíve a yéll** 大声を張り上げる.
(2) [V+O+O]: **gíve ... a cáll** [(《英》) **ríng**] ...に電話をする / **gíve the róom a góod cléaning** 部屋をよく掃除する / **gíve ... a bíg húg** ...をぎゅっと抱き締める / **gíve the báll a (hárd) kíck** ボールを(強く)ける / **gíve ... a nód** ...にうなずく / **gíve ... a pínch on the chéek** ...のほおをつねる / **gíve ... a ríde [líft] (hóme)** ...を(家まで)車に乗せてやる / **gíve ... a fríendly wínk** ...に親しげなウインクを送る.
[語法] 一般に長時間にわたらない動作に用いる. また (2) では (i) 人の行なう意図的動作, (ii) 間接目的語で表わされる人・物への働きかけを示す.

❻ (喜び・苦痛など)を**与える**, (損害など)をこうむらせる; (人に)(病気)を移す, 感染させる; (結果など)を生む: The results will *give* you satisfaction. [V+O+O] その結果にあなたは満足できるよ / Don't ***give*** your cold ***to*** the baby. [V+O+to+名] 赤ちゃんにかぜをうつさないでね.

❼ (聴衆の前で演技など)を**行なう**, 演じる; (会など)を催す, 開く [≒hold]: *give* a speech 演説する / *Give* us a song! [V+O+O] 私たちに一曲歌ってよ / I'll be *giving* a party tomorrow evening. あすの晩パーティーを開きます.

❽ (...と引き換えに)(...)を**与える**, 売る; (...)を**支払う** [≒pay]: She ***gave*** me the hat ***for*** five dollars. [V+O+O+for+名] 彼女は5ドルでその帽子を譲ってくれた / I ***gave*** one thousand dollars ***for*** this picture. [V+O+for+名] 私はこの絵に千ドル払った / 「How much [What price] did you *give for* the piano? いくらでそのピアノを買ったの.

❾ (注意など)を**向ける**; (態度など)を示す, (信頼)を寄せる; (時間・生命など)を当てる, ささげる: *Give* the brakes special attention. [V+O+O] ブレーキに特に注意して / They *gave* the captain their complete confidence. 彼らはキャプテンに完全な信頼を寄せていた / He ***gave*** his life ***for*** his country. [V+O+for+名] 彼は国のために命をささげた.

❿ (...)を(**差し**)**出す**; [受身なし] (手など)を差し伸べる: She *gave* us coffee. [V+O+O] 彼女は私たちにコーヒー

G

を出してくれた / The girl got up and *gave* him her hand. 少女は立ち上がって彼に手を差し出した. ⓫ (...に)(判決など)を言い渡す. ⓬ [目的語＋to 不定詞を伴って; しばしば受身で]《格式》(人)に...させる: We *are given to* believe that she will resign. 私たちは彼女が辞任すると思っている //⇒ give ... to understand (that) ～ (understand 動 成句).

— 自 ❶ (金・品物を)**与える**, やる, 寄贈する: She *gives* freely [generously]. 彼女は気前よく人に物[金]をやる / Our country has to ***give to*** the Third World. V+*to*+名 わが国は第三世界に援助する必要がある. ❷ 譲歩する; (圧力などに)くずれる, つぶれる, へこむ, たわむ; (戸などが)押すと開く: Someone's got to *give* on this point. この点ではだれかが譲らねばならない / The ice *gave* under our feet. 氷は私たちの足もとから割れた / Something has got to *give*. (緊張状態が爆発する前に)何とかしなければならない; 譲歩が必要だ.

Dón't gìve me thát! Ⓢ うそつけ, そんなこと信じないぞ.

gíve and táke [動] 自《略式》(対等の条件で)譲り合う, 妥協し合う; (友好的に)話し合う《⇒ give-and-take》.

gíve it to ... stráight [動] 他《略式》(人)にはっきり言う.

Gíve me ... Ⓢ 私は(...)のほうがよい: *Give me* Chopin any time. ショパンがいちばんいい.

gíve or táke ... Ⓢ ...(ほど)前後[増減, 上下]しても: It'll be finished by 2025, *give or take* a year. それは 1 年ほど前後しても 2025 年までには終了するだろう.

I'll gíve you thát. Ⓢ その点は認める: He's old, *I'll give you that*. But he's very tough. 彼が年であることは認めるよ. でもなかなか丈夫だ.

Whàt gíves? Ⓢ どうしたの; なぜなの.

give の句動詞

***gíve awáy** 動 他 ❶ (気前よく)(...)を**与えてしまう**, 寄付する; (...に)(賞・景品など)を渡す, 配る (*to*) V+名・代+*away* / V+*away*+名: She *gave away* all her party dresses. 彼女は自分のパーティー用の服を全部人にやってしまった. ❷ (秘密・手品の種など)を(故意または偶然に)明かす, 漏らす; (人)を裏切る, 密告する (*to*). ❸ (物事が)(...)の正体を明らかにする. ❹ (好機・勝利など)を逃す. ❺ (結婚式で)(花嫁)を花婿に引き渡す.

gíve one**sèlf awáy** [動] 自 正体[馬脚]を現わす.

gíve báck** 動 他 (持ち主に)(...)を**返す**, 戻す [≒return]; 回復させる V+名・代+*back* / V+*back*+名: ***Give the camera ***back to*** me if you aren't going to use it. 使わないのならそのカメラを返してくれ / I hope the summer vacation will *give* me *back* my health. 夏休みでまた健康を取り戻せるだろう.

gìve ín** 動 自 **降参する**, 屈する; 折れて(相手・希望などに)従う: We will never ***give in to the hijackers' demands. 我々はハイジャック犯たちの要求には屈しない. — 他《英》(...)を提出する [≒hand in] (*to*).

+**gìve óff** 動 他 (煙・熱など)を**発する**, 出す: Roses *give off* a sweet smell. ばらは香りがよい.

gíve ònto ... ＝ gíve on to ... 動 他《英》(ドア・窓などが)...に通じる, 面する.

***gìve óut** 動 他 ❶ (用紙・本・ビラなど)を**配る**, 分配する V+*out*+名 / V+名・代+*out*: Ms. Lee began to *give out* the test papers. リー先生は試験問題を配り始めた. ❷ (光・熱など)を発する [≒give off]. ❸ [しばしば受身で]《英格式》(...)を公表する, 発表する. — 自 (エンジンなどが)動かなくなる, 止まる; (食料・燃料・力などが)尽きる, なくなる [≒run out]: After I had run five miles, my legs *gave out* (*on* me). 5 マイル走ったら足が動かなくなった / The car stopped when the gas *gave out*. ガソリンがなくなると車は止まってしまった.

gìve óver 動 他 (管理してもらうために)(...)を渡す, 預ける; 譲る: He *gave* his art collection *over to* Mr. Long for safekeeping. 彼は保管のために自分の美術収集品をロングさんに預けた.

gíve ... óver to ～ [動] 他 [普通は受身で] (場所・時間など)を(ある用途)に当てる: This evening will *be given over to* dancing. 今夜はずっとダンスして過ごすことになるだろう.

gíve one**sèlf óver to ...** [動] 他 全エネルギーを...にささげる, ...に没頭する.

****gìve úp**

動 他 ❶ (習慣など)をやめる [≒stop]; (...)を**断念する** V+*up*+名: You should ***give up*** smok*ing*. たばこをやめるべきだ / They didn't ***give up*** hope. 彼らは望みを捨てなかった.

❷ (犯人)を**引き渡す**; (...に)(席など)を**譲る**, 明け渡す: He ***gave*** himself ***up*** (***to*** the police). 彼は(警察に)自首した.

❸ (病人など)を**あきらめる**, 見放す; (...)は来ないものとあきらめる V+名・代+*up*: He has been *given up* by the doctors. 彼は医者たちに見放された / You mustn't ***give*** him ***up for*** [***as***] lost [dead]. 彼が行方不明[死んだ]とあきらめてはいけない. ❹ (恋人など)との関係を絶つ; (仕事など)をやめる, 放棄する. ❺ 時間を(...に)割く, 当てる (*to* do). ❻〔スポーツ〕(相手に)(得点・ヒットなど)を許す.

— 自 (解けない[できない]として)**あきらめる**, 断念する: Don't *give up* easily! Try it again. すぐあきらめないで, もう一度やってみなよ / I *give up*. Ⓢ 降参, まいった.

gìve it úp for ... [動] 他 Ⓢ (人)に大きな拍手を送る.

gíve one**sèlf úp to ...** [動] 他 ...にふける, 熱中する; ...に身をささげる; (感情など)に身をゆだねる.

gìve úp on ... [動] 他 (1) ...にもはや期待しない, 見切りをつける. (2) ＝ give up 3.

— 名 U (物の)弾力性.

give-and-take /gív(ə)ntéɪk/ 名 U (公平な条件での)やりとり, 交換; 妥協 [≒compromise]《⇒ give and take (give 成句)》; (両者の)譲り合い.

give·a·way /gívəwèɪ/ 名 ❶ [a ～] (本音などを)うっかりもらしてしまうもの: *a* dead *giveaway* 動かぬ証拠. ❷ C (販売促進用の)景品, おまけ; 無料サンプル; 販売促進イベント. — 形 限定 (値段が)捨て値の: at *giveaway* prices ただ同然で.

*****giv·en** /gív(ə)n/

— 動 give の過去分詞.

— 形 ❶ 限定 **決められた**, 与えられた; 特定の, 一定の: at any *given* time いつ(いかなる時)でも / on a *given* day 所定の日に. ❷ 叙述《格式》(...に)ふけって, ...しがちで: He is *given to* drinking. 彼は酒をよく飲む.

gíven that [接] **もし...と仮定すれば**: *Given that* the radius is 4 ft, find the circumference. 半径を 4 フィートとすると円周はいくらか.

táke ... as gíven [動] 他 ...は確実[事実]だと考える.

— 前 **もし...があれば**; ...を考慮に入れれば: *Given*

health, nothing is impossible. 健康さえあれば不可能なことなどない.
— 名 C 既知の事実[条件].

gíven náme 名 C 《米》(姓に対して個人の)名《⇒ name 参考》.

giv·er /gívɚ|-və/ 名 C 与える人, 贈与者; [前に形容詞をつけて] 与えるのが...の人: He is a *generous giver*. 彼は人に気前よく物[金]を与える人だ.

Gi·za, Gi·zeh /gíːzə/ 名 固 ギザ《エジプト Cairo 付近の, Nile 川に臨む町; ピラミッドとスフィンクスで知られる》.

giz·mo /gízmoʊ/ 名 (~s) C 《略式》= gadget.

giz·zard /gízɚd|-zəd/ 名 C (鳥の)砂嚢(さのう).

Gk. 略 = Greek.

gla·cé /glæséɪ|glǽseɪ/ ≪フランス語から≫ 形 限定 (果物など)砂糖の衣をかけた.

gla·cial /gléɪʃəl/ 形 ❶〔地質〕氷河(期)の. ❷ 非常に冷たい; 冷淡な. ❸ (動きが)非常に遅い.

gla·cier /gléɪʃɚ|glǽsiə/ 名 C 氷河.

glad /glǽd/

— 形 (glad·der /-dɚ|-də/, more ~; glad·dest /-dɪst/, most ~) ❶ 叙述 うれしい, 喜ばしい《⇒ pleased 表; happy 類義語》[⇔ sad]; ありがたく思って: I'm very *glad to* see you. +to 不定詞 お目にかかれて大変うれしいです《多用; ⇒ to² B 2》/ I'm *glad* (*that*) you weren't hurt in the accident. +(that)節 事故でけがをしなくてよかったですね《多用; ⇒ that² B 3》/ We were *glad about* [*at*] the news. +about [at]+名 私たちはその知らせを聞いて喜んだ / 言い換え I'd be *glad if* you could help me with these bags. = I'd be *glad of* your help with these bags. +of+名 この荷物を運ぶのを手伝ってもらえるとありがたいのですが.

> 語法 (1) glad of の後には普通はよいことを意味する名詞がくる: 言い換え I'm very *glad of* Mary's success. +of+名 = I'm very *glad* (*that*) Mary has succeeded. メアリーが成功して本当によかった.
> (2) I'm very *glad of* seeing you. のように動名詞を続けることはできない.

❷ 叙述 [比較なし]《丁寧》**喜んで...する:** I'd be (only too) *glad to* help you. +to 不定詞 (とても)喜んでお手伝いします. 語法 次のように独立しても用いる《⇒ to² A 1 語法 (1)》: 🗨 "Would you like to come with me?" "Sure. I'd be *glad to*."「いっしょに来ませんか」「ええ, 喜んで」 (動 gládden)

glad·den /glǽdn/ 動 他 《古風》(人(の心))を喜ばせる [⇔ sadden]. (形 glad)

glade /gléɪd/ 名 C 《文語》林間の空き地.

glad-hand /glǽdhæ̀nd/ 動 他 (政治家などが)(人)を歓迎する.

glad·i·a·tor /glǽdièɪṭɚ|-tə/ 名 C (古代ローマの)剣闘士《闘技場で他の剣闘士や猛獣と戦った》.

glad·i·o·lus /glæ̀dióʊləs/ 名 (複 glad·i·o·li /-laɪ/, ~·es, 《米》~) C グラジオラス《球根植物》.

glad·ly /glǽdli/ 副 喜んで; うれしそうに [⇔ sadly]: I'll come *gladly*. 喜んで伺います.

glad·ness /glǽdnəs/ 名 U 喜び [⇔ sadness].

Glad·ys /glǽdɪs/ 名 固 グラディス《女性の名》.

glam·or /glǽmɚ|-mə/ 名 《米》= glamour.

glam·or·ize /glǽmərὰɪz/ 動 他 (物)を美化する.

+**glam·or·ous** /glǽm(ə)rəs/ 形 (人·物事が)**魅力のある**; 華やかな; 魅惑的な: a *glamorous* job 魅力的な仕事. **~·ly** 副 魅惑的に.

glam·our /glǽmɚ|-mə/ 名 ❶ U (うっとりとさせる)魅力, 魔力 (*of*). ❷ U 性的魅力; あでやかさ: a *glamour* girl [boy] セクシーな女性[男性]. 語法 《米》でも glamor より glamour のつづりのほうが普通.
日英 日本語でいう「グラマー」のような女性の肉体的な魅力だけをさす意味はない.

glamp·ing /glǽmpɪŋ/ 名 U グランピング《ホテル並みの快適な設備を備えたテントなどで過ごすキャンプ》.
〖語源 *glam*orous と *camping* の混成語〗

*__glance__ /glǽns|glɑ́ːns/ 動 (glanc·es /~ɪz/; glanced /~t/; glanc·ing) 自 [副詞(句)を伴って] **ちらっと見る**, ひと目見る; ざっと読む: He *glanced at* his watch. V+前+名 彼は腕時計をちらりと見た / She *glanced back*. 彼女はちょっと振り返って見た / He *glanced over* [*at*, *through*] the letter. 彼は手紙をざっと見た / She *glanced down* the schedule. 彼女は(手元の)時間割をさっと見た.

glánce òff [動] 自 (球などが)当たってそれる.

glánce òff ... [動] 他 (球などが)...に当たってそれる: The blow *glanced off* his shoulder. その一撃は彼の肩をかすめた.

— 名 (glanc·es /~ɪz/) C **ちらっと見ること**, ざっと目を通すこと, ひと目, 一見: She *gave* [*shot*] me *a* quick *glance*. 彼女は私をちらっと見た / exchange *glances* 視線を交わす《⇒ exchange 動 1 語法》/ steal a *glance at* ... ...を盗み見る / *take* [*throw*, *cast*] *a glance at* the sky 空を一瞥(べつ)する.

at a (síngle) glánce [副] **ひと目で:** I could see *at a glance* that they were in love. 二人が愛しあっているということがひと目でわかった.

at fírst glánce [副] 一見したところでは.

> 類義語 **glance** 意図的に, ちらっと目を向けることで, 名詞として使われる場合, give, shoot, take, throw などの動詞と結び付くことが多い: He *gave* me a suspicious *glance*. 彼は疑い深い目でちらっと私の方を見た. **glimpse** 偶然に, ちらっと目に入ることを表わし, 名詞として使われる場合, catch, get, have などの動詞と結び付くことが多い: I *caught* a *glimpse* of the lake on the way. 途中で湖がちらっと見えた.

glanc·ing /glǽnsɪŋ|glɑ́ːns-/ 形 限定 (打撃が)かすめた, それた; (言及などが)簡単な, 間接的な.

gland /glǽnd/ 名 C〔解剖〕腺(せん): lymph *glands* リンパ腺 / sweat *glands* 汗腺.

glan·du·lar /glǽndʒʊlɚ|-djʊlə/ 形 [普通は 限定] 腺の(ような), 腺のある.

+**glare** /gléɚ|gléə/ 動 (glares /~z/; glared /~d/; glar·ing /glé(ə)rɪŋ/) 自 ❶ **じろりとにらみつける:** He *glared at* me. V+at+名 彼は私をにらみつけた.
❷ [副詞(句)を伴って] **ぎらぎら光る**, まばゆく輝く (*off*): The summer sun *glared down on* us. V+副+前+名 夏の太陽がぎらぎらと私たちに照りつけた.

— 名 ❶ U [しばしば the ~] まぶしい光, ぎらぎらする光; けばけばしさ; 華々しさ: *the glare of* the sun ぎらぎらする日光. ❷ C 怒った顔[目つき].

in the (fúll) gláre of publícity [副·形] (特に好ましくないことで)世間の注目を浴びて.

glar·ing /glé(ə)rɪŋ/ 形 ❶ (欠点などが)目立つ, ひどい: a *glaring* mistake 明白な誤り. ❷ ぎらぎら輝く, まばゆい; (色などが)けばけばしい. **~·ly** 副 目立って, ひどく.

Glas·gow /glǽskoʊ, -goʊ|glɑ́ːzgoʊ/ 名 固 グラスゴー

G

《英国 Scotland 南部の都市》.

***glass** /glǽs | glάːs/
— 名 (~·es /~ɪz/) ❶ U ガラス: a sheet [pane] of *glass* ガラス1枚 / This bottle is made of *glass*. このびんはガラス製だ. 関連 stained glass ステンドグラス.
❷ [形容詞的に] **ガラスの, ガラス製の:** a *glass* bottle ガラスびん / a *glass* door ガラスの扉.
❸ C [しばしば合成語で] **グラス, コップ.** 参考 普通は水・ビール・ジュースなど冷たい飲み物を入れる《⇒ cup 参考; milk 日英》: a brandy *glass* ブランデーグラス / ***fill** a **glass with** ...* グラスを...で満たす / ***raise** one's **glass** (to ...)* (...のために)乾杯のグラスを持ち上げる / ***drain** one's **glass*** グラスを空ける. 関連 wineglass ワイングラス / mug マグ.
❹ C **グラス[コップ]1杯分:** He drank three ***glasses of*** milk. 彼は牛乳を3杯飲んだ《⇒ piece 発音》. ❺ [複数形で] ⇒ glasses. ❻ U ガラス器類: *glass* and china ガラス器と陶器類. ❼ C 《古風》鏡; [the ~] 晴雨計(の気圧): ⇒ magnifying glass.
ùnder gláss [副] 温室で; ガラスフレームで.
(形 glássy)
— 動 他 (...)をガラスで覆(おお)う[囲う] (*in, over*).

gláss céiling 名 [単数形で] ガラスの天井《女性などに対する目に見えない昇進差別》.

glassed-in /glǽstín | glάːst-/ 形 ガラス張りの.

*__glass·es__ /glǽsɪz | glάːs-/ 名 複 ❶ **めがね:** a pair of *glasses* めがね1個《この形では単数扱いとなる》/ Does your father wear *glasses*? お父さんはめがねをかけていますか《⇒ wear 表》/ I can't read it. I need to put on my *glasses*. これは読めないな. めがねをかけないと《⇒ put on (put 句動詞) 表》/ take off one's *glasses* めがねをはずす. 関連 sunglasses, dark glasses サングラス.

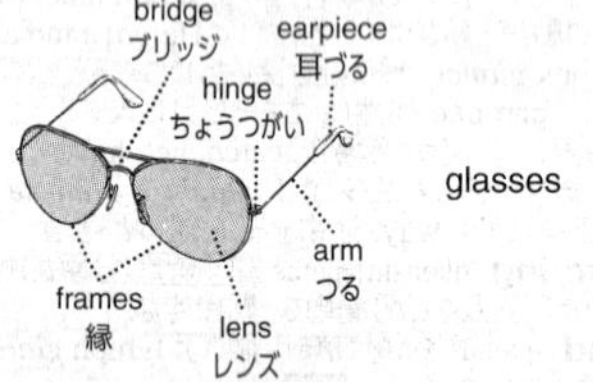

❷ 双眼鏡 (field glasses); オペラグラス (opera glasses).

gláss fìber 名 U = fiberglass.

glass·ful /glǽsfʊ̀l | glάːs-/ 名 C グラス[コップ]1杯(の量) (*of*).

glass·house /glǽshàʊs | glάːs-/ 名 (-hous·es /-hàʊzɪz/) C 《英》(大きな)温室 [≒greenhouse].

glass·ware /glǽswèə | glάːswèə/ 名 U ガラス製品類, ガラス食器類.

glass·y /glǽsi | glάːsi/ 形 (glass·i·er; -i·est) ❶ ガラス状の; (水面が)鏡のようにきらきら輝く. ❷ (目などが)とろんとした, どんよりした. (名 glass)

glau·co·ma /glaʊkóʊmə, glɔː-/ 名 U 緑内障.

glaze /gléɪz/ 動 他 ❶ (焼き物)に上薬をかける; (食べ物)につやをつける (*with*). ❷ (...)にガラスをはめる.
— 自 (目などが)どんよりする, かすむ (*over*). — 名 C,U (焼き物の)上薬かけ, つや出し, 上薬; つやのある表面, (パイなどの)照り, グレーズ.

glazed /gléɪzd/ 形 (目が)生気のない, とろんとした.

gla·zier /gléɪʒə | -ziə/ 名 C ガラス屋《人》.

+**gleam** /glíːm/ 動 (~s /~z/; ~ed /~d/; ~·ing) 自 ❶ **ぴかぴか光る,** ひらめく, ほのかに光る (*with*)《⇒ shine 類義語》: We saw a lighthouse *gleaming* in the distance. 遠くで灯台が光っているのが見えた. ❷ [副詞(句)を伴って] (目・顔などが)(感情で)輝く, 光る; (感情が)(目・表情に)さっと浮かぶ, ひらめく: 言い換え Her eyes *gleamed with* pleasure. = Pleasure *gleamed in* her eyes. 喜び(の輝き)が彼女の目にあらわれた.
— 名 (~s /~z/) ❶ C (暗い中の)**光**; かすかな光; 閃光(せんこう); きらめき: the *gleam* from a distant lighthouse 遠くの灯台の光 / the *gleam of* dawn 暁の微光. ❷ [単数形で] (希望などの)光; (目などの)感情の輝き: a *gleam of* hope 希望の光.
a gléam in ...'s éye [名] (人)がまだ計画[思案]中のこと.

glean /glíːn/ 動 他 ❶ (情報など)を(苦労して)拾い集める, 収集する; 入念に調べる: *glean* knowledge *from* books 本から知識を拾い集める. ❷ (落ち穂)を拾う.
— 自 落ち穂拾いをする.

glean·er /glíːnə | -nə/ 名 C 落ち穂拾い《人》: The *Gleaners*『落ち穂拾い』《フランスの画家ミレー (Millet) の絵》.

glean·ings /glíːnɪŋz/ 名 複 (丹念に集めた)資料[情報], 拾遺集.

glee /glíː/ 名 U 歓喜 [≒joy], 大喜び (*at*)《他人の不幸・失敗を喜ぶことも指す》: laugh with [in] *glee* 大喜びして笑う.

glée clùb 名 C 《米》(男声)合唱団, グリークラブ.

glee·ful /glíːf(ə)l/ 形 大喜びの, うれしそうな, 愉快な.
-ful·ly /-fəli/ 副 大喜びで.

glen /glén/ 名 C 峡谷, 谷間《スコットランドとアイルランドのものをいう》.

glib /glíb/ 形 (glib·ber; glib·best) ❶ [軽蔑的] (人が)口の達者な. ❷ [軽蔑的] (ことばなどが)口先だけの; 調子がよすぎる. **~·ly** 副 べらべらと.

glide /gláɪd/ 動 自 [普通は副詞(句)を伴って] 滑る, 滑るように進む[飛ぶ], 滑走する (*across, over*); グライダーで滑空する; (鳥が翼を動かさずに)滑空する; (人生などを)難なくすごす (*through*)《⇒ slide 類義語》: Skiers *glided down* the slope. スキーヤーたちが斜面を滑り下りた. — 名 (glides /gláɪdz/) ❶ C 滑り, 滑走, 滑空. ❷ C 〔音楽〕スラー [≒slur].

glid·er /gláɪdə | -də/ 名 C グライダー, 滑空機: ⇒ hang glider.

glim·mer /glímə | -mə/ 名 ❶ C かすかな光, 微光; 点滅する光: the first *glimmer* of dawn 暁の最初の微光. ❷ C (感情などの)かすかなしるし: a *glimmer of* hope [doubt] かすかな望み[疑い]. — 動 (-mer·ing /-m(ə)rɪŋ/) 自 ちらちら光る, 点滅する; かすかに光る[輝く]: a lamp *glimmering* in the window 窓にちらちらと光っているランプ.

+**glimpse** /glím(p)s/ 名 (glimps·es /~ɪz/) C **ちらりと見る[見える]こと,** 一見《⇒ glance 類義語》; 短い経験: We ***caught** [**got, had**] **a glimpse of*** the castle from the window of our train. 列車の窓からその城がちらりと見えた / Let me have a quick ***glimpse at*** your newspaper. 君の新聞をちょっと見せてよ.
— 動 (glimps·es /~ɪz/; glimpsed /~t/; glimps·ing) 他 (...)が**ちらりと見える;** (...)を少し知る, かいま見る: I *glimpsed* the robber as he fled. 強盗が逃げるのがちらっと見えた.

glint /glínt/ 動 自 きらめく, きらきら光る; (光が)(...に)反射する (*off, on*); (目がある感情を表わして)光る (*with*).
— 名 C ひらめき, きらめき; (ある感情を示す目の)光: There was a *glint of* anger in his eyes. 彼の目に怒り(の色)がちらりと見えた.

glis·ten /glís(ə)n/ 動 自 (濡れた表面などが)きらきら光る, きらめく (⇒ shine 類義語): *glisten with* tears 涙で輝く.

glitch /glítʃ/ 名 C 《略式》(機械などの)軽い故障.

+**glit·ter** /glíṭɚ | -tə/ 動 (~s /~z/; ~ed /~d/; -ter·ing /-ṭərɪŋ, -trɪŋ/) 自 (星・金(きん)が)**きらきら輝く**, ぴかぴか光る (⇒ shine 類義語); (目が)(感情で)輝く: 言い換え Stars were *glittering* in the night sky. = The night sky was ***glittering with*** stars. V+with+名 夜空には星がきらきら輝いていた / All that *glitters* is not gold. = All is not gold that *glitters*. 《ことわざ》光るものが必ずしも金ではない.
— 名 ❶ U [しばしば the ~] きらめき, 輝き; (目の)輝き: *the glitter of* the jewels 宝石の輝き. ❷ U きらびやかさ. ❸ U 小さな輝く装飾品.

glit·te·ra·ti /glìṭərá:ṭi/ 名 複 [the ~] 《略式》有名人たち, セレブ.

glit·ter·ing /glíṭərɪŋ, -trɪŋ/ 形 限定 きらきら輝く, ぴかぴか光る; すばらしい; 豪華な.

glitz /glíts/ 名 U きらびやかさ.

glitz·y /glítsi/ 形 きらびやかな.

gloat /glóʊt/ 動 自 [軽蔑的] にんまりと眺める; いい気味だと思って見る (*over, about*).

glob /glá(:)b | glɔ́b/ 名 C 《略式》小滴, (丸い)塊.

****glob·al** /glóʊb(ə)l/
— 形 ❶ **地球(規模)の**, (全)世界的な, グローバルな [≒worldwide]: the *global* economy 世界経済 / a *global* financial crisis 世界金融危機 / a *global* war on terror 世界的なテロとの戦い. ❷ 全体[包括]的な: take a *global* view of ... ...を全体的に見る. ❸ 〔コンピュータ〕システム[プログラム, ファイル]全体の.
(名 globe)

+**glob·al·i·za·tion** /glòʊbəlɪzéɪʃən | -laɪz-/ 名 U **地球規模化**, グローバル化, グローバリゼーション.

glob·al·ize /glóʊbəlàɪz/ 動 他 (...)を全世界に広める; (産業など)を地球規模[グローバル]化する. — 自 (事業などが)地球規模[グローバル]化する.

+**glob·al·ly** /glóʊbəli/ 副 ❶ **地球全体に**, 全世界的に. ❷ 全体的に.

glóbal víllage 名 [the ~] 地球村《通信手段などの発達により近くなった世界》.

+**glóbal wárming** 名 U **地球温暖化**《greenhouse effect によるもの》.

+**globe** /glóʊb/ 発音 名 (~s /~z/) ❶ C **地球儀**: The teacher turned the *globe* and pointed to Chile. 先生は地球儀を回してチリを指さした.
❷ [the ~] **地球** (⇒ world 類義語): travel (all) around *the globe* 世界一周旅行をする / Let's eliminate nuclear weapons from *the globe*. 地上から核兵器をなくそう. 関連 hemisphere 半球. ❸ C 球, 球体 [≒ball]; 天体, 天球: The earth is not a perfect *globe*. 地球は完全な球体ではない.
(形 glóbal)

globe-trot·ter /glóʊbtrà(:)ṭɚ | -trɔ̀tə/ 名 C 《略式》(観光などで)世界(各地を)旅行する人.

glob·u·lar /glá(:)bjʊlɚ | glɔ́bjʊlə/ 形 球状の, 球形の; 小球体から成る.

glob·ule /glá(:)bju:l | glɔ́b-/ 名 C (液体などの)小球体, 小滴, つぶ.

glo·cal·i·za·tion /glòʊkəlɪzéɪʃən | -laɪz-/ 名 U グローカリゼーション《地球規模の商品・サービスを地域のニーズに合わせること》.

glock·en·spiel /glá(:)kənspì:l | glɔ́k-/ 名 C グロッケンシュピール, 鉄琴.

+**gloom** /glú:m/ 名 ❶ U (心の)**憂鬱**(ゆううつ), 陰気; (場所・状況の)暗さ: an atmosphere (full) of *gloom* and doom 暗く絶望的な雰囲気 / She fell into *gloom*. 彼女は意気消沈した. ❷ U 《文語》薄暗がり, **薄暮**: in the gathering *gloom* 夕やみ迫る中で.
cást a glóom òver ... [動] 他 《格式》(人)に悲しみをもたらす; (物事)に暗い影を落とす. (形 glóomy)

gloom·i·ly /glú:mɪli/ 副 憂鬱そうに.

+**gloom·y** /glú:mi/ 形 (gloom·i·er /-miɚ | -miə/; gloom·i·est /-miɪst/) ❶ **憂鬱(ゆううつ)な**, ふさぎ込んだ; 悲観的な: paint a *gloomy* picture of ... ...を悲観的に見る / He felt ***gloomy about*** the future. +about+名 将来のことを思うと彼は憂鬱になった.
❷ **薄暗い**, 陰気な; (空・天候などが)暗い雲でおおわれた: a *gloomy* room [house] 薄暗い部屋[家].
(名 gloom)

Glo·ri·a /glɔ́:riə/ 名 固 グローリア《女性の名》.

glo·ri·fi·ca·tion /glɔ̀:rəfɪkéɪʃən/ 名 U 美化; 称賛, 賛美 (*of*).

glo·ri·fied /glɔ́:rəfàɪd/ 形 限定 美化された.

glo·ri·fy /glɔ́:rəfàɪ/ 動 (-ri·fies; -ri·fied; -fy·ing) 他 ❶ [しばしば軽蔑的] (...)を(実際以上に)立派に見せる, 美化する (*with*). ❷ 《格式》(神)の栄光をたたえる; (...)に栄光を与える; (人の行為など)を称賛する.
(名 glóry)

+**glo·ri·ous** /glɔ́:riəs/ 形 ❶ **栄光ある**; 光り輝く, 華々しい; 荘厳な, 神々しい: a *glorious* hero 誉れ高き英雄 / a *glorious* victory 華々しい勝利.
❷ (景色・天候などが)**すばらしい**, 見事な; 《略式》とても楽しい: It was a *glorious* morning. すばらしい朝でした.
(名 glóry)
~·ly 副 華々しく; 見事に; 非常に.

+**glo·ry** /glɔ́:ri/ 名 (glo·ries /~z/) ❶ U **栄光**, 栄誉, 誉れ: to the (greater) *glory* of ... 《格式》...の(一層の)栄誉のために / win [achieve] *glory* 栄誉を得る / bask [bathe] in ...'s (reflected) *glory* (身近な人(特に縁者))の栄誉[七光り]に浴する, ...の功績のおかげで自分も鼻が高い.
❷ C **誇りとなるもの**: the crowning *glory of* one's career ...の経歴のうちで最も輝かしい業績.
❸ U **栄華**, 全盛, (繁栄の)**絶頂**: ancient Rome in its *glory* 全盛期の古代ローマ / *glory* days [years] 絶頂期.
❹ U **壮観**, 美観: the *glory* of the setting sun 落日の壮観 / Niagara Falls in all its *glory* ナイアガラの滝のすばらしい全景[絶景]. ❺ U 〔聖書〕(神に対する)賛美, 感謝.
be cóvered in [with] glóry [動] 自 栄光に輝く.
Glóry (bé) to Gód [Jésus]. Ⓢ 神に栄光あれ.
gó to (one's) glóry [動] 自 《古風》天国へ行く, 死ぬ. (形 glórious, 動 glórify)
— 動 (glo·ries; glo·ried; -ry·ing) [次の成句で]
glóry in ... [動] 他 ...に大喜びする.

gloss[1] /glá(:)s, glɔ́:s | glɔ́s/ 名 ❶ [U または a ~] つや, 光沢; [形容詞的に] 光沢(仕上げ)の: a *gloss* finish 光沢仕上げ (⇒ mat[2]) / *gloss* paint つや出しペンキ. ❷

G

[U または a ～] 見かけのよさ, 見せかけ. **pùt a glóss on ...** [動] 他 ...につやをかける; ...のうわべを飾る. **tàke the glóss òff ...** [動] 他 ...を興ざめさせる. ― 動 [次の成句で] **glóss óver ...** [動] 他 ...をうまく言い逃れる, ...のうわべをごまかす.

gloss² /glá(ː)s, glɔ́ːs | glɔ́s/ 名 ❶ C (巻末などの)語句注解, 注釈 (on). ❷ C 説明; 解釈. ― 動 他 (...)を注解する, (...)に注釈を加える.

glos·sa·ry /glá(ː)s(ə)ri, glɔ́ːs- | glɔ́s-/ 名 (-sa·ries) C (術語などの)小辞典; (本の巻末の)用語集.

gloss·y /glá(ː)si, glɔ́ːsi | glɔ́si/ 形 (gloss·i·er; -i·est) 光沢[つや]のある; 光沢仕上げの, (雑誌などが)光沢紙に印刷された; 見かけのよい. ― 名 (gloss·ies) ❶ C 《主に英》豪華雑誌. ❷ C 光沢仕上げの写真.

+**glove** /glʌ́v/ 発音 名 (～s /～z/) ❶ C [普通は複数形で] **手袋**《普通は 5 本の指の部分が分かれたもの》: 「a pair [two pairs] of *gloves* 1 組[2 組]の手袋 / He is wearing leather *gloves*. 彼は革の手袋をはめている / put on [take off] one's *gloves* 手袋をはめる[はずす] (⇒ put on (put 句動詞)表, wear 表). 関連 mitten 二また手袋.

❷ C 〔野球〕 **グローブ**, グラブ; 〔ボクシング〕 グラブ (boxing glove). 関連 mitt ミット.

fít ... lìke a glóve [動] 他 (人)にぴったり合う.

The glóves are óff. 本気の勝負だ, 容赦はなしだ.

glóve bòx 名 C = glove compartment.

glóve compàrtment 名 C (自動車のダッシュボードにある)小物入れ.

gloved /glʌ́vd/ 形 手袋をはめた.

glóve pùppet 名 C 《英》指人形.

+**glow** /glóʊ/ 動 (glows /～z/; glowed /～d/; glow·ing) 自 ❶ (燃えるように)**輝く**; (炎・煙を出さずに)真っ赤に焼ける (⇒ shine 類義語): The hot iron *glowed* in the dark. 熱い鉄は暗やみで輝いていた / The western sky *glowed with* color. V+with+名 西の空は真っ赤に輝いていた.

❷ (ほおが)**紅潮する**; (運動の後などで体が)ほてる; (激情などで心が)燃える: She *glowed with* pleasure. V+with+名 彼女は喜びで紅潮した.

― 名 ❶ [単数形で] **輝き**, 白熱, 赤熱; 燃えるような色: the *glow of* a sunset 真っ赤な夕焼け.

❷ [単数形で] (ほおの)**赤らみ**; (体の)**ほてり**: a *glow* of excitement on the boy's cheeks 興奮による少年のほおの紅潮 / He was all in a *glow* after his hot bath. 彼はふろ上がりで体がぽかぽかしていた. ❸ [単数形で] 熱情; (感情の)高まり; 満足感, 喜び: a *glow of* happiness 幸福感.

glow·er /gláʊɚ | gláʊə/ 動 (-er·ing /gláʊ(ə)rɪŋ/) 自 しかめっ面をする, (怖い顔をして)にらむ (at) (⇒ frown 類義語). ― 名 C しかめっ面, にらみ.

glow·ing /glóʊɪŋ/ 形 ❶ (ことばなどが)熱烈な, ほめそやすような: speak of ... in *glowing* terms ...を絶賛する. ❷ 白熱している, 真っ赤な. ❸ (色などが)燃えるような, 鮮やかな. ❹ ほてっている, (ほおが)紅潮した.

～·ly 副 熱烈に, 絶賛して.

glow·worm /glóʊwɚ̀ːm | -wə̀ːm/ 名 C つちぼたる. 関連 firefly ほたる.

glu·cose /glúːkoʊs/ 名 U グルコース, ぶどう糖.

+**glue** /glúː/ 名 U,C **接着剤**, のり; にかわ: stick two sheets of paper together with *glue* のりで 2 枚の紙をくっつける. (形 glúey)

― 動 (glues /～z/; glued /～d/; glu·ing, glue·ing) 他 ❶ (...)を**接着剤でつける**, のり[にかわ]づけにする; ぴったりくっつける: He *glued* two pieces of wood *together*. V+O+together 彼は 2 つの木片を接着剤[にかわ]でくっつけた / *Glue* it *to* [*onto*] the box. V+O+to [onto]+名 それを箱にくっつけてください. ❷ [受身で] 《略式》(...に)ぴったりとくっついて離れない; 注意を集中している: *be glued to* the spot (驚き・恐怖などで)身動きできない / Her eyes *were glued to* [*on*] the television. 彼女の目はテレビにくぎづけだった.

glúe snìffing 名 U シンナー遊び.

glue·y /glúːi/ 形 (glu·i·er; -i·est) のり[にかわ]のような; 粘りつく; のり[にかわ]を塗った. (名 glue)

glum /glʌ́m/ 形 (glum·mer; glum·mest) むっつりした, ふさぎ込んだ. **～·ly** 副 むっつりとして.

glut /glʌ́t/ 動 (gluts; glut·ted; glut·ting) 他 [しばしば受身で] (商品などを)(...)に過度に供給する (with). ― 名 C [普通は a ～] (商品などの)供給過剰; (物事の)過多, はんらん (of).

glu·ten /glúːtn/ 名 U 〔化学〕 グルテン《小麦などに含まれる粘着性のたんぱく質》.

glu·ti·nous /glúːṭənəs/ 形 粘着性の, 粘つく.

glut·ton /glʌ́tn/ 名 C 大食家. **a glútton for púnishment** [名] 苦痛[苦労]をいとわない人, 異常な頑張り屋.

glut·ton·ous /glʌ́ṭənəs/ 形 大食いの, 食い意地の張った.

glut·ton·y /glʌ́ṭəni/ 名 U 《格式》 大食 [≒greed]; 暴飲暴食.

glyc·er·in, -er·ine /glís(ə)rɪn/ 名 U グリセリン.

GM /ʤíːém/ 形 限定 遺伝子組み換えの《*g*enetically *m*odified の略》: *GM* food 遺伝子組み換え食品.

+**gm.** 略 = gram(s).

GMAT /ʤíːèmèɪtíː/ 名 C (米国の)経営大学院入学適性試験《*G*raduate *M*anagement *A*dmission *T*est の略; 商標》.

GMO /ʤíːèmóʊ/ 名 (～s) C 遺伝子組み換え植物[動物]《*g*enetically *m*odified *o*rganism の略》. ― 形 限定 遺伝子組み換えの.

+**GMT** /ʤíːèmtíː/ 名 U **グリニッジ標準時**《*G*reenwich *M*ean *T*ime の略》.

gnarled /nɑ́ɚld | nɑ́ːld/ 形 ❶ (木が)節(ふし)[こぶ]だらけの. ❷ (手・指が)節くれだった, しわだらけの.

gnash /nǽʃ/ 動 [次の成句で] **gnásh** one's **téeth** [動] 自 歯ぎしりする; 歯ぎしりして怒る[悔しがる].

gnat /nǽt/ 名 C ぶよ; 《英》蚊.

gnaw /nɔ́ː/ 動 他 (...)を(がりがり)かじる, かみ切る (*away*, *off*); かじって(穴)をあける: Rats *gnawed* a hole *in* [*through*] the wall. ねずみが壁をかじって穴をあけた. ― 自 かじる (*away*; *at*, *on*). **gnáw (awáy) at ...** [動] 他 (人)を苦しめる.

gnaw·ing /nɔ́ːɪŋ/ 形 限定 苦しめる, 心をさいなむ.

gnome /nóʊm/ 名 C 地の精, ノーム《地中の宝を守ると信じられていたしわだらけの老人の小人》; 地の精[ノーム]の像《庭に置く》.

gno·mic /nóʊmɪk/ 形 《格式》 格言的な.

+**GNP** /ʤíːènpíː/ 名 U **国民総生産**《*g*ross *n*ational *p*roduct の略》.

gnu /n(j)úː/ 名 (複 ～(s)) C ヌー, うしれいよう《南アフリカ産の草食獣》.

*****go** /góʊ/ (同音 《米》 Gogh)

― 動 (goes /～z/; 過去 went /wént/; 過分 gone /gɔ́ːn, gɑ́(ː)n | gɔ́n/; go·ing) 自 ✪ went については ⇒ wend 参考.

単語のエッセンス
基本的には「話し手のいる所から去って行く」という意味《⇒ 1 語法》[⇔ come].
1) 行く; 進む ❶
2) 去る ❷, ❼
3) 到達する ❸
4) (ある場所に)置かれる ❹
5) (ある状態に)なる, (ある状態で)ある ❺, ❻
6) 進行する, 動く ❽, ❾

❶ [普通は副詞(句)を伴って] **行く**, 出かける [⇔ come]; [to 不定詞とともに] **...するために[しに]行く**; [現在分詞とともに] ...しながら行く, ...しに行く《詳しくは ⇒ go doing (成句)》; **進む**, 動く**:** I *went* there three years ago. 私は 3 年前にそこへ行った / "Do you *go to* school by bus or on foot?" V+*to*+名 "I walk." 「学校へはバスなの, それとも歩いて行くの?」「歩いて行くよ」《⇒ on foot (foot 名 成句) 語法》/ We're *going to* the park. 私たちは公園に行くところです / We're *going to* France this summer. 今年の夏はフランスへ行くつもりだ / She has *gone to* America. 彼女はアメリカへ行っている《⇒ have gone to ... (gone 成句) (1)》/ Let's *go to* see a movie. V+*to* 不定詞 映画を見に行こう 多用 / I like to *go* walk*ing* early in the morning. V+現分 私は朝早く散歩に行くのが好きだ / The car was *going* (at) 50 miles an hour. 車は時速 50 マイルで走っていた.

語法 go は話し手を中心に考えて,「...の方へ行く」という意味. 話し手以外に中心を置く come との違いについては ⇒ come 2 語法.

✪「...しに行く」などの意の go for ..., go on ..., go to ... などについては ⇒ go for ... (句動詞), go on ... (句動詞), go to ... (句動詞).

❷ **去る**, 立ち去る [≒leave] [⇔ come]; 出発する; 行動を始める**:** I'm afraid I must *go* [be *going*, get *going*] now. もうおいとましなければなりません / Spring has *gone* and summer has come. 春が去り夏がやって来た / Ready, set [《英》 steady], *go*! = One, two, three, *go*!〘スポーツ〙位置について, 用意, どん! / Are you ready [《米略式》 good] to *go*? (仕事などの)準備はいい?

❸ [進行形なし] [副詞(句)を伴って] (...に)**至る**, 到達する**:** "How far [Where] does this road *go*?" "It ***goes to*** Boston." V+*to*+名「この道はどこまで続いてるの」「ボストンまでだ」/ His knowledge of law doesn't *go* very deep. 彼の法律の知識はあまり深くはない.

❹ [進行形なし] [副詞(句)を伴って] (物が...に)**置かれる**; 入る, 納まる**:** The bread ***goes on*** a small plate of its own. V+前+名 パンは専用の小皿に置くんだ / This book is a little too big to ***go into*** my bag. この本は少し大きすぎて私のバッグに入らない / "Where does this cup *go*?" "It ***goes in*** that cupboard."「このカップはどこに置くの」「あの食器棚」

❺ (ある状態に)**なる:** *go* bald [mad] 頭がはげる[気が狂う] / He *went* red with anger. V+C (形) 彼は怒って真っ赤になった / Eggs soon *go* bad in hot weather. 卵は暑いとすぐ腐る / Something *went* wrong with my watch. 私の時計はどこかおかしくなった. 語法 普通はよくない状態になるときに用いる《⇒ come 10 語法》.

❻ (ある状態で)**ある**, いつも...である; ...のままである**:** He was shocked to see so many children *going* hungry. V+C (形) 彼はそんなに多くの子供たちがおなかをすかせているのを見てショックを受けた / His efforts *went* unnoticed. 彼の努力は気づかれずに終わった. 語法 否定的意味の形容詞, 特に接頭辞 un- のつく過去分詞が補語になることが多い《⇒ come 10 語法》.

❼ (人・物事が)**消え去る**, なくなる, 盗まれる; [副詞(句)を伴って] (時が)**過ぎ去る**; 廃止[放棄, 解雇]される; だめになる, 崩れる, すり切れる; [遠回しに] 死ぬ**:** I wish this pain would *go* (*away*). この痛みがとれるとよいのだが / All my money has *gone*. 私の金はみんな(使って)なくなってしまった / A vacation *goes* quickly. 休暇はすぐ過ぎ去る / His sight is *going*. 彼は視力を失いかけている / He's *gone*. 彼は死んで[いなくなって]しまった / These old chairs will have to *go*. この古いいすは処分しなくちゃ. 語法 最後の例のような場合通例 must, have to, can を伴う.

❽ [副詞(句)を伴って] (物事が)**進行する**; 発展する, 展開する**:** How are things *going*? = How's it *going*? Ⓢ 調子はどう? / "How did your interview *go*?" "It *went* well [smoothly]."「面接はどうだった」「うまくいった」

❾ (機械などが)**動く**, 作動する**:** The air conditioner won't *go*. エアコンが動かない / I managed to get the engine *going*. 何とかエンジンを作動できた. ❿ [副詞(句)を伴って] (...のように)動作をする; (...と)鳴く, 鳴る, (音を)立てる**:** The boy *went* like this with his head. その子はこんなふうに頭を動かした / Cats *go* "meow." 猫は「にゃあ」と鳴く / "Bang!" *went* the gun. 銃が「バン」と鳴った. 語法 以上 2 例の go, went は ㊍ ともとれる《⇒ ㊍ 2》// There *goes* the bell. 鐘[ベル]が鳴っている. 語法 主語は the bell. ⓫ [進行形なし] [副詞(句)を伴って] (文句・節などが)...となっている, ...と言われている, 書かれている**:** The tune *goes* (something) like this. メロディーは(大体)こんな具合です / Practice makes perfect, as the saying *goes*. ことわざにも言うとおり習うより慣れよだ / The story *goes* (that) he ran away from home. 彼は家出したという話だ. ⓬ [進行形なし]《略式》認められる, 受け入れられる; [副詞(句)を伴って] 通用する, (...として)通る; 流布している**:** He *goes by* the name of "Doctor." 彼は「先生」という呼び名で通っている / Anything *goes*. 《略式》何でもありだ / What(ever) she says *goes*. 彼女の言うことは何でも通る. ⓭ (人に)渡る, (...の)ものとなる; 与えられる; (ある値段で)売られる (*at*); (メールなどが)送られる, 届く (*by, to, through*)**:** All her money *went to* her nephew. 彼女の金はすべておいのものとなった / First prize *went to* Mary. 1 等賞はメアリーに与えられた / The car *went for* a good price. その車はよい値段で売れた. ⓮ (金・時間などが)使われる, 費やされる; (ある金額まで)支払う気がある (*to*)**:** All his money *went on* books. 彼はあり金をすべて本につぎ込んだ. ⓯ (手段などに)訴える**:** The two nations *went to* war. 両国は戦争を始めた. ⓰ [to 不定詞とともに] (...するのに)役立つ**:** This will *go to* prove her innocence. これは彼女の無実を証明するのに役立つだろう. ⓱〘スポーツ〙(チームなどが)...の成績[結果]で終わる**:** The batter *went* one for three in today's game. その打者は今日の試合は 3 打数 1 安打だった. ⓲《略式》トイレに行く《⇒ bathroom 語法》.

— ㊍ ❶ Ⓢ《略式》(...)と言う《直接話法の伝達動詞》**:** Then he *goes*, "What for?" するとあいつ「なんで?」とくるんだ. ❷ (音)を出す《⇒ ㊀ 10 最初の語法》.
as ... gò [gòes] 《略式》普通の...と比較すれば, ...並みから言うと. 語法「...」には複数の名詞か Ⓤ の名詞が来る: He's quite good, *as pitchers go*. 彼はピッチャーとしてはなかなかいい.
be góing [動] ⓐ《英略式》入手できる: Are there any jobs *going*? 何か仕事がありますか.
be gòing to dó ⇒ going to の項目.
be góne ⇒ gone 形.
Dòn't (èven) gó thère. Ⓢ その話はごめんだ.
gèt góing on ... [動] ⓣ (仕事)にとりかかる《⇒ get ⓐ 5》.
gò ahéad ⇒ ahead 成句.
gó and dó [動] (1) **...しに行く**《⇒ and 5》: I'll *go and* get some food. 食べ物を買いに行ってくるよ.

> 語法 (1) Ⓢ では go to get ... というよりも普通の言い方. また命令文では *Go and* get ..., あるいは (2) のように and を略して *Go* get ... のように言うのが普通.
> (2) Ⓢ《米》ではしばしば I'll go see ... のように and を省略する: Somebody is at the door. I'll *go* see who it is. だれか玄関に来た. だれだか行って見てきましょう.
> (3) and が省略される場合は, go は原形で用い, 過去形や進行形は用いない.

(2) Ⓢ 驚いたことに...(まで)する《and に続く動詞を強調し, 普通は怒り・困惑などを示す》: You've *gone and* done it. とんでもないことをしてくれたね.
gò fár [動] ⓐ (1) 遠くへ行く. (2) [普通は否定文で] (金・食物・衣服などが)長くもつ, 使いでがある《⇒ go a long way (way[1] 成句) (1)》. (3) 大いに役立つ[効果がある] (*to, toward*). (4) 成功する.
gò dóing [動] (1) **...しに行く**: We ***went*** swim***ming*** [fish*ing*] ***in*** the river. 私たちは川へ泳ぎ[釣り]に行った / Let's ***go*** skat*ing* ***on*** the pond. 池へスケートに行こう.

> **...へ~しに行く**
> **ショッピングモールへ買い物に行こう.**
> ○Let's **go shopping at** the mall.
> ×Let's go shopping to the mall.
> ✪ doing の後の前置詞は方向を示す to ではなく, 場所を示す at, in, on などを用いる. go から続くのではなく, shopping at the mall で 1 セットだと考える. 特に娯楽や趣味で出かけるときにこの言い方を用いる.

> **go doing のいろいろ**
> **gò bóating** ボートこぎに行く / **gò cámping** キャンプに行く / **gò clímbing** 登山に行く / **gò cýcling** サイクリングに行く / **gò gólfing** ゴルフに行く / **gò híking** ハイキングに行く / **gò húnting** 狩猟に行く / **gò jógging** ジョギングに行く / **gò sáiling** ヨット乗りに行く / **gò shópping** 買い物に行く / **gò skíing** スキーに行く / **gò súrfing** サーフィンに行く

(2) ...しながら行く[進む]: The girl *went* home sob*bing*. 少女はすすり泣きながら帰宅した / He *went* rush*ing* down the stairs. 彼は階段をかけ下りた. (3) [しばしば否定の命令文で] Ⓢ (愚かにも)...してしまう, ...をやらかす: Do*n't go* boast*ing* like that. そんなふうに自慢するんじゃない.
gó tòo fár [動] ⓐ 度が過ぎる, やり過ぎる.

to gó [形] (1) [名詞の後につけて] (時間・距離などが)残されている, 残りが..., あと...: We still have two years *to go*. まだあと 2 年ある. (2) [名詞の後につけて]《米略式》(店内などで飲食するのでなく)持ち帰りの: For here or *to go*? 店内でお召し上がりですか, それともお持ち帰りですか / Two hot dogs *to go*, please. ホットドッグ 2 個持ち帰りでお願いします.
Whére do we gó from hére? Ⓢ (問題解決に向け)次はどうすればいいのか.

> **go の句動詞**
> **gò abóut** 動 ⓐ ❶ 歩き回る [≒walk about], 動き回る; (あちこちへ)旅行する. ❷ = go around 2, 3. ❸《英》(船が)船首を回す.
> +**gó abòut ...** 動 ⓣ ❶ **(物事)を始める**, 取りかかる: I'd like to open an account, but I don't know how to *go about* it. 口座を開きたいが, どう進めていいのかわからない.
> ❷ **(仕事など)をする**, 続ける: He *went about* his job in earnest. 彼は本気で仕事に精を出した.
> **gó abòut dóing** [動] **...し始める:** I don't know how to *go about* open*ing* a bank account. 私は銀行口座を開くのにどうすればよいかわからない.
> +**gó acróss ...** 動 ⓣ **...を横切る**, 渡る: We *went across* the river by ferry. 私たちは連絡船で川を渡った.
> **gó àfter ...** 動 ⓣ ❶ ...の後を追いかける [≒follow]: A squad car *went after* his car. パトカーが彼の車の後を追った. ❷ ...を求める, 探す.
> +**gó agáinst ...** 動 ⓣ ❶ (人が)**...に逆らう**, 反対する [⇔go along with ...]; (スポーツで)...と対戦する: I was *going against* my father's wishes when I became a stuntman. 父の願いに反して私はスタントマンになった.
> ❷ (事柄が)**...に反する**, 合わない: Everything he said *goes against* common sense. 彼の発言すべてが常識はずれだ. ❸ (勝負などが)...に不利になる: The game was *going against* us. 試合は我々に不利になってきていた.
> +**gó alóng** 動 ⓐ ❶ [普通は as 節で] **やっていく**, 成り行きで進めていく; [副詞(句)を伴って] (事が)進む: You'll be able to find your own way *as* you *go along*. やっていくうちに自分の道が見つかるよ.
> ❷ **歩いて行く**, 進む; (会合などへ)行く (*to*): Let's talk as we *go along*. 歩きながら話しましょう.
> **gó alóng with ...** [動] ⓣ (1) **...と同調する**, ...に賛成する (*on*) [⇔go against ...]: I *went along with* the committee's decision. 私は委員会の結論に同調した. (2) ...といっしょに行く; (物が)...に付随する: I *went along with* him as far as the station. 私は駅まで彼に同行した.
> +**gó aróund** 動 ⓐ ❶ **歩き[動き]回る**, **(...して)回る**, **...の状態でいる**; 回り道をする; (人を)訪ねる (*to*)《⇒ around 最初の 語法》: She *went around* 「*in* her showy dress [tell*ing* lies about him]. 彼女は派手なドレス姿ですごした[彼についてでたらめをふれ回った] / We *went around to* his house after the game. 私たちは試合の後彼の家に寄った.
> ❷ [普通は進行形で] (病気などが)**はやる**, (うわさなどが)**広がる:** There's a strange virus *going around*. 奇妙なウイルスがまん延している. ❸ (人と)出歩く, (異性と)付き合う (*together*). ❹ ひと回りする; (みんなに)行き渡る: Is there enough food to *go around*? みんな

に行き渡るだけの食べ物がありますか.

Whát gòes aróund cómes aròund. 《ことわざ》悪いことをすると報いがある.

+**gó aróund ...** 動 他 **...を回る**, 回って行く[歩く]; ...を見回る: The earth *goes around* the sun. 地球は太陽の周りを回る.

gó at ... 動 他 ❶《略式》...に襲いかかる; ...と激しく口論する. ❷《略式》...にせっせと取り組む.

⁂gó awáy

動 自 ❶ **立ち去る**; (特に休暇で)出かける (*on*): *Go away* and leave me alone! 出て行ってくれ. 俺にかまうな / I'm *going away to* Karuizawa for a few days. 私は数日軽井沢へ出かけるつもりです.

❷ (痛み・問題などが)(消えて)**なくなる:** My toothache has finally *gone away*. 歯痛がやっとおさまった. ❸ (...を)持ち逃げする (*with*).

*__gó báck__ 動 自 ❶ (家などに)**帰る**; 後退する; (元の話題・習慣などに)戻る: He *went back to* his room. 彼は自室へ戻った / There's no *going back*. Ⓢ もう後戻りはできない. ❷ [副詞(句)を伴って] (...まで)さかのぼる: The story *goes back to* the sixteenth century. その話は 16 世紀までさかのぼる. ❸ 知り合いである: We *go back* 「20 years [a long way]. 私たちは 20 年来の[長い]つきあいだ. ❹《英》(時計が冬時間で)(1 時間)遅くなる.

gò báck on ... [動] 他 (約束)を破る; (人)を裏切る: He *went back on* his word. 彼は約束を破った.

gó befóre 動 自 (物事が)先行する.

gó befòre ... 動 他 ❶ ...の先を行く. ❷ (裁判官)の前に出廷する; (提案などが)提示される.

gó behìnd ... 動 他 ...(の後ろ)に隠れる.

gó beyónd ... 動 他 ❶ ...の範囲を超える: *go beyond* a joke 冗談ではすまない. ❷ ...を越えて進む.

*__gó bý__ 動 自 ❶ (年月が)**たつ:** as time *goes by* 時がたつにつれて / Three years have *gone by* since that incident. その事件から 3 年が過ぎた. 関連 bygone 過去の.

❷ **通り過ぎる:** He *went by* hurriedly. 彼は急いで通り過ぎた. ❸ (機会・過失などが)見逃される.

*__gó by ...__ 動 他 ❶ **...に従って行動[判断]する**; ...に頼る: There was no rule to *go by*. 頼るべき規則はなかった / If past experience is anything to *go by*, he's not always reliable. 過去の経験から判断すると, やつは必ずしも信頼できない.

❷ **...の前[そば]を通り過ぎる:** Bill has just *gone by* the window. ビルが今窓の下を通り過ぎた. ❸ ...の名で通っている.

⁂gó dówn

動 自 ❶ **降りる**, 下る [⇔go up]: He *went down* 「in the elevator [by elevator]. 彼はエレベーターで(下に)降りた / The boys ***went down to*** the riverside. 少年たちは川岸まで降りた.

❷ (物価・温度などが)**下がる**; (風などが)弱くなる; (明かりが)暗くなる [⇔go up]: Prices will never *go down*. 物価は下がらないだろう / The temperature *went down* suddenly. 気温が急に下がった.

❸ (船が)**沈む**, (飛行機が)墜落する; (太陽・月が)沈む (⇒ come down (come 句動詞) 1): Slowly the ship began to *go down*. ゆっくりと船は沈み始めた / A jetliner ***went down in*** the mountains. ジェット旅客機が山中に墜落した / We must get to the village before the sun *goes down*. 日が沈まないうちにその村に着かなければならない.

❹ **低くなる**, 倒れる: She *went down* 「in a heap [with a bump]. 彼女はどっと[ばたんと]倒れた / He *went down* on one knee. 彼は片ひざをついた. ❺ [副詞(句)を伴って] (話などが)...に受け入れられる: *go down* well [badly] *with* ... ...に受けがよい[悪い]. ❻《略式》質が低下する. ❼ Ⓢ (事が)起こる. ❽ (飲食物などが)のどを通る. ❾ (はれなどが)引く; (タイヤなどが)空気が抜ける. ❿ (コンピューターが)ダウンする; (機械が)故障する. ⓫ 南 [《主に英》田舎]へ行く (*to*, *from*). ⓬ (試合で)(...に)負ける (*to*, *by*); (下位に)落ちる (*to*).

gó dówn in ... [動] 他 (後世)に伝わる, (記録)に記される (*as*): Our victory will *go down in* history. 我々の勝利は歴史に残るだろう.

gó dówn to ... [動] 他 (1) (期間・範囲などが)...まで及ぶ. (2) Ⓢ (用事で)...へ行く, 出向く.

gó dówn with ... [動] 他《英》(病気)にかかる.

*__gó for ...__ 動 他 ❶ **(物)を取り[求め]に行く**, (人)を呼びに行く; (活動)をしに出かける: *go for* milk 牛乳を買いに行く / *go for* a swim [drive] 水泳[ドライブ]に出かける.

❷ **...に襲いかかる**; (ことばで)...**を攻撃する:** I saw a dog *go for* him. 犬が彼に襲いかかるのが見えた.

❸ **...を目ざす**, 得ようとする [≒go after ...]: Did she *go for* the world record? 彼女は世界記録を狙ったの?

❹《略式》**...を支持する**; ...**を選ぶ**; ...**を好む:** I don't *go for* jazz [that type]. 私はジャズ[あのタイプ]は好き[好み]ではない / I could [would] *go for* a drink. Ⓢ 1 杯やりたい.

❺ (物事が)...**に当てはまる:** He'll have to rest, and that *goes for* you too. Ⓢ 彼は休む必要があるが, それはあなたにも当てはまる. ❻ ...で売られる (⇒ go 自 13). ❼ (...の程度に)役立つ: All his effort *went for* nothing. 彼の努力は全て水泡に帰した.

Gó fòr it! Ⓢ それいけ, がんばれ.

gó fórward ⇒ forward 副 成句.

⁂gó ín

動 自 ❶ **中へ入る** [⇔go out]: Tom *went in* but I remained outside. トムは中へ入ったけれど私は外に残った / Let's *go in* and warm up. (家の)中へ入って体を暖めましょう. ❷ (栓・鍵(かぎ)などが)ぴったり納まる. ❸ (太陽・月が)雲に隠れる. ❹ [普通は否定文で] 理解される, 頭に入る.

gó ín for ... [動] 他 (1) (趣味・習慣・仕事などとして) **...をする**; ...することに熱中する: What sports do you *go in for*? あなたはどんなスポーツをしますか. (2)《英》(競走など)**に参加する**; (試験など)を受ける: Ten people *went in for* the hurdles. 10 人がハードル競走に参加した.

gó ín with ... [動] 他 (事業・企画などで)...と協力してやる, ...に加わる.

+**gó in ...** 動 他 ❶ (部屋など)**に入る:** Bob *went in* the restaurant. ボブはレストランに入った. ❷ (栓・鍵(かぎ)などが)ぴったり...に合う.

⁂gò ínto ...

動 他 ❶ **...の中に入る**, (仕事・入院などで)...に入る: I *went into* the room. 私は部屋に入った / These apples won't *go into* that box. このりんごはあの箱には

入らないだろう.
❷ (...の仕事)を始める, (職業として)...に従事する: *go into* medicine 医者になる, 医療の仕事を始める / He *went into* business. 彼は実業界に入った.
❸ ...を話題にする, 論じる; ...を(詳しく)調べる: He didn't *go into* detail(s). 彼は細かいことまでは言わなかった / We haven't *gone into* the question. 私たちはまだその問題を調べていない. ❹ (精力・金・時間などが)...につぎ込まれる: A lot of money has *gone into* buy*ing* these rare books. その稀書の購入に大金がかけられた. ❺ (ある状態)になる; (行動)を始める: *go into* hysterics ヒステリーを起こす. ❻ (乗り物が)...と衝突する, ぶつかる. ❼ (他の数)に含まれる, ...を割れる: Three *goes into* six twice. 3 は 6 に 2 回含まれる, 3 で 6 を割ると 2. ❽〔コンピュータ〕(ファイルなど)を開く.

*__gó óff__ 動 自 ❶ **立ち去る**, 出発する (*to* do); (郵便で)送られる; (俳優が)退場する: They've ***gone off to*** South America ***for*** a vacation. 彼らは南米へ休暇に出かけた.
❷ (爆薬などが)**爆発する**, (銃砲が)突然火を吹く; (警報器などが)鳴り響く: The gun *went off* by accident. 銃が暴発した.
❸ (明かりが)**消える**; (ガス・水道・暖房などが)止まる [⇔ go on]: The lights *went off* at eleven. 電灯は 11 時に消えた / The heater suddenly *went off*. 突然暖房が切れた.
❹ [副詞(句)を伴って] (事が)(うまく, まずく)**いく**: The conference *went off well* [*badly*]. 会議はうまくいった[いかなかった]. ❺《英》(食べ物などが)くさる.
gó óff on ... [動] 他《米略式》...に怒る, ...をしかりつける.
gó óff with ... [動] 他《略式》...と駆け落ちする; ...を持ち逃げする.
gó óff ... 動 他《米略式》(飲食物など)をやめる, 断つ;《英略式》(飲食物など)が嫌いになる.

*gó ón

動 自 ❶ (先へ)**進む**: Don't stop. Please *go on*. 止まらないで, 先へ進んでください / *Go* straight *on* and you'll see a white building on your left. 真っすぐ行くと左に白い建物が見えます.
❷ [副詞(句)を伴って]《略式》(行動などを)**続ける**; (...について)しゃべり続ける (*about*);《英》(人に)小言を言い続ける (*at*): Your parents will be very sad if you *go on* like that. いつまでもそんなことをしているとご両親がとても悲しむよ.
❸ **続く** [≒continue]: The bad weather *went on* for a long time. 悪天候が長く続いた.
❹ [普通は進行形で] (事件などが)**起こる**, (行事などが)行なわれる: What'*s going on* here? 何事だ, どうしたんだ / Something secret *was going on* behind the scenes. 陰で何か秘密のことが行なわれていた.
❺ (明かりが)**つく**; (ガス・水道などが)出る, (暖房などが)つく [⇔go off]: The lights *went on* at seven. 電灯は 7 時についた / This heater won't *go on*. このヒーターはどうしてもつかない.
❻ (時が)**経過する**: As time *went on*, he got worse. 時間がたつにつれて彼の容態は悪くなった. ❼ [副詞(句)を伴って] Ⓢ《英》(うまく)進む.
be góing ón (for) ... [動] 他 (ある年齢・時刻など)に近づく: He *is going on* seventy. 彼はもう 70 歳になりかけている.
Gó ón! Ⓢ さあ, ほら, がんばって(やって); わかったよ, じゃあそうしてよ《承諾の返事》.
gó ón ahéad [動] 自 (人よりも)先に行く.
gó ón dóing [動] ...し続ける: He *went on* danc*ing* for hours. 彼は何時間も踊り続けた.
gó ón to ... [動] 他 ...へ進む[移る]: Let's *go on to* the next lesson. 次の課へ進みましょう.
gó ón to dó [動] 続いて[次に]...する: He *went on to* say that there were other problems to be solved. 続いて彼は解決すべき問題はほかにもあると述べた.
gó ón with ... [動] 他 ...を続ける: *Go on with* your work. 仕事を続けなさい.
*__gó on ...__ 動 他 ❶ (旅行など)**に行く**: I want to *go on* a trip [hike]. 旅[ハイキング]に出かけたい. ❷ [しばしば否定文・疑問文で] (話・証拠など)を頼りにする: The police do*n't* have any leads to *go on*. 警察には頼りになるような手がかりがない.

*gó óut

動 自 ❶ **出て行く** [⇔come in, go in]; (遊び・社交などのために)外出する (*to* do); (恋人として)付き合う (*together*)《⇒ outside 副 語法》: ***go out for*** lunch 昼食に出かける / I'm just ***going out for*** my boy. 私は息子を迎えに出かけるところだ / He *goes out* drink*ing* almost every evening. 彼はほとんど毎晩飲みに出かける.
❷ (火などが)**消える**; (潮が)引く [⇔come in]: The light *went out* suddenly. 急に明かりが消えた. ❸ 発送される; (テレビ・ラジオなどで)放送される (*over*); (ニュースなどが)正式に発表される (*that*). ❹ 敗退する (*of*);《英》(...に)敗れる (*to*). ❺《主に米》(チームなどへの)入部を志願する (*for*). ❻ (物事が)すたれる.
gó óut and dó [動] ...しに出かける: *go out and* buy some cigarettes たばこを買いに出かける.
gó óut to ... [動] 他 (1) (気持ちなどが)...へ向かう: My heart *went out to* the starving children in Africa. アフリカの飢えた子供たちを気の毒に思った. (2) (遠隔地)におもむく.
gó óut with ... [動] 他 [しばしば進行形で] (恋人として)**...と付き合う**, デートする: Steve has *been going out with* Jane for two years. スティーブはジェーンと 2 年間付き合っている.
*__gó óut of ...__ 動 他 ❶ **...から出る**: She *went out of* the room. 彼女は部屋から出て行った. ❷ ...でなくなる: *go out of* fashion 流行遅れになる. ❸ (熱意などが)...から消える[なくなる].
*__gó óver__ 動 自 ❶ (...の方へ)**行く, 近寄る** (*to*); (海などを)渡って行く: I *went over* to talk to a friend. 私は友人と話すために近寄った. ❷ (新方式などに)切り換える (*to*); (放送などで)次は(...に)替わる (*to*). ❸ (他のチーム・政党などへ)移る (*to*). ❹ [副詞(句)を伴って]《米》(話などが)受け入れられる (*with*): His speech *went over well*. 彼の話は受けがよかった.
+__gó óver ...__ 動 他 ❶ **...を検討する; ...を調べる**; ...を下見する: *go over* a house before buying it 買う前に家を下見する.
❷ **...を繰り返す**, ...を復習する: *go over* a lesson again 授業を復習する. ❸ ...を渡る, 越える. ❹ (制限など)を超える. ❺ ...を掃除する (*with*).
+__gó róund__ 動 自 = go around.
+__gó róund ...__ 動 他 = go around ....
gó thróugh 動 自 ❶ 通り[突き]抜ける. ❷ (法案などが)承認される. ❸ (取り引きなどが)成立する.

gó thróugh with ... [動] ⊕ (計画したことなど)を(何とか)**やり遂げる**, やり通す: They decided not to *go through with* the contract. 彼らは契約を遂行しないことに決めた.

*__gó thróugh ...__ 動 他 ❶ **...を通り抜ける,** 貫通する; **...を通って行く:** We *went through* the woods. 私たちは森を通り抜けた[通って行った] / I can't get the thread to *go through* the eye of the needle. 私は針の穴に糸が通せない.
❷ (苦しみなど)を**経験する**, 耐え忍ぶ; (儀式など)に参加する, ...を行なう; (プロセスなど)を経る (受身 be gone through): *go through* a lot of hardships 多くの苦難を耐え忍ぶ.
❸ **...を詳細に調べる;** ...をくまなく探す (受身 be gone through): The police officer *went through* the thief's pockets. 警官はどろぼうのポケットを念入りに調べた. ❹ (法案などが)(議会など)を通過する; (問題の処理などを)...を通して行なう. ❺ (繰り返し)...を練習する, 復習する; (リストなど)を通して見る[読む] (受身 be gone through). ❻ (蓄え・食料・金など)を使い果たす. ❼ (考えなどが)(心)をよぎる.

**gó to ...

動 他 ❶ ...へ行く; ...へ通う《⇒ go 自 1》.
❷ **...に至る,** 届く《⇒ go 自 3》. ❸ (賞・金などが)...に与えられる, 渡る《⇒ go 自 13》. ❹ (意見・援助などを求めて)...のところへ行く; (手段など)に訴える《⇒ go 自 15》.

> **「go to＋名詞」のいろいろ**
> (1) **gò to béd** ベッドに入る / **gò to chúrch** 教会へ行く / **gò to (a) cláss** 授業に出る / **gò to cóllege [(a) univérsity]** 大学へ行く / **gò to (the) hóspital** 病院へ行く / **gò to séa** 船員になる / **gò to tówn** 町へ行く / **gò to wórk** 仕事へ行く.
> (2) **gò to cóurt** 訴訟を起こす / **gó to ˈthe expénse [gréat expénse] (of dóing)** (...することに)金[大金]を使う / **gó to extrémes** 極端なことをする / **gò to píeces** ばらばらになる; 参る / **gó to the pólls** 投票する / **gò to rúin** 滅びる / **gò to sléep** 寝つく / **gò to wár** 戦争を始める.

*__gó togéther__ 動 自 ❶ **いっしょに行く,** 同行する: They *went* to the store *together*. 彼らはいっしょにその店へ行った.
❷ [進行形なし] **つり合う,** 調和する: Bacon and potatoes *go* well *together*. ベーコンとポテトはよく合う.

gó towàrd ... 動 他 (金などが)...に役立つ, ...の支払いに当てられる.

+**gó únder** 動 自 ❶ **破産する,** 失敗する: My father's firm *went under* last year. 父の会社は昨年つぶれました.
❷ (船などが)**沈む:** The ship *went under* with several passengers still aboard. 船はまだ何人かの乗客を乗せたまま沈んでしまった.

gó ùnder ... 動 他 ...の下を通る.

**gò úp

動 自 ❶ **上る,** 登る; (幕などが)上がる [⇔go down]: *go up* on foot 歩いて上る / Several mountaineers were *going up* toward the summit. 数人の登山家が山頂を目ざして登っていた.
❷ (物価・温度などが)**上がる,** 高くなる (*by*) [⇔go down]: Vegetable prices are *going up*. 野菜の値段が上がっている.
❸ (建物が)**建つ;** (掲示などが)出される: Several new buildings have *gone up* this year. 今年は新しいビルがいくつか建った. ❹ (爆発で)吹き飛ぶ; 燃えてしまう: *go up* in flames 炎上する. ❺ (叫び声などが)あがる (*from*). ❻ 北 [《主に英》都会] へ行く. ❼ (明かりが)明るくなる.

gó úp in the wórld [動] 自 出世する.

+**gó úp ...** 動 他 **...を登る,** ...に上がる: Have you ever *gone up* Tokyo Skytree? 東京スカイツリーに登ったことがありますか《⇒ climb ✦》.

*__gó úp to ...__ 動 他 ❶ **...まで行く,** **...に近寄る:** I *went up to* the front door and rang the bell. 私は玄関へ行ってベルを鳴らした.
❷ **...にまで上がる,** ...に達する: The temperature will *go up to* thirty degrees today. きょうは気温が 30 度まで上がるだろう.

**gó with ...

動 他 ❶ ...といっしょに行く; ...に同調[同意]する: I'd like to *go with* you. あなたとごいっしょしたいのですが.
❷ **...に付属する;** ...(すること)に付随する: This printer *goes with* the computer. そのコンピューターを買うとこのプリンターがつく / Sickness often *goes with* poverty. 貧困にはしばしば病気が伴う.
❸ **...と調和する,** 似合う: This tie *goes* very well *with* your shirt. このネクタイはあなたのシャツにとてもよく似合います. ❹ [副詞(句)を伴って] (物事が)...にとって(ある具合に)進行する: Everything *went well* [*badly*, *wrong*] *with* our project. 私たちの計画はすべてがうまくいった[いかなかった]. ❺ ...を選ぶ; (案など)を受け入れる.

gó withóut ... 動 他 [しばしば can, could, have to とともに] ...(すること)なしで済ませる, ...がないのを我慢する [≒do without ...]: He *can't go without* wine (for) even a day. 彼はワインなしでは一日も耐えられない. 語法 目的語が省略されることがあるが, その場合は次のようなアクセントとなる: If you don't like the bread, you *can gò withóut*. そのパンがいやなら, 食べなくていい.

— 名 (~es) ❶ C 試み; 機会: He succeeded in it at [in] one *go*. 彼は 1 回でそれに成功した. ❷ [単数形で]《米略式》許可, 認可: give the plan a *go* 計画を進めることにする. ❸ C [所有格とともに普通は単数形で] (ゲームなどで)(...する)番: It's *mý gò*. 私の番だ. ❹ U《英》精力, 元気: full of *go* 元気いっぱいで.

be a gó [動] 自 S《米》順調だ, オーケーだ.
be (a) nó gó [動] 自 S だめだ.
gíve it a gó [動] 自 やってみる.
hàve a gó [動] 自 (1) (...を)やってみる (*at*). (2)《英略式》(...を)非難する (*at*).
It's áll gó. S《英》とても忙しい.
màke a gó of ... [動] 他《略式》...を成功させる.
òn the gó [形]《略式》絶えず活動して, とても忙しくて; 《主に英》(企画などが)進行して.

goad /góʊd/ 動 他 ❶ (...)をせきたてる (*on*); 刺激する, 刺激して...させる (*into*). ❷ (家畜など)を突き棒で追い立てる. — 名 C (家畜などを追う)突き棒; 刺激するもの; 激励.

go-a·head /góʊəhèd/ 名 [the ~] (計画などに対する)

許可, オーケー: give (...) *the go-ahead* (人に)オーケーを出す. — 形 ❶ 限定 《米》〘スポーツ〙(得点が)勝ち越しの. ❷ 限定 《英》積極的な, 意欲的な.

goal /góʊl/ 発音

— 名 (~s /~z/) ❶ C [しばしば所有格とともに] (努力などの)目標, 目的: *Our goal* this year is to increase sales by 15%. 我々の今年の目標は売り上げを 15 パーセント増やすことだ / a long-term [short-term] *goal* 長期[短期]目標 / ***pursue*** a ***goal*** 目標を追求する / ***achieve*** [***reach***, ***attain***] a ***goal*** 目標に到達する / ***set*** (...) a ***goal*** (人に)目標を設定する / What is *your goal* in life? 人生における君の目標は何ですか.
❷ C (サッカー・ホッケーなどの)ゴール; (ゴールに入れた)得点 (⇒ 3 日英, score 表): shoot at the *goal* ゴールにシュートする / miss the *goal* ゴールをはずす / head [kick] the ball into an open *goal* ヘディングで[キックして]がら空きのゴールにボールを入れる / score [get] a *goal* 得点する, 1 点を取る / kick [shoot] a *goal* ボールをけって[シュートを決めて]得点する / Our team won the game by two *goals* to one. 私たちのチームは 2 対 1 で試合に勝った. 関連 penalty goal ペナルティーキックによる得点.

goal (サッカーやホッケーなどの)	ゴール
finish (line) (競走の; ⇒3)	

❸ C (競走などの)ゴール.

日英 この意味の goal は主にレースの到達目標の意味を表わし, 具体的なゴール地点は finish (line)という. また「ゴールイン(する)」は和製英語で, 英語としては finish か reach [cross] the finish line という.

goal·ie /góʊli/ 名 C 《略式》 = goalkeeper.
+**goal·keep·er** /góʊlkìːpɚ | -pə/ 名 (~s /~z/) C 〘球技〙ゴールキーパー.
góal kìck 名 C 〘サッカー〙ゴールキック.
goal·less /góʊlləs/ 形 無得点の.
góal lìne 名 C 〘球技〙ゴールライン.
goal·mouth /góʊlmàʊθ/ 名 (-mouths /-màʊðz/) C 〘球技〙ゴールマウス《ゴール直前の空間》.
goal·post /góʊlpòʊst/ 名 C [普通は複数形で] 〘球技〙ゴールポスト.
goal·ten·der /góʊltèndɚ | -də/ 名 C 《米》 = goalkeeper.
+**goat** /góʊt/ 名 (goats /góʊts/) ❶ C **やぎ**: a billy [nanny] *goat* 雄[雌]やぎ. ✪ 鳴き声については ⇒ cry 表. 関連 kid 子やぎ. ❷ [the G-] やぎ座《星座》(Capricorn). ❸ C 《略式》好色漢: an old *goat* すけべじじい. 日英 英語の goat の持つイメージは罪・悪・好色といった否定的なもので, 温順なイメージの羊 (sheep) とは異なる. また, 角・尾・割れたひづめを持つ悪魔 (the Devil) も goat の姿からきている.
gét ...'s góat [動] Ⓢ 《略式》(人)をいらだたせる.
goa·tee /goʊtíː/ 名 C (下あごの)ひげ, やぎひげ.
goat·skin /góʊtskìn/ 名 U,C やぎ皮(の袋).
gob¹ /gá(ː)b | gɔ́b/ 名 ❶ C 《略式》(ねばねばした)かたまり (*of*). ❷ [複数形で] 《米略式》多数, 大量 (*of*).
gob² /gá(ː)b | gɔ́b/ 名 C 《英俗》口.
gob·ble¹ /gá(ː)bl | gɔ́bl/ 動 他 《略式》(...)をがつがつ食う (*up*, *down*).
gob·ble² /gá(ː)bl | gɔ́bl/ 動 自 (七面鳥が)ごろごろ鳴く; 七面鳥のような声を出す. — 名 C 七面鳥の(ような)鳴き声.
gob·ble·dy·gook, gob·ble·de·gook /gá(ː)bldigùːk, -gɔ̀k | gɔ́bl-/ 名 U 《略式》(わかりにくい)お役所言葉.
go-be·tween /góʊbɪtwìːn/ 名 C 仲介者, 仲裁人; 媒酌人.
Go·bi /góʊbi/ 名 固 [the ~] ゴビ砂漠《中国とモンゴルにまたがる砂漠》.
gob·let /gá(ː)blət | gɔ́b-/ 名 C 脚(あし)付き杯, ゴブレット《ワイン用》.
gob·lin /gá(ː)blɪn | gɔ́b-/ 名 C (醜い)悪鬼; 小鬼.
gob·smacked /gá(ː)bsmæ̀kt | gɔ́b-/ 形 Ⓢ 《英略式》びっくり仰天した.
go-cart /góʊkàɚt | -kàːt/ 名 C ゴーカート.

god /gá(ː)d | gɔ́d/

— 名 (gods /gá(ː)dz | gɔ́dz/) ❶ [G-] (キリスト教など一神教の)神, 造物主: the kingdom of *God* 神の国 / pray to *God* 神に祈る / 「believe in [worship] *God* 神を信じる[崇拝する] / Jesus was called the Son of *God*. イエスは神の御子(みこ)と呼ばれた / I have sworn before Almighty *God* to tell the truth. 私は全能の神の前で真実を言うと誓った. 語法 God を指す人称代名詞も He, His, Him のように大文字で始めることがある.
❷ C (多神教の)**神**, 男神 (⇒ goddess); 神のような人, 崇拝の対象; (人が)最重要とみるもの: the *god* of music and poetry 音楽と詩の神 / the Greek and Roman *gods* ギリシャやローマの神々 / He makes a *god* of money. 金こそ彼が崇拝するものだ.

ギリシャ・ローマ神話の神々

神の司るもの	ギリシャ神話	ローマ神話
天	Zeus	Jupiter
音楽,詩歌,預言など	Apollo	Apollo
商業,旅行	Hermes	Mercury
愛	Eros	Cupid
戦争	Ares	Mars
太陽	Helios	Sol
海	Poseidon	Neptune
火と鍛冶(かじ)	Hephaestus	Vulcan
酒	Dionysus	Bacchus
黄泉(よみ)の国	Hades	Pluto

❸ [the ~s] 《英略式》天井桟敷(てんじょうさじき).
for Gód's sàke ⇒ sake¹ 成句.
Gód (almíghty [in héaven])! [間] Ⓢ = My God!
Gód hélp ...! ⇒ help 動 成句.
Gód wílling [副] Ⓢ 神がそうお望みならば, 事情が許せば.
Gód's gíft to ... [名] 神が...に与えた贈り物《自分が魅力的だとうぬぼれている者を軽蔑的に指す》: He thinks he's *God's gift to* women. 彼は自分が女性にもてるとうぬぼれている.
Mỳ [Góod, Óh] Gód! = Óh my Gód! [間] Ⓢ くそっ!, なんてこった!, まさか!, ああ(困った)!, 大変!《驚き・恐怖・いらだちなどを表わす》. 語法 God を用いた感嘆の表現は現代英語では多用されるが, 宗教を信じている人の中には, この用法を不敬で下品だと考える人もいるので注意が必要.

pláy Gód [動] ⓐ [悪い意味で] (人が)神のようにふるまう, 何でも思い通りにできると考える.

to Gód [副] [swear, hope, wish, pray などの動詞の後につけて] Ⓢ 本当に, 絶対に《強意を表わす》.

god-aw·ful /gá(:)dɔ́:f(ə)l | gɔ́d-/ 形 限定 《略式》 とてもひどい.

Gód Bléss América 名 固 「ゴッド・ブレス・アメリカ」《米国の愛国歌; ⇒ Star-Spangled Banner》.

god·child /gá(:)dʧàɪld | gɔ́d-/ 名 (-chil·dren /-ʧìldrən/) Ⓒ 名づけ子, 教子(きょうし), 洗礼に立ち会ってやった子《godson または goddaughter; ⇒ godparent》.

god·damn, god·dam /gá(:)(d)dǽm← | gɔ́(d)dæm/ 形 副 = goddamned.

god·damned /gá(:)(d)dǽmd← | gɔ́(d)dæmd/ 形 [普通は 限定] Ⓢ 《卑語》 くそいまいましい; ひどい, とんでもない《damned の強調; ⇒ taboo word》. — 副 Ⓢ 《卑語》 ものすごく, とんでもなく, どえらく.

god·daugh·ter /gá(:)ddɔ̀:ṭə | gɔ́ddɔ̀:tə/ 名 Ⓒ 名づけ娘, 教女.

+**god·dess** /gá(:)ḍəs | gɔ́d-/ 名 (~·es /~ɪz/) ❶ Ⓒ 女神《⇒ god》: the *goddess* of love 愛の女神.

ギリシャ・ローマ神話の女神

女神の司るもの	ギリシャ神話	ローマ神話
結婚,女性	Hera	Juno
愛, 美	Aphrodite	Venus
知恵, 芸術など	Athena	Minerva
月, 狩猟	Artemis	Diana
農業	Demeter	Ceres
あけぼの	Eos	Aurora

❷ Ⓒ あこがれの的になる女性.

god·fa·ther /gá(:)dfà:ðə | gɔ́dfà:ðə/ 名 ❶ Ⓒ (男の)名親, 教父. ❷ Ⓒ [しばしば G-] (犯罪組織の)黒幕.

God-fear·ing /gá(:)dfì(ə)rɪŋ | gɔ́d-/ 形 [普通は 限定] 《古風》 信心深い.

god·for·sak·en /gá(:)dfəsèɪkən | gɔ́dfə-/ 形 限定 (場所が)荒れ果てた, 寂しい.

God-giv·en /gá(:)dgìv(ə)n | gɔ́d-/ 形 限定 天与の, 絶対的な; 絶好の: a *God-given* talent 天賦の才.

god·head /gá(:)dhèd | gɔ́d-/ 名 [the G-] 《格式》 神 [≒God].

god·less /gá(:)dləs | gɔ́d-/ 形 《古風》 神を信じない; 不信心な, 不敬な.

god·like /gá(:)dlàɪk | gɔ́d-/ 形 神のような.

god·li·ness /gá(:)dlinəs | gɔ́d-/ 名 Ⓤ 《古風》 信心深いこと, 神を敬うこと.

god·ly /gá(:)dli | gɔ́d-/ 形 (god·li·er; -li·est) 《古風》 神を敬う, 信心深い [⇔ ungodly].

god·moth·er /gá(:)dmʌ̀ðə | gɔ́dmʌ̀ðə/ 名 Ⓒ (女の)名親, 教母.

god·par·ent /gá(:)dpè(ə)rənt | gɔ́d-/ 名 Ⓒ 名親, 教父[母]《godfather または godmother; 生まれた子供の洗礼式に立ち会い, その宗教教育に責任を持つ人》.

Gód Sáve the Kíng 名 固 「国王陛下万歳」《英国の国歌; 女王が在位のときは King の代わりに Queen となる》.

god·send /gá(:)dsènd | gɔ́d-/ 名 [a ~] 天のたまもの, 思いがけないもうけもの, 棚ぼた (*for, to*).

god·son /gá(:)dsʌ̀n | gɔ́d-/ 名 Ⓒ (男の)名づけ子, 教子(きょうし).

-go·er /gòʊə | gòʊə/ 名 Ⓒ [合成語で] (ある場所へ)よく行く人: a movie*goer* よく映画に行く人.

Goe·the /gə́:ṭə/ 名 固 Jo·hann /joʊhá:n/ Wolf·gang /vá(:)lfgɑ:ŋ | vɔ́lf-/ von /fɑ(:)n | fɔn/ ~ ゲーテ (1749-1832)《ドイツの詩人・作家》.

go·fer /góʊfə | -fə/ 名 Ⓒ 《略式》 使い走り.

go-get·ter /góʊgèṭə | -tə/ 名 Ⓒ 手腕家, やり手.

go-get·ting /góʊgèṭɪŋ/ 形 やる気満々の.

gog·gle /gá(:)gl | gɔ́gl/ 動 ⓐ 《略式》 目をむく; 目を見張る (*at*).

gog·gle-eyed /gá(:)glàɪd | gɔ́gl-/ 形 (驚いて)目をむいて, 目を丸くして(の).

gog·gles /gá(:)glz | gɔ́glz/ 名 複 ゴーグル《ライダーやスキーヤーなどがかける》; 水中めがね.

Gogh 名 固 ⇒ van Gogh.

go-go /góʊgòʊ/ 形 限定 ❶ (ディスコなどで)セクシーなダンスをする. ❷ 《米》 (経済が)成長期の; (株が)投機的な.

***go·ing /góʊɪŋ/

— 動 go の現在分詞.

be góing [動] ⇒ go (成句).

be gòing to dó ⇒ going to の項目.

— 名 ❶ Ⓤ (仕事などの)**進行ぶり**, 速さ: That's good [not bad] *going*. それは(なかなか)大した進行ぶりだ / It's slow [hard, rough] *going*. なかなか進まない. ❷ Ⓤ [しばしば所有格とともに] 行くこと, 出発; 去ること, [遠回しに] 死去 [⇔ coming]: *His going* made the little girl cry. 彼が出て行ったので少女は泣いた. ❸ Ⓤ [しばしば the ~] (道路などの)状態: *The going* was rough on the mountain path. 山道の状態は荒れていた.

héavy góing [名] 困難[退屈]なこと[もの], 手こずること[人].

while the góing is góod [副] 《略式》 状況が悪くならないうちに.

— 形 ❶ 限定 **現行の**, 現在行なわれている: The *going* rate for this job is 100 dollars a day. この仕事の賃金の相場は 1 日 100 ドルだ. ❷ [(最上級の形容詞+)名詞の後に置いて] 《略式》 現在手に入る, 現存する: This is the *best* digital camera *going*. これは今のところいちばんいいデジカメだ.

-go·ing /gòʊɪŋ/ 形 [合成語で] (ある場所へ)よく行く: the theater-*going* public 観劇層.

góing concérn 名 Ⓒ 業績を上げている事業; 継続企業.

go·ing-o·ver /góʊɪŋóʊvə | -və/ 名 ❶ [単数形で] 徹底的な調査[検査]; (部屋などを)きれいにすること: give the papers a good *going-over* 書類に詳しく目を通す. ❷ [単数形で] 《略式》 ひどく殴ること.

go·ings-on /góʊɪŋzá(:)n | -ɔ́n/ 名 複 (いかがわしい)行動; (奇妙な)出来事.

***go·ing to /(子音の前では) gòʊɪŋṭʊ, (母音の前では) -tu/

単語のエッセンス

1) ...しに行くところだ ❶
2) ...するところだ ❷
3) ...するつもりだ ❸
4) (意志と無関係で)...しそうだ ❹

[be going to 不定詞 の形で]
❶ ...しに行くところだ: We'*re going to* see a movie. 私たちは映画を見に行くところだ.
❷ (まさに)...するところだ, ...しかかっている: I'*m* just *going to* visit Mr. White in (the) hospital. (これから)入院中のホワイトさんのお見舞いをするところだ / That's what I *was going to* say. それこそ私が言おうとしていたことです.
❸ (人が)...するつもりだ, ...することにしている《普通は近い将来の計画・予定・意志などを表わす; ⇒ will¹ 2 (1) 語法》: We'*re going to* spend our holidays in Hawaii this summer. この夏は休暇をハワイで過ごすつもりだ / *Are* you *going to* sleep all day? 一日中寝ているつもりなの(いいかげんに起きなさい) / He *was going to* tell the police who had threatened him. 彼はだれに脅迫されたのか警察に告げるつもりだった. ✪ しばしば実際にはしなかったことを意味する.
❹ (人・物事が)...しそうだ; もうすぐ...する[になる]《人の意志と関係なく起こると見込まれる近い未来の出来事を表わす》: Tomorrow *is going to* be another hot day. あすもまた暑い日になりそうだ.

go-kart /góʊkàət | -kɑ̀ːt/ 名 C 《英》 = go-cart.

*****gold** /góʊld/
— 名 ❶ U 金《元素記号 Au》, 黄金: This chain is made of pure [18-karat] *gold*. この鎖は純金[18 金]製だ / mine *gold* 金を採掘する / prospect for *gold* 金を試掘する. ❷ U 金貨; 金製のアクセサリー; 《文語》富, 財宝. ❸ U,C 金色, 黄金色. ❹ C,U = gold medal.
(as) góod as góld [形] 《略式》 (子供が)大変行儀がよい. (形 gólden)
— 形 ❶ **金製の**, 金の《⇒ golden 語法》: a *gold* watch 金時計 / a *gold* coin 金貨. ❷ 金色の.

góld dìgger 名 C 《略式》 金品目当てで男と付き合う女. 由来 原義の「金採掘者」から.

góld dùst 名 U 砂金: be like *gold dust* 《英》 きわめて貴重なものである.

***gold·en** /góʊldn/
— 形 ❶ 金色の, 黄金色の: the *golden* sun 黄金色に輝く太陽 / He has *golden* hair. 彼は金髪だ. 語法 golden は比喩(ひゆ)的に「金色の」,「金のように貴重な」の意味に用いられ,「金製の」の意味には普通は gold を用いる.
❷ (金のように)**貴重な**; 絶好の, すばらしい: a *golden* opportunity 絶好の機会 / one's *golden* days 全盛期 / Speech is silver, silence is *golden*. 《ことわざ》 雄弁は銀, 沈黙は金 // ⇒ prime time 日英. ❸ 《文語》 金の, 金製の: a *golden* ring 金の指輪.
be gólden [動] 自 S 《米略式》 (人が)前途有望である. (名 gold)

gólden àge 名 ❶ [the ~] 〔ギリシャ・ローマ神話〕 黄金時代《人類が最も幸福だったという伝説上の時代》. ❷ [the ~] (...の)黄金時代, 最盛期 (*of*).

gólden annivérsary 名 C 《米》 金婚式《結婚 50 周年; ⇒ wedding anniversary》; 50 周年記念日[祝典].

gólden éagle 名 C いぬわし.

Gólden Gáte 名 固 [the ~] 金門峡《米国 California 州の San Francisco 湾と太平洋の間の海峡》.

gólden hándcuffs 名 複 (特定の社員を自社に引き留めるための)特別優遇措置.

gólden hándshake 名 C 多額の退職金; (定年前退職者への)割増退職金.

gólden júbilee 名 C 《英》 50 周年記念日[祝典].

gólden óldie 名 C 《略式》 懐メロ; 懐かしの映画.

gólden ráisin 名 C 《米》 ゴールデンレーズン《種なし干しぶどうの一種》 [《英》 sultana].

gólden retríever 名 C ゴールデンレトリーバー《黄金色の毛をした大型犬》.

gólden rúle 名 ❶ [the G- R-] 〔聖書〕 黄金律. 参考 新約聖書にある次のおきてをいう: Do unto others as you would have them do unto you. あなたが他の人からしてもらいたいと思うことをあなたも他の人にしなさい. ❷ C (守るべき)重要な原則.

gólden wédding 名 C 《英》 金婚式 [《米》 golden anniversary].

gold·finch /góʊldfɪntʃ/ 名 C おうごんひわ《北米産の鳥》; ごしきひわ《ヨーロッパ産の鳥》.

+**gold·fish** /góʊldfɪʃ/ 名 (複 ~, ~·es) C **金魚**.

góldfish bòwl 名 ❶ C 金魚鉢. ❷ C プライバシーのない場所[状況].

góld léaf 名 U 金ぱく《⇒ foil¹》.

+**góld médal** 名 C,U **金メダル**. 関連 silver medal 銀メダル / bronze medal 銅メダル.

góld médalist 名 C 金メダリスト.

góld mìne 名 ❶ C 金山, 金鉱. ❷ C 《略式》 宝の

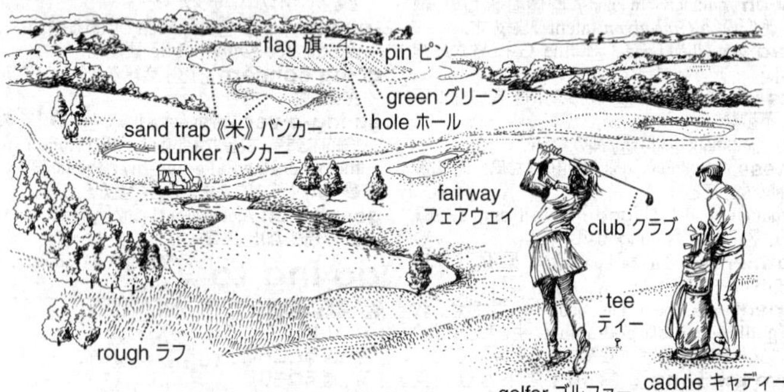

golf

山, ドル箱; (情報などの)宝庫.

gold-plat·ed /góʊldpléɪṭɪd←/ 形 金めっきの.

góld rùsh 名 C ゴールドラッシュ《新金鉱地への殺到; 米国では 1849 年の California のものが有名; ⇒ forty-niner》.

gold·smith /góʊldsmìθ/ 名 C 金細工職人; 金細工商.

góld stàndard 名 ❶ [the ～]〘経済〙金本位制. ❷ [普通は単数形で] 判断[価値]基準 (*of*).

*__golf__ /gɑ́(ː)lf, gɔ́ːlf | gɔ́lf/ 名 U **ゴルフ:** play *golf* ゴルフをする. — 動 自 ゴルフをする: go *golfing* ゴルフに行く. 〘語源〙オランダ語で「こん棒」の意〙

gólf bàll 名 C ゴルフボール.

gólf càrt 名 C ゴルフカート《ゴルフバッグを運ぶ車》.

gólf clùb 名 ❶ C (ゴルフ用の)クラブ. ❷ C ゴルフ[カントリー]クラブ《団体およびその建物》.

gólf còurse 名 C ゴルフ場.

+__golf·er__ /gɑ́(ː)lfɚ, gɔ́ːlfɚ | gɔ́lfə/ 名 (～s /～z/) C **ゴルファー;** [前に形容詞をつけて] ゴルフが...の人: a professional *golfer* プロゴルファー / be a *good* [*poor*] *golfer* ゴルフが上手[下手]だ.

golf·ing /gɑ́(ː)lfɪŋ, gɔ́ːlf- | gɔ́lf-/ 名 U ゴルフ(をすること).

gólf lìnks 名 (複 ～) C ゴルフ場《特に海岸沿いの》.

gol·ly /gɑ́(ː)li | gɔ́li/ 間《古風》おや!, まあ!《驚きを表わす》.

gon·do·la /gɑ́(ː)ndələ | gɔ́n-/ 名 ❶ C ゴンドラ《かいでこぐ小舟; イタリアの Venice の名物》. ❷ C (軽気球・飛行船・ロープウェーの)ゴンドラ.

gon·do·lier /gɑ̀(ː)ndəlíɚ | gɔ̀ndəlíə/ 名 C ゴンドラの船頭.

***gone** /gɔ́ːn, gɑ́(ː)n | gɔ́n/

— 動 go の過去分詞.

have góne to ... [動] 他 (1) **...へ行っている, ...へ行ってしまった**《ここにはいない》: My mother *has gone to* the beauty shop. 母は美容院に行っている / I *have gone to* the library. 図書館へ行ってます《書き置きで》/ My father *has gone to* Paris. 父はパリへ発った. (2)《米》...へ行ったことがある [≒have been to ...].

— 形 叙述 ❶ **行ってしまった,** いない; なくなった; 過ぎ去った《⇒ be[2] A 4》: "How long will you be *gone*?" "About a month."「何日ぐらい行っているの」「1 か月ぐらいだよ」/ When I came back, my bag was *gone*. 帰ってきてみるとバッグがなくなっていた / Spring is *gone*. 春は過ぎ去った. ❷ [遠回しに] 死んでしまった: My old friends are all *gone*. 昔の友達はみな死んでしまった. ❸《英略式》妊娠...か月で: She's six months *gone*. 彼女は妊娠 6 か月だ.

— 前《英略式》(時間・年齢が)...を過ぎて [≒past]: It's *gone* ten. 10 時を過ぎている.

gon·er /gɔ́ːnɚ, gɑ́(ː)nɚ | gɔ́nə/ 名 [a ～]《略式》(助かる)見込みのない人.

gong /gɑ́(ː)ŋ, gɔ́ːŋ | gɔ́ŋ/ 名 C どら, ゴング.

gon·na /gənə, gɑ̀ːnə | gənə, gɔ̀nə/ S《略式》= going to. 〘語法〙 going to のくだけた発音を示すつづりで, 次には原形が来る.

gon·or·rhe·a,《英》**-or·rhoe·a** /gɑ̀(ː)nəríːə | gɔ̀nəríə/ 名 U〘医学〙淋(りん)病.

goo /gúː/ 名 U《略式》(のりのように)べたつく物.

***good** /gʊ́d/

— 形 (比 **bet·ter** /béṭɚ | -tə/; 最 **best** /bést/)

✪ better, best についてはそれぞれの項目を参照.

意味のチャート

基本的には「**よい**」(優れた) ❶, (善良な) ❷ の意.

- (適切で) →「**適している**」❻ → 「**正当な**」❹ / 「**上手な**」❸
- (快適で) →「**楽しい**」❺ →「**とても親しい**」⓫
- (健全で) → 「(体に)**よい**」❽ / 「**丈夫な**」;「**元気な**」❾

❶ (質・内容などが)よい, 上等な, 立派な; (食べ物などが)おいしい, 新鮮な; (成績が)良の《⇒ grade 表》: *good* books 良書 / a *good* reputation よい評判, 名声 / very *good* (成績の)良の上 / *good* English 正しい英語《俗語・方言・文法的な誤りなどのない英語; ⇒ 3》/ That's a *good* idea [question]. = *Good* idea [question]. S いいアイデア[質問]だ / "Is her work *good*?" "Not *good* enough, I'm afraid."「彼女の作品の出来はいい?」「いまひとつだね」/ This wine tastes so *good*. このワインはすごくおいしい.

♥ **いいですね** (ほめるとき)

It's really good.

Ms. Lee, have you had a chance to read my essay yet? リー先生, エッセイはごらんいただけましたか.

Yes, **it's really good**. The ideas are well organized and clearly expressed. ええ, とてもよかったですよ. 考えがよくまとまっていてわかりやすかったです.

Thank you, I'm glad to hear that. ありがとうございます. そう伺ってうれしいです.

♥ good は人や物をほめたり, 客観的に肯定的評価を述べる際によく使われる.

♥ good 単独では, 場合によって「まあまあ」「可もなく不可もない」といったニュアンスにもなりうるので, so, really, very などの強調表現をともに用いたり, 直後により具体的なコメントを続けることが多い.

♥ good の代わりに wonderful, excellent, great, fantastic, incredible, perfect, brilliant, amazing などを使うと, 好意的な評価をより強調することができる.

❷ (道徳的に)よい, 善良な; (子供などが)行儀のよい [⇔ bad, ill]: a *good* husband [wife] よい夫[妻] / lead [live] a *good* life まともな生活をする / Be a *good* boy [girl]. いい子にしていなさい / *The good* die young.《ことわざ》善良な人たちは若死にする(佳人薄命)《複数名詞のように扱われる; ⇒ the[1] 3》.

❸ **上手な, うまい;** 有能な; (...が)得意で [⇔ bad, poor]: She is *good at* tennis. +at+名 彼女はテニスがうまい 多用 / 言い換え You're *good at* speaking Japanese. +at+動名 = You're a *good* speaker of Japanese. (= You speak *good* Japanese.) あなたは日本語がお上手ですね《⇒ 1》/ He's very *good with* his hands. +with+名 彼はとても手先が器用だ / He's *good with* children. 彼は子供の扱いがうまい.

〘語法〙「...するのが上手だ」というときには「...する人」の意味を持つ名詞の前に good をつけて表わすことが多い《⇒ bad 6 〘語法〙, poor 4 〘語法〙》: a *good dancer* [*swimmer, driver*] ダンス[泳ぎ, 運転]のうまい人 / My mother is a *good cook*. 母は料理が上手だ.

❹ (理由・証拠などが)**正当な,** 妥当な, 有力な: I have *good* reasons for doing so. そうするのにはもっともな理

G

由がある.
❺ 楽しい, 快い; 好ましい, うれしい; 魅力的な: *good* news よい知らせ / *good* weather いい天気 / We ***had*** *a* very ***good time*** at her birthday party. 彼女の誕生日のパーティーはとても楽しかった / ***Have a good day*** [***weekend***, trip]! 楽しい 1 日[週末, 旅]を!《別れ際のあいさつ》/ I was glad to have such *good* company. とても楽しい仲間がいてよかった / ***It's good to*** see you again. またお会いできてうれしい.
❻ (目的に)**適している**, 適切な, ちょうどよい; 都合がよい: *good* advice 適切な忠告 / This place is ***good for*** camping. [+*for*+名] この場所はキャンプに適している [多用] / [言い換え] This mushroom isn't ***good to*** eat. [+*to* 不定詞] = It's not *good* to eat this mushroom. このきのこは食べられない / He's a *good* man *for* the job. 彼はその仕事に適任だ.
❼ **親切な**, 心の優しい [≒kind]; (...について)寛大な (*about*): She's very ***good to*** her neighbors. [+*to*+名] 彼女は近所の人たちにとても親切ですよ / [言い換え] ***It's*** very ***good of*** you ***to*** say so. (= You're very *good* to say so.《格式》) そう言ってくださるなんてとてもお優しいですね《⇒ nice 2; of 12》.
❽ (体・健康などに)**よい, ためになる**, 有益な: Getting up early is ***good for*** your health. [+*for*+名] 早起きは健康によい / They are a *good* influence on each other. 彼らは互いにいい影響を与え合っている.
❾ **丈夫な**, 強い, 健全な; **元気な**, 体調がいい: I'm in *good* health. 私は健康だ / His eyesight is pretty *good*. 彼はかなり視力がいい / I don't ***feel*** very ***good*** today. きょうはあまり体調がよくない / 🗨 "Hi, Sara. How are you doing?" "(I'm) pretty *good*. How are you, Anne?" 「サラ, こんにちは. 元気?」「まあまあだよ. アンは?」 ❿ [限定] [a ～ として] 十分な, かなりの, 相当な; たっぷり[まる]...分の: *a good* day's work たっぷり一日分の仕事 / Take *a good* look at this new car. この新車をとくとご覧ください / It took me *a good* ten hours to finish it. それを仕上げるのにたっぷり 10 時間はかかった. [語法] 《略式》では他の形容詞を副詞的に修飾しそれを強調することがある: *a good long* time かなり長い時間. ⓫ [限定] とても親しい: The two of them are *good* friends. あの二人はとても仲よしだ.
⓬ (商業的に)信用できる, 優良な; (貨幣などが)本物の: a *good* debt 優良貸付.

as góod as ... [副] [形容詞・過去分詞の前に用いて] **...も同然で**, ...も同じで: *as good as* new 新品同様で / *as good as* dead [finished] 死んだ[終わった]も同然で.

be ⌈góod enòugh [sò góod as] to dó [動]《格式》**親切にも...する[してくれる]**《⇒ to² B 5》: He *was good enough to* take me to the station. 彼は親切にも私を駅まで案内してくれた / Would you *be good enough to* do me a favor? 頼みを聞いていただけませんか.

be góod to gó [動] ⓐ 準備ができている.

be tóo góod ⌈to be trúe [to lást] [動] ⓐ《略式》話がうますぎて本当[そのまま続く]とは思えないほどだ.

gòod and ... /gòdn/ [副]《略式》とても...: I'm *good and* tired today. きょうはとても疲れた.

gòod and réady [形]《略式》すっかり準備ができて.

góod for ... [形] (1) (券・証明書などが)**...の間有効で**; (物・人が)...の間もつ[生きられる]: This ticket is *good for* another six months. この券はあと 6 か月有効だ. (2) **...に有効で**, ...に効き目がある《⇒ 8》: This medicine is *good for* a cold. この薬はかぜに効く. (3) **...の役に立つ**《⇒ 6》: He's *good for* nothing.《略式》彼は何の役にも立たない《⇒ good-for-nothing》. (4) (物事)を提供でき(そうであ)る, 支払う[貸す]ことができる: What's [How much is] she *good for*? 彼女はいくら出せるだろうか.
—[間] Ⓢ ...よくやった!, ...おめでとう: *Good for* you! おめでとう, よかったね / *Good for* Meg! メグはよくやった.

góod for a láugh [形] Ⓢ 笑わせてくれる, おもしろい: He's always *good for a laugh*. 彼はいつも笑わせてくれる.

góod òld ... [形] (1) Ⓢ [名前につけて好感・称賛などを表わす]: *Good old* Jim! ジムはいいやつだ[よくやった]. (2) 懐かしい...; 古きよき...《いろいろな感情を込めて》: I often think of those *good old* days. 私はよくそのころの古きよき時代を思い出す.

Hàve a góod òne. Ⓢ《米》よい一日を《別れるときのことば》.

hòld góod [動] ⓐ《格式》(法律などが)**有効である**, 適用される, 当てはまる: The rule *holds good* in this case. その規則はこの場合も適用される.

It's a góod thíng (that) ... Ⓢ ...で本当によかった.

lòok góod [動] ⓐ (1) (人が)かっこよく見える; (服などが)似合う: [言い換え] You *look good in* that dress. = That dress *looks good on* you. そのドレスはあなたに似合うね. (2) (物・考えが)よく思える, (事が)順調に進みそうである. (3) [しばしば否定文で] (物事が)妥当と思われる, 他人の目によくうつる.

màke góod [動] ⓗ (1) (損害・不足など)を**償う**, 埋め合わせる; (借金)を返済する: They *made* the loss *good*. 彼らはその損害の埋め合わせをした. (2) (...)を成し遂げる, 達成する, (約束など)を果たす; (主張など)を立証する. (3) (...)を修復する. —ⓐ 成功する.

màke góod on ... [動] ⓗ (約束など)を果たす, (契約など)を履行(りこう)する; (借金など)を返す.

Thàt's góod! それはよかった《喜び・満足を表わす》.

(Thére's [Thát's] a) góod bóy [gírl]. Ⓢ いい子だね, いい子だから: Stop crying now. *Good girl*. もう泣くのはやめて. いい子だから. [語法] 犬に対しては Good dog. と言う.

— [間] **よろしい**, それはよかった《承認・満足など》: 🗨 "I've reserved a room for you at the Grand Hotel." "*Good!*" 「グランドホテルに部屋を取っておきました」「それはどうも」/ "They say you can rent skis there." "Oh, *good!*" 「そこでスキーを借りられるそうだよ」「それはよかった」

— [名] ❶ Ⓤ [しばしば some, any, no, much とともに] **役立つこと**, ため: [言い換え] What *good* is it? = What's the *good* of it?《略式》それが何の役に立つんだ.
❷ [the または所有格の後で] **利益**, 幸福, ため [≒ benefit, advantage] [⇔ harm]: ***for the good of*** ... ...の(利益の)ために / I'm telling you this *for your* own *good*. 私はあなたのためを思ってこう言っているんですよ / *for the* common [general, public] *good* 公共の利益のために. ❸ Ⓤ 善, よいこと; (人の)徳; よい点 [⇔ bad]: [言い換え] There's no *good in* him. = There's not any *good* in him. 彼には善良なところが少しもない.
❹ [the ～] [複数扱い] 善人たち《⇒ [形] 2 最後の例文》.

be nó góod = be nót àny góod = be nót mùch góod [動] ⓗ (1) **役に立たない**, むだである: [言い換え] That'*s no good*. = That *isn't any good*. そ

れはまったくだめだ[むだだ] / Advice *isn't much good to* me. I need money. 助言なんか役に立たない. 私はお金が必要なんだ. (2) (...が)得意でない: He *was not* [*never*] *any good at* tennis. 彼はテニスが全然だめだった.

be úp to nó góod [動] ⾃《略式》悪いことをして[企(たくら)んで]いる.

cóme to nó góod [動] ⾃ まずい結果に終わる.

dó góod [動] ⾃ (1) [しばしば some, any, no とともに] **役に立つ**, 効き目がある: Do you think it will *do any good*? それが少しでも役に立つと思いますか. (2) よいことをする; 親切にする.

dò ... (a wórld [pówer] of) góod [動] ⑩ (非常に)(人)**のためになる:** Milk will *do* you *good*. 牛乳は体に(とても)いいですよ.

for góod (and áll) [副] 永久に, これを最後に: He left Japan *for good*. 彼は永久に日本を去った.

it is nó góod dóing [《まれ》 **to** dó] **...してもむだだ** 《⇒ it¹ A 4》: *It's no good* (your) discuss*ing* the problem. (君たちが)その問題を議論してもむだだ.

to the góod [副・形] (1) [数量を示す語句の後に置いて] 貸し越しとして, 純益として. (2) [しばしば all to the good として] 好都合[有利]な; 勝ち越して.

— 副 ❶ Ⓢ《米略式》よく [≒well]. ❷《米》十分に.

good af·ter·noon /gòdæftənúːn | -ɑːftə-/ 間 Ⓢ《格式》こんにちは《午後のあいさつ》: *Good afternoon*, Mrs. Brown. ブラウン先生, こんにちは. 語法 (1) 現在では格式ばった古風な感じで, good morning や good evening ほどは頻繁に使われない. (2) 親しい者どうしでは hello や hi と言うほうが普通. (3)「よい午後を」といった意味で, 別れ際のあいさつとしても使われる.

***good·bye, good·by /gò(d)báɪ/

— 間 Ⓢ **さようなら**, では また《最も普通の別れのあいさつ; 近くまた会う人にも当分会えそうにない人にも用いる. 電話の話の終わりにも用いる; ⇒ 類義語》: *Goodbye* and good luck! さようなら, お元気で / *Goodbye* till we meet again! また会う日まで, さようなら.

goodbye

— 名 (~s /~z/) Ⓒ **別れのあいさつ**, いとまごい, さようなら: Have you said all your *goodbyes*? お別れのあいさつはすっかり済ませましたか.

sáy goodbýe [動] ⾃ (人に)**さようならを言う**; (物を) あきらめる (*to*): I'm afraid it's time to *say goodbye*. もうそろそろお別れしなければなりません.

類義語 **Goodbye!** 最も普通の別れのあいさつ. **So long!** 親しい者どうしで使う. **Bye-bye!** 主に子供どうしか大人が子供に向かって使う. **See you!** くだけた会話で使う. じきにまた会うという含みがある.

〖語源 God be with ye (= you). (神があなたとともにいますように)が縮まったもの; good となったのは good night などの影響〗

good day /gò(d)déɪ/ 間 ❶《古風》おはよう; こんにちは. ❷《古風》ごきげんよう.

***good eve·ning /gòdíːvnɪŋ/

— 間 Ⓢ《格式》**こんばんは**《夕方から夜にかけてのあいさつ》: *Good evening*, and welcome to ABC's 9 o'clock news. こんばんは, ABC 9 時のニュースです. 語法 (1) good evening だけでなく, 後に相手の名前を呼びかけるのが普通. (2) 親しい者どうしでは hello や hi と言うことが多い. (3)「よい夜を」といった意味で, 別れ際のあいさつとしても使われる.

góod fáith 名 Ⓤ 誠意: show *good faith* 誠意を示す / in *good faith* 《⇒ faith 成句》.

good-for-noth·ing /gódfənʌ́θɪŋ | -fə-/ 形 限定 (人が)何の役にも立たない, ごくつぶしの. — 名 Ⓒ 役に立たない人, ごくつぶし.

Góod Fríday 名 Ⓤ,Ⓒ 聖金曜日《復活祭 (Easter) 前の金曜; キリストの受難記念日》.

good-heart·ed /gódhɑ́ətɪd | -hɑ́ːt-ˊ/ 形 親切な, 寛大な.

Gòod Hópe 名 固 the Cape of ~ 喜望峰(きぼうほう)《アフリカ最南端の岬; ⇒ Gama》.

góod húmor 名 Ⓤ 上機嫌.

good-hu·mored /gódhjúːməd | -məd←/ 形 上機嫌の; 気さくな. **~·ly** 副 機嫌よく.

good·ie /gódi/ 名 = goody.

good·ish /gódɪʃ/ 形 ❶《英》まあよい. ❷ [a ~として]《英》(数量・距離などが)かなりの, 相当の.

+**good-look·ing** /gódlókɪŋ←/ 形 **美貌(びぼう)の**, 顔立ち[容姿]のよい《⇒ beautiful 類義語》: a *good-looking* guy かっこいいやつ.

góod lóoks 名 複 美貌.

+**good luck** /gódlʌ́k/ 名 Ⓤ **幸運**.

— 間 **ご成功を**, いってらっしゃい, がんばってね《⇒ cross one's fingers (finger 成句)挿絵》.

Góod lúck (to you)! = I wísh you góod lúck! [間] Ⓢ **幸運をお祈りします**, がんばって《試験などに行く人を励ますときのことば》; **お元気で**《旅行する人や別れる人などへのあいさつ》: You're having an exam tomorrow, aren't you? *Good luck!* あしたは試験ね. がんばってね. 日英 このようなときには日本語の「がんばって」を直訳した Try hard. や Do your best. のような言い方はしない.

***good morn·ing /gò(d)mɔ́ənɪŋ | -mɔ́ː-/

— 間 Ⓢ《格式》**おはようございます**, **こんにちは**《午前中のあいさつ》: *Good morning*, Mr. Baker! ベーカー先生, おはようございます. 語法 (1) good morning だけでなく, 後に相手の名前を呼びかけるのが普通. (2) 親しい者どうしでは hello や hi とか単に morning と言うことが多い.

góod náme 名 Ⓒ 評判, 名声 [≒reputation].

góod náture 名 Ⓤ 気立てのよさ, 親切さ.

good-na·tured /gódnéɪtʃəd | -tʃəd←/ 形 気立てのよ

い, 人のいい, 親切な; 穏やかな: a *good-natured* girl 気立てのよい少女 / a *good-natured* discussion 和やかな話し合い. ~·**ly** 副 親切に.

good-neigh·bour·li·ness /gódnéɪbəlinəs | -bə-/ 名 U《英》よい隣人関係, (隣国との)友好関係.

+**good·ness** /gódnəs/ 名 ❶ U (人柄の)**よさ**, 人徳; 親切(なこと), 優しさ: No one can doubt his *goodness*. 彼の人柄のよさを疑う人はいないだろう. ❷ U 美点, 長所; (食品の)栄養分.

Góodness grácious (mé)! = Góodness (mé)! = My góodness! = Óh, my góodness! [間] Ⓢ えっ!, なんと!, ああ!; まったくもう!《驚き・いらだちなどを表わす》.

hàve the góodness to dó [動]《格式》**親切にも…してくれる**: *Have the goodness to* leave me alone. どうかひとりにさせてくださいませんか.

òut of the góodness of one's **héart** [副] 親切心から.

***good night** /gò(d)náɪt/

— 間 Ⓢ **おやすみなさい, さようなら**《晩や夜の別れのあいさつ》: *Good night*, see you tomorrow. おやすみなさい, また明日.

***goods** /gódz/

— 名 複 語法 数詞で修飾できない. 個数を言う時は two articles [items] などが普通である.

❶ **商品, 製品, 品物**;《米》織物, 服地 (dry goods): They sell various kinds of *goods* at that store. あの店ではいろいろな品物を売っている.

❷ **家財**; 所有物; (金・証券以外の)動産: household *goods* 家財(道具) / a country's *goods* and services 一国の財貨とサービス.

❸《英》(鉄道などの)**貨物**, 積み荷 [《米》freight]: send *goods* by train 荷物を鉄道便で送る.

delíver [còme úp with] the góods [動] 自《略式》約束を果たす, 期待にこたえる. 由来 品物をきちんと配達する, の意.

Góod Samáritan 名 ⇒ Samaritan.

góod sénse 名 U 良識, 分別.

góods tràin 名 C《英》= freight train.

good-tem·pered /gódtémpəd | -pəd⁻/ 形 温厚な, おとなしい [⇔ ill-tempered].

+**good·will** /gódwíl⁻/ 名 ❶ U **好意**, 厚情, 親切心《favor よりも積極的に援助しようとする態度を示す》: show *goodwill to* [*toward*] ... (人)に好意を示す. ❷ U **親善**, 友好: a *goodwill* visit 親善訪問. ❸ U (店の)株, のれん; 信用, 得意.

good·y /gódi/ 名 (good·ies) [普通は複数形で] ❶ C《略式》おいしいもの, おやつ; 特にいい事[物]《楽しみ・ぜいたく品など》. ❷ C《英略式》(本・映画の)正義の味方. — 間《やや古風, 小児語》しめた, やったぜ.

good·y-good·y /gódigódi⁻/ 名 (-good·ies) C《略式, 小児語》[軽蔑的] ぶりっ子, いい子ぶる人.

good·y-two-shoes /góditú:ʃù:z/ 名 (複 ~) C《略式》= goody-goody.

goo·ey /gú:i/ 形 (goo·i·er; -i·est) ❶《略式》べたつく, ねばねばの. ❷《略式》ひどく感傷的な.

goof /gú:f/ 名 (~s) ❶ C《略式, 主に米》まぬけ, とんま. ❷ C《略式, 主に米》へま, 失敗. — 動 自《米略式》へまをする (*up*). — 他《略式, 主に米》(...)をしくじる (*up*). **góof aróund** [動] 自《略式, 主に米》ふざける, ばかげたことをする. **góof óff** [動] 自《米略式》のらくらする, なまける.

goof·ball /gú:fbɔ̀:l/ 名 C《米略式》まぬけ, ばか.

goof·y /gú:fi/ 形 (goo·fi·er; -fi·est)《略式》ばかな, まぬけな.

Goo·gle /gú:gl/ 名 固 グーグル《インターネットの検索エンジン; 商標》. — 動 [g-] 他 (...)をグーグル[インターネット]で検索する. — 自 検索する.

goon /gú:n/ 名 ❶ C《略式, 主に米》用心棒, 暴力団員. ❷ C《略式, 主に英》まぬけ, ばか.

goop /gu:p/ 名 U《略式》べとべと[どろりと]した物.

+**goose** /gú:s/ 名 (複 geese /gí:s/) ❶ C **がちょう**《「とんま」のイメージがある》; がちょうの雌. ✪ 鳴き声については ⇒ cry 表. 関連 gander がちょうの雄 / gosling がちょうの子.

❷ C がん, かり《渡り鳥》. ✪ 鳴き声については ⇒ cry 表 wild goose. ❸ U がちょうの肉. ❹ C《古風, 略式》とんま, まぬけ.

cóok ...'s **góose** [動]《略式》(人)の希望[計画]に水を差す.

kíll the góose that láys [láid] the gólden égg(s) [動] 自 (目先の利益のために)将来の大きな利益を犠牲にしてしまう. 由来 金の卵を産むがちょうを殺して腹から全部の卵をいっぺんに取ろうとした, イソップ物語の男の話から.

— 動 他《米略式》(いたずらで)(人)の尻をつねる.

goose·ber·ry /gú:sbèri, gú:z- | gózb(ə)ri/ 名 (-ber·ries) C グズベリー, 西洋すぐり(の実), すぐり.

góose bùmps 名 複《主に米》鳥肌: get *goose bumps* 鳥肌が立つ.

goose·flesh /gú:sflèʃ/ 名 U《主に英》= goose bumps.

góose pìmples 名 複《主に英》= goose bumps.

góose stèp 名 [the ~] ひざを曲げないで足を高く上げて行進する兵士の歩調.

goose-step /gú:sstèp/ 動 (-steps; -stepped; -step·ping) 自 (兵士が)ひざを曲げずに足を高く上げて行進する.

GOP /ʤí:òopí:/ 名 [the ~]《米》共和党《Republican Party の別称; *G*rand *O*ld *P*arty の略》.

go·pher /góofə | -fə/ 名 ❶ C ほりねずみ, ほりりす《地下生活をする北米産の動物; ほお袋がある》. ❷ C = gofer.

Gór·di·an knót /gɔ́əḍiən- | gɔ́:-/ 名 ❶ [the ~] ゴルディオスの結び目《フリュギア (Phrygia /fríʤiə/)のゴルディオス (Gordius /gɔ́əḍiəs | gɔ́:-/)王の結んだ結び目; これを解く者がアジアの王となると言われ, Alexander 大王は剣を抜いて切断した》. ❷ C 難問. **cút the Górdian knót** [動] 自 思い切った手段で難問を解決する, 一刀両断にする.

Gor·don /gɔ́ədn | gɔ́:-/ 名 固 ゴードン《男性の名》.

gore /gɔ́ə | gɔ́:/ 動 (gor·ing /gɔ́:rɪŋ/) 他 (牛・いのししなどが)(...)を角[きば]で突き刺す. — 名 U《文語》(傷口から出た)血の固まり, 血のり: blood and *gore* (映画の)流血シーン.

+**gorge** /gɔ́ədʒ | gɔ́ːdʒ/ 名 (gorg·es /~ɪz/) Ⓒ **峡谷**, 山峡 (⇒ valley 類義語).
màke ...'s górge rìse [動] (人)をむかつかせる, (人)に嫌悪(けんお)感[怒り]を抱かせる.
— 動 他 [~ oneself としてまたは受身で] (食べ物を)腹一杯に詰め込む (*on*, *with*). — 自 たらふく食べる (*on*).

+**gor·geous** /gɔ́ədʒəs | gɔ́ː-/ 形 ❶ 《略式》 **とても美しい[魅力的な]; すばらしい**, すてきな; とても楽しい: *Gorgeous* girls were dancing. すごくきれいな女の子たちが踊っていた / The weather was *gorgeous*. すばらしい天気だった. ❷ [普通は 限定] 華麗な, 絢爛(けんらん)たる, 色とりどりの: a *gorgeous* dress 絢爛豪華な衣装. 語法 日本語の「ゴージャス」のように「ぜいたくな, 豪華な」(luxurious) という意味はない.
~·ly 副 すばらしく, すてきに; 華麗に.

Gor·gon /gɔ́əgən | gɔ́ː-/ 名 ❶ Ⓒ 〔ギリシャ神話〕 ゴルゴン 《頭髪は蛇で, 見る人は恐怖のあまり石に化したといわれる 3 人姉妹の 1 人》. ❷ Ⓒ [g-] 《略式》 恐ろしい[醜い]顔の女, いやな感じの女.

+**go·ril·la** /gərílə/ 名 (~s /~z/) ❶ Ⓒ **ゴリラ**. ❷ Ⓒ 《略式》 粗暴で醜い大男.

gor·y /gɔ́ːri/ 形 (gor·i·er; -i·est) ❶ 《略式》 残虐な, ぞっとする: (all) the *gory* details 生々しい詳細. ❷ 《文語》 血だらけの, 血みどろの.

+**gosh** /gά(ː)ʃ | gɔ́ʃ/ 間 《略式》 **えっ!, おや!**, ああ!, きっと! 《驚き・不快を表わす; God の婉曲語》.

gos·ling /gάzlɪŋ | gɔ́z-/ 名 Ⓒ がちょうの子. 関連 goose がちょう.

go-slow /góʊslòʊ/ 名 Ⓒ 《英》 怠業戦術, サボタージュ [《米》 slowdown] (⇒ sabotage 日英).

+**gos·pel** /gά(ː)sp(ə)l | gɔ́s-/ 名 (~s /~z/) ❶ Ⓒ [しばしば the G-] **福音書** 《新約聖書の最初の 4 書で, キリストの生涯と教えを記録したもの》: *the Gospel* according to (St.) Matthew [Mark, Luke, John] マタイ[マルコ, ルカ, ヨハネ]伝. ❷ [the G-] (キリストの説いた)福音, キリスト教の教義. ❸ Ⓒ [普通は単数形で] 信条, 主義 (*of*). ❹ Ⓤ 《略式》 = gospel truth. ❺ Ⓤ ゴスペル 《米国南部の黒人宗教音楽》.
táke ... as góspel [動] 他 (...)を絶対正しいと思い込む.

góspel mùsic 名 Ⓤ = gospel 5.

góspel trúth 名 [the ~] 絶対的な真理.

gos·sa·mer /gά(ː)səmə | gɔ́səmə/ 名 ❶ Ⓤ 小ぐもの糸 《空中に浮遊したり茂みなどにかかっているもの》. ❷ Ⓤ 《文語》 繊細なもの; 薄い布地.

+**gos·sip** /gά(ː)sɪp | gɔ́s-/ 名 (~s/~s/) ❶ Ⓤ **人のうわさ話**, 陰口, (新聞・雑誌の)ゴシップ: idle *gossip* 根も葉もないうわさ話 / juicy *gossip* 興味をそそるうわさ話 / the *gossip* column (新聞などの)ゴシップ欄. ❷ Ⓒ うちとけた会話, 世間話. ❸ Ⓒ [軽蔑的] 人のうわさ話の好きな人, おしゃべり. (形 góssipy)
— 動 自 人のうわさ話をする; 雑談する (*with*, *about*).
〖語源 元来は「名親 (godparent)」の意; 後に「親しい人」,「親しい人どうしのうわさ話」の意味になった〗

gos·sip·y /gά(ː)sɪpi | gɔ́s-/ 形 (gos·sip·i·er; -i·est) 《略式》 うわさ話の好きな, (話・記事などが)ゴシップの多い; 雑談風の, 軽い. (名 góssip)

*****got** /gά(ː)t | gɔ́t/ 動 get の**過去形および過去分詞**.
have gót ... ='ve gót ... ⇒ have got の項目. **have gòt to dó ='ve gòt to dó** ⇒ have got to の項目.

got·cha /gά(ː)tʃə | gɔ́tʃə/ 間 ❶ Ⓢ つかまえたぞ, やったぞ 《I've got you. の短縮形》. ❷ Ⓢ わかった.

goth /gά(ː)θ | gɔ́θ/ 名 ❶ Ⓤ ゴス(ロック) 《うなるような低音を基調とした英国のロック》. ❷ Ⓒ ゴス愛好家.

Goth /gά(ː)θ | gɔ́θ/ 名 Ⓒ ゴート人; [the ~s] ゴート族 《3-5 世紀にローマ帝国に侵入し, 現在のイタリア, フランス, スペインに王国を建設した》.

Goth·ic /gά(ː)θɪk | gɔ́θ-/ 形 ❶ 〔建築〕 ゴシック様式の. ❷ 〔文学〕 ゴシック派の. ❸ 〔印刷〕 ゴシック字体の.
— 名 Ⓤ [しばしば g-] 〔印刷〕 ゴシック字体.

Góthic árchitecture 名 Ⓤ ゴシック建築 《12-16 世紀ごろ西欧で広く行なわれた垂直の線を強調する建築様式》.

go-to /góʊtùː/ 形 限定 《略式》 頼りになる: He is the *go-to* guy in the team. 彼はチームの大黒柱だ.

got·ta /gά(ː)ṭə | gɔ́tə/ ❶ Ⓢ 《略式》 got to の短縮形. 語法 (1) くだけた発音を示すつづりで have [has] got to ... のときに用いる: I'*ve gotta* go back. 帰らなくっちゃ. (2) have, has が省略されることがある: You *gotta* do the job. 君がその仕事をしなくちゃ. ❷ Ⓢ 《非標準》 have [has] got a の短縮形: I *gotta* dog. おれ犬飼ってるんだ.

****got·ten** /gά(ː)tn | gɔ́tn/ 動 《米》 get の**過去分詞**. 語法 《米》 では「持っている」(have got)と「...しなければならない」(have got to)の意味以外では got でなく gotten のほうが普通: I've *gotten* a new car. 新しい車を手に入れた(＝買った) / I've *got* a new car. 新しい車を持っている.

gouge /gάʊdʒ/ 名 Ⓒ 丸のみ; (丸のみであけた)穴, 溝.
— 動 他 ❶ (...)を丸のみで彫る (*out*); (乱暴に)(穴)をあける (*in*); (目玉など)をえぐり出す (*out*). ❷ 《米略式》 (人)に法外な値をふっかける.

gou·lash /gúːlɑːʃ | -læʃ/ 名 Ⓤ,Ⓒ グーラッシュ 《ハンガリー風の味の濃いシチュー》.

gourd /gɔ́əd | gʊ́əd/ 名 Ⓒ ひょうたん(の実).

gour·mand /gʊ́əmɑːnd | gʊ́əmənd/ ≪フランス語から≫ 名 Ⓒ [しばしば軽蔑的] 食い道楽《人》, グルマン.

gour·met /gʊ́əmeɪ | gʊ́ə-/ ≪フランス語から≫ 名 Ⓒ 食通, 美食家, グルメ《人》. — 形 限定 食通[グルメ](用)の.

gout /gάʊt/ 名 Ⓤ 痛風.

gov., Gov. 略 = government, governor.

***gov·ern** /gʌ́vən | -vən/ 動 (gov·erns /~z/; gov·erned /~d/; -ern·ing) 他 ❶ (国・国民など)を**治める**, 統治する, 支配する (⇒ 類義語): A king *governs* the country. その国は王が治めている.
❷ (公共機関など)を**管理する**, 運営する: The university *is governed by* the state. V+O の受身 その大学は国立[州立]だ.
❸ (行動など)を**左右する**; (現象など)を支配する; 《格式》 (規則・法律などが)(...)を規制する: Policies *are* often *governed by* public opinion. V+O の受身 政策はしばしば世論に左右される.
— 自 治める, 統治する; 管理する: The king *governed* well. 王はうまく国を治めた. (名 góvernment)
類義語 **govern** 国や人民を統治することで, 秩序の維持, 福祉の増進などのよい意味も含まれる. **rule** 権力を用いて, 直接的にまたしばしば専制的に支配すること. **reign** 君主の地位を占めることで, 必ずしも権力の行使を含まない (⇒ reign 動 1).
〖語源 ギリシャ語で「船のかじをとる」の意〗

+**gov·er·nance** /gʌ́vənəns | -və-/ 名 Ⓤ 《格式》 (国家の)**統治**, 支配; (企業の)統制.

gov·ern·ess /gʌ́vənəs | -və-/ 名 Ⓒ (昔の)住み込みの

家庭教師《女性》(⇒ preparatory school 2 参考, school¹ 表).

gov·ern·ing /gʌ́vənɪŋ|-və-/ 形 限定 統治する, 管理する; 支配的な: the *governing* body (組織の)理事会.

gov·ern·ment /gʌ́və(n)mənt, -vəm-|-v(ə)nm-, -vəm-/ 発音 名 (-ern·ments /-mənts/) ❶ C [しばしば the G-; 《英》単数形でもときに複数扱い] **政府**; 《英》内閣 (略 gov., Gov., govt., Govt.; ⇒ administration 1): the Japanese *Government* 日本政府 / a local *government* 地方自治体 / The *government is* [《英》 *are*] discussing the problem. 政府[内閣]はその問題を討議している / under the present [last] *government* 現[前]政権のもとで / ***form*** a ***government*** 組閣を行なう / ***lead*** a ***government*** 首班を務める.
❷ U **政治**, 統治, 支配; 政体, 政治形態: democratic *government* 民主政治 / military *government* 軍事政権 / local *government* 地方自治 / *government* of the people, by the people, (and) for the people 人民の, 人民による, 人民のための政治 (⇒ Gettysburg 参考). ❸ [形容詞的に] 政府の: a *government* minister 大臣 / a *government* policy 政府の政策. ❹ U (公共機関の)管理, 運営.
(動 góvern, 形 gòvernméntal)

+**gov·ern·men·tal** /gʌ̀və(n)méntl, -vəm-|-v(ə)nm-, -vəm-/ 形 ❶ 限定 **政府の**, 政治(上)の: a *governmental* system 政治組織. ❷ 限定 官営の, 国営の.
(名 góvernment)

gov·er·nor /gʌ́v(ə)nə, -vənə|-v(ə)nə/ 発音
— 名 (~s /~z/) ❶ C [ときに G-] (米国の州などの)**知事** (略 gov., Gov.): the *Governor* of New York State ニューヨーク州知事.
❷ C (英国の植民地の)**総督**: the former *governor* of the colony その植民地の前総督. ❸ C 統治者, 支配者. ❹ C 《英》(官庁・銀行などの)長官, 総裁, 所長; (学校などの)理事: a board of *governors* 理事会.
(1 では 形 gùbernatórial)

Gov·er·nor-Gen·er·al /gʌ́v(ə)nəʤén(ə)rəl|-nə-/ 名 (複 Gov·er·nors-, ~s) C [しばしば the ~] (英国の植民地・自治領の)総督《オーストラリア・カナダ・ニュージーランドなどでは名目上の元首である英国王の代理となる名誉職》(*of*).

gov·er·nor·ship /gʌ́v(ə)nəʃɪp, -vənə-|-v(ə)nə-/ 名 U 知事の職[地位, 任期].

govt., Govt. 略 = government.

+**gown** /gáʊn/ 名 (~s /~z/) ❶ C **ロングドレス**《パーティーなどでの女性の正装》: a wedding *gown* ウェディングドレス. ❷ C (ひと続きですその長い)法服, 僧服; (大学教授などの)ガウン; (医者の)手術着: an academic *gown* 大学のガウン《教員・学生の正装》/ a surgeon's *gown* 手術着.

G.P., 《英》**GP** /ʤíːpíː/ 名 C 一般開業医《general practitioner の略》.

GPA /ʤíːpìːéɪ/ 名 C 《米》〔教育〕学業成績平均値《評点 A, B, C, D, F をそれぞれ 4, 3, 2, 1, 0 の数値に換算して平均を出したもの; 4.0 (four point 0 /óʊ/ と読む)が最高; grade point average の略》.

GPS /ʤíːpìːés/ 略 = Global Positioning System 全地球測位システム《衛星による位置確認システム》.

Gr. 略 = Greece, Greek.

+**grab** /grǽb/ 動 (grabs /~z/; grabbed /~d/; grab·bing) 他 ❶ (...)を**ひっつかむ**, つかみ取る, (急いで)取ってくる, ひったくる (⇒ take 類義語): He ***grabbed*** me ***by the*** arm. V+O+前+名 彼は私の腕をぎゅっとつかんだ (⇒ the¹ 2) / The thief ***grabbed*** the purse ***from*** the woman. どろぼうは女性からハンドバッグをひったくった. ❷《略式》(食事・睡眠など)を急いで取る; (座席など)を(他の人より先に)取る. ❸《略式》(機会など)を逃さずにとらえる. ❹《略式》(物事が)(人)の心をとらえる, (人)に興味を覚えさせる: How does that idea *grab* you? その案はどうですか.
— 自 ひっつかむ, ひっつかもうとする: He *grabbed at* [*for*] the money on the desk. 彼は机の上のお金をつかもうとした (⇒ at 3 語法).
gráb at ... [動] 他 (機会など)を逃さずに利用(しようと)する.
— 名 C ひったくり, わしづかみ; 横領, 略奪.
màke a gráb at [for] ... [動] 他 ...をひっつかもうとする. **úp for grábs** [形]《略式》(だれにでも)容易に手に入る.

gráb bàg 名 ❶ C 《米》福引き袋《パーティーなどで中の品物をつかませて賞品とする》[《英》 lucky dip]. ❷ [a ~]《略式》種々雑多なもの (*of*).

***grace** /gréɪs/ 名 (grac·es /~ɪz/) ❶ U (動きの)**優雅さ**, しとやかさ, 上品さ (⇒ 類義語); 洗練: Every great athlete moves *with grace*. 偉大なスポーツ選手はみなしなやかな動きをする. ❷ U 好意, 親切: an act of *grace* 好意による親切な行為. ❸ [複数形で] 礼儀作法, たしなみ; U (正しくふるまう)雅量, 潔さ; 礼儀, わきまえ: learn the social *graces* 社交上のたしなみを身につける / At least he *had the grace to* look embarrassed. 少なくとも彼はきまりが悪そうにするだけの慎みはあった. ❹ U (支払いなどの)猶予(期間): a period of *grace* = a *grace* period 猶予期間 / a week's *grace* 1 週間の猶予. ❺ U 神の恵み, 恩寵(おんちょう); 恵みを受けた状態: by [through] the *grace* of God 神の恩寵によって / die in a state of *grace* 神の恵みに浴して死ぬ. ❻ U,C (食事のときの)短いお祈り: say *grace* before dinner 夕食の前にお祈りをする. 日英 主に信心深いキリスト教徒が行なうもの. 英語には「いただきます」,「ごちそうさま」のような決まり文句はない (⇒ blessing 4). ❼ [G-] 閣下(夫人)《公爵(夫人)や大司教に対する敬称》: His [Her] *Grace* 閣下(夫人)《間接に指すときに用いる》/ Your *Grace* 閣下(夫人)《直接に呼びかけるときに用いる》. ❽ [the Graces]〔ギリシャ神話〕3 人の美の女神.
fáll from gráce [動] 自 (目上の人の)愛顧を失う, 不興を買う; 神の恩寵を失う, 堕落する.
in ...'s góod gráces [形・副]《格式》(人)に好意をもたれて.
with (a) bád gráce [副] しぶしぶと.
with (a) góod gráce [副] 快く; 潔く.
(形 gráceful, grácious)

> 類義語 **grace, graceful** は動作・ふるまいなどが上品であることを意味し, 生まれつき備わっているもの. **elegance, elegant** は訓練や修養の結果, 後天的に備わった人為的な優雅さをいう.

— 動 他 ❶《格式》(出席して)(...)に光彩[色どり, 花]を添える, 栄誉を与える[賜る]: I'm happy you've *graced* us *with* your presence. [こっけいに] 御出席を賜り大変うれしく存じます. ❷《格式》(...)を優美にする, 飾る.

Grace /gréɪs/ 名 固 グレース《女性の名》.

grace·ful /gréɪsf(ə)l/ 形 ❶ (動きなどが)優雅な, しとやかな, 上品な, (形が)美しい (⇒ grace 類義語) [⇔

graceless]: a *graceful* dance 優美な踊り. ❷ (ことば・感情などが)礼儀にかなった; (謝罪などが)潔い, 率直な: a *graceful* apology 潔い謝罪. (名 grace)
-ful·ly /-fəli/ 副 優雅に, 上品に; 礼儀にかなって.

grace·less /gréɪsləs/ 形 ❶ 無作法な. ❷ ぶざまな, ぎこちない; 品のない [⇔ graceful].

gra·cious /gréɪʃəs/ 形 ❶ (目下の者に)優しい, 親切な; 丁重な: She's *gracious to* everyone. 彼女はみなに優しい. ❷ [普通は 限定] (裕福で)優雅な, ゆったりとした: *gracious* living 優雅な生活. ❸ (神が)恵み深い (*to*). ❹ 限定 《格式》 慈悲深い《王族やその行為について一種の敬語として用いる》: Her *Gracious* Majesty Queen Elizabeth 尊(たっと)きエリザベス女王陛下. (名 grace)
— 間 《古風》 おや!, まあ!; まさか!《驚き・強調などを表わす》. 語法 しばしば次の形で用いる: Good [Goodness] *Gracious*! / *Gracious* (me)!
~·ly 副 優しく, 親切に.

grad /græd/ 名 C 《米略式》 = graduate¹.

gra·da·tion /greɪdéɪʃən, grə-/ 名 C 《格式》 (変化・進展などの)段階, 等級, グラデーション; (計器の)目盛り; U,C 段階的変化: subtle *gradations* in [of] color 微妙な色の違い. (動 grade)

⁑grade /gréɪd/
— 名 (grades /gréɪdz/)

意味のチャート
「段階」(⇒ 語源) → 「**等級**」❸
→ (学校内の等級) → 「**学年**」❷
→ (学業の等級) → 「**成績**」❶

❶ C (特に A, B, C などの)**成績**, 評点 (⇒ mark¹ 4): I got 「a good *grade* [a *grade* of 90] in English. 私は英語でよい成績[90 点]を取った / "What [How] was your *grade*?" "I got another D." 「成績はどうだった」「また D だよ」

A (excellent)	優
B (good)	良
C (satisfactory)	
D (just passed)	可
E (conditionally passed)	条件付き合格
F (failed)	不可

❷ C 《米》 (小・中学校, 時には高校の)**学年** (小学校の 1 年から中学・高校までの 12 年を通して数える; ⇒ school¹ 表); 同学年の生徒《全体》: "What **grade** are you ***in*** now?" "I'm *in* (*the*) eighth *grade*." 「今何年生ですか」「8 年生[中学 2 年]です」 関連 class クラス.
❸ C (品質・職階などの)**等級**, (組織などの)階級; (知能・課程などの)程度; 同一等級[階級, 程度]に属するもの: *grade* A A 級 / a poor [low] *grade* of milk 品質の悪い牛乳. ❹ C 《米》 (道路・鉄道などの)勾配(こうばい) [≒ gradient].
make the gráde [動] 自 《略式》 基準に達する, 合格する, 成功する. (形 grádual)
— 動 (grades /gréɪdz/; grad·ed /-dɪd/; grad·ing /-dɪŋ/) 他 ❶ [しばしば受身で] (...)に**等級をつける**, 段階に分ける (*into*): The eggs *are **graded by*** [***according to***] size. 卵は大きさで等級がつけられている. ❷ 《米》 (...)を採点する; (生徒に)(...)の成績をつける. (名 gradátion)
〖語源 ラテン語で「段階, 度合い」の意〗

gráde cròssing 名 C 《米》 平面交差, 踏切 [《英》 level crossing].

gráde pòint áverage 名 C = GPA.

grad·er /gréɪdə | -də/ 名 ❶ C 《米》 [序数詞とともに] ...年生 (⇒ school¹ 表): a fourth *grader* 小学 4 年生 / a seventh *grader* 7 年生[中学 1 年生] / an eleventh *grader* 11 年生[高校 2 年生]. ✪ 大学の 1 [2, 3, 4] 年生については ⇒ freshman, junior 名 2, senior 名 2, sophomore. ❷ C 等級をつける人.

gráde schòol 名 C,U 《米》 = elementary school.

gra·di·ent /gréɪdiənt/ 名 ❶ C (道路・鉄道の)勾配(こうばい), 傾斜度 [《米》 grade]: a road with a *gradient* of 1 in 10 10 分の 1 [10%] の勾配の道. ❷ C (温度・気圧などの)変化度, 差異.

grad·ing /gréɪdɪŋ/ 名 U 《米》 採点, 成績評価.

grád schòol 名 C,U 《米略式》 = graduate school.

+**grad·u·al** /grǽdʒuəl, -dʒəl/ 形 ❶ **徐々に進む**, 段階的な, 漸進的な: a *gradual* increase 漸増 / a *gradual* change in climate 徐々に進む気候の変化. ❷ (勾配(こうばい)が)ゆるやかな: a *gradual* curve ゆるやかなカーブ. (名 grade)

⁑grad·u·al·ly /grǽdʒuəli, -dʒəli/
— 副 だんだんと, 次第に, 徐々に: His health is *gradually* improving. 彼の健康は次第に回復してきている.

grad·u·ate¹** /grǽdʒuət/ ✪ 動詞の graduate² と発音が違う. 名 (-u·ates /-əts/) C **卒業生** [《略式》 grad]: a ***graduate of Harvard University = a Harvard *graduate* ハーバード大学の卒業生 / a ***graduate in*** law [chemistry] = a law [chemistry] *graduate* 法学部[化学科]の卒業生 / a high school *graduate* 高校卒業者. 語法 《英》 では大学の卒業生に限って使う. 《米》 では大学以外の各種の学校の卒業生にも用いる. (動 gráduàte²)
— 形 ❶ 限定 《米》 大学院の [《英》 postgraduate]: a *graduate* student 大学院生. 関連 undergraduate 学部学生の. ❷ 限定 《米》 教育課程を終えた: a *graduate* nurse (看護師学校出身の)正規看護師.

grad·u·ate²** /grǽdʒuèɪt/ ✪ 名詞の graduate¹ と発音が違う. 動 (-u·ates /-èɪts/; -u·at·ed /-ṭɪd/; -u·at·ing /-ṭɪŋ/) 自 ❶ **卒業する**: Jim ***graduated from Yale with a degree in physics. V+*from*+名 ジムはイェール大学の物理学科を卒業した.

語法 《英》 では大学を卒業するときに限って用い, それ以外のときは leave school と言うのが普通だが, 《米》 では大学以外の各種の学校を卒業するときにも用いる.

❷ [よい意味で] (高いレベルへ)進歩[移行]する (*from*, *to*).
— 他 《米》 (学生)を**卒業させる**: Our university *graduates* about 2,500 students every year. 私たちの大学からは毎年約 2500 人が卒業する. (名 gráduate¹, gràduátion)
〖語源 ラテン語で「学位を取る」の意; grade と同語源〗

G

grad·u·at·ed /grǽʤuèɪṭɪd/ 形 ❶ 等級[段階]別になった, 累進的な: a *graduated* system of taxation 段階的な徴税制度. ❷ 目盛りのある: a *graduated* ruler 目盛り定規.

gráduate schòol 名 C,U 《米》 大学院.

+**grad·u·a·tion** /grǽʤuéɪʃən/ 名 (〜s /〜z/) ❶ U **卒業** (《英》では大学の, 《米》ではそれ以外の学校の卒業にも用いる): After [Upon] ***graduation from*** college, he got a job in Canada. 大学を卒業すると, 彼はカナダで職を得た.
❷ U,C **卒業式**; 学位授与式: I was sick and couldn't attend my own *graduation*. 私は病気で自分の卒業式に出席できなかった. ❸ [形容詞的に] 卒業(式)の: a *graduation* ceremony 卒業式 / a *graduation* day 卒業式の日. ❹ C 目盛り. (動 gráduàte[2])

graf·fi·ti /grəfíːṭi, græ-/ 名 U (壁などの)落書き.

graft[1] /grǽft | gráːft/ 名 ❶ C 〔医学〕 移植組織片; 移植(手術). 関連 skin graft 皮膚移植. ❷ C 接(つ)ぎ穂, 接ぎ枝; 接ぎ木. — 動 他 ❶ 〔医学〕 (組織)を移植する (*onto*). ❷ (...)を接(つ)ぎ木する (*on, onto*). ❸ (思想・慣習など)を結合[融合]させる (*onto*).

graft[2] /grǽft | gráːft/ 名 U 《主に米》 汚職; 収賄.

graft[3] /grǽft | gráːft/ 名 U 《英略式》 一生懸命働くこと. — 動 自 《英略式》 一生懸命働く.

gra·ham /grǽm, gréɪəm | gréɪəm/ 形 限定 《米》 (クラッカーなどが)グラハム粉[全粒粉]で作った.

Gra·ham /gréɪəm/ 名 固 グレアム《男性の名》.

Grail 名 [the 〜] = Holy Grail.

*__grain__ /gréɪn/ 名 (〜s /〜z/) ❶ U **穀物**, 穀類 [《英》 corn]: import *grain* from Canada カナダから穀物を輸入する.
❷ C (穀物・砂・塩などの)**一粒**: several ***grains of*** wheat 小麦数粒. ❸ [a 〜] ごく少量, 微量: There isn't ***a grain of*** truth in his accusations. 彼の非難には真実のかけらすらない(事実無根だ). ❹ U,C [しばしば the 〜] 木目(もくめ)(の方向); きめ; (布地の)目; (肉の)繊維: wood with a fine [coarse] *grain* きめの細かい[粗い]木材. ❺ C グレイン《重量の単位; 0.06 グラム; ⇒ pound[1] 表》.
gó [be, cút] agàinst the gráin [動] 自 (考え・やり方などが)(通例と異なっていて)受け入れがたい, 性(しょう)に合わない.

grain·y /gréɪni/ 形 (grain·i·er; -i·est) (写真印画などが)粒子の粗い.

*__gram__ /grǽm/ (同音 #graham) 名 (〜s /〜z/) C **グラム** 《0.035 オンス (ounce); 略 g, gm.》: This ball weighs about 140 *grams* [is about 140 *grams* in weight]. このボールは約 140 グラムの重さだ. 関連 kilogram キログラム / milligram ミリグラム.

-gram /grǽm/ 接尾 [名詞語尾]「書いたもの, 描いたもの」の意: mónogràm 組み合わせ文字 / télegràm 電報. 語法 2つ前の音節に第一アクセントがくる.

+**gram·mar** /grǽmə | -mə/ 名 (〜s /〜z/) ❶ U **文法**; 文法学: English *grammar* 英文法 / prescriptive [descriptive, school] *grammar* 規範[記述, 学校]文法. ❷ U (文法面から見た個人の)ことばづかい, (正しい)語法: His *grammar* is shockingly bad. 彼のことばづかいはひどい. ❸ C 文法書, 文典. (形 grammátical)

gram·mar·i·an /grəmé(ə)riən/ 名 C 文法学者.

grámmar schòol 名 ❶ C,U 《英》 グラマースクール《主に大学への進学を目的として教育する 7 年制の公立中等学校; ⇒ school[1] 表》. ❷ C,U 《古風, 米》 小学校 [≒elementary school].

+**gram·mat·i·cal** /grəmǽṭɪk(ə)l/ アク 形 ❶ 限定 **文法(上)の**: *grammatical* mistakes 文法上の誤り. ❷ 文法にかなった, 文法的に正しい [⇔ ungrammatical]. (名 grámmar)

gram·mat·i·cal·ly /grəmǽṭɪkəli/ 副 文法的に(は); 文法にかなって(正しく).

*__gramme__ /grǽm/ 名 《英》 = gram.

Gram·my /grǽmi/ 名 (複 〜s, -mies) C グラミー賞《優秀な音楽作品などに与えられる米国の賞》.

gram·o·phone /grǽməfòʊn/ 名 C 《古風》 蓄音機.

gran /grǽn/ 名 C 《英略式》 おばあちゃん.

gra·na·ry /gréɪn(ə)ri | grǽn-/ 名 (-na·ries) C 穀物倉; 穀倉地帯.

*__grand__ /grǽnd/ 形 (grand·er; grand·est) ❶ **壮大な, 雄大な**; 荘重な, 堂々たる: a *grand* palace 壮大な宮殿 / a *grand* style 壮麗な文体 / on a *grand* scale 大規模に / The view from the window was *grand*. 窓からの眺めは雄大だった.
❷ (人などが)**偉大な**, 立派な: a *grand* gentleman 立派な紳士. ❸ 尊大な, 気位の高い, もったいぶった: *grand* noblemen 気位の高い貴族たち. ❹ 限定 完全な: the *grand* total 総計. ❺ 重要な, 重大な: the *grand* question 重要な問題. ❻ 《略式》 すばらしい, とてもいい: That would be *grand*. それはいいね《相手の提案に賛成するときのことば》. ❼ 限定 [称号に用いて] 最高位の.
a [the] gránd òld mán [名] (ある分野の)長老, 重鎮 (*of*). (名 grándeur)
— 名 ❶ (複 〜) C 《米略式》 千ドル; 《英略式》 千ポンド. ❷ C = grand piano.

Gránd Cányon 名 固 [the 〜] グランドキャニオン《米国 Arizona 州の Colorado 川の大峡谷で国立公園》.

+**grand·child** /grǽn(d)ʧàɪld/ 名 (-chil·dren /-ʧìldrən/) C **孫**.

+**grand·dad** /grǽn(d)dæ̀d/ 名 (-dads /-dæ̀dz/) C 《略式》 **おじいちゃん**.

grand·dad·dy /grǽn(d)dæ̀ḍi/ 名 (-dad·dies) ❶ C 《米略式》 おじいちゃん. ❷ [the 〜] 《米略式》 (...の中で)最初[最大]の例[人, もの] (*of*).

grand·daugh·ter /grǽn(d)dɔ̀ːṭə | -tə/ 名 C 孫娘, 女の孫 《⇒ family tree 図》.

gran·deur /grǽnʤə | -ʤə/ 名 U 壮大, 雄大; 壮麗, 壮観 (*of*); 偉大, 威厳. (形 grand)

+**grand·fa·ther** /grǽn(d)fàːðə | -ðə/ 名 (〜s /〜z/) C **祖父** 《⇒ family tree 図》: The old man over there is my *grandfather* on my father's side. あの老人は私の父方の祖父です.

grándfather clòck 名 C グランドファーザー時計《重りと振り子で動く大時計; 普通は床の上に置き, 高さが 2m 近いものが多い》.

gránd finále 名 C (オペラなどの)大詰め, グランドフィナーレ.

gran·dil·o·quent /grændíləkwənt/ 形 《格式》 (ことばづかいなどが)大げさな; (人が)大言壮語する.

gran·di·ose /grǽndiòʊs/ 形 [悪い意味で] 大げさな.

gránd júry 名 C 《米》 〔法律〕 大陪審, 起訴陪審.

gránd lárceny 名 U 《米》 〔法律〕 重窃盗罪.

grand·ly /grǽndli/ 副 壮大に, 大げさに; 立派に; 堂々と.

*__grand·ma__ /grǽn(d)mɑ̀ː/ 名 (〜s /〜z/) C 《略式》 **おばあちゃん**.

gránd máster 名 C チェスの名人.

+**grand·moth·er** /grǽn(d)mʌ̀ðɚ | -ðə/ 名 (~s /~z/) C **祖母**(⇒ family tree 図): Ann is my *grandmother* on my mother's side. アンは私の母方の祖母だ.

gránd ópera 名 U,C グランドオペラ《主に悲劇で, 歌以外のせりふを含まない大がかりなオペラ》.

***grand·pa** /grǽn(d)pɑ̀ː/ 名 (~s /~z/) C 《略式》**おじいちゃん**.

+**grand·par·ent** /grǽn(d)pè(ə)rənt/ 名 (-par·ents /-rənts/) C **祖父, 祖母**; [複数形で] **祖父母**: I live with my *grandparents*. 私は祖父母と住んでいる.

gránd piáno 名 C グランドピアノ, 平型ピアノ. 関連 upright piano アップライトピアノ.

+**Grand Prix** /grɑ́ːnpríː | grɔ́n-/ ≪フランス語から≫ 名 (複 Grands Prix, ~ /grɑ́ːnpríː | grɔ́n-/) C **グランプリレース**《国際的な長距離自動車レース》.

gránd slám 名 ❶ C 〔野球〕満塁ホームラン. ❷ C 〔テニス・ゴルフなど〕グランドスラム《1 シーズン中の主な競技会での優勝の独占》. ❸ 〔トランプ〕(ブリッジでの)完全得点.

grand·son /grǽn(d)sʌ̀n/ 名 C 孫息子, 男の孫(⇒ family tree 図).

+**Grands Prix** 名 Grand Prix **の複数形**.

grand·stand /grǽn(d)stæ̀nd/ 名 C (競馬場・競技場などの)正面特別観覧席, 貴賓(きひん)席.

gránd·stànding 名 U 《米》スタンドプレー《人の目を引くような大げさな政治家などのふるまい》. 日英 「スタンドプレー」は和製英語.

gránd tóur 名 ❶ [the ~] 大旅行《昔, 英米の上流の子弟教育の仕上げとしてなされた欧州巡遊》. ❷ C [こっけいに] 建物内の案内見学.

grange /gréɪndʒ/ 名 C 《主に英》(いろいろな付属建物のついた)農場; いなかの大邸宅.

gran·ite /grǽnɪt/ 名 U 花崗(かこう)岩, みかげ石.

+**gran·ny, gran·nie** /grǽni/ 名 (gran·nies /~z/) C 《略式》**おばあちゃん**. — 形 限定 《英》老人用の; 老婦人向け(スタイル)の.

gránny flàt 名 C 《英》高齢の肉親用の離れ.

gránny knòt 名 C 縦結び《ほどけやすい》.

gra·no·la /grənóʊlə/ 名 U 《米》グラノーラ《からす麦・干しぶどう・ナッツなどを混ぜた朝食用シリアル》. — 形 限定 《米略式》(人が)ナチュラル志向の.

****grant** /grǽnt | grɑ́ːnt/

— 動 (grants /grǽnts | grɑ́ːnts/; grant·ed /-tɪd/; grant·ing /-tɪŋ/) 他 ❶ 《格式》(願いなど)を**聞き入れる**, かなえる, 承諾する; (許可)を**与える**: 言い換え He *granted* our request. = He *granted* us our request. V+O+O 彼は我々の願いを聞き入れてくれた / They *were granted* permission to enter the castle. V+O+O の受身 彼らは城に入場する許可を与えられた / The company *grants* four weeks' leave *to* every employee. V+O+*to*+名 会社はすべての従業員に 4 週間の休暇を認めている.

❷ 《格式》(金品・権利など)を**与える**, 授与する, 交付する; 譲渡する: The Government should *grant* public workers the right to strike. V+O+O 政府は官公労働者にストライキ権を与えるべきである / 言い換え He *was granted* a pension. V+O+O の受身 = A pension **was granted to** him. V+O+*to*+名の受身 彼は年金を交付された.

❸ [進行形なし] (...)を**認める**, 仮に...だと認める [≒ admit]: We **grant that** he's honest. V+O (*that* 節) 私たちは彼が正直であることを認める 多用 / He works hard, I'll *grant* you (that). 彼がよく働くことは認めよう.

gránted, (....,) but ~ そのとおり(...)ですがしかし~《事実を一応認めた上で反論することば》: *Granted*, we've been very successful this year, *but* can we do it again next year? 確かに今年は大成功だった. しかし来年もまたそういくだろうか.

gránted (that) ... = gránting (that) ... [接] **...だとしても**, ...は認めるにせよ: *Granted that* he's a great success in business, it doesn't mean he'd be a good mayor. 確かに彼は実業家として大成功したが, だからといって立派な市長になれるとは限らない. 語法 granted, granting の後に名詞を伴って前置詞的に用いることもある: *Granted* [*Granting*] your premises, I don't think your conclusion is right. あなたの前提は認めるがその結論は正しいと思わない.

táke ... for gránted [動] 他 (慣れっこになって)(人・物事)の真価がわからなくなる, 特に気にかける[ありがたい]ことでもないと思う: He *takes* his wife *for granted*. 彼は妻のことを気にもとめなくなっている.

táke it for gránted (that) ... [動] (...ということを)**当たり前のことと思う**, (...なのは)当然のことと決め込む: We *took it for granted that* he would come. 私たちは彼が来るのは当然だと思った.

— 名 (~s /-ts/) C **補助金, 助成金**; 奨学金: get a government *grant for* research 政府の研究助成金を得る / apply for a **grant to** study abroad +*to* 不定詞 留学の奨学金[助成金]を申請する.

Grant /grǽnt | grɑ́ːnt/ 名 固 Ulysses Simp·son /sím(p)sn/ ~ グラント (1822-85)《米国の将軍・政治家, 南北戦争当時の北軍の総司令官; 第 18 代大統領 (1869-77)》.

gran·u·lar /grǽnjʊlɚ | -lə/ 形 粒(状)の; (表面が)粒々の.

grán·u·làt·ed súgar /grǽnjʊlèɪṭɪd-/ 名 U グラニュー糖.

gran·ule /grǽnjuːl/ 名 C 小粒, 微粒.

***grape** /gréɪp/ 名 (~s /~s/) C **ぶどう**《1 粒の実; 普通は皮のまま食べる》: a bunch of *grapes* 1 房のぶどう / Wine is made from *grapes*. ワインはぶどうから作られる. 関連 raisin 干しぶどう / vine ぶどうの木[つる].

grape·fruit /gréɪpfrùːt/ 名 (複 ~(s)) C,U グレープフルーツ《実がぶどうの房状につく》.

grápe jùice 名 U グレープジュース, ぶどう果汁(⇒ juice 日英).

grape·vine /gréɪpvàɪn/ 名 C ぶどうの木[つる] (vine).

héar ... on [thròugh] the grápevine [動] 他 うわさ[口コミ]で(...)を耳にする.

+**graph** /grǽf | grɑ́ːf, grǽf/ 名 (~s /~s/) C **グラフ**, 図表: draw a *graph* グラフを描く ⇒ bar graph.

単語のキズナ GRAPH/書く=write

graph	(書いたもの)	→	**グラフ**
photo**graph**	(光で書いたもの)	→	**写真**
para**graph**	(わきに書いた印)	→	**段落**
tele**graph**	(遠くから書くこと)	→	**電信**
geo**graphy**	(土地の記録)	→	**地理学**
bio**graphy**	(生涯の記録)	→	**伝記**
autobio**graphy**	(自分の生涯の記録)	→	**自叙伝**
auto**graph**	(自分で書いたもの)	→	**サイン**

-graph /græf | grɑ̀:f/ 接尾 [名詞語尾]「...を書いた[描いた]もの; ...を書く[描く, 記録する]器具」の意: photo*graph* 写真.

+**graph·ic** /grǽfɪk/ 形 ❶ (特に不快なことの描写が)**生々しい**, どぎつい: a *graphic* description [account] 生々しい描写 / in *graphic* detail 細部まで生々しく. ❷ 限定 図[絵]の[による], 図解の, 視覚的な; グラフィック(アート・デザイン)の. — 名 C (説明用の)図表, 挿絵.

graph·i·cal /grǽfɪk(ə)l/ 形 限定 グラフ[図表]を用いた; 〔コンピュータ〕グラフィックの[による].

graph·i·cal·ly /grǽfɪkəli/ 副 ❶ 生々しく. ❷ 図表によって; グラフで示して.

gráphical úser ìnterface 名 C 〔コンピュータ〕グラフィカルユーザーインターフェース《画面上のアイコンなどをマウスなどで視覚的に操作するシステム; 略 GUI》.

gráphic árts 名 複 [the ~] グラフィックアート《書・画・版画・写真・美術印刷などの工芸美術》.

gráphic desígn 名 U グラフィックデザイン《絵・写真を文字と組み合わせたりする技術》.

gráphic desígner 名 C グラフィックデザイナー.

graph·ics /grǽfɪks/ 名 U 製図, 図解, 画像.

graph·ite /grǽfaɪt/ 名 U 〔鉱物〕石墨, 黒鉛《鉛筆の芯(しん)の材料・原子炉の減速材・機械の潤滑剤用》.

gráph pàper 名 U グラフ用紙, 方眼紙.

G

-gra·phy /grəfi/ 接尾 [名詞語尾]「書法, 画法; 記録」の意: photo*graphy* 写真術 / geo*graphy* 地理学. 語法 直前の音節に第一アクセントが来る.

grap·ple /grǽpl/ 動 自 取っ組み合う; (問題などの)解決に取り組む (*with*).

+**grasp** /grǽsp | grɑ́:sp/ 動 (grasps /~s/; grasped /~t/; grasp·ing) 他 ❶ (...)を**しっかりつかまえる**, 握りしめる; (機会など)をつかむ《⇒ take 類義語》: 言い換え He tightly *grasped* the girl's hand. = He tightly ***grasped*** the girl ***by the*** [her] hand. V+O+*by*+名 彼は(握手するため)少女の手をしっかりと握った《⇒ the¹ 2 語法》.

❷ [進行形なし] (意味)を**つかむ**, 把握する, (...)がわかる《⇒ know 類義語》: I can't *grasp* the meaning of this sentence. この文の意味がわからない.

— 自 ❶ **つかもうとする:** The boy ***grasped at*** the chain. V+*at*+名 少年は鎖につかまろうとした / A drowning man will *grasp at* a straw. 《ことわざ》おぼれる者はわらをもつかむ《⇒ at 3 語法》. ❷ (機会などに)飛びつく, 喜んで受ける: He *grasped at* my offer. 彼は私の提案に飛びついた.

— 名 ❶ [単数形で] (意味の)**把握**, 理解; 理解力: get a good [firm] ***grasp of*** [***on***] ... ...をよく[しっかり]理解する / He has a good [poor] *grasp of* English. 彼は英語がよくわかる[わからない].

❷ [単数形で] **しっかりつかむこと**, 強い握り: get a good *grasp* on the rail 手すりにしっかりつかまる. ❸ [単数形で] 《文語》支配, 統制.

beyònd ...'s **grásp** [副] (1) (人)の理解を超えて: This problem is *beyond my grasp*. この問題は私には理解できない. (2) (人)の手の届かないところに.

withìn ...'s **grásp** [副] (1) (人)の手の届く[達成できる]ところに. (2) (人)の理解できる範囲に.

grasp·ing /grǽspɪŋ | grɑ́:sp-/ 形 貪欲(どんよく)な; 金に汚い [≒greedy].

grass /grǽs | grɑ́:s/

— 名 (~·es /~ɪz/) ❶ U **草**《葉の細いもの》; 牧草: a leaf [blade] of *grass* 草の葉 / Cattle feed on *grass*. 牛は草を食べる. 語法 種類をいうときは C: wild *grasses* (いろいろな)野草. 関連 weed 雑草.
❷ U [普通は the ~] **芝生**; 草地, 草原; 牧草地: cut [mow] *the grass* 草[芝]を刈る / Keep off *the grass*. 芝生に入らないでください《掲示》. ❸ U 《略式》マリファナ [≒marijuana]. ❹ C 《英略式》密告者, たれ込み屋.

lèt the gráss grów ùnder one's **féet** [動] 自 [否定文で] ぐずぐずして好機を逃がす. 由来 足の下に草が生えるほどぐずぐずしている, の意.

pút ... óut to gráss [動] 他 《英略式》(特に老齢のため)(人)を隠退させる. (形 grássy)

— 動 他 (土地)に草[芝]を生やす (*over*). — 自 《英略式》密告する (*on*).

gráss úp [動] 他 《英略式》(人)を密告する.

grass·hop·per /grǽshɑ̀(:)pɚ | grɑ́:shɔ̀pə/ 名 C きりぎりす; ばった, いなご《⇒ locust 参考》.

grass·land /grǽslæ̀nd | grɑ́:s-/ [U または複数形で] 大草原; 牧草地.

grass·roots /grǽsrú:ts | grɑ́:s-ˊ/ 形 限定 一般大衆の, 草の根の.

gráss róots 名 複 [the ~] 一般大衆, 草の根.

grass·y /grǽsi | grɑ́:si/ 形 (grass·i·er; grass·i·est) 草に覆われた: a *grassy* field 草地. (名 grass)

+**grate**[1] /gréɪt/ 名 (grates /greɪts/) ❶ C (炉の)**火格子**(ひごうし). ❷ C 《米》(排水溝・窓などの)鉄格子.

grate[2] /gréɪt/ 動 他 ❶ (チーズ・にんじんなど)をすりおろす, すりつぶす (*into*): *grate* cheese チーズをおろす. ❷ (...)をきしらせる. — 自 ❶ (神経などに)さわる, (感情を)害する: That kind of music *grates on* my ear [nerves]. ああいう音楽は耳ざわりだ[神経にさわる]. ❷ きしる, すれ合う (*on*, *against*).

*****grate·ful** /gréɪtf(ə)l/ 形 ❶ 叙述 **感謝する**, ありがたく思う [⇔ ungrateful]: 言い換え We're ***grateful*** (***to*** you) ***for*** your help. (+*to*+名)+*for*+名 = We're ***grateful that*** you helped [will help] us. +*that* 節 あなたのご助力に対して私たちは感謝しております.

♥ ...に感謝します (感謝を表わすとき)
I am grateful for ...

I am truly **grateful** to you **for** your constant support. 日頃のご支援に心より感謝いたします.
♥ 主に手紙や公式の場で用いる改まった感謝の表現.《感謝の表現については ⇒ Thank you.》

♥ ...いただければ幸いです (依頼するとき)
I would be grateful if you could ...

I would be most **grateful if you could** send me a copy of your book. 貴著を一部お送りいただければ幸いです.
♥ 主に書きことばで使われる改まった依頼表現.
♥「もし...していただけるならありがたく思います」という間接的な表現で, 相手に配慮した言い方.《依頼の表現については ⇒ could B 1 (4)》

❷ 限定 感謝を表わす: a *grateful* smile 感謝を示す(うれしそうな)笑顔. (名 grátitude)

類義語 **grateful** 人の親切な行為に対して感謝すること: I'm *grateful* to Mary for her help. 私はメアリーの援助に対して感謝している. **thankful** 神・自然・運命などに対して, 自分の幸運を感謝すること: We were *thankful* for the good harvest. 我々は豊作に感謝し

‖た.

-ful·ly /-fəli/ 副 感謝して, ありがたく.

grat·er /gréɪṭə | -tə/ 名 C おろし金(がね).

grat·i·fi·ca·tion /grӕṭəfɪkéɪʃən/ 名 ❶ U 《格式》 満足させること, 喜ばせること (*of*); 満足感: instant *gratification* すぐに得られる(安易な)満足感. ❷ C 《格式》 満足させるもの, 喜ばせるもの.

grat·i·fied /grǽṭəfàɪd/ 形 叙述 《格式》 喜んで, 満足した《⇒ gratify 1》: She was *gratified* (*to* hear) *that* her suggestion had been accepted. 彼女は自分の案が受け入れられたことを(聞いて)喜んだ.

grat·i·fy /grǽṭəfàɪ/ 動 (-i·fies; -i·fied; -fy·ing) 他 ❶ [普通は受身で] 《格式》 (人)を喜ばせる, 満足させる: We *were gratified with* [*at*, *by*] the results. 我々はその結果に満足した. ❷ 《格式》 (欲望など)を満たす: She reads the newspaper only to *gratify* her curiosity. 彼女が新聞を読むのはただ自分の好奇心を満たすためだけだ.

grat·i·fy·ing /grǽṭəfàɪɪŋ/ 形 満足な, 喜ばしい, 愉快な. **~·ly** 副 満足のいくほどに, 十分に.

gra·tin /grɑ́:tn | grǽtæŋ/ 名 U 〔料理〕 グラタン.

grat·ing[1] /gréɪṭɪŋ/ 名 C 格子《窓・排水溝などの》.

grat·ing[2] /gréɪṭɪŋ/ 形 耳ざわりな; いらだたせる.

grat·is /grǽṭɪs, grɑ́:ṭ-/ 副 無料で. ― 形 無料の [≒ free].

grat·i·tude /grǽṭət(j)ù:d | -tjù:d/ 名 U 感謝(の気持ち), 謝意 [⇔ ingratitude]: express one's deepest *gratitude to* [*toward*] ... (人)に深く感謝の意を表わす / He showed no *gratitude for* my help. 彼は私の援助に対して何の感謝の気持ちも示さなかった / in *gratitude* for ... …に感謝して / with *gratitude* 感謝して. (形 gráteful)

gra·tu·i·tous /grət(j)ú:əṭəs | -tjú:-/ 形 限定 不必要な, 根拠のない, いわれのない. **~·ly** 副 不必要に.

gra·tu·i·ty /grət(j)ú:əṭi | -tjú:-/ 名 (-i·ties) ❶ C 《格式》 祝儀, 心付け, チップ: NO GRATUITIES ACCEPTED お心付けは辞退します《掲示》. ❷ C 《英》 (退職・除隊の際の)慰労金.

***grave**[1] /gréɪv/ 名 (~s /~z/) ❶ C **墓**, 墓地; 墓穴: dig a *grave* 墓を掘る / We visited our grandfather's *grave*. 私たちはおじいさんのお墓参りをした.

grave (一般的な)	墓
tomb (墓石のある大がかりな)	

❷ [the ~] 《文語》 死, 破滅.

díg one's **ówn gráve** [動] 自 墓穴を掘る, 自滅する.

hàve óne fóot in the gráve [動] 自 [こっけいに] 棺おけに片足を突っ込んでいる, 死にかけている.

túrn [róll] (óver) in one's **gráve** 《米》 = 《英》 **túrn in** one's **gráve** [動] 自 [しばしば would とともに] (故人が)墓の中で嘆く[怒る].

+**grave**[2] /gréɪv/ 形 (grav·er; grav·est) ❶ 《格式》 **重大な**, 深刻な; 危機的な《⇒ serious 類義語》: *grave* news 重大なニュース / a *grave* mistake 重大な間違い / a *grave* illness 重病 / The patient's condition is *grave*. 患者の容態は非常に悪い.
❷ **威厳のある**, 重々しい, まじめな: a *grave* man 威厳のある人 / a *grave* voice 重々しい声. (名 grávity 2, 3)

〘語源 ラテン語で「重い」の意〙

grave[3] /gréɪv, grɑ́:v | grɑ́:v/ 名 C 低アクセント記号 (`).

grave·dig·ger /gréɪvdɪ̀gə | -gə/ 名 C 墓掘り人.

grav·el /grǽv(ə)l/ 名 U 砂利, バラス《道路修理などに用いる; ⇒ stone 類義語》: a *gravel* path 砂利道. (形 grávelly)

grav·eled, 《英》 **-elled** /grǽv(ə)ld/ 形 (道などが)砂利を敷いた.

grav·el·ly /grǽvəli/ 形 ❶ (声が)がらがらの. ❷ 砂利の(多い), 砂利を含む. (名 grável)

grave·ly /gréɪvli/ 副 ❶ 《格式》 重大に, 非常に: She is *gravely* ill in (the) hospital. 彼女は重病で入院している. ❷ 《格式》 まじめに, 重々しく.

grave·side /gréɪvsàɪd/ 名 C [普通は単数形で] (埋葬の際に会葬者の立つ)墓地のかたわら.

grave·stone /gréɪvstòʊn/ 名 C 墓石, 墓碑.

grave·yard /gréɪvjɑ̀ːəd | -jɑ̀:d/ 名 C 墓地; (不要品の)廃棄場.

gráveyard shìft 名 C 《主に米》 (交替勤務での)深夜勤務(をする人々).

grav·i·tas /grǽvətɑ̀:s, -tæ̀s/ 名 U または a ~] 《格式》 威厳; きまじめさ.

grav·i·tate /grǽvətèɪt/ 動 自 《格式》 (自然と)引き寄せられる (*toward*, *to*).

grav·i·ta·tion /grӕ̀vətéɪʃən/ 名 U 〔物理〕 重力, 引力(作用): the law of *gravitation* 引力の法則.

grav·i·ta·tion·al /grӕ̀vətéɪʃ(ə)nəl/ 形 [普通は 限定] 〔物理〕 重力の, 引力の.

+**grav·i·ty** /grǽvəṭi/ 名 ❶ U 〔物理〕 **重力**《⇒ g[2], G[2]》; 引力: specific gravity 比重 / Apples fall to the ground because of the earth's *gravity*. リンゴは地球の重力で地面に落下する.
❷ U 《格式》 重大さ, 容易ならぬこと: the *gravity of* the situation 状況の深刻さ.
❸ U 《格式》 まじめさ, 真剣さ.
the cénter of grávity [名] 重心. (2, 3 では 形 grave[2])

gra·vy /gréɪvi/ 名 ❶ U 肉汁《肉を料理するときに出る》; グレービー《肉汁で作るソース[たれ]》. ❷ U 《米略式》 もうけもの, 予想外の収益.

grávy bòat 名 C (舟形の)肉汁ソース入れ.

grávy tràin 名 [the ~] 《略式》 ぼろもうけの口.

****gray,** 《英》 **grey** /gréɪ/
― 形 (gray·er, 《英》 grey·er; gray·est, 《英》 grey·est) ❶ **灰色の**, **グレーの**, ねずみ色の: *gray* clothes グレーの服.
❷ (髪の毛・人が)**白髪(混じり)の**《⇒ hair 参考》: 「His hair [He] has turned [gone] *gray*. 彼は髪が白くなった.
❸ (空が)薄暗い, どんより曇った; 陰気な, 憂鬱(ゆううつ)な: a *gray* life 暗い人生.
❹ (顔色が)青白い, 血の気のない: Suddenly her face turned [went] *gray*. 突然彼女は血の気を失った.
❺ 特徴[魅力]のない, つまらない.
― 名 (~s /~z/) ❶ U,C **灰色**, グレー, ねずみ色. ❷ C あし毛の馬.
― 動 自 (髪・人が)白髪(混じり)になる.

gráy área 名 C どちらとも決め難い[あいまいな]部分, 中間領域, グレーゾーン (*in*, *between*).

gray·ing, 《英》 **grey·ing** /gréɪɪŋ/ 名 [the ~] 高齢化 (*of*).

gray·ish, 《英》 **grey·ish** /gréɪɪʃ/ 形 灰色[ねずみ色]がかった.

G

gráy màtter 名 U 《略式》知力; 頭脳.

+**graze**[1] /gréɪz/ 動 (graz·es /~ɪz/; grazed /~d/; graz·ing) 自 ❶ (家畜が)**牧草を食う:** The cattle are *grazing in* the pasture. 牛が牧場で草を食べている. ❷《略式》頻繁に間食をする (*on*).
— 他 ❶ (家畜が)(牧場の草)を食べる; (草地)を放牧に使う. ❷ (家畜)に牧草を食わせる, 放牧する (*in*, *on*). 〖語源 grass と同語源〗

graze[2] /gréɪz/ 動 他 ❶ (皮膚など)をすりむく (*against*, *on*). ❷ (...)をかすめる, かする. — 名 C かすり傷 (*on*): cuts and *grazes* ちょっとしたけが.

graz·ing /gréɪzɪŋ/ 名 U 放牧(地).

GRE /ʤíːàəríː | -àː(r)íː/ 名 C (米国の)一般大学院入学適性試験《*G*raduate *R*ecord *E*xamination の略; 商標》.

grease[1] /gríːs/ 名 ❶ U グリス《潤滑油などに用いる》. ❷ U 獣脂. (動 grease[2], 形 gréasy)

grease[2] /gríːs, gríːz/ 動 他 (...)に脂(あぶら)[グリス]を塗る[さす].

grease·paint /gríːspèɪnt/ 名 U ドーラン《俳優がメーキャップに用いる油性おしろい》.

gréase·proof páper /gríːsprùːf-/ 名 U 《英》 = wax paper.

greas·y /gríːsi, gríːzi/ 形 (greas·i·er; -i·est) ❶ 脂(あぶら)を塗った; 脂でよごれた[べたべたした]; (髪・皮膚が)脂っぽい [≒oily]: *greasy* plates 脂でよごれた皿. ❷ (食べ物などが)脂の多い, 脂っこい. ❸《略式》[軽蔑的] (態度・ことばが)べたべたした, お世辞たらたらの. (名 grease[1])

gréasy póle 名 [次の成句で] **clímb úp the gréasy póle** [動] 自 困難な出世の道を進む.

gréasy spóon 名 C 《略式》[しばしば軽蔑的] (特に揚げ物を出す)小さな安食堂.

***great** /gréɪt/ 発音 (同音 grate[1, 2])
— 形 (great·er /-ṭə | -tə/; great·est /-ṭɪst/)

意味のチャート
「大きい」❶
→ (価値が大きい) → 「偉大な」❷ → (立派な) → 「すばらしい」❸
→ (重要度が大きい) → 「重大な」❺ → 「非常な」❹

❶ [普通は 限定] (規模・程度などが)**大きい**《⇒ big 表, 類義語》; (数・量が)**たくさんの**, 多数の, 多量の; (時間・距離が)長い: a *great* river 大河 / *great* joy 大きな喜び / a *great* number of books 膨大な数の本 / the *greatest* happiness of the *greatest* number 最大多数の最大幸福《英国の哲学者ベンサム (Bentham) のことば》.

❷ **偉大な**, **りっぱな**, 偉い: a *great* king 偉大な王 / Beethoven was a *great* musician. ベートーベンは偉大な音楽家であった / *great* achievements 偉大な業績.

❸《略式》**すばらしい**, すてきな; [皮肉に; しばしば間投詞的に] 全くいやな, 困った(ことだ)《困惑・落胆などを表わす》: 「A *great* [*Great*] catch! ナイスキャッチ!《⇒ nice 形 1 日英》/ I feel *great*. 気分は最高だ / We had a *great* weekend. すばらしい週末でした / ***It's great to*** see you again. また会えてうれしいです 多用 / *It* was *great of* you *to* help us. 手伝ってくれてありがとう《⇒ of 12》/ ***It would be great if you could*** make it. 都合をつけていただけるとありがたいのですが《♥ 間接的な依頼》/ “Guess what! I'm getting a two-week vacation this summer!” “That's *great*! Then why don't we go abroad?” 「聞いてよ, この夏は休暇が 2 週間も取れるんだ」「すごい! だったら海外に行かない?」/ “It's just started to rain again.” “Oh, *great*, we can't go out then.” 「また雨だ」「まいったな, じゃ外出できないよ」《皮肉》.

> ♥ いいですね (賛同するとき)
> **Sounds great.**
> How about tomorrow at 4? 明日の 4 時はどう?
> **Sounds great.** See you tomorrow, then. いいね. じゃあ明日.
> ♥ great は good よりも強く肯定的評価を表わし, 積極的に賛同したり, 相手をほめたりする際などに使われる.

❹ 限定 **非常な**, 大変な, 本当の意味での: a *great* reader 大変な読書家 / a *great* success 大成功 / Tom is a *great* friend of mine. トムは私の親友だ.

❺ 限定 **重大な**, 重要な; [the ~] 最も重要な, 主要な [⇔ little]: It's *the greatest* issue facing us. それは我々が直面する最大の課題だ / *The great* attraction at the exhibition is Picasso's work. 展覧会の最大の呼び物はピカソの作品だ.

❻《略式》(...に)**最適な**, (...に)役に立つ: This dictionary is ***great for*** students. +*for*+名 この辞書は学生に最適だ. ❼ 叙述 《略式》(...が)うまい; (...に)詳しい; (...に)熱心な: He's *great at* tennis. 彼はテニスが上手だ. ❽ 限定 [the G-] [固有名詞などの後につけて] ...大王, ...大帝: Alexander *the Great* アレクサンドロス大王.

be a gréat òne for ... [動] 他 《略式》...に熱心である, 凝っている (*doing*).

Grèat héavens [Scótt]! [間] Ⓢ 《古風》これは驚いた, おやまあ.

gréat with chíld [形] 《文語》出産が近い.

— 名 C [普通は複数形で]《略式》大物, 花形.

— 副 《略式》とてもうまく; [big などの形容詞を強調して] すごく: a *great big* fish でっかい魚.

great- /gréɪt/ 接頭 「(...より)1 親等隔てた」の意. 語法 (1) grand- で始まる親族名と aunt, uncle, niece, nephew につく: a *great*-aunt 大おば. (2) 1 代遠ざかるごとに great- をひとつふやす: a *great-great-*grandfather おじいさんの祖父, 高(こう)祖父, ひいひいじいさん.

great-aunt /gréɪtænt | -àːnt/ 名 C 父[母]のおば, 大おば《⇒ family tree 図》.

Gréat Bárrier Rèef 名 固 [the ~] グレート バリアリーフ《オーストラリア北東岸の大さんご礁》.

Gréat Béar 名 固 [the ~] 大ぐま座《星座》.

+**Great Britain** /grèɪtbrítn/ 名 固 ❶ **グレートブリテン島**《大西洋と北海 (North Sea) との間の島; England, Scotland および Wales に分かれ Northern Ireland とともに英国(the United Kingdom)を成す; 略 GB, Gt. Br., Gt. Brit.》. ❷ 英国 (the United Kingdom). 語法 この意味で用いるのは正確ではない.

Gréat Chárter 名 固 [the ~]〔英国史〕大憲章《1215 年 John 王に対して貴族が勝ち取った約束; これで英国の立憲政治の基礎ができ, 国民の権利と自由が確保された》(Magna Carta).

Gréat Dáne 名 C グレートデーン《大型のデンマーク種の犬; ⇒ dog 挿絵》.

****great deal** /grèɪtdíːl/
代《不定代名詞》, 副 [a ～] ⇒ deal¹ 成句.
Gréat Divíde 名 [the ～] 北アメリカ大陸分水界《Rocky 山脈のこと》.
Great·er /gréɪṭɚ | -tə/ 形 [都市名の前に付けて] 大...: *Greater* London 大ロンドン《都市とその周辺地域を含めて》.
great-grand- /gréɪtgrǽn(d)/ 接頭 曾(そう)..., ひ...《祖父[祖母]-孫よりもう1つ隔たっている親族関係を表わす; ⇒ great- 語法》: *great-grand*child 曾孫(そうそん), ひ孫 / *great-grand*daughter 女のひ孫, ひ孫娘 / *great-grand*parent 曾祖父[母]《⇒ family tree 図》.
Gréat Lákes 名 固 複 [the ～] 五大湖《米国とカナダの国境にある5つの湖》.
***great·ly** /gréɪtli/ 副 [しばしば動詞の受身とともに]《格式》**非常に**, 大いに: Your help will *be greatly appreciated.* ご援助いただければ大変ありがたいのですが / We *were greatly impressed* by their hospitality. 私たちは彼らの歓待に非常に感動した.
great·ness /gréɪtnəs/ 名 ❶ U 偉大さ, 偉さ, 立派なこと: the *greatness* of Jesus Christ イエス キリストの偉大さ. ❷ U 重大さ, 重要性.
Gréat Pláins 名 固 複 [the ～] 大草原《米国およびカナダの Rocky 山脈以東に広がる草原地帯》.
Gréat Sált Láke 名 固 グレートソルトレーク《米国 Utah 州北西部にある浅い塩水湖》.
great-un·cle /gréɪtʌ̀ŋkl/ 名 C 父[母]のおじ, 大おじ《⇒ family tree 図》.
Gréat Wáll of Chína 名 固 [the ～] 万里の長城.
grebe /gríːb/ 名 C かいつぶり《水鳥》.
Gre·cian /gríːʃən/ 形《文語》(建築・顔つきなどが)(古代)ギリシャ風の.
Grécian nóse 名 C ギリシャ鼻《横から見て額から鼻柱までほぼ一直線; ⇒ nose 挿絵》.
Gré·co-Ro·man wréstling /grékoʊròʊmən-/ 名 U グレコローマン型レスリング《上半身で戦う》.
+Greece /gríːs/ (同音 grease¹, #grease²) 名 固 **ギリシャ**《ヨーロッパ南東部の共和国; 首都 Athens; 古代文明の中心地; 略 Gr.》. (形 Greek)
greed /gríːd/ 名 U 欲ばり, 貪欲(どんよく); 食い意地, 大食い: *greed for* money 金銭欲. (形 gréedy)
greed·i·ly /gríːḍəli/ 副 ❶ 文修飾 欲ばって, 貪欲に. ❷ がつがつと.
greed·i·ness /gríːḍinəs/ 名 U 貪欲さ; 食い意地.
greed·y /gríːdi/ 形 (greed·i·er; greed·i·est) ❶ 貪欲な, 欲ばりの: He's *greedy for* money. 彼は金に貪欲だ[がめつい]. ❷ 食いしんぼうな: He's not hungry, just *greedy*. 彼は空腹なのではない, ただ食い意地がはっているだけだ. (名 greed)
***Greek** /gríːk/ 形 **ギリシャの**; **ギリシャ人の**; **ギリシャ語の**《略 Gk., Gr.》: *Greek* civilization ギリシャ文明 / *Greek* myths ギリシャ神話. (名 Greece)
— 名 (～s /～s/) ❶ C **ギリシャ人**; [the ～s] ギリシャ人《全体》: *the* ancient *Greeks* 古代ギリシャ人.
❷ U **ギリシャ語**《略 Gk., Gr.》: classical *Greek* 古代ギリシャ語. ❸ C《米》学生社交クラブの会員《クラブの名前にギリシャ語アルファベットを用いることから》.
It's (áll) Gréek to me.《略式》私にはちんぷんかんだ.
Gréek álphabet 名 [the ～] ギリシャ語アルファベット.

Α	α	alpha	Ι	ι	iota	Ρ	ρ	rho
Β	β	beta	Κ	κ	kappa	Σ	σ ς	sigma
Γ	γ	gamma	Λ	λ	lambda	Τ	τ	tau
Δ	δ	delta	Μ	μ	mu	Υ	υ	upsilon
Ε	ε	epsilon	Ν	ν	nu	Φ	φ	phi
Ζ	ζ	zeta	Ξ	ξ	xi	Χ	χ	chi
Η	η	eta	Ο	ο	omicron	Ψ	ψ	psi
Θ	θ	theta	Π	π	pi	Ω	ω	omega

*****green** /gríːn/
— 形 (green·er; green·est) ❶ **緑色の, グリーンの**; (草木が)青々とした; (交通信号が)青色の《⇒ blue 日英》: a *green* dress 緑色のドレス / wait for the light to turn *green* 信号が青になるのを待つ / The grass is always *greener* on the other side of the fence.《ことわざ》塀の向こう[隣]の芝生はいつもうちのより青い(他人のものは何でもよく見える).
❷ (果実が)**熟れていない**, まだ青い; (木が)生(なま)の: *green* fruit 熟していない果物 / *Green* wood doesn't catch fire easily. 生木は簡単には火がつかない.
❸ 環境にやさしい, 環境保護に関心のある[関係する]: a *green* consumer 環境にやさしい消費者 / *green* politics 緑の政策, 環境保護政策.
❹《略式》(経験・技術などが)未熟な; 世間知らずの: The boy is still *green at* his job. その少年はいまだに仕事に未熟だ.
❺ [普通は 叙述]《略式》(顔色が)青白い: turn *green* 顔色が青ざめる.
gréen with énvy [形] ひどくうらやましい[ねたましい]《⇒ green-eyed》.
— 名 (～s /～z/) ❶ U,C 緑, **緑色**, グリーン; (交通信号の)**青色**: light *green* 淡緑色.
❷ [複数形で] **野菜**, 青物;《米》(装飾用の)緑の葉: fresh *greens* 新鮮な青野菜. ❸ U 緑色の服: a young lady in bright *green* 鮮やかな緑色の服の娘. ❹ C〔ゴルフ〕グリーン (putting green)《⇒ golf 挿絵》. ❺ C 草地, 緑地, 芝生; (村・町などの)草地の共有地. ❻ [the Greens] 環境保護政党; [G-] 環境保護政党の党員[支持者].
— 動 他 ❶ (都市など)を緑化する. ❷ (人・組織など)に環境(問題)を意識させる.
green·back /gríːnbæ̀k/ 名 C《米略式》ドル紙幣《初め南北戦争中に発行された法定紙幣の裏が緑色だったことから》.
gréen béan 名 C さやいんげん.
green·belt /gríːnbèlt/ 名 U,C《英》(都市周辺の)緑地帯.
gréen cárd 名 C《米》グリーンカード《外国人の永住・就労許可証》.
green·er·y /gríːnəri/ 名 U 青葉, 緑樹《全体》.
green-eyed /gríːnàɪd/ 形 [次の成句で] **the gréen-eyed mónster** [名] [こっけいに] しっと, やきもち.
gréen fíngers 名 複《英》= green thumb.
green·fly /gríːnflàɪ/ 名 (複 ～, -flies) C (緑色の)あぶらむし.
green·gage /gríːngeɪʤ/ 名 C 西洋すももの一種《ジャムの材料》.
green·gro·cer /gríːngròʊsɚ | -sə/ 名 C《主に英》青

G

物商人, 八百屋《人・店》: at the *greengrocer's* 八百屋で(⇒ -'s¹ 1 語法).

green·horn /gríːnhɔ̀ən | -hɔ̀ːn/ 名 C 《略式》 初心者, 青二才; だまされやすい人.

+**green·house** /gríːnhàʊs/ 名 (-hous·es /-hàʊzɪz/) C **温室** (⇒ plastic 日英).

gréenhouse effèct 名 [the ~] 温室効果《大気中の二酸化炭素などの増加によって地表の温度が上昇する現象; ⇒ global warming》.

gréenhouse gàs 名 C 温室効果ガス.

green·ing /gríːnɪŋ/ 名 U 緑化; [the ~] 環境意識の向上 (*of*).

green·ish /gríːnɪʃ/ 形 緑色がかった.

Green·land /gríːnlənd/ 名 固 グリーンランド《大西洋北部の世界最大の島; デンマークの自治領》.

gréen líght 名 ❶ C 青信号. 関連 red light 赤信号. ❷ [the ~] (計画などに対する)許可: give ... *the green light* ...にゴーサインを出す.

green·ness /gríːnnəs/ 名 U 緑の多いこと.

gréen ónion 名 C 《米》 = scallion.

gréen pàper 名 C [しばしば G- P-] 《英》 緑書《政府試案を記した審議用文書; ⇒ white paper》.

Gréen Pàrty 名 [the ~] 緑の党《(特にヨーロッパの)環境保護を訴える政党》.

Green·peace /gríːnpìːs/ 名 固 グリーンピース《急進的な国際的環境保護団体》.

G

gréen pépper 名 C ピーマン(⇒ red pepper).

gréen revolútion 名 ❶ [the ~] 緑の革命《技術革新による農業生産性の向上》. ❷ [the ~] 環境保護意識の高まり.

green·room /gríːnrùːm/ 名 C (劇場の)楽屋, 出演者控室.

gréen sálad 名 C,U (レタスなどの)グリーンサラダ.

gréen téa 名 U 緑茶(⇒ tea 日英).

gréen thúmb 名 [a ~] 《米》 園芸の腕前[才能] [《英》 green fingers]: have *a green thumb* 園芸が得意である.

Green·wich /grénɪdʒ, grín-/ 名 固 グリニッジ《英国 London 東部の自治区; ここを通る子午線 (meridian) が経度 0° 》.

Gréenwich Méan Tìme 名 U グリニッジ標準時《Greenwich にあった王立天文台を基準とする英国の標準時; 略 GMT; ⇒ standard time》.

***greet** /gríːt/

— 動 (greets /gríːts/; greet·ed /-ṭɪd/; greet·ing /-ṭɪŋ/) 他 ❶ (人)に**あいさつする**; (...)を出迎える: He *greeted* me *with* a smile. V+O+*with*+名 彼は私に笑顔であいさつした. ❷ [普通は受身で] (ある態度で)(物事・人)を迎える, (...)に応じる (*with*, *by*). ❸ (光景・音などが)(人の目・耳など)に入る, ふれる.

+**greet·ing** /gríːṭɪŋ/ 名 (~s /~z/) ❶ C,U **あいさつ**; 出迎え(の動作): a friendly *greeting* 親しいあいさつ / exchange *greetings* あいさつを交わす. ❷ C [普通は複数形で] (時候などの)**あいさつのことば**; (手紙などの)よろしくというあいさつ: Christmas *greetings* クリスマスのあいさつ / Please give [send] my *greetings* to all your family. ご家族の皆さまによろしくお伝えください. ❸ C (手紙の)書き出し(のあいさつ) (⇒ letter 図, salutation 参考).

gréeting càrd, 《英》 **gréet·ings càrd** /gríːṭɪŋz-/ 名 C (誕生日・クリスマスなどの)あいさつ状.

Greg /grég/ 名 固 グレッグ《男性の名; Gregory の愛称》.

gre·gar·i·ous /grɪgé(ə)riəs/ 形 (人が)集団を好む; 社交的な [≒sociable]; 〔生物〕 群居[群生]する.

Gre·gó·ri·an cálendar /grɪgɔ́ːriən-/ 名 [the ~] グレゴリオ暦《1582 年に法王グレゴリウス (Gregory) 十三世が制定した現行の太陽暦》.

Gregórian chánt 名 C,U 〔カトリック〕 グレゴリオ聖歌.

Greg·o·ry /grégəri/ 名 固 グレゴリー《男性の名; 愛称は Greg》.

grem·lin /grémlɪn/ 名 C グレムリン《機械類に故障を引き起こすとされる想像上のいたずら好きな小悪魔》.

gre·nade /grɪnéɪd/ 名 C 手投げ[手榴(りゅう)]弾.

gren·a·dier /grènədíə | -díə/ 名 C 《英》 近衛(このえ)歩兵第 1 連隊兵士.

***grew** /grúː/ 動 grow の過去形.

***grey** /gréɪ/ 形 名 動 《英》 = gray.

grey·hound /gréɪhàʊnd/ 名 C グレーハウンド《足の速い猟犬; ⇒ dog 挿絵》.

Gréyhound Bús 名 C グレーハウンドバス《全国的な路線網を持つ米国の長距離バス; 商標》.

grid /gríd/ 名 ❶ C (鉄または木製の)格子《排水溝・窓などの》. ❷ C (地図などの)方眼; (街路などの)碁盤目: in a *grid* 碁盤目状に. ❸ C (高圧線の)配電網; (ガスの)配管網. ❹ C (スターティング)グリッド《カーレースでスタート時に出走車が並ぶコース上の場所》.

grid·dle /grídl/ 名 C (調理用の丸い)鉄板.

gríddle càke 名 C 《米》 ホットケーキ.

grid·i·ron /grídàɪən | -àɪən/ 名 ❶ C (肉・魚などを焼く)焼き網 [≒grill]. ❷ C 《米》 アメリカンフットボール競技場《多数の平行線が引いてある》.

grid·lock /grídlɑ̀(ː)k | -lɔ̀k/ 名 U (市街地での)交通渋滞; (議論などの)行き詰まり.

grid·locked /grídlɑ̀(ː)kt | -lɔ̀kt/ 形 交通渋滞して; 行き詰まって.

+**grief** /gríːf/ 名 (~s /~s/) ❶ U,C **深い悲しみ**, 悲嘆 (⇒ sorrow 類義語): die of *grief* 悲しみのあまり死ぬ / The parents suffered terrible ***grief at*** [***over***] the loss of their only child. 両親は一人っ子を亡くしてひどく嘆き悲しんだ. ❷ C [普通は単数形で] 悲しみのもと, 嘆きの種, 悩み(事) (*to*).

còme to gríef [動] 自 《略式》 事故を起こす, 転ぶ, ぶつかる; (計画などが)失敗する.

gíve ... gríef [動] 他 《略式》 (人)にがみがみ小言を言う.

Góod gríef! [間] 《略式》 おやまあ《驚きや不快の表現》. (動 grieve, 形 grievous)

grief-strick·en /gríːfstrɪ̀k(ə)n/ 形 悲しみに打ちひしがれた, 悲嘆に暮れた.

griev·ance /gríːv(ə)ns/ 名 C,U 不平(の種), 苦情(のもと) (*against*). **núrse a gríevance** [動] 自 不平[不満]を抱く. (動 grieve)

grieve /gríːv/ 動 自 (深く)悲しむ, 悲嘆に暮れる: The mother *grieved over* her child's death. 母親は子供の死を深く悲しんだ / He was still *grieving for* his dead friend. 彼はまだ亡くなった友人のことを悲しんでいた. — 他 ❶ (人)を(深く)悲しませる, 嘆かせる: It *grieves* me to say so, but you are to blame. こう言うのはつらいが, 君が悪い. ❷ (人の死など)を(深く)悲しむ. (名 grief, grievance)

griev·ous /gríːvəs/ 形 ❶ 限定 《格式》 悲しむべき, 嘆

かわしい; つらい: a *grievous* betrayal 悲しむべき裏切り. ❷ [限定]《格式》重大な, ひどい: a *grievous* mistake ひどい間違い. ([名] grief)

～·ly [副] 嘆かわしいほどに; 非常に, ひどく.

gríevous bódily hárm [名] [U]〔英 法〕重傷《[略] GBH》.

grif·fin /grífɪn/, **grif·fon** /gríf(ə)n/ [名] [C]〔ギリシャ神話〕グリフィン《わしの頭・翼とライオンの胴体とを持った怪獣》.

grift·er /gríftə | -tə/ [名] [C]《米略式》ぺてん師.

+**grill**[1] /gríl/ [名] (～s /～z/) ❶ [C]《英》**グリル**《レンジ内のあぶり焼き用の装置》[《米》broiler]. ❷ [C] (肉・魚などを焼く)焼き網 [≒gridiron]. ❸ [C] グリル《焼肉などの料理を出すレストラン》. ❹ [C] (グリルで焼いた)焼肉[魚]料理.

— [動] [他] ❶ (肉・魚)を焼き網で焼く, あぶる [《米》broil]《⇒ roast 表; cooking 囲み》. ❷ (...)を厳しく尋問する (*about*). — [自] (肉などが)焼ける.

grille, grill[2] /gríl/ [名] [C] (銀行・切符売り場などの)格子窓, 格子戸.

+**grim** /grím/ ([同音] Grimm) [形] (grim·mer; grim·mest) ❶ (状況などが)**厳しい**, いやな; 気味の悪い: a *grim* story of the murder 気味の悪い殺人の話 / Things are looking *grim* for us. 私たちにとって状況は厳しそうだ. ❷ (表情・態度などが)厳しい, 険しい, 怖い; (場所が)陰気な: a *grim* man 厳しい人 / a *grim* expression 怖い表情. ❸ (決心・行動などが)妥協しない, 断固とした: *grim* determination 固い決意. ❹《英略式》質[出来]の悪い, ひどい. ❺ [叙述]《英略式》気分がすぐれない.

grim·ace /gríməs, grɪméɪs/ [名] [C] 顔をゆがめること, しかめっ面: make [give] a *grimace* しかめっ面をする.

— [動] [自] しかめっ面をする (*at*).

grime /gráɪm/ [名] [U] あか, ほこり, すす; 汚れ.

grim·ly /grímli/ [副] 厳しく; 恐ろしく, ものすごく; 気味悪く.

Grimm /grím/ [名] [固] **Ja·kob** /jáːkɑ(ː)p | -kɔp/ ～ (1785-1863), **Wil·helm** /vílhelm/ ～ (1786-1859) グリム《ドイツの言語・文献学者の兄弟; 共同でグリム童話集 (Grimm's Fairy Tales) をまとめた》.

grim·y /gráɪmi/ [形] (grim·i·er; -i·est) ほこりでよごれた, すすだらけの, 汚い.

+**grin** /grín/ [動] (grins /～z/; grinned /～d/; grin·ning) [自] (歯を見せて)**にっこり笑う**, にやっと[にたりと]笑う《喜び・興味・賛成・満足などの表情; ⇒ laugh 挿絵および [類義語]》: *grin* with delight うれしくてにっこりする / What are you ***grinning at***? [V+*at*+名] 何をそんなににこにこ笑っているのですか.

grín and béar it [動] [自] 苦笑して我慢する.

grín from éar to éar [動] [自] 顔中口にして笑う《大喜びの表情》, 顔をほころばせる.

— [名] (～s /～z/) [C] (歯を見せて)**にっこり笑うこと**, にやっと[にたりと]笑うこと: give a broad *grin* 満面に笑みを浮かべる / with a *grin* にっこり[にやっと]笑って.

wípe the grín òff ...'s [one's] **fáce** [動]《略式》(人・物事が)...の(満足げな)笑いをやめさせる, ...をしゅんとさせる; (人が)笑いをやめる.

+**grind** /gráɪnd/ [動] (grinds /gráɪndz/; [過去]・[過分] ground /gráʊnd/; grind·ing) [他] ❶ (穀物など)を**ひいて粉にする** (*up*); (歯などで)砕く; 《米》(肉)をひく; ひいて(粉など)をつくる: ***grind*** wheat ***into*** flour [V+O+*into*+名] 小麦をひいて粉にする / *grind* coffee コーヒーをひく. ❷ (...)を**ぎしぎしいわせる, 激しくこすりつける**; (強く)押しつける, 踏みつける (*in, into*): He often *grinds* his teeth in his sleep. 彼は睡眠中よく歯ぎしりをする. ❸ (刃物)を**研**(と)**ぐ**, (ガラスなど)を(研磨機で)**磨く**: *grind* a lens レンズを磨く / He *ground* his knife on the grindstone. 彼はといしでナイフを研いだ. [関連] ground glass すりガラス.

gríndd dówn [動] [他] (1) (...)をひいて粉にする, すりつぶす. (2) (人)をひどく苦しめる; しいたげる.

grínd ón [動] [自] (いやなことが)延々と続く.

grínd óut [動] [他] (1) (...)を(ひいて)粉にする. (2) (低質な作品など)を次々と作り出す.

grínd to a hált [動] [自] (車などが)車輪をきしませて止まる; (交通・産業などが)次第に止まる[行き詰まる].

— [名] ❶ [単数形で] つらい[単調な]仕事[勉強]. ❷ [C]《米略式》がり勉屋 [《英略式》swot].

grind·er /gráɪndə | -də/ [名] ❶ [C] (うすを)ひく人, (刃物の)研(と)ぎ屋. ❷ [C] ひく道具, 粉砕機.

grind·ing /gráɪndɪŋ/ [形] ❶ [限定] (貧困などが)終わりのない, よくなることがない: *grinding* poverty ひどい貧乏. ❷ [限定] きしむような, ぎしぎしいう: come to a *grinding* halt 車輪をきしませて止まる.

grind·stone /gráɪn(d)stòʊn/ [名] [C] 回転といし, 丸といし. **kéep** one's **nóse to the gríndstone** [動] [自]《略式》休みなしに働く.

grin·go /gríŋgoʊ/ [名] (～s) [C] [差別的] (中南米で)外(国)人《特に米国人をさす》.

*__grip__ /gríp/ [名] (～s /～s/) ❶ [C] [普通は単数形で] **つかむこと**, 握ること; つかむ力, 握力; 握り方; [[U] または a ～] (タイヤ・靴などの)吸着力: He 「let go [loosened] his ***grip on*** [***of***] the rope. 彼はロープを握っていた手を放した / ***get a*** firm ***grip on*** the pole 柱にしっかりつかまる. ❷ [単数形で] 支配[影響](力); (人の注意を)引く力: She couldn't escape the *grip* of that bad habit. 彼女はその悪習(の支配)から逃れることができなかった. ❸ [単数形で] 理解(力), 把握: get a *grip on* the subject テーマを把握する. ❹ [C] (道具などの)握り, グリップ; 取っ手, 柄. ❺ [C] (映画などの)撮影助手. ❻ [C]《古風》旅行かばん.

be in the gríp of ... [動] [他] (好ましくない状況)の影響下にある: The country *is in the grip of* (a) famine. その国は食料不足に見舞われている.

cóme [gèt] to gríps with ... [動] [他] ...に真剣に取り組む.

gèt [kèep, tàke] a gríp on one**sèlf** [動] [自] (あわてた時に)自分(の感情)を抑える.

lóse one's **gríp** [動] [自] 統制力[理解力・自信]を失う (*on*).

— [動] (grips /～s/; gripped /～t/; grip·ping) [他] ❶ (...)を**ぎゅっと握る**, つかむ; (タイヤなどが)(路面)をしっかりつかむ: The frightened child *gripped* his mother's hand. おびえた子は母親の手をぎゅっとつかんだ. ❷ (注意など)を引く, (人)の心をつかむ: This story really *grips* the reader. この話は本当に読者の心を引き付ける. ❸ (感情・問題・状況などが)(...)を襲う.

— [自] ❶ ぎゅっと握る. ❷ (タイヤなどが)路面をしっかりつかむ.

gripe /gráɪp/ [動] [自]《略式》不平を言う, ぼやく (*about, at*). — [名] [C]《略式》不平 (*about*).

grip·ping /grípɪŋ/ [形] (話・映画などが)興味をそそる, おもしろい.

gris·ly /grízli/ [形] (gris·li·er; -li·est) (死体・事件などが)心底ぞっとするような, 身の毛もよだつ.

G

grist /gríst/ 名 U 製粉用の穀物. **(áll) gríst for** [《英》 **to**] ...'s **[the] míll** [名] (人)の役に立つもの.

gris·tle /grísl/ 名 U (食肉の)すじ.

grit /grít/ 名 ❶ U (すべり止めにまく)砂利; (目・靴などに入る)砂: I've got a piece of *grit* in my eye. 私の目に砂が入った. ❷ U 《略式》勇気, 肝っ玉. — 動 (grits; grit·ted; grit·ting) 他 (道路)に(すべり止めの)小石を敷く. **grít** one's **téeth** [動] 自 歯を食いしばる《怒り・苦痛を抑える表情》; ぐっとこらえる, 勇気を出す.

grits /gríts/ 名 複 粗びき小麦; 《米南部》粗びきとうもろこし《かゆ (porridge) にして食べる》.

grit·ty /gríṭi/ 形 (grit·ti·er; -ti·est) ❶ 勇気のある, 意志の強い. ❷ (描写などが)現実直視の, 赤裸々(せきらら)な. ❸ 砂[小石]の入った, 砂だらけの.

griz·zle /grízl/ 動 自 《英略式》(幼児が)ぐずる; ぶつぶつ言う (*about*).

griz·zled /grízld/ 形 《文語》白髪(混じり)の.

gríz·zly (bèar) /grízli-/ 名 C はいいろぐま《北米西部産の大型のくま》.

+**groan** /gróʊn/ (同音 grown) 動 (groans /~z/; groaned /~d/; groan·ing) 自 ❶ (苦しみ・痛みなどで)**うめく**, うなる(⇒ moan); (重荷・圧制などで)うめき苦しむ: The injured man *groaned with* pain. V+前+名 けがをした人は痛さのあまりうめいた / The people *groaned under* [*beneath*] the weight of the new taxes. 新たな税の重さに国民はうめき苦しんでいた. ❷ 不平を言う. ❸ (物が)(重みなどで)きしむ; (テーブルなどが)きしむほど(...で)いっぱいである: This shelf is *groaning with* books. この棚はきしむほど本がたくさんのっている. — 他 (...)とうめく[ぐちをこぼす].
— 名 (~s /~z/) ❶ C **うめき声**, うなり声: give [let out] a *groan* うめく, うなる / We heard the *groans* of wounded soldiers. 私たちは負傷した兵士たちのうめき声を聞いた. ❷ C 不平不満の声. ❸ C 《文語》ぎいぎいいう音《木・金属がきしる音》.

+**gro·cer** /gróʊsɚ | -sə/ 名 (~s /~z/) C **食料雑貨商**《食料品や生活雑貨を売る人・店》: a *grocer's* (shop) 《英》食料雑貨店 [《米》 grocery] (⇒ -'s[1] 1 語法). 関連 greengrocer 《英》青物商人.

***gro·cer·y** /gróʊs(ə)ri/ 名 (-cer·ies /~z/) ❶ [複数形で] **食料雑貨類**: buy *groceries* 食料品を買う. ❷ C 《米》**食料雑貨店**, スーパー [《英》 grocer's (shop)]: go to the *grocery* store スーパーに行く.

grog /grá(ː)g | grɔ́g/ 名 U グログ《ラム酒など強い酒を水で割った飲み物》; 《略式》(一般に)酒.

grog·gy /grá(ː)gi | grɔ́gi/ 形 (grog·gi·er; -gi·est) [普通は 叙述] 《略式》(病気・疲れなどで)足元のふらふらする, 意識がもうろうとした.

groin /grɔ́ɪn/ 名 C 鼠径(そけい)部, ももの付け根(⇒ leg 挿絵).

grom·met /grá(ː)mɪt | grɔ́m-/ 名 ❶ C はと目《布・革などにひもを通す穴を補強する金属の輪》. ❷ C 《英》グロメット《子供の耳に入った水を抜く棒》.

groom /grúːm, grúm/ 名 ❶ C 花婿 (bridegroom). ❷ C 馬丁(ばてい), 馬の飼育係. — 動 他 ❶ (馬)を手入れする; (動物が)(...)の毛づくろいをする. ❷ [主に過去分詞で前に副詞を伴って] (...)の身だしなみを整える (⇒ well-groomed). ❸ (人)を訓練する, 仕込む (*for*, *as*; *to* do). ❹ (性的目的で)(子供)を手なずける.

groom·ing /grúːmɪŋ, grúm-/ 名 U 身だしなみ(をよくすること); (馬などの)手入れ; 毛づくろい.

grooms·man /grúːmzmən, grúmz-/ 名 (-men /-mən/) C 《米》花婿の付添い《男性》.

+**groove** /grúːv/ 名 (~s /~z/) ❶ C (木・金属などにつけた)**細い溝**(みぞ), (レコードの)溝. ❷ C 《略式》(ポピュラー音楽の)乗りのいいリズム, グルーブ. **be (stúck) in a gróove** [動] 自 型にはまっている. **be [gèt] in the gróove** [動] 自 調子が出ている[出てくる], 乗っている[乗ってくる].

grooved /grúːvd/ 形 溝のある, 溝がついた.

groov·y /grúːvi/ 形 (groov·i·er; -i·est) 《古風, 略式》しゃれた, かっこいい.

grope /gróʊp/ 動 自 ❶ 手探りする; 手探りで探(さが)す (*about*, *around*); 手探りで進む (*through*, *toward*): He *groped for* his shoes in the dark. 彼は暗やみで靴を手探りで探した. ❷ (ことば・解決策などを)手探りで求める, 暗中模索する: *grope for* a clue to the case その事件の手がかりを捜す. — 他 《略式》(人)の体をまさぐる《痴漢行為》. **grópe** one's **wáy** [動] 自 [副詞(句)を伴って] 手探りで進む (*along*, *across*).
— 名 C 《略式》体をまさぐること《痴漢行為》.

***gross**[1] /gróʊs/ 発音 形 (gross·er; gross·est)

> 意味のチャート
> 「**大きい**」❹ → (大まかな, 大ざっぱな)
> → (全体的な) → 「**総体の**」❶
> → 「**粗野な**」❸ → (程度の悪い) → 「**ひどい**」❷

❶ 限定 [比較なし] **総体の**, 全体の [≒total]; 風袋(ふうたい)込みの(⇒ net[2] 1): the *gross* amount 総額 / *gross* income 総収入《税金などを引かれる前の》/ *gross* sales 総売上高.
❷ [普通は 限定] 《格式》(不正などが)**ひどい**, 甚だしい: a *gross* mistake ひどい間違い / a *gross* insult 甚だしい侮辱 / *gross* negligence ひどい怠慢.
❸ (言動・態度などが)**下品な**, 粗野な; S いやな, 不快な, 気持ち悪い: *gross* language 下品なことば. ❹ ひどく太った; (ばか)でかい: a *gross* body 大きなずうたい.
— 副 (控除前の)総計で, 税込みで.
— 名 C 《主に米》総額[量], 総収入.
— 動 他 (...)の総収益をあげる.
gróss óut [動] 他 S 《米》(下品な言動などで)(人)をむかつかせる, うんざりさせる.

gross[2] /gróʊs/ 名 (複 ~) C グロス《12 ダース, 144 個》: two *gross* of pencils 鉛筆 2 グロス.

gróss doméstic próduct 名 [the ~]〔経済〕= GDP.

gross·ly /gróʊsli/ 副 [悪い意味で] ひどく.

gróss márgin 名 C 粗(あら)利益, 売上総利益.

gróss nátional próduct 名 [the ~]〔経済〕= GNP.

gross·ness /gróʊsnəs/ 名 U 下品, 粗野; ひどさ, 途方もなさ.

gróss wéight 名 U 総重量《風袋(ふうたい)を含む》.

gro·tesque /groʊtésk/ 形 グロテスクな, 怪奇な; 異様な. — 名 C 怪奇な物[姿, 人].

grot·to /grá(ː)ṭoʊ | grɔ́t-/ 名 (~es, ~s) C (石灰岩の)小さなほら穴; (庭などに作った)岩屋《貝殻などで飾った人工の洞くつ》.

grot·ty /grá(ː)ṭi | grɔ́ti/ 形 《英略式》汚らしい; いやな.

grouch /gráʊtʃ/ 動 自 《略式》ぶつぶつ言う; すねる (*about*). — 名 ❶ C 不機嫌な人, 不平家. ❷ C 《略式》不満(の種) (*about*, *against*).

grouch·y /gráʊtʃi/ 形 (grouch·i·er; -i·est) 《略式》(疲れて)不機嫌な; ぶつぶつ言う; すねた.

ground[1] /gráʊnd/

— 名 (grounds /gráʊndz/)

意味のチャート
「**地面**」❶
→(目的を持った地面)→「**場所**」❸→(区画された場所)→「**土地**」,「**敷地**」❹
→(土)→(土壌)→「**土地**」❷
→(土台)→「**根拠**」❺

❶ U [しばしば the ~] **地面**; 地上 (⇒ 類義語): sit on *the ground* 地面に座る / *The ground* was covered with deep snow. 地面は深い雪で覆われていた / The injured bird fell to *the ground*. 傷ついた鳥は地面に落ちた.
❷ U **土地**; 土壌: rich *ground* 肥えた土地 / sandy *ground* 砂地.
❸ C [しばしば複数形で] (ある目的のために使う)**場所**, ...場; 運動場, グラウンド. 語法 この意味では普通は合成語として用いる: a hunting *ground* 猟場 / fishing *grounds* 漁場.
❹ [複数形で] (建物の周りの)**土地**; 敷地: the school *grounds* 学校の構内 / the *grounds* of the palace 宮殿の敷地.
❺ [U または複数形で] **根拠**, 理由: There is no ***ground for*** thinking so. そう考える根拠は全くない / He has (good) *grounds for* complaint. 彼には苦情を言う(正当な)理由がある / You have sufficient ***grounds to*** sue. +to 不定詞 君には訴えを起こす十分な根拠がある. ❻ U 立場; 見解, 主張 (⇒ common ground, middle ground). ❼ U (研究などの)分野, 領域. ❽ [単数形で] 《米》 (電気器具の)アース [《英》 earth]. ❾ C (図案などの)下地; 下塗り. ❿ [複数形で] (コーヒーなどの)かす.

abòve gróund [副·形] 地上で[の].
be búrned to the gróund ⇒ burn 成句.
belòw gróund [副·形] 地下で[の].
bréak néw [frésh] gróund [動] 自 新天地を切り開く; 新しい分野に踏み出す.
chánge one's **gróund** [動] 自 = shift one's ground.
cóver ... gróund [動] 自 (1) ...の距離を行く: He *covered* a great deal of *ground* that day. 彼はその日ずいぶん遠くまで行った[進んだ]. (2) (報告などが)...の範囲にわたる, ...までを扱う: The report *covers* much new *ground*. その報告(の内容)は広く新分野に及んでいる.
cút the gróund from ùnder [benèath] ...'s **féet** [動] (人)の足をすくう, (人)の計画の裏をかく.
dówn to the gróund [副] 《英略式》 完全に, 完ぺきに.
from the gróund úp [副] 基礎(のところ)から, 徹底的に.
gáin gróund [動] 自 (1) 進歩する; 進出する; 優勢になる, 普及する. (2) (...に)追い迫る (*on*).
gèt óff the gróund [動] 自 離陸する; (うまく)スタートする.
gèt ... óff the gróund [動] 他 (計画など)を(うまく)スタートさせる.
gìve gróund [動] 自 後退する; 譲歩する (*to*).
gó to gróund [動] 自 《英》 (犯人などが)身を隠す.
hít the gróund [動] 自 《略式》 地面に伏せる[倒れる].
hít the gróund rúnning [動] 自 最初から順調に[どんどん]やる.
hóld one's **gróund** [動] 自 (1) (攻撃に対し)一歩も引かない. (2) 自分の立場[意見]を固守する, 自説を曲げない.
lóse gróund [動] 自 退く; 負ける; 不利な立場に立つ (*to*).
on the gróund [副] (1) 地上で. (2) [主に新聞で] 一般の人々の間に; (戦争などの)現場で.
on (the) gróunds of ... [前] **...の理由で** [≒ because of ...]: She was pardoned *on the grounds of* her youth. 彼女は若いという理由で許された.
on the gróunds that ... [接] **...という理由で** [≒ because]: He was dismissed *on the grounds that* he had broken the rules. 彼は規則を破ったとの理由で首になった.
rún ... ìnto the gróund [動] 他 ...を使いものにならなくなるまで酷使する; ...を破産させる.
rún [dríve, wórk] one**self ìnto the gróund** [動] 自 《略式》 疲れ果てるまで必死でがんばる.
shíft one's **gróund** [動] 自 立場を変える.
stánd one's **gróund** [動] 自 = hold one's ground.

類義語 **ground** 地球の固い表面部,「地面」の意味. **land**「土地」の意味では, (農業地や地所など)その性質や用途に関心が向けられている. **earth** 空に対する「大地」の意味が中心であるが, 次の *soil* と同じように「土」の意味にも用いる. **soil** 作物などの生育のための「土壌」の意.

— 動 (grounds /gráʊndz/; ground·ed /~ɪd/; ground·ing) 他 ❶ [主に受身で] (航空機・操縦士)を**地上に留**(とど)**まらせる**, 飛行させない: All planes *were grounded* because of the dense fog. V+O の受身 濃い霧のために飛行機はすべて地上に待機させられた. ❷ [普通は受身で] (...)に根拠を置く, 基礎を与える: My opinion *is grounded* 「*on* facts [*in* fact]. 私の意見は事実に基づいている. ❸ 《略式》 (子供など)を遊びに行かせない《罰として》: You are *grounded* for a week. 一週間外で遊ぶのは禁止だ. ❹ 《米》〔電気〕 アースする [《英》 earth]. ❺ [しばしば受身で] (人)に(...の)基礎を教える (*in*). ❻ (船)を座礁(ざしょう)させる (*on*, *in*).
— 自 (船が)浅瀬に乗り上げる, 座礁する: Our ship *grounded on* a hidden rock. 我々の船は暗礁に乗り上げた.

+**ground**[2] /gráʊnd/ 動 **grind の過去形および過去分詞.**
— 形 限定 **粉にした**, ひいた: *ground* pepper 粉こしょう / *ground* beef 《米》 牛(ぎゅう)ひき肉 / *freshly ground* coffee ひきたてのコーヒー.

gróund báll 名 C 〔野球〕 ゴロ [≒grounder] (⇒ fly[1] 名 1).
ground·break·ing /gráʊndbrèɪkɪŋ/ 形 限定 (作品・研究などが)先駆的な, 草分けの.
gróund clòth 名 C 《米》 (キャンプなどで地面に敷く)防水布 [《英》 groundsheet].
gróund crèw 名 C [《英》 単数形でもときに複数扱い] (空港の)地上整備員《全体》.
ground·er /gráʊndə | -də/ 名 C 〔野球〕 ゴロ [≒ ground ball].
gróund flóor 名 C 1 階 [《米》 first floor] (⇒ floor 語法). **gèt [be] ín on the gróund flóor** [動] 自 (仕事などに)最初から参加する[している].
gróund gláss 名 ❶ U ガラス粉. ❷ U すりガラス.
ground·hog /gráʊndhɔ̀ːg | -hɔ̀g/ 名 C 米国産のマーモット [≒woodchuck].

Gróundhog Dày 名 U,C 《米》グラウンドホッグデー《2月2日; 晴れなら冬が続き, 曇りなら春が近いとされる》.

ground·ing /gráʊndɪŋ/ 名 ❶ [a ~] 基礎知識[訓練] (*in*). ❷ C 《米》(罰としての)外出禁止. ❸ U 飛行[出航]禁止.

ground·less /gráʊndləs/ 形 根拠のない, 事実無根の, いわれのない: a *groundless* fear 根拠のない恐れ / a *groundless* rumor 根も葉もないうわさ.

gróund lèvel 名 U 地面(の高さ); 一階.

ground·nut /gráʊndnʌ̀t/ 名 C 《英》落花生(の実) (peanut).

gróund plàn 名 ❶ C (建築物の)平面図 [≒floor plan]. ❷ C 基礎計画, 概案 (*for*).

gróund rùle 名 C [普通は複数形で] (行動の)基本原則 (*for, of*).

ground·sheet /gráʊndʃìːt/ 名 C 《英》= ground cloth.

gróund spèed 名 U 〔航空〕(航空機の)対地速度 (⇒ airspeed).

gróund stàff 名 C 《英》= ground crew.

gróund stròke 名 C 〔テニス〕グラウンドストローク《地面にバウンドした球を打つこと》.

ground·swell /gráʊndswèl/ 名 [a ~] (世論などの)高まり, 盛り上がり (*of*).

ground·wa·ter /gráʊndwɔ̀ːṭɚ | -wɔ̀ːtə/ 名 U 地下水.

ground·work /gráʊndwɚ̀ːk | -wə̀ːk/ 名 U [普通は the ~] 基礎, 基礎作業, 下準備: lay *the groundwork for* ... …の基礎を築く; 下準備をする.

gróund zéro 名 ❶ U (核爆発などの)爆心地. ❷ [G- Z-] グラウンドゼロ《2001年9月11日の同時多発テロ事件で崩壊したニューヨーク世界貿易センタービルの跡地》. ❸ U (変革・活動などの)中心地; 出発点.

***group /grúːp/

— 名 (~s /~s/) [《英》単数形でもときに複数扱い]
❶ C 群れ, **グループ**, 小集団 (⇒ 類義語); 群, 型: A *group of* children was [《英》were] playing baseball in the park. 子供たちの一団が公園で野球をしていた / The birds flew away *in groups*. 鳥たちはいくつかの群れを成して飛び去った.
❷ C (特定の目的・類似点を持つ)**集団, 団体**; 分派; 同好会; 企業グループ: a pressure *group* 圧力団体 / an interest *group* 利益団体 / They form an ethnic *group*. 彼らは1つの民族集団を成す. 関連 age-group 年齢層. ❸ C (歌手・演奏者などの)グループ: a rock *group* ロックグループ.
— 動 (groups /~s/; grouped /~t/; group·ing) 他 ❶ (...)を**集める**, 一緒にする: He *grouped* the family for a picture. 彼は写真を撮るために家族を集め(て並ばせ)た / The cattle *were grouped together*. V+O+*together* の受身 牛は一か所に集められた.
❷ (...)を**分類する**, グループ分けする: He *grouped* the documents *into* several categories. V+O+前+名 彼は書類を数種類に分類した.
— 自 **一団となる**, 集まる: The children *grouped together* at the entrance. V+*together* 子供たちは入口に集まった / All the players *grouped around* [*round*] their captain. V+前+名 選手たちはみんな主将の周りに集まった (⇒ around 最初の 語法).
gróup oursèlves [yoursèlves, themsèlves] [動] 自 グループを作る, 集まる: We *grouped ourselves into* fours. 4人ずつのグループになった.

類義語 **group** 最も普通の語で, 人・動物・物などの集まりをいう. **herd** 集団で草をはんだり移動をする動物の群れのこと. **flock** 羊・やぎ, または鳥の群れ. **school** 魚・鯨・おっとせいなどの群れ. **flight** 飛ぶ鳥の群れ. **swarm** はちやありのように集団で移動する昆虫の群れ. **drove** 移動している家畜の群れ. **pack** おおかみや猟犬のように集団で狩りをする動物の群れ. **shoal** 魚の大群.

group·ie /grúːpi/ 名 C 《略式》(ロック歌手などの)有名人を追い回す(特に少女の)ファン, 追っかけ.

group·ing /grúːpɪŋ/ 名 ❶ C (より大きな集団の中の)集団, 派閥 (*of*). ❷ U グループ分け.

gróup práctice 名 C,U グループ診療(医)《同じ建物内での各科連携医療(に携わる医師たち)》.

gróup thérapy 名 U (精神医学の)集団療法.

group·ware /grúːpwèɚ | -weə/ 名 U 〔コンピュータ〕グループウェア《LAN に効率的な作業環境を提供するソフトウェア》.

grouse[1] /gráʊs/ 名 (複 ~) C らいちょう《日本と違って欧米では猟鳥》; U らいちょうの肉.

grouse[2] /gráʊs/ 動 自 《略式》不平を言う (*about*). — 名 C 《略式》不平.

+**grove** /gróʊv/ 名 (~s /~z/) ❶ C (オレンジ・オリーブなどの)**果樹園**. 関連 orchard 柑橘(かんきつ)類以外の果樹園.
❷ C **小さい林**, 木立ち.

grov·el /grɑ́(ː)v(ə)l | grɔ́v-/ 動 (grov·els; grov·eled, 《英》grov·elled; -el·ing, 《英》-el·ling) 自 腹ばいになる, ひれ伏す; 卑下する, ぺこぺこする (*to*): *grovel* about [around] (物捜しで)はい回る.

***grow /gróʊ/ ❗発音

— 動 (grows /~z/; 過去 grew /grúː/; 過分 grown /gróʊn/; grow·ing)

意味のチャート
「大きくなる」の意から, 「**成長する**」自 ❶
→ (次第にある状態になる) → 「**...になる**」自 ❹
→ (成長させる) → 「**栽培する**」他 ❶

— 自 ❶ **成長する**, 大きくなる; 伸びる; (能力・精神面で)成長する: Children *grow* rapidly. 子供が大きくなるのは速い / How you've *grown*! すごく大きくなったねえ / You've let your hair [nails] *grow* too long. V+C (形) 君は髪の毛[つめ]を長く伸ばしすぎだ.
❷ **増大する**; 発達する, 発展する: *grow in* number 数が増える / Their discontent was *growing*. 彼らの不満はつのっていった.
❸ (草木が)**生える, 育つ**, 生長する: There's a tall tree *growing* in his garden. 彼の家の庭に1本の大きな木が生えている / These plants *grow* from seeds. この植物は種から育つ / Rice *grows* wild here. V+C (形) ここでは稲が自生している.
❹ (次第に)**...になる** [≒become, get]; (だんだんと)...するようになる: It was *growing* darker. V+C (形) だんだん暗くなっていった / His face *grew* pale. 彼の顔は青ざめた / You'll *grow to* love her. V+*to* 不定詞 君はそのうち彼女が大好きになるよ.
— 他 ❶ (...)を**栽培する**; 生長させる, 育てる: He *grows* tomatoes *in* his garden. V+O+前+名 彼は菜園でトマトを作っている / *grow* eggplants *from* seed なすを種から栽培する.

❷ (髪の毛・つめ)を**伸ばす**, (ひげなど)を生やす: *grow* a beard ひげを生やす / I want to *grow* my hair long. V+O+C (形) 私は髪を長く伸ばしたい. ❸ (事業・経済など)を拡大する, 伸ばす. (名 growth)

grow の句動詞

grów apárt 動 自 (夫婦などが)仲が冷える.

grów awáy from ... 動 他 ...と疎遠になる, ...との間が冷たくなる.

+**grów ínto ...** 動 他 ❶ **成長[発展]して...になる**, 次第に...になる: She has *grown into* a fine young woman. 彼女は立派な若い女性に成長した / Our town has *grown into* a large city. 我々の町は発展して大都市になった. ❷ 成長して(服など)が着られるようになる: My son will *grow into* my coat in a couple of years. 2, 3 年もすれば息子は私の上着が着られるようになる. ❸ (仕事など)に慣れて[上達して]くる.

+**grów on [upòn] ...** 動 他 (物が)**...の心を次第につかんでくる**, **...に好かれるようになる**, 大事にされるようになる: This place has *grown on* me. この土地が気に入ってきた.

grów óut 動 自 (髪が)(パーマ・色などが落ちるまで)伸びる. — 他 (髪)を(パーマ・色などが落ちるまで)伸ばす.

***gròw óut of ...** 動 他 ❶ **体が成長して...が合わなくなる**: The boy *grew out of* his clothes. その少年は大きくなって服が着られなくなった. ❷ (成長して)...を脱する; ...から脱皮する: Finally, he *grew out of* wet*ting* the bed. 彼はやっとおねしょをしなくなった. ❸ ...から生じる: Most prejudices *grow out of* ignorance. 偏見の大半は無知から生じる.

**gròw úp

動 自 ❶ **成長する**, **大人**(おとな)**になる** (⇒ grown-up[1, 2]): What are you going to be when you *grow up*? 大きくなったら何になるの / She *grew up* to be an active leader. 彼女は成長して活動的なリーダーになった / ***Grow up!*** Ⓢ もっと大人になりなさい! ((子供っぽい言動に対して)). ❷ (習慣が)生まれてくる, (事態が)生じる.

+**grow·er** /gróʊɚ | gróʊə/ 名 (~s /~z/) ❶ C [普通は合成語で] **栽培者**, (花・果物・野菜などを)育てる人: a rice *grower* 稲作をする人. ❷ C [前に形容詞をつけて] 生長が...の植物: a *fast* [*slow*] *grower* 早[晩]生植物.

grow·ing /gróʊɪŋ/ 形 ❶ 限定 増大する, つのる: A *growing* number of people are doing part-time jobs. パートで働く人の数が増えている. ❷ 限定 生長[成長]する; 発育盛りの.

grówing pàins 名 ❶ 複 成長痛. ❷ 複 (新計画などの)初期の困難.

growl /gráʊl/ 動 自 (犬・くま・とらなどが)うなる ((⇒ cry 表 bear, dog, tiger)); (人が)うなるような声で[怒ったように] 言う; (雷・腹などが) ごろごろ鳴る: The dog *growled at* the mailman. 犬は郵便集配人に向かってうなった. — 他 (...)を[と]怒った声で言う: He *growled* (*out*) his answer. 彼はうなるような声で答えた. — 名 C うなり[どなり]声: give a *growl* うなる.

***grown /gróʊn/ (同音 groan)

— 動 grow の**過去分詞**.

— 形 ❶ 限定 [比較なし] (大人に)**成長した**: a *grown* man 大人(の男). 語法 「年だけは大人のくせに, いい年をして」の語感を伴う. ❷ [合成語で] ...に成長した; (木・草が)茂った, (...で)栽培した, ...産の: full-*grown* 十分に成長した / home-*grown* 国産の.

grówn úp [形] 大人になって, 成長して ((⇒ grown-up[1] 語法)).

grown-up[1] /gróʊnʌ́p←/ 形 ❶ 限定 大人の; 成熟した: a *grown-up* son 成人した息子. 語法 叙述 のときは grown up と分けて書くのが普通. ❷ 限定 大人らしい, 大人にふさわしい [⇔ childish]; 大人向けの: *grown-up* behavior 大人っぽいふるまい.

grown-up[2] /gróʊnʌ̀p/ 名 C ((略式)) 大人 ((特に子供が, または大人が子供に対して用いる)) [≒adult]: All *grown-ups* were once children — although few of them remember it. 大人もみなかつては子供だった. でもそれを覚えている大人はほとんどいないんだ ((サンテグジュペリ (Saint-Exupéry) の『星の王子さま』の前書きのことば)).

**growth /gróʊθ/

— 名 (~s /~s/) ❶ U **成長**, 生長; **発達**, **発育**, 成育: the *growth of* rice 稲の生長 / *growth* hormones 成長ホルモン / intellectual *growth* 知的発達 / Childhood is a period of rapid *growth*. 子供時代とは急速な発育の時期である.

❷ [U または a ~] **増加**, **増大** [≒increase]; **発展**, 拡大: a rapid *growth of* [*in*] population = rapid population *growth* 急速な人口増加 / the *growth of* industry 産業の発展 / a high economic *growth* rate 高い経済成長率 / zero *growth* ゼロ成長 / a *growth* industry 成長産業. ❸ C,U 成長する[した]もの, 発生物 ((草木・毛髪・おできなど)); 腫瘍(しゅよう): a week's *growth* of beard 1 週間で伸びたあごひげ / a cancerous *growth* 癌腫(がんしゅ). (動 grow)

grub /grʌ́b/ 名 ❶ C 地虫, うじ虫. ❷ U ((略式)) 食べ物: *Grub*'s up! ごはんだよ. — 動 (grubs; grubbed; grub·bing) 自 地面を掘り返す; 掘って捜し回る; (...を)捜し回る (*about, around*; *for*). — 他 (草木)を根こ(そ)ぎにする, (鳥などが)(虫)をほじくり出す (*up, out*).

grub·by /grʌ́bi/ 形 (grub·bi·er; -bi·est) 汚い, うすよごれた; (活動などが)あさましい, いかがわしい.

grudge /grʌ́dʒ/ 名 C 恨み, 憎しみ: a *grudge* fight [match] (ボクシングなどの)遺恨試合 / bear [have, hold] a *grudge against* ... (人)に恨みを持っている / I bear him no *grudge for* what he said about me. 彼が私について言ったことを何ら根にもってはいないよ. — 動 他 ❶ (人に)(...)を与えるのをいやがる, 惜しむ: He *grudges* (giv*ing*) a penny *to* a beggar. 彼はこじきに 1 文やるのも惜しむ / He *grudged* his servants their food. 彼は使用人に食べ物を与えるのも惜しがった. ❷ (人)をねたむ; (ねたんで)(人が)(...)を持つのを認めたがらない: She *grudges* me my success. 彼女は私の成功をねたんで認めようとしない.

grudg·ing /grʌ́dʒɪŋ/ 形 いやいやながらの, しぶしぶの, ...したがらない. **~·ly** 副 しぶしぶ.

gru·el /grúːəl/ 名 U オートミールのおかゆ.

gru·el·ing, ((英)) **-el·ling** /grúːəlɪŋ/ 形 へとへとに疲れさせる, 厳しい, つらい.

grue·some /grúːsəm/ 形 ぞっとする, 身の毛のよだつ, ものすごい. **~·ly** 副 ぞっとするほど.

gruff /grʌ́f/ 形 (gruff·er; gruff·est) どら声の, しわがれ声の; 荒々しい, ぶっきらぼうな. **~·ly** 副 荒々しく, ぶっきらぼうに.

G

grum·ble /grʌ́mbl/ 動 自 ❶ ぶつぶつ不平を言う (*about, at, over*) (⇒ complain 表): 🗨 "How are you today?" "Mustn't [Can't] *grumble*." Ⓢ《英》「元気?」「まあまあだ」 ❷ (雷などが)とどろく, ごろごろ鳴る. — 名 ❶ Ⓒ 不平, 苦情 (*about, at, over*). ❷ Ⓒ (雷などの)とどろき, ごろごろ鳴る音 (*of*).

grum·bler /grʌ́mblə | -blə/ 名 Ⓒ 不平を言う人.

grum·bling /grʌ́mblɪŋ/ 名 ❶ Ⓤ 不平を言うこと. ❷ [複数形で] (人々が漠然と抱く)不満, 不平. ❸ Ⓤ (雷などの)ごろごろ鳴る音 (*of*).

grump·i·ly /grʌ́mpɪli/ 副《略式》不機嫌に.

grump·y /grʌ́mpi/ 形 (grump·i·er; -i·est)《略式》気難しい, 不機嫌な.

grunge /grʌ́nʤ/ 名 ❶ Ⓤ グランジ《ひずんだ感じのロックや汚れた感じのファッション》. ❷ Ⓤ《米略式》汚れ.

grun·gy /grʌ́nʤi/ 形《略式》汚い.

grunt /grʌ́nt/ 名 Ⓒ ぶうぶう[ぶつぶつ]言う声, うなり声. — 動 自 (豚・らくだなどが)ぶうぶううなる (⇒ cry 表 pig); (低い声で)ぶつぶつ言う (⇒ complain 表); (力(りき)みや苦痛で)うなる; (同意を表わして)うーんと言う. — 他 (...)を(人に)ぶつぶつ言う (*to*).

G7 /ʤíːsév(ə)n/ 略 = Group of Seven 先進 7 か国(首脳会議および蔵相・中央銀行総裁会議).

G-string /ʤíːstrɪ̀ŋ/ 名 Ⓒ ジーストリング《陰部のみをおおうひも付きの下着や水着》.

G

Gt. Br., Gt. Brit. 略 = Great Britain.

Guam /gwɑ́ːm/ 名 固 グアム《太平洋の Mariana 諸島の主島; 米領》.

Guang·zhou /gwɑ̀ːŋʤóʊ/ 名 固 広州《中国南部広東省の省都; 旧称 Canton》.

guar·an·tee** /gæ̀rəntíː/ ❗アク 動 (-an·tees /~z/; -an·teed /~d/; -tee·ing) 他 ❶ (...)を**保証する**; (人に)(...)を請け合う, 約束する, 確約する: They ***guaranteed that it would never happen again. V+O (*that* 節) 彼らはこういうことは二度と起きないと保証した 多用 / He *guaranteed* me a long vacation. V+O+O 彼は私に長期の休暇をくれると請け合った / He ***guaranteed to*** pay my debts. V+O (*to* 不定詞) 彼は私の負債を払うことを保証してくれた / This battery *is guaranteed to* last for two years. V+O+C (*to* 不定詞)の受身 この電池は 2 年もつとの保証付きだ (⇒ 成句) / This car *is guaranteed against* defects. V+O+*against*+名の受身 この車は欠陥に対して保証されている. ❷ (人の債務など)の保証人になる: My father *guaranteed* the loan. 父がローンの保証人になった. ❸ (物事が)(...)の保証となる: Talent doesn't always *guarantee* success. 才能だけでは必ずしも成功しない.

be guarantéed to dó [動] 必ず...する.

— 名 (~s /~z/) ❶ C,U **保証(書)** [≒warranty] (*against*): a money-back *guarantee* 返金保証 / This camera ⌈comes with [carries]⌉ ⌈a two-year *guarantee* [a *guarantee* for two years]. このカメラは 2 年間の保証付きだ / ***under guarantee*** 保証(期間)中で[の].

❷ Ⓒ **保証となるもの**: Honesty is no ***guarantee of*** success. 正直だからといって成功するとは限らない / I can't give you a ***guarantee*** (***that***) he'll be back next week. +(*that*)節 彼が来週戻るという保証はできない / Effort is some ***guarantee against*** failure. 努力すれば失敗しないですむだろう. ❸ Ⓒ 担保(物件): offer a *guarantee* 担保を提供する.

+**guar·an·teed** /gæ̀rəntíːd⁻/ 形 限定 **保証済み[付き]の**.

guar·an·tor /gæ̀rəntɔ́ə | -tɔ́ː/ 名 Ⓒ《法律》保証人: a personal *guarantor* 身元保証人.

****guard** /gɑ́əd | gɑ́ːd/ ❗発音

— 名 (guards /gɑ́əʤ | gɑ́ːʤ/) ❶ Ⓒ **警備員, ガードマン**; 守衛, 番人; 衛兵; (1 人または 1 団の)護衛, ボディーガード: a security *guard* 保安要員 / The President's *guards* are stationed [posted] in front of the entrance. 大統領のボディーガードは入口に配置されている. 日英「ガードマン」は和製英語. ❷ Ⓒ (刑務所の)看守. ❸ Ⓤ 見張り, 監視, 警護, 警戒: be *on guard* 見張りに立つ, 当番である (⇒ 成句). ❹ Ⓒ 防護物《機械のカバー・車の泥よけ・刀のつばなど》: shin *guards* すね当て《野球・アイスホッケーなどの》. 関連 mudguard 泥よけ. ❺ Ⓒ [しばしば the ~] [《英》単数形でもときに複数扱い] 警備隊, 《英》近衛(このえ)兵《全体》; [the Guards] 近衛連隊. 関連 vanguard 前衛 / rear guard 後衛. ❻ [単数形で]〔スポーツ〕(ボクシング・フェンシングなどの)防御の構え[姿勢], ガード: keep up one's *guard* 防御の構えを崩さない. ❼ Ⓒ《英》(列車の)車掌 [《米》conductor]. ❽ Ⓒ〔アメフト・バスケ〕ガード.

a guárd of hónor [名] 儀杖(ぎじょう)兵《全体》.

kèep guárd [動] 自 **見張りをする**, 警戒する: Three soldiers were *keeping guard over* the prisoners. 3 人の兵士が捕虜を監視していた.

lèt one's **guárd dòwn** [動] 自 油断する.

òff (one's) **guárd** [形・副] 油断して: catch [take] ... *off guard* (人)の不意をつく.

òn (one's) **guárd** [形・副] **用心して**, 見張って: Be *on your guard against* pickpockets. すりに用心しなさい.

stánd guárd [動] 自 = keep guard.

the Chánging of the Guárd [名]《英》(Buckingham 宮殿の)衛兵交代式.

ùnder guárd [形・副] 監視[警護]されて: *under* armed [police] *guard* 武装した者[警察]に監視[警護]されて.

— 動 (guards /gɑ́əʤ | gɑ́ːʤ/; guard·ed /-dɪd/; guard·ing /-dɪŋ/) 他 ❶ (...)を**守る**, 警護する (⇒ defend 類義語): Soldiers are *guarding* the king's palace. 兵士たちが国王の宮殿を護衛している / These goggles ***guard*** your eyes ***against*** [***from***] dust. V+O+前+名 このゴーグルは砂ぼこりから目を守る. ❷ (...)を見張る, 監視する: *guard* prisoners 囚人を見張る.

— 自 **用心する**, 警戒する, 防ぐ: We must ***guard against*** mistakes [catch*ing* cold]. V+*against*+名[動名] 間違え[かぜをひか]ないよう注意しなければいけない.

〘語源 ward と同語源〙

guárd dòg 名 Ⓒ 番犬 [≒watchdog].

guard·ed /gɑ́ədɪd | gɑ́ːdɪd/ 形 (ことばなどが)慎重な, 用心深い [⇔ unguarded].

guard·house /gɑ́ədhàʊs | gɑ́ːd-/ 名 (-hous·es /-hàʊzɪz/) Ⓒ 衛兵所; (兵営の)留置場.

+**guard·i·an** /gɑ́ədiən | gɑ́ː-/ 名 (~s /~z/) ❶ Ⓒ《格式》**保護者**, 守護者: That country considers itself the *guardian of* Western civilization. その国は西洋文明の担い手だと自任している. ❷ Ⓒ〔法律〕後見人. 関連 ward 被後見人.

Guard·i·an /gɑ́ədiən | gɑ́ː-/ 名 固 [The ~]『ガーディアン』《英国の日刊紙》.

guárdian ángel 名 Ⓒ 守護天使; 他人を保護する[助ける]人.

guard·i·an·ship /gáədiənʃìp | gá:-/ 名 U 保護, 守護; 〔法律〕後見人の地位[役割].

guard·rail /gáədrèɪl | gá:d-/ 名 C (転落事故防止のための)手すり, 欄干; 《米》(道路の)ガードレール.

guard·room /gáədrù:m | gá:d-/ 名 C 衛兵室; (兵営の)留置室.

guards·man /gáədzmən | gá:dz-/ 名 (-men /-mən/) C 衛兵; 《米》州兵; 《英》近衛(このえ)兵.

guárd's vàn /gáədz- | gá:dz-/ 名 《英》= caboose.

Gua·te·ma·la /gwà:ṭəmá:lə⁻/ 名 固 グアテマラ《中米の共和国》.

gua·va /gwá:və/ 名 C グアバ, ばんじろう《熱帯アメリカ産の低木》; グアバの実《ジャム・ジュース用》.

gu·ber·na·to·ri·al /g(j)ù:bənətɔ́:riəl | -bə-⁻/ 形 限定 《格式》知事の, 地方長官の: a *gubernatorial* election 知事選挙. (名 góvernor 1)

***guer·ril·la, gue·ril·la** /gərílə/ 名 (～s /～z/) C **ゲリラ兵**, 不正規兵: *guerrilla* war(fare) ゲリラ戦.

***guess /gés/ 発音

— 動 (guess·es /～ɪz/; guessed /～t/; guess·ing) 他 ❶ (...)を**推測する**, (...)と推量する, (...)の**見当をつける**: I *guessed that* she was about forty. V+O (that 節) 私は彼女が 40 歳くらいだと推測した / I can't *guess which* team will win. V+O (wh 節) どちらのチームが勝つか見当がつかない / ***You'll never guess what*** he told me. Ⓢ (ねえ)彼が私に何と言ったと思う? ❷ (...)を**考えて当てる**, 解き当てる: They *guessed* her intentions. 彼らは彼女のねらいを見抜いた. ❸ [I ～ として] Ⓢ 《略式, 主に米》(...ではないか)と**思う**; (...しよう)と思う《⇒ think 類義語》: *I guess* you're right. V+O (節) あなたの言うとおりでしょうね. 語法 I guess が文末に来ることもある: You're right, *I guess.* // I'm tired, so *I guess* I'll go to bed early. 疲れたから早く寝ようかな / 🗨 "Are you sure?" "*I guéss* sò." 「本当に?」「たぶんね」《100% の同意ではないことを表わす; ⇒ so¹ 副 4 語法 (1)》. 語法 (1) 否定の場合は I guéss nót. (そうじゃないと思う)という《⇒ not (5)》. (2) ときに I を省略して *Guess* so [not]. ともいう.

> ♥ **...と思います** (意見を述べるとき)
> **I guess ...**
>
> **I guess** we should remind them of the deadline. 彼らに締め切りの確認の連絡を入れたほうがいいと思います.
> ♥ 意見・意志を述べるときなどに主張の強さを和らげる緩和表現.
> ♥ I think より確信の度合いが弱い.
> ♥ くだけた響きで主に《米》でよく使われる.

— 自 **推測する**; 言い当てる: If you don't know the answers, *guess.* もし答えがわからなければ推測してみなさい / He ***guessed right*** [***wrong***]. 彼の推測は当たった[はずれた] / Let me *guess.* Ⓢ 私に当てさせて / I ***guessed at*** his age, but I didn't *guess* right. V+at+名 私は彼の年齢を当ててみようとしたが, 当たらなかった《⇒ at 3 語法》.

Guéss what?[!] Ⓢ 《略式》ねえ聞いてよ, 何だと思う?《驚くような話の切り出しに用いる; ⇒ 他 1》: "*Guess what?*" "What?" "Jane got married!" 「あのね」「何?」「ジェーンが結婚したんだって!」

kéep ... guéssing [動] 他 (人)をはらはらさせる, (人)に気をもませる.

— 名 (～·es /～ɪz/) C **推測**, 推量: ***My guess is that*** it'll turn out all right. 私の予想ではそれはうまくいく / ***make*** [《米》take, 《英》have] a ***guess at*** ... ...を推測する / make「a wild [an educated] *guess* 当てずっぽうの[知識に基づいた]推測をする / September is a good ***guess for*** the next meeting. 次の会合は 9 月というのがいい線だ / I'll give you three *guesses.* Ⓢ 3 回答えるチャンスをやるから当ててごらん / ***at a guess*** 推測で, 当てずっぽうで.

be ánybody's [ányone's] guèss [動] 自 だれにも予測がつかない: It*'s anybody's guess* when she'll come. 彼女がいつ来るかだれにもわからない.

Yóur guéss is as góod as míne. Ⓢ (あなたと同様)私にもよくわからない.

guess·ti·mate¹ /géstəmət/ 名 C 《略式》推測での見積もり, 当て推量 (*of*).

guess·ti·mate² /géstəmèɪt/ 動 他 《略式》(...)を推測で見積もる, 当て推量する. — 自 《略式》当て推量する.

guess·work /géswə̀:k | -wɜ̀:k/ 名 U 当てずっぽう, 当て推量.

**guest /gést/ 発音

— 名 (guests /gésts/) ❶ C **客**, **招待客**《個人の家庭・行事などに招かれた客; ⇒ visitor 表》; おごる相手: We're having *guests* for [to] dinner tomorrow. うちではあす夕食に客を招待する / a *guest at* the wedding 結婚式の招待客 / the *guest* of honor 主賓 / an unwelcome [uninvited] *guest* 来て欲しくない[招かれざる]客 / I'd like you to be my *guest.* (支払いは)私に任せてください. 関連 host, hostess 客をもてなす男性, 女性.

❷ C (ホテルなどの)**泊まり客**, 宿泊者, (レストランの)客《⇒ visitor 表》; (個人の家の)下宿人: There were only a few *guests* in the hotel. ホテルには少数の宿泊客しかいなかった. ❸ C (会議などの)来賓; (テレビ番組などの)特別出演者, ゲスト: "Who's today's *guest* on the show?" "World-famous actor Johnny Depp (is)." 「このショー[番組]の今日のゲストはだれですか」「世界的に有名な俳優のジョニー・デップです」

Bé my guést. Ⓢ どうぞご自由に; 私がおごります: 🗨 "Mind if I use your pen?" "*Be my guest.*" 「ペンを借りてもいいですか」「ええどうぞ」

— 形 限定 ❶ 招待された, ゲストの: a *guest* speaker 来賓講演者 / a *guest* star ゲスト出演者. ❷ 来客用の: *guest* towels 来客用タオル.

— 動 自 (番組などに)ゲストとして出演する (*on*).

〖語源 原義は「見知らぬ人」〗

guést bòok 名 C 芳名録, 来賓名簿; 宿帳.

guest·house /gésthàʊs/ 名 (-hous·es /-hàʊzɪz/) C 《米》(別棟の)ゲストハウス; 《英》小ホテル, 民宿.

guést ròom 名 C 客用の寝室; (ホテルの)客室.

guést wòrker 名 C 外国人出稼ぎ労働者.

guff /gʌ́f/ 名 U 《略式》ばか話, たわごと (*about*).

guf·faw /gʌfɔ́:/ 名 C 高笑い, (下品な)ばか笑い. — 動 自 ばか笑いする (*at*).

GUI /dʒí:jù:áɪ, gú:i/ 略 = graphical user interface.

guid·ance** /gáɪdəns, -dns/ 名 ❶ U (教育・職業・結婚問題などでの)**指導**, 助言, ガイダンス: parental *guidance* 親による指導 / vocational *guidance* 職業指導 / She gave Bill ***guidance on [***about***] his career choices. 彼女はビルに進路の選択について助言した / John studies「***under the guidance of*** Prof. Long [*under* Prof. Long*'s guidance*]. ジョンはロング

G

教授の指導で研究している. 日英 日本では新入生[社員]などへの説明会も「ガイダンス」ということがあるが, 将来への方向づけの指導の場合は英語では orientation という. ❷ U (ミサイルなどの)誘導. (動 guide)

guídance còunselor 名 C 《米》 学習[生活]指導カウンセラー.

‡guide /gáɪd/

— 名 (guides /gáɪdz/) ❶ C **案内人, ガイド:** He hired a *guide*. 彼は案内人を雇った / She acted「as my *guide* [as a *guide* for me]. 彼女は私の案内役を務めてくれた / "Will we have a local *guide*?" "No, but one of our company *guides* from Japan will take you around."「現地のガイドはつきますか」「いいえ, でも日本からの添乗員がご案内します」

❷ C **ガイドブック**, 案内書, 手引き; 指導書, 入門書 (guidebook)**:** a ***guide to*** France フランス(旅行)のガイドブック / a *guide for* beginners 初心者のための入門書 / *A Guide to Good Cooking*『おいしい料理の手引き』《書名》.

❸ C (行動などの)**指針**, 道しるべ (*to*); 手本; 指導者**:** Let your conscience be your *guide*. 君の良心を行動の指針とせよ / He took the spirit of fair play as his *guide*. 彼はフェアプレーの精神を規範とした. ❹ C [G-] 《英》 ガイド (Guides) の一員 [《米》 Girl Scout]. ❺ [the Guides として単数または複数扱い] 《英》 ガイド, 少女団 [《米》 Girl Scouts].

— 動 (guides /gáɪdz/; guid·ed /-ḍɪd/; guid·ing /-ḍɪŋ/) 他 ❶ (...)を**案内する**, 導く《道順・事情を知っている人が同行して案内する; ⇒ 類義語》; (乗り物など)を誘導する**:** A boy *guided* us. 1 人の少年が私たちを案内した / The dog ***guided*** its blind master ***to*** the station. V+O+前+名 その犬は目の見えない主人を駅まで導いた / John ***guided*** me ***around*** London. ジョンがロンドンを案内してくれた. ❷ (人)の行動に影響を与える, (行動など)の指針となる; (...)を教え導く**:** She *was guided by* her conscience. 彼女は良心に導かれて行動した. ❸ (組織など)を管理する, (...)のかじ取りをする; (人)に(...を)切り抜けさせる (*through*). (名 guídance)

類義語 **guide** (よく知っている場所などを)つきっきりで案内すること**:** He *guided* the blind man across the street. 彼は目の見えない男性に連れ添って通りを渡らせてあげた. **lead** 先頭に立って人を連れて案内すること**:** You *lead* and I'll follow. 先に行って案内してください, 後からついていきますから. **direct** 同行せずに道順・方向を説明して指し示すこと**:** Could you *direct* me to the post office, please? 郵便局への道順を教えていただけませんか.

***guide·book** /gáɪdbʊ̀k/ 名 (~s /~s/) C **ガイドブック**, 旅行案内書, 手引き; 指導書, 入門書 (*to*).

guíd·ed míssile /gáɪḍɪd-/ 名 C 誘導ミサイル.

guíde dòg 名 C 盲導犬 [《米》 Seeing Eye Dog].

guíded tóur 名 C ガイド付き旅行[見学].

+**guide·lines** /gáɪdlàɪnz/ 名 複 (政策などの)**指針**, ガイドライン (*for, on*)**:** issue [draw up, lay down] *guidelines* ガイドラインを示す.

guid·ing /gáɪḍɪŋ/ 形 限定 指針となる, 導く**:** a *guiding* principle 指導原理, 指針 / a *guiding* light [hand, star] 目標[模範]となる人, 指導者.

+**guild** /gíld/ 名 (guilds /gíldz/) C (近代の)**同業組合**; 親睦(しんぼく)団体, ...会; (中世の)商人団体, ギルド**:** the writers' *guild* 作家協会.

guil·der /gíldə | -də/ 名 C ギルダー《オランダの旧通貨単位; ⇒ euro》.

guild·hall /gíldhɔ̀:l/ ❶ [the G-] ロンドン市庁舎. ❷ C (中世の)ギルド集会場.

guile /gáɪl/ 名 U 《格式》 こうかつさ; 悪だくみ.

guile·ful /gáɪlf(ə)l/ 形 《格式》 こうかつな.

guile·less /gáɪlləs/ 形 悪だくみをしない, 正直な.

guil·lo·tine /gílətì:n/ 名 ❶ C ギロチン, 断頭台. ❷ C 《英》 (紙などの)裁断機. ❸ C 《英》 (議案の)審議打ち切り. — 動 他 ❶ (人)の首をギロチンで切る. ❷ 《英》 (審議)を打ち切る.

+**guilt** /gílt/ 発音 (同音 gilt) 名 ❶ U **罪悪感**, 気のとがめ**:** a sense of *guilt* 罪悪感 / a *guilt* complex 罪の意識の強迫観念 / out of *guilt* 罪の意識から / feel *guilt about* [*at*] ... ...について気がとがめる.

❷ U **有罪**, 罪があること [⇔ innocence]**:** His *guilt* was proved by a lot of evidence. 彼の有罪は多くの証拠によって立証された. ❸ U (悪行に対する)責任**:** The *guilt* lies with her in this matter. この件では責任は彼女にある.

— 動 他 《略式》 罪悪感を抱かせて(人)に...させる**:** My parents *guilted* me *into* help*ing* at their shop. 両親はうしろめたい気持ちにさせて私に店の手伝いをさせた. (形 guílty)

guilt·i·ly /gíltəli/ 副 やましげに; 気がとがめて.

guilt·less /gíltləs/ 形 (...の)罪のない, 無罪の (*of*).

guilt-rid·den /gíltrìdn/ 形 罪悪感にさいなまれた.

guílt tríp 名 C 《略式》 罪の意識, 罪悪感**:** lay [put] a *guilt trip on* ... (人)に罪悪感を感じさせる / be on a *guilt trip* 罪悪感を感じている.

guilt·y** /gílti/ 形 (more ~, guilt·i·er /-tiə | -tiə/; most ~, guilt·i·est /-tiɪst/) ❶ **罪悪感がある**, 身に覚えのある, やましい**:** a *guilty* look うしろめたそうな顔つき / have a *guilty* conscience やましく思う / I feel ***guilty about forget*ting* my promise. +about+動名 私は約束を忘れたことで気がとがめている.

❷ **有罪の**, (...の)罪を犯した [⇔ innocent]**:** the *guilty* party 罪を犯した人, 犯人 / He's ***guilty of*** a crime. +of+名 彼は犯罪を犯している / The jury found her *guilty* (*of* murder). 陪審は(殺人について)彼女を有罪とした. ✪ 裁判では「*Guilty*. 有罪; Not *guilty*. 無罪」のようにいう《⇒ plead 成句》. ❸ (過ちなどを)犯した**:** Who's *guilty of* (mak*ing*) this error? だれがこの誤りを犯したのか. (名 guilt)

guin·ea /gíni/ 名 C ギニー《現在の 1 ポンド 5 ペンスに相当する英国の昔の通貨単位》; 1 ギニー金貨.

Guin·ea /gíni/ 名 固 ギニア《アフリカ西部の海岸地方, 共和国; 旧仏領》.

guínea fòwl 名 C ほろほろちょう《食用鳥》.

guínea pìg 名 ❶ C てんじくねずみ, モルモット《日本語の「モルモット」は別種の marmot に由来》. ❷ C 実験材料《生物や物》, 実験台, 被験者.

Guín·ness Bóok of Récords /gínɪs-/ 名 固 [the ~] ギネスブック《英国の Guinness 社が毎年発行する各種の世界記録集》.

guise /gáɪz/ 名 C ふり, 見せかけ; 仮装. **in [ùnder] the guíse of ...** [前] ...を装って.

***gui·tar** /gɪtáə | -tá:/ アク 名 (~s /~z/) C **ギター:** play the *guitar* ギターを弾く.

+**gui·tar·ist** /gɪtá:rɪst/ アク 名 (-tar·ists /-rɪsts/) C **ギター奏者**, ギタリスト**:** a professional *guitarist* プロのギタリスト.

gulch /gʌ́ltʃ/ 名 C 《米》 峡谷.

+**gulf** /gʌ́lf/ 名 (~s /~s/) ❶ C [地名でしばしば G-] **湾** (⇒ bay¹ 表; 略 g.): the *Gulf* of Mexico メキシコ湾. ❷ C (両者間の) 溝(みぞ), 隔たり: bridge the *gulf between* rich and poor 貧富の差を埋める.

Gúlf Stàtes 名 ❶ [the ~] (米) メキシコ湾岸諸州 (Florida, Alabama, Mississippi, Louisiana, Texas の5州). ❷ [the ~] ペルシャ湾岸諸国 (Iran, Iraq, Kuwait, Saudi Arabia, Bahrain, Qatar, United Arab Emirates, Oman の8か国).

Gúlf Strèam 名 固 [the ~] メキシコ湾流.

gull /gʌ́l/ 名 C かもめ (seagull).

gul·let /gʌ́lɪt/ 名 C 食道; のど.

gull·i·bil·i·ty /gʌ̀ləbíləṭi/ 名 U だまされやすさ.

gull·i·ble /gʌ́ləbl/ 形 だまされやすい; うのみにする.

Gúl·li·ver's Trávels /gʌ́ləvəz- | -vəz-/ 名 固 ガリバー旅行記 (スウィフト (Swift) の風刺小説).

gul·ly /gʌ́li/ 名 (gul·lies) ❶ C (水流によって作られた) 小峡谷 (⇒ valley 類義語). ❷ C 溝(みぞ), 下水.

gulp /gʌ́lp/ 動 他 ❶ (飲食物)を一気にのみ込む, ごくごく飲む: *gulp down* a glass of water 水を1杯ぐいっと飲む. ❷ (息)を大きく吸いこむ (*in*). — 自 息をのむ (驚きなどで). **gúlp báck** [動] 他 (感情・涙など)を抑える, こらえる. — 名 ❶ C (一気にのみ込んだ)ひと口, (大きく吸い込んだ)ひと息: take a *gulp of* air 大きく息を吸い込む. ❷ C ぐっと飲むこと: in one *gulp* = at a *gulp* ひと飲みに, 一気に.

+**gum¹** /gʌ́m/ 名 (~s /~z/) ❶ U **チューインガム** (chewing gum): chew *gum* ガムをかむ.
❷ U **ゴム樹液** (ゴムの木から採れるねばねばした液); **ゴムのり**. 関連 rubber ゴム.
❸ C = gum tree 1.
❹ C (英) = gumdrop. (形 gúmmy)
— 動 (gums; gummed; gum·ming) 他 (古風, 主に英) (...)をゴムのりでつける (*together*; *to*, *onto*), (...)にゴムのりをつける [≒glue].
gúm úp [動] 他 (略式) (機械など)を故障させる, (...)を詰まらせる; (...)を台なしにする.

gum² /gʌ́m/ 名 C [普通は複数形で] 歯ぐき.

gum·bo /gʌ́mboʊ/ 名 (~s) U (米) オクラ (さやは食用となる); U,C オクラスープ.

gum·drop /gʌ́mdrὰ(ː)p | -drɔ̀p/ 名 C グミ (ゼラチンなどで作るゼリー状のキャンディー).

gum·my /gʌ́mi/ 形 (gum·mi·er; -mi·est) 粘着性の, ゴム(性)の. (名 gum¹)

gump·tion /gʌ́m(p)ʃən/ 名 U (略式) 根性, 勇気, 積極性, やる気.

gúm trèe 名 ❶ C ゴムの木. ❷ C (豪) ユーカリの木 [≒eucalyptus].

*****gun** /gʌ́n/

— 名 (~s /~z/) ❶ C **銃**, **鉄砲**; **けん銃**, **ピストル**; **大砲**: ***fire*** a ***gun*** (at ...) (...に向けて)発砲する / ***point*** a ***gun*** (at ...) (...に)銃口を向ける / ***carry*** a ***gun*** 銃を携帯する / ***pull*** a ***gun*** (on ...) 銃を抜いて(人に)つきつける. ❷ C (銃砲の)発射; [the ~] (合図の)号砲, 礼砲, 祝砲. ❸ C (銃・ピストルの形をした)注入器, 噴霧器: a spray *gun* 吹き付け器, 噴霧器. ❹ C (米略式) けん銃使い: a hired *gun* 金で雇われた殺し屋.
be góing gréat gúns [動] 自 (略式) とても調子よくいっている.
hóld [pùt] a gún to ...'s héad [動] (人)の頭に銃をつきつける; (人)をおどす.
júmp the gún [動] 自 (1) (競走で)号砲より先に飛び出す, フライングする. 日英 この意味の「フライング」は false start とも言う. (2) (略式) 早まったことをする, 先走る.
stíck to one's **gúns** [動] 自 (略式) 自分の立場を固守する; 自説を曲げない.
ùnder the gún [形・副] (米略式) プレッシャーがかかって, せっぱつまって (*to* do).
with (áll [bóth]) gúns blázing [副] (略式) 本気になって, 懸命に.
— 動 (guns; gunned; gun·ning) 他 (米略式) (車のエンジン)をふかす, (車)を飛ばす.
gún dówn [動] 他 [普通は受身で] (人)を(容赦なく)銃で撃つ, 射殺する.
gún for ... [動] 他 [進行形で] (地位など)をねらう; (殺傷・批判しようとして)(人)をつけねらう.

gun·boat /gʌ́nbòʊt/ 名 C 砲艦.

gún contròl 名 U 銃規制.

gun·fight /gʌ́nfàɪt/ 名 C けん銃の撃ち合い.

gun·fire /gʌ́nfàɪə | -fàɪə/ 名 U 発砲; 砲火, 砲撃.

gung-ho /gʌ́ŋhóʊ←/ 形 (略式) [ときに悪い意味で] がむしゃらな, 必死な, 無鉄砲な.

gunk /gʌ́ŋk/ 名 U (略式) ぬるぬる[ねばねば]したもの.

+**gun·man** /gʌ́nmən/ 名 (-men /-mən/) C **けん銃強盗**; 殺し屋; テロリスト.

gun·ner /gʌ́nə | -nə/ 名 C 砲手; 砲兵隊員.

gun·ner·y /gʌ́n(ə)ri/ 名 U 砲術, 射撃法.

gun·point /gʌ́npɔ̀ɪnt/ 名 [次の成句で] **at gún·point** [副] けん銃を突きつけ(られ)て.

gun·pow·der /gʌ́npàʊdə | -də/ 名 U 火薬.

gun-run·ning /gʌ́nrʌ̀nɪŋ/ 名 U 銃類の密輸入.

gun·shot /gʌ́nʃὰ(ː)t | -ʃɔ̀t/ 名 ❶ C 発砲, 射撃; 銃声; U (発射された)銃弾: *gunshot* wounds 銃弾による傷, 銃創. ❷ U 着弾距離, 射程: within [out of] *gunshot* 射程内[外]に.

gun·smith /gʌ́nsmìθ/ 名 C 鉄砲職人.

gun·wale /gʌ́n(ə)l/ 名 C 〔航海〕 (甲板のある船の)舷縁(げんえん); (ボートなど無甲板の船の)船べり.

gup·py /gʌ́pi/ 名 (gup·pies) C グッピー (熱帯魚).

gur·gle /gə́ːgl | gə́ː-/ 動 自 ❶ (水などが)ごぼごぼ流れる, ごぼごぼ音を立てる. ❷ (赤ん坊が気持ちよさそうに)のどを鳴らす. — 名 C ごぼごぼいう音; (赤ん坊がうれしそうに)のどを鳴らす音.

gur·ney /gə́ːni | gə́ː-/ 名 C (米) (病院の)車輪付き担架.

guru /gʊ́(ə)ruː/ 名 ❶ C (略式) 指導者, 専門家, 師. ❷ C (ヒンズー教の)導師.

gush /gʌ́ʃ/ 動 自 ❶ [副詞(句)を伴って] ほとばしり出る, (穴などからどっと)噴出する (*down*): Blood *gushed* (*out*) *from* the wound. 傷口からどっと血がほとばしった / Water *gushed out of* the pipe. 水が管から噴出した. ❷ [軽蔑的] 大げさにしゃべる[ほめる] (*over*, *about*). — 他 ❶ (...)をほとばしらせる, 噴出させる. ❷ [軽蔑的] (...)と大げさにしゃべる[ほめる]. — 名 ❶ C [しばしば a ~] ほとばしり, 噴出: *a gush of* hot water 熱湯の噴出. ❷ C [しばしば a ~] (感情などの)ほとばしり.

gush·er /gʌ́ʃə | -ʃə/ 名 C 噴出油井(ゆせい).

gush·ing /gʌ́ʃɪŋ/ 形 [普通は 限定] (略式) [軽蔑的] 大げさにしゃべりたてる, ほめたてる.

gush·y /gʌ́ʃi/ 形 = gushing.

gus·set /gʌ́sɪt/ 名 C 補強用三角ぎれ, まち (衣服・手袋などに用いる).

gus·sy /gʌ́si/ 動 (gus·sies; gus·sied; -sy·ing)

[次の成句で] **gússy úp** [動] ㊀ [しばしば受身で]《米略式》(人)を着飾らせる (*for*); (...)を飾りたてる (*with*).

gust /gʌ́st/ 名 ❶ Ⓒ 一陣の風, 突風: a *gust of* wind 一陣の激しい風. ❷ Ⓒ (感情などの)激発. — 動 ㊂ 突風が吹く.

gus·to /gʌ́stoʊ/ 名 Ⓤ 心からの楽しさ. **with (gréat) gústo** [副] (非常に)生き生きと, いかにも楽しそう[おいしそう]に.

gust·y /gʌ́sti/ 形 (gust·i·er; -i·est) 突風の吹く.

+**gut** /gʌ́t/ 名 (guts /gʌ́ʦ/) ❶ [複数形で]《略式》**はらわた**, 内臓; [the ～] 消化管, 腸. ❷ [the guts]《略式》(機械などの)本体, 心臓部; (問題の)核心 (*of*). ❸ [複数形で]《略式》勇気; 根性, ガッツ; 決断力: Have more *guts*! もっと勇気を出せ[根性を持て] / I didn't have the *guts to* say that to my boss. 上司にそんなことを言う勇気がなかった / It takes *guts* to do that. それをするには勇気がいる / show a lot of *guts* 大いに根性を発揮する. 日英 日本語でいう「ガッツ」に比べて英語の guts はあまり品のよくない語で, 改まった場面では使わないほうが無難. ❹ Ⓤ てぐす; ガット, 腸線《テニスラケット・ギターなどの張り糸》. ❺ Ⓒ《略式》(特に大きな)腹: a beer *gut* ビール腹.
háte ...'s gúts [動]《略式》(人)をひどく嫌う.
spíll one's **gúts** [動] ㊂《米略式》すべてを打ち明ける.
work [swéat] one's **gúts òut** [動] ㊂《略式》懸命に働く.
— 動 (guts /gʌ́ʦ/; gut·ted /-ṭɪd/; gut·ting /-ṭɪŋ/) ㊀ ❶ (動物・魚)のはらわたを出す, さばく. ❷ [普通は受身で] (建物など)の内側[中身]を破壊する, 中をすっかり焼く.
— 形 限定《略式》直感[本能]的な, 勘による: a *gut* feeling 直感 / a *gut* reaction 本能的な反応, 思わず[何となく]やってしまう行動.

Gu·ten·berg /gúːtnbɚːg | -bəːg/ 名 固 Jo·hann /joʊháːn/ ～ グーテンベルク (1398?–1468)《ドイツの活版印刷術の発明者》.

gut·less /gʌ́tləs/ 形《略式》勇気[根性]のない, 臆病(おくびょう)な.

guts·y /gʌ́ʦi/ 形 (guts·i·er; -i·est) ❶《略式》大胆な; 根性のある. ❷《略式》風味の強い; 力強い.

gut·ted /gʌ́ṭɪd/ 形 叙述 Ⓢ《英》すっかり落ち込んで.

gut·ter /gʌ́ṭɚ | -tə/ 名 ❶ Ⓒ (屋根の)とい; (道路沿いの)溝(みぞ); (ボウリングの)ガター. ❷ [the ～] どん底生活; どん底の社会: the language of *the gutter* = *gutter* language 野卑なことば.

gútter préss 名 [the ～]《英》低俗新聞.

gut·tur·al /gʌ́ṭərəl, -trəl/ 形 (声・音が)のどの奥から出された(ような), しわがれた.

gut-wrench·ing /gʌ́trènʧɪŋ/ 形 断腸の思いの.

guv /gʌ́v/ 名 Ⓒ [呼びかけで]《英略式》だんな.

guv·nor, guv'nor /gʌ́vnɚ | -nə/ 名 ❶ Ⓒ《英略式》親方, ボス; おやじ. ❷ Ⓒ《英略式》= guv.

*****guy** /gáɪ/
— 名 (～s /～z/) Ⓒ《略式》(...な)やつ, **男**: a nice *guy* いいやつ / you *guys* 君たち《呼びかけ》. 語法 複数形は女性に対しても使われる: Are you *guys* hungry? = Are you hungry, *guys*? みんな, おなかすいてる?

Guy·an·a /gaɪǽnə | -áːnə/ 名 固 ガイアナ《南米北東岸にある共和国》.

Gúy Fáwkes Nìght /gáɪfɔ́ːks-/ 名 Ⓤ,Ⓒ《英》ガイ・フォークス祭《11 月 5 日; 火薬陰謀事件 (Gunpowder Plot) の首謀者 Guy Fawkes の人形を焼いて花火を上げる》.

guz·zle /gʌ́zl/ 動 ㊀ ❶《略式》[普通は軽蔑的] (...)をがぶがぶ飲む;《英》がつがつ食う. ❷《略式》(車などが)(燃料)を食う. — ㊂《略式》暴飲暴食する.

****gym** /ʤím/ (同音 Jim)
— 名 (～s /～z/) ❶ Ⓒ **体育館**; ジム (gymnasium): play basketball in the *gym* 体育館でバスケットをする. ❷ Ⓤ **体育**(の授業): a *gym* class 体育の授業[クラス] / We have *gym* in the fifth period. 私たちは 5 時間目に体育の授業がある.

gym·na·si·um /ʤɪmnéɪziəm/ 名 (複 ～s, gym·na·si·a /ʤɪmnéɪziə/) Ⓒ《格式》体育館; ジム (gym). 〖語源 ギリシャ語で「裸で鍛えること」の意〗

gym·nast /ʤímnæst/ 名 Ⓒ 体操選手.

gym·nas·tic /ʤɪmnǽstɪk/ 形 限定 体操の.

gym·nas·tics /ʤɪmnǽstɪks/ 名 ❶ Ⓤ 体操: rhythmic *gymnastics* 新体操. ❷ [複数扱い] 機敏さ, 巧みさ: mental *gymnastics* 頭の回転の速さ.

gy·ne·co·log·i·cal,《英》**gy·nae·col·og·i·cal** /gàɪnɪkəlá(ː)ʤɪk(ə)l | -lɔ́ʤ-ˈ/ 形 婦人科の.

gy·ne·col·o·gist,《英》**gy·nae·col·o·gist** /gàɪnɪká(ː)ləʤɪst | -kɔ́l-/ 名 Ⓒ 婦人科医.

gy·ne·col·o·gy,《英》**gy·nae·col·o·gy** /gàɪnɪká(ː)ləʤi | -kɔ́l-/ 名 Ⓤ 婦人科学.

gyp /ʤíp/ 名 [a ～]《米略式》ペテン, 詐欺(商品). — 動 (gyps; gypped; gyp·ping) ㊀《米略式》(人)をだます, (人)から(金を)だまし取る (*out of*).

gyp·sum /ʤípsəm/ 名 Ⓤ 石こう.

gyp·sy, gip·sy /ʤípsi/ 名 (gyp·sies, gip·sies) ❶ Ⓒ [しばしば G-] ジプシー《⇒ Romany》. 参考 もとインドから出た民族でヨーロッパ各地に集団的に散在. 伝統的にはほろ馬車を住まいとして放浪するとされた. ❷ Ⓒ 放浪癖のある人: the *gypsy* life (ジプシーのように)転々とする生活.

gy·rate /ʤáɪreɪt | ʤaɪréɪt/ 動 ㊂ ❶ 旋回[回転]する; (人が)体をくねらせて踊る. ❷ (価格などが)急変動する.

gy·ro·scope /ʤáɪ(ə)rəskòʊp/ 名 Ⓒ 回転儀, ジャイロスコープ; 回転儀状のおもちゃ《回して遊ぶ》.

gy·ro·scop·ic /ʤàɪ(ə)rəská(ː)pɪk | -skɔ́p-ˈ/ 形 ジャイロスコープの, ジャイロスコープを応用した.

G

Hh

h¹, H¹ /éɪtʃ/ 名 (複 h's, hs, H's, Hs /〜ɪz/) C,U エイチ《英語アルファベットの第 8 文字》. **dróp** one's **h́'s** [動] 自 (語頭の) /h/ の音を落とす《たとえば house /háʊs/ を /áʊs/ と発音することで, Cockney (ロンドンなまり)の特徴》.

+**h²** 略 ❶ **1 時間** (hour), **...時間** (hours). ❷〔野球〕= hit(s) 名 5.

H² = hard《鉛筆の硬さを表わす》.

+**h.** 略 **高い** (high); 高さ (height).

ha¹ /há:/ 間 ほう!, まあ!, おや!《驚き・喜び・疑い・達成感などを表わす》.

ha² 略 = hectare(s).

ha·be·as cor·pus /héɪbiəskɔ́ɚpəs | -kɔ́:-/ ≪ラテン語から≫ 名 U〔法律〕人身保護令状, 出廷令状.

hab·er·dash·er·y /hǽbɚdæ̀ʃ(ə)ri | hæ̀bədǽʃ-/ 名 (-er·ies) ❶《古風, 米》U 紳士用装身具類; C 紳士用装身具店. ❷《古風, 英》U 小間物類; C 小間物店.

**hab·it /hǽbɪt/

— 名 (hab·its /-bɪts/)

意味のチャート
原義は「身につけられた」
→(身にしみこんだもの) →「**習慣**」「**癖**」❶
→(身につけるもの) → (服装) →「**法衣**」❸

❶ C,U (個人の)習慣; 癖(くせ)《⇒ 類義語》; (生物などの)習性**:** eating *habits* 食習慣 / He has some bad *habits*. 彼にはいくつか悪い癖がある / I'm trying to cure my ***habit of*** bit*ing* my nails. +of+動名 私はつめをかむ癖を直そうとしている / I ***have*** a [the] ***habit of*** spinn*ing* a pen. 私はペン回しをする癖がある / My father is ***in the habit of*** read*ing* the newspaper before breakfast. 父は朝食の前に新聞を読むのが習慣になっている / ***get*** [***fall***] ***into the habit of*** play*ing* with one's smartphone all the time 四六時中スマホをいじる癖がつく / ***develop*** [***form***] the [a] ***habit of*** gett*ing* up early 早起きする習慣をつける / ***break*** [***kick***] ***the habit*** (*of* ...) (...という)癖を直す / ***get out of the habit of*** ... ...する癖をなくす. / ***out of habit*** = ***from habit*** いつもの習慣で / the *habits* of a mouse ねずみの習性. ❷ C (麻薬などの)常習癖**:** kick the *habit* (麻薬などの)悪習を断つ. ❸ C 法衣, 僧服**:** a nun's *habit* 尼僧服.

I'm nót in the hábit of dóing [動] [憤慨を表わして] Ⓢ 私は...するようなことはしない.

màke a hábit of ... [動] 他 ...を習慣にする, いつも...する**:** You can borrow my notebook, but don't *make a habit of* it. Ⓢ 私のノートを借りてもいいけど, いつもそうしてはだめだよ. (形 habítual, 動 habítuàte)

類義語 **habit** ほとんど無意識に繰り返される個人の癖や習慣. **custom** ある決まった形式で意識的に繰り返される習慣をいう. 主として社会的な慣習についていうことが多いが, 個人が意識的に行なう習慣にも使う**:** It is my *custom* to have an early breakfast. 早めの朝食をとるのが私の習慣です.

hab·it·a·ble /hǽbəṭəbl/ 形 (建物などが)住める, 住むのに適した.

+**hab·i·tat** /hǽbətæ̀t/ 名 (-i·tats /-tæ̀ts/) C (動物の)**生息地**; (植物の)自生地**:** the penguin's natural *habitats* ペンギンの自然生息地 / a violet's *habitat* すみれの自生地. 関連 biosphere 生物圏 / ecosystem 生態系.

hab·i·ta·tion /hæ̀bətéɪʃən/ 名 U 住むこと, 居住; C《格式》住む所, 住みか.

hab·it-form·ing /hǽbɪtfɔ̀ɚmɪŋ | -fɔ̀:m-/ 形 (麻薬などが)習慣性のある.

ha·bit·u·al /həbítʃuəl, hæ-, -tʃʊl/ アク 形 ❶ 習慣的な, いつもの**:** She spoke with her *habitual* assurance. 彼女はいつものように自信たっぷりに話した. ❷ 限定 常習的な**:** a *habitual* liar いつもうそばかりついている人. (名 hábit)

-al·ly /-əli/ 副 習慣的に, いつものとおりに; いつも; 常習的に.

ha·bit·u·ate /həbítʃuèɪt/ 動 他 [普通は受身で]《格式》(...に)(人)を慣らす**:** be [become] *habituated to* ... ...に慣れている[慣れる]. (名 hábit)

+**hack¹** /hǽk/ 動 (hacks /〜s/; hacked /〜t/; hack·ing) 他 ❶ [副詞(句)を伴って] (...)を**たたき切る**; 切り刻む [≒chop]; (道)を切り開く**:** *hack down* a tree 木を切り倒す / *hack off* a branch 枝を切り払う / *hack* ... to bits [pieces] ...を切り刻む / *be hacked* to death 刺殺される / ***hack*** one's ***way*** (*through* [*into*] ...) 道を切り開いて進む《⇒ way¹ 成句の囲み》. ❷〔コンピュータ〕(システム)に不法に侵入する. ❸ [普通は can't, couldn't とともに]《略式》(...)をうまくやり抜く**:** *can't hack* it うまくこなせない.

— 自 ❶ (おのなどで)たたき切る**:** *hack away at* the ice せっせと氷をたたいて削る. ❷〔コンピュータ〕(システムに)不法に侵入する (*into*). ❸ ひどく空(から)せきをする.

háck ... óff [動] 他《英略式》(人)をいらいらさせる.

— 名 ❶ C 切ること; 刻み目. ❷ C〔コンピュータ〕システムへの不法侵入. ❸ C 空(から)せき.

hack² /hǽk/ 名 ❶ C [軽蔑的] (金目当ての)三文文士[記者]; 政治屋. ❷ C 老いぼれ馬. ❸ C 貸し馬;《米略式》タクシー.

hack·er /hǽkɚ | -kə/ 名 ❶ C〔コンピュータ〕ハッカー《他人のコンピューターシステムに不法に侵入する人》. ❷ C《米略式》下手だがスポーツ好きな人.

hack·ing /hǽkɪŋ/ 名 U〔コンピュータ〕システムへの不法な侵入.

hácking còugh 名 C (いやな音の)空(から)せき.

hack·les /hǽklz/ 名 複 (おんどり・犬などの)首の周りの毛《怒ると逆立つ》. **màke ...'s háckles rìse** = **ráise ...'s háckles** [動] (人)を怒らせる.

hack·neyed /hǽknid/ 形 (表現などが)ありふれた, 使い古された, 陳腐な, 紋切り型の.

hack·saw /hǽksɔ̀:/ 名 C 弓のこ《金属など堅い物を切るのこぎり》.

***had¹ /hǽd/ 動 have¹ の過去形および過去分詞.

***had² /(弱形) həd, (ə)d; (強形) hǽd/ (同音 #would)

— 助 **have² の過去形**《⇒ -'d²》.

A [had＋過去分詞で直説法の過去完了形を表わす]

語法 過去完了形は基本的には過去時制に属するの

で, 前後の文が過去時制のときに用いる.
(1) [過去のあるとき(前後関係で示される)までに動作が完了[終了]したことを示して] (...のときまでに)~**してしまった**, (...のときは)~**してしまっていた**《動作を表わす動詞とともに用いる; ⇒ have² 1 (1)》**:** Before [When] we got to the station, the train *had* already *left*. 私たちが駅に着く前に[着いたときには]列車はもう出てしまっていた.
(2) [過去のあるときまでの状態の継続を示して] (...のときまでずっと)~**だった**《状態を表わす動詞とともに用いる; ⇒ have² 1 (2)》**:** The Browns *had lived* there for sixteen years when I visited them. 私が訪れたときにはブラウン夫妻はそこにもう 16 年住んでいました.
(3) [過去のあるときまでの動作や状態の影響・結果を示して] (...のときまでに)~**した:** When I got off the train, I realized that I *had left* my bag behind. 電車から降りたとき私はバッグを置き忘れたことに気づいた.
(4) [過去のあるときまでの経験を示して] (...のときまでに)~**したことがあった:** Before I met Jane Grey, I *had* never *seen* such a beautiful lady. 私はジェーン グレイに会う以前には, 彼女ほど美しい女性を見たことは一度もなかった.
(5) [従属節において主節の述語動詞より前に起こったことを示して]**:** I *lost* the watch which my uncle *had given* me as a birthday present. 私はおじが誕生日祝いにくれた時計をなくした《My uncle *gave* me a watch as a birthday present, but I *lost* it. と比較》.

> 語法 **従属節内の had＋過去分詞**
> 主節の述語動詞が過去時制のとき, 従属節に用いる《⇒ **巻末文法** 14.2 (4)》**:** 言い換え He said that that was the biggest fish (that) he *had* ever *caught*. (= He said, "This is the biggest fish (that) I *have* ever *caught*.") 彼はそれは今まで釣ったうちではいちばん大きな魚だと言った / He thought he *had met* the man somewhere before. 彼はその人に以前どこかで会ったことがあると思った.

B [had＋過去分詞で仮定法過去完了を表わし, 過去にあった事実と反対の仮定を示す; ⇒ if¹ 3, **巻末文法** 11.3] (事実はそうではなかったのだが)(仮に(あのとき))...**だった[...した]としたら**, (もしも)...**だったら:** 「*If* I *had known* it [《格式》 *Had* I *known* it], I would have told you. もし私がそれを知っていたらあなたに話したのですが《⇒ **巻末文法** 15.2 (1)》 / I wish I *had studied* English harder. もっと一生懸命に英語を勉強しておけばよかったなあ.

had bètter ⇒ had better の項目.

hàd it nót bèen for ... 《格式》 = if it had not been for ... 《⇒ if¹ 成句》.

***had bet·ter** /hədbétə, (ə)d-|-tə/ [動詞の原形の前につけて 助 のように用いる. 否定形は had better not, 否定疑問形は Hadn't＋主語＋better ...?] ...**するのがよい**; ...**しなさい**, ...**しなくてはいけない:** I'*d better* see him. 彼に会ったほうがいいな / We'*d better not* remain here any longer. ここにはもうこれ以上いないほうがいいね / He *had better* stay where he is. 彼は今いる所から動かないほうがいい / *Hadn't* you *better* ask him first? まずは彼に尋ねるべきじゃないか? / You'*d better* get out of those wet clothes quick, or you'll catch a cold. 早くその濡れた服を脱がなきゃ. でないとかぜをひくよ《⇒ or 3》.

> 番号の順に意味が強くなる.
> 1. should
> 2. ought to
> 3. had better
> 4. have (got) to
> 5. must

> 語法 **had better の使い方**
> (1) 付加疑問では better はつかない**:** We'*d better* go now, *hadn't* we? さあ行かないとね.
> (2) 話しことばでは You'd better のように had を短縮するのが普通《⇒ -'d better》. 《略式》 では had が省略されることがある**:** I *better* try again later. あとでもう一度やってみなくっちゃ / *Better* be careful. 気をつけろよ《You had の省略》.

> ♥ **...しなくてはいけないよ** (忠告するとき)
> **You'd better ...**
> Ken, **you'd better** apologize to your dad. ケン, お父さんに謝らなくちゃダメだよ.
> ♥ You had better ...は, 命令や非常に直接的な忠告・助言として使われる.
> ♥ 相手に選択の余地を与えない強制度の高い言い方なので, 「明らかにそうしたほうがいい, そうしないと困ったことになる[悪い結果が生じる]」というふうにお互いが状況を理解している場合や, 緊急度の高い場面で使われることが多い. 《助言の表現については ⇒ should A 1 (1)》

had·dock /hǽdək/ 名 (複 ~(s)) C ハドック《北大西洋産の食用のたらの一種》; U ハドックの肉.

Ha·des /héɪdiːz/ 名 固 ❶ 〘ギリシャ神話〙 黄泉(よみ)の国《地下にある死者の霊の住む所》. ❷ 〘ギリシャ神話〙 ハデス《黄泉の国の神; ⇒ god 表》.

***had·n't** /hǽdnt/ ❶ 《略式》 **had² not の短縮形:** I *hadn't* finished my work when he called on me. 彼が訪ねてきたときには私はまだ仕事を終えていなかった. ❷ 《英》 had¹ not の短縮形 [≒ didn't have].

*****had to** /(子音の前では) hǽttə, (母音の前では) -tu/ **have to の過去形.**

hae·mo- /híːmoʊ/ 接頭 《英》 = hemo-.

hag /hǽg/ 名 C 《古風》 [差別的] 醜い老婆.

hag·gard /hǽgəd|-gəd/ 形 やつれた《心配・病気・睡眠不足などのために》.

hag·gle /hǽgl/ 動 自 (価格・条件などで)言い争う (*over*, *about*), 値切る; (...と)押し問答する (*with*).

Hague /héɪg/ 名 固 [The ~] ハーグ《オランダ (the Netherlands) 西部の都市; 王宮・政府の機関などがあり, オランダの事実上の首都; 公式の首都は Amsterdam》.

hah /hɑ́ː/ 間 = ha¹.

ha-ha /hɑ̀ːhɑ́ː/ 間 はは!, あはは!《笑い声》.

+hail¹ /héɪl/ (同音 hale) 名 (~s /~z/) ❶ U **あられ, ひょう**《⇒ rain 関連》**:** A lot of *hail* fell this morning. けさあられがたくさん降った. ❷ C [普通は a ~] 雨あられのようなもの, ...の雨**:** *a hail of* bullets 雨あられと飛ぶ弾丸 / *a hail of* criticism 批判の続出.
— 動 自 [it を主語として; ⇒ it¹ A 2] あられ[ひょう]が降る**:** *It* is *hailing* hard. あられが激しく降っている.

hail² /héɪl/ 動 他 ❶ (船・車・人)を大声で呼ぶ, 呼び止める: She *hailed* a taxi [cab] at the corner. 彼女は角のところでタクシーを呼び止めた. ❷ [しばしば受身で] (人・物)を(...)と称賛する; (人)を歓呼して迎える; (人)を(...と)呼んで迎える: Charles *was hailed as* the new king. チャールズは新王として(歓呼のうちに)迎えられた.
háil from ... [動] ⑩《格式》(人が)...出身である [≒ come from].

Háil Máry 名 ❶ Ⓒ = Ave Maria. ❷ Ⓒ〔アメフト〕ヘイルメアリー《試合終了間際にエンドゾーンめがけて投げるいちかばちかのロングパス》.

hail·stone /héɪlstòʊn/ 名 Ⓒ ひょう(の粒), あられ.

hail·storm /héɪlstɔ̀ɚm | -stɔ̀ːm/ 名 Ⓒ ひょう[あられ]の嵐.

***hair** /héɚ | héə/ (同音 hare)
— 名 (～s /～z/) ❶ Ⓤ 髪の毛《全体》, 頭髪《⇒ head 挿絵》; (体の)毛, (動物の)毛: Helen has dark *hair*. ヘレンは髪が黒い / She has straight [wavy, curly, thick] *hair*. 彼女は真っすぐな[ウェーブのかかった, 縮れた, ふさふさした]髪をしている / ***brush*** [***comb***] one's ***hair*** 髪をブラシ[くし]でとかす / ***wash*** one's ***hair*** 髪を洗う / ***dry*** one's ***hair*** 髪を乾かす / ***do*** one's ***hair*** 髪を整える / ***cut*** ...'s ***hair*** ...の髪を切る / I ***had*** my ***hair cut*** [***dyed, permed, set***] yesterday. 私はきのう髪をカットして[髪を染めて, パーマをかけて, セットして]もらった / ***lose*** one's ***hair*** 髪が抜ける[薄くなる] / Meg wears [has] her *hair* long [short]. メグは髪を長く[短く]している / My *hair* is growing gray. 私はしらがが増えてきている. 参考 (1) 髪の色は身長, 体重などと同じく, 身分証明書などに記入する身体的特徴の一つとして扱われる; ⇒ eye 名 1 参考. (2) 髪の色には black (黒色), dark [brunette] (黒褐色), brown (茶色), red (赤毛[明るい褐色]), blond(e) [fair] (金髪)《⇒ fair¹ 5 表》, gray (しらが(混じり)), white (しらが) などがある.
❷ Ⓒ (1 本の)毛: I found「a *hair* [two *hairs*] in the soup. スープの中に毛が 1 本[2 本]入っていた. ❸ [a ～] わずかな量; 髪の毛 1 本の幅ほどの差: He won the game by *a hair*. 彼はわずかの差で試合に勝った.
do nót hárm [tóuch] a háir of [on] ...'s héad [動] ...に少しも危害を与えない.
do nót hàve a háir òut of plàce [動] ⓐ 身なりがとてもきちんとしている.
dò nót túrn a háir [動] ⓐ 平然としている.
gét in ...'s háir [動]《略式》(つきまとって)(人)をいらいらさせる, (人)の神経にさわる.
kéep one's **háir òn** [動] ⓐ Ⓢ《英》= keep one's shirt on《⇒ shirt 成句》.
lèt one's **háir dòwn** [動] ⓐ《略式》くつろぐ, 羽をのばす; (女性が)髪をほどいてたらす.
màke ...'s háir cùrl [動]《略式》(人)を震え上がらせる.
màke ...'s háir stànd on ènd [動] (人)に身の毛のよだつ思いをさせる, (人)をぞっとさせる.
splít háirs [動] ⓐ 細かいことにこだわる《⇒ hairsplitting》.
téar [púll] one's **háir (òut)** [動] ⓐ [普通は進行形で]《略式》髪をかきむしる《悲しみ・いらだちなどのしぐさ》.
the [a] háir of the dóg (that bít you)《略式》[こっけいに] (二日酔いをさますための)迎え酒.
(形 háiry)

hair·breadth /héɚbrèdθ | héə-/ 名 [a ～] 髪の毛 1 本ほどの幅; 間一髪. **escápe by a háirbreadth** [動] ⓐ 間一髪で逃れる, 危うく免れる.

hair·brush /héɚbrʌ̀ʃ | héə-/ 名 Ⓒ ヘアブラシ.

háir càre 名 Ⓤ ヘアケア, 髪の毛の手入れ.

+**hair·cut** /héɚkʌ̀t | héə-/ 名 (-cuts /-kʌ̀ts/) Ⓒ (髪の)カット, 散髪; 髪の切り方, 髪型: get [have] a *haircut* 髪をカットしてもらう / give ... a *haircut* (人)の髪を切る / I'd like a short *haircut*. 短い髪型にしてください / 🗨 "What can we [I] do for you today?" "Just a *haircut*, please." 「今日はどうなさいますか」「カットだけお願いします」

hair·do /héɚdùː | héə-/ 名 (～s) Ⓒ《古風》(女性の)髪型.

hair·dress·er /héɚdrèsɚ | héədrèsə/ 名 Ⓒ 美容師, 理髪師: go to the *hairdresser's* 美容院へ行く《⇒ -'s¹ 1 語法》. 関連 barber 床屋.

hair·dress·ing /héɚdrèsɪŋ | héə-/ 名 Ⓤ 理髪, 調髪: a *hairdressing* salon 美容室.

hair·dry·er, hair·dri·er /héɚdràɪɚ | héədràɪə/ 名 Ⓒ ヘアドライヤー.

-haired /héɚd | héəd/ 形 [形容詞につく合成語で]「...な髪をしている」の意: long-*haired* 長い髪の.

hair·grip /héɚgrìp | héə-/ 名 Ⓒ《英》= hairpin.

hair·less /héɚləs | héə-/ 形 毛のない, はげた.

hair·line /héɚlàɪn | héə-/ 名 ❶ Ⓒ (頭髪の)生え際. ❷ [形容詞的に] 非常に細い: a *hairline* crack [fracture] ひび割れ(骨折).

hair·net /héɚnèt | héə-/ 名 Ⓒ ヘアネット《女性の頭髪用》.

hair·piece /héɚpìːs | héə-/ 名 Ⓒ 部分かつら.

hair·pin /héɚpìn | héə-/ 名 Ⓒ ヘアピン. 形 限定 (道路が)曲がりくねった, 急カーブの: a *hairpin* curve [《米》 turn, 《英》 bend] ヘアピンカーブ.

hair-raising /héɚrèɪzɪŋ | héə-/ 形 身の毛のよだつような; ぞっとするような; スリルに満ちた.

hair's breadth /héɚzbrèdθ | héəz-/ 名 [a ～] = hairbreadth.

háir slìde 名 Ⓒ《英》髪留め, ヘアクリップ [《米》 barrette].

hair·split·ting /héɚsplɪ̀tɪŋ | héə-/ 名 Ⓤ 細かいことにこだわること, へ理屈.

háir sprày 名 Ⓒ,Ⓤ ヘアスプレー.

hair·style /héɚstàɪl | héə-/ 名 Ⓒ ヘアスタイル.

hair-trig·ger /héɚtrɪ̀gɚ | héətrɪ̀gə/ 形 限定 すぐかっとなる.

hair·y /hé(ə)ri/ 形 (hair·i·er; -i·est) ❶ (胸・腕・脚などが)毛深い, 毛むくじゃらの. ❷《略式》危険な; ぞっとする; はらはらさせる. (名 hair)

Hai·ti /héɪṭi/ 名 固 ハイチ《イスパニョーラ島の西側を占める共和国》.

hajj /hǽdʒ/ ≪アラビア語から≫ 名 Ⓒ イスラム教徒のメッカ巡礼.

Hal /hǽl/ 名 固 ハル《男性の名; Harold および Henry の愛称》.

ha·lal /həlάːl/ 形 限定 イスラム教の戒律にのっとって処理された(食肉の).

hál·cy·on dáys /hǽlsiən-/ 名 複《文語》幸福で平穏な時期.

hale /héɪl/ 形 [次の成句で] **hále and hearty** [形] (特に老人が)達者な.

***half** /hǽf | hάːf/ ❗発音
— 形 ❶ 限定 半分の, 2 分の 1 の, 半数の: *half* a mile

[dozen] 半マイル[ダース]《⇒ a² 最初の 語法 (2)》. 語法 特に《米》ではまた a *half* mile [dozen] ともいう // *half* an hour = a *half* hour 半時間, 30 分 / (every hour) on the *half* hour 毎時 30 分に / *half* a million dollars 50 万ドル / The crew [horse] won by「a *half* [*half* a] length. そのクルー[馬]は半艇身[半馬身]の差で勝った / ***Half*** his *time was* wasted. 彼の時間の半分はむだに費やされた / ***Half*** the *passengers were* killed. 乗客の半数は死亡した. 語法 half に続く名詞が単数形ならば単数扱い, 複数形ならば複数扱い. ❷ [強意に用いて] 大半の, かなりの, たいがいの《⇒ half the time (time 成句)》: *half* the problem 問題の大部分. ❸ 限定 中途半端な, 不十分な, 不完全な: a *half* smile 薄笑い.

hálf a sécond [mínute] [名] Ⓢ ごく短い時間: Wait *half a second*. ちょっと待って.

— 名 (複 **halves** /hǽvz | háːvz/) ❶ Ⓒ [しばしば無冠詞] **半分, 2 分の 1,** ½, **半数:** ***Half of*** the *apple was* rotten. そのりんご(1 個)の半分は腐っていた / ***Half of*** the *apples were* rotten. そのりんご(2 個以上)の半数は腐っていた / Two *halves* make a whole. 半分が 2 つで全部となる / an hour and a *half* later 1 時間半後に / in the first [second] *half* of the 20th century 20 世紀の前半[後半]に / cut an apple ***in half*** [***into halves***] リンゴを半分に切る / reduce ... ***by half*** ... を半分に減らす.

> 語法 (1) half of に続く名詞が単数形ならば単数扱い, 複数形ならば複数扱い.
> (2) 次のような数の一致に注意:「One and a *half* months *have* [A month and a *half has*] passed since I saw her. 彼女に会ってから 1 か月半になる.

関連 quarter 4 分の 1.
❷ Ⓤ (時刻の)半, **30 分:** *half* past six 6 時半《⇒ 成句》. 関連 quarter 15 分. ❸ [the ~] (試合などの)前半[後半], ハーフ《⇒ quarter 名 7》;〔野球〕表, 裏: in the first [second] *half* 前半[後半]に / the top [bottom] *half* of the seventh inning 7 回の表[裏]. ❹ (複 halves, ~s /~s/) Ⓒ《英》子供用の半額切符. ❺ (複 halves, ~s /~s/) Ⓒ《英略式》(ビールなどの)半パイント. ❻ (複 halves, ~s /~s/) Ⓒ = halfback. 日英 名詞の half には日本語の「ハーフ(の人)」の意味はなく,「混血の人」は普通 a person of mixed race などのように言う.

a ... and a hálf [名]《略式》すごい...: That was *a meal and a half*! それは大変なごちそうだった.

by hálves [副] [否定文で] 中途半端に, 不完全に: *Never* do things *by halves*.《ことわざ》中途半端なことをするな.

gò「hálf and hálf [hálves] with ... [動] 他 (人)と(費用など)を折半にする: I *went halves with* him *on* the bill. 私は彼と勘定を折半した.

hálf àfter ... [前]《米》= half past ....

hálf pàst ... [前] **...時半,** ...時 30 分: It's *half past* eight now. 今 8 時半だ / I got up *at half past* seven. 私は 7 時半に起きた. 語法《英略式》では half eight [seven] のようにしばしば past を略していう.

hòw the óther hàlf lìves [名] (自分とは)違う階層の人たちの暮らしぶり.

the hálf of it [名] [普通は否定文で] Ⓢ (事態・問題などの)重要な部分: You do*n't* know *the half of it*! 君は半分もわかっていない.

tòo ... by hálf [副]《英略式》あまりにも...: He's *too* rich *by half*. 彼はすごく金持ちだ. (動 halve)

— 副 ❶ **半分だけ,** 半数だけ, 半ば: The bridge is only *half* built. 橋はまだ半分しかできていない / His wife is *half* French and *half* Italian. 彼の奥さんはフランス人とイタリア人のハーフだ.
❷ **かなり,** ずいぶん, ほとんど: The survivors were *half* dead. 生存者たちは半死半生[息も絶え絶え]だった / I'm *half* hoping that he'll disagree. 私は彼が反対してくれたらと思っているくらいだ.
❸ **不十分に,** 不完全に, 生半可に: This meat is only *half* cooked. この肉は生焼けです.

hálf agáin as mány [múch] as ...《米》= **hálf as màny [mùch] agáin as ...**《英》...の 1 倍半[1.5倍]だけ.

hálf and hálf [副] ⇒ half-and-half.

hálf as ... as ~ ~の半分だけ...: We have only *half as* many sheep *as* Mr. Black does. 私たちはブラックさんの半分の羊しか飼っていない.

nòt hálf [副] (1) Ⓢ 少しも...でない: That's *not half* bad. なかなかいいじゃないか. (2) Ⓢ《英》とても, すごく: She does*n't half* like me. 彼女は私のことが大好きだ / 💬 "He's handsome, isn't he?" "*Not half!*"「彼はハンサムでしょう?」「ええ, とても」

nòt hálf as ... as ~ ~の半分にも及ばないくらい..., ~ほどはとても...でない: It was *not half as* easy *as* it looked. それは見かけほど生やさしいことではなかった.

half-and-half /hǽfənhǽf | háːfənháːf←/ 形 [普通は 叙述] 半々の; 中途半端な, どっちつかずの. — 副 同量に, 半々に. — 名 Ⓤ《米》牛乳にクリームを混ぜた物《コーヒーなどに入れる》.

half·back /hǽfbæ̀k | háːf-/ 名 Ⓒ〔球技〕中衛, ハーフバック. 関連 forward フォワード / fullback フルバック.

half-baked /hǽfbéɪkt | háːf-←/ 形 限定《略式》(計画が)不完全な; 無経験な; (思想が)未熟な.

hálf bòard 名 Ⓤ《英》(ホテルで)1 泊 2 食[朝食と夕食]付き(の宿泊). 関連 full board 全食付き.

half-breed /hǽfbrìːd | háːf-/ 名 Ⓒ [差別的] (特にアメリカ先住民と白人との)混血児. 語法 この語は非常に差別的な表現.「混血の人」を表わす一般的な表現については ⇒ half 名 日英.

hálf bròther 名 Ⓒ 異母[父]兄, 異母[父]弟《両親のどちらかが違う兄[弟]; ⇒ stepbrother》.

half-caste /hǽfkæ̀st | háːfkɑ̀ːst/ 名 Ⓒ [差別的] (ヨーロッパ人とアジア人の)混血児.

hálf dóllar 名 Ⓒ《米》50 セント銀貨《⇒ coin 表》.

half-heart·ed /hǽfháɚṭɪd | háːfháːt-←/ 形 気乗りしない, 不熱心な: a *half-hearted* reply なま返事.

half-hour·ly /hǽfáʊɚli | háːfáʊə-←/ 形 限定 半時間ごとの. — 副 半時間ごとに.

half-length /hǽfléŋ(k)θ | háːf-←/ 形 (写真などが)上半身だけの, 半身像の.

half-life /hǽflàɪf | háːf-/ 名 Ⓒ〔物理〕(放射性物質の)半減期.

half-light /hǽflàɪt | háːf-/ 名 Ⓤ 薄明かり.

half-mast /hǽfmǽst | háːfmáːst/ 名 Ⓤ 半旗の位置《弔意を示す》: (at) *half-mast* 半旗の位置に.

half-moon /hǽfmùːn | háːfmúːn/ 名 Ⓒ 半月《⇒ moon 語法; phase 挿絵》; 半月形のもの.

hálf nòte 名 Ⓒ《米》〔音楽〕2 分音符 [《英》minim].

half-pipe /hǽfpàɪp | háːf-/ 名 Ⓤ ハーフパイプ《スケートボード・スノーボード用の U 字型断面の滑走路》.

hálf príce 名 Ⓤ 半額: at *half price* 半額で.

half-price /hǽfpráɪs | há:f-/ 形 副 半額の[で].
háIf sìster 名 C 異母[父]姉, 異母[父]妹《両親のどちらかが違う姉[妹]; ⇒ stepsister》.
hálf stèp 名 C 《米》〔音楽〕半音 [《英》semitone].
hálf térm 名 C,U 《英》(学期中の)中休み《2, 3 日》.
half-tim·bered /hǽftímbəd | há:ftímbəd←/ 形 (家が)木骨(もっこう)建ての.
hálf tìme 名 U ハーフタイム, 試合中間の休み.
half·tone /hǽftòʊn | há:f-/ 名 ❶ C 《米》= half step. ❷ C,U 〔印刷・写真〕網版(画); 網版技法; 間色.
half-truth /hǽftrù:θ | há:f-/ 名 (-truths /-trù:ðz, -trù:θs/) C (特に人をあざむくための)一部の真理[真実]しかないことば.
+**half·way** /hǽfwéɪ | há:f-←/ 副 ❶ **半分くらい**; 途中まで: We are *halfway* through the work. 仕事は半分片づいた. ❷《略式》ある程度, かなり: a *halfway* decent hotel かなりいいホテル.
be hálfway thére [動] 自 (仕事などが)半分終わっている, 目的を半ば達している.
méet ... hálfwáy [動] 他 (1) (人)に途中で会う, (人)を途中まで出迎える. (2) (人)と妥協する, 折り合う [≒compromise].
— 形 ❶ 限定 中間の, 中途の: the *halfway* point [mark] *of* the race レースの折り返し点. ❷ 限定 中途半端な.
half-year·ly /hǽfjíəli | há:fjíə-←/ 形 限定 半年ごとの. — 副 半年ごとに.
hal·i·but /hǽləbət/ 名 (複 ~(s)) C おひょう, ハリバット《北洋産の大かれい》; U ハリバットの肉.
hal·i·to·sis /hæ̀lətóʊsɪs/ 名 U 〔医学〕口臭 [≒bad breath].

***hall** /hɔ́:l/ (同音 haul)
— 名 (~s /~z/)

意味のチャート
「大広間」→ (建物の中の広間) → 「**玄関**」, 「**ロビー**」❶
　　　　　→ (公共の大広間) → 「**会館**」, 「**会堂**」❸

❶ C (家の)**玄関**, (ビルの)入り口の広間, ロビー: an entrance *hall* 玄関ホール[ロビー] / Leave your hat and overcoat in the *hall*. 帽子とコートは玄関に置いてください.
❷ C (建物内の)**廊下** [≒corridor]: down the *hall* 廊下の先に, 廊下を通って.
❸ C **会館**, 会堂, ホール《公務・娯楽・集会などに使用される建物または大広間》: a concert *hall* コンサートホール / a lecture *hall* 講堂. ❹ C 《主に英》(大学の)学生寮; U 《主に英》(大学の)食堂: the Students' *Hall* 《米》学生会館.
a háll of résidence [名] 《主に英》(大学の)寄宿舎, 学生寮 [≒hall, 《米》dormitory].
Háll of Fáme [名] 《米》(スポーツ・芸能などの)栄誉殿堂; [the ~] 栄誉殿堂入りした人々.
hal·le·lu·jah /hæ̀ləlú:jə/ 間, 名 C ハレルヤ《神を賛美する歌または叫び》; ありがたい, やれやれ.
+**hall·mark** /hɔ́:lmàək | -mà:k/ 名 (~s /~s/) ❶ C (優れた)**特徴**, 特質: have [bear] all the *hallmarks of* ... ...のあらゆる特徴を持っている. ❷ C (金銀・プラチナの)純分認証極印, 品質優良の印.
*hal·lo /həlóʊ, hæ-/ 間 名 《古風, 英》= hello.
hal·lowed /hǽloʊd/ 形 限定 神聖な; [しばしばこっけいに] (伝統などが)尊い, あがめられた.
Hal·low·een, Hal·low·e'en /hæ̀loʊí:n←/ 名 C,U ハロウィーン, 万聖節 (All Saints' Day) の前夜.
参考 10 月 31 日の夜で, 米国では子供たちがかぼちゃのちょうちんを飾ったり, 仮装してお菓子をねだって家々を回るなどの習慣がある《⇒ Trick or treat! (trick 名 成句)》.
hal·lu·ci·nate /həlú:sənèɪt/ 動 自 幻覚を見る.
hal·lu·ci·na·tion /həlù:sənéɪʃən/ 名 C,U 幻覚, まぼろし; 幻想, 妄想.
hal·lu·ci·no·gen /həlú:sənəʤèn/ 名 U,C 幻覚剤.
hal·lu·ci·no·gen·ic /həlù:sənəʤénɪk←/ 形 幻覚を引き起こす.
hall·way /hɔ́:lwèɪ/ 名 C 玄関; 廊下.
ha·lo /héɪloʊ/ 名 (~(e)s) ❶ C (聖像の)後光, 光背. ❷ C (太陽や月の)かさ.
hal·o·gen /hǽləʤən/ 名 U 〔化学〕ハロゲン.
***halt** /hɔ́:lt/ 動 (halts /hɔ́:lts/; halt·ed /-ɪd/; halt·ing) 自 **停止する**, 立ち止まる; (活動などが)止まる《⇒ stop 類義語》: *halt* abruptly 突然止まる / *Halt*! 止まれ!《軍隊用語》.
— 他 (...)を**停止させる**, 止める: The train ***was halted by*** a fallen rock ahead. V+O の受身 列車は前方の落石で停車した.
— 名 (halts /hɔ́:lts/) [a ~] (行進・進行・移動などの)**停止**, 休止 [≒stop]; (兵士の行進の)小休止: ***come to a halt*** 停止する / ***call a halt to*** the discussion 議論を中断させる / ***bring*** traffic ***to a halt*** 交通を止める.
hal·ter /hɔ́:ltə | -tə/ 名 ❶ C (牛・馬の)端綱(はづな). ❷ C = halter top.
hálter tòp 名 C ホルタートップ《首ひもでつり, 背・肩・腕を出したドレス》.
halt·ing /hɔ́:ltɪŋ/ 形 口ごもった; (動きが)もたつく.
+**halve** /hǽv | há:v/ (同音 《米》#have[1,2]) 動 (halves /~z/; halved /~d/; halv·ing) 他 ❶ (...)を**半減させる**, 半分に減らす; 半額にする: This will *halve* the present cost. これで現在の費用が半分に減るだろう. ❷ (...)を 2 等分する; 山分けする: He *halved* the profit *with* his friend. 彼は友人ともうけを山分けした.
— 自 半減する. (名 half)
***halves** /hǽvz | há:vz/ 名 **half の複数形**.
+**ham**[1] /hǽm/ 名 (~s /~z/) ❶ U,C **ハム**《豚もも肉の塩漬け・薫製》: *ham* sandwiches ハム(の)サンド(イッチ) / a slice of *ham* ハム 1 切れ. 関連 bacon 豚の横腹・背中肉の塩漬け・薫製. ❷ C 塩漬け[薫製]にした豚のもも.
hám and éggs [名] ハムエッグ《朝食に多い》.
日英 「ハムエッグ」は和製英語.
ham[2] /hǽm/ 名 ❶ C アマチュア無線家, ハム. ❷ C 《略式》(大げさな演技をする)大根役者. — 動 (hams; hammed; ham·ming) [次の成句で]
hám it úp [動] 自 《略式》(役者が)大げさな演技をする.
Ham·burg /hǽmbəːg | -bə:g/ 名 固 ハンブルク《ドイツ北部の港市》.
***ham·burg·er** /hǽmbəːgə | -bə:gə/, 《米》**ham·burg** /hǽmbəːg | -bə:g/ アク 名 (~s /~z/) ❶ C **ハンバーガー**: Three *hamburgers*, please. ハンバーガーを 3 つください《店頭で》. ❷ C ハンバーグステーキ. ❸ U 《米》ハンバーグステーキ用ひき肉.
ham-fist·ed /hǽmfístɪd←/ 形 《英略式》= ham-handed.
ham-hand·ed /hǽmhǽndɪd←/ 形 《米略式》(手先が)不器用な; 対応が下手な.
ham·let /hǽmlət/ 名 C 小村落《⇒ village》.

Ham·let /hǽmlət/ 名 固 ハムレット《シェークスピア (Shakespeare) 作の 4 大悲劇の 1 つ(の主人公)》.

+**ham·mer** /hǽmɚ | -mə/ 名 (〜s /〜z/) ❶ C **金づち**, ハンマー; (競売者用の)木づち: He nailed it in with a *hammer*. 彼は金づちでそれを打ちこんだ. ❷ C (ピアノの)つち; (ベルの)打ち子; (銃の)打ち金; (陸上競技用の)ハンマー. ❸ [the 〜] ハンマー投げ《競技》(hammer throw).

còme [gò] ùnder the hámmer [動] 自 競売に出される. 由来 競売者が使う木づちから.

gó àt it hámmer and tóngs [動] 自《略式》(二人が)激しく議論する; (人が)猛烈にがんばる.

— 動 (ham·mers /〜z/; ham·mered /〜d/; -mer·ing /-m(ə)rɪŋ/) 他 ❶ (...)を**金づちで打つ**[たたく]; 金づちで打って...にする: He *hammered* the nails *in*. V+O+*in* 彼は金づちでくぎを打ち込んだ / I *hammered* the piece of metal flat. V+O+C (形) 私はその金属をたたいて平らにした. ❷ (考えなど)を(繰り返し説明して)たたき込む. ❸《略式》(...)を強打する; 繰り返し[どんどん]たたく. ❹《略式》(試合で)(相手)に楽勝する. ❺ (企業・会社など)に打撃を与える; (...)を激しく批判する. — 自 ❶ つちで打つ; どんどんたたく: She *hammered at* [*on*] the door. 彼女はドアをどんどんたたいた. ❷ (心臓が)どきどきする.

hámmer awáy at ... [動] 他 (難問など)に熱心に取り組む; ...を繰り返して言う.

hámmer dówn [動] 他 (...)をくぎで打ちつける.

hámmer ... hóme [動] 他 (1) (くぎなど)をしっかり打ち込む. (2) (論点など)をたたき込む.

hámmer ... ínto 〜 [動] 他 (...)をたたいて〜に打ち込む[〜にする]; (...)を〜にたたき込む: We *hammered* the idea *into* his head. 我々はその考えを彼の頭にたたき込んだ.

hámmer óut [動] 他 (1) たたいて(...)を作る; (へこみなど)をたたいて直す. (2) (案など)を考え出す, (結論)を(徹底的に議論して)出す.

ham·mered /hǽmɚd | -məd/ 形 叙述《俗》ひどく酔っぱらった.

hámmer thròw 名 [the 〜] = hammer 3.

ham·mock /hǽmək/ 名 C ハンモック.

+**ham·per**[1] /hǽmpɚ | -pə/ 動 (ham·pers /〜z/; ham·pered /〜d/; -per·ing /-p(ə)rɪŋ/) 他 (...)を**妨げる**, じゃまをする; 困らせる: The search *was hampered* by bad weather. 捜索は悪天候のため難航した.

ham·per[2] /hǽmpɚ | -pə/ 名 ❶ C (ふたのついた)かご《食料品などを入れて持ち運ぶ》. ❷ C《米》洗濯かご《普通は汚れものを入れる》.

ham·ster /hǽmstɚ | -stə/ 名 C ハムスター.

ham·string /hǽmstrìŋ/ 名 C ひざの腱(けん); 太ももの裏側の筋肉[腱]. — 動 (-strings; 過去・過分 -strung /-strʌ̀ŋ/, -stringed; -string·ing) 他 (人)を無力にする; 挫折(ざせつ)させる, 妨げる.

***hand** /hǽnd/

— 名 (hands /hǽndz/)

意味のチャート
「手」❶ → (労働力としての手) → 「手助け」❷ / 「人手」❸
→ (物をつかむ手) → 「所有, 支配」❹
→ (技量としての手) → 「手際, 腕前」❺

❶ C 手 (⇒ arm[1] 日英): the back of the *hand* 手の甲 / What do you have *in* your right [left] *hand*? 右[左]手に持っているのは何ですか / Nelly was standing with some flowers *in* her *hand* [*hands*]. ネリーは手に[両手に]花を持って立っていた / He took me by *the hand*. 彼は私の手をとった (⇒ the[1] 2) / She was leading her child by *the hand*. 彼女は子供の手を引いていた / ***hold hands*** (with ...) (...と)手をつなぐ / ***raise*** [***put up***] one's ***hand*** 手を挙げる (⇒ 成句) / ***wave*** one's ***hand*** (at ...) (...に)手を振る / ***clap*** one's ***hands*** 手をたたく, 拍手をする / ***wash*** one's ***hands*** 手を洗う; トイレへ行く / I have only one pair of *hands*. 私には手は 2 つしかありません(忙しすぎてそこまで手が回りません).

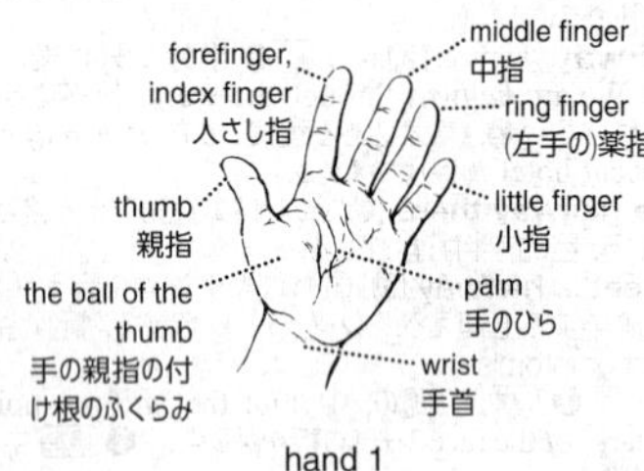

hand 1

❷ [単数形で] (援助の)**手**, 手助け [≒help]; 関与, 影響(力): Can you ***give*** [***lend***] me ***a hand with*** this bag? このバッグを運ぶのを手伝ってもらえますか / She needed *a hand with* the cooking. 彼女は料理に手伝いが必要だった / I could 「do with [use] *a hand*. 手伝ってもらえると助かるんだけど / We saw [detected] her ***hand in*** the case. 私たちはその事件に彼女がからんでいることを知った (⇒ have a hand in ...(成句)).
❸ C [しばしば合成語で] (肉体労働の)**人手**, 働き手; (船の)乗組員: We are short of *hands*. 人手が足りない / Many *hands* make light work. 《ことわざ》人手が多いと仕事が楽になる. 関連 stagehand 裏方.
❹ C [普通は複数形で] **所有** [≒possession]; 管理, 支配 [≒control]; 責任: This car has passed through many *hands*. この車は多くの人の手を経ている / I'll leave the matter ***in*** your ***hands***. その件は君に任せるよ / She put the boy ***in*** [***into***] ***the hands of*** his aunt. 彼女はその少年をおばに預けた / ***in good*** [***safe***] ***hands*** (信頼できる人のもとで)安全で, 保護されて / ***fall into*** ...'s ***hands*** (望ましくない人)の手に渡る / keep a firm *hand* on... ...を厳しく管理する.
❺ C **手際**(てぎわ), 腕前, 腕 [≒skill]; [前に good [bad] などの形容詞をつけて] 腕前のいい[悪い]人: Tom is good with his *hands*. トムは(手先が)器用だ / He is a *good* [*bad*] ***hand at*** cards. 彼はトランプが上手[下手]だ. ❻ C 手の形をしたもの; (時計などの)針 (⇒ needle 表): a second *hand* 秒針. ❼ [a 〜] 拍手(かっさい) [≒applause]: give ... *a* big *hand* ...に盛大な拍手をする / get *a* big *hand* 盛大な拍手を受ける / ask for *a hand* 拍手を求める. ❽ C 側 [≒side]: on one's left *hand* 左手に. ❾ C 〔トランプ〕持ち札, 手; ひと勝負. ❿ [単数形で]《古風》字の書き方, 筆跡 [≒handwriting]: in a neat *hand* きれいな字で.

Áll hánds 「on déck [to the púmp(s)]! 《英略式》全員奮励努力せよ.

(at) fírst hánd [副] 直接に, じかに.

at hánd [副・形] 語法 しばしば close, near, ready など前に来る. (1) **すぐ近くに**, 手近に: I always keep a

phone (*close*) *at hand*. 私はいつも手近に電話を置いている. (2) 近い将来に, 差し迫って.
at sécond [thírd] hánd [副] (1[2] 人の人を経て)間接的に, また聞き(のまた聞き)で.
at the hánd(s) of ... = at ...'s hánd(s) [副] (人)から, (人)によって.
by hánd [副] (機械によらずに)**手で**; (郵便などによらずに)手渡しで, 使いによって: The lace was made *by hand*. そのレースは手編みだった.
chánge hánds [動] ⓐ (地所・家などが)持ち主が変わる, 経営者が変わる.
còme to hánd [動] ⓐ 手に入る.
fórce ...'s hánd [動] (人)にやりたくない[その気になっていない]ことをさせる.
from hánd to hánd [副] 手から手へと; 人から人へと: That famous picture passed *from hand to hand*. その有名な絵は次々と人手に渡った.
gèt one's **hánds dìrty** [動] ⓐ (1) [普通は疑問文または否定文で] 《略式》 きつい[汚れる]仕事をする. (2) (不正で)手を汚す.
gèt one's **hánds on ...** [動] ⓑ ...を見つける, 手に入れる; (人)をつかまえる.
gèt óut of hánd [動] ⓐ (人・物事が)**手に負えなくなる**: The students have *got* completely *out of hand*. その学生たちは全く手に負えなくなった.
hánd and fóot [副] (1) 手足もろとも; 自由な行動ができないように: She was bound [tied] *hand and foot*. 彼女はがんじがらめに縛られた[行動を束縛されていた]. (2) かいがいしく, 手とり足とりして《⇒ wait on ... (wait 句動詞)成句》.
hánd in glóve [形・副] (...と)密接な関係で, ぐるになって, 協力[結託]して (*with*).
hánd in hánd [副・形] (1) **手に手をとって**; 協力して (*with*): Meg and Bill always walk *hand in hand*. メグとビルはいつも手をつないで歩いている. (2) (事が)相伴って (*with*): go *hand in hand* (二つの事が)密接に関連がある.
hánd òver físt [副] 《略式》 どんどん: make money *hand over fist* どんどんもうける.
hánd òver hánd [副] (1) (ロープを登るときなど)交互に手をかけて, たぐって. (2) 着実に.
hánds dówn [副] (1) 《略式》 楽々と《⇒ win hands down (成句)》. (2) 《略式》 疑いなく.
Hánds óff (...)! (...に)手を触れるな, (...を)取るな; (...に)干渉するな.
Hánds úp! (1) (両)手を挙げろ《強盗などのことば; ⇒ raise one's hands》. (2) (片)手を挙げてください《答えられる人・賛成者などを求めて》.
hàve a hánd in ... [動] ⓑ ...に関与[関係]している, 参加している.
hàve one's **hánds fùll** [動] ⓐ 手いっぱいである, 忙殺されている.
hóld ...'s hánd [動] ⓐ (人)を支える, 支援する.
in hánd [形・副] (1) 管理されて; 手がけられて, 処理されて; 検討中で[の]: He seems to have the matter well *in hand*. 彼はその問題をうまく処理しているようだ / the problem *in hand* 懸案. (2) 手にして(自由にできる), 手もとに: I don't have enough cash *in hand* to go by taxi. タクシーで行くのに十分な金が手もとにない. (3) 《主に英》 残って: The team still has one game *in hand*. そのチームはもう 1 試合残している.
jóin hánds [動] ⓐ (1) 手を握る (*with*). (2) 協力する (*with*).
kéep one's **hánd ìn** [動] ⓐ 技[腕]が衰えないようにする.
kéep one's **hánds òff ...** [動] ⓑ ...に手を触れないでおく, ...を取らない.
knów ... lìke the báck of one's **hánd** ⇒ back 图 成句.
láy a hánd on ... [動] ⓑ [普通は否定文で] (危害を加えようと)...に手を出す, 触れる.
láy one's **hánds on ...** [動] ⓑ = get one's hands on ....
nót líft [ráise] a hánd [動] ⓐ = not lift [raise] a finger 《⇒ finger 成句》.
òff ...'s hánds [形・副] (人)の手[管理]から離れて.
on èvery hánd [副] 《格式》 四方八方に.
on hánd [形・副] (1) 手もとに, 持ち合わせて: I don't have much money *on hand*. 今は手もとにあまり金がない. (2) 同席して; すぐそばで待機して.
on ...'s hánds [形・副] (人)の責任[負担]となって(残って); (時間が)(人)に持て余されて.
on one's **hánds and knées** [副] 四つんばいになって.
on (the) óne hànd ..., on the óther (hànd) ~ [副] つなぎ語 **一方では...で他方では~**《ある事柄に関する 2 つの異なる[正反対の]面[見方, 考え方]を述べるときに用いる》: *On the one hand* Einstein's theory is simple, but *on the other hand* it is very complicated. アインシュタインの理論は一方では単純だが逆に大変複雑な面もある. 語法 on (the) one hand は省略されることがあるが, その場合は on the other hand の hand を省くことはない.
on the óther hànd [副] つなぎ語 **他方(では)**, これに反して, 反対に《ある事柄について, 先述したのとは異なる[正反対の]面[見方, 考え方]を述べるときに用いる》: Food was abundant, but *on the other hand* water was running short. 食べ物は豊富だったが, 他方では水は不足してきていた.
òut of hánd [副] すぐに, 即座に. ―[形] 手に余って.
ráise [pùt úp] one's **hánd** [動] ⓐ **手を挙げる**《質問・発言・採決のときなど》: *Raise your hand* when you want to ask a question in class. 授業中質問したいときは手を挙げてください.

raise [put up] one's hand　　raise one's hands

ráise one's **hánds** [動] ⓐ 両手を挙げる《無抵抗・降服などのしぐさ; ⇒ Hands up!》; あきらめる.
rúb one's **hánds** [動] ⓐ (1) 手をこする. (2) 両手をもみ合わせる《喜び・満足のしぐさ》.
sháke hánds ⇒ shake 成句.
shów one's **hánd** [動] ⓐ 本心[計画]を明らかにする, 手の内を見せる.
sít on one's **hánds** [動] ⓐ (1) 《略式》 あまり拍手[熱狂]しない. (2) 《略式》 手をこまねく.
spréad one's **hánds** [動] ⓐ (肩をすくめて)**手を広げ**

H

る《どうしようもないという気持ち, または何も隠していないことを示すしぐさ》.
tàke a hánd in ... [動] ⑩ ...に関係する.
tàke one's **hánds òff ...** [動] ⑩ ...から手を離す.
táke ... in hánd [動] ⑩ (...)の世話[管理, しつけ]を引き受ける; (...)を扱う.
The léft hánd dòesn't knów what the ríght hànd is dòing. (組織などの)内部の連絡ができていない. 由来「右手のなすことを左手は知らない」という新約聖書のことばから.
thrów one's **hánd ìn** [動] ⓐ (勝負などから)手を引く, 敗北を認める.
thrów úp one's **hánds** [動] ⓐ 両手を挙げる《「お手あげ」などのしぐさ; ⇒ raise one's hands 挿絵》.
tíe ...'s hánds [動] [普通は受身で] (規則などが)...を身動きとれなくさせる.
to hánd [副・形] (すぐ使えるよう)手の届くところに; 所有して; 〔商業〕(手紙などが)届いて.
trý one's **hánd at ...** [動] ⑩ (初めて)...をやってみる, ...に挑戦してみる.
túrn one's **hánd to ...** [動] ⑩ (初めてのこと)を上手にこなす; (新しいこと)を始める.
wásh one's **hánds of ...** [動] ⑩ ...から手を引く, ...と手を切る.
wín hánds dówn [動] ⓐ 《略式》 楽勝する. 由来 手を下ろしたままで勝つ, の意から.
with one's **báre hánds** [副] 素手で.
with óne hánd (tíed) behìnd one's **báck** [副] Ⓢ 楽々と, たやすく.
wríng one's **hánds** [動] ⓐ 手をもみしぼる《悲しみ・哀願などの表現》.

— 動 (hands /hǽndz/; hand·ed /~ɪd/; hand·ing) ⑩ (人に)(物)を**手渡す**, 渡す; 取ってやる**:** 言い換え Ed *handed* me the watch. V+O+O = Ed ***handed*** the watch ***to*** me. V+O+*to*+名 エドは私に腕時計を手渡した《⇒ to¹ 3 語法》/ She ***handed*** the knife ***across*** the table. V+O+*across*+名 彼女はテーブル越しにナイフを渡した.
hánd it to ... [動] ⑩ [have to などとともに] Ⓢ (人)のこと[偉さ]を認める**:** I've really got to *hand it to* you. 大したものですよ《競争相手をほめるとき》.

hand の句動詞

hánd aróund 動 ⑩ (食べ物など)を順に回す.
+**hánd báck** 動 ⑩ (持ち主などの手に)(...)を**返す**; (土地など)を返還する V+名・代+*back* / V+*back*+名**:** 言い換え He ***handed*** their compositions ***back to*** the students. = He *handed* the students *back* their compositions. 彼は生徒に作文を返した.
+**hánd dówn** 動 ⑩ ❶ [普通は受身で] (後世に)(...)を**伝える**; (遺産など)を(子孫に)残す V+名・代+*down* / V+*down*+名**:** These traditions have *been* ***handed down to*** us *from* our ancestors. これらの伝統は先祖から伝えられたものである. ❷ (衣服など)をお下がりにする**:** My old clothes *were* always *handed down to* my little sisters. 私の古い服はいつも妹たちにお下がりとなった. ❸ (...)を取って降ろす**:** *Hand* (me) *down* the fan *from* the shelf. 棚から扇風機を降ろしてくれ. ❹ (...)を公表する; (判決)を言い渡す.
*****hánd ín** 動 ⑩ (...)を**提出する**, 差し出す (*to*) V+名・代+*in* / V+*in*+名**:** "*Hand in* your papers now," said the teacher. 「では答案を出しなさい」と先生は言った / He *handed in* his resignation after the meeting. 彼は会議のあと辞表を提出した.
hánd óff 動 ⑩ 〔アメフト〕(ボール)を(味方へ)渡す; 手を突き出して(敵)のタックルを防ぐ.
hánd ón 動 ⑩ ❶ (次の人などへ)(...)を手渡す, 回す**:** When you have finished reading this book, *hand* it *on to* Ann. この本を読み終わったらそれをアンに回してください. ❷ (伝統など)を伝える [≒hand down]. ❸ (...)を譲り渡す [≒hand over].
*****hánd óut** 動 ⑩ (印刷物・賞品など)を**配る**, 手渡す (*to*) V+名・代 +*out* / V+*out*+名**:** Leaflets *were handed out* at the entrance. 入り口でパンフレットが配られた. (名 hándòut)
*****hánd óver** 動 ⑩ ❶ (...)を**手渡す**; (人の手に)託する, 引き渡す V+名・代+*over* / V+*over*+名**:** *Hand over* that knife! そのナイフをこちらによこせ / The police ***handed over*** the necessary information ***to*** the government. 警察は必要な情報を政府に提供した. ❷ (地位・権限・領地など)を譲り渡す, 譲渡する (*to*). ❸ (電話などで話せる[聞ける]ように)(相手)を(別の人に)引き継ぐ (*to*). — ⓐ ❶ (他に)譲り渡す (*to*). ❷ (人に)話を引き継ぐ (*to*).
hánd róund 動 ⑩ 《英》 = hand around.

+**hand·bag** /hǽn(d)bæ̀g/ 名 (~s /~z/) Ⓒ **ハンドバッグ** (bag) [《米》 purse].
hánd bàggage 名 Ⓤ = hand luggage.
hand·ball /hǽn(d)bɔ̀:l/ 名 ❶ Ⓤ ハンドボール. 日英 《米》では 2-4 人で手で球を壁に打ちつけて相手にとらせる競技; 《英》では相手のゴールに球を入れる日本式の「ハンドボール」を指す. ❷ Ⓒ ハンドボール用ボール. ❸ Ⓤ,Ⓒ 〔サッカー〕 ハンド《反則》.
hand·bill /hǽn(d)bɪ̀l/ 名 Ⓒ ビラ, ちらし (bill).
+**hand·book** /hǽn(d)bʊ̀k/ 名 (~s /~s/) Ⓒ **手引き**, 便覧; 案内書; ハンドブック.
hand·brake /hǽn(d)brèɪk/ 名 Ⓒ 《英》 ハンドブレーキ, サイドブレーキ [《米》 emergency [parking] brake]. 日英「サイドブレーキ」は和製英語.
hand·cart /hǽn(d)kɑ̀ɚt | -kɑ̀:t/ 名 Ⓒ = cart 1.
hand·clap /hǽn(d)klæ̀p/ 名 [次の成句で] **a slów hándclap** [名] 《英》 (聴衆の不満・いらだちを表わす)ゆっくりした拍手.
hand·craft·ed /hǽn(d)krǽftɪd | -krɑ̀:ft-/ 形 手細工の.
hand·cuff /hǽn(d)kʌ̀f/ 名 (~s) [複数形で] 手錠**:** (a pair of) *handcuffs* 手錠 1 組 / in *handcuffs* 手錠をかけられて. — 動 ⑩ (人)に手錠をかけ(て~に縛り付け)る (*to*).
Han·del /hǽndl/ 名 固 George Frederick ~ ヘンデル (1685-1759)《ドイツ生まれの英国の作曲家》.
+**hand·ful** /hǽn(d)fʊ̀l/ 名 (複 ~s /~z/) ❶ Ⓒ **ひとつかみ**, ひと握り**:** a ***handful of*** sand ひと握りの砂. ❷ [a ~] 少数**:** Only *a handful of* people came to the meeting. 会合にはほんのわずかの人たちしか出てこなかった. ❸ [(quite [a bit of]) a ~ として] 《略式》 手に負えない人[動物].
hánd grenàde 名 Ⓒ 手榴(しゅりゅう)弾.
hand·gun /hǽn(d)gʌ̀n/ 名 Ⓒ けん銃, ピストル.
hand-held /hǽndhèld/ 形 限定 (機械が)手で持てるサイズの. — 名 Ⓒ 携帯用情報端末.
hand·hold /hǽndhòʊld/ 名 Ⓒ (登るための)手がかり. 関連 foothold 足がかり.
+**hand·i·cap** /hǽndɪkæ̀p/ アク 名 (~s/~s/) ❶ Ⓒ **不利な条件**; 《古風》 [ときに差別的] 身体[精神]障害

《✪「身体[精神]障害」の意では disability を用いたほうが差別的でないとされる》: Poor sight is a ***handicap to*** an athlete. 視力が良くないことはスポーツ選手にとって不利である.
❷ Ⓒ **ハンディキャップ, ハンデ** 《⇒ start 名 5》: I was given a *handicap* of 25 in golf. 私はゴルフで 25 のハンデをもらった. ❸ Ⓒ ハンデつきの競走[競馬, 競技].
— 動 (-i·caps /~s/; -i·capped /~t/; -cap·ping) 他 [普通は受身で] (...)を**不利な立場に置く**; (...)にハンデをつける: He ***is handicapped by*** poor health. V+O の受身 彼は病弱というハンデを負わされている.
〖語源 帽子に手を入れてくじを引いたゲーム (hand in cap) から〗

hand·i·capped /hǽndɪkæ̀pt/ 形 《古風》 [ときに差別的] 身体[精神]に障害のある《⇒ disabled, challenged, impaired》: *the* (physically [mentally]) *handicapped* (身体[精神])障害者たち《複数名詞のように扱われる; ⇒ the¹ 3》.

hand·i·craft /hǽndɪkræ̀ft | -krɑ̀ːft/ 名 C,U [普通は複数形で] 手芸, 手仕事; 手工芸品.

hand·i·ly /hǽndəli/ 副 ❶ 便利なように, 手近に. ❷ 《米》 容易に, 楽々と. ❸ 手際(てぎわ)よく, 器用に.

hand·i·work /hǽndɪwə̀ːk | -wə̀ːk/ 名 ❶ Ⓤ 手細工品; 手仕事. ❷ Ⓤ 仕業(しわざ).

***hand·ker·chief** /hǽŋkətʃɪf, -tʃìːf | -kə-/ ❗アク 名 (~s /~s/, -chieves /-tʃìːvz/) Ⓒ **ハンカチ**: He wiped his nose with a *handkerchief*. 彼はハンカチで鼻をぬぐった.

handkerchieves 名 handkerchief の複数形.

****han·dle** /hǽndl/ (同音 Handel)

— 動 (han·dles /~z/; han·dled /~d/; han·dling) 他 ❶ (人·動物)を**取り扱う**, 待遇する; (事件·問題など)を**処理する**, (...)に対処する; (仕事)を扱う, 担当する: The teacher *handles* his pupils *well*. V+O+副 あの先生は生徒の扱い方がうまい / This problem is too much for me to *handle*. この問題は私の手に負えない.
❷ (...)に**手を触れる**, いじる; (道具など)を**手で扱う**, 使う; (乗り物)を操縦する: Don't ***handle*** my books ***with*** dirty hands. V+O+*with*+名 汚い手で私の本に触らないでください / The child can *handle* a knife and fork very well. その子はナイフとフォークをとてもうまく使える / *Handle* with care. 取り扱い注意《壊れ物などの注意書き; 目的語は省略》. ❸ (商品など)を扱う, 売買する: *handle* stolen goods 盗品を売買する.
— 自 [副詞(句)とともに] (車·機械などが)扱える, 操縦できる: This car *handles* well. この自動車は運転しやすい.
hándle onesèlf [動] 自 身を処する, 状況にうまく対応する.
— 名 (~s /~z/) Ⓒ **柄, 取っ手**, 引き手, つまみ: the *handle* of an ax おのの柄 / the *handle* of a pitcher 水差しの取っ手 / the *handle* of a drawer 引き出しの引き手. 日英 自転車·バイクの「ハンドル」は handlebars, 自動車の「ハンドル」は (steering) wheel という.
flý óff the hándle [動] 自 《略式》 かっとなる, 自制心を失う.
gèt [hàve] a hándle on ... [動] 他 《略式》 (状況など)を理解する, 把握する.

han·dle·bars /hǽndlbɑ̀əz | -bɑ̀ːz/ 名 複 (自転車·バイクの)ハンドル《⇒ bicycle 挿絵》.

han·dler /hǽndlə | -lə/ 名 ❶ Ⓒ (動物, 特に犬の)調教師. ❷ Ⓒ (荷物·食品などを)取り扱う人. ❸ Ⓒ (政治家·芸能人などの)マネージャー.

han·dling /hǽndlɪŋ/ 名 Ⓤ 取り扱い, 処理, 対処 (*of*); 操作性.

hánd lùggage 名 Ⓤ (航空機内に持ち込める)手荷物.

+**hand·made** /hǽn(d)méɪd←/ 形 (機械製に対して)**手製の**, 手細工の.

hand-me-down /hǽn(d)midàʊn/ 名 Ⓒ [普通は複数形で] お下がりの服.

hand·off /hǽndɔ̀ːf | -ɔ̀f/ 名 Ⓒ 〔アメフト〕 ハンドオフ《ボールをチームの選手に直接手渡すこと》.

+**hand·out** /hǽndàʊt/ 名 (-outs /-àʊts/) ❶ Ⓒ (授業などで配る)**ハンドアウト**, プリント《⇒ print 名 日英》; (宣伝などで渡す)ビラ. ❷ Ⓒ [ときに軽蔑的] (貧しい人への)施し物《食料·衣服·金》; (政府などからの)奨励金, 補助金. (動 hánd óut)

hand·o·ver /hǽndòʊvə | -və/ 名 [単数形で] (権限などの)移譲; 引渡し (*of*).

hand·picked /hǽn(d)píkt←/ 形 (人が)えり抜きの, 精鋭の.

hand·rail /hǽn(d)rèɪl/ 名 Ⓒ 手すり, 欄干(らんかん): Hold the *handrail*. 手すりにおつかまりください《掲示》.

hánd sàn·i·tiz·er /-sǽnətàɪzə | -zə/ 名 Ⓒ 手指消毒剤.

hand·set /hǽn(d)sèt/ 名 Ⓒ (電話の)(送)受話器, 子機, 携帯電話; (テレビなどの)リモコン.

hands·free /hǽndzfrìː/ 形 限定 (電話などが)手に持たずに操作できる.

+**hand·shake** /hǽn(d)ʃèɪk/ 名 (~s /~s/) Ⓒ **握手**: The visitors were greeted with warm *handshakes*. 客たちは温かい握手で迎えられた // ⇒ golden handshake.

hands-off /hǽndzɔ́ːf, -ɑ́(ː)f | -ɔ́f←/ 形 限定 不干渉(主義)の.

***hand·some** /hǽnsəm/ 形 (hand·som·er, more ~; hand·som·est, most ~)

> **意味のチャート**
> 「手ごろな」《⇒ hand, -some》の意から,
> (適当な, 妥当な) → (様子が)「**立派な**」❶, ❷, ❸
> → (分量が)「**十分な**」❹, ❺

❶ (男性が)**顔立ちのよい**, かっこいい, ハンサムな《⇒ beautiful 類義語》: a *handsome* man 美男子. ❷ (女性が)大柄で魅力的な, かっこいい. ❸ (物が)立派な, 堂々とした, 均整のとれた: a *handsome* house 立派な家. ❹ 限定 (金額などが)かなりの, 相当な; (勝利が)大差の: a *handsome* profit 多額の利益. ❺ 限定 (贈り物·チップなどが)気前のよい, 手厚い; (行為が)おうような: a *handsome* reward 十分な報酬.
Hándsome ís as [that] hándsome dóes. 《ことわざ》 行ないの立派なのが立派な人(見目より心)《2 番目の handsome は副詞的に使われている; Handsome is he who does handsomely. の意》.
~·ly 副 ❶ 気前よく, 手厚く. ❷ 立派に, 見事に.

hands-on /hǽndzɑ́(ː)n, -ɔ́ːn | -ɔ́n←/ 形 ❶ 限定 (練習などが)実地の, 実践的な; (展示物などが)手でさわって動かせる. ❷ (人が)直接関与する, 陣頭指揮をとる.

hand·spring /hǽn(d)sprɪ̀ŋ/ 名 Ⓒ とんぼ返り.

hand·stand /hǽn(d)stæ̀nd/ 名 Ⓒ (腕を伸ばして頭をつけない)逆立ち《⇒ headstand》.

hand-to-hand /hǽndtəhǽnd←/ 形 限定 接近戦の.

H

hand-to-mouth /hǽndtəmáʊθ⁻/ 形 限定, 副 その日暮らしの[に].
hánd tòwel 名 C ハンドタオル.
hand·writ·ing /hǽndràɪṭɪŋ/ 名 ❶ U 筆跡, 書体: My uncle's *handwriting* is hard to read. おじの字は読みにくい. ❷ U 肉筆, 手書き.
sée the hándwriting on the wáll [動] 自 《米》失敗[災害など]の兆候に気づく.
The hándwriting is on the wáll. 《米》(失敗·災害などの)明らかな兆候がある.
hand·writ·ten /hǽndrìtn/ 形 手書きの.
*__hand·y__ /hǽndi/ 形 (hand·i·er /-diɚ | -diə/; hand·i·est /-diɪst/) ❶ **便利な,** 使いやすい, 重宝な (*for*): a *handy* tool 便利な道具 / *handy* hints 有用なヒント / This guidebook is a *handy* thing to have. この案内書は持っていると重宝する.
❷ 叙述 《略式》**手近な,** すぐに使える; 近くの: Always keep this dictionary *handy*. (すぐに使えるように)いつもこの辞書を手近に置いておきなさい / The hotel is very ***handy to*** [《英》 *for*] the station. +to [for]+名 ホテルは駅のすぐ近くだ. ❸ 叙述 器用な, 上手な: Meg is *handy with* a paintbrush. メグははけの使い方が上手だ / He's *handy around* the house. 彼は家の修繕などを器用にこなす.
cóme in hándy [動] 自 (いざというとき)役に立つ (*for*).
hand·y·man /hǽndimæ̀n/ 名 (-men /-mèn/) C 何でも屋, 器用な人; 便利屋《人》.

H

hang /hǽŋ/ !発音 (**)

— 動 (hangs /~z/; 過去·過分 hung /hʌ́ŋ/; hang·ing) 他 ❶ [普通は副詞(句)を伴って] (...)を**掛ける,** つるす, 下げる; (頭)をたれる: ***Hang*** the calendar ***on*** the wall. V+O+前+名 そのカレンダーを壁に掛けてください / He *hung* his jacket *on* a hook [hanger]. 彼はジャケットをフック[ハンガー]に掛けた《⇒ hang up 他 1 (句動詞)》/ She ***hung*** a curtain ***over*** the window. 彼女は窓にカーテンをつけた / He ***hung*** a light ***from*** the ceiling. 彼は天井から明かりをつるした // *hang* one's head《⇒ head 名 成句》.
❷ (絵など)を**掛ける,** 展示する; [普通は受身で] (場所)を(掛け物などで)飾る, 掛けて[つるして]飾る: His pictures ***were hung on*** the wall. V+O+前+名の受身 彼の絵が壁に飾られていた / The fronts of the houses ***were hung with*** flags. V+O+*with*+名の受身 家々の軒先には旗が掲げられていた. ❸ (過去·過分 hanged) (人)を絞首刑にする: He *was hanged for* murder. 彼は殺人罪で絞首刑に処せられた. ❹ (壁紙)を張る. ❺ (戸など)をちょうつがいで取り付ける.
— 自 ❶ [副詞(句)を伴って] **掛かる,** ぶら下がっている; (衣服·髪の毛などが)たれる: A portrait of an old man was ***hanging on*** the wall. V+前+名 老人の肖像画が壁に掛かっていた / There were curtains ***hanging over*** the window. 窓にはカーテンが掛かっていた / The lamp ***hung from*** the ceiling. ランプは天井から下がっていた / This skirt *hangs* nicely. このスカートは(はいて)体にちょうどよく合う. ❷ [副詞(句)を伴って] (雲などが)上にかかる; (空中に)留まる, 漂う: Smog *hung* low *in* the sky. スモッグが空に低くたちこめていた / The smell of roses *hung in* the air. ばらの香りが漂っていた. ❸ (過去·過分 hanged) 絞首刑になる. ❹ Ⓢ《米略式》時間を過ごす (*with*). ❺ 未決定である; 不確かである: *hang* in the balance《⇒ balance 名 成句》.

háng a léft [ríght] [動] 自 《米》 Ⓢ (車で)左[右]に曲がる.
háng by a (síngle) thréad [háir] [動] 自 (人の命·運命などが)危機に瀕(ひん)している, 風前のともしびである.
háng onesèlf [動] 自 首をつる《過去·過分 hanged; ⇒ 他 3》.
háng (on) ín thère = 《主に米》 **háng tóugh** [動] 自 Ⓢ《略式》がんばる, 粘る.
léave ... hánging (in the áir) [動] 他 (...)を未決定にしておく; (人)を不安な状態にしておく《⇒ 自 5》.
lèt it áll háng òut [動] 自 《略式》のびのびやる.

hang の句動詞

+**háng aróund [《英》 abóut]** 動 自 ❶ 《略式》**ぶらぶらする, うろつく:** Some people were *hanging around* at the exit. 数人が出口でぶらついていた.
❷ 《略式》**待つ;** ぐずぐずする: I *hung around* for an hour, but he didn't appear. 私は1時間も待ったが彼は現われなかった / *Hang around*! Ⓢ (ちょっと)待って.
háng aróund [《英》 abóut] ... 動 他 《略式》...のあたりをぶらぶらする: *hang around* the house 家でごろごろする.
háng aróund [《英》 abóut] with ... 動 他 《略式》(人)とよく一緒にいる, 付き合う.
háng báck 動 自 しりごみをする《恐れや自信のなさのために》; (...を)ためらう (*from*); その場に残る.
*__háng ón__ 動 自 ❶ (しっかり)**つかまえ(てい)る,** しがみついている; (風邪などが)続く: *Hang on* (tight) till I get to you. そこに行くまでしっかりつかまっていろ.
❷ Ⓢ《略式》**ちょっと待つ; (電話を)切らないで待つ** [⇔ hang up]: *Hang on*, please. 切らずにそのままお待ちください. ❸ 《略式》(やっていることを)やめないでやり通す, がんばり通す.
háng on [upòn] ... 動 他 ❶ (物事)によって決まる, ...次第である: It *hangs on* your decision. それは君の決心次第だ. ❷ (ことば)を熱心に聞く: *hang on* ...'s 「words [every word] (人)の話を熱心に聞く.
+**háng ónto [ón to] ...** 動 他 ❶ (しっかり)**...をつかまえ(てい)る,** ...にしがみついている; (人)にまとわりつく: Please *hang onto* [*on to*] the strap. つり革におつかまりください. ❷ Ⓢ《略式》...を(与えないで[売らないで])持っている, 取っておく.
+**háng óut** 動 他 (洗濯物など)を**外へ出す[干す]**; (看板·旗など)を掲げる V+名·代+*out* / V+*out*+名: They *hung out* flags for the Queen's visit. 彼らは女王来訪に備え旗を掲げた. — 自 ❶ 身を乗り出す. ❷ 《略式》よく出入りする, たまり場にする (*at, in*); (...と)ぶらぶら時を過ごす (*with*); 付き合う (*with*).
háng ... óut to drý [動] 他 (人)を厳しい批判にさらす.
háng óut (of) ... 動 他 (窓など)から身を乗り出す《⇒ 項目 out of の 1 語法》: They *hung out* (*of*) the window to watch the parade. 彼らは窓から身を乗り出してパレードを見た.
+**háng óver ...** 動 他 ❶ **...の上に突き出る;** ...ごしに身を乗り出す: The cliff *hangs over* the road. そのがけは道路の上に突き出ている. ❷ (雲などが)...の上にかかる. ❸ (いやなことが)...に差し迫る.
háng óver ...'s héad [動] (いやなことが)...に重くのしかかる.
háng togéther 動 自 ❶ (話などが)つじつまが合う. ❷ 団結する; くっつく.

*háng úp 動 他 ❶ (くぎ・ハンガーなどに)(...)を**掛ける**, つるす V+名・代+up / V+up+名: He *hung up* his coat (*on* a hook [hanger]). 彼は(フック[ハンガー]に)上着を掛けた. ❷ (受話器)を**置く**, (電話)を切る: Please *hang up* the phone and wait. 電話を切ってお待ちください. ❸ 《略式》(スポーツ・職業の象徴としての用具)の使用をやめる, 引退する: *hang up* one's football boots サッカー選手をやめる. ❹ [普通は受身で] 《略式》(...)の進行を妨げる, (...)を遅らせる.
— 自 **電話を切る** [⇔hang on, hold on]: Don't *hang up* yet, please. まだ電話を切らないでください.

語法 相手が話している途中で急に電話を切る場合, 切られる相手は on ... で表わす《⇒ on 前 16》: Ann and Bob were having an argument over the phone. She finally *hung up on* him. アンとボブは電話でやり合っていたが, 彼女はついに突然一方的に電話を切ってしまった.

be [gèt] húng úp on [abòut] [動] 他 《略式》...のことが気にかかる, ...にとらわれている[とらわれる].
háng it úp [動] 自 《米略式》やめる.
háng upòn ... 動 他 = hang on ....

— 名 [the ~] 垂れ具合: *the hang* of a coat コートの垂れ具合.
gèt [hàve] the háng of ... [動] 他 (1) 《略式》...のやり方[こつ]をつかむ. (2) 《略式》...の趣旨[意味]を理解する.
nót gìve a háng [動] 自 《略式》全然気にしない.

han·gar /hǽŋ(g)ə | -ŋ(g)ə/ 名 C (飛行機の)格納庫.
hang·dog /hǽŋdɔ̀:g | -dɔ̀g/ 形 限定 恥じ入った: a *hangdog* expression [look] 恥じ入った顔つき.
hang·er /hǽŋə | -ŋə/ 名 C ハンガー, 洋服掛け.
hang·er-on /hǽŋəɑ̀(:)n, -ɔ̀:n | hǽŋə(r)ɔ́n/ 名 (複 hang·ers-on /hǽŋəzɑ̀n, -ɔ̀:n | -gəzɔ́n/) C [しばしば悪い意味で] 取り巻き, 腰巾着.
háng glìder 名 C ハンググライダー(に乗る人).
háng glìding 名 U ハンググライダー乗り《行為》.
hang·ing /hǽŋɪŋ/ 名 ❶ U,C 絞首刑. ❷ C [普通は複数形で] 壁掛け布, 垂れ幕.
hang·man /hǽŋmən/ 名 (-men/-mən/) ❶ C 絞首刑執行人. ❷ U ハングマン《単語あてゲーム》.
hang·nail /hǽŋnèɪl/ 名 C (つめの生え際の)ささくれ, さかむけ.
hang·out /hǽŋàʊt/ 名 C 《略式》たまり場.
hang·o·ver /hǽŋòʊvə | -və/ 名 ❶ C 二日酔い: have [suffer from] a *hangover* 二日酔いである. ❷ [a ~] 名残, (前時代の)遺物 (*from*).
Han·gul /hɑ́:ŋgu:l/ 名 U ハングル《朝鮮[韓国]語の文字》.
hang-up /hǽŋʌ̀p/ 名 ❶ C 《略式》不安[悩み]の種; こだわり (*about*). ❷ C 《米略式》遅れのもと, 支障.
han·ker /hǽŋkə | -kə/ 動 自 《略式》あこがれる (*after*, *for*; *to* do).
han·ker·ing /hǽŋk(ə)rɪŋ/ 名 [単数形で] 《略式》あこがれ, 渇望 (*after*, *for*; *to* do).
han·kie, han·ky /hǽŋki/ 名 (han·kies) C 《略式》ハンカチ (handkerchief).
han·ky-pan·ky /hǽŋkipǽŋki/ 名 U 《古風, 略式》[こっけいに] (性的な)よからぬふるまい, 不倫; (法的に)いかがわしい行為, 違法行為.

Ha·noi /hænɔ́ɪ/ 名 固 ハノイ《ベトナムの首都》.
Han·o·ver /hǽnoʊvə | -və/ 名 固 the House of ~ ハノーバー家《英国の王家 (1714–1901)》.
Hans /hǽnz/ 名 固 ハンス《男性の名》.
Ha·nuk·kah /hɑ́:nəkə | hɑ́nʊ-/ 名 U ハヌカー祭《ユダヤ教の祭; 普通は 12 月で 8 日間続く》.
hap·haz·ard /hæphǽzəd | -zəd/ 形 でたらめな, 行き当たりばったりの: in a *haphazard* way 行き当たりばったりに. **~·ly** 副 でたらめに, めちゃくちゃに.
hap·less /hǽpləs/ 形 限定 《文語》(人が)不運な, 不幸な.

***hap·pen /hǽp(ə)n/

— 動 (hap·pens /~z/; hap·pened /~d/; -pen·ing) 自 ❶ **(偶然)起こる**《⇒ 類義語》, (結果として)生じる, (身に)降りかかる: It *happened* one night. それはある夜に起こった(ある夜の出来事だった) / Something must have ***happened to*** my right eye — I can't see well. V+to+名 右目がどうかしたみたいだ—よく見えないんです / If anything *happens to* him, let me know. 彼にもしもの事があったら教えて / What *happens* if my parents find out about that? もし私の両親がそのことを知ったらどうなるだろう / Accidents will *happen*. 《ことわざ》事故は起こるものだ《⇒ will[1] 4 (2)》.
❷ [進行形なし] **偶然[たまたま]...する:** I ***happened to*** meet an old friend of mine. V+C (to 不定詞) 私は偶然昔の友達に会った / If you (*should*) *happen to* see Bill, ask him to call me. もしもビルに会うようであれば私に電話するように言ってください《✪ 条件節で should と共に用いると「偶然」の意味合いが強まる》 / She *happened to* be out when I called. 私が電話した[訪ねた]ときはたまたま彼女は外出中だった / The picture you're talking about *happens to be* mine! Ⓢ みなさんがお話しの絵は実は私の描いたものなんですが《相手の発言に対し不愉快を表わす》.

♥ **もしかして...ですか** (質問するとき)
Do you happen to ...?
Do you happen to have an extra copy? もしかしてコピーを余分にお持ちだったりしますか.
♥ 控えめにものを尋ねるときに使われる.
♥「もし偶然に...なら」という悲観的な予測を述べることで遠慮がちな響きになり, 相手が No と答える場合などにお互いが感じる気まずさを和らげる効果もある.
♥ ここでは,「もし余分があればほしい」ということを遠回しに依頼している.

❸ [it を主語として; ⇒ it[1] A 5] [進行形なし] **偶然[たまたま]...する:** 言い換え *It happened that* we were in Washington then. (= We *happened* to be in Washington then.) そのとき私たちはたまたまワシントンにいた / *It* (just) so *happened that* I had no money with me. たまたま私はお金を持っていなかったのだ.
Ánything can háppen. Ⓢ 何が起こってもおかしくない(予想はできない).
as it háppens [副] たまたま; 折よく; あいにく [≒by chance]: *As it happens*, I won't be in Tokyo next week. 来週はあいにく東京におりません.
háppen on [upòn] ... [動] 他 《古風》偶然...を見つける, ...に出くわす.
Thése thìngs háppen. Ⓢ こういうことは起こるものさ(気にするな).
Whatéver [Whát] háppened to ...? ...はどうなったんだ[どうしたんだ]; どこへ行ったんだ.

H

類義語 **happen** 最も一般的な語で, 特にあることが偶然起こること: An accident *happened*. 事故が起こった. **come about** *happen* と同じ意味で, 事情をたずねるときや説明するときによく使う: How did it *come about* that she was fired? どういうわけ[事情]で彼女は首になったの. **occur** *happen* とほぼ同じ意味に用いられることも多いが, 格式ばった語で, 特に思いがけないことが起こること: The tragedy *occurred* at 8 o'clock yesterday morning. その惨事はきのうの朝 8 時に起こった. **take place** 普通は予定されていることが行なわれること: The conference *took place* last Wednesday. その会議は先週の水曜日に行なわれた. **break out** 戦争・火事などが突発的に起こること: War *broke out* in Europe. ヨーロッパで戦争が勃発した.

*__hap·pen·ing__ /hǽp(ə)nɪŋ/ 名 (~s /~z/) ❶ Ⓒ [普通は複数形で] **出来事**, 事件 (⇒ event 表): There were many strange *happenings* during that period. その時期にはたくさんの奇妙な事件があった. ❷ Ⓒ ハプニング《時に観客も参加する, 台本なしの即興で行われるショー》. — 形 限定 《略式》 はやりの, かっこいい.

hap·pen·stance /hǽp(ə)nstæ̀ns/ 名 U,C 《文語》 偶然の出来事, 思いもかけぬこと.

*__hap·pi·ly__ /hǽpɪli/ 副 ❶ **幸福に, 愉快に** [⇔ unhappily]: They laughed *happily*. 彼らは愉快そうに笑った / He did not die *happily*. 彼は幸福な死に方をしなかった《happily は die を修飾; 2 の例文と比較》 / And the prince and princess lived *happily* ever after. そして王子と王女はいつまでも幸せに暮らしました《物語の終わりで》.

❷ 文修飾 **幸いにも** [⇔ unhappily]: *Happily*, he did not die. 幸いにも彼は死ななかった《1 の 2 番目の例文と比較》. ❸ 喜んで: I'll *happily* help you. 喜んでお手伝いします. ❹《格式》 適切に, うまく.

*__hap·pi·ness__ /hǽpinəs/ 名 ❶ Ⓤ **幸福**, 満足, 愉快 [⇔ unhappiness]: the *happiness* of loving and being loved (人を)愛し(人に)愛される幸福 / I have found my *happiness* in helping others. 私は人助けに自分の幸せを見出している.

❷ Ⓤ **幸運**, 幸せ [≒good luck]: I wish you every [much] *happiness*. ご多幸をお祈りいたします《結婚などのお祝いのことば》.

***hap·py /hǽpi/

— 形 (hap·pi·er /-piə | -piə/; hap·pi·est /-piɪst/)

意味のチャート
原義は「偶然の(幸運による)」で, 「**幸運な**」❹ → 「**幸福な**」❶ → 「**楽しい**」❷, 「**満足した**」❸ となった.

❶ (人が)幸福な, **楽しい**, うれしい, 愉快な (⇒ 類義語) [⇔ unhappy]: a *happy* family 幸福な家族 / He is *happy* with his wife and children. 彼は妻や子供たちと幸福に暮らしている / We are ***happy to*** have you here. +*to* 不定詞 おいでくださってうれしく思います (多用; ⇒ to² B 2) / I'm ***happy*** (***that***) you recovered so quickly. +(*that*)節 あなたがすぐに回復したのでうれしいです / I'm so ***happy for*** you. +*for*+名 (あなたのことで)私もとてもうれしい, おめでとう.

❷ 限定 (時・場所・関係などが)楽しい, うれしげな, 幸福な; [祝福の表現で] めでたい: *happy* laughter うれしそうな笑い / a *happy* marriage 幸福な結婚 / a *happy* event 幸せな出来事《子供の誕生》/ a *happy* ending ハッピーエンド 日英 「ハッピーエンド」は和製英語 // Have a *happy* summer vacation. 楽しい夏休みを過ごしてね.

❸ 叙述 **満足した**; 納得した, 異議のない (*about*) [⇔ unhappy]: Are you ***happy with*** the room? +*with*+名 部屋には満足していますか 多用 / Ann was not ***happy about*** the decision. +*about*+名 アンはその決定には不満だった / She is ***happy in*** her present work. +*in*+名 彼女は今の仕事に満足している.

❹ 限定 幸運な, 幸せな [≒lucky]: by a *happy* coincidence 運よく, 好運にも. ❺ 限定 《格式》 (ことばなどが)適切な, うまい.

I'm háppy to dó. = I'll [I'd] be háppy to dó. 《丁寧》 **喜んで...いたします** (⇒ to² B 2): *I'm* [*I'll be*] *happy to* accept your invitation. 喜んでご招待をお受けいたします / 🗨 "Won't you come and see me next week?" "Certainly. *I'd be happy to*." 「来週うちへいらっしゃいませんか」「ええ, 喜んで」.

類義語 **happy** 自分の願いがかなえられて満足な気持ちをいう. また喜びを表わすことばとして, 次の *glad* と同じように用いられることも多い: I am *happy* about it. 私はそれについて満足です / I am very *happy* to have you. 来ていただいてとてもうれしい. **glad** sorry や sad に対して, 喜びを表わすことば: I am *glad* to meet you. あなたにお目にかかれてうれしい.

hap·py-go-luck·y /hǽpigòulʌ́ki←/ 形 (人・行動などが)のんきな, 気楽な.

háppy hòur 名 C,U ハッピーアワー《バーなどで酒類が割引になるサービスタイム》.

háppy médium 名 [単数形で] 中庸: strike [find] a *happy medium between* A and B A と B の中庸をとる.

Haps·burg /hǽpsbəːg | -bəːg/ 名 固 ハプスブルク《オーストリア・スペインの旧王家》.

ha·rangue /hərǽŋ/ 動 他 (人)に熱弁を振るう (*about*). — 名 Ⓒ (群衆などへの)熱弁; 長広舌.

+**ha·rass** /həræ̀s, hǽrəs | hǽrəs, həræ̀s/ 動 (-rass·es /~ɪz/; ha·rassed /~t/; -rass·ing) 他 ❶ (人)を(しつこく)**悩ます**, (...)にいやがらせをする: The mayor's family ***was harassed with*** [***by***] threatening phone calls all day. V+O の受身 市長の家族は一日中脅迫電話に悩まされた / Polly *was* sexually *harassed* at the office. ポリーは会社でセクハラ(性的いやがらせ)を受けた. ❷ (敵)を執拗(しつよう)に攻撃する. (名 harássment)

+**ha·rass·ment** /həræ̀smənt, hǽrəs- | hǽrəs-, həræ̀s-/ 名 Ⓤ **悩ます[される]こと; いやがらせ** (*of*): sexual *harassment* 性的いやがらせ, セクハラ.
(動 haráss)

*__har·bor__, 《英》 **har·bour** /hάəbə | hάːbə/ 名 (~s /~z/) Ⓒ **港**; 避難港 (⇒ port¹ 表): a natural *harbor* 天然の港.

— 動 (-bor·ing /-b(ə)rɪŋ/) 他 ❶ (恨み・疑いなど)をずっと心に抱く: *harbor* a grudge against a person 人に恨みを抱く. ❷ (菌など)のすみかとなる. ❸ (...)に隠れ場所を与える, (罪人など)をかくまう.

***hard /hάəd | hάːd/

意味のチャート
「硬い」 形 ❶
→ (外力に対し手ごわい) → 「**難しい**」 形 ❷
→ 「**しっかりと**」 副 ❸
→ (外に向かって強硬な) → 「**厳しい**」 形 ❸
→ 「**熱心な[に]**」 形 ❹, 副 ❶
→ 「**激しい[く]**」 形 ❺, 副 ❷

— 形 (hard·er /-dɚ | -də/; hard·est /-dɪst/) ❶ (物体が)硬い(⇒ 類義語), (結び目などが)固い [⇔ soft]; (本が)堅い表紙の: *hard* ground 固い地面 / *hard* money 硬貨 / Iron is *harder* than gold. 鉄は金よりも硬い / It was (as) *hard* as (a) rock. それはまるで岩のように堅かった / This bed is too *hard* to sleep in. このベッドは堅くて寝られない.
❷ 難しい, 困難な, ...しにくい, ...しがたい(⇒ difficult 類義語) [⇔ easy]: *hard* work 骨の折れる仕事 / a *hard* question 難しい質問 / 言い換え The news was ***hard to*** believe. +to 不定詞 = ***It was hard to*** believe the news. そのニュースは信じがたかった 多用. 語法 前者の to 不定詞の動詞は他動詞で, 前の名詞はその意味上の目的語になる(⇒ to² B 6 語法) // ***It is hard for*** elderly people ***to*** change their way of thinking. 高齢者が考え方を変えるのは難しい(⇒ for 前 B) / The kids were so noisy that I ***found it hard to*** concentrate. 子供たちがうるさくて集中するのが難しかった / The truth is sometimes *hard to* take. 真実は時に受け入れがたい.
❸ 厳しい, 厳格な; 断固たる, 容赦ない; 冷酷な; 不愉快な, つらい: *hard* training 厳しい訓練 / a *hard* look [eye] 怖い顔つき[目つき] / Times were *hard* and he had a *hard* life. 時代は不景気で彼はつらい人生を送った / The business fell on *hard* times. 事業は苦境に陥った // no *hard* feelings (⇒ feeling 名 2 最後の例文).
❹ 限定 熱心な, よく働く, 一生懸命な; (政治的に)極端な: a *hard* worker 働き者, 勤勉家 / the *hard* right [left] 極右[左]派.
❺ 激しい, 猛烈な; [普通は 限定] (天候などが)厳しい [⇔ mild]: a *hard* blow 強打 / a *hard* drinker 大酒飲み / We have had a very *hard* winter. この冬は寒さが厳しかった.
❻ 限定 (情報·証拠などが)確実な, 信頼できる: *hard* information 確実な情報 / *hard* facts 否定しがたい事実. ❼ (水が)硬質の [⇔ soft]. ❽ (ニュースが)硬い. ❾ (飲料が)アルコール分の多い[を含む] [⇔ soft]: *hard* liquor 強い酒. ❿ 《略式》(人が)頑強な. ⓫ 硬音の (c, g が *come*, *go* におけるように /k/, /g/ と発音される). 関連 soft 軟音の.

be hárd on ... [動] 他 (1) (人が)...につらくあたる, 厳しすぎる: Don't be too *hard on* me. そんなに私につらく当たらないでください. (2) (物事が)...にとってつらい. (3) (体など)に悪い.
hárd of héaring [形] 耳が遠い: the *hard of hearing* [複数扱い] 耳の遠い人たち(⇒ the¹ 3).
the hárd wày [副] つらい経験をして, 苦労して: learn *the hard way* つらい経験をして学ぶ / earn money *the hard way* 苦労して金を稼ぐ.
(動 hárden, 名 hárdshìp)

類義語 **hard** 物体の硬さを意味するときは, 硬くて, 切ったり割ったり突き刺したりできない状態をいう: a *hard* stone 硬い石. **firm** 内容物が固くつまっていてへこんだりつぶれたりしないこと: *firm* flesh 引き締まった肉. **solid** 内容の密度が濃く, 重量もあって, なかなか切ったりつぶしたりできない状態をいう. また質的に内容が均一であることも表わす: a *solid* building 頑丈な建物. **stiff** 曲げたり伸ばしたりできないような固さ: a *stiff* piece of leather 堅い革.

— 副 (hard·er /-dɚ | -də/; hard·est /-dɪst/) ❶ 熱心に, 一生懸命に, 骨を折って: work *hard* 一生懸命働く[勉強する] / Try *hard*. 精いっぱいやってみなさい, がんばれ(⇒ good luck 日英) / Think long and *hard*. じっくり考えてみなさい / He studies (*the*) *hardest* in his class. 彼はクラスの中でいちばんよく勉強する(⇒ the¹ 1 (4) 語法 (2)).
❷ ひどく, 激しく, 強く; 目[耳]をこらして; じっくり: hit a ball *hard* ボールを強打する / laugh [cry] *hard* ひどく笑う[泣く] / It is raining [blowing] *hard*. 激しく雨が降って[風が吹いて]いる / Look *hard* at the problem. その問題をじっくり調べなさい. ❸ しっかりと, 堅く, 充分に: Grip it *harder*. もっとしっかりつかめ / Turn *hard* left. 左へいっぱいに曲がって.

be [féel] hárd dóne bỳ [動] 自 《英略式》ひどい扱いを受ける[受けたと感じる].
be ˈhárd hít [hít hárd] [動] 自 (ある事で)ひどく打撃を受ける.
be hárd úp [動] 自 《略式》金に困っている.
be hárd úp for ... [動] 他 《略式》...がなくて困っている.
tàke ... hárd [動] 他 (...)を深刻に受け取る, (...)に大変なショックを受ける.

hard-and-fast /hɑ́ədnfǽst | hɑ́:dnfɑ́:st←/ 形 限定 (規則などが)厳格な; 明確な.
hard·back /hɑ́ədbæ̀k | hɑ́:d-/ 名 C 堅い表紙の本, ハードカバー. 関連 paperback 柔らかい紙表紙の本.
hard·ball /hɑ́ədbɔ̀:l | hɑ́:d-/ 名 U 《米》野球. **pláy hárdball** [動] 自 《米》強引な手段を取る.
hard-bit·ten /hɑ́ədbítn | hɑ́:d-←/ 形 (人がきつい経験で)鍛えられた, 非情な, 冷酷な.
hard-boiled /hɑ́ədbɔ́ɪld | hɑ́:d-←/ 形 ❶ (卵が)固ゆでの. 関連 soft-boiled 半熟の. ❷ 《略式》(人·作品が)ハードボイルドの, 非情な.
hárd cásh 名 U 現金(小切手や手形に対して).
hárd cíder 名 U,C 《米》 ⇒ cider 1.
hárd cópy 名 U,C 〔コンピュータ〕ハードコピー(コンピューターから紙に印刷された記録).
hárd còre 名 ❶ [the ~, a ~で単数または複数扱い] 中核グループ; 強硬派. ❷ U [普通は hardcore で] 《英》(道路などの)底石.
hard-core /hɑ́ədkɔ̀ə | hɑ́:dkɔ̀:/ 形 ❶ 限定 中核の, 中核を成す; 筋金入りの. ❷ 限定 (ポルノが)露骨な.
hárd cóurt 名 C (テニスの)ハードコート(アスファルト舗装の).
hard·cov·er /hɑ́ədkʌ̀vɚ | hɑ́:dkʌ̀və/ 名 = hardback.
hárd cúrrency 名 U,C 〔経済〕硬貨(外貨と交換できる通貨).
hárd dísk [drìve] 名 C 〔コンピュータ〕ハードディスク[ドライブ](記憶容量が大きい磁気ディスク).
hárd drùg 名 C [普通は複数形で] ハードドラッグ(ヘロイン·コカインなどの強い麻薬; ⇒ soft drug).
hard-earned /hɑ́ədɚ́:nd | hɑ́:də́:nd←/ 形 限定 苦労して得た.
+**hard·en** /hɑ́ədn | hɑ́:-/ 動 (hard·ens /~z/; hard·ened /~d/; -en·ing /-dənɪŋ, -dnɪŋ/) 他 ❶ (...)を固くする, 固める [⇔ soften]: Heat *hardens* clay. 熱は粘土を固くする. ❷ (態度など)を硬化させる; (心など)を冷酷にする, 非情[無感覚]にする: *harden* one's heart 心を鬼にする.
— 自 ❶ 堅くなる, 固まる: Someone stepped on the concrete before it *hardened*. だれかがコンクリートが固まらないうちに踏んでしまった. ❷ (態度が)硬化する, 無感覚になる; Ⓦ (顔·声が)こわばる: At the sight, his face *hardened into* anger. その光景を見ると彼の顔はこわばって怒った顔つきになった. (形 hard)

hard·ened /háədnd | há:d-/ 形 ❶ 固くなった. ❷ 経験豊富な; 常習の: a *hardened* criminal 常習犯.
becòme hárdened to ... [動] 他 ...に無感覚になる, 慣れっこになる.
hard-fought /háədfɔ́:t | há:d-ˊ/ 形 激しく争った [争って得た].
hárd hát 名 C (建設作業用の)保護用ヘルメット.
hard·head·ed /háədhéḍɪd | há:d-ˊ/ 形 ❶ 抜けめのない, 現実的な. ❷ 頭が堅い.
hard-heart·ed /háədháəṭɪd | há:dhá:t-ˊ/ 形 無情な, 冷酷な.
hard-hit·ting /háədhíṭɪŋ | há:d-ˊ/ 形 (批判などが)痛烈な, 容赦のない.
har·di·ness /háəḍinəs | há:-/ 名 U 頑健さ; 耐寒性.
hárd lábor 名 U 重労働《刑罰としての》.
hárd líne 名 [単数形で] 強硬路線 (*on*): take [adopt] a *hard line* 強硬路線をとる.
hard-line /háədláɪn | há:d-ˊ/ 形 強硬路線の.
hard-lin·er /háədláɪnə | há:dláɪnə/ 名 C 強硬(路線)論者.

****hard·ly** /háədli | há:d-/
— 副 《⇒ 巻末文法 13.1 (2) ③》 語法 🔍 hard 形 に対応する副詞ではないので注意《⇒ hard 副》. ❶ [しばしば can, could とともに] ほとんど...ない; (とても)...とは言えない: He has *hardly* studied this term. 彼は今学期はほとんど勉強していない《次と比較: He has studied *hard* this term. 彼は今学期はよく勉強している》/ We *could hardly* believe her story. 私たちには彼女の話はどうも信用できなかった // ⇒ surprising 第 2 例文.

> 語法 **hardly の使い方**
> (1) 🔍 hardly は否定の副詞なので他の否定語とは共に使わない. 付加疑問のときは次のようになる: You can *hardly* walk, can you? よく歩けないのでしょう《⇒ 巻末文法 1.5 (2) ④》.
> (2) しばしば any, anybody, anything, at all, ever などの前に用いる《⇒ ever 副 成句》: He got *hardly anything*. 彼はほとんど何ももらわなかった / 言い換え *Hardly anybody* can understand you. (= Very *few* people can understand you.) ほとんどだれもあなたの言うことはわからない / 言い換え There is *hardly any* danger of an earthquake here. (= There is very *little* danger of an earthquake here.) ここでは地震の恐れはほとんどない.

❷ 恐らく...しない, (まず)...しそうにない: They 「are *hardly* likely to [will *hardly*] come at this late hour. 彼らはこんなに遅い時刻に来そうもない.
hárdly éver [副] ⇒ ever 副 成句.
hárdly ... when [befòre] ~ ...するかしないうちに~: She had *hardly* begun to read the book *when* someone knocked at the door. 彼女がその本を読み始めたと思ったらだれかがドアをノックした.

> 語法 🔍 (1) when [before] の前は過去完了形, 後は過去時制が普通.
> (2) 強調のために hardly が文の最初に来るときには主語と述語動詞の語順が変わる《⇒ 巻末文法 15.2 (1)》: *Hardly had I* stepped into the room *when* the lights went out. 《格式》 私が部屋へ入ったとたんに明かりが消えた.

hard·ness /háədnəs | há:d-/ 名 ❶ U 堅いこと, 堅さ; 硬度 [⇔ softness]. ❷ U 厳しさ; 冷酷さ.
hard-nosed /háədnóʊzd | há:d-ˊ/ 形 [普通は 限定] 頑固な; 非情な, (実際的で)抜け目のない.
hard-pressed /háədprést | há:d-ˊ/ 形 (金銭的に)せっぱつまった, 追い詰められた; 多忙な.
hárd róck 名 U 〔音楽〕 ハードロック.
hárd séll 名 ❶ U [しばしば the ~] 押し売り, 強引な販売(法). 関連 soft sell 穏やかな販売法. ❷ [a ~] 《米》 売り込みにくいもの《⇒ sell 名》.
+hard·ship /háədʃɪp | há:d-/ 名 (~s /~s/) U,C (生活などの)**苦難, 難儀**, 困苦: the *hardships of* life 生活苦 / *suffer* economic *hardship* 経済的に苦しむ. (形 hard)
+hard·ware /háədwèə | há:dwèə/ 名 ❶ U 〔コンピュータ〕 **ハードウェア**《コンピューターなどの機械や設備部分》. 関連 software ソフトウェア. ❷ U 金物類《刃物・台所用品・錠前・くぎなど》; 兵器; 機材.
hard-wear·ing /háədwé(ə)rɪŋ | há:d-ˊ/ 形 《英》 (衣服などが)丈夫な.
hard-wired /háədwáɪəd | há:dwáɪədˊ/ 形 ❶ 〔コンピュータ〕 (回路・システムなどが)コンピューターに組み込まれた. ❷ (行動様式などが)生来[生得]の.
hard·wood /háədwʊ̀d | há:d-/ 名 U 堅木(かたぎ), 硬木, 硬材; C 広葉樹. 関連 softwood 軟木.
hard·work·ing /háədwə́:kɪŋ | há:dwə́:k-ˊ/ 形 勤勉な, 働き者の, 勉強家の [⇔ lazy].
+har·dy /háəḍi | há:-/ 形 (har·di·er; -di·est) ❶ **苦難[労苦]に耐えられる**, 丈夫な, 強壮な: *hardy* men 屈強な男たち. ❷ (植物が)耐寒性の.
hare /héə | héə/ 名 (複 ~(s)) C 野うさぎ. 参考 rabbit より大きくて後足・耳が長い. 深い巣穴は作らず, 地上のくぼみに巣を作る. おくびょうな動物とされている.
(as) mád as a Márch háre [形] 《略式》 気が狂ったようになって, 狂乱して. 由来 3 月の発情期のうさぎにたとえたもの.
hare·brained /héəbréɪnd | héə-ˊ/ 形 《略式》 (計画・考えなどが)ばかげた, 見込みのない.
hare·lip /héəlíp | héə-/ 名 [単数形で] 《古風》 [差別的] みつくち《cleft lip というのが普通》.
har·em /hé(ə)rəm | há:ri:m/ 名 C ハーレム《イスラム教国の女性部屋》; ハーレムの女性たち《全体》.
hark /háək | há:k/, **hark·en** /háək(ə)n | há:-/ 動 自 [次の成句で] **hárk [hárken] báck** [動] 自 (昔を)思い出す; (物事が)(...を)思い出させる, (...に)似る (*to*).
Har·lem /háələm | há:-/ 名 固 ハーレム《New York 市 Manhattan 区北部; 黒人が多く住む》.
har·le·quin /háəlɪk(w)ɪn | há:-/ 名 C [しばしば H-] ハーレクイン《無言劇の道化役者》.
har·lot /háələt | há:-/ 名 C 《文語》 = prostitute.
harm** /háəm | há:m/ 名 U **害, 傷害, 危害, 損害; 不都合**, 害悪 [⇔ good]: He came through the accident without *harm*. 彼は事故にあったがけが一つしなかった / I had no intention of ***doing you any ***harm***. あなたに危害を加えるつもりはなかった / 言い換え There is no ***harm in*** asking. = It does no *harm* to ask. Ⓢ 聞くだけ聞いてみても不都合はない / Where's [What's] the *harm in* doing that? Ⓢ それをしてどんな差し障りがあるのか / No *harm* done. Ⓢ 被害はありません, 大丈夫です.
còme to hárm [動] 自 [普通は否定形で] 危害を受ける: 言い換え They will *come to* no *harm*. (= No harm will come to them.) 彼らがひどい目にあうことは

ないだろう.
dò móre hárm than góod [動] 自 有害無益である.
in hárm's wáy [形・副] 危険な所[状況]に.
méan nó hárm = nòt méan àny hárm [動] 自 悪意はない.
òut of hárm's wáy [副・形] 安全な所に.
(形 harmful)
— 動 (harms /~z/; harmed /~d/; harm·ing) 他 (...)を**害する**, 損なう; (人・動物)に危害を加える《⇒ injure 類義語》: That incident *harmed* his reputation [image]. その事件は彼の評判[イメージ]を傷つけた / The crops *were* severely ***harmed by*** the typhoon. V+O の受身 作物は台風で深刻な被害を受けた.

harm·ful** /hɑ́ːmf(ə)l | hɑ́ːm-/ 形 **有害な**, 害になる [⇔ harmless]: *harmful* chemicals 有害な化学薬品 / Smoking is ***harmful to health. +to+名 喫煙は健康に害がある. (名 harm)

+**harm·less** /hɑ́ːmləs | hɑ́ːm-/ 形 **無害な**; 無邪気な, たわいのない [⇔ harmful]: a *harmless* snake 無毒の蛇 / a *harmless* joke 悪意のない冗談.
~·ly 副 無害に, 何事もなく; たわいなく.

har·mon·ic /hɑəmɑ́(ː)nɪk | hɑːmɔ́n-/ 形 [普通は 限定] 〔音楽〕和声の. (名 hármony)

har·mon·i·ca /hɑəmɑ́(ː)nɪkə | hɑːmɔ́n-/ 名 C ハーモニカ.

har·mo·ni·ous /hɑəmóʊniəs | hɑː-/ アク 形 ❶ 仲のよい, 友好的な: have *harmonious* relations with ... ...と友好的な関係にある. ❷ 調和した, つり合いのとれた: a *harmonious* balance ちょうどよいバランス. ❸ (音が)調子の美しい, 快く響き合う. (名 hármony)
~·ly 副 仲よく; 調和して.

har·mo·ni·um /hɑəmóʊniəm | hɑː-/ 名 C (リードのある足踏み式)オルガン《⇒ organ 日英》.

har·mo·ni·za·tion /hɑ̀əmənɪzéɪʃən | hɑ̀ːmənaɪz-/ 名 U,C 調和[一致]させること.

har·mo·nize /hɑ́əmənàɪz | hɑ́ː-/ 動 自 ❶ 調和する, 一致する: Such language doesn't *harmonize with* his character. こういったことばづかいは彼の人格と合わない. ❷〔音楽〕和声で歌う[演奏する]. — 他 (相違しているもの)を調和させる, 一致させる: *harmonize* the music *with* the scene 音楽と場面を一致させる. (名 hármony)

***har·mo·ny** /hɑ́əməni | hɑ́ː-/ 名 (-mo·nies /~z/) ❶ U (利害などでの)**協調**, **一致**, 和合 [⇔ discord]: *harmony* in international affairs 国際問題における協調.
❷ [U または複数形で]〔音楽〕ハーモニー, 和声, 和音: sing *in* perfect *harmony* 完璧なハーモニーで歌う.
❸ C,U **調和**: There is a beautiful *harmony* of light and shadow in this painting. この絵では光と陰が美しく調和している.
in hármony (with ...) [副] (...と)**調和して**, (...と)一致して, (...と)息が合って: They worked *in harmony with* each other. 彼らは仲よく働いた.
(形 hàrmónic, harmónious, 動 hármonìze)

har·ness /hɑ́ənəs | hɑ́ː-/ 名 ❶ C (馬を馬車などにつなぐための)馬具, 引き具: double *harness* 2 頭立ての引き具. ❷ C (赤ん坊につける)ハーネス, 革ひも, (パラシュートの)背負い革; 安全ベルト《落下防止用》. **in hárness** [副]《英》平常の仕事に就いて; (人と)密接に協力して (*with*).
— 動 他 ❶ (自然力)を動力化[利用]する. ❷ (馬などに馬具をつける; (馬など)を(馬車などに)つなぐ (*to*); (2 匹の動物)を結びつける.

Har·old /hǽrəld/ 名 固 ハロルド《男性の名; 愛称は Hal》.

harp /hɑ́əp | hɑ́ːp/ 名 C ハープ, 竪琴(たてごと). — 動 [次の成句で] **hárp ón (《英》 abòut) ...** [動] 他《略式》...について同じことをくどくどと言う.

harp·ist /hɑ́əpɪst | hɑ́ː-/ 名 C ハープ奏者.

har·poon /hɑəpúːn | hɑː-/ 名 C (捕鯨用の)もり. — 動 他 (...)にもりを打ち込む.

harp·si·chord /hɑ́əpsɪkɔ̀əd | hɑ́ːpsɪkɔ̀ːd/ 名 C ハープシコード, チェンバロ《鍵盤楽器; ピアノの前身》.

Har·ri·et /hǽriət/ 名 固 ハリエット《女性の名; 愛称は Hattie》.

har·row /hǽroʊ/ 名 C まぐわ《畑をならす農具》. — 動 他 (畑など)をまぐわでならす.

har·row·ing /hǽroʊɪŋ/ 形 (経験などが)痛ましい.

har·ry /hǽri/ 動 (har·ries; har·ried; -ry·ing) 他 ❶《格式》(要求を繰り返して)(人)を悩ます, 苦しめる (*for*). ❷《格式》(敵)を繰り返し攻撃する.

Har·ry /hǽri/ 名 固 ハリー《男性の名; Henry の愛称》.

+**harsh** /hɑ́əʃ | hɑ́ːʃ/ 形 (harsh·er; harsh·est) ❶ **厳しい**; 残酷な, 無情な: a *harsh* winter climate 厳しい冬の気候 / *harsh* criticism 厳しい批判 / the *harsh* realities of life 人生の厳しい現実 / a *harsh* punishment 厳罰 / She was ***harsh on*** [***to***, ***with***] her servants. +前+名 彼女は使用人たちに厳しかった.
❷ **耳[目]ざわりな**, 不快な; (洗剤などが)刺激の強い: a *harsh* voice 耳ざわりな声 / *harsh* colors どぎつい色.
~·ly 副 厳しく; 耳[目]ざわりに.
~·ness 名 U 厳しさ, 無情さ; 耳[目]ざわり.

Hár·vard (Univérsity) /hɑ́əvəd- | hɑ́ːvəd-/ 名 固 ハーバード大学《Massachusetts 州 Cambridge 市の米国最古の大学; 1636 年創立》.

***har·vest** /hɑ́əvɪst | hɑ́ː-/ 名 (har·vests /-vɪsts/) ❶ C,U (作物などの)**収穫**, 取り入れ: the grain *harvest* 穀物の収穫 / 「bring in [reap] a *harvest* 作物を取り入れる[刈り取る].
❷ C,U **収穫期**: We have a festival after the rice *harvest*. 米の収穫期のあとお祭りがある.
❸ C **収穫高**, 取り入れ量 [≒crop]: We have had a good [poor] *harvest* this year. 今年は豊作[不作]だった. ❹ [単数形で] (行為の)結果, 報酬, 報い: reap a rich [bitter] *harvest* よい[悪い]結果を得る.
— 動 (har·vests /-vɪsts/; -vest·ed /~ɪd/; -vest·ing) 他 ❶ (作物)を取り入れる, 収穫する. ❷〔医学〕(臓器など)を摘出する. — 自 収穫する.

har·vest·er /hɑ́əvɪstə | hɑ́ːvɪstə/ 名 C 刈り取り機; 《古風》収穫者, 刈り取る人.

hárvest móon 名 [the ~] 中秋の名月《秋分前後の満月; 穀物を豊かに実らせるといわれる》.

***has**[1] /hǽz/ 動 have[1] の三人称単数現在形.

***has**[2] /(弱形) həz, (ə)z, s; (強形) hǽz/ (同音 #as, #is) 助 have[2] の三人称単数現在形.

has-been /hǽzbɪ̀n | -bìːn/ 名 C《略式》盛りを過ぎた人, 時代遅れの人.

***has got** /həzgɑ́(ː)t, (ə)z- | həzgɔ́t, (ə)z-/ have got の三人称単数現在形.

hash[1] /hǽʃ/ 名 ❶ U,C こま切れ肉料理,「はやし肉」料理. ❷ C《英》[数字の前につける] #記号. **màke a hásh of ...** [動] 他《略式》(多くのミスにより)(仕事など)を台なしにする, めちゃめちゃにする. — 動 [次の成句で] **hásh óut** [動] ⊕《略式, 主に米》(...)を話し合って解決する[決める]. **hásh óver** [動] ⊕《米略式》(...)をとことん議論する.

hash² /hǽʃ/ 名 U《略式》= hashish.

hásh(ed) bròwns 名 複 ハッシュブラウン《じゃがいもを細かく切って油で揚げた料理》.

hash·ish /hǽʃiːʃ/ 名 U ハシーシ《インド大麻の乾燥した葉から作った麻薬》.

hash·tag /hǽʃtæɡ/ 名 C ハッシュタグ《Twitter などの投稿でハッシュ記号(#)のあとに続ける文字列; 検索用》.

‡has·n't /hǽznt/ ❶《略式》has² not の短縮形 (⇒ not (1) (i) 語法): The boy *hasn't* seen a whale yet. その少年はまだ鯨を見たことがない. ❷《英》has¹ not の短縮形 [≒doesn't have].

hasp /hǽsp | hɑ́ːsp/ 名 C (戸・箱などの)掛け金, 留め金.

has·sle /hǽsl/ 名 ❶ C,U Ⓢ《略式》奮闘, 苦闘, めんどう(な事): It's a *hassle* to get the children to sleep. 子供たちを寝かしつけるのは一仕事だ. ❷ C《略式, 主に米》口論, 激論, 口げんか. — 動 ⊕《略式》(人)を悩ます; (人)に(...しろと)せっつく, うるさく言う (*to* do).

has·sock /hǽsək/ 名 ❶ C ひざぶとん《この上にひざまずいて祈る》. ❷ C《米》厚い円筒形のクッション [《英》pouf]《いす・足のせ台の代用》.

haste /héɪst/ 名 ❶ U《格式》急ぐこと, 迅速 (⇒ hurry 類義語): a matter requiring *haste* 急を要する事. ❷ U《格式》せくこと, あせり: Why all this *haste*? 何をそんなにあわてているのだ / *In my haste to* get to the airport, I took the wrong bus. 空港到着を急いだためバスを乗り間違えた / *Haste* makes waste.《ことわざ, 米》急(せ)いては事を仕損ずる / More *haste*, less speed.《ことわざ, 英》急がば回れ. **in háste** [副]《格式》急いで; あわてて. **màke háste** [動] ⊜《古風》急ぐ [≒hurry]. (動 hásten, 形 hásty)

has·ten /héɪs(ə)n/ ❗発音 動 ⊕《格式》(...)を速める, (事)の時期を早める [≒hurry]: We *hastened* our pace at the sound of the thunder. 雷の音が聞こえたので私たちは足を速めた. — ⊜ ❶ 急いで...する: I'm not against the project, I *hasten to* add. 急いでつけ加えますが私はその計画に反対ではありません. ❷ [副詞(句)を伴って]《文語》急いで行く (*to*). (名 haste)

hast·i·ly /héɪstəli/ 副 Ⓦ 急いで, あわただしく; 早まって, 性急に: They started for Tokyo *hastily*. 彼らは急いで[あわてて]東京へ立った.

‡has to /(子音の前では) hǽstə, (母音の前では) -tu/ have to の三人称単数現在形.

hast·y /héɪsti/ 形 (hast·i·er /-tiə | -tiə/; hast·i·est /-tiɪst/) ❶ 急いだ, 急な, あわただしい [≒quick]: a *hasty* farewell あわただしい別れ / He had a *hasty* breakfast. 彼は急いで朝食を食べた. ❷ 早まった, 性急な: a *hasty* decision 性急な決定 / I was too *hasty in* conclud*ing* that he was lying. 私は早合点して彼がうそをついているのだと断定してしまった. (名 haste)

‡hat /hǽt/

— 名 (hats /hǽts/) ❶ C 帽子《特に縁のあるもの》: a straw *hat* 麦わら帽子 / ***wear*** a ***hat*** 帽子をかぶっている / ***put on*** a ***hat*** 帽子をかぶる / ***take off*** a ***hat*** 帽子を脱ぐ. 参考 女性にとっては正式な服装の一部で, 室内でも食事中でも取らない. 男性は室内や戸外でも女性の前では取るのが礼儀.

hat (周りに縁がある)	帽　子
cap (ひさしはあるが縁がない)	

語法 ただし cap も含めて帽子全般を hat で表わすことができる.

❷ C《略式》(人の職業を示す)帽子: wear two *hats* 2 つの(公)職[役目]をもっている, 二足のわらじをはく / I'm wearing the teacher's *hat*. 今日は教師の立場で発言しています.

hát in hánd [副] (1) 帽子を(胸に当てるように)手に持って. (2)《米》脱帽して; うやうやしく; ぺこぺこと.

kéep ... ùnder one's **hát** [動] ⊕《略式》(...)を秘密[ないしょ]にしておく.

My hát!《古風》おやまあ, これは驚いた.

páss the hát (aròund [《英》ròund]) [動] ⊜ (帽子を回して)寄付金[カンパ]を集める.

píck [dráw, púll] ... òut of a [the] hát [動] ⊕ (名前など)を無作為に選ぶ.

tàke one's **hát òff to ...** [動] ⊕《略式》(人)に脱帽する, 敬意を表する.

tálk through one's **hát** [動] ⊜ [進行形で]《略式》でたらめを言う, 大ぼらを吹く.

thrów [tóss] one's **hát ìnto the ríng** [動] ⊜ 競争に参加する; 選挙に出馬宣言する.

típ one's **hát** [動] ⊜ 帽子を取って[に手をかけて](...に)あいさつする (*to*); 《米略式》(...に)敬意を表する (*to*).

hat·band /hǽtbæ̀nd/ 名 C 帽子のリボン.

+hatch¹ /hǽtʃ/ 動 (hatch·es /~ɪz/; hatched /~t/; hatch·ing) ⊕ ❶ (卵・ひな)をかえす, ふ化させる (*out*): Don't count your chickens before they *are hatched*.《ことわざ》ひな鳥がかえらないうちにその数を数えるな(取らぬ狸(たぬき)の皮算用). ❷ (陰謀など)をたくらむ, もくろむ (*up*). — ⊜ (卵・ひなが)かえる, ふ化する (*out*).

hatch² /hǽtʃ/ 名 ❶ C (航空機などの)出入り口(のドア) (⇒ airplane 挿絵); (船の)昇降口, ハッチ: an escape *hatch* 非常用脱出口. ❷ C (屋根・床などに作った)出入り口; 配膳(はいぜん)窓, ハッチ《台所と食堂との間にある》. ❸ C = hatchback. **bátten dówn the hátches** [動] ⊜ 緊急事態にそなえる. **Dówn the hátch!** Ⓢ《略式》乾杯!

hatch·back /hǽtʃbæ̀k/ 名 C 後部はね上げ式のドア(のついた自動車), ハッチバック車.

hatch·er·y /hǽtʃəri/ 名 (-er·ies) C (魚・鶏の)ふ化場.

hatch·et /hǽtʃɪt/ 名 C 手おの; (アメリカ先住民の)まさかり. **búry the hátchet** [動] ⊜ 矛(ほこ)を収める, 仲直りをする, 戦いをやめる. 由来 アメリカ先住民が和睦(わぼく)のしるしにこれを埋めたことから.

hatch·et-faced /hǽtʃɪtfèɪst/ 形 やせてとがった顔をした.

hátchet jòb 名 C《略式》(文書・口頭での)悪意のある(不当な)攻撃: do a *hatchet job on* ... ...を中傷する.

hátchet màn 名 C《略式》(人員[経費]削減などの)いやな仕事の代行人, 整理屋.

hatch·ing /hǽtʃɪŋ/ 名 U ハッチング《グラフィックアートなどで用いる細い平行線の陰影》.

hatch·way /hǽtʃwèɪ/ 名 C = hatch² 1.

‡hate /héɪt/

— 動 (hates /héɪts/; hat·ed /-ṭɪd/; hat·ing /-ṭɪŋ/) 他 ❶ [進行形なし] (...)を(ひどく)嫌う, 憎む, 嫌悪する [⇔ love]: My wife *hates* cats. 私の妻はひどく猫が嫌いだ / I *hate* you! おまえなんか大嫌いだ / I *hate* him *for* murder*ing* my aunt. V+O+*for*+動名 おばを殺されて私は彼を憎んでいる.

❷ [進行形なし] (...するの)がいやである, ...したくない; (...)が～するのをいやがる: 言い換え I *hate to* get to the theater late. V+O (*to* 不定詞) = I *hate* get*ting* to the theater late. V+O (動名) 私は劇場へ遅れていくのはいやだ 多用 / I *hate to* think what will become of him if he loses his job. Ⓢ 職を失ったら彼がどうなるか考えるのもいやだ / 言い換え I ***hate*** you ***to*** use bad language like that. V+O+C (*to* 不定詞) = I *hate* it when you use bad language like that. 君がそんな汚いことばを使うのはとてもいやだ / 言い換え She ***hates*** her daughter com*ing* home late. V+O+C (現分) = She *hates* her daughter *to* come home late. 彼女は娘の帰宅が遅いのをいやがる. 語法 特に《米》では She hates *for* her daughter *to* ... の形も用いる. ❸ [進行形なし] Ⓢ (...するの)が気が進まない, (...)をすまなく思う: I *hate to* say it, but I don't think they'll succeed. こんなことは言いたくないが彼らは成功しないと思う.

♥ お手数をおかけして恐縮ですが... (依頼するとき)
I hate to trouble you, but ...

I hate to trouble you, but could you email me a copy of the schedule? お手数をおかけして恐縮ですが, 予定表のコピーをメールでお送りいただけますか.
Of course. I'll send you an attachment this afternoon. 承知しました. 午後に添付でお送りします.
♥ 依頼の前置きとして使われる緩和表現.
♥ 相手に負担をかけたくはないという思いを伝え, 押しつけを弱める働きがある.

♥ 言いにくいのですが... (否定的なことを伝えるとき)
I hate to say this, but ...

I hate to say this, but the chief isn't happy with your plan. 言いにくいのですが, チーフはあなたの案に満足していないようです.
♥ 相手が聞きたくないことや言いにくいことを切り出す際の緩和表現として用いられる.
♥ 相手の面子を傷つける程度を軽減する働きがある.
(名 hátred)

— 名 (hates /héɪts/) ❶ Ⓤ 憎しみ, 憎悪 (⇒ hatred 類義語) [⇔ love]: a look of *hate* 憎しみのまなざし / We were filled with ***hate for*** [***of***] war. 私たちは戦争に対する憎しみでいっぱいだった. ❷ Ⓒ《略式》大嫌いなもの[人]. (形 háteful)

háte crìme 名 Ⓤ,Ⓒ 憎悪犯罪《人種・宗教などの違う相手に対する暴行・放火などの犯罪行為》.

hate·ful /héɪtf(ə)l/ 形《古風》憎むべき, いやな (*to*). (名 hate)

háte màil 名 Ⓤ いやがらせ[抗議]の手紙, 脅迫状.

+**ha·tred** /héɪtrəd/ 名 [Ⓤ または a ～] 憎しみ, 憎悪(感); 恨み (⇒ 類義語) [⇔ love]: (a) deep ***hatred of*** war 戦争に対する深い憎しみ / *with hatred* 憎らしそうに / I felt ***hatred for*** [***toward***] him. 私は彼に憎しみを覚えた / She has a *hatred of* spiders. 彼女はくもが大嫌いだ. (動 hate)

‖ 類義語 **hatred** 特定の人や物に対する個人的・具体的な憎しみ. **hate** love の反対で, 一般的・抽象的な憎しみ.

hat·ter /hǽṭɚ | -tə/ 名 Ⓒ《古風》帽子屋. **(as) mád as a hátter** [形]《略式》すっかり気が狂って.

Hat·tie /hǽṭi/ 名 固 ハティー《女性の名; Harriet の愛称》.

hát trìck 名 Ⓒ〔サッカー・アイスホッケー〕ハットトリック《1 人の選手が 1 試合で 3 点を取ること》: score a *hat trick* ハットトリックを(達成)する.

haugh·ti·ly /hɔ́ːṭəli/ 副 傲慢(ごうまん)に, 横柄に.

haugh·ty /hɔ́ːṭi/ 形 (haugh·ti·er; -ti·est) 高慢な, 傲慢(ごうまん)な, 横柄な.

+**haul** /hɔ́ːl/ (同音 hall) 動 (hauls /～z/; hauled /～d/; haul·ing) 他 [普通は副詞(句)を伴って] ❶ (...)を強く引く; (重い物)を引きずっていく (⇒ pull 類義語); 運搬する: I *hauled* the boat *ashore*. V+O+副 私はそのボートを岸に引っ張り上げた / The laborers ***hauled*** the logs ***along*** the ground. V+O+前+名 労働者たちは丸太を引きずっていった. ❷ [しばしば ～ oneself で] (...)を(引きずるようにして)やっとのことで...させる: She *hauled herself* 「*to* her feet [*up* the stairs]. 彼女はやっと立ち上がった[階段をのぼった].

hául ín [動] 他 (1)《略式》(大金)を稼ぐ, 獲得する. (2) = haul up.

hául óff [動] 他 (人)を連行する, 無理やり連れて行く.

hául óff and dó ... [動] [and の後に hit, punch, kick などがきて]《米略式》(人)に突然...する[しかかる].

hául úp [動] 他 [普通は受身で]《略式》(人)を呼び出す; 召喚する (*before, in front of*).

— 名 ❶ Ⓒ (押収した大量の)麻薬, 禁制品, 盗品 (*of*); [主に新聞で] (メダル・得点などの)獲得(数). ❷ Ⓒ [普通は単数形で] 距離, 道のり (⇒ long haul). ❸ Ⓒ (ひと網の)漁獲(高).

haul·age /hɔ́ːlɪdʒ/ 名 Ⓤ《英》運送業; 運搬.

haul·er /hɔ́ːlɚ | -lə/ 名 Ⓒ《米》運送屋, 運送会社.

haul·ier /hɔ́ːljɚ | -ljə/ 名 Ⓒ《英》= hauler.

haunch /hɔ́ːntʃ/ 名 ❶ Ⓒ [普通は複数形で] (人・四足獣の)臀部(でんぶ): squat on one's *haunches* (尻を落として)しゃがむ. ❷ Ⓒ (食用動物の)後足と腰.

+**haunt** /hɔ́ːnt/ 動 (haunts /hɔ́ːnts/; haunt·ed /-ṭɪd/; haunt·ing /-ṭɪŋ/) 他 ❶ [進行形なし] (幽霊などが)(ある場所)に出る, 出没する: The house is said to *be haunted*. その家には幽霊が出るそうだ.

❷ [進行形なし] (人)の心に絶えず付きまとう, (...)の脳裏を去らない; (人)の心を悩ます: Memories of the accident came back to *haunt* him for years. 事故の記憶が何年もの間彼の脳裏によみがえった.

— 名 Ⓒ よく行く場所 (*of*): my favorite *haunts* 私が好きでよく行く所.

haunt·ed /hɔ́ːnṭɪd/ 形 ❶ 幽霊の出没する(とされる): a *haunted* house 幽霊[お化け]屋敷. ❷ (表情が)不安[心配]そうな, おびえた.

haunt·ing /hɔ́ːnṭɪŋ/ 形 頭から離れない, 忘れられない: a *haunting* melody 忘れられないメロディー. **～·ly** 副 [形容詞を修飾して] 忘れられないほど(に).

haute cou·ture /òʊtkuːtʊ́ɚ | -tjʊ́ə/ ≪フランス語から≫ 名 Ⓤ オートクチュール《高級婦人服店(のデザイナー)全体》; 高級婦人服.

Ha·van·a /həvǽnə/ 名 ❶ 固 ハバナ《キューバの首都》. ❷ Ⓒ ハバナ《キューバ産の葉を使った葉巻き》.

***have**[1] /hǽv/ (同音《米》#halve)
— 動 (三単現 has /hǽz/; 過去・過分 had /hǽd/;

hav·ing) ⊕他

単語のエッセンス
基本的には「所有する」の意.
1) 持っている ❶
2) 手に入れる ❷
3) 経験する ❸
4) 食べる, 飲む ❹
5) ...をする ❺
6) ...に[...を]～させる; ...を～される ❻, ❼

[2, 3 の意味以外では普通は受身なし] ❶ [進行形なし] (1) [所有] (...)を**持っている**, (...)が**ある**; (...)を(手に)**持っている**; (身に)つけている; (店などで)売って[扱って]いる; (設備など)を備えている: I *have* a car. 私は車を持っている / 言い換え Does your father *have* a car? =《英・まれ》 *Has* your father a car? お父さんは車をお持ちですか. 語法 特に Ⓢ《英略式》では次の形のほうが普通《⇒ have got の項目》: I'*ve got* a car. / *Has* your father *got* a car? // I *have* a present for you. あなたにプレゼントがあります / You *have* an hour left. まだ 1 時間あるよ / Mary *has* a flower *in* her hand. V+O+前+名 メアリーは手に花を持っている / He didn't *have* any money *with* [*on*] him. 彼はお金を全く持ち合わせていなかった / Do you *have* French perfumes? フランスの香水はありますか《客が店員に尋ねることば》.
(2) [人間関係] (肉親・友人など)がいる, (...)がある; (使用人など)を置いている; (ペットなど)を飼っている: I don't *have* any brothers. 私には(男の)兄弟がいません / Mary *has* many friends. メアリーには友人が大勢いる / Do you *have* an interpreter in this company? この会社には通訳はいますか / How many cats do you *have*? 猫を何匹飼っていますか《⇒ keep 動 他 4 語法》.
(3) [部分・性質・属性] (...)がある, (...)を含む, (...)から成る; (性質・特徴)を持っている: 言い換え This room *has* six windows. (= There are six windows in this room.) この部屋には窓が 6 つある / 言い換え April *has* thirty days. (= There are thirty days in April.) 4 月は 30 日ある / The tank *has* water in it. そのタンクには水が入っている / Liz *has* blue eyes. リズは青い目をしている / You *have* a good memory, 「*don't* you [《英》 *haven't* you]? あなたはもの覚えがいいですね.
(4) (すべき仕事など)が**ある**; (...)をしなければならない: We *have* a duty to care for him. 私たちは彼の世話をする責務がある / I *have* an English class today. きょうは英語の授業がある // ⇒ have ... to do (成句).
(5) (感情・意見など)を**心に持っている**, 抱いている: I *have* doubts about the success of their plan. 彼らの計画が成功するかどうか疑問に思っている.
(6) (病気など)にかか(ってい)る: I *had* a slight headache last night. 昨夜はちょっと頭が痛かった. 語法 次を比較せよ: *Do* you often *have* colds? かぜをよくひきますか / 「*Do* you *have* [《略式》 *Have* you *got*] a cold now? 今かぜをひいていますか《⇒ have got の項目 語法 (4)》.
(7) (権限など)を有する, 行使する(ことができる); (影響・結果など)をもたらす: You don't *have* the authority to search this building. あなたにはこの建物を捜索する権利はない / *have* a positive effect on society 社会によい影響をもたらす.

語法 (1) 以上の例文からもわかるように, 日本語の「持っている」よりも意味が広い.
(2) この意味の have は様態を表わす副詞(slowly, easily など)を伴わない.
(3) この意味の have を否定文および疑問文で用いるときは上の例文のように一般の動詞と同じく助動詞の do を用いる. 《英》では格式ばった用法で be と同じく do を用いないこともある《⇒ do¹ 1, 2》.
(4) 次の 2 以下の意味では《英》でも否定文および疑問文で do を用いるのが普通.

❷ [進行形なし] (...)を**手に入れる**, 得る [≒get]; 受ける [≒receive] (*from*): You can *have* one of these books. この本の中の 1 冊をお取りになって結構です / I *had* lots of phone calls this afternoon. 今日の午後は電話がたくさんあった / Can [Could, May] I *have* that box, please? Ⓢ あの箱をいただけますか. 語法 この意味では受身可能. その場合 can [may, be to] *be had* などの形をとる.
❸ (...)を**経験する**, (楽しい[つらい]時など)を過ごす, (...の目)にあう; (手術・治療・検査など)を受ける; (会など)を開く: *have* an accident 事故にあう / What sort of summer vacation have you *had*? 夏休みはどうでしたか / *Have* a nice trip. どうぞよいご旅行を, いってらっしゃい / I'll *have* a checkup tomorrow. 私はあす健康診断を受ける / In Japan we *have* a lot of rain in the summer. 日本では夏に雨がたくさん降る / *have* a party パーティーを開く. 語法 次の形で受身が可能: A good time *was had by* all. みんな楽しい思いをした.
❹ (食事)を**とる**, (物)を**食べる**, **飲む**《⇒ eat 類義語, drink 表》; (たばこ)を吸う: We *have* breakfast at eight. 毎日 8 時に朝食をとる / Meg is *having* tea. メグは紅茶を飲んでいる / What will you *have* for lunch? 昼食は何にしますか / I'll *have* the roast beef, please. (レストランで) 私はローストビーフにします.
❺ /hǽv/ [しばしば動作・行為を表わす名詞を目的語として] (...)を**する**, 行なう. 語法 (1) この場合には動詞と同じ語形の名詞を用いることが多く, 普通は不定冠詞を伴い, 長時間にわたらない意図的動作・行為を表わす. (2) 同じ語形の動詞を単独で用いるよりもくだけた言い方になる. (3) しばしば名詞の前に修飾語(句)を伴い, 動作・行為が「どんなふうであるか」を多様に表現することができる: 言い換え I *had* a dance with her. (= I *danced* with her.) 私は彼女とダンスをした / Let's *have* a closer look at it. もっとよく見てみましょう.

「have＋動作名詞」のいろいろ
《⇒ make 他 3, take 他 6》
hàve an árgument (with ...) (...と)議論[口論]する / **hàve a báth** 入浴する / **hàve a chát (with ...)** (...と)おしゃべりをする / **hàve a conversátion (with ...)** (...と)談話をする / **hàve a (góod) crý** (思う存分)泣く / **hàve a dréam** 夢を見る / **hàve a drínk (of wáter)** (水を)飲む / **hàve a fíght [quárrel] (with ...)** (...と)けんかする / **hàve a lóok (at ...)** (...を)見る / **hàve a (góod níght's) sléep** (ひと晩ぐっすり)眠る / **hàve a swím** ひと泳ぎする / **hàve a tálk** 話をする / **hàve a trý** やってみる / **hàve a wálk** 散歩する

❻ [進行形なし] [使役] (...)に[を]～**させる**, (...)に[を]～**してもらう**: I'll *have* him *come* early tomorrow morning. V+O+C (原形) あすの朝早く彼を来させよう / Tom soon ***had*** us all laugh***ing*** at his jokes. V+O+C (現分) トムはまもなく冗談を言って私たちみんなを笑わ

せた / Can I *have* it deliver*ed* by Friday? V+O+C (過分) それを金曜までに配達してもらえますか / I'd like to *have* these shirts clean*ed*. このシャツを洗濯していただきたいのですが.
❼ [進行形なし] (...)を～**される**, (...)を～される目にあう; (...)が～する[している]**:** I *had* my pocket pick*ed* in the bus. V+O+C (過分) 私はバスの中ですりにやられた / She ***had*** her leg ***broken*** in the accident. 彼女はその事故で脚の骨を折った / Don't shout! You'll ***have*** the neighbors complain*ing*! V+O+C (現分) 大声を出すな, 近所の人から文句が出るぞ / 言い換え I *have* two buttons missing on my jacket. = My jacket *has* two buttons missing. V+O+C (形) 私の上着のボタンが 2 つとれている.
❽ [進行形なし] (...)を～**の状態にする**[**保つ**]; [副詞(句)を伴って] (...)を(ある場所に)向ける, 行って[来て]いるようにする**:** Can you *have* it *ready* by noon? V+O+C (形) 昼までにそれを用意してもらえますか / She ***had*** her back ***to*** me. V+O+前+名 彼女は私に背中を向けていた / The country will *have* 500 troops there by May. その国は 5 月までに 500 人をそこに派兵するだろう.
❾ [普通は否定文, 特に will not, cannot などの後で] Ⓢ (...)を許す, 大目にみる; (...)に～させておく. 語法 しばしば動詞の原形・現在分詞とともに用いる**:** I wo*n't have* that kind of behavior. そんなふるまいは許さない / I wo*n't have* you do*ing* such a thing. あなたにそんなことはさせられない. ❿ (客)がある, (...)を客として迎える; (子供・ペットなど)を預かる, 世話する**:** We're *having* six people (*for* [*to*] dinner) tomorrow. あすうちへ 6 人の客が(夕食に)来る. ⓫ (人・動物が)(子)を産む, もうける**:** She's *having* a baby next month. 彼女は来月子供が生まれる. ⓬ [進行形なし] [have＋the＋抽象名詞＋to 不定詞の形で] ...する(態度など)を示す**:** *Have the kindness to* show me the picture. その写真を見せてくださいよ《いやみな言い方》. ⓭ [進行形なし] (人)の(...を)(乱暴に)つかむ**:** He *had* her *by the* hand. 彼は彼女の腕をつかんだ(⇒ the[1] 2). ⓮ [受身で]《略式》(...)をだます**:** You've *been had*. 一杯食わされたね. ⓯ [進行形なし]《略式》(討論で)(人)を打ち負かす; (人)をやっつける.

be nót hàving ány [動] ⓐ 認めない, 応じない.
hàve ... (áll) to onesélf [動] ⓣ (...)を**独占する**, (...)を一人で使っている**:** He *has* a large room (*all*) *to himself*. 彼は広い部屋を一人で使っている.
hàve (gòt) it [thàt] cóming (to one**)** [動] ⓐ《略式》当然の報いだ, 自業自得だ.
have hád it [動] ⓐ (1)《略式》もう役立たない, 使えない; へとへとだ; もはやこれまでだ. (2)《略式》(...は)もうたくさん[うんざり]だ (*with*). (3)《略式》ひどい目にあう, 大変なことになる.
háve it [動] ⓐ (1) Ⓢ (答えなどが)わかる**:** 「I *have* [*I've got*] *it*! わかったぞ, そうだ. (2) 勝つ**:** The ayes *have it*. 賛成が多数. (3) (...から)聞き知る(ようになる) (*from*).
hàve it ín one [oneself] [動] ⓐ《略式》(...する)能力[勇気]がある (*to* do).
hàve it ín for ... [動] ⓣ《略式》...を恨んでいる.
hàve it óut [動] ⓐ《略式》(...との間で)(議論・争いなどに)決着をつける, 徹底的にやり合う (*with*).
háve it (that) ... [動] ...と言う**:** Rumor *has it* (*that*) another war is going to break out there. その地にまた戦争が起こるといううわさだ.
hàve nóthing on ... [動] ⓣ ...にはかなわない.
have ónly to dó ⇒ 項目 have to の成句.
hàve to dó ⇒ have to の項目.
hàve ... to dò [動] ⓣ ～**すべき(...)がある**, (...)を～しなければならない**:** I *have* plenty of work *to* do. やらねばならない仕事がたくさんあるんだ.
have ... to dó with ～ [動] ⓣ ～と(...の)**関係がある** 《...には something, anything, nothing, much, a lot, (a) little などが用いられ, 関係の程度を表わす》**:** His failure seems to *have something to do with* his character. 彼が失敗するのは彼の性格と何らかの関係がありそうだ / Did the weather *have anything to do with* this accident? 天候がこの事故に関係があったのか / He 「*didn't have anything* [*had nothing*] at all *to do with* their plot. 彼は彼らの陰謀とは全く無関係だった / My new job *has* 「a lot [little] *to do with* computers. 私の新しい仕事はコンピューターと大いに関係がある[ほとんど関係がない] / What do you *have to do with* this matter? あなたはこの事とどんな関係があるのですか. 語法 have の代わりに be を用いて be something to do with ... などとなることがある.
hàve to dó with ... [動] ⓣ (1) **...と関係がある**, ...とかかわりがある**:** This problem doesn't *have to do with* me. この問題は私とは関係がない. (2) ...を扱っている.

have[1] の句動詞

＋**hàve ... agàinst ～** 動 ⓣ [受身・進行形なし] ～**に対して**(恨み・反感など)を**抱いている:** What do you *have against* me? 私に何の恨みがあるのですか / I ***have nothing against*** the job. その仕事が別に嫌いというわけではない.
＋**hàve aróund** 動 ⓣ ❶ [受身なし] (...)を**手近に置く**[**置いている**]**:** This is a handy tool to *have around*. これは手近にあると便利な道具だ. ❷ [受身なし] (家に)(...)を客として迎える [≒have over].
＊**hàve báck** 動 ⓣ ❶ (貸したもの)を**返してもらう**, 取り戻す V+名・代+*back* / V+*back*+名**:** Can I *have* my book *back*? 本を返してもらえる? ❷ (別れた夫[妻]など)を再び迎え入れる.
hàve ín 動 ⓣ ❶ (職人など)を家[部屋]へ入れる, 呼ぶ. ❷ [進行形なし] (店などに)(物)を蓄えている.

＊＊hàve ón

動 ⓣ ❶ [受身・進行形なし] (服・帽子など)を**身につけている** [≒wear] V+名・代+*on* / V+*on*+名**:** Ann *had* a white dress *on*. アンは白い服を着ていた / She *has* glasses *on*. 彼女はめがねをかけている / *have* nothing *on* 何も身につけていない.

have on (身につけている)	〈服・シャツなど〉を着ている
	〈ズボン・スカート・靴など〉をはいている
	〈帽子・ヘルメットなど〉をかぶっている
	〈めがねなど〉をかけている
	〈マフラー・ネクタイ・手袋・指輪・腕時計・化粧など〉をしている
	〈香水・リボンなど〉をつけている

❷ [進行形なし] (テレビなど)をつけている. ❸ [進行形なし] (約束・すべき事など)がある, (会など)を予定[計画]

している. ❹ [普通は進行形で]《英略式》...をだます, かつぐ.

＊hàve ... on ～[1]

動 他 [受身・進行形なし] (体)に(...)をつけている; 持ち合わせている《⇒ have[1] 動 他 1 (1)》: She *has* a ring *on* her finger. 彼女は指輪をはめている.

hàve ... ón ～[2] 動 他 [進行形なし]《略式》(人)に関して不利となる(情報など)を握っている: The police seem to *have* something *on* him. 警察は彼の悪事について何か証拠をつかんでいるようだ.

hàve óut 動 他 ❶ (...)を外へ出す; (歯など)を抜いてもらう, 取ってもらう. ❷ (議論して)(問題など)に決着をつける (*with*).

hàve it óut ⇒ have[1] 成句.

+**hàve óver** 動 他 ❶ [受身なし] (家に)(...)を**客として迎える**: We're ***having*** a few people ***over for*** [*to*] dinner. 私たちは何人かの人を夕食に招いている. ❷ (いやなこと)を終える: We'll be glad to *have* our tests *over* (*with*). 試験が終わったらせいせいするだろうな.

hàve róund 動 他《英》= have over 1.

hàve úp 動 他 [普通は受身で]《英略式》(人)を(...で)訴える, 法廷に召喚する (*for*).

類義語 **have**「所有する」という意味の最も一般的な語. **own** 法律により認められて, 有形のものを所有する. **possess** have よりも格式ばった語で, 特に貴重なものや不法物の所有や, 才能・性質などの無形のものの所有に使われる.

H

＊＊＊have[2] /(弱形) həv, (ə)v; (強形) hǽv/ (同音 [#]of, 《米》 [#]halve)

— 助 (三単現 **has** /(弱形) həz, (/s, z, ʃ, ʒ, ʧ, ʤ/ の後ではまた) əz, (その他の有声音の後ではまた) z, (その他の無声音の後ではまた) s; (強形) hǽz/; 過去 **had** /(弱形) həd; (ə)d; (強形) hǽd/; **hav·ing** /hǽvɪŋ/)

単語のエッセンス
完了形《⇒ **巻末文法** 6. 3》を作る助動詞.
1) [have＋過去分詞で現在完了形] ❶
2) [had＋過去分詞で過去完了形] ⇒ had[2] A
3) [will＋have＋過去分詞で未来完了形] ❸

❶ [現在完了形《⇒ **巻末文法** 6.3 (1)》] (1) [動作が現在の直前に完了[終了]したことを示す] ...**してしまった, ...したところだ**《動作を表わす動詞とともに用いる》: 「Jim *has* [Jim's] *just come* home. ジムは今帰宅したところだ /「I *have* [I've] *already had* my breakfast. 私はもう朝食を済ませた / "*Has* Helen *finished* her work *yet*?" "No,「not yet [she *hasn't*]."「ヘレンはもう仕事を終えましたか」「いいえ, まだです」

語法 **動作の完了の表わし方**
(1) この意味のとき特に《米》では過去時制を使うことも多い: John just *came* home. 《⇒ just[1] 副 2 語法》
(2) この意味では already, never, now, yet などの副詞を伴うことが多い.
(3) 🔍 現在完了形は基本的には現在時制に属し, 現在とも何らかの形でつながっていることを示すものであるから, today, this week [month, year], lately, of late, recently など現在と関連する副詞は現在完了形とともに用いることができるが, yesterday, last week [month, year], ago のようにはっきり過去を表わす副詞とともには用いない: 「I *have* [I've] *had* a pleasant time *today* [*this week*]. きょう[今週]は楽しかった.

(2) [現在までの状態の継続を示す] (ずっと)...**である**《状態を表わす動詞とともに用いる》. 語法 しばしば期間を示すために since や for で始まる副詞語句を伴う: Nancy *has been* sick「since last Tuesday [*for* the last five days]. ナンシーはこの前の火曜日から[この 5 日間]病気だ.

(3) [現在までの動作や状態の影響・結果を示す] ...**してしまっている**《それによって何らかの利益や被害を受けているなど》; ...している: 「I *have* [I've] *lost* my wallet. 私は財布をなくしてしまった《今も見つからず困っている》. ✪ 次の文と比較: I *lost* my wallet yesterday. 私はきのう財布をなくした《過去時制—その後見つかったか見つからないかは問題にしない》 // Mr. Brown *has bought* a new car. ブラウンさんは新車を買った《今も所有しているという含みがある》. ✪ 次の文と比較: Mr. Brown *bought* a new car last year. ブラウンさんは昨年新車を買った《過去時制—現在の所有についての含意はない》.

(4) [現在までの経験を示す] ...**したことがある**: *Have* you *ever visited* Rome *before*? あなたは以前にローマに行ったことがありますか. 語法 このように経験の意味では ever, never, once, before などの副詞を伴うことが多い // "*Have* you *ever been* to Paris?" "Yes, I'*ve been* there twice."「パリに行ったことがありますか」「ええ, 2 度行きました」. ✪《米》では been の代わりに gone を使うこともある《⇒ have gone to ... (2) (gone 成句)》.

(5) [時や条件を表わす副詞節において未来完了形に代わって]: Let's have tea after we *have finished* our work. 仕事を終えたらお茶にしよう.

❷ [過去完了形] ⇒ had[2] A.

❸ [will [《英》ではまた shall]＋have＋過去分詞で未来完了形を示す《⇒ **巻末文法** 6.3 (3); will[1], shall》].

(1) (...のときまでには)～**してしまっているだろう**《未来のあるとき(前後関係で示される)までの動作の完了》: *Will* the construction *have been* completed by the end of this year? 建設工事は年末までには完了しているだろうか.

(2) (...まで)～**であろう**《未来のあるときでの状態の継続》: I *will have been* in (the) hospital for two months next Sunday. 今度の日曜日で 2 か月入院していることになる.

(3) (...のときまでには)～**したことになるだろう**《未来のあるときまでの動作の影響・結果または経験》: If I read the book once more, I *will have read* it five times. もう一度その本を読めば, 私は 5 回読んだことになる.

❹ [仮定法過去完了] ⇒ had[2] B.

❺ [現在完了進行形] ⇒ been[2] 1 (1); **巻末文法** 6.4.

❻ [完了不定詞〈to＋have＋過去分詞〉] ⇒ to[2] G; **巻末文法** 8.1 (1).

❼ [完了分詞] ⇒ having[2] 1; **巻末文法** 8.4 (2).

❽ [完了動名詞] ⇒ having[2] 2; **巻末文法** 8.2.

had bètter ⇒ had better の項目.

have gòt to dó ⇒ have got to の項目.

have[3] /hǽv/ 名 [the ～s] (資産を)持っている人, 有産者[階級]; (資源・核などの)保有国 [⇔ have-not]: *the haves* and (the) have-nots 持てる者[国]と持たざる者[国].

＊＊＊have got /həvgɑ́(ː)t, (ə)v-|həvgɔ́t, (ə)v-/

— 動 (三単現 has got /həzgá(ː)t, (ə)z-|həzgɔ́t, (ə)z-/) 他《略式, 主に英》(...)を持っている [≒have]: I'*ve got* an old camera. 私は古いカメラを持っている / She *has*n't *got* any brothers. 彼女には男の兄弟がいない / *Have* you *got* a pen? ペン持ってる? / You'*ve got* a lot of work to do. 君にはやる(べき)ことがいっぱいある.

> 語法 (1) have got は have よりくだけた表現である.
> (2) have got には 've got, has got には 's got という短縮形を用いることが多い. 《米》では have を省略することがある: I('*ve*) *got* a problem. (ひとつ)困ったことがあるんだ.
> (3) have¹ の意味のうち主に 1 に対応する用法がある.
> (4) 特に《英》では have が「長い間ずっと持っている」ということを表わすのに対し, have got は「一時的にそのとき持っている」ということを表わすことが多い. 次の文を比較: He *has* blue eyes. 彼は青い目をしている / Look at him; he'*s got* a black eye. 見てみろよ, あいつ(殴られて)目の周りが黒いあざになっている.
> (5) *Have* you *got* ...? に対する答えは Yes, I *have*. または No, I *haven*'t. という.
> (6) have got は次のような場合は用いない.
> a) 助動詞の後で: I *will have* no chance. 私には無理だろう. b) 命令文で: Don't *have* anything to do with him. 彼とは関わらないようにしなさい.

✪ have got... の形の成句は have¹ の成句ないし句動詞の欄を参照.

****have got to** /(子音の前では) həvgá(ː)t-(t)ʊ, (ə)v-|-gɔ́t-; (母音の前では) -(t)u/ (三単現 has got to /həz-, (ə)z-/) ✪ 過去形 had got to はまれ《⇒ gotta》.
[動詞の原形の前につけて助動詞のように用いる]
❶《略式, 主に英》...しなければならない; ...したほうがよい, ...しなさい [≒must, have to]《⇒ had better の項目の表》: "You'*ve got to* be more careful!" "Yes, sir. I'm sorry. I will." 「もっと気をつけなくてはだめだ!」「はい, すみません. 気をつけます」《♥ 命令・忠告の意味でも使われる; ⇒ have to 1 ♥》/ I'*ve got to* call home. 家に電話しなきゃ / I found a really great wine. You'*ve* simply *got to* taste this! すごくいいワインを見つけたんだ. ぜひ味わってみて!《♥ 相手にとって望ましいことを強く勧める表現; ⇒ have to 3 ♥》.

> 語法 (1)《英》では have got to の否定は, He *hasn't got to* work. (彼は働かなくてもよい)となる. 《米》では He *doesn't have to* work. の形を用いる // He *must not* work. (彼は働いてはいけない)と比較.
> (2)《英》では have to は習慣的な動作を表わし, have got to は特定の場合の動作を表わす傾向がある. 次の 2 つの例文を比較: We don't *have to* work on Saturday. 土曜は仕事をしなくてもよい / We *haven*'t *got to* work this afternoon. きょうの午後は仕事をしなくてもよい.
> (3)《米》では have を省略することがある: You('*ve*) *got to* go there. そこに行かなくちゃだめだ.

❷《略式, 主に英》...に違いない [≒must]《⇒ have to 4》: Someone *has got to* be lying. だれかがうそをついているに違いない.

+**ha·ven** /héɪv(ə)n/ 名 (~s /~z/) Ⓒ 避難所 [≒shelter]; 安らぎの場所: a safe *haven for* refugees 難民にとっての安息の地 //⇒ tax haven.

have-not /hǽvnɑ̀(ː)t|-nɔ̀t/ 名 [the ~s] (資産を)持っていない人, 無産者[階級]; (資源・核などの)非保有国 [⇔ have³].

*****have·n't** /hǽvənt/ ❶《略式》have² not の短縮形: I *haven't* finished my lunch yet. 私はまだ昼食を終えていない. ❷《英》have¹ not の短縮形 [≒don't have].

*****have to** /(子音の前では) hǽftʊ, -tə (母音の前では) -tu/ (三単現 has to /hǽs-/; 過去 had to /hǽt-/)
[動詞の原形の前につけて助動詞のように用いる. 疑問や否定は ⇒ 1 語法 (4), 2 語法]

> 単語のエッセンス
> 1) ...しなければならない ❶
> 2) [否定文で] ...する必要はない ❷

❶ ...しなければならない; ...したほうがよい, ...しなさい [≒must]: I *have to* be home before ten. 私は 10 時までには家に帰らなければならない.

> 語法 have to の使い方
> (1) 助動詞 must は別の助動詞の後につけることはできない. 従って will, shall, may, have などの後では must の代わりに have to を用いる: You'*ll have to* study harder next year. 来年はもっと勉強しなければいけないよ《命令・忠告の意味でも使われる》/ I *will have to* stop sending you money if you keep loafing around. ぶらぶらしてばかりいるんだったら, 仕送りをやめるよ《I や we につくと強い意志を表わすことがある》/ All you *have to* do is (to) listen to them. 彼らの話を聞いてあげさえすればいい《⇒ to² A 5 語法》/ *Did* you *háve to* swear at her like that? 彼女をあんなにののしらなければいけなかったのか(そんなことはすべきではなかったのに)《✪ have に強勢を置く; 人を批判するときの言い方》.
> (2) must は過去形がないので過去時制には had to を使う: I *had to* go there alone. 一人でそこへ行かなければならなかった.
> (3) have to は「状況から論理的に導かれる必然的な義務(社会的・規範的義務)」を表わすので, 状況やルールによって「(やむをえず)...しなければならない」と客観的に述べる際に好まれる. 特定の個人に対する場合だけでなく「一般に人は...しなければならない」という意味で意見を述べたり決まりや手順を説明するときにも have to が使われる: You *have to* attend class every day. (クラスのルールとして)毎日授業に出席しなければいけません《主観的な忠告の場合は ⇒ must¹ 1 (1)》/ You *have to* register to participate. 参加には事前登録が必要です.
> (4) have to の疑問には do ... have to ~を用いる: *Do* we *have to* work on Saturdays? 土曜日に働かなくてはならないのですか / Where *do* I *have to* change buses? どこでバスを乗り換えなければなりませんか.

> ♥ ...しなければなりません (命令するとき)
> **You have to ...**
>
> **You have to** clean your room, Ken. ケン, 部屋を掃除しなきゃだめだぞ.
> I know, Dad.
> わかってるよ, お父さん.
> ♥ 直接的で強制度の高い命令・忠告の表現.
> ♥ 権限のある人が何かを命じたり, 状況や規則・社会

的規範に基づき相手に義務があることを命じる場合に使われることが多い.

♥ **…しなくてはならないんです** (誘いを断わるとき)
I have to …

We are having a party next Saturday. Would you like to come? 今度の土曜にパーティーを開くんだけど, 来ない?

I wish I could, but **I have to** visit my grandparents this weekend. 行けたらいいんだけど, 今週末は祖父母の家に行かないといけなくて.

♥「(本当はそうしたくないが)…しなければならない」というニュアンスから, 否定的なことを述べたり, 誘いを断わる際などに用いられる.

♥「自分としては応じたいけれど状況が許さない」ということを含意し, 相手に配慮した断わり方になる.

❷ [否定文で] **…する必要はない** [≒need not] (⇒ must¹ 2). 語法 have to の否定には「do not [don't] have to を用いる: Meg *doesn't have to* leave till six. メグは6時まで発(た)つ必要はない.

❸ (1) [you have to … などとして; 勧め・誘いを表わす] Ⓢ ぜひ…してください, ぜひ…しなければ: We *have to* get together soon! 近いうちにぜひ集まりましょう!

♥ **ぜひ…してください** (誘うとき)
You have to …

You have to come visit me in Tokyo. ぜひ東京に遊びに来てね.

♥ 相手にとって望ましいこと・楽しいことを積極的に勧めたり, 誘うときに使う表現.

♥ 相手が断わらないことが予測できる場合の強い言い方で,「ぜひそうしてほしい」という気持ちを伝えることができる.

(2) Ⓢ …でなければだめだ: It *has to* be you [sake]. 君でなきゃだめだ[飲むなら日本酒に限るね].

❹ (1) …に違いない, きっと…のはずだ [≒must]: Since he is an authority, what he said *has to* be true. 彼は権威なのだから, 彼の言ったことは本当に違いない. (2) [has to have＋過去分詞の形で] …だったに違いない, きっと…だったはずだ: Judging from the noise, there *has to have been* an explosion. 音から判断すると爆発があったに相違ない. 語法 この場合 has to の後は have been のことが多い. ❺ Ⓢ [主に皮肉に] (困ったことに)決まって…する: The baby *has to* start crying at midnight! 赤ん坊は夜中になると泣き出すんだ.

I hàve to sáy [admít] … Ⓢ …と言わざるをえない, 確かに…だ《強調を表わす》.

ónly hàve to dó **= hàve ónly to** dó [助] Ⓢ …しさえすればよい: You *only have to* wait. あなたはただ待てばよいのです.

***hav·ing¹** /hǽvɪŋ/ 動 have¹ の現在分詞および動名詞.

***hav·ing²** /hǽvɪŋ/ 助 ❶《have² の現在分詞》[having＋過去分詞で完了分詞をつくり, 完了形の分詞構文で用いる]《格式》**…してしまったので, …だったので** (⇒ 巻末文法 8.4 (2)): 言い換え *Having finished* my homework (= *After I had finished* my homework), I took my dog for a walk. 宿題が終わって私は犬を散歩に連れて行った / 言い換え The sun *having set* (= *As* the sun *had set*), we started for home. 日が沈んだので私たちは家へ向かった. 語法 過去を表わす副詞とともに用いてもよい: *Having failed* twice *yesterday*, he doesn't want to try again. 彼はきのう2度失敗したので, もうやりたくないと思っている.

❷《have² の動名詞》[having＋過去分詞で完了動名詞をつくる]《格式》**…したこと** (⇒ 巻末文法 8.2): 言い換え The mayor denied *having taken* a bribe. (= The mayor denied that he *had taken* a bribe.) 市長はわいろを受け取ったことを否定した / 言い換え I am positive about his *having finished* his work. (= I am positive that he *finished* [*has finished*] his work.) 彼が仕事を終えたことは確かだ.

hav·oc /hǽvək/ 名 U (自然・暴動などの)大荒れ, 大破壊; 大混乱: The snowstorm caused [created] *havoc* all over the area. 吹雪はその地域一帯に大損害を及ぼした. **plày hávoc with … = wréak hávoc on …** [動] 他 …をめちゃめちゃに荒らす, 台なしにする.

+Ha·wai·i /həwáːjiː, -wáːiː | -wáɪi/ 名 固 ❶ **ハワイ**《太平洋中北部の Hawaiian Islands より成る米国の州; 略〔郵便〕HI》. ❷ ハワイ島《ハワイ諸島の最南にある最大の島》.〖語源 ポリネシア人の伝説の国の名から〗

Ha·wái·i-A·léu·tian (Stándard) Tìme /həwáːjiəlúːʃən- | -wáɪi-/ 名 U《米》ハワイ アリューシャン標準時.

Ha·wai·ian /həwáːjən | -wáɪən/ 形 ハワイの; ハワイ人[語]の: a *Hawaiian* shirt アロハシャツ. ― 名 C ハワイ人; U ハワイ語.

Hawáiian Íslands 名 固 複 [the ～] ハワイ諸島《太平洋中北部の諸島; 米国 Hawaii 州を構成》.

+hawk¹ /hɔ́ːk/ 名 ❶ C **たか**《はいたか, おおたかなどの猛禽(もうきん)》: She ***watched*** the man ***like a hawk***. 彼女はその男をたかのように(注意深く)見張った. ❷ C〔政治〕(政策などが)タカ派[強硬派]の人 [⇔ dove].

hàve éyes lìke a háwk [動] 自 鋭い目をしている, 目ざとい.

hawk² /hɔ́ːk/ 動 他 (…)を呼び売りする, 行商する.

hawk·er /hɔ́ːkɚ | -kə/ 名 C 呼び売り商人, 行商人.

hawk·ish /hɔ́ːkɪʃ/ 形〔政治〕タカ派的な, 強硬派の [⇔ dovish].

haw·ser /hɔ́ːzɚ | -zə/ 名 C〔航海〕係船索, 曳船(えいせん)索, ホーザー《船を引いたりつないだりするための太綱》.

haw·thorn /hɔ́ːθɔɚn | -θɔːn/ 名 C さんざし《英国では生け垣に多い; 米国 Missouri 州の州花》; U さんざし材.

Haw·thorne /hɔ́ːθɔɚn | -θɔːn/ 名 固 Nathaniel ～ ホーソーン (1804-64)《米国の作家》.

hay /héɪ/ 名 ❶ U 干し草, まぐさ《家畜の飼料》: Make *hay* while the sun shines.《ことわざ》日の照るうちに干し草を作れ(好機を逃すな). ❷ U [否定文で]《米略式》少額の金. **hít the háy** [動] 自《略式》床につく. 由来 昔, 干し草の上に寝たことから.

Hay·dn /háɪdn/ 名 固 Franz /fráːnʦ/ Jo·seph /jóʊzef/ ～ ハイドン (1732-1809)《オーストリアの作曲家》.

háy fèver 名 U 花粉症《目・鼻・のどを冒すアレルギー症状》.

hay·loft /héɪlɔ̀ːft | -lɔ̀ft/ 名 C 干し草置き場《馬小屋・納屋などの屋根裏》.

hay·mak·ing /héɪmèɪkɪŋ/ 名 U 干し草作り.

hay·ride /héɪràɪd/ 名 C《米》干し草乗り《干し草を載せたトラックなどで夜出かける若者の遊び》.

hay·stack /héɪstæ̀k/ 名 C 干し草の山 (⇒ needle 成句).

hay·wire /héɪwàɪɚ | -wàɪə/ 形 [次の成句で] **gò háywire** [動] 自《略式》(計画・装置が)狂う, 手がつけられなくなる.

+haz·ard /hǽzɚd | -zəd/ 名 (haz·ards /-zɚʤ | -zəʤ/) ❶ C (偶然の)**危険**; 危険要素 (*for*) (⇒ danger 類義語): occupational *hazards* 職業に伴う危険 / a

fire *hazard* 火事を起こす危険のあるもの / This is a serious「*hazard to* health [health *hazard*]. これは健康に重大な危険要因となる / the *hazards of* smoking 喫煙による危険. ❷ Ⓒ〔ゴルフ〕障害物《バンカー・池など》.
— 動 他 ❶ (...)を思い切って言う: *hazard* a guess 当てずっぽうで言ってみる. ❷《格式》(生命・財産など)を危険にさらす [≒risk].

ház·ard lìghts 名 複 (車の)ハザードランプ《危険警告のためすべての方向指示灯を同時に点滅させる》.

haz·ard·ous /hǽzədəs | -zə-/ 形 危険な, 有害な: *hazardous* chemicals [waste] 危険[有害]化学物質[廃棄物] / Too much drinking can be *hazardous to* your health. 過度の飲酒は健康に害となることがある.

haze¹ /héɪz/ 名 ❶ Ⓤ または a ~] かすみ, もや, 霧《煙・ほこり・水蒸気などの薄いもや》(*of*). ❷ [a ~] (精神の)もうろう, ぼんやり: be in *a haze* もうろうとしている.
— 動 自 もやがかかる (*over*).

haze² /héɪz/ 動 他《米》(新入生)をいたずらしてからかう《クラブの入会の歓迎として》.

ha·zel /héɪz(ə)l/ 名 ❶ C,U はしばみ. ❷ Ⓤ (緑がかった)薄茶色《特に目の色》. — 形 (目が)薄茶色の.

ha·zel·nut /héɪz(ə)lnʌ̀t/ 名 Ⓒ ヘーゼルナッツ, はしばみの実《食用》.

haz·ing /héɪzɪŋ/ 名 U,C《米》(新入生に対する)いたずら, からかい.

haz·y /héɪzi/ 形 (haz·i·er; -i·est) ❶ かすみ[もや]のかかった, かすんだ. ❷ もうろう[ぼんやり]とした, (人が)はっきりしない (*about*): a *hazy* memory うろ覚え.

HB /éɪtʃbíː/ 略 = hard black エイチビー《鉛筆の芯の中位の堅さの表示》.

H-bomb /éɪtʃbɑ̀(ː)m | -bɔ̀m/ 名 Ⓒ 水爆《hydrogen bomb の略》.

HDTV /éɪtʃdìːtìːvíː/ 略 = high-definition television《⇒ high-definition》.

***he¹** /(弱形) (h)i; (強形) híː/

— 代《人称代名詞; 三人称・男性・単数・主格》(所有格 his /(弱形) (h)ɪz; (強形) híz/, 目的格 him /(弱形) (h)ɪm; (強形) hím/; 複 they /ðeɪ, ðéɪ/). ❶ [1 人の男性または 1 匹の雄の動物を指して] (1) [主語として] **彼は[が], その男は[が], あの男は[が]:** *My brother* is a high school student. *He* (= my brother) likes to play tennis. 私の弟は高校生です. 彼はテニスが好きです.

> 語法 話に加わっている当人の目の前で, その人を he と言うのは失礼な言い方. その場合は代名詞を使わず名前を言う. she の場合も同じ: This is Bob. *Bob* comes from Ohio. こちらはボブです. ボブはオハイオの出身です.

(2) /híː/ [主格補語として]《格式》**彼(だ, です)**, あの男(だ, です)《⇒ me 2 語法 (2)》: "May I speak to Mr. Brown?" "This is *he*."《米》「ブラウンさんをお願いします」「私ですが」《電話で》.
❷ [男性か女性かわからない場合, または特に男女の別を言う必要がないとき]《古風》: I expect everybody to do *his* best. 私はみんなが全力を尽くすと思っています.

> 語法 性差別の観点から he によって両性を代表させる用法を避ける傾向があり, *he* and *she, he* or *she* のような言い方や s/he のような書き方をすることもあるが, 特に《略式》で they を使うことが一般的になってきている: Everyone knows the answer, don't *they*? みんな答えを知っているよね.

❸ [He として神 (God) を示す]《⇒ god 1 語法》.
hé who [that] ...《古風, 格式》...する者はだれでも《⇒ those 代 3 語法》: *He who* does not love solitude will not love freedom. 孤独を愛さない者は自由を愛さない《ドイツの哲学者ショーペンハウアー (Schopenhauer /ʃóʊpənhàʊɚ | -hàʊə/) のことば》.

he² /híː/ 名 ❶ [a ~]《略式》男, 雄 [⇔ she]. ❷ [合成語で] 男[雄]の: a *he*-goat 雄やぎ.

***head** /héd/

— 名 (heads /hédz/)

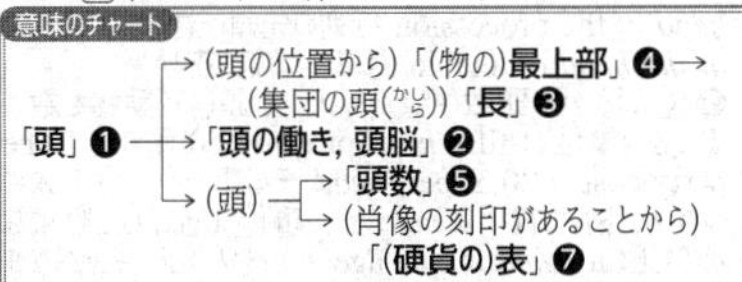

❶ Ⓒ (人や動物の)頭, **頭部:** He hit me on *the head*. 彼は私の頭をたたいた《⇒ the¹ 2》/ ***nod*** one's ***head*** 首を縦に振る《承知・賛成・了解などを表わす》/ ***shake*** one's ***head*** 首を横に振る《不賛成・失望・叱責(しっせき)・感嘆などを表わす》/ ***turn*** one's ***head*** 振り向く / ***raise*** [***lift***] one's ***head*** 顔を上げる / ***duck*** one's ***head*** 頭をひょいと引っ込める[下げる] / My *head* is killing me. Ⓢ 頭がものすごく痛い / MIND YOUR HEAD 頭上注意《掲示》/ 言い換え I am a *head* taller than Tom. = I am taller than Tom by a *head*. 私はトムより頭ひとつ分背が高い / die of *head* injuries 頭のけがで死ぬ / have a good *head* of hair 髪の毛がふさふさしている.

> 日英 head は首 (neck) から上の部分を指す. 従って次のような文では head に当たることばが日本語では「顔」や「首」となることが多い: Don't put [stick] your *head* out of the window. 窓から顔を出すな / The king had his *head* cut off. その王は首を切り落とされた / My horse won by a *head*. 私の馬は首の差で勝った.

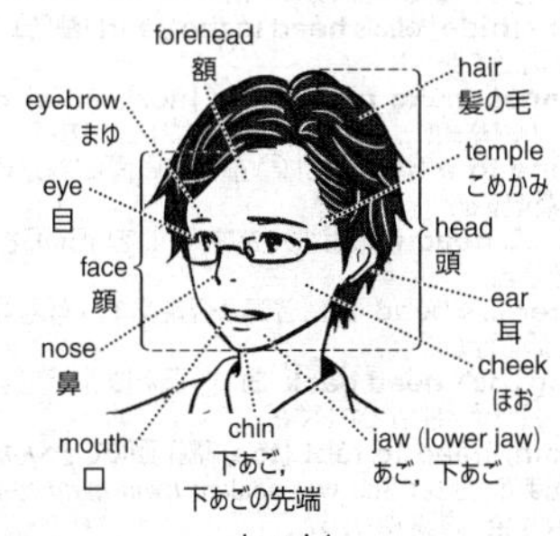

head 1

❷ Ⓒ **頭脳**, 頭の働き; (知性に重点を置いて考えた)人; 理性, 正気: a clear [cool] *head* 明晰な[冷静な]頭脳 / Use your *head*. 頭を使え / do the calculation in one's *head* 暗算する / A good idea came into my

H

head. よい考えが浮かんだ / Two *heads* are better than one.《ことわざ》2 人の頭のほうが 1 人よりまし(三人寄れば文殊(もんじゅ)の知恵).
❸ Ⓒ **長**, 頭(かしら) [≒chief]; 最高位, 首席;《英》校長 [≒principal]; [形容詞的に] 長の, 首席の《⇒ head teacher》**:** (the) ***head of*** state (国家)元首 / the *head of* the department 部長 / He is *at the head of* his class. 彼はクラスのトップだ.
❹ [the ~] **最上部**, 先端; てっぺん, 頂上 [≒top]; 先頭; 船首; (食卓などの)上席 [⇔ foot]; (道具などの)頭部, (ハンマー・くぎなどの)頭**:** the *head of* a bed ベッドの頭《枕の部分》/ ***at the head of*** the page そのページのいちばん上に / She was waiting *at the head of* the staircase. 彼女は階段の上で待っていた / walk *at the head of* the procession 行列の先頭に立って歩く / sit *at the head of* a table 食卓の上席に座る.
❺ Ⓒ (複 ~) **頭数**(あたまかず), 1 人分, 頭(とう)《動物を数えるときの単位》**:** fifty *head* of cattle 50 頭の牛 / The party cost $20 a [per] *head.* そのパーティーは 1 人につき 20 ドルの費用がかかった. ❻ Ⓒ (結球した野菜などの)玉**:** a *head* of cabbage キャベツの玉, キャベツ 1 個. ❼ [複数形で単数扱い] (硬貨の)表 [⇔ tail]**:** *Heads* or tails? 表か裏か《硬貨を投げて順番を決めたりするときのことば; ⇒ toss ⊕ 3》/ *Heads* I win, tails you lose. 表なら私の勝ち, 裏ならあなたの負け《いずれにしても私が有利, の意》. ❽ Ⓒ 項目, 題目; (新聞の)見出し [≒headline]. ❾ Ⓒ《略式》頭痛 [≒headache]. ❿ Ⓒ (テープレコーダー・ビデオデッキの)磁気ヘッド (magnetic head). ⓫ Ⓒ [普通は単数形で] (ビールなどの)泡. ⓬ Ⓒ (はれものの)化膿(かのう)部分. ⓭ Ⓒ [普通は単数形で] 水圧, 蒸気圧 (*of*). ⓮ Ⓒ (川の)源 (*of*).

báng [knóck] ...'s **héads togèther** [動]《略式》(人々)に強引にけんかをやめさせる, ...に(きつく)おきゅうをすえる.
be héad and shóulders abòve ... [動] ⊕ ...より断然優れている.
be [gèt] ín òver one's **héad** [動] ⊜《略式》(無理なことに手を出して)手に負えなくなっている[なる].
bíte [snáp] ...'s **héad òff** [動] Ⓢ (わけもなく) (人)にけんか腰で口をきく,食ってかかる.
bríng ... to a héad [動] ⊕ (事件など)に重大な局面をもたらす, (事態)を深刻にする.
búry [híde] one's **héad in the sánd** [動] ⊜ 現実から逃避する.
cannót màke héad(s) or [nor] táil(s) of ... [動] ⊕《略式》...が何が何だかさっぱりわからない.
còme to a héad [動] ⊜ 重大な局面になる, (事態が)緊迫する.
dó ...'s héad ín [動] ⊜《英略式》...をいらいらさせる, 困らせる.
énter ...'s héad [動] [普通は否定文で] (考えなどが) ...の頭に浮かぶ.
flíng one's **héad bàck** [動] ⊜ 頭を後ろにそらす《怒り・決意・大笑いなどのしぐさ》.
(from) héad to fóot [tóe] [副] **頭のてっぺんからつま先まで, 全身:** She was soaked *from head to foot.* 彼女は全身ずぶぬれだった.
gèt one's **héad dòwn** [動] ⊜ (1)《英》寝る. (2) = keep one's head down.
gèt one's **héad ròund ...** [動] ⊕《英》...を理解する.
gét it ìnto ...'s [one's] héad that ~ [動] ~だということを...に理解させる[理解する].
gíve ... ...'s héad [動] ⊕ (人の)気ままにさせる; (...に)思う存分腕を振るわせる.
gó to ...'s héad [動] (1)《略式》(酒が)(人)をほろ酔いにさせる. (2)《略式》(成功・名声などが)(人)をうぬぼれさせる.
háng one's **héad** [動] ⊜ (恥ずかしさ・悲しみなどで)首を垂れる, うなだれる.
hàve a góod héad on one's **shòulders** [動] ⊜ 頭がいい, 抜け目がない.
hàve a héad for ... [動] ⊕ ...の才能[適性]がある**:** I *have a* (good) *head for* figures. 私は数字に強い / He *has* no *head for* heights. 彼は高所恐怖症だ.
hàve one's **héad (scrèwed) òn ríght [stráight]** [動] ⊜《略式》分別がある, そつがない.
héad fírst [副] = headfirst.
héad ón [副] 正面に[から], 真っ向から《⇒ head-on》.
héad òver héels [副] (1) 真っ逆さまに, ひっくり返って. (2) すっかり, 完全に**:** John is [has fallen] *head over heels* in love with Mary. ジョンはメアリーにすっかり首ったけだ[になった].
Héads úp! Ⓢ《米》危ない!《落下物への警告》.
Héads will róll. Ⓢ (へまをしたやつの)首がとぶだろう, (誰かが)責任をとらされる[罰をくらう]だろう (*for*).
hóld one's **héad hígh = hóld úp** one's **héad** [動] ⊜ 胸を張っている; (困難などにも)くじけない.
kéep one's **héad** [動] ⊜ 平静を保つ.
kéep one's **héad abòve wàter** [動] ⊜ どうにか借金[破産]せずにやっていく. 由来 おぼれないように首を水の上に出していることから.
kéep one's **héad dòwn** [動] ⊜《略式》(頭を低くして)危険を避ける, 注意を引かないようにする.
láugh one's **héad òff** [動] ⊜《略式》大声で笑う.
lóse one's **héad** [動] ⊜ あわてる; かっとなる.
néed (to hàve) one's **héad exàmined** [動] ⊜ Ⓢ 正気でない, 頭がおかしい.
òff one's **héad** [形]《英略式》頭がおかしい; = out of one's head.
on one's **(ówn) héad (bé it)** [形・副] Ⓢ (思うようにならなくても)自分の責任で(かまわない).
òut of one's **héad** [形]《略式》(麻薬・酒などで)正気を失って.
òver ...'s héad = òver the héad of ... [形・副] ...に理解できない**:** What you say is [goes] *over my head.* あなたの言うことは私にはわからない.
—[副] ...の頭越しに; ...に相談もなく.
pùt a [one's] **hánd to** one's **héad** [動] ⊜ 頭に手を置く《深刻な思い・驚きを示す》.
pùt one's **hánds on** one's **héad** [動] ⊜ 両手を頭の上に置く《丸腰である[抵抗の意思がない]ことを示す投降の合図》.

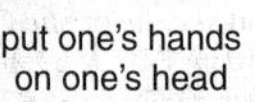

put one's hands on one's head

scratch one's head

pút ... ìnto ~'s **héad** [動] ㊀ (人)に(ある考え)を吹き込む.
pùt our [your, their] héads togèther [動] ㊀ Ⓢ 寄り集まって相談する, 謀議する《your は複数》.
scrátch one's **héad** [動] ㊀《略式》頭をかきむしる《困惑・不満・不可解・自己嫌悪などのしぐさ》; 頭を悩ます (*over*). 日英 てれたりはにかんだりするしぐさではない.
scréam [shóut] one's **héad òff** [動] ㊀《略式》大声で叫ぶ[わめく].
stánd héad and shóulders abòve ... [動] ㊀ = be head and shoulders above ....
stánd [túrn] ... on its héad [動] ㊀ (1) (新しい考え・発見などで)(...)をすっかり変える, 発想を転換させる. (2) (議論・方法など)を逆転させる.
táke it ìnto one's **héad to dó [that ...]** [動] 急に[軽率にも]...しようと思いつく: He *took it into his head to* start the next morning. 彼は急に次の朝出発しようと考えた.
tálk one's **héad òff** [動] ㊀《略式》しゃべりまくる.
thrúst one's **héad fòrward** [動] ㊀ 顔[頭]をぐっと前に突き出す《敵意・挑戦などのしぐさ》.
túrn ...'s héad [動] (人)をうぬぼれさせる; (恋の)とりこにする.
túrn ... on its héad ⇒ stand ... on its head.
— 動 (heads /hédz/; head·ed /-ḍɪd/; head·ing /-ḍɪŋ/) ㊀ [副詞(句)を伴って] (...に向かって)**進む** (*for*, *toward*): Our car is *heading* (due) south. 私たちの車は(真)南へ向かって進んでいる.
— ㊀ ❶ (...)を**指揮する**; 統率する, (組織など)の長である (*up*): Ms. Smith *headed* the women's association. スミスさんがその女性団体を率いていた / The committee *was headed by* Mr. Brown. V+O の受身 その委員会の長はブラウンさんだった.
❷ (...)の**先頭に立つ**; (...)のいちばん上[前]にある: A marching band *headed* the parade. 楽隊がパレードの先頭に立っていた / His name *headed* the list. 一覧表の最初に彼の名前があった. ❸ (...)の機首[船首など]を(~の方へ)向ける: The pilot *headed* the plane *for* [*toward*] Mt. Fuji. パイロットは機首を富士山の方へ向けた. ❹ [普通は受身で] (...)に(~という)見出し[頭書, 表題]をつける: The chapter *was headed* "My Favorite Poem." その章には「私の好きな詩」という題名がついていた. ❺〔サッカー〕(球)をヘディングする.
be héading [héaded] [動] ㊀ (1) (...に)**向かう:** Where [Which way] *are* you *heading* [*headed*]? あなたはどちらへ行かれるのですか. (2) (好ましくない状況などに)向かう (*for*).
héad óff [動] ㊀ (...)の行く手をさえぎる; (...)を阻止する. — ㊀ 出かける, 出発する.

****head·ache** /hédèɪk/ ❗発音
— 名 (~s /~s/) ❶ Ⓒ **頭痛:** have a *headache* 頭痛がする《✪ have *headache* とは言わない》/ 💬 "I have a splitting *headache*." "That's too bad." 「頭が割れるように痛いんです」「それはいけませんね」 関連 backache 背中[腰]の痛み / earache 耳の痛み / stomachache 腹痛 / toothache 歯痛. ❷ Ⓒ《略式》頭痛の種; 心配事, 悩み事: Tom is a real *headache for* his father. トムは父親にとって本当に頭痛の種だ.
head·band /hédbæ̀nd/ 名 Ⓒ ヘッドバンド.
head·board /hédbɔ̀ɚd | -bɔ̀:d/ 名 Ⓒ (ベッドの)頭板《⇒ bedroom 挿絵》.
head-butt /hédbʌ̀t/ 動 ㊀ (...に)頭突きをする.
head count, head·count /hédkàʊnt/ 名 Ⓒ (出席者などの)人数(調査); 雇用人数: do a *head count* 人数を数える.
head·dress /héddrès/ 名 Ⓒ 頭飾り, かぶり物.
head·er /héḍɚ | -də/ 名 ❶ Ⓒ (文書の)ヘッダー《⇒ footer》; (E メールの)ヘッダー《件名・受信者・送信者など》. ❷ Ⓒ〔サッカー〕ヘディング. ❸ Ⓒ《略式》頭からの落下[転倒]; (水泳の)逆さ飛び込み.
head·first /hédfɚ́:st | -fə́:st/ 副 真っ逆さまに; 軽率に: fall *headfirst* 頭から落ちる.
héad gàme 名 Ⓒ [普通は複数形で]《米略式》洗脳, 心理操作: play *head games with* her 彼女の心を操る.
head·gear /hédgɪ̀ɚ | -gɪ̀ə/ 名 Ⓤ かぶり物《帽子・ヘルメットなど》.
head·hunt /hédhʌ̀nt/ 動 ㊀ [普通は受身で] (人材)をスカウトする.
head·hun·ter /hédhʌ̀nṭɚ | -tə/ 名 Ⓒ 人材スカウト《人》.
head·hunting /hédhʌ̀nṭɪŋ/ 名 ❶ Ⓤ ヘッドハンティング, (人材の)引き抜き. ❷ Ⓤ 首狩り.
+**head·ing** /héḍɪŋ/ 名 (~s /~z/) ❶ Ⓒ (本・新聞・章などの)**表題**, 見出し; 項目; (手紙の)頭書. ❷ Ⓒ (船などの進む)方向.
head·land /hédlənd/ 名 Ⓒ 岬.
head·less /hédləs/ 形 頭[首]のない.
head·light /hédlàɪt/ 名 Ⓒ [普通は複数形で] (自動車・列車などの)ヘッドライト(の光), 前照灯 [⇔ taillight]《⇒ bicycle 挿絵, car 挿絵, motorcycle 挿絵》.
+**head·line** /hédlàɪn/ 名 (~s /~z/) ❶ Ⓒ (新聞記事などの)**見出し:** *Headlines* are printed in large type. 見出しは大きな活字で印刷されている. ❷ [the ~s] (ニュース番組の冒頭などに読み上げる)主な項目[ニュース]: Here is the news. First, today's *headlines*. ニュースをお伝えします. まず今日の主な項目です.
máke [gráb, hít] (the) héadlines [動] ㊀ (マスコミで)大きく取り上げられる, 有名になる.
— 動 ㊀ ❶ [普通は受身で] (...)に見出しをつける. ❷ (ショーなど)の主演[主役]を務める. — ㊀ 主演[主役]を務める.
head·lock /hédlɑ̀(:)k | -lɔ̀k/ 名 Ⓒ (レスリングの)ヘッドロック《腕で相手の頭をおさえこむ技》.
head·long /hédlɔ́:ŋ | -lɔ́ŋ⁻/ 副 ❶ あわてふためいて; 向こう見ずに: rush *headlong* into marriage あわてて結婚する. ❷ 頭から, 真っ逆さまに: fall *headlong* 真っ逆さまに落ちる. — 形 ❶ 限定 向こう見ずな; 軽率な: a *headlong* dash 猪突猛進. ❷ 限定 頭からの, 真っ逆さまの: a *headlong* fall 真っ逆さまの墜落.
head·man /hédmæ̀n/ 名 (-men /-mèn/) Ⓒ (部族などの)首領, 頭(かしら) [≒chief].
head·mas·ter /hédmæ̀stɚ | -mɑ́:stə/ 名 ❶ Ⓒ《英》(男性の)校長《⇒ head teacher》. ❷ Ⓒ《米》(私立学校の)校長.
head·mis·tress /hédmɪ̀strəs | -mɪ̀s-/ 名 ❶ Ⓒ《英》(女性の)校長《⇒ head teacher》. ❷ Ⓒ《米》(私立学校の女性の)校長.
héad òffice 名 Ⓒ [しばしば無冠詞で H- O-] 本社[店, 局]; [《英》単数形でもときに複数扱い] 本社幹部《全体》. 関連 branch office 支店.
+**head-on** /hédɑ́(:)n, -ɔ́:n | -ɔ́n⁻/ 副 **正面から;** まともに: collide [crash, smash] *head-on* with ... ...と正面衝突する / face the problem *head-on* 真っ向からその問

題に立ち向かう.
— 形 限定 **正面の**, 真っ向からの: a *head-on* collision 正面衝突 / a *head-on* confrontation 真っ向からの対立.

+**head·phones** /hédfòʊnz/ 名 複 **ヘッドホン**: wear (a pair of) *headphones* ヘッドホンをつける.

head·quar·tered /hédkwɔ̀əṭəd | hèdkwɔ́:təd/ 形 叙述 (...に)本部がある (*in, at*).

*__head·quar·ters__ /hédkwɔ̀əṭəz | hèdkwɔ́:təz/ 名 複 [ときに単数扱い] **本部**; (会社の)本社; (軍隊の)司令部《略 HQ》; (警察の)本署: the *headquarters* of a firm 会社の本社 / general *headquarters* 総司令部《略 GHQ》/ Our *headquarters* are [is] in Washington. 我々の本部はワシントンにある.

head·rest /hédrèst/ 名 C ヘッドレスト, シート枕《車・飛行機の座席などの》.

head·room /hédrù:m/ 名 U (車内・室内の)頭上の空間, ヘッドクリアランス; 《英》空(あ)き高《トンネル・橋などをくぐるときの頭上スペース》.

head·scarf /hédskàəf | -skà:f/ 名 (-scarves /-skàəvz | -skà:vz/) C (女性が頭を覆(おお)うように着用する)スカーフ.

head·set /hédsèt/ 名 C (特にマイク付きの)ヘッドホン.

head·stand /hédstæ̀nd/ 名 C (頭をつけた)逆立ち《⇒ handstand》: do a *headstand* 逆立ちする.

héad stárt 名 [a ~] 幸先(さいさき)のよいスタート; (競走などの)有利なスタート (*over, on*).

head·stone /hédstòʊn/ 名 C 墓石《死者の頭の部分に立てる》.

head·strong /hédstrɔ̀:ŋ | -strɔ̀ŋ/ 形 頑固な, 強情な, わがままな.

heads-up /hédzʌ́p/ 名 [a ~] 警告, 注意.

héad téacher 名 C 《英》校長 [《米》principal].

head-to-head /hédtəhéd←/ 形 限定, 副 (対決などが)真っ向から(の), 一対一の[で] (*with*).

head·waters /hédwɔ̀:ṭəz | -wɔ̀:təz/ 名 複 (川の)源流, 上流.

head·way /hédwèi/ 名 U 前進; 進歩. **màke héadway** [動] 自 (苦労して)前進する (*toward, in, with, against*).

head·wind /hédwìnd/ 名 C,U 向かい風, 逆風 [⇔ tailwind].

head·y /hédi/ 形 (head·i·er; -i·est) ❶ [普通は 限定] (酒・香りが)酔わせる; 高揚させる. ❷ (成功などで)うきうきした (*with*). ❸ (行動などが)性急な.

*__heal__ /hí:l/ (同音 heel, he'll) 動 (heals /~z/; healed /~d/; heal·ing) 自 ❶ (傷などが)**治る** (*up*): My leg *healed* quickly. 私の脚はすぐによくなった. ❷ (苦痛などから)回復する; (不和などが)解消する.
— 他 ❶ (傷)を**治す**; 《格式》(病人)を治す, いやす《⇒ cure 表》: The doctor *healed* his wounds. 医者は彼の傷を治した. ❷ (不和など)を解消する; (悲しみなど)をいやす: Time *heals* all sorrows. 時はすべての悲しみをいやしてくれる.
héal óver [動] 自 (傷が)治る.
〖語源 health, whole と同語源〗

heal·er /hí:lə | -lə/ 名 C 治療者; 信仰療法を行なう人; いやすもの: Time is a great *healer*. 《ことわざ》時は偉大な治療師(心の傷も時がたてば治る).

heal·ing /hí:lɪŋ/ 名 U 治療(法), いやし.

***__health__ /hélθ/
— 名 ❶ U **健康**, (体が)丈夫なこと, 健全 [⇔ illness, sickness]: Getting up early is good for your *health*. 早起きは健康によい / damage ...'s *health* ...の健康を損ねる / restore [regain] one's *health* 健康を回復する / mental *health* 心の健康 / *Health* is better than wealth. 《ことわざ》健康は富にまさる.
❷ U **健康状態**, 体の具合: 言い換え He 「is in [has] good *health*. = His *health* is good. (= He is healthy.) 彼は健康だ / He is *in* poor [bad] *health*. 彼は体の具合がよくない / enjoy good *health* 健康である. ❸ [形容詞的に] 健康(上)の: *health* problems 健康上の問題. ❹ U 保健事業; 衛生. ❺ U (経済・組織などが)健全であること, 繁栄: the *health of* a nation's economy 国の経済的繁栄.
drínk (to) ...'s héalth [動] (人)の健康を祝して[祈って]乾杯する.
To your héalth! = Your ((véry) góod) héalth! [間] あなたのご健康を祝して《乾杯のことば; ⇒ toast² 参考》. (形 héalthy, héalthful)
〖語源 元来は heal の名詞形〗

+**héalth càre** 名 U **健康管理**, 医療, 保健.

héalth cènter 名 C (大学・地域の)医療センター.

héalth clùb 名 C スポーツ[フィットネス]クラブ.

héalth fòod 名 U,C 健康[自然]食品.

health·ful /hélθf(ə)l/ 形 (場所・食物など)健康によい; (精神的に)有益な. (名 health)

health·i·ly /hélθɪli/ 副 健康(的)に; 健全に.

health·i·ness /hélθinəs/ 名 U 健康; 健全.

héalth insùrance 名 U 健康保険.

héalth sèrvice 名 C 公共医療(制度).

héalth spà 名 C 《米》ヘルススパ《健康維持のためダイエットや運動をしに行く保養地・施設》.

héalth vìsitor 名 C 《英》訪問看護師, 巡回保健師.

**__health·y__ /hélθi/
— 形 (health·i·er /-θiə | -θiə/; health·i·est /-θiɪst/) ❶ (人・動物が)**健康な**《⇒ 類義語》 [⇔ ill, sick, unhealthy]; (顔つき・食欲などが)健康そうな: *healthy* children 健康な子供たち / a *healthy* appetite 旺盛な食欲 / look *healthy* 健康そうに見える. 日英 「私の体は健康です」は I am healthy. と言い My body is healthy. とは言わない.
❷ (食物などが)**健康的な**, 健康によい; (道徳的・精神的に)**健全な**, まともな [⇔ unhealthy]: a *healthy* diet 健康的な食事 / Smoking is not ***healthy for*** you. + for+名 喫煙はあなたの健康によくない / a *healthy* curiosity 健全な好奇心. ❸ (経済・社会などが)健全な, 安定した. ❹ (金額・利益などが)相当な, 充分な: a *healthy* bank balance 充分な銀行預金残高. (名 health)

類義語 **healthy** は, かなりの期間にわたって正常な健康状態が続くことを意味し, **well** は単にある時点において病気ではないということだけを意味する. *well* は 叙述 でしか用いられない: I'm generally pretty *healthy*, although I'm not so *well* today. きょうはあまり体の調子がよくないが, ふだんはとても健康だ. **sound** *healthy* よりも文語的で心身が何の故障もない完全な健康状態であることを意味する: A *sound* mind in a *sound* body. 《ことわざ》健全な身体に健全な精神(を持つことが望ましい). **wholesome** 健康を増進し, 衛生的であることを意味する. **fit** 特に定期的な運動の結果としてよい健康状態であることを意味する.

+**heap** /hí:p/ 名 (~s /~s/) ❶ C **積み重ね**, (乱雑に積

み重ねられた)山, 塊《⇒ pile¹ 表》: a *heap of* sand [earth] 砂[土]の山 / Fan letters lay *in* 「*a heap* [*heaps*] on the desk. 机の上にファンレターが山と積まれていた // ⇒ scrap heap. ❷ [複数形で副詞的に比較級を強める] 《略式》 とても, ずいぶん [≒much]: I feel *heaps* better today. きょうはずっと気分がよい. ❸ Ⓒ 《略式》 [こっけいに] ぽんこつ(車).

a héap of ... = héaps of ... [形] 《略式》 たくさんの..., 多数[多量]の... [≒lots of ..., a lot of ...]: *heaps of* work たくさんの仕事.

at the tóp [bóttom] of the héap [副・形] (社会・組織などの)上層[底辺]に[で].

collápse [fáll] in a héap [動] ⓐ (人が)どたっと倒れて動かなくなる.

— [動] (heaps /~s/; heaped /~t/; heap·ing) ⓗ ❶ (...)を**積み上げる**, 積み上げて作る (*up*): They *heaped* bricks in a corner of the backyard. 彼らは裏庭の片隅にれんがを積み上げた. ❷ (皿など)に(...を)山盛りにする; (...)をあふれるほど載せる: [言い換え] He *heaped* my plate *with* turkey. = He *heaped* turkey *on* my plate. 彼は私の皿に七面鳥の肉を山盛りに入れた. ❸ (賞賛・批判など)を山ほど与える, 浴びせる: The teacher *heaped praise on* the pupil. 先生はその生徒をほめちぎった.

heap·ing /híːpɪŋ/ [形] [限定] 《米》 (さじ・皿が)山盛りの: a *heaping* teaspoon of sugar 砂糖茶さじ山盛り1杯.

***hear** /hɪ́ɚ | hɪ́ə/ ([同音] here)

— [動] (hears /~z/; [過去]・[過分] heard /hɚ́ːd | hə́ːd/; hear·ing /hɪ́(ə)rɪŋ/) ⓗ

単語のエッセンス	
1) 聞こえる	ⓗ ❶
2) 伝え聞く	ⓗ ❷
3) (耳を傾けて)聞く	ⓗ ❸

❶ [進行形なし] (自然に)(...(の音・声))が**聞こえる**, 聞こえてくる, 耳に入る《⇒ [類義語]》; (自然に)(...)が〜**するのを聞く**: I *heard* a strange noise upstairs. 上の階で奇妙な物音が聞こえた / Can you *hear* me? 聞こえますか / I can't *hear* you very well. あなたのおっしゃることがよく聞こえません(電話が遠いのですが) / They *heard* him *go* out. [V+O+C (原形)] 彼らは彼が出て行く音を耳にした. [語法] この文を受身の文にすると次のように原形の代わりに to 不定詞を用いる: He *was heard to* go out. // We could *hear* the girl sing*ing* in the bathroom. [V+O+C (現分)] 女の子が浴室で歌っているのが聞こえた. [語法] この文を受身にすると次のようになる: The girl could *be heard* sing*ing* in the bathroom. [語法] C が原形不定詞のときと現在分詞のときとでは前者が動作の完結を,後者がその進行中を暗示する違いがある // I **heard** my name call*ed*. [V+O+C (過分)] 私の名前が呼ばれるのを耳にした.

hear (自然に…が聞こえる)	聞く《⇒ [類義語]》
listen to (聞こうとして聞く)	

❷ [普通は進行形なし] (うわさなどで)(...)を**伝え聞く**, 聞く, 聞いて知る: Have you *heard* the news? あなたはそのニュースを聞きましたか / I've **heard** (*that*) it's an interesting book. [V+O (that)節] それは面白い本だそうだ [多用] / *I hear* (*that*) you've been sick. ご病気だったそうですね. [語法] ..., I hèar. の形で文尾に, また ..., I hèar, ... の形で文中に置くこともある // I **heard** strange things **about** [**of**] him. [V+O+前+名] 彼について妙なことを耳にした / I've *heard* 「a lot [so much] *about* you. おうわさはかねがね伺っております《初対面のあいさつで》 / I've **heard it said** *that* she is ill. [V+O+C (過分)] 彼女は病気だとうわさされていますがね(本当はあやしい). [語法] it は that 以下を受ける形式目的語.

❸ (聞こうとして)(...)を**聞く**, (...)に耳を傾ける [≒listen to]; (言い分など)を聞いてやる, (人)の話に耳を貸す, (裁判官が)(事件)を審理する; (願い)を聞き入れる: Let's *hear* his explanation [excuse]. 彼の説明[言い分]を聞こうではないか / Please *hear* what she has to say. 彼女の言うことを聞いてやってください / *hear* a case 訴訟事件を審理する.

— ⓐ ❶ [進行形なし] **耳が聞こえる**, (耳で)聞く: His grandfather does not [cannot] *hear* well. 彼の祖父は耳がよく聞こえない. ❷ [普通は進行形なし] (うわさなどで)聞く; 便りをもらう: 💬 "She's getting married." "Sò 「I've *héard* [I *héar*]." 「彼女が結婚するそうだ」「そうらしいね」.

be héaring thìngs [動] ⓐ Ⓢ そら耳がする.

Do you héar (me)? = You héar (me)? Ⓢ いいかね, わかったか?

Hàve you héard the óne [jóke, stóry] abòut ...? Ⓢ ...のジョークを知ってるかい?

Héar! Héar! [間] いいぞ, 賛成!

hèar téll 「of ... [that ...] [動] ⓗ 《古風》 ...のこと[...ということ]をうわさに聞く.

I càn't héar mysèlf thínk. Ⓢ (まわりがうるさくて)集中できないよ.

I héar what 「you're sáying [you sáy] Ⓢ 言い分はわかった(けれど...) 《同意しない場合に用いる》.

màke onesèlf héard [動] ⓐ (大声を上げて)自分の声を聞かせる; (考えなどを)聞いてもらう.

(will) néver héar the énd [lást] of it Ⓢ このことを際限なく聞かされることになる.

hear の句動詞

***héar abòut ...** [動] ⓗ **...のこと[うわさ]を聞く**, ...について聞く: Have you *heard about* the fire last night? 夕べの火事のことを聞きましたか / I've *heard about* parties like this. この種のパーティーのことはうわさで聞いていました. [語法] hear of ... よりも具体的な内容について聞くときに用いるが, 同じような意味のこともある.

***héar from ...** [動] ⓗ ❶ [進行形なし] (人)**から便り[電話]がある[をもらう]**, (人)**から連絡がある** ([受身] be heard from): I *hear from* her every week. 彼女からは毎週便り[連絡, 電話]がある / I look forward to *hearing from* you. (メールなどで)ご連絡をお待ちしています. ❷ (討論などで)...の意見[話]を聞く.

***héar of ...** [動] ⓗ ❶ [進行形なし] [しばしば疑問文・否定文で] **...のことを聞く**, ...の存在を知っている ([受身] be heard of): I've *never heard of* (anyone do*ing*) such a thing. そんなこと(をする人がいると)は聞いたことがない. ❷ ...のうわさ[消息]を聞く: We haven't *heard of* her since. 私たちはあれ以来彼女の消息は聞いていない. ❸ [否定文で, 普通は won't [wouldn't] 〜として] Ⓢ ...を聞き入れる, ...を許す: I *won't hear of* you [your] pay*ing* for lunch. あなたに昼食代を払ってもらうなんてとんでもない.

héar ... óut [動] ⓗ (人(の話))を最後まで聞く.

‖ [類義語] hear は音が自然に耳に聞こえてくることを意味

H

し, listen は積極的に聞こうという態度で耳を傾けることを意味する: I *listened* but *heard* nothing. 私は耳を澄ましたが何も聞こえなかった / You may have *heard* me, but you certainly weren't *listening to* me! 私のことばを耳にしていたかもしれないが, 決してよく聞こう[理解しよう]としてはいなかった. ✪ hear にも 他 3 のように,「聞こうとして聞く」という意味もあるが, listen hard とは言えても hear hard とは言えない.

***heard** /hə́ːd | hə́ːd/ **!発音** (同音 herd) 動 hear の**過去形および過去分詞**.

hear·er /hí(ə)rə | -rə/ 名 C 聞き手, 聴取者; 傍聴人 [≒listener].

***hear·ing** /hí(ə)rɪŋ/ 名 (～s /～z/) ❶ U **聴力**, 聴覚; 聞くこと, 聞き取り: have good [bad] *hearing* 耳がよい[悪い] / lose one's *hearing* 耳が聞こえなくなる / My *hearing* is poor. 私は耳が遠い / My grandmother is hard of *hearing*. 私の祖母は耳が遠い. 日英 日本でいう外国語学習の「ヒアリング(テスト)」に相当する英語は listening comprehension (test). hearing test は「聴力検査」を指す.

❷ C **聴聞会**; 〔法律〕審問; 聞く機会: hold a public *hearing* 公聴会を開く / gain [get] a *hearing* 言い分を聞いてもらえる, 発言の機会を得る / Give him a (fair) *hearing*. 彼に(公正な)発言の機会を与えよ.

❸ U 聞こえる距離[範囲]: He talked about it *in* my *hearing*. 彼は私に聞こえる所でそのことを話した / within [out of] *hearing* 聞こえる[聞こえない]所で.

héaring àid 名 C 補聴器.

hear·ing-im·paired /hí(ə)rɪŋɪmpèəd | -pèəd/ 形 聴覚障害をもつ: the *hearing-impaired* 聴覚障害者 (⇒ the¹ 3).

hear·ken /háːk(ə)n | háːk-/ 動 自 《文語》 耳を傾ける, 傾聴する [≒listen] (*to*).

Hearn /hə́ːn | hə́ːn/ 名 固 **Laf·ca·di·o** /læfkáːdiòʊ/ ～ ハーン (1850-1904) 《米国から日本に帰化して小泉八雲と称した新聞記者・作家》.

hear·say /híəsèɪ | híə-/ 名 U うわさ, 風聞.

hearse /hə́ːs | hə́ːs/ 名 C 霊柩(れいきゅう)車.

***heart** /háːt | háːt/ **!発音** ear は例外的に /ɑə | ɑː/ と発音する.

— 名 (hearts /háːts | háːts/)

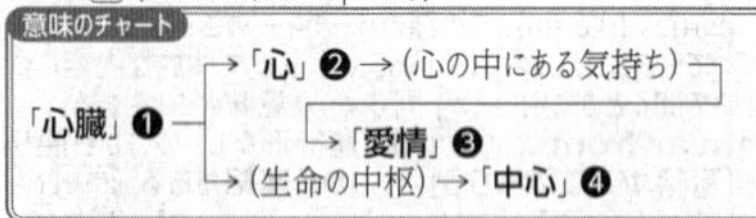

❶ C **心臓**; 《文語》胸部: have a weak [bad] *heart* 心臓(の機能)が弱い / My *heart* is beating fast. 心臓がどきどきしている / I saw a sight that made my *heart* stand still. 私は心臓が止まるほどの恐ろしい光景を見た / a *heart* transplant 心臓移植 / *heart* trouble 心臓病. 関連 cardiac 心臓の.

❷ C (感情の宿る)**心**, 胸; **感情** (⇒ mind 表, 類義語): a broken *heart* うちひしがれた心 / She has a kind *heart*. 彼女は優しい心の持ち主です / The movie ***touched*** my ***heart***. その映画は私の心を動かした[胸を打った] / His story would move even the hardest *heart*. 彼の話はどんな冷たい人の心も打つだろう / What the *heart* thinks, the mouth speaks. 《ことわざ》心が考えていることを口はしゃべる(思いは口に出る).

❸ U **愛情**, 同情, 親切心: a man with *heart* [no *heart*] 人情のある[ない]男.

❹ [the ～] **中心(部)**, 核心, 急所, 本質; C (キャベツなどの)芯(しん) (⇒ middle 類義語): a hotel ***in the heart of*** London ロンドンの中心部にあるホテル / lie [be] ***at the heart of*** ... (問題など)の核心にある / We have ***got to the*** very ***heart of*** the matter. 我々はまさに事件の核心に触れた. ❺ U 勇気; 元気; 熱意; 関心.

❻ C (愛情を示す)ハート(形の物); 〔トランプ〕ハートの札; [～s としてときに単数扱い] ハートの組: the deuce [two] of *hearts* ハートの 2. 関連 club クラブ / diamond ダイヤ / spade スペード.

àfter ...'s ówn héart [形] Ⓢ (人)の心にかなった; (考え・行動・趣味が)似た: a man [woman] *after my own heart* 趣味の合う男性[女性].

at héart [副] (外見はともかく)**心では**, 根(ね)は: People are basically good *at heart*. 人は本来根は善良だ.

bréak ...'s héart [動] (人)をひどく悲しませる.

by héart [副] **暗記して**, そらで: He learned [knew] those lines *by heart*. 彼はそれらのせりふを暗記し(てい)た.

clóse [déar] to ...'s héart [形] (人)にとって大切な, とても関心のある.

cróss one's **héart (and hópe to díe)** [動] 自 胸に十字を切る; [cross my heart で] Ⓢ 《略式》(うそでないと)誓う: "Is that true?" "Cross my heart." 「それ本当?」「誓ってうそじゃないよ」

crý one's **héart òut** [動] 自 大泣きする.

from (the bóttom of) one's **héart** [副] Ⓢ 心の底から, 真に. 語法 thank, feel, love などの動詞とともに使われることが多い.

háve a héart [動] 自 [命令文で] Ⓢ [こっけいに] 優しくする; 同情する, 理解する, 勘弁する.

hàve a héart of góld [動] 自 心がとても優しい.

hàve ... at héart [動] 他 (...)を深く心にかける.

hàve one's **héart sét on ...** [動] 他 ...を熱望している; ...(すること)を心に決めている (do*ing*).

hàve the héart to dó [動] [否定文で] Ⓢ 大胆にも...する; 冷酷にも...する: I did *not have the heart to* say that. 私にはとてもそれを言う勇気がなかった.

héart and sóul [副] 身も心も打ち込んで, 熱心に; 完全に.

One's **heart gòes óut to ....** Ⓢ (人)を大変かわいそうに思う.

One's **héart is in** one's **móuth.** [動] 自 どきどきして[おびえて, 心配して]いる.

One's **héart is nót in ....** ...に関心がない, 熱心でない, 身が入らない.

One's **héart sínks.** 気が沈む, がっかりする; 悲しくなる.

in one's **héart (of héarts)** [副] [know, believe, feel などとともに] 心の奥では, 腹の底では; 本当は.

lèt one's **héart rúle** one's **héad** [動] 自 理性よりも感情で行動する.

lóse héart [動] 自 やる気をなくす, 意気消沈する [⇔ take heart].

néar to ...'s héart [形] = close to ...'s heart.

sèt one's **héart on ...** [動] 他 ...を熱望する; どうしても...したいと思う (do*ing*).

sób one's **héart òut** [動] 自 大泣きする.

tàke héart [動] 自 (...で)気を取り直す, 元気を出す (*from*) [⇔ lose heart].

tàke ... to héart [動] 他 (...)を肝(きも)に銘じる; (...)を苦にする, 気にする.

téar [ríp] ...'s héart òut [動] (人)の心をかきむしる, (人)を悲しませる.
with áll one's **héart = with** one's **whóle héart** [副] 真心こめて, 心から. (形 héarty, 動 héarten)

heart·ache /hάəṭèɪk | hά:t-/ 名 U,C 《文語》(特に失恋・別離などの)深い悲しみ, 心痛, 悲嘆.

+**heart at·tack** /hάəṭətæ̀k | hά:t-/ 名 C **心臓まひ**(の発作) [≒heart failure]: have *a heart attack* 心臓まひを起こす; 《略式》びっくり仰天する.

heart·beat /hάəṭbì:t | hά:t-/ 名 ❶ C,U 心臓の鼓動, 動悸(どうき) (beat). ❷ [the ~] (活動などの)中心 (*of*).
be a héartbeat awáy [動] 自 (...に)とても近い (*from*). **in a héartbeat** [副] 《米》すぐに, ためらわずに.

heart·break /hάəṭbrèɪk | hά:t-/ 名 ❶ U 悲嘆, 断腸の思い. ❷ C 悲しい事.

heart·break·ing /hάəṭbrèɪkɪŋ | hά:t-/ 形 胸も張り裂けるような, 断腸の思いをさせる.

heart·bro·ken /hάəṭbròʊkən | hά:t-/ 形 (特に失恋・別離などで)悲嘆に暮れた.

heart·burn /hάəṭbə̀:n | hά:tbə̀:n/ 名 U 胸焼け.

héart disèase 名 U,C 心臓病, 心疾患.

-heart·ed /hάəṭɪd | hά:t-/ 形 [合成語で] ...な心の, 心が...な: warm-*hearted* 心の温かい.

heart·en /hάəṭn | hά:tn/ 動 他 [普通は受身で] (人)を元気づける, 鼓舞する [⇔ dishearten]. (名 heart)

heart·en·ing /hάəṭnɪŋ | hά:t-/ 形 元気づける, 励みになる.

héart fàilure 名 U 心不全; 心臓まひ [≒heart attack].

heart·felt /hάəṭfèlt | hά:t-/ 形 限定 心からの, 真心をこめた: *heartfelt* thanks 心からの感謝.

hearth /hάəθ | hά:θ/ ❗発音 名 C 炉床; 炉辺《家庭のだんらんの中心と考えられていた》. **héarth and hóme** [名] 《文語》家庭(のだんらん).

heart·i·ly /hάəṭəli | hά:-/ 副 ❶ 元気よく, 思う存分; たくさん: laugh *heartily* 大笑いする / eat *heartily* たらふく食べる. ❷ 心から, 本気で; すっかり, 全く: I *heartily* agree with you on this. この件ではあなたと全く同意見です.

heart·land /hάəṭlæ̀nd | hά:t-/ 名 C [しばしば the ~] 中心地域, 心臓部; 中央部 (*of*).

heart·less /hάəṭləs | hά:t-/ 形 無情な, 冷酷な.

heart·rend·ing /hάəṭrèndɪŋ | hά:t-/ 形 [普通は 限定] 胸も張り裂けるような, 悲痛な.

heart·sick /hάəṭsɪ̀k | hά:t-/ 形 《文語》悲痛の, 悲しみに暮れた[沈んだ].

heart·strings /hάəṭstrɪ̀ŋz | hά:t-/ 名 複 [次の成句で]
túg [púll] at ...'s héartstrings [動] (人)を大変感動させる, (人)の琴線(きんせん)に触れる.

heart·throb /hάəṭθrὰ(:)b | hά:tθrɔ̀b/ 名 C (特に女性にとっての)あこがれの人《俳優・歌手など》.

heart-to-heart /hάəṭtəhάəṭ | hά:ttəhά:t←/ 名 C (特に2人だけの)腹を割った話し合い. — 形 限定 (特に2人だけの話が)率直な, 腹を割った.

heart·warm·ing /hάəṭwɔ̀əmɪŋ | hά:twɔ̀:m-/ 形 心暖まる, ほほえましい, ほのぼのとした.

+**heart·y** /hάəṭi | hά:-/ 形 (heart·i·er /-ṭiə | -tiə/; heart·i·est /-ṭiɪst/) ❶ [普通は 限定] **心からの**, 親切な, 温かい: a *hearty* welcome 心からの歓迎. ❷ [ときに悪い意味で] にぎやかな, 騒々しい; 元気な, 達者な. ❸ 限定 (食事などが)たくさんの, 十分な; (食欲が)旺盛(おうせい)な: a *hearty* meal 十分な食事 / have a *hearty* appetite 食欲旺盛である. (名 heart)

⁑heat /hí:t/

— 名 (heats /hí:ts/)

意味のチャート
「熱」❶ →「熱烈さ・激しさ」❸ → (激しい競争)
→ (競技の)「回」❺

❶ U 熱; **熱さ, 暑さ** [⇔ cold]: the *heat* of the sun 太陽の熱 / the intense *heat* 酷暑 / It is almost unbearable in the *heat* of the day but it's cool at night. 日中の暑い盛りは耐え難いほどだが, 夜は涼しい / If you can't stand the *heat*, get out of the kitchen. 熱いのがいやなら台所から出ろ(苦労がいやなら難しい仕事に手を出すな)《Truman 大統領の口ぐせ》.

heat (高い温度)	熱
fever (病気による異常に高い体温)	
temperature (温度, 体温)	温度

❷ U,C [普通は単数形で] (オーブン・暖房などの)**温度**, 熱; 発熱部; U 《主に米》暖房(装置) [《英》heating]: at a high [low] *heat* 高[低]温で / turn up [down] the *heat* (ヒーターなどの)温度を上げる[下げる] / turn on [off] the *heat* 暖房(など)を入れる[切る].
❸ U **熱烈さ**, 激しさ; 興奮, (激しい)怒り: the *heat* of an argument 議論の激しさ / with *heat* 興奮して. ❹ U プレッシャー, 圧力; 非難, 攻撃: The *heat* is on. プレッシャーがかかっている / turn up the *heat* (on ...) (...への)圧力[攻撃]を強める / take the *heat* 非難[攻撃]に耐える. ❺ C 〔スポーツ〕(予選などの)回, 組: trial [preliminary] *heats* 予選 //⇒ dead heat. ❻ U 辛(から)さ.
be in [《英》on] héat [動] 自 (雌犬などが)発情している, さかりがついている.
in the héat of the móment [副] かっとしたはずみに.

— 動 (heats /hí:ts/; heat·ed /-ṭɪd/; heat·ing /-ṭɪŋ/) 他 (...)を**熱する**, 熱くする, 暖[温]める [⇔ cool]: He *heated* the water to 80℃. 彼は水を摂氏 80 度まで温めた / She ***heated*** (***up***) the soup for supper. V(+*up*)+O 彼女はスープを夕食のために温めた.
— 自 ❶ 熱くなる, 暖まる (*up*). ❷ (事態が)熱気を帯びる, 緊迫する (*up*). (形 hot)

+**heat·ed** /hí:ṭɪd/ 形 ❶ **熱せられた**: a *heated* swimming pool 温水プール. ❷ 興奮した; 怒った: a *heated* discussion 激論.
~·ly 副 興奮して; 怒って.

+**heat·er** /hí:ṭə | -tə/ 名 (~s /~z/) C **ヒーター**, 加熱器; 暖房器具, ストーブ [⇔ cooler]: 「a gas [an electric] *heater* ガス[電気]ストーブ《⇒ stove[1] 参考》/ an oil *heater* オイルヒーター / a water *heater* 温水器.

heath /hí:θ/ 名 ❶ C 《英》荒れ野《特にヒースの生い茂ったもので England の北部から Scotland へかけて多く見られる; ⇒ moor[2]》. ❷ U ヒース《荒れ野に自生する各種の小低木》.

hea·then /hí:ð(ə)n/ 名 (複 ~(s)) ❶ C 《古風》[差別的] 異教徒《キリスト教・イスラム教・ユダヤ教などの神を信じない者; ⇒ gentile》; 不信心者. ❷ C 《古風》[こっけいに] 教養のない人, 礼儀知らずの人. — 形

H

《古風》[差別的] 異教(徒)の, 不信心な; 無教養の.

***heat·ing** /híːṭɪŋ/ 名 U 《主に英》(建物の)**暖房(装置)** [《米》heat]: a *heating* system 暖房装置 / central *heating* セントラルヒーティング, 集中暖房装置.

heat-re·sis·tant /híːtrɪzìstənt/ 形 耐熱性の.

heat·stroke /híːtstròʊk/ 名 U 熱射病, 熱中症.

héat wàve 名 C 猛暑; 〔気象〕熱波.

+**heave** /híːv/ 動 (heaves /~z/; 過去・過分 heaved /~d/; heav·ing) 他 ❶ (重い人・物)を**引っ張り[押し, 持ち]上げる**(⇒ pull 類義語): He ***heaved*** the heavy trunk ***into*** the car. V+O+前+名 彼は重いトランクを持ち上げて車へ積み込んだ. ❷ (重い物)をほうり投げる, 投げ出す: Somebody *heaved* a concrete block *into* the river. 何者かがコンクリートのブロックを川に投げ込んだ. ❸ (ため息・うめき声など)を(大きく・ゆっくりと)吐き出す: She *heaved* a sigh (of relief). 彼女は(安心して)大きくほっとため息をついた.

— 自 ❶ (力いっぱい)引っ張る, 押す, 持ち上げる: They *heaved* (away) *at* [*on*] the rope. 彼らは力いっぱいロープを引いた. ❷ (規則的に)上下に動く, 波打つ (*with*): His chest was *heaving* after the race. レースの後で彼の胸は波打っていた. ❸《略式》吐く, 戻す.

— 名 ❶ C (努力して)引っ張り[押し]上げること. ❷ U《文語》(波などの)うねり. ❸ [the ~s] 吐き気.

***heav·en** /hév(ə)n/ 発音 名 (~s /~z/) ❶ U [しばしば H-]〔キリスト教〕**天国**《神や天使の住んでいる所》: our Father in *heaven* 天におられるわれらの父《神のこと》. 関連 hell 地獄.

❷ U,C《略式》**天国のような所**, 楽園 [≒paradise]; とても幸福な状態[事, 体験]: One week at the lake was *heaven* after the city heat. 都会の酷暑を逃れて湖畔で過ごした 1 週間は天国のようだった. ❸ [the heavens]《文語》天, 大空 [≒sky].

be in héaven [動] 自 天国にいる, 死んでいる; 《略式》とても幸せである, 大変満足している.

for héaven's sàke ⇒ sake¹ 成句.

gò to héaven [動] 自 **天国へ行く**, 死ぬ: One, two, three, four, five, six, seven, All good children *go to heaven*. 1 つ 2 つ 3 つ 4 つ 5 つ 6 つ 7 つ, よい子はみんな天国へ行く《遊戯の鬼を決める歌; 英国の童謡集 *Mother Goose's Melodies* の一編》.

(Góod) Héavens! = Héavens abóve! [間] Ⓢ 困った!, おや!, まあ!; とんでもない!《驚き・あわれみ・強い否定などを表わす》.

Héaven hélp ...! ⇒ help 動 成句.

móve héaven and éarth [動] 自 (...するために)一生懸命頑張る (*to* do).

The héavens ópened.《文語》どしゃ降りになった.

(形 héavenly)

heav·en·ly /hév(ə)nli/ 形 ❶《略式》すばらしい: What *heavenly* weather! なんてすばらしいお天気なんでしょう. ❷ 限定 天国の, 天国のような; 神のような, 神々しい: the *heavenly* kingdom 天国 / our *heavenly* Father 神. ❸《文語》天の, 天空の [⇔ earthly].

(名 héaven)

héavenly bódy 名 C 天体《太陽・月・星など》.

heav·en·ward /hév(ə)nwəd | -wəd/ 副《文語》天の方へ, 天に向かって.

****heav·i·ly** /hévɪli/

— 副 ❶ **大量に**, 多量に; 大いに, 非常に: drink [smoke] *heavily* 大酒を飲む[たばこをよく吸う] / She is *heavily* involved in politics. 彼女は政治に深くかかわっている / *heavily* armed 重武装の.

❷ **激しく**, ひどく; 厳しく: It rained [snowed] *heavily* last night. ゆうべはひどく雨が降った[雪が降った] / criticize *heavily* 厳しく批判する.

❸ **密に**, こんもりと: a *heavily* populated [wooded] area 人口の密な[木が鬱蒼(うっそう)と茂った]地域.

❹ (呼吸が)**ゆっくり大きく**, 深く; (睡眠が)ぐっすり.

❺ (人などが)がっしりと: *heavily* built がっしりとした体格の. ❻ 重苦しく, もの憂げに; (足どりなどが)のろのろと: sigh *heavily* 重苦しくため息をつく. ❼ 重く; しつこく: sit *heavily* どさっと座る

heav·i·ness /hévinəs/ 名 ❶ U 重いこと, 重さ; 多量. ❷ U しつこさ, もたれ; 重苦しさ; つらさ.

*****heav·y** /hévi/

— 形 (heav·i·er /-viə | -viə/; heav·i·est /-viɪst/)

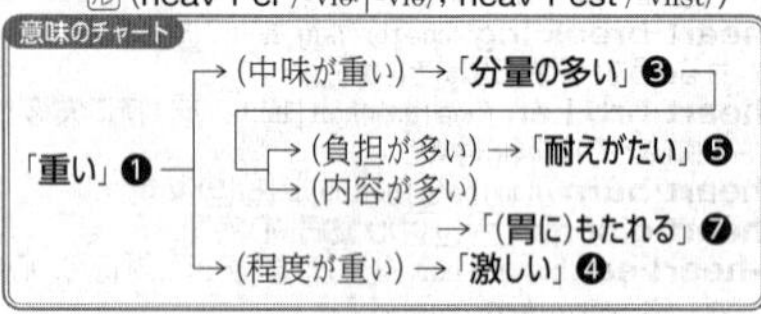

❶ **重い** [⇔ light]; 《米》[遠回しに] (人が)太った(⇒ fat 類義語): a *heavy* book 重い本 / Gold is *heavier* than iron. 金は鉄より重い / This box is too *heavy for* me *to* lift. この箱は重すぎて私には持ち上げられない (⇒ for 前 B) / He's gotten *heavier* recently. 彼は最近ひと回り体が大きくなった.

❷ 叙述 **重さが...で**: "How *heavy* is the parcel?" "(It weighs) ten pounds." 「その小包はどのくらいの重さですか」「10 ポンドです」

❸ **分量の多い**, 大量の, 多量の; 多忙な, 立て込んだ; 叙述《略式》大量に消費する: a *heavy* smoker [drinker] 大の喫煙家[大酒のみ] / *heavy* losses 大損失 / *heavy* casualties 多数の死傷者 / a *heavy* schedule ハードスケジュール / The traffic is *heavy* here. ここは交通量が多い / This car is ***heavy on*** gas. +on+名 この車はガソリンをよく食う / a tree ***heavy with*** apples +with+名《文語》りんごが枝もたわわに実った木.

❹ (風雨・力・程度などが)**激しい**, ひどい; (処罰などが)厳しい; (眠りが)深い; (音が)低くよく響く; (海が)荒れた: a *heavy* rain [frost] 大雨[ひどい霜] / We had a *heavy* snow this morning. けさは大雪だった / a *heavy* cold ひどいかぜ / a *heavy* blow 痛打.

❺ **耐えがたい**, (仕事などが)**つらい**, 骨の折れる: *heavy* labor 重労働.

❻ (衣類・靴・鍋などが)**厚手の**, しっかりした; 限定 (機械・兵器などが)大型の, 強力な; 重装備の: a *heavy* coat 厚手のコート. ❼ (食べ物が)しつこい, 胃にもたれる; (香りが)くどい; 栄養[アルコール]分の多い [⇔ light]: *heavy* food 重たい食べ物. ❽ (体格・家具が)がっしりした, (顔つきなどが)いかつい. ❾ (土地が)ぬかるんだ, 耕しにくい, 歩きにくい. ❿ 重苦しい, どんよりした: a *heavy* sky 重苦しい空 / a *heavy* silence 重苦しい沈黙. ⓫ (文章・関係などが)重苦しい, きまじめな, 退屈な; (皮肉などが)繊細さを欠く: His novels are too *heavy* for me. 彼の小説は私には重苦しすぎる. ⓬《文語》(気分が)重い, もの悲しい. ⓭ 叙述《略式》(人に対して)厳しい, きつい (*on*, *with*).

— 副 = heavily.

líe [háng] héavy on ... [動] ⑪ (煙・感情などが)...に重苦しく漂う; (罪悪感などが)...に重くのしかかる: Time *lies* [*hangs*] *heavy on* my hands. (退屈で)時間の流れがのろい.

heav·y-du·ty /hévid(j)úːṭi | -djúː-/ 形 ❶ 限定 (服・タイヤ・機械などが)丈夫な, 頑丈な. ❷ 限定《略式, 主に米》本格的な, 真剣な: *heavy-duty* cleaning 本格的な掃除.

heav·y-hand·ed /hévihǽndɪd/ 形 ❶ (ことば・行動などが)思いやりのない; 高圧的な. ❷ 不器用な, ぎこちない.

heav·y-heart·ed /hévihάɚṭɪd | -hάːt-/ 形《文語》心の重い, 悲しんでいる [⇔ lighthearted].

héavy índustry 名 U,C 重工業《製鉄・造船など》. 関連 light industry 軽工業.

héavy métal 名 ❶ U ヘビーメタル《ロック音楽の一種》. ❷ C 重金属. 関連 light metal 軽金属.

heav·y-set /hévisét/ 形 (体格が)がっしりした.

+**heav·y·weight** /héviwèɪt/ 名 (-weights /-wèɪts/) ❶ C **有力者**, 重鎮: a political *heavyweight* 政界の実力者. ❷ C (ボクシングなどの)ヘビー級の選手; 平均体重[重量]以上の人[物].

He·bra·ic /hɪbréɪɪk/ 形 ヘブライの; ヘブライ人の; ヘブライ語の; ヘブライ文化の.

He·brew /híːbruː/ 名 ❶ U 古代ヘブライ語; 現代ヘブライ語《イスラエルの公用語》. ❷ C (古代の)ヘブライ人. — 形 ヘブライ人の; ヘブライ語の.

heck /hék/ 間《略式》ちぇっ!, 畜生!: Oh, *heck*. しまった. — 名 ❶ [a ~ of ...として] Ⓢ《略式》とてつもない[なく]..., とんでもない...: *a heck of* a lot of money とてつもない大金. ❷ [the ~] Ⓢ《略式》= hell 3.
Whàt the héck! Ⓢ = What the hell!《⇒ hell 名 成句》.

heck·le /hékl/ 動 ⑪ (政治集会で)(演説者)をやじり倒す, 質問攻めにする, 詰問する. — ⑪ やじる.

heck·ler /héklɚ | -lə/ 名 C やじを飛ばす人.

heck·ling /héklɪŋ/ 名 U やじ(ること).

hec·tare /héktèɚ | -tèə/ 名 C ヘクタール《面積の単位; 100 アール, 1 万平方メートル; 略 ha》.

hec·tic /héktɪk/ 形 あわただしい, てんてこまいの.

hec·to·pas·cal /héktəpæskæl/ 名 C 〔気象〕ヘクトパスカル《気圧の単位; 略 hPa》.

****he'd** /hiːd/ (同音 heed) ❶《略式》**he[1] would の短縮形**: He said *he'd* go home. 彼は家に帰ると言っていた. ❷《略式》**he[1] had[2] の短縮形**: *He'd* already fled when the police entered his room. 警官たちが彼の部屋に入ったときには彼はすでに逃げたあとだった.

+**hedge** /hédʒ/ 名 (hedg·es /~ɪz/) ❶ C **生け垣**, 垣根: They planted a *hedge* around the garden. 彼らは庭の周りに生け垣を巡らした. 関連 fence 柵. ❷ C 防御[予防]策, 保護手段: a *hedge against* inflation インフレ防衛策.
— 動 ⑪ 言質(げんち)を与えない; ことばを濁す, まともな答えを避ける. — ⑪ (...)を生け垣で囲う.
hédge ... abóut [aróund] with ~ [動] ⑪ [普通は受身で]《格式》(条件などで)(...)を束縛する.
hédge agàinst ... [動] ⑪ (損失など)に備える, ...から身を守る.
hédge ín [動] ⑪ [普通は受身で] (建物など)をとり囲む; (規則などで)(人)を束縛[制限]する (*with, by*).

hedge·hog /hédʒhɔ̀ːg | -hɔ̀g/ 名 C ハリネズミ.

hedge·row /hédʒròʊ/ 名 C《主に英》低木の列.

he·do·nis·m /híːdənɪzm/ 名 U 快楽主義.

he·do·nist /híːdənɪst/ 名 C 快楽主義者.

he·do·nis·tic /hìːdənístɪk/ 形 快楽主義(者)の.

heed /híːd/ 動 ⑪《格式》(警告・忠告など)を心に留める, (...)に気をつける: Now *heed* my words. さあ私のことばをよく聞きなさい. — 名 U《格式》注意, 用心, 留意: They「paid no *heed to* [took no *heed of*] the warning. 彼らは警告に全然注意を払わなかった.

heed·less /híːdləs/ 形 [普通は 叙述]《格式》(...を)気にかけない; (...に)むとんちゃくな (*of*).

heel[1] /híːl/ 名 ❶ C かかと《⇒ leg 挿絵》: These shoes pinch my *heels*. この靴はかかとがきつい. ❷ C (靴・靴下の)かかと: shoes with high [low] *heels* かかとの高い[低い]靴. ❸ [複数形で] = high heels. ❹ C (手のひらの)つけ根; かかと状のもの.
at ...'s héels [副・形] (人など)のすぐ後について.
bríng ... to héel [動] ⑪ (人)を服従させる; (犬)を従わせる, ついて来させる.
cóme to héel [動] ⓐ (犬が)主人に従っていく; (人が)おとなしく服従する.
cóol one's **héels** [動] ⓐ《略式》長く待たされる.
dówn at (the) héel(s) [形・副] (人が)だらしない[なく], みすぼらしい[く].
drág one's **héels** [動] ⓐ = drag one's feet《⇒ foot 成句》.
(hárd [hót, clóse]) on ...'s héels =(hárd [hót, clóse]) on the héels of ... [副] (人)のすぐ後をつけて[追って]; (出来事)のすぐ後に.
héad òver héels ⇒ head 成句.
kíck one's **héels** [動] ⓐ《英》手もちぶさたである.
kíck úp one's **héels** [動] ⓐ 浮かれ騒ぐ.
táke to one's **héels** [動] ⓐ《文語》一目散に逃げる.
túrn [spín] on one's **héel(s)** [動] ⓐ (怒って・驚いて)くるりと背を向ける, 踵(きびす)を返す.
ùnder the héel of ... [副・形]《文語》...に完全に支配されて[た].
— 動 ⑪ (靴)にかかとをつける. — ⓐ [普通は命令文で] Ⓢ (犬が主人の)後についていく[くる]: *Heel!* ついてこい!

heel[2] /híːl/ 動 ⓐ (船が)傾く (*over*).

-heeled /híːld/ 形 [合成語で] ...のかかとのある: high-*heeled* shoes かかとの高い靴.

heft /héft/ 名 ❶ U 重さ, 重量. ❷ U 重要性, 影響力. — 動 ⑪ (...)を持ち上げる.

heft·y /héfti/ 形 (heft·i·er; -i·est) [普通は 限定] ❶ 屈強な, たくましい; 大きく重い[かさばる]. ❷ (量・金額などが)かなりの: pay a *hefty* price かなりの額を支払う. ❸ (けりなどが)強力な.

he·gem·o·ny /hɪdʒéməni, -gém-/ 名 U《格式》覇権(はけん), 支配権, 指導権.

heif·er /héfɚ | -fə/ 名 C (まだ子を産まない)若い雌牛.

***height** /háɪt/ 発音 ei は例外的に /aɪ/ と発音する. -ght で終わる語の gh は発音しない. 名 (heights /háɪts/) ❶ C,U [しばしば the ~] **高さ, 高度**《略 h., ht; ⇒ length 挿絵》; [しばしば所有格の後で] **身長**; U **高いこと**: "What's *the height of* the Tokyo Skytree?" "(It's) 634 meters (high)."「東京スカイツリーの高さはどのくらいですか」「634 メートルです」/ 言い換え He's six feet *in height*. (= He's six feet tall.) 彼は身長が 6 フィートある / The plane was flying *at* a *height of* 5,000 feet. その飛行機は 5 千フィートの高度で飛んでいた.
❷ C [普通は複数形で] **高所**; [複数形で; 普通は地名

に用いて] 高地, 高台: the *heights* of the Alps アルプスの高峰 / I'm afraid of *heights*. 私は高所恐怖症だ. ❸ Ⓤ [普通は the ～] 真っ盛り; 絶頂, 極致: in *the height of* summer 夏の真っ盛りに / be at *the height of* power 権力の頂点にある / *the height of* luxury ぜいたくの極み / Purple is *the height of* fashion now. 紫が今最も流行している色だ. ❹ [複数形で; new, great などの形容詞を伴って] (成功などの)(新たな)頂点, 極点: reach [rise to] *new heights* 新たな高みに達する. (形 high, 動 héighten)

+**height·en** /háɪtn/ 動 (height·ens /~z/; height·ened /~d/; -en·ing) 他 (緊張・不安・効果など)を**増す**, 高める, 強める: The news *heightened* public awareness of the disease. その病気に対する人々の意識は高まった. — 自 (緊張・不安・効果などが)増す, 高まる, 強まる: His fear *heightened* when he heard the sound. その音を聞いて彼の恐怖は増した. (名 height)

hei·nous /héɪnəs/ 形 ❶ 限定 《格式》(罪・罪人が)憎むべき, 極悪の, 凶悪な. ❷ Ⓢ 《米略式》ひどい.

+**heir** /éɚ | éə/ 発音 (同音 air, 《米》 #are², 《米》 #err) 名 (~s /~z/) Ⓒ **相続人**, 跡取り; 後継者 (⇒ heiress): a legal *heir* 法定相続人 / the *heir to* the throne 王位継承者. **be [fáll] héir to ...** [動] 他 ...の相続人である[となる], ...を継ぐ: He *is heir to* his father's land. 彼は父の土地の相続人だ.

héir appárent 名 (複 heirs apparent) Ⓒ 法定推定相続人; (確実と思われる)後継者 (*to*).

heir·ess /é(ə)rəs/ 名 Ⓒ (多額の遺産の)相続人《女性》(*to*) (⇒ heir).

heir·loom /éəlu:m | éə-/ 名 Ⓒ 先祖伝来の家財, 家宝; 法定相続動産.

heist /háɪst/ 名 Ⓒ 《米略式》[新聞で] 強盗(事件). — 動 他 《米略式》(...)を盗む.

*****held** /héld/ 動 hold¹ の過去形および過去分詞.

Hel·en /hélən/ 名 固 ヘレン《女性の名; 愛称は Nell, Nellie または Nelly》.

Hel·e·na /hélənə, həlí:nə/ 名 固 ヘレナ《女性の名》.

hel·i·cop·ter** /hélәkὰ(:)ptɚ | -kɔ̀ptə/ アク 名 (~s /~z/) Ⓒ **ヘリコプター** [《略式》chopper]: get into a *helicopter* ヘリコプターに乗り込む / Their relatives hurried to the crash site ***by helicopter. 彼らの肉親たちはヘリコプターで墜落現場へ急行した (⇒ by 前 2 語法). 〖語源 原義はギリシャ語で「旋回する (helico-) 翼 (-pter)」〗

He·li·os /hí:liɑs | -ɔs/ 名 固 〔ギリシャ神話〕ヘリオス《太陽の神; ⇒ god 表》.

he·li·o·trope /hí:liətròʊp/ 名 Ⓒ,Ⓤ ヘリオトロープ《小低木; 香料の原料になる》; Ⓤ 薄紫色.

hel·i·port /hélәpɔ̀ɚt | -pɔ̀:t/ 名 Ⓒ ヘリコプター発着場, ヘリポート.

he·li·um /hí:liəm/ 名 Ⓤ 〔化学〕ヘリウム《元素記号 He》.

+**hell** /hél/ 名 ❶ Ⓤ [しばしば H-] **地獄**: Sinners go to *hell* after they die. 罪人たちは死後地獄へ行く / The road to *hell* is paved with good intentions. 《ことわざ》地獄に至る道は立派な意図の石畳でできている(どんなよいことでも思うだけで実行しなければ何にもならない). 関連 heaven 天国.
❷ [Ⓤ または a ～] **この世の地獄**; 地獄のような状態[体験]: *a* living *hell* 生き地獄 / go through *hell* 地獄の苦しみを経験する / The journey through [across] the desert was *hell*. 砂漠の旅行はまるで地獄だった.
❸ [the ～ として疑問文を強めて] Ⓢ 《略式》**一体全体...**: What *the hell* do you want? 一体全体何が欲しいっていうんだ. 語法 3 の意味, 間 の hell および以下の成句はごく親しい友人や年下の者の前でしか使えない. 特に女性(に対して)は注意する必要がある.
a [one] héll of a ... Ⓢ 《俗》すごい[すごく]...; すばらしい..., ひどい...: have *one hell of a* time とても楽しい[つらい]時を過ごす.
gíve ... héll [動] 他 《略式》(1) (人)をしかりとばす. (2) (人を)ひどい目にあわせる, 困らせる.
Gó to héll! [間] Ⓢ 《卑語》消えうせろ!; 畜生め!, くたばってしまえ! (⇒ swear 自 1 語法).
(jùst) for the héll of it [間] Ⓢ 《略式》何ということなしに; おもしろ半分に.
lìke héll [副] (1) 《略式》猛烈に, 死にもの狂いで: It hurts *like hell*. 死ぬほど痛い. (2) [文頭で] Ⓢ 《俗》[皮肉に] (...だなんて)とんでもない, 絶対...しない: "You'd better go." "*Like hell* I will." 「行ってきなさい」「だれが行くもんか」
plày (mérry) héll with ... [動] 他 《英略式》...をめちゃめちゃにする.
ráise héll [動] 自 《略式》大騒ぎをする; かんかんに怒る.
To héll with ...! [間] Ⓢ 《略式》...なんかくたばってしまえ[構うものか]!
Whàt the héll! [間投詞的に用いて] Ⓢ それがどうしたというのか, かまうもんか, どうでもいいや (⇒ 3). (形 héllish)
— 間 《卑語》畜生!, くそっ!; 絶対(に)《怒り・いらだちや強調の表現; ⇒ swear 自 1 語法》.

*****he'll** /hi:l/ (同音 heal, heel¹·²) 《略式》he¹ will¹ の短縮形: *He'll* be sixty this March. この 3 月で彼は 60 歳になります.

Hel·len·ic /helénɪk/ 形 (Alexander 大王時代までの)古代ギリシャ文化の; ギリシャ人[語]の.

Hel·le·nis·m /hélənìzm/ 名 Ⓤ ヘレニズム(文化), 古代ギリシャ文化[思潮].

hell·ish /hélɪʃ/ 形 《略式》不愉快な, 実にいやな[ひどい]. (名 hell)
～·ly [副] ひどく悪く; すごく.

*****hel·lo** /həlóʊ, helóʊ/
— 間 ❶ **やあ!, こんにちは!, おはよう!, こんばんは!** 《good morning [afternoon, evening] などよりもくだけたあいさつ; さらにくだけた日常語としては hi がよく用いられる》: *Hello*, Jane, how are you? やあジェーン, 元気? / *Hello* there, Mr. Taylor. こんにちは, テイラーさん / *Hello*, Meg, how have you been? やあメグ, どうしてた? 語法 Hello のあとに相手の名前をつけて呼びかけるのが普通.
❷ [電話で] もしもし!: ☐ "*Hello*." "*Hello*, this is Jack. Is Mary there?" 「もしもし」「もしもし, ジャックですが. メアリーはいますか」 ❸ [注意を引くために見えない相手などに] おーい, もしもし. ❹ [様子の変な相手に] おいおい(大丈夫か). ❺ 《主に英》おや!, まあ! 《驚き・困惑などを表わす》.
— 名 (~s) Ⓒ やあ[こんにちは]というあいさつ: She gave me a cheerful *hello*. 彼女は私に明るい声であいさつをした.
sày helló [動] 自 あいさつする; ちょっとおしゃべりする.
sày helló to ... [動] 他 **...によろしくと言う** 《親しい間柄で》: "Please *say hello to* Jack *for* me." "I will."

「ジャックによろしくね」「うん」

hell·u·va /héləvə/ ((hell of a の発音を示すつづり)) [次の成句で] **a [one] hélluva ...** = a [one] hell of a ... ((⇒ hell 名 成句)).

helm /hélm/ 名 C (船の)かじ, 舵輪. **at the hélm** [副·形] (1) 実権を握って (*of*). (2) (船の)かじを取って. **tàke the hélm** [動] 自 (1) 実権を握る. (2) (船の)かじを取る.

+**hel·met** /hélmɪt/ アク 名 (hel·mets /-mɪts/) C ヘルメット((消防士·ライダーなどがかぶる)); (兵士の)鉄かぶと: 「put on [wear] a *helmet* ヘルメットをかぶる[かぶっている] ((⇒ put on (put 句動詞)表, wear 表)) //⇒ crash helmet.

hel·met·ed /hélmɪtɪd/ 形 ヘルメットをつけた.

helms·man /hélmzmən/ 名 (-men /-mən/) C かじを取る人, 舵手(だしゅ), 操舵手.

***help /hélp/

— 動 (helps /~s/; helped /~t/; help·ing) 他

単語のエッセンス	
1) 手伝う	❶
2) 助ける	❷
3) ...に役立つ	❸
4) ...に分けて取ってあげる	❹

❶ (人)を手伝う, (人)に手を貸す; (人)が(~するのを)**手助けする**, (人)を手伝って~させる((⇒ 類義語)); (店員が)(客)に応対する: Mary is *helping* her mother. メアリーはお母さんの手伝いをしている / Can you *help* me, please? すみませんが((手を貸してもらいたいとき, 物を頼み[尋ね]たいときなどのことば)) / 言い換え He *helped* *cook* lunch. V+O (原形) = He ***helped to*** cook lunch. V+O (to 不定詞) 彼は昼食を作るのを手伝った 多用 / 言い換え He *helped* her *carry* the parcels. V+O+C (原形) = He ***helped*** her ***to*** carry the parcels. V+O+C (to 不定詞) 彼は彼女が荷物を運ぶのを手伝った.

> 語法 (1) ((米)) ((英)) ともに目的語の後に原形不定詞を用いるのが普通だが, to 不定詞を用いることもある. (2) 受身の場合には to 不定詞が用いられる: She had to *be helped to* sign her name. 彼女は署名するのに手助けが必要だった.

I *helped* my father *with* his work. V+O+with+名 私は父の仕事を手伝った / Will you *help* me *with* the bags? バッグを持ってくれる? / I'll *help* you *with* supper, Mom. お母さん, 夕食作るの手伝うよ((♥ 助力の申し出)) / He ***helped*** the child ***across*** (the street). V+O+副[前+名] 彼はその子が(道を)渡るのを助けた.

...の~を手伝う

私は弟の宿題を手伝った.

○I **helped** my brother **with** his homework.

×I helped my brother's homework.

> ♥ **お手伝いいたしましょうか** (手助けを申し出るとき)
> **May I help you?**
>
> **May I help you**, ma'am? いらっしゃいませ. 何かお探しですか.
>
> I'm looking for a linen blouse. 麻のブラウスを探しているんですけど.
>
> ♥「何かお手伝いできることはありますか」「どういったご用でしょうか」という意味で, 店員·受付係などが客·訪問者に言うことば.
>
> ♥ What can I do for you?よりも丁寧な言い方.
>
> ♥ これに対して「既に応対してもらっています」と答える際は Thank you, I'm already being helped. と言う.
>
> ♥ Can I ...? ともいうが, may のほうが改まっていて丁寧((⇒ may 2 (3))).

❷ (困っている人)を**助ける**, **救う**, 援助する((⇒ save¹ 類義語)): *Help* me! 助けてくれ!((危ない状態で「助けて!」と叫ぶ場合は Help! (⇒ 自 2)の方が多い)) / No one would *help* the poor old woman. その気の毒なおばあさんを助けようとする人はだれもいなかった / Can I *help* you, Miss? You look lost. お困りですか. 道に迷っているご様子ですが((♥ 助力の申し出)).

❸ (物事が)(...)に**役立つ**; (...)を促進する: That won't *help* you. それは君の役に立たないだろう / Your advice ***helped*** us (***to***) win. V+O+C (原形 [to 不定詞]) 君のアドバイスのおかげで我々は勝てた / The medicine ***helped*** (***to***) cure his illness. V+O (原形 [to 不定詞]) その薬は彼の病気を治すのに役立った.

❹ (食物などを)(人)に**分けて取ってあげる**, よそう; (...)に勧める: Let me ***help*** you ***to*** some wine. V+O+to+名 ワインをおつぎしましょう / *help* oneself *to* ... ((⇒ 成句)). ❺ (病気など)を治す; (苦痛)を和らげる: Will this medicine *help* a cough? この薬でせきが楽になりますか. ❻ [普通は can, cannot とともに用いて] (...)を避ける, 抑える: He *cannot help* his bad manners. 彼は自分の不作法をどうしようもない //⇒ I can't help it. (成句).

— 自 ❶ **手伝う**, 助力する: I'll do it if you (will) *help*. 君が手伝ってくれるならやるよ / ***Help with*** the dishes. V+with+名 皿洗いを手伝ってね. ❷ [命令文で] Ⓢ 助ける, 救う: *Help!* I can't move! 助けて! 動けない! ❸ 役立つ, 足しになる: Thank you, it *helps*. ありがとう. 助かるよ / That doesn't *help* much. それは大して役には立たない / Every little (bit) *helps*. ((ことわざ)) わずかなものでもみな役に立つ(塵(ちり)も積もれば山となる).

cànnot hélp dóing = cànnot hélp but dó [動] **...しないわけにはいかない**, どうしても[思わず]...してしまう; ...するのはどうしようもない: I *couldn't help* fall*ing* in love with her. 私は彼女に恋せずにはいられなかった / I *couldn't help but* sleep. 私は(眠くて)つい眠りこんでしまった.

cànnot hélp ...'s dóing [動] ...が~する[である]のはどうしようもない. 語法 所有格の代わりに目的格を用いることもある: We *cannot help his* [*him*] resign*ing* if he's determined to. 彼が辞任することにしたというのなら我々にはどうしようもない.

Gód [Héaven] hélp ...! Ⓢ (1) ...に神のご加護を!; ...はかわいそうに((人の安全などを心配することば)). (2) ...は大変なことになるぞ.

hélp onesèlf [動] 自 (1) 自分で努力をする; 自立する: God [Heaven] helps those who *help themselves*. ((ことわざ)) 神は自らを助くる者を助く. 語法 God のほうが Heaven よりも普通. (2) [cannot とともに] 自分(の感情[癖])を抑える: I *couldn't help myself*. 私は感情を抑えられなかった.

hélp onesèlf to ... [動] 他 (1) Ⓢ **...を自分で取って食べる[飲む]**, ...を遠慮なく取る[使う]: Please *help yourself to* the [more] salad. どうぞご遠慮なく[もっと]サラダをお取りください.

H

語法 (1) to 以下を省略することもある: *Help yourself*, please. ご自由にお取りください.
(2) この句は「(盛り皿などから)自由によそう」意なので個人個人に取り分けられている場合には使わない.

(2)《略式》...を勝手に取る, 盗む.
I càn't hélp it. Ⓢ 私にはどうしようもない, 私のせいではない; しょうがないだろ(ついやってしまうんだ).
if one **can hélp it** [副] できれば(...しない): I don't want to waste any more money *if I can help it*. できればこれ以上浪費したくない.
It cán't [cóuldn't] be hélped. Ⓢ それはしかたがない[なかった], どうしようもない[なかった].
nót [néver] ... móre than one **can hélp** しないで済む[必要以上の]ことは...しない: Do*n't* spend *more than* you *can help*. 使わずに済む[必要以上の]お金を使うな(なるべくお金を使わないように).
so hélp me Ⓢ 誓って, 本当に.
so hélp me Gód (1) 神に誓って《法廷での宣誓のことば》. (2) = so help me.

help の句動詞
hélp ... dówn 動 他 (人)を手伝って降ろす.
hélp ... ìnto ～ 動 他 (人)を手助けして～に入れる[乗せる]: We *helped* our grandfather *into* the car. 私たちは手を貸して祖父を車に乗せた.
hélp ... óff with ～ 動 他 (人)を手伝って(衣服・靴など)を脱がせる: Laura *helped* her drunken husband *off with* his overcoat. ローラは酔った夫に手を貸してコートを脱がせた.
hélp ... ón with ～ 動 他 手伝って(人)に～を着せて[はかせて]やる: Let me *help* you *on with* your overcoat. コートを着せてあげましょう.
hélp ... ònto ～ 動 他 手伝って(人)を～に乗せてやる: A student *helped* the old professor *onto* the platform. 1 人の学生が老教授に手を貸して演壇に登らせた.
+**hélp óut** 動 自 **手を貸す**, 手伝う; 援助する: Mike offered to *help out*. マイクは手を貸してあげようといった. ― 他 ❶ (人)を手伝って出してやる; (...)を救い出す: He *helped* the old woman *out* (*of* the car). 彼はその老婦人が(車から)出るのに手を貸した. ❷ (人)を(支払いなどで)援助する; (人)を助けて切り抜け[やり遂(と)げ]させる: Please *help* me *out with* these problems. これらの問題を解くのを手伝ってください.
hélp ... úp 動 他 (人)を手伝って登らせる[立ち上がらせる]: Ben *helped* her *up from* the chair. ベンは彼女がいすから立ち上がるのに手を貸した.

類義語 **help**「助けを与える」という意味では最も一般的でくだけた感じのことば. **aid** *help* よりやや改まった感じのことばで, 助けを必要とする度合いが強い者に対して特に金銭面で助力を与えてやることを表わす: The poor students were *aided* by the scholarship organization. 貧しい学生はその育英会から援助を受けた. **assist** *aid* よりもさらに改まったことばで, わき役として補助的な助力をすることを意味する: I *assisted* him in editing a magazine. 私は彼が雑誌を編集するのを補佐した.

― 名 (～s /～s/) ❶ Ⓤ **助け, 手伝い; 援助**; 助言: Thank you for all your *help*. いろいろと助けていただきありがとうございました / He called for *help*. 彼は叫んで助けを求めた / You should ask the clerk for *help*. 店員にきいたほうがいい《店で品物を探すときなど》/ "Excuse me. ***Do you need any help***?" "Oh, thanks! I got lost on the way back to my hotel." 「あの, 何かお困りですか」「ありがとうございます, ホテルへの帰り道がわからなくて」《助力の申し出》/ 言い換え I need ***help with*** this trunk [homework]. = I need ***help*** lift***ing*** this trunk [do***ing*** this homework]. このトランクを持ち上げるの[宿題をやる]には助けがいる / We finished it ***with the help of*** Mr. Rich. 私たちはリッチ氏の援助でこれを完成させた.
❷ [単数形で, 普通は a ～] **役立つもの[人]**, 助けになる人: His advice was *a* great ***help to*** me. 彼の忠告はとても役に立った / You (all) have been *a* great [big] *help*. とても助かりました / This map isn't much *help*. この地図はあまり役に立たない. ❸ Ⓒ [普通は否定文で] (防止する)ほかのやり方; 救済法: There was *no help for* it. 《英》 それはどうしようもなかった. ❹ Ⓤ,Ⓒ [しばしば the ～] 《主に米》(特に家事手伝いの)雇い人, 家政婦: HELP WANTED お手伝いさんを求む《掲示・広告》. ❺ Ⓤ 〔コンピュータ〕 ヘルプ《操作方法などを教える機能》.
be beyònd hélp [動] 自 救いようがない.
be of hélp [動] 自 (...に)役に立つ, 助けとなる: Can I *be of* (any) *help to* you (*with* those bags)? (そのかばんのことで)何かお役に立てることがありますか, (そのかばんを運ぶのを)お手伝いしましょうか. 語法 help の前には great, special, extra, some, little, no などの形容詞がくる. (形 hélpful)
help·er /hélpɚ | -pə/ 名 Ⓒ 助ける人; 助手; 救助者; 《米》お手伝いさん, 家政婦, ヘルパー.

***help·ful** /hélpf(ə)l/
― 形 **助けになる**, 役に立つ, 重宝な [≒useful]; 進んで手伝いをする: *helpful* advice 有益な忠告 / ***It's helpful*** (***for*** you) ***to*** use this dictionary. (あなたが)この辞書を使うと役に立ちますよ(⇒ for 前 B) / This book will be ***helpful in*** study***ing*** Japanese. +*in*+動名 この本は日本語の勉強に役立つだろう / This will be ***helpful to*** you when you are grown up. +*to*+名 このことはあなたが大人になったときに役に立つでしょう / You're being very *helpful*. とても助かるよ. (名 help)
-ful·ly /-fəli/ 副 役に立つように, 有用に.
～·ness 名 Ⓤ 有用性, 利用価値.
help·ing /hélpɪŋ/ 名 Ⓒ (食べ物・料理の)ひと盛り, 1杯, 1 人分: a large *helping of* pasta パスタの大盛り / have [take] a second *helping* お代わりをする.
hélping hánd 名 [次の成句で] **gíve [lénd, exténd, óffer] ... a hélping hánd** [動] 他 (...に)援助の手をさしのべる.
hélping vèrb 名 Ⓒ 〔文法〕 = auxiliary verb.
+**help·less** /hélpləs/ 形 ❶ (我とわが身を)**どうすることもできない**, 手も足も出ない, 無力な: a *helpless* gesture 困り切ったしぐさ / a *helpless* baby 無力な赤ん坊 / I felt *helpless with* pain and fever. 苦痛と熱で私はどうしようもなかった / We were ***helpless to*** rescue them. +*to* 不定詞 彼らを救助する何の力にもなれなかった / Opposing batters were ***helpless against*** his fastball. 相手チームの打者たちは彼の速球に手も足も出なかった. ❷ (笑い・涙などが)抑えられない: *helpless* rage どうにも抑えられない怒り / I was ***helpless with*** laughter. 私は笑いをこらえられなかった.

～·**ly** 副 どうすることもできず, なすすべもなく, 力なく; 頼るものもなく. ～·**ness** 名 U どうしようもない状態, 無力.

help·line /hélplàɪn/ 名 C 電話相談サービス.

Hel·sin·ki /hélsɪŋki/ 名 固 ヘルシンキ《フィンランド南部にある同国の首都》.

hem[1] /hém/ 名 C (布·衣服の)へり, すそ, 縁《折り返し部分》. — 動 (hems; hemmed; hem·ming) 他 (...)にへりをつける, (...)の縁を取る. **hém ín** [動] 他 [普通は受身で] (動けないように)(...)を取り囲む, 閉じ込める; (精神的に)(人)を束縛する.

hem[2] /mm, hm/ 間 えへん!, ふむ!《せき払いの音; 注意を促したり, 疑いやためらいを表わす; ⇒ ahem》. 発音 単語としてこの語だけを発音するときには /hém/. — /hém/ 動 (hems; hemmed; hem·ming) [次の成句で] **hém and háw** [動] 自《米》口ごもる, はっきり言わない; ためらう [《英》hum and haw].

Hem·ing·way /hémɪŋwèɪ/ 名 固 Ernest ～ ヘミングウェー (1899-1961)《米国の小説家》.

+**hem·i·sphere** /hémɪsfɪə | -sfɪə/ 名 (～s /～z/) ❶ C (地球·天の)**半球**; 半球体: the Northern [Southern] *Hemisphere* 北[南]半球 / the Eastern [Western] *Hemisphere* 東[西]半球. 関連 globe 地球. ❷ C 〔解剖〕(大脳·小脳の)半球.

hem·line /hémlàɪn/ 名 C (スカートなどの)すそ(の線); (スカート·ドレスの)丈(たけ).

hem·lock /hémlɑ(ː)k | -lɔk/ 名 U,C どくにんじん; U どくにんじんから採った毒薬.

he·mo- /híːmoʊ/ 接頭《米》「血」の意.

he·mo·glo·bin /híːməglòʊbɪn/ 名 U 〔生化〕ヘモグロビン, 血色素.

he·mo·phil·i·a /hìːməfíliə/ 名 U 〔医学〕血友病.

he·mo·phil·i·ac /hìːməfíliæk/ 名 C 血友病患者.

hem·or·rhage /hém(ə)rɪʤ/ 名 ❶ U,C 〔医学〕(多量の)出血. ❷ [単数形で] (人材·資産の)(大)流出, 損失, 激減 (*of*). — 動 自 (多量に)出血する. — 他 (人材·資産など)を大量に失う.

hem·or·rhoids /hém(ə)rɔ̀ɪʤ/ 名 複 〔医学〕痔(じ), 痔疾(じっ) [《略式》piles].

hemp /hémp/ 名 ❶ U 麻, 大麻; 麻の繊維. ❷ U 大麻《麻薬》.

+**hen** /hén/ 名 (～s /～z/) ❶ C **めんどり**. ✪ 鳴き声については ⇒ cry 表. 関連 chicken 鶏 /《米》rooster, 《英》cock おんどり / chick ひな鳥.
❷ C (きじ·七面鳥などの)**雌**; [形容詞的に] (鳥が)雌の: a turkey *hen* 七面鳥の雌 / a *hen* pheasant 雌のきじ. 関連 peahen 雌のくじゃく.

+**hence** /héns/ 副 ❶ つなぎ語《格式》**それゆえに**, 従って [≒therefore]: an academic and *hence* unpopular opinion アカデミックで, 従って一般受けのしない意見. 語法 動詞なしで文頭に使われることもある: No one helped him. *Hence* his failure. だれも彼を手伝わなかった. そのため彼の失敗ということになったのだ. ❷《格式》[... days [weeks, months] などの後で] 今から, 今後 [≒from now]: What will become of the world thirty years *hence*? 今から 30 年後に世界はどうなるだろう.

hence·forth /hénsfɔ̀ɚθ | -fɔ̀ːθ/ 副《格式》今後, これ以後.

hence·for·ward /hènsfɔ́ɚwɚd | -fɔ́ːwəd/ 副《格式》今後, これ以後.

hench·man /hénʧmən/ 名 (-men /-mən/) C (政治家やギャングの)忠実な部下, 子分, 取り巻き.

hen·house /hénhàʊs/ 名 (-hous·es /-hàʊzɪz/) C 鶏小屋, 鶏舎.

hen·na /hénə/ 名 U ヘンナ, ヘナ, しこうか(指甲花)《アフリカ·アジア原産の染料植物; 花は白く芳香がある》; ヘンナ[ヘナ]染料《頭髪などを赤褐色に染める》.

hén pàrty [nìght] 名 C《英略式》(特に結婚直前の女性を囲む)女性だけのパーティー. 関連 stag party 男性だけのパーティー.

hen·pecked /hénpèkt/ 形《略式》(夫が)妻のしりに敷かれた: a *henpecked* husband 恐妻家.

Hen·ri·et·ta /hènriéṭə/ 名 固 ヘンリエッタ《女性の名》.

Hen·ry /hénri/ 名 固 ヘンリー《男性の名; 愛称は Hal, Harry》.

hep·a·ti·tis /hèpətáɪṭɪs/ 名 U 肝炎.

Hep·burn /hé(p)bɚ(ː)n | -bə(ː)n/ 名 固 ❶ Audrey /ɔ́ːdri/ ～ ヘプバーン (1929-1993)《ベルギー生まれの米国の女優》. ❷ James Cur·tis /kɚ́ːṭɪs | kɚ́ː-/ ～ ヘボン (1815-1911)《米国の医師·宣教師; ヘボン式ローマ字つづりの考案者》.

He·phaes·tus /hɪféstəs | -fíːs-/ 名 固〔ギリシャ神話〕ヘファイストス《火と鍛冶(かじ)の神; ⇒ god 表》.

hep·ta·gon /héptəgɑ̀(ː)n | -gən/ 名 C 七角形, 七辺形《⇒ triangle》.

*****her** /(弱形) (h)ɚ | (h)ə; (強形) hɚ́ː | hə́ː/ (同音) #are[1], #or, 《英》#a[2], 《英》#of)
— 代《人称代名詞 she[1] の所有格(⇒ one's 語法)·目的格》.
A《所有格》⑴ [名詞の前につけて限定的に] **彼女の**, その[あの]女の: Betty is my friend. *Her* (= Betty's) brother is my friend, too. ベティーは私の友達です. ベティーの兄も私の友達です.
⑵ [動名詞の意味上の主語として]《やや格式》**彼女が**《⇒ **巻末文法** 8. 2》: They disliked *her* work*ing* so late. 彼らは彼女がそんなに遅くまで働くのをいやがった.
⑶ [国や乗り物を指して]《古風》その《⇒ she[1] 2》: England is proud of *her* poets. イングランドはその詩人たちを誇りとしている.
B《目的格》
❶ [目的語として] ⑴ **彼女を[に]**, その[あの]女を[に]: John has a *sister* named Polly. I love *her* (= Polly). ジョンにはポリーという妹がいる. 僕は彼女が好きだ[他動詞の直接目的語] / Peter gave *her* a doll. ピーターは彼女に人形をやった[他動詞の間接目的語] / I can't live *without her*. 私は彼女なしには生きていけない[前置詞の目的語]. 語法 場所を表わす前置詞の目的語となる場合には herself の意味となることがある: She looked *about her*. 彼女は(自分の)周りを見回した. ⑵ [国や乗り物などを指して]《古風》それ(を[に])《⇒ she[1] 2》. 語法《略式》で次のような用法もある: The driver said, "Fill *her* up." 「満タンにしてくれ」と運転手は言った.
❷ /hɚ́ː | hə́ː/ [主格補語として]《略式》**彼女(だ)**, あの女(だ) [≒she]: It's *her* who stole my bag. 私のかばんを盗んだのはあの女だ《⇒ me 2 語法 ⑵》.
❸ /hɚ́ː | hə́ː/ [she の代わりとして]《略式》⑴ [独立的に用いて]: Who's next? *Her* (= Is she)? 次はだれですか. 彼女ですか / He came, not *her*. 来たのは彼で, 彼女ではない. ⑵ [比較表現の (as ...) as, than の後で]: He's several years older *than her* (= than she (is)). 彼は彼女よりいくつか年上である.

He·ra /hí(ə)rə/ 名 固〔ギリシャ神話〕ヘラ《ゼウス (Zeus) の妻; 結婚の女神とされる; ⇒ goddess 表》.

her·ald /hérəld/ 動 他 ❶《格式》(...)を先触れ[予告]する, (...)の到来を告げる. ❷ [しばしば受身で]《格式》(...が)(~であると)広く知らせる (as). — 名 ❶ C (昔の)使者, 伝令者; 布告者. 参考 The International *Herald* Tribune のようにしばしば新聞名として用いられる. ❷ C 先触れ (of).

her·ald·ry /hérəldri/ 名 U 紋章; 紋章学.

+**herb** /ə́ːb, hə́ːb | hə́ːb/ 名 (~s /~z/) C **ハーブ**, 香料植物; 草, 草木; 薬草: medicinal *herbs* 薬草.

her·ba·ceous /ə(ː)béɪʃəs, hə(ː)- | hə(ː)-/ 形〔植物〕草の, (多年生)草本の.

herb·al /ə́ːb(ə)l, hə́ː- | hə́ː-/ 形 限定 草の, 薬草の.

Her·bert /hə́ːbət | hə́ːbət/ 名 固 ハーバート《男性の名; 愛称は Bert》.

her·bi·cide /ə́ːbəsàɪd, hə́ː- | hə́ː-/ 名 C,U 除草剤.

her·bi·vore /ə́ːbəvɔ̀ə, hə́ː- | hə́ːbɪvɔ̀ː/ 名 C 草食動物. 関連 carnivore 肉食動物.

her·biv·o·rous /əːbív(ə)rəs, həː- | həː-/ 形 草食性の. 関連 carnivorous 肉食性の / insectivorous 食虫の / omnivorous 雑食性の.

her·cu·le·an /hə̀ːkjʊlíːən | hə̀ː-←/ 形 [ときに H-] (仕事などが)大変な力[努力]を要する, 至難の.

Her·cu·les /hə́ːkjʊlìːz | hə́ː-/ 名 固〔ギリシャ・ローマ神話〕ヘラクレス《ゼウス (Zeus) の子で 12 の難業をやり遂(と)げた大力の英雄》.

+**herd** /hə́ːd | hə́ːd/ (同音 heard) 名 (herds /hə́ːdz | hə́ːdz/) ❶ C [《英》単数形でもときに複数扱い] (同じ家畜・獣の)**群れ**《⇒ group 類義語》: a *herd of* cattle [elephants] 牛[象]の群れ. ❷ [the ~] [普通は軽蔑的] 民衆, 大衆; 群衆: *the* common *herd* 一般大衆 / follow [join] *the herd* 大勢に従う.
— 動 他 (牛・馬・羊など)を追い立てる, 駆り集める; (人)を(集団で)移動させる, 集める: The cattle *were herded into* the pasture. 牛は牧場に駆り集められた.
— 自 [副詞(句)を伴って] 集まる, (集団で)移動する (*together*).

hérd immùnity 名 U 集団免疫.

hérd instinct 名 [the ~] 群(居)本能.

herds·man /hə́ːdzmən | hə́ːdz-/ 名 (-men /-mən/) C 牛[羊]飼い; 家畜の世話人.

***here** /híə | híə/ (同音 hear)

— 副 ❶ [近くの場所を示して] **ここに, ここで, ここへ**《⇒ there² 表》: Come *here*. ここへおいで / Stay *here* till I come back. 私が戻ってくるまでここにいなさい / *Here* in Tokyo there are taxis everywhere. ここ東京ではどこでもタクシーが見つかる. 語法 間接話法では here が there などに変わることがある《⇒ 巻末文法 14. 2 (1)》.

ここはどこ

ここはどこですか?
○Where 「am I [are we]?
×Where is here?

❷ [文頭で; 物・人の導入・提示に用いて] Ⓢ **(ほら)ここに[へ]:** 「*Here* is [*Here*'s] your bag. ここにあなたのかばんがありますよ《相手の求めているものを示すとき》/ *Here* are some pencils. ここに何本か鉛筆があります / 「*Here* is [*Here*'s] the boy I spoke about yesterday. こちらが私がきのうお話しした少年です.

語法 この用法で主語が名詞のときは V+S の語順となる《⇒ 巻末文法 15. 2 (2)》: *Here comes* his son! (ほら彼の息子がこちらに来るよ). 主語が代名詞のときは *Here* he *comes*! (ほら彼がこちらに来るよ)のように S+V の語順となる. 進行形を用いて Here *is coming* his son. とは言わない.

❸ [名詞の後につけて強調として] Ⓢ **ここにある[いる]:** The [This] book *here* is mine. ここにある(この)本は私のです / This boy *here* is a good pitcher. ここにいる少年はいいピッチャーです / (It's) Brown *here*. こちらはブラウンです《電話で》.

❹ [前置詞・他動詞の目的語として; 名詞的] **ここ:** around *here* このあたりに / Get out of *here*! ここから出て行け / It's really hot in *here*. この中は本当に暑い / How far is it *from here* to Paris? ここからパリまではどのくらいですか / Is there a bank near *here*? この近くに銀行がありますか.

❺ [時間・順序を示して; しばしば文頭で用いる] **ここで,** この時点で; 今, 現在 [≒now]: *Here* he paused for a few moments. ここで[ここまで話して]彼はしばらく口をつぐんだ / *Here*'s the news. Ⓢ ここでニュースをお伝えします《ラジオなどで》/ Spring is *here*. 春が来た.

❻ [問題点などを示して] **この点に[で]:** *Here* you are wrong. この点であなたは間違っている / *Here* is where I can't agree with you. この点ではあなたに同意できない.

hére and nów [副] 今ここで; 今すぐに.

hére and thére [副] **あちらこちらに[を]**, ここかしこで: Butterflies were flying *here and there* in the garden. ちょうが庭のあちらこちらで飛んでいた. 日英 日本語の「あちこち」と逆に here and there の順にいう.

Hére góes (《米》 nóthing)! Ⓢ《略式》さあ(思いきって)始める[やる]ぞ.

Hére 「it ís [they áre]. Ⓢ **はいここにあります,** さあどうぞ《望みの品物・代金などを差し出すとき》: ◯ "I can't find my watch [glasses]." "*Here* 「*it is* [*they are*]." 「時計[めがね]がない」「ほら, ここだよ」. 語法 Here 「it is [they are]. では渡す物に, Here you are. では差し出す相手に重点が置かれている.

hére, thére, and éverywhere [副]《略式》至る所に.

Hére we áre (...). (1) **さあ(...に)着いたよ** (*at, in*): *Here we are* (home). さあ(家に)着きましたよ. (2) (私たちが探していたものは)ほらここにあった.

Hére we gó. (1) = Here goes (nothing)! (2) = Here we go again.

Hére we gò agáin. Ⓢ《略式》(いやなことが)そらまた始まる[始まった], またか.

Hére you áre [gò]. Ⓢ **はいここにあります,** さあどうぞ《望みの品物・代金などを差し出すとき; ⇒ Here it is. 語法》: ◯ "Where are my chopsticks?" "*Here you are*." 「私のはしはどこですか」「ここにありますよ[はい, どうぞ]」/ "*Here you are*." "Thank you." 「ではこれで」「ありがとうございます」《代金を払うときなど》/ "May I see that tie?" "Just a moment ... *Here you are*." 「あのネクタイを見せてくださいませんか」「少々お待ちくださいこれでございますね」《客に商品を見せるときなど》.

Hére's (a lìttle) sòmething for you. これをあなたにあげましょう.

Hére's to ...! Ⓢ ...のために乾杯: *Here's to* the bride and bridegroom! 新郎新婦のために乾杯.

nèither hére nor thére [形] 的はずれで; どうでもよいことで.

òut hére [副] (外の)こちらで[に]は.

òver hére [副] **こちらに**, こっちのほうへ, こちらでは: A car is approaching *over here*. 車が 1 台こっちに近づいてくる.
the hére and nów [名] 目の前のこと, 現在.
— /híə | híə/ 間 ❶ Ⓢ **はい**《出席などをとるときの返事》.
❷ Ⓢ《英》**さあ, ほら**《注意を促すときなど》: *Here*, take the money. さあ, お金を受け取って / *Here, here*, don't cry! さあさあ, 泣かないで.

here·a·bouts /híəəbàʊts | hìərəbáʊts/, 《米》**here·a·bout** /híəəbàʊt | hìərəbáʊt/ 副 このあたりに[では].

here·af·ter /hìəǽftə | hìərɑ́:ftə/ 副 ❶《格式》この後, 今後は. ❷《格式》死後に. ❸ (法律文書などで)この後で, 以下. — 名 [the ~] あの世, 来世.

here·by /hìəbáɪ | hìə-/ 副《格式》これによって, この文書[行為]により, ここに.

he·red·i·tar·y /hɪrédətèri | -təri, -tri/ 形 ❶ 遺伝性の, 遺伝的な: a *hereditary* disease 遺伝性の病気. ❷ 世襲の; 親譲りの, 代々の: *hereditary* property 世襲財産.

he·red·i·ty /hɪrédəṭi/ 名 Ⓤ 遺伝(形質).

here·in /hìəín | hìə(r)ín/ 副《格式》ここに, この文書に.

here·of /hìəʌ́(:)v | hìə(r)ɔ́v/ 副《格式》この文書の.

here's /híəz | híəz/《略式》here is の短縮形: *Here's* some water. ここに水がありますよ / *Here's* hidden a great treasure. ここに大きな宝が隠されている.

her·e·sy /hérəsi/ 名 (-e·sies) Ⓤ,Ⓒ (特に同一宗教内の)異端; (異端視される)(少数)意見, 異説.

her·e·tic /hérətɪk/ 名 Ⓒ (特に同一宗教内の)異端者; 異説を唱える人.

he·ret·i·cal /hɪréṭɪk(ə)l/ 形 異端[異説](者)の.

here·to /hìətú: | hìə-/ 副《格式》これに, この文書に.

here·to·fore /hìətəfɔ́ə | hìətəfɔ́:/ 副《格式》今まで, 現在まで; 以前は.

here·with /hìəwíð, -wíθ | hìə-/ 副《格式》[特に商用文で] これとともに, これに同封して, これに添えて: enclosed *herewith* 同封して.

+**her·i·tage** /hérɪṭɪʤ/ 名 Ⓤ,Ⓒ [普通は単数形で] (文化的な)**遺産**; 伝統; 先祖伝来の物: the preservation of a nation's cultural *heritage* 国の文化遺産の保存 / a World *Heritage* (site) 世界遺産(地域).

Her·man /hɚ́:mən | hə́:-/ 名 固 ハーマン《男性の名》.

her·maph·ro·dite /hə(:)mǽfrədàɪt | hə(:)-/ 名 Ⓒ 両性具有者; 雌雄同体, 両性花.

Her·mes /hɚ́:mi:z | hə́:-/ 名 固〔ギリシャ神話〕ヘルメス《神々の使いで, 商業・技術・旅行・雄弁・盗賊などの神; ⇒ god 表》.

her·met·ic /hə(:)méṭɪk | hə(:)-/ 形《格式》密封した, 密閉した; 隔絶した. **-met·i·cal·ly** /-kəli/ 副 密封[密閉]して.

her·mit /hɚ́:mɪt | hə́:-/ 名 Ⓒ (特に宗教上の理由で世間から離れて生活する)隠者; 世捨て人.

her·mit·age /hɚ́:mɪṭɪʤ | hə́:-/ 名 Ⓒ 隠者の住みか, いおり.

her·ni·a /hɚ́:niə | hə́:-/ 名 Ⓤ,Ⓒ〔医学〕ヘルニア, (特に)脱腸 [≒rupture].

he·ro /hí(ə)roʊ, hí:r- | híər-/
— 名 (~es /~z/) ❶ Ⓒ **英雄**, (手柄を立てた)勇士; (崇拝の的となる)偉人, ヒーロー《⇒ heroine 1 語法》: a national *hero* 国民的英雄 / the *heroes* of the American Revolution 米国独立戦争の英雄たち / my *hero* 私のあこがれの人.
❷ Ⓒ (劇・小説・詩などの男の)**主人公**《⇒ heroine 1 語法》: The *hero of* this story is a boy who wants to be an engineer. この物語の主人公は技師になりたいと考えている 1 人の少年です. ❸ (~s) Ⓒ《米》= submarine 2. (形 heróic)

Her·od /hérəd/ 名 固〔聖書〕ヘロデ (73?-4 B.C.)《キリストが誕生したときのユダヤの王; 残虐で有名》.

+**he·ro·ic** /hɪróʊɪk/ 形 ❶ **英雄的な**, 勇ましい; 大胆な, 思いきった: Everyone admired the *heroic* deeds of the sailor. だれもがその水夫の英雄的な行為を称賛した. ❷ (文学が)古代の英雄を扱った[歌った], 叙事詩の. ❸ (規模・量などが)非常に大きい: on a *heroic* scale 大規模な. (名 héro)

he·ro·i·cal·ly /hɪróʊɪkəli/ 副 勇ましく; 懸命に.

he·ro·ics /hɪróʊɪks/ 名 複 [しばしば軽蔑的] 大げさな[芝居がかった]言動; 大活躍.

+**her·o·in** /héroʊɪn/ (同音 heroine) 名 Ⓤ **ヘロイン**《モルヒネから作る鎮静剤・麻薬》.

+**her·o·ine** /héroʊɪn/ (同音 heroin) ❗発音 名 ❶ Ⓒ (女性の)**英雄**[偉人], 女傑, 手柄を立てた女性[少女], 崇拝[あこがれ]の的となる女性《⇒ hero 1》. 語法 この意味では, また次の 2 の意味でも次第に hero が使われる傾向にある. ❷ Ⓒ (劇・映画・小説などの)女主人公, ヒロイン《⇒ hero 2》: The *heroine of* this drama is an orphan girl. この劇のヒロインはみなしごの少女です.

her·o·is·m /héroʊìzm/ 名 Ⓤ 英雄的精神, 英雄的勇気; 英雄的行為.

her·on /hérən/ 名 (~(s)) Ⓒ さぎ; あおさぎ《鳥》.

héro sándwich 名 Ⓒ《米》= submarine 2.

héro wòrship 名 Ⓤ 英雄崇拝; 過度の崇拝.

her·pes /hɚ́:pi:z | hə́:-/ 名 Ⓤ〔医学〕疱疹(ほうしん), ヘルペス: *herpes* zoster 帯状疱疹.

her·ring /hérɪŋ/ 名 (複 ~(s)) Ⓒ にしん, 大西洋にしん《缶詰・薫製にする》; Ⓤ にしんの肉.

her·ring·bone /hérɪŋbòʊn/ 名 Ⓤ 矢はず[杉あや]模様, ヘリンボーン《ししゅう・織り物などの模様》.

hers /hɚ́:z | hə́:z/
— 代《所有代名詞; ⇒ **巻末文法** 3 (1)》**彼女のもの**, その[あの]女性のもの. 語法 指すものが単数ならば単数扱い, 複数ならば複数扱い: This book is *hers*. この本は彼女の(もの)だ / Your answers were wrong but *hers* (= her answers) were right. あなたの答えは間違っていたが彼女の(答え)は正しかった.
... of hèrs 彼女の...: a friend *of hers* 彼女の友人《⇒ ... of mine (mine[1] 成句) 語法》.

her·self /(h)ɚsélf | (h)ə-/
— 代《再帰代名詞》(複 them·selves /ðəmsélvz/) ❶ /(h)ɚsèlf | (h)ə-/ [再帰用法; 主語が she か女性を表わす単数の名詞のときに用いる] (彼女が) **自分自身を**[に], (その[あの]女性が)自分を[に]; 自分の体[顔, 手]を: *She* killed *herself*. 彼女は自殺した / *She* cut *herself* with a knife. 彼女はナイフで手[指など]を切ってしまった.
❷ [強調用法; ⇒ **巻末文法** 15. 1 (3)] (彼女が)**自分で**, (その[あの]女性が)自身で; その女性本人を[に]: *She herself* told me the news. 彼女自身が私にそのニュースを知らせてくれた / *My aunt* said so *herself*. おばが自分でそう言った. ✪ 詳しい用法や by herself, for herself, to herself などの成句については ⇒ oneself.

hertz /hɚ́:ts | hə́:ts/ 名 (複 ~) Ⓒ ヘルツ《振動数・周波

数の単位; 1 秒当たり 1 サイクルを 1 ヘルツという; 略 Hz》.

****he's** /hiːz/ ❶《略式》 he¹ is の短縮形 (⇒ be 表): *He's* a friend of mine. 彼は私の友人だ / *He's* running now. 彼は今走っている. ❷《略式》 he¹ has² の短縮形: *He's* already finished it. 彼はすでにそれを済ませている.

hes·i·tan·cy /hézətənsi/ 名 U ためらい, ちゅうちょ.

hes·i·tant /hézətənt/ 形 ためらいがちな, 気乗りしない; ちゅうちょする (*about*; *to* do). (動 hésitàte)

〜·ly 副 ためらいがちに, ちゅうちょして.

+hes·i·tate /hézətèɪt/ ❗アク 動 (-i·tates /-tèɪts/; -i·tat·ed /-ṭɪd/; -i·tat·ing /-ṭɪŋ/) 自 **ためらう**, ちゅうちょする; 遠慮する, 気が進まない: If you have any questions, don't ***hesitate to*** contact me. V+*to* 不定詞 何かわからないことがあれば遠慮なく私に連絡してください / She ***hesitated about*** [***over***] go*ing* alone. V+*about* [*over*]+動名 彼女は独りで行くことをためらった / He ***hesitated*** (***about***) ***what*** to do next. V(+前)+*wh* 句·節 彼は次にどうしたらよいのか迷ってしまった / He who *hesitates* is lost.《ことわざ》ためらう者は機会をのがす[負ける]. (名 hèsitátion, 形 hésitant)

hes·i·tat·ing·ly /hézətèɪṭɪŋli/ 副 ためらいながら; 遠慮がちに.

+hes·i·ta·tion /hèzətéɪʃən/ 名 (〜s /〜z/) U,C **ためらい**, ちゅうちょ; 遠慮: ***Without hesitation*** [***After*** a moment's ***hesitation***] he accepted our offer. 彼はちゅうちょなく[一瞬ためらってから]我々の申し出を承知してくれた / I ***have no hesitation in*** adopt*ing* the new method. 新しい方法を採用するのに私は何のためらいもない. (動 hésitàte)

het·er·o- /héṭəroʊ/ 接頭《格式》「他の; 異種の; 正反対の」の意 [⇔ homo-]: *hetero*geneous 異種の / *hetero*sexual 異性愛の.

het·er·o·dox /héṭərədɑ̀(ː)ks, -trə-|-dɔ̀ks/ 形《格式》正統でない, 異端の; 異説の [⇔ orthodox].

het·er·o·dox·y /héṭərədɑ̀(ː)ksi, -trə- | -dɔ̀k-/ 名 (-dox·ies) U,C《格式》異端; 異説 [⇔ orthodoxy].

het·er·o·ge·ne·i·ty /hèṭəroʊdʒəníːəṭi/ 名 U《格式》異種[異質]性; 異種混交.

het·er·o·ge·ne·ous /hèṭərədʒíːniəs, -trə-⁻/ 形《格式》異種の, 異質の; 異成分から成る [⇔ homogeneous].

+het·er·o·sex·u·al /hèṭəroʊsékʃuəl, -ʃəl⁻/ 形 **異性愛の.** 関連 homosexual 同性愛の / bisexual 両性愛の. — 名 C 異性愛の人.

het·er·o·sex·u·al·i·ty /hèṭəroʊsèkʃuǽləṭi/ 名 U 異性愛.

heu·ris·tic /hjʊrístɪk/ 形《格式》(教育·学習が)体験によって学ばせる, 自発研究をうながす, 発見的な.

heu·ris·tics /hjʊrístɪks/ 名 U《格式》発見的教授法.

hew /hjúː/ 動 (hews; 過去 hewed; 過分 hewed, hewn /hjúːn/; hew·ing) 他《文語》(おのなどで)(...)を切る; (...から)切って(...)を作る (*out of*). — 自《文語》(おのなどで)切る. **héw to ...** [動] 他《米格式》(規則·指示など)に従う, ...を守る.

hex·a·gon /héksəgɑ̀(ː)n|-gən/ 名 C〔幾何〕六角形, 六辺形 (⇒ triangle).

hex·ag·o·nal /heksǽgən(ə)l/ 形 六角[六辺]形の.

****hey** /héɪ/ (同音 hay)

— 間 ❶ **やあ!, おい!, おや!, まあ!** 《注意·呼びかけ·喜び·驚き·困惑などを表わす》: *Hey*, what are you doing? おい, 何してる? ❷《略式》= hello 間 1. ❸ まあね, でもさ《大したことではないという意を表わす》: but *hey* でもまあね.

hey·day /héɪdèɪ/ 名 C [普通は単数形で] 最盛期, 全盛期, 絶頂 (*of*): In his *heyday*, he won the gold medal. 彼は全盛期に金メダルを獲得した.

****hi** /háɪ/ (同音 high)

— 間《略式》**やあ!, こんにちは!** 《主に親しい者の間で用いる; hello よりもくだけた言い方》: *Hi* (there), Pat! How are you doing? やあパット. 元気? / *Hi!* I'm Peter Brown, and I'm looking forward to studying with you this year. はじめまして. 僕はピーター·ブラウンです. 今年はみんなといっしょに勉強するのが楽しみです《新入生などのあいさつ》.

HI 〔米郵便〕= Hawaii.

hi·a·tus /haɪéɪṭəs/ 名 (複 〜·es, 〜) C [普通は単数形で]《格式》とぎれ, 中断; (原稿などの)脱落部分.

hi·ber·nate /háɪbənèɪt|-bə-/ 動 自 冬眠する.

hi·ber·na·tion /hàɪbənéɪʃən|-bə-/ 名 U 冬眠.

hi·bis·cus /haɪbískəs/ 名 C,U ハイビスカス《観賞用の常緑低木; 米国 Hawaii 州の州花》.

hic·cup /híkʌp, -kəp/ 名 ❶ C [普通は複数形で] しゃっくり: have [get] (《米》 the) *hiccups* しゃっくりが出る. ❷ C《略式》一時的な中断[おくれ], ちょっとした故障[障害] (*in*). — 動 (hic·cups; hic·cuped, hic·cupped; -cup·ing, -cup·ping) 自 しゃっくりする.

hick /hík/ 名 C《略式, 主に米》[差別的] いなか者.

hick·ey /híki/ (hickeys) 名 C《米》キスのあと, キスマーク [《英》 love bite].

hick·o·ry /hík(ə)ri/ 名 (-o·ries) C ヒッコリー《北米産のくるみ科の木》; U ヒッコリー材.

***hid** /híd/ 動 ❶ **hide¹ の過去形.** ❷《米》hide¹ の過去分詞.

***hid·den** /hídn/ 動 **hide¹ の過去分詞.**

— 形 **隠された**, 隠れた, 秘密の: a *hidden* camera 隠しカメラ / a *hidden* meaning 隠れた意味 / *hidden* talents 隠れた才能 / a *hidden* agenda 裏の意図[計画] / He kept his secret well *hidden*. 彼は自分の秘密をすっかり隠していた.

****hide¹** /háɪd/

— 動 (hides /háɪdz/; 過去 hid /híd/; 過分 hid·den /hídn/; hid·ing /-dɪŋ/) 他 **(...)を隠す**, 覆う; かくまう; 見えなくする; (感情など)を秘密にする (⇒ 類義語): Where did you *hide* the key? 鍵をどこへ隠したの / He *hid* a secret document ***under*** the carpet. 彼は秘密書類をカーペットの下に隠した V+O+前+名 / A tall tree *hid* his house ***from*** (our) view. 高い木に隠れて彼の家は(我々からは)見えなかった / The child *hid* himself (***away***) ***behind*** the curtain. 子供はカーテンの後ろに隠れた.

— 自 **隠れる**, 潜伏する (*away*): The girl is ***hiding behind*** that big tree. V+前+名 少女はその大きな木の陰に隠れている.

híde óut [動] 自 (犯人などが)身を隠す, 潜伏する.

> 類義語 **hide** 日常語で, 故意に隠す場合にも, 故意にではなく結果的に隠すことになる場合にも用いる. **conceal** *hide* よりも格式ばった語で, 普通は故意に隠すことを含意する.

— 名 C《英》= blind 名 2.

hide² /háɪd/ 名 ❶ C,U 獣の皮 (⇒ skin 表). 関連

cowhide 牛皮 / rawhide なめしてない牛皮. ❷ Ⓒ《略式》身の安全. **sáve** one's **(òwn) híde** [動] Ⓢ 自分の身を守る, 罰などを免れる. **hàve [tán]** ...'s **híde** [動] Ⓢ [こっけいに] (罰として)...をうんとひっぱたく. **have nót sèen híde nor háir of ...** [動] ⑩ Ⓢ ...を全然見ない, ...の影も形も見ない.

hide-and-seek /háɪdnsíːk/ 名 Ⓤ 隠れんぼう: play (at) *hide-and-seek* 隠れんぼうをする.

hide·a·way /háɪḍəwèɪ/ 名 Ⓒ 隠れ家[場所].

hide·bound /háɪdbàʊnd/ 形 [軽蔑的] 因習にとらわれた, 保守的な, 偏狭な.

hid·e·ous /hɪ́ḍiəs/ 形 ひどく醜い[いやな], ぞっとする: a *hideous* building 醜悪な建物 / a *hideous* face 醜い顔 / a *hideous* crime 恐ろしい犯罪. **~·ly** 副 ぞっとするほど; ひどく.

hide·out /háɪdàʊt/ 名 Ⓒ (犯罪者などの)隠れ家, 潜伏場所.

hid·ing /háɪḍɪŋ/ 名 Ⓤ 隠れる[隠す]こと: *go into hiding* 隠れる / be [remain] *in hiding* 隠れている; 潜伏している / *come out of hiding* 隠れ場所から姿を現す.

híding plàce 名 Ⓒ 隠れ場所, 隠し場所.

hi·er·ar·chi·cal /hàɪ(ə)rάəkɪk(ə)l | -rάː-ˈ/ 形 階層制の, 階級組織の, 階級制の.

+**hi·er·ar·chy** /háɪərὰəki | -rὰː-/ 名 (-ar·chies /~z/) ❶ Ⓒ,Ⓤ **階層制**, 階級制度, ヒエラルキー; 序列, 順位: a very rigid *hierarchy* 極めて厳格な階級制度. ❷ Ⓒ [《英》単数形でもときに複数扱い] 支配(者)層.

hi·er·o·glyph /háɪ(ə)rəglɪf/ 名 Ⓒ (古代エジプトの)象形文字, 聖刻文字, ヒエログリフ.

hi·er·o·glyph·ic /hàɪ(ə)rəglɪ́fɪkˈ/ 形 象形[聖刻]文字の(ような).

hi·er·o·glyph·ics /hàɪ(ə)rəglɪ́fɪks/ 名 複 (古代エジプトの)象形文字, 聖刻文字《全体》; 読みにくい文字[記号].

hi-fi /háɪfáɪˈ/ 名 Ⓤ ハイファイ(再生), 高忠実度《原音に対して高度に忠実な再生; *h*igh *fi*delity の略》; Ⓒ《古風》ハイファイの再生装置. — 形 限定 ハイファイの.

hig·gle·dy-pig·gle·dy /hɪ́gldipɪ́gldiˈ/ 形 副《略式》ひどく乱雑な[に], めちゃくちゃな[に].

***high /háɪ/ (同音 hi)

— 形 (high·er; high·est)

意味のチャート
「(位置が)高い」❶
→「程度が高い」❸ →「(値段が)高い」❸ / →「(音が)高い」❹ / →「(勢いが)強い」❺
→(優れている) →「地位が高い」❻ / →「気高い; 高級な」❼

❶ (高さ・位置などが)**高い**, 高い所にある [⇔ low]; 高地の (略 h.; ⇒ 類義語): a *high* mountain 高い山 / the *highest* building in this city この市で最も高い建物 / a *high* dive (水泳の)高飛び込み / The sun is already *high*. 日はすでに高い / The river was *higher* than usual. 川の水位がいつもより高かった. 関連 long 長い / wide 幅の広い.

high (下からの高度が)	高い (⇒ 類義語)
tall (細長く伸びて)	

❷ 叙述 **高さが...で[の]**: "How *high* is Mt. Fuji?" "It's three thousand seven hundred (and) seventy-six meters *high*." 「富士山の高さはどれくらいですか」「3776 メートルです」 語法 普通は高さを表わす語の後につける. 関連 long 長さが...で / wide 幅が...で.

❸ (値段・温度・速度・価値・重要性などが)**高い**, 高度の (略 h.); (数字が)大きい; (...の)含有量の多い [⇔ low]: Prices are very *high* nowadays. 近ごろは物価がとても高い / Do not open the lid at *high* temperatures. 温度が高いときにふたを開けないように / The car drove away at (a) *high* speed. 車は高速で走り去った / This issue is ***high on the list*** [***agenda***]. この問題は最優先事項の一つである / a food ***high in*** protein 高たんぱく質の食品.

❹ (音・声が)**高い**, 高い調子の, 鋭い [⇔ low]: a *high* note 高い調子, 高音 / He speaks in a *high* voice. 彼はかん高い声で話す.

❺ (勢いが)**強い**, 激しい, 荒れた: The wind was *high* that evening. その晩は風が強かった.

❻ [普通は 限定] [比較なし] (地位・身分などが)**高い**, 高貴な, 上流の [⇔ low]: *high* office 高い地位[官職] / *high* society 上流社交界 / He's a *high* official in the government. 彼は政府の高官だ.

❼ [普通は 限定] (人格が)**気高**(けだか)**い**, 高潔な; (品質などが)**高級な**: a person of *high* moral character 高潔な人 / furniture of *high* quality = *high*-quality furniture 高品質の家具. ❽ [普通は 限定] 非常に好意的な: have a *high* opinion of... ...を高く評価している. ❾ 元気な, 意気盛んな, 高揚した: He was in *high* spirits. 彼はとても上機嫌だった. ❿ 限定 (時・季節などが)十分進んだ, たけなわの (⇒ high time): *high* summer 盛夏 / *high* noon 真昼. ⓫ 叙述《略式》(麻薬・酒などで)ハイになって (*on*). ⓬ 限定 ぜいたくな: ⇒ high life. ⓭ 叙述《英》(肉やチーズなどが)少し腐り始めて.

hígh and drý [形・副] (1) (船が)浜に乗り上げて. (2)《略式》(人が)時勢に遅れて; 困り切って: be left *high and dry* おいてきぼりにされる. (名 height)

類義語 **high** と **tall** はともに高さが高いことを表わす一般的な語. *high* 人には用いず, 特に地面からの高度にのみ重点を置く場合に用いられる: a *high* fence 高い柵 / a *high* ceiling 高い天井. *tall* 人にも物にも用い, 基底から最高部までの高さを表わす語で, 特に細長いものについて用いられる: a *tall* tower 高い塔. tree や building のような語については *high* も *tall* も用いることができる.

— 副 (high·er; high·est) ❶ **高く**, 高い所に (⇒ highly 語法) [⇔ low]: There were eagles flying *high* (up) in the sky. わしが空高く飛んでいた / The moon rose *high*(*er*). 月が高く昇った.

❷ (値段・程度が)**高く**, 高度に [⇔ low]; (地位・望みなどが)高く: aim *high* 目標を高く持つ / rise *high* in the world 出世する. ❸ 高い音[声]で [⇔ low]: sing [speak] *high* 高い声で歌う[話す]. ❹ 豊かに, ぜいたくに: live *high* ぜいたくに暮らす.

hígh and lów [副] 至る所を[に, で], くまなく: look [search, hunt] *high and low* for a new car 新車を探し回る.

— 名 ❶ Ⓒ 高いもの[所], 最高の水準[数値], 最高記録; 最高値; 最高気温 [⇔ low]: reach a new *high* 新記録をつくる / a *high* of 30 degrees 最高 30 度. ❷ Ⓒ《略式》(酒・麻薬・喜びなどによる)恍惚(こうこつ)状態, 興奮状態: be on a (real) *high* 最高の気分である, 興奮状態にある. ❸ Ⓒ〔気象〕高気圧(域). ❹ Ⓒ [し

H

ばしばH-として校名で] = high school.
from on hígh [副] 高い所から; 天から; [こっけいに] 上層部から.
híghs and lóws [名] (調子の)良い時と悪い時.
on hígh [副・形] 高い所で[の]; 天に(いる); 高温で.

-high /háɪ/ [接尾] ...の高さの, ...の深さの: knee-*high* ひざまでの高さ[深さ]の.

hígh átmospheric préssure [名] [U,C] 〘気象〙 高気圧《⇒ weather map 挿絵》 [⇔ low atmospheric pressure].

high·ball /háɪbɔ̀ːl/ [名] [C] 《主に米》 ハイボール《ウイスキー・ブランデーなどを水や炭酸水で割った飲料》.

high·boy /háɪbɔ̀ɪ/ [名] [C] 《米》 脚のついた高いたんす [《英》 tallboy].

high·brow /háɪbràʊ/ [形] [限定] 知識人(向き)の. ― [名] [C] 学問や教養の高い人, 知識人, インテリ(ぶる人). [関連] lowbrow 学問や教養の低い / middlebrow 学問や教養が中程度の.

hígh chàir [名] [C] ハイチェア《子供用の背の高い食事いす》.

high-class /háɪklǽs | -klɑ́ːs←/ [形] [普通は [限定]] 高級な; 一流の; 上流階級の.

hígh cóurt [名] [しばしば H- C-] ❶ [C] [普通は単数形で] 《米》 最高裁判所 (Supreme Court). ❷ [C] [普通は単数形で] 《英》 高等法院.

high-def·i·ni·tion /háɪdèfəníʃən/ [形] [限定] 高精細度の, 高解像度の: *high-definition* television 高精細度テレビ, ハイビジョン《[略] HDTV》 [日英] high vision とは言わない.

H

***high·er** /háɪɚ | háɪə/ ([同音] hire) [形] ❶ [high の比較級] **より高い**; (値段などが)**より高い** [⇔ lower]: Mt. Fuji is *higher than* any other mountain in Japan. 富士山は日本のほかのどの山よりも高い / The old hotel is now surrounded by *higher* buildings. その古いホテルは今では(それより)もっと高い建物に囲まれている.
❷ [限定] **高等な**, 高度の; 上級の [⇔ lower]: the *higher* animals [plants] 高等動物[植物] / *higher* education 高等教育《専門学校や大学における教育》 / a *higher* court 上級裁判所. [関連] upper 上級の.
― [副] [high の比較級] **より高く** [⇔ lower[1]]: Raise your hand *higher*. 手をもっと上げて / The lark flew *higher* and *higher*. ひばりはさらに高く飛んでいった《⇒ and 7, 巻末文法 12. 3 (3)》.

hígh explósive [名] [C,U] 高性能爆薬.

hígh fidélity [名] [U], [形] [限定] 高忠実度(再生)(の), ハイファイ(の) 《⇒ hi-fi》.

hígh fíve [名] [C] 《主に米》 ハイファイブ《2 人が互いに右手を上げて手の平をたたき合う喜び・友情などのしぐさ》. [日英] 「ハイタッチ」は和製英語.

high five

high-flown /háɪflóʊn←/ [形] (ことばなどが)大げさな, ぎょうぎょうしい.

high-flying /háɪfláɪɪŋ/ [形] ❶ [限定] 成功した, 野心家の. ❷ [限定] 高く飛ぶ.

hígh fréquency [名] [C,U] 〘無線〙 短波《周波数 3–30 メガヘルツ; [略] HF, hf》; 高周波.

hígh géar [名] [U] 《米》 (車の)高速[トップ]ギア [《英》 top gear].

high-grade /háɪgréɪd←/ [形] 優秀な, 高級な.

high-hand·ed /háɪhǽndɪd←/ [形] えらそうな, 横暴な, 高飛車な.

high-heeled /háɪhíːld←/ [形] [限定] (靴が)かかとの高い.

hígh héels [名] [複] ハイヒール.

hígh hórse [名] [次の成句で] **be [gèt] on** one's **hígh hórse** [動] [自] いばっている[いばる].

hígh jùmp [名] [the ~] 〘スポーツ〙 (走り)高跳び.

hígh jùmper [名] [C] 走り高跳びの選手.

high·land /háɪlənd/ [形] ❶ [H-] (スコットランド北西部の)高地地方の. ❷ [限定] 高地の. ― [名] ❶ [the Highlands] (Scotland 北西部の)高地地方. ❷ [C] [普通は複数形で] 高地 [⇔ lowland].

high-lev·el /háɪlév(ə)l←/ [形] ❶ [限定] (交渉などが)高官による; 上層の. ❷ [限定] 高水準の, 高度な; 強度の. ❸ [限定] 高い所での. ❹ 〘コンピュータ〙 (プログラム言語が)高水準の《自然言語に近い》.

hígh lífe [名] [the ~] 上流社会のぜいたくな生活.

***high·light** /háɪlàɪt/ [!発音] -ght で終わる語の gh は発音しない. [動] [他] ❶ (...)を**強調する**, 目立たせる: The report *highlights* the importance of preschool education. その報告は幼児教育の重要性を強調している. ❷ (文字)をマーカーで塗る; (コンピューター画面上の文字)を別の色で表示する. ❸ (髪の一部)を脱色する, 染める.
― [名] (-lights /-làɪts/) ❶ [C] **ハイライト**, (歴史・事件・話・番組などで)最も興味ある部分, 最高潮の場面, 呼び物: ***highlights of*** [***from***] the Olympic Games オリンピック競技のハイライト. ❷ [C] [複数形で] 髪の毛の脱色した明るい色の部分; (絵・写真の)最も明るい部分 [⇔ shadow].

high·light·er /háɪlàɪṭɚ | -tə/ [名] [C] 蛍光ペン.

**high·ly /háɪli/

― [副] ❶ **非常に**, 大いに [≒extremely]; **高度に**: a *highly* successful businessman 大成功した実業家 / It's *highly* unlikely that they will win. 彼らが勝つことはとてもありそうにない / The editorial was *highly* critical of the government. 社説は政府に対して極めて厳しかった / *highly* educated 高学歴の. [語法] 副詞の high は物理的な高さにも程度の高さにも用いるが, highly はもっぱら程度の高さを表わす.
❷ **高く評価して**, 敬意をもって; 好意的に: She speaks [thinks] *highly* of your book. 彼女は君の著書をとてもほめている[高く評価している]. ❸ 高額に[で]: He is *highly* paid. 彼は高給を取っている. ❹ 高い地位に: a *highly* placed official 高官.

high·ly-strung /háɪlistrʌ́ŋ←/ [形] 《英・豪》 = high-strung.

high-mind·ed /háɪmáɪndɪd←/ [形] 気高(けだか)い, 高潔な.

High·ness /háɪnəs/ [名] [C] 殿下: His [Her] *Highness* 殿下[妃殿下]《間接に指すときに用いる》 / His [Her] Royal *Highness* 皇太子[皇太子妃]殿下 / His [Her] Imperial *Highness* (日本の)殿下[妃殿下] / Your *Highness* 殿下, 妃殿下《直接に呼びかけるときに用いる》. ✪ 用法については ⇒ majesty [語法].

high-oc·tane /háɪɑ́(ː)kteɪn | -ɔ́k-←/ [形] (ガソリンなど

が)オクタン価の高い, ハイオクの: *high-octane* fuel ハイオクタン燃料.

high-pitched /háɪpítʃt←/ 形 (音・声が)調子の高い, かん高い.

hígh póint 名 C (行事・活動などの)最高の時[場所], ハイライト (*of*).

high-pow·ered /háɪpáʊɚd | -páʊəd←/ 形 ❶ [普通は 限定] (エンジン・機械などが)高性能[出力]の. ❷ [普通は 限定] (人が)精力的な, (人・行為などが)重要な, 有力な.

hígh préssure 名 U,C = high atmospheric pressure.

high-pres·sure /háɪpréʃɚ | -ʃə←/ 形 ❶ 限定 (仕事・状況などが)過酷な, きつい, 強い緊張を強いられる [≒ stressful]. ❷ 限定 高圧的な, しつこい, 押し売りの. ❸ 限定 高(気)圧の.

high-priced /háɪpráɪst←/ 形 高価な.

hígh príest 名 ❶ C 第一人者, 大家 (*of*). ❷ C 高僧.

high-prin·ci·pled /háɪprínsəpld←/ 形 = high-minded.

hígh prófile 名 [a ~] 大変注目される状況[資質].

high-pro·file /háɪpróʊfaɪl←/ 形 限定 注目される, 脚光を浴びる. 関連 low-profile 目立たない.

high-rank·ing /háɪrǽŋkɪŋ←/ 形 限定 上位の, 高位の, 高官の: a *high-ranking* official 高官.

high-rise /háɪràɪz/ 形 限定 (建物が)高層の. 関連 low-rise 低層の. — 名 C 高層建築(物), 高層ビル.

high-risk /háɪrísk←/ 形 限定 リスクの高い, 危険な [⇔ low-risk].

hígh ròad 名 ❶ C《古風, 英》 = highway 1. ❷ [the ~] (...への)楽な方法[手段], 近道; 正しい道: *the high road to* success 成功への近道.

hígh róller 名 C《米略式》浪費家; 賭(か)け好き.

high school** /háɪskùːl/ 名 (~s /~z/) ❶ C,U《米》**高等学校**《略 HS》. 参考 junior high school とはっきり区別するときは senior high school ともいう; ⇒ school¹ 表と 参考: enter (a) *high school* 高校に入学する《⇒ school¹ 2 ✪》/ graduate from *high school* 高校を卒業する / She goes to *high school* in Tokyo. 彼女は東京の高校に通っている / He did well ***in high school. 彼は高校ではよい成績だった / a friend from *high school* 高校からの友だち.

❷ [形容詞的に]《米》**高等学校の:** a *high school* student 高校生 / a *high school* graduate 高校卒業生. ❸ [単数形で; 校名に用いて]《英》中等学校《日本の中学・高校に相当》.

hígh séas 名 複 [the ~]《主に文語》公海, 外洋.

hígh séason 名 U [しばしば the ~]《主に英》(行楽の)繁忙期, シーズン [⇔ low season].

high-speed /háɪspíːd←/ 形 限定 高速度の: *high-speed* film 高感度フィルム.

high-spir·it·ed /háɪspírɪṭɪd←/ 形 元気のよい, 陽気な, 威勢のよい [⇔ low-spirited].

hígh spòt 名 C《英》= high point.

hígh strèet 名 C [the ~ または特に地名で H- S-]《英》= Main Street; 小売業, 商店.

high-strung /háɪstrʌ́ŋ←/ 形《米》(極度に)緊張している, (非常に)興奮している [《英》highly-strung].

hígh téa 名 U,C《英》ハイティー《午後 5 時から 6 時ごろの普通は肉料理のつくティー; 事実上の夕食》.

high tech /háɪték/ 名 U 先端技術, ハイテク.

+**high-tech** /háɪték←/ 形 [普通は 限定] ❶ **先端技術の**, ハイテクの [⇔ low-tech]: *high-tech* industries ハイテク産業. ❷ (デザインが)ハイテクの《工業材料・デザインを応用した室内装飾様式》.

hígh technólogy 名 U = high tech.

hígh tíde 名 ❶ U,C 高潮(こうちょう)(時), 満潮(時) [⇔ low tide]. ❷ [the ~] 絶頂, 最高潮 (*of*).

hígh tíme 名 U《略式》(もう)とっくに...しなければならない時刻[時期]《⇒ time 名 7》.

high-tops /háɪtɑ̀(ː)ps | -tɔ̀ps/ 名 複 ハイトップ《くるぶしまでおおう深いスニーカー》.

hígh tréason 名 U (国家に対する)大反逆罪.

hígh wáter 名 U 高潮(こうちょう)(時), 満潮(時) [⇔ low water].

hígh wáter màrk 名 [単数形で] ❶ (川や湖の)高水位線, (海岸の)高潮線. ❷ 最高水準, 絶頂 (*of*). 関連 low water mark 低水位線.

****high·way** /háɪwèɪ/

— 名 (~s /~z/) ❶ C《主に米》**幹線道路**《略 hwy》; 大通り《⇒ road 表》 [⇔ byway]: ***on the highway*** ハイウェーで / The two cities are connected by this *highway*. その 2 つの都市はこの幹線道路で結ばれている. 日英 日本語の「ハイウェー」より意味が広く, 日本の国道や県道に相当することが多い.「高速道路」は《米》では expressway, freeway, speedway, superhighway, thruway など,《英》では motorway という. ❷ C《英格式》公道, 道路.

〖語源「主要な (high) 道 (way)」の意〗

high·way·man /háɪwèɪmən/ 名 (-men /-mən/) C (昔の)追はぎ《馬に乗り公道で旅人を襲った》.

hígh wìre 名 C 綱渡りの綱.

hi·jab /hɪ́ʤɑːb, hɪʤɑ́ːb/ 名 C ヒジャブ《イスラム教の女性が頭を隠すのに用いる布》.

hi·jack /háɪʤæ̀k/ 動 他 (乗り物)をハイジャックする, 乗っ取る, (列車など)を止めて強盗をはたらく; (積荷)を強奪する; (組織・行事・会合など)を牛耳り(宣伝などに)利用する. 関連 skyjack 航空機を乗っ取る. — 名 C,U ハイジャック(事件).

hi·jack·er /háɪʤæ̀kɚ | -kə/ 名 C ハイジャックの犯人, 乗っ取り犯.

hi·jack·ing /háɪʤæ̀kɪŋ/ 名 U,C ハイジャック, 乗っ取り.

hike** /háɪk/ 名 (~s /~s/) ❶ C **ハイキング**, 徒歩旅行, 山歩き; 長距離(の歩行): ***go on [***for***] ***a hike*** ハイキングに行く / We met ***on a hike***. 私たちはハイキング中に会った.

❷ C《略式》(物価・給料などの)**引き上げ**, 値上げ (*in*): a wage *hike* 賃上げ / a fare *hike* 運賃値上げ.

tàke a híke [動] Ⓢ《米略式》立ち去る, うせる.

— 動 (hikes /~s/; hiked /~t/; hik·ing) 自 **ハイキングをする**, 徒歩旅行[山歩き]をする: *hike* five miles a day 1 日に 5 マイルを徒歩旅行する / It's a perfect day for *hiking*. きょうはハイキングにもってこいの日だ / ***go hiking*** ハイキング[徒歩旅行]に行く. 参考 hike は歩くことに, picnic は食べることに重点がある. 関連 hitchhike ヒッチハイクをする.

— 他 ❶ (物価・給料)を引き上げる (*up*). ❷《米》(...)をハイキングする. ❸《略式》(ズボン・スカートなど)をぐいと(引っ張り)上げる (*up*).

hik·er /háɪkɚ | -kə/ 名 C ハイカー, 徒歩旅行者. 関連 hitchhiker ヒッチハイクをする人.

hik·ing /háɪkɪŋ/ 名 U ハイキング, 徒歩旅行.

hi·lar·i·ous /hɪlé(ə)riəs/ 形 大笑いするような, 爆笑物

の. ～·ly 副 爆笑するほど; とてもおかしく.

hi·lar·i·ty /hɪlǽrəṭi/ 名 U おかしくて笑いたくなる気持ち, 愉快; 大笑い.

Hil·da /híldə/ 名 固 ヒルダ《女性の名》.

*****hill** /híl/

— 名 (～s /～z/) ❶ C 丘, 小山, 丘陵: 「go up [climb] a *hill* 丘に登る / go [come] down a *hill* 丘を下りる / We reached the top of the *hill*. 私たちは丘の頂に着いた. ❷ C (道などの)坂 [≒slope]: a steep *hill* 急な坂道. ❸ [the H- として]《米》米国議会 (Capitol Hill).

òver the híll [形]《略式》(人が)盛りを過ぎた; (もう)若くない. (形 hílly)

hill·bil·ly /hílbìli/ 名 (-bil·lies) 名 C《米》[差別的] (山地で育った)いなか者, 山男.

hill·ock /hílək/ 名 C 小さい丘, 小高い所.

hill·side /hílsàɪd/ 名 C 山腹, 丘の中腹.

hill·top /híltɑ̀(ː)p | -tɔ̀p/ 名 C 丘[小山]の頂上.

hill·y /híli/ 形 (hill·i·er; -i·est) 丘[小山]の多い, 起伏に富んだ. (名 hill)

hilt /hílt/ 名 C (刀剣の)柄(つか). **(úp) to the hílt** [副] 最大限に, 完全に, 徹底[全面]的に.

*****him** /(弱形) (h)ɪm; (強形) hím/ (同音 #hymn)

— 代《人称代名詞 he[1] の目的格》❶ [目的語として] **彼を[に]**, その[あの]男を[に]: A *man* came to see me, but I didn't know *him* (= the man). 1 人の男が私に会いにきたが, 私はその人を知らなかった[他動詞の直接目的語] / I gave *him* a book. 私は彼に本を 1 冊やった[他動詞の間接目的語] / I went *with him* to the zoo. 私は彼と動物園へ行った[前置詞の目的語]. 語法 場所を表わす前置詞の目的語となる場合, ときに himself を意味する: He looked *around him*. 彼は(自分の)周りを見回した.

❷ /hím/ [主格補語として]《略式》**彼(だ)**, あの男(だ), あいつ(だ) [≒he]: "Which one is Bill?" "That's *him* over there." 「ビルはどの人なの」「あそこにいるあれがビルだ」《⇒ me 2 語法 (2)》. ❸ /hím/ [he の代わりとして] (1)《略式》[独立的に用いて]: "Who broke the vase?" "*Him* (= He did (it))." 「花びんを壊したのはだれ」「彼です」 (2)《略式》[比較表現の (as ...) as, than の後で]: She's *as* intelligent *as him* (= as he (is)). 彼女は彼と同じくらい頭がよい. ❹ [動名詞の意味上の主語として, his の代わりに]《略式》: She disapproved of *him* com*ing*. 彼女は彼が来ることに賛成しなかった《⇒ 巻末文法 8. 2》. ❺ [Him として] Ⓦ 神を, 神に《⇒ god 1 語法》.

Hi·ma·la·yan /hìməléɪən←/ 形 ヒマラヤ(山脈)の.

Hi·ma·la·yas /hìməléɪəz/ 名 固 複 [the ～] ヒマラヤ山脈.

*****him·self** /(h)ɪmsélf/

— 代《再帰代名詞》(複 them·selves /ðəmsélvz/) ❶ /(h)ɪmsèlf/ [再帰用法; 主語が he か男性を表わす単数名詞のときに用いる] (彼が)**自分自身を[に]**, (その[あの]男が)自分を[に]; 自分の体[顔, 手]を: *He* introduced *himself*. 彼は自己紹介した / *He* showed us a picture of *himself*. 彼は私たちに彼(自身)の写真を見せてくれた. 語法 his picture とすると普通「彼の持っている写真」の意味になる // *He* cut *himself* while shaving. 彼はひげをそっているとき顔を切ってしまった.

❷ [強調用法; ⇒ 巻末文法 15. 1 (3)] (彼が)**自分で**, (その[あの]男が)自身で; その男本人を[に]: *He* said so *himself*. 彼が自分でそう言ったのだ / I must see *the chair himself*. 私は議長本人に会わなければならない. ✪ 詳しい用法や by himself, for himself, to himself などの成句については ⇒ oneself.

hind[1] /háɪnd/ 形 限定 (動物の脚が)後部の, 後ろの [⇔ fore]: the *hind* legs of a horse 馬の後脚.

hind[2] /háɪnd/ 名 (複 ～(s)) C 雌鹿(めじか)《特に 3 歳以上の赤鹿》. 関連 stag 雄鹿 / deer 鹿.

+hin·der /híndə | -də/ 動 (hin·ders /～z/; hin·dered /～d/; -der·ing /-dərɪŋ, -drɪŋ/) 他 (物事(の進行))を**じゃまする**, (人)が(…するのを)妨げる; 遅らせる《⇒ prevent 類義語》: The project *was hindered by* financial difficulties. その企画は財政上の困難により妨げられた / Don't *hinder* her (in her) work. 彼女の仕事をじゃまするな / Rain ***hindered*** them ***from*** complet*ing* the job. V+O+*from*+動名 雨で彼らの仕事の完成が遅れた.

Hin·di /híndi:, -di/ 名 U ヒンディー語《インドの公用語》.

hind·quar·ters /háɪndkwɔ̀əṭəz | -kwɔ̀:təz/ 名 複 (牛[羊]肉の)後四半部《後足と臀部(でんぶ)》.

hin·drance /híndrəns/ 名 ❶ C 妨害物, じゃま物[者] (*to*): John was more of a *hindrance* than a help. ジョンは手助けどころかかえってじゃまになった. ❷ U《格式》妨害: without *hindrance* 支障なく.

hind·sight /háɪndsàɪt/ 名 U あと知恵: in [with] *hindsight* あとから考えてみると. 関連 foresight 先見の明.

Hin·du /híndu:/ 名 C ヒンズー教徒. — 形 ヒンズー教(徒)の.

Hin·du·is·m /híndu:ìzm/ 名 U ヒンズー教.

Hin·du·stan /hìndostǽn, -stɑ́:n/ 名 固 ヒンドゥスタン《インド中央部の平原地方》.

hinge /híndʒ/ 名 C ちょうつがい《⇒ glasses 挿絵》: The door is off its *hinges*. その戸はちょうつがいがはずれている. — 動 他 [普通は受身で] (...)にちょうつがいをつける [⇔ unhinge]. — 自 [進行形なし] ...次第である, ...次第で決まる [≒depend]: Everything *hinges on* [*upon*] your decision. 何事もあなたの決心次第だ.

hinged /híndʒd/ 形 ちょうつがいのついた.

hint** /hínt/ 名 (hints /hínts/) ❶ C **ヒント**, 暗示, ほのめかし: a broad [subtle] *hint* 明白[かすか]なヒント / I gave [dropped] him a ***hint that I didn't need his help. +*that* 節 私は彼の助けがいらないということをほのめかした.

❷ C **きざし**, 気配; [普通は単数形で] **微量**: There was a ***hint of*** spring in the air. 大気に春のきざしがあった. ❸ C [普通は複数形で] (ちょっとした)助言, 心得: *hints on* cooking 料理の心得 / helpful [handy] *hints for* freshmen 新入学生[社員]にとって役に立つ助言.

tàke a [the] hínt [動] 自 (ほのめかされて)それと感づく: He *took the hint* and left early. 彼は空気を読んで[気をきかせて]早く帰った.

— 動 (hints /hínts/; hint·ed /-ṭɪd/; hint·ing /-ṭɪŋ/) 他 (...)を**それとなく言う**; (...だ)とほのめかす《⇒ 類義語》: She ***hinted*** (***to*** him) ***that*** she wouldn't mind being asked out on a date. V(+*to*+名)+O (*that* 節) 彼女は(彼に)デートに誘われてもかまわないということを遠回しに言った. — 自 ほのめかす, におわす: He *hinted at* his own resignation. 彼はそれとなく辞意をほのめかした.

類義語 **hint** それとなく, 自分の意向が相手に伝わるようにすること. **suggest** 与えられた提案・情報などから,微妙な意味を読み取りそれとなく気づかせるようにすること. **imply** はっきりとは明示しないが相手が推理を働かせて察することができるようにほのめかすこと. *suggest* と交換して用いることも多い.

hin·ter·land /hínṭəlæ̀nd, -lənd | -tə-/ 名 奥地, いなか; (河岸(かし)·海岸地帯の)後背地.

*__hip__[1] /híp/ 名 (~s /~s/) C **腰**, ヒップ; 股(こ)関節.
日英 日本語の「ヒップ」は普通は「しり」をさすが, 英語の hip はウエストの下の腰の左右に張り出した部分の一方をいう. 従って, 全体をいうときは複数形にする; 「しり」の意味の英語は buttocks《⇒ back 挿絵; waist 表》: She's large around [in] the *hips*. 彼女はヒップが大きい / take a person's *hip* measurement 腰回り[ヒップ]を計る.
with one's **hánds on** one's **híps** [副] 両手を腰に当てて《⇒ akimbo》: She stood *with her hands on her hips*. 彼女は両手を腰に当てて立っていた《しばしば挑戦的な態度を示す》.

hip[2] /híp/ 間 ヒップ《喜び·歓迎·激励などを表わす呼び声; ⇒ hurray》.

hip[3] /híp/ 形 (hip·per; hip·pest)《略式》(最新の事情·情報·流行に)詳しい, 敏感な (*to*); (最新)流行の, かっこいい, 進んでいる.

hip-hop /híphɑ̀(ː)p | -hɔ̀p/ 名 U ヒップホップ《ラップ調のダンス音楽または大都市の若者文化の一種》.

hip·pie /hípi/ 名 C ヒッピー《1960 年代に登場した若者たち; 既成制度を拒否し長髪·奇抜な服装などを特徴とした》.

hip·po /hípoʊ/ 名 (~s) C《略式》かば (hippopotamus): a baby *hippo* かばの赤ちゃん.

híp pòcket 名 C (ズボンの)しりのポケット.

Hip·poc·ra·tes /hɪpɑ́(ː)krəṭìːz | -pɔ́k-/ 名 固 ヒポクラテス (460?–377? B.C.)《ギリシャの医師; 「医学の父」(the Father of Medicine)と呼ばれる》.

hip·po·pot·a·mus /hìpəpɑ́(ː)ṭəməs | -pɔ́t-/ 名 (複 ~·es, hip·po·pot·a·mi /hìpəpɑ́(ː)ṭəmàɪ | -pɔ́t-/) C かば [《略式》hippo].

hip·py /hípi/ 名 (hip·pies) C = hippie.

hip·ster /hípstə | -stə/ 名 C《略式》流行に敏感な人.

*__hire__ /háɪə | háɪə/ (同音 higher) 動 (hires /~z/; hired /~d/; hir·ing /háɪ(ə)rɪŋ/) 他 ❶ (人)を**雇う**, **雇用する**; 雇って...させる《⇒ 類義語》: Jim *was hired by* this factory last month. V+O の受身 ジムは先月この工場に雇われた / He *hired* a gardener *to* care for his roses. V+O+C (*to* 不定詞) 彼は庭師を雇ってばらの手入れをさせた.
❷《主に英》(金を払って一時的に)(車·衣服·部屋など)を**借りる** (*from*) [《米》rent]《⇒ borrow 表》: We *hired* a moving van. 私たちは引越し用トラックを借りた / They *hired* the hall for an evening. 彼らはそのホールをひと晩借りた.
híre (one**sèlf**) **óut** [動] 自 雇われる.
híre óut [動] 他《主に英》(車·衣服·部屋など)を(有料で)貸し出す (*to*) [《米》rent out]《⇒ lend 表》.
類義語 **hire**「人を雇う」という意味で用いるときには,《米》では一時的と永続的の区別なしに用いるが《英》では一時的な場合に限る傾向がある: We *hired* a man to mow the lawn. 芝刈りに人を雇った. **employ** 専任の職員などを雇う意味に用いる: He *was employed* as a clerk. 彼は事務員として採用された. **engage** 特に専門的な職種などについて改まった場合に用いる: I *engaged* him as my lawyer. 彼を弁護士として雇った.
— 名 ❶ U《英》(物を)**借りること**, 賃借り; 賃貸し, レンタル: cars ***for hire*** = *hire* cars レンタカー / This wedding dress is ***on hire***. このウェディングドレスは借り物だ / *For hire* 空車《タクシーなどの標示》. 日英 日本語の「ハイヤー」(運転手付きの貸し切り乗用車)は, a chauffeur driven (*hired*) car [limousine] のように言い, 単に hire とは言わない. 一般には taxi や《英》minicab で済ますことも多い. ❷ C《主に米》雇い人: new *hires* 新規採用者.
〖語源 元来は「給料」の意〗

híred hánd /háɪəd- | háɪəd-/ 名 C《米》農場労働者.

hire·ling /háɪəlɪŋ | háɪə-/ 名 C [軽蔑的] 金が目当てで働く人.

híre púrchase 名 U《英》分割払い方式 [《米》installment plan]《略 h.p., HP》.

***his**[1] /(弱形) (h)ɪz; (強形) híz/

— 代《人称代名詞; he[1] の所有格; ⇒ one's 語法》(1) [名詞の前について限定的に] **彼の**, **その男の**: I met an Australian at the party, but I can't remember *his* (= the Australian's) name. パーティーでオーストラリア人に会ったが, その人の名前が思い出せない / They went to *his* rescue. 彼らは彼を助けにいった.
(2) [動名詞の意味上の主語として]《やや格式》**彼が**《⇒ 巻末文法 8. 2)》: I'm surprised at *his* mak*ing* that mistake. 彼がそんな間違いをするとは驚きだ.

***his**[2] /híz/

— 代《所有代名詞; ⇒ 巻末文法 3 (1)》**彼のもの**, その[あの]男のもの. 語法 指すものが単数ならば単数扱い, 複数ならば複数扱い: This car is *his*. この車は彼の(もの)だ / My shoes are old but *his* (= his shoes) are new. 私の靴は古いが彼のは新しい.
... of hìs 彼の...: a friend *of his* 彼の友人《⇒ ... of mine (mine[1] 成句) 語法》.

His·pan·ic /hɪspǽnɪk/ 形 スペイン(系)の; ラテンアメリカ(系)の. — 名 C ラテンアメリカ系の(米国)人, ヒスパニック《特に Mexico, Puerto Rico, Cuba 系》.

+**hiss** /hís/ 動 (hiss·es /~ɪz/; hissed /~t/; hiss·ing) 自 ❶ (蒸気·蛇などが)**しゅうという音を出す** (*at*)《⇒ cry 表 snake》: The steam was *hissing*. 蒸気がしゅーしゅーいっていた.
❷ **しーっという音を出す**《不賛成·怒りなどを表わす》: The audience ***hissed at*** the actor. V+*at*+名 聴衆はその俳優が不満でしーっと言った.
— 他 (...)をしーっといって制止する[しかる, けなす]; (不満·嫌悪)をしーっと言って示す: The students *hissed* the magician *off* the stage. 学生たちはその手品師をやじって壇上から引き下がらせた.
— 名 C (蒸気·蛇などが出す)しゅうという音; (不賛成·怒りなどを表わす)しーっという音.

hís·sy fìt /hísi-/ 名 C《略式》かんしゃく: have [throw] a *hissy fit* かっとなる.

his·ta·mine /hístəmìːn/ 名 C,U〖化学〗ヒスタミン.

+**his·to·ri·an** /hɪstɔ́ːriən/ !アク 名 (~s /~z/) C **歴史家**, 歴史学者.

+**his·tor·ic** /hɪstɔ́ːrɪk | -tɔ́r-/ !アク 形 ❶ [普通は 限定] **歴史的に有名[重要]な**, 由緒ある: *historic* sites 史跡 / *historic* buildings 歴史的建造物 / Man's landing on the moon was both a historical and a *historic* event. 人類の月着陸は歴史上の事件でもあり歴史的(に重要)な出来事でもあった. 関連 historical 歴史(上)の.

H

❷ **歴史に残る**, 歴史に記録される: a *historic* moment 歴史的瞬間 / a *historic* victory 歴史的勝利. ❸ 有史時代の: *historic* times 有史時代. 関連 prehistoric 有史以前の. (名 hístory)

****his·tor·i·cal** /hɪstɔ́ːrɪk(ə)l | -tɔ́r-/

— 形 ❶ [普通は 限定] **歴史の**; **歴史上の**, 歴史上実在する; 史実に基づく: put it in its *historical* context 歴史的な文脈の中で考える / *historical* events [facts, figures] 歴史上の事件[事実, 人物]《⇒ historic 1 の例文》/ a *historical* novel [play] 歴史小説[史劇]. 関連 historic 歴史的に有名[重要]な. ❷ [普通は 限定] 歴史学の; 歴史的方法の: *historical* research 歴史研究. (名 hístory)

+**his·tor·i·cal·ly** /hɪstɔ́ːrɪkəli | -tɔ́r-/ 副 **歴史的に**, 歴史上; 文修飾 歴史的には, 歴史的に言うと: *Historically*, those islands belong to our country. 歴史的に言うとその島々は私たちの国のものだ.

históric présent 名 [the ~]〔文法〕歴史的現在.

****his·to·ry** /híst(ə)ri, -tri/

— 名 (-to·ries /~z/) ❶ U **歴史**, **(歴)史学**; (授業科目の)歴史: the ***history of*** Asia [Europe] = Asian [European] *history* アジア[ヨーロッパ]の歴史 / a Japanese *history* teacher 日本史の先生 / The first great stone buildings ***in history*** were built in Egypt. 歴史上最初の大きな石の建造物はエジプトで建てられた / ***Throughout history***, humans have fought war after war. 歴史を通じて人間は戦争を繰り返してきた / *History* will show that we are in the right. 我々が正しいことは歴史が証明してくれるだろう / *History* repeats itself. 《ことわざ》 歴史は繰り返す.

> **参考** 西洋史は普通次のように 3 大区分される: ancient *history* 古代史《太古から西ローマ帝国の滅亡 (476 年) まで》, medieval *history* 中世史《東ローマ帝国の滅亡 (1453 年) まで》, modern *history* 近世史《現代まで》.

❷ C **歴史の本**, 史書; 変遷史; 史劇: a ***history of*** Japan [the Roman Empire] 日本[ローマ帝国]の歴史の本 / a short *history of* World War II 第二次世界大戦小史 / read [write] a *history of* the United States 米国史を読む[書く].

❸ C,U [普通は単数形で] (個人などの)**経歴**, 履歴; 過去のいきさつ; (ものの)**由来**; 変遷(へんせん): Do you have a ***history of*** heart trouble? 心臓の病歴がありますか / This house has a strange *history*. この家には不思議ないわれがある / This company has a long *history of* financial troubles. この会社は財政上のごたごたが長いこと続いている //⇒ case history, life history, natural history.

be (pást [áncient]) hístory 《略式》 (もはや重要でない)昔のこと[人]である; もうおしまいだ.

gò dówn in hístory [動] 自 歴史に残る.

màke hístory [動] 自 歴史に残るほどの事をする.

the rést is hístory (そして)その後は皆さんがよくご存じのとおり. (形 históric, históricaI)

〖語源 story[1] と同語源で, 元来は意味の区別なく用いられていた〗

his·tri·on·ic /hìstriá(ː)nɪk | -ɔ́n-/ 形 [軽蔑的] 芝居がかった, わざとらしい.

his·tri·on·ics /hìstriá(ː)nɪks | -ɔ́n-/ 名 複 [軽蔑的] 芝居がかったしぐさ, 大げさなふるまい.

****hit** /hít/

— 動 (hits /híts/; 過去・過分 hit; hit·ting /-ṭɪŋ/) 他

> **意味のチャート**
> 「(ねらって)打つ」❶ → (ねらいに当たる) → 「当たる」❷ → 「ぶつける」❸ →
> (比喩的に) → 「打撃を与える」❹
> → (偶然にぶつかる) → 「見つける」❼

❶ (ねらって)(...)を**打つ**, たたく, 殴る《⇒ strike 類義語》: 言い換え He ***hit*** me ***on the*** head. V+O+前+名 = He *hit* my head. 彼は私の頭を殴った《⇒ the[1] 2 語法》/ Ted ***hit*** Billy ***with*** a stick. テッドはビリーを棒でたたいた.

❷ (...)に**当たる**, 命中する; (...)に当てる, 命中させる [⇔ miss]: The stone *hit* the window. 石は窓に当たった / She ***hit*** the target ***with*** an arrow. V+O+with+名 彼女は矢を的に命中させた / He ***was hit in the*** leg by a bullet. V+O+前+名の受身 彼は脚(あし)に弾(たま)が当たった《⇒ the[1] 2 語法》.

❸ (体の一部など)を(...に)ぶつける, 打つ; (...)に**ぶつかる**: He fell down and *hit* his forehead. 彼は倒れて額をぶつけた / She ***hit*** her head ***on*** the table. V+O+前+名 彼女は頭をテーブルにぶつけた / A man ***was hit by*** a car on this road yesterday. V+O の受身 男の人がきのうこの道路で車にはねられた.

❹ [しばしば受身で] (天災・不幸などが)(...)に**打撃を与える**, 痛手を負わせる; (人・場所など)を襲う, 攻撃する: A heavy storm *hit* the area. 大あらしがその地域を襲った / He *was* badly [hard] ***hit by*** 「this failure [her death]. V+O の受身 彼はこの失敗[彼女の死]でひどい打撃を受けた. ❺ (考えなどが)(人)の心に浮かぶ, (人)に認識される [≒strike]: It suddenly *hit* me that we would never meet again. 私は自分たちが再び会うことはないのだと突然気づいた. ❻〔野球〕(...塁打)を打つ: *hit* a 「home run [triple] 本[三]塁打を打つ.

❼ 《略式》 (偶然に)(...)を見つける, (...)に行き当たる, 到着する; (...)に達する; (問題など)にぶつかる: *hit* the right road [answer] 正しい道に出る[正解を出す] / The yen *hit* an all-time high today. 円は今日最高値をつけた / *hit* a snag [problem] 障害[問題]にぶつかる. ❽ 《略式》 (スイッチ)を押す, (ブレーキ)をかける.

— 自 ❶ **打つ**, 殴る; ぶつかる. ❷ (天災などが)襲う; 攻撃する. ❸〔野球〕ヒットを打つ.

hít hóme ⇒ home 副 成句.

hít it bíg [動] 自 《米略式》 大成功する, 有名になる.

hít it óff [動] 自 《略式》 (人と)うまくやっていく; (人と)うまが合う (*with*).

hít the stréet(s) [stóres, shóps, stánds] [動] 自 《略式》 (商品が)(広く)出回る.

hít ... where it húrts [動] 他 (人)の痛い所[急所]をつく.

> **hit の句動詞**
>
> **hít báck** 動 自 やり返す, 反論する (*at*).
>
> +**hít on ...** 動 他 ❶ **...をふと思いつく**, ...に思い当たる: 言い換え At last she *hit on* a good idea. (= At last a good idea came into [across] her mind.) とうとう彼女はよい考えを思いついた. ❷ ふと...を見つける, ...に出くわす. ❸ 《米略式》 (異性)に(しつこく)言い寄る.
>
> **hít óut agàinst ...** 動 他 = hit out at ... 1.
>
> **hít óut at ...** 動 他 ❶ ...を激しく攻撃する, 酷評す

る. ❷ ...になぐりかか(ろうとす)る.
hít úp 動 他 《米略式》(人)に(借金などを)せがむ, 求める (*for*).
hít upòn ... 動 他 = hit on ... 1, 2.

— 名 (hits /híts/) ❶ C 当たり, (大)成功, (歌·劇·小説などの)ヒット; 人気者: a big *hit* 大成功, 大ヒット / a *hit* song ヒットソング / The drama was quite a *hit*. その劇は大当たりだった / The teacher is a ***hit with*** her pupils. その先生は教え子たちに人気がある.
❷ C ひと打ち, 打撃 (⇒ blow² 1): I took a hard [direct] ***hit on*** the chin. 私はあごに強烈な一発[直撃]をくらった.
❸ C (打撃の)当たり, 命中, 的中 [⇔ miss]: two *hits* and three misses「out of [in] five tries 5 回やってみて 2 回の当たりと 3 回のはずれ. ❹ C 〔コンピュータ〕(ウェブサイトへの)アクセス(件数); (インターネット·データベースの)検索結果. ❺ C 〔野球〕ヒット, 安打 《略 h》(base hit): a two-base [three-base] *hit* 二[三]塁打 / get an infield *hit* 内野安打を打つ. ❻ C 《略式》麻薬の吸引. ❼ C 《略式》殺し.
màke a hít [動] 自 (人に)よい印象を与える, 気に入られる (*with*).
tàke a hít [動] 自 損害[打撃]を受ける; 批判される.

hit-and-miss /hítnmís←/ 形 限定 行き当たりばったりの, いいかげんな.

hit-and-run /hítnrʌ́n←/ 形 ❶ 限定 ひき逃げの: a *hit-and-run* accident [driver] ひき逃げ事故[運転手]. ❷ 限定 (攻撃などが)奇襲の, 電撃的な. ❸ 限定 〔野球〕ヒットエンドランの: try a *hit-and-run* play ヒットエンドランを試みる.

hitch /hítʃ/ 動 他 ❶ 《略式》(ヒッチハイクで)(乗車)をさせてもらう: *hitch* a ride [《英》lift] 車をヒッチハイクする, 乗せてもらう. ❷ (牛·馬など)をつなぐ; (トレーラーなど)を(車などに)連結する: He *hitched* (*up*) his horse *to* a post. 彼は馬を柱につないだ. ❸ (...)をぐいと動かす[引く, 引き上げる]: She *hitched* (up) her skirt. 彼女はスカートをぐいと引き上げた. — 自 《略式》= hitchhike.
gèt hítched [動] 自 《略式》結婚する.
— 名 ❶ C 障害, 故障; 中断: a technical *hitch* 機械の故障による一時停止 / go (off) without a *hitch* 滞りなくいく. ❷ C 連結部, 引っ掛け. ❸ C 引っ掛け結び. ❹ C 《米略式》兵役期間.

hitch·hike /hítʃhàɪk/ 動 自 ヒッチハイクをする: Tom *hitchhiked from* Chicago *to* New York. トムはシカゴからニューヨークまでヒッチハイクをした.

hitch·hik·er /hítʃhàɪkə | -kə/ 名 C ヒッチハイカー.

hitch·hik·ing /hítʃhàɪkɪŋ/ 名 U ヒッチハイク《親指で行きたい方向を示す》.

hi-tech /háɪték←/ 形 = high-tech.

hith·er /híðə | -ðə/ 副 《古語》ここへ, こちらへ [⇔ thither]. **híther and thíther [yón]** [副] 《文語》あちらこちらへ [≒here and there].

hith·er·to /híðətùː, hìðətúː | -ðə-/ 副 《格式》今まで, これまで; 今までのところ: a *hitherto* unknown species of tropical fish 今まで知られていなかった種類の熱帯魚.

Hit·ler /hítlə | -lə/ 名 固 **A·dolf** /ǽdɑ(ː)lf | ǽdɔlf/ ～ ヒトラー (1889-1945)《ドイツの独裁者; ナチ党の指導者》.

hít lìst 名 C 殺害予定者[攻撃対象者]のリスト; 整理対象のリスト.

hít màn 名 C 殺し屋.

hit-or-miss /hìṭəmís | -tə-←/ 形 = hit-and-miss.

hit·ter /híṭə | -tə/ 名 ❶ C 打つ人, 打者; [前に形容詞をつけて] 打つのが...の人: a pinch *hitter* ピンチヒッター, 代打者 / a designated *hitter* 指名打者 《略 DH》. 関連 switch-hitter スイッチヒッター. ❷ C (政界などの)有力者.

+**HIV** /éɪtʃàɪvíː/ 名 U 〔医学〕ヒト免疫不全ウイルス 《AIDS の病原体; *h*uman *i*mmunodeficiency *v*irus の略》: be *HIV* positive HIV 陽性である.

hive /háɪv/ 名 ❶ C みつばちの巣箱 (beehive). ❷ C 巣箱のみつばちの群れ. ❸ C 人々が忙しく活動している所: a *hive* of activity [industry] 人々が忙しく働いている場所, 活気のある所. — 動 他 [次の成句で]
híve óff [動] 他 《主に英》(会社·事業など)を(...に)分離独立させる, 一部を売却する (*to, into*).

hives /háɪvz/ 名 U じんましん.

hm, hmm /hm/ 間 [発言前のためらい·不信などを表わして] えー, うーん, うーむ.

HM, H.M. /éɪtʃém/ 略 《英》= His [Her] Majesty 《⇒ majesty 2 語法》.

HMS /éɪtʃèmés/ 略 《英》= His [Her] Majesty's Ship 《⇒ majesty 成句》.

ho /hóʊ/ 間 ほー!, おーい! 《呼びかけ·注意·驚き·笑いを表わす》.

hoard /hɔ́əd | hɔ́ːd/ 名 C (秘密の)貯蔵物, 蓄え; 秘宝 (*of*). — 動 他 (財宝·食料など)を貯蔵する, 蓄える (*up*).

hoard·er /hɔ́əḍə | hɔ́ːdə/ 名 C ものをため込む人.

hoard·ing /hɔ́əḍɪŋ | hɔ́ːd-/ 名 ❶ C 《英》= billboard. ❷ C 《英》(建築現場などの)板囲い.

hoar·frost /hɔ́əfrɔ̀ːst | hɔ́ːfrɔ̀st/ 名 U 霜, 白霜.

hoarse /hɔ́əs | hɔ́ːs/ 形 (hoars·er; hoars·est) (声が)かれた [≒husky]; (人が)しゃがれ声の: a *hoarse* voice しゃがれ声. **～·ly** 副 (声が)かれて, しゃがれた声で. **～·ness** 名 U (声の)かれ.

hoar·y /hɔ́ːri/ 形 (hoar·i·er; -i·est) (冗談などが)古くさい; 《文語》白髪の; (髪が)霜のように白い.

hoax /hóʊks/ 名 C (人を)だますこと; (危険なことに関する)虚偽の予告, いたずら: play a *hoax* on ... (人)をだます / a bomb *hoax* うその爆破予告. — 動 他 (人)に一杯食わせる, (人)をだます: I *was hoaxed into* believ*ing* it. 私はだまされてそれを信用した.

hoax·er /hóʊksə | -sə/ 名 C (人を)だます人.

hob /hɑ́(ː)b | hɔ́b/ 名 C 《英》(料理用)レンジ上面(のこんろ·火口).

hob·ble /hɑ́(ː)bl | hɔ́bl/ 動 自 [副詞(句)を伴って] よたよたと[足をひきずって]歩く. — 他 ❶ (計画など)を妨げる. ❷ (馬など)の両足を縛る.

hob·by /hɑ́(ː)bi | hɔ́bi/ (with ** mark)

— 名 (hob·bies /～z/) C 趣味, 道楽: My *hobbies* are reading, music and tennis. 私の趣味は読書と音楽とテニスです / "Do you have any *hobbies*?" "Yes, my favorite *hobby* is making model planes."「何か趣味をおもちですか」「ええ, いちばん好きなのは模型飛行機作りです」/ play the piano as a *hobby* 趣味でピアノを弾く.

趣味

趣味は何ですか?
△What are your **hobbies**?
○What are your **interests**?

暇な時はサッカーを見るのが好きです.
I like [enjoy] watching football games in my free time.
✪ hobby は時間をかけて活動的に取り組み技術や知識を習得するような物事をいい, 軽い意味では interest のほうが適切なことがある. また趣味について話すとき, like, enjoy などの動詞を使って言うことも多い.

hob·by·horse /há(:)bihɔ̀ːs | hɔ́bihɔ̀ːs/ 名 ❶ C 棒馬《棒の先に馬の頭のついたおもちゃ》. ❷ C [ときに軽蔑的] 得意な話題, おはこ(の話題).

hob·by·ist /há(:)biɪst | hɔ́bi-/ 名 C 趣味を楽しむ人.

hob·gob·lin /há(:)bgà(:)blɪn | hɔ̀bgɔ́b-/ 名 C (民話の)いたずら好きな小鬼.

hob·nail /há(:)bnèɪl | hɔ́b-/ 名 C 頭の大きなびょうくぎ《靴底に打つ》.

hob·nailed /há(:)bneɪld | hɔ́b-/ 形 (靴が)底にびょうくぎの打ってある.

hob·nob /há(:)bnà(:)b | hɔ́bnɔ̀b/ 動 (hob·nobs; hob·nobbed; -nob·bing) 自《略式》(特に有力者と)親しくつき合う (*with*).

ho·bo /hóubou/ 名 (~es, ~s) C《米》渡り労働者; 浮浪者.

Ho Chi Minh /hóutʃíːmín/ 名 固 ホー チ ミン (1890-1969)《ベトナムの独立運動の指導者; 大統領 (1945-69)》.

Hó Chì Mính Cíty 名 固 ホーチミン市《ベトナム南部の都市; 旧称 Saigon》.

hock[1] /há(:)k | hɔ́k/ 動 他《略式》(...)を質に入れる. ― 名 [次の成句で] **be in hóck** [動] 自《略式》質に入っている; (人に)借金をしている (*to*).

hock[2] /há(:)k | hɔ́k/ 名 C (馬・犬などの後脚の)ひざ; U,C (豚などの)足肉.

+**hock·ey** /há(:)ki | hɔ́ki/ 名 U《米》**アイスホッケー** (ice hockey);《英》**ホッケー** [《米》field hockey].

ho·cus-po·cus /hóukəspóukəs/ 名 U ごまかし, いんちき, トリック.

hod /há(:)d | hɔ́d/ 名 C れんが箱《れんが職人がれんがなどをかつぐのに使う柄のついた木製の道具》.

hodge·podge /há(:)dʒpà(:)dʒ | hɔ́dʒpɔ̀dʒ/ 名 [a ~]《米》ごた混ぜ, 寄せ集め (*of*) [《英》hotchpotch].

hoe /hóu/ 名 C くわ. ― 動 (hoes; hoed; hoe·ing) 他 (...)にくわを入れる. ― 自 くわ仕事をする.

hog /hɔ́ːg, há(:)g | hɔ́g/ 名 ❶ C《主に米》豚《⇒ pig 表》. ❷ C《英》(去勢した食用の)雄豚. 関連 pork 豚肉. ❸ C《略式》欲ばり, 貪欲(どんよく)な人. **gò hóg wíld** [動] 自《米略式》すごく興奮[熱中]する; 抑えがきかなくなる. **gò (the) whóle hóg** [動] 自《略式》徹底的に[とことん]やる. ― 動 (hogs; hogged; hog·ging) 他《略式》(...)を独り占めする, 欲ばって取る[使う, 食べる].

hog·wash /hɔ́ːgwà(:)ʃ | hɔ́gwɔ̀ʃ/ 名 U《略式》くだらない話, たわごと.

ho-hum /hóuhʌ́m/ 形《略式》退屈な; 無関心な.

hoi pol·loi /hɔ́ɪpəlɔ́ɪ/ 名 [the ~ として複数扱い] [軽蔑的] 一般大衆, 庶民.

hoist /hɔ́ɪst/ 動 他 (...)を持ち[引き]上げる, (旗)を揚げる; (重い物)を巻き上げる, つり上げる (*up*). ― 名 C 巻き上げ機, 起重機; 引き上げ.

hok·ey /hóuki/ 形《米略式》やけに感傷的な.

***hold**[1] /hóuld/

― 動 (holds /hóuldz/; 過去・過分 held /héld/; hold·ing)

意味のチャート
基本的には「保持する」の意.
→「手に持つ, つかむ」他 ❶ →「所有する」他 ❻
→「支える」他 ❷ →(負担に耐える)
→「入れることができる」他 ❹
→「持ちこたえる」自 ❶
→「保つ」他 ❸ →「維持する」他 ❼ →(状態を続ける)
→「(行事を)行なう」他 ❺
→「(状態が)続く」自 ❷

― 他 ❶ (一時的に) (...)を**手に持つ**[**持っている**], 抱える; **握る**, つかむ; 抱く; (痛い所など)を押さえる, (...に)(手)を当てる: I'll *hold* the bag for you. かばんをお持ちしましょう / He was ***holding*** a pile of books ***in*** his arms. V+O+前+名 彼はたくさんの本を抱えていた / The girls were *holding* hands. 女の子たちは手をつないでいた / 言い換え I ***held*** him ***by the*** sleeve. V+O+by+名 = I *held* his sleeve. 私は彼のそでをつかんだ《⇒ the[1] 2》/ He was *holding* a sandwich *between* his teeth. 彼はサンドイッチをくわえていた // *hold* tight《⇒ tight 副 最初の例文》.

❷ (落ちないように)(...)を**支える**; (重さ)を持ちこたえる: The chair won't *hold* your weight. そのいすは君の体重を支えきれないだろう / This shelf isn't strong enough to *hold* my stereo (set). この棚は私のステレオをのせられるほど丈夫ではない.

❸ [副詞(句)を伴って] (ある位置・状態に)(...)を**保つ**: He ***held*** his hands ***above*** his head. V+O+前+名 彼は頭上に両手をあげていた / *Hold* the door open, please. V+O+C(形) 戸を開けて(押さえて)いてください.

❹ [受身・進行形なし] (容器などが)(ある量)を**入れることができる**; (建物などが)(ある人数)を収容する; (物・人が)(特徴・特質)を持つ; (中に)含んでいる: This bottle *holds* two liters. このびんは 2 リットル入る / Can your car *hold* five people? あなたの車には 5 人乗れますか / The story *held* little interest for me. その話には興味が持てなかった / No one knows what the future *holds*. 将来何が起こるかは誰にもわからない.

❺ (会など)を**開く**, 催す; (式・選挙など)を**行なう**: *hold* the meeting [party] 会合[パーティー]を開く / *hold* talks with ... ...と会談を持つ / The Olympic Games are *held* every four years. V+O の受身 オリンピックは 4 年ごとに開かれる.

❻ [進行形なし] (地位など)を**占める**; (学位・記録・タイトルなど)を持っている; (財産など)を所有する: *hold* office 公職にある / He *held* a high position in the company. 彼はその会社で高い地位についていた / *hold* the world record for ... ...の世界記録を持っている.

❼ (状態・値など)を維持する, 保持する; (船や飛行機などが)(進路など)をきちんと守る; (ある音)を持続させる, 伸ばす: *hold* the course 進路をはずれないで進む / *hold* a high note 高音を出し続ける. ❽ (...)を留めておく, (物・場所)を取っておく, 保管する [≒keep]; 拘留する;〔コンピュータ〕(データ)を保存する: *Hold* them at the gate. 彼らを門の所に留めておいてください / Tom *held* a seat *for* me. トムは私の席を取っておいてくれた / He *was held* prisoner for ten years. 彼は 10 年間捕らわれの身だった. ❾ (城・立場など)を守る, 固守する [≒keep]; (軍隊などが)占拠する: *hold* the castle *against* the enemy 敵に対して城を守る / George *held* his ground in the heated discussion. ジョージは白熱した討論で自分の立場を堅持した. ❿ [進行形なし]《格

式》(見解など)を持つ, 心に抱く; (...)と思う [≒think]; (...)と主張する, (...)を～とみなす[考える]; (...)と判決する (that): *hold* a grudge 恨みを抱く / *hold* the same opinion on the subject その問題については見解が同じである / The news *was held to* be true. その知らせは本当だと思われた / Many people *held* him *in* awe [contempt]. 多くの人が彼を畏敬[軽蔑]していた / I *hold* myself responsible for it. 責任は私自身にあると思います. ⓫ (注意・興味など)を引き付けておく, そらさない: The speaker *held* the students' attention for a long time. その話し手に学生たちの注意は長い間引き付けられた. ⓬ (乗り物など)を待たせておく, (食事など)を遅らせる, 延ばす [≒put off]. ⓭ (...)を抑える, 差し控える: *hold* (one's) fire 発砲を控える / There's no *holding* her (back). Ⓢ 彼女は止めようがない / One cheeseburger. But *hold* the ketchup, please. 《米略式》チーズバーガー 1 つ. ケチャップは入れないで // ⇒ Hold it! (成句). ⓮ Ⓢ (電話)を切らないでそのまま待つ: *hold* the line 《⇒ line¹ 名 成句》. ⓯ (車が)(道路)をしっかりとらえて走る.

— 自 ❶ (物などが)**持ちこたえる**, (長く)もつ, (防御線などが)崩れない, 耐える: The rope won't *hold* long. そのロープは長くはもたないだろう.

❷ (天候などが)**持つ**, 続く; [補語を伴って] (...の状態で)**続く**, ずっと...である: The fine weather has *held* for the past few days. ここ数日よい天気が続いた / *Hold* still for a moment. V+C(形) Ⓢ 少しの間動かないで. 関連 break 天気が崩れる. ❸ [進行形なし] 効力がある, 適用される; (...)に当てはまる (of): The rule doesn't *hold* ˹*in* this case [*for* us]. その規則はこの場合[私たち]には当てはまらない / The same may *hold* true *for* other species. 同じことが他の種についても当てはまるかもしれない / Our promise still *holds*. 私たちの約束は今でも有効だ. ❹ つかまっている: *Hold* tight [tightly], please. Ⓢ しっかりおつかまりください《バスなどで乗客に》. ❺ Ⓢ (電話を)切らないで待つ.

Hóld èverything! Ⓢ やめろ, 待て.

hòld góod ⇒ good 形 成句.

hóld one's **drínk [líquor]** [動] 自 [can などとともに] 酒に強い.

Hóld it! Ⓢ やめて, (ちょっと)待って.

hóld one**sèlf ...** [動] [形容詞などを伴って] (ある)姿勢をとる: *hold oneself still* じっとしている.

hold¹ の句動詞

+**hóld ... agáinst ～** 動 他 ❶ (過失など)を**とがめて**(人)**に不利な判断をする**, ～を根にもって(人)を恨む[非難する]: Don't *hold* it *against* him that he criticized you. 彼に批判されたのを根にもつんじゃない. ❷ (...)を～に押し当て(てい)る.

*__hóld báck__ 動 他 ❶ (群衆など)を**押しとどめる**, 阻止する; (洪水など)をくい止める; (人)を思いとどまらせる V+名・代+back / V+back+名: The police *held* the crowd *back*. 警察は群衆を押しとどめた.

❷ (...)を**隠す**, 秘密にしておく; しまっておく V+名・代+back / V+back+名: Don't ***hold*** anything ***back from*** me. 私に隠し事をしないで / I ***held back*** some of the fruit cake *to* serve later at the party. 私は後でパーティーで出すためにフルーツケーキを少しとっておいた. ❸ (涙・感情など)を抑える. ❹ (事が) (...)の前進[上達, 発展]を妨げる. — 自 ❶ (...から)しりごみする, (...を)ためらう (from). ❷ (人に)秘密にしておく (on).

+**hóld dówn** 動 他 ❶ (...)を**下へ降ろしたままにしておく, 押さえつける** V+名・代+down / V+down+名: The nurses had to *hold* the man *down* while the doctor gave him a shot. 医者が注射をする間看護師たちは男を押さえていなければならなかった. ❷ (物価・速度など)を低く抑える, 抑制する: Could you *hold* it [the noise] *down*? 静かにしてくれる? ❸ (人)の自由を抑圧する, 抑えつける. ❹ [受身なし] (仕事・職)にとどまる.

hóld fórth 動 自 (...について)長々と話す (on).

+**hóld ín** 動 他 ❶ (...)を(中へ)**引っ込めておく**, 引きとどめる V+名・代+in / V+in+名: *Hold in* your stomach. おなかを引っ込めなさい. ❷ (感情など)を抑える: *hold in* one's anger 怒りを抑える / *hold* oneself *in* 感情を抑える, 自制する.

hóld óff [動] 他 ❶ (...)を離しておく, 近寄らせない; (相手)を寄せつけないでおく, 防ぐ. ❷ (...)を遅らせる, 延ばす [≒put off]: *hold off* (*having*) the press conference until tomorrow 記者会見を明日まで延ばす. — 自 ❶ (行動を)遅らせる, 控えている (on); 待つ. ❷ (雨などが)降らないでいる, (降りそうだが)もっている.

*__hóld ón__ 動 自 ❶ **つかまっている**: *Hold on* (tight) with both hands. 両手で(しっかり)つかまって.

❷ [普通は命令文で] Ⓢ (ちょっと)**待つ**; (電話を)**切らないでおく** [⇔hang up]: *Hold on*, please. (= *Hold* the line, please.) 切らずにお待ちください. ❸ 持ちこたえる, がんばる: *Hold on* until help comes. 助けが来るまでがんばれ.

*__hóld ònto [ón to] ...__ 動 他 ❶ **...につかまっている**; ...をつかまえておく: She *held onto* [*on to*] the rock. 彼女は岩にしがみついていた / The lost climber was found *holding onto* a tree at the edge of the cliff. 行方不明の登山者はがけっぷちの木につかまっているのが発見された. ❷ ...を手放さないでおく, そのまま持っている: *hold on to* shares 株を手放さない. ❸ (信念など)を頼りにする, 守り続ける.

*__hóld óut__ 動 他 ❶ (手・ナイフなど)を**差し出す** V+名・代+out / V+out+名: He *held out* his hand to me. 彼は私に手を差し出した《握手を求めた》. ❷ (希望・見込みなど)を持たせる, 与える: The doctor *held out* little hope for her recovery. 医者は彼女の回復の望みはあまりないと言った.

— 自 ❶ (食糧などが)**もつ**, 続く [≒last]: Our food will *hold out* till March. 食糧は 3 月までもつだろう. ❷ (...に抵抗して)持ちこたえる, がんばる: They *held out* bravely *against* the enemy('s) attack. 彼らは敵の攻撃に勇敢に抵抗し続けた.

hóld óut for ... [動] 他 [受身なし] (交渉などで)...を要求して粘る: *hold out for* a two-percent raise 2 パーセントの昇給を要求してがんばる.

hóld óut on ... [動] 他 《略式》(人)に隠し事をする.

hóld óver 動 他 ❶ [普通は受身で] 《主に米》(...)を続演する: The play is going to be *held over* for another month. その芝居はもう 1 か月続演される予定だ. ❷ (...)を先延ばしにする, 持ち越す; 残留させる.

hóld ... òver ～ 動 他 ❶ (...)を～の上にかざす: *hold* one's hands *over* the fire 火の上に手をかざす. ❷ (...)をねたにして(人)を脅す[ゆする].

hóld to ... 動 他 ❶ ...に(しっかり)つかまっている, しがみつく; (進路)からそれない: *hold* tightly [tight] *to* the rail 手すりにしっかりつかまる. ❷ (約束・信念など)を堅く守る, あくまでも捨てない: Whatever may happen, I'll *hold to* my decision. 何が起ころうと, 私は決意を変えはしない.

hóld ... to ~ 動 他 ❶ (人)を~(の状態)に抑える: Our pitcher *held* the Lions *to* just one run. うちの投手はライオンズをたった 1 点に抑えた. ❷ (人)に(約束など)を守らせる: You've made a promise and I'll *hold* you *to* it. 君は約束したんだからそのとおりにしてもらうよ. ❸ (...)を~にしばりつけておく[当てる]; (船など)を(進路)の通りに進める: *hold* a baby *to* one's breast 赤ちゃんを胸に抱き締める.

hóld togéther 動 他 (...)をいっしょにしておく, まとめる; 団結させる. — 自 まとまっている; (物が)(ばらばらにならないで)もつ, 使える; 団結している; (議論などが)首尾一貫している.

+**hóld úp** 動 他 ❶ (...)を**上げ(ている)**, 持ち上げる, 掲げる; 支え(てい)る V+名・代+up / V+up+名: She *held up* her head. 彼女は頭を上げた(胸を張った) / All in favor of the plan, *hold up* your hands. 計画に賛成の人は手を上げてください.
❷ [しばしば受身で] (...の進行など)を**妨げる**, 遅らせる V+名・代+up / V+up+名: Traffic *was held up* in the street. 通りでは交通渋滞となった.
❸ (強盗などが銃を突きつけて)(店・人など)を**襲う**, 襲って金品を強奪する V+up+名: This convenience store *was held up by* three masked men last night. このコンビニは昨夜覆面をした男 3 人に襲われた. ❹ (...)を(例などとして)示す (*as*). — 自 持ちこたえる, 調子を維持する; (理論などが)有効である, 通用する.
(名 hóldùp)

hóld with ... 動 他 [受身なし; 普通は否定文で] (考え・計画など)に賛成する, ...を認める.

— 名 (holds /hóʊldz/) ❶ [単数形で] **持つこと, つかむこと**; 保持; 握力: He released his *hold on* the rope. 彼はロープをつかんでいた手を離した.
❷ [単数形で] **支配(力)**, 影響力; 把握, 理解(力): have a ***hold on*** [*over*] ... ...に対して影響力がある, ...の弱みを握っている / She lost her ***hold over*** him. 彼女は彼を思い通りにできなくなった.
❸ C (登るときなどに)**つかまる所**, 手がかり, 足場; 支え: The stone wall offered [provided, afforded] no ***hold for*** my foot. 石垣には足をかける所がなかった. 関連 foothold 足がかり / handhold 手がかり. ❹ C 〔レスリング・柔道〕ホールド, 押さえ込み.

càtch (a) hóld of ... [動] 他 = take (a) hold of ....

gèt (a) hóld of ... [動] 他 (1) = take (a) hold of .... (2) ...を手に入れる, 借りる; 見つけ出す; (考えなど)を持つ, 得る. (3) (人)と連絡をとる.

gráb (a) hóld of ... [動] 他 = take (a) hold of ....

kèep hóld of ... [動] 他 **...をつかんでいる**, ...を握って離さない: He *kept hold of* my left arm. 彼は私の左腕をつかんでいた.

nó hólds bárred [副] あらゆる手段が許されて, やりたい放題で.

on hóld [副・形] (1) **電話口で待って**: Mr. Smith is *on hold* on line 3. スミスさんから 3 番にお電話です / Let me put you *on hold* for a moment. 少々お待ちください《電話口で》. (2) 延期して, (一時)保留して: The plan had to be put *on hold*. その計画は一時棚上げせざるをえなかった.

tàke (a) hóld [動] 自 影響[効果]が出る; 定着する.

tàke (a) hóld of ... [動] 他 **...をつかむ**, つかまえる; ...を支配[掌握, 理解]する: *Take a* good *hold of* the oars. オールをしっかりつかみなさい.

hold² /hóʊld/ 名 C 船倉《積み荷を入れる所》; (飛行機の)貨物室.

hold·all /hóʊldɔ̀ːl/ 名 C 《英》 = carryall.

hold·er** /hóʊldɚ | -də/ 名 (~s /~z/) ❶ C [しばしば合成語で] (...を)**保持する人**, 所有者; (地位や役職などに)就いている人: a ticket [credit card] *holder* チケット[クレジットカード]の所持者 / the ***holder of the championship 選手権保持者. ❷ C ホルダー, ...入れ: a candle *holder* ろうそく立て.

+**hold·ing** /hóʊldɪŋ/ 名 (~s /~z/) ❶ C **持ち株, 所有地**; (農業用の)借地; 所蔵品, 蔵書: have *holdings in* oil 石油株を所有する. ❷ U (バレーボール, ボクシングなどの)ホールディング《反則行為》.

hólding còmpany 名 C 親[持ち株]会社.

hólding pàttern 名 C (着陸許可を待つ)空中待機経路; 一時待機: in a *holding pattern* 結果待ちの状態で.

hold·o·ver /hóʊldòʊvɚ | -və/ 名 C 《米》 (...から)持ち越されたもの, 遺物 (*from*); 留任者, 残留者.

hold·up /hóʊldʌ̀p/ 名 ❶ C (進行などの)停滞, 遅延: a traffic *holdup* 交通渋滞. ❷ C (ピストル)強盗《行為》, 強奪. (動 hóld úp)

*****hole** /hóʊl/ (同音 whole)

— 名 (~s /~z/) ❶ C 穴; くぼみ: a ***hole in*** a wall [sock] 壁[靴下]の穴《✪ a *hole on* a wall とは言わない》 / They ***dug*** a big ***hole*** in the ground. 彼らは地面に大きな穴を掘った / a road full of *holes* 穴だらけの道. 関連 buttonhole ボタンの穴 / keyhole 鍵穴 / manhole マンホール.
❷ C [しばしば合成語で] (小動物の住む)**穴**, 巣: the *hole* of a rabbit = a rabbit *hole* うさぎの穴. ❸ C (理論・法律などの)弱点, 欠陥, 欠点; 空き, (心の中の)穴 (*in*): His theory is full of *holes*. 彼の理論は欠陥だらけだ. ❹ C 《略式》 むさ苦しい所[住居]. ❺ C 〔ゴルフ〕ホール, カップ [≒cup]《⇨ golf 挿絵》; ホール《ティーからグリーンまでのプレー区域》; (ホールに入れた)得点: get a *hole* in one ホールインワンする. ❻ [単数形で] 《略式》 苦しい立場, 窮地: in a *hole* 困って, 苦境にいて.

in the hóle [副・形] 《米略式》 (金に)困って, 借金して; 〔野球〕(投手・打者が)追いこまれて.

màke a hóle in ... [動] 他 《略式》 ...に大穴をあける, ...を大量に消費する.

néed ... like a hóle in the héad [動] 他 《略式》 ...(なんか)は全く必要ない, 願い下げだ.

píck hóles in ... [動] 他 ...のあら探しをする.

— 動 他 ❶ 〔ゴルフ〕(球)をホールに入れる. ❷ [普通は受身で] (船など)に穴をあける.
— 自 〔ゴルフ〕球をホールに入れる.

hóle óut [動] 自 〔ゴルフ〕球をホールに入れる.

hóle úp = be hóled úp [動] 自 《略式》 隠れる, 立てこもる (*in, with, at*).

〖語源 原義は「くぼんだ場所」; hollow と同語源〗

***hol·i·day** /hɑ́(ː)lədèɪ | hɔ́lədèɪ, -di/

— 名 (~s /~z/)

> **意味のチャート**
> 原義は「聖なる (holy) 日 (day)」で, 「**祝祭日**」❶ → 「**休日**」→「**休暇**」❷ となった.

❶ C 祝日, 祭日; (特別な日の)**休日**, 休業日: a legal *holiday* 《米》 法定祝日 / a bank *holiday* 《英》 公休

日 / Today is a (national) *holiday*. きょうは(国民の)祝日だ.

米国の主な法定祝日 (legal holidays)

New Year's Day* 元日	1月1日
Martin Luther King Day* キング牧師の日	1月の第3月曜日
Lincoln's Birthday リンカン誕生日	2月12日
Washington's Birthday* ワシントン誕生日	2月の第3月曜日 (⇒ Presidents' Day)
Memorial Day* 戦没将兵記念日	5月の最後の月曜日
Juneteenth National Independence Day* ジューンティーンス独立記念日	6月19日
Independence Day* 独立記念日	7月4日
Labor Day* 労働者の日	9月の第1月曜日
Columbus Day* コロンブス記念日	10月の第2月曜日
Election Day 総選挙日	11月の第1月曜日の翌日の火曜日
Veterans Day* 復員軍人の日	11月11日
Thanksgiving Day* 感謝祭	11月の第4木曜日
Christmas Day* キリスト降誕祭, クリスマス	12月25日

参考 日曜か土曜とかち合えば普通は次の月曜または前の金曜が休日となる. *印は連邦祝日.

❷ Ⓒ [しばしば複数形で]《英》(職場・小中学校などの) **休暇**, 休み(の期間) [《米》vacation] (⇒ 類義語); (休暇をとってする)旅行. 日英 (1) 1, 2 週間のことが多い. (2) 日本の「休日」と違って日曜日は入らない: Sundays and *holidays* 日曜と休日 / the Christmas *holidays* クリスマス休暇 / Did you take [have] a *holiday* last month? 先月休暇をとりましたか / I'm planning to go home for the *holidays*. 今度の休みには帰省するつもりです / Have a good *holiday*. よい休日を《休日に遊びに出かける人に贈ることば》.

❸ [形容詞的に] **祝日の**, 休日の, 祝日[休日]向きの: *holiday* clothes 祝日用の衣服, 晴れ着 / the *holiday* season 《米》ホリデーシーズン《Thanksgiving Day から新年までの祝祭日期》.

on hóliday = on one's **hóliday(s)** [形・副]《英》**休みをとって**, 休暇中で [《米》on vacation]: go *on holiday* (*to* Italy) 休暇をとって(イタリアへ)旅行に行く / The secretary is away *on holiday*. 秘書は休暇をとっている.

類義語 **holiday** 《英》では仕事の休みを表わす一般的な語で, 祝祭日以外には, 一般に1日あるいは週末の休暇については使わない (⇒ day off). **vacation** 《米》では《英》の holiday に対応. 《英》では主に大学, 法廷の休暇を意味する. **leave** 被雇用者が特別な理由でとる休暇または特に海外で勤務する軍人や外交官の休暇のこと: maternity *leave* 産休.

— 動 自《英》休暇を過ごす (*at, in*) [《米》vacation].

hóliday cámp 名 Ⓒ《英》(宿泊・娯楽施設などのある)行楽地.

Hóliday Ínn 名 固 ホリデイ・イン《米国系のホテルチェーン》.

hol·i·day·mak·er /há(ː)lədeɪmèɪkɚ | hɔ́lədeɪmèɪkə/ 名 Ⓒ《英》休暇の行楽客, 休暇を楽しむ人 [《米》vacationer].

ho·li·er-than-thou /hóʊliɚðənðáʊ | -liə-/ 形 [軽蔑的] 聖人ぶった, 独りよがりの, 独善的な.

ho·li·ness /hóʊlinəs/ 名 ❶ Ⓤ 神聖(さ). ❷ [H-] 聖下《ローマ教皇などに対する敬称; 間接に指すときは His Holiness, 直接呼びかけるときには Your Holiness という》.

ho·lis·tic /hoʊlístɪk/ 形 (部分だけでなく)全体(論)的な: *holistic* medicine 全人的医学.

+**Hol·land** /há(ː)lənd | hɔ́l-/ 名 固 **オランダ**《the Netherlands の俗称; ⇒ Netherlands》.

Hol·land·er /há(ː)ləndɚ | hɔ́ləndə/ 名 Ⓒ《米》オランダ人 [≒Dutchman].

hol·ler /há(ː)lɚ | hɔ́lə/ 動 (-ler·ing /-l(ə)rɪŋ/) 他《略式, 主に米》(...)を呼ぶ; 大声で(...)と言う. — 自《略式, 主に米》叫ぶ, 大声を上げる (*at, for*). — 名 Ⓒ《略式, 主に米》叫び(声).

*__hol·low__ /há(ː)loʊ | hɔ́l-/ 形 (more ~, hol·low·er; most ~, hol·low·est) ❶ **空洞の**, うつろの, 中空の [⇔ solid]: a *hollow* tree 中が空洞になっている木.
❷ **うわべだけの**, 不誠実な; 実質[価値]のない: *hollow* promises 空(から)約束 / His words had a *hollow* ring. 彼の言葉はそらぞらしく聞こえた / a *hollow* victory むなしい勝利.
❸ [普通は 限定] (音・声が)**うつろに響く**, 力のない: a *hollow* voice 弱々しい声. ❹ くぼんだ, 落ち込んだ, こけた: He had *hollow* eyes and cheeks. 彼の目はくぼみ頬はこけていた.
— 名 ❶ Ⓒ へこみ, くぼみ; 穴 [≒hole]; (木の幹・岩の)空洞: the *hollow* of one's hand (くぼませた)手のひら. ❷ Ⓒ くぼ地, 盆地, 谷間.
— 動 他 (...)をくり抜く, えぐる.
hóllow óut [動] 他 (...)をくり抜く, えぐる; (...を)くり抜いて(~)を作る (*of, from*).
〖語源 hole と同語源〗

hol·low·ness /há(ː)loʊnəs | hɔ́l-/ 名 Ⓤ うつろ; しらじらしさ, むなしさ.

hol·ly /há(ː)li | hɔ́li/ 名 (hol·lies) Ⓤ,Ⓒ 西洋ひいらぎ《冬に赤い実のなる常緑樹でクリスマスの装飾用》.

hol·ly·hock /há(ː)lihà(ː)k | hɔ́lihɔ̀k/ 名 Ⓒ たちあおい《観賞用多年草》.

*__Hol·ly·wood__ /há(ː)liwòd | hɔ́li-/ 名 ❶ 固 **ハリウッド**《米国 California 州 Los Angeles 郊外の一区で, 映画制作の中心地》.
❷ Ⓤ **米国の映画界[産業]**.

Holmes 名 固 ⇒ Sherlock Holmes.

ho·lo·caust /há(ː)ləkɔ̀ːst | hɔ́l-/ 名 ❶ Ⓒ 大虐殺; 大破壊. ❷ [the H-] ナチスによるユダヤ人大虐殺.

ho·lo·gram /hóʊləgræ̀m | hɔ́l-/ 名 Ⓒ ホログラム《レーザー光線を利用した立体影像》.

Hol·stein /hóʊlstaɪn, -stiːn | hɔ́lstaɪn/ 名 Ⓒ《米》ホルスタイン《オランダ原産の乳牛》.

hol·ster /hóʊlstɚ | -stə/ 名 Ⓒ ホルスター《腰・肩などに

下げるピストルの革ケース》.

***ho·ly** /hóʊli/ 発音 (同音 #wholly) 形 (**ho·li·er** /-liɚ | -liə/; **ho·li·est** /-lɪɪst/) ❶ **神聖な**, 聖なる: a *holy* day (宗教上の)聖日, 祝祭日 / *holy* saints 聖者たち / *holy* water 聖水.

❷ 神に身をささげた; 信心深い; 神々しい: *holy* men 聖人[者]たち / He lived a *holy* life. 彼は信仰生活を送った.

Hóly ców [smóke, máckerel]! [間] わあ, 何てこった.

Hóly Bíble 名 [the ~] 聖書 (the Bible).

Hóly Commúnion 名 U 〔プロテスタント〕聖餐(せいさん)式, 〔カトリック〕聖体拝領《キリストの体と血の象徴としてパンとぶどう酒を分かち合うこと》.

Hóly Fámily 名 [the ~] 聖家族《イエス (Jesus), マリア (Mary), ヨセフ (Joseph)》.

Hóly Fáther 名 [the ~] ローマ教皇《⇒ pope》.

Hóly Ghóst 名 [the ~] = Holy Spirit.

Hóly Gráil /-gréɪl/ 名 ❶《略式》見果てぬ夢. ❷ [the ~] 聖杯《キリストが最後の晩餐(ばんさん)に用いた杯》.

Hóly Lànd 名 [the ~] 聖地《キリストの住んだパレスチナ (Palestine) を指す》.

hóly órders 名 複 聖職.

Hóly Róman Émpire 名 固 [the ~] 神聖ローマ帝国《ドイツと北イタリアにまたがったヨーロッパの帝国 (962–1806)》.

Hóly Spírit 名 [the ~] 聖霊《キリストを通じて人間に働きかける神の霊》.

Hóly Trínity 名 [the ~] = trinity 1.

Hóly Wèek 名 U,C 聖週間《復活祭 (Easter) 前の一週間》.

hom·age /(h)ά(ː)mɪʤ | hɔ́m-/ 名 U《格式》敬意, 尊敬; 臣下としての忠誠; 賛辞 (*to*): pay *homage to* ... (人)に敬意を表する.

***home /hóʊm/

— 名 (~s /~z/)

> 意味のチャート
> 原義は「住む場所」;「**家**」❶, ❸
> →「**家庭**」❶ →(家庭の役目をする所)→「**収容施設**」❹
> →(生育の場所)→「**故郷**」❷→「**生息地, 本場**」❺

❶ C,U (住まいとしての)**家**, 自宅, わが家; 実家; **家庭**《⇒ house¹ 類義語》; 居住地: I want to make my *home* in America. 私はアメリカに住みたい / I left *home* at nine. 私は 9 時に家を出た / I'm sorry Mary isn't ***at home***. すみません, メアリーは家にいません《⇒ 副 1 語法》/ My mother ***works from*** [***at***] ***home***. 母は在宅勤務をしている / More people in their late twenties are ***living at home***. 20 代後半で実家[親元]に住む人は増えている / She ***left home*** at eighteen. 彼女は 18 歳で家を出た[親元を離れた] / Be it ever so humble, there's no place like *home*. たとえいかに貧しくてもわが家ほどよい所はない《イギリス民謡 *Home, Sweet Home* の一節》/ a happy *home* 楽しい家庭.

❷ C,U **故郷**, 郷里; 本国, 故国; 本拠地: Where's your *home*? お国はどちらですか / His *home* is Scotland. 彼の故郷はスコットランドだ / The team left Philadelphia and made Kansas City its *home*. そのチームはフィラデルフィアを離れてカンザスシティーを本拠地とした.

❸ C (建物としての)**家**, 住宅: a *home* for sale 売り家. 関連 mobile home 移動住宅.

❹ C (孤児・老人などの)**収容施設**, ホーム, 寮: a *home* for elderly people 老人ホーム / a nurses' *home* 看護師寮 / put ... into a *home* (人)を施設に入れる / a dogs' *home*《英》犬の収容施設.

❺ [U または the ~] (動植物の)**生息地**, 原産地; 本場, 発祥地: The island is *home to* a variety of wildlife. その島には多様な野生動物が生息している / Scotland is ***the home of*** Scotch whisky. スコットランドはスコッチウイスキーの本場だ. ❻ U〔野球〕本塁 (home plate): reach *home* ホームインする. 日英「ホームイン」は和製英語.

at hóme [形] ⑴ **在宅して**《⇒ 1》. ⑵ **くつろいで**, 気楽に: I cannot feel *at home* in a luxurious hotel. 私は豪華なホテルではくつろげない. ⑶ よく知っていて, 精通していて (*in, with*). ⑷ (試合などが)ホームグランドの.

—[副] **家に[で]**; **自国に[で]**, **本国に[で]**; 自分の住む土地で; ホームグランドに[で]: He's famous both *at home* and abroad. 彼は国の内外で有名だ.

awáy from hóme [形・副] 家[本国, 故郷]を離れて.

clóse to hóme [副・形] ⑴ (ことばなどが)痛い所を突いて. ⑵ (いやなことが)身近な所で[の].

fínd a hóme for ... [動] 他《英》(物)が納まる場所を見つける.

hóme awày from hóme =《英》**hóme from hóme** [名] 我が家のようにくつろげる場所.

màke onesèlf at hóme [動] 自 [しばしば命令文で] Ⓢ **くつろぐ**, 気楽にする: Take off your coat and *make yourself at home*. 上着を脱いでくつろいでください. (形 hómely, hómey¹)

— 副 ❶ **わが家へ**; **故郷へ**, 故国へ; 自宅[故郷, 故国]に帰って: He ***went home***. 彼は帰宅[帰国]した / I ***came home*** at nine. 私は 9 時に帰宅した / As soon as I ***got home*** it began to rain. 家に帰り着くとすぐ雨が降りだした / I ***went back home*** as soon as he came. 私は彼が来るとすぐ家に帰った / Is Tom *home* yet? トムはもう帰ってきていますか / Bob will be *home* at six. ボブは 6 時には帰っているだろう. 語法 be at home が単に「家にいる」という意味なのに対して, be home は「家に帰っている」ことも表わす // bring [take] ... *home* ...を家に連れて[持って]帰る / Hurry *home*! 早く帰ってきてね《子供が親などに》/ my friends *back home* 私の故郷の友だち.

> **家に帰る**
>
> **家に帰ります.**
>
> ○I'm **going home**.
>
> ×I'm going to home.
>
> ✪「家に帰る」というときは前置詞は用いない.

❷ 家に[で] (at home): stay *home* 家にいる / I wasn't *home* yesterday. 私はきのうは留守だった. ❸ **ずぶりと**, ぐさりと(急所に達するまで); (くぎなどを)深く, 十分に; 徹底的に: drive the nail *home* くぎを深く打ち込む.

be hóme and drý [動] 自《英略式》(困難を乗り切り)首尾よくいった, もう大丈夫だ.

be hóme frée [動] 自《米略式》(山場を乗り切って)あとは楽だ, もう心配はない.

bríng ... hóme to ~ [動] 他 ~に(...)をはっきりと認識させる, 思い知らせる: You must *bring home to* her the importance of the matter. あなたはその問題の重

要性を彼女にはっきりと自覚させなければなりません. ✪この例文では...に相当する部分が長いので後へ回している.

còme hóme to ... [動] ㊀ (人)にはっきりとわかるようになる, 痛切に感じられる.

hít hóme [動] ㊁ (ことばなどが)痛切に感じられる.

táke ... hóme [動] ㊀ (金額)を(手取りで)受け取る.

stríke hóme [動] ㊁ = hit home.

— 形 ❶ 限定 **家庭の**, 家庭用の, 自家製の; **故郷の**, 本国の; 《英》国内の [⇔ foreign]: *home* life 家庭生活 / ...'s *home* number ...の自宅の電話番号 / *home* cooking 家庭料理 / *home* and foreign news 《英》内外のニュース / *home* industries 《英》国内産業. ❷ 限定 (競技·試合が)地元の, ホームでの [⇔ away, visiting]: a *home* game ホームでの試合 / the *home* team 地元チーム.

— 動 [次の成句で] **hóme ín on ...** [動] ㊀ ...にまっしぐらに向かう; (問題など)に的を絞る.

hóme affáirs 名 複 《英》内政, 内務. 関連 foreign affairs 外務.

hóme báse 名 ❶ C [普通は単数形で] 本拠地; (会社の)本部. ❷ U = home plate.

home·bod·y /hóʊmbɑ̀(ː)di | -bɔ̀di/ 名 C 《略式》家にいるのが好きな人, 出不精な人.

home·boy /hóʊmbɔ̀ɪ/ 名 C 《米略式》(男性の)同郷人; 遊び仲間.

hóme bréw 名 U 自家醸造ビール; 《略式》自作のもの.

home·com·ing /hóʊmkʌ̀mɪŋ/ 名 ❶ C,U 帰宅, 帰省; 里帰り; 帰国. ❷ C,U 《米》(高校·大学が特に秋に主催する)同窓会.

Hóme Cóunties 名 複 [the ~] ロンドン周辺の諸州《首都圏を構成する》.

hóme ecónomics 名 U 家政学; 家庭科.

hóme frònt 名 [the ~] (戦争中の)銃後(の国民).

home·girl /hóʊmgə̀ːl | -gə̀ːl/ 名 C 《米略式》homeboy の女性形.

home-grown /hóʊmgróʊn⁻/ 形 自家栽培の; (農作物などが)国産の, 地元産の; (人が)地元出身の.

hóme hélp 名 C 《英》ホームヘルパー《老人·病人などの世話のために地方自治体から派遣される人》.

+**home·land** /hóʊmlæ̀nd/ 名 (home·lands /hóʊmlæ̀ndz/) C **故国**, 本国, 祖国: return to one's *homeland* 祖国へ帰る.

*__home·less__ /hóʊmləs/ 形 **家のない**, ホームレス[宿なし]の; 飼い主のない: Hundreds of people were made *homeless* because of the earthquake. その地震で何百という人が家を失った / the *homeless* 家のない[ホームレスの]人たち《⇒ the¹ 3》.

~·ness 名 U 家のない[ホームレスの]状態.

hóme lóan 名 C 《略式》住宅ローン.

home·ly /hóʊmli/ 形 (home·li·er; -li·est) ❶ 《米》(人·顔が)不細工な, 器量の悪い《⇒ ugly 1 語法》. ❷ 《英》[よい意味で] (場所が)家庭的な, 心地よい; 素朴な, 地味な; (女性が)温かみのある, 家庭的な. (名 home)

home·made /hóʊmméɪd⁻/ 形 (食品などが)自家製の; 手作りの [⇔ store-bought]: *homemade* bread 自家製のパン.

home·mak·er /hóʊmmèɪkɚ | -kə/ 名 C 《主に米》家事にたずさわる人《特に女性》. 語法 housewife にとって代わりつつある語.

home·mak·ing /hóʊmmèɪkɪŋ/ 名 U 《主に米》家事.

hóme móvie 名 C ホームビデオ《家族などを撮影した自家製映画》.

hóme óffice 名 ❶ C 自宅内[兼]オフィス; (会社の)本社, 本店. ❷ [the H- O-] 《英》内務省. 関連 Foreign Office 《英》外務省.

ho·me·o·path·ic /hòʊmiəpǽθɪk⁻/ 形 同毒療法の.

ho·me·op·a·thy /hòʊmiɑ́(ː)pəθi | -ɔ́p-/ 名 U 同毒療法《疾患を起こす薬物などをごく少量投与する治療法》.

home·own·er /hóʊmòʊnɚ | -nə/ 名 C 自家所有者, 持ち家に住む人.

hóme pàge 名 C ホームページ《ウェブサイトの最初の画面》. 日英 日本語の「ホームページ」は website に相当する場合が多い.「ホームページを開設する」は set up a website.

hóme pláte 名 U 〔野球〕本塁.

hom·er /hóʊmɚ | -mə/ 名 C 《米略式》〔野球〕ホーマー, ホームラン (home run): a 3-run *homer* スリーランホームラン《⇒ run 名 3》. — 動 ㊁ 《米略式》ホームランを打つ.

Ho·mer /hóʊmɚ | -mə/ 名 固 ホメロス《紀元前 8 世紀ごろのギリシャの詩人》.

home·room /hóʊmrùːm/ 名 ❶ C 《米》ホームルーム《各生徒·教師の所属教室; 通例毎朝集まって必要事項の連絡などを行ない, その後授業ごとに担当教師の教室へ生徒が移動する; ⇒ class》. ❷ U 《米》ホームルームの時間.

hóme rúle 名 U (地方)自治(権).

hóme rún 名 C 〔野球〕本塁打, ホームラン.

home·school /hóʊmskùːl/ 動 ㊀ (子供)を(学校にやらずに)自宅で教える. — ㊁ 自宅教育をする.

home·school·ing /hóʊmskùːlɪŋ/ 名 U 自宅教育《自分の子供を家庭で教育する》.

Hóme Sécretary 名 [the ~] 《英》内務大臣. 関連 Foreign Secretary 《英》外務大臣.

home·sick /hóʊmsɪk/ 形 ホームシックの, 家[故郷]を恋しがる: get *homesick for* Japan 日本が恋しくなる.

~·ness 名 U ホームシック, 郷愁.

home·spun /hóʊmspʌ̀n/ 形 ❶ (考えなどが)素朴な, ありふれた. ❷ 手織りの, ホームスパンの.

home·stay /hóʊmstèɪ/ 名 C 《米》(留学生などの)ホームステイ, 家庭滞在(期間).

home·stead /hóʊmstèd/ 名 C 家屋敷《特に付近の畑地を含めた農地》; 《米》自作農場《昔, 入植者へ譲渡されたもの》. — 動 ㊁ 《米》自作農場を営む. — ㊀ 《米》(土地)を自作農場とする.

hóme stráight 名 《英·豪》= homestretch.

home·stretch /hóʊmstrétʃ/ 名 ❶ [the ~] ホームストレッチ《競走場の最後の直線コース》. 関連 backstretch バックストレッチ. ❷ [the ~] 最終段階, 大詰め, 追い込み.

+**home·town** /hóʊmtàʊn/ 名 (~s /~z/) C (**生まれ**) **故郷の町[市, 村]**; 住み慣れた町; 地元: I'm going back to my *hometown*. 私は故郷へ帰ります.

hóme trúth 名 C [普通は複数形で] 耳の痛い事実, 聞きたくない本当の事.

home·ward /hóʊmwɚd | -wəd/ 副 家路を指して, 故郷[故国]に向かって; 本国へ [⇔ outward]: be *homeward* bound 家[故郷]に向かっている. — 形 限定 家路へ向かう, 故郷へ向かう, 本国への.

home·wards /hóʊmwɚdz | -wədz/ 副 《英》= homeward.

H

****home·work** /hóʊmwə̀ːk | -wə̀ːk/
— 名 U (小学校・中学・高校の)**宿題**《⇒ assignment 1》; (家庭での)自習, 予習; 下準備, 下調べ: Have you done [finished] your math *homework*? 数学の宿題は済んだ? / give *homework* 宿題を与える / hand in *homework* 宿題を提出する / 💬 "What's our *homework* for tomorrow?" "We have to do all the exercises on page 37."「明日までにやる宿題何だっけ?」「37 ページの練習問題全部やるんだって」

hom·ey¹ /hóʊmi/ 形 (hom·i·er; -i·est)《米》家庭的な, くつろいだ. (名 home)

hom·ey² /hóʊmi/ 名 C《米略式》= homeboy, homegirl.

hom·i·cid·al /hɑ̀(ː)məsáɪḍl | hɔ̀m-←/ 形 殺人(癖)の, 人殺しをしそうな.

+hom·i·cide /hɑ́(ː)məsàɪd | hɔ́m-/ 名 (-i·cides /-sàɪdz/) ❶ C,U〔法律〕**殺人**. ❷ U《米》(警察の)殺人課.

homicide (殺人)	murder (謀殺, 計画的殺人)
	manslaughter (故殺, 過失による殺人)

hom·i·ly /hɑ́(ː)məli | hɔ́m-/ 名 (-i·lies) ❶ C《格式》(ありがたくない)訓戒, お説教. ❷ C《文語》(教会の)説教.

hom·ing /hóʊmɪŋ/ 形 ❶ 限定 家へ帰る; 帰巣(きそう)性の: the *homing* instinct 帰巣本能. ❷ 限定 (ミサイルなどが)自動誘導式の.

hóming pìgeon 名 C 伝書ばと.

hom·i·ny /hɑ́(ː)məni | hɔ́m-/ 名 U ひき割りとうもろこし《水または牛乳で煮てかゆにする》.

ho·mo /hóʊmoʊ/ 名 (~s) C《略式》[差別的] ホモ, 同性愛者《特に男性》.

ho·mo- /hóʊmə/ 接頭「同一」の意 [⇔ hetero-]: *homo*geneous 同種の.

ho·moe·o·path·ic /hòʊmiəpǽθɪk←/ 形《英》= homeopathic.

ho·moe·op·a·thy /hòʊmiɑ́(ː)pəθi | -ɔ́p-/ 名 U《英》= homeopathy.

ho·mo·ge·ne·i·ty /hòʊmədʒəníːəṭi/ 名 U《格式》同種, 同質(性); 均質(性).

ho·mo·ge·ne·ous /hòʊmədʒíːniəs←/ 形《格式》同種の, 同質の, 同性の; 等質の, 均質の [⇔ heterogeneous].

ho·mog·e·nize /hoʊmɑ́(ː)dʒənàɪz | həmɔ́dʒ-/ 動 他 (...)を均質にする: *homogenized* milk ホモ[均質]牛乳《脂肪分が固まらないようにしてある》.

ho·mo·ge·nous /həmɑ́(ː)dʒənəs | -mɔ́dʒ-/ 形 = homogeneous.

hom·o·graph /hɑ́(ː)məgræ̀f | hɔ́məgrɑ̀ːf/ 名 C〔言語〕同形異義語《seal (あざらし)と seal (印章)など》; 同形異音異義語《lead /líːd/ (導く)と lead /léd/ (鉛)など》.

hom·o·nym /hɑ́(ː)mənɪ̀m | hɔ́m-/ 名 C〔言語〕同形同音異義語《pale (青白い)と pale (くい)など》; 同形異義語 (homograph); 異形同音異義語 (homophone).

ho·mo·pho·bi·a /hòʊməfóʊbiə/ 名 U 同性愛(者)恐怖[嫌悪]症, ホモ嫌い.

ho·mo·pho·bic /hòʊməfóʊbɪk←/ 形 同性愛(者)を嫌う.

hom·o·phone /hɑ́(ː)məfòʊn | hɔ́m-/ 名 C〔言語〕異形同音異義語《rite (儀式)と right (正しい)と write (書く)など》; (一般に)同音異義語 (homonym).

Ho·mo sa·pi·ens /hóʊmoʊséɪpiènz | -sǽp-/ 名 U ヒト, ホモサピエンス《現生人類の学名》.〖語源 ラテン語で「賢い人」の意〗

***ho·mo·sex·u·al** /hòʊməsékʃuəl, -ʃəl←/ 形《格式》(特に男性が)**同性愛の** [≒gay]. 語法 女性は lesbian が普通. 関連 bisexual 両性愛の / heterosexual 異性愛の. — 名 C (特に男性の)同性愛者, ゲイ.

ho·mo·sex·u·al·i·ty /hòʊməsèkʃuǽləṭi/ 名 U 同性愛.

Hon. 略 = Honorable《⇒ honorable 3》, Honorary《⇒ honorary 2》.

hon·cho /hɑ́(ː)ntʃoʊ | hɔ́n-/ 名 (~s) C《略式, 主に米》責任者, ボス.〖語源 日本語の「班長」から〗

Hon·du·ras /hɑ(ː)nd(j)ʊ́(ə)rəs | hɔndjʊ́ər-/ 名 固 ホンジュラス《中米の共和国》.

hone /hóʊn/ 動 他 ❶ (技量など)を磨く. ❷ (刃など)を砥石(といし)で研ぐ.

****hon·est** /ɑ́(ː)nɪst | ɔ́n-/ ❗発音
— 形

> **意味のチャート**
> ラテン語で「名誉ある」の意; honor と同語源.
> →(立派な) →(人が)「**正直な**」❶
> 　　　　　 →(言行が)「**偽りのない**」❷

❶ (人が)**正直な**, 誠実な, うそを言わない; 正直にふるまう [⇔ dishonest]: I think she's being ***honest with*** us when she says she doesn't know anything. +with+名 彼女が私たちに何も知らないと言っているのはうそじゃないと思う《多用; ⇒ be² A 1 (1) 語法》/ You should be ***honest about*** your feelings. +about+名 自分の気持ちに正直であるべきだ 多用 / ***It was honest of*** you ***to*** tell me about your intentions. よく正直に気持ちを話してくれたね《⇒ of 12》.
❷ (言行・外観などが)**偽りのない**, まじめな, 率直な: an *honest* face 誠実そうな顔 / This is my *honest* opinion. これが私の率直な意見だ. ❸ (仕事が)実直になされた; (利益・富などが)正当な手段で得た, まっとうな: an *honest* day's work まっとうな仕事 / an *honest* mistake 悪意のない単純な間違い / make [earn] an *honest* living まっとうに働いて金を稼ぐ.
hónest to Gód [góodness] [副] 文修飾 Ⓢ 本当に, まったく.
to be (quìte) hónest (with you) [副] 文修飾 Ⓢ **正直に言うと**, 実は. (名 hónesty)
— 副 [強調を示して] Ⓢ (うそでなく)本当に: I didn't break it, *honest*! 壊してない, 本当だよ.

+hon·est·ly /ɑ́(ː)nɪstli | ɔ́n-/ 副 ❶ **正直に**, うそを言わずに: Admit it *honestly*. 正直に認めなさい.
❷ [動詞の前で] **本当に**: I can *honestly* say that I have never heard of it. 本当にそんなことは聞いたことがないんです.
❸ 文修飾 Ⓢ **正直言って**, 本当のところ; (当惑・いらだちを表わして)全く: *Honestly*, this is all I have. 正直言ってこれで全部だ / I had to work, ↘ *honestly*. 実のところ働かなければならなかったんだ. 語法 次の文と比較: I had to work *honestly*. ↘ まじめに働かなければならなかった.

+hon·es·ty /ɑ́(ː)nɪsti | ɔ́n-/ ❗発音 名 U **正直**; **誠実** [⇔

dishonesty]: *Honesty* is the best policy. 《ことわざ》正直は最上の策(正直が一番). **in áll hónesty** [副] 文修飾 Ⓢ 正直言って, 実は. (形 hónest)

*__hon·ey__ /hʌ́ni/ 発音 名 (~s /~z/) ❶ Ⓤ **はちみつ**; 糖みつ; はちみつ色; 甘いもの; 甘さ, おいしさ.
❷ [単数形で] Ⓢ《主に米》**愛しい人** [≒darling, dear]《妻·夫·恋人·子供などへの呼びかけで》: *Honey*, where are my keys? ねえ, 私の鍵はどこかな. ❸ Ⓒ《略式》すてきな物[人], すばらしい物[人].

hon·ey·bee /hʌ́nibìː/ 名 Ⓒ みつばち (bee).

hon·ey·comb /hʌ́nikòʊm/ 名 ❶ Ⓒ,Ⓤ みつばち[はち]の巣. ❷ Ⓒ はちの巣状の物.

hon·ey·combed /hʌ́nikòʊmd/ 形 叙述 (空洞などで)はちの巣状[穴だらけ]になった (*with*).

hón·ey·dew mèlon /hʌ́nid(j)ùː- | -djùː-/ 名 Ⓒ ハネデュー, 甘露メロン《非常に甘い》.

hon·eyed /hʌ́nid/ 形 ❶ (ことばなどが)甘い, お世辞たらたらの. ❷ はちみつのように甘い, はちみつ色の.

hon·ey·moon /hʌ́nimùːn/ アク 名 ❶ Ⓒ ハネムーン, 新婚旅行(期間): go [be] *on* one's *honeymoon* 新婚旅行に行く[新婚旅行中である]. ❷ Ⓒ (政党間などの)最初の親密な期間[協調関係], 蜜月(みつげつ)期間. ― 動 自 [副詞(句)を伴って] 新婚旅行をする.

hon·ey·moon·er /hʌ́nimùːnɚ | -nə/ 名 Ⓒ 新婚旅行中の人.

hon·ey·suck·le /hʌ́nisʌ̀kl/ 名 Ⓤ,Ⓒ すいかずら(属), にんどう《つる性·低木の植物》.

Hong Kong /hɑ́(ː)ŋkɑ̀(ː)ŋ | hɔ̀ŋkɔ́ŋ←/ 名 固 香港(ホンコン)《英国の旧植民地; 1997 年に中国へ返還》.

honk /hɑ́(ː)ŋk, hɔ́ːŋk | hɔ́ŋk/ 名 ❶ Ⓒ (自動車の)警笛の音. ❷ Ⓒ がんの鳴き声. ― 動 自 (人·車が)(...に)警笛を鳴らす (*at*); (警笛が)鳴る; (がんが)鳴く《⇒ cry 表 wild goose》. ― 他 (警笛)を鳴らす (*at*).

Ho·no·lu·lu /hɑ̀(ː)nəlúːluː | hɔ̀n-←/ 名 固 ホノルル《米国 Hawaii 州の州都》.

hon·or, 《英》 hon·our /ɑ́(ː)nɚ | ɔ́nə/ 発音
― 名 (~s /~z/)

意味のチャート
「名誉」❶ →「名誉となるもの」❷
→ (名誉を重んじる気持ち) →「信義」❸
→ (名誉をたたえる気持ち) →「敬意」❹

❶ Ⓤ **名誉**, 誉れ, 名声; 面目 [⇔ dishonor]: the guest of *honor* 主賓 / To lose *honor* is to lose more than life. 名誉を失うのは命より大切なものを失うことだ / save one's *honor* 名誉を保つ / He fought to defend his family's *honor*. 彼は家族の名誉を守るために闘った.
❷ [an ~]《格式》**名誉となるもの**: He's *an honor to* his family. 彼は一家の誉れだ / It's *a* great *honor* to be here. 参加させて頂き光栄に存じます.
❸ Ⓤ **信義**, 信用; 道義心; 自尊心: He's a man of *honor*. 彼は信義を重んじる人だ / There's *honor* among thieves. 《ことわざ》盗賊の間にも仁義がある.
❹ Ⓤ (地位·能力などがある人に対する)敬意, 尊敬: show *honor to* ... ...に敬意を払う. ❺ [複数形で] (大学などの)優等: an *honors* degree 優等学位 / graduate (from college) with *honors* 優等で(大学を)卒業する. ❻ Ⓒ [しばしば複数形で] 表彰, 勲章; 儀礼, 儀式; 叙位, 叙勲: (full) military *honors* 軍葬の礼; (王族などに対する)軍の儀礼 / the *honours* list 《英》叙爵[叙勲]者一覧《元旦と国王誕生日に発表される》. ❼ [H-] 閣下《裁判官などに対する敬称》: Your *Honor* 閣下《直接呼びかけるとき》/ His [Her] *Honor* 《間接に言及するとき》. ✪ 用法については ⇒ majesty 語法.

dò ... the hónor (of dóing) [動] 他《格式》(~することで)...に敬意を払う; ...の名誉となるように(~を)する: Will you *do* me *the honor of* dining with me this evening? 今晩私と食事をごいっしょ願えませんか.

dò the hónors [動] 自 (パーティーなどで)主人役[接待役]をする.

gíve ... one's **wórd of hónor** [動] 他 (人)に面目[名誉]にかけて約束する.

hàve the hónor「of dóing [to dó] [動]《格式》...する[...していただく]栄誉を得る.

in hónor of ... = in ...'s hónor [前] **...に敬意を表して**, ...を記念して: the collection of essays *in honor of* Prof. Smith on the occasion of his sixtieth birthday スミス教授還暦記念論文集.

on one's **(wórd of) hónor** [副] 名誉にかけて, 誓って.

pláce of hónor [名] 特等席, 貴賓席.

(形 hónorable, hónoràry)

― 動 (-or·ing /-n(ə)rɪŋ/) 他 ❶ (人)に(賞·称号などを)授与する (*with*); (...)を尊敬する, 敬う: She was *honored for* her achievements. 彼女は業績をたたえられた. ❷ [しばしばおおげさに] (...)に名誉[光栄, 栄誉]を授ける: Will you *honor* me *with* a visit? 一度お越しいただけませんか. ❸ (約束など)を遵守(じゅんしゅ)する, 守る; 【商業】(手形·小切手)を引き受けて支払いをする: *honor* a contract 契約を守る.

be hónored「that ... [to dó] [動]《格式》[しばしばおおげさに] ...(すること)を光栄に思う. C+1 意味を強める副詞には, very のほかに deeply がよく用いられる: I *am deeply honored to* receive this prize. この賞をいただけてたいへん光栄です.

〖語源 honest と同語源〗

+**hon·or·a·ble, 《英》 hon·our·a·ble** /ɑ́(ː)n(ə)rəbl | ɔ́n-/ 発音 形 ❶ **尊敬すべき**, 立派な; 高潔な [⇔ dishonorable]: *honorable* conduct 立派な行為 / He's too *honorable* to do anything of that kind. 彼は高潔な人だからそんなことはしない.
❷ **名誉[光栄]ある**: an *honorable* agreement 名誉ある協定《関係者全員に公平なもの》/ an *honorable* duty 名誉ある務め / *honorable* wounds 名誉の負傷.
❸ [the H-] 限定 閣下《《英》では侯爵 (marquess) より下位の貴族の子·下院議員などへの敬称; 《米》では国会議員·知事などへの敬称; 略 Hon.》: *the Honorable* John Smith ジョン スミス閣下. 語法 あて名では姓だけでなく名かその頭文字を用いるときに限り, 例えば *the Hon.* J.F. Kennedy のように略すことができる.

(名 hónor)

-a·bly /-əbli/ 副 見事に, 立派に.

hónorable méntion 名 Ⓒ 選外佳作, 等外賞.

hono·rar·i·um /ɑ̀(ː)nəré(ə)riəm | ɔ̀n-/ 名 (複 ~s, **hon·o·rar·i·a** /ɑ̀(ː)nəré(ə)riə | ɔ̀n-/) Ⓒ《格式》(講演者などへの)謝礼金.

hon·or·ar·y /ɑ́(ː)nərèri | ɔ́n(ə)rəri/ 形 ❶ [普通は 限定] 名誉上の; 名誉上与えられた: an *honorary* doctorate 名誉博士号 / an *honorary* member 名誉会員. ❷ 限定 (地位などが)名誉職の, 無給の《略 Hon.》: an *honorary* office 名誉職. (名 hónor)

hon·or·if·ic /ɑ̀(ː)nərífɪk | ɔ̀n-←/ 形 尊敬の, 尊称の.
― 名 Ⓒ 敬称; 敬語.

hónor ròll 名 C 《米》優等生名簿.
hónor sỳstem 名 C 《米》(当事者を信頼した)自主管理制度.

hon·our /ɑ́(ː)nə | ɔ́nə/ 名 動 《英》 = honor.

+**hon·our·a·ble** /ɑ́(ː)n(ə)rəbl | ɔ́n-/ 形 《英》 = honorable. **-a·bly** /-əbli/ 副 《英》 = honorably.

hood[1] /hʊ́d/ 発音 名 ❶ C (コートなどの)フード; ずきん, かぶりもの; 覆面; 大学式服の背中にあるたれ布《学位の別を表わす》: wear a *hood* ずきんをかぶる. ❷ C (発動機などの)覆(おお)い; 《米》(車のエンジンの)覆い, ボンネット [《英》 bonnet]《⇒ car 挿絵》; 《英》(自動車・ベビーカーなどの折りたたみ式の)屋根, ほろ; (台所用換気扇の)フード, レンジフード《⇒ kitchen 挿絵》.

hood[2] /hʊ́d/ 名 C 《米俗》 = neighborhood 1.

hood[3] /húːd/ 名 C 《米略式》 = hoodlum.

-hood /hʊ̀d/ 接尾 [名詞・形容詞につく抽象名詞語尾] ❶「性質・状態・階級・身分・境遇」などを示す: child*hood* 子供のとき[ころ] / false*hood* 虚偽. ❷「...の集団」の意: neighbor*hood* 近所の人たち.

hood·ed /hʊ́dɪd/ 形 フード[ずきん]をかぶった; フードつきの, 覆(おお)いをつけた; (目が)まぶたの垂れた.

hood·ie /hʊ́di/ 名 C 《略式》 フード付きのパーカー.

hood·lum /húːdləm/ 名 C 不良,「ヤンキー」; ごろつき.

hood·wink /hʊ́dwɪ̀ŋk/ 動 他 (人)をだます; だまして〜させる (*into doing*).

hoof /hʊ́f, húːf | húːf/ 名 (複 **hooves** /hʊ́vz, húːvz | húːvz/, 〜s) C (馬・牛などの)ひづめ; ひづめのある足. 関連 paw つめのある動物の足. **on the hóof** [形] (1) (家畜が屠殺(とさつ)されずに)生きていて. (2) 《英》片手間に, ついでに. **—** 動 自 《略式》(劇場でダンサーとして)踊る. — 他 《略式》(ボール)を強く蹴る. **hóof it** [動] 自 《略式》歩いて[走って]行く.

*__hook__ /hʊ́k/ 名 (〜s /〜s/) ❶ C **フック**《引っ掛けたり引っ張ったりするための》; 留め金, ホック; 洋服掛け; (電話の)受話器掛け: He hung his cap ***on*** a ***hook***. 彼は帽子を帽子掛けにかけた / She took [left] the phone ***off the hook***. 彼女は受話器をはずした[はずしたままにした]. ❷ C 釣り針 (fishhook); 《⇒ needle 表》. ❸ C 〔ボクシング〕フック; 〔野球〕カーブ; 〔球技〕フック. ❹ C 人をひきつける物, 呼び物 [≒draw].

be [gèt] óff the hóok [動] 自 窮地を脱している[脱する].

by hóok or (by) cróok [副] どんなことをしてでも, 何とかして.

gèt one's **hóoks ìnto ...** [動] 他 (人)をうまくつかまえる, 支配する.

gèt ... óff the hóok [動] 他 (人)を窮地から救い出す.

hóok, líne and sínker [副] (うそ・デマなどを)うのみにして; 完全に. 由来 魚が針・糸・おもりを全部飲みこむということから.

lèt ... óff the hóok [動] 他 = get ... off the hook.

— 動 (hooks /〜s/; hooked /〜t/; hook·ing) 他 ❶ [副詞(句)を伴って] (...)を**フックで留める**, 引っ掛ける, つるす: He ***hooked*** a trailer ***to*** his car. V+O+前+名 彼はトレーラーを自分の車に引っ掛けてつないだ. ❷ (魚など)を釣り針で釣る. ❸ (指など)をかぎのように曲げる, 引っ掛ける. ❹〔野球〕(ボール)をカーブさせ(て投げ)る; 〔球技〕フックするように投げる[打つ]. ❺《略式》(人)の関心を引きつける.

— 自 ❶ [副詞(句)を伴って] **フック[ホック]で留まる**, 引っ掛かる: This dress ***hooks*** 「***in*** the back [***at*** the neck, ***at*** the waist]. V+前+名 この服は背中[首, ウエスト]でホックが掛かる. ❷ (ボールが)カーブする.

hóok úp [動] 他 (1) (...)をホックで留める. (2) (機器など)を(...に)接続する (*to*).

hóok úp with ... [動] 他 《略式》...と(出会って)親しくなる, ...と仲間になる; 性的関係になる; 提携する.

hóok and éye 名 C (衣服の)かぎホック.

hooked /hʊ́kt/ 形 ❶ かぎ状の; かぎ[ホック]のついた: a *hooked* nose かぎ鼻. ❷ 叙述 《略式》(麻薬に)中毒になって; (...に)夢中で (*on*).

hóoked schwá 名 C 〔音声〕かぎ付きのシュワー《/ɚ/ の記号; m*ur*m*ur* の米音 /mɚ́ːmɚ/ などの母音を表わす》; /ɚ/ の音.

hook·er /hʊ́kɚ | -kə/ 名 C 《略式》売春婦.

hook·up /hʊ́kʌ̀p/ 名 C (コンピューターなどの接続; (放送局間の)中継.

hook·y /hʊ́ki/ 名 [次の成句で] **pláy hóoky** [動] 自 《古風, 米略式》学校をサボる [《英》 play truant].

hoo·li·gan /húːlɪgən/ 名 C フーリガン《暴力的サッカーファン》; 乱暴者, 不良.

hoo·li·gan·is·m /húːlɪgənɪ̀zm/ 名 U 乱暴.

hoop /húːp, hʊ́p | húːp/ 名 ❶ C (おけ・たるなどの)たが. ❷ C (子供の輪回し遊びの)輪; 〔バスケ〕リング; [複数形で] 《米略式》バスケットボール: shoot *hoops* バスケをする. **júmp [gó] thròugh hóops** [動] 自 試練を受ける, つらい目にあう.

hoop·la /húːplɑː/ 名 ❶ U 《略式, 主に米》大騒ぎ. ❷ U 《英》輪投げ《賞品目当ての》.

hoo·ray /hʊréɪ/ 間 名 = hurray.

hoot /húːt/ 名 ❶ C [しばしば複数形で] (やじ・あざけり・不賛成などの)叫び声; 大笑い: *hoots of* derision あざけりのやじ. ❷ C サイレン[警笛など]の音. ❸ C ふくろうの鳴き声. ❹ [a 〜] S すごくおもしろいこと[人].

nót gíve [cáre] 「**a hóot [twó hóots]** [動] 自 S (...を)全く気にしない (*about*).

— 動 自 ❶ ぶーぶーという (*at, with*)《やじ・あざけり・不賛成などの気持ち》; 大笑いする. ❷ (警笛などが)ぶーぶー鳴る; (人が)警笛を鳴らす (*at*). ❸ (ふくろうが)ほーと鳴く《⇒ cry 表 owl》. — 他 ❶ (警笛)をぶーぶー鳴らす (*at*). ❷ (不満など)をぶーぶーとやじって示す.

hoo·ver /húːvɚ | -və/ 名 C [H-] 《英》掃除機《商標》. **—** 動 (-ver·ing /-v(ə)rɪŋ/) 他 《英》(...)に掃除機をかける [≒vacuum]. — 自 《英》掃除機で掃除をする.

hooves /hʊ́vz, húːvz | húːvz/ 名 hoof の複数形.

+**hop**[1] /hɑ́(ː)p | hɔ́p/ 動 (hops /〜s/; hopped /〜t/; hop·ping) 自 ❶ (人が)**片足で跳ぶ**, けんけんをする, (うさぎ・かえる・すずめなどが)両足でぴょんと跳ぶ《⇒ jump 類義語》: He had hurt his right foot and had to ***hop along***. 彼は右足をけがしたので片足で跳んで歩かなければならなかった / A rabbit was ***hopping around*** [***about***] in the field. うさぎが野原をはねまわっていた. ❷ [副詞(句)を伴って] 《略式》ひょいと動く, (乗り物に)飛び乗る[降りる]: *hop on* a bike ひょいと自転車に乗る / *hop out of* bed ベッドから飛び起きる. ❸ (...から〜へと)(次々に)替える, 移る (*from, to*).

— 他 ❶ (...)をひょいと飛び越す. ❷ 《米略式》(乗り物)に飛び乗る.

— 名 (〜s /〜s/) ❶ C (人の)**片足跳び**; (うさぎ・かえる・小鳥などが)両足で跳ぶこと; 跳躍. ❷ C (飛行機の)ひと飛び, 短距離飛行.

a hóp, skíp and (a) júmp [名] 《略式》(ひと跳び

の)短い距離, 目と鼻の先.

hop² /hɑ́(ː)p | hɔ́p/ 名 C ホップ《つる性の多年草》; [複数形で] ホップの実《ビールに苦味と香りをつける》.

*****hope** /hóʊp/

— 動 (hopes /~s/; hoped /~t/; hop·ing) 他 ❶ (...すること)を**望む**, 期待する, ...したいと思う《⇒ want 類義語》: We *hope* (*that*) everything goes well. V+O ((that)節) 私たちはすべてがうまくいくことを望んでいる 多用 / 言い換え I *hope to* see you again. V+O (to 不定詞) = I *hope* (*that*)「I'll see [I see] you again. またお目にかかりたいと思います / ***Let's hope*** (*that*) it clears up soon. Ⓢ すぐに晴れると期待しましょう /「I (had) *hoped to* finish [《まれ》 I *hoped to* have finished] by now. 今ごろは終わるようにしたいと思った(が終わらなかった)《⇒ to² G 2》/ We're *hoping* you'll support us. 私たちはご支援いただけるものと期待しております《⇒ be² A 1 (1) 語法》. 語法 ˣWe're hoping you to support us. のように V+O+C (to 不定詞) の形では用いない // It's *hoped that* the war will end before long. V+O (that 節)の受身 戦争がやがて終わることが望まれる. 語法 期待を伴った願望を表わす. 後に節が続くときには wish と違って直説法を用いる《⇒ wish 動 他 1 語法》.
❷ [I ~ として] **...だといいと思う, ...だと思う**《⇒ 下の囲みの解説》: *I hope* (*that*) you (will) like it. V+O (that)節 あなたのお気に召せばいいのですが.

> ♥ **...だといいのですが** (希望を伝えるとき)
> **I hope ...**
> **I hope** you'll understand. ご理解いただければ幸いです.
> ♥ 遠慮がちに自分の希望を伝える表現で, 間接的に依頼や提案をしたり, 発言を和らげる際などに使われる.

— 自 **希望を持つ**, 期待する: The missing ship hasn't been found yet, but we're still *hoping*. 行方不明の船は発見されていないが, 我々はまだ希望を持っている / We're ***hoping for*** a good crop this year. V+for+名 今年は豊作を期待している.

hópe agàinst hópe (that ...) [動] 自 (...という)かなえられない望みを持つ: To be a Negro in America is to *hope against hope*. アメリカで黒人であることは, 望みなき望みを持つことである《米国の黒人解放運動の指導者キング (King) 牧師のことば》.

hópe for the bést [動] 自 またよいこともあろうと期待する, 何とかなると思う: Business isn't so good, but let's *hope for the best*. 景気があまりよくないが, そのうちによくなることを期待しよう.

— 名 (~s /~s/) ❶ U,C **希望, 望み**; 期待; 見込み [⇔ despair]: It's his *hope* to be an actor. 俳優になるのが彼の望みだ / ***Hope for*** success was fading. 成功の望みは消えつつあった / My *hope* is that she will get better soon. 私の希望は彼女が早くよくなることです / They have (high) ***hopes of*** get*ting* the contract. +of+動名 彼らはその契約を取れると(大いに)期待している / ***give*** [***offer***] ***hope*** to... ...に希望を与える / ***lose*** [***give up***] ***hope*** 希望を失う[捨てる] / ***raise*** ...'s ***hopes*** (見込みのないときに)...に希望を抱かせる / Don't ***get*** your ***hopes up***. あまり期待しないでね / 言い換え There is little ***hope of*** their [them] be*ing* alive. = There is little ***hope that*** they are alive. +that 節 彼らが生きている見込みはほとんどない《⇒ that² A 4 囲み》/ a faint *hope* かすかな望み.
❷ [単数形で] **希望を与えるもの**, ホープ, 希望の星: You're my only *hope*. あなただけが頼みの綱だ.

be beyònd hópe [動] 自 (...の)望みがない (*of*).

dásh [crúsh, shátter] ...'s hópes (of ~) [動] (~という)...の望みを打ち砕く.

in hópe(s) of ... [前] = **in hópe(s) that ...** [接] ...ということを期待して: He left home early *in hope*(*s*) *of* get*ting* a job. 彼は仕事が見つかることを期待して朝早く家を出た.

in the hópe of ... [前] = **in the hópe that ...** [接] ...を希望して, ...を願って, ...と期待して: I am sending you this book *in the hope that* it will be of some use to you. この本があなたに多少でも役に立つかと思ってお送りします.

líve in hópe [動] 自 (あくまで)(...の)望みを捨てない (*of*).

Nòt a hópe! Ⓢ それは無理だ.

nót hàve a hópe in héll (of dóing) [動] 自《略式》(...する)望みがない.

pín one's **hópes on ...** [動] 他 ...に望みをかける.
(形 hópeful)

+hope·ful /hóʊpf(ə)l/ 形 ❶ [普通は 叙述] (人が)**希望を持った**, 望みを抱いて(いる) [⇔ hopeless]: 言い換え He is ***hopeful that*** he will attain his object. +that 節 = 《英》 He is ***hopeful of*** attain*ing* his object. +of+動名 彼は目的が達成できると信じている 多用 / She feels ***hopeful about*** her future. +about+名 彼女は将来を楽観している.
❷ **有望な**, 見込みのある, 末頼もしい [⇔ hopeless]: a *hopeful* sign 有望なきざし / The prospects seem *hopeful*. 前途は有望に思われる. ❸ 限定 (行動などが)希望に満ちた: a *hopeful* smile 希望に満ちた笑み.
(名 hope)

— 名 C 成功を望む人, 志望者.

> **I hope, I'm afraid, I fear** はいずれも I think に近い意味で自分の判断を示すのに用いるが, I hope は話の内容が自分もしくは相手にとって望ましいことであるときに用い, I'm afraid, I fear は望ましいことでないときに心配の気持ちをこめて用いる. I'm afraid は柔らかい丁寧な言い方, I fear はやや格式ばった言い方. 次の文を比較.
> *I hope* it'll be fine tomorrow. 明日は晴れるといいと思う.
> *I'm afraid* [*I fear*] it'll rain tomorrow. (残念だが)明日は雨になると思う.
> 問— Will he get well? 彼はよくなるでしょうか.
> 答— a. *I hópe* sò. よくなると思いますよ《⇒ so¹ 副 4》.
> b. *I'm afràid* [*I fear*] nót. よくならないと思います《⇒ not (5)》.
> 問— Will it rain tomorrow? 明日は雨が降るでしょうか.
> 答— a. *I hópe* nòt. 降らないでしょう. ✪ I don't hope so. とは言わない.
> b. *I'm afràid* só. 降るかもしれません.
> 語法 文の終わりで..., I hòpe. のように用いることもある: You're feeling better today, *I hòpe*. きょうはお元気そうですね.

*__hope·ful·ly__ /hóʊpfəli/ 副 ❶ 文修飾 **そう[こう]なるといいのだが, うまく行けば, できれば:** *Hopefully,* I'm going to college in the fall. うまく行けば秋に大学へ進学します. 語法 この用法を《非標準》とする人もいる. ❷ 希望を抱いて, 期待しながら: To travel *hopefully* is a better thing than to arrive. 希望を抱いて旅するほうが到着するよりもいい《英国の作家スティーブンソン (Stevenson) のことば》.

+__hope·less__ /hóʊpləs/ 形 ❶ (物・人が)**見込みのない**, 絶望的な [⇔ hopeful]: a *hopeless* case 回復の見込みのない症状[患者] / a *hopeless* situation 絶望的な状況. ❷《略式》**無能な**; (...が)だめ[苦手]な: I'm ***hopeless at*** math. +at+名 私は数学がまるでだめだ.
❸ (人・表情などが)**望みを失った**, あきらめた, 絶望した [⇔ hopeful]: She felt ***hopeless about*** her future. +about+名 彼女は将来に望みを失った.
❹ [しばしばこっけいに] **どうしようもない**, 処置なしの: a *hopeless* idiot どうしようもないばか / He's *hopeless* when he's drunk. 彼は酔っ払うと手がつけられない.

hope·less·ly /hóʊpləsli/ 副 ❶ 見込みなく, 絶望的に; 手がつけられないほどに, とても: be *hopelessly* in love すっかりほれ込んでいる / be *hopelessly* confused どうしようもなく困惑している. ❷ 望みを失って, あきらめて: cry *hopelessly* 絶望して泣く.

hope·less·ness /hóʊpləsnəs/ 名 U 絶望; 絶望的な状態, 見込みのない状態.

hop·per /há(ː)pɚ | hɔ́pə/ 名 C ホッパー《穀物・石炭などを入れて底の口から出すじょうご状の容器》.

hop·scotch /há(ː)pskà(ː)tʃ | hɔ́pskɔ̀tʃ/ 名 U 石けり遊び.

Hor·ace /hɔ́ːrəs | hɔ́r-/ 名 固 ❶ ホーレス《男性の名》. ❷ ホラティウス (65–8 B.C.)《ローマの詩人》.

horde /hɔ́ɚd | hɔ́ːd/ 名 C [ときに軽蔑的] 群衆; 大群 (*of*).

+__ho·ri·zon__ /həráɪz(ə)n/ 発音 名 (~s /~z/) ❶ [the ~] **地平線, 水平線:** The sun sank below *the horizon.* 太陽は地[水]平線下に沈んだ. ❷ [複数形で] (知識・経験などの)限界, 範囲; 視野: Reading broadens our *horizons.* 読書は我々の視野を広めてくれる. **on the horízon** [副] (1) 地[水]平線上に. (2) 差し迫って. (形 hòrizóntal)
〘語源 ギリシャ語で「境界を定める(もの)」の意〙

hor·i·zon·tal /hɔ̀ːrəzá(ː)ntl | hɔ̀rəzɔ́n-ˉ/ 発音 形 ❶ 水平な, 横の; 平面の, 平らな: a *horizontal* line 水平な線, 横の線. 関連 vertical 垂直の / diagonal 斜めの. ❷ 対等の. (名 horízon)
— 名 [the ~] 水平(の位置); C 水平線[面].

hor·i·zon·tal·ly /hɔ̀ːrəzá(ː)nṭəli | hɔ̀rəzɔ́n-/ 副 水平に, 横に; 平らに.

hor·mo·nal /hɔɚmóʊn(ə)l | hɔː-/ 形 ホルモンの.

+__hor·mone__ /hɔ́ɚmoʊn | hɔ́ː-/ 名 (~s /~z/) C 〘生理〙 **ホルモン:** male [female] *hormones* 男性[女性]ホルモン.

+__horn__ /hɔ́ɚn | hɔ́ːn/ 名 (~s/~z/) ❶ C (羊・やぎなどの)**角**(つの); (かたつむりなどの)触覚; 角形のもの.
❷ U (材料としての)**角:** The handle is made of *horn.* 取っ手は角製だ. ❸ C (自動車・船などの)警笛, クラクション《⇒ klaxon 日英; motorcycle 挿絵》: blow [honk, sound, toot] one's *horn* 警笛を鳴らす. ❹ C ホルン (French horn)《⇒ English horn》; 角笛; 《略式》トランペット.
a hórn of plénty [名] = cornucopia 1.
blów one's **ówn hórn** [動] 自《米略式》[普通は悪い意味で] 自慢する [《英》blow one's own trumpet].
dráw [púll] ín one's **hórns** [動] 自 控えめにする, 抑える; 節約する.
lóck hórns with ... [動] 他 ...と角突き合わせる, 論争する. (形 hórny)
— 動 [次の成句で] **hórn ín** [動] 自《米略式》(もうけ話・会話などに)割りこむ, 干渉する (*on*).
〘語源 corner と同語源〙

Horn 名 固 Cape ~ ⇒ Cape Horn.

horn·bill /hɔ́ɚnbɪ̀l | hɔ́ːn-/ 名 C 犀鳥(さいちょう)《下に曲がった大きくちばしの熱帯鳥》.

horned /hɔ́ɚnd | hɔ́ːnd/ 形 限定 角のある; 角状の.

hórned ówl 名 C みみずく.

hor·net /hɔ́ɚnɪt | hɔ́ːn-/ 名 C すずめばち《wasp のうちの特に大型のもの》. **stír úp a hórnet's [hórnets'] nèst** [動] 自 はちの巣をつつく; 大騒ぎを引き起こす.

horn·y /hɔ́ɚni | hɔ́ːni/ 形 (horn·i·er; -i·est) ❶《略式》性的に興奮した, むらむらした. ❷《略式》セクシーな. ❸ 限定 角(つの)の; 角のある; 角製の; 角状の; (手足が角のように)堅い, 節くれだった. (名 horn)

hor·o·scope /hɔ́ːrəskòʊp | hɔ́r-/ 名 ❶ C 星占い, 占星術《誕生時の天体の位置によりその人の運勢を占う》: read one's *horoscope* 星占いを読む. ❷ C 〘占星術〙(人の誕生時の)天宮図, 十二宮図: My *horoscope* says I'll marry a rich man. 私の星座によると私は金持ちの男性と結婚するらしい. 関連 zodiac 十二宮一覧図.

hor·ren·dous /hɔːréndəs | hɔr-/ 形 ❶ とても恐ろしい, ぞっとするような. ❷《略式》とてもいやな, ひどい.

*__hor·ri·ble__ /hɔ́ːrəbl | hɔ́r-/ 形 ❶ **ぞっとするほどいやな; 実にひどい** [≒terrible]; 無礼な, 不親切な: *horrible* weather ひどい天候 / *It's horrible of* you *to* say so. そんなことを言うなんてひどいよ《⇒ of 12》.
❷ **恐ろしい**, 身の毛もよだつ: a *horrible* murder 恐ろしい殺人事件. (名 hórror)

hor·ri·bly /hɔ́ːrəbli | hɔ́r-/ 副 ❶ ひどく, すごく, 非常に: It's *horribly* cold today. きょうはすごく寒い. ❷ 恐ろしく, ぞっとするほど.

hor·rid /hɔ́ːrɪd | hɔ́r-/ 形 ❶《英略式》本当にいやな, ひどい: a *horrid* smell ひどいにおい. ❷《古風, 英》意地の悪い: Don't be *horrid to* Meg. メグに意地悪をしないで[言わないで]. (名 hórror)

hor·rif·ic /hɔːrífɪk | hɔr-/ 形 ❶ 恐ろしい, ぞっとするような [≒horrible]. ❷ ひどい; 不快な. **-rif·i·cal·ly** /-kəli/ 副 ひどく.

+__hor·ri·fy__ /hɔ́ːrəfàɪ | hɔ́r-/ 動 (-ri·fies /~z/; -ri·fied /~d/; -fy·ing) 他 (人)を**恐ろしがらせる**, ぞっとさせる: I *was horrified* to see the accident. V+O の受身 私はその事故を見てぞっとした. (名 hórror)

hor·ri·fy·ing /hɔ́ːrəfàɪɪŋ | hɔ́r-/ 形 恐ろしい, ぞっとするような.

***hor·ror** /hɔ́ːrɚ | hɔ́rə/
— 名 (~s /~z/) ❶ U (ぞっとするような)**恐怖**, 恐れ《⇒ fear 類義語》: I saw the look of *horror* on her face. 彼女の顔に恐怖の表情が浮かんでいた / watch ***in horror*** ぞっとしながら見つめる / frozen ***with horror*** 恐怖のあまり身動きできなくなって.
❷ C **恐ろしいもの**, 惨事, ひどいもの, とんでもないもの; [the ~]恐ろしさ: the ***horrors of*** war 戦争の惨事.
❸ C《英略式》いたずらっ子, 悪ガキ.
hàve a hórror of ... [動] 他 ...が大嫌いである, ...が

怖い.

hórror of hórrors [間] [こっけいに] なんてことだ, えらいことだ.

to ...'s hórror [副] [文修飾] ...がぞっとするほど驚いたことには. (形 hórrible, hórrid, 動 hórrify)

hórror mòvie [《英》 **fìlm**] 名 C ホラー映画.

hórror stòry 名 ❶ C ホラー小説. ❷ C 《略式》 恐ろしい実話.

hor·ror-strick·en /hɔ́:rəstrìk(ə)n | hɔ́rə-/, **horror-struck** /-strʌ̀k/ 形 恐怖に襲われた, ぞっとした.

hors d'oeu·vre /ɔ̀ədə́:v | ɔ̀:də́:v/ ≪フランス語から≫ 名 (複 ~s) C オードブル, 前菜.

***horse** /hɔ́əs | hɔ́:s/ (同音 hoarse)

— 名 (hors·es /~ɪz/) ❶ C 馬; 雄馬; 種馬: ride a *horse* 馬に乗る / The Queen's *horse* won by 「a length [two lengths]. 女王の馬は 1 [2] 馬身の差で勝った / You can lead [take] a *horse* to water, but you cannot make him [it] drink. 《ことわざ》 馬を水際まで連れては行けるが, 水を飲ませることはできない(当人にその気がなければいくらおぜんだてしてもだめ). ✪ 鳴き声については ⇒ cry 表. 関連 colt 雄の子馬 / filly 雌の子馬 / foal 子馬 / stallion 種馬 / mare 雌馬. ❷ [the ~s] 《略式》 競馬. ❸ C (体操用の)鞍馬(あんば); 跳馬.

a hórse of 「**a dífferent [anóther] cólor** [名] 《米》 (全然)別の問題.

béat [flóg] a déad hórse [動] 自 《略式》 決着のついた問題を論じる; むだ骨を折る.

chánge hórses in midstréam [動] 自 (途中で)方針[活動, 信念]を大きく変える.

éat lìke a hórse [動] 自 大食いする.

hóld one's **hórses** [動] 自 [命令形で] S 《略式》 あわてない, がまんして待つ.

(stráight [ríght]) from the hórse's móuth [副] 直接本人から, 確かな筋から. 由来 競馬の情報は馬の歯を見れば分かることから.

— 動 [次の成句で] **hórse aróund [abóut]** [動] 自 《略式》 ばか騒ぎをする.

horse·back /hɔ́əsbæ̀k | hɔ́:s-/ 名 [次の成句で] **on hórseback** [副] 馬に乗って. — 副 馬に乗って, 馬で: ride *horseback* 馬に乗って行く. — 形 馬に乗った.

hórse chèstnut 名 C 西洋とちのき, マロニエ, うまぐり《街路樹・公園樹》; 西洋とちのきの実《幸運のまじないとされる》.

horse·fly /hɔ́əsflàɪ | hɔ́:s-/ 名 (-flies) C あぶ, 牛あぶ《雌が馬・牛・人間などを刺して吸血する》.

horse·hair /hɔ́əshèə | hɔ́:shèə/ 名 U 馬の毛《たてがみ・尾の毛; 以前, マットレスなどの詰め物用》.

horse·man /hɔ́əsmən | hɔ́:s-/ 名 (-men /-mən/) C 騎手; 馬術家; 馬に乗る人, [前に形容詞をつけて] 馬に乗るのが...の人: a *good* [*poor*] *horseman* 馬に乗るのが上手[下手]な人.

horse·man·ship /hɔ́əsmənʃɪp | hɔ́:s-/ 名 U 馬術.

horse·play /hɔ́əsplèɪ | hɔ́:s-/ 名 U (子供たちの)ふざけ遊び《互いに押し合ったり小突いたりする》.

horse·pow·er /hɔ́əspàuə | hɔ́:spàuə/ 名 (複 ~) C,U 馬力《仕事率の単位; 略 hp》: a 200 *horsepower* engine 200 馬力のエンジン.

hórse ràce 名 ❶ C 競馬の 1 回のレース. ❷ C 《米》 (選挙での)接戦.

hórse ràcing 名 U 競馬.

horse·rad·ish /hɔ́əsræ̀dɪʃ | hɔ́:s-/ 名 U 西洋わさび, わさびだいこん《香辛料》.

horse·shoe /hɔ́əsʃù: | hɔ́:s-/ 名 ❶ C 蹄鉄《魔よけや幸運のシンボルとされる》; U 字形の物: a *horseshoe* magnet 馬蹄形[U 字形]磁石. ❷ [複数形で単数扱い] 《米》 蹄鉄投げ遊び.

horse·wom·an /hɔ́əswʊ̀mən | hɔ́:s-/ 名 (-wom·en /-wìmən/) C 騎手; 馬術家《女性》.

hors·ey, hors·y /hɔ́əsi | hɔ́:si/ 形 (hors·i·er; -i·est) ❶ (顔が)馬づらの. ❷ 《略式》 (競)馬好きの.

hor·ti·cul·tur·al /hɔ̀əṭəkʌ́ltʃ(ə)rəl | hɔ̀:-⁻/ 形 園芸の; 園芸学[術]の.

hor·ti·cul·ture /hɔ́əṭəkʌ̀ltʃə | hɔ́:təkʌ̀ltʃə/ 名 U 園芸; 園芸学[術].

hor·ti·cul·tur·ist /hɔ̀əṭəkʌ́ltʃ(ə)rɪst | hɔ̀:-/ 名 C 園芸家.

hose[1] /hóuz/ **!**発音 名 C,U ホース. 語法 ホース 1 本, 2 本というときには a *hose*, two *hoses* とも a piece of *hose*, two pieces of *hose* ともいう. — 動 他 (...)にホースで水をかける; (車など)にホースで水をかけて洗う (*down, off*).

hose[2] /hóuz/ 名 = hosiery.

ho·sier·y /hóuʒ(ə)ri | -ziə-/ 名 U 〔商業〕 (一般の)靴下類《靴下・ストッキング・タイツなど》.

hos·pice /há(:)spɪs | hɔ́s-/ 名 C ホスピス《末期患者の心身の苦痛軽減を目的とする医療施設》. 〖⇒ host[1] キズナ〗

hos·pit·a·ble /há(:)spɪṭəbl, ha(:)spíṭ- | hɔspít-, hɔ́spɪt-/ 形 ❶ もてなしのよい, 歓待する, 手厚くもてなす: All the villagers were *hospitable to* [*toward*] us. 村人はみな私たちを手厚く迎えてくれた. ❷ (環境などが)快適な [⇔ inhospitable]. (名 hòspitálity) 〖語源 ラテン語で「客をもてなす」の意; ⇒ host[1] 語源〗

-a·bly /-bli/ 副 歓待して, 丁重に.

***hos·pi·tal** /há(:)spɪṭl | hɔ́s-/

— 名 (~s /~z/) C,U 病院: I went to the *hospital* to see my mother. 私は母を見舞いに病院へ行った / Take this child to the [a] *hospital*. この子を病院へ連れていって / Dad has been ***in*** (*the*) ***hospital*** for the past three months. お父さんはこの 3 か月入院している. 語法 《米》 では the をつけ 《英》 ではつけないのが普通 // ***go to*** (*the*) ***hospital*** 通院[入院]する / She was ***rushed to*** (*the*) ***hospital*** by ambulance. 彼女は救急車で病院へかつぎ込まれた / be ***admitted to*** (*the*) ***hospital*** 入院する / ***leave*** [***come out of***] (*the*) ***hospital*** 退院する / be ***discharged*** [***released***] ***from*** (*the*) ***hospital*** 退院する / 💬 "Where is the nearest *hospital*?" "About a kilometer north of the station, on Showa Avenue." 「一番近い病院はどこですか」「駅の北約 1 キロの昭和通りにあります」 ✪ hospital は重大な病気やけがをした人が行く所. 軽い症状を診てもらう医療機関は clinic. かぜやちょっとした不調で受診する場合は (go (to)) see a doctor と言う. (動 hóspitalìze) 〖語源 hostel, hotel と同語源; ⇒ host[1] キズナ〗

hos·pi·tal·i·ty /hà(:)spətǽləṭi | hɔ̀s-/ **!**アク 名 ❶ U 親切にもてなすこと, 歓待, 厚遇: Thank you very much for your *hospitality*. おもてなしに厚くお礼を申し上げます. ❷ U (会社が顧客などに提供する)接待. (形 hóspitable) 〖⇒ host[1] キズナ〗

hos·pi·tal·i·za·tion /hà(ː)spɪṭəlɪzéɪʃən | hɔ̀spɪtəlaɪz-/ 名 U 入院, 入院治療; 入院期間.

hos·pi·tal·ize /há(ː)spɪṭəlàɪz | hɔ́s-/ 動 他 [普通は受身で] 入院させる: *be hospitalized with* serious injuries 重傷を負って入院する. (名 hóspital)

⁂host[1] /hóʊst/ ❗発音

— 名 (hosts /hóʊsts/) ❶ C [ときに冠詞なしで] (自宅などに客を招いてもてなす)**主人(役)**《男性; ⇒ party 参考》: I am going to act *as host* at the party. パーティーでは私が接待役をすることになっている《⇒ as 前 1 語法 (1)》. 語法 複数形の hosts は男女共通. 関連 hostess 客をもてなす女性 / guest 客. ❷ C 主催者[地, 国, 団体]; [形容詞的に] 主催者側の, ホスト役の: a *host* family ホストファミリー / the *host* city *for* the Winter Olympics 冬季オリンピックの主催都市. ❸ C (テレビ番組などの)司会者. ❹ C 〔生物〕(寄生動植物 (parasite) の)宿主: a *host* cell 宿主細胞. ❺ C = host computer.

pláy [be] hóst to ... [動] 他 ...を主催する; ...のホスト役を務める.

— 動 他 ❶ (会や行事など)を主催する; (パーティー・会合など)のホスト役を務める, (テレビ番組など)を司会する: This city will *host* the next Olympic Games. この都市は次回のオリンピックを主催する. ❷ (ウェブサイトなど)を提供する, 運営する.

〖語源 ラテン語で「主人, 客」の意〗

単語のキズナ　HOST／客＝guest

host	客をもてなす男性		
hostel	(客をもてなす所)	→	簡易宿泊所
hotel	(客をもてなす所)	→	ホテル
hospital	(客をもてなす所)	→	病院
hospitality	(客をもてなすこと)	→	親切なもてなし
hospice	(客をもてなす所)	→	ホスピス
hostage	(客の状態)	→	人質

host[2] /hóʊst/ 名 C [単数形でもときに複数扱い] 大勢, 多数: a (whole) *host of* places [reasons] いろいろな場所[理由].

+hos·tage /há(ː)stɪʤ | hɔ́s-/ 名 (hos·tag·es /~ɪz/) C **人質**: take [hold] ... *hostage* ...を人質にとる / The terrorists released the *hostages*. テロリストたちは人質を解放した.

be (a) hóstage to ... [動] 他 ...に束縛される.

〖⇒ host[1] キズナ〗

hóst compùter 名 C ホストコンピューター.

+hos·tel /há(ː)stl | hɔ́s-/ 名 (~s /~z/) ❶ C (旅行者のための)**簡易宿泊所**; = youth hostel. ❷ C (家のない人のための)収容施設.

〖語源 hospital, hotel と同語源; ⇒ host[1] キズナ〗

host·ess /hóʊstəs/ ❗発音 名 ❶ C [ときに冠詞なしで] (自宅などに客を招いてもてなす)主人役《女性; ⇒ party 参考》: Jane acted *as hostess* at the party. ジェーンはパーティーで接待役を務めた《⇒ as 前 1 語法 (1)》. 関連 host 客をもてなす男性 / guest 客. ❷ C (レストランなどの)案内係《女性》; (バーなどの)ホステス. ❸ C (テレビ番組などの)司会者《女性》.

+hos·tile /há(ː)stl, -taɪl | hɔ́staɪl/ ❗アク (同音 《米》 #hostel) 形 ❶ **敵意のある**, 敵対する [⇔ friendly]: She wore a *hostile* look. 彼女は敵意を持った表情をしていた / He is ***hostile to*** me. +to+名 彼は私に敵意を持っている / a *hostile* takeover [bid] 敵対的買収. ❷ (意見などに)大反対の: I am *hostile to* the idea. 私はその考えに大反対です. ❸ 限定 敵の [⇔ friendly]: a *hostile* nation 敵国. ❹ (環境などが)好ましくない. (名 hostílity)

+hos·til·i·ty /hɑ(ː)stíləṭi | hɔs-/ ❗アク 名 (-i·ties /~z/) ❶ U 敵意, 敵がい心; 大反対, 強力な抵抗 (*to, toward*): *hostility between* the two countries 両国間の敵がい心. ❷ [複数形で] 《格式》 敵対行為; 交戦(状態), 戦闘 (*against*). (形 hóstile)

⁂hot /há(ː)t | hɔ́t/

— 形 (hot·ter /há(ː)ṭɚ | hɔ́tə/; hot·test /-ṭɪst/)

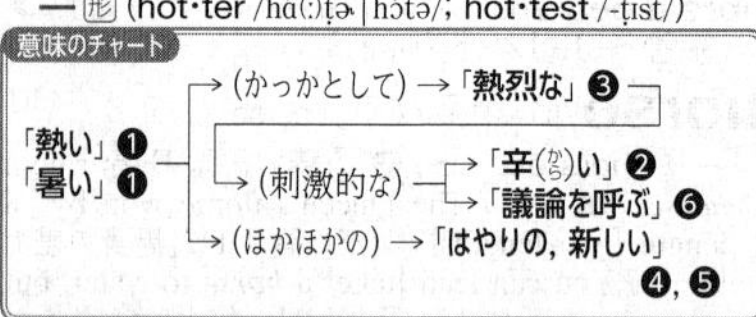

❶ (物が)熱い, (気温・気候などが)暑い; 叙述 ほてった [⇔ cold]: *hot* water 湯《⇒ water 日英》 / 'It's *hot* today [*Hot* day], isn't it? きょうは暑いですね / It's *hot*! 暑いな / The child was *hot* with fever. 子供は熱があった. C+1 (1)「hot＋and＋形容詞」の形で, どのような暑さかを表現できる: *hot* and humid 蒸し暑い / *hot* and dry カラッと暑い. (2)「暑い」の意味を強める語として very のような一般的な副詞のほか, unbearably, boiling などが用いられる: It's *unbearably* [*boiling*] *hot*. 耐え難いくらい[うだるように]暑い.

hot	熱い, 暑い
very warm	熱い, 暑い
warm	暖かい, 温かい, やや暑い
cool	涼しい
cool	気持ちよく冷たい
cold	冷たい, 寒い

❷ 辛(から)い, 舌がひりひりする [⇔ mild]: This curry is too *hot*. このカレーは辛すぎる // ⇒ hot pepper.
❸ **熱烈な**, 激しい; **激した**, 怒った, 怒りっぽい [⇔ cool]: *hot* words 激しいことば / a *hot* debate 激しい討論 / a person with a *hot* temper 短気な人.
❹ 《略式》 **はやりの**, 人気のある, 注目の; すごくいい; とても好調な: a *hot* property 売れっ子, はやっているもの / the *hottest* thing on the market 今一番のヒット商品 / a *hot* idea 妙案 / When you're *hot*, you're *hot*. うまくいくときはうまくいくものだ. ❺ 《略式》 (ニュースなどが)最新の, 出たばかりの: *hot* news 最新ニュース / Here's the city edition, *hot off* the press! 刷りたての市内版ですよ. ❻ 論争の的となる, 議論を呼ぶ: a *hot* political issue 議論を呼ぶ政治問題. ❼ 《略式》 セクシーな; 性的に興奮した[させる]. ❽ 《略式》 (盗品などが盗んだばかりで)処理が危ない, やばい. ❾ (ジャズの演奏が)熱狂的な, ホットな. ❿ 叙述 (正解・目標に)もう少しで, ごく近い: They were *hot* on the trail of a discovery. 彼らは発見まであと一歩のところに迫っていた / You're getting *hotter*. 《略式》 いい線いってる, お

しい《子供たちのクイズや捜し物などで》. 関連 warm 近い / cool 少し遠い / cold 遠い.
be hót for ... [動] 他 《略式》 (人)に(性的)関心がある; (物事)を強く望んでいる.
be hót on ... [動] 他 (1) Ⓢ 《略式》 ...に詳しい; ...が気に入っている. (2) 《英》 ...に厳しい.
gèt hót ùnder the cóllar [動] 自 Ⓢ 《略式》 かっとなる; むっとする.
nót so [vèry] hót [形] Ⓢ 《略式》 それほどよくない, いまいちである.
tòo hót to hándle [形] 《略式》 手に負えない; 手を出すと危ない. (名 動 heat)
hót áir 名 ❶ Ⓤ 熱気. ❷ Ⓤ 《略式》 ほら話, でまかせ.
hót-air ballòon /há(ː)tèə- | hɔ́tèə-/ 名 Ⓒ 熱気球.
hot·bed /há(ː)tbèd | hɔ́t-/ 名 [a ~] (犯罪・悪などの)温床, 巣 (*of*).
hot-blood·ed /há(ː)tblʌ́dɪd | hɔ́t-←/ 形 (人が)熱烈な; 血気にはやる; 短気な, 怒りやすい.
hot·cake /há(ː)tkèɪk | hɔ́t-/ 名 Ⓒ 《米》 ホットケーキ (⇒ pancake 1). **be sélling [góing] lìke hótcakes** [動] 自 Ⓢ 飛ぶように売れている.
+**hot choc·o·late** /há(ː)tʧɑ́(ː)k(ə)lət | hɔ́tʧɔ́k-/ 名 Ⓤ,Ⓒ ココア: a cup of *hot chocolate* ココア 1 杯.
hotch·potch /há(ː)ʧpɑ̀(ː)ʧ | hɔ́ʧpɔ̀ʧ/ 名 Ⓤ 《英》 = hodgepodge.
hót dòg 名 ❶ Ⓒ ホットドッグ. ❷ Ⓒ 《米略式》 (スキー・サーフィンなどの)派手なスタント[演技]がうまい人.

***ho·tel /hòʊtél←/ アク

— 名 (~s /~z/) Ⓒ **ホテル, 旅館** (⇒ inn): We stayed at [in] a *hotel* by the lake. 私たちは湖のほとりのホテルに泊まった / ***check into*** [***in at***] a ***hotel*** ホテルにチェックインする / ***check out of*** a ***hotel*** ホテルをチェックアウトする / a five-star [luxury, fancy] *hotel* 五つ星の[豪華な, 高級な]ホテル / *hotel* guests ホテルの宿泊客. 〖語源 hospital, hostel と同語源; ⇒ host[1] キズナ〗
ho·te·lier /hoʊtéljə | -lièɪ/ 名 Ⓒ ホテル経営者.
hót flásh [《英》 **flúsh**] 名 Ⓒ (閉経期の)ほてり.
hot·foot /há(ː)tfòt | hɔ́t-/ 副 急いで. — 動 自 [次の成句で] **hótfoot it** [動] 自 《略式》 急ぐ.
hot·head /há(ː)thèd | hɔ́t-/ 名 Ⓒ せっかちな人.
hot·head·ed /há(ː)théd̮ɪd | hɔ́t-←/ 形 せっかちな.
hot·house /há(ː)thàʊs | hɔ́t-/ 名 (-hous·es /-hàʊzɪz/) ❶ Ⓒ 温室 [≒greenhouse]. ❷ Ⓒ (知的活動などの)中心地.
hót kèy 名 Ⓒ 〔コンピュータ〕 ホットキー《一連のキー操作のかわりをするキー(の組み合わせ)》.
hót lìne 名 Ⓒ (各国首脳を結ぶ)ホットライン; 緊急電話相談(サービス).
hot·ly /há(ː)tli | hɔ́t-/ 副 激しく; 熱心に; 怒って.
hót pànts 名 複 ホットパンツ《女性用の短い半ズボン》.
hót pépper 名 Ⓒ 唐辛子《実・香辛料》.
hót plàte 名 Ⓒ 料理用鉄板; ホットプレート.
hót potáto 名 Ⓒ [普通は単数形で] 《略式》 手に余る事[物], 難問, やっかいなこと. **dróp ... lìke a hót potáto** [動] 他 (人・物事)と突然手を切る, (...)を捨てる.
hót ròd 名 Ⓒ 《米略式》 ホットロッド《加速度を上げ, 高速が出るようにエンジンを改造した自動車》.
hót sèat 名 [the ~] 《略式》 苦境; 責任のある立場: be in *the hot seat* 苦しい立場にある.
hot·shot /há(ː)tʃɑ̀(ː)t | hɔ́tʃɔ̀t/ 名 ❶ Ⓒ 《略式》 有能な人, やり手. ❷ [形容詞的に] やり手の.
hót spòt 名 ❶ Ⓒ 人気[観光]スポット. ❷ Ⓒ 紛争地帯, 問題地域. ❸ Ⓒ 高温の部分[場所]. ❹ Ⓒ 〔コンピュータ〕 ホットスポット《画面上でクリックすると反応して他の画像などが現われるようになっている箇所》. ❺ Ⓒ (公共の建物などで)インターネット接続可能な場所. ❻ Ⓒ 《米》 火元(になりそうな場所).
hót spríng 名 Ⓒ [普通は複数形で] 温泉.
hot-tem·pered /há(ː)ttémpəd | hɔ́ttémpəd←/ 形 短気な, 性急な, かんしゃく持ちの.
hót tùb 名 Ⓒ (気泡の出る)温水浴槽《プールサイドなどにあり水着をつけて入る》.
hót wáter 名 ❶ Ⓤ 湯. ❷ Ⓤ 《略式》 (自分で招いた)困難, 窮地. **be in hót wáter** [動] 自 《略式》 困った[まずい]ことになっている. **gèt ìnto hót wáter** [動] 自 《略式》 困ったことになる. **gét ... ìnto hót wáter** [動] 他 《略式》 (...)を困らせる.
hót-wá·ter bòttle /há(ː)twɔ́ːt̬ə- | hɔ́twɔ́ːtə-/ 名 Ⓒ (ゴム製の)湯たんぽ.
hound /háʊnd/ 名 ❶ Ⓒ 猟犬: *Hounds* follow their prey by scent. 猟犬はにおいで獲物のあとをつける. ❷ Ⓒ 《略式》 犬. — 動 他 (人)をしつこく追い回す, 責めたてる.

***hour /áʊə | áʊə/ (同音 #our)

— 名 (~s /~z/)

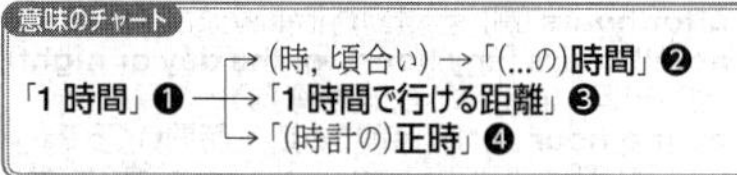

❶ Ⓒ **1 時間** (略 h, hr, 複数形は h, hr, hrs): I slept (*for*) eight ***hours***. 私は 8 時間眠った (⇒ for 前 A 5 語法) / ***in*** an ***hour*** 1 時間で / half an *hour* = a half *hour* 30 分 (⇒ a[2] 最初の 語法 (2)) / a quarter of an *hour* 15 分 / The town is 「an *hour's* [a two-*hour*] drive from here. 町はここから車で 1 時間[2 時間]の

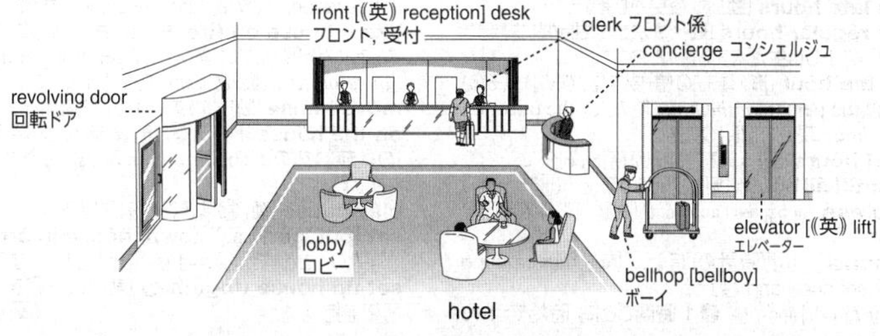

hotel

所にある / The car was traveling at a speed of a hundred kilometers an *hour*. 車は時速 100 キロで走っていた《⇒ a[2] 4》.

…時間の

5 時間の遅れ
○a **five-hour** delay
×a five-hours delay
✪ハイフンを付けて形容詞的に用いるときは hour は複数形にならない.

❷ Ⓒ [普通は単数形で] (食事などの)**時間**; [しばしば複数形で] (...の)時間, 営業[勤務]時間**:** Could I see you during your lunch *hour*? お昼(休み)にお目にかかれますか / What are your office [business] *hours*? 営業[勤務]時間はいつからいつまでですか.
❸ Ⓒ **1 時間で行ける距離:** The station is an ***hour from*** here. 駅はここから 1 時間のところにある.
❹ Ⓒ **正時**(しょうじ), 時点《1 時零分などの零分の時点》**:** This clock strikes the *hours*. この時計は(鳴って)正時を知らせる / every hour ***on the hour*** 毎正時に, 毎時零分に / every hour ***on the half hour*** 毎時 30 分に / every hour at ten minutes ***before*** [***past***, 《米》 ***after***] ***the hour*** 毎時 10 分前[過ぎ]に / ***at the top of the hour*** 《米》 正時に. ❺ Ⓒ [普通は複数形で] (24 時間制の)時刻**:** Report to the office at thirteen hundred *hours*. 事務所に 13 時に出頭せよ《⇒ ... hundred hours (hundred 形 成句)》. 語法 24 時間制で言うのは《格式》; この場合, 正時には o'clock の代わりに hours をつけ, 1300 のように書き, thirteen hundred hours と読む. ❻ Ⓒ [普通は単数形で] (...の)時, (...の)ころ, 時期**:** our country's finest *hour* 我が国の絶頂期 / in my *hour* of need 私が助けを要するときに / the happiest *hours* of her life 彼女の人生のいちばん楽しい時期. ❼ Ⓒ (1 日のうちのある)時刻**:** at this *hour* こんな(非常識な)時間に / Six a.m. is not a sensible *hour for* mak*ing* phone calls. 午前 6 時というのは電話をかけるのに適当な時間ではない. ❽ Ⓒ (授業の)時限**:** In our school, a class *hour* lasts fifty minutes. 本校では 1 時限は 50 分だ.

àfter hóurs [副] 営業[勤務]時間後に.
at 「áll hóurs [ány hòur] (of the dáy or níght) [副] (夜遅くなど)いつでも, 時を選ばず.
by the hóur [副] (1) **時間ぎめで**, 1 時間いくらで《⇒ the[1] 7》**:** They hired a boat *by the hour*. 彼らは時間ぎめでボートを借りた. (2) 刻一刻と.
for hóurs (on énd) [副] **何時間も:** I've been waiting *for hours*. 私は何時間も待っている.
hóur àfter hóur [副] 何時間も(続けて).
kèep éarly hóurs [動] ⊜ (早寝)早起きをする; 《まれ》早寝をする.
kèep láte hóurs [動] ⊜ 夜更かしをする.
kèep régular hóurs [動] ⊜ 決まった時間に寝起きする, 規則正しい生活をする.
... of the hóur [形] 現在の(重要な[評判の]), (その)時代の**:** the person *of the hour* 時の人 / the question *of the hour* 現在[当面]の問題.
òut of hóurs [副] 《英》 営業[勤務]時間外に.
till [untìl] áll hóurs [副] 夜遅くまで. (形 hóurly)

hour·glass /áʊəglæ̀s | áʊəglɑ̀ːs/ 名 Ⓒ (1 時間用の)砂時計.

hóur hànd 名 Ⓒ (時計の)時針. 関連 minute hand 分針 / second hand 秒針.

+**hour·ly** /áʊəli | áʊə-/ 副 ❶ **1 時間ごとに**; 時給で**:** two *hourly* 2 時間ごとに. ❷ たびたび, 絶えず. ― 形 限定 1 時間ごとの**:** *hourly* pay [fees] 時給. (名 hour)

***house[1] /háʊs/

― 名 (**hous·es** /háʊzɪz, -sɪz | -zɪz/)

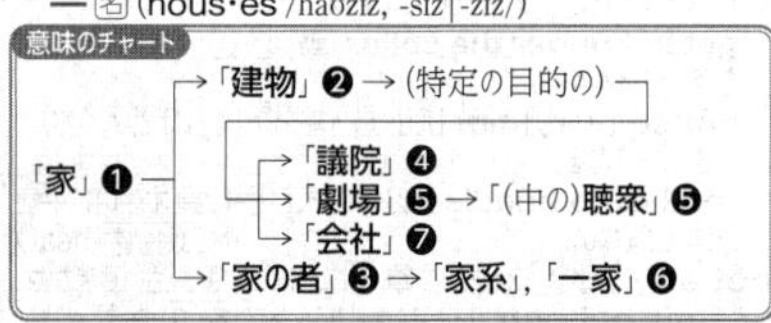

❶ Ⓒ 家, 家屋, 住宅, 民家《⇒ 類義語》**:** He lives in a large *house*. 彼は大きい家に住んでいる / stay at ...'s *house* (人)の家に泊まる / build a *house* 家を建てる / We had a two-story *house* built last year. 私たちは昨年 2 階建ての家を建てた / rent a *house* 家を借りる / a *house* 「for rent [《英》 to let] 貸家 / My *house* stands by a stream. 私の家は小川のそばに建っている / Our *house* is number 25 Sun Street, London. うち(の住所)はロンドン, サン通りの 25 番(地)です《⇒ house number》/ People who live in glass *houses* should not throw stones. 《ことわざ》 ガラスの家に住む人は石を投げたりすべきではない(自分に欠点のある人は他人の批判などしないほうがよい).
❷ Ⓒ (特別な目的のための)**建物**, 小屋《合成語として用いられることが多い》**:** ⇒ warehouse.
❸ [the ～] **家の者**, 家族《全体》**:** *The* whole *house* was overcome with grief. 家の者はみな悲しみにくれていた.
❹ Ⓒ [しばしば H-] **議院**; [the H-] 《米》 下院, 《英》下[上]院**:** *the House* of Representatives (米国・オーストラリアの)下院; (日本の)衆議院《⇒ congress 表》/ the *Houses* of Parliament 《英》 国会議事堂 / the *House* of Commons (英国・カナダの)下院 / the *House* of Lords (英国の)上院《⇒ congress 表》/ the *House* of Councillors (日本の)参議院《⇒ congress 表》/ enter *the House* (下院)議員になる.
❺ Ⓒ 劇場, 演芸場; (劇場の)見物人《全体》, 聴衆 [≒audience]**:** a full *house* 大入り満員. ❻ Ⓒ [普通は H-] (特に王族や貴族の)家系, 一家 [≒family]《⇒ Windsor[2]》**:** the Royal *House* 王室. ❼ Ⓒ 企業, 会社. ❽ Ⓒ (専門)レストラン, 店**:** a seafood *house* シーフード店. ❾ Ⓤ = house music.

bríng the hóuse dòwn [動] ⊜ (芝居・演技などが)満場をどっとわかせる, かっさいを博す.
in hóuse [副] 社内で[に].
kèep hóuse [動] ⊜ 家事を(切り盛り)する. 関連 housekeeper 家政婦 / housekeeping 家政.
lìke a hóuse on fìre [副] 《略式》 熱心に, 上手に, すらすらと; 調子よく; 勢いよく**:** get along [on] *like a house on fire* (会ったばかりで)すぐ仲よくなる.
móve hóuse [動] ⊜ 《英》 引っ越しをする.
on the hóuse [副・形] Ⓢ (飲食費などが)店の費用で[の]; 無料で[の]**:** This is *on the house*. これはお店のおごりです.
pláy hóuse [動] ⊜ ままごと遊びをする.
sèt [pùt, gèt] one's **(ówn) hóuse in òrder** [動] ⊜ (人のことを言う前に)自分のことをきちんとする.
sèt ùp hóuse (togéther) [動] ⊜ 一家をかまえる, 所帯を持つ. (動 house[2])

[類義語] **house** 一般的に建物としての一戸建ての家屋をいう. アパート・マンションは含まれない. **home** 家庭生活や愛情の中心としての家庭を指すとともに, 住んでいる建物を指す. **residence** *house* より上品で多少格式ばった語. 特に立派な住居に用いる. **dwelling** 格式ばった語で, 仕事場と区別した個人または家族の住居をいう.

+**house**[2] /háʊz/ ✪ 名詞の house[1] と発音が違う. [動] (hous·es /~ɪz/; housed /~d/; hous·ing) ㊀ ❶ (...)に**住宅を供給する**, (...)を泊める; 収容する: *house* the refugees 難民を収容する.
❷ (施設など)を**備える**; (物)をしまう, 収納する: The hotel *houses* five restaurants. ホテル内にはレストランが 5 軒入っている.

hóuse arrèst [名] [次の成句で] **ùnder hóuse arrèst** [副・形] 自宅監禁[軟禁]されて.

house·boat /háʊsbòʊt/ [名] [C] (居住用の)ハウスボート, 居住船.

house·bound /háʊsbàʊnd/ [形] (病気で)家から出られない, 自宅療養中の.

house·break·er /háʊsbrèɪkə | -kə/ [名] [C] 押し込み強盗《人》.

house·break·ing /háʊsbrèɪkɪŋ/ [名] [U] 押し込み強盗《行為》, 住居侵入(罪).

house·bro·ken /háʊsbròʊkən/ [形] 《米》 (犬・猫などが)屋内に住むようにしつけられた《排便場所についても訓練されている》 [《英》 house-trained].

hóuse càll [名] [C] (医師の)往診.

house·coat /háʊskòʊt/ [名] [C] ハウスコート《スカートが長く緩やかな女性の室内着》.

house·fly /háʊsflàɪ/ [名] (-flies) [C] 家ばえ.

house·ful /háʊsfʊ̀l/ [名] [C] 家いっぱい: a *houseful of* guests 家いっぱいの客.

+**house·hold** /háʊshòʊld/ [名] (house・holds /-hòʊldz/) [C] [《英》 単数形でもときに複数扱い] **家族**《全員》 [≒family]; (雇い人も含めた)家中の者, 世帯: the number of *households* 世帯数 / the head *of the household* 世帯主.
— [形] ❶ [限定] 家庭の, 家事の: *household* affairs 家事 / *household* economy 家計 / *household* goods 家財(道具). ❷ [限定] 身近な, 聞き慣れた: a *household* name だれでも知っている名前.

house·hold·er /háʊshòʊldə | -də/ [名] [C] 《格式》 家屋所有者[居住者]; 世帯主, 家長.

house·hus·band /háʊshʌ̀zbənd/ [名] [C] 家にいて家事を受け持つ夫, 「主夫」 (⇒ housewife).

house·keep·er /háʊskìːpə | -pə/ [名] [C] 家政婦.

house·keep·ing /háʊskìːpɪŋ/ [名] ❶ [U] 家政, 家事. ❷ [U] (設備・財産などの)管理, 維持.

house·maid /háʊsmèɪd/ [名] [C] 《古風》 お手伝い(さん)《女性》.

house·man /háʊsmən/ [名] [C] 《英》 = intern[1].

house·mate /háʊsmèɪt/ [名] [C] 同居人.

hóuse mùsic [名] [U] ハウス(ミュージック)《電子音楽を使ったディスコ風ポピュラー音楽》.

hóuse nùmber [名] [C] 戸番, 家屋番号. [参考] 英米では各戸ごとに house number がある.

hóuse pàrty [名] [C] (別荘での泊まり込みの)パーティー; その滞在客《全体》.

house·plant /háʊsplæ̀nt | -plɑ̀ːnt/ [名] [C] 室内[観葉]植物, インテリア用の植物.

*****hous·es** /háʊzɪz, -sɪz | -zɪz/ [発音] [名] house[1] の複数形.

house-sit /háʊ(s)sìt/ [動] (-sits; [過去]・[過分] -sat /-sæ̀t/; -sit·ting) ㊁ (家の)留守番をする (*for*).

house-to-house /háʊstəháʊs←/ [形] [限定] 戸別訪問の; 戸別の, 戸ごとの [≒door-to-door].

house-trained /háʊstrèɪnd/ [形] 《英》 = housebroken.

house·wares /háʊswèəz | -wèəz/ [名] [複] 《米》 家庭

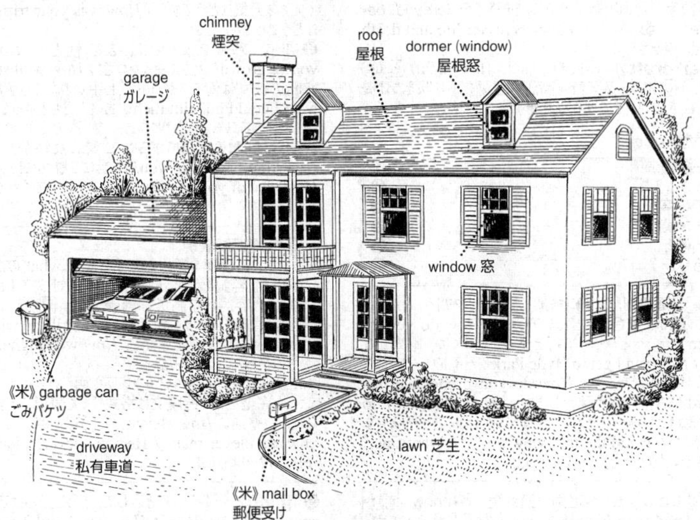

house

H

[台所]用品; (大型店の)家庭用品売り場.

hóuse·warm·ing (pàrty) /háʊswɔ̀ɚmɪŋ(-) | -wɔ̀ːm-/ 名 C 新居引っ越し祝いパーティー.

house·wife /háʊswàɪf/ 名 (複 -wives /-wàɪvz/) C (専業)主婦. 日英 普通は勤めに出ずに家事に専念する既婚女性をいう. 勤めに出る主婦は working wife という《⇒ homemaker 語法》.

house·wives /háʊswàɪvz/ 名 housewife の複数形.

house·work /háʊswɚ̀ːk | -wɔ̀ːk/ 名 U 家事: do (the) *housework* 家事をする

*__hous·ing__ /háʊzɪŋ/ 名 ❶ U 住宅, 住居《全体》: a shortage of cheap [affordable] *housing* 安い[手頃な]住宅の不足.
❷ U 住宅供給: the *housing* problem 住宅問題 / a *housing* shortage 住宅不足 / the Department [Secretary] of *Housing* and Urban Development 《米》住宅都市開発省[長官]《⇒ department 表》 // ⇒ food 1 の 2 番目の例. ❸ C (機械などの)覆(おお)い, 囲み.

hóusing devèlopment [《英》estàte] 名 C 住宅団地: live in [on] a *housing development* 団地に住む.

hóusing pròject 名 C 《米》(低所得者向けの公営)住宅団地.

Hous·ton /hjúːstən, júːs- | hjúːs-/ 名 固 ヒューストン《米国 Texas 州南東部の都市; NASA 宇宙センターがある》.

hov·el /hʌ́v(ə)l, hɑ́(ː)v- | hɔ́v-/ 名 C あばら屋.

+**hov·er** /hʌ́vɚ, hɑ́(ː)vɚ | hɔ́və/ 動 (hov·ers /~z/; hov·ered /~d/; -er·ing /-v(ə)rɪŋ/) 自 ❶ 空中に停止する, (空中の一点を)舞う: A helicopter was *hovering overhead.* V+副 ヘリコプターが 1 機頭上でホバリングしていた / A butterfly is ***hovering over*** the flowers. V+前+名 ちょうが花の上をひらひらと舞っている. ❷ うろつく, つきまとう (*about, around, over*). ❸ (数字が)(...の)近くである, 推移する (*around, between*). ❹ さまよう: *hover between* life and death 生死の境をさまよう.

hov·er·craft /hʌ́vɚkræ̀ft, hɑ́(ː)v- | hɔ́vəkrɑ̀ːft/ 名 (複 ~(s)) C ホバークラフト《高圧の空気を下に吹きつけ機体を浮き上がらせて進む乗り物》.

***__how__[1] /háʊ/

単語のエッセンス
1) どんなふうに ❶
2) どの程度 ❷
3) どんな状態で ❸
4) まあ何と ❹
5) どうして ❺

— 副 《疑問副詞》 ❶ [様態・方法などを問う] **どんなふうに, どんな具合に**, どんな方法で: *How* do you go there? そこへどうやって行きますか《歩くか, 電車かなど》/ *How* can I get to Hyde Park? ハイドパークへはどう行けばいいですか / *How* do you pronounce this word? この語はどう発音しますか / *How* else can I do it? ほかにどうやってそれができますか(ほかに方法がありますか) / "*How* did the interview go?" "It went fine." 「面接はどうだった」「うまくいったよ」

語法 しばしば to 不定詞や節が続く《⇒ how[2] 接》: He taught me ***how to*** swim. 彼は私に泳ぎ方を教えてくれた [名詞句を導く] / 言い換え Tell me *how to* behave at the dance. [名詞句を導く] = Tell me *how* I should behave at the dance. [名詞節を導く] ダンスパーティーではどうふるまったらよいのか教えてください / *How* you do it is up to you! それをどうやってやるかはあなたの決めることだ [名詞節を導く]

❷ [程度などを問う; 形容詞または副詞を伴って] **どの程度(...)**, どれほど(...); いくらで: *How cold* is it outside? 外はどれぐらいの寒さですか / *How many* stops are there before Yokohama? 横浜までいくつ駅がありますか(横浜はいくつ目ですか). 日英 英語には「いくつ目」に相当する語がないのでこのような言い方になる // *How much* time do we have left? 残り時間はどれくらいありますか / 言い換え I don't know *how wide* the river is. (= I don't know the width of the river.) その川の幅がどのくらいあるのか知りません. ✪ how far, how long, how often, how soon についてはそれぞれの副詞の項目を参照.

語法 (1) how は比較級に直接つけられないので次のように much を伴う: *How much older* is John than you? ジョンは君よりいくつ年上なの?
(2) 🔍《格式》で「how＋形容詞＋不定冠詞＋名詞」の語順になることがある《⇒ a[2] 最初の 語法 (2)》: *How* accomplished *a* singer is she? 彼女は歌手としてどれくらいの力量ですか.

❸ [状態などを問う] (健康・天候などが)**どんな状態で, どのように**, どんな具合で: *How* do you feel? お体の具合はいかがですか《病人に尋ねて》/ "*How* is your mother?" "She's very well, thank you." 「お母さまはいかがですか」「おかげさまでとても元気です」/ *How* do I look in this sweater? このセーター似合う? / *How* do you find [are you finding] Japan? 日本はいかがですか / *How*'s the weather in Miami today? きょうのマイアミの天気はどうですか / *How* was your trip? 旅行はどうでしたか.

❹ /hàʊ/ [感嘆を表わして] (**まあ**)**何と...**: *How* tall you've grown! 大きくなったねえ! / *How* well she can skate! 彼女は何てスケートが上手なのだろう / *How* I wish I could go with them! あの人たちといっしょに行けたら本当にいいんだけどなあ. ♥ 次の 2 例は感謝の表現で, 感激の気持ちがこもる. 特に女性がよく使う: *How* kind [sweet] of you! 本当にご親切に! / Jenny! *How* nice of you to come! ジェニー! 来てくれてありがとう!

語法 🔍 **感嘆の表現**
(1) what も感嘆を表わすのに用いるが what の次には普通は形容詞を伴う名詞が続くのに対して, how の次には形容詞か副詞がくる《⇒ what[1] 形 2》. ただし副詞は省略することもある: *How* (hard) the wind is blowing! ひどい風ですねえ / *How* we laughed! 私たちの笑ったことといったら.
(2) *How* clever he is! (彼は何て頭がいいんだろう)のような完全な文の感嘆文は格式ばった表現であまり用いない. 普通は *How* clever! のような省略文にするか *What* a clever man! / He's *so* clever. / Isn't he clever? のように言う.

❺ [理由などを問う] Ⓢ **どうして**, どういうわけで《can, could を伴うのが普通》: *How can* [*could*] you say such things? どうしてそんなことが言えるのですか(言うべ

きではない) / 言い換え *How can* I (possibly) persuade him? (= I *can never* persuade him.) どうして私が彼を説得できるっていうの?(とても無理だ)《⇒ 巻末文法 13.6》/ *How could* [*can*] I have been so stupid? なんでそんなばかなことをした[言った]んだろう / *How* should [would] I know? そんなの分からないよ / *How* is it (that) you heard about that? そのことをどうやって聞いたの, なんでそのこと知ってるの.

Ànd hów! Ⓢ《古風》とても; そうですとも.

Hów abòut ...? (1) [提案・勧めなどを表わして] Ⓢ ...はいかが[どう]ですか: *How about* another cup of tea? お茶をもう 1 杯いかがですか《勧め》. (2) [意見・説明などを求めて] Ⓢ ...はどう(なの)ですか: *How about* this new car? この新車はいかがですか / I want to go for a drive. *How about* you? 私はドライブに行きたいんだけど, どう / *How about* the children? We can't just leave them by themselves. 子供たちはどうするの. 子供たちだけ残すわけにはいかないよ.

Hów abòut dóing**?** Ⓢ ...するのはどうですか, ...しませんか: *How about going* to a movie tonight, if you don't have any plans? 今夜映画に行くのはどう? もしほかに予定がなかったら《誘い》.

> ♥ **...はどうですか** (誘うとき)
> **How about ...ing?**
>
> It's such nice weather today! **How about going** on a picnic? 今日はいい天気だね. ピクニックに行くのはどう?
>
> Sure. Where do you want to go? いいね. どこに行きたい?
>
> ♥ 提案や誘い, 助言の意味で使われる.
> ♥ 比較的直接的な表現なので, 相手が応じる可能性が高いとき(相手が乗り気だとわかっている事柄の場合, 状況的に妥当な提案・助言の場合, 相手が親しい人である場合など)に用いることが多い. 《誘いの表現については ⇒ let's; 助言の表現については ⇒ should A 1 (1)》

Hòw abóut thàt! [間] Ⓢ 驚いた[すごい]ねえ.

Hòw áre you? (1) Ⓢ **お元気ですか, こんにちは**《知人に会ったときのあいさつ》; (体の調子[気分]は)いかがですか: 🗨 "*How are you*, Mr. Smith?" "I'm fine [good], thank you; (and) *how are you?*"「スミスさん, お元気ですか」「ありがとう, 元気です. あなたは?」 語法 問いかけの文では Hòw áre you? のアクセントが普通だが Hòw are yóu? のこともある. 返事のアクセントは Hòw are yóu? (2) **はじめまして,** こんにちは《初対面のあいさつ; ⇒ How do you do? 語法》.

Hów are you dóing? Ⓢ《略式》元気(ですか)?

Hòw cán you? [間] Ⓢ ひどい!, よくもまあ!

Hòw cóme ...? Ⓢ《略式》どうして...なのか, なぜ...か《強い驚きを表わす》: *How come* you didn't say anything? どうして何も言わなかったのですか. 語法 続く文は平叙文の語順. 同じ意味の次と比較: Why didn't you say anything?

Hòw dáre ...![?] ⇒ dare² 成句.

Hów do you /-djuː-/ **dó?**《格式》**はじめまして,** こんにちは. 語法 改まった初対面のあいさつとして用いる; 言われたほうも同じように How do you do? と言う; 《古風》になりつつあり普通の会話では How are you? あるいは Nice to meet you. と言うことが多い.

Hów do yóu knòw? Ⓢ [相手の言ったことに対して] どうして(そんなことが)わかるの?

Hów do you líke thát! [間] Ⓢ = How about that!

hòw éver ⇒ how ever の項目.

Hòw múch (is [are] ...)? (...は)いくらですか: 🗨 "*How much is* this pen?" "Ten dollars."「このペンはいくらですか」「10 ドルです」

Hów só? Ⓢ どうしてそうなんですか, どうしてか [≒ Why?].

Hów's it góing? = How are you? (1).

Hòw's thát? (1) Ⓢ それはどういうわけ[どうして]ですか. (2) Ⓢ それをどう思いますか; あれ[これ]でどう《具合・意見を尋ねるとき》: Let me put this pillow under your head. There. *How's that?* このまくらを頭の下へ入れてみましょう. ほら, これでどう? (3) Ⓢ え, 何ですか(もう一度言ってください).

Hòw's thát for ...? Ⓢ ...(として)はすごいね: *How's that for* confidence? 大した自信だね.

+**how²** /háʊ/ 副《関係副詞》❶ [先行詞を含んで] **...するしかた[方法]:** 言い換え This is *how* Columbus reached America. (= This is the way (that [in which]) Columbus reached America.) こう(いう具合に)してコロンブスはアメリカに到達した《✪ the way how とは言わない; ⇒ way¹ 1 語法 (2)》. ❷ Ⓢ どのようにでも...のように [≒however]: You can do it *how* you like. どのようにでも好きなやり方でやっていいですよ.

Thát's hòw it ís. [説明の後に用いて] そう[こう]いう次第です, それが実情です.

Thís is hòw it ís. [説明の前に用いて] (実は)こういうことです.

— 接 ...ということ(の次第) [≒(the fact) that]: He told me *how* he beat Tom at tennis. 彼はテニスでトムに勝った次第を私に話した / It's funny *how* Bill succeeds in everything. ビルがやると何でもうまく行くのは妙だ.

How·ard /háʊɚd | -əd/ 名 固 ハワード《男性の名》.

*__how'd__ /háʊd/《略式》**how¹ would の短縮形:** "*How'd* you like your steak?" "Rare, please."「ステーキはどのように焼きましょうか」「レアにしてください」

how·dy /háʊdi/ 間《米略式》やあ!, よお! [≒hello].

***how·ev·er¹ /hàʊévɚ | -évə/ アク

— 副 ❶ /haʊèvɚ | -èvə/ つなぎ語 (1) **しかし, けれども, にもかかわらず**《前述の事柄から期待・予想されることに反する状況を述べる; ⇒ but 類義語》: The book is probably a very good one. *However*, I do not want to read it. その本は恐らくよい本だろう. しかし私は読みたくない / He thought of a new plan. Later, *however*, he decided to give it up. 彼は新しい計画を考えついた. けれども後になってそれをあきらめることにした / He said he was sure to succeed; he failed, *however*. 彼はきっと成功すると言った. しかし失敗してしまった. (2) しかし, けれども《前述の事柄と対照的なことを述べる; ⇒ but 類義語》: His songs were popular among teenagers. Adults, *however*, did not like them. 彼の歌は十代の若者の間では人気があった. しかし大人は彼の歌を好まなかった. (3) しかし, けれども; [文頭で] ところで《話を次の段階[話題]に移すときのつなぎのことば》: *However*, there are differences of opinion about the space program. しかし, 宇宙計画についてはいろいろな意見がある.

❷ [譲歩の副詞節を導いて] (1) [形容詞・副詞を修飾して] **どんなに...でも,** いかに...であっても [≒no matter how ...]: *However* busy she is [may be], she walks her dog every day. どんなに忙しくても彼女は毎日犬を散歩させる / *However* hard he works [may work],

H

he cannot finish it in a day. 彼がどんなに一生懸命働いても 1 日でそれを終えることはできない. 語法 代名詞の主語と be 動詞が省略されることがある: A project, *however* brilliant (it is), is useless without the power to see it through. 計画がどんなに立派でも最後までやり通す力がなければ無益である. (2) [動詞を修飾して] どのように...しても, どんな方法で...しても: *However* you (may) do it, the result will be the same. どうやっても結果は同じだろう. (3) どのようにでも...のように: Arrange the flowers *however* you like [want]. 花はどのようにでも好きなように生けていいですよ.

+**how ev·er, how·ev·er²** /hàʊévɚ | -və/ 副 [疑問副詞 how の強意] **一体どんなふうに,** 一体どんな方法で (⇒ ever 5 語法): *How ever* [*However*] did she return home? 一体どうやって彼女は家に帰ったのだろうか.

+**howl** /háʊl/ 発音 (同音 how'll) 動 (howls /~z/; howled /~d/; howl·ing) 自 ❶ (犬·おおかみなどが) **遠ぼえする** (⇒ cry 表 dog, wolf): The wolves are *howling* in the distance. 遠くでおおかみがほえている. ❷ (人が)(苦痛·怒りなどで)わめく, 大声を出す, 泣きわめく (*for, in*); 大笑いをする: *howl with* laughter 大笑いする. ❸ (風などが) うなる, ひゅーひゅーいう: The wind *howled through* the trees. 風が音をたてて木立ちを吹き抜けた.
— 他 (...)を[と]わめきながら言う, 大声で言う (*out*).
hówl dówn [動] 他 (...)をどなって黙らせる.
— 名 (~s /~z/) ❶ C (犬·おおかみなどの) **遠ぼえ.** ❷ C わめく声, 叫び(声); 大笑い: *howls of* laughter 大笑いの声. ❸ C 風のうなる音.

howl·er /háʊlɚ | -lə/ 名 C《略式》ばかげた間違い.

howl·ing /háʊlɪŋ/ 形 限定 ほえる, わめく;《略式》すごい: a *howling* success 大成功.

+**how'll** /háʊl/ (同音 howl)《略式》**how¹ will¹ の短縮形:** *How'll* we get the money? どうやって金を手に入れようか.

+**how're** /háʊɚ | háʊə/《略式》**how¹ are¹ の短縮形:** *How're* your parents? ご両親はいかがですか / *How're* your students doing? 生徒たちはどうしていますか.

****how's** /háʊz/ ❶《略式》**how¹ is の短縮形:** *How's* your cold [business]? かぜ[商売]の具合はどうですか / "Hi, Jim! *How's* it going?" "Fine."「やあジム, 元気?」「元気だよ」 ❷《略式》**how¹ has² の短縮形.**

how-to /háʊtúː/ 形 限定 実際的な技術を教える: a *how-to* book ハウツーもの, 手引き(書). — 名 (複 how-tos) C ハウツーもの.

+**how've** /háʊv/《略式》**how¹ have² の短縮形:** *How've* you been? どうしてた, 元気だった?

hp /éɪtʃpíː/ 略 = horsepower.

h.p., HP /éɪtʃpíː/ 略《英》= hire purchase.

hPa 略 = hectopascal.

HQ /éɪtʃkjúː/ 略 = headquarters.

hr 略 1 時間 (hour), ...時間 (hours).

HR 略 ❶ = human resources. ❷ = home run. ❸ = House of Representatives (米国の)下院, (日本の)衆議院.

hrs 略 = hours (⇒ hour).

HS 略 = high school 1.

ht 略 = height.

HTML /éɪtʃtìːèmél/ 名 U〔コンピュータ〕HTML (*Hyper*-*text Markup Language* の略; www の文書を書くための言語).

http /éɪtʃtìːtìːpíː/ 略〔コンピュータ〕= hypertext transfer protocol (www でハイパーテキストを転送する方式).

hub /hʌ́b/ 名 ❶ C (活動などの)中心 (*of*). ❷ C ハブ空港 (乗り継ぎの中心). ❸ C (車輪の)こしき, (自転車の)ハブ (⇒ bicycle 挿絵).

hub·bub /hʌ́bʌb/ 名 [U または a ~] がやがや; 騒ぎ; 喧騒(けんそう): cause *a hubbub* 騒ぎを引き起こす.

hub·by /hʌ́bi/ 名 (hub·bies) C《略式》夫 (husband).

hub·cap /hʌ́bkæp/ 名 C (自動車の車輪の) ホイールキャップ (⇒ car 挿絵).

Hu·bert /hjúːbɚt | -bət/ 名 固 ヒューバート (男性の名; 愛称は Bert).

hu·bris /hjúːbrɪs/ 名 U《文語》傲慢(ごうまん), 不遜(ふそん), 自信過剰.

huck·le·ber·ry /hʌ́klbèri | -b(ə)ri/ 名 (-ber·ries) C こけももの類の低木 (北米産); こけももの実 (紫黒色で食用).

huck·ster /hʌ́kstɚ | -stə/ 名 C《米》強引なセールスマン; コマーシャル制作者.

hud·dle /hʌ́dl/ 動 自 ❶ 群がる (*around*); 身を寄せ合う (*together, up*). ❷ 体を丸める; 身を寄せる (*up; against*). ❸《米》(密議のために)寄り集まる. ❹〔アメフト〕ハドルする. — 名 ❶ C 群衆; 寄せ集め. ❷ C〔アメフト〕作戦会議. **gò [gèt] into a húddle** [動] 自 密議をする.

Hud·son /hʌ́ds(ə)n/ 名 固 ❶ [the ~] ハドソン川 (米国 New York 州東部の川). ❷ ~ Bay ハドソン湾 (カナダ北東部の湾).

hue¹ /hjúː/ 名 C《文語》色, 色合い (⇒ color 類義語): flowers of every *hue* 色とりどりの花.

hue² /hjúː/ 名 [次の成句で] **a húe and crý** [名] ごうごうたる非難 (*against*).

huff /hʌ́f/ 名 [次の成句で] **in a húff** [形·副] むっとした[て]. **gèt [gò] into a húff** [動] 自 むっとする.
— 動 自 ❶ [しばしば huff and puff として]《略式》激しく呼吸する, 息をきらす; はーと息を吹きかける (*on*). ❷ [しばしば huff and puff として]《略式》ぶつぶつ文句をいう (*about*).

huff·y /hʌ́fi/ 形 (huff·i·er; huff·i·est)《略式》むっとした (*with*).

+**hug** /hʌ́g/ 動 (hugs /~z/; hugged /~d/; hug·ging) 他 ❶ (愛情を込めて)(...)を**抱き締める,** 抱擁する; 両腕で抱える: Meg *hugged* her son. メグは息子をしっかりと抱き締めた / *hug* one's knees (*to* one's chest) 腕でひざを抱える. ❷ (船·車·人などが)(...)のそばを通る, (...)に沿って進む; (車·タイヤが)(路面)にぴったり密着する. ❸ (衣服が)(体など)にぴったりくっつく.
— 名 C 抱き締めること, 抱擁: I gave him a big *hug*. 私は彼をぎゅっと抱き締めた // ⇒ bear hug.

****huge** /hjúːdʒ/
— 形 (hug·er; hug·est) **巨大な,** 途方もなく大きい [≒very large] [⇔ tiny]; **莫大(ばくだい)な:** a *huge* monster 巨大な怪物 / a *huge* sum of money 莫大な金額 / a *huge* success 大成功.
~·ly 副 大いに, すごく. **~·ness** 名 U 巨大さ.

類義語 **huge** 最も一般的な語で, 大きさ·量·程度などが大きいこと: a *huge* plane 巨大な飛行機. **enormous** *huge* より少し格式ばった語で大きさ (特に広がり)·程度が並外れて大きいこと: an *enormous* crime 大変な犯罪. **immense** 計ることができないほど広が

H

りの大きなことを意味する: an *immense* stretch of land 広大な土地. **vast** 広がり・量の大きなこと: a *vast* ocean 広い海. **giant, gigantic** はいずれも並外れた大きさや範囲を表わすが, *gigantic* は比喩(ゆ)的にも用いられる: a *gigantic* pumpkin 巨大なかぼちゃ. **tremendous**「ばかでかい」の意になることが多いが, 恐ろしい[びっくりする]ほど大きい, という感じで用いられ, 量や程度の大きさについてもいう: a man of *tremendous* strength ものすごい力持ち(の男).

Hugh /hjúː/ 名 固 ヒュー《男性の名》.

+**huh** /hm, hʌ́ (鼻にかけて発音する)/ 間 ❶ [文末で]《主に米》**...だね, ...でしょう**《同意を求める》: Beautiful day, *huh*? すばらしい日だね.
❷ **ふん, へーえ**; 何だって《軽蔑・驚き・疑問・いらだちなどを表わす》. 語法 単語として読むときには /hʌ́/ と発音する.

hu·la /húːlə/, **hu·la-hu·la** /húːləhúːlə/ 名 C フラダンス《Hawaii の民族舞踊》.

hulk /hʌ́lk/ 名 ❶ C (船などの)残骸(ざん); 廃船(の船体). ❷ C ずうたいの大きな男; かさばる物.

hulk·ing /hʌ́lkɪŋ/ 形 限定 ずうたいが(恐ろしいほど)大きい, かさばった; 大きくて不格好な.

+**hull**[1] /hʌ́l/ 名 (~s /~z/) C **船体**.

hull[2] /hʌ́l/ 動 他 (...)の殻[外皮]を取る, 皮[さや]をむく.
— 名 C (種・果実の)外皮《豆のさや・レモンの皮・もみ殻・くりのいが・いちごのへたなど》.

hul·la·ba·loo /hʌ́ləbəlùː/ 名 [単数形で] がやがや, ごった返し; (報道などの)大騒ぎ.

*****hul·lo** /həlóʊ, hʌ-/ 間, 名 (~s)《主に英》= hello.

+**hum** /hʌ́m/ 動 (hums /~z/; hummed /~d/; hum·ming) 自 ❶ **鼻歌を歌う**; ハミングする: She always *hums* while she works. 彼女は仕事をしながらいつも鼻歌を歌う / We all ***hummed to*** the music. V+*to*+名 私たちはみな音楽に合わせてハミングした《⇒ to[1] 14》.
❷ (はち・こま・機械などが)**ぶんぶんいう**, ぶーんという《⇒ cry 表 bee》: The bees are ***humming around*** from flower to flower. V+副 みつばちが花から花へぶんぶん飛び回っている《⇒ from 1 語法 (3)》. ❸ (場所が)活気がある (*with*). ❹ 口ごもる.
— 他 (...)を**ハミングで歌う**; 鼻歌を歌って(...)に～させる: He was *humming* a song. 彼は鼻歌を歌っていた / She ***hummed*** the child ***to*** sleep. V+O+*to*+名 彼女は鼻歌を歌って子供を寝かしつけた《⇒ to[1] 8》. **húm and háw** [動] 自《英》= hem and haw《⇒ hem[2] 成句》
— 名 ❶ [単数形で] **ぶんぶん(いう音)**; ぶーん(というハム音); 鼻歌: the *hum of* bees みつばちのうなる音. ❷ [単数形で] (遠方の)がやがや, 雑音: a *hum* of voices がやがやいう人声.

***hu·man /hjúːmən/ アク

— 形 ❶ (神・動植物・機械などに対し)**人間の**, 人の: the *human* body 人体 / *human* life 人命 / This monkey's intelligence is almost *human*. この猿の知能はほとんど人間並みだ. 関連 divine 神の / animal 動物の.
❷ **人間的な**, 人間らしい, 人間味のある [⇔ inhuman]: *human* error 人為的ミス / have the *human* touch 人間味がある / I wonder if she has any *human* feelings. 彼女は一体人間らしい感情を持っているのかな / The judge was *human*, too. 裁判官も人間だった《恩情があった》/ I'm only *human*. 私も人間だ《間違いもある》/ ***It's*** only ***human to*** make mistakes sometimes. 時に間違えるのは極めて人間的なことだ.
(名 humánity, húmanìsm, 動 húmanìze)
— 名 (~s /~z/) C [普通は複数形で] **人間** (human being)《⇒ man 3 語法》.

+**hu·man be·ing** /hjúːmənbíːɪŋ/ 名 C **人間** (human)《⇒ man 3 語法》: an independent *human being* 自立した人間.

húman cápital 名 U〔経済〕人的資本.

hu·mane /hjuːméɪn/ アク 形 人情のある, 人間味あふれる, 慈悲深い, 情け深い [⇔ inhuman, inhumane]: a person of *humane* character 人情味のある人 / a *humane* judge 慈悲深い裁判官 / a *humane* welfare policy 血の通った福祉政策. (名 humánity)
~·ly 副 人道的に, 慈悲[情け]深く.

húman engineéring 名 ❶ U 人間工学. ❷ U 人間管理.

húman ínterest 名 U (新聞記事などの)読者の関心を引きつけるもの, 三面ネタ.

hu·man·is·m /hjúːmənɪ̀zm/ 名 U 人文主義; 人文学《特に 14–16 世紀のヨーロッパでの古典文学研究》; 人間中心[至上]主義. 日英 日本語の「ヒューマニズム」は普通 humanitarianism の意味. (形 húman)

hu·man·ist /hjúːmənɪst/ 名 C 人文主義者, 人文学者. 日英 日本でいう「ヒューマニスト」は普通 humanitarian の意味.

hu·man·is·tic /hjùːmənístɪk←/ 形 人文主義(者)的な.

+**hu·man·i·tar·i·an** /hjuːmæ̀nətéə(ə)riən←/ 形 **人道主義の**, 博愛の: *humanitarian* aid 人道的な援助.
— 名 C 人道主義者, 博愛家《⇒ humanist 日英》.

hu·man·i·tar·i·an·is·m /hjuːmæ̀nətéə(ə)riənɪ̀zm/ 名 U 人道主義, 博愛(主義)《⇒ humanism 日英》.

+**hu·man·i·ty** /hjuːmǽnəṭi/ アク 名 (-i·ties /~z/)
❶ U **人類** [≒mankind, humankind]: crimes against *humanity* 人類に対する犯罪 / Do advances in science help all *humanity*? 科学の進歩は全人類に役立つものか.
❷ U **人間性; 慈悲**, 人情, 親切 (*toward*) [⇔ inhumanity]: Literature teaches us about *humanity*. 文学は我々に人間性について教えてくれる. ❸ [(the) humanities として複数扱い] (自然科学に対し)人文科学《語学・文学・歴史・哲学・芸術などの学問》. 関連 natural science 自然科学. (形 húman, humáne)

hu·man·ize /hjúːmənàɪz/ 動 他 (場所・制度など)を人間味あるものにする, 人道にかなったものにする. (形 húman)

hu·man·kind /hjúːmənkàɪnd/ 名 U 人類 [≒humanity, mankind].

hu·man·ly /hjúːmənli/ 副 人間の力で; 人間らしく: I don't think it's *humanly* possible. それは人の力では無理だと思う.

húman náture 名 U 人間性, 人情: It's (only [just]) *human nature to* want to be famous. 有名になりたいと思うことは人として(ごく)自然なことだ.

hu·man·oid /hjúːmənɔ̀ɪd/ 形 (機械が)人間の形をした. — 名 C 人間型ロボット.

húman ráce 名 [the ~] 人類《全体; ⇒ man 3 語法》.

húman relátions 名 U (社会・職場などにおける)人間関係(研究), 人間関係論.

húman résources 名 U 人事部[課]《略 HR》.

*****húman ríghts** 名 複 **人権**: *Human rights* are still violated in many parts of the world. 世界各地でいま

だに人権が侵されている.

+**hum·ble** /hʌ́mbl/ 形 (hum·bler, more ～; hum·blest, most ～)

意味のチャート
ラテン語で「低い」の意.「(身分が)**低い**」❷
→(自分を低く考える)→「**謙虚な**」❶
→(暮らしが低い)→「**質素な**」❸

❶ (人·ことば·行動が)**謙虚な**, つつましい, 控えめな [⇔ proud]; 卑屈な: a *humble* request 控えめな要求 / He is ***humble toward*** everyone. [+toward+名] 彼はだれに対しても腰が低い.
❷ (人·身分·地位などが)**低い**, 卑しい: a person of *humble* background 低い身分の生まれの人 / Don't think of your occupation as *humble*. 自分の職業をつまらないものと思ってはいけない. ❸ 限定 (物が)質素な, 粗末な; ささやかな: *humble* food 粗末な食べ物 / a *humble* house 質素な家.
éat húmble píe [動] 自 屈辱に甘んじる; 平謝りに謝る. (名 humílity)
— 動 他 (...)を謙虚にさせる; (...)の自尊心を傷つける; (強敵)を打ちのめす: The president *was humbled by* the failure of his economic policy. 大統領は経済政策の失敗で威信を傷つけられた.
húmble onesèlf [動] 自 謙虚になる; ぺこぺこする.

hum·bling /hʌ́mblɪŋ/ 形 みじめな, 屈辱的な, 恥ずかしい思いをさせる.

hum·bly /hʌ́mbli/ 副 謙虚に, けんそんして.

hum·bug /hʌ́mbʌg/ 名 ❶ U うそ, でまかせ; 詐欺. ❷ C 《古風》 詐欺師. ❸ C 《英》 はっかあめ.

hum·ding·er /hʌ́mdíŋə | -ŋə/ 名 C 《略式》 すごいやつ, すばらしい物.

hum·drum /hʌ́mdrʌ̀m/ 形 単調な, 退屈な.

+**hu·mid** /hjú:mɪd/ 形 **湿気の多い**, むし暑い, じめじめした (⇒ wet 類義語): Japan has a *humid* climate. 日本の気候は湿気が多い.

hu·mid·i·fi·er /hju:míḍəfàɪə | -fàɪə/ 名 C 加湿器. 関連 dehumidifier 除湿器.

hu·mid·i·fy /hju:míḍəfàɪ/ 動 (-i·fies; -i·fied; -fy·ing) 他 (...)を湿らせる, 加湿する.

+**hu·mid·i·ty** /hju:míḍəṭi/ 名 U **湿気**; (高)湿度.

hu·mil·i·ate /hju:mílièɪt/ 動 他 (...)に恥をかかせる, (...)の自尊心を傷つける. **humíliate onesèlf** [動] 自 恥をかく.

hu·mil·i·at·ed /hju:mílièɪṭɪd/ 形 恥をかいた.

hu·mil·i·at·ing /hju:mílièɪṭɪŋ/ 形 恥をかかせるような, 屈辱的な, 不面目な.

+**hu·mil·i·a·tion** /hju:mìliéɪʃən/ 名 U,C **屈辱**, 恥, 不面目: suffer the ***humiliation of*** defeat 敗北の屈辱を味わう.

hu·mil·i·ty /hju:míləṭi/ 名 U けんそん, 謙虚, 卑下: with *humility* 謙虚に. (形 húmble)

hum·ming·bird /hʌ́mɪŋbə̀:d | -bə̀:d/ 名 C はちどり《花のみつを吸う米大陸の小鳥》.

hum·mock /hʌ́mək/ 名 C 《英》 小山, 丘.

hu·mor, 《英》 hu·mour /hjú:mə | -mə/ 発音
— 名 ❶ U **ユーモア**, こっけい, おかしみ; ユーモアを解する[表現する]力 (⇒ wit 類義語): a story full of *humor* ユーモアに富んだ話 / This play has no *humor* in it. この芝居には全くユーモアがない / He has a [no] ***sense of humor***. 彼はユーモアがわかる[わからない] ⇒ black humor. ❷ [U または a ～] (一時的なまたは気まぐれな)気分, 機嫌 (⇒ mood[1] 類義語); 移り気: My father is *in* (*a*) good [bad] *humor* today. 父はきょうは上機嫌[不機嫌]だ. (形 húmorous)
— 動 (-mor·ing, -mour·ing /-m(ə)rɪŋ/) 他 (人)の機嫌をとる, (...)に調子を合わせる; (子供)をあやす.
〖語源 ラテン語で「湿気, 液体」の意; 体液によって人間の気質が影響を受けるとされた〗

hu·mor·ist /hjú:mərɪst/ 名 C ユーモアのある人; ユーモア作家; しゃれの上手な人.

hu·mor·less /hjú:mələs | -mə-/ 形 ユーモアのない.

hu·mor·ous /hjú:mərəs/ アク 形 (人·物事が)ユーモアのある, ユーモラスな, おかしい [≒funny]: a *humorous* conversation ユーモアを交えた会話 / a *humorous* mistake こっけいな間違い. (名 húmor)
～·ly 副 こっけいに, 冗談めかして.

hu·mour /hjú:mə | -mə/ 名 動 《英》 = humor.

hump /hʌ́mp/ 名 ❶ C (背の)こぶ; (らくだなどの)こぶ. ❷ C (路面などの)盛り上がり. **òver the húmp** [形] (仕事などで)峠を越して, 危機を脱した. — 動 他 《英》 (重い物)をかついで運ぶ.

hump·back /hʌ́mpbæ̀k/ 名 ❶ C = hunchback. ❷ C = humpback whale.

húmpback whàle 名 C ざとう鯨.

humph /mmm, mm̩m/ 間 ふーん!, へん!《疑い·軽蔑·不満を表わす》. 発音 単語としてこの語だけを発音するときには /hʌ́mf/.

Hum·phrey /hʌ́mfri/ 名 固 ハンフリー《男性の名》.

Hump·ty Dump·ty /hʌ́m(p)tidʌ́m(p)ti/ 名 固 ハンプティー ダンプティー《童謡や童話に出てくる卵を擬人化した人物; 塀から落ちて割れてしまうともとに戻れない; ⇒ fall[2] 名 1 最後の例文》.

hunch /hʌ́ntʃ/ 動 他 (背など)を丸くする. — 自 背を丸める (*up*; *over*). — 名 C [普通は a ～] 《略式》 予感, 虫の知らせ: 「I have *a hunch* (that) [My *hunch* is (that)] she'll succeed. 彼女はうまくいく気がする. **áct on [pláy] a húnch** [動] 自 直感[勘]で行動する.

hunch·back /hʌ́ntʃbæ̀k/ 名 C [差別的] 背骨が後ろに曲がった人; 脊柱(せきちゅう)後わん症.

hun·dred /hʌ́ndrəd/
— 名 (複 1 では ～; 3, 4 では hun·dreds /-drədz/) ❶ C **100**, 100 人, 100 個; 100 ドル, 100 ポンド (⇒ number 表): Bricks are sold by *the hundred*. れんがは 100 個単位で売られる (⇒ the[1] 7). 関連 hundredth 100 番目の.

語法 **hundred の使い方**
(1) 前に数詞または数量形容詞がくるときは複数語尾 -s をつけない: a [one] *hundred* 100 / two [nine] *hundred* 200 [900].
(2) 100 位と 10 位または 100 位と 1 位の数字の間には《米》では and を入れないのが普通だが,《英》では and を入れて読むのが普通 (⇒ thousand 語法 (2)): two *hundred* (and) thirty 230 / three *hundred* (and) five 305.
(3) 年号は 100 位で区切って読むのが普通: 1978 年(nínetèen sèventy-éight). ただし, hundred を用いて nínetèen húndred (and) sèventy-éight のように読むこともある. 1900 年は nineteen hundred と読む (⇒ thousand 語法 (3)). ✪「...年代」というとき

には the 1900's (nineteen hundreds), the 2000's (two thousands)のようにいう.

❷ [a ～] 100 歳: He lived to be *a hundred.* 彼は 100 歳まで生きた. ❸ [～s] 《略式》何百, 幾百; 多数の人[物]: *Hundreds* of people gathered there. 何百人という人々がそこに集まった / There are *hundreds* of books in his study. 彼の書斎には何百冊という本がある. ❹ Ⓒ 100 ドル[ポンド]札.

a [óne] húndred percént [副] 全く, 完全に.
a húndred to óne [副・形] 《略式》まず間違いなく, 十中八九《⇒ ten to one (ten 代 成句)》.
by húndreds = by the húndred(s) [副] 何百となく, たくさん.
gíve a húndred (and tén) percént [動] 自 全力を尽くす.
húndreds of thóusands [míllions] of ... [形] 数十万[何億]もの..., 無数の....

― 形 ❶ 限定 **100 の**, 100 人の, 100 個の: a [one] *hundred* people 100 人の人たち / two [three] *hundred* years 200[300]年 / There are a *hundred* cents in [to] a dollar. 1 ドルは 100 セントである. ❷ 限定 何百もの; たくさんの: I have a *hundred* things to do. 私はすることが山ほどある.

a húndred and óne ... [形] 《略式》多数の....
... húndred hóurs [名] [one から twenty-four の数詞を前につけて] 《格式》 (24 時間制の) 正...時《⇒ hour 5 語法》.

+**hun·dredth** /hʌ́ndrədθ/ 形 副 ❶ [普通は the ～; ⇒ the[1] 1 (4)] **100 番目の[に]**《⇒ number 表》. ❷ 100 分の 1 の[に].
― 名 (～s /～s/) ❶ [単数形で; 普通は the ～] **100 番目の人[もの].**
❷ Ⓒ **100 分の 1**, ¹⁄₁₀₀: thirteen *hundredths* ¹³⁄₁₀₀ 《⇒ **巻末文法** 16. 11 (3)》.

hun·dred·weight /hʌ́ndrədwèɪt/ 名 (複 -weights /-wèɪts/; [数詞の後では] ～) Ⓒ ハンドレッドウェート 《重量の単位; 米国では 100 ポンド, 約 45.36 キロ; 英国では 112 ポンド, 約 50.8 キロ; 略 cwt.; ⇒ pound[1] 表》.

hung /hʌ́ŋ/

― 動 hang の**過去形および過去分詞**.
― 形 限定 (議会・陪審団などが同数に割れて)決定不能の.

Hun·gar·i·an /hʌŋgé(ə)riən/ 形 ハンガリーの; ハンガリー人[系, 語]の. ― 名 Ⓒ ハンガリー(系)人; Ⓤ ハンガリー語.

Hun·ga·ry /hʌ́ŋgəri/ 名 固 ハンガリー《ヨーロッパ中南部の共和国; 首都 Budapest》.

+**hun·ger** /hʌ́ŋgə | -gə/ 名 ❶ Ⓤ **飢え**, 飢餓; **空腹**, ひもじさ; ききん: The meal didn't satisfy his *hunger.* その食事では彼は空腹を満たせなかった / Many people died from [of] *hunger.* たくさんの人が餓死した / *Hunger* is the best sauce. 《ことわざ》空腹は最上のソース(空腹にまずいものなし). 関連 thirst のどの渇き.
❷ [Ⓤ または a ～] 《格式》 熱望, 渇望: The boy's *hunger for* fame made him study hard. 少年は名声を得たいという一心で猛勉強した.

(stríctly) from húnger [形] 《米略式》ひどく悪い, お粗末な. (形 húngry)

― 動 (-ger·ing /-g(ə)rɪŋ/) 自 《文語》 熱望する, 渇望する (*for, after*).

húnger strike 名 C,U ハンガーストライキ, ハンスト《抗議行動の一環として断食すること》: go [be] on 「a *hunger* [《英》 *hunger*] *strike* ハンストをする[している].

húnger striker 名 Ⓒ ハンスト参加者.
húng júry 名 Ⓒ [普通は単数形で] 不一致陪審《意見が割れて評決が出ない》.
hung·o·ver /hʌ̀ŋóʊvə | -və/ 形 叙述 二日酔いで.
hun·gri·ly /hʌ́ŋgrəli/ 副 飢えて, ひもじそうに, がつがつと; 《文語》 むさぼるように, あこがれて.

hun·gry /hʌ́ŋgri/

― 形 (hun·gri·er /-griə | -griə/; hun·gri·est /-griɪst/) ❶ **空腹の; 飢えた:** "Shall we eat now?" "Yes, I'm *hungry.*" 「今食事にする?」「うん, おなかすいてるんだ」 / get [feel] *hungry* 空腹になる[空腹を覚える] / a *hungry* boy おなかをすかせた少年 / *the hungry* 飢えた人々 (⇒ the[1] 3). 関連 thirsty のどが渇いた.
❷ 限定 (表情などが)**空腹そうな**, ひもじそうな: The boy has a *hungry* look in his eyes. 少年はひもじそうな目つきをしている. ❸ 叙述 熱望[渇望]する, あこがれる: 言い換え He is *hungry for* power. = He is *hungry to* gain power. 彼は権力欲に燃えている. ❹ 限定 (仕事などが)腹のへる.

gò húngry [動] 自 飢えている, 空腹のままでいる. (名 húnger)

hunk /hʌ́ŋk/ 名 Ⓒ (パン・肉などの)厚切り; 切り取った大きな塊; 《略式》 たくましくセクシーな男性.

hun·ker /hʌ́ŋkə | -kə/ 動 (-ker·ing /-k(ə)rɪŋ/) [次の成句で] **húnker dówn** [動] 自 《米》 (1) しゃが(み こ)む. (2) 身を潜める; じっと耐える[待つ].

hunt /hʌ́nt/

― 動 (hunts /hʌ́nts/; hunt·ed /-ṭɪd/; hunt·ing /-ṭɪŋ/) 他 ❶ (野生の動物)**を狩る**, 狩猟する; 動物が(獲物)を追う; 《英》 (きつね)を狩る《馬に乗り猟犬に追わせる》: They *hunted* foxes in the forest. 彼らは森できつね狩りをした. 語法 《米》では獣や鳥を狩るときにもいうが, 《英》では猟犬 (hound) を連れて獣(特にきつねや鹿(しか))を狩るときに hunt を使い, 銃で獣や鳥を撃つときには shoot という. 参考 英国では 2005 年以降猟犬によるきつね狩りは法律違反.
❷ (犯人など)**を捜す**, 探す; 追跡[捜索]する: Those robbers are *being* **hunted by** the police. V+O の受身 その強盗たちは警察が追跡中である.

― 自 ❶ **狩りをする**, 狩猟する; (動物が)獲物を追う; 《英》 きつね狩りをする: They *hunted* in Africa last year. 彼らは昨年はアフリカで狩りをした.
❷ **捜す**, 探す, 探し求める: He is ***hunting for*** a job. V+*for*+名 彼は仕事を探している / She ***hunted through*** her desk [drawers] to find a pen. V+*through*+名 彼女はペンを見つけようと机[引き出し]を捜した.

gò húnting [動] 自 狩り[狩猟]に出かける.
húnt dówn [動] 他 (犯人・敵など)を追い詰める; 追跡して捕らえる, 捜して見つけ出す.
húnt óut [動] 他 (しまってある物・忘れていた物など)を(時間をかけて)捜し出す.
húnt úp [動] 他 (情報など)を(苦労して)探し出す.

― 名 (hunts /hʌ́nts/) ❶ Ⓒ [しばしば合成語で] **狩り**, 狩猟, 《英》 きつね狩り: go on a *hunt* 狩りに行く / a deer-*hunt* 鹿(しか)狩り / They had a good *hunt.* 彼らは狩りで獲物をたくさん捕らえた.

H

❷ Ⓒ [普通は単数形で] **追跡**, 捜索, 探求《特に長期にわたるか困難なもの》**:** I have found the picture after a long *hunt*. 私は長い間探し求めてやっとその絵を見つけた / The *hunt* is on *for* the buried treasure. うずもれた財宝さがしが始まった. [関連] witch-hunt 魔女狩り / treasure hunt 宝さがし. ❸ Ⓒ《英》(きつね狩りの)狩猟隊.

in the húnt [形]《米》(競技で)勝利[成功]のチャンスがある.

on the húnt for ... [副・形] ...を探して, 求めて.

*__hunt·er__ /hʌ́ntə | -tə/ 名 (~s /~z/) ❶ Ⓒ **狩りをする人**, 猟師, ハンター; 狩りをする動物; [前に形容詞をつけて] 狩り[猟]をするのが...の人**:** He is a *good* [*bad*] *hunter*. 彼は狩りが上手[下手]だ. ❷ Ⓒ (...を)あさる人**:** a *hunter after* fame 名誉欲の強い人.

+**hunt·ing** /hʌ́ntɪŋ/ 名 ❶ Ⓤ **狩猟**; 《英》きつね狩り (foxhunting)**:** deer *hunting* 鹿(しか)狩り. ❷ Ⓤ [合成語で] (...を)探すこと**:** job *hunting* 職探し.

húnting dòg 名 Ⓒ 猟犬.

húnting gròund 名 Ⓒ 猟場; 捜し物が見つかりそうな場所.

hunts·man /hʌ́ntsmən/ 名 (-men /-mən/) Ⓒ 狩猟家, 猟師 [≒hunter].

+**hur·dle** /hə́ːdl | hə́ː-/ 名 (~s /~z/) ❶ Ⓒ 〔スポーツ〕 **ハードル, 障害物**; [the ~s として; 普通は単数扱い] ハードル競走**:** clear a *hurdle* ハードルを(うまく)跳び越える / *the* 100-meter(s) *hurdles* 100 メートルハードル(競走). ❷ Ⓒ 障害, 困難.

— 動 他 (垣根など)を跳び越す. — 自 ハードル競走に出る.

hur·dler /hə́ːdlə | hə́ːdlə/ 名 Ⓒ ハードル選手.

+**hurl** /hə́ːl | hə́ːl/ 動 (hurls /~z/; hurled /~d/; hurl·ing) 他 ❶ (...)を**強く投げつける**, ほうり投げる《⇒ throw [類義語]》**:** He *hurled* a big stone *at* the dog. [V+O+*at*+名] 彼は犬に向かって大きな石を投げつけた《⇒ at 3》/ *hurl* oneself 身を投げ出す. ❷ (悪口・非難など)を浴びせる (*at*).

hurl·er /hə́ːlə | hə́ːlə/ 名 Ⓒ《米略式》野球の投手. [日英]「投手の勝ち星競争」の意味の「ハーラー(ダービー)」は和製英語.

hur·ly-bur·ly /hə́ːlibə́ːli | hə́ːlibə̀ːli/ 名 Ⓤ 大騒ぎ, ごたごた (*of*).

Hu·ron /hjʊ́(ə)rən/ 名 固 Lake ~ ヒューロン湖《米国 Michigan 州とカナダとの間の湖; ⇒ Great Lakes》.

*__hur·rah__ /hʊrɔ́ː, -rɑ́ː | -rɑ́ː/ 間 名《古風》= hurray.

*__hur·ray__ /hʊréɪ/ [!アク] 間 **万歳!**, フレー!《喜び・歓迎・激励などを表わす叫び声》**:** ***Hurray for*** the Queen! 女王万歳! / *Hurray*, we've won! 万歳, 勝ったぞ! / Hip, hip, *hurray!* ヒップ, ヒップ, フレー! [語法] hurray などの叫び声を 3 回繰り返すことを give three cheers という; ⇒ cheer 名 成句.

— 名 Ⓒ 万歳の声, 歓呼の叫び.

+**hur·ri·cane** /hə́ːrəkèɪn, -ɪkən | hʌ́rɪk(ə)n, -kèɪn/ 名 (~s /~z/) Ⓒ **ハリケーン**《特にカリブ海・メキシコ湾方面のものを言う; 米国では Hurricane Andrew のように人の名前をつける習慣がある; ⇒ storm [参考]》; 〔気象〕 颶(ぐ)風《秒速 32-3m 以上の風》.

hur·ried /hə́ːrid | hʌ́rid/ 形 [普通は [限定]] 大急ぎの; あわただしい《⇒ hurry 他 1》**:** a *hurried* meal 大急ぎの食事 / with *hurried* steps 急ぎ足で. **~·ly** [副] 大急ぎで, あわてて.

*** **hur·ry** /hə́ːri | hʌ́ri/

— 動 (hur·ries /~z/; hur·ried /~d/; -ry·ing) 自 **急ぐ**, あわてる; あわてて行く**:** Don't *hurry*; we've got plenty of time. 急がないで, 時間は十分あるよ / He was ***hurrying to*** catch his bus. [V+*to* 不定詞] 彼はバスに乗り遅れまいとあわてていた / She picked up her bag and ***hurried away*** [***off***]. [V+副] 彼女はかばんを取り上げると急いで行ってしまった / "What's their rush?" "They're ***hurrying to*** the station." [V+前+名]「あの人たちは何をあわててるの」「駅へ急いでいるんだ」

— 他 ❶ (人)を**せきたてる**, 急がせる; (...)を急いで連れて[持って]行く**:** Don't *hurry* her; she is ill. 彼女をせかさないで, 病気なんだから / I *was* ***hurried into*** mak*ing* a decision. [V+O+*into*+動名の受身] 私は決断を急がされた / The patient *was* ***hurried to*** a hospital. [V+O+*to*+名の受身] その患者は大急ぎで病院に運ばれた.

❷ (仕事など)を**あわててする**, 急いでする**:** We *hurried* our way through dinner and left the house. 私たちは急いで夕食をすませて家を出た.

> **hurry の句動詞**
>
> **húrry alóng** 動 自《古風》急いで行く.
>
> **húrry ón** 動 自 (人に話す間を与えずに)話し続ける.
>
> *__húrry úp__ 動 自 Ⓢ **急ぐ:** *Hurry up* or you'll miss the bus. 早くしないと, バスに遅れるよ. — 他 (...)を急がせる; 急いでやる**:** I tried to *hurry* him *up*. 私は彼を急がせようとした.

— 名 Ⓤ **大あわて, 大急ぎ**; [否定文・疑問文で] **急ぐ必要**《⇒ [類義語]》**:** We can take our (own) time; there's *no hurry*. Ⓢ ゆっくりやろうよ. 別に急ぐことはないんだし / What's your [the] *hurry* (*for*)? = Why (all) the *hurry*? Ⓢ どうして急いでるの? / Is there any *hurry*? 急ぐ必要があるの? / Everything was *hurry* and confusion. すべてがてんやわんやの大騒ぎだった.

be「in nó [nót in ày] húrry [動] 自 (1) ゆっくり構えている. (2) ...する気がない (*to* dó).

in a húrry [副] (1) **あわてて**, 急いで; 急速に. (2) [否定文でしばしば皮肉に] Ⓢ 容易には(...でない); 喜んで[進んでは](...でない)**:** I wo*n't* trust you (again) *in a hurry*! もう二度と君を信用できないね.

—[形] **あわてて**, 急いで; いらいら[やきもき]して**:** The boy was ***in a hurry to*** see his mother. 少年は母親に会いたくてやきもきしていた.

in one's **húrry (to** dó) [副] (...しようと)急ぎ[あせり]すぎて**:** *In my hurry to* catch the train I left my bag in the taxi. 電車に乗ろうと急ぎすぎて私はバッグをタクシーに置き忘れた.

> [類義語] **hurry** くだけた感じの語で, あわて急ぐことをいう**:** You cannot avoid mistakes when you are in a *hurry*. あわてているときには誤りは避けられない. **haste** *hurry* とほぼ同じ意味を表わすが, より格式ばった語**:** We went to the scene in *haste*. 私たちは急いで現場へ行った.

*** **hurt** /hə́ːt | hə́ːt/ [!発音]

— 動 (hurts /hə́ːts | hə́ːts/; [過去]・[過分] hurt; hurt·ing /-tɪŋ/) 他 ❶ (人・体の部分)を**傷つける**, 痛める, (...)に痛みを与える; (物)を破損する, 傷(いた)める; (...)に損害を与える《⇒ injure [類義語]》**:** He *hurt* his knee when he fell. 彼は転んでひざを痛めた《⇒ 形》/ Water may *hurt* this cloth. 水につけるとこの布は傷むかもしれない / Foreign companies will *be* badly *hurt* by these import quotas. この輸入割り当てで外国企業はひどい

損害をこうむるだろう.
❷ (人の感情など)を**害する**, 傷つける: Have I *hurt* your feelings? お気に障(さわ)りましたか / It *hurt* me *to* find that no one appreciated my hard work. 私は自分が一生懸命にやったことをだれも認めてくれないと知ってとても心が傷ついた. ❸ [否定文・疑問文で] Ⓢ [ときに皮肉に] (...)を困らせる, (...)にとって不都合となる: Would it *hurt* you to wait for a week? 一週間遅らせたらどうなの《⇒ It won't [wouldn't, doesn't] hurt (you) to do(成句)》.
— 自 ❶ (体の部分が)痛む; (身につけた物が)痛みをおこす: 言い換え Does your leg [tooth] still *hurt*? = Is your leg [tooth] still *hurting*? 脚(あし)[歯]はまだ痛みますか / Where does it *hurt*? どこが痛いの / My shoes are so tight (that) they *hurt*. 靴がとてもきつくて痛い. ❷ 感情を害する: *It* really *hurts that* you don't understand me. 私を理解してくれないのは本当に悲しい. ❸ [否定文・疑問文で] Ⓢ [ときに皮肉に] 害となる, 不都合である: Another glass of beer wo*n't hurt*, will it? ビールをもう 1 杯くらいかまわないでしょう. ❹ [進行形で] 《略式》 (人が)心を痛める: You'*re hurting*, aren't you? つらいでしょうね.
húrt for ... [動] 他 ❶ [進行形で] 《米略式》 (必要なもの)を欠いている. ❷ 《米略式》 (人)に同情する.
húrt oneSèlf [動] 自 **けがをする:** Be careful not to *hurt yourself* 「when you use a knife [using a knife]. ナイフを使うときはけがをしないように気をつけてください.
It wòn't [wòuldn't, dòesn't] húrt (you) to dó Ⓢ [ときに皮肉に] ...しても不都合はないだろう; ...してもいいだろう《⇒ 他 3, 自 3》: *It won't hurt to* put off the meeting for a few days. 会を 2, 3 日延ばしても支障はないだろう.
— 形 **けがをした**; (精神的に)傷ついた (*at*, *by*): a *hurt* child けがをした子 / *Are*n't you (badly) *hurt*? (ひどい)おけがはありませんか / I was deeply *hurt that* she refused to help me. +that 節 私は彼女に手助けを断わられてひどく傷ついた.
féel húrt [動] 自 不快に思う, 気を悪くする.
gèt húrt [動] 自 **けがをする:** He *got hurt* in a traffic accident. 彼は交通事故でけがをした.
— 名 U,C (精神的な)苦痛; 損害, 損失: I intended no *hurt to* his feelings. 私は彼の感情を害するつもりはなかった. (形 húrtful)

hurt·ful /hə́ːtf(ə)l | hə́ːt-/ 形 感情を害する: a *hurtful* remark しゃくにさわる[意地悪な]ことば. (名 hurt)

hur·tle /hə́ːtḷ | hə́ː-/ 動 自 [副詞(句)を伴って] 猛スピードで進む.

***hus·band** /hʌ́zbənd/
— 名 (hus·bands /-bənʤ/) C **夫:** my future *husband* 私の夫となる人 / John is a good *husband* (to me). ジョンは(私にとって)よい夫です. 関連 wife 妻.
húsband and wífe [名] 夫婦.
— 動 他 《格式》 (力・予算など)を節約する.
〖語源 元来は「一家のあるじ」の意〗

hus·band·ry /hʌ́zbəndri/ 名 U 《格式》 農業.

hush /hʌ́ʃ/ 動 他 (...)を静かにさせる, 黙らせる: She *hushed* the crying child *to* sleep. 彼女は泣いている子供をなだめて寝つかせた. — 自 [普通は命令文で] 静かになる, 黙る. **húsh úp** [動] 他 (秘密など)を口止めする, もみ消す. — 名 [U または a ～] 静寂; 沈黙. — /ʃː, hʌ́ʃ/ 間 Ⓢ しっ!, 静かに!

hushed /hʌ́ʃt/ 形 [普通は 限定] 静かな; ひそひそ声の: speak in *hushed* tones ひそひそと話す.

hush-hush /hʌ́ʃhʌ̀ʃ/ 形 《略式》 極秘の.

húsh mòney 名 U 《略式》 口止め料.

husk /hʌ́sk/ 名 C (穀類などの)殻, さや, 皮. 関連 bran ふすま / chaff もみ殻. — 動 他 (...)の外皮を取る.

hus·ki·ly /hʌ́skɪli/ 副 しゃがれ声で, かすれた声で.

hus·ki·ness /hʌ́skinəs/ 名 U (声の)しゃがれ.

hus·ky[1] /hʌ́ski/ 形 (hus·ki·er; -ki·est) ❶ (声が)しゃがれた, (人が)しゃがれ声[ハスキーな声]の. ❷ 《主に米》 (男性が)がっしりした, たくましい.

hus·ky[2] /hʌ́ski/ 名 (hus·kies) C ハスキー犬.

hus·tle /hʌ́sl/ 動 他 ❶ (...)を急がす [≒hurry]: The guide *hustled* the tourists *from* one temple to another. ガイドは旅行者を寺院から寺院へとせかして行った. ❷ (...)に無理に～させる (*into*). ❸ 《略式, 主に米》 [軽蔑的] (金品)を巻き上げる, だまし取る; 無理に売りつける. — 自 ❶ 《米》 急ぐ. ❷ 《米》 がんばる, ハッスルする. **hústle úp** [動] 他 《米略式》 (...)を急いで入手する. — 名 ❶ U 大急ぎ; 押し合いへし合い. ❷ U 《米》 がんばり, ハッスル. ❸ 《米略式》 詐欺. **hústle and bústle** [名] (...の)雑踏 (*of*).

hus·tler /hʌ́slə | -lə/ 名 ❶ C 《略式, 主に米》 (ときに無遠慮な)活動家, 敏腕家; 押し売り《人》, 詐欺師. ❷ C 《米》 売春婦.

+**hut** /hʌ́t/ 名 (huts /hʌ́ʦ/) C **小屋**; (雨露をしのぐ程度の)あばら屋; バンガロー; 山小屋, (山の)ヒュッテ《⇒ bungalow 日英》: take shelter in a *hut* 小屋に避難する.

hutch /hʌ́ʧ/ 名 ❶ C (うさぎなどの)小屋, 箱. ❷ C 《米》 食器棚 [《英》 dresser].

hwy 略 = highway.

hy·a·cinth /háɪəsɪ̀nθ/ 名 C ヒヤシンス.

+**hy·brid** /háɪbrɪd/ 名 (hy·brids /-brɪʤ/) ❶ C (動物・植物の)**雑種**, 異種混合. ❷ 混合[複合]物, ハイブリッド (*of*).
— 形 雑種の, 異種混合の; 混成の: a *hybrid* car (電気・ガソリン併用の)ハイブリッドカー.

Hyde 名 固 ⇒ Jekyll and Hyde.

Hýde Párk /háɪd-/ 名 固 ハイドパーク《London の Westminster 自治区にある公園》.

hy·dra /háɪdrə/ 名 (複 ～s, hy·drae /-driː/) ❶ 固 [the H-] 〘ギリシャ神話〙 ヒュドラ《切られても再生する 9 つの頭を持った蛇; Hercules に殺された怪物》. ❷ C 《格式》 根絶しにくい問題.

hy·dran·gea /haɪdréɪnʤə/ 名 C あじさい.

hy·drant /háɪdrənt/ 名 C 消火栓 (fire hydrant).

hy·drate /háɪdreɪt/ 名 U,C 〘化学〙 水和物, 水化物.
— 動 他 (肌など)に水分を与える, うるおいを与える.

hy·drau·lic /haɪdrɔ́ːlɪk/ 形 水圧の; (ブレーキが)油圧式の. **-drau·li·cal·ly** /-kəli/ 副 水圧で.

hy·drau·lics /haɪdrɔ́ːlɪks/ 名 U 水力学.

hy·dro·car·bon /hàɪdrəkáəb(ə)n | -káː-/ 名 C 〘化学〙 炭化水素.

hý·dro·chlo·ric ácid /háɪdrəklɔ̀ːrɪk-/ 名 U 〘化学〙 塩化水素酸, 塩酸.

hy·dro·e·lec·tric /hàɪdroʊɪléktrɪk⁻/ 形 水力発電の: a *hydroelectric* (power) plant 水力発電所.

hy·dro·foil /háɪdrəfɔ̀ɪl/ 名 C 水中翼(船).

+**hy·dro·gen** /háɪdrəʤən/ 名 U **水素**《元素記号 H》: *Hydrogen* is the lightest element. 水素は最も軽い元

素である.

hýdrogen bòmb 名 C 水素爆弾.

hýdrogen peróxide 名 U 〔化学〕過酸化水素《消毒・漂白用》.

hy·dro·plane /háɪdrəplèɪn/ 名 ❶ C ハイドロプレーン《高速のモーターボート》. ❷ C 《米》水上飛行機.

hy·dro·pon·ics /hàɪdrəpá(ː)nɪks | -pɔ́n-/ 名 U 水耕法, 水栽培法.

hy·drox·ide /haɪdrá(ː)ksàɪd | -drɔ́k-/ 名 C 水酸化物.

hy·e·na /haɪíːnə/ 名 (～(s)) C ハイエナ《アジア・アフリカ産のおおかみに似た死肉を食べる動物; 気味の悪いほえ声は悪魔の笑い声とされる》.

hy·giene /háɪdʒiːn/ 名 U 衛生(学); 清潔(さ): public *hygiene* 公衆衛生.

hy·gien·ic /haɪdʒíːnɪk/ 形 衛生学の; 衛生的な, 清潔な.

hy·gien·ist /haɪdʒíːnɪst/ 名 C = dental hygienist.

hy·grom·e·ter /haɪgrá(ː)məṭə | -grɔ́mətə/ 名 C 湿度計《⇒ -meter》.

hy·men /háɪmən | -men/ 名 C 〔解剖〕処女膜.

hymn /hím/ ❗発音 n は発音しない. 名 ❶ C 賛美歌, 聖歌. ❷ C 賛歌: a *hymn to* love 愛の賛歌.

hýmn bòok 名 C 賛美歌集.

hype /háɪp/ 名 U 《略式》[軽蔑的] 誇大宣伝, はでなプロモーション. ― 動 他 《略式》[軽蔑的] 誇大に[鳴り物入りで](...)を宣伝する (*up*).

hyped /háɪpt/ 形 [次の成句で] **be hýped úp** [動] 自 《略式》興奮[緊張]している (*about*).

hy·per /háɪpə | -pə/ 形 《略式》ひどく興奮した, 神経の高ぶった.

hy·per- /hàɪpə | -pə/ 接頭 「超過, 過度」の意.

hy·per·ac·tive /hàɪpəǽktɪv | -pə-/ 形 (子供が)ひどく落ち着きのない.

hy·per·ac·tiv·i·ty /hàɪpəæktívəṭi | -pə-/ 名 U (子供の)落ち着きのなさ.

hy·per·bo·le /haɪpə́ːbəli | -pɔ́ː-/ 名 U 〔修辞〕誇張; C 誇張.

hy·per·bol·ic /hàɪpəbá(ː)lɪk | -pəbɔ́l-←/ 形 誇張法の; 大げさな.

hy·per·in·fla·tion /hàɪpəɪnfléɪʃən | -pə-/ 名 U 〔経済〕超インフレ.

hy·per·link /háɪpəlɪŋk | -pə-/ 名 C 〔コンピュータ〕ハイパーリンク.

hy·per·mar·ket /háɪpəmὰəkɪt | -pəmὰː-/ 名 C 《英》(郊外などにある)大型スーパーマーケット.

hy·per·sen·si·tive /hàɪpəsénsəṭɪv | -pə-←/ 形 過敏[神経質]な, 過度に傷つきやすい (*to, about*); 過敏症の, アレルギー症の (*to*).

hy·per·ten·sion /hàɪpəténʃən | -pə-/ 名 U 〔医学〕高血圧 [≒high blood pressure].

hy·per·text /háɪpətèkst | -pə-/ 名 U 〔コンピュータ〕ハイパーテキスト《関連するテキスト情報をいつでも自由に取り出せる形のテキスト》.

hy·per·ven·ti·late /hàɪpəvénṭəlèɪt | -pə-/ 動 自 過呼吸になる.

+**hy·phen** /háɪf(ə)n/ 名 (～s /～z/) C **ハイフン**《-という記号; ⇒ **巻末文法 16. 8**》.

hy·phen·ate /háɪfənèɪt/ 動 他 (...)をハイフンでつなぐ.

hy·phen·at·ed /háɪfənèɪṭɪd/ 形 ハイフン付きの, ハイフンでつないだ: a *hyphenated* word ハイフン付きの語《broad-minded など》.

hy·phen·a·tion /hàɪfənéɪʃən/ 名 U ハイフンでつなぐこと.

hyp·no·sis /hɪpnóʊsɪs/ 名 U 催眠(状態); 催眠術: under *hypnosis* 催眠状態で.

hyp·not·ic /hɪpná(ː)ṭɪk | -nɔ́t-/ 形 催眠の; 催眠術の; (薬が)催眠作用のある. ― 名 C 催眠剤, 睡眠薬; 催眠術にかかりやすい人. **-not·i·cal·ly** /-kəli/ 副 催眠状態で.

hyp·no·tis·m /hípnətìzm/ 名 U 催眠術.

hyp·no·tist /hípnəṭɪst/ 名 C 催眠術師.

hyp·no·tize /hípnətàɪz/ 動 他 (...)に催眠術をかける; 暗示にかける; 魅惑する.

hy·po /háɪpoʊ/ 名 (～s) C 《略式》= hypodermic.

hy·po- /háɪpoʊ/ 接頭 「下に」「以下の」の意: *hypo*thesis 仮説.

hy·po·chon·dri·a /hàɪpəká(ː)ndriə | -kɔ́n-/ 名 U 心気症, 憂鬱(ゆう)症, ヒポコンデリー.

hy·po·chon·dri·ac /hàɪpəká(ː)ndriæk | -kɔ́n-/ 名 C 心気症患者. ― 形 心気症の.

hy·poc·ri·sy /hɪpá(ː)krəsi | -pɔ́k-/ 名 (-ri·sies) U 偽善; C 偽善的な行為.

hyp·o·crite /hípəkrɪt/ 名 C 偽善者: play the *hypocrite* 猫をかぶる. 〖語源 ギリシャ語で「役者」の意〗

hyp·o·crit·i·cal /hìpəkríṭɪk(ə)l←/ 形 偽善的な, 偽善者の. **-cal·ly** /-kəli/ 副 偽善的に.

hy·po·der·mic /hàɪpədə́ːmɪk | -dɔ́ː-←/ 形 皮下(用)の: a *hypodermic* needle 皮下注射針 / a *hypodermic* syringe 皮下注射器. ― 名 C 皮下注射器[針].

hy·pot·e·nuse /haɪpá(ː)ṭən(j)ùːs | -pɔ́tənjùːz/ 名 C 〔幾何〕(直角三角形の)斜辺.

hy·po·ther·mi·a /hàɪpoʊθə́ːmiə | -θɔ́ː-/ 名 U 〔医学〕(寒さによる)低体温.

+**hy·poth·e·sis** /haɪpá(ː)θəsɪs | -pɔ́θ-/ 名 (複 **hy·poth·e·ses** /-sìːz/) C,U (科学上の)**仮説**; 仮定; (議論の)前提: prove [disprove] a *hypothesis* 仮説を証明[反証]する.

hy·poth·e·size /haɪpá(ː)θəsàɪz | -pɔ́θ-/ 動 他 (...)と仮説をたてる, 仮定する.

hy·po·thet·i·cal /hàɪpəθéṭɪk(ə)l←/ 形 仮説(上)の, 仮定の; 想像上の [≒imaginary]. **-cal·ly** /-kəli/ 副 仮説として, 仮定的に; 仮に.

hys·ter·ec·to·my /hìstəréktəmi/ 名 C,U 〔医学〕子宮摘出手術.

hys·te·ri·a /hɪstí(ə)riə/ 名 U ヒステリー; (群衆などの)病的[異常な]興奮: mass *hysteria* 集団的躁状態. 〖語源 原義は「子宮の病気」; 子宮の異常がヒステリーの原因と考えられたことから〗

hys·ter·i·cal /hɪstérɪk(ə)l/, **-ter·ic** /-térɪk/ 形 ❶ ヒステリー(性)の; 異常に興奮した: get *hysterical* ヒステリーになる. ❷ 《略式》ひどくおかしい. **-cal·ly** /-kəli/ 副 ❶ ヒステリックに; 異常に興奮して. ❷ 《略式》ひどくおかしく.

hys·ter·ics /hɪstérɪks/ 名 複 ❶ ヒステリーの発作; 病的な興奮[パニック]状態: go into *hysterics* ヒステリーをおこす. ❷ 《略式》抱腹絶倒の状態: in *hysterics* 大爆笑して.

Hz 略 = hertz.

Ii

i, I[1] /áɪ/ 名 (複 i's, is, I's, Is /~z/) ❶ C,U アイ《英語アルファベットの第 9 文字》. ❷〔ローマ数字〕1《⇒ number 表》.

***I**[2] /aɪ, áɪ/ (同音 aye, eye)

— 代《人称代名詞; 一人称・単数・主格》(所有格 my /maɪ, máɪ/, 目的格 me /(弱形) mi; (強形) míː/; 複 we /(弱形) wi; (強形) wíː/)《⇒ we 1 語法》[話し手または書き手を表わす] (1) [主語として] 私は[が], 僕は[が]: Tom said, "*I* like dogs." トムは「僕は犬が好きです」と言った / "Where am *I* now?" "You're on Spring Street."「ここはどこですか」「スプリング通りです」/ *I*'m right, aren't *I*? 私の言う通りでしょ《⇒ aren't 語法》. (2) /áɪ/ [主格補語として]《格式》私(です, である): It is *I*. それは私です. 語法 普通は目的格の me を用いる《⇒ me 2 語法》.

> 語法 **語順** 人称の異なる単数形の人称代名詞が並ぶときは, 普通は二人称, 三人称, 一人称の順となる: you and I / he [she] and I / you and he [she] / you, he [she] and I / My brother and I are on the same team. 私の兄[弟]と私は同じチームです. **参考** I を常に大文字で書くのは, 小文字の i が隣の他の文字と混同されるのを防ごうとしたため《⇒ O[2] 語法》.

I[3] 略 = interstate.
i. 略 = intransitive.
I. 略 = island(s), isle(s).
IA〔米郵便〕= Iowa.
Ia. 略 = Iowa.
-i·al /iəl, jəl/ 接尾 [名詞につく形容詞語尾]「...に関する, ...の性質の」の意: colon*ial* 植民地の.
I·an /íːən/ 名 固 イアン《男性の名》.
-i·an /iən, jən/ 接尾 [名詞につく形容詞・名詞語尾]「...の(人), ...に属する(人); ...の専門家」の意《⇒ -er[2]》: Iran*ian* イランの, イラン人 / histor*ian* 歴史家.
I·be·ri·a /aɪbí(ə)riə/ 名 固 = Iberian Peninsula.
I·bé·ri·an Península /aɪbí(ə)riən-/ 名 固 [the ~] イベリア半島《ヨーロッパ南西部の半島》.
i·bex /áɪbeks/ 名 (複 ~·es, ~) C アイベックス《ヨーロッパ・アジアなどの山岳地帯に住む野生やぎ》.
ibid /íbɪd/ 略 = ibidem.
i·bi·dem /íbədèm, ɪbáɪdəm/ ≪ラテン語から≫ 副 同じ個所に, 同書に.
i·bis /áɪbɪs/ 名 (複 ~·es, ~) C とき《鳥》.
-i·ble /əbl/ 接尾 [普通は動詞につく形容詞語尾]「...されうる, ...されるに適する」の意《⇒ -able 語法》: reduc*ible* 減らせる.
-ic /ɪk/ 接尾 [名詞につく形容詞語尾]「...の, ...のような, ...に関する」の意《⇒ -ical 語法》: geometr*ic* 幾何学の / hero*ic* 英雄的な.
-i·cal /ɪk(ə)l/ 接尾 [名詞につく形容詞語尾]「...の, ...のような, ...に関する」の意: geometr*ical* 幾何学の / medi*cal* 医学の. 語法 -ic と -ical とは多くの場合同じ意味だが, 意味が多少異なることもある; ⇒ comic, comical; economic, economical; historic, historical.
Ic·a·rus /íkərəs/ 名 固〔ギリシャ神話〕イカロス《ダイダロス (Daedalus) の子; ろう付けの翼で飛んだが太陽に接近したためにろうが溶け, 海に落ちた》.
ICBM /áɪsìːbìːém/ 略 = intercontinental ballistic missile.

***ice** /áɪs/

— 名 (ic·es /~ɪz/) ❶ U 氷; [the ~] (一面に張りつめた)氷: I'd like some *ice* in my juice, please. ジュースに氷を入れてください / make *ice* (冷蔵庫で)製氷する / crush *ice* 氷を砕く / *Ice* forms at 0℃. 摂氏 0 度で氷ができる《0℃ は zero degrees Celsius [centigrade] と読む; ⇒ Celsius 参考》/ Water turns to *ice* at 32°F. 水は華氏 32 度で氷となる《32°F は thirty-two degrees Fahrenheit と読む; ⇒ Fahrenheit 参考》/ He slipped on *the ice* and broke his leg. 彼は氷の上で滑って脚を折った / The skaters took to *the ice* at once. スケーターたちはすぐに氷上に出た / *ice* tea ⇒ iced.
❷ C **氷菓子**《シャーベット (sherbet) など》;《古風, 主に英》= ice cream: Two *ices*, please. シャーベットを 2 つください.
be (skáting) on thín íce [動] 自 薄氷を踏んでいる, 危ない橋をわたっている.
bréak the íce [動] 自 (1) (パーティーなどで)座を打ち解けさせる, (みんなの)緊張をほぐしてやる. (2) (難しいことの)糸口をつける.
cút nò ice with ... [動] 他《略式》...の役にも立たない, 影響を与えない; ...にとって重要でない.
on ice [形] (1) (ワインなどが)氷で冷やされた[て]. (2) (ショーなどが)氷上の.
pùt [kèep] ... on íce [動] 他 (1)《略式》...を保留にする, ...への対応を引きのばす, 凍結する. (2)《米略式》(試合)の勝利を確実にする. (形 ícy)
— 動 他 ❶ (...)を氷で冷やす《⇒ iced》. ❷《英》= frost 2. ❸《米略式》...を確実なものにする.
íce óver [úp] [動] 自 一面に凍る.
íce àge 名 C [しばしば I- A-] 氷河時代.
íce àx 名 C (登山用の)ピッケル.
ice·berg /áɪsbɚːg | -bəːg/ 名 C 氷山. **the típ of the íceberg** [名] 氷山の一角; 世間に知られているほんの一部分.
ice·bound /áɪsbàʊnd/ 形 (船が)氷に閉ざされた; (港などが)氷の張りつめた.
ice·box /áɪsbɑ̀(ː)ks | -bɔ̀ks/ 名 C《古風, 米》冷蔵庫.
ice·break·er /áɪsbrèɪkɚ | -kə/ 名 ❶ C 砕氷船. ❷ C 緊張をほぐすもの《ゲーム・ダンス・冗談など; ⇒ break the ice (ice 成句)》.
íce càp 名 C (極地などの)万年氷[雪].
ice-cold /áɪskóʊld⁻/ 形 氷のように冷たい.

***ice cream** /áɪskrìːm, àɪskríːm/

— 名 (~s /~z/) U,C **アイスクリーム**: He had two *ice creams*. 彼はアイスクリームを 2 つ食べた / "What kind [flavor] of *ice cream* do you want?" "Vanilla, please."「アイスクリームは何になさいますか」「バニラをください」
íce-crèam còne /áɪskrìːm-/ 名 C アイスクリームコーン《アイスクリームを入れる円錐(えんすい)形のウェファース (wafer)》; アイスクリーム入りのコーン.

íce-cream sóda 名 C,U アイスクリームソーダ (soda)《⇒ cream soda 日英》.
íce cùbe 名 C (冷蔵庫でつくる)角氷.
iced /áɪst/ 形 ❶ 限定 氷で冷やした: *iced* tea アイスティー. 語法 ice tea とも言う // *iced* coffee アイスコーヒー. ❷ 限定 砂糖の衣をかけた.
íce flòe 名 C (大きな)浮氷, 流氷.
íce hòckey 名 U〔スポーツ〕アイスホッケー [《米》hockey].
Ice·land /áɪslənd/ 名 固 アイスランド《大西洋北方の共和国》.
Ice·land·er /áɪsləndɚ | -də/ 名 C アイスランド人.
íce lólly 名 C《英》= Popsicle.
ÍCÉ nùmber /áɪsìːíː-/ 名 C 緊急時連絡先《家族・友人などの電話番号; *I*n *C*ase of *E*mergency number の略》.
íce pàck 名 ❶ C 氷のう. ❷ C 流氷.
íce pìck 名 C 氷割り用のきり, アイスピック.
íce rìnk 名 C アイススケート場, スケートリンク.
íce skàte 名 C [普通は複数形で] アイススケート靴《⇒ skate[1] 日英》.
íce-skate /áɪsskèɪt/ 動 自 アイススケートをする.
íce skàter 名 C アイススケートをする人 (skater).
íce skàting 名 U アイススケート《⇒ skate[1] 日英》.
íce wàter 名 U,C《主に米》氷水. **hàve íce wàter in** one's **vèins** [動] 自《米略式》全く冷静である.
i·ci·cle /áɪsɪkl/ 名 C つらら.
ic·i·ly /áɪsəli/ 副 冷淡に.
ic·ing /áɪsɪŋ/ 名 U = frosting. **the ícing on the cáke** [名] 花を添えるもの.
ick·y /íki/ 形《略式》とてもいやな, 気持ち悪い; べとべとした.
i·con /áɪkɑ(ː)n | -kɔn/ 名 ❶ C〔コンピュータ〕アイコン《コンピューター画面上の絵記号》. ❷ C 崇拝の的, アイドル; (...の)象徴. ❸ C (ギリシャ正教の)聖像, イコン.
i·con·o·clast /aɪkɑ́(ː)nəklæ̀st | -kɔ́n-/ 名 C《格式》因襲打破を唱える人; 偶像[聖像]破壊者.
i·con·o·clas·tic /aɪkɑ̀(ː)nəklǽstɪk | -kɔ̀n-←/ 形《格式》因襲打破の; 偶像[聖像]破壊(者)の.
-ics /ɪks/ 接尾 [名詞語尾]「...学, ...論; ...の活動」の意: econom*ics* 経済学 / phys*ics* 物理学.
ICT 略 = Information and Computer Technology 情報処理《英国の学校の教科》.
ICU /áɪsìːjúː/ 略 = intensive care unit.
ic·y /áɪsi/ 形 (ic·i·er; ic·i·est) ❶ 氷の, 氷で覆(おお)われた: an *icy* road 凍結した道路. ❷ 氷のように冷たい: an *icy* wind 身を切るような風. ❸ 冷淡な: an *icy* manner 冷淡なそぶり. (名 ice)
ID[1] /áɪdíː/ 名 (ID's, IDs) C,U 身分[身元]を証明するもの, 身分証明証[書] (identification). — 動 (ID's, IDs; ID'd, IDed; ID'ing, IDing) 他《略式》(犯人・遺体)の身元確認をする.
ID[2]〔米郵便〕= Idaho.
Id. 略 = Idaho.
I'd /aɪd/ ❶《略式》I[2] would の短縮形: He thought *I'd* be late for school. 彼は私が学校に遅れるだろうと思った. ❷《略式》I[2] had[2] の短縮形: *I'd* already finished my lunch when you called me. 君が電話をくれたときにはもう昼食は済んでいた.
I·da /áɪḍə/ 名 固 アイダ《女性の名》.
Ida. 略 = Idaho.
I·da·ho /áɪḍəhòʊ/ 名 固 アイダホ《米国北西部の州; 略 Ida., Id.,〔郵便〕ID》.
ÍD càrd /áɪdíː-/ 名 C 身分証明書[証] (identity [identification] card).

i·de·a /aɪdíːə, áɪḍìːə | aɪdíə, áɪdɪə/
— 名 (~s /~z/)

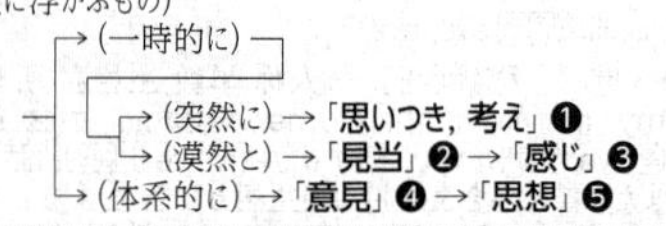
意味のチャート
ギリシャ語で「物の形」の意; ideal と同語源.
(頭に浮かぶもの)
→(一時的に)
→(突然に)→「**思いつき, 考え**」❶
→(漠然と)→「**見当**」❷→「**感じ**」❸
→(体系的に)→「**意見**」❹→「**思想**」❺

❶ C (頭に浮かぶ)考え; **アイデア, 着想**; 思いつき; 提案《⇒ 類義語》: That's a good *idea*. それはいい考えだ / She's full of new *ideas*. 彼女は新しいアイデアが豊富だ / Whose *idea* was it to take the subway? 地下鉄で行こうというのはだれの考えだったの / Do you have any *ideas for* this sales promotion? この販売促進について何かアイデアはありませんか / 「come up with [hit on] a great *idea* すばらしい考えを思いつく / a bright *idea* [しばしば皮肉に] 結構な考え.

♥ ...するのがいいかもしれません (助言するとき)
It might be a good idea to ...
It might be a good idea to give it a try.
試してみるのがいいかもしれません.
♥ 控えめに助言をする際に用いられる.《助言の表現については ⇒ should A 1 (1)》

❷ U,C **見当, 理解**, (大体の)知識; 想像: This book gives us a good *idea of* life in Finland. この本をみるとフィンランドの生活がどんなものかよくわかる / Dad just left. Do you have any *idea where* he went? +wh 句・節 お父さんが出かけたんだけど. どこへ行ったか知らない? 語法 *wh* 節の前に of が来ることもある: Do you have any *idea of where* he went? +of+wh 句・節 // 言い換え 「I *have* [I've got] *no idea*. = I don't have any *idea*. (考えたけれど)私にはわかりません / I didn't *have the slightest* [*faintest*] *idea who* he was. Ⓢ 彼がだれなのか全く見当がつかなかった / 言い換え The very *idea of seeing* him makes me excited. = The very *idea that* I'll see him makes me excited. +that 節 彼に会うと思うだけでわくわくする《✪ ×The very idea *to* see him とは言わない》.
❸ C (...のような)**感じ**, 予感, (漠然とした)考え: I have an *idea* (*that*) something will happen today. +(that) 節 きょうは何か起こりそうな気がする / Where did you get that *idea*? どうしてそう思ったの?
❹ C **意見**, 見解; 考え方; 理念: She has some odd *ideas about* [*on*] education. 彼女は教育について変わった見解をもっている / The police have the *idea that* it was an inside job. +that 節 警察はそれを内部のしわざと見ている. ❺ C 観念; 概念; 思想: the *idea of* space 空間の概念 / a history of *ideas* 思想史. ❻ C,U (...の)目的, 意図: What's the *idea of* keeping her waiting? どういうつもりで彼女を待たせるの / His family expected him to be a lawyer, but he had other *ideas*. 彼の家族は彼が弁護士になることを望んでいたが, 彼には別の考えがあった. ❼ [所有格の後で; しばしば否定文で] 理想(像), 典型, (...の)あるべき姿: It was*n't my idea of* a holiday. それは(私に言わ

せれば)とても休日と呼べるようなものではなかった.
bóunce idéas òff ... [動] ㊀ 考えを(人)にぶつけて反応をみる: He *bounced ideas off* his wife. 彼は妻に考えを述べて意見を聞いた.
gèt the idéa [動] ㊂ (...が)わかる (*of*).
gèt the wróng idéa [動] ㊂ 勘違いする, 誤解する.
gíve ... idéas [動] ㊀ = put ideas into [in] ...'s head.
hàve an idéa of dóing [動] ...しようと思う.
hàve the ríght idéa [動] ㊂ 正しい行動[考え方]をしている.
pùt idéas ìnto [in] ...'s héad [動] ...に余計な考えをふきこむ; ...に過大な期待を持たせる.
Thát's [Thére's] an idéa. Ⓢ それはいい考えだ.
Thát's the idéa. Ⓢ その調子だ; その通りだ.
The idéa! まああきれた.
Whát an idéa! 何てばかな(考えだ); まああきれた.
Whát's the (bíg) idéa? Ⓢ 一体どういうこと[つもり]だ, 何てばかなことをするんだ.
with the idéa of ... [前] = **with the idéa that ...** [接] ...と思って, ...のつもりで.
you have nó idéa [しばしば wh 節を伴って] Ⓢ (あなたにはわからないだろうが)本当に: *You have no idea how* hard it was. 本当に大変だったんです.

[類義語] **idea** 最も普通の語で, まとまっているいないにかかわらず, 心に浮かんだ考えをいう: I've got a good *idea.* いい考えがある. **concept** あるものに対する一般化された考えをいう: moral *concepts* 道徳についての概念. **thought** 理性的に考えて浮かぶ考え: Arrange your *thoughts* before you speak. 話す前に考えていることを整理してください. **notion** は *idea* とほぼ同じ意味に用いられるが, 特に気まぐれな思いつきや根拠のない漠然とした考えを意味することがある: the *notion* that poverty is caused by laziness 貧困は怠惰から生まれるという考え.

****i·de·al** /àɪdíː(ə)l, áɪdiːəl | àɪdíəl, -díːəl←/
— [形] ❶ [比較なし] **理想的な, 申し分のない**: an *ideal* husband 理想的な夫 / an *ideal* opportunity 絶好の機会 / It's *ideal* weather *for* a picnic. ピクニックにはぴったりの天気だ. ❷ [限定] [比較なし] 想像上の, 理想の; 観念的な; 非現実的な: an *ideal* world 想像上の[理想の]世界. ([動] idéalize)
— [名] (~s /~z/) ❶ Ⓒ **理想**: high *ideals* 高い理想 / the *ideal of* a democratic society 民主的な社会という理想.
❷ Ⓒ [普通は単数形で] **理想的な人[物]**; (...の)典型, 模範, かがみ (*of*).
〖語源 idea と同語源〗

i·de·al·is·m /aɪdíːəlìzm/ [名] ❶ Ⓤ 理想主義 [⇔ realism]. ❷ Ⓤ 〔芸術〕 観念主義; 〔哲学〕 観念論, 唯心論 [⇔ materialism].
i·de·al·ist /aɪdíːəlɪst/ [名] ❶ Ⓒ 理想主義者; 空想家. ❷ Ⓒ 〔哲学〕 観念論者.
i·de·al·is·tic /aɪdìːəlístɪk, àɪdiə- | -dìəl-←/ [形] 理想主義の; 現実的でない.
i·de·al·i·za·tion /aɪdìː(ə)lɪzéɪʃən | -dìəlaɪz-/ [名] Ⓤ 理想化; Ⓒ 理想化されたもの.
i·de·al·ize /aɪdíː(ə)làɪz | -díəl-/ [動] ㊀ (...)を理想化する; 理想的だと思う. ([形] idéal)
***i·de·al·ly** /aɪdíː(ə)li | -díə-/ [副] ❶ [文修飾] **理想的には...だ, 理想を言えば...だ**: *Ideally,* I'd like to live closer to my job. 理想を言えば, もっと職場の近くに住みたい.
❷ **理想的に, 申し分なく**: Mr. Smith is *ideally* suited for the post. スミス氏はその地位には申し分のない人だ.

+i·den·ti·cal /aɪdénṭɪk(ə)l/ [形] ❶ [比較なし] **全く同様の, 等しい**: The sisters wore *identical* dresses to the party. 姉妹はパーティーへおそろいの服を着て行った / This proposal is virtually ***identical to*** [***with***] the one you made last week. [+to [with]+名] この提案は実質的にはあなたが先週行なったものと同じだ.
❷ [限定] [比較なし] [the ~] **同一の**, 同じ(⇒ same [類義語]): *the identical* person 同一人物, 本人.
([名] idéntity, [動] idéntify)
-cal·ly /-kəli/ [副] 全く同じに; 同様に. [語法] しばしば the same や alike を強調する.
idéntical twín [名] Ⓒ [普通は複数形で] 一卵性双生児(の1人); 動物の一卵性双子(の1匹).
i·den·ti·fi·a·ble /aɪdénṭəfàɪəbl/ [形] (人・物が)見分けがつく; 身元が確認できる: The car is easily *identifiable as* a Ford. その車はひと目でフォードだとわかる.
***i·den·ti·fi·ca·tion** /aɪdènṭəfɪkéɪʃən/ [名] ❶ Ⓤ **身分証明になるもの**, (身元・人物などの)確認できるもの《運転免許証やパスポートなど; [略] ID》: Do you have any (form [proof] of) *identification* (on [with] you)? 何か身分証明(になるもの)をお持ちですか. ❷ Ⓤ,Ⓒ (身元・人物などの)確認, 身分証明; (物事を)明らかにすること, 同一であるとみなすこと, 同定: The *identification of* the three dead bodies was done by relatives. 3人の遺体の身元確認が親戚(しんせき)の者によってなされた.
❸ Ⓤ (...との)一体感, 共感, 感情移入; 共鳴; (...と)結びつけて考えること (*with*). ([動] idéntify)
identificátion càrd [名] Ⓒ = ID card.
identificátion paràde [名] Ⓒ 《英》 = lineup 3.
***i·den·ti·fy** /aɪdénṭəfàɪ/ [!アク] [動] (-ti·fies /~z/; -ti·fied /~d/; -fy·ing)

[意味のチャート]
「同一であるとみなす」❷ → (同一性を確かめる) → 「その人[物]であると見分ける」❶

— ㊀ ❶ (...)を**その人[物]であると見分ける**, (...)の身元を確認する[明らかにする]; (...)を(~であると)確認する; (物事が)(...)の身元を示す: You can easily *identify* John because he's very tall. ジョンは背がとても高いからすぐにわかる / [言い換え] The body hasn't *been identified.* [V+O の受身] (= The identification of the body hasn't been made.) その遺体は身元が確認されていない / The robber ***was identified as*** John Smith by his fingerprints. [V+O+C (as+名)の受身] その強盗は指紋からジョン スミスであると確認された.
❷ (...)を(~と)**同一であるとみなす**; (...)を(~と)結びつけて考える: Some people ***identify*** success ***with*** hav*ing* a lot of money. [V+O+with+動名] 金持ちになることが成功だと考える人がいる / She ***was identified with*** the anti-nuclear movement. [V+O+with+名の受身] 彼女は反核運動にかかわっているとされた. ❸ (物事)を明らかにする, 突き止める.
— ㊂ (...と)一体感を持つ, (...)に感情移入[共感]する; 共鳴する: I began to *identify with* their cause. 私は彼らの主張に共鳴するようになった.
idéntify onesèlf [動] ㊂ 身元を明らかにする; (...であると)名乗る (*as*).
idéntify onesèlf with ... = be idéntified with ... [動] ㊀ ...を支持する, ...に共鳴する; ...と(深く)関係する. ([形] idéntical, [名] idèntificátion)
I·den·ti·kit /aɪdénṭəkìt/ [名] Ⓒ 《英》 アイデンティキット

I

《モンタージュ写真合成用スライドセット; 商標》; モンタージュ写真 [《米》 composite].

*i·den·ti·ty /aɪdénṭəṭi/ アク 名 (-ti·ties /~z/) ❶ U,C 身元, 正体; 同一人[同一物]であること, 本人であること: a case of mistaken *identity* 人違い / protect [reveal] one's *identity* 身元を伏せる[明かす] / The police couldn't establish [prove] the ***identity of*** the man. 警察はその男の身元を突き止めることができなかった.
❷ U,C 独自性, 主体性; 個性, アイデンティティ: a loss of *identity* 独自性[自己認識]の喪失 / cultural *identity* 文化的独自性[帰属意識] / Learn from and respect others, but always keep your own *identity*. 他人から学び他人を敬い, ただし主体性を忘れない[自分を見失わない]ように. ❸ U 《格式》 同一であること, 一致. (形 idéntical)

idéntity càrd 名 C = ID card.
idéntity paràde 名 C 《英》 = lineup 3.
idéntity thèft 名 U 個人情報不法使用.
id·e·o·gram /íḍiəgræ̀m/, **id·e·o·graph** /íḍiəgræ̀f|-grɑ̀:f/ 名 ❶ C 表意文字《漢字などの象形文字》. ❷ C 表意記号《&, %, @など》.
+**i·de·o·log·i·cal** /àɪḍiəlɑ́(:)ʤɪk(ə)l, ìḍ-|-lɔ́ʤ-←/ 形 イデオロギー(上)の; (人が)観念的な: He left the party for *ideological* reasons. 彼はイデオロギー上の理由で離党した. (名 ìdeólogy)
i·de·o·logue /áɪḍiəlɔ̀:g, íḍ-|-lɔ̀g/ 名 C 《格式》 (特定の)イデオロギー信奉者, イデオローグ.
+**i·de·ol·o·gy** /àɪḍiɑ́(:)ləʤi, ìḍ-|-ɔ́l-/ 名 (-o·gies) C,U [ときに軽蔑的] イデオロギー, 観念形態: Do you accept their *ideology*? 彼らのイデオロギーを認めますか. (形 ìdeológical)
id·i·o·cy /íḍiəsi/ 名 (-o·cies) ❶ U 全くの愚かさ, 愚の骨頂. ❷ C 愚かな言動.
id·i·om /íḍiəm/ 名 ❶ C 慣用句, 成句, イディオム.

> **参考** 特有の決まった表現で, 慣用的に使われる言い方; 例えば How do you do? (はじめまして), full of beans (元気一杯で)のようにその一つ一つの意味を足しても全体の意味にならず, また他の語を代入して言い換えることができない.

❷ C,U 《格式》 (ある集団·個人に固有な)表現, 語法. ❸ C,U 《格式》 (音楽·美術などの)独特の表現形式, 作風. (形 ìdiomátic)
id·i·o·mat·ic /ìḍiəmǽṭɪk←/ 形 慣用語法にかなった, 慣用(語法)的な; その言語に特徴的な: *idiomatic* expressions 慣用的表現 / *idiomatic* English 英語らしい英語. (名 ídiom)
id·i·o·syn·cra·sy /ìḍiəsíŋkrəsi/ 名 (-cra·sies) C (個人の)特異性《考え方·癖など》; (奇妙な)特徴.
id·i·o·syn·crat·ic /ìḍiəsɪŋkrǽṭɪk←/ 形 特異な, 特有の.
id·i·ot /íḍiət/ 名 C ばか, まぬけ; 《古語》 白痴.
id·i·ot·ic /ìḍiɑ́(:)ṭɪk|-ɔ́t-←/ 形 大ばかな.
+**i·dle** /áɪḍl/ (同音 idol, idyll) 形 (i·dl·er; i·dl·est)

> **意味のチャート**
> 元来は「からの」の意 →(中身がない) →(無意味な) →「むだな」❷ →(役に立たない) →「仕事をしていない」❶ →「怠け者で」❸

❶ 仕事をしていない, 用のない, 休んでいる, 暇な [⇔ busy]. 語法 この場合は悪い意味とは限らない: *idle* money 遊んでいる金 / *the idle* rich [軽蔑的] 有閑階級の人たち《⇒ the[1] 3》 / in an *idle* moment 暇な折に.
❷ むだな, くだらない; 根拠のない: *idle* gossip 根も葉もないうわさ / an *idle* threat ただの脅し / out of *idle* curiosity ふとした好奇心から. ❸ 《古風》 怠け者で, のらくらしている: an *idle* fellow 怠け者. 語法 この意味では lazy が普通.
stánd [sít, líe] ídle [動] 自 何もしないでいる, 手をこまねいている; (物が)使われないでいる: The machines have been *lying idle* for the last ten days. ここ 10 日ばかり機械は使われていない.
— 動 自 (エンジンなどが)から回りする, アイドリングする; 怠ける, 何もせずに過ごす.
— 他 《米》 (工場·労働者など)を休業にする.
ídle awáy [動] 他 怠けて(時間など)を過ごす.
i·dle·ness /áɪḍlnəs/ 名 U 無為; 仕事のないこと.
i·dl·er /áɪdlə|-lə/ 名 C 《古風》 怠け者.
i·dly /áɪdli/ 副 何もせずに; むだに: stand [sit] *idly* by 何もしないで傍観する, 見過ごす.
i·dol /áɪḍl/ 名 (~s /~z/) ❶ C 崇拝[敬愛]される人[もの], アイドル: That player was the *idol of* our generation. その選手は我々の世代のアイドルだった. ❷ C 偶像. (動 ídolìze)
i·dol·a·try /aɪdɑ́(:)lətri|-dɔ́l-/ 名 U 偶像[邪神]崇拝; 盲目的崇拝, 心酔.
i·dol·ize /áɪḍəlàɪz/ 動 他 (...)を偶像化[視]する; 崇拝する, (...)に心酔する. (名 ídol)
i·dyll, i·dyl /áɪḍl/ 名 ❶ C 《文語》 牧歌的情景; のどかな生活. ❷ C 田園詩, 牧歌.
i·dyl·lic /aɪdílɪk|ɪd-, aɪd-/ 形 牧歌的な, のどかな.
+**i.e.** /áɪí:/ 副 つなぎ語 すなわち, 換言すれば. 語法 (1) 元来は that is に相当するラテン語 id est の略語なので, /ðætíz/ と発音されることもある. (2) 学術書·専門書などのやや改まった文章で用いる. 日常的には that is (to say)や or の方が普通.
-ie /i/ 接尾 [名詞につき, 親愛の気持ちを表わす名詞語尾] 《略式》: dogg*ie* わんわん《⇒ diminutive 2》.

***if**[1] /ɪf; íf/
— 接 《従属接続詞》

> **単語のエッセンス**
> 1) もしも...ならば ❶
> 2) 仮に...だとすれば; 仮に(あの時)...だったとしたならば ❷, ❸
> 3) 万一...だったら ❹
> 4) たとえ...としても ❺
> 5) ...かどうか ❻

❶ [直説法現在時制·現在完了形·過去時制とともに] もしも...ならば, もし...とすれば《単なる仮定や条件などを表わす》: *If* a man *bites* a dog, that's news. もし人が犬をかんだらそれはニュースだ / *If* you *have finished* your work, you can go home. 仕事が終わったら家に帰っていいですよ / *If* he *was* there, Bill probably saw the accident. もしビルがそこにいたのならたぶん事故を見ただろう.

> 語法 (1) if が未来についての仮定や条件を表わす副詞節を導くときには普通は現在時制を用いる《⇒ 巻末文法 6.1 (1); when[2] 接 1 語法 (1)》; if 節に will を用いる場合については ⇒ 9, will[1] 2 (4): *If* it *rains*, we will stay home. もし雨なら家にいます / You'll break it *if* you *aren't* careful. 気をつけないと壊す

よ.
(2) if 節内の主語と be 動詞が省略されることがある《⇒ **巻末文法** 15.4 (2)》: *If* (you're) in doubt, please ask me. 不確かならば私に聞いてください / I'll come *if* (it's) possible. もし可能なら行きます.
(3) if 節を強調して主節の前に then を用いて if ... then 〜 とすることがある: *If* you're right, *then* everyone else is wrong. もし君が正しいのならほかの人はみな間違っていることになる.

❷ [仮定法過去時制とともに] (事実はそうではないのだが)仮に...だとすれば[ならば], (そんなことはないと思うが)**もしも...ならば**. 語法 🔍 現在の事実と反対の, または実現の可能性のない[小さい]仮定や条件を表わす; 結論を示す主節では would, could など助動詞の過去形を用いるのが普通《⇒ **巻末文法** 11.2》: I *would* go *if* I *were* asked. (頼まれることはないと思うが)もし頼まれれば行くだろう / *If* he *did*n't know about it, he *would*n't say anything. 彼は知らないのであれば何も言わないだろう(実際は知っているので何か言うだろう) / You *could* do better work *if* you *tried*. あなたがやればもっと上手にできるだろう / *If* I *were* you, I'*d* start at once. Ⓢ 私だったらすぐに始めるだろう《♥ 助言の表現; ⇒ would B 1 (1)》.
❸ [had＋過去分詞とともに; ⇒ had² B] **(あの[その]時)仮に...だったとしたならば, (あの[その]時)もしも...だったならば.** 語法 🔍 過去の事実に反する仮定を表わす; 結論を示す主節では would, could など助動詞の過去形＋have＋過去分詞を用いるのが普通《⇒ **巻末文法** 11.3》: She *would have come if* you *had invited* her. もしあなたが招待していたら彼女は来ただろうに / You *would have succeeded if* you *had tried* harder. もっとがんばっていたらうまくいっただろうに / *If* I hadn't *helped* him, his business *would have failed*. もし私が援助しなかったら, 彼の商売は失敗していただろう(実際は私が援助したので成功できた) / *If* I *had met* her then, we *might be married now*. 彼女にそのとき会っていたら私たちは今結婚しているかもしれない《✪ 主節の形に注意》.
❹ [should とともに]《格式》**万一...だったら**; [were to とともに]《格式》もし仮に...ならば: *If* anyone *should* call, please let me know. 万一だれかから電話があったら知らせてください / Even *if* you *were to* fail the first time, you could try again. もし仮に最初失敗したとしてももう 1 度やれますよ.

語法 🔍 2 から 4 において《文語》では if を用いずに主語と助動詞または動詞の語順を逆にして仮定や条件を示すことがある《⇒ **巻末文法** 15.2 (1)》: *Were I* in your place (= *If I were* in your place), I *would*n't do such a thing. 私があなたの立場ならそんなことはしないだろう / *Had Cleopatra's nose* been shorter (= *If Cleopatra's nose had* been shorter), the whole history of the world *would have been* different. もしクレオパトラの鼻がもっと低かったならば, 世界の歴史は違っていたであろう《フランスの哲学者パスカル (Pascal) のことばから; ⇒ nose 名 1 日英》/ *Should you* be interested in our offer (= *If you should* be interested in our offer), please contact us. 私どもの提案に関心をもたれたならばご一報下さい.

❺ **たとえ...としても**, ...だとしても [≒though]《⇒ even if ... (成句)》: I'll do it *if* it costs [*should* cost] me my life. たとえ命を失うことになっても私はそれをやります. 語法 if 節内を省略することがある: My computer is very handy, *if* (it is) a bit old. 私のコンピューターは少し古いけどとても使いやすい《⇒ if not ... (成句)》/ The boy is clever, *if* (he is) somewhat naughty. その子は少々わんぱくだが利口だ.
❻ **...かどうか**: Do you know *if* Mr. Smith is at home? スミス氏がご在宅かどうかご存じですか / I wonder *if* he's ill. 彼は病気なのかな.

語法 疑問詞で始まらない疑問文を間接話法で表わすときには接続詞として if または whether を用いる《⇒ **巻末文法** 14.2 (2) ②, whether 1 (2)》: 言い換え He asked me *if* I could help him. 《間接話法》(= He said to me, "Can you help me?"《直接話法》) 彼は私に助けてもらえるかどうか尋ねた / The teacher asked me *if* I liked English. 《間接話法》(= The teacher said to me, "Do you like English?"《直接話法》) 先生は私に英語が好きかどうか尋ねた.
✪ if と whether の用法の違いについては ⇒ whether 1 (1) 語法.

❼ [感情などを表わす形容詞・動詞のあとにつけて接続詞 that のように用いる] もし...ならそのことを: I'm sorry *if* she misunderstands me. 彼女が私を誤解しているとしたら残念だ / Do you mind *if* I open the window? Ⓢ 窓を開けてもいいですか. ❽ ...のときはいつも [≒whenever]; ...すると [≒when]: *If* I'm late I take a taxi. 遅れそうなときはいつもタクシーに乗る / *If* it was warm, he took the dog for a walk. 暖かいときはいつも彼は犬をつれて散歩に出た / *If* you mix yellow and blue, you get green. 黄色と青を混ぜると緑になる. 語法 この意味では if が導く従属節と主節の時制が同じことが多い. ❾ [if ... will [would] 〜 の形で主語の意志を表わして]《格式》〜してくださるなら, 〜するつもりなら (if ... be willing to 〜)《♥ しばしば間接的で丁寧な依頼の表現としても用いる; would のほうがより丁寧》: *If* you *will* just wait here, I'll call the manager. Ⓢ ここでお待ちいただければ支配人を呼んで参ります / *If* he *will* apologize to me, I'll forgive him. 彼が私に謝るつもりなら, 彼を許そう. ❿ [if ... could [may, might] 〜の形で] Ⓢ もし〜できるなら《♥ 提案・発言する際や依頼する際などの間接的で丁寧な表現》: *If* I *may* [*could*] make a suggestion, why don't we talk about it again next time? その件については次回再度話し合うという提案をさせていただきたいのですが / *If* you *could* sign here, please. こちらにサインをいただければ助かるのですが / It would be great *if* you *could* help us. 手伝ってもらえるとありがたいんだけど. ⓫ [しばしば if you think [ask, remember] などとして用いて] もし...ならば言い[申し]ますが〜《意見などを述べるときに表現を和らげる前置きのことば》: *If* you *ask* me, he won't be able to do the work alone. 言わせてもらえば, 彼一人ではその仕事はできないだろう. ⓬ [帰結の節を省略して驚き・願望などを表わす; if only または否定文の形で用いられることが多い]: *If only* he'd write! 彼が手紙を書いてくれさえすればなあ《⇒ if only ... (only 副 成句)》/ Well, *if* it is*n't* Lisa! 驚いた, リサじゃないか / *If* I have*n't* left my smartphone at home! しまった, スマホを家に置いてきた.
⓭ [動詞の原形とともに]《文語》...である場合には.

I

語法 現在および未来についての予想・仮定を表わす《⇒ 巻末文法 11.4 (2)》: *If* this rumor *be* true, we may assume that he's safe. もしもこのうわさが本当なら, 彼は無事だと考えていい.

as if ⇒ as 成句.

èven if ... [接] **たとえ...であっても**, たとえ...としても: You must do it *even if* you don't want to. あなたはたとえいやでもそれをやらなくてはならない / *Even if* we leave right now, we won't get there in time. 今すぐ出発するとしてもそこに時間までには着かない.

ìf and whèn ... [接] もし仮に...したら[であったら].

if ány ⇒ any 代 成句.

ìf (...is)「a cént [a dáy, an ínch, an óunce, a pénny, a yárd] [副] Ⓢ 確かに; 少なくとも: It cost thirty dollars, *if a cent*. それは確かに 30 ドルはした / She's forty years old *if* (she's) *a day*! 彼女はどう見たって 40 歳にはなっている. 語法 cent, penny は金額を, day は年齢を, inch, yard は長さを, ounce は重さをいうときに用いる.

ìf it had nót bèen for ... もしも...がなかったならば《過去の事実と反対の仮定を表わす》: *If it hadn't been for* your advice, I would have gone wrong. もしもあなたの忠告がなかったとしたら私は間違ってしまっただろう. 語法《文語》では had it not been for ... ともいう《⇒ 4 語法》.

ìf it were nót for ... もしも...がないならば《現在の事実と反対の仮定を表わす》: *If it were not for* the sun, no creature could live. もしも太陽がないとしたらどんな生物も生きられない. 語法 (1)《文語》では were it not for ... ともいう《⇒ 4 語法》. (2)《略式》では were の代わりに was を用いることがある《⇒ were 動 B 語法 (2)》.

ìf nót [副] **もしそうでないなら.** 語法 しばしば疑問文の後に用いる: Are there any empty seats? *If not*, we'll wait for the next train. 空席がありますか. もしなければ次の列車を待ちましょう.

ìf nót ... [接] いや(ひょっとすると)...かもしれない; たとえ...ではないと[...は言いすぎだと]しても: It'll be difficult, *if not* impossible, to cross this river. この川を渡るのは難しいだろう, それどころか不可能かもしれない.

ìf nót for ... (1) = if it were not for .... (2) = if it had not been for ....

ìf só [副] もしそうなら: Are you free today? *If so*, I'll drop in. きょうはお暇ですか. お暇なら寄ります.

ónly if ... [接] ...という場合にだけ[限り] (only on condition that)《⇒ if only ... (only 副 成句)》: 言い換え I'll come *only if* you do. = I'll *only* come *if* you do. あなたが行く場合に限り私も行きます(あなたが行かないなら私も行かない).

Whát if ...? ⇒ what¹ 代 成句.

if² /íf/ 名 C《略式》不確実なこと; 仮定, 条件. **ífs, ánds, or búts**《米略式》=《英略式》**ífs and búts** [名] (ぐずぐず引き延ばすための) 言いわけ, 反論. **Thát's [It's] a bíg if.** それは大きな問題だ; ほとんどありえないことだ.

if·fy /ífi/ 形 ❶《略式》不確かな, 疑わしい, あやふやな. ❷《略式, 主に英》よくない.

ig·loo /íglu:/ 名 (~s) C イグルー《氷雪の塊(かたまり)で造るイヌイットの家》.

ig·ne·ous /ígniəs/ 形〔地質〕火成の: *igneous* rocks 火成岩.

ig·nite /ɪgnáɪt/ 動 他 ❶《格式》(...)に点火する, 火をつける. ❷ (危険な状況など)をもたらす, 引き起こす; (興味など)をかき立てる. ― 自《格式》火がつく; (感情などが)燃え上がる.

ig·ni·tion /ɪgníʃən/ 名 ❶ C [普通は単数形で] (車のエンジン始動用の)キーの穴; 点火装置: an *ignition* key イグニッションキー《車のエンジンを始動させる鍵(かぎ)》/ turn on the *ignition* 点火装置のスイッチを入れる. ❷ U《格式》点火, 発火.

ig·no·ble /ìgnóubl←/ 形 (ig·no·bler, more ~; ig·no·blest, most ~)《格式》卑しい, 下劣な [⇔ noble].

ig·no·min·i·ous /ìgnəmíniəs←/ 形 限定《格式》不面目な, 不名誉な, 恥ずべき.

ig·no·min·y /ígnəmìni/ 名 (-min·ies) U《格式》不面目, 不名誉 (*of*); C 恥ずべきこと[ふるまい].

ig·no·ra·mus /ìgnəréɪməs/ 名 C《古風》無知な人.

+**ig·no·rance** /ígnərəns/ !アク 名 ❶ U **無知**; 無学: He was ashamed of his *ignorance*. 彼は自分の無知を恥じていた.
❷ U (...を)**知らないこと**: *Ignorance of* the law is no excuse. 法律を知らないということは(罪を犯した)言いわけにはならない / *Ignorance* is bliss.《ことわざ》無知は幸福(知らぬが仏).

in ígnorance [副・形] (...を)知らないで (*of*).

「òut of [through] ígnorance [副] 無知のために.
(形 ígnorant)

ig·no·rant /ígnərənt/ !アク 形 ❶ 無知な, 無学の; 無知から起こる, 無知を示す: an *ignorant* answer [error] 無知をさらけ出した答え[誤り] / He was poor and *ignorant*. 彼は貧しく教育もなかった. ❷ 叙述 (...を)知らない, (...に)気づかない: 言い換え I was totally *ignorant of* [*about*] that fact. (= I knew nothing about that fact.) 私はその事実は全く知らなかった. C+1 意味を強める副詞のほか, 興味深い副詞として blissfully が使われることもある: The baby remained *blissfully ignorant of* what was going on. 幸せなことに赤ん坊は何が起っているか知らないままだった《⇒ ignorance 2 最後の例文》. ❸ Ⓢ《英》礼儀知らずの, 不作法な. (名 ígnorance)

~·ly 副 無知のままに, 知らずに.

⁑ig·nore /ɪgnɔ́ɚ | -nɔ́:/ !アク
― 動 (ig·nores /~z/; ig·nored /~d/; ig·nor·ing /-nɔ́:rɪŋ/) 他 (わざと)(...)を**無視する**, 顧みない; 見て見ぬふりをする《⇒ neglect 類義語》: He *ignores* other people's problems. 彼は他人の問題などいっこうにかまわない / I cannot *ignore* his insulting remarks. 私は彼の侮辱的なことばを無視することはできない.
〖語源 ラテン語で「知らない」の意〗

i·gua·na /ɪgwá:nə/ 名 (複 ~(s)) C イグアナ《熱帯アメリカ産の大とかげ》.

IL〔米郵便〕= Illinois.

il- /ì(l)/ 接頭 = in-¹《l- で始まる語の前の変形》: *il*legal 非合法の / *il*logical 非論理的な.

Il·i·ad /íliəd/ 名 [the ~] イーリアス《Homer 作とされるトロイ戦争 (Trojan War) をうたった叙事詩》.

ilk /ílk/ 名 [単数形で] 種類, タイプ: journalists and their *ilk* ジャーナリストやその手の人々 / of that *ilk* 同類の《名詞の後に置かれる》.

⁑ill /íl/
― 形 (比 worse /wɚ́:s | wʌ́s/; 最 worst /wɚ́:st | wʌ́st/) ✪ worse, worst についてはそれぞれの項を参照.

意味のチャート
「悪い」❷ →(体の具合が悪い)→「病気で」❶
→(運が悪い)→「不運な」❸

❶ 叙述《主に英》**病気で**, 気分が悪い [《米》sick] [⇔ healthy, well];《英》(負傷などで)容態が悪い: She's *ill* in bed. 彼女は病気で寝ている / He's seriously [critically] *ill*. 彼はとても具合が悪い[危篤だ] / She's terminally *ill*. 彼女は死期が近い / He's mentally *ill*. 彼は精神病だ / My younger sister is ***ill with*** flu. [+with+名] 妹はインフルエンザにかかっている / I was feeling *ill* yesterday. きのうは気分が悪かった / Tom worked so hard that he ***became*** [***got***, ***fell***] ***ill***. トムは働き過ぎて病気になった / be taken *ill* 病気になる.

語法 **ill と sick の違い**
(1)《英》では 叙述 には ill を, 限定 には sick を用いる.《米》ではどちらの場合も sick を用い, 叙述 に ill を用いるとやや格式ばった言い方になる(⇒ sick 語法): 《英》He is *ill*.《米》He is *sick*. /《英·米》He is a *sick* man. 彼は病人だ.
(2) a seriously *ill* patient (病気が重い患者)のように病状を示す副詞を伴う場合には 限定 としても使える.

❷ 限定 **悪い**, 害のある; 悪意のある [⇔ good]: an *ill* deed 悪い行ない / *ill* manners 無作法 / *ill* repute 悪評 / the *ill* effects of smoking 喫煙の害 / *ill* will 悪意 / *ill* feeling(s) 敵意. ❸ 限定《格式》不運な, 不吉な, 不利な: *ill* luck 不運.

— 副 (比 **worse** /wɚ́:s | wə́:s/; 最 **worst** /wɚ́:st | wə́:st/) ❶ [しばしば合成語で]《格式》**悪く**, 不正に; 悪意をもって: I was *ill* treated by them. 私は彼らに虐待された. ❷ [しばしば合成語で] 不十分に, 不完全に, まずく: *ill*-informed 知識不足の.

can íll affórd to dó《格式》...の[...する]余裕がない, ...するわけにはいかない: The company *can ill afford to* raise the wages in this recession. この景気後退のなかで会社は昇給する余裕がない.

— 名 ❶ [複数形で] 困難, 問題; 病気: the *ills* of life 人生の苦難 / social *ills* 社会悪. ❷ U《格式》不運, 不幸, 災難; 悪, 邪悪.

for góod and for íll = for góod or íll [副] よくも悪くも, 結果はどうでも.

Ill. 略 = Illinois.

****I'll** /aɪl/ (同音 aisle, isle)《略式》I² will¹ **の短縮形**: *I'll* call you as soon as I can. なるべく早く電話します. 語法《英略式》では I shall の意味にも代用される.

ill-ad·vised /ìlədváɪzd←/ 形 無分別な, 思慮のない.

ill-dis·posed /ìldɪspóʊzd←/ 形《格式》(...に)好意的でない, 冷淡な (*to, toward*).

****il·le·gal** /ì(l)lí:gəl←/

— 形 [比較なし] **非合法の**, 不法な, 法律に違反した; 規則違反の [⇔ legal]: *illegal* immigrants [《米》aliens] 不法移民 / *illegal* drugs 不法薬物 / an *illegal* strike 非合法のストライキ / *illegal* parking 違法駐車, 駐車違反 / légal trade and *íllègal* trade 合法の取り引きと非合法の取り引き(⇒ in-¹ 語法 (2)) / ***It's illegal to*** import firearms. 銃器の国内持ち込みは違法だ. (名 illegálity)

— 名 C S《米》不法入国[滞在, 就労]者.

il·le·gal·i·ty /ì(l)li:gǽləṭi/ 名 (-i·ties) ❶ U 違法, 不法. ❷ C 不法行為. (形 illégal)

il·le·gal·ly /ì(l)lí:gəli/ 副 不法に, 非合法的に.

il·leg·i·bil·i·ty /ì(l)lèdʒəbíləṭi/ 名 U (字の)読みにくさ.

il·leg·i·ble /ì(l)lédʒəbl←/ 形 (字が)(ほとんど)読めない, 判読しにくい [≒unreadable].

il·le·git·i·ma·cy /ìlɪdʒíṭəməsi/ 名 ❶ U 非嫡出(ちゃくしゅつ). ❷ U 違法性, 非合法; 不合理.

il·le·git·i·mate /ìlɪdʒíṭəmət←/ 形 ❶ 非嫡出(ちゃくしゅつ)の《法律上の婚姻関係にない男女間に生まれた》. ❷ 違法の, 非合法の. **～·ly** 副 非嫡出子として; 違法に.

ill-fat·ed /ìlféɪṭɪd←/ 形 [普通は 限定]《文語》不運な, 不幸な.

il·lib·er·al /ì(l)líb(ə)rəl/ 形《格式》反自由主義的な; 狭量な.

il·lic·it /ì(l)lísɪt←/ 形 限定 不法な, 不正な; (社会的に)認められていない: *illicit* drugs 不法薬物. **～·ly** 副 不法に, 不正に; (社会的に)認められずに.

ill-in·formed /ìlɪnfɔ́ɚmd | -fɔ́:md←/ 形 (ある分野に)暗い, 知識不足の (*about*).

Il·li·nois /ìlənɔ́ɪ←/ 名 固 イリノイ《米国中部の州; 略 Ill., 〔郵便〕IL》. 〖語源 北米先住民のことばで「人」の意〗

il·lit·er·a·cy /ì(l)líṭərəsi, -trə-/ 名 U 読み書きできないこと, 非識字; 無学, 無教養.

il·lit·er·ate /ì(l)líṭərət, -trət←/ ❗アク 形 ❶ 読み書きのできない; (書いたものなどが)無学を示す, 文法的に[つづり字が]正しくない. ❷ 無学の, 教養のない; (ある分野に)無知の: politically [computer] *illiterate* 政治[コンピューター]に疎(うと)い. — 名 C 読み書きのできない人.

ill-man·nered /ìlmǽnɚd | -nəd←/ 形《格式》無作法な.

***ill·ness** /ílnəs/ 名 (～·es /～ɪz/) U **病気**, 不健康(⇒ 類義語) [⇔ health]: a minor *illness* 軽い病気 / She's absent because of *illness*. 彼女は病気で休んでいる / He's suffering from a serious [chronic, terminal] *illness*. 彼は重い[慢性的な, 末期状態の]病気にかかっている.

語法 1回1回の病気の状態·種類をいうときには C: Children are liable to come down with various *illnesses*, such as measles and chicken pox. 子供ははしかや水ぼうそうなどいろいろな病気にかかりやすい.

類義語 **illness** と **sickness** はほぼ同じように用いられるが, *sickness* のほうがややくだけた感じのことば. また *sickness* は比較的短期間の病気を意味することが多いのに対し, *illness* はかなりの期間にわたる具合の悪い状態や, 精神病に対して用いられる. なお,《英》では *sickness* を「吐き気」に, *illness* を病気の意味に区別して用いる傾向がある. **disease** *illness* の原因を示す語で, はっきりとした病名と徴候があげられる具体的な病気, 伝染病または医学的な治療や研究対象となるもの.

il·log·i·cal /ì(l)lɑ́(:)dʒɪk(ə)l | ì(l)lɔ́dʒ-/ 形 非論理的な, 不合理な, 筋の通らない: ***It is illogical to*** exclude other possibilities. 他の可能性を排除するのは不合理だ.

ill-starred /ìlstɑ́ɚd | -stɑ́:d←/ 形 [普通は 限定]《文語》星回りの悪い, 不運な.

ill-tem·pered /ìltémpɚd | -pəd←/ 形《格式》不機嫌な, 怒りっぽい, 気難しい [⇔ good-tempered]; (会議·試合などが)険悪な.

ill-timed /ìltáɪmd←/ 形 時機を失した, タイミングの悪い.

ill-treat /ìltríːt/ 動 他 (...)を虐待する, 冷遇する.

ill-treat·ment /íltríːtmənt/ 名 U 虐待, 冷遇.

il·lu·mi·nate /ɪlúːmənèɪt/ 動 (-mi·nates /-nèɪts/; -mi·nat·ed /-t̬ɪd/; -mi·nat·ing /-t̬ɪŋ/) 他 ❶ (...)を照らす, 明るくする [≒light up]; (街路など)に明かりをつける[ともす]; (街路·建物など)をイルミネーションで飾る: Every room *was illuminated with* candles. 各部屋にはろうそく(の明かり)がともされていた. ❷《格式》(不明な点など)を明らかにする, はっきりと説明する. ❸《文語》(微笑などが)(人の顔など)を明るくする, 輝かす; (...)に光彩を添える. (名 illùminátion)

il·lu·mi·nat·ed /ɪlúːmənèɪt̬ɪd/ 形 ❶ 照明で照らされた[明るくなった]. ❷ (写本などが)彩飾された.

il·lu·mi·nat·ing /ɪlúːmənèɪt̬ɪŋ/ 形 (説明などが)はっきりわかりやすい.

il·lu·mi·na·tion /ɪlùːmənéɪʃən/ 名 ❶ U《格式》照らすこと, 照明; 明かり(の強さ), 照度; [複数形で]《英》イルミネーション, 電飾. ❷ U《格式》解明; 啓発. ❸ C [普通は複数形で] (写本の)彩飾. (動 illúminàte)

illus. 略 = illustrated, illustration.

+**il·lu·sion** /ɪlúːʒən/ 名 (~s/~z/) ❶ C,U (物事に関する)**幻想**, (甘い)期待[考え], 誤解, 勘違い(⇒ 類義語): Liz has the ***illusion that*** she's the smartest in her class. +*that* 節 リズは自分がクラスでいちばん賢いと思い込んでいる / Have no ***illusions about*** the future. 未来に対して幻想を抱くな / be ***under*** an [the] ***illusion*** (*that* ...) (...という)幻想を抱いている. ❷ C 錯覚; (誤って見える)幻影, 幻: Skillful arrangement of furniture can give an *illusion of* space. 家具を上手に置くと実際よりも広く感じることがある. (形 illúsory, illúsive)

類義語 **illusion** 外部の状況により実在しないものを実在すると思い誤ることや, 自分に好都合な甘い現実認識をいう. **delusion** 精神的な混乱により真実とは全く異なることを信じ込むことをいう. *illusion* より有害で悪い含みを持つ.

〘語源 ラテン語で「欺くこと」の意〙

il·lu·sion·ist /ɪlúːʒ(ə)nɪst/ 名 C 手品師, 奇術師 [≒magician].

il·lu·so·ry /ɪlúːs(ə)ri/, **il·lu·sive** /ɪlúːsɪv/ 形《格式》錯覚に基づく; 架空の. (名 illúsion)

*__il·lus·trate__ /ɪ́ləstrèɪt, ɪlʌ́streɪt | íləstrèɪt/ 動 (-lus·trates /íləstrèɪts, ɪlʌ́streɪts | íləstrèɪts/; -lus·trat·ed /-t̬ɪd/; -lus·trat·ing /-t̬ɪŋ/) 他

意味のチャート
ラテン語で「明るくする」の意.
(実例や挿絵を入れて)「明らかにする」
→「挿絵を入れる」❷
→「説明する」❶

❶ (理論など)を(実例·図·表などで)**説明する**, 例示する; (物事などが)(...)を明らかにする, 示す, 例証[明示]する: *illustrate* one's point 言い分を明らかにする / He ***illustrated*** the theory ***with*** easy examples. V+O+*with*+名 彼はその理論を易しい例で説明した / He ***illustrated how to*** operate the machine. V+O (*wh* 句) 彼はその機械の動かし方を具体的に示した / The survey ***illustrated that*** public attitudes toward women's roles have changed dramatically. V+O (*that* 節) その調査は女性の役割に対する社会一般の考え方が目ざましく変化したことを示している.

❷ [しばしば受身で] (本·説明など)に**挿絵を入れる**, (...)を図解する(⇒ illustrated): The book ***was illustrated with*** beautiful pictures. V+O+*with*+名の受身 その本は美しい挿絵[写真]入りだった. (名 illustrátion, 形 illústrative)

il·lus·trat·ed /íləstrèɪt̬ɪd, ɪlʌ́streɪt̬- | íləstrèɪt-/ 形 挿絵[写真]入りの, 図解付きの(略 illus.): an *illustrated* book 挿絵[写真]入りの本.

*__il·lus·tra·tion__ /ìləstréɪʃən, ɪlʌ̀s- | ìləs-/ 名 (~s/~z/) ❶ C (本の) **挿絵**, 図, イラスト(略 illus.): This dictionary has a lot of *illustrations*. この辞書には挿絵がたくさん入っている.

❷ U (図解·表などによる本の)**説明**, (実例などによる)解説; 図解: *Illustration* is very useful in teaching the meanings of words. 実例で説明することは単語の意味を教えるのに大変役に立つ. ❸ C (説明などの助けとなる)例, 実例 (*of*).

by wày of illustrátion [副] 例証として. (動 íllustràte)

il·lus·tra·tive /ɪlʌ́strət̬ɪv | íləstrət-, -strèɪt-/ 形《格式》説明する; 実例となる; 図解(入り)の: an *illustrative* sentence 例文 / These words are *illustrative of* his approach to life. これらのことばは彼の生きる姿勢を示している. (動 íllustràte)

il·lus·tra·tor /íləstrèɪt̬ɚ, ɪlʌ́streɪt̬ɚ | íləstrèɪtə/ 名 C 挿絵画家, イラストレーター.

il·lus·tri·ous /ɪlʌ́striəs/ 形 [普通は 限定]《格式》有名な, 名高い; (功績などが)輝かしい.

im- /ɪm, (/m/ の前で) ɪ(m) | ìm/ 接頭 = in-[1, 2] (b-, m-, p- で始まる語の前の変形): *im*mortal 不滅の / *im*possible 不可能な.

***__I'm__ /aɪm/《略式》I[2] am の短縮形(⇒ be[1] 表): *I'm* American. 私はアメリカ人です / *I'm* now reading a book. 私は今本を読んでいる / *I'm* employed by a French lawyer. 私はフランス人の弁護士に雇われている.

***__im·age__ /ímɪdʒ/ アク

— 名 (im·ag·es /~ɪz/)

意味のチャート
ラテン語で「似せたもの」の意; imagine と同語源.
→「肖像, 像」❹
→ (心に浮かぶ姿) →「像, 概念」❷ →「印象」❶
→ (物に映る形) →「映像」❸

❶ C,U [普通は単数形で] (企業·製品·人物などの)イメージ, 印象, 評判: public *image* 世間のイメージ / The company is trying to improve its *image*. その会社はイメージアップをはかっている / The accident damaged the ***image of*** the railroad company. その事故でその鉄道会社のイメージはダウンした. 日英「イメージアップ」や「イメージダウン」は和製英語.

❷ C (心に描く)**像**, 姿, 形; 概念: Her *image* is still fresh in my mind. 彼女の面影はまだ私の心に鮮やかに残っている / This music evokes *images of* the sea. この音楽は海をイメージさせる.

❸ C (鏡·レンズの)**映像**; (テレビ·コンピューターなどの)画像: Kate looked at her *image* in the mirror. ケートは鏡に映った自分の姿を見た / a digital *image* デジタル映像[画像]

❹ C (絵·彫刻などの)**像**, 肖像; 《文語》(よく似た)姿, 形. ❺ C (語句·映像による)描写; 比喩(ゆ). ❻ C

(...の)典型, 象徴 (*of*).

be the (véry [líving, spítting]) ímage of ... [動] ⓗ ...によく似ている, そっくりだ.

im·ag·er·y /ímɪʤ(ə)ri/ 名 ❶ Ⓤ〔修辞〕(文学作品の)比喩(ひゆ)的表現; 心象 (*of*). ❷ Ⓤ《格式》画像: satellite *imagery* 衛星写真.

i·mag·in·a·ble /ɪmǽʤ(ə)nəbl/ 形 想像できる, 想像できる限りの [⇔ unimaginable]. 語法 形容詞の最上級や, all, every, no などとともに用いて強調することが多い: We tried 「*every* means *imaginable* [*every imaginable* means]. 私たちはありとあらゆる方法を試みた / This is 「the *best* way *imaginable* [the *best imaginable* way]. これが考えられる限りの最良の方法だ.

i·mag·i·nar·y /ɪmǽʤənèri | -n(ə)ri/ 形 想像(上)の, 仮想の, 実在しない [⇔ real]: A dragon is an *imaginary* animal. 竜は架空の動物だ / Her illness is *imaginary*. 彼女の病気は気のせいだ. (動 imágine)

i·mag·i·na·tion** /ɪmæ̀ʤənéɪʃən/ 名 (〜s /〜z/) ❶ Ⓤ,Ⓒ **想像力**, 空想力, 創作力 (⇒ 類義語): a vivid [lively] *imagination* 豊かな[生き生きとした]想像力 / ***use one's ***imagination*** 想像力を働かせる / ***capture*** [***catch***] ...'s ***imagination*** ...の心をとらえる / ***fire*** ...'s ***imagination*** ...の想像力をかき立てる / It doesn't take much *imagination* to understand their suffering. 彼らの苦しみは想像するにかたくない / I'll leave it to your *imagination*. (あとは)ご想像にお任せします. ❷ Ⓒ,Ⓤ **想像**, 空想; 気の迷い; 想像[空想]の産物: I feel someone is watching us. Or is it my *imagination*? 誰かに見られている気がするんだが, 気のせいだろうか / in my *imagination* 私の想像の中で[に]. (動 imágine)

lèave líttle [nóthing] to the imaginátion [動] ⓐ 想像をたくましくする余地がない, あからさまである《衣服の露出が多い, 性・暴力の描写が生々しいなど》.

類義語 **imagination** 目の前にないものや現実に存在しないものを心に描く能力で, 理性的でまじめな想像力: a person of brilliant *imagination* すばらしい想像力の持ち主. **fancy** 非現実的なものを心に描く空想で, 滑稽・軽妙・気まぐれなどの感じを伴う: Fairies are creatures of *fancy*. 妖精は空想の産物だ. **fantasy** 現実の制約から解放された自由奔放な空想, 夢のような途方もない空想.

+**i·mag·i·na·tive** /ɪmǽʤ(ə)nəṭɪv, -ʤənèɪṭ- | -ʤ(ə)nət-/ アク 形 ❶ **想像力に富む**, 創造性のある: an *imaginative* child 想像力の豊かな子. ❷ 想像力を働かせた: an *imaginative* work 想像性に富む作品. (動 imágine)

〜·ly 副 想像力豊かに; 想像力を働かせて.

***i·mag·ine /ɪmǽʤɪn/ アク

— 動 (i·mag·ines /〜z/; i·mag·ined /〜d/; i·mag·in·ing) ⓗ ❶ (...)を**想像する**, 心に描く; (...)と(勝手に)思い込む: Can you *imagine* life without electricity? 電気のない生活を想像できますか / ***Imagine that*** you're on the moon. V+O (*that* 節) 月の上にいると想像してごらん 多用 / You can't ***imagine how*** happy I was then. V+O (*wh* 節) Ⓢ そのときどんなに私がうれしかったか君には想像もつかないと思うよ 多用 / Can you ***imagine*** him driv*ing* such a splendid car? V+O+C (現分) 彼がそんなすごい車を運転しているところを想像できる? / I can't ***imagine*** liv*ing* in a desert. V+O (動名) 砂漠で暮らすなんて想像できない / I ***imagine*** him ***as*** a tall man. V+O+C (*as*+名) 私は彼を背の高い人だと想像している / I had ***imagined*** it ***to*** be smaller. V+O+C (*to* 不定詞) それはもっと小さいものだと想像していた / "Did you hear a strange noise upstairs?" "No, you must have *imagined* it." 「上で何か変な音がしませんでしたか」「いや, 気のせいですよ」 ❷ [進行形なし] (...ではないか)と**思う**, 推察する: I ***imagine*** (***that***) he will come. V+O ((*that*) 節) 彼は来ると思う / I can't ***imagine what*** it means. V+O (*wh* 節) それがどういう意味かさっぱりわからない.

— ⓐ 想像する: I can *imagine*. そうでしょうね《相づち》.

be imágining thìngs [動] ⓐ ありもしないことを考えている, 気のせいだ.

(Jùst) imágine (it [that])! [間] Ⓢ ちょっと考えてもごらん; とんでもない; まさか.

(名 imàginátion, 形 imáginàry, imáginative)

〖語源 image と同語源〗

im·ag·ing /ímɪʤɪŋ/ 名 Ⓤ 画像化, イメージング.

i·mag·in·ings /ɪmǽʤɪnɪŋz/ 名 複《文語》(勝手な)思い込み, 想像.

i·mam /ɪmɑ́ːm/ 名 ❶ Ⓒ (イスラム教の)僧, 礼拝指導者. ❷ Ⓒ [I-] イマーム《イスラム教の最高指導者》.

im·bal·ance /ìmbǽləns/ 名 Ⓒ,Ⓤ 不均衡, アンバランス (*in*, *of*) (⇒ unbalance 日英): redress trade *imbalances between* Japan and the United States 日米間の貿易の不均衡を是正する.

im·bal·anced /ìmbǽlənst⁻/ 形 不均衡な, バランスのとれていない.

im·be·cile /ímbəs(ə)l | -sìːl/ 名 Ⓒ [差別的] ばか.

im·be·cil·i·ty /ìmbəsíləṭi/ 名 (-i·ties) ❶ Ⓤ 低能; 愚かさ. ❷ Ⓒ 愚かな行ない[ことば].

im·bibe /ɪmbáɪb/ 動 ⓗ ❶《格式》[しばしばこっけいに] (酒など)を飲む. ❷《格式》(思想など)を吸収する. — ⓐ《格式》[しばしばこっけいに] 酒を飲む.

im·bro·glio /ɪmbróʊljoʊ/ 名 (〜s) Ⓒ《格式》(特に政治的・社会的)もつれ, 紛糾, 混乱.

im·bue /ɪmbjúː/ 動 ⓗ [しばしば受身で]《格式》(...)に(感情などを)吹き込む: She *is imbued with* a sense of duty. 彼女には義務感がしみ込んでいる.

IMF /áɪèméf/ 略 = International Monetary Fund.

IMHO, imho 略 [E メールなどで] = in my humble opinion (私見[愚見]によれば).

im·i·tate /ímətèɪt/ アク 動 ⓗ ❶ (人の行動・話し方・身なりなど)をまねる, 模倣する; 見習う (⇒ 類義語): Parrots can *imitate* human speech. おうむは人間のことばをまねられる. ❷ (...)に似せる; (...)に似た物を作る, (...)を模造する: This wall is supposed to *imitate* brick. この壁はれんがに似せて作られている. (名 ìmitátion, 形 ímitàtive)

類義語 **imitate**「まねる」の一般的な語で, 手本や周囲に従って同じようにする[作る]こと. 必ずしも正確な模倣を意味しない. **copy** できる限り元の物とそっくり同じようにまねること. **mimic** 特に, 人の動作・しぐさ・声・癖などをなるべくそっくりまねることで, ふざけたりからかったりするときによく用いる. **mock** 相手をあざけるためにその動作をまねること.

im·i·ta·tion /ìmətéɪʃən/ 名 ❶ Ⓤ まね, 模倣; Ⓒ 物まね(の動作[言動]): It is said that children learn by *imitation*. 子どもは模倣することによって学ぶのだと言われている / Mike did an *imitation of* his teacher. マイクは先生のまねをした / *Imitation* is the sincerest form of flattery.《ことわざ》模倣は最も誠意ある追従(ついしょう)

だ(ある人のまねをするのはあこがれ[賞賛]の証拠). ❷ Ⓒ 偽物, 複製品 (*of*): Beware of *imitations*. 模造品に注意 / This sapphire is only a glass *imitation*. このサファイアはガラスで作った模造品だ. ❸ [形容詞的に] 模造の, 人造の [⇔ genuine]: *imitation* pearls 人造真珠. **in imitátion of ...** [前] ...をまねて. (動 ímitàte)

im·i·ta·tive /ímətèɪṭɪv | -tət-/ 形《格式》まねをする, 模倣の, 模造の; (...の)まねをしている: This tower is *imitative of* the Eiffel Tower. この塔はエッフェル塔をまねている. (動 ímitàte)

im·i·ta·tor /ímətèɪṭə | -tə/ 名 Ⓒ まねをする人, 模倣者.

im·mac·u·late /ɪmǽkjʊlət/ 形 ❶ よごれのない, 清潔な; 清らかな. ❷ 欠点のない, 完璧な. **~·ly** 副 清潔に; 完璧に.

im·ma·nent /ímənənt/ 形《格式》内在する, 内在的な (*in*).

im·ma·te·ri·al /ìmətí(ə)riəl←/ 形 ❶ 重要でない, 取るに足らない (*to*). ❷《格式》実体のない, 非物質的な.

im·ma·ture /ìmət(j)ʊ́ə, -ʧʊ́ə | -tjʊ́ə, -ʧʊ́ə, -tjɔ́: ←/ 形 ❶ [悪い意味で] (人·言動などが)未(成)熟な, 子供っぽい [⇔ mature]: an *immature* woman 大人になりきっていない女性. ❷ (植物·動物などが)未成熟な [⇔ mature]: *immature* fruit 熟していない果物.

im·ma·tu·ri·ty /ìmət(j)ʊ́(ə)rəṭi, -ʧʊ́(ə)r- | -tjʊ́ər-, -ʧʊ́ər-, -tjɔ́:-/ 名 Ⓤ 未成熟; 未完成 [⇔ maturity].

im·mea·sur·a·ble /ì(m)méʒ(ə)rəbl | ìm-←/ 形《格式》計り知れない; 果てしない, 広大な [⇔ measurable]. **-a·bly** /-əbli/ 副 計り知れないほど; 果てしなく, とてつもなく.

im·me·di·a·cy /ɪmí:ḍiəsi/ 名 Ⓤ 緊急性, 即時性, 臨場感, 直接性 (*of*).

***im·me·di·ate** /ɪmí:ḍiət/ [!発音] 形 ❶ [比較なし] **すぐの**, 即座の; (時間的に)間をおかない, 目前の; [限定] 目下の, 当面の: Their response to the accident was *immediate*. 彼らの事故への対応は迅速だった / take *immediate* action 即座の行動をとる / *immediate* danger さし迫った危険 / He gave me an *immediate* answer. 彼はすぐに私に返事をくれた / in the *immediate* future ごく近い将来に.

❷ [限定] [比較なし] **直接の**; (血統·間柄が)いちばん近い: the *immediate* cause of death 直接の死因 / one's *immediate* successor ...の第一の後継者 / one's *immediate* family 肉親《一親等(親子)と二親等(兄弟)》. ❸ [限定] (場所的に)すぐ隣の, 近接した: in the *immediate* neighborhood [vicinity] ごく近所で.

〖[語源] 原義はラテン語で「間に入らない」; ⇒ medium [キズナ]〗

im·me·di·ate·ly /ɪmí:ḍiətli/ [!発音]

— 副 ❶ **直**(ただ)**ちに, すぐに**《⇒ [類義語]》: The cause of the fire was not *immediately* obvious [apparent, clear]. 火事の原因はすぐには判明しなかった / An ambulance came *immediately*. 救急車はすぐに来た / I saw him *immediately* after [before] the accident. 彼を事故の直後[直前]に見ました.

❷ **直接に**, じかに; すぐ近くに: the people *immediately* affected by the flood 洪水の影響をじかに受けた人たち / He sat *immediately* behind me. 彼は私のすぐ後ろに座っていた.

‖ [類義語] **immediately** 間をおかずに「今すぐ」の意を表す. **at once** もほぼ同じように用いられるが幾分くだけた感じの表現: She left a message asking him to call her *immediately* [*at once*]. 彼女はすぐに電話をしてほしいと彼に伝言を残した. **right away, right now** は特に話しことばで用いられ, 緊急性を伴うことが多い. *right now* は, しばしば話し手のいらだちを表す: Call her *right now*. Otherwise, you'll regret it. 今すぐ彼女に電話しなよ. じゃないと後悔するよ.

— 接《英格式》...するとすぐに [≒as soon as]: *Immediately* he came, he told me so. 彼はやって来たとたんに私にそう言った.

im·me·mo·ri·al /ìməmɔ́:riəl←/ 形《文語》人の記憶にない, 遠い昔の, 太古からの. **from [sìnce] tíme immemórial** [副]《文語》大昔から.

+**im·mense** /ɪméns/ 形 **巨大な**, 広大な; 莫大(ばくだい)な《⇒ huge [類義語]》: An *immense* amount of money was spent on the project. 巨額の金がその計画に費やされた. (名 imménsity)

im·mense·ly /ɪménsli/ 副 とても, 非常に, すごく: The song is *immensely* popular among teens. その歌は 10 代の若者の間で大変な人気だ / We enjoyed ourselves *immensely*. 私たちは大いに楽しんだ.

im·men·si·ty /ɪménsəṭi/ 名 (-si·ties) Ⓤ 巨大, 広大; 莫大(ばくだい); 無限; (問題等の)重大性, 深刻さ: the *immensity of* the universe 宇宙の広大さ. (形 imménse)

im·merse /ɪmɔ́:s | ɪmɔ́:s/ 動 他《格式》(...)を浸す, つける: *immerse* the clothes *in* hot water 衣服をお湯につける. **immérse onesèlf in ... = be immérsed in ...** [動] 他 ...に没頭する, ...にふける.

im·mer·sion /ɪmɔ́:ʒən | ɪmɔ́:ʃən/ 名 ❶ Ⓤ 浸す[浸される]こと (*in*). ❷ Ⓤ 熱中, 没頭 (*in*). ❸ Ⓤ〔言語〕没入学習法, イマージョン《習得中の言語にどっぷり浸らせる学習法》. ❹ Ⓤ〔キリスト教〕浸礼《全身を水に浸す洗礼》.

im·mi·grant** /ímɪgrənt/ [!アク] 名 (im·mi·grants /-grənts/) Ⓒ (外国からの)**移住者**, (入国した)移民; [形容詞的に] 移民の《⇒ foreigner [類義語]》: legal [illegal] *immigrants* 合法[不法]移民 / His parents were ***immigrants to Brazil ***from*** Japan. 彼の両親は日本からのブラジル移民だった《⇒ emigrant [語法]》.

immigrant (外国からの)	移住者
emigrant (外国への)	

im·mi·grate /ímɪgrèɪt/ 動 自 (外国から)移住してくる (*to, into, from*) [⇔ emigrate].

im·mi·gra·tion** /ìmɪgréɪʃən/ 名 (~s /~z/) ❶ Ⓤ (外国からの)**移住, 移民**; 入国 (*to, from*); 移住[移民]者(数)《全体》 [⇔ emigration]: The famine in Ireland led to large-scale ***immigration into the United States. アイルランドのききんで米国への大規模な移民が行なわれた.

❷ Ⓤ (空港などでの)入国審査, (出)入国管理(事務所). (動 ímmigràte)

im·mi·nence /ímənəns/ 名 Ⓤ 切迫, 急迫 (*of*).

+**im·mi·nent** /ímənənt/ 形 **差し迫った**, (悪いことが)今にも起こりそうな《impending よりも緊張した感じ》: The buildings were in *imminent* danger of being flooded. その建物には洪水の危険が目前に迫っていた. **~·ly** 副 差し迫って, 切迫して.

im·mo·bile /ì(m)móʊb(ə)l, -bi:l | -baɪl←/ 形 [普通は

叙述 不動の, 静止の; 動けない.

im·mo·bil·i·ty /ìmoubíləṭi/ 名 U 固定, 静止; 動けないこと [⇔ mobility].

im·mo·bi·lize /ɪmóubəlàɪz/ 動 他 (...)を動けなくする; (関節など)を固定する; (機械など)を停止する.

im·mod·er·ate /ì(m)má(ː)dərət, -drət | ìmɔ́d-←/ 形 [普通は 限定]《格式》節度のない; 過度の [⇔ moderate]: *immoderate* drinking 過度の飲酒. **～·ly** 副 節度なく; 過度に.

im·mod·est /ì(m)má(ː)dɪst | ìmɔ́d-/ 形 ❶ 厚かましい; うぬぼれた [⇔ modest]. ❷ (服が)露出しすぎた. ❸ 慎みのない; 不謹慎な, みだらな.

im·mor·al /ì(m)mɔ́ːrəl | ìmɔ́r-←/ 形 ❶ 不道徳な, 倫理に反する《⇒ amoral》[⇔ moral]: *immoral* conduct 不道徳な行為 / *It's immoral to* risk civilian lives. 民間人の命を危険にさらすのは悪いことだ. ❷ (性的に)不品行な, ふしだらな; わいせつな. (名 ìmmorálity)

im·mo·ral·i·ty /ì(m)mərǽləṭi | ìm-/ 名 (-i·ties) U,C 不道徳; 不品行, ふしだら. (形 ìmmóral)

im·mor·al·ly /ì(m)mɔ́ːrəli | ìmɔ́r-/ 副 不道徳に; ふしだらに.

im·mor·tal /ìmɔ́ɚṭl | ìmɔ́ː-←/ 形 不死の; 不滅の, 不朽の [⇔ mortal]: *immortal* fame 不朽の名声 / The soul is *immortal*. 霊魂は不滅である. ― 名 C 不死の人; 不朽の名声を有する人: the *Immortals* ギリシャ・ローマの神々.

im·mor·tal·i·ty /ì(m)mɔɚtǽləṭi | ìmɔː-/ 名 ❶ U 不死, 不滅. ❷ U 不朽の名声.

im·mor·tal·ize /ɪ(m)mɔ́ɚṭəlàɪz | ɪmɔ́ː-/ 動 他 [普通は受身で]《文語》(作品などの中で)(...)を不滅にする; (...)に不朽の名声を与える (*in*).

im·mov·a·ble /ì(m)múːvəbl | ìm-←/ 形 (物などが)動かせない; (態度などが)不動の, 確固たる.

*__im·mune__ /ɪmjúːn/ 形 ❶ 叙述 **免疫がある**; 限定 免疫の《⇒ AIDS》: Once you've had measles, you're *immune to* it. +to+名 1 度はしかにかかると免疫ができる / an *immune* response [reaction] 免疫反応. ❷ 叙述 (...に)動じない, 影響されない; (...を)免れた, 免除された: *immune to* pressure 重圧に動じない / *immune from* prosecution 起訴を免れて. (名 immúnity, 動 ímmunìze)

immúne sỳstem 名 C〘医学〙免疫系《体内の免疫反応発生システム》.

im·mu·ni·ty /ɪmjúːnəṭi/ 名 ❶ U,C (責任・義務の)免除, 免責: be granted *immunity from* prosecution 不起訴になる. ❷ U,C〘医学〙免疫(性) (*from, against*): *immunity to* infection 感染に対する免疫. (形 immúne)

im·mu·ni·za·tion /ìmjʊnɪzéɪʃən | -naɪz-/ 名 C,U 免疫法, 免疫処置, 予防注射 (*against*).

im·mu·nize /ímjʊnàɪz/ 動 他 (...)に(注射で)免疫性を与える, 免疫化する (*against*).

im·mu·no·de·fi·cien·cy /ìmjʊnoudɪfíʃənsi/ 名 U〘医学〙免疫不全《⇒ HIV》.

im·mu·nol·o·gy /ìmjʊná(ː)lədʒi | -nɔ́l-/ 名 U 免疫学.

im·mu·ta·bil·i·ty /ì(m)mjùːṭəbíləṭi | ìm-/ 名 U《格式》不変(性).

im·mu·ta·ble /ì(m)mjúːṭəbl | ìm-/ 形《格式》(原則・法律が)変えることができない, 不変の.

IMO, imo 略 [E メールなどで] = in my opinion (私の考えでは).

imp /ímp/ 名 C 鬼の子, 小鬼; いたずらっ子.

****im·pact**[1] /ímpækt/ ✪ 動詞の impact[2] とアクセントが違う.

― 名 (im·pacts /-pæks/) ❶ C [普通は単数形で] (強い)影響, 効果 [≒effect]: His father's teachings had [made] *a* great *impact on* him. 父の教えが彼に大きな影響を与えた / the major *impact of* the oil spill *on* the environment 環境に対する石油流出の大きな影響. ❷ U,C 衝突, 衝撃, ぶつかること; 衝撃力: on *impact* ぶつかった瞬間に[衝撃で]. (動 impáct[2])

im·pact[2] /ɪmpǽkt/ ✪ 名詞の impact[1] とアクセントが違う. 動 他 ❶ (...)に影響を及ぼす. ❷《格式》(...)にぶつかる. ― 自 ❶ 影響を与える (*on*). ❷《格式》(...に)ぶつかる (*on, with*). (名 ímpact[1])

+**im·pair** /ɪmpéɚ | -péə/ 動 (im·pairs /~z/; im·paired /~d/; -pair·ing /-pé(ə)rɪŋ/) 他《格式》(健康など)を**損なう**, 傷つける; (価値・美点など)を減じる, 害する.

im·paired /ɪmpéɚd | -péəd/ 形 損なわれた, 傷つけられた: physically *impaired* 身体障害のある.

im·pair·ment /ɪmpéɚmənt | -péə-/ 名 U,C《格式》害すること, (心身の)損傷: hearing [visual] *impairment* 聴覚[視覚]障害.

im·pale /ɪmpéɪl/ 動 他 [しばしば受身で] (とがったもので)(...)を突き刺す, 刺し貫く (*on*).

im·pal·pa·ble /ìmpǽlpəbl←/ 形《格式》触ってもわからない; 理解しにくい.

im·part /ɪmpáɚt | -páːt/ 動 他《格式》(情報など)を伝える, 告げる; (風味・性質など)を与える (*to*).

im·par·tial /ìmpáɚʃəl | -páː-←/ 形 偏(かたよ)らない, 公平な, 公明正大な《⇒ fair[1] 類義語》: *impartial* advice 公平な助言.

im·par·ti·al·i·ty /ìmpàɚʃiǽləṭi | -pàː-/ 名 U 偏らないこと, 公平, 公正 (*in*).

im·par·tial·ly /ìmpáɚʃəli | -páː-/ 副 偏らずに, 公平に.

im·pass·a·ble /ìmpǽsəbl | -páːs-←/ 形 (道路などが)通れない, 通り抜けられない, 横断できない.

im·passe /ímpæs | ǽmpɑːs/ 名 [単数形で] 袋小路; 難局, 行き詰まり: reach [be at] an *impasse* 行き詰まる[詰まっている].

im·pas·sioned /ɪmpǽʃənd/ 形 限定 (演説などが)熱烈な; 感情のこもった.

im·pas·sive /ìmpǽsɪv←/ 形 平然とした, 感情を表わさない; 無感動の: an *impassive* face 無表情な顔つき. **～·ly** 副 平然と.

im·pa·tience /ɪmpéɪʃəns/ 名 ❶ U 短気; (...に対する)いらだち, じれったさ (*with, at*). ❷ U 切望 (*for*), 何かをしたくてたまらない気持ち: She was bursting with *impatience to* leave. 彼女は出発したくてたまらなかった. (形 impátient)

いらだちを表わすしぐさ

*__im·pa·tient__ /ɪmpéɪʃənt/ 形 ❶ **短気な**, いらいらしている, (...に)我慢できない: Don't be [get] *impatient with* the children. +with+名 子供たちに向かって短気を起こすな / with an *impatient* gesture いらいらしたしぐさ

で.

❷ 叙述 ...**したくてたまらない**, しきりに...したがる, しきりに...を望んでいる: The children are *impatient to* go. +to 不定詞 子供たちは出かけたくてうずうずしている / They're *impatient for* change in the tax system. +for+名 彼らは税制の変更を強く望んでいる.
(名 impátience)

～·**ly** 副 いらいらして; じれったそうに.

im·peach /ɪmpíːtʃ/ 動 他 〔法律〕 (公職者)を弾劾(だんがい)する; (...)を告訴[告発]する (*for*).

im·peach·ment /ɪmpíːtʃmənt/ 名 U,C 〔法律〕 弾劾; 告訴, 告発.

im·pec·ca·ble /ɪmpékəbl/ 形 欠点のない, 非の打ちどころのない; 完ぺきな: *impeccable* manners 欠点のないマナー. **-ca·bly** /-kəbli/ 副 非の打ちどころなく.

im·pe·cu·nious /ìmpɪkjúːnjəs←/ 形 《格式》 (いつも)金のない, 貧乏な.

+**im·pede** /ɪmpíːd/ 動 (**im·pedes** /-píːdz/; **im·ped·ed** /-dɪd/; **-ped·ing** /-dɪŋ/) 他 《格式》 (...)を**妨げる**, じゃまする: *impede* ...'s progress ...の進行を妨げる.

im·ped·i·ment /ɪmpédəmənt/ 名 ❶ C 妨害, 障害(物) (*to*). ❷ C 身体障害, 言語障害: have a speech *impediment* 言語障害がある.

im·pel /ɪmpél/ 動 (**im·pels**; **im·pelled**; **-pel·ling**) 他 《格式》 (考え·感情などが)(人)を促す; (人)に無理に...させる: A guilty conscience *impelled* him *to* confess. 自責の念にかられて彼は白状した.
(名 ímpulse)

im·pend·ing /ɪmpéndɪŋ/ 形 限定 (特に悪いことが)差し迫った, 切迫した (⇒ imminent): *impending* danger 差し迫った危険.

im·pen·e·tra·ble /ìmpénətrəbl←/ 形 ❶ 通り抜けられない, 入り込めない; 見通せない: *impenetrable* darkness 見通せない暗闇. ❷ 不可解な (*to*).

im·per·a·tive /ɪmpérətɪv/ 形 ❶ [普通は 叙述] 《格式》 どうしても必要な; 緊急[必須]の: *It is imperative* ⌈*that* we (*should*) [*for* us *to*] find a solution. 解決法を見つけることが我々にとっては絶対に必要だ (⇒ should A 8). ❷ 《格式》 命令的な; 強制的な: in an *imperative* tone of voice 命令口調で. ❸ 〔文法〕 命令法の: an *imperative* sentence 命令文. 関連 indicative 直説法の / subjunctive 仮定法の. ― 名 ❶ C 《格式》 急務, 緊急事項; 義務; 規範. ❷ C 〔文法〕 命令形.

im·per·cep·ti·ble /ìmpəséptəbl | -pə-←/ 形 知覚不能な, 気づかれないほどの (*to*); わずかな, かすかな: an almost *imperceptible* nod ほとんど気づかれないようなうなずき. **-ti·bly** /-təbli/ 副 気づかれないほどに; かすかに; いつのまにか.

im·per·fect /ìmpə́ːfɪkt | -pɔ́ː-←/ 形 不完全な, 不十分な; 欠点[欠陥]のある: an *imperfect* understanding of the problem 問題の不十分な理解. ― 名 [the ～] 〔文法〕 未完了相[時制], 半過去.

im·per·fec·tion /ìmpəfékʃən | -pə-/ 名 C 欠点, 欠陥; U 不完全.

im·per·fect·ly /ìmpə́ːfɪktli | -pɔ́ː-/ 副 不完全に.

+**im·pe·ri·al** /ɪmpí(ə)riəl/ 発音 形 ❶ 限定 [比較なし] [しばしば I-] **帝国の**; 皇帝の; 皇室の: an *imperial* crown 王冠 / the *Imperial* Household 皇室 / the *Imperial* Palace 皇居, 宮殿. ❷ 限定 (度量衡が)英国法定標準の (インチ, ポンドなど).
(名 émpire, émperor)

im·pe·ri·al·is·m /ɪmpí(ə)riəlìzm/ 名 U [普通は悪い意味で] 帝国主義, 領土拡張主義: cultural [economic] *imperialism* 文化[経済]拡張主義.

im·pe·ri·al·ist /ɪmpí(ə)riəlɪst/ 名 C [普通は悪い意味で] 帝国主義者. ― 形 帝国主義(者)の, 帝国主義的な.

im·pe·ri·al·is·tic /ɪmpì(ə)riəlístɪk←/ 形 [普通は悪い意味で] 帝国主義(者)の, 帝国主義的な.

im·per·il /ɪmpérəl/ 動 (**-per·ils**; **-per·iled**, 《英》 **-per·illed**; **-il·ing**, 《英》 **-il·ling**) 他 《格式》 (...)を危うくする, 危険にさらす.
(名 péril)

im·pe·ri·ous /ɪmpí(ə)riəs/ 形 《格式》 傲慢(ごうまん)な, 横柄な, 尊大な.

im·per·ish·a·ble /ìmpérɪʃəbl←/ 形 《格式》 不滅の, 不朽の: *imperishable* fame 不朽の名声.

im·per·ma·nent /ìmpə́ːmənənt | -pɔ́ː-←/ 形 《格式》 永続しない, 一時的な.

im·per·me·a·ble /ìmpə́ːmiəbl | -pɔ́ː-←/ 形 《格式》 (水などを)通さない, 不浸透性の (*to*).

im·per·mis·si·ble /ìmpəmísəbl | -pə-←/ 形 《格式》 許し難い, あってはならない.

im·per·son·al /ìmpə́ːs(ə)nəl | -pɔ́ː-←/ 形 ❶ [普通は悪い意味で] (個人的な)感情のこもらない, 事務的な, そっけない; (場所などが)非人間的な: an *impersonal* manner よそよそしい態度 / I hate living in big cities. They are so *impersonal*. 大都市に住むのはいやだ. 人の温もりが感じられないから. ❷ 客観[一般]的な: an *impersonal* discussion 私情をはさまない議論. ❸ 限定 〔文法〕 非人称の.

im·per·son·al·ly /ìmpə́ːs(ə)nəli | -pɔ́ː-/ 副 事務的に, そっけなく.

im·per·son·ate /ɪmpə́ːsənèɪt | -pɔ́ː-/ 動 他 (人をだます目的で)(...)を装う, (...)になりすます; (人を笑わせるため)(...)のしぐさをまねる.

im·per·son·a·tion /ɪmpə̀ːsənéɪʃən | -pɔ̀ː-/ 名 C,U (他人の)物まね; なりすますこと: do an *impersonation* of... ...の物まねをする.

im·per·son·a·tor /ɪmpə́ːsənèɪtə | -pɔ́ːsənèɪtə/ 名 C 物まね芸人: a female *impersonator* 女形.

im·per·ti·nence /ɪmpə́ːtənəns | -pɔ́ː-/ 名 U 生意気, (目上の人などに対する)無礼; [an ～] 生意気[無礼]な言動. **hàve the impértinence to dó** [動] 無礼にも...する.

im·per·ti·nent /ɪmpə́ːtənənt | -pɔ́ː-←/ 形 生意気な, (目上の人などに)無礼な. ～·**ly** 副 生意気に, 無礼に.

im·per·turb·a·ble /ìmpətə́ːbəbl | -pətɔ́ː-←/ 形 《格式》 落ち着いた, 冷静な, 動じない.

im·per·vi·ous /ìmpə́ːviəs | -pɔ́ː-←/ 形 《格式》 (...に)影響されない; (水·光などを)通さない (*to*).

im·pet·u·os·i·ty /ɪmpètʃuá(ː)səti | -tjuɔ́s-/ 名 U 性急さ; 軽率さ.

im·pet·u·ous /ɪmpétʃuəs/ 発音 形 性急な [≒ hasty]; (気質·行動などが)軽率な, 衝動的な. ～·**ly** 副 性急に; 軽率に.

im·pe·tus /ímpətəs/ 名 ❶ [U または an ～] 勢い, はずみ; 刺激 (*to*, *for*; *to* do): gain *impetus* はずみがつく / give *impetus to* the discussion 議論を促進する. ❷ U 〔物理〕 (物体を動かす)運動力, 推進力.

im·pi·e·ty /ìmpáɪəti/ 名 U 《格式》 不信心; 不敬.

im·pinge /ɪmpíndʒ/ 動 自 《格式》 (悪い)影響を及ぼす (*on*, *upon*).

im·pi·ous /ímpiəs, ìmpáɪəs←/ 形 《格式》 不信心な; 不敬な.

im·pish /ímpɪʃ/ 形 おちゃめな, いたずらっぽい.

im·plac·a·ble /ɪmplǽkəbl/ 形 なだめにくい; 反対をやめない; 執念深い: *implacable* opposition 断固とした反対. **-a·bly** /-əbli/ 副 執念深く, 断固として.

im·plant¹ /ɪmplǽnt | -plɑ́ːnt/ 動 他 (考えなど)を(心の中に)植えつける, 吹き込む (*in*); 〔医学〕(組織片など)を移植する (*in, into*). — 自 〔医学〕(受精卵が)(子宮内に)着床する.

im·plant² /ímplænt | -plɑːnt/ 名 C 〔医学〕移植(組織)片.

im·plau·si·ble /ìmplɔ́ːzəbl←/ 形 (理論・説明などが)信じがたい, ありそうもない. **-si·bly** /-zəbli/ 副 信じがたいこと[ほど]に.

*__im·ple·ment¹__ /ímpləmènt/ 動 (im·ple·ments /-mènts/; -ment·ed /-ṭɪd/; -ment·ing /-ṭɪŋ/) 他 (計画など)を**実行する**, **実施する** [≒carry out]: There isn't enough money to *implement* the plan. その計画を実行するだけのお金がない.

im·ple·ment² /ímpləmənt/ 名 C (屋外作業用の)道具, 用具, 器具 (⇒ tool 類義語): farm *implements* 農機具 / gardening *implements* 園芸器具.

im·ple·men·ta·tion /ìmpləməntéɪʃən, -men-/ 名 U 実行, 実施.

im·pli·cate /ímpləkèɪt/ 動 他 (物事が)(人)の(犯罪などへの)関与を示す[暗示する] (*in*); [普通は受身で] (...)をかかわらせる (*as*): Many government officials *were implicated in* the crime. 多くの政府高官がその犯罪にかかわっていた. (名 implicátion 3)

*__im·pli·ca·tion__ /ìmpləkéɪʃən/ 名 (~s /~z/) ❶ C [普通は複数形で] (予想される)**影響**, 結果 (*of*): This policy will ***have*** economic ***implications for*** the prosperity of our nation. この政策はわが国の繁栄に経済的な影響を及ぼすだろう.
❷ C,U **それとなく[暗に]示す意味**, 含み, 含蓄, 暗示: She was shocked at the ***implication that*** she had lied. +that 節 彼女は自分がうそをついたような言い方をされてショックを受けた. ❸ U (犯罪などへの)かかわり合い, 関与: the *implication of* the president *in* the scandal 大統領のスキャンダルへの関与.
by implicátion [副] それとなく, 暗に.
(1, 2 では 動 implý, 3 では 動 ímplicàte)

+**im·plic·it** /ɪmplísɪt/ 形 ❶ (はっきりとことばに示されていないが)**それとなく表現されている**, 暗黙の [⇔ explicit]: (an) *implicit* criticism of the government's policy 政府の方針をそれとなく批判すること / It's ***implicit in*** our agreement that Mr. Long will be the next president. +in+名 《格式》我々の協定ではロング氏が次期社長になることで暗黙の了解がついている. ❷ 《格式》(...に)潜在的に含まれている; (...に)つきものである, 不可欠である: Risk is *implicit in* playing baseball. 野球に危険はつきものだ. ❸ 絶対の, 全くの: *implicit* trust 絶対的な信頼.
~·ly 副 暗黙のうちに, 暗に; 絶対的に.

im·plode /ɪmplóʊd/ 動 自 内破する, 内側に破裂する; Ⓦ (組織・体制などが)内部崩壊する.

im·plore /ɪmplɔ́ɚ | -plɔ́ː/ 動 (im·plor·ing /-plɔ́ːrɪŋ/) 他 《格式》(...)を熱心に頼む; (人)に(...を)嘆願する: She *implored* him *to* stay with her. 彼女は自分といっしょにいてほしいと彼に頼んだ.

im·plor·ing /ɪmplɔ́ːrɪŋ/ 形 《格式》嘆願する, 哀願するような.

im·plo·sion /ɪmplóʊʒən/ 名 U,C (電球などの)内破; (組織・体制などの)内部崩壊.

*__im·ply__ /ɪmplái/ 動 (im·plies /~z/; im·plied /~d/; -ply·ing) 他 ❶ (...)を**ほのめかす**, 暗に(...)の意味を含む; (...)とそれとなく言う (⇒ hint 類義語): an *implied* threat 暗黙のおどし / She ***implied that*** she had changed her mind. V+O (that 節) 彼女は考えを変えたことをそれとなくほのめかした. ❷ 当然(...)を伴う, 結果として(...)ということになる: Right *implies* duties. 権利には義務が伴う. (名 ìmplicátion 1, 2)
〖⇒ reply キズナ〗

im·po·lite /ìmpəláɪt←/ 形 失礼な, 無作法な, 礼儀知らずの, ぶしつけな: *It was impolite* (*of* me) *to* ask such a question. そんな質問をするなんて(私は)失礼だった (⇒ of 12). **~·ly** 副 無作法に, ぶしつけに.

im·pon·der·a·ble /ìmpɑ́(ː)ndərəbl, -drə- | -pɔ́n-←/ 形 《格式》計り知れない, 見当がつけられない. — 名 C 《格式》計量できないもの, 未知数のもの.

⁑**im·port¹** /ɪmpɔ́ɚt, ímpɔɚt | ɪmpɔ́ːt, ímpɔːt/ アク 名詞の import² とアクセントの傾向が違う. 動 (im·ports /ɪmpɔ́ɚts, ímpɔɚts | ɪmpɔ́ːts, ímpɔːts/; -port·ed /-ṭɪd/; -port·ing /-ṭɪŋ/) 他 ❶ (...)を**輸入する**; 持ち込む [⇔ export]: *imported* goods 輸入品 / We ***import*** most of our oil ***from*** the Middle East. V+O+from+名 私たちの国は石油の大部分を中東から輸入している / Japan ***imports*** many foreign words ***into*** its language. V+O+into+名 日本は多くの外国語を国語に採り入れている. ❷ 〔コンピュータ〕(情報)をとり込む, インポートする (*from, into*). (名 ímport², ìmportátion)
〖語源 ラテン語で「中へ (⇒ in-²) 運び入れる」の意; ⇒ export¹ キズナ〗

*__im·port²__ /ímpɔɚt | -pɔːt/ アク 動詞の import¹ とアクセントの傾向が違う. 名 (im·ports /-pɔɚts | -pɔːts/) ❶ C [普通は複数形で] **輸入品** [⇔ export]; 外来品[種]: food *imports from* China 中国からの輸入食料品.
❷ U **輸入**, 輸入業 [⇔ export]: The *import* of rare wild animals is strictly prohibited. 希少野生動物の輸入は厳禁されている / *import* duties 輸入税, 関税 / *import* restrictions 輸入制限. ❸ U 《格式》重要性 [≒importance]: an issue of no *import* 全く重要でない問題. ❹ [the ~] 《格式》意味, 趣旨 (*of*).
(動 impórt¹)

⁑**im·por·tance** /ɪmpɔ́ɚṭəns, -tns | -pɔ́ː-/ — 名 ❶ U **重要性**, **重大さ**: I want to stress the ***importance of*** a balanced diet. 栄養のバランスのとれた食事の重要性を強調したいと思います / attach great *importance* to ... ...を重視する / assume [lose] *importance* 重要性を帯びる[失う] / 言い換え It's a matter *of* great [vital] ***importance to*** [***for***] me (= a matter which is very [vitally] important to [for] me). それは私にとって大変[きわめて]重要な問題です.
C+1 of ... importance の形ではほかに crucial, paramount, utmost などの形容詞が用いられ, どれくらい重要かを表現することができる: That is ***of crucial*** [***paramount, utmost***] ***importance***. そのことがきわめて[何よりも]重要である. ❷ U 重要な立場[地位]にいること, 有力: Don't measure people's *importance* by their income. 人の重要性をその人の収入で決めてはいけない.
be fúll of one's **ówn impórtance** [動] 自 [軽蔑的] 自分は偉いと思いこんで[うぬぼれて]いる.
(形 impórtant)

****im·por·tant** /ɪmpɔ́ɚṭənt, -tnt | -pɔ́ː-/

— 形 ❶ **重要な, 重大な** [⇔ unimportant]: an *important* decision [meeting] 重要な決定[会議] / 言い換え *It is important* (*for* you) *to* read many books while you are young. = *It is important that* you (*should*) *read* many books while you are young. 若いうちにたくさん本を読むのは重要なことだ《⇒ should A 8; that² A 2》 / The matter is highly *important to* us. +to+名 その問題は私たちにとって非常に重大だ / Sleeping well is *important for* your health. +for+名 十分な睡眠は健康に大切なことだ.

❷ (人が)**重要な**, 有力な, 影響力のある: a very *important* person 要人, 大物《略 VIP》 / He's one of this shop's most *important* customers. 彼はこの店の重要な顧客の 1 人だ. (名 impórtance)

im·por·tant·ly /ɪmpɔ́ɚṭəntli, -tnt- | -pɔ́ː-/ 副 ❶ 文修飾 重要なことには: most [more] *importantly* 最も[もっと]重要なことには.... ❷ 重要な形で; 偉そうに, もったいぶって.

im·por·ta·tion /ìmpɔɚtéɪʃən | -pɔː-/ 名 U,C《格式》輸入(業) (*of*); 輸入品, 外来のもの [⇔ exportation]. (動 impórt¹)

im·port·er /ɪmpɔ́ɚṭɚ | -pɔ́ːtə/ 名 C 輸入業者, 輸入国 [⇔ exporter].

im·por·tu·nate /ɪmpɔ́ɚtʃʊnət | -pɔ́ːtjʊ-/ 形《格式》しつこい, うるさい.

im·por·tune /ìmpɚt(j)úːn | -pətjúːn/ 動 他《格式》(人)にしつこくねだる, うるさく頼む (*to* do): He *importuned* his father *for* more money. 彼は父親にもっとお金をくれとねだった.

***im·pose** /ɪmpóʊz/ 動 (im·pos·es /~ɪz/; im·posed /~d/; im·pos·ing) 他 ❶ (税金・義務・刑罰など)を**課す**; (重荷・苦難など)を負わせる: All nations should *impose* a ban *on* nuclear tests. V+O+on+名 すべての国が核実験を禁止すべきだ / *impose* a heavy tax *on* luxury goods ぜいたく品に重い税金を課す.

❷ (...)を**押しつける**, 強(し)いる: Don't try to *impose* your opinion *on* [*upon*] me. V+O+on [upon]+名 君の意見を私に押しつけないで.

— 自《格式》つけ込む; (好意などに)甘える: We should not *impose on* his good nature. 彼の人のよさにつけ込んではいけない / They asked me to stay overnight, but I didn't want to *impose*. 彼らに一晩泊まるように言われたが, 好意に甘えたくなかった.

impóse oneсèlf [動] 自 でしゃばる, 押しかける (*on, upon*). (名 imposítion) 〖⇒ propose キズナ〗

+im·pos·ing /ɪmpóʊzɪŋ/ 形 (大きさ・立派さで)**目立つ, 堂々たる**: an *imposing* building (大きく)目立つ建物 / His *imposing* figure attracted their attention. 彼の堂々とした姿は彼らの目を引いた.

im·po·si·tion /ìmpəzíʃən/ 名 ❶ U (税金・義務などを)課すること; 課税, 賦課 (*of, on*). ❷ C 迷惑な依頼, (善意などに)つけ込むこと, 厚かましさ. (動 impóse)

im·pos·si·bil·i·ty /ɪmpɑ̀(ː)səbíləṭi | -pɔ̀s-/ 名 (-i·ties) U 不可能; C [普通は単数形で] 不可能なこと; 起こり[あり]そうもないこと (*of*). (形 impóssible)

***im·pos·si·ble** /ɪmpɑ́(ː)səbl | -pɔ́s-ˊ/

— 形 ❶ [比較なし] **不可能な**: póssible and ímpòssible tasks 可能な仕事と不可能な仕事《⇒ in-¹ 語法 (2)》 / an *impossible* dream 実現不可能な夢 / ***It's impossible to*** do it now. 今それをやるのは不可能だ 多用 / ***It'***ll ***be*** almost [virtually] ***impossible for*** them ***to*** achieve the goal. 彼らが目標を達成するのはほぼ不可能だ《⇒ for 前 B》 / I ***found it impossible to*** sit still. じっと座っていられなかった / The question is ***impossible to*** answer. +to 不定詞 その問いには答えられない.

> **人が...することは不可能だ**
>
> **私にはその仕事は不可能だ.**
>
> ○**It's impossible for** me **to** do the job.
> ○I **can't** do the job.
> ○I **am unable to** do the job.
> ×I am impossible to do the job.

❷ **とても起こり[あり]えない**; 信じられない: That's *impossible*! そんなはずはない / 言い換え ***It's impossible that*** he could have broken his promise. (= He couldn't have broken his promise.) 彼が約束を破ったなんてありえない《⇒ that² A 2》. ❸ (状況などが)どうしようもない, 手に負えない, (人が)とても我慢できない: be put in an *impossible* position 窮地に立たされる / He's *impossible* when he's drunk. 彼は酔っ払うと手がつけられない. (名 impòssibílity)

— 名 [the ~] 不可能なこと《⇒ the¹ 6》: do [ask (for)] *the impossible* 不可能なことをする[求める].

im·pos·si·bly /ɪmpɑ́(ː)səbli | -pɔ́s-/ 副 途方もなく, 極めて; ありえない[信じられない]くらい: It was an *impossibly* difficult task. それはありえないくらい困難な仕事だった. 語法 形容詞・副詞を修飾し, 動詞は修飾しない.

im·pos·tor,《英》**-ter** /ɪmpɑ́(ː)stɚ | -pɔ́stə/ 名 C 他人の名をかたる人; 詐欺師.

im·pos·ture /ɪmpɑ́(ː)stʃɚ | -pɔ́stʃə/ 名 U,C《格式》(他人の名をかたる)詐欺(行為), ぺてん.

im·po·tence /ímpəṭəns, -tns/ 名 ❶ U 無力, 虚弱. ❷ U (男性の)性的不能, インポ(テンツ).

im·po·tent /ímpəṭənt, -tnt/ 形 ❶ 無力な, 虚弱な (*in; to* do). ❷ (男性が)性的不能の, インポ(テンツ)の.

im·pound /ɪmpáʊnd/ 動 他〖法律〗(...)を没収[押収]する.

im·pov·er·ish /ɪmpɑ́(ː)v(ə)rɪʃ | -pɔ́v-/ 動 他 (...)を貧しくする; (土地など)をやせさせる; (...)の質[内容]を低下させる.

im·pov·er·ished /ɪmpɑ́(ː)v(ə)rɪʃt | -pɔ́v-/ 形 極貧の; 弱体化した, (土地などが)やせた; 質の低い.

im·pov·er·ish·ment /ɪmpɑ́(ː)v(ə)rɪʃmənt | -pɔ̀v-/ 名 U 貧窮; 疲弊; 低下.

im·prac·ti·ca·ble /ìmprǽktɪkəblˊ/ 形《格式》(計画などが)実行できない, 実用向きでない.

im·prac·ti·cal /ìmprǽktɪk(ə)lˊ/ 形 (考え方・人が)非実際的な, 非現実的な, 非実用的な; (人が)実務能力のない: His plan is completely *impractical*. 彼の計画は全く現実離れしている.

im·prac·ti·cal·i·ty /ìmpræ̀ktɪkǽləṭi/ 名 U 非現実[実用]性, 非実際的なこと.

im·pre·cise /ìmprɪsáɪsˊ/ 形 不正確な, 不明瞭な. **~·ly** 副 不正確に, 不明瞭に.

im·pre·ci·sion /ìmprɪsíʒən/ 名 U 不正確.

im·preg·na·ble /ɪmprégnəbl/ 形 ❶《格式》攻め落とせない, 難攻不落の. ❷《格式》(地位・意見などが)揺るぎない, 堅固な.

im·preg·nate /ɪmprégneɪt/ 動 他 ❶ (...)に(~を)充

満させる; (香りなどを)しみ込ませる (*with*). ❷《格式》(...)を妊娠させる, 受胎[受精]させる.

im·pre·sa·ri·o /ìmprəsɑ́ːriòʊ/ 名 (~s) C 興行主; (楽団・歌手などの)マネージャー.

***im·press** /ɪmprés/ 動 (-press·es /~ɪz/; im·pressed /~t/; -press·ing) 他

意味のチャート
「押す」❹ (⇒ 語源) → (...に跡を残す) → (心に跡を残す)
→「印象づける」❸
→「印象を与える」❷ → (特に強く)
→「感銘を与える」❶

❶ [進行形なし] (...)に**感銘を与える**, 好印象を与える; (...)の心を強く動かす: She ***impressed*** us ***with*** her courage. V+O+*with*+名 彼女はその勇気で私たちに強い感銘を与えた / What *impressed* me most was the people's kindness. 私が最も感銘を受けたのは人々の親切さだった.
❷ [進行形なし] (人)に(...という)**印象を与える**, (人)に(...と)思われ[感じられ]る: The examiner *was* favorably [unfavorably] ***impressed by*** the applicant. V+O の受身 試験官はその志願者に好ましい[好ましくない]印象を受けた / He ***impressed*** Helen ***as*** (be*ing*) a kind man. V+O+*as*+名[動名] 彼は親切な男だという印象をヘレンに与えた. ❸ (...)を(強く)印象づける, (記憶などに)留めさせる; 痛感させる: The scene *is* strongly [deeply] *impressed on* [*upon*] my memory. その場面は私の心に強く印象づけられている / The teacher *impressed on* the pupils *that* they should be punctual. 先生は生徒たちに時間厳守を力説した. ❹ (印など)を(...に)押す, 記す (*in, on*).
— 自 [進行形なし] 感銘を与える.
(名 impréssion, 形 impréssive)
〘語源 ラテン語で「押しつける」の意; ⇒ press キズナ〙

+**im·pressed** /ɪmprést/ 形 **感動した**, 感銘を受けた: I'm *impressed*! 感心しました / I was 「very (much) [greatly] ***impressed by*** [***with***] his speech. +*by* [*with*]+名 私は彼の話に大変感銘を受けた / I was (very) ***impressed that*** she won the match. +*that* 節 私は彼女が試合に勝ったことに(とても)感動した.

im·pres·sion** /ɪmpréʃən/ 名 (~s /~z/) ❶ C **印象**, 感銘: What was your first ***impression of Japan? 日本の第一印象はどうでしたか / 言い換え May gives the ***impression that*** she's very intelligent. +*that* 節 = May gives the ***impression of*** be*ing* very intelligent. メイは非常に頭がいいという印象を与える (⇒ that² A 4) / His speech left a strong [good, favorable] ***impression*** (***on*** the audience). 彼の話は(聴衆に)強い感銘[よい印象]を残した / No one likes to make a poor [bad] *impression on* others. だれも他人に好ましくない印象を与えたくない.
❷ C (漠然とした)**感じ**, 考え, 気持ち, 感想; (外観による)印象, 効果: My *impression* is *that* she's a nice person. 私の感じでは彼女はいい人だ / ***I got*** [***had***] ***the*** distinct ***impression*** (***that***) he was unwilling to do the work. +(*that*)節 彼はその仕事をするのをいやがっているという感じがはっきりとした (⇒ that² A 4). ❸ C 将来図, 予想図: an artist's *impression of* the new tower 画家の描いた新しい塔の完成予想図. ❹ C (有名人などの)まね, 物まね: do an *impression of* a famous person 有名人の物まねをする. ❺ C (押してできた)跡, 痕跡; 押印: *impressions* of boots on the snow 雪の上の長靴の跡 / the *impression* of a seal *on* wax 封ろうの押印. ❻ C 刷り; 1 回の印刷で作る総部数 (⇒ edition 語法).
be ùnder the imprèssion that ... [動] ...という(誤った)印象を受けている, ...という感じを持っている.
(動 impréss)

im·pres·sion·a·ble /ɪmpréʃ(ə)nəbl/ 形 (子供・若者が)影響されやすい, 感受性の強い: be at an *impressionable* age 感受性の強い年齢である.

im·pres·sion·is·m /ɪmpréʃənìzm/ 名 U [普通は I-] 〔美術・音楽・文学〕印象主義 (物の外形にとらわれず印象をそのまま表現しようとする主義). 関連 expressionism 表現主義.

im·pres·sion·ist /ɪmpréʃ(ə)nɪst/ 名 ❶ C [普通は I-] 印象主義者; 印象派の芸術家[作家]. ❷ C 物まねをする人. — 形 印象派の.

im·pres·sion·is·tic /ɪmprèʃənístɪk←/ 形 印象による, 印象に基づいた.

***im·pres·sive** /ɪmprésɪv/ 形 **強い印象を与える**, 印象的な, 感銘を与える: an *impressive* view 人に感銘を与える眺め / His performance was very *impressive* (*for* a teenager). 彼の演奏は(十代にしては)非常に印象に残るものだった.
(動 impréss)
~·ly 副 印象的に, すばらしく. **~·ness** 名 U 印象的なこと.

im·print¹ /ímprɪnt/ 名 ❶ C [普通は単数形で] (押した)印; 痕跡(こんせき); 影響: the *imprint of* a foot *on* [*in*] the sand 砂についた足跡. ❷ C (普通は書物の扉の下部・裏に記された)出版事項 (発行者・発行[印刷]所・発行年月など), (出版事項中の)出版社[発行所]名.

im·print² /ɪmprínt/ 動 他 ❶ (判など)を(...に)押す (*in, on*); (...)に(消印・判などを)押す: a T-shirt *imprinted with* the team logo チームのロゴ入り T シャツ. ❷ [受身で] 《文語》(...)を銘記する, 印象づける: The sight of the disaster *is imprinted on* her mind. その災害の光景は彼女の心に焼きついている.

+**im·pris·on** /ɪmpríz(ə)n/ 動 (-pris·ons /~z/; -pris·oned /~d/; -on·ing) 他 [しばしば受身で] (人)を**刑務所に入れる**, **投獄する**, 収監する; 閉じ込める, 監禁[拘束]する (*in*): He ***was imprisoned for*** murder. V+O+*for*+名の受身 彼は殺人のかどで投獄された.
(名 imprísonment)

+**im·pris·on·ment** /ɪmpríz(ə)nmənt/ 名 U **投獄する[される]こと**, 監禁する[される]こと; 禁固刑(の期間): He was sentenced to three years' *imprisonment* for bribery. 彼は収賄罪で 3 年の禁固刑に処された // ⇒ life imprisonment.
(動 imprísοn)

im·prob·a·bil·i·ty /ìmprɑ̀(ː)bəbíləṭi | -prɔ̀b-/ 名 (-i·ties) ❶ U まず(...に)なりそうにないこと, (起こる)見込みのないこと. ❷ C 起こり[あり]そうもないこと.

im·prob·a·ble /ìmprɑ́(ː)bəbl | -prɔ́b-←/ 形 ❶ まず...になりそうにない, (起こる)見込みのない, ありそうにない [⇔ probable]: *It's improbable that* he'll run for president again. 彼がもう一度大統領選に出馬することはまずない / The suspect's alibi was highly *improbable*. 容疑者のアリバイはとても怪しかった / an *improbable* story ありそうにない話. ❷ 奇妙な, 予期しない.

im·prob·a·bly /ìmprɑ́(ː)bəbli | -prɔ́b-/ 副 ありえないほど; 奇妙にも: not *improbably* ことによると.

im·promp·tu /ɪmprɑ́(ː)m(p)t(j)uː | -prɔ́m(p)tjuː/ 形 副 即座の[に], 即席の[に], 即興的な[に].

im·prop·er /ìmprɑ́(ː)pɚ | -prɔ́pə←/ 形 ❶ 《格式》不正

I

な, 違法の; みだらな, 卑猥(ひわい)な. ❷ 不適切な, ふさわしくない (*for*). ❸ 限定 正しくない, 誤った.

im·prop·er·ly /ìmprɑ́(ː)pɚli | -prɔ́pə-/ 副 不適切に; 不正に; 誤って.

im·pro·pri·e·ty /ìmprəpráɪəṭi/ 名 (-e·ties) ❶ U 《格式》 不適切, 不穏当; 不正; 卑猥. ❷ C 《格式》 不正[卑猥]な行動.

im·prov /ímprɑ(ː)v | -prɔv/ 名 U 《略式》 即興, アドリブ.

＊＊im·prove /ɪmprúːv/ 発音

— 動 (im·proves /~z/; im·proved /~d/; im·prov·ing) 他 (...)を**改善する, 改良する**; 進歩[上達]させる: You can *improve* your English if you try. やる気があれば英語は上達する / Their quality of life must *be improved*. V+O の受身 彼らの生活の質は改善されなければならない.

— 自 **よくなる**, 進歩する: 言い換え His health is *improving*. = He is *improving in* health. V+*in*+名 彼の健康状態は次第によくなっている.

impróve on [upòn] ... [動] 他 ...を上回る, ...をよりよいものにする: She *improved on* her own record. 彼女は自己の記録を更新した. (名 impróvement)

＊im·proved /ɪmprúːvd/ 形 [普通は 限定] **改善された**, よくなった: new *improved* materials 新たに改良された素材.

＊im·prove·ment /ɪmprúːvmənt/ 名 (-prove·ments /-mənts/) ❶ U **改善, 改良する[される]こと**; 進歩, 上達: the ***improvement of*** health 健康の増進 / a significant ***improvement in*** working conditions 労働条件の大幅な改善 / There is much room for *improvement in* this composition. この作文には改善の余地がたくさんある / His work showed signs of *improvement*. 彼の仕事には進歩のきざしが見られた.
❷ C **改良個所**, 改良点, 改善された[よりよい]物[人]: home *improvements* 自宅の修繕個所 / Many *improvements* have been made in this new model. この新型には多くの改良が施されている / The new proposal is a great [big] ***improvement on*** [*over*] the old one. 新提案は前のものより断然よくなっている. (動 impróve)

im·prov·i·dence /ìmprɑ́(ː)vəḍəns, -dns | -prɔ́v-/ 名 U 《格式》 先のことを考えないこと; 将来への備えがないこと; 倹約心のないこと.

im·prov·i·dent /ìmprɑ́(ː)vəḍənt, -dnt | -prɔ́v-⁺/ 形 《格式》 先のことを考えない; 将来への備えがない; 倹約心のない.

im·pro·vi·sa·tion /ɪmprɑ̀(ː)vəzéɪʃən | ìmprəvaɪz-/ 名 U 即興, 即席; C 即興詩[曲], 即興演奏[画], アドリブ.

im·pro·vise /ímprəvàɪz/ 動 他 (...)を即席で作る; (詩・音楽など)を即興で作る[演奏する]. — 自 即席で作る[する]; (詩・曲などを)即興で作る[演奏する].

im·pru·dence /ɪmprúːḍəns, -dns/ 名 U 《格式》 軽率さ, 無分別; C 軽率な言動.

im·pru·dent /ìmprúːḍənt, -dnt⁺/ 形 《格式》 軽率な, 無分別な. **~·ly** 副 《格式》 軽率に.

im·pu·dence /ímpjʊḍəns, -dns/ 名 U,C 《格式》 厚かましさ, 生意気. **hàve the ímpudence to dó** [動] 厚かましくも...する.

im·pu·dent /ímpjʊḍənt, -dnt/ 形 《格式》 厚かましい, 生意気な.

im·pugn /ɪmpjúːn/ 動 他 《格式》 (人の能力・人格など)を疑う, 批判する.

＋im·pulse /ímpʌls/ アク 名 (im·puls·es /~ɪz/) ❶ C,U [普通は単数形で] (心の)**衝動**, はずみ, でき心: a creature of *impulse* 衝動的に行動する人 / *impulse* buying [shopping] 衝動買い / I felt [resisted] a sudden strong ***impulse to*** run away. +*to* 不定詞 私は走って逃げたいという突然の強い衝動に駆られた[を抑えた]. ❷ C 〔電気〕 衝撃; 〔生理学〕 刺激. ❸ C [普通は単数形で] 《格式》 (行動の)刺激, 鼓舞.
on (an) ímpulse [副] 衝動に駆られて, でき心で. (動 impél, 形 impúlsive)

im·pul·sive /ɪmpʌ́lsɪv/ 形 衝動的な, 一時の感情に駆られた: make an *impulsive* decision 軽率な決定を下す. (名 ímpulse)
~·ly 副 衝動的に, とっさに. **~·ness** 名 U 衝動性.

im·pu·ni·ty /ɪmpjúːnəṭi/ 名 U [次の成句で] **with impúnity** [副] 罰せられずに, 公然と.

im·pure /ìmpjʊ́ɚ | -pjʊ́ə⁺/ 形 (im·pur·er /-pjʊ́(ə)rɚ | -rə/, more ~; im·pur·est /-pjʊ́(ə)rɪst/, most ~) ❶ 純粋でない, 混ざり物のある: *impure* sugar 不純物のある砂糖. ❷ 《古風》 [ときにこっけいに] (考え・気持ちが)不純な, みだらな.

im·pu·ri·ty /ìmpjʊ́(ə)rəṭi/ 名 (-ri·ties) ❶ U 混ざり物のある状態; 不純. ❷ C [普通は複数形で] 不純物.

im·pu·ta·tion /ìmpjʊtéɪʃən/ 名 U 《格式》 (罪などを)人のせいにすること (*to*); C 非難, とがめ.

im·pute /ɪmpjúːt/ 動 他 《格式》 (罪など)を(...の)せいにする, (...の)ためであるとする.

＊＊＊in¹ /ɪn; ín/ (同音 inn)

単語のエッセンス
基本的には「...の中で」の意.
1) [場所・状況を示して] **...の中で, ...の所を; 中に, 家の中で:** live *in* London ロンドンに住む ⇒ 前 ❶ / go out *in* the rain 雨の中を出ていく ⇒ 前 ❻ / the richest man *in* town 町でいちばんの金持ち ⇒ 前 ❿ / Come *in!* (中へ)入って ⇒ 副 ❶ / eat *in* 家で食べる ⇒ 副 ❷
2) [運動・方向を示して] **...の中へ, ...の方で:** Get *in* the car. 車に乗って ⇒ 前 ❷
3) [時を示して] **...の間に, ...のうちに[で], ...たてば:** *in* the 21st century 21 世紀に ⇒ 前 ❸ / finish the work *in* an hour 仕事を 1 時間で終える ⇒ 前 ❹
4) **...(の方法)で:** speak *in* English 英語で話す ⇒ 前 ❺
5) **...に従事して:** He's *in* computers. コンピューターの仕事をしている ⇒ 前 ❼
6) **...を身につけて:** a man *in* dark glasses サングラスをかけた男 ⇒ 前 ❽
7) **...の形で:** dance *in* a circle 輪になって踊る ⇒ 前 ❾

— 前 ❶ (1) [比較的広がりのある場所・位置を示して] **...の中で[に], ...に, ...で** [⇔ out of] (⇒ at 1 語法, 項目 out of 2 語法): They live *in* London. 彼らはロンドンに住んでいる / New York is *in* the eastern part of the US. ニューヨークは米国の東部にある (⇒ to¹ 1 語法) / There isn't a cloud *in* the sky. 空には雲ひとつない / Let's swim *in* the lake. 湖で泳ごう / There were a lot of customers *in* the store. その店には大勢の客がいた / She had some flowers *in* her hand. 彼女は手に花を持っていた.

語法 **in と on の使い分け**
in は中に入り込んでいる感じ, on は上に乗っている感じを表わす《⇒ 挿絵 (No. 1)》. 従って Tom is sitting *in* the armchair. (トムはひじ掛けいすに座っている)は挿絵 (No. 2) の (A) のような状態を表わし, Mary is sitting *on* the stool. (メアリーは腰掛けに座っている)は (B) のような状態を表わす. また Mary is *in* bed. (メアリーはベッドの中に入っている)は挿絵 (No. 3) の (A), Tom is *on the* bed. (トムはベッドの上に横になっている)は (B) のような状態を表わす《in bed は無冠詞》. 同様に swim *in* the river (川で泳ぐ)に対して a boat *on* the river (川に浮かんでいる船).

(2) [動作の行なわれる個所を示して] **...の所を**, ...のあたりを: The ball hit him *in the* eye. ボールは彼の目に当たった / She couldn't look me *in the* eye. 彼女は私の目をまともに見られなかった. 語法 in の後の名詞には the がつく《⇒ the[1] 2》.
❷ [内部への運動, または動作の方向・方角を示して] **...の中へ[に], ...へ** [⇔ out of]《⇒ into 1 語法》; **...の方で[に]**, ...の方へ, ...に; 《略式》...を通って中へ: The child put it *in* the box. その子はそれを箱の中に入れた / Get *in* (= into) the car. 車に乗って / The sun rises *in* the east and sets *in* the west. 太陽は東から昇り西へ沈む / They were walking *in* that direction. 彼らはあちらの方向に歩いていた.
❸ [比較的長い時間を示して] **...の間に, ...に**《⇒ at 2 語法, on 前 2 語法, during 2 語法》: *in* the 21st century 21 世紀に / *in* (the) spring [summer, fall, winter] 春[夏, 秋, 冬]に / *in* October 10 月に / *in* the morning [afternoon, evening] 午前中[午後, 晩]に《⇒ morning 語法, afternoon 語法, evening 語法》/ I was born *in* 2005. 私は 2005 年に生まれた / She came *in* my absence. 彼女は私の留守中にやって来た / He is *in* his twenties. 彼は 20 代だ.
❹ (1) [所要時間・経過時間を示して] **...の(時間の)うちに**; (今[それ]から)**...(の時間が)たてば[たつと]**, **...後に**: Can you finish the work *in* an hour? その仕事を 1 時間で終えられますか / He'll be back 「*in* a few days [*in* an hour('s time)]. 彼は数日[1 時間]したら戻ります. 語法 「...の(時間の)うちに」の意味を特に強調するときは within を用いる.
(2) [期間を示して; no, not, first, only や最上級とともに用いて] **...の間(のうちで)** [≒for]: We have had the cold*est* winter *in* ten years. 私たちは 10 年ぶりの寒い冬を過ごした / They ate as if they had *not* had a good meal *in* years. 彼らはまるで何年もの間十分に食事をしたことがないかのように食べた.
❺ **...の方法で**; ...(の材料)を使って: a statue *in* bronze ブロンズの像, 銅像 / speak *in* English 英語で話す / You can write *in* pencil. 鉛筆で書いてもいいです / Don't talk *in* a loud voice. 大声で話さないで / The cloth was trimmed *in* red. その布地は赤い縁飾りがついていた.
❻ **...(の状況)の中で; ...の状態で**: He went out *in* the rain. 彼は雨の中を出ていった / She enjoys sitting *in* the sun. 彼女はひなたぼっこが好きだ / They lost their way *in* the dark. 彼らは暗やみで道に迷った / We can't work *in* this heat. こう暑くちゃ働けない / You are always *in* good health. 君はいつも健康だね / Pat was *in* despair. パットは絶望していた / I was *in* a hurry. 私は急いでいた.
❼ [活動・仕事・所属を示して] **...に従事して**, ...して; ...に入って, ...に属して: Bill was *in* the 100-meter dash today. ビルはきょう 100 メートル走に出た / He's *in* building [computers]. 彼は建築[コンピューター]の仕事をしている / Is she *in* your class at school? 彼女は学校ではあなたのクラスですか.
❽ **...を身につけて**, ...を着て: A man *in* dark glasses entered the room. サングラスをかけた男が部屋に入った / a woman *in* white 白い服を着た女性 / All the girls were *in* uniform. 少女たちはみな制服を着ていた《✪ in uniform は無冠詞》. 語法 (1) この意味では名詞の後によく使われる. (2) 「(そのとき)リズは赤いドレスを着ていた」は Liz was in a [her] red dress. ともいえるが, Liz was wearing a [her] red dress. のほうが普通.
❾ [形状・配列・分割を示して] **...の形で**, ...を成して, ...となって; ...に: a novel *in* four parts 4 部から成る小説 / shop *in* groups グループで買い物をする / dance *in* a circle 輪になって踊る / They stood *in* line. 彼らは(縦)一列に並んで立っていた / Please cut the cake *in* two. ケーキを 2 つに切ってください.
❿ [最上級の後で] ...の範囲の中では(いちばん): He is the rich*est* man *in* town. 彼は町でいちばんの金持ちだ / The clerk assured me it was the lat*est* thing *in* swimsuits. 店員はそれは最新の水着ですと請け合った.
⓫ [範囲・限定・割合を示して] ...の点で(は), ...において; ...につき: She is poor *in* French. 彼女はフランス語は下手だ / He is blind *in* his right eye. 彼は右目が見えない / The pond is ten feet *in* depth. その池は深さが 10 フィートだ / He is young *in* years but old *in* wisdom. 彼は年は若いが知恵は大人だ / One *in* ten students spelled the word wrong. 学生の 10 人に 1 人はその単語のつづりを間違えた / "How did you do *in* math?" "I got an 80." 「数学のできはどうだった」「80 点だったよ」. ⓬ [動名詞の前につけて] ...している際に, ...するときに: *In* do*ing* anything, you should always do your best. 何をするにしても常に全力を尽くしなさい.
— 副 /ín/ ❶ [be 動詞以外の動詞とともに] **中に[へ]**, 内に[へ] [⇔ out]: Come *in*! どうぞ(入って) / Somebody pushed me *in*. だれかが私を中へ押し込んだ / Put *in* a little more sugar. もう少し砂糖を入れてください.
❷ **家の中で**, 中で, うちで [⇔ out]: Do you want to

eat *in* or go out for dinner? 今日の夕食は家で食べる? それとも外に出かける? / Our housemaid is living *in*. うちのお手伝いさんは住み込みだ.

ín and óut [副·形] (...を)出たり入ったり (*of*); 見えたり隠れたり.

— 形 /ín/ ❶ 叙述 (人が)**在宅で[して]**, 帰宅して, 会社[事務所]内にいて, 出勤して [⇔ out]**:** He won't be *in* until seven. 彼は 7 時までは戻らない // 🗨 "Is Mr. Smith *in*?" "No, I'm sorry, he isn't." 「スミスさんはご在宅ですか」「いえ, あいにく外出しています」《電話で》. ❷ (乗り物·郵便·書類などが)**到着して[た]**, 届いて**:** Is the train *in* yet? 列車はもう着きましたか / Your paper must be *in* by Friday. レポートは金曜日までに出さなければなりません. ❸《略式》(服装などが)流行して[の], はやりで[の]**:** the *in* color this year 今年の流行色 / Short skirts are *in*. ミニスカートがはやっている. ❹ (政党が)政権について(いる);〔野球·クリケット〕攻撃側で. ❺ 叙述〔テニスなど〕(ボール·シャトルが)コート内に(落ちて) [⇔ out]. ❻ (潮が)満ちて [⇔ out].

be ín at ... [動] 他 (ある出来事)に居合わせる.

be ín for ... [動] 他 (1)《略式》(何か悪いこと)にきっと出会う**:** It looks as though we *are in for* a storm. どうもあらしにあいそうだ / *be in for* it (きっと)ひどい目にあう, ただではすまない. (2) (競技)に出ることになっている; (仕事)に応募している.

be [gèt] ín on ... [動] 他 ...に参加[関与]している[する]; (秘密など)に通じている[通じる]**:** He'*s in on* that affair. 彼はその事件に関与している.

be [gèt] (wéll) ín with ... [動] 他《略式》(有力者など)と(とても)親しい[親しくなる].

— 名 /ín/ [次の成句で] **the íns and óuts of ...** [名] (物事の)一部始終, 詳細.

+**in²**, **in.** 略 **インチ** (inch(es)).

IN 〔米郵便〕 = Indiana.

in-¹ /ìn/ 接頭「不..., 無...」の意**:** *in*convenient 不便な / *in*dependent 独立の.

> 語法 (1) l- で始まる語の前では il-; b-, m-, p- で始まる語の前では im-; r- で始まる語の前では ir- となる.
> (2) この in- (および il-, im-, ir-)をつけた語をもとの形の語と対照させるときには in- のほうを強く発音することが多い《⇒ impossible 最初の例文, invisible 最初の例文》.

in-² /ɪn/ 接頭「中へ, 中に」の意 [⇔ ex-¹]**:** *in*clude 含む / *in*ternal 内部の. 語法 b-, m-, p- で始まる語の前では im- となる.

+**in·a·bil·i·ty** /ìnəbíləṭi/ 名 [U または an ~] (...すること)**ができないこと**, **無能**, **無力:** He confessed his ***inability to*** speak German. +to 不定詞 彼はドイツ語が話せないのだと打ち明けた.

in ab·sen·ti·a /ɪnæbsénʃ(i)ə | -tiə/ 副《格式》(当事者が)欠席[不在]中に.

in·ac·ces·si·bil·i·ty /ìnəksèsəbíləṭi, -æk-/ 名 U 近づき難いこと; 理解しにくさ; 手に入れにくいこと.

in·ac·ces·si·ble /ìnəksésəbl, -æk-ˈ/ 形 (場所などが)近づき難い, 寄りつきにくい; (物事が)理解し難い; (物が)手に入れにくい (*to*).

in·ac·cu·ra·cy /ìnǽkjʊrəsi/ 名 (-ra·cies) U 不正確, ずさん; C [普通は複数形で] 誤り, 間違い.

in·ac·cu·rate /ìnǽkjʊrətˈ/ 形 不正確な, 誤りのある**:** *inaccurate* information 不正確な情報. **~·ly** 副 不正確に.

in·ac·tion /ìnǽkʃən/ 名 U 活動[対応]しないこと, 怠惰, 無策.

in·ac·tive /ìnǽktɪvˈ/ 形 ❶ 不活発な, 活動[運動]しない; (工場などが)稼働していない. ❷〔化学〕不活性の.

in·ac·tiv·i·ty /ìnæktívəṭi/ 名 U 不活発, 休止; 無気力, 怠惰.

in·ad·e·qua·cy /ìnǽdɪkwəsi/ 名 (-qua·cies) ❶ U 不十分, 不適当; 能力不足, 不適格 (*of*)**:** feelings of *inadequacy* 能力不足という思い. ❷ C [普通は複数形で] 不備な点, 欠点. (形 inádequate)

+**in·ad·e·quate** /ìnǽdɪkwətˈ/ 形 ❶ **不十分な**, 妥当でない, 不適当な**:** This house is ***inadequate for*** a family of six. +for+名 この家は 6 人家族には狭い / Our supply is wholly ***inadequate to*** meet the demand. +to 不定詞 この供給量ではとうてい需要には追いつけない. ❷ (人が能力の点で)たちうちできない, 不適格な**:** I feel *inadequate to* the task. その仕事は私には無理だと思う. (名 inádequacy)
~·ly 副 不十分に, 不適当に.

in·ad·mis·si·ble /ìnədmísəblˈ/ 形〔法律〕(特に裁判の証拠が)採用できない, 容認されない.

in·ad·ver·tent /ìnədvə́ːṭənt, -tnt | -və́ː-ˈ/ 形 不注意な, うっかりやった. **~·ly** 副 うっかり, 不注意にも.

in·ad·vis·a·ble /ìnədváɪzəblˈ/ 形 叙述 勧められない, 不得策で, 愚かで.

in·a·li·en·a·ble /ìnéɪliənəblˈ/ 形 [普通は 限定]《格式》(権利などが)奪うことができない; 譲渡できない; 固有の**:** an *inalienable* right 固有の権利.

in·ane /ɪnéɪn/ 形 無意味な; ばかげた, 愚かな.

in·an·i·mate /ìnǽnəmətˈ/ 形 生命のない, 無生物の**:** *inanimate* objects 無生物.

in·an·i·ty /ɪnǽnəṭi/ 名 (-i·ties) ❶ U 愚かさ; 空虚. ❷ C [普通は複数形で] 愚かな言動.

in·ap·pli·ca·ble /ìnǽplɪkəbl, -əplík-ˈ/ 形 (...に)適用できない, 当てはまらない; 不適切な (*to*).

+**in·ap·pro·pri·ate** /ìnəpróʊpriətˈ/ 形 (...に)**不適当な**, ふさわしくない (*to*)**:** totally *inappropriate* comments 全く不適切な論評 / The dress is ***inappropriate for*** formal occasions. +for+名 そのドレスは公式の行事にふさわしくない / ***It*** would ***be inappropriate to*** bring up that subject now. その話題を今とりあげるのはふさわしくない. **~·ly** 副 不適切に, ふさわしくなく.

in·apt /ìnǽptˈ/ 形 (more ~; most ~)《格式》(発言などが)不適当な.

in·ar·tic·u·late /ìnɑətíkjʊlət | -ɑː-ˈ/ 形 (考えなどを)はっきり表わせない; 明言されない; 発音のはっきりしない, 不明瞭(ふめいりょう)な.

in·as·much as /ìnəzmʌ́tʃəz/ 接《格式》...であるから; ...の限りにおいて.

in·at·ten·tion /ìnəténʃən/ 名 U (...への)不注意; むとんちゃく (*to*).

in·at·ten·tive /ìnəténṭɪvˈ/ 形 (...に対して)不注意な; むとんちゃくな (*to*).

in·au·di·ble /ìnɔ́ːdəblˈ/ 形 聞こえない, 聞き取れない (*to*).

+**in·au·gu·ral** /ɪnɔ́ːgjʊrəl/ 形 限定 **就任(式)の**, 開始の**:** an *inaugural* ceremony [address] 就任式[演説].
— 名 C《主に米》就任演説[式].

in·au·gu·rate /ɪnɔ́ːgjʊrèɪt/ 動 他 ❶ (就任式をして)(人)を就任させる (*as*). ❷ (...)の開業[落成]を祝う.

❸《格式》(...)を(正式に)開始する, (...)の幕開けとなる.

in·au·gu·ra·tion /ɪnɔ̀:gjʊréɪʃən/ 名 C,U 就任(式); 開始, 開業; 開業[落成]式.

Inaugurátion Dày 名 U 《米》 大統領就任式の日《当選の翌年の 1 月 20 日》.

in·aus·pi·cious /ìnɔ:spíʃəs←/ 形 《格式》 不吉な, 不運な: make an *inauspicious* start 先行きの不安なスタートをする.

in·au·then·tic /ìnɔ:θénṭɪk, ìnə-|ìnɔ:-←/ 形 本物でない.

in-be·tween /ìnbɪtwí:n/ 形 中間の.

in·board /ínbɔ̀əd|-bɔ̀:d/ 形 (エンジンが)船内[機内]の.

in·born /ínbɔ́ən|-bɔ́:n←/ 形 生まれつきの, 先天的な, 天賦の.

in·bound /ínbàʊnd/ 形 《米》 (航空機・列車などが)空港[駅]へ入ってくる, 到着する [⇔ outbound].

in-box /ínbà(:)ks|-bɔ̀ks/ 名 ❶ C 《米》 未決書類(整理)箱 [《英》 in-tray]《⇒ out-box》. ❷ C 〖コンピュータ〗 (E メールの)受信トレイ《⇒ out-box》.

in·bred /ínbrèd/ 形 ❶ 限定 (性質などが)生まれつきの. ❷ 同血統繁殖の.

in·breed·ing /ínbrì:ḍɪŋ/ 名 U 同系[近親]交配.

in·built /ínbílt/ 形 限定 《英》 (性質などが)本来備わった, 持って生まれた [≒built-in].

+**inc.** 略 = included, including, inclusive.

Inc. /íŋk/ 略 = incorporated.

In·ca /íŋkə/ 名 C インカ人: the *Incas* インカ族.

Ínca Émpire 名 固 [the ~] インカ帝国《スペイン人の侵略以前に栄えたペルーのインカ族の帝国》.

in·cal·cu·la·ble /ìnkǽlkjʊləbl←/ 形 《格式》 計り知れない, 無数の, 莫大な: *incalculable* damage 莫大な被害.

in·can·des·cence /ìnkəndés(ə)ns/ 名 U 白熱.

in·can·des·cent /ìnkəndés(ə)nt←/ 形 ❶ 〖電気〗 白熱の, 白熱光を発する. ❷《文語》 光り輝く, きらめく; すばらしい. ❸ 怒りに燃えて (*with*).

in·can·ta·tion /ìnkæntéɪʃən/ 名 C,U 呪文(じゅもん)(を唱えること), まじない.

in·ca·pa·ble /ìnkéɪpəbl←/ 形 ❶ 叙述 ...できない: He is *incapable of*「a lie [tell*ing* a lie, ly*ing*]. 彼はうそが言えない人だ / The government is totally *incapable of* reform. 政府は改革を行なう力が全くない. ❷ 無能な; (酔うなどして)正体をなくした; 体の不自由な: an *incapable* official 無能な役人.

in·ca·pac·i·tate /ìnkəpǽsətèɪt/ 動 他 《格式》 (人)の体を不自由にする; (...)を無能[無力]にする.

in·ca·pac·i·ty /ìnkəpǽsəṭi/ 名 U 《格式》 無能, 無力 (*of*; *to* do); 身体の不自由.

in·car·cer·ate /ɪnkáəsərèɪt|-ká:-/ 動 他 [普通は受身で] 《格式》 (人)を投獄する, 監禁する (*in*).

in·car·cer·a·tion /ɪnkàəsəréɪʃən|-kà:-/ 名 U 《格式》 投獄, 監禁.

in·car·nate[1] /ɪnkáənət|-ká:-/ 形 [名詞の後につけて] 肉体を持った, 人の姿をした; (抽象的なものが)形に現われた: the devil *incarnate* 悪魔の化身.

in·car·nate[2] /ɪnkáəneɪt|ínkɑ:nèɪt/ 動 他 ❶《格式》 (...)を具体化する, 体現する (*in, as*). ❷《格式》 (...)の姿にする (*in, as*).

in·car·na·tion /ìnkɑənéɪʃən|-kɑ:-/ 名 ❶ U 具体化; C 具体化したもの; [単数形で] (...の)化身, 権化(ごんげ): She was the *incarnation of* jealousy. 彼女はしっとのかたまりだった. ❷ C (特定の時期の)姿: in a previous *incarnation* 前世では. ❸ [the I-] 〖キリスト教〗 受肉, 托身(たくしん)《神がイエスの体を借りて現れること》.

in·cau·tious /ìnkɔ́:ʃəs←/ 形 《格式》 軽率な, 不注意な, 無謀な. **~·ly** 副 《格式》 軽率に, 不注意に.

in·cen·di·ar·y /ɪnséndièri|-diəri/ 形 限定 ❶ 放火の; 焼夷(しょうい)性の: an *incendiary* bomb 焼夷弾. ❷ 扇動的な. —名 (-ar·ies) C 焼夷弾.

in·cense[1] /ínsens/ 名 U 香(こう), 香料.

in·cense[2] /ɪnséns/ 動 他 (人)を(ひどく)怒らせる.

in·censed /ɪnsénst/ 形 叙述 激怒した (*at*; *that*).

+**in·cen·tive** /ɪnsénṭɪv/ 名 (~s /~z/) U,C (意欲喚起のための)**刺激**, 励まし; **誘因**, 動機; 奨励金, 報奨: an added *incentive* 付加的誘因 / tax *incentives* 税の優遇措置 / They have no ***incentive to*** work harder. +to 不定詞 彼らにはもっと働こうという励みになるものがない 多用 / This provides a strong [powerful] ***incentive for*** more people ***to*** invest. +for+名+to 不定詞 これはより多くの人が投資する強力な誘因となる.

in·cep·tion /ɪnsépʃən/ 名 [単数形で] 《格式》 (団体・組織の)発足; 始め, 発端.

in·ces·sant /ɪnsés(ə)nt/ 形 (いやなことが)絶え間のない, やむことがない: *incessant* complaints 絶え間のない不平不満. **~·ly** 副 絶え間なく.

in·cest /ínsest/ 名 U 近親相姦(そうかん) (*with*).

in·ces·tu·ous /ɪnséstʃuəs|-tjuəs/ 形 ❶ 近親相姦の. ❷ (組織などが)排他的な, 身内で固めた.

***inch** /íntʃ/ 名 (~·es /~ɪz/) ❶ C **インチ**《長さの単位; 1⁄12 フィート, 約 2.54 センチ; 数字の後に ″ をつけて表わす; 略 in, in., 複数形は ins.; ⇒ foot 2, yard[2] 表》: a four-*inch* nail 4 インチのくぎ / He is six feet three *inches* tall. 彼は身長 6 フィート 3 インチだ / The column is 48 *inches* around at the base. その円柱は基部のところの周囲が 48 インチある / Give him an *inch* and he'll take a yard [mile]. 《ことわざ》 1 インチを与えれば 1 ヤード[マイル]を取ろうとする(図に乗る). ❷ C 少量, 少額, 少し; わずかな長さ《⇒ by inches, within an inch of ... (成句)》: It's only *inches* away from his face. それは彼の顔からごくわずかしか離れていない. ❸ C インチ《降雨・降雪量の単位》.

by ínches [副] (1) **きわどいところで:** The car missed me *by inches*. その車はきわどいところで私にはぶつからなかった. (2) 少しずつ**:** She grew *by inches*. 彼女は少しずつ背が伸びた.

évery ínch [副] どこからどこまでも**:** He was *every inch* a king. 彼はどこから見ても申し分ない王だった.
—[名] すみからすみまで全部**:** The police examined *every inch* of the park for clues. 警察は手がかりを求めて公園をしらみつぶしに調べた.

if an ínch ⇒ if[1] 成句.

ínch by ínch [副] = by inches (2)

nót gìve [búdge, móve] an ínch [動] 自 全く意見を変えない, 少しも譲らない.

to an ínch [副] 寸分たがわず, 厳密に.

withìn an ínch of ... [前] もう少しで...するところで**:** He came *within an inch of* success [succeed*ing*, be*ing* successful]. 彼は成功に今一歩というところだった.

— 動 自 [副詞(句)を伴って] 少しずつ動く[進む], じりじり[じわじわ]動く. — 他 (...)を少しずつ動かす**:** *inch* one's way じわじわ進む.

〖語源〗 ラテン語で「12 分の 1」の意; ounce と同語源〗

in·cho·ate /ɪnkóʊət/ 形 《格式》 始まったばかりの, 初期の; 不完全な, 未完成の.

in·ci·dence /ínsədəns, -dns/ 名 [単数形で]《格式》(犯罪・病気などの)発生率: a high *incidence of* crime 高い犯罪率.

****in·ci·dent** /ínsədənt, -dnt/

— 名 (-ci·dents /-dənts, -dnts/) ❶ C (付随した)**出来事, 事件**《⇒ event 表》: an isolated *incident* 単発的な事件 / a shooting *incident* 発砲事件 / A strange *incident* occurred during our journey. 我々の旅行中に不思議な出来事が起こった. ❷ C [遠回しに] 事変《暴動・反乱・戦争など》.

withòut íncident [副] 支障なく, 無事に.

(形 incidéntal)

in·ci·den·tal /ìnsədéntl/ 形 ❶ 叙述 ...に付随して起こる, ...にありがちな: the extra duties *incidental to* the job その仕事について回る余分な職務. ❷ 限定 思いがけず起こる; 主要でない; 付随的な: *incidental* expenses 雑費 / *incidental* music (映画などの)付随音楽.

(名 íncident)

— 名 C [普通は複数形で] 付随的なこと; 雑費.

+in·ci·den·tal·ly /ìnsədéntəli, -tli/ 副 ❶ つなぎ語 **ついでながら, ついでに言うと, それはそうと**: *Incidentally*, I forgot to tell you that I met Mary. それはそうとメアリーに会ったことを君に言うのを忘れていた《⇒ by the way (way¹ 成句)》. ❷ 思いがけなく; 付随的に.

in·cin·er·ate /ɪnsínərèɪt/ 動 他 [しばしば受身で]《格式》(...)を焼却する.

in·ci·ne·ra·tion /ɪnsìnəréɪʃən/ 名 U 焼却.

in·cin·er·a·tor /ɪnsínərèɪṭə | -tə/ 名 C (ごみなどの)焼却炉.

in·cip·i·ent /ɪnsípiənt/ 形 限定《格式》始まりの; (病気が)初期の.

in·cise /ɪnsáɪz/ 動 他 ❶《格式》(文字・模様)を刻む, 彫る (*in, into*). ❷《格式》(...)に切り込みを入れる.

in·ci·sion /ɪnsíʒən/ 名 C,U 〔医学〕切開; 切り込み.

in·ci·sive /ɪnsáɪsɪv/ 形 (ことば・批評などが)鋭い.

~·ly 副 鋭く. **~·ness** 名 U 鋭さ.

in·ci·sor /ɪnsáɪzə | -zə/ 名 C 〔解剖〕切歯, 門歯.

in·cite /ɪnsáɪt/ 動 他 (人)をそそのかす, 扇動する; (人)を刺激する; (感情など)を引き起こす, かき立てる (*to* do): *incite* the crowd *to* a riot 群衆に暴動をそそのかす / *incite* racial hatred 人種間の憎悪をかき立てる.

in·cite·ment /ɪnsáɪtmənt/ 名 U 扇動すること, 刺激すること; C 刺激, 扇動するもの (*to*).

in·ci·vil·i·ty /ìnsɪvíləṭi/ 名 (-i·ties) ❶ U《格式》無礼, 無作法. ❷ C《格式》無作法な言動.

incl. 略 = including, inclusive.

in·clem·ent /ɪnklémənt/ 形《格式》(天候が)荒れ模様の《特に, 寒くて風が強い》, 厳しい.

in·cli·na·tion /ìnklənéɪʃən/ 名 ❶ U,C 好み, 意向, ...したい気持ち [⇔ disinclination]; 好みのもの: I don't have the time or (the) *inclination to* go with him. 彼といっしょに行く時間も気持ちもない / He shows little *inclination toward* [*to, for*] politics. 彼は政治にあまり興味がない. ❷ C,U 傾向 [≒tendency]; 体質, 気質 (*to, toward*): This machine has an *inclination to* break down in hot weather. この機械は暑いと故障することが多い. ❸ C,U [普通は単数形で]《格式》傾き, 傾斜 [≒slope]: the *inclination* of a roof 屋根の勾配(こうばい). ❹ C (頭を)下げること (*of*).

(動 inclíne¹)

+in·cline¹ /ɪnkláɪn/ ✪ 名詞の incline² とアクセントが違う. 動 (in·clines /~z/; in·clined /~d/; -clin·ing) [普通は進行形なし] 他 ❶《格式》(人)を(...の)**気にさせる**, (...と)思わせる: The tone of her email did not ***incline*** me ***to*** help her. V+O+C (*to* 不定詞) 彼女のメールの文面では助けてあげようという気になれなかった. ❷《格式》(...)に(~する)傾向を持たせる; (...)を(~に)向かわせる (*to, toward*). ❸《格式》(...)を傾ける (*to, toward*); (頭)を下げる: He *inclined* his head in greeting. 彼は頭を下げてあいさつした.

— 自 ❶《格式》...したい気がする, ...しがちである: We *incline to* believe in his innocence. 私たちは彼の無実を信じたい. 語法 be inclined to do の形を使うほうが普通. ❷《格式》(...に)なりがちである, 心が傾く: He *inclines to* [*toward*] luxury. 彼はぜいたくに流れがちだ. ❸《格式》傾く (*toward*).

(名 inclinátion, íncline²)

+in·cline² /ínklaɪn/ ✪ 動詞の incline¹ とアクセントが違う. 名 (~s /~z/) C **斜面**, 坂 [≒slope].

(動 inclíne¹)

in·clined** /ɪnkláɪnd/ 形 ❶ 叙述 **...する[となる]傾向がある**: He was ***inclined to be lazy. +*to* 不定詞 彼は怠けがちな傾向があった / Politicians are *inclined to* give ambiguous answers. 政治家はあいまいな答えをしがちだ《✪ *inclined to* ambiguous answers +*to*+名 も可能》.
❷ 叙述 **...する気である**, ...したい《believe, think などを伴い控え目に考えを述べる》[⇔ disinclined]: I'm ***inclined to*** agree with you. +*to* 不定詞 あなたの意見に賛成したい / feel *inclined to* help 手伝う気がある.
❸ [副詞を伴って] (...に)才能[関心]がある: musically *inclined* children 音楽の才能がある子供たち. ❹ 傾いた, 傾斜した.

in·close /ɪnklóʊz/ 動 = enclose.

in·clo·sure /ɪnklóʊʒə | -ʒə/ 名 = enclosure.

*****in·clude** /ɪnklúːd/

— 動 (in·cludes /-klúːdz/; in·clud·ed /-dɪd/; in·clud·ing /-dɪŋ/) 他 [進行形なし] (全体の一部として)(...)を**含む**, **含める**《⇒ 類義語》[⇔ exclude]: This class *includes* eighteen girls. このクラスには女子が 18 人いる / This book *includes* many illustrations. この本にはたくさんの挿絵がある / Her job *includes* coordinat*ing* the work of the staff. V+O (動名) 彼女の仕事には職場のスタッフの仕事の調整も含まれている 多用 / Tax ***is included in*** the bill. V+O+*in*+名の受身 請求書は税込みだ / You should ***include*** this book ***on*** the list. V+O+*on*+名 この本をリストに入れたほうがいい.

(名 inclúsion, 形 inclúsive)

類義語 **include** はあるものを全体の一部として含めること: The price *includes* postage. その値段には郵送料も含まれている. **contain** は含まれているもの全体を指す: This building *contains* twenty offices and two restaurants. この建物には 20 の事務所と 2 つのレストランがある.

〖語源 ラテン語で「中に (in-) 閉じ込める (-clude)」の意〗

単語のキズナ CLUDE/閉じる=close

include	(中に閉じ込める)	→	**含める**
exclude	(閉め出す)	→	**除外する**
conclude	(完全に閉じる)	→	**結論を下す**

***in·clud·ed** /ɪnklúːḍɪd/ 形 [名詞・代名詞の後につけて]

...を含めて(略 inc.): The price is 10 dollars, tax [postage] *included*. 値段は税[郵送料]込みで10ドルだ / MEALS INCLUDED 食事つき《求人広告などで》.

****in·clud·ing** /ɪnklúːdɪŋ/
— 前 ...を含めて, ...を入れて(略 inc., incl.) [⇔ excluding]: Five people were present, *including* the president. 社長を含めて5名が出席した / Everyone, *including* myself, was surprised. 私も含めて全員が驚いた.

in·clu·sion /ɪnklúːʒən/ 名 U 含める[含まれる]こと, 含有, 包括 (*of*) [⇔ exclusion]; C 含まれる物[人], 含有物: her *inclusion in* the team 彼女がチームに加わること / books for *inclusion in* the list リストに記載する本. (動 inclúde)

+in·clu·sive /ɪnklúːsɪv/ 形 ❶ **すべてを含んだ**, 包括的な [⇔ exclusive]: an *inclusive* fee [charge] 一切込みの料金. ❷ [名詞·数詞の後につけて] ...を含めて(略 inc., incl.): from January 1st to 31st *inclusive* (両方の日を含めて)1月1日から31日まで(⇒ through 前 3). **inclúsive of ...** [前] ...を含めて: The charge is $100, *inclusive of* service. 料金はサービス料も入れて100ドルです. (動 inclúde)
〜·ly 副 包括的に.

in·cog·ni·to /ìnkɑ(ː)gníːṭoʊ | -kɔg-/ 副 変名で; お忍びで: travel *incognito* 身分を隠して旅をする. — 形 変名の; お忍びの.

in·co·her·ence /ìnkoʊhí(ə)rəns/ 名 U 筋道の立たないこと, 支離滅裂.

in·co·her·ent /ìnkoʊhí(ə)rənt←/ 形 (人·発言が)つじつまの合わない, 支離滅裂な, しどろもどろの; (音声が)不明瞭な. **〜·ly** 副 しどろもどろに.

****in·come** /ínkʌm, -kəm/ アク
— 名 (〜s /〜z/) C,U **収入**, 所得: a small [large] *income* 少ない[多い]収入 / (an) earned *income* 勤労所得 / a fixed *income* 固定収入 / people ***on*** high [low] ***incomes*** 高[低]所得の人々 / an annual *income* 年収 / He has an *income* of three hundred dollars a week. 彼は週に300ドルの収入がある / live beyond one's *income* 収入以上の暮らしをする. 関連 expenditure, outgoings 支出.

in·com·er /ínkʌ̀mə | -mə/ 名 C《英》転入者.

íncome suppòrt 名 U《英》生活保護.

+íncome tàx 名 U,C **所得税**.

+in·com·ing /ínkʌ̀mɪŋ/ 形 限定 **入ってくる**; 新任[後任]の [⇔ outgoing]: *incoming* mail 到着郵便物 / *incoming* calls 外からかかってくる電話.

in·com·mu·ni·ca·do /ìnkəmjùːnəkáːdoʊ/ 形 副 (人が)外部との連絡[通信]を絶たれて[絶って].

in·com·pa·ra·ble /ìnkɑ́(ː)mp(ə)rəbl | -kɔ́m-/ 形 比べるもののない, 無類の; (...とは)比較にならない. **-ra·bly** /-rəbli/ 副 比べもののないほど(に).

in·com·pat·i·bil·i·ty /ìnkəmpæ̀ṭəbíləṭi/ 名 (-i·ties) U,C 両立し難いこと[もの], 相反すること[もの]; (性格などの)不一致.

in·com·pat·i·ble /ìnkəmpǽṭəbl←/ 形 ❶ (人が)気が合わない. ❷ 両立しない, 相いれない. ❸ (コンピューターなどが)互換性のない; (血液が)不適合の (*with*).

in·com·pe·tence /ìnkɑ́(ː)mpəṭəns, -tns | -kɔ́m-/ 名 U 無能; 不適格; 無資格.

in·com·pe·tent /ìnkɑ́(ː)mpəṭənt, -tnt | -kɔ́m-←/ 形 無能な; 不適格な; (...する)能力のない: She is totally *incompetent* ┌*to* teach [*at* teach*ing*]. 彼女は人にものを教えるのには全然向いていない. — 名 C 無能な人; 不適格者. **〜·ly** 副 無能にも; 不適格に.

in·com·plete /ìnkəmplíːt←/ 形 不完全な, 不十分な, 未完成の: *incomplete* combustion 不完全燃焼 / That tunnel is still *incomplete*. そのトンネルはまだ未完成だ. — 名 C《米》(学業成績の)保留, 不完全履修《科目の履修が未修了の場合の評価》.

in·com·plete·ly /ìnkəmplíːtli/ 副 不完全に, 不十分に.

in·com·plete·ness /ìnkəmplíːtnəs/ 名 U 不完全, 不備, 未完成.

in·com·pre·hen·si·bil·i·ty /ìnkɑ̀(ː)mprɪhènsəbíləṭi | -kɔ̀m-/ 名 U 不可解.

in·com·pre·hen·si·ble /ìnkɑ̀(ː)mprɪhénsəbl | -kɔ̀m-←/ 形 理解できない, 不可解な (*to*).

in·com·pre·hen·si·bly /ìnkɑ̀(ː)mprɪhénsəbli | -kɔ̀n-/ 副 不可解に, わかりにくく; 文修飾 不可解なことに.

in·com·pre·hen·sion /ìnkɑ̀(ː)mprɪhénʃən | -kɔ̀m-/ 名 U 無理解, 理解できないこと.

in·con·ceiv·a·ble /ìnkənsíːvəbl←/ 形 想像も及ばない, 思いもよらない (*to*); 信じられないような, ありえない: *It is inconceivable that* she could be so cruel to her son. 彼女が自分の息子にそんなにひどい態度をとるとは信じがたい. **-a·bly** /-əbli/ 副 想像も及ばないほど; 信じられないほど.

in·con·clu·sive /ìnkənklúːsɪv←/ 形 結論に達しない, 決定的でない. **〜·ly** 副 結論に達しないまま, 決着がつかずに.

in·con·gru·i·ty /ìnkəngrúːəṭi/ 名 (-i·ties) ❶ U 不調和, 不適合. ❷ C 不調和なもの[こと].

in·con·gru·ous /ìnkɑ́(ː)ŋgruəs | -kɔ́ŋ-←/ 形 調和しない, つり合わない; 不似合いの (*with*). **〜·ly** 副 調和せずに; 不似合いに.

in·con·se·quen·tial /ìnkɑ̀(ː)nsɪkwénʃəl | -kɔ̀n-←/ 形 取るに足らない.

in·con·sid·er·a·ble /ìnkənsídərəbl, -drə-←/ 形 [not とともに用いて] 相当な, かなりの: a *not inconsiderable* sum of money 相当な金額.

in·con·sid·er·ate /ìnkənsídərət, -drət←/ 形 思いやりのない, 気配りが足りない: *It's inconsiderate of* you *to* say such a thing to a child. 子供にそんなことを言うなんてあなたも思いやりがない(⇒ of 12). **〜·ly** 副 思いやりなく, 気配りなく.

in·con·sis·ten·cy /ìnkənsíst(ə)nsi/ 名 (-ten·cies) U 不一致, 矛盾 (*between*); 一貫性のなさ; むらのあること; C 矛盾したもの[言動, 点] (*in*).

in·con·sist·ent /ìnkənsíst(ə)nt←/ 形 ❶ 一致[合致]しない (*with*); 矛盾する, 筋道の通らない. ❷ 一貫性のない, 気まぐれな; むらのある. **〜·ly** 副 矛盾して; 一貫性なく.

in·con·sol·a·ble /ìnkənsóʊləbl←/ 形《格式》慰めることのできない, 悲しみに沈んだ. **-a·bly** /-ləbli/ 副《格式》慰めようがないほど.

in·con·spic·u·ous /ìnkənspíkjuəs←/ 形 目立たない, 人目を引かない. **〜·ly** 副 目立たないように.

in·con·stant /ìnkɑ́(ː)nstənt | -kɔ́n-←/ 形《格式》移り気な, 気まぐれな, 不実な; 変わりやすい.

in·con·test·a·ble /ìnkəntéstəbl←/ 形 議論の余地のない, 明白な.

in·con·ti·nence /ìnkɑ́(ː)nṭənəns | -kɔ́n-/ 名 U 失禁; 《古風》 性欲を抑えられないこと.

in·con·ti·nent /ìnkɑ́(ː)nṭənənt | -kɔ́n-/ 形 (老人などが)便意をこらえられない, 失禁して; 《古風》 性欲を抑えられない.

in·con·tro·vert·i·ble /ìnkɑ̀(ː)ntrəvə́ːṭəbl | -kɔ̀n-trəvə́ːt-/ 形 《格式》 (証拠などが)議論の余地のない, 明白な. **-i·bly** /-ṭəbli/ 副 《格式》 議論の余地なく, 明白に.

in·con·ve·nience /ìnkənvíːnjəns, -niəns/ 名 ❶ U 不便, 不自由; 都合の悪さ, 迷惑: He apologized for the *inconvenience* caused by his arriving late. 彼は遅刻して迷惑をかけたことを謝った. ❷ C 不便なこと; 面倒, 迷惑なこと[人]: put up with the *inconvenience* of not having a car 車がない不便さを我慢する.
pút ... to inconvénience [動] 他 (...)に不便[迷惑]をかける. (形 ìnconvénient)
— 動 他 (...)に不便[迷惑]をかける: I hope I'm not *inconveniencing* you. ご迷惑でなければよいのですが.

***in·con·ve·nient** /ìnkənvíːnjənt/ 形 **不便な**; 都合の悪い, 迷惑な: He came at an *inconvenient* time. 彼は都合の悪いときにやって来た / If it isn't *inconvenient for* you, I'd like to come this evening. ご迷惑でなければ今晩お邪魔したいのですが. (名 inconvénience)
~·ly 副 不便に.

+**in·cor·po·rate** /ìnkɔ́ɚpərèɪt | -kɔ́ː-/ 動 (-po·rates /-rèɪts/; -po·rat·ed /-ṭɪd/; -po·rat·ing /-ṭɪŋ/) 他 ❶ (...)を**組み込む**; 合同させる; 統合[合併]する: This chapter should *be **incorporated into*** the next one. V+O+前+名の受身 この章は次の章と一つにまとめたほうがいい / All your suggestions will *be **incorporated in*** the next edition. あなたの提案は次の版ですべて組み込まれます. ❷ (...)を法人[株式会社]にする. (名 incòrporátion)

in·cor·po·rat·ed /ɪnkɔ́ɚpərèɪṭɪd | -kɔ́ː-/ 形 [社名の後につけて] 会社[法人]組織の, 株式会社の(《略》 Inc.). 語法 Smith & Smith Co., Inc. や Smith & Smith(,) Inc. (スミス アンド スミス株式会社)のように社名の後に(Co.,) Inc. をつける.

in·cor·po·ra·tion /ɪnkɔ̀ɚpəréɪʃən | -kɔ̀ː-/ 名 U 組み込み; 合同; 統合; 会社設立. (動 incórporàte)

in·cor·po·re·al /ìnkɔɚpɔ́ːriəl | -kɔː-/ 形 《格式》 実体のない, 無形の; 霊的な.

in·cor·rect /ìnkərékt/ 形 ❶ 不正確な, 間違った: an *incorrect* answer 間違った答え / I was *incorrect* in my assumptions. 私の推測は間違っていた. ❷ (言動などが)不適切な, ふさわしくない, まずい: *incorrect* actions 不適切な行動.

+**in·cor·rect·ly** /ìnkərék(t)li/ 副 ❶ **不正確に**, 間違って. ❷ 不適切に.

in·cor·ri·gi·ble /ìnkɔ́ːrɪʤəbl | -kɔ́r-/ 形 [しばしばこっけいに] (性格などが)矯正できない, 直らない, どうしようもない, 手に負えない. **-gi·bly** /-ʤəbli/ 副 どうしようもないほど, 手に負えないほど.

in·cor·rupt·i·ble /ìnkərʌ́ptəbl/ 形 ❶ (人が)買収されない, 清廉(せいれん)な. ❷ 《格式》 (物が)腐敗しない.

*****in·crease**[1] /ɪnkríːs, íŋkriːs/ ✪ 名詞の increase[2] とアクセントの傾向が違う. 動 (in·creas·es /~ɪz/; in·creased /~t/; in·creas·ing) 自 (数・量が)増える, **多くなる**, 増加する, 増大する; (程度・価値などが)高まる, 上がる [⇔ decrease]: The population of our city has *increased to* 100,000 now. V+to+名 私たちの市の人口は現在では 10 万人に増加している 多用 / My salary *increased by* two percent every year. V+by+名 私の給料は毎年 2 パーセントずつ上がった / 言い換え Accidents have *increased* (dramatically) *in* number. V+in+名 = The number of accidents has *increased* (dramatically). 事故の数が(劇的に)増えた.
— 他 (数・量)を**増やす**, 増加させる, 増大させる; (程度・価値など)を高める, 上げる: The train *increased* its speed. 列車は速度を増した / Nuclear weapons have greatly *increased* the danger of war. 核兵器は戦争の危険を大幅に増大させた. (名 íncrease[2])

in·crease**[2] /íŋkriːs, ɪnkríːs/ ✪ 動詞の increase[1] とアクセントの傾向が違う. 名 (in·creas·es /~ɪz/) ❶ C,U **増加**, 増大 [⇔ decrease]: the rate of *increase* 増加率 / a large ***increase in juvenile crime 青少年犯罪の大幅な増加 / a tax *increase* 増税. ❷ C 増加量: 「a 2 percent *increase* [an *increase of* 2 percent] *over* [*on*] the previous year 前年に比べて 2 パーセントの増加 / The *increase in* income for the previous year was 7 percent. 前年度分の収入の増加は 7 パーセントだった.
be on the íncrease [動] 自 次第に増加している. (動 incréase[1])

in·creased /ɪnkríːst/ 形 限定 増加[増大]した.

in·creas·ing /ɪnkríːsɪŋ/ 形 次第に増加している, ますます多くなっていく, つのる [⇔ decreasing].

***in·creas·ing·ly** /ɪnkríːsɪŋli/ 副 [ときに 文修飾] **ますます**, 次第に [≒more and more]: It is becoming *increasingly* difficult to live within my income. 自分の収入だけではだんだん食っていけなくなってきた / *Increasingly*, people are working from home. ますます在宅勤務をする人が増えてきている.

in·cred·i·ble** /ìnkréḍəbl/ 形 ❶ (物事が)**信じられない**, 信用できない: ***It's incredible that she didn't know. 彼女が知らなかったとは信じ難い 多用 / His story of having seen a ghost was ***incredible to*** me. +to+名 幽霊を見たという彼の話は私には信じられなかった. ❷ びっくりするような, 信じられないほどの; すばらしい: His appetite is *incredible*. 彼の食欲はすごい / We had an *incredible* time. 私たちはすばらしい時を過ごした.

+**in·cred·i·bly** /ìnkréḍəbli/ 副 ❶ **非常に**, 信じられないほど, すばらしく: *incredibly* beautiful birds すごく美しい鳥.
❷ 文修飾 **信じられないことに**: *Incredibly*, nobody witnessed the accident. 信じられないことにその事故を目撃した人はいなかった.

in·cre·du·li·ty /ìnkrɪd(j)úːləṭi | -djúː-/ 名 U 容易に信じないこと, 疑い深いこと, 不信 [≒disbelief].

in·cred·u·lous /ìnkréʤʊləs/ 形 (人が)容易に信じない, 疑い深い; 疑うような: an *incredulous* look 信じられないという表情. **~·ly** 副 疑う[怪しむ]ように.

in·cre·ment /íŋkrəmənt/ 名 C 定期昇給; 《格式》 (数量・価値などの)(定期的な)増加, 増大.

in·cre·men·tal /ìŋkrəménṭl/ 形 《格式》 徐々に増加[増大]する; 徐々に進展する, 漸進(ぜんしん)的な. **-tal·ly** /-ṭəli/ 副 《格式》 徐々に.

in·crim·i·nate /ɪnkrímənèɪt/ 動 他 (人)に罪を負わせる, (人)を有罪にする: *incriminate* oneself 自分が罪を負う(ことになる).

in·crim·i·nat·ing /ɪnkrímənèɪṭɪŋ/ 形 (特に証拠が)有罪を立証する(ような).

I

in·crim·i·na·tion /ɪnkrìmənéɪʃən/ 名 U 罪を負わせること, 有罪にすること.

in-crowd /ínkràʊd/ 名 [the ～] (排他的な)人気者グループ, 勝ち組.

in·cu·bate /íŋkjʊbèɪt/ 動 他 ❶ (卵)を抱く, かえす. ❷〔医学〕[進行形で] (病原菌)を潜伏させる. ❸〔医学·生物〕(細胞など)を培養する. ― 自 ❶ (鳥が)卵を抱く; (卵が)抱かれてかえる. ❷〔医学〕(病原菌が)潜伏する.

in·cu·ba·tion /ìŋkjʊbéɪʃən/ 名 ❶ U (鳥などの)抱卵, ふ化. ❷ U〔医学〕(病気の)潜伏(期間). ❸ U〔医学·生物〕(細胞などの)培養.

in·cu·ba·tor /íŋkjʊbèɪṭɚ | -tə/ 名 ❶ C 未熟児保育器, 人工保育器. ❷ C ふ化器. ❸ C 起業支援組織.

in·cu·bus /íŋkjʊbəs/ 名 (複 **in·cu·bi** /íŋkjʊbàɪ/, ～·es) ❶ C 悩みの種. ❷ C 夢魔《睡眠中の女を犯すといわれる男の悪霊》.

in·cul·cate /ɪnkʌ́lkeɪt, ínkʌlkèɪt/ 動 他《格式》(思想·習慣など)を教え込む (*in, into*; *with*).

in·cum·ben·cy /ɪnkʌ́mbənsi/ 名 (-ben·cies) ❶ C《格式》(公職の)地位; 任期. ❷ U《格式》在職.

in·cum·bent /ɪnkʌ́mb(ə)nt/ 名 C《格式》(公職の)現職者, 在職者. ― 形 ❶ 叙述《格式》(...の)義務である: It is *incumbent on* [*upon*] you to do so. そうするのは君の責任だ. ❷ 限定《格式》現職の, 在職の.

+**in·cur** /ɪnkə́ː | -kə́ː/ 動 (in·curs; in·curred; -cur·ring/-kə́ːrɪŋ | -kə́ːr-/) 他《格式》自分から(損害など)を**招く**, こうむる; (借金)を負う: Her behavior *incurred* the teacher's displeasure. 彼女の行動は教師の不興を買った. 〖⇒ current キズナ〗

+**in·cur·a·ble** /ɪnkjʊ́(ə)rəbl/ 形 **治せない**, 不治の; (性格などが)救い難い. **-a·bly** /-əbli/ 副 治せない[救い難い]ほどに.

in·cur·sion /ɪnkə́ːʒən | -kə́ːʃən/ 名 C《格式》襲撃; 侵害 (*into*).

Ind. 略 = Independent, India, Indian, Indiana.

in·debt·ed /ɪndéṭɪd/ 形 (恩恵·助力などで...に)大変感謝している, 恩義がある; (国などが)負債がある: I am greatly *indebted to* my parents *for* their help. 両親の助力には大変感謝している. **～·ness** 名 U 恩義; 負債 (*to*).

in·de·cen·cy /ɪndíːs(ə)nsi/ 名 (-cen·cies) U 無作法; わいせつ《特に性器露出》; C みだらな行為[ことば].

in·de·cent /ɪndíːs(ə)nt←/ 形 ❶ 無作法な; (言動などが)みだらな, わいせつな; (衣服が)露出しすぎる. ❷ (速度·量などが)度を越した, みっともない: with *indecent* haste 見苦しいほど急いで. **～·ly** 副 無作法に; みだらに; 露出しすぎに.

in·de·ci·pher·a·ble /ìndɪsáɪf(ə)rəbl←/ 形 解読できない, 判読できない.

in·de·ci·sion /ìndɪsíʒən←/ 名 U 決断しかねる状態, 優柔不断; ちゅうちょ.

in·de·ci·sive /ìndɪsáɪsɪv←/ 形 ❶ 決断力のない, はっきりしない, 優柔不断の (*about*). ❷ 決定的でない, 決め手にならない. **～·ly** 副 はっきりしない様子で, 優柔不断に; 決定的でなく. **～·ness** 名 U 優柔不断; 決定的でないこと.

***__in·deed__** /ɪndíːd/

― 副 ❶ 文修飾 **確かに**, **本当に**: It was *indeed* a great success. それは本当に大成功だった / Yes, *indeed.* ええそうです《相手の質問に対して「そのとおりです」という場合の相づち》/ I may, *indeed*, be wrong, *but* I have done no harm to anyone. 確かに私が間違っているのかもしれませんが, だれにも悪いことはしていません.

❷ つなぎ語《格式》**実際**, **事実**, **実のところは**, (いや)それどころか: She has changed a great deal. *Indeed*, when I saw her at the party yesterday I didn't recognize her at first. 彼女はずいぶん変わった. 実際, きのうパーティーで会ったときに初めは彼女とは気がつかなかった(くらいだ) / He likes to have things his own way; *indeed*, he can be quite a tyrant. 彼は何でも思いどおりにしたがる. それどころか暴君と言ってよいときさえある.

❸《主に英》**全く**, **本当に**, 実に《very + 形 副 の後で用い very を強調する》: Thank you *very* much *indeed*. 本当にどうもありがとうございました《✪ Thank you indeed. とは言わない》/ They were *very* tired *indeed*. 彼らはくたくたに疲れきっていた. ❹ [相手の質問を繰り返して] Ⓢ 本当に: 🗨 "Who is he?" "Who, *indeed?*"「あの人はだれですか」「本当にだれなんでしょうね」《文脈によっては「だれですか, だって? (そんなことも知らないの?)」の意味にもなる》. ❺ [間投詞的に] Ⓢ《主に英》へえ, まさか《驚き·興味·疑い·皮肉などを表わす》: *Indeed!* I can't believe it. へえ, 私には信じられない.

in·de·fat·i·ga·ble /ìndɪfǽṭɪgəbl←/ 形《格式》疲れを知らない, たゆまぬ. **-ga·bly** /-gəbli/ 副《格式》根気よく, たゆまず.

in·de·fen·si·ble /ìndɪfénsəbl←/ 形 弁護できない, 弁解の余地がない; (場所が)防御できない.

in·de·fin·a·ble /ìndɪfáɪnəbl←/ 形 定義しにくい; 何とも言いようのない, 漠然とした.

in·def·i·nite /ɪndéf(ə)nət←/ 形 ❶ (時間が)期限のない; (量などが)不定の: for an *indefinite* period of time 当分の間. ❷ (意味·内容などが)明確でない, はっきりしない, あいまいな [≒vague]: an *indefinite* answer あいまいな返事.

índefinite árticle 名〔文法〕不定冠詞《⇒ **巻末文法** 2.2; a², an》.

in·def·i·nite·ly /ɪndéf(ə)nətli/ 副 ❶ 無期限に, いつまでも. ❷ 不明確に, 漠然と.

índefinite prónoun 名 C〔文法〕不定代名詞《⇒ **巻末文法** 3 (3)》.

in·del·i·ble /ɪndéləbl/ 形 忘れられない; (インクなどが)消すことのできない: leave an *indelible* impression 忘れられない印象を残す. **-i·bly** /-əbli/ 副 忘れられずに.

in·del·i·ca·cy /ɪndélɪkəsi/ 名 U《格式》下品さ.

in·del·i·cate /ɪndélɪkət←/ 形《格式》下品な, 野卑な, 無作法な [≒rude].

in·dem·ni·fy /ɪndémnəfàɪ/ 動 (-ni·fies; -ni·fied; -fy·ing) 他〔法律〕(人)に保障する; (人)に賠償[補償]する: They agreed to *indemnify* him *against* [*for*] loss. 彼らは彼に損害に対し保障することに同意した.

in·dem·ni·ty /ɪndémnəṭi/ 名 (-ni·ties) U〔法律〕(損害)補償, 賠償 (*against*); C 賠償金.

in·dent¹ /ɪndént/ 動 他 (段落の 1 行目)を字下げする, インデントする.

in·dent² /índent, ɪndént/ 名 ❶ C〔商業〕《主に英》(正式な)注文(書) (*for*). ❷ C (段落の 1 行目の)字下げ, インデント.

in·den·ta·tion /ìndentéɪʃən/ 名 ❶ C (段落の 1 行目の)字下げ(のスペース), インデント; U 字下げすること. ❷ C 刻み, へこみ (*in*).

in·dent·ed /ɪndénṭɪd/ 形 ぎざぎざの; 字下げした.

in·den·tured /ɪndéntʃɚd | -tʃəd/ 形 年季奉公の.

＊**in·de·pen·dence** /ìndɪpéndəns⁻/ 名 U **独立, 自立, 自主** [⇔ dependence]: gain [win] political [economic] *independence* 政治的[経済的]に独立する / India declared (its) ***independence from*** Britain in 1947. インドは 1947 年に英国からの独立を宣言した / Nancy lives a life of *independence*. ナンシーは自立した生活[自活]をしている.

the Wár of (Américan) Indepéndence 名 〔米国史〕独立戦争 (American Revolution).

(形 ìndepéndent)

Indepéndence Dày 名 ❶ U (国の)独立記念日. ❷ U《米》独立記念日《7 月 4 日の法定祝日 (legal holiday); ⇒ holiday 表, American Revolution》.

＊**in·de·pen·dent** /ìndɪpéndənt⁻/

— 形 ❶ [比較なし] **独立の, 自主の,** 自由の: an *independent* state [country] 独立国 / India became ***independent of*** [***from***] Britain in 1947. +of [from]+名 インドは 1947 年に英国から独立した.

❷ (他に)**頼らない,** 自主的な; (人に)頼らずに行動する [⇔ dependent]: She is quite *independent* in her thinking. 彼女は自立した考え方をする / *independent* learning 自主学習.

❸ **自活している,** ひとり立ちの: She is leading an *independent* life in Tokyo. 彼女は今東京で自活している / This job has made him financially ***independent of*** his parents. +of+名 この仕事のおかげで彼は両親から経済的に独立できた.

❹ (金銭的に)自活できる: a woman of *independent* means 働かずに暮らせるだけの資産のある女性.

❺ [比較なし] 他と無関係の, 独自の; 公平な: an *independent* inquiry 独自の調査 / These two problems are not *independent of* each other. この 2 つの問題は互いに無関係ではない.

❻ [比較なし] (組織などが)民営の, 私立の.

❼ 無党派の, 無所属の: *independent* voters 無党派層.

(名 ìndepéndence)

— 名 ❶ C [しばしば I-] 無所属議員[候補者]. ❷ C 小規模事業経営者.

índependent cláuse 名 C 〔文法〕独立節.

in·de·pen·dent·ly /ìndɪpéndəntli/ 副 独立して, 自主的に; (他と)無関係に, 独自に: The mother and the son lived *independently of* each other. 母と息子はお互いに独立して生活していた.

índependent schóol 名 C《英》私立学校 [≒ private school]. 関連 state school《英》公立学校.

in-depth /ɪndépθ⁻/ 形 限定 (調査などが)徹底的な; (報告などが)詳細な: an *in-depth* study 徹底的研究.

in·de·scrib·a·ble /ìndɪskráɪbəbl⁻/ 形 (感情・状態などが)言い表わせない. **-a·bly** /-əbli/ 副 言い表わせないほど.

in·de·struc·ti·bil·i·ty /ìndɪstrʌ̀ktəbíləṭi/ 名 U 不滅.

in·de·struc·ti·ble /ìndɪstrʌ́ktəbl⁻/ 形 破壊できない, こわれない, 不滅の.

in·de·ter·mi·nate /ìndɪtə́ːmɪnət | -tə́ː-⁻/ 形 不確定の, はっきりしない; 〔数学〕不定の: a woman of *indeterminate* age 年齢不詳の女性. **～·ly** 副 漠然と.

＊**in·dex** /índeks/ 名 (複 ～·es /～ɪz/; **in·di·ces** /índəsìːz/) ❶ C **索引** (of); カード式目録 (card index): an alphabetical *index* アルファベット順の索引 / an *index* to the book 本についている索引.

❷ C (物価などの)**指数** (of); (複 indices) 〔数学〕指数: a price *index* 物価指数 / the cost of living *index* 生活費指数.

❸ C (複 indices) **示すもの, 指標:** an ***index of*** culture 文化のレベルを示すもの.

— 動 他 ❶ (...)に索引をつける; (...)を索引に載せる. ❷ [普通は受身で] (賃金・年金など)を(物価などに)合わせる (to).

〖語源 indicate と同語源〗

índex càrd 名 C 索引カード.

+**index finger** /índeksfɪ̀ŋgɚ | -gə/ 名 (～s /～z/) C **人さし指** (forefinger)《⇒ hand 挿絵》.

＊**In·di·a** /índiə/ 名 固 **インド**《アジア南部の共和国; 首都 New Delhi; 略 Ind.》. (形 Índian 1)

Índia ínk 名 U《米》(日本・中国の)墨, 墨汁.

＊**In·di·an** /índiən/ ✪ 形 名とも 2 の意では Native American が一般的. 形 ❶ **インドの; インド(系)人の**《略 Ind.》: *Indian* languages インドの諸言語 / *Indian* food インド料理. ❷ [差別的] (アメリカ)インディアンの, アメリカ先住民の《略 Ind.》.

(1 では 名 Índia)

— 名 (～s /～z/) ❶ C **インド人,** インド系人; [the ～s] インド人《全体; ⇒ the¹ 5》: *The Indians* are divided into many tribes. インド人は多くの種族に分かれる. ❷ C [差別的] (アメリカ)インディアン, アメリカ先住民 (American Indian)《略 Ind.》.

In·di·an·a /ìndiǽnə/ 名 固 インディアナ《米国中部の州; 略 Ind.,〔郵便〕では IN》.〖語源 ラテン語で「Indian の土地」の意〗

Índian córn 名 U《主に米》とうもろこし.

Índian ínk 名 U《英》= India ink.

+**Índian Ócean** 名 固 [the ～] **インド洋**《アジア南部からアフリカ東部に及ぶ海洋; ⇒ ocean 2》.

Índian súmmer 名 ❶ C インディアンサマー, 小春日和(びより)《特に米国北部の秋の, 温暖で乾燥した(一時的な)気候》. ❷ C 晩年の穏やかな時期, 円熟期.

＊**in·di·cate** /índɪkèɪt/ ❗アク 動 (-di·cates /-kèɪts/; -di·cat·ed /-ṭɪd/; -di·cat·ing /-ṭɪŋ/) 他 ❶ (...ということ)を**示す,** (...)を**指摘する,** 明らかにする [≒show]: The results ***indicate that*** there are no significant differences between the two groups. V+O (that 節) 結果は 2 つのグループには大きな相違がないことを示している / The report clearly *indicates* the necessity of drastic measures. 報告書は抜本的な対策の必要性を明確に指摘している.

❷ (ことば・態度・身ぶりなどで)(...)を(暗に)**示す,** ほのめかす: The policeman ***indicated*** (***that***) we should not stop there. V+O ((that)節) 警官は私たちがそこに立ち止まってはいけないと身ぶりで示した / He *indicated* ⌈his reluctance [*that* he was reluctant] to go. 彼は行きたくないことをほのめかした.

❸ (...)を(指などで)**指し示す,** 指さす [≒point to]; (方向など)を示す; (目盛りなどが)(...)を示す, さす;《格式》(書面で)示す: She *indicated* the young man at the gate. 彼女は門のところにいる若い男性を指さした / Can you ***indicate*** on this map ***how to*** get to the museum? V+O (wh 句) この地図で博物館へ行く道を教えてもらえますか / The arrow *indicates* the exit. 矢印は出口を示している / unless otherwise *indicated* 特に断り書きのない限りは.

❹ (...)の徴候を見せる, (...)の前ぶれである: These clouds *indicate* rain. この雲は雨が降る前兆だ.

❺ [普通は受身で]《格式》(物事が)(...)の必要性を示す: Further research *is indicated.* さらなる調査が必要とされる.
❻《英》(右折[左折])の合図[ウインカー]をだす (*that*). — 自《英》右折[左折]の合図[ウインカー]をだす.
(名 ìndicátion, 形 indícative 1)
〘語源 index と同語源〙

*in·di·ca·tion /ìndɪkéɪʃən/ 名 (~s /~z/) ❶ C,U 徴候, 印(しるし): 言い換え There is every *indication that* the economy will recover. +that 節 = There is every *indication of* an economic recovery. 景気回復のきざしは十分にある / He saw me, but gave no *indication of* recognition. 彼は私を見たが私だとわかった様子がなかった. ❷ U 指示, 表示.
(動 índicàte)

in·dic·a·tive /ɪndíkəṭɪv/ 形 ❶ 叙述 (...を)表わす, 指示[暗示]する: Such behavior is *indicative of* anxiety. そうした行動は不安の表われである. ❷〔文法〕直説法の, 叙実法の. 関連 subjunctive 仮定法の / imperative 命令法の. (1 では 動 índicàte)
— 名 ❶ C〔文法〕(動詞の)直説法形. ❷ [the ~]〔文法〕直説法, 叙実法.

+in·di·ca·tor /índɪkèɪṭɚ | -tə/ 名 (~s /~z/) ❶ C 指標 (*of*): an economic *indicator* 経済指標. ❷ C 計器, メーター, (計器類の)表示器; (計器の)針 (⇒ needle 表);《英》(車の) 方向指示器, ウインカー [《米》turn signal].

+in·di·ces /índəsìːz/ 名 index の複数形.

in·dict /ɪndáɪt/ !発音 動 他 [普通は受身で]〔法律〕《主に米》(人)を起訴する; 告発する: He *was indicted for* [*on a charge of*] bribery. 彼は収賄[贈賄]の罪で起訴された.

in·dict·a·ble /ɪndáɪṭəbl/ 形〔法律〕《主に米》起訴されるべき.

+in·dict·ment /ɪndáɪtmənt/ !発音 名 (-dict·ments /-mənts/) ❶ C [普通は単数形で] (...の)誤り[不備]を示すもの (*on*): a severe *indictment of* government policy 政府の政策(の不備)を厳しく告発するもの. ❷〔法律〕《主に米》U 起訴(手続き); C 起訴状 (*for*).

in·die /índi/ 形 限定 (音楽・映画などが)独立プロの, インディーの. — 名 C インディー(ズ), 独立プロ(会社); U インディーズが制作した(ロックやポップスの)音楽.

in·dif·fer·ence /ɪndíf(ə)rəns/ 名 ❶ [U または an ~] 無関心, 冷淡: He always shows *indifference to* our troubles. 彼は私たちの困っていることにはいつも知らん顔をする. ❷ U 重要でないこと: Where he came from was a matter of complete *indifference to* me. 彼がどこの出身であるかは私にはどうでもいいことだった.
with indífference [副] むとんちゃくに, 冷淡に.
(形 indífferent)

in·dif·fer·ent /ɪndíf(ə)rənt/ 形 ❶ [普通は 叙述] 無関心な, 気にかけない; 冷淡な: They are *indifferent* and unfeeling *to* the troubles of others. 彼らは他人の心配事に対して冷淡だ. ❷ よくも悪くもない, 平凡な.
(名 indífference)
~·ly 副 無関心に, 冷淡に; 平凡に.

in·dig·e·nous /ɪndíʤənəs/ 形《格式》土着の, 先住の, (その土地)固有の; 原産の (*to*).

in·di·gent /índɪʤənt/ 形《格式》とても貧乏な.

in·di·gest·i·ble /ìndaɪʤéstəbl, -dɪ-←/ 形 ❶ (食べ物が)消化しにくい. ❷ 理解しにくい.

in·di·ges·tion /ìndaɪʤésʧən, -dɪ-/ 名 U 胃痛, 胸焼け; 消化不良.

in·dig·nant /ɪndígnənt/ 形 (不正・卑劣な行為などに)憤慨した, 憤然とした (*over*) (⇒ angry 類義語): I feel most *indignant at* [*about*] his way of doing things. 私は彼のやり方に大変憤慨している / They were *indignant that* the game was canceled. 彼らは試合が中止になったことに腹を立てた. (名 ìndignátion)
~·ly 副 憤慨して, 憤然として, 怒って.

in·dig·na·tion /ìndɪgnéɪʃən/ 名 U (不正などへの)憤り, 憤激, 怒り: righteous *indignation* 義憤 / in [with] *indignation* 憤慨して / The incident aroused the people's *indignation.* 事件は国民の憤激を呼んだ / There was a great deal of *indignation about* [*at, over*] such an injustice. このような不正に対して多くの怒りの声があがった. **to ...'s indignátion** [副] 文修飾 ...を憤激させたことには. (形 indígnant)

in·dig·ni·ty /ɪndígnəṭi/ 名 (-ni·ties) U,C 屈辱, 侮辱, 冷遇: suffer the *indignity of* being sexually harassed セクハラされるというひどい目にあう.

in·di·go /índɪgòʊ/ 名 U 藍(あい), 藍色, インディゴ.
— 形 藍色の.

+in·di·rect /ìndərékt, -daɪ-←/ 形 [普通は 限定] ❶ 間接の, 間接的な, 副次[二次]的な: *indirect* lighting 間接照明 / This new drug is one of the *indirect* results of his discovery. この新薬は彼の発見の副産物の1つだ.
❷ 遠回しの, 率直でない: She gave me an *indirect* refusal. 彼女は遠回しに断わってきた. ❸ 真っすぐでない, 回り道の: take an *indirect* route 回り道をする.

in·di·rect·ly /ìndəréktli, -daɪ-/ 副 間接(的)に, 副次[二次]的に; 遠回しに: It will influence our lives diréctly or índirectly. それは私たちの生活に直接的, 間接的に影響を及ぼすだろう (⇒ in-¹ 語法 (2)).

índirect óbject 名 C〔文法〕間接目的語 (⇒ 巻末文法 1.2 (4)).

índirect spéech 名 U〔文法〕間接話法 (⇒ 巻末文法 14.2).

índirect táx 名 C,U 間接税.

in·dis·cern·i·ble /ìndɪsɚ́ːnəbl, -zɚ́ːn- | -sə́ːn-, -zə́ːn-←/ 形《格式》識別できない; はっきりしない.

in·dis·ci·pline /ìndísəplɪn/ 名 U《格式》無規律.

in·dis·creet /ìndɪskríːt←/ 形 (人・言動が)思慮[分別]のない, 軽率な.

in·dis·cre·tion /ìndɪskréʃən/ 名 ❶ U 無分別, 無思慮. ❷ C 軽率な言動, 不謹慎な行為: youthful *indiscretions* 若気(わかげ)の過ち.

in·dis·crim·i·nate /ìndɪskrímənət←/ 形 無差別な, 見境のない; 思慮に欠ける (*in*): *indiscriminate* bombing 無差別爆撃. ~·ly 副 無差別に.

in·dis·pens·a·ble /ìndɪspénsəbl←/ 形 欠くことのできない, 絶対必要な: Dictionaries are *indispensable for* learning foreign languages. 辞書は外国語の学習に絶対必要なものだ / Water is *indispensable to* life. 水は生命には不可欠のものだ. 語法 to は「(...の)生存・存在・維持・利益」などに欠かせないとき, for はある「目的」のために欠かせないときに用いる.

in·dis·posed /ìndɪspóʊzd/ 形 ❶ 叙述《格式》具合が悪い. ❷ 叙述《格式》...する気がない (*to* do).

in·dis·po·si·tion /ìndɪspəzíʃən/ 名 C,U《格式》体調不良, (軽い)病気; やる気のなさ.

in·dis·put·a·ble /ìndɪspjúːṭəbl, índɪspjʊ-←/ 形 議論の余地のない, 明白な. **-a·bly** /-əbli/ 副 明白に.

in·dis·sol·u·ble /ìndɪsɑ́(ː)ljʊbl | -sɔ́l-←/ 形《格式》

I

(関係が)堅い, 永続的な, 不変の. **-u·bly** /-bli/ 副《格式》永続的に, 永久に.

in·dis·tinct /ìndɪstíŋ(k)t←/ 形 不明瞭(りょう)な, ぼんやりした. **~·ly** 副 不明瞭に, ぼんやりと.

in·dis·tin·guish·a·ble /ìndɪstíŋgwɪʃəbl←/ 形 区別できない, 見分けのつかない (*from*).

*****in·di·vid·u·al** /ìndəvíʤuəl, -ʤʊl←/ アク

— 形 ❶ 限定 [しばしば each ～ として] **個々の**, それぞれの [⇔ general]: *individual* cases 個々の場合 / *each individual* person 各個人 / check *each individual* bag バッグをそれぞれ全部調べる.

❷ 限定 **個人の**, 一人(用)の, 各自の: This cannot be done through *individual* effort alone. これは個人の力だけではできない.

❸ [普通はよい意味で] **個性的な**, 独特の, 特有の [≒ distinctive]: He has an *individual* style of speaking. 彼は個性的な話し方をする.

— 名 (～s /～z/) ❶ C **個人**: the rights of the *individual* 個人の権利 / Each *individual* has a role to play in society. 各個人には社会で果たす役割がある. ❷ C [前に形容詞をつけて; 普通は軽蔑的]《略式》...なやつ: a *strange individual* 変なやつ. ❸ C 個性的[ユニーク]な人.

(名 ìndividuálity, 動 indivídualìze)

【語源 原義はラテン語で「(これ以上)分けることができない」; ⇒ in-¹, divide】

in·di·vid·u·al·is·m /ìndəvíʤuəlìzm, -ʤʊl-/ 名 U 個人主義; 個性的なふるまい[やり方].

in·di·vid·u·al·ist /ìndəvíʤuəlɪst, -ʤʊl-/ 名 C 個人主義者; 個性的な人. — 形 = individualistic.

in·di·vid·u·al·is·tic /ìndəvìʤuəlístɪk, -ʤʊl-←/ 形 個人主義の; 個性的な.

in·di·vid·u·al·i·ty /ìndəvìʤuǽləṭi/ 名 U 個性, 特質. (形 indivídual)

in·di·vid·u·al·ize /ìndəvíʤuəlàɪz/ 動 他 (...)を個々に合わせる, 個別化する. (形 indivídual)

+in·di·vid·u·al·ly /ìndəvíʤuəli, -ʤʊli/ 副 **一人[一個]ずつ**, 個々に, 個別的に [⇔ collectively]: The principal spoke to each of the graduates *individually*. 校長は全卒業生の一人一人にことばをかけた.

in·di·vis·i·ble /ìndɪvízəbl←/ 形 分割できない, 不可分の (*from*); (数が)(ある数で)割り切れない (*by*). **-i·bly** /-zəbli/ 副 不可分に.

In·do·chi·na /índoʊʧáɪnə←/ 名 固 インドシナ《アジア南東部の半島》.

in·doc·tri·nate /ɪndɑ́(ː)ktrɪnèɪt | -dɔ́k-/ 動 他 [軽蔑的] (人)に(思想・信条などを[...するよう]) 教え込む (*with*; *to* do).

in·doc·tri·na·tion /ɪndɑ̀(ː)ktrɪnéɪʃən | -dɔ̀k-/ 名 U [軽蔑的] (思想・信条などを)教え込むこと, 教化.

In·do-Eu·ro·pe·an /índoʊjʊ̀(ə)rəpíːən/ 形〔言語〕インドヨーロッパ語族の.

in·do·lence /índələns/ 名 U《格式》怠惰, 無精(ぶしょう).

in·do·lent /índələnt/ 形《格式》怠惰な, 無精な.

in·dom·i·ta·ble /ɪndɑ́(ː)məṭəbl | -dɔ́m-/ 形《格式》不屈の: (an) *indomitable* spirit 不屈の精神.

In·do·ne·sia /ìndəníːʒə, -ʃə←/ 名 固 インドネシア《アジア南東部の Java, Sumatra, Celebes, Borneo などの列島より成る共和国; 首都 Jakarta》.

In·do·ne·sian /ìndəníːʒən, -ʃən←/ 形 インドネシアの; インドネシア人[語]の. — 名 C インドネシア人; U インドネシア語.

***in·door** /índɔ̀ɚ | -dɔ̀ː←/ 形 限定 **屋内の**, 屋内で行なわれる [⇔ outdoor]: *indoor* games 屋内競技 / an *indoor* job 屋内での仕事.

in·doors /ìndɔ́ɚz | -dɔ́ːz/ 副 屋内で[へ] [⇔ outdoors]: stay *indoors* ずっと家の中にいる / go *indoors* 家の中へ入る.

in·dorse /ɪndɔ́ɚs | -dɔ́ːs/ 動 他 = endorse.

in·du·bi·ta·ble /ɪnd(j)úːbəṭəbl | -djúː-←/ 形《格式》疑う余地のない, 確かな. **-ta·bly** /-ṭəbli/ 副 疑う余地なく, 確かに.

+in·duce /ɪnd(j)úːs | -djúːs/ 動 (in·duc·es /～ɪz/; in·duced /～t/; in·duc·ing) 他 ❶《格式》(人)**に勧めて...させる**, 誘い込む: Nothing would ***induce*** me ***to*** do such a hard job again. V+O+C (*to* 不定詞) どんなことがあろうとそんなきつい仕事は二度とやらない / What *induced* him *to* do such a silly thing? なぜ彼はそんなばかげたことをする気になったの. ❷《格式》(...)を引き起こす, もたらす [≒cause]: an illness *induced* by overwork 過労による病気 / This drug *induces* sleep. この薬は眠気を催す. ❸〔医学〕(薬剤で陣痛・分娩(ぶんべん))を促進する; (妊婦)に陣痛[分娩]促進剤を投与する. (名 indúcement)

【⇒ introduce キズナ】

in·duce·ment /ɪnd(j)úːsmənt | -djúːs-/ 名 C,U 誘い込むもの, 誘因, 動機 (*for*, *to*; *to* do). (動 indúce)

in·duct /ɪndʌ́kt/ 動 他 [しばしば受身で] ❶《格式》(人)を(役職などに)就任させる (*into*, *to*, *as*). ❷《格式》(人)を入団[入会]させる; (人)を(殿堂に)入れる; 兵役につかせる (*into*). ❸《格式》(人)に(技術などの)手ほどきをする (*into*).

in·duc·tee /ɪndʌktíː | ìndʌktíː/ 名 C《主に米》新入団[入会]者; 新兵.

in·duc·tion /ɪndʌ́kʃən/ 名 ❶ U,C 就任(させること), 入団, 入社, 入隊 (*into*); 就任式, 入隊式; 新人研修. ❷ U,C (陣痛・分娩の)誘発. ❸ U〔物理〕(電磁波の)誘導. ❹ U〔論理〕帰納法《個々の具体的な事柄から一般的な原理を導き出すこと》[⇔ deduction].

in·duc·tive /ɪndʌ́ktɪv/ 形 ❶〔論理〕帰納的な [⇔ deductive]: *inductive* reasoning 帰納的推論. ❷〔物理〕誘導の.

+in·dulge /ɪndʌ́lʤ/ 動 (in·dulg·es /～ɪz/; in·dulged /～d/; in·dulg·ing) 他 ❶ (人)を**甘やかす**; (人)に欲しい物を与える; (人)に好きなことをさせる: She ***indulges*** her child ***in*** [***with***] everything. V+O+前+名 彼女は子供が欲しがる物は何でも与える / I'm going to *indulge myself* tonight *in* [*with*] a rich dinner. 今夜はぜいたくなディナーを楽しむつもりだ. ❷ (欲望など)を満足させる: We cannot *indulge* all our desires. 私たちはすべての欲望を満たせるわけではない.

— 自 ❶ (嗜好品などを)**好きなだけ食べる[飲む]**, **思う存分...する**: I have a bottle of good French wine. Shall we *indulge*? いいフランスワインが一本あるけど飲まない? / I ***indulged in*** a chocolate sundae. V+*in*+名 私はチョコレートサンデーを思う存分食べた. ❷ (不正行為などに)かかわる (*in*).

(名 indúlgence 1-3, 形 indúlgent)

in·dul·gence /ɪndʌ́lʤəns/ 名 ❶ U 好きなようにする[させる]こと, わがまま, 甘やかし; (...に)ふけること, 暴飲, 暴食 (*in*). ❷ C ぜいたく, 道楽. ❸ U《格式》大目に見ること. ❹ C〔カトリック〕免償符.

(1-3 では 動 indúlge)

in·dul·gent /ɪndʌ́lʤənt/ 形 (特に子供に)わがままをさ

せる, 甘い (*with*, *to*, *toward*). (動 indúlge)
～·**ly** 副 甘やかして; 寛大に, おうように.

In·dus /índəs/ 名 固 [the ～] インダス川《パキスタン東部の大河》.

****in·dus·tri·al** /ɪndʌ́striəl/ !アク
— 形 ❶ 限定 **工業の**, **産業の**; 産業に従事する; 労働者の, 労使の: an *industrial* town 工業都市 / *industrial* espionage 産業スパイ活動 / *industrial* waste 産業廃棄物 / Japanese *Industrial* Standard 日本工業規格, ジス《略 JIS》. ❷ **高度に産業[工業]が発達した**: an *industrial* nation 工業先進国. ❸ 工業[産業]用の. (名 índustry 1, 2, 動 indústrialìze)

indústrial áction 名 U,C 《英》 (労働者の)争議行動《ストライキなど》.

indústrial árts 名 U 《米》 工芸《学校の科目》.

indústrial dispúte 名 C 労働争議.

indústrial estáte 名 C 《英》 = industrial park.

in·dus·tri·al·ise /ɪndʌ́striəlàɪz/ 動 《英》 = industrialize.

in·dus·tri·al·is·m /ɪndʌ́striəlìzm/ 名 U (社会体制としての)産業主義, 工業主義.

in·dus·tri·al·ist /ɪndʌ́striəlɪst/ 名 C 実業家, 産業資本家, 産業経営者.

in·dus·tri·al·i·za·tion /ɪndʌ̀striəlɪzéɪʃən | -laɪz-/ 名 U 産業化, 工業化.

+in·dus·tri·al·ize /ɪndʌ́striəlàɪz/ 動 (-al·iz·es /～ɪz/; -al·ized /～d/; -iz·ing) 他 (国·地域)を**産業[工業]化する**: a plan to *industrialize* the northern prefectures 北部の県を工業化する計画.
— 自 産業[工業]化する. (形 indústrial)

+in·dus·tri·al·ized /ɪndʌ́striəlàɪzd/ 形 (国が)**工業化された**: *industrialized* countries 工業国.

in·dus·tri·al·ly /ɪndʌ́striəli/ 副 産業上, 工業上; 産業的に, 工業によって.

indústrial párk 名 C 《米》 工業団地 [《英》 industrial estate].

indústrial relátions 名 複 労使関係.

Indústrial Revolútion 名 [the ～] 産業革命《18 世紀末から 19 世紀初頭にかけて英国を中心に起こった社会組織上の大変革》.

in·dus·tri·al-strength /ɪndʌ́striəlstréŋ(k)θ/ 形 [しばしばこっけいに] 非常に強力な; (コーヒーが)猛烈に濃い.

in·dus·tri·ous /ɪndʌ́striəs/ !アク 形 **勤勉な**, よく働く《特に習性的·性格的に; ⇒ diligent》 [≒hardworking]: an *industrious* student 勤勉な学生 / Ants are *industrious*. ありはよく働く. (名 índustry 3)
～·**ly** 副 勤勉に.

***in·dus·try** /índəstri/ !アク 名 (-dus·tries /～z/)

意味のチャート
「**勤勉**」❸ → (勤勉で組織的な労働, 特に物を作り出す仕事) →「**産業**」❶

❶ U,C **産業**; **工業**: the car *industry* 自動車産業 / heavy [light] *industries* 重[軽]工業 / high-tech *industries* ハイテク産業 / information *industries* 情報産業 / encourage local *industries* 地元の産業を奨励する. ❷ U 産業界, 業界. ❸ U 《格式》 勤勉: His success was due to his *industry*. 彼の成功は勤勉のたまものだ.
(1, 2 では 形 indústrial, 3 では 形 indústrious)

in·e·bri·at·ed /ɪní:brièɪṭɪd/ 形 《格式》 酔っぱらった, 酩酊(めいてい)した.

in·ed·i·ble /ìnéḍəbl←/ 形 食べられない, (物が)食用に適さない.

in·ef·fa·ble /ìnéfəbl←/ 形 《格式》 (すばらしくて)言いようのない, 言語に絶する. **-fa·bly** /-fəbli/ 副 言いようのないほど.

in·ef·fec·tive /ìnɪféktɪv←/ 形 効果のない; 効果的でない; (人が)能力のない (*in*). ～·**ly** 副 効果なく.
～·**ness** 名 U 効果のなさ.

in·ef·fec·tu·al /ìnɪféktʃuəl←/ 形 (人が)無能な, 無力な; (物事が)効果のない, むだな. **-al·ly** /-əli/ 副 無力に; むだに.

in·ef·fi·cien·cy /ìnɪfíʃənsi/ 名 (-cien·cies) U,C 非効率; 無能.

+in·ef·fi·cient /ìnɪfíʃənt←/ 形 (方法·機械などが)**効率の悪い**, 非効率的な; (人が)無能な, 役に立たない: *inefficient* study habits 効率の悪い勉強のやり方.
～·**ly** 副 非効率的に; 無能に.

in·el·e·gant /ìnélɪgənt/ 形 優美でない, 洗練されていない, 粗野な.

in·el·i·gi·bil·i·ty /ìnèlɪʤəbíləṭi/ 名 U 資格のないこと, 不適格 (*for*).

in·el·i·gi·ble /ìnélɪʤəbl←/ 形 叙述 (...する)資格のない, 不適任の, 不適格な (*for*; *to* do).

in·e·luc·ta·ble /ìnɪlʌ́ktəbl←/ 形 《格式》 不可避の, 避けられない. **-ta·bly** /-təbli/ 副 《格式》 やむをえず.

in·ept /ìnépt←/ 形 不器用な, 無能な, 下手な. ～·**ly** 副 不器用に, 不適当に.

in·ept·i·tude /ɪnéptət(j)ù:d | -tjù:d/ 名 U 《格式》 不器用さ, 無能.

in·e·qual·i·ty /ìnɪkwɑ́(:)ləṭi | -kwɔ́l-/ 名 (-i·ties) ❶ U,C (富·地位·機会などが)等しくないこと, 不平等 (*in*, *of*, *between*). ❷ C 【数学】 不等式; 不等号《<, >》.

in·eq·ui·ta·ble /ìnékwəṭəbl←/ 形 《格式》 不公平な, 公正でない. **-ta·bly** /-ṭəbli/ 副 《格式》 不公平に.

in·eq·ui·ty /ìnékwəṭi/ 名 (-ui·ties) U,C 《格式》 不公平, 不公正 (*in*, *of*).

in·e·rad·i·ca·ble /ìnɪrǽḍɪkəbl←/ 形 《格式》 (感情·状態などが)根絶できない, 根深い.

in·ert /ɪnə́:t | -ə́:t/ 形 ❶ 動かない, 動けない; 不活発な, 無気力な. ❷ 【化学】 不活性の. ～·**ness** 名 U 【化学】 不活性.

in·er·tia /ɪnə́:ʃə, -ʃiə | ɪnə́:-/ 名 ❶ U 不活発, 停滞; 無気力, 怠惰. ❷ U 【物理】 慣性, 惰性.

in·er·tial /ɪnə́:ʃəl | ɪnə́:-/ 形 【物理】 慣性の.

in·es·cap·a·ble /ìnɪskéɪpəbl, -es-←/ 形 (事実などが)避けられない, 不可避の, 否定できない. **-a·bly** /-pəbli/ 副 避け難いほど.

in·es·sen·tial /ìnɪsénʃəl, -es-←/ 形 必ずしも必要でない (*to*). — 名 [複数形で] なくてもすむ物.

in·es·ti·ma·ble /ìnéstəməbl←/ 形 《格式》 (非常に貴重で)評価できない, 計り知れない: be of *inestimable* value 計り知れないほど貴重である.

in·ev·i·ta·bil·i·ty /ɪnèvəṭəbíləṭi/ 名 U 避け難いこと, 不可避; 必然性 (*of*). (形 inévitable)

in·ev·i·ta·ble** /ɪnévəṭəbl/ 形 ❶ [比較なし] **避けることができない**, 当然起こるべき; **必然の**: *the inevitable* [単数名詞扱い] 避けられないこと[運命]《⇒ the[1] 6》/ This is an *inevitable* result. これは当然の結果だ / ***It was inevitable that she would discover the secret. 彼女が秘密を知るのは避けられないことだった. ❷ 限定 [しばしばこっけいに] お決まりの, 付き物の: tourists with their *inevitable* cameras お決まりのカメラを持った観光客. (名 inèvitabílity)

*in·ev·i·ta·bly /ɪnévəṭəbli/ 副 ❶ **必然的に**, 避けられないものとして: Rapid changes *inevitably* lead to confusion. 急速な変化は決まって混乱を招く. ❷ 文修飾 必ず, 当然のことながら; [しばしばこっけいに] 案の定: *Inevitably*, this law will cause a great deal of economic hardship. きっとこの法律は経済に大きな苦境をもたらすに違いない.

in·ex·act /ìnɪgzǽkt, -eg-⁺/ 形 不正確な; 厳密でない: an *inexact* science 非精密科学《厳密な測定が不可能な予報·心理学など》.

in·ex·cus·a·ble /ìnɪkskjúːzəbl⁺/ 形 (言動が)許し難い. **-a·bly** /-zəbli/ 副 許し難いほど.

in·ex·haust·i·ble /ìnɪgzɔ́ːstəbl, -eg-⁺/ 形 尽きることのない, 無尽蔵の: an *inexhaustible* supply of beer 飲み尽くせない量のビール.

in·ex·o·ra·bil·i·ty /ɪnèks(ə)rəbíləṭi/ 名 U《格式》不可避(性), 必然性.

in·ex·o·ra·ble /ɪnéks(ə)rəbl⁺/ 形《格式》(物事が)変えられない, 防ぎ[止め]ようのない. **-ra·bly** /-rəbli/ 副《格式》防ぎ[止め]ようがなく, 必然的に.

*in·ex·pen·sive /ìnɪkspénsɪv, -eks-⁺/ 形 [よい意味で] (価格が) **手ごろな**, 安い《⇒ cheap 類義語》: an *inexpensive* restaurant 手ごろな値段のレストラン. **~·ly** 副 費用があまりかからずに, 安く.

in·ex·pe·ri·ence /ìnɪkspí(ə)riəns, -eks-/ 名 U 経験のなさ, 不慣れ, 未熟 (*in*).

in·ex·pe·ri·enced /ìnɪkspí(ə)riənst, -eks-⁺/ 形 経験のない, 不慣れの, 未熟な, 新米の (*in*): an *inexperienced* doctor 経験不足の医師.

in·ex·pert /ɪnékspəːt, -ɪkspə́ːt | -ékspəːt, -ekspə́ːt⁺/ 形《格式》未熟な (*at*). **~·ly** 副《格式》不器用に.

in·ex·plic·a·ble /ìnɪksplíkəbl, -eks-, -éksplɪk-⁺/ 形 (事が) 説明[理解]のできない, 不可解な. **-a·bly** /-əbli/ 副 [ときに 文修飾] 不可解に(も), なぜか.

in·ex·press·i·ble /ìnɪksprésəbl, -eks-⁺/ 形《格式》(感情·痛みが強すぎて)言い表わせない, 言うに言われない. **-i·bly** /-əbli/ 副《格式》言い表わせないほど.

in·ex·pres·sive /ìnɪksprésɪv, -eks-⁺/ 形 無表情な.

in ex·tre·mis /ìnɪkstréɪməs, -stríː-/ 副 ❶《格式》緊急事態に. ❷《格式》臨終に.

in·ex·tric·a·ble /ìnɪkstríkəbl, -eks-⁺/ 形《格式》(関係などが)切り離せない, 不可分な.

in·ex·tric·a·bly /ìnɪkstríkəbli, -eks-/ 副《格式》不可分に, 密接に: be *inextricably* linked to ... ...と密接に関連している.

inf. 略 = infinitive.

in·fal·li·bil·i·ty /ìnfæ̀ləbíləṭi/ 名 U 誤りのないこと; 絶対確実.

in·fal·li·ble /ɪnfǽləbl⁺/ 形 (人·事が)決して誤ることがない, 誤りのない; (物事が) 絶対に確実な. **-li·bly** /-bli/ 副 誤りなく, 確実に.

in·fa·mous /ínfəməs/ ❗アク 形 悪名の高い (*for*)《⇒ famous 類義語》. **~·ly** 副 悪名高く.

in·fa·my /ínfəmi/ 名 ❶ U《格式》不名誉, 悪名. ❷ U,C《格式》不名誉な行為, 悪行.

in·fan·cy /ínfənsi/ 名 ❶ U 幼時, 幼少, 幼年時代: from *infancy* 幼いときから / die in *infancy* 幼時に死ぬ. ❷ U 初期. **in** one's **infancy** [形] 初期の段階で, 始まったばかりで.

+**in·fant** /ínfənt/ ❗アク 名 (in·fants/-fənts/) C《格式》**乳児, 幼児**《《米》では特に歩き始める前の乳児を言う; ⇒ child 類義語》; [複数形で]《英》(幼児学校の)児童《4-7 歳》. (形 ínfantìle)
— 形 限定 乳児(用)の, 幼児の; 初期段階の.
〖語源 ラテン語で「話のできない(者)」の意〗

in·fan·ti·cide /ɪnfǽnṭəsàɪd/ 名 U 嬰児(えいじ)殺し《行為》.

in·fan·tile /ínfəntàɪl/ 形 ❶ [軽蔑的] 子供っぽい. ❷ 限定〖医学〗乳幼児(期)の. (名 ínfant)

+**in·fan·try** /ínfəntri/ 名 U [《英》ときに複数扱い] **歩兵**《全体》, 歩兵隊.

in·fan·try·man /ínfəntrimən/ 名 (-men /-mən/) C 歩兵.

ínfant schòol 名 C《英》幼児学校《4-7 歳の児童を教育する; ⇒ school¹ 表》.

in·fat·u·ated /ɪnfǽtʃuèɪṭɪd/ 形 (...に) 夢中になって, (...に)のぼせ上がって (*with*).

in·fat·u·a·tion /ɪnfæ̀tʃuéɪʃən/ 名 C,U 夢中にさせる[なる]こと, のぼせ上がり (*with, for*).

+**in·fect** /ɪnfékt/ 動 (in·fects/-fékts/; -fect·ed /~ɪd/; -fect·ing) 他 ❶ (人)に**病気をうつす**, (病気が)(人)に感染する, 伝染する; [普通は受身で] (水·食品など)に病菌を混入する, (...)を汚染する: Many soldiers *were infected with* malaria. V+O+*with*+名の受身 大勢の兵士たちがマラリアに感染した / Eggs can *be infected with* salmonella. 卵はサルモネラ菌に汚染されることがある. ❷〖コンピュータ〗(ウイルスが)(...)に感染する. ❸ (人)に影響を及ぼす, (感情などが)(人)に伝染する. (名 inféction, 形 inféctious)
〖⇒ effect キズナ〗

in·fect·ed /ɪnféktɪd/ 形 ❶ (病気に)おかされた; (病菌に)汚染された (*with*). ❷〖コンピュータ〗ウイルスに感染した.

*in·fec·tion /ɪnfékʃən/ 名 (~s /~z/) ❶ U (病気の) **感染**: prevent *infection* 感染を防止する. ❷ C **感染症**, 伝染病, 感染伝染病《空気や水によってうつるもの》(*of, in*): an ear *infection* 耳の感染症. (動 inféct)

in·fec·tious /ɪnfékʃəs/ 形 ❶ 感染性の, 感染伝染病の《空気や水によってうつる》; (保菌者が)伝染力をもつ: *infectious* diseases 感染伝染病 / Flu is highly *infectious*. インフルエンザは感染力が強い. 関連 contagious 接触伝染病の. ❷ (感情などが) 人にうつる: Her smile is *infectious*. 彼女の笑顔を見るとこちらもにこりとしたくなる. (動 inféct)

in·fer /ɪnfə́ː | -fə́ː/ 動 (in·fers; in·ferred; -fer·ring /-fə́ːrɪŋ | -fə́ːr-/) 他 (事実などから)...と推論する, 判断する: They *inferred from* these facts *that* the earth was the center of the universe. これらの事実から彼らは地球は宇宙の中心であると判断した.〖⇒ offer キズナ〗

in·fer·ence /ínf(ə)rəns/ 名 ❶ C 推定, 判断, 結論: draw an *inference from* evidence 証拠から結論を引き出す. ❷ U 推論(すること), 推理.

+**in·fe·ri·or** /ɪnfí(ə)riə | -riə/ 形 ❗発音 ❶ **劣った**, 劣等の, 下等の [⇔ superior]: an *inferior* pianist 二流のピアニスト / wine of *inferior* quality 質があまりよくないワイン / I find pork ***inferior to*** beef in flavor. +*to*+名 風味では豚肉は牛肉に劣ると思う / He often felt *inferior to* his classmates. 彼はよく級友に劣等感を抱いた. 語法🔍(1)「...よりも」の意味では than でなく to を使うことに注意《⇒ to¹ 9》. (2) inferior to ... を強めるには very でなく much を用いる. ❷《格式》下級の, 下位の [≒lower] [⇔ superior]. (名 infèriórity)
— 名 C 目下の者, 部下; 後輩.

in·fe·ri·or·i·ty /ɪnfì(ə)riɔ́ːrəṭi | -ɔ́r-/ 発音 名 U 劣っていること, 劣等; 下級, 下位 [⇔ superiority]: a sense of *inferiority* 劣等感. (形 inférior)

inferiórity còmplex 名 C 〔心理〕 劣等コンプレックス[複合]; 劣等感 (*about*) (⇒ complex² 日英) [⇔ superiority complex].

in·fer·nal /ɪnfə́ːn(ə)l | -fə́ː-/ 形 ❶ 限定 《古風》 迷惑な, 腹立たしい. ❷ 《文語》 地獄の.

in·fer·no /ɪnfə́ːnoʊ | -fə́ː-/ 名 (~s) ❶ C 《文語》 ものすごい炎, 大火: a raging *inferno* 猛烈な火炎. ❷ C 《文語》 抑えきれない感情.

in·fer·tile /ìnfə́ːṭl | -fə́ːtaɪl/ 形 生殖力のない, 不妊の; (土地が)やせた, 不毛の.

in·fer·til·i·ty /ìnfə(ː)tíləṭi | -fə-/ 名 U 不妊; 不毛.

in·fest /ɪnfést/ 動 他 [普通は受身で] (害虫·ねずみ·盗賊·病気などが)(...)にはびこる: The kitchen *is infested with* roaches. 台所はごきぶりだらけだ / The area *is infested with* crime. その地域には犯罪がはびこっている.

in·fes·ta·tion /ìnfestéɪʃən/ 名 C,U はびこること, 荒らすこと.

in·fi·del·i·ty /ìnfədéləṭi/ 名 (-i·ties) ❶ U 不貞; 背信. ❷ C 不貞[背信]行為.

in·field /ínfìːld/ 名 [the ~] 〔野球·クリケット〕 内野; [(英) 単数または複数扱い] 内野手 (全体). 関連 first base 一塁 / second base 二塁 / third base 三塁 / shortstop 遊撃 / outfield 外野.

in·field·er /ínfìːldə | -də/ 名 C 〔野球·クリケット〕 内野手. 関連 first baseman 一塁手 / second baseman 二塁手 / third baseman 三塁手 / shortstop 遊撃手 / outfielder 外野手.

in·fight·ing /ínfàɪṭɪŋ/ 名 U (組織の)内部抗争, 内紛, うちわもめ (*among, between, within*).

in·fil·trate /ɪnfíltreɪt, ínfɪltrèɪt | ínfɪltrèɪt/ 動 他 ❶ (組織など)に(こっそり)侵入[潜入]する; (スパイなど)を(...に)侵入[潜入]させる (*into*). ❷ (...)に浸透する; (液体·気体など)を(...に)浸透させる, 染(し)み込ませる (*into*). — 自 ❶ (...に)潜入する (*into*). ❷ (液体·気体などが)(...に)浸透する, 染み込む (*into*).

in·fil·tra·tion /ìnfɪltréɪʃən/ 名 ❶ U (スパイなどの)潜入 (*into*). ❷ U (液体·気体などの)浸透.

in·fil·tra·tor /ɪnfíltreɪṭə, ínfɪltrèɪ- | ínfɪltrèɪtə/ 名 C 潜入者, スパイ.

+**in·fi·nite** /ínfənət/ アク 形 **限りのない**, 無限の, 果てしない; 莫大(ばく)な, 無数の [⇔ finite]: *infinite* space 無限の空間 / *infinite* patience 大変な辛抱. (名 infínity)

〔⇒ final キズナ〕

in·fi·nite·ly /ínfənətli/ 副 ❶ [主に比較級とともに] ずっと. ❷ 無限に.

in·fin·i·tes·i·mal /ìnfɪnətésəm(ə)l/ 形 《格式》 微小の, ごくわずかな. **~·ly** 副 《格式》 きわめて.

in·fin·i·tive /ɪnfínəṭɪv/ 名 C 〔文法〕 不定詞 (略 inf.; ⇒ 巻末文法 8.1).

in·fin·i·ty /ɪnfínəṭi/ 名 ❶ U 無限; [an ~] 無限の数[量], 無数: *an infinity of* stars 無数の星. ❷ U 〔数学〕 無限大 (記号は∞). (形 ínfinite)

in·firm /ɪnfə́ːm | -fə́ːm/ 形 弱い, 虚弱な, (老齢で)衰弱した: *the* old and *infirm* 老齢で弱った人々 (⇒ the¹ 3).

in·fir·ma·ry /ɪnfə́ːm(ə)ri | -fə́ː-/ 名 (-ma·ries) C (学校などの)保健室, 診療所; 《英》 病院.

in·fir·mi·ty /ɪnfə́ːməṭi | -fə́ː-/ 名 (-mi·ties) U,C 《格式》 衰弱, 虚弱; 病気, 疾患.

in·flame /ɪnfléɪm/ 動 他 (人)を激高させる, 興奮させる (*with*); (感情など)をあおりたてる: His speech *inflamed* the audience. 彼の演説は聴衆をたきつけた. (名 ìnflammátion)

〔語源 ラテン語で「火をつける」の意; ⇒ in-², flame〕

in·flamed /ɪnfléɪmd/ 形 炎症を起こした: an *inflamed* throat のどの炎症.

in·flam·ma·ble /ɪnflǽməbl/ 形 ❶ 燃えやすい, 可燃性の (⇒ flammable 語法) [⇔ nonflammable]. ❷ 激しやすい; 人を激高させる.

in·flam·ma·tion /ìnfləméɪʃən/ 名 U,C 炎症 (*of*). (動 infláme)

in·flam·ma·to·ry /ɪnflǽmətɔ̀ːri | -təri, -tri/ 形 ❶ 怒りをかきたてる, 扇動的な. ❷ 〔医学〕 炎症を起こす, 炎症性の.

in·flat·a·ble /ɪnfléɪṭəbl/ 形 ふくらませて使う: an *inflatable* cushion ふくらませるクッション. — 名 C ゴムボート; ゴムボール; ゴム風船.

in·flate /ɪnfléɪt/ 動 他 ❶ (空気·ガスなどを入れて)(...)をふくらませる: *inflate* a life jacket 救命胴衣をふくらませる. ❷ 〔経済〕 (通貨)を膨張させる, (物価)をつり上げる, インフレにする [⇔ deflate]. ❸ (物事)を実際よりよく[重要に]見せる, 誇張する. — 自 ふくらむ; 〔経済〕 インフレになる.

in·flat·ed /ɪnfléɪṭɪd/ 形 ❶ 〔経済〕 (価格などが)暴騰した. ❷ [軽蔑的] 大げさな, 誇張した. ❸ (空気で)ふくらんだ.

***in·fla·tion** /ɪnfléɪʃən/ 名 ❶ U 〔経済〕 **インフレ**, 通貨膨張 [⇔ deflation]; (物価などの)暴騰: the rate of *inflation* インフレ率 / control [curb] *inflation* インフレを抑制する. ❷ U ふくらますこと, 膨張.

in·fla·tion·ar·y /ɪnfléɪʃənèri | -ʃ(ə)nəri/ 形 [普通は 限定] インフレの, インフレを引き起こす.

inflátionary spíral 名 C 悪性インフレ (物価上昇と賃上げの悪循環).

in·flect /ɪnflékt/ 動 自 〔文法〕 (語が)語形[語尾]変化する; (言語が)語を語形変化[屈折]する.

in·flect·ed /ɪnfléktɪd/ 形 〔文法〕 (言語が)屈折のある; (語が)語形変化した.

in·flec·tion /ɪnflékʃən/ 名 ❶ U 〔文法〕 語形変化, 屈折; C 〔文法〕 変化[屈折]形, 語形変化語尾. ❷ C,U (音声の)抑揚.

in·flec·tion·al /ɪnflékʃ(ə)nəl/ 形 〔文法〕 語形変化の, 屈折の.

in·flex·i·bil·i·ty /ìnflèksəbíləṭi/ 名 U 融通のきかなさ.

in·flex·i·ble /ìnfléksəbl/ 形 ❶ [軽蔑的] (規則などが)変えられない, 柔軟性のない; 融通のきかない, 頑固な (*in*). ❷ 曲げられない, 曲がらない.

in·flex·ion /ɪnflékʃən/ 名 C,U 《英》 = inflection.

+**in·flict** /ɪnflíkt/ 動 (in·flicts /-flíkts/; -flict·ed /~ɪd/; -flict·ing) 他 (打撃·損害など)を**与える**; 押しつける: We ***inflicted*** heavy damage ***on*** [*upon*] the enemy. V+O+*on* [*upon*]+名 我々は敵に大打撃を与えた.

inflíct oneˈsèlf on [upòn] ... [動] 他 [こっけいに] (押しかけて)...に迷惑[やっかい]をかける. (名 inflíction)

in·flic·tion /ɪnflíkʃən/ 名 U (苦痛などを)与えること. (動 inflíct)

in-flight /ínflàɪt/ 形 限定 (旅客機の)機内の: an *in-flight* meal [movie] 機内食[映画].

in·flow /ínflòʊ/ 名 C,U (人·物·金·水·空気などの)流入 (*of*) [⇔ outflow].

in·flu·ence /ínfluːəns|-fluəns/ アク

— 名 (-flu·enc·es /~ɪz/) ❶ U,C 影響; 効果, 感化: The teacher *has* a great *influence on* [*upon*, *over*] his class. その先生は自分のクラスの生徒に大きな影響を与えている / the *influence* of Western civilization *on* Japan 西洋文明が日本に与えた影響 / This tendency is due to the *influence* of television. この傾向はテレビの影響によるものだ / outside *influence* 外部からの影響.

❷ U 影響力, 勢力, 威光; 権力; コネ: a person of *influence* 有力者 / exert [strengthen] one's *influence* 影響力を発揮する[強める] / He might use his *influence with* the president to get you a job. 彼は君が就職できるように社長に口を利いてくれるかもしれない. ❸ C 影響力のある人[もの], 実力者, 有力者: She is a good [bad] *influence on* the students. 彼女は学生によい[悪い]影響を与えている / He is a powerful *influence* in this city. 彼はこの市の大物だ.

ùnder the ínfluence [副·形] (1) (...の)影響を受けて[た]: He did it *under the influence of* a strong passion. 彼は激情にかられてそれをやった. (2) (酒·麻薬などに)酔って[た]: drive *under the influence* (*of* alcohol) 飲酒運転をする. (形 influéntial)

— 動 (-flu·enc·es /~ɪz/; -flu·enced /~t/; -flu·enc·ing) 他 (...)に影響を及ぼす; (心など)を動かす, 左右する: The weather *influences* our daily lives in many ways. 天候は私たちの日常生活に多くの点で影響を及ぼす / Children *are* easily *influenced by* bad examples. V+O の受身 子供は悪例に感化されやすい / His advice *influenced* me *to* study abroad. V+O+C (*to* 不定詞) 彼のことばで私は留学を決めた.

類義語 **influence** 間接的に人や物の性質·行動に影響を与えること: His writing has obviously been *influenced* by Hemingway. 彼の作品は明らかにヘミングウェーの影響を受けている. **affect** 直接決定的な影響を与えること: Smoking *affects* your health. 喫煙は健康に影響する.

〖語源 原義はラテン語で「流れ込むこと」〗

単語のキズナ FLU／流れる＝flow

influence	(天体から人の心に流れ込むこと)	→	影響
influenza	(体内に流れ込むもの)	→	インフルエンザ
affluent	(...に流れ込んでいる)	→	豊かな
superfluous	(あふれて流れる)	→	余分の
fluent	(流れるような)	→	流暢(りゅうちょう)な
fluid	(流れる状態の)	→	流動体(の)
flood	(流れること)	→	洪水

in·flu·enc·er /ínfluːənsɚ|-fluənsə/ 名 C インフルエンサー《SNS などを通じて他の消費者などに影響を与える人》.

+**in·flu·en·tial** /ìnfluːénʃəl|-flu-←/ アク 形 影響力のある, 勢力のある, 有力な: an *influential* person 有力者, 実力者 / He was highly *influential in* get*ting* the project started. +*in*+動名 その計画を発足させるのに彼は大いに影響力があった. (名 ínfluence)

in·flu·en·za /ìnfluːénzə|-flu-/ 名 U 〔医学〕インフルエンザ, 流行性感冒 [《略式》flu]: catch *influenza* 流感にかかる. 関連 (common) cold かぜ. 〖語源 influence に相当するイタリア語; ⇒ influence キズナ〗

in·flux /ínflʌks/ 名 C [普通は単数形で] 流入; 到来, 殺到: a great *influx of* tourists *into* London ロンドンへの大量の観光客の流入.

in·fo /ínfoʊ/ 名 U 《略式》情報 (information).

in·fo·mer·cial /ìnfoʊmɚ́ːʃəl|-mə́ː-/ 名 C 情報コマーシャル《テレビ番組風の長いコマーシャル》.

in·form /ɪnfɔ́ɚm|-fɔ́ːm/ アク

— 動 (in·forms /~z/; in·formed /~d/; -form·ing) 他 ❶ (...)に通知する, 知らせる《⇒ tell 類義語》: I *informed* her *of* my departure. V+O+*of*+名 私は彼女に私の出発のことを知らせた / He *informed* me (*that*) I should depart at once or I would miss the train. V+O+O ((*that*)節) 彼は私にすぐに出発しないと列車に乗り遅れるよと教えてくれた / We *were informed that* they had stopped fighting. V+O+O (*that* 節)の受身 我々は彼らが戦いをやめたことを知らされた / Her mail *informed* me *when* she was going to arrive. V+O+O (*wh* 節) 彼女はメールでいつ到着するかを私に知らせてきた / *inform* oneself of [about]... ...のことを[について]知る. ❷《格式》(...)を特徴づける, (...)に影響する; (精神·感情などが)(...)に浸透する.

infórm on [agàinst] ... [動] 他 (当局などに)...を密告[通報]する (受身 be informed on [against]): He *informed on* the other robbers. 彼は泥棒仲間を密告した. (名 ìnformátion)

〖⇒ form キズナ〗

+**in·for·mal** /ìnfɔ́ɚm(ə)l|-fɔ́ː-←/ 形 ❶ 形式ばらない, 打ち解けた, 略式の; (ことばなどが)くだけた: *informal* clothes カジュアルな服 / This dance is *informal*. このダンスパーティーは形式ばらないものだ.

❷ 非公式の, 略式の: *informal* talks between the officials of two governments 両政府の当局者間の非公式な会談《記録などをとらない》.

in·for·mal·i·ty /ìnfɔɚmǽləṭi|-fɔː-/ 名 U 非公式, 略式; 形式ばらないこと.

in·for·mal·ly /ìnfɔ́ɚməli|-fɔ́ː-/ 副 ❶ 非公式に, 略式に: It has been *informally* decided that Mr. White (should) succeed Mr. Black. ブラック氏の後任はホワイト氏ということに内定した. ❷ 形式ばらずに, くだけて: dress *informally* カジュアルな服装をする.

in·for·mant /ɪnfɔ́ɚmənt|-fɔ́ː-/ 名 ❶ C 密告者, 犯罪情報提供者. ❷ C 〔言語〕インフォーマント《言語研究の被調査者》.

in·for·ma·tion /ìnfɚméɪʃən|-fə-/

— 名 ❶ U 情報, ニュース, 通知 [《略式》info]; 〔コンピュータ〕データ, 情報: I have no *information about* [*on*] this matter. このことについて私は何の情報も持っていない / We have received *information that* the criminal is hiding around here. +*that* 節 我々は犯人がこのあたりに潜んでいるという情報をつかんでいる《⇒ that[2] A 4》/ For further [more] *information*, please visit our website. 詳しくはわが社のウェブサイトをご覧ください / a valuable source of *information* 貴重な情報源 / confidential *information* 機密情報 / Thank you for the *information*. 情報ありがとう / ***collect*** [***gather***] ***information*** 情報を収集する / ***obtain information*** 情報を得る / 「***look for*** [***seek***] ***information*** 情報を求める / ***provide*** [***give***, ***pass on***] ***information*** 情報を提供する / ***share information*** 情報を共有する / ***leak information*** 情報を漏らす /

withhold information 情報を伏せる.

> 語法🔍「1つ, 2つ...」と数えるときには a piece [bit] of information, two pieces [bits] of information のようにいう. information*s* とはしない《⇒ piece 1》: This is *a* valuable *piece of information.* これは貴重な情報だ / We got [obtained] *a* useful *bit of information* from him. 我々は彼から有益な情報を1つ得た.

❷ Ⓤ **知識, 見聞**《⇒ 類義語》: This book will give you *information about* wild animals. この本はあなたに野生動物についての知識を与えてくれるだろう / My *information* is that the animal is extinct. 私の知る限りではその動物は絶滅している. 関連 background information 予備知識.
❸ Ⓤ **案内**; [しばしば I-] (駅・空港・ホテルなどの)**案内所[係]**, 受付; 《米》 電話番号案内: an *information* sign 案内標識.
for informátion ónly [副] Ⓦ ご参考までに《情報を提供するだけで, 対応の必要はないことを示す》.
for yóur informátion [副] Ⓦ ご参考までに《略 FYI》; Ⓢ ご参考までに申し上げますが《相手の誤解を正すのに用いる》. (動 infórm)

> 類義語 **information** 観察や他人のことばなどから収集した情報で, 普通は範囲が狭くて組織的に整理されていないものを指し, 必ずしも内容が正確で妥当なものとは限らない. **knowledge** 研究・観察・読書などから得た知識で, すでに多くの人々によって事実あるいは真実として認められているもの.

in·for·ma·tion·al /ìnfəméɪʃ(ə)nəl | -fə-⁻/ 形 情報の, 情報を提供する.
informátion cènter 名 Ⓒ 案内所.
informátion retrìeval 名 Ⓤ 〔コンピュータ〕 情報検索.
informátion scìence 名 Ⓤ 情報科学.
informátion superhíghway 名 [the ~] 情報スーパーハイウェイ《インターネットなどの高度情報通信システム》.
informátion technólogy 名 Ⓤ = IT.
in·for·ma·tive /ɪnfɔ́ɚməṭɪv | -fɔ́:-/ 形 情報[知識]を与える, 有益な. **~·ly** 副 情報を与えて.
in·formed /ɪnfɔ́ɚmd | -fɔ́:md/ 形 ❶ 知識[学識]のある, (...の) 情報に明るい《⇒ well-informed》 [⇔ uninformed]: Please keep me *informed of* [*about, on*] the progress of your research. あなたの研究の進展について引き続きお知らせください. ❷ 限定 (判断などが)情報に基づいた: an *informed* guess [opinion] 十分な情報をもとにした推測[見解].
infórmed consént 名 Ⓤ 〔医学〕 インフォームド コンセント《医師から危険性などの説明を受けた上で患者が治療や手術などの処置に同意すること》.
in·form·er /ɪnfɔ́ɚmɚ | -fɔ́:mə/ 名 Ⓒ (報酬目当ての)通報者; 密告者.
in·fo·tain·ment /ìnfoʊtéɪnmənt/ 名 Ⓤ 娯楽報道番組《ワイドショーなど》. 〖語源 *info*rmation と enter*tainment* の混成語〗
in·frac·tion /ɪnfrǽkʃən/ 名 ❶ Ⓤ 《格式》 違反 (*of*). ❷ Ⓒ 《格式》 違反行為.
in·fra·red /ìnfrəréd⁻/ 形 限定 赤外線の: *infrared* rays 赤外線《⇒ ultraviolet》.
+**in·fra·struc·ture** /ínfrəstrʌ̀ktʃɚ | -tʃə/ 名 (~s /~z/) C,U 〔経済〕 **インフラ**, 経済[産業, 社会]基盤, 基幹部門《道路・鉄道・発電所・上下水道・銀行などの施設の総称》.
in·fre·quent /ìnfrí:kwənt⁻/ 形 たまの, まれな, 珍しい [≒rare]: an *infrequent* customer たまにしか買いに来ない客.
in·fre·quent·ly /ìnfrí:kwəntli/ 副 たまに, まれに. **nòt infréquently** [副] 《格式》 しばしば.
in·fringe /ɪnfríndʒ/ 動 他 《格式》 (法など)に違反する; (人の権利など)を侵害する: It *infringes* Article 3. それは第3条に違反する. ― 自 《格式》 (権利などを)侵害する: *infringe on* [*upon*] other people's rights 他人の権利を侵害する.
in·fringe·ment /ɪnfríndʒmənt/ 名 Ⓤ 《格式》 違反, 侵害; Ⓒ 違反行為, 侵害行為: *infringement of* copyright 著作権の侵害.
***in frónt of** ⇒ in front of ... (front 名 成句).
in·fu·ri·ate /ɪnfjʊ́(ə)rièɪt/ 動 他 (人)を激怒させる.
in·fu·ri·at·ing /ɪnfjʊ́(ə)rièɪṭɪŋ/ 形 腹の立つ, 頭に来る(ほどの). **~·ly** 副 腹が立つこと[ほど]に.
in·fuse /ɪnfjú:z/ 動 他 ❶ 《格式》 (...)に(思想などを)吹き込む; (思想・感情など)を(...に)吹き込む, 注入する (*into*): The new coach *infused* the team *with* his own fighting spirit. 新しいコーチはチームに(自分の持つ)闘争心を吹き込んだ. ❷ (茶など)を湯に浸す, 煎(せん)じる. ― 自 (茶などが)出る.
in·fu·sion /ɪnfjú:ʒən/ 名 ❶ C,U 《格式》 注入, 吹き込み (*of, into*). ❷ C,U 〔医学〕 点滴(液). ❸ Ⓒ 煎じたもの《茶・薬など》.
*****-ing** /ɪŋ/ 接尾 [原形 (root) につけて現在分詞および動名詞をつくる] ✪ 用法については ⇒ **巻末文法** 8.2, 8.3 (1).
in·ge·nious /ɪndʒí:njəs/ 形 ❶ (物が)巧妙にできている, 精巧な; (考えなどが)独創的な. ❷ (人が)発明の才のある, 利口な, 器用な [≒clever] (*at*). **~·ly** 副 巧妙に; 独創的に; 器用に.
in·gé·nue /ǽnʒənù: | -njù:/ ≪フランス語から≫ 名 Ⓒ 純情な娘; 〔演劇〕 純情な娘役(の女優).
in·ge·nu·i·ty /ìndʒən(j)ú:əṭi | -njú:-/ 名 Ⓤ 発明の才, 独創力, 創意工夫.
in·gen·u·ous /ɪndʒénjuəs/ 形 《格式》 素直な, 無邪気な, 純真な; [軽蔑的] 単純な, うぶな.
in·gest /ɪndʒést/ 動 他 〔生理〕 (食物など)を摂取する.
in·ges·tion /ɪndʒéstʃən/ 名 Ⓤ 〔生理〕 食物摂取.
in·gle·nook /íŋglnʊ̀k/ 名 Ⓒ 《主に英》 炉辺, 炉端.
in·glo·ri·ous /ìnglɔ́:riəs⁻/ 形 [普通は 限定] 《文語》 不名誉な, 恥ずべき.
in·got /íŋgət/ 名 Ⓒ 鋳塊, 地金, (金銀の)延べ棒.
in·grained /ìngréɪnd⁻/ 形 ❶ (習慣・信念などが)深くしみ込んだ, 根深い (*in*): *ingrained* prejudices 根深い偏見. ❷ (汚れなどが)こびりついた.
in·grate /íngreɪt/ 名 Ⓒ 《格式》 恩知らず《人》.
in·gra·ti·ate /ɪngréɪʃièɪt/ 動 [次の成句で] **ingrátiate onesèlf** [動] 自 [軽蔑的] (...に)取り入る, (...の)機嫌をとる (*with*).
in·gra·ti·at·ing /ɪngréɪʃièɪṭɪŋ/ 形 [軽蔑的] ご機嫌をとろうとする, 取り入ろうとする. **~·ly** 副 ご機嫌をとるように.
in·grat·i·tude /ìngrǽṭət(j)ù:d | -tjù:d/ 名 Ⓤ 恩を忘れること, 恩知らず.
***in·gre·di·ent** /ɪngrí:diənt/
― 名 (-di·ents /-ənts/) ❶ Ⓒ (料理・ケーキなどの)材

料; (混合物・食品などの)成分 (*of, for*): What *ingredients* do I need to make this cake? このケーキを作るのにはどんな材料が必要ですか / an active *ingredient* (薬の)有効成分. ❷ Ⓒ (成功などの)要素, 要因 (*of, in*): Hard work is an essential *ingredient for* success. 勤勉は成功に不可欠な要素だ.

in-group /íngrù:p/ 名 Ⓒ [普通は悪い意味で] 派閥, 内集団.

+**in·hab·it** /ɪnhǽbɪt/ 動 (-hab·its /-bɪts/; -it·ed /-ṭɪd/; -it·ing /-ṭɪŋ/) 他 [進行形なし; しばしば受身で] 《格式》 (動物・人間が集団的に)(...)に**住む**, 居住する; 生息する; (...)に存在する: These fish *inhabit* muddy rivers. これらの魚は泥の多い川に住む / The island *was* once ***inhabited by*** a fishing tribe. V+O の受身 その島にはかつては漁を営む種族が住んでいた.

+**in·hab·it·ant** /ɪnhǽbəṭənt, -tnt/ 名 (-it·ants /-ṭənts, -tnts/) ❶ Ⓒ **住民**, 居住者: It is a small town of some thousand *inhabitants*. それは住民が千人ほどの小さい町である. 関連 resident 居住者. ❷ Ⓒ (ある地域の)生息動物.

in·hal·ant /ɪnhéɪlənt/ 名 C,U 吸入薬[剤].

in·ha·la·tion /ìn(h)əléɪʃən/ 名 Ⓤ 吸い込むこと, 吸入.

+**in·hale** /ɪnhéɪl/ 動 (in·hales /~z/; in·haled /~d/; -hal·ing) 他 ❶ (...)を**吸入する**, 吸い込む [⇔ exhale]. ❷ 《米略式》(...)を大急ぎで食べる[飲む]. ― 自 吸い込む.

in·hal·er /ɪnhéɪlɚ | -lə/ 名 Ⓒ (薬剤)吸入器《ぜんそく患者などが用いる》.

in·here /ɪnhíɚ | -híə/ 動 (in·her·ing /-hí(ə)rɪŋ/) 自 《格式》(性質などが)もともと存在する, 生まれつきである (*in*).

+**in·her·ent** /ɪnhí(ə)rənt, -hér-/ 形 《格式》 **固有の; 本来の**, 生まれつきの, つきものの: The instinct of self-defense is ***inherent in*** any animal. +*in*+名 自己防衛本能はどんな動物も生まれつき持っている.

~·**ly** 副 本来, 生まれつき, 本質的に; それ自体として.

+**in·her·it** /ɪnhérɪt/ 動 (-her·its /-rɪts/; -it·ed /-ṭɪd/, -it·ing /-ṭɪŋ/) 他 ❶ (財産など)を**相続する**, 受け継ぐ: He ***inherited*** the store ***from*** his uncle. V+O+*from*+名 彼はおじから店を受け継いだ.

❷ (性格など)を**受け継ぐ**, 遺伝によって持つ: Lucy ***inherited*** her blue eyes ***from*** her mother. V+O+*from*+名 ルーシーの青い目は母親ゆずりだ. ❸ (前任者から)(問題など)を受け[引き]継ぐ; 《略式》(人から)(不用品など)をもらう (*from*).

― 自 財産を相続する. (名 inhéritance)

in·her·i·tance /ɪnhérəṭəns, -tns/ 名 ❶ C,U 相続財産, 遺産; 相続: He received an *inheritance* of ten thousand dollars. 彼は 1 万ドルの遺産を相続した. ❷ U,C [普通は単数形で] (代々の)伝統; 遺伝質. (動 inhérit)

inhéritance tàx 名 Ⓤ 相続税.

in·her·i·tor /ɪnhérɪṭɚ | -tə/ 名 Ⓒ (財産の)相続人; (伝統・文化などを)引き継ぐ人, 後継者 (*of*).

in·hib·it /ɪnhíbɪt/ 動 他 (言動・進行など)を抑制する; (気おくれさせて欲望など)を抑える, 抑圧する (*from doing*).

in·hib·it·ed /ɪnhíbɪṭɪd/ 形 (言動が)自己抑制された; おどおどした (*about*) [⇔ uninhibited].

in·hi·bi·tion /ìn(h)əbíʃən/ 名 U,C 抑制, 抑圧; 〔心理〕 制止, 抑制: lose one's *inhibition* 抑制がとれる.

in·hos·pit·a·ble /ìnhɑ(:)spíṭəbl, -hɑ́(:)spɪ- | -hɔspít-, -hɔ́spɪ-←/ 形 ❶ (土地・場所が)雨露をしのげない, 住みにくい; (気候が)厳しい. ❷ もてなしの悪い, 無愛想な, 不親切な; 排他的な (*to*).

in-house /ínhàʊs/ 形 限定, 副 社内の[で], 組織内の[で]: *in-house* training 社内研修.

in·hu·man /ìnhjú:mən←/ 形 不人情な, 冷酷な, 非常に残酷な [≒cruel]; 人間らしくない.

in·hu·mane /ìnhju:méɪn←/ 形 不人情な, 薄情な; 残酷な. ~·**ly** 副 薄情に; 残酷に.

in·hu·man·i·ty /ìnhju:mǽnəṭi/ 名 Ⓤ 不人情, 薄情, 残酷さ.

in·im·i·cal /ɪnímɪk(ə)l/ 形 ❶ 《格式》 敵意のある. ❷ 叙述 《格式》(...に)不利な, 都合の悪い, 有害な (*to*).

in·im·i·ta·ble /ɪníməṭəbl←/ 形 まねのできないほどすばらしい, 独特な: in one's own *inimitable* way [style] ...の独自のやり方で.

in·iq·ui·tous /ɪníkwəṭəs/ 形 《格式》 不公正な, 不当な; よこしまな.

in·iq·ui·ty /ɪníkwəṭi/ 名 (-ui·ties) Ⓤ 《格式》 不公正, 不当; Ⓒ 《格式》 不公正[不当]な行為 (*of*).

***i·ni·tial** /ɪníʃəl/ ❗アク 形 限定 **初めの**, 最初の [≒first]: the *initial* reaction 最初の反応 / the *initial* stage of a disease 病気の初期段階.

― 名 (~s /~z/) Ⓒ (語頭の)**頭文字**; [複数形で] (姓名の)**頭文字**: The *initials* "N.Y." stand for "New York." N.Y. という頭文字は New York を意味する / My name is John Smith, and so my *initials* are J.S. 私の名前はジョン スミスで, 頭文字は J.S. です.

― 動 (i·ni·tials; i·ni·tialed, 《英》 i·ni·tialled; -tial·ing, 《英》 -tial·ling) 他 (...)に頭文字[イニシャル]で署名する《承認などを示すために》; (...)に頭文字を書く.

***i·ni·tial·ly** /ɪníʃəli/ 副 **初めに**, 最初に; 文修飾 **初めは**, 最初は [≒at first]: *Initially*, I was against the project. 当初, 私は計画に反対だった.

+**i·ni·ti·ate**[1] /ɪníʃièɪt/ 動 (-ti·ates /-èɪts/; -ti·at·ed /-ṭɪd/; -ti·at·ing) 他 ❶ 《格式》(計画・事業など)に**着手する**, (...)を開始する: The government *initiated* direct talks with rebel leaders. 政府は反乱軍の指導者との直接の話し合いを始めた. ❷ (...)に手ほどきをする, 秘伝を授ける: He *was initiated into* the game of chess by his friend. 彼は友人にチェスの手ほどきをしてもらった. ❸ [しばしば受身で] (儀式などをして)(...)を入会させる: I *was initiated into* the club last month. 私は先月そのクラブに入会した.

i·ni·ti·ate[2] /ɪníʃiət/ 名 Ⓒ 新入会員; 手ほどきを受けた人; 秘伝を授けられた人.

i·ni·ti·a·tion /ɪnìʃiéɪʃən/ 名 ❶ U,C 入会, 加入; 入会式 (*into*).: an *initiation* ceremony 仲間入りの儀式, 〔文化人類学〕 成人[成年]式. ❷ U,C 《格式》 着手, 開始 (*of*). ❸ U,C 手ほどき, 伝授.

i·ni·tia·tive** /ɪníʃəṭɪv/ ❗アク 名 (~s /~z/) ❶ Ⓤ **率先力, 自発性**; 独創力; 進取の精神: I want you to show more *initiative*. もっと自発的なところを見せてもらいたい / ***use one's (***own***) ***initiative*** 自主的に[自分で考えて]事にあたる / ***on*** one's ***own initiative*** 自発的に.

❷ Ⓒ (問題解決のための)**新しい試み[動き]**, 働きかけ, 計画: a government *initiative to* reduce taxes 政府の減税政策[方針].

❸ [the ~] **主導権**, 率先, イニシアチブ: ***take the initiative in*** making plans for the trip 率先して旅行の計画を立てる / ***seize*** [***lose***] ***the initiative in*** the negotiations 交渉の主導権を握る[失う]. ❹ C,U

〔法律〕議案提出(権), 発議(権).

i·ni·ti·a·tor /ɪníʃièɪṭɚ | -tə/ 名 C 《格式》(計画などの)創始者, 考案者 (*of*).

+**in·ject** /ɪndʒékt/ 動 (in·jects /-dʒékts/; -ject·ed /~ɪd/; -ject·ing) 他 ❶ (薬液など)を(…に)**注射[注入]する**, (人体など)に(…を)注射する, 打つ: 言い換え The doctor *injected* antibiotics *into* the patient. V+O+*into*+名 = The doctor *injected* the patient *with* antibiotics. V+O+*with*+名 医者は患者に抗生物質を注射した. ❷ (活気・意見など)を吹き込む, 注入する; 導入する; (資金など)を投入する (*into*). (名 injéction)

〘⇒ reject¹ キズナ〙

+**in·jec·tion** /ɪndʒékʃən/ 名 (~s /~z/) ❶ C,U **注射**: The nurse gave me an *injection* of insulin. 看護師が私にインスリンを注射してくれた. ❷ C (資金の)投入 (*of*). ❸ U,C (燃料の)噴射. (動 injéct)

in-joke /índʒòʊk/ 名 C 仲間うちにだけ受ける冗談.

in·ju·di·cious /ìndʒuːdíʃəs←/ 形 《格式》無分別な, 愚かな.

+**in·junc·tion** /ɪndʒʌ́ŋ(k)ʃən/ 名 (~s /~z/) C 〔法律〕(裁判所の)**強制[禁止]命令**; 《格式》公的な命令, 指令 (*doing*, *to* do): seek an *injunction against* the book's publication その本の出版差止め命令を出すように(裁判所に)求める.

***in·jure** /índʒɚ | -dʒə/ ❗アク

— 動 (in·jures /~z/; in·jured /~d/; in·jur·ing /-dʒ(ə)rɪŋ/) 他 ❶ (…)に**けがをさせる**, (…)を傷つける, 傷(いた)める; 損傷させる (⇒ 類義語; injury 表): Direct sunlight *injures* the eyes. 直射日光は目を傷める / Twenty people *were* seriously [slightly] *injured* in the accident. V+Oの受身 その事故で 20 人がひどい[軽い]けがをした.

❷ (名誉・感情など)を**傷つける**, 害する: Her pride *was* greatly *injured*. V+Oの受身 彼女の自尊心はひどく傷ついた. (名 ínjury)

類義語 **injure, hurt** ともに人や動物の体・健康・外見・感情・名声などを傷つける[損なう]意味の最も一般的な語だが, hurt の方が《略式》的で, 時には物の価値を損なう意にも用いる: My father *was injured* in the traffic accident. 私の父はその交通事故でけがをした / He was *hurt* when he fell from his bicycle. 彼は自転車から落ちてけがをした. **wound** 単なる事故などによるのでなく, 銃・刃物などで襲撃して負傷させる意: The hunter shot and *wounded* the deer. 狩人がそのしかを撃って負傷させた. **damage** 物(の価値)または身体の一部を傷つける[損なう]意味で用いる: The storm *damaged* hundreds of houses. そのあらしで何百軒もの家屋が損傷した. **harm** 主に人間や生き物に対して損傷を与えるときに用いる: The chemicals could *harm* the environment. この化学薬品は環境を損なう可能性がある.

***in·jured** /índʒɚd | -dʒəd/ ❗アク 形 ❶ **けがをした**, 傷(いた)めた [⇔ uninjured]: *The injured were* taken to a hospital. 負傷者たちは病院へ送られた (複数名詞のように扱われる; ⇒ the¹ 3) / a list of *the injured* 負傷者リスト / the *injured* party 〔法律〕被害者. ❷ 限定 感情を害した: an *injured* look むっとした顔つき / *injured* pride 傷ついたプライド.

in·ju·ri·ous /ɪndʒʊ́(ə)riəs/ ❗アク 形 《格式》有害な: Smoking is *injurious to* the lungs. 喫煙は肺に有害である. (名 ínjury)

***in·ju·ry** /índʒ(ə)ri/ ❗アク

— 名 (-ju·ries /~z/) ❶ C,U **負傷**, けが; 傷害: suffer [《格式》 sustain] a serious [slight, minor] *injury* ひどい[軽い]傷を負う / cause *injury to* … …に傷を負わせる.

injury (事故などによる)	負傷 けが
wound (武器・凶器などによる)	

❷ U **損害**, 損傷: We escaped without *injury*. 私たちは何の損害も受けずに逃れた. ❸ U,C (名誉・感情などを)傷つけること, 侮辱; 無礼: It was an *injury to* his self-esteem. それは彼の自尊心を傷つけた. (動 ínjure, 形 injúrious)

〘語源 ラテン語で「不法」の意; ⇒ in-¹, jury 語源〙

ínjury tìme 名 U 《英》(サッカーなどの)ロスタイム.

+**in·jus·tice** /ɪndʒʌ́stɪs/ 名 (-jus·tic·es /~ɪz/) ❶ U **不正**, 不公平; 不当(性): fight *injustice* 不正と闘う. ❷ C 不正[不当]な行為: commit a great *injustice* 重大な不正行為をする.

dò … an injústice [動] 他 (…を)不当に扱う; (人を)十分理解しない, 誤解する. (形 unjúst)

+**ink** /íŋk/ (同音 Inc.) 名 ❶ U **インク**: an *ink* cartridge インクカートリッジ / The printer is out of *ink*. プリンターのインクが切れている / write with pen and *ink* ペンで書く (✪ pen は無冠詞) / Please write *in ink*. インクで書いてください. 語法 種類をいうときには C: *inks* of different colors いろいろな色のインク. 関連 India(n) ink (日本・中国の)墨. ❷ U (いか・たこの出す)墨: squid *ink* いか墨. (形 ínky)

— 動 他 ❶ (…)にインクを塗る. ❷ (証書など)に署名する.

ínk·jet prínter /íŋkdʒèt-/ 名 C 〔コンピュータ〕インクジェット方式のプリンター.

in·kling /íŋklɪŋ/ 名 [単数形で] (秘密などを)うすうす知っていること; 暗示, ヒント: have no *inkling of* … [*that* …] …を全然知らない.

ink·pad /íŋkpæ̀d/ 名 C スタンプ台, 印肉.

ink·well /íŋkwèl/ 名 C (机にはめ込んだ)インクつぼ.

ink·y /íŋki/ 形 (ink·i·er; -i·est) ❶ インクのついた, インクでよごれた. ❷ 《文語》真っ黒な; 暗い: *inky* darkness 真っ暗やみ. (名 ink)

in·laid /ìnléɪd←/ 形 ちりばめた, はめ込みのある (*in*, *into*); はめ込まれた; 象眼(ぞうがん)の (*with*).

+**in·land¹** /ínlænd, -lənd/ 形 [普通は 限定] **内陸の**, 奥地の; 《主に英》国内の: an *inland* sea 内海.

in·land² /ínlænd | ɪnlǽnd/ 副 内陸へ[に], 奥地へ[で].

-in-law /ɪnlɔ̀ː/ [名詞の後につけて合成語をつくる]「姻戚(いんせき)によって…となった, 義理の…」の意: father-*in-law* 義理の父, sister-*in-law* 義姉[妹] (⇒ family tree 図).

in-laws /ínlɔ̀ːz/ 名 複 《略式》義理の両親; 血のつながりのない親戚, 姻戚(いんせき).

in·lay /ínlèɪ/ 名 U はめ込み細工, 象眼(細工); はめ込み細工の材料; C はめ込み模様; 詰め物 (虫歯治療用).

in·let /ínlet, -lət/ 名 ❶ C 入り江. ❷ C (機械などの)注入口 [⇔ outlet].

ín-line skáte /ínlàɪn-/ 名 C [普通は複数形で] インラインスケート (ローラーが直列に並んだローラースケート靴).

in lo·co pa·ren·tis /ɪnlóʊkoʊpəréntɪs/ 副 《格式》

親の代わりに.

+**in·mate** /ínmèɪt/ 名 (inmates /-mèɪts/) C (刑務所・精神病院などの)**収容者**, 入院者.

in me·mo·ri·am /ɪnmemɔ́ːriəm/ 前《格式》...を記念して, ...を偲んで《墓石などに記す》.

in·most /ínmòʊst/ 形 限定 = innermost.

inn /ín/ 名 C (いなかの)小さなホテル;《主に英》(普通は旅館を兼ねるいなかの)パブ, 居酒屋《ホテルや酒場の名によく用いる》.〖語源 元来は「住居」の意; in[1] と同語源〗

in·nards /ínədz | ínədz/ 名 複《略式》内臓, はらわた; 胃; (機械などの)内部.

in·nate /ìnéɪt←/ 形 (特性・感情が)生来の, 生まれつきの; 本質的な. **～·ly** 副 生まれつき; 本質的に.

*__in·ner__ /ínə | ínə/ 形 ❶ 限定 **内側の**, 内部の [⇔ outer]; 中心部の: an *inner* court 中庭 / *inner* Tokyo 東京の中心部. ❷ 限定 内面的な, 心の奥の: one's *inner* voice 内なる声.

ínner círcle 名 C [普通は単数形で] (権力者の)取り巻き, 側近.

+**ínner cíty** 名 C **都心部**《特に大都市の低所得者密集地帯》, (社会問題の多い)スラム地区.

in·ner-cit·y /ínəsíṭi | ínə-/ 形 限定 都市部の, スラム地区の.

ínner éar 名 [the ～]〔解剖〕内耳(ないじ).

in·ner·most /ínəmòʊst | ínə-/ 形 ❶ 限定 心の奥の, 内心の. ❷ 限定《格式》最も内側[奥]の [⇔ outermost].

ínner tùbe 名 C (タイヤの)チューブ.

+**in·ning** /ínɪŋ/ 名 (～s /～z/) ❶ C〔野球〕**イニング**, ...回: in the top [bottom] of the third *inning* 3 回の表[裏]に / go into extra *innings* 延長に入る. ❷ [複数形で単数または複数扱い]〔クリケット〕イニング《チーム・選手が打撃する回》.

hàd a góod ínnings [動] 自《英略式》天寿を全うした.

inn·keep·er /ínkìːpə | -pə/ 名 C《古風》宿屋の主人.

+**in·no·cence** /ínəs(ə)ns/ !アク 名 ❶ U **無罪** [⇔ guilt]: prove one's *innocence* 無罪を立証する / The accused protested [maintained] his *innocence*. 被告人は無罪を主張した. ❷ U 天真らんまん, 無邪気; 《格式》無知.

in áll innocence [副] それとは知らず.

(形 innocent)

*__in·no·cent__ /ínəs(ə)nt/ !アク 形 ❶ [比較なし] **無罪の**, 罪のない [⇔ guilty]: He is ***innocent of*** the charge. +of+名 彼はその嫌疑については潔白だ / The defendant was found *innocent*. 被告は無罪判決を受けた.

❷ 限定 **かかわりのない**; (かかわりがないのに)巻き添えとなった: *innocent* victims of the explosion その爆発事故の巻き添えになった被害者.

❸ **無害な** [≒harmless]; たわいもない; 悪気のない: *innocent* jokes たわいもない冗談.

❹ **天真らんまんな**, 無邪気な, うぶな; 世間知らずの, お人よしの [≒naive]: an *innocent* child あどけない子供.

❺ 叙述《格式》無知な (*of*). (名 innocence)

— 名 C 無邪気な人[子供]; お人よし; 罪のない人.

〖語源 原義はラテン語で「傷つけない」〗

in·no·cent·ly /ínəs(ə)ntli/ 副 罪なく; 無邪気に; 無害に.

in·noc·u·ous /ɪnɑ́(ː)kjuəs | ɪnɔ́k-/ 形《格式》(言動が)当たりさわりのない; 無害の. **～·ly** 副 当たりさわりなく; 無害に.

in·no·vate /ínəvèɪt/ 動 自 刷新する (*on, in*); 新しいものを取り入れる. — 他 (新しいもの)を導入する.

+**in·no·va·tion** /ìnəvéɪʃən/ 名 (～s /～z/) ❶ C **新機軸**, 新方式, 革新的な発明[製品]: technical ***innovations in*** the information industry 情報産業における技術革新.

❷ U **刷新**, 革新 (*in*).

+**in·no·va·tive** /ínəvèɪṭɪv/ 形 [よい意味で] **革新的な**, 新機軸の: an *innovative* system of traffic control 革新的な交通整理のシステム.

in·no·va·tor /ínəvèɪṭə | -tə/ 名 C 刷新者, 革新者.

in·nu·en·do /ìnjuéndoʊ/ 名 (～(e)s) C,U [軽蔑的] (セックスなどに関する)ほのめかし; 風刺, 当てこすり.

in·nu·mer·a·ble /ɪn(j)úːm(ə)rəbl | ɪnjúː-/ 形 限定 [比較なし] 数えきれない, 無数の.

in·nu·mer·ate /ɪn(j)úːm(ə)rət | ɪnjúː-/ 形 計算ができない, 数字に弱い.

in·oc·u·late /ɪnɑ́(ː)kjʊlèɪt | ɪnɔ́k-/ 動 他〔医学〕(...)に(病菌・ワクチンなどを)予防接種する; (...)に(病気の)予防注射をする (*against*).

in·oc·u·la·tion /ɪnɑ̀(ː)kjʊléɪʃən | ɪnɔ̀k-/ 名 C,U〔医学〕予防接種, 種痘.

in·of·fen·sive /ìnəfénsɪv←/ 形 (人・行動などが)害にならない; 悪気のない; 当たりさわりのない.

in·op·er·a·ble /ìnɑ́(ː)p(ə)rəbl | -ɔ́p-←/ 形 ❶ (癌(がん)などが)手術ができない. ❷《格式》(法律・規則が)実施不能の; (機械などが)使用不能の.

in·op·er·a·tive /ìnɑ́(ː)p(ə)rəṭɪv, -pərèɪṭ- | -ɔ́p-←/ 形 ❶《格式》(機械などが)調子の悪い. ❷《格式》(法律などが)効力のない.

in·op·por·tune /ìnɑ̀(ː)pət(j)úːn ← | -ɔ́pətjùːn/ 形《格式》折の悪い; (時期が)不適切な.

in·or·di·nate /ɪnɔ́ədənət | -ɔ́ː-/ 形 [普通は 限定]《格式》過度の, 法外な. **～·ly** 副 過度に.

in·or·gan·ic /ìnɔəgǽnɪk | ìnɔː-←/ 形 無生物の; 無機物の;〔化学〕無機の: *inorganic* matter 無機物.

-i·cal·ly /-kəli/ 副 無機的に.

ínorganic chémistry 名 U 無機化学. 関連 organic chemistry 有機化学.

in·pa·tient /ínpèɪʃənt/ !アク 名 C 入院患者 [⇔ outpatient].

in-per·son /ìnpə́ːs(ə)n | -pə́ː-/ 形 限定 (イベントなどが)現地で行なわれる, 対面方式の.

*__in·put__ /ínpʊ̀t/ 名 (-puts /-pʊ̀ts/) ❶ C,U (活動などへの)**助力**, 援助《情報・資金援助・助言など》: I'd appreciate your *input* on this issue. この件であなたの助力が得られればありがたいのですが / We'll need ***input from*** users. 利用者からの情報が必要となるでしょう.

❷ U〔コンピュータ〕**インプット**, **入力**(データ) [⇔ output]: More *input* is necessary to locate the problem. 問題点を突き止めるにはもっとインプットが必要だ. ❸ C〔電気・機械〕(エネルギーなどの)入力; C 入力端子 [⇔ output].

— 動 (in·puts; 過去・過分 -put·ted, -put; -put·ting) 他〔コンピュータ〕(情報)をコンピューターに入力する (*into, to*).

in·quest /ínkwest/ 名 ❶ C〔法律〕検死: hold an ***inquest into*** ...'s death ...の検死を行なう. ❷ C (失敗などの)原因調査 (*into, on*).

+**in·quire** /ɪnkwáɪə | -kwáɪə/ 動 (in·quires /～z/; in·quired /～d/; in·quir·ing /-kwáɪ(ə)rɪŋ/) 他《格式》

(...)を**問い合わせる**, 尋ねる [≒ask]: I ***inquired if*** [***whether***] there were any books on music. [V+O (*if*・*whether* 節)] 私は音楽関係の本があるかと尋ねた / The policeman *inquired* the woman's name. 警官はその女性の名前を尋ねた / "What can I do for you?" the clerk ***inquired*** (***of*** him). [V+(*of*+名)+O (引用節)] 店員は(彼に)「何かご入用ですか」と尋ねた / I ***inquired where to*** [I should] put the boxes. [V+O (*wh* 句・節)] その箱をどこに置いたらいいか尋ねた.

— ⓐ《格式》**質問をする:** The woman ***inquired about*** trains for Osaka. [V+*about*+名] その女性は大阪行きの列車のことを尋ねた / *Inquire* within. 店内でお尋ねください《店の掲示など》. (名 inquíry)

inquire の句動詞

inquíre àfter ... 動 他《格式》...を(心配して)尋ねる: He *inquired after* you [your health]. 彼はあなたのこと[あなたの健康]を心配して尋ねていました.

+**inquíre ìnto ...** 動 他《格式》**...を調査する**, 取り調べる (受身 be inquired into): We must *inquire into* the matter. その事について調べる必要がある.

in·quir·er /ɪnkwáɪ(ə)rɚ | -rə/ 名 Ⓒ《格式》尋ねる人, 尋問者; 調査者, 探求者.

in·quir·ing /ɪnkwáɪ(ə)rɪŋ/ 形 ❶ 限定 好奇心の強い, 探求心のある: an *inquiring* mind 好奇心. ❷ 限定 (表情などが)不審そうな: an *inquiring* look 不審顔.
~·ly 副 不審そうに.

*__in·qui·ry__ /ɪnkwáɪ(ə)ri, ínkwəri | ɪnkwáɪəri/ 名 (-qui·ries /~z/) ❶ Ⓒ,Ⓤ **問い合わせ**; 照会, 質問: a letter of *inquiry* 問い合わせの手紙, 照会状; 見舞状 / There was no reply to our *inquiry*. 我々の照会に対して何の回答もなかった / I received ***inquiries about*** the matter. 私はそのことについて照会を受けた / He ***made*** special ***inquiries into*** [***about***] the problem. 彼はその問題について特別に問い合わせをした.
❷ Ⓒ,Ⓤ **調査**, 取り調べ: carry out a scientific ***inquiry into*** earthquakes 地震の科学的調査を行なう / The police started [held] an *inquiry into* the fire. 警察はその火事の調査を始めた[行なった].
on inquiry [副] 文修飾《格式》尋ねてみて, 調査すると: It was found *on inquiry* to be a mistake. 調査の結果それは誤りであることが判明した. (動 inquíre)

in·qui·si·tion /ìnkwəzíʃən/ 名 [単数形で] 厳しい取り調べ, 苛酷な尋問; [the I-] 宗教裁判(所)《特に 15–17 世紀のカトリック国の異端審理》.

in·quis·i·tive /ɪnkwízəṭɪv/ 形 ❶ [悪い意味で] 詮索(せんさく)好きな (*about*). ❷ [よい意味で] 好奇心の旺盛な.

in·quis·i·tor /ɪnkwízəṭɚ | -tə/ 名 ❶ Ⓒ 根ほり葉ほり聞く人, 詮索好きな人. ❷ Ⓒ 宗教裁判官.

in·road /ínròʊd/ 名 Ⓒ [普通は複数形で] 来襲, 侵入, 侵略. **màke ínroads on [in, ìnto] ...** [動] 他 ...に食い込む[進出する]; 成果を挙げる.

in·rush /ínrʌʃ/ 名 [単数形で] (空気・水などの)侵入, 流入, 殺到 (*of*).

INS /áɪènés/ 略 [the ~] = Immigration and Naturalization Service《米》移民帰化局.

+**ins.** 略 **インチ** (inches) (⇒ inch).

in·sane /ìnséɪn←/ 形 ❶《略式》頭がおかしい, まったくばかげた, 非常識な: *It is insane of* you *to* drive on these icy roads. こんな凍った道路で運転するなんて君どうかしてるよ (⇒ of 12). ❷ 正気でない, 狂気の, 精神障害の (⇒ crazy 類義語): *the insane* 精神障害者《複数名詞のように扱われる; ⇒ the[1] 3》. 語法 しばしば差別的とされ, 普通は mentally ill というが, 法的に用いることもある. **dríve ... insáne** [動] 他《略式》(人)を怒らせる, いらいらさせる. **gò insáne** [動] ⓐ《略式》頭がおかしくなる; 狂う. (名 insánity)
~·ly 副 狂ったように; ものすごく.

in·san·i·tar·y /ìnsǽnətèri | -təri, -tri←/ 形《主に英》= unsanitary.

in·san·i·ty /ɪnsǽnəṭi/ 名 ❶ Ⓤ 狂気, 精神障害. ❷ Ⓤ,Ⓒ 非常識さ, 狂気のさた (*of*). (形 ìnsáne)

in·sa·tia·ble /ìnséɪʃəbl←/ 形 飽くことを知らない, 貪欲(どんよく)な: an *insatiable* appetite *for* power 飽くなき権力欲.

in·scribe /ɪnskráɪb/ 動 他 ❶《格式》(...)を(石・金属などに)記す, 彫る, 刻む (*in*); (石など)に(...を)記す, 彫る, 刻む: 言い換え Her name was *inscribed on* the tombstone. = The tombstone was *inscribed with* her name. 彼女の名前が墓石に刻まれた. ❷〔幾何〕[受身で] (...)を内接させる (*in*). (⇒ describe キズナ)

in·scrip·tion /ɪnskrípʃən/ 名 Ⓒ 銘, 碑文; (貨幣などの)銘刻; (著書などの)献呈の辞: an *inscription on* a tombstone 墓碑銘.

in·scru·ta·ble /ìnskrúːṭəbl←/ 形 (表情などが)計り知れない, 不可解な, なぞめいた.

+**in·sect** /ínsekt/ アク 名 (in·sects /-sekts/) ❶ Ⓒ **昆虫:** Ants, flies, bees, and beetles are *insects*. あり, はえ, はちおよび甲虫は昆虫だ. ❷ Ⓒ (一般に)虫.
〖語源 ラテン語で「体に切れ目のある(動物)」の意〗

insect, bug (昆虫など)	虫
worm (みみず・毛虫など)	

in·sec·ti·cide /ɪnséktəsàɪd/ 名 Ⓒ,Ⓤ 殺虫剤.

in·sec·ti·vore /ɪnséktəvɔ̀ɚ | -vɔ̀ː/ 名 Ⓒ〔生物〕食虫動物[植物].

in·sec·tiv·o·rous /ìnsektív(ə)rəs←/ 形〔生物〕(動物・植物が)昆虫を食べる, 食虫の. 関連 carnivorous 肉食性の / herbivorous 草食性の / omnivorous 雑食性の.

+**in·se·cure** /ìnsɪkjʊ́ɚ | -kjʊ́ə←/ 形 ❶ (人が)**不安に思って**, 自信がない: Mike felt *insecure* among strangers. マイクは知らない人たちの中で不安だった / I am very ***insecure about*** my new job. [+*about*+名] 私は新しい仕事に自信がない. ❷ 安全でない, 不安定な, 危なっかしい; (人・物事が)あてにならない, 不確かな: an *insecure* door 錠がしっかりしていないドア / That company is financially *insecure*. その会社は財政的に不安定だ / an *insecure* job (いつ失うかわからない)不安定な職. (名 ìnsecúrity)
~·ly 副 自信がなく; 安全でなく, 不確かで.

in·se·cu·ri·ty /ìnsɪkjʊ́(ə)rəṭi/ 名 ❶ Ⓤ,Ⓒ 不安, 自信のなさ. ❷ Ⓤ 不安定さ, 危なっかしさ; 不確かさ, あてにならないこと. (形 ìnsecúre)

in·sem·i·nate /ɪnsémənèɪt/ 動 他〔医学・生物〕(雌・女性)に(人工)授精を行なう.

in·sem·i·na·tion /ɪnsèmənéɪʃən/ 名 Ⓤ〔医学・生物〕授精, 媒精: ⇒ artificial insemination.

in·sen·si·bil·i·ty /ìnsènsəbíləṭi/ 名 ❶ Ⓤ《格式》無感覚, 無意識 (*to*). ❷ Ⓤ《古風》感受性の欠如, 無神経; 無関心 (*to*).

in·sen·si·ble /ìnsénsəbl←/ 形 ❶ 叙述《格式》感じな

い, 気がつかない: They are *insensible of* [*to*] the danger. 彼らは危険を感じていない. ❷《格式》意識がない, 人事不省の.

in·sen·si·tive /ìnsénsəṭɪv←/ 形 ❶ 人の気持ちに鈍感な, 無神経な: He is *insensitive to* other people's feelings. 彼は他人の気持ちを理解しない / an *insensitive* remark 無神経な発言. ❷ 叙述 感じない, 無感覚な; 鈍感な: *insensitive to* light 光を感じない. **~·ly** 副 鈍感に, 無神経に.

in·sen·si·tiv·i·ty /ɪnsènsətívəṭi/ 名 U 鈍感, 無神経; 無理解; 無感覚 (*to, toward*).

in·sep·a·ra·bil·i·ty /ìnsèp(ə)rəbíləṭi/ 名 U 切り離せない[分離できない]こと, 不可分性.

in·sep·a·ra·ble /ìnsép(ə)rəbl←/ 形 分けることができない, 分離できない, 不可分の; 離れられない (*from*): *inseparable* friends 離れられない親友. **-ra·bly** /-rəbli/ 副 不可分に, 分けられないほどに.

+**in·sert**[1] /ɪnsə́ːt | -sə́ːt/ ✪ 名詞の insert[2] とアクセントが違う. 動 (in·serts /-sə́ːʦ | -sə́ːʦ/; -sert·ed /-ṭɪd/; -sert·ing /-ṭɪŋ/) 他 (...)を**差し込む**; 挿入する; 書き入れる: The boy ***inserted*** a key ***in*** [***into***] the lock. V+O+*in* [*into*]+名 その少年は錠に鍵(かぎ)を差し込んだ / You should ***insert*** a comma ***between*** these two words. V+O+*between*+名 この 2 つの単語の間にコンマを入れるほうがよい. (名 insértion, ínsert[2])

in·sert[2] /ínsəːt | -səːt/ ✪ 動詞の insert[1] とアクセントが違う. 名 C (別刷りの)差し込みページ, 折り込み広告; 挿入記事[図] (*in*); 挿入物. (動 insért[1])

in·ser·tion /ɪnsə́ːʃən | -sə́ː-/ 名 ❶ U 挿入, 差し込み (*into*). ❷ C 挿入物; 書き込み; (新聞などに入れた)折り込みビラ. (動 insért[1])

in·ser·vice /ínsə́ːvɪs | -sə́ː-←/ 形 限定 現職中の: *in-service* training 現職(社員)研修[教育].

in·set[1] /ínsèt/ 名 C (書物の)差し込みページ; 挿入画[図, 写真]; (宝石などの)埋め込み, はめ込み.

in·set[2] /ìnsét/ 動 (in·sets; 過去・過分 in·set, -set·ted; -set·ting) 他 ❶ (写真など)を挿入する (*into*). ❷ [普通は受身で] (...)を(~に)はめ込む, 埋め込む (*into*); (...)に(~を)はめ込む (*with*).

in·shore /ínʃɔ́ə | -ʃɔ́ː←/ 形 [普通は 限定] 海岸近くの, 近海の [⇔ offshore]: *inshore* fisheries 沿岸漁場. — 副 海岸近くに[へ], 近海に [⇔ offshore].

***in·side /ìnsáɪd, ínsàɪd/

— 前 /ɪnsàɪd, ìnsaɪd/ ❶ **...の中に[で, へ], ...の内側に[へ, で(は)]**; ...の心[身体]の中に[の, へ, で(は)] [⇔ outside]: Tell me what is *inside* the box. 箱の中に何が入っているのか教えてください / He is waiting *inside* the tent. 彼はテントの中で待っている. ❷ (組織・国などの)内部で. ❸《略式》(時間などが)...以内で[に]: *inside* an hour 1 時間以内に. 語法 この意味では within の方が普通 (⇒ 副 成句).

— 副 ❶ 中に[で, へ], **内側に[で, へ]**, 内部に[で, へ]; 屋内に[で, へ] [⇔ outside]: She went *inside*. 彼女は中へ入っていった / They stayed *inside* during the storm. 彼らはあらしの間は家の中にいた / The box was painted blue *inside* and out. その箱は内側も外側も青く塗ってあった. ❷ 心の中では, 内心は: You don't understand how I feel *inside*. あなたは私が内心どう思っているかわかっていない. ❸《略式》刑務所に入って.

insíde of ... [前] (1)《主に米》...の中に[へ, で]: *inside of* the bag かばんの中に. (2)《主に米》...以内に [≒ within]: *inside of* an hour 1 時間以内に. (3)《主に米》...の心の中に.

— 形 ❶ 限定 [比較なし] **内部の, 内側の**;〔野球〕内角の;〔サッカー・ホッケー〕インサイドの;《英》(道路の)内側の《建物寄り》[⇔ outside]: the *inside* pocket (服の)内ポケット / on the *inside* pages of a newspaper 新聞の内側のページに / the *inside* address (手紙の)文中のあて名 (⇒ letter 図). ❷ 限定 [比較なし] (物事が)内部の, 内面の; 内幕の, 秘密の: the *inside* story 裏話 / *inside* information 内部情報 / an *inside* job 内部の犯行.

— 名 (in·sides /ìnsáɪʣ, ínsàɪʣ/) ❶ C [普通は the ~] (物の)**内部, 内側**, 内面 [⇔ outside]: *the inside of* one's wrist 手首の内側 / The òutsíde of this box is green, but *the ínside* is red. この箱の外側は緑だが内側は赤だ.
❷ [the ~] (歩道の)**内側**《建物寄り》; (競走用トラック・道路のカーブの)内側走路[車線], インコース;《英》内側車線《路肩に最も近い》. ❸ [the ~]《略式》内情に通じた立場[地位]; (物事の)内面, 内情 (⇒ on the inside (成句)). ❹ C [普通は所有格の後で複数形で]《略式》おなか, 腹: I have a pain in *my insides*. おなかが痛い.

ínside óut [副] (1) 内側を外に, 裏を表に, 裏返しに: He had his socks on *inside out*. 彼は靴下を裏返しにはいていた. (2)《略式》裏も表も, 完全に: She knows the subject *inside out*. 彼女はそのテーマについては知り尽くしている.

on the ínside [副] (1) 内側に[は]: This bag is plastic *on the inside*. このバッグは内側がビニールだ. (2) 心の中で(は). (3) (競走用トラックの)内側走路を;《英》内側車線を. —[形] 内情に詳しい.

túrn ... ínside óut [動] 他 (1) (...)を裏返す: *turn* the shirt *inside out* シャツを裏返しにする. (2) (...)を(ひっくり返すようにして)くまなく捜す. (3) (やり方など)をすっかり変える.

+**in·sid·er** /ɪnsáɪḍə | -də←/ 名 (~s /~z/) C **内幕に明るい人**, 消息通, インサイダー; 内部の者, 会員 [⇔ outsider].

ínsider déaling [tráding] 名 U〔株式〕インサイダー取り引き《違法行為》.

in·sid·i·ous /ɪnsíḍiəs/ 形《格式》(病気などが)知らぬ間に進む, 潜行性の; 陰険な, 油断のならない. **~·ly** 副 知らぬ間に(進んで); 陰険に.

+**in·sight** /ínsàɪt/ 名 (in·sights /-sàɪʦ/) C,U [よい意味で] **洞察力**, 物事の真相を(直観的に)見抜く力; 眼識; 理解: a person with deep *insight* 深い洞察力のある人 / He has great ***insight into*** the psychology of criminals. 彼は犯罪者の心理に対する深い理解がある.

in·sight·ful /ínsàɪtf(ə)l/ 形 洞察力に富む.

in·sig·ni·a /ɪnsígniə/ 名 C (複 ~, ~s) (地位・権威を表わす)しるし《王冠など》, 記章.

in·sig·nif·i·cance /ìnsɪgnífɪk(ə)ns/ 名 U 取るに足らないこと, つまらないこと: pale [fade] into *insignificance* 取るに足らないものになる, 重要でなくなる.

in·sig·nif·i·cant /ìnsɪgnífɪk(ə)nt←/ 形 取るに足らない, つまらない, ささいな: *insignificant* details どうでもよい細かいこと. **~·ly** 副 わずかに.

in·sin·cere /ìnsɪnsíə | -síə←/ 形 (行為・ことばなどが)本心からのものでない, 誠意のない. **~·ly** 副 不誠実に.

in·sin·cer·i·ty /ìnsɪnsérəṭi/ 名 U 不誠実.

in·sin·u·ate /ɪnsínjuèɪt/ 動 他 ❶ (いやなこと)を遠回

しに言う, 当てこする; (...)とほのめかす: Are you *insinuating that* Mike stole the money? あなたはマイクが金を盗んだとおっしゃっているのですか. ❷《格式》(...)を気づかれないように入り込ませる. **insínuate onesèlf ìnto ...** [動] ⑩《格式》...にこっそり[巧みに]入り込む; [軽蔑的] ...に取り入る.

in·sin·u·a·tion /ɪnsìnjuéɪʃən/ 名 C,U 当てこすり, ほのめかし (*that*).

in·sip·id /ɪnsípɪd/ 形 ❶ 風味のない, まずい; 気の抜けた. ❷ おもしろみのない, 味気ない. **~·ly** 副 風味がなく, まずく; おもしろみがなく, 味気なく.

***in·sist** /ɪnsíst/ アク 動 (in·sists /-sísts/; -sist·ed /-ɪd/; -sist·ing) 自 ❶ **強く主張する, (...だと)言い張る** (⇒ claim 類義語): 言い換え He *insisted on* [*upon*] his innocence. V+*on* [*upon*] +名 (= He *insisted* (*that*) he was innocent.) 自分は潔白だと彼は言い張った (⇒ 他 1).
❷ **強く要求する,** 強(し)いる: This patient *insists on* neatness in his room. V+*on*+名 この患者は自分の部屋がきちんとかたづいていないと気がすまない / She *insisted on* stay*ing* alone in the house. V+*on*+動名 彼女はひとりで家に残ると言ってきかなかった (✪ ×insisted to stay とは言わない) / 言い換え They *insisted on* [*upon*] his [him] attend*ing* the meeting. V+*on* [*upon*]+動名 (= They *insisted* (*that*) he (*should*) attend the meeting.) 彼らは彼に会議に出るよう強要した (⇒ 他 2) / Let this be my treat, I *insist*. ここは私がおごります, ぜひとも (♥「遠慮しないでください」と積極的に申し出たり勧めたりするときの表現).
— 他 ❶ (...である)と**強く主張する:** He *insisted* (*that*) he was innocent. V+O ((*that*)節) 自分は潔白だと彼は言い張った (⇒ 自 1).
❷ (...すること)を**強く要求する:** They *insisted* (*that*) he (*should*) attend the meeting. V+O ((*that*)節) 彼らは彼に会議に出るよう強要した (⇒ 自 2; should A 8).
if you insíst [副] Ⓢ (あなたが)どうしても[ぜひとも]と言うなら.
insíst on dóing [動] 自 しつこく...し続ける: The pupils *insisted on* chat*ting* in class. 生徒たちは授業中におしゃべりを続けた. (名 insístence, 形 insístent)

単語のキズナ SIST／立つ=stand

insist	(...の上に立つ)	→	主張する
assist	(そばに立つ)	→	手助けする
consist	(しっかり立つ)	→	(...に)ある; (...から)成る
persist	(ずっと立つ)	→	あくまで通す
resist	(...に対して立つ)	→	...に抵抗する
exist	(見えるところに立つ)	→	存在する

+**in·sis·tence** /ɪnsístəns/ 名 ❶ U **強い主張; 無理強**(むりじ)**い, 強要:** We were annoyed by her *insistence on* thrift. 彼女があまりにも節約するようにと言い張るので私たちは困った / They were angered by his *insistence that* everything (*should*) be finished far ahead of schedule. +*that* 節 彼が何もかも予定よりずっと早く終わらせろと強く要求したせいで彼らは怒った (⇒ should A 8). ❷ U 執拗(しつよう)さ, しつこさ.
at ...'s insístence = at the insístence of ... [副] ...にせがまれて, うるさく言われて. (動 insíst)

in·sis·tent /ɪnsístənt/ 形 ❶ 強要する, しつこい, うるさい; 言い張ってきかない: an annoying *insistent* salesman ひどくしつこいセールスマン / He was so *insistent on* it that I let him pay for my dinner. 彼がどうしてもと言うので彼に私の食事代を払わせた / He was *insistent that* I (*should*) apologize. 彼は私にわびるよう強く迫った (⇒ should A 8). ❷ (音・調子が)目立つ, 強烈な. (動 insíst)
~·ly 副 執拗(しつよう)に, しつこく.

in si·tu /ɪnsáɪt(j)uː | -tjuː/ ≪ラテン語から≫ 副 形《格式》元の場所で[に, の].

in·so·far as /ìnsoʊfáːrəz/ 接《格式》...する限りにおいて (⇒ in so far as ... (far 副 成句)).

in·sole /ínsòʊl/ 名 C (靴の)中底; 中底敷.

in·so·lence /ínsələns/ 名 U《格式》横柄(おうへい), 傲慢(ごうまん), 生意気 (*to, toward*).

in·so·lent /ínsələnt/ 形 横柄な, 傲慢な, 無礼な, 生意気な (*to, toward*). **~·ly** 副 横柄に(も).

in·sol·u·ble /ìnsá(ː)ljʊbl | -sɔ́l-/ 形 ❶《格式》(問題が)解けない, 解決できない. ❷〘化学〙(水などに)溶けない, 不溶解性の: *insoluble in* water 水に溶けない.

in·solv·a·ble /ìnsá(ː)lvəbl | -sɔ́l-/ 形《主に米》(問題が)解決できない [≒insoluble].

in·sol·ven·cy /ìnsá(ː)lv(ə)nsi | -sɔ́l-/ 名 U,C〘法律〙支払い不能, 破産(状態).

in·sol·vent /ìnsá(ː)lv(ə)nt | -sɔ́l-/ 形〘法律〙支払い不能の, 破産した [≒bankrupt]: be declared *insolvent* 破産宣告される.

in·som·ni·a /ɪnsá(ː)mniə | -sɔ́m-/ 名 U 不眠症.

in·som·ni·ac /ɪnsá(ː)mniæ̀k | -sɔ́m-/ 名 C 不眠症の人.

in·so·much /ìnsəmʌ́tʃ/ 副 [次の成句で] **insomúch as ...** [接]《格式》...だから; ...のかぎりにおいて. **insomúch that ...** [接]《格式, 主に米》...するほど(までに).

in·sou·ci·ance /ɪnsúːsiəns/ 名 U《格式》むとんちゃく, のんき.

***in·spect** /ɪnspékt/ 動 (in·spects /-spékts/; -spect·ed /~ɪd/; -spect·ing) 他 ❶ (不備などがないか)(...)を**検査する,** 調べる (⇒ examine 類義語): *Inspect* the brakes closely. ブレーキを詳しく調べよ / The fire department should regularly *inspect* public buildings *for* any improper fire escapes. V+O+*for*+名 消防署は不備な火災避難装置がないか公共の建物を定期的に立ち入り検査すべきである.
❷ (...)を**視察する,** 検閲する; (軍隊を)閲兵する: The restaurant *was* carefully *inspected by* health officials. V+O の受身 レストランは保健所(員)の綿密な査察を受けた. (名 inspéction)
〘語源 ラテン語で「中を見る」の意; ⇒ prospect[1] キズナ〙

***in·spec·tion** /ɪnspékʃən/ 名 (~s /~z/) U,C **検査,** 点検; 視察, 検閲: 言い換え The government *carries out* [*makes, conducts*] *an inspection of* these factories once a year. (= The government inspects these factories once a year.) 政府はこれらの工場に1年に1度検査を行なっている.
on inspéction [副] 文修飾 調べたうえで, 調査の結果では: *on* closer *inspection* もっと綿密に調べてみると. (動 inspéct)

+**in·spec·tor** /ɪnspéktə | -tə/ 名 (~s /~z/) ❶ C (工場などの)**検査官[係]**; 視察官: a safety *inspector* 安全監視係 / a school *inspector* 視学官. ❷ C《米》警視(正),《英》警部(補): *Inspector* Jones ジョーンズ警視.

+**in·spi·ra·tion** /ìnspəréɪʃən/ 名 (~s /~z/) ❶ U イ

ンスピレーション, 創造的刺激, 霊感; 感動, 感激: divine *inspiration* 神から受ける霊感 / She provided [was] the ***inspiration for*** his music. 彼女が彼の作曲意欲をかきたてた / Artists often ***draw*** their ***inspiration from*** nature. 芸術家はしばしば自然からインスピレーションを受ける / Genius is one percent *inspiration* and ninety-nine percent perspiration. 天才とは1パーセントのひらめきと99パーセントの汗[努力]である《米国の発明家エジソン (Edison) のことば; inspiration と perspiration が韻を踏んでいる; ⇒ rhyme》/ divine *inspiration* 神から受ける霊感.

❷ Ⓒ [普通は単数形で] **刺激となるもの[人]**, 励ましとなるもの[人], 激励 (*for, behind*): Her courageous act is ***an inspiration to*** us all. 彼女の勇気ある行為は私たちの励みになる.

❸ Ⓒ,Ⓤ [普通は単数形で] (頭にひらめいた)**妙案**, すばらしい思いつき; 示唆: I had a sudden *inspiration*. 突然名案がひらめいた. (動 inspíre, 形 inspirátional)

in·spi·ra·tion·al /ìnspəréɪʃ(ə)nəl←/ 形 霊感を与える; 励ましとなる. (名 inspirátion)

+**in·spire** /ɪnspáɪə | -spáɪə/ 動 (in·spires /~z/; in·spired /~d/; in·spir·ing /-spáɪ(ə)rɪŋ/) 他

> 意味のチャート
> ラテン語で「息を吹き込む」の意 (⇒ in-², spirit 語源) → (感動を)「吹き込む」❸ →「奮い立たせる」❶

❶ (人)を**奮い立たせる**, 鼓舞する; (...)を激励して~させる [≒motivate]: His speech *inspired* all the boys. 彼の話は少年たちみんなを元気づけた / The teacher ***inspired*** us ***to*** work harder. V+O+C (to 不定詞) 先生に励まされて私たちはもっと一生懸命勉強しようという気になった《直接の激励のことばではなくて熱意・自信などをもたせることをいう》/ His mother's letter ***inspired*** him ***to*** greater efforts. V+O+to+名 母の手紙で彼はなおいっそうがんばった. ❷ (...)に(よい結果・作品などをもたらす)インスピレーション[創造的刺激]を与える: Poets *are* often *inspired by* beautiful scenery. 詩人は美しい景色によってしばしばインスピレーションを与えられる. ❸ (感動など)を(人に)吹き込む, 呼び起こす; (人)に(~を)吹き込む (*with*): *inspire* confidence *in* the students 生徒に自信をもたせる. ❹《格式》(息・空気など)を吸い込む. (名 inspirátion)

in·spired /ɪnspáɪəd | -spáɪəd/ 形 ❶ 見事な, すばらしい [⇔ uninspired]: an *inspired* guess 直感的だが正しい[勘のいい]推測. ❷ 影響を受けた; [合成語で] ...の影響下の, ...風の: politically *inspired* 政治的理由による / Arabian-*inspired* architecture アラビア風の建築.

in·spir·ing /ɪnspáɪ(ə)rɪŋ/ 形 奮い立たせるような, やる気を起こさせる, 励みとなる; 感動的な [⇔ uninspiring].

***in spíte of** ⇒ in spite of ... (spite 成句).

Inst. 略 = institute, institution.

in·sta·bil·i·ty /ìnstəbíləṭi/ 名 (-ities) Ⓤ,Ⓒ 不安定(性); (心の)不安定, 変わりやすさ.

In·sta·gram /ínstəgræ̀m/ 名 Ⓤ インスタグラム《ネット上で写真や動画を共有できるサービス・サイト; 商標》.

in·stall** /ɪnstɔ́:l/ 動 (in·stalls /~z/; in·stalled /~d/; -stall·ing) 他 ❶ (電気・水道設備など)を**取り付ける**, 設置する; 〔コンピュータ〕(ソフトウェア)をインストールする [⇔ uninstall]: have a new air conditioner *installed* 新しいエアコンを取り付けてもらう / A security camera has ***been installed in this house. V+O+前+名の受身 この家には防犯カメラが備え付けてある. ❷《格式》[しばしば受身で] (人)を就任させる (*in*); 任命する (*as*)《普通は就任[任命]式などの儀式を行なって》.

instáll onesèlf in [at] ... [動] 他 ...に席を占める; ...に落ち着く. (名 installátion)

+**in·stal·la·tion** /ìnstəléɪʃən/ 名 (~s /~z/) ❶ Ⓤ (設備・装置などの)**取り付け**, 据え付け; 〔コンピュータ〕インストール: the ***installation of*** computers ***in*** the office 事務所へのコンピューターの設置.

❷ Ⓒ **設備**, 装置: air-conditioning *installations* 空調設備. ❸ Ⓤ《格式》就任. ❹ Ⓒ (軍事)施設, 基地. ❺ Ⓒ〔芸術〕インスタレーション《物体・音・光などを用いる現代彫刻》. (動 instáll)

+**in·stall·ment**, 《英》**in·stal·ment** /ɪnstɔ́:lmənt/ 名 (-ments /-mənts/) Ⓒ (分割払いなどの) **1 回分**(の払込金); (連続番組・続き物などの)1回分; (分冊の)1回分 (*of*): pay for the new car ***in*** [***by***] ***installments*** 新車の代金を分割で払う / the fifth *installment* of a TV drama series 連続テレビドラマの第5回.

instállment plàn 名 [the ~]《米》分割払い方式 [《英》hire purchase]: buy a car *on the installment plan* 分割払いで車を買う.

****in·stance** /ínstəns/

— 名 (in·stanc·es /~ɪz/) ❶ Ⓒ **例**, 事例 (⇒ example 類義語): He ***cited*** several ***instances of*** cultural differences between the two nations. 彼は両国の文化の異なる例をいくつかあげた / I'll ***give*** you another ***instance***. もうひとつ別の例をあげましょう. ❷ Ⓒ 場合 (⇒ case¹ 類義語): *in* this *instance* この場合.

at ...'s ínstance = at the ínstance of ... [副]《格式》...の依頼[勧め]で.

for ínstance [副] つなぎ語 **たとえば** [≒for example]: The word 'fact', *for instance*, is derived from Latin. たとえば fact という語はラテン語に由来している.

in the fírst ínstance [副] つなぎ語《格式》第一に, まず.

— 動 他《格式》(...)を例にあげる.

〖⇒ distance キズナ〗

***in·stant** /ínstənt/ 形 ❶ [普通は 限定] [比較なし] **即時の**, すぐさまの: His new movie became an *instant* hit [success]. 彼の新しい映画はすぐにヒットした / She took an *instant* dislike to the restaurant. 彼女はそのレストランがすぐに嫌いになった / take *instant* action とっさの行動をとる. ❷ [普通は 限定] [比較なし] インスタントの, 即席の: *instant* coffee [noodles] インスタントコーヒー[ラーメン].

— 名 (in·stants /-stənts/) Ⓒ [普通は単数形で] **瞬間**, 即時 (⇒ moment 類義語): At the same *instant* the bell rang. それと同時にベルが鳴った.

for an ínstant [副] **ちょっとの間:** He hesitated *for an instant*. 彼は一瞬ためらった.

in an ínstant [副] **すぐに**, たちまち: He was back *in an instant*. 彼はすぐに帰ってきた.

the ínstant (that) ... [接] **...するとすぐに:** 言い換え *The instant* (*that*) the baby saw his mother, he stopped crying. (= As soon as the baby saw his mother, he stopped crying.) 赤ん坊は母親を見るとすぐに泣きやんだ.

thís ínstant [副] [普通は子供への命令文とともに] Ⓢ すぐに, たった今. (形 instantáneous)

〖語源 原義はラテン語で「すぐ近くに立っている」; ⇒ distance キズナ〗

in·stan·ta·ne·ous /ìnstəntéɪniəs←/ 形 瞬間の, 即座の: *instantaneous* death 即死. (名 ínstant)
～·**ly** 副 即座に.

+**in·stant·ly** /ínstəntli/ 副 **即座に**, 直(ただ)ちに: die [be killed] *instantly* 即死する.

ínstant méssage 名 C 〔コンピュータ〕 インスタントメッセージ《ネット上で即時に送られるメッセージ》.

ínstant méssaging /-mésɪʤɪŋ/ 名 U 〔コンピュータ〕 インスタントメッセージング《ネット上での即時の交信》.

ínstant réplay 名 C 《米》 (スポーツ中継などの)(スロー)ビデオ, 即時再生(画面) [《英》 action replay].

****in·stead** /ɪnstéd/
— 副 つなぎ語 [前言を受けて] **その代わりに**, そうしないで; それよりも: Last summer I went to Hawaii. This year I'm going to Florida *instead*. 去年の夏はハワイに行った. 今年はその代わりにフロリダへ行くつもりだ / Jimmy seldom goes out on Sunday. *Instead*, he watches TV all day long. ジミーは日曜日はほとんど外出せずに, 一日中テレビを見ている.
instéad of [前] **...の代わりに**, ...をしないで: Could you drive her home *instead of* me? 僕じゃなくて彼女を家まで車で送ってくれないか / walk up the stairs *instead of* using the elevator エレベータを使わないで階段を歩いて上がる.
〖語源 ⇒ in¹, stead〗

in·step /ínstèp/ 名 C 足の甲《⇒ leg 挿絵; back 名 3 最初の例》; 靴(下)の甲.

in·sti·gate /ínstɪgèɪt/ 動 他 ❶ 《格式》 (...)をそそのかす; 扇動する: *instigate* a strike ストライキを扇動する. ❷ 《格式》 (改革・調査・訴訟など)を開始する, 起こす.

in·sti·ga·tion /ìnstɪgéɪʃən/ 名 U 《格式》 そそのかし, 扇動; (調査などの)開始. **at ...'s instigátion = at the instigátion of ...** [副] 《格式》 ...にそそのかされて; ...の要請に応じて.

in·sti·ga·tor /ínstɪgèɪṭə | -tə/ 名 C 《格式》 扇動者 (*of*).

in·still, 《英》 **in·stil** /ɪnstíl/ 動 (in·stills, 《英》 in·stils; in·stilled; -still·ing, 《英》 -stil·ling) 他 (思想など)を徐々に教え込む, 吹き込む: The coach needs to *instill* pride *in* [*into*] the players. コーチは選手たちにプライドを吹き込む必要がある.

+**in·stinct** /ínstɪŋ(k)t/ アク 名 (in·stincts /-tɪŋ(k)ts/) ❶ U,C **本能**: the *instinct* of animals 動物の本能 / the *instinct* of self-defense 自衛本能 / an ***instinct for*** survival = an ***instinct to*** survive +to 不定詞 生存本能 / Fish swim ***by instinct***. 魚は本能で泳ぐ. ❷ U,C 天性, 生まれながらの才能: have an *instinct for* business 生まれながらの商才を持つ. ❸ U,C 直感, 勘. (形 instínctive)
〖語源 ラテン語で「刺激, 衝動」の意〗

+**in·stinc·tive** /ɪnstíŋ(k)tɪv/ アク 形 **本能的**な, 天性の; **直感的な**: an *instinctive* fear of fire 火への本能的な恐れ. (名 ínstinct)
～·**ly** 副 本能的に; 直感的に; 思わず, とっさに.

***in·sti·tute** /ínstət(j)ù:t | -tjù:t/ アク 名 (-sti·tutes /-t(j)ù:ts | -tjù:ts/) ❶ C **学会**, 協会: *Institute* of Education (イングランド・ウェールズの)教員養成協会 / the *Institute* of France フランス学士院.
❷ C **研究所**, 会館; (理工科系の)専門学校, 大学 (《略》 Inst.; ⇒ university 表); 《主に米》 (特定のテーマの)短期講習[研修]会: a research *institute* 研究所 / The Massachusetts *Institute* of Technology マサチューセッツ工科大学 (《略》 M.I.T.). 関連 institution 公共機関.
— 動 (-sti·tutes /-t(j)ù:ts | -tjù:ts/; -sti·tut·ed /-ṭɪd/; -sti·tut·ing /-ṭɪŋ/) 他 ❶ 《格式》 (...)を**設ける**, 制定する: The city authorities *instituted* new rules. 市当局は新しい規則を制定した. ❷ 《格式》 (調査・訴訟手続きなど)を開始する. (名 ìnstitútion)

***in·sti·tu·tion** /ìnstət(j)ú:ʃən | -tjú:-/ 名 (～s /～z/) ❶ C **施設**, **公共機関**, 公共機関の建物; 学会, 協会, 団体 (《略》 Inst.): a public *institution* 公共機関 (学校・病院など) / an educational *institution* 教育機関 / a financial *institution* 金融機関 / a training *institution* 養成所. 関連 institute 研究所. ❷ C 慣例, 制度, しきたり: the *institution of* marriage 結婚制度. ❸ C [普通は悪い意味で] (孤児・老人などの)収容施設; [遠回しに] 精神病院 (mental institution). ❹ U 設立, 創立; 制定; 開始 (*of*). ❺ [an ～] 《略式》 [こっけいに] おなじみの人[もの].
(動 ínstitùte, 形 ìnstitútional)

+**in·sti·tu·tion·al** /ìnstət(j)ú:ʃ(ə)nəl | -tjú:-←/ 形 ❶ [普通は 限定] **協会[学会]の**; 慈善団体の; 公共機関の, 会館の: an *institutional* investor 機関投資家. ❷ 収容施設の: in *institutional* care 収容施設に保護されて. ❸ [普通は 限定] 慣例[制度]上の; 日常的な.
(名 ìnstitútion, 動 ìnstitútionalìze)

in·sti·tu·tion·al·ize /ìnstət(j)ú:ʃ(ə)nəlàɪz | -tjú:-/ 動 他 ❶ (...)を(収容)施設[精神病院]に収容する. ❷ (...)を慣例[制度]化する.

in·sti·tu·tion·al·ized /ìnstət(j)ú:ʃ(ə)nəlàɪzd/ 形 ❶ 日常化した; 慣例[制度]化した: *institutionalized* racism 日常化した人種差別. ❷ (人が)施設の生活に慣れ過ぎた.

in-store /ínstɔ́ə | -stɔ́:/ 形 限定 大型店内の[にある].

+**in·struct** /ɪnstrʌ́kt/ 動 (in·structs /-strʌ́kts/; -struct·ed /～ɪd/; -struct·ing) 他 ❶ (...)に(～せよと)**指示する**, 指図する (*that*) (⇒ order 類義語): She ***instructed*** the girls ***to*** prepare for the play. V+O+C (to 不定詞) 彼女は劇の準備をしておくように少女たちに指示した / He ***instructed*** me ***on*** [*in*] the finer points of debating. V+O+on [in]+名 彼は私に議論の細かな点を指示してくれた / I installed the software ***as instructed***. 指示されたとおりにソフトをインストールした. ❷ 《格式》 (...)に(～を)教える, (体系的に)教授する (⇒ teach 表): Mr. Smith *instructs* our class *in* English. スミス先生は私たちのクラスに英語を教えてくださる. ❸ 《格式》 (人)に(...と)通知する, 知らせる (*that*). (名 instrúction, 形 instrúctive)
〖語源 ラテン語で「中に築く」の意; ⇒ structure キズナ〗

in·struc·tion** /ɪnstrʌ́kʃən/ 名 (～s /～z/) ❶ [複数形で] (器具などの)**使用説明**, **使用説明書**: an *instruction* manual 使用説明書 / ***follow the ***instructions for*** use 使用上の説明に従う / Read the ***instructions on*** how to use the vacuum cleaner. 掃除機の使用説明書を読んでください.
❷ C [普通は複数形で] **指示**, 命令: Always follow [obey] your teacher's *instructions*. いつも先生の指示に従うように / 言い換え The commander gave them *instructions* not ***to*** harm civilians. +to 不定詞 = The commander gave them ***instructions that*** they should not harm civilians. +that 節 司令官は民間人を傷つけないようにという命令を下した / We are ***under instructions to*** set out immediately. 私たちは直ちに

I

出発するようにとの指示を受けている.
❸ Ⓤ《格式》**教授, 教育**, 授業 [≒teaching]; 教え: religious *instruction* 宗教教育 / Mr. Smith gives us ***instruction in*** English every Monday. スミス先生は毎週月曜日に私たちに英語の授業を行なう. ❹ Ⓒ〔コンピュータ〕命令, インストラクション.
(動 instrúct, 形 instrúctive, instrúctional)

in·struc·tion·al /ɪnstrʌ́kʃ(ə)nəl/ 形 限定《格式》教授(上)の, 教育(上)の. (名 instrúction)

in·struc·tive /ɪnstrʌ́ktɪv/ 形 (物事が)教育的な, ためになる, 有益な: an *instructive* experience [TV program] ためになる経験[テレビ番組] / This book will be very *instructive for* you (*to* read). この本は(読むと)とてもためになるよ.
(動 instrúct, 名 instrúction)

+**in·struc·tor** /ɪnstrʌ́ktɚ | -tə/ 名 (~s /~z/) ❶ Ⓒ **インストラクター**, (技能・技術などの)指導者: a driving *instructor* 自動車教習所の教官. ❷ Ⓒ《米》(大学の)講師《助教 (assistant professor) の下; ⇒ professor 表》: an *instructor in* physics 物理の講師.

***in·stru·ment** /ínstrʊmənt/ ❗アク
— 名 (-stru·ments /-mənts/) ❶ Ⓒ (精密な)**器械, 道具**; (距離・速度・温度などの)測定器具, 計(測)器, 装置《⇒ tool 類義語》: medical *instruments* 医療器具 / optical *instruments* 光学機器.
❷ Ⓒ **楽器** (musical instrument): wind [stringed, percussion] *instruments* 管[弦, 打]楽器 / "What *instrument* do you play?" "I play the guitar."「あなたはどんな楽器をひきますか」「ギターです」 ❸ Ⓒ《格式》手段 [≒means]; 手先: a vital *instrument of* change 変革のための重要な手段. ❹ Ⓒ〔法律〕証書, 文書. (形 ìnstruméntal)
〘⇒ structure キズナ〙

+**in·stru·men·tal** /ìnstrʊméntl←/ 形 ❶ 叙述《格式》(...するのに)**役に立つ**, 貢献する: He was ***instrumental in*** introduc*ing* Japan to the West. +in+動名 彼は日本を西洋へ紹介するのに貢献した.
❷ **楽器の**; 器楽の: *instrumental* music 器楽曲. (名 ínstrument)
— 名 Ⓒ 器楽曲.

in·stru·men·tal·ist /ìnstrʊméntəlɪst/ 名 Ⓒ 器楽(演奏)家.

in·stru·men·ta·tion /ìnstrʊməntéɪʃən/ 名 ❶ Ⓤ〔音楽〕器楽の編成, 管弦楽法. ❷ Ⓤ (機械の制御のための)器具類《全体》.

ínstrument pànel 名 Ⓒ (飛行機などの)計器盤.

in·sub·or·di·nate /ìnsəbɔ́ɚdənət | -bɔ́ː-←/ 形《格式》(目上の人に対して)不従順な, 反抗的な (*to*).

in·sub·or·di·na·tion /ìnsəbɔ̀ɚdənéɪʃən | -bɔ̀ː-/ 名 Ⓤ《格式》不従順, 反抗.

in·sub·stan·tial /ìnsəbstǽnʃəl←/ 形 ❶《格式》もろい, 弱い; 不十分な. ❷《文語》実質[実体]のない; 非現実的な, 架空の.

in·suf·fer·a·ble /ɪnsʌ́f(ə)rəbl←/ 形 鼻もちならない, しゃくにさわる; 耐えがたい. **-a·bly** /-əbli/ 副 我慢のならないほど(に).

in·suf·fi·cien·cy /ìnsəfíʃənsi/ 名 [Ⓤ または an ~]《格式》不足, 不十分; 不適当 (*of*).

+**in·suf·fi·cient** /ìnsəfíʃənt←/ 形《格式》(権力・金・資源などが)**不十分な**, 不足している (*for*): The money was ***insufficient to*** pay everyone. +to 不定詞 全員に支払うには金が足りなかった.
~·ly 副 不十分に; 不適当に.

in·su·lar /íns(j)ʊlɚ, -ʃʊ- | -sjʊlə/ 形 ❶ [悪い意味で] 島国的な, 心の狭い. ❷《格式》島の(ような).

in·su·lar·i·ty /ìns(j)ʊlǽrəṭi, -ʃʊ- | -sjʊ-/ 名 Ⓤ [悪い意味で] 島国根性, 狭量.

in·su·late /ínsəlèɪt | -sjʊ-/ 動 他 ❶ (...)を絶縁[断熱, 防音]する (*from, against*). ❷ (...)を隔離する; (...)を(害などから)守る (*from, against*).

ínsulating tàpe /ínsəlèɪṭɪŋ- | -sjʊ-/ 名 Ⓤ 絶縁テープ.

in·su·la·tion /ìnsəléɪʃən | -sjʊ-/ 名 ❶ Ⓤ 絶縁, 断熱, 防音 (*from, against*); 断熱[防音]材; 絶縁体[材]. ❷ Ⓤ 隔離, 保護.

in·su·la·tor /ínsəlèɪṭɚ | -sjʊlèɪtə/ 名 Ⓒ 絶縁体[物, 材], 碍子(がいし); 断熱[防音]材[物].

in·su·lin /ínsəlɪn | -sjʊ-/ 名 Ⓤ〔医学〕インスリン《膵臓(すいぞう)ホルモンで糖尿病の特効薬》.

+**in·sult¹** /ɪnsʌ́lt/ ❗アク 名詞の insult² とアクセントが違う. 動 (in·sults /-sʌ́lts/; -sult·ed /~ɪd/; -sult·ing) 他 (...)を**侮辱**(ぶじょく)**する**, はずかしめる: *insult* ...'s intelligence 人を小ばかにする / I *felt insulted* by his speech. 私は彼の演説で侮辱されたと感じた / She ***insulted*** him ***by*** call*ing* him incompetent. V+O+by+動名 彼女は彼を無能だと言って侮辱した.
(名 ínsult²)

in·sult² /ínsʌlt/ ❗アク 動詞の insult¹ とアクセントが違う. 名 Ⓒ 侮辱, 無礼: The test was an *insult to* our intelligence. そのテストは私たちを小ばかにする(ほど易しい)ものだった. **ádd ínsult to ínjury** [動] 自 ひどい目にあわせたうえに侮辱を加える, 踏んだりけったりの目にあわせる. (動 insúlt¹)

in·sult·ing /ɪnsʌ́ltɪŋ/ 形 侮辱的な, 無礼な (*to*).

in·su·per·a·ble /ɪnsúːp(ə)rəbl←/ 形《格式》(困難・問題が)手に負えない, 克服できない.

in·sup·port·a·ble /ìnsəpɔ́ɚṭəbl | -pɔ́ː-←/ 形《格式》耐えられない, 我慢できない; 認められない.

in·sur·ance** /ɪnʃʊ́(ə)rəns | -ʃʊ́ər-/ 名 ❶ Ⓤ **保険**; 保険契約《⇒ assurance 3》: car [auto] *insurance* 自動車保険 / travel *insurance* 旅行保険 / have 10 million yen life *insurance* 1 千万円の生命保険に入っている / ***take out insurance 保険に入る / Do you have ***insurance against*** flood damage? あなたは洪水の損害保険をかけていますか / have ***insurance on*** [***for***] one's home 家屋に保険をかけている / You can claim (for) the cost of the stolen camera on your *insurance*. 盗難にあったカメラ代は保険請求できますよ.
❷ Ⓤ **保険金; 保険料**: receive *insurance* payments 保険金を受け取る / pay one's *insurance* 保険料を払う / The monthly ***insurance on*** my car is 5,000 yen. 私の車の保険料は月々 5 千円だ. ❸ Ⓤ 保険業. ❹ [Ⓤ または an ~] 保証; 予防手段, 安全策 (*against*). (動 insúre)

insúrance adjùster 名 Ⓒ《米》保険精算[査定]人 [《英》loss adjuster].

insúrance àgent 名 Ⓒ 保険代理人[店].

insúrance bròker 名 Ⓒ = insurance agent.

insúrance pòlicy 名 Ⓒ 保険証券[証書].

+**in·sure** /ɪnʃʊ́ɚ | -ʃʊ́ə, -ʃɔ́ː/ (同音 #ensure) 動 (in·sures /~z/; in·sured /~d/; in·sur·ing /-ʃʊ́(ə)rɪŋ/) 他 ❶ (...)に**保険をかける**; (保険業者が)(...)の保険を引き受ける: My father ***insured*** himself [his life] ***for*** $200,000. V+O+for+名 私の父は 20 万ドルの生命

保険をかけた / He *insured* his house *against* fire. V+O+against+名 彼は家に火災保険をかけた. ❷《主に米》= ensure. — 自 保険をかける; 備える: *insure against* natural disasters 自然災害に対して保険をかける. (名 insúrance)

in·sured /ɪnʃʊ́əd | -ʃɔ́əd/ 形 叙述 保険に入っている, 保険がかかっている (*against*); [the ~]〔法律〕被保険者《単数または複数名詞扱い; ⇒ the[1] 3 語法》.

+**in·sur·er** /ɪnʃʊ́(ə)rə | -ʃɔ́ərə/ 名 (~s /~z/) C **保険業者[会社]**.

in·sur·gen·cy /ɪnsə́ːʤənsi | -sə́ː-/ 名 U,C《格式》暴動, 反乱.

in·sur·gent /ɪnsə́ːʤənt | -sə́ː-/ 名 C [普通は複数形で]《格式》暴徒, 反乱者. — 形 [普通は 限定]《格式》反乱を起こした.

in·sur·mount·a·ble /ìnsəmáʊnṭəbl | -sə(ː)-←/ 形《格式》(問題などが)手に負えない, 克服できない.

in·sur·rec·tion /ìnsərékʃən/ 名 C,U《格式》反乱, 暴動 (*against*).

int. 略 = international, intransitive.

in·tact /ɪntǽkt/ 形 叙述 無傷の, 損なわれていない, (元のまま)完全な: remain *intact* 無傷のまま残る.

+**in·take** /íntèɪk/ ❗アク 名 (~s /~s/) ❶ U,C [普通は単数形で] (栄養などの)**摂取量**, 取り入れ(高): the *intake of* oxygen 酸素の吸入量 / a sharp *intake of* breath (驚きなどで)はっと息をのむこと / It is important to increase your daily 「*intake of* calcium [calcium *intake*]. 毎日のカルシウムの摂取量を増やすことが重要です. ❷ U,C [普通は単数形で] 採用人員, 募集人員; [《英》単数形でもときに複数扱い] 採用[募集]された人々 (*of*). ❸ C (液体[空気]の)取り入れ口, 吸入口.

in·tan·gi·ble /ìntǽnʤəbl←/ 形 ❶《格式》実体のない; ぼんやりとした; 説明[描写]しがたい. ❷〔商業〕(資産などが)無形の. — 名 C [普通は複数形で] 無形の資産.

in·te·ger /ínṭɪʤə | -ʤə/ 名 C〔数学〕整数.

in·te·gral /íntɪgrəl, ɪntég-/ 形 ❶ (完全体を成すのに)絶対必要な, 欠くことのできない: Computers are 「*integral to* [an *integral* part of] our daily life. コンピューターは私たちの日常生活に不可欠だ. ❷ [普通は 限定] 内蔵された, 組み込まれた.

íntegral cálculus 名 U〔数学〕積分学《⇒ differential calculus》.

****in·te·grate** /ínṭəgrèɪt/ ❗アク 動 (-te·grates /-grèɪts/; -te·grat·ed /-ṭɪd/; -te·grat·ing /-ṭɪŋ/) 他 ❶ [しばしば受身で] (部分)を(全体に)**統合[統一]する**, まとめる: This program *is integrated into* the curriculum. V+O+into+名の受身 このプログラムは教育課程に組み込まれている / *integrate* new technologies *with* existing ones 新しい技術を従来のものと統合する. ❷ [しばしば受身で] (...)を社会に融合させる《異なる人種・宗教・文化・階層などの人たちを》, 溶け込ませる, 包容する: Not all immigrants want to *be integrated into* British society. すべての移民が英国の社会に溶け込みたいと思っているわけではない. ❸《主に米》(学校など)の人種差別を廃止する [⇔ segregate].

— 自 ❶ 統合する, まとまる. ❷ 社会に融合する《異なる人種・宗教・文化・階層などの人たちが》, 溶け込む (*into, with*);《主に米》人種差別をやめる. (名 ìntegrátion)

in·te·grat·ed /ínṭəgrèɪṭɪd/ 形 統合された, 統一のとれた; (人種的・宗教的などの)差別をしない.

íntegrated círcuit 名 C〔電子工学〕集積回路《略 IC》.

+**in·te·gra·tion** /ìnṭəgréɪʃən/ 名 ❶ U **統合**, 統一, まとめ: the *integration of* theory *and* [*with*] practice 理論と実践の統合. ❷ U (社会的な)融合《異なる人種・宗教・文化・階層などの人たちの》, 溶け込むこと: *integration* of blacks *into* a white community 黒人たちの白人社会への融合. (動 íntegràte)

+**in·teg·ri·ty** /ɪntégrəṭi/ 名 ❶ U **高潔**, 誠実 [≒ honesty]: a person of *integrity* 高潔な人, 信念のある人. ❷ U《格式》完全(な状態), 無傷 (*of*).

in·tel·lect /ínṭəlèkt/ ❗アク 名 ❶ U,C 知性, 知力: a person of brilliant *intellect* すばらしい知性を備えた人 / human *intellect* 人間の知性. ❷ C 知識人, 識者. (形 ìntelléctual)

〖語源 原義はラテン語で「(多くのものの)中から選び出す(能力)」; intelligent と同語源; ⇒ elect キズナ〗

****in·tel·lec·tu·al** /ìnṭəléktʃuəl, -tʃʊl←/ ❗アク 形 (学識が高く)**知的な**, 知力の《⇒ intelligent 類義語》; 知性の高い, 理知的な: *intellectual* development 知的発達 / Her interests are mainly *intellectual*. 彼女の興味は主として知的なものだ. (名 íntellèct)

— 名 C 知識人, インテリ.

in·tel·lec·tu·al·ly /ìnṭəléktʃuəli, -tʃʊli/ 副 知的に; 知性の点で(は).

intelléctual próperty 名 U〔法律〕知的財産.

****in·tel·li·gence** /ɪntéləʤəns/ ❗アク 名 ❶ U **知能**, 理解力, 聡明(そうめい)さ; 知恵: a child of high *intelligence* 知能の高い子供 / a robot with a high degree of *intelligence* 高度の知能を持ったロボット / She had the *intelligence to* see through their scheme. +to 不定詞 彼女には彼らのたくらみを見抜く知恵があった. ❷ U (軍事などの機密)情報(収集); 通報. ❸ U [ときに I-] [《英》単数形でもときに複数扱い] 情報部; 情報[諜報(ちょうほう)]機関《⇒ Central Intelligence Agency》. (形 intélligent)

intélligence quòtient 名 C〔心理〕知能指数《略 IQ》.

intélligence tèst 名 C 知能テスト.

****in·tel·li·gent** /ɪntéləʤənt/ ❗アク 形 ❶ (人が)**知能の高い**, 理知的な, (頭の回転が速く)聡明(そうめい)な; 利口な《⇒ 類義語》: a highly *intelligent* girl [animal] とても利口な少女[動物] / No *intelligent* person drinks and drives. 聡明な人は飲酒運転はしない. ❷ (発言などが)気のきいた. ❸ (機械などが)状況に応じた判断ができる; (コンピューターなどが)情報処理能力のある. (名 intélligence)

> 類義語 **intelligent** 知能が優れており, 物事を処理する能力が高い. **bright** 頭脳の明晰, 話し方や態度などのすばらしさを強調する. 特に子供や若者に用いる. **brilliant** 並はずれて頭脳が優れている. **wise** 知識や経験が豊富で優れた判断力を持っていること. **clever** 頭の働きがよくて器用なこと. しばしばずる賢いことも意味する. **intellectual** 学識・教養の高いこと. 子供や動物には用いない.

〖語源 intellect と同語源〗

in·tel·li·gent·ly /ɪntéləʤəntli/ 副 聡明に; 利口に; 賢く.

in·tel·li·gen·tsi·a /ɪntèləʤéntsiə, -gén-/ 名 [the ~; 単数または複数扱い] 知識階級, インテリ層《全体》.

in·tel·li·gi·bil·i·ty /ɪntèləʤəbíləṭi/ 名 U 理解できること; わかりやすさ.

in·tel·li·gi·ble /ɪntéləʤəbl/ 形 (ことば・文章などが)理解できる, わかりやすい, 明瞭(めいりょう)な [⇔ unintelligible]: This sign is scarcely *intelligible to* anyone. この標示はほとんどだれにもわからない. **-gi·bly** /-ʤəbli/ 副 わかりやすく, 明瞭に.

In·tel·sat /íntelsæ̀t/ 名 固 インテルサット《国際電気通信衛星機構》; C インテルサット通信衛星.

in·tem·per·ance /ìntémp(ə)rəns/ 名 U《格式》節度のなさ, 過激; 放縦; 飲酒癖, 暴飲.

in·tem·per·ate /ìntémp(ə)rət⁻/ 形《格式》(言動などが)節度のない, 過激な; 大酒を飲む, 暴飲の.

*__in·tend__ /ɪnténd/ 動 (in·tends /-téndz/; -tend·ed /~ɪd/; -tend·ing) 他 ❶ **...しようと思う, ...するつもりである;** (人)に...させるつもりである; [しばしば否定文で] (...)を意図する《⇒ mean¹ 類義語》: What do you *intend to* do now? V+O (to 不定詞) 今(度)は何をするつもりですか 多用. 語法《略式》では be going to do または plan to do と言うのが普通 // 言い換え I *intend* her *to* go. V+O+C (to 不定詞) =《主に米》I *intend for* her *to* go. V+for+名+to 不定詞 =《格式》I *intend that* she (should) go. V+O (that 節) 私は彼女に行ってもらうつもりだ / We *intend* stay*ing* here a little while. V+O (動名)《英》私たちはしばらくここにいるつもりだ / *It is intended that* the new rules will apply from April 1. V+O (that 節)の受身 新しい規則は4月1日から適用される予定だ / I *intend* (you) no harm.《格式》(あなたに対し)何の悪意もありません.

❷ [しばしば受身で] (物・人)を(ある目的に)**向けるつもりである;** (...)を(~のつもりで)言う[する, 作る]: This book *is intended for* you. V+O+for+名の受身 この本はあなたに差し上げたい[読んでもらいたい] / This music *is intended for* the ceremony. この曲はその式典のために書かれたものだ / This *was intended to* be a picture of a zebra. V+O+C (to 不定詞)の受身 これはしまうま(の絵)のつもりで描いた(んだけど) / That *was intended as* a joke. V+O+C (as+名)の受身 あれは冗談のつもりだった. (名 inténtion)

〖語源 ラテン語で「(注意などを)...の方へ向ける」の意; ⇒ tend¹ キズナ〗

in·tend·ed /ɪnténdɪd/ 形 ❶ 限定 意図した, 計画的な, 故意の: the *intended* target 意図した標的. ❷ 叙述 ...向けの, ...のための; ...に適した: books *intended for* children 子供向けの本.

*__in·tense__ /ɪnténs/ 形 (in·tens·er, more ~; in·tens·est, most ~) ❶ **強烈な,** 激しい, 猛烈な: *intense* pain [heat] 激しい痛み[暑さ] / The pressure was *intense*. プレッシャーは強烈だった.

❷ (感情・行動などが)**激しい,** 熱烈な; [悪い意味で] (人が)感情的な, しつこい: *intense* concentration すごい集中力 / She is an *intense* young lady. 彼女は感情の激しい女性だ. ❸ 真剣な, 熱心な.

(名 inténsity, 動 inténsify)

~·ly 副 強烈に, 激しく, 熱烈に.

in·ten·si·fi·ca·tion /ɪntènsəfɪkéɪʃən/ 名 U または an ~] 強めること, 強化, 激化.

in·ten·si·fi·er /ɪnténsəfàɪɚ | -fàɪə/ 名 C〔文法〕強意語《形容詞・副詞・動詞の意味を強める語; very, quite, rather など》.

+__in·ten·si·fy__ /ɪnténsəfàɪ/ 動 (-si·fies; -si·fied; -fy·ing) 他 (...)を**強める,** 強烈にする: Her parents' opposition only *intensified* her love for Bill. 両親の反対はビルに対する彼女の愛情を強めただけだった.

— 自 **強くなる,** 激しくなる: The storm *intensified* during the night. 夜の間に嵐がひどくなった. (形 inténse)

+__in·ten·si·ty__ /ɪnténsəṭi/ 名 U **強烈さ,** 激しさ, 強さ: the *intensity of* the heat 暑さの厳しいこと, 激しい暑さ. (形 inténse)

+__in·ten·sive__ /ɪnténsɪv/ 形 **集中的な,** 集約的な [⇔ extensive]; 徹底的な: *intensive* reading 精読 / *intensive* agriculture [farming] 集約農業 / The investigation was *intensive* and thorough. 調査は集中的で徹底したものだった.

inténsive cáre 名 U (重症患者に対する)集中治療: in *intensive care* 集中治療室に入って.

inténsive cáre ùnit 名 C 集中治療室《略 ICU》.

in·ten·sive·ly /ɪnténsɪvli/ 副 集中[集約]的に.

+__in·tent¹__ /ɪntént/ 形 ❶ 叙述 (...しようと)**熱心で,** 一生懸命...しようとして: Mr. Hill is *intent on* (win*ning*) reelection. +on+名・動名 ヒル氏は再選をめざして懸命だ.

❷ 叙述 (...に)**熱中して,** 一生懸命で: He was too *intent on* his video game to notice anything else. +on+名 彼はテレビゲームに夢中になっていてほかのことには何も気がつかなかった. ❸ 熱心な, 真剣な: an *intent* look 真剣な表情.

in·tent² /ɪntént/ 名 U《格式》目的, 意図;〔法律〕(悪い)たくらみ, 犯意: be loitering with *intent* よからぬ目的でうろついている. **to [《米》for] áll inténts and púrposes** [副] 文修飾 実際上, 事実上, どの点から見ても. **with intént to** dó [副]〔法律〕(悪いことを)する意図で, ...する目的で.

+__in·ten·tion__ /ɪnténʃən/ 名 (~s /~z/) C,U **意図,** 意思, 意向; 目的 [≒purpose]: Good deeds are better than good *intentions*. 善行は善意に勝る / He ***has no*** [***every***] ***intention of*** go*ing* abroad. 彼は外国へ行く意思はない[大いにある] / The minister stated his ***intention to*** step down. +to 不定詞 大臣は辞任の意向を表明した / She studied English very hard ***with the intention of*** go*ing* to America. 彼女はアメリカへ行くつもりで英語を熱心に勉強した / with good *intentions* 善意で, 誠意を持って. (動 inténd, 形 inténtional)

+__in·ten·tion·al__ /ɪnténʃ(ə)nəl/ 形 (悪い事が)**故意の,** 計画的な, 意図的な [≒deliberate] [⇔ unintentional, accidental]: *intentional* interference 故意の妨害 / His mistake was *intentional*. 彼のミスは意図的なものであった. (名 inténtion)

+__in·ten·tion·al·ly__ /ɪnténʃ(ə)nəli/ 副 **わざと,** 故意に.

in·tent·ly /ɪnténtli/ 副 熱心に, 一心[一途]に.

in·ter /ɪntə́ː | -tə́ː/ 動 (-ter·ring /-ṭə́ːrɪŋ | -tə́ːr-/) 他 [普通は受身で]《格式》(...)を埋葬する [⇔ disinter]: It is not certain where Mozart's remains *were interred*. V+O の受身 モーツァルトの遺体がどこに埋葬されたかは定かではない.

in·ter- /ínṭɚ | -tə/ 接頭「間, 中, 相互」の意: *inter*collegiate 大学間の / *inter*national 国際的な.

+__in·ter·act__ /ìnṭərǽkt | -tə(r)ǽkt/ 動 (-ter·acts /-ǽkts/; -act·ed /~ɪd/; -act·ing) 自 ❶ (人が)**ふれあう,** 交流する, 協力しあう: The teacher wanted her students to *interact* (*with* each other) in class. 先生は生徒に授業中やりとりをしてほしかった. ❷ 相互に作用する, 互いに影響し合う (*with*).

〖⇒ act キズナ〗

+__in·ter·ac·tion__ /ìnṭərǽkʃən | -tə(r)ǽk-/ 名 (~s /~z/) ❶ U,C **相互作用,** 相互の影響 (*of*): the ***interaction between*** supply and demand 需要と供給の相互作

用. ❷ [U,C] やりとり, 交流, 協力 (*with, between, among*).

in·ter·ac·tive /ìntəǽktɪv | -tə(r)ǽk-/ [形] ❶〘コンピュータ〙対話式の, 双方向性の《プログラムなどがユーザーのインプットに答える形式をさす》. ❷ 交流[協力]しあう (*with*).

ínteractive whíteboard [名] [C] 電子黒板.

in·ter a·li·a /ìntəéɪliə | -tə(r)éɪ-/ ≪ラテン語から≫ [副]《格式》とりわけ (among other things).

in·ter·breed /ìntəbríːd | -tə-/ [動] (-ter·breeds; -ter·bred /-bréd/; -breed·ing) [自] (動植物が)異種交配する (*with*). — [他] (...)を(〜と)異種交配させる (*with*).

in·ter·cede /ìntəsíːd | -tə-/ [動] [自]《格式》仲裁する, とりなす (*between*); 嘆願する: Would you *intercede with* the minister *for* [*on behalf of*] my brother? 私の弟のことを大臣に嘆願して頂けませんか.

in·ter·cept /ìntəsépt | -tə-/ [動] [他] ❶ (...)を途中で捕らえる[奪う], 横取りする; (通信)を傍受する. ❷ (...)をさえぎる, 妨害する; 迎撃する. ❸〘スポーツ〙(...)をインターセプトする.

in·ter·cep·tion /ìntəsépʃən | -tə-/ [名] ❶ [U,C] 途中で捕らえる[奪う]こと, 横取り; (通信の)傍受. ❷ [U,C] 妨害; 迎撃. ❸ [U,C]〘スポーツ〙インターセプト.

in·ter·cep·tor /ìntəséptə | -təséptə/ [名] [C]〘軍隊〙迎撃機; 迎撃ミサイル.

in·ter·ces·sion /ìntəséʃən | -tə-/ [名] [U]《格式》仲裁, 調停, とりなし; 嘆願 (*with*); [U,C] (人のためにする)嘆願[とりなし]の祈り.

in·ter·change[1] /íntətʃèɪndʒ | -tə-/ [!アク] [名] ❶ [U,C] (情報・意見などの)交換, やりとり (*of*): cultural *interchange between* Japan and China 日中文化交流. ❷ [C] (高速道路の)立体交差, インターチェンジ.

in·ter·change[2] /ìntətʃéɪndʒ | -tə-/ [!アク] [動] [他] ❶ (情報・意見など)を交換する. ❷ (...)を(〜と)取り替える, 入れ替える (*with*).

in·ter·change·a·ble /ìntətʃéɪndʒəbl | -tə-/ [形] 交換できる, 取り替えがきく: These lenses are *interchangeable with* one another. これらのレンズはお互いに交換して使える. **-a·bly** /-əbli/ [副] 互いに交換して, 区別なく.

in·ter·cit·y /ìntəsíṭi | -tə-/ [形] [普通は [限定]] (高速交通機関が)都市間の.

in·ter·col·le·gi·ate /ìntəkəlíːdʒ(i)ət | -tə-/ [形] [限定]《主に米》大学間の, 大学対抗の.

in·ter·com /íntəkɑ̀(ː)m | -təkɔ̀m/ [名] [C] (社内・機内などの)内部通話装置, インターホン: speak *over* [*on*] the *intercom* インターホンで話す.

in·ter·com·mu·ni·ca·tion /ìntəkəmjùːnəkéɪʃən | -tə-/ [名] [U] 相互の通信; 相互連絡.

in·ter·con·nect /ìntəkənékt | -tə-/ [動] [他] (...)を(〜と)相互に関連づける (*with*). — [自] 相互に関連がある; 互いにつながる (*with*).

in·ter·con·ti·nen·tal /ìntəkɑ̀(ː)nṭənénṭl | -təkɔ̀n-/ [形] [普通は [限定]] 大陸間の, 大陸をつなぐ.

intercontinéntal ballístic míssile [名] [C] 大陸間弾道弾 (《略》ICBM).

+**in·ter·course** /íntəkɔ̀əs | -təkɔ̀ːs/ [名] ❶ [U]《格式》**性交**, 性交渉 (*with, between*): AIDS may be transmitted through [by] *intercourse*, but not by a handshake. エイズは性交によってうつることはあるが, 握手でうつることはない. ❷ [U]《格式》(個人間などの)交流; 関係. [語法] 今は 1 の意味のほうが普通なので, 人間関係に用いるときは要注意.

in·ter·cul·tur·al /ìnṭəkʌ́ltʃ(ə)rəl-/ [形] 異文化間の.

in·ter·de·pen·dence /ìnṭədɪpéndəns | -tə-/ [名] [U,C] 相互依存, 持ちつ持たれつ (*of*).

in·ter·de·pen·dent /ìnṭədɪpéndənt | -tə-/ [形] 互いに依存する, 助け合う.

in·ter·dict /íntədìkt | -tə-/ [名] ❶ [C]〘法律〙(裁判所による)禁止(命令), 禁制. ❷ [C]〘カトリック〙聖務禁止.

in·ter·dis·ci·pli·nar·y /ìnṭədísəplɪnèri | -tədísəplɪnəri-/ [形] 学際的な, 2 分野(以上)にわたる.

*****in·ter·est** /íntrəst, -ṭərèst/ [!アク]

— [名] (-ter·ests /-trəsts, -ṭərèsts/)

> 意味のチャート
> ラテン語で「間に (⇒ inter-) ある」の意から「かかわりを持つ」
> →「興味・関心」❶, ❷ →「興味の対象」❸
> →「利害関係」❻ →「利益」❺ → (元金からの利益) →「利息」❹

❶ [[U] または an 〜] **興味**, **関心** (を抱くこと): There has been *a* strong *interest in* the future of self-driving cars. 自動運転車の将来に強い関心が寄せられている / I ***have*** no ***interest in*** painting. 私は絵には興味がない / My son began to ***take an interest in*** English. 私の息子は英語に興味を持ち始めた / ***show*** [***express***] (an) ***interest in*** ... ...に興味を示す / ***lose interest in*** ... ...に興味をなくす / ***arouse*** [***attract***] (...'s) ***interest*** (人の)興味をかき立てる[引く] / I heard his story ***with*** great ***interest***. 私は彼の話を大変興味深く聞いた.

❷ [U] (物事が)**興味深いこと**, おもしろみ (⇒ human interest): places of *interest* 名所 / It is a matter of great [no] ***interest to*** me. それは私にとって大変興味のある[何の興味もない]ことだ.

❸ [C] [普通は複数形で] **興味の対象**, 関心事, 趣味: One of my main *interests* at present is tennis. 私が今主に関心を持っていることの 1 つはテニスだ / outside *interests* 仕事外の関心事.

❹ [U]〘経済〙**利息**, 利子, 金利: simple [compound] *interest* 単[複]利 / pay two-percent ***interest on*** the loan その借金に 2% の利子を払う / repay the money ***with interest*** 金に利息をつけて返す. [関連] principal 元金.

❺ [[U] または複数形で] **利益**, (...の)ため: protect the national *interest* 国益を守る / in the public [general] *interest* 公共の(利益の)ために / It is ***in*** your own ***interest*** to go. 行くほうがあなた自身のためですよ / I have your (best) *interests* at heart. 君のことは心底気にかけている.

❻ [C] **利害関係**, 関与; [しばしば複数形で] 利権, (会社などの)株 (*in*): ***have*** an ***interest in*** ... ...に関与している // ⇒ vested interest. ❼ [C] [普通は複数形で]〘経済〙同業者, ...グループ.

as a mátter of ínterest [副] Ⓢ = (just) out of interest.

in the ínterest(s) of ... [前] ...の(利益の)ために.

(júst) òut of ínterest [副] Ⓢ 興味があって伺いますが.

with ínterest [副] (1) **興味を持って** (⇒ 1). (2)〘経済〙利息をつけて (⇒ 4). (3)《略式》さらにひどく, おまけをつけて.

— [動] (-ter·ests /-trəsts, -ṭərèsts/; -est·ed /〜ɪd/;

-est·ing) ㊀ (人)に**興味を起こさせる**; (人)に関心を持たせる: [言い換え] Chinese history *interests* us very much. (= Chinese history is very interesting to us.) 中国史に私たちは大変興味を持っている / We *were* very much *interested by* her lecture. [V+O の受身] 私たちは彼女の講演に大いに興味を覚えた《⇒ interested》/ May [Could] I *interest* you *in* this new model? [V+O+in+名] Ⓢ こちらの新製品はいかがでしょうか《♥ 勧める際などの丁寧な表現》.

ínterest onesèlf in ... [動] ㊀《格式》...に興味を持つ; ...に利害関係を持つ.

It may [might] ínterest you to knów [léarn] that ... Ⓢ 実は...なんですよ.

*****in·ter·est·ed** /íntrəstɪd, -ṭərèst-/

— 形 ❶ **興味を持った** [⇔ uninterested, bored]; (...)したい, (...が)欲しい: [言い換え] He is very *interested in* gardening. [+in+名] (= He has a great interest in gardening.) 彼はガーデニングに非常に興味を持っている / What kind of sports are you *interested in*? どんなスポーツに興味がありますか / I'm *interested in* study*ing* Chinese history. [+in+動名] 私は中国史を勉強してみたい / I'm really *interested to* know why. [+to 不定詞]《略式》理由をぜひ知りたい. [語法] 不定詞が続くのは know, hear, see, learn などの知覚・認識を表わす動詞の場合が多い // with a very *interested* look とても興味深そうな顔つきで《⇒ very[1] [語法] (2)》/ an *interested* listener おもしろそうに聞いている人 / *Interested* persons are requested to call. 興味[関心]のある方は電話してください. ❷ [限定] 利害関係を持つ; 関係している; 私心のある (*in*) [⇔ disinterested]: *interested* parties 利害関係を持つ人たち.

in·ter·est-free /íntrəstfríː, -ṭərèst-ˊ/ 形 (融資などが)無利子の.

ínterest gròup 名 Ⓒ 利益集団, 圧力団体.

*****in·ter·est·ing** /íntrəstɪŋ, -ṭərèst-/ [!アク]

— 形 **興味深い**, **おもしろい** [⇔ dull, uninteresting, boring]: an *interesting* idea おもしろい考え / The story is very *interesting to* us. [+to+名] その話は私たちには大変興味深い /「*It is* [I *find it*] very *interesting to* listen to him. 彼の話を聞くのはとてもおもしろい / ***It is interesting that*** the rumor has [should have] spread so quickly. そのうわさがそんなに速く広まったとはおもしろい / The class wasn't very *interesting*. 授業はあまりおもしろくなかった《♥ boring のような直接的な表現を避けて not very interesting と言うことも多い》.

interesting (興味や関心をそそる)	おもしろい
amusing (楽しませるような)	
entertaining (芸や演劇・演奏などで人を楽しませる)	
funny (おかしくて笑わせる)	
exciting (刺激・スリルに富む)	

in·ter·est·ing·ly /íntrəstɪŋli, -ṭərèst-/ 副 ❶ [文修飾] おもしろいことに:「*Interestingly* (*enough*) [Most *interestingly*], the piper led the rats out of town to a river. おもしろいことに, 笛吹き男はねずみを町から川へと連れ出した. ❷ 興味深く.

ínterest ràte 名 Ⓒ 利率 (rate of interest).

+**in·ter·face** /íntəfèɪs | -tə-/ 名 (-fac·es /~ɪz/) ❶ Ⓒ〔コンピュータ〕**インターフェース**《人とコンピューターの接点》; 接続器, インターフェース《2 つの装置を連動させるもの》. ❷ Ⓒ《格式》(異なるものどうしの)接点, 共通部分[領域] (*between*); 境界面, 接触面.

— 動 (-fac·es /~ɪz/; -faced /~t/; -fac·ing) ㊀〔コンピュータ〕(...)をインターフェースで連動させる (*with*). — ㊁〔コンピュータ〕インターフェースで連動する (*with*).

+**in·ter·fere** /ìnṭəfíə | -təfíə/ [!アク] 動 (-ter·feres /~z/; -ter·fered /~d/; -ter·fer·ing /-fí(ə)rɪŋ/) ㊁ ❶ **干渉する**, **口出しをする**, **介入する**: He is always *interfering in* other people's affairs. [V+in+名] 彼はいつも他人のことに口出しをする《⇒ be[2] A 1 (3)》. ❷ **じゃまをする**, 妨げる; (機器などに勝手に)さわる, 変更する; (テレビ・ラジオの)画像[音声]を乱す: Don't *interfere with* my studying. [V+with+名] 勉強のじゃまをしないでよ. (名 ìnterférence)

+**in·ter·fer·ence** /ìnṭəfí(ə)rəns | -tə-/ [!発音] 名 ❶ Ⓤ **干渉**, **口出し**, **介入**: His *interference in* our business cost us a lot of time. 彼の口出しで我々の仕事は大変な時間的損失をこうむった. ❷ Ⓤ (電波などの)干渉; (ラジオ・コンピューターの)混信; 受信障害. ❸ Ⓤ《主に米》〔スポーツ〕妨害行為, インターフェア.

rún interférence [動] ㊁ ❶《米》〔アメフト〕(味方を守るため)敵を阻止する. ❷《米》(事前に)問題をうまく処理する (*for*). (動 ìnterfére)

in·ter·fer·on /ìnṭəfí(ə)rɑ(ː)n | -təfíərɔn/ 名 Ⓤ〔生化学〕インターフェロン《ウイルス増殖抑制因子》.

+**in·ter·im** /ínṭərɪm/ 形 [限定] **当座の**, **暫定的な**, 仮の, 臨時の: an *interim* report 中間報告.

— 名 [次の成句で] **in the ínterim** [副] その間に.

***in·te·ri·or** /ɪntí(ə)riə | -riə/ [!発音] 名 (~s /~z/) ❶ Ⓒ [普通は単数形で] **内部**, 内側; 室内, 内装 [⇔ exterior]: the *interior of* the house 家の内部. ❷ [the ~] 内地, 奥地 (*of*). ❸ [the ~] 内政, 内務: the Department of *the Interior*《米》内務省《⇒ department 表》.

— 形 ❶ [限定] [比較なし] **内部の**, 内側の; 室内の, 内装の [⇔ exterior]: the *interior* surface 内面. ❷ [限定] 内地の, 奥地の. ❸ [限定] 内政の, 内務の. ❹ [限定] 心の中の, 内面的な, 内心の.

intérior desígn [decorátion] 名 Ⓤ 室内装飾, インテリアデザイン.

intérior desígner [décorator] 名 Ⓒ 室内装飾家[業者], インテリアデザイナー.

in·ter·ject /ìnṭəʤékt | -tə-/ 動 ㊀《格式》(ことば)を不意に差し挟む, (...)と不意に言う. — ㊁《格式》不意にことばを差し挟む.

in·ter·jec·tion /ìnṭəʤékʃən | -tə-/ 名 ❶ Ⓒ〔文法〕感嘆詞, 間投詞《⇒ **巻末文法** 1.3 (8)》. ❷ [U,C]《格式》不意にことばを差し挟むこと; 差し挟まれたことば.

in·ter·lace /ìnṭəléɪs | -tə-/ 動 ㊀ (ひもなど)をより合わせる, 絡み合わせる; 組み合わせる (*with*). — ㊁ (...と)絡み合う, 組み合わさる (*with*).

in·ter·link /ìnṭəlíŋk/ 動 ㊀ (...)を(~と)結びつける, 連結する (*with*). — ㊁ (...と)結びつく (*with*).

in·ter·lock /ìnṭəlɑ́(ː)k | -təlɔ́k/ 動 ㊀ (...)を(~と)連結させる, 組み合わせる; 連動させる (*with*). — ㊁ (...と)連結する, 組み合う; 連動する (*with*).

in·ter·loc·u·tor /ìnṭəlá(ː)kjʊṭə | -təlɔ́kjʊtə/ 名 C 《格式》対話者, 対談者, 会話の相手.

in·ter·lop·er /ínṭəlòupə | ìntəlóupə/ 名 C でしゃばり, おせっかい, じゃま者.

in·ter·lude /ínṭəlùːd | -tə-/ 名 ❶ C 間の(休みの)時期, 小休止; 合間の出来事; 短期間の恋愛: an *interlude* of peace *between* wars 戦争の間の平和な時期. ❷ C 幕あい; 幕あいの演芸[音楽]. ❸ C 〘音楽〙間奏曲. 関連 prelude 前兆, 序幕, 前奏曲.

in·ter·mar·riage /ìnṭəmǽrɪdʒ | -tə-/ 名 ❶ U,C 異なる人種[種族, 階級]間の結婚, 国際結婚 (*between*). ❷ U,C 近親[血族]結婚 (*between*).

in·ter·mar·ry /ìnṭəmǽri | -tə-/ 動 (-mar·ries; -mar·ried; -ry·ing) 自 ❶ (異種族などが)結婚によって交わる, (民族・宗教などの異なる者と)結婚する (*with*). ❷ 近親[血族]結婚をする (*with*).

in·ter·me·di·ar·y /ìnṭəmíːdièri | -təmíːdiəri⁻/ 名 (-ar·ies) C 仲介者, 仲裁人 (*between*); 媒介(の手段). — 形 限定 仲介の; 中間の.

+**in·ter·me·di·ate** /ìnṭəmíːdiət | -tə-⁻/ 形 限定 **中間の** (*between*); 中級(用)の: an *intermediate* stage 中間段階 / the *intermediate* course 中級コース[課程]. — 名 C 中級(学習)者.
〚⇒ medium キズナ〛

íntermediate schòol 名 ❶ C 《米》中学校 (junior high school). ❷ C 《米》4 年生から 6 年生までの小学校.

in·ter·ment /ɪntə́ːmənt | -tə́ː-/ 名 C,U 《格式》埋葬, 土葬.

in·ter·mez·zo /ìnṭəmétsou | -tə/ ≪イタリア語から≫ 名 (~s, in·ter·mez·zi) C 〘音楽〙間奏曲.

in·ter·mi·na·ble /ɪntə́ːmənəbl | -tə́ː-⁻/ 形 [軽蔑的] 果てしなく続く, だらだらとした; 長たらしい. **-na·bly** /-nəbli/ 副 果てしなく, だらだらと.

in·ter·min·gle /ìnṭəmíŋgl | -tə-/ 動 他 (...)を(~と)混ぜ合わせる (*with*). — 自 混ざり合う (*with*).

in·ter·mis·sion /ìnṭəmíʃən | -tə-/ 名 C,U 《主に米》(芝居などの)幕あい, 休憩時間 [《英》interval].

in·ter·mit·tent /ìnṭəmítənt, -tnt | -tə-⁻/ 形 時々とぎれる, 断続的な: Tomorrow will be cloudy with *intermittent* rain. あすは曇り時々雨でしょう《天気予報》. **~·ly** 副 断続的に.

in·ter·mix /ìnṭəmíks | -tə-/ 動 他 (...)を(~と)混ぜ合わせる (*with*). — 自 混ざり合う (*with*).

+**in·tern**[1] /íntəːn | -təːn/ 名 (~s /~z/) C 《米》**医学研修生** [《英》houseman]; 実習生, インターン.

in·tern[2] /íntəːn, ɪntə́ːn | ɪntə́ːn/ 動 他 (捕虜など)を(一定の区域内に)拘禁する, 抑留する (*in*).

*__in·ter·nal__ /ìntə́ːn(ə)l | -tə́ː-⁻/ 形 ❶ [普通は 限定] **国内の**, 内政の [⇔ external]: *internal* political troubles 国内政治の紛糾.
❷ [普通は 限定] **内部の**; 〘医学〙体内の, (薬が)内服の [⇔ external]: *internal* bleeding 内出血 / *internal* organs 内臓, 臓器. ❸ [普通は 限定] 内心の, 内面的な.

in·tér·nal-com·bús·tion ègine /ɪntə́ːn(ə)lkəmbʌ́stʃən- | -tə́ː-/ 名 C 内燃機関.

in·ter·nal·ize /ɪntə́ːnəlàɪz | -tə́ː-/ 動 他 〘心理〙(学習・経験を通して) (文化・価値観・思想など)を吸収する, 習得する; 内在化する.

in·ter·nal·ly /ɪntə́ːnəli | -tə́ː-/ 副 ❶ 内部は, 内面的に(は); 国内で; 内部で[から]. ❷ (薬を)内服で.

intérnal médicine 名 U 《米》内科学.

Intérnal Révenue Sèrvice 名 [the ~] 《米》国税庁《略 IRS》.

***__in·ter·na·tion·al__ /ìnṭənǽʃ(ə)nəl | -tə-⁻/ !アク
— 形 **国際的な, 国家間の**, 国際上の《略 int.》: an *international* call 国際電話 / an *international* agreement 国際協定. 関連 national 国内的な.
(動 internátionalìze)
— 名 C 《英》国際競技会; 国際競技会出場者.

ínternational dáte lìne 名 [しばしば I- D- L-; the ~] 日付変更線《ほぼ東西 180 度の子午線に沿った線》(date line): A traveler crossing *the international date line* westward loses a day; a traveler crossing it eastward gains a day. 日付変更線を越えて西へ旅行する者は 1 日損をし, 東へ旅行する者は 1 日得をする.

in·ter·na·tion·al·is·m /ìnṭənǽʃ(ə)nəlìzm | -tə-/ 名 U 国際(協調)主義; 国際性.

in·ter·na·tion·al·i·za·tion /ìnṭənæ̀ʃ(ə)nəlɪzéɪʃən | -tənæ̀ʃ(ə)nəlaɪz-/ 名 U 国際化; 国際管理下におくこと.

in·ter·na·tion·al·ize /ìnṭənǽʃ(ə)nəlàɪz | -tə-/ 動 他 (規模などにおいて)(...)を国際的にする, 国際化する; 国際管理下におく. (形 internátional)

in·ter·na·tion·al·ly /ìnṭənǽʃ(ə)nəli | -tə-/ 副 ❶ 国際的に, 国家間で: *internationally* protected birds 国際保護鳥. ❷ 国際上, 国際的に見て.

Ínternational Mónetary Fùnd 名 [the ~] 国際通貨基金《国連機関; 略 IMF》.

Internátional Phonétic Álphabet 名 [the ~] 国際音声字母《日本で一般に使われている発音記号; 略 IPA》.

internátional relátions 名 複 国際関係(論).

in·ter·ne·cine /ìnṭəníːsiːn, -nés- | -tə́níːsaɪn⁻/ 形 限定 《格式》(争いなどが)同一集団[国, 組織]内の, 内部的な.

***__In·ter·net, in·ter·net__ /ínṭənèt | -tə-/ !アク
— 名 [the ~] 〘コンピュータ〙**インターネット**: I got this information *on the Internet*. インターネットでこの情報を得た.

Ínternet bànking 名 U (銀行の)インターネット取引, インターネットバンキング [≒online banking].

Internet café /-́ kæfèɪ | -kæfeɪ/ 名 C インターネットカフェ [≒cybercafé].

In·ter·net·ese /ìnṭənetíːz | -tə-/ 名 U [軽蔑的] ネット俗語, インターネットスラング.

Ínternet sérvice provìder 名 C インターネットサービスプロバイダー《接続業者; 略 ISP》.

in·ter·nist /íntəːnɪst | -təː-/ 名 C 《米》内科医, 一般開業医.

in·tern·ment /ɪntə́ːnmənt | -tə́ːn-/ 名 U 抑留, 収容: an *internment* camp 抑留キャンプ.

in·tern·ship /íntəːnʃɪp | -təːn-/ 名 C 医学研修生[実習生]の地位[身分, 期間], インターンシップ.

in·ter·of·fice /ìnṭəɔ́ːfɪs, -á(ː)f- | -təɔ́f-⁻/ 形 限定 《主に米》会社[組織]内の.

in·ter·pen·e·trate /ìnṭəpénətrèɪt | -tə-/ 動 他 《格式》(...)に浸透する, しみ込む. — 自 《格式》互いに浸透し合う.

in·ter·per·son·al /ìnṭəpə́ːs(ə)nəl | -təpə́ː-⁻/ 形 個人間の; 対人[人間]関係の.

in·ter·plan·e·tar·y /ìnṭɚplǽnətèri | ìntəplǽnətəri/ 形 限定 惑星間の.

in·ter·play /íntɚplèɪ | -tə-/ 名 U 相互作用, 相互影響; 交錯 (*of, between*).

In·ter·pol /íntɚpoul | -pɔl/ 名 [単数形で] 国際刑事警察機構《*Inter*national Criminal *Pol*ice Organization の短縮形》.

in·ter·po·late /ɪntə́ːpəlèɪt | -tə́ː-/ 動 他 (語句など)を書き入れる (*into*); (人の話に)(ことば)を差し挟む.

in·ter·pose /ìnṭɚpóuz | -tə-/ 動 他 ❶《格式》(...)を間に置く[入れる] (*between*). ❷《格式》(異議·意見など)を差し挟む.

***in·ter·pret** /ɪntə́ːprɪt | -tə́ː-/ アク 動 (-ter·prets /-prɪts/; -pret·ed /-ṭɪd/; -pret·ing /-ṭɪŋ/) 自 **通訳する: Would you *interpret for* me? V+*for*+名 通訳をしていただけませんか.
— 他 ❶ (...)を**解釈する**, 判断する [≒understand]; 説明する [≒explain]: I cannot *interpret* these results. これらの実験結果は私には説明できない / You may ***interpret*** her smile ***as*** consent. V+O+C (*as*+名) 彼女がにっこりすれば承知したのだと理解してよい.
❷ (...)を**通訳する: His speech ***was interpreted into*** French. V+O+*into*+名の受身 彼の演説はフランス語に通訳された. 関連 translate 翻訳する. ❸ (自分の解釈によって)(...)を演出[演奏]する: Meg *interpreted* the role of the heroine wonderfully. メグは主人公の役を見事に演じた. (名 intèrpretátion, 形 intérpretàtive)
〖語源 原義はラテン語で「二者の仲介をする」〗

+**in·ter·pre·ta·tion** /ɪntə̀ːprətéɪʃən | -tə̀ː-/ アク 名 (~s /~z/) ❶ C,U **解釈**, 説明; (夢などの)判断: a strict [liberal] *interpretation* of the law 法律の厳格な[柔軟な]解釈 / That's only yóur [hís] *interpretátion*. それはあなた[彼]の解釈にすぎません / It's ***open*** [***subject***] ***to interpretation***. いろいろな解釈の余地がある. ❷ C,U (ある解釈による)演奏, 演技, 演出. (動 intérpret)

in·ter·pre·ta·tive /ɪntə́ːprətèɪṭɪv | -tə́ː-/ 形 解釈(用)の, 説明(用)の, 説明的な. (動 intérpret)

+**in·ter·pret·er** /ɪntə́ːprɪṭɚ | -tə́ːprɪtə/ アク 名 (~s /~z/) ❶ C **通訳(者)**: a simultaneous *interpreter* 同時通訳者 / Speaking ***through an interpreter***, she said she was pleased to visit the country. 通訳を介して彼女はその国への訪問を喜んでいると述べた. ❷ C 解釈[解説]者. ❸ C〔コンピュータ〕インタープリタ, 解釈プログラム.

in·ter·ra·cial /ìnṭɚréɪʃəl | -tə-ˊ/ 形 異人種間の.

in·ter·reg·num /ìnṭɚrégnəm | -tə-/ 名 (複 ~s, in·ter·reg·na /-nə/) C [普通は単数形で]《格式》(国王などの)空位期間; (政治の)空白期間.

in·ter·re·lat·ed /ìnṭɚrɪléɪṭɪd | -tə-ˊ/ 形 相互に関係した: *interrelated* categories 関連部門.

in·ter·re·la·tion(ship) /ìnṭɚrɪléɪʃən(ʃɪp) | -tə-/ 名 U,C 相互関係.

in·ter·ro·gate /ɪntérəgèɪt/ 動 他 (人)に尋問する, 取り調べる.

+**in·ter·ro·ga·tion** /ɪntèrəgéɪʃən/ 名 (~s /~z/) U,C **尋問**, 取り調べ; 疑問.

in·ter·rog·a·tive /ìnṭərɑ́(ː)gəṭɪv | -rɔ́g-ˊ/ 形 ❶〔文法〕疑問の: an *interrogative* sentence 疑問文. ❷《格式》疑問を抱いた, 不審そうな. — 名 ❶ [the ~]〔文法〕疑問文《⇒ **巻末文法** 1.5 (2)》. ❷ C〔文法〕疑問詞《⇒ **巻末文法** 1.5 (2) ②》.

in·ter·ro·ga·tor /ɪntérəgèɪṭɚ | -tə/ 名 C 尋問者.

+**in·ter·rupt** /ìnṭərʌ́pt/ アク 動 (-ter·rupts /-rʌ́pts/; -rupt·ed /~ɪd/; -rupt·ing) 他 ❶ (...)の**じゃまをする**《⇒ prevent 類義語》; (人)の話に口を挟む: ***interrupt*** a lecture ***with*** chatter V+O+*with*+名 おしゃべりをして講義のじゃまをする / I'm sorry to *interrupt* you, but there's a phone call for you. お話し中恐れ入りますが, お電話です / May I *interrupt* you? ちょっとよろしいですか《仕事中などの人に話しかけるとき》.
❷ (...)を**中断する**; とぎれさせる: We *interrupt* our program for a special announcement. ここで番組を中断して特別のお知らせを申し上げます / The flow of traffic ***was interrupted by*** an accident. V+O の受身 事故で車の流れが中断された. ❸ (視野など)をさえぎる.
— 自 **じゃまする**: Excuse me for *interrupting*. お仕事[お話]中おじゃましてすみません. (名 interrúption)
〖語源 原義はラテン語で「間を破る」; ⇒ bankrupt キズナ〗

+**in·ter·rup·tion** /ìnṭərʌ́pʃən/ 名 (~s /~z/) C,U **中断**(期間); 妨害; 不通: the *interruption* of traffic flow 車の流れの途絶 / *without interruption* とぎれることなく. (動 interrúpt)

in·ter·scho·las·tic /ìnṭɚskəlǽstɪk | -tə-ˊ/ 形 限定 (中学·高校で)学校間の, 学校対抗の.

in·ter·sect /ìnṭɚsékt | -tə-/ 動 他 [普通は受身で] (...)を横切る; (...)と交差する. — 自 (線などが)交わる, 交差する (*with*).

+**in·ter·sec·tion** /ìnṭɚsékʃən | -tə-/ 名 (~s /~z/) ❶ C (道路の)**交差点** [≒crossroads]: *at an intersection* 交差点で. ❷ U 交差, 横断.

in·ter·sperse /ìnṭɚspə́ːs | -təspə́ːs/ 動 他 [普通は受身で] (...)をまき散らす, ちりばめる, (挿絵など)を所々に入れる[挟む]; (場所·期間など)に(...を)ちりばめる, 点在させる; (冗談などを交えて)(...)に変化を添える (*with*).

in·ter·state /ìnṭɚstéɪt | -tə-ˊ/ 形 限定《米》各州間の, 州際の; 各州連合の: an *interstate* highway 州間高速道路. — 名 C《米》州間高速道路.

in·ter·stel·lar /ìnṭɚstélɚ | -təstélə ˊ/ 形 限定 星と星の間の, 恒星間の.

in·ter·stice /ɪntə́ːstɪs | -tə́ː-/ 名 C [普通は複数形で]《格式》すき間, 割れ目 (*between, in, of*).

in·ter·twine /ìnṭɚtwáɪn | -tə-/ 動 他 (...)を(~と)絡み合わせる, より合わせる (*with*). — 自 絡み合う (*with*).

in·ter·twined /ìnṭɚtwáɪnd | -tə-ˊ/ 形 絡み合った, より合わせた.

in·ter·val** /íntɚv(ə)l | -tə-/ アク 名 (~s/~z/) ❶ C (時間の)**間隔**, 隔たり, 合間 (*between*): ***at daily [weekly] ***intervals*** 毎日[毎週] / There was an ***interval of*** two hours till the next train. 次の列車までに 2 時間の合間があった / Buses leave *at* five-minute *intervals*. バスは 5 分間隔で出ている / There were sunny [bright] *intervals* in the morning, but it rained all afternoon. 午前中は時々晴れ間があったが午後はずっと雨だった.
❷ C (場所の)**間隔**, 隔たり, すき間; 距離: The seeds were planted ⌈***at intervals of*** three inches [***at*** three-inch ***intervals***]. 種は 3 インチの間隔で植えられた. ❸ C《英》(芝居などの)幕あい, 休憩時間 [《米》intermission]. ❹ C〔音楽〕音程.
at íntervals [副] 時折; とびとびに.
at régular íntervals [副] 一定の時間[間隔]をおいて.
〖語源 原義はラテン語で「柵(さく)の間の距離」; ⇒ inter-,

wall 語源】

+**in·ter·vene** /ìnṭəví:n | -tə-/ 動 (-ter·venes /~z/; -ter·vened /~d/; -ter·ven·ing) 自 ❶ **仲裁する**, とりなす; **介入する**, 干渉する: The governor *intervened* 「*between* the two of them [*in* the dispute]. 知事が二者[その争議]の仲裁をした. ❷ 間に入る, 介在する; じゃまに入る: if nothing *intervenes* もし何もじゃまが入らなければ. ❸ (時間が2つの出来事の間に)経過する (*between*). (名 intervéntion)

in·ter·ven·ing /ìnṭəví:nɪŋ | -tə-⁻/ 形 限定 間にある[挟まれた], その間の.

*****in·ter·ven·tion** /ìnṭəvénʃən | -tə-/ 名 (~s /~z/) C,U **仲裁**, 調停; **介入**, 干渉: We oppose military *intervention in* this dispute. この紛争への軍事介入には反対だ. (動 intervéne)
〔⇒ event キズナ〕

in·ter·ven·tion·is·m /ìnṭəvénʃənìzm | -tə-/ 名 U (自国の経済・他国の内政への)干渉主義.

in·ter·ven·tion·ist /ìnṭəvénʃ(ə)nɪst | -tə-/ 形 干渉主義の, 干渉主義的な. ― 名 C 干渉主義者.

**in·ter·view /ínṭəvjù: | -tə-/ ❗アク

― 名 (~s /~z/) ❶ C **面接**, 面接試験; 面談, 懇談: He had a personal *interview with* the principal. 彼は校長先生と個人面談をした / "When is your *interview for* the job?" "It's on October 6th." 「就職の面接はいつですか」「10月6日です」

❷ C (新聞記者などの)**インタビュー**, 取材訪問: The minister *gave* an *interview to* the reporters. 大臣は記者のインタビューに応じた.

― 動 (-ter·views /~z/; -ter·viewed /~d/; -view·ing) 他 ❶ (...)と**面接する**, (受験者・応募者)に面接試験をする: He *was interviewed for* the job. V+O+*for*+名の受身 彼はその仕事の面接を受けた. ❷ (...)にインタビューする, 取材訪問をする: Our reporter *interviewed* the candidates *about* their policies. わが社の記者は候補者たちに政策についてインタビューした / The President refused to *be interviewed*. 大統領は会見を断わった.

― 自 《米》 面接(試験)を受ける (*for*; *with*, *at*).

in·ter·view·ee /ìnṭəvju:í: | -tə-/ 名 C 面接される人, (就職の)面接受験者; インタビューされる人.

in·ter·view·er /ínṭəvjù:ə | -təvjù:ə/ 名 C 面接官, 会見者; 訪問記者; インタビューする人.

in·ter·war /ìnṭəwɔ́ə | -təwɔ́:⁻/ 形 限定 両(世界)大戦間の.

in·ter·weave /ìnṭəwí:v | -tə-/ 動 (-ter·weaves; 過去 -ter·wove /-wóʊv/; 過分 -ter·wo·ven /-wóʊv(ə)n/; -ter·weav·ing) 他 [普通は受身で] ❶ (...)を絡み合わせる, (密接に)関連させる (*with*). ❷ (...)を織り交ぜる, 編み合わせる (*with*).

in·ter·wo·ven /ìnṭəwóʊv(ə)n | -tə-⁻/ 動 interweave の過去分詞.

in·tes·tate /ɪntésteɪt, -tət/ 形 〔法律〕 遺言書を残さない: die *intestate* 遺言を残さずに死ぬ.

in·tes·ti·nal /ìntéstən(ə)l/ 形 腸の.
intéstinal fórtitude [名] 《米》 不屈の精神.

in·tes·tine /ɪntéstɪn/ 名 C [普通は複数形で] 腸 [≒ bowels]: the large [small] *intestine* 大[小]腸. 関連 stomach 胃.

in-thing /ínθɪŋ/ 名 [次の成句で] **be the ín-thíng** [動] 自 《略式》 今とてもはやっている.

in·ti·ma·cy /ínṭəməsi/ 名 (-ma·cies) ❶ U 親密, 親しい間柄 (*between*). ❷ C [普通は複数形で] 親密な言動《抱擁やキスなど》. ❸ U (部屋などの)くつろげる雰囲気. ❹ U 《格式》 [遠回しに] 肉体関係 (*with*, *between*). (形 íntimate[1])

+**in·ti·mate[1]** /ínṭəmət/ ❗発音 動詞の intimate[2] と発音が違う. 形 ❶ (場所・集まりが)**気が許せる**, くつろげる, こぢんまりした: an *intimate* atmosphere 打ち解けた雰囲気.
❷ **親密な**, 懇意な (*with*): an *intimate* friend 親しい友人. 語法 5の意味にとられる恐れがあるので, a close [good] friend のほうがよい // be ***on intimate terms with*** ... ...と親密な間柄である. ❸ 限定 (知識などが)詳しい, 深い. ❹ 限定 内心の; 個人的な; 内密の; 心の底からの. ❺ 《格式》 性的な; [遠回しに] (男女が)深い仲の, 性的関係にある (*with*). ❻ (関連などが)密接な, 深い. (名 íntimacy)
― 名 C 《格式》 親友 (⇒ 形 2 語法).

in·ti·mate[2] /ínṭəmèɪt/ ✪ 形容詞の intimate[1] と発音が違う. 動 他 《格式》 (...)を[と]ほのめかす, 遠回しに言う (*to*; *that*).

in·ti·mate·ly /ínṭəmətli/ 副 ❶ 密接に; 詳しく. ❷ 親しく; 心から (⇒ intimate[1] 形 2 語法).

in·ti·ma·tion /ìnṭəméɪʃən/ 名 U,C 《格式》 ほのめかし, 示唆, 暗示 (*of*).

+**in·tim·i·date** /ɪntímədèɪt/ 動 (-i·dates /-dèɪts/; -i·dat·ed /-ṭɪd/; -i·dat·ing) 他 (...)を**脅す**, 脅して...させる; おじけづかせる: The robbers *intimidated* the bank clerks *into* silence [keep*ing* quiet]. V+O+*into*+名[動名] 強盗は銀行員を脅して黙らせた. (名 intìmidátion)

in·tim·i·dat·ed /ɪntímədèɪṭɪd/ 形 叙述 おじけづいて, びくびくして; 自信をなくして.

in·tim·i·dat·ing /ɪntímədèɪṭɪŋ/ 形 人をおじけづかせる, おびえさせるような, 畏縮させるような.

in·tim·i·da·tion /ɪntìmədéɪʃən/ 名 U 脅し, 脅迫. (動 intímidàte)

***in·to /(子音の前では) ìnṭʊ, -ṭə, (母音の前では) -ṭu, (文の終わりでは) -tu:/

― 前

単語のエッセンス
1) ...の中へ ❶
2) ...に(変わる, なる) ❷

❶ (外から)...**の中へ**, ...**の中に**, ...の内部へ [⇔ out of] (⇒ onto 挿絵, 項目 out of 挿絵): Come *into* my room. 私の部屋に入りなさい / The frog jumped *into* the pond. かえるは池の中へ飛び込んだ / Alice looked *into* the box. アリスはその箱の中をのぞき込んだ / Throw it *into* the fire. それを火の中へ投げ込んで.

語法 into と in to の区別に注意. 次の2つの文を比較: They went *into* the dining room. 彼らは食堂に入っていった / They went *in to* dinner. 彼らは食事をしに中に入った.

❷ [変化・推移・行為の結果を示して] ...に(変わる), ...に(なる); ...**の状態に**(なる[する]); (...するよう)に(なる[する]): The rain turned *into* snow. 雨が雪になった / Put this sentence *into* Japanese. この文を日本語に訳しなさい / Flour is made *into* bread. 小麦粉でパンを作る / The glass broke *into* pieces. コップは粉々に割れた / She broke *into* laughter. 彼女は急に笑いだした / He scared the boys *into* obey*ing* him. 彼は少年たちを脅

I

して自分に従わせた. ❸ [接触・衝突を示して] ...に(ぶつかって): His car crashed *into* a big tree. 彼の車は大木にぶつかった. ❹ [方向を示して] ...(の内部)に向かって: Speak *into* the microphone. マイクに向かって話してください / Don't look *into* the sun. 太陽を見つめてはいけない / The committee looked *into* the matter. 委員会はその問題を調査した. ❺ [時間の経過を示して] ...(になる)まで: (well) *into* old [middle] age 老齢[中年]に(なってかなりに)なるまで / It rained (far) *into* the night. 雨は夜(遅く)まで降った. ❻ Ⓢ (割り算で)...を割って: 言い換え Two *into* six is three. = If you divide two *into* six, you get three. 6 割る 2 は 3 (⇒ divide 動 他 4). ❼ Ⓢ ...にのめり込んで, ...にはまって: He's really *into* jazz. 彼はジャズにすっかり夢中だ. ❽ 《米略式》...に(ある金額を)借りて: I'm *into* her *for* ten dollars. 私は彼女に 10 ドルの借りがある.

in·tol·er·a·ble /ɪntá(ː)lərəbl | -tɔ́l-ˊ/ 形 耐えがたい, 我慢できない. **-a·bly** /-əbli/ 副 耐えがたいほど.

in·tol·er·ance /ìntá(ː)lərəns | -tɔ́l-/ 名 ❶ Ⓤ (異説などを)認めないこと, 偏狭, 不寛容. ❷ Ⓤ,Ⓒ (食物・薬などに対する)不耐性, 過敏性.

in·tol·er·ant /ɪntá(ː)lərənt | -tɔ́l-ˊ/ 形 ❶ (異説などを)認めない, 偏狭な, 不寛容な. ❷ (食物・薬などを)受けつけない, 過敏な (*of*).

in·to·na·tion /ìnṭənéɪʃən/ 名 Ⓤ,Ⓒ 〔音声〕 イントネーション, (声の)抑揚, 音調 (⇒ **つづり字と発音解説 92**).

in·tone /ɪntóʊn/ 動 他 《格式》 (祈りなど)を唱える, 平板に[重々しく]言う.

in to·to /ɪntóʊtoʊ/ ≪ラテン語から≫ 副 《格式》 全体として; 完全に [≒totally].

in·tox·i·cant /ɪntá(ː)ksɪk(ə)nt | -tɔ́k-/ 名 Ⓒ 《格式》 酔わせるもの; アルコール飲料.

in·tox·i·cated /ɪntá(ː)ksɪkèɪṭɪd | -tɔ́k-/ 形 ❶ 《格式》 酔っ払った [⇔ sober]. ❷ (...で)有頂天になった, 夢中になった (*by, with*).

in·tox·i·cat·ing /ɪntá(ː)ksɪkèɪṭɪŋ | -tɔ́k-/ 形 ❶ 《格式》 (飲み物が)酔わせる. ❷ 有頂天[夢中]にさせる.

in·tox·i·ca·tion /ɪntà(ː)ksɪkéɪʃən | -tɔ̀k-/ 名 Ⓤ 《格式》 酔い, 酩酊(めいてい); 心酔, 興奮.

in·tra- /ìntrə/ 接頭 「... 内 (部) の」 の 意 [⇔ extra-]: *intra*mural 学内だけの / *intra*venous 静脈内の.

in·trac·ta·ble /ìntrǽktəblˊ/ 形 ❶ 《格式》 (問題などが)処理しにくい; (病気が)治療しにくい. ❷ 《格式》 (人・性格が)御しにくい, 手に負えない, 強情な.

in·tra·mu·ral /ìntrəmjó(ə)rəlˊ/ 形 《米》 (行事などが)学内だけの; 学内対抗の [⇔ extramural].

intra·net /íntrənèt/ 名 Ⓒ 〔コンピュータ〕 イントラネット (組織[企業]内のコンピューターネットワーク).

in·tran·si·gence /ɪntrǽnsəʤəns/ 名 Ⓤ 《格式》 妥協しないこと, 頑固.

in·tran·si·gent /ɪntrǽnsəʤənt/ 形 《格式》 (人・態度が)妥協しない, 頑固な [≒stubborn].

in·tran·si·tive /ìntrǽnsəṭɪvˊ/ 形 〔文法〕 自動詞の (略 i., int.). — 名 Ⓒ = intransitive verb.

intránsitive vérb 名 Ⓒ 〔文法〕 自動詞 (略 v.i.; ⇒ **巻末文法 4 (1)**).

in·tra·state /ìntrəstéɪtˊ/ 形 《米》 州内の.

in·tra·ú·ter·ine devíce /ìntrəjúːṭərɪn- | -ràɪn-/ 名 Ⓒ 子宮内避妊器具 (略 IUD).

in·tra·ve·nous /ìntrəvíːnəsˊ/ 形 〔医学〕 静脈内の: an *intravenous* injection 静脈注射. **~·ly** 副 静脈内に.

in-tray /íntrèɪ/ 名 Ⓒ 《英》 = in-box 1 (⇒ out-tray).

in·trep·id /ɪntrépɪd/ 形 《格式》 [しばしばこっけいに] 勇猛な, 大胆(不敵)な.

in·tri·ca·cy /íntrɪkəsi/ 名 (-ca·cies) ❶ [the intricacies] 詳細, 細部 (*of*). ❷ Ⓤ 複雑さ.

in·tri·cate /íntrɪkət/ 形 (話・模様・機械などが)込み入った, 入り組んだ, 複雑な; わかりにくい (⇒ complex[1] 類義語): an *intricate* story 込み入った話. **~·ly** 副 入り組んで, 複雑に.

+**in·trigue**[1] /ɪntríːg/ 動 (in·trigues /~z/; in·trigued /~d/; -trigu·ing) 他 (人)の**好奇心[興味]をそそる** (*with*). — 自 《文語》 陰謀を企てる (*against*).

in·trigue[2] /íntriːg, ɪntríːg/ 名 Ⓒ,Ⓤ 陰謀, はかりごと (*against*): political *intrigue* 政治的陰謀.

+**in·trigu·ing** /ɪntríːgɪŋ/ 形 **興味をそそる**, きわめておもしろい: I found the idea *intriguing*. その考えは興味深いと思った. **~·ly** 副 興味深く.

in·trin·sic /ìntrínzɪk, -sɪkˊ/ 形 (性質・価値などが)本来備わっている, 固有の, 本質的な [⇔ extrinsic] (*to*): *intrinsic* value 本来の価値. **-trin·si·cal·ly** /-kəli/ 副 本質的に; 本来.

in·tro /íntroʊ/ 名 (~s) Ⓒ 《略式》 = introduction 2, 3, 4.

in·tro- /íntrə/ 接頭 「中へ[に], 内部へ[に]」 の意: *intro*spection 内省.

******in·tro·duce*** /ìntrəd(j)úːs | -djúːs/

— 動 (-tro·duc·es /~ɪz/; -tro·duced /~t/; -tro·duc·ing) 他

意味のチャート
ラテン語で「中へ導き入れる」の意から
→(人・物事を持ち込む)
→「(人を)紹介する」❶
→「(物事を)取り入れる」❷
→(指導して入れる)→「手引きをする」❸

❶ (人)を紹介する, (...)を(~に)引き合わせる: 「Let me [Allow me to] *introduce* my friend Fred King *to* you. V+O+*to*+名 私の友人のフレッド キングさんを紹介いたします / May [Can] I *introduce* Jack Smith *to* you? ジャック スミスさんをご紹介いたします (人を紹介するときの改まった言い方) / I *introduced* two of my friends (*to* each other) at the party. 私はパーティーで二人の友人を引き合わせた / Have you two been *introduced*? お二人はもうお互いに紹介がお済みですか / Anne, I'd like to *introduce* Paul Brown. Paul, this is Anne Kennedy. アンさん, ポール ブラウンさんを紹介します. ポールさん, こちらがアン ケネディーさんです.
参考 普通は女性に向かって男性を, 目上の人に向かって目下の人を先に紹介するのが礼儀 // Please 「let me [allow me to] ***introduce myself***. (= May I *introduce myself*?) My name is John Smith. 自己紹介をさせていただきます. 私はジョン スミスです.

❷ (...)を**取り入れる, 導入する**, 持ち込む: Modern science has ***introduced*** a lot of new words ***into*** English. V+O+*into*+名 近代科学は多くの新語を英語に導入した / Tobacco *was introduced into* Europe *from* America during the 16th century. V+O+*into*+名+*from*+名の受身 たばこは 16 世紀にアメリカからヨーロッパへ伝えられた. ❸ (学問・技術などを)(人)に手引きする, (人)に初めて教える[経験をさせる]: Kent *introduced* me *to* chess. ケントが私にチェスの手ほどきをしてくれた. ❹ (テレビ・ラジオ番組など)の司会[進行役]

をする; (話・文章・演奏など)を開始する; (話題など)を持ち込む: Don't *introduce* personal matters *into* our discussion. 我々の議論に個人的なことを持ち込んではならない. ❺ (議案など)を提出する: *introduce* a bill *to* [*before*] Congress 議案を議会に提出する. ❻《格式》(...)を差し込む, 入れる (*into*).
(名 introdúction)

単語のキズナ DUCE／導く＝lead

introduce	(中へ導き入れる)	→	**紹介する**
produce	(前へ導き出す)	→	**作り出す**
reduce	(後ろへ引き戻す)	→	**少なくする**
induce	(中に導き入れる)	→	**誘い込む**
seduce	(わきへ外れさせる)	→	**誘惑する**
educate	(能力を導き出す)	→	**教育する**

in·tro·duc·tion** /ìntrədʌ́kʃən/ 名 (~s /~z/) ❶ U **導入**, 採用, 取り入れること; C (外国などから新しく)**取り入れられたもの**; (動植物の)外来種: the ***introduction of Christianity *into* [*to*] Japan キリスト教の日本伝来 / We object to the *introduction of* nuclear weapons *into* Japan. 私たちは日本への核兵器持ち込みに反対する.
❷ C,U [しばしば複数形で] (お互いどうしの)**紹介**, 引き合わせ (*to*); C 紹介状: a letter of *introduction* 紹介状 / The next speaker ***needs*** no ***introduction***. 次の講演者は(有名なので)紹介するまでもないでしょう / Thank you (very much) for your kind *introduction*. ご紹介にあずかりましてありがとうございます.
❸ C **序論**, 序説, 序文; [しばしば I-] 入門書, 案内書; (...に対する)初めての経験 (*to*): An *Introduction to* Chemistry 『化学入門』《書名》. ❹ C 〔音楽〕序奏, イントロ. (動 introdúce, 形 introdúctory)

in·tro·duc·to·ry /ìntrədʌ́ktəri, -tri←/ 形 [普通は 限定] 紹介の, 前置きの, 序文の; 入門の; 導入(時)の: an *introductory* offer (新製品などの)割引き特別提供. (名 introdúction)

in·tro·spec·tion /ìntrəspékʃən/ 名 U 内省, 自己反省.

in·tro·spec·tive /ìntrəspéktɪv←/ 形 内省的な; 自己反省の.

in·tro·vert /íntrəvə̀ːt | -vɜ̀ːt/ 名 C 〔心理〕内向性の人, 内省的な人 [⇔ extrovert].

in·tro·vert·ed /íntrəvə̀ːṭɪd | -vɜ̀ːt-/ 形 〔心理〕内向的な [⇔ extroverted].

in·trude /ɪntrúːd/ 動 自 (個人的なことなどに)立ち入る, じゃまに入る; (無断で)押しかける, 押し入る, 侵入する: I hope I'm not *intruding*. おじゃまでなければよいのですが / I don't want to *intrude on* [*upon*, *into*] his privacy. 私は彼のプライバシーに立ち入りたくない.

in·trud·er /ɪntrúːḍə | -də/ 名 C 侵入者, 乱入者; じゃま者.

in·tru·sion /ɪntrúːʒən/ 名 ❶ U 侵害; 侵入 (*into*, *on*, *upon*). ❷ C 侵害[侵入]行為; じゃまなもの[人] (*into*, *on*, *upon*).

in·tru·sive /ɪntrúːsɪv/ 形 押し入る, でしゃばりの, じゃまをする.

in·tu·it /ɪnt(j)úːɪt | -tjúː-/ 動 他《格式》(...)を直観で知る.

in·tu·i·tion /ìnt(j)uíʃən | -tju-/ 名 ❶ U 直観, 直感, 勘 [≒instinct]. ❷ C 直観[直感]による知識: have an *intuition that* ... ...という直観を抱く.

in·tu·i·tive /ɪnt(j)úːəṭɪv | -tjúː-/ 形 ❶ 直観[直感]的な; 直感力のある. ❷ (ソフトウェアなどが)わかりやすい, 使いやすい. **~·ly** 副 直観[直感]的に.

In·u·it /ín(j)uɪt/ 名 (複 ~(s)) [the ~ として複数扱い] イヌイット《アメリカ大陸北端や Greenland に住む民族; ⇒ Eskimo 語法》. — 形 イヌイットの.

in·un·date /ínəndèɪt/ 動 他 ❶ [普通は受身で] (場所)に(...を)充満させる; (...)に押し寄せる: The office *was inundated with* [*by*] letters of protest. 社には抗議の手紙が殺到した. ❷《格式》(...)を水浸しにする [≒flood].

in·un·da·tion /ìnʌndéɪʃən, ìnən-/ 名 U《格式》はんらん, 浸水; C 洪水.

in·ure /ɪn(j)úə | ɪnjúə/ 動 (in·ur·ing /-n(j)ʊ́(ə)rɪŋ | -njʊ́(ə)r-/) 他 [普通は受身で]《格式》(人)を(いやなことに)慣れさせる, 鍛(きた)える: He *is inured to* hardship. 彼は苦労に慣れている. **inúre onesèlf to ...** [動] 他《格式》...に慣れる.

+**in·vade** /ɪnvéɪd/ 動 (in·vades /-véɪdz/; in·vad·ed /-ḍɪd/; in·vad·ing /-ḍɪŋ/) 他 ❶ (...)を**侵略する**, (...)に侵入する, 攻め込む: The Danes *invaded* England. デーン人はイングランドを侵略した.
❷ (大勢が)(ある場所)に**押し寄せる**, 殺到する: Tourists *invaded* the island this summer. この夏は観光客が大勢その島に押しかけた.
❸ (権利など)を**侵害する**; (病気などが)(...)を侵す, (...)に広がる: *invade* ...'s privacy ...のプライバシーを侵害する.
— 自 侵略する, 侵入する. (名 invásion)
〖語源 原義はラテン語で「中に入ってくる」〗

in·vad·er /ɪnvéɪḍə | -də/ 名 C 侵略者, 侵入者.

in·va·lid[1] /ínvəlɪd | -lìːd, -lɪd/ ✪ invalid[2] とアクセントが違う. 形 限定 病弱な, 病身の: *invalid* soldiers 傷病兵. — 名 C 病弱者, 病人《特に長期間の病人》. — 動 [次の成句で] **ínvalid ... hóme [óut]** [動] 他《英》(...)を傷病兵として(本国に)送還する[除隊させる]. 〖語源 ラテン語で「強く (valid) ない《⇒ in-[1]》」の意〗

in·val·id[2] /ìnvǽlɪd←/ ✪ invalid[1] とアクセントが違う. 形 [普通は 叙述] 法律的に無効な; (議論などが)根拠の薄弱な, 妥当でない; 〔コンピュータ〕(入力した情報などが)無効の.

in·val·i·date /ɪnvǽlədèɪt/ 動 他 (法律上)(...)を無効にする; (議論など)を誤りであると示す.

in·va·lid·i·ty /ìnvəlíḍəti/ 名 ❶ U《格式》無効, 無力. ❷ U《英格式》病弱.

in·val·u·a·ble /ɪnvǽljuəbl, -ljʊ-/ 形 きわめて役に立つ, 非常に貴重な (*to*, *for*, *in*)《⇒ valuable 類義語》.

in·var·i·a·ble /ìnvé(ə)riəbl←/ 形 いつもの; 変化しない, 不変の, 一定の.

+**in·var·i·a·bly** /ìnvé(ə)riəbli/ 副 **相変わらず**, 常に, 必ず: She is *invariably* late. 彼女はいつも遅刻だ.

***in·va·sion** /ɪnvéɪʒən/ 名 (~s /~z/) ❶ C,U **侵略(する[される]こと)**, 侵入(する[される]こと): the German *invasion* of Poland ドイツのポーランドへの侵略. ❷ C,U (人・ものの)殺到: an *invasion of* tourists = a tourist *invasion* 観光客の殺到. ❸ C,U (権利などの)侵害: an *invasion of* privacy プライバシーの侵害.
(動 inváde)

in·va·sive /ɪnvéɪsɪv, -zɪv/ 形 ❶ 侵略的な. ❷ 〔医学〕(病気が)浸潤性の; (治療が)侵襲性の《切開などを伴う》.

in·vec·tive /ɪnvéktɪv/ 名 U《格式》ののしり, 悪口.

in·veigh /ɪnvéɪ/ 動 自《格式》痛烈に非難する, ののしる, 悪口を言う (*against*).

in·vei·gle /ɪnvéɪgl/ 動 他 《格式》 (人)をだます, たぶらかして...させる (*into*).

****in·vent** /ɪnvént/

— 動 (in·vents /-vénts/; -vent·ed /-ṭɪd/; -vent·ing /-ṭɪŋ/) 他 ❶ (...)を**発明する**, (最初に)考え出す: Do you know who *invented* the telegraph? 電信を発明したのはだれだか知っていますか. ❷ (話)を作る, でっちあげる, 捏造(ねつぞう)する. (名 invéntion, 形 invéntive) 〘⇒ event キズナ〙

in·ven·tion** /ɪnvénʃən/ 名 (~s /~z/) ❶ C **発明品**: Television is a wonderful *invention*. テレビはすばらしい発明だ / an ingenious *invention* 巧妙な発明品. ❷ U **発明**, 創案: the ***invention of the steam engine 蒸気機関の発明 / Necessity is the mother of *invention*. 《ことわざ》 必要は発明の母(発明は必要から生まれる). ❸ C,U でっちあげ, 捏造(ねつぞう)(記事); 作り事. ❹ U 発明[工夫]の才能, 創造力: rich powers of *invention* 豊かな創造力. (動 invént)

in·ven·tive /ɪnvénṭɪv/ 形 発明[工夫]の才能のある, 創作力に富んだ [≒creative]. (動 invént)

~·ness 名 U 独創性.

in·ven·tor /ɪnvénṭə | -tə/ 名 C 発明者, 考案者: Bell was the *inventor* of the telephone. ベルは電話の発明者だった.

+in·ven·to·ry /ínvəntɔ̀:ri | -tri, -təri/ 名 (-to·ries) ❶ C (商品などの)**目録**; 棚卸し表: make [take] an *inventory of* the stock 在庫品の目録を作る. ❷ C,U 《米》 在庫品《全体》 [≒stock]; 在庫調べ, 棚卸し: reduce *inventory* 在庫を減らす / The store is closed for *inventory*. 店は棚卸しのため休みだ.

in·verse[1] /ɪnvə́:s | -və́:s⁻/ 形 限定 (位置などが)逆の, 正反対の (*to*): in *inverse* relation [proportion, ratio] to ... ...に反比例して.

in·verse[2] /ínvə:s, ɪnvə́:s | ɪnvə́:s/ 名 [the ~] 正反対のもの, 逆; 〔数学〕 逆(関)数.

in·verse·ly /ɪnvə́:sli | -və́:s-/ 副 逆に, 正反対に.

in·ver·sion /ɪnvə́:ʒən | -və́:ʃən/ 名 ❶ U,C 《格式》 逆, 逆転. ❷ U,C 〔文法〕 倒置, 語順転倒《⇒ **巻末文法** 15.2》.

in·vert /ɪnvə́:t | -və́:t/ 動 他 《格式》 (...)を逆にする, 反対にする, 転倒させる, ひっくり返す.

in·ver·te·brate /ɪnvə́:ṭəbrət | -və́:-⁻/ 形 〔動物〕 脊椎(せきつい)のない. — 名 C 〔動物〕 無脊椎動物. 関連 vertebrate 脊椎動物.

in·vért·ed cómmas /ɪnvə́:ṭɪd- | -və́:t-/ 名 複 《英》 引用符 [≒quotation marks].

in·vest** /ɪnvést/ 動 (in·vests /-vésts/; -vest·ed /~ɪd/; -vest·ing) 他 ❶ (金(かね))を(物に)**投資する**; (資金)を投入する; (金・時間など)をつぎ込む: My wife ***invested her own savings ***in*** stocks. V+O+*in*+名 妻は自分の貯金を株に投資した / We have ***invested*** a lot of time and effort ***in*** (carry*ing* out) this project. V+O+*in*+動名[名] 我々はこの計画(の実行)に多くの時間と労力をつぎ込んだ. ❷ [しばしば受身で] 《格式》 (位・権力などを)(人)に授ける; (性質などを)(...)に持たせる: He *is invested with* full authority. 彼は全権を与えられている.

— 自 投資する; 資金投入をする; 《略式》 (高価だが有用なものを)買う, 大枚をはたく: She *invested in* a new house. 彼女は新しい家を購入した / *invest* heavily 多額の金を投入する. (名 invéstment)

***in·ves·ti·gate** /ɪnvéstɪgèɪt/ アク

— 動 (-ti·gates /-gèɪts/; -ti·gat·ed /-ṭɪd/; -ti·gat·ing /-ṭɪŋ/) 他 (犯罪・事故・個人など)を(細かく)**調査する**, 捜査する; 研究する《⇒ examine 類義語》: 言い換え The fire department is *investigating* the cause of the fire. = The fire department is ***investigating how*** the fire started. V+*wh* 節 消防署は火事の原因を調査中だ.

— 自 調査する, 捜査する; 研究する. (名 invèstigátion)

in·ves·ti·ga·tion** /ɪnvèstɪgéɪʃən/ 名 (~s /~z/) C,U **調査**, 捜査; 研究: make [conduct] an ***investigation into the affair その事件を調査[捜査]する / carry out a full [thorough] ***investigation of*** the cause(s) of the accident 十分に[徹底的に]事故の原因を調査する / The cause of the crash is ***under investigation***. 墜落の原因は調査中である. (動 invéstigàte)

in·ves·ti·ga·tive /ɪnvéstɪgèɪṭɪv | -gət-/ 形 限定 調査の, (不正などを)あばく: *investigative* journalism 真実を追求するジャーナリズム. (動 invéstigàte, 名 invèstigátion)

+in·ves·ti·ga·tor /ɪnvéstɪgèɪṭə | -tə/ 名 (~s /~z/) C **調査者**, 捜査員; 研究者: the *investigators* of the accident 事故調査員.

in·ves·ti·ture /ɪnvéstəʧə | -ʧə/ 名 C,U 《格式》 (官職などの)授与式, 任官式; 授与, 任官.

in·vest·ment** /ɪnvés(t)mənt/ 名 (-vest·ments /-mənts/) ❶ U **投資(すること)**, 出資; (資金などの)投入 (*of*): overseas *investment* 海外投資 / ***investment in oil stocks 石油株への投資. ❷ C **投資(した金[物])**: I've gotten a good return on that *investment*. その投資金からかなりのもうけを得た / ***make*** an ***investment in*** ... ...に投資する / buy a house *as* an *investment* 投資として家を買う. ❸ C 投資の対象: a good [sound] *investment* 有利な投資. ❹ U,C (時間・労力などを)つぎ込むこと, 注ぐこと (*of*). (動 invést)

invéstment bànk 名 C 投資銀行《有価証券の引き受けなどを行う》.

***in·ves·tor** /ɪnvéstə | -tə/ 名 (~s /~z/) C **投資家**, 投資者, 出資者: a small *investor* (少額の)個人投資家 / an institutional *investor* 機関投資家.

in·vet·er·ate /ɪnvéṭərət, -trət/ 形 限定 《格式》 (病気・習慣などが)根深い, 頑固な; 慢性の, 常習的な.

in·vid·i·ous /ɪnvídiəs/ 形 《格式》 (不公平で)不愉快な, しゃくな; (比較などが)不公平な, 不当な.

in·vig·i·late /ɪnvíʤəlèɪt/ 動 《英》 = proctor.

in·vig·or·ate /ɪnvígərèɪt/ 動 他 (人)を元気づける, 爽(そう)快にする; (組織など)を活気づける, 活性化する.

in·vig·or·at·ed /ɪnvígərèɪṭɪd/ 形 元気になった, 活気づいた.

in·vig·o·rat·ing /ɪnvígərèɪṭɪŋ/ 形 元気づける, さわやかな, さっぱりする.

in·vin·ci·bil·i·ty /ɪnvìnsəbíləṭi/ 名 U 無敵.

in·vin·ci·ble /ɪnvínsəbl⁻/ 形 (軍隊・議論が)無敵の, 打ち負かすことのできない; (精神などが)不屈の, (信念などが)揺るぎない: the *Invincible* Armada (スペインの)無敵艦隊. **-ci·bly** /-səbli/ 副 無敵状態で, 克服しがたく.

in·vi·o·la·ble /ɪnváɪələbl⁻/ 形 《格式》 (権利・法などが)(神聖で)侵すことのできない, 不可侵の.

in·vi·o·late /ìnváɪələt/ 形《格式》侵されていない, 汚(けが)れのない, 神聖な.

in·vis·i·bil·i·ty /ìnvìzəbíləṭi/ 名 U 目に見えないこと, 隠れていること, 不可視性. (形 invísible)

+**in·vis·i·ble** /ìnvízəbl⁻/ 形 [比較なし] **目に見えない**, 肉眼で見えない: vísible and *ìnvìsible* stárs 肉眼で見える星と見えない星《⇒ in-¹ 語法 (2)》/ *invisible* rays 不可視光線《赤外線・紫外線・エックス線など》/ Viruses are ***invisible to*** the naked eye. +to+名 ウイルスは肉眼で見えない. (名 ìnvisibílity)

invísible ínk 名 U あぶり出しインク.

in·vis·i·bly /ìnvízəbli/ 副 目に見えないように.

‡**in·vi·ta·tion** /ìnvətéɪʃən/

— 名 (~s /~z/) ❶ C **招待状**: We sent out ***invitations to*** the party. 私たちはパーティーへの招待状を出した.

❷ C,U **招待(する[される]こと)**, 案内(する[される]こと): a letter of *invitation* 招待状 / 「***turn down*** [***decline***] an ***invitation*** 招待を断わる / ENTRANCE [ADMISSION] BY INVITATION ONLY ご招待以外は入場お断わり《掲示》/ We went there ***at the invitation of*** Mr. Smith. 我々はスミス氏の招待を受けてそこへ行った / Thank you for your kind *invitation*. 親切にご招待ありがとうございます / He gladly ***accepted*** the ***invitation to*** the charity concert. 彼は喜んで慈善音楽会への招待に応じた. ❸ [U または an ~] 勧誘, 招聘(しょうへい); 誘惑, 魅力; (悪いことの)誘因: He has accepted [declined] *an invitation to* assume leadership of the project. 彼はそのプロジェクトのリーダーになるようにという招聘に応じた[を断った] / Leaving the door unlocked is *an* open *invitation to* thieves. ドアに鍵をかけないでおくのは泥棒にどうぞと言っているようなものだ. (動 invíte)

‡**in·vite** /ɪnváɪt/

— 動 (in·vites /-váɪts/; in·vit·ed /-ṭɪd/; in·vit·ing /-ṭɪŋ/) 他 ❶ (人)を**招待する**, **招く**: I ***invited*** Tom ***to*** the party. V+O+to+名 私はトムをパーティーに招待した / I'll ***invite*** them ***for*** lunch sometime. V+O+for+名 いつか彼らを昼食に招こうと思う / It's very kind of you to *invite* me. ご招待くださってありがとうございます《⇒ of 12》.

❷ (人)を**誘う**; 促す: He ***invited*** us ***to*** stay a few more days. V+O+C (to 不定詞) 彼は私たちにもう 2, 3 日いるように勧めた / The marvelous weather seemed to be *inviting* us *to* go out. すばらしい天気が私たちを外に出るように誘っているようだった / Everyone ***is invited to*** attend the party. V+O+C (to 不定詞)の受身 どなたもパーティーにおいでください. ❸《格式》(人に)(...)を丁寧に頼む, 求める; (人)に依頼する: 言い換え He *invited* my opinion on the problem. = He *invited* me *to* give an opinion on the problem. 彼はその問題について私の意見を求めた / Questions *are invited* (*from* the audience) after the lecture. 講演のあとで(聴衆のみなさまからの)質問を歓迎します《司会者のことば》. ❹ (危険など)をもたらす, 招く. (名 ìnvitátion)

invite の句動詞

invíte ... alóng 動 他 (人)を(会合・パーティーなどに)いっしょに行こうと誘う (*to*).

invíte ... báck 動 他 (いっしょに帰る人)を自宅に誘う; (人)を再度招く (*to, for*).

invíte ... ín 動 他 (人)を中に招き入れる (*for*).

invíte ... óut 動 他 (人)を(食事・ドライブなどに)誘い出す (*for*).

invíte ... óver [《英》**róund**] 動 他《略式》(食事・お茶などに)(人)を家へ招待する (*for*).

— /ínvaɪt/ 名 C《略式》招待(状).

in·vit·ing /ɪnváɪṭɪŋ/ 形 招く, そそるような; 魅力的な; おいしそうな. **~·ly** 副 人を魅了するように.

in vi·tro /ɪnví:troʊ/ ≪ラテン語から≫ 形 副〔生物〕生体外の[で]; 試験管内の[で]: *in vitro* fertilization 体外受精.

in vi·vo /ɪnví:voʊ/ ≪ラテン語から≫ 形 副〔生物〕生体内の[で].

in·vo·ca·tion /ɪnvəkéɪʃən/ 名 ❶ [the ~]《米》(儀式・会合の最初に行なう)祈りのことば. ❷ U,C (神への)祈り, 祈願. ❸ U,C〔コンピュータ〕(関数などの)呼び出し.

in·voice /ínvɔɪs/ 名 C 送り状, 請求書, インボイス (*for*): send an *invoice* 送り状を送る. — 動 他 ❶ (人)に送り状[請求書]を送る. ❷ (...)の送り状[請求書]を作る.

in·voke /ɪnvóʊk/ 動 他 ❶《格式》(法など)に訴える, (権力など)を発動する, (原則・理論など)を引き合いに出す. ❷《格式》(考え・イメージなど)を生じさせる, 引き起こす. ❸〔コンピュータ〕(プログラムなど)を呼び出す. ❹《格式》(神)に加護などを求めて祈る[訴える], 念ずる; (救いなど)を請う. ❺《格式》(悪魔など)を呪文(じゅもん)で呼び出す.

in·vol·un·tar·i·ly /ìnvɑ̀(ː)ləntérəli | -vɔ́ləntərəli, -trə-/ 副 思わず, 無意識に, 知らず知らずに.

in·vol·un·tar·y /ìnvɑ́(ː)ləntèri | -vɔ́ləntəri, -tri⁻/ 形 ❶ 思わず知らずの, 何気なしの. ❷ 不本意の, 心ならずもの. ❸〔生理〕(筋肉が)不随意の.

‡**in·volve** /ɪnvɑ́(ː)lv | -vɔ́lv/ アク

— 動 (in·volves /~z/; in·volved /~d/; in·volv·ing) 他 ❶ [受身・進行形なし] (活動などが必ず)(...)を**含む**, (いつも)(...)を伴う; 必要とする: Her job ***involves*** meet***ing*** a lot of people. V+O (動名) 彼女は仕事上多くの人に会う必要がある / The treatment *involves* two steps. その治療には 2 つの段階が含まれる.

❷ [進行形なし] (事件・犯罪などに)(人)を**巻き込む**, かかわらせる, 巻き添えにする, 関係させる《⇒ involved 1》: Don't ***involve*** me ***in*** your troubles! V+O+in+名 私を君のもめごとに巻き込まないでくれ / He is reluctant to *involve* himself *in* the work. 彼はその仕事に携わるのを渋っている. ❸ (人)を(...に)熱中[没頭]させる《⇒ involved 2》: *involve* oneself in the affair その事件にのめり込む. (名 invólvement)

単語のキズナ VOLVE/転がる, 回る=roll

involve (中に転がす)	→	巻き込む
evolve (外に転がす → 展開する)	→	進化する
revolve (繰り返し回る)	→	回転する
revolt (反対に転がす)	→	反乱(を起こす)

in·volved** /ɪnvɑ́(ː)lvd | -vɔ́lvd/ 形 ❶ 叙述 **かかわり合いを持って(いる)**《⇒ involve 2》: The politician was deeply ***involved in (cover***ing*** up) the scandal. その政治家はスキャンダル(のもみけし)に深くかかわっていた / be [get] *involved in* an accident 事故に巻き込まれる

/ All the people *involved* were questioned. 関係者はすべて取り調べられた.
❷ **熱中して**, 没頭して (*with*): get deeply *involved in* politics 政治に深くのめり込む.
❸ (...と)(性的に[不倫な])**関係がある** (*with*).
❹ **込み入った**, 複雑な《⇒ complex[1] 類義語》: This detective story is very *involved*. この推理小説はとても込み入っている.

***in·volve·ment** /ɪnvɑ́(ː)lvmənt | -vɔ́lv-/ 名 ❶ U **かかわり合い**, 関与, 巻き添え; 介入: investigate his *involvement in* the scheme 陰謀への彼の関与を調べる. ❷ U,C 関与から得られる充実感, 熱中, 没頭, 愛着; 関与している事柄[活動]: my musical *involvements* 私の音楽活動. ❸ C,U (性的[不倫]な)関係 (*with*). (動 invólve)

in·vul·ner·a·ble /ɪnvʌ́ln(ə)rəbl←/ 形 傷つけることのできない, 不死身の; (非難・攻撃などに対して)弱みのない, すきのない (*to*).

+**in·ward** /ínwəd | -wəd/ 形 ❶ 限定 **内面的な**, 心の中の, 精神的な [≒inner] [⇔ outward]: *inward* happiness 精神的幸福. ❷ 中へ向かう; 本国向けの: an *inward* curve 内側へのカーブ. — 副 ❶ 中へ, 内側へ [⇔ outward]: turn *inward* 内側へ曲がる. ❷ 心の中へ, 内心へ: turn one's thoughts *inward* 内省する.

in·ward-look·ing /ínwədlòkɪŋ | -wəd-/ 形 内向的な, 内向きの, 外界に無関心な.

in·ward·ly /ínwədli | -wəd-/ 副 心の中で; ひそかに: *Inwardly* she was envious. 内心は彼女はねたんでいた.

in·wards /ínwədz | -wədz/ 副 《英》 = inward.

in-your-face /ɪnjəféɪs | -jɔː-, -jə-/ 形 《略式》 ずうずうしい, 押しつけがましい; 挑発的な.

IOC /áɪòʊsíː/ 略 [the ~] = International Olympic Committee 国際オリンピック委員会.

i·o·dine /áɪədàɪn, -dìːn/ 名 ❶ U ヨウ素《元素記号 I》. ❷ U ヨードチンキ (tincture of iodine).

i·on /áɪən/ 名 C 〔物理・化学〕 イオン.

-i·on /⌐–iən, -jən, (/ʃ, ʒ, ʧ, ʤ/ の後では) ⌐–ən/ 接尾 [名詞語尾]「状態・動作」を表わす: un*ion* 結合 / relig*ion* 宗教 / miss*ion* 使命 / quest*ion* 質問. 発音 直前の音節に第一アクセントがくる.

i·on·ize /áɪənàɪz/ 動 他 〔物理・化学〕 (...)をイオン化する, 電離する. — 自 〔物理・化学〕 イオン化する, 電離する.

i·on·iz·er /áɪənàɪzə | -zə/ 名 C イオン化装置, イオン空気清浄機.

i·on·o·sphere /aɪɑ́(ː)nəsfɪə | -ɔ́nəsfɪə/ 名 [the ~] イオン圏; 電離層.

i·o·ta /aɪóʊṭə/ 名 C イオタ《ギリシャ語アルファベットの第 9 文字 ι, I; ⇒ Greek alphabet 表》. **nót an [óne] ióta (of ...)** 少しも(...が)ない.

IOU /áɪòʊjúː/ 名 (複 ~s, ~'s) C 《略式》 借用証書: Mr. White, *IOU* $100. 100 ドル借用致しました, ホワイト様 / Write me an *IOU for* $100. 100 ドルの借用証書を書いてください. 〘語源 I owe you ... の発音から〙

I·o·wa /áɪəwə/ 名 固 アイオワ《米国中部の州; 略 Ia., 〔郵便〕 IA》. 〘語源 北米先住民のことばで「眠たがり」の意〙

IPA /áɪpìːéɪ/ 略 = International Phonetic Alphabet.

iPad /áɪpæ̀d/ 名 C アイパッド《Apple 社のタブレット型コンピューター; 商標》.

ÍP àddress /áɪpìː-/ 名 C 〔コンピュータ〕 IP アドレス《インターネットに接続した各コンピューターを識別するための情報; *I*nternet *P*rotocol address の略》.

iPhone /áɪfòʊn/ 名 C アイフォン《Apple 社のスマートフォン; 商標》.

iPod /áɪpɑ̀(ː)d | -pɔ̀d/ 名 C アイポッド《Apple 社の携帯音楽プレーヤー; 商標》.

IQ /áɪkjúː/ 略 = intelligence quotient.

ir- /ɪ/ 接頭 = in-[1]《r- で始まる語の前の変形》: *ir*regular 不規則な / *ir*relevant 関連性がない.

IRA[1] /áɪɑ̀əéɪ | -ɑ̀ː(r)-/ 名 C 《米》 個人退職(積立)年金《*i*ndividual *r*etirement *a*ccount の略》.

IRA[2] /áɪɑ̀əéɪ | -ɑ̀ː(r)-/ 略 [the ~] = Irish Republican Army アイルランド共和国軍.

I·ran /ɪrǽn, ɪrɑ́ːn/ 名 固 イラン《アジア南西部の共和国; 首都 Teh(e)ran; 旧名 Persia》.

I·ra·ni·an /ɪréɪniən, ɪrɑ́ːn-/ 形 イランの; イラン人の; イラン語[ペルシャ語]の. — 名 C イラン人; U イラン語, ペルシャ語.

I·raq /ɪrɑ́ːk, ɪrǽk/ 名 固 イラク《アジア南西部の共和国; 首都 Baghdad》.

I·ra·qi /ɪrɑ́ːki, ɪrǽki/ 形 イラク(人)の; (アラビア語の)イラク方言の. — 名 C イラク人.

i·ras·ci·ble /ɪrǽsəbl/ 形 《格式》 怒りっぽい, 短気な.

i·rate /aɪ(ə)réɪt/ 形 (不当な扱いを受けて)激怒[憤慨]した. **~·ly** 副 激怒[憤慨]して.

ire /áɪə | áɪə/ 名 U 《文語》 怒り, 憤り.

Ire. 略 = Ireland.

+**Ire·land** /áɪələnd | áɪə-/ 名 固 ❶ **アイルランド島**《Great Britain 島西方の島; 英国 (the United Kingdom) に属する北アイルランド (Northern Ireland) と, 南部のアイルランド共和国 (⇒ 2) とに分かれる; 略 Ire.》.
❷ **アイルランド**《アイルランド島の南部を占める共和国; 首都 Dublin; 略 Ire.; 正式名は the Republic of Ireland》. (形 Írish)

I·rene[1] /aɪríːn | áɪ(ə)riːn/ 名 固 アイリーン《女性の名》.

I·re·ne[2] /aɪ(ə)ríːni/ 名 固 〔ギリシャ神話〕 エイレネ《平和の女神; ローマ神話の Pax に当たる》.

ir·i·des·cence /ìrədés(ə)ns/ 名 U 《格式》 玉虫色.

ir·i·des·cent /ìrədés(ə)nt←/ 形 《格式》 玉虫色の, にじ色の.

i·rid·i·um /ɪríḍiəm/ 名 U 〔化学〕 イリジウム《元素記号 Ir》.

i·ris /áɪ(ə)rɪs/ 名 ❶ C 〔解剖〕 (眼球の)虹彩(こうさい). ❷ C アイリス, あやめ《あやめ属の植物》.

+**I·rish** /áɪ(ə)rɪʃ/ 形 **アイルランドの**; **アイルランド人の**; アイルランド系の; アイルランド(ゲール)語の. (名 Íreland)
— 名 ❶ U アイルランド(ゲール)語《アイルランドの Gaelic》. ❷ [the ~ として複数扱い] アイルランド人《全体; ⇒ the[1] 5 語法》. 関連 English イングランド人 / Scots スコットランド人 / Welsh ウェールズ人.

Írish cóffee 名 U,C アイリッシュコーヒー《ホットコーヒーにウイスキーと砂糖を入れ, ホイップクリームをのせたもの》.

I·rish·man /áɪ(ə)rɪʃmən/ 名 (-men /-mən/) C アイルランド(系)人《男性》. 関連 Englishman イングランド人 / Scotsman スコットランド人 / Welshman ウェールズ人.

Írish potáto 名 C,U 《米》 じゃがいも《⇒ potato 語法》.

Írish Séa 名 固 [the ~] アイリッシュ海《England と Ireland との間の海》.

Írish stéw 名 U,C アイリッシュシチュー《羊肉・じゃがいも・たまねぎなどのシチュー》.

I·rish·wom·an /áɪ(ə)rɪʃwʊ̀mən/ 名 (-wom・en /-wɪ̀mən/) C アイルランド(系)人《女性》.

íris scàn 名 C 虹彩(こうさい)認証《生体認証の一種; 空港などで行われる》.

irk /ə́ːk | ə́ːk/ 動 他 (人)をうんざりさせる; いらだたせる.

irk·some /ə́ːksəm | ə́ːk-/ 形《格式》(仕事などが)うんざりする, あきあきする; 面倒な; いらいらさせる.

‡i·ron /áɪən | áɪən/ !発音 (同音《英》ion)

— 名 (~s /~z/) ❶ U **鉄**《元素記号 Fe》; 鉄分: This bridge is made of *iron*. この橋は鉄製です / Strike while the *iron* is hot. 《ことわざ》鉄は熱いうちに打て(好機を逃すな) / Spinach is rich in *iron*. ほうれんそうは鉄分が多い //⇒ cast iron, wrought iron. 関連 steel 鋼鉄.

❷ [形容詞的に] **鉄製の**; 鉄のように堅い[強い]; 冷酷な: an *iron* bar 鉄棒 / *iron* discipline 鉄の規律 / an *iron* fist 鉄拳(てっけん).

❸ C **アイロン**: press clothes with an *iron* アイロンをかけて服のしわを伸ばす. ❹ C 〔ゴルフ〕アイアン《ヘッドが鉄製のクラブ》. 関連 wood ウッド. ❺ [複数形で]《文語》手かせ, 足かせ.

hàve「a wíll of íron [an íron wíll] [動] 自 鉄のように堅い意志を持っている.

hàve séveral [mány] írons in the fíre [動] 自 一度にいくつか[たくさん]のことに手を出している.

rúle ... with「a ród of íron [an íron físt] [動] 他 ...を厳しく支配する.

— 動 (i·rons /~z/; i·roned /~d/; i·ron·ing) 他 (...)に**アイロンをかける**: She was *ironing* her suit, when the telephone rang. 彼女がスーツにアイロンをかけていたら電話が鳴った.

íron óut [動] 他 (1) アイロンをかけて(...)を伸ばす. (2) (困難などを)取り除く, (問題など)を解決する.

Íron Àge 名 [the ~] 鉄器時代《石器時代 (Stone Age), 青銅器時代 (Bronze Age) に続く》.

i·ron·clad /áɪənklæ̀d | áɪən-/ 形 破ることのできない, 強固な.

Íron Cúrtain 名 [the ~] 鉄のカーテン《以前の東欧共産圏と西欧諸国との間の政治・軍事的障壁》.

i·ron-gray /áɪəngréɪ | áɪən-←/ 形 ダークグレーの.

+i·ron·ic /aɪrɑ́(ː)nɪk | -rɔ́n-/, **i·ron·i·cal** /-nɪk(ə)l/ !発音 形 **皮肉な**; 反語的な: an *ironic* remark [smile] 皮肉なことば[笑い] / in an *ironic* twist 皮肉な成り行きで / It was *ironic* that he gained fame after his death. 彼が死後に名声を得たのは皮肉だった. (名 írony)

+i·ron·i·cal·ly /aɪrɑ́(ː)nɪkəli | -rɔ́n-/ 副 ❶ 文修飾 **皮肉にも**: *Ironically*, the rain stopped when we reached home. 皮肉にも家に着いたら雨がやんだ.

❷ **皮肉に**; 反語的に: smile *ironically* 皮肉な笑いを浮かべる.

i·ron·ing /áɪənɪŋ | áɪən-/ 名 ❶ U アイロンがけ: do the *ironing* アイロンがけをする. ❷ U アイロンがけを必要とする物; アイロンがけをした物《全体》.

íroning bòard 名 C アイロン台.

i·ron·work /áɪənwə̀ːk | áɪənwə̀ːk/ 名 U 鉄製品《全体》; (建物などの)鉄でできた(装飾的な)部分.

i·ron·works /áɪənwə̀ːks | áɪənwə̀ːks/ 名 (複 ~) C [単数でもときに複数扱い] 製鉄工場, 鉄工所《⇒ work 名 7》.

+i·ro·ny /áɪ(ə)rəni/ !発音 名 (i·ro·nies /~z/) ❶ C,U **皮肉な事態[巡り合わせ]**, 意外な成り行き: life's little *ironies* 人生におけるちょっとした皮肉(な巡り合わせ) / ***The irony is that*** the more money you earn, the less time you have to enjoy it. 皮肉なことにお金を稼ぐようになればなるほどそれを楽しむ時間は少なくなっていく.

❷ U **皮肉**, 当てこすり《⇒ 類義語》; 反語: There was a touch of *irony* in his words. 彼のことばには多少の皮肉があった / "Very kind of you," she said with heavy *irony*. 「ご親切さま」と彼女は皮肉たっぷりに言った. (形 irónic, irónical)

類義語 **irony** ユーモアを含んだ穏やかな皮肉. **sarcasm** 個人を傷つけようとする悪意を含む皮肉・あてこすり. **satire** 特に社会制度・権威者などに対する皮肉.

〖語源 ギリシャ語で「知らないふりをすること」の意〗

ir·ra·di·ate /ɪréɪdièɪt/ 動 他 ❶ (...)に放射線を当てる. ❷《文語》(...)を照らす.

ir·ra·tion·al /ɪræ̀ʃ(ə)nəl←/ 形 理性をなくした, 道理のわからない; 不合理な, 理不尽な: an *irrational* fear of germs ばい菌へのいわれのない恐怖. **~·ly** /-əli/ 副 いわれなく, 理不尽に.

ir·ra·tion·al·i·ty /ɪræ̀ʃənǽləṭi/ 名 U 理性のないこと; 不合理, 理不尽.

ir·rec·on·cil·a·ble /ɪ̀rèk(ə)nsáɪləbl, ɪ̀rékənsàɪl-←/ 形 ❶《格式》和解できない, 融和し難い (*with*): *irreconcilable* differences 和解できない[折り合いのつかない]相違. ❷《格式》両立しない, 矛盾する.

ir·re·cov·er·a·ble /ɪ̀rɪkʌ́v(ə)rəbl←/ 形《格式》取り返せない, 回収できない; 回復し難い.

ir·re·deem·a·ble /ɪ̀rɪdíːməbl←/ 形《格式》取り戻せない, 回復できない.

ir·re·duc·i·ble /ɪ̀rɪd(j)úːsəbl | -djúː-←/ 形《格式》削減できない; これ以上単純化できない.

ir·re·fut·a·ble /ɪ̀rɪfjúːṭəbl←/ 形《格式》反駁(はんばく)できない, 論破できない.

irreg. 略 = irregular.

+ir·reg·u·lar /ɪ̀régjʊlə | -lə←/ 形 ❶ (形が)**ふぞろいの**, むらのある, でこぼこした: *irregular* stone steps でこぼこした石段 / His teeth are *irregular*. 彼は歯並びが悪い.

❷ (時間などが)**不規則な**, 変則的な; 不定期の《略 irreg.》: an *irregular* heartbeat 不整脈 / Sunspots occur sometimes at régular íntervals and sometimes at *írregular* intervals. 太陽の黒点は規則的な間隔で生ずることもあるし不規則な間隔で生ずることもある《⇒ in-¹ 語法 (2)》/ 言い換え Sam's class attendance is *irregular*. = Sam is ***irregular in*** his class attendance. +in+名 サムは授業にきちんと出席していない. ❸《格式》正式でない, (兵士が)正規でない; 異例の. ❹《格式》(行動などが)きちんとしていない, だらしのない. ❺〔文法〕不規則な: an *irregular* verb 不規則動詞. ❻ 叙述《米》[遠回しに] 便秘がちで. (名 ìrregulárity)

— 名 C [普通は複数形で]〔軍隊〕不正規兵.

ir·reg·u·lar·i·ty /ɪ̀règjʊlǽrəṭi/ 名 (-i·ties) ❶ U 不規則性, 変則; 不定期; ふぞろい: the *irregularity* of English spelling 英語のつづりの不規則性. ❷ C 不規則なもの[こと]; ふぞろいなもの; (表面などの)でこぼこ. ❸ C,U [遠回しに] 不正[不法]行為. ❹ U [遠回しに] 便秘. (形 ìrrégular)

ir·reg·u·lar·ly /ɪ̀régjʊləli | -lə-/ 副 ふぞろいに; 不規則に; 不定期に; 不正規に.

ir·rel·e·vance /ɪ̀réləv(ə)ns/ 名 ❶ U 関連性がないこ

と, 的はずれ (of, to). ❷ Ⓒ [普通は単数形で] 関連性を欠いた意見[事柄]. (形 irrélevant)

ir·rel·e·van·cy /ìréləv(ə)nsi/ 名 U,C = irrelevance.

+**ir·rel·e·vant** /ìréləv(ə)nt←/ 形 **関連性がない**, 重要でない, 不適切な, 的はずれの: This example is ***irrelevant to*** my argument. [+to+名] この例は私の議論とは関連性がない / If you have the skill for the job, your age is *irrelevant*. もしその仕事の技術をもっていれば年齢は関係ない. (名 irrélevance)
～·ly 副 無関係に; 見当違いに.

ir·re·li·gious /ìrılíʤəs←/ 形《格式》無宗教の; 不信心な, 不敬な.

ir·re·me·di·a·ble /ìrımíːḍiəbl←/ 形《格式》治療できない, 矯正できない; 取り返しのつかない.

ir·rep·a·ra·ble /ìrép(ə)rəbl←/ 形《格式》修復[回復]できない; (損害·損傷が)取り返しのつかない. **-ra·bly** /-rəbli/ 副 修復[回復]できないほど.

ir·re·place·a·ble /ìrıpléısəbl←/ 形 取り替えられない, かけがえのない.

ir·re·press·i·ble /ìrıprésəbl←/ 形 (人が)活力にあふれた; (感情などが)抑えきれない, こらえられない.

ir·re·proach·a·ble /ìrıpróʊʧəbl←/ 形《格式》非難の余地がない, 落ち度のない, 申し分のない.

+**ir·re·sist·i·ble** /ìrızístəbl←/ 形 ❶ (感情などが)**抑えきれない**, 我慢できない: feel an *irresistible* urge to laugh 抑えられない笑いの衝動を感じる. ❷ (力などが)抵抗できない, いやおうのない. ❸ (欲しくて[かわいくて])たまらなくなるような, 魅力的な (to). **-i·bly** /-əbli/ 副 我慢[抵抗]できないほどに, いやおうなしに, 思わず.

ir·res·o·lute /ìrézəlùːt←/ 形《格式》決断力のない, 優柔不断な, ぐずぐずした.

ir·res·o·lu·tion /ìrèzəlúːʃən/ 名 U《格式》決断力のなさ, 優柔不断.

ir·re·spec·tive of /ìrıspéktıvəv/ 前《格式》...にかかわらず, ...に関係なく [≒regardless of]: *irrespective of* age [sex] 老若[男女]を問わず.

ir·re·spon·si·bil·i·ty /ìrıspɑ̀(ː)nsəbíləṭi | -spɔ̀n-/ 名 U 無責任, 責任を負わぬこと.

ir·re·spon·si·ble /ìrıspɑ́(ː)nsəbl | -spɔ́n-←/ 形 (人·行動が)無責任な, 責任感のない, いいかげんな; 当てにならない: *irresponsible* behavior 無責任な行動 / *It* was (highly) *irresponsible of* you *to* leave the job unfinished. 仕事を途中で投げ出すなんて(ひどく)無責任だったよ(⇒ of 12). **-si·bly** /-səbli/ 副 無責任に(も).

ir·re·triev·a·ble /ìrıtríːvəbl←/ 形《格式》回復できない, (状況·損失が)取り返しのつかない.

ir·rev·er·ence /ìrév(ə)rəns/ 名 U 敬意のなさ.

ir·rev·er·ent /ìrév(ə)rənt←/ 形 [普通はよい意味で] (あえて)敬意を見せない: an *irreverent* attitude toward tradition 伝統に対する不敵な態度. **～·ly** 副 敬意を見せずに.

ir·re·vers·i·ble /ìrıvə́ːsəbl | -vɔ́ːs-←/ 形 ❶ 逆にできない, 元に戻せない, 回復できない: go into (an) *irreversible* decline 回復できずに衰えていく. ❷ (決定などが)取り消せない, 変更できない.

ir·rev·o·ca·ble /ìrévəkəbl←/ 形《格式》(決定などが)取り消せない, 変更できない. **-ca·bly** /-kəbli/ 副 取り消し[変更]できないように.

ir·ri·gate /írıgèıt/ 動 他 ❶ (田畑)に水を引く, (...)を灌漑(かんがい)する. ❷〔医学〕(傷口など)を洗浄する.

ir·ri·ga·tion /ìrıgéıʃən/ 名 ❶ U 灌漑(かんがい). ❷ U〔医学〕(傷口などの)洗浄.

ir·ri·ta·bil·i·ty /ìrəṭəbíləṭi/ 名 U 短気; いらいら.

ir·ri·ta·ble /írəṭəbl/ 形 怒りっぽい, 短気な; いらいらしている. **-ta·bly** /-ṭəbli/ 副 怒りっぽく; いらいらして.

írritable bówel sỳndrome 名 U〔医学〕過敏性腸症候群《便秘や下痢などの腸障害; 略 IBS》.

ir·ri·tant /írəṭənt, -tnt/ 名 ❶ Ⓒ《格式》刺激剤, 刺激物 (to). ❷ Ⓒ いらいらさせるもの[事柄].

+**ir·ri·tate** /írətèıt/ !アク 動 (-ri·tates /-tèıts/; -ri·tat·ed /-ṭıd/; -ri·tat·ing /-ṭıŋ/) 他 ❶ (人)を**いらいらさせる**, じらす, 怒らせる: The noise *irritated* her. 彼女はその騒音にいらいらした(⇒ irritated). ❷〔医学〕(...)を刺激する; ひりひりさせる. (名 ìrritátion)

+**ir·ri·tat·ed** /írətèıṭıd/ 形 ❶ 叙述 **いらいらした**, 怒った: My husband gets ***irritated*** (***with*** me) whenever I ask him to stop smoking. [+with+名] 夫は私がたばこをやめるように言うといつも腹を立てる / The neighbors are ***irritated at*** [***by, about***] the noise of your TV. [+at [by, about]+名] 近所の人たちはあなたのテレビの音に腹を立てている. ❷ (皮膚などが)ひりひりする.

ir·ri·tat·ing /írətèıṭıŋ/ 形 腹立たしい, いらいらさせる, じれったい; 刺激する, (ひりひりと)痛い. **～·ly** 副 いらいらするほど.

+**ir·ri·ta·tion** /ìrətéıʃən/ 名 (～s /～z/) ❶ U **いらだち**, いらいら; 立腹 (about, at, with). ❷ Ⓒ いらだたせるもの, じれったいこと. ❸ U,C〔医学〕刺激; 炎症. (動 írritàte)

IRS /áıɑ̀ə·és | -ɑ̀ː(r)-/ 略 [the ～]《米》= Internal Revenue Service.

*****is** /(弱形) ız, (/z, ʒ, ʤ/ 以外の有声音の後では) z, (/s, ʃ, ʧ/ 以外の無声音の後では) s; (強形) íz/ (同音 #has²).
✪ (1) 意味·用法について詳しくは ⇒ be¹·². (2) 対応する過去形は was.

— 動 自 be¹ の三人称単数現在形 (he, she, it および名詞·代名詞の単数形とともに用いる形) ❶ ...である: He *is* /(ı)z/ an American. [V+C (名)] 彼はアメリカ人だ / Meg *is* very lovely. [V+C (形)] メグはとてもかわいらしい / "*Is* /ız/ Dad free today?" "Yes, he *is* /íz/." 「パパはきょうはお仕事ないの?」「ええ, そうよ」/ "*Is* this animal a deer?" "No, it *is* not /ıznɑ́(ː)t | -nɔ́t/." 「この動物は鹿(しか)ですか」「いいえ, 違います」
❷ (物·事が...に)ある, (人·動物が...に)**いる**, **存在する** (⇒ there¹): Tom *is* in his room. トムは自分の部屋にいる / There *is* a table in the room. 部屋の中にはテーブルが 1 つある / I believe God *is*. 私は神が存在すると信じる. 語法 I believe「in God [God exists, there is a god]. のほうが普通.

— 助 be² の三人称単数現在形. ❶ [is＋-ing 形で現在進行形を表わす] ...**しているところである**, ...している最中だ; (もうすぐ)...**するはずである**: "What *is* John do*ing*?" "He'*s* play*ing* baseball." 「ジョンは何をしているの」「野球をしています」/ Spring *is* com*ing* soon. 春がもうすぐやって来ます.
❷ [is＋他動詞の過去分詞で受身を表わす] ...**される**; ...**されている**: Bob *is liked* by everybody in his class. ボブはクラスのだれからも好かれている.
❸ [is＋to 不定詞で] ...**することになっている**; ...**すべきである**; ...**できる** (⇒ be to の項目): When *is* she *to* leave for London? いつ彼女はロンドンへ立つ予定ですか / He *is to* finish his task by the end of this month. 彼は今月末までに仕事を完成すべき[するはず]だ.

I·saac /áɪzək/ 名 固 アイザック《男性の名》.

Is·a·bel, Is·a·belle /ízəbèl/ 名 固 イザベル《女性の名; 愛称は Bel》.

Is·a·bel·la /ìzəbélə/ 名 固 イザベラ《女性の名; 愛称は Bella》.

-i·sa·tion /ɪzéɪʃən | aɪz-/ 接尾《英》= -ization.

ISBN /áɪèsbìːén/ 名 C 国際標準図書番号《*I*nternational *S*tandard *B*ook *N*umber の略》.

ISDN /áɪèsdìːén/ 名 U 統合サービスデジタル通信網《*I*ntegrated *S*ervices *D*igital *N*etwork の略》.

-ise /aɪz/ 接尾《英》= -ize.

ish /íʃ/ 副《英略式》たぶん, まあね《断定を避けるときに用いる》.

-ish /ɪʃ/ 接尾 [形容詞語尾] ❶「...じみた, ...のような, ...がかった, ...気味の」の意: child*ish* 子供じみた / fool*ish* ばかげた / redd*ish* 赤みがかった. 語法 よくない意味のことが多い. ❷ [地名・国名・民族名につけて]「...の, に属する」の意: Dan*ish* デンマークの / Pol*ish* ポーランドの. ❸ [数詞につけて] S《略式》「約..., およそ...」の意: seventy*ish* 70 ぐらい.

*__Is·lam__ /ízlɑːm, ís-/ 名 ❶ U **イスラム教**, 回教. ❷ U イスラム教徒《全体》; イスラム教国《全体》. (形 Islámic)

Is·lam·a·bad /ɪslɑ́ːməbɑ̀ːd | ɪzlɑ́ːməbæ̀d/ 名 固 イスラマバード《パキスタンの首都》.

+**Is·lam·ic** /ɪslɑ́ːmɪk, ɪz-, -lǽm-/ 形 **イスラム(教)の**, 回教(徒)の: *Islamic* countries イスラム教諸国.

***__is·land__ /áɪlənd/ 発音

— 名 (is·lands /-ləndz/) ❶ C 島《略 I.》: the Hawaiian *Islands* ハワイ諸島 / live *on* a small *island* 小さな島に住む / When will the party arrive *on* the *island*? 一行はいつ島に到着するだろうか. ❷ C《英》= traffic island.

is·land·er /áɪləndə | -də/ 名 C 島の住民, 島民.

isle /áɪl/ 名 C 島, 小島《固有名詞の一部, または詩語として用いる; 略 I.》: the British *Isles* 英国諸島.

is·let /áɪlət/ 名 C 小島.

is·m /ízm/ 名 C《略式》[ときに軽蔑的] 主義, 学説, イズム.

-is·m /ˊ— —ɪzm, ˊ—ɪzm/ 接尾 [名詞語尾] ❶「...主義, ...説, ...教」の意: social*ism* 社会主義 / Darwin*ism* ダーウィン説 / Buddh*ism* 仏教. ❷「行為・状態・作用」を表わす: hero*ism* 英雄的行為 / alcohol*ism* アルコール依存症. 語法 -ize で終わる動詞に対応する名詞形も作る: critic*ism* 批判 ← critic*ize* 批判する. ❸「特性・特徴」を表わす: American*ism* アメリカ語法. ❹「差別・偏見」を表わす: rac*ism* 人種差別.

***__is·n't__ /íznt/《略式》is not の短縮形: It *isn't* cold today. きょうは寒くない / Tom *isn't* playing now; he's working. トムは今は遊んでいない, 勉強中だ.

ISO /áɪèsóʊ/ 名 固 国際標準化機構《⇒ standardization》.

i·so- /áɪsoʊ/ 接頭「同一の, 等...」の意: *iso*bar 等圧線.

i·so·bar /áɪsəbɑ̀ə | -bɑ̀ː/ 名 C〘気象〙等圧線.

+**i·so·late** /áɪsəlèɪt/ 発音 動 (i·so·lates /-lèɪts/; i·so·lat·ed /-ṭɪd/; i·so·lat·ing /-ṭɪŋ/) 他 ❶ (...)を**孤立させる**; 分離する, (問題・原因など)を(他と)切り離して考える: The small town *was* **isolated** *by* (the) heavy snow. V+O の受身 その小さい町は大雪のために孤立した / He **isolated** himself **from** society. V+O+*from*+名 彼は社会から孤立していた. ❷ (患者)を隔離する (*from*). ❸〘化学〙(物質・細菌など)を分離する, 遊離させる (*from*). (名 isolátion)

+**i·so·lat·ed** /áɪsəlèɪṭɪd/ 形 ❶ (家・村などが) **孤立した** [≒remote]: an *isolated* island 孤島. ❷ (人・生活などが)孤独な; 隔離された: feel *isolated* 孤独感を抱く. ❸ (事例などが)単発的な, まれな: an *isolated* case [example] 特異な例.

+**i·so·la·tion** /àɪsəléɪʃən/ 名 ❶ U **孤立**, 分離, 隔離 (*from*): international *isolation* 国際的な孤立. ❷ U 孤独 (*from*). ❸ U〘化学〙分離, 遊離.

in isolátion [副・形] 孤立して, ひとりで; 他と切り離して, 単独で (*from*): The cottage sits *in* splendid *isolation* on an island in a lake. その小さな家は湖の中の島にぽつんと建っている. (動 ísolàte)

i·so·la·tion·is·m /àɪsəléɪʃənìzm/ 名 U [しばしば悪い意味で] (国際政治での)孤立主義 (*from*).

i·so·met·rics /àɪsəmétrɪks/ 名 複〘スポーツ〙アイソメトリック運動《筋力強化トレーニングの1つ》.

i·sos·ce·les /aɪsɑ́(ː)səlìːz | -sɔ́s-/ 形 限定〘幾何〙二等辺の: an *isosceles* triangle 二等辺三角形.

i·so·therm /áɪsəθə̀ːm | -θə̀ːm/ 名 C〘気象〙等温線.

í·so·ton·ic drínk /áɪsətɑ̀(ː)nɪk-/ 名 C スポーツドリンク《ミネラル・塩分が含まれている》.

i·so·tope /áɪsətòʊp/ 名 C〘化学〙同位元素, アイソトープ.

ISP /áɪèspíː/ 名 C インターネットサービスプロバイダー《*I*nternet *s*ervice *p*rovider の略》.

Is·ra·el /ízriəl/ 名 固 イスラエル《地中海の東端部に面する国; 首都 Jerusalem》.

Is·rae·li /ɪzréɪli/ 名 (複 ~s, ~) C (現在の)イスラエル人. — 形 (現在の)イスラエル(人)の.

Is·ra·el·ite /ízriəlàɪt/ 名 C (古代の)イスラエル人; ユダヤ人. — 形 イスラエルの; ユダヤ(人)の.

**__is·sue__ /íʃuː | íʃuː, ísjuː/

意味のチャート
ラテン語で「外へ出る」の意.
「出る」自 ❶ → (公に出す) → 「**出す**」他 ❶ →
「**発行(する)**」名 ❸, 他 ❷ →
「**発行物**」名 ❷
↓
(流出する)
↓
「流出」→ (議論の流れから出たこと) →
「**問題点**」名 ❶

— 名 (~s /~z/) ❶ C **問題(点)**, **論点**, 争点《⇒ problem 類義語》; 討論: a political *issue* 政治の問題 / the energy [environmental] *issue* エネルギー[環境]問題 / a key [major] *issue* 重要な問題 / a sensitive *issue* 微妙な問題 / The failure of the experiment has ***raised*** [***brought up***] a new ***issue***. 実験の失敗は新たな問題点を提起した / ***discuss*** [***debate***] an ***issue*** 問題を議論する / ***address*** an ***issue*** 問題に取り組む.
❷ C **発行物**, 刊行物, (雑誌などの)...号; 発行部数; 支給[配布]品: the latest [May] *issue* of a magazine 雑誌の最新[5月]号 ‖⇒ back issue.
❸ U,C (新聞・雑誌・切手・通貨などの)**発行**, 刊行, 発布; 支給, 配布: the *issue* of a newspaper 新聞の発行 / on the day of *issue* 発行[発売]日に / the *issue* of blankets *to* earthquake victims 地震の被災者への毛布の配布.

at íssue [形]《格式》**論争中で[の]**, 問題になっている: the point *at issue* 問題になっている点.

fórce the íssue [動] ⓐ 決定[対応]を強いる.
hàve íssues [動] ⓐ《略式》(...のことで)問題を抱えている; (...に)異議[不満]がある (*with*).
màke an íssue (òut) of ... [動] ⓗ (ささいなこと)を問題にする, ...で騒ぎ立てる.
tàke íssue with ... [動] ⓗ《格式》(人)に異議を唱える (*about*, *on*, *over*).
Whát's the bíg íssue? Ⓢ 何がそんなに問題なの(全然問題ではない).
— 動 (is·sues /~z/; is·sued /~d/; is·su·ing) ⓗ
❶ (宣言·命令など)を**出す**, 公布する (*to*): *issue* a statement 声明を出す / The order *was issued* yesterday. V+O の受身 その命令はきのう出された.
❷ (パスポート·切手·通貨など)を**発行する**, (雑誌など)を出版する: This stamp *was issued* in 2010. V+O の受身 この切手は 2010 年に発行された / The office *issues* passports *to* persons going abroad. V+O+to+名 その役所は外国へ行く人々にパスポートを発行する. ❸ (軍人·部隊などに)(物)を支給する, 配布する; (物を)(部隊など)に支給する: 言い換え Uniforms will *be issued to* all the soldiers. = All the soldiers will *be issued with* uniforms. 制服はすべての兵士に支給される.
— ⓐ ❶《格式》(...から)出る, 流出する (*out*): A scream *issued* (*forth*) *from* the dentist's inner office. 歯医者の治療室から悲鳴が聞こえてきた. ❷《格式》(...に)由来する, (...から)生ずる (*from*).

-ist /ɪst/ 接尾 [名詞語尾]「...する人, ...主義者, ...家」の意《⇒ -er²》: novel*ist* 小説家 / social*ist* 社会主義者 / pian*ist* ピアニスト. 語法 (1) -ize で終わる動詞に対応する名詞形も作る: public*ist* 宣伝係 ← public*ize* 宣伝する. (2) -ism の名詞に対応する場合「...主義(者)の」「...的な」の意の形容詞にもなる: social*ist* 社会主義(者)の / sex*ist* 性差別的な.

I

Is·tan·bul /ìstɑːnbúːl, -tæn-⁻/ 名 固 イスタンブール《トルコの都市; ⇒ Constantinople》.

isth·mus /ísməs/ 名 Ⓒ 地峡: the *Isthmus* of Panama [Suez] パナマ[スエズ]地峡.

***it**¹ /(弱形) ɪt, ət | ɪt; (強形) ít/
— 代《人称代名詞; 三人称·中性·単数·主格および目的格》(所有格 its /ɪts; íts/; 複 they /ðeɪ; ðéɪ/)

単語のエッセンス

[主語として]	A
1) (前に出た動植物や物·事柄などを受けて) それは[が]	❶
2) (具体的なものを示さないで)	❷, ❸
3) [形式主語として]	❹
4) [that 節を指して]	❺
5) [強調構文で]	❻
[目的語として]	B
1) それを[に]	❶, ❷
2) [形式目的語として]	❸

A《主格—主語として》
❶ [動植物·物·事柄を表わす単数名詞を受けて]
(1) [主語として] それは[が], **そのものは[が], そのことは[が]**: Look at that *dog*! *It* (= that dog) is so cute. あの犬を見て. (それは)とてもかわいいです / All of us want *peace*. *It* (= peace) is more precious than anything else. 私たちはみな平和を望んでいる. これは他の何よりも貴重なものである / "What's *that*?" "*It's* a box for this hat."「あれ[それ]は何ですか」「この帽子を入れる箱です」/ "Where is your *cat*?" "*It* (= my cat) is hiding under the sofa."「君の猫はどこにいるの」「ソファの下に隠れているよ」

日英 it は人称代名詞で, ただ前に出たものを受けるだけで, 指示代名詞の that のように物を指し示す働きはない. 従って日本語の「それ」の相当する語は英語では it ではなくて that であることが多い《⇒ that¹ 代 1 表》. 英語の it は場合によっては「それ」でなく「あれ」, ときには「これ」に相当することさえある. 上の例を参照.

語法 人間の場合でも性別が不明か特に問題としないとき, また性別が不明の幼児の場合には it が用いられることがある《⇒ baby 語法》: *Somebody* is knocking at the door. I wonder who *it* is. だれかが戸をノックしてる, だれかな / *It*'s only [just] me. 私ですよ / The little *child* is crying. *It* wants to go out. 小さい子が泣いてる. 外に出たいんだよ.

(2) **それは[が], そのことは[が]**《前に述べたことや話し手が心の中で思っていること, またはその場の状況で相手に何であるかがわかる事柄を漠然と指す; 日本語としては訳す必要がないことも多い》: I feel sick. Maybe *it*'s that meat I ate. 吐き気がする. さっき食べたあの肉のせいだろう / You look sad. What is *it*? 悲しそうだね. どうしたの.
(3) /ít/ [主格補語として] Ⓢ《略式》(i) それ(だ, です), そのこと(だ, です): That's *it*. それです, そのとおりだ; それが問題だ; これでおしまい《⇒ That's it. (that¹ 代 成句); This is it. (this 代 成句)》. (ii) 期待どおりのもの; 比類のないもの; 重大な時.
❷ [天候·時間·距離·明暗などを表わして; ⇒ **巻末文法** 3 (1) 非人称の it]: *It* is raining. 雨が降っている / *It* is very cold this morning. けさはとても寒い / *It* is Monday today. きょうは月曜日です / *It* was quite dark when I got there. 私がそこに着いたときにはすっかり暗くなっていた / "What time is *it*?" "*It* is seven o'clock."「今何時ですか」「7 時です」/ "How far is *it* to the station?" "*It* is two miles."「駅までの距離はどのくらい?」「2 マイルです」
❸ [周囲の状態や事情を漠然と示して]: How is *it* in the town? 町はどんな様子ですか.
❹ [形式主語として後にくる to 不定詞·動名詞·that 節·wh 節·whether 節などを受ける]: 言い換え *It* is important *to* find good friends. (= *To* find good friends is important.) よい友達を見つけることが大切だ / 言い換え *It* will be difficult *for* him *to* solve the problem. (= *For* him *to* solve the problem will be difficult.) 彼がその問題を解くのは困難だろう《⇒ for 前 B》/ *It* is nice *of* you *to* say so. そうおっしゃっていただいてありがとうございます《⇒ of 12》/ *It's* no use try*ing* to persuade him. 彼を説得してみてもむだだ / 言い換え *It* is quite natural *that* she *should* think so. (= *That* she *should* think so is quite natural). 彼女がそう考えるのはもっともだ《⇒ should A 7 (1) 語法》/ 言い換え *It* is not clear *who* wrote this story. (= *Who* wrote this story is not clear.) だれがこの話を書いたかははっきりしない.
❺ [後にくる that 節を指して; ⇒ **巻末文法** 3 (1) 非人称の it] 語法 この用法では上の 4 の場合と違い, that 節を主語として言いかえることはできない: *It* seems [ap-

pears] *that* no one knows about the accident yet. だれもまだその事故を知らないらしい / *It* may be *that* Mr. Brown was deceived by somebody. ブラウンさんはだれかにだまされたのかもしれない / *It* (so) happened *that* I had no money with me. たまたま私にはお金の持ち合わせがなかった.

❻ [強調構文の主語として, it is ...that 節 または wh 節の形で] 語法 この構文の it の次の be 動詞の時制は普通 that 節または wh 節の時制と一致し, that 節・wh 節の中の動詞の人称は, 強調される(代)名詞の人称に呼応する: *It* was Jill *who* [*that*] spoke first. 最初に口をきいたのはジルでした《Jill spoke first. の Jill を強調; ⇒ that[3] 代 1 (5)》/ *It* is he *who* is to blame. 悪いのは彼です《He is to blame. の he を強調; ⇒ me 2 語法 (2) (3)》/ *It* was my bicycle *that* [*which*] was stolen. 盗まれたのは私の自転車だ《My bicycle was stolen. の my bicycle を強調》/ *It*'s him *that* I want to invite. 私が招待したいのは彼だ《I want to invite him. の him を強調》/ *It* was because he was ill on that day *that* he did not come. 彼が来なかったのはその日具合が悪かったからだ《He did not come that day because he was ill. の because 以下の節を強調》.

B《目的格—目的語として》

❶ [動植物・物・事柄を表わす単数名詞を受けて] **それを[に], そのものを[に], そのことを[に]:** My girlfriend has a *lizard*, but I just can't touch *it* (= the lizard). ぼくの彼女はトカゲを飼っているが, ぼくはそのトカゲにはとても触れない [他動詞の直接目的語] / That's my *cat*. Please give *it* (= my cat) some food. それは私の猫です. 何か食べ物をやってください [他動詞の間接目的語] / He lives in a small *house* and there is little furniture *in it* (= the small house). 彼は小さな家に住んでいて, そこにはほとんど家具がない [前置詞の目的語].

❷ **それを, そのことを**《前に述べたことや話し手が心の中で思っていること, またはその場の状況で相手に何であるかがわかる事柄を漠然と指す; 日本語としては訳す必要がないことも多い》: I like *it* here. 私はここが気に入っている / He kept insulting me until I told him to stop *it*. 彼は私がやめてくれと言うまで私を侮辱(ぶじょく)し続けた.

❸ [形式目的語として後にくる to 不定詞・動名詞・that 節・wh 節・whether 節などを受ける]: I found *it* impossible *to* do the work in a week. その仕事を 1 週間で仕上げるのは不可能であるとわかった / We do not think *it* proper *for* you *to* say such a thing. あなたがそんなことを言うのは適切ではないと思う《⇒ for 前 B》/ You will find *it* dull liv*ing* here. ここでの生活は退屈でしょうよ / We think *it* a pity *that* a man like him *should* not work harder. 彼のような人がもっと熱心に仕事をしないのは残念に思う《⇒ should A 7 (1)》.

> 語法 (1) この用法の it は主に believe, consider, feel, find, think などの目的格補語をとる動詞の後にくる.
> (2) A 4 の形式主語の it と違って後にくる to 不定詞や節などを目的語として, 例えば I found *to* do the work in a week impossible. のように言い換えることはできない.

it[2] /ít/ 名 ❶ Ⓤ《略式》偉い人; (必要な)能力, 資質. ❷ Ⓤ《略式》(鬼ごっこ (tag) などの)鬼.

+**IT** /áɪtíː/ 名 Ⓤ **情報技術**, 情報通信技術《*i*nformation *t*echnology の略》: an *IT* company 情報技術関連企業.

****I·tal·ian** /ɪtǽljən/ 形 ❶ **イタリアの; イタリア人の;** イタリア系の: an *Italian* opera イタリア歌劇.
❷ **イタリア語の:** speak English with an *Italian* accent イタリア語なまりで英語を話す. (名 Ítaly)
— 名 (~s /~z/) ❶ Ⓒ **イタリア人;** イタリア系の人.
❷ [the ~s] **イタリア人**《全体》, イタリア国民《⇒ the[1] 5》: *The Italians* are very fond of music. イタリア人は非常に音楽が好きだ.
❸ Ⓤ **イタリア語:** I know a little *Italian*. イタリア語は少し知っている.

i·tal·ic /ɪtǽlɪk/ 形〔印刷〕イタリック体の, 斜体の.
— 名 (~s /~s/) [複数形で]〔印刷〕イタリック体, 斜字体. 参考 強調や注意のためや, 船名・新聞雑誌名・書名などを示すのに用いる. 手書きでは下線で示す《⇒ **巻末文法** 15.1 (6)》: Print *in italics*. イタリック体で印刷してください.

i·tal·i·cize /ɪtǽləsàɪz/ 動 他 イタリック体で印刷する; (...)にイタリック体の指示をする《下線を引く》.

+**It·a·ly** /ítəli/ 名 固 **イタリア**《ヨーロッパ南部の共和国; 首都 Rome》. (形 Itálian)

itch /ítʃ/ 動 自 ❶ かゆい, むずがゆい: My left leg [ear] is *itching*. 私は左脚[耳]がかゆい / I'm *itching* all over. 体じゅうがかゆい. ❷ [普通は進行形で]《略式》(...が欲しくて)むずむずする, とても...したがる: The girl *is itching for* praise. その女の子はほめてもらいたくてうずうずしている / He *is itching to* ask a question. 彼は質問をしたくてむずむずしている. — 他 (人)をかゆくする.
— 名 ❶ Ⓒ [普通は単数形で] かゆいこと, かゆみ: I have an awful *itch* on my back. 背中がとてもかゆい.
❷ [単数形で]《略式》(...したくて)たまらない願望: She has an *itch* ⌈*to* travel [*for* traveling]. 彼女は旅行したくてたまらない.

itch·y /ítʃi/ 形 (itch·i·er; -i·est) ❶ かゆい: I feel *itchy* all over. 体じゅうがかゆい. ❷ かゆくする, むずむずさせる. **hàve [gèt] ítchy féet** [動] 自《略式》移動したくてむずむずしている.

****it'd** /ítəd/ ❶《略式》it would の**短縮形:** *It'd* be great if Tom would join us. もしトムが仲間に入ってくれるならすばらしい. ❷《略式》it had[2] **の短縮形:** *It'd* stopped raining when I got to the village. 私がその村に着いたときには雨はやんでいた.

-ite /àɪt/ 接尾 [名詞語尾]「...に住む人」の意: To-kyo*ite* 東京都民.

****i·tem** /áɪṭəm/

> 意味のチャート
> ラテン語で「同じく」の意. リストの項目を「以下同じく」と読み上げたことから →「**個条**」❶ →「**項目**」となった.

— 名 (~s /~z/) ❶ Ⓒ **項目, 品目,** 細目; 一点; 細目; 個条, 条項: a popular *item* 人気商品 / the most important *item* on the program プログラムの中で最も重要な種目 / the next *item* on the agenda 次の議題 / an *item of* clothing 衣料品 1 点. ❷ Ⓒ (新聞記事などの)一節, 1 つの記事[ニュース]《⇒ news 語法》: local *items* (新聞の)地方記事 / Are there any interesting *items* in the paper? 何かおもしろい記事が新聞に出ていますか.

be an ítem [動] 自《略式》親密[性的]な関係にある: They *are an item*. 彼らはできている. (動 ítemìze)

i·tem·ize /áɪṭəmàɪz/ 動 他 (...)を箇条書きにする, 明細に記す. (名 ítem)
i·tem·ized /áɪṭəmàɪzd/ 形 明細に記した.
i·tin·er·ant /aɪtín(ə)rənt, ɪt-/ 形 限定《格式》地方巡回の: an *itinerant* preacher 巡回説教師.
+**i·tin·er·ar·y** /aɪtínərèri, ɪt-|-n(ə)rəri/ 名 (-ar·ies) C 旅行計画, 旅程.
-i·tis /áɪṭɪs/ 接尾 [名詞語尾]〔医学〕「...炎(症)」の意: appendic*itis* 虫垂炎 / bronch*itis* 気管支炎.
***it'll** /íṭl/《略式》it will¹ の短縮形: *It'll* be good weather tomorrow. あすはよい天気でしょう.
***its** /(弱形) ɪts; (強形) íts/ (同音 it's)
— 代《人称代名詞 it の所有格; ⇒ one's 語法》 ✪ (1) its と it's を混同しないこと. (2) 詳しい用法については ⇒ it¹. それの, その: My dog wagged *its* (= my dog's) tail at me. 犬は私にしっぽを振った / You see a large house over there? *Its* (= the house's) owner is Mr. White. あそこに大きな家が見えるでしょう. その持ち主はホワイトさんです.
***it's** /ɪts/ (同音 its) ❶《略式》it is の短縮形 (⇒ be' 表): *It's* sweet. それは甘い / *It's* getting colder day by day. 日増しに寒くなっていきます / *It's* called a mountain goat. それはしろいわやぎと呼ばれる. ❷《略式》it has² の短縮形: *It's* stopped raining. 雨がやんだ.
***it·self** /ɪtsélf/
— 代《再帰代名詞》(複 themselves /ðəmsélvz/) ❶ /ɪtsèlf/ [再帰用法; 主語が it および中性の単数名詞および単数の指示代名詞・不定代名詞などのときに用いられる] (それが)それ自身を[に], (そのものが)それ自体を[に], (そのことが)そのこと自体を[に]: *The dog* scratched *itself*. その犬は体をかいた / The hare hid *itself* behind a bush. 野うさぎは繁みの陰に隠れた / *A good opportunity* presented *itself*. よい機会が到来した.
❷ [強調用法; ⇒ 巻末文法 15.1 (3)] それ自身が[に, も], そのもの[こと]自体が[に, も]: *Money itself* is not my first objective. 金そのものが私の第一の目的ではない / We could not see *the plane itself*, though we heard the distant roaring of its engine. はるか遠くに爆音は聞こえたが飛行機そのものは見えなかった / 言い換え He is *kindness itself*. (= He is very kind.) 彼は親切そのものだ(とても親切だ). ✪ by itself などの成句については ⇒ oneself.
it·sy-bit·sy /ítsibítsi⁻/, **it·ty-bit·ty** /íṭibíṭi⁻/ 形 限定 S《略式》ちっちゃい, ちっぽけな.
iTV /áɪtìːvíː/ 名 U 双方向テレビ(番組)《interactive television の略》.
ITV /áɪtìːvíː/ 略《英》= Independent Television 独立テレビ放送《英国民間テレビ局の総称》.
-i·ty /əṭi/ 接尾 [名詞語尾]「状態·性質」を示す: absúrd*ity* 不合理 / púr*ity* 純粋さ. 発音 直前の音節に第一アクセントがくる.
IUD /áɪjùːdíː/ 略 = intrauterine device.
IV /áɪvíː/ 名 (複 IVs) C《米》点滴(装置), 静注(器具) [≒drip]《*intravenous* の略》.
***I've** /aɪv/《略式》I² have² の短縮形: *I've* already had my breakfast. 私は朝食はもう済ませた.
-ive /ɪv/ 接尾 [形容詞語尾]「...の性質を持つ, ...の傾向のある」の意: mass*ive* 大きくて重い / act*ive* 活動的な / destruct*ive* 破壊的な.
i·vied /áɪvid/ 形《文語》つたで覆(おお)われた.
+**i·vo·ry** /áɪv(ə)ri/ 名 (i·vo·ries) ❶ U **象牙**(ぞうげ); きば: a design carved in *ivory* 象牙に刻まれた模様. ❷ U 象牙色. ❸ C [しばしば複数形で] 象牙細工のもの《さいころ·ピアノの鍵盤(けんばん)など》.
Ívory Cóast 名 固 ⇒ Côte d'Ivoire.
ívory tówer 名 C [しばしば軽蔑的] 象牙(ぞうげ)の塔《実社会から遊離[逃避]した場所や境遇》.
i·vy /áɪvi/ 名 (i·vies) U,C アイビー, 西洋きづた《常緑のつる性植物》; つた.
Ívy Léague 名 [the ~]《米》アイビーリーグ《米国北東部にある有名 8 大学》. — 形《米》アイビーリーグ(風)の.
IWC /áɪdʌ̀bljuːsíː/ 略 = International Whaling Commission 国際捕鯨委員会.
-i·za·tion /ɪzéɪʃən | aɪz-/ 接尾 [名詞語尾]「...にすること, ...化」の意: national*ization* 国有化 ← national*ize* 国有化する. (動 -íze)
-ize /àɪz/ 接尾 ❶ [動詞語尾]「...にする[なる], ...化する」の意: civil*ize* 文明国[社会]にする / organ*ize* 組織する / crystall*ize* 結晶する. ❷ [動詞語尾]「...として行動する, ...に従事する」の意: critic*ize* 批判する / sermon*ize* 説教をする. 参考《英》では -ise ともつづられるが, この辞書は civilise, realise のようによく用いられる語を除いては -ise の形は特に記載していない. (名 -izátion)

I

Jj

j, J /ʤéɪ/ 名 (複 j's, js, J's, Js /~z/) C,U ジェイ《英語アルファベットの第 10 文字》.

jab /ʤǽb/ 動 (jabs; jabbed; jab·bing) 他 ❶ (...)をさっと突く[押す], つつく; 突き刺す: She *jabbed* me in *the* back *with* her elbow. 彼女はひじで私の背中をついた《⇒ the¹ 2 語法》/ He *jabbed* the needle *into* my arm. 彼は私の腕にぷすりと注射針を刺した. ❷〔ボクシング〕(相手)をジャブで突く. — 自 ❶ すばやく突く[押す]; 突き刺す: For emphasis, the speaker *jabbed at* the air *with* his finger. 演説者は指を振り振り力説した《人差し指を空中に突き立てるような身振り; ⇒ listen 挿絵》. ❷〔ボクシング〕ジャブで突く. — 名 ❶ C 突き, 不意打ち: She gave me a *jab* with her elbow. 彼女はひじで私を突いた. ❷ C〔ボクシング〕ジャブ. ❸ C《英略式》注射 [≒shot]. **tàke a jáb** [動] 自 (...を)批判する (*at*).

jab·ber /ʤǽbɚ | -bə/ 動 (-ber·ing /-b(ə)rɪŋ/) 自 (不明瞭に)早口でしゃべる, ぺちゃくちゃしゃべる (*away*; *about*). — 他 (...)を[と]早口で言う (*out*). — 名 [U または a ~] 早口のおしゃべり.

jack /ʤǽk/ 名 ❶ C ジャッキ: You should carry a *jack* in case you have a flat tire. タイヤがパンクするといけないからジャッキを(車のトランクに)入れておきなさい. ❷ C〔トランプ〕ジャック(の札): the *jack* of clubs クラブのジャック. 関連 king キング / queen クイーン. ❸ C〔電気〕(プラグの)差込み口. ❹ C [複数形で単数扱い] ジャックス《子供の遊戯; まりをつき[投げ]ながら, ジャック (jack) という 6 本の突起のある金属片をひろったり並べたりする》. — 動 [次の成句で] **jáck úp** [動] 他 (1) (車など)をジャッキで上げる. (2)《略式》(値段など)をつり上げる.

Jack /ʤǽk/ 名 固 ジャック《男性の名; John の愛称》: *Jack* of all trades, (and) master of none.《ことわざ》何でも一応やる人はどれも大して上手ではない(多芸は無芸, 器用貧乏).

jack·al /ʤǽk(ə)l/ 名 (複 ~(s)) C ジャッカル《おおかみに似たいぬ科の獣》.

jack·ass /ʤǽkæ̀s/ 名 ❶ C《略式, 主に米》まぬけ. ❷ C 雄ろば.

⁑jack·et /ʤǽkɪt/ ❗アク

— 名 (jack·ets /-kɪts/) ❶ C **上着**, ジャケット《スーツの上着などのほか, カジュアルな物も含まれる; ⇒ jumper¹ 日英, suit 名 1 参考》: wear a *jacket* ジャケットを着ている / a denim *jacket* デニムのジャケット. 関連 flak jacket 防弾チョッキ.

❷ C (本の)**カバー** (dust jacket)《⇒ cover 名 2 日英》;《米》(CD などの)**ジャケット**. ❸ C (機械・パイプなどの)覆い.

Jáck Fróst 名 固 [擬人化] 霜, 冬将軍.

jack·ham·mer /ʤǽkhæ̀mɚ | -mə/ 名 C《米》携帯削岩機, 空気ドリル [《英》pneumatic drill].

jack-in-the-box /ʤǽkɪnðəbɑ̀(ː)ks | -bɔ̀ks/ 名 C びっくり箱.

jack·knife /ʤǽknàɪf/ 名 (-knives /-nàɪvz/) ❶ C ジャックナイフ《携帯用の大型折りたたみナイフ》. ❷ C ジャックナイフ《飛び込みの一種》. — 動 自 (連結車両などが)V 字に折れ曲がる.

jack-of-all-trades /ʤǽkəvɔ́ːltréɪʤ/ 名 (複 jacks-) C [ときに J-] 何でもやれる(がどれも上手でない)人, よろず屋, 器用貧乏《⇒ Jack 例文》.

jack-o'-lan·tern /ʤǽkəlæ̀nṭən | -tən/ 名 C かぼちゃちょうちん《Halloween に子供たちが作って遊ぶ》.

jack·pot /ʤǽkpɑ̀(ː)t | -pɔ̀t/ 名 C (運がものをいうゲームの)多額の賞金. **hít the jáckpot** [動] 自 大金を勝ち取る; 大成功する.

jáck ràbbit 名 C ジャックうさぎ《北米西部に住む耳と後足が長い野うさぎ》.

Jack·son /ʤǽks(ə)n/ 名 固 Andrew ~ ジャクソン (1767–1845)《米国の第 7 代大統領 (1829–37)》.

Ja·cob /ʤéɪkəb/ 名 固 ジェイコブ《男性の名》.

Jac·o·be·an /ʤæ̀kəbíːən⁺/ 形 (建築・家具・美術品などが)英国王ジェームズ一世時代 (1603–25) の.

Ja·cuz·zi /ʤəkúːzi/ 名 C ジャクージー《噴流式の気泡ぶろ[温水プール]; 商標》.

jade /ʤéɪd/ 名 ❶ U ひすい, 玉(ぎょく)《鉱石》. ❷ U ひすい色, 緑色.

jad·ed /ʤéɪdɪd/ 形 飽き飽き[うんざり]した.

jag·ged /ʤǽgɪd/ 形 (岩などが)のこぎりの歯のような, ぎざぎざの; かぎ裂きの.

jag·uar /ʤǽgwɑɚ | -gjuə/ 名 C ジャガー, アメリカひょう《米国南部から南米にかけて分布する》.

***jail** /ʤéɪl/ 名 (~s /~z/) C,U **刑務所**, 監獄, 牢獄(ろうごく) [≒prison]; **拘置所**, 留置場: He was *in jail* for ten years. 彼は 10 年間刑務所に入っていた / He was arrested and *put in jail*. 彼は逮捕され投獄された / break [escape from] *jail* 脱獄する. 語法《米》では prison を刑務所に, jail を拘置所に用いることがある. — 動 他 [普通は受身で] (人)を(...の罪で)投獄[拘置]する (*for*).

jail·bird /ʤéɪlbɚ̀ːd | -bɜ̀ːd/ 名 C《古風, 略式》囚人; 常習犯, 刑務所の常連.

jail·break /ʤéɪlbrèɪk/ 名 C (数人による)脱獄.

jail·er, jail·or /ʤéɪlɚ | -lə/ 名 C《古風》看守.

jail·house /ʤéɪlhàʊs/ 名 C《米》= jail.

Ja·kar·ta /ʤəkɑ́ɚṭə | -kɑ́ː-/ 名 固 ジャカルタ《インドネシア共和国 Java 島にある同国の首都》.

ja·la·pe·ño /hɑ̀ːləpéɪnjoʊ/ 名 (~s) C,U ハラペーニョ《メキシコ料理用のとうがらし》.

ja·lop·y /ʤəlɑ́(ː)pi | -lɔ́pi/ 名 (-lop·ies) C《略式》おんぼろ[ぽんこつ]車.

***jam¹** /ʤǽm/ (同音 jamb) 名 U **ジャム**《⇒ jelly》: a jar of *jam* ジャム 1 びん / spread *jam* on bread パンにジャムを塗る. 語法 種類をいうときは C: recipes for (making) various *jams* いろいろなジャムの作り方.

+jam² /ʤǽm/ (同音 jamb) 動 (jams /~z/; jammed /~d/; jam·ming) 他 ❶ (...)を(~に)**詰め込む**, 押し込む; (指など)を挟んで痛める; (急に)強く押す: She *jammed* her scarf *into* her pocket. V+O+前+名 彼女はスカーフをポケットの中へ押し込んだ / The driver *jammed* his foot *on* the brake(s). 運転手は力いっぱいブレーキを踏んだ.

❷ (人・車などで)(場所)を**ふさぐ**, つかえさせる; (場所)に(...を)詰め込む (*up*): Passengers *jammed* the bus *beyond* its capacity. V+O+前+名 バスの乗客はぎゅうぎゅう詰めで定員を越えていた / The trains *were* *jammed with* commuters. V+O+*with*+名の受身 どの電車も通勤者でぎゅうぎゅう詰めだった. ❸ (通話が一時に殺到して)(電話回線)をパンクさせる: The hospital's switchboard *was jammed with* calls from relatives of the victims. 犠牲者の肉親からの電話で病院の回線はパンクした. ❹ (戸・機械など)を動かなくする (*up*); (放送・電波など)を妨害する: The door *was jammed* shut. ドアはつっかえて開かなくなっていた.

— 自 ❶ [副詞(句)を伴って] ぎっしり詰まる; 押し合う: They *jammed into* the bus. 彼らはバスにどっと乗り込んだ. ❷ (戸・機械などがひっかかって)動かなくなる, つかえる (*up*). ❸ 《略式》(ジャズなどを)即興で演奏する.

jám ón [動] 他 (ブレーキなど)を強く踏む[かける].

— 名 (~s /~z/) ❶ C (車や人などの)**ひしめき合い**, 押し合い; 雑踏, 混雑: a traffic *jam* 交通渋滞 / There was a terrible *jam* on the sidewalk. 歩道はひどい混雑だった. ❷ C (機械の)故障; 紙づまり.

「be in [gèt into] a jám [動] 自 《略式》 困った[やばい]ことになっている[なる].

Ja·mai·ca /ʤəméɪkə/ 名 固 ジャマイカ《西インド諸島 (West Indies) の島; 英連邦内の独立国》.

Ja·mai·can /ʤəméɪk(ə)n/ 形 ジャマイカ[人, 系]の. — 名 C ジャマイカ人; ジャマイカ系人.

jamb /ʤǽm/ 名 C 〔建築〕 (入り口・窓などの両側の)抱(だ)き; わき柱.

jam·bo·ree /ʤæ̀mbəríː/ 名 C ジャンボリー《特に, 全国的・国際的なボーイスカウトなどの大会》.

James /ʤéɪmz/ 名 固 ジェームズ《男性の名; 愛称は Jim または Jimmy》.

jammed /ʤǽmd/ 形 ぎっしり詰まった; 動かない.

jam-packed /ʤǽmpǽkt←/ 形 《略式》 (...を)ぎゅうぎゅう詰め込んだ, (...で)すし詰めの (*with*).

jám sèssion 名 C ジャムセッション《ジャズやロックなどの即興演奏(会)》.

+**Jan.** /ʤǽn/ 略 **1 月** (January).

Jane /ʤéɪn/ 名 固 ジェーン《女性の名; 愛称は Janet, Jennie または Jenny》.

Jáne Dóe /-dóʊ/ 名 C,U 《米》〔法律〕 ジェーンドウ《本名が不明の時に裁判などで用いる女性の仮名; 男性の場合は John Doe》.

Jan·et /ʤǽnɪt/ 名 固 ジャネット《女性の名; Jane の愛称》.

jan·gle /ʤǽŋgl/ 動 自 ❶ (金属が)じゃらじゃらいう, (鐘などが)じゃんじゃん鳴る. ❷ (音・声が) (神経などに)さわる (*on*). — 他 ❶ (硬貨・鍵束など)をじゃらじゃらいわせる, (鐘など)をじゃんじゃん鳴らす. ❷ (神経など)をいらだたせる, (...)にさわる. — 名 C,U [普通は単数形で] じゃらじゃらいう音.

Jan·ice /ʤǽnɪs/ 名 固 ジャニス《女性の名》.

jan·i·tor /ʤǽnəṭə | -tə/ 名 C 《主に米》 (学校・ビルなどの)管理人, 用務員《警備・修理・清掃などをする》 [《英》 caretaker]. 語法 軽蔑的な響きがあるので, 格式ばったときには custodian を使う.

***Jan·u·ar·y** /ʤǽnjuèri | -njuəri/

— 名 (-ar·ies /~z/) U,C **1 月**《略 Jan.; ⇒ month 表》: The year begins *in January*. 1 年は 1 月から始まる《⇒ begin 自 ⚡》 / My birthday is (*on*) *January* 5. 私の誕生日は 1 月 5 日です《January 5 は January (the) fifth, 《米》 January five と読む; ⇒ date¹ 名 1 語法 囲み》 / in early [mid-, late] *January* 1 月初旬[中旬, 下旬]に.

Ja·nus /ʤéɪnəs/ 名 固 〔ローマ神話〕 ヤヌス《頭の前後に顔がある戸口や門の守護神; ⇒ month 表 1 月》.

Jap /ʤǽp/ 名 C, 形 《俗》 [軽蔑的] 日本人(の), ジャップ(の).

Jap. 略 = Japan, Japanese. 語法 軽蔑的な Jap を連想させるので最近では Jpn., JPN を使うことが多い.

ja·pan /ʤəpǽn/ 名 U 漆.

***Ja·pan** /ʤəpǽn/

— 名 固 **日本**《略 Jpn., JPN》: *Japan* is an island country. 日本は島国です / What was *the Japan* of the 7th century like? 7 世紀の日本はどんなふうだったろうか. **the Séa of Japán** [名] 日本海.

(形 Jàpanése, 動 Jápanìze)

Japán Cúrrent 名 固 [the ~] 日本海流, 黒潮.

***Jap·a·nese** /ʤæ̀pəníːz←/

— 形 ❶ **日本の**; **日本人の**; 日系の《略 Jpn., JPN》: *Japanese* food 日本食, 和食 / The *Japanese* national flag is white with a red sun in the [its] center. 日本の国旗は白地で中央に赤い太陽があります. 語法 特にマスコミでは, Japanese に代えて Japan's を用いることがある: *Japan's* [*Japanese*] car makers 日本の自動車メーカー.

❷ **日本語の**《略 Jpn., JPN》: *Japanese* grammar 日本語の文法. (名 Japán)

— 名 (複 ~) ❶ C **日本人**; 日系人《略 Jpn., JPN》; [the ~ として複数扱い] **日本人**《全体》, 日本国民, 日本民族《⇒ the¹ 5 語法》: There are many *Japanese* in Hawaii. ハワイには大勢の日本人[日系人]がいる. 語法 (1)「1 人の日本人」は a Japanese person などという. (2)「私は日本人です」は I'm Japanese. というのが普通《⇒ American 形 1 語法》. または海外にいる場合は I'm from Japan. ともいう.

> **⚡ 日本人は...**
>
> **日本人はその問題に関心がない.**
> The Japanese are not interested in that issue.
> Japanese people are ...
> ✪ 日本人一般について述べる際は, Japanese are ... ではなく以上のように言うのが普通.
> ✪「我々日本人は...」(We Japanese ...)という言い方は排他的に響くので注意が必要.

❷ U **日本語**《略 Jpn., JPN》: Our American teacher speaks *Japanese* very well. 私たちのアメリカ人の先生は日本語がとても上手だ.

Ja·pa·nese-A·mer·i·can /ʤæ̀pəníːzəmérɪkən←/ 名 C, 形 日系アメリカ人(の).

Jápanese lántern 名 C 提灯(ちょうちん) (Chinese lantern).

Jap·a·nize /ʤǽpənàɪz/ 動 他 (...)を日本化する, 日本風[的]にする. (名 Japán)

ja·pon·i·ca /ʤəpá(ː)nɪkə | -pón-/ 名 C,U つばき; 木瓜(ぼけ).

+**jar¹** /ʤáə | ʤáː/ 名 (~s /~z/) ❶ C (広口の)**びん**, つぼ《陶器またはガラス・石製》: a jam *jar* ジャムびん. 日英 日本語の「ジャー」のような「保温容器」の意味はない《⇒ pot 1 日英》. ❷ C びん[つぼ]1 杯の量: a *jar of* jam 1 びんのジャム.

jar² /ʤáə | ʤáː/ 動 (jars; jarred; jar·ring /ʤáːrɪŋ/) 自 ❶ (耳・神経などに)さわる, 不快な感じを与える, いらだたせる: Her sharp tone of voice *jarred on* my ears. 彼女のきんきん声が耳にさわった. ❷ (意見・色などが)

合わない, 相容れない (*with*). ― 他 ❶ (...)をいらだたせる; 震動させる; (...)にショックを与える. ❷ (体の部位)をぶつける, くじく. ― 名 C 耳ざわりな音, 突然の不快な揺れ; 衝撃, ショック.

jar·gon /ʤάːəg(ə)n | ʤάː-/ 名 U,C [しばしば軽蔑的] (特殊な人たちにだけ通じる)特殊用語, 隠語, 専門用語だらけの話; 意味不明なことば.

jar·ring /ʤάːrɪŋ/ 形 不快な; 不調和な, 揺さぶる.

jas·mine /ʤǽzmɪn/ 名 C,U ジャスミン《おうばい属の低木; 香水・お茶に用いられる》.

Ja·son /ʤéɪs(ə)n/ 名 固 〔ギリシャ神話〕 イアソン《黒海沿岸の国コルキスへ遠征し, 金の羊毛を持ち帰った英雄》.

jas·per /ʤǽspə | -pə/ 名 U 碧玉(へきぎょく)《鉱石》.

jaun·dice /ʤɔ́ːndɪs/ 名 U 黄疸(おうだん).

jaun·diced /ʤɔ́ːndɪst/ 形 ひがんだ, 偏見を持った.

jaunt /ʤɔ́ːnt/ 名 C (車などで行く行楽の)外出, 小旅行 (*to*): go on [for] a *jaunt* (日帰りの)レジャーに出かける.

jaun·ti·ly /ʤɔ́ːnṭəli/ 副 快活に; さっそうと.

jaun·ty /ʤɔ́ːnṭi/ 形 (jaun·ti·er; -ti·est) 快活な, 陽気な; 気取った, さっそうとした: wear a cap at a *jaunty* angle 帽子を(傾けて)いきにかぶる.

ja·va /ʤάːvə/ 名 U 《米略式》 コーヒー.

Ja·va /ʤάːvə/ 名 ❶ 固 ジャワ《インドネシア共和国の主島》. ❷ U ジャバ《インターネット上での使用に適したコンピューター言語; 商標》.

Jáva màn 名 U 〔人類学〕 ジャワ原人.

jav·e·lin /ʤǽv(ə)lɪn/ 名 ❶ C (やり投げ用の) やり. ❷ [the ～] やり投げ《競技》.

+**jaw** /ʤɔ́ː/ 名 (～s /～z/) ❶ C **あご** (⇒ head 挿絵); 下あご(の形): the lower [upper] *jaw* 下[上]あご / Her *jaw* dropped [fell] (open). 彼女はあんぐりと口を開けた《驚き・失望などの表情》.

jaw (上あご・下あご)	あご
chin (下あごの先端部)	

❷ [複数形で] (特に危険な動物の)口部 [≒mouth]《上下のあごの骨と歯を含めて》. ❸ [複数形で] (万力・ペンチなどの)あご部; (トンネルなどの)狭い入り口.

sét one's **jáw** [動] 自 (固い決意を示して)あごを引く[引き締める], 意志の固さを見せる.

the jáws of déath [despáir] [名] 死[絶望]の淵.

― 動 自 《略式》 (くどくどと)しゃべる (*away*; *to*).

jaw·bone /ʤɔ́ːbòʊn/ 名 C (下)あごの骨.

jaw·break·er /ʤɔ́ːbrèɪkə | -kə/ 名 C 《主に米》 堅くて丸いキャンディー.

jaw-drop·ping /ʤɔ́ːdrὰ(ː)pɪŋ | -drɔ̀p-/ 形 《略式》 びっくりさせる, 驚くべき.

jaw·line /ʤɔ́ːlàɪn/ 名 C 下あごの輪郭.

jay /ʤéɪ/ 名 C かけす《鳴き声のやかましい鳥》.

jay·walk /ʤéɪwɔ̀ːk/ 動 自 交通規則や信号を無視して街路を横切る.

jay·walk·er /ʤéɪwɔ̀ːkə | -kə/ 名 C 交通規則や信号を無視して街路を横切る人.

jay·walk·ing /ʤéɪwɔ̀ːkɪŋ/ 名 U 交通規則や信号を無視した街路横断.

jazz /ʤǽz/

― 名 U **ジャズ**: play *jazz* ジャズを演奏する / a *jazz* band ジャズバンド.

... and áll thàt jázz 《略式》 Ⓢ [列挙したものの後で] ...とかいった(たぐいの)もの, ...など. (形 jázzy)

― 動 他 (音楽)をジャズ風に演奏[編曲]する (*up*).

jázz úp [動] 他 《略式》 (...)を活気づける, にぎやかにする, おもしろくする.

jazzed /ʤǽzd/ 形 叙述 《米》 興奮している.

jaz·zy /ʤǽzi/ 形 (jaz·zi·er; -zi·est) ❶ 《略式》 ジャズ(風)の. ❷ 《略式》 派手な, けばけばしい. (名 jazz)

+**jeal·ous** /ʤéləs/ 発音 形 ❶ **しっと深い**, ねたんでいる (⇒ 類義語): a *jealous* wife [husband] やきもちやきの妻[夫] / He's ***jealous of*** my success. +of+名 彼は私の成功をねたんでいる / This made the others *jealous of* Henry. これがもとでヘンリーは皆にねたまれた. ❷ 《格式》 油断のない; (権利・財産などを失うまいと)用心をする: be very *jealous of* one's rights 自分の権利を用心して守る. (名 jéalousy)

類義語 jealous 他人の持っているものが自分にだけないのは不当だとして快く思わないこと: The child was *jealous* when his parents played with his baby sister. その子供は両親が赤ん坊の妹と遊ぶとしっとした. envious 他人の持っているものをうらやみ, 自分もそれにあやかりたいと思うこと: He was *envious* of his friend's new sled. 彼は友達の持っている新品のそりがうらやましかった.

〖語源 zealous と同語源〗

～·ly 副 ❶ 極端に用心深く. ❷ しっと深く, ねたんで.

*****jeal·ou·sy** /ʤéləsi/ 名 (-ou·sies /～z/) U,C **しっと**, ねたみ: She's burning [eaten up] with *jealousy*. 彼女はしっとに燃えている / He showed great ***jealousy of*** his rival. 彼は競争相手に強いしっとの気持ちを示した / petty *jealousies* つまらないことへのしっと. (形 jéalous)

Jean /ʤíːn/ 名 固 ジーン《女性の名; 愛称は Jeanie または Jeannie》.

Jean·ie, Jean·nie /ʤíːni/ 名 固 ジーニー《女性の名; Jean の愛称》.

+**jeans** /ʤíːnz/ 名 複 **ジーンズ**, ジーパン: a pair of *jeans* ジーンズ 1 着 / wear *jeans* ジーンズをはいている.
日英 「ジーパン」は jeans と pants を組み合わせた和製英語. 関連 trousers ズボン / slacks スラックス.

jeep /ʤíːp/ 名 C ジープ(型の車)《小型で馬力の強い自動車; 商標名 Jeep》.

jeer /ʤíə | ʤíə/ 動 (jeer·ing /ʤí(ə)rɪŋ/) 自 (声に出して)あざける, ばかにする, やじる: They *jeered at* John. 彼らはジョンをばかにした. ― 他 (人)をあざける, ばかにする. ― 名 C あざけり.

jeez /ʤíːz/ 間 《略式, 主に米》 おやまあ《驚き・怒り・困惑などを表わす》.

Jeff /ʤéf/ 名 固 ジェフ《男性の名; Jeffrey の愛称》.

Jef·fer·son /ʤéfəs(ə)n | -fə-/ 名 固 Thomas ～ ジェファソン (1743–1826)《米国の政治家; 第 3 代大統領 (1801–09)》.

Jef·frey /ʤéfri/ 名 固 ジェフリー《男性の名; 愛称は Jeff》.

Je·ho·vah /ʤɪhóʊvə/ 名 固 〔聖書〕 エホバ, ヤーヴェ《神の呼称の 1 つ; ⇒ Noah 参考》.

Jehóvah's Wítness 名 C エホバの証人《キリスト教系の新宗教の信者》.

je·june /ʤɪʤúːn/ 形 《格式》 (考えなどが)未熟な, 子供じみた; 興味の乏しい.

Jek·yll and Hyde /ʤék(ə)lənhάɪd, ʤíːk(ə)l-/ 名 ❶ 固 ジキル博士とハイド氏《スティーブンソン (Stevenson) の小説の主人公で, 温厚で善良な市民ジキル

(Jekyll) 博士が薬を飲むと狂暴な悪人ハイド (Hyde) 氏となる》. ❷ Ⓒ 二重人格者.

jell /ʤél/ 動 自 ❶ (人々が)団結する. ❷ (考えなどが)具体化する, 固まる. ❸ ゼリー状になる, 凝固する.

Jell-O, jell·o /ʤéloʊ/ 名 Ⓤ《米》ゼリー菓子《デザート用など; Jell-O は商標》.

jel·ly /ʤéli/ 名 (jel·lies) ❶ U,C《英》(フルーツ)ゼリー; ゼリー菓子. ❷ U,C ゼリージャム《果肉を含まない透明なジャム》: a peanut butter and *jelly* sandwich ピーナッツバターとジャムのサンドイッチ. ❸ Ⓤ ゼリー状のもの; U,C 肉汁ゼリー. 「**féel lìke [túrn to] jélly** [動] 自 (脚・ひざなどが)ぶるぶると震え出す.

jélly bèan 名 Ⓒ ゼリービーンズ《豆形のゼリー菓子》.

jel·ly·fish /ʤélifìʃ/ 名 (複 ~, ~·es) Ⓒ くらげ.

jélly ròll 名 C,U《米》(ジャムやクリーム入りの)ロールケーキ [《英》Swiss roll].

jem·my /ʤémi/ 名 (jem·mies) Ⓒ《英》= jimmy.

Jen·nie, Jen·ny /ʤéni/ 名 固 ジェニー《女性の名; Jane および Jennifer の愛称》.

Jen·ni·fer /ʤénəfɚ | -fə/ 名 固 ジェニファー《女性の名; 愛称は Jennie または Jenny》.

Jen·ny /ʤéni/ 名 固 = Jennie.

jeop·ar·dize /ʤépɚdàɪz | -pə-/ 動 他 (...)を危うくする, 危険にさらす.

jeop·ar·dy /ʤépɚdi | -pə-/ 名 Ⓤ 危険 [≒danger]. **in jéopardy** [形] 危険にさらされて: put [place] their lives *in jeopardy* 彼らの生命を危険にさらす.

Jer·e·my /ʤérəmi/ 名 固 ジェレミー《男性の名; 愛称は Jerry》.

Jer·i·cho /ʤérɪkòʊ/ 名 固 イェリコ, エリコ《Palestine の町; 古代都市の遺跡がある》.

+**jerk** /ʤɚ́ːk | ʤə́ːk/ 動 (jerks /~s/; jerked /~t/; jerk·ing) 他 (...)を(急に)**ぐいと引く[押す, 突く, 動かす]**; ひょいと投げる: He *jerked* the big fish *out of* the water. V+O+前+名 彼はその大きな魚を水からぐいと引き上げた / She *jerked* the window open. V+O+C(形) 彼女は窓をぐっと開けた.
— 自 ぐいと動く, ぴくぴくする, 引きつる; ぐいと引っ張る (*at, on*): *jerk* to a stop [halt] (乗り物などが)がたんと[急に]止まる.
jérk ... aróund [動] 他《略式, 主に米》(人)に時間を浪費させる; (人)を困らせる.
— 名 (~s /~s/) ❶ Ⓒ **急な動き**, (急に)ぐいと引く[押す, 突く, ねじる, 動かす]こと: *Give* the rope a *jerk*. 綱をぐっと引け / pull on the rope *with a jerk* ロープをぐいと引っ張る. ❷ Ⓒ《略式》ばか, まぬけ.

jerk·y[1] /ʤɚ́ːki | ʤə́ː-/ 形 (jerk·i·er; -i·est) ぴくぴく[がたがた]動く; つかえがちな;《略式》ばかな.

jerk·y[2] /ʤɚ́ːki | ʤə́ː-/ 名 Ⓤ ジャーキー《細く切って日干しや燻製(くんせい)にした肉; 特に牛の干し肉》.

Jer·ry /ʤéri/ 名 固 ジェリー《男性の名; Gerald および Jeremy の愛称》.

jer·ry-built /ʤéribìlt/ 形《略式》安普請(やすぶしん)の.

+**jer·sey** /ʤɚ́ːzi | ʤə́ː-/ 名 (~s /~z/) ❶ Ⓒ **ジャージーのシャツ**《スポーツ選手が着る》; ジャージーのセーター《⇒ sweater 関連》. ❷ Ⓤ ジャージー《柔らかく伸縮性のあるメリヤス生地》.

Jer·sey /ʤɚ́ːzi | ʤə́ː-/ 名 ❶ 固 ジャージー《イギリス海峡 (English Channel) のチャネル諸島中の最大の島》. ❷ Ⓒ ジャージー種の乳牛.

Je·ru·sa·lem /ʤərúːs(ə)ləm/ 名 固 エルサレム《イスラエルとヨルダンの国境にある古都; キリスト教徒・ユダヤ教徒・イスラム教徒の聖都とされている; 現在はイスラエルの首都》.

Jerúsalem ártichoke 名 C,U きくいも《いも状の地下茎を食用にする》.

Jess /ʤés/ 名 固 ジェス《女性の名; Jessica の愛称》.

Jes·si·ca /ʤésɪkə/ 名 固 ジェシカ《女性の名; 愛称は Jess または Jessie》.

Jes·sie /ʤési/ 名 固 ジェシー《女性の名; Jessica の愛称》.

jest /ʤést/ 名 Ⓒ《古風》冗談, しゃれ [≒joke]. **in jést** [副]《格式》冗談に: There is many a true word spoken *in jest*.《ことわざ》冗談に言ったことが本当になることが多い(うそから出たまこと). — 動 自《古風》冗談を言う; 冷やかす.

Jes·u·it /ʤéʒuɪt | -z(j)u-/ 名 Ⓒ〔カトリック〕イエズス会 (Society of Jesus) の修道士, イエズス会員.

*__Je·sus__ /ʤíːzəs/ 名 固 **イエス** (Jesus Christ).
— 間《俗》= Jesus Christ.

+**Jésus Chríst** 名 固 **イエス キリスト**《⇒ Christ》.
— 間《俗》畜生!, くそ!《⇒ swear 自 1 語法》.

*__jet__[1] /ʤét/ 名 (jets /ʤéts/)

> 意味のチャート
> ラテン語で「投げる」の意《⇒ reject[1] キズナ》→ (噴き出す) →「**噴出**」❷ → (噴射推進式の飛行機) →「**ジェット機**」❶

❶ Ⓒ **ジェット機**: a private *jet* 自家用ジェット機 / by *jet* = in a *jet* ジェット機で《⇒ by 前 2 語法》.
❷ Ⓒ **噴出**《ガス・炎・蒸気・水などの》, **噴射**: The fountain sends up a *jet of* water ten feet high. その噴水は 10 フィートの高さまで水を吹き上げる. ❸ Ⓒ 噴出口, 吹き出し口: a gas *jet* ガスバーナー.
— 動 (jets; jet·ted; jet·ting) 自 [副詞(句)を伴って]《略式》ジェット機で行く[来る].

jet[2] /ʤét/ 名 Ⓤ〔鉱物〕黒玉(くろだま).

jet-black /ʤétblǽk←/ 形 (髪などが)漆黒の.

jét éngine 名 Ⓒ ジェットエンジン.

jét làg 名 Ⓤ (飛行機旅行による)時差ぼけ: suffer [recover] from *jet lag* 時差ぼけになる[が治る] / "I hear you returned from New York yesterday?" "Yes, so, I've got *jet lag*."「きのうニューヨークから帰ってきたんだって?」「うん, おかげで時差ぼけなんだ」

jet-lagged /ʤétlæ̀gd/ 形 時差ぼけの.

jet·lin·er /ʤétlàɪnɚ | -nə/ 名 Ⓒ ジェット旅客機.

jet-pro·pelled /ʤétprəpéld←/ 形 ジェット推進式の.

jét propúlsion 名 Ⓤ ジェット推進.

jet·sam /ʤétsəm/ 名 Ⓤ 投げ荷《遭難船が船体を軽くするため海中に投げる貨物; ⇒ flotsam》.

jét sèt 名 [the ~;《英》単数または複数扱い]《古風》ジェット族, 金持ち族《全体》. 由来 ジェット機に団体で乗り込んで世界中を観光旅行することから.

jet-set·ter /ʤétsèṭɚ | -tə/ 名 Ⓒ ジェット族の人.

jét strèam 名 [the ~]〔気象〕ジェット気流.

jet·ti·son /ʤéṭəs(ə)n/ 動 他 ❶ (不要な物・人)を捨てる; (考え・計画など)を放棄する. ❷ (荷物など)を(船体[機体]を軽くするため)投棄する.

jet·ty /ʤéṭi/ 名 (jet·ties) Ⓒ 波止場; 防波堤.

Jet·way /ʤétwèɪ/ 名 Ⓒ《米》(空港の)搭乗橋《商標》[《英》air bridge].

*__Jew__ /ʤúː/ 名 (~s /~z/) Ⓒ **ユダヤ人**, ヘブライ人; ユダヤ教徒. 語法 差別的に響くことがあるので, Jewish person(s)という人もいる. (形 Jéwish)

+**jew·el** /ʤúːəl/ 名 (~s /~z/) ❶ Ⓒ **宝石**《⇒ jewelry 語法》; (時計の)石: put on *jewels* 宝石を身につける / a

21-*jewel* watch 21 石の時計. 関連 gem カットして磨いた宝石. ❷ [複数形で] 宝石付きのアクセサリー, 宝飾品. ❸ Ⓒ《略式》すばらしい人[物]; 掌中(しょうちゅう)の玉: My wife is a *jewel*. 私の妻はすてきな女性です.
the jéwel in the [...'s] crówn [名] (...の)一番の誇り (*of*).

jéwel càse [bòx] 名 CD[DVD] のケース.

jew·eled, 《英》 **jew·elled** /ʤúːəld/ 形 限定 宝石で飾った, 宝石をちりばめた, 宝石入りの.

jew·el·er, 《英》 **-el·ler** /ʤúːələ | -lə/ 名 Ⓒ 宝石商, 貴金属商; 宝石店員; 宝石細工[修理]人. 参考 宝石のほかに時計・高級装身具(米国ではまた陶器・銀製品)なども売る.

+**jew·el·ry,** 《英》 **-el·ler·y** /ʤúːəlri/ 名 Ⓤ **宝石類**, 貴金属類, 宝飾品類《全体》: wear a piece of (gold) *jewelry* (金の)宝飾品[アクセサリー]を1つ身につける. 語法 個々の宝石は jewel Ⓒ.

*__Jew·ish__ /ʤúːɪʃ/ 形 **ユダヤ人の**; ユダヤ人らしい: the *Jewish* people ユダヤ民族. (名 Jew)

Jew·ry /ʤúːri/ 名 Ⓤ《格式》ユダヤ人[民族].

jib /ʤíb/ 名 ❶ Ⓒ〔航海〕ジブ, 船首三角帆. ❷ Ⓒ (起重機の)腕の部分.

jibe[1] /ʤáɪb/ 動 自 あざける, 愚弄(ぐろう)する (*at*). ― 名 Ⓒ あざけり, 愚弄 (*about*, *at*).

jibe[2] /ʤáɪb/ 動 自《米略式》一致する (*with*).

jif·fy /ʤífi/ 名 [次の成句で] **in a jíffy** [副] Ⓢ すぐに: I'll be with you *in a jiffy*. すぐ行くよ.

jig /ʤíg/ 名 Ⓒ ジグ《速いテンポの活発な踊り》. ― 動 (jigs; jigged; jig·ging) 自 ❶ ジグを踊る. ❷ [副詞(句)を伴って] 小刻みに上下[前後]に動く (*about*, *around*, *up and down*).

jig·ger /ʤígə | -gə/ 名 Ⓒ ジガー《酒の分量を量る小さなグラス; その1杯分(約1オンス半)》.

jig·gle /ʤígl/ 動 他《略式》(...)を軽く揺する, 小刻みに動かす. ― 自《略式》軽く揺れる.

jig·saw /ʤígsɔ̀ː/ 名 ❶ Ⓒ = jigsaw puzzle. ❷ Ⓒ 電動細刃のこぎり, ジグソー《雲形などの曲線引き用》.

jígsaw pùzzle 名 Ⓒ ジグソーパズル: do a *jigsaw puzzle* ジグソーパズルをする.

ji·had /ʤɪháːd | -hǽd/ 名 Ⓒ (イスラム教徒が異教徒に対して行なう)聖戦, ジハード.

Jill /ʤíl/ 名 固 ジル《女性の名》.

jilt /ʤílt/ 動 他 (恋人・婚約者)をふる, 捨てる.

jilt·ed /ʤíltɪd/ 形 限定 (恋人・婚約者に)ふられた.

Jim /ʤím/ 名 固 ジム《男性の名; James の愛称》.

Jim Crow, jim crow /ʤímkróʊ/ 形 限定《米》黒人差別の, 黒人専用の.

jim·my /ʤími/ 名 (jim·mies) Ⓒ《米》組み立てかなてこ《強盗が使う》[《英》jemmy].

Jim·my /ʤími/ 名 固 ジミー《男性の名; James の愛称》.

jin·gle /ʤíŋgl/ 名 [単数形で] ちりんちりんという音; Ⓒ ジングル《コマーシャルに使う短い音楽》. ― 動 自 ちりんちりんと鳴る. ― 他 (...)をちりんちりんと鳴らす.

jin·go·ism /ʤíŋgoʊìzm/ 名 Ⓤ [軽蔑的] 好戦的愛国主義.

jin·go·is·tic /ʤìŋgoʊístɪk←/ 形 [軽蔑的] 好戦的愛国主義の.

jinx /ʤíŋks/ 名 Ⓒ [普通は単数形で] 縁起の悪いもの[人]; 悪運. 日英 日本でいう「ジンクス」と違って縁起の悪いものに限られる: There's a *jinx on* this team. このチームには悪運がついている. ― 動 他 (...)に悪運をもたらす.

jinxed /ʤíŋkst/ 形《略式》ついてない.

JIS /ʤéɪàɪés/ 略 = Japanese Industrial Standard 日本工業規格, ジス.

jit·ter·bug /ʤíṭəbʌ̀g | -tə-/ 名 Ⓒ ジルバ《2拍子のダンスの一種》. 日英 日本語の「ジルバ」は「ジターバッグ」がなまったもの.

jit·ters /ʤíṭəz | -təz/ 名 複 [普通は the ~]《略式》不安感, 神経過敏: have [get] *the jitters* びくびく[ぴりぴり]している[する].

jit·ter·y /ʤíṭəri/ 形《略式》神経過敏な, びくびく[いらいら]している.

jive /ʤáɪv/ 名 ❶ Ⓤ,Ⓒ [普通は the ~] ジャイブ《テンポの速いジャズ》; ジャイブに合わせて踊る熱狂的なダンス. ❷ Ⓤ《米略式, 古風》でたらめな話. ― 動 自 ジャイブに合わせて踊る. ― 他《米略式, 古風》(...)をだます, 丸め込む.

Jnr 略《英》= junior.

Jo /ʤóʊ/ 名 固 ジョー《女性の名; Josephine の愛称》.

Joan /ʤóʊn/ 名 固 ジョーン《女性の名》.

Jóan of Árc /-əváək | -áːk/ 名 固 ジャンヌダルク (1412-31)《フランスの国民的な英雄; 農家の娘であったが, 百年戦争のときフランス軍の先頭に立って英国軍を破り, 祖国を救った; ⇒ Orléans》.

***__job__ /ʤá(ː)b | ʤɔ́b/

― 名 (~s /~z/) ❶ Ⓒ **勤め口, 職**; 職場 (⇒ 類義語; occupation 類義語): a part-time *job* 非常勤の仕事, アルバイト (⇒ part-time 形 日英) / She has a *job as* a secretary with the firm. 彼女はその会社で秘書として職に就いている / ***apply for*** a *job* 職に応募する / ***get*** [***find***] a *job* 就職する, 職を得る[見つける] / ***take*** a *job* (与えられた)職に就く / ***quit*** a *job* 仕事を辞める / ***lose*** a *job* 職を失う / change *jobs* 転職する (⇒ change 動 他 2 ⚡) / John didn't last at the *job*. ジョンはその勤め口では長続きしなかった / ***out of*** a *job* 失業して / *job* security 雇用確保 / 💬 "What kind of *job* does he have?" "Driving a taxi." 「彼の仕事は何ですか」「タクシーの運転手です」 語法 What does he do? のほうが普通.

❷ Ⓒ 仕事; 賃仕事 (⇒ work 表および 類義語); [単数形で; しばしば所有格の後で] 役目, 務め: "Can you mend this shelf by next week?" "Sure, that's an easy *job*." 「この棚を来週までに直してもらえる?」「いいよ, 簡単な仕事だ」 / I'll do the *job* for $100. その仕事を100ドルでやりましょう / odd *jobs* 雑用 / It's *your job* to wash the dishes. 食器を洗うのはあなたの仕事です / I had a difficult ***job of*** convinc***ing*** all the members. +of+動名 私は全メンバーを説得するという困難な役目を担った / You ***did a good job***. = Ⓢ《米》***Good job***! よくやったね / ***Nice*** [***Great***, ***Beautiful***, ***Marvelous***] ***job***! すばらしい《相手のやったことをほめるときなど》 / He's ***only*** [***just***] ***doing his job***. Ⓢ 彼は自分の仕事をしているだけだ《非難された人をかばって》. ❸ [単数形で] 難しいこと: The street was so busy that I *had a* (hard) *job* crossing [*to* cross] it. Ⓢ 通りはすごく混雑していたので渡るのは大変だった. ❹ Ⓒ Ⓢ《略式》製品, 物; 事柄: a marvelous *job* すばらしいもの. ❺ Ⓒ《略式》悪事《特に窃盗》: an inside *job* 内部の犯行. ❻ Ⓒ《略式》整形手術: a nose *job* 鼻の整形手術. ❼ Ⓒ〔コンピュータ〕ジョブ《コンピューターが行なう作業単位》.

dò a jób on ... [動] 他《米略式》...に害を与える.

dò the jób [動] 自《略式》= do the trick (trick 名

成句).
hóld dówn a jób [動] ⓐ [しばしば否定文で] 地位にとどまっている, 職についている.
jùst the jób [名] Ⓢ《英略式》おあつらえ向きのもの, うってつけのもの.
màke a góod [bád, póor] jób of ... [動] ⓗ (仕事など)を上手に[下手に]やる.
màke the bést of a bád jób [動] ⓐ《主に英》よくない事態でも何とか切り抜ける.
òn the jób [形・副] (1) 仕事中(に); 仕事を通して. (2)《英俗》セックス中で.

[類義語] **job** 職業も勤め口も意味する一般的な語: I got a *job* teaching English to children. 私は子供に英語を教える職が見つかった. **position** やや改まった感じの語で, 組織内の特定の職, 特に高い地位を指すことが多い. 求人広告でよく用いられる: She got a *position* as secretary. 彼女は秘書としての職を得た. **office** 権力を伴う官職をいう: (a) public *office* 公職. **post** やや改まった感じの語で, 公に任命された責任ある高い地位: He accepted the *post* of president of the university. 彼はその大学の学長の地位に就くことを承諾した.

jób cèntre [名] Ⓒ《英》(公共の)職業安定所.
jób descrìption [名] Ⓤ 職務内容説明書.
+**job·less** /ʤá(ː)bləs | ʤɔ́b-/ [形] **仕事のない, 失業中の**: *the jobless* 失業者たち《複数名詞扱い; ⇒ the[1] 3》/ the *jobless* rate 失業率.
jób shàring [名] Ⓤ ジョブシェアリング, ワークシェアリング《1 人の仕事を 2 人以上で分担すること》.
jock /ʤá(ː)k | ʤɔ́k/ [名] ❶ Ⓒ《米略式》[しばしば軽蔑的] (大学の)運動選手, スポーツ好きの大学生. ❷ Ⓒ《米略式》= disc jockey.
+**jock·ey** /ʤá(ː)ki | ʤɔ́ki/ [名] (~s /~z/) Ⓒ (競馬の)**騎手**. — [動] ⓐ (...を得ようと)あらゆる手段を尽くす, 立ち回る: *jockey for* position あの手この手で有利な位置[地位]につこうとする. — ⓗ ❶ (騎手が)(馬)に騎乗する. ❷《主に米》(...)を巧みに動かす, 操る.
jock·strap /ʤá(ː)kstræ̀p | ʤɔ́k-/ [名] Ⓒ (男子運動選手が股間につける)サポーター.
jo·cose /ʤoukóus/ [形]《格式》こっけいな, おどけた.
joc·u·lar /ʤá(ː)kjulə | ʤɔ́kjulə/ [形]《格式》おどけた, おかしい, ひょうきんな.
joc·u·lar·i·ty /ʤà(ː)kjulǽrəṭi | ʤɔ̀k-/ [名] Ⓤ《格式》おどけ, ひょうきん.
joc·u·lar·ly /ʤá(ː)kjuləli | ʤɔ́kjulə-/ [副] おどけて.
joc·und /ʤá(ː)kənd | ʤɔ́k-/ [形]《文語》陽気な.
jodh·purs /ʤá(ː)dpəz | ʤɔ́dpəz/ [名] [複] 乗馬ズボン《上部がゆったりして, ひざ下が細くなっている》.
Joe /ʤóu/ [名] ❶ [固] ジョー《男性の名; Joseph の愛称》. ❷ Ⓒ [しばしば j-]《俗》人, やつ [≒guy].
+**jog** /ʤá(ː)g, ʤɔ́ːg | ʤɔ́g/ [動] (jogs /~z/; jogged /~d/; jog·ging /ʤá(ː)gɪŋ, ʤɔ́ːg- | ʤɔ́g-/)

意味のチャート
元来は「重い物を揺さぶる」の意 →「体を揺さぶるようにして進む」→「**ゆっくりと駆ける**」ⓐ

— ⓐ **ジョギングをする**; (人や馬が)**ゆっくりと駆ける**: They *jogged along* the path in the park. [V+前+名] 彼らは公園の中の小道をジョギングした / I *go jogging* every morning. 私は毎朝ジョギングに行く.
— ⓗ (手・腕で)(...)をちょっと突く[押す]: I *jogged* his elbow. 私は彼のひじをちょっと突いた《注意を引くために》.
jóg alóng [動] ⓐ《英略式》(事が)淡々と進んでいく.
jóg ...'s mémory [動] ...の記憶を呼びさます.
— [名] ❶ [単数形で] ゆっくりとした駆け足, ジョギング: go for a *jog* ジョギングに出る. ❷ [単数形で] そっと押すこと: give ... a *jog* (...を)少し揺する[押す].
jog·ger /ʤá(ː)gə, ʤɔ́ːgə | ʤɔ́gə/ [名] Ⓒ ジョギングをする[している]人.
jog·ging /ʤá(ː)gɪŋ, ʤɔ́ːg- | ʤɔ́g-/ [名] Ⓤ ジョギング, ゆっくりとした駆け足.
jog·gle /ʤá(ː)gl | ʤɔ́gl/ [動] ⓗ《略式》(...)を揺さぶる, 振動させる. — ⓐ《略式》揺れる, 振動する.
Jo·han·nes·burg /ʤouhǽnəsbə̀ːg | -bə̀ːg/ [名] [固] ヨハネスバーグ《南アフリカ共和国北東部の都市》.
john /ʤá(ː)n | ʤɔ́n/ [名] Ⓒ《米略式》便所.
John /ʤá(ː)n | ʤɔ́n/ [名] [固] ❶ ジョン《男性の名; 愛称は Jack, Johnnie および Johnny》. ❷ King ~ ジョン王 (1167? -1216)《England の王 (1199-1216); ⇒ Great Charter》. ❸ St. /sèɪn(t) | s(ə)n(t)/ ~ ヨハネ《キリストの弟子で新約聖書の第 4 の福音書の「ヨハネ伝」の作者といわれる》. ❹ ~ the Baptist バプテスマ[洗礼者]のヨハネ《キリストに洗礼を施したといわれるヘブライの預言者》.
Jóhn Búll [名] [固]《古風》ジョン ブル《イングランド[英国](人)を表わすあだ名; ⇒ Uncle Sam》.
Jóhn Dóe /-dóu/ [名] Ⓒ,Ⓤ《米》〔法律〕ジョン ドウ《本名が不明の時に裁判で用いる男性の仮名; 女性の場合は Jane Doe》.
Jóhn F́. Kénnedy Internátional Áirport [名] [固] ケネディ国際空港《New York 市南部にある》.
Jóhn Hán·cock /-hǽnkɑ(ː)k | -kɔk/ [名] Ⓒ《米略式》(自筆の)署名, サイン《米国独立宣言に最初に署名した人にちなむ》.
John·nie, John·ny /ʤá(ː)ni | ʤɔ́ni/ [名] [固] ジョニー《男性の名; John の愛称》.
Jóhn·ny Áp·ple·seed /-ǽplsìːd/ [名] [固] ジョニー アップルシード (1774-1845)《本名 John Chapman; 米国の開拓者; 東部の辺境地帯にりんごの苗木を植えて歩いたといわれる》.
John·son /ʤá(ː)ns(ə)n | ʤɔ́n-/ [名] [固] ジョンソン《英米人に多い姓》.

***join /ʤɔ́ɪn/

— [動] (joins /~z/; joined /~d/; join·ing)

意味のチャート
(結び合わせる, 結びつく)
→ (一部として) → 「**加わる**」ⓗ ❶ → 「**参加する**」ⓐ ❶
→ (一部として) → 「**合流する**」ⓗ ❷
→ (対等に) → 「**結合する**」ⓗ ❸, 「**合わさる**」ⓐ ❷
→ (比喩的に) 「**結ぶ**」ⓗ ❹

— ⓗ ❶ (...)に**加わる**, **参加する**, (...)の仲間に入る; (組織・グループなど)に入る, 入会する: *join* a club クラブに入会する. [語法] join ×to とはしない // Thank you for *joining* us. ご参加[お越し]くださいましてありがとうございます / Why don't you *join* us *in* [*for*] a cup of tea? [V+O+*in* [*for*]+名] いっしょにお茶でもどうですか / Mother *joins* me *in* send*ing* you our best regards. [V+O+*in*+動名] 母からもくれぐれもよろしくとのことです / Can I *join* you to play soccer? 君たちといっしょにサッカーをしてもいいですか / 🗨 "May I *join* you?" "Please do." 「仲間に入っても[話に加わっても]いいですか」「どうぞ」

❷ (川·道路などが)(...)に**合流する;** (人)と落ち合う; (列)に入る, (乗り物など)に乗る**:** The stream *joins* the Thames just below the bridge. その流れは橋のすぐ下流でテムズ川と合流する / I *joined* him at the station. 私は駅で彼と落ち合った. / She *joined* the line [《英》 queue] at once. 彼女は列にすぐ加わった.
❸ (2 つ以上のもの)を**結合する, つなぐ,** 連結する (*up*) (⇒ 類義語); 合併する**:** I *joined* the two ends of a pipe. 私は管の 2 つの端をつないだ / He ***joined*** the two wires ***together***. V+O+*together* 彼はその 2 本の針金をつないだ / ***Join*** this end ***to*** the other. V+O+*to*+名 この端をもう 1 つの端につないでください. ❹《格式》(友情·結婚などで)(人)を結ぶ, 連合する**:** The two families *were joined in* marriage. その 2 つの家は婚姻によって縁組みした.
— 自 ❶ **参加する,** いっしょになる**:** He ***joined in*** the argument. V+*in*+名 彼はその論争に加わった 多用 / Tom ***joined with*** us ***in*** do*ing* the work. V+*with*+名+*in*+動名 トムは私たちといっしょになってその仕事をした. ❷ **合わさる;** 結びつく; 合併する; (道などが)連絡する**:** the point where the roads *join* 道路の合流点 / They *joined* in an alliance. 彼らは同盟を結んだ. (名 joint)

join の句動詞
+**jóin ín** 動 自 **参加する** (*with*)**:** We're collecting money for refugees. Would you like to *join in*? 難民のための募金をしています. 参加してくださいませんか.
jóin ón 動 自 仲間に加わる (*to*).
jóin úp 動 自 ❶ 入隊する. ❷ (...と)いっしょになる, 合流する**:** They *joined up with* us that night. 彼らはその晩は私たちと合流した.

類義語 **join** 2 つ以上のものを[が]直接お互いに接触して結合·連結すること. **connect** 互いに結びつけるものを間に用いてつなぐこと**:** The two roads are *connected* by a bridge. その 2 つの道路は橋でつながっている. **link** *connect* よりもっと強く結びつけることを強調する**:** The island is *linked* with the mainland by this bridge. 島は本土とこの橋で結ばれている. **unite** 2 つ以上のものを[が]結合して新しい 1 つのものを作ること; 結合して 1 つのものになったことを強調する**:** The thirteen states were *united* into one nation. 13 州は結合して 1 つの国家となった. **combine** 2 つ以上のものを[が]結合して, 互いの特徴を失うほどに混合すること**:** Hydrogen and oxygen are *combined* in water. 水素と酸素は化合して水となる.

— 名 C 接合個所, 継ぎ目.
join·er /ʤɔ́ɪnɚ | -nə/ 名 ❶ C 《英》 指物(さしもの)師, 建具工. 関連 carpenter 大工. ❷ C 多くの団体に加わる(ことが好きな)人.
*__joint__ /ʤɔ́ɪnt/ 形 限定 **共同の;** 共有の; 連帯の**:** a *joint* effort 共同作業, 協力 / a *joint* declaration 共同宣言 / a *joint* statement 共同声明 / *joint* owners 共同所有者.
— 名 (joints /ʤɔ́ɪnts/) ❶ C **関節,** 節(ふし)**:** the upper *joint* of the arm 腕の上関節 / a hip *joint* 股関節.
❷ C **継ぎ目,** 継ぎ手**:** a *joint* in a water pipe 水道管の継ぎ目 / a universal *joint* 自在継ぎ. ❸ C 《英》(普通は骨つきの)肉の大きなかたまり, ロースト用の肉. ❹ C 《略式》 たまり場《飲み屋·ナイトクラブなど》**:** Let's blow this *joint*. Ⓢ ここからずらかろう. ❺ C 《俗》マリファナ入りたばこ.
cáse the jóint [動] 自 《俗》 (強盗などの目的で)下見をする.
òut of jóint [形·副] (1) 関節がはずれて. (2) 調子が狂って. (動 join)
～·ly 副 共同で.
joint·ed /ʤɔ́ɪntɪd/ 形 継ぎ目のある; 関節のある.
jóint resolútion 名 C (米国の上下両院の)合同決議.
jóint-stóck còmpany /ʤɔ́ɪntstá(ː)k- | -stɔ́k-/ 名 C 《英》 株式会社.
jóint vénture 名 C 合弁事業.
joist /ʤɔ́ɪst/ 名 C 根太(ねだ), 梁(はり) 《床板や天井を支える横木》.

**joke /ʤóʊk/

— 名 (～s /～s/) ❶ C **冗談,** しゃれ, ジョーク; いたずら**:** He was always ***making*** [***telling***] ***jokes*** about our cat. 彼はいつもうちの猫について冗談を言っていた. 語法 say a joke とは言わない // ***crack*** a ***joke*** 冗談を言う / I don't ***get the joke***. 私はその冗談(のおち)がわからない / ***play*** a ***joke on*** ... (人)にいたずらする, (人)をからかう, 笑いものにする / ***for a joke*** 冗談に, 冗談のつもりで / I'm sorry. I meant it ***as a joke***. ごめんなさい. 冗談のつもりでした / He enjoyed *having* little *jokes with* the bartender. 彼はバーテンと軽く冗談を交わして楽しんだ / That's carrying a *joke* too far. それでは冗談が過ぎる. ❷ [a ～] 《略式》 笑いぐさ, もの笑いの種**:** He is *the joke* of his class. 彼はクラスの笑いものだ. ❸ [単数形で] 《略式》 まともにとりあっていられない人[物, 事], 腹が立つほどばかばかしい状況.
be [gó, gét] beyònd a jóke [動] 自 笑い事ではない[なくなる].
be nó jóke [動] 自 冗談ではない, 大変だ**:** It's *no joke* getting a job these days. このごろは仕事にありつくのは大変だ.
màke a jóke (òut) of ... [動] 他 (深刻なこと)を笑ってすませる.
tàke a jóke [動] 自 冗談を受け流す, 冗談を(怒らずに)受けとめる.
The jóke's on ... 《略式》 (人をからかおうとして逆に)...が笑いものになる.
— 動 (jokes /～s/; joked /～t/; jok·ing) 自 **冗談[しゃれ]を言う;** からかう**:** 言い換え 「You're [You must be, You've got to be] *joking*. (= You're kidding.) Ⓢ 冗談でしょ / I'm only [just] *joking*. ほんの冗談だよ / I ***joked with*** Tom ***about*** his new hat. V+*with*+名+*about*+名 私は新しい帽子のことでトムをからかった.
— 他 (...)と冗談を言う**:** She *joked that* she was a millionaire. 彼女は自分が百万長者だと冗談を言った.
(áll) jóking asíde [《英》 apárt] [副] 文修飾 [文頭で用いて] 冗談はさておき.
jok·er /ʤóʊkɚ | -kə/ 名 ❶ C 冗談を言う人; おどけ者. ❷ C [普通は the ～] 〔トランプ〕 ジョーカー**:** "Did you forget to take out *the jokers*?" "Oh, I'm afraid so." 「ジョーカーを抜くの忘れちゃったの?」「あ, そうみたい」
the jóker in the páck [名] 将来どう出るか予測のつかない人[物, こと].
jok·ey /ʤóʊki/ 形 《略式》 冗談の, ふざけた.
jok·ing·ly /ʤóʊkɪŋli/ 副 冗談に[で], しゃれて.
+**jol·ly** /ʤɑ́(ː)li | ʤɔ́li/ 形 (jol·li·er /-liɚ | -liə/; jol·li·est /-lɪɪst/) ❶ **快活な,** 陽気な (⇒ merry 類義語)**:** a *jolly* fellow 陽気な男. ❷ 《古風》 楽しい, 気持ちのよい [≒pleasant]; すてきな.

— 副《古風, 英略式》とても, ひどく [≒very]: *jolly* good すごくいい. **jólly wéll** [副]《古風, 英略式》本当に《いらだちを強調して》.
— 動 (jol·lies; jol·lied; -ly·ing) 他《略式, 主に英》(人)を励ます, おだてる (*along*); (人)をおだてて...させる (*into*). **jólly úp** [動] 他《略式》(場所)を明るく模様がえする, 楽しくする.

Jólly Róger 名 C [普通は the ~] 海賊旗《黒地に頭蓋(ずがい)骨と 2 本の骨の組み合わせを白く染め抜いたもの; ⇒ skull and crossbones》.

jolt /ʤóʊlt/ 動 他 ❶ (...)をがたがた揺する. ❷ (信念など)をぐらつかせる; (...)にショックを与える; (...)をショックで(~の状態に)する (*into*), ショックで(~の状態から)抜け出させる (*out of*). — 自 (乗り物が)揺れながら進む (*along*). — 名 C [普通は単数形で] 激しい揺れ; (精神的・物理的な)ショック (*to*): with a *jolt* がたんと; びっくりして.

Jon·a·than /ʤá(ː)nəθən | ʤɔ́n-/ 名 固 ジョナサン《男性の名》.

Jones /ʤóʊnz/ 名 固 ジョーンズ《英米人の最も普通の姓; ⇒ Smith 1》. **kèep úp with the Jóneses** /ʤóʊnzɪz/ [動] 自 [軽蔑的] 近所の人たちに負けまいとして見えを張る.

Jor·dan /ʤɔ́ɚdn | ʤɔ́ː-/ 名 固 ❶ ヨルダン《中東の王国》. ❷ [しばしば the ~] ヨルダン川《レバノンに発して死海 (Dead Sea) に注ぐ川; John the Baptist がキリストにここで洗礼を授けた》.

Jo·seph /ʤóʊzɪf/ 名 固 ❶ ジョーゼフ《男性の名; 愛称は Joe》. ❷ ヨセフ《キリストの母マリア (Mary) の夫でナザレ (Nazareth) の大工》.

Jo·se·phine /ʤóʊzɪfiːn/ 名 固 ジョゼフィン《女性の名; 愛称は Jo》.

josh /ʤá(ː)ʃ | ʤɔ́ʃ/ 動 他《古風》(人)をからかう. — 自《古風》冗談を言う [≒joke].

Josh·u·a /ʤá(ː)ʃuə, ʤɔ́ːʃ- | ʤɔ́ʃ-/ 名 固 ジョシュア《男性の名》.

jos·tle /ʤá(ː)sl | ʤɔ́sl/ 動 他 (人)を(ひじで)押す, 突く; 押しのける: The singer *was jostled* by a crowd of fans. 歌手はファンにもみくちゃにされた. — 自 ❶ 押し合う (*around*). ❷ 競り合う, 争う: *jostle for* media attention メディアの注目を得ようとしのぎをけずる.

jot /ʤá(ː)t | ʤɔ́t/ 動 (jots; jot·ted; jot·ting) 他 (...)をちょっと書き留める, メモする (*down*). — 名 [次の成句で] **nòt a [óne] jót** [副]《古風》少しも...しない, 少しも...がない.

jot·ting /ʤá(ː)tɪŋ | ʤɔ́t-/ 名 [複数形で]《略式》メモ書き.

joule /ʤúːl, ʤáʊl/ 名 C 〔物理〕ジュール《運動またはエネルギーの単位》.

*__jour·nal__ /ʤɚ́ːn(ə)l | ʤə́ː-/ ❗発音 名 (~s /~z/)

> 意味のチャート
> 原義は「毎日の」; journey と同語源.
> → (日々の記録) → (記録を載せる定期刊行物) → 「機関誌」❶ / 「日刊新聞」❷
> → 「日記」❸

❶ C (学術団体などの)**機関誌**, 雑誌, ジャーナル《⇒ magazine 表》: the *journal* of a medical society 医学会の機関誌 / subscribe to a *journal* 雑誌を定期購読する.
❷ C **日刊新聞**, 新聞; 定期刊行物: a weekly [monthly] *journal* 週刊[月刊]誌. ❸ C 日誌, 日記《⇒ diary 類義語》: keep a *journal* 日記をつける / a ship's *journal* 航海日誌. (形 jòurnalístic)

jour·nal·ese /ʤɚ̀ːnəlíːz | ʤə̀ː-/ 名 U [悪い意味で] 新聞特有の文体, マスコミの決まり文句.

+**jour·nal·is·m** /ʤɚ́ːnəlìzm | ʤə́ː-/ ❗発音 名 ❶ U **ジャーナリズム**《新聞・雑誌またはテレビ・ラジオなどの報道番組の取材・執筆・編集・経営》; 新聞・雑誌界: investigative *journalism* 調査報道. ❷ U 新聞・雑誌類用の情報.

jour·nal·ist /ʤɚ́ːnəlɪst | ʤə́ː-/ ❗発音
— 名 (-nal·ists /-lɪsts/) C **ジャーナリスト**, 新聞・雑誌記者: a freelance *journalist* フリーの記者. (形 jòurnalístic)

jour·nal·is·tic /ʤɚ̀ːnəlístɪk | ʤə̀ː-←/ 形 限定 新聞・雑誌的な, ジャーナリスティックな; 新聞・雑誌記者らしい. (名 jóurnal, jóurnalist)

jour·ney /ʤɚ́ːni | ʤə́ː-/ ❗発音
— 名 (~s /~z/)

> 意味のチャート
> 元来は「1 日の旅程」の意 → 「**旅程**」❷ → 「**旅**」❶

❶ C (普通は長距離の陸の)**旅行**, 旅《⇒ travel 表》: a two-month *journey* 2 か月の旅行 / a *journey* around the world 世界一周旅行 / He ***made* a *journey to*** Mexico. 彼はメキシコへ旅行をした / They ***went on* [*started, set off on, set out on*] a *journey to*** Spain. 彼らはスペインに旅行に出かけた[旅立った] / We *broke* our *journey* in London. 私たちは旅の途中ロンドンで寄り道をした / I wish you a safe and pleasant *journey*. 安全で楽しい旅をお祈りいたします.
❷ C 旅程, 行程; (...への)過程, 道のり (*to*): It's a two-hour [two hours'] train *journey* from here to Rome. ローマはここから列車で 2 時間だ / a spiritual *journey* 精神遍歴.
— 動 自 [副詞(句)を伴って]《文語》旅行をする (*around, to, through, toward*) [≒travel].

jour·ney·man /ʤɚ́ːnimən | ʤə́ː-/ 名 (-men /-mən/) ❶ C (年季を終えて他人の下で働く)職人. ❷ C (一流ではないが)それなりの腕前の人.

Jove /ʤóʊv/ 名 固 〔ローマ神話〕ユピテル (Jupiter). **by Jóve** [間]《古風, 英》おや, あら《驚き・喜びなどを示す》.

jo·vi·al /ʤóʊviəl/ 形 陽気な, 楽しい.

jo·vi·al·i·ty /ʤòʊviǽləṭi/ 名 U 陽気, 楽しさ.

jowl /ʤáʊl/ 名 C [普通は複数形で] (太った人・動物の)(下)あごのたるみ, (左右の)あご[ほおの下]の肉: a man with heavy *jowls* あごのたるんだ男.

joy /ʤɔ́ɪ/
— 名 (~s /~z/) ❶ U **大喜び**, うれしさ《躍り上がるほどの強い喜びやうれしさ; ⇒ pleasure 類義語》: We shouted ***with joy***. 私たちは喜んで大声を上げた / He jumped ***for joy*** at the news. 彼はその知らせで跳び上がって喜んだ / Mother was filled with *joy* at the news. その知らせを聞いて母は大喜びでした / He found great ***joy in*** helping others. 彼は他人の手助けをすることに大きな喜びを見出した.
❷ C **喜びの種**, うれしいこと: We have tasted the *joys* and sorrows of life. 私たちは人生の喜びや悲しみを味わってきた / The children's dancing was a ***joy to*** watch. +to 不定詞 子供たちのダンスは見て楽しかった /

The babies are a constant *joy to* their grandparents. 《格式》赤ん坊は祖父母にとっていつも変わらない喜びの種です. ❸ Ⓤ [疑問文・否定文で]《英略式》成功; 満足.

I wísh you jóy. おめでとう.

to ...'s jóy = to the jóy of ... [副] 文修飾 **...の喜んだことには**《⇒ to[1] 12》: *To her* great *joy*, her son returned home alive. 息子が生還して彼女は大変喜んだ. (形 jóyful, jóyous)

+**joy·ful** /ʤɔ́ɪf(ə)l/ 形 ❶ (物事が)**喜ばしい**, うれしい, 楽しい: a *joyful* shout 喜びの声 / *joyful* news うれしい知らせ.

❷ (人が)**喜んでいる**, うれしがっている (*about*): Jane looked *joyful at* [on hearing] the news. ジェーンはその知らせを聞いてうれしそうだった. (名 joy)

-ful·ly /-fəli/ 副 楽しく, うれしそうに.

joy·less /ʤɔ́ɪləs/ 形 楽しくない, 喜ばしくない; わびしい.

〜·ly 副 つまらなく; わびしく.

joy·ous /ʤɔ́ɪəs/ 形 限定《文語》うれしい, 楽しい. (名 joy)

〜·ly 副《文語》うれしそうに, 楽しく.

joy·ride /ʤɔ́ɪràɪd/ 名 Ⓒ (特に盗難車での)暴走, (おもしろ半分の)危険なドライブ.

joy·rid·er /ʤɔ́ɪràɪḍə | -də/ 名 Ⓒ ((盗難)車を派手に乗り回す)暴走ドライバー.

joy·rid·ing /ʤɔ́ɪràɪḍɪŋ/ 名 Ⓤ (特に盗難車での)暴走ドライブ.

joy·stick /ʤɔ́ɪstìk/ 名 Ⓒ《略式》(飛行機などの)操縦桿(かん); (ゲーム機などの)操作レバー.

J.P. /ʤéɪpíː/ 略 = Justice of the Peace.

JPEG /ʤéɪpèg/ 名 Ⓤ,Ⓒ〔コンピュータ〕ジェイペグ《静止画像データ圧縮方式; *J*oint *P*hotographic *E*xperts *G*roup の略》.

Jpn., JPN 略 = Japan, Japanese《⇒ Jap. 語法》.

+**Jr., jr.** 略 = junior.

J.S.T. /ʤéɪèstíː/ 略 = Japan Standard Time《⇒ standard time》.

ju·bi·lant /ʤúːbələnt/ 形《格式》(歓声を上げて)喜ぶ (*about, at, over*).

ju·bi·la·tion /ʤùːbəléɪʃən/ 名 Ⓤ《格式》(勝利・成功の)歓喜, 歓呼.

ju·bi·lee /ʤúːbəlìː, ʤùːbəlíː/ 名 Ⓒ (即位)記念祭; 祝典, 祝祭: a golden [silver] *jubilee* (即位)50 年[25 年]記念祭 // ⇒ diamond jubilee.

Ju·da·ic /ʤuːdéɪɪk/ 形 限定 ユダヤ人[教]の.

Ju·da·is·m /ʤúːdeɪɪzm, -ḍi/ 名 Ⓤ ユダヤ教; ユダヤ主義.

Ju·das /ʤúːdəs/ 名 ❶ 固〔聖書〕ユダ《キリストの 12 使徒の一人, 後にキリストを裏切った》. ❷ Ⓒ 裏切り者.

jud·der /ʤʌ́ḍə | -də/ 動 (-der·ing /-dərɪŋ, -drɪŋ/) 自《英》(乗物や機械が)がたがた揺れる.

judge /ʤʌ́ʤ/ (marked **)

— 名 (judg·es /〜ɪz/) ❶ Ⓒ [しばしば J-] **裁判官**, 判事: a high court *judge* (英国の)高等法院裁判官 / *Judge* Boyd ボイド判事. 関連 public prosecutor 検察官 / counselor, 《英》barrister 法廷弁護士.

❷ Ⓒ (競技などの)**審判員**, 審査員: a panel of *judges* 審査員団 / He acted as a *judge* in a public speaking competition. 彼は弁論大会で審査員を務めた / The *judge*'s decision is final. 審判の判定は変更できない.

judge (各種のコンテスト)	審判
referee (バスケットボール, バレーボール, ビリヤード, ボクシング, サッカー, ホッケー, ラグビー, スカッシュ, レスリングなど)	
umpire (野球, バドミントン, クリケット, 水泳, 卓球, テニスなど)	

❸ Ⓒ **鑑定家**, よしあしのわかる人: a good [bad] *judge of* character 人を見る目がある[ない]人 / He's a good *judge of* diamonds. 彼はダイヤモンドのすぐれた鑑定家だ / This painting seems to be very good, but I'm no *judge*. 《略式》この絵はとてもよいもののようだが, 私にはよくわからない / 「Let me [I'll] be the *judge* of that. Ⓢ (怒って)それは自分で決めるよ(助言は必要ない).

(as) sóber as a júdge [形] 完全にしらふで.

— 動 (judg·es /〜ɪz/; judged /〜d/; judg·ing) 他 ❶ (...)を(〜だと)**判断する**, 評価する; (...)と思う: Don't *judge* a book *by* its cover. V+O+*by*+名《ことわざ》本を表紙で判断するな(外見より中身が大事) / The workshop was *judged* a total success. V+O+C (名)の受身 ワークショップは大成功と評された / I *judged* her *to* be about twenty. V+O+C (*to* 不定詞) 私は彼女は 20 歳ぐらいだと判断した / We *judged it* necessary *to* start at once. V+O+C (形) 我々はすぐ出発する必要があると思った / I *judged that* I would get home by two. V+O (*that* 節) 私は 2 時までに帰宅できると判断した / I cannot *judge if* she is right or not. V+O (*if*・*whether* 節) 彼女が正しいのかどうか私にはわからない.

❷ (...)を**審判する**, 審査する: Entries will *be judged on* originality and creativity. V+O+*on*+名の受身 応募作品は独創性と創造性に基づき審査される. ❸ (人・事件)を裁く, (...)に判決を下す: Only God can *judge* man. 神のみが人を裁くことができる / The court *judged* him guilty [not guilty]. 法廷は彼を有罪[無罪]と判決した. ❹ (人)を批判[非難]する.

— 自 ❶ **判断する**, 断定する: Never *judge by* appearances. V+*by*+名《ことわざ》外見で判断してはならない / It's not for me to *judge*. = Who am I to *judge*? 私は判断する立場にない. ❷ 審判する, 審査する: He *judged* at the flower show. 花の品評会では彼が審査役を務めた. ❸ 裁く, 裁判する: *judge* fairly 公正に裁く. ❹ 批判する, 非難する.

júdging by [from] ... = to júdge by [from] ... [副] 文修飾 **...から判断すると**, ...から察すると: *Judging by* [*from*] what you say, you're happy with your wife. 君の言うことから判断すると, 君は奥さんとうまくいってるんだね / He's an Irishman, *to judge by* [*from*] his accent. なまりから察すると彼はアイルランド人だ. (名 júdgment)

〖語源 原義はラテン語で「法律を語る人」〗

***judg·ment,** 《英》**judge·ment** /ʤʌ́ʤmənt/ 名 (judg·ments, 《英》judge·ments /-mənts/) ❶ Ⓤ **判断力**, 分別: a person of (sound) *judgment* 分別のある人 / She showed excellent *judgment in* choos*ing* her successor. 彼女は後継者選びに優れた判断力を見せた / exercise [use] one's *judgment* 分

J

別を働かせる / an error of *judgment* 判断の誤り / Where's your *judgment*? 君の分別はどこへ行った(何と無分別なことをするんだ).

❷ [C,U] **判断**; 審査; **意見**, 見解**:** a fair *judgment* 公正な判断 / Quick *judgments* are dangerous. 性急な判断は危険だ / I can't make [form] any ***judgment about*** the plan until I know all the facts. 事実が全部わからないとその計画について判断できない / I don't think she has the right to ***pass judgment on*** him. 彼女には彼を評価[批判]する権利はないと思う / ***reserve judgment*** 判断を差し控える / Your ***judgment of*** his behavior is partial. 彼の行為に対する君の見解は不公平だ.

❸ [C,U] **判決:** The *judgment* was in our favor. 判決は私たちのほうに有利であった. ❹ [C] [普通は a ~] 《格式》天罰, 罰 (*on*).

agàinst one's **bétter júdgment** [副] [文修飾] よいとは思わないが, 心ならずも.

in ...'s **jùdgment** [副] [文修飾] ...の考えでは.

sít [stánd] in júdgment on [òver] ... [動] ㊀ [軽蔑的] ...を偉そうに批判する.

the Dáy of Júdgment [名] = Judgment Day.

(動 judge, 形 judgméntal)

judg·men·tal, 《英》 **judge·men·tal** /ʤʌʤméntl/ 形 [軽蔑的] (人に対して)性急に厳しい判断をしがちな, すぐ批判する (*about*). (名 júdgment)

júdgment càll 名 [C] 《略式》個人的判断.

Júdgment Dày 名 [U] (神の)最後の審判 (the Last Judgment) の日《この世の終わり》.

ju·di·ca·ture /ʤú:dɪkəʧɚ | -ʧə/ 名 ❶ [U] 《格式》裁判[司法](権); 裁判管轄; 司法事務. ❷ [the ~; 《英》単数または複数扱い] 裁判官《全体》.

+**ju·di·cial** /ʤu:díʃəl/ 形 [限定] **司法の**, 裁判の; 裁判による; 裁判官の**:** the *judicial* system 司法制度 / a *judicial* decision 裁判の判決. [関連] administrative, executive 行政の / legislative 立法の.

+**ju·di·ci·ar·y** /ʤu:díʃièri | -ʃ(i)əri/ 名 (-ar·ies) ❶ [the ~; 《英》単数または複数扱い] 《格式》**裁判官(たち)**《全体》. ❷ [C] 《格式》司法制度**:** the independence of the *judiciary* 司法の独立.

ju·di·cious /ʤu:díʃəs/ 形 《格式》思慮分別のある, 賢明な [⇔ injudicious].

Ju·dith /ʤú:dɪθ/ 名 固 ジュディス《女性の名; 愛称は Judy》.

ju·do /ʤú:doʊ/ ≪日本語から≫ 名 [U] 柔道**:** practice [do] *judo* 柔道をする. [語法] ×play judo とは言わない.

Ju·dy /ʤú:di/ 名 固 ジュディー《女性の名; Judith の愛称》.

jug /ʤʌ́g/ 名 ❶ [C] 《米》ジャグ《細首で取っ手とコルク栓付きの陶器またはガラス製の大びん》. [日英] 日本語の「(ビールの)ジョッキ」は jug のなまったもの. 英語では mug という. ❷ [C] 《英》水差し [《米》pitcher]. ❸ [C] 《米》ジャグ 1 杯分; 《英》水差し 1 杯分.

jug·ger·naut /ʤʌ́gənɔ̀:t | -gə-/ 名 ❶ [C] 不可抗力. ❷ [C] 《英》長距離トラック.

jug·gle /ʤʌ́gl/ 動 自 ❶ ジャグリングをする《物を次々投げ上げて受け取る曲芸》**:** The conjurer *juggled with* four balls. その手品師は 4 つのボールで曲芸をした. ❷ (数字などを)操作する. — 他 ❶ (...)で曲芸をする. ❷ (複数のこと)を両立させる (*with*). ❸ (...)を操作する, ごまかす.

jug·gler /ʤʌ́glɚ | -lə/ 名 [C] (投げ物の)曲芸師, ジャグラー, 奇術師.

jug·u·lar /ʤʌ́gjʊlɚ | -lə/ 名 [C] 頸(けい)静脈. **gó for the júgular** [動] 自 《略式》相手の弱点をつく.

júgular véin 名 [C] 頸(けい)静脈.

**juice /ʤú:s/

— 名 (juic·es /~ɪz/) ❶ [U] (果物・野菜などの)**汁**, 液, ジュース**:** have a glass of apple *juice* りんごジュースを 1 杯飲む / fruit *juice* 果汁 / squeeze *juice* from ... ...からジュースを絞る. [語法] 種類をいうときは [C]**:** a mixture of vegetable and fruit *juices* 野菜と果物のジュースを混ぜたもの // 🗨"What kind of *juice* do you want?" "Let me see. Orange *juice*, please."「何ジュースにする?」「えっと, じゃあオレンジ」

> [日英] 天然の果汁のみでできたものをいい, 日本語の「ジュース」のように清涼飲料全般には用いない. 清涼飲料は soft drink, soda (pop)などという.

❷ [C] **1 杯のジュース:** Bring us three tomato *juices*. トマトジュースを 3 つください. ❸ [C] [普通は複数形で] 肉汁. ❹ [C] [普通は複数形で] (動物の)体液, 分泌液**:** gastric [digestive] *juices* 胃液[消化液]. ❺ [U] 《略式》(動力源としての)電気, ガソリン, 石油.

(形 júicy)

— 動 他 (...)の汁を絞る. **júice úp** [動] 他 《米略式》(...)をよりおもしろくする, 活気づける.

juic·er /ʤú:sɚ | -sə/ 名 [C] ジューサー; 果汁絞り器.

juic·y /ʤú:si/ 形 (juic·i·er; -i·est) ❶ 水分[汁]の多い. ❷ 《略式》(いかがわしくて)おもしろい, エッチな**:** *juicy* gossip 興味津々(しんしん)のうわさ話. ❸ 《略式》大もうけできる. (名 juice)

ju·jit·su /ʤu:ʤítsu:/ ≪日本語から≫ 名 [U] 柔術, 柔道.

juke·box /ʤú:kbɑ̀(:)ks | -bɔ̀ks/ 名 [C] ジュークボックス.

+**Jul.** 略 **7 月** (July).

Ju·lia /ʤú:ljə/ 名 固 ジュリア《女性の名》.

Ju·lian /ʤú:ljən/ 名 固 ジュリアン《男性の名》.

Júlian cálendar 名 [the ~] ユリウス暦《Julius Caesar が定めた旧太陽暦; ⇒ Gregorian calendar》.

Ju·liet /ʤú:ljət/ 名 固 ❶ ジュリエット《女性の名》. ❷ ジュリエット《シェークスピア (Shakespeare) 作の悲劇「ロミオとジュリエット」(*Romeo and Juliet*) の女主人公》.

Ju·lius Cae·sar /ʤú:ljəssí:zɚ | -zə/ 名 固 **Gai·us** /gáɪəs/ ~ ユリウス カエサル, ジュリアス シーザー (100–44 B.C.)《ローマの将軍・政治家; ⇒ month 表 7 月; Rubicon》.

***Ju·ly /ʤʊlάɪ, ʤu:-/

— 名 (Ju·lies /~z/) [U,C] **7 月**《略 Jul.; ⇒ month 表》**:** The summer vacation begins ***in July***. 夏休みは 7 月から始まる / Independence Day is (***on***) ***July*** 4. 独立記念日は 7 月 4 日です《July 4 は July (the) fourth と読む; ⇒ date¹ 名 1 [語法] 囲み》/ in early [late] *July* 7 月初旬[下旬]に / in mid-*July* 7 月中旬に.

jum·ble /ʤʌ́mbl/ 動 他 [しばしば受身で] (...)をごたまぜにする; ごちゃごちゃにする (*up, together*); (考えなど)を混乱させる. — 名 [a ~] ごたまぜ(物), 寄せ集め; 乱雑, 混乱 (*of*); 《英》(がらくた市の)がらくた.

júmble sàle 名 [C] 《英》= rummage sale.

jum·bo /ʤʌ́mboʊ/ 形 [限定] 《略式》特大の, ジャンボな. — 名 (~s) [C] 《略式》= jumbo jet.

júmbo jét 名 C 超大型ジェット機, ジャンボ機.

***jump** /ʤʌ́mp/

— 動 (jumps /~s/; jumped /~t/; jump·ing) 自

❶ **跳ぶ**, 跳び上がる(⇒ 類義語); [副詞(句)を伴って] さっと[急に]動く: John *jumped* farther than anyone else. ジョンはほかのだれよりも遠くへ跳んだ / They were *jumping* for joy. 彼らはうれしくて跳びはねていた / The horse ***jumped over*** the fence. V+前+名 その馬は柵(さく)を跳び越えた / Two dolphins ***jumped out of*** the water. いるかが 2 頭水から飛び出した / John ***jumped down*** from [off] the roof. V+副 ジョンは屋根から飛び下りた / She ***jumped up***. 彼女は跳び上がった[さっと立ち上がった] / He ***jumped into*** [*in*] a taxi. 彼はタクシーに飛び乗った.

❷ **ぴくっとする**, どきっとする: My heart *jumped* when I heard the news. その知らせを聞いて私ははっとした.

❸ (物価などが)**急に高くなる**, 急騰する; (人などが)急に昇進[昇格]する (*to*): Prices have *jumped* (by) 60% this year. 今年は物価が 60% もはね上がった(✪ jump up とは言わない).

❹ (話題などが)**飛躍する**, 急に変わる: He always ***jumps from*** one topic ***to*** another. V+*from*+名+*to*+名 彼はいつもひとつの話題からすぐほかへと話が飛ぶ.

— 他 ❶ (物)を**跳び越える**; (...)に飛び乗る; (信号など)を(待ち切れずに)飛び出す; (線路など)からはずれる: The boy *jumped* the ditch. 少年は溝を跳び越えた / He *jumped* the (traffic) light. 彼は信号無視をした / A train *jumped* the track [rails]. 列車が脱線した. ❷ (...)に跳び越えさせる: He *jumped* his horse *over* the hurdle. 彼は馬に障害物を跳び越えさせた. ❸ (章など)をとばして読む; (...)をとばす, 抜かす. ❹《略式》(...)に急に飛びかかる. ❺《米略式》(列車など)に無賃乗車する. ❻ = jump-start 1.

júmp àll óver ... [動] 他《略式》...をしかりつける, ...を非難する.

júmp to one's **féet** [動] 自 跳び上がる, さっと立ち上がる(⇒ foot 成句の囲み).

Júmp tó /tú:/ **it.** Ⓢ《略式》急げ.

júmp ùp and dówn [動] 自 (1) 跳び[跳(は)ね]回る. (2) [進行形で] ひどく興奮[激怒]している; 活気づいている.

> **jump の句動詞**
>
> +**júmp at ...** 動 他 (好機など)**に飛びつく**; (人)に飛びかかる (受身 be jumped at): He *jumped at* our offer. 彼は私たちの申し出に飛びついてきた.
>
> **júmp ín** 動 自 ❶ (会話などに)急に割り込む. ❷ (深く考えずに)取りかかる.
>
> +**júmp on [upòn]...** 動 他 ❶ (乗り物)**に飛び乗る**: *jump on* a bus to school バスに飛び乗って学校へ行く. ❷ **...に飛びかかる**, ...を急に襲う (受身 be jumped on [upon]): The lion *jumped on* a zebra. ライオンはしま馬に飛びかかった. ❸《略式》(人)をひどくしかる, 激しく非難する (*for*).
>
> **júmp óut at ...** 動 他 (物事が)...の目を引く.

類義語 **jump** 最も一般的な語で上下あるいは左右の離れた場所へ跳ぶこと: He *jumped* from the top of the tree. 彼は木のてっぺんから跳んだ[飛び降りた]. **leap** は *jump* よりももっと大きく跳ぶ動作に用いられることが多いが, ほぼ同じ意味になることも多い: He *leaped* across the stream. 彼は流れを跳び越えた. **vault** 手や棒などを支えにしてひといきに跳び越えること: The thief *vaulted* over the wall and ran away. どろぼうは塀を跳び越えて逃走した. **spring** *jump* よりもやや格式ばった語で, 急に跳び上がることを意味する. またばねのように弾力性をもった跳ね上がり方にも用いる: The cat *sprang* on a mouse. 猫がねずみに飛びついた. **skip** 子供などがするように連続して軽く小刻みに跳ぶ動作: Children were *skipping* about the room. 子供たちは部屋の中を跳び回っていた. **hop** *skip* ほど軽やかでなく, がまがえるが跳んだり, 片足跳びをするときのようにぎくしゃく跳ぶこと: He *hopped* along on one foot. 彼は片足で跳びながら行った. **bound** 勢いよくかなりのスピードで連続して跳ぶこと: The dog came *bounding* up to her. 犬は彼女の所に跳びはねながらやってきた.

— 名 (~s /~s/) ❶ C **跳躍**, ひと跳び; 飛び降りること; ジャンプ[跳躍]競技: make a *jump* with a parachute パラシュートで降りる. 関連 high jump (走り)高跳び / long [《米》 broad] jump (走り)幅跳び / triple jump 三段跳び.

❷ C **跳躍の高さ[距離]**: a *jump* of six feet = a six-foot *jump* 6 フィートの跳躍.

❸ C (物価などの)**急上昇**, 急増: There has been a ***jump in*** the price of gold. このところ金の価格が急騰している. ❹ C 〖スポーツ〗ジャンプの障害物: clear a *jump* 障害物を跳び越える. ❺ C (話題などの)急な変化, (話の)飛躍; (ものごとの)段階. ❻ C はっとすること, びっくりすること: with a *jump* びっくりして / give a *jump* 思わずぴくっとする.

be [stáy, kéep] óne júmp ahéad [動] 自 (人より)一歩先んじている (*of*).

gèt [hàve] a [the] júmp on ... [動] 他《略式》(人)の先手を取る, (人)を出し抜く.

+**jum·per**[1] /ʤʌ́mpɚ | -pə/ 名 (~s /~z/) ❶ C《米》**ジャンパースカート** [《英》 pinafore]《女性用のそでなしワンピース》.

❷ C《英》(女性用の)**セーター**《プルオーバー式》[≒ sweater]. 日英 日本語の「ジャンパー(上着)」に当たるものは jacket, windbreaker.

jump·er[2] /ʤʌ́mpɚ | -pə/ 名 C 跳ぶ人, 跳躍選手; 障害レース用の馬; 跳びはねる虫《のみなど》.

júmper càbles 名 複《米》ブースターケーブル《バッテリーのあがった車を始動させるため, 他車のバッテリーと接続する 2 本のケーブル》.

júmping jàck 名 C《米》ジャンピングジャック《跳躍して開脚し両手を頭上で合わせる準備運動》.

júmp lèads 名 複《英》= jumper cables.

júmp ròpe 名《米》C (縄跳びの)縄 [《英》 skipping rope]; U 縄跳び(⇒ jump rope (rope 名 成句)): play *jump rope* 縄跳びをする.

júmp shòt 名 C〖バスケ〗ジャンプショット.

jump-start /ʤʌ́mpstàɚt | -stà:t/ 動 他 ❶ (車(のエンジン))を他車のバッテリーと連結して始動させる. ❷ (活動)を活性化する, (...)に活を入れる.

jump·suit /ʤʌ́mpsù:t/ 名 C ジャンプスーツ《上下続きの服; 主に女性用》.

jump·y /ʤʌ́mpi/ 形 (jump·i·er; -i·est)《略式》神経過敏な; びくびくした (*about*).

+**Jun.** 略 **6月** (June).

+**junc·tion** /ʤʌ́ŋ(k)ʃən/ 名 (~s /~z/) C (道路の)**合流点**, ジャンクション, 交差点; (鉄道の)連絡駅, 接続駅; 接合点; (川などの)合流点: the ***junction of*** two superhighways 2 つの高速道路の合流点.

junc·ture /ʤʌ́ŋ(k)ʧɚ | -ʧə/ 名 C《格式》(重大な)時, 局面: at this *juncture* この(重大な)時機に.

June /ʤúːn/

— 名 (Junes /~z/) U,C 6月《略 Jun.; ⇒ month 表》: We were married *in June*. 私たちは6月に結婚しました《⇒ June bride》/ The professor died *on June* 29, 1971. その教授は1971年6月29日に亡くなった《June 29 は June (the) twenty-ninth と読む; ⇒ date¹ 名 1 語法 囲み》/ in early [late] *June* 6月初旬[下旬]に / in mid-*June* 6月中旬に.

Júne bríde 名 C 6月の花嫁《幸福になれるといわれる》.

June·teenth /ʤúːntíːnθ/ 名 U《米》ジューンティーンス《6月19日; 奴隷解放を記念して祝う日; 法定祝日 (legal holiday); ⇒ holiday 表》.

+**jun·gle** /ʤʌ́ŋgl/ 名 (~s /~z/) ❶ C,U [普通は the ~(s)] (熱帯の)**ジャングル**, 密林(地帯): live in *the jungle* ジャングルに住む. ❷ [単数形で] 生存競争の激しい所; 複雑に入り組んだもの (*of*): ⇒ concrete jungle. **the láw of the júngle** [名] ジャングルのおきて《弱肉強食》.

júngle gỳm 名 C《主に米》ジャングルジム《小学校・遊園地などの鉄骨遊戯施設; 元来は商標》[《英》climbing frame].

ju·nior /ʤúːnjɚ | -njə/

— 形 ❶ [比較なし] (位・役職などが)**下の**, **下級の**; **後輩の** [⇔ senior]: *junior* partners (合名会社の)下級社員 / He's *junior to* me in the office. +to+名 彼は会社では役職が私より下[私の後輩]です. 語法🔍「...よりも」の意味では than でなく to を使うことに注意《⇒ to¹ 9》.

❷ [比較なし] **年少者の**, (成人に対して)青少年の, ジュニアの. ❸ [比較なし] 年下の [≒younger]《(主に米国で)存命の父親と息子とが同姓同名のとき, 姓名の後につけて息子を示すのに用いる; 略 Jr., jr., 《英》Jnr》: John Brown, *Jr.* ジョン ブラウン二世. 語法 年齢を比較するときには普通は younger than を用いる. 関連 senior 父親を示す. ❹《米》(大学・高等学校で)卒業学年より1年前の学年の《4年制の学校ならば3年生, 3年制ならば2年生, 2年制ならば1年生》. ❺《英》(7-11歳の)小学生の.

— 名 (~s /~z/) ❶ C **年下の者**; 後輩; 《主に英》下役 [⇔ senior]: 言い換え He's my *junior* by three years. = He's three years my *junior*. 彼は私より3つ年下[3年後輩]です.

❷ C《米》**ジュニア**《大学・高等学校で卒業年次より1年前の学年に属する学生[生徒]; ⇒ freshman, senior 名 2, sophomore》: a *junior at* Yale University イェール大学の3年生. ❸ [J- として固有名詞的に]《米略式》(うちの)息子.

júnior cóllege 名 C,U《米》短期大学.

júnior hígh (schòol) 名 C,U《米》中学校《⇒ school¹ 表および 参考》.

júnior schòol 名 C,U《英》小学校《7歳から11歳までの児童を教育し, 4年制; ⇒ school¹ 表》.

júnior várisity 名 C,U《米》〔スポーツ〕(大学などの)二軍チーム《略 JV》.

ju·ni·per /ʤúːnəpɚ | -pə/ 名 C,U 杜松(ねず), 西洋ねず《常緑針葉樹; 実から採る油はジンの香料》.

*****junk** /ʤʌ́ŋk/ 名 ❶ U **がらくた**, くず物; (安物の)中古品, 古物; くだらないこと[物]: a piece of *junk* おんぼろ, ぽんこつ(車). ❷ U = junk food.

— 動 他《略式》(...)を(がらくたとして)捨てる.

jun·ket /ʤʌ́ŋkɪt/ 名 C《略式, 主に米》[しばしば軽蔑的] (公費の)遊山(ゆさん)旅行, 大名旅行 (*to*).

júnk fòod 名 U,C《略式》[軽蔑的] ジャンクフード《炭水化物が多くカロリーは高いが栄養価の低い食品; ポテトチップス・ポップコーンなど》.

junk·ie, junk·y /ʤʌ́ŋki/ 名 C《略式》麻薬常習者; [こっけいに] (...の)熱中者, マニア, ...狂.

júnk màil 名 U 迷惑メール, くず郵便物《ダイレクトメールなど》.

junk·yard /ʤʌ́ŋkjàɚd | -jàːd/ 名 C《米》廃品置場; (車の部品の)解体販売所.

Ju·no /ʤúːnoʊ/ 名 固〔ローマ神話〕ユノ, ジュノー《Jupiter の妻である女神; 結婚の女神とされる; ⇒ goddess 表; month 表 6月》.

jun·ta /hóntə, ʤʌ́n-/ ≪スペイン語から≫ 名 C (革命)軍事政権.

Ju·pi·ter /ʤúːpəṭɚ | -tə/ 名 固 ❶〔ローマ神話〕ユピテル, ジュピター《神々の中の主神で天の支配者; ⇒ god 表; Juno》. ❷ 木星《⇒ planet 挿絵》.

Ju·ras·sic /ʤʊræsɪk/ 形 ジュラ紀の《2億-1億4千万年前の恐竜時代》.

+**ju·ris·dic·tion** /ʤʊ̀(ə)rɪsdíkʃən/ 名 U《格式》**司法権**, 裁判権; 支配(権); 管轄権[地域] (*of*): have *jurisdiction over* ... ...を管轄する / within [outside] ...'s *jurisdiction* ...の権限内[外]で.

ju·ris·pru·dence /ʤʊ̀(ə)rɪsprúːdəns, -dns/ 名 U《格式》法学; 法理学.

ju·rist /ʤʊ́(ə)rɪst/ 名 C《格式》法学者; 法律専門家《裁判官・弁護士など》.

+**ju·ror** /ʤʊ́(ə)rɚ | -rə/ 名 (~s /~z/) C **陪審員**《陪審 (jury) の一員》; 審査員.

*****ju·ry** /ʤʊ́(ə)ri/ 名 (ju·ries/~z/) ❶ C [《英》単数形でもときに複数扱い] **陪審**, 陪審団《一般市民から選ばれた普通12人の陪審員 (juror) から成り, 裁判に立ち会って事実問題を審議し, その評決を答申する機関》: a trial by (a) *jury* 陪審による裁判 / sit [be, serve] on a *jury* 陪審員になる / The *jury* gave [returned] its verdict. 陪審員は評決を行なった / The *jury* was divided. 陪審員は意見が分かれた. ❷ C (コンテストなどの)審査員団, 審査委員会.

The júry is (stíll) óut on ... ...については(まだ)結論が出ていない, 未解決である.

〖語源 原義は「(法律による)宣誓者」; ⇒ just² 語源〗

júry bòx 名 C (法廷の)陪審員席.

júry dùty 名 U《米》陪審員としての務め[の任期].

júry sèrvice 名 U《英》= jury duty.

just[1] /(弱形) ʤəs(t); (強形) ʤʌ́st/

— 副

> 意味のチャート
> just² 形 (公正な)の副詞的用法から「正確に」,「**ちょうど**」❶ の意味となった.

❶ [肯定文で] **ちょうど**, **全く**, **まさに**《⇒ exactly 1 語法》. 語法 修飾する語(句)の前に置き強調を表わす: It's *just* one o'clock. ちょうど1時です / *Just* then the telephone rang. ちょうどそのとき電話が鳴った / He's *just* like a prisoner. 彼はまるで囚人みたいだ / He's *just* as bright as his father. 彼は父親と同じくらい頭がいい / She sat *just* to my left. 彼女は私のすぐ左側に座りました / One engine caught fire *just* before

[after] the plane landed. 飛行機が着陸する直前[直後]に 1 つのエンジンが火を噴いた / Oh, Mary, you're *just* the person I want to see. まあ, メアリー, ちょうどあなたに会いたいと思っていたのよ / That's *just* what [the thing] I wanted. それこそまさに私が望んでいたもの[こと]だ / *Just* my luck! Ⓢ ついてないよなあ, いっつもこう[そう]なんだから.
❷ (1) **つい今しがた**(...したばかり), たった今. 語法 完了形とともに用いるが, 特に《略式, 主に米》では過去時制とともに用いることもある《⇒ **巻末文法** 6.3. (1) ①》: She ˹*has just come* [*just came*] back. 彼女は今戻ったところだ / I (*have*) *just finished* the work. その仕事が今終わったところだ.
(2) **ちょうど今**; 今すぐ(に): I was *just* going to call you! ちょうど今君に電話しようと思ってたんだ / I'm *just* off to school. 今ちょうど学校に出かけるところです / He'll be back home in *just* a minute. 彼はもうすぐ家に戻ります.
❸ /ʤəs(t)/ **ただ...だけ**, ほんの... [≒only] (*to* do): in *just* six days たった 6 日間で / *just* for fun ほんの冗談の気持ちで / I came *just* because you asked me to come. ただあなたが来てくれと頼むから来ただけです / He's lacking in sincerity; he's *just* saying that. 彼には誠意はありません. ただそう言っているだけです[口先だけです].
❹ [しばしば only とともに] **かろうじて**, やっとのことで; もう少しのところで: I was (*only*) *just* in time for school. 私はなんとか学校に間に合った / It'll be *only just* enough. かろうじて足りるでしょう / He *just* missed [caught] the last train. 彼はちょっとの差で終電に乗り遅れてしまった[かろうじて終電に間に合った].
❺ /ʤəs(t)/ Ⓢ [軽い頼み, 依頼の強調, ためらいの気持ちなどを表わす] **ちょっと**; [may, might, could などと共に用いて] もしかしたら: *Just* a moment [minute, second], please. ちょっとお待ちください 語法 相手の発言をさえぎるのにも使われる // *Just* look at this picture. ちょっと[とにかく]この絵を見てください / Could you *just* help me carry this? これを運ぶのを手伝ってくださいませんか / Try her home number. She ˹might *just* [*just* might] be in. 彼女の家にかけてみたら. もしかしたらいるかもしれない.
❻《略式》**本当に**, 全く [≒really]: The weather was *just* fine. 全く上天気だった / I'm *just* starving. 本当に腹が減って死にそうだ. ❼ [否定疑問文で] 全く, いかにも: "He is arrogant." "*Isn't* he *just*!"「彼は横柄だ」「いかにもその通り」 ❽ [can just として知覚動詞と共に] まざまざと.
be júst abòut to dó ⇒ about 形 成句.
It's just /ʤəs/ **that ....** Ⓢ (理由を説明して)単に...なだけだ.
jùst abòut ∴ [副] **およそ...**, 大体...; ほとんど..., もう少しで... [≒almost]: *just about* here 大体このあたりに / 💬 "Is the work done?" "*Jùst abóut.*"「仕事は終わったの」「あと少しだ」
jùst as ... [接] (1) **ちょうど...のときに**: *Just as* I was going out, he came to see me. 私がちょうど出かけようとしたときに彼が訪ねてきた. (2) ちょうど...のように: Leave it *just as* it is. それをそのままにしておきなさい.
Jùst becàuse ...(, it) dòesn't méan ～. Ⓢ ...だからといって～なわけではない《⇒ because 2 語法 (2)》.
jùst lìke thát [副]《略式》いきなり, 何の説明もなく, 不意に, さっさと.
jùst nów ⇒ now 副 成句.
jùst òn ∴ [副]《英略式》ちょうど...: It's *just on* two. ちょうど 2 時だ.
jùst só ⇒ so¹ 副 成句.
nót jùst [副] 単に...だけでなく.
nót jùst ány ... [形] ただの...ではない.
nót jùst yét [副] 今はまだ...でない(がまもなく): "Are you ready?" "*Not just yet.*"「用意できた?」「もうちょっと」

*__just²__ /ʤʌ́st/ 形 ❶ **公正な**, 公平な; 公平にふるまう《⇒ fair¹ 類義語》 [⇔ unjust]: a *just* judge 公正な裁判官 / *just* conduct 正しい行ない / *the just* 公正な人々 / Mr. Hall was always *just to* [*with*] his men. +to [with]+名 ホール氏は部下に対して常に公正であった.
❷ **正当な**, 当然の: *just* punishment 正当な罰. ❸《格式》もっともな, 理にかなった, 根拠のある: a *just* opinion もっともな意見 / a *just* suspicion もっともな疑い. (名 jústice, 動 jústifỳ)
〖語源 ラテン語で「合法の」の意; ⇒ jury 語源〗

*__jus·tice__ /ʤʌ́stɪs/ 名 (jus·tic·es /～ɪz/) ❶ Ⓤ **公正**, 公平; **正義**; 正当(性) [⇔ injustice]: a sense of *justice* 正義感 / social *justice* 社会正義 / treat all people with *justice* すべての人を公正に扱う. ❷ Ⓤ **裁判**; **処罰**; **法務**: a court of *justice* 裁判所 / criminal *justice* 刑事裁判 / escape *justice* 罰を免れる / the Department of *Justice*《米》司法省《⇒ Attorney General, department 表》/ *Justice* has been served [done]. 正しい処罰が行なわれた. ❸ Ⓒ [しばしば J-] 裁判官 [≒judge]《《米》では連邦および多くの州の最高裁判所の判事, 《英》では最高法院の判事をいう》: Mr. *Justice* Jones ジョーンズ判事殿.
bríng ... to jústice [動] ⑩ 法によって(人)を処罰する.
dò ... jústice = dò jústice to ... [動] ⑩ (1) **...を公平に扱う**, ...を正しく評価する: His book doesn't *do justice to* the inventor. 彼の本はその発明家を正しく評価していない. (2) ...の真価を十分に示す: The portrait doesn't *do justice to* her beauty. その絵には彼女の美しさがよく出ていない. (3) (人)を十分理解する[楽しむ]; [しばしばこっけいに] ...を十分食べる.
dò onesèlf jústice [動] ⓐ 自分の才能を十分に発揮する.
in jústice to ... [前] ...を公平に評価すれば.
to dò ... jústice = to dò jústice to ... [副] 文修飾 ...を公平に見て, ...を正しく評価すれば: *To do* him *justice*, we must say that he was right to refuse. 公平に見て彼が断わったのは正しかったと言わざるをえない. (形 just², 動 jústifỳ)

Jústice of the Péace 名 (複 Justices of the Peace) Ⓒ 治安判事《簡単な司法の職務を行なう裁判官; 米国では結婚公認権を持つ; 略 J.P.》.

jus·ti·fi·a·ble /ʤʌ́stəfàɪəbl/ 形 正当と認められる, 筋の通った, もっともな [⇔ unjustifiable]: a *justifiable* homicide〘法律〙正当殺人《正当防衛》.

jus·ti·fi·a·bly /ʤʌ́stəfàɪəbli/ 副 正当に, 当然のこととして; 文修飾 ...する[である]のは当然だ: She's *justifiably* angry. 彼女は当然怒っている.

+**jus·ti·fi·ca·tion** /ʤʌ̀stəfɪkéɪʃən/ 名 ❶ Ⓤ **弁明**, 弁護; 正当化, 正当な理由: That's no ***justification for*** the delay. それは遅れたことの弁明にはならない / Did you find any *justification for* his behavior? 彼の行為を正当化できますか / with some *justification* それなりの理由があって. ❷ Ⓤ〘印刷〙行そろえ.
in justificátion of [for] ... [前] ...を弁護して: We

have something to say *in justification of* her actions. 一言彼女の行為を弁護しておきたい.
(動 jústifỳ)

+**jus·ti·fied** /ʤʌ́stəfàɪd/ 形 ❶ 叙述 (...するのは)**正当である**, もっともである: Is she ***justified in*** her protest? +in+名 彼女の抗議は正当だろうか / The teacher was fully ***justified in*** scold*ing* the pupils. +in+動名 先生が生徒をしかったのは全く当然なことだ. ❷ 正当な, もっともな. ❸〔印刷〕行末[余白]のそろった.

jus·ti·fy** /ʤʌ́stəfàɪ/ !アク 動 (-ti·fies /~z/; -ti·fied /~d/; -fy·ing) 他 ❶ (行為·主張など)を**正しいとする**; 正当化する; 弁明する, 弁護する: The「end *justifies* [ends *justify*] the means.《ことわざ》目的は手段を正当化する(目的さえよければどんなことをしてもよい) / How can you ***justify spend*ing* so much money? V+O(動名) そんなにお金を使ったことをどう正当化できるのだ. ❷ (...)の言い訳[理由]になる: Nothing can *justify* such rudeness. 何があってもそんな無礼は許されない. ❸〔印刷〕(文章など)の行末[余白]をそろえる.
jústify onesèlf [動] 自 自分自身(の行為)を弁明する, 申し開きをする (*to*).
(形 just², 名 jústice, jùstificátion)

just·ly /ʤʌ́stli/ 副 ❶ 文修飾 当然のことながら...だ, ...するである]のは正しい: We may *justly* call him the Shakespeare of Japan. 彼を日本のシェークスピアと呼んでも差しつかえないだろう. ❷ 正しく, 正当に, 公正に; 当然(に) [⇔ unjustly].

jut /ʤʌ́t/ 動 (juts; jut·ted; jut·ting) 自 突き出る, 張り出す (*out*; *into, over*).

jute /ʤúːt/ 名 U ジュート, つなそ, 黄麻(こうま)《インド原産の多年草; 繊維は帆布·袋などの材料》.

Jute /ʤúːt/ 名 C ジュート人; [the ~s] ジュート族《5-6 世紀に England に侵入したゲルマン族の一派; ⇒ Angle, Saxon》.

+**ju·ve·nile** /ʤúːvənàɪl/ 形 ❶ 限定《格式》**少年[少女]の**, 若い; 少年[少女]向きの: *juvenile* offenders 未成年犯罪者. ❷ [軽蔑的] 少年[少女]らしい, 子供っぽい [≒childish].
— 名 C《格式》未成年者, 少年, 少女; 児童.

júvenile delínquency 名 U 少年犯罪, 少年非行.

júvenile delínquent 名 C 非行少年[少女].

jux·ta·pose /ʤʌ́kstəpòʊz/ 動 他《格式》(対比·比較のため)(異質のもの)を並列[並置]する (*with*).

jux·ta·po·si·tion /ʤʌ̀kstəpəzíʃən/ 名 U,C《格式》並列, 並置 (*with*).

Kk

k, K¹ /kéɪ/ 名 (複 k's, ks, K's, Ks /~z/) C,U ケイ《英語アルファベットの第 11 文字》.

K² 略 ❶《略式》千, 1000. ❷ = Kelvin(s), kilobyte(s), kilometer(s).

K³ /kéɪ/ 名 C《略式》〔野球〕三振 [≒strikeout].

Ka·bul /ká:bʊl, -b(ə)l/ 名 固 カブール, カーブル《アフガニスタンの首都》.

kaf·tan /kǽftæn/ 名 C = caftan.

kale /kéɪl/ 名 U,C ケール《結球しないキャベツ》.

ka·lei·do·scope /kəláɪḍəskòʊp/ 名 C 万華(まんげ)鏡. **a kaléidoscope of ...** [形] 変転きわまりない..., 多種多様な....

ka·lei·do·scop·ic /kəlàɪḍəská(ː)pɪk | -skɔ́p-←/ 形 限定 万華鏡の(ような), くるくる変化する.

Kam·chat·ka /kæmʧǽtkə/ 名 固 カムチャツカ《Siberia 北東部の半島》.

ka·mi·ka·ze /kà:məká:zi←/ ≪日本語から≫ 名 C (旧日本軍の)神風特攻隊員[機]. — 形 限定 (態度・行動などが)自殺的な, 無謀な.

Kan. 略 = Kansas.

kangaroo /kæ̀ŋgərú:←/ !アク 名 (~ (s)) C カンガルー《オーストラリア産》.

kángaroo cóurt 名 C [悪い意味で] 私的な裁判, つるし上げ.

Kans. 略 = Kansas.

Kan·sas /kǽnzəs/ 名 固 カンザス《米国中部の州; 略 Kan., Kans.,〔郵便〕KS》.〖語源 北米先住民の部族の名から〗

Kant /kǽnt/ 名 固 **Im·man·u·el** /ɪmǽnjuəl/ ~ カント (1724–1804)《ドイツの哲学者》.

ka·o·lin /kéɪəlɪn/ 名 U 高陵土, 白陶土《陶磁器の原料; 薬用》.

ka·pok /kéɪpɑ(ː)k | -pɔk/ 名 U カポック, パンヤ《パンヤ科の木の綿毛; 枕やクッションに詰める》.

kap·pa /kǽpə/ 名 C カッパ《ギリシャ語アルファベットの第 10 文字 κ, K; ⇒ Greek alphabet 表》.

ka·put /kəpʊ́t/ 形 叙述 S《略式》壊れて, だめになって: go *kaput* だめになる.

Ka·ra·chi /kərá:ʧi/ 名 固 カラチ《パキスタン南部の港市》.

kar·a·o·ke /kæ̀rióʊki/ ≪日本語から≫ 名 U カラオケ(で歌うこと).

kar·at,《英》**car·at** /kǽrət/ 名 C カラット《合金中の金の割合を表わす単位; 全体の 1/24 が 1 カラット; 純金は 24 カラット》.

ka·ra·te /kərá:ṭi/ ≪日本語から≫ 名 U 空手(からて).

Kar·en /kǽrən/ 名 固 カレン《女性の名》.

kar·ma /ká:ə·mə, kə́:- | ká:-, kə́:-/ 名 ❶ U〔ヒンズー教・仏教〕因果応報; 業(ごう). ❷ U《略式》運命, 宿命; (人・場所・状況などが)かもしだす雰囲気.

Kash·mir /kǽʃmɪə | kæʃmíə←/ 名 固 カシミール《インドとパキスタンの北部地方; 両国の係争地》.

Kate /kéɪt/ 名 固 ケート《女性の名; Catherine, Katharine または Katherine の愛称》.

Kath·a·rine, Kath·e·rine /kǽθ(ə)rɪn/ 名 固 キャサリン《女性の名; 愛称は Kate, Kathie, Kathy, Kittie または Kitty》.

Kath·ie, Kath·y /kǽθi/ 名 固 キャシー《女性の名; Katharine または Katherine の愛称》.

kay·ak /káɪæk/ 名 C カヤック《イヌイットが用いる皮張りの小舟》; 競技用カヤック.

Ka·zakh·stan /kəzá:kstɑ:n | kæ̀zækstá:n/ 名 固 カザフスタン《中央アジアの共和国》.

KB, Kb 略 = kilobyte(s).

Keats /kí:ts/ 名 固 John ~ キーツ (1795–1821)《英国の詩人》.

ke·bab /kəbá:b | -bǽb/ 名 C ケバブ, カバブ《トルコ起源の肉を焼いた料理の総称; ⇒ shish kebab》.

keel /kí:l/ 名 C (船の)竜骨, キール. **on an éven kéel** [形・副] (事態が)安定して, 平穏で: stay [remain] *on an even keel* 安定している. — 動 [次の成句で] **kéel óver** [動] 自 (1) 卒倒する. (2) (ボートなどが)ひっくり返る, 横倒しになる.

keen** /kí:n/ 形 (keen·er; keen·est) ❶《主に英》叙述 (...を)**熱望して**, 切望して, しきりと...したがって (*about*)《⇒ eager 類義語》: She's ***keen to pass the exam. +to 不定詞 彼女はその試験に合格することを熱望している / I wasn't ***keen on*** go***ing*** to the cinema. +on+動名 私は映画に行きたい気がしなかった.

❷ **熱心な**, 意欲的な; (興味・支持などが)強烈な; S《英》(...が)好きな: My wife is a *keen* golfer. 妻はゴルフに夢中だ / Mike is ***keen on*** surfing. +on+名 マイクはサーフィンに熱中している / I'm not very *keen on* carrots. にんじんはあまり好きじゃない.

❸ (頭脳や感覚が)**鋭い**, 鋭敏な, 強い [⇔ dull]: a *keen* sense of loss 強い喪失感 / Dogs have a *keen* sense of smell. 犬は鋭い嗅覚を持っている / She has a *keen* mind. 彼女は頭の鋭い人だ. ❹《古風》(寒さなどが)厳しい; 激しい: a *keen* north wind 肌をさすような北風 / *keen* competition 激しい競争. ❺ [普通は 限定]《文語》(刃などが)鋭い. ❻《英》(値段が)格安の.

~·ly 副 鋭く, 鋭敏に, 強く; 厳しく, 激しく.

~·ness 名 U 熱望, 熱意; 熱心さ; 鋭敏さ.

***keep /kí:p/

— 動 (keeps /~s/; 過去・過分 kept /képt/; keep·ing)

単語のエッセンス

基本的には「保つ」の意.

1) (ある状態に)保つ	他 ❶; 自 ❶, ❷
2) ずっと持っている; 取っておく	他 ❷
3) (約束を)守る	他 ❸
4) (使用・養育のために)持っている; 飼う; 扶養する	他 ❺, ❻
5) 引き止めておく	他 ❼
6) 経営する	他 ❽
7) (よい状態を)保つ, もつ	自 ❸

— 他 ❶ (物・人)をずっと(ある状態に)しておく, 保つ: *Keep* the door open. V+O+C (形) ドアを開けておいてください / *keep* people safe 人々の安全を守る / I'm sorry to have ***kept*** you wait***ing***. V+O+C (現分) お待たせしてすみませんでした / They *kept* the back door lock***ed***. V+O+C (過分) 彼らは裏口に錠をかけておいた / ***Keep*** your head and hands ***inside*** the window. V+O+C (前+名) 頭[顔]や手を窓の外へ出さないように.

K

❷ (...)をずっと持っている, 保持する; (自分の物として)そのまま所有する; (人や将来のために)取っておく, 預かる, (ある場所に)保管[保存]する: *Keep* it. それ, 取っておいてください[あげますよ] / *Keep* the change. Ⓢ おつりは取っといて / You can *keep* this CD until [till] noon tomorrow. この CD はあすの正午まで持っていて[借りていて]いいです / 言い換え He *kept* a seat *for* me. V+O+for+名 = He *kept* me a seat. V+O+O 彼は私に席を取っておいてくれた / You must *keep* your wine *in* a dark, cool place. V+O+前+名 ワインは暗くて涼しい所に保存しておかないといけない.
❸ (約束・法律など)を守る; (秘密など)を隠しておく: *keep* a secret 秘密を守る / He never *keeps* his promises [word]. 彼はいつも約束を守らない.
❹ (日記・帳簿など)を(続けて)つける; (記録)を(続けて)とる: Do you *keep* a diary? あなたは日記をつけていますか. 語法 多少とも永続的に日記をつけることをいい, 1 回 1 回書く場合は write in を使う // No record *was kept* of the meeting. その会議の記録はつけてなかった. 関連 bookkeeping 簿記.
❺ (動物)を飼っている; (車など)を持って[使って]いる; 《米》(子供)を世話する; 《英》(商品)を店に置いている: We *keep* chickens. うちでは(食用に)鶏を飼っている 語法 ペットの場合は have のほうが普通 // I *keep* two cars. 私は車を 2 台持っている. ❻ (家族)を扶養する, 養う: 言い換え He had to *keep* a large family. = He had a large family to *keep*. 彼は大家族を養わなければならなかった. ❼ (...)を引き止めておく; 拘留する: She *was kept* there (for) two hours. 彼女はそこに 2 時間引き止められた / I wonder what is *keeping* him. 彼は何でぐずぐずしているのか. ❽ 《主に英》(店など)を経営する, (家事など)を営む: ⇒ keep house (house[1] 名 成句). ❾ (ある状態・動作)を続ける: He *kept* watch. 彼は見張りを続けた //⇒ keep good time (time 名 成句). ❿ 《格式》(人)を保護する (*from*).
— 自 ❶ ずっと...である, (ある状態・位置に)ある; (一定の方向へ)ずっと進んでいく: Please *keep* quiet. V+C (形) 静かにしていてください / *Keep* right. 右側に寄っていてください[を通行してください] (⇒ keep to ... (句動詞) 1) / She *kept* inside all day. V+副 彼女は一日中家に閉じこもっていた / *Keep* well *behind* the car in front in case it stops suddenly. V+前+名 前の車が急停車するといけないから十分に車間距離をとってください / You won't get lost if you *keep along* the river. 川に沿ってずっと行けば道に迷うことはない.
❷ ...し続ける, 繰り返し...する (⇒ keep (on) doing (句動詞)): The baby *kept* crying all night. V+C (現分) その赤ん坊は一晩中泣き続けた / *It kept* raining for a week. 1 週間雨が降り続いた (⇒ it[1] A 2).
❸ (食べ物などが腐らないで)もつ; (話などが)後回しにできる; (よい天気が)続く: This milk [fruit] won't *keep* till tomorrow. この牛乳[果物]はあすまでもたないだろう / It'll *keep*. Ⓢ それは後で話すよ / Will the weather *keep* till Sunday? 天気は日曜日までもつだろうか.

kèep góing [動] 自 (困難でも)やり[生き]続ける, がんばる; 動き[進み]続ける.

kéep ... góing [動] 他 (人)にやり[生き]続けさせる, 持ちこたえさせる; (...)を存続させる: It'll *keep* him *going*. それで彼はしばらくはがんばれるでしょう.

kéep onesèlf [動] 自 自活する; (衣食などを)自分で賄(まかな)う (*in*).

kéep to onesélf = 《英》 **kéep onesèlf to onesélf** [動] 自 人と交際しない.

kéep ... to onesélf [動] 他 (...)を人に話さないでおく (受身 be kept to oneself): *Keep* the news *to yourself*. その知らせは内密にしておきなさい.

keep の句動詞

kèep áfter ... 動 他 (人)に(...するように)うるさく言う (*to* do).

kéep ... àfter 動 他 《米》(罰として)(生徒)を放課後残す.

kéep ... apárt 動 他 (...)を離して[切り離して]おく (*from*).

+**kéep at ...** 動 他 (熱心に)...を続けてやる: *Kèep át* it. Ⓢ あきらめずにがんばれ.

+**kéep ... at ~** 動 他 ❶ (ある場所)に(...)を置いている; (人)を～に引き止めておく: *Keep* an umbrella *at* school in case it rains. 雨に備えて学校に傘を置いておきなさい. ❷ (人)に～を続けさせる: The teacher *kept* us *at* our studies all afternoon. 先生は私たちに午後ずっと勉強を続けさせた.

*__kèep awáy__ 動 他 (...)を近づけない V+名・代+away: *Keep* him *away*. 彼を近づけるな / I didn't see you yesterday. What *kept* you *away*? きのうあなたに会わなかったが, どうして来なかったの.
— 自 近づかない: Danger! *Keep away*! Ⓢ 危ない, 近寄るな.

kèep awáy from ... [動] 他 ...に近寄らない, (学校など)を休む; (物)に触れない, ...を使わない: My mother told me to *keep away from* those boys. 私の母はあの少年たちに近づかないようにと言った.

kéep ... awáy from ~ [動] 他 (...)を～に近づけない, (人)に(学校など)を休ませる; (...)を～から隠す: Bob *kept* me *away from* the barking dog. ボブは僕をほえている犬に近づけないようにした.

*__kèep báck__ 動 他 ❶ (一部)を取っておく; (...)を隠しておく V+名・代+back / V+back+名: I *kept* the news *back from* him. 私はその知らせを彼に話さなかった.
❷ (...)を抑えておく; 遅らせる, (...)の進歩を妨げる V+名・代+back / V+back+名: I couldn't *keep back* my tears. 私は涙を抑えられなかった. ❸ (水など)をせき止める: A bank was built along the river to *keep back* the water. 水をせき止めるために川に沿って堤防が築かれた. ❹ (...)を後ろに[引っ込んで]いさせる, (～から)離しておく (*from*). ❺ 《米》(生徒)を進級させない. ❻ 《英》= keep ... after.
— 自 後ろに[引っ込んで]いる, (...から)離れている (*from*): "*Keep back*!" the police officer shouted. 「下がっていなさい」とその警官は叫んだ.

+**kèep dówn** 動 他 ❶ (頭・声など)を低くしている, 上げない V+名・代+down: *Keep* your head *down*. 頭を上げるな.
❷ (価格・数量・感情など)を抑えておく V+名・代+down / V+down+名: The boxer tried to *keep* his weight *down*. そのボクサーは体重を抑えておく努力をした. ❸ (食べた物・薬など)を戻さないようにする. ❹ (人)を抑えつけておく, 抑圧する: You can't *keep* a good man *down*. 有能な者は頭角を現わすものだ.
— 自 身を低くして[伏せて]いる.

kéep it dówn [動] 自 Ⓢ もっと静かにする.

+**kéep from ...** 動 他 [しばしば can, could とともに否定文で] ...を慎(つつし)む, 避ける, ...しないでいる: I *couldn't keep from* laugh*ing*. 私は笑わずにはいられなかった.

+**kéep ... from ~** 動 他 ❶ (...)に～させない, (...)が

K

〜(を)しないようにする: 言い換え The heavy snow *kept* us *from* go*ing* to school. (= We couldn't go to school because of the heavy snow.) その大雪で私たちは学校に行けなかった.
❷ (秘密など)を〜**に知らせないでおく:** A husband and wife shouldn't *keep* anything *from* each other. 夫婦はなんでも互いに隠しだてしてはいけない.

+**kèep ín** 動 他 ❶ (...)を**中に入れておく**, 閉じ込めておく, 入院させておく V+名·代+*in*: We were *kept in* by the rain. 私たちは雨で閉じ込められた. ❷ (感情など)を抑える. ❸ 《英》(罰として)(生徒)を放課後残す.

kèep ín with ... [動] 他 《主に英》(下心があって)(人)と仲よくしている.

*__kèep óff__ 動 他 ❶ (...)を**離しておく, 近寄らせない**; (雨·光など)を防ぐ V+名·代+*off* / V+*off*+名: *Keep* your hands *off*! 手を触れるべからず. ❷ (体重)が増えないようにする. — 自 ❶ 離れている, 近づかない. ❷ (雨·雪などが)降らないでいる.

*__kèep óff ...__ 動 他 ❶ **...に近寄らない: KEEP OFF THE GRASS.** 芝生内立ち入り禁止《掲示》. ❷ (飲食物など)を口にしない; (話題など)に触れない.

+**kéep ... òff 〜** 動 他 ❶ (...)を〜**に近寄らせない:** *Keep* your hands *off* my dolls! 私の人形に手を触れないで. ❷ (...)に(飲食物)を口にさせない; (...)に(話題など)に触れさせない.

*__kèep ón__ 動 他 ❶ (服など)を**身につけたままでいる** V+名·代+*on*: You may *keep* your hat [coat] *on*. 帽子をかぶった[コートを着た]ままでいい. ❷ (人)を雇い続ける; 所有[借用, 使用]し続ける.
— 自 ❶ **進み続ける:** *Keep* straight *on* till you reach Broadway. ブロードウェーまで真っすぐ進んで. ❷ ある事をし続ける (*with*); (雨などが)降り続く; 《主に英》しつこく言い続ける (*about*, *at*).

kéep (òn) dóing [動] (1) **...し続ける** 《⇒ 自 2》: He *kept on* smok*ing* all the time. 彼はその間ずっとたばこを吸い続けた. (2) しきりに[何度も]...する: Don't *keep on* ask*ing* silly questions. ばかな質問ばかりするな. 語法 否定命令文に用いると, 相手に対するいらだちを表わすことが多い.

*__kèep óut__ 動 他 (...)を**中に入れない**, 締め出す V+名·代+*out* / V+*out*+名: We closed the windows to *keep* the cold air *out*. 冷たい空気を入れないように窓を閉めた.
— 自 **中に入らない**, 外にいる: **DANGER! KEEP OUT!** 危険につき立ち入り禁止《掲示》.

*__kèep óut of ...__ 動 他 ❶ **...の外にいる**, ...から離れている: I told the kids to *keep out of* my room. 私は子供たちに私の部屋に入らないように言った. ❷ (...)に関わらないでいる, (面倒など)を避けている.

*__kéep ... óut of 〜__ 動 他 ❶ (...)を〜**から締め出す**, 〜の中へ入れない: The demonstrators were *kept out of* the hall. デモ隊は集会場から締め出された. ❷ (...)を(太陽·危険など)にさらさない; (...)を(面倒など)に巻き込まない.

+**kéep to ...** 動 他 ❶ (進路·場所など)**から離れない: KEEP (TO THE) RIGHT** 右側に寄っていなさい; 右側通行《掲示; 米国では自動車は右側通行》/ He *kept to* his room. 彼はずっと自分の部屋に閉じこもっていた. ❷ (約束·計画·規則など)を堅く守る; (話題など)からはずれない: 言い換え You must *keep to* the rules. (= You must follow the rules.) そのルールは守らなくてはいけない. 語法 1, 2 とも be kept to の形で受身にできる.

kéep ... to 〜 動 他 (...)を(ある限度)に保つ.

+**kèep togéther** 動 他 (...)を**まとめておく**; (人々)を協調させる V+名·代+*together*: *Keep* these documents *together*. この文書は一まとめにしておいて. — 自 まとまる; 協調する.

kèep únder 動 他 (人)を服従させる.

*__kèep úp__ 動 他 ❶ (活動など)を**続ける**, 持続する V+*up*+名 / V+名·代+*up*: 言い換え *Keep up* the good work! = *Keep* it *up*! (今後も)その調子でがんばって. ❷ 《略式》(人)を(寝かさないで)**起こしておく:** The child's coughing *kept* me *up* all night. 子供がせきをするので一晩中寝られなかった.
❸ (...)を**上げておく**, 支える; (価格·水準など)を**落とさないようにしている**; (家など)を維持する; (気力など)を保持する V+名·代+*up* / V+*up*+名: He has to *keep up* a large household. 彼は大所帯を支えていかなければならない.
— 自 ❶ (今までと)**同じでいる**, 衰えない; (天候などが)続く: We'll have a rich harvest if this good weather *keeps up*. この好天が続けば豊作になるだろう. ❷ 落ちないでいる; 遅れないでいく[する].

kèep úp with ... [動] 他 (1) (人·情報など)**に遅れないでついて[やって]いく:** *keep up with* the times 時勢に遅れずについてゆく / He tries to *keep up with* the other students in the class. 彼はクラスの他の生徒に勉強で遅れないように努力している. (2) (人)と交際[つき合い, 文通]を続ける. (3) (支払いなど)を続ける.

— 名 ❶ U 生活費; 生活必需品: earn one's *keep* 生活費を稼ぐ. ❷ C 天守閣.
for kéeps [副] (1) 《略式》いつまでも. (2) 《略式》本気で.

+**keep·er** /kíːpɚ | -pə/ 名 (〜s /〜z/) ❶ C [しばしば合成語で] **守る人; 番人**, 看守; 管理人, 保管者; 経営者; 《英》**学芸員:** the *keeper* of the boathouse ボート小屋の番人 / I'm not ...'s *keeper*. Ⓢ 私は...の番人ではない, ...のすることに責任はとれない // ⇒ shopkeeper.
❷ C **飼育係**, (動物の)飼い主: the panda *keeper* パンダの飼育係. ❸ C 《英略式》ゴールキーパー (goalkeeper). ❹ C 《米略式》取っておく価値のあるもの[人].

keep·ing /kíːpɪŋ/ 名 U 保管, 管理: in [for] safe *keeping* 安全に保管されて[するため]. **in ...'s kéeping** [形·副] ...の管理下に, ...に預けて. **in kéeping with ...** [前] ...と調和[一致]して. **òut of kéeping with ...** [前] ...と調和[一致]しないで.

keep·sake /kíːpsèɪk/ 名 C 記念品; 形見.

keg /kég/ 名 C (ビールなどを入れる小さい)たる.

keg·ger /kégɚ | -gə/ 名 C 《米略式》ビールパーティー.

kég pàrty 名 C = kegger.

Kel·ler /kélɚ | -lə/ 名 固 Helen 〜 ケラー (1880–1968)《米国の作家; 幼児期から目も耳も口も不自由だったが, 努力の結果数か国語に通じるようになり, 社会運動·平和運動に貢献した》.

ke·loid /kíːlɔɪd/ 名 U 〔医学〕ケロイド.

kelp /kélp/ 名 U ケルプ《こんぶ目の大型海藻》.

Kel·vin /kélvɪn/ 名 C ケルビン《−273.15℃を 0° とする絶対温度; 略 K》.

ken /kén/ 名 [次の成句で] **beyònd ...'s kén** [形] ...には理解できない.

Ken /kén/ 名 固 ケン《男性の名; Kenneth の愛称》.

Ken. 略 = Kentucky.

Ken·ne·dy /kénədi/ 名 固 John Fitz·ger·ald

K

/fɪtsʤérəld/ ～ ケネディ (1917-63)《米国の政治家; 第 35 代大統領 (1961-63); 暗殺された; 略 JFK》.

Kénnedy Internátional Áirport 名 固 ⇒ John F. Kennedy International Airport.

ken·nel /kén(ə)l/ 名 ❶ C 犬小屋 [《米》 doghouse]. 参考 米国では kennel は何頭もの犬を飼育する大型の犬小屋を指す. ❷ C 犬の飼育場; ペット犬預かり所. 語法 《英》では kennels の形で単数にも複数にも用いられる.

Ken·neth /kénɪθ/ 名 固 ケネス《男性の名; 愛称は Ken》.

Kent /ként/ 名 固 ケント《英国 England の南東部の州》.

Ken·tuck·y /kəntʌ́ki | ken-/ 名 固 ケンタッキー《米国中東部の州; 略 Ky., Ken., 〔郵便〕 KY》. 〘語源 北米先住民のことばで「平原」の意〙

Kentúcky Dérby 名 [the ～] ケンタッキー ダービー《Kentucky 州ルーイビル市で毎年開催の競馬》.

Ke·nya /kénjə, kíːn-/ 名 固 ケニア《アフリカ中東部の共和国》.

Ke·nyan /kénjən, kíːn-/ 形 ケニア(人)の. ― 名 C ケニア人.

***kept** /képt/ 動 **keep の過去形および過去分詞.**

kerb /kə́ːb | kə́ːb/ 名 C 《英》 = curb 名 1.

ker·nel /kə́ːn(ə)l | kə́ː-/ 名 ❶ C 仁(じん)《果物などの堅い種子の中身》; (とうもろこしなどの)穀粒. ❷ C (問題·考えなどの)核心, 要点: the *kernel* of his argument 彼の主張の核心. ❸ C 一部, 少量: a *kernel of* truth わずかな真実.

ker·o·sene, -o·sine /kérəsìːn | kèrəsíːn/ 名 U 《主に米·豪》 灯油 [《英》 paraffin].

ketch /kéʧ/ 名 C ケッチ《2 本マストの小型帆船》.

+**ketch·up** /kéʧəp/ 名 U **(トマト)ケチャップ.**

+**ket·tle** /kéṭl/ 名 (～s /～z/) C **やかん, 湯沸かし** (⇒ kitchen 挿絵); 《米》(スープ用の)なべ: boil water in a *kettle* やかんで湯を沸かす / put the *kettle* on やかんを火にかける / The *kettle* is boiling. やかん(のお湯)が沸いています.

a fíne [níce, prétty] kèttle of físh [名] 《主に米》 困った状態, いざこざ.

anóther [a dífferent] kèttle of físh [名] 《略式》 全く違うもの, 別問題.

ket·tle·drum /kéṭldrʌ̀m/ 名 C ティンパニ《打楽器; 普通は大小 1 組として用いる》.

Kéw·pie (dòll) /kjúːpi-/ 名 C キューピー《米国製のプラスチック製の人形; 商標》.

***key**[1] /kíː/ (同音 quay)

― 名 (～s /～z/) ❶ C **鍵**(かぎ): house [car] *keys* 家[車]の鍵 / This is ｢the ***key to*** your room [your room *key*]. これがあなたの部屋の鍵です / ***put*** [***insert***] a ***key*** in a lock 鍵を鍵穴に差し込む / ***Turn*** the ***key*** to the right. 鍵を右に回してください. 関連 master key 親鍵 / skeleton key 合い鍵.

key (lock を開閉するための鍵)	鍵
lock (key で開閉する錠(前))	

❷ C [普通は the ～] (問題·なぞなどを解く)**鍵, 手がかり, 秘訣**(ひけつ); (地図·辞書などの記号の)解説; (練習問題などの)解答(集): This holds *the* ***key to*** (solv***ing***) the problem. これがその問題を解く鍵を握っている / Diligence is *the key to* success. 勤勉が成功の秘訣です. ❸ C (コンピューターの)キー, (ピアノなどの)鍵(けん). ❹ C,U 〔音楽〕 (長短の)調, 調性; (思想·表現の)基調, 様式: the *key* of C major ハ長調 ∥ ⇒ low-key(ed).

― 形 [普通は 限定] **重要な**, 欠かせない: a *key* point [issue, question] 重要な点[問題] / a *key* figure [person] 重要人物 / *key* industries 基幹産業 / Their support is ***key to*** our success. +*to*+名 彼らの支援が私たちの成功にとって重大だ.

― 動 他 ❶ 〔コンピュータ〕 (データ)を入力する (*in*, *into*). ❷ [普通は受身で] 《主に米》 (...)を調整[調節]する; (...)を(状況などに)合わせる (*to*). ❸ (自動車)に鍵でこすって傷をつける. ❹ 《米略式》 (試合·勝利)に貢献する. **be (áll) kéyed úp** [動] 自 興奮[緊張]している (*about*, *at*).

key[2] /kíː/ 名 C 砂州, さんご礁.

***key·board** /kíːbɔ̀əd | -bɔ̀ːd/

― 名 (-boards /-bɔ̀əʤ | -bɔ̀ːʤ/) C (ピアノなどの)**鍵盤**(けんばん); (コンピューターの)**キーボード** (⇒ computer 挿絵); [しばしば複数形で] キーボード《楽器》.

― 動 自 キーボードを操作する. ― 他 (データ)を(コンピューターなどに)キーボードで入力する.

kéy càrd 名 C (ホテルなどの)カードキー.

kéy chàin 名 C キーホルダー.

key·hole /kíːhòul/ 名 C 鍵穴(かぎあな).

key·note /kíːnòut/ 名 C (政策などの)基調, (演説などの)主旨 (*of*): a *keynote* address [speech] 基調演説 / a *keynote* speaker 基調演説者.

key·pad /kíːpæ̀d/ 名 C キーパッド, テンキー《プッシュホン·リモコン·電卓などの数字用ボタン》.

key·pal /kíːpæ̀l/ 名 C メール友だち《penpal をもじった語》.

kéy rìng 名 C キーホルダー, 鍵輪(かぎわ).

kéy sìgnature 名 C 〔音楽〕 調号, 調子記号.

key·stone /kíːstòun/ 名 ❶ C 〔建築〕 (アーチの)かなめ石, くさび石. ❷ C [普通は単数形で] (方針などの)主旨, 要点 (*of*).

key·stroke /kíːstròuk/ 名 C (パソコンなどの)キー打ち操作.

key·word /kíːwə̀ːd | -wə̀ːd/, **kéy wòrd** 名 ❶ C 〔コンピュータ〕 キーワード《検索時に入力する語》. ❷ C (文章·暗号などの解明に)鍵(かぎ)となる語, キーワード.

+**kg** 略 **キログラム** (kilogram(s)).

kha·ki /kǽki | kɑ́ː-/ 形 カーキ色の. ― 名 ❶ U カーキ色. ❷ U カーキ色の服地[軍服]. ❸ [複数形で] 《米》 カーキ色のズボン.

khan /kɑ́ːn/ 名 C [しばしば K-] 汗(カン)《中央アジア諸国などの統治者の尊称》.

kHz 略 = kilohertz.

kib·butz /kɪbúts/ 名 (複 **kib·but·zim** /kìbʊtsíːm/, ～·es) C キブツ《イスラエルの共同農場》.

***kick** /kík/

― 動 (**kicks** /～s/; **kicked** /～t/; **kick·ing**) 他 ❶ (...)**をける, けとばす, けって...する**; (足)をけり上げる: John *kicked* the ball hard. ジョンはボールを強くけった / I ***got kicked in the*** stomach. V+O+*in*+名の受身 私は腹をけられた (⇒ get 自 3 語法; the[1] 2 語法). ❷ 〔球技〕 (ゴール)に球をけって入れる, (ゴール)を決める: The striker *kicked* a goal. フォワードがゴールを入れた. ❸

K

《略式》(悪習・たばこ・麻薬など)をやめる: *kick* the habit 悪い習慣をやめる.
— ⓐ ❶ **ける**, 足をけり上げる: The little boy was *kicking* and screaming. 小さな男の子は足をばたばたやって泣きわめいていた / The horse ***kicked at*** him when he approached it. [V+前+名] 彼が近寄ると馬がけりかかった. ❷ (発射の反動で)(銃が)はね返る.
kíck (it) [動] ⓐ [進行形で] Ⓢ のんびりする; 大いに楽しむ.
kíck one**sèlf** [動] ⓐ Ⓢ 自分を責める, くやしがる.
kíck ... when ... is dówn [動] ⓗ (人)の弱みにつけ込む.

kick の句動詞
kíck aróund [abóut] [動] ⓗ ❶《略式》(...)をいろいろと検討する. ❷《略式》(人)を虐待する, いじめる. — ⓐ ❶ [進行形で]《略式》放置されている. ❷ ぶらぶらする.
kíck aròund [abòut] ... [動] ⓗ ❶《略式》...をぶらぶらする. ❷ [進行形で]《略式》...に放置されている.
kíck báck [動] ⓗ ❶ (...)をけり返す. ❷ (リベートとして)(金)を一部戻す (*to*). — ⓐ《略式, 主に米》くつろぐ.
kíck ín [動] ⓗ ❶ (ドアなど)をけ破って入る. ❷《略式》(分担金など)を払う (*on, for*). — ⓐ ❶《略式》影響しだす, 効き始める. ❷《米》分担金を払う (*on, for*).
+**kíck óff** [動] ⓐ ❶〔アメフト・サッカー・ラグビー〕**キックオフをする, 試合を開始する:** What time does the game *kick off*? 試合は何時に始まるの. ❷《略式》(人が)(会議などを)始める; (会議などが)始まる (*with*). ❸《米略式》死ぬ. — ⓗ ❶《略式》(会議など)を始める (*with*): *kick off* one's election campaign 選挙運動を始める. ❷ (靴)をけって脱ぐ.
+**kíck ... óut (of ~)** [動] ⓗ《略式》(人)**を(~から)追い出す**; 追放[解雇]する: She *kicked* me *out of* the house. 彼女は私を家から追い出した.
kíck úp [動] ⓗ ❶《略式》(面倒・騒ぎ)を引き起こす. ❷ (ほこりなど)を舞い上げる. — ⓐ《主に米》(風・あらしなどが)強まる.

— [名] (~s /~s/) ❶ Ⓒ **けること**, けとばすこと: He *gave* the door a good ***kick***. 彼はドアをおもいきりけとばした / This bruise was caused by a *kick*. この傷はけられてできたものだ. ❷ Ⓒ《略式》快感, スリル; **興奮:** (just) *for kicks* スリルを味わうために; 面白半分に / He got a big *kick*「*out of* [*from*] surfing. 彼はサーフィンですごいスリルを感じた. ❸ Ⓒ〔アメフト・サッカー・ラグビー〕(球の)けり, キック; けり手: a penalty *kick* ペナルティーキック. ❹ [a ~]《略式》(酒などの)効き目, 効力.
a kíck in the téeth [stómach, pánts] [名]《略式》(思わぬ)冷たい仕打ち, ひどい扱い[失望].
be on a ... kìck [動] ⓐ《略式》...に(一時的に)熱中して[はまって]いる.

kick·back /kíkbæ̀k/ [名] Ⓒ《略式》不当な謝礼, リベート.
kick·box·ing /kíkbɑ̀(ː)ksɪŋ | -bɔ̀ks-/ [名] Ⓤ キックボクシング.
kick·er /kíkɚ | -kə/ [名] ❶ Ⓒ ける人, キッカー. ❷ Ⓒ《米略式》あっと驚く結末.
kick·off /kíkɔ̀ːf | -ɔ̀f/ [名] Ⓒ,Ⓤ〔アメフト・サッカー・ラグビー〕キックオフ; 《略式》開始. ([動] kíck óff)
kick-start /kíkstɑ̀ɚt | -stɑ̀ːt/ [動] ⓗ ❶ (...)を(キックスターターで)始動させる. ❷ (活動など)を促進する. — [名] ❶ Ⓒ キックスターター《バイクなどの足踏み始動ペダル》. ❷ [単数形で] 始動, 活動促進.

***kid**[1] /kíd/
— [名] (kids /kídz/)

意味のチャート
「子やぎ」❸ → 「子やぎの皮」❸
　　　　　→ (子) → 「子供」❶ → 「若者」❷

❶ Ⓒ《略式》**子供** [≒child]: Lots of *kids* are playing in the park. 公園では大勢の子供たちが遊んでいる / Do you have any *kids*? お子さんはいますか. [語法] 年下の子供, 若者への呼びかけとしても用いる. [関連] schoolkid 学童.
❷ Ⓒ《略式》**若者**, 青年: college *kids* 大学生. ❸ Ⓒ 子やぎ; Ⓤ 子やぎの皮, キッド革.
kíd [《英》kíd's] stùff [名] [軽蔑的] (子供っぽく)すごく簡単[退屈]なもの; 子供用のもの.
the néw kíd on the blòck [名]《米略式》新入り, 新入生.
— [形] [限定]《略式, 主に米》(兄弟・姉妹で)年下の [≒younger]: a *kid* brother [sister] 弟[妹].

+**kid**[2] /kíd/ [動] (kids /kídz/; kid·ded /-ḍɪd/; kid·ding /-ḍɪŋ/) ⓗ《略式》(人)を**からかう**; **だます**, かつぐ: The boys ***kidded*** her ***about*** her clothes. [V+O+*about*+名] 男の子たちは服装のことで彼女をからかった.
— ⓐ《略式》冗談を言う, からかう: Just [Only] *kidding*. Ⓢ ほんの冗談だよ / You're *kidding*! Ⓢ うそ, まさか《⇒ lie[2] ⚡》.
I kíd you nót. Ⓢ 本当だよ, うそじゃないよ.
kíd aróund [動] ⓐ ふざける.
kíd one**sèlf** [動] ⓐ《略式》そら頼みする, (現実を無視して)いいほうにとろうとする, 甘い考えを持つ.
Nó kídding! ↘ Ⓢ うそじゃないよ, ほんとだよ; ほんとだね《同意を表す》.
Nò kídding? ↗ Ⓢ まさか, うそ(だろう).

kid·dy, kid·die /kíḍi/ [名] (kid·dies) Ⓒ《略式》小さい子供. — [形] [限定] 小さい子供用の.
kíd glóves [名] [複] 子やぎの革の手袋. **hándle [tréat] ... with kíd glóves** ...を丁重に[優しく]扱う.
+**kid·nap** /kídnæp/ [動] (kid·naps; kid·napped, 《米》ではまた kid·naped; -nap·ping, 《米》ではまた -nap·ing) ⓗ (身代金目当てに)(人)を**誘拐する**, 拉致する: His son has been *kidnapped*. [V+O の受身] 彼の息子は誘拐された. — [名] Ⓤ,Ⓒ 誘拐.
kid·nap·per, 《米》-nap·er /kídnæ̀pɚ | -pə/ [名] Ⓒ (営利)誘拐犯.
kid·nap·ping, 《米》-nap·ing /kídnæ̀pɪŋ/ [名] Ⓤ,Ⓒ (営利)誘拐, 拉致.
+**kid·ney** /kídni/ [名] (~s /~z/) Ⓒ **腎臓**(じんぞう); Ⓤ,Ⓒ 動物の腎臓《食用》: (a) *kidney* failure 腎不全.
kídney bèan [名] Ⓒ いんげん豆.
kídney machìne [名] Ⓒ 人工腎臓.
Kil·i·man·ja·ro /kɪ̀ləmənʤɑ́ːroʊ/ [名] [固] (Mount) ~ キリマンジャロ山《タンザニアにある火山; アフリカの最高峰 (5895 m)》.

***kill** /kíl/ ([同音] #kiln)
— [動] (kills /~z/; killed /~d/; kill·ing) ⓗ ❶ (人・

K

動物)を殺す; (事故・災害・戦争などで)(人など)を**死亡させる**《⇒ 類義語, die 類義語》; (植物)を**枯らす:** The man *killed* the old woman for her money. 男は金を取ろうとしてその老婆を殺した / He *was killed* in World War II. V+O の受身 彼は第二次世界大戦で戦死した / She *was killed* in a train accident. 彼女は列車事故で死んだ / All the crew *were killed* outright. 乗組員は全員即死だった / The buds ***were killed by*** the frost. 霜で芽が枯れた. ❷ (計画・活動など)をだめにする, つぶす, ぶち壊す; やめる**:** The accident *killed* our hopes. その事故で我々の希望が断たれた. ❸ (痛みなど)を弱める**:** I'll give you some medicine to *kill* the pain. 痛み止めの薬をあげましょう. ❹《略式》(エンジン・スイッチなど)を切る, 消す. ❺ (人)をひどく苦しめる[参らせる]**:** My stomach is *killing* me. Ⓢ 胃が死ぬほど痛い / *It kills* me *to* hear her speak ill of others. 彼女が人の悪口を言うのを聞くのはとてもつらい. ❻《略式》(人)にひどく腹を立てる. ❼《略式》(人)を大笑いさせる**:** *kill* oneself laughing 大笑いする. ❽ (時間)をつぶす. ❾《略式》(酒など)を飲み干す. ❿〔テニス・バレーボール〕(ボール)を強く打つ;〔サッカー〕(ボール)をぴたりと止める. — 自 死をまねく, 人を殺す**:** Smoking [Speed] *kills*. タバコ[スピード]は死をまねく.

(èven) if it kílls me Ⓢ たとえ死んでも[どんなに大変でも](...する).

It wòn't [wòuldn't] kíll ... to dó. Ⓢ (...)が～してくれてもいいじゃないか.

kíll óff [動] 他 (...)を絶滅[死滅]させる.

kíll one**sèlf** [動] 自 ⑴ **自殺する**; (自ら)死をまねく**:** He *killed himself* in despair. 彼は絶望して自殺した. ⑵ 無理をしすぎる**:** Don't *kill yourself* preparing [*to* prepare] for the party. パーティーの準備で[のために]がんばりすぎないでね.

類義語 **kill** 意図的か否かにかかわらず, 生命を奪うという意味の最も普通の語で, 人間・動植物だけでなく, 無生物についても比喩的に用いられる. 事故・災害・戦争などで死ぬ場合には *die* よりも *be killed in* ... の形を使うことが多い. **murder** 計画的にまたは残虐な手段で人が人を殺すこと. **assassinate** 政治的な暗殺をすること. **slay** *kill* と同意だが《文語》.《米》では主に新聞で **slain** という過去分詞の形で見出しによく用いられる.

— 名 ❶ Ⓒ [普通は単数形で] (獲物を)殺すこと. ❷ Ⓒ [普通は単数形で] (仕留めた)獲物《全体》.

be ín at the kíll [動] 自 獲物が殺される時に居合わせる; 物事の最後を見届ける.

gò [móve, clóse] ín for the kíll [動] 自 相手にとどめを刺し[打ち負かし]にかかる.

***kill·er** /kílə | -lə/ 名 (～s /～z/) ❶ Ⓒ **殺人者**, 殺し屋**:** The police are still hunting for the *killer*. 警察はまだ殺人犯を追跡中だ. ❷ Ⓒ《略式》(他のものを)殺す動物[もの], 命取りとなるもの; 骨の折れるもの**:** High blood pressure is a *killer*. 高血圧は命取りになる. ❸ Ⓒ《略式》とても面白いもの[人].

— 形 ❶ 限定 命を奪う, 恐ろしい**:** a *killer* disease 命取りとなる病気《進行が速いか悪性のもの》. ❷ 限定《略式》とても魅力的な[すばらしい]; ひどくやっかいな**:** a *killer* movie すごく面白い映画.

kíller ìnstinct 名 Ⓒ 闘争心.

kíller whàle 名 Ⓒ しゃち, さかまた《鯨さえも襲うことがある海獣》.

***kill·ing** /kílɪŋ/ 名 (～s /～z/) Ⓒ **殺すこと, 殺害:** A series of brutal *killings* took place in this area. 残忍な殺人がこの地域で続発した. **màke a kílling** [動] 自《略式》(短期間に)大もうけをする (*in, on*).

— 形 ❶ (人・動植物などを)死に至らしめる**:** a *killing* frost 植物を枯れさせる霜. ❷《略式》耐えがたい, 殺人的な**:** a *killing* schedule 殺人的スケジュール.

kill·joy /kílʤɔ̀ɪ/ 名 Ⓒ 興をそぐ人, 興ざめな人.

kiln /kíln, kíl/ 名 Ⓒ かま《石灰・れんがなどを焼く》.

+**ki·lo** /kíːloʊ/ 名 (～s /～z/) Ⓒ **キログラム** (kilogram)《1000 グラム》.

ki·lo- /kíloʊ/ 接頭「1000(倍)」を表わす**:** *kilo*liter キロリットル. 関連 hecto- 100 倍 / deca- 10 倍 / milli- 1000 分の 1 / centi- 100 分の 1 / deci- 10 分の 1.

ki·lo·byte /kíləbàɪt/ 名 Ⓒ〔コンピュータ〕キロバイト《情報量の単位; 1024[1000]バイト; 略 K, KB, Kb》.

ki·lo·cal·o·rie /kíləkæləri/ 名 Ⓒ〔物理・栄養〕キロカロリー《1000 カロリー; ⇒ calorie 1》.

**ki·lo·gram, 《英まれ》-gramme

/kíləgræ̀m/

— 名 (～s /～z/) Ⓒ **キログラム** (kilo)《1000 グラム; 略 kg》**:** five *kilograms* of apples 5 キログラムのりんご.

ki·lo·hertz /kíləhə̀ːts | -hə̀ːts/ 名 (複 ～) Ⓒ〔物理〕キロヘルツ《1000 ヘルツ; 周波数の単位; 略 kHz》.

ki·lo·li·ter,《英》**-tre** /kíləlìːṭə | -tə/ 名 Ⓒ キロリットル《1000 リットル》.

**ki·lo·me·ter, 《英》 -me·tre

/kɪlɑ́(ː)məṭə, kíləmìːṭə | kɪlɔ́mətə, kíləmìːtə/

— 名 (～s /～z/) Ⓒ **キロメートル**《1000 メートル; 略 km, K, 複数形は km, K, kms》**:** run for five *kilometers* 5 キロ走る / That island is more than ten *kilometers* from here. あの島はここから 10 キロ以上もある.

ki·lo·ton /kílətʌ̀n/ 名 Ⓒ キロトン《重量の単位 (1000 トン) または原水爆の爆破力の単位 (TNT 1000 トン分)》.

ki·lo·watt /kíləwɑ̀(ː)t | -wɔ̀t/ 名 Ⓒ キロワット《1000 ワット; 略 kw, kW》.

ki·lo·watt-hour /kíləwɑ̀(ː)táʊə | -wɔ̀táʊə/ 名 Ⓒ〔電気〕キロワット時《1 キロワットで 1 時間に行なわれる仕事量; 略 kwh》.

kilt /kílt/ 名 Ⓒ キルト《Scotland の高地人の男性や軍人が着用する格子じまで縦ひだのスカート》; キルト風のスカート.

kil·ter /kíltə | -tə/ 名 [次の成句で] 「**òut of [òff] kílter** [形] 不調で, (調子が)狂って.

ki·mo·no /kəmóʊnə, -noʊ/ ≪日本語から≫ 名 (～s) ❶ Ⓒ (日本の)着物, 和服. ❷ Ⓒ キモノ《日本の着物をまねたゆるい部屋着》.

kin /kín/ 名 Ⓤ [複数扱い]《古風》親族, 親類《全体》.

néxt of kín [名]《格式》最近親者(たち).

***kind[1] /káɪnd/

— 名 (kinds /káɪndz/)

意味のチャート
元来は「生まれ」の意
→ (生まれが同じもの) → (同族, 親族) → 「**種類**」
→ (生まれのよい) → 「**心の優しい**」,「**親切な**」
(⇒ kind[2]; gentle 意味のチャート)

Ⓒ **種類**《⇒ sort 類義語》; 部類; 種族; Ⓤ [修飾語句を伴って] ...のタイプの人(たち)**:** apples of several *kinds* = several *kinds of* apple(s) 数種類のりんご / It's a

K

kind of orange. それはオレンジの一種だ / the best cheese *of* its *kind* その種で最高級のチーズ / It takes all *kinds* (to make a world). 《ことわざ》 世間にはいろいろな人がいるものだ, 人さまざま / 「Books of all *kinds* [All *kinds of* books] are sold here. ここではあらゆる種類の本が売られている. ✪「この[その]種の本」などの言い方については ⇒ sort 名 1 語法 // ***What kind of*** fish is it? それはどんな種類の魚ですか / *What kind of* (《略式》 a) person is your fiancé? あなたの婚約者はどんな人ですか / He was just *the kind of* (a) man I wanted. 彼はまさに私が望んでいたタイプの人だった / She's not ***the kind to*** tell lies. +to 不定詞 彼女はうそをつくような人じゃない / She's not my *kind of* girl. 彼女は私の(好みの)タイプじゃない / I don't like them. They only want to be with ***their*** (***own***) ***kind***. あの人たちは好きじゃない. 似た者どうしとだけいたがるから. 関連 humankind 人類.

a kìnd of ... Ⓢ **一種の...**, いわば; 漠然とした...: He's *a kind of* environmentalist. 彼はまあ一種の環境保護論者だ / I had *a kind of* feeling that he would visit me. 私は何となく彼が訪ねてくるような気がした. 語法 ...に入る名詞は普通は Ⓒ でも冠詞がつかない単数名詞.

ánything of the kínd [名] Ⓢ [疑問文・否定文で] 何かそのようなこと[もの].

in kínd [副] (1) (支払いを)現物[労務]で: Payment was made *in kind*. 支払いは現物でなされた. (2) (返礼・報復などを)同じ種類のもので, 同じやり方で: He repaid my compliments *in kind*. 彼は私の賛辞に対して同じように返した. (3) 本質的に: differ *in kind* 本質が違う.

kìnd of ... ⇒ kind of の項目.

nóthing of the kínd [名] 全然ちがうこと[もの]: I said *nothing of the kind*. 私はそんなことは全然言っていない.

... of a kínd [形] (1) [軽蔑的] 名ばかりの..., お粗末な...: a restaurant *of a kind* お粗末なレストラン. (2) 同じ種類の...: two *of a kind* 同じ種類の 2 つのもの; 似た者どうし.

óne of a kínd [名] 他に類を見ないもの, 独特のもの.

sómething of the [that] kínd [名] Ⓢ 何かそのようなこと[もの].

kind²** /káɪnd/ 形 (kind·er; kind·est) ❶ (人・行為などが)**親切な, 心の優しい**, 思いやりのある; (...に)親切にする [⇔ unkind]: a *kind* boy 心の優しい少年 / a *kind* act 親切な行為 / The police officer was very ***kind to us. +to+名 その警官は私たちにとても親切にしてくれた / ***It's*** very ***kind of*** you ***to*** come. お越しくださり本当にありがとうございます 《⇒ of 12》.

> ♥ **...してくれてありがとう** (感謝を表わすとき)
> **It's kind of you to ...**
> **It's** very **kind of you to** help. **手伝ってくれて本当にありがとう.**
> Oh, it's nothing.
> いや, 大したことじゃないよ.
> ♥ 親切を受けたりほめられたりしたときに相手に感謝の意を表わす表現.

❷ (物事が)悪影響のない: a soap that is *kind to* skin 肌にやさしい石けん.

Would you be kínd enòugh to dó? = Would you be só kínd as to dó? Ⓢ 《格式》 ...していただけませんか 《⇒ to² B 2》: "*Would you be kind enough to* make two photocopies of this for me?" "Certainly." 「恐れ入りますが, これのコピーを 2 部とっていただけますか」「かしこまりました」 ♥ 主に, 相手が断わらないだろうと考えられる場合の依頼(負担の少ないことを頼むときなど)で使われる. 非常に格式ばった表現なので, 改まった場面以外では慇懃(いんぎん)無礼・皮肉に聞こえることもある 《依頼の表現については ⇒ could B 1 (4)》.

〖語源 ⇒ kind¹ **意味のチャート**〗

kind·a /káɪndə/ 副 Ⓢ = kind of.

***kin·der·gar·ten** /kíndəgàətn | -dəgɑ̀ː-/ ≪ドイツ語から≫ 名 (~s /~z/) C,U **幼稚園** 《普通《米》では 5 歳児, 《英》では 2–5 歳児対象》.

kind-heart·ed /káɪndháətɪd | -hɑ́ːt-←/ 形 親切な, 心の優しい, 思いやりのある; 情け深い.

kin·dle /kíndl/ 動 他 ❶ (...)に火をつける, (火)をつける, 燃やす: He *kindled* a fire. 彼は火をつけた. ❷ (感情)を燃え立たせる, かき立てる, あおる: Her words *kindled* our curiosity. 彼女のことばが私たちの好奇心をかき立てた. ― 自 ❶ 火がつく, 燃え出す. ❷ (感情が)燃え立つ, かき立てられる.

kin·dling /kíndlɪŋ/ 名 U たきつけ.

***kind·ly¹** /káɪndli/ 副 ❶ [ときに 文修飾] **親切に(も), 優しく** [⇔ unkindly]: 言い換え He *kindly* helped me. (= It was kind of him to help me.) 彼は親切にも手伝ってくれた.

❷ Ⓢ 《格式》 **どうぞ** (...してください) [≒please]: Would you *kindly* explain why that is? なぜなのかご説明いただけますか 《♥ 改まった依頼》 / Would you *kindly* leave me in peace? 頼むからほっといてくれる? 語法 皮肉またはいらだちの気持ちが含まれることがある.

lòok kíndly on [upòn] ... [動] 他 (人・物)を認める.

nót tàke kíndly to ... [動] 他 ...がいやだ: She did*n't take kindly to* his interference. 彼女は彼の干渉がおもしろくなかった.

kind·ly² /káɪndli/ 形 (kind·li·er, more ~; kind·li·est, most ~) 限定 《古風》 (性格などが)優しい, (目下や弱者に)親切な: a *kindly* old man 親切な老人.

+**kind·ness** /káɪn(d)nəs/ 名 (~·es /~ɪz/) ❶ U **親切**, 優しさ, 好意 (*to*) [⇔ unkindness]: Thank you for your *kindness*. ご親切にありがとうございます / He lacks human *kindness*. 彼には人間らしい優しさがない.

❷ C (1 回の)**親切な行為[態度]**: He ***did*** me the ***kindness*** of pointing out my mistakes. 彼は親切にも私の間違いを指摘してくれた / I cannot forget his many ***kindnesses to*** me. 私は彼の数々の親切が忘れられない / She repaid [returned] his *kindness*. 彼女は彼の親切に報いた.

hàve the kíndness to dó [動] 《丁寧》 親切にも...する: Would you *have the kindness to* show me how to call a taxi? タクシーの呼び方をご教示いただけないでしょうか 《もったいぶった言い方》.

kíll ... with kíndness [動] 他 あまり親切にして(人)をだめにする, (人)にとってありがた迷惑である.

òut of kíndness [副] **親切心から**: He did it *out of kindness*. 彼はそれを親切心からしてくれた.

kind of /kàɪndə(v)/ 副 Ⓢ いくらか, 多少; 文修飾 何だか[どちらかと言えば]...のようだ[するようだ] 《♥ 断定的な言い方を避けてやわらかく言うときに使われる》: It's *kind of* cold, isn't it? ちょっと寒いね / I *kind of* thought he would succeed. 私は何だか彼が成功するような気がした / 🗨 "Did he help you?" "Well, *kind of*." 「彼は助けてくれましたか」「まあね」

K

kin·dred /kíndrəd/ 名 U《格式》血縁, 血族関係 (*with*). ― 形 限定《格式》血縁の; 近縁の; 同種の, 同類の: a *kindred* spirit 気の合った人.

ki·net·ic /kɪnéṭɪk, kaɪ-/ 形 限定〔物理〕運動の, 動力(学)の: *kinetic* energy 運動エネルギー.

ki·net·ics /kɪnéṭɪks, kaɪ-/ 名 U〔物理〕動力学.

***king** /kíŋ/
― 名 (~s /~z/) ❶ C 王, 国王: the *King of* England イングランド王 / *King* John ジョン王. 関連 queen 女王 / kingdom 王国 / emperor 皇帝.
❷ C (...の)王《それぞれの分野で最高の権力を握っている人や最強の人》; 最大[最高, 最上]のもの; [形容詞的に] (同種の中で)最大[最高, 最上]の: an oil *king* 石油王 / a *king* cobra キングコブラ / a home run *king* ホームラン王 / the ***king of*** beasts 百獣の王《ライオン》.
❸ C (トランプの)キング(の札); (チェスの)キング: the *king* of spades スペードのキング. 関連 queen クイーン / jack ジャック.
be kíng [動] 自 多大な影響力がある. (形 kíngly)

King /kíŋ/ 名 固 Martin Luther ~, Jr. キング (1929–68)《米国の牧師, 黒人解放運動の指導者; 暗殺された》.

*__king·dom__ /kíŋdəm/ 名 (~s /~z/) ❶ C **王国**: the United *Kingdom* 連合王国, 英国 / Denmark is a *kingdom*. デンマークは王国である. 関連 king 王 / queen 女王 / empire 帝国.
❷ C (学問・活動の)**分野**, 世界, 領域 (*of*). ❸ C ...界《自然を動物・植物・鉱物の 3 つに分けたもの》,〔生物〕界: the animal [plant, mineral] *kingdom* 動物[植物, 鉱物]界. ❹ [the ~] (キリスト教の)神の国: *the kingdom* of Heaven [God] 天国.

king·fish·er /kíŋfìʃə | -ʃə/ 名 C かわせみ《羽毛が美しく, 水面に飛び込んで魚を捕らえる小鳥》.

king·ly /kíŋli/ 形《文語》王の; 王にふさわしい. (名 king)

king·mak·er /kíŋmèɪkə | -kə/ 名 C (政党などの)実力者, 黒幕.

king·pin /kíŋpìn/ 名 C (犯罪集団などの)中心人物; 重要なもの (*of*).

Kíng's Énglish 名 [the ~]《古風》純正英語《England 南部の標準イギリス英語; 女王治世下では Queen's English という》.

king·ship /kíŋʃìp/ 名 U 王の身分; 王位, 王権.

king-size /kíŋsàɪz/, **-sized** /-sàɪzd/ 形 限定 キングサイズの, 特大の;《略式》並はずれの, ひどい.

kink /kíŋk/ 名 ❶ C (糸・綱・ホースなどの)よじれ, もつれ; (髪の)縮れ (*in*). ❷ C (計画などの)欠陥, 不備, 問題点 (*in*): work [iron] out the *kinks* 問題点を解決する. ❸ C (性格の)ゆがみ, いこじ. ❹ C《米》(筋肉の)引きつり (*in*). ― 動 他 (...)をよじる, ねじる. ― 自 よじれる, ねじれる.

kink·y /kíŋki/ 形 (kink·i·er; -i·est) ❶《略式》(性的に)変態の. ❷ (髪が)縮れた.

kin·ship /kínʃìp/ 名 ❶ U《格式》親類[血族]関係. ❷ [U または a ~]《格式》仲間意識, 親近感, きずな (*with, between*).

ki·osk /kíːɑ(ː)sk | -ɔsk/ 名 (~s /~s/) C キオスク《駅前・広場などにある新聞売り場・売店など》.

kip·per /kípə | -pə/ 名 C 薫製にしん.

*__kiss__ /kís/ 動 (kiss·es /~ɪz/; kissed /~t/; kiss·ing) 他 ❶ (...)に**キスする**: The mother *kissed* her child. 母親は子供にキスした / 言い換え He *kissed* her ***on the*** cheek. V+O+*on*+名 = He *kissed* her cheek. 彼は彼女のほおにキスした (⇒ the¹ 2 語法). ❷ (人に)(別れ・あいさつなど)をキスで伝える[表わす], (...)のしるしのキスをする: He *kissed* his girlfriend good night. 彼は恋人におやすみのキスをした. ❸《文語》(微風・日光などが)(...)に軽く触れる.
― 自 **キスをする**: They *kissed* passionately. 彼らは熱烈なキスをした.
kíss ... awáy [動] 他 キスして(...)を取り去る: The child's mother *kissed* his tears *away*. その子は母親にキスされて泣きやんだ.
kíss ... goodbýe = kíss goodbýe to ... [動] 他 (1)《略式》(事)をあきらめる: You have to *kiss* the plan *goodbye*. その計画はあきらめなきゃしょうがないよ. (2) ...にさよならのキスをする (⇒ 他 2).
kíss úp to ... [動] 他《米略式》...にとりいる.
― 名 (~·es /~ɪz/) C **キス**, **口づけ**: The mother ***gave*** her child a ***kiss***. 母親は子供にキスした / ***blow*** ... a ***kiss*** ...に投げキスをする.
the kíss of déath [名]《略式》[こっけいに] (表面はよいが)命取りの行為[ことば], ありがた迷惑.
the kíss of lífe [名]《英》口移し式人工呼吸; 起死回生の策.

kiss·er /kísə | -sə/ 名 ❶ C キスする人. ❷ C《俗》口; 顔.

*__kit__ /kít/ 名 (kits /kíts/) ❶ C,U (ある目的・仕事などのための)**用具ひとそろい**, 道具一式; 用具[道具]箱: a first-aid *kit* 救急箱 / a survival *kit* 災害時の救急袋 / a pocket sewing *kit* 携帯用の裁縫セット.
❷ C (模型作り用)**キット**, 組み立て用部品一式: a model plane *kit* 模型飛行機の組み立てキット. ❸ U (兵士・旅行者などの)装備, 装具;《英》(スポーツなどの)用品一式.
gèt one's **kít òff** [動]《英略式》衣服を脱ぐ.
― 動 (kits; kit·ted; kit·ting) [次の成句で]
kít óut [úp] [動] 他 [普通は受身で]《主に英》(...)に(~を)装備させる, (~の)用具をそろえてやる (*with, in*).

***kitch·en** /kítʃən/
― 名 (~s /~z/) C **台所**, **キッチン**, 調理場, 炊事場 (⇒ 次ページ挿絵): Our mother is in the *kitchen* preparing a meal. 母は台所で食事の準備をしている / a *kitchen* knife 包丁 / a *kitchen* table 食卓. 〖語源 ラテン語で「料理」の意; cook と同語源〗

kitch·en·ette /kìtʃənét/ 名 C 簡易台所.

kítchen gàrden 名 C《英》家庭菜園.

kítchen pàper 名 U《英》キッチンペーパー.

kítchen sínk 名 C 台所の流し(台).

kitch·en·ware /kítʃənwèə | -wèə/ 名 U 台所用品, 台所道具.

kite /káɪt/ 名 ❶ C たこ(凧). ❷ C とび, とんび. **flý a kíte** [動] 自 (1) たこ揚げをする. (2)《英》世論の反応をみる. **Gó flý a kíte!** S《米》(うるさい)あっちへ行け!

Kite·mark /káɪtmɑ̀ək | -mɑ̀ːk/ 名 C《英》英国工業規格マーク《日本の JIS マークに当たる》.

kitsch /kítʃ/ 名 U 俗悪, 低俗; 俗悪な作品, げて物. ― 形 = kitschy.

kitsch·y /kítʃi/ 形 低俗な.

kit·ten /kítn/ 名 C 子猫. 関連 cat 猫. ✪ 鳴き声については ⇒ cry 表.

Kit·tie /kíṭi/ 名 固 キティー《女性の名; Catherine, Katharine または Katherine の愛称》.

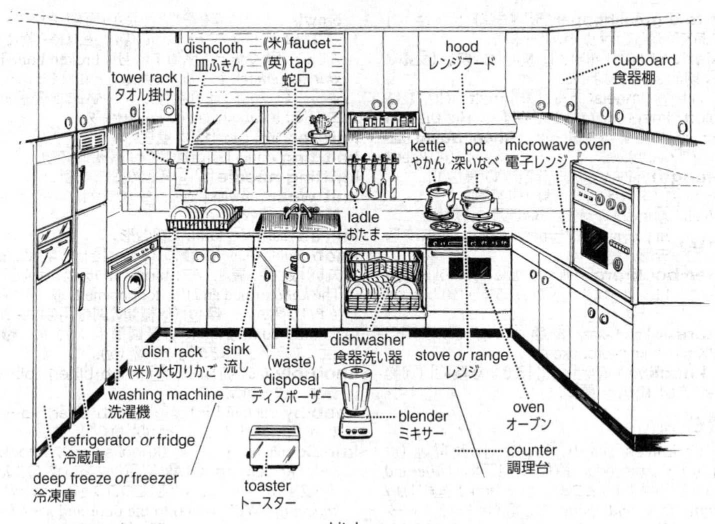

kitchen

kit·ty[1] /kíṭi/ 名 (kit·ties) Ⓒ《略式, 主に小児語》猫ちゃん, にゃんこ.
kit·ty[2] /kíṭi/ 名 (kit·ties) ❶ Ⓒ [普通は単数形で] 共同の積立金. ❷ Ⓒ [普通は単数形で] (トランプの)賭け金.
Kit·ty /kíṭi/ 名 固 = Kittie.
kit·ty-cor·ner /kíṭikɔ̀ənə | -kɔ̀:nə/ 副《米略式》はす向かいに, 対角線上に (*from*).
ki·wi /kí:wi:, -wi/ 名 ❶ Ⓒ キーウィ《ニュージーランドに生息する飛べない鳥で小型のだちょうの類》. ❷ Ⓒ,Ⓤ = kiwi fruit. ❸ Ⓒ [普通は K-]《略式》ニュージーランド人[選手].
kíwi frùit 名 Ⓒ,Ⓤ キーウィフルーツ《中が緑色の果物; ニュージーランドが主産地》.
KKK 略《米》= Ku Klux Klan.
klax·on /klǽks(ə)n/ 名 Ⓒ (昔のパトカーなどの)クラクション, 警笛《元来は商標名》. 日英 日本ではよく「クラクション」というが, 英語では horn が普通.
Klee·nex /klí:neks/ 名 (複 ~(·es)) Ⓤ (クリネックス)ティッシュペーパー《商標》; Ⓒ ティッシュペーパー(1 枚) [≒tissue]: a piece [box] of *Kleenex* ティッシュペーパー 1 枚[1 箱].
klutz /klʌ́ts/ 名 Ⓒ《米略式》不器用なやつ, とんま.
klutz·y /klʌ́tsi/ 形《米略式》不器用[とんま]な.
+**km** 略 キロメートル (kilometer(s)).
kms 略 = kilometers《⇒ kilometer》.
knack /nǽk/ 名 Ⓒ [普通は単数形で]《略式》こつ, 技, 才能: get the *knack of* balanc*ing* バランスを取るこつを覚える / have a *knack for* baking cakes ケーキの焼き方のこつを知っている.
knap·sack /nǽpsæ̀k/ 名 Ⓒ《米》= rucksack.
knave /néɪv/ 名 Ⓒ《英》〘トランプ〙ジャック(の札) [≒jack].
knead /ní:d/ 動 他 ❶ (粉・土など)をこねる, 練る; (パンや陶器)をこねて作る. ❷ (筋肉)をもむ.

knee /ní:/ ! 発音
— 名 (~s /~z/) ❶ Ⓒ ひざ, ひざがしら《関節付近の部分》: bend one's *knees* ひざを曲げる / a skirt one inch above the *knee* ひざ上 1 インチのスカート / My *knees* were knocking in fear. 恐怖のあまり私のひざは震えていた / The baby is sitting *on* his mother's *knee*. 赤ん坊は母親のひざの上に座っている《✪ この場合は lap と同じ意味》.

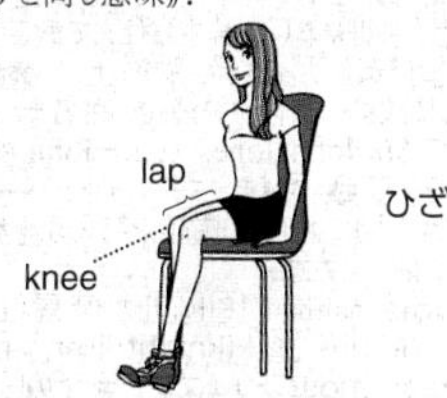

❷ Ⓒ (ズボンなどの)ひざの部分.
be [gò (dówn), gèt dówn] on one's **knées** [動] 自 ひざまずいている[ひざまずく]《祈り・嘆願・屈服の動作》.
bríng ... to ...'s knées [動] 他 (人・組織・国など)を屈服させる; (組織・活動など)を破綻(はたん)させる.
dróp [fáll, sínk] to one's **knées** [動] 自 ひざまずく.
on béndedknée(s) [副] ひざまずいて; (嘆願などを)必死に.
(動 kneel)
— 動 他 (...)をひざで押す[突く] (*in*).
knee·cap /ní:kæ̀p/ 名 Ⓒ ひざの皿, 膝蓋(しつがい)骨.
knee-deep /ní:dí:p←/ 形 ❶ ひざまでの深さの, ひざまでつかって (*in*). ❷ 叙述《略式》(仕事・困難などに)深くはまり込んで (*in*).
knee-high /ní:háɪ←/ 形 ひざまでの高さの. **knee-**

K

hígh to a grásshopper [形]《古風》[こっけいに] (幼少時を回想して)(人が)ほんの子供で.

knee-jerk /níːʤə̀ːk | -ʤə̀ːk/ 形 限定 [軽蔑的] (反応などが)反射的な, 型にはまった.

kneel /níːl/ 動 (kneels; 過去・過分 knelt /nélt/, 《米》 kneeled; kneel·ing) 自 ひざまずく: He *knelt* in prayer. 彼はひざまずいて祈った. **knéel dówn** [動] 自 ひざまずく (*on*). (名 knee)

knee-length /níːlèŋ(k)θ/ 形 ひざまでの(長さの).

knell /nél/ 名 [単数形で]《文語》弔いの鐘.

knelt /nélt/ 動 kneel の過去形および過去分詞.

***knew** /n(j)úː | njúː/ (同音 new, nu) 動 know の過去形.

knick·er·bock·ers /níkəbɑ̀(ː)kəz | -kəbɔ̀kəz/ 名 複 ニッカー(ボッカー)《ひざ下でくくるゆったりしたズボン》.

knick·ers /níkəz | -kəz/ 名 ❶ 複《英》パンティー. ❷ 複《米》= knickerbockers.

knick·knack /níknæ̀k/ 名 C [ときに軽蔑的] (安物の)こまごました飾り, 小間物.

***knife** /náɪf/

— 名 (複 knives /náɪvz/) C ナイフ, 小刀; 短剣; (食事用の)ナイフ(⇒ edge 挿絵); 包丁: a *knife* and fork (ひと組の)ナイフとフォーク(⇒ and 1 語法 (1)) / (a) *knife*, fork, and spoon (ひと組の)ナイフとフォークとスプーン / He cut a twig from the branch with his *knife*. 彼はナイフでその枝から小枝を切り取った.

gó ùnder the knífe [動] 自《略式》手術を受ける. **lìke a (hót) knífe through bútter** [副]《略式》いとも簡単に. **twíst [túrn] the knífe (in the wòund)** [動] 自 傷口をえぐる.

— 動 他 (...)をナイフで刺す (*in*).

knife-edge /náɪfèʤ/ 名 C ナイフの刃; 幅が狭くて鋭いもの. **on a knífe-edge** [形・副] (1) (事態などが)微妙な状態に. (2) やきもき[はらはら]して.

knight /náɪt/ ✪ -ght で終わる語の gh は発音しない. 名 ❶ C 騎士《中世において君主に仕えて武芸に励んだ武士》. ❷ C《英》ナイト爵, 勲爵士. 参考 准男爵 (baronet) に次ぐ一代限りの爵位. 姓名または名の前に Sir をつけて *Sir* John Jones か *Sir* John のように呼ぶ (⇒ dub[1] 2). ❸ C〔チェス〕ナイト. — 動 他 [普通は受身で] (人)にナイトの爵位を与える. 〖語源 元来は「少年, 召し使い」の意〗

knight·hood /náɪthʊ̀d/ 名 C,U ナイト爵位.

knight·ly /náɪtli/ 形 (knight·li·er, more ~; knight·li·est, most ~)《文語》騎士の[らしい].

+**knit** /nít/ ❗発音 動 (knits /níts/; 過去・過分 knit·ted /-ṭɪd/, 他 3, 4, 自 2 では普通 knit; knit·ting /-ṭɪŋ/) 他 ❶ (針・機械を使って)(...)を編む: Mother *knitted* our socks out of wool. 母は毛糸で私たちの靴下を編んでくれた / I want to *knit* this yarn into a sweater. この毛糸を編んでセーターを作りたい / 言い換え She *knitted* her brother a sweater. V+O+O = She ***knitted*** a sweater ***for*** her brother. V+O+*for*+名 彼女は弟にセーターを編んでやった (⇒ for 前 A 1 語法). 関連 sew 縫う / weave 織る. ❷〔服飾〕(...)を表編みにする (⇒ plain[2], purl): *Knit* one, purl two. ひと目を表編み, ふた目を裏編み(にしてください). ❸ (...)をくっつける, 結合する; (人など)を結びつける: a closely [tightly] *knit* family よくまとまった家族 / They're *knit together* by common interests. 彼らは共通の利害関係で結びついている. ❹ (まゆ)を寄せる[ひそめる]: Tom *knit* his brow(s). トムはまゆを寄せた(しかめっ面をした).

— 自 ❶ 編み物をする: I can't *knit*. 私は編み物はできません. ❷ くっつく; 密着する: His broken bone has *knit* (*together*). 彼の折れた骨は(元どおり)くっついた.

— 名 C ニット(地の衣類). — 形 限定 表編みの, ニットの: a *knit* sweater ニットのセーター.

knit·ter /níṭə | -tə/ 名 C 編む人.

knit·ting /níṭɪŋ/ 名 U 編むこと; 編みかけの物.

knítting nèedle 名 C 編み棒[針], 棒針.

knit·wear /nítwèə | -wèə/ 名 U ニットウェア《毛糸で編んで作った衣類》.

***knives** /náɪvz/ 名 knife の複数形.

knob /nɑ́(ː)b | nɔ́b/ 名 ❶ C (ドア・引き出しなどの, 頭の丸い)取っ手, 握り, ノブ: turn a *knob* 取っ手を回す / The *knob* turned and the door opened. 取っ手が回ってドアが開いた. ❷ C (機械類の調整用の)つまみ: a volume control *knob* 音量調節用のつまみ. ❸ C《主に英》(バターなどの)小さい塊 (*of*).

knob·bly /nɑ́(ː)bli | nɔ́b-/ 形 (knob·bli·er; -bli·est)《英》= knobby.

knob·by /nɑ́(ː)bi | nɔ́bi/ 形 (knob·bi·er; -bi·est)《米》節(ふし)の多い, こぶだらけの; 節くれだった.

knock** /nɑ́(ː)k | nɔ́k/ 動 (knocks /~s/; knocked /~t/; knock·ing) 自 ❶ (こぶしや堅い物で)**たたく, ノックする**; (テーブルなどを)こつこつとたたく: Who's *knocking*? Will you go to the door and see? だれがノックしているんだろう. 玄関へ行って見てきてくれる? / He ***knocked on [*at*] the door. V+*on* [*at*]+名 彼はドアをノックした. ❷ 突き当たる, ぶつかる: He *knocked against* [*into*] one person after another in the crowd. 彼は人込みの中で次々に人に突き当たった. ❸ (エンジンなどが)かたかた音を立てる, ノッキングする. ❹ (恐怖などで)(心臓が)どきどきする, (ひざが)震える.

— 他 ❶ (力を入れて)(...)を**たたく, 打つ** (⇒ strike 類義語); (こぶしで)殴る; (ボール)をける, 打つ; (...)を打って[殴って]~にする; たたいて(穴など)をあける: 言い換え He ***knocked*** me ***on*** the head. V+O+*on*+名 = He *knocked* my head. 彼は私の頭を殴った (⇒ the[1] 2 語法) / ***Knock*** nails ***into*** this board. V+O+前+名 この板にくぎを打ち込んでください / The policeman *knocked* the knife *from* her hand. 警官は彼女の手からナイフをたたき落とした / The big man *knocked* the little man senseless [unconscious, cold]. V+O+C (形) 大男はその小男を殴って気絶させた / He *knocked* a hole *in* the wall with a hammer. 彼は金づちでたたいて壁に穴をあけた.

❷ (偶然)(...)に**当たる**, ぶつかって倒す[落とす]: He ***knocked*** a vase ***to*** the floor as he rushed to the door. V+O+前+名 彼は玄関へ急いで行くとき花びんに当たって床に落としてしまった.

❸ (...)を**ぶつける**, 衝突させる: The child nearly ***knocked*** his head ***against*** the wall. V+O+前+名 その子は頭を壁にぶつけそうになった. ❹《略式》(...)をけなす, こきおろす: Don't *knock* it. けちをつけないでくれ.

knóck ... déad [動] 他 ...をうならせる.

knóck ... flát [動] 他 殴って[ぶつかって](...)をばったり倒す (⇒ fall flat (flat 副 成句)).

knock の句動詞

knóck aróund [abóut] 動 他 ❶《略式》(人・物)をこづき回す, 手荒く扱う. ❷《略式》(...)について話し合う. — 自 ❶《略式》ぶらつく, (旅行して)あちこち回る; (戸外を)動き[遊び]回る. ❷《略式》(...と)

いっしょに過ごす (with).
knóck aróund [abóut] ... 動 他《略式》...をぶらつく, (旅行して)...をあちこち回る.
knóck báck 動 他 ❶ (...)を打ち返す. ❷《略式》(酒など)を一気に[大量に]飲む. ❸《英略式》(物が)(人に)(大金)を出費させる.
*__knóck dówn__ 動 他 [しばしば受身で] ❶ (...)を**殴り倒す**, 打ち(当たって)倒す; (車が)(人)を**はねる** V+名·代+down / V+down+名: I hit him on the chin and *knocked* him *down*. 私は彼のあごに一発くらわせて殴り倒した / Tom *was* [*got*] *knocked down* by a taxi. トムはタクシーにはねられた. ❷ (建物など)を取り壊す, 解体する. ❸《略式》(...まで)(値)を下げる (from, to); (人)に(...まで)値をまけさせる (to).
knóck ín 動 他 (くぎなど)を打ち込む; (知識)をたたき込む.
knóck ínto ... 動 他 ...にぶつかる.
knóck ... ínto ~ 動 他 ❶ ~に(...)を打ち込む (⇒ 他 1). ❷ (人·頭)に(知識など)をたたき込む. ❸ (2 つの部屋など)を(壁を取り除いて)1 つにする.
knóck óff 動 他 ❶ (...)をたたき落とす, 打ち落とす, たたいて払いのける; (偶然)(...)に当たって落とす: My hand accidentally *knocked off* the vase. 偶然私の手が当たって花びんが落ちた. ❷《略式》(仕事など)をやめる [≒stop]: *knock off* work at five o'clock 5 時に仕事をやめる. ❸《略式》(...)を手早く仕上げる, 片づける; 《米略式》不正にコピーする. ❹《略式》(ある額)を値引き[値下げ]する: Will you *knock off* 10 dollars *from* the price? 値段を 10 ドルまけてくれませんか. ❺《略式》(...)を盗む; (...)に強盗に入る. ❻《略式》(人)を殺す. — 自《略式》(仕事などを)やめる, 切り上げる.
Knóck it óff! Ⓢ うるさい, やめてくれ!
+**knóck ... òff ~** 動 他 ❶ (...)**を打って[たたいて]~から(払い)落とす**; (偶然)(...)に当たって~から落とす: He *knocked* the insect *off* her shoulder. 彼は彼女の肩から虫をたたき落とした. ❷《略式》(値段など)から(ある額)だけまける.
knóck ón 動 他〘ラグビー〙(ボール)をノックオンする《ボールを手·腕などに当てて前方に落とす; 反則の一つ》. — 自〘ラグビー〙ノックオンする.
+**knóck óut** 動 他 ❶〘ボクシング·野球〙(相手)を**ノックアウトする**; 殴って気絶させる; (薬が)(...)の意識を失わせる V+名·代+out / V+out+名: Tom was *knocked out* in the first round. トムは第 1 ラウンドで KO 負けした. ❷ (...)を破壊する, 役立たなくする; 競技で(相手)を敗退させる. ❸《略式》(人)を感動[感嘆]させる, うならせる. ❹《略式》(...)を手早く仕上げる.
knóck oneself óut [動] 自 気絶する; 《略式》大変な努力をする, へたばる.
knóck ... òut (of ~) [動] 他 (相手)を(~から)敗退させる. (名 knóckòut)
+**knóck óver** 動 他 ❶ (...)に**当たってひっくり返す**, (車が)(人)をはねる; 殴り倒す V+名·代+over / V+over+名: *knock over* a pitcher of water 水差しをひっくり返す. ❷《略式》(人)をびっくりさせる. ❸《米略式》(...)を盗む; (...)に強盗に入る.
knóck togéther 動 他《略式》(...)を急いで[ありあわせで]作る.
knóck úp 動 他 ❶ (...)を打ち[突き]上げる. ❷《略式》(...)を急いで作る[用意する]. ❸《英略式》ドア[窓]をノックして(人)を起こす. ❹《卑語》(女性)をはらませる.

— 名 (~s /~s/) ❶ Ⓒ (固いもので)**たたく音**; **ノック**; **たたくこと**; 打撃, 殴打: There was a ***knock at*** [***on***] the door. だれかドアをノックしたよ / 言い換え He gave the door two *knocks*. = He gave two *knocks on* the door. 彼はドアを 2 度ノックした / I got a hard *knock on* the head. 頭をひどくぶつけた[たたかれた]. ❷ Ⓒ《略式》不運, 難儀: take a (hard) *knock* つらい目にあう. ❸ Ⓒ (エンジンの)ノッキング. ❹ Ⓒ《略式》批判, 非難 (against).
knock·down /ná(ː)kdàʊn | nɔ́k-/ 形 限定《略式》(価格が)特価[激安]の. — 名 Ⓒ〘ボクシング〙ノックダウン.
knock·er /ná(ː)kɚ | nɔ́kə/ 名 Ⓒ (玄関の)ノッカー: bang the *knocker* ノッカーを鳴らす.
knock-on /ná(ː)ká(ː)n, -ɔ́ːn | nɔ̀kɔ́n/ 形 限定《主に英》(影響などが)連鎖的な. — 名 Ⓒ〘ラグビー〙ノックオン.
knock·out /ná(ː)kàʊt | nɔ́k-/ 名 ❶ Ⓒ〘ボクシング〙ノックアウト(KO): ⇒ technical knockout. ❷ [単数形で]《略式》すごい美人; すてきなもの. ❸ Ⓒ《英》勝ち抜き試合, トーナメント. (動 knóck óut)
— 形 ❶ 限定 決定的な, ノックアウトの. ❷ 限定《略式》意識を失わせる. ❸《英》限定 トーナメント方式の. ❹ 限定《略式》すごくいい[魅力的な].
knoll /nóʊl/ 名 Ⓒ 円丘, 塚.
+**knot** /ná(ː)t | nɔ́t/ (同音 not) 名 (knots /ná(ː)ʦ | nɔ́ʦ/) ❶ Ⓒ **結び目**, 結び; (髪の毛などの)もつれ: He tied [made] a *knot* in the rope. 彼はロープに結び目を作った / This *knot* is so tight that I can't get it undone. この結び目は堅すぎて私にはほどけない. ❷ Ⓒ 飾り結び; まとめ髪, おだんご. ❸ Ⓒ (人·物の)群れ, 集団: a *knot of* onlookers 見物人の人だかり. ❹ Ⓒ (幹·板の)節(ふし), (筋肉を縮めたときなどの)こぶ; けいれん. ❺ Ⓒ (胃·のどなどの)緊張, (不安などで)締めつけられる感じ: 言い換え He felt a *knot* in his stomach. = His stomach was *in knots*. 彼は胃が締めつけられる感じがした. ❻ Ⓒ [普通は複数形で]〘航海〙ノット《1 時間 1 海里 (nautical mile, 約 1852 メートル)の速度; 略 kt》: a ship doing 30 *knots* 30 ノットで進む船.
tíe the knót [動] 自《略式》結婚する, 結ばれる.
— 動 (knots /ná(ː)ʦ | nɔ́ʦ/; knot·ted /-ṭɪd/; knot·ting /-ṭɪŋ/) 他 ❶ (ひも·ロープなど)を**結ぶ**, (...)に結び目を作る: *knot* one's tie ネクタイを結ぶ / He *knotted* the two ropes. 彼はその 2 本のロープを結んだ. ❷ (髪の毛など)をもつれさせる. ❸ (不安などが)(胃·のどなど)を締めつける. — 自 ❶ もつれる, 結び目ができる. ❷ (不安などで)胃[のど]が締めつけられる.
knot·ty /ná(ː)ṭi | nɔ́ti/ 形 (knot·ti·er, more ~; knot·ti·est, most ~) ❶ 節[こぶ]だらけの. ❷ (問題などが)込み入った, 解決困難な.

***know** /nóʊ/ (同音 no)

— 動 (knows /~z/; 過去 knew /n(j)úː | njúː/; 過分 known /nóʊn/; know·ing) [進行形なし]

単語のエッセンス	
1) 知っている	他 ❶, 自
2) 認める, 見分ける	他 ❷
3) 知り合いである	他 ❸

— 他 ❶ (...)**を知っている**; (...)が(~だと)わかっている; (経験·学習して)わかっている (⇒ 類義語): I *know* his name. 彼の名前は知っている / Everyone *knows* it. だれでもそんなことは知っている / I *know* some German. ドイツ語は多少わかります / He ***knew that*** the report

K

was true. V+O (that 節) 彼はその報告が事実だということを知っていた 多用 / I didn't *know who* she was or *where* she came from. V+O (wh 節) 私は彼女がだれでどこの出身か知らなかった 多用 / Do you *know how to* drive? V+O (wh 句) あなたは運転のしかたを知っていますか / I don't *know* anything *about* it. V+O+前+名 それについては私は何も知りません / My father *knows* much *of* the world. 父は世間をよく知っている / 言い換え I *know* (*that*) he is honest. = I *know* him *to* be honest. V+O+C (to 不定詞) 彼が正直なことはわかっている / 言い換え We *knew* her *to* have been a singer. 《格式》 = We *knew* (*that*) she *had been* a singer. 私たちは彼女が昔歌手だったことを知っていた (⇒ to² F (1)) / She *is known to* be a great pianist. V+O+C (to 不定詞)の受身 彼女は大ピアニストだということです / I have never *known* him *to lie*. 私は彼がうそをついたのを知らない(彼はうそをついたためしがない). 語法 この場合《英》では I have never *known* him *lie*. V+O+C (原形) の動詞型をとることがあるが, 受身では He has never been *known to lie*. のように常に C (*to* 不定詞)となる // *It is* generally *known that* he has a very large fortune. 彼が莫大(ばくだい)な財産を持っているということは広く知られている. 語法 it は that 以下を受ける形式主語; 動詞型は V+O (that 節)の受身 // Does she *know to* get up early this morning? V+O (to 不定詞) 今朝は早く起きないといけないってことを彼女はわかってるの?

> 語法 🔍(1) Everybody in this town *knows* him. (この町の人だれもが彼を知っている)を受身にすると, He *is known by* everybody in this town. となるが受身はあまり用いられない. この受身より頻度の高い He *is known to* everybody in this town. (⇒ be known to ... (known 成句)) は, 意味上は Everybody in this town *knows* who he is. の受身に相当する.
> (2) A tree is known *by* its fruit. (《ことわざ》木はその実を見ればわかる(人はその仕事ぶりで判断すべきだ))のように by を用いて行為者ではなく, 判断の基準を表わすことがある (⇒ by 前 12). なおこの know は 2 の「見分ける」の意味である.

K

❷ (...)を認める, (見て...だと)わかる, 見分ける, 区別する, 識別する: She *knew* her brother as soon as she saw him. 彼女は彼を見るとすぐに自分の兄[弟]だとわかった / You'll *know* my house *by* the red roof. V+O+by+名 私の家は屋根が赤いのでわかります (⇒ 他 1 語法 囲み (2)) / It's not always easy to *know* a good book *from* a bad one. V+O+from+名 本のよしあしを見分けるのは必ずしも容易ではない.

❸ (人)と**知り合いである**, 交際がある; (...)を熟知している: Do you *know* Mr. Smith? あなたはスミスさんをご存じですか / I *know* her by name. 彼女のことは名前だけは知っている / They've *known* each other since childhood. 彼らは子供のころから知り合いだ / I'm very happy to *know* you. あなたとお知り合いになれてうれしいです《人に紹介されたとき》/ I'd like to (get to) *know* Mr. Green. 私はグリーン氏と知り合いになりたいのですが(ご紹介していただけませんか). 語法 個人的に知り合いでないときには All of us「*know* who Chopin was [*know about* Chopin]. (ショパンはどんな人かみんな知っている)のように言う. ❹ [無生物を主語にして普通は否定文で] (...)を経験する: The country has *known no* war for many centuries. その国には何世紀も戦争がなかった.

— 自 **知っている**; (物事のことを)わかっている: (Yes,) I *know*. (うん)知ってるよ / People don't *know about* the event. V+about+名 人々はその事件については知らない / People [Those] who *know* won't waste their money that way. 分別のある人は自分の金をそんなふうに浪費しない.

> 🔍 **進行形にしない動詞のグループ**
>
> | | | |
> |---|---|---|
> | ① | **継続的な状態** | be / remain ...のままである |
> | | | seem / look / appear ...に見える |
> | | | resemble ...に似ている |
> | | | equal ...に等しい |
> | | | suit ...に適している |
> | | | contain ...を含んでいる |
> | | | have / own / possess ...を持っている |
> | | | belong to ...に属している |
> | ② | **無意識的な知覚** | see ...が見える |
> | | | hear ...が聞こえる |
> | | | feel ...の感じがする |
> | | | smell ...のにおいがする |
> | | | taste ...の味がする |
> | ③ | **心理状態** | know ...を知っている |
> | | | believe ...を信じている |
> | | | doubt ...を疑う |
> | | | fear ...を気づかう |
> | | | like / love ...が好きである |
> | | | want ...が欲しい |
> | | | hate ...をひどく嫌う |
> | | | think ...と思う |

as fàr as Í knòw [副] 文修飾 Ⓢ 私の知る限りでは: He's not involved in it *as far as I know*. 私の知る限りでは, 彼はそれには関係ありません.

as we knów it [名詞の後に用いて] 我々の知っている... (⇒ as 接 5).

as you [we] knów [副] 文修飾 **ご存じ[知って]の通り**: *As you know*, accidents like this have happened many times before. ご存じの通り, このような事故は前に何度もありました.

befòre one knóws whère one ís [副] あっという間に, 何が何だかわからないうちに.

befòre you [I, etc.] knów it [副] Ⓢ いつのまにか, あっという間に.

for àll ... knòw [副] 文修飾 [特に can, could, may, might を含む文中で用いる] Ⓢ ...の知ったことではないが, (どうでもよいが)場合によると《興味・関心のないことを表わす》: He *may* never come back *for all* I *know*. (どうでもいいけど)もしかするともう彼は帰ってこないということかもね.

Gód [Héaven, Lórd, Góodness] (ònly) knòws Ⓢ 《略式》 (1) [wh 句・節, if・whether 節が続いて] ...はだれにもわからない, 知るもんか《神だけがご存じだ, という意から》: *God knows where* he has gone. 彼の行方はだれにもわからない / She killed herself. *Heaven knows why*. 彼女は自殺した. だれもなぜだかわからない. (2) [(that) 節が続いて] 確かに, きっと. (3) [句・節を強調して] 本当に.

Hów「should Í [am Í to, do Í, would Í] knòw? Ⓢ 私が知っているわけがないでしょう.

I dòn't knów. Ⓢ (1) さあ, どうでしょうか《相手の発言に対して柔らかく不賛成の気持ちを表わす》: 🗨 "I think we should tell him the truth." "*I don't know.*" 「彼に本当のことを言ったほうがいいと思う」「うーん, (それは)どうかな」 (2) [軽いいらだち・驚きを表わす返事として] 何と言ったらいいか: *I don't know.* He's seriously ill. 困ったな. 彼は重病だよ.

I dòn't knów abòut yóu, but ... Ⓢ あなたはどうかわからないが(私は)....

I knów. Ⓢ (1) そうですね, わかるよ《同意・同情を表わす》. (2) わかっちゃいるけど《譲歩を表わす》: It looks strange, *I know*, but I'll do it. 変に思われるのはわかってはいるがそれをやってみる.

Í knòw (whát). Ⓢ いい考えがある, そうだ!

Í wòuldn't knów. Ⓢ 私にわかるはずがない.

knów a thíng or twò [動] ⓐ《略式》いろいろ知っている[経験している] (*about*).

knów abòut ... [動] ⓣ ...について知っている: ⇒ ⓐ 2 番目の例文.

knów ... as wèll as Í [yóu] dò [動] ⓣ (...)を十分よく知っている.

knów bést [動] ⓐ いちばんよく知っている, いちばん頼りになる(ので言う通りにすればいい).

knów bétter (than thát) [動] ⓐ **もっと分別がある:** I *know better* (*than that*). そのくらいのことはわかっています; その手はくわないよ / You [I] should have *known better*. もっと分別をもつべきだったのに, 年がいもない《人を諭(さと)す[自分を反省する]ときなどのことば》.

knów bétter than to dó [動] **...しないくらいの分別はある, ...するほどばかではない:** You 「ought to [should] *know better than to* trust him. 彼を信用してはいけないことぐらいわかりそうなものだが.

knów one's **búsiness = knów whàt's whát** [動] ⓐ Ⓢ《略式》物の道理を知っている, 常識[良識]がある, (物の)違いがわかる.

knów of ... [動] ⓣ **...のことを(聞いて)知っている, ...のあることを知っている:** I *know of* her, but I've never met her. 彼女のことは聞いて知っていますが会ったことはありません《⇒ ⓣ 3 語法》/ Do you *know of* any good dictionary for beginners? 初心者用の何かいい辞書を知りませんか.

knów whàt one **is tálking abòut** [動] ⓐ《略式》経験からわかっている.

knów whàt 「**it ís [it's líke]** [動] ⓐ (...するとは)どういうことか知っている: He *knows what it is to* be poor. 彼は貧乏がどんなものか知っている.

lèt ... knów [動] ⓣ (人)に**知らせる:** Please *let* me *know* if you can attend the party. パーティーに出席できるのでしたら知らせてください.

màke knówn [動] ⓣ ⇒ known 成句.

Nòt that I knów òf. Ⓢ 私の知るところではそうではない: 🗨 "Has he been ill or something?" "*Not that I know of.*" 「彼は病気か何かだったのですか」「さあ, そんなことはないと思いますが」

there is nó knówing ... ⇒ There is no doing (there[1] 成句).

whó knóws? [副] Ⓢ (1) だれにわかるだろうか(だれもわからない), 何とも言えない《⇒ 巻末文法 13. 6》: 🗨 "Will he make it?" "*Who knows?*" 「彼はうまくいくかなあ」「さあどうかな」 (2) (...)かもしれない, ひょっとすると: You may be scolded for it — *who knows?* あなたはそのことでしかられるかもしれませんよ, ひょっとすると.

you knòw [副] 文修飾 Ⓢ (何しろ) **...だからね, ほら...だよ; あのー, えーと; ...ですよ.** 語法 (1) 文頭・文中・文尾に置く. (2) くだけた会話で文に軽く添えて, 相手に同意や理解を求める, 内容を確認する, これから話すことに注意を引く, 言葉を探す間をつなぐなどの働きをする《頻繁に用いると耳障りになる》: We're not all perfect, *you know*. 私たちはみんな完全ではありませんからね / I want to have my sweater back — *you know*, the one I lent you the other day. 僕のセーター返してもらいたいんだけど, ほら, この間貸してやったやつだよ / *You know*, I'm beginning to feel that she is not interested in me anymore. 実はさ, 彼女はもう僕には関心がないような気がしてきてね.

You knów sómething [whát]? Ⓢ [相手の注意を促して] まあ聞いてよ, 実はね.

You néver knów. Ⓢ 先のことはわからないよ, さあどうなるか《特にうまく行くかもしれない場合にいう》.

(名 knówledge)

類義語 **know** 「知っている, 知る」という意味の最も普通の語. **understand** 物事の額面だけでなく, 言外の意味, 情況までも「理解・把握する」こと. **grasp** 「理解する」の意味の感情を強調した語. **comprehend** 格式ばった語で, 特に複雑で難解なことを深く完全に把握すること. **see, get, catch** くだけた感じの語で *understand* の意味に用いられる.

— 名 [次の成句で] **in the knów** [形]《略式》事情に通じて, 内情を知っていて.

know-all /nóʊɔ̀ːl/ 名 Ⓒ《英略式》= know-it-all.

*__know-how__ /nóʊhàʊ/ 名 Ⓤ《略式》**ノウハウ, 実際的知識; 技術; こつ; 技術情報:** business *know-how* 商売のこつ / He has the ***know-how to*** break into our computer system. +to 不定詞 彼は我々のコンピューターシステムに侵入する技術を持っている.

know·ing /nóʊɪŋ/ 形 限定 (表情などが)知っていることを示す: a *knowing* look 知っているぞと言わんばかりの表情.

know·ing·ly /nóʊɪŋli/ 副 ❶ 知ったように: She winked *knowingly*. 彼女はわけ知り顔でウインクをした. ❷ 承知のうえで, 故意に: He would never *knowingly* hurt her. 彼はわざと彼女の気持ちを傷つけることは決してしないだろう.

know-it-all /nóʊɪtɔ̀ːl/ 名 Ⓒ《略式, 主に米》何でも知ったかぶりをする人 [《英》know-all].

knowl·edge /nɑ́(ː)lɪdʒ | nɔ́l-/ ❗発音

(** mark preceding headword)

— 名 [Ⓤ または普通形容詞(句)を伴って a ～] **知識, 知る[知っている]こと, 知られていること; 情報; 熟知; 理解**《⇒ information 類義語》: His ***knowledge of*** English is poor. 彼の英語の知識は貧弱である / ***acquire*** a good ***knowledge of*** ... ...についての十分な知識を得る / have no *knowledge of* ... ...について全く知らない / ***deny all*** [***any***] ***knowledge of*** ... ...について全く知らないと言う / ***with*** [***without***] ...'s ***knowledge*** (人)に知らせて[知らせないで], (人)に断わって[無断で] / The ***knowledge that*** he had succeeded delighted his parents. +that 節 彼が成功したことを知って両親は喜んだ / *Knowledge* is power. 《ことわざ》知識は力なり(人は知識が増すほど強い力[影響力]をもつことになる) / A little *knowledge* is a dangerous thing. 《ことわざ》わずかばかりの知識は危険なものだ(生兵法は大けがのもと)《⇒ learning 2》.

cóme to ...'s knówledge [動]《格式》(人)に知られるようになる.

nót to my knówledge [副] 私の知る限りではそうで

K

はない.

(sáfe [secúre]) in the knówledge that ... [形・副] ...を承知して(安心して).

to (the bést of) my knówledge [副] 文修飾 私の知る限りでは; 確かに: *To the best of my knowledge*, he's still unmarried. 私の知る限りでは彼はまだ結婚していない. (動 know)

knowl·edge·a·ble /nά(ː)lɪʤəbl | nɔ́l-/ 形 知識のある, 物知りの; (...を)よく知っている (*about*). **-a·bly** /-əbli/ 副 博識ぶりを発揮して.

known /nóʊn/

— 動 know の過去分詞.

— 形 限定 (一般に)**知られている**, 既知の; 名うての [⇔ unknown]: the oldest *known* church = the oldest church *known* 世に知られている最古の教会 / It's a *known* fact that the sun is much bigger than the earth. 太陽が地球よりはるかに大きいのはだれでも知っていることだ.

be knówn as ... [動] 他 ...**として知られている**; ...で通っている: He *is known as* a great artist. 彼は優れた芸術家として知られている[有名だ].

be knówn for ... [動] 他 ...で知られている, ...で有名である: Naples *is known for* its beautiful scenery. ナポリは風景が美しいので有名だ.

be knówn to ... [動] 他 (人)**に知られている**《⇒ know 他 1 語法 囲み (1)》: His name *is known to* everybody in this country. 彼の名はこの国のあらゆる人に知られています.

becòme knówn [動] 自 **知られるようになる**, わかる: It soon *became known* that she was a doctor. 彼女が医者であるということがまもなく知れた.

màke knówn [動] 他 (...)**を明らかにする**, 知らせる, 発表する: He didn't *make known* his views on the presidential election. 彼は大統領選挙についての考えを明らかにしなかった.

knuck·le /nʌ́kl/ 名 ❶ C 指の(付け根の)関節. ❷ C,U (子牛などの)ひざ関節の肉《スープ・シチューに用いる》. **ráp ... on [òver] the knúckles = ráp ...'s knúckles** [動] 他 (人)をしかる; (...)を非難する. — 動 [次の成句で] **knúckle dówn** [動] 自 《略式》(仕事・勉強などに)本腰を入れる (*to*). **knúckle únder** [動] 自 《略式》(...に)降参する, 譲歩する (*to*).

KO /kèɪóʊ/ 名 (KO's) C 〔ボクシング〕 ノックアウト (knockout). — 動 (KO's; KO'd; KO·ing) 他 〔ボクシング〕 (人)をノックアウトする.

ko·a·la /koʊάːlə/ 名 C コアラ《オーストラリア産の有袋類; ユーカリ (eucalyptus) の葉を食べる》.

koála bèar 名 C = koala.

Ko·dak /kóʊdæk/ 名 C コダック《米国製のフィルム; 商標》.

kohl·ra·bi /kòʊlrάːbi/ 名 (~es) U,C かぶかんらん, コールラビ《肥大した茎が食用のサラダ用野菜》.

kook·a·bur·ra /kʊ́kəbə̀ːrə | -bʌ̀rə/ 名 C わらいかわせみ《オーストラリア産の鳥》.

Ko·ran /kəræ̃n, -rάːn | kɔːrάːn/ 名 [the ~] コーラン《イスラム教の聖典》.

Ko·re·a /kəríːə | -ríə, -ríːə/ アク (同音 《英》 career)

— 名 固 韓国, 朝鮮. (形 Koréan)

> **参考** 第二次大戦後次の 2 つに分割されている.
> (1) **the Repúblic of Koréa** 大韓民国《通称 South Korea (韓国); 首都 Seoul; 略 ROK》.
> (2) **the Démocratic Péople's Repúblic of Koréa** 朝鮮民主主義人民共和国《通称 North Korea (北朝鮮); 首都 Pyongyang》.

Ko·re·an /kəríːən | -ríən, -ríːən/ アク

— 形 ❶ **韓国の, 朝鮮の; 韓国[朝鮮]人の, 韓国[朝鮮]系の:** *Korean* songs 韓国[朝鮮]の歌 / *Korean* food 韓国[朝鮮]料理 / He is *Korean*. 彼は韓国[朝鮮]人です.

❷ **韓国語の, 朝鮮語の:** *Korean* pronunciation 韓国[朝鮮]語の発音. (名 Koréa)

— 名 (~s /~z/) ❶ C **韓国人, 朝鮮人**; 韓国[朝鮮]系人.

❷ [the ~s] 韓国[朝鮮]人《全体》, 韓国[朝鮮]国民, 朝鮮民族《⇒ the[1] 5》.

❸ U **韓国語, 朝鮮語:** speak in *Korean* 韓国[朝鮮]語で話す.

ko·sher /kóʊʃɚ | -ʃə/ 形 ❶ (食べ物・飲食店が)ユダヤ人のおきてにかなった, 清浄な. ❷ 《略式》 適当な, 正しい, 正当な.

kow·tow /kàʊtάʊ/ ≪中国語から≫ 動 自 叩頭(こうとう)する《中国流に頭を地面につけておじぎをする》; 《略式》 卑屈にへつらう, ぺこぺこする (*to*).

kph /kéɪpìːéɪʧ/ 略 = kilometers per hour《⇒ per》.

Krem·lin /krémlɪn/ 名 固 [the ~] クレムリン宮殿《Moscow にある旧皇居》; ロシア政府, 旧ソ連政府.

krill /kríl/ 名 [U または複数扱い] おきあみ《小さなえびのような魚》.

kryp·ton /kríptα(ː)n | -tɔn/ 名 U 〔化学〕 クリプトン《レーザーなどに用いる希ガス類; 元素記号 Kr》.

KS 〔米郵便〕 = Kansas.

kt 略 = knot 6.

Kua·la Lum·pur /kwάːləlʊ́mpʊɚ | -pʊə/ 名 固 クアラルンプール《マレーシアの首都》.

Ku·blai Khan /kúːbləkάːn/ 名 固 フビライハン(忽必烈汗) (1215–94)《元朝の初代皇帝 (1260?–94)》.

ku·dos /k(j)úːdoʊs, -dα(ː)s | kjúːdɔs/ 名 U 《略式》 名声, 光栄; 称賛.

Ku Klux Klan /k(j)ùːklʌ̀ksklǽn/ 名 [the ~; 《英》 単数または複数扱い] 固 クークラックスクラン《米国の白人プロテスタントの秘密結社; カトリック教徒・ユダヤ人・黒人などを排斥する; 略 KKK》.

kum·quat /kʌ́mkwα(ː)t | -kwɔt/ 名 C きんかん(の実).

kung fu /kʌ̀ŋfúː/ 名 U カンフー《空手に似た中国の拳法(けんぽう)》.

Kurd /kʊ́ɚd, kɚ́ːd | kə́ːd/ 名 C クルド人《イラン・イラク・トルコなどに住む民族》.

Kú·ril Íslands, Kú·rile Íslands /kjʊ́(ə)riːl- | k(j)ʊríːl-/ 名 固 [the ~] 千島列島.

Ku·wait /koʊwéɪt | k(j)ʊ-/ 名 固 クウェート《Arabia 半島北東部のペルシャ湾 (Persian Gulf) に臨む独立国; およびその首都》.

kw, kW 略 = kilowatt(s).

Kwan·zaa /kwάːnzə/ 名 C,U クワンザ《12 月 26 日から元旦まで行なうアフリカ系米国人の祝祭》.

kwh 略 = kilowatt-hour(s).

KY 〔米郵便〕 = Kentucky.

Ky. 略 = Kentucky.

Kyr·gyz·stan /kíɚgɪstæ̀n, -stæn | kəːgɪstάːn/ 名 固 キルギスタン《中央アジアの共和国》.

K

Ll

l[1], **L**[1] /él/ 名 (複 l's, ls, L's, Ls /~z/) ❶ C,U エル《英語のアルファベットの第 12 文字》. ❷〔ローマ数字〕50《⇒ number 表》. ❸ C [L]《英》自動車の運転練習者《車の前後にはる表示; learner の略; ⇒ L-plate》.

+**l**[2] 略 ❶ **リットル** (liter(s)).
❷ **低い** (low). ❸ = latitude, left[1], length, long[1].

+**L**[2] 略 **低い** (low).

*__£, L__[3] /páond, páondz/ 略 **ポンド** (pound(s))《通貨単位; ⇒ pound[1] 1》: £6.10 6 ポンド 10 ペンス《six *pounds* ten pence または ten p /píː/ と読む; ⇒ p[2]》.
〖語源「はかり」を意味したラテン語 libra の略; ⇒ pound[1] 参考, deliberate[1] 語源〗

L[4] /él/ 略 ❶ (特に衣類の)大きな [L] サイズ (large (size))《⇒ S[2] 2》. ❷《米略式》= elevated railroad. ❸ = live[2] (電気プラグで)電流が通じている. ❹ = lake, Latin, length, longitude. ❺ = language《テレビ番組で「不適切な表現を含む」を意味する》.

l.[1] /láɪn/ 略 (複 **ll.** /láɪnz/) (文章の)**1 行**, (詩の)行 (line)《⇒ p.[1]》: *l.* 7 = *line* seven 7 行目 / p. 35, *l.* 9 = page thirty-five, *line* nine 35 ページの 9 行目 / *ll.*12–16 12 行から 16 行まで《from *line* twelve to *line* sixteen と読む》.

l.[2] 略 ❶ **左, 左の** [に] (left). ❷ = lake, latitude, length.

L. 略 ❶ **左, 左の** [に] (left). ❷ = lake, Latin, length, longitude.

la /lάː/ 名 [単数形で]〔音楽〕ラ《全音階の第 6 音》.

LA = Los Angeles,〔米郵便〕Louisiana.

La. 略 = Louisiana.

L.A. /éléɪ/ 略 = Los Angeles.

+**lab** /lǽb/ 名 (~s /~z/) ❶ C《略式》**実験室**, 研究所 (laboratory); (学校で)実験(の時間): a *lab* coat 白衣 / have (a) *lab* on Monday 月曜に実験がある. ❷ C《略式》= Labrador.

Lab 略《英》= Labour Party.

*__la·bel__ /léɪb(ə)l/ **!**発音 名 (~s /~z/) ❶ C **はり紙**《内容・持ち主・あて名などを示す》, 札, ラベル: put *labels* on the postal package 小包にラベルをはる / The ***label on*** the bottle has come off. びんのラベルがとれている. ❷ C (人などにつける)あだ名, レッテル; (標本などの)分類表示[名称]. ❸ C レコード会社, ...レーベル《会社名として》; 高級ブランド服(メーカー). ❹ C (辞書の)指示語, レーベル《Lab の《英》, lab の《略式》, labia の〔解剖〕など》: usage *labels* 語法指示レーベル / field *labels* 分野別レーベル.
— 動 (la·bels /~z/; la·beled,《英》la·belled /~d/; -bel·ing,《英》-bel·ling /-b(ə)lɪŋ/) 他 ❶ [しばしば受身で] (...)に**はり紙をする**, (...)に(~の)ラベルをはる, (~と)表示する: The clerk *labeled* the baggage. 店員はその荷物にラベルをつけた / The bottle *was labeled* "Poison." V+O+C (引用句)の受身 びんには「毒物」とラベルがはってあった / *label* a box *with* its contents 箱に中身を記したラベルをはる. ❷ (...)に~の名を与える, ~の烙印(らくいん)を押す; (...)を~と分類する, ~とみなす: They *were labeled* (*as*) radicals. 彼らは急進派の烙印を押された《不当にもという気持ち》.

la·bel·ing /léɪb(ə)lɪŋ/ 名 U (ラベル)表示, ラベル付け: false *labeling* 不当表示.

la·bi·a /léɪbiə/ 名 複〔解剖〕陰唇(いんしん).

*__la·bor,__《英》**la·bour** /léɪbə | -bə/ 名 (~s /~z/) ❶ U **労働, 勤労**, 骨折り《⇒ work 類義語》: hard *labor* 重労働 / manual *labor* 肉体労働; 手仕事 / The repair bill includes parts and *labor*. 修理費には部品代と作業費が含まれます / the Department [Secretary] of *Labor*《米》労働省[長官]《⇒ department 表》.
❷ C [普通は複数形で]《格式》(骨の折れる)**仕事:** rest after one's *labors* 仕事の後で休む.
❸ U [《英》ときに複数扱い] **労働者(階級)**; (会社などの)**労働者側**, 被雇用者側《全体》: the rights of *labor* 労働者の権利 / *labor* and management 労働者(側)と経営者(側) / good *labor* relations 良好な労使関係 / skilled *labor* 熟練労働者. 関連 capital 資本家階級 / management 経営者側. ❹ U [Labour;《英》ときに複数扱い]《英》労働党 (the Labour Party). ❺ U [ときに a ~] 分娩(ぶんべん), 出産: *in labor* 分娩中で; 産みの苦しみをして / *labor* pains 陣痛.
a lábor of lóve [名] (金銭目当てでなく)好きでする仕事. (形 labórious)
— 動 (la·bors,《英》-bours /~z/; la·bored,《英》-boured /~d/; -bor·ing,《英》-bour·ing /-b(ə)rɪŋ/) 自 ❶ **骨折る**, 努力する; 労働する: He ***labored to*** complete the work. V+*to* 不定詞 彼はその仕事を完成しようと努力した. ❷ [副詞(句)を伴って] (人・乗り物などが)骨折って進む.
— 他 (...)を(必要以上に)詳しく論ずる: *labor* the point 事をくどくどと述べる.
lábor òver ... [動] 他 ...に精を出す, (原稿など)を苦心して書く.
lábor ùnder ... [動] 他 (誤解・幻想など)を抱いている: *labor under* a delusion 思い違いをする.
〖語源 ラテン語で「苦労」の意〗

単語のキズナ LABOR/骨折り, 労働

labor	**労働; 骨折る**		
laboratory	(労働する所)	→	**実験室**
e**labor**ate	(大いに苦労した)	→	**手の込んだ**
col**labor**ate	**共同して働く**		

*__lab·o·ra·to·ry__ /lǽb(ə)rətɔ̀ːri | ləbɔ́rətəri, -tri/ 名 (-to·ries /~z/) ❶ C **実験室[所]**, 研究室[所]; (大学などの)実験(の授業) [《略式》lab]: a chemical *laboratory* 化学実験室 / *laboratory* animals 実験用動物. ❷ C 薬品製造所.
〖⇒ labor キズナ〗

lábor càmp 名 C 強制労働収容所.

Lábor Dày 名 ❶ U,C《米・カナダ》労働者の日《9 月の第 1 月曜日の法定祝日 (legal holiday); ⇒ holiday 表》. ❷ U,C《英》= May Day 1.

la·bored /léɪbəd | -bəd/ 形 ❶ (呼吸が)困難な, 苦しい: *labored* breathing 苦しそうな呼吸. ❷ (文章などが)苦心の跡のある; 不自然な, こじつけの.

la·bor·er,《英》**la·bour·er** /léɪb(ə)rə | -rə/ 名 C (肉体)労働者: a day *laborer* 日雇い労働者 / a farm *laborer* 農場労働者.

la·bo·ri·ous /ləbɔ́ːriəs/ [!アク] [形] ❶ 骨の折れる, 面倒な: *laborious* work 骨の折れる仕事. ❷ (話・文章などが)骨折って作り上げた, 苦心の跡のある; 不自然な. ([名] lábor)

la·bor-sav·ing /léɪbəsèɪvɪŋ | -bə-/ [形] [限定] 労力節約の, 省力化の: a *labor-saving* device 省力装置.

lábor ùnion [名] [C] 《米》 労働組合 [《英》 trade union].

*__la·bour__ /léɪbə | -bə/ [名] [動] 《英》 = labor.

la·bour·er /léɪb(ə)rə | -rə/ [名] [C] 《英》 = laborer.

Lábour Pàrty [名] [the ~] 《英》 労働党《英国の 2 大政党の 1 つ; [略] Lab; ⇒ party 表》.

Lab·ra·dor /lǽbrədɔ̀ə | -dɔ̀ː/ [名] [C] ラブラドルレトリーバー《カナダ原産の猟犬》.

lab·y·rinth /lǽbərìnθ/ [名] ❶ [C] 迷宮, 迷路. ❷ [C] 複雑な[入り組んだ]もの, 紛糾.

lab·y·rin·thine /læ̀bərínθɪn, -θaɪn⁻/ [形] 迷路の(ような); 入り組んだ, もつれた.

+__lace__ /léɪs/ [名] (lac·es /~ɪz/) ❶ [U] **レース(編み):** a *lace* curtain レースのカーテン. ❷ [C] [普通は複数形で] (締め)ひも; (特に)靴ひも (shoelace): a pair of *laces* ひと組の靴ひも. ([形] lácy)
— [動] [他] ❶ (...)をひもで縛る[締める]; (靴など)にひもを通す [⇔ unlace]: She *laced* (*up*) her shoes. 彼女は靴のひもを締めた. ❷ (飲み物など)に(酒・薬物・毒を)少量加える; [普通は受身で] (会話・文章など)に(ある特色)を加える (*with*): tea *laced with* brandy ブランデーを少量入れた紅茶. ❸ 編み[組み]合わせる: *lace* one's fingers (together) 両手の指を組む.
— [自] ひもで結ばれる (*up*).

lac·er·ate /lǽsərèɪt/ [動] [他] 《格式》 (体)に裂傷を負わせる; (感情など)をひどく傷つける.

lac·er·a·tion /læ̀səréɪʃən/ [名] [C,U] 《格式》 裂傷 (*to*).

lace-ups /léɪsʌ̀ps/ [名] [複] 《主に英》 編み上げ靴.

lace·work /léɪswə̀ːk | -wə̀ːk/ [名] [U] レース(細工); (レース状の)すかし細工.

lach·ry·mose /lǽkrəmòʊs/ [形] 《格式》 涙もろい; 涙を誘う, 哀れな.

**lack /lǽk/

— [名] [U] または a ~] **不足, 欠乏** [⇔ plenty]: ***lack of*** food [sleep] 食糧[睡眠]不足 / He failed because of *a lack of* effort [experience]. 彼は努力[経験]が足りないので失敗した / *A lack of* rain caused the poor harvest. 雨不足で凶作となった / The flowers died ***for*** [***through***] ***lack of*** water. 花は水が不足して枯れた.

There is nó láck of ... ...が十分にある.

— [動] (lacks /~s/; lacked /~t/; lack·ing) [他] [受身なし] (欲しいもの・必要なもの)を**欠く**, (...)に不足する (⇒ [類義語]): The girl *lacked* musical ability. 少女は音楽の才能に欠けていた. [語法] 動詞としては in や of を伴うのは誤り (⇒ lacking [形]).

láck for ... [動] [他] [否定文で] 《格式》 ...に[...がなくて]不自由する: They *lacked for nothing*. 彼らには何一つ不自由なものはなかった.

> [類義語] **lack, be lacking in** 漠然とあるものが不足していることを意味し, 特に抽象的なものに用いられる: Nancy seems to *lack* sincerity. ナンシーには誠実さが欠けているようだ. **be short of** 特に具体的なものが不足している場合に用いられる: We *are short of* water. 水が不足している.

lack·a·dai·si·cal /læ̀kədéɪzɪk(ə)l⁻/ [形] 無気力な, 活気のない; 熱意のない, だるそうな.

lack·ey /lǽki/ [名] [C] [軽蔑的] おべっか使い《人》.

*__lack·ing__ /lǽkɪŋ/ [形] [叙述] (...を)**欠いている**; (物事が)**不足している**, 欠けている (⇒ lack [類義語]): [言い換え] He's ***lacking in*** experience. (= He lacks experience.) [+in+名] 彼は経験不足だ / Money for the plan was *lacking*. その計画には資金が不足していた / There's something *lacking* in their plan. 彼らの計画には何かが欠けている / be ***found lacking*** (能力などの点で)十分とは見なされない.

lack·lus·ter, 《英》 **-lus·tre** /lǽklʌ̀stə | -tə/ [形] ❶ 面白みのない, 退屈な. ❷ (髪が)つやのない; (目が)生気のない.

la·con·ic /ləkɑ́(ː)nɪk | -kɔ́n-/ [形] ことば数の少ない, 簡潔な. **-con·i·cal·ly** /-kəli/ [副] 簡潔に.

lac·quer /lǽkə | -kə/ [名] [U] ラッカー《塗料の一種》: Japanese *lacquer* ware 漆器. — [動] (-quer·ing /-k(ə)rɪŋ/) [他] (...)にラッカーを塗る.

la·crosse /ləkrɔ́ːs | -rɔ́s/ [名] [U] ラクロス《ホッケーに似た球技; カナダ・米国などで盛ん》.

lác·tic ácid /lǽktɪk-/ [名] [U] 〔化学〕 乳酸.

lac·tose /lǽktoʊs/ [名] [U] 〔化学〕 乳糖.

la·cu·na /lək(j)úːnə | -kjúː-/ [名] ([複] **la·cu·nae** /lək(j)úːniː | -kjúː-/, ~s) [C] 《格式》 (原稿などの)脱落部分, 空白.

lac·y /léɪsi/ [形] (lac·i·er; lac·i·est) レース(状)の.

lad /lǽd/ [名] ❶ [C] 《古風》 若者, 少年. ❷ [the ~s] 《英略式》 (男どうしの)仲間たち. ❸ [C] 《英略式》 (女遊びの好きな)威勢のいい男.

+__lad·der__ /lǽdə | -də/ [名] (~s /~z/) ❶ [C] **はしご:** a rope *ladder* 縄ばしご / climb a *ladder* はしごを登る / climb down a *ladder* はしごを降りる / The fire-fighters put a *ladder* up against the window. 消防士たちはその窓にはしごをかけた / It's unlucky to walk under a *ladder*. はしごの下をくぐり抜けるのは不吉だ《古くからの迷信》. [関連] stepladder 脚立(きゃたつ) / rung (はしごの)段. ❷ [C] (身分・地位などの)段階; (出世・成功などの)手段: He climbed the *ladder* of success quickly. 彼はとんとん拍子に出世した / move up the corporate *ladder* 会社の出世階段を上がる. ❸ [C] 《英》 (ストッキングの)伝線 [《米》 run].
— [動] (-der·ing /-dərɪŋ, -drɪŋ/) [自] 《英》 (ストッキングが)伝線する [《米》 run]. — [他] 《英》 (ストッキング)を伝線させる.

lad·die /lǽdi/ [名] [C] 《略式, 主にスコットランド》 若者, 少年 (⇒ lass).

lad·en /léɪdn/ [形] ❶ 荷を積んで: trees *laden with* fruit たわわに実のなっている木 / fully *laden* trucks 積み荷を満載したトラック. ❷ 《文語》 (悩みなどを)抱いている: a heart *laden with* sorrow 悲しみでいっぱいの心.

la·dies /léɪdiz/ [名] [the ~ として単数扱い] 《英》 = women's room.

lá·dies' ròom [名] [C] 《米》 = women's room.

la·dle /léɪdl/ [名] [C] おたま (⇒ kitchen 挿絵); ひしゃく.
— [動] [他] ❶ (...)をおたまでよそう; ひしゃくでくむ (*out*). ❷ (金品など)を惜しげもなく与える, ばらまく (*out*).

***la·dy /léɪdi/

— [名] (la·dies /~z/) ❶ [C] 《丁寧》 **女性, 婦人**, 女の方《woman に対して用いるやや古風な敬語; ⇒ woman [類義語]》; [女性への呼びかけで] [複数形で] 皆さん; [単数形で] 《米略式》 もしもし, お嬢さん, 奥さん《1 人の女性に対して用いるのは失礼に響くことが多い; ⇒ ma'am 1, Miss 3》: There were three *ladies* in the hall. ホールには 3 人の女性がいた / *ladies'* clothing [shoes] 婦人服[靴] / a tough *lady* [よい意味で] 芯の強い女性 / Please step this way, *ladies*. (女性グループに対して)皆さんどうぞこちらへ // ⇒ old lady. 関連 gentleman 男性.

❷ Ⓒ **淑女, 貴婦人**, (英国の)家柄のよい女性, 高い地位にある女性: talk like a *lady* 貴婦人のような話し方をする / the First *Lady* 《米》 大統領[州知事]夫人. 関連 gentleman 紳士.

❸ [形容詞的に] 女性の: a *lady* doctor 女性医師. 語法 失礼と感じる人もいるので a *woman* doctor または単に a doctor というほうが普通.

❹ /lèɪdi/ [L-] (1) 《英》 [姓につけて] ...卿(きょう)夫人; [名につけて] ...令嬢. 語法 Lord または Sir の称号を持つ男性の夫人, earl (伯爵)以上の貴族の娘につける敬称《⇒ lord 3, sir 2, Mrs.》: *Lady* Macbeth マクベス夫人 / She is *Lady* Smith, the wife of Lord Smith. この人はスミス夫人でスミス卿の奥方です / *Lady* Diana (Cooper) ダイアナ(クーパー)嬢. (2) [高い地位にある女性の役職名につけて]: (the) *Lady* Mayoress (女性)市長.

Ládies and géntlemen! Ⓢ 《格式》 **皆さん!** 《男女の聴衆への呼びかけ; ⇒ gentleman 3 (1)》.

Our Lády [名] 聖母マリア (Mary).

〖語源 原義は「パンをこねる人」; ⇒ lord **意味のチャート**〗

la·dy·bird /léɪḍibə̀ːd | -bə̀ːd/ 名 Ⓒ 《英》 = ladybug.

la·dy·bug /léɪḍibʌ̀g/ 名 Ⓒ 《米》 てんとうむし.

la·dy-in-wait·ing /léɪḍiinwéɪṭɪŋ/ 名 (複 ladies-in-waiting) Ⓒ (宮中の)女官, 侍女.

la·dy·like /léɪḍilàɪk/ 形 《古風》 貴婦人らしい, 上品な, しとやかな.

La Fon·taine /làːfɔːntén, -téɪn | -fɔn-/ 名 固 Jean de /ʒάːndə/ ~ ラフォンテーヌ (1621–95) 《フランスの詩人・寓話(ぐうわ)作家》.

+**lag** /lǽg/ 動 (lags /~z/; lagged /~d/; lag·ging) 自 ❶ **遅れる**; のろのろ歩く, ぐずぐずする: Tom ***lagged*** far ***behind*** the other boys in the race. V+*behind*+名 トムはその競走でほかの少年たちよりはるかに遅れた. ❷ (進行・予定などに)ついていけない: *lag* (well) *behind* schedule 予定より(ずっと)遅れる / Mary *lags behind* at school. メアリーは学校の勉強についていけない.

— 名 Ⓒ 時間の遅れ, ずれ (time lag): ⇒ jet lag.

la·ger /lάːgə | -gə/ 発音 名 C,U 貯蔵ビール, ラガービール. 参考 低温で数か月貯蔵熟成したもの.

la·goon /ləgúːn/ 名 Ⓒ 潟(かた); 礁湖(しょうこ); 《米》 (湖・河川に通じる)池; 排水処理の貯水池.

***laid** /léɪd/ 動 lay² **過去形および過去分詞**.

laid-back /léɪdbǽk←/ 形 《略式》 (人・行動が)くつろいだ, のんびりした, あくせくしない.

***lain** /léɪn/ (同音 lane) 動 lie¹ **の過去分詞**.

lair /léə | léə/ 名 Ⓒ (野獣の)ねぐら; 隠れ家.

lais·sez-faire, lais·ser-faire /lèseɪféə, lèr- | -féə/ ≪フランス語から≫ 名 Ⓤ (経済上の)自由放任主義; 無干渉主義.

la·i·ty /léɪəṭi/ 名 [the ~ として複数扱い] (聖職者たちに対して)俗人たち《全体》. 関連 clergy 牧師たち.

***lake** /léɪk/

— 名 (~s /~s/) ❶ Ⓒ **湖**, 湖水; 沼 《略 l., L, L.》: *Lake* Biwa 琵琶湖 / swim in a *lake* 湖で泳ぐ / row a boat on a *lake* 湖でボートをこぐ / the Great *Lakes* 五大湖 《米国とカナダの国境にある 5 つの湖》. 関連 pond 池. ❷ Ⓒ (ワイン・石油などの)だぶつき, 余剰.

(gò) júmp in a [the] láke [動] 自 [普通は命令文で] 《略式, 主に米》 とっとと失せろ.

Láke Dìstrict 名 固 [the ~] 湖水地方 《England 北西部の景色の美しい湖水・山岳地帯》.

lake·side /léɪksàɪd/ 形 限定 湖畔の. — 名 [単数形で] 湖畔.

lá-la lànd /lάːlɑː-/ 名 Ⓤ ❶ 《米略式》 [軽蔑的] 夢の国: be [live] in *la-la land* 夢の国に行ってしまっている 《現実がわからなくなっている》. ❷ 《米略式》 ロサンゼルス, ハリウッド.

la·ma /lάːmə/ 名 Ⓒ (チベット仏教の)僧, ラマ僧.

+**lamb** /lǽm/ 発音 -mb で終わる語の b は発音しない. 名 (~s /~z/) ❶ Ⓒ **子羊**: Mary had a little *lamb*. Its fleece was white as snow. メアリーは羊を飼っていた. その毛は雪のように真っ白だった《英国の童謡集 *Mother Goose's Melodies* の中の歌》. ✪ 鳴き声については ⇒ cry 表. 関連 sheep 羊.

❷ Ⓤ **子羊の肉**; [形容詞的に] 子羊肉の. 関連 mutton 羊の肉. ❸ Ⓒ Ⓢ 愛らしい子.

lìke a lámb (to the sláughter) [副] (目の前の危険を知らず)おとなしく.

— 動 自 子羊を生む.

lam·baste /læmbéɪst/, **lam·bast** /læmbǽst/ 動 他 《格式》 (...)を(公然と)厳しくしかる, 酷評する.

lamb·da /lǽmdə/ 名 Ⓒ ラムダ 《ギリシャ語アルファベット第 11 文字 λ, Λ; ⇒ Greek alphabet 表》.

lamb·skin /lǽmskɪ̀n/ 名 C,U 子羊の毛皮 《上着・手袋・装飾用》; Ⓤ 子羊のなめし皮.

lame /léɪm/ 形 (lam·er, more ~; lam·est, most ~) ❶ 足[脚(あし)]の不自由な: a *lame* dog 足の悪い犬 / go *lame* 足が悪くなる. 語法 人に用いると差別的なので, 遠回しな言い方の disabled を用いるのがよい. ❷ (言いわけなどが)下手な, 不十分な, (議論などが)説得力のない: a *lame* excuse 下手な言いわけ. ❸ 《略式》 つまらない.

la·mé /lɑːméɪ | lάːmeɪ/ 名 Ⓤ ラメ 《金や銀の糸を織り込んだ織物》.

láme dúck 名 ❶ Ⓒ 《米略式》 任期終了間際で実権の衰えた大統領[議員]. ❷ Ⓒ 資金的援助が必要な人[会社].

lame·ly /léɪmli/ 副 (言い方などが)弱々しく, 下手に.

la·ment /ləmént/ アク 動 他 《格式》 (...)を嘆く, 悲しむ, 悼(いた)む: his late *lamented* wife 逝去が悼まれる彼の妻 / 言い換え She *lamented* (the fact) that she had failed in the project. = She *lamented* her failure in the project. 彼女は計画の失敗を嘆いた. — 自 《格式》 嘆く, 悲しむ: He *lamented over* his misfortune. 彼は自分の不運を悲しんだ. — 名 Ⓒ 《格式》 悲嘆 (*for*); 悲歌.

lam·en·ta·ble /ləménṭəbl, lǽmən-/ 形 《格式》 悲しむべき, 嘆かわしい; みじめな, 貧弱な. **-ta·bly** /-bli/ 副 嘆かわしいまでに; みじめに, 貧弱に.

lam·en·ta·tion /læ̀məntéɪʃən/ 名 ❶ Ⓤ 《格式》 悲嘆, 哀悼. ❷ Ⓒ 《格式》 悲嘆の声.

lam·i·nate¹ /lǽmənèɪt/ 動 他 (...)に薄板[ラミネート]をかぶせる.

lam·i·nate² /lǽmənət/ 名 C,U 積層プラスチック, 合板製品 《薄板[薄片]状の製品》.

lam·i·nat·ed /lǽmənèɪṭɪd/ 形 ❶ 薄板を重ねた:

L

laminated wood 合板. ❷ ラミネート加工の.

***lamp** /lǽmp/

— 名 (~s /~s/) ❶ Ⓒ ランプ, 照明器具《電灯・スタンドなど》; **明かり**, 灯火: a desk [table] *lamp* 卓上スタンド / turn [switch] on a *lamp* 明かりをつける / turn [switch] off a *lamp* 明かりを消す / The *lamp* suddenly went out. 突然明かりが消えた. ❷ Ⓒ (医療用などの)ランプ, 照射器: an infrared *lamp* 赤外線ランプ.

〘語源 ギリシャ語で「たいまつ」の意; lantern と同語源〙

lamp·light /lǽmplàɪt/ 名 Ⓤ ランプの明かり, 灯火.

lam·poon /læmpúːn/ 名 Ⓒ 風刺文[詩]. — 動 他 (...)を文[詩, 漫画など]で風刺する.

lamp·post /lǽm(p)pòʊst/ 名 Ⓒ 街灯の柱.

lamp·shade /lǽmpʃèɪd/ 名 Ⓒ ランプ[電灯, スタンド]のかさ.

LAN /lǽn/ 名 Ⓒ 〔コンピュータ〕 ラン《1 つのビル内のコンピューターや周辺機器からなるデータ通信網; *l*ocal *a*rea *n*etwork の略》.

Lan·cas·ter /lǽŋkəstɚ | -tə/ 名 固 ランカスター《英国中西部の都市》.

lance /lǽns | lάːns/ 名 Ⓒ やり《昔の槍(そう)騎兵が用いた》. — 動 他 〔医学〕 (...)の切開手術をする. — 自 [副詞(句)を伴って] (痛みが)鋭く走る[感じる].

lan·cet /lǽnsɪt | lάːn-/ 名 ❶ Ⓒ 〔医学〕 ランセット《両刃の外科用メス》. ❷ Ⓒ 〔建築〕 尖塔アーチ[窓].

*****land** /lǽnd/

— 名 (lands /lǽndz/) ❶ Ⓤ (特定の用途に用いられる)**土地**, 地面, ...地; 耕作地; [Ⓤ または複数形で] (特定の特徴をもった)土地, ...地帯《⇒ ground¹ 類義語》: agricultural *land* 農地 / rich *land* 肥えた土地 / a large [small] piece of *land* 大きな[小さな]1 区画の土地.

❷ Ⓤ **陸**, 陸地 [⇔ sea]: on *land* 陸地に[で] / reach [come to] *land* 陸地に着く / I think it'll be safer to go ***by land***. 陸路を行ったほうが安全でしょう / They traveled over *land* and sea. 彼らは陸や海を旅した. ❸ Ⓒ 《文語》 国, 国土 [≒country]; (...の)国: my native *land* 私の故国 / the *land* of dreams 夢の国. ❹ [the ~] 田園, 農村, 田園生活: Back to *the land*! 田園(生活)に戻れ. ❺ [Ⓤ または複数形で] (財産としての)土地, 所有地, 地所: private *land* 私有地.

in the lánd of the líving [形] Ⓢ [こっけいに] 生きている; 目をさましている.

sée [find óut] hòw the lánd lìes [動] 自 Ⓢ 《主に英》 情勢を見る.

— 動 (lands /lǽndz/; land·ed /~ɪd/; land·ing) 自 ❶ **上陸する**; **着陸する** [⇔ take off]; (水上機などが)着水する: The troops *landed in* Greece. V+前+名 軍隊はギリシャに上陸した / Your plane *lands at* Haneda in an hour. この飛行機は 1 時間後に羽田に着陸します / The spacecraft will *land in* the sea this afternoon. 宇宙船はきょうの午後海に着水する. ❷ 地面に着く[落ちる]: A cat always *lands on* its feet. 猫はいつも足から着地する. ❸ [副詞(句)を伴って] (予期しない[面倒な]ことが)(...に)舞い込む, 降りかかる: A difficult problem *landed on* her desk. やっかいな問題が彼女に降りかかった.

— 他 ❶ (飛行機)を**着陸させる**: The pilot ***landed*** the airplane ⌈*in* a field [*at* the airport]. V+O+前+名 操縦士は飛行機を野原に[その空港に]着陸させた.

❷ (人)を**上陸させる**, (荷物)を陸揚げする; (乗り物が)(人)をおろす: The oranges *were landed* at Kobe. V+O の受身 オレンジは神戸に陸揚げされた. ❸ 《略式》 (仕事など)を獲得する; (魚)を釣り上げる: She *landed* (herself) a job in a software company. 彼女はソフトウェア会社の仕事を手に入れた. ❹ 《略式》 (...に)(打撃)を加える: I *landed* him a blow *on the* chin. 私は彼のあごに 1 発食らわしてやった《⇒ the¹ 2》.

lánd on one's **féet** [動] 自 困難を切り抜ける; 運がよい《⇒ 自 2 の例文》.

land の句動詞

lánd in ... 動 他 《略式》 (困った[苦しい]状況)になる: He'll *land in* jail someday. 彼はいつかは刑務所行きになるだろう.

lánd ... in ～ 動 他 《略式》 (事件・行動などが)(人)を(困った[苦しい]状況)に陥らせる: Your lie could *land* you *in* serious trouble. 嘘をつくとただじゃすまないかも知れないぞ.

lánd úp 動 自 [副詞(句)または -ing 形を伴って] 《略式, 主に英》 (最後に)(...に)行き着く; (困った[苦しい]状況に)立ち至る, 陥る: He *landed up* deep *in* debt. 彼はひどい借金をしょいこんだ.

lánd ... with ～ 動 他 [普通は受身で] 《略式》 (人)に(やっかいなことなど)を押しつける.

lánd àgent 名 Ⓒ 不動産業者; 《英》 土地[農場]管理人.

land·ed /lǽndɪd/ 形 限定 土地を持っている; 土地の: the *landed* gentry 地主階級.

land·fall /lǽn(d)fɔ̀ːl/ 名 ❶ Ⓒ,Ⓤ 《文語》 (長い航海[飛行]の後に)初めて陸地を見る[陸地に接近する]こと; 初認の陸地, 着岸[着陸](地): make *landfall* (船が)陸地を発見する, (飛行機が)陸地に接近する. ❷ Ⓒ = landslide 1.

land·fill /lǽn(d)fɪl/ 名 Ⓒ 埋立て地; ごみ投棄場; Ⓤ ごみ投棄; 投棄したゴミ.

land·hold·er /lǽndhòʊldɚ | -də/ 名 Ⓒ 地主.

+land·ing /lǽndɪŋ/ 名 (~s /~z/) ❶ Ⓒ,Ⓤ **着陸**; **上陸**; 陸揚げ; Ⓒ (軍隊の)上陸作戦; [形容詞的に] 着陸[上陸]の: a forced [crash] *landing* (飛行機の)不時着 / a soft *landing* 軟着陸 / an emergency *landing* 緊急着陸 / *landing* approval 着陸許可 / The plane made a perfect *landing*. その飛行機は申し分のない着陸をした. ❷ Ⓒ 階段を上りつめた所, (階段の)踊り場《⇒ flight¹ 挿絵》. ❸ Ⓒ 船着き場, 埠頭(ふとう).

lánding cràft 名 (複 ~) Ⓒ 〔海軍〕 上陸用舟艇.

lánding gèar 名 Ⓤ (航空機の)着陸装置《車輪と車軸; ⇒ airplane 挿絵》.

lánding stàge 名 Ⓒ 《英》 浮き桟橋.

lánding strìp 名 Ⓒ (滑走路だけの)飛行場.

land·la·dy /lǽn(d)lèɪḍi/ 名 (-la·dies) Ⓒ (女性の)家主, 地主; 《英》 (下宿屋・旅館・パブの)女主人.

land·less /lǽn(d)ləs/ 形 土地を持たない.

land·line /lǽndlàɪn/ 名 Ⓒ (携帯に対して)固定電話.

land·locked /lǽn(d)lὰ(ː)kt | -lɔ̀kt/ 形 (国・湾などが)陸地に囲まれた.

+land·lord /lǽn(d)lɔ̀ɚd | -lɔ̀ːd/ 名 (-lords /-lɔ̀ɚdz | -lɔ̀ːdz/) Ⓒ **家主**, 地主; 《英》 (下宿屋・旅館・パブの)主人.

+land·mark /lǽn(d)mὰɚk | -mὰːk/ 名 (~s /~s/) ❶ Ⓒ **目印**, 道しるべ《大きな建物など》: The tower serves as a *landmark* in the city. その塔はその町の目

印となっている. ❷ Ⓒ 画期的な出来事; [形容詞的に] 画期的な: a *landmark* decision 画期的な決定. ❸ Ⓒ 《主に米》 歴史的建造物.

land·mass /lǽn(d)mæ̀s/ 名 Ⓒ 〔地理〕 広大な陸地, 大陸.

lánd mìne 名 Ⓒ 地雷 (mine).

land·own·er /lǽndòʊnɚ | -nə/ 名 Ⓒ (大)地主.

lánd refòrm 名 Ⓤ,Ⓒ 土地[農地]改革.

Land·sat /lǽn(d)sæ̀t/ 名 固 ランドサット《米国の地球資源探査衛星》.

*__land·scape__ /lǽn(d)skèɪp/ 名 (~s /~s/) ❶ Ⓒ [普通は単数形で] **景色**, 風景; 見晴らし, 眺望; (活動の)分野, ...界, 情勢, 状況; [形容詞的に] 風景の: The hills and the river form a beautiful *landscape*. 山と川とが美しい風景を作っている / the political *landscape* 政界, 政局. ❷ Ⓒ 風景画[写真]: a *landscape* painter [artist] 風景画家. ❸ Ⓤ 風景画法. ❹ [形容詞的に] (文書などの印刷が)横長の [⇔ portrait].

— 動 他 (建物周辺)を緑化する, 美化する: a *landscaped* garden 緑化[造園]された庭園.

lándscape àrchitect 名 Ⓒ 景観設計家《道路・建物・緑などの配置により街づくりを行なう》.

lándscape gàrdening 名 Ⓤ 造園術.

land·slide /lǽn(d)slàɪd/ 名 ❶ Ⓒ 地滑り, 山崩れ. ❷ Ⓒ (選挙での)圧倒的な勝利; [形容詞的に] (選挙結果が)圧倒的な: win *by* [*in*] a *landslide* 圧勝する / a *landslide* victory 圧倒的勝利.

land·ward /lǽndwɚd | -wəd/ 副 形 陸の方へ[の], 陸に向かって[た] [⇔ seaward].

land·wards /lǽndwɚdz | -wədz/ 副 《英》 = landward.

⁑**lane** /léɪn/ (同音 lain)

— 名 (~s /~z/) ❶ Ⓒ **小道**, 路地《生け垣・家などの間の細い道; ⇒ path 表》; [L- として地名で] ...通り, ...横町 (略 Ln.): a winding *lane* 曲がりくねった小道 / It is a long *lane* that has no turning. 《ことわざ》 どんな長い道でも曲がり角(かど)のないものはない(待てば海路の日和(ひより)あり).

❷ Ⓒ **車線**, レーン; [形容詞的に] ...車線の: a bus *lane* バス専用車線 / a bike [《英》 cycle] *lane* 自転車専用車線 / drive in the fast [slow] *lane* 高速[低速]車線を走る / change *lanes* 車線を変更する / a four-*lane* highway 4 車線の幹線道路. ❸ Ⓒ (船・航空機などの)規定航路; (競走・競泳の)コース《⇒ course 5 日英》; (ボウリング場の)レーン: the busiest shipping *lane* もっとも交通量の多い航路 / run [swim] *in lane* 3 第 3 コースを走る[泳ぐ].

⁑**lan·guage** /lǽŋgwɪdʒ/ ⚠発音

— 名 (lan·guag·es /~ɪz/)

意味のチャート

語源はラテン語で「舌」の意. 舌を使うことから

「ことば」❶ → (特定の地域・国のことば) → 「国語」❷
「ことば」❶ → (特定の目的のことば) → 「用語」❸
「ことば」❶ → (ことばの用法) → 「ことばづかい」❹

❶ Ⓤ 言語, ことば: the origin of *language* 言語の起源.

❷ Ⓒ (ある国・地域の)言語, **国語**, **...語**: the English [French] *language* 英語[フランス語] / one's native *language* 母語 / It's difficult to learn two foreign *languages* at once. 外国語を同時に 2 つ習うのは難しい / "How many *languages* do you speak?" "Three. English, German and French." 「あなたは何カ国語話せますか」「英独仏の 3 カ国語です」 / an official *language* 公用語 / an international *language* 国際語 / a world *language* 世界語. ❸ Ⓤ 用語《特定の分野で使われることば》; 専門語, 術語: the *language* of sports スポーツ用語. ❹ Ⓤ ことばづかい, (ことばによる)表現, 言い回し; 《略式》 下品なことば, ののしり: spoken [written, informal] *language* 話し[書き, くだけた]ことば / bad *language* 汚いことばづかい / speak in everyday *language* 日常ことばで話す / Watch [Mind] your *language*. Ⓢ ことばづかいに気をつけなさい. ❺ Ⓒ,Ⓤ (音声・文字を用いない)ことば; 〔コンピュータ〕 言語: the *language* of flowers 花ことば《白ゆりが清純を表わすなど》. 関連 computer language コンピューター言語 / sign language 手まね[身ぶり]ことば, 手話.

spéak [tálk] the sáme lánguage [動] 自 考え方[気持ち]が同じだ, 気持ちが通じる, うまが合う.

(形 linguístic)

lánguage làboratory 名 Ⓒ (視聴覚設備のある)語学演習室, LL 教室 [《略式》 language lab]. 日英 LL は和製英語.

lan·guid /lǽŋgwɪd/ 形 《文語》 動きのゆったりした, (上品で)けだるげ[もの憂げ]な; だるい, 元気のない; 活気のない. **~·ly** 副 ゆったりと; だるそうに.

lan·guish /lǽŋgwɪʃ/ 動 自 ❶ だれる, 元気をなくす, 衰える; (株価などが)低調になる; (花が)しおれる. ❷ (閉じ込められて)みじめに暮らす, 苦しい生活をする, 苦しむ (*in*).

lan·guor /lǽŋgɚ | -gə/ 名 ❶ [Ⓤ または a ~] 《文語》 (普通は快い)だるさ, もの憂さ, けだるさ. ❷ Ⓤ 《文語》 重苦しさ, うっとうしさ.

lan·guor·ous /lǽŋgərəs/ 形 《文語》 (快く)だるい, もの憂い, けだるい.

lank /lǽŋk/ 形 (頭髪が)まっすぐだがつやのない; (人が)ひょろっとした.

lank·y /lǽŋki/ 形 (lank·i·er; -i·est) (人が)ひょろっとした.

lan·tern /lǽntɚn | -tən/ 名 Ⓒ 手さげランプ, ランタン; ちょうちん: light a *lantern* 手さげランプをともす / a Chinese *lantern* ちょうちん.

Laos /láʊs, lɑ́ːoʊs | láʊs, lɑ́ːɔs/ 名 固 ラオス《アジア南東部の Indochina 半島の共和国》.

La·o-tzu /làʊtsúː/ 名 固 老子《紀元前 6 世紀の中国の思想家; 道教の祖》.

*__lap__[1] /lǽp/ 名 (~s /~s/) Ⓒ [普通は単数形で所有格の後で] **ひざ**《いすに腰かけたときの腰 (waist) から両方のひざがしら (knees) までの上の場所で, 子供を座らせたり物を置いたりするところ; ⇒ knee 挿絵》: The mother held her baby **on** [**in**] **her lap**. 母親は赤ん坊をひざの上に乗せていた / Come and sit *on my lap*. こっちへ来て私のひざの上に座りなさい.

dróp [dúmp] ... in [ìnto] ~'s láp [動] 他 Ⓢ (...)に対する責任を(人)におしつける.

dróp [fáll] ínto ...'s láp = lánd in ...'s láp [動] (幸運などが)(人)に転がり込む.

in the láp of lúxury [副・形] ぜいたくざんまいに, 何不自由なく.

in the láp of the góds [形] 《英》 (将来のことが)神

L

の手にゆだねられて[た], まだ不確かで.

lap[2] /lǽp/ 動 (laps; lapped; lap·ping) 他 ❶ (犬·猫などが)ぴちゃぴちゃと飲む: A cat is *lapping* (*up*) milk. 猫が牛乳をぴちゃぴちゃと飲んでいる. ❷ Ⓦ (波が)(岸)を洗う, (...)にひたひたと寄せる. ― 自 Ⓦ (波が)洗う, (...に)ひたひたと寄せる: Gentle waves were *lapping against* the rocks. 静かな波が岩にひたひたと打ち寄せていた. **láp úp** [動] 他 (1) (...)を飲み干す; ぴちゃぴちゃと飲む. (2) (お世辞など)を真に[快く]受ける.

lap[3] /lǽp/ 名 C (競走場の)一周; 《米》(競泳プールの)一往復; (旅行·仕事などの)ひと区切り: take a victory *lap* 《米》 = 《英》 take a *lap* of honor (勝利者が)競技場をゆっくり一周[ウイニングラン]する. ― 動 (laps; lapped; lap·ping) 他 ❶ (競走で)(...)を一周(以上)抜く: The leader *lapped* the last runner. 1 位の走者は最後尾に一周の差をつけた. ❷ (コースなど)を(特定の時間で)一周する. ❸ (...)を(一部分だけ)重ねる. ❹ [副詞(句)を伴って] 《文語》 (...)を包む, くるむ. ― 自 ❶ (競争で特定の時間で)一周する. ❷ (一部分が)重なる.

la·pel /ləpél/ 名 C (上着·コートなどの)前襟の折り返し, 折り襟.

lap·is la·zu·li /lǽpɪslǽzəli, -ʒə- | -zjʊ-/ 名 ❶ C,U るり, ラピスラズリ《青色の準宝石》. ❷ U るり色.

Lap·land /lǽplænd/ 名 固 ラップランド《スカンジナビア半島北部のラップ人居住地域》.

láp ròbe 名 C 《米》 ひざ掛け [《英》 rug].

lapse /lǽps/ 名 ❶ C (軽い)過ち, (ちょっとした)過失: a memory *lapse* = a *lapse of* memory 度忘れ / a *lapse of* [*in*] concentration 一瞬の気の緩み. ❷ C (一時的な)堕落; 逸脱 (*from*): a *lapse into* sin 罪に陥ること. ❸ C [普通は単数形で] (時間の)経過, 推移: The town had completely changed after a *lapse* of thirty years. 30 年たって町はすっかり変わっていた. ― 動 自 ❶ (権利·契約などが)消滅[失効]する: Your insurance policy has *lapsed*. あなたの保険はもう切れています. ❷ (会話·関心などが)途切れる. ❸ (信仰·主義などを)捨てる, (...から)離れる (*from*). ❹ 《格式》 (時が)経過する. **lápse ìnto ...** [動] 他 だんだんと(よくない状態などに)陥る[戻る]: *lapse into* silence 黙り込む / He *lapsed into* crime. 彼は(次第に)犯罪にかかわるようになった.

*__lap·top__ /lǽptɑ̀(ː)p | -tɔ̀p/ 名 (~s /~s/) C **ラップトップコンピューター**, ノートパソコン. ― 形 限定 (コンピューターが)ラップトップ型の (⇒ desktop).

lap·wing /lǽpwɪŋ/ 名 C たげり《頭に飾り羽のあるちどり科の鳥》.

lar·ce·ny /lάɚs(ə)ni | lάː-/ 名 (-ce·nies) 〔法律〕 U 窃盗罪; C 窃盗(行為).

larch /lάɚtʃ | lάːtʃ/ 名 C からまつ《落葉高木》; U からまつ材.

lard /lάɚd | lάːd/ 名 U ラード《豚の脂肪から精製した油脂》. ― 動 他 ❶ (料理前の肉)にベーコン[豚の脂]の小片を挟む. ❷ (文章など)を(...で)飾り立てる (*with*).

lar·der /lάɚdɚ | lάːdə/ 名 C (家の)食料貯蔵室[棚].

***__large__ /lάɚdʒ | lάːdʒ/
― 形 (larg·er; larg·est) ❶ **大きい**, 大型の, 大きくて広い, (服などのサイズが)大きい, L サイズの (略 L); [遠回しに] 太った [⇔ small] (⇒ big 表と 類義語, wide 表, fat 類義語): a *large* building 大きい建物 / a *large* room 広い部屋 / a *large* nose 高い鼻 (⇒ nose 日英) / The garden was *larger* than I had expected. 庭は私が思っていたよりも広かった / Africa is the world's second *largest* continent. アフリカは世界で 2 番目に大きな大陸である / This box is *large* enough 「to hold [for] ten apples. この箱はりんごが 10 個入る大きさです.
❷ **多量の**, 多大の; 多数の [⇔ small]: a *large* family 大家族 / a *large* income 多額の収入 / This town has a *large* population. この町は人口が多い / There was a *large* amount of rice in the warehouse. 倉庫には多量の米があった. ❸ (規模などが)広範(囲)な; (心·見方などが)広い, 寛大な: take a [the] *large* view of ... ...を広い視野で見る.
at lárge [形·副] (1) (危険な人·動物が)自由で, 捕らえられないで [≒free]: The escaped prisoner is still *at large*. 脱走した囚人はまだつかまらない. (2) [名詞(句)の後につけて] 全体として, 一般的に: the people *at large* 国民全体.
bý and lárge [副] 文修飾 Ⓢ 全般的に, 概して [≒in general].
lárger than lífe [形·副] 実物より大きい[く]; 人目を引く, 目立つ. (動 enlárge)

lárge intéstine 名 [the ~] 大腸.

***__large·ly__ /lάɚdʒli | lάːdʒ-/
― 副 **主として, 大部分, ほとんど**: His success is *largely* due to good luck. 彼の成功は主として幸運による.

large·ness /lάɚdʒnəs | lάːdʒ-/ 名 U 大きさ, 広大さ; 多大.

+**large-scale** /lάɚdʒskéɪl | lάːdʒ-ˊ/ 形 限定 **大規模の**; (地図·模型が)大縮尺の [⇔ small-scale]: a *large-scale* operation 大規模な作業.

lar·gess, lar·gesse /lɑɚʒés, -dʒés | lɑː-/ 名 U 《格式》 (貧しい者に)気前よく金品を与えること [≒generosity]; 気前よく与えた金[品].

larg·ish /lάɚdʒɪʃ | lάː-/ 形 やや大きい, 大きめの.

lar·go /lάɚgoʊ | lάː-/ 副 形 〔音楽〕 ラルゴ《きわめて遅く[い]》. ― 名 (~s) C ラルゴの曲[楽章, 楽節].

lar·i·at /lǽriət/ 名 C 《米》 投げ縄.

lark[1] /lάɚk | lάːk/ 名 C ひばり (skylark): We heard *larks* singing. ひばりがさえずっているのが聞こえた. ✪ 鳴き声については ⇒ cry 表. **be úp [gèt úp] with the lárk** [動] 自 《古風》 早起きする.

lark[2] /lάɚk | lάːk/ 名 C 《略式》 (愉快な)いたずら, 冗談; [this ... lark で] Ⓢ 《英》 ...という無駄な[ばかげた]こと: have a *lark* いたずらをする, ふざける. **as [for, on] a lárk** [副] ふざけて. ― 動 自 《英略式》 ふざける (*about, around*).

lark·spur /lάɚkspɚ̀ː | lάːkspə̀ː/ 名 C ひえんそう, デルフィニウム《花壇などに植える植物》.

Lar·ry /lǽri/ 名 固 ラリー《男性の名; Laurence および Lawrence の愛称》.

lar·va /lάɚvə | lάː-/ 名 (複 lar·vae /lάɚviː | lάː-/) C 幼虫.

lar·val /lάɚv(ə)l | lάː-/ 形 限定 幼虫の.

la·ryn·ges 名 larynx の複数形.

lar·yn·gi·tis /læ̀rɪndʒáɪṭɪs/ 名 U 〔医学〕 喉頭炎.

lar·ynx /lǽrɪŋ(k)s/ 名 (複 la·ryn·ges /ləríndʒiːz/, ~·es) C [the ~] 〔解剖〕 喉頭(こうとう).

la·sa·gna, la·sa·gne /ləzάːnjə | -zǽn-/ 名 C,U ラザーニャ《平たいパスタ》; ラザーニャ料理.

las·civ·i·ous /ləsíviəs/ 形 《格式》 [軽蔑的] みだらな, 好色な; 扇情的な.

+**la·ser** /léɪzə | -zə/ 名 (~s /~z/) C **レーザー**《強力な平行光線を発生させる装置; *l*ight *a*mplification by *s*timulated *e*mission of *r*adiation の略》: *laser* surgery [beams] レーザー手術[光線].

láser dìsc [dìsk] 名 C レーザーディスク.

+**lash** /lǽʃ/ 動 (lash·es /~ɪz/; lashed /~t/; lash·ing) 他 ❶ [副詞(句)を伴って] (ロープなどで)(...)を**しっかり縛りつける**: He ***lashed*** the luggage ***to*** the car's roof. V+O+前+名 彼は荷物を車の屋根に縛りつけた. ❷ (雨・風・波などが)(...)に打ち当たる, ぶつかる; (動物が)(尾)を激しく振る, 振り回す: The wind *lashed* the flag *into* ribbons. 風が激しく当たって旗はぼろぼろになった. ❸ (...)を(むちで)打つ: He *lashed* his horse with his whip. 彼は馬をむち打った. ❹ (人)をののしる, (人)に非難[皮肉]を浴びせる; (人)を刺激して(...の状態に)する (*into*).

— 自 ❶ [副詞(句)を伴って] ぶつかる, (激しく)当たる; (尾が)激しく振れる: Rain was *lashing against* the house. 雨が激しく家に降り注いでいた. ❷ ののしる, 非難[皮肉]を言う (*at*): *lash* back やり返す.

lásh óut [動] 自 (1) 殴り[けり, 襲い]かかる (*at*). (2) 激しくののしる, 悪口を浴びせる (*at*). (3) 《英略式》(...に)無駄な金を使う (*on*).

— 名 ❶ C むちで打つこと; [the ~] むち打ちの刑; [単数形で] 痛烈な非難[皮肉]: He was given twenty *lashes*. 彼は 20 回むちで打たれた. ❷ C [普通は複数形で] まつげ (eyelash). ❸ C 激しい[急な]動き. ❹ C むちの(先の皮)ひも.

lash·ing /lǽʃɪŋ/ 名 ❶ C むち打つこと. ❷ C [普通は複数形で] (物を縛る)ロープ. ❸ [複数形で] 《英略式》たくさん (*of*).

lass /lǽs/, **las·sie** /lǽsi/ 名 C 《略式, 主にスコットランド》若い女, 小娘, 少女《⇒ laddie》.

las·si·tude /lǽsət(j)ù:d | -tjù:d/ 名 U 《格式》(精神・肉体の)疲れ, 倦怠(けんたい)(感); 気乗りのなさ.

las·so /lǽsoʊ, læsú:/ 名 (~(e)s) C 《主に米》投げ縄《牛馬捕獲用》. — 動 (las·sos; las·soed; -so·ing) 他 (動物)を投げ縄で捕らえる.

***last**[1] /lǽst | lá:st/

— 形

> 意味のチャート
> 元来は late の最上級《⇒ next 語源》.
> 「最後の」❶ → (これまでの中で最後の) → 「最近の」❷
> 「最後の」❶ → (最も可能性が少ない) → 「最も...でない」❸

❶ [普通は the ~] (順序・場所などが)**最後の**, 最終の; 限定 [the または所有格の後で] 最後に残った《⇒ 類義語》 [⇔ first]: We spent *the last* week in Paris. 私たちは最後の週をパリで過ごした / Tom was *last* in the race. トムは競走でびりだった / He was *the last* man 「who left [to leave] the place. 彼はその場所を去った最後の男だ《⇒ that[3] 1 語法 の囲み(2)》/ We got in the next [second] to (*the*) *last* car. 私たちは最後尾から 2 番目の車両に乗った / *Last* call for passengers boarding Flight 123. 123 便にご搭乗のお客様に最後のご案内を申し上げます《123 は one two three と読む》/ Let's drink our *last* bottle of wine. 最後の一本のワインを飲もう.

❷ 限定 (時間的に)**この前の, 最近の**, 昨...《⇒ next 形 1, this 形 3》: He died *last* night. 彼は昨夜亡くなった / A severe earthquake hit Tokyo *last* week. 先週東京にひどい地震があった《⇒ week 図》/ He has earned one million dollars in the *last* (= past) five years. この 5 年間に彼は 100 万ドル稼いだ / It has been warm this *last* (= past) week. この 1 週間は暖かかった《⇒ week 図》.

> 語法 **last の使い方**
> (1) last Monday は水曜日に言ったとすれば「先週の月曜日」(on Monday last week) が普通だが,「今週の月曜日」(this past Monday)の意味にもなりうる《⇒ next 形 1 語法 (2)》.
> (2) 間接話法では last week [month, year] が the previous week [month, year] などに変わることがある《⇒ **巻末文法 14.2**》.
> (3) last week [month, year] などは現在完了形とともには用いない《⇒ have[2] 1 語法 (3)》.

❸ 限定 [the ~] **最も...(しそう)でない**: That's *the last* thing we would expect him to do. それこそ彼が最もしそうにないことだ / She was *the last* person I had wanted to see. 彼女は私が一番会いたくない人だった / He is ***the last*** person ***to*** trust with a secret. 彼には決して秘密を打ち明けられない.

for the lást tíme [副] **最後に**《それまで同じことを何回かしてきたあとで》[⇔ for the first time]: It was on a Sunday in late 2020 that I saw her *for the last time*. 私が最後に彼女と会ったのは 2020 年の終わりのある日曜日だった.

lást thíng (at níght) [副] 寝る前に, 一日の最後に.

(the) lást ... but óne [twó] [形] 《主に英》終わりから 2[3]番目の....

(the) lást tíme ... [接] この前...したとき: She looked happy (*the*) *last time* I saw her. この前会ったとき彼女は幸せそうでした.

> 類義語 **last** 順序・時間・場所など一連のもののうちの最後を意味するが, final と違ってそれで終わりということは必ずしも示さない: the *last* day of a month 月の最終日, みそか. **final** 物事の最終を意味し, それで終わりということを表わす: His *final* goal isn't clear. 彼の最終的な目標は不明だ.

— 副 ❶ **この前**, 最近に: When did you *last* go to the movies? あなたは最近いつ映画に行きましたか / It 「has been [is] four years since 「I saw her *last* [I *last* saw her]. この前彼女に会ってから 4 年になる.

❷ [ときに つなぎ語] **いちばん終わりに**, 最後に [⇔ first]: Bill spoke *last* at the meeting. ビルが会合で最後に発言した.

lást but nòt léast [副] つなぎ語 最後に述べますが決して軽んずるべきでないこととして, 大事なことを最後にひと言述べますが; (紹介のときに)最後になりましたが.

Lást ín, fírst óut. 最後に加わった者[新人]が最初に追い出される[解雇される].

lást of áll [副] つなぎ語 いちばん最後に.

— 名 ❶ [the ~ として単数または複数扱い] **最後の人[もの]** [⇔ first]: She was ***the last of*** the Hawaiian royal family. 彼女はハワイ王家の最後の人であった / John was (*the*) ***last to*** arrive. +to 不定詞 最後に到着したのはジョンだった《補語のとき the は省略されることがある》/ He took *the last of* the meat from the dish. 彼は皿から最後に残った肉を取った. ❷ U この[その]前のもの[人]: This picture is not as good as her *last*. この絵は彼女の前作ほどよくない. ❸ [the ~] 最後,

終わり [≒end]: ⇒ to [till] the last (成句).
at lást [副] (いろいろ努力して)**ついに**, とうとう, ようやく, やっとのことで; 《文語》最後に《⇒ finally 類義語》: There were many delays, but on May 2 we reached the island *at last*. いろいろと遅れはあったが 5 月 2 日に我々はやっとその島に着いた.
at lóng lást [副] ついに, とうとう, ようやく《at last よりも意味が強い》.
sáve [kéep, léave] ... until [for] lást [動] ㊀ ...を最後までとっておく.
sée [héar] the lást of ... [動] ㊀ ...の見納め[聞き納め]をする; ...と手を切る: We haven't *heard the last of* this problem. この問題はまだ終わっていない / I hope I've *seen the last of* my boss. 上司の姿を見るのはこれが最後だと願いたい.
「**The lást [Lást] I héard [sáw]** [副] Ⓢ 文修飾 私が最後に聞いた[見た]ところでは: *The last I heard*, Bill was in Kyoto. 私が最後に聞いたところでは, ビルは京都にいたそうだ.
(the) Súnday [Mónday, etc.] **befòre lást** [名・副] 先々週の日曜日[月曜日など].
the wéek [mónth, yéar] befòre lást [副・名] 先々週[先々月, 一昨年](に).
to [till] the lást [副] 《格式》**最後まで**: The brave soldiers fought *to the last*. 勇敢な兵士たちは最後まで戦った.

****last**[2] /lǽst | lάːst/
— 動 (lasts /lǽsts | lάːsts/; last·ed /~ɪd/; last·ing) ㊂ ❶ [副詞(句)を伴って] **続く**, 継続する《⇒ continue 類義語》: How long will this fine weather *last*? このよい天気はどのくらい続くだろうか / The rain ***lasted*** (***for***) three days. 雨は 3 日間続いた《⇒ for 前 A 5 語法 (1)》.
❷ **長もちする**, もちこたえる (*for*): His money won't *last* much longer. 彼の金ももう長くはもつまい.
— ㊀ [受身なし] (物が)(人)にとって(ある期間だけ)十分である[役に立つ], 足りる, もつ: Two gallons of oil will *last* us (for) a week. 油は 2 ガロンあれば 1 週間は大丈夫です.
lást óut [動] ㊂ 《英》もちこたえる.
lást óut ... [動] ㊀ ...の終わりまでもつ: He won't *last out* the week. 彼は今週末までもつまい.
〖語源 原義は「足跡《⇒ last³》に従う」〗

last[3] /lǽst | lάːst/ 名 Ⓒ 靴型.
lást cáll 名 Ⓤ 《米》(バー閉店前の)ラストオーダー.
last-ditch /lǽstdítʃ | lάːst-ˊ/ 形 限定 土壇場の: a *last-ditch* attempt [effort] 土壇場の努力.
+**last·ing** /lǽstɪŋ | lάːst-/ 形 [普通は 限定] **永続する**, 長続きをする, 長もちする: a *lasting* peace 恒久的平和 / First impressions are the most *lasting*. 《ことわざ》第一印象がいちばん長続きする.
Lást Júdgment 名 [the ~] (神の下す)最後の審判《⇒ doomsday》.
+**last·ly** /lǽstli | lάːst-/ 副 [ときに つなぎ語] **最後に**, 終わりに.
last-min·ute /lǽstmínɪtˊ/ 形 限定 土壇場の: a *last-minute* decision ぎりぎりになっての決断.
lást nàme 名 Ⓒ 《主に米》姓《名に対して》, 名字 [≒surname]《⇒ name 参考》.
lást stráw 名 [the ~] (我慢の限界を越える)最後の決定的な一撃[とどめ]. 由来 It is *the last straw* that breaks the camel's back. (らくだの背骨を折るのは最後にのせた 1 本のわらだ)ということわざから.
Lást Súpper 名 [the ~] 〔聖書〕最後の晩餐(ばんさん)《キリストが処刑前に 12 人の弟子とともにした食事》.
lást wórd 名 ❶ [the ~] 最終的意見, 決定的なことば; 決定権; 締めくくりのことば: My dad always tries to have *the last word* (*on* everything). (万事について)父はいつも最終決定をしようとする. ❷ [the ~] 《略式》(...の)最新[最高]のもの, 決定版 (*in*). ❸ [複数形で] 臨終のことば.
Las Ve·gas /lɑːsvéɪgəs/ 名 固 ラスベガス《米国 Nevada 州の都市; カジノで有名》.
lat. 略 = latitude.
Lat. 略 = Latin.
latch /lǽtʃ/ 名 ❶ Ⓒ (ドアや窓にかける)掛けがね. ❷ Ⓒ 《主に英》(ばね式の)錠. **on the látch** [形] 《英》(鍵(かぎ)をかけずに)掛けがねだけをかけて. — 動 ㊀ (戸など)に掛けがねをかける. **látch ónto ...** [動] ㊀ (1) 《略式》...をしっかりつかむ[とらえる]; (人)に付きまとう. (2) 《略式》...に強い興味を持つ. (3) 《略式》...がわかる, ...に気づく.
latch·key /lǽtʃkìː/ 名 Ⓒ 表玄関の鍵.
látchkey chìld [kìd] 名 Ⓒ 《古風》鍵っ子.

*****late** /léɪt/
— 形 (lat·er /-ṭɚ | -tə/; lat·est /-ṭɪst/) 《⇒ later, latest》

意味のチャート
「遅れた」❶; 「遅い」❷ → (これまでの遅い時期に) → 「最近の」❺ → 「最近亡くなった」❸

❶ [普通は 叙述] (予定の時間に)**遅れた**, 遅刻した; (普通より)**遅い**《⇒ slow 形 2 語法》 [⇔ early]: The train was *late* this morning. けさ列車が遅れた / How *late* is this train going to be? この列車はどのくらい遅れるでしょうか / I was an hour ***late for*** school today. +for+名 私はきょう学校に 1 時間遅刻した 多用 / She's always ***late with*** her rent. +with+名 彼女はいつも家賃の支払いが遅れる / Spring is ***late*** (***in***) ***coming*** this year. +(in+)動名 今年は春の来るのが遅い. 語法 《略式》では in がしばしば省略される // You are always ***late to*** reply to my mail. +to 不定詞 あなたは私のメールへの返信がいつも遅い / *Late* arrivals must sit at the back. 遅れて来た人は後部に着席すること / It's too *late* to go back. 戻るには遅すぎる / I had a very *late* night last night. ゆうべは寝るのがとても遅かった / a *late* riser 朝寝坊する人 / a *late* developer 発育の遅い子; 大器晩成型の人.
❷ (時刻・時期などが)遅い; 後期の, 末期の, 晩年の [⇔ early]: in *late* spring 晩春に / He married in his *late* thirties. 彼は 30 代後半で結婚した / It occurred in the *late* sixteenth century. それは 16 世紀の後期に起こった / It was *late* when she arrived home. 彼女が家に着いたのは遅い時刻だった. 語法 「時計が遅れている」という場合は slow を用いる: That clock is five minutes *slow*. あの時計は 5 分遅れている《×five minutes late とは言わない》.

late (時刻・時期が)	遅い
slow (速度・動作が)	

❸ 限定 [the ~, または所有格の後で] [比較なし] 《格式》**最近亡くなった**, 故...《⇒ ex-² 語法 (2)》: *her late* husband 彼女の最近亡くなった夫 / *the late* Mr. Smith 故スミス氏. ❹ [限定] [the ～] 《格式》 最近やめた, 先の, 前の. ❺ [限定] 近ごろ[最近]の; 最新[新着]の: a *late* model 新型. ❻ (女性が)生理が遅れている.

gèt láte [動] ⓐ (時間が) **遅くなる:** Hurry up! It's *getting late*. 急ぎなさい, 遅くなってきたから.

láte in the dáy [形] 遅すぎて, 時機を失して.

— [副] (lat·er; lat·est) 《⇒ later, last¹》 ❶ (時間に)遅れて, 間に合わないで: She arrived (ten minutes) *late for* the meeting. 彼女は会合に(10 分)遅れて来た / He came too *late* to see the movie star. 彼は来るのが遅すぎて映画スターに会えなかった / Better *late* than never. 《ことわざ》 遅れてもしないよりはまし.

❷ (時刻・時期などが)遅く, 遅くまで; 夜更けまで [⇔ early]: *late* at night 夜遅く / He worked *late* at the office that night. 彼はその晩会社で遅くまで仕事をした / I stayed in bed *late* that morning. 私はその朝は遅くまで起きなかった / How *late* is this shop open? この店はいつまで開いていますか / *late* in life 晩年に.

as láte as ... [前] つい(最近)...に《⇒ as early as ... (early [副] 成句)》: I visited there *as late as* last December. ついこの前の 12 月に私はそこを訪れた.

láte of ... [前] 《格式》 最近まで...に住んで[勤めて]いた: Mr. Brown, *late of* Fukuoka 最近まで福岡在住だったブラウン氏.

— [名] [次の成句で] **of láte** [副] 《格式》 **近ごろ**, 最近 [≒lately]: We've had much rain *of late*. 最近は雨が多かった《⇒ lately [語法]》.

late·com·er /léɪtkʌ̀mə | -mə/ [名] Ⓒ 遅刻者, 後から来た人; (...への)新参者 (*to*).

+**late·ly** /léɪtli/ [副] **最近**, 近ごろ: I've been very busy *lately*. 私は最近とても忙しい / She's been reading a lot of books *lately*. 彼女は近ごろたくさん本を読んでいる / Mr. and Mrs. Brown *lately* became the parents of twins. ブラウン夫妻に最近双子が産まれた. [語法] lately は of late と同様に普通は完了形とともに用いる《⇒ recently [語法], have² 1 (1) [語法] (3)》.

late-night /léɪtnáɪt/ [形] [限定] 深夜の.

la·tent /léɪtənt, -tnt/ [形] [普通は [限定]] 隠れている, 見えない [≒hidden]; 潜在的な: *latent* abilities 潜在能力 / a *latent* period (病気などの)潜伏期.

⁂lat·er /léɪṭə | -tə/

— [副] ❶ **後ほど**, あとで [≒afterward]; (それから)...後に [⇔ earlier]: The war began three years *later*. (それから)3 年後に戦争が始まった / She talked to Mr. Trump, *later* (to become) the President. 彼女は後に大統領になるトランプ氏と話をした / See you *later*! じゃあ, また《⇒ see ⓣ 3 [語法]》.

❷ [late の比較級] **より遅れて**, より遅く(まで) [⇔ earlier]: *later* that night その夜遅く(まで) / He went out *later than* me [I]. 彼は私よりあとで出かけた《⇒ than [前] [語法]》 / He came home *later than* usual. 彼はいつもより遅く帰宅した.

láter ón [副] 後ほど, あとで; もっとあとになって: I'll see you *later on*. あとでまたお会いしましょう《その日のうちに会うときに使う》.

nò [nòt] láter than ... (遅くとも)...までに: We should arrive *no later than* seven o'clock. 7 時までに行かなければならない.

sóoner or láter ⇒ soon 成句.

— [形] [late の比較級] **もっと遅い**; [限定] もっと後の; 後期の, 晩年の; もっと最近の [⇔ earlier]: at a *later* date 後日 / We'll take a *later* train. もっと後の列車に乗ろう / She took up painting in her *later* life [years]. 彼女は晩年になって絵を始めた / *later* news もっと新しいニュース, 続報.

— [間] Ⓢ またあとで (See you later!).

lat·er·al /lǽṭərəl, -trəl/ [形] [普通は [限定]] 《格式》 横(へ)の, 横からの, 側面の: a *lateral* move (社内などでの)職位の横滑り. — [名] ❶ Ⓒ 側面部; 〘植物〙 側生芽[枝]. ❷ Ⓒ 〘アメフト〙 ラテラルパス《横や後ろへのパス》. **-al·ly** /-əli/ [副] 横に, 横から, 側面に.

láteral thínking [名] Ⓤ 水平思考《自由な発想で問題を多角的に考えてみる方法》.

⁂lat·est /léɪṭɪst/

— [形] [late の最上級] ❶ [限定] (時間的に)**いちばん新しい**, 最新の, 最近の: the *latest* news 最新のニュース / This is a hat in the *latest* fashion. これは最新流行の帽子です.

❷ [限定] (時間的に)**いちばん遅い**, いちばんあとの, 最後の: the *latest* comer いちばんあとに来た者 / What's the *latest* date you can come? おいでいただけるいちばん遅い日取りはいつでしょうか?

— [副] [late の最上級] **いちばん遅く**, いちばんあとで.

— [名] [the ～] 最新のもの[ニュース, ファッション]: For *the latest about* [*on*] the accident, (let's go) over to Bill. 事故の最新の状況について(現地の)ビルを呼んでみましょう《テレビなどで》 / This is *the latest in* computer technology. これは最新のコンピューター技術だ.

at the látest [副] **遅くとも** [⇔ at the (very) earliest]: He'll be back by Monday *at the latest*. 彼は遅くとも月曜日までに帰ってくるだろう.

la·tex /léɪteks/ [名] Ⓤ ラテックス《ゴムの木などの乳液》; 合成ゴム乳液《塗料・接着剤に用いる》.

lath /lǽθ | lɑ́:θ/ [名] Ⓒ 木ずり, 木舞(こまい), ラス《しっくい壁などの下地にする薄く細長い木片》.

lathe /léɪð/ [名] Ⓒ 旋盤.

lath·er /lǽðə | lɑ́:ðə/ [名] [Ⓤ または a ～] (せっけんなどの)泡; (馬などの)泡のような汗. **in [ìnto] a láther** [形・副] 《略式》 あせって, 泡を食って, いらだって. — [動] ⓣ (体など)にせっけんの泡を塗る (*up*). — ⓐ (せっけんなどが)泡立つ (*up*).

***Lat·in** /lǽtn | -tɪn/ [形] ❶ [限定] **ラテン民族の**, ラテン系の《⇒ [名] [参考], Latin America》: the *Latin* peoples ラテン系民族 / *Latin* music ラテン音楽.

❷ **ラテン語の:** words of *Latin* origin ラテン語に由来する語.

— [名] (～s /～z/) ❶ Ⓤ **ラテン語**《古代ローマの言語; [略] L, L., Lat.》. [参考] ラテン語は中世に地方によって分化し, 今日のイタリア語・フランス語・スペイン語・ポルトガル語・ルーマニア語などとなった. 現在でもこれらのことばを話す民族を「ラテン系民族」と呼ぶ.

❷ Ⓒ **ラテン系の人.**

La·ti·na /lətí:nə/ [名] Ⓒ (米国在住の)ラテン系アメリカ人女性《⇒ Latino》.

Látin América [名] [固] ラテンアメリカ《スペイン語・ポルトガル語の話される中南米地方》.

Lat·in-A·mer·i·can /lǽtnəmérɪkən | -tɪn-˝/ [形] ラテンアメリカ(人)の, 中南米(人)の.

La·ti·no /lətí:noʊ/ [名] (～s) Ⓒ (米国在住の)ラテン系アメリカ人男性《複数形は女性を含む場合がある; ⇒ Latina》.

lat·i·tude /lǽṭət(j)ù:d | -tjù:d/ [名] ❶ [C,U] 緯度《赤道からの距離; [略] l, l., lat.》: the north [south] *latitudes*

北[南]緯 / Tokyo is situated at *latitude* 35°45'N. and longitude 140°E. 東京は北緯 35 度 45 分, 東経 140 度にある《35°45'N. は thirty-five degrees forty-five minutes north と読む》. 関連 longitude 経度 / parallel 緯線. ❷ [複数形で] 地方, 地帯《緯度から見たときの》: high *latitudes* 高緯度地方《北極・南極付近》/ low *latitudes* 低緯度地方《赤道付近》. ❸ U 《格式》(思想・行動の)自由(の幅), 自由裁量 (*in*; *to* do). 〖語源 ラテン語で「幅」の意〗

lat·i·tu·di·nal /læ̀tət(j)úːdən(ə)l | -tjúː-/ 形 限定 緯度の.

la·trine /lətríːn/ 名 C (穴を掘った)便所《特に兵舎・野営地などの》.

lat·te /láːteɪ, lǽt-/ 名 U = caffè latte.

*__lat·ter__ /lǽṭə | -tə/ 形 ❶ [the ~ として代名詞的に]《格式》**後者**, 後のもの [⇔ the former]: I own a Volkswagen and a Ford. *The former* is German and *the latter* is American. 私はフォルクスワーゲンとフォード車を持っている. 前者はドイツ製で後者は米国製だ. 語法 複数形の名詞を受けるときには複数扱い. ❷ [the ~] 限定 [比較なし] **後者の**, 後のほうの [⇔ the former]. ❸ 限定 [比較なし] (時間的に)後のほうの, 後半の: We start to learn French in the *latter* half of the year. 私たちは学年の後半からフランス語を習い始める.
〖語源 元来は late の比較級; ⇒ near 語源〗

lat·ter-day /lǽṭədéɪ | -tə-/ 形 限定 現代の, 現代によみがえった.

lat·ter·ly /lǽṭəli | -tə-/ 副 ❶《英格式》近ごろ, このごろ [≒ lately] [⇔ formerly]. ❷《英格式》後期[晩年]に.

lat·tice /lǽṭɪs/ 名 C 格子; 格子細工.

Lat·vi·a /lǽtviə/ 名 固 ラトビア《バルト海に面する共和国》.

laud /lɔ́ːd/ 動 他《格式》(...)を称賛する.

laud·a·ble /lɔ́ːḍəbl/ 形《格式》(言動などが)称賛すべき, 見上げた; あっぱれな.

laud·a·to·ry /lɔ́ːḍətɔ̀ːri | -təri, -tri/ 形《格式》称賛の, 賛美の.

***__laugh__ /lǽf | láːf/ ❗発音

— 動 (laughs /~s/; laughed /~t/; laugh·ing /lǽfɪŋ | láːf-/) 自 (声を出して)**笑う**《⇒ 類義語 および挿絵》: *laugh* aloud [out loud] 声を出して笑う / *laugh* hard 大笑いする / burst out *laughing* 突然笑いだす / He ***laughed at*** the joke. V+*at*+名 彼はその冗談を聞いて笑った / What are you ***laughing about***? V+about+名 何を笑っているの / Don't make me *laugh*. Ⓢ 笑わせるな, ばかばかしい / It's no *laughing* matter. それは笑い事じゃない / I had to *laugh* when I got zero in the exam. 試験で零点を取ったときは笑ってしまったよ / I'm *laughing*. Ⓢ《英略式》(好結果に)笑いが止まらない / 言い換え He who *laughs* last *laughs* longest. = He *laughs* best who *laughs* last.《ことわざ》最後に笑う者は最もよく笑う(早まって喜ぶな).
— 他 (気持ちなど)を笑って示す, 笑って...と言う: "That's amusing!" he *laughed*.「それはおもしろい!」と彼は笑って言った / He *laughed* his approval. 彼は笑って賛同を示した.

be láughing áll the wáy to the bánk [動] 自《略式》もうかりすぎて笑いが止まらない: If we can strike this deal, we'll *be laughing all the way to the bank*. この契約を結ぶことができれば大金が転がり込んでくるだろう.

dòn't knów whèther to láugh or crý [動] 自 (動転・困惑して)笑っていいのやら泣いていいのやらわからない.

láugh on the óther sìde of one's **fáce** = **láugh òut of the óther sìde of** one's **móuth** [動] 自 Ⓢ (得意の)笑顔から急に(失意の)泣き顔になる, (あてがはずれて)しょげかえる.

láugh ... òut of cóurt [《米》**tówn**] [動] 他 (...)を一笑に付す, 相手にしない. (名 láughter)

laugh の句動詞

*__láugh at ...__ 動 他 ❶ **...を見て[聞いて]笑う**, ...をおもしろがる[おもしろがって笑う] (受身 be laughed at) 《⇒ 自》.
❷ **...をあざ笑う**, ...をばかにする (受身 be laughed at): Don't *laugh at* people behind their backs. 陰で人を笑ってはいけません / You'll *be laughed at* if you do a thing like that. そんなことをすると笑われますよ. ❸ ...を物ともしない, ...を無視する.

láugh óff 動 他 (...)を笑ってごまかす, 一笑に付す, 笑いとばす: He tried to *laugh off* his son's disappearance as a prank. 彼は息子の失踪(しっそう)を冗談だと笑ってごまかそうとした.

laugh

smile

chuckle

grin

類義語 **laugh** 多少とも息が強く声を立てて笑うことをいう. **smile** 声を立てないで顔だけが笑った表情になることで, 善意や好意の表われであることが普通. **giggle** 子供や若い女性などが, くすくす笑うこと. **chuckle** 声を出さずに, または低い声で満足げに静かに笑うこと. しばしば独りで思い出し笑いなどをする意味になる. **grin** *smile* よりも口を大きくあけ, 歯を見せて声を立てずに顔だけが笑うこと.

— 名 (~s /~s/) ❶ C **笑い**, 笑い声; 笑いの表情, 笑い方: She just ***gave*** a ***laugh*** and said nothing. 彼女は笑うばかりで何も言わなかった / His jokes always ***get*** a big ***laugh***. 彼の冗談はいつも人を大笑いさせる / The man answered with a *laugh*. その男は笑いながら答えた. ❷ C《略式》笑わせること, おかしいこと, 楽しめるもの; [a ~]《英》おもしろい人: That's *a laugh*. Ⓢ それはお笑いだ.

for láughs [a láugh] [副] 笑わせるために; 面白半

分に.
hàve a (góod) láugh [動] 自 楽しく過ごす; (...のことで)大笑いする: We *had a good laugh about* [*at*] my mistake. 私たちは私の間違いを大笑いした.
hàve the lást láugh [動] 自 (形勢が逆転して)最後の勝利を収める, 結局自分の正しさを証明する.

laugh·a·ble /lǽfəbl, | lɑ́ːf-/ 形 笑いぐさになるような, ばかばかしい.

láugh·ing gàs /lǽfɪŋ- | lɑ́ːf-/ 名 U 《略式》 笑気《吸入麻酔薬》.

laugh·ing·ly /lǽfɪŋli | lɑ́ːf-/ 副 ❶ 笑って, 笑いながら. ❷ あざけって, ふざけて.

laugh·ing·stock /lǽfɪŋstɑ̀(ː)k | lɑ́ːfɪŋstɔ̀k/ 名 C [普通は単数形で] もの笑いの種, お笑いぐさ, 笑い者.

*__laugh·ter__ /lǽftɚ | lɑ́ːftə/ 発音 名 U (連続した大きな)**笑い**, 笑い声; 笑いの表情, 笑い方: peals of *laughter* どっとわく笑い / loud *laughter* 大きな笑い声. 語法 laugh と違い a はつけない.
búrst [bréak] ìnto láughter [動] 自 どっと笑う, ふき出す, 笑いだす.
róar with láughter [動] 自 大笑いする. (動 laugh)

**launch[1] /lɔ́ːntʃ/

— 動 (launch·es /~ɪz/; launched /~t/; launch·ing)

意味のチャート
原義は「やりで突く」; lance と同語源.
(やりを放つ) → 「**発射する**」 ❸
→ (勢いよく発する) → 「**進水させる**」 ❹ / 「**開始する**」 ❶

— 他 ❶ (活動など)を**開始する**, 着手する: She'll *launch* her election campaign next month. 彼女は来月から選挙運動を始める.
❷ (新製品など)を**売り出す**, 発売する: The company *launched* the latest version of the software last month. その会社はそのソフトウエアの最新版を先月に発売した.
❸ (ミサイル・ロケット・宇宙船など)を**発射する**, 打ち上げる: A spacecraft will *be launched* next week. V+O の受身 宇宙船が来週打ち上げられる.
❹ (船)を**進水させる**, (ボートなど)を水面に降ろす: A new ship *was launched* last week. V+O の受身 新しい船が先週進水した / They *launched* a lifeboat from the ship. 彼らは船から救命ボートを降ろした. ❺ 〔コンピュータ〕 (プログラム)を起動する.
láunch onesèlf [動] 自 (活動に)乗り出す, 取り組む (*into*, *on*); 突進する, 襲いかかる (*at*).
láunch óut [動] 自 (新しいことなどを)始める, 乗り出す: *launch out on* a new project 新事業を始める.
láunch (óut) ìnto ... [動] 他 ...に乗り出す, (威勢よく)...を始める.
— 名 C 発射, 打ち上げ; 進水; 開始, 発売, 発表.

launch[2] /lɔ́ːntʃ/ 名 C 小蒸気船《観光用などの》, 大型ボート《船にのせてある》, ランチ.

launch·pad /lɔ́ːntʃpæ̀d/, **láunch·ing pàd** /lɔ́ːntʃɪŋ-/ 名 ❶ C 発射台《誘導弾・ロケットなどの》. ❷ C 出発点, 足掛かり (*for*).

laun·der /lɔ́ːndɚ | -də/ 動 (-der·ing /-dərɪŋ, -drɪŋ/) 他 ❶ (不正資金など)を合法的に見せかける: *launder* drug money through a bogus company 麻薬取引で得た金を架空の会社を使ってきれいに見せかける. ❷ 《格式》 (...)を洗濯する, (洗濯して)(...)にアイロンをかける.

laun·der·ette /lɔ̀ːndərét/, **laun·drette** /lɔ̀ːndrét/ 名 C 《英》 = Laundromat.

Laun·dro·mat /lɔ́ːndrəmæ̀t/ 名 C 《米》 コインランドリー《商標》 [《英》 launderette].

+**laun·dry** /lɔ́ːndri/ 名 (laun·dries /~z/) ❶ U [しばしば the ~] **洗濯物**《洗濯前のものにも後のものにも用いる》: clean [dirty] *laundry* 洗濯した[洗濯の必要な]もの / do *the laundry* 洗濯をする (⇒ do[2] 他 6 語法) / hang *the laundry* out to dry 洗濯物を外に干す / Put your *laundry* in here. 洗濯物はここへ入れてください / I'd like to have this *laundry* done. この洗濯物をお願いしたいのですが《クリーニング店などで》.
❷ C (水で洗う)**クリーニング店**, 洗濯屋; (ホテルなどの)洗濯室: I sent [took] that shirt to the *laundry* this morning. 私はそのワイシャツをけさクリーニング店に出した. 関連 cleaner ドライクリーニング店.
〚語源 lavatory と同語源〛

láundry bàsket 名 C 洗濯かご.

láundry lìst 名 C 長いリスト.

Lau·ra /lɔ́ːrə/ 名 固 ローラ《女性の名》.

lau·re·ate /lɔ́ːriət/ 名 C 栄冠を与えられた人, 受賞者: a Nobel *laureate* ノーベル賞受賞者.

lau·rel /lɔ́ːrəl | lɔ́r-/ 名 ❶ C,U 月桂樹(げっけいじゅ). 参考 南ヨーロッパ原産の常緑高木. 古代ギリシャ・ローマでは勝利や栄誉をたたえる月桂冠をこの枝で作った. ❷ C 月桂冠《栄誉の象徴》. ❸ [複数形で] 栄冠, 名誉.
lóok to one's **láurels** [動] 自 地位[名誉]を失わないように努める. **rést [sít] on** one's **láurels** [動] 自 名誉[栄光]の上にあぐらをかく.

Lau·rence /lɔ́ːrəns | lɔ́r-/ 名 固 ローレンス《男性の名; 愛称は Larry》.

la·va /lɑ́ːvə/ 名 U 溶岩《液状または凝固した》.

+**lav·a·to·ry** /lǽvətɔ̀ːri | -təri, -tri/ 名 (-to·ries /~z/) C 《格式》 **トイレ**, 洗面所 [≒toilet]: I'd like to use the *lavatory*. トイレをお借りしたいのですが (⇒ borrow ⚡, toilet 参考). 〚語源 ラテン語で「洗い場」の意で laundry と同語源〛

lav·en·der /lǽv(ə)ndɚ | -də/ アク 名 ❶ U,C ラベンダー《地中海沿岸原産のしそ科の小低木; 香料植物》. ❷ U 乾燥させたラベンダーの花[茎]《衣類の虫よけ用》. ❸ U ラベンダー色《薄紫・ふじ色》.

+**lav·ish** /lǽvɪʃ/ 形 ❶ (物が)**あり余るほどの, 豊富に与えられた**, 豪華な, ぜいたくな: The pianist won *lavish* praise. そのピアニストは惜しみない賛辞を得た. ❷ (人が)物惜しみしない, 気前のよい: She's *lavish with* money. 彼女は金を惜しまない / My uncle is *lavish in* giv*ing* gifts. 私のおじは気前よく贈り物をする.
— 動 他 (金・愛情など)を惜しまずに与える[使う], 気前よく与える: 言い換え The parents *lavished* affection *on* their child. = The parents *lavished* their child *with* affection. 両親は子供に惜しみない愛情を注いだ.
~·ly 副 惜しげもなく, やたらに.

***law /lɔ́ː/ (同音 《英》 lore)

— 名 (~s /~z/) ❶ U [しばしば the ~] **法**, 法律《法律・法規一般》: ***against the law*** 違法で / That is not allowed ***by law***. それは法律によって許されていない / All of the people are equal ***under the law***. すべて国民は法の下(もと)に平等である《日本国憲法第 14 条の一部》 / ***above the law*** 法の適用を受けない / the *law* of the land 国法 / respect for *law* 法の尊重.
❷ C (1 つ 1 つの)**法律**, 法規; U (特定分野の)...法:

break [***obey***] the ***law*** 法律を破る[守る] / ***enforce*** [***administer***] the ***law*** 法を施行する / ***make*** a ***law*** 法律を制定する / a *law against* smoking 喫煙を禁じる法律 / A bill becomes (a) *law* when it has passed the Diet. 法案は国会を通過すると法律となる《無冠詞も可能》/ civil *law* 民法 / international *law* 国際法. 関連 bill 法案.
❸ Ⓤ **法学**, 法律学**:** My brother studies *law* in college. 兄は大学で法律の勉強をしている.
❹ Ⓒ (科学的)**法則**; (組織・スポーツなどの)**規則**, 規定, おきて**:** the ***law of*** gravity 引力の法則 / a *law of* nature 自然法則 / the *law of* the jungle ジャングルのおきて《弱肉強食》/ the *laws* of football《英》サッカーのルール / moral *laws* 道徳律 ⇒ Mendel's laws.
❺ [Ⓤ または the ～] 法曹界; 弁護士業**:** practice *law* 法律を職業とする, 弁護士になる. ❻ [the ～;《英》単数または複数扱い]《略式》警察; 警官**:** get into trouble with *the law* 警察ざたを起こす.
be a láw ùnto one**sélf** [動] ⓐ (規則などを無視して)自分の思うようにする.
gó to láw [動] ⓐ《英》(...を相手取って)訴えを起こす, (...を)告訴する (*against, with*).
lày dówn the láw [動] ⓐ 命令的[独断的]に言い渡す.
tàke the láw into one's **ówn hánds** [動] ⓐ (法律によらず)勝手に制裁を加える, リンチをする.
There óught to be a láw agàinst ... Ⓢ ...は許せない, 禁止すべきだ.
Thère's nó láw agàinst .... Ⓢ ...を禁じる法律なんてない, ...してもかまわない《批判に反論して用いる; ⇒ 2》.
...'s wòrd is láw ...のことばには逆らえない.
(形 láwful, légal)
〖語源 原義は「置かれたもの」; lay[2], lie[1] と同語源〗

law-a·bid·ing /lɔ́:əbàɪḍɪŋ/ 形 法を守る, 順法の.

+**láw and órder** 名 Ⓤ [ときに複数扱い] **法と秩序:** maintain *law and order* 法と秩序を維持する.

law·break·er /lɔ́:brèɪkə | -kə/ 名 Ⓒ 法律違反者.

láw còurt 名 Ⓒ 法廷, 裁判所.

law·ful /lɔ́:f(ə)l/ 形《格式》合法的な, 法律で許された, 正当な [≒legal] [⇔ lawless, unlawful]**:** the *lawful* heir 法定相続人 / *lawful* means 合法的手段.
(名 law)
-ful·ly /-fəli/ 副 合法的[正当]に.

law·less /lɔ́:ləs/ 形 法律のない; 法律を守らない, 不法な; 無法な [⇔ lawful]. **～·ness** 名 Ⓤ 不法(行為); 無法.

+**law·mak·er** /lɔ́:mèɪkə | -kə/ 名 (～s /～z/) Ⓒ《主に米》**立法者**, 議員.

+**lawn** /lɔ́:n/ 名 (～s /～z/) Ⓒ,Ⓤ **芝生**, 芝地《芝を植えた土地; ⇒ house 挿絵》**:** mow the *lawn* 芝を刈る / KEEP OFF THE LAWN 芝生に入らないでください《掲示》/ The students are enjoying music on the *lawn*. 学生たちは芝生の上で音楽を楽しんでいる.

láwn mòwer 名 Ⓒ 芝刈り機.

láwn pàrty 名 Ⓒ《米》園遊会 [《英》garden party].

láwn tènnis 名 Ⓤ《格式》= tennis.

Law·rence /lɔ́:rəns | lɔ́r-/ 名 固 ローレンス ❶《男性の名; 愛称は Larry》. ❷ David Herbert ～ (1885-1930)《英国の小説家・詩人》. ❸ Thomas Edward ～ (1888-1935)《英国の考古学者・軍人; アラビアのローレンス (Lawrence of Arabia) とよばれる》.

láw schòol 名 Ⓒ,Ⓤ《米》法科大学院.

+**law·suit** /lɔ́:sù:t/ 名 (-suits /-sù:ʦ/) Ⓒ **訴訟** (suit)**:** file [bring] a *lawsuit against* the company 会社を訴える / win [lose] a *lawsuit* 勝訴[敗訴]する.

****law·yer** /lɔ́:jə, lɔ́ɪə | lɔ́:jə, lɔ́ɪə/
― 名 (～s /～z/) Ⓒ **弁護士**, 法律家**:** hire a *lawyer* 弁護士を雇う / consult a *lawyer* 弁護士に相談する.
類義語 **lawyer** 弁護士に対する一般的な名称であるが, 普通は *attorney* [《英》*solicitor*] をいう. **counselor** [《英》**barrister**] 法廷で弁護する法廷弁護士. 英国では普通 *solicitor* を通して依頼を受ける. **attorney** [《英》**solicitor**] 遺言状を作成したり, 不動産の処理契約の締結などを扱ったり, また法廷弁護士と訴訟依頼人を仲介する下級裁判所中心の事務弁護士. ただし米国では *lawyer, counselor, attorney* を区別しないことが多い.

lax /lǽks/ 形 (lax·er; lax·est) ❶ (規律・風紀などが)緩(ゆる)んだ; だらしのない**:** *lax* security 手ぬるい警備 / They are *lax in* discipline. 彼らは規律がたるんでいる. ❷ (筋肉などが)緩んだ.

lax·a·tive /lǽksəṭɪv/ 名 Ⓒ,Ⓤ 下剤, 通じ薬, 通じのつく食べ物. ― 形 通じをつける.

lax·i·ty /lǽksəṭi/ 名 Ⓤ 手ぬるさ, だらしのなさ.

*****lay**[1] /léɪ/ (同音《米》#lei) 動 lie[1] **の過去形.**

*****lay**[2] /léɪ/ (同音《米》#lei)
― 動 (lays /léɪz/; 過去・過分 laid /léɪd/; lay·ing) 他

単語のエッセンス
基本的には「横たえる」の意.
1) **横たえる, 置く** ❶
2) **据え付ける** ❷
3) (卵を)**産む** ❸

❶ [副詞(句)を伴って] (表面などに)(...)を(そっと)**横たえる, 置く**, 並べる [≒place]; (人)を寝かせる; (遺体)を埋葬する**:** ***lay*** the plates ***on*** the table V+O+前+名 皿をテーブルに並べる / He *laid* his hands *on* my shoulders. 彼は両手を私の両肩にかけた / The mother *laid* her baby *on* the bed. 母親はベッドに赤ん坊を寝かせた / The sick person was *laid on* the stretcher. V+O+前+名の受身 病人は担架に寝かされた. 関連 ⓐ は lie (横になる).
❷ (...)を**据**(す)**え付ける**, 敷設する; (...)を**敷く**, (...)の表面を(～で)おおう[飾る]; 積む; (基礎など)を築く**:** *lay* cables [water pipes] ケーブル[水道管]を敷設する / 言い換え They ***laid*** a carpet ***on*** the floor. V+O+前+名 = They ***laid*** the floor ***with*** a carpet. 彼らは床にじゅうたんを敷いた / *lay* bricks れんがを積む / *lay* the foundations [groundwork] *for* nuclear physics 核物理学の基礎を築く.
❸ (鳥・虫が)(卵)を**産む:** Don't kill the goose that *lays* the golden egg(s).《ことわざ》金の卵を産むがちょうを殺すな(目先の利益に目がくらんで将来のより大きな利益を犠牲にするな).
❹《英》(食卓・食事など)を**用意する** [≒prepare, set]; (計画など)を準備する; (まきなどを準備し)(火)をたく用意をする**:** Please ***lay*** the table ***for*** six. 6 人分の食卓を用意してください《食器類を並べる》/ the best-*laid* plan 最善の計画 / *lay* a trap わなを仕掛ける.
❺《格式》(強調など)を(...に)**置く**; (罪・責任・重荷など)を(...に)負わせる**:** He *laid* great importance *on*

cleanliness. [V+O+on+名] 彼は清潔ということを非常に重視した / She *laid* the blame *on* me. 彼女は私に責任を負わせた. ❻ (権利・考えなど)を主張する, 述べる; (異議など)を申し出る, (書類など)を提出する: They *laid* a charge of murder *against* him. 彼らは彼を殺人の罪で告訴した / They *laid* the case *before* the committee. 彼らはその事件を委員会に持ち出した. ❼ [主に形容詞・副詞(句)を伴って] 《格式》 (...)を(～の状態に)置く[する]: *lay* one's heart *bare* 胸のうちを打ち明ける / *lay* oneself *open to* blame [criticism] 責任追及[批判]の矢面に立つ. ❽ ((人を)相手に)(金など)を(...に)賭ける (on); (賭けて)(...だ)と主張する: I'll *lay* (you) ten dollars *that* she'll refuse. 10 ドル(君に)賭けてもいいが彼女は断わるよ.

— 自 ❶ (めんどりが)卵を産む. ❷ Ⓢ 《非標準》 横になる [≒lie].

lay² の句動詞

+**láy asíde** 動 他 ❶ (...)を**わきへ[下へ]置く**; (行動など)をやめる; (感情・偏見など)を捨てる [V+名・代+aside / V+aside+名]: He *laid aside* his book and went out into the garden. 彼は(読んでいた)本をわきに置いて庭へ出ていった. ❷ (将来のために)(...)をしまっておく, 蓄える: She *laid aside* some money *for* her old age. 彼女は老後に備えて金をためた.

láy bý 動 他 = lay aside 2.

***láy dówn** 動 他 ❶ (...)を**下に置く**, 降ろす; 寝かせる [V+名・代+down / V+down+名]: She *laid* the puppy *down* on the blanket. 彼女はその小犬を毛布の上に置いた. ❷ (規則など)を制定する, (計画など)を立てる; [しばしば受身で] ...を(明確に)述べる: It'*s laid down* in the school rules that we should wear a uniform. 校則に制服を着用することと規定されている. ❸ (武器・道具など)を捨てる; 《格式》 (命・職など)をなげうつ (for). ❹ (ワインなど)を貯蔵する; [普通は受身で] (余計なもの)をためこむ, 蓄える.

láy ín 動 他 《格式》 (食料など)を蓄える (for).

láy ínto ... 動 他 《略式》 ...を激しく打つ, 攻撃する; ...を厳しく非難する.

+**láy óff** 動 他 [しばしば受身で] (一時的に)(従業員)を**解雇する**, 一時帰休させる [V+名・代+off / V+off+名]: During the recession 1,000 workers *were laid off* at the factory. 不景気の間は, その工場では 1000 人の労働者が一時解雇された. (名 láyòff)

— 自 ❶ 《略式》 (酒・たばこなどを)やめる [≒stop]. ❷ 《略式》 (人に)かまわないでおく.

láy óff ... 動 他 ❶ 《略式》 (仕事・酒など)をやめる, (...すること)をやめる: *Lay off* shout*ing*. 大声を出すのはやめなさい. ❷ 《略式》 ...を悩ます[いじめる]のをやめる, ...にかまわないでおく.

láy ón 動 他 《英》 (～のために)(食事・娯楽など)を提供する, (会など)を準備する: *lay on* a special bus *for* the guests 客のために特別のバスを用意する.

láy it ón ((a bìt) thíck) [動] 自 《略式》 誇張する; べたぼめする, やたらお世辞を言う.

láy ... on ～ 動 他 Ⓢ 《略式》 (面倒なこと)を～に押しつける.

+**láy óut** 動 他 ❶ (よく見えるように)(衣服など)を**広げる**; 並べる; (商品など)を陳列する [V+名・代+out / V+out+名]: Your dress for the party *is* ***laid out on*** the bed. パーティー用のあなたのドレスはベッドの上に広げてあります.

❷ [しばしば受身で] (建物・都市・庭園など)の**設計をする** [≒plan]; (部屋など)の間取りをする; (ページなど)の割り付けをする, レイアウトをする [V+名・代+out / V+out+名]: This flower garden *is* beautifully *laid out* by a famous gardener. この花庭園は有名な庭師によって美しく設計されている. ❸ (仕事など)の計画を立てる; (案・考えなど)をはっきりと説明する, 提示する. ❹ 《略式》 (大金)を使う, つぎこむ (on, for). ❺ 《略式》 (人)をぶちのめす; へとへとにする. ❻ (死体)の埋葬の準備をする. (名 láyòut)

láy óver 動 自 《米》 (旅行の途中で)一時空港に降りる[ちょっと泊まる] [≒stop over] (at, in).

láy úp 動 他 ❶ [普通は受身で] (病気などで)(人)を寝込ませる: He *was laid up with* a bad headache. 彼はひどい頭痛で寝込んでいた. ❷ (修理のため)(船・車など)を使わないでおく. ❸ 《古風》 (...に備えて) (物)を蓄える (for). ❹ (面倒など)を抱え込む.

— 名 [次の成句で] **the láy of the lánd** [名] (1) 《米》 地形, 地勢. (2) 《米》 情勢, 情況 [《英》 the lie of the land].

lay³ /léɪ/ 形 ❶ 限定 (聖職者に対して)平(ひら)信徒の, 俗人の [⇔ clerical]. ❷ 限定 素人(しろうと)の, 一般の.

lay·a·way /léɪəwèɪ/ 名 U 《米》 予約購入(制) 《頭金を払って予約し, 残額支払い終了時に商品を受け取る》: buy [put] ... *on layaway* ...を予約購入する.

lay·er** /léɪɚ | léɪə/ 名 (～s /～z/) C (表面に重なった物の)**層**, 重なり, (ペンキなどの)ひと塗り, (薄い)(皮)膜; (組織などの)階層: a thin ***layer of dust うっすら積もったほこり / the ozone *layer* 〔気象〕 オゾン層 / three *layers of* paint 3 回上塗りしたペンキ / lie in *layers* 層をなしている / dress *in layers* = wear several *layers of* clothing 服を数枚重ね着する.

— 動 (-er·ing /léɪərɪŋ/) 他 [しばしば受身で] 層にする; (髪)を(違った長さの)段をつけてカットする.

lay·ette /leɪét/ 名 C 新生児用品一式 《産着(うぶぎ)・おむつ・ふとん類など》.

lay·man /léɪmən/ 名 (-men /-mən/) ❶ C 素人; [the ～] 一般人 《全体; 専門家に対して》. ❷ C (聖職者 (clergyman) に対して)平信徒, 俗人.

lay·off /léɪɔ̀ːf | -ɔ̀f/ 名 C レイオフ 《不況時の一時解雇》; レイオフの期間. (動 láy óff)

lay·out /léɪàʊt/ 名 C (建物・都市・庭園などの)設計; (部屋などの)間取り; 設計図; (ページなどの)割り付け, レイアウト. (動 láy óut)

lay·o·ver /léɪòʊvɚ | -və/ 名 C 《米》 = stopover.

lay·per·son /léɪpɚ̀ːs(ə)n | -pə̀ː-/ 名 (～s, -peo·ple) C = layman.

laze /léɪz/ 動 自 [副詞(句)を伴って] 怠ける, のらくら暮らす (about, around). **láze awáy** [動] 他 (時間)をのんびりと[だらだらと]過ごす.

la·zi·ly /léɪzəli/ 副 ゆっくりと; もの憂げに; 怠けて.

la·zi·ness /léɪzinəs/ 名 U 怠惰, 無精.

+**la·zy** /léɪzi/ 形 (la·zi·er /-ziɚ | -ziə/; la·zi·est /-zìɪst/) ❶ **怠けている**, 怠惰な [⇔ hardworking]; (考えなどが)安易な, いいかげんな. 語法 idle と違って常に悪い意味で用いられる 《⇒ idle 形 1, 3 の 語法》: a *lazy* student 怠惰な学生 / Don't be so *lazy*. そんなに怠けるな. ❷ 限定 (時が)もの憂げな, けだるい; 活気のない: a *lazy* summer afternoon けだるい夏の午後. ❸ 限定 (動きが)ゆったりとした: a *lazy* river ゆったりと流れる川.

la·zy·bones /léɪzibòʊnz/ 名 (複 ～) C 《略式》 [しばしば親しみをこめて] 怠け者.

lázy Súsan 名 C 《主に米》 (料理などを載せる)回転

L

盆.

+**lb.** /páʊnd, páʊndz/ 略 **ポンド** (pound(s))《重さの単位; ⇒ pound¹ 2》: 1 *lb.* 1 ポンド《one [a] *pound* と読む》/ 5 *lb.* 5 ポンド《five *pounds* と読む》.
〖語源「はかり」を意味するラテン語 libra を略したもの; ⇒ deliberate¹ 語源〗

+**lbs.** 略 **ポンド** (pounds)《⇒ pound¹ 2》.

LCD /élsìːdíː/ 略 = liquid crystal display, lowest common denominator.

leach /líːtʃ/ 動 他 (可溶物)をこし出す, 浸出させる (*out, away; from, into*). — 自 (可溶物が)溶け出す, 浸出する (*out; from, into*).

***lead¹** /líːd/ ❗発音 lead² と発音が違う. (同音《英》lied)
— 動 (leads /líːdz/; 過去・過分 led /léd/; lead·ing /-dɪŋ/)

単語のエッセンス
基本的には「導く」の意.
1) 導く, 案内する 他 ❶
2) (...の)先頭に立つ 他 ❷; 自 ❶, ❷
3) 指揮する 他 ❸; 自 ❹
4) (ある状態へと)導く 他 ❹
5) 過ごす 他 ❺
6) (道が...に)通じている 自 ❸
7) もたらす 自 ❺

— 他 ❶ (人・動物)を**導く**《手を引いたり先に立ったりして》, (...)を**案内する**, 先導する, (物・道が)(...)を(ある場所へ)連れていく《⇒ guide 類義語》: The mother is *leading* her child *by the* hand. V+O+*by*+名 母親は子供の手を引いている《⇒ the¹ 2》/ The boy *led* us *to* the room. V+O+前+名 少年は私たちを部屋に案内してくれた / The old lady *was led across* the road. V+O+前+名の受身 おばあさんは手を引かれて通りを渡った / This road will *lead* you *to* the heart of the city. この道を行けば町の中心部へ出ます.
❷ (...)の**先頭[首位]に立つ**; (競走などで)(...)をリードする: A white horse *led* the parade. 白い馬がパレードの先頭に立った / He *leads* the class *in* mathematics. V+O+*in*+名 彼は数学ではクラスで 1 番です / *lead* the field *in* electronics 電子工学の分野をリードする.
❸ (...)を**指揮する**, 率いる, 指導する; (議論・会話など)を(自分の望む方向に)誘導する: He *leads* the Democratic Party. 彼は民主党を率いている / I want to *lead* an orchestra. 私はオーケストラを指揮してみたい / The investigation *was led by* Mr. Smith. V+O の受身 調査の指揮はスミス氏がとった / She *led* the conversation back to the problem of money. 彼女は話を金銭問題にもどした.
❹ (説得したり, 影響を与えたりして)(...)を(~に)**導く**, (人)を説得して~させる; (人)を(~する)気にさせる: This class will ***lead*** you ***to*** a better understanding of geometry. V+O+*to*+名 この授業を取れば幾何がもっとよくわかるようになるでしょう / Curiosity *led* Meg *to* New York. 好奇心にかられてメグはニューヨークに出てきた / Her smile ***led*** him ***to*** give her his word. V+O+C (*to* 不定詞) 彼女ににっこりされてつい彼は約束をしてしまった / His story *led* her *to* believe that he'd be promoted. 彼の話を聞いて彼女は彼が昇進すると信じた / That ***led*** her ***into*** trouble [debt]. V+O+*into*+名 そのことで彼女は面倒に巻き込まれた[負債を負った].
❺ (ある種の人生・生活)を**過ごす**, 営む: *lead* a peaceful life 平和に暮らす / *lead* a life of hardship 苦難の人生を送る. ❻ (トランプで)(...)を最初の札として出す.
— 自 ❶ **先に立って行く**, 先導する, 案内する; (ダンスで)(パートナーを)リードする: You *lead* and we'll follow. あなたは先に行ってください. 私たちはあとをついて行きます.
❷ (...で)**先頭[首位]である**, 他に勝っている: Our country ***leads in*** shipbuilding. V+*in*+名 わが国は造船業では他に勝っている / Who's *leading in* the race? レースではだれが先頭を走っていますか / Japan is *leading* 「1-0 [by ten points] now. 日本は今 1 対 0 で[10 ポイント]リードしている《1-0 は one to nothing と読む》.
❸ (道などが...に)**通じている**, (...に)至る: Does this road ***lead to*** the station? V+前+名 この道を行けば駅に着きますか / This door ***leads into*** the kitchen. この戸口から台所へ入れる / This path ***leads from*** the house ***to*** the pond. V+*from*+名+*to*+名 この小道は家から池まで通じている.
❹ **指揮する**, 指導する: She ***led in*** the campaign to eliminate the death penalty. V+*in*+名 彼女は死刑廃止運動で指導的役割を果たした.
❺ (結果などを)**もたらす**, 招く, ...につながる: Diligence ***leads to*** success. V+*to*+名 勤勉は成功をもたらす / Too much drinking can *lead to* health problems. 酒を飲みすぎると健康を害するおそれがある. ❻ (トランプで)最初に(...の)札を出す (*with*).

léad the wáy ⇒ way¹ 成句.

lead¹ の句動詞

léad óff 動 他 ❶ (...)を(~で)始める (*with*). ❷ (ドアなどが)(...)へ通じる. — 自 ❶ (...で)開始する, 始める: She *led off with* a merry song. 彼女がまず陽気な歌を歌いだした / I'll *lead off* by giving a short comment. では私がまず最初にひと言申し上げます. ❷〔野球〕先頭打者となる.

léad ... ón 動 他《略式》(人)をだます, かつぐ.

+**léad úp to ...** 動 他 ❶ **...に話を向ける**, ...へだんだんと誘う: What are you *leading up to*? あなたは何の話をしたいのですか(何を言いたいのですか). ❷ (時間的に)...に至る: the days *leading up to* the exam 試験までの日々.

léad with ... 動 他 ❶ ...をトップ記事[ニュース]にする. ❷〔ボクシング〕(右手[左手])で攻勢に出る.

— 名 (leads /líːdz/) ❶ [the ~] (競争の)**先頭**, 優位, リード; [a ~] リード差;〔野球〕(走者の)リード: He has *the lead* in the race. そのレースでは彼がリードしている / She has 「*a lead* of 10 meters [*a* narrow *lead*] *over* the other runners. 彼女は他の走者を 10 メートルだけ[小差で]リードしている / The runner on second took *a* big *lead*. 二塁走者は大きなリードをとった.
❷ [単数形で] **先導**, 指導, 手引き, 手本: follow the *lead* 手本にならう / It's up to adults to give children a moral *lead*. 子供に道徳の手本を示すのは大人の責任だ. ❸ Ⓒ (事件解決の)手がかり, 糸口 [≒clue]. ❹ Ⓒ [しばしば the ~] (劇の)主役; トップ記事[ニュース]; 新聞記事の冒頭の一節: He played *the lead* in *Hamlet*. 彼は「ハムレット」で主役を演じた. ❺ [形容詞的に] 先頭の, 中心の; 主役の: a *lead* singer リードボーカル / a *lead* article トップ記事. ❻ Ⓒ《英》(犬などをつなぐ)引き綱, 鎖 [《米》leash]. ❼ Ⓒ《英》(電気の)導線, コード [《米》cord]. ❽ [単数形で] (トランプの)先手; 最初の札.

be in the léad 動 自 先頭[トップ]にいる.

L

tàke the léad [動] ⓐ (1) **先頭を切る**, 先に立つ: She *took the lead in* the race from the beginning. 彼女はそのレースで最初から先頭に立った. (2) 指導的な立場に立つ. (3) 行動を起こす.

+**lead²** /léd/ 発音 lead¹ と発音が違う. (同音 led) 名 (leads /lédz/) ❶ U **鉛**《元素記号 Pb》: as heavy as *lead* 鉛のように重い. ❷ U 黒鉛《鉛筆のしんの材料》; C (鉛筆の)しん.

lead·ed /lédɪd/ 形 ❶ (ガソリンが)有鉛の. ❷ 鉛で覆(おお)われた[枠づけされた].

lead·en /lédn/ 形 ❶《文語》鉛色の: a *leaden* sky 鉛色の[どんよりとした]空. ❷《文語》(体が)重い; 鈍い; 重苦しい. ❸ 活気のない, 退屈な.

**lead·er /líːdə | -də/

— 名 (~s /~z/) ❶ C (グループの)**指導者, リーダー**, 長; 主唱者: the ***leader of*** the Labour Party 労働党党首 / He acted as our *leader*. 彼は私たちのリーダーを務めた / a great religious *leader* 偉大な宗教指導者 / the business *leaders* in Japan 日本の実業界のリーダーたち.

❷ C **先頭に立つ人**, 先導者; 首位の者: the *leader* of a procession 行列の先頭の人 / the current *leader* 現時点でのトップランナー[首位打者, 首位チーム] / Mike is the *leader* by 4 home runs. マイクは 4 本差でホームラン競争のトップに立っている. ❸ C《米》(オーケストラの)指揮者 [≒conductor];《英》コンサートマスター [《米》concertmaster]. ❹ C 主要[ヒット]商品; (客寄せの)目玉商品; トップ企業 (*in*). ❺ C《英》= leading article.

*__lead·er·ship__ /líːdəʃɪp | -də-/ 名 (~s /~s/) ❶ U **指導者の地位[任務]**; (ある分野などの)トップの座: take over the ***leadership*** (***of*** the party) (党の)指導者の地位を引き継ぐ.

❷ U **統率力**, 指導者としての素質: There's no *leadership* in him. 彼には統率力が欠けている.

❸ C [《英》単数形でもときに複数扱い] (集団・組織・国などの)指導者たち, 指導部[陣]《全体》. ❹ U 指導, 指揮: under ...'s *leadership* = under the *leadership* of ... (人)の指導の下(もと)で / collective *leadership* 集団指導.

lead-free /lédfríː←/ 形 無鉛の: *lead-free* gasoline [《英》petrol] 無鉛ガソリン.

lead-in /líːdìn/ 名 C (テレビ・ラジオ番組・コマーシャルなどの)導入部分; 前置き.

**lead·ing /líːdɪŋ/

— 形 ❶ 限定 [比較なし] **主な**, 主要な; (場所・国など)一流の; 主演の: the *leading* actor [actress] 主演男[女]優 / the *leading* topics of the day (放送などでの)その日の主要な話題 / He played a *leading* role in the settlement of the issue. 彼はその問題の解決に中心的な役割を果たした.

❷ 限定 [比較なし] (人が)**指導的な**, 有力な, 一流の: Mr. Smith is one of our *leading* citizens. スミス氏はこの町の有力者の一人です / He was a *leading* literary critic of the day. 彼は当時一流の文芸批評家でした. ❸ 限定 先頭の(位置にいる).

léad·ing árticle /líːdɪŋ-/ 名 C《英》(新聞の)社説, 論説 [≒editorial].

lead·ing-edge /líːdɪŋédʒ←/ 形 限定 (技術などが)最先端の.

léad·ing lády /líːdɪŋ-/ 名 C 主演女優.

léad·ing líght /líːdɪŋ-/ 名 C 重要人物, 有力者.

léad·ing mán /líːdɪŋ-/ 名 C 主演男優.

léad·ing quéstion /líːdɪŋ-/ 名 C 誘導尋問.

léad tìme /líːd-/ 名 U,C リードタイム《新製品の企画から生産までに要する時間》.

**leaf /líːf/

— 名 (複 leaves /líːvz/) ❶ C (木・草・野菜の)**葉**: dead *leaves* 枯れ葉 / lettuce *leaves* レタスの葉 / rake up the fallen *leaves* 落ち葉をかき集める / The *leaves* of the trees are turning yellow. 木々の葉が黄色くなってきた / The trees「are ***in leaf*** [are just ***coming into leaf***]. 木々は葉をつけている[葉をつけ始めたところだ]. 関連 flower 花. ❷ C《格式》(本などの)1 枚, 1 葉(よう)《表と裏の 2 ページ分》: She hid the note between the *leaves* of her book. 彼女はメモを本のページの間に隠した. ❸ C (食卓の)取りはずせる[折りたためる]部分. ❹ U (金属の)はく《⇒ foil¹ 1》: gold *leaf* 金ぱく.

táke [bórrow] a léaf「òut of [from]...'s bóok [動] (人)の例にならう.

túrn óver a néw léaf [動] ⓐ 心を入れかえて生活を一新する. (形 léafy)

— 動 [次の成句で] **léaf thróugh** [動] ⓗ (本など)のページをぱらぱらとめくる.

leaf·less /líːfləs/ 形 葉の落ちた; 葉のない.

+**leaf·let** /líːflət/ 名 (leaf·lets /-ləts/) C (用紙が 1 枚の)**折りたたみ印刷物**, ちらし, リーフレット; 小冊子: They handed [passed] out *leaflets* at the entrance. 彼らは入り口でリーフレットを配った. — 動 ⓗ (人・地域)にちらしを配る. — ⓐ ちらしを配る.

léaf mòld [《英》mòuld] 名 U 腐葉土.

leaf·y /líːfi/ 形 (leaf·i·er; -i·est) ❶ 葉の多い, 葉の繁った: a *leafy* shade 緑陰, 木陰. ❷ [よい意味で] 木の多い, 緑が多い. (名 leaf)

*__league__ /líːg/ 発音 名 (~s /~z/) ❶ C (スポーツの)**連盟**, リーグ: the major [minor] *leagues*《米》(プロ野球の)大[マイナー]リーグ.

❷ C [しばしば L-] (人や国の)**同盟**, 連盟: the *League* of Nations 国際連盟《1920–46; the United Nations の前身》/ form a *league* 同盟を形成する / join a *league* 連盟に加入する.

be in a dífferent léague [動] ⓐ (...より)ずっと優れている (*from*).

be in a léague of one's **ówn** [動] ⓐ はるかに優れている.

be in léague with ... [動] ⓗ (悪い目的のために)...と同盟[連合]している; ...と結託している.

be nót in the sáme léague as ... [動] ⓗ ...には及びもつかない, とてもかなわない.

be òut of ...'s léague [動] (人)とは格が違う, (人)には手が届かない.

*__leak__ /líːk/ (同音 leek) 動 (leaks /~s/; leaked /~t/; leak·ing) ⓐ ❶ (容器・屋根が)**漏る**; (船が)水が漏る: This bucket *leaks*. このバケツは漏る.

❷ (液体・気体が)**漏れる**, 漏出する; 漏電する: Tea was ***leaking from*** [***out of***] a crack in the cup. V+前+名 カップのひびからお茶が漏れていた / Some water ***leaked onto*** the shelf. 水が棚の上に漏れた. ❸ (秘密などが)漏れる, 漏洩(ろうえい)する.

— ⓗ ❶ (液体・気体)を**漏らす**: This pipe *leaks* oil. このパイプは油が漏れる.

❷ (秘密など)を**漏らす**, 漏洩する: Someone must

have ***leaked*** the news ***to*** the press. [V+O+*to*+名] だれかがニュースを報道陣に漏らしたに違いない.

léak óut [動] ⓐ (秘密などが)漏れる.

— 名 (~s /~s/) ❶ Ⓒ **漏れ口**, 漏れ穴: a *leak* in the roof 屋根の漏れ穴.

❷ Ⓒ (液体・気体の)**漏れ**; 漏電: a gas *leak* ガス漏れ / a radiation *leak* 放射能漏れ. ❸ Ⓒ (秘密の)漏れること, 漏洩(ろうえい); 漏れた情報: a news *leak* ニュースの漏洩.

spríng a léak [動] ⓐ (船・容器などが)漏れ始める.

tàke [《英》 hàve] a léak [動] ⓐ 《俗》 小便をする.

(形 léaky)

leak·age /líːkɪʤ/ 名 ❶ U,C (水・ガスなどが)漏れること: (a) *leakage* of gas [water] ガス[水]漏れ. ❷ Ⓒ 漏出量. ❸ C,U (秘密の)漏洩(ろうえい).

leak·y /líːki/ 形 (leak·i·er; -i·est) 漏れやすい.

(名 leak)

***lean**[1] /líːn/ 動 (leans /~z/; 過去・過分 leaned /líːnd/, 《英》 ではまた leant /lént/; lean·ing) ⓐ ❶ [副詞(句)を伴って] **傾く**; 上体を曲げる, かがむ: *lean down* [*over*] (to ...) (...の方へ)身をかがめる / The wall *leaned inward*. 塀は内側へ傾いた / He *leaned back* in his chair. 彼はいすにもたれて座った / She *leaned forward* to hear his explanation. 彼女は彼の説明を聞こうと身を乗り出した.

❷ [副詞(句)を伴って] **寄りかかる**, もたれる: She ***leaned on*** his arm. [V+*on*+名] 彼女は彼の腕に寄り掛かった / A man ***was leaning against*** the wall. [V+*against*+名] 1 人の男が壁にもたれていた. ❸ (考えが)...に傾く, ...の傾向がある: The government *leans toward* [*to*] the left. 政府は左寄りだ.

— ⓣ ❶ [副詞(句)を伴って] (...)を**傾ける**, 曲げる: She *leaned* her head *forward* [*back*]. 彼女は首を前にかしげた[後ろに反らせた].

❷ [副詞(句)を伴って] (...)を(~に)**もたせかける**, 立てかける: The carpenter ***leaned*** a ladder ***against*** the wall. [V+O+*against*+名] 大工は壁にはしごを立てかけた / He ***leaned*** his elbows ***on*** the table. [V+O+*on*+名] 彼はテーブルにひじをついた.

léan on [upòn] ... [動] ⓣ (1) ...に頼る, すがる. (2) 《略式》 ...に圧力をかける, ...を脅す.

+**lean**[2] /líːn/ 形 (lean·er; lean·est) ❶ [よい意味で] (人・動物が)**やせ型の**, 体が締まった, ぜい肉のない (⇒ thin 類義語) [⇔ fat]: a *lean* horse やせた馬 / The swimmer had a *lean* figure. その水泳選手は引き締まった体をしていた. ❷ (肉が)脂肪[脂身(あぶらみ)]のない: *lean* meat 脂のない肉. ❸ (組織などが)むだのない. ❹ [普通は 限定] 不況の; (内容に)乏しい; わずかな; (土地が)不毛の, 不作の: a *lean* year 不況の年, 凶年.

lean·ing /líːnɪŋ/ 形 傾いている; かがんでいる: the *Leaning* Tower of Pisa ⇒ Pisa. — 名 Ⓒ (考え・好みの)傾向, 性癖, 好み (*toward*).

lean·ness /líːnnəs/ 名 U やせていること; (肉が)脂肪[脂身]のないこと.

leant /lént/ 動 《英》 lean[1] の過去形および過去分詞.

lean-to /líːntùː/ 名 (~s) Ⓒ 差し掛け小屋.

leap** /líːp/ 動 (leaps /~s/; 過去・過分 leaped /líːpt | lépt, líːpt/, leapt /lépt/; leap·ing) ⓐ ❶ **跳(は)ねる**, 跳ぶ (⇒ jump 類義語); 《文語》 (心が) 踊る: Look before you *leap*. 《ことわざ》 跳ぶ前によく見なさい(よく考えて行動せよ, 石橋をたたいて渡れ) / The boys ***leaped over the stream. [V+前+名] 少年たちは小川を跳び越えた / My heart *leapt* at the news of their safe arrival. 彼らが無事に到着したとの知らせに私の心はときめいた. ❷ [副詞(句)を伴って] 急に[跳ぶように]動く, さっと移動する: *leap up* さっと立ち上がる / *leap downstairs* 跳ぶように階下へ降りる / *leap into* a bus バスに飛び乗る / He *leaped to* my assistance. 彼は跳ぶように私を助けに来てくれた. ❸ [副詞(句)を伴って] ぱっと(ある状態に)なる, 急に(あることを)する: *leap into* action すばやく行動を起こす / That idea *leaped into* my mind. その考えが急に私の頭にひらめいた. ❹ (数量・価格などが)急上昇する. — ⓣ (...)を跳び越える.

léap at ... [動] ⓣ (チャンスなど)に飛びつく.

léap óut at ... [動] ⓣ (人・動物などが)...に襲いかかる; (文字・絵などが)...の目に飛び込んでくる.

léap to one's **féet** [動] ⓐ **跳び上がる**, ぱっと跳(は)ね起きる (⇒ foot 成句の囲み).

— 名 (~s /~s/) ❶ Ⓒ **跳躍**, 跳ぶこと: take a flying *leap* 高く跳ぶ.

❷ Ⓒ **躍進**, 大きな進歩; 一大変化, 転換: That's one small step for a man, one giant *leap* for mankind. 一人の人間にとっては小さな一歩だが, 人類にとっては大きな一歩である (1969 年初めて月に降りた宇宙飛行士の第一声). ❸ Ⓒ (数量などの)急上昇, 増大: a *leap in* profits 利益の飛躍的増大.

a léap in the dárk [名] 向こう見ずの行動, 暴挙.

a léap of fáith [名] 不確かでも(思い切って)やってみること.

by [in] léaps and bóunds [副] とんとん拍子に, うなぎ登りに.

***leaped** /líːpt | lépt, líːpt/ 動 leap の**過去形および過去分詞**.

leap·frog /líːpfrɑ̀(ː)g | -frɔ̀g/ 名 U 馬跳び (人の背を跳び越える遊び). — 動 (-frogs; -frogged; -frog·ging) ⓐ (...を越えて)一足飛びに前進[飛躍]する (*over*). — ⓣ (人など)の先を越す, (人)を越えて(...へ)昇格する (*into*).

+**leapt** /lépt/ 動 leap の**過去形および過去分詞**.

léap yèar 名 Ⓒ うるう年.

****learn** /lɚ́ːn | lə́ːn/

— 動 (learns /~z/; 過去・過分 learned /lɚ́ːnd, lɚ́ːnt | lə́ːnd, lə́ːnt/, 《英》 ではまた learnt /lɚ́ːnt | lə́ːnt/; learn·ing)

> 単語のエッセンス
> 基本的には「知識を得る」の意.
> 1) 学ぶ ⓣ ❶, ⓐ
> 2) 知る ⓣ ❷
> 3) 覚える ⓣ ❸

— ⓣ ❶ (...)を学ぶ, 習う, 習い覚える, 教わる; (...)を身につける, (...)ができるようになる (⇒ 類義語) [⇔ teach]: She's *learning* the piano. 彼女はピアノを習っています / Have you ***learned to*** ride a horse? [V+O (*to* 不定詞)] 馬の乗り方を覚えましたか 多用 / We ***learn from*** history ***that*** we don't learn from history. [V+*from*+名+O (*that* 節)] 我々が歴史から学ぶのは「我々は歴史から学んでいない」ということだ (ヘーゲル (Hegel) のことばから; ✪ 2 番目の learn は ⓐ) / You should *learn to* live with this situation. あなたはこの状況を受け入れられるようにならなくてはいけない.

❷ 《格式》 (...)を**知る**, 聞く; (...ということ)を知る: We *learned* the news too late. 我々はそのニュースを知るのが遅すぎた / Mary ***learned*** (***that***) she was expecting a baby. [V+O (*that* 節)] メアリーは自分が妊

娠していることを知った 多用 / We haven't yet ***learned whether*** he arrived there safely. V+O (*whether* 節) 我々は彼がそこに無事に着いたかどうかまだ聞いていない / They ***learned*** the facts ***from*** a police officer. V+O+*from*+名 彼らはその事実を警官から聞いた.

❸ (...)を**覚える**, 記憶する [≒memorize]: You should *learn* ten words a day. 1日に10語ずつ覚えるとよい //⇒ learn ... by heart (成句).

— 自 ❶ **学ぶ**, 習う, 覚える: I ***learned about*** Abraham Lincoln. V+*about*+名 エイブラハム リンカンについて学んだ / We should ***learn from*** our mistakes [experiences]. V+*from*+名 我々は失敗[経験]から学ばなければならない / You are never too old to *learn*. 《ことわざ》学ぶのには年を取りすぎたということはない, いくら年老いても学ぶことはできる.

❷ 《格式》(...のことを)**知る**, **聞く**: I ***learned of*** [***about***] the accident yesterday. V+*of* [*about*]+名 きのうその事故のことを知った.

léarn ... by héart [動] 他 (...)を**暗記する** (受身 be learned by heart): The girl *learned* the poem *by heart*. 少女はその詩を暗記した.

léarn one's **lésson** [動] 自 いい教訓となる, 懲りる.

léarn ... the hárd wày [動] 苦しい経験を積んで(...)を学ぶ, 思い知る.

類義語 **learn** は知識・技術を学んで身につける, あるいは覚えるという意味であるのに対して, **study** は読書・考察などをすること, あるいは学校の学科目として勉強することを意味し, 結果が身についたかどうかは問題にしない: I *studied* English for six years but I *learned* nothing. 英語を6年間勉強したが, 何一つ身につかなかった / I *studied* five English sentences. 英文を5つ勉強した(結果は不明) / I *learned* five new words. 新語を5つ覚えた.

***learned**[1] /lə́ːnd, lə́ːnt | lə́ːnd, lə́ːnt/ ❗発音 形容詞の learned[2] と発音が違う.

動 learn **の過去形および過去分詞**.

learn·ed[2] /lə́ːnɪd | lə́ːn-/ ✪ learn の過去形および過去分詞の learned[1] と発音が違う. 形 ❶ 《格式》学問のある, 博学な: He is a *learned* person. 彼は学者だ. ❷ 限定 《格式》学問[学術]的な: a *learned* society 学会 / a *learned* journal 学術誌.

*__learn·er__ /lə́ːnə | lə́ːnə/ 名 (~s /~z/) ❶ C **学習者**, 初心者 (*of*); [前に形容詞をつけて] 学習が...の人: an *advanced learner* 上級の学習者 / He's a quick [slow] *learner*. 彼は学習[もの覚え]が早い[遅い]. ❷ C 《英》= learner driver.

léarner dríver 名 C 《英》自動車の運転練習者.

léarn·er's pèrmit /lə́ːnəz- | lə́ːnəz-/ 名 C 《米》(自動車の)仮免許証.

+**learn·ing** /lə́ːnɪŋ | lə́ːn-/ 名 ❶ U **学ぶこと**, 学習: the *learning* of foreign languages 外国語の学習.
❷ U **学問**, 学識: a person of great *learning* 学識のある人 / A little *learning* is a dangerous thing. 少しばかりの学問は危ないものだ(生兵法は大けがのもと)《英国の詩人ポープ (Pope) のことば》.

léarning cùrve 名 C 学習曲線.

léarning disabìlity 名 C 学習障害《読み書きなどの技術習得の障害》.

*__learnt__ /lə́ːnt | lə́ːnt/ 動 《英》learn **の過去形および過去分詞**.

*__lease__ /líːs/ 名 (leas·es /~ɪz/) C **借地[借家]契約**; 借用期間; 賃貸契約書: take a house *on* a five-year *lease* 5年契約で家を借りる / take (out) a *lease on* the land 土地を賃借りする / The *lease* expires [runs out] next month. 来月で賃貸契約が切れる / the terms of the *lease* 賃貸契約の条件.

a néw [frésh] léase on [《英》of] lífe [名] (人・物事の)寿命が(運よく)延びること; 新たな意欲[活力, 人生].

— 動 (leas·es /~ɪz/; leased /~t/; leas·ing) 他 (土地・家屋)を(人に)**賃貸しする**, (人から)**賃借りする**; (機器・車など)をリースする (*out*) 《⇒ borrow 表, lend 表》: We *lease* this house *from* Mr. and Mrs. Smith. この家はスミス夫妻から賃借りしています / This room is *leased to* a famous novelist. この部屋は有名な小説家に賃貸しされている.

leash /líːʃ/ 名 C 《米》(犬などをつなぐ)リード, 鎖 [《英》lead]: Dogs must be (kept) on a *leash*. 犬はリードにつないでおかねばならない. **kéep [hàve] ... on a léash** [動] 他 ...を(意のままに)束縛する. — 動 他 (...)をリード[鎖]でつなぐ.

***least**[1] /líːst/

— 形 [little[1] の最上級; ⇒ less[1]] ❶ 限定 [普通は the ~] **いちばん少ない**, 最も少ない《量が最も少ないこと, 程度が最も低いことを示す》[⇔ most]: I decided to buy the car that would use (*the*) *least* fuel. 私は一番燃費の良さそうな車を買うことに決めた《✪ 特に《英略式》では the を省略することがある》/ The greatest talkers are *the least* doers. 《ことわざ》いちばんよくしゃべる者はいちばん怠け者だ. 語法 数えられる名詞とともに用いることがある《⇒ less[1] 形 語法》: Jim made *the least* (= fewest) errors. ジムが最も間違いが少なかった.

❷ 限定 [普通は the ~] **ごくわずかの(...でさえ)**: *The least* noise will wake him. ちょっとした物音でも彼は目をさますだろう / I don't have *the least* idea where he is. 彼がどこにいるのかまったく見当もつかない.

nòt the léast ... 少しの...もない: There is*n't the least* danger ahead of us. 我々の前には少しも危険がない.

— 副 [little[1] の最上級; ⇒ less[1]] ❶ **いちばん少なく**, 最も少なく《程度が最も低いことを示す》[⇔ most]: He worked (the) *least* and was paid (the) most. 彼は最少の働きで最大の給料をもらった / He called on me when I *least* expected it. 最も予期していない時に彼は私を訪ねてきた.

❷ [形容詞・副詞の前につけて] **いちばん...でない**, 最も...でない: It was the *least* important matter. それは全くどうでもいいことだった.

lèast of áll [副] 最も...でない, なかでもいちばん...でない, とりわけ...しない: No one, *least of all* the students, listened to the speech. だれも, とりわけ生徒たちは, 話を聞いていなかった.

nòt léast [副] 《格式》特に, とりわけ: Exports have decreased in many sectors, *not least* in the auto industry. 多くの部門, とりわけ自動車産業において, 輸出が減少している.

nòt the léast (bìt) [副] 少しも...でない [≒not in the least].

— 代 《不定代名詞》[しばしば the ~] **いちばん少ないもの**, 最も少ないもの, 最少: She ate (*the*) *least*. 彼女がいちばん食べなかった / That's ***the least of*** my worries. 私はそんなことは少しも心配していません / 💬 "Thank you very much." "Not at all. It was ***the least I could do*** (to help)." 「どうもありがとうございます」「いやどういたしまして, ほんのささいなことですよ」《お礼に対する丁寧な返答》.

at léast [副] (1) 少なくとも [⇔ at (the) most]: I see a dóctor *at lèast* ónce a yéar. 少なくとも年に 1 回は医者に診(み)てもらっている. [語法]「少なくとも」の意味がかかる語が強く発音される. (2) せめて, (他のことは)ともかく: You could *at léast* sáy you are sòrry. せめてすまないの一言でも言ったらどうだ. (3) [つなぎ語] [前言より正確に言い直して] 少なくとも: Many people agree with me — *at least* my friends all do. 私に賛成してくれる人は多いよ. 少なくとも友人たちはみんなそうだ. (4) [つなぎ語] [悪い状況の中によい点もあることを示して] それでも, ともかく, 少なくとも: We can't solve the problem, but *at least* we understand what it is. 我々はその問題を解決することはできないが, 少なくとも何が問題かはわかっている.

at the (véry) léast [副] 少なくとも [⇔ at (the) most]; せめて: *At the very least*, it would cost one million dollars. 少なくともそれには 100 万ドルかかるでしょう.

nòt in the léast [副] 少しも...でない: He was *not in the least* afraid. 彼は全然恐れていなかった / "Would you mind holding this package?" "*Not in the least*." 「すみませんがこの包みを持っていただけますか」「ええ, いいですよ」

to sáy the léast [副] [文修飾] ごく控えめに言っても: His behavior was inconsiderate, *to say the least*. 控えめに言っても彼のふるまいは思いやりがなかった.

+**least**[2] /líːst/ [形] **little**[2] **の最上級.**

*__leath·er__ /léðɚ | -ðə/ [名] (~s /~z/) ❶ [U] **なめし革**, 革, 皮革: shoe *leather* 靴革 / *leather* gloves 革の手袋 / These shoes are made of *leather*. この靴は革製だ. ❷ [複数形で] (ライダーの)革製の服. ([形] léathery)

leath·er·ette /lèðərét←/ [名] [U] 模造革, フェイクレザー《製本・家具用》.

leath·er·y /léð(ə)ri/ [形] 革のような, 革のように堅い, ごわごわした. ([名] léather)

***leave[1] /líːv/

— [動] (leaves /~z/; [過去]・[過分] **left** /léft/; **leav·ing**)

> **単語のエッセンス**
> 基本的には「離れる; 放置する」の意.
> 1) (...を)去る, (...から)離れる [他] ❶, ❷; [自] ❶
> 2) 置き忘れる [他] ❸
> 3) 後に残していく; 残す [他] ❹, ❺, ❼
> 4) ...のままにしておく [他] ❻
> 5) 任せる [他] ❽
> 6) (余りとして)残す [他] ❿

— [他] ❶ (場所)を**去る**, **離れる**, 出発する《⇒ [類義語]》[⇔ arrive, reach]: *leave* the table to get a knife ナイフを取りにテーブルを離れる / When did you *leave* the office? いつ会社を出ましたか / She ***leaves*** London ***for*** Rome tomorrow. [V+O+*for*+名] 彼女はあすロンドンを発ってローマに向かう.

> **⚡ ...を出発する, ~へ向けて(...を)出発する**
> **東京を出発する**
> leave Tokyo《出発地点に焦点があるときは leave from Tokyo ともいう》
> **大阪へ向けて(東京を)出発する**
> ○leave (Tokyo) for Osaka
> ×leave Tokyo to Osaka ×leave to Osaka

❷ (団体など)から**離れる**; (学校)を退学する, 《英》卒業する; (仕事など)を**やめる**: Why did you *leave* the tennis club? あなたはなぜテニスクラブをやめたのですか / He *left* school and started to work for his father's business. 彼は学校をやめて[《英》卒業して]父親の会社で働き始めた / *leave* a job 仕事をやめる.

❸ (物)を(ある場所に)**置き忘れる**: I *left* the box *outside*. [V+O+副] その箱を外に置き忘れてしまった / I *left* my wallet ⌈***at*** home [***on*** the table]. [V+O+前+名] 私は家に[テーブルの上に]財布を忘れた / Don't *leave* your hat (*behind*)! 帽子を忘れないように《⇒ leave behind (句動詞)》.

❹ (人)を**後に残していく**; (人)と別れる, (人)を見捨てる: I've ***left*** my family ***in*** the country. [V+O+前+名] 私は家族をいなかに残してきた / I'm sorry you are *leaving* us so soon. そんなに早くお帰りになるなんて残念です / My wife has ***left*** me ***for*** another man. 妻は私を見捨てて別の男のところへいってしまった / Don't *leave* us when we're in trouble. 私たちが困っているときに見捨てないでくれ.

❺ (物)を**置いていく**, (...に)置いたままにしておく; (...)を(人に)**預けていく**: He has ***left*** this letter ***for*** you. [V+O+前+名] 彼が君あてにこの手紙を置いていったよ / I ***left*** my bag ***in*** the checkroom. 私はバッグをクロークに預けた / ***Leave*** the key ***with*** Ken. 鍵(かぎ)をケンに預けていってくれ.

❻ (人・物)を**...のままにしておく**, ...するままにしておく; (事故・出来事などが)(...)を(~の状態)にする: She *left* the window open all night. [V+O+C (形)] 彼女は一晩中窓を開けっぱなしにしておいた / Don't ***leave*** the engine run***ning***. [V+O+C (現分)] エンジンをかけっぱなしにしておくな / Don't *leave* your work half finish***ed***. [V+O+C (過分)] 仕事を中途半端でやめてはいけない / The poor child ***was left to*** take care of himself. [V+O+C (*to* 不定詞)の受身] かわいそうにその子はほったらかしにされていた / Let's ***leave*** him ***to*** his work. [V+O+*to*+名] 彼にはそのまま仕事をさせておこう / The accident *left* many people seriously injured. その事故で多くの人が重傷を負った.

❼ (...)を(手をつけないで)**残す**; (物・伝言など)を(...に)残す; (印象・傷跡・しみなど)を残す; (妻子・財産など)を残して死ぬ: He *left* half his food. 彼は食事を半分残した / How much milk *is left* in the fridge? [V+O の受身] 冷蔵庫に牛乳はどれだけ残ってますか. [語法] この意味ではしばしば過去分詞の left を名詞・代名詞の後で用いる: There's little time *left*. 時間はほとんど残っていない // [言い換え] Please *leave* me some of that cake. [V+O+O] = Please ***leave*** some of that cake ***for*** me. [V+O+*for*+名] そのケーキを私にも少し残しておいてね / The accident ***left*** a scar ***on*** his face. その事故で彼の顔には傷が残った / My father ***left*** a large fortune ***to*** us. 父は私たちに莫大(ばくだい)な財産を残してくれた / He *left* a wife and two children. 彼は妻と 2 人の子供を残して死んだ.

❽ (物事)を(...に)**任せる**, ゆだねる; (人)に任せて~させる; (責任・仕事など)を(...に)負わせる: I'd like to ***leave*** the decision ***to*** you. [V+O+前+名] 決定はあなたにお任せしたい / [言い換え] They *left* it (up) *to* me to decide on the gift. = They ***left*** decid***ing*** on the gift ***to*** me. [V+O (動名)] 彼らは贈り物を選ぶのを私に任せた / I'll ***leave*** you ***in charge of*** the shop. 店の管理を君にゆだねよう / ***Leave*** it ***with*** me. それは私に任せてください.

❾ (仕事・問題など)を放置する, しないでおく: Why

don't we *leave* the dishes for tomorrow? 皿洗いはあしたにしようよ. ❿〘数学〙(引くと余りが)...である: Five from eleven *leaves* six. 11 から 5 を引くと 6 残る.

— 自 ❶ **去る**, 立ち去る [⇔ come]; 出かける, 出発する: It's nine. I'm afraid I must be *leaving* now. 9 時ですからもう失礼します / It's time we *left*. もうおいとまする時間です《⇒ time 名 7 語法》/ I'm ***leaving for*** London tomorrow. V+*for*+名 私はあすロンドンへ発ちます《⇒ 自 1 ⚡》. ❷ 退職[退会, 退学]する, やめる. ❸ (家族・配偶者が)家を出る.

léave ... alóne [動] 他 ⑴ (人)を**ひとりにしておく**; (人・物)を**ほうっておく** [≒let ... alone]: *Leave* me *alone*. 私のことはほっといてください / She was *left alone* in the room. 彼女は部屋にひとりぼっちにされた. ⑵ (物など)に触れない.

léave ... as it ís [動] 他 (...)を**そのままにしておく**, そっとしておく: *Leave* my books *as they are*. 私の本はそのままにしておいて.

léave ... bé [動] 他 = let ... be《⇒ let[1] 成句》.

léave ... for déad [動] 他 (人)を死んだものとあきらめる.

léave it at thát [動] 自 Ⓢ それ以上はしない[言わない]でおく, それくらいにしておく: We won't agree, so let's *leave it at that*. 意見が一致しそうもないからその件は打ち切りにしよう.

Léave it to ... (to dó). Ⓢ《米略式》(〜するとは)いかにも...らしい.

léave wéll (enòugh) alóne [動] 自 そのままにしておく, (よけいな)手を加えない.

léave ... with nó chóice [óption] [動] 他 (人)に選択の余地を与えない.

leave[1] の句動詞

léave asíde 動 他 (問題・費用など)を別にする, 考慮しない.

***léave behínd** 動 他 ❶ (...)を**置き忘れる**; (人・物)を(わざと)置いていく, 置き去りにする V+名・代+*behind* / V+*behind*+名: He *left* his umbrella *behind* in a taxi. 彼はタクシーに傘を忘れた《⇒ leave 他 3》. ❷ (影響・跡など)を後に残す; [普通は受身で] (...)を引き離す, 抜いていく, 取り残す: They walked so fast that I *was left* way [far] *behind*. 皆とても速く歩くので私はずっと後に取り残された. ❸ (場所など)を後にする; (過去など)を忘れる.

léave ... behínd 〜 動 他 〜の後に(...)を置いていく; (痕跡(こんせき))・財産など)を〜の後に残す.

+**léave ín** 動 他 (...)を(中に)**入れたままにしておく**; (字句など)をそのままにしておく; (火)を燃やしたままにする V+名・代+*in* / V+*in*+名: Don't *leave* your dog *in* all day. 犬を一日中家の中に閉じ込めておくな.

+**léave óff** 動 他 ❶《略式》(...するの)を**やめる**, 中止する [≒stop] V+*off*+名: He *left off* work at five o'clock. 彼は 5 時に仕事をやめた / Has it *left off* rain*ing* yet? 雨はもうやんだ?

❷ (明かりなど)を**消したままにしておく** V+名・代+*off*: He *left* the lights *off* to save electricity 彼は節電のため明かりを消したままにしておいた.

— 自 **やめる**: Let's start reading (from) where we *left off* last time. 前回やめたところから続きを読み始めよう.

léave ... óff 〜 動 他 (...)を〜からはずしておく.

***léave ón** 動 他 ❶ (明かりなど)を**つけたままにしておく**; (なべなど)を火にかけたままにしておく V+名・代+*on*: You *left* your lights *on*. 明かりがつけっぱなしでしたよ. ❷ (衣服など)を身につけたままでいる.

***léave óut** 動 他 ❶ (...)を**外に出した[残した]ままにしておく**; (...)を(使えるように)出しておく V+名・代+*out*: Don't *leave* the bicycle *out* in the rain. 自転車を雨の中に出しっぱなしにするな.

❷ (人・物)を**抜かす**, 除外する; (ことばなど)を**省く** V+名・代+*out* / V+*out*+名: *Leave out* these two lines. この 2 行を省きなさい. ❸ (...)を考えに入れない, 無視する: She felt *left out* at the party. 彼女はパーティーで独りぼっちにされた気がした.

+**léave óver** 動 他 [普通は受身で] (...)を**残す**: There was a lot of food *left over* from the party. パーティーの食べ物がたくさん残った. 関連 leftovers (食事の)残りもの.

類義語「去る, 出発する」という意味の **leave** はある場所から離れることを意味するのに対し, **start** は動作を開始することをいう. 従って, 特にその後に続く動作を意識しないで, 単にその場を離れることに焦点がある場合には *leave* を用いる: The train *leaves* at 11:30 a.m. その列車は午前 11 時 30 分に発車する《✪ 単に列車が駅を離れることを示す》/ I *started* at seven. 私は 7 時に出発した《✪ 出発した後のプロセスも意識されている》. **depart** 多少改まったことばで人・乗り物などが旅行などに出発することをいう: We *departed* for Italy. 私たちはイタリアに向けて出発した.

+**leave**[2] /líːv/ 名 (〜s /〜z/) ❶ U,C **休暇**《特に軍隊や官庁の》; C 休暇期間: annual *leave* 年次休暇 / ask for a two-week *leave* 2 週間の休暇を願い出る / take maternity *leave* 産休をとる / She is home ***on leave***. 彼女は休暇を取って帰省している //⇒ sick leave. ❷ U《格式》許し, 許可 [≒permission]: without *leave* 無断で, 勝手に / He was given *leave to* accompany the king. 彼は国王に随行する許可を受けた.

léave of ábsence [名] 休暇.

táke (one's) léave (of ...) [動] 他《格式》(人に)別れを告げる.

leav·en /lév(ə)n/ 名 ❶ U 酵母 [≒yeast]. ❷ U または a 〜]《文語》(話などを)面白く[明るく]するもの.
— 動 他 ❶《格式》(...)を面白く[明るく]する. ❷ (パン種を入れて)(...)をふくらます, 発酵させる.

****leaves** /líːvz/ 名 leaf の**複数形**.

leave-tak·ing /líːvtèɪkɪŋ/ 名 C,U《文語》いとまごい, 告別.

Leb·a·non /lébənɑ̀(ː)n | -nən/ 名 固 レバノン《イスラエル北方の地中海沿岸の共和国; 首都 Beirut》.

lech·er·ous /létʃ(ə)rəs/ 形 (特に男性が)いやらしい, 好色な.

lec·tern /léktɚ(ː)n | -tə(ː)n/ 名 C (講演者用の)書見台.

lec·ture** /léktʃɚ | -tʃə/ 名 (〜s/〜z/) ❶ C **講義**, 講演, 講話: attend a *lecture* 講義に出席する / He gave [delivered] a ***lecture on [***about***] environmental protection at this college yesterday. 彼は昨日この大学で環境保護に関する講義を行なった. ❷ C (くどくどと長い)小言, 説教: He gave me a *lecture about* the dangers of smoking. 喫煙の危険性について彼から説教された.

— 動 (lec·tures /〜z/; lec·tured /〜d/; lec·tur·ing /-tʃ(ə)rɪŋ/) 自 (大学などで)**講義する**, 講演する:

L

The professor ***lectured on*** modern architecture. V+on+名 教授は近代建築について講義をした.
— 他 (人)に(くどくどと)説教する, (人)をしかる: The manager *lectured* the players *about* being punctual. 監督は選手たちに時間を守るようにと説教した.
〘語源 ラテン語で「読むこと」の意; ⇒ elect キズナ, legend 語源, lesson 語源〙

+**lec·tur·er** /léktʃ(ə)rə | -rə/ 名 (~s /~z/) ❶ C **講演者**, (大学などで)講義をする人.
❷ C (大学の)**講師**: a *lecturer in* Spanish スペイン語の講師. 参考 米国の大学では非常勤の講師. 英国の大学では専任で准教授 (reader) の下《⇒ professor 表》.

lec·ture·ship /léktʃəʃɪp | -tʃə-/ 名 C 講師の職[地位] (*in*).

***led** /léd/ (同音 lead²) 動 lead¹ の過去形および過去分詞.

LED /éliːdíː/ 略〔電子工〕= light-emitting diode 発光ダイオード.

ledge /léʤ/ 名 C (壁などから突き出た)棚; (がけ・海中の)岩棚: a window *ledge* 窓台.

led·ger /léʤə | -ʤə/ 名 C〔会計〕元帳, 台帳.

lédger lìne 名 C〔音楽〕(楽譜に付ける)加線.

***lee** /líː/ 名 [the ~] (風を避ける)**物陰**; **風下(の場所)**; (船の)風下側: in the *lee* of a hill 丘の陰に.

Lee /líː/ 名 固 ❶ リー《男性の名》. ❷ Robert Edward ~ リー (1807-70)《米国南北戦争時の南軍の司令官》.

leech /líːtʃ/ 名 ❶ C ひる《吸盤でくっついて吸血する小動物》. ❷ C 他人にたかる者.

leek /líːk/ 名 C リーキ, にらねぎ《Wales の象徴》.

leer /líə | líə/ 動 (leer·ing /lí(ə)rɪŋ/) 自 いやらしい目つきで見る, 横目で見る (*at*). — 名 C いやらしい目つき, 横目《好色・悪意などの表情》.

leer·y /lí(ə)ri/ 形 (leer·i·er; -i·est)《略式》疑い深い, 用心深い; (...を)警戒している (*of*).

lees /líːz/ 名 複 [the ~] (ワインなどの)おり, かす.

lee·ward /líːwəd | -wəd/ 形 限定, 副 風下の[へ]: the *leeward* side 風下側. — 名 U 風下 [⇔ windward]: steer to *leeward* 風下に向かう / on the *leeward* of ... ...の風下の側に.

lee·way /líːwèɪ/ 名 U (活動の)余地; 裁量の範囲: Teachers should have some *leeway to* teach classes the way they want. 教師は好きなように授業をする裁量をある程度認められるべきだ. **màke úp léeway** [動] 自《英》遅れを取り戻す.

***left¹** /léft/
— 形 ❶ 限定 [比較なし] **左の**, 左手の, 左側の, 左の方への《略 l, l., L.》[⇔ right]: the *left* bank of a river 川の左岸《川下に向かっていう》/ Beth writes with her *left* hand. ベスは左手で書く / What's the *left* side of an apple? — The part that you don't eat. りんごの左側はどっち—君が食べないほうさ《食べ残した (left²) にかけたなぞなぞ》.
❷ (more ~, left·er; most ~, left·est) [しばしば L-]〔政治〕**左翼の**, 左派の [⇔ right].
— 副 [比較なし] **左に**, 左手に, 左側へ《略 l, l., L.》[⇔ right]: Turn *left* at the church. 教会の所で左に曲がりなさい / Look *left* and right before you cross the road. 道路を横断するときには左右を見なさい / KEEP LEFT 左側通行《掲示》.
— 名 (lefts /léfts/) ❶ U [the ~, または所有格の後で] **左**, 左方, 左側《略 l, l., L.》[⇔ right]: The church stands ***on the left of*** the river. その教会は川の左岸にある / Turn ***to the left*** at the crossing. 交差点で左へ曲がってください / ***To the left of*** the refrigerator there's a cabinet. 冷蔵庫の左に食器棚がある. 語法 一般に位置の意味では on, 方向の意味では to が多い.
❷ [the ~, the L-] [《英》単数形でもときに複数扱い]〔政治〕**左翼**, 左派, 革新[急進]派. 参考 フランス革命後の国民議会で, 急進派が議長席から見て左側 (left wing) に議席を占めたことから急進[革新]派を Left と呼び, これに対して保守派を Right と呼ぶようになった. ❸ C 左に曲がること, 左折: Take [《米》Hang] a *left*. 左へ曲がれ. ❹ C〔ボクシング〕左手打ち: Hit him with your *left*. 左で打て.
〘語源 原義は「(力の)弱い」〙

***left²** /léft/ 動 leave¹ の過去形および過去分詞.

léft fíeld 名 ❶ U〔野球〕レフト, 左翼《⇒ outfield》.
❷ U《米略式》変わった意見[立場]: (way) out in *left field* (まるっきり)奇妙な, 風変わりな / come ⌜out of [from] *left field* とても驚くべき[意外な]ことである.

léft fíelder 名 C〔野球〕レフト, 左翼手《⇒ outfielder》.

+**left-hand** /léfthǽnd⁺/ 形 ❶ 限定 **左手の**, 左側の; 左の方への [⇔ right-hand]: *left-hand* traffic 左側通行 / a shop on the *left-hand* side 左側の店 / a *left-hand* drive car 左ハンドル車. ❷ 限定 左手による, 左手を使った.

left-hand·ed /léfthǽndɪd⁺/ 形 ❶ 左ききの, 左きき用の [⇔ right-handed]: a *left-handed* pitcher 左腕投手 / *left-handed* scissors 左きき用のはさみ. ❷ 限定 左手を使った, 左手による: a *left-handed* shot 左投げ(の投球). **a léft-handed cómpliment** [名]《米》うわべだけの(裏に批判が込められた)賛辞, ほめ殺し. — 副 左手で.

left-hand·er /léfthǽndə | -də/ 名 C 左ききの人;〔野球〕左腕投手, 左バッター [⇔ right-hander].

left·ist /léftɪst/ 名 C 左翼[左派]の人, 革新[急進]派の人 [⇔ rightist]. — 形 左翼の, 革新派の.

léft lúggage òffice 名 C《英》= baggage room.

left·o·ver /léftòʊvə | -və/ 名 ❶ [複数形で] (食事の)残りもの《後でまた食卓に出す》. ❷ [a ~] 過去の名ごり[遺物]. — 形 限定 (食事が)残りものの; 使い残しの.

left·ward /léftwəd | -wəd/ 副 形 左の方へ(の); (政治的に)左へ(の) [⇔ rightward].

left·wards /léftwəʤ | -wəʤ/ 副 形《英》= leftward.

léft wíng 名 ❶ [the ~;《英》単数または複数扱い]〔政治〕左翼, 左派, 革新[急進]派 [⇔ right wing].
❷ C〔サッカーなど〕レフトウイング(の選手・ポジション).

+**left-wing** /léftwíŋ⁺/ 形 **左翼の**, 左派の, 革新[急進]派の [⇔ right-wing].

left-wing·er /léftwíŋə | -ŋə/ 名 C 左翼[左派]の人, 革新[急進]主義者 [⇔ right-winger].

left·y /léfti/ 名 (left·ies) ❶ C《米略式》左ききの人, 左腕投手. ❷ C《英略式》左翼[左派]の人.

***leg** /lég/
— 名 (~s /~z/) ❶ C **脚**(あし), **足**《太もも (thigh) の付け根から下の部分,《米》ではまたひざから足首 (ankle) までの部分を指す》: front [back, hind] *legs* 前

[後]足 / break one's *leg* 足を骨折する / cross one's *legs* 脚を組む / sit with one's *legs* crossed 脚を組んで座る.

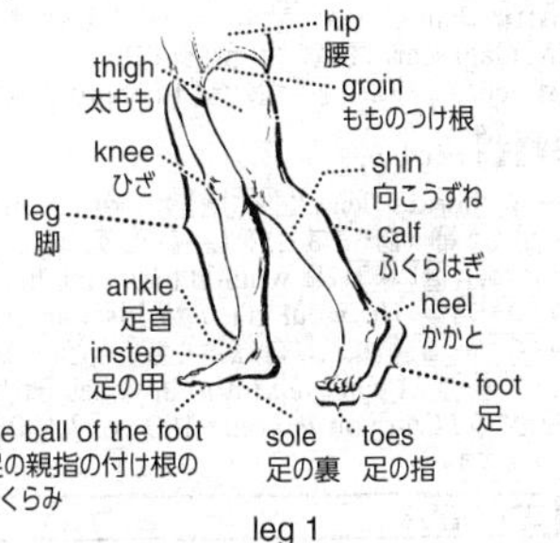

leg 1

leg (太ももの付け根から下の部分)	足
foot (足首から先の部分)	

✪ ただし leg は foot を含めた足全体の総称として用いられることもある.
❷ Ⓒ (いす・机などの)**脚**; (ズボンなどの)脚部. ❸ C,U (食用の)脚肉, もも肉. ❹ Ⓒ (旅程・競技などの)一区間, 一区切り, 一行程; 《英》(特にサッカーの二試合のうちの)一試合.

be on one's **lást légs** [動] ⓐ 《略式》倒れ[死に, 壊れ]かかっている; 疲れ果てている.

Bréak a lég! Ⓢ がんばれ, 成功を祈るよ《役者などに向かって言う》.

hàve légs [動] ⓐ 《米略式》(ニュースなどが)長い間話題になる, 興味を持たれる.

nót hàve a lég to stánd òn [動] ⓐ 《略式》正当な根拠がない.

púll ...'s lég [動] 《略式》(ふざけて)(人)をかつぐ; (人)をからかう.

sháke a lég [動] ⓐ [普通は命令文で] Ⓢ 急ぐ, さっさと始める.

strétch one's **légs** [動] ⓐ 《略式》散歩をする《長い間座っていた後などで》.

+**leg·a·cy** /légəsi/ 名 (-a·cies) Ⓒ **遺産**; 受け継いだ物; 遺物, 名残(なごり) (*of*). ― 形 限定 〔コンピュータ〕旧式の《最新版に移行せず使い続けられている OS など》.

le·gal** /líːg(ə)l/ 形 [比較なし] ❶ **合法的な**, 法律で認められた [⇔ illegal]: a *legal* act 合法的な行為 / ***It is not ***legal to*** own a gun in this country. この国ではけん銃の所有は法律で認められていない.
❷ **法律で定められた**: a *legal* price 法定価格.
❸ 限定 **法律の**, 法律上の; 法律関係の: the *legal* profession 法曹界 / the *legal* system 法律制度 / take *legal* action 法的措置をとる, 告訴する.
(名 law, legálity, 動 légalìze)
〘語源 loyal と同語源〙

légal áid 名 Ⓤ 法律扶助《貧困者に対する弁護士の無料相談など》.

légal hóliday 名 Ⓒ 《米》法定祝日《⇒ holiday 表》

le·gal·is·tic /lìːgəlístɪk←/ 形 [軽蔑的] 法律至上主義的な.

le·gal·i·ty /lɪgǽləṭi/ 名 Ⓤ 合法(性), 適法(性) (*of*) [⇔ illegality]. (形 légal)

le·gal·i·za·tion /lìːgəlɪzéɪʃən | -laɪz-/ 名 Ⓤ 合法化.

le·gal·ize /líːgəlàɪz/ 動 他 (...)を合法化する, 適法にする. (形 légal)

le·gal·ly /líːgəli/ 副 法律[合法]的に [⇔ illegally]: a *legally* binding agreement 法的拘束力のある合意.

légal ténder 名 Ⓤ 法定通貨, 法貨.

leg·ate /légət/ 名 Ⓒ 使節; (ローマ教皇の)特使.

le·ga·tion /lɪgéɪʃən/ 名 ❶ Ⓒ 公使館. 関連 minister 公使 / embassy 大使館 / consulate 領事館. ❷ [the ~, 《英》単数または複数扱い] 公使館員《全体》.

le·ga·to /lɪgáːṭoʊ/ 副 形 〔音楽〕 レガート《滑らかに[な], 音を結んで》 [⇔ staccato].

+**leg·end** /léʤənd/ アク 名 (leg·ends /-ʤənʣ/) ❶ C,U **伝説**, 言い伝え; 語りぐさ: *legend* has it (that) ... 伝説によれば...とのことである / the *legend of* Robin Hood ロビンフッド伝説 / old Japanese *legends* 日本の古い言い伝え. 関連 myth 神話. ❷ Ⓒ 伝説的な人物; 語りぐさの主, 大物. ❸ Ⓒ 《文語》(硬貨・碑などに記された)銘. ❹ Ⓒ (地図・図表などの)記号の凡例(はんれい).
a légend in one's **ówn lífetime = a líving légend** [名] (生存中の)伝説的人物. (形 légendàry)
〘語源 原義はラテン語で「読まれるもの」; ⇒ lecture 語源〙

+**leg·end·ar·y** /léʤəndèri | -dəri, -dri/ 形 ❶ **伝説的な**, 語りぐさの, 有名な: a *legendary* singer 大物歌手. ❷ 限定 伝説(上)の; 伝説めいた: a *legendary* king 伝説上の王. (名 légend)

-leg·ged /lég(ɪ)d/ 形 [合成語で] 脚が...な, ...本足の: a long-*legged* insect 脚の長い昆虫 / four-*legged* 四つ足の.

leg·gings /légɪŋz/ 名 複 ❶ レギンス《脚にぴったりフィットする女性用のパンツ》. ❷ (ズボンの上にはく)オーバーズボン.

leg·gy /légi/ 形 (leg·gi·er; -gi·est) (子供や女性が)脚の長い, 美脚の; (植物が)茎の長い.

leg·i·ble /léʤəbl/ 形 (字が)判読できる [⇔ illegible].
-i·bly /-bli/ 副 判読できて.

le·gion /líːʤən/ 名 ❶ Ⓒ (古代ローマの)軍団; 軍勢. ❷ Ⓒ 《文語》多数, 多勢: *legions* [a *legion*] *of* fans 大勢のファン. ― 形 叙述 《文語》数の多い, おびただしい.

le·gion·náire's disèase /lìːʤənéəz- | -néəz-/ 名 Ⓤ レジオネラ症《急性肺炎の一種》.

leg·is·late /léʤɪslèɪt/ 動 ⓐ 法律を制定する, 立法をする (*against*, *for*). (名 lègislátion)

***leg·is·la·tion** /lèʤɪsléɪʃən/ 名 ❶ Ⓤ (制定された)**法律**, 法令: a piece of *legislation* 1つの法案 / *legislation* to limit automobile exhaust 車の排気ガスを制限する法律.
❷ Ⓤ **法律制定**, 立法: The Diet has the power of *legislation*. 国会には立法権がある. (動 législàte)

+**leg·is·la·tive** /léʤɪslèɪṭɪv, -lət-/ 形 限定 **立法の**, 立法権のある: *legislative* measures 法的措置 / a *legislative* body 立法府《議会・国会》. 関連 administrative, executive 行政の / judicial 司法の.

leg·is·la·tor /léʤɪslèɪṭə | -tə/ 名 Ⓒ 法律制定者, 立法者; 立法府の議員.

+**leg·is·la·ture** /léʤɪslèɪʧə | -ʧə/ 名 (~s /~z/) Ⓒ [《英》単数形でもときに複数扱い] **立法府**, 立法機関, 議会: the national *legislature* 国会 / The *legislature* has the power to make and change laws. 立法府は法律を制定したり変更したりする権限を持つ.

L

le·git /lɪʤít/ 形 叙述 《略式》 合法的な, まっとうな; (人が)まともな, 正直な.

le·git·i·ma·cy /lɪʤítəməsi/ 名 U 合法性, 正当性 [⇔ illegitimacy].

+**le·git·i·mate** /lɪʤítəmət/ 形 ❶ **筋の通った**, 正当な, 妥当な: a *legitimate* claim [reason] 正当な要求[理由]. ❷ **合法の**, 適法の, 法的に正当な: I wonder if ***it's legitimate to*** attack a foreign country without warning. 警告なしに外国を攻撃するのは合法なのだろうか. ❸ 嫡出(ちゃくしゅつ)の, 正妻から生まれた [⇔ illegitimate]: a *legitimate* child 嫡出子.
 〜·**ly** 副 合法的に.

le·git·i·mize /lɪʤítəmàɪz/ 動 他 ❶ (不正など)を正当化する; (...)を合法的にする. ❷ (私生児)を嫡出子とする.

leg·room /légrù:m/ 名 U (座席などの)脚を伸ばせるゆとり.

leg·ume /légju:m/ 名 C まめ科植物; (食物としての)豆類.

le·gu·mi·nous /lɪgjú:mənəs/ 形 豆の(ような); まめ科の.

leg·work /légwə̀:k | -wɜ̀:k/ 名 U 《略式》 (歩き回る)骨の折れる仕事.

Leigh /lí:/ 名 固 リー《男性の名》.

*__lei·sure__ /lí:ʒə, léʒə | léʒə/ 発音 名 U **暇**《仕事から解放された時間》, 暇な時間, 余暇; [形容詞的に] **暇な**, 余暇の: I have no ***leisure to*** read. +to 不定詞 = I have no ***leisure for*** read***ing***. 私はゆっくり本を読む暇がない / *leisure* hours [time] 暇な時間 / *leisure* activities 余暇活動. 日英 leisure は働いていない暇な時間の意味で, 日本語の「レジャー」のように必ずしも娯楽と関係があるわけではない.
 at léisure [副] 自由に; 急がないで, ゆっくりと.
 at one's **léisure** [副] **暇なときに**: You can do it *at your leisure*. それは暇なときにすればよい.
 (形 léisurely)
 〖語源 原義は「許された」〗

+**léisure cèntre** 名 C 《英》 レジャーセンター《公共のスポーツ・娯楽施設》.

lei·sured /lí:ʒəd, léʒ- | léʒəd/ 形 限定 暇のある; 有閑の: the *leisured* classes 有閑階級.

lei·sure·ly /lí:ʒəli, léʒ- | léʒə-/ 形 ゆったりした, のんびりした. ― 副 ゆったりと. (名 léisure)

leit·mo·tiv, leit·mo·tif /láɪtmoʊtì:f/ 名 C 〔音楽〕 ライトモチーフ, 示導動機; (言動などに一貫して見られる)主目的, 中心思想.

lem·ming /lémɪŋ/ 名 C レミング《ねずみに似た小動物で, 時に大発生し集団移動を行ない, その過程で大量に溺死するとされる; しばしば群衆心理に駆られる人々のたとえに用いられる》.

+**lem·on** /lémən/ 名 (〜s /〜z/) ❶ C,U **レモン**; C レモンの木: a slice of *lemon* レモンの 1 切れ. ❷ U (紅茶などに入れる)レモンの風味; 《英》 レモン飲料: the flavor of *lemon* レモンの味 / I like my tea with *lemon*. 私は紅茶にレモンを入れたのが好きです. ❸ U = lemon yellow. ❹ C 《米略式》 欠陥品, 欠陥車. ❺ C 《英略式》 ばか者.

lem·on·ade /lèmənéɪd←/ 名 ❶ U レモネード《レモン汁に甘味を加えた飲料》. ❷ U 《英》 レモンソーダ《レモン味の炭酸飲料》.

lémon cúrd 名 U 《英》 レモンカード《卵・バター・レモン汁で作ったジャム状の食品で, パンにつける》.

lem·on·grass /lémənɡræ̀s | -ɡrɑ̀:s/ 名 U レモングラス《いね科の植物; ハーブとして使われる》.

lémon squèezer 名 C レモン絞り器.

lémon yéllow 名 U レモン色, 淡黄色.

le·mur /lí:mə | -mə/ 名 C きつねざる《マダガスカル (Madagascar) 島産の夜行性動物》.

Len /lén/ 名 固 レン《男性の名; Leonard の愛称》.

**__lend__ /lénd/
 ― 動 (lends /léndz/; 過去・過分 lent /lént/; lend·ing) 他 ❶ (物・金など)を(...に)**貸す**, 貸し出す [⇔ borrow]: 言い換え He wouldn't *lend* me his bicycle. V+O+O = He wouldn't ***lend*** his bicycle ***to*** me. V+O+to+名 彼は私に自転車を貸そうとしなかった《⇒ to¹ 3 語法》 / I can't *lend* it *to* anyone. それはだれにも貸せない / Can you *lend* me 100 yen? 100 円貸してもらえますか.

貸す / 借りる

自転車を貸していただけますか.
 Could you lend me your bicycle?
自転車をお借りできますか.
 Could I borrow your bicycle?

lend, loan (移動可能なものを無料で, お金を利息付きあるいは無利息で)	貸す
rent (out), 《英》hire out (移動可能または不可能なものを有料で)	
lease (out), rent (out), 《英》let (out) (家屋・部屋・土地などを有料で)	

 ❷ (力)を**貸す**, (人・事業などに)(援助)を与える; 《格式》 (美しさなど)を添える, 加える: ***lend*** support ***to*** a charity concert V+O+to+名 チャリティーコンサートを支援する / This garden *lends* the building an air of elegance. V+O+O この庭があるために建物に品のいい感じが加わっている.
 ― 自 金を貸す, 貸し付ける (*to*) [⇔ borrow].
 lénd one**sèlf to ...** [動] 他 (物が)...に**向いている**: The computer *lends itself to* many uses. コンピューターにはいろいろな使いみちがある.

+**lend·er** /léndə | -də/ 名 (〜s /〜z/) ❶ C **貸す人**, 貸し主 [⇔ borrower]. ❷ C 〔商業〕 金貸し.

lénd·ing lìbrary /léndɪŋ-/ 名 C 貸し出し図書館《⇒ reference library》.

*__length__ /léŋ(k)θ/ 名 (〜s /〜s/) ❶ C,U (距離・寸法の)**長さ**, 縦, 長短; 丈(たけ); (競走などの)距離《略 l, L, l., L.》: a stick three meters ***in length*** 長さ 3 メートルの棒 / the ***length of*** a race レースの距離 / "What's the *length* of these curtains?" "They're about 2.2 meters long." 「このカーテンの長さ[丈]はどのくらいですか」「約 2.2 メートルあります」. 関連 wavelength 波長.

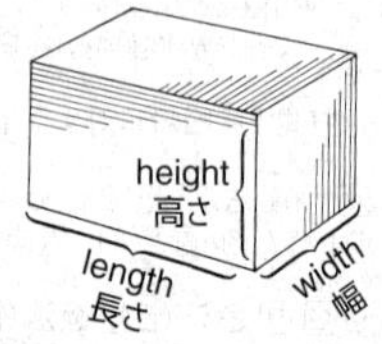

length 1

L

❷ [C,U] [しばしば the ～] (時間の)**長さ**, 期間; (本・映画などの)長さ: *the length of* a speech 演説の長さ / *the length of* your visit あなたの訪問期間 / Modern medicine has succeeded in doubling *the length of* life. 近代医学は寿命を倍にするのに成功した / I don't want to stay here *for any length of time*. ここにはあまり長居したくない. ❸ [C] (ボートの)艇身; 〔競馬〕馬身: The Oxford crew won by a *length*. オックスフォードのクルーは 1 艇身の差で勝った / His horse won by three *lengths*. 彼の馬は 3 馬身差で勝った. ❹ [the ～] (物の)**全長**: walk *the* full *length* of the beach 海岸を端から端まで歩く. ❺ [C] ある長さの物: a short *length of* rope 1 本の短い縄.

at gréat léngth [副] 長々と; 詳細に.

at léngth [副] (1) 長々と; 詳細に: She explained *at length* what had been decided. 彼女は決定したことを詳しく説明した. (2) 《文語》 ついに, ようやく [≒at last].

gó to ány [gréat] léngths [動] ⓐ 徹底的にやる; 何でもやりかねない (*to* do).

the léngth and bréadth of ... ...じゅう: travel *the length and breadth of* New Zealand ニュージーランドをくまなく旅行する. ([形] long[1], lengthy)

+**length·en** /léŋ(k)θən/ [動] (length・ens /～z/; length·ened /～d/; -en·ing) ⓗ (...)を**長くする**, 伸ばす [⇔ shorten]: I asked the tailor to *lengthen* my coat. 私は洋服屋に上着の丈(たけ)を伸ばすよう頼んだ. ― ⓐ (物・日・時間などが)長くなる. [関連] widen 広くする[なる]. ([形] long[1])

length·ways /léŋ(k)θwèɪz/ [副] 《主に英》 = lengthwise.

length·wise /léŋ(k)θwàɪz/ [副] 縦に, 縦長に.

+**length·y** /léŋ(k)θi/ [形] (length·i·er; length·i·est) (時間が)**長い**, (話・文章が)長たらしい: a *lengthy* meeting 長い会議 / The mayor gave a *lengthy* speech. 市長は長たらしい演説をした. ([名] length)

le·ni·en·cy /líːniənsi/ [名] [U] 寛大さ, 慈悲(深さ).

le·ni·ent /líːniənt/ [形] 寛大な, ゆるやかな; 優しい, 情け深い; (評価などが)甘い: a *lenient* judgment 寛大な判決 / He's too *lenient with* [*toward*] his children. 彼は子供に甘すぎる. **～·ly** [副] 寛大に; 優しく; 甘く.

Le·nin /lénɪn/ [名] ⓖ Vladimir Ilich /vlæḍəmìə ɪlíːtʃ | -ɪmìə-/ ～ レーニン (1870-1924) 《旧ソ連の革命家・政治家》.

Len·in·grad /lénɪngræd/ [名] ⓖ レニングラード 《St. Petersburg の旧称》.

Len·ny /léni/ [名] ⓖ レニー 《男性の名; Leonard の愛称》.

***lens** /lénz/ [名] (～·es /～ɪz/) ❶ [C] **レンズ** 《⇒ glasses 挿絵》. [関連] telephoto lens 望遠レンズ / wide-angle lens 広角レンズ / zoom lens ズームレンズ. ❷ [C] 〔解剖〕(眼球の)水晶体. ❸ [C] コンタクトレンズ (contact lens).

****lent** /lént/ ([同音] leant) [動] **lend の過去形および過去分詞.**

Lent /lént/ [名] ⓖ 四旬節 《復活祭 (Easter) の前の, 日曜日を除く 40 日間; ⇒ carnival》.

len·til /lént̬l/ [名] [C] ひら豆, レンズ豆 《地中海沿岸原産; スープなどにする; ⇒ bean 表》.

Le·o /líːoʊ/ [名] ❶ ⓖ しし座 《星座》; 獅子宮 (the Lion) 《⇒ zodiac 挿絵》. ❷ [C] しし座生まれの人.

Leon·ard /lénəd | -nəd/ ✪ o は発音しない. [名] ⓖ レナード 《男性の名; 愛称は Len または Lenny》.

Le·o·nar·do da Vin·ci /lìːənάːdoʊdəvíntʃi | -nάː-/ [名] ⓖ レオナルド ダ ビンチ (1452-1519) 《イタリアの芸術家・建築家・科学者》.

le·o·nine /líːənàɪn/ [形] 《文語》 ライオンのような.

leop·ard /lépəd | -pəd/ ✪ o は発音しない. [名] [C] ひょう 《アジア・アフリカに分布》: A *leopard* cannot change its spots. ひょうはその斑点(はん)を変えられない 《本来の(特に悪い)性格はなかなか変えられないものだ; 旧約聖書のことばから》.

le·o·tard /líːətὰəd | -tὰːd/ [名] [C] レオタード.

lep·er /lépə | -pə/ [名] ❶ [C] ハンセン病患者. ❷ [C] 嫌われ者.

lep·ro·sy /léprəsi/ [名] [U] ハンセン病.

lep·rous /léprəs/ [形] ハンセン病の[にかかった].

+**les·bi·an** /lézbiən/ [名] (～s /～z/) [C] **レズ(ビアン)**, 女性の同性愛者. [関連] gay (男性の)同性愛者.
― [形] **レズ(ビアン)の**.

les·bi·an·is·m /lézbiənìzm/ [名] [U] (女性間の)同性愛.

le·sion /líːʒən/ [名] [C] 〔医学〕 損傷, 障害, 傷; (組織・機能の)障害, 病変.

Les·ley, Les·lie /lésli | léz-/ [名] ⓖ レスリー 《女性の名》.

*****less**[1] /lés/

― [形] [little[1] の比較級; ⇒ least[1]] [しばしば than とともに] **より少ない**, いっそう少ない 《量について用いられるが, 時には数がより少ないことを示す; ⇒ lesser》 [⇔ more]: *Less* noise, please. どうかもう少しお静かに / You had better use *less* sugar. 砂糖(の使用)をもう少し控えなさい / She spends *less* time at work *than* at home. 彼女は在宅時間より勤務時間のほうが短い / Three pints is *less* volume *than* a gallon. 3 パイントは 1 ガロンより少ない量です.

> [語法] 数えられる名詞について用いるときは fewer が正しいが, 《略式》 では fewer の代わりに less を用いることがある: Nowadays *less* people go to church *than* to theaters. 最近は教会へ出かける人は劇場へ行く人より少ない.

léss and léss ... [形] ますます少なくなっていく...: Fathers in Japan spend *less and less* time with their children. 日本の父親は子供たちと過ごす時間がますます減っている.

the léss ... [副] ...の度合[量]が少なくなるだけ: *The less* money you'll give them, *the less* obedient they'll become. 連中に払う金が少ないほど彼らは言うことを聞かなくなるよ 《⇒ the[2]》. ([動] léssen)

― [副] [little[1] の比較級; ⇒ least[1]] ❶ [than とともに] **より少なく**, いっそう少なく 《程度がより低いことを示す》 [⇔ more]: You should eat *less than* you do now. もっと食事の量を控えたほうがよい / I know *less* about it *than* you. それについては私は君ほどよくは知らない / He was *less* hurt *than* frightened. 彼は傷ついたというよりむしろおびえていた.

❷ /lès/ [形容詞・副詞の前につけて] **...より～でない**, ...ほど～でない: He's *less* clever *than* his brother. 彼は兄ほど頭がよくない 《[語法] He is *not as* clever *as* his brother. のように not as ... as ～ でいうほうが普通》 / Tom now speaks *less* quickly *than* before. トムは今は前ほど早口ではない / Try to be *less* impatient. そんなせっかちになるな.

L

àll the léss それだけ(いっそう)...ない, なおさら...ない《⇒ the²》: They'll think *all the less* of you for your remarks. 君の発言を聞いて彼らは君への評価をますます下げるだろう.
àny (the) léss [否定・疑問文で] それだけ少なく《⇒ the²》: I don't like him *any the less* for his faults. たとえ欠点があっても, やはり彼が好きだ.
léss and léss [副] ますます少なく: He works *less and less*. 彼は少しずつ仕事を減らしている.
léss and léss ... [副] ますます...でなくなって: He's becoming *less and less* obedient. 彼はだんだん言うことを聞かなくなってきた.
léss than ... [副] 決して...でない [≒not at all]: His answer was *less than* satisfactory. 彼の答えはまったく満足のいくものではなかった.
mùch léss ⇒ much 副 成句.
nò léss [副] (1) 同様に, 劣らずに: It is *no less* important. それも同様に重要だ. (2) [付加語的に用いて] 当の..., ほかでもない...: I saw the President, *no less*. 私はほかならぬ大統領本人を見た.
nò léss than ... ...も《数・量・程度の多いことを表わす; ⇒ no more than ... (more¹ 副 成句)》: She has *no less than* eight sons. 彼女には 8 人も息子がいる.
nò lèss ... than ~ (1) ~に劣らず..., ~と同様に.... 語法 両方とも程度の高いことを強調する; ⇒ no more ... than ~ (more¹ 副 成句): Helen is *no less* charming *than* Sonia. ヘレンはソニアと同様に魅力的だ. (2) ほかならぬ[なんと]~: It was *no less* a person *than* the president. それはだれあろう社長その人だった.
nòne the léss [副] = nonetheless.
nòt léss than ... 少なくとも...: *not less than* one thousand books 少なくとも千冊の本.
nòt lèss ... than ~ ~に勝るとも劣らないほど...: He is *not less* bright *than* his brother. 彼は兄[弟]に勝るとも劣らないくらい頭がいい.
nòthing léss than ... ...にほかならない, まさに: His survival was *nothing less than* a miracle. 彼の生存はまさに奇跡だった.
stìll léss ⇒ still¹ 成句.
— 代《不定代名詞》より少ないもの, より少ない数量[人], もっと少量 [⇔ more]: save more and spend *less* より多く蓄え, より出費を減らす / I won't sell it for *less than* ¥1000. 千円未満では売りません / I'm going to see you in *less than* a month. 1 か月しないうちにまたお目にかかります. 語法 この 代 の less はそれが表わすものの内容によって単数にも複数にも扱われる: *Less* than 60% of the 「books *were* [information *was*] useful. 役に立ったのはその文献[情報]の 6 割に満たなかった.
be léss of a ... than ~ ~ほどの...ではない: You'*re less of a* fool *than* I thought. お前は思ったほどばかではないな.
léss and léss [代] ますます少なくなるもの: They had *less and less* to eat. 彼らはだんだん食べる物がなくなった.
— /lès/ 前 ...だけ少ない, ...を減じた [≒minus]: a year *less* four days 1 年に 4 日足りない日数 / a monthly salary of $1,500 *less* tax 1500 ドルから税金を引いた月給.

+**less²** /lés/ 形 **little² の比較級.** (動 léssen)

-less /ləs/ 接尾 ❶ [名詞につく形容詞語尾]「...のない」の意: end*less* 終わりのない / need*less* 不必要な. ❷ [動詞につく形容詞語尾]「...することのない, ...できない」の意: count*less* 数えきれない.

les·see /lesíː/ 名 C 〔法律〕賃借人, 借地人, 借家人. 関連 lessor 賃貸人.

less·en /lés(ə)n/ 動 自 少なくなる, 小さくなる, 減る: The pain has *lessened*. 痛みが和(やわ)らいだ. — 他 (...)を少なくする, 小さくする, (価値など)を減らす: *lessen* the risk of infection 感染のリスクを減らす. (形 less¹˒²)

+**less·er** /lésɚ | -sə/ 形 限定《格式》(価値・重要性が)**より低い**, より劣った, より小さい: *lesser* writers マイナー作家たち / to a *lesser* extent [degree] より少ない程度に, それほどではないが. 語法 元来は little の比較級であるが, than は伴わない《⇒ less¹ 形》.
the lésser of twó évils [名] 2 つの悪い[嫌な]もののうちまだましなほう.

less·er-known /lésɚnóʊn | -sə-/ 形 あまり知られていない(ほうの).

lésser pánda 名 C レッサーパンダ《ヒマラヤ・ネパール産のあらいぐま科の動物》.

les·son /lés(ə)n/ (同音 lessen)
— 名 (~s /~z/) ❶ C [普通は複数形で] (続けて受ける)**授業**, けいこ: Mary has piano *lessons* every week. メアリーは毎週ピアノのレッスンがある / I want to ***take lessons in*** Chinese. 中国語を教わりたい.
❷ C《英》**学課; 授業**; (学校の)勉強 [《米》class]《⇒ 類義語》: an English *lesson* 英語の授業 / have a ***lesson in*** [***on***] history 歴史の授業を受ける.
❸ C (教科書の)**課**: Lesson 2 [Two] = the Second *Lesson* 第 2 課 / "Where are we today?" "Beginning *Lesson* 7."「今日はどこから」「7 課からです」
❹ C **教訓**, 戒め; (経験から学んだ)知恵: I hope it'll be a (good) ***lesson to*** Tom. トムにはいい教訓になるだろう / ***Let that be a lesson to you!*** Ⓢ それを教訓にするんだな / I ***learned my lesson*** (from it). いい勉強になりましたよ, (これで)もう懲(こ)りました / Her failure ***taught*** her ***a*** (good) ***lesson***. 失敗は彼女にとっていい薬になった. ❺ C 〔キリスト教〕日課《朝夕の祈りのときに読む聖書の一部分》.

類義語 **lesson** と **class** は「授業」の意味で同じように使われるが, *class* が始まりと終わりが決められた計画や時間の枠に収まっている授業を指すのに対して *lesson* は教える内容に重点を置く: In today's *class* we weren't able to finish the *lesson* about relative pronouns. きょうの授業では関係代名詞の勉強を終えられなかった.

〖語源 ラテン語で「読むこと」の意; ⇒ lecture 語源〗

les·sor /lésɔɚ | lesɔ́ː/ 名 C 〔法律〕賃貸人, 貸地人, 貸家人. 関連 lessee 賃借人.

lest /lést/ 接 ❶《文語》...しないように, ...すると困るから: Work quietly, *lest* you (*should*) *disturb* others. 人の迷惑にならぬよう静かに作業せよ.

> 語法 (1) lest の後の should は《米》では普通用いない《⇒ should A 8》.
> (2) lest を使うのはやや古めかしい言い方で, 普通は in case ..., for fear (that) ... などを使う: Take your umbrella with you *in case* it rains. 雨が降るといけないから傘を持っていきなさい.

❷ [fear, be afraid などの後で]《文語》...ではないかと(心配する), ...しはしないかと(心配する): We *were afraid lest* he (should) arrive too late. 私たちは彼が

L

来るのが間に合わないのではないかと心配した. 語法《略式》では We were afraid *that* he would [might] arrive ...のように言うほうが普通.

Les·ter /léstɚ|-tə/ 名 固 レスター《男性の名》.

let[1] /lét/

— 動 (lets /léts/; 過去・過分 let; let·ting /-tɪŋ/)

意味のチャート
「(人に)...させる」他 ❷
→ [命令文で]「...させてください」他 ❶
→「...に行く[来る, 通る]のを許す」他 ❸
→ (使用させる) →「貸す」他 ❹

— 他 ❶ /lét, lèt/ [V+O+C (原形)] の動詞型の命令文で] [受身なし] (1) [一人称の目的語を伴って] (私・私たち)に...させてください: *Let me try* once more, will you? 私にもう一度やらせてくれませんか / *Let me give* you an example. 1つ例を挙げましょう / *Let us have* some bread. 私たちにパンをください《レストランの注文にも用いる》.

語法 (1) この let us は /letʌ̀s, letʌ́s/ のように us にアクセントがあるのが普通で, let's とは短縮されない. /lèts/ と発音される let's, let us (さあ...しよう)とは区別される《⇒ let's 語法 (1)》: *Let's have* some bread. パンを食べましょう.
(2) 前後関係から原形が省略されることがある: I want to go with you. Please *let me*. いっしょに行きたいんだ. お願い, 行かせてよ.

♥ ...させてください (許可を求めるとき)
Let me ...

Let me ask you a question.
質問させてください.
♥ 許可を求めるときに使われる直接的な表現.
♥ 相手が応じることが予測できる場合(相手に迷惑のかからない事柄, 状況的に妥当な事柄の場合や, 相手が親しい人の場合など)に使われることが多い.《許可を求める表現については ⇒ can[1] 2 (2)》

♥ ...しますよ (申し出るとき)
Let me ...

Let me help you do the dishes. 食器を洗うのを手伝うね.
♥ 直接的な申し出の表現.
♥ Can [May] I help you? や Do you need some help? よりも積極的に申し出ている感じになる.
♥ 相手がその申し出を望んでいるとはっきりわかっている場合などに, 積極的に申し出る際に用いることが多い.《申し出の表現については ⇒ shall 1 (1)》

(2) [三人称の目的語または there を伴って間接的な命令・要求・願望を表わす] (...)に～させなさい; ...があるようにせよ: *Let* him *do* it by himself. 彼1人でそれをやらせなよ / *Let there be* no mistake about it. その件では間違いのないように / *Let* it *be* done at once. (= *Do* it at once.) 直ちにそれがなされるようにせよ / *Let* peace *prevail* on earth. この世に平和が行きわたりますように.
(3) [三人称の目的語を伴って仮定・条件・譲歩などを表わす] 仮に(...)が～であるとしよう[とすれば]; たとえ(...)が～しようとも: *Let* 「*x equal* 2y [*x* = 2y]. x が 2y と等しいとしよう / *Let* him *say* what he likes; I don't care. 彼が何を言おうとかまうものか.

❷ [V+O+C (原形)] の動詞型で] [普通は受身なし] [使役] (許して[うっかりして])(...)に～**させる**, ～させておく, (物事など)が～するままにしておく; (積極的に)(...)に～させる《⇒ 類義語; forgive 表》: I can't *let* you *have* so much money. そんなにたくさんお金を持たせられないよ / He wants to swim but his mother won't *let* him (*swim*). 彼は泳ぎたがっているが母親が許そうとしない《⇒ 1 (1) 語法 (2)》/ She *let* the dish *fall* [*drop*] to the floor. 彼女は皿を床に落としてしまった / Don't *let* yourself *be* bullied. いじめられてばかりいてはだめだよ.

❸ [副詞(句)を伴って] (...)に(～へ)**行く[来る, 通る]のを許す**: Please ***let*** me ***by***. [V+O+副] すみません, (そばを)通してください / ***Let*** me ***out***. 外に出してくれ / She ***let*** us ***into*** her room. [V+O+前+名] 彼女は私たちを部屋に通した.

語法 (1) 副詞(句)には in, out, up, down, by, through とか into, out of などで始まる句をよく用いる《詳しくは ⇒ 句動詞, 成句》.
(2) このような場合, 副詞(句)の前に go などの動詞が省略されているとみることができる.

❹《主に英》(土地・建物・部屋など)を**貸す**, 賃貸しする [《米》rent]《⇒ lend 表》: This room is to *let*. この部屋は貸し間だ《⇒ to let (成句)》/ I want to ***let*** (***out***) the upstairs room ***to*** a student for a year. [V+(*out*+)O+*to*+名] 2階の部屋を1年間学生に貸したい / They *let* their apartment by the week. あそこは週単位でアパートを貸す.

lèt alòne ... [接] [普通は否定文の後で] ましてや...(でない), ...は言うまでもない: She can't even walk, *let alone* run. 彼女は歩くことさえできないのに, まして走るなんて到底できない.

lèt ... alóne [動] 他 (1) (...)を**かまわないでおく**, 放任する: *Let* me *alone*. I'll do it myself. 私のことはほうっておいてくれ, 自分でやるから. (2) (物など)に触れない: *Let* my car *alone*. 私の車に触るな.

lèt ... bé [動] 他 (...)をそのままにしておく; ほうっておく, じゃましない: *Let* me *be* — I've got a headache. そっとしておいてくれ, 頭が痛いのだから.

lèt dróp [fáll] [動] 他 (秘密など)をうっかり[わざと]漏(も)らす: He *let fall* [*drop*] a hint. 彼はうっかりヒントをしゃべった.

lèt gó [動] 自 (1) 手を放す. (2) 気にしないでほうっておく, 忘れる.

lèt ... gó [動] 他 (1) (...)を**自由にしてやる**: They *let* the prisoners *go* (free). 彼らは捕虜を逃がしてやった. (2) [普通は命令文で] (つかんでいる物)を**放す**: *Let* me *go*. 手を放してくれ. (3) [遠回しに] 解雇する. (4) (...)を大目に見る, 見過ごす. (5) (過去など)を忘れる, 考えないようにする.

lèt gó of ... [動] 他 (つかんでいる手から)...を**放す**: *Let go of* my hand. 私の手を放せ.

lèt ... háve it [動] 他《略式》(人)をやっつける; (人)をこらしめる, しかる.

lèt ... knów ⇒ know 成句.

Lèt me sée [thínk]. Ⓢ ええと, そうだなあ [≒Let's see.]《何かを思い出そうとしたり, とっさに答えが出ない場合》: "How many members were present at the meeting?" "*Let me see.* About fifty." 「会員は何人会議に出ていましたか」「ええと, 50人ほどでした」

lèt onesèlf gó [動] 自 (1) (いつもより)羽目を外す. (2) 身なりをかまわない.

to lét = to be lét [形]《主に英》賃貸しの [《米》 for rent]: a house [room] *to let* 貸家[貸間]. 語法 単に TO LET として「貸家[貸間]あり」の意味で掲示・広告などにも用いる.

let[1] の句動詞

+**lèt bý** 動 他 (...)を(そばを)通す《⇒ let[1] 3》; (誤りなど)を見逃す V+名·代+by.

*__lèt dówn__ 動 他 ❶ (人)の**期待を裏切る**; (...)の評価を下げる V+名·代+down / V+down+名: The team *let* their coach *down* in the finals. チームは決勝戦に負けコーチを失望させた. (名 létdòwn)
❷ (...)を**降ろす**, 下げる V+名·代+down / V+down+名: They *let* the boy *down* on [by] a rope. 彼らは少年をロープで降ろした. ❸《英》(タイヤ・風船など)の空気を抜く. ❹ (衣服)の丈を伸ばす [⇔take up]. 関連 let out 幅を広げる.

lèt ... dówn líghtly [éasy, géntly] [動] 他 (人)にやんわりと断わる, (傷つけないように)(人)に悪い知らせを伝える.

*__lèt ín__ 動 他 (人・動物)を(部屋などへ)**入れる**; (物が)(光・雨・水など)を通す V+名·代+in / V+in+名: Please *let* me *in*. 中へ入れてください / *Let in* some fresh air. 新鮮な空気を入れなさい.

lèt oneself ín for ~ [動] 他《略式》(面倒な事態など)に陥る: He *let* him*self in for* extra work. 彼は仕事をさらに背負い込むはめになった.

lèt ... ín on ~ [動] 他 (人)に(秘密など)を打ち明ける.

+**lèt ... ìnto ~** 動 他 ❶ (...)を**~の中へ入れる**, (...)を~へ通す《⇒ let[1] 3》; (...)を~(の仲間)に加える; [受身で] (...)を~にはめ込む: Who *let* you *into* the building? だれがあなたをこの建物へ入れたのか. ❷ (人)に(秘密など)を知らせる.

+**lèt óff** 動 他 ❶ (罰・仕事などから)(人)を**放免する** V+名·代+off / V+off+名: He was *let off* lightly [*with* a warning]. 彼は軽い罰ですんだ[警告だけで放免となった].
❷ (乗り物から)(...)を**降ろす** V+名·代+off / V+off+名: I asked him to *let* me *off* at Fifth Avenue. 私は彼に5番街で降ろしてくれと頼んだ. ❸ (銃など)を発射する, (爆薬・花火など)を爆発させる[打ち上げる].

+**lèt ... óff ~** 動 他 ❶ (人)を(仕事・罰など)**から放免する**, (人)に(~すること)を免除する: Jane's mother *let* her *off* dry*ing* the dishes last night. 母親は昨夜ジェーンの皿ふきを免除してやった. ❷ (...)を(乗り物)から降ろす.

+**lèt ón** 動 他 ❶ [*that* 節または *wh* 句・節を伴って]《略式》(...である)と**漏**(も)**らす**, 認める: Don't **let on** (*to* my mother) ***that*** I lost my hat. 私が帽子をなくしたことを(お母さんに)言わないでね. ❷ (人)を(乗り物に)乗せる. ― 自《略式》(事実・計画などについて)明かす, 秘密を漏らす (*to*).

+**lèt óut** 動 他 ❶ (...)を**外に出す**, 解放する, (空気・水など)を抜く; (疑いなどから)(人)を解放する, (いやな事から)放免する (*from*) V+名·代+out / V+out+名: Who *let* the dog *out*? 誰が犬を外に出したの. ❷ (叫び声・怒りなど)を発する, あげる, 表に出す. ❸ (秘密など)をうっかりしゃべる; (...である)と口外する: They accidentally *let* (it) *out that* the plan had failed. 彼らは計画が失敗したと漏らしてしまった. ❹ (衣服など)の幅を広げる [⇔take in]. 関連 let down 丈を伸ばす. ❺《主に英》(土地・建物など)を貸す, 賃貸する《⇒ let[1] 4, lend 表》[≒rent out]. ― 自《米》(学校・映画などが)終わる.

+**lèt ... òut of ~** 動 他 (...)を**~から外に出す**, (空気・水など)を~から抜く: He *let* the smoke *out of* the room. 彼は部屋から外へ煙を出した.

lèt thróugh 動 他 (人・物)を通す, 通過させる: The guard didn't *let* us *through*. 番人は私たちを通してくれなかった.

+**lèt ... thròugh ~** 動 他 (...)を(門・税関など)**で通過させる**; (...)を(試験など)で合格と認める: We don't *let* such magazines *through* customs. そんな雑誌は税関を通過させるわけにはいかない.

+**lèt úp** 動 自 ❶ (雨・風が)**やむ**, 弱まる; (悪い事が)減少する: The rain *let up* about seven. 7時ごろ雨はやんだ.
❷ **仕事の手を休める**, やめる; 努力を緩(ゆる)める.

lèt úp on ... [動] 他 (人)に対してより寛大になる; (厳しさ・努力など)を緩める.

類義語 **let** くだけた感じの語で, 積極的にさせるというよりも, むしろ反対や禁止はせずに「(本人の望みどおりに)させる」とか, また時には不注意や怠慢でそうさせるという意味を表わす: He wanted to go, and his father *let* him (go). 彼は行きたがったので, 父親はそれを許した. **make** 普通は相手の意志にかかわらず「むりやり...させる」の意: He didn't want to go, but his father *made* him (go). 彼は行きたくなかったが, 父親はむりやり彼を行かせた. **allow** 禁止しない, あるいは黙認するという意味で, *let* とほぼ同じ: It's *allowed* by the law. それは法律で許されている. **permit** やや格式ばった語で, 積極的にはっきりと許可を与えるという意味: We were *permitted* to use the room. 我々はその部屋を使うことを許可された.

― 名 C《英》(家などを)貸すこと.

let[2] /lét/ 名 C〔テニスなど〕レット《ネットに触れて入ったサーブなどで, やり直しとなる》. **withòut lét or híndrance** [副]〔法律〕何の障害もなく.

-let /lət/ 接尾 [名詞につく名詞語尾]「小...」の意《⇒ diminutive 2》: book*let* 小冊子 / pig*let* 子豚.

let·down /létdàʊn/ 名 C [普通は a ~] 失望, 期待はずれ. (動 lèt dówn 1)

+**le·thal** /líːθ(ə)l/ 形 **致死の**, 死を招く; 致命的な: a *lethal* dose 致死量 / *lethal* weapons 凶器 / This oil spill may be ***lethal to*** fish. +to+名 この油の流出は魚にとって致命的かもしれない.

le·thar·gic /ləθɑ́ədʒɪk | -ɑ́ː-/ 形 無気力な, 不活発な.

leth·ar·gy /léθədʒi | -θə-/ 名 U 無気力, 怠惰, けだるさ, 不活発.

***let's** /léts/ [動詞の原形を伴い勧誘や提案を表わす]《略式》(さあ)...しよう, ...しましょう: *Let's go* to the zoo. 動物園へ行こうよ / *Let's imagine* what the world would be like with no war. 戦争のない世界がどんなものか想像してみよう / 口 "Shall we sit here?" "「All right [Yes], *let's* (sit here)."「ここに座ろうか」「うん, そうしよう」(「いや, よそう」は "No, *let's* not.").

語法 (1) **let's と let us**
let us と書いても普通は /lets, lèts/ と発音する《⇒ let[1] 1 語法 (1)》. ただし《格式》では let us を /lètəs/ と発音することがある: *Let us* pray. ではお祈りいたしましょう《教会での聖職者のことば》.
(2) **let's の否定**
否定「...しないようにしよう」は《米》では Let's not

L

が普通で,《略式》では Don't let's も,《俗》では, 時に Let's don't を用いる.《英》でも Let's not が普通で, 特に《略式》では Don't let's も用いる:「*Let's not* [*Don't let's*] talk about it anymore. もうそれについては言わないでおこう.

(3) **let's と付加疑問**

付加疑問は普通は shall we? となる.《略式》では OK? も用いる: *Let's* go,「*shall we* [*OK*]? 出かけようか / "*Let's* have a swim, *shall we*?" "Yes, *let's*." ["No, *let's* not."]「泳ごうか」「よし, 泳ごう [いや, よそう]」《誘いに対する応答については ⇒ shall 1 (2) ♥》

♥ ...しましょう (提案するとき)

Let's ...

Oh, it's already 9. **Let's** call it a day, shall we? あ, もう 9 時だ. 今日のところはこれで終わりにしましょうか.

Yes, sure. We can do the rest tomorrow. そうですね. 残りは明日できますし.

♥ 積極的な誘い・提案の表現.

♥ 相手が応じる可能性がかなり高い場合(過去に同じことを一緒にした経験があったり, それまでの言動から相手も乗り気だとわかっているときや, 状況的に極めて妥当な提案の場合など)に使われる.

＋ 誘いの表現

♠ 相手を誘うときには主に次の表現がよく使われる. 上のものほど直接的で, 下のものほど間接的な言い方.

① Let's ....
② How about ...ing?
③ Why don't we ...?
④ Shall we ...? / Do you want to ...?
⑤ Would you like to ...?
⑥ I was wondering if you'd like to ....

相手が応じる可能性が高いとき(親しい人を誘う場合や, 相手が好んでいる・希望しているとはっきりわかっている事柄の場合など)には直接的な表現を使って積極的に誘い, 相手が応じるかどうかわからないときには間接的な表現を用いて控えめに誘う.

Lét's just sáy ... 単に...とだけ言っておこう《詳細を話すつもりがないとき》.

Lèt's sée. Ⓢ **ええと**, そうだなあ《何かを思い出そうとしたり, とっさに答えが出ないとき》[≒Let me see.]: Now, *let's see*, what else did I want? ええと, ほかに何が欲しいんだったっけ.

***let·ter /léṭɚ | -tə/

— 名 (~s /~z/)

意味のチャート

「文字」❷
→ (文字で書かれたもの) → 「手紙」❶
　　　　　　　　　　　 → 「文学」❸

❶ Ⓒ **手紙**, 封書, 書状《⇒ 類義語》: a *letter from* the President of the United States アメリカの大統領からの手紙 / I ***wrote*** a ***letter to*** my mother last night. 私は昨夜母に手紙を書いた / a *letter of* introduction [recommendation] 紹介[推薦]状 / inform them ***by letter*** 手紙で彼らに知らせる《⇒ by 前 2 語法》/ I have some *letters* to write. 私は手紙を何通か書かなければならない / ***send*** [《米》 ***mail***, 《英》 ***post***] a ***letter*** 手紙を出す / ***get*** [***receive***] a ***letter*** 手紙を受け取る / ***answer*** [***reply to***] a ***letter*** 手紙の返事を出す / ***open*** a ***letter*** 手紙を開封する / ***address*** a ***letter to*** ... ...にあてて手紙を出す / ***deliver*** a ***letter*** 手紙を配達する / ***forward*** a ***letter*** 手紙を転送する / Thank you very much for your *letter*. お手紙どうもありがとうございます / Be sure to write me a *letter*. きっと手紙をくださいね.

英文の手紙の書式《⇒address 図》

(1) 1–38–1 Sakura-machi
Chiyoda-ku, Tokyo 101–0071
Japan
April 11, 2024

(2) Mr. John Brown
4320 Acacia Street
San Francisco, CA (3) 94120
USA

(4) Dear Mr. Brown,
(5) --

----

(6) Sincerely yours,
(7) *Taro Yamada*
Taro Yamada

(1) 頭書 (heading) — 差し出し人の住所と日付を右肩に記す. (2) 手紙の中のあて名 (inside address) — 相手の氏名と住所を左側に書く. 親しい人への手紙では省略することが多い. (3) 郵便番号《⇒ zip code》. (4) 書き出し《⇒ salutation, greeting》. (5) 本文 (body). (6) 結びのあいさつ (complimentary close). (7) 署名 (signature) — 手紙をタイプした場合でも署名は必ず自分でペンで書く.

❷ Ⓒ **文字**, 字《アルファベットや仮名のようにそれ自身では意味を持たない表音文字》: small *letters* 小文字《a, b, c など》/ capital *letters* 大文字《A, B, C など》/ The following sentence contains all the 26 *letters* of the English alphabet. 次の文には英語のアルファベットの 26 文字が全部入っている《⇒ over 前 2 (1) 第 2 例文》. 関連 character 表意文字. ❸ [複数形で単数または複数扱い]《格式》文学, 学問; 学識: arts and *letters* 芸術と文学 / a man of *letters* 文学者, 文筆家. ❹ [the ~] 文字どおりの意味; 字句《内容・趣旨などに対して》: keep [stick] to *the letter* of the law 法の条文を厳守する. 関連 spirit 法文の趣旨. ❺ Ⓒ《米》学校名の頭文字《優秀な運動選手に与えられシャツの胸などに付ける》.

to the létter 副 文字どおりに; 正確に, 厳密に. (形 líteral)

類義語 **letter** 最も一般的な語で, すべての手紙にあてはめられるが, はがき (card) は入らない. **note** 短い略式の手紙で, 伝言のメモ, 簡単な置き手紙なども含む. **message** 書いた手紙だけでなく, 口述される伝言をもいう.

— 動 (let·ter·ing /léṭərɪŋ/) 他 [普通は受身で] (...)に文字を印刷する[入れる]; (...)に表題を入れる.

létter bòmb 名 Ⓒ (過激派などによる)郵便爆弾.

létter bòx 名 ❶ Ⓒ《英》(個人・会社の)郵便受け

L

[《米》 mailbox]; (ドアなどの) 郵便受け [《米》 mail slot]. ❷ Ⓒ《英》郵便ポスト [≒postbox, 《米》 mailbox]. ❸ [letterbox] Ⓤ レターボックス《テレビ上で映画を放映する際に上下に黒いバーがかかる方式》.

let·ter·head /létəhèd | -tə-/ 名 Ⓒ 便箋(びん)の頭書(とう)《社名・所在地・電話番号などを印刷した部分》; Ⓤ《米》頭書が印刷された便箋.

let·ter·ing /létərɪŋ/ 名 Ⓤ レタリング《デザイン化した文字を書いたり刻んだりする技術》; (特定のスタイルで) 書かれた[刻まれた]文字《主に広告用》.

let·ter-per·fect /lètəpə́ːfɪkt | -təpə́ː-/ 形《米》(細部に至るまで) 完璧な.

+**let·tuce** /létəs, -tɪs/ 名 (let·tuc·es /~ɪz/) Ⓤ,Ⓒ レタス, サラダ菜: two heads of *lettuce* レタス 2 個.

let·up /létʌ̀p/ 名 [Ⓤ または a ~] (活動などの) 停止, 減退; 衰え (*in*).

leu·ke·mi·a, 《英》 **leu·kae·mi·a** /luːkíːmiə/ 名 Ⓤ〔医学〕白血病.

leu·ko·cyte /lúːkəsàɪt/ 名 Ⓒ〔医学〕白血球.

le·vee /lévi/ 名 Ⓒ《米》(川の) 堤防, 土手.

****lev·el** /lév(ə)l/

意味のチャート
原義はラテン語で「小てんびん」. →「**水準器**」❸
→(水準器で示される)「**水平面**」❷
→ (比喩的に)「**水準**」❶
→「**平らな**」形 ❶

— 名 (~s /~z/) ❶ Ⓒ,Ⓤ (文化・学問・技術などの) **水準**; (別の物と比べた) **高さ**, 程度, レベル; (社会的な) 地位, 身分; (物事をとらえる) 観点, 見方: a high *level of* civilization 高い水準の文明 / What's the *level of* this course? この講座のレベルは? / the *level of* alcohol in the blood 血中アルコール量 / a conference *at* Cabinet *level* 閣僚レベルの会議 / Your idea won't work ***on*** a practical ***level***. あなたの考えは実用レベルではうまくいかないだろう / ***on*** many different ***levels*** さまざまな見方で.

❷ Ⓤ,Ⓒ **水平面**; **水平**; 水平面の高さ; Ⓒ (建物などの) 階(全体): the *level of* the sea = sea *level* 海面 / the water *level* 水位 / a museum built ***on*** three ***levels*** 高さの違う 3 つの敷地に建つ博物館 / It hung 「***at*** the ***level*** of my eyes [***at*** my eye ***level***]. それは私の目の高さに掛かっていた. ❸ Ⓒ 水準器.

descénd [sínk] to ...'s lével [動] (人) のレベルまで品位を落とす.

on the lével [形・副]《略式》正直で[に], 合法で[に].

— 形 ❶ **平らな**; 水平の (⇒ flat[1] 類義語): a *level* surface 平らな面, 平面 / *level* ground 平地 / a *level* spoonful スプーンにすり切り 1 杯(の量).

❷ **同じ高さ[水準, 程度]の**; 《英》同等の, 同点の: a *level* race 互角の競争 / The water was ***level with*** my shoulders. [+*with*+名] 水は私の肩と同じ高さまであった. ❸ (口調・視線が) 一様の, むらのない: speak in a *level* voice 淡々とした声で話す. ❹ 分別のある, 落ち着いた.

dò one's **lével bést** [動] 自 最善を尽くす (*to* do).

dráw lével [動] 自 (...の) 横に並ぶ; (競技などで) (...に) 追いつく (*with*).

— 動 (lev·els /~z/; lev·eled, 《英》 lev·elled /~d/; -el·ing, 《英》 -el·ling) 他 ❶ (...)を**平らにする**, ならす; 一様[同等]にする; 同じ高さ[水準]にする: *level* the score 《英》(試合などで) 同点にする / Death *levels* all men. 死はすべての人を平等にする (人は身分に関係なく死ぬ) / The ground needs to *be leveled*. [V+O の受身] この地面はならす必要がある. ❷ (銃など)を (...に) 向け(てねらいをつけ)る (*at*). ❸ (非難など)を...に向ける, 浴びせる: Serious criticism was *leveled at* [*against*] his work. 彼の作品に対して厳しい批評が浴びせられた. ❹ (人・建物など)を倒す, 取り壊す.

level の句動詞

+**lével óff [óut]** 動 自 ❶ **安定する**, 横ばいになる: Inflation *leveled off* at six percent. インフレは 6 パーセントで落ち着いた. ❷ (飛行機が) 水平飛行に移る.
— 他 (...)を平らにする; 安定させる.

lével úp [dówn] 動 他 (...)を一様の[同じ]高さに上げる[下げる]: The bank was *leveled up*. 土手は一様の[同じ]高さまで高くされた. 日英 日本語の「レベルアップ」,「レベルダウン」は単に水準を上下することだが, 英語の level up [down] は水準を上げ下げして, 他との差をなくすこと.

lével with ... 動 他《略式》...にざっくばらんに打ち明ける, 腹を割って話す.

lével cróssing 名 Ⓒ《英》踏切 [《米》 railroad crossing].

lev·el·er, 《英》 **-el·ler** /lév(ə)lə | -lə/ 名 Ⓒ 平等[同じ立場]にするもの: Death is a great *leveler*. 死ねば皆平等.

lev·el-head·ed /lév(ə)lhédɪd←/ 形 穏健な, 冷静な, 分別のある.

lév·el·ler 名《英》= leveler.

lével pláying fìeld 名 [a ~] 公平な競争の場.

lev·er /lévə, líːvə | líːvə/ 名 ❶ Ⓒ〔機械〕てこ; レバー: a hand *lever* 手動レバー. ❷ Ⓒ (目的達成のための) 手段 (*for*). — 動 (-er·ing /-v(ə)rɪŋ/) 他 (...)をてこで動かす (*off*, *up*, *out*).

le·ver·age /lév(ə)rɪʤ, líːv- | líːv-/ 名 Ⓤ てこ入れ, 影響力(の行使); てこの作用[力]. — 動 他 (...)を借入金でてこ入れする; (...)を活用する.

le·vi·a·than /ləváɪəθən/ 名 ❶ Ⓒ〔聖書〕レビヤタン《巨大な海獣》. ❷ Ⓒ《文語》巨大なもの (*of*); 巨船, 巨鯨.

Le·vi's, Le·vis /líːvaɪz/ 名 複 リーバイス《ジーンズの商標》.

lev·i·tate /lévətèɪt/ 動 他 (心霊術などで) (...)を空中に浮かせる. — 自 空中浮揚する.

lev·i·ta·tion /lèvətéɪʃən/ 名 Ⓤ 空中浮揚.

lev·i·ty /lévəti/ 名 Ⓤ《格式》軽卒, 不謹慎.

lev·y /lévi/ 動 (lev·ies; lev·ied; -y·ing) 他 (税金など)を徴収する, 取り立てる, (...に) 課する: A consumption tax *is levied on* almost all goods in Japan. 日本ではほとんどすべての商品に消費税が課されている.
— 名 (lev·ies) Ⓒ (税金などの) 徴収額.

Lew /lúː/ 名 固 ルー《男性の名; Lewis の愛称》.

lewd /lúːd/ 形 (lewd·er, more ~; lewd·est, most ~) みだらな, わいせつな.

Lew·is /lúːɪs/ 名 固 ルイス《男性の名; 愛称は Lew》.

lex·i·cal /léksɪk(ə)l/ 形〔言語〕語彙(い)の.

lex·i·cog·ra·pher /lèksəkɑ́(ː)grəfə | -kɔ́grəfə/ 名 Ⓒ 辞書執筆[編集]者; 辞書学者.

lex·i·cog·ra·phy /lèksəkɑ́(ː)grəfi | -kɔ́g-/ 名 Ⓤ 辞書編集(法); 辞書学.

lex·i·con /léksəkɑ̀(ː)n | -k(ə)n/ 名 ❶ Ⓒ [普通は the ~]〔言語〕(特定の言語・集団などの) 語彙(い)目録《文

法に対して》. ❷ Ⓒ 語彙集《特定の作家・分野などの》; 辞書《特にギリシャ語・ヘブライ語の》.

Lex·ing·ton /léksɪŋtən/ 名 固 レキシントン《米国 Massachusetts 州東部の町; 米国独立戦争の最初の戦闘がここで行なわれた》.

LGBT /éldʒìːbìːtíː/ 略 = lesbian, gay, bisexual, and transgender《性的マイノリティーの総称》.

+**li·a·bil·i·ty** /làɪəbíləṭi/ 名 (-i·ties /~z/) ❶ Ⓤ (賠償などの法的)**責任**(のあること), 義務: We cannot accept ***liability for*** any damage caused by natural disasters. 自然災害による損害賠償責任は負いかねます / ***liability to*** pay taxes [+to 不定詞] 納税の義務 / product *liability* 製造物責任. ❷ [複数形で]〔法律〕債務, 負債《⇒ asset》. ❸ Ⓒ [普通は単数形で] やっかいなもの, 足手まとい (*to*).

+**li·a·ble** /láɪəbl/ 形 ❶ 叙述 (物・人がよくないことや不利なことを)**しがちで**, ...しやすい; (病気などに)かかりやすい: Glass is ***liable to*** break. [+to 不定詞] ガラスは割れやすい 多用 / We're *liable to* make mistakes. 我々は間違いをしやすい / Kate is ***liable to*** colds. [+to+名] ケートはかぜをひきやすい. ❷ 叙述 (補償などに法的に)責任がある; (罰金・拘留などに)処せられるべきで; ...を免れない: We're *liable for* the damage. 我々はその損害に対して責任がある / Anyone who spits on the street is *liable to* a fine. 街路につばを吐く人は罰金を科せられる.

li·aise /liéɪz/ 動 自 (軍隊・会社間で)連絡をとる, 連絡役を務める (*with, between*).

li·ai·son /líːəzὰ(ː)n, liéɪzɑ(ː)n | lɪéɪzn/ 名 ❶ [Ⓤ または a~] 連絡; 接触 (*between*): in (close) *liaison with* ... ...と(密に)連係して. ❷ Ⓒ 連絡係[員] (*to, with*). ❸ Ⓒ (男女の)密通 (*with*).

li·ar /láɪə | láɪə/ 名 Ⓒ (常習的な)うそつき《⇒ lie[2] 名 ⚡》: a big *liar* 大うそつき.

lib /líb/ 名 Ⓤ《略式》解放, 解放運動 (liberation): women's *lib* ウーマンリブ.

li·ba·tion /laɪbéɪʃən/ 名 Ⓒ《格式》(神へ捧げる)酒; [こっけいに] 酒.

Lib Dems /líbdémz/ 名 複《英》= Liberal Democrats.

+**li·bel** /láɪb(ə)l/ 名 (~s /~z/) Ⓤ〔法律〕(文書による)**名誉毀損**(きそん)(**罪**); Ⓒ 誹謗(ひぼう)文書 (*on*): sue the newspaper for *libel* 名誉毀損で新聞社を訴える.
— 動 (li·bels; li·beled,《英》li·belled; -bel·ing,《英》-bel·ling) 他 (...)を(文書で)中傷する.

li·bel·ous,《英》**li·bel·lous** /láɪb(ə)ləs/ 形 名誉毀損(きそん)の.

**lib·er·al /líb(ə)rəl/

— 形

意味のチャート
「自由な」
→ (考え方が)「**寛大な**」❶
→ (政治的に)「**自由主義の**」❷
→ (おおらかで)「**気前のよい**」❸
→ (職業教育に対して, 自由な心を培(つちか)う)「**一般教育の**」❻

❶ **寛大な**, 度量の大きい, 偏見のない [⇔ illiberal]: a person of *liberal* views 偏見にとらわれない自由な考え方の人.
❷ **自由主義の**, 進歩的な: *liberal* ideas 自由主義思想 / a *liberal* politician 進歩的な政治家.
❸ **気前のよい**, 物惜しみしない: She was ***liberal with*** her advice. [+with+名] 彼女は惜しみなく助言を与えてくれた. ❹ 自由な, 字義にとらわれない: a *liberal* interpretation of the law 法律の自由な解釈. ❺ たくさんの, 豊富な: a *liberal* supply of drinks ふんだんに用意された飲み物. ❻〔教育〕一般教育[教養]の: *liberal* education 一般教養教育.
(名 líberty, 動 líberàte, líberalìze)
— 名 ❶ Ⓒ 度量の大きい人; 自由主義者. ❷ Ⓒ [L-]《英》自由党員.

líberal árts 名 複《主に米》一般教養科目《専門科目に対し, 哲学・歴史・文学・語学などの科目》.

Líberal Démocrats 名 複 [the ~]《英》自由民主党 (Lib Dems)《英国の第 3 政党; ⇒ party 表》.

lib·er·al·is·m /líb(ə)rəlɪzm/ 名 Ⓤ (特に社会的・政治的)自由主義.

lib·er·al·i·ty /lìbərǽləṭi/ 名 ❶ Ⓤ《格式》寛大さ. ❷ Ⓤ《格式》気前のよさ.

lib·er·al·i·za·tion /lìb(ə)rəlɪzéɪʃən | -laɪz-/ 名 Ⓤ 自由にすること, 自由化, 規制緩和.

lib·er·al·ize /líb(ə)rəlàɪz/ 動 他 (...)を自由化する; (制限など)を緩和する: The country has been requested to *liberalize* its import restrictions. その国は輸入制限を緩和するよう要請されている. (形 líberal)

lib·er·al·ly /líb(ə)rəli/ 副 気前よく, 惜しげもなく.

lib·er·ate** /líbərèɪt/ 動 (-er·ates /-rèɪts/; -er·at·ed /-ṭɪd/; -er·at·ing /-ṭɪŋ/) 他 (奴隷・束縛の状態から)(人・国など)を**自由にする**, 解放する [≒free]: Lincoln *liberated* the slaves. リンカンは奴隷を解放した / He ***liberated the people ***from*** bondage. [V+O+from+名] 彼は人々を束縛から解放した.
(形 líberal, 名 lìberátion)

lib·er·at·ed /líbərèɪṭɪd/ 形 自由になった; (社会的・性的制約などから)解放された.

+**lib·er·a·tion** /lìbəréɪʃən/ 名 Ⓤ **解放(する[される]こと)**, 解放運動 [《略式》lib]: women's *liberation* ウーマンリブ. (動 líberàte)

Li·be·ri·a /laɪbí(ə)riə/ 名 固 リベリア《アフリカ西部の共和国》.

lib·er·tar·i·an /lìbəté(ə)riən | -bə-/ 名 Ⓒ 自由論者, 自由主義者. — 形 自由論の, 自由主義者の.

lib·er·tine /líbəṭìːn | -bə-/ 名 Ⓒ《文語》放蕩(ほうとう)者, 道楽者, 性的快楽を求める人.

***lib·er·ty** /líbəṭi | -bə-/ 名 (-er·ties /~z/) ❶ Ⓤ **自由**; 解放《束縛・制限などが除かれた状態; ⇒ freedom 類義語》: religious *liberty* 宗教上の自由 / They fought for their *liberty*. 彼らは自分たちの自由のために戦った. ❷ Ⓒ [普通は複数形で] (法律で認められた)権利: *liberties* such as freedom of the press 報道の自由のような権利. ❸ [単数形で] 勝手(な行動), 気まま; 無遠慮.

at líberty [形]《格式》(囚人・動物が)**自由で**, 拘束[束縛]されずに: Two prisoners were caught tonight but the others are still *at liberty*. 今夜 2 人の囚人がつかまったがほかの者はまだつかまっていない.

be at líberty to dó [動]《格式》**自由に[勝手に]...できる**: You are *at liberty to* do so. 自由にそうしてよい.

tàke líberties with ... [動] 他 (1) (文章・規則など)を勝手に変える. (2)《古風》(異性)になれなれしくする.

tàke the líberty of dóing [動] 勝手に...する: May I *take the liberty of* call*ing* on you tomorrow? 勝手ながら明日お伺いしてもよろしいでしょうか. (形 líberal)

Líberty Bèll 名 固 [the ~]《米》自由の鐘《1776 年 7 月 8 日アメリカ合衆国の独立宣言を記念して鳴らし

た鐘; Philadelphia に保存されている》.

Líberty Ísland 名 固 リバティー島《米国 New York 港の入り口にある小島; 自由の女神像 (the Statue of Liberty) がある》.

li·bi·do /ləbíːḍoʊ/ 名 (~s) U,C 〔心理〕 リビドー; 性的衝動.

Li·bra /líːbrə, láɪ-/ 名 ❶ 固 天秤(てんびん)座《星座》; 天秤宮 (the Scales)《⇒ zodiac 挿絵》. ❷ C 天秤座生まれの人.

li·brar·i·an /laɪbré(ə)riən/ 名 C 司書, 図書館員.

‡li·brar·y /láɪbreri | -brəri/

— 名 (-brar·ies /~z/) ❶ C **図書館**, 図書室; (個人の)書庫: a public *library* 公共図書館 / a circulating [lending] *library* 貸し出し図書館 / the *Library* of Congress 米国議会図書館《Washington, D.C. にある》.

❷ C **蔵書**; (レコード・フィルムなどの)コレクション: an extensive *library* of English books 英語の本の膨大な蔵書. ❸ C ...文庫, 双書(そうしょ): the Modern *Library* モダンライブラリー《英国の双書の名》.

〖語源 ラテン語で「本屋」の意〗

li·bret·to /lɪbréṭoʊ/ 名 (複 ~s, li·bret·ti /lɪbréṭiː/) C (歌劇などの)歌詞, 台本.

Lib·y·a /líbiə/ 名 固 リビア《アフリカ北部の共和国》.

Lib·y·an /líbiən/ 形 リビアの; リビア人の. — 名 C リビア人.

lice 名 louse[1] の複数形.

li·cense,** 《英》 **li·cence** /láɪs(ə)ns/ 名 (li·cens·es, 《英》 li·cenc·es /~ɪz/) ❶ C **免許証[状]**, 許可書; U,C **免許**, 許可; 〔コンピュータ〕 ライセンス《ソフトウェア利用認可》: 《米》 a driver's *license* = 《英》 a driving *licence* 運転免許(証) / He has a ***license to practice medicine. [+to 不定詞] 彼は医者を開業する免許(証)を持っている / The shop got a *license to* sell alcohol. その店はアルコール飲料の販売許可を得た / issue a *license* 免許証を発行する / grant a *license* 免許を与える / renew a *license* 免許を更新する / lose one's *license* 免許を失う. ❷ U (言動の)自由; (過度の)自由, (勝手)気まま, 放蕩(ほうとう), 放縦 (*to* do)《⇒ freedom 類義語》. ❸ U (作家・芸術家などの)破格, 許容, 自由: poetic *license* 詩的許容《詩に許された, 一般の文法・形式・論理などに反する自由》.

a lícense to prínt móney [名] [悪い意味で] 楽に金のもうかるやり方, ぼろもうけの口.

ùnder lícense [副] 認可を受けて, 許可されて.

— 動 (li·cens·es /~ɪz/; li·censed /~t/; li·cens·ing) 語法 動詞では《英》でも license のつづりのほうが普通. 他 (...)を**認可する**, (...)に免許状を与える, 許す: The shop *is **licensed to*** sell tobacco. [V+O+C (to 不定詞)の受身] その店はたばこを販売する認可を得ている.

li·censed, 《英》 **li·cenced** /láɪs(ə)nst/ 形 認可[免許]を受けた; 《英》 (店・ホテルが)酒類の販売を認められた.

li·cens·ee /làɪs(ə)nsíː/ 名 C 免許[認可]を受けた人; 《英》 酒類の販売を認められた人.

lícense nùmber 名 C 《米》 (自動車の)登録番号 [《英》 registration number].

lícense plàte 名 C 《米》 (車の)ナンバープレート《⇒ car 挿絵》 [《英》 number plate].

li·cen·tious /laɪsénʃəs/ 形 《格式》 (性的に)不道徳な, 放縦な.

li·chen /láɪk(ə)n/ 名 U,C 地衣類《菌類と藻類の複合体で, 岩石や木の表面に生じる》.

+lick /lík/ 動 (licks /~s/; licked /~t/; lick·ing) 他 ❶ (物)を**なめる** (*off, from*), なめて...にする: The cat is *licking* its paws. 猫は足をなめている. ❷《略式》(...)をやっつける, たたきのめす; (問題)を解決する. ❸《文語》(炎が)(...)をなめる(ように燃え広がる), (波が)(...)にかぶる.

— 自 《文語》 (炎・波が)なめるように動く (*at, against*).

líck ...'s bóots [動] 《略式》 (人)にぺこぺこする, おべっかを使う. **líck úp** [動] 他 (...)をなめ尽くす.

— 名 (~s /~s/) ❶ C [普通は単数形で] **なめること**, ひとなめ: have a *lick* of ... ...をちょっとなめる. ❷ [a ~] ほんのわずか(の量); (ペンキなどの)一塗り: not *a lick of* ... 《米古風》 少しの...もない. ❸ C 《略式》 殴ること, 強打. **a líck and a prómise** [名] (1) 《米》 大ざっぱにやること. (2) 《英》 雑に洗う[掃除する]こと.

lick·ing /líkɪŋ/ 名 [a ~] 《略式》 ぼろ負け, 大敗; (お仕置きのためむちなどで)打つこと: give (...) *a licking* (...を)ひっぱたく, こてんぱんに負かす / get *a licking* ひっぱたかれる, ぼろ負けする.

lic·o·rice, 《英》 **li·quo·rice** /lík(ə)rɪʃ, -rɪs/ 名 ❶ U かんぞう(甘草)《まめ科の多年草》; かんぞうの根《薬・菓子などの原料》. ❷ C,U かんぞう入りキャンディー《ひも状の赤または黒色の菓子》.

***lid** /líd/ 名 (lids /lídz/) ❶ C (箱・つぼ・なべなどの)**ふた**: take off the *lid* ふたを取る. ❷ C まぶた (eyelid).

flíp one's **líd** [動] 自 《略式》 かっとなる, 激怒する.

kéep a [the] líd on ... [動] 他 ...を隠しておく; ...を抑制する.

pùt a [the] líd on ... [動] 他 (1) ...にふたをする. (2) 《略式》 ...を隠す; 抑える.

táke [blów] the líd òff ... = líft the líd on ... [動] 他 ...の真相を暴露する[すっぱぬく].

li·do /líːḍoʊ/ 名 (~s) C 《英》 海岸の保養地, 海水浴場; 屋外プール.

‡lie[1] /láɪ/ ❗発音

— 動 (lies /~z/; 過去 lay /léɪ/; 過分 lain /léɪn/; ly·ing /láɪɪŋ/) 自 ⚡ 他動詞 lay の活用と区別すること.

> **単語のエッセンス**
> 基本的には「横たわる」の意.
> 1) 横になる ❶
> 2) (物が...に)ある ❷
> 3) (事柄が...に)ある ❸
> 4) 位置する ❹
> 5) ...の状態にある ❺

❶ (人・動物が)**横になる**, 横たわる, 寝る; (...の状態で)横になっている: I often *lie on* this bench. [V+前+名] 私はよくこのベンチに横になる / I *lay on* my stomach [back]. 私はうつぶせに[あおむけに]なった / The baby's mother ***lay beside*** him [her] on the bed. 母親はベッドで赤ちゃんのそばに横になった / He's *lying* ill in bed. [V+C (形)] 彼は具合が悪くて寝ている / She *lay* awake all night worrying. 彼女は心配して一晩中眠れないまま横になっていた. 関連 他 は lay (横にする).

❷ (物が...に横にして)**ある**, 置いてある: There's a book *lying on* the desk. [V+前+名] 机の上に本が(置いて)ある / The snow *lay* deep. [V+C (形)] 雪が深く積もっていた.

❸ (問題・本質などが...に)**ある** [≒exist]《⇒ lie in ... (句動詞)》: Your choice ***lies between*** sports and study. [V+前+名] スポーツか勉強かどちらかを選ばなけれ

ばいけない.
❹ (土地・町・建物などが…に)**位置する**; [序数詞を伴って]《英》(チームなどが)(…位に)ある; (景色などが)展開している; (未来・人生などが)広がっている: Ireland *lies to* the west of Great Britain. V+前+名 アイルランドはグレートブリテン島の西にある / The scene *lying before* us was beautiful. 私たちの目の前にある景色は美しかった / A bright future *lies before* [*in front of*] you. 輝かしい将来が君の前に広がっている.
❺ **…の状態にある:** The cat *lay hidden* in the bushes. V+C (過分) 猫は茂みに隠れていた / The old castle *lay in* ruins. V+*in*+名 その古城は荒れ果てたままになっていた. ❻ (死体が)葬られている, 眠っている: Here *lies* ... (墓碑銘で)ここに…眠る.
táke ... lýing dówn [動] ⑩ [普通は否定文で] (侮辱など)を甘んじて受ける.

lie¹ の句動詞
líe ahéad 動 ⓐ (物事が)(…の)将来に起きる, (…を)待ちうけている (*of*).
líe aróund [《英》 **abóut**] 動 ⓐ (物が)ちらかっている, ほったらかしてある; (何もせず)ぶらぶらする.
líe báck 動 ⓐ (いすなどの)後ろにもたれる.
líe behìnd ... 動 ⑩ ❶ …の背後にある. ❷ …の(かくれた)理由[原因]となっている.
***líe dówn** 動 ⓐ **横になる**, **寝る:** *Lie down* and make yourself comfortable. 横になって楽にしてください《診察のときなど》.
líe ín 動 ⓐ 《英》 朝寝ぼうする.
+**líe in ...** 動 ⑩ (原因などが)**…にある**, …にかかっている (⇒ lie¹ ⓐ 3): The value of life *lies* not *in* the length, but *in* the use, of it. 人生の価値はその長さではなくその過ごし方にある.
líe with ... 動 ⑩ (責任・義務・選択などが)…にかかっている: It *lies with* you to make a decision about it. それについて決定するのがあなたの役目だ.

— 名 [次の成句で] **the líe of the lánd** [名] 《英》 = the lay of the land (⇒ lay² 名 成句).
***lie²** /láɪ/ 名 (~s /~z/) Ⓒ **うそ**, **偽り** [⇔ truth]: 「a complete [an outright] *lie* 全くのうそ / a barefaced [《米》 bald-faced] *lie* 真っ赤なうそ / a pack of *lies* うそ八百 / Father, I cannot tell a *lie*. I did it with my little hatchet. お父さん, 僕はうそはつけません. 僕が小さなおので やったんです《桜の木を切った少年時代のワシントン (Washington) のことばとされている》. ⚡ 英語の lie や liar という語は日本語の「うそ」や「うそつき」よりずっと強い非難・軽蔑の感情を含む. 日本語の軽い意味の「うそ!」は You're kidding., You're [You must be] joking. などが近い. 他には fib(ber), white lie などの表現もある.
gíve the líe to ... [動] ⑩ 《格式》 …が偽りであることを証明する, …と矛盾する.
líve a líe [動] ⓐ 自分を偽って暮らす.
— 動 (lies /~z/; lied /~d/; ly·ing /láɪɪŋ/) ⓐ ❶ **うそをつく**, 偽る: He *lied to* me yesterday. V+*to*+名 彼はきのう私にうそをついた 多用 / She *lied* (*to* me) *about* her age. V(+*to*+名)+*about*+名 彼女は(私に)うその年齢を言った. ❷ (物が)偽りの印象を与える, 惑わす.
líe through one's **téeth** [動] ⓐ 真っ赤なうそをつく.
líe 「one's **wáy** [onesèlf] **òut of ...** [動] ⑩ うそをついて[不正な手段で]…から逃れる.
líe detèctor 名 Ⓒ うそ発見器 [≒polygraph].

lie-down /láɪdàʊn/ 名 [a ~] 《英》 (普通はベッドの上での)短い休息, ひと休み.
lie-in /láɪín/ 名 [単数形で] 《英略式》 朝寝.
lieu /lúː/ 名 [次の成句で] **in lìeu of ...** [前] 《格式》 …の代わりに [≒instead of].
Lieut. 略 = lieutenant.
+**lieu·ten·ant** /luːténənt | leftén-/ 名 (-ten·ants /-nənts/) ❶ Ⓒ 《米》 **海軍大尉**; 《英》 **陸軍中尉**, **海軍大尉** (略 Lt., Lieut.). ❷ Ⓒ 《米》 警部補; 消防副隊長. ❸ Ⓒ 上官代理, 副官.
lieuténant cólonel 名 Ⓒ 《米》 陸[空]軍中佐; 《英》 陸軍中佐.
lieuténant commánder 名 Ⓒ 海軍少佐.
lieuténant géneral 名 Ⓒ 《米》 陸[空]軍中将; 《英》 陸軍中将.
lieuténant góvernor 名 Ⓒ 《米》 (州の)副知事.

*****life** /láɪf/
— 名 (複 lives /láɪvz/)

意味のチャート
原義は「生存」→(個体の命)→「**命**」❸→(命のある期間)→「**一生**」❶→(その記録)→「**伝記**」❾
→「**人生**」❷→(生き方)→「**生活**」❺
「**生命**」❹→(生命を持つもの)→「**生き物**」❻→(生きたもののように)→「**実物**」❿
→(生命の力)→「**元気**」❽

❶ U,C (人の)**一生**, 生涯; 今までの[これからの]人生; [形容詞的に] 終身の: He remained single throughout his *life*. 彼は一生独身で通した / She gave [dedicated, devoted] her entire *life* to the struggle against cancer. 彼女は一生を癌(がん)との戦いにささげた / I'll be grateful to you ***all my life***. 御恩は一生忘れません / I've never ***in*** my ***life*** seen such a beautiful sight. 生まれてからまだこんな美しい景色を見たことがない / ***for life*** 一生涯, 終身 / (*for*) the rest of one's *life* 残りの人生(を) / She spent her early *life* in Paris. 彼女は若いころをパリで過ごした / He became a composer late in *life*. 彼は晩年作曲家になった / a *life* member of the association その協会の終身会員.
❷ Ⓤ **人生**, この世, 世間: *Life* is short and time is swift. 人生は短く時のたつのは速い / *Life* begins at forty. 人生は 40 から / ***Life goes on***. Ⓢ (それでも)人生は続く / ***Such is life***. = ***That's life***. Ⓢ 人生[世の中]とはそんなものだ.
❸ Ⓒ (個人の)**命**, 生命: Five million 「people ***lost*** their ***lives*** [*lives* were *lost*] in the war. その戦争で 500 万人が命を失った / ***save*** ...'s ***life*** …の命を救う / ***risk*** one's ***life*** 命を賭ける / ***take*** [***claim***] ...'s ***life*** …の命を奪う / ***give*** [***sacrifice***, 《文語》 ***lay down***] one's ***life*** (for...) (…に)命をささげる.
❹ Ⓤ **生命**, 命, 生存 [⇔ death]: the origin of *life* 生命の起源 / the struggle for *life* 生存競争 / There's no sign of *life* at the scene of the crash. 墜落の現場には生存者のいる兆候はない / While [Where] there is *life*, there is hope. 《ことわざ》 命がある限りは望みがある(命あっての物種(ものだね)).
❺ U,C **生活**, 暮らし(方); Ⓤ 生活[人生]の楽しみ, 生きがい: city [country] *life* 都会[田舎]生活 / private [social] *life* 私[社会]生活 / the good *life* (道徳的に)正しい生活; (物質的に)豊かな生活 / lead a happy

married *life* 幸せな結婚生活を送る / live a miserable *life* みじめな生活を送る / ***in real life*** 実生活では, 実際のところ / Singing was his (whole) *life*. 歌こそ彼の生きがいだった / ***This is the life!*** Ⓢ これこそが人生だ; 気分は最高だ.
❻ Ⓤ **生き物**《全体》, 生物: animal *life* 動物 / vegetable [plant] *life* 植物 / bird *life* 鳥類 / marine *life* 海洋生物 / Is there (any) *life* on Mars? 火星には生物がいるだろうか //⇒ wildlife.
❼ Ⓒ (物の)**寿命**, 耐用期間; (機構などの)存続期間: a long *life* battery 寿命の長い電池 / during the *life* of the present government 現政権の存続する間に // ⇒ shelf life.
❽ Ⓤ **元気**, 活気; 活動, 動き: The children are full of *life*. 子供たちは元気いっぱいだ / She gave *life* to the meeting. 彼女のおかげでその会は活気づいた. ❾ Ⓒ 伝記 [≒biography]: the *lives* of great people 偉人たちの伝記. ❿ Ⓤ 実物, 本物, 実物大: a picture sketched from *life* 実物をスケッチした絵. ⓫ Ⓒ (ゲームで)ライフ, 命《やり直してプレーできるチャンス》.
⓬ Ⓤ《略式》= life imprisonment.
(a mátter of) lífe and [or] déath [名] 死活問題, 人命にかかわること《⇒ life-and-death》. 日英「死活」とは語順が逆.
(as) lárge [《米》 bíg] as lífe [形・副] (1) 等身[実物]大の[で]. (2)《略式》まぎれもなく, 本人の[で].
bríng ... (bàck) to lífe [動] ⑩ (1) (...)を生き返らせる; (...)の意識を回復させる. (2) (...)を活気づかせる.
còme to lífe [動] ⓐ (1) 意識を取り戻す. (2) 活気づく.
énd one's **lífe** (1) 自殺する. (2) (...で)一生を終える (*in*).
for déar lífe = for one's **lífe** [副] 命がけで, 必死で.
for the lífe of one [副] [否定文で] Ⓢ どうしても(...ない): I can*not* *for the life of me* remember her name. どうしても彼女の名前が思い出せない. 語法 認識・思考を表わす動詞と共に用いる.
Gét a lífe! Ⓢ ちゃんと[しっかり]しろ.
lífe and límb [名] 生命, 生存: risk *life and limb* 生命の危険を冒す.
Lífe is tòo shórt (for ... [to dó]). Ⓢ (...に)時間をかけている暇はない.
màke lífe dífficult [éasier] [動] ⓐ (...にとって)生活[物事]を難しく[容易に]する (*for*).
Nót on yòur lífe. Ⓢ とんでもない, まっぴらだ.
sée (sómething of) lífe [動] ⓐ 世間を(多少)見る[知る]. ✪ 否定は see nothing of life.
táke one's **lífe in** one's **hánds** [動] ⓐ (絶えず)身を死の危険にさらす.
the néxt lífe = the lífe to cóme [名] 来世.
to sáve one's **lífe** [副] [普通は can't とともに]《略式》どんなに頑張っても, どうしても.
(動 live¹, 形 alíve, live²)
life-and-death /láɪfəndéθ←/ 形 限定 生きるか死ぬかの, 生死にかかわる; きわめて重大な.
lífe assùrance 名 Ⓤ《英》= life insurance.
lífe bèlt 名 ❶ Ⓒ《米》救命ベルト[浮帯]. ❷ Ⓒ《主に英》= life buoy.
life·blood /láɪfblʌ̀d/ 名 ❶ Ⓤ 不可欠なもの, 活力源. ❷ Ⓤ《文語》(生命を支える)血, 血液.
life·boat /láɪfbòʊt/ 名 Ⓒ 救命艇; 救命ボート.
lífe bùoy 名 Ⓒ 救命ブイ《浮き輪のこと》.
lífe cỳcle 名 Ⓒ〔生物〕生活環《卵[さなぎ]から次の世代の卵[さなぎ]までの生活過程など》; 生涯過程; (製品などの)寿命.
lífe expèctancy 名 (-tan·cies) Ⓤ,Ⓒ 平均余命《ある年齢の人が今後生存を予想される統計的な平均年数》, 平均寿命; (機械などの)寿命, 耐用年数.
lífe fòrm 名 Ⓒ 生き物, 生命体.
life·guard /láɪfgɑ̀ːəd | -gɑ̀ːd/ 名 Ⓒ (海・プールなどの)水泳監視員, 救助員.
life·hack /láɪfhæ̀k/ 名 Ⓒ《略式》ライフハック《仕事や生活の効率を上げるためのちょっとした工夫・裏技》.
lífe hístory 名 Ⓒ 生活史.
lífe imprísonment 名 Ⓤ 終身(懲役)刑.
lífe insùrance 名 Ⓤ 生命保険.
lífe jàcket 名 Ⓒ 救命胴衣 [《米》 life vest].
life·less /láɪfləs/ 形 ❶ 活気のない, 気の抜けた [≒dull]. ❷ 生命のない; 死んだ [≒dead]. ❸ 生物の住んでいない. **~·ly** 副 活気なく; 死んだように.
life·like /láɪflàɪk/ 形 生きているような; 真に迫った, 生き写しの.
life·line /láɪflàɪn/ 名 ❶ Ⓒ 生命線, 生活線《重要な輸送路・通信網など》(*for*). ❷ Ⓒ 命綱, 救命索.
life·long /láɪflɔ̀ːŋ | -lɔ̀ŋ/ 形 限定 終生の, 生涯の.
lífe péer 名 Ⓒ《英》(世襲でない)一代貴族.
lífe preservèr 名 Ⓒ《米》救命具[ベルト] [≒life belt]; 救命胴衣 [≒life jacket].
lif·er /láɪfə | -fə/ 名 Ⓒ《略式》終身刑の囚人.
lífe ràft 名 Ⓒ (ゴム製の)救命ボート.
life·sav·er /láɪfsèɪvə | -və/ 名 ❶ Ⓒ 人命救助者; 救命具. ❷ Ⓒ 助け, 救いの手. ❸ Ⓒ《豪》= lifeguard.
life·sav·ing /láɪfsèɪvɪŋ/ 名 Ⓤ, 形 限定 人命救助(法)の, 水難救助(の).
lífe scíences 名 複 ライフサイエンス, 生命科学《生物学・生化学・医学・心理学など》.
lífe séntence 名 Ⓒ 終身刑.
life-size(d) /láɪfsáɪz(d)←/ 形 (芸術作品などが)実物[等身]大の.
+**lífe spàn** 名 (~s /~z/) Ⓒ **命の長さ**, 寿命.
lífe stòry 名 Ⓒ 人生談, 身の上話.
***life·style** /láɪfstàɪl/ 名 (~s /~z/) Ⓒ,Ⓤ **生活様式**, 暮らしぶり, ライフスタイル: live [lead] a healthy *lifestyle* 健康的なライフスタイルを送る.
lífe suppòrt 名 Ⓤ 生命維持装置; 延命処置.
life-sup·pórt sỳstem /láɪfsəpɔ́ət- | -pɔ́ːt-/ 名 Ⓒ (病院・宇宙船などの)生命維持装置.
life-threat·en·ing /láɪfθrètnɪŋ/ 形 (病気などが)命にかかわる.
+**life·time** /láɪftàɪm/ 名 (~s /~z/) Ⓒ [普通は単数形で] **生涯**, 終生; (物事の)存続期間, 寿命: in our *lifetime* 我々の生きている間に / An opportunity of this sort comes along only once in a *lifetime*. このような機会は一生に一度しか巡って来ない.
the chánce [expérience] of a lífetime [名] またとないよい機会[経験].
lífe vèst 名 Ⓒ《米》= life jacket.
life·work /láɪfwə́ːk | -wɔ́ːk/ 名 Ⓤ 一生の仕事[事業]; 一生をささげる仕事[事業], ライフワーク.

**lift /líft/

— 動 (lifts /lífts/; lift·ed /~ɪd/; lift·ing) ⑩ ❶ (重いものなど)を**持ち上げる** (*up*); (手足・目・頭など)を上げる [⇔ lower]; (電話の受話器)をはずす: He *lifted* this stone (*from* the ground). V+名(+*from*+名) 彼はこの石を(地面から)持ち上げた / People use a crane to *lift* metal pipes. 金属製のパイプを持ち上げるにはクレーン車を使う / What's the easiest house to *lift*? — A líghthòuse. いちばん持ち上げやすい家は何だ—灯台《líght hóuse (軽い家)にかけたしゃれ》. ❷ (物・人)を持ち上げて(...へ)移す[運ぶ]; (物資・人員など)を空輸する (airlift): *lift* a suitcase *into* [*out of*] the car スーツケースを車に積む[車から降ろす] / Will you *lift* that box *down from* the shelf for me? あの箱を棚から降ろしてくれませんか. ❸ (包囲・封鎖・禁止など)を解く, 撤廃する: *lift* a test ban 核実験禁止を解く / *lift* economic sanctions 経済制裁を解除する. ❹ (地位・品位・精神など)を高める, 向上させる, (気分など)を高揚させる [⇔ lower]: Art *lifts* our spirits. 芸術は我々の気分を高める. ❺ (価格・利益など)を高める, 増やす; 《文語》 (声)を張り上げる [≒raise]. ❻ 《略式》 盗む, 万引きする; (文章など)を盗用する (*from*) 《⇒ steal 類義語》. 関連 shoplifting 万引き. ❼ (作物)を掘り出す, 引き抜く.

— 自 ❶ **(持ち)上がる**; (まゆなどが)上がる (*up*): This part of the kitchen floor *lifts*. 台所の床のこの部分は上に上がる[開く]《床下収納庫など》. ❷ (雲・霧などが)晴れる; (気分・表情が)晴れる, 高揚する.

líft óff [動] 自 (宇宙船などが)打ち上げられる, (航空機が)離陸する.

— 名 (lifts /lífts/) ❶ C 《主に英》 (自動車などに)**乗せてあげる[もらう]こと**《⇒ ride 名 1》: Does anybody want a ***lift to*** town? だれか町まで(車に)乗っていきたい人いますか / Thank you for the *lift*. (車に)乗せてくれてありがとう / 💬 "Will you ***give*** me a ***lift*** to the station, please?" "Sure, hop in." 「駅まで車に乗せてくれませんか」「いいですよ, 乗ってください」/ thumb a *lift* 《⇒ thumb 他 2》.

❷ C 《英・豪》 **エレベーター** [《米》 elevator]: I took the *lift* to the third floor. 私は 4 階までエレベーターで昇った《⇒ floor 語法》.

❸ C **(持ち)上げること**: I gave the rock a *lift*. 私はその岩を持ち上げた. ❹ U 上昇力, 〘航空〙 揚力.

gíve ... a líft [動] 他 (1) (人)を**車に乗せてあげる**《⇒ 1》. (2) (人)の気分をよくする; (景気など)をよくする.

lift·off /líftɔ̀ːf | -ɔ̀f/ 名 C,U (ミサイル・宇宙船などの)打ち上げ(の瞬間); (航空機の)離陸.

lig·a·ment /lígəmənt/ 名 C 〘解剖〙 靭帯(じんたい).

***light**[1] /láɪt/ ✪ -ght で終わる語の gh は発音しない.

— 名 (lights /láɪts/) ❶ U **光**; 明るさ [⇔ darkness]: The sun gives us *light* and heat. 太陽は光と熱を与えてくれる / People used to read by the *light* of a candle. 昔はろうそくの明かりで読書したものだ / Stand out of the *light*. 陰になるからどいて / a beam of *light* 一筋の光.

❷ C **明かり**, 電灯; (車の)ライト: We saw the *lights* of the city. 私たちには町の明かりが見えた / ***turn*** [***switch***, ***put***] ***on*** a ***light*** 明かりをつける / ***turn*** [***switch***, ***put***] ***off*** a ***light*** 明かりを消す / turn [put] out a *light* 明かりを消す / The *lights* in the hall 「came on [went out]. ホールの明かりがついた[消えた] / The *lights* are on [off]. 明かりがついている[消えている].

❸ C [しばしば複数形で] **交通信号(灯)**《⇒ traffic light 語法》: cross against the *light* 信号を無視して横断する / The *light*(*s*) 「changed to [turned] green. 信号が青に変わった / stop at a red *light* 赤信号で止まる 《⇒ red light》.

❹ [a ~] (マッチ・ライターなどの)火, (点火するための)火花: 「Do you have [《英》Have you got] *a light*? (たばこをつけるための)火はありますか(火を貸してください) / strike *a light* (マッチなどで)火をつける. ❺ U [普通は the ~] 日の明かり, 日光; 昼間, 日中: at first *light* 《文語》 夜明けに / *The light* begins to fail at four in the winter. 冬は 4 時には暗くなり始める / Let's finish while *the light* lasts. 日のあるうちに終わらせよう. ❻ [単数形で] (物の)見方, 見解, 見地: He'll see the problem in a different [new] *light*. 彼ならその問題を違った[新たな]見地から考えるだろう. ❼ [U または a ~] 《文語》 (目の)輝き, 目つき, (顔つきの)明るさ. ❽ C,U [普通は単数形で] (絵・写真の)明るい部分 [⇔ shade, shadow].

accórding to one's **líghts** [副] 《格式》 自分の判断[能力, 知識]に従って.

be [gò] óut lìke a líght [動] 自 《略式》 すぐ眠り込む; 意識を失う.

bríng ... to líght [動] 他 (秘密など)を**明るみに出す**, 暴露する: Our investigation has *brought* the scandal *to light*. 我々の調査によってそのスキャンダルが明るみに出た.

cóme to líght [動] 自 (秘密などが)明るみに出る, 暴露される.

in a góod [bád] líght [副] (1) (絵などが)よく見える[見えない]ところに. (2) 有利[不利]に, よく[悪く].

in the cóld líght of dáy [副] (一夜明けて)冷静な目で見ると.

in (the) líght of ... [前] ...に照らして, ...から見て [≒ in view of ...].

sée the líght [動] 自 (1) 納得する, (突然)理解する; 悟る, 改宗する. (2) (物・計画などが)日の目を見る, 世に出る. (3) 生まれる.

sée the líght of dáy = see the light (2), (3).

sèt líght to ... [動] 他 《主に英》 ...に火をつける.

stánd [be] in ...'s líght [動] ...に当たっている光をさえぎる; ...のじゃまになる.

(the) líght at the énd of the túnnel [名] 苦難の先の光明.

the líght of ...'s lífe [名] ...の最愛の人.

thrów [shéd, cást] líght on ... [動] 他 ...に(**解明の)光を与える**, ...の説明となる: His paper will *throw light on* this difficult problem. 彼の論文はこの難問の手がかりになろう.

— 形 (light·er /-ṭə | -tə/; light·est /-ṭɪst/) ❶ (色が)**薄い**, 淡い [≒pale] [⇔ dark]; (髪・皮膚が)明るい色の [≒fair]: *light* blue 薄青, ライトブルー / She has *light* hair. 彼女は明るい色の髪をしている.

❷ **明るい** [≒bright] [⇔ dark]: It was (as) *light* as day. 昼間のように明るかった / It's beginning to get *light* outside. 外は明るくなり始めている. (動 líghten[1])

— 動 (lights /láɪts/; 過去・過分 light·ed /-ṭɪd/, lit /lít/; light·ing /-ṭɪŋ/) 他 ❶ (...)に**火をつける**, 点火する: Please *light* the candle. ろうそくをともしてください / a *lighted* match 火のついたマッチ.

❷ (...)に**明かりをつける**; (...)を**照らす**, 明るくする: Shall I *light* the lamp? ランプをつけましょうか / The moon *lit* the garden. 月が庭を照らしていた / The hall *is* well ***lighted*** [*lit*] ***by*** dozens of lamps. V+O の受身 ホールはたくさんの照明で十分に明るい. ❸ 《文語》 明かりを照らして(...)を案内する.

— 自 火がつく, ともる; 明かりをつける: The fire won't

light. なかなか火がつかない.

light¹ の句動詞

*líght úp 動 自 ❶ 明るくなる, 輝く (*with*): This lamp *lights up* automatically when it gets dark. このランプは暗くなると自動的に点灯する. ❷ (顔などが)輝く, 晴れ晴れとする: Her face *lit up with* pleasure. 彼女の顔は喜びで輝いた. ❸ 《略式》(たばこに)火をつける.
— 他 ❶ (...)を明るくする: The floor lamp *lit up* the whole room. フロアスタンドが部屋中を照らした. ❷ (表情など)を晴れ晴れとさせる. ❸ 《略式》(たばこ)に火をつける.

light² /láɪt/ ✪ -ght で終わる語の gh は発音しない.
— 形 (light·er /-ṭɚ|-tə/; light·est /-ṭɪst/)

意味のチャート
「軽い」❶
→(中身が軽い)→「少ない」❸
→(負担が少ない)→「容易な」❹
→(内容が少ない)→「(食事が)軽い」❺
→(程度が軽い)→「弱い」❷
→(気分が軽やかな)→「軽快な」❻

❶ 軽い [⇔ heavy]; [数値の後に用いて] (...だけ)重さが足りない: a *light* camera 軽いカメラ / The box was *light* and easy to carry. その箱は軽くて運びやすかった / I'm three kilos *lighter* than I was last year. 私は去年より3キロ体重が軽くなっている.
❷ (風・雨・力・程度などが)弱い, 軽い; (音などが)静かな, かすかな; (刑罰などが)軽い: a *light* breeze 微風 / We had a *light* snowfall yesterday. 昨日は少し雪が降った / He gave me a *light* tap on the shoulder. 彼は私の肩をぽんと軽くたたいた(⇒ the¹ 2) / The punishment was *lighter* than we had expected. 罰は私たちが予期していたよりも軽かった.
❸ 分量が少ない, 少量の; 限定 (人が)食べる[飲む, 吸う]量が少ない: a *light* sleep 浅い眠り / Traffic is *light* today. きょうは交通量が少ない / a *light* eater [smoker] 食の細い[喫煙量の少ない]人.
❹ (仕事などが)容易な, 楽な [≒easy]: *light* work 楽な仕事 / take *light* exercise 軽い運動をする.
❺ (食べ物などが)軽い, 腹にもたれない; 栄養[アルコール]分の少ない; (ケーキなどが)ふんわりした: a *light* lunch 軽い昼食 / (a) *light* beer 低カロリー[低アルコール]のビール. ❻ (動きの)軽快な; 《文語》快活な; 浮き浮きした: *light* laughter 屈託のない笑い / He's *light* on his feet. 彼は足どりが軽い. ❼ (作品などが)気軽な: *light* music 軽音楽 / *light* reading 軽い読み物. ❽ (衣服が)薄手の: a *light* sweater 薄手のセーター.
be líght on ... [動] 他 ...を少量用いている; 《英》...が不足している.
màke líght of ... [動] 他 (重大な問題)を軽視する, 大したことではないと思う. (動 líghten²)
— 副 (light·er; light·est) 軽装で; 《米》少量で: travel *light* 身軽に旅行する / eat *light* 軽めの食事をする.

light áircraft 名 (複 ~) C 軽飛行機.

light bùlb 名 C 電球 (bulb). **A líght bùlb gòes óff [ón] (in** one's **héad).** 《米略式》(頭に)ぱっとひらめく.

líght-e·mìt·ting díode /láɪtɪmɪṭɪŋ-, -iːm-/ 名 C 発光ダイオード(略 LED).

+**light·en¹** /láɪtn/ 動 (light·ens /~z/; light·ened /~d/; -en·ing) 他 (...)を明るくする, 照らす [⇔ darken]: A candle *lightened* the room. ろうそくが部屋を明るくした.
— 自 ❶ 明るくなる; 輝く; 光る: The eastern sky began to *lighten*. 東の空が明るくなり始めた. ❷ (表情などが)明るくなる. (形 light¹)

+**light·en²** /láɪtn/ 動 (light·ens /~z/; light·ened /~d/; -en·ing) 他 ❶ (...)を軽くする; 軽減する: The government *lightened* taxes. 政府は税金を軽くした / They *lightened* my workload. 私の仕事量は軽減された.
❷ (心)を軽くする, 元気づける, 喜ばせる; (雰囲気など)をやわらげる: The news *lightened* her heart. その知らせは彼女の気持ちを元気づけた.
— 自 (重さ・負担などが)軽くなる; (気が)楽になる; (雰囲気が)やわらぐ: Her heart *lightened* when she heard the news. そのニュースを聞いて彼女の心は軽くなった / *Lighten* up! Ⓢ 《略式》気を楽にして!, 元気を出せ! (形 light²)

+**light·er** /láɪṭɚ|-tə/ 名 (~s /~z/) C ライター (cigarette lighter); 点火器: a gas *lighter* ガスライター.

light-fin·gered /láɪtfíŋgɚd|-gəd←/ 形 ❶ 《略式》手癖が悪い, 盗癖のある. ❷ 手先の器用な.

light-head·ed /láɪthéḍɪd←/ 形 叙述 (発熱・飲酒などで)頭がふらふらする.

light-heart·ed /láɪthάɚṭɪd|-hάːt-←/ 形 快活な; 心の軽い, 気楽な [⇔ heavy-hearted].

líght héavyweight 名 C (ボクシングなどの)ライトヘビー級選手.

light·house /láɪthàʊs/ 名 (-hous·es /-hàʊzɪz/) C 灯台.

líght índustry 名 U,C 軽工業. 関連 heavy industry 重工業.

+**light·ing** /láɪṭɪŋ/ 名 U 照明(法): direct [indirect] *lighting* 直接[間接]照明.

+**light·ly** /láɪtli/ 副 ❶ 軽く, そっと, 静かに; 少しばかり: press the bell *lightly* そっとベルを押す / This fish is *lightly* grilled. この魚は軽く焼いてあります. ❷ 軽快に, 軽々と; 機敏に: He jumped *lightly* aside. 彼はすばやくわきに飛びのいた. ❸ 陽気に, 快活に. ❹ 軽率に, 気軽に; 軽んじて: take [treat] ... *lightly* ...を軽々しく考える[扱う].

light·ness¹ /láɪtnəs/ 名 U 明るいこと; 明るさ; (色の)薄いこと, 淡さ.

light·ness² /láɪtnəs/ 名 U 軽いこと; 軽さ; 軽快さ; 敏速, 機敏.

+**light·ning** /láɪtnɪŋ/ 名 ❶ U 稲光, 稲妻, 雷(⇒ thunder 表): His house was struck ***by lightning***. 彼の家に雷が落ちた / *Lightning* never strikes ((in) the same place) twice. 《ことわざ》雷は同じ場所には二度と落ちない(同じ不運に二度見舞われることはない).
❷ [形容詞的に] 稲妻のような.
lìke (gréased) líghtning = with [at] líghtning spèed [副] 稲妻のようにすばやく, 電光石火のごとく.

líghtning bùg 名 C 《米》ほたる [≒firefly].

líghtning condùctor 名 C 《英》= lightning rod 1.

líghtning ròd 名 ❶ C 《米》避雷針. ❷ C 《米》(非難などの)矢面に立たされる人 (*for*).

líght pèn 名 C 〔コンピュータ〕ライトペン(ディスプレー

L

上の文字などに触れて入力するペン型の器具》.

líght pollùtion [名] [U] 光害《街の明かりで星が見えなくなる》.

lights-out /láɪtsáʊt/ [名] [U] 消灯時間.

light·weight /láɪtwèɪt/ [名] ❶ [C] (ボクシングなどの)ライト級の選手; 平均体重[重量]以下の人[物]. ❷ [C] 小物, ざこ, 下っぱ. ― [形] ❶ [限定] 軽量の; ライト級の. ❷ 深み[内容]のない, 軽薄な, くだらない.

líght yèar [名] [C] 〔天文〕 光年《光が 1 年かかって到達する距離; 約 9 兆 5 千億キロメートル》; [複数形で] 《略式》 とても長い時間[距離]: *light years* ahead [better] はるかに進んだ[すぐれた].

lik·a·ble /láɪkəbl/ [形] 好かれる, 好ましい; 魅力ある.

***like**[1] /láɪk/

単語のエッセンス
基本的には「似ている」の意.
1) …のような[に], …に似た [前] ❶, ❷
2) …らしい[く] [前] ❸
3) 同じような [形]

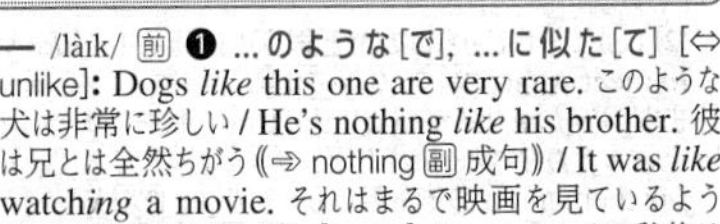

― /làɪk/ [前] ❶ **…のような[で], …に似た[て]** [⇔ unlike]: Dogs *like* this one are very rare. このような犬は非常に珍しい / He's nothing *like* his brother. 彼は兄とは全然ちがう《⇒ nothing [副] 成句》/ It was *like* watch*ing* a movie. それはまるで映画を見ているようだった / The animal is [looks] *like* a cat. その動物は猫に似ている.

> [語法] **like**[1] **の使い方**
> (1) more, most をつけて比較変化したり, very, so などの副詞の修飾を受けることがある点では [形] ともいえるが, 次に名詞·代名詞を目的語にとる点では [前] と見ることができ, 両方の性質を持っている: Jane is ˹very (much) [a little] *like* her sister. ジェーンは姉によく[少し]似ている / Mary is *more like* her father than her mother. メアリーは母より父に似ています.
> (2) 2 つ(以上)の人[物]が主語にくる場合は The two boys are *like each other*. (その 2 人の少年は(互いに)似ている) / The twins are *alike*. (その双子はよく似ている)《⇒ alike》のようにいう.

❷ **…のように; …と同様に** [⇔ unlike]: He acted *like* a brother to me. 彼は私には兄のようにふるまった / They treated me *like* a member of the family. 私は家族の一員のように扱われた / I worked *like* a slave. 私は奴隷のように働いた.

> [語法] (1)「役割」または「資格」を表わす as 句との違いに注意: I worked *as* a slave. 私は奴隷として働いた / He acted *as* (a) guide to us. 彼は私たちの案内役を務めた.
> (2) like の位置によって否定のかかり方が違い意味が異なることに注意. 以下の 2 つを比較: I don't smoke, *like* Jane. (Jane は喫煙者). *Like* Mary, I don't smoke. (Mary は非喫煙者).

❸ **…らしい[らしく], …にふさわしい[ふさわしく]** [⇔ unlike]: Such behavior is just *like* Meg. そのような行動はいかにもメグらしい / It isn't *like* him to be so late. こんなに遅れるのは彼らしくない《⇒ it[1] A 4》. ❹ (例えば)…のような: There're many sports I enjoy, *like* baseball, soccer, and tennis. 野球, サッカー, テニスのように私が楽しむスポーツはいろいろある. [語法] 正式な書きことばでは like の代わりに such as や for example などを用いる.

lìke thís [thát] [副·形] Ⓢ **この[その]ように[な, で]**, こんな[そんな]ふうに[で]《⇒ like so (so[1] [副] 成句)》: Don't talk *like that*. そんなふうに言うものじゃない / It was *like this*. それはこんな次第だった《説明などの前置き》.

Thát's [Thís is] mòre líke it. Ⓢ その[この]ほうが(ずっと)いい, それで[これで]よし.

whát is ... líke? (1) Ⓢ **(…が)どんな人[もの]か**, どんなふうか: "*What's* Tom *like?*" "He's a very nice guy." 「トムはどんな人ですか」「とてもいい人です」/ Do you know *what* it'*s like* to be poor? 貧しいことがどんなものかわかりますか《⇒ it[1] A 4》. [語法] 主に特徴·性格を尋ねるが, 天候については how と同じように使える《⇒ how[1] [副] 3》: *What's* the weather going to *be like* tomorrow? あすの天気はどうなりそうですか. (2) …は何に似ているか.

― [形] [限定] 《格式》 同じような, 類似の, (数量などが)等しい [⇔ unlike]: We are of *like* mind. 我々は同意見だ / *Like* father [mother], *like* son [daughter]. 《ことわざ》 この親にしてこの子あり.

― [接] ❶ Ⓢ 《略式》 **(…が〜する[〜である])ように** [≒ as]: *like* I said 私が言ったように / She can't cook *like* her mother can. 彼女はお母さんのようには料理できない. ❷ Ⓢ 《略式》 (まるで)…である[する]かのように [≒ as if]: He behaved *like* he was afraid. 彼はおびえたようにふるまった. [語法] like を接続詞として使うことは誤りとする人もいる.

― [副] 《✪ 以下の副詞用法は Ⓢ 《略式·非標準》 で特に若者がよく使う》 ❶ [主に文中·文末で間をもたせるつなぎや語句の強調として, また話し手の確信のなさを表わして] まあ, その; 本当に: He's, *like*, an actor or something. 彼は何というか俳優か何かだ. ❷ [be 動詞の後に用いて人の発言や考え·気持ちを引用して] …と言う, …と思う: He was *like*, yeah, OK. 彼は「うん, いいよ」みたいな感じだった. ❸ [例示に用いて] 例えば.

― [名] [C] [普通は the 〜, または所有格の後で単数形で] 似た[同じような]物[事]; (…に)匹敵する人[物]. [語法] やや古風な響きの語で, 否定文·疑問文で用いることが多い: I've *never* seen *his like*. 彼のような人には会ったことがない.

… and [or] the lìke = … and sùch lìke …および その他同類のもの, …など.

the líkes of … [名] Ⓢ …のような人たち[物]: *the likes of* you あんたのような(ひどい)連中; あなたのような(立派な)方々.

***like**[2] /láɪk/

― [動] (likes /〜s/; liked /〜t/; lik·ing) [普通は進行形なし]

単語のエッセンス
1) …が好きだ [他] ❶
2) …したい(と思う) [他] ❷, ❸
3) …を望む [他] ❹
4) 気に入る [自]

― [他] ❶ **(…)が好きだ, (…)を好む, (…)が気に入る; (人)に好意を持つ**《⇒ love[1] [動] 1 [語法]》 [⇔ dislike]: I *like* dogs. 私は犬が好きです / "Do you *like* ballet?" "Yes, I do." 「バレエは好きですか」「はい, 好きです」/ Henry *is liked by* everybody. [V+O の受身] ヘンリーはみんなから好かれている.

L

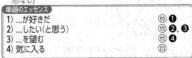

語法 (1) like² と副詞
like とともに使う強調の副詞は特に《略式》では a lot, quite, really, very much, better, best が普通; 時に very well, more, most も使う (⇒ love¹ 動 2 語法): I *like* skiing *very much*. 私はスキーが大好きだ / Which do you *like better*, summer ⤴ or winter? ⤵ 夏と冬のどっちが好き? (⇒ **つづり字と発音解説** 97) / "What sport [subject] do you *like* (the) *best*?" "Tennis [English]." 「どんなスポーツ[学科]が一番好き?」「テニス[英語]です」(⇒ the¹ 1 (4) 語法 (2)) / I *like* this song 「*more* than the others [(the) *most*]. この歌が何より[一番]気に入っている.
(2) 🔍 like² と進行形
普通は進行形にはしないが enjoy の意味で用いる次のような形では可能: How *are* you *liking* your new school? 新しい学校はどうですか.

言い換え Do you *like to* drive cars? V+O (*to* 不定詞) = Do you *like* driv*ing* cars? V+O (動名) 車を運転するのが好きですか. 語法《英》では一般的な好みを述べるときには V+O (動名) を, ある特定の状況でまたは習慣として…するのが好きだという意味のときには V+O (*to* 不定詞) を用いる傾向がある: I *like* work*ing* as a potter. 私は陶芸家としての仕事が気に入っている《楽しみとして》/ I *like to* keep my room tidy. 部屋はきちんとしておくのが好きだ《習慣として》/ I don't *like* it when you behave like that. 君のそういう態度は不愉快だよ / I don't *like* the idea of leaving my hometown. 住み慣れた町を離れるなんて考えただけでもいやだ / get [come, grow] to *like* … …が好きになる (⇒ get 動 自 4, come 7).

♥ **いいですね** (ほめるとき)
I like ...

Wow, **I** really **like** your shoes.
うわー, その靴いいね.
Thanks. I just bought them last week. ありがとう. 先週買ったばかりなんだ.
♥ 相手の持ち物や外見・成果などをほめるときに用いる表現.

❷ [would, should, 'd の後に用いて; 普通は受身なし]
(1) (できたら)…したい(と思う): I'*d like to* go to the football game. V+O (*to* 不定詞) そのサッカーの試合に(もし機会があれば)行きたいです / 🗨 "Where *would* you *like to* sit?" "In front." 「お席はどこをご希望ですか」「前のほうを」/ 言い換え I'*d like to have seen* her face when she opened the letter. (= I wish I'd seen her face when she opened the letter.) 彼女が手紙を開けたときの顔を見たかったものだ《実現されなかった希望を表わす; ⇒ to² G 2》.

♥ **…したいのですが** (依頼するとき)
I'd like to ...

I'd like to have a cup of tea.
紅茶をお願いします.
Yes, ma'am.
かしこまりました.
♥ このように述べて希望を伝えることで, 依頼の意味を表わす.
♥ 丁寧だが押しつけが強い表現なので, 相手がその希望どおりにしてくれることが当然であるような依頼(客が店員に注文する際など)で使われることが多い.

♥ **本当はそうしたいのですが** (誘いを断わるとき)
I'd really like to ..., but ~

We're planning to go camping this weekend. How about going with us? 今週末みんなでキャンプに行くんだ. 一緒に行かない?
Oh, **I'd really like to** go, **but** I've got to work this weekend. 行きたいんだけど, 今週末はバイトがあって.
♥ 誘いや依頼を断わるときに, このように言って「(本当は)そうしたい」という気持ちを述べてから断わると丁寧になる.

♥ **…するのはどうですか** (誘うとき)
Would you like to ...?

Would you like to join us? It'll be fun! 一緒にどうですか. 楽しいですよ!
♥ 丁寧に相手の意向を尋ねる表現で, やや控えめに誘うときや物を勧める際などに使われる. 《誘いの表現については ⇒ let's》

(2) (…)に～してもらいたい(と思う): Mike, I'*d like* you *to* meet Anne. V+O+C (*to* 不定詞) マイク, アンを紹介します / I'*d like* them *to* tell the truth. 彼らに本当のことを言ってもらいたいんだけど. 語法《米》では I'd like *for* them *to* do の形も用いられる // 言い換え We'*d like* this matter settl*ed* at once. V+O+C (過分) (= We'd like to have this matter settled at once.) 私たちはこの問題をすぐ解決してもらいたい.

♥ **…しましょうか** (手助けを申し出るとき)
Would you like me to ...?

Would you like me to carry that bag? かばんをお持ちしましょうか.
Oh, thank you! Yes, please. ああ, どうも! お願いします.
♥ 助力を申し出るときなどに用いる表現.
♥ 相手の意向を問う表現なので, 押しつけが弱く控えめな印象になる.
♥ 相手がその申し出を望んでいるかどうか確信していない状況で用いることが多い. 《申し出の表現については ⇒ shall 1 (1)》

(3) (…)が欲しい(と思う), (…)を望む: What *would* you *like for* breakfast? V+O+*for*+名 朝食には何がよろしいですか / When *would* you *like* your bath? おふろは何時にしますか / *Would* you *like* coffee ⤴ or tea? ⤵ コーヒーと紅茶, どちらがいいですか.

♥ **…が欲しいのですが** (依頼するとき)
I'd like ...

I'd like ten of these.
これを 10 個欲しいのですが.
Certainly. Just a moment, please. かしこまりました. 少々お待ちください.
♥ このように述べて希望を伝えることで, 依頼の意味を表わす.
♥ 買い物や店で注文をする際など, 自分の希望どおりになることが確実な場合に用いる.

♥ **…はいかがですか** (勧めるとき)
Would you like ...?

Would you like a refill? お飲み物のお代わりはいかがですか.

L

Yes, please.
はい，お願いします．
♥ 丁寧に物を勧めたり，希望の物を尋ねる際に使う表現．

❸ ...したい，...する気がある: I don't *like to* ask for his help. V+O (to 不定詞) 私は彼の助けを求めたくない / I *like to* know what really happened. 実際に何が起きたのか知りたい / I don't ***like*** bother*ing* you, but could you tell me where the office is? V+O (動名) 《丁寧》 お手数をかけてすみませんが，事務所はどちらかお教えくださいませんか．

❹ (...)を望む; (...)は～であってほしい: You can choose anything [whatever] you *like* from the list. リストからどれでも欲しいものを選んでいいですよ / 言い換え I don't ***like*** you ***to*** behave like that. V+O+C (to 不定詞) = I don't ***like*** you behav*ing* like that. V+O+C (現分) = I don't ***like*** your behav*ing* like that. V+O (動名) あなたにそんなふるまいをしてもらいたくない．　❺ (SNS などで)(...)に「いいね!」を押す．

— 自 [従属節に用いて] 気に入る，望む: Stay here as long as you *like*. ここにいたいだけいて．

Hów do you líke ...? Ⓢ (...)はいかがですか《どの程度気に入っているか，嫌いかを尋ねるとき》; (...)はどう思いますか《⇒ How would you like ...? (2) 語法》: 🗨 "*How do you like* (living in) Paris?" "I like it very much." 「パリ(での生活)はいかがですか」「とても気に入ってます」/ "*How did you like* this book?" "It was very interesting and instructive." 「この本はどうでした」「とてもおもしろくてためになりました」

Hów dò you líke thát? Ⓢ どう思いますか(ひどいでしょう)?

Hów would you líke ...? (1) 《丁寧》 (...(すること))はいかがですか《勧めるとき》: *How would you like* a steak? ステーキはいかがですか / *How would you like* (*to* go on) a trip around the world? 世界一周旅行(に出られるの)はいかがですか．　(2) (...)はどうするのがよいでしょうか《料理・飲み物などの具体的な調理のしかた，出し方を尋ねる言い方》: 🗨 "*How would you like* your steak?" "Well-done, please." 「ステーキの焼き具合はいかがいたしましょう」「よく焼いてください」．語法 これは今回一回限りのことに対する質問. これに対して How do you like your steak? は「普段どういう焼き方が好きですか」という一般的な質問または「お味はいかがですか」の意．　(3) Ⓢ (もし...であったら)どう思いますか《いやな体験をしたときに共感を求める》: *How would you like* it if you were treated that way? もしそんな扱いを受けたらあなたはどう思いますか．　(4) (パンチなど)をくらってみたいか《怒りの表現》: *How would you like* a punch in the face?! 一発くらいたいのか．

How would you like to dó? Ⓢ ...するのはいかがですか《丁寧な誘い》: "*How would you like to* have a cup of coffee?" "That sounds good." 「コーヒーでも飲みに行きませんか」「いいですね」

I líke thát! Ⓢ 《古風，略式》 あきれた，ひどいな《皮肉を込めた驚き・いらだちなどの表現》．

I'd lìke to sée ... dó. Ⓢ (本当にできるものなら)...が～するのをぜひ見せてもらいたい(がどうせできないだろう)《皮肉を込めた不信・脅しの表現》．

I'd líke to thínk [belíeve] (that) ... (1) ...だと思いたい《希望・推測などを表わす》．　(2) (たぶん)...だと思います《遠慮した言い方》．

if you lìke [副] (1) 文修飾 Ⓢ 《丁寧》 よろしかったら; あなたがお望みなら: I'll come and see you *if you like*. よろしかったらお伺いします / "Shall we take a break?" "Yeah, *if you like*." 「ちょっと休憩しない?」「うん，君がいいなら」《♥ 誘いや申し出を受け入れる場合に使われる》．

♥ **もしよかったら** (申し出るとき)
if you like
I'll show you around **if you like.** よろしければご案内します．
That would be great. Thanks. それは助かります．ありがとう．
♥ 提案や申し出をするとき，if you like を加えると「相手の意向に添う場合には」という条件をつけることになり，押しつけを弱くすることができる．

(2) 文修飾 Ⓢ 《主に英》 あえて言うなら，たぶん: He is poor, *if you like*. 彼はまあ言ってしまえば貧乏です．

líke it or nót [副] 文修飾 Ⓢ いやが応でも．

— 名 ❶ [複数形で] 好きなこと[もの] 《⇒ dislike 名》．
❷ Ⓒ (SNS などで)「いいね!」を押すこと．

-like /làɪk/ 接尾 [名詞につく形容詞語尾] 「...のような，...らしい」の意: business*like* 事務的な．

like·a·ble /láɪkəbl/ 形 = likable.

+**like·li·hood** /láɪklihòd/ 名 Ⓤ ありそうなこと，見込み，公算，可能性: Is there any *likelihood of* snow? 雪が降りそうでしょうか / There was little ***likelihood that*** he knew anything about it. +that 節 彼がそのことを少しでも知っているとはとても思えなかった．

in áll líkelihood [副] 文修飾 たぶん [≒probably].
(形 líkely)

***like·ly /láɪkli/

— 形 (more ~, like·li·er /-liə | -liə/; most ~, like·li·est /-lɪɪst/) ❶ ありそうな，なりそうな，起こりそうな; (説明などが)もっともらしい《⇒ possible 類義語》 [⇔ unlikely]: a *likely* result ありそうな結末 / Similar problems are *likely* in the future. 将来似たような問題が起こりそうだ．

❷ 叙述 ...しそうな，...らしい，たぶん...だろう，...するおそれがある《⇒ 類義語》 [⇔ unlikely]: It's ***likely to*** be fine. +to 不定詞 天気になりそうだ 多用 / 言い換え He is (very) *likely to* do well. = ***It is*** (very) ***likely that*** he will do well. 彼は(たぶん)うまくやるだろう《⇒ that[2] A 2》/ This horse seems (more than) *likely to* win. この馬が(ほぼ確実に)優勝しそうだ．　❸ 限定 ちょうどよい，おあつらえ向きの; 有望な: a *likely* spot for a restaurant レストランにうってつけの場所 / the most *likely* candidate 最有力候補者．

A líkely stóry! [間] Ⓢ 信じがたいよ，まさか．
(名 líkelihòod)

類義語 **likely** 特定の状況，制限された範囲内での可能性を表わす: She's *likely* to object to this plan. 彼女はこの計画には反対しそうだ．　**apt** 人の生まれつきの[習慣的な]傾向，物の傾向について，一般的な可能性を表わす: He's *apt* to get depressed before exams. 彼は試験の前にはいつも落ち込むたちです．

— 副 文修飾 [普通は very, most, quite とともに用いて] たぶん，恐らく: You're *very likely* right. たぶんあなたは正しいでしょう / *Most likely* he'll refuse our request. 恐らく彼は私たちの依頼を断わるだろう．語法 特に《米》では文中で単独で用いることもある: You've *likely* heard the gossip. たぶんうわさを聞いているでしょう．

番号の順に可能性が低くなる.
1. always (いつも)
2. certainly (確かに)
3. very likely, most likely (たぶん)
4. probably (たぶん)
5. likely (たぶん)
6. maybe, perhaps (もしかすると)
7. possibly (ことによると)
8. almost never, hardly, hardly [scarcely] ever (めったに[ほとんど]...でない)
9. never (どんな時でも...でない, 決して...しない)

(as) líkely as nót [副] 文修飾 Ⓢ 恐らく, たぶん.
Nót líkely! [間] Ⓢ《略式》とんでもない, まさか.

like-mind·ed /láɪkmáɪndɪd⁻/ 形 [普通は 限定] 同じ考え方[趣味]を持った.

lik·en /láɪk(ə)n/ 動 他《格式》(...)をたとえる, なぞらえる: Books *are* often *likened to* friends. 書物はしばしば友人にたとえられる.

like·ness /láɪknəs/ 名 ❶ Ⓤ (性質·外観が)似ていること, 類似; Ⓒ [普通は単数形で] 類似点 [≒resemblance]: You bear some *likeness to* your father. あなたはお父さんに似たところがある. ❷ Ⓒ [普通は単数形で] 肖像画, 写真: a *good likeness of* my mother 母の姿をうまくとらえた肖像画.

+**like·wise** /láɪkwàɪz/ 副 ❶《格式》**同じように**, 同様に: Watch him and do *likewise*. 彼をよく見て同じようにして. ❷ つなぎ語《格式》同じように, 同様に [≒similarly]《これから述べることが前述の方法や事態·状況と似ていることを示す》: We can't make a horse drink water. *Likewise*, we can't force our children to do what we want them to do. 馬に無理やり水は飲ませられない. (それと)同様に私たちが望むことを子供たちに無理じいはできない. ❸《格式》また [≒also]: Think this over *likewise*. これもよく考えてごらん. ❹ Ⓢ《略式》[相手の発言に対して] (私も)同様[同感]です, こちらこそ.

lik·ing /láɪkɪŋ/ 名 [Ⓤ または a ~] 好み, 趣味 [≒taste]: This wine is too sweet for my *liking*. このワインは甘すぎて私の好みではない / He has *a liking for* jazz. 彼はジャズが好きだ. **tàke a líking to ...** [動] 他 ...が気に入る. **to ...'s líking** [形·副]《格式》...の好み[望み]に合った[て]: That dress is not *to my liking*. そのドレスは私の好みではない.

li·lac /láɪlək/ 名 ❶ Ⓒ,Ⓤ ライラック, リラ《芳香と花の色が賞美される庭木》; ライラックの花. ❷ Ⓤ ライラック[ふじ]色. ― 形 ライラック[ふじ]色の.

Lil·li·put /lílɪpʌ̀t/ 名 固 リリパット《スウィフト (Swift) 作の「ガリバー旅行記」(*Gulliver's Travels*) の中の架空の小人国》.

lil·li·pu·tian /lìlɪpjúːʃən⁻/ 形 [しばしば L-]《格式》小人国の; とても小さい.

lilt /lílt/ 名 [a ~] 軽快な調子[話し方], 軽快な歌[曲].

lilt·ing /líltɪŋ/ 形 (口調·曲などが)軽快な.

+**lil·y** /líli/ 名 (lil·ies /~z/) Ⓒ **ゆり**; ゆりの花.

Lil·y /líli/ 名 固 リリー《女性の名》.

líly of the válley 名 (複 lil·ies of the val·ley) Ⓒ すずらん.

Li·ma /líːmə/ 名 固 リマ《ペルー (Peru) の首都》.

lí·ma bèan /láɪmə- | líːmə-/ 名 Ⓒ ライマビーン, らい豆《熱帯アメリカ原産》.

+**limb** /lím/ ✪ -mb で終わる語の b は発音しない. 名 (~s /~z/) ❶ Ⓒ (人·動物の)**手足** (の 1 本), 肢(し)《頭や胴と区別して arm, leg を指す》; (鳥の)**翼**: He rested his tired *limbs*. 彼は疲れた手足を休ませた. 関連 body 胴体. ❷ Ⓒ (木の)大枝.
óut on a límb [形·副]《略式》危ない状態の[で], 困難な立場の[で]: go *out on a limb* 危険を冒す.
téar ... límb from límb [動] 他 (人)をばらばらに引き裂く.

lim·ber /límbə | -bə/ 形 しなやかな, 柔軟な. ― 動 (-ber·ing /-b(ə)rɪŋ/) [次の成句で] **límber úp** [動] 自 筋肉をほぐす, 準備運動をする.

lim·bo[1] /límboʊ/ 名 [次の成句で] **in límbo** [形] どっち付かずで; 無視されて.

lim·bo[2] /límboʊ/ 名 [the ~] リンボーダンス《西インド諸島起源の踊り》.

+**lime**[1] /láɪm/ 名 (~s /~z/) ❶ Ⓒ **ライム**《熱帯産のレモンに似た果実》; ライムの木: *lime* juice ライムジュース (⇒ juice 日英). ❷ Ⓤ = lime green.

lime[2] /láɪm/ 名 Ⓤ 石灰; 生石灰, 消石灰. ― 動 他 (畑など)に石灰をまく.

lime·ade /laɪméɪd/ 名 Ⓤ ライムエード《ライムジュースに砂糖などを加えた清涼飲料》.

líme gréen 名 Ⓤ 薄緑色《ライムの実の色》.

lime·light /láɪmlàɪt/ 名 [the ~] 注目の的: in [out of] *the limelight* 脚光を浴びて[浴びないで] / steal [hog, grab] *the limelight* 人気をさらう.

lim·er·ick /lím(ə)rɪk/ 名 Ⓒ (5 行から成る)こっけい詩.

lime·stone /láɪmstòʊn/ 名 Ⓤ 石灰岩[石]: a *limestone* cave [cavern] 鍾乳洞.

***lim·it /límɪt/

― 名 (lim·its /-mɪts/) ❶ Ⓒ **限界**, 限度: the upper [lower] *limit* 上[下]限 / There 「is a *limit* [are *limits*] *to* everything. 何ごとにも限度がある / I'll help you within the *limits* of my ability. 私にできる範囲でお手伝いしましょう / It's beyond the *limit(s)* of my ability. それは私の能力の限界を越えている / I know my *limits*. 私は自分の限界をわきまえている / His greed knew no *limit(s)*. 彼の貪欲(どんよく)さはとどまるところを知らなかった.
❷ Ⓒ **制限**, 許容量: a weight *limit* 重量制限 / an age *limit* 年齢制限, 定年 / exceed the time *limit* 時間制限を越える / set [place] a *limit* on [to] the number of the participants 参加者数を制限する / The speed *limit* on this road is 30 miles per hour. この道路の制限速度は時速 30 マイルです.
❸ [複数形で]《格式》(限られた)**区域**, 範囲: within the city *limits* 市の区域内で, 市内で / off *limits* (to ...) (軍人などの)立ち入り禁止区域で (⇒ off-limits).
be óver the límit [動] 自 (車の運転者が)法的許容量以上に酒を飲んでいる.
hàve one's **límits** [動] 自 Ⓢ (自分なりの)許容できる限度がある.
to the límit [副] 十分に; 限界まで, 極端に.
withìn límits [副] 限度内で, ほどほどに, 適度に.
withòut límit [副·形] 無制限に[の].
― 動 (lim·its /-mɪts/; -it·ed /-ṭɪd/; -it·ing /-ṭɪŋ/) 他 (...)を(~に)**制限する**, 限る; (人)の所有[割当]量を(~に)限定[制限]する (⇒ 類義語): 言い換え We *limited* our expenses *to* 20 dollars a day. V+O+*to*+名 (= We set [put, placed, imposed] a limit of 20 dollars a day on our expenses.) 私たちは出費を 1 日 20 ドルに制限した / *Limit* your answer *to* 50 words. 50 語

以内で答えよ / *Visits are limited to* one hour. V+O+to+名の受身 面会は 1 時間に制限されている.
(名 lìmitátion)

límit onesèlf to ... [動] 自 (自分の行動の範囲を)...に限る, ...までとする.

類義語 **limit** 一定の数量で制限を設けること: He *limited* himself to five cigarettes a day. 彼はたばこを一日 5 本しか吸わないことにした. **restrain** 欲求・感情・行動などを抑えること: She *restrained* her anger with difficulty. 彼女はかろうじて怒りを抑えた. **restrict** 規則や法律などによって人の活動を禁止・制約すること: The law *restricted* immigration from Europe. 法律はヨーロッパからの移民を禁止した.

+**lim·i·ta·tion** /lìmətéɪʃən/ 名 (~s /~z/) ❶ U **限定**; 制限; C 制約, 規制: a treaty on the ***limitation of*** nuclear weapons 核兵器の制限に関する条約 / place [impose] *limitations on* ... ...に制限を加える.
❷ C [普通は複数形で] (能力などの)**限界**, 弱点: We all have our *limitations.* だれにでもできることとできないことがある.
(動 límit)

*__lim·it·ed__ /límɪṭɪd/ 形 ❶ **限られた**, 有限の (*to*); わずかの [⇔ unlimited]: *limited* resources わずかな資源 / He has only a *limited* knowledge of the subject. その問題についての彼の知識はごく限られたものだ.
❷〔商業〕**有限責任の**《⇒ limited company; partnership 2》. ❸ 限定《米》(列車・バスなどが)特別の: a *limited* express 特急.

límited cómpany 名 C《英》有限責任会社, 株式会社. 語法 Smith & Co., Ltd. のように社名の後に Ltd. をつける.

límited edítion 名 C (書物などの)限定版.

lim·it·ing /límɪṭɪŋ/ 形 制限する, 制約的な;《略式》(行動などを)束縛する.

lim·it·less /límɪtləs/ 形 無制限の, 無限の.

lim·o /límoʊ/ 名 (~s) C《略式》= limousine.

lim·ou·sine /líməzìːn, lìməzíːn/ 名 C リムジン《運転席と客席の間に仕切りのある運転手付き高級大型車; ⇒ sedan》;《主に米》リムジン(バス)《空港・市内間を往復して旅客を運ぶ小型バス》.

+**limp**[1] /límp/ 動 (limps /~s/; limped /~t/; limp·ing) 自 ❶ **足をひきずる**, 不自由な足[脚]で歩く: An old woman *limped along* the street. おばあさんが足をひきずって通りを歩いていた. ❷ [副詞(句)を伴って] (船・車などが故障などで)のろのろ進む, 徐行する; (物事が)もたつく (*along*).
— 名 [a ~] 不自由な歩行: He walks with *a* slight *limp.* 彼は少し足を引きずって歩く.

limp[2] /límp/ 形 ❶ 柔軟な, しなやかな; ぐにゃぐにゃした, だらりとした: go *limp* ぐったりとなる. ❷ 弱々しい, 疲れた. **~·ly** 副 だらんと.

lim·pet /límpɪt/ 名 C かさ貝《岩礁に付着する》.

lim·pid /límpɪd/ 形《文語》澄んだ, 透明な; (文体などが)明快な.

linch·pin /líntʃpìn/ 名 [the ~] (物の)かなめ, かなめとなる人 (*of*).

Lin·coln /líŋk(ə)n/ 名 固 Abraham ~ リンカン (1809-65)《米国の第 16 代大統領 (1861-65); 南北戦争で南軍を破り, 奴隷を解放した; ⇒ Gettysburg 参考》.

Lín·coln's Bírthday /líŋk(ə)nz-/ 名 U《米》リンカン誕生日《2 月 12 日; アメリカのいくつかの州で法定休日 (legal holiday); ⇒ Presidents' Day, holiday 表》.

Lin·da /líndə/ 名 固 リンダ《女性の名》.

Lind·bergh /lín(d)bəːg | -bɜːg/ 名 固 Charles ~ リンドバーグ (1902-74)《1927 年初の大西洋単独無着陸横断を達成した米国の飛行家》.

lin·den /líndən/ 名 C しなのき属の落葉高木《ぼだいじゅ・しなのきの類; よく街路樹にする》.

***line**[1] /láɪn/

— 名 (~s /~z/)

意味のチャート
ラテン語で「亜麻 (linen) の糸」の意.
→「ひも」❾ →「線」❶, ❺
→ (目印の線) →「線, ライン」❷
→ (線状のもの) →「列」❸ → (文字の列) →「行」❼
→ (進む路線) →「(乗り物の)路線」❻ /「方向」⓫, 「(関心の)方面」⓭ /「方針」⓬

❶ C **線, 直線**, 筋; 描線: Draw a (straight) *line* from A to B. A から B まで(直)線を引きなさい / a solid *line* 実線 / a dotted *line* 点線 / a *line* drawing 線画. 関連 point 点 / plane 面.
❷ C (競技場などに引かれた)**線**, ライン: the finish *line* (競走の)ゴール《⇒ goal 日英》/ the goal *line* (フットボールなどの)ゴールライン / the foul *line* (野球・バスケットボールなどの)ファウルライン.
❸ C [しばしば無冠詞で] **列, 縦列, 行列**, 並び;《米》(順番を待つ人・車などの)列 [《英》queue]: a ***line of*** trees 並木 / stand ***in*** a ***line*** 一列に並んで立つ / Excuse me, is this the *line* to the ticket window? すみません, これはチケット売場の列ですか / People were ***waiting*** [***standing***] ***in line*** for the bus. 人々は並んでバスを待っていた / ***get in line*** 列に並ぶ / ***cut in line*** 列に割り込む. 関連 row 横列.

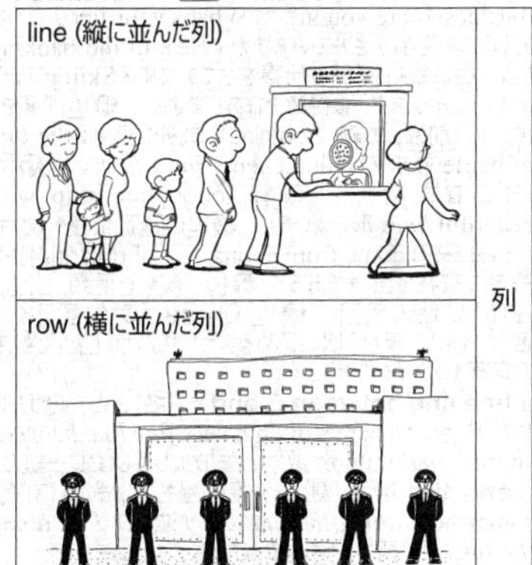

❹ C (顔の)**しわ**; 縫い目: the deep *lines* on her face 彼女の顔の深いしわ.
❺ C (電話の)**線**; (水道・ガス・電気などの)配管, 配線: The *line* is busy. 話し中です / Sorry. It's a bad *line.* すみませんがよく聞こえません / Suddenly the *line* went dead. 突然電話が切れた / power *lines* 電線 // ⇒ hold the line, on the line (成句).
❻ C (列車・バスなどの)**路線**, 線路, 航路; 運輸会社: the Yamanote *Line* 山手線 / the main [trunk] *line*

L

(道路・鉄道などの)幹線 / a branch *line* 支線. 関連 airline 航空会社.
❼ Ⓒ (文章の)**1 行**, (詩の)行《略 l., 複数形は ll.》; 一節, 引用; [単数形で]《略式》一筆, 短信 [≒note]: the fifth *line* from the bottom 下から 5 行目 / Write ***on*** every other ***line***. 1 行おきに書きなさい / quote favorite *lines* from Shakespeare シェークスピアからお気に入りの一節を引用する / Drop me a *line*. 手紙でもくださいね.
❽ Ⓒ [普通は複数形で]〔演劇〕**せりふ**; Ⓒ ひと言, 文句; 言いわけ: forget one's *lines* せりふを忘れる /《米》pickup [《英》chat-up] *line* 口説き文句 / Don't give me that *line*. Ⓢ そんな言いわけは通用しないよ.
❾ C,U **ひも**, 綱, 針金; 物干し綱 (clothesline); 釣り糸 (fishing line): She hung the wash on the *line*. 彼女は洗濯物を物干し綱にかけた.
❿ Ⓒ **境界線**, 国境線 (borderline); (経度・緯度の)線; 限界: They crossed the *line* into Canada. 彼らは越境してカナダへ入った. 関連 coastline 海岸線. ⓫ Ⓒ 方向; 進路: walk in a straight *line* まっすぐに歩く / the *line of* flight 飛行する進路 / be in the *line of* fire 砲火にさらされる場所にいる / He was right in my *line of* vision. 彼はちょうど私の視線の先にいた. ⓬ Ⓒ 方針; 政策, 路線; 方法, 考え方: follow the party *line* 党の路線に従う / What's the candidate's *line on* environmental problems? その候補者の環境問題への考え方はどうですか / take a firm [hard] *line on* drugs 麻薬に対し厳しい姿勢をとる / the *line of* reasoning 推論の進め方 / a new *line of* argument 新しい角度からの議論 / on economical *lines* 経済的な方針で / along [on] these *lines* このように / along [on] the same *lines* 同様に, 同じ方針[路線]で. 関連 guidelines (政策などの)指針. ⓭ Ⓒ (活躍・商売の)方面, 職業; 好み, 得手, 専門: What *line* (of work [business]) are you in? = What's your *line*? どんな方面のお仕事をされていますか / He's in the banking *line*. 彼は銀行関係の仕事をしています / Skiing isn't in my *line*. スキーは得意ではありません. ⓮ Ⓒ〔軍隊〕(戦いの)前線, 戦線 (front line); 戦列; 横隊: the *line* of battle 戦線 / behind enemy *lines* 敵地で. ⓯ Ⓒ [普通は複数形で] 輪郭 (outline): a ship with beautiful *lines* 形のよい船. ⓰ Ⓒ 系統, 血筋; (命令などの)系統: come from a long *line* of doctors 代々医者の家系の出身である. ⓱ Ⓒ〔商業〕種類, 口(ち); 在庫品, 仕入品目. ⓲ Ⓒ (工場などの)生産ライン. ⓳ Ⓒ《俗》(鼻から吸い込めるように)線状に盛った粉末の麻薬《コカインなど》.

a fíne líne betwèen ... and ~ [名] ...と～のほんのわずかな違い: There's often *a* very *fine line between* success *and* failure. 成功と失敗はしばしば紙一重だ.
alòng the líne [副] (一連の過程の)途中に[で]: somewhere *along the line* どこか途中で / all *along the line* 至る所で, あらゆる点で.
alòng the línes of ... [副] ...のたぐいの.
be in líne for ... [動] ⑩ (地位・昇進など)を手に入れる見込みがある.
bríng ... ìnto líne [動] ⑩《略式》(...)を説得する; (...)を(～に)賛成[一致, 同調]させる (*with*).
còme ìnto líne [動] ⓐ 意見が一致する; 同調してくる (*with*).
cróss [stép óver] the líne [動] ⓐ (越えてはならない)一線を越える.
dówn the líne [副]《略式》これから先, 将来.
dráw the [a] líne [動] ⓐ 一線を画する, けじめをつける; (...に)限度をおく, (...までは)しない: *draw a line between* right and wrong 善悪のけじめをつける / He *draws the line at* (*using*) violence. 彼は暴力とは一線を画している.
fáll [gèt] ìnto líne [動] ⓐ (...に)同調する (*with*).
gèt [hàve] a líne on ... [動] ⑩《米略式》...について情報を得る[得ている].
hóld the líne [動] ⓐ (1) **電話を切らずにそのまま待つ**: *Hold the line*, please. I'll call him to the phone. 切らずにお待ちください. いま呼んできます. (2) 現状を維持する (*against*, *on*).
in líne with ... [前] ...と一致して, 同意見で; ...の趣旨に賛成して; ...に従って: Their ideas are *in line with* mine. 彼らの考えは私と同じだ.
in the líne of dúty [副] 勤務中に.
láy it on the líne [動] ⓐ《略式》意見などを率直に述べる, ずばり言う.
on líne [形・副] (1) (機械などが)作動して. (2) ⇒ online.
on the líne [形・副] (1) 電話に出て: Your mother is *on the line*. お母さんから電話だよ / I couldn't get him *on the line*. 彼に電話に出てもらえなかった. (2) (仕事などが)危うくなって: He put [laid] his life *on the line*. 彼は生命を危険にさらした.
òut of líne [形]《略語》(1) (言動などが)節度をわきまえない, 受け入れがたい. (2) (...と)一致[調和]しないで (*with*). (3) 一列にならないで. (形 línear)

— 動 (lines /~z/; lined /~d/; lin·ing) ⑩ ❶ [しばしば受身で] (...)を**一列に並べる**; (...を)(道など)に沿って並べる (*with*); (道など)に沿って並ぶ: The road *was lined with* trees. V+O+*with*+名の受身 = Trees *lined* the road. 道路には並木があった. ❷ (...)に線を引く《⇒ lined》. ❸〔野球〕(ライナー)を打つ. 関連 underline 下線を引く. — ⓐ〔野球〕ライナーを打つ.

line¹ の句動詞

***líne úp** 動 ⓐ ❶ **行列する**, 並んで順番を待つ [《英》queue (up)] (*for*): He *lined up* behind a tall girl. 彼は背の高い女の子の後ろに並んだ.
❷ **整列する**, 勢ぞろいする: The players *lined up* quickly. 選手たちはすばやく整列した.
— ⑩ ❶ (...)を**整列させる**, 勢ぞろいさせる; 一列に並べる V+名・代+*up* / V+*up*+名: The runners were *lined up* to start. 走者たちはスタートラインに並んだ. ❷ (...)をそろえる (*with*). ❸ (行事・集会など)を手配する, (出演者など)を確保する (*for*; *to* do).
líne úp behìnd [agàinst] ... [動] ⑩ ...を支持する [...に反対する]. (名 línеùp)

line² /láɪn/ 動 ⑩ ❶ (...)に裏をつける, 裏打ちする: The overcoat *is lined with* silk. そのコートは裏地がシルクだ. ❷ (...)の内部[内側]を覆う.
lin·e·age /líniɪʤ/ 名 U,C《格式》血統, 家柄: a person of good *lineage* 家柄のよい人.
lin·e·al /líniəl/ 形 限定《格式》直系の, 正統の: a *lineal* descendant 直系の子孫.
lin·e·ar /líniə | -niə/ 形 直線の, 線状の; 長さの, 長さに関する; (思考などが)直線的な. (名 line¹)
línear mótor 名 Ⓒ〔電気〕リニアモーター《直線的な運動をするモーター》.
line·back·er /láɪnbækə | -kə/ 名 Ⓒ〔アメフト〕ラインバッカー《ラインマンのすぐ後ろを守る選手》.

lined /láɪnd/ 形 ❶ 裏地の付いた. ❷ 罫線の引かれた; しわの寄った.

líne dràwing 名 C 線画.

líne dríve 名 C 〔野球〕ライナー, ラインドライブ《一直線に飛んでいく打球》.

line·man /láɪnmən/ 名 (-men /-mən/) ❶ C 《米》〔アメフト〕ラインマン《攻撃側の前衛(の選手)》. ❷ C 《米》(電信・電話の)架線[保線]作業員; 鉄道技師.

+**lin·en** /línɪn/ 名 ❶ U **麻[亜麻]の布, リネン.** ❷ U **麻[リネン]製品**《シーツ・テーブルクロスの類》.

wásh one's **dírty línen (in públic)** [動] 自 内輪の恥を人前にさらす.

line·out /láɪnàʊt/ 名 C 〔ラグビー〕ラインアウト.

lin·er[1] /láɪnə | -nə/ 名 ❶ C 定期船, 大洋航路の豪華船. ❷ C,U 《略式》アイライナー (eyeliner). ❸ C 〔野球〕= line drive.

lin·er[2] /láɪnə | -nə/ 名 C (コートなどの)裏地; (ごみ容器などの)内袋.

líner nòtes 名 複 《主に米》ライナーノート《CD・レコードのジャケットにある解説》[《英》sleeve notes].

lines·man /láɪnzmən/ 名 (-men /-mən/) ❶ C 〔球技〕線審, ラインズマン. ❷ C 《英》= lineman 2.

line·up /láɪnʌ̀p/ 名 ❶ C [普通は単数形で] ラインナップ《出場選手の陣容》; (出演者などの)顔ぶれ, 陣容: the starting *lineup* 先発メンバー. ❷ C (テレビなどの)番組表[構成]. ❸ C 人の列; 《主に米》(警察の面通しの)容疑者の列 [《英》identification parade]. ❹ C (商品の)ラインナップ, 品ぞろえ. (動 líne úp)

-ling /lɪŋ/ 接尾 [名詞につく名詞語尾]「小...」の意: duck*ling* あひるの子.

+**lin·ger** /líŋgə | -gə/ 動 (lin·gers /~z/; lin·gered /~d/; -ger·ing /-g(ə)rɪŋ/) 自 ❶ **ぐずぐずする, 長居する, 居座る;** (...に)時間をかける: I *lingered over* my morning paper and missed the bus. V+前+名 朝刊をぐずぐず読んでいてバスに乗り遅れた.
❷ **長引く;** なかなか消えない[廃(すた)れない]: The custom *lingers* (*on*). V(+on) その習慣はまだ残っている. ❸ (病人などが)生きながらえる (*on*).

lin·ge·rie /lὰːnʤəréɪ, -ríː | lǽnʒəri/ ≪フランス語から≫ 名 U ランジェリー, (女性の)肌着類.

lin·ger·ing /líŋg(ə)rɪŋ/ 形 限定 長い間続く; なかなか消えない; なごり惜しそうな.

lin·go /líŋgoʊ/ 名 (~es) C [普通は単数形で]《略式》外国語; 専門用語.

lin·gua fran·ca /líŋgwəfrǽŋkə/ 名 (複 ~s, lin·guae fran·cae /líŋgwiːfrǽŋkiː/) C [普通は単数形で] リングワフランカ《異なった言語を話す人々の間で使われる共通語》.

lin·guist /líŋgwɪst/ 名 ❶ C (いろいろな)外国語に達者な人; [前に形容詞をつけて] 外国語が...の人: She's a *good* [*poor*] *linguist*. 彼女は外国語が得意[苦手]だ. ❷ C 言語学者, 語学者.

lin·guis·tic /lɪŋgwístɪk/ 形 ❶ ことばの, 言語の. ❷ 言語学の, 語学の. **-ti·cal·ly** 副 言語(学)的に. (名 lánguage)

lin·guis·tics /lɪŋgwístɪks/ 名 U 言語学.

+**lin·ing** /láɪnɪŋ/ 名 (~s /~z/) C,U **裏張り, 裏地:** Every cloud has a silver *lining*. 《ことわざ》どんな雲でも裏は銀色だ(どんな悪いことにもよい面はある).

*＊***link** /líŋk/

— 動 (links /~s/; linked /~t/; link·ing) 他 ❶ [しばしば受身で] (...)を**関連づける,** 関連があるとする: These two events *are linked to* each other. V+O+to+名の受身 この2つの事件は互いに関連している / Obesity *is* closely *linked with* eating habits. V+O+with+名の受身 肥満は食習慣と密接に関わっている.
❷ (2つの物事・場所など)を**連結する,** (...)を(他と)つなぐ《⇒ join 類義語》: 言い換え The Channel Tunnel *links* Britain and mainland Europe. = The Channel Tunnel *links* Britain *with* mainland Europe. V+O+with+名 海峡トンネルは英国とヨーロッパ本土をつないでいる / The mind and body are *linked together*. V+together の受身 心と体はつながっている.
❸ (腕など)を組み合わせる: They were walking「with their arms *linked* [with *linked* arms]. 彼らは腕を組んで歩いていた. ❹〔コンピュータ〕(...)をリンクする (*to*).
— 自 ❶ = link up (成句). ❷〔コンピュータ〕(...に)リンクする (*to*).

línk úp [動] 自 連結する, つながる; 提携する, 連合する (*with, to*). — 他 (...)を連結する, つなぐ (*with, to*).

— 名 (~s /~s/) ❶ C **関連,** 関係, つながり; **結び付けるもの[人],** きずな: the *link between* smoking *and* lung cancer 喫煙と肺癌(はいがん)の関連 / He has *links with* [*to*] the political world. 彼は政界とつながりがある. ❷ C (交通・通信などの)連結[連絡]線, 接続路: a rail *link between* the two cities その2つの都市を結ぶ鉄道連絡線. ❸ C 〔コンピュータ〕リンク. ❹ C (鎖の)輪, 環: a *link* in a chain 鎖の輪.

a [the] wéak línk (in the cháin) [名] 弱点, 命取り《人・物》.

link·age /líŋkɪʤ/ 名 ❶ U,C 連結(状態), 関連; (外交での)抱き合わせ, リンケージ《交渉で複数の問題を提案し交換条件でどれもうまく解決するようにする戦術》. ❷ C 連鎖; (機械の)リンク装置.

línk·ing vèrb /líŋkɪŋ-/ 名 C 〔文法〕連結動詞《⇒ copula》.

links /líŋks/ 名 (複 ~) C ゴルフ場《特に海岸沿いのもの》(golf links, golf course). 関連 rink スケートリンク / ring ボクシング用リング.

link-up /líŋkʌ̀p/ 名 C 連結, 接続; つながり.

li·no·le·um /lənóʊliəm/ 名 U リノリウム《床の敷き材》.

lin·seed /línsìːd/ 名 U 亜麻仁(あまに), リンシード.

lint /línt/ 名 ❶ U 《米》糸くず. ❷ U 《英》リント《リネンの片側をけば立てた湿布・包帯用の布》.

+**li·on** /láɪən/ 名 (~s /~z/) ❶ C **ライオン,** 雄ライオン《⇒ lioness》: The *lion* is the king of beasts. ライオンは百獣の王だ. ✪ 鳴き声については ⇒ cry 表. ❷ C 《文語》勇敢な人; 有名人, 流行児. ❸ [the L-] しし座《星座》(Leo).

Li·o·nel /láɪən(ə)l/ 名 固 ライオネル《男性の名》.

li·on·ess /láɪənəs | -nès, -nəs/ 名 C 雌ライオン.

lí·on's dén /láɪənz-/ 名 [the ~] 虎穴(こけつ), 敵地, 危険な場所.

líon's shàre 名 [the ~] いちばんいいところ; 大部分《イソップ物語より》(*of*).

*＊***lip** /líp/ 名 (~s /~s/) ❶ C **唇.** 日英 日本語の「唇」より範囲が広く, 鼻の下を含めて口の上下の柔らかい肉部全体を指すことがある: one's lower [upper] *lip* 下[上]唇 / thick [thin] *lips* 厚い[薄い]唇 / with a smile *on* one's *lips* 口元に微笑を浮かべて / She stuck her lower *lip* out. 彼女は下唇を突き出した《不満の表情》 / His *lips* curved downward. 彼は口をへの字に曲げた《不機嫌な表情》.
❷ [複数形で] (話す器官としての)**口:** She would not

open her *lips*. 彼女はどうしても口を開こうとしなかった / ***My lips are sealed.*** Ⓢ 私は口が堅いんだ《秘密は漏らさない》.

❸ Ⓒ [普通は単数形で] (水差しなどの)口; (杯・穴・くぼみなどの)へり, 縁: the *lip of* a cup 茶わんの縁. ❹ Ⓤ《略式》生意気なことば, 口答え: None of your *lip*! 生意気言うな.

be on éveryone's líps [動] ⓐ 皆の話題にのぼっている, うわさになっている.

bíte one's **líp** [動] ⓐ 唇をかむ《自制・自責・怒りなどの気持ちを表わす》.

cúrl one's **líp** [動] ⓐ (軽蔑(ㄅ)して)口をゆがめる.

kèep a stíff úpper líp [動] ⓐ (苦境にも)動じない, 弱音を吐かない.

líck [smáck] one's **líps** [動] ⓐ 舌なめずりをする (*over*); 《略式》(舌なめずりして)楽しみに待つ.

páss ...'s **líps** [動] [否定文で] (1) (秘密などが)...の口から出る. (2) (食物が)...の口に入る.

púrse one's **líps** [動] ⓐ 口をきゅっと結ぶ《憂慮・沈鬱(ちん)・緊張・不信感・侮蔑などの表情》.

purse one's lips

pùt a [one's] **fínger to** one's **líps** [動] ⓐ 唇に指を当てる《黙っていろという合図》.

Zíp your líp. Ⓢ《米略式》黙りなさい.

líp bàlm 名 Ⓤ,Ⓒ リップクリーム.

líp glòss 名 Ⓤ,Ⓒ リップグロス《唇に塗るつや出し》.

lip-read /lípriːd/ 動 (lip-reads; 過去・過分 lip-read /-rèd/; lip-read·ing) ⓐ 読唇(どくしん)する, 視話で理解する. ― ⓗ (...)を読唇する, 視話で理解する.

lip-read·ing /lípriːdɪŋ/ 名 Ⓤ 読唇術.

líp sèrvice 名 Ⓤ [次の成句で] **páy [gíve] líp sèrvice to ...** [動] ⓗ ...に口先だけいい返事をする, 口先だけうまいこと[おせじ]を言う.

+**lip·stick** /lípstìk/ 名 (~s /~s/) Ⓤ,Ⓒ (棒状の)**口紅**: 言い換え She's wearing *lipstick*. = She has *lipstick* on. 彼女は口紅をつけている / put on *lipstick* 口紅をつける. 関連 rouge ほお紅.

lip-synch, lip-sync /lípsìŋk/ 動 ⓐ 口パクする. ― ⓗ (...)に合わせて口を動かす. ― 名 Ⓤ 口パク.

liq·ue·fy /líkwəfàɪ/ 動 (-ue·fies; -ue·fied; -fy·ing) ⓗ《格式》(...)を溶かす, 液化させる. ― ⓐ《格式》溶ける, 液化する.

li·queur /lɪkə́ː, -k(j)ʊ́ə | -kjʊ́ə/ 名 Ⓒ,Ⓤ リキュール《香料・甘味入りの強い酒》.

+**liq·uid** /líkwɪd/ 名 (liq·uids /-wɪdz/) Ⓤ **液体**, 液状のもの. 語法 液体の種類をいうときには Ⓒ: Water and alcohol are *liquids*. 水やアルコールは液体だ. 関連 gas 気体 / fluid 流動体 / solid 固体.

― 形 [比較なし] ❶ (普通は固体・気体であるものが)**液体の**; 液状の: *liquid* food 流動食《病人用》. 関連 gaseous 気体の / fluid 流動体の / solid 固体の.

❷〔経済〕**流動性の**; (財産などが)現金に換えやすい: *liquid* assets 流動資産. ❸《文語》澄んだ, 透明な; (音が)澄み切った: *liquid* eyes 澄んだ目.

liq·ui·date /líkwədèɪt/ 動 ⓗ ❶ (負債)を清算する; (会社・資産)を整理する. ❷《略式》(...)を殺す, 一掃する. ― ⓐ 清算する.

liq·ui·da·tion /lìkwədéɪʃən/ 名 Ⓤ 清算; 整理.

liq·ui·da·tor /líkwədèɪṭə | -tə/ 名 Ⓒ 清算人.

líquid crýstal displày 名 Ⓒ〔電子工〕液晶表示[ディスプレー]《略 LCD》.

li·quid·i·ty /lɪkwídəṭi/ 名 ❶ Ⓤ〔経済〕(資産の)流動性, 換金能力. ❷ Ⓤ 液状, 流動性.

liq·uid·iz·er /líkwədàɪzə | -zə/ 名 Ⓒ《英》(料理用の)ミキサー [≒blender].

líquid méasure 名 Ⓤ 液量《⇒ measure 名 3》.

+**li·quor** /líkə | -kə/ 名 (~s /~z/) ❶ Ⓤ《主に米》**酒類**《ウイスキー・ブランデーなどの強い蒸留酒》: *Liquor* isn't sold at this store. この店では酒類は売っていない. 語法 種類をいうときには Ⓒ: whiskey and other *liquors* ウイスキーおよび他の酒類. ❷ Ⓤ《英》アルコール飲料.

〘語源 元来は「液体」の意で liquid と同語源〙

li·quo·rice /lík(ə)rɪʃ, -rɪs/ 名《英》= licorice.

líquor stòre 名 Ⓒ《米》酒類販売店.

li·ra /lí(ə)rə/ 名 (複 li·re /lí(ə)reɪ/, ~s) Ⓒ リラ《イタリアの旧通貨単位; ⇒ euro》.

Li·sa /líːsə, -zə/ 名 固 リーサ《女性の名; Elizabeth の愛称》.

Lis·bon /lízbən/ 名 固 リスボン《ポルトガルの首都》.

lisp /lísp/ 動 ⓐ 舌足らずに発音する《/s/ や /z/ を正確に発音できず sixteen /sìkstíːn/ を /θìkθtíːn/ などと言う》. ― ⓗ (...)を舌足らずに発音する. ― 名 [a ~] 舌足らずの発音.

***list[1]** /líst/

― 名 (lists /lísts/) Ⓒ **一覧表, 表**, リスト; 目録, 名簿: make a ***list of*** members 会員名簿を作る / His name is [has been put] ***on the list***. 彼の氏名は名簿にある / My name headed the *list*. 私の名は表の最初にあった / His name was left [taken] off the *list*. 彼の名前は名簿から落ちていた[除かれた] / a price *list* 価格表 / a shopping *list* 買い物リスト / a waiting *list* 順番[キャンセル]待ち名簿 / a mailing *list* 郵送先名簿; (Eメールの)メーリングリスト / be high [low] ***on the list*** リストの上[下]にある, 優先順位が高い[低い] / be at the top [bottom] of the *list* 最も重要である[重要でない].

― 動 (lists /lísts/; list·ed /~ɪd/; list·ing) ⓗ ❶ (...)**を表にする**, 一覧表にする, (...)の目録を作る, (...)を表に載せる: Have you *listed* all the names? 全部の名前を表に載せましたか. 日英 日本語の「リストアップ」は和製英語で, 英語では単に list でよい. ❷ (公式リストに)(...)を(~と)記載する: These animals are *listed as* endangered. これらの動物は絶滅危惧種とされている. ― ⓐ《主に米》(商品が)カタログに(...の価格で)載っている (*at*).

list[2] /líst/ 動 ⓐ (船などが)傾く, かしぐ (*to*).

***lis·ten** /lís(ə)n/

― 動 (lis·tens /~z/; lis·tened /~d/; -ten·ing /-s(ə)nɪŋ/) ⓐ ❶ (聞こうとしてまたは注意して)**聞く, 耳を澄ます, 耳を傾ける**, 傾聴する《⇒ hear 類義語, listen to ... (句動詞)》: ***Listen!*** Birds are singing. ほら, 鳥が鳴いてるよ / If you *listen* carefully [hard], you can hear the waves. よく耳を澄ますと波の音が聞こえるよ. ❷ (忠告などに)**耳を貸す**, 従う: ***Listen!*** Ⓢ (いいか)よく聞けよ / I advised her not to marry Tom, but she just wouldn't *listen*. 私は彼女にトムと結婚しないように忠告したが彼女は聞く耳を持たなかった.

自分の言うことを聞いてほしいときのしぐさ

listen の句動詞

+**lísten for ...** 動 他 **...を聞こうとして耳を澄ます:** Please *listen for* the telephone while I'm upstairs. 私が2階にいる間電話の音に気をつけてね.

lísten ín 動 自 (人の話を)黙って聞く; 盗み聞きする: May I attend the meeting just to *listen in*? その会に出てただ聞いているだけでもよろしいですか.

lísten ín on ... [動] 他 ...を盗み聞きする, (盗聴器などで)...を盗聴する: *listen in on* a conversation 話を盗み聞きする.

lísten ín to ... [動] 他 (1) (ラジオなどのダイヤルを合わせて)**...を聞く** (受身 be listened in to). (2) = listen in on ....

lísten óut for ... 動 他 《英略式》 = listen for ....

⁑lísten to ...

動 他 ❶ (聞こうとしてまたは注意して)**...を聞く, ...に耳を傾ける, 耳を澄ます** (⇨ hear 表, 類義語): They were *listening to* music [the radio]. 彼らは音楽[ラジオ]を聞いていた.

❷ (忠告・意見などに)**耳を貸す**, 従う: He wouldn't *listen to* 「my advice [me]. 彼は私の忠告[言うこと]に耳を貸そうとしなかった / They won't *listen to* reason. 彼らは道理に従おうとしない.

語法 listen to は, 次の例のように hear と同じ V+O+C (現分[原形]) の構文をとることがある. また受身にも用いられる: We *listened to* him play*ing* the guitar. 私たちは彼がギターを弾いているのに聞き入った / She liked to *listen to* children *talk*. 彼女は子供たちが話すのを聞くのが好きだった / Young people want to *be listened to*. V+to+名の受身 若者たちは自分たちの意見をちゃんと聞いてもらいたがっている.

lísten úp 動 自 [命令形で] Ⓢ 《主に米》 (相手の注意を促して)ちょっとよく聞いて.

— 名 [a ~] 《英略式》 聞くこと: Have *a listen to* this CD. このCDを聞いてください.

+**lis·ten·er** /lís(ə)nə | -nə/ 名 (~s /~z/) Ⓒ **聴く人**, 聞き手; [前に形容詞をつけて] (人の話を)聴くのが...の人; (ラジオの)聴取者: You're always a *good listener*. あなたはいつも人の話をよく聞いてくれますね / Good morning, *listeners*! 皆さん, お早うございます《ラジオの放送で》. 関連 hearer 聞き手; 傍聴者 / viewer テレビの視聴者.

lístening devìce 名 Ⓒ 盗聴器.

+**lis·ting** /lístɪŋ/ 名 (~s /~z/) ❶ Ⓒ **一覧表**, リスト (*of*); (表の)項目, 記載事項. ❷ [複数形で] (新聞などに載る)イベント一覧表, 予定[番組]表. ❸ Ⓒ (企業の)上場.

list·less /lís(t)ləs/ 形 (疲れて)元気のない, 気乗りしない; (暑さなどで)だるそうな, だらけた.

líst prìce 名 Ⓒ 表示価格, 定価.

list·serve /lís(t)sə:v | -sə:v/ 名 Ⓒ 〔コンピュータ〕 リストサーブ《メーリングリスト配信システム》.

***lit** /lít/ 動 **light¹ の過去形および過去分詞.**

lit. 略 = literally, literary, literature.

lit·a·ny /lítəni, -tni/ ❶ Ⓒ 〔キリスト教〕 連禱(れんとう)《牧師の唱える祈りに会衆が唱和する》. ❷ Ⓒ 長ったらしい[くどい]話.

lite /láɪt/ 形 ❶ 限定 《主に米》 低カロリーの. ❷ [名詞の後で] [軽蔑的] 亜流の, 軽い.

+**li·ter,** 《英》 **li·tre** /lí:tə | -tə/ 名 (~s /~z/) Ⓒ **リットル**, リッター《1000cc; 略 l》: a *liter of* water 1 リットルの水.

lit·er·a·cy /lítərəsi, -trə-/ 名 Ⓤ 読み書きの能力, 識字能力; (ある分野の)活用能力[知識] [⇔ illiteracy]: computer *literacy* コンピューター活用能力.

lit·er·al /lítərəl, -trəl/ 形 ❶ [普通は 限定] 文字どおりの《誇張や比喩的でなく》, 字義どおりの; (文字どおり)正確な, ありのままの; (事実などが)まぎれもない: the *literal* meaning [sense] 文字どおりの意味 / a *literal* account of an event 事件のありのままの記録. 関連 figurative 比喩的な. ❷ [普通は 限定] (翻訳などが)一語一語の, 逐語的な: a *literal* translation 直訳. ❸ [軽蔑的] (人・考え方が)想像力に欠けた. (名 létter)
〘語源 ラテン語で「文字の」の意; ⇒ literature 語源〙

+**lit·er·al·ly** /lítərəli, -trə-/ 副 ❶ **文字どおりに**《誇張や比喩的でなく》, 字義どおりに《略 lit.》: I took what he said *literally*. 私は彼の言ったことを文字どおりに受けとった. 関連 figuratively 比喩的に. ❷ [意味を強めて] 《略式》 文字どおり, 全く, まるで, 本当に: I was *literally* helpless. 私は文字どおり孤立無援だった.

***lit·er·ar·y** /lítərèri | lítərəri, -trə-/ 形 限定 ❶ **文学の,** 文芸の, 文学的な: *literary* works 文学作品. ❷ 文筆業の; 文学に通じた: the *literary* world 文壇. ❸ 文語の, 文語的な《略 lit.》: *literary* style 文語体. 関連 colloquial 口語(体)の. (名 líteratùre)
〘語源 ラテン語で「読み書きの」の意; ⇒ literature 語源〙

lit·er·ate /lítərət, -trət/ 形 ❶ 読み書きのできる [⇔ illiterate]. 関連 numerate 計算のできる. ❷ 知識[学問, 教養]のある. ❸ [合成語で] ...の基本知識がある, ...に通じている: computer *literate* コンピューターが使いこなせる.

lit·e·ra·ti /lìtərá:ti/ 名 複 [the ~] 《格式》 知識階級; 文学者(たち).

⁑lit·er·a·ture /lítərətʃʊə, -trə-, -tʃə | -tʃə/ アク

— 名 (~s /~z/) ❶ Ⓤ **文学**, 文芸, 文学作品《略 lit.》: English *literature* 英文学 / popular *literature* 大衆文学.
❷ Ⓤ **文献(類)**, 論文: the ***literature on*** American history 米国史に関する文献. ❸ Ⓤ 印刷物《広告・ちらしなどの》: advertising *literature* 広告印刷物. (形 líteràry)
〘語源 ラテン語で「文字を書くこと」の意; letter, literal, literary と同語源〙

lithe /láɪð/ 形 (lith·er; lith·est) (動きが)しなやかな.

lith·i·um /líθiəm/ 名 Ⓤ 〔化学〕 リチウム《最も軽い金属元素; 元素記号 Li; 電池などに利用》.

lith·o·graph /líθəgræ̀f | -grà:f/ 名 Ⓒ 石版(画).

li·thog·ra·phy /lɪθá(:)grəfi | -θɔ́g-/ 名 U 石版印刷, リトグラフィー.

Lith·u·a·ni·a /lìθ(j)uéɪniə/ 名 固 リトアニア《バルト海に面する共和国》.

lit·i·gant /líṭɪgənt/ 名 C 〔法律〕訴訟当事者《原告または被告》.

lit·i·gate /líṭəgèɪt/ 動 自 〔法律〕訴訟を起こす. — 他 〔法律〕(...)を法廷で争う.

lit·i·ga·tion /lìṭəgéɪʃən/ 名 U 〔法律〕訴訟, 起訴.

li·ti·gious /lɪtíʤəs/ 形 訴訟好きな.

lit·mus /lítməs/ 名 U 〔化学〕リトマス《酸にふれると赤くなり, アルカリにふれると青くなる色素》.

lítmus pàper 名 U リトマス試験紙.

lítmus tèst 名 [単数形で] ❶ (真意・効果などが)試される時, 真価を見極める機会, 試金石 (*of, for*). ❷ 〔化学〕リトマス試験.

+**li·tre** /lí:ṭə | -tə/ 名 C 《英》 = liter.

+**li·ter** /líṭə | -tə/ 名 (~s /~z/) ❶ U **くず, ごみ**, 散らかったもの《特に紙くず》: drop *litter* ごみを捨てる / We picked up the *litter*. 私たちはごみを拾った. 関連 garbage (台所の)生ごみ. ❷ [a ~] 散乱(したもの) (*of*). ❸ C (犬・豚などの)ひと腹の子《全体》 (*of*). ❹ U (猫などの)室内トイレの砂; 敷きわら, 寝わら: a *litter* box [《英》 tray] ペット用トイレ. ❺ U (森林に堆積した)落葉落枝(層).

— 動 (-ter·ing /-ṭərɪŋ, -trɪŋ/) 他 ❶ (物が)(部屋など)に散らかっている; (部屋など)を(...で)散らかす (*with*); (物)を散らかす: Don't *litter* (*up*) your room. 部屋を散らかさないように. ❷ [受身で] (...)を(~で)いっぱいにする (*with*). — 自 ❶ ごみ[くず]を散らかす: NO LITTERING ごみを捨てないこと《掲示》. ❷ (犬・猫などが)子を産む.

lítter bìn 名 C 《英》 (戸外や公共の場の)ごみ箱, ごみ入れ容器 [《米》 trash [garbage] can].

***lit·tle[1] /lítl/

単語のエッセンス
1) [a ~] 少しではあるが; 少しは(...する); 少し 形❶; 副❶; 代❶
2) [a をつけずに] ほとんどない; 少ししか...しない; 少ししかないもの 形❷; 副❷; 代❷

— 形 (比 **less** /lés/; 最 **least** /lí:st/) 《⇒ less[1], least[1]》 語法 (1) 数えられない名詞に用いる《⇒ few 形 表および最初の 語法》. (2) little を 叙述 に用いることは《略式》ではまれ.

❶ [a ~] **少しではあるが... (がある), 多少の** [≒some] 《⇒ all 形 1 表》: As I had *a little* money with me, I was able to buy the book. 少し持ち合わせがあったので私はその本が買えた / There's *a little* hope that he'll pass. 彼が合格する望みは少しはある / I had *a* very *little* pain after the operation. 手術後にごくわずかだが痛みを感じた / The difference between *a little* money and no money is enormous. 金が少しあるのと全然ないのとでは大違いだ. 語法 関係詞節などで修飾される場合は the little になる《⇒ the little ... (that) ~ (成句)》: *the little* time that is left 残されたわずかな時間.

❷ [a をつけずに] **...はほとんどない, 少しの...しか**, ほんのわずかの《量が少ないこと, 程度が低いことを示す; ⇒ all 形 1 表》 [⇔ much] 《⇒ 巻末文法 13.1 (2)》: I have (very) *little* money with me. 私はほんの少ししか持ち合わせがない / She has *little* knowledge of it. 彼女はそれについてはほとんど知識がない / There's *little* hope of his recovery. 彼が回復する望みはほとんどない.

> 語法 a little と little
> 1 と 2 の違いは話し手の気持ちの問題で, 必ずしも量の多少によるものではない. 仮に同じ程度のジャムが残っていても, There was *a little* jam left in the jar. と言えば,「まだ足りる」という気持ちが含まれることにもなり, There was *little* jam left in the jar. と言えば,「もう残りわずかしかない」, あるいは「がっかりした」という気持ちを表わすことにもなる《⇒ few 形 2 語法》.

be tóo líttle, tóo láte [動] 自 (救済策などが)少なすぎるうえに遅すぎる, 効果はとうてい望めない.

líttle or nó ... [形] (まず)ほとんど...(が)ない: There is *little or no* danger. ほとんど危険はない.

nò líttle ... [形] 少なからぬ..., 多くの... [≒very much]: It took *no little* effort to get the job finished. その仕事を終えるには少なからぬ努力を要した.

nòt a líttle ... [形] 《格式》 **少なからぬ...**, かなりの...: There is *not a little* anxiety about it. そのことについては少なからぬ不安がある.

ònly a líttle ... [形] ほんのわずかの..., ...はほとんどない: There's *only a little* wine left. ワインはほんの少ししか残っていない.

quìte a líttle ... [形] 《略式》 **かなり多くの...**: He has *quite a little* money. 彼はかなり金がある.

quìte the líttle ... [形] Ⓢ いっぱしの..., 大した...《小ばかにした言い方》.

the líttle ... (that) ~ = what líttle ... 少しだがあるだけの...: I gave [*the little* money (*that*) I had [*what little* money I had] to the poor family. なけなしの金を全部その貧しい一家に与えた.

— 副 (比 **less** /lés/; 最 **least** /lí:st/; ⇒ less[1], least[1]) 語法 little の前に a がつくときとつかないときの違いは 形 の場合と同じ.

❶ [a ~] **少しは...(する)**, 多少とも...(する): Wait *a little* longer for him. 彼をもう少し待ってください / "Can you speak English?" "Yes, *a little*."「英語が話せますか」「ええ, 少し」/ Give me *a little* more time. 私にもう少し時間をください / I'm feeling *a little* better. 少し気分がよくなりました / He's *a little* over [under] forty, I think. 彼は 40 歳より少し上[下]だと思う.

❷ [a をつけずに] 《格式》 **ほとんど...しない, 少ししか...しない** [⇔ much]; 少しも...しない [≒not ... at all]: He is *little known* among us. 彼は私たちの間ではほとんど知られていない / I *see* him very *little*. 彼とはめったに会わない / 言い換え I *little thought* that I wouldn't see him again. = *Little* did I think that I wouldn't see him again. もう二度と彼に会えないとは全く考えてもいなかった《⇒ 巻末文法 15.2 (1)》. 語法 know, think, imagine のように思考や認識を表わす動詞の前で使われることが多い.

lìttle bétter (than ...) ⇒ better 形 成句.

lìttle móre than ... ⇒ more[1] 副 成句.

nòt a líttle [副] 《格式》 **少なからず**, 大いに: I was *not a little* disappointed by the news. その知らせを聞いて少なからず失望しました.

thìnk líttle of ... ⇒ think 成句.

— 代 《不定代名詞》 語法 この 代 の little は数えら

れない名詞の代わりに用いられたり, または漠然とそれを指すことが多い. 従って単数として扱われる.

❶ [a ~] **少し(ではあるがあるもの)**, 多少 [≒some] (of): *A little* is enough for me. 少しで十分です / I'll give you *a little*. 少しだけあげましょう / I know *a little* about him. 彼のことなら少しは知っています.

❷ [a をつけずに] **少ししかないもの**, ほんのわずかしかないもの, ほとんどないもの [⇔ much]: *Little* was left in the jam jar. ジャムのびんには(ジャムは)ほとんど残っていなかった / We see very *little* of her. 私たちはほとんど彼女に会いません / *Little* remains to be done. やることはもうほとんど残ってない / The government has done *little* to help the poorest people. 政府はこれまで最も貧しい人々を助けるための手だてをほとんど講じてこなかった.

àfter a líttle [副] 少したって, しばらくして.

as líttle as ... [少なさを強調して] たった...だけ: *as little as* $10 たった 10 ドル.

for a líttle [副] しばらく(の間).

líttle by líttle [副] **少しずつ:** The level of the water rose *little by little*. 水位は徐々にあがった.

líttle or nóthing = líttle if ánything [代] ほとんど(何も)ない: know *little or nothing* まるで知らない.

màke líttle of ... [動] ⑩ (1)《格式》...を軽く見る, 見くびる [⇔ make much of ...]. (2)《格式》...をほとんど理解できない.

whàt líttle = the líttle [代] [後に関係詞節を伴って] わずかばかりのもの[こと]全部: I did「*what little* [*the little* (that)] I could to help. 私は微力ながら援助のためにできるだけのことをした.

***lit·tle² /lítl/

— 形 (比 less /lés/; 最 least /líːst/) 語法 比 は small·er, 最 は small·est で代用することが多い. また 1 の意味で時に 比 lit·tler; 最 lit·tlest を用いる. ❶ 限定 **小さな** [⇔ big]; **小さくてかわいい**《⇒ small 表, 類義語》: *little* birds 小鳥たち / a *little* tiny puppy Ⓢ とても小さな子犬 / a pretty *little* house きれいで小さな家. 語法 しばしば little の前に pretty, nice, sweet, funny, nasty などの形容詞を伴って話者の好悪の感情を表わす: the *poor little* thing (その)かわいそうな動物[子供] / *silly little* jokes くだらない冗談.

❷ [比較なし] **年少の, 年下の**; 幼い: my *little* boy [girl] うちの息子[娘] / a *little* brother [sister]《略式》弟[妹]《⇒ brother と sister の 日英》/ I lost my parents when I was *little*. 僕は小さいころ両親を失った. ❸ 限定 取るに足らない, くだらない [⇔ great]; [こっけいに] (実際は重要なことについて)ちょっとした; (人が)権力[地位]のない, 普通の: *little* problems ささいな問題 / *little* people 一般大衆. ❹ 限定 (距離・時間が)短い [⇔ long]: Will you go a *little* way with me? 私と少し行き[歩き]ませんか / (for) a *little* while 少しの間.

Líttle Béar 名 固 [the ~]《主に英》小ぐま座《星座》.

Líttle Dípper 名 固 [the ~]《主に米》小北斗 (Dipper)《星座》.

líttle fínger 名 C 小指《⇒ hand 挿絵》.

Líttle Lèague 名 C リトルリーグ《米国などの 12 歳以下の子供の野球リーグ》.

Líttle Réd Ríding Hòod 名 固 赤ずきん(ちゃん)《童話に登場する女の子》.

lit·to·ral /lítərəl, -trəl/ 名 C《格式》沿海地方. — 形《格式》海岸の, 沿海の.

li·tur·gi·cal /lɪtə́ːdʒɪk(ə)l | -tə́ː-/ 形 礼拝式の.

lit·ur·gy /lítədʒi | -tə-/ 名 (-ur·gies) C,U 礼拝式.

liv·a·ble /lívəbl/ 形 (家などが)住むに適する, 住みやすい; (生活などが)満足できる; (賃金などが)食えるだけの.

***live¹ /lív/ ❗発音 形容詞の live² と発音が違う.

— 動 (lives /~z/; lived /~d/; liv·ing) 自

意味のチャート
「生きる」 自 ❶
→ (ある場所で生きる) → 「住む」 自 ❷
→ (ある状態で生きる) → 「暮らす」 自 ❸

❶ (人・動物が)**生きる, 生存する**, 生きている; 生きながらえる [⇔ die]: We cannot *live* without air. 私たちは空気がないと生きていけない / He knows he has only six months to *live*. 彼はせいぜいあと半年の命だと知っている / (for) as long as I *live* 私が生きている限り / 言い換え She *lived to* be ninety. V+C (to 不定詞) = She *lived* until she was ninety. = She *lived to* (the age of) ninety. V+to+名 彼女は 90 歳まで生きた / He didn't *live to* see his dream fulfilled. 彼は夢の実現を見ずして死んだ / Long *live* the King! Ⓢ《格式》王さまが長生きされますように(王さま万歳)《⇒ **巻末文法** 11.4 (4)》/ You *live* and learn.《ことわざ》Ⓢ 生きているといろいろなことを知るものだ; [何かへまをした時に] 失敗も経験のうち / *Live* and let *live*.《ことわざ》自分も生き人も生かす(余計な干渉はするな).

❷ [副詞(句)を伴って] (...に)**住む, 居住する**; (動物が)(...に)生息する: My brother *lives*「*in* a small town [*at* numbers 15, *on* sixth floor]. V+前+名 兄[弟]は小さな町[15 番地, 6 階]に住んでいる《⇒ at 1 語法 囲み》/ I *lived with* the Browns in my school days. 学生時代はブラウンさんの家に住んでいた / I *lived* there (*for*) ten years. 私はそこに 10 年間住んでいた《⇒ for 前 A 5 語法 (1)》/ "Where do you *live*?" "In London."「どちらにお住まいですか」「ロンドンです」/ *live* alone [at home (with one's parents)] ひとり暮らしをする[両親と同居する] / This is a comfortable house to *live in*. これは住みやすい家だ / Polar bears *live in* the Arctic. しろくまは北極に生息する.

⚡ ...に住んでいる

私は東京に住んでいます.
○I **live** in Tokyo.
△I am living in Tokyo.《一時的である場合》
彼が今どこに住んでいるか知りません.
○I don't know where he **is living** now.
✪ 一時的にある場所に住む場合をのぞき普通は進行形にしない.

❸ [副詞(句)を伴って] (ある社会・時代に)**生きる**; (...に) **暮らす**, (...の)生活をする: We *live in* an information-oriented society. V+in+名 私たちは情報化社会に生きている / *live in* poverty 貧しい生活をする / *live well* 裕福に暮らす / *live happily* 幸せに暮らす / I'd like to *live quietly* in the countryside. いなかで静かに暮らしたい / My aunt *lived* and died a single woman. V+C (名) おばは生涯独身だった. ❹ 楽しい人生を送る, おもしろく暮らす: Now I'm really *living*! 今は本当に人生を楽しんでいるよ / You haven't *lived* until you see an opera. オペラを見ないうちは人生を満喫したとは言えないな. ❺ 存続する; (人の記憶に)残る: She still *lives in* my memory. 彼女は今でも私の

L

思い出の中に生きている. ❻《英略式》(物が)(...に)しまわれている.
— ㊀ (...の生活)をする, 送る: He *lived* a happy life. 彼は幸福な人生を送った.
líve and bréathe [動] ㊀ (...)に熱中する: *live and breathe* tennis テニスに明け暮れる.
líve from hánd to móuth [動] ㊁ その日暮らしをする.
líve it úp [動] ㊁《略式》楽しく遊び暮らす.
... who [that] éver líved [最上級とともに] 今まででいちばんの...: He's the great*est* singer *that* [*who*] *ever lived*. 彼は史上最高の歌手だ.
(名 life, 形 alíve, live²)

live¹ の句動詞
líve by ... 動 他 ❶ ...で生計を立てる: My sister *lives by* farming. 私の姉[妹]は農業をして暮らしを立てている. ❷ ...を生活の指針とする.
líve dówn 動 他 [普通は否定文で] (不名誉・罪・過失など)を償う, (汚名)をそそぐ: I couldn't *live* my youthful follies *down*. 私は若いころの愚かな行ないを人に忘れてもらうことができなかった.
líve for ... 動 他 ❶ ...のために生きる; ...を生きがいにする. ❷ (...する日[時])を楽しみに生きる.
líve ín 動 自《英》住み込みで働く [⇔live out].
+**líve off ...** 動 他 ❶ **...で生計を立てる**, 食べていく: He *lives off* his father's inheritance. 彼は父親の遺産で食べている / *live off* the land 土地で収穫する物を食べて生活する. ❷ ...のやっかいになる, ...のすねをかじる.
líve ón 動 自 生き続ける; (思い出などが)残る.
*__líve on ...__ 動 他 ❶ **...を食べて生きている**, 常食にする: The Japanese used to *live on* rice and fish. 日本人は昔は米と魚を常食としていたものだ.
❷ **...に頼って暮らす**: I *live on* my pension alone. 私は年金だけで暮らしている.
líve óut 動 他 (夢など)を実現する; (ある期間)の最後まで生き抜く; (人生・年月)を終わりまで過ごす.
— 自《英》通いで働く [⇔live in].
+**líve through ...** 動 他 **...を(経験して)生き延びる**, ...を切り抜ける: Mr. Miller *lived through* two wars. ミラー氏は2度の戦争を生き延びてきた.
*__líve togéther__ 動 自 **いっしょに暮らす; 同棲(どうせい)する**: They began to *live together* in June. 彼らは6月から同棲を始めた.
+**lìve úp to ...** 動 他 (期待など)**にこたえる**; ...に基づき恥じない行動をする: I'll try to *live up to* your expectations. 期待にそえるようにします.
*__líve with ...__ 動 他 ❶ **...といっしょに暮らす, 同居する; ...と同棲(どうせい)する**: We *live with* my husband's parents. 私たちは夫の両親といっしょに暮らしている. ❷ (不快なこと)を受け入れる, 我慢する: I have to learn to *live with* stress. ストレスに耐えられるようになるしかない. ❸ (人)の心に残る.

*__live²__ /láɪv/ ❗発音 動詞の live¹ と発音が違う. 形 ❶ [普通は 限定] [比較なし] **生きている** [≒living] [⇔ dead]: a *live* fish 生きている魚 / see a ***real live*** lion (生きた) 本物のライオンを見る. 語法 この意味の 叙述 の形容詞は普通 alive《⇒ living 語法》: The fish is *alive*. その魚は生きている.
❷ [普通は 限定] [比較なし] (放送などが)**生(なま)の**, 実演[実況, ライブ]の: a *live* performance [program, broadcast, recording] 生[ライブ]演奏[番組, 放送, 録音] / a *live* concert ライブコンサート / This is ***live from*** Paris. +from+名 これはパリからの生放送です《⇒ record² 2》. ❸ [普通は 限定] 電流の通じた《略 L》; (銃弾などが)まだ爆発していない; (マッチなどが)未使用の [⇔ dead]: a *live* microphone スイッチが入ったマイク. ❹ 限定 (火が)おこっている, 燃えている: *live* coals 燃えている石炭. ❺ 当面の, 論議中の: a *live* issue 当面の問題. ❻〔球技〕インプレー中の, 有効な [⇔ dead]: a *live* ball 生きている球. ❼ (ヨーグルトが)生きた乳酸菌入りの. (名 life, 動 live¹, enlíven, líven)
— 副 **生(なま)で**, 実演[実況]で, ライブで: The ceremony will be broadcast ***live from*** Boston. 式典はボストンから生放送[実況中継]される.
gò líve [動] 自 (新システムなどが)稼動開始となる.

live·a·ble /lívəbl/ 形 = livable.
+**live-in** /lívín⁺/ 形 限定 ❶ **住み込みの**: a *live-in* maid 住み込みのメイド. ❷ 同棲中の.
live·li·hood /láɪvlihòd/ 名 C,U [しばしば所有格の後で] 暮らし, 生計; 生きる道: earn one's *livelihood* 生計を立てる.
live·li·ness /láɪvlinəs/ 名 ❶ U 元気, 活発. ❷ U 陽気, にぎやかさ. ❸ U 鮮やかさ.
+**live·ly** /láɪvli/ ❗発音 形 (live·li·er /-liə | -liə/; live·li·est /-liɪst/) ❶ (人などが)**元気のよい**, 生気にあふれた; (動作・活動などが)活発な, 軽快な; 元気よく行動する: Tom is the *liveliest* boy in his class. トムはクラスでいちばん元気な少年だ / a *lively* discussion [debate] 活発な討論.
❷ **陽気な**, にぎやかな: *lively* music 陽気な[軽快な]音楽 / The streets were *lively* with shoppers. 街は買物客でにぎわっていた. ❸ (描写などが)真に迫った, 生き生きした; (感情などが)激しい, 強烈な: *lively* interest 強烈な興味. ❹ (色が)鮮やかな: *lively* colors 鮮やかな色彩.
stép [《英》 lóok] lívely [動] 自 S [普通は命令文で] てきぱき[さっさと]やる, 急ぐ.
liv·en /láɪv(ə)n/ 動 他 (...)を陽気にする, 活気づける (*up*). — 自 陽気になる, 活気づく (*up*). (形 live²)
+**liv·er** /lívə | -və/ 名 (~s /~z/) ❶ C **肝臓**: The *liver* serves to clean the blood. 肝臓は血液を浄化する働きをする.
❷ U,C (食用の)**レバー**, 肝(きも).
Liv·er·pool /lívəpù:l | -və-/ 名 固 リバプール《英国 England 北西部の港市》.
líver sàusage 名 U《英》= liverwurst.
liv·er·wurst /lívəwə̀:st | lívəwə̀:st/ 名 U《米》レバーソーセージ.
liv·er·y /lív(ə)ri/ 名 (-er·ies) ❶ U,C《英》(製品・乗り物などに見られる)会社のシンボルマーク[カラー]. ❷ U,C そろいの制服, 仕着せ.
****lives** /láɪvz/ 名 **life の複数形**.
live·stock /láɪvstɑ̀(:)k | -stɔ̀k/ 名 U [ときに複数扱い] 家畜類《牛・馬・羊など》.
líve wíre /láɪv-/ 名 ❶ C《略式》活動的な人, 精力家. ❷ C 電流が通じている電線.
liv·id /lívɪd/ 形 ❶《略式》かんかんに怒った. ❷《格式》(あざなどが)青黒い. ❸《文語》(顔が)青ざめた.
*****liv·ing** /lívɪŋ/
— 形 ❶ **生きている**, 命のある [⇔ dead]: a *living* bird 生きている鳥 / *living* things 生きとし生ける物 / *the*

living 生きている人たち, 現存者たち《複数名詞のように扱われる; ⇒ the[1] 3》/ The fish is still *living*. その魚はまだ生きている. 語法 live[2] は普通 限定, alive は 叙述 だけに使われるが, living は 限定 にも 叙述 にも使われる.

❷ **現在行なわれて[使われて]いる**; 現存の [⇔ dead]: *living* languages 現代語. ❸ 限定 生活(用)の: *living* expenses [costs] 生活費 / *living* conditions 生活状態[条件].

— 名 ❶ [a ~ または所有格の後で] **生計(の手段)**, 生活費: What do you do for *a living*? お仕事は何をされているんですか / earn [make] a [one's] *living* 生計を立てる.

❷ Ⓤ **生活**, 暮らし(方): a high [low, poor] standard of *living* 高い[低い]生活水準 / the cost of *living* 生活費 / plain *living* and high thinking 暮らしは質素に思索は高く《英国の詩人ワーズワース (Wordsworth) のことば》.

líving fóssil 名 Ⓒ 生きた化石《絶滅したと考えられたが現在も生存している動物; シーラカンスなど》.

líving próof 名 Ⓤ (...の)生き証人 (*of*; *that*).

***líving ròom** 名 (~s /~z/) Ⓒ **居間**, リビング: We were shown into the *living room*. 私たちは居間に通された.

líving stàndard 名 Ⓒ [普通は複数形で] 生活水準.

líving wáge 名 [a ~] 生活給《人並みの最低生活を保障する賃金》.

líving wíll 名 Ⓒ リビングウィル《署名者が不治の病などにかかった場合に, 医師・肉親などに延命処置をとらないように生前に表明した遺言状》.

Liz /líz/ 名 固 リズ《女性の名; Elizabeth の愛称》.

Li·za /láɪzə/ 名 固 ライザ《女性の名; Elizabeth の愛称》.

liz·ard /lízəd | -zəd/ 名 Ⓒ とかげ, やもり.

Liz·zie, Liz·zy /lízi/ 名 固 リジー《女性の名; Elizabeth の愛称》.

****-'ll** /l/《略式》will[1] の短縮形. 語法《英》では I'll, we'll を I [we] shall の短縮形に代用することがある.

ll. /láɪnz/ 略 = lines《⇒ line[1] 名 5》. ✪ 用法については ⇒ l.[1].

lla·ma /lá:mə/ 名 (複 ~(s)) Ⓒ ラマ, アメリカらくだ《南米産の家畜》.

Ln. 略 = lane.

lo /lóʊ/ 間《古語》見よ, ほら. **ló and behóld** [間] Ⓢ [こっけいに] 驚くなかれ, なんとまあ.

load** /lóʊd/ 動 (loads /lóʊdz/; load·ed /-ḍɪd/; load·ing /-ḍɪŋ/) 他 ❶ (車・船など)に(荷を)積む, のせる (*with*); (車・船などに)(荷)を**積む**, のせる (*into*, *onto*) [⇔ unload]: 言い換え We ***loaded the truck ***with*** hay. V+O+*with*+名 = We ***loaded*** hay ***onto*** the truck. V+O+*onto*+名 私たちはトラックに干し草を積み込んだ / Your baggage *is loaded* in the back of the bus. V+O の受身 君の手荷物はバスの後ろに積んである.

❷ (銃)に**弾丸を込める**, (カメラ)に**フィルムを入れる**, 装填(そうてん)する; (洗濯機など)に物を入れる; (弾・フィルム・ディスクなど)を(...に)入れる (*into*): *load* a gun 銃に弾を込める / This camera *is* ***loaded with*** high-speed film. V+O+*with*+名の受身 このカメラには高感度フィルムが入っている / *load* the dishwasher 食器洗い機に洗う物を入れる. ❸ (...)に詰め込む, どっさりのせる; (人)にたくさん与える: He *loaded* ⌈his plate *with* food [food *onto* his plate]. 彼は皿に食べ物を山盛りにした / The table *was loaded with* fruit. 食卓には果物がどっさりのせてあった. ❹〔コンピュータ〕(データ・プログラム)をロードする, 読み込む (*onto*, *on*, *from*).

— 自 **荷を積む**, 乗客を乗せる; 装填する[される]; 〔コンピューター〕メモリーにロードされる: The ship *loaded* in two days. 船は 2 日で船荷を積み込んだ.

lóad dówn [動] 他 [普通は受身で] (人)に(重荷・責任などを)負わせる: I *was loaded down with* luggage. 私は手荷物をどっさりかかえていた.

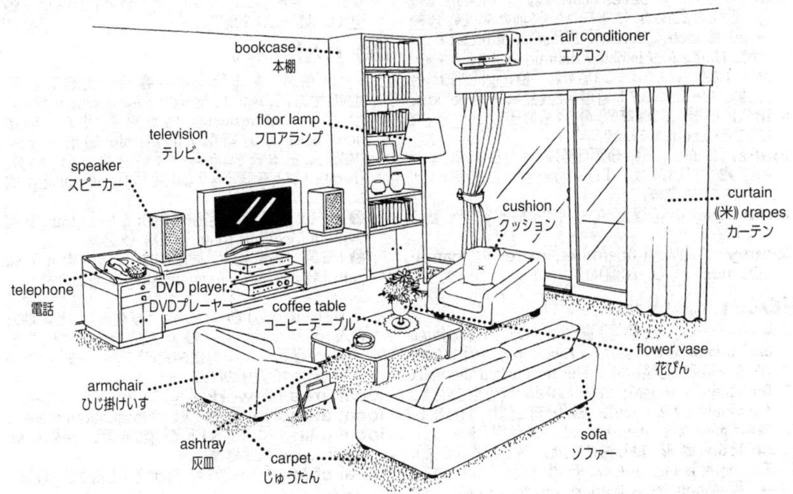

living room

lóad úp [動] ⑩ (車など)に(荷を)(どっさり)積み込む (*with*). ― ⓐ 荷を積み込む (*with*).
lóad úp on ... [動] ⑩ 《米》...をたっぷり買い込む; ...を大量に食べる[飲む].
― 名 (loads /lóʊdz/) ❶ Ⓒ (普通は大量の)**積み荷**, (重い)荷 (*of*): John was carrying a heavy *load* on his shoulder. ジョンは肩に重い荷をかついでいた.
❷ Ⓒ [しばしば合成語で] (乗り物の)**積載量**; (洗濯機に入れる)一回分の洗濯物: with a full *load* of coal 石炭を満載して / I did two *loads* of laundry today. 今日は2回洗濯をした.
❸ Ⓒ [普通は単数形で] (精神的な)**負担**, (心の)重荷; 苦労, 心配: under a *load* of sorrow 悲しみに打ちひしがれて / a heavy *load* to bear 耐えがたい重荷 / The news ***took a load off*** his ***mind***. その知らせを聞いて彼はほっと安心した / That's *a* (huge) *load off* my mind. それで(とても)ほっとした. ❹ Ⓒ (人や機械の)仕事量, (仕事の)割り当て (workload): a heavy [light] *load* 重い[軽い]仕事量. ❺ Ⓒ (建造物などに)かかる重量. ❻ Ⓒ 〔電気・機械〕 負荷, 荷重. ❼ Ⓒ 《略式》 たくさん(のもの).
「**a lóad [lóads] of ...** [形] 《略式》 たくさんの... [≒a lot of ...].
Gèt a lóad of .... Ⓢ ...を見て[聞いて]みて.
Tàke a lóad òff (your féet). Ⓢ 《米》 まあおかけください.

+**load·ed** /lóʊdɪd/ 形 ❶ **荷を積んだ**, (乗り物が)**満員の**: a fully *loaded* truck 荷物を満載したトラック.
❷ (鉛・フィルムなどを)**詰めた**; 弾丸を込めた: a *loaded* camera フィルムを詰めたカメラ / *loaded* dice (鉛などを詰めて1か所を重くした)不正さいころ. ❸ (ことばなどが)含みのある, 意味深長な; (制度・報告などが)偏りのある, (...に)不利[有利]な (*against*, *in favor of*). ❹ 叙述 《略式》 (大)金持ちの. ❺ 叙述 いっぱい持った[入った] (*with*). ❻ 叙述 《米略式》 酔っ払った.
a lóaded quéstion [名] 誘導尋問.

loaf[1] /lóʊf/ 名 (複 loaves /lóʊvz/) ❶ Ⓒ (パンの)ひと塊(かたまり)《まるのままの食パン1斤やちぎる前のパンをいう; ⇒ bread 表, slice 名 1, roll 名 2》: a *lòaf* of *bréad* パンひと塊 / Half a *loaf* is better than none. 《ことわざ》 パン半分でもないよりはまし《慰め》. ❷ C,U [普通は合成語で] ローフ《ある形に料理した食品》: ⇒ meat loaf.
loaf[2] /lóʊf/ 動 ⓐ [軽蔑的] のらくら暮らす; ぶらつく, たむろする (*about*, *around*).
loaf·er /lóʊfɚ | -fə/ 名 ❶ Ⓒ [軽蔑的] のらくら者, 怠け者. ❷ Ⓒ [しばしば L-] ローファー《軽く底の平たいカジュアルな靴; 商標》.
loam /lóʊm/ 名 Ⓤ 壌土, ローム《砂や粘土から成る肥沃な土》.
loam·y /lóʊmi/ 形 (loam·i·er, more ~; loam·i·est, most ~) ローム(質)の.

⁑loan /lóʊn/ (同音 lone)
― 名 (~s /~z/) ❶ Ⓒ **貸付金**, ローン: ***get*** [***take out***] a ***loan*** 融資を受ける / ***repay*** [***pay off***] a ***loan*** ローンを返済[完済]する / The firm asked the bank for a large *loan*. 会社は銀行に多額の貸付金を要請した / a public *loan* 公債. ❷ Ⓤ **貸し付け**, 貸し出し, 貸与: get [have] the *loan of* ... ...を借用する.
on lóan [副・形] **貸し付けて[た]**, 貸し出されて[た]: The book is out *on loan*. その本は貸し出し中です.
― 動 (loans /~z/; loaned /-d/; loan·ing) ⑩ (...に)(~)を**貸す** (*out*); 《主に米》 (利子を取って)(金)を貸す《⇒ lend 表》: Will you *loan* me your camera? V+O+O あなたのカメラを貸してくれませんか / The bank didn't ***loan*** the money ***to*** the farmer. V+O+to+名 銀行はその農家にお金を貸さなかった.
lóan shàrk 名 Ⓒ [軽蔑的] 高利貸し, サラ金業者.
loan·word /lóʊnwɚ:d | -wə:d/ 名 Ⓒ 借用語, 外来語.
loath /lóʊθ, lóʊð/ 形 叙述 《格式》 (...するのが)いやで (*to* do).
loathe /lóʊð/ 動 ⑩ [進行形なし] (...)をひどく嫌う, (...するの)が大嫌いである (*doing*).
loath·ing /lóʊðɪŋ/ 名 Ⓤ または a ~] 《格式》 大嫌い, 嫌悪(感): He expressed his *loathing of* [*for*] war. 彼は戦争への嫌悪感を表明した.
loath·some /lóʊðsəm, lóʊθ-/ 形 《格式》 とてもいやな; いやでたまらない.
loaves /lóʊvz/ 名 loaf[1] の複数形.
lob /lá(:)b | lɔ́b/ 名 Ⓒ 〔テニス〕 高く緩(ゆる)い球, ロブ.
― 動 (lobs; lobbed; lob·bing) ⑩ (ボールなど)を緩く高く打ち上げる[投げる], ロブにする.
*****lob·by** /lá(:)bi | lɔ́bi/ 名 (lob·bies /~z/) ❶ Ⓒ (ホテルなど公共建築物の)**ロビー**, 広間《休憩・面会などに用いる; ⇒ hotel 挿絵》: I met him in the hotel *lobby*. 私は彼とホテルのロビーで会った. ❷ Ⓒ [《英》 単数形でもときに複数扱い] (議会の)圧力団体; 賛成[反対]運動の陳情団. ❸ Ⓒ (議院内の)ロビー《議員と院外者との会見用》.
― 動 (lob·bies; lob·bied; -by·ing) ⓐ 議員に議案通過[阻止]の働きかけ[ロビー活動]をする (*for*, *against*). ― ⑩ (議員・議会)に陳情する (*to* do).
lob·by·ist /lá(:)biɪst | lɔ́b-/ 名 Ⓒ (議会への)陳情者, 院外運動者, ロビイスト.
lobe /lóʊb/ 名 ❶ Ⓒ 耳たぶ (earlobe); 丸い突出部. ❷ Ⓒ 〔解剖〕 葉(よう)《肺・大脳などの》.
lo·bot·o·my /loʊbá(:)ṭəmi | -bɔ́t-/ 名 (-o·mies) Ⓒ 〔医学〕 前頭葉切除術.
lob·ster /lá(:)bstɚ | lɔ́bstə/ 名 ❶ Ⓒ ロブスター, うみざりがに. 関連 prawn くるまえび / shrimp 小えび. ❷ Ⓤ ロブスターの肉《食用》.

⁂lo·cal /lóʊk(ə)l/
― 形 [普通は 限定] [比較なし] ❶ (その)**土地の**, (ある)地域[地方]の, 現地の, 地元の: a *local* school 地元の学校 / *local* residents 地域の住民 / a *local* newspaper 地方新聞 / *local* rain 局地的な雨.
日英 🔍 日本語でいう「ローカル」と違い,「いなかの」(rural) という意味は含まない. 関連 national 全国的な.
❷ 〔鉄道〕 (短区間の)**各駅停車の**: a *local* train 普通列車 / a *local* bus route 近距離バス路線.
❸ 〔医学〕 (病気などが)**局部的な**, 局所的な: a *local* pain 局部的な痛み / *local* anesthesia 局部麻酔.
(動 lócalìze)
― 名 (~s /~z/) ❶ Ⓒ [しばしば複数形で] (ある)**地方の人**, (その)土地の人. ❷ Ⓒ 《米》 各駅停車の列車[バス]. ❸ Ⓒ 《米》 (労働組合の)支部. ❹ Ⓒ 《英略式》 行きつけの近所のパブ.
lócal área nétwork 名 Ⓒ 〔コンピュータ〕 = LAN.
lócal authórity 名 Ⓒ 《英》 = local government 1.
lócal càll 名 Ⓒ 市内[近距離]通話. 関連 long-distance call 長距離電話.
lócal cólor 名 Ⓤ 地方色, 郷土色《小説などの背景となる》.
lo·cale /loʊkǽl | -ká:l/ 名 Ⓒ 《格式》 (何かが行なわれる)

L

場所; (事件などの)現場; (物語などの)舞台.

+**lócal góvernment** 名 ❶ C [《英》単数形でもときに複数扱い] **地方自治体**. ❷ U 地方自治.

lo·cal·i·ty /loʊkǽləṭi/ 名 (-i·ties) C 《格式》(特定の)地域, 区域; (周囲との関連での)場所.

lo·cal·i·za·tion /lòʊkəlɪzéɪʃən | -laɪz-/ 名 U 《格式》局地化, 局部化.

lo·cal·ize /lóʊkəlàɪz/ 動 他 《格式》(災害など)を一地域内にくいとめる, (痛み・病気など)を局部にとどめる; (...)の場所を特定する. (形 lócal)

lo·cal·i·zed /lóʊkəlàɪzd/ 形 《格式》(病気・災害などが)局部的な, 一地域内の.

lo·cal·ly /lóʊkəli/ 副 ❶ ある[その]地方で, 地元で; 局部的に. ❷ 近くに, 近所に: live *locally* この近所に住む.

lócal tìme 名 U 現地時間: We arrive in Seoul at 2 o'clock *local time*. 私たちは現地時間の 2 時にソウルに到着する. 関連 standard time 標準時.

*__lo·cate__ /lóʊkeɪt, loʊkéɪt | loʊkéɪt/ 動 (lo·cates /lóʊkeɪts, loʊkéɪts | loʊkéɪts/; lo·cat·ed /-ṭɪd/; lo·cat·ing /-ṭɪŋ/) 他 ❶ [進行形なし] (...)**の位置を捜し当てる**, 位置[場所]を示す[定める], 所在(地)を確認する: The police *located* the suspect. 警察は容疑者の所在を突き止めた / Please *locate* the nearest emergency exit. 最寄りの非常口の位置を確認しておいてください《ホテルなどの掲示》/ The crash site hasn't *been located* yet. V+O の受身 墜落現場はまだ特定されていない. ❷ [副詞(句)を伴って] (...)を(~に)設置[配置]する; (店など)を(...に)置く (*in*).

— 自 [副詞(句)を伴って] 《米》(...に)住居を定める, 住み着く; 事務所を構える (*in*). (名 locátion)

+**lo·cat·ed** /lóʊkeɪṭɪd, loʊkéɪṭ- | loʊkéɪt-/ 形 叙述 [副詞(句)を伴って] (物が...に)**ある**, 位置する《地図などで》: The island is ***located in*** the northern part of the Atlantic. +前+名 その島は大西洋の北部にある.

*__lo·ca·tion__ /loʊkéɪʃən/ 名 (~s /~z/) ❶ C **所在地**, 位置, 場所 (⇒ place 類義語): This is a good ***location for*** the new factory. ここは新工場に好適の場所だ / at a convenient *location* 便利な場所で. ❷ C,U 〔映画〕スタジオ外撮影(現)場, ロケ地: The scene was filmed *on location* in Paris. そのシーンはパリのロケで撮影された. ❸ U 位置[場所]を捜し当てる[示す]こと, 所在(地)の確認: The *location of* the missing plane was difficult. 行方不明機の所在の確認は困難だった. (動 lócate)

loch /lá(ː)k | lɔ́k/ 名 C 《スコットランド》湖; (細い)入り江: *Loch* Ness ネス湖.

***lock**[1] /lá(ː)k | lɔ́k/ (同音 loch)

— 動 (locks /~s/; locked /~t/; lock·ing) 他 ❶ (...)に**鍵**(かぎ)**をかける**, 錠(じょう)を下ろす (⇒ key 表); (鍵をかけて)(...)を閉める, 閉じる [⇔ unlock]: *Lock* the door when you leave. 出かけるときはドアの鍵をかけてください / This suitcase *is locked*. V+O の受身 このスーツケースは鍵がかかっている.

❷ (人・動物など)を(鍵をかけて)**閉じ込める**, (物)を(金庫などに)しまう: ***lock*** the jewelry ***in*** the safe V+O+in+名 宝石類を金庫内にしまう / He *locked* himself *in* his room. 彼は部屋に閉じこもった. ❸ [しばしば受身で] (物)を固定する, 動けなくする; (腕など)を組み合わせる; (人)を抱き締める; (争いなどに)陥れる, 巻き込む (*in, into*): The ship *was locked* in the ice. 船は氷の中で動けなくなった. ❹ 〔コンピュータ〕(...)をロックする.

— 自 ❶ **鍵がかかる**, 錠が下りる: This door won't *lock*. このドアはどうしても鍵がかからない. ❷ 締まる, 組み合う, 動かなくなる, (車輪・ブレーキが)ロックする: Their eyes *locked* (*together*) for a moment. 彼らは一瞬じっと見つめ合った.

lock の句動詞

lóck awáy 動 他 ❶ 鍵[錠]をかけてしまい込む; 厳重に保管する. ❷ (人)を刑務所[施設]に入れる, 監禁する.

lóck oneself awáy [動] 自 閉じこもる.

lóck ín 動 他 ❶ (人・動物など)を閉じ込める. ❷ (価格・利潤など)を固定[確定]する.

lóck ónto ... 動 他 (ミサイルなどが)(目標)を自動追跡する.

+**lóck óut** 動 他 ❶ (人)を**締め出す** V+名・代+out: I was *locked out* last night. 私はゆうべ締め出されてしまった / I *locked* myself *out*. 私は(鍵を置いたまま)ドアを閉めてしまった《オートロックのドアで》. ❷ (労働者)を(職場から)締め出す. (名 lóckòut)

lóck ... óut of ~ 動 他 (人)を ~ から締め出す: The workers were *locked out of* the factory. 労働者たちは工場から締め出された.

+**lóck úp** 動 他 ❶ (家など)に**鍵をかける**, 戸締まりする; (物)をしまい込む V+名・代+up / V+up+名: *Lock up* your valuables in the safe before you go out. 外出前に貴重品を金庫にしまっておいてください.
❷ (人・動物など)を**閉じ込める**; 刑務所[施設]に入れる V+名・代+up / V+up+名: The police *locked up* the suspect. 警察はその容疑者を監禁した. ❸ [普通は受身で] (資本)を固定する (*in*).
— 自 ❶ (鍵をかけて)戸締まりをする. ❷ (車輪などが)動かなくなる.

— 名 (~s /~s/) ❶ C **錠**, 錠前, 鍵 (⇒ key 表): a bicycle *lock* 自転車の鍵 / turn the key in the *lock* 鍵を回す / pick a *lock* 錠前をこじあける / open the *lock* 鍵をあける. ❷ C (車・機器の)固定装置, ロック; U 〔コンピュータ〕ロック(状態). ❸ C 水門, 閘門(こうもん). ❹ C 〔レスリング〕固め技, ロック. ❺ [単数形で] 《米》完全な掌握[支配]: have *a lock* on ... ...を完全に掌握している. ❻ C 〔ラグビー〕ロック《スクラム 2 列目の選手》. ❼ U,C 《英》車の前輪の最大可動範囲: on full *lock* ハンドルの切れる最大角度で.

lóck, stóck, and bárrel [副] 何もかも, すっかり.

ùnder lóck and kéy [副] (1) 鍵をかけられて; 厳重に保管されて. (2) 投獄されて.

lock[2] /lá(ː)k | lɔ́k/ 名 ❶ C (髪の)房, 巻き毛: a *lock of* hair ひと房の髪. ❷ [複数形で] 《文語》頭髪.

lock·down /lá(ː)kdàʊn | lɔ́k-/ 名 C,U ロックダウン《非常時に安全のため建物の封鎖や人の移動制限をすること》.

lock·er /lá(ː)kə | lɔ́kə/ 名 ❶ C ロッカー. ❷ C 《米》食品冷凍貯蔵室.

lócker ròom 名 C ロッカールーム, 更衣室.

lock·et /lá(ː)kɪt | lɔ́k-/ 名 C ロケット《小さな写真・毛髪・形見の品などを入れてペンダントにする》.

lock·out /lá(ː)kàʊt | lɔ́k-/ 名 C 工場閉鎖, ロックアウト; 締め出し. (動 lóck óut)

lock·smith /lá(ː)ksmìθ | lɔ́k-/ 名 C 錠前師[屋].

lo·co·mo·tion /lòʊkəmóʊʃən/ 名 U 《格式》運動, 移動; 運動[移動]力.

+**lo·co·mo·tive** /lòʊkəmóʊṭɪv←/ 名 (~s/~z/) C 機

L

関車: a steam *locomotive* 蒸気機関車. — 形 限定《格式》運動の, 移動する.〘⇒ motion キズナ〙

lo·cus /lóʊkəs/ 名 (複 **lo·ci** /lóʊsaɪ, -kaɪ/) C《格式》場所, 位置, 現場, 中心地.

lo·cust /lóʊkəst/ 名 C いなご, ばった《とのさまばったなど》. 参考 特に集団移動をして農作物に大被害を与える grasshopper を指す.

lo·cu·tion /loʊkjúːʃən/ 名 U《格式》話しぶり, 言い方, ことばづかい; C (ある地域・集団に特有な)言いまわし.

lode /lóʊd/ 名 C 鉱脈, 鉱床: ⇒ mother lode.

lode·star /lóʊdstàə | -stàː/ 名 ❶ [the ~] 北極星. ❷ C《文語》指針, 指導原理.

lode·stone /lóʊdstòʊn/ 名 U,C 天然磁石.

+**lodge** /lá(ː)ʤ | lɔ́ʤ/ 名 (lodg·es /~ɪz/) ❶ C **山荘**, 山小屋, 別荘《避暑用など》; (行楽地などの)ホテル: a hunting *lodge* 狩猟小屋. ❷ C 番小屋, 門衛(の詰)所, 管理人室, 守衛室. ❸ C (組合・結社などの)集会所; 地方支部. ❹ C (ビーバーなどの)巣.

— 動 (lodg·es /~ɪz/; lodged /~d/; lodg·ing) 他 ❶ (苦情・抗議など)を申し立てる; (訴状など)を(正式に)提出する: *lodge* a complaint *against* one's Internet provider インターネットプロバイダーに対する苦情を申し立てる. ❷ (人)を泊める, 下宿させる (*in, at*)《⇒ board 動 他 3》. ❸《格式, 主に英》(金など)を預ける, 託す (*with, in*). ❹ (弾丸)を(...に)撃ち込む, (...)を(~に)ひっかける: A fish bone got [became] *lodged in* my throat. のどに魚の骨がひっかかった. — 自 ❶ [副詞(句)を伴って] (弾が)入って止まる, (魚の骨などが)(のどに)ひっかかる (*in*). ❷ [副詞(句)を伴って]《古風》(料金を払って)泊まる, 宿泊する; 下宿する (*at, with*).

lodg·er /lá(ː)ʤə | lɔ́ʤə/ 名 C《主に英》下宿人, 間借人 [《米》 roomer]《普通は部屋を借りるだけ》: She *takes in lodgers* for a living. 彼女は下宿屋をして生計を立てている. 関連 boarder 賄(まかな)い付きの下宿人.

lodg·ing /lá(ː)ʤɪŋ | lɔ́ʤ-/ 名 ❶ [U または a ~] 宿泊; 宿泊料: *board and lodging* 賄(まかな)い付き下宿. ❷ C [普通は複数形で]《古風》貸間, 下宿屋.

lódging hòuse 名 C《古風, 英》= rooming house.

loft /lɔ́ːft | lɔ́ft/ 名 ❶ C 屋根裏(部屋), ロフト, (納屋・うまやの)2階《わら・干し草などを蓄える; ⇒ hayloft》: a *loft* conversion 屋根裏の居住用への改装. ❷ C《米》(倉庫・オフィスなどの住居用に改装された)上階, ロフト; ロフトのある建物; (教会・講堂などの)上階(席)《オルガン奏者などの席》. — 動 他〔ゴルフ〕(球)を高く打ち上げる.

loft·i·ness /lɔ́ːftinəs | lɔ́f-/ 名 U 高尚; 高慢.

loft·y /lɔ́ːfti | lɔ́f-/ 形 (loft·i·er; -i·est) ❶ [普通は 限定]《文語》そびえ立つ, 非常に高い. ❷ [普通は 限定] 格調の高い, 崇高な: *lofty* ideals 崇高な理想. ❸ [軽蔑的] 高慢な, 傲慢(ごうまん)な.

+**log**[1] /lɔ́ːg, lá(ː)g | lɔ́g/ 名 (~s /~z/) ❶ C **丸太**《木の幹や太い枝を切ったもの; ⇒ lumber[1]》; まき: The cabin was built of *logs*. 小屋は丸太でできていた. ❷ C 航海[航空]記録. ❸ C〔コンピュータ〕通信記録, ログ. **(as) éasy as fálling off a lóg** [形・副]《略式》すごく簡単な[に]. **sléep lìke a lóg** [動] 自《略式》死んだようにぐっすりと眠る.

— 動 (logs; logged; log·ging) 他 ❶ (出来事など)を(公式に)記録する. ❷ (船・航空機が)(ある時間・距離)だけ航行[飛行]する. ❸ (材木用に)(木)を伐採(ばっさい)する, 切り倒す. — 自 木を伐採する.

lóg ín [ón] [動] 自〔コンピュータ〕(一連の操作をして)コンピューターの使用を開始する, ログイン[接続]する (*to*). **lóg óff [óut]** [動] 自〔コンピュータ〕(一連の操作をして)コンピューターの使用を終了する, ログオフする.

log[2] /lɔ́ːg, lá(ː)g | lɔ́g/ 名 C《略式》= logarithm.

lo·gan·ber·ry /lóʊg(ə)nbèri | -b(ə)ri/ 名 (-ber·ries) C ローガンベリー《きいちごの一種で, raspberry と blackberry との雑種》.

log·a·rith·m /lɔ́ːgərìðm, lá(ː)g- | lɔ́g-/ 名 C〔数学〕対数.

log·book /lɔ́ːgbʊ̀k | lɔ́g-/ 名 C = log[1] 2.

lóg cábin 名 C 丸太小屋.

log·ger /lɔ́ːgə, lá(ː)gə | lɔ́gə/ 名 C きこり.

log·ger·heads /lɔ́ːgəhèdz, lá(ː)g- | lɔ́g-/ 名 [次の成句で] **be at lóggerheads** [動] (...と)(~に関して)意見が食い違う (*with, over*).

log·ging /lɔ́ːgɪŋ, lá(ː)g- | lɔ́g-/ 名 U 木材の切り出し(業).

+**log·ic** /lá(ː)ʤɪk | lɔ́ʤ-/ 名 ❶ U **論理**, 論法; [U または a ~] 筋道, 道理, 正当性, 理屈: I can't follow his *logic*. 彼の論理にはついていけない / There's no ***logic in*** what he says. 彼の言うことは筋が通らない / What's [Where's] the *logic in* doing that? どうしてそんなことをするんだ / I can't see the ***logic behind*** his statement. どういうわけで彼がそんなことを言うのかわからない / It's yóur *lógic*. それはあなたの(勝手な)論理だ. ❷ U **論理学**. ❸ U〔コンピュータ〕(コンピューターの)設計原理; 論理回路. (形 lógical)〘⇒ dialogue キズナ〙

+**log·i·cal** /lá(ː)ʤɪk(ə)l | lɔ́ʤ-/ 形 ❶ **論理的な**; 理にかなった, 筋の通った [⇔ illogical]: a *logical* conclusion 論理的な結論 / His explanation was *logical*. 彼の説明は筋が通っていた / It was *logical* to assume that she was married. 彼女が結婚していると考えるのはもっともだった. ❷ (論理上)当然の, 必然の: a *logical* result of that event その事件の(論理上)当然の結果. (名 lógic)

log·i·cal·ly /lá(ː)ʤɪkəli | lɔ́ʤ-/ 副 [ときに 文修飾] 論理上, 論理的に(は); (論理上)必然的に.

lo·gi·cian /loʊʤíʃən/ 名 C 論理学者; 論法家.

lo·gis·tic /loʊʤístɪk | lə-/, **-gis·ti·cal** /-k(ə)l/ 形 (物資などの)配送[補給]の; 物流の;〔軍隊〕兵站(たん)の: *logistic* difficulties 補給上の困難. **-gis·ti·cal·ly** /-kəli/ 副 配送[補給]上; 物流の点で;〔軍隊〕兵站の面で.

lo·gis·tics /loʊʤístɪks | lə-/ 名 ❶ U [単数または複数扱い] (事業を効率的に進めるための)組織的準備[手配]; (物資などの組織的な)配送, 補給; 物流 (*of*). ❷ U〔軍隊〕兵站(たん)《兵員や軍需品の補給》.

log·jam /lɔ́ːgʤæ̀m, lá(ː)g- | lɔ́g-/ 名 C 停滞, 行き詰まり; (川に停滞して流れを妨げる)丸太群: break a *logjam* 行き詰まりを打破する.

+**log·o** /lóʊgoʊ/ 名 (~s) C **ロゴ**, (社名などの)意匠[デザイン]文字.

log·roll·ing /lɔ́ːgròʊlɪŋ, lá(ː)g- | lɔ́g-/ 名 ❶ U《米略式》(自党の法案通過のための)議員相互のなれ合い投票. ❷ U《米略式》(見返りを期待した)援助, 称賛; 仲間内でのほめ合い.

-logue /lɔ̀ːg, là(ː)g | lɔ̀g/ 接尾 [名詞語尾]「談話, 編集物」の意: dia*logue* 対話 / cata*logue* 目録.

-lo·gy /ləʤi/ 接尾 [名詞語尾]「...学, ...論」の意: bio*logy* 生物学 / psycho*logy* 心理学. 語法 直前の音節に第一アクセントがくる.

L

loin /lɔ́ɪn/ 名 ❶ U,C 腰肉《食用肉の》. ❷ [複数形で]《文語》腰(部); 陰部. **gírd (úp) one's lóins** [動] 自《文語》[こっけいに] (困難なことに)備える, ふんどしを締めてかかる (*for*).

loin·cloth /lɔ́ɪnklɔ̀:θ | -klɔ̀θ/ 名 C (熱帯地方の男性の)腰布.

loi·ter /lɔ́ɪṭə | -tə/ 動 (-ter·ing /-ṭərɪŋ, -trɪŋ/) 自 ❶ (公共の場所に)たむろする; 徘徊(はいかい)する, うろつく, ぶらつく (*about, around*):《米》NO LOITERING このあたりにたむろすることを禁ず《掲示》. ❷ 道草を食う, のろのろする.

LOL 略 [E メールなどで] ❶ = laughing out loud (大笑い). ❷ = lots of love (ではまたね).

loll /lá(:)l | lɔ́l/ 動 自 [副詞(句)を伴って] のんびりする; くつろいで座る[横になる] (*about, around*); (舌・頭などが)だらりと垂れる (*out*). — 他 (舌・頭など)をだらりと垂らす (*out*).

lol·li·pop /lá(:)lipà(:)p | lɔ́lipɔ̀p/ 名 C 棒付きキャンデー.

lóllipop màn [làdy] 名 C《英略式》学童道路横断保護員《先に円形の標識がついた棒で誘導する》.

lol·ly /lá(:)li | lɔ́li/ 名 (lol·lies) ❶ C《英略式》= lollipop; = ice lolly. ❷ U《古風, 英俗》お金.

lol·ly·gag /lá(:)ligæ̀g | lɔ́l-/ 動 (-gags; -gagged; -gag·ging) 自《米略式》ぶらぶらする, 怠ける.

Lóm·bard Strèet /lá(:)mbɑəd- | lɔ́mbəd-/ 名 固 ロンバード街《London の銀行街; ⇒ Wall Street》.

***Lon·don** /lʌ́ndən/ 名 固 **ロンドン**《英国 (the United Kingdom) および England の首都》.

Lóndon Brídge 名 固 ロンドン橋《Thames 川にかかる橋; 昔は London の唯一の橋だった》.

Lon·don·der·ry /lʌ́ndəndèri/ 名 固 ロンドンデリー《北アイルランド北部の港市》.

Lon·don·er /lʌ́ndənə | -nə/ 名 C ロンドン市民.

+**lone** /lóʊn/ 形 ❶ 限定 **孤独な**, たった一人[一つ]の: a *lone* traveler 一人旅の人. ❷ 限定《英》(親が)独身の, 未婚の: a *lone* parent 片親.

lone·li·ness /lóʊnlinəs/ 名 U 孤独, 寂(さび)しさ.

***lone·ly** /lóʊnli/ 形 (lone·li·er /-liə | -liə/; lone·li·est /-liɪst/) ❶ **独りぼっちの**, 孤独な, 寂(さび)しい, 心細い《⇒ 類義語》: a *lonely* old man 孤独な老人 / She felt *lonely* without him. 彼女は彼がいなくて寂しい思いをした / a *lonely* life 寂しい生活.
❷ 限定 **人通りの少ない**, 人里離れた, 寂しい: a *lonely* street 人通りの少ない通り.

類義語 **lonely** は仲間がなく独りぼっちで寂しい気持ちを表わすのに対し, **solitary** は仲間がいないことを表わすだけで, 気持ちが寂しいことは必ずしも意味しない: He was *lonely* in the new school. 彼は新しい学校で独りぼっちで寂しかった / He enjoyed his *solitary* walk. 彼は一人で散歩を楽しんだ. **lonesome** 孤独で寂しく仲間を求める気持ちが強い状態を表わす: He felt *lonesome* after he lost his friend. 彼は友人を失って寂しかった. **alone** 単に人・物などが単独であることを表わすだけで, 寂しい気持ちは表わさない: I was *alone* in the garden. 庭には私一人だけだった.

lónely héarts 名 複 恋人募集中の人々: a *lonely hearts* column (新聞などの)交際相手募集欄.

lon·er /lóʊnə | -nə/ 名 C 孤高の人, 一匹おおかみ.

lone·some /lóʊnsəm/ 形 ❶《主に米》(人が)寂(さび)しい, 孤独な, 心細い《⇒ lonely 類義語》: I felt very *lonesome*. 私は大変心細かった. ❷《主に米》(場所が)人通りの少ない, 寂しい: That street gets *lonesome* after dark. あの通りは暗くなると寂しくなる. **(áll) by [on] one's lónesome** [副]《略式》たったひとりで [≒alone].

lóne wólf 名 C 一人行動する人, 一匹おおかみ.

***long[1] /lɔ́:ŋ | lɔ́ŋ/

— 形 (long·er /lɔ́:ŋgə | lɔ́ŋgə/; long·est /lɔ́:ŋgɪst | lɔ́ŋg-/ ❗発音 比較級・最上級では ng は /ŋg/ と発音する) ❶ (距離・寸法が)**長い**《略 l》[⇔ short]: *long* hair 長い髪 / a *long* skirt 長いスカート / a *long* distance 長距離 / a *long* journey 長旅 / We're a *long* way from Tokyo. 私たちは東京から遠い所にいる / a *long* nose 高い鼻《⇒ nose 日英》/ Which is *longer*, the Nile ↗ or the Mississippi? ↘ ナイル川とミシシッピー川とはどちらが長いですか《⇒ **つづり字と発音解説** 97》/ What's *the longest* word in English? — "Smiles," because there's a "mile" between the first and last letters. 英語でいちばん長い単語は何? — smiles です. 最初と最後の文字の間が 1 マイル (mile) あるから《なぞなぞ》. 関連 high 高い / wide 幅の広い.

❷ (時間が)**長い** [⇔ short, little]; 長く続く, 長くかかる; (本が)厚い: a *long* stay 長い滞在 / have a *long* memory 記憶力がいい / a *long* book 厚い本 / a *long* list of applicants 志願者の長い名簿 / work *long* hours 長時間働く / I thought for 「a *long* [《米》the *longest*] time that he was single. 彼は独身だと長い間思っていました / It will be a *long* time before he knows how important it is. それがいかに大切か彼がわかるのには時間がかかるだろう / 言い換え It's [It's been] a *long* time since I saw you last! = I haven't seen you for a *long* time! = Ⓢ *Long* time no see! ずいぶん久しぶりですね / The days are getting *longer*. ますます日が長くなっている.

❸ 叙述 [比較なし] **長さが…で[の]**: a rope ten meters *long* 10 メートルの長さのロープ / "How *long* is the bridge?" "It's two hundred meters *long* (= in length)."「橋の長さはどのくらい?」「200 メートルだ」/ The lecture was an hour *long*. その講義は 1 時間続いた. 語法 普通は長さを表わす語の後につける. 関連 high 高さが…で / wide 幅が…で.

❹《略式》**長ったらしい**: a *long* talk 長話 / It's been a *long* day for me. 私には長い一日だった / He spoke 「for two *long* hours [for a *long* two hours]. 彼は長々と 2 時間も話した.

❺ (母音字が)長音の [⇔ short]《⇒ **つづり字と発音解説** 2 (1)》.

at the lóngest [副] 長くて(も), せいぜい: The work will take two hours *at the longest*. その仕事は長くても 2 時間しかかからないだろう.

be lóng [動] 自 [普通は否定文・疑問文で] (…するのに)**長くかかる**: Stay here. I *won't be long*. Ⓢ ここにいて. すぐもどるから / He *won't be long* (*in*) *getting* here. 彼がここへ来るのに長くはかからないでしょう / It *wasn't long* before he got well. まもなく彼はよくなった.

be lóng on ... [動] 他 (性質など)をたくさん持っている, …に優れている. (名 length, 動 léngthen)

— 副 (long·er /lɔ́:ŋgə | lɔ́ŋgə/; long·est /lɔ́:ŋgɪst | lɔ́ŋg-/) ❶ **長く, 長い間**; …の間中: I'm in a hurry, so I can't stay *long*. 急いでいるので長居はできません / Has she been here *long*? 彼女はここに長くいましたか.

語法 普通は否定文, 疑問文に用い, 肯定文では

L

(for) a long time を用いる: He has been abroad (*for*) *a long time*. 彼は長いこと外国にいた. ただし, too や enough を伴う場合は肯定文でも long を用いる: I've waited *too long* [*long* enough]. 私は長すぎるほど[十分長く]待った.

The meeting lasted *longer than* I (had) expected. 会は私が思っていたよりも長く続いた / I wish I could stay with you a little *longer*. もう少し長くいっしょにいられたらいいんだけど / ***How long*** did you stay there? (期間的に)どのくらいそこにいたの? 語法 名詞的に用いることもある: *How long* will it take to get there by bus? そこへはバスでどのくらいかかるの?

❷ **ずっと**(前[後]に): He visited Paris *long* ago. 彼はずっと昔パリを訪れた / Not *long* after that my mother left. その後まもなく母は出発した.

❸ [期間や時間を表わす語の後に用いて] **...の(長い)間**, ...の間中: I was in bed all day *long* yesterday. きのうは一日中寝ていた / She remained single her whole life *long*. 彼女は生涯独身だった.

as lòng as ... [前] **...の間**, ...もの長い間: The project may last *as long as* two years. その計画は2年もの間続くだろう. ―[接] ⑴ **...であるだけ(長く)**; ...の間: You can stay here *as long as* you want [like]. いたいだけここにいていいですよ / I'll never forget your kindness *as long as* I live. 生きている間ご親切は決して忘れません. ⑵ **...である限りは**, ...でありさえすれば [≒if only]: You can stay here *as long as* you keep quiet. 静かにしているならここにいてもいいよ. ⑶ ...であるから, ...なので: *As long as* we've come this far, let's finish the job. ここまでやったのだから, 仕事を完成させよう.

nòt ... àny lónger = nò lónger ... [副] **もう...ではない**: 言い換え A trip to the moon is *not* a dream *any longer*. = A trip to the moon is *no longer* a dream. 月旅行はもう夢ではない.

So lóng! [間] ⇒ So long の項目.

so lóng as ... [接] = as long as....

― 名 ❶ U 長い間. ❷ C (紳士服の)長身者用サイズ.

befòre lóng [副] **まもなく**, やがて [≒soon]: *Before long* she came into my room. まもなく彼女は私の部屋へ入ってきた.

for lóng [副] [否定文・疑問文で] **長い間**: We did *not* wait for him *for long*. 彼を長くは待たなかった.

tàke lóng (to dó) [動] 自 [普通は否定文・疑問文で] (...するのに)**長くかかる**: It wo*n't take long to* read that book. その本を読むのに長くはかからないだろう.

The lóng and (the) shórt of it is that .... Ⓢ《略式》つまるところ...である: *The long and* (*the*) *short of it is that* my offer was rejected. 要するに私の申し入れは拒絶されたということです.

+**long²** /lɔ́ːŋ | lɔ́ŋ/ 動 (longs /~z/; longed /~d/; long·ing /lɔ́ːŋɪŋ | lɔ́ŋ-/) 自 **切望する**, 思い焦(こ)がれる; ...したいと強く思う: We are ***longing for*** the summer vacation. V+*for*+名 私たちは夏休みを待ち焦がれている / I'm ***longing to*** see you. V+*to* 不定詞 私はとてもあなたに会いたい / We ***longed for*** him ***to*** come back. V+*for*+名+*to* 不定詞 私たちは彼が戻るのを待ち望んだ.
〖語源 long¹ (長い)と同語源;「待ち焦がれて長く感じる」から「切望する」となった〗

long. 略 = longitude.

long-a·wait·ed /lɔ́ːŋəwéɪṭɪd | lɔ́ŋ-←/ 形 限定 長く待ち望まれた, 待望の.

Lóng Bèach 名 固 ロングビーチ《米国 California 州南西部の保養都市》.

long·bow /lɔ́ːŋbòʊ | lɔ́ŋ-/ 名 C 大弓, 長弓.

long-dis·tance /lɔ́ːŋdístəns | lɔ́ŋ-←/ 形 限定 長距離の, 遠距離の: a *long-distance* call 長距離電話《⇒ local call》. ― 副 市外通話で.

long-drawn-out /lɔ́ːŋdrɔ̀ːnáʊt | lɔ́ŋ-/ 形 限定 長引いた, 長たらしい.

longed-for /lɔ́ːŋdfɔ̀ə | lɔ́ŋdfɔ̀ː/ 形 限定 = long-awaited.

lon·gev·i·ty /lɑ(ː)nʤévəṭi | lɔn-/ 名 U《格式》長生き, 長命; (人・物の)寿命.

lóng fáce 名 C 暗い[浮かぬ]顔: make [pull, put on, wear] a *long face* 憂鬱(ゆう)な表情をする.

Long·fel·low /lɔ́ːŋfeloʊ | lɔ́ŋ-/ 名 固 Henry Wads·worth /wɑ́(ː)dzwə(ː)θ | wɔ́dzwə(ː)θ/ ~ ロングフェロー (1807-82)《米国の詩人》.

long·hand /lɔ́ːŋhæ̀nd | lɔ́ŋ-/ 名 U 普通の手書き《速記やタイプではない》. 関連 shorthand 速記(術).

lóng hául 名 U 長距離; C 長く大変な時間[努力](を要すること). **be in ... for the lóng hául** [動] 他《主に米》...に最後まで関わる(つもりでいる). **òver [in] the lóng hául** [副]《主に米》長期的に(は), 結局.

long-haul /lɔ́ːŋhɔ̀ːl | lɔ́ŋ-/ 形 限定 (飛行・輸送などが)長距離の.

long·ing /lɔ́ːŋɪŋ | lɔ́ŋ-/ 名 C,U 切望, 熱望, あこがれ: I felt a great *longing for* home. 私は故郷をとても恋しく思った / She had a *longing to* be loved. 彼女は愛されたかった. ― 形 限定 切望する, あこがれの: He gave a *longing* look at his empty glass. 彼は空になったグラスを名残り惜しそうに見た. **~·ly** 副 切望して, あこがれて.

long·ish /lɔ́ːŋɪʃ | lɔ́ŋ-/ 形《略式》長めの.

lon·gi·tude /lɑ́(ː)nʤət(j)ùːd | lɔ́ŋgətjùːd/ 名 C,U 経度《略 L, L., long.; ⇒ Greenwich》: the east [west] *longitudes* 東[西]経. 関連 latitude 緯度.

lon·gi·tu·di·nal /lɑ̀(ː)nʤət(j)úːḍən(ə)l | lɔ̀ŋgətjúː-←/ 形 ❶ 縦(方向)の. ❷ (研究などが)長期にわたる. ❸ 経度の.

lóng jòhns 名 複《略式》(足首まである)ズボン下.

lóng jùmp 名 [the ~]〘スポーツ〙(走り)幅跳び [《米》broad jump].

long-last·ing /lɔ́ːŋlǽstɪŋ | lɔ́ŋlɑ́ːst-←/ 形 長続き[長持ち]する.

lóng-lífe 形 ❶ 限定 (電池などが)長持ちする. ❷ 限定《主に英》(食品が)長期保存可能な.

long-lived /lɔ́ːŋlívd, -láɪvd | lɔ́ŋlívd←/ 形 (more ~, long·er-lived; most ~, long·est-lived) 長命の; 長続きする [⇔ short-lived].

long-lost /lɔ́ːŋlɔ́ːst | lɔ́ŋlɔ́st←/ 形 限定 長い間行方[消息]不明の: a *long-lost* friend 長い間消息のない友人.

+**long-range** /lɔ́ːŋréɪnʤ | lɔ́ŋ-←/ 形 ❶ 限定 **長距離の** [⇔ short-range]: a *long-range* missile 長距離ミサイル. ❷ 限定 (計画などが)長期にわたる, 遠大な: a *long-range* forecast 長期予報.

long-run·ning /lɔ́ːŋrʌ́nɪŋ | lɔ́ŋ-←/ 形 限定 長期にわたる; ロングランの, 長期興行の.

long·shore·man /lɔ́ːŋʃɔ̀əmən | lɔ́ŋʃɔ̀ː-/ 名 (-men /-mən/) C《米》港湾労働者 [《英》docker].

lóng shòt 名 ❶ [a ~]《略式》一か八(ばち)かの賭(か)け;《米》成功の見込みの薄い企て[候補者]. ❷ C 遠写

し, ロングショット《映画・テレビなどの》. **nót by a lóng shòt** [副]《略式》全然...ない.

long·sight·ed /lɔ́ːŋsáɪtɪd | lɔ́ŋ-←/ 形 ❶《英》遠視の; 遠目のきく [《米》farsighted] [⇔ shortsighted]. ❷ 先見の明のある.

+**long-stand·ing** /lɔ́ːŋstǽndɪŋ | lɔ́ŋ-←/ 形 限定 **長く続く[続いた]**, 積年の: a *long-standing* argument [debate] 長年続いている論争.

long-stay /lɔ́ːŋstéɪ | lɔ́ŋ-←/ 形 限定《英》長期滞在[入院]の; (駐車場が)長期間置ける.

long-suf·fer·ing /lɔ́ːŋsʌ́f(ə)rɪŋ | lɔ́ŋ-←/ 形 [普通は 限定] (苦難などに)長く耐えてきた.

*****long-term** /lɔ́ːŋtə́ːm | lɔ̀ŋtə́ːm←/ 形 (more ~, long·er-term; most ~, long·est-term) [普通は 限定] **長期の** [⇔ short-term]: *long-term* loans 長期ローン.

*****long-time** /lɔ́ːŋtáɪm | lɔ́ːŋ-←/ 形 限定 **長年の[にわたる]**: a *long-time* customer 長年のお客.

lóng wàve 名 U〔無線〕長波. 関連 shortwave 短波 / medium wave 中波.

long-wind·ed /lɔ́ːŋwíndɪd | lɔ́ŋ-←/ 形 (話・文などが)長ったらしい, くどい.

loo /lúː/ 名 (~s) C《英略式》トイレ.

loo·fah, loo·fa /lúːfə/ 名 C へちま《スポンジ》.

***look** /lʊ́k/

> **単語のエッセンス**
> 1) (注意して)見る; 見ること　自 ❶; 名 ❶
> 2) ...に見える; 目つき, 外観, 容貌　自 ❷; 名 ❷, ❸, ❹
> 3) ...に面する　自 ❸
> 4) 調べてみる　他 ❶

— 動 (looks /~s/; looked /~t/; look·ing) 自 ❶ (見ようとしてまたは探して)**見る**, (ある方向に)目を向ける; 気をつける《⇒ look at ... (句動詞)》: I *looked* carefully but saw [could see] nothing. 私は目をこらして見たが何も見えなかった / *Look*, here comes a dog. 見て[ほら], 犬が来るよ《⇒ 間》 / Don't *look* back [inside]. V+副 後ろ[中]を見ないで / You should *look* both ways [*look to* the left and *to* the right] before you cross a road. V+前+名 道路を横切る前に両方向[左右]を見なさい / I *looked* everywhere but couldn't find the key. 私はあちこち探したが鍵は見つからなかった / Just [I'm just] *looking*. Ⓢ 見ているだけです《店頭で; ⇒ look around 句動詞 2》.

> **「見る」を表わす動詞のグループ**
> 日本語では「見る」を基本にして「ちらっと見る」「じっと見る」のように修飾語でいろいろな見方を表すが, 英語では別の語を使うことが多い; 似たグループとして ⇒ laugh 動 類義語 および挿絵.
>
> | | |
> |---|---|
> | look (at) | (~を)よく見る |
> | gape (at) | (~を)大口を開けてじっとみる |
> | gaze (at) | (~を)じっと見る, 見つめる《感嘆・賞賛の気持ちで》 |
> | glance (at) | (~を)ちらっと見る |
> | glare (at) | (~を)怒ってにらみつける |
> | peek (at) | (~を)ちらっと盗み見る |
> | peep (at) | (~を)こっそりのぞき見る |
> | peer (at) | (~を)目を凝らしてじっと見る |
> | stare (at) | (~を)じっと見る, 見つめる《驚き・不信のまなざしで》 |

❷ (顔つき・様子から)**...に見える, ...のようだ**《⇒ 他 2》; (事物が)...と思われる,...らしい《⇒ seem 類義語》: Mary *looks* happy. V+C (形) メアリーは楽しそうだ 多用 / 言い換え You *look* great in that dress. = That dress *looks* great on you. そのワンピース, すごくお似合いですね / "How does he *look*?" "He *looks* very well." 「彼はどんな様子ですか」「とても元気そうです」/ He ***looks to*** be a perfect gentleman. V+C (to 不定詞) 彼は完全な紳士に見える / The way it *looks* now, we still have a chance. 今のところまだ可能性はある. 関連 sound ...に聞こえる / feel ...に感じる.

> **...に見える**
> **彼女は悲しそうだ.**
> ○She **looks** sad.
> ×She looks like sad.
> ✪ like は前置詞なので後に形容詞は来ない.

❸ [進行形なし] [副詞(句)を伴って] (家などが)...の方に向いている, (...に)面する: Our house *looks* (*to* the) south. うちは南向きです.

— 他 ❶ [普通は命令文で] Ⓢ (...かどうか)を**調べてみる**, 確かめる: ***Look what*** time it is! We'll be late! V+O (*wh* 節) もうこんな時間か! 遅れるよ! / ***Look and see if*** [***whether***] she has come yet. 彼女が来たかどうか見てきて / ***Look where*** you're going! 気をつけろ《ぶつかりそうになったときなど》/ ***Look who***'s here! だれかと思ったら君か《驚き》/ ***Look what*** you've done! (相手の行為を非難して)何てことをするんだ. ❷ (年齢・役など)にふさわしく見える: The actor *looks* the part [role]. その俳優は役にぴったりだ.

be lóoking to dó [動]《略式》...しよう[したい]と思う: I'*m looking to* buy a new computer. 新しいコンピューターを買おうと思ってる.

lóok as ìf [thòugh] ... ⇒ as if [though] (as 成句) (2)

Lóok hére! [間] Ⓢ《古風》おい!, ちょっと!, いいかい!《相手の注意を引いたり抗議したりすることば》.

lóok ... in the éye [fáce] [動] 他 [普通は否定文で] (やましいことがないので)(人)をまともに見る, 見つめる《⇒ the¹ 2》.

lóok one**sèlf** [動] 自 [しばしば進行形の否定文で] 様子がいつもと変わらない, 元気そうだ: You *aren't looking yourself* today. きょうはいつもと様子が違いますね (どこか具合が悪いのですか).

lóok the óther wáy [動] 自 (1) よそを見る; (わざと)目をそらす. (2) 見ないふりをする, 無視する.

lóok ... úp and dówn [動] 他 (人)をじろじろ見る.

to lóok at ... [副] 文修飾 ...を外観から判断すると, 見たところでは.

> **look の句動詞**
>
> **lóok abóut** 動 自 = look around.
>
> **lóok abóut ...** 動 他 = look around ....
>
> **lóok abóut** one [動] 自 (1) 自分の周りを見回す. (2) 身の回りのことをよく考える.
>
> ***lòok áfter ...** 動 他 ❶ **...に気をつける; ...の世話をする**, 面倒をみる; ...を管理する [≒take care of] (受身 be looked after): Excuse me. Could you possibly *look after* my suitcase for a while? すみませんがスーツケースをちょっと見てていただけませんか / His father *was* well *looked after* at the home. 彼の父は老人ホームでよく面倒をみてもらった. ❷ ...(のあと)を見送る: We *looked after* the train as it left the station. 列車が駅を出ていくのを見送った.

lòok áfter onesèlf [動] ⓐ 自分のことは自分でする, ひとり立ちする; 自分(の利益)を守る.

Lòok áfter yoursèlf! Ⓢ 《主に英》 お元気で, さようなら.

+**lóok ahéad** 動 ⓐ ❶ **将来のことを考える** (*to*): It's wise to *look ahead* a few years. 数年先のことを考えるのは賢明だ. ❷ 前方を見る.

*__lóok aróund__ 動 ⓐ ❶ (立ったままで)**ぐるりと見回す**; (後ろを)振り向く; 周りのことをよく考えてみる: As I *looked around* I saw her leaving. 見回すと彼女が立ち去るのが見えた.

❷ **見て回る:** I'm just *looking around*. ちょっと見て(回って)るだけです《店頭で》. ❸ (...を)探す, 探し回る: We are *looking around for* a house to rent. 私たちは貸家を探しているところです.

+**lóok aròund ...** 動 ⓣ ❶ **...(のあたり)を見回す:** He *looked* excitedly *around* the room. 彼は興奮した様子で部屋を見回した. ❷ ...を見て回る, 見物する: She *looks around* the stores before she buys anything. 彼女は物を買う前にいろいろな店を見て回る.

**lóok at ...

動 ⓣ ❶ (気をつけて)**...をよく見る** 《⇒ look ⓐ 1; see 類義語》; ...に注意する (受身 be looked at): *Look at* this picture. この絵を見てください / She was *looking at* herself in the mirror. 彼女は鏡で自分の姿[顔]を見ていた.

> 語法 (1) **副詞の位置に注意:** She *looked happily* [*uncertainly*] *at* her husband. 彼女はうれしそうに[自信なさげに]夫を見た.
> (2) look at は see と同じ V+O+C (現分 [《米》 原形]) の構文をとることがある: She *looked at* the rain com*ing* down. 彼女は雨が降ってくるのを見ていた / *Look at* the bear *jump*. くまがとびはねるのを見て!

❷ **...を調べる**, 検査[診察]する [≒examine]; (...)をざっと読む (受身 be looked at): Could you just *look at* these papers? この書類をちょっと見てくれますか / The candidate's record *was looked at* very carefully. V+at+名の受身 候補者の経歴は綿密に調査された. ❸ ...を考察する; ...を(～と)みなす (*as*) [≒regard]. ❹ [普通は命令文で] Ⓢ (例えば)...を見てみる. ❺ [普通は will [would] not の後で] (提案・申し出など)を考慮してみる, 受け入れる.

Lóok at thát! [間] Ⓢ 《略式》 あれを見てよ!, まあ見てごらん! 《嫌悪・感心などを表わす》.

nót múch to lóok at 《略式》 見ばえがしない.

+**lóok awáy** 動 ⓐ (...から)**目をそらす**, 顔をそむける; よそを見る: I can't ***look away from*** this microscope. 私はこの顕微鏡から目を離せない.

*__lóok báck__ 動 ⓐ ❶ (後ろを)**振り返って**(...を)**見る** (*at*); (人に見られて)見返す: I called her name but she didn't *look back*. 私は彼女の名を呼んだが振り向かなかった.

❷ (心の中で過去を)**振り返って見る**, (...を)思い出す: As we grow old, we often ***look back on*** [***to, at***] our childhood. 私たちは年を取るにつれて, 子供の頃を思い出すことが多くなる. ❸ [普通は never とともに] うまくいかなくなる; たじろぐ: After that he *never looked back*. その後彼はずっと順調にいった.

**lóok dówn

動 ⓐ ❶ **見下ろす**, 下を見る; (はにかんで[当惑して])目を伏せる [⇔look up]: ***Look down*** 「***at*** the floor [***into*** the water]. 床[水中]を見下ろしてみて. ❷ (景気・物価が)下降する [⇔look up].

lóok dówn on [upòn] ... [動] ⓣ (1) (人)**を見下**(みくだ)**す**, (行為など)を軽蔑する (受身 be looked down on [upon]) [⇔look up to ...]: Bob ***looks down on*** his brother ***for*** not being good at sports. ボブは弟がスポーツが苦手なのをばかにしている. (2) (高い所にある物・人が)...を見下ろす.

lóok dówn ... 動 ⓣ (谷など)を見下ろす.

**lóok for ...

動 ⓣ ❶ **...を探す, 求める** (受身 be looked for): I'm *looking for* a job. 私は仕事を探している / I *looked* everywhere *for* the key. 鍵をあちこちくまなく探した. ❷ 《略式》 自分から(面倒など)を招く: ⇒ look for trouble (trouble 名 成句). ❸ ...を期待[予期]する.

*__lóok fórward to ...__ 動 ⓣ [しばしば進行形で] ...**を楽しみに待つ**; ...を予期する (受身 be looked forward to): She's *looking forward to* your visit. 彼女は君が来るのを楽しみにしている / I'm ***looking forward to*** hear*ing* from you. ご連絡をお待ちしています. ⚡ to の後は動名詞か名詞. ×I look forward to hear from you. は間違い.

+**lóok ín** 動 ⓐ ❶ **中をのぞく**, のぞいて(...を)見る: People often ***looked in at*** the puppies in the shop. 人々は店の子犬をよくのぞいていった.

❷ 《略式》 (場所に)**ちょっと立ち寄る**; (人を)ちょっと訪れる: Let's ***look in at*** his office. ちょっと彼の事務所に寄っていこう / Why don't you ***look in on*** us next time you're in Tokyo? 今度東京に来たらうちに寄ってよ.

*__lóok in ...__ 動 ⓣ ❶ (鏡など)**をのぞいて見る:** I *looked in* the window and saw her waving at me. 窓をのぞきこむと彼女が私に手を振っているのが見えた. ❷ (辞書など)を引いてみる, 調べる: Did you *look in* a dictionary? 辞書を引いてみましたか.

+**lóok ìnto ...** 動 ⓣ ❶ [lóok ínto ...] **...(の内容[原因])を調べる**, 調査する (受身 be looked into): We have to *look into* the cause of the accident. その事故の原因を調べる必要がある.

❷ **...の中をのぞく**, (鏡など)をのぞいて見る: Tom *looked into* the box. トムは箱の中をのぞいた.

**lóok lìke ...

動 ⓣ [普通は進行形なし] ❶ **...に似ている:** "Who does Mary *look like*?" "She *looks* just *like* her mother." 「メアリーはだれに似ていますか」「彼女は母親にそっくりです」.

❷ (様子などから)**...のように見える**, ...のようである: He *looks like* a banker. 彼は銀行家のようだ / This ***looks like*** the store (***to*** me). これが(私には)その店のように見える / "What does John *look like*?" "He's tall and strong-looking." 「ジョンはどんな(感じの)人?」「背が高くて強そうだよ」. 語法 How does John look? (ジョンはどんな様子ですか)との違いに注意 《⇒ look ⓐ 2》.

❸ **...になり[...し]そうだ**, ...の気配がする: It *looks like* rain. 雨になりそうだ / It *looks like* our team is going to win. うちのチームが勝ちそうだ.

❹ (まるで)**...する[した]ように見える** [≒look as if ...]: You *look like* you saw a ghost. 幽霊でも見たかのようだね. 語法 この like は 接 《⇒ like' 接》.

+**lóok ón** 動 自 **傍観する:** He merely *looked on* and did nothing for us. 彼はただそばで見ているだけで私たちのために何もしてくれなかった. 関連 looker-on, onlooker 傍観者.

lóok on [upòn] ... 動 他 ❶ (ある感情を持って)...を見る, ながめる**:** She *looks on* him *with* distrust. 彼女は彼を不信の目で見ている[彼に不信感を抱いている]. ❷ (家などが)...に面する.

+**lóok on [upòn] ... as ~** 動 他 **...を~であると考える[みなす]** [≒regard ... as ~] (受身 be looked on [upon] as ~)**:** She *looks on* [*upon*] me *as* her brother. 彼女は私を兄のように思っている.

*lóok óut** 動 自 ❶ [普通は命令文で] (危険・間違いなどに)**気をつける**, 注意する**:** ***Look out!*** Ⓢ 気をつけろ, 危ない.

❷ **外を見る:** We *looked out* but saw nobody. 外を見たがだれも見当たらなかった.

— 他 《英》 (自分の所有物の中から)(...)を探し出す**:** I'll「*look out* the book [*look* the book *out*] *for* you. あなたにその本を見つけてあげましょう.

lóok óut for ... [動] 他 (1) (人・物)**を注意して捜す**, 見張りながら待つ; ...を警戒する (受身 be looked out for)**:** He was *looking out for* his uncle at the station. 彼は駅でおじさんを待っていた / *Look out for* the train. 列車に注意《踏切の標識》 / You should *look out for* pickpockets. すりに気をつけた方がいいよ. (2) (人)の面倒を見る; (健康など)に注意する.

lóok óut for one**sèlf [númber óne]** [動] 自 自分のこと[利益]だけを考える.

lóok óut on [òver] ... [動] 他 (建物・窓などが)...を見渡す, ...に面している. (名 lóokòut)

*lóok óut ...** 動 他 ❶ 《米》 (窓・ドアなど)**から外を見る** [≒look out of ...]**:** I heard a crash and *looked out* the window. 私はどしんという音が聞こえたので窓から外を見た. ❷ 《英》 (...)を捜し出す.

*lóok óut of ...** 動 他 (窓など)**から外を見る:** She drew back the curtains and *looked out of* the window. 彼女はカーテンを開けて窓の外を見た.

+**lóok óver** 動 他 (...)**にざっと目を通す**; (書類など)を検討する V+名・代+over / V+over+名**:** Please「*look* the papers *over* [*look over* the papers]. この書類にざっと目を通してください. 語法 look over+名 のときは over を前置詞と見ることができ, 目的語が代名詞でも次の形が可能 (⇒ 動詞型・形容詞型の解説 III (1))**:** Please「*look* them *over* [*look over* them].

+**lóok óver ...** 動 他 ❶ **...にざっと目を通す**; (書類など)を検討する (受身 be looked over) (⇒ look over 語法). ❷ (家・工場など)を点検[視察]する. ❸ ...越しに(~を)見る; ...を見渡す**:** *look over* the wall 塀越しにのぞく.

lóok róund 動 自 《英》 = look around.

lóok ròund ... 動 他 《英》 = look around ....

+**lóok thróugh** 動 他 ❶ (何かを見つけようとして)(...)を**よく調べる**, (引き出しなど)をくまなく捜す. ❷ (文書・本など)**にざっと目を通す** V+名・代+through / V+through+名**:** I'm going to *look through* the report this afternoon. きょうの午後に報告書に目を通すつもりだ. ❸ (わざと)(...)を見て見ぬふりをする**:** When I met her, she *looked* straight [right] *through* me. 私が彼女に会ったとき彼女は全く知らん顔をした.

+**lóok through ...** 動 他 (窓・穴・レンズなど)**を通して見る**, ...をのぞく (受身 be looked through)**:** He was ***looking through*** his telescope ***at*** the islands. 彼は望遠鏡で島を見ていた.

+**lóok to ...** 動 他 ❶ **...に頼る**, ...を当てにする (受身 be looked to)**:** Don't ***look to*** him「*for* help [*to* help you]. 彼の援助を当てにしてはいけない / Japan *looks to* the Arab countries *for* oil. 日本は石油をアラブ諸国に依存している. ❷ 《格式》 ...の方へ目[関心]を向ける. ❸ ...に面する (⇒ look 自 3).

lóok towàrd ... 動 他 ❶ ...の方を見る. ❷ ...に面する; ...に傾く (⇒ look 自 3).

***lóok úp

動 自 ❶ **見上げる**, (...から)目を上げて見る [⇔look down]**:** She ***looked up at*** the sky. 彼女は空を見上げた / He ***looked up from*** his book. 彼は本から目を上げた. ❷ (状況などが)よくなる, 好転する [⇔look down]**:** Business is *looking up* this year. 今年は景気がよくなっている.

— 他 ❶ (本・コンピューターなどで)(...)を**調べる** V+名・代+up / V+up+名**:** ***Look up*** (the meaning of) this word ***in*** your dictionary. 辞書でこの単語(の意味)を調べなさい. ❷ (...)を訪問する**:** *Look* me *up* when you get here. こちらへ来たらうちへ寄ってね.

lóok úp to ... [動] 他 (1) (人)**を尊敬する**, 敬う, 仰ぐ (受身 be looked up to) [⇔look down on [upon] ...]**:** They *looked up to* him as their leader. 彼らは彼を指導者として尊敬していた. (2) ...(の方)を見上げる.

lóok upòn ... (as ~) 動 他 = look on ... (as ~).

— 名 (~s /~s/) ❶ Ⓒ [普通は単数形で] **見ること**, 一見, 一べつ; **調べること**, 検討; **探すこと:** Let me ***take*** [*have*] a ***look at*** the map. ちょっと地図を見せてください / It was dark, so I couldn't ***get*** a good ***look*** *at* his face. 暗かったので, 彼の顔はよく見えなかった / Let's *take* [*have*] a ***look around for*** bargains. 見て回って掘り出し物を見つけよう / One *look* is enough. ひと目見るだけで十分だ / He paused to *take* [*have*] a *look* back *at* the house. 彼は立ち止まってその家を振り返って見た / The climbers *took* [*had*] a *look* down *at* the valley. 登山者たちは谷を見下ろした / I stole a *look at* my sister's diary. 私は姉[妹]の日記をこっそり見た / Let's *have a* (close) *look at* your throat. のどを(よく)見てみましょう《病院で》 / It's time (to) *take* a (long) hard *look at* ourselves. 自分自身を厳しく見つめるべきときだ / We ***had*** a good ***look for*** the missing book. 私たちはなくなった本を探し回った.

❷ Ⓒ [普通は単数形で] **目つき, 顔つき**; 表情**:** He ***gave*** me a severe ***look***. 彼は私に厳しい目[顔]つきをした / There was a *look* of relief on his face. 彼の顔にはほっとした様子が見えていた.

❸ Ⓒ **外観**, 様子, 見かけ**:** Don't judge people by their *looks*. 見かけで人を判断するな / This town ***has*** a Western ***look*** (to it). この町は西欧風だ.

❹ [複数形で] **容貌**(ようぼう), 美貌**:** lose one's *looks* 容姿が衰える. ❺ [単数形で] (流行の)型, ...スタイル.

by [from] the lóok(s) of ... [副] 文修飾 ...の外観[様子]から判断すると**:** *By* [*From*] *the look*(*s*) *of* him, he's sick. 彼の様子から判断すると彼は病気だ / *By the look*(*s*) *of* it [the sky], we may have snow. この空模様だと雪になるかもしれない.

I dón't lìke the lóok of ....(の様子)が心配だ[気に入らない]**:** *I don't like the look of* that sky. あの空模様が気になる(ひと雨来そうだ).

if lóoks could kíll [副] あんなに恐い目で見られたら. ― [間] Ⓢ ねえ(見て)!; おい!, ちょっといいですか《注意を促したり抗議したりすることば; 普通は文の前に置く; ⇒ Look here! ([動] 成句)》: *Look*, I can't be there tomorrow. ねえ, あしたはそこへ行けないよ.

look-a·like /lókəlàɪk/ [名] Ⓒ《略式》よく似た人[もの], うり二つの人[もの].

look·er /lókɚ | -kə/ [名] Ⓒ《略式》魅力的な人《特に女性》, 美人.

look·er-on /lókɚá(ː)n, -ɔ́ːn | -kə(r)ɔ́n/ [名] (複 look·ers-) Ⓒ 傍観者, 見物人 [≒onlooker].

look-in /lókìn/ [名] [a ~; 否定文で]《英略式》参加の機会; 成功の見込み, (試合などの)勝ち目.

-look·ing /lókɪŋ/ [形] [合成語で] ...に見える, 見た目が...の: good-*looking* 美形の.

lóoking glàss [名] Ⓒ《古風》鏡 [≒mirror].

look·ism /lókɪzm/ [名] Ⓤ 外見による差別.

look·out /lókàot/ [名] ❶ [単数形で] 見張り, 用心, 警戒: He kept a careful [sharp] *lookout for* her. 彼は彼女を油断なく見張っていた. ❷ Ⓒ 見張り人, 見張り番; (高い)見張り所, 望楼. ❸ [所有格の後で]《英略式》(自分の)責任[問題]: That's *my lookout*. それは私の問題だ(おせっかいは無用だ). **be on the lóokout for ...** [動] [他] ...を見張って[警戒して]いる; ...を探している. ([動] lóok óut)

look-see /lóksíː/ [名] [a ~]《略式》ざっと[ひと目]見ること; 簡単な検査.

+**loom**[1] /lúːm/ [動] (~s /~z/; ~ed /~d/; ~·ing) [自] ❶ (突如)**大きく姿を現わす**, ぼんやり現われる (*up*, *out*): A large shape *loomed* in front of her. 大きなものがぬっと彼女の前に現われた. ❷ (危険・恐怖・困難などが)じわじわ[不気味に]迫る.

lóom lárge [動] [自] (恐怖などが)大きくなる; (事態が)さし迫り不安を生む.

loom[2] /lúːm/ [名] Ⓒ はた織り機.

loo·ny /lúːni/ [名] (loo·nies)《略式》頭のおかしい[変な]やつ. ― [形] (loo·ni·er; -ni·est)《略式》頭のおかしい, 変な, ばかな.

+**loop** /lúːp/ [名] (~s /~s/) ❶ Ⓒ (ひも・ロープ・針金などの)輪; ボタンかけ: make a *loop* 輪を作る. ❷ Ⓒ 輪状のもの; 川や道の湾曲部: a belt *loop* ベルト通し. ❸ Ⓒ〔コンピュータ〕ループ《プログラムの中で一定の条件に達するまで繰り返される命令》;〔電気〕閉回路. ❹ Ⓒ 宙返り飛行. ❺ Ⓒ エンドレステープ[フィルム].

ìn [òut of] the lóop [副・形]《略式》(決定などに)関与して[しないで].

knóck [thrów] ... for a lóop [動] [他]《米略式》(人)を圧倒する, あわてさせる.

― [動] [他] ❶ (縄など)を輪にする; (...)を(~に)巻きつける (*around*, *over*). ❷ (輪)を描く: *loop* the loop (飛行機が)宙返りする.

― [自] 輪[弧]を描いて囲む[進む, 飛ぶ] (*around*).

loop·hole /lúːphòol/ [名] Ⓒ (法などの)抜け穴[道]: a legal *loophole* 法の抜け穴.

loop·y /lúːpi/ [形] (loop·i·er; -i·est)《略式》頭のおかしい, ばかな: go *loopy* 頭がおかしくなる;《英》激怒する.

*__loose__ /lúːs/ [!発音] [形] (loos·er; loos·est) ❶ (くっつき方・結び方・締め方・詰め方などが)**緩**(ゆる)**い**, 緩んだ; がたがたした; だぶだぶの, ゆったりした [⇔ tight, tense]: a *loose* tooth ぐらぐらの歯 / a *loose* knot 緩い結び目 / *loose* clothes だぶだぶの服 / These shoes are a little *loose*. この靴は少し緩い.

❷ [比較なし] (紙・髪などが)**束**(たば)**ねて[とじて]ない**, 包装してない, ばらの: *loose* sheets of paper (とじてない)ばらの数枚の紙.

❸ [叙述] [比較なし] **結んで[縛って]ない**, 離れて; 自由で [≒free]; (囚人などが)逃亡中で: The cattle are *loose*. 牛は放してある / Don't let your dog run *loose*. 犬を放し飼いにしてはいけない.

❹ [普通は [限定]] **おおまかな**, 厳密でない: *loose* thinking 散漫な思考 / a *loose* translation ずさんな訳 / *loose* talk いいかげんな話.

❺ [限定] (組織などが)**ゆるやかな**: a *loose* alliance ゆるやかな同盟関係. ❻ 目の粗(あら)い; (土が)ぼろぼろの, もろい: cloth of *loose* weave 織り目の粗い布. ❼ [限定]《古風》ふしだらな. ❽ (腸が)ゆるい: *loose* bowels 下痢. ❾〔スポーツ〕(ボールなどが)どちらのチームにも属さない: a *loose* ball こぼれ球. [日英]「だらしない」といった意味の日本語の「ルーズな」は, 英語では careless, sloppy などに相当する.

bréak lóose [動] [自] (...から)逃げる, 脱出する; 離れる, 自由になる (*from*).

còme lóose [動] [自] ほどける; はずれる, ゆるむ.

cút lóose [動] [他] (...)を切り離す; 自由にする (*from*). ― [自] (1) 自由になる (*from*). (2)《米略式》自由にふるまう[しゃべる], はめをはずす.

háng [stáy] lóose [動] [自]《米》Ⓢ [普通は命令文で] 落ち着いている, リラックスする.

hàve a lóose tóngue [動] [自] 口が軽い.

lèt lóose [動] [他] (1) (...)を放す, 逃がす: *let* the bird *loose* 鳥を逃がす. (2) (...)を自由[野放し]にする; (人)に(...を)好きにさせる (*on*). (3) (叫び声など)を放つ. ― [自] (1) 手を離す. (2) 自由にふるまう[しゃべる]. (3) (声などを)放つ (*with*).

túrn [sét] lóose [動] [他] (人・動物)を自由にする. ([動] lóosen)

― [動] [他] ❶ (動物など)を放す, 自由にする. ❷ (結び目など)を解く, ほどく; 緩(ゆる)める. ❸《文語》(矢など)を放つ, (銃など)を撃つ (*off*; *at*). ❹ (攻撃・批判など)を引き起こす.

lóose ... on [upòn] ~ [動] [他]《文語》(危険な物など)に~をさらす.

― [名] [次の成句で] **on the lóose** [形] (囚人・動物などが)逃亡[脱獄]して; 束縛がなく, 自由で.

lóose cánnon [名] Ⓒ 何を言い出すか[するか]わからないやつ.

lóose chánge [名] Ⓤ 小銭, ばら銭.

lóose énd [名] Ⓒ [普通は複数形で] (仕事の)やり残した部分, (問題などの)未解決部分: tie up (the) *loose ends* 最後の仕上げをする. **at lóose énds**《米》=《英》**at a lóose énd** [形] 何もすることがなくて.

loose-fit·ting /lúːsfíṭɪŋ/ [形] (服が)ゆったりとした.

loose-leaf /lúːslíːf←/ [形] [限定] ルーズリーフ式の.

loose·ly /lúːsli/ [副] ❶ 緩(ゆる)く, ゆるやかに. ❷ おおまかに, だいたいで. ❸ ばらばらに. ❹ だらしなく.

+**loos·en** /lúːs(ə)n/ [動] (loos·ens /~z/; loos·ened /~d/; -en·ing /-s(ə)nɪŋ/) [他] ❶ (結び目・継ぎ目・握る力など)を**緩**(ゆる)**める**, 解く, 放す [⇔ tighten]: I *loosened* my tie. 私はネクタイを緩めた. ❷ (規則など)を緩和する.

― [自] (結び目・継ぎ目・握る力などが)**緩む**, たるむ: The knot has *loosened*. 結び目が緩んだ.

lóosen one's **gríp [hóld]** [動] [自] (1) (...への)規制[支配]を緩める (*on*). (2) (...を)握っている手を緩める (*on*).

lóosen ...'s tóngue [動] ...の口を軽くする: Alcohol *loosened his tongue*. 彼は酒が入っておしゃべりになった.

lóosen úp [動] ⓐ (1) 筋肉[体]をほぐす. (2) 気楽になる. — ⓣ (1) (筋肉など)をほぐす. (2) (人)を気楽にする. (形 loose)

loose·ness /lúːsnəs/ 名 U 緩(ゆる)み, たるみ.

loot /lúːt/ 動 ⓣ (店など)から物を(大量に)奪う; (...)を荒らす. — ⓐ 略奪する. — 名 ❶ U 戦利品; 《略式》盗品, 略奪品, 盗んだ金. ❷ U [こっけいに] (大量の)買い物, 贈り物. ❸ U 《略式》金(かね), 財.

loot·er /lúːṭə | -tə/ 名 C 略奪者.

loot·ing /lúːṭɪŋ/ 名 U 略奪.

lop /lɑ́(ː)p | lɔ́p/ 動 (lops; lopped; lop·ping) ⓣ ❶ (枝など)を切り取る (*off*). ❷ (金額・時間など)を(...から)減らす, 削る (*off; from*).

lope /lóʊp/ 動 ⓐ [副詞(句)を伴って] 大またで軽やかに走る (*along, across, up*). — 名 [a ~] 軽やかな大またの駆け足.

lop·sid·ed /lɑ́(ː)psáɪdɪd | lɔ́p-ˊ/ 形 (一方が重く[大きく]て)傾いた; 偏った; (勝敗などが)一方的な.

lo·qua·cious /loʊkwéɪʃəs/ 形 《格式》 多弁の.

***lord** /lɔ́əd | lɔ́ːd/ 名 (lords /lɔ́ədz | lɔ́ːdz/)

意味のチャート
原義は「パンを確保する人」(⇒ lady 語源) → (一家の頭(かしら)) →
「支配者」, 「領主」 ❹, ❺ → 「主」, 「神」 ❶ / 「貴族」 ❷

❶ [the L-, our L-] **神** (God); **主**(しゅ), キリスト (Christ): (*the*) *Lord* God 主なる神 / Jesus *our Lord* わが主イエス.

❷ C 《英》 **貴族**; [the Lords] [複数扱い] 上院議員たち, [《英》 単数または複数扱い] 上院: the House of *Lords* 上院 (⇒ congress 表). ❸ /lɔ̀əd | lɔ̀ːd/ [L-] 《英》 (1) ... **卿**(きょう). 語法 侯爵 (marquess), 伯爵 (earl), 子爵 (viscount)および男爵 (baron)の位を持つ貴族につける敬称 (⇒ lady 4, sir 2, Mr. 1): *Lord* Derby ダービー卿. (2) [高位の官職名につける称号]: ⇒ Lord Mayor. ❹ C (封建時代の)領主. ❺ C 《略式》 支配者, 君主 (*of*).

(Góod) Lórd! = Óh Lórd! [間] Ⓢ ああ!, まったく! 《驚き・困惑・心配などを表す》.

one's **lórd and máster** [名] [こっけいに] ボス, ご主人様.

my /mɪ, maɪ/ **Lórd** 閣下 《侯爵以下の貴族・市長 (Lord Mayor)・判事への呼びかけ》. (形 lórdly)

— 動 [次の成句で] **lórd it òver ...** [動] ⓣ ...に対していばり散らす.

Lòrd Cháncellor 名 [the ~] 《英》 大法官 《最高の司法官で閣僚待遇》.

lord·ly /lɔ́ədli | lɔ́ːd-/ 形 (lord·li·er; -li·est) ❶ 尊大な, 横柄な. ❷ 立派な; 豪華な. (名 lord)

Lòrd Máyor 名 [the ~] 《英》 市長 《大都市の; ⇒ mayor 参考》: *Lord Mayor's* Day ロンドン市長就任日 《11 月第 2 土曜; 盛大なパレードがある》.

lord·ship /lɔ́ədʃɪp | lɔ́ːd-/ 名 ❶ C [しばしば His L-, Your L-] 閣下 《侯爵以下の貴族・裁判官・主教の敬称; ⇒ majesty 語法》. ❷ U 貴族[君主]であること.

Lórd's Práyer /-préə | -préə/ 名 [the ~] 主の祈り 《新約聖書マタイ伝 (Matthew) 第 6 章にあるキリストの祈りのことば》.

lore /lɔ́ə | lɔ́ː/ 名 U (民間伝説の)伝承; 伝承的知識. 関連 folklore 民間伝承.

Lo·re·lei /lɔ́ːrəlàɪ/ 名 固 【ドイツ伝説】 ローレライ 《Rhine 川の船人を歌声で誘惑し船を沈めた魔女》.

+**lor·ry** /lɔ́ːri | lɔ́ri/ 名 (lor·ries /~z/) C 《英》 **トラック**, 貨物自動車 [≒truck].

Los Al·a·mos /lɔːsǽləmòʊs | lɔsǽləmɔ̀s/ 名 固 ロスアラモス 《New Mexico 州の町; 最初の原爆・水爆が開発されたところ》.

+**Los An·ge·les** /lɔːsǽndʒələs, -ǽŋgə- | lɔsǽndʒəliːz/ 名 固 **ロサンゼルス** 《米国 California 州南西部の都市》. 日英 略称は LA か L.A. で日本語のように「ロス」とは言わない.

*****lose** /lúːz/ 発音

— 動 (los·es /~ɪz/; 過去・過分 lost /lɔ́ːst | lɔ́st/; los·ing)

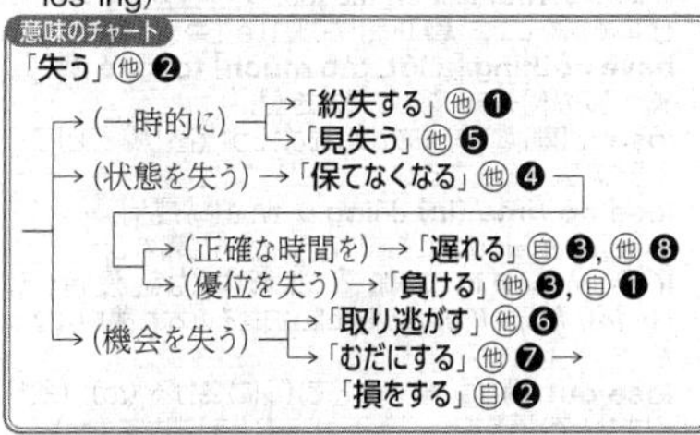

— ⓣ ❶ (一時的に)(...)を**なくす**, 紛失する, 置き忘れる [⇔ find]: Don't *lose* your ticket. チケットをなくさないで / I *lost* my glasses somewhere. 私はめがねをどこかに置き忘れた.

❷ (...)を**失う**, なくす [⇔ gain]: He has *lost* his job. 彼は失業した / She *lost* her only son in a plane crash. 彼女は飛行機事故で一人息子を失った / Six lives *were lost* on that expedition. V+O の受身 その探検で 6 人の命が失われた / She *lost* her baby. 彼女は流産した / They are *losing* customers *to* their competitors. V+O+*to*+名 彼らは競合相手に顧客を奪われそうになっている.

❸ (戦い・勝負など)に**負ける** [⇔ win]: *lose* a game 試合に敗れる / He *lost* the election *by* 53 votes. 彼は 53 票差で落選した.

❹ (...)を**保てなくなる**; (平静さ・興味など)を失う; (体重など)を減らす; (速度・高度)を落とす: He *lost* his temper [head]. 彼はかっとなった / I've *lost* interest in politics. 私は政治に興味をなくした / I've *lost* five pounds by jogging every morning. 私は毎朝ジョギングをして 5 ポンド減量した.

❺ (道・人など)を**見失う**: He *lost* his way back home. 彼は家への帰り道がわからなくなった / I *lost* my sister in the crowd at the fair. 私はお祭りの人込みの中で姉[妹]を見失ってしまった.

❻ (...)を**取り逃がす**, (機会)を逸する; (ことばなど)を聞き落とす; 《略式》 (人)を混乱させる: I listened carefully so as not to *lose* a word of what he said. 私は彼の言うことをひと言も聞き漏らすまいと耳をすましました / I'm afraid you've *lost* me (completely). あなたの言うことが(全然)わからないんだけど.

❼ (...)を**むだにする**, 浪費する; (...)の損をする: There's no time to *lose*. ぐずぐずしてはいられない / How much did the company ***lose on*** the transaction? V+O+*on*+名 その会社はその取り引きでどのくらい損失を出し

L

たのですか.
❽ (時計が)(...)だけ**遅れる** [⇔ gain]: This clock *loses* two minutes a month. この時計は 1 か月に 2 分遅れる. ❾ (事が)(人に)(...)を失わせる; (...に)(試合など)に負けさせる: The incident *lost* him his position in the company. その事件のため彼は会社での地位を失った. ❿ (...)を引き離す, (尾行者など)をまく. ⓫《略式》(...)を取り除く.
— 自 ❶ **負ける**, 敗北する [⇔ win]: Liz hates to *lose*. リズは負けず嫌いだ / Cambridge *lost* in the match. ケンブリッジはその試合で負けた / The Angels *lost to* the Tigers (by a score of) three to two. V+to+名 エンジェルズは 3 対 2 でタイガーズに負けた / He *lost by* just a few votes. 彼はほんの数票差で落選した.
❷ **損をする**: You won't *lose* by it. それで損をすることはないよ / They ***lost on*** the job. V+on+名 彼らはその仕事で損をした. ❸ (時計が)遅れる [⇔ gain].
hàve nóthing [a lót, tòo múch] to lóse [動] 自 失うものが何もない[多い, 多すぎる].
lóse it [動] 自 Ⓢ《略式》気が狂う; (怒りなどを)こらえられない, かっとなる.
lóse nò tíme (in) dóing ⇒ time 名 成句.
lóse onesèlf [動] 自 道に迷う; 途方に暮れる.
lóse onesèlf in ... [動] 他 **...に夢中になる**, 没頭する: He *lost himself in* the book. 彼はその本に夢中になった.
lóse óut [動] 自 (競争などで)(...に)負ける (*to*); (取り引きなどで)損をする, (機会・利益などを)逃がす (*on*).
(名 loss)

+**los·er** /lúːzə | -zə/ 名 (~s /~z/) ❶ Ⓒ **負ける[負けた]人**, 敗者 [⇔ winner]: a good *loser* 負けて悪びれない人 / a bad [poor, 《米》 sore] *loser* 負け惜しみを言う人. ❷ Ⓒ《略式》(いつも)失敗する人, 落伍(らくご)者, だめ人間: a born *loser* 生まれつきの落伍者. ❸ Ⓒ 不利益を被る人, 損をする人: You'll be the *loser* if you don't accept the offer. その申し出を受けなければ損をするのはあなただ.

los·ing /lúːzɪŋ/ 形 限定 勝ち目のない, 負けの: fight a *losing* battle 負けいくさをする.

⁑loss /lɔ́ːs | lɔ́s/ ❗発音

— 名 (~·es /~ɪz/) ❶ U,C **失う[なくす]こと**, **損失**, 紛失, 喪失 [⇔ gain]; U 喪失感: a ***loss of*** confidence 自信喪失 / *loss of* memory = memory *loss* 記憶喪失 / a sense of *loss* (最愛の者を失った)喪失感.
❷ U,C (戦い・競技などで)**負けること**, 敗北 (*to*) [⇔ victory, win]; 失敗: the *loss* of a game 試合に負けること / three wins and five *losses* 3 勝 5 敗.
❸ C,U **損害**, 損失額 (*of*) [⇔ profit]; [普通は a ~] 損失(による痛手): They ***made*** a ***loss on*** the deal. 彼らはその取り引きで損をした / His injury meant *a* great ***loss to*** the team. 彼のけがはチームにとって大きな痛手だった. ❹ U,C 減損, 減り: weight *loss* = a *loss* in weight 減量. ❺ C,U 死亡; [複数形で] (戦いによる)死傷者: the *loss* of ten lives 10 人の人命の損失 / I'm so sorry to hear of the *loss* of your daughter. お嬢様を亡くされたそうでお悔やみを申し上げます / suffer heavy *losses* in a battle 戦闘で多数の死傷者を出す.
at a lóss [副] 損をして, 赤字で, 原価割れで.
be at a lóss [動] 自 (1) **途方に暮れる**, 当惑する: She *was at a* (complete) ***loss what to*** do. 彼女はどうしてよいか(すっかり)途方に暮れた / He ***was at a loss*** (***as to how***) ***to*** solve the problem. 彼はその問題が解けなくて困っていた / 言い換え I ***was at a loss for*** words. (= I didn't know what to say.) 何と言っていいかわからなかった. (2) (...が)不足して (*for*).
cút one's **lósses** [動] 自 (失敗しそうな事業などから)早めに手を引く.
That's [It's] ...'s lóss. Ⓢ それは...が損することになる, ...にとってもったいないことだ. (動 lose)

lóss adjùster 名 Ⓒ《英》= insurance adjuster.

lóss lèader 名 Ⓒ〔商業〕客寄せ商品, 目玉商品.

⁑lost /lɔ́ːst | lɔ́st/ ❗発音

— 動 lose の過去形および過去分詞.
— 形 ❶ **道に迷った**: a *lost* child 迷子 / Are you *lost*? 道に迷ったのですか.
❷ **失った**, 紛失した, 行方不明の; 失われた, すたれた, 消滅した: the *lost* watch なくした時計 / a *lost* art すたれた技術.
❸ 叙述 **途方にくれて**, 困惑して: I would be ***lost without*** you. 君がいなかったら私は途方にくれてしまうだろう / She was *lost* for words at what she had just heard. 彼女はたった今耳にしたことに驚いてことばを失った. ❹ 限定 (時間などが)空費された, (機会などが)逸した, 取りそこなった: make up for *lost* time むだになった時間を取り戻す / a *lost* opportunity 逃がした機会. ❺ 負けた; 失敗した: a *lost* game 負けた試合.
❻ 滅びた, 死んだ; (魂などが)救われない: be *lost* at sea (船・人などが)海に消える / a *lost* soul 救われない魂; [しばしばこっけいに] 自分を見失った人.
Áll is nòt lóst. Ⓢ 全く望みがないわけではない.
be lóst in ... [動] 他 **...に夢中である**: He *was lost in* thought. 彼はもの思いにふけっていた.
be lóst on [upòn] ... [動] 他 (人)に理解されない; (冗談などが)...に通じない.
be lóst to the wórld [動] 自 (1) 世界から忘れられている. (2) 周りのことに目が向かない.
for lóst [副] 死んだものとして: We gave him up *for lost*. 彼を死んだものとしてあきらめた.
gèt lóst [動] 自 (1) **道に迷う**; (物が)**紛失する**: Don't *get lost* again. もう迷子になっちゃだめだよ. (2) (人が)話などを)理解できなくなる; (要点などが)見失われる.
Gèt lóst! Ⓢ とっとと消えうせろ!; [発言に対して] ばかなことを言うな!, とんでもない!

lóst-and-fóund /lɔ́ːstən(d)fáʊnd | lɔ́st-/ 名 [the ~] 《米》遺失物取扱所 [《英》 lost property].

lóst cáuse 名 Ⓒ 成功の見込みのないこと.

lóst próperty 名 ❶ U《英》遺失物. ❷ U《英》遺失物取扱所.

⁑lot[1] /lá(ː)t | lɔ́t/

— 名 (lots /láts | lɔ́ts/) ❶ [a ~ または《略式》lots で] **たくさん**, 多くの物[人], 多数, 多量: We have「*a lot* [*lots*]. 私たちはたくさん持っている / Ten thousand dollars is *a lot*. 1 万ドルといえば大金だ / What *a lot*! ずいぶんたくさんあるね! / There's *a lot* to see here. ここには見るべきものがたくさんある / They have lost *an* awful *lot*. 彼らは実に多くのものを失った. 語法 後に特定の人・物を示す代名詞や「the＋名詞」などが来ると of がつく. 成句の a lot of ... と比較: *A lot of*「them [the students] were foreigners. (= *Many of*「them [the students] were foreigners.) 彼ら[学生たち]の多くは外国人だった / I've done *a lot of* my homework. 私は宿題の大部分をすませた.

L

❷ [a ～ または《略式》lots で副詞的に] (1) [しばしば形容詞·副詞の比較級を強めて]《略式》**すごく, とても; ずっと:** He has changed *a lot.* 彼はかなり人が変わった / Thanks *a lot.* Ⓢ どうもありがとう / She knows *a lot* more about chemistry than me. 彼女のほうが私よりずっとよく化学について知っている.
(2) [動詞の後で]《略式》**しばしば**, たびたび; 長い間: I travel *a lot.* 私はよく旅行をする.
a lót of ... =《略式》**lóts of ...** [形] **たくさんの...**, 多数の..., 多量の..., 大勢の...(⇒ all 形 1 表): There are「*a lot of* [*lots of*] reasons for this. これには理由がたくさんある / We have「*a lot of* [*lots of*] rain in June. 6 月にはよく雨が降る / What *an* awful *lot of* books you have! とてもたくさんの本をお持ちですね! 語法 (1) many や much よりもくだけた言い方《使い分けについては ⇒ many と much の 形 語法 (2)》. (2) lots of のほうが a lot of よりも意味が強いことがある.
quìte a lót of ... [形] かなりたくさんの(数[量]の)...: drink *quite a lot of* beer ビールを相当飲む.

+**lot²** /lá(ː)t | lɔ́t/ 名 (lots /lá(ː)ʦ | lɔ́ʦ/) ❶ Ⓒ《主に米》**地所**, 敷地, (1 区画の)土地; (映画の)撮影所, スタジオ: a vacant *lot* 空き地 / The building is between the two *lots.* その建物は 2 つの敷地の間にある // ⇒ parking lot. ❷ Ⓒ [普通は単数形で; しばしば所有格の後で] 運命, 巡(めぐ)り合わせ, 境遇: be satisfied with one's *lot* (in life) 境遇に満足する. ❸ Ⓒ [《英》単数形でもときに複数扱い]《主に英》(人·物などの)ひと組, 一式; (競売品などの)ひと口, ひと山; ロット番号. ❹ [the ～;《英》単数または複数扱い]《略式, 主に英》全部, 全員: *the* whole *lot* of you 君ら全員 / That's *the lot.* それで全部だ. ❺ Ⓒ くじ; Ⓤ くじ引き: 言い換え We drew *lots* to decide the order. = We drew *lots* for the order. 順番を決めるのにくじを引いた / The winner was chosen *by lot.* 当選者はくじ引きで選ばれた.
a bád lót [名]《古風, 英》いやな[悪い]やつ.
It fálls to ...'s lót to dó《格式》くじ[巡り合わせ]で...が～することになる.
「**thrów ín [cást]** one's **lót with ...** [動] 他 ...と運命をともにする.

loth /lóʊθ/ 形 = loath.

lo·tion /lóʊʃən/ 名 C,U 化粧水, ローション; 外用水薬, 洗い薬: suntan *lotion* 日焼け止めローション / (an) eye *lotion* 洗眼液.

+**lot·ter·y** /lá(ː)ṭəri, -tri | lɔ́t-/ 名 (-ter·ies /～z/) ❶ Ⓒ **宝くじ**, 福引き: a *lottery* ticket 宝くじの券 / Judy won 20 million dollars in the *lottery.* ジュディーは宝くじで 2 千万ドル当たった. ❷ C,U《米》**抽選:** by *lottery* 抽選で. ❸ [a ～] (宝くじのような)運任せのもの.

Lot·tie, Lot·ty /lá(ː)ṭi | lɔ́ti/ 名 固 ロティー《女性の名; Charlotte の愛称》.

lo·tus /lóʊṭəs/ 名 ❶ Ⓒ すいれん; はす. ❷ Ⓒ〔ギリシャ神話〕ロートス《その実を食べると浮き世の苦しみを忘れ楽しい夢を結ぶと考えられた想像上の植物》.

Lou /lúː/ 名 固 ❶ ルー《男性の名; Louis の愛称》. ❷ ルー《女性の名; Louisa, Louise の愛称》.

***loud** /láʊd/ !発音 形 (loud·er /-ḍə | -də/; loud·est /-dɪst/) ❶ (声·音が)**大きい** [⇔ low]; **やかましい**, 騒々しい [≒noisy] [⇔ quiet]: He has a *loud* voice. 彼は声が大きい / We sang in *loud* voices. 私たちは大声で歌った / The TV is too *loud.* テレビの音が大きすぎる. ❷ (人が)声高な, うるさい: As he drank, he became *louder.* 飲むにつれて彼はうるさくなった. ❸ (服装·色などが)けばけばしい, はでな [⇔ quiet]: The dress is a little too *loud* for me. そのドレスは私にははですぎる. ❹ (意見などを)声高に[しつこく]言いたてる, うるさい: The newspaper was *loud in* its criticism of the government. その新聞は政府批判を執拗に行なった.
— 副 (loud·er /-ḍə | -də/; loud·est /-dɪst/) Ⓢ **大きな声[音]で**, 声高に [⇔ low]: Would you speak a little *louder*? もう少し大きな声でお話しください.
lóud and cléar [副·形] 非常に明瞭に[で].
òut lóud [副] 声を出して [≒aloud]: think *out loud* 口に出して[人と話して]考える / He read the message *out loud.* 彼はそのメッセージを読み上げた.

loud·hail·er /láʊdhéɪlə | -lə/ 名 Ⓒ《英》= bullhorn.

***loud·ly** /láʊdli/ 副 ❶ **大声で, やかましく, 騒々しく:** sing *loudly* 大声で歌う / Someone is knocking *loudly* at the door. だれかがドアをやかましくノックしている. ❷ 声高に, うるさく: complain *loudly* 声高に不満を言う.

loud·mouth /láʊdmàʊθ/ 名 (-mouths /-màʊðz/) Ⓒ《略式》[軽蔑的] おしゃべりなやつ.

loud·mouthed /láʊdmáʊðd, -máʊθt⁻/ 形《略式》[軽蔑的] よくしゃべる, うるさい.

loud·ness /láʊdnəs/ 名 ❶ Ⓤ 声[音]が大きいこと, 大声. ❷ Ⓤ やかましさ, 騒々しさ.

+**loud·speak·er** /láʊdspìːkə | -kə/ 名 (～s /～z/) ❶ Ⓒ **拡声器**, スピーカー: speak *over* [*on, through*] a *loudspeaker* 拡声器で話す. ❷ C,U (電話の)スピーカー機能《ハンズフリーで通話できる》.

Lou·is /lúːi, lúːɪs/ 名 固 ルイス《男性の名; 愛称は Lou》.

Lou·i·sa /luíːzə/ 名 固 ルイーザ《女性の名; 愛称は Lou》.

Lou·ise /luíːz/ 名 固 ルイーズ《女性の名; 愛称は Lou》.

Lou·i·si·an·a /luìːziǽnə, lùːəzi- | luìːzi-⁻/ 名 固 ルイジアナ《米国南部の州; 略 La.,〔郵便〕では LA》. 〖語源 フランス王ルイ (Louis) 14 世の名にちなむ〗

+**lounge** /láʊndʒ/ 名 (loung·es /～ɪz/) ❶ Ⓒ (ホテルなどの)**談話室**; 休憩室; (空港の)**待合室:** the departure [arrival(s)] *lounge* (空港の)出発[到着]ロビー / a transit *lounge* (空港の)乗り換え客用待合室. ❷ Ⓒ《英》居間 [≒living room]. ❸《米》= cocktail lounge. ❹《英》= lounge bar.
— 動 自 [副詞(句)を伴って] ゆったり座る[横になる], くつろぐ; ぶらぶらする (*around,*《英》*about*): She was *lounging on* the sofa. 彼女はソファーにゆったりともたれていた.

lóunge bàr 名 Ⓒ《英》パブ (pub) の特別室[席].

lóunge chàir 名 Ⓒ《主に米》安楽いす.

louse¹ /láʊs/ 名 ❶ Ⓒ (複 lice /láɪs/) しらみ. ❷ Ⓒ (複 lous·es)《略式》ろくでなし.

louse² /láʊs, láʊz/ 動 [次の成句で] **lóuse úp** [動] 他《略式》(...)をめちゃくちゃ[台なし]にする.

lous·y /láʊzi/ 形 (lous·i·er; -i·est) ❶ [主に Ⓢ] ひどい, いやな; 具合が悪い [≒awful, terrible]: *lousy* weather ひどい天気 / feel *lousy* 気分がひどく悪い. ❷ Ⓢ ひどく下手で (*at, with*). ❸ Ⓢ わずかな, たったの: He wouldn't lend me a *lousy* five dollars. 彼はたったの 5 ドルも貸してくれなかった. ❹《米》(いやなもので)いっぱいで; (金などを)たんまり持って (*with*).

lout /láʊt/ 名 Ⓒ 無作法[乱暴]な男.

lou·ver,《英》**louvre** /lúːvə | -və/ 名 Ⓒ よろい板; よ

ろい窓; よろい張り.

Lou·vre /lúːvr(ə)/ 名 固 [the ～] ルーブル美術館《Paris にある美術館》.

lov·a·ble /lʌ́vəbl/ 形 (人などが)愛すべき, 愛らしい.

love[1] /lʌ́v/ 発音

— 動 (loves /～z/; loved /～d/; lov·ing) 他 ❶ [進行形なし] (...)を愛する, かわいがる [⇔ hate]; 恋する: I *love* you. 私はあなたを愛しています / Those family members *love* one another. その家族はお互いに愛し合っている / The parents *loved* their boy dearly. その両親は息子を深く愛していた. 語法 like よりも強い感情や愛情を表わす.

❷ [進行形なし; 受身なし] (...)を(大いに)**好む**, (...)**が大好きだ**, 愛好する, 気に入る: I *love* music more [better] than anything else. 私は音楽が何より好きです. 語法 love の程度を表わす比較級・最上級には better, best を使うことがある《⇒ like² 1 語法》 // 言い換え She *loves to* sing jazz. V+O (to 不定詞) = She *loves* sing*ing* jazz. V+O (動名) 彼女はジャズを歌うのが大好きだ / I *love* it when you wear blue. 青を着るとすごく似合うね. 語法 it は when 節を受ける形式目的語 // a much-*loved* TV program 人気のあるテレビ番組.

♥ いいですね　(ほめるとき)
I love ...

I love your skirt.
そのスカートかわいいね.

Thank you. I got it on sale. ありがとう. セールで買ったんだ.

♥ 相手の持ち物や外見・成果などをほめる際に使われる《⇒ like² 他 1》.

♥ like よりも積極的に, 強調してほめる表現. ただし, 持ち物や外見をほめる場合, 男性は love よりも like を使うほうが一般的.

❸ [進行形なし] [would, 'd の後に用いて] 《丁寧》...**したい(と思う)**; (...)が**欲しい(と思う)**; (...)に～**してもらいたい**: She *would love* some help. 彼女は助けを欲しがっている / *I'd love to* visit Paris. 私はぜひパリを訪れたい. 語法 やや女性的な言い方とされる // "Jane and I are going to a new restaurant downtown. Would you like to join us?" "Sure, *I'd love to*!" 「ジェーンとダウンタウンの新しいレストランに行くんだけど, 一緒に行かない?」「行く行く!」《♥ 誘いに応じるときの返答》/ I'*d love* you *to* see my baby. V+O+C (to 不定詞) ぜひ私の赤ちゃんを見にきてください. 語法 《米》では I'd love *for* you *to* do の形も用いられる.

♥ そうしたいのですが　(誘いを断わるとき)
I'd love to, but ～

How about going to the movies tonight? 今晩映画でもどう?

I'd love to, but I have to finish my paper tonight. 行きたいんだけど, 今晩中にレポートを仕上げなくちゃならなくて.

♥ No. と言わずに誘いや依頼をやんわりと断わるときや, 相手の希望に反するようなことを伝える場合などに使われる.

♥「本当はそうしたい」と伝えることにより, 相手の気持ちに配慮した表現になる.

❹ (祖国など)を大切に思う, 敬愛する. ❺ (動植物が)(...)を好む.

be gòing to lóve ... Ⓢ ...がおもしろいと思うだろう; [皮肉に] ...をいやなことと思う.

I lóve it! Ⓢ 最高!, それはおもしろい.

「**I must [I'll] lóve you and léave you.** Ⓢ [こっけいに] (もっといたいけれど)おいとまします.

— 名 (～s /～z/) ❶ Ⓤ (家族・国などへの)**愛**, **愛情**, 好意《⇒ 類義語》 [⇔ hate, hatred]; 〖キリスト教〗(神の)愛: a mother's *love for* her child 子に対する母の愛情 / *love of* [*for*] one's country 愛国心《⇒ of 7》/ The child needs a lot of *love*. あの子は多くの愛情を必要としている / He shows no *love toward* his neighbors. 彼は近所の人たちに全く好意を示さない.

❷ Ⓤ (異性などへの)**愛**, **恋愛**, 恋; 性愛: my first *love* 私の初恋《⇒ 3, 5》/ *love* at first sight ひと目ぼれ / They *are in love with* each other. 二人はお互いに愛し合っている / ***fall in love*** (*with*...) (...に)恋をする / *Love* is blind. 《ことわざ》 恋は盲目.

❸ Ⓒ [普通は所有格の後で] **恋人**, 愛人: the *love* of my life 私の生涯の恋人 / She reminded me of *my* first *love*. 彼女は私に初恋の人を思い出させた《⇒ 2, 5》.

❹ [Ⓤ または a ～] **強い好み**, 愛好, 嗜好(しこう): his *love of* [*for*] music 彼の音楽好き《⇒ of 7》/ She has *a* great *love of* art. 彼女は美術(品)が大好きだ / ***fall*** [***be***] ***in love*** (***with*** ...) (...を)とても気に入る[気に入っている]. ❺ Ⓒ 大好きなもの, 愛好するもの: Baseball was my great [first] *love*. 野球が私の大好きなもの[最初に好きになったもの]だった《⇒ 2, 3》. ❻ Ⓒ Ⓢ 《英略式》 [呼びかけで] ねえあなた[君]《恋人・夫・妻・見知らぬ女性などに用いる》: Lend me a hand, (*my*) *love*. ねえあなた, ちょっと手を貸して.

Bé a lóve and .... = ..., thére's a lóve. Ⓢ 《英》 [子供・家族に対して] お願いだから...: Now stop crying. *There's a love*. 泣くのはやめて, いい子だから.

for lóve or [《主に英》 nor] móney [副] [否定語とともに] 《略式》 どうしても...(でない): We could*n't* make him go there *for love or money*. 私たちは彼をどうしてもそこへ行かせることができなかった.

for the lóve of Gód [Míke, Péte] [副] Ⓢ 《古風》 後生だから, どうかお願いだから; えっ, 何だって《激怒・驚き・失望などを表わす》.

gíve my lóve to ... = gíve ... my lóve [動] 他 Ⓢ ...によろしく(お伝えください): *Give my love to* your brother. お兄さんによろしく.

(jùst) for lóve [副] (報酬が目当てでなく)好きで, 好意から.

(jùst) for the lóve of ... [副] (報酬が目当てでなく)ただ...が好きで.

Lóve, = Lóts of lóve, = Áll my lóve, 《略式》 さようなら, ではまた《親しい者同士の手紙の結びの文句; With love from ... などの形もある; 後に署名を入れる; ⇒ letter 図》.

màke lóve [動] 自 セックスをする (*with, to*). 関連 lovemaking 性行為.

sénd one's **lóve** [動] 自 (...に)よろしくと言う (*to*): Ben *sends his love*. ベンがよろしくと言っている.

There's nò [líttle] lóve lòst betwèen ... and ～. ...と～の間には何の愛情もない(憎み合っている). 由来 元来は文字どおりの「失われるような愛情はない, 互いに愛し合っている」を意味した. (形 lóvely)

類義語 **love** 最も意味の広い語であるが, しばしば異性に対する恋愛感情: He's in *love* with her. 彼は彼女に恋をしている. **affection** *love* のような激しい情熱的な愛ではなく, 優しくて温かい, しかも長続きする愛情.

love² /lʌ́v/ 名 U 《テニス》 ラブ, 「0」, 無得点: The score was fifteen *love*. スコアは「15」対「0」だった《15-0 とも書く》 //⇒ love game.

love·a·ble /lʌ́vəbl/ 形 = lovable.

lóve affàir 名 C 情事, 不倫; 熱中 (*with*).

love·bird /lʌ́vbə̀ːd | -bə̀ːd/ 名 ❶ C ぼたんいんこ《雌雄がとても仲がよい》. ❷ [複数形で; こっけいに] 熱々のカップル, おしどり夫婦.

lóve chìld 名 (-chil·dren /-ʧìldrən/) C 私生児, 非嫡出子.

lóved òne /lʌ́vd-/ 名 C 最愛の人, 家族(の者).

lóve gàme 名 C 《テニス》 ラブゲーム《一方が 0 点のゲーム》.

lóve-háte relàtionship 名 C [普通は単数形で] 愛憎の関係《同一(人)物に対して》 (*with*).

love·less /lʌ́vləs/ 形 愛のない; 愛されない: a *loveless* marriage 愛のない結婚.

lóve lètter 名 C ラブレター, 恋文.

lóve lìfe 名 U,C 恋愛生活; 性生活.

love·li·ness /lʌ́vlinəs/ 名 U 美しさ; 魅力.

love·lorn /lʌ́vlɔ̀ən | -lɔ̀ːn/ 形 《文語》 失恋した, (片思いで)恋に悩んだ.

***love·ly** /lʌ́vli/ 形 (love·li·er /-liə | -liə/, more ~; love·li·est /-liɪst/, most ~) ❶ (魅力的で)**美しい**, きれいな《⇒ beautiful 類義語》: a *lovely* dress [voice] きれいなワンピース[声] / What a *lovely* girl she is! 何てきれいな女の子なんだろう.
❷ Ⓢ **すばらしい**, すてきな: *lovely* weather すばらしい天気 / We've had a *lovely* time. とっても楽しかった. 語法 この意味では特に女性が使う. ❸ 《略式》 人(柄)のよい, 親しみのもてる, 親切な: a *lovely* person 人柄のよい人 / ***It*** was ***lovely of*** you ***to*** send me those flowers. お花を送ってくださって本当にありがとう《⇒ of 12》. ❹ Ⓢ 《主に英》 [応答などで] ありがたい, ありがとう, いいですね: "I'll drop by your office tomorrow." "*Lovely*. See you then." 「明日会社に寄るよ」「よかった. じゃあね.」 (名 love¹)
lóvely and ... [副] Ⓢ 《英》 (とても)...なので気持ちよい, 申し分なく...だ: It's *lovely and* warm here. ここはとても暖かく気持ちよい.

love·mak·ing /lʌ́vmèɪkɪŋ/ 名 U 性行為《⇒ make love (love¹ 名 成句)》.

lóve nèst 名 C [こっけいに] 愛の巣《男女の密会場所》.

***lov·er** /lʌ́və | -və/ 名 (~s /~z/) ❶ C **愛人**, 恋人: He might have a secret *lover*. 彼には愛人がいるのかもしれない. 語法 男女どちらにも用いるが, 不倫の関係にある愛人を指すことが多いので注意が必要. 単に「恋人」の意味には boyfriend, girlfriend を用いる.
❷ [複数形で] **恋人どうし**.
❸ C (...の)**愛好者**, (...を)愛する人: a coffee *lover* = a *lover of* coffee コーヒー好きの人 / a nature *lover* 自然愛好家.

lóve sèat 名 ❶ C 《米》 2 人用ソファー. ❷ C (特に S 字型の) 2 人掛けのいす.

love·sick /lʌ́vsɪk/ 形 恋に悩む, 恋わずらいの.

lóve sòng 名 C ラブソング, 恋の歌.

lóve stòry 名 C 恋物語, 恋愛小説.

lóve trìangle 名 C (恋愛の)三角関係.

+**lov·ing** /lʌ́vɪŋ/ 形 ❶ **愛のある**, 愛情に満ちた: my *loving* daughter (親を思ってくれる)優しい娘 / Your *loving* friend, あなたを愛している友より(親友より)《手紙の結び》. ❷ [合成語で] ...を愛好する, ...が大好きな: ⇒ peace-loving. ❸ 丹精こめた, 細心の: with *loving* care 細心の注意を払って.

lov·ing·ly /lʌ́vɪŋli/ 副 愛情をこめて; 優しく.

*****low¹** /lóʊ/ ! 発音

— 形 (low·er; low·est)

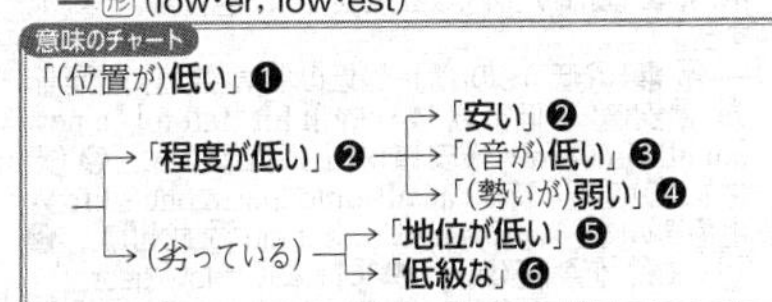

❶ (高さ・位置などが)低い, 低い所にある, (川などが)水位の低い; (襟(えり)ぐりなどが)深い《略 l, L》 [⇔ high]: a *low* building 低い建物 / There's a *low* hedge in front of my house. 私の家の前には低い生け垣がある / The moon is *low* in the sky. 月が空の低い位置にある.

low (高さ・位置が)	低い
short (背が)	

❷ (値段が)**安い**, (価値・温度・速度・程度などが)**低い**, 普通以下の; (数などが)小さい; (含有量などが)少ない《略 l, L》 [⇔ high]: a *low* price 安値 / the *lowest* standard [level] 最低水準 / *low* wages 低賃金 / It should be kept at a *low* temperature. それは低温で保存する必要がある / The temperature is in the *low* thirties. 気温は 30 数度だ《31-33 度》 / drive at a *lower* speed 速度を落として運転する / food that is ***low in*** calories +*in*+名 カロリーの少ない食べ物《⇒ low-fat》.
❸ (音・声が)**低い**, 低い調子の [⇔ high]; (音・声が)小さい [⇔ loud]: a *low* note [pitch] 低い調子[音程] / speak in a *low* voice 低い声[小声]で話す.
❹ (勢い・光が)**弱い**: a *low* heat とろ火 / Turn the flame down *low*. 炎を(調節して)弱くしてください.
❺ (地位・身分などが)低い, 下層の, 卑しい; (生物が)下等の [⇔ high]: a team that is *low* on the list 下位のチーム. ❻ (質などが)劣る, 粗末な; 低級な; 下劣な, 卑劣な: a *low* grade of milk 品質の劣る牛乳 / a *low* trick 卑劣なたくらみ. ❼ 叙述 (人が)(...を)十分に持っていない; (蓄えなどが)足りない; (電池などが)切れかけた: We're (running [getting]) *low on* cash. お金が不足している. ❽ [普通は 限定] (評価などが)低い, 好意的でない: have a *low* opinion of ... ...を低く見る. ❾ 元気のない, ふさぎ込んだ: He's in very *low* spirits today. 彼はきょうはちっとも元気がない / I feel *low over* what is happening in the world. 世の中の出来事を考えると気がめいる. (動 lówer¹)

— 副 (low·er; low·est) ❶ (高さを)**低く**, 低い所に [⇔ high]: bend *low* 低くかがむ / The plane flew too *low* and crashed into the tower. 飛行機は低く飛びすぎて塔に衝突した / The sun sank *low*. 太陽は低くなった.
❷ (値段が)**安く**; (程度が)低く [⇔ high]: buy *low* and sell high 安く買って高く売る. ❸ 低い音[声]で [⇔ high]; 小声で, 静かに, そっと [⇔ loud]: sing *low*

L

低い調子で歌う / She spoke *low* into my ear. 彼女は私の耳にそっとささやいた.
be bróught lów [動] ⾃《古風》落ちぶれる.
láy ... lów [動] ⑭ (1) [普通は受身で] (人)を病気にする: I *was laid low* by [with] the flu just before my exams. 私は試験直前にインフルエンザで寝込んでいた. (2) [しばしば受身で]《文語》(...)を打ち倒す[負かす].
líe lów [動] ⾃ うずくまる; 身を隠す; 目立たないようにする.
— 名 ❶ C 低いもの[所], 最低の水準[数値], 最低記録; 最安値; 最低気温 [⇔ high]: hit [fall to]「a new [an all-time] *low* 最安値[史上最低]になる. ❷ (人生などの)低調な時期: an all-time *low* in one's life 人生最悪の時《⇒ highs and lows (high 名 成句)》. ❸ C〔気象〕低気圧(域). ❹ U《米》= low gear.
the lówest of the lów [名] (1)《略式》最低の人間, 卑劣な奴. (2) 下層階級の人.

low² /lóʊ/ 動 ⾃《文語》(牛が)モーと鳴く [≒moo].

lów átmospheric préssure 名 U,C〔気象〕低気圧《⇒ weather map 挿絵》[⇔ high atmospheric pressure].

low·brow /lóʊbràʊ/ 形 低俗な; 教養の低い. 関連 highbrow 教養の高い / middlebrow 教養が中程度の.

low-class /lóʊklǽs | -klɑ́ːs←/ 形 質の悪い, 低級な; 《古風》下層階級の.

Lów Cóuntries 名 [the ~] (北海沿岸の)低地帯《現在のオランダ・ベルギー・ルクセンブルクにあたる》.

low-cut /lóʊkʌ́t←/ 形 (服などが)襟(えり)ぐりの深い.

low·down /lóʊdàʊn/ 名 [the ~]《略式》内情, 真相: give a person *the lowdown on* ... ...の内情[実体]を人に知らせる.

low-down /lóʊdàʊn/ 形 限定《略式》卑しい, 卑劣な.

low-end /lóʊènd/ 形 [普通は 限定]《略式》安い, 安物の.

***low·er¹** /lóʊɚ | lóʊə/ 形 ❶ [low¹ の比較級] **より低い**; (値段などが)**より安い**; (勢いが)より弱い [⇔ higher]: Prices are *lower* this year *than* last (year). 今年は物価が昨年より安い.
❷ 限定 [比較なし] (場所・位置が)**下の方の**, 低い所にある, 低地の; (川の)下流の; 南部の [⇔ upper]: one's *lower* lip 下唇 / one's *lower* limbs 下肢 / the *lower* Rhine ライン川の下流(地方) / *lower* Manhattan マンハッタン南部《⇒ upper 形 1 の例文》.
❸ 限定 [比較なし] **下等な, 下級の**《⇒ lower class, Lower House》; 下層の [⇔ higher, upper]: the *lower* animals 下等動物 / a *lower* court 下級裁判所.
— 副 [low¹ の比較級] **より低く** [⇔ higher]: Fly *lower*. もっと低く飛べ.
— 動 (low·ers /~z/; low·ered /~d/; -er·ing /lóʊ(ə)rɪŋ/) ⑭ ❶ (高さ)を**低くする**; (値段・給料など)を下げる; (温度・血圧など)を低下させる; (名声・品位など)を下げる [⇔ lift, raise]: The shower *lowered* the temperature. にわか雨で気温が下がった / Can you *lower* the price? 値引きできますか.
❷ (低い位置に)(...)を**降ろす**, 引き下げる [⇔ lift, raise]: *lower* one's eyes 目を伏せる / The boat *was lowered* into the water. V+O の受身 ボートが水面に降ろされた.
❸ (声や調子)を**弱める**: He **lowered** his voice *to* a whisper. V+O+*to*+名 彼は声を落としてひそひそ声になった.
— ⾃ (価格・程度・調子などが)低下する, 下がる, 減る: Eggs *lowered in* price. 卵が安くなった.
lówer onesèlf [動] ⾃ (1) 降りる; (椅子などに)腰をおろす (*into*). (2) [普通は否定文で] 品位を落とす: He'll never *lower himself*「*to* steal [*by* steal*ing*]. 彼は盗みを働くほど落ちぶれないだろう. (形 low¹)

low·er² /láʊɚ | láʊə/ 動 (-er·ing /láʊ(ə)rɪŋ/) ⾃ ❶《文語》(空(模様)などが)怪しく[険悪に]なる; (雷雨などが)来そうである. ❷《文語》顔をしかめる (*at, on*).

low·er·case /lóʊɚkéɪs | lóʊə-←/ 名 U 小文字.

lów·er cláss /lóʊɚ- | lóʊə-/ 名 [the ~,《英》単数または複数扱い] [ときに the ~es]《古風》下層階級, 労働者階級.

low·er-class /lóʊɚklǽs | lóʊəklɑ́ːs←/ 形 限定《古風》下層階級の, 労働者階級の. 関連 upper-class 上流階級の / middle-class 中流階級の.

Lów·er Hóuse /lóʊɚ- | lóʊə-/ 名 [the ~] 下院《正式には米国では the House of Representatives, 英国では the House of Commons という; ⇒ congress 表》[⇔ Upper House].

lów·est cómmon denóminator /lóʊɪst-/ 名 ❶ U [軽蔑的] (最低レベルの)大衆; 最大多数の人々の興味を引く[に理解される]もの, 低レベルなもの. ❷ U〔数学〕最小公分母《略 LCD》.

low-fat /lóʊfǽt←/ 形 (食品が)低脂肪の: *low-fat* milk 低脂肪牛乳 / a *low-fat* diet 低脂肪食.

lów fréquency 名 C,U〔無線〕長波《長距離通信用》; 低周波.

lów géar 名 U,C (自動車の)低速[ロー]ギア.

low-grade /lóʊgréɪd←/ 形 ❶ 低級な, 下等な. ❷ (病状が)軽度の.

low-key /lóʊkíː←/, **low-keyed** /-kíːd←/ 形 控えめの, 抑えた, 地味な.

low·land /lóʊlənd/ 名 C [普通は複数形で] 低地 [⇔ highland]. — 形 限定 低地の.

low-level /lóʊlév(ə)l←/ 形 ❶ 低空の. ❷ 下級の; 低級な; 軽度の. ❸〔コンピュータ〕(コンピューター言語が)機械語に近い, 低水準の.

low·life /lóʊlàɪf/ 名 (~s, -lives) ❶ C 犯罪者[悪人]の生活. ❷ C《米略式》悪人, 犯罪者.

low-life /lóʊlàɪf/ 形《米略式》下層の, 悪人の.

low·lights /lóʊlàɪts/ 名 複 ❶ 髪の毛の暗い[暗く染めた]部分. ❷《米》(出来事などの)不快な[悪い]部分.

low·ly /lóʊli/ 形 (low·li·er; -li·est) [しばしばこっけいに] 地位の低い, 身分の卑しい [≒humble].

low-ly·ing /lóʊláɪɪŋ←/ 形 (土地が)低い, 低地の; (雲などが)低い, 低く垂れこめた.

low·ness /lóʊnəs/ 名 U 低さ; 安さ; 卑しさ; 元気のなさ.

low-paid /lóʊpéɪd←/ 形 (lower-paid; lowest-paid) (人や仕事が)低賃金の, 給料の安い.

low-pitched /lóʊpítʃt←/ 形 ❶ (声・音が)低い, 低音域の. ❷ (屋根が)傾斜の緩やかな.

lów pòint 名 C [普通は単数形で] 最悪の状態[時期].

lów préssure 名 U,C = low atmospheric pressure.

lów prófile 名 C [普通は a ~] 目立たない態度: keep *a low profile* 目立たないようにふるまう.

low-pro·file /lóʊpróʊfaɪl←/ 形 ❶ 目立たない, 控えめな. 関連 high-profile 注目される. ❷ (タイヤが)高くない, 扁平な.

low-rent /lóʊrént←/ 形 質の悪い, 安っぽい; (賃貸料が)安い.

low-rise /lóʊráɪz⁻/ 形 限定 ❶ (建物が)低層の. 関連 high-rise 高層の. ❷ (ジーンズなどが)股上の浅い. — 名 C 低層の建物.

low-risk /lóʊrísk⁻/ 形 [普通は 限定] リスクの低い, 安全な [⇔ high-risk].

lów sèason 名 U [しばしば the ~] 《主に英》(商売などの)閑散期; オフシーズン [⇔ high season].

low-slung /lóʊslʌ́ŋ⁻/ 形 (ズボンが)股上の浅い; 地面に近い; 車体の低い.

low-spir·it·ed /lóʊspírɪṭɪd⁻/ 形 元気のない, 意気消沈した [⇔ high-spirited].

lów-téch /lóʊték⁻/ 形 (装置などが)低技術の, ローテクの [⇔ high-tech].

lów tíde 名 C,U 低潮(時), 干潮(時); 低潮[干潮]水位 [⇔ high tide].

lów wáter 名 U 低潮(時), 干潮(時) [⇔ high water]; (川・湖の)低水位.

lów wáter màrk 名 C (川・湖の)低水位線, (海岸の)低潮線. 関連 high water mark 高水位線.

lox /lά(ː)ks | lɔ́ks/ 名 U 《米》さけの燻製(くんせい), スモークサーモン.

+**loy·al** /lɔ́ɪəl/ 形 ❶ (国家・権威者などに対して)**忠誠な,** (人・信条に)忠実な; 誠実な [⇔ disloyal]**:** The soldiers remained ***loyal to*** their country. +to+名 兵士たちはずっと国に忠誠をつくした. ❷ (製品・店などを)いつも利用する**:** a *loyal* customer お得意様. (名 lóyalty)

〖語源 ラテン語で「法律の」の意; legal と同語源〗

loy·al·ist /lɔ́ɪəlɪst/ 名 ❶ C 王党[政府]派の人, 忠臣. ❷ [L-] ロイヤリスト《《米》米国独立戦争当時の英国支持者; 《英》北アイルランドでイギリス本国との分離に反対する住民》.

loy·al·ly /lɔ́ɪəli/ 副 忠誠[忠節]をもって; 忠実に.

+**loy·al·ty** /lɔ́ɪəlti/ !アク 名 (-al·ties /~z/) ❶ U **忠誠;** 忠実, 誠実 [⇔ disloyalty]**:** They swore ***loyalty to*** the king. 彼らは王に対する忠誠を誓った. ❷ C [普通は複数形で] 忠誠心**:** divided *loyalties* (相対立する 2 者の間で)引き裂かれた忠誠心, 板挟みの感情. (形 lóyal)

lóyalty càrd 名 C (店の)ポイントカード.

loz·enge /lά(ː)z(ə)nʤ | lɔ́z-/ 名 ❶ C (せき止めの)錠剤《もとはひし形だった》. ❷ C 〔数学〕ひし形.

LP /élpíː/ 名 (LP's, LPs) C LP 盤のレコード《*l*ong-*p*laying record の略; 元来は商標》.

LPG /élpìːʤíː/ U 液化石油ガス《*l*iquefied *p*etroleum *g*as の略》.

L-plate /élplèɪt/ 名 C 《英》(車の)仮免許プレート《L の赤い文字が入っている; ⇒ L¹ 3》.

LSAT /élsæ̀t/ 名 C 法科大学院入学試験《*L*aw *S*chool *A*dmission *T*est の略; 商標》.

LSD /élèsdíː/ 名 U エルエスディー《幻覚剤の一種》.

Lt. 略 = lieutenant.

*__Ltd., ltd.__ 略 [(英国の)会社名の後で] = limited《⇒ limited company》.

lube /lúːb/ 名 ❶ [単数形で] 《略式》(車の)注油. ❷ C,U 《略式》= lubricant.

lu·bri·cant /lúːbrɪk(ə)nt/ 名 U,C 潤滑油, 機械油; 潤滑剤**:** Conversation is a social *lubricant*. 会話は社交の潤滑油だ.

lu·bri·cate /lúːbrəkèɪt/ 動 他 (...)に油[潤滑剤]をさす[塗る] [≒ oil]; (...)を滑(なめ)らかにする.

lu·bri·ca·tion /lùːbrəkéɪʃən/ 名 U 滑らかにすること, 潤滑; 注油.

lu·cid /lúːsɪd/ 形 ❶ (話などが)明快な, わかりやすい [≒ clear]. ❷ (一時的に)正気の, 意識のはっきりした.

lu·cid·i·ty /luːsídəṭi/ 名 U わかりやすさ; 正気.

Lu·ci·fer /lúːsəfɚ | -fə/ 名 固 魔王 [≒ Satan].

*__luck__ /lʌ́k/ 名

> **意味のチャート**
> よい・悪いに関係なく「**運**」❶ → (特によい運)「**幸運**」❷ となった《⇒ chance **意味のチャート**, fortune **意味のチャート**》.

❶ U **運, 巡(めぐ)り合わせ:** It was bad [hard] *luck* that you had your passport stolen. パスポートを盗まれるなんて運が悪かったね / She was saved by an unexpected piece of good *luck*. 彼女は思いがけない幸運に救われた / a game of *luck* 運がものを言うゲーム.

❷ U **幸運**《⇒ fortune 類義語》**:** We had no *luck*. ついてなかった / I had the ***luck to*** win the prize. +to 不定詞 幸運にも賞をもらった / I wish you (the best of) *luck*. 幸運を祈ります / I hope *luck* will be ⌈with you [on your side]. 天が味方されるよう祈ります / Some people have all the *luck*! Ⓢ ついている人はいるものだ / What a stroke of *luck* it was! 何てついていたんだろう.

Àny lúck? Ⓢ どうだった?, うまくいった?

as (góod [íll]) lúck would háve it [副] 文修飾 運よく[悪く], 偶然に [≒ by chance].

Bád [Hárd] lúck! [間] Ⓢ それはお気の毒に, ついてないね《同情のことば》.

be dówn on one's **lúck** [動] 自 《略式》ついていない; (不運で)金に困っている.

be in lúck [動] 自 (人が)幸運である, ついている.

be òut of lúck [動] 自 (人が)不運である, ついていない.

Bést of lúck! [間] = Good luck (to you)!《⇒ good luck 成句》.

Bétter lúck nèxt tìme! [間] Ⓢ (今回はあいにくだったけど)次はうまく行きますように[がんばってください]《慰め・激励のことば》.

by (góod) lúck [副] 幸運にも, 運よく.

for lúck [副] 縁起をかついで, 幸運を願って; 《略式》特に理由もなく.

góod lúck [名・感] ⇒ good luck の項目.

júst my [one's] **lúck** Ⓢ やっぱりついてない.

knówing [with] ...'s **lúck** [副] Ⓢ ...の運の悪さからすると, 案の定.

One's **lúck is ìn.** ついている, 運がよい.

Nó sùch lúck! [間] Ⓢ (残念ながら)そうはうまくいかなかった.

púsh [《米》**préss**] one's **lúck** [動] 自 《略式》調子に乗る, 図に乗る.

the lúck of the dráw [名] 運, 偶然; 運任せ.

Tóugh lúck! [間] Ⓢ それはお気の毒に《同情のことば; しばしば皮肉で用いる》.

trý [chánce] one's **lúck** [動] 自 運をためす**:** *Try your luck*. 一か八(ばち)かやってみなよ.

trúst ... to lúck [動] 他 (...)を運に任せる.

Wísh me lúck! がんばります, 応援してください.

with (àny [a bìt of]) lúck [副] 文修飾 Ⓢ うまく行けば**:** *With any* [*a bit of*] *luck* we could make a lot of money. あわよくば大もうけできるかもしれない.

wórse lúck [副] 文修飾 [文末・文中に用いて] Ⓢ 《英略式》運悪く, あいにく. (形 lúcky)

— 動 [次の成句で] **lúck ìnto ...** [動] 他 《米略式》

...を運よく手に入れる. **lúck óut** [動] 自 《米略式》ついている, うまくいく.

***luck·i·ly** /lʌ́kɪli/ 副 文修飾 **運よく, 幸いにも** [⇔ unluckily]**:** *Luckily*, I was at home when he called. 彼が電話をかけてきたとき運よく私は家にいた / *Luckily for* me, they didn't see me. 私にとっては幸運なことに彼らは私を見ていなかった.

luck·less /lʌ́kləs/ 形 《文語》 不幸な, 不運な.

luck·y** /lʌ́ki/ 形 (luck·i·er /-kiɚ | -kiə/; luck·i·est /-kiɪst/) **運のよい**, 幸運な; 縁起のよい (⇒ fortune 類義語 ✪) [⇔ unlucky]**:** I was ***lucky (enough) ***to*** escape unhurt. +to 不定詞 私は幸いけがはせずにすんだ (多用; ⇒ to² B 2) / 言い換え You were ***lucky that*** they arrived in time. +that 節 = ***It was lucky*** for you ***that*** they arrived in time. 彼らが間に合って君は運がよかった / We've been very ***lucky with*** the weather this week. +with+名 今週はとても天気に恵まれている / I'm ***lucky in*** get***ting*** such a good job. +in+動名 私はよい職が見つかり幸運だ / You should think [count, consider] yourself *lucky* (*that*) you didn't get lost in the woods. 森の中で迷わなかったのは運がよかったと思うべきだ / a *lucky* number 幸運[当たり]の数字 / a *lucky* charm 幸運のお守り / a *lucky* guess まぐれ当たり / a *lucky* break 幸運 / It's his *lucky* day. Ⓢ きょうの彼はついている / She was born under a *lucky* star. 彼女は幸運な星の下に生まれた / The third time('s) *lucky*. 3 度目はうまくいくよ《3 度目の正直》.

gèt lúcky [動] 自 ついている, うまくいく; 《略式》(初対面の人と)セックスする.

Lúcky yóu! [間] Ⓢ ついてるなあ.

Yóu'll be lúcky. = Yóu should be sò lúcky. Ⓢ [皮肉に] それはまず無理だよ, おめでたいやつだ.

(名 luck)

lúcky díp 名 C 《英》 = grab bag.

+**lu·cra·tive** /lúːkrəṭɪv/ 形 (商売・仕事などが)**利益のあがる**, もうかる [≒profitable]**:** a *lucrative* business もうかる商売.

lu·cre /lúːkɚ | -kə/ 名 U [軽蔑的] (不正に得た)金銭; 金もうけ.

Lu·cy /lúːsi/ 名 固 ルーシー《女性の名》.

lu·di·crous /lúːḍəkrəs/ 形 ばかげた [≒ridiculous].

lug /lʌ́g/ 動 (lugs; lugged; lug·ging) 他 《略式》 (重い物など)を(苦労して)引っぱる, 運ぶ (*up, down, around*).

L

luge /lúːʒ/ 名 C リュージュ《1-2 人乗りの競技用小型そり》; [the ~] リュージュ競技.

+**lug·gage** /lʌ́gɪʤ/ 名 U **手荷物(類)**, 旅行荷物《スーツケース・トランク・箱など》**:** check (in) one's *luggage* 手荷物を預ける / She had all her *luggage* carried by a porter. 彼女はポーターに手荷物を全部運んでもらった / 💬 "You've got three pieces of *luggage* in all. Is that right?" "Yes, that's right." 「手荷物は全部で 3 つでよろしいですか」「はい, そうです」《空港などで》.

> 語法 (1) 数えるときは「a piece [two pieces] of *luggage* のようにいう.
> (2) スーツケースなどの手荷物類に対しては《米》では baggage, 《英》では luggage を使うことが多いが, 英米ともに baggage は中身に, luggage は容器自体に重点が置かれる. ただし《英》でも船や航空機の手荷物には baggage を使う.

lúggage ràck 名 ❶ C (列車内などの)網棚. ❷ C 《米》(車の)ルーフラック《屋根の荷台》[《英》 roof rack].

lúggage vàn 名 C 《英》 = baggage car.

lu·gu·bri·ous /luːg(j)úːbriəs/ 形 《文語》 ひどく悲しげな, あわれな.

Luke /lúːk/ 名 固 ❶ ルーク《男性の名》. ❷ **St.** /seɪnt | s(ə)nt/ ~ ルカ《新約聖書の第 3 の福音書 (Gospel) の「ルカ伝」の作者といわれる》.

luke·warm /lúːkwɔ̀ɚm | -wɔ́ːm⁻/ 形 [普通は悪い意味で] ❶ (液体・食べ物が)なまぬるい**:** *lukewarm* water ぬるま湯. ❷ (人・態度などが)熱意のない, やる気のない, 無関心な, 冷たい**:** a *lukewarm* response 冷たい反応 / The committee was *lukewarm about* his idea. 委員会は彼の案にあまり関心を示さなかった.

lull /lʌ́l/ 動 他 ❶ (赤ん坊など)を(あやして)寝つかせる**:** The mother *lulled* the baby *to* sleep. 母親は赤ん坊をあやして寝つかせた. ❷ (感情など)を和(やわ)らげる, (人)を安心させる; (人)をだまして...させる**:** We *lulled* their fears. 私たちは彼らの恐怖を和らげた / I *was lulled into* a false sense of security. 私は油断して安心だと思い込んでいた. ― 自 和(やわ)らぐ. ― 名 C [しばしば a ~] なぎ, 小やみ; (活動などの)一時的休止(期間)**:** *a lull in* the storm あらしの小やみ / the *lull* before the storm あらしの前の静けさ.

lul·la·by /lʌ́ləbàɪ/ 名 (-la·bies) C 子守歌.

lum·ba·go /lʌmbéɪgoʊ/ 名 U 腰痛.

lum·bar /lʌ́mbɚ | -bə/ 形 〔解剖〕 腰(部)の; 腰椎(ようつい)の.

lum·ber¹ /lʌ́mbɚ | -bə/ 名 ❶ U 《主に米》 (製材した)材木, 木材 [《英》 timber]**:** saw *lumber* 材木をのこぎりで切る. ❷ U 《英》 がらくた《家具など》.
― 動 (-ber·ing /-b(ə)rɪŋ/) 自 《米》 材木を切り出す, 伐採する. ― 他 [しばしば受身で] 《略式》 (人)に(仕事・責任などを)押しつける (*with*).

lum·ber² /lʌ́mbɚ | -bə/ 動 (-ber·ing /-b(ə)rɪŋ/) 自 [副詞(句)を伴って] ゆっくり進む, のそのそと歩く.

lum·ber·jack /lʌ́mbɚʤæ̀k | -bə-/ 名 C 《古風》《米・カナダ》材木切り出し人, 木こり.

lum·ber·man /lʌ́mbɚmən | -bə-/ 名 (-men /-mən/) C 製材業者, 材木商; 材木切り出し人.

lúmber ròom 名 C 《英》 がらくた部屋, 物置き.

lum·ber·yard /lʌ́mbɚjɑ̀ɚd | -bəjɑ̀ːd/ 名 C 《米》 材木置き場 [《英》 timber yard].

lu·mi·nar·y /lúːmənèri | -nəri/ 名 (-nar·ies) C 権威者, (知的)指導者; 有名人.

lu·mi·nos·i·ty /lùːmənɑ́(ː)səṭi | -nɔ́s-/ 名 U 〔天文〕 光度; 輝き.

lu·mi·nous /lúːmənəs/ 形 光を発する, 輝く; 明るい色[蛍光色]の**:** a *luminous* body 発光体 / *luminous* paint 蛍光塗料.

lump¹** /lʌ́mp/ 名 (~s /~s/) ❶ C (決まった形のない固く小さな)**塊(かたまり)*:** a ***lump of*** coal [clay, butter] 石炭[粘土, バター]の塊.
❷ C **角砂糖**《1 個》**:** He put two *lumps* (of sugar) in his tea. 彼は紅茶に角砂糖を 2 つ入れた. ❸ C こぶ, はれもの, しこり. ❹ C Ⓢ 《英略式》 のろま, まぬけ; でぶ.

a lúmp in one's **thróat** [名] 感情の高ぶりで胸が詰まる感じ**:** He had [felt, got] *a lump in his throat* as he waved goodbye to his only son. 彼は一人息子にさよならと手を振ると(悲しみで)胸がいっぱいになった.

táke one's **lúmps** [動] 自 《米略式》 (批判・罰などを)

甘んじて受ける, 報いを受ける. (形 lúmpy)
— 動 他 (...)をひとまとめにする; 一括して扱う: Don't *lump* me (*in*) *with* them. あいつらといっしょくたにしないでくれ.
lúmp togéther [動] 他 (...)を1つにまとめる; いっしょくたに扱う.

lump² /lʌ́mp/ 動 [次の成句で] **lúmp it** [動] 自《略式》(いやなものを)我慢する: Like it or *lump it*! いやも応もなく我慢するしかないよ.

lump·ish /lʌ́mpɪʃ/ 形 もたもたした, のろまな; 塊のような.

lúmp súm 名 C 一括払い(の金額): pay in a *lump sum* 一括で払う.

lump·y /lʌ́mpi/ 形 (lump·i·er; lump·i·est) 塊[こぶ]だらけの, でこぼこの; (液体などがよく混ざらず)塊の残った [⇔ smooth]. (名 lúmp¹)

Lu·na /lúːnə/ 名 固〔ローマ神話〕ルナ《月の女神; ギリシャ神話の Selene に当たる》.

lu·na·cy /lúːnəsi/ 名 ❶ U 愚かなこと[ふるまい], 狂気のさた [≒ madness]. ❷ U《古風》精神障害.

lu·nar /lúːnə | -nə/ 形 限定 月に関する, 月の(作用による). 関連 solar 太陽の.

lúnar cálendar 名 [the ~] 太陰暦. 関連 solar calendar 太陽暦.

lúnar eclípse 名 C 月食.

lúnar mónth 名 C 太陰月《約 29 日半》.

lu·na·tic /lúːnətìk/ アク 名 ❶ C 大ばか者, 変人, 狂気じみた人. ❷ C《古風》[差別的] 精神障害者.
— 形 ❶ 限定 狂気じみた, ばかげた. ❷《古風》[差別的] 精神障害の: a *lunatic* asylum 精神病院《現在は mental [psychiatric] hospital を使う》.
〘語源 ラテン語で「月の影響を受けた」の意; 昔は狂気は月の影響によると考えられた《⇒ lunar》〙

lúnatic frínge 名 [the ~;《英》単数または複数扱い] [軽蔑的] (政治組織などの)少数過激派.

**lunch /lʌ́ntʃ/

— 名 (~·es /~ɪz/) ❶ U,C **昼食, ランチ**;《米》軽食《⇒ meal¹ 参考》: We had [ate] (a light) *lunch* at one. 私たちは1時に(軽い)昼食を食べた / Have you made *lunch*? 昼食の用意はできましたか / We had curry and rice ***for lunch***. 昼食にはカレーライスを食べた / Let's talk about it ***over lunch***. 昼食をとりながら話し合おう / She's ***at lunch***. 彼女は(外で)昼食中です / I took her (***out***) ***to lunch***. 私は彼女を昼食に連れていった / a school *lunch* 学校給食 / a *lunch* menu ランチのメニュー. 語法 形容詞に修飾される場合を除いては動詞の have や前置詞の at, to などの後では普通は冠詞をつけない.
❷ U,C **(昼の)弁当**: a bag [box, sack] *lunch*《米》= a packed *lunch*《英》(学校などにもっていく)弁当 / Take your *lunch* with you. お弁当を持っていきなさい.
dò lúnch [動] 自《略式》一緒に昼食をとる.
òut to lúnch [形・副]《略式》頭がおかしくなって.
There's nó (sùch thíng as a) frée lúnch. [こっけいに] ただで手に入るものはない.
— 動 自《格式》(レストランなどで)昼食をとる.

lúnch bòx 名 C 弁当箱.

lúnch brèak 名 C 昼休み.

lúnch cùunter 名 C (ランチ用の)カウンター, 軽食堂.

lun·cheon /lʌ́ntʃən/ 名 C,U《格式》午餐(ごさん)会《客を接待するための正式のもの》, 昼食会; 昼食.

lun·cheon·ette /lʌ̀ntʃənét/ 名 C《米》軽食堂.

lúncheon mèat 名 U ランチョンミート《ハムなどの加工(缶詰)肉食品》.

lúncheon vòucher 名 C《英》= meal ticket 2.

lúnch hòur 名 C 昼休み(時間).

lunch·room /lʌ́ntʃrùːm/ 名 C《米》(学校や職場の)食堂.

+**lunch·time** /lʌ́ntʃtàɪm/ 名 (~s /~z/) U,C **昼食時間**: Let's meet at *lunchtime*. 昼食の時間[お昼時]に会いましょう.

+**lung** /lʌ́ŋ/ 名 (~s /~z/) C **肺**, 肺臓. **at the tóp of one's lúngs** [副] 声を限りに.

lúng càncer 名 U 肺癌(がん).

lunge /lʌ́ndʒ/ 動 自 突く; 突進する (*forward*; *at*, *toward*). — 名 C 突進; (フェンシングの)突き: make a *lunge for* ... ...めがけて突進する.

lu·pine,《英》**lu·pin** /lúːpɪn/ 名 C ルピナス《観賞用植物》.

lu·pus /lúːpəs/ 名 U〔医学〕狼瘡(ろうそう)《皮膚結核》.

lurch /lə́ːtʃ | lə́ːtʃ/ 動 自 ❶ [しばしば副詞(句)を伴って] よろめきながら進む, よろめく; 急に傾く: *lurch* to one's feet よろよろしながら立ち上がる. ❷ (...から~へと)揺れ動く: The speaker *lurched from* one topic *to* another. 講演者はころころと話題を変えた. ❸ (心臓・胃が)急にどきっとする, 飛び上がる. — 名 C [しばしば a ~] (船・車などが)急に傾く[動く]こと, 揺れ; よろめき: give a *lurch* 急に傾く[揺れる]; (心臓などが)どきっとする. **léave ... in the lúrch** [動] 他 (困っている人)を見捨てる.

+**lure** /lʊ́ə | l(j)ʊ́ə, ljɔ́ː/ 動 (lures /~z/; lured /~d/; lur·ing /lʊ́(ə)rɪŋ | l(j)ʊ́ər-, ljɔ́ːr-/) 他 [しばしば悪い意味で] (...)を**誘惑する**, おびき寄せる; (...)を誘惑して(~から)引き離す (*away*; *from*): The victim seems to have ***been lured to*** this park. V+O+前+名の受身 被害者はこの公園におびき出されたようだ.
— 名 (~s /~z/) ❶ C [普通は単数形で] **魅惑するもの**, おびき寄せるもの; [the ~] (...の)魅力, 誘惑: We were attracted by ***the lure of*** money. 私たちは金の魅力に引き寄せられた. ❷ C おとり;〔釣り〕擬似餌(ぎじえ), ルアー.

lu·rid /lʊ́(ə)rɪd | l(j)ʊ́ər-/ 形 ❶ (表現などが)(暴力的・性的で)ぞっとするような, どぎつい. ❷ (色彩が)けばけばしい. **~·ly** 副 どぎつく; けばけばしく.

lurk /lə́ːk | lə́ːk/ 動 自 ❶ [副詞(句)を伴って] (人・動物などが)(...に)潜伏する, 潜(ひそ)む; (...で)待ち伏せる: A tiger was *lurking in* the forest. とらが1頭森の中に潜んでいた. ❷ [副詞(句)を伴って] (危険・偏見・疑念などが)潜んでいる. ❸〔コンピュータ〕チャットルームなどを(書き込みをせずに)のぞく.

lus·cious /lʌ́ʃəs/ 形 ❶ (飲食物が)とてもおいしい [≒ delicious]; (音楽などが)心地よい. ❷《略式》(女性が)セクシーな, 魅力的な.

lush¹ /lʌ́ʃ/ 形 (lush·er; lush·est) ❶ 青々とした, 水々しく茂った. ❷ ぜいたくな, 豪華な; (香りなどが)よい. ❸《略式》セクシーな.

lush² /lʌ́ʃ/ 名 C《米略式》アル中, 飲んべえ.

lust /lʌ́st/ 名 ❶ U,C [しばしば悪い意味で] (強い)性欲, 肉欲. ❷ U,C (権力・金などへの)強い欲望: a *lust for* power 強い権力欲 / (a) *lust for* life 楽しい人生を送りたいという欲望. — 動 自 [しばしば悪い意味でまたはこっけいに] (...に)強い性欲を抱く; 切望[渇望]する (*after*, *for*).

lus·ter,《英》**lus·tre** /lʌ́stə | -tə/ 名 ❶ U 光沢, つ

や; 輝き: the *luster* of pearls 真珠の光沢. ❷ Ⓤ 魅力, 光彩; 栄光: His deed added [gave] *luster* to his name. 彼の行ないは名声をさらに輝かせた.

lust·ful /lʌ́stf(ə)l/ 形 好色な, いやらしい.

lust·i·ly /lʌ́stəli/ 副 元気よく, 活発に.

lus·tre /lʌ́stɚ | -tə/ 名 Ⓤ《英》= luster.

lus·trous /lʌ́strəs/ 形 光沢のある, つやのある.

lust·y /lʌ́sti/ 形 (lust·i·er; -i·est) ❶ 元気な, 活発な, 健康的な. ❷ = lustful.

lute /lúːt/ 名 Ⓒ リュート《ギターに似た弦楽器》.

Lu·ther /lúːθɚ | -θə/ 名 固 Martin ～ ルター, ルーテル (1483–1546)《ドイツの宗教改革家》.

Lu·ther·an /lúːθ(ə)rən/ 形, 名 Ⓒ ルーテル教会派の(信者).

Lux·em·bourg, Lux·em·burg /lʌ́ksəmbə̀ːg | -bəːg/ 名 固 ルクセンブルク《ベルギー東方の大公国, およびその首都》.

lux·u·ri·ance /lʌgʒʊ́(ə)riəns/ 名 Ⓤ (植物などの)繁茂, 豊かさ; 華麗さ, 豪華さ.

lux·u·ri·ant /lʌgʒʊ́(ə)riənt/ 形 ❶ (植物などが)よく茂った; (髪が)豊かな. ❷ 華麗な, 豪華な; 心地よい.

lux·u·ri·ate /lʌgʒʊ́(ə)rièɪt/ 動 自 (...を存分に)楽しむ: We *luxuriated in* the warm sunshine. 私たちは暖かい日の光を思う存分に浴びた.

lux·u·ri·ous /lʌgʒʊ́(ə)riəs, lʌkʃʊ́(ə)r-/ ❗発音 形 ぜいたくな, 豪華な; 非常に心地よい: *luxurious* taste(s) ぜいたくな趣味 / a very *luxurious* armchair 非常に豪華なひじかけいす. (名 lúxury)

～·**ly** 副 ぜいたくに, 豪華に; 非常に心地よく.

lux·u·ry** /lʌ́kʃ(ə)ri, lʌ́gʒ(ə)- | lʌ́kʃ(ə)ri/ ❗発音 名 (-u·ries /～z/) ❶ Ⓤ **ぜいたく**: a life of *luxury* ぜいたくな生活 / live ***in luxury ぜいたくに暮らす.
❷ Ⓒ **ぜいたく品**, 高級品 [⇔ necessity]: I cannot buy *luxuries* on my low salary. 私の安い給料ではぜいたく品は買えない. ❸ [Ⓤ または a ～] (ぜいたくな)楽しみ, 快楽, 喜び: enjoy [have] the *luxury* of good music 美しい音楽という楽しみを味わう. ❹ [形容詞的に] ぜいたくな, 豪華な: *luxury* goods ぜいたく品 / a *luxury* hotel [car] 豪華なホテル[高級車]. (形 luxúrious)

Lu·zon /luːzɑ́(ː)n | -zɔ́n/ 名 固 ルソン島《フィリピン諸島 (Philippines) 北部の最大の島》.

***-ly**[1] /li, (/l/ で終わる語では普通は) i/ 接尾 [形容詞や分詞につく副詞語尾]「...のように」「...の観点からすると」の意: bold*ly* 大胆に / gent*ly* 穏やかに / smiling*ly* にこにこして / political*ly* 政治的に(言うと).

+**-ly**[2] /li/ 接尾 ❶ [名詞につく形容詞語尾]「...のような, ...らしい, ...の性質をもった」の意: father*ly* 父親のような / king*ly* 王にふさわしい. ❷ [名詞につく形容詞語尾]「...ごとの」の意: dai*ly* 毎日の / week*ly* 毎週の.

ly·chee /líːʧiː | laɪʧíː/ 名 Ⓒ ライチ(の実).

Ly·cra /láɪkrə/ 名 Ⓤ リクラ《伸縮性のある素材; 下着・水着・スポーツウェアなどに用いる; 商標》.

Lyd·i·a /lídiə/ 名 固 リディア《女性の名》.

*****ly·ing**[1] /láɪɪŋ/ 動 lie[1] **の現在分詞および動名詞.**

+**ly·ing**[2] /láɪɪŋ/ 動 lie[2] **の現在分詞および動名詞.**
— 形 うそをついている, 偽りの, 不正直な: *lying* eyes うそをついている目つき.
— 名 Ⓤ うそをつくこと, 偽り.

lymph /límf/ 名 Ⓤ リンパ液.

lym·phat·ic /lɪmfǽṭɪk/ 形 リンパ液の; リンパ液を分泌する[運ぶ].

lýmph nòde [glànd] 名 Ⓒ リンパ節[腺].

+**lynch** /línʧ/ 動 (lynch·es /～ɪz/; lynched /～t/; lynch·ing) 他 (...)に**私刑[リンチ]を加える.** 日英 日本でいう「リンチ」は「暴力的な制裁」を意味するが, 英語では暴徒などが裁判抜きで人を絞首刑にするという意味.

lynch·ing /línʧɪŋ/ 名 Ⓒ,Ⓤ 私刑, リンチ.

lýnch mòb 名 Ⓒ リンチに走る群衆.

lynch·pin /línʧpìn/ 名 Ⓒ = linchpin.

Lynn, Lynne /lín/ 名 固 リン《女性の名》.

lynx /líŋks/ 名 (複 ～, ～·es) Ⓒ おおやまねこ.

lyre /láɪɚ | láɪə/ 名 Ⓒ (古代ギリシャの)竪琴(たてごと).

lyre·bird /láɪɚbə̀ːd | láɪəbə̀ːd/ 名 Ⓒ 琴鳥(ことどり)《豪州産の鳴鳥; 雄は竪琴状の尾羽を持つ》.

+**lyr·ic** /lírɪk/ 形 ❶ 限定 **叙情(詩)の:** a *lyric* poet 叙情詩人. ❷ 限定〔音楽〕叙情的な.
— 名 (～s /～s/) ❶ [複数形で] (ポピュラーソングの)**歌詞:** write both the music and the *lyrics* for a song 歌の作詞作曲をする. ❷ Ⓒ 叙情詩. 関連 epic 叙事詩.

lyr·i·cal /lírɪk(ə)l/ 形 叙情詩風[調]の; 叙情的な, (感情の表現が)豊かな. **wáx lýrical** [動] 自 熱心に語る (*about, on*). **-cal·ly** /-kəli/ 副 叙情的に, 熱烈に; 歌のように; 歌詞の面で.

lyr·i·cis·m /lírəsìzm/ 名 Ⓤ 叙情詩風, 叙情性.

lyr·i·cist /lírəsɪst/ 名 Ⓒ (ポピュラーソングの)作詞家.

L

Mm

m¹, M¹ /ém/ 名 (複 m's, ms, M's, Ms /~z/) ❶ C,U エム《英語アルファベットの第 13 文字》. ❷〔ローマ数字〕1000《⇒ number 表》.
+**m²** 略 ❶ **男性(の)**, 雄(の) (male). ❷ **既婚の** (married). ❸ **メートル** (meter(s)). ❹ **マイル** (mile(s)). ❺ = million(s), minute¹(s), month.
+**M²** 略 ❶ **男性(の)**, 雄(の) (male). ❷ **既婚の** (married). ❸ (特に衣類の)中くらいの[M]サイズ (medium (size)). ❹《英》高速自動車道路 (motorway).
+**m.** 略 **既婚の** (married); = masculine, month.
M. 略 = Monday, Monsieur, mountain.
***-'m** /m/《略式》am の短縮形《⇒ be 表, I'm》.
ma /mɑ́ː/ 名 C [ときに M-]《略式》お母ちゃん, ママ.
MA〔米郵便〕= Massachusetts.
M.A. /éméɪ/ 略 = Master of Arts《⇒ master 名 3》.
ma'am /(強形) mǽm, mɑ́ːm; (1 では) (弱形) məm, (ə)m/ 名 ❶ Ⓢ《米, 丁寧》奥さん, 先生, お嬢さん: May I help you, *ma'am*? いらっしゃいませ《店員のことば》.

語法 目上の女性や知らない女性に対して, あるいは店員などが女性客に対して用いる丁寧な呼びかけや返事のことば. 既婚・未婚の別なく成人女性に対して用いる《⇒ sir 1》.

❷ Ⓢ《英, 丁寧》陛下; 王女さま; 奥方さま《女王や高位の女性に対する呼びかけ》. 〖語源 madam の短縮形〗
Ma·bel /méɪb(ə)l/ 名 固 メイベル《女性の名》.
Mac¹ /mǽk/ 名 固 マック《男性の名》.
Mac² /mǽk/ 名 C《略式》マック (Macintosh).
ma·ca·bre /məkɑ́ːbr(ə)/ 形 気味の悪い, 死を暗示するような, 恐ろしい.
mac·ad·am /məkǽdəm/ 名 U (道路舗装用の)割り石, 砕石; 割り石舗装.
mac·a·da·mi·a /mæ̀kədéɪmiə/ 名 ❶ C マカダミア《オーストラリア原産の常緑高木》. ❷ C マカダミアナッツ《マカダミアの実》.
mac·a·ro·ni /mæ̀kəróʊni/ ≪イタリア語から≫ 名 U マカロニ: 《米》*macaroni* and cheese =《英》*macaroni* cheese マカロニチーズ《マカロニをチーズなどに混ぜて焼いたもの》. 関連 spaghetti スパゲッティ.
mac·a·roon /mæ̀kərúːn/ 名 C マカロン《卵白・砂糖・つぶしたアーモンドまたはココナッツで作る菓子》.
Mac·Ar·thur /məkɑ́ɚθɚ | -kɑ́ːθə/ 名 固 Douglas ~ マッカーサー (1880-1964)《米国の軍人; 日本占領軍司令官 (1945-51)》.
ma·caw /məkɔ́ː/ 名 C こんごういんこ《中南米産の美しい大きないんこ》.
mace¹ /méɪs/ 名 ❶ C 槌矛(ほこ)《昔の武器で先端に鋭利な突起のある金属のこん棒》. ❷ C 矛(ほこ)の形の権標《英国の市長・大学総長などの職権の表象》.
mace² /méɪs/ 名 U メース《香味料》.
Mace /méɪs/ 名 U メースガス《護身用の催涙ガス(のスプレー); 商標》.
Mac·e·do·ni·a /mæ̀sədóʊniə/ 名 固 マケドニア《ギリシア北部にあった古代の王国; アレキサンダー (Alexander) 大王のときに最盛期を迎えた》.
Mac·e·do·ni·an /mæ̀sədóʊniən⁻/ 形 マケドニアの; マケドニア人の. — 名 C マケドニア人.
Mach /mɑ́ːk/ 名 U〔物理〕マッハ《速度の単位; マッハ 1 は秒速約 330 メートル》: fly at *Mach* 2 マッハ 2 で飛ぶ.
ma·che·te /məʃéṭi/ 名 C (中南米の)なた.
Ma·chi·a·vel·li /mæ̀kiəvéli/ 名 固 Nic·co·lò /nìkoʊlɔ́ː/ ~ マキアベリ (1469-1527)《イタリアの Florence の政治思想家》.
Ma·chi·a·vel·li·an /mæ̀kiəvéliən⁻/ 形 [悪い意味で] (人・行動が)マキアベリ流の, 権謀術数的な.
***ma·chine** /məʃíːn/ ❗発音

— 名 (~s /~z/) ❶ C **機械**《文脈によりコンピューター・留守番電話・洗濯機などを指す; ⇒ machinery 1 語法》: Do you know how to operate [use, run] this *machine*? この機械の使い方を知っていますか / a washing *machine* 洗濯機 / a sewing *machine* ミシン / an answering *machine* 留守番電話 / office *machines* オフィス機器《コンピューター・コピー機など》/ The seeds are planted ***by machine***. 種は機械でまかれる《⇒ by 前 2》/ The *machine* is「out of [in working] order. この機械は調子が悪い[よい]. ❷ C [しばしば軽蔑的] 機構, 組織; (組織を動かす)幹部連中《全体》: the local party *machine* 地方の政党機構. ❸ C (ある事を)効率よく行なう人[動物]; (感情・意思を示さずに)機械的にふるまう人. ❹ C《略式》車 [≒car]; オートバイ [≒motorcycle]. 語法 少し古い感じのことばで, 前後関係で何であるかが明らかなとき用いられる: He lost control of his *machine*. 彼は車のハンドルをとられた. (形 mechánical)
— 動 他 (...)にミシンをかける; (...)を機械で作る.
〖語源 ギリシャ語で「工夫, 装置」の意〗
+**machíne gùn** 名 (~s /~z/) C **機関銃**.
ma·chine-gun /məʃíːngʌ̀n/ 動 (-guns; -gunned; -gun·ning) 他 (...)を機関銃で撃つ; 機銃掃射する.
machíne lèarning 名 U 機械学習《過去の経験から学習し改善していく人工知能の働き》.
ma·chine-read·a·ble /məʃíːnríːdəbl/ 形〔コンピュータ〕(コンピューターで)読み取り[処理]可能な.
+**ma·chin·er·y** /məʃíːn(ə)ri/ 名 ❶ U (特に大きな)**機械類**《全体》: heavy *machinery* 重機械 / a piece of *machinery* 機械 1 台. 語法 machine が一つ一つの機械を指すのに対して, machinery は機械類全体を表わす《⇒ -ery 1》. ❷ U (機械の)装置, 機構; (機械の)部品《全体》: the *machinery* of a clock 時計の機械装置. ❸ U (組織などの)運営機構 (*of*, *for*).
machíne tòol 名 C 工作機械, 電動工具.
ma·chin·ist /məʃíːnɪst/ 名 C 機械を操作する人; 機械工.
ma·chis·mo /mɑːtʃíːzmoʊ | mætʃíz-/ 名 U [普通は軽蔑的] (伝統的な)男っぽさ《知性より強さなどを重視》.
ma·cho /mɑ́ːtʃoʊ/ 形《略式》[普通は軽蔑的] 男っぽい, マッチョな.
Mac·in·tosh /mǽkɪntɑ̀(ː)ʃ | -tɔ̀ʃ/ 名 C マッキントッシュ《米国 Apple 社製のパソコン; 商標》.
mack /mǽk/ 名 C《英略式》= mackintosh.
Mack /mǽk/ 名 固 マック《男性の名》.
mack·er·el /mǽk(ə)rəl/ 名 (複 ~(s)) C さば《魚》;

U さばの肉.

mack·in·tosh /mǽkɪntɑ̀(ː)ʃ | -tɔ̀ʃ/ 名 C 《英古風》 レインコート [≒raincoat].

mac·ro /mǽkroʊ/ 名 (~s) C 〘コンピュータ〙 マクロ(命令)《一連の操作などを簡単な名前やキー操作で置き換えて表わすもの》.

mac·ro- /mǽkroʊ/ 接頭 「大きい, 巨大な」の意 [⇔ micro-]: *macro*cosm 大宇宙.

mac·ro·bi·ot·ic /mæ̀kroʊbaɪɑ́(ː)ṭɪk | -ɔ́t-⁺⁻/ 形 (穀物と野菜が中心の)自然食の.

mac·ro·cos·m /mǽkrəkɑ̀(ː)zm | -kɔ̀zm/ 名 [the ~] 大宇宙, 全世界 [⇔ microcosm].

ma·cron /méɪkrɑ(ː)n, mǽk- | -rɔn/ 名 C 長音記号《母音字の上につける ā, ō などの ¯ の記号; ⇒ **つづり字と発音解説 23**》.

mad** /mǽd/ 形 (**mad·der** /-ḍɚ | -də/; **mad·dest** /-ḍɪst/) ❶ 叙述 《略式, 主に米》 **腹を立てた**, 怒った, 頭にきた《⇒ angry 類義語》: I got ***mad at him for breaking his promise. +at+名 彼が約束を破ったので頭にきた 多用 / He was ***mad about*** miss*ing* the train. +about+動名 彼は電車に乗り遅れて怒っていた. ❷ 《略式, 主に英》 (考え・行動などが)**ひどくばかげた**, 狂ったような, 無謀な; 《古風》 気が狂った, 狂気の《⇒ crazy 類義語》: You are ***mad to*** try to do it all by yourself. +to 不定詞 それをすべて自分ひとりでやろうなんて君もむちゃだ / He must be *mad to* do such a thing. そんなことをするとは彼は気が狂っているにちがいない. ❸ 叙述 《略式, 主に英》 **夢中になって**: Ann is ***mad about*** [***on***] John. +about [on]+名 アンはジョンに夢中だ / My son is *mad about* rock music. 私の息子はロックに熱中している. 語法 次のようにも言える: My son is rock music *mad*. ❹ 《略式, 主に英》 (狂ったように)興奮した, 我を忘れた: The fugitive made a *mad* dash for the bridge. 逃亡者は橋に向かって一目散に走った / be *mad with* joy [rage] 狂喜[激怒]している.

dríve ... mád [動] 他 (1) (...)を発狂させる. (2) 《略式》 (...)をひどく怒らせる[いらいらさせる].

gò mád [動] 自 (1) 発狂する; ばかなことをする; 興奮する, 狂喜する. (2) 《英略式》 激怒する.

lìke mád [副] 《略式》 必死に, 猛烈に; ものすごく, ひどく. (動 mádden)

-mad /mæ̀d/ 形 [合成語で; 名詞につけて] ...に夢中になって, ...狂で《⇒ mad 3 語法》: power-*mad* 権力欲に狂った.

Mad·a·gas·car /mæ̀ḍəgǽskɚ | -kə⁺⁻/ 名 固 マダガスカル《アフリカ南東部海岸沖の島, 共和国》.

+**mad·am** /mǽḍəm/ 名 (~s /~z/) ❶ C [普通は単数形で] 《丁寧》 **奥さま**, お嬢さま《既婚・未婚の別なく成人女性(特に店の客など)に対する丁寧な呼びかけや返事に用いることば; ⇒ ma'am 1, sir 1》. (1) [文の終わりで]: Thank you very much, *madam*. 奥さまどうもありがとうございました. (2) [文の初めで]: *Madam*, I'm Adam. 奥さま, 私はアダムです《回文》. (3) [M-] [手紙の書き出しで]: Dear *Madam* 拝啓《女性あての商用文などで; ⇒ Dear Sir(s) (sir 成句)》. ❷ [普通は M-] [役職名と共に呼びかけで]: *Madam* President 大統領閣下《女性の大統領の場合》. ❸ C 売春宿のおかみ. ❹ C 《英略式》 横柄な娘.

Ma·dame /mədǽm, mǽḍəm | mǽdəm/ ≪フランス語から≫ 名 (複 **Mes·dames** /meɪdɑ́ːm | méɪdæm/) C ...夫人, ...の奥さま《既婚女性への敬称; 英語の Mrs. または呼びかけの madam に相当する; 略 Mme., 複数形は Mmes., Mmes》: *Madame* Curie キュリー夫人.

mad·cap /mǽdkæ̀p/ 形 限定 《古風》 ばかげた.

mád ców disèase 名 U 《略式》 狂牛病 (= BSE).

mad·den /mǽdn/ 動 他 [普通は受身で] 《文語》 (...)をひどく怒らせる, いらだたせる. (形 mad)

mad·den·ing /mǽḍənɪŋ, -dn-/ 形 腹立たしい, いらだたしい.

*****made** /méɪd/ (同音 maid)

— 動 make の**過去形および過去分詞**.

— 形 《略式》 成功間違いなしの: He'll be *made* for life. 彼は一生安楽に暮らせるだろう.

-made /méɪd⁺⁻/ 形 [合成語で] ...で作られた, ...製の: machine-*made* 機械で作られた.

Ma·dei·ra /mədí(ə)rə/ 名 U,C マデイラ酒《白ワイン》.

Madéira càke 名 U,C 《英》 マデイラケーキ《英国の伝統的なパウンドケーキ風のケーキ》.

Ma·de·moi·selle /mæ̀ḍəmwəzél, -dm-⁺⁻/ ≪フランス語から≫ 名 (複 **Mes·de·moi·selles** /mèɪḍəmwəzél, -dm-⁺⁻/) C ...嬢, お嬢さん; 令嬢《英語の Miss に相当する; 略 Mlle., 複数形は Mlles.》.

made-to-mea·sure /méɪdtəméʒɚ, -méɪʒɚ | -méʒə/ 形 = made-to-order.

made-to-or·der /méɪdtuɔ́ɚḍɚ | -ɔ́ːdə⁺⁻/ 形 注文して作らせた, 特注の [≒custom-made] [⇔ ready-made]. 日英 「オーダーメード」は和製英語.

+**made-up** /méɪdʌ́p⁺⁻/ 形 ❶ 限定 **でっちあげた**; 作り上げた: a *made-up* story 作り話. ❷ **化粧した**: She was heavily *made-up*. 彼女は厚化粧だった.

mad·house /mǽdhàʊs/ 名 (-**hous·es** /-hàʊzɪz/) C 《略式》 (人がごった返して)騒々しい場所.

Mád·i·son Ávenue /mǽḍəs(ə)n-/ 名 ❶ 固 マディソン街《米国 New York 市の大通り; 広告会社や放送局が集中している》. ❷ U (米国の)広告業(界).

mad·ly /mǽdli/ 副 とても, ひどく, 狂ったように: be *madly* in love (with ...) (...に)首ったけである.

mad·man /mǽdmən, -mæ̀n/ 名 (-**men** /-mən, -mèn/) C 無謀な人; 《古風》 狂人: drive like a *madman* 無謀な運転をする.

+**mad·ness** /mǽdnəs/ 名 ❶ U **狂気のさた**, ばかげたこと: in a moment of *madness* 一時の気の迷いで / It would be (sheer) *madness* to swim on a day like this. こんな日に泳ぐなんて(まさに)狂気のさただ. ❷ U 狂気, 精神錯乱.

Ma·don·na /mədɑ́(ː)nə | -dɔ́nə/ 名 ❶ 固 [the ~] 聖母マリア (Virgin Mary). ❷ C [普通は m-] 聖母マリアの画像[彫像].

Ma·drid /mədríd/ 名 固 マドリード《スペインの首都》.

mael·strom /méɪlstrəm/ 名 ❶ C 激動, 大混乱 (*of*). ❷ C 大渦巻き; 暴風雨.

mae·stro /máɪstroʊ/ ≪イタリア語から≫ 名 (複 ~s, **mae·stri** /máɪstriː/) C [ときに M- で呼称に用いて] 大音楽家, 名指揮者; 巨匠.

Ma·fi·a /mɑ́ːfiə, mǽf-/ 名 [《英》 単数形でもときに複数扱い] ❶ [the ~] マフィア《19 世紀の Sicily 島の秘密結社(に由来する米国やイタリアの犯罪組織)》. ❷ [単数形で] [m-] (組織・業界内の)有力者グループ.

mag /mǽg/ 名 C 《略式》 = magazine 1.

*****mag·a·zine** /mǽgəzìːn, mæ̀gəzíːn | mæ̀gəzíːn, mǽgəzìːn/

— 名 (~s /~z/) ❶ C **雑誌**《magazine は book の

M

中には含まれない)**:** a weekly [monthly] *magazine* 週刊[月刊]誌 / a fashion *magazine* ファッション誌 / a *magazine* article 雑誌記事 / Do you read any *magazines* regularly? いつも読んでいる雑誌は何かありますか.

magazine (一般の週刊・月刊誌)	雑誌
journal (特に専門的な雑誌・機関誌)	

❷ Ⓒ マガジン《時事的話題などを扱うテレビ・ラジオ番組》. ❸ Ⓒ (連発銃の)弾倉. ❹ Ⓒ (カメラ・映写機の)フィルム巻き取り枠, マガジン. ❺ Ⓒ (兵器・食糧の)倉庫; (特に)弾薬庫.
〖語源 原義は「(情報の)貯蔵庫」〗

Ma·gel·lan /mədʒélən | məgél-/ 名 固 ❶ **Fer·di·nand** /fə́:dənæ̀nd | fə́:-/ ~ マゼラン (1480?-1521) 《ポルトガルの航海者; 太平洋を横断した (1520-21)》. ❷ **the Strait of ~** マゼラン海峡《南米の南端の海峡》.

ma·gen·ta /mədʒéntə/ 名 Ⓤ マゼンタ, 深紅色(の染料). **—** 形 マゼンタの, 深紅色の.

Mag·gie /mǽgi/ 名 固 マギー《女性の名; Margaret の愛称》.

mag·got /mǽgət/ 名 Ⓒ うじ虫, うじ.

Ma·gi /méɪdʒaɪ/ 名 複 [the ~] 東方の三博士《キリスト降誕のときに供物を持ってきた賢者たち》.

mag·ic /mǽdʒɪk/ ❗アク
— 名 ❶ Ⓤ **魔法**, 魔術《⇒ black magic, witchcraft》**:** work [use] *magic* 魔法を使う.
❷ Ⓤ **奇術**, 手品, マジック**:** The conjurer used *magic* to produce a dove from his hat. 奇術師は手品を使って帽子からはとを取り出した.
❸ Ⓤ **不思議な力**, 魔力; 魅力**:** the ***magic of*** figures [love] 数字[愛]の魔力 / The ***magic of*** her voice charmed the audience. 彼女の声の魅力は聴衆を魅了した.
as ìf by mágic = 《略式》 lìke mágic [副] (まるで)魔法のように, 不思議にも; たちどころに.
wórk one's **mágic** [動] 自 効果[力]を発揮する; (人を)魅了する (*on*). (形 mágical)
— 形 ❶ 限定 **魔法の**, 魔法のような; 不思議な力を持つ**:** a *magic* mirror 魔法の鏡 / *magic* words [spells] 呪文(じゅもん) / a *magic* number 特別な数字 / There is no *magic* formula for solving the problem. その問題には魔法のような解決策はない / What's the *magic* word? Ⓢ (お願いするときの)魔法のことばは?《please を添えるように子供に教えるときのことば》. ❷ 限定 手品の, 奇術の**:** a *magic* trick 手品. ❸ 《略式》 すてきな, すばらしい**:** a *magic* moment とても楽しい時.
hàve a mágic tóuch [動] 自 (...を)うまく扱う才能がある (*with*).

+**mag·i·cal** /mǽdʒɪk(ə)l/ 形 ❶ **魔術的な**; **不思議な:** *magical* power(s) 魔法のような力. ❷ すばらしい, すてきな**:** a *magical* weekend すばらしい週末. (名 mágic)
-cal·ly /-kəli/ 副 魔法のように.

mágic búllet 名 Ⓒ 特効薬; 《略式》 (楽な)解決策.

mágic cárpet 名 Ⓒ (空飛ぶ)魔法のじゅうたん.

ma·gi·cian /mədʒíʃən/ ❗アク 名 ❶ Ⓒ 魔法使い, 魔術師. ❷ Ⓒ 奇術師, 手品師 [≒conjurer]. ❸ Ⓒ 優れた技能を持つ人, 「魔術師」.

mágic lántern 名 Ⓒ 幻灯機《昔のスライド映写機》.

Mágic Márker 名 Ⓒ,Ⓤ マジックマーカー《米国製のマジック(インキ); 商標》.

mágic wánd 名 Ⓒ 魔法のつえ; [こっけいに] 解決策**:** wave a *magic wand* 問題をさっと解決する.

mag·is·te·ri·al /mæ̀dʒəstí(ə)riəl←/ 形 ❶ 《格式》 権限のある, 威厳のある; (本・研究などが)権威のある, 専門的な. ❷ 限定 治安判事の. **-al·ly** /-əli/ 副 威厳をもって.

+**mag·is·trate** /mǽdʒəstrèɪt, -trət/ 名 (-is·trates /-trèɪts/) Ⓒ **治安判事.**

Mág·is·trates' Còurt /mǽdʒəstrèɪts-, -trəts-/ 名 Ⓒ 治安判事裁判所.

mag·ma /mǽgmə/ 名 Ⓤ 〔地質〕 マグマ, 岩漿(しょう).

Mag·na Car·ta /mǽgnəkáːətə | -káː-/ 名 固 〔英国史〕 大憲章《⇒ Great Charter》.

mág·na cum láude /máːgnə-/ ≪ラテン語から≫ 副 形 《米》 (大学の卒業成績が)(第二位)優等で[の] 《summa cum laude と cum laude の中間位》.

mag·na·nim·i·ty /mæ̀gnənímətɪ/ 名 Ⓤ 《格式》 度量の大きいこと, 寛大さ.

mag·nan·i·mous /mægnǽnəməs/ 形 《格式》 度量の大きい, 寛大な, 雅量のある [≒generous].

mag·nate /mǽgneɪt, -nət/ 名 Ⓒ 有力者, 大立者, ...王**:** an oil *magnate* 石油王.

mag·ne·si·a /mægníːʒ(i)ə | -ziə/ 名 Ⓤ マグネシア, 酸化マグネシウム《胃薬》.

mag·ne·si·um /mægníːʒ(i)əm | -ziəm/ 名 Ⓤ 〔化学〕 マグネシウム《元素記号 Mg》.

mag·net /mǽgnɪt/ 名 ❶ Ⓒ (金属を引きつける)**磁石:** draw ... like a *magnet* ...を磁石のように引きつける. ❷ Ⓒ 人を引きつける人[もの] (*for*).

magnet (金属を引きつけるもの)	磁石
compass (方位を測るもの)	

(形 magnétic, 動 mágnetìze)

+**mag·net·ic** /mægnétɪk/ 形 ❶ **磁石の**, 磁気の, 磁気を帯びた; 磁気による**:** *magnetic* force 磁力. ❷ 人を引きつける, 魅力のある**:** a *magnetic* personality 魅力的な性格. (名 mágnet)

magnétic dísk 名 Ⓒ 磁気ディスク.

magnétic fíeld 名 Ⓒ 磁場, 磁界.

magnétic nórth 名 Ⓤ 磁北.

magnétic póle 名 Ⓒ (地球の)磁極.

magnétic résonance ìmaging 名 Ⓤ 〔医学〕 磁気共鳴映像法《略 MRI》.

magnétic tápe 名 Ⓤ,Ⓒ 磁気テープ.

mag·ne·tis·m /mǽgnətìzm/ 名 ❶ Ⓤ 磁性, 磁気(作用). ❷ Ⓤ 人を引きつける魅力.

mag·ne·tize /mǽgnətàɪz/ 動 他 ❶ (...)に磁性[磁気]を与える, 磁化する. ❷ (人)を引きつける, 魅了する [≒attract]. (名 mágnet)

mágnet schòol 名 Ⓒ 《米》 マグネットスクール《特定の専門科目が学べることを特色とし, 広域から生徒を集める学校》.

mag·ni·fi·ca·tion /mæ̀gnəfɪkéɪʃən/ 名 Ⓤ 拡大; Ⓒ,Ⓤ 倍率**:** 10× [×10] *magnification* 10 倍の倍率 《10× は ten times と読む》. (動 mágnify)

mag·nif·i·cence /mægnífəs(ə)ns/ 名 Ⓤ 壮大さ, 荘厳, 壮麗; 見事さ. (形 magníficent)

+**mag·nif·i·cent** /mægnífəs(ə)nt/ ❗アク 形 (建物・装

M

飾・景色・形などが)**壮大な**, 荘厳な, 壮麗な; (演技などが)すばらしい, 見事な: The scenery was *magnificent*. その景色は壮大だった. (名 magníficence)

～・ly 副 堂々と, 立派に; 見事に.

mag・ni・fi・er /mǽgnəfàɪɚ | -fàɪə/ 名 C 拡大する物; 拡大鏡, 虫めがね.

+**mag・ni・fy** /mǽgnəfàɪ/ アク 動 (-ni・fies; -ni・fied; -fy・ing) 他 ❶ (レンズなどで)(...)を**拡大する**: This microscope *magnifies* things 1000 times. この顕微鏡は物体を千倍に拡大する. ❷ (...)を誇張する [≒ exaggerate]; (問題など)を深刻化する. (名 màgnificátion)

még・ni・fy・ing glàss /mǽgnəfàɪɪŋ-/ 名 C 拡大鏡, 虫めがね.

mag・ni・tude /mǽgnət(j)ùːd | -tjùːd/ 名 ❶ U 大きさ, 規模; 重大さ, 重要さ (*of*): a disaster of the first *magnitude* 最大級の災害. ❷ U,C 〔天文〕(星などの)等級《光度を表わす単位》. ❸ U,C 〔地質〕(地震などの)規模, マグニチュード.

mag・no・lia /mægnóʊljə, -liə/ 名 C もくれん属の木, マグノリア《たいさんぼく・はくもくれん・ほおのき・こぶしなど》.

mag・num /mǽgnəm/ 名 C マグナムびん(の 1 本分)《容量が普通の 2 倍(約 1.5 リットル)で特にワイン用》.

mágnum ópus ≪ラテン語から≫ 名 [単数形で] (作家・芸術家の)(最高)傑作 [≒masterpiece].

mag・pie /mǽgpàɪ/ 名 ❶ C かささぎ《よく鳴き, 小さな光る物を拾ってきて巣に集める習性がある鳥》. ❷ C 《略式, 主に英》(がらくたの)収集狂《人》.

Mag・yar /mǽgjɑɚ | -gjɑː/ 形 マジャール人の; マジャール語の. ― 名 C マジャール人《ハンガリーの主要な民族》; U マジャール語, ハンガリー語.

ma・hat・ma /məhɑ́ːtmə/ 名 マハトマ《インドで高貴な人の名に添える敬称; ⇒ Gandhi》.

Ma・hi・can /məhíːk(ə)n/ 名 C (複 ～(s)) マヒカン[モヒカン]族《もと Hudson 川流域に住んだアメリカ先住民の一族》.

mah-jongg, mah・jong /mɑ̀ːʒɑ́(ː)ŋ | -ʤɔ́ŋ/ 名 U 麻雀(マージャン)《元来は商標》.

ma・hog・a・ny /məhɑ́(ː)gəni | -hɔ́g-/ 名 (-a・nies) ❶ C マホガニー《常緑高木》; U マホガニー材. ❷ U マホガニー色, 赤褐色.

+**maid** /méɪd/ (同音 made) 名 (maids /méɪʤ/) C (ホテル・邸宅などで働く)(女性の)**お手伝い**, メイド: a hotel *maid* ホテルのメイド[客室係] / They have a *maid*. 彼らの家ではお手伝いを雇っている.

a máid of hónor [名] 《主に米》 花嫁に付き添う未婚女性 (bridesmaids) の中心となる人. (形 máiden)

maid・en /méɪdn/ 名 C 《文語》 未婚の若い女性, 処女. ― 形 ❶ 限定 初めての, 最初の: a *maiden* voyage [flight] 処女航海[飛行]. ❷ 限定 《古風》 未婚の: a *maiden* aunt 未婚のおば. (名 maid)

maid・en・ly /méɪdnli/ 形 《文語》 しとやかな.

máiden náme 名 C 女性の結婚前の姓, 旧姓《⇒ née》.

＊＊mail /méɪl/ (同音 male)

― 名 (～s /～z/) ❶ U 《主に米》 **郵便**, 郵便制度 [《英》 post]: send a package ***by mail*** 小包を郵便で送る / The letter may have been lost ***in the mail***. その手紙は郵送中に紛失したかもしれない. 語法 次のような語では 《英》 でも mail が使われる: express *mail* 速達便 / surface *mail* (航空便に対して)陸上[船舶]輸送郵便 / foreign *mail* 外国郵便 / domestic *mail* 国内郵便. 関連 airmail 航空郵便.

❷ U 《主に米》 **郵便物**《全体》; (1 回に集配される)郵便(物); 郵便の集配[配達] [《英》 post]: send *mail* 郵便物を送る / receive *mail* 郵便物を受け取る / deliver (the) *mail* 郵便物を配達する / open the [one's] *mail* 郵便物を開封する / forward *mail* 郵便物を転送する / a piece of *mail* 郵便物 1 通 / "Is there any ***mail for*** me?" "Yes. One registered letter and one parcel."「私に(何か)郵便が来ていますか」「はい, 書留 1 通と小包 1 つです」 // ⇒ direct mail.

❸ U,C (E)**メール** (email): I check my *mail* every day. 私は毎日メールをチェックする.

― 動 (mails /～z/; mailed /～d/; mail・ing) 他 ❶ 《主に米》 (...)を**郵便で出す**, **郵送する**, (手紙)を出す, 投函(とうかん)する [《英》 post]: 言い換え He ***mailed*** the package ***to*** me. V+O+*to*+名 = He *mailed* me the package. V+O+O 彼は私に小包を送ってくれた / Can you *mail* this for me? これをポストに投函してもらえる?

❷ (...)を(E)**メールで送る**: I'll ***mail*** it ***to*** you as an attachment. V+O+*to*+名 それをメールに添付してお送りします.

máil óut [動] 他 (手紙など)を大量に郵送する.

mail・bag /méɪlbæ̀g/ 名 ❶ C 郵便袋, 郵袋(ゆうたい). ❷ C 《主に米》 郵便配達かばん [《英》 postbag].

máil bòmb 名 ❶ C 〔コンピュータ〕 メール爆弾《処理不可能な大量の E メール》. ❷ C 《米》 郵便爆弾.

＊**mail・box** /méɪlbɑ̀(ː)ks | -bɔ̀ks/ 名 (～・es /～ɪz/) ❶ C 《米》 **ポスト**《普通は青色》 [《英》 postbox, pillar box, letter box]: put a letter into the *mailbox* 手紙をポストに入れる.

❷ C 《米》 (個人の)**郵便受け** [《英》 letter box] 《⇒ house 挿絵》: take a letter out of the *mailbox* 郵便受けから手紙を取り出す. 参考 米国の郊外やいなかでは, 送りたい郵便物を郵便受けに入れて郵便受けについた旗状の部分を上げておくと, 郵便集配人が回収していってくれる. ❸ C 〔コンピュータ〕 メールボックス.

máil càrrier 名 C 《米》 郵便集配人.

máil dròp 名 ❶ C 《米》 (自宅以外の)郵送専用住所. ❷ C 《米》 (郵便局の)私書箱.

mail・ing /méɪlɪŋ/ 名 ❶ C (大量送付の)郵便物, 郵送品. ❷ U,C 郵送, (特に大量の)送付.

máiling lìst 名 C 郵送先名簿; 〔コンピュータ〕 メーリングリスト.

+**mail・man** /méɪlmæ̀n/ 名 (-men /-mèn/) C 《米》 **郵便配達[集配]人** [《英》 postman].

+**máil òrder** 名 U **通信販売**: buy clothes by *mail order* 通信販売で服を買う.

mail-or・der /méɪlɔ̀ɚdɚ | -ɔ̀ːdə/ 形 限定 通信販売の: a *mail-order* catalog 通信販売カタログ.

máil slòt 名 C 《米》 (ドアなどの) 郵便受け [《英》 letter box].

maim /méɪm/ 動 他 (重傷を負わせて)(...)を障害者にする: be *maimed* for life 終身障害者になる.

＊＊＊main /méɪn/ (同音 Maine, mane)

― 形 限定 [比較なし] (全体の中で)**主な**, **主要な**, 主要部を成す《⇒ chief 類義語》: the *main* street of a town 町の大通り / a *main* pipe (ガス・水道などの)本管 / the *main* event 主要種目[行事] / a *main* course メインの料理 / the *main* office 本社 / the *main* point 要点 / the *main* reason 主な理由 / ***The main thing*** is not

to worry about it. Ⓢ 肝心なのはその事でくよくよしないことだ.
— 名 ❶ C (水道・ガスなどの)本管, (電気の)本線: a gas *main* ガス供給本管 / a water *main* 給水本管. ❷ [the ~s] 《英》 水道[ガス, 電気]の供給; 水道[ガス, 電気]の建物への引き込み箇所, 元栓, コンセント.
in the máin [副] 文修飾 概して, 大部分は.

máin cláuse 名 C 〔文法〕 主節 (⇒ **巻末文法** 9. 1 (2)).

máin drág 名 [the ~] 《米略式》 大通り.

Maine /méɪn/ 名 固 メイン(米国 New England 地方北端の州; 略 Me., 〔郵便〕では ME). **from Máine to Califórnia** [副] 《米》 米国の東から西の全土にかけて, 全米にわたって. 〖語源 New England の主要な (main) 部分を占めることから〗

máin·frame (compúter) /méɪnfrèɪm-/ 名 C 〔コンピュータ〕 大型[汎用(はんよう)]コンピューター.

+**main·land** /méɪnlænd, -lənd/ 名 ❶ [the ~] **本土** (付近の島や半島と区別して): *the mainland* of China = the Chinese *mainland* 中国本土. ❷ [形容詞的に] 本土の: *mainland* China 中国本土.

main·line /méɪnlàɪn/ 形 限定 《主に米》 主流の, 体制派の.

máin líne 名 C (鉄道・道路などの)幹線, 本線.

**main·ly /méɪnli/

— 副 **主に, 主として** [≒chiefly]: 言い換え Our success was 「due *mainly* [*mainly* due] to her efforts. = We succeeded *mainly* because of her efforts. 我々の成功は主に彼女の努力のおかげだった.
語法 文頭では用いない.

main·mast /méɪnmæ̀st | -mà:st/ 名 C 〔航海〕 メーンマスト.

main·spring /méɪnsprɪ̀ŋ/ 名 ❶ [the ~] 《格式》 主因, 原動力 (*of*). ❷ C (時計の)主ぜんまい.

main·stay /méɪnstèɪ/ 名 [the ~] 頼みの綱, 大黒柱, 支柱 (*of*).

+**main·stream** /méɪnstrì:m/ 名 [the ~] (活動・思想などの) **主流**, 主潮: His views lie outside ***the mainstream of*** the peace movement. 彼の考えは平和運動の主流からはずれている.
— 形 限定 (活動・思想などが)**主流の**, 主潮の: the *mainstream* faction 主流派.
— 動 他 《米》 (障害児)を普通のクラスに入れる.

Máin Strèet 名 ❶ C [しばしば通りの名として] 《米》 (小都市の)大通り, 本通り [《英》 high street]. ❷ U 《米》 (小都市の)保守的な(中流の)人々.

**main·tain /meɪntéɪn, mən-/ ❗アク

— 動 (main·tains /~z/; main·tained /~d/; -tain·ing) 他

> 意味のチャート
> 原義はラテン語で「手で支える」→「**維持する**」❷
> →(ある状態を維持する)→「**維持する**」❶
> →(生活を維持する)→「**扶養する**」❹
> →(立場を維持する)→「**主張する**」❸

❶ (物事)を(ある状態に)**維持する**, 保ち続ける, 持続する, 継続する [≒keep, continue]: *maintain* one's cool 冷静さを保つ / *maintain* close relations [links] 親しい関係を維持する / *maintain* law and order 法と秩序を保つ / *maintain* peace 平和を維持する / Food *maintains* life. 食物は生命を支える.
❷ (機械・道路・建築物など)を**維持(管理)する**, (手入れをして)保全する, 整備する, 管理する: He *maintains* his tools very well. 彼は道具の手入れをきちんとしている / Vacation homes are costly to *maintain*. 別荘は維持費がかかる / The highways ***are maintained by*** the state. V+O の受身 その幹線道路は州によって管理されている. ❸ [進行形なし] (...)を主張する; 言い張る (⇒ claim 類義語): He *maintained* 「his innocence [*that* he was innocent]. 彼は身の潔白を主張した. ❹ (...)を扶養する, 養う [≒support]: *maintain* a large family 大家族を養う / His aunt *maintained* him *in* college. おばが彼の大学の学費をもってくれた.
(名 máintenance)
〘⇒ contain キズナ〙

main·te·nance** /méɪntnəns, -ṭən-/ ❗アク 名 ❶ U (機械・道路・建築物などの)**維持**, 保全, 整備, 管理, メンテナンス: car *maintenance* 車の整備 / the ***maintenance of roads 道路の管理[保全] / routine *maintenance* 定期的な保守点検 / a *maintenance* fee [staff] 管理費[スタッフ].
❷ U (ある状態の)**維持**, 保持: the *maintenance of* order [peace] 秩序[平和]の維持. ❸ U 《英》 (離婚した相手への)扶助料; 養育費. (動 maintáin)

máin vérb 名 C 〔文法〕 本動詞 (助動詞に対して).

maize /méɪz/ 名 U 《英》 とうもろこし [《米》 corn].

Maj. 略 = major².

ma·jes·tic /məʤéstɪk/ 形 威厳のある, 荘厳な, 堂々とした, 雄大な: a *majestic* view 雄大な眺め. (名 májesty)
-jes·ti·cal·ly /-kəli/ 副 荘厳に, 堂々と.

+**maj·es·ty** /mæ̀ʤəsti/ 名 (-es·ties) ❶ U (君主などの) **威厳**, 荘厳; 雄大さ, 壮大さ: the *majesty of* the Alps アルプスの雄大さ. ❷ C [M-] 陛下.

> 語法 最高主権者およびその夫人に対する敬称. 男性の場合は His, 女性の場合は Her, 複数の場合(国王と王妃など)には Their をつけ, 直接の呼びかけでは Your をつける. すべて三人称扱い. Excellency, Highness, Honor, Lordship, Worship などの用法も同じ: His [Her] *Majesty* 陛下 (略 HM) / Their *Majesties* 両陛下 / What does Your *Majesty* think about it? それについて陛下はどうお考えあそばしますか.

His [Her] Májesty's Shíp [名] 陛下の船 (英国軍艦; 国王在位のときには His, 女王在位のときには Her を用いる; 略 HMS): *HMS* Sheffield 英国軍艦シェフィールド号. (形 majéstic)

**ma·jor[1] /méɪʤə | -ʤə/ ❗発音

> 意味のチャート
> 「大きいほうの」 形 ❷ (⇒ 語源) →「**大きな**」 形 ❶
> →(主要な科目)→「**専攻の**」 形 ❹
> →「**専攻科目**」 名 ❶
> →「**専攻する**」 動

— 形 ❶ [普通は 限定] **大きな**, 主要な, 重要な, 一流の, 重大な, 深刻な [⇔ minor]: a *major* problem 大問題 / the two *major* parties in the United States 米国の二大政党 / *major* writers 大作家たち / the *major* industries 主要産業 / a *major* operation 大手術 / a *major* earthquake 大地震. 語法 1 の意味は 2 の比較の意味あいが薄くなったもの.

M

❷ [普通は 限定] [比較なし] (大きさ・量・数・程度などを比べて)**大きいほうの** [≒greater]; 多数の, 過半数の: the *major* part of a day [year] 1 日[1 年]の大半 / The *major* part of the town was covered with water. 町の大部分は水をかぶった. 語法 than とともには用いない.
❸ 叙述 Ⓢ 重大で, 深刻で: That wasn't *major*. それは大したことじゃなかった. ❹ 限定 《米》 (学科が)専攻の, 専門の. ❺ 〔音楽〕 長調の, 長音階の: a sonata in C *major* ハ長調のソナタ. (名 majórity)
— 名 (~s /~z/) ❶ Ⓒ 《米》 **専攻科目**, 専門課程: He chose mathematics as his *major*. 彼は専攻科目として数学をとった. ❷ Ⓒ 《米》 専攻学生: an English *major* 英語専攻生. ❸ [the ~s] = major leagues. ❹ Ⓤ 〔音楽〕 長調, 長音階 [⇔ minor].
— 動 (ma·jors /~z/; ma·jored /~d/; -jor·ing /-ʤ(ə)rɪŋ/) [次の成句で] **májor in ...** [動] 他 《主に米》 **...を専攻する**, (大学で)研究する [《英》 read]: She *majored in* economics at Harvard. 彼女はハーバードで経済学を専攻した.
〖語源 ラテン語で「より大きい」の意; mayor と同語源〗

ma·jor² /méɪʤɚ | -ʤə/ 名 Ⓒ 《米》 陸軍[空軍, 海兵隊]少佐; 《英》 陸軍少佐 《略 Maj.》.

majorette 名 Ⓒ = drum majorette.

májor géneral 名 Ⓒ 《米》 陸軍[空軍, 海兵隊]少将; 《英》 陸軍少将.

***ma·jor·i·ty** /məʤɔ́ːrəṭi | -ʤɔ́r-/ 発音
— 名 (-i·ties /~z/) ❶ [単数形で, しばしば the ~] **大多数, 大部分, 大半** 《⇒ overwhelming》 [⇔ minority]: *The* great [vast] ***majority of*** people prefer watching soccer to playing it. 大多数の人はサッカーを自分でやるより見るほうを好む / *The majority of* the committee *was* [*were*] against the plan. 委員の大多数はその計画に反対だった. 語法 《英》 では一人一人を指すときには複数扱いとなることがある. of の後に複数名詞を伴うときは複数扱いが普通 // be ***in the majority*** 大部分を占める.
❷ [単数形で] **多数派, 多数党**; 多数集団: The *majority* is not always able to impose its will on the minority. 多数派といえども必ずしも少数派にその意志を押しつけることはできない.
❸ Ⓒ [普通は単数形で] (得票の)過半数; 絶対多数 (absolute majority): win a *majority* in the election 選挙で過半数を得る. ❹ Ⓒ [普通は単数形で] (投票での)得票差: win by a narrow [large] *majority* (*of* 500) (500 という)わずかな差[大差]で勝つ. ❺ [形容詞的に] 多数党[派]の, 多数党[派]による: a *majority* decision 多数決. ❻ Ⓤ 〔法律〕 成年. 参考 米国ではほとんどの州で 18 歳(一部で 21 歳); 英国では 18 歳. (形 májor¹)

majórity rùle 名 Ⓤ (政治での)多数決の原理.

májor léague 名 Ⓒ [しばしば the M- L-s] 《米》 大リーグ 《プロの野球・アイスホッケーなどの最高位リーグ》. 関連 minor league マイナーリーグ.

ma·jor-league /méɪʤɚlíːg | -ʤə-←/ 形 ❶ 限定 《米》 大リーグの. ❷ 限定 《米》 有力な, 大物の.

májor léagu·er /-líːgɚ | -gə/ 名 Ⓒ 《米》 大リーグの選手.

ma·jor·ly /méɪʤɚli | -ʤə-/ 副 《略式》 すごく, とても.

***make** /méɪk/
— 動 (makes /~s/; 過去・過分 made /méɪd/; mak·ing) 他 ✪「作る」という意味の最も普通の語.

> **単語のエッセンス**
> 基本的には「作る」,「...させる」の意を表わす.
> 1) 作る, 作り出す ❶, ❷, ❹, ❽
> 2) [使役の意味で] ...に～させる ❻
> 3) [make＋動作名詞] ...をする ❸
> 4) ...を～にする[と表わす, と見積もる] ❺, ❼, ⓭
> 5) ...になる ❾

❶ (...)を**作る**, **製作する**, 作り出す; (人に)(...)を作ってあげる; (...)を建設する; (文書など)を作成する, (法律など)を制定する: My sister *makes* all her own clothes. 姉は服をすべて自分で作る / Many birds *make* their nests in trees. 多くの鳥は木に巣を作る / *make* a film 映画を製作する / This violin ***was made in*** Italy. V+O+*in*+名の受身 このバイオリンはイタリア製だ / 言い換え My father *made* me a chair. V+O+O = My father *made* a chair ***for*** me. V+O+*for*+名 父は私にいすを作ってくれた 《⇒ for 前 A 1 語法》 // ⇒ make ... from ～, make ... of ～, make ... out of ～ (句動詞).
❷ (使えるように)(...)を**用意する**, 作る, **整える**; (人に)(...)を用意してあげる [≒prepare]: *make* time (忙しい中で)時間を作る / He *made* a fire. 彼は火をおこした / ***make*** a salad ***with*** lettuce and tomato V+O+*with*+名 レタスとトマトでサラダを作る 《⇒ cooking 囲み》 / 言い換え I'll *make* us tea. V+O+O = I'll ***make*** tea ***for*** us. V+O+*for*+名 お茶を入れますね / I often *make* dinner *for* my family. 私はよく家族に夕食を作る // *make* the bed 《⇒ bed 名 例文》.
❸ /mèɪk/ [動作・行為を表わす名詞を目的語として] (...)をする, 行なう 《⇒ have¹ 5, take 他 6》: *make* an appointment (会う)約束をする / She *made* a promise to do it. 彼女はそれをする約束をした / We are *making* preparations for the trip. 私たちは旅行の用意をしているところだ / An attempt *was made* to save him. V+O の受身 彼を救う試みがなされた.

> **「make 3＋動作名詞」のいろいろ**
> **màke arrángements** 準備[手配]する / **màke an attémpt** 試みる / **màke a cáll** 電話をする / **màke a chóice** 選ぶ / **màke a compárison (betwèen...)** (2 つのものを)比較する / **màke a contribútion (to ...)** (...に)寄付[貢献]する / **màke a decísion** 決定する / **màke a discóvery** 発見する / **màke an éffort** 努力する / **màke one's escápe** うまく逃れる / **màke a fúss (abòut ...)** (... で)大げさに騒ぐ / **màke a guéss** 推測する / **màke ínquiries** 質問する / **màke a jóke** 冗談を言う / **màke a jóurney** 旅行する / **màke a mistáke [an érror]** 間違いをする / **màke a móve** 転居する / **màke a nóte of...** ...を書き留める / **màke an óffer** 申し出る / **màke prógress** 上達する / **màke a propósal [suggéstion]** 提案する / **màke a replý** 返事をする / **màke a requést for...** ...を要請する / **màke a spéech** 演説をする 語法 一般に次の意味特徴がある. (i)努力を伴う 1 回限りの動作, (ii)しばしば動作の内容や結果に重点が置かれる, (iii)単一動詞よりも改まった言い方.

❹ /mèɪk/ (人・物事が)(ある状態)を**生じさせる**, 作り出す, 引き起こす: *make* a hole 穴をあける / Don't *make* so much noise. そんなにうるさく音を立てるな / It will *make* news. それはニュースになるだろう / She's always

making trouble for me. 彼女はいつも私に迷惑をかけてばかりいる《⇒ be² A 1 (3)》.
❺ (人・物事が)(...)を～**にする**; (...)を～に任命する, 選ぶ: The most important thing is to *make* children happy. [V+O+C (形)] いちばん大事なのは子供たちを幸せにすることだ / What *made* you so angry? どうしてそんなに怒ったのですか / I was glad I was able to *make* myself *understood* in English. [V+O (代)+C (過分)] 私は英語が通じたのでうれしかった / Why didn't they *make* Jean chairperson? [V+O+C (名)] 彼らはなぜジーンを議長にしなかったのか.
❻ [使役] (人・物事が)(...)に～**させる**《⇒ have¹ 6; let¹ [類義語]》: I'll *make* him *do* his job at once. [V+O+C (原形)] すぐに彼に仕事をやらせよう / They *made* him *be* good. 彼らは彼を行儀よくさせた / Nothing will *make* her *change* her plans. 何があっても彼女は計画を変えないだろう / Don't *make* me *laugh*! (ばかなことを言って)笑わせないでよ! / Why is the letter B hot? — Because it *makes* oil *boil*. B という文字はなぜ熱いの? —油を沸騰させるから《なぞなぞ; oil に b をつけると boil になるので》.

> [語法] (1) **原形から to 不定詞へ**
> 受身の文にすると原形の代わりに to 不定詞が用いられる: I *was made to* stay there alone. 私は 1 人でそこに残らされた.
> (2) **原形の省略**
> 文脈上明らかな場合は次のように( )内を省略することがある: The boy didn't want to do it, but they *made* him (do it). 少年はそれをやりたくなかったが, 彼らが(それを)やらせた.

❼ (物語・絵・映画などで)(...)を～**と表わす**, (...)を～するという設定で描く: In the painting the boy *made* his house very big. [V+O+C (形)] その絵で少年は自分の家を非常に大きく描いた / The photo *made* him (look) older than he really was. その写真では彼は実際より老けてみえた. [語法] この文の動詞型は look が入れば [V+O+C (原形)], look が省かれれば [V+O+C (形)] となる.
❽ /mèɪk/ (金・財産・名声など)を**得る**, 手に入れる, 作り出す; 〘スポーツ〙(得点・成績)をあげる, (...)に成功する: *make* good money たくさん稼ぐ / He ***made*** $500 ***on*** the sale of a picture. [V+O+*on*+名] 彼は絵を売って 500 ドルもうけた / She *made* a name for herself in literary criticism. 彼女は文芸批評で名を成した / *make* 20 points 20 得点をあげる.
❾ [受身・進行形なし] (総数・総量が)(...)に**なる**; (数えて)(...番目(のもの))である[になる], (...)を構成する; (発達・生長して)(...)に**なる**, (...)であることがわかる; (...)に使える[適する]: Two and three *make* [*makes*] five. 2 足す 3 は 5 になる(2+3 = 5) / Twice three *makes* six. 3 の 2 倍は 6 (2×3 = 6)《⇒ times [日英]》/ Good players do not always *make* good managers. よい選手が常によい監督になるとは限らない / Many small streams *make* a large river. 多くの小さな流れが集まって大きな川となる. ❿ [受身・進行形なし] (乗り物など)に間に合う; Ⓢ (会合など)に出る, 都合をつける; (...)に着く: *make* the deadline [last train] 締め切り[終電]に間に合う / Sorry, I can't *make* the meeting tonight. すみませんが, 今夜の会議には出られません. ⓫ [受身なし]《略式》(...)に(一員として)地位を得る,《主に米》(...の地位)に昇進する; (記事など)に出る: He *made* the team. 彼はそのチームの一員になった / The story *made* the front page. その記事は第一面に載った. ⓬ [受身・進行形なし]《略式》(人・物事)を成功させる; (...)を完全[立派]にする: This novel *made* her. この小説で彼女は成功した. ⓭ [受身なし] (...)を～と見積もる, 算定する; (...)を～と思う: [言い換え] What time do you *make* it? = What do you *make* the time? Ⓢ 今何時(ぐらい)なの?
— 自 進む, 向かって行く《⇒ make for ... 1, make toward ... (句動詞)》.
be máde for ... [動] 他 ...向きにできている, (生まれつき)...に向いている: They *are made for* each other. 2 人はお似合いのカップルだ.
be máde to dó [動] (生まれつき)...する[である]のに向いている: Tom *isn't made to* be a swimmer. トムは(生まれつき)水泳選手には向いていない.
have (gòt) it máde [動] 自《略式》成功したようなものだ, 確実にうまくいく.
máke as ìf to dó [動]《文語》...しようとする(ようなしぐさをする): He *made as if to* hit her. 彼は彼女を殴ろうと(するそぶりを)した.
màke ... dó = màke dó with ... ⇒ do² 成句.
máke it [動] 自 [進行形なし] (1)《略式》うまくいく, 成功する; 危機を切り抜ける, 持ちこたえる: I *made it*! うまくいったぞ, やった! / I'm sure he'll *make it into* college. 彼はきっと大学へ入れるよ / *make it through* the operation 手術を乗り切る. (2) (...に)間に合う (*to*): I took a taxi and just *made it*. 私はタクシーに乗って何とか間に合った. (3) (...に)うまく行き着く: They *made it to* the other side of the river. 彼らは川の反対側にたどり着いた. [語法] make it away [back, down, in, off, out] のように方向を表わす副詞(句)をつけて使える: She *made it up the hill* first. 彼女は丘の上に一番乗りした. (4) Ⓢ (会などに)出る, 都合がつく (*to*): "Jennie, I'm glad you could *make it*." "So am I. Thanks for having me." 「ジェニー, 来られてよかった」「私も. 誘ってくれてありがとう」/ Sorry, I can't *make it* ⌈on Monday [next Monday]. すみません, 月曜[来週の月曜]は都合が悪いんです.
máke it ... [動] [発言の一部を訂正して] Ⓢ ...に変える: A cup of coffee, please. No, *make it* tea. コーヒーを 1 杯ください. いや, 紅茶にしてください.
màke it ⌈bíg [to the tóp] [動] 自《略式》大成功する.
máke or bréak ... [動] 他 ...を成功させるか失敗させるかのどちらかである, ...の命運を左右する.
màke one's **wáy** [動] 自 **進む**, 前進する《⇒ way¹ 成句の囲み》.

> **make の句動詞**
> **màke awáy with ...** 動 他《略式》...を持ち逃げする.
> +**máke for ...** 動 他 ❶ **...の方へ進む**, ...に向かう: We saw the party *making for* the river. その一行が川の方へ進んでいくのが見えた.
> ❷ [進行形なし] **...に役立つ**, 寄与する: Criticism like that doesn't *make for* a good atmosphere. あのような批判ではいい雰囲気は作れない.
> ***máke ... from ～** 動 他 (...)を～**から作る**《⇒ from 6 [語法]》: Bread is *made from* flour. パンは小麦粉で作られる.
> +**máke ... ìnto ～** 動 他 (...)を～**にする**: She *made* her old overcoat *into* a jacket. 彼女は古いコートを

M

ジャケットに作り直した / Grapes are *made into* wine. ぶどうはワインになる / That movie *made* him *into* a star. その映画で彼はスターになった.

máke lìke ... 動 他《米略式》...をまねる, ...になったふりをする; (本心を隠して)...のようにふるまう.

*__máke ... of ～__ 動 他 ❶ (...)を～**で作る**《⇒ of 9 語法》: The bench is *made of* wood. そのベンチは木でできている《⇒ make ... out of ～》.

❷ ～を(...)**にする:** He wants to *make* a baseball player *of* his son. 彼は息子を野球選手にしたがっている. 語法「～を材料にして...を作る, ～を...に変える」という意味から下のような成句が生じた《⇒ make ... out of ～》.

> **成句「make＋名＋of ...」のいろいろ**
> **màke a cléan bréast of ...**をすっかり打ち明ける / **màke an exámple of ...**を見せしめに罰する / **màke an excéption of ...**を特別扱いにする / **màke a fóol of ...**を笑いものにする / **màke a hábit [práctice] of ...**を習慣にする / **màke a méss [hásh] of ...**を台なしにする / **màke a núisance of onesèlf** 人に迷惑をかける / **màke a píg of onesèlf** がつがつ食べる / **màke a sécret of ...**を秘密にする

❸ ～を(...)**と思う**, 理解する**:** What do you *make of* his idea? あなたは彼の考えをどう思いますか / Can you *make* anything *of* what he's saying? あなたは彼の言っていることがわかりますか // ⇒ make nothing of ... (nothing 代 成句). ❹ ～を利用して(...)を得る[成し遂げる]: She wants to *make* something *of* her life. 彼女は人生で何かを成し遂げたいと思っている.

màke óff 動 自《略式》急いで去る, 逃げ去る.

màke óff with ... [動] 他《略式》...を持ち去る, 持ち逃げする, 盗む.

*__màke óut__ 動 他 ❶ [普通は can, could とともに] (...)を(やっと)**見分ける**, 聞き取る, 判読する V+名・代+out / V+out+名: I *could*n't *make out* his name on the card. カードに書いてある彼の名前が判読できなかった.

❷ [しばしば can, could とともに] [受身なし] (...)を**理解する**, (...)がわかる [≒understand]; [普通は否定文で] (人)を見きわめる V+名・代 +out / V+out+名: I *couldn't* ***make out what*** he said. 私は彼の言うことがわからなかった / I just *can't make* you *out*! 私にはあなたが(どういう人か)どうにもわからない / I *can't* ***make out if*** [*whether*] she likes it or not. 彼女がそれを気に入っているかどうかわからない.

❸ (...)を**作り上げる**, 作成する; (申し込み用紙など)に書き入れる V+名・代+out / V+out+名: Can you *make out* a list [bill, check] (*for* me)? リストを作って[請求書を書いて, 小切手を切って]くれませんか. ❹《略式》(...)と言い張る, 言う; (...だ)と見せかける (*that*): She's not as talented as people *make out*. 彼女は人々が言うほど才能があるわけではない / Don't *make* me *out to* be a liar. 私をうそつきのように言わないで.

— 自 ❶ [普通は how の疑問文で]《略式》(何とか)やっていく; (人と)うまくやる: *How* did you *make out* on the exam? 試験はどうだった[うまくやれた]? ❷《略式, 主に米》(人と)いちゃつく (*with*).

*__máke ... òut of ～__ 動 他 (...)を～**から作る;** ～を(...)にする《⇒ make ... of ～ 1, 2》: She *made* a jacket *out of* her old overcoat. 彼女は古いコートでジャケットを作った / The coach decided to *make* a third baseman *out of* Tom. コーチはトムを三塁手として育てることに決めた.

+**màke óver** 動 他 ❶ (...)を(別のものに)**作り直す**, 変える (*into*); (...)のイメージを変える V+名・代+over / V+over+名: The garage has been ***made over into*** a workshop. ガレージは仕事場に改造された. ❷ (...)を(～に)譲る (*to*). (名 mákeòver)

máke towàrd ... 動 他 ...の方へ進む [≒make for ...].

*__màke úp__ 動 他 ❶ (話・言いわけなど)を(即席で)**作り出す**, でっちあげる; (歌詞・音楽など)を作る V+名・代+up / V+up+名: His story is *made up*. 彼の話はでっちあげだ.

❷ [進行形なし] (...)を**構成する**, 編成する; (ある割合)を占める《⇒ be made up of ... (下の成句)》 V+up+名: Eleven players *make up* one football team. 11人の選手でフットボールチームが1つできる.

❸ (...)を**作り上げる**; 作成する**:** *make up* a list 一覧表を作る / She *made up* the package neatly. 彼女はきちんと荷造りをした. ❹ (ベッド・弁当など)を用意する. ❺《英》(注文書・処方箋(せん))に従って用意[調剤]する. ❻ (数・量)を完全にする, 満たす, (必要な量まで)そろえる (*to*): He *made up* the sum we asked for. 彼は我々の求めた金額をそろえた. ❼ (...)を埋め合わせる, 補う; (借金など)を返済する**:** *make up* the loss 損失を埋め合わせる / I have to leave early today, but I'll *make up* the work tomorrow. きょうは早く帰りますがあすその分の埋め合わせをします. ❽ (...)に化粧する; (役者など)を扮装(ふんそう)させる**:** *make* oneself *up* お化粧する. ❾ (衣服・生地)を仕立てる (*into*).

— 自《略式》**仲直りする:** They quarreled, but the next day they kissed and *made up*. 彼らはけんかをしたが翌日キスをして仲直りをした / Why don't you ***make up with*** Tom? トムと仲直りしたらどうなの.

be màde úp of [from] ... [動] 他 **...で構成されている**; ...で作られている**:** How many nations *is* the European Union *made up of*? 欧州連合の加盟国はいくつですか.

be màde úp to ... [動] 自 ...に昇進する.

màke it úp [動] 自《略式, 主に英》仲直りする (*with*).

màke it úp to ... [動] 他《略式》...に対して(迷惑などの)埋め合わせ[償い]をする (*for*).

màke úp for ... [動] 他 **...の埋め合わせをする**, ...を償う, 補う; ...の帳じり[つじつま]を合わせる (*in*) (受身 be made up for): *make up for* one's lack of experience *with* hard work 一生懸命に働いて経験不足を補う / *make up for* lost time 時間の遅れを取り戻す; (今まで)できなかったことを存分にやる.

màke úp one's **mínd** ⇒ mind 名 成句.

màke úp to ... [動] 他《英略式》...に取り入る, へつらう. (名 mákeùp)

— 名 (～s /～s/) ❶ C **型**, 形式, (製造業者を示す)銘柄; 種類《⇒ brand 名 1 語法》: cars of different *makes* いろいろな車種の車. ❷ U 造り, 製作**:** a watch of Swiss *make* = a Swiss *make* of watch スイス製の時計.

on the máke [形・副]《略式》[軽蔑的] 自分の利益[金もうけ]を求めて; セックスの相手を求めて.

make-be·lieve /méɪkbəlìːv/ 名 ❶ U 見せかけ, ふり; 架空. ❷ [形容詞的に] 見せかけの, 偽りの: a *make-believe* friend うわべだけの友人.

make·o·ver /méɪkòʊvɚ | -və/ 名 C 変身, イメージチェンジ; 改造. (動 màke óver)

M

＊＊mak·er /méɪkɚ | -kə/
— 名 (~s /~z/) ❶ C [《英》ではしばしば複数形で] 製造元, メーカー (*of*).
❷ C [普通は合成語で] **製作者, 製造器**; ...を起こす人[もの], ...の原因となる人[もの]: ⇒ peacemaker, coffee maker. 関連 shoemaker 靴製造人 / watchmaker 時計屋 / troublemaker いざこざを起こす人.
❸ [the M-, our M-] 造物主, 神 [≒God].

make·shift /méɪkʃɪft/ 形 当座の間に合わせの.

＊make·up /méɪkʌ̀p/ 名 (~s /~s/) ❶ U **化粧**(品); (俳優などの)メーキャップ, 扮装(ふんそう): She put on her *makeup* quickly. 彼女は手早く化粧をした / She doesn't usually wear much *makeup*. 彼女はふだんはあまり化粧をしない. ❷ [単数形で] 組み立て, 構成, 構造; [所有格の後で] (人の)体質, 性質: the *makeup of* a committee 委員会の構成. ❸ [単数形で] (新聞・本などの)組み方, 割り付け. ❹ C 《米》 再試験, 追試験. (動 màke úp)

＊mak·ing /méɪkɪŋ/ 名 (~s /~z/) ❶ U [しばしば合成語で] **作ること**, 製造: film-*making* 映画製作 / the *making of* furniture 家具の製造. ❷ [the ~] 成功の要因[手段]: Hardships were *the making* of him. 苦労が彼の成功[成長]のもとだった. ❸ [the ~s] 素質: have *the makings* of a great singer 大歌手になる素質がある.

in the máking [形] **製造[作成]中の**; 発達[修業]中の: This model was ten years *in the making*. この型は開発するのに 10 年かかった / nurses *in the making* 看護師の卵.

of ...'s ówn máking [形] (問題などが)自分で招いた: These troubles are all *of your own making*. このトラブルはみな君が自分で招いたものだ.

mal- /mæl/ 接頭 「悪い, 悪く」の意.

Ma·lac·ca /məlǽkə/ 名 固 the Strait of ~ マラッカ海峡《マレーシアと Sumatra 島の間の海峡》.

mal·a·chite /mǽləkàɪt/ 名 U 〘鉱物〙 くじゃく石《装飾用》.

mal·ad·just·ed /mæ̀ləʤʌ́stɪd←/ 形 (情緒障害などで)社会不適応の《⇒ well-adjusted》.

mal·ad·just·ment /mæ̀ləʤʌ́s(t)mənt/ 名 U (社会)不適応.

mal·ad·min·is·tra·tion /mæ̀lədmɪ̀nəstréɪʃən/ 名 U 《格式》 (処理の)不手際; 失政, 悪政.

mal·a·droit /mæ̀lədrɔ́ɪt←/ 形 《格式》 不器用な, 不手際な; 気がきかない [⇔ adroit].

mal·a·dy /mǽlədi/ 名 (-a·dies) C 《格式》 (社会の)病弊, 弊害; 《古語》 病気.

ma·laise /məléɪz, mæ-/ 名 [U または a ~] 〘医学〙 (体の)不快感, 不定愁訴(しゅうそ); 《格式》 社会の沈滞.

ma·lar·i·a /məlé(ə)riə/ 名 U 〘医学〙 マラリア.

ma·lar·i·al /məlé(ə)riəl/ 形 マラリア(性)の; マラリアにかかった; (土地が)マラリアの流行する.

ma·lar·key /məlάɚki | -lάː-/ 名 U 《略式》 意味のない話[こと], でたらめ, ナンセンス.

Ma·la·wi /məlάːwi/ 名 固 マラウイ《アフリカ南東部にある共和国》.

Ma·lay /məléɪ, méɪleɪ | məléɪ/ 形 マレー諸島[半島, 人, 語]の. — 名 C マレー人; U マレー語.

Ma·lay·a /məléɪə/ 名 固 = Malay Peninsula.

Maláy Archipélago 名 固 [the ~] マレー諸島《東南アジア・オーストラリア間の列島》.

Maláy Península 名 固 [the ~] マレー半島 (Malaya)《アジア南東部の半島》.

Ma·lay·si·a /məléɪʒ(i)ə, -ʃə/ 名 固 マレーシア《東南アジアのマレー半島とボルネオ島にまたがる国》.

＋Ma·lay·si·an /məléɪʒ(i)ən, -ʃən | -ziən, -ʒ(i)ən/ 形 **マレーシアの**, マレーシア人の.
— 名 (~s /~z/) C **マレーシア人**.

mal·con·tent /mæ̀lkəntént | mǽlkəntènt/ 名 C 《格式》 [軽蔑的] 不満分子, 反抗者.

Mal·dives /mɔ́ːldiːvz/ 名 固 [the ~] モルジブ《インド洋中北部の島国》.

＊＊male /méɪl/ (同音 mail)
— 形 ❶ (雌に対して)**雄の**; (女性に対して)**男性の**, 男の《略 m, M; ⇒ masculine 語法》 [⇔ female]: a *male* gorilla 雄のゴリラ / a *male* flower 雄花 / *male* colleagues 男性の同僚 / a *male*(-voice) choir 男声合唱団.
❷ 限定 〘機械〙 (部品が)凸型の, 雄の [⇔ female]: a *male* screw 雄ねじ.
— 名 (~s /~z/) C (雌に対して)**雄**; (女性に対して) **男性**, 男《略 m, M; ⇒ female 語法》 [⇔ female].

mále cháuvinism 名 U [軽蔑的] (女性に対する)男性の優越主義, 男尊女卑.

mále cháuvinist 名 C [軽蔑的] 男性優越主義者, 男尊女卑の男性.

ma·lev·o·lence /məlévələns/ 名 U 《格式》 悪意, 敵意.

ma·lev·o·lent /məlévələnt/ 形 《格式》 悪意[敵意]を持った, 意地の悪い.

mal·func·tion /mæ̀lfʌ́ŋ(k)ʃən/ 名 C,U (機械などの)不調, 故障, 誤作動 (*in, of*). — 動 自 (機械などが)正常に動かない, 故障する.

Ma·li /mάːli/ 名 固 マリ《西アフリカの共和国》.

mal·ice /mǽlɪs/ 名 U (積極的な)悪意, 敵意, 恨み: make criticism without *malice* 悪意なしに批判する / bear ... no *malice* = bear no *malice* toward ... ...に敵意を抱いていない.

ma·li·cious /məlíʃəs/ 形 悪意のある, 意地の悪い.
~·**ly** 副 悪意を持って, 意地悪く.

ma·lign /məláɪn/ 動 他 [しばしば受身で] (...)を悪く言う, けなす, 中傷する: The politician *was* much *maligned* by the press. その政治家は新聞でさんざんたたかれた. — 形 《格式》 (影響などが)有害な; (人・行動などが)悪意のある.

ma·lig·nan·cy /məlígnənsi/ 名 (-nan·cies) ❶ 〘医学〙 C 悪性腫瘍(しゅよう); U (病気の)悪性. ❷ U 《格式》 (強い)悪意, 敵意, 激しい憎しみ.

ma·lig·nant /məlígnənt/ 形 ❶ 〘医学〙 (病気・腫瘍が)悪性の [⇔ benign]: a *malignant* tumor 悪性腫瘍. ❷ 限定 《格式》 悪意[敵意]のある.

ma·lin·ger /məlíŋgɚ | -gə/ 動 自 [普通は進行形で] (仕事を怠けるために)仮病を使う.

mall /mɔ́ːl/ 名 C 《主に米》 ショッピングモール (shopping mall)《歩行者専用の商業施設》: go to the *mall* ショッピングモールへ行く.

mal·lard /mǽlɚd | -lɑːd/ 名 (複 ~(s)) C まがも《北半球で最もよく見られるかも》.

mal·le·a·bil·i·ty /mæ̀liəbíləṭi/ 名 U 可鍛性, 展性; 《格式》 順応性, 柔順.

mal·le·a·ble /mǽliəbl/ 形 ❶ (金属が)鍛えられる, 打ち延べられる, 展性の. ❷ 《格式》 (人・性格が)影響されやすい, 柔順な.

mal·let /mǽlət/ 名 C 木づち; 〘スポーツ〙 (ポロ (polo)

M

などの)打球づち.

mal·low /mǽloʊ/ 名 C,U あおい科の植物, ぜにあおい.

mal·nour·ished /mælnə́ːrɪʃt | -nʌ́r-/ 形 栄養不良の, 栄養失調の.

mal·nu·tri·tion /mæln(j)uːtríʃən | -njuː-/ 名 U 栄養不良, 栄養失調.

mal·prac·tice /mælprǽktɪs/ 名 U,C 〘法律〙 (医師の)医療過誤; (弁護士や高官の)不正[背任]行為.

malt /mɔ́ːlt/ 名 ❶ U 麦芽, モルト《ビール・ウイスキーの原料》. ❷ U,C (各種の)モルトウイスキー. ❸ U,C 《米》 = malted milk.

Mal·ta /mɔ́ːltə/ 名 固 マルタ《地中海の Sicily 島南方の島, 共和国》.

malt·ed /mɔ́ːltɪd/ 名 U,C 《米》 = malted milk.

málted mílk 名 U,C 《米》 麦芽飲料.

Mal·tese /mɔ̀ːltíːz←/ 形 マルタの; マルタ人の; マルタ語の. — 名 (複 ~) ❶ C マルタ人; U マルタ語. ❷ C マルチーズ《スパニエル犬の一種》.

mált lìquor 名 U 《米》 モルトリカー《強いビール》.

mal·treat /mæltríːt/ 動 他 [普通は受身で] (...)を虐待する, 酷使する [≒mistreat].

mal·treat·ment /mæltríːtmənt/ 名 U 虐待(する[される]こと), 酷使(する[される]こと).

mal·ware /mǽlweə | -wèə/ 名 U 〘コンピュータ〙 マルウェア《システムやデータに害を与えたり情報を盗み出したりする, 悪意のあるプログラム》.

+**ma·ma** /máːmə, məmáː | məmáː/ 名 (~s /~z/) C 《米小児語・英古風》 **ママ**《⇒ mother 語法 (2)》.

máma's bòy 名 C 《米》 [軽蔑的] 母親っ子, マザコンの息子.

mam·bo /máːmboʊ | mǽm-/ 名 (~s) C,U マンボ《キューバの踊り; その音楽》.

mam·ma /máːmə | məmáː/ 名 C 《米小児語》 = mama.

+**mam·mal** /mǽm(ə)l/ 名 (~s /~z/) C **哺乳(ほにゅう)動物**, 哺乳類.

mam·ma·li·an /məméɪliən/ 形 限定 〘動物〙 哺乳動物[哺乳類]の.

mámmary glànd /mǽməri-/ 名 C 〘解剖〙 乳腺.

mam·mo·gram /mǽməgræ̀m/ 名 C 乳房 X 線写真.

mam·mog·ra·phy /mæmá(ː)grəfi | -mɔ́g-/ 名 U (乳癌(がん)検診の)乳房 X 線撮影(法), マンモグラフィー.

mam·mon /mǽmən/ 名 U 《格式》 (悪の根源・崇拝対象としての)富, 金銭; [M-] マモン《富の神》.

mam·moth /mǽməθ/ 名 C マンモス《太古時代の巨象》; 巨大なもの. — 形 限定 巨大な: a *mammoth* trade surplus 巨大な貿易黒字.

M

*****man** /mǽn/

— 名 (複 men /mén/)

> 意味のチャート
> 元来は「**人**」❷, ❸ の意から「**男**」❶ となった.

❶ C (大人の)男性, **男**: He is not a *man* yet, just a boy. 彼はまだ大人ではない, ほんの子供だ / an old *man* 老人 / a middle-aged *man* 中年の男性 / a *man*'s watch 男性用の腕時計. 関連 woman (大人の)女性 / boy 男の子.

> 語法 女性に対して,「男性《全体》」を表わす場合は冠詞をつけずに単数形にすることもある《⇒ a² 3 語法 (1), the¹ 4 語法 (2)》: Do you think (a) *man* is stronger than (a) woman? あなたは男のほうが女より強いと思いますか.

❷ C 《格式》 [ときに性差別的] (男女の別なく一般に)人; [否定文で] だれも(...でない): A *man* can*not* live without hope. 人は希望なくしては生きていけない / *No man* can go there and come back. だれもそこへ行って帰ってくることはできない.

❸ U [ときに性差別的] 人類, 人間《全体》; (...時代の) 人: modern *man* 現代人 / the worst disaster known to *man* 人類が経験した最悪の惨事 / *Man* is mortal. 人間は必ず死ぬ / How long has *man* existed on the earth? 人類はいつから地球に存在するのだろうか / *Man* proposes, God disposes. 《ことわざ》 人は計画し神は処置する(計画するのは人間だが事の成り行きを決めるのは神である).

> 語法 性差別的表現を避けるため人類全体を表わすときに man や mankind を使う代わりに humans, humankind, human beings, the human race, people などを使う傾向にある.

❹ C [普通は単数形で] 男らしい男, 一人前の男: John acted like a *man*. ジョンは男らしくふるまった / Try to be a *man*. 男らしくしろ. ❺ C ...の人, ...家, ...者. 語法 修飾語, 特に後に「of＋名詞」が続いて特定の業務・仕事・性格などを持つ男性を示す: a gambling *man* ギャンブル好きの人 / a jazz *man* ジャズ演奏家 / a *man of* action 活動家 / a *man of* business 実務家 / a *man of* science 科学者 / a *man of* few words 口数の少ない人 // ⇒ gasman, mailman, repairman. ❻ [単数形で] S (...に)ふさわしい男, 適任者: Tom is the *man for* the job. トムならその仕事にうってつけの男だ / If you want a good English teacher, he is *your* /jʊ́ə | jɔ́ː/ [the /ðíː/] *man*. もしよい英語の教師が必要なら, 彼こそ適任者だ. ❼ C [普通は複数形で] (男の)使用人, 部下, 従業員, 作業員; 兵士: The *men* have been on strike for several weeks. 従業員たちはもう数週間もストライキを続けている. ❽ C 《略式》 夫; 恋人, 愛人, 彼氏. ❾ [男性への呼びかけで] S やあ, きみ, おい; おい, こら《特に興奮しているときに用いる》. ❿ [単数形で; 所有格の後で] S 犯人. ⓫ [単数形で; 所有格の後で] 特派員, 代表(者) (*in, at*). ⓬ C (チェス・チェッカーの)こま.

as óne mán [副] いっせいに; そろって.

be mán enòugh [動] 自 立派で男らしい (*to* do).

be one's **ówn mán** [動] 自 確固たる自分の考えを持つ, 何事にも拘束されない.

évery man for himsélf 《ことわざ》 だれもが他人に頼らずに自分の安全[利益]を図らねばならない.

màke a mán (òut) of ... [動] 他 ...を一人前の男にする.

mán and wífe [名] 《格式》 夫婦《⇒ and 1 語法 (1)》.

mán's bést fríend [名] 犬.

mán to mán [副] [ときに 文修飾] 男同士で率直に(言って), (男と男)一対一[2 人きり]で.

séparate the mén from the bóys [動] 自 《略式》 真に力のある者をはっきりさせる.

the mán on [《英》 in] the stréet [名] 普通の人, 一般市民.

to a mán ＝ to the lást mán [副] 一人残らず; 全員(一致して). (形 1, 4 では mánly)

— 動 (mans /~z/; manned /~d/; man·ning) 他 (...)に人員を配置する; (...)の部署[任務]につく: *man* the cash register レジを担当する. 語法 動詞の man は性差別的表現とされることがあり, 代わりに crew, staff などを用いる傾向にある. — 間《主に米》ああ, まったく《驚き・怒り・失望などを表わす》.

Man /mǽn/ 名 固 the Isle of ~ マン島《アイリッシュ海にある英国保護領》.

-man /mən, mæn/ 接尾 [名詞語尾] (複 -men /mən, mèn/) ❶「...に住む人, ...人」《男性》の意: country*man* 同国人 / Irish*man* アイルランド人. ❷「...に従事[関係]する人」《男性》の意: business*man* 実業家 / police*man* 警官.

> 語法 (1) 単数形の発音が /mən/ のときは複数形の発音も /mən/, 単数形の発音が /mæn/ のときは複数形の発音は /mèn/ が原則.
> (2) 性別を示す語を避けるため, たとえば chairman の代わりに chairperson や単に chair を, policeman の代わりに police officer を使う傾向にある.

man·a·cle /mǽnəkl/ 名 C [普通は複数形で] 手錠; 手かせ, 足かせ.

***man·age** /mǽnɪʤ/ アク

— 動 (man·ag·es /~ɪz/; man·aged /~d/; man·ag·ing) 他

> 意味のチャート
> 「(馬を)手で扱う」の意《⇒ manual キズナ》
> →「うまく操る」❸ →(運営する)→「経営する」❷
> →「...を何とかうまくやる」❶

❶ (...)を何とかやり遂(と)げる, (何とか)うまく...する, ...できる; [こっけいに] お見事にも...をやらかす; 不本意ながら...する: I'll *manage* it somehow. 何とかやってみよう / 言い換え I ***managed to*** get there on time. V+O (to 不定詞) (= I succeeded in getting there on time.) 私は何とか定刻にそこへ着くことができた / We *managed* not *to* catch cold. 私たちはどうにかかぜをひかずにすんだ / She *managed to* annoy everybody. 彼女ときたら見事なまでにだれからもうるさがられた / *manage* a smile = *manage to* smile 無理に笑う.
❷ (事業など)を経営する, 管理する, 運営する [≒run]: She *manages* a shoe store. 彼女は靴屋を経営している / This department store ***is managed by*** Mr. Brown. V+O の受身 このデパートはブラウン氏の経営だ.
❸ (...)をうまく操る[扱う], (馬など)を御する [≒handle]; (感情など)をうまく処理する [≒control]: Can you *manage* this horse? この馬をうまく乗りこなせますか / I can't *manage* even my bicycle well. 私は自分の自転車でさえうまく乗れない / He *is managed by* his daughter. 彼は娘の言いなりになっている. ❹ 首尾よく(...)を行なう[作り出す, 払う, 出席する, 手に入れる]; (時間・金など)をうまく使う, あてる; (時間など)の都合がつく; (食物など)を平らげる. 語法 これは 1 の「manage to+動詞+目的語」から「to+動詞」が省かれた形と見ることができ, 目的語によっていろいろな意味合いになる: *manage* one's time effectively 時間を有効に使う / *manage* a few steps 2,3 歩進む / Can you *manage* next week? 来週なら都合がつきますか / I wish I could *manage* another day off. もう 1 日休みがとれたらなあ / Can you *manage* two more in the car? あと 2 人車に乗せられますか / I think you could *manage* another piece of cake. ケーキをもう 1 ついけるでしょう.
— 自 どうにかやっていく; 事を処理する, やりくりをする: I think I can *manage* (by myself). (ひとりで)何とかできそうです / How can you ***manage on*** such a small income? V+on+名 どうやってそんな少ない収入でやっていけるんですか / We *can't* ***manage without*** her help. V+without+名 私たちは彼女の助けなしにはやっていけない. (名 mánagement)

man·age·a·ble /mǽnɪʤəbl/ 形 扱いやすい, 御しやすい; 意のままになる [⇔ unmanageable].

***man·age·ment** /mǽnɪʤmənt/

— 名 (-ments /-mənts/) ❶ U 経営, 管理, 運営: the *management of* a bank 銀行経営 / a *management* consultant 経営コンサルタント / His business failed because of bad *management*. 経営の仕方が悪かったので彼は事業に失敗した.
❷ C,U [《英》単数形でもときに複数扱い] 経営者側, 経営陣《全体》: middle [senior] *management* 中間[上級]管理職 / Consultations will be held between labor and *management*. 労使間で協議が行なわれるだろう / 「The *management* [*Management*] is [《英》are] considering increasing their wages. 経営者側は彼らの賃上げを検討している / be ***under new management*** (会社などが)経営者が新しくなっている. 関連 labor 労働者側. ❸ U 管理, 処理: crisis *management* 危機管理.
(動 mánage, 形 mànagérial)

***man·ag·er** /mǽnɪʤɚ | -ʤə/ アク

— 名 (~s /~z/) ❶ C 経営者, 支配人, 店長; 部長, 課長; 幹事, 主事; (スポーツチームなどの)監督; (芸能人などの)マネージャー: a sales *manager* 販売部長 / a stage *manager* 舞台監督 / the *manager of* the hotel ホテルの支配人 / the general *manager* 総支配人, 局長. ⚡ a manager of the baseball team は「野球チームの監督」を指す. 英語には日本でいう部活の「マネージャー」に当たる語がない.
❷ C [前に形容詞をつけて] (家計などを)やりくりするのが...の人, 処理が...の人: His wife is a *good* [*bad*] *manager*. 彼の妻はやりくりが上手[下手]だ.
(形 mànagérial)

man·a·ge·ri·al /mæ̀nəʤí(ə)riəl⁻/ 形 ❶ 限定 支配人の, 経営者の, マネージャーの. ❷ 限定 経営(上)の, 管理(上)の. (名 mánager, mánagement)

mán·ag·ing diréctor /mǽnɪʤɪŋ-/ 名 C 専務取締役;《主に英》社長.

man·a·tee /mǽnətìː | mæ̀nətíː/ 名 C マナティー, 海牛《大型の熱帯産草食性水生動物》.

Man·ches·ter /mǽnʧestɚ, -ʧɪs- | -tə/ 名 固 マンチェスター《英国 England 北西部の都市》.

man·da·rin /mǽndərɪn, -drɪn/ 名 ❶ C みかん(蜜柑). ❷ U [M-] (中国の)官話; 標準中国語. ❸ C 高級官僚. ❹ C (昔の中国の)上級官吏.

mándarin órange 名 C = mandarin 1.

+**man·date** /mǽndeɪt/ 名 (man·dates /-deɪts/) ❶ C 《格式》(選挙民が議院[議会]へ与える)権限: The election victory has given the government a ***mandate to*** reform the tax system. +to 不定詞 選挙に勝ったことにより政府は税制改革をする権限を与えられた. ❷ C 《格式》命令, 指図. ❸ C,U 《格式》委任統治権.

M

— 動 他 ❶ [しばしば受身で]《格式》(...)に権限をゆだねる. ❷《格式》(...)を命令[強制]する (*that*).

man·da·to·ry /mǽndətɔ̀ːri | -təri/ 形《格式》強制的な, 必須の (*for*): *mandatory* use of seat belts シートベルトの使用義務(付け).

man·di·ble /mǽndəbl/ 名 C〔解剖〕(哺乳(ほにゅう)動物・魚の)あご, (特に)下あご; (鳥の)下[上]くちばし; (昆虫の)大あご.

man·do·lin /mæ̀ndəlín/ 名 C マンドリン《弦楽器》: play the *mandolin* マンドリンを弾く.

man·drake /mǽndreɪk/ 名 C,U マンドレーク, 恋なす《なす科の有毒植物; その根は人体に似た形で昔, 催眠剤・下剤などに用いられた; ヨーロッパ産》.

man·drill /mǽndrəl/ 名 C マンドリル《西アフリカ産の大ひひ》.

mane /méɪn/ 名 C (馬・ライオンなどの)たてがみ.

man-eat·er /mǽnìːṭə | -tə/ 名 ❶ C 人食い動物《さめ・とら・ライオンなど》. ❷ C [こっけいに] 男をあさる[手玉に取る]女.

Ma·net /mænéɪ | mǽneɪ/ 名 固 **É·douard** /eɪdwáə | -dwáː/ ～ マネ (1832-83)《フランスの画家》.

+**ma·neu·ver,**《英》**ma·noeu·vre** /mən(j)úːvə | -núːvə/ 発音 名 (～s/～z/) ❶ C **巧妙な動作**, 操作: a complex *maneuver* 複雑な操作. ❷ C,U 策略, 策謀, 工作: room for *maneuver* = freedom of *maneuver* 計画[決定]変更の余地. ❸ C〔軍隊〕作戦行動; [複数形で] 大演習, 機動演習: The troops are out *on maneuvers*. 軍隊は大演習に出ている.

— 動 (-neu·vers,《英》-noeu·vres /～z/; -neu·vered,《英》-noeu·vred; -neu·ver·ing,《英》-noeu·vring /-v(ə)rɪŋ/) 自 ❶ [副詞(句)を伴って] (**巧みに)動く**, 位置を変える: She ***maneuvered around*** a large rock. V+前+名 彼女は大きな岩を巧みに避けて通った. ❷ 策略を用いる; 工作する: *maneuver for* position 有利な地位につこうと画策する.

— 他 (...)を巧みに操作する; (...)をうまく操って[計略で]～させる: He *maneuvered* his car *into* a narrow parking space. 彼は車をうまく操って狭いところに駐車した.

〖⇒ manual キズナ〗

ma·neu·ver·a·ble,《英》**ma·noeu·vra·ble** /mən(j)úːv(ə)rəbl | -núː-/ 形 機動力のある; (車などが)操縦しやすい.

man·ful·ly /mǽnfəli/ 副 男らしく, 勇敢に.

man·ga /mǽŋgə/ ≪日本語から≫ 名 U,C 漫画.

man·ga·nese /mǽŋgəniːz/ 名 U〔化学〕マンガン《元素記号 Mn》.

mange /méɪnʤ/ 名 U (動物の)疥癬(かいせん)《皮膚病》.

man·ger /méɪnʤə | -ʤə/ 名 C かいば[まぐさ]おけ. **a dóg in the mánger** [名] 意地の悪い人, ひねくれ者. 由来 自分には食べられないかいばを牛にも食べさせまいとしてかいばおけの中でがんばっていたという「イソップ物語」(Aesop's Fables)の犬から.

man·gle[1] /mǽŋgl/ 動 他 [しばしば受身で] (...)をめった切りにする, 押しつぶす; 台なしにする.

man·gle[2] /mǽŋgl/ 名 C (旧式の洗濯物の)絞り機.

man·go /mǽŋgoʊ/ 名 (～(e)s) C,U マンゴー(の実).

man·grove /mǽŋgròʊv/ 名 C マングローブ, 紅樹林《熱帯の河口・海辺に生じる森林性の樹木》.

mang·y /méɪnʤi/ 形 (mang·i·er; -i·est) (動物が)疥癬(かいせん)にかかった; 不潔な, みすぼらしい.

man·han·dle /mǽnhæ̀ndl/ 動 他 ❶ (重い物)を力ずくで動かす. ❷ (人)を手荒く扱う.

Man·hat·tan /mænhǽtn/ 名 ❶ 固 マンハッタン《米国 New York 市の中心をなす区; 南北に細長い同名の島と周辺の小島から成る》. ❷ U,C [しばしば m-] マンハッタン《ウイスキーと甘口のベルモットの入ったカクテル》.

man·hole /mǽnhòʊl/ 名 C マンホール.

man·hood /mǽnhʊ̀d/ 名 ❶ U 男らしさ《強さ・勇気など》; (男性の)性的能力; [単数形で]《文語》[ときにこっけいに] 男性器: prove one's *manhood* 男らしさ[性的能力]を示す. ❷ U (男性の)成人時代, 成年期, 壮年期; 成人(した男)であること: reach *manhood* 成人する. 関連 womanhood (女性の)成人時代 / childhood 子供時代 / boyhood 少年時代 / girlhood 少女時代. ❸ U《文語》(一国の)成年男子《全体》.

man·hunt /mǽnhʌ̀nt/ 名 C (大規模な)犯人捜査; 指名手配.

ma·ni·a /méɪniə, -njə/ 発音 名 ❶ C,U 熱狂, ...熱; 大流行: baseball *mania* 野球熱 / a *mania for* skydiving スカイダイビング熱. 日英 日本語の「...マニア」《人》に相当するのは enthusiast, maniac. ❷ U,C〔医学〕躁(そう)病. 関連 depression 鬱(うつ)病.

ma·ni·ac /méɪniæ̀k/ 発音 名 ❶ C《略式》無謀な人; 熱狂的愛好者, マニア: a car *maniac* カーマニア. ❷ C〔医学〕躁(そう)病患者.

ma·ni·a·cal /mənáɪək(ə)l/ 形 気の狂った, 狂気の.

man·ic /mǽnɪk/ 形 ❶《略式》興奮した, 熱狂的な; 狂気じみた. ❷〔医学〕躁(そう)病の.

mánic depréssion 名 U〔医学〕躁鬱(そううつ)病.

man·ic-de·pres·sive /mǽnɪkdɪprésɪv←/ 名 C〔医学〕躁鬱病患者. — 形 躁鬱病の.

man·i·cure /mǽnəkjʊ̀ə | -kjʊ̀ə/ 名 C,U 手やつめの手入れ《マッサージ・つめ切り[磨き]など》; マニキュア. 日英 manicure は手やつめの「手入れをすること」を指す. つめに塗る液そのものは nail polish. 関連 pedicure 足の(つめの)手入れ. — 動 (-i·cur·ing /-kjʊ̀(ə)rɪŋ/) 他 ❶ (手・つめ)の手入れをする, マニキュアをする. ❷ (芝生・庭園など)を手入れする. 〖⇒ cure キズナ〗

man·i·cur·ist /mǽnəkjʊ̀(ə)rɪst/ 名 C ネイリスト.

+**man·i·fest** /mǽnəfèst/ 動 他《格式》(感情・態度など)を**明らかに示す**: These values and beliefs *are manifested in* his works. V+O+*in* の受身 これらの価値観や信条は彼の作品にはっきりと表現されている.

mánifest onesèlf [動] 自《格式》(徴候などが)現われる (*in*). (名 mànifestátion)

— 形《格式》(目で見たり, 理性的に考えて)**明白な**, はっきりした(⇒ obvious 類義語): It's a *manifest* injustice. それは明らかな不正だ / His desire to help was ***manifest in*** his actions. +*in*+名 彼の援助したいという気持ちはその行動にはっきりと現われていた.

— 名 C (航空機・船などの)乗客名簿, 積荷目録.

〖⇒ manual キズナ〗

man·i·fes·ta·tion /mæ̀nəfəstéɪʃən/ 名 ❶ C《格式》(明らかに)現われたもの, (...の)表われ: a *manifestation of* ignorance 無知の表われ. ❷ U《格式》明らかにする[示す, なる]こと, 表明: *manifestation of* regret 遺憾の意の表明. (動 mánifèst)

mánifest déstiny 名 U [しばしば M- D-]《格式》自明の運命; 将来必ず起こる出来事.

man·i·fest·ly /mǽnəfèstli/ 副 [ときに 文修飾]《格式》明白に, はっきりと, 明らかに.

+**man·i·fes·to** /mæ̀nəféstoʊ/ ≪イタリア語から≫ 名 (～(e)s) C《格式》(政党などの)**宣言**, 声明; 宣言書, マニフェスト.

man·i·fold /mǽnəfòʊld/ 形《格式》多数の; 種々の; 多方面の.

ma·nil·a /mənílə/ 形 [ときに M-] マニラ紙の《丈夫な茶色の紙》: a *manila* envelope マニラ封筒.

Ma·nil·a /mənílə/ 名 固 マニラ《フィリピンの Luzon 島南部の港市で, 同国の首都》.

+**ma·nip·u·late** /mənípjʊlèɪt/ 動 (-u·lates /-lèɪts/; -u·lat·ed /-lèɪṭɪd/; -u·lat·ing /-lèɪṭɪŋ/) 他 ❶ [悪い意味で] (人)を**巧みに扱う**; (世論・情報など)を**操作する**, ごまかす: We *were* ***manipulated into*** agree*ing* to the plan. V+O+*into*+動名の受身 私たちはその案に同意するようしむけられた / He shamelessly *manipulated* the data to fit his theory. 彼は自分の理論に合うように恥も外聞もなくデータを操作した. ❷ (...)を(手で)巧みに扱う, 操作する.

ma·nip·u·la·tion /mənìpjʊléɪʃən/ 名 ❶ U,C [悪い意味で] (人を)巧みに操ること; (世論・情報などの)操作; ごまかし, 小細工. ❷ U,C 巧みな扱い, 操作.

ma·nip·u·la·tive /mənípjʊlèɪṭɪv/ 形 ❶ [悪い意味で] 人を巧みに操る. ❷ (扱いが)巧みな.

ma·nip·u·la·tor /mənípjʊlèɪṭə | -tə/ 名 C [しばしば悪い意味で] (巧みに)操作する人; ごまかし屋.

man·kind /mænkáɪnd/ 名 U [ときに複数扱い] 人類, 人間《全体; ⇒ man 3 語法》: War is an enemy of *mankind*. 戦争は人類の敵だ.

man·li·ness /mǽnlinəs/ 名 U 男らしさ.

man·ly /mǽnli/ 形 (man·li·er; man·li·est) 男らしい, 雄々しい, 勇ましい; 男性にふさわしい [⇔ unmanly]: *manly* conduct 男らしいふるまい. (名 man 1, 4)

man-made /mǽnméɪd←/ 形 人造の, 人工の [≒ artificial]; 合成の: a *man-made* lake 人造湖 / a *man-made* disaster 人災.

man·na /mǽnə/ 名 ❶ U 〔旧約聖書〕 マナ《昔イスラエル人が Arabia の荒れ野で神から恵まれた食物》. ❷ U (思いがけない)天の恵み.

manned /mǽnd/ 形 (宇宙船などが)人を乗せた, 乗組員のいる [⇔ unmanned]: a *manned* spacecraft 有人宇宙船.

man·ne·quin /mǽnɪkɪn/ 名 C マネキン人形.

man·ner /mǽnə | -nə/ (同音 manor, 《英》 manna)

— 名 (~s /~z/)

> 意味のチャート
> 原義はラテン語で「手で扱う法」の意 (⇒ manual キズナ)
>
> 「方法」❶ → (行動のしかた) → 「**態度**」❷ → (行動の規準) → 「**行儀**」❸
> → (社会生活のやり方) → 「**風習**」❹
> → (特殊なやり方) → 「**流儀**」❺

❶ [単数形で]《格式》**方法, やり方** (⇒ method 類義語): Do it ***in*** this ***manner***. それはこういう方法でやってください / The president's ***manner of*** dealing with conflict was instructive. 大統領の対立への対処のしかたからは得るものが多かった.

❷ [単数形で] (習慣となった, または特徴のある)**態度**, 様子: His *manner* is always formal. あの人はいつも堅苦しい / She said it ***in a*** friendly ***manner***. 彼女は親しみやすい様子でそう言った / I don't like his *manner*. 私は彼の態度が気に入らない.

❸ [複数形で] **行儀**, 作法: She ***has good*** [***no***, ***bad***] ***manners***. 彼女は行儀がよい[悪い] / ***It's bad manners*** to speak with your mouth full. 口に食べ物をいっぱい入れたまましゃべるのは行儀が悪いよ / ***Where are your manners?*** お行儀はどこへいきましたか《子供などをたしなめるときのことば》// ⇒ table manners.

日英 日本語では「マナー」というが, 英語では常に複数形で用いられる.

❹ [複数形で]《格式》**風習**, 習慣, 風俗: the *manners* of today 現代の風習 / I studied Japanese *manners* and customs in the Meiji era. 私は明治時代の日本の風俗習慣を研究した / Other times, other *manners*. 《ことわざ》 時代が変われば風習も変わる.

❺ [the ~]《格式》(ある時代・個人などの)**流儀**, 様式, 手法, 作風 [≒style]: a painting *in the manner of* Raphael ラファエロ風の絵. ❻ [単数形で]《格式》種類 [≒kind]: *all manner of* food [birds] あらゆる種類の食品[鳥] / *What manner of* woman is she? 彼女はどのような女性なのだろうか.

(as [as if]) to the mánner bórn [副]《格式》生まれつきそうであるかのように.

in a mánner of spéaking [副] 文修飾 いわば, 言ってみれば; ある意味では.

man·nered /mǽnəd | -nəd/ 形 ❶ [軽蔑的] (書き方・話し方などが)癖のある; 気取った. ❷ [合成語で] 行儀が...の: a well-*mannered* [bad-*mannered*] child 行儀のよい[悪い]子供.

man·ner·is·m /mǽnərɪzm/ 名 C (言行・身ぶりの)癖, 特徴. 日英 日本語の「マンネリ(ズム)」(型にはまって新鮮味がないこと)はこの語に由来するが, 英語では, その意味では用いない (⇒ rut).

man·nish /mǽnɪʃ/ 形 [普通は悪い意味で] ❶ (女性が)男性のような, 男まさりの, 女性らしくない. ❷ 男性向きの, 男っぽい.

ma·noeu·vra·ble /mən(j)úːv(ə)rəbl | -núː-/ 形《英》= maneuverable.

+**ma·noeu·vre** /mən(j)úːvə | -núːvə/ 名, 動《英》= maneuver.

man-of-war /mǽnəvwɔ́ə | -wɔ́ː/ 名 (複 men-of-war) C 軍艦.

man·or /mǽnə | -nə/ 名 ❶ C (広大な土地付きの)大邸宅. ❷ C 〔英国史〕 (封建時代の)荘園; (領主・貴族の)領地. ❸ C《英略式》(警察の)管轄区域.

man·pow·er /mǽnpàʊə | -pàʊə/ 名 U (軍事・産業などの)有効総人員, 人的資源.

mán·sard (ròof) /mǽnsɑəd- | -sɑːd-/ 名 C 二重勾配(こうばい)屋根.

-man·ship /mənʃɪp/ 接尾 [名詞語尾]「技量, 手腕」の意: sports*manship* スポーツマンシップ.

+**man·sion** /mǽnʃən/ 名 (~s/~z/) ❶ C **大邸宅**, やかた.

> 日英 日本語の「マンション」に当たる英語は《米》apartment, 《英》flat, やや高級な分譲マンションは condominium (《略式》condo) ともいう.

❷ [Mansions として建物名に用いて]《英》...マンション. 〖語源 ラテン語で「住居」の意〗

man-sized /mǽnsàɪzd/ 形 限定 大人の型の; 大人向きの, 大きい《特に広告文で使う》.

man·slaugh·ter /mǽnslɔ̀ːṭə | -tə/ 名 U 〔法律〕 故殺《過失, 一時的激情などにより, 計画的な殺意なく人を死なせること; ⇒ homicide 表》.

man·tel /mǽnṭl/ 名 C《主に米》= mantelpiece.

M

man·tel·piece /mǽntḷpìːs/ 名 C マントルピース, 炉棚《上に装飾品などを飾る; ⇒ fireplace 参考》; 炉の前飾り.

mantis 名 C = praying mantis.

man·tle /mǽntḷ/ 名 ❶ [the ~]《格式》(権威の象徴としての)マント, 責任: assume [take on, wear] *the mantle of* a king 王座に着く. ❷ [a ~]《文語》覆(おお)い, 幕, ふた: *a mantle of* snow 一面の雪. ❸ C (そでなしの)外套(がいとう), マント. ❹ C (ガス灯の)マントル《炎を覆って白熱光を放つ》. ❺ [単数形で]〔地質〕マントル《地殻と地球の核の中間層》. — 動 他《文語》(...)を覆う.

man-to-man /mǽnṭəmǽn⁻/ 形 限定, 副 ❶ (男同士の話し合いなどが)率直な[に], 一対一の[で]. ❷〔スポーツ〕マンツーマンの[で]《各人がそれぞれ相手側の特定の選手について防御する》. 日英 対応・指導などの「マンツーマン」に当たる英語は one-to[on]-one.

man·tra /mǽntrə, mʌ́n-/ 名 ❶ C 瞑想(めいそう)中に繰り返し唱える語句. ❷ C スローガン, モットー.

+**man·u·al** /mǽnjuəl, -njʊl/ 形 [普通は 限定] ❶ (労働などが)**肉体の**, 筋肉の: *manual* labor 肉体労働 / a *manual* worker [laborer] 肉体労働者.
❷ **手の; 手で行なう**, 手作業の, 手動の [⇔ automatic]: *manual* dexterity 手の器用さ / *manual* control 手動制御.
— 名 (~s /~z/) ❶ C (使用)**説明書, マニュアル**, 小冊子; 手引き, 便覧; 教科書: a computer *manual* コンピューターのマニュアル. ❷ C マニュアル車.
on mánual [形・副] (機械などが)手動の[で].
〘語源 ラテン語で「手の」の意〙

単語のキズナ		MAN／手＝hand
manual	(手の) →	手で行なう; マニュアル
manufacture	(手で作ること) →	製造(する)
manage	((馬を)手で扱う) →	経営する
manner	(手で扱う法) →	方法
manuscript	(手で書かれたもの) →	原稿
manifest	(手で触れられる) →	明白な
maneuver	(手で動かすこと) →	策略

mánual álphabet 名 C (聾唖(ろうあ)者用の)指話アルファベット.

man·u·al·ly /mǽnjuəli/ 副 手で, 手先で; 手動で.

*__man·u·fac·ture__ /mæ̀n(j)ʊfǽktʃɚ | -njʊfǽktʃə/ アク 動 (-fac·tures /~z/; -fac·tured /~d/; -fac·tur·ing /-tʃ(ə)rɪŋ/) 他 ❶ (機械を使って)(...)を**製造する**, (大規模に)製作する [≒make]: They *manufacture* cars in that factory. あの工場では車を製造している / This machine *was manufactured* in Germany. V+O の受身 この機械はドイツで製作された. ❷ (話など)を捏造(ねつぞう)する, でっちあげる. ❸〔生理〕(身体が)(物質)を作り出す.
— 名 (~s /~z/) ❶ U (分業による大規模な)**製造**, 製作 (*of*); (ある特殊な)製造工業: steel *manufacture* 製鋼業 / an automobile of domestic [foreign, German] *manufacture* 国産[外国製, ドイツ製]の自動車. ❷ [複数形で] (機械で大量に作られた)製品, 製造品.
〘⇒ manual キズナ, fact キズナ〙

*__man·u·fac·tur·er__ /mæ̀n(j)ʊfǽktʃ(ə)rɚ | -njʊfǽktʃ(ə)rə/ 名 (~s /~z/) C [しばしば複数形で] (大規模な)**製造業者**, メーカー: automobile *manufacturers* 自動車製造業者.

+**man·u·fac·tur·ing** /mæ̀n(j)ʊfǽktʃ(ə)rɪŋ | -njʊ-/ 名 U **製造**, 製造工業.

ma·nure /mən(j)ʊ́ɚ | -njʊ́ə/ 名 U (有機)肥料《動物の排泄(はいせつ)物によるもの; ⇒ fertilizer》.

+**man·u·script** /mǽnjʊskrɪ̀pt/ アク 名 (-u·scripts /-skrɪpts/) ❶ C **原稿**, 草稿《手書きまたはタイプしたもの; 略 MS., ms., 複数形は MSS., mss.》: revise a *manuscript* 原稿に手を入れる. ❷ C 写本《印刷術発明以前の手書きのもの》.
in mánuscript [形・副] 原稿のままの[で].
〘⇒ manual キズナ〙

***man·y /méni/

— 形 (比 more /mɔ́ɚ | mɔ́ː/; 最 most /móʊst/) ✪ more, most についてはそれぞれの項目を参照; 形 の成句は 代 の末尾にまとめて示す.
多くの, 多数の, たくさんの《数の多いことを示す; ⇒ all 形 表》[⇔ few]: I did*n't* take *many* photos. 私は写真をあまりとらなかった / *Not many* people know this. このことを知っている人はあまりいない / Do you have *many* friends in Tokyo? 東京にはお友達がたくさんいますか / *How many* students are there in this classroom? この教室に生徒は何人いますか / The child ate *too many* cookies. その子はクッキーをたくさん食べすぎた / *Many* doctors agree that this is a preventable disease. この病気は予防可能と多くの医師の意見が一致している / He reads *more* books than anyone I know. 彼は私の知っているだれよりも多く本を読む / Mr. Brown won the *most* votes. ブラウン氏が最も多くの票を獲得した.

many (数が多い)	多くの
much (量が多い)	

語法 (1) **many の使い方**
数えられる名詞の複数形とともに用いる《⇒ much 形 語法》: He doesn't have *many* friends. 彼はあまり友達がいない. ✪ His friends aren't *many*. のような用い方(叙述用法)はあまりしない.
(2) **many と a lot of など**
many は主に否定文・疑問文で用いる. 肯定文で many を用いるのは《格式》. so, too, as などに続く場合は普通に用いられる.《略式》では a lot of, lots of, plenty of などを用いる.

— 代《不定代名詞》❶ [複数扱い] **多数, 大勢[多数]の人; 多く[たくさん]の物** [⇔ few]: There are very *many* who wish to see you. あなたに会いたがっている人が大勢いる / ***Many of*** them [the inhabitants] were Italian. 彼ら[住人]の多くはイタリア人だった / How *many* came to the meeting? その会に何人来ましたか / You've given me too *many*. こんなにたくさんいただいてしまって.

語法 (1) この 代 の many は 形 の独立した用法とも考えられるもので, 数えられる名詞の複数形の代わりに用いられ, 複数として扱われる.
(2) **many of... の使い方**
次に定まった人・物を示す複数の代名詞や「the＋名詞」などが来ると of がつく.

M

❷ [the ～]《格式》大多数の人たち, 庶民 [⇔ the few]: If a free society cannot help *the many* who are poor, it cannot save the few who are rich. もし自由社会が多くの貧しい人たちを助けられないのであれば, 富める少数の人たちを救うこともできない《米国大統領ケネディ (Kennedy) のことば》.

a gòod mány [代]《略式》**(かなり)たくさんの人[もの]:** *A good many* were still waiting beside the building. かなりたくさんの人がまだ建物のそばで待っていた. 語法 次に代名詞や「the＋名詞」などが来ると of がつく: *A good many of* the eggs are bad. その卵の中に腐っているものがたくさんある.

a gòod mány ... [形]《略式》**(かなり)たくさんの...,** 相当な数の...: She has *a good many* books. 彼女はかなりたくさんの本を持っている.

a grèat mány [代] **(とても)たくさんの人[もの]:** *A great many* gathered at the scene of the accident. 事故現場にはたくさんの人が集まった. 語法 (1) 次に代名詞や「the＋名詞」などが来ると of がつく: *A great many of* the boys were for the plan. その少年たちの中に計画に賛成するものがたくさんいた. (2) a good many より意味が強い.

a grèat mány ... [形] (とても)たくさんの..., 非常に多くの...: There were *a great many* young girls at the concert. コンサートには若い女の子がたくさん来ていた. 語法 a good many ... より意味が強い.

as mány [代] それと同じ数(のもの).

as mány ... [形] (それと) **同数の...:** She read through five books within *as many* days. 彼女は5冊の本を(それと同数の)5日間で読んだ.

as mány agáin [代] さらに同じ数だけ; 2倍の数: He ate two slices of cake and then said he could eat *as many again*. 彼はケーキを2切れ食べた, そしてさらに(同数の)2切れ食べられると言った.

as màny as ... [形] [数詞を伴って] **...もの(数の):** He wrote *as many as one hundred* books. 彼は100冊もの本を書いた.

as mány as ... (1) **...と同数のもの:** I have *as many as* you. 私はあなたと同じ数持っている. (2) **...するだけの数のもの, ...だけ:** You can have *as many as* you want. 君が欲しいだけあげるよ.

as mány ... as ～ (1) **～と同じ数の...,** ～と同じくらいたくさんの...: John has *as many* ties *as* his father does [has]. ジョンは父親と同じくらいネクタイを持っている / There are half [a quarter, twice] *as many* people in this town *as* in your town. この町にはあなたの町の半分[4分の1, 2倍]の人がいる. (2) **～するだけの数の...:** She works *as many* hours *as* she wants to. 彼女は働きたい分だけの時間働く.

be óne tòo mány [動] ⓐ 一つ[一人]だけ多すぎる; 《略式》よけいである, じゃまである.

have hàd óne tòo mány [動] ⓐ《略式》飲みすぎた, 酔っている.

màny a ... [形]《格式》多くの.... 語法 単数形の名詞を伴い単数として扱われる: *Many a* poet *has* struggled to express the same feeling. 大勢の詩人たちが同じ感情を表現しようと苦心してきた.

Mány's the tíme [dáy, etc.**] (that [when]) ...** 《古風》しばしば...: *Many's the time* (*that*) I've thought of visiting him. 彼を訪ねようとしばしば考えた.

nót as [so] màny ... as ～ ～ほど多くの...はない: I do*n't* have *as many* friends *as* John. 私にはジョンほど大勢の友だちはいない.

só mány [代] (1) **そんなに多くのもの:** You should not take *so many*. そんなにたくさん取ってはいけない. (2) ある一定数: We can make only *so many* an hour. 1時間にはある一定の数しか作れない. (3) [sò màny] いくついくつ: Pears are often sold at *so many* for a dollar. 洋なしはしばしば1ドルでいくつというふうに売られる.

só mány ... [形] (1) **そんなに多くの(数の)...:** I never knew there were *so many* people who go to the beach. 私は海に行く人がそんなに多いとは知らなかった. (2) 同じ数の..., それだけの数の...; ある限られた一定数の...: The boys were climbing the tree like *so many* monkeys. 男の子たちはまるで(同じ数の)猿のように木登りをしていた. 語法 so many は日本語に訳す必要のないことが多い. (3) [sò màny ...] いくついくつの: pack *so many* apples in *so many* boxes いくついくつのりんごをこれこれの数の箱に詰める.

thát màny ... [形]《略式》**そんなに多くの(数の)...:** Does he have *that many* children? 彼にはそんなに大勢子供がいるのですか.

man·y-sid·ed /ménisáɪdɪd←/ 形 多方面にわたる; 多才な, 多芸の.

Mao·ri /máʊri/ 形 マオリ人の; マオリ語の. ― 名 Ⓒ マオリ人《ニュージーランドの先住民》; [the ～] マオリ人《全体》; Ⓤ マオリ語.

Mao Ze·dong /máʊzədɔ́ŋ/, **Mao Tse-tung** /-tsətɔ́ŋ/ 名 固 毛沢東 (1893-1976)《中国の革命政治家; 中国共産党主席 (1945-76)》.

map /mǽp/

― 名 (～s /～s/) ❶ Ⓒ **(1枚の)地図:** a road [street] *map* 道路地図 / a subway *map* 地下鉄路線図 / Could you draw (me) a rough *map of* the way to the station? 駅までの略図を書いてくださいませんか / Look up the town *on* the *map*. その町を地図で探してください / Could you show me where I am *on* this *map*? この地図で現在地を教えていただけませんか / read a *map* 地図を読む[解読する].

map (1枚のもの)	地図
atlas (地図帳)	
chart (海図・航空図など)	

地図をかく

地図をかく
○draw a map
×write a map

❷ Ⓒ 図解: ⇒ weather map.

àll óver the màp [形・副]《米略式》一定しないで, しばしば大きく変化して: Stocks have been *all over the map*. 株は安定していない.

óff the máp [形・副]《略式》(場所が)へんぴな.

pút ... on the máp [動] ⓗ ...を有名にする.

wípe ... òff the máp ⇒ wipe 動 成句.

― 動 (maps; mapped; map·ping) ⓗ ❶ (...)の地図を作る; (...)を地図で表わす;《米》= map out. ❷ (配列など)をつきとめる. **máp óut** [動] ⓗ (...)の(詳細な)計画を立てる [≒plan].

ma·ple /méɪpl/ 名 ❶ Ⓒ かえで, もみじ. ❷ Ⓤ かえで

M

材.

máple lèaf 名 C かえでの葉《カナダの標章で, その国旗はさとうかえで (sugar maple) の葉をかたどったもの》.

máple sýrup 名 U メープルシロップ, かえで糖みつ.

+**mar** /mάɚ | mά:/ 動 (mars; marred; mar·ring /mά:rɪŋ/) 他 [しばしば受身で] (...)を**ひどく傷つける**; 損なう, 台なしにする: The image of the company *was marred by* the incident. V+O の受身 その事件でその会社のイメージは傷つけられた.

+**Mar.** 略 **3月** (March).

+**mar·a·thon** /mǽrəθὰ(:)n | -θən/ アク 名 (~s/~z/) ❶ C **マラソン(競走)**《標準距離は 26 マイル 385 ヤード, 42.195km》: run a *marathon* マラソンを走る[に出る]. ❷ C 持久[忍耐]力が必要な活動[競争]. ❸ [形容詞的に] 延々と続く: a *marathon* debate 延々と続く討論. 〖語源 紀元前 490 年にアテネ (Athens) 軍がマラトン (Marathon) の戦いでペルシャ軍を破り, その勝利を伝えるために伝令がアテネまで約 26 マイル走った故事にちなむ〗

mar·a·thon·er /mǽrəθὰ(:)nɚ | -θənə/, **márathon rùnner** 名 C マラソン走者[選手].

ma·raud·er /mərɔ́:ḍɚ | -də/ 名 C 略奪者.

ma·raud·ing /mərɔ́:ḍɪŋ/ 形 限定 (人・動物が)略奪する.

+**mar·ble** /mάɚbl | mά:-/ 名 (~s /~z/) ❶ U **大理石**; [形容詞的に] 大理石(製)の: a column *in marble* 大理石の柱 / a *marble* tomb 大理石の墓. ❷ C ビー玉《子供のおもちゃ》; [複数形で単数扱い] ビー玉遊び《円の中に置いたビー玉を別のビー玉で円の外へはじき飛ばして遊ぶ》: a game of *marbles* ビー玉遊び / Let's play *marbles*. ビー玉遊びをしよう. ❸ C 大理石の彫刻物.

lóse one's **márbles** [動] 自《略式》[こっけいに] 頭がおかしくなる.

mar·bled /mάɚbld | mά:-/ 形 大理石模様の; 大理石製の.

march** /mάɚʧ | mά:ʧ/ 動 (march·es /~ɪz/; marched /~t/; march·ing) 自 ❶ **行進する**, ねり歩く; 進軍[行軍]する; (...に向かって)デモ行進をする (*on*): The troops ***marched into [***through***] the town. V+前+名 軍隊は町へ[町を]行進した / Quick *march*! 速歩進め!《号令》.

❷ [副詞(句)を伴って] **堂々と歩く**, ずんずん歩く: The woman got angry and *marched away*. その女性は怒って立ち去った. ❸ (時間が)過ぎていく (*on*).

— 他 [副詞(句)を伴って] (人)を(無理やり)歩いていかせる, 連れていく.

— 名 (~·es /~ɪz/) ❶ C (隊を組んだ)**行進**, デモ行進; 行軍: a protest *march* 抗議デモ / go on a *march* デモ行進に参加する / a forced *march* 強行軍.

❷ C **行進距離**, 行進時間; 行程: a *march* of five miles 5 マイルの行進 / two days' *march* 2 日の行程. ❸ [the ~]《格式》進行, 進展; 発達: *the march of* history 歴史の進展. ❹ C〔音楽〕行進曲, マーチ: a wedding *march* 結婚行進曲 / a funeral *march* 葬送行進曲.

on the márch [形・副] 進軍[行進]中で; (着実に)進展して, 発展中で.

stéal a márch on ... [動] 他 ...を出し抜く, ...の機先を制する.

*****March** /mάɚʧ | mά:ʧ/

— 名 (March·es /~ɪz/) U,C **3月**《略 Mar.; ⇒ month 表》: It gets warmer and warmer *in March*. 3 月にはだんだん暖かくなる / My birthday is (*on*) *March* 11. 私の誕生日は 3 月 11 日だ《March 11 は March (the) eleventh と読む; ⇒ date[1] 名 1 語法 囲み》/ in early [mid-, late] *March* 3 月初旬[中旬, 下旬]に / *March* comes in like a lion and goes out like a lamb. 《ことわざ》3 月はライオンのようにやって来て子羊のように去っていく《英国の 3 月は前半は強い風が吹いて天候が荒れ, 後半は穏やかになることをいったもの》.

march·er /mάɚʧɚ | mά:ʧə/ 名 C デモ行進者.

Márch háre 名 C (繁殖の時期を迎えた)3 月のうさぎ《伝統的に頭がおかしいとされる; 「3 月うさぎ」として『不思議の国のアリス』に登場》.

márch·ing bánd /mάɚʧɪŋ- | mά:-/ 名 C マーチングバンド《演奏しながら行進する》.

márching òrders 名 複 ❶《米》命令, 指令. ❷《英略式》解雇通告; 退去命令.

mar·chio·ness /mάɚʃ(ə)nəs | mὰ:ʃənés/ 名 C (英国の)侯爵夫人; 女侯爵 (⇒ peerage 表).

Mar·co Po·lo /mάɚkoupóuloʊ | mά:-/ 名 固 マルコポーロ (1254?-1324?)《イタリアの旅行家; 「東方見聞録」で東アジアをヨーロッパに紹介した》.

Mar·di Gras /mάɚḍigrὰ: | mά:digrά:/ 名 C,U マルディグラ, 懺悔(ざんげ)火曜日(のお祭り)《謝肉祭 (carnival) の最終日》.

mare /méɚ | méə/ 名 C 雌馬, 雌ロバ. 関連 stallion 種馬 / colt 雄の子馬 / filly 雌の子馬.

Mar·ga·ret /mάɚg(ə)rət | mά:-/ 名 固 マーガレット《女性の名; 愛称は Maggie, Margie, May, Meg, または Peggie, Peggy》.

mar·ga·rine /mάɚʤ(ə)rɪn | mὰ:ʤərí:n/ 名 U マーガリン. 関連 butter バター.

mar·ga·ri·ta /mὰɚgərí:ṭə | mὰ:-/ 名 C マルガリータ《テキーラとレモン[ライム]果汁で作るカクテル》.

Mar·gie /mάɚʤi | mά:-/ 名 固 マージー《女性の名; Margaret の愛称》.

***mar·gin** /mάɚʤɪn | mά:-/ 名 (~s /~z/) ❶ C (ページなどの)**余白**, 欄外: narrow [wide] *margins* 狭い[広い]余白 / make notes in the *margin* ページの余白[欄外]に注[メモ]を記す.

❷ C [普通は単数形で] (票数・得点・時間などの)**差**, 開き: ***by a margin of*** 100 votes 100 票の差で / *by* a narrow [wide] *margin* わずかな差[大差]で.

❸ C〔商業〕**利ざや**, マージン (profit margin).

❹ C [普通は単数形で] (時間・空間・経費などの)**余裕**, (誤りなどの発生する)余地; ゆとり: We allowed a *margin* of 15 minutes「for changing [to change] trains. 私たちは列車の乗り換えに 15 分の余裕をみておいた / There was no ***margin for error***. 間違いは許されなかった. ❺ C《文語》縁, 端: on the *margin* of the forest 森のはずれに.

a márgin of érror [名] 許容誤差.

on the márgin(s) [副] (社会などの)周辺で: *on the margins of* society 社会のすみで, 忘れられて.

(形 márginal)

+**mar·gin·al** /mάɚʤɪn(ə)l | mά:-/ 形 ❶ (変化・違いなどが)**わずかな**, 重要でない; (人・集団が)非主流の: a *marginal* effect わずかな効果. ❷ かろうじて収益を生む. ❸《英》(議席・選挙区などが)わずかな得票差で争われる. ❹ 限定 余白の, 欄外の: *marginal* notes 欄外の注.

(名 márgin)

mar·gin·al·ize,《英》**-ise** /mάɚʤ(ɪ)nəlὰɪz | mά:-/ 動 他 (...)を軽視する, 軽んじる.

M

mar·gin·al·ly /máəʤɪnəli | máː-/ 副 わずかに; 《米》やっと, かろうじて.
Ma·ri·a /mərίːə, -ráɪə/ 名 固 マリア, マライア《女性の名》.
Mar·i·an /mǽriən/ 名 固 メアリアン, マリアン《女性の名》.
Már·i·an·a Íslands /mǽriǽnə-/ 名 固 複 [the ~] マリアナ諸島《フィリピン東方の Micronesia の諸島; Guam 島を除き米国の自治領「北マリアナ諸島自治連邦区」を構成》.
Ma·rie /mərίː | mərίː, máːri/ 名 固 マリー《女性の名》.
Ma·rie An·toi·nette /mərίːæ̀ntwənét/ 名 固 マリーアントワネット (1755–93)《フランス王ルイ十六世の妃; フランス革命で処刑された》.
mar·i·gold /mǽrəgòʊld/ 名 C マリゴールド《きく科の一年草; 観賞用》.
mar·i·jua·na /mæ̀rə(h)wáːnə/ 名 U マリファナ, 大麻(たいま)《⇒ pot 5, grass 3》.
Mar·i·lyn /mǽrəlɪn/ 名 固 マリリン《女性の名》.
ma·rim·ba /mərίmbə/ 名 C マリンバ《普通は大型の木琴 (xylophone) に共鳴管がついている》.
ma·ri·na /mərίːnə/ 名 C マリーナ《ヨットやモーターボートなどの係留場》.
mar·i·nade /mæ̀rənéɪd, mǽrənèɪd/ 名 C,U マリネード, マリネ《酢・ワイン・油・香料などを混ぜた漬け汁; 肉・魚などを漬けて下味をつける》. — 動 = marinate.
mar·i·nate /mǽrənèɪt/ 動 他 (肉・魚など)をマリネードに漬ける (*in*). — 自 マリネードに漬かる.
+**ma·rine** /mərίːn/ アク 形 ❶ 限定 **海の**; 海に住む, 海産の: *marine* products 海産物. ❷ 限定 海運業の; 船舶の; 海軍の: *marine* supplies 航海[船舶]用品 / *marine* transportation 海上輸送, 海運.
— 名 ❶ C [ときに M-] 海兵隊員: the Royal *Marines* 英国海兵隊. ❷ [the Marines] = Marine Corps.
Maríne Còrps /-kɔ̀əz | -kɔ̀ːz/ 名 [the ~] 《米》海兵隊.
mar·i·ner /mǽrənə | -nə/ 名 C 《文語》水夫.
mar·i·o·nette /mæ̀riənét/ 名 C 操り人形.
mar·i·tal /mǽrəṭl/ 形 限定 婚姻の; 夫婦(間)の.
márital stàtus 名 U 婚姻の有無《未婚・既婚・離婚などの別》.
mar·i·time /mǽrətàɪm/ 形 ❶ 限定 海の, 海上の, 海運上の: *maritime* law 海上法. ❷ 限定 海岸近くの, 沿海の; 海岸近くに住む: a *maritime* city 臨海都市.

***mark**[1] /máək | máːk/

意味のチャート
元来は「境界(の印)」の意 →「**印(をつける)**」名 ❷, 動 ❶
→「**目印**」名 ❻
→(あとに残る印) →「**跡(を残す)**」名 ❺, 動 ❷ →(目障りな跡) →「**よごれ**」名 ❶
→(目印となる) →「**示す**」動 ❸
→(評価の印) →「**評点**」名 ❹,「**採点する**」動 ❹

— 名 (~s /~s/) ❶ C (物の表面の)**よごれ**, しみ, きず, 斑点(はんてん): Her shoes left dirty *marks* on the floor. 彼女の靴は床によごれた跡をつけた / ink *marks* インクのしみ / a scratch [burn] *mark* ひっかき傷[やけど] / The horse has a white *mark* on its nose. その馬は鼻に白い斑点がある.
❷ C **印, 記号**, 符号, マーク: put [make] a *mark* on an answer sheet 解答用紙に印をつける / punctuation *marks* 句読点 / a question *mark* 疑問符《?》/ quotation *marks* 引用符《" ", ' '》/ The *mark for* plus is + and that *for* minus is −. プラスの記号は+で, マイナスの記号は−だ. 関連 postmark 消印.
❸ [the ~; 数量表現の後で] ...**標準**, 水準: The temperature passed [reached] *the* 40 *degree mark*. 気温は 40 度を超えた[に達した].
❹ C 《主に英》**評点**, 点数《⇒ grade 表》: Her *mark* in English was A. 彼女の英語の点は A だった / She got full [80] *marks* in mathematics. 彼女は数学で満点[80 点]を取った.
❺ C **跡**, 痕跡(こんせき); [普通は単数形で] (気持ち・感情・性質などの)**現われ**, 印, あかし《⇒ sign 類義語》: His hands bear the ***marks of*** hard work. 彼の手には重労働の跡が見える / Please accept this as a *mark of* my respect. 敬意の印としてこれをお受け取りください / Self-control is a *mark of* maturity. 自制心は成熟していることのあかしだ. ❻ C 目印, 目標, 標識; ねらい, 的: a boundary *mark* 境界標 / The arrow hit [missed] its *mark*. 矢は的を射止めた[はずれた]. 関連 landmark (航海者・旅人の)目標 / watermark 水位標.
❼ U [しばしば M- で数字を伴って] (機械などの)型: *Mark* 5 マーク 5.
be òff [wíde of] the márk [動] 自 間違っている; 目的に達しない.
be òn the márk [動] 自 正しい.
be quíck [slów] òff the márk [動] 自 (1) 《略式》飲み込みが速い[遅い]. (2) 《略式》始めるのが早い[遅い]; 動きが速い[遅い].
gíve ... fúll [tóp] márks (for ~) [動] 他 《英》(~の点で)(...)に満点をつける; S (...)をほめそやす.
hít the márk [動] 自 的中する; 成功する.
léave [máke] one's **márk** [動] 自 (1) (...で)有名になる (*on, in, as*). (2) (...に)足跡をとどめる, (...に)感化[影響]を与える (*on*).
míss the márk [動] 自 (1) 的をはずす; 見当違いである. (2) 失敗する.
néar [clóse to] the márk [形] ほぼ正しい.
Òn your márk [《英》 márks], (gèt) sét, gó! [間] 〖スポーツ〗 S 位置について, 用意, どん!
úp to the márk [形・副] [普通は否定文で] 《英》標準に達して.
— 動 (marks /~s/; marked /~t/; mark·ing) 他
❶ (物に)(記号・定価など)の**印をつける**; (...)に**印[記号]をつける**; (...)にスタンプ[刻印]を押す; (...)に(照合の)印をつけて(~であることを)示す: *Mark* the accents in these words. これらの単語のアクセントのある所に印をつけなさい / 言い換え She ***marked*** her initials ***on*** the label. V+O+*on*+名 = She ***marked*** the label ***with*** her initials. V+O+*with*+名 彼女はラベルに自分のイニシャルの印をつけた / The teacher ***marked*** the three pupils (***as***) absent. V+O+C ((*as*+)形) 先生はその 3 人の生徒(の名前)に欠席の印をつけた.
❷ (表面など)に**跡[しみ]をつける**; (...)に(~の)跡を残す: Look how your dirty shoes have *marked* the floor! 見なさい, 床に汚い靴の跡がついてしまった / The shirt ***was marked with*** bloodstains. V+O+*with*+名の受身 シャツには血痕(けっこん)がついていた.
❸ (位置・変化など)を(はっきりと)**示す**, (感情など)を表わす; [しばしば受身で] (...)を特色づける, 際立たせる, (...)を(~として)特徴づける; (年・月などが)(...(の記念日

M

など))に当たる: The event *marked* a change in his life. その出来事があって彼の人生ははっきりと変わった / In his schooldays, he *was* ***marked as*** a loser. V+O+C (as+名)の受身 学生時代に彼は落ちこぼれとレッテルを張られていた / The ceremony *marked* the 80th anniversary of our school. その式典はわが校の 80 周年を記念するものだった.
❹《主に英》(答案など)を**採点する** [《米》grade]; ((競技の)得点)を記録する: *mark* compositions 作文の採点をする. ❺《英》〔スポーツ〕(相手)をマークする.
— 自 ❶ 跡[しみ]がつく, よごれる. ❷ 採点する.

mark の句動詞
márk dówn 動 他 ❶ (...)を書き留める; 《主に英》(...)を(〜と)記す[みなす] (*as*). ❷ (...)を値引きする, 値下げする: These cameras *are marked down* (by) 20%. これらのカメラは 2 割引きだ. ❸《主に英》(...)に低い評価[点数]をつける.
márk óff 動 他 ❶ (...)に区切りをつける, (土地など)を区画する; (...)を(〜から)区別する (*from*). ❷ (リストで)(...)に済みの印をつける.
márk óut 動 他 ❶ (線を引いて)(土地)を**区切る**, 区画する. ❷《主に英》(...)を際立たせる (*as, for*).
márk úp 動 他 (...)を値上げする; (...)に(ある値増し率の)定価をつける.

mark² /máɚk | mά:k/ 名 C マルク《ドイツの旧通貨単位; 略 Mk; ⇒ euro, Deutschmark》.
Mark /máɚk | mά:k/ 名 固 ❶ マーク《男性の名》. ❷ St. /sèɪn(t) | s(ə)n(t)/ 〜 マルコ《新約聖書の第 2 の福音書「マルコ伝」の作者といわれる》.
mark·down /máɚkdàʊn | mά:k-/ 名 C 値下げ.
*__marked__ /máɚkt | mά:kt/ 形 ❶ 限定 **著しい, 目立った:** a *marked* difference 著しい違い. ❷ 限定 (敵などに)目星をつけられている, 注意されている: a *marked* man [woman] (命を)ねらわれている人.
mark·ed·ly /máɚkɪdli | mά:k-/ ✪ ed は /ɪd/ と発音する. 副 著しく, 際立って, 明らかに.
mark·er /máɚkɚ | mά:kə/ 名 ❶ C 目印(となるもの)《本のしおり・旗・道標など》, 印 (*of, for*); 墓標, 墓石; 記念碑. ❷ C 印[記号]をつける道具[人], マーカー. ❸ C (試験・競技などの)採点者.

***__mar·ket__ /máɚkɪt | mά:-/
— 名 (mar·kets /-kɪts/) ❶ C **市**(いち); **市場**(いちば), 市の開かれる広場[建物] (marketplace): a fish *market* 魚市場 / an antiques *market* 骨董(こっとう)市 / buy fruit at the *market* 市場で果物を買う / There is no *market* today. きょうは市は立たない. 関連 black market やみ市場 / flea market のみの市.
❷ U,C **市場**(しじょう), (特定の商品の)**売買**, 取り引き; **販路**, 購買層; 需要; (市場の)売り手と買い手: the housing [property] *market* 住宅[不動産]市場 / the labor [job] *market* 労働市場 / the ***market in*** used cars 中古車市場 / foreign [domestic] *markets* 海外[国内]市場 / There is a good ***market for*** Japanese cars. 日本車の需要は高い. ❸ C = stock market. ❹ C《米》食料品店. 関連 supermarket スーパーマーケット. ❺ C 市況; 市価, 相場 (market price).
be in the márket for ... [動] 他 ...を買う気がある; ...を求めている.
on the márket [副・形] 売りに出て: be *on the* open *market* どこでも[だれでも]買える / put ... *on the market* ...を売り出す.
pláy the márket [動] 自 株をやる.
— 動 (mar·kets /-kɪts/; -ket·ed /-ṭɪd/; -ket·ing /-ṭɪŋ/) 他 (...)を**市場で売る**, 売りに出す, 売り込む (*as*): Various types of air-conditioners *are marketed*. V+O の受身 いろいろな型のエアコンが市販されている.
mar·ket·a·bil·i·ty /mὰɚkɪṭəbíləṭi | mὰ:-/ 名 U 市場性, 売り物になること.
mar·ket·a·ble /máɚkɪṭəbl | mά:-/ 形 市場向きの; 売り物になる.
márket ecónomy 名 C 市場経済.
mar·ke·teer /mὰɚkətíɚ | mὰ:kətíə/ 名 ❶ C (市場の)商人. ❷ C ...市場主義者: a free *marketeer* 自由市場主義者.
márket gárden 名 C《英》= truck farm.
*__mar·ket·ing__ /máɚkɪṭɪŋ | mά:-/ 名 U **マーケティング**, 市場戦略《製造から販売までの市場調査・流通経路・広告などを含む全過程》: a *marketing* campaign マーケティング活動.
mar·ket·place /máɚkɪtplèɪs | mά:-/ 名 ❶ [the 〜] 市場(しじょう); 商業. ❷ C 市(いち)の開かれる広場[建物], 市場(いちば) (market).
márket príce 名 C 市価.
márket resèarch 名 U 市場調査.
+__márket shàre__ 名 U,C **市場シェア**, 市場占有率.
márket vàlue 名 U,C 市場価値.
mark·ing /máɚkɪŋ | mά:k-/ 名 ❶ C [普通は複数形で] マーク, (道路上の)標識; (鳥・動物などの)斑紋(はんもん), 模様, しま. ❷ U 印をつけること; 《主に英》採点(すること).
marks·man /máɚksmən | mά:ks-/ 名 (-men /-mən/) C 射撃[弓]の名人.
marks·man·ship /máɚksmənʃɪp | mά:ks-/ 名 U 射撃の腕前.
Mark Twain /máɚktwéɪn | mά:k-/ 名 固 マークトウェイン (1835-1910)《米国の作家》.
mark·up /máɚkʌ̀p | mά:k-/ 名 C 値上げ; 利幅.
mar·lin /máɚlɪn | mά:-/ 名 C (複 〜, 〜s) まかじき《上あごがやりのように突き出た大きな魚》.
mar·ma·lade /máɚməlèɪd | mά:-/ 名 U,C マーマレード《オレンジ・レモンなどで作るジャム》.
mar·mo·set /máɚməsèt, -zèt | mά:-/ 名 C きぬざる《中南米産》.
mar·mot /máɚmət | mά:-/ 名 C マーモット《woodchuck など, りす科マーモット属の小動物の総称; ⇒ guinea pig》.
ma·roon¹ /mərú:n/ 名 U えび茶色, くり色. — 形 えび茶色の, くり色の.
ma·roon² /mərú:n/ 動 他 [普通は受身で] (人)を(孤島などに)置き去りにする, 孤立(無援に)させる.
mar·quee /mɑɚkí: | mɑ:-/ 名 ❶ C《米》(劇場・ホテルなどの)入り口のひさし《劇場の場合は芝居や映画の題名が掲げられる》. ❷ C《主に英》(野外パーティー・サーカスなどの)大テント. — 形 限定《米》一流の, スターの.
mar·quess /máɚkwɪs | mά:-/ 名 ❶ C (英国の)侯爵《⇒ peerage 表》. ❷ C = marquis.
mar·que·try /máɚkətri | mά:-/ 名 U (家具などの)寄せ木細工, はめ木細工, 木象眼(ぞうがん).
mar·quis /máɚkwɪs | mά:-/ 名 C (英国以外の)侯爵.
mar·quise /mɑɚkí:z | mɑ:-/ 名 C (英国以外の)侯爵夫人; 女侯爵.

M

*__mar·riage__ /mǽrɪʤ/ 発音 名 (mar·riag·es /~ɪz/) ❶ C,U **結婚**, 婚姻; 結婚生活: (an) early [(a) late] *marriage* 早[晩]婚 / an arranged *marriage* 見合い結婚 / a *marriage* feast 婚礼の祝宴, 披露宴 / a child from [by] a previous *marriage* 前夫[先妻]の子 / She has had「an offer of *marriage* [a *marriage* proposal]. 彼女は結婚を申し込まれた / She had a happy *marriage*. 彼女は幸福な結婚をした / Her ***marriage to*** a baseball player didn't last long.彼女の野球選手との結婚は長く続かなかった. 関連 wedding 結婚式 / divorce 離婚. ❷ C 結婚式, 婚礼 [≒wedding]. ❸ C,U (密接な)結合 (*of, between*).

a márriage of convénience [名] 政略結婚; (利害上だけの)結びつき.

by márriage [副·形] 結婚によって[による], 結婚して.
(動 márry)

__mar·riage·a·ble__ /mǽrɪʤəbl/ 形《古風》婚期に達した: *marriageable* age 婚期, お年ごろ.

márriage bùreau 名 C《古風, 英》結婚相談所.

márriage certificate 名 C 結婚証明書.

márriage cóunseling [《英》**guìdance**] 名 U 結婚生活指導.

márriage lìcense 名 C (役所·教会などの)結婚許可証.

*__mar·ried__ /mǽrid/ 形 ❶ (人が)**結婚している**, 妻[夫]のある《略 m, M, m.》 [⇔ unmarried, single]: a *married* couple 夫婦 / Is he *married* or single? 彼は結婚してますか, それとも独身ですか / Tom has been ***married to*** Alice (for) eight years. トムはアリスと結婚して 8 年になる《⇒ for 前 A 5 語法 (1)》/ 言い換え Mr. Black and Miss White ***got married*** last month. = Mr. Black ***got married to*** Miss White last month. ブラック氏はホワイト嬢と先月結婚した. 語法 (1) ×got married with Miss White とは言わない. (2) They got married last month. のほうが They married last month. より普通の言い方《⇒ marry 他 1 語法 (2)》. ❷ 限定 結婚の, 結婚生活の: *married* life 結婚生活 / a woman's *married* name 女性の結婚後の姓.

be márried to ... [動] 他 (1) (人)**と結婚している**《⇒ 1》. (2) ...に没頭している: She is *married to* her work. 彼女は仕事が恋人(のようなもの)だ.

__mar·row__ /mǽroʊ/ 名 ❶ U 骨の髄 (ずい) (bone marrow). ❷ C,U《英》= squash². **to the márrow** [副] 骨の髄まで; すっかり.

***__mar·ry__ /mǽri/

— 動 (mar·ries /~z/; mar·ried /~d/; -ry·ing /-riɪŋ/) 他 ❶ (人)と**結婚する**: He *married* a pretty girl. 彼は美人と結婚した / Will you *marry* me? 私と結婚してくれますか / Grace *married* John. グレースはジョンと結婚した. 語法 (1)🔍「...と結婚する」というときは他動詞; ×married with [to] John とは言わない. (2) この意味では get married to... のほうが普通《⇒ married, wed》. (3) この意味では受身はない; be married (to ...)の married は形容詞で「(...と)結婚している」の意《⇒ married》. 関連 divorce 離婚する.
❷ (人)を(人と)**結婚させる**: He ***married*** his son ***to*** a doctor's daughter. V+O+*to*+名 彼は息子を医者の娘と結婚させた. ❸ (牧師などが) (二人)の結婚式を行なう: They *were married by* a priest. 二人は牧師に結婚式をあげてもらった. ❹《格式》(...)を(~と)結び合わせる, 結合させる (*with, to*).

— 自 **結婚する**; 結婚式をあげる: I *married* young [late]. V+C (形) 私は結婚が早かった[遅かった] / She is not the *marry*ing kind. 彼女は結婚するようなタイプじゃない / The couple *married* in October of 1983. 二人は 1983 年の 10 月に結婚した / *Marry* in haste, (and) repent at leisure.《ことわざ》あわてて結婚, ゆっくり後悔.

márry ìnto ... [動] 他 結婚して...の一員になる.

márry móney [動] 自《略式》金持ちと結婚する.
(名 márriage)

Mars /mάəz | mά:z/ 名 固 ❶ 火星《⇒ planet 挿絵》. ❷〔ローマ神話〕マルス《戦(いくさ)の神; ⇒ god 表, month 表 3 月》.

__Mar·seilles__ /mɑəséɪ, -séɪlz | mɑ:-/ 名 固 マルセーユ《フランス南部の地中海に臨む港市》.

marsh /mάəʃ | mά:ʃ/ 名 C,U 沼地, 湿地. (形 márshy)

+__mar·shal__ /mάəʃəl | mά:-/ (同音 martial) 名 (~s /~z/) ❶ C (英国·フランスなどの)**陸軍元帥**;《英》将官: the *Marshal* of the Royal Air force (英国の)空軍元帥 / an air *marshal*《英》空軍中将. ❷ C (イベントの)運営係, 進行係: the *marshal* of a parade パレードの進行係. ❸ C《米》連邦保安官; (都市の)警察[消防]署長.

— 動 (mar·shals; mar·shaled,《英》mar·shalled; -shal·ing,《英》-shal·ling) 他 ❶ (...)を**(効果的に)配置する**, (考えなど)を整理する; 結集する: He *marshaled* the data effectively to support his inference. 彼は自分の推論を裏付けるためにデータを効果的にまとめた. ❷ (群衆など)をまとめる, 集結させる (*into*).

__Már·shall Íslands__ /mάəʃəl- | mά:-/ 名 固 複 [the ~] マーシャル諸島《西太平洋 Micronesia 東部の群島で共和国を成す》.

mársh gàs 名 U 沼気, メタン [≒methane].

__marsh·land__ /mάəʃlæ̀nd | mά:ʃ-/ 名 U 湿地帯.

__marsh·mal·low__ /mάəʃmæ̀loʊ, -mèl- | mὰ:ʃmǽloʊ/ 名 C,U マシュマロ《柔らかい菓子の一種》.

__marsh·y__ /mάəʃi | mά:-/ 形 (marsh·i·er; marsh·i·est) 沼地の, 湿地の, 沼のような. (名 marsh)

__mar·su·pi·al__ /mɑəsú:piəl | mɑ:s(j)ú:-/ 名 C 有袋動物《コアラ·カンガルーなど》. — 形 限定 有袋(類)の.

mart /mάət | mά:t/ 名 C《主に米》市場(いちば) [≒market]; [M-; 店名に用いて] ...マート.

__mar·ten__ /mάətn | mά:tɪn/ 名 C てん《小型の肉食獣》.

__Mar·tha__ /mάəθə | mά:-/ 名 固 マーサ《女性の名; 愛称は Mattie, Matty》.

+__mar·tial__ /mάəʃəl | mά:-/ (同音 marshal) 形 限定 **軍事の, 戦争の**: a *martial* regime 軍事政権.

mártial árt 名 C [普通は複数形で] (東洋の)格闘技《柔道·空手·剣道など》.

mártial láw 名 U 戒厳令.

__Mar·tian__ /mάəʃən | mά:-/ 名 C 火星人. — 形 限定 火星の; 火星人の.

__mar·tin__ /mάətn | mά:tɪn/ 名 C つばめ科の鳥《いわつばめ·しょうどうつばめなど》.

__Mar·tin__ /mάətn | mά:tɪn/ 名 固 マーティン《男性の名》.

__mar·ti·net__ /mὰəṭənét | mὰ:-/ 名 C《格式》訓練[規律]の厳しい(軍)人.

__mar·ti·ni__ /mɑəṭí:ni | mɑ:-/ 名 C,U マティーニ《ジンまたはウォッカとベルモットで作るカクテル》.

Mártin Lùther Kíng Dày 名 U《米》キング牧師の日《キング牧師の誕生を祝う日; 1 月の第 3 月曜日; 法定休日 (legal holiday); ⇒ holiday 表》.

mar·tyr /máəṭə | máːtə/ 名 ❶ C (キリスト教の)殉教者; (主義・主張のために)殉じた人; 受難者: a Christian *martyr* キリスト教の殉教者 / He died (as) a *martyr to* (the cause of) liberty. 彼は自由のために一身をささげた. ❷ C [しばしば軽蔑的] (同情を期待して)犠牲者ぶる人. ❸ C S (病気などに)ひどく苦しんでいる人 (*to*). ― 動 (-tyr·ing /-ṭərɪŋ/) 他 [普通は受身で] (信仰・主義をとがめて)(人)を殺す; (人)を迫害する.

mar·tyr·dom /máəṭəḍəm | máːtə-/ 名 U 殉教, 殉死; 受難, 苦難(の時期).

mar·vel /máəv(ə)l | máː-/ 動 (mar·vels; mar·veled, 《英》 mar·velled; -vel·ing, 《英》 -vel·ling) 自 (不思議なことに)驚く, 驚嘆する; すばらしいと思う: We *marveled at* his courage. 我々は彼の勇気に驚嘆した. ― 他 (...すること)に驚く; (...)を不思議に思う, 怪しむ: I *marvel that* he is so energetic at his age. 彼があの年でこれほど精力的なことに私は驚いている. ― 名 C すばらしいもの[人], 驚くべきもの[人], 驚異 [≒wonder]; [複数形で] すばらしい結果: the *marvels of* nature 自然の驚異 / The medicine worked [did] *marvels*. その薬はすばらしくよく効いた.
(形 márvelous)

***mar·vel·ous,** 《英》 **-vel·lous** /máəv(ə)ləs | máː-/ 形 ❶ **すばらしい**, すてきな [≒wonderful]: What *marvelous* weather! 何ていい天気!
❷ **驚くべき**, 不思議な, 信じられないような: a *marvelous* invention [discovery] 信じられないような発明[発見].
(名 márvel)
~·ly 副 驚くほど; すばらしく.

Marx /máəks | máːks/ 名 固 Karl /káəl | káːl/ ~ マルクス (1818–83) 《ドイツの社会主義者》.

Marx·is·m /máəksɪzm | máː-/ 名 U マルクス主義.

Marx·ist /máəksɪst | máː-/ 名 C マルクス主義者. ― 形 マルクス主義(者)の.

Mar·y /mé(ə)ri/ 名 固 ❶ メアリー《女性名; 愛称は May, Molly または Polly》. ❷ マリア (Virgin Mary) 《キリストの母; ⇒ Ave Maria, Joseph 2》.

Mar·y·land /mérələnd | méərɪ-/ 名 固 メリーランド 《米国東部の州; 略 Md., 〔郵便〕では MD》. 〖語源 チャールズ 1 世の后マリア (Maria) の名にちなむ〗

mar·zi·pan /máəzɪpæ̀n, -tsɪ- | máːzɪ-/ 名 U マジパン 《アーモンドの粉・卵・砂糖を混ぜた練り粉》.

masc. 略 = masculine.

mas·car·a /mæskǽrə | -káːrə/ 名 U マスカラ.

mas·cot /mǽskɑ(ː)t | -kət/ 名 C (組織・チーム・イベントなどの)マスコット, 縁起のよい人[動物, 物].

mas·cu·line /mǽskjolɪn/ 形 ❶ 男性の, 男の [⇔ feminine]. 語法 male と違って人にだけ用いる: *masculine* beauty 男性美. ❷ 男らしい; (女性が)男性のような, 男まさりの: a *masculine* voice 男のような声. ❸ 〔文法〕 男性の (《略 m., masc.》).

mas·cu·lin·i·ty /mæ̀skjolínəṭi/ 名 U 男性であること, 男らしさ [⇔ femininity].

mash /mǽʃ/ 名 ❶ U もろみ, 麦芽汁 《麦芽と湯とを混ぜたもの; ビールの醸造用》. ❷ U (牛馬の)飼料 《ふすま・ひき割りなどを水でといたもの》. ❸ U 《英略式》 = mashed potato. ― 動 他 (じゃがいもなど)を(ぐしゃぐしゃに)つぶす (*up*).

máshed potáto(es) /mǽʃt-/ 名 U マッシュポテト 《じゃがいもをゆでてつぶしたもの; 米国などでは肉汁 (gravy) をかけて食べることが多い》.

mash·er /mǽʃə | -ʃə/ 名 C (じゃがいもなどの)つぶし器.

***mask** /mǽsk | máːsk/ (同音 masque) 名 (~s /~s/)
❶ C (顔を保護する)**マスク**, 面 (face mask): wear a surgical *mask* 医療用マスクをつけている / a ski *mask* スキーマスク // ⇒ gas mask. ❷ C 仮面, 覆面, 面 《顔を隠すため, または仮面舞踏会 (masquerade) や芝居でかぶる》. ❸ [単数形で] 《格式》 (性格などを)覆(おお)い隠す表情[態度], 見せかけ, 「仮面」: behind the [a] *mask of* ... ...の見せかけの裏に(隠れて), ...を装って: throw off the *mask* 仮面を脱ぎ捨てる, 正体を現わす. ❹ C 美顔用パック.
― 動 他 ❶ (...)を覆う; (本心・感情など)を隠す [⇔ unmask]. ❷ (音・においなど)を消す. ❸ (...)に仮面[マスク]をつける, (...)を仮面で覆う.

masked /mǽskt | máːskt/ 形 ❶ 仮面をかぶった, 覆面の, 変装した. ❷ 隠れた, 覆われた.

másk·ing tàpe /mǽskɪŋ- | máːsk-/ 名 U 保護テープ 《塗装しない部分に塗料がつかないようにはる》.

mas·o·chis·m /mǽsəkɪzm, -zə-/ 名 U マゾヒズム, 被虐性愛 《虐待されて(性的)快感をおぼえること》. 関連 sadism サディズム.

mas·o·chist /mǽsəkɪst/ 名 C マゾ(ヒスト), 被虐性愛者. 関連 sadist サディスト.

mas·o·chis·tic /mæ̀səkístɪk˵/ 形 マゾの, マゾヒズム[マゾヒスト]的な, 被虐性愛の. 関連 sadistic サディズム的な.

ma·son /méɪs(ə)n/ 名 ❶ C 石工, 石屋 (stonemason). ❷ C [M-] = Freemason.

Ma·son·ic /məsɑ́(ː)nɪk | -sɔ́n-/ 形 限定 [ときに m-] フリーメーソン (Freemason) の.

Máson jàr 名 C [しばしば m-] 《米》 メーソンジャー 《果物や野菜保存用の密閉ガラスびん》.

ma·son·ry /méɪs(ə)nri/ 名 ❶ U 石[れんが]工事; 石造[れんが造り]建築(の部分). ❷ U 石工[れんが工]の職[技術]. ❸ U [M-] = Freemasonry.

masque /mǽsk | máːsk/ 名 C 仮面劇(の音楽) 《16–17 世紀に英国の貴族の間で流行した》.

mas·quer·ade /mæ̀skəréɪd/ 名 ❶ C 仮面[仮装]舞踏会. ❷ C 《米》 仮装パーティー. ❸ C,U みせかけ, ふり. ― 動 自 (...と)みせかける, (...の)ふりをする; 仮装する (*as, under*).

***mass¹** /mǽs/ 名 (~·es /~ɪz/) ❶ C (定まった形のない)**大きな塊**: a great *mass of* earth [sand] 巨大な土[砂]の塊.
❷ [a ~ of ... または 《略式》 ~es of ... として] **多数の ..., 多量の...**; 大勢の...: *a* (great) *mass of* garbage 膨大(ぼうだい)な量のごみ / The singer was surrounded by *a mass of* screaming fans. その歌手は大勢のキャーキャー叫ぶファンに囲まれていた / *masses of* people 大勢の人.
❸ [the ~es] **大衆**, 庶民: The government should protect the interests of *the masses*. 政府は庶民の利益を守らなければならない. ❹ U 大きさ, かさ, 量. ❺ U 〔物理〕 質量.
be a máss of ... [動] 他 [名詞の複数形が続いて] ...がいっぱいである, ...だらけだ.
the máss of ... [名] ...の大部分. (形 mássive)
― 形 限定 多数の; 大規模な; 大衆の(ための): *mass* entertainment 大衆娯楽 / (a) *mass* murder 大量殺人 / a *mass* movement 大衆運動 / *mass* media ⇒ media.
― 動 他 (...)をひと塊にする; 一団に集める.
― 自 ひと塊になる; 集合する.

Mass, mass² /mǽs/ 名 ❶ C,U 〔カトリック〕 ミサ《プ

M

ロテスタント教会の Lord's Supper (聖餐(式)式)に相当する》: go to *Mass* ミサに参列する / celebrate [say] *Mass* ミサをあげる. ❷ Ⓒ 〔音楽〕 ミサ曲.

Mass. 略 = Massachusetts.

Mas·sa·chu·setts /mæ̀sətʃúːsɪts←/ 名 固 マサチューセッツ《米国 New England の州; 略 Mass., 〔郵便〕 MA》. 〖語源 北米先住民のことばで「大きな丘で」の意〗

mas·sa·cre /mǽsəkɚ | -kə/ 名 ❶ Ⓒ,Ⓤ 大虐殺 (*of*). ❷ Ⓒ 《略式》 完敗, ボロ負け. ― 動 (-sa·cring /-k(ə)rɪŋ/) 他 ❶ (人・動物)を大量虐殺する, 皆殺しにする. ❷ 《略式》 (人)を完敗させる.

mas·sage /məsɑ́ːʒ | mǽsɑːʒ/ 名 Ⓒ,Ⓤ マッサージ: get a *massage* マッサージを受ける. ― 動 他 ❶ (...)にマッサージをする; (オイルなど)をすり込む (*into*). ❷ (事実・数値など)をごまかす.

masságe pàrlor 名 ❶ Ⓒ マッサージ店. ❷ Ⓒ 性風俗店.

máss communicátion 名 Ⓤ,Ⓒ 大量伝達, 大衆伝達《日本語の「マスコミ」にあたるのは (mass) media》.

mas·seur /mæsə́ː | -sə́ː/ ≪フランス語から≫ 名 Ⓒ マッサージ師《男性》.

mas·seuse /mæsə́ːz/ ≪フランス語から≫ 名 Ⓒ マッサージ師《女性》.

***mas·sive** /mǽsɪv/ 形 ❶ **大きくて重い**, 巨大な, がっしりした, しっかりした, 重厚な: *massive* furniture どっしりした家具 / a *massive* building 巨大な建物 / a *massive* jaw がっしりしたあご. ❷ (量・規模・程度などの)大きい, 強力な; ひどい, 激しい, (病気が)重度の: *massive* efforts 大変な努力. ❸ 《英略式》 すばらしい. (名 mass¹)

～·ly 副 大いに, 大幅に, 大量に; どっしりと.

máss média 名 [the ～] = media 1.

máss nòun 名 Ⓒ 〔文法〕 質量名詞《数えられない名詞で, 物質名詞と抽象名詞を含む; ⇒ **巻末文法** 2. 1 (2)》.

mass-pro·duce /mǽsprəd(j)ùːs | -djùːs/ 動 他 (...)を大量生産する.

máss prodúction 名 Ⓤ 大量生産.

máss tránsit 名 Ⓤ 公共交通機関.

mast /mǽst | mɑ́ːst/ 名 ❶ Ⓒ マスト, 帆柱: climb a *mast* マストに登る. ❷ Ⓒ 真っすぐな柱; 旗ざお; 《英》 (放送用の)鉄塔.

mas·tec·to·my /mæstéktəmi/ 名 (-to·mies) Ⓒ 〔医学〕 乳房切除.

**mas·ter /mǽstɚ | mɑ́ːstə/

― 名 (～s /～z/)

意味のチャート
ラテン語で「支配者」の意
→「**主人**」❷
→ (技を自分のものとした人)
→「**自由に使いこなせる人**」❶ →「**修士**」❸ /「**先生**」❺

❶ Ⓒ **自由に使いこなせる人**, 達人; 名人, 大家: a *master of* [*at* play*ing*] the organ オルガンの名人 / a *master of* the short story 短編小説の名手 / the old *masters* (古典とされる)絵画の巨匠たち.

❷ Ⓒ 《古風》 (男性の)**主人**, 支配者, 雇い主《⇒ servant 参考》; 親方 [⇔ apprentice]; (動物の)**飼い主**; (商船の)船長: He is the *master* of this house. 彼がこの家の主人だ / The dog remembered the voice of his dead *master*. その犬は死んだ飼い主の声を覚えていた. 日英 日本語の「店のマスター」に相当する英語は proprietor または owner. 関連 mistress 女主人 / stationmaster 駅長 / concertmaster 《米》 コンサートマスター.

❸ Ⓒ [普通は M-] **修士**: a *Master* of Arts 文学修士 (略 M.A.) / a *Master* of Science 理学修士 (略 M.S., MSc). 関連 doctor 博士 / bachelor 学士. ❹ Ⓒ (レコードなどの)原盤, (書籍などの)原版, 原本. ❺ Ⓒ 《古風》 男性の教師. ❻ [M-] 《古風》 坊っちゃま《Mr と呼ぶには若すぎる少年に対し使用人が使った敬称》.

a máster of céremonies [名] [しばしば a M- of C-] (バラエティー番組などの)司会者, 進行係 [《米》 emcee] (略 MC).

be (the [a]) máster of ... [動] 他 (状況・感情など)を思い通りにできる《⇒ be (the [a]) mistress of ... (mistress 成句)》; (言語など)に精通している.

(形 másterful, másterly)

― 動 (mas·ters /～z/; mas·tered /～d/; -ter·ing /-tərɪŋ, -trɪŋ/) 他 ❶ (...)に**熟練する**, (...)を(完全に)習得する, マスターする: It is difficult to *master* English in a short period. 短期間で英語を習得するのは難しい. ⚡ 物事は簡単に master できるものではないので, 単に「身につける」というときには learn で十分である. ❷ (感情など)を抑える, 克服する; (...)を支配する, 征服する: He *mastered* his sorrow. 彼は悲しみに打ち勝った.

― 形 ❶ 限定 (腕前の)優れた, 偉大な; 親方の; 熟練した: a *master* touch 名人の一筆 / This is the work of a *master* hand. これは優れた腕前の人の手によるものだ. ❷ 限定 主要な; コピー元の: the original *master* tape マスターテープ, 原本.

máster bédroom 名 Ⓒ 主寝室《(バスルーム付きの)家の中でいちばん大きい寝室; 夫婦用》.

máster còpy 名 Ⓒ = master 4.

mas·ter·ful /mǽstɚf(ə)l | mɑ́ːstə-/ 形 堂々とした, 統率力のある; (行動・判断などが)見事な, 巧みな. (名 máster)

～·ly /-fəli/ 副 堂々と; 見事に.

máster kèy 名 Ⓒ マスターキー, 親鍵(かぎ).

mas·ter·ly /mǽstɚli | mɑ́ːstə-/ 形 名人[大家]らしい; 見事な. (名 máster)

mas·ter·mind /mǽstɚmàɪnd | mɑ́ːstə-/ 名 Ⓒ [普通は単数形で] (複雑な企画などの)立案者; (犯罪などの)首謀者, 黒幕 (*of, behind*). ― 動 他 (活動・犯罪など)を立案指導する.

+**mas·ter·piece** /mǽstɚpìːs | mɑ́ːstə-/ 名 (-piec·es /～ɪz/) ❶ Ⓒ **傑作**, 名作; [所有格の後で単数形で] (個人の)最高傑作: van Gogh's *masterpiece* ゴッホの代表作. ❷ Ⓒ 典型例 (*of*).

máster plán 名 Ⓒ [普通は単数形で] 基本[総合]計画, マスタープラン (*for*).

mas·ter's /mǽstɚz | mɑ́ːs-/ 名 Ⓒ 《略式》 = master's degree.

máster's degrèe 名 Ⓒ 修士号 (*in*).

mas·ter·work /mǽstɚwə̀ːk | mɑ́ːstəwə̀ːk/ 名 Ⓒ = masterpiece.

mas·ter·y /mǽst(ə)ri | mɑ́ːs-/ 名 ❶ Ⓒ 熟達, 精通 (*of*). ❷ Ⓤ 支配, 制御, 統御; 克服: *mastery of* the air [seas] 制空[海]権 / gain *mastery over* fear 不安に打ち勝つ.

mast·head /mǽsthèd | mɑ́ːst-/ 名 ❶ Ⓒ (新聞・雑誌

の)第一面[表紙]の表題[紙名, 誌名]; 《米》(新聞・雑誌の)発行人欄. ❷ Ⓒ マストの先.

mas·ti·cate /mǽstəkèɪt/ 動 他 《格式》(...)を咀嚼(そしゃく)する [≒chew]. ― 自 《格式》咀嚼する.

mas·ti·ca·tion /mæ̀stəkéɪʃən/ 名 Ⓤ 《格式》咀嚼.

mas·tiff /mǽstɪf/ 名 (~s) Ⓒ マスチフ《頑丈な大型番犬; ⇒ dog 挿絵》.

mas·to·don /mǽstədɑ̀(ː)n | -dɔ̀n/ 名 Ⓒ マストドン《新生代第三紀に生存した巨象》.

mas·tur·bate /mǽstəbèɪt | -tə-/ 動 自 マスターベーション[自慰(じい)]をする. ― 他 (人)にマスターベーション[性器愛撫(あいぶ)]をしてやる.

mas·tur·ba·tion /mæ̀stəbéɪʃən | -tə-/ 名 Ⓤ マスターベーション, 自慰, オナニー.

+**mat**[1] /mǽt/ (同音 Matt) 名 (mats /mǽts/) ❶ Ⓒ **マット**, (玄関前の)靴ふき, 畳: a bath *mat* 浴室のマット / Please wipe your shoes on the *mat*. どうぞマットで靴をぬぐってください. ❷ Ⓒ (花びん・グラス・皿などの)敷物, 下敷き; (運動競技用の)マット.

mat[2] /mǽt/ 形 つや消しの, 光沢のない, (写真が)絹目の: a *mat* finish つや消し仕上げ《⇒ gloss[1]》.

mat·a·dor /mǽṭədɔ̀ə | -dɔ̀ː/ 名 Ⓒ 闘牛士, マタドール《最後のとどめを刺す主役》.

match[1] /mǽtʃ/

― 名 (~·es /~ɪz/)

意味のチャート
「似合いの人[物]」❷ → (対等の人) → 「競争相手」❸ → 「試合」❶

❶ Ⓒ **試合, 競技, 勝負** (*against, between*)《⇒ game[1] 2 語法, 3 参考》: We won [lost] the *match* by a score of 6-0 [six to nothing]. 私たちは試合に 6 対 0 のスコアで勝った[負けた]《⇒ zero 語法 (2)》/ a boxing [wrestling] *match* ボクシング[レスリング]の試合 / get into a shouting *match* ののしり合いになる //⇒ return match.

❷ [単数形で] **似合いの人[物]**; 似合いの一対; 対になっているものの片方; (色彩・図案などが)調和のとれたもの; 調和; よく似たもの, 同じ[適合する]もの: They are a good [perfect] *match*. 彼らはまさにお似合いだ / Her hat is a ***match for*** her coat. 彼女の帽子は上着によく合う / 言い換え The carpet and curtains are a good [bad] *match*. (= The carpet and curtains match [don't match] well.) そのじゅうたんとカーテンはうまく調和がとれている[いない]. ❸ [単数形でしばしば所有格とともに] (実力の同じ)競争相手, 好敵手: meet *one's match* 好敵手に出会う / Meg is a good *match for* me. メグなら相手にとって不足はない / Tom is *more than a match for* me. トムは私では相手にならないほど強い / I'm *no match for* you in English. 英語ではとても君にはかなわない. ❹ Ⓒ 《古風》結婚, 縁組 (*for*).

― 動 (match·es /~ɪz/; matched /~t/; match·ing) 他 ❶ (色・模様の点で)(...)と**調和する**, 似合う《⇒ 自 1 の例文》; ...と対になる; (...)を(~と)調和させる, 合わせる: The color of the tie *matches* that of the suit. そのネクタイの色は服の色に合う《⇒ that[1] 代 2》/ She ***matched*** her hat and gloves ***with*** her dress. V+O+*with*+名 彼女は帽子と手袋を服に合わせた.
❷ (...)と**一致[適合]する**, 同じである: Their deeds do not *match* their words. 彼らの言行は一致していない.
❸ (...)を(~と)(**組み)合わせる**, 結びつける: ***match*** the words ***with*** the pictures V+O+*with*+名 単語を絵と結びつける. ❹ (...)に(見)合う, ふさわしい: The curriculum *matches* the needs of all students. カリキュラムはすべての生徒のニーズに見合っている. ❺ (...)と同等[互角]である, (...)に匹敵する[張り合う]: Can anyone *match* him in golf? ゴルフで彼にかなう者がいるだろうか / No country can *match* France *for* good wine. よいワインではフランスに匹敵する国はない. ❻ (...)を(~に)合わせる: *match* one's actions *to* one's words 行動を言っていることに合わせる, 言行を一致させる. ❼ (...)を競争させる; (...)を(~と)比べる: John was *matched against* Dick. ジョンはディックの対戦相手となった.
― 自 ❶ (色・模様の点で)**調和する**, つり合う, 似合う; 対になる: 言い換え These curtains and the wallpaper *match*. (= These curtains *match* the wallpaper.) このカーテンと壁紙はうまく調和する《✪ ×These curtains match to [with] the wallpaper. とは言わない》. ❷ 一致する.

mátch úp [動] 自 (1) 調和する, 一致する (*with*). (2) [普通は否定文で] (期待などに)こたえる (*to*). ― 他 (...)を(~と)組み合わせる, 結びつける (*with*).

match[2] /mǽtʃ/

― 名 (~·es /~ɪz/) Ⓒ (1 本の)**マッチ**: light [strike] a *match* マッチをする / a box of *matches* マッチ 1 箱.
〖語源 元来は「ろうそくのしん」の意〗

match·book /mǽtʃbʊ̀k/ 名 Ⓒ マッチブック《2 つ折りのはぎ取り式紙マッチ》.

match·box /mǽtʃbɑ̀(ː)ks | -bɔ̀ks/ 名 Ⓒ マッチ箱.

match·ing /mǽtʃɪŋ/ 形 限定 (色・外見などが)似合う, つり合う.

match·less /mǽtʃləs/ 形 無比の.

match·mak·er /mǽtʃmèɪkə | -kə/ 名 Ⓒ 結婚の世話をする人; 仲人(なこうど).

match·mak·ing /mǽtʃmèɪkɪŋ/ 名 Ⓤ 結婚の世話[仲立ち].

mátch pòint 名 C,U (テニスなどの)マッチポイント《⇒ game point, game[1] 3 参考》.

match·stick /mǽtʃstɪk/ 名 Ⓒ マッチ棒.

+**mate** /méɪt/ 名 (mates /méɪts/) ❶ Ⓒ [しばしば合成語で] (同じ仕事などをする)**仲間**, 相棒; 《英略式》友だち《⇒ friend 類義語》; [主に仕事仲間の呼びかけで] 兄弟, 相棒 //⇒ classmate, teammate.
❷ Ⓒ (鳥・動物の)**つがいの片方**《雄または雌》; 《略式, 主に米》配偶者の一方《夫または妻》, 連れ合い: find [lose] a *mate* つがいの相手を見つける[失う]. ❸ Ⓒ 《米》(対になっているものの)一方: the *mate to* this shoe [glove] この靴[手袋]の片方.
― 動 自 (動物が)つがう (*with*): the *mating* season 交尾期. ― 他 (動物)をつがわせる (*with, to*).

ma·te·ri·al /mətí(ə)riəl/ 発音

― 名 (~s /~z/) ❶ C,U **原料, 材料**, 素材; U,C (衣類などの)生地; 物質: building *materials* 建築材料[資材] / raw *materials* 原料 / What *material* is this shirt made of? このシャツの素材は何ですか / There is enough *material* for two suits. スーツ 2 着分の生地がある / waste *material* 廃(棄)物.
❷ C,U [しばしば複数形で] **用具**, 道具: teaching *material(s)* 教材 //⇒ writing materials.
❸ Ⓤ **資料**, 題材: collect (the) ***material for*** a novel 小説の題材を集める. ❹ Ⓤ [前に任務・職を表わす名

詞を伴って] 人材, ...向きの人.
— 形 ❶ 限定 [比較なし] **物質の, 物質的な**; 肉体的な [⇔ spiritual]; 具体的な: *material* civilization 物質文明 / *material* life 物質的な暮らし / *material* needs 物質的な必要品《食物・住居など》. ❷《格式》重要な, 大切な [⇔ immaterial]: *material* evidence〔法律〕重要な証拠; 物的証拠(品) / His data are *material to* our project. 彼のデータは我々の計画には欠かせない. (動 matérialize)
〖語源 matter と同語源〗

ma·te·ri·al·is·m /mətí(ə)riəlìzm/ 名 ❶ U [軽蔑的] 物質本位の考え方, 物質[実利]主義. ❷ U〔哲学〕唯物論; 唯物主義 [⇔ idealism].

ma·te·ri·al·ist /mətí(ə)riəlɪst/ 名 ❶ C 物質[実利]主義者. ❷ C 唯物論者. — 形 唯物主義[論]的な.

ma·te·ri·al·is·tic /mətì(ə)riəlístɪk←/ 形 [軽蔑的] 物質[実利]主義的な.

ma·te·ri·a·li·za·tion /mətì(ə)riəlɪzéɪʃən | -laɪz-/ 名 U 具体化, 実現, 具現.

ma·te·ri·a·lize /mətí(ə)riəlàɪz/ 動 自 ❶ [しばしば否定文で] (願望・計画・予期した事などが)実現[具体化]する, 現実となる. ❷ 急に現われる. (形 matérial)

ma·te·ri·al·ly /mətí(ə)riəli/ 副 ❶《格式》実質的に; 大いに, 著しく. ❷ [ときに 文修飾] 物質的に(は), 金銭面で(は).

matérial nóun 名 C〔文法〕物質名詞《⇒ **巻末文法** 2. 1 (2)》.

ma·té·ri·el,《米》**ma·te·ri·el** /mətì(ə)riél/ ≪フランス語から≫ 名 U (軍隊の)備品, 軍需品.

ma·ter·nal /mətə́ːn(ə)l | -tə́ː-/ 形 ❶ 母の; 母らしい: *maternal* love 母性愛 / *maternal* instincts 母性本能. ❷ 限定 母方の: my *maternal* grandmother 母方の祖母. 関連 paternal 父(方)の. **-nal·ly** /-nəli/ 副 母親らしく, 母のように.

ma·ter·ni·ty /mətə́ːnəṭi | -tə́ː-/ 名 U 母である[になる]こと; 母性. 関連 paternity 父性. — 形 限定 妊産婦の(ための): *maternity* clothes 妊婦服, マタニティーウェア.

matérnity lèave 名 U 産休.

matérnity wàrd 名 C 産科病棟.

mat·ey /méɪṭi/ 形 (mat·i·er; -i·est)《英略式》なれなれしい, 親しい (*with*). — 名 [男同士の呼びかけで]《英略式》おい, 相棒.

+**math** /mǽθ/ 名 U《米略式》**数学** (mathematics) [《英略式》maths]: Bob is good at *math*. ボブは数学が得意だ.

+**math·e·mat·i·cal** /mæ̀θəmǽṭɪk(ə)l←/ 形 ❶ 限定 **数学の**; 数理的な: a *mathematical* problem [genius] 数学の問題[天才]. ❷ 限定 (非常に)正確な [≒exact]. (名 màthemátics)
-cal·ly /-kəli/ 副 [ときに 文修飾] 数学的に(は).

math·e·ma·ti·cian /mæ̀θəmətíʃən/ 名 C 数学者.

+**math·e·mat·ics** /mæ̀θəmǽṭɪks/ アク 名 U **数学** [《米略式》math,《英略式》maths]; [ときに複数扱い] 計算, 数学的処理. 関連 arithmetic 算数 / algebra 代数 / geometry 幾何学. (形 màthemátical)

+**maths** /mǽθs/ 名 U《英略式》= mathematics.

Ma·til·da /mətíldə/ 名 固 マチルダ《女性の名; 愛称は Mattie, Matty または Maud》.

mat·i·nee, mat·i·née /mæ̀ṭənéɪ | mǽtɪnèɪ/ ≪フランス語から≫ 名 C〔演劇〕昼間興行, マチネー.

ma·tri·arch /méɪtriàək | -àːk/ 名 C 女族長, 女家長. 関連 patriarch 族長.

ma·tri·ar·chal /mèɪtriáək(ə)l | -áː-←/ 形 女族長[家長](制)の; (社会・集団などが)女性支配の.

ma·tri·ar·chy /méɪtriàəki | -àː-/ 名 (-ar·chies) C,U 女族長制, 女家長制; 女性支配(の社会). 関連 patriarchy 男性支配.

matrices 名 matrix の複数形.

mat·ri·cide /mǽtrəsàɪd/ 名 U,C《格式》母殺し《行為》. 関連 patricide 父殺し / parricide 親[近親]殺し.

ma·tric·u·late /mətríkjʊlèɪt/ 動 自《格式》(大学[《米》学校]に)入学する (*at, in*).

ma·tric·u·la·tion /mətrìkjʊléɪʃən/ 名 U《格式》(大学)入学(許可).

mat·ri·mo·ni·al /mæ̀trəmóʊniəl←/ 形 限定《格式》結婚の, 結婚に関する; 夫婦間の.

mat·ri·mo·ny /mǽtrəmòʊni | -məni/ 名 U《格式》結婚, 婚姻; 夫婦関係, 結婚生活.

ma·trix /méɪtrɪks/ 名 (複 **ma·tri·ces** /méɪtrəsìːz/, ~·es) ❶ C 網(目)状のもの;〔数学〕行列, マトリックス. ❷ C〔コンピュータ〕マトリックス《入力・出力導線の回路網》. ❸ C《格式》母体, 発生源;〔生物〕細胞間質. ❹ C《格式》母型, 鋳型. ❺ C〔地質〕母岩《宝石・鉱物などを含んでいる》.

ma·tron /méɪtrən/ 名 ❶ C《文語》(年配の)既婚女性. ❷ C《英》寮母;《米》女性看守;《英古風》看護師長《女性》. **a mátron of hónor** [名] 花嫁介添役の既婚女性.

ma·tron·ly /méɪtrənli/ 形 [遠回しに] (中年の女性が)太めの, 貫禄(かんろく)のある.

matt /mǽt/ 形 = mat².

Matt /mǽt/ 名 固 マット《男性の名; Matthew の愛称》.

matte /mǽt/ 形 = mat².

mat·ted /mǽṭɪd/ 形 (髪などが)もつれた (*with*).

***mat·ter** /mǽṭə | -tə/

意味のチャート
「物質」❺《⇒ 語源》→ (物)
→ (物の内容) → 「事柄」❶, 「事情」❸ → (釈明を要する事柄) → 「困ったこと」❷ → (問題になる) → 「重要である」動
→ 「印刷物」❹

— 名 (~s /~z/) ❶ C **事柄, 問題, 事件:** There are several *matters* to discuss at the next meeting. 次の会議で話し合わなければならない問題がいくつかある / It is a *matter for* the government. それは政府の(対処すべき)問題だ / a *matter of* great concern to the public 大衆にとって大変関心のあること / the *matter in* [*at*] *hand* 当面の問題 / It's *no easy matter*. 全く容易ではない事柄だ / 言い換え That is ⌈quite another *matter* [another *matter* altogether]. = That is quite a different *matter*. それは全く別の問題だ.
❷ [the ~] S 困ったこと, 面倒なこと, 故障, 事故: 言い換え What's *the matter with* your finger? = Is (there) something [anything] *the matter with* your finger? 指をどうかしたの? / ⌈Something's [There's something] *the matter with* his hand. 彼は手の具合がおかしいようだ / ⌈Nothing's [There's nothing] *the matter with* your stomach. あなたの胃は何も問題ありません / "What's *the matter* (*with* you)?" "Nothing." 「一体どうしたの」「別に何でもないよ」 語法 with you がつくと「どうしてそんなに様子がおかしいの」と非難する

M

気持ちが含まれる.
❸ [複数形で] (漠然と)**事情**, 事態: What you said ***didn't help matters***. 君の発言は事態を悪くしただけだ / We took *matters* seriously [easy]. 我々は事態を深刻[安易]に受け止めた / *Matters* are quite different now. 事情は今では全く違っている.
❹ /mǽṭɚ | -tə/ Ⓤ **印刷物**, 郵便物: reading *matter* 読み物 //⇒ printed matter.
❺ Ⓤ [修飾語を伴って] 《格式》 **物質**; ...質, ...体, ...物: living *matter* 生体 / inorganic [organic] *matter* 無[有]機物 / solid *matter* 固体 / vegetable *matter* 植物質 / waste *matter* 廃(棄)物. ❻ Ⓤ 《格式》 (書物・演説などの)内容. 関連 subject matter 主題.
a mátter of ... (1) **...の問題**: *a matter of* life and [or] death 死活問題 / *a matter of* opinion 見解の分かれる[異論のありうる]問題 / It's (only [just]) *a matter of* time before [until] he is arrested. 彼が逮捕されるのも(まさに)時間の問題だ / It's simply *a* ***matter of*** tell***ing*** him to do it. それはただ彼にそうしろと言えばすむ事だ //⇒ a matter of course (course 成句), as a matter of fact (fact 成句). (2) (時間などが)わずか[ほんの]...だけ(の間): in *a matter of* days ほんの数日で.
for thát màtter [副] つなぎ語 Ⓢ (いや)そう言えば[それを言うなら]また, (そのことでは)同じように: This dictionary is very useful to students, and, *for that matter*, to teachers. この辞書は学生に非常に役に立つ, また教師にとっても同様だ.
Nò mátter! Ⓢ 大したことではない, 心配しないで.
nò mátter the ... [副] [名詞を伴って] ...がどうあろうと: *No matter the* weather, we played soccer every Sunday. 私たちは日曜にはいつも天候にかかわらずサッカーをした. ✪ No matter what the weather was (like), ... ともいえる.
nò mátter whát [副] Ⓢ どんなことがあっても, 何としても: I'll finish by tomorrow, *no matter what*. 何としても, 明日までには仕上げるよ.
nò mátter whát [whích, whó, whére, whén, hów] ... [副] **たとえ何[どれ, だれ, どこ, いつ, いかに]...でも** [≒whatever, whichever, whoever, wherever, whenever, however]: Don't trust him, *no matter what* he says [*may* say]. たとえ彼が何と言っても信用するな / We are all citizens of the world, *no matter where* we *may* be. 私たちはどこにいようともみな世界の市民だ / 言い換え *No matter how* fast you (*may*) run, you won't catch up with him. (= However fast you (may) run, you won't catch up with him.) どんなに速く走っても彼には追いつかないだろう.
tàke mátters ìnto one's **ówn hánds** [動] ⓐ 自分でやってしまう, 自ら対処する.
to màke mátters wórse ⇒ worse 形 成句.
— 動 (**mat·ters** /~z/; **mat·tered** /~d/; **-ter·ing** /-ṭərɪŋ, -trɪŋ/) ⓐ [進行形なし] **重要である**, **重大である**; (重要なので)問題となる: Money ***matters a lot to*** most people. V+副+*to*+名 金はたいていの人にとってとても大事だ. 語法 しばしば it を主語にして否定文または疑問文に用いる: ***It*** does***n't matter how*** long we live, but *how*. 大切なのはどれだけ長く生きるかではなく, いかに生きるかだ 多用 / *It matters little to* me *what* you do or *where* you go. あなたが何をしようとどこへ行こうと僕には関係ない / *It* does*n't matter whether* it rains *or not*. 雨が降ろうと降るまいとかまわない《⇒ whether 2 語法 (2)》 / Don't worry. *It* does*n't matter*. Ⓢ 心配しないで. 大したことじゃないから / *What* does *it matter* (*to* you)? Ⓢ = I can't see that *it matters* (to you). それが(あなたにとって)どうしたというの(かまわないじゃないか)《⇒ what¹ 副 語法, **巻末文法 13. 6**》 / Beer or whisky? *It doesn't matter*. Ⓢ ビールかウィスキーかって? どっちでもいいよ / "Did I disturb you?" "Oh, *it doesn't matter*." 「おじゃまでしたか」「いや, かまわないよ」
〖語源 ラテン語で「物質」の意; material と同語源〗
Mat·ter·horn /mǽṭɚhɔ̀ɚn | -təhɔ̀:n/ 名 固 [the ~] マッターホルン《スイスとイタリアの国境にある Alps の山 (4478 m)》.
mat·ter-of-fact /mǽṭərə(v)fǽkt⁻/ 形 (感情や憶測を加えずに)事務的な, 感情を交えない, 冷静な (*about*). **~·ly** 副 事務的に.
Mat·thew /mǽθju:/ 名 固 ❶ マシュー《男性の名; 愛称は Matt, Mattie または Matty》. ❷ St. /sèɪn(t) | s(ə)n(t)/ ~ マタイ《キリストの弟子; 新約聖書の第 1 福音書「マタイ伝」の作者とされる》.
Mat·tie /mǽṭi/ 名 固 = Matty.
mat·ting /mǽṭɪŋ/ 名 Ⓤ マット材料; マット《全体》.
mat·tress /mǽtrəs/ 名 Ⓒ マットレス《⇒ bed 1; bedroom 挿絵》.
Mat·ty /mǽṭi/ 名 固 ❶ マティー《女性の名; Martha または Matilda の愛称》. ❷ マティー《男性の名; Matthew の愛称》.
mat·u·ra·tion /mæ̀tʃʊréɪʃən/ 名 Ⓤ 《格式》 熟成(期); 成熟(期), 円熟(期). (動 matúre)
+**ma·ture** /mət(j)ʊ́ɚ, -tʃʊ́ɚ | -tjʊ́ə, -tʃʊ́ə/ ❗アク 形 (more ~, **ma·tur·er** /-t(j)ʊ́(ə)rɚ, -tʃʊ́(ə)rɚ | -tjʊ́ərə, -tʃʊ́ərə/; most ~, **ma·tur·est** /-rɪst/) ❶ (子供・若者)が(精神的に)**成熟した**, 分別のある, 大人びた; (人・動物・樹木が)**十分に発達[成長]した** [⇔ immature]; (人・作品が)円熟した: She is pretty *mature* for her age. 彼女は年齢の割にはかなり大人だ / a *mature* thinker 円熟した思想家 / her most *mature* work 彼女の最も円熟した作品 / Fifty is a *mature* age. 50 歳は分別盛りの年齢だ.
❷ **熟した**; (チーズ・ワインなどが)熟成した《⇒ ripe 類義語》 [⇔ immature]: *mature* wine 熟成したワイン. ❸ 《丁寧》 [ときにこっけいに] 熟年の, 中年の [≒ middle-aged]: a woman of *mature* years 熟年の女性. ❹ 限定 《格式》 十分考慮した, 熟慮した: on [after] *mature* consideration 十分考慮したうえで. ❺ 〖商業〗 (保険などが)満期で. (名 matúrity)
— 動 (**ma·tures** /~z/; **ma·tured** /~d/; **ma·turing** /-t(j)ʊ́(ə)rɪŋ, -tʃʊ́(ə)r- | -tjʊ́ər-, -tʃʊ́ər-/) ⓐ ❶ **成熟する**, 大人になる, 円熟する; (チーズ・ワインなどが)熟成する: She has ***matured into*** a sensible young woman. V+*into*+名 彼女はしっかりした若い女性に成長した. ❷ 〖商業〗 (保険などが)満期になる.
— ⓣ (ワインなど)を熟成させる. (名 màturátion)
matúre stúdent 名 Ⓒ 《英》 成人学生《25 歳以上で入学する大学生》.
+**ma·tu·ri·ty** /mət(j)ʊ́(ə)rəṭi, -tʃʊ́(ə)r- | -tjʊ́ər-, -tʃʊ́ər-/ 名 ❶ Ⓤ **成熟**, 大人びていること, 円熟; 十分な成長; 円熟期 [⇔ immaturity]: reach *maturity* 成熟する / have the ***maturity to*** make the proper decision +*to* 不定詞 適切な決断ができるだけの分別がある. ❷ Ⓤ 〖商業〗 (保険などの)満期. (形 matúre)
ma·tzo(h) /mɑ́:tsə, -tsoʊ | mɔ́ts-/ 名 Ⓒ,Ⓤ マツォー《ユダヤ人が過ぎ越しの祝い (Passover) に食べる平たいパン》.

M

Maud /mɔ́:d/ 名 固 モード《女性の名; Matilda の愛称》.

maud·lin /mɔ́:dlɪn/ 形 (特に酔って)涙もろい, めそめそする; (歌・本・映画などが)感傷的な.

Maugham /mɔ́:m/ 名 固 William Som·er·set /sʌ́məsèt | -mə-/ ～ モーム (1874-1965)《英国の作家》.

maul /mɔ́:l/ 動 他 ❶ (動物が)(...)を引っかいて傷つける, 切り裂く. ❷ (...)を酷評する. ❸《略式》(試合などで)(...)を簡単に倒す. ❹ (女性)の体にみだりにさわる.

maul·ing /mɔ́:lɪŋ/ 名 [a ～] 酷評.

maun·der /mɔ́:ndɚ | -də/ 動 (-der·ing /-dərɪŋ, -drɪŋ/) 自《英》だらだら話す; ぶつぶついう (*on*).

Máun·dy Thúrsday /mɔ́:ndi-/ 名 U 洗足木曜日《復活祭の前の木曜日》.

Mau·rice /mɔ́:rɪs, mɔ:rí:s | mɔ́rɪs/ 名 固 モーリス《男性の名》.

Mau·ri·ta·ni·a /mɔ̀:rətéɪniə | mɔ̀r-/ 名 固 モーリタニア《アフリカ北西部の共和国》.

Mau·ri·ti·us /mɔ:ríʃiəs, -ʃəs/ 名 固 モーリシャス《インド洋上の島国》.

mau·so·le·um /mɔ̀:səlí:əm/ 名 (複 ～s, mau·so·le·a /mɔ̀:səlí:ə/) C 壮大な墓, 廟(びょう), 陵(みささぎ).

mauve /móʊv/ 名 U, 形 ふじ色(の).

ma·ven /méɪv(ə)n/ 名 C《米》物知り, 通(つう)《人》.

mav·er·ick /mǽv(ə)rɪk/ 名 C [しばしば形容詞的に] 独立独歩の人, 一匹狼: a *maverick* politician 一匹狼の政治家.

maw /mɔ́:/ 名 C《文語》のみこむもの, 深淵 (*of*).

mawk·ish /mɔ́:kɪʃ/ 形 めそめそした, 感傷的な.

max /mǽks/ 名 略 = maximum. **to the máx** [副]《略式》最大限に, できる限り. ― 形 副《略式》最高の[で]. ― 動 [次の成句で] **máx óut** [動] 他《米略式》(...)を使い切る[尽くす].

Max /mǽks/ 名 固 マックス《男性の名》.

max·im /mǽksɪm/ 名 C 格言, 金言; 処世訓.

maxima 名 maximum の複数形.

max·i·mal /mǽksəm(ə)l/ 形《格式》最大(限度)の, 極大の, 最高の [⇔ minimal]. (名 máximum)

max·i·mi·za·tion /mæ̀ksəmɪzéɪʃən | -maɪz-/ 名 U 最大化; 最大限の活用 (*of*).

max·i·mize /mǽksəmàɪz/ 動 他 (...)を最大[最高]にする, 極大化する; 最大限に活用する;〔コンピュータ〕(ウィンドー)を最大化する [⇔ minimize]. (形, 名 máximum)

***max·i·mum** /mǽksəməm/ 形 限定 [比較なし] **最大の, 最高の**, 最高[最大]限度の(略 max) [⇔ minimum]: the *maximum* speed [temperature] 最高速度[気温] / for *maximum* effect 最大の効果が得られるように / You have to make a *maximum* effort. 最大限の努力をしなければならない. (動 máximìze, 形 máximal)
― 名 (複 ～s /～z/, max·i·ma /mǽksəmə/) C [普通は単数形で] **最大限**, 最大量, 最高点;〔数学〕極大(略 max) [⇔ minimum]: He increased the speed of the car to the *maximum*. 彼は車のスピードを最高にまであげた / He obtained 82 marks out of a ***maximum of*** 100.《英》彼は 100 点満点で 82 点を取った. (動 máximìze)

*****may** /meɪ, méɪ/
― 助 (過去 **might** /maɪt, máɪt/; ⇒ mightn't) ✪ 過去形の用法については ⇒ might[1].

単語のエッセンス
基本的には「可能」,「推量」を表わす.
1) [可能性・推量] ...かもしれない ❶, ❸
2) [許可・容認] ...してもよい ❷
3) [譲歩] ...かもしれないが; たとえ...であっても ❹
4) [目的] ...するために ❻

❶ /meɪ/ [可能性・推量を表わす] (1) **...かもしれない, たぶん...だろう; (場合によって)...することがある**《⇒ might[1] B 1, maybe, must[1] 3, will[1] 5》: It *may* rain tomorrow. あすは雨になるかもしれない / He *máy* or *mày* nót come. 彼は来るかもしれないし, 来ないかもしれない / We *may* be moving to London next year. 来年私たちはロンドンに引っ越すかもしれない.
(2) [may have＋過去分詞の形で] **...した[だった]かもしれない**《過去のことについて推量を表わす; ⇒ can[1] 4 (2), 5 (2)》: He *may have lied*. 彼はうそをついたのかもしれない / It *may have been* the cause of the quarrel. それがけんかの原因だったかもしれない.

語法 (1) この意味の否定文では not は may ではなく本動詞を否定する: 言い換え She may *not* be at home. = It is possible that she is *not* at home. 彼女はうちにはいないかもしれない《いないということがあり得る》. 次と比較: 言い換え She *can't* be at home. = It is not possible that she is at home. 彼女が家にいるはずはない《いるということがあり得ない》.
(2) may の後に possibly がつくと可能性が弱まり, well がつくと強まる: Bob *may possibly* [*well*] know the answer. ボブはその答えをひょっとすると知っているかもしれない[たぶん知っているだろう].

❷ /meɪ/ [許可・容認を表わす] (1)《格式》**...してもよい, ...しても差しつかえない** [≒can]: You *may* go if you want to. 行きたいなら行ってもよろしい / Members *may* use the library until 10 in the evening. 会員は夜 10 時まで図書館の利用が許可されている / 💬 "*May* I (please) use your phone?" "Certainly."《丁寧》「電話をお借りしてもよろしいですか」「ええ, どうぞ」《⇒ please[1] 2 (2)》/ *May* I have something to drink? 何か飲み物をいただけますか《♥ 依頼の意味でも使われる》. 語法 同様の意味で can もよく使われるが, Can I ...? は客観的な可能性を判断基準とし, May I ...? は相手の主観的な許可を判断基準とするという違いがあり, 後者のほうが丁寧で改まった印象.

♥ **...してもよろしいですか** (許可を求めるとき)
May I ...?

May I take your plate, sir? お客様, お皿をお下げしてもよろしいですか.
Yes, thank you.
ええ, どうも.
♥ 許可を求める丁寧で改まった表現.
♥ 特に目上の人や親しくない人に対し, 相手が断わらないような軽い事柄について許可を求める際に使われることが多い.《許可を求める表現については ⇒ can[1] 2 (2)》
♥ May I ...? と聞かれたときでも, can を使って Yes, you can. / No, you can't. と答えるか, Of course. / Yes, certainly. / I'm afraid you can't. のように答えることが多い. Yes, you may. / No, you may not. を返答に使うのは, 主に相手が目下で自分に許可の権限

がある場合(大人が子どもに許可する場合など)に限られる.
(2) [否定文で; 規則などに用いて禁止を表わす] **...してはならない, ...しないでください:** Visitors *may not* feed the animals. (来園の)お客さまは動物にえさを与えないでください《動物園などで》/ *Nothing may* be contained in or attached to this letter. この郵便物には何も入れたりはったりすることはできません. 語法 may not のほうが must not よりやや柔らかい言い方《⇒ must[1] 2》.
(3) [May I ...? として; 申し出を表わす] Ⓢ《格式》**...しましょうか:** "Sir, *may I* offer you another cup of tea?" "No thanks."「お茶をもう1杯いかがでしょうか」「結構です」《機内で》.

♥ **...しましょうか** (申し出るとき)
May I ...?

May I show you to your seat, ma'am? お席にご案内しましょうか《劇場で》.
Yes, please. Thank you.
お願いします. ありがとう.
♥ 改まった場面で丁寧に申し出をするときに使われる.
♥ 店員などが仕事上で使うことが多いが, 日常会話であまりよく知らない人に対して使うこともある.《申し出の表現については ⇒ shall 1 (1)》

❸ /meɪ/ [妥当性や可能を表わす]《格式》**...できるかもしれない, ...できる:** The matter *may* be considered from different standpoints. この問題は異なった見地から考察できるかもしれない / Study hard while you *máy*. できるときに一生懸命に勉強をしておくように.
❹ /mèɪ/ [譲歩を表わす] (1) [may ... but ~ の形で] **...かもしれないが(しかし~):** She *may* be clever, *but* she hasn't got much common sense. 彼女は賢いかもしれないがあまり常識がない.
(2) [副詞節で] **たとえ...であっても:** *However* hard you *may* try, you can't learn to speak English fluently in a month or two. どんなにがんばっても1か月や2か月で英語を流暢に話せるようにはならない. 語法 この場合は may がなくてもほとんど意味は変わらない.
❺ [want to を伴って; 控えめな提案や助言を表わす] Ⓢ ...してはどうですか《⇒ might[1] B 6》: *You may want to* check the website. ウェブサイトを見てみるといいかもしれませんよ.
❻ /meɪ/ [目的を表わす副詞節で]《格式》...するために《⇒ so that ... may do (so[1] 接 成句) 語法》. ❼ /meɪ/ (1) [希望・願望・懸念などを表わす動詞などに続く名詞節で] ...するように(と), ...ではないか(と): The family hope(s) [fear(s)] *that* the news *may* be true. 家族の人はその知らせが本当であるように望んでいる[本当ではないかと心配している]. (2)《格式》願わくは...ならんことを: *May* you always be happy! どうかいつまでもお幸せに. 語法 (1) 普通は次のように言う: I hope「you will [you'll] be happy. (2) この意味では常に may＋主語＋動詞の語順になる.

bé that as it máy ⇒ be[1] 成句.
ìf I mày (**dó**) Ⓢ もし(...して)よろしければ《意見を述べる際などに使われる》: That's understandable, *if I may* say so. 言わせていただければ, それはもっともなことだと思います / I'd like to start, *if I may*. もしよければ始めたいと思います.
máy (jùst) as wéll ... as ~ ⇒ well[1] 副 成句.
mày wéll dó ⇒ well[1] 副 成句.

***May[1] /méɪ/

— 名 (~s /~z/) U,C 5月《⇒ month 表》: Many flowers are in full bloom *in May*. 5月にはたくさんの花が満開になる / May Day is celebrated *on May* 1. 5月祭は5月1日に行なわれる《May 1 は May (the) first と読む; ⇒ date[1] 名 1 語法》/ in early [mid-, late] *May* 5月初旬[中旬, 下旬]に / April showers bring *May* flowers. 4月の雨が5月の花をもたらす《英国の気候を言ったもの》.

May[2] /méɪ/ 名 固 メイ《女性の名; Margaret および Mary の愛称》.
Ma·ya /máɪə/ 名 (複 ~(s)) C マヤ族の人《中米の原住民族》.

***may·be /méɪbi/

— 副 文修飾 ❶ もしかしたら, ことによると; あるいは《⇒ likely 表》; [応答で] Ⓢ かもね: *Maybe* you're right. あなたの言うとおりかもしれない / *Maybe* I'll go, and *maybe* I won't. 行くかもしれないし行かないかもしれない / *Maybe* it's true, but we don't know yet. そうかもしれないが, まだわからない / "Will John be successful?" "*Maybe* [*Máybe nòt*]."「ジョンはうまくいくだろうか」「いく[だめ]かもね」《⇒ not (5) (ii)》. 語法 maybe と perhaps はほぼ同じ意味・用法だが, maybe のほうが《略式》的. また《米》では maybe のほうを多く用いる. ❷ [控えめな依頼・提案・申し出などを表わす] Ⓢ もしかして(...してもらえませんか, ...しませんか, ...しましょうか): "*Maybe* you could turn down that TV?" "Oh, sorry. I didn't realize anyone else was here."「テレビの音を小さくしてもらえますか」「すみません. ほかの方がいることに気づかなかったもので」/ "*Maybe* we can go out for coffee sometime?" "Sounds good."「今度コーヒーでも飲みに行くのはどうかな?」「いいね」

♥ **...したほうがいいかもしれません** (提案するとき)
Maybe we should ...

Maybe we should have another meeting. もう一度会議を開いたほうがいいかもしれません.
♥ maybe は, could, can, should などを用いた依頼・提案・申し出の文を控えめにする緩和表現.
♥ 押しつけを弱めて間接的な言い方をすることで,「相手が応じるのは当然」という態度を避け, 遠慮がちな姿勢を示す.《⇒ could B 1 (4) (6), can[1] 2 (1) (3), should A 1 (1)》

❸ [数量表現を伴って] だいたい: He is *maybe* in his late sixties. 彼はだいたい60代後半だ.

May·day /méɪdeɪ/ 名 [ときに m-] C メーデー《船舶・航空機の国際無線救助信号; ⇒ SOS》: send out a *Mayday* (signal [call]) 救難信号を発信する.
Máy Dày 名 ❶ U,C メーデー, 労働祭《英国では公休日 (bank holiday)》. ❷ U,C 五月祭《5月1日; 5月の女王 (May Queen) を選んで花輪の冠をかぶせ, メイポール (maypole) と呼ばれる柱を立ててその周囲で踊る習わしがある》.
may·flow·er /méɪflàʊɚ | -flàʊə/ 名 ❶ C 5月に咲く花《特に《米》ではいわなし,《英》ではさんざし》. ❷ 固 [the M-] メイフラワー号《1620年 Pilgrim Fathers が乗って英国からアメリカへ渡った船の名》.
may·fly /méɪflàɪ/ 名 (-flies) C かげろう《昆虫; 5月に現われることから》.
may·hem /méɪhem/ 名 U 大混乱, 騒動.
may·n't /méɪnt, méɪənt/《古風, 英》may not の短縮形.
may·o /méɪoʊ/ 名 U《略式》= mayonnaise.

M

may·on·naise /méɪənèɪz, mèɪənéɪz/ 名 U マヨネーズ: put *mayonnaise* on salads サラダにマヨネーズをかける.

***may·or** /méɪə, méə | méə/ (同音 #mare)
— 名 (~s /~z/) C 市長, 町長: Mr. Smith was elected *mayor*. スミスさんが市長に選出された. 参考 普通は米国では市民の一般投票によって選ばれて任期は1-4 年, 英国では市・町議会議員から選ばれ実質的な政治権限のない名誉職で任期は1年 (⇒ Lord Mayor). (形 máyoral)
〖語源 major と同語源〗

may·or·al /méɪərəl, mé(ə)r- | méər-/ 形 市長[町長]の. (名 máyor)

may·or·al·ty /méɪərəlti, mé(ə)r- | méər-/ 名 U 《格式》市長[町長]の職[任期].

may·or·ess /méɪərəs, mé(ə)r- | meərés/ 名 C 《英》市長[町長]《女性》; 市長[町長]夫人.

may·pole /méɪpòʊl/ 名 C メイポール (⇒ May Day 2).

Máy Quèen 名 [the ~] 5月の女王 (⇒ May Day 2).

may've /méɪəv/ Ⓢ may have² の短縮形.

maze /méɪz/ 名 C 迷路, 迷宮; 複雑な[入り組んだ]もの: a *maze of* rules 難解な規則.

ma·zur·ka /məzə́ːkə | -zə́ː-/ 名 C マズルカ《ポーランドの軽快な舞踏》; マズルカ舞曲.

MB /émbíː/ 略 = megabyte.

M.B.A. /émbìːéɪ/ 名 C 経営(管理)学修士 (*M*aster of *B*usiness *A*dministration の略).

MC /émsíː/ 略 ❶ master of ceremonies (⇒ master 成句, emcee). ❷ 《米》 = Member of Congress (⇒ congress).

Mc·Coy /məkɔ́ɪ/ 名 [the real ~ として] 《略式》(質の高い)本物.

Mc·Don·ald's /məkdɑ́(ː)nldz | -dɔ́n-/ 名 固 マクドナルド《米国のハンバーガーのチェーン店》.

Mc·Kin·ley /məkínli/ 名 固 Mount ~ マッキンリー山《米国 Alaska 州中南部の山; 北米大陸の最高峰 (6194m)》.

MD¹ /émdíː/ 略 《英》 = managing director.

MD² 〔米郵便〕 = Maryland.

Md. 略 = Maryland.

M.D., MD³ /émdíː/ 名 C 医学博士 (Doctor of Medicine).

***me** /(弱形) mi; (強形) míː/ (同音 #mi)
— 代 《人称代名詞 I² の目的格》 ❶ [目的語として] 私を[に]: Ann knows *me* well. アンは私をよく知っている [他動詞の直接目的語] / He gave *me* a gift. 彼は私に贈り物をくれた [他動詞の間接目的語] / Will you go fishing *with me*? 私といっしょに釣りに行かない? [前置詞の目的語]. 語法 場所を表わす前置詞の目的語となる場合には myself の意味となることがある: I looked *around me*. 私は(自分の)周りを見回した.
❷ /míː/ [主格補語として] 私(だ, です): "Who is it?" "It's *me*." 「だれ?」「私」 / That's *me* in the corner of the photo. その写真の隅にいるのが私だ.

> 語法 I と me
> (1) この場合主格の I を用いるのは《格式》か《古風》.
> (2) I 以外の人称代名詞でも《格式》では主格補語に主格 (he, she, we, they) を用いて It's *he*., It's *she*. のようにするが, 普通は目的格 (him, her, us, them) を用いて It's *him*., It's *her*. のように言う.
> (3) 強調構文で it is の後でも me を用いる: It's *me* that's [who's] going to be hurt. (=《格式》It is I who am going ....) 傷つくのは私だ (I'm going to be hurt. の I を強調; この場合 that や who に続く動詞が 3 人称単数扱いになる点に注意).

❸ /míː/ [I の代わりとして] (1) [独立的に用いて] Ⓢ: "Does anyone want some coffee?" "*Me*, please." 「コーヒー欲しい人いる?」「(じゃあ)僕(がもらうよ)」. 語法 代動詞の *do* が続く場合は "*I do*, please." として主格を用いる.
(2) [比較表現の (as ...) as, than の後で]: Is she *as* tall *as me*? 彼女は私くらいの背がありますか.

> 語法 主に《略式》では目的格のほうをよく用いる; これは他の人称代名詞でも同様である. ただし(代)動詞を伴うときは主格しか用いない: She is *as* tall *as I am*. / You know more *than I do*. あなたは私よりもよく知っている (⇒ than 前 語法).

❹ [動名詞の意味上の主語として, my の代わりに] 《略式》: She disapproved of *me* coming. 彼女は私が来るのを嫌がった (⇒ 巻末文法 8. 2 ①).

Mé? Ⓢ 《略式》(相手のことばを軽く聞き返して)私ですか: 🗨 "Hey, you stop!" "*Me*?" 「ちょっと君, 止まって」「僕ですか」 日英 「私ですか」というしぐさでは日本人は自分の鼻を指す (⇒ 挿絵 (1)) が, 英米人は胸を指す (⇒ 挿絵 (2)).

(1)

(2)

Mè(,) néither [《米略式》 **éither**]. Ⓢ [相手の言った否定に同意して] 私も同じです: 🗨 "I don't like him." "*Me, neither* [*either*]." 「彼は好きじゃない」「私もです」

Mè(,) tóo. Ⓢ (相手の言ったことに対して)私も同じ[そう]です: 🗨 "I want to see the movie." "*Me, too*." 「その映画見たいな」「僕も」

ME¹ 〔米郵便〕 = Maine.

ME² /émíː/ 略 《米》 = medical examiner.

Me. 略 = Maine.

me·a cul·pa /méɪəkʊ́lpə/ ≪ラテン語から≫ 名 C 自分の誤りを認めること. — 間 [こっけいに] わが過失なり.

mead /míːd/ 名 U はちみつ酒.

mead·ow /médoʊ/ 発音 名 C 牧草地, 草地. 関連 pasture 放牧用の牧場.

mea·ger, 《英》 **mea·gre** /míːgə | -gə/ 形 貧弱な, 乏しい, わずかな: a *meager* supper 貧しい夕食.
~·ly 副 乏しく, つましく. **~·ness** 名 U 貧弱.

***meal¹** /míːl/

—名 (~s /~z/) C **食事:** have [eat] a *meal* 食事をする[とる]《普通は×take a meal とは言わない》/ cook a *meal* 食事を作る / eat between *meals* 間食をする / a light [square] *meal* 軽い[十分な]食事 / To be taken ｢half an hour [a half hour] after *meals*. 食後 30 分に服用のこと《薬の飲み方の指示》/ Enjoy your *meal*! どうぞ, ごゆっくり《レストランなどで料理を出したときに言う; ⇒ enjoy 1 最後の例文》.

> 参考 英米の中流家庭では, 起床後, 午前中に朝食 (breakfast) をとり, 正午から 1 時半ぐらいの間に昼食 (lunch) をとる. そして 6 時半から 8 時ぐらいの間に supper または dinner と呼ぶ夕食をとる. ただし日曜日や祝祭日には昼に dinner を食べる. 昼が dinner の場合, 夕食は supper と呼ばれる. dinner は一日のうちで最も手間をかける食事で, 普通は soup に始まり, 肉・魚などの main dish, 野菜などの side dish を経て dessert に終わるコース (⇒ course 4) をとる. 客を呼ぶときなども dinner に招待するのが礼儀とされる.

màke a méal (out) of ... [動] 他 (1) ...(だけ)を食べる. (2)《英略式》...に必要以上の時間[労力]をかける.
〖語源 元来は「定まった時間」の意〗

meal² /míːl/ 名 U [しばしば合成語で] (ふるいにかけない麦や豆の)ひき割り, あらびき粉. 関連 oatmeal オートミール / flour 小麦粉.

méal tìcket 名 ❶ C《略式》生活費をもたらす人[もの], 収入源, 金づる. ❷ C《米》食券.

meal·time /míːltàɪm/ 名 C,U 食事時間.

meal·y /míːli/ 形 (meal·i·er; -i·est) (果物・野菜が)水気のない, ぱさぱさした; 粉状の; 粉をふいた.

meal·y-mouthed /míːlimáʊðd⁻/ 形 [軽蔑的] 持って回った言い方をする; 遠回しに言う.

*****mean¹** /míːn/ (同音 mien)

— 動 (means /~z/; 過去・過分 meant /mént/; mean·ing) 他 ❶ [進行形なし] (ことば・記号などが) (...)を**意味する;** (...)の意味を表わす**:** The Japanese word 'hana' *means* 'flower' in English. 日本語の「花」という語は英語で flower という意味だ / 言い換え What does this word here *mean*? = What *is meant by* this word here? V+O の受身 ここではこの語はどういう意味ですか / The sign *means* (*that*) there is a car approaching. V+O ((*that*)節) あの標示は車が近づいて来ていることを示す 多用 / These letters *mean nothing to* me. V+O+*to*+名 これらの文字を見ても何のことか私にはわからない.

❷ [進行形なし] (...)**のつもりで言う[書く],** (...)と言おうとしている, (...だ)と言う; (...)を(~の)つもりで言う[書く, 行なう]; [主に Ⓢ] (...)のことを(指して)言う**:** *That's what I mean!* Ⓢ それこそ私の言いたいことだ / I *mean that* she wants your help. V+O (*that* 節) つまり彼女にはあなたの援助が必要だと言っているのです / I *meant* it *as* a joke. V+O+*as*+名 それは冗談のつもりだった / *Is* this letter *meant to* be an 'm' or an 'n'? V+O+C (*to* 不定詞)の受身 この文字は m のつもりですか, それとも n のつもりで書いたのですか / I didn't *mean* you. あなたのことを(指して)言ったんじゃないですよ.

❸ (...する)**つもりである,** (本気で)...しようと考えている, (...)を意図する; (...)に(~させる)つもりである (⇒ 類義語); (害・面倒など)を(...に)加える[もたらす]つもりである; (...)を(~向けに)予定している, あてる**:** She *means to* be kind to others. V+O (*to* 不定詞) 彼女は他人に親切にしようと思っている (⇒ to² G 2 例文) / I really didn't *mean* that [it] at all. Ⓢ 本当にそんなつもりは全くなかったんです / You don't ***mean it***! まさか本気じゃないよね / Her mother *meant* Pam *to* be a pianist. V+O+C (*to* 不定詞) 彼女の母はパムをピアニストにするつもりだった. 語法 《主に米》では for を用いて次のようにも言う**:** Her mother *meant for* Pam *to* be a pianist. // I'm sorry to have hurt your feelings; I didn't *mean to*. 気分を害してしまってすみません, そんなつもりではなかったのですが (⇒ to² A 1 語法 (1)) / 言い換え He *means* you no harm. V+O+O = He *means* no harm *to* you. V+O+*to*+名 彼はあなたに悪意はないのだ. ❹ [進行形なし] (物事が)(...)という結果になる, (結果として)(...)になる; (...の存在)を示す, 暗示する**:** Missing the bus *means* wait*ing* for two hours. そのバスを逃すと 2 時間待つことになる / Those clouds *mean* rain. あの雲が出たら雨だ / Her accent *means* (*that*) she comes from Chicago. なまりからして彼女はシカゴ出身と思われる. ❺ [進行形・受身なし] (人にとって)(...ほど)の重大な意味を持つ, (...ほど)重要である**:** Health *means* everything. 健康は何よりも重要だ / Money *means* nothing *to* me. 金は私には何の意味もない / Your friendship will *mean* a lot *to* him. あなたの友情は彼には貴重なものとなるだろう.

be méant for ... [動] 他 ...向けにできている; ...にあげるつもりのものである; ...になることに決まっている**:** These seats *are meant for* elderly or disabled persons. これらの席はお年寄りや体の不自由な人のためのものです《乗物での掲示》/ They *were meant for* each other. 彼らは夫婦になるべく生まれついていた《似合いの夫婦だった》.

be méant to be ... [動] [主に名詞・形容詞を伴って] ...に(なるように)生まれついている, ...に向いている; ...だとされている**:** She'*s meant to be* a teacher. 彼女は先生に向いている.

be méant to bé [háppen] [動] 自 [しばしば過去時制で] (事が)もともとそうなる[起こる]ことになっている[いた]《どうすることもできない, の意》**:** Some things just *were*n't [*are*n't] *meant to be*, I suppose. 事によっては(定めで)思うようにならないものもあるね.

be méant to dó [動] ...することになっている; ...しなければいけない.

(do) you knów [sée] what I méan? [しばしば文末で] Ⓢ (私の言っていることが)わかるでしょ.

｢Do you [You] méan ...? Ⓢ ...ということ(ですか).

Hów do you méan? Ⓢ どういう意味ですか.

I knów what you méan. Ⓢ (経験上)おっしゃることはわかります, そうですよね, 同感です.

I mèan [副] つなぎ語 Ⓢ つまりその, いやその**:** She's just amazing. *I mean*, she's ninety years old and actually working on a new novel. 彼女には全く驚くよ. だって 90 歳で新しい小説を書いているんだから. 語法 会話で自分の発言への補足説明や訂正に用いる.

I méan what I sáy. = I méan it. Ⓢ (冗談でなく)本気で言っているのです.

I sée what you méan. Ⓢ あなたが言いたいことが(やっと)わかりました(よ), よくわかります.

méan wéll [動] 自 Ⓢ (結果に問題があるが)よかれと思ってする, 悪気はない.

Whát do you méan ((by) ...)? Ⓢ (1) (...とは)どういうこと[意味]ですか; どういうつもりで...したのですか. (2) ...とは何だ[どういうことだ]《相手のことばを繰り返して怒りなどを表わす》**:** "You're pretentious." "*What*

M

do you mean 'pretentious'?"「うぬぼれているよ, お前は」「うぬぼれてるとはどういうことだ」

> [類義語] **mean** あることをする意志を持っていること: I didn't *mean* to hurt your feelings. あなたの気持ちを傷つけるつもりはなかったのだ. **intend** ある明らかな目的を遂行しようというはっきりした意志を持つこと. その点で *mean* よりも意味が強い: I *intend* to work harder from now on. 私は今からはもっと一生懸命働く[勉強する]つもりだ. *mean* を *intend* と同様にはっきりした意志を示すために用いることもあるが, *mean* のほうが《略式》的. **plan** 具体的な内容がある程度決まっている計画を遂行する意志のあること: I *plan* to leave for the U.S. on Thursday. 私は木曜日にアメリカに出発する予定だ.

+**mean²** /míːn/ ([同音] mien) [形] (**mean·er**; **mean·est**)

> 意味のチャート
> 元来は「共通の」の意《⇒ common **意味のチャート**》→ (普通の) → (平凡な) → 「劣る」
> → (品性が)「**卑劣な**」❶ → (心の狭い) → 「**けちな**」❷ / 「**意地の悪い**」❶
> → (外見が)「**みすぼらしい**」❹

❶ **意地の悪い**, 不親切な; 卑劣な; 《主に米》凶暴な: a *mean* boss いやな上司 / Don't be so ***mean to*** your brother. [+*to*+名] 弟に意地悪するな [多用] / [言い換え] *It was mean of* you *to* cheat him. = You were *mean* to cheat him. 彼をだますとはお前も卑劣なやつだ《⇒ of 12》. ❷《主に英》けちな, 出し惜しみをする [≒ stingy]: She is very *mean with* [*about*] her money. 彼女は金に汚い. ❸《略式》すばらしい, とても上手な, すごい. ❹ [限定]《文語》みすぼらしい, 貧弱な.

nó méan ... [形]《略式》すばらしい..., 並々ならぬ...: a person of *no mean* courage なかなかの勇気の持ち主 / *no mean* achievement すごい業績.

mean³ /míːn/ [名] ❶ [the ~]〔数学〕平均, 平均値 [≒ average]: *The mean* of 3, 8, and 10 is 7. 3 と 8 と 10 の平均は 7 である. ❷ [C] [普通は単数形で] 中間, 中庸 (*between*). — [形] [限定] 平均の, 中間の.

me·an·der /miǽndə | -də/ [動] (**-der·ing** /-dərɪŋ, -drɪŋ/) [自] ❶ (川が)曲がりくねって流れる, 蛇行する. ❷ [副詞(句)を伴って] 当てもなくさまよう (*along, through*); (話が)とりとめなく続く (*on*). — [名] [C] (川などの)蛇行, カーブ; そぞろ歩き.

mean·ie /míːni/ [名] [C] [S]《小児語》意地悪; けちんぼ《人》.

⁑mean·ing /míːnɪŋ/

— [名] (~s /~z/) ❶ [C,U] (ことば・記号などの)**意味**《⇒ [類義語]》: Do you know the ***meaning of*** this word? この語の意味がわかりますか / The word has several *meanings*. その語にはいくつかの意味がある.

❷ [U,C] **伝えたいこと**, **真意**; 含み: Her silence was full of *meaning*. 彼女が黙っていたのは意味深長だった / What's the ***meaning of*** this? [S] これは一体どういうつもりだ《怒って説明を求める表現》.

❸ [U,C] (人生などの)**意義**, 価値, 重要性: She felt her life had lost its *meaning*. 彼女は自分の人生が意味を失ったような気がした.

knów the méaning of ... [動] [他] [しばしば否定文で] ...はどんなものか(経験で)知っている.

([形] méaningful)

> [類義語] **meaning** ある物事やことばの一般的意味. **sense** 特に複数の意味を有する語句の個々の意味, 語義・句義など: That word has five *senses*. その単語は 5 つの意味がある. **significance** 表面には表われない重要な意味: Only later did I grasp the *significance* of what she had done. 彼女のしたことの意味が後になってようやくわかった.

— [形] [限定] (表情などが)意味ありげな.

+**mean·ing·ful** /míːnɪŋf(ə)l/ [形] ❶ **意味[意義]のある**, 重要な, 真剣な; 意味深長な [⇔ meaningless]: a *meaningful* relationship 有意義な関係 / a *meaningful* smile 意味ありげなほほえみ. ❷ 理解しやすい (*to*).

([名] méaning)

-ful·ly /-fəli/ [副] 有意義に; 意味深長に.

mean·ing·less /míːnɪŋləs/ [形] 意味のない, 無意味な (*to*); 目的のない: completely [absolutely] *meaningless* arguments 全く無意味な議論.

mean·ly /míːnli/ [副] 意地悪く; けちけちと.

mean·ness /míːnnəs/ [名] [U] 意地の悪さ; けち.

⁑means /míːnz/

— [名] (複 ~)

> 意味のチャート
> 「中間《⇒ mean³》」→ (仲介をするもの) → 「**方法・手段**」❶ → (生計の手段) → 「**財産**」❷

❶ [C] **手段**, **方法** [≒way]: a ***means of*** communication [transportation, 《英》 transport] 通信[交通]手段 / the *means of* production 生産手段 / by illegal *means* 不法な手段で / We have no ***means of*** learn*ing* the truth. 真相を知る方法がない.

❷ [複数扱い] **財産**, 資力; 収入: a person of *means* 資産家 / *means* of support 生活資金 / He lives ***within*** [***beyond***] his ***means***. 彼は資産相応[以上]の暮らしをしている / Does he really have the ***means to*** buy such an expensive car? [+*to* 不定詞] 彼にはあんなに高い車を買えるだけの財力が本当にあるのですか.

a méans to an énd [名] 目的達成のための手段.

by áll mèans [副] (1) [S]《丁寧》**もちろんです**, ぜひどうぞ《承諾の返事》: 🗨 "May I use your phone?" "*By all means.*"「電話をお借りできますか」「どうぞ」. (2)《格式》ぜひとも, 必ず.

by mèans of ... [前]《格式》**...によって**, **...を用いて**: We express our thoughts *by means of* language. 我々は言語によって思想を表現する. [語法] by だけよりもはっきりと「手段」の意味を表わす.

by nó mèans = nót (...) by ány mèans [副] **決して...でない[しない]**, どんなことがあっても...しない: It is *by no means* easy to satisfy everyone. 全員を満足させることは決して容易ではない / You wo*n't* be able to persuade him *by any means*. 彼を説得するのは絶対無理だ.

mean-spir·it·ed /míːnspírɪtɪd←/ [形] 卑劣な.

méans tèst [名] [C] (公的扶助の受給資格確認のための)資産調査.

⁑meant /mént/ [!発音] [動] mean¹ の過去形および過去分詞.

+**mean·time** /míːntàɪm/ [名] [次の成句で]

for the méantime [副] 差し当たり.

in the méantime [副] [つなぎ語] **その[それまでの]間(に)**, とかくするうちに: He'll be back in two hours. *In the meantime*, let's watch a DVD. 彼は 2 時間すれば戻るよ. その間 DVD でも見よう.

M

— 副 つなぎ語 その間(に) [≒meanwhile].

****mean·while** /míːn(h)wàɪl/

— 副 ❶ つなぎ語 **その[それまでの]間(に):** They'll be here in thirty minutes. *Meanwhile,* we can have lunch. 彼らは30分もすればやって来るだろう. それまでに昼食をとればいい.

❷ つなぎ語 **その間:** Jill was cooking. *Meanwhile,* Sam was cleaning. ジルは料理をしていた. その間サムは掃除をしていた.

❸ つなぎ語 **一方では,** 対照的に《前述の事とは(全く)異なる状況の存在を示す》**:** You're still talking about possibilities in the future. *Meanwhile,* we have people who don't have enough to eat, who don't have a place to live. 君はまだ将来の可能性をうんぬんしている. しかし一方では食べ物にも事欠き住むところもない人々もいるのだ.

— 名 [次の成句で] **in the méanwhile** [副] つなぎ語 = in the meantime (⇒ meantime 名 成句).

mea·sles /míːzlz/ 名 U はしか**:** catch [have] (the) *measles* はしかにかかる[かかっている].

mea·sly /míːzli/ 形 (mea·sli·er; -sli·est) 《略式》[軽蔑的] 貧弱な, わずかな; ちっぽけな.

mea·sur·a·ble /méʒ(ə)rəbl, méɪʒ- | méʒ-/ 形 測ることができる [⇔ immeasurable]; かなりの, 重要な.

-a·bly /-rəbli/ 副 相当に, かなり.

****mea·sure** /méʒɚ, méɪʒɚ | méʒə/ !発音

意味のチャート
「寸法を測る; 寸法」 動 他 自 ❶; 名 ❻
→ (はかりごと) → 「**対策**」 ❶
→ 「(計量)**単位**」 ❸ → 「**基準**」 ❷ → (適正な範囲) → 「**程度**」 ❺
→ 「**計量器, メジャー**」 ❹

— 動 (mea·sures /~z/; mea·sured /~d/; mea·sur·ing /-ʒ(ə)rɪŋ/) 他 ❶ (長さ・大きさ・量など)を**測る, 測定する** (*up*); (...のために)(人)の採寸をする**:** They *measured* the length of the bridge. 彼らはその橋の長さを測った / The tailor *measured* him *for* a suit. V+O+for+名 仕立て屋は彼のスーツを作るために採寸した.

❷ (価値・効果・人物など)を評価[判断]する**:** The greatness of a person can't be *measured* easily. 人間の偉大さは簡単には決められない. ❸ (器具が)(...)を測定する.

— 自 ❶ 測定する (*up*). ❷ [進行形なし] (長さ・幅・高さなどが...だけ)ある**:** The boat *measures* 20 feet (across). その舟は(幅が)20フィートある.

méasure ... agàinst ~ [動] 他 (...)を~と比べ(て評価す)る.

méasure óff [動] 他 (測って)(...)の長さで切(り分け)る, 区画する.

méasure óut [動] 他 (ある分量)を量る, 量って(取り)分ける.

méasure úp [動] 自 [しばしば否定・疑問文で] (期待・基準などに)かなう, 達する (*to*).

(名 méasurement)

— 名 (~s /~z/) ❶ C **対策,** 処置, 手段, 方法**:** security *measures* 安全(保障)対策 / 言い換え We must adopt [take] stronger ***measures to*** stop drunk(en) driving. +to 不定詞 = We must adopt [take] stronger ***measures against*** drunk(en) driving. 飲酒運転防止のためにいっそう強力な措置を講じなければならない.

❷ [単数形で] (評価・判断の)**基準,** 標準, 尺度**:** Economic prosperity is not the only ***measure of*** a country's standard of living. 経済的な繁栄だけが国の生活水準を計る基準[尺度]ではない.

❸ C,U (測る)**単位,** 計量単位; 計量法, 測定法; (慣習的な)一定量**:** The yard is a ***measure of*** length. ヤードは長さの単位である / What are the *measures of* time? 時間の単位は何か / liquid *measure* 液量《液体を量る計量法》 / dry *measure* 乾量《穀物などを量る計量法》.

❹ C **計量器,** 測定器具, メジャー《物差し・巻き尺・ますなど》**:** a liter *measure* 1リットルの計量器 / use a cup as a *measure* for the flour 小麦粉を量る道具にカップを使う // ⇒ tape measure.

❺ [a ~ または U] 《格式》(ある)**程度,** 適度; 限度**:** attain *a* certain ***measure of*** success ある程度[一定]の成功を収める / Her joy knew no *measure.* 彼女の喜びは計り知れなかった. ❻ U (ある単位で表わされる)寸法, 計量. ❼ C 法案, 議案. ❽ C 《米》〔音楽〕小節.

beyònd méasure [副・形] 《格式》計り知れないほど(の), 非常に[な].

for góod méasure [副] おまけに, さらに; 念のため.

in fúll méasure [副] 《格式》十二分に, 最大限に.

in lárge [nó smàll] méasure [副] 《格式》大部分, 大いに.

in sòme méasure [副] 《格式》多少, 幾分.

táke [gét, háve] ...'s méasure = táke [gét, háve] the méasure of ... [動] 《主に英》...の能力[性格]をみる, 見きわめる.

to méasure [副] 寸法に合わせて.

mea·sured /méʒɚd | -ʒəd/ 形 限定 (ことばなどが)慎重な, 熟慮した; 落ち着いた, ゆっくりとした.

mea·sure·less /méʒələs, méɪʒə- | méʒə-/ 形 《文語》計り知れない, 無限の.

+mea·sure·ment /méʒɚmənt, méɪʒɚ- | méʒə-/ 名 (-sure·ments /-mənts/) ❶ C [普通は複数形で] (計った)**量, 寸法,** 大きさ, 深さ**:** What are the ***measurements of*** this room? この部屋の広さはどのくらいですか / The tailor took Tom's *measurements.* 仕立て屋はトムの採寸をした. ❷ [複数形で] 体の(スリー)サイズ《バスト・ウエスト・ヒップの順に並べた数字》.

❸ U 測定, 測量**:** the metric system of *measurement* メートル法.

(動 méasure)

méa·sur·ing cùp /méʒ(ə)rɪŋ-, méɪʒ- | méʒ-/ 名 C 《米》計量カップ《約240cc》.

méasuring jùg 名 C 《英》計量カップ.

****meat** /míːt/ (同音 meet)

— 名 ❶ U (食用の)**肉:** What is the best way to cook this *meat*? この肉を料理するのにいちばんいい方法は何でしょうか. 語法 種類をいう時は C. 普通は魚肉 (fish) 以外の獣肉, ときには鳥肉 (chicken, fowl) も指す. 食用にしないものは通例 flesh. ❷ U (話などの)重要な内容, 実質, 肝心な部分 (*of*). ❸ U 《古語》食物**:** One man's *meat* is another man's poison. 《ことわざ》ある人の食物は別の人の毒になる(甲の薬は乙の毒; 人の好みはさまざま).

the méat and potátoes [名] 《米略式》(物事の)核心, 要点 (*of*). (形 méaty)

〘語源 元来は「食物」の意〙

meat·ball /míːtbɔ̀ːl/ 名 C 肉だんご, ミートボール.

M

méat lòaf 名 C,U ミートローフ《ひき肉に野菜などを混ぜ食パンくらいの塊にして焼いた料理》.

meat·pack·ing /míːtpækɪŋ/ 名 U 《米》 食肉加工(業), 精肉業.

meat·y /míːṭi/ 形 (meat·i·er; -i·est) ❶ 肉の(多い); 《略式》(体が)肉づきのよい. ❷《略式》内容の充実した, 中身の濃い. (名 meat)

Mec·ca /mékə/ 名 ❶ 固 メッカ《サウジアラビア西部の都市; ムハンマド (Muhammad) の生地で, イスラム教徒の巡礼の聖地》. ❷ C [しばしば m-] あこがれの場所, 中心地, メッカ (*for*).

+**me·chan·ic** /mɪkǽnɪk/ 名 (〜s /〜s/) C **機械工**; 職工: an auto *mechanic* 自動車工.

+**me·chan·i·cal** /mɪkǽnɪk(ə)l/ 形 ❶ 限定 **機械の**; 機械製の; 機械で動く: *mechanical* failure 機械の故障 / a *mechanical* toy 機械で動くおもちゃ.
❷ [しばしば軽蔑的] (動作などが)**機械的な**, 自動的な: *mechanical* movements 機械的な動作. ❸ (人が)機械[メカ]に強い. ❹ 力学の, 物理的な.
(名 machíne, 動 méchanìze)
〖語源 machine と同語源〗
-cal·ly /-kəli/ 副 機械的に(は); 機械で; 自動的に.

mechánical engineéring 名 U 機械工学.

mechánical péncil 名 C 《米》 シャーペン, シャープペンシル [《英》 propelling pencil]. 日英 「シャープペンシル」は和製英語.

me·chan·ics /mɪkǽnɪks/ 名 ❶ U 力学; 機械工学. ❷ [the 〜 として複数扱い] 仕組み, メカ; 手順; (芸術家などの)技術, 技巧 (*of*).

***mech·a·nis·m** /mékənìzm/ !アク 名 (〜s /〜z/) ❶ C (小さな)**機械装置**《全体》, 機械仕掛け: the *mechanism* of a watch 時計の機械仕掛け / This *mechanism* controls the flow of ink. この仕組みがインクの流れを調節する. ❷ C 機構, 構造; 仕組み, 方法 (*for*).

mech·a·nis·tic /mèkənístɪk←/ 形 機械論[主義]的な.

mech·a·ni·za·tion /mèkənɪzéɪʃən | -naɪz-/ 名 U 機械化.

mech·a·nize /mékənàɪz/ 動 他 (...)を機械化する. (形 mechánical)

mech·a·nized /mékənàɪzd/ 形 機械化した[された].

med /méd/ 形 限定 《略式》 医学の (medical): a *med* student 医学生.

Med /méd/ 名 [the 〜] 《略式》 地中海(地方) (Mediterranean).

***med·al** /médl/ (同音 meddle) 名 (〜s/〜z/) C **メダル**《文字やデザインを刻んだもの》, 記章; 勲章: win a gold [silver, bronze] *medal* 金[銀, 銅]メダルを獲得する. **the Médal of Hónor** [名] 《米》 名誉勲章《軍人に授与される国家最高の勲章》.
— 動 自 (種目で)メダルを取る (*in*).
〖語源 原義はラテン語で「金属で作られたもの」で, metal と同語源〗

med·al·ist, 《英》 **-al·list** /méḍəlɪst/ 名 C メダル受領[獲得]者, メダリスト.

me·dal·lion /mɪdǽljən/ 名 C (装飾用などの)大メダル; (レースなどの)円形模様.

med·al·list /méḍəlɪst/ 名 《英》 = medalist.

med·dle /médl/ 動 自 干渉する, おせっかいを焼く: Don't *meddle* 「*in* my affairs [*with* my plans]. 私のこと[計画]に口を出さないで. (形 méddlesome)

med·dler /médlə | -lə/ 名 C おせっかい焼き《人》.

med·dle·some /médlsəm/ 形 おせっかいな, 干渉好きな. (動 méddle)

med·dling /médlɪŋ/ 名 U 干渉, おせっかい. — 形 限定 おせっかいな.

****me·di·a** /míːḍiə/ !発音
— 名 ❶ [the 〜] マスメディア, **マスコミ機関**《新聞・テレビ・ラジオなど》: *the* news *media* 報道機関. 語法 複数にも単数にも扱われる.
❷ [形容詞的に] **マスコミ[マスメディア]の**, マスコミで話題となる: a *media* personality (テレビ・ラジオなどの)有名人, タレント. ❸ medium の複数形.

+**me·di·ae·val** /mìːḍíːv(ə)l, mèḍ- | mèd-←/ 形 《英》 = medieval.

me·di·an /míːḍiən/ 名 ❶ C 〔統計〕 中央値; 〔数学〕 中位数, 中線. ❷ C 《米》 = median strip. — 形 限定 中間にある, 中央を通る; 中央値の.

médian stríp 名 C 《米》 (高速道路の)中央分離帯 [《英》 central reservation].

+**me·di·ate** /míːḍièɪt/ 動 (-di·ates /-èɪts/; -di·at·ed /-ṭɪd/; -di·at·ing /-ṭɪŋ/) 自 **調停する**, 和解させる; 仲介に立つ: An attempt was made to ***mediate between*** the two rival nations. V+*between*+名 対立する両国間を調停する試みがなされた. — 他 ❶ (協定・講和など)を調停して成り立たせる; (紛争など)を調停する: *mediate* a peaceful settlement 和平を成立させる. ❷《格式》(...)に影響する, (...)を左右する.
〖⇒ medium キズナ〗

me·di·a·tion /mìːḍiéɪʃən/ 名 U 調停, 仲裁.

me·di·a·tor /míːḍièɪṭə | -tə/ 名 C 調停者.

med·ic /médɪk/ 名 ❶ C 《米》 衛生兵. ❷ C 《英略式》 医者; 医学生, インターン.

Med·ic·aid /médɪkèɪd/ 名 U 《米》 低所得者医療補助《*medical aid* の短縮形; ⇒ Medicare》.

****med·i·cal** /médɪk(ə)l/ !アク
— 形 ❶ 限定 **医学の**, **医療の** [《略式》 med]: *medical* care 医療 / *medical* treatment 治療 / the *medical* profession 医療に携わる人々 / a *medical* student 医学生 / have a *medical* examination 健康診断を受ける / a *medical* certificate (健康)診断書 / a *medical* officer 《英》 保健[診療]所員; 軍医. ❷ 限定 内科の: a *medical* ward 内科病棟. 関連 surgical 外科の.
(名 médicine 2, 3)
— 名 C 《英》 健康診断 [≒physical].

médical exàminer 名 C 《米》 検死官(略 ME).

med·i·cal·ly /médɪkəli/ 副 医学上, 医学的に.

médical practítioner 名 C 《英格式》 開業医.

médical schòol 名 C,U 医科大学, 医学部.

Med·i·care /médɪkèə | -kèə/ 名 U 《米》 老齢・身障者医療保険(制度)《*medical care* の短縮形; ⇒ Medicaid》.

med·i·cat·ed /médəkèɪṭɪd/ 形 薬物を加えた, 薬用の: *medicated* soap 薬用せっけん.

+**med·i·ca·tion** /mèdəkéɪʃən/ 名 U,C **薬剤**; U 投薬, 薬物治療: take *medication* 薬を飲む / be ***on medication*** 薬物治療を受けている.

Med·i·ci /médɪtʃiː/ 名 [the 〜] メディチ家《15–16 世紀の Florence の名家で芸術保護に貢献》.

me·dic·i·nal /mədís(ə)nl/ 形 薬の, 薬用の; 薬効のある: *medicinal* herbs 薬草 / *medicinal* properties 薬効成分 / for *medicinal* purposes 薬用として.
(名 médicine 1)

-nal·ly /-nəli/ 副 薬として.

med·i·cine /médəs(ə)n/ 発音

— 名 (~s /~z/) ❶ U 薬《病気の治療のための》, 内服薬; 水薬: Did you *take* your [the] *medicine*? 薬を飲みましたか / prescribe *medicine* 薬を処方する / cough *medicine* せき止め薬 / *medicine for* a cold かぜ薬 / Laughter is the best *medicine*. 笑いは最高の薬だ. 語法 薬の種類をいうときには C: many different *medicines* いろいろ違った薬.

薬を飲む

薬を飲む
○take medicine
×drink medicine

❷ U 医学, 医術, 医療: *study medicine* 医学を学ぶ / Her father *practices medicine* in this town. 彼女の父親はこの町で医者をしている / a Doctor of *Medicine* 医学博士 / Chinese *medicine* 漢方. ❸ U 内科, 内科学. 関連 surgery 外科.

táke one's médicine 動 自《略式》甘んじて罰を受ける, つらいことに耐える.

(形 1 では medícinal, 2, 3 では médical)

médicine chèst 名 C 薬箱, 救急箱.

médicine màn [wòman] 名 C (アメリカ先住民などの病気を治すとされる)まじない師, 祈禱(きとう)師.

med·i·co /médɪkòʊ/ 名 (~s) C《略式》医者.

+**me·di·e·val,**《英》**me·di·ae·val** /mìːdíːv(ə)l, mèd- | mèd-←/ 形 ❶ 限定 中世の(⇒ history 参考); 中世風の: *medieval* literature 中世文学. ❷《略式》古めかしい, 古くさい. 〖⇒ medium キズナ〗

médieval hístory 名 U 中世史(⇒ history 参考).

me·di·o·cre /mìːdióʊkə | -kə←/ 形 [悪い意味で] 並みの, 平凡な, 二流の.

me·di·oc·ri·ty /mìːdiá(ː)krəṭi | -ɔ́k-/ 名 (-ri·ties) ❶ U 平凡, 並み, 凡庸. ❷ C 凡人.

med·i·tate /médətèɪt/ 動 自 深く考える; 瞑想(めいそう)にふける: *meditate on* [*upon*] ... ...についてじっくりと考えてみる. — 他《格式》(...)を計画する, 企てる, もくろむ (*doing*).

+**med·i·ta·tion** /mèdətéɪʃən/ 名 (~s /~z/) ❶ U 瞑想(めいそう); 熟考: He was deep *in meditation*. 彼は深く物思いにふけっていた. ❷ C [しばしば複数形で] 瞑想; 瞑想録 (*on, upon*).

med·i·ta·tive /médətèɪṭɪv, -tət-/ 形《格式》瞑想的な; 瞑想にふける. **~·ly** 副 考えこんで.

+**Med·i·ter·ra·ne·an** /mèdəṭəréɪmiən←/ 形 限定 地中海の, 地中海沿岸(諸国)の; 地中海風の: the *Mediterranean* islands 地中海の島々.

— 名 固 [the ~] 地中海; 地中海沿岸地域[諸国]. 〖⇒ medium キズナ〗

M

+**Méditerranean Séa** 名 固 [the ~] **地中海**《ヨーロッパ・アジア・アフリカに囲まれた海》[《略式》Med].

me·di·um /míːdiəm/

— 形 ❶ 限定 中くらいの《大きさ・質・量・程度などが》, 中間の, 並みの, (服などが) M サイズの(略 M): at *medium* temperature 中くらいの温度で / a woman of *medium* height 中背の女性 / over a *medium* heat 中火で. ❷ (肉などが) 中くらいに火を通した[焼いた], ミディアムの(⇒ steak 参考).

— 名 (複 **me·di·a** /míːdiə/, ~s /~z/) ❶ C [しばしば複数形で] (情報伝達の) **媒体**, 機関(⇒ media); (表現などの) **手段**: an advertising *medium* 広告媒体《新聞・テレビなど》/ The Internet is a ***medium of*** communication. インターネットは意思伝達の一手段だ / a ***medium for*** self-expression 自己表現のための手段 / English is used as a *medium of* instruction for several subjects. いくつかの科目では英語が教授用言語として使われている.

❷ C **媒体**, 媒剤, 媒介物: Air is a *medium* for transmitting sound. 空気は音を伝える媒体だ. ❸ C 記録媒体《磁気ディスクなど》. ❹ C 環境, 生活条件; 〔生物〕培養基, 培土. ❺ C (複 ~s) 中間, 中庸, 中くらい: ⇒ happy medium. ❻ C (複 ~s) みこ, 霊媒.

単語のキズナ MEDI／中間＝middle

medium	中くらいの		
medieval	(中間の時代の)	→	中世の
Mediterranean	(陸地の中間にある(海))	→	地中海(の)
mediate	(間に入る)	→	調停する
immediate	(間に入らない)	→	直接の; 即座の
intermediate	中間の		

me·di·um-size(d) /míːdiəmsáɪz(d)←/ 形 中型の, 中判の, M サイズの.

me·di·um-term /míːdiəmtə́ːm | -tə́ːm←/ 形 中期の.

médium wáve 名 U〔無線〕中波(略 MW). 関連 shortwave 短波 / long wave 長波.

med·ley /médli/ 名 ❶ C〔音楽〕メドレー, 接続曲. ❷ C 寄せ集め, ごたまぜ (*of*). ❸ C (競泳の) メドレー.

Me·du·sa /məd(j)úːsə, -zə | -djúː-/ 名 固〔ギリシャ神話〕メドゥサ《頭髪は蛇でその視線に合う者は石になった》.

meek /míːk/ 形 (meek·er; meek·est) (不平など言わずに) おとなしい, 従順な: (as) *meek* as a lamb 子羊のようにおとなしい. **~·ly** 副 おとなしく, 素直に. **~·ness** 名 U おとなしさ.

meet /míːt/ (同音 meat)

— 動 (meets /míːts/; 過去・過分 met /mét/; meet·ing /-ṭɪŋ/)

単語のエッセンス

1) 会う; 面会する; 集まる	他 ❶, ❷; 自 ❶, ❷
2) ...と知り合いになる	他 ❸
3) ...と交わる, ...に合う	他 ❹
4) 出迎える	他 ❺
5) (事故に)あう; (困難に)立ち向かう	他 ❻, ❽
6) (要求・条件を)満たす	他 ❾

— 他 ❶ [受身なし] (偶然に) (人) に**会う**, **出会う**: We happened to *meet* Mr. Smith at the theater. 私たちはたまたま劇場でスミス氏に出会った.

❷ [受身なし] (約束して) (人) と**会う**, 面会[面談]する; 会談する(⇒ meet with ... (句動詞) 1 語法): Where are you *meeting* her? 彼女とはどこで待ち合わせてるの?(⇒ **巻末文法** 6. 2 (1) ③) / I'll *meet* you back here in an hour. V+O+副 1 時間したらまたここで会おう.

❸ [受身なし] (紹介されて) (人) と**知り合いになる**: I have often seen Mr. Lee at parties but I have never *met* him. 私はリー氏をパーティーでしばしば見かけたこと

がありますが, まだ紹介されたことはありません / Mr. Long, I'd like you to *meet* Mr. Smith. ロングさん, スミスさんをご紹介します / ***Nice*** [***Pleased, Glad***] ***to meet you.*** Ⓢ はじめまして, よろしく《初対面のあいさつ; 2 度目からは see を用いる; ⇒ see ㊀ 3》/ (***It was***) ***nice meeting you.*** = ***Glad*** [***Nice***] ***to have met you.*** Ⓢ お会いできてよかったです《初対面の人との別れのあいさつ》.

❹ [受身なし] (道・川などが)(...)と**交わる**, (...)に合う; (...)に接触する, 触れる: Where does this river *meet* the Mississippi? この川はどこでミシシッピー川に合流するのですか / He *met* my glance with a smile. 彼は私と目が合うとにっこりした.

❺ (...)を**出迎える**: I'll *meet* 「you at the airport [your plane]. 空港まで迎えに行くよ / You'll *be met at* the station *by* my wife. [V+O の受身] 妻が駅に迎えに行きます.

❻ [受身なし] (事故など)に**あう**, (...)を経験する: My uncle *met* his death in a plane crash. 私のおじは飛行機の墜落事故で死亡した.

❼ [受身なし] (...)と**対戦する**: The Mariners will *meet* the Angels next week. マリナーズは来週エンジェルズと対戦する.

❽ [受身なし] (困難など)に**立ち向かう**, 対処する, 対抗する: I must *meet* their objections [criticisms] head-on. 彼らの異議[批判]にまともに反論しなければならない.

❾ (要求・条件など)を**満たす**, 達成する; (...)に**こたえる**; (費用)を支払う: We cannot *meet* the demands of the hijackers. 乗っ取り犯たちの要求には応じられない.

— ㊁ ❶ (偶然に)**会う**, 出会う; 知り合いになる: We *met* quite by chance. 私たちは全く偶然に出会った / Goodbye till we *meet* again. じゃあまた今度.

❷ (約束して)**会う**, 集まる; (集会が)開かれる: They *meet* together once a month. 彼らは月に 1 度集まっている / Why not [don't we] ***meet for*** lunch tomorrow? [V+*for*+名] 明日昼食をいっしょに食べない? / The two leaders *met* face to face in Berlin. 2 人の指導者はベルリンで直接対面した / The committee will *meet* this week. 委員会は今週開かれる / Mr. Long's class *meets* in Room 312. ロング先生の授業は 312 号室で行ないます《312 は three twelve と読む》. ❸ (線・道路などが)交わる; (両端が)接する; 触れ合う; (目が)合う: The two cars almost *met* head-on. 2 台の車は正面衝突しそうになった. ❹ 対戦する.

meet の句動詞

méet úp 動 ㊁ (特に約束して)(人と)会う, 集まる, 落ち合う (*with*).

+**méet with ...** 動 ㊀ ❶ (人)と**会う**, **会談する**: The President is scheduled to *meet with* the French Premier next week. 大統領は来週フランスの首相と会談する予定だ. [語法] meet ㊀ 2 と同じ意味だが, 特に話し合いなどを目的としている場合に用いる.

❷ **...を経験する**, ...に遭遇する; (称賛・非難など)を**受ける** ([受身] be met with): *meet with* misfortune 不幸にあう / We *met with* an accident during our stay in Shikoku. 我々は四国に滞在中に事故にあった / The plan *met with* approval [opposition]. その計画は賛成を得た[反対された].

— 名 ❶ Ⓒ 会, 競技会 [《英》 meeting]: a track [swim] *meet* 陸上[水泳]競技大会. ❷ Ⓒ 《英》 きつね狩り(出発前の狩猟者と猟犬の集合).

***meet·ing** /míːṭɪŋ/

— 名 (~s /~z/) ❶ Ⓒ **会**, **会議**, **集会**, 大会 (⇒ [類義語]): I have a ***meeting with*** my client this afternoon. 今日の午後は顧客との会議があります / ***attend*** a ***meeting*** 会議に出席する / A ***meeting*** was ***held*** to discuss the question. その問題を討議するために会議が開かれた / ***arrange*** [***organize***] a ***meeting*** 会議の手はずを整える, 会議を予定する / ***call*** a ***meeting*** 会議を招集する / We're ***in a meeting***, so I'll call you back. 会議中なので後で電話します / a general *meeting* 総会 / a protest *meeting* 抗議集会. ❷ [the ~] 集まった人たち, 会衆《全体》: The president addressed *the meeting*. 社長は集まった人々に話をした. ❸ Ⓒ [普通は単数形で] 会うこと, 出会い; 面会; 遭遇: a chance *meeting* 偶然の出会い. ❹ Ⓒ 対戦, 試合; 《英》 競技会 [≒meet].

a méeting of (the) mínds [名] 合意.

[類義語] **meeting** 「集まり, 会合」の意の最も一般的な語. 公式・非公式の別や会の目的・規模などに関係なく, 2 人以上の集まりに用いられる. **gathering** やや格式ばった語で, 特に非公式で社交的な 3 人以上の集まり: a lunchtime *gathering* 昼食会. **assembly** 多人数が計画に従って集まる組織化された集会: an unlawful *assembly* 不法集会.

meet·ing·house /míːṭɪŋhàʊs/ 名 Ⓒ (クエーカー教徒の)礼拝堂.

méeting plàce 名 Ⓒ 会場, 集会所.

Meg /még/ 名 ㊖ メグ《女性の名; Margaret の愛称》.

meg·a /mégə/ 形 [主に [限定]] 《略式》 とてもでかい[すごい, 楽しい], 超.... — 副 《略式》 とびきり, 超....

meg·a- /mégə/ [接頭] ❶ 「大」の意: *mega*lith 巨石 / *mega*phone メガホン. ❷ 「超...」の意: *mega*star 超スーパースター. ❸ 「100 万」の意: *mega*byte メガバイト / *mega*ton メガトン.

meg·a·bit /mégəbìt/ 名 Ⓒ 〔コンピュータ〕 メガビット《約 100 万ビット》.

meg·a·bucks /mégəbʌ̀ks/ 名 [複] 《略式》 大金.

meg·a·byte /mégəbàɪt/ 名 Ⓒ 〔コンピュータ〕 メガバイト《記憶容量単位; 約 100 万バイト; [略] MB》.

meg·a·hertz /mégəhə̀ːts | -hɜ̀ːts/ 名 (複 ~) Ⓒ 〔物理〕 メガヘルツ《100 万ヘルツ; [略] MHz》.

meg·a·lith /mégəlɪθ/ 名 Ⓒ 〔考古〕 巨石《有史以前の》.

meg·a·lo·ma·ni·a /mègəloʊméɪniə/ 名 Ⓤ 誇大妄想狂.

meg·a·lo·ma·ni·ac /mègəloʊméɪniæ̀k←/ 名 Ⓒ 誇大妄想狂患者. — 形 誇大妄想の.

meg·a·lop·o·lis /mègəlɑ́(ː)pəlɪs | -lɔ́p-/ 名 Ⓒ 巨帯都市, 巨大都市帯, メガロポリス.

meg·a·phone /mégəfòʊn/ 名 Ⓒ メガホン, ハンドマイク. 〖[語源] ⇒ mega-, -phone〗

meg·a·star /mégəstɑ̀ə | -stɑ̀ː/ 名 Ⓒ 《略式》 超スーパースター.

meg·a·ton /mégətʌ̀n/ 名 Ⓒ メガトン《TNT 火薬 100 万トンに相当する爆発力》.

mega·watt /mégəwɑ̀(ː)t | -wɔ̀t/ 名 Ⓒ メガワット, 100 万ワット《[略] MW》.

mel·an·chol·ic /mèlənkɑ́(ː)lɪk | -kɔ́l-←/ 形 《古風》 憂鬱(ゆう)な; 鬱病の; もの悲しい.

mel·an·chol·y /mélənkɑ̀(ː)li | -kəli/ [!アク] 名 Ⓤ 《古風》 憂鬱(ゆう), ふさぎ込み: sink into a state of *melancholy* 憂鬱な気分になる. — 形 憂鬱な, 陰気

M

な; もの悲しい. 〘語源 ギリシャ語で「黒い胆汁」の意; この液体が多いと憂鬱になると考えられた〙

Mel·a·ne·sia /mèləníːʒə/ 名 固 メラネシア《Oceania 中部, オーストラリア北東の諸島の総称》.

Mel·a·ne·sian /mèləníːʒən/ 形 ❶ メラネシアの; メラネシア人の. ❷ メラネシア語群の. ━ 名 ❶ C メラネシア人. ❷ U メラネシア語群.

mé·lange /meɪlάːnʒ/ ≪フランス語から≫ 名 C [普通は単数形で] 《格式》 ごたまぜ, 混合物 (*of*).

mel·a·nin /mélənɪn/ 名 U 〔生物〕 メラニン, 黒色素《皮膚を黒くする色素》.

mel·a·no·ma /mèlənóʊmə/ 名 (~s, -ma·ta /-məṭə/) C,U 〔医学〕 メラノーマ, 黒色腫(しゅ).

Mel·bourne /mélbən, -bɔən | -b(ə)n, -bɔːn/ 名 固 メルボルン《オーストラリア Victoria 州の州都》.

meld /méld/ 動 他 (...)を混合[併合, 融合]させる (*into*). ━ 自 混合[併合, 融合]する (*into*).

me·lee, mêlée /méɪleɪ | mél-/ ≪フランス語から≫ 名 C [普通は単数形で] 乱闘, 混戦; 混雑.

mel·lif·lu·ous /məlífluəs/ 形 《格式》 (声·音楽などが)甘美な, 滑らかな; 音楽的な.

mel·low /méloʊ/ 形 (-low·er; -low·est) ❶ (色·声·音などが)柔らかで美しい, 快い: a *mellow* color 柔らかで快い色彩. ❷ (果物が)熟して柔らかく甘い; (酒などが)こくのある, 芳醇(ほうじゅん)な (⇒ ripe 類義語): a rich *mellow* red wine 芳醇な赤ワイン. ❸ (人格などが)円熟した, 円満な. ❹ 《略式》 陽気な, (酒を飲んで)いい気分の. ━ 動 他 ❶ (人)を円熟させる. ❷ (色など)を柔らかにする. ❸ (...)を甘く熟させる; (ワインなど)をまろやかにする. ━ 自 ❶ (人が)円熟する, 丸くなる. ❷ (色などが)柔らかになる. ❸ 甘く熟す; (ワインなど)がまろやかになる. **méllow óut** [動] 《米略式》 自 落ち着く, くつろぐ. ━ 他 (人)を落ち着かせる, くつろがせる. **~·ness** 名 U 柔らかい甘さ[美しさ]; 円熟.

me·lod·ic /məlά(ː)dɪk | -lɔ́d-/ 形 ❶ 〔音楽〕 (主)旋律の. ❷ 調子の美しい. (名 mélody)

me·lo·di·ous /məlóʊḍiəs/ 形 《格式》 旋律的な, 調子の美しい, 音楽的な. (名 mélody)
~·ly 副 美しい調子で, 音楽的に.

mel·o·dra·ma /méləd̬rὰːmə, -dræ̀mə | -drὰːmə/ 名 C,U メロドラマ; メロドラマ的な事件[行動], 芝居がかった言動.

mel·o·dra·mat·ic /mèlədrəmǽṭɪk/ 形 メロドラマ風の; 芝居がかった, 感傷的で大げさな. **-mát·i·cal·ly** /-kəli/ 副 メロドラマ風に.

+**mel·o·dy** /méləḍi/ 名 (-o·dies/~z/) ❶ C,U 〔音楽〕 (主)**旋律**, メロディー: a beautiful *melody* 美しい旋律. ❷ C 歌曲: old Irish *melodies* 懐かしいアイルランド歌曲. ❸ U 美しい音楽, 快い調べ. (形 melódious, melódic)
〘語源 ギリシャ語で「歌」の意〙

mel·on /mélən/ 名 ❶ C,U メロン. 関連 muskmelon マスクメロン / watermelon すいか. ❷ U メロンの果肉.

+**melt** /mélt/ 動 (melts /mélts/; melt·ed /~ɪd/; melt·ing; ⇒ molten 語法) 自 ❶ **溶ける**, 解ける, 溶解する; 溶けて...となる: The ice has *melted*. 氷が解けた / Ice ***melts into*** water. V+*into*+名 氷は解けて水になる. 関連 freeze 凍る.
❷ (感情などが)**和(やわ)らぐ**, 優しくなる: Sally's anger *melted* when he smiled. 彼がほほえむとサリーの怒りも和らいだ / Her heart ***melted with*** pity. V+*with*+名 彼女の心に哀れみがわいた.
━ 他 ❶ (...)を**溶かす**, 溶解する: The sun *melted* my ice cream. 日光で私のアイスクリームが溶けてしまった.
❷ (感情)を**和(やわ)らげる**: Pity *melted* her heart. 哀れみで彼女の心は和らいだ.
mélt awáy [動] 自 (1) 溶け去る, 溶けて消える: The snow *melted away* in April. 4 月には雪は解けて消えた. (2) 徐々に消える; (群衆などが)徐々に立ち去る. ━ 他 (...)を徐々に消滅させる.
mélt dówn [動] 他 (金属)を溶かす, 鋳(い)つぶす.
melt into ... [動] 他 (1) 溶けて...になる (⇒ 自 1). (2) 次第に...に変わる; ...に溶け込む, ...に紛れて消える.

> 類義語 **melt** 固体が熱などによって溶けること: When it's hot, butter *melts*. 暑いとバターは溶ける (⇒ molten 語法). **dissolve** 固体が液体に浸すことにより溶けること: Sugar *dissolves* in water. 砂糖は水に溶ける. **thaw** 凍ったものが熱で解けること: The ice is *thawing*. 氷が解けだした.

melt·down /méltdàʊn/ 名 ❶ C,U (原子炉の)炉心溶融《放射能漏れを引き起こす》. ❷ C,U 《略式》 (企業などの)崩壊; (市場などの)暴落.

melt·ing /méltɪŋ/ 形 [普通は 限定] (声などが)優しい, 感じのよい; ほろりとさせる, 同情をさそう.

mélting pòint 名 C,U 融点. 関連 boiling point 沸点 / freezing point 氷点.

mélting pòt 名 C [普通は単数形で] 多様な人種や階層の入り混じった国[都市] 《特に米国》. 由来 元来は「るつぼ」の意.

Mel·ville /mélvɪl/ 名 固 Herman ~ メルビル (1819-91) 《米国の小説家》.

***mem·ber** /mémbɚ | -bə/
━ 名 (~s /~z/) ❶ C (団体·組織などの)**会員**, **一員**, **構成員**, メンバー; (分類上)同類の一種: a club *member* = a ***member of*** a club クラブの会員 / a *member of* a committee 委員会の委員 / Every *member of* the family came home for Christmas. 家族の全員がクリスマスを過ごしに家に帰ってきた / Our society has over five hundred *members*. 私たちの会には 500 名を越える会員がいる. ❷ C [遠回しに] 陰茎, ペニス.

***mem·ber·ship** /mémbɚʃɪp | -bə-/
━ 名 (~s /~s/) ❶ U **会員であること**, **会員[議員]の地位[資格]**: apply for *membership* 入会の申し込みをする / renew [lose] one's *membership* 会員資格を更新する[失う] / I obtained ***membership in*** [《英》 ***of***] the club last year. 私は昨年そのクラブの会員になった / *membership* fee 会費.
❷ C,U **会員数**: Our club has a large *membership*. 私たちのクラブは大所帯だ. ❸ [the ~; 《英》 単数または複数扱い] 会員《全体》: *The membership* approved the project. 会員はその計画に賛成した.

mem·brane /mémbreɪn/ 名 C,U 〔解剖〕 膜: ⇒ mucous membrane.

mem·bra·nous /mémbrənəs/ 形 膜(状)の.

meme /míːm/ 名 ❶ C ミーム《遺伝子のような再現·模倣を繰り返して受け継がれていく社会習慣·文化》. ❷ C インターネット上で拡散する画像[動画].

me·men·to /məménṭoʊ/ ≪ラテン語から≫ 名 (~(e)s) C 思い出になるもの, 記念品, 形見 (*of*).

+**mem·o** /mémoʊ/ 名 (~s) C **メモ**; (業務連絡用の)社内回報 (memorandum): a ***memo from*** the human resources department ***to*** all staff 人事部から全職員あての回報.

M

mem·oir /mémwɑɚ, -wɔɚ | -wɑː/ ≪フランス語から≫ 名 ❶ [複数形で] (筆者自身の)回顧録, 自(叙)伝. ❷ C 《格式》 (ある人・場所・出来事に関する)追想録.

mem·o·ra·bil·i·a /mèmərəbíliə/ 名 複 (有名人・事件の)記念品, 記憶すべきこと.

+**mem·o·ra·ble** /mém(ə)rəbl/ 形 **記憶すべき**, 忘れられない: Martin Luther King's speeches were ***memorable for*** their phrasing and rhythm. キング牧師の演説はその表現とリズムの点で記憶に残るものであった. (名 mémory)

-ra·bly /-rəbli/ 副 記憶に残るほど.

mem·o·ran·dum /mèmərǽndəm/ 名 (複 ~s, **mem·o·ran·da** /mèmərǽndə/) C 《格式》 覚書(おぼえがき), 備忘録, メモ (memo); (業務連絡用の)社内回報; (外交上の)覚書.

+**me·mo·ri·al** /məmɔ́ːriəl/ アク 名 (~s /~z/) C **記念物**, 記念碑, 記念館; 記念行事[祭]: the Lincoln *Memorial* リンカン記念館《Washington, D.C. にある》/ This building was built as a ***memorial to*** the late President Kennedy. この建物は故ケネディ大統領を記念して建てられた.

— 形 限定 **記念の**, ...を記念する; 追悼の: a *memorial* prize 記念賞 / a *memorial* service *for* Mr. Allen アレン氏の追悼会. (名 mémory, 動 memórialize)

Memórial Dày 名 U 《米》 戦没将兵記念日 (Decoration Day)《多くの州で 5 月の最後の月曜日; 法定休日 (legal holiday); ⇒ holiday 表》.

me·mo·ri·al·ize /məmɔ́ːriəlàɪz/ 動 他 (...)を記念する. (形 memórial)

mem·o·rise /méməràɪz/ 動 《英》 = memorize.

+**mem·o·rize** /méməràɪz/ 動 (-o·riz·es /~ɪz/; -o·rized /~d/; -o·riz·ing) 他 (...)を**暗記する**, 記憶する: *memorize* a poem 詩を暗記する. (名 mémory)

***mem·o·ry** /mém(ə)ri/

— 名 (-o·ries /~z/) ❶ C,U **記憶**, 覚えていること; **記憶力**: I have a good [bad, poor] ***memory for*** figures [names]. 私は数字[名前]を覚えるのが得意[苦手]だ / He lost his *memory* completely. 彼は記憶を全く失った / That day is still fresh in my *memory*. その日のことは今でも私の記憶に新しい / I have no ***memory of*** the accident. 私はその事故の記憶がない / My ***memory is playing tricks on*** me. Ⓢ 私の記憶違いだろうか / He has a ***long*** [***short***] ***memory***. 彼は記憶力がいい[忘れっぽい].

❷ C [普通は複数形で] **思い出**, 追憶: childhood *memories* 子供のころの思い出 / This photo brings back ***memories of*** our trip to Kyoto. この写真を見ると京都旅行を思い出す / Everyone has some fond [happy] *memories* in their heart. だれもが心の中に楽しい思い出を持っている.

❸ U **記憶の(時間的)範囲**: ***in*** [***within***] ***living memory*** 今生きている人たちが覚えている範囲で / ***within ...'s memory*** = ***within the memory of ...*** まだ(人)の記憶に残って, (人)の覚えている範囲で. ❹ U 《格式》 故人の名声[思い出]. ❺ C 〔コンピュータ〕 記憶装置; U 記憶容量 (⇒ RAM, ROM).

from mémory [副] **記憶をもとに**, 記憶を頼りに: He drew the map *from memory*. 彼は記憶を頼りに地図を書いた.

if (my) mémory sérves me (wéll [ríght, corréctly]) [副] 文修飾 (私の)記憶が正しければ.

in mémory of ... [前] (人)**を記念して**, (人)をしのんで: A statue was erected *in memory of* Lincoln. リンカンを記念して[しのんで]彫像が建てられた.

to ...'s mémory = to the mémory of ... [副] (人)の霊にささげて, (人)をしのんで.

to the bést of my mémory [副] 文修飾 私の記憶している限りでは.

(動 mémorìze, 形 mémorable, memórial)

mémory càrd 名 C 〔コンピュータ〕 メモリーカード.

mémory stìck 名 C 〔コンピュータ〕 USB メモリー.

***men** /mén/ 名 man の複数形.

men·ace /ménəs/ 名 ❶ C [普通は単数形で] 危険なもの[人], 脅威: a *menace to* world peace 世界平和に対する脅威. ❷ U 脅(おど)すような調子[態度]; [複数形で] 《英》〔法律〕 脅迫: There was *menace* in his voice. 彼の声には脅すような響きがあった / demand money with *menaces* 脅迫して金を要求する. ❸ C [普通は単数形で] 《略式》 やっかいな人[もの]. — 動 他 《格式》 (...)を危険にさらす, おびやかす; 脅迫する: Floods *menaced* the village *with* destruction. 洪水が村を壊滅の脅威にさらした.

men·ac·ing /ménəsɪŋ/ 形 脅すような, 脅迫的な.

me·nag·er·ie /mənǽʤ(ə)ri/ 名 C (おりに入れた見世物の)動物《全体》; (巡回)動物園.

Men·ci·us /ménʃ(i)əs/ 名 固 孟子(もうし) (372?-289? B.C.) 《中国の思想家》.

mend /ménd/ 動 他 ❶ (破れたもの)を繕(つくろ)う; 《英》 (壊れたもの)を直す, 修理する (⇒ repair 類義語): She *mended* a tear in her apron. 彼女はエプロンのかぎ裂きを繕った / Liz *mended* the broken doll *with* paper and paste. リズは壊れた人形を紙とのりで直した. ❷ (行ないなど)を改める; (事態・関係など)を改善する: That won't *mend* matters. それでは事態はよくならないだろう. — 自 ❶ (けがが) 治る: The injury is *mending* nicely. けがはとてもよくなってきている. ❷ 改心する: It is never too late to *mend*. 《ことわざ》 改心するのに遅すぎることはない(過ちを改むるにはばかることなかれ).

ménd one's **wáys** [動] 自 行ないを改める.

— 名 C [次の成句で] **be òn the ménd** [動] 自 《略式》 (病人などが)よくなってくる.

Mén·del's láws /méndlz-/ 名 複 〔遺伝〕 メンデルの法則.

Men·dels·sohn /méndls(ə)n/ 名 固 **Fe·lix** /féɪlɪks/ ~ メンデルスゾーン (1809-47) 《ドイツの作曲家》.

mend·er /méndɚ | -də/ 名 C 修繕[修理]する人.

men·folk /ménfòʊk/ 名 複 《古風》 (一族[社会]内の)男連中.

me·ni·al /míːniəl/ 形 [普通は軽蔑的] 技能[知識]のいらない: a *menial* job つまらない仕事, 雑用.

men·in·gi·tis /mènɪnʤáɪtɪs/ 名 U 髄[脳]膜炎.

men·o·paus·al /mènəpɔ́ːzl←/ 形 閉経[更年]期の.

men·o·pause /ménəpɔ̀ːz/ 名 U [《英》 the ~] 閉経(期), 更年期.

me·no·rah /mənɔ́ːrə/ 名 C (ユダヤ教の)枝つき燭台.

men·ses /ménsiːz/ 名 複 [しばしば the ~] 〔医学〕 生理, 月経.

+**men's room** /ménzrùːm, -rʊ̀m/ 名 (~s /~z/) C 《米》 **男性用洗面所[トイレ]** [《英》 gents] (⇒ toilet 参考). 関連 women's room 女性用洗面所.

men·stru·al /ménstruəl/ 形 生理[月経]の: a *menstrual* period 生理[月経]期間.

men·stru·ate /ménstruèɪt/ 動 自 《格式》 生理[月

経]がある.

men·stru·a·tion /mènstruéɪʃən/ 名 U,C 《格式》生理, 月経; 生理[月経]期間.

mens·wear /ménzwèə | -wèə/ 名 U メンズウェア, 紳士服, 男性用衣類.

-ment /mənt/ 接尾 [動詞につく名詞語尾]「結果·状態·動作·手段」などを示す: move*ment* 運動.

***men·tal** /ménṭl/ 形 ❶ [普通は 限定] **精神の**, 心の; **知能の**, 知的な [⇔ physical, bodily]: suffer from (a) *mental* disorder [illness] 心の病気にかかる / a *mental* state 精神状態 / a child's *mental* development 子供の精神発達 / *mental* ability 知能. ❷ 限定 **頭の中でする:** have a *mental* picture [image] 頭に思い描く / do a *mental* arithmetic 暗算をする / I made a *mental* note to thank him later. 後で彼にお礼を伝えようと心に留めておいた. ❸ 限定 精神病の, 精神病を扱う: a *mental* patient 精神病患者. ❹ 叙述 《英略式》頭がおかしい. (名 mentálity, mind)

méntal áge 名 C 精神年齢 (*of*).

méntal blóck 名 C 精神的ブロック, 思考停止.

méntal héalth 名 U 心の健康, 精神衛生.

méntal hòspital 名 C 《古風》精神病院.

men·tal·i·ty /mentǽləṭi/ 名 (-i·ties) C 精神構造, (ある)心理状態; 考え方, 態度. (形 méntal)

+**men·tal·ly** /ménṭəli/ 副 ❶ **精神的に; 知能的に**, 知的に [⇔ physically]: be *mentally* ill 心の病気にかかっている (⇒ crazy 類義語). ❷ 頭の中で.

men·thol /ménθɔːl | -θɔl/ 名 U 〔化学〕メントール.

men·tho·lat·ed /ménθəlèɪṭɪd/ 形 (軟膏(なんこう)などが)メントールを含んだ.

****men·tion** /ménʃən/ 発音

— 動 (men·tions /~z/; men·tioned /~d/; -tion·ing /-ʃ(ə)nɪŋ/) 他 ❶ (...)を(ちょっと)**話に出す, 話題にする**, (...)に言及する; (人に)(...)のことを話す: Did he *mention* the accident *to* you? V+O+*to*+名 彼はその事故のことをあなたに話しましたか / He *mentioned* (*that*) he wanted to talk about something. V+O ((*that*)節) 彼は, 話し合いたいことがあると言っていた 多用 / We *mentioned* hav*ing* gone there. V+O (動名) 私たちはそこへ行ったことを話した / Did she *mention when* she'd seen him? V+O (*wh* 節) 彼女は彼にいつ会ったか言ってた? /「As I *mentioned* [As *mentioned*] above, we need more volunteers. 上述のようにもっと多くのボランティアが必要である.

> **...について話す**
> 彼女はこの問題について話さなかった.
> ○She didn't **mention** this problem.
> ×She didn't mention about this problem.

❷ (候補·注目すべき人として)(人)の**名をあげる:** She *was mentioned as* a likely successor. V+O+*as*+名の受身 後継者の有力候補として彼女の名があがっていた / Mr. Wilson *was mentioned* in the report for his contribution to the society. V+Oの受身 ウィルソン氏は協会に対して貢献した人として報告書に名前が載った.

Dòn't méntion it. Ⓢ 《丁寧》どういたしまして《お礼やおわびへの答え》.

nòt to méntion ... [前] ...はさておき, ...は言うまでもなく: I can't even afford a car, *not to mention* a private plane. 自家用の飛行機どころか, 車も買えない.

nów (that) you méntion it, [副] Ⓢ そう言われてみると.

— 名 (~s /~z/) ❶ U,C [普通は単数形で] **話に出すこと**, 言及, 話題にすること: He ***made*** no ***mention of*** the fact that he knew the accused personally. 彼はその被告を個人的に知っているという事実については何も言わなかった / There was no [little] *mention of* it in the newspapers. 新聞ではそのことが何も[ほとんど]触れられていなかった / Several other details deserve [are worthy of] *mention*. 他のいくつかの細かい点も言及するだけの価値がある. ❷ U,C [普通は単数形で] (名をあげての)表彰, 称賛.

+**men·tor** /méntɔə, -tɔə | -tɔː, -tə/ 名 (~s /~z/) C (経験豊かな)**助言[指導]者**, (恩)師.

men·tor·ing /ménṭərɪŋ, -tɔːr-/ 名 U (職場などでの)経験を積んだ人や有識者による指導体制.

+**men·u** /ménjuː/ 名 (~s/~z/) ❶ C **メニュー**, 献立表: What's ***on*** the ***menu***? メニューには何がありますか / Can I see [have] the *menu*, please? メニューを見せていただけますか. ❷ C 料理. ❸ C 〔コンピュータ〕メニュー《ディスプレーに表示される機能の一覧表》: pull down a *menu* (画面に)メニューを表示させる.
〖語源 原義はフランス語で「詳細なリスト」〗

ménu bàr 名 C 〔コンピュータ〕メニューバー.

me·ow, 《英》 **mi·aow** /miáʊ/ 名 C にゃあ《猫の鳴き声》. — 動 自 (猫が)鳴く (⇒ cry 表 cat, kitten).

mer·can·tile /mɚ́ːkəntìːl, -tàɪl | mɚ́ːkəntàɪl/ 形 限定 《格式》商業の, 貿易の [≒commercial]; 商人の.

mer·ce·nar·y /mɚ́ːsənèri | mɚ́ːsən(ə)ri/ 名 (-nar·ies) C (外国人の)雇い兵, 傭(よう)兵. — 形 [軽蔑的] 欲得ずくの, 金目当ての.

+**mer·chan·dise** /mɚ́ːtʃəndàɪz | mɚ́ː-/ 名 U **商品**《全体》: This shop sells *merchandise* from all over the world. この店は世界中の商品を扱っている.
— 動 他 (...)を商う, (...)の取り引きをする; (宣伝·広告などで) (...)の販売促進を図る.

mer·chan·dis·ing /mɚ́ːtʃəndàɪzɪŋ | mɚ́ː-/ 名 ❶ U 販売促進. ❷ U キャラクターグッズ[商品].

***mer·chant** /mɚ́ːtʃənt | mɚ́ː-/ 名 (mer·chants /-tʃənts/) ❶ C **商人**《特に, 外国との取り引きをする卸商》: a coal [wine] *merchant* 石炭[ワイン]商. ❷ C 《主に米》**小売商人**, 商店主 [≒storekeeper]: In those days the *merchants* closed their stores on Sundays. 当時日曜日には商人は店を休んだ. ❸ [形容詞的に] **商業の**; 商人の; 商船の. ❹ C 《英略式》[軽蔑的] ...マニア: a speed *merchant* スピード狂.

mérchant maríne [《英》 **návy**] 名 [the ~; しばしば the M- M-] (一国の)商船《全体》; [《英》単数または複数扱い] 商船の船員《全体》.

mer·ci·ful /mɚ́ːsɪf(ə)l | mɚ́ː-/ 形 ❶ 慈悲深い, 情け深い (*to*) [⇔ merciless]: a *merciful* queen 慈悲深い女王. ❷ (苦痛から解放してくれて)ありがたい, 幸いな: a *merciful* death 幸いな死. (名 mércy)

mer·ci·ful·ly /mɚ́ːsɪfəli | mɚ́ː-/ 副 ❶ 文修飾 ありがたいことに, 幸いにも: *Mercifully*, she survived the accident. 彼女は事故にあったが幸い助かった. ❷ 慈悲深く.

mer·ci·less /mɚ́ːsɪləs | mɚ́ː-/ 形 無慈悲な, 無情な; 情け容赦のない [⇔ merciful]. **~·ly** 副 容赦なく; 無慈悲に, 冷酷に.

mer·cu·ri·al /mə(ː)kjʊ́(ə)riəl | məː-/ 形 ❶ 《文語》(性格などが)移り気の, 気まぐれな. ❷ 《文語》快活な; 機転のきく. ❸ 〔化学〕水銀の(ような), 水銀を含む.

M

mer·cu·ry /mə́ːkjori | mə́ː-/ 名 ❶ U 水銀《元素記号 Hg》: *mercury* contamination [pollution] 水銀汚染. ❷ [the ~] (温度計などの)水銀柱; 気温.

Mer·cu·ry /mə́ːkjori | mə́ː-/ 名 固 ❶〔ローマ神話〕メルクリウス, マーキュリー《神々の使者で, 商業・技術・旅行・雄弁・盗賊などの守護神; ⇒ god 表》. ❷〔天文〕水星《⇒ planet 挿絵》.

+**mer·cy** /mə́ːsi | mə́ː-/ 名 ❶ U **慈悲**, あわれみ, 情け《罪人・敵・弱い者に対する》: beg [plead, ask] for *mercy* 慈悲を乞う / The terrorists ***showed*** no ***mercy to*** the hostages. テロリストたちは人質に少しも情けを示さなかった / May God ***have mercy on*** us! 神が我々にご慈悲をかけてくださいますよう! ❷ [a ~] 幸運(な出来事), (天の)恵み[助け]: It's *a mercy* (that) he's still alive! Ⓢ 彼が無事だったとはありがたいことだ.

at the mércy of ... = **at ...'s mércy** [前] **...のなすがままに(なって)**: The ship was *at the mercy of* the wind and the waves. 船は風と波に翻弄(ほんろう)されていた.

thrów onesèlf on 「...'s **mércy** [**the mércy of ...**] [動]《格式》...の情けにすがる. (形 mérciful)

〖語源 ラテン語で「報酬」の意〗

mércy kìlling 名 C,U 安楽死 [≒euthanasia].

*__mere__ /míə | míə/ ‼発音 形 限定 **ほんの**, ただの, 全く...にすぎない: The *mere* thought of the accident made me shudder. その事故のことをちょっと考えただけでぞっとした / He is a *mere* child. 彼はまだほんの子供だ. 語法 (1) 副詞の merely や only を用いるときには冠詞を後に置き *merely* [*only*] *a* child の語順になる. (2) 強調のために最上級を用いることがある: by *the merest* chance 全く偶然に / The *merest* hint of rain makes him stay indoors. 少しでも雨の気配があると彼は外出しない. 〖語源 ラテン語で「純粋な」の意〗

*__mere·ly__ /míəli | míə-/ 副 **単に...(だけ)**; わずかに...しか [≒only]: I *merely* asked her name. 私はただ彼女の名前を尋ねただけです / He said so *merely* as a joke. 彼は単に冗談としてそう言ったにすぎない / 言い換え She's *merely* a child. (= She's a mere child.) 彼女はほんの子供だ《⇒ mere 語法 (1)》.

nòt mérely ... but (àlso) ~ [接] **単に...だけでなく~も(また)** [≒not only ... but (also) ~].

mer·e·tri·cious /mèrətríʃəs⁻/ 形《格式》(議論などが)見かけ倒しの, まことしやかな.

+**merge** /mə́ːdʒ | mə́ːdʒ/ 動 (**merg·es** /~ɪz/; **merged** /~d/; **merg·ing**) 自 ❶ **合併する**, 併合する (*together*): That bank ***merged with*** our bank. V+*with*+名 その銀行はうちの銀行と合併した. ❷ 合わさる; (溶け込むように)次第に...になる; いつのまにか...になる; (川・道路などが)合流する: It seems as if the blue sky *merges into* the sea. まるで青空が海に溶け込んでいるようだ.

— 他 (企業など)を**合併する**, 併合する (*with, together*): The two banks *were **merged into*** a large one. V+O+*into*+名の受身 その 2 つの銀行が合併して大銀行になった. (名 mérger)

*__merg·er__ /mə́ːdʒə | mə́ːdʒə/ 名 (~s /~z/) C,U (企業などの)**合併**, 合同 (*with*): a ***merger between*** [*of*] two companies 2 つの会社の合併. (動 merge)

me·rid·i·an /məríḍiən/ 名 ❶ C 子午線, 経線《⇒ Greenwich》. ❷ [the ~] (太陽・星の)最も高く昇った位置.

me·ringue /məræ̃ŋ/ ≪フランス語から≫ 名 C,U メレンゲ《砂糖と泡立てた卵白などを混ぜて焼いたもの》; メレンゲ菓子.

me·ri·no /mərí:noʊ/ 名 (~s) ❶ C メリノ羊《スペイン原産》. ❷ U メリノ毛織物; メリノ(毛)糸.

+**mer·it** /mérɪt/ 名 (**mer·its** /-rɪts/) ❶ C [普通は複数形で] **長所**, 取り柄 [⇔ fault]: Each of these views has its *merits*. これらの見解にはそれぞれ長所がある. 日英 日本語の「(利益・不利益の観点からみた)メリットとデメリット」にあたるのは advántages and dísadvàntages であることも多い《⇒ demerit 成句, dis- 語法》. ❷ U《格式》(ほめられるべき)価値: The suggestion has [is of] considerable *merit*. その提案は相当に価値がある / There is not much *merit* in doing so. そんなことをしても大してほめられることではない. ❸ C [普通は複数形で] 手柄, 功績.

on mérit = **on ...'s (ówn) mérits** [副] (客観的に)それ自体[その人自身]の価値[実力]に基づいて. (形 mèritórious)

— 動 他 [進行形なし]《格式》(賞・罰など)に値する [≒deserve]: *merit* praise 称賛に値する.

mer·i·toc·ra·cy /mèrətá(ː)krəsi | -tɔ́k-/ 名 (-**ra·cies**) ❶ U,C エリート支配(の国), 実力主義社会. ❷ [the ~] (エリートの)支配層.

mer·i·to·ri·ous /mèrətɔ́ːriəs⁻/ 形《格式》価値[功績]のある, 感心な, 称賛に値する. (名 mérit)

mer·maid /mə́ːmèɪd | mə́ː-/ 名 C (女の)人魚《しばしば手にくしと鏡を持った姿で描かれる》.

mer·ri·ly /mérəli/ 副 ❶ Ⓦ 陽気に, 楽しげに. ❷《文語》快調に. ❸ [軽蔑的] 何も考えずに, のんきに.

mer·ri·ment /mérɪmənt/ 名 U《格式》陽気な騒ぎ, 笑い(声); 楽しさ. (形 mérry)

mer·ry /méri/ 形 (**mer·ri·er**; **mer·ri·est**) ❶《文語》陽気な, うきうきした; 愉快な《⇒ 類義語》: *merry* laughter 陽気な笑い / The children were *merry* as they decorated the Christmas tree. 子供たちはクリスマスツリーを飾りながらはしゃいでいた. ❷ 叙述《英略式》ほろ酔い(気分)で. ❸《古語》楽しい. **màke mérry** [動] 自《古風》浮かれる, 陽気に騒ぐ《⇒ merrymaking》. (名 mérriment)

類義語 **merry** 愉快に話をしたり笑ったり, 歌ったり戯れたりする陽気さを表わす: a *merry* crowd of students 愉快に騒いでいる学生たち. **cheerful** 楽しくて明るい気持ちが自然に外に表われた状態: a *cheerful* voice 明るい声. **cheery** 他人を *cheerful* にしようと努める陽気で明るい態度についていう: a *cheery* greeting 明るいあいさつ. **jolly**《主に英》で笑ったりふざけたりして活気にあふれた陽気さを表わすくだけた感じの語: a *jolly* fellow 陽気な男《しばしば大柄で太った人に使われる》.

mer·ry-go-round /mérigooràʊnd/ 名 ❶ C 回転木馬, メリーゴーラウンド. ❷ [単数形で] 目まぐるしく続くこと (*of*).

mer·ry·mak·ing /mérimèɪkɪŋ/ 名 U《文語》陽気に騒ぐこと《飲んだり歌ったりして》, お祭り騒ぎ.

me·sa /méɪsə/ ≪スペイン語から≫ 名 C メサ《米国南西部に多い, 頂上が平らで周囲が崖になった岩石台地》.

mes·ca·lin(e) /méskəlɪn, -lìːn/ 名 U メスカリン《幻覚剤》.

Mes·dames 名 Madame の複数形《略 Mmes., Mmes》.

Mes·de·moi·selles 名 Mademoiselle の複数形《略 Mlles.》.

mesh /méʃ/ 名 ❶ C,U 網(状のもの); 網目; 網目状の

M

編物[織物], メッシュ. ❷ Ⓒ [普通は単数形で] (考え・組織などの)複雑なからみ合い (*of*). ― 動 自 (性質・考えなどが)うまく調和する (*with*); (歯車が)かみ合う. ― 他 (...)を(～と)かみ合わせる (*with*).

mes·mer·ic /mezmérɪk/ 形 うっとりさせる, 恍惚(こうこつ)とさせる.

mes·mer·ize /mézmərὰɪz/ 動 他 [普通は受身で] (人)の目を奪う; (人)を魅惑する.

mes·mer·iz·ing /mézmərὰɪzɪŋ/ 形 魅惑に満ちた, うっとりと見とれてしまうような.

Mes·o·po·ta·mi·a /mès(ə)pətéɪmiə/ 名 固 メソポタミア《西アジアの Euphrates 川と Tigris 川に挟まれた地域; 古代文明の発祥の地》.

*__mess__ /més/ 名 (～·es /～ɪz/) ❶ [Ⓤ または a ～] **乱雑**, 取り散らかした状態: ***make*** a ***mess*** in the room 部屋を散らかす / The room was (***in***) ***a*** terrible ***mess***. 部屋はひどく散らかっていた.

❷ [a ～]《略式》**困った状況**, 窮地; 混乱, めちゃくちゃ: ***get into a mess*** 困ったことになる, 混乱する / I'm ***in an*** awful ***mess***. 今えらく困ったことになってるんだ.
❸ Ⓤ,Ⓒ 取り散らかしたもの; 汚らしいもの; 汚物;《英略式》(犬・猫の)ふん. ❹ [a ～]《略式》だらしない人, 汚らしい人; (生活・精神面で)まともでない人. ❺ Ⓒ (軍隊の)食堂.

a méss of ... [形]《米略式》たくさんの....

màke a méss of ... [動] 他《略式》...をしくじる; ...を台なしにする. (形 méssy)

― 動 他 ❶ (...)をよごす, 乱雑にする; (髪など)をくしゃくしゃにする. ❷《英》(ペット・人が)(場所)に粗相(そそう)をする.

― 自 ❶ (軍隊などの食堂で)食事をする (*together*; *with*). ❷《英》(ペット・人が)粗相をする.

méss ... aróund [《英》**abóut**] [動] 他《英略式》(人)をいいかげんに扱う, もてあそぶ.

méss aróund [《英》**abóut**] [動] 自 (1)《略式》ぶらぶら過ごす. (2)《略式》ばかげたことをする, くだらないおしゃべりをする.

méss aróund [《英》**abóut**] **with ...** [動] 他 (1)《略式》...をひっかき[いじくり]回す; (仕事など)に気まぐれに手を出す. (2)《略式》(人)をいいかげんに扱う, もてあそぶ; (異性など)に手を出す, ...と不倫する.

méss úp [動] 他 (1)《略式》(...)を取り散らかす, よごす. (2)《略式》(...)を台なしにする. (3)《略式》(...)をしくじる. (4)《略式》(人)を参らせる;《米略式》(人)をやっつける. ― 自《略式》(...で)しくじる (*on*).

méss with ... [動] 他《略式》...に手[ちょっかい]を出す; ...をいじくり回す; 干渉する; ...を怒らす.

***__mes·sage__ /mésɪdʒ/ [発音]

― 名 (mes·sag·es /～ɪz/) ❶ Ⓒ **伝言, 言づけ**(⇒ letter 類義語): There's a ***message for*** you ***from*** Mr. Ford. フォードさんからあなたへ伝言があります / He got [《格式》received] a ***message that*** his daughter had won the contest. [+that 節] 彼は娘がコンテストに優勝したという伝言を受け取った / I ***left*** a ***message*** on your voice mail. あなたの留守番電話に伝言を残しておきました / 💬 "Can I ***take*** a ***message***?" "No, thank you. I'll call again later." 「お言づけをいたしましょうか」「いえ, 結構です. あとでまたお電話します」/ I'll give Mr. Ford your ***message*** as soon as he comes back. フォードさんがお戻りになり次第お伝えします.

❷ Ⓒ (手紙・電信・E メールなどを通じて送る)**メッセージ**, 通信文;〔コンピュータ〕(エラーなどの)表示: send a *message* メッセージを送る. ❸ Ⓒ [普通は単数形で] (芸術・文学作品などの)訴え, 主張, ねらい: a movie with a *message* 主張のある映画 / What is this candidate's *message*? この候補者は何を訴えているのか / The movie *gets* its *message across* to the audience. その映画の意図は見た人に伝わる. ❹ Ⓒ (公式な)メッセージ;《米》(大統領の)教書. ❺ Ⓒ《米略式》(テレビ・ラジオの)コマーシャル.

gét the méssage [動] 自《略式》(相手の)本心[本音]を知る, 意をくみ取る.

― 動 (mes·sag·ing) 他 (E メールなどで)(人)にメッセージを送る.

〖語源 原義はラテン語で「送られたもの」〗

mes·sen·ger /més(ə)ndʒɚ | -dʒə/ 名 Ⓒ 使いの者, 使者; (電報などの)配達人: a diplomatic *messenger* 外交使節.

méss hàll 名 Ⓒ (軍隊などの)食堂.

Mes·si·ah /məsáɪə/ 名 ❶ 固 [the ～]〔ユダヤ教〕救世主, メシア;〔キリスト教〕キリスト (Christ). ❷ [m-] Ⓒ [普通は単数形で] 救世主.

Mes·sieurs /meɪsjɚ́ːz | -sjə́ːz/ 名 Monsieur の複数形 《略 Messrs.》.

Messrs. /mésɚːz | -səz/ 名 ❶ = Messieurs. ❷《格式》Mr. の複数形. 参考 主に人名を冠する会社へのあて名などに用いられる: *Messrs.* J.P. Brown & Co. J. P. ブラウン商会御中.

mess·y /mési/ 形 (mess·i·er; -i·est) ❶ 取り散らかした, むさ苦しい, きたない. ❷ (仕事などが)手の汚れる. ❸《略式》(状況などが)やっかいな, 解決の難しい. (名 mess)

***__met__ /mét/ 動 **meet の過去形および過去分詞**.

met·a·bol·ic /mèṭəbá(ː)lɪk | -bɔ́l-←/ 形 限定〔生物〕新陳代謝の.

métabolic sýndrome 名 Ⓤ〔医学〕メタボリックシンドローム, 代謝症候群《高血圧・高血糖・高脂血症・肥満などが組み合わさった状態; 動脈硬化の原因になる》.

me·tab·o·lis·m /mətǽbəlìzm/ 名 Ⓤ,Ⓒ〔生物〕代謝(作用), 新陳代謝.

***__met·al__ /méṭl/ (同音 mettle)

― 名 (～s /～z/) ❶ Ⓒ,Ⓤ **金属**: The cup is made of *metal*. そのカップは金属製だ / a *metal* container 金属製の容器 / precious *metals* 貴金属 / heavy [light] *metals* 重[軽]金属. ❷ Ⓒ 金属元素. (形 metállic)

métal detèctor 名 Ⓒ 金属[銃器]探知器.

métal fatìgue 名 Ⓤ〔物理〕金属疲労.

me·tal·lic /mətǽlɪk/ 形 [普通は 限定] ❶ 金属(質)の. ❷ (音・光沢などが)金属的な, (声が)きんきんした; (味が)金臭(かなくさ)い. (名 métal)

met·al·lur·gi·cal /mèṭələ́ːdʒɪk(ə)l | -lə́ː-←/ 形 冶金(やきん)の, 冶金学[術]の.

met·al·lur·gist /méṭələ̀ːdʒɪst | metǽlə-/ 名 Ⓒ 冶金(やきん)学[術]者.

met·al·lur·gy /méṭələ̀ːdʒi | metǽlə-/ 名 Ⓤ 冶金(やきん), 冶金学[術].

met·al·work /méṭlwɚ̀ːk | -wə̀ːk/ 名 Ⓤ 金属細工(術); 金属細工品.

met·al·work·er /méṭlwɚ̀ːkɚ | -wə̀ːkə/ 名 Ⓒ 金属細工師.

met·a·mor·phose /mèṭəmɔ́ɚfoʊz | -mɔ́ː-/ 動 自《格式》変態[変容]する (*into*). ― 他《格式》(...)を

(〜に)変態[変容]させる (*into*).

met·a·mor·pho·sis /mètəmɔ́ɚfəsɪs | -mɔ́:-/ 名 (複 met·a·mor·pho·ses /mètəmɔ́ɚfəsì:z | -mɔ́:-/) ❶ C,U 《格式》 変容, 変貌(へんぼう), 顕著な変化. ❷ C,U 〔生物〕 変態.

+**met·a·phor** /méṭəfɔ̀ɚ, -fɚ | -fə/ 名 (〜s /〜z/) ❶ U,C 〔修辞〕 **隠喩**(いんゆ), 暗喩. 関連 simile 直喩(ちょくゆ).

> 参考 ある語を like や as などを用いて「...のような」というはっきりした比喩の形にせず, 本来の意味とは違った比喩的な意味に用いること; 例えば, Mary is *a cat.* (メアリーは猫だ[=意地悪だ]).

❷ C,U 比喩表現, 象徴 (*for*).

met·a·phor·i·cal /mèṭəfɔ́:rɪk(ə)l | -fɔ́r-⁺/ 形 隠喩的な, 比喩的な. **-cal·ly** /-kəli/ 副 隠喩で, 比喩的に.

met·a·phys·i·cal /mèṭəfízɪk(ə)l⁺/ 形 ❶ 形而(けいじ)上学の. ❷ きわめて抽象的な; 難解な.

met·a·phys·ics /mèṭəfízɪks/ 名 ❶ U 形而(けいじ)上学. ❷ U 抽象的[難解]な議論.

mete /mí:t/ 動 他 [次の成句で] **méte óut** [動] 他 《格式》 (罰など)を与える (*to*).

me·te·or /mí:ṭiɚ, -ṭiɔ̀ɚ | -tiə, -tiɔ̀:/ 名 C 流星; いん石 (⇒ star 名 1 語法).

me·te·or·ic /mì:ṭiɔ́:rɪk | -ɔ́r-⁺/ 形 ❶ 流星のような; (一時的に)華々しい. ❷ 流星の.

me·te·or·ite /mí:ṭiəràɪt/ 名 C いん石.

me·te·or·o·log·i·cal /mì:ṭiərəlɑ́(:)ʤɪk(ə)l | -lɔ́ʤ-⁺/ 形 気象(学上)の: a *meteorological* observatory 気象台 / the *Meteorological* Agency (日本の)気象庁.

me·te·o·rol·o·gist /mì:ṭiərɑ́(:)ləʤɪst | -rɔ́l-/ 名 ❶ C 気象学者. ❷ C 気象予報士.

me·te·o·rol·o·gy /mì:ṭiərɑ́(:)ləʤi | -rɔ́l-/ 名 U 気象学.

**me·ter[1], 《英》 me·tre[1] /mí:ṭɚ | -tə/

— 名 (〜s /〜z/) C メートル (39.37 インチ; 略 m): The Statue of Liberty is 46 *meters* tall. 自由の女神像は 46 メートルの高さがある. (形 métric)

〖語源 ギリシャ語で「寸法」の意〗

+**me·ter[2]** /mí:ṭɚ | -tə/ 名 (〜s /〜z/) ❶ C **メーター**, (自動)**計量器**: a gas *meter* ガスのメーター / a fare *meter* (タクシーの)料金メーター / a *meter* reader 検針者. ❷ C = parking meter.

— 動 (-ter·ing /-ṭərɪŋ/) 他 (...)をメーターで測る.

me·ter[3], 《英》 **me·tre[2]** /mí:ṭɚ | -tə/ 名 C,U (詩の)韻律; 〔音楽〕 拍子.

-me·ter /məṭɚ | -tə/ 接尾 「...を計る器具, ...計」の意: speedo*meter* 速度計 / thermo*meter* 温度計. 発音 直前の音節に第一アクセントがくる (⇒ -metry 発音).

méter màid 名 C 《古風, 主に米》 駐車違反取締官 《女性》 [《英》 traffic warden].

meth·a·done /méθədòʊn/ 名 U メタドン (ヘロイン中毒治療薬; 鎮静剤).

meth·ane /méθeɪn | mí:-/ 名 U 〔化学〕 メタン.

***meth·od /méθəd/ !発音

— 名 (meth·ods /-θəʤ/) ❶ C (組織立った)**方法**, **方式** (⇒ 類義語): traditional *methods* 伝統的な方法 / use [adopt] a new *method* 新しい方法を用いる[採用する] / ***methods of*** payment 支払い方法 / He has introduced a new ***method of*** [***for***] teach***ing*** foreign languages. 彼は外国語の新教授法を導入した. ❷ U 《格式》 (考え·行動などの整然とした)筋道, 秩序, きちょうめんさ: with [without] *method* 順序立てて[でたらめに] / There's *method* in [to] his madness. 彼の狂気の中にも筋道は通っている(彼のやって[言って]いることは見かけほどむちゃくちゃではない) (*Hamlet* の中のことば). (形 methódical)

> 類義語 **method** 細部まで整然と筋の通った秩序立った方法: a scientific *method* of investigation 科学的調査法. **manner** 他と異なる独特のやり方の意で, 個性や癖が表われている場合に多く用いられる: He speaks in a general, abstract *manner*. 彼は概括的で抽象的なものの言い方をする. **fashion** 単なる外面上のやり方について多く用いる格式ばった語: in military *fashion* 軍隊式に. **way** 以上のどの語の意味でも用いられるごく一般的な語.

〖語源 ギリシャ語で「後を追っていくこと」の意〗

me·thod·i·cal /məθɑ́(:)ḍɪk(ə)l | -θɔ́d-/ 形 (組織立った)方法による, 整然とした, 組織的な; きちょうめんな. (名 méthod)

-cal·ly /-kəli/ 副 整然と, 手順よく.

Meth·od·is·m /méθəḍìzm/ 名 U 〔キリスト教〕 メソジスト派, メソジスト派教義.

Meth·od·ist /méθəḍɪst/ 名 C メソジスト教徒. — 形 メソジスト派[教徒]の.

meth·od·o·log·i·cal /mèθəḍəlɑ́(:)ʤɪk(ə)l | -lɔ́ʤ-⁺/ 形 《格式》 方法論的な.

meth·o·dol·o·gy /mèθədɑ́(:)ləʤi | -dɔ́l-/ 名 U,C 《格式》 方法論; 方式, 方法, やり方.

méth·yl álcohol /méθ(ə)l-/ 名 U メチルアルコール.

me·tic·u·lous /mətíkjələs/ 形 細かいことに気を使う; きちょうめんな, 厳密[細心]な (*about, in*). **〜·ly** 副 細心の注意を払って, きちょうめんに.

mé·tier /métjeɪ/ ≪フランス語から≫ 名 C [普通は単数形で] 《格式》 天職; 専門, 本職, 得意分野.

Mét Òffice 名 [the 〜] 《英》 気象庁.

**me·tre[1] /mí:ṭɚ | -tə/ 名 《英》 = meter[1].

me·tre[2] /mí:ṭɚ | -tə/ 名 《英》 = meter[3].

met·ric /métrɪk/ 形 ❶ メートル法の: go *metric* メートル法を採用する. ❷ = metrical. (名 1 では méter[1])

met·ri·cal /métrɪk(ə)l/ 形 《格式》 韻律[韻文]の.

métric sỳstem 名 [the 〜] メートル法.

métric tón 名 C メートルトン (1000 キログラム).

met·ro /métroʊ/ 名 (〜s) C [普通は the 〜, the M-] (パリなどの)地下鉄: by *metro* 地下鉄で (⇒ by 前 2 語法). — 形 《米略式》 = metropolitan.

met·ro·nome /métrənòʊm/ 名 C メトロノーム.

me·trop·o·lis /mətrɑ́(:)pəlɪs | -trɔ́p-/ !アク 名 ❶ C 主要[大]都市. ❷ C 首都 [≒capital]. (形 mètropólitan)

+**met·ro·pol·i·tan** /mètrəpɑ́(:)lətn | -pɔ́l-⁺/ 形 限定 **大都市の**; 首都の: the *metropolitan* area 大都市[首都]圏. (名 metrópolis)

-me·try /mətri/ 接尾 「測定(法)」の意: geo*metry* 幾何学. 発音 直前の音節に第一アクセントがくる (⇒ -meter 発音).

met·tle /méṭl/ 名 U 気概, 気骨, 勇気: prove [show] one's *mettle* 気概を示す.

mew /mjú:/ 名 C にゃあ, みゃお (猫·かもめの鳴き声). — 動 自 (猫·かもめが)鳴く [≒meow].

Mex. 略 = Mexico.

Mex·i·can /méksɪk(ə)n/ 形 メキシコの; メキシコ人[系]

M

の. ― 名 C メキシコ(系)人.

Méxican wáve 名 [the ~] 《英》 = wave 5.

Mex·i·co /méksɪkòʊ/ 名 固 ❶ メキシコ《米国の南にある共和国; 首都 Mexico City; 略 Mex.》. ❷ the Gulf of ~ メキシコ湾.

México Cíty 名 固 メキシコシティー《メキシコの首都》.

mez·za·nine /mézənìːn/ 名 ❶ C 中二階. ❷ C 《米》二階桟敷(さじき)(の前列)《特等席》.

mez·zo /métsoʊ/ 名 (~s) C = mezzo-soprano. ― 副 〔音楽〕 適度に, やや.

mez·zo-so·pran·o /métsoʊsəprǽnoʊ | -prɑ́ːn-/ 名 (~s) ❶ C 〔音楽〕 メゾソプラノ《女声の中間音域》. ❷ C 〔音楽〕 メゾソプラノ歌手.

mg 略 = milligram(s).

MHz 略 = megahertz.

mi /míː/ 名 [単数形で] 〔音楽〕 ミ《全音階の第 3 音》.

MI 略 = 〔米郵便〕 Michigan.

Mi·am·i /maɪǽmi/ 名 固 マイアミ《米国 Florida 州南東部の港市で避寒地》.

mi·aow /miáʊ/ 名, 動 《英》 = meow.

mi·as·ma /maɪǽzmə/ 名 [単数形で] 《文語》 (沼地などから発生する)毒気; 悪い影響[雰囲気].

mi·ca /máɪkə/ 名 U 〔鉱物〕 雲母(うんも).

+**mice** /máɪs/ 名 **mouse の複数形.**

Mich. 略 = Michigan.

Mi·chael /máɪk(ə)l/ 名 固 マイケル《男性の名; 愛称は Mike または Mick, Mickey, Micky》.

Mich·ael·mas /mík(ə)lməs/ 名 U,C ミカエル祭《9 月 29 日》.

Mi·chel·an·ge·lo /màɪkəlǽnʤəlòʊ/ 名 固 ミケランジェロ (1475-1564)《イタリアの彫刻家・画家・建築家》.

Mich·i·gan /míʃɪgən/ 名 固 ❶ ミシガン《米国北部の州; 略 Mich., 〔郵便〕では MI》. ❷ Lake ~ ミシガン湖《米国 Michigan 州と Wisconsin 州の間の湖; ⇒ Great Lakes》. 〖語源 北米先住民のことばで「大きな湖」の意〗

Mick /mík/ 名 固 ミック《男性の名; Michael の愛称》.

Mick·ey, Mick·y /míki/ 名 固 ミッキー《男性の名; Michael の愛称》.

Míckey Mòuse 名 固 ミッキーマウス《Disney のアニメに登場するねずみ》. ― 形 限定 《略式》 たやすい; 取るに足らない, くだらない, つまらない.

mi·cro /máɪkroʊ/ 名 (~s) C 《略式》 = microcomputer.

mi·cro- /máɪkroʊ/ 接頭 ❶「小, 微小」の意 [⇔ macro-]: *micro*film マイクロフィルム / *micro*scope 顕微鏡. ❷「100 万分の 1」の意.

mi·crobe /máɪkroʊb/ 名 C 微生物, 細菌.

mi·cro·bi·ol·o·gist /màɪkroʊbaɪɑ́(ː)ləʤɪst | -ɔ́l-/ 名 C 微生物学者.

mi·cro·bi·ol·o·gy /màɪkroʊbaɪɑ́(ː)ləʤi | -ɔ́l-/ 名 U 微生物学, 細菌学.

mi·cro·brew·er·y /máɪkroʊbrùːəri/ 名 C 小規模ビールメーカー, 地ビール醸造所[業者].

mi·cro·chip /máɪkroʊʧìp/ 名 C 〔電子工学〕 マイクロチップ《集積回路を作りつけた半導体の小片》.

mi·cro·cli·mate /máɪkroʊklàɪmət/ 名 C 小気候《一局地の気候》.

mi·cro·com·put·er /máɪkroʊkəmpjùːtə | -tə/ 名 C マイクロコンピューター.

mi·cro·cos·m /máɪkrəkɑ̀(ː)zm | -kɔ̀zm/ 名 C 小宇宙, (限られた)(小)世界 [⇔ macrocosm]; (宇宙の縮図としての)人間(社会); 縮図 (*of*). **in mícrocosm** [副] 縮図の形で.

mi·cro·fiche /máɪkroʊfìːʃ/ 名 (~(s)) U,C マイクロフィッシュ《書籍の全ページなどを写したシート状のマイクロフィルム》.

mi·cro·film /máɪkroʊfìlm/ 名 U,C マイクロフィルム《文書などの縮小撮影フィルム》. ― 動 他 (...)をマイクロフィルムにとる.

mi·crom·e·ter /maɪkrɑ́(ː)məṭə | -krɔ́mətə/ 名 C マイクロメーター, 測微計.

mi·cron /máɪkrɑ(ː)n | -krɔn/ 名 C ミクロン《100 万分の 1 メートル》.

Mi·cro·ne·sia /màɪkrəníːʒə/ 名 固 ミクロネシア《Oceania 北西部の諸島の総称》.

Mi·cro·ne·sian /màɪkrəníːʒən⁻/ 形 ❶ ミクロネシア(人)の. ❷ ミクロネシア語群の. ― 名 ❶ C ミクロネシア人. ❷ U ミクロネシア語群.

mi·cro·or·gan·is·m /màɪkroʊɔ́əgənìzm | -ɔ́ː-/ 名 C 微生物《バクテリアなど》.

+**mi·cro·phone** /máɪkrəfòʊn/ 名 (~s /~z/) C **マイクロホン, マイク** [《略式》 mike]: speak *through* [*into*] a *microphone* マイクで話す.
〖語源 ⇒ micro-, -phone〗

mi·cro·pro·ces·sor /máɪkroʊprɑ̀(ː)sesə | -prɔ̀sesə/ 名 C 〔コンピュータ〕 マイクロプロセッサー《超小型コンピューターの中央処理装置》.

mi·cro·scope /máɪkrəskòʊp/ !アク 名 C **顕微鏡:** He examined a drop of blood *under* [*through*] the *microscope*. 彼は 1 滴の血液を顕微鏡で調べた. **pút ... ùnder the mícroscope** [動] 他 (...)を詳細に分析[調査]する. (形 mìcroscópic)
〖語源 ⇒ micro-, -scope〗

+**mi·cro·scop·ic** /màɪkrəskɑ́(ː)pɪk | -skɔ́p-⁻/ 形 ❶ **顕微鏡でしか見えない, 微小の.** ❷ 限定 顕微鏡の[による]. (名 mícroscòpe)

mi·cro·wav·a·ble /màɪkrəwéɪvəbl⁻/ 形 電子レンジで調理できる.

+**mi·cro·wave** /máɪkrəwèɪv/ 名 (~s /~z/) ❶ C **電子レンジ**《⇒ kitchen 挿絵》: heat ... in the *microwave* ...を電子レンジで温める. 日英「電子レンジ」を electronic range とはいわない. ❷ C 〔無線〕 極超短波, マイクロ波《波長は 1mm から 30cm》.
― 動 他 (...)を電子レンジで調理する.

mi·cro·wave·a·ble /màɪkrəwéɪvəbl⁻/ 形 = microwavable.

mícrowave òven 名 C = microwave 1.

mid /míd/ 形 限定 中央の, 中部の, 中間の: in *mid*(-)June 6 月中旬に.

mid- /míd/ 接頭「中央, 中間」の意: *mid*summer 真夏.

mid·air /mídéə | -éə/ 名 U 空中, 中空: in *midair* 空中で, 中空に / a *midair* collision 空中衝突.

Mi·das /máɪḍəs/ 名 固 〔ギリシャ神話〕 ミダス《手に触れるものをみな黄金に変える力を得たが, 食べることも飲むこともできないので元に戻してもらった王様》.

mid·day /míddéɪ⁻/ 名 U 正午, 真昼 [≒noon]: at *midday* 正午に / a *midday* meal 昼食.

***mid·dle** /mídl/

― 名 (~s /~z/) ❶ [the ~] **真ん中(の部分), 中央; 中間, 中途**《⇒ 類義語》: *the middle of* the room [field] 部屋[畑]の真ん中 / Come and sit *in the middle*. 真ん中へ来ておかけください / The girl was

M

standing (right) ***in the middle of*** the road. その女の子は道の真ん中に立っていた / The cherry trees will be in full bloom *in the middle of* April. 桜は4月の半ばには満開になるだろう / It occurred *in the middle of* the night. それは夜中に起こった《⇒ midnight 1 語法》. ❷ [the ~, または所有格とともに]《略式》(人体の)胴, ウエスト [≒waist]: I measure 25 inches around *the* [*my*] *middle*. 私の胴回りは25インチある.

dòwn the míddle [副] 真っ二つに; ちょうど半分に: split [divide] the cost *down the middle* 費用を折半する.

in the míddle of ... [前] (1) **...の真ん中に, ...の中央に**; ...の中ごろに《⇒ 1》. (2) ...の最中に, ...している最中に (doing): Mr. Long had to leave *in the middle of* the discussion. ロング氏は討論の最中に中座しなければならなかった.

類義語 middle は厳密には2点または2面の間の真ん中を表わす: fold the paper in the *middle* 紙を真ん中で折る. center は円形または球形の物の周囲から等距離にある真ん中を表わし, 細長い物には使えない: the *center* of a circle 円の中心. また *middle* は *center* に比べて, より漠然と中央付近の線または場所を示すことが多く, 時間や比喩的な意味にも用いられる: in the *middle* of the concert コンサートの最中に. heart 重要度も高く, 密度も濃い中心部をいう: The building is in the *heart* of the city. その建物は市の中心部にある.

— 形 ❶ 限定 **真ん中の**, 中央の, 中間の: the *middle* house in the row 家並みの真ん中の家 / the *middle* child of three 3人兄弟の真ん中の子供 / in one's *middle* twenties 20代の半ばで[に]. ❷ 限定 中位の, 中等の, 並みの.

míddle áge 名 U 中年《40-60歳ぐらい》.

mid·dle-aged /mídḷéɪʤd←/ 形 ❶ 中年の: a *middle-aged* man 中年の男性 / *middle-aged* spread 中年太り. ❷ (態度・考え方などが)中年特有[好み]の, 古くさい.

Míddle Áges 名 複 [the ~] 中世《ヨーロッパ史では西ローマ帝国衰退期の4-5世紀から文芸復興 (the Renaissance) の始まる15世紀まで》.

Míddle América 名 ❶ U 中流階級の米国人《全体; 保守的とされる》. ❷ 固 米国中西部 [≒Midwest]. ❸ 固 中部アメリカ《中米 (Central America) のほかにメキシコ, しばしば西インド諸島も含む》.

mid·dle·brow /mídḷbràʊ/ 形, 名 C [普通は軽蔑的] 学問や教養が中程度の(人(向きの)). 関連 highbrow 学問や教養の高い / lowbrow 学問や教養の低い.

míddle C 名 U 〔音楽〕(鍵盤)中央のハ音.

***míddle cláss** 名 [the ~,《英》単数または複数扱い; ときに the ~es] **中流階級**: The family belongs to *the middle class*. その家族は中流階級に属している.

+**mid·dle-class** /mídḷklǽs | -klɑ́ːs←/ 形 限定 **中流階級の**: *middle-class* life 中流の暮らし. 関連 upper-class 上流階級の / lower-class 下層階級の.

míddle dístance 名 [the ~] (風景・絵画などの)中景. 関連 foreground 前景 / background 背景.

mid·dle-dis·tance /mídḷdístəns←/ 形 限定 中距離の: a *middle-distance* runner 中距離走者.

míddle éar 名 [the ~] 〔解剖〕中耳(ちゅうじ).

+**Mid·dle East** /mídḷíːst/ 名 固 [the ~] **中東**, 中近東《リビアからアフガニスタンに至る北東アフリカ・アラビア半島・西南アジアの一帯の総称》. 関連 Far East 極東 / Near East 近東.

Míddle Éastern 形 中東の.

Míddle Énglish 名 U 中(期)英語《1100-1500年ごろの英語》.

míddle fínger 名 C 中指《⇒ hand 挿絵》.

míddle gróund 名 [単数形で; 普通は the ~] (政治的立場の)中道, 妥協点.

mid·dle·man /mídḷmæ̀n/ 名 (-men /-mèn/) ❶ C 仲買人, 中間商人《生産者と小売商・消費者との間に立つ》. ❷ C 仲介[仲裁]者.

míddle mánagement 名 U [《英》単数または複数扱い] 中間管理職《全体》.

míddle náme 名 C ミドルネーム《Robert Louis Stevenson の Louis のように first name と surname の間の名; ⇒ name 名 1 参考 (2)》.

mid·dle-of-the-road /mídḷə(v)ðəróʊd←/ 形 (政策などが)中道の, 穏健な; 万人受けのする.

míddle schòol 名 C《米》ミドルスクール, 中等[中間]学校《4-4-4, 5-3-4 などの学年制で中間の学年を教育する学校; ⇒ school' 表》;《英》= secondary school.

mid·dle-sized /mídḷsáɪzd←/ 形 中型の.

mid·dle·weight /mídḷwèɪt/ 名 C (ボクシングなどの)ミドル級の選手.

Míddle Wést 名 固 [the ~] = Midwest.

mid·dling /mídlɪŋ/ 形 [普通は 限定]《略式》中位の, 並みの, 二流の.

Míd éast 名 固 [the ~]《米》= Middle East.

mid·field /mídfìːld/ 名 U (サッカーなどで)フィールドの中央部; 中盤の選手《全体》; [形容詞的に] フィールド中央部の.

mid·field·er /mídfìːldə | -də/ 名 C 〔サッカー〕ミッドフィールダー.

midge /míʤ/ 名 C ゆすりか《吸血しない小さい昆虫》; ぬかか《吸血する》.

midg·et /míʤɪt/ 名 C [差別的] 小人(こびと); [形容詞的に] 極小型の.

mid·land /mídlənd/ 名 ❶ C (国の)中部地方; [形容詞的に] 内陸の, 中部地方の. ❷ [the Midlands として単数または複数扱い] イングランドの中部地方.

míd·life crísis /mídlàɪf-/ 名 C 中年の危機《焦り・自信喪失など》.

****mid·night** /mídnàɪt/

— 名 ❶ U **午前0時** [⇔ noon]: I came home ***at midnight***. 私は0時に帰宅した《✪ in the midnight とは言わない》/ after [before] *midnight* 0時過ぎ[前]に / 12 *midnight* 夜の12時《12 *noon* (昼の12時)に対して》. 語法 普通 at midnight は「真夜中の0時に」であるのに対し, in the middle of the night は「夜中[深夜]に」の意で午後11時から午前4時ごろまでと幅がある. ❷ [形容詞的に] 真夜中の; 真っ暗やみの: the *midnight* sun 真夜中の太陽《極地の夏に見られる》.

mid·riff /mídrɪf/ 名 (~s) C 胴の中央《胸部と腰部の間》; 〔解剖〕横隔膜.

mid·ship·man /mídʃɪpmən/ 名 (-men /-mən/) C《米》海軍兵学校生徒;《英》海軍少尉候補生.

mid·size /mídsàɪz/, **mid·sized** /-sàɪzd/ 形 限定《主に米》(自動車などが)中型の.

+**midst** /mídst, mítst/ 名 [the ~, または所有格とともに]《格式》**中央**, 真ん中: We have an enemy in *our midst*. 我々の内部に敵がいる. **in the mídst of ...** [前]《格式》...の真ん中に; ...のさなかに.

M

mid·stream /mídstríːm←/ 名 U (川の)流れの中ほど, 川の真ん中; (物事の)途中.

mid·sum·mer /mídsʌ́mɚ | -mə←/ 名 U 真夏; 夏至のころ《北半球で 6 月 21 日ごろ》.

Míd·sum·mer('s) Dáy /mídsʌ̀mɚ(z)- | -mə(z)-/ 名 U,C 《英》 バプテスマのヨハネ《⇒ John 4》の祭日《6 月 24 日》.

mid·term /mídtɚ̀ːm | -tə̀ːm/ 名 U (学期・政権任期の)中間; C 《米》 中間試験. — 形 限定 (学期・任期の)中間の: the *midterm* election [exam] 中間選挙[試験].

mid·town /mídtàʊn/ 名 U 《米》 (大都会の)中間部《商業地区 (downtown) と住宅地 (uptown) の間》. — 副, 形 《米》 (大都会の)中間部へ[の].

mid·way /mídwéɪ←/ 副, 形 限定 中途に[の], (...の)中ほどに[の] (*between, through*).

mid·week /mídwíːk←/ 名 U 週の半ば《特に水曜》; [形容詞的に] 週半ばの. — 副 週半ばに.

Mid·west /mídwést←/ 名 固 [the ～] 米国中西部《Allegheny 山脈から Rocky 山脈に至る地域》.

Mid·west·ern /mídwéstɚn | -tən←/ 形 米国中西部の.

mid·wife /mídwàɪf/ 名 (-wives /-wàɪvz/) C 助産師, 産婆.

mid·wife·ry /mídwàɪf(ə)ri/ 名 U 助産術.

mid·win·ter /mídwíntɚ | -tə←/ 名 U 真冬; 冬至のころ《北半球で 12 月 22 日ごろ》.

mid·year /mídjìɚ | -jə̀ː/ 名 ❶ U 一年の中ごろ. ❷ C (学年の)中間試験. — 形 限定 一年の中間の[にある].

mien /míːn/ 名 [単数形で] 《文語》 (...の)態度, 風采(ふうさい): a man of gentle *mien* 物腰の柔らかい紳士.

miffed /míft/ 形 叙述 《略式》 むっとした.

Mif·fy /mífi/ 名 固 ミッフィー《オランダの絵本に出てくるうさぎ》.

*** **might**[1] /maɪt, máɪt/ ✪ -ght で終わる語の gh は発音しない. (同音 mite[1, 2])
— 助 **may の過去形.**

単語のエッセンス
1) ...かもしれない A ❶; B ❶, ❹, ❺
2) ...してもよい; 仮に...してよいのなら A ❷; B ❸, ❽
3) ...するために; ...できるかもしれない A ❸; B ❷, ❼
4) [wh 節で] ...だろうか A ❹

A [直説法過去形] 語法 主節の述語動詞が過去時制のとき, 従属節において用いる《⇒ **巻末文法** 14. 2 (4)》.
❶ /màɪt/ **...かもしれない, たぶん...だろう**《⇒ may 1》: 言い換え He *said* that the news *might* not be true. (= He said, "The news *may* not be true.") 彼はその知らせは本当ではないかもしれないと言った / I *thought* he「*might* come [*might* have missed the train]. 私は彼が来るかもしれない[電車に乗りそこなったかもしれない]と思った.
❷ 《格式》 **...してもよい**, ...しても差しつかえない《⇒ may 2》: 言い換え He *told* me that I *might* go wherever I liked. (= He said to me, "You *may* go wherever you like.") 彼は私にどこでも好きな所へ行っていいと言った / 言い換え I *asked* her if I *might* use the phone. (= I said to her, "*May* I use the phone?") 私は彼女に電話を借りてもいいですかと聞いた / She *answered* that I *might* take that one. 彼女は私にそれを取ってもいいと答えた.
❸ [目的を表わす副詞節で] 《格式》 **...するために**, ...することができるように《⇒ may 6》: She *studied* very hard *in order that* she *might* succeed. うまくいくようにと彼女は一生懸命勉強した.
❹ [普通は wh 節で] **...だろうか**, ...かしら《⇒ B 9》: I *wondered what* he *might* be doing there. 一体あの男はそこで何をしているのかなと思った. ❺ (1) [希望・懸念などを表わす動詞などに続く名詞節で] ...するように(と), ...ではないか(と)《⇒ may 7 (1)》: 言い換え She *said* she *feared* that he *might* fail. (= She said, "I fear that he *may* fail.") 彼女は彼が失敗するのではないかと心配していると言った / They *hoped* that *he might* succeed. 彼らは彼が成功するようにと望んだ. (2) 《格式》 (願わくは)...しますように(と)《⇒ may 7 (2)》: 言い換え He *wished* that I *might* be happy. (= He said to me, "*May* you be happy!") 彼は幸せになりますようにと言ってくれた.

B [仮定法過去形] ❶ /màɪt/ (1) **...かもしれない**《「もしかすると」という仮定の気持ちが加わり may よりも疑いの気持ちが強い場合もあるが, ほぼ同様に用いる; ⇒ could B 1 (7)》: It (just) *might* rain tomorrow. (ひょっとしたら)あすは雨かもしれない / Things *might* not be so bad as they seem. 事態は見かけほど悪くないのかもしれない《⇒ may 1 語法 (1)》 / He *might* come or he *mìght* nót. 彼は来るかもしれないし, 来ないかもしれない / *Might* it be better to stop now? もうやめたほうがいいでしょうか / It *might* be a good idea to talk to a doctor. 医者に相談してみるのもいいかもしれません《♥ 控えめな助言》.
(2) [might have＋過去分詞の形で; ⇒ B 5, B 7 (2)] (もしかすると)**...したかもしれない**《過去のことに対する疑いを含んだ現在の推量を表わす》: You *might have dropped* it somewhere. ひょっとしたらどこかに落としたかもしれない / She *might* not *have known* the truth. 彼女はもしかしたら真相を知らなかったのかもしれない.
❷ (1) [平叙文で] **...できるかもしれない**《may よりは意味が弱い》: He *might* be called the Shakespeare of Japan. 彼は日本のシェークスピアと言えるかもしれない.
(2) [might ... but ～ の形で, 譲歩を表わす] (あるいは)**...かもしれないが**(しかし): He *might* be clever, *but* he doesn't know everything. 彼は利口かもしれないが, 何でも知っているわけではない. (3) [副詞節で] たとえ...であっても: Whatever faults he *might* have, meanness is not one of them. 彼にたとえどんな欠点があろうとも卑劣ということはない.
❸ [現在における仮定を表わす節で] **仮に...してよいのなら**, もし...することが許されるのなら《けんそんした言い方》: *If* I *might* make a guess, I should say that it would be impossible. 私に推量が許されるのならそれは不可能だと申し上げたい.
❹ /màɪt/ [仮定の結果を表わす節で] (仮に...ならば[だとすれば])**...かもしれない**; ...できるかもしれない: She *might* be successful *if* she *tried* harder. 彼女はもっと努力すれば成功するかもしれないのに.
❺ /màɪt/ [might have＋過去分詞の形で; ⇒ B 1 (2); B 7 (2)] (1) (仮に...だったとしたならば)**...であったかもしれない**; ...できたかもしれない《過去の事実と反対の条件の下での結果を示す》: *If* he *had tried* harder, he *might have succeeded*. もし彼がもっと努力していたら, 成功したかもしれない / I *might have done* it *if* I *had wanted* to. もし私にその気があったらやっただろう. (2) [仮定を表わす節などが省略されて] ...であった[できた]かもしれない《実際には起こらなかった過去のことについての推量を表わす》: This medicine *might have cured*

him. この薬があったら彼の病気は治っていたかもしれないのに《実際には治らなかった》.

❻ [丁寧な提案や助言を表わして] Ⓢ **...したらどうでしょうか**《✪ しばしば want to, like to を伴う》: "I've had difficulty sleeping lately." "Really? You *might want to* talk to a doctor."「最近よく眠れないんです」「そうなんですか? 医者に相談してみるといいかもしれませんよ」/ "I want to discuss this more, but we don't have time now." "Well, we *might* meet again this afternoon."「この件についてもっと話し合いたいのですが, 今は時間がありません」「では, 午後にもう一度会いましょうか」

❼ [非難や残念な気持ちを表わして] (1) (...してくれるつもりなら)**できるのに**, ...してくれてもよいのに: You *might* (at least) help us. (せめて)私たちを手伝ってくれてもよさそうなものなのに / You *might* be more grateful! もっとありがたく思ったらどうなの.

(2) [might have＋過去分詞の形で; ⇒ B 1 (2), B 5] (...してくれるつもりなら)できたのに, ...してくれてもよかったのに: You *might have helped* us when we asked you to. 私たちが頼んだとき手伝ってくれてもよさそうなものだったのに. ❽ [特に疑問文で; 許可を求めたり申し出を表わす] Ⓢ《英格式, 丁寧》...してもよい, ...しても差しつかえない《♥「もしできるなら」という仮定の気持ちが含まれるので遠慮がちで丁寧になるが, 格式ばった印象があり May I ...? と比べてまれ》: "*Might* I sit here?" "Certainly."「ここに座ってもよろしいでしょうか」「ええ, どうぞ」《答えには一般に might を用いない》/ "*Might* I ask you some questions?" "Please go ahead."「質問してもよろしいでしょうか」「どうぞお聞きください」/ "*Might* I offer you a glass of wine?" "Yes, thank you."「ワインはいかがでしょうか」「ええ, どうも」 ❾ [特に wh 疑問文で]《格式》...だろうか《こっけいな用法》: And *who might* you be*?* で, どちら様でしたか.

I mìght have knówn [guéssed] ... Ⓢ ...だろうと思っていた(別に驚かない): I *might have known* that she would say so. 彼女がそう言うだろうってことは知ってた.

míght (júst) as wèll ... as ~ ⇒ may (just) as well ... as ~ (well[1] 副 成句).

might[2] /máɪt/ 名 U (大きな)力, 勢力, 権力; 腕力: *Might* makes [is] right.《ことわざ》力は正義なり(勝てば官軍). **with áll** one's **míght** [副] 力いっぱい, 一生懸命に.

might·i·ly /máɪṭəli/ 副 非常に;《格式》精一杯.

+**might·n't** /máɪtnt/《略式, 主に英》**might[1] not の短縮形**. A [直説法過去形]《⇒ might[1] A》: He *said* (that) the rumor *mightn't* be true. 彼はそのうわさは本当ではないかもしれないと言った. B [仮定法過去形]《⇒ might[1] B》: You *mightn't* be in time for the last train. 終電に間に合わないかもしれないよ.

might've /máɪṭəv/《略式》might[1] have[2] の短縮形: He *might've* missed the train. 彼は電車に乗りそこなったのかもしれない.

+**might·y** /máɪṭi/ 形 (might·i·er; might·i·est) ❶《文語》(人・物などが)**力強い**; **強力な**, 強大な: a *mighty* army 強大な軍隊 / a *mighty* warrior 力強い武人 / The pen is *mightier* than the sword.《ことわざ》ペンは剣よりも強し(文は武に勝る). ❷《文語》広大な, 大いなる, すばらしい: the *mighty* Mississippi river 大いなるミシシッピ川の流れ.

— 副《略式, 主に米》すごく, とっても [≒very]: a *mighty* fine record ものすごい好記録.

mi·graine /máɪgreɪn | míː-, máɪ-/ 名 U,C 片頭痛.

+**mi·grant** /máɪgrənt/ 名 (mi·grants /-grənʦ/) ❶ C **移住者**; 季節労働者: an economic *migrant* 経済的移住者《外国への出稼ぎ人など》/ *migrant* workers 移動労働者. ❷ C 渡り鳥; 移動性動物.

+**mi·grate** /máɪgreɪt, maɪgréɪt/ 動 (mi·grates /máɪgreɪʦ, maɪgréɪʦ/; mi·grat·ed /-ṭɪd/; -grat·ing /-ṭɪŋ/) 自 ❶ (鳥・魚などが)**定期的に移動する, 渡る**, 回遊する: Does this bird *migrate*? この鳥は渡り鳥ですか.

❷ (人が職を求めて)**移住する**, 渡り歩く (*from*, *to*): *migrate* abroad 外国へ移住する. ❸〔コンピュータ〕(他のシステム[コンピューター]にデータを)移行する (*from*, *to*).

+**mi·gra·tion** /maɪgréɪʃən/ 名 ❶ U,C (鳥・魚の)**移動**, 渡り; (労働者の)**移住**, 転住. ❷ U,C〔コンピュータ〕(他のシステム[コンピューター]へのデータの)移行.

mi·gra·to·ry /máɪgrətɔ̀ːri | -təri, -tri/ 形 移動[移住]性の [⇔ sedentary]: a *migratory* bird 渡り鳥.

mike /máɪk/ 名 C《略式》マイク (microphone): speak *through* [*into*] a *mike* マイクで話す.

Mike /máɪk/ 名 固 マイク《男性の名; Michael の愛称》.

Mi·lan /mɪlǽn/ 名 固 ミラノ《イタリア北部の都市》.

*__mild__ /máɪld/ 形 (mild·er; mild·est) ❶ **厳しくない**, 軽い, ゆるやかな [⇔ severe]: a *mild* punishment 軽い罰.

❷ (天候などが)**温和な**, 穏やかな, のどかな [⇔ severe, hard]: We have had *mild* weather (for) the past few days. ここ 2, 3 日は穏やかな天候が続いている / You can enjoy a *mild* winter in Florida. フロリダでは暖かい冬が過ごせる.

❸ (味・香りなどの)**強くない**, 甘口の, まろやかな [⇔ hot, strong]; (薬などが)効力の弱い, マイルドな: a *mild* curry 甘口のカレー / *mild* beer 苦みの少ないビール《⇒ 名》. ❹ (人・態度などが)温厚な, 優しい, おとなしい [≒gentle] [⇔ severe]: a *mild* person 温厚な人 / Kate has a *mild* disposition. ケートは気立てが優しい.

— 名 U《英》マイルド《苦みの少ないビール》.

mil·dew /míld(j)ùː | -djùː/ 名 U 白かび《植物や食品・革などに発生する》; (植物の)うどんこ病.

mild·ly /máɪldli/ 副 ❶ 少し, やや; 軽度に. ❷ 温和に, 穏やかに. **to pút it míldly** [副] 文修飾 Ⓢ 控えめに言うと[言っても].

mild·ness /máɪldnəs/ 名 U 温厚; 温和, 温暖, 穏やかさ; まろやかさ.

***mile /máɪl/

— 名 (~s /~z/) ❶ C **マイル**《長さの単位; 5280 フィート, 約 1.6 キロ; 略 m; ⇒ yard[2] 表》: walk about ten *miles* 約 10 マイル歩く / at ninety *miles* per [an] hour 時速 90 マイルで《90 mph と略す》/ It is a ten-*mile* drive from here. そこはここから車で 10 マイルだ //⇒ nautical mile. ❷ C [普通は複数形で副詞的に]《略式》何マイルも, かなりの距離; ずいぶん: be *miles* long 何マイルも続く / walk *for miles* かなりの距離を歩く / I'm *miles* better today. きょうはずっと具合がいい.

a míle a mínute [副] Ⓢ すばやく, 一気に.

〖語源〗ラテン語で「千(歩の距離)」の意〗

+**mile·age** /máɪlɪʤ/ 名 ❶ [U または a ~] (一定時間内の)**総マイル数**; (自動車の)**走行距離**: What's the *mileage* on your car? 君の車の走行距離はどのくらい

M

なの.
❷ [U]または a ～] (1 ガロン[リッター]当たりの自動車の)**走行マイル数, 燃費:** You'll get good *mileage* from [out of] this car. この車は燃費がいいですよ. ❸ [U]または a ～] 1 マイル当たりの料金[手当, 旅費]. ❹ [U]《略式》(物事から得る)利益; 有用性; 能力, 力: We got no *mileage out of* it. それは何のもうけにもならなかった / [言い換え] There's still some *mileage in* this player. = This player still has some *mileage* left (in him). この選手はまだ現役としてやっていける.

mile·om·e·ter /maɪlά(ː)məṭɚ | -lɔ́mətə/ [名] [C]《英》(自動車の)走行距離計 [《米》odometer].

mile·post /máɪlpòʊst/ [名] ❶ [C]《米》マイル[里程]標. ❷ [C]《米》= milestone 1.

mile·stone /máɪlstòʊn/ [名] ❶ [C] (歴史・人生などの)画期的事件[段階] (*in*). ❷ [C] 里程標《目的地までのマイル数を示す石》.

mi·lieu /miːljə́ː, -ljúː | míːljəː/ ≪フランス語から≫ [名] (～s, -lieux /miːljə́ː(z), -ljúː(z) | míːljəː(z)/) [C] [普通は単数形で]《格式》(社会的・文化的な)環境; 境遇.

mil·i·tan·cy /míləṭənsi/ [名] [U] 好戦的なこと, 闘志; 交戦状態.

+**mil·i·tant** /míləṭənt/ [形] **闘争的な, 好戦的な:** a *militant* labor union 戦闘的な労働組合.
— [名] (-i·tants /-ṭənts/) [C] 闘士, 好戦的な人.

mil·i·tar·i·ly /mìlətérəli | mílətərəli, -trə-/ [副] 軍事的に.

mil·i·ta·ris·m /míləṭərìzm/ [名] [U] [普通は軽蔑的] 軍国主義.

mil·i·ta·rist /míləṭərɪst, -trɪst/ [名] [C] [普通は軽蔑的] 軍国主義者.

mil·i·ta·rist·ic /mìləṭərístɪk←/ [形] 軍国主義の.

mil·i·ta·rize /míləṭəràɪz/ [動] [他] [普通は受身で] (...)を武装化する; 軍隊[軍用]化する. ([形] mílitàry)

****mil·i·tar·y** /mílətèri | -təri, -tri/
— [形] ❶ [限定] **軍の, 軍事用の;** 軍事的な; 軍人の, 軍人らしい: *military* forces 軍隊 / *military* service 兵役 / a *military* base 軍事基地 / in *military* uniform 軍服を着て / take *military* action 軍事行動をとる / a *military* band 軍楽隊. [関連] civil 民間の, 文官の. ❷ [限定] 陸軍の. [関連] naval 海軍の. ([動] mílitarize)
— [名] [the ～; 《英》単数または複数扱い] 軍隊《全体》: be in *the military* 軍隊にいる.

Mílitary Acàdemy [名] [the ～] 陸軍士官学校.

mílitary políce [名] [the ～ として複数扱い] 憲兵隊《[略] MP》.

mil·i·tate /mílətèɪt/ [動] [次の成句で] **mílitate agàinst ...** [動] [他]《格式》(事実などが)...に不利に作用する, ...を妨げる.

+**mi·li·tia** /məlíʃə/ [名] (～s /～z/) [C] [普通は the ～; 《英》単数形でも時に複数扱い] **民兵,** 市民軍; 国民軍; 義勇軍《全体》.

mi·li·tia·man /məlíʃəmən/ [名] (-men /-mən/) [C] 民兵; 国民兵; 義勇兵.

****milk** /mílk/
— [名] ❶ [U] **牛乳, ミルク,** 乳: a glass of *milk* 牛乳 1 杯 / a carton of *milk* 牛乳 1 パック《⇒ pack [名] 1 [日英]》/ Do you take *milk* in your tea? 紅茶にはミルクを入れますか. [日英]「ミルクティー」は和製英語 // It is no use crying over spilled [spilt] *milk*. 《ことわざ》こぼれた牛乳を嘆いてもしかたがない(後悔先に立たず) / mother's *milk* 母乳.

> [日英] 冷たいまま飲むのが普通で, cup ではなく glass を用いる. 子供に適した飲み物とされ, 大人がコーヒーを飲むような席で子供には牛乳が出されることが多い. ⇒ coffee [日英].

❷ [U] (植物の)乳液; 乳剤: soy [《英》soya] *milk* 豆乳.

a lánd of mílk and hóney [名]〘聖書〙乳と蜜(みつ)の地, 実りの豊かな場所《約束の地(⇒ Promised Land)のこと》.

the mílk of húman kíndness [名]《文語》温かい人情(味). ([形] mílky)

— [動] [他] ❶ (牛など)の乳を搾(しぼ)る. ❷《略式》[軽蔑的] (...)を搾取する, (金・情報などを)(...)から引き出す, 搾り取る (*for, of*); (...から)(金など)を引き出す, 巻き上げる (*from*). **mílk ... drý** [動] [他] (...)から(金など)をとことん搾り取る.

mílk chócolate [名] [U] ミルクチョコレート《⇒ dark chocolate》.

mílk flòat [名] [C]《英》牛乳配達車《電気自動車》.

milk·man /mílkmæ̀n, -mən/ [名] (-men /-mèn, -mən/) [C] 牛乳配達人, 牛乳屋.

mílk ròund [名] [C]《英》(毎日の)牛乳配達(路).

mílk rùn [名] [C]《米略式》各駅停車の鉄道(の便); 短距離の離着陸を繰り返す飛行(の便).

mílk shàke [名] [C] ミルクセーキ, シェーク《冷たい牛乳に香料・アイスクリームなどを入れてかき混ぜ泡立てた飲み物》.

mílk tòoth [名] [C]《英》乳歯 [≒baby tooth].

milk·y /mílki/ [形] (milk·i·er; milk·i·est) ❶ 乳で作った; (大量の)乳[ミルク]を含んだ. ❷ 乳のような, 乳白色の; (液体が)白く濁った. ([名] milk)

Mílky Wáy [名] [the ～] 天の川, 銀河.

***mill** /míl/ [名] (～s /～z/) ❶ [C] **製粉所,** 製粉工場; (粉をひく)水車小屋 (water mill), 風車小屋 (windmill). ❷ [C] **ひき割り器,** ...ミル; 製粉機, ひきうす: grind coffee with a coffee *mill* コーヒーミルでコーヒーをひく. ❸ (織物などの)製造工場, 製造所《⇒ factory 表》: a cotton [steel] *mill* 紡績[製鋼]工場. **gó through the míll** [動] [自] つらい経験を積む, しごかれる. **pùt ... through the míll** [動] [他] (...)につらい経験をさせる, 鍛える, しごく.
— [動] [他] ❶ (...)を(ひきうすなどで)ひく, 製粉する; 粉砕する. ❷ (金属)をプレスする, 圧延する. ❸ (貨幣(のへり))にぎざぎざをつける. — [自] (人などの群れが)うろうろする (*about, around*).

mil·len·ni·al /mɪléniəl/ [形] 千年間[期]の.

+**mil·len·ni·um** /mɪléniəm/ [名] ([複] mil·len·ni·a /mɪléniə/, ～s) ❶ [C] **千年間;** [普通は the ～] (西暦元年から 1000 年を単位として数える)千年期; [the ～]〘キリスト教〙至福千年《キリストが再臨してこの世を統治するという》: for a *millennium* 千年間. ❷ [C] [普通は the ～] 千年祭; 千年期の初め[終わり].

mill·er /mílɚ | -lə/ [名] [C] 粉屋, 製粉業者.

mil·let /mílɪt/ [名] [U] きび(の実)《いね科の作物》.

Mil·let /miːjéɪ, mɪléɪ | míː(j)eɪ/ [名] [固] Jean /ʒά:n/ Fran·çois /frɑːnswά:/ ～ ミレー (1814–75)《フランスの画家》.

mil·li- /mílə/ [接頭]「千分の 1」を表わす《⇒ kilo- [関連]》: *milli*gram ミリグラム.

mil·li·gram, 《英》**-gramme** /míləgræ̀m/ [名] [C] ミ

M

リグラム《千分の1グラム; 略 mg》.

mil·li·li·ter, 《英》 **-li·tre** /míləlìːtə | -tə/ 名 C ミリリットル《千分の1リットル; 略 ml》.

mil·li·me·ter, 《英》 **-me·tre** /míləmìːtə | -tə/ 名 C ミリメートル《千分の1メートル; 略 mm》.

mil·li·ner /mílənə | -nə/ 名 C 女性用帽子屋《製造者・販売者》.

mil·li·ner·y /mílənèri | -n(ə)ri/ 名 U 《格式》(女性用)帽子(類)《全体》; 女性用帽子製造[販売]業.

****mil·lion** /míljən/

— 名 (複 1では ~; 2では ~s /~z/) ❶ C **100万**, 100万人, 100万個; 100万ドル[ポンド]《略 m; ⇒ number 表および囲み》: a [one] *million* 100万 / three *million* 300万 / ten *million* 1千万 / sixteen *million* 1600万 / a [one] hundred *million* 1億 語法 前に数詞・数量形容詞がくるときは複数語尾 -s をつけない // four hundred (and) seventy-nine *million*, five hundred (and) eleven thousand, two hundred (and) twelve 479,511,212《⇒ hundred 語法 (2)》/ ... parts per *million* 100万分の..., 百万分率《略 ppm》. 関連 billion 10億 / trillion 兆. ❷ [~s] 何百万; 多数, 無数: *millions of* people 何百万という人たち. **... in a míllion** [形] 《略式》まれに見る...; 最高の...: one *in a million* 最高の人[もの].

— 形 ❶ 限定 **100万の**, 100万人[個]の: three hundred *million* people 3億の人たち. ❷ 限定 [a ~] 多数[無数]の.

〖語源 原義は「大きな千」〗

+**mil·lion·aire** /mìljənéə | -néə/ !アク 名 (~s /~z/) C **百万長者**, 大金持ち《⇒ billionaire》.

mil·lionth /míljənθ/ 形 ❶ [普通は the ~; ⇒ the[1] 1 (4)] 第100万の, 100万番目の《⇒ number 表》. ❷ 100万分の1の. — 名 ❶ [単数形で; 普通は the ~] 100万番目の人[物]. ❷ C 100万分の1《⇒ 巻末文法 16. 11 (3)》.

mil·li·pede /míləpìːd/ 名 C やすで《節足動物》.

mill·pond /mílpɑ̀(ː)nd | -pɔ̀nd/ 名 C 水車用貯水池.

mill·stone /mílstòun/ 名 ❶ C ひきうす. ❷ C 重荷(となるもの). **a míllstone aròund [ròund] ...'s néck** [名] ...にとってやっかいなもの.

míll whèel 名 C 水車(の輪).

mil·om·e·ter /maɪlɑ́(ː)mətə | -lɔ́mətə/ 名 C 《英》(自動車の)走行距離計 [《米》 odometer].

Mil·ton /míltn/ 名 固 John ~ ミルトン (1608-74)《英国の詩人》.

Mil·wau·kee /mɪlwɔ́ːki/ 名 固 ミルウォーキー《米国 Wisconsin 州南東部, Michigan 湖畔の港市》.

mime /máɪm/ 名 ❶ C,U 物まね, 身ぶり, 手ぶり: in *mime* 身ぶり手ぶりで. ❷ C パントマイム (pantomime)《身ぶりだけで行なう無言劇》. ❸ C パントマイム役者. — 動 他 (...)の物まねをする, (...)をパントマイムで演じる. — 自 パントマイムで演じる.

mi·met·ic /mɪmétɪk/ 形 《格式》まねする, 模倣の; 〔生物〕擬態の.

+**mim·ic** /mímɪk/ 動 (mim·ics; mim·icked; mim·ick·ing) 他 ❶ (ふざけて)(...)の**まねをする**《⇒ imitate 類義語》: *mimic* ...'s way of talking ...のしゃべり方のまねをする. ❷ (物が)(...)によく似ている; (動物が)(...)の擬態をする. — 名 C 物まねをする人, 物まねのうまい人; 人[ことば]をまねる動物[鳥].

mim·ic·ry /mímɪkri/ 名 U 物まね; 〔生物〕擬態.

mi·mo·sa /mɪmóusə, -zə/ 名 ❶ C,U ミモザ《おじぎそう属またはアカシア属の植物》. ❷ C,U 《米》ミモザ《シャンパンとオレンジジュースを混ぜたカクテル》.

+**min** 略 = minimum, minute[1](s).

min·a·ret /mìnərét/ 名 C ミナレット《イスラム教寺院 (mosque) に付属する高い塔》.

mince /míns/ 動 他 (肉など)を細かく切り刻む《chop よりも細かく刻む》. — 自 [副詞(句)を伴って] [軽蔑的] 気取って小またに歩く. **nót mínce (one's) wórds** [動] 自 遠慮なくはっきり言う. — 名 U 《英》細かく切った肉, ひき肉《特に牛の》.

mince·meat /mínsmiːt/ 名 U ミンスミート《mince pie の中身; 刻んだりんご・干しぶどうなどを混ぜたもの》.

mínce píe 名 C ミンスパイ《mincemeat を中に入れて作ったパイ; 主にクリスマスに食べる》.

minc·er /mínsə | -sə/ 名 C 《英》ひき肉機.

minc·ing·ly /mínsɪŋli/ 副 [軽蔑的] 気取って.

*****mind** /máɪnd/

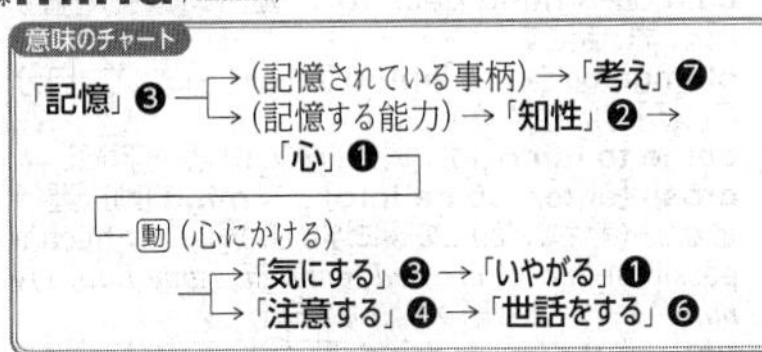

— 名 (minds /máɪndz/) ❶ U,C **心**, 精神(状態)《人間の肉体に対して, 思考・意識を受け持つ部分; ⇒ 類義語》: They are sound in *mind* and body. 彼らは心身ともに健全である / There are two different thoughts in my *mind*. 私の念頭に2つの違った考えがある / a state [frame] of *mind* 気持ち, 気分. 関連 body 体.

heart (愛情, 勇気など感情面に重点がある)	心
mind (頭の働き, 知力に重点がある)	頭

❷ C [普通は単数形で] **知性**, 理知; 知力, 頭脳: He believed he could improve his *mind* with good books. 彼は良書で知性を磨けると信じていた / She has a sharp *mind*. 彼女は頭の回転が速い / You should use your *mind*, not your heart, to deal with this situation. この事態に対処するには感情ではなく頭を使うことだ.

❸ U **記憶**, 覚えていること [≒memory]: That crash is still fresh in my *mind*. その墜落事故は今でも私の記憶に生々しい / Out of sight, out of *mind*. 《ことわざ》見えなくなれば記憶から去る(去る者は日々に疎(うと)し). ❹ U,C 理性, 正気: be of sound [unsound] *mind* 〔法律〕正常な精神状態[精神障害]である / He seems to have lost his *mind*. 《略式》彼は頭がおかしくなったようだ. ❺ C 注意, 関心: She often lets her *mind* wander during class. 彼女は授業中にしばしば注意がそれる[ぼんやりしている] / Her *mind* is not on her work. 彼女は仕事に集中していない / keep one's *mind* on ... ...に集中する / give one's *mind* to ... ...に注意を向ける. ❻ C (知性を持った)人間, 優れた人物: Great *minds* think alike. Ⓢ [こっけいに] 賢い人間は皆同じように考えるものだ《他人の意見が自分の意見と同じときに自賛して言う》. ❼ C [普通は単数形で] 考え, 考え[感じ]方, 意見: have a suspicious *mind* 疑

M

い深い考え方をする / read ...'s *mind* (人)の思っていることがわかる《⇒ mind reader》.

at [in] the báck of ...'s **mínd** [副] (人)の心の片すみに(ひっかかって), 何となく...の記憶に残って.

be áll in one's **[the] mínd** [動] ⓐ 気のせいである.

be of óne [a, the sáme] mínd [動] ⓐ (何人かの人が)同じ意見である (*on, about*).

be of [《英》 in] twó mínds [動] ⓐ (...について)心がぐらついている, 決めかねている (*about*).

be on ...'s **mínd** [動] ...の心にかかっている, 気になっている: What'*s on your mind*? どうしたの, 何を心配して[考えて]いるの.

béar ... in mínd [動] ⓗ = keep ... in mind.

blów ...'s **mínd** [動] Ⓢ《略式》...をぞくぞくさせる, 興奮させる; ...にショックを与える.

cáll [bríng] ... to mínd [動] ⓗ《格式》(...)を思い出す; (物が)(...を)思い出させる.

cást one's **mínd bàck to ...** [動] ⓗ (過去)を振り返る, 思い起こす.

chánge one's **[...'s] mínd** [動] ⓐ (~について)自分の[...の]考えを変える (*about*).

còme to mínd [動] ⓐ [進行形なし] 思い浮かぶ.

cróss [énter, cóme ìnto] ...'s **mínd** [動] [進行形なし] (考えなどが)**...の頭に浮かぶ**, 思いつく: Such a possibility never *crossed* [*entered, came into*] *my mind*. そんなことは思いもよらなかった.

gét ... òut of one's **mínd** [動] ⓗ (...のこと)を考えないようにする, 忘れようとする.

gíve ... a píece of one's **mínd** [動] ⓗ《略式》(...)にずけずけ言う; (...)をしかりつける.

gò óut of one's **mínd** [動] ⓐ《略式》頭がおかしくなる[≒go crazy]; (心配などで)取り乱す (*with*).

hàve a góod mínd to dó **= hàve hálf a mínd to** dó [動] Ⓢ **...する気がある**《時に怒り・軽い脅しなどを表わす》: I *have a good mind to* take issue with him about it. その件でやつにひとこと言ってやるつもりだ / I *have half a mind to* do so. 私はそうしてみようかなとも思っている.

hàve a mínd of one's **ówn** [動] ⓐ (ちゃんと)自分自身の考えを持っている.

hàve [kéep] an ópen mínd [動] ⓐ 柔軟な考え方をしている (*about, on*).

hàve ... in mínd [動] ⓗ **(...)のことを考えている**, (...)をもくろんでいる: Does she ***have*** someone else ***in mind for*** the position? 彼女にはそのポストの適任者としてだれかほかに意中の人がいるのだろうか / What kind of shirt do you *have in mind*? どんなシャツをお考え[お求め]ですか《店員が客に》.

hàve it in mínd to dó [動]《格式》...しようと決めて[するつもりで]いる.

hàve ... on one's **mínd** [動] ⓗ (...)を気にかけている, (...)を心配している: He has *had* a lot *on his mind* these days. 彼は最近気にかかることがいろいろある.

in mý mìnd [副] = to my mind.

in one's **ríght mínd** [形] [否定文・疑問文で]《略式》正気で: *No one in their right mind* would do such a terrible thing. 正気の人なら誰もそんなひどいことはしないだろう.

kéep ... in mínd [動] ⓗ **(...)を心に留めている**, (...)を覚えている (受身 be kept in mind): I'll *keep* that *in mind*. そのことは心に留めておこう / *Keep **in mind that*** my money is limited. 私の金にも限度があることを忘れるな.

knów one's **ówn mínd** [動] ⓐ 意思[意見]がはっきりしている; 決心がついている.

màke úp one's **mínd** [動] (1) (いろいろ考えた末に) **決心する** (*about*)《⇒ decide 類義語》: Liz has ***made up her mind to*** be a doctor. リズは医者になる決心をしている / The boys ***made up their minds that*** they would devote their whole lives to the study of medicine. 少年たちは医学の研究に一生をささげようと決心した. 語法 one's mind is made up の形で受身にできる. (2) (...と)結論を出す, 決め込む.

ópen one's **mínd to ...** [動] ⓗ 進んで(物事)を考えようとする.

òut of one's **mínd** [形・副]《略式》頭がおかしくなって [≒crazy]; (心配などで)取り乱して (*with*).

pút ... in mínd of ~ [動] ⓗ [進行形なし]《格式》(人)に~を思い出させる.

pút [sét] one's **mínd to ...** [動] ⓗ ...を決心する, ...に専心努力する.

pút [púsh] ... òut of one's **mínd** [動] ⓗ (...のこと)を考えないようにする, 忘れようとする.

sét one's **mínd on ...** [動] ⓗ ...を決心する.

slíp ...'s **mínd** [動] ...に忘れられる, 思い出せない: Her name has *slipped my mind*. 彼女の名前は今ちょっと思い出せない.

spéak one's **mínd** [動] ⓐ (いやがられても)自分の意見をはっきり述べる, 思っていることを言う.

spríng to mínd [動] ⓐ = come to mind.

tàke ...'s **mínd òff ~** [動] ⓗ ~から(もっとおもしろいことへ)...の注意をそらせる.

to mý mìnd [副] 文修飾 Ⓢ 私の考えでは.

túrn one's **mínd to ...** [動] ⓗ = put [set] one's mind to ....

with ... in mínd [副] ...を念頭において. (形 méntal)

類義語 **mind** 心を表わす一般的な語だが, 特に頭の働き・知力に重きをおく語: Don't fill your *mind* with useless ideas. 頭[心]をつまらぬ考えで満たすな. **heart** *mind* に対して, 心の感情的な面を強調する語で, 情熱・愛情・勇気などに関する場合に用いる: His *heart* was filled with anxiety. 彼の心は不安で一杯だった. **soul** 人間の身体に宿り, 死後も滅びないとされる「霊魂, 魂」の意で, 宗教的・道徳的な感じを伴う: May his *soul* rest in peace! 彼の魂が安らかに眠りますように. **spirit** 神が人間に吹き込んだとされる「魂, 精神」で, 本来「生命の息吹」の意: the *spirit* of independence 独立の精神, 独立心.

— 動 (minds /máɪndz/; mind·ed /~ɪd/; mind·ing) ⓗ ❶ [普通は否定文・疑問文で] [進行形・受身なし] (...)を**いやがる, 迷惑に思う**: I do*n't mind* hard work. 骨が折れる仕事も平気だ / I don't ***mind*** do***ing*** it again. V+O (動名) またそれをやってもいいですよ / She did***n't mind how*** long she waited. V+O (wh 節) 彼女はどんなに長く待ってもかまわなかった / I don't *mind* be*ing* criticized, but I dó *mìnd* be*ing* misunderstood. 批判されるのはかまわないが, 誤解されるのは困る. 語法 肯定文は普通このような対比や次のような応答で使う // 💬 "Do you ***mind*** the window be***ing*** open?" V+O+C (現分) ="Do you *mind* the window open?" V+O+C (形) ="Do you ***mind that*** the window is open?" V+O (that 節) "Yes, (I'm afraid) I dó *mìnd*; it's too cold." 「窓が開いていてもいいですか」「いや困ります. 寒すぎます」《答えの mind は ⓐ》.

❷ [Would [Do] you mind *do*ing? として; 依頼・指示を表わす] Ⓢ **...していただいてかまいませんか**, ...してい

M

ただけますか: *Would you mind* open*ing* that window? その窓を開けていただけますか.

♥ ...していただけますか (依頼するとき)
Would you mind ...ing?

Ma'am, **would you mind** fill**ing** in this form, please? お客様, こちらの書類にご記入いただけますか.
Sure.
ええ.

♥ 相手の意向(いやかどうか)を気にかけていることを表わすため, やや控えめな言い方になる.
♥ 相手が断わる可能性が比較的低い場合(相手が応じる義務があることや, 負担が小さいことを頼む場合など)に用いることが多い.
♥ Do you mind ...? とも言うが, 仮定法の would を使うほうが, より婉曲で柔らかい口調になる.《依頼の表現については ⇒ could B 1 (4)》
♥ これに対して承諾する場合は, Certainly., Sure., Of course., All right. などのように言うことが多い.
♥ 断わりの返事は, 文法的に正しい Yes, I do [would]. だと直接的すぎて失礼な印象を与えうるので, I'm sorry, but ... や Well, I'm afraid ... といった言い方をすることが多い.

❸ [普通は否定文・疑問文で] [進行形・受身なし] (...)を**気にする**, (...)が心配になる: *Never mind* the expense. 費用は気にするな《⇒ never mind (成句)》/ She did*n't mind what* her teacher thought of her work. V+O (*wh* 節) 彼女は先生が自分の作品をどう思っているか気にしなかった.
❹ [普通は命令文で] [受身なし] Ⓢ《英》(危険なもの・重要なものなど)に**注意する**, 気をつける: *Mind* the doors! (閉まる)ドアにご注意ください《駅の構内放送》/ *Mind* your step [head]. 足もと[頭上]に注意してください / *Mind* your manners. 行儀に気をつけなさい / ***Mind what*** I tell you. V+O (*wh* 節) 私の言うことをよく聞きなさい《✪ ... what I *will* tell you とは言わない》/ ***Mind*** (***that***) you don't forget to mail the letter. V+O ((*that*)節) 忘れずに手紙を出せよ《✪ 普通は that を省く》. ❺ [進行形なし]《主に米》(...)の言うことをきく, (...)に従う [≒obey]. ❻ (...)の世話をする, 番をする.

— ⓐ [普通は否定文・疑問文で] [進行形なし] **いやがる**, 迷惑に思う; 気にする《⇒ ⓗ 1 語法, care ⓐ 語法》: I do*n't mind*. (どちらでも)かまいません / *Never mind about* the window. V+*about*+名 (割った)窓のことは気にするな / It doesn't look like I'm going to be able to finish this today. Would you *mind* if I turned it in first thing tomorrow morning? この仕事今日中に終わりそうにないんですが, 明日の朝一で提出してもいいですか 語法 (1) 仮定法の Would を使った場合, if の後の動詞は過去形になる. (2)《略式》では, Do you を省略して Mind if I ...? という言い方もする: "*Mind if I* sit here?" "Not at all [Of course not]." 「ここ座ってもいいですか」「ええ, どうぞ」 // ⇒ never mind (成句).

♥ ...してもいいですか (許可を求めるとき)
Do you mind if I ...?

Do you mind if I borrow this? これ借りてもいい?
No, go ahead.
うん, いいよ.

♥ 許可を求めるときに使う疑問文.
♥ 相手が断わる可能性が比較的低い場合(その行為に必然性があったり, 相手に迷惑がかからないと予測できる場合など)に用いる.《許可を求める表現については ⇒ can[1] 2 (2)》
♥ Would you mind if I ...? としたほうがより丁寧.

Do you mínd? Ⓢ やめてくれませんか《相手の行為に不快感を示す》.
Dòn't mínd me. Ⓢ 私のことはおかまいなく《しばしばいらだちを示す》.
「**I dòn't [Dòn't] mínd if I dó.** Ⓢ《古風, 略式》悪くないね, いただくよ《飲食物などをすすめられて》: "Have some more coffee." "*Don't mind if I do.*" 「コーヒーもっとどう?」「もらおうかな」
I wòuldn't mínd ... [dóing] Ⓢ《略式》...があってもしてもよい, ...が(とても)欲しい[したい].
if you dòn't [wòuldn't] mínd (dóing) [副] Ⓢ《丁寧》**よかったら**; 差しつかえなかったら(...してくれませんか); 申し訳ないけれど《いらだって要求などする時にも用いる》: We'll take a rest here *if you don't mind.* よかったらここで休みましょう.

♥ 差しつかえなければ... (依頼するとき)
if you don't mind

If you don't mind, I'd like to ask your opinion on that. もしよろしければ, それについてのご意見を伺いたいのですが.

♥ 依頼, 誘い, 申し出や, 許可を求める際などに押しつけを弱めたり, 意見を述べたり質問したりする際の緩和表現として使われる.
♥「もしあなたがいやでなければ」と聞き手に選択の自由を与えるため, 遠慮を示した言い方になる.

mìnd óut [動] ⓐ [普通は命令文で] Ⓢ《英略式》(1) (危険などに)気をつける (*for*). (2) 道をあける.
mínd (you) つなぎ語 [挿入語句として] Ⓢ いいですか, よく聞いてよ: I don't like to scold my students, *mind you,* but I couldn't help doing so yesterday. いいかい, 僕は生徒をしかるのは好かないが, きのうばかりは怒らないではいられなかった.
néver mìnd [動] ⓗ (1) [命令文で] Ⓢ (...)を気にするな; (...(するの))をやめなさい, ...したりするな, ...しなくていい《⇒ ⓗ 3》: *Never mind* the bicycle. I'll put it in the garage later. 自転車はそのままでいいよ. 後で車庫に入れとくから. (2) [接続詞的に] Ⓢ (...)は言うに及ばず [≒let alone]: I can't walk, *never mind* run. 私は走るのはおろか歩くこともできない. — ⓐ Ⓢ もういいんだ, 気にしないで: "Did you want to ask me a question?" "*Never mind.* I figured it out myself." 「私に質問があったんでしたっけ」「いえ, いいんです. 自分でわかりましたので」
Néver you mínd (...).《略式》(...は)君の知ったことじゃない.

⚡ 気にしないで

ドンマイ, 気にしないで《ミスした相手を励ますとき》.
○Don't worry (about it).
×Don't mind.
✪ 日本語の「ドンマイ」の意味で Don't mind. とは言わない.

mind-blow·ing /máɪn(d)blòʊɪŋ/ 形《略式》刺激[衝撃]的な, びっくりするような.
mind-bog·gling /máɪndbɑ̀(ː)glɪŋ | -bɔ̀g-/ 形《略式》信じられない, びっくりするような, うそみたいな.

M

mind·ed /máɪndɪd/ 形 叙述《格式》(...したい)気がある: He could do it, if he were「so *minded* [*minded to* do so]. 彼はその気になればできるのに.

-mind·ed /máɪndɪd/ [合成語で] (...の)心を持った; (...的に)考える, (...に)関心のある: politically-*minded* 政治に関心の強い.

mind·ful /máɪn(d)f(ə)l/ 形 叙述《格式》心に留める, 忘れない; 注意する [⇔ mindless, unmindful]; 今の瞬間に意識を向ける: be *mindful of* one's duties 務めを大事にする. **~·ness** 名 U 意識; (瞑想などで)今の瞬間に意識を向けること.

mind·less /máɪn(d)ləs/ 形 ❶ 思慮のない, 愚かな; 思考力を必要としない. ❷ 叙述《格式》心に留めない, 考慮しないで [⇔ mindful]: be *mindless of* danger 危険を顧みない. **~·ly** 副 思慮なく; 何も考えずに. **~·ness** 名 U 無思慮.

mínd rèader 名 C 読心術者; [しばしばこっけいに] 人の心が読める人.

mind·set /máɪn(d)sèt/ 名 C 物の見方, 考え(方).

mínd's éye /máɪndz-/ 名 [次の成句で] **in** one's **mínd's éye** [副] 心の中で(は), 想像(の中)で.

***mine**[1] /máɪn/

— 代《所有代名詞; ⇒ 巻末文法 3 (1)》**私のもの**. 語法 指すものが単数ならば単数扱い, 複数ならば複数扱い: This is *mine*. ↗ これは私のですけど / Your eyes are blue and *mine* (= my eyes) are dark. あなたの目は青く私の(目)は黒い / What's yours is *mine*, and what's *mine* is「my own [*mine*]. 《ことわざ》お前のものはおれのもの, おれのものはおれのもの / They were good to me and *mine* (= my family). 彼らは私と私の家族によくしてくれた. 関連 my 私の.

... of mìne 私の...: this book *of mine* 私のこの本. 語法 所有格は this, that, a, an などと併用できないのでその代わりに「of＋所有代名詞」の形を名詞の後に使う; ×my this book, ×this my book とは言わない // This is Kate, a friend *of mine*. こちらは私の友人のケートです《友人を紹介するとき》.

> 語法 (1) **a friend of mine と my friend**
> a friend of mine という言い方は友人関係にある不特定の人物を漠然と表わす場合に用いる. これに対して my friend という言い方はすでに話題にのぼっているか, あるいはその場の状況で相手がだれであるかがわかる特定の友人を表わす: *My friend* Kate is a teacher. 私の友人のケートは学校の先生です.
> (2) 所有代名詞のときには a fríend of mìne のように of mine の前の名詞のほうが強いアクセントを受ける. 次と比較: a fríend of Miss Káte's.

M

+**mine**[2] /máɪn/ 名 (~s /~z/)

> 意味のチャート
> 「鉱山」❷ → (地下資源) →「宝庫」❸
> → (坑) → (敵陣爆破用の地下坑) →「地雷」,「機雷」❶

❶ C **地雷**(land mine); 機雷: lay *mines* 地雷を敷設する.
❷ C [しばしば合成語で] **鉱山**; 鉱坑: a coal *mine* 炭鉱 / a *mine* worker 鉱山労働者 / There is gold in this *mine*. この鉱山では金が採れる. ❸ [a ~] (知識・情報などの)豊かな源, (...の)宝庫《人や物》: She is a *mine of* information about [on] history. 彼女は歴史についてとても詳しい.

— 動 (mines /~z/; mined /~d/; min·ing) 他 ❶ [普通は受身で] (鉱石・石炭など)を(...から)**採掘する**; (...の採掘のため)(土地)に坑道を掘る: The hill *is mined for* copper. V+O+*for*+名の受身 その山には銅採掘用の坑道が掘られている / Coal *is mined* from under the ground near the village. V+Oの受身 石炭がその村の近くで地下から採掘されている. ❷ [普通は受身で] (...)に地雷[機雷]を敷設する; (...)を地雷[機雷]で爆破する.

— 自 (鉱石・石炭などを)**採掘する**; 坑道を掘る: They *mine for* silver in those hills. V+*for*+名 あの山々では銀が掘られている.

mine·field /máɪnfiːld/ 名 ❶ C 地雷原; 機雷原. ❷ [a ~] 危険[問題]をはらんだもの, 難題, 難関.

***min·er** /máɪnə | -nə/ (同音 minor, 《英》myna(h)) 名 (~s /~z/) C **鉱山労働者**, 坑夫: a coal *miner* 炭坑労働者.

+**min·er·al** /mín(ə)rəl/ 名 (~s/~z/) ❶ C **鉱物**; 無機物: Iron, copper and salt are *minerals*. 鉄や銅や塩は鉱物である. 関連 animal 動物 / plant 植物. ❷ C (栄養素としての)ミネラル. ❸ C [普通は複数形で]《英格式》炭酸飲料.

— 形 鉱物の, 鉱物性の, 鉱物を含む: *mineral* ores 鉱石. 関連 animal 動物性の / vegetable 植物性の.
〖語源 ラテン語で「鉱山の」の意〗

míneral òil 名 C,U 《米》鉱油《鉱物から採れる油》.

míneral wàter 名 U ミネラルウォーター, 鉱泉水.

Mi·ner·va /mɪnə́ːvə | -nə́ː-/ 名 固〔ローマ神話〕ミネルバ《知恵・芸術・戦術の女神; ⇒ goddess 表》.

min·e·stro·ne /mìnəstróʊni/ ≪イタリア語から≫ 名 U ミネストローネ《野菜・パスタを入れたスープ》.

mine·sweep·er /máɪnswìːpə | -pə/ 名 C 掃海艇《機雷を除去する》.

Ming /míŋ/ 名 固 明(みん)《中国の王朝 (1368–1644)》.

min·gle /míŋgl/ 動 他 (...)を(~と)混ぜる, (...と~と)をいっしょにする《⇒ mix 類義語》: Our pleasure *was mingled with* some regret. 私たちの喜びには後悔の念も多少混じっていた. — 自 ❶ 入り交じる, 混ざる. ❷ (会などで)つき合う: *mingle with* various people いろいろな人と親しく交わる.

min·i /míni/ 名 C ミニスカート.

min·i- /mínə, -ni/ 接頭「小, 小型」の意: *mini*bus 小型バス / *mini*skirt ミニスカート.

+**min·i·a·ture** /míniətʃə, -nɪtʃʊə | -tʃə/ 形 (ごく)**小型の**; 小規模の, 縮図の, ミニチュアの: a *miniature* camera 小型カメラ / a *miniature* garden 箱庭.

— 名 (~s /~z/) ❶ C **ミニチュア**, 小型の模型 (*of*). ❷ C 小画像《象牙(ぞうげ)や金属に描かれたもの》, 細密画, ミニアチュール.

in míniature [形・副] (そっくりそのまま)縮めた[て], 小規模の[に], 形は小さいがそっくりの[に].

míniature gólf 名 U 《米》ミニ(チュア)ゴルフ.

min·i·a·tur·ize /míni(i)ətʃəràɪz/ 動 他 (...)を小型化する.

min·i·bus /mínibʌ̀s/ 名 C 小型バス, ミニバス《6–12 人乗り》.

min·i·cab /mínikæ̀b/ 名 C 《英》(電話で予約して呼ぶ)小型[ミニ]タクシー.

min·i·com·put·er /mínikəmpjùːṭə | -tə/ 名 C ミニ[小型]コンピューター.

min·im /mínɪm/ 名 C 《英》= half note.

minima 名 minimum の複数形.

+**min·i·mal** /mínəm(ə)l/ 形 **最小(限)の**, 最低の [⇔ maximal]: make only *minimal* effort 最低限の努力しかしない. (名 mínimum)
-mal·ly /-məli/ 副 最小[最低]限(に), ごくわずか.
min·i·mal·is·m /mínəməlìzm/ 名 U ミニマリズム《芸術などで, 少数の単純な要素を用いて効果を上げようとする考え方》.
+**min·i·mize** /mínəmàɪz/ 動 (-i·miz·es /~ɪz/; -i·mized /~d/; -i·miz·ing) 他 ❶ (...)を**最小[最低]にする**; 〘コンピュータ〙(ウィンドー)を最小化する [⇔ maximize]: This device will *minimize* flood damage. この装置は洪水の損害を最小限に抑えるだろう. ❷ (...)を小さく[ちっぽけに]見せる, 軽く扱う[見る]. (形, 名 mínimum)
*__min·i·mum__ /mínəməm/ 形 限定 **最小の, 最低の**, 最低[最小]限度の [⇔ maximum]: the *minimum* temperature 最低気温 / What is the *minimum* voting age in the United States? 米国では何歳から投票できますか. (動 mínimìze)
— 名 (複 ~s /~z/; min·i·ma /mínəmə/) C [普通は単数形で] **最小限**, 最低点, 最小量; 〘数学〙極小《略 min》[⇔ maximum]: the absolute [bare] *minimum* 必要最低限 / keep [reduce] costs to a *minimum* 経費を最小限に抑える[まで減らす] / Children should have a ***minimum of*** eight hours' sleep at night. 子供は毎晩最低 8 時間の睡眠が必要です.
at a [the] mínimum [副] 少なくとも, 最低でも. (動 mínimìze, 形 mínimal)
— 副 少なくとも, 最低(でも).
〖⇒ minute² キズナ〗
mínimum wáge 名 [単数形で] (法定の)最低賃金.
+**min·ing** /máɪnɪŋ/ 名 U **鉱業**; 採鉱.
min·ion /mínjən/ 名 C [こっけいに] 子分, 手先.
min·i·se·ries /mínisì(ə)ri:z/ 名 (複 ~) C テレビの短期連続ドラマ《普通は 1, 2 週間の》.
min·i·skirt /mínisk̀ə:t | -skə̀:t/ 名 C ミニスカート.
*__min·is·ter__ /mínɪstə | -tə/ 名 (~s /~z/)

意味のチャート
ラテン語で「小さい者」,「使用人」の意
(⇒ minute² キズナ)
→ (神の使用人) → 「**牧師**」❸
→ (国王の使用人) → 「**大臣**」❶

❶ C [しばしば M-] (英国·日本などの)**大臣** [《米》 secretary]: the prime *minister* 総理大臣 / the ***Minister of*** Finance = the Finance *Minister* (日本などの)財務大臣. 参考 英国の多くの省での正式名は省の長である国務大臣(閣僚)が secretary (of state), それを補佐する副大臣が minister (of state). 大臣一般を指す総称としては minister を使う. ❷ C 公使: the British *Minister to* France 駐仏英国公使. 関連 legation 公使館 / ambassador 大使 / consul 領事. ❸ C 牧師《《米》ではプロテスタント,《英》では非国教派·長老派の聖職者を指す; ⇒ clergyman 語法》. (形 mìnistérial)
— 動 (-ter·ing /-tərɪŋ, -trɪŋ/) 自《格式》(病人·老人などの)世話をする (*to*).
+**min·is·te·ri·al** /mìnəstí(ə)riəl/ 形 限定 **大臣の**, 長官の; 内閣の. (名 mínister)
min·is·tra·tions /mìnəstréɪʃənz/ 名 複《格式》(医師·看護師·牧師などの)世話, 看護, 援助.
*__min·is·try__ /mínɪstri/ 名 (-is·tries /~z/) ❶ C [しばしば M-] (日本などの)**省**《現在英国の省の正式名は一部を除いて department を用いる》; 省の建物: the *Ministry* of Defence (英国の)国防省 / the *Ministry* of the Environment (日本の)環境省. 関連 minister《英》大臣. ❷ [the ~;《英》単数または複数扱い] 牧師たち《全体; ⇒ clergy》: enter [join] the *ministry* 牧師になる. ❸ C [普通は単数形で] 牧師の職務[任期].
min·i·van /mínivæ̀n/ 名《米》ミニバン《6–8 人乗り》.
mink /míŋk/ 名 (複 ~(s)) ❶ C ミンク《いたちの類で水辺を好む》. ❷ U ミンクの毛皮; C ミンクのコート.
Minn. 略 = Minnesota.
Min·ne·so·ta /mìnəsóʊṭə/ 名 固 ミネソタ《米国北部のカナダ国境に接する州; 略 Minn.,〘郵便〙では MN》. 〖語源 北米先住民のことばで「空色の川」を意味する川の名から〗
min·now /mínoʊ/ 名 C ひめはや; 小魚, ざこ.
*__mi·nor__ /máɪnə | -nə/ (同音 miner,《英》myna(h)) 形 ❶ [普通は 限定] **小さな**, 重要でない, 二流の, (病気などが)軽い [⇔ major]: a *minor* operation ちょっとした手術 / a *minor* poet 二流の詩人 / a *minor* offense 軽犯罪 / It is a matter of *minor* importance. それは大して重要でない事だ. 語法 この意味は 2 の比較の意味が薄くなったもの. ❷ 限定 [比較なし] 小さいほうの [≒ lesser]《比べた場合, 大きさ·量·数·程度などについていう》; 少数の. 語法 than とともには用いない. ❸〘音楽〙短調の, 短音階の: a symphony in G *minor* ト短調の交響曲. (名 minórity)
— 名 ❶ C〘法律〙未成年者: NO MINORS 未成年者お断わり《掲示》. ❷ C《主に米》副専攻科目, 副科目: have a *minor in* history 歴史を副専攻にしている. ❸ U〘音楽〙短調, 短音階 [⇔ major]. ❹ [the ~s]《米略式》(野球の)マイナーリーグ.
— 動 (-nor·ing /-nərɪŋ/) 自《米》(...を)副専攻にする (*in*).
〖語源 ラテン語で「より小さい」の意; ⇒ minute² キズナ〗
*__mi·nor·i·ty__ /maɪnɔ́:rəṭi, mə- | -nɔ́r-/ 名 (-i·ties /~z/) ❶ [単数形で] **少数; 少数党, 少数派** [⇔ majority]: A small ***minority of*** the students chose to strike. 学生の中のごく少数の者がストライキの手段を選んだ / The *minority* has [have] to bow to the majority. 少数派は多数派に従わねばならない. 語法《英》では 1 人 1 人を指すときには複数扱いとなることがある.
❷ C [普通は複数形で] **少数民族, 少数集団**: ethnic *minorities* 少数民族 / racial *minorities* 人種的マイノリティー. ❸ [形容詞的に] 少数党[派]の, 少数党[派]による; 少数民族の: a *minority* opinion [view] 少数意見 / a *minority* group 少数民族, 少数者集団 / *minority* languages 少数民族の言語. ❹ U〘法律〙未成年.
be in the [a] minórity [動] 自 少数派である.
be in a minórity of óne [動] 自 [しばしばこっけいに] ただ 1 人の少数派である, 孤立無援である. (形 mínor)
minórity góvernment 名 C 少数党政府.
mínor léague 名 C [普通は複数形で]《米》マイナーリーグ《大リーグ (major league) 以外のプロ野球リーグ》.
Min·o·taur /mínəṭɔ̀ə, máɪ- | máɪnətɔ̀:/ 名 固 [the ~]〘ギリシャ神話〙ミノタウロス《人身牛頭の怪物》.
min·strel /mínstrəl/ 名 ❶ C (中世の)吟遊楽人[詩人]. ❷ C ミンストレル《特に 1920 年代の顔を黒く塗った白人が黒人を演じた芸能団の芸人》.
mint¹ /mínt/ 名 ❶ U はっか《しそ科の多年草; 香料

用)): ⇒ spearmint. ❷ Ⓒ = peppermint 2.

mint² /mínt/ 名 ❶ Ⓒ [普通は the ~] 造幣局. ❷ [a ~] ((略式)) 巨額, 大金: make *a mint* 大金をかせぐ.

in mínt condítion [形] 未使用で, 新品(同然)で.

— 動 他 (貨幣)を鋳造する; (新語)を造り出す. 〖語源 money と同語源〗

mint·y /mínṭi/ 形 はっかの味[香り]をもつ.

min·u·et /mìnjuét/ 名 Ⓒ 〔音楽〕 メヌエット((3 拍子の舞踏)); メヌエットの曲.

+**mi·nus** /máɪnəs/ 前 ❶ 〔数学〕 …を引いた [⇔ plus]: Eight *minus* three is [leaves, equals] five. 8 引く 3 は 5((8－3＝5)). ❷ ((略式)) (あるべきもの)がなく, …なしに [≒without]: She came home *minus* her glasses. 彼女は家に戻ったとき眼鏡をかけていなかった.

— 名 ❶ Ⓒ ((略式)) 欠点, 不利な点 [⇔ plus]: There are pluses and *minuses* to this plan. この計画には良い点と悪い点がある. ❷ Ⓒ = minus sign. ❸ Ⓒ 負数.

— 形 ❶ 限定 マイナスの, 負の, 陰の [≒negative] [⇔ plus]: a *minus* quantity 〔数学〕 負数((ゼロより小さい数)). ❷ 氷点下…(度), 零下…(度): The temperature is *minus* 5 (degrees). 気温は零下 5 度だ. ❸ [評点の後につけて] マイナスの, …の下(げ): A *minus* A マイナス((A⁻ と書く)). ❹ 限定 不利な, マイナス面の: on the *minus* side マイナス面は.

〖語源 ラテン語で「より少ない」の意; ⇒ minute² キズナ〗

min·us·cule /mínəskjùːl/ 形 非常に小さい.

mínus sìgn 名 Ⓒ 減法[マイナス]記号, 負符号((－の記号)) [⇔ plus sign].

min·ute¹ /mínɪt/ 発音 minute² と発音が違う.

— 名 (min·utes /-nɪts/) ❶ Ⓒ 分((略 m, min; 数字の後に ′ をつけて表わす)): There are sixty *minutes* in an hour. 1 時間は 60 分です: It's three ***minutes to*** [((米)) ***before***, ((米)) ***of***] eight. 8 時 3 分前です / It's seven ***minutes past*** [((米)) ***after***] ten. 10 時 7 分過ぎです / I'll be ready in a few *minutes*. 2, 3 分でしたくができます / The station is a ten-*minute* walk [drive] from here. 駅はここから歩いて[車で] 10 分です / There're [You have] ten *minutes* left. あと 10 分です((試験などで)) / There's one born every *minute*. ((ことわざ)) Ⓢ ((略式)) いつでも簡単にだまされる人がいるものだ.

❷ [単数形で] Ⓢ **瞬間**, ちょっとの間 [≒moment, instant]: at this [that] *minute* この[その]瞬間に / for *a minute* ちょっとの間, 一瞬 / I'll be with you ***in a minute***. すぐに行きます / Just *a minute*. = Wait *a minute*. = Hang [Hold] on *a minute*. ちょっと待って / Do you have [((英)) Have you got] *a minute*? ちょっと(話す)お時間ありますか / I enjoyed *every minute of* my stay here. ここでの滞在を存分に楽しみました / One *minute* she looked happy, and the next (minute) she was crying. 彼女は楽しそうにしていたかと思うと次の瞬間泣いていた. 関連 degree 度 / second 秒. ❸ [複数形で; 普通は the ~s] (会議の)議事録, 会議録 (*of*): take *the minutes* 議事録を記す. ❹ Ⓒ 覚え書き, 控え. ❺ Ⓒ 分((角度などの単位; 1 度の¹⁄₆₀; 数字の後に ′ をつけて表わす)): The latitude of Tokyo is 35° 45′ north. 東京の緯度は北緯 35 度 45 分である((thirty-five degrees forty-five *minutes* と読む)).

(at) ány mínute (nòw) [副] Ⓢ 今すぐにも; 今か今かと: He may call us (*at*) *any minute*. 彼は今すぐにも電話してくるかもしれない.

by the mínute [副] 刻一刻と.

nót for a [óne] mínute [副] Ⓢ 少しも…ない.

the lást mínute [名] 土壇場, ぎりぎり: at *the last minute* 土壇場になって / until *the last minute* 最後の最後まで.

the mínute (that) … [接] Ⓢ …するとすぐ, …するやいなや [≒as soon as].

this mínute [副] Ⓢ **今すぐ**: I'll do it *this minute*. 今すぐやります.

to the mínute [副] ちょうどその時間に, きっかり: at 5 o'clock *to the minute* きっかり 5 時に.

úp to the mínute [形] ((略式)) 最新(流行)の; 最新情報を載せた((⇒ up-to-the-minute 語法)).

withìn mínutes [副] すぐに.

— 動 他 (…)を議事録に書き留める.

〖語源 minute² から; ⇒ minute² キズナ〗

mi·nute² /maɪn(j)úːt | -njúːt/ 発音 minute¹ と発音が違う. 形 (mi·nut·er; -nut·est) ❶ きわめて小さい, 微小の: *minute* differences わずかな違い / *minute* amounts 微量. ❷ 詳細な, 精密な, 綿密な: in *minute* detail こと細かに.

単語のキズナ			MIN／小さい＝small
minute²	(小さくした)	→	きわめて小さい
minute¹	(1 時間を細分したもの)	→	分
minor	(より小さい)	→	小さいほうの
minimum	最小の; 最小限		
minus	(より少ない)	→	…を引いた; マイナスの
minister	(小さい者 → 使用人)	→	大臣
diminish	(小さくする)	→	減らす

mín·ute hànd /mínɪt-/ 名 Ⓒ [普通は単数形で] (時計の)分針, 長針. 関連 hour hand 時針 / second hand 秒針.

mi·nute·ly /maɪn(j)úːtli | -njúːt-/ 副 詳細に; 精密に; 綿密に; ごくわずかに.

min·ute·man /mínɪtmæ̀n/ 名 (-men /-mèn/) Ⓒ ((米)) 民兵((独立戦争当時即座に応召できる準備をしていた市民)).

mi·nu·ti·ae /mɪn(j)úːʃiìː, maɪ-, -ʃiàɪ | mɪnjúː-/ 名 複 ささいな[細かい]点, 細目, 詳細 (*of*).

+**mir·a·cle** /mírəkl/ 名 (~s/~z/) ❶ Ⓒ **奇跡的な出来事**, 驚くべきこと: a *miracle* drug 特効薬 / It was *a miracle* that the girl survived the accident. 少女が事故で助かったのは奇跡だった.

❷ Ⓒ (神の)**奇跡**: work [perform] *miracles* 奇跡を行なう. ❸ Ⓒ 驚異的な実例, 模範: The Internet is a *miracle of* modern technology. インターネットは現代技術の驚異的な例だ. (形 miráculous)

〖語源 admire, mirror と同語源〗

mi·rac·u·lous /mərǽkjʊləs/ 形 驚くべき; 奇跡的な. (名 míracle)

~·ly 副 奇跡的に; 文修飾 奇跡的にも.

mi·rage /mərάːʒ | mírɑːʒ/ 名 ❶ Ⓒ しんきろう. ❷ Ⓒ [普通は a ~] 妄想, 幻想; はかない夢[望み].

mire /máɪə | máɪə/ 名 ❶ Ⓤ ((文語)) ぬかるみ, 泥(沼). ❷ [the ~] ((文語)) 苦境.

mired /máɪəd | máɪəd/ 形 叙述 ((文語)) 苦境に陥った (*in*); ぬかるみにはまっている.

mir·ror /mírə | -rə/

— 名 (~s /~z/) ❶ C [しばしば合成語で] **鏡**; 反射鏡《⇒ rearview mirror 日英》: She looked (at herself) *in* the *mirror*. 彼女は鏡(で自分の姿)を見た. ❷ [単数形で] (実物・実情を)反映するもの: The press is a *mirror of* the times. 新聞は時勢を反映する鏡だ.
— 動 (-ror·ing /-rərɪŋ/) 他 (...)を映す, 反映する; (...)によく似ている.
〖語源 ラテン語で「感嘆する」の意から; admire, miracle と同語源〗

mírror ìmage 名 C 鏡像《左右逆になる》.

mirth /mə́ːθ | mə́ːθ/ 名 U《文語》(笑いさざめくような)陽気な騒ぎ, 楽しい笑い.

mirth·ful /mə́ːθf(ə)l | mə́ːθ-/ 形《文語》陽気な, 愉快な.

mirth·less /mə́ːθləs | mə́ːθ-/ 形《文語》楽しくなさそうな, 陰気な.

mis- /mìs/ 接頭「誤って[た], 悪く[い], 不...」の意: *mis*judge 誤審する / *mis*fortune 不運.

mis·ad·ven·ture /mìsədvéntʃɚ | -tʃə/ 名《格式》U 不運; C 不運な出来事, 災難.

mis·an·thrope /mís(ə)nθròʊp/ 名 C《格式》人間嫌いの人; 付き合いの悪い人.

mis·an·throp·ic /mìs(ə)nθrɑ́(ː)pɪk | -θrɔ́p-←/ 形《格式》人間嫌いの, 厭人(えんじん)的な.

mis·an·thro·py /mɪsǽnθrəpi/ 名 U《格式》人間嫌い, 厭人.

mis·ap·pli·ca·tion /mìsæpləkéɪʃən/ 名 C,U《格式》誤用; 悪用, 濫用(らんよう) (*of*).

mis·ap·ply /mìsəplάɪ/ 動 (-ap·plies; -ap·plied; -ply·ing) 他 [普通は受身で]《格式》(...)の用い方を誤る; (...)を悪用する, 不正に使う.

mis·ap·pre·hen·sion /mìsæprɪhénʃən/ 名 C,U《格式》思い違い, 誤解: under the *misapprehension that* ... ...であると思い違いをして.

mis·ap·pro·pri·ate /mìsəpróʊprièɪt/ 動 他《格式》(金)を着服[横領]する, 使い込む.

mis·ap·pro·pri·a·tion /mìsəpròʊpriéɪʃən/ 名 U,C《格式》着服, 横領, 使い込み (*of*).

mis·be·have /mìsbɪhéɪv/ 動 [自 または ~ oneself で] 不作法にふるまう; 不品行である.

mis·be·hav·ior,《英》**-hav·iour** /mìsbɪhéɪvjɚ | -vjə/ 名 U 不作法; 不品行.

misc. 略 = miscellaneous.

mis·cal·cu·late /mìskǽlkjʊlèɪt/ 動 他 (期間・金額など)の計算違いをする; (...)の判断を誤る. — 自 計算違いをする; 判断を誤る.

mis·cal·cu·la·tion /mìskælkjʊléɪʃən/ 名 U,C 計算違い, 誤算; 判断の誤り.

+**mis·car·riage** /mískæ̀rɪdʒ, mìskǽrɪdʒ/ 名 (-car·riag·es /~ɪz/) C,U **流産**: have a *miscarriage* 流産する. **a miscárriage of jústice** [名]〔法律〕誤審.

mis·car·ry /mìskǽri/ 動 (-car·ries; -car·ried; -ry·ing) 自 ❶ 流産する. ❷《格式》(計画などが)失敗する, 挫折する.

mis·cast /mìskǽst | -kάːst/ 動 (mis·casts; 過去・過分 mis·cast; -cast·ing) 他 [普通は受身で] (俳優)を不適当な役に当てる (*as*).

mis·cel·la·ne·ous /mìsəléɪniəs←/ 形 限定 種々雑多な, いろいろな; 多方面にわたる《略 misc.》.

mis·cel·la·ny /mísəlèɪni | mɪséləni/ 名 (-la·nies) C Ⓦ (雑多な)寄せ集め (*of*); 文集, 雑録.

mis·chance /mìstʃǽns | -tʃάːns/ 名 C,U《格式》不運(な出来事), 不幸.

mis·chief /místʃɪf/ ❗アク 名 ❶ U (子供の)いたずら, 悪さ; ちゃめっけ: be up to *mischief* いたずらをたくらんでいる / He is always getting into *mischief*. 彼はいつも悪さばかりしている / keep the kids out of *mischief* 子供たちに悪さをさせないようにする / The girl's eyes were full of *mischief*. 少女の目はちゃめっけにあふれていた. ❷ U《格式》害悪; 危害, 損害. **màke míschief** [動] 自《略式》悪さをする; (...の間に)不和の種をまく (*between*); 水を差す.〖語源 原義は「悪い結果」〗

mis·chie·vous /místʃɪvəs/ ❗アク 形 ❶ (子供が)いたずら好きな; (態度などが)ちゃめっけのある: a *mischievous* child いたずらっ子. ❷《格式》有害な; 人を傷つける, 悪意のある. **~·ly** 副 いたずらっぽく, ちゃめっけから; 悪意を持って. **~·ness** 名 U いたずらっぽさ, ちゃめっけ.

mis·con·ceived /mìskənsíːvd/ 形 見当違いの; (認識などが)誤った.

mis·con·cep·tion /mìskənsépʃən/ 名 U,C 思い違い (*about*; *that*).

mis·con·duct /mɪskɑ́(ː)ndʌkt, -dəkt | -kɔ́n-/ 名 ❶ U《格式》(地位・責任のある人の)不正行為, (職業上の)非行. ❷ U《格式》誤った処置[管理, 経営].

mis·con·struc·tion /mìskənstrʌ́kʃən/ 名 U,C《格式》意味の取り違え, 誤解.

mis·con·strue /mìskənstrúː/ 動 他《格式》(...)の意味を取り違える, (...)を誤解する.

mis·count /mìskάʊnt/ 動 他 (得票数など)を数え違える. — 自 誤算する.

mis·deed /mìsdíːd/ 名 C《格式》悪行, 犯罪.

mis·de·mean·or,《英》**-mean·our** /mìsdɪmíːnɚ | -nə/ 名 ❶ C〔法律〕軽罪《felony より軽い》. ❷ C《格式》不品行, 非行.

mis·di·ag·nose /mìsdaɪəgnóʊs, -nóʊz/ 動 他 [しばしば受身で] (人・病気)を誤診する (*as*).

mis·di·rect /mìsdərékt, -daɪ-/ 動 他 ❶ [普通は受身で] Ⓦ (精力・才能など)を間違った方向に向ける[使う]. ❷ Ⓦ (郵便物など)のあて名を誤る; (...)に(場所・道順を)間違って教える (*to*). ❸〔法律〕(判事が)(陪審員)に誤った指示を与える.

mis·di·rec·tion /mìsdərékʃən, -daɪ-/ 名 U,C Ⓦ (あて名の)誤記; 誤った指示(をすること).

mi·ser /máɪzɚ | -zə/ 名 C [軽蔑的] (金をため込む)けちん坊, 守銭奴, しみったれ. (形 míserly)

+**mis·er·a·ble** /míz(ə)rəbl/ 形 ❶ **みじめな**, 不幸な, 哀れな: a *miserable* little girl かわいそうな少女 / I was [felt] quite *miserable* from cold and hunger. 寒さと空腹で全くみじめだった.
❷ [普通は 限定] **みじめな気持ちにさせる**, ひどい, 悲惨な: a *miserable* failure ひどい失敗 / *miserable* weather ひどい天気 / The economy was in (a) *miserable* condition. 経済は悲惨な状況だった. ❸ 限定 (人が)気むずかしい, 不機嫌な. ❹ 限定 わずかな, 貧弱な, お粗末な. (名 mísery)
-a·bly /-bli/ 副 みじめに, いたましく; 情けないほどに, ひどく.

mi·ser·ly /máɪzɚli | -zə-/ 形 [軽蔑的] (人が)けちな; (量が)ごくわずかな. (名 míser)

+**mis·er·y** /míz(ə)ri/ 名 (-er·ies /~z/) ❶ U,C (悲しみ・苦しみ・貧乏などのための)**みじめさ**, 悲惨さ, 窮状: live in *misery* ひどくみじめな生活をする / The flood brought *misery* to hundreds of people. 洪水は何百

M

人もの人々を悲惨な状態に追いやった / the *misery of* refugees 難民の窮状. ❷ C,U 苦難, 不幸. ❸ C S《英》いつもぼやいている人, ぐちっぽい人: a *misery* guts ぐちを言うやつ.
pút ... òut of ...'s mísery [動] 他 (1) (動物)を安楽死させる. (2)《略式》(人)に真実を伝えて楽にしてやる.
(形 míserable)

mis·fire /mìsfáɪə | -fáɪə/ 動 (mis·fir·ing /-fáɪ(ə)r-ɪŋ/) 自 ❶ (計画などが)失敗する, (冗談などが)受けない, すべる. ❷ (銃砲などが)不発になる; (エンジンなどが)点火しない.

mis·fit /mísfit/ 名 C (周りに)順応できない人.

mis·for·tune /mìsfɔ́ətʃən | -fɔ́ː-/ 名 ❶ U (大きな)不運, 不幸, 災難: suffer *misfortune* 不運な目[不幸]にあう / have the *misfortune to* be involved in a car crash 不幸にも車の衝突事故にあう. ❷ C 不運[不幸]な出来事, 災難: *Misfortunes* never come singly.《ことわざ》不幸は 1 つだけではやって来ない(泣きっ面にはち).
(形 unfórtunate)

mis·giv·ing /mìsgívɪŋ/ 名 C,U [普通は複数形で] (将来などへの)不安, 心配, 懸念 (*about*).

mis·guid·ed /mìsgáɪdɪd←/ 形 誤った判断に基づいた, 見当違いの. **～·ly** 副 心得違いをして.

mis·han·dle /mìshǽndl/ 動 他 (...)を手荒く取り扱う; 虐待する; (...)の取り扱いを誤る.

mis·hap /míshæp, mìshǽp/ 名 C,U (ちょっとした)不幸な出来事, 事故; 不運: without *mishap* 無事に.

mis·hear /mìshíə | -híə/ 動 (mis·hears; 過去・過分 mis·heard /-hə́ːd | -hə́ːd/; -hear·ing /-hí(ə)rɪŋ/) 他 (...)を(～と)聞き違える: I *misheard* "cards" *for* [*as*] "cars." 私は cards を cars と聞き違えた. ― 自 聞き違える.

mis·hit /mìshít/ 動 (mis·hits; 過去・過分 mis·hit; -hit·ting) 他 (ゴルフなどで)(...)を打ちそこなう. ― 名 C (ゴルフなどの)打ちそこない.

mish·mash /míʃmæ̀ʃ/ 名 [a ～]《略式》寄せ集め, ごたまぜ (*of*).

mis·in·form /mìsɪnfɔ́əm | -fɔ́ːm/ 動 他 [普通は受身で] (...)に誤った事柄を伝える, (...)を誤解させる: I was *misinformed about* the date. 私は日時を間違って教えられた.

mis·in·for·ma·tion /mìsɪnfəméɪʃən | -fə-/ 名 U 誤った情報, 誤報《しばしば意図的なもの》.

mis·in·ter·pret /mìsɪntə́ːprɪt | -tə́ː-/ 動 他 (...)を誤解する; 誤って説明[解釈]する (*as*).

mis·in·ter·pre·ta·tion /mìsɪntə̀ːprətéɪʃən | -tə̀ː-/ 名 U,C 誤解, 誤った説明[解釈].

mis·judge /mìsʤʌ́ʤ/ 動 他 ❶ (...)の判断を誤る, 誤解する. ❷ (距離・時間など)の算定を誤る.

mis·judg·ment /mìsʤʌ́ʤmənt/ 名 C,U 誤った判断[見積もり], 誤解 (*of*).

mis·lay /mìsléɪ/ 動 (mis·lays; 過去・過分 mis·laid /-léɪd/; -lay·ing) 他 (...)を置き忘れる, (少しの間)見失う.

mis·lead /mìslíːd/ 動 (mis·leads; 過去・過分 mis·led /-léd/; -lead·ing) 他 (人)を誤解させる; 惑わす, だます: His appearance *misled* me *into* believ*ing* he was an artist. 彼の外見から私は誤って芸術家だと信じてしまった / *be misled about* [*as to*] ... ...を誤解している.

+**mis·lead·ing** /mìslíːdɪŋ←/ 形 **人を誤らせる(ような)**, 誤解のおそれのある, まぎらわしい: a *misleading* explanation 誤解を招く説明 / seriously [highly, grossly] *misleading* きわめて誤解を招きやすい.
～·ly 副 人を誤らせるように, 誤解を招くように, まぎらわしく.

mis·led /mìsléd/ 動 mislead の過去形および過去分詞.

mis·man·age /mìsmǽnɪʤ/ 動 他 (...)の管理[処理]を誤る, (...)をやりそこなう.

mis·man·age·ment /mìsmǽnɪʤmənt/ 名 U 誤った管理[処置], 不始末 (*of*).

mis·match /mísmæ̀ʧ/ 名 C 誤った[不適当な]組み合わせ[結婚], 不つり合い, 食い違い (*between*).

mis·matched /mìsmǽʧt←/ 形 不つり合いな.

mis·name /mìsnéɪm/ 動 他 (...)を誤った[不適当な]名で呼ぶ.

mis·no·mer /mìsnóʊmə | -mə/ 名 C 誤った[不適当な]名称, 誤称; 呼び誤り.

mi·sog·y·nist /mɪsɑ́(ː)ʤənɪst | -sɔ́ʤ-/ 名 C 女性嫌い《人》.

mi·sog·y·nis·tic /mɪsɑ̀(ː)ʤənístɪk | -sɔ̀ʤ-←/ 形 女性嫌いの.

mi·sog·y·ny /mɪsɑ́(ː)ʤəni | -sɔ́ʤ-/ 名 女性嫌い《性向》.

mis·place /mìspléɪs/ 動 他 (...)を置き違える; 置き忘れる.

mis·placed /mìspléɪst←/ 形 ❶ (愛情などが)見当違いの, 相手を間違えた. ❷ 誤って置かれた.

mis·play /mìspléɪ/ 名 C (野球・テニスなどの)エラー, 失策. ― 動 他 (球など)の処理を誤る.

mis·print /mísprɪnt/ 名 C ミスプリ, 誤植.

mis·pro·nounce /mìsprənáʊns/ 動 他 (...)を誤って発音する (*as*).

mis·pro·nun·ci·a·tion /mìsprənʌ̀nsiéɪʃən/ 名 U,C 誤った発音.

mis·quo·ta·tion /mìskwoʊtéɪʃən/ 名 U,C 間違った引用(語句).

mis·quote /mìskwóʊt/ 動 他 (...)を間違って引用する.

mis·read /mìsríːd/ 動 (mis·reads /-ríːdz/; 過去・過分 mis·read /-réd/; -read·ing) 他 (...)を読み違える (*as*); (人・状況など)を誤解する.

mis·rep·re·sent /mìsrèprɪzént/ 動 他 [しばしば受身で] (故意に)(人・意見・状況)を誤って伝える, 偽って述べる; 間違って説明する (*as*).

mis·rep·re·sen·ta·tion /mìsrèprɪzentéɪʃən/ 名 U,C 誤伝; 間違った[不正確な]説明 (*of*).

mis·rule /mìsrúːl/ 名 U《格式》失政, 悪政.

***miss** /mís/

意味のチャート
原義は「的をはずす」→「**取り逃す**」❶
→「**乗りそこなう**」❷
→(必要なことを逸する)→「**省略する**」❸→(欠けたことに気づく)→「**ないので寂しく思う**」❹
→(いやな目にあわずに済む)→「**避ける**」❺

― 動 (miss·es /～ɪz/; missed /～t/; miss·ing) 他 ❶ (ねらったもの)を**取り逃す**, 打ち[当て]そこなう, (的など)をはずす [⇔ hit]: The player tried to catch the ball, but *missed* it. 選手はボールを取ろうとしたが失敗した / He *missed* the target. 彼は的をはずした.
❷ (車など)に**乗りそこなう**, 間に合わない [⇔ catch]; (...)に**気づかない**; (...)を見逃す, 聞き逃す; 理解しそこなう; (機会)を**逃す**, ...しそこなう: I *missed* the last train

by a minute. 1 分の差で最終列車に間に合わなかった《✪ ×...*lost* the last train とは言わない》/ Bob and I must have *missed* each other in the crowd. ボブと私は人込みの中で互いに行き違いになったに違いない / I *missed* my station [stop]. 私は駅[停留所]を乗り過ごしてしまった / *miss* the point 要点がわからない / We were disappointed to have *missed* such a good chance. 私たちは絶好のチャンスを逃してがっかりした / I ***missed*** see***ing*** the program on TV. V+O (動名) 私はそのテレビ番組を見そこなった / That Japanese Garden is ***not to be missed***. その日本庭園は見逃してはならない[訪れるべきだ] / be ***too good to miss*** 逃すにはあまりにも惜しい.

❸ (...)を**省略する**, 抜かす; (...)を**欠席する**, 休む: I was so busy that I *missed* my lunch. とても忙しくて昼食がとれなかった / She *missed* school for a week because she was ill. 彼女は病気で 1 週間学校を休んだ.

❹ (...)**がない[いない]ので寂しく思う**; (...)がない[いない]のを惜しむ; (...)がなくて[いなくて]困る; (...)がない[いない]のに気づく: I'll *miss* you badly [very much]. あなたがいなくなるととても寂しくなります《人と別れるときなどのことば》/ I ***miss*** be***ing*** with him. V+O (動名) 彼と一緒にいられなくて寂しい / She will be sorely [much] missed by her colleagues when she retires. V+O の受身 彼女が退職すれば同僚からとても惜しまれるだろう / He wouldn't *miss* ＄3000. 彼なら 3 千ドルぐらい(損しても)何とも思わないだろう / When did you first *miss* your umbrella? 傘がないのにいつ気がつきましたか.

❺ (事故・混雑など)を**避ける**, 免れる, 逃れる: Fortunately, I *missed* the accident. 幸いにも私はその事故を免れた / We *missed* the other car by a whisker. 私たちは相手の車を間一髪で避けた / He narrowly ***missed*** be***ing*** knocked down by the car. V+O (動名) 彼はかろうじて車にはねられずに済んだ.

— 自 ❶ 的をはずす, 当たらない: He fired but *missed*. 彼は発砲したが当たらなかった. ❷ (エンジンが)点火しない.

míss óut [動] 自 (楽しみなどを)逃す, (...に)ありつけない (*on*). — 他《英》(...)を省く, 抜かす.

nót míss múch [動] 自《略式》ささいなことも見[聞き]逃さない, 抜かりがない.

— 名 C 取り逃し, 打ち[当て]そこない, はずれ; 失敗作 [⇔ hit]: I had more *misses* than hits. 当たるより当たらないほうが多かった / A *miss* is as good as a mile. 《ことわざ》少しでもはずれははずれ(失敗であることに変わりはない, 五十歩百歩); 少しでも成功は成功 // ⇒ near miss. ⚡日本語の「ケアレスミス」のような「間違い」の意味はない《⇒ mistake 名 1》.

gíve ... a míss [動] 他《略式, 主に英》(...を)パスする[やめておく, 欠席する].

***Miss** /mís/

— 名 (~·es /~ɪz/) ❶ /mìs/ C ...さん, ...嬢, ...さま, ...先生《⇒ Mr. 1, Mrs. 1, Ms.》: Let me introduce *Miss* Long to you. ロングさんをご紹介します / This is Dr. Miller and his daughter, *Miss* Ann Miller. こちらがミラー博士と娘さんのアンさんです / I am *Miss* White. 私はホワイトです《自分が Mrs. でないことを示す》.

> 語法 (1) **Miss の使い方**
> Miss (Mary) Smith のように未婚女性の姓か姓名の前につける. Miss Mary のように名だけの前につけることはない.
> (2) 女性の既婚・未婚の区別をすることを避けて, 区別をしない Ms. を使う傾向が強くなっている.

❷ /mìs/ ミス...《美人コンテストの優勝者などにつける》: She was *Miss* Universe (*for*) 2010. 彼女は 2010 年度のミスユニバースだった. ❸ /mís/ [ときに m-] Ⓢ (若い女性への丁寧な呼びかけで)お嬢さん, ねえさん. 語法 やや古風な言い方で, 失礼だと感じる人もいる. 一般的には ma'am を用いることが多い《⇒ ma'am 1》: Can I help you, *Miss*? あの, どうかしましたか. ❹ /mís/ [ときに m-] Ⓢ《英》(女の先生への呼びかけで)先生.
〘語源 mistress の略〙

Miss. 略 = Mississippi.

mis·shap·en /mì(s)ʃéɪp(ə)n/ 形 奇形の, 不格好な: *misshapen* fruit 形の悪い果物.

***mis·sile** /mís(ə)l | -saɪl/ ❗発音 名 (~s/~z/) ❶ C **ミサイル**, 誘導弾: launch a *missile* ミサイルを発射する / a guided *missile* 誘導ミサイル / a *missile* base ミサイル基地.
❷ C《格式》投げつけるもの, 飛び道具《石・矢・弾丸など》: The crowd threw *missiles* at the police. 群衆は警官隊に物を投げつけた.
〘語源 ラテン語で「送られうるもの」の意; mission と同語源; ⇒ promise キズナ〙

miss·ing** /mísɪŋ/ 形 **その場にない[いない]**, 見当たらない; 紛失している; 欠けている; 行方不明の: A diamond is ***missing from the box. +*from*+名 ダイヤモンドが箱からなくなっている / ***go missing*** (物が)なくなる; 行方不明になる / his *missing* front tooth 彼の欠けた前歯 / be *missing* in action 戦闘中に行方不明になる.

míssing línk 名 ❶ C (問題の解決に)必要だが欠けている事実[もの]. ❷ [the ~] 失われた環《特に進化論で類人猿と人との中間に存在したと想像される生物》.

míssing pérson 名 C (家族から捜索願いの出ている)行方不明者, 家出人.

***mis·sion** /míʃən/ 名 (~s /~z/)

> 意味のチャート
> ラテン語で「送る[送られる]こと」の意《⇒ promise キズナ》→「**使節**」❷ →(使節の仕事)→「**使命**」❶, ❸

❶ C (派遣される者の)**使命**, 任務, 役目; (使節の)派遣; (軍隊の)特別任務, 特命飛行;宇宙飛行(任務): They went ***on*** a rescue [diplomatic] ***mission***. 彼らは救助[外交]の任務を帯びて行った / a peacekeeping *mission* 平和維持の任務 / a manned space *mission* 有人宇宙飛行 / *Mission* accomplished. 任務完了.
❷ C [《英》単数形でもときに複数扱い] **使節(団)**, 派遣団: a member of the ***mission to*** France フランスへの派遣団の一員 / A trade *mission* was sent to the U.S.A. 米国へ貿易使節団が派遣された.
❸ C **天職**, (一生の)**使命**; (組織の)目標: I wish I had a *mission* in life. 私は人生における使命というものを持てたらいいと思う / a man [woman] on a *mission* [しばしばこっけいに] 使命感にかられた人. ❹ U,C 伝道, 布教. ❺ C 伝道団; 伝道所, 教会.
(形 míssionàry)

mis·sion·ar·y /míʃənèri | -ʃ(ə)nəri/ 名 (-ar·ies) C 宣教師, 伝道師. — 形 限定 伝道(者)の, 布教の; 熱心な.
(名 míssion)

míssion stàtement 名 C (会社・組織の)使命の宣

M

言《経営理念・行動指針など》.

Mis·sis·sip·pi /mìsəsípi⁻/ 名 固 ❶ [the ～] ミシシッピー川《米国 Minnesota 州から南に流れ, メキシコ湾に注ぐ川; ⇒ Missouri 2》. ❷ ミシシッピー《米国南部の州; 略 Miss., 〔郵便〕では MS》. 〖語源 北米先住民のことばで「大きな川」の意〗

mis·sive /mísɪv/ 名 C《格式》[しばしばこっけいに] (長ったらしい)手紙.

Mis·sou·ri /mɪzʊ́(ə)ri/ 名 固 ❶ ミズーリ《米国中部の州; 略 Mo., 〔郵便〕では MO》. ❷ [the ～] ミズーリ川《Mississippi 川の支流》. 〖語源 北米先住民のことばで「大きなカヌーを持った人々」を意味する部族の名から〗

mis·spell /mìsspél/ 動 (mis·spells; 過去・過分 mis·spelled, 《主に英》 mis·spelt /-spélt/; -spell·ing) 他 (...)のつづりを間違える.

mis·spell·ing /mìsspélɪŋ/ 名 C,U つづり違い.

mis·spelt /mìsspélt/ 動 《主に英》 misspell の過去形および過去分詞.

mis·spend /mìsspénd/ 動 (mis·spends; 過去・過分 mis·spent; -spend·ing) 他 [普通は受身で] (時間や金)の使い方を誤る, (...)を浪費する (*on*).

mis·spent /mìsspént⁻/ 動 misspend の過去形および過去分詞. — 形 むだにした, 浪費した: a *misspent* youth [しばしばこっけいに] 空費した青春.

mis·step /mìsstép/ 名 C《米》失策, 失態, (判断・行動などの)誤り.

mis·sus /mísəz, -səs | -səz/ 名 [単数形で] ❶ [the または所有格とともに]《略式》女房, 奥さん, かみさん. ❷ [知らない女性への呼びかけで]《英略式》奥さん.

+**mist** /míst/ 名 (mists /místs/) ❶ U **霧**, かすみ, もや《⇒ fog 表》: The *mist* has cleared. 霧が晴れた / The hills were hidden [shrouded] in *mist*. 山々は霧に隠れていた. 語法 状態をいうときには C となることもある: *a* thick [heavy] *mist* 濃霧. ❷ [U または a ～] (スプレーなどの)霧, 噴霧. ❸ C《文語》(涙による)目のかすみ; (頭・視界を)ぼんやり[あいまいに]させるもの: be lost in the *mists* of time 時のかなたに忘れ去られている. (形 místy)

— 動 自 ❶ もや[霧]がかかる; (目が)涙でかすむ: Her eyes *misted over*. 彼女の目は涙でかすんだ. ❷ (ガラスなどが)曇る, ぼんやりする (*over*, *up*).

— 他 ❶ (...)をもや[霧]でかすませる; 曇らす (*over*): Our breath is *misting up* the window. 私たちの息で窓が曇ってきた. ❷ (植物)に(霧吹きで)水を吹きかける.

***mis·take /mɪstéɪk/

— 名 (～s /～s/) ❶ C 誤り, **間違い**, 失敗, ミス《⇒ 類義語》: You ***made*** several spelling ***mistakes*** in your essay. 君は作文でいくつかつづりを間違えた / It's an easy *mistake* to make. それはよくある間違いだ / I ***made the mistake of*** giv*ing* him my phone number. 彼に電話番号を教えたのは間違いだった / We must learn from our *mistakes*. 私たちは失敗から学ばなければならない / We all make *mistakes*. Ⓢ 誰にでもミスはある《慰めのことば》 / There must be some *mistake*. Ⓢ これは何かの間違いです, そんなはずはない.

> **間違える, ミスをする**
>
> **間違えた.**
>
> ○I made a mistake.
>
> ×I did a mistake. ×I mistook. ×I made a miss.

❷ C **誤解**, 思い違い: It's a big *mistake* to think that he'll help you. あいつが君を助けてくれると思ったら大間違いだよ / There's no ***mistake about*** it. それは間違いない.

... and nó mistáke [副] [前のことばを強めて] Ⓢ《主に英》間違いなく, 本当に.

by mistáke [副] **誤って:** Someone has taken my shoes *by mistake*. だれかが私の靴を間違ってはいていってしまった.

màke nó mistáke (abòut it) Ⓢ [主に警告の前後に用いて] 間違いない[なく]: You'll get into trouble unless you take immediate action; *make no mistake about it*. すぐ行動をとらないと困ったことになるぞ, 間違いない.

> 類義語 **mistake** 最も一般的な語で, 基準または正解からはずれた誤りや, 日常的な出来事における判断などの誤り: I took his umbrella by *mistake*. 私は誤って彼の傘を持っていった. **error** *mistake* よりも格式ばった語. 基準または正解からはずれた誤りで, 後に問題を引き起こす: a human *error* 人為的誤り.

— 動 (mis·takes /～s/; 過去 mis·took /-tʊ́k/; 過分 mis·tak·en /-téɪk(ə)n/; mis·tak·ing) 他 ❶ (...)を**誤解する**, (...)の解釈[判断]を誤る: She *mistook* my meaning. 彼女は私の真意を誤解した / I ***mistook*** his words ***as*** a threat. V+O+C (as+名) 彼の言葉を脅しと誤解してしまった.

❷ (...)を(～と)**間違える**, 取り違える: People often ***mistake*** me ***for*** a student. V+O+for+名 私はよく学生と間違われる / She *was mistaken for* her sister. V+O+for+名の受身 彼女は妹[姉]と間違えられた.

There is nó mistáking ... = You cán't mistáke ... [動] 他 ...を間違えようがない.

〖語源 原義は「誤って (mis-) とる (take)」〗

***mis·tak·en /mɪstéɪk(ə)n/

— 動 mistake の過去分詞.

— 形 ❶ 叙述 (人が)**誤って**, 誤解して, 勘違いをして [≒wrong]: You're ***mistaken about*** that. +about+名 そのことではあなたは考え違いをしている / You were ***mistaken in*** assum*ing* that. +in+動名 あなたのその憶測は間違っていた / 「If I'm not [Unless I'm] *mistaken*, he is from Korea. 私の勘違いでなければ確か彼は韓国出身だ.

❷ (行動・考えなどが)**間違った**, 誤った: a case of *mistaken* identity (犯罪捜査での)人違いの事例, えん罪 / a *mistaken* idea [belief, impression] 誤った考え[信念, 印象].

～·ly 副 誤って, 間違って.

+**mis·ter** /místə | -tə/ 名 ❶ ⇒ Mr. ❷ [呼びかけで] Ⓢ《主に米》おじさん, だんな.

mis·time /mìstáɪm/ 動 他 (...)の時機を誤る, (...)をまずい時に行なう[言う].

mis·tle·toe /mísltòʊ/ 名 U やどりぎ《欧米ではクリスマスの装飾に用いられ, その下では女性にキスをしてもよいとされる》.

***mis·took /mɪstʊ́k/ 動 mistake の過去形.

mis·treat /mìstríːt/ 動 他 (人・動物)を虐待[酷使]する, 乱暴に扱う.

mis·treat·ment /mìstríːtmənt/ 名 U 虐待, 不当[乱暴]な扱い (*of*).

+**mis·tress** /místrəs/ 名 (～·es /～ɪz/) ❶ C (男性から見て)**女性の愛人**, 情婦. 語法 やや古風な, ときに軽

蔑的な語. ❷ Ⓒ (動物の)飼い主《女性》; 《古風》 雇い主《女性》; 支配者《⇒ Mrs. 語法》: the *mistress* of the house (一家の)女主人. 関連 master 男性の主人. ❸ Ⓒ 《英古風》 教師, 先生《女性》. 関連 schoolmistress 《英》 女の教師.
be (the [a]) místress of ... [動] ⑩ (女性が)...を思い通りにする; ...が得意である.

mis·tri·al /mìstráɪəl/ 名 ❶ Ⓒ 〔法律〕 無効審理《手続き上の誤りによる》. ❷ Ⓒ 《米》 〔法律〕 未決定審理《陪審員の意見不一致による》.

mis·trust /mìstrʌ́st/ 名 Ⓤ または a ～] 不信[不安]感, 疑惑 (*of*). — 動 ⑩ (...)を信用しない, 疑う《⇒ distrust》.

mis·trust·ful /mìstrʌ́stf(ə)l←/ 形 信用しない, 疑い深い (*of*).

+**mist·y** /místi/ 形 (mist·i·er; -i·est) ❶ **もやのかかった.** ❷ 《文語》 (目が)涙でいっぱいの. ❸ ぼやけた, 漠然とした; (記憶が)おぼろげな. (名 mist)

mist·y-eyed /místiàɪd/ 形 目が涙でうるんだ; 感傷的な.

mis·un·der·stand /mìsʌ̀ndəstǽnd | -də-/ 動 (-der·stands; 過去・過分 -der·stood /-stʊ́d/; -stand·ing) ⑩ (人・ことば・考えなど)を誤解する: Don't *misunderstand* me [*what* I said]. 私の言ったことを誤解しないでくれ. — ⓐ 誤解する.

mis·un·der·stand·ing /mìsʌ̀ndəstǽndɪŋ | -də-/ 名 ❶ Ⓤ,Ⓒ 誤解, 考え違い (*about*): remove *misunderstandings between* nations 国家間の誤解を取り除く. ❷ Ⓒ (ちょっとした)意見の相違, いざこざ (*with, between*).

mis·un·der·stood /mìsʌ̀ndəstʊ́d | -də-/ 動 misunderstand の過去形および過去分詞. — 形 (人・物が)正当に理解されていない, 誤解されている.

mis·use[1] /mìsjúːz/ 動 ⑩ ❶ (...)を誤用[悪用]する. ❷ (...)を虐待[酷使]する.

mis·use[2] /mìsjúːs/ 名 Ⓤ,Ⓒ 誤用; 悪用 (*of*).

M.I.T. /émàɪtíː/ 略 = Massachusetts Institute of Technology《⇒ institute》.

Mitch·ell /mítʃəl/ 名 固 Margaret ～ ミッチェル (1900-49)《米国の女流作家》.

mite[1] /máɪt/ 名 Ⓒ だに.

mite[2] /máɪt/ 名 ❶ Ⓒ Ⓢ (かわいそうな)小さな子供. ❷ [a ～; 副詞的に] 《古風》 少し, ちょっと.

mi·ter, 《英》 **mi·tre** /máɪṭə | -tə/ 名 Ⓒ 司教冠.

mit·i·gate /míṭəgèɪt/ 動 ⑩ 《格式》 (悩み・痛みなど)を和(やわ)らげる, 静める; (刑罰など)を軽くする.

mít·i·gat·ing círcumstances [fáctors] /míṭəgèɪṭɪŋ-/ 名 複 〔法律〕 (犯罪などの)酌量すべき情状.

mit·i·ga·tion /mìṭəgéɪʃən/ 名 Ⓤ 《格式》 緩和; 軽減: in *mitigation* 〔法律〕 減刑のために.

mitt /mít/ 名 ❶ Ⓒ 〔野球〕 ミット: a catcher's *mitt* キャッチャーミット. 関連 glove グローブ. ❷ Ⓒ (手を守るための)手袋《厚い布でできている》: an oven *mitt* オーブン用手袋《料理用》.

mit·ten /mítn/ 名 Ⓒ 二また手袋, ミトン《親指だけ離れたもの》. 関連 glove 5 本指の手袋.

**mix /míks/

— 動 (mix·es /～ɪz/; mixed /～t/; mix·ing) ⑩ ❶ (...)を(～と)混ぜる, (...と～)を**混合する**《⇒ 類義語》: 言い換え He *mixed* whiskey and water. = He *mixed* water *with* his whiskey. V+O+with+名 彼はウイスキーに水を混ぜた / First, *mix* flour and milk *together*. V+O+together まず初めに小麦粉と牛乳とを混ぜてください.
❷ (...)を**混合して作る**, 調合する: Mother is *mixing* a cake. 母は(材料を混ぜ合わせて)ケーキを作っている / 言い換え I'll *mix* a cocktail *for* you. V+O+for+名 = I'll *mix* you a cocktail. V+O+O カクテルをお作りしましょう《⇒ for 前 A 1 語法》.
❸ (異なる物事)をいっしょにする; 調和させる: *mix* business *with* [*and*] pleasure 仕事と楽しみとを結びつける.
❹ (音量)を調整する; ミキシング録音[録画]する.
— ⓐ ❶ **混ざる, 混合する**: Oil and water don't *mix*. = Oil doesn't *mix with* water. V+with+名 油と水とは混ざらない.
❷ (人と)交わる; 親しく付き合う [≒socialize]: He did not *mix* well *with* the locals there. 彼はそこの土地の人々とうまく付き合えなかった.
❸ [否定文で] (2 つの事が)両立する, 相入れる: Drinking and driving do *not mix*. 飲酒と運転は相入れない.
míx and mátch [動] ⑩ (衣服など)をうまく組み合わせる.
míx it (úp) [動] ⓐ 《略式》 (...と)けんかをする, もめる (*with*). (名 míxture)

mix の句動詞

míx ín 動 ⑩ (食品など)を混ぜ合わせる (*with*).
míx ... ínto ～ 動 ⑩ ❶ (...)を～に加えて混ぜ合わせる. ❷ (...)を混ぜ合わせて～にする.
*__míx úp__ 動 ⑩ ❶ (...)を**混同する** [≒confuse] V+名・代+up / V+up+名: We often 「*mix* you and your brother *up* [*mix* you *up with* your brother]. 私たちはよくあなたと弟さんとを混同する / I must have got the days *mixed up*. 日を間違えてしまったに違いない.
❷ (...)を**ごちゃ混ぜにする**; よく混ぜ合わせる V+名・代+up / V+up+名: I accidentally *mixed up* my papers. うっかり書類をごちゃ混ぜにしてしまった / *Mix* all ingredients *up* in a bowl. ボウルの中ですべての材料をよく混ぜ合わせてください. ❸ (人)を混乱させる (*about, over*): I was so nervous that I got all *mixed up*. 私はあがって何が何だかさっぱりわからなくなってしまった. ❹ [受身で] (よくない人や物事に)(...)を関係させる, 巻き込む: I don't want to *be* [*get*] *mixed up* 「*in* such a movement [*with* radicals]. そんな運動には[過激派とは]かかわりたくない.

類義語 **mix** 2 つ以上のものを混合し, 均一に混ぜ合わせることをいう. もとの成分が識別できるときもできないときもある: I *mixed* green and yellow paint. 緑と黄の絵の具を混ぜた. **mingle** *mix* よりも文語的で, 混ぜ合わせた後も各成分が識別できるような混合のしかたをいう: A few cows were *mingled* with the sheep in the field. 野原では羊に数匹の牛が混じっていた. **blend** *mix* より格式ばった語で, 混合されるものの長所が残り, 好ましい結果が得られるような混合のしかたをいう: *blended* coffee ブレンドコーヒー.

— 名 ❶ Ⓒ [普通は単数形で] 混合: an interesting *mix of* people いろいろな人のおもしろい組み合わせ. ❷ Ⓒ,Ⓤ [普通は合成語で] 混合物[品]; ミックス《インスタント食品の素(もと)》: a cake *mix* ケーキの素. ❸ Ⓒ リミックス(曲).

*__mixed__ /míkst/ 形 ❶ **混ざり合った**; 混合した; 種々雑

M

多な [⇔ pure]; 混成の; 詰め合わせの: a *mixed* salad ミックスサラダ / *mixed* biscuits ビスケットの詰め合わせ. ❷ 相反する要素の入り混じった, 両面のある: *mixed* reviews 賛否入り交じった批評 / I have *mixed* feelings [emotions] about my daughter's marriage. 娘の結婚に対しては(うれしいやら悲しいやら)複雑な気持ちだ. ❸ 男女混合の; 共学の [≒coed]; 〔音楽〕混声の: a *mixed* school 共学校 / *mixed* doubles 混合ダブルス(の試合) / in *mixed* company 男女同席で. ❹ 異民族間の, 異教徒間の《⇒ mixed marriage》; 混血の.

mixed-a·bil·i·ty /míkstəbíləṭi/ 形 限定 能力混成(方式)の.

míxed bág 名 [a ~] ごたまぜ, 寄せ集め (*of*).

míxed bléssing 名 C 長所も短所も合わせ持つ[手離しでは喜べない]もの.

míxed ecónomy 名 C 〔経済〕 混合経済《資本主義と社会主義が並存する経済》.

míxed márriage 名 C,U 異民族[宗教]間の結婚.

mixed-up /míkstʌ́p←/ 形 限定 頭が混乱した; 《略式》精神錯乱の, 社会に不適応の. 語法 叙述 では mixed up とつづる《⇒ mix up (mix 句動詞) 3》.

mix·er /míksɚ | -sə/ 名 ❶ C [しばしば合成語で] ミキサー, 混合機, 撹拌(かくはん)[泡立て]器: a cement *mixer* コンクリートミキサー. 日英 料理用の mixer は普通電動の, 生地を混ぜたり卵などを泡立てる器具をさす. 固形食物を液状にする日本語の「ミキサー」に当たるのは blender, 《英》 liquidizer. ❷ C 〔ラジオ・テレビ〕ミキサー《音声・映像を調整する装置・技師》. ❸ C (ウイスキーなどを割る)非アルコール性飲料. ❹ C [前に形容詞をつけて] 人付き合いが…の人: a *good* [*poor*, *bad*] *mixer* 交際の上手[下手]な人. ❺ C 《古風, 米》 親睦(しんぼく)会, 懇親パーティー.

mix·ture** /míkstʃɚ | -tʃə/ 名 (~s /~z/) ❶ C,U **混合したもの**, (感情・物質などの)入り混じったもの[人]: Pour the *mixture* into a cake tin. (材料を混ぜ合わせた)生地をケーキ型に入れます / a ***mixture of grief and anger 悲しみと怒りの混じった感情. ❷ C,U 混合薬《水薬など》; C 〔化学〕 混合物: Air is a *mixture of* various gases. 空気はいろいろな気体の混合物である. 関連 compound 化合物. ❸ U 《格式》 混合, 混ぜ合わせること; 調合. (動 mix)

mix-up /míksʌ̀p/ 名 C 《略式》 手違い, 混同, 誤解.

Mk 略 = mark².

ml 略 = milliliter(s).

Mlle. 略 = Mademoiselle.

Mlles. 略 = Mesdemoiselles.

+**mm¹** /m:/ 間 Ⓢ **うん**, うむ, なるほど《あいづち・同意を示す発声》.

M

+**mm²** 略 **ミリメートル** (millimeter(s)).

Mme. 略 = Madame.

Mmes., Mmes /meɪdɑ́:m/ 名 ❶ = Mesdames. ❷ Mrs. の複数形.

MN 〔米郵便〕 = Minnesota.

mne·mon·ic /nɪmɑ́(:)nɪk | -mɔ́n-/ ✪ 語頭の m は発音しない. 名 C 記憶の助けとなる語句《⇒ coffee 1 の例文, pi の例文》. — 形 記憶術の, 記憶を助けるための.

mo /móʊ/ (~s) 名 C Ⓢ 《英略式》 瞬間, ちょっとの間 (moment): Wait a *mo*. ちょっと待って.

MO¹ 〔米郵便〕 = Missouri.

mo. 略 《米》 = month(s).

Mo. 略 = Missouri.

M.O., 《英》 **MO²** /émóʊ/ 名 [単数形で] = modus operandi.

+**moan** /móʊn/ 動 (moans /~z/; moaned /~d/; moan·ing) 自 ❶ (苦痛・悲しみ・性的快感などで)**うめく**, うなる《groan よりも軽い》: She lay on the floor *moaning* in pain. 彼女は痛みにうめきながら床に横たわっていた. ❷ 《略式》 嘆く, 不平を言う: *moan* and groan (*about* ...) (...について)不満をいう, ぐちをこぼす. ❸ 《文語》 (風が)うなる.

— 他 ❶ 《略式》 (...)と不平を言う: He's always *moaning that* he is too busy. 彼は忙しすぎるといつもぶつくさ言っている. ❷ (...)を[と]うめきながら言う.

— 名 (~s /~z/) ❶ C (苦痛・悲しみ・性的快感などの)**うめき(声)** (*of*): utter [give] a low *moan* 低いうめき声をあげる. ❷ C 《英略式》 不平, 不満(の声), ぐち: have a *moan* (*about* ...) (...について)不平を言う, こぼす. ❸ [単数形で] 《文語》 (風の)うなり.

moat /móʊt/ 名 C (城・都市などの周囲の)堀.

moat·ed /móʊṭɪd/ 形 堀のある, 堀で囲まれた.

+**mob** /mɑ́(:)b | mɔ́b/ 名 (~s/~z/) ❶ C [《英》 単数形でもときに複数扱い] **暴徒**; やじ馬連; 群集: *an* angry *mob of* people 怒った暴徒の群れ / The *mob was* [*were*] clamoring for (*their*) bread. 暴徒たちはパンを求めてわめいていた. ❷ C 《略式》 (同類の)一団; [the M-] マフィア, 暴力団: a *mob of* reporters 一団の記者たち. ❸ [the ~] [差別的] 《古風》 愚民, 貧民; 大衆.

— 動 (mobs; mobbed; mob·bing) 他 [しばしば受身で] (人・場所)を群れを成して取り囲む[襲う]; (場所)に押し寄せる (*with*).

〖語源 mobile¹ (気まぐれな)の略〗

***mo·bile¹** /móʊb(ə)l, -bi:l | -baɪl/ 形 ❶ **移動式の**, 動かしやすい: a *mobile* library 《英》 移動図書館 / a *mobile* shop 移動販売の店.

❷ 叙述 (人が)**動き回れる**, 移動できる [⇔ immobile]: Thanks to this car, I'm much more *mobile* than before. この車のおかげで前よりずっと外出しやすい. ❸ (人々・社会などが)移動する, 流動性のある. ❹ Ⓦ (表情などが)変わりやすい, 気まぐれな: a *mobile* face 表情豊かな顔. (名 mobílity)

mo·bile² /móʊbi:l | -baɪl/ 名 ❶ C 《英》 携帯(電話) (mobile phone): May I have your *mobile* number? 携帯番号を教えていただけますか. ❷ C モビール《天井から金属片・紙片などを針金や糸でつるして作る造形品》, 動く彫刻.

mó·bile hóme /móʊb(ə)l- | -baɪl-/ 名 ❶ C 《米》 (設置場所などへ)移動可能な住宅. ❷ C 《英》 トレーラーハウス《車で引いて移動できる住宅; 旅行・行楽用》 [《米》 trailer, 《英》 caravan].

mó·bile phóne /móʊb(ə)l- | -baɪl-/ 名 C 《英》 携帯(電話) [≒cellular phone].

mo·bil·i·ty /moʊbíləṭi/ 名 U 移動性, 可動性; 流動性; 機動力 [⇔ immobility]: social *mobility* 社会的[階層の]流動性. (形 móbile)

mo·bi·li·za·tion /mòʊbəlɪzéɪʃən | -laɪz-/ 名 U,C 動員; (力などの)結集. (動 móbilìze)

+**mo·bi·lize** /móʊbəlàɪz/ 動 (-bi·liz·es /~ɪz/; -bi·lized /~d/; -bi·liz·ing) 他 ❶ (支持者・人員・力など)を**結集する**, ((多くの)支持)を得る: They *mobilized* support for the campaign. 彼らはその運動に対する支援を集めた. ❷ (資源など)を活用する. ❸ (軍隊・艦隊)を動員する. — 自 動員される[する].

mob·ster /mɑ́(:)bstɚ | mɔ́bstə/ 名 C 《略式, 主に米》 マフィア (Mafia) の一員.

moc·ca·sin /mɑ́(ː)kəsɪn | mɔ́k-/ 名 C モカシン《かかとの低い, 柔らかい革の靴; 元来はアメリカ先住民の鹿(しか)革の靴》.

mo·cha /móʊkə | mɔ́kə/ 名 U モカ《上質のコーヒーの一種》.

+**mock** /mɑ́(ː)k, mɔ́ːk | mɔ́k/ 動 (mocks /~s/; mocked /~t/; mock·ing) 他 ❶ (ばかにして)(…)の**まねをする**, (まねをして)(…)をからかう; あざける [≒make fun of] 《⇒ imitate 類義語》: The pupils *mocked* their teacher's speech. 生徒たちは先生の話し方をまねてからかった. ❷《格式》(物・事)を侮る, 無視する; 無効にする. ― 自 あざける (*at*). **móck úp** [動] 他 (…)の実物大模型を作る. (名 móckery)

― 形 限定 **偽の**, まがいの; 模擬の: in *mock* surprise [horror] (特に冗談で)わざとらしく驚いて[おびえて]みせて / with *mock* seriousness まじめくさったふりで / a *mock* trial 模擬裁判.

― 名 C [普通は複数形で]《英》模擬試験.

mock·er /mɑ́(ː)kɚ | mɔ́kə/ 名 C あざける人.

mock·er·y /mɑ́(ː)k(ə)ri, mɔ́ːk- | mɔ́k-/ 名 ❶ U ばかにすること, あざけり, 冷やかし; 模倣. ❷ [a ~] まがい物, 茶番, 失敗(例); むだなもの (*of*).

màke a móckery of ... [動] 他 (物事が)...を(あざ笑うように)否定[無視, 侵害]する, (努力・親切など)を無にする. (動 mock)

mock·ing·bird /mɑ́(ː)kɪŋbɚ̀ːd | mɔ́kɪŋbə̀ːd/ 名 C まねしつぐみ《ほかの鳥の歌をまねる米国産の鳥》.

mock·ing·ly /mɑ́(ː)kɪŋli | mɔ́k-/ 副 ばかにしたかのように, 茶化して.

mock-up /mɑ́(ː)kʌ̀p | mɔ́k-/ 名 C 実物大の模型 (*of*).

mod·al /móʊḍl/ 形 限定 〔文法〕法 (mood²) を表わす.

― 名 C 〔文法〕= modal (auxiliary) verb.

módal (auxíliary) vérb 名 C 〔文法〕法助動詞《⇒ 巻末文法 10》.

mod cons /mɑ́(ː)dkɑ́(ː)nz | mɔ́dkɔ́nz/ 名 複 [しばしば all mod cons として]《英略式》[住宅の広告などで] 最新設備(完備)《*mod*ern *con*veniences の略》.

+**mode** /móʊd/ 名 (modes /móʊdz/) ❶ C《格式》**方法**, 様式, やり方, 流儀 [≒manner, way]: a ***mode of*** transportation 輸送手段 / They have adopted a new ***mode of*** teach*ing* at this school. +of+動名 この学校では新しい教授法を採用している. ❷ C モード《特定の作業を行なうための機器の状態》. ❸ [the ~]《格式》(服装などの)流行, 流行の型, モード [≒fashion]: Hats of this color will be *the mode* this year. この色の帽子が今年ははやるだろう. ❹ ⇒ à la mode. ❺ C〔音楽〕旋法, 音階.

be in ... mòde [動] 自《略式》...の気分[状態]である: *be in* holiday [work] *mode* 休日[仕事]モードである.

〖語源 ラテン語で「様式, 型」の意〗

mod·el /mɑ́(ː)ḍl | mɔ́dl/

意味のチャート
原義はラテン語で「小さな型 (mode)」→「ひな型」
→「模型」名 ❶ →「模範」名 ❸ → (手本) →
「モデル(になる)」名 ❹, 動 自
→「型」名 ❷ →「(型に合わせて)作る」動 他 ❷

― 名 (~s /~z/) ❶ C **模型**, ひな形; (彫刻品の)原型: a scale ***model of*** a ship 船の縮尺模型 / a working *model* 実動模型.

❷ C (自動車・服装などの)**型**, **デザイン**, 様式: This car is the latest *model*. この車は最新型だ.

❸ C **模範**, 手本 [≒example]: He is a ***model of*** honesty. 彼は模範的な正直者だ / She took her mother as her *model*. 彼女は母親を手本にした.

❹ C (ファッション)**モデル**; (絵・写真・小説などの)**モデル**: sit as a *model* (絵などの)モデルをつとめる. ❺ C (現象を定式化した)モデル, パターン.

― 形 ❶ **模型の**: a *model* plane [train, car] 模型飛行機[電車, 自動車]. ❷ **模範の**; 典型的な: a *model* wife [student] 理想的な妻[生徒] / a *model* school モデル校.

― 動 (mod·els /~z/; mod·eled,《英》mod·elled /~d/; -el·ing,《英》-el·ling /-ḍəlɪŋ, -dl-/) 自 (…の)**モデルになる[をする]**: She ***models for*** Dior. V+for+名 彼女は(クリスチャン)ディオールのモデルをしている.

― 他 ❶ (服など)の**モデルになる[をする]**, (モデルとして)(…)を着て見せる: *model* women's clothing 女性服のモデルをする. ❷ (物)の模型[モデル]を作る, (…)をかたど(って作)る; (粘土など)で(ある形・物を)作る (*into*); (ある型・様式に従って)(…)を作る, 似せる: *model* animals in clay 粘土で動物を作る / *model* the statue *on* a Greek one 彫像をギリシャの原型をもとにして作る / His villa is *modeled on* [*after*] what he had seen in Italy. 彼の別荘はイタリアで見たものをモデルにしている. ❸ (仕組み・現象など)をモデル化する.

módel onesèlf on [《米》àfter] ... [動] 他 ...を手本にする, ...にならう.

mod·el·er,《英》-el·ler /mɑ́(ː)dlɚ, -ḍələ | mɔ́d(ə)lə/ 名 C 模型[モデル]製作者.

mod·el·ing,《英》-el·ling /mɑ́(ː)dlɪŋ, -ḍəl- | mɔ́d-/ 名 ❶ U (ファッション)モデル業. ❷ U 模型製作; 造形術; 塑像(術).

mo·dem /móʊdem/ 名 C 〔コンピュータ〕モデム, 変復調装置《電話回線などによるデータ通信用》.

*__mod·er·ate¹__ /mɑ́(ː)ḍərət, -drət | mɔ́d-/ ✪ 動詞の moderate² と発音が違う. 形 ❶ **適度の**, 中くらいの, 並みの, ほどほどの [⇔ immoderate, excessive]; わずかな: *moderate* exercise 適度の運動 / achieve *moderate* success まあまあの成功を収める.

❷ **穏健な**, 極端に走らない, 節度のある: a *moderate* view 穏健な考え方 / a *moderate* drinker ほどよく酒をたしなむ人 / a *moderate* demand 無理のない要求. ❸ (値段が)手ごろな, (比較的)安い《⇒ cheap 類義語》.

― 名 (-er·ates /-əts/) C 穏健な人; 穏健派の人.

mod·er·ate² /mɑ́(ː)ḍərèɪt | mɔ́d-/ ✪ 形容詞の moderate¹ と発音が違う. 動 他 ❶《格式》(…)を和(やわ)らげる; 軽減する: *moderate* demands 要求を緩和する. ❷ (…)の司会を務める; (オンライン上の)議論[発言]を管理する. ― 自 ❶《格式》和らぐ. ❷ (会議などで)司会をする (*at*).

mod·er·ate·ly /mɑ́(ː)ḍərətli, -drət- | mɔ́d-/ 副 適度に, ほどほどに [⇔ immoderately]: a *moderately* warm room ほどよく暖かい部屋 / *moderately* priced 手ごろな値段の / He drinks *moderately*. 彼はほどほどに酒を飲む.

mod·er·a·tion /mɑ̀(ː)ḍəréɪʃən | mɔ̀d-/ 名 U《格式》適度, 中庸(ちゅうよう); 穏健; 節制: in *moderation* ほどよく, ほどほどに / *Moderation in* all things.《ことわざ》何事もほどほどが大事.

mod·e·ra·to /mɑ̀(ː)ḍərɑ́ːṭoʊ | mɔ̀d-/ 副 形 〔音楽〕モデラート, 中くらいの速さで[の].

mod·er·a·tor /mɑ́(ː)ḍərèɪṭɚ | mɔ́dərèɪtə/ 名 ❶ C 仲裁者, 調停者. ❷ C 司会者; 議長.

M

*****mod·ern** /má(ː)dən|mɔ́d(ə)n/ アク
— 形 ❶ 限定 [比較なし] **現代の**; **近代の**; 近世の (⇒ 類義語; history 参考) [⇔ ancient]: in *modern* times 現代において / *modern* art 現代美術 / *Modern* life is stressful. 現代生活はストレスがいっぱいだ.
❷ [普通はよい意味で] **現代的な**, 最新式の, 当世風の, モダンな [⇔ old-fashioned]: *modern* hotels 現代的なホテル / *modern* fashions 最新の流行 / *modern* conveniences (家庭の)最新設備. ❸ (人・行動・考えなどが)進歩的な, 非常に新しい. (動 módernìze)

類義語 **modern** 歴史的時代区分による現代を表わすほかに, 「旧式の」に対して「現代的な」の意に用いる: *modern* technology 現代の科学技術. **contemporary** 歴史的にみた現代を指すが, *modern* より狭い同一時代を指し, また, 現代的な新しさの意味を含まないのが普通: a *contemporary* writer 現代作家. **present-day** *contemporary* よりもいっそう現在に近いごく狭い期間を指し, 新旧による価値判断を含まない単なる時代区分用語: the *present-day* situation of Iraq イラクの現状. **recent** 時代区分としては *contemporary* と *present-day* の中間の幅をもつが, 日常生活で漠然と現在の少し前の意に用いることが多い. **current** 時間的には *recent* と同じ時期を指すが, 現在でも行なわれている[通用している]の意に重点がある.

〖語源 ラテン語で「たった今の」の意〗

mod·ern-day /má(ː)dəndèɪ|mɔ́d(ə)n-/ 形 限定 現代の, 今日の.

Módern Énglish 名 U 近代英語《1500 年以後の英語》.

módern hístory 名 U 近世史 (⇒ history 参考).

mod·ern·is·m /má(ː)dənìzm|mɔ́də-/ 名 U 現代風; 近代[現代]主義, モダニズム.

mod·ern·ist /má(ː)dənɪst|mɔ́də-/ 形 限定 現代風の; 近代主義[モダニズム]の. — 名 C 近代主義者.

mod·ern·is·tic /mà(ː)dənístɪk|mɔ̀də-/ 形 (建物・家具などが)現代的な [⇔ traditional].

mo·der·ni·ty /mɑ(ː)dɚ́ːnəṭi|mɔdə́ː-/ 名 U《格式》現代性, 当世風.

+mod·ern·i·za·tion /mà(ː)dənɪzéɪʃən|mɔ̀dənaɪz-/ 名 U **現代化**.

+mod·ern·ize /má(ː)dənàɪz|mɔ́də-/ 動 (-ern·iz·es /~ɪz/; -ern·ized /~d/; -er·niz·ing) 他 (...)を**現代化する**, **最新式にする**: We *modernized* our office. 我々はオフィスを最新式にした. — 自 現代的になる. (形 módern)

mod·est** /má(ː)dɪst|mɔ́d-/ 形 ❶ [よい意味で] (人・態度・行ないなどが)**謙虚な**, 慎み深い, けんそんした [≒ humble] [⇔ proud, immodest]; (要求などが)控えめな, 穏当な: a *modest* winner 勝ってもおごらない人 / He's always ***modest about his achievements. + about+名 彼は自分の業績を誇ることがない / You're being too *modest*. 君はけんそんしすぎだよ.
❷ (規模・量・程度などが)**あまり大きくない**, **ささやかな**; (成功などが)ほどほどの: a *modest* house あまり大きくない家. ❸ (女性が)肌を露出しない, 内気な; (服装などが)挑発的でない, 地味な. (名 módesty)
~·ly 副 ほどほどに, 少々, 小幅に; 謙虚に, 慎み深く, 控えめに; しとやかに.

mod·es·ty /má(ː)dɪsti|mɔ́d-/ 名 ❶ U [よい意味で] 謙虚, けんそん: He lacks *modesty*. 彼には謙虚さがない. ❷ U しとやかさ; 慎み深い服装[態度]. ❸ U ささやかなこと; ほどほど. **in [(米) with] áll módesty** [副] 文修飾 自慢する気はないが, 控えめに言って[見て]も. (形 módest)

mod·i·cum /má(ː)dɪkəm|mɔ́d-/ 名 [a ~]《格式》(特に真実・良識・幸運など好ましいものの)少量 (*of*).

mod·i·fi·ca·tion /mà(ː)dəfɪkéɪʃən|mɔ̀d-/ 名 U,C (部分的な)変更, 修正 (*of, to*); 緩和: make a *modification* 修正を加える. (動 módifỳ)

mod·i·fi·er /má(ː)dəfàɪɚ|mɔ́dəfàɪə/ 名 C〔文法〕修飾語句 (⇒ **巻末文法** 1. 1 (5)).

+mod·i·fy /má(ː)dəfàɪ|mɔ́d-/ 動 (-i·fies /~z/; -i·fied /~d/; -fy·ing) 他 ❶ (計画・意見など)を**修正する**, (少し)変更する [≒adapt]: They had to *modify* their plans. 彼らは計画を変更せざるをえなかった / The terms of the contract will *be modified*. V+O の受身 契約の条件は修正されるだろう. ❷ (要求・やり方など)を緩和[加減, 制限]する. ❸〔文法〕(...)を修飾する. (名 mòdificátion)

mod·ish /móʊdɪʃ/ 形 流行を追う, 当世風の.

mod·u·lar /má(ː)ʤʊlɚ|mɔ́djʊlə/ 形 (家具などが)組立て式の, 規格化されたユニットからなる.

mod·u·late /má(ː)ʤʊlèɪt|mɔ́djʊ-/ 動 他 ❶《格式》(...)を調節[調整, 修正]する; (声)の高さ[調子など]を変える[整える]. ❷〔無線〕(...)を変調する. — 自〔音楽〕転調する.

mod·u·la·tion /mà(ː)ʤʊléɪʃən|mɔ̀djʊ-/ 名 ❶ U,C《格式》調節, 調整. ❷ U,C〔無線〕変調 (⇒ FM). ❸ U,C〔音楽〕転調.

+mod·ule /má(ː)ʤuːl|mɔ́djuːl/ 名 (~s /~z/) ❶ C (コンピューター・宇宙船・建築などの交換可能な)**構成部分**, 構成単位, (規格化された)ユニット, モジュール: a lunar *module* 月着陸船. ❷ C《主に英》(大学などの)履修単位.

mo·dus op·e·ran·di /móʊdəsà(ː)pərǽndi|-ɔ̀p-/ ≪ラテン語から≫ 名 [単数形で]《格式》(...の仕事の)やり方; (犯人の)手口 (略 M.O., MO).

módus vi·vén·di /-vɪvéndiː/ ≪ラテン語から≫ 名 [単数形で]《格式》(一時的な)妥協.

mo·gul /móʊg(ə)l/ 名 ❶ C 重要人物, 大物: a movie *mogul* 映画界の大立者. ❷ C [M-] ムガル人《インドにムガル帝国 (Mogul Empire; 1526–1858) を築いたイスラム教徒》.

mo·hair /móʊheɚ|-heə/ 名 U モヘア《小アジア産のアンゴラやぎの毛》.

Mo·ham·med /moʊhǽməd/ 名 固 = Muhammad.

Mo·hawk /móʊhɔːk/ 名 ❶ C モホーク族(の人)《北米先住民》. ❷ C《米》モヒカン刈り.

Mo·hi·can /moʊhíːk(ə)n/ 名 ❶ C = Mahican. ❷ C《英》= Mohawk 2.

moist /mɔ́ɪst/ 形 (moist·er; moist·est) ❶ [普通はよい意味で] 湿った, (少し)ぬれた, しっとりした, うるおいのある (⇒ wet 類義語): Winds from the sea are *moist*. 海から吹いてくる風は湿り気を帯びている / *moist* soil しっとりとした土. ❷ (目が)涙にぬれた. (名 móisture, 動 móisten)

mois·ten /mɔ́ɪs(ə)n/ 発音 動 他 (...)を湿らせる, うるおす, ぬらす. — 自 湿る, うるむ. (形 moist)

***mois·ture** /mɔ́ɪstʃɚ|-tʃə/ 名 U **湿気**, 湿り気, うるおい, 水分: air containing a lot of *moisture* 湿気の多い空気. (形 moist, 動 móisturìze)

mois·tur·ize /mɔ́ɪstʃəràɪz/ 動 他 (...)に湿気を与える; (肌)にうるおいを与える. (名 móisture)

mois·tur·iz·er /mɔ́ɪstʃəràɪzɚ|-zə/ 名 C,U モイスチャ

M

ライザー《肌の保湿用クリーム》.

mo·jo /móʊʤoʊ/ 名 (～s) C 《略式, 主に米》 魔力; 魔法.

mo·lar /móʊlə | -lə/ 名 C 臼歯(きゅうし), 奥歯.

mo·las·ses /məlǽsɪz/ 名 U 《米》 糖みつ [《英》 treacle].

+**mold¹**, 《英》 **mould¹** /móʊld/ 名 (molds /móʊldz/) ❶ C **型**; 鋳型《材料を流し込んで菓子・細工物などを作る》: a jelly *mold* ゼリーの型 / pour molten metal into a *mold* 溶かした金属を鋳型に流し込む. ❷ C 型に入れて作った物《鋳物・ゼリーなど》. ❸ C [普通は単数形で] (ある)タイプ, 性格: She doesn't fit (into) the usual *mold of* politicians. 彼女は普通の政治家の型にはまらない.

bréak the móld [動] 自 (...の)型を破る (*of*).

— 動 (molds, 《英》 moulds /móʊldz/; mold·ed, 《英》 mould·ed /～ɪd/; mold·ing, 《英》 mould·ing) 他 ❶ (...)を**型に入れて作る**, かたどる; こね上げる: ***mold*** wax ***into*** candles [V+O+*into*+名] ろうを固めてろうそくを作る / ***mold*** statues ***out of*** [***from***, ***in***] clay [V+O+*out of* [*from*, *in*]+名] 粘土から彫像を作る.
❷ (性格・考え方など)を形作る, 形成する; (...)を育てて～にする: *mold* children *into* responsible adults 子供を責任ある大人へ育てる. ❸ (衣服など)を(体に)ぴったり合わせる: His wet clothes *were molded to* his body. 彼のぬれた服は体にぴったりくっついて(体の輪郭が見えて)いた.
— 自 (服が)(体に)ぴったりと合う (*to*).

+**mold²**, 《英》 **mould²** /móʊld/ 名 U,C **かび**: The bread has *mold* on it. パンにかびが生えている.

mold·ing, 《英》 **mould·ing** /móʊldɪŋ/ 名 ❶ C,U 〘建築〙 繰形(くりかた). ❷ C 型で作った物.

mold·y, 《英》 **mould·y** /móʊldi/ 形 (mold·i·er, 《英》 mould·i·er; mold·i·est, 《英》 mould·i·est) ❶ かびた, かび臭い. ❷ 古くさい, 時代遅れの.

mole¹ /móʊl/ 名 ❶ C もぐら. ❷ C (組織の中にもぐりこんだ)スパイ.

mole² /móʊl/ 名 C ほくろ, あざ.

mo·lec·u·lar /məlékjʊlə | -lə/ 形 限定 〘物理・化学〙 分子の, 分子からなる.: *molecular* weight 分子量 / *molecular* biology 分子生物学.

+**mol·e·cule** /mɑ́(ː)lɪkjùːl | mɔ́l-/ 名 (～s/～z/) C 〘物理・化学〙 **分子**. 関連 atom 原子. (形 molécular)
〘語源 原義はラテン語で「小さな塊」〙

mole·hill /móʊlhìl/ 名 C もぐら塚(づか). **máke a móuntain òut of a mólehill** [動] 自 ささいなことをおおげさに扱う, 針小棒大に言う.

mole·skin /móʊlskìn/ 名 ❶ U もぐらの毛皮. ❷ U モールスキン《厚手の綿織物》.

mo·lest /məlést/ 動 他 (女性や子供)に性的な乱暴[いたずら]をする; 《古風》 (...)を攻撃する, 苦しめる.

mo·les·ta·tion /mòʊlestéɪʃən/ 名 U (女性や子供に対する)性的な乱暴[いたずら].

mo·lest·er /məléstə | -tə/ 名 C (女性や子供に)性的な乱暴[いたずら]をする者; 痴漢《人》.

Mo·lière /moʊljéə | mɔ́lièə/ 名 固 モリエール (1622–73)《フランスの喜劇作家》.

mol·li·fy /mɑ́(ː)ləfàɪ | mɔ́l-/ 動 (-li·fies; -li·fied; -fy·ing) 他 《格式》 (人)をなだめる, 静める.

mol·lusk, 《英》 **mol·lusc** /mɑ́(ː)ləsk | mɔ́l-/ 名 C 軟体動物.

Mol·ly /mɑ́(ː)li | mɔ́li/ 名 固 モリー《女性の名; Mary の愛称》.

mol·ly·cod·dle /mɑ́(ː)likɑ̀(ː)dl | mɔ́likɔ̀dl/ 動 他 [軽蔑的] (人・動物)を過保護に扱う, 甘やかす.

Mól·o·tov cócktail /mɑ́(ː)lətɔ̀ːf- | mɔ́lətɔ̀f-/ 名 C 火炎びん.

molt, 《英》 **moult** /móʊlt/ 動 自 (鳥が)羽[毛]を生え[抜け]変わらせる, (蛇が)脱皮する.

mol·ten /móʊltn/ 形 [普通は 限定] (金属などが)溶解した; 溶解して作った; 鋳造(ちゅうぞう)した, 鋳物の: *molten* iron 溶解した鉄. 語法 高温でしか溶けない物に molten を, 溶けやすいものには melted を用いる: *melted* butter 溶けたバター.

***mom /mɑ́(ː)m | mɔ́m/

— 名 C 《米略式》 **お母さん**, **ママ** [《英略式》 mum]. 語法 親しみを表わす語で, 子供が(成人してからも)母親に呼びかけるときによく用いる; 固有名詞のように, 大文字で始め, 冠詞をつけないことが多い《⇒ mother 語法 (2)》: Where are you going, *Mom*? お母さん, どこへ行くの. 関連 dad お父さん.

mom-and-pop /mɑ́(ː)mənpɑ́(ː)p | mɔ́mənpɔ́p←/ 形 限定 《米》 (店が)夫婦[家族]で経営する.

***mo·ment /móʊmənt/ ❗アク

— 名 (mo·ments /móʊmənts/) ❶ C [しばしば副詞的に用いて] **瞬間**, **ちょっとの間**《⇒ 類義語》: Wait a *moment*, please. = Just a *moment*, please. = One *moment*, please. ちょっと待ってください / I'll be there ***in a moment***. すぐに(そちらに)行きます / Won't you come in ***for a moment***? ちょっと寄っていきませんか / a *moment* ago ちょっと前に / *moments* later すぐ後で / The next *moment* it got dark in the room. 次の瞬間には部屋は暗くなった.
❷ C [普通は単数形で] (ある特定の)**時**; (...の)**時機**, 機会, 好機: the right *moment* 適切な時 / a crucial *moment* 重大な時 / at this [that] (very) *moment* ちょうど今[そのとき] / in a *moment* of weakness 弱気な時に / They all arrived at the same *moment*. 彼らはみんな同時に到着した / This is the ***moment*** 「***to*** decide [***for*** decision]. [+*to* 不定詞 [*for*+名]] 今こそ決断する時だ / one's big *moment* 名声を上げる時, 見せ場 / choose [pick] one's *moment* 好機を待つ. ❸ U [of ～] 《格式》 重要性 [≒importance]: an affair *of* great *moment* 重大事件 / It is *of* little [no great] *moment* whether he comes or not. 彼が来るかどうかは大して重要でない.

(at) ány móment (now) [副] **いつ何どき**(...かわからない); 今にも, もうすぐ: War may break out (*at*) *any moment*. 今にも戦争になるかもしれない / He'll be back (*at*) *any moment*. 彼はもうすぐ帰ってくる.

at the (présent) móment [副] **今のところ**, 今は: I don't need any help *at the moment*. 今のところは手伝いは要りません.

at thís móment in tíme [副] 現時点では, 今のところ.

for the móment [副] 差し当たり, 当座は: There's no need to worry about shortages *for the moment*. 当面不足を心配する必要はない.

from the móment (that) ... [副] ...する[した]時から.

hàve one's **móments** [動] 自 調子のよい[楽しい]時もある; [皮肉に] ひどい時もある.

nòt a móment tòo sóon [副] かろうじて間に合って, ぎりぎりのところで.

M

nòt for a [óne] móment [副] Ⓢ 少しも...ない [≒never]: "Have you ever considered marrying her?" "*Not for a moment*."「彼女との結婚を考えたことがあるの」「いや全然」

... of the móment [形] 今の, 現在の; 今話題の: the book *of the moment* 今話題の本 / He is the man *of the moment*. 彼は時の人だ.

the lást móment [名] 時間ぎりぎり, 土壇場: He always appears at *the last moment*. 彼はいつも時間ぎりぎりに現われる.

the móment of trúth [名] 決定的瞬間, 正念場.

the (véry) móment (that) ... [接] **...するとたんに, ...するやいなや** [≒as soon as ...]: The ghost vanished *the* (*very*) *moment* (*that*) the cock began to crow. 幽霊はおんどりが時を告げるとすぐ消え去った.

thís móment [副] たった今; ただちに.

(形 1 では mómentàry, 3 では moméntous)

類義語 **moment** 大変短いながらも時間として感じられるつかの間の時間をいう: I'll be back in a *moment*. すぐに戻ってきます. **instant** ほんの一瞬で, 時間として感知できないような瞬間をいい, *moment* よりも短さが強調される: It disappeared in an *instant*. それは一瞬にして消えた.

mo·men·tar·i·ly /mòʊməntérəli | móʊməntərəli, -trə-/ 副 ❶ ちょっとの間, 一時的に, 一時. ❷ Ⓢ《米》すぐに, ただちに; 今にも.

mo·men·tar·y /móʊməntèri | -təri, -tri/ アク 形 瞬間の, つかの間の, 一時的な: *momentary* pleasure つかの間の楽しみ. (名 móment 1)

mo·men·tous /moʊméntəs/ 形 限定《格式》(出来事・決定などが)重大な, 重要な. (名 móment 3)

+**mo·men·tum** /moʊméntəm/ 名 (複 **mo·men·ta** /moʊméntə/, ~s) ❶ Ⓤ **勢い**, (物の)はずみ; 推進力: gather [gain] *momentum* はずみがつく / lose *momentum* 勢いがなくなる. ❷ Ⓤ〔物理〕運動量.

mom·ma /má(:)mə | mómə/ 名 Ⓒ《米小児語》ママ [≒mom]《⇒ mother 語法 (2)》.

***mom·my** /má(:)mi | mómi/ 名 (mom·mies /~z/) Ⓒ《米略式, 小児語》**お母さん, ママ** [≒mom]《⇒ mother 語法 (2)》.

+**Mon.** 略 **月曜日** (Monday).

Mon·a·co /má(:)nəkòʊ | món-/ 名 固 モナコ《地中海北岸の公国(の首都)》.

Mo·na Li·sa /móʊnəlí:sə, -zə/ 名 固 [the ~] モナリザ《レオナルドダビンチ (Leonardo da Vinci) 作の女性の肖像画; 別名 La Gioconda》.

+**mon·arch** /má(:)nək | mónək/ 発音 名 (~s /~s/) Ⓒ (世襲の)**君主**《王・女王・皇帝・女帝など男女いずれにも用いる》: an absolute *monarch* 専制君主.

(形 monárchical, -nárchic)

〖語源 ギリシャ語で「単独の《⇒ mono-》支配者」の意〗

mo·nar·chi·cal /mənáəkɪk(ə)l | -ná:-/, **-nar·chic** /-kɪk/ 形 限定 君主の[らしい]; 君主国[政治]の. (名 mónarch)

mon·ar·chist /má(:)nəkɪst | mónə-/ 名 Ⓒ 君主(制)主義者. — 形 君主(制)主義(者)の.

+**mon·ar·chy** /má(:)nəki | mónə-/ 名 (-ar·chies) ❶ Ⓤ [普通は the ~] **君主制[政体]**, 君主政治. ❷ Ⓒ **君主国**: a limited [constitutional] *monarchy* 立憲君主国. 関連 republic 共和国. ❸ [the ~] 君主, 王族.

mon·as·ter·y /má(:)nəstèri | mónəstəri, -tri/ 名 (-ter·ies) Ⓒ (特に男子の)修道院, 僧院. 関連 convent, nunnery 女子修道院.

mo·nas·tic /mənǽstɪk/ 形 [普通は 限定] 修道院[修道士]の; 修道院のような, 隠遁(いんとん)した.

mon·au·ral /mà(:)nó:rəl | mɔ̀n-/ 形 (録音などが)モノラルの [《略式》mono]. 関連 stereophonic ステレオの.

***Mon·day /mʌ́ndèɪ, -di/

— 名 (~s /~z/) ✪ 詳しい説明は ⇒ Sunday. ❶ Ⓒ,Ⓤ **月曜日**《略 Mon.》: Today is *Monday*. 今日は月曜日だ / It was a warm *Monday* in May. それは5月の(ある)暖かい月曜日だった / ***on Monday*** (いつも[大抵])月曜日に(は); (この前[次]の)月曜日に / *on Mondays* = every *Monday* 毎週月曜日に / last [next] *Monday* この前[次]の月曜日に.

❷ [形容詞的に] **月曜日の**: *on Monday* morning (この前[次]の)月曜日の朝に《⇒ on 前 2 語法》. ❸ [副詞的に]《略式, 主に米》月曜日に (on Monday); [Mondays として] (いつも)月曜日に(は) (every Monday). 〖語源 原義は「月 (moon) の日」〗

Mo·net /moʊnéɪ | mónei/ 名 固 Claude ~ モネ (1840–1926)《フランスの印象派の画家》.

***mon·e·tar·y** /má(:)nətèri, mʌ́n- | mʌ́nətəri, món-, -tri/ 形 限定 **通貨の**, 貨幣の, 金銭(上)の: a *monetary* unit [system] 通貨単位[制度] / *monetary* policy 通貨[金融]政策. (名 móney)

***mon·ey /mʌ́ni/

— 名 ❶ Ⓤ **金(かね), 金銭**; [the ~]《略式》賃金, 給料: I have no *money* with [on] me. 今お金の持ち合わせがない / ***spend money*** on ... ...に金を使う[費やす] / ***cost money*** (物事が)金がかかる, 高い / ***pay money*** (for ...) (...の代金として)金を払う / ***earn money*** 金を稼ぐ / ***make money*** 金を稼ぐ[もうける], (事業などが)利益をあげる / ***save money*** 金を節約する[貯める] / ***borrow money*** (from ...) (...から)金を借りる / ***lose money*** 損失を出す / You'll get good *money* for this job. この仕事をするといいお金になるよ / *Money* talks. 《ことわざ》Ⓢ 金が物を言う(地獄の沙汰(さた)も金次第) / *Money* is the root of all evil. 《ことわざ》金は諸悪の根源.

金を表わすしぐさ

❷ Ⓤ **貨幣, 通貨**: paper money 紙幣 / Swiss [Japanese] *money* スイス[日本]の通貨 / change *money* 両替する / Bad *money* drives out good (*money*). 《ことわざ》悪貨は良貨を駆逐(くちく)する《グレシャムの法則 (Gresham's /gréʃəmz/ law) ともいう》. 関連 bill 紙幣 / cash 現金 / coin 硬貨. ❸ Ⓤ **富, 財産**: lose all one's *money* 全財産を失う / make one's *money* 一財産を作る.

be in the móney [動] 自《略式》(思いがけず)金持ちになる.

be màde of móney [動] 自 [普通は否定文で] 金

持ちである.

be (ríght) on the móney [動] 自 Ⓢ《米》まさにそのとおりである, ぴたりと合っている: Her prediction *was right on the money*. 彼女の予言はどんぴしゃりだった.

for mý mòney [副] 文修飾 Ⓢ 私の考えでは [≒in my opinion].

gét [háve] one's **móney's wòrth** [動] 自 払った金[努力]に見合うだけのものを得る[楽しむ].

hàve móney to búrn [動] 自 捨てるほど金がある.

márry (ìnto) móney [動] 自 金持ちと結婚する.

My móney's on ... Ⓢ 私は...が勝つ[成功する]と思う.

páy góod money for ... [動] 他 Ⓢ ...に大金をつぎ込む.

pùt (one's) **móney on ...** [動] 他 ...に金を賭(か)ける; ...を確信する.

pút one's **móney whère** one's **móuth ìs** [動] 自 Ⓢ 自分が言ったことを行動で[金を出して]示す, (口先だけでなく)実際にやってみせる.

there's móney (to be máde) in ... ...は金になる[もうかる].

thrów góod móney àfter bád [動] 自 [軽蔑的] 損した金を取り戻そうとして損を重ねる.

thrów móney at ... [動] 他 (問題など)を金で解決しようとする.

thrów one's **móney aròund** [《英》**abòut**] [動] 自《略式》金をはでに使う. (形 mónetàry)

〘語源 ローマ神話の女神 Juno の別名 Moneta から; この女神の神殿で貨幣が造られたことから; mint[2] も同語源〙

móney-bàck guarantée 名 C 返金保証《購入した商品に満足できない場合に返金をする》.

mon·ey·bags /mʌ́nibæ̀gz/ 名 (複 ～) C《略式》[こっけいに] 大金持ち.

mon·ey·box /mʌ́nibɑ̀(ː)ks | -bɔ̀ks/ 名 C《主に英》貯金箱.

móney chànger 名 C 両替機[店, 商].

mon·eyed /mʌ́nid/ 形 限定《格式》金のある, 金持ちの.

móney làun·der·ing /-lɔ̀ːndərɪŋ/ 名 U 資金洗浄, マネーロンダリング《違法な手段で得た金の出所を隠すこと》.

mon·ey·lend·er /mʌ́nilèndɚ | -də/ 名 C 金貸し; 高利貸し.

mon·ey·mak·er /mʌ́nimèɪkɚ | -kə/ 名 C 金のもうかる仕事[製品].

mon·ey·mak·ing /mʌ́nimèɪkɪŋ/ 形 限定 もうかる. — 名 U 金もうけ.

móney màrket 名 C 金融市場.

móney òrder 名 C 郵便為替 [《英》postal order].

móney supplỳ 名 [the ～]〔経済〕マネーサプライ, 通貨供給量.

Mon·gol /mɑ́(ː)ŋg(ə)l | mɔ́ŋ-/ 名 C モンゴル人. — 形 モンゴル人の.

Mon·go·li·a /mɑ(ː)ŋgóʊliə | mɔŋ-/ 名 固 モンゴル《アジア中東部, Siberia 南部の地域(の共和国)》.

Mon·go·li·an /mɑ(ː)ŋgóʊliən | mɔŋ-/ 形 ❶ モンゴルの; モンゴル人の. ❷ モンゴル語の. — 名 ❶ C モンゴル人. ❷ U モンゴル語.

mon·goose /mɑ́(ː)nguːs | mɔ́ŋ-/ 名 C マングース《アジア・アフリカなどに分布する動物; 毒蛇の天敵》.

mon·grel /mʌ́ŋgrəl/ 名 C 雑種犬.

Mon·i·ca /mɑ́(ː)nɪkə | mɔ́n-/ 名 固 モニカ《女性の名》.

mon·ied /mʌ́nid/ 形 = moneyed.

***mon·i·tor** /mɑ́(ː)nəṭɚ | mɔ́nɪtə/ (～s /～z/) 名 ❶ C **モニター**《コンピューター・テレビの表示装置》; (危険・状況の変化などの)**監視装置**, (患者の容態などの)チェック装置; モニター《音質・映像などのチェック装置》. ❷ C (国際機関などの)監視員. ❸ C (クラスの)委員. ❹ C (外国放送の)傍受係.

— 動 (-i·tors /～z/; -i·tored /～d/; -tor·ing /-ṭərɪŋ, -trɪŋ/) 他 ❶ (危険・状況の変化など)を**監視[観察]する**, (患者の容態など)をチェックする; (音質・映像)をモニターでチェックする: *monitor* radiation levels 放射能レベルを監視する / We should closely ***monitor what*** is happening. V+O (*wh* 節) 起きていることをつぶさに監視すべきだ. ❷ (外国放送など)を傍受する; (電話など)を盗聴する.

〘語源 ラテン語で「警告者」の意〙

monk /mʌ́ŋk/ ❗発音 名 C 修道士《修道院 (monastery) で共同生活をする》. 関連 nun 修道女.

+**mon·key** /mʌ́ŋki/ ❗発音 名 (～s /～z/) ❶ C **猿**《普通は尾の長い猿をいう》. ✪ 鳴き声については ⇒ cry 表.

monkey (尾が長い)	猿
ape (尾がない)	

❷ C《略式》いたずらっ子.

a mónkey on one's **báck** [名]《米略式》やっかいな問題《麻薬依存症など》.

I dón't [cóuldn't] give a mónkey's ... Ⓢ《英》私にとっては...はちっともかまわない.

màke a mónkey (òut) of ... [動] 他《略式》(人)をばかにする, からかう.

— 動 自《略式》いたずらをする, ふざける.

mónkey aróund [《英》**abóut**] [動] 自《略式》はしゃぎ回る, ふざけ回る.

mónkey (aróund [abóut]) with ... [動] 他《略式》...にいたずらする, いじくり回す.

mónkey bàrs 名 複《米》= jungle gym.

mónkey bùsiness 名 U《略式》いんちき, ごまかし; いたずら.

mónkey wrènch 名 C《米》モンキーレンチ, 自在スパナ. **thrów a mónkey wrènch in [ìnto] ...** [動] 他《米略式》(計画・仕事など)を妨害する.

monk·ish /mʌ́ŋkɪʃ/ 形 修道士の; 修道士じみた.

mon·o /mɑ́(ː)noʊ | mɔ́n-/ 形《略式》(録音などが)モノ(ラル)の (monaural): a *mono* recording モノラル録音. 関連 stereo ステレオの. — 名 ❶ U《米略式》= mononucleosis. ❷ U《略式》モノラル.

mon·o- /mɑ́(ː)noʊ | mɔ́n-/ 接頭「1, 単」の意: *mono*tone 一本調子 / *mono*poly 独占. 関連 bi- 2 ... / tri- 3 ... / multi-, poly- 多....

mon·o·chro·mat·ic /mɑ̀(ː)noʊkroʊmǽṭɪk, -krə- | mɔ̀n-←/ 形 モノクロの; 単彩(画)の.

mon·o·chrome /mɑ́(ː)nəkròʊm | mɔ́n-/ 形 (テレビ・写真が)白黒[モノクロ]の; (絵などが)単色の.

mon·o·cle /mɑ́(ː)nəkl | mɔ́n-/ 名 C 片めがね.

mo·nog·a·mous /mənɑ́(ː)gəməs | -nɔ́g-/ 形 一夫一婦制[主義]の; (動物が)一雌一雄の.

mo·nog·a·my /mənɑ́(ː)gəmi | -nɔ́g-/ 名 U 一夫一婦制[主義]《⇒ polygamy》.

mon·o·gram /mɑ́(ː)nəgræ̀m | mɔ́n-/ 名 C (氏名の頭文字などの)組み合わせ文字.

mon·o·grammed /mɑ́(ː)nəgræ̀md | mɔ́n-/ 形 組み合わせ文字の入った.

mon·o·graph /mɑ́(ː)nəgræ̀f | mɔ́nəgrɑ̀ːf/ 名 C モノグラフ《特定分野を詳しく論じた論文・研究書》(*on*).

mon·o·lin·gual /mɑ̀(ː)nəlíŋgwəl | mɔ̀n-/ 形 1つの言語(だけ)を話す[用いた]. 関連 bilingual 2言語を話す / multilingual 数種の言語を話す.

mon·o·lith /mɑ́(ː)nəlìθ | mɔ́n-/ 名 ❶ C (変革しにくい)巨大組織, 画一的な社会[体制]. ❷ C 一本石, 一枚岩; 一本石の柱[碑].

mon·o·lith·ic /mɑ̀(ː)nəlíθɪk | mɔ̀n-/ 形 ❶ 一本[一枚]石の; [しばしば軽蔑的] 異分子の存在を許さない, 一枚岩の, 画一的な. ❷ 巨大な.

mon·o·log /mɑ́(ː)nəlɔ̀ːg | mɔ́nəlɔ̀g/ 名《米》= monologue.

mon·o·logue /mɑ́(ː)nəlɔ̀ːg | mɔ́nəlɔ̀g/ 名 ❶ C (会話の場をひとり占めする)長話. ❷ C,U〔演劇〕独白; 独白劇《⇒ dialogue 1》.〘⇒ dialogue キズナ〙

mon·o·ma·ni·a /mɑ̀(ː)nəméɪniə | mɔ̀n-/ 名 U 偏執狂; 凝(こ)り固まり, 熱狂.

mon·o·ma·ni·ac /mɑ̀(ː)nəméɪniæ̀k | mɔ̀n-/ 名 C 偏執狂者; 一事に熱狂する人.

mon·o·nu·cle·o·sis /mɑ̀(ː)noʊn(j)ùːklióʊsɪs | mɔ̀noʊnjùː-/ 名 U〔医学〕単核症.

mon·o·plane /mɑ́(ː)nəplèɪn | mɔ́n-/ 名 C 単葉機. 関連 biplane 複葉機.

mo·nop·o·list /mənɑ́(ː)pəlɪst | -nɔ́p-/ 名 C 独占企業, 専売業者; 独占主義者.

mo·nop·o·lis·tic /mənɑ̀(ː)pəlístɪk | -nɔ̀p-/ 形 独占的な, 専売の; 独占主義(者)の.

mo·nop·o·li·za·tion /mənɑ̀(ː)pəlɪzéɪʃən | -nɔ̀pəlaɪz-/ 名 U 独占, 専売 (*of*).

mo·nop·o·lize /mənɑ́(ː)pəlàɪz | -nɔ́p-/ 動 他 ❶ (...)の独占[専売]権を得る. ❷ (会話・時間など)を独占する: *monopolize* the conversation 会話をひとり占めする. (名 monópoly)

+**mo·nop·o·ly** /mənɑ́(ː)p(ə)li | -nɔ́p-/ 名 (-o·lies/~z/) ❶ C **独占, 独占権**; 専売; ひとり占め(にすること): a ***monopoly of*** oil 石油の独占(権) / have a ***monopoly on*** power 権力を独占する / a ***monopoly in*** [***over***] the market 市場の独占 / She doesn't have a *monopoly on* brains. 彼女ひとりが頭がいいわけではない. ❷ C 独占品, 専売品; 独占業, 専売業; 独占企業. ❸ U [普通は M-] モノポリー《不動産売買を模した盤上ゲーム; 商標》. (動 monópolìze)
〘語源 ギリシャ語で「単独の《⇒ mono-》販売(権)」の意〙

mon·o·rail /mɑ́(ː)nərèɪl | mɔ́n-/ アク 名 C モノレール, 単軌鉄道. **by mónorail** [副] モノレールで.

mon·o·so·di·um glu·ta·mate /mɑ̀(ː)noʊsóʊḍiəmglúːṭəmèɪt | mɔ̀n-/ 名 U グルタミン酸ナトリウム《化学調味料; 略 MSG》.

mon·o·syl·lab·ic /mɑ̀(ː)nəsɪlǽbɪk | mɔ̀n-/ 形 ❶ 単[1]音節の. ❷ (ことばが)そっけない.

mon·o·syl·la·ble /mɑ́(ː)nəsìləbl | mɔ́n-/ 名 C 単[1]音節語: answer in *monosyllables* (そっけなく) Yes [No] とだけ言う, そっけない返事をする.

mon·o·the·is·m /mɑ́(ː)nəθiːìzm | mɔ́n-/ 名 U 一神教《キリスト教・イスラム教のように神は唯一であるとする宗教》.

mon·o·the·ist /mɑ́(ː)nəθiːɪst | mɔ́n-/ 名 C 一神教信者.

mon·o·the·is·tic /mɑ̀(ː)nəθiːístɪk | mɔ̀n-/ 形 一神教[論]の.

mon·o·tone /mɑ́(ː)nətòʊn | mɔ́n-/ 名 [a ~] (話し方・歌い方の)一本調子; (色彩・スタイルなどの)単調さ; [形容詞的に] 単調な: in *a monotone* 一本調子で. (形 monótonous)

+**mo·not·o·nous** /mənɑ́(ː)ṭənəs | -nɔ́t-/ アク 形 **単調な**, 変化のない; 退屈な《⇒ boring 類義語》: a *monotonous* song 単調な歌 / *monotonous* work 退屈な仕事 / with *monotonous* regularity 相も変わらず. (名 mónotòne, monótony)
~·ly 副 単調に, 一本調子に.

mo·not·o·ny /mənɑ́(ː)ṭəni | -nɔ́t-/ アク 名 U (退屈な)単調さ, 一本調子: the *monotony of* the work 仕事の単調さ. (形 monótonous)

mon·ox·ide /mənɑ́(ː)ksaɪd | -nɔ́k-/ 名 U,C 一酸化物《⇒ dioxide》.

Mon·roe /mənróʊ/ 名 固 Marilyn ~ モンロー (1926-62)《米国の映画女優》.

Monróe Dóctrine 名 [the ~] モンロー主義《1823年米国の第5代大統領 Monroe がとった孤立・不干渉主義の外交方針》.

Mon·sieur /məsjə́ː | -sjə́ː/ ≪フランス語から≫ 名 (複 **Mes·sieurs** /meɪsjə́ː(z) | -sjə́ːz/) C ...さま, ...さん, ...氏, だんなさま《英語の Mr. または呼びかけの sir に相当する; 略 M., 複数形は Messrs.》.

Mon·si·gnor /mɑ(ː)nsíːnjə | mɔnsíːnjə/ ≪イタリア語から≫ 名 (複 ~s, **Mon·si·gno·ri** /mɑ̀(ː)nsiːnjɔ́ːri | mɔ̀n-/) C〔カトリック〕モンシニョール《高位聖職者につける敬称》.

mon·soon /mɑ̀(ː)nsúːn | mɔ̀n-/ 名 ❶ [the ~] モンスーン, 季節風《特にインド洋で夏は南西から, 冬は北東から吹く風》; (南西季節風による)雨期. ❷ C (モンスーン期の)大雨.

+**mon·ster** /mɑ́(ː)nstə | mɔ́nstə/ 名 (~s /~z/) ❶ C (実在もしくは想像上の)**怪物**, 化け物; 醜悪(しゅうあく)な人[動物]. ❷ C 極悪非道な人; [こっけいに] (行儀の悪い)子ども, がき. ❸ C《略式》巨大なもの[動物, 植物]: That jet plane is a real *monster*. あのジェット機は全く巨大だ / a *monster of* a bear 巨大なくま《⇒ of 18》. ❹ [形容詞的に]《略式》巨大な [≒giant]: a *monster* ship 巨大な船. ❺ C 脅威的な大問題. (形 mónstrous)

mon·stros·i·ty /mɑ(ː)nstrɑ́(ː)səṭi | mɔnstrɔ́s-/ 名 (-i·ties) C《略式》巨大な物, 怪物; 醜悪なもの. (形 mónstrous)

+**mon·strous** /mɑ́(ː)nstrəs | mɔ́n-/ 形 ❶ **極悪非道な**, 恐るべき; とんでもない, 途方もない: a *monstrous* lie とんでもないうそ.
❷ **巨大な**; 怪物のような: a *monstrous* elephant 巨象 / a *monstrous* city 巨大都市. (名 mónster, monstrósity)
~·ly 副 ひどく, 途方もなく.

Mont. 略 = Montana.

mon·tage /mɑ(ː)ntɑ́ːʒ | mɔn-/ ≪フランス語から≫ 名 ❶ C 合成画[写真]; (音楽・文学などの)合成作品 (*of*); U 合成写真[作品]作成(過程). ❷ U〔映画〕モンタージュ《感情・意志・思想の流れを示すため急速に多くの画面を連続させる技法や画面の連続》.

Mon·tan·a /mɑ(ː)ntǽnə | mɔn-/ 名 固 モンタナ《米国北西部のカナダに接する州; 略 Mont.,〔郵便〕では MT》.〘語源 スペイン語で「山の多い地方」の意〙

Mont Blanc /mɔ̀ːmblɑ́ːŋ/ 名 固 モンブラン《フランス・イタリア国境にある Alps の最高峰 (4807 m)》.

M

Mon·te Car·lo /mɑ̀(ː)nṭikáːəloʊ | mɔ̀ntikáː-/ 名 固 モンテカルロ《モナコの都市; カジノで有名》.

Mon·te·ne·gro /mɑ̀(ː)nṭəníːgroʊ | mɔ̀ntɪ-/ 名 固 モンテネグロ《Balkan 半島の共和国》.

***month** /mʌ́nθ/ 発音

— 名 (months /mʌ́nθs, mʌ́nts/) ❶ C (暦の上の)月 (calendar month)《略 m., m, 《米》 mo., 複数形は mos., mo.》: There are twelve *months* in a year. 1年は12か月ある / *all month* (*long*) 1か月間ずっと.

> 語法 前置詞を伴わずに this, last, next, every などとともに副詞句を作る: We have had too much rain *this month*. 今月は雨が多すぎた / He died *last month*. 彼は先月亡くなった / My father and I are going to Canada *next month*. 父と私は来月カナダへ行く / see a doctor *every month* 毎月医者に見てもらう《⇒ next 形 1 語法, last[1] 形 2 語法》.

💬 "What day of the *month* is it today?" "It's May 5." 「きょうは何日ですか」「5月5日です」《⇒ day 1 💬》 / "*In* which *month* were you born?" "I was born *in September*." 「何月生まれですか」「9月です」 語法 「...月に」の場合には前置詞は in を用いる.
❷ C 1か月(間): a baby of three *months* = a three-*month*-old baby 3か月の赤ちゃん / This baby is five *months* old. この赤ちゃんは生後5か月だ / He earns sixteen hundred dollars *a month*. 彼は月に1600ドル稼ぐ《⇒ a[2] 4》. ❸ [複数形で] 何か月もの間: It's been *months* since the earthquake. 地震以来何か月にもなる / He has been sick *for months*. 彼は何か月間も病気だ.

a mónth agò todáy [副・名] 先月のきょう.
a mónth from todáy [副] 来月のきょう. 語法 《英》では from が省略されることがある.
a mónth of Súndays [名] [主に否定文で]《略式》とても長い間.
by the mónth [副] 月ぎめで, 1か月いくらで《⇒ the[1] 7》: I rented the cottage *by the month*. 私はその小別荘を月ぎめで借りた.
in a mónth or twò [副] 1, 2か月のうちに.
mónth àfter mónth = mònth ín, mònth óut [副] 来る月も来る月も.
mónth by mónth [副] 月を追うごとに.
the mónth àfter néxt [副] 再来月(に).
the mónth befòre lást [副] 先々月(に).
(形 mónthly)
〖語源 moon と同語源〗

month·ly /mʌ́nθli/

— 形 ❶ [比較なし] **毎月の**, 月1回の, 月ぎめの: *monthly* payments 月々の支払い / a *monthly* magazine 月刊雑誌.
❷ 限定 [比較なし] **1か月間の**, ひと月分の, ひと月続く: a *monthly* income 月収 / a *monthly* pass 有効期間1か月の定期券. (名 month)
— 副 **毎月**, 月1回: a magazine published *monthly* 毎月刊行される雑誌.
— 名 (month·lies /~z/) C **月刊誌**, 月1回の刊行物.

Mont·re·al /mɑ̀(ː)ntriɔ́ːl | mɔ̀n-/ 名 固 モントリオール《カナダ南東部の大都市》.

+**mon·u·ment** /mɑ́(ː)njʊmənt | mɔ́n-/ アク 名 (-u·ments/-mənts/) ❶ C (人・出来事などの)**記念碑**, 記念像, 記念建築物; [the M-] (1666年の)ロンドン大火記念塔: A ***monument*** was built [erected] ***to*** those who died in the war. 戦死者のための記念碑[像]が建てられた. ❷ C 遺跡, 遺物: Rome has numerous ancient *monuments*. ローマには古代の遺跡がたくさんある. ❸ C (...の)顕著な例, 典型: a *monument to* carelessness 軽率さの好例.
(形 mòinuméntal)
〖語源 ラテン語で「思い出させるもの」の意〗

mon·u·men·tal /mɑ̀(ː)njʊménṭl | mɔ̀n-/ 形 ❶ [普

月と季節

季節 season	月	month	略語	月の名前の由来
冬 winter	1月	January	Jan.	古い年と新しい年の両方に面しているので, 頭の前後に顔があるローマ神話のヤヌス(Janus)の名にちなんでつけられた.
	2月	February	Feb.	昔ローマで2月15日に行なわれていた「浄めの祭(Februa)のある月」の意.
春 spring	3月	March	Mar.	ローマ神話の軍神「マルス(Mars)の月」の意.
	4月	April	Apr.	一説では「2番目の月」の意《⇒ 9-12月の欄》.
	5月	May	—	ローマ神話の大地・生殖の女神である「マイア(Maia /máɪə, méɪə/)の月」の意.
夏 summer	6月	June	Jun.	ローマ神話の結婚の女神「ユノ(Juno)の月」の意.
	7月	July	Jul.	ローマの将軍・政治家ユリウス カエサル(Julius Caesar)の出生月の名にちなむ.
	8月	August	Aug.	ローマ皇帝アウグストゥス(Augustus)にちなむ.
秋 《米》fall 《英》autum	9月 10月 11月	September October November	Sept. Oct. Nov.	September は「7番目の月」, October は「8番目の月」, November は「9番目の月」, December は「10番目の月」の意. 現在と数が違うのは, ローマの旧暦では1年は10か月で, 今の March から始まっていたが, 年の初めにさらに月が2つ加わったため.
冬 winter	12月	December	Dec.	

参考 南半球のオーストラリアやニュージーランドでは季節が逆《春(9-11月), 夏(12-2月), 秋(3-5月), 冬(6-8月)》.

M

通は 限定 (建物・彫刻などが)堂々とした; (作品・業績などが)偉大な, 不朽の: the *monumental* operas of Mozart モーツァルトの不朽のオペラ. ❷ 限定 とてつもない, 大きな. ❸ 限定 [比較なし] 記念の, 記念碑[像, 建築]の: a *monumental* statue 記念像.
(名 mónument)

mon·u·men·tal·ly /mὰ(ː)njuméntəli | mɔ̀n-/ 副 [主に否定的な意味の語を修飾して] 途方もなく, ひどく: *monumentally* stupid ひどく愚かな.

moo /múː/ 動 自 ((特に雌の)牛が)もーと鳴く《⇒ cry 表 cattle, cow》. — 名 (~s) C もー《(特に雌の)牛の鳴き声》.

mooch /múːtʃ/ 動 他 《米略式》(人に)(物)をねだる, たかる (*off*). **móoch aróund [abóut]** [動] 自 《英略式》ぶらつく, うろつく.

mood**[1] /múːd/ 発音 名 (moods /múːdz/) ❶ C (一時的な)**気分**, 気持ち《⇒ 類義語》: She was ***in a good [bad, foul] ***mood***. 彼女は上機嫌[不機嫌]だった / The music put him *in* a happy *mood*. その音楽を聞いて彼は幸せな気分になった / His *moods* often change. 彼の気分はよく変わる / people with *mood swings* 気分にむらがある人. 日英 日本語でいう「ムード」(良い雰囲気[趣])の意味はなく, これに当たる英語は普通は atmosphere. ❷ C 不機嫌: be in a *mood* 機嫌が悪い / He is in one of his *moods* today. 例によってきょうも彼は不機嫌だ. ❸ [単数形で] (場の)雰囲気, 空気, 感じ: He thought the *mood of* the meeting was pessimistic. 彼は集会の空気は悲観的だと思った.

be in nó móod 「**for ... [to dó]** [動] ...の[する]気にはなれない: She *was in no mood for* [*to* read] serious books. 彼女は肩の凝(こ)る本を読む気には慣れなかった.

be in the móod 「**for ... [to dó]** [動] ...したい気持ちだ: I'*m in the mood* 「*for* sing*ing* [*to* sing]. 歌でも歌いたい気分だ / I'*m* not *in the mood for* pizza. ピザを食べる気がしない
(形 móody)

類義語 **mood**「気分」を表わす一般的な語. **humor**「気分」の中でも一時的気まぐれや移り気を強調するやや格式ばった古めかしい語. **temper** 強い感情, 特に怒り.

mood[2] /múːd/ 名 C 〔文法〕法《⇒ **巻末文法** 11. 1》.

móod mùsic 名 U ムード音楽.

mood·y /múːdi/ 形 (mood·i·er; mood·i·est) ❶ 不機嫌な, ふさぎ込んだ. ❷ むら気な, 気分屋の: a *moody* girl むら気な女の子. ❸ (映画・音楽・場所などが)(悲しい)趣のある, 哀感のある. 日英 「雰囲気などがロマンチックな」という意味での「ムーディー」は和製英語.
(名 mood[1])

moo·la(h) /múːlə/ 名 U 《米俗》お金.

Moo·min·troll /múːməntrὸʊl/ 名 固 ムーミン(トロール)《フィンランドの絵本に登場する架空の生き物》.

****moon** /múːn/

— 名 (~s /~z/) ❶ [the ~ [M-]] **月**: a trip to *the moon* 月旅行. 語法 月が出ているかどうかや, 月のいろいろな形についていうときには no や不定冠詞などをつける: There's *no moon* tonight. 今夜は月が出ていない / *a crescent* [*half*] *moon* 三日月[半月] / There was *a moon* that night. その晩は月が出ていた / Was it *a full moon* or *a new moon*? 満月でしたか新月でしたか《⇒ phase 挿絵》. 参考 (1) 月面の模様は月に住む男 (the man in the moon) の顔と見る習慣がある. (2) 月の色は英米では普通 silver (銀色)とされている《⇒ sun 日英》. 関連 earth 地球 / sun 太陽 / star 星. ❷ C (惑星の)衛星. ❸ U 月の光, 月明かり.

ásk [《英》 crý] for the móon [動] 自 《略式》ないものねだりをする.

mány móons agò [副] 《文語》ずっと以前に.

òver the móon [形] 《英略式》大喜びして (*about, at, with*).

— 動 自 ❶ 《略式》(冗談・侮辱で)しりを出して見せる (*at*). ❷ 《英略式》ぼうっと[ぼんやり, ぶらぶら]する (*about, around*). — 他 《略式》(...)にしりを出して見せる. **móon òver ...** [動] 他 《古風》(好きな人)を思って[眺めて]ぼうっとする.

moon·beam /múːnbìːm/ 名 C (ひと筋の)月光.

moon·less /múːnləs/ 形 月(明かり)のない.

moon·light /múːnlàɪt/ 名 ❶ U 月の光: by *moonlight* 月明かり(の下)で / walk in the *moonlight* 月明かりの中を歩く. ❷ [形容詞的に] 月光の, 月明かりの; 月夜の: a *moonlight* night 月夜 / a *moonlight* walk 月夜の散歩. **dò a móonlight (flít)** [動] 自 《英略式》夜逃げをする. — 動 自 《略式》(ひそかに)副業[アルバイト]をする (*as*).

moon·light·ing /múːnlàɪṭɪŋ/ 名 U 《略式》(ひそかに)副業[アルバイト]をすること.

moon·lit /múːnlìt/ 形 限定 月の光に照らされた.

moon·scape /múːnskèɪp/ 名 ❶ C 月面の風景. ❷ C (月面のように)荒涼とした所.

moon·shine /múːnʃàɪn/ 名 ❶ U 《米略式》密造酒, (特に)密造ウイスキー. ❷ U 《英略式》ばからしい考え[話], たわごと.

moon·struck /múːnstrʌ̀k/ 形 《略式》(特に恋で)少し頭のおかしくなった.

moor[1] /mʊ́ɚ | mʊ́ə/ 動 (moor·ing /mʊ́(ə)rɪŋ/) 他 (船)を停泊させる: The ship *was moored to* the pier. 船は桟橋(さんばし)につながれた. — 自 停泊する.

moor[2] /mʊ́ɚ | mʊ́ə/ 名 C [普通は複数形で] 《主に英》荒れ野[地]《ヒース (heath) の生えた高原地帯》.

Moor /mʊ́ɚ | mʊ́ə/ 名 C ムーア人《アフリカ北西部に住むイスラム教徒; 8 世紀にスペインを侵略した》.

moor·ing /mʊ́(ə)rɪŋ/ 名 ❶ U (船の)係留. ❷ [複数形で] 係船設備《ロープ・鎖・いかりなど》. ❸ C [しばしば複数形で] 停泊地.

Moor·ish /mʊ́(ə)rɪʃ/ 形 ムーア人の; ムーア式[風]の.

moor·land /mʊ́ɚlənd | mʊ́ə-/ 名 [U または複数形で] 《主に英》荒れ野[地].

moose /múːs/ 名 (複 ~) ❶ C アメリカへらじか《北米産》. ❷ C 《米》へらじか [≒elk].

moot /múːt/ 形 ❶ 議論の余地がある, 未解決の: a *moot* point [question] 議論の余地のある問題点. ❷ 《米》(もはや)意味のない. — 動 他 [普通は受身で] 《格式》(...)を議題として提案[提出]する.

mop /mɑ́(ː)p | mɔ́p/ 名 ❶ C モップ《長い柄のついた床用ぞうきん》; 柄付きスポンジ《皿洗い用》. ❷ C [普通は単数形で] 《略式》ぼさぼさの髪: *a mop of* hair もじゃもじゃの髪の毛. — 動 (mops; mopped; mop·ping) 他 ❶ (...)をモップでふく. ❷ (顔・額など)をふく; (...から)(汗など)をふき取る (*from*). — 自 モップでふく. **móp úp** [動] 他 (1) (こぼれた水など)をふき取る. (2) (問題など)を片づける. (3) (資金など)を使い尽くす.

mope /móʊp/ 動 自 ふさぎ込む. **mópe aróund [《英》 abóut] (...)** [動] 自 落ち込んで(...のあたりを)ふらふらとさまよう.

mo·ped /móʊpèd/ 名 C 原動機付き自転車.

mo·raine /məréɪn/ 名 C 堆石(たいせき), モレーン《氷河の

M

運んだ土砂石塊》.

*__mor·al__ /mɔ́ːrəl | mɔ́r-/

意味のチャート
原義はラテン語で「風俗習慣の」《⇒ mores》→（公序良俗の）→「**道徳的な**」形❸
→「**道徳(の)**」形❶, 名❶
→「**教訓(的な)**」形❹, 名❷
→「**精神的な**」形❷ →（精神力）→「士気」《⇒ morale》

— 形 ❶ 限定 [比較なし] **道徳の**, 道徳上の, 倫理的な; 道徳観念に基づく, 道義的な《⇒ 類義語》: *moral* standards 道徳的基準 / the *moral* sense 道徳観念, 道義心 / a *moral* dilemma 倫理的なジレンマ / *moral* duties [obligations] 道義的義務 / a *moral* responsibility 道義的な責任 / He lacks *moral* courage [fiber]. 彼は正しいことをやり抜く気力に欠ける.
❷ [比較なし] **精神的な**, 心の: a *moral* victory 精神的勝利 / give ... *moral* support (人)を精神的に支える.
❸ **道徳的な**, 道義をわきまえた; (性的に)純潔な, 貞節な [⇔ immoral]: a *moral* person 品行方正な人 / lead a *moral* life 正しい生き方をする. ❹ 教訓的な, 道徳を教える. ❺ 限定 善悪の区別のつく.
(名 morálity, 動 móralìze)

類義語 moral 善悪に関する道徳上の基準に合致していること. ethical *moral* よりもさらに強い正義・公正の概念が含まれていることを暗示する語.

— 名 (~s /~z/) ❶ [複数形で] **道徳**, 風紀, モラル; 品行, 素行, (男女間の)身持ち: improve public *morals* 風紀を改善する / a lack of *morals* 道徳心の欠如 / a man of loose *morals* 身持ちの悪い男.
日英 日本語の「モラル」は「道徳」の意味で用いるが, 英語では morals と複数形にするか morality を用いる. moral の単数形は 2 の意味になる.
❷ C (物語・体験などによる)**教訓**; 寓意(ぐうい): The ***moral of*** this story is "Nothing ventured, nothing gained." この物語の教訓は「虎穴(こけつ)に入らずんば虎児を得ず」だ / draw a *moral* from a story 物語から教訓を引き出す.

+**mo·rale** /məræ̀l | -rάːl/ 名 U (集団・メンバーの)**士気**, (労働者の)勤労意欲: improve [boost, raise] *morale* 士気を高める / Their *morale* is high [low]. 彼らはやる気がある[ない].
〘語源 moral と同語源〙

mor·al·ist /mɔ́ːrəlɪst | mɔ́r-/ 名 C [しばしば軽蔑的] (説教好きな)道徳主義者; 道徳家, 道徳教育者.

mor·al·is·tic /mɔ̀ːrəlístɪk | mɔ̀r-ˈ/ 形 [しばしば軽蔑的] 道徳主義的な, 教訓的な.

+**mo·ral·i·ty** /məræ̀ləṭi/ 名 (-i·ties) ❶ U **道徳**, 道義; U,C 道徳観念: public *morality* 公衆道徳 / corporate *morality* (企業の)商業道徳.
❷ U (行為などの) **道徳性** [⇔ immorality]: the ***morality of*** abortion 妊娠中絶の道義性. (形 móral)

mor·al·ize /mɔ́ːrəlàɪz | mɔ́r-/ 動 自 [普通は軽蔑的] 道徳を説く, 説教する (*on, about, over*). (形 móral)

mor·al·ly /mɔ́ːrəli | mɔ́r-/ 副 ❶ 道徳的に(見て), 道徳上は. ❷ 道徳にかなって, 品行方正に [⇔ immorally].

móral majórity 名 ❶ [the ~; 《英》単数または複数扱い] 伝統的な道徳を守る保守勢力. ❷ [the M- M-] モラルマジョリティー《米国の保守的なキリスト教団体》.

mo·rass /məræ̀s/ 名 ❶ [単数形で] 泥沼, 苦境; 煩雑(さ). ❷ C 《文語》沼地, 低湿地.

mor·a·to·ri·um /mɔ̀ːrətɔ́ːriəm | mɔ̀r-/ 名 (複 ~s, **mor·a·to·ri·a** /mɔ̀ːrətɔ́ːriə | mɔ̀r-/) C [普通は単数形で] モラトリアム, (緊急時の)支払い猶予(ゆうよ)(令); 支払い猶予期間; 一時停止[延期] (*on*).

mor·bid /mɔ́ɚbɪd | mɔ́ː-/ 形 ❶ (心・考えなどが)病的な, 不健全な《特に死に異常な関心をもつ》: a *morbid* fascination 病的に魅了されること. ❷〘医学〙病気の, 病気による.

mor·bid·i·ty /mɔɚbídəṭi | mɔː-/ 名 U (心・考えなどの)病的な状態; (一地域の)疾病率.

mor·bid·ly /mɔ́ɚbɪdli | mɔ́ː-/ 副 病的に.

mor·dant /mɔ́ɚdnt | mɔ́ː-/ 形 《格式》皮肉な, しんらつな.

***__more__**[1] /mɔ́ɚ | mɔ́ː/ (同音 《英》 maw)

単語のエッセンス
1) (数が)より多くの(もの) 形❶; 代❶
2) (量が)より多くの(もの); もっと多く 形❷; 代❶; 副❶
3) これ[それ]以上の(もの); そのうえ 形❸; 代❷; 副❸
4) ...というよりはむしろ 副❷

— 形 ✪ 形 の成句は 代 の末尾にまとめて示す. ❶ [many の比較級] [しばしば than とともに] (...より)(**もっと**)**多くの**, (...より)多数の《数が多いことを示す》[⇔ fewer]: She has *more* books *than* me [I (do)]. 彼女は私よりたくさん本を持っている《⇒ than 前 語法》/ *More than* a hundred passengers were killed. 100 人を越える乗客が死亡した / *More than* one person was against the decision. その決定に反対した人は 1 人にとどまらなかった《✪ more than one は単数として扱われる》/ There were twenty or *more* children in the room. 部屋には 20 人かそれ以上の子供がいた / The library had *more* comic books *than* we (had) expected. 図書館には思ったよりも多くの漫画本があった.

語法 **数の more の使い方**
(1) 数えられる名詞の複数形または数詞とともに用いる.
(2) 数詞とともに用いる more の反意語は less.
(3) 🔍 厳密に言うと日本語の「10 以上」は 10 を含むが, 英語の more than ten は 10 を含まない.
(4) 10 を含めて「10 以上」は ten or more.

❷ [much の比較級] [しばしば than とともに] (...より)(**もっと**)**多くの**, (...より)多量の《量がより多いこと, 程度がより高いことを示す》[⇔ less]: We had (much) *more* snow this year *than* last (year). 今年は昨年より雪が(ずっと)多かった / There's *more* water *than* air in the tube. この管には空気より水の方が多く入っている.

語法 **量の more の使い方**
数えられない名詞とともに用いる.

❸ **これ[それ]以上の**, それ以外の, 余分の: We need *more* information. もっと情報が必要だ / I have two *more* questions. あと 2 つ質問があります《⇒ 次の 語法 (3)》/ Please repeat it one *more* time. もう一度繰り返してください / How many *more* days will it take?

M

あと何日かかりますか / 🗨“*More* coffee?” “No, thank you.”「もっとコーヒーいかが」「いや, もういいよ」

> 語法 **追加の more の使い方**
> (1) この意味の more は数えられる名詞と数えられない名詞の両方について用いる.
> **(2) more の前につく語**
> しばしば more の前に他の語がつくが, それらは後にくる名詞が数えられるか否かによって次のように違う. a) 数えられる名詞の場合は数詞, many, a few, a good [great] many. b) 数えられない名詞の場合は much, a little, a bit, rather, a good [great] deal など. c) some, any, no, far, a lot, lots は両方の場合に用いることができる《⇒ 成句》.
> (3) 数詞を伴うとき例えば「あと 2 つ(の)」を more two とは言わないで, two more と言う.

— 代《不定代名詞》❶ **(...より)もっとたくさんの人[物, 事], もっと多数[多量], さらに多くの人[物, 事]** [⇔ less, fewer]**:** Instead of fewer accidents there are *more*. 事故は減るどころかかえって増えている / *More than* fifty *were* present. 50 人以上が出席していた《⇒ 形 1 語法 (3)》 / She bought *more than* necessary. 彼女は必要以上に買った / I'd like ***more of*** the cake. そのケーキがもっと欲しい / The *more* the merrier. 《ことわざ》(人が)多ければ多いほど楽しい《⇒ the² 1 (1)》.

> 語法 (1) この 代 の more は 形 の独立した用法とも考えられるので, それが表わすものの内容によって単数にも複数にも扱われる.
> **(2) more of ... の使い方**
> 次に代名詞や「the＋名詞」などが来ると of をつける: I'd like two *more of* those pears, please. そのなしをあと 2 つください《⇒ 形 3 語法 (3)》/ I want to see *more of* you. もっとたくさんあなたに会いたい《⇒ see more of ... (see 成句)》; あなたがたのうちのもっと多くの人たちにも会いたい.

❷ **これ[それ]以上のもの, 余分のこと**《⇒ 形 3 語法 (2)》**:** I want to know *more*. もっと知りたい / There is much *more* in the bottle. びんにはもっとある / We need as many [much] *more*. さらに同数[同量](のもの)が必要だ / How many [much] *more* do you need? あとどれくらいの数[量]必要ですか.

a féw móre [代] **もう少し多くのもの**《数えられるものについて言う》**:** We want *a few more* (of them). 私たちはあともう少し(それが)欲しい.

a féw mòre ... [形] **もう少し多くの...**《数えられる名詞について用いる》**:** Let's wait *a few more* days. もう何日か待ちましょう.

a lìttle móre [代] **もう少し多くのもの**《数えられないものについて言う》**:** It cost *a little more* than I'd expected. それは予想よりももう少し高価だった.

a lìttle mòre ... [形] **もう少し多くの...**《数えられない名詞について用いる》**:** Won't you have *a little more* wine? もう少しワインを飲みませんか.

... and nóthing [nó] móre [前のことばを受けて] ただそれだけのこと, ...にすぎない.

(and) whàt is móre つなぎ語 Ⓢ **そのうえ,** おまけに**:** He is very bright, *and what's more*, he studies hard. 彼はとても頭がいいうえ勉強家だ.

àny móre [代] [疑問文·否定文で] **もう少し,** 多少とも多いもの[人]**:** Are there *any more* in the box? 箱の中にはまだあるの / I do*n't* want *any more*. 私はこれ[それ]以上は望みません.

àny mòre ... [形] [疑問文·否定文で] **もう少しの...,** 多少とも多くの...**:** Are there *any more* questions? 質問はほかにありませんか / I do*n't* want *any more* work. もうこれ以上仕事はごめんだ.

be móre of ... (than ~) [動] ~よりもっと[むしろ]...である**:** He'*s more of* an entertainer *than* a musician. 彼は音楽家というよりは芸人だ.

mány móre [代] (それより)**ずっと多くのもの**《⇒ 代 2 の第 3 と第 4 の例文》**:** We have collected 5000 blankets, but we need *many more*. 毛布を 5 千枚集めたがもっとたくさん必要だ.

móre and móre [代] ますます多くのもの**:** He began to spend *more and more* of his time with his family. 彼はますます多くの時間を家族とともに過ごすようになった.

móre and móre ... [形] **ますます多くの...:** The work will require *more and more* effort. その仕事はますます多くの努力を必要とするだろう.

nò móre [代] **もうこれ以上のもの[人]はない:** There is [are] *no more*. もうありません / *No more* of your kidding! お前の冗談はもうたくさんだ.

nó móre ... [形] **もうこれ以上の...はない:** There is *no more* milk in the glass. もうコップにはミルクはない / *No more* Hiroshimas. これ以上の広島はごめんだ《二度と原爆は許さない》. 語法 Hiroshima は普通名詞化して複数形をとっている.

sòme móre [代] [普通は肯定文で] **もう少し:** Show me *some more*. もう少し見せてください.

some mòre ... [形] [普通は肯定文で] **もう少し多くの...:** I have *some more* questions. もう少し質問があります / Would you like *some more* cake? ケーキをもう少しいかがですか《⇒ some 形 1 語法 (2)》.

— 副 ❶ [much の比較級] [しばしば than とともに] **(...より)もっと(多く), (...より)ずっと,** さらにいっそう《程度がより高いことを示す》[⇔ less]**:** I sleep *more than* I used to. 私は前より睡眠をとっている / She loves painting *more than* anything else. 彼女は何より絵をかくのが好きだ / He earns far [much, a lot] *more than* I do. 彼は私よりもずっと稼ぎが多い.

❷ [than とともに] **...というよりはむしろ~;** どちらかと言えば~だ**:** She is *more* shy *than* cold. 彼女は冷たいというよりもむしろ内気なのだ. 語法 同じ人[物]の性質について言うときには -er の形を用いない // He was *more* frightened *than* hurt. 彼は傷ついたというよりむしろぎょっとしたのだった / He is *more* (a) politician *than* (a) statesman. 彼は政治家というよりむしろ政治屋だ《⇒ politician 類義語》.

❸ **そのうえ,** そのほか, それ以上に**:** 言い換え What *more* can I do? (= What else can I do?) ほかに何が私にできるだろうか.

a lìttle móre [副] **もう少し:** I want to sleep *a little more*. もう少し眠りたい.

(àll) the móre (becàuse [if] ...) [副] **(...であるだけ[...であれば])ますます,** その分なおさら**:** I want to help him *all the more because* he is so helpless. 彼がいかにも無力だからなおさら助けてやりたい.

àny móre [副] [疑問文·否定文で] **もう少し,** これ以上, もう**:** Ca*n't* you walk *any more?* もう少し歩けませんか / I wo*n't* trouble you *any more*. もうこれ以上はご迷惑はおかけしません.

M

lìttle móre than ... (1) **...ぐらいしか, ...以上で(ない):** It takes *little more than* half an hour. 30 分そこそこしかかからない. (2) **ほとんど...と同じ:** Her knowledge of German is *little more than* elementary. 彼女のドイツ語の知識はほんの片言に過ぎない.

móre and móre [副] **次第に**, だんだんと**:** His interest turned *more and more* to music. 彼の興味はますます音楽に向いていった.

móre or léss [副] (1) **大体**, およそ [≒almost]; 事実上**:** I *more or less* know what you're trying to say. あなたのおっしゃりたいことは大体わかります / 口 "Are you ready?" "「Yes, *more* [*More*] *or less*." 「用意できた?」「ええ, 大体」 (2) [しばしば数量表現の後に添えて] **約** [≒approximately]**:** It's an hour's ride, *more or less*. 車で 1 時間ぐらいのところだ. (3) [文修飾] (場合によって)程度の差はあるが; 多少とも, むしろ.

móre than ... [名詞(句)·形容詞·動詞·副詞の前につけて] **十二分に..., ...以上で[に]**, ...というだけでは言い足りない**:** He's *more than* a mere craftsman; he's a great artist. 彼は単なる工芸家ではない, 立派な芸術家だ / I was *more than* surprised at the sight. そのありさまを見て私はびっくりしたどころの騒ぎではなかった / That's *more than* I can stand. それは私にはとうてい耐えられない.

móre than a líttle ... [副] 《格式》 少なからず, 大いに, きわめて, 非常に [≒very].

móre than éver [副] ますます(多く), これまでになく**:** I've come to like the picture *more than ever*. 私はその絵がますます好きになってきた.

móre than ónce ⇒ once [副] 成句.

nèither móre nor léss than ... ちょうど...; ...にほかならない.

nò móre [副] (1) 《文語》 もはや...しない; [be no more の形で] もはや存在しない**:** I saw him *no more*. それ以降もはや彼に会うことはなかった. (2) [否定文の後を受けて] 《文語》 ...もまた〜でない [≒neither]**:** If she will not go, *no more* will he. 彼女が行くつもりがないのなら彼も行かないだろう《⇒ **巻末文法** 15. 2 (1)》.

nò móre than ... (1) **...より多くはない** [≒not more than ...]**:** There were *no more than* six passengers on the boat. その船には 6 人を超える客はいなかった《6 人以下をいう》. (2) **ほんの...だ, ただ...にすぎない**《数·量·程度の少ないことを表わす; ⇒ no less than ... (less[1] [副] 成句)》**:** It's *no more than* five minutes from here by car. 車でならここからたった 5 分だ. (3) = nothing more than ....

nò móre ... than 〜 = nót ... àny mòre than 〜 ...でないのは〜でないのと同様, 〜と同じく...でない《両方を否定しながら...でないことを強調する; ⇒ not more ... than 〜 [語法], no less ... than 〜 (less[1] 成句)》**:** [言い換え] I'm *no more* excited *than* you are. = I'm *not* excited *any more than* you are. あなたが興奮していないように私も興奮していない.

nòt móre than ... **...より多くはない**, 多くて...だ**:** There were *not more than* six passengers on the boat. その船には 6 人を超える客はいなかった《6 人以下をいう》.

nòt móre ... than 〜 **〜ほど...でない:** He was *not more* surprised *than* I was. 彼は私ほどにはびっくりしなかった. [語法] 単に相手より程度が低いというだけで, no more ... than 〜 と違って両方を否定するのではない.

nòthing móre than ... ただ...にすぎない.

ònce móre ⇒ once [副] 成句.

some móre [副] [普通は肯定文で] **もう少し:** Can we talk about it *some more*? もう少しそれについて話しませんか《⇒ some [形] 1 [語法] (2)》.

stìll móre ⇒ still[1] 成句.

the móre ... [副] ⇒ the[2] 1 (1).

****more**[2] /mɔ́ːə | mɔ́ː/ ([同音] 《英》 maw)

— [副] [語法] 普通は 3 音節以上 および一部の 2 音節の形容詞および副詞の前につけて比較級をつくる《⇒ **巻末文法** 12. 1 (2), -er[1]》. (1) **形容詞の比較級:** This picture is *mòre béautiful* than that. この絵はあの絵より美しい / It's much *mòre pléasant* here than in the room. ここは部屋の中よりずっと気持ちがいい. (2) **副詞の比較級:** Please speak *mòre slówly*. もっとゆっくり話してください.

móre and móre ... [副] **ますます...に, いよいよ...に:** Life in Tokyo is getting *more and more difficult*. 東京はますます住みにくくなってきた / He spoke on *more and more eloquently*. 彼はますます雄弁に話を続けた《⇒ **巻末文法** 12. 3 (3)》.

móre sò [前の形容詞や副詞を受けて] ますますそのようで**:** He is keen on rock music, but she is even *more so*. 彼もロックに夢中だが, 彼女のほうはそれに輪をかけて夢中だ.

***more·o·ver** /mɔ̀ːróʊvə | -və/

— [副] [つなぎ語] 《格式》 **そのうえ, さらに**《⇒ besides [類義語]》**:** I did not like the car. *Moreover*, the price was too high. その車は気に入らなかった. それに値段も高すぎた.

mo·res /mɔ́ːreɪz/ [名] [複] 《格式》 (ある集団の)道徳規範, しきたり.

morgue /mɔ́əg | mɔ́ːg/ [名] [C] 遺体安置所, 霊安室; (身元不明の)死体公示所.

mor·i·bund /mɔ́ːrəbʌ̀nd | mɔ́r-/ [形] 《格式》 (産業·会社などが)活力を失って[死にかけて]いる; 《文語》 (人などが)瀕死の状態の[で].

Mor·mon /mɔ́əmən | mɔ́ː-/ [名] [C], [形] モルモン教徒(の).

Mor·mon·is·m /mɔ́əmənɪzm | mɔ́ː-/ [名] [U] モルモン教《1830 年に米国で興ったキリスト教の一派》.

morn /mɔ́ən | mɔ́ːn/ [名] [C] [普通は単数形で] 《文語》 朝, 暁 [≒morning].

****morn·ing** /mɔ́ənɪŋ | mɔ́ː-/ ([同音] mourning)

— [名] (〜s /〜z/) ❶ [U,C] **朝, 午前**《日の出から正午または昼食まで》**:** My father gets up early ***in*** the ***morning***. 父は朝早くに起きる / They had to work ***from morning till*** [***to***] ***night***. 彼らは朝から晩まで働かなければならなかった.

[語法] **morning と前置詞**

(1) 「朝に」には前置詞は in を用いるが, 特定の「...日の朝に」の場合には on を用いる**:** He died (*on*) Friday *morning*. 彼は金曜日の朝亡くなった《《略式, 主に米》では前置詞を省略することがある》 / The war broke out *on* the *morning* of December 8. 戦争は 12 月 8 日の朝始まった《December 8 は December (the) eighth と読む》.

(2) 前置詞を伴わずに this, every, next, yesterday, tomorrow, all などとともに副詞句をつくる**:** I get up at six *every morning*. 私は毎朝 6 時に起きる / She left for London 「*this morning* [*yesterday*

M

morning]. 彼女はけさ[昨日の朝]ロンドンへ向かった / We're going to leave *tomorrow morning*. 私たちは明朝出発するつもりだ.

✪ 午前 0 時から正午までをいうこともある: My husband didn't come home until three in the *morning*! 夫は朝の 3 時まで帰宅しなかった.
❷ [形容詞的に] **朝の**, 朝に用いる, 朝に食べる[飲む] 《⇒ wake-up call 日英》: a *morning* paper 朝刊 / *morning* coffee 朝飲むコーヒー. ❸ [mornings として副詞的に] (いつも)朝に; 毎朝.
gòod mórning ⇒ good morning の項目.
in the mórning [副] (1) 朝(に), 午前(中)に《⇒ 1》. (2) あしたの朝に, 翌朝に.
mórning, nóon, and níght [副] 一日中, 常に.
— 間 《略式》 = good morning.
〖語源 morn に evening との類推で -ing がついたもの〗

mórn·ing-áf·ter pìll /mɔ́ɚnɪŋǽftɚ- | mɔ́:nɪŋá:ftə-/ 名 C (事後に飲む)ピル《経口避妊薬》.
mórning còat 名 C モーニングの上着.
mórning drèss 名 U 《英》 (男性の)昼用礼服.
mórning glòry 名 C,U あさがお《植物》.
mórning sìckness 名 U つわり.
mórning stár 名 [the ～] 明けの明星《日の出前に東に見える明るい星, 普通は金星 (Venus) を指す》. 関連 the evening star 宵の明星.
mo·roc·co /mərɑ́(:)koʊ | -rɔ́k-/ 名 U モロッコ革《やぎのなめし革; 製本・手袋用》.
Mo·roc·co /mərɑ́(:)koʊ | -rɔ́k-/ 名 固 モロッコ《アフリカ北西部の王国》.
mo·ron /mɔ́:rɑ(:)n | -rɔn/ 名 C 《略式》 うすのろ, まぬけ.
mo·ron·ic /mərɑ́(:)nɪk | -rɔ́n-/ 形 《略式》 ばかな, まぬけな.
mo·rose /məróʊs/ 形 《文語》 気難しい, むっつりした, 不機嫌な. **～·ly** 副 むっつりと, 不機嫌に.
morph /mɔ́ɚf | mɔ́:f/ 動 他 ❶ 〔コンピュータ〕 (...)をモーフィングする《画像を徐々に変えて別の画像にする》. ❷ (...)を変形[変身]させる. — 自 ❶ 〔コンピュータ〕 モーフィングする. ❷ 変形[変身]する (*into*).
mor·pheme /mɔ́ɚfi:m | mɔ́:-/ 名 C 〔言語〕 形態素《言語において意味を持つ最小の単位; teacher における teach と -er など》.
mor·phine /mɔ́ɚfi:n | mɔ́:-/ 名 U 〔化学〕 モルヒネ.
mor·phol·o·gy /mɔɚfɑ́(:)lədʒi | mɔ:fɔ́l-/ 名 U 〔言語〕 形態[語形]論; 〔生物〕 形態学.
mor·row /mɑ́(:)roʊ, mɔ́:r- | mɔ́r-/ 名 ❶ [the ～] 《文語》 翌日; 明日. ❷ [the ～] 《文語》 (出来事の)直後; 今後.
Mórse códe /mɔ́ɚs- | mɔ́:s-/ 名 U [しばしば the ～] モールス式電信符号.
mor·sel /mɔ́ɚsl | mɔ́:-/ 名 C (食物の)ひと口 (*of*).
+**mor·tal** /mɔ́ɚṭl | mɔ́:-/ 形 ❶ [比較なし] (いつかは)**死ぬことになっている**, 死を免れない [⇔ immortal]: Humans are *mortal*. 人間は死すべきものである.
❷ [比較なし] **命取りとなる**, 致命的な [≒fatal]; 死に際の, 臨終の: a *mortal* injury [blow] 致命傷[致命的打撃] / a *mortal* disease 不治の病 / *mortal* agony 断末魔の苦しみ / His wound proved (to be) *mortal*. 彼の傷は致命的だということがわかった. ❸ 限定 殺さずにはおけない; (闘いなどが)死ぬまで続く: *mortal* enemies 生かしてはおけない敵 / *mortal* combat 死闘. ❹ 限定 非常な; ひどい: in *mortal* fear [terror] ひどく恐れて. ❺ 限定 《詩語》 人間の [≒human]; 人の世の: No *mortal* power can perform this task. この仕事は人間の力では無理だ / our *mortal* existence この世の生. (名 mortálity)
— 名 C [普通は複数形で] 《文語》 [しばしばこっけいに] (いつかは死ぬ運命の)人間: lesser [ordinary, mere] *mortals* 凡人.
+**mor·tal·i·ty** /mɔɚtǽləṭi | mɔ:-/ 名 ❶ U 死亡者数; 死亡率 (mortality rate): infant *mortality* 乳児の死亡率. ❷ C,U (多数の人の)死. ❸ U 死ぬべき運命 [⇔ immortality]. (形 mórtal)
mortálity ràte 名 [U または a ～] 死亡率.
mor·tal·ly /mɔ́ɚṭəli | mɔ́:-/ 副 ❶ 死ぬほどに, 致命的に. ❷ 非常に, 甚だしく.
mórtal sín 名 C 〔カトリック〕 (地獄落ちの)大罪.
+**mor·tar**[1] /mɔ́ɚṭɚ | mɔ́:tə/ 名 (～s /～z/) ❶ C **迫撃砲**; 臼砲(きゅうほう). ❷ C すり鉢.
mor·tar[2] /mɔ́ɚṭɚ | mɔ́:tə/ 名 U モルタル, しっくい. — 動 (-tar·ing /-ṭərɪŋ/) 他 (...)にモルタルを塗る; (...)をモルタルでつなぐ.
mor·tar·board /mɔ́ɚṭɚbɔ̀ɚd | mɔ́:təbɔ̀:d/ 名 C 角帽《大学などの卒業式にかぶる》.
mort·gage** /mɔ́ɚgɪdʒ | mɔ́:-/ ❗発音 t は発音しない. 名 (mort·gag·es /～ɪz/) ❶ C **抵当**, 担保; 抵当権[証書]: The bank holds a ***mortgage on his house. 銀行は彼の家を抵当に取っている.
❷ C (抵当を入れてする)**借金**, 住宅ローン: We ***got*** [***took out***] a twenty-year [$150,000] ***mortgage on*** our new house. 私たちは新居の購入で[新居を抵当に入れて]20 年[15 万ドル]のローンを借りた[組んだ] / ***pay off*** a ***mortgage*** ローンを完済する.
— 動 他 (...)を抵当に入れる (*to, for*).
mort·ga·gee /mɔ̀ɚgɪdʒí: | mɔ̀:-/ 名 C 〔法律〕 抵当権者《金を貸した側; ⇒ mortgagor》.
mort·ga·gor /mɔ̀ɚgɪdʒɔ́ɚ | mɔ̀:gɪdʒɔ́:/ 名 C 〔法律〕 抵当権設定者《金を借りた側; ⇒ mortgagee》.
mor·ti·cian /mɔɚtíʃən | mɔ:-/ 名 C 《米》 葬儀屋 [《英》 undertaker].
mor·ti·fi·ca·tion /mɔ̀ɚṭəfɪkéɪʃən | mɔ̀:-/ 名 U 屈辱, 悔しさ.
mor·ti·fied /mɔ́ɚṭəfàɪd | mɔ́:-/ 形 悔しい思いをしている, 気持ちを傷つけられている.
mor·ti·fy /mɔ́ɚṭəfàɪ | mɔ́:-/ 動 (-ti·fies; -ti·fied; -fy·ing) 他 (人)に悔しい思いをさせる, 屈辱を与える, (人)の気持ちを傷つける [≒humiliate].
mor·ti·fy·ing /mɔ́ɚṭəfàɪɪŋ | mɔ́:-/ 形 悔しい.
mor·tise /mɔ́ɚṭɪs | mɔ́:-/ 名 C 〔木工〕 ほぞ穴.
mórtise lòck 名 C 彫り込み錠, 箱錠.
mor·tu·ar·y /mɔ́ɚtʃuèri | mɔ́:tjuəri/ 名 (-ar·ies) ❶ C 《米》 葬儀場; 《英》 (病院などの)死体仮置き場. ❷ [形容詞的に] 《格式》 死の; 埋葬の.
mos. 略 = months 《⇒ month》.
mo·sa·ic /moʊzéɪɪk/ 名 ❶ U モザイク; C モザイク画[模様]. ❷ C [普通は a～] モザイク状のもの, 寄せ集め (*of*). — 形 限定 モザイク(模様)の.
+**Mos·cow** /mɑ́(:)skoʊ, -kaʊ | mɔ́skoʊ/ 名 固 **モスクワ**《ロシアの首都》.
Mo·ses /móʊzɪz/ 名 固 〔旧約聖書〕 モーセ《ヘブライの立法者・預言者; イスラエル人を率いてエジプトを去り, のちエホバ (Jehovah) の神より十戒を授かって律法を制定した; ⇒ Ten Commandments》.
mo·sey /móʊzi/ 動 自 [副詞句を伴って] 《米略式》 ぶらぶら行く; 立ち去る (*along*).
mosh /mɑ́(:)ʃ | mɔ́ʃ/ 動 自 《略式》 (ロックコンサートで観

M

客が)激しく踊る.

Mos·lem /má(ː)zləm | mɔ́z-/ 名 C 形 = Muslim.

mosque /má(ː)sk | mɔ́sk/ 名 C モスク《イスラム教の寺院》.

mos·qui·to /məskíː-ṭoʊ/ ❗アク 名 (~(e)s) C 蚊: I was bitten by a *mosquito*. 蚊に食われた. 〖語源 スペイン語で「小さなはえ」の意〗

mosquíto nèt 名 C 蚊帳(かや).

moss /mɔ́ːs | mɔ́s/ 名 U,C こけ《⇒ rolling stone 1 例文》.

moss·y /mɔ́ːsi | mɔ́si/ 形 (moss·i·er; -i·est) こけでおおわれた; こけのような.

***most**[1] /móʊst/ ❗発音

単語のエッセンス
1) (数が)最も多くの(もの) 形 ❶; 代 ❶
2) (量が)最も多くの(もの) 形 ❷; 代 ❶; 副 ❶
3) 大部分(の) 形 ❸; 代 ❷
4) 大変, 非常に 副 ❷

— 形 ❶ [many の最上級; ⇒ more[1] 形 1] [普通は the ~] **最も多くの**, いちばんたくさんの, 最も多数の《数が最も多いことを示す》[⇔ fewest, least]: Which of them ate *the most* grapes? 彼らの中でだれがいちばん多くのぶどうを食べましたか《✪ 特に《英略式》では the を省略することがある》.

> 語法 **数の most の使い方**
> 数えられる名詞の複数形とともに用いる.

❷ [much の最上級; ⇒ more[1] 形 2] [普通は the ~] **最も多くの**, いちばんたくさんの, 最も多量の《量が最も多いこと, 程度が最も高いことを示す》[⇔ least]: Mr. Allen made *the most* profit. アレン氏がいちばんもうけた / Those who have (*the*) *most* money are not always the happiest. いちばんたくさん金を持っている者がいちばん幸福とは限らない.

> 語法 **量の most の使い方**
> 数えられない名詞とともに用いる.

❸ [the をつけずに] **たいていの**, 大部分の, ほとんど(すべて)の; 大半の《⇒ all 形 1 表》: *Most* people think so. たいていの人はそう思っている《⇒ 代 ❷ 語法 (2)》/ *Most* prejudice stems from ignorance. たいていの偏見は無知に由来する.

— 代《不定代名詞》 語法 この 代 の most は 形 の独立した用法とも考えられる. ❶ [普通は the ~] **最多数, 最大量**; 最大限: This is *the most* I can do for you. これがあなたにしてあげられる精一杯のところです / He got *the most* from [out of] the trip. 彼はその旅から大いに得るものがあった.

❷ [the をつけずに] (…の)**大部分**, 大半; たいていの人[物]: I did ***most of*** the work. その仕事の大半は私がやった / *Most* became disappointed and left. たいていの人はがっかりして去っていった / "Where are the boys staying?" "*Most* are camping, but some are staying in a hostel." 「少年たちはどこに泊まっていますか」「大半はキャンプしているが, ホステルに泊まっているのもいる」

> 語法 **most of... の使い方**
> (1) 次に代名詞や「the＋名詞」などが来ると of をつける: *Most of* them are camping. 彼らの大半はキャンプしている / I was in Tokyo *most of* the time. 私はそのころほとんど東京にいました.
> (2) most of に続く名詞が単数形のときには most は単数扱い, 複数形のときには複数扱いとなる: *Most of* his *story is*n't true. 彼の話の大部分は本当ではない / *Most of* the *passengers were* seated. 乗客の大半は着席していた.

at (the) móst [副] **せいぜい**, 多くて [⇔ at (the) least]: He's thirty years old *at* (*the*) *most*. 彼はせいぜい 30 歳だ.

gèt the móst òut of ... [動] = make the most of ....

màke the móst of ... [動] 他 **...をできるだけ(有効に)利用する**, ...を最大限に活用する: It's a good opportunity for you, so *make the most of* it. それはあなたにとってよい機会だから最大限に利用しなさい.

— 副 ❶ [much の最上級; ⇒ more[1] 副 1] **最も多く**, いちばん《程度が最も高いことを示す》[⇔ least]: He worked (*the*) *most*. 彼がいちばんよく働いた / What pleased you (*the*) *most*? 何がいちばん気に入りましたか / Of all of them, I trusted John (*the*) *most*. 彼らすべてのうちで, 私はジョンをいちばん信用していた《⇒ the[1] 1 (4) 語法 (2)》.

❷ /mòʊst/ [形容詞・副詞を強めて]《格式》**大変**, 非常に, とても [≒very]: Thank you. You've been *most kind*. ありがとうございます. 大変親切にしていただきまして / This is a *most dangerous* machine; don't touch it. この機械はとても危ないから触らないで / They'll *most certainly* come. 彼らはきっと来ますよ.

> 語法 (1) **most と very**
> most が修飾する語は話し手の主観的な判断・感情を表わす形容詞・副詞に限られ, 客観的な尺度を表わす形容詞・副詞を強めるには very を用いる: He's *most* respectful. 彼はとても礼儀正しい / He's *very* tall. 彼はとても背が高い.
> (2) 最初の例文のように, この意味の most は most[2] と違い単音節・2 音節の語も修飾することができる. またそれが修飾する形容詞が数えられる名詞の単数形とともに用いられるときには不定冠詞の a または(いっそう意味を強めるときには)定冠詞の the がつくことに注意《⇒ most[2] 最初の 語法, (1)》.

❸《米略式》ほとんど [≒almost]《all, every, any, everyone, anyone, anything, always などの前につく》: *Most* everybody is here already. ほぼ全員がもう来ている.

mòst of áll [副] **どれ[だれ, 何]よりも**, まず第一に: *Most of all*, he loved his friends. 何よりもまず, 彼は友達を大切に想っていた.

***most**[2] /mòʊst/

— 副 語法 普通は 3 音節以上の形容詞および副詞の前につけて最上級 (superlative degree) をつくる《⇒ **巻末文法** 12. 1 (2), -est, most[1] 副 2 語法 (2)》. (1) [普通は the ~] 形容詞の最上級: This is *the mòst dífficult* book of all [the three]. これはすべての中で[その 3 冊の中では]いちばん難しい本だ / This rose is *the mòst béautiful* in my garden. このばらは私の庭の中でいちばんきれいです / The irises in this pond look their *most elegant* in the morning. この池のあやめは午前中が最

M

も優美に見える. 語法 She's *most* beautiful. は普通は「彼女は非常に美しい」の意味だが,《米》では「彼女はいちばん美しい」を意味することもある《⇒ most¹ 副 2》. (2) 副詞の最上級: Tom drives (*the*) *mòst skíllfully* of all. トムがみんなの中でいちばん運転が上手だ《⇒ the¹ 1 (4) 語法 (2)》.

-most /mòʊst/ 接尾 [形容詞語尾]「最も…の」の意: top*most* 最上の / outer*most* 最も外側の.

*__most·ly__ /móʊs(t)li/ 副 **大部分は**, 大体, おおむね, 普通は; 主として [≒chiefly]: The work is *mostly* done. 仕事は大部分済んだ / He *mostly* stays in bed in the morning. 彼は午前中はたいてい寝ている / Japanese houses used to be *mostly* built of wood and paper. 昔は日本家屋は大部分木と紙でできていた.

MOT /émòʊtíː/ 名 C《英》車検.

+**mo·tel** /moʊtél/ !アク 名 (〜s/〜z/) C **モーテル**《自動車旅行者用の駐車場つきホテル》: stay overnight at a *motel* ひと晩モーテルに泊まる.〖語源 *mo*tor と h*otel* の混成語; ⇒ blend 名 3〗

moth /mɔ́ːθ | mɔ́θ/ 名 (moths /mɔ́ːðz, mɔ́ːθs | mɔ́θs/) C が(蛾)《昆虫》.

moth·ball /mɔ́ːθbɔ̀ːl | mɔ́θ-/ 名 C [普通は複数形で] 虫よけ玉《ナフタリンなど》. — 動 他《略式》(…)の操業を停止する; (…)をしまい込む, (計画など)を棚上げする.

moth-eat·en /mɔ́ːθìːtn | mɔ́θ-/ 形 ❶ (衣服が)虫に食われた. ❷《略式》[軽蔑的] 使い古された.

***__moth·er__ /mʌ́ðɚ | -ðə/

— 名 (〜s /〜z/) ❶ C **母, 母親**《⇒ family tree 図》: 言い換え She is the ***mother of*** two children. = She is a *mother of* two. 彼女は 2 人の子供の母親です / They're *mother* and daughter. あの人たちは母娘(おやこ)です《⇒ and 1 語法 (1)》/ She has been like a *mother* to me. 彼女はずっと母親のように接してくれた. 関連 father 父 / stepmother まま母; maternal 母の.

> 語法 **mother の使い方**
> (1) 家族の間では mother を固有名詞のように冠詞をつけずに用い, 書くときは Mother とすることが多い: Ask *Mother*. お母さんに聞いてみて.
> (2) 子から母親への呼びかけには,《米》Mom,《英》Mum を用いるのが一般的. 小さな子供は《米》では Mommy, Momma,《英》では Mummy もよく使う《⇒ father 語法 (2)》.

❷ [形容詞的に] 母の, 母親としての; 母のような; 自国の: a *mother* cow 母牛 / *Mother* Earth (母なる)大地《万物を産み出すものとしての》.
❸ [the 〜] 本源, 源 [≒origin, source]; 原因: Necessity is *the mother of* invention.《ことわざ》必要は発明の母.
❹ C [M-] (女子修道院の)院長: *Mother* Teresa テレサ院長, マザーテレサ. ❺ [the 〜] 母性(愛).
at one's **móther's knée** [副] 母に抱かれて, ごく幼いころ《ものを習ったり聞いたりしたときのことをいう》.
the móther of (áll) … [形]《略式》とてつもない…, ひどい…: *the mother of all* hangovers ひどい二日酔い. (形 mótherly)
— 動 (-er·ing /-ð(ə)rɪŋ/) 他 (…)の母となる, (…)を母として[のように]世話する; (子供)を過保護に扱う.

moth·er·board /mʌ́ðɚbɔ̀ɚd | -ðəbɔ̀ːd/ 名 C〔コンピュータ〕マザーボード《CPU やメモリーなどがのっている基板》.

móther cóuntry 名 ❶ C [普通は単数形で] = motherland. ❷ C (植民地から見て)本国.

Móther Góose 名 固 マザーグース《英国の民間童謡集 *Mother Goose's Melodies* の伝説的な作者》.

móther hén 名 C 過保護な母親.

moth·er·hood /mʌ́ðɚhʊ̀d | -ðə-/ 名 U 母であること, 母性.

moth·er·ing /mʌ́ð(ə)rɪŋ/ 名 U 子育て, 育児.

moth·er-in-law /mʌ́ðɚɪnlɔ̀ː | -ðə(r)ɪn-/ 名 (複 moth·ers-in-law, moth·er-in-laws) C 義理の母, 義母, しゅうとめ.

moth·er·land /mʌ́ðɚlæ̀nd | -ðə-/ 名 C [普通は単数形で]《格式》母国, 故国, 祖国.

moth·er·less /mʌ́ðɚləs | -ðə-/ 形 母のない, 母親のいない.

móther lòde 名 C [普通は単数形で]《米》主鉱脈; 主要な源泉, 母体.

moth·er·ly /mʌ́ðɚli | -ðə-/ 形 母親のような, 母としての); 優しい. (名 móther)

Móther Náture 名 U (母なる)自然.

moth·er-of-pearl /mʌ́ðɚəvpɚ́ːl | -ðə(r)əvpə́ːl/ 名 U 真珠層《真珠貝などの内層部分》.

Móther's Dày 名 C,U 母の日《米国・カナダでは 5 月の第 2 日曜日, 英国では四旬節 (Lent) の第 4 日曜日》.

móther shìp 名 C 母艦, 母船.

moth·er-to-be /mʌ́ðɚtəbíː | -ðə-/ 名 (複 mothers-to-be) C 母となる人, 妊婦.

móther tóngue 名 C [普通は the 〜 または所有格の後で] 母語《幼時期に自然に習得した言語》.

mo·tif /moʊtíːf/ 名 (〜s) ❶ C (芸術の)主題, テーマ; (楽曲の)動機, モチーフ. ❷ C 中心となる模様[デザイン].

*__mo·tion__ /móʊʃən/ 名 (〜s /〜z/) ❶ U (物体の)**運動**, 動き, 運行《⇒ movement 類義語》; 活動, 移動; 動揺: the laws of *motion* 運動の法則 / the ***motion of*** a ship [car] 船[車]の揺れ / the *motion of* heavenly bodies 天体の運行 / All the machines in the factory are ***in*** full ***motion***. 工場の機械はみなフル稼働しています // ⇒ slow motion.
❷ C **動作**, 身ぶり [≒gesture]: He ***made a motion*** to me ***to*** stop there. 彼は私にそこに止まるようにと身ぶりで合図した.
❸ C **動議**, 発議, 提案; (弁護士による)申し立て: make [propose] a ***motion to*** adjourn +to 不定詞 休会の動議を提出する / second a *motion* 動議を支持する / The *motion to* close the debate was rejected [passed, carried]. 審議打ち切りの動議は否決[可決]された / They'll vote on the ***motion that*** an ad hoc committee (*should*) be set up. +that 節 彼らは特別委員会を設置するという動議を票決するだろう《⇒ should A 8》. ❹ C《格式, 主に英》便通, お通じ; 便.
gó through the mótions [動] 義理で(…を)する, (…)する格好をする (*of*).
pút [sét] … in mótion [動] 他 (…)を動きだささせる; (計画など)を実行に移す. (動 move)
— 動 (mo·tions /〜z/; mo·tioned /〜d/; -tion·ing /-ʃ(ə)nɪŋ/) 他 (人)に**身ぶりで示す[頼む]**, 合図する: He *motioned* me in [out]. V+O+副 彼は私に入れ[出て行け]と身ぶりで示した / The waiter ***motioned*** me ***into*** a booth. V+O+前+名 給仕は手招きして私を席に案内した / She ***motioned*** Tom ***to*** the seat. 彼女はト

ムに席に着くように合図した / I ***motioned*** them ***to*** be quiet. V+O+C (*to* 不定詞) 私は手ぶりで彼らに静かにするように合図した. ― ⓐ 身ぶりで示す[合図する]: She motioned *to* [*for*] her brother *to* go to the next room. 彼女は弟に隣の部屋へ行くようにと合図した.

単語のキズナ MOT／動かす＝move

motion	(動かすこと)	→	**運動**
motor	(動かすもの)	→	**モーター**
motive	(動かす働きがあるもの)	→	**動機**
locomotive	(場所を移動するもの)	→	**機関車**
promote	(前の方に動かす)	→	**促進する**
remote	(遠くに移された)	→	**遠く離れた**
emotion	(外への動き)	→	**感情**

mo·tion·less /móʊʃənləs/ 形 動かない, 静止した. **～·ly** 副 じっと.

mótion pícture 名 C 《主に米》 (個々の)映画 [≒film].

mótion sìckness 名 U 《主に米》 乗り物酔い.

*__mo·ti·vate__ /móʊṭəvèɪt/ 動 (-ti·vates /-vèɪts/; -ti·vat·ed /-ṭɪd/; -ti·vat·ing /-ṭɪŋ/) 他 ❶ [しばしば受身で] (人)に**動機を与える**, (行動など)の**動機となる**: What ***motivated*** her ***to*** leave home? V+O+C (*to* 不定詞) 彼女の家出の動機は何ですか / The crime ***was motivated by*** jealousy. V+O の受身 この犯罪はしっとが動機であった.
❷ (人)に**やる気を与える**, (人)の意欲をそそる, (人)を刺激する: The teachers are trying to *motivate* their students. 教師たちは生徒にやる気を起こさせようと努力している. (名 mótive, mòtivátion)

mo·ti·vat·ed /móʊṭəvèɪṭɪd/ 形 ❶ やる気のある: a highly *motivated* volunteer やる気満々のボランティア. ❷ 動機づけられた: a racially *motivated* attack 人種差別が動機となった攻撃.

+**mo·ti·va·tion** /mòʊṭəvéɪʃən/ 名 U,C **動機づけ**, 動機となる事情[理由]; 刺激; (行動する)意欲, やる気: He has ***no motivation*** ⌈***for*** learn***ing*** [***to*** learn] English. +*for*+動名 [*to* 不定詞] 彼には英語を習わなければならない理由[事情]がない. (動 mótivàte)

mo·ti·va·tor /móʊṭəvèɪṭɚ | -tə/ 名 C やる気を起こさせる人[もの]; 動機(となるもの), 誘因, きっかけ.

+**mo·tive** /móʊṭɪv/ 名 (～s /～z/) ❶ C (ある行動をとる)**動機**, 真意: What was his ***motive for*** commit***ting*** the crime? 彼がその犯罪を犯した動機は何だったのだろう / an ulterior *motive* 隠れた動機. ❷ C = motif. (動 mótivàte)
― 形 限定 〔機械〕 起動力の, 原動力となる: *motive* power 起動力, 原動力.
〘⇒ motion キズナ〙

mot·ley /má(ː)tli | mɔ́t-/ 形 限定 雑多の, ごたまぜの: a *motley* crew [bunch] 様々な人の集まり.

mo·to·cross /móʊṭoʊkrɔ̀ːs | -krɔ̀s/ 名 U モトクロス 《オートバイのクロスカントリー競走》.

‡**mo·tor** /móʊṭɚ | -tə/
― 名 (～s /～z/) ❶ C **モーター**, 原動機; エンジン, 内燃機関; 原動力: an electric *motor* 電動機 / start a *motor* モーターを動かす / cut [turn off] a *motor* モーターを止める // ⇒ linear motor. ❷ C 《古風, 英略式》 自動車.
― 形 ❶ 限定 《主に英》 自動車の, 自動車用の: a *motor* industry 自動車産業. ❷ 限定 モーター[エンジン]で動く; 発動機の. ❸ 限定 〔医学〕 運動神経の, 運動(筋肉)の.
― 動 ⓐ 《古風, 英》 車で行く, ドライブする.
〘語源 ラテン語で「動かすもの」の意; ⇒ motion キズナ〙

mo·tor·bike /móʊṭɚbàɪk | -tə-/ 名 ❶ C 《米》 小型バイク, 原動機付き自転車. ❷ C 《英》 オートバイ, 単車 [≒motorcycle]: ride a *motorbike* バイクに乗る.

mo·tor·boat /móʊṭɚbòʊt | -tə-/ 名 C モーターボート, 高速エンジン艇.

mo·tor·cade /móʊṭɚkèɪd | -tə-/ 名 C (祝賀・要人警護などの)自動車行列[パレード].

mo·tor·car /móʊṭɚkàɚ | -təkàː/ 名 C 《英格式, 米古風》 自動車 《⇒ car 類義語》.

mo·tor·cy·cle /móʊṭɚsàɪkl | -tə-/ 名 C オートバイ, バイク, 単車. 日英 「オートバイ」は和製英語 《⇒ bike 日英》.

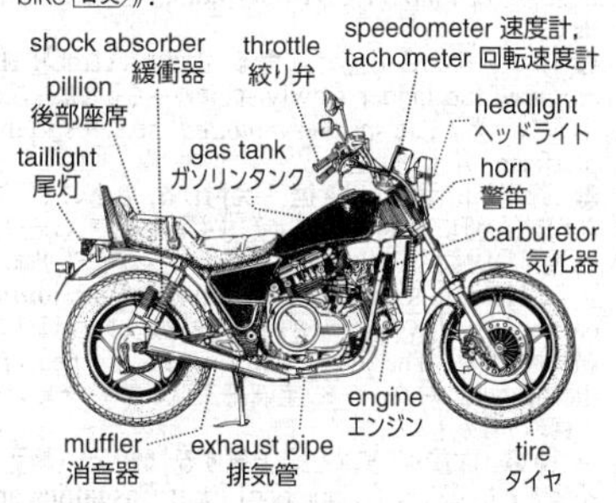

motorcycle

mo·tor·cy·clist /móʊṭɚsàɪklɪst | -tə-/ 名 C オートバイ乗り《人》, ライダー.

mótor hòme 名 C 《主に米》 キャンピングカー 《旅行・キャンプ用の移動住宅自動車》. 日英 「キャンピングカー」は和製英語.

mo·tor·ist /móʊṭərɪst/ 名 C 《格式》 (自家用の)自動車の運転者, ドライバー.

mo·tor·ized /móʊṭəràɪzd/ 形 ❶ 限定 モーター[エンジン]のついた. ❷ 限定 (軍隊が)自動車を配備された.

mótor mòuth 名 C 《略式》 大声のおしゃべり《人》.

mótor pòol 名 C 《米》 モータープール 《組織が所有して構成員が使う複数の(社用[公用])車》.

mótor scòoter 名 C 《米》 = scooter 1.

mótor vèhicle 名 C 《格式》 自動車 《乗用車・トラック・バスなど》.

+**mo·tor·way** /móʊṭɚwèɪ | -tə-/ 名 (～s /～z/) C 《英》 **高速自動車道路** [《米》 expressway] 《⇒ highway 日英, road 表》.

mot·tled /má(ː)ṭld | mɔ́t-/ 形 まだらの, ぶちの.

mot·to /má(ː)ṭoʊ | mɔ́t-/ 名 (～(e)s) C モットー; 座右の銘: His *motto* is: "Plain living and high thinking." 彼の座右の銘は「暮らしは質素に, 思索は高く」だ.

+**mould** /móʊld/ 名 動 《英》 = mold[1, 2].

mould·ing /móʊldɪŋ/ 名 《英》 = molding.

mould·y /móʊldi/ 形 《英》 = moldy.

moult /móʊlt/ 動 名 《英》 = molt.

mound /máʊnd/ 名 ❶ C 小さな丘, 小山; 塚; 土手, 堤: They heaped up soil into a *mound*. 彼らは土を盛り上げて塚を作った. ❷ C 〔野球〕 (投手の)マウンド: take the *mound* (投手が)登板する. ❸ C (積み上げ

た)山 [≒pile]: a *mound of* papers 書類の山. ━ 動 他 (...)を盛る, 積み上げる.

*__mount__ /máʊnt/ 動 (mounts /máʊnts/; mount·ed /-ṭɪd/; mount·ing /-ṭɪŋ/)

意味のチャート
ラテン語で「山(に登る)」の意, 「登る」 他 ❸ → (何かの上へあがる) → 「乗る」 他 ❷; 自 ❷ → (...の上に置く) → 「据え付ける」 他 ❹

━ 他 ❶ (催し・運動)を**始める**, 準備する, (攻撃)をしかける; (...)を上演[開催]する: They *mounted* a campaign against the reform. 彼らはその改革に反対の宣伝運動を始めた / The exhibition *was mounted* in Tokyo. V+O の受身 その展示会は東京で行なわれた.
❷ 《格式》 (自転車・馬など)に**乗る** [≒get on]; (人)を(馬に)乗せる: *mount* a bicycle [horse] 自転車[馬]に乗る.
❸ 《格式》 (はしご・山など)に**登る**, 上る [≒climb]: He *mounted* the ladder slowly. 彼はゆっくりとはしごを上っていった / The speaker *mounted* the steps to the platform. 弁士が登壇した.
❹ (適当な位置に)(...)を**据**(す)**え付ける**, のせる; (写真など)を(台紙に)はる; 裏打ちする; (宝石など)をはめ込む; 剝製(はくせい)[標本]にする; (標本を検鏡用スライドに)固定する: Her photographs *were* ***mounted on*** [*onto*] cardboard. V+O+*on* [*onto*]+名の受身 彼女の写真は厚紙にはられた / The jeweler ***mounted*** a big pearl ***in*** the brooch. V+O+*in*+名 宝石細工師はブローチに大きな真珠をはめ込んだ.
━ 自 ❶ (数量・程度などが)**上昇する**, 増える, (緊張・不安などが)高まる [≒increase] (*up*): Casualties are *mounting* day by day. 犠牲者は日々増えている. ❷ 《格式》 (馬・自転車などに)乗る [⇔ dismount].
━ 名 ❶ C 《格式》 乗用(馬). ❷ C 台紙; (顕微鏡の)スライド板; (指輪の宝石をはめる)台; 砲架.

単語のキズナ MOUNT／山(に登る)=mountain

mount	(山に登る)	→	...に乗る
mountain	山		
amount	(山の上へ →...に上(のぼ)る)	→	...に達する; 量
paramount	(山の頂上にある)	→	最高の
surmount	(山を登り越える)	→	乗り越える

+__Mount__ /màʊnt/ 名 ...山. 語法 山の名の前につけ Mt., Mt と略す (⇒ Mt., mountain 語法): *Mount* Fuji 富士山 / *Mount* McKinley マッキンリー山.

‡moun·tain /máʊntn -ṭn|-tɪn/

━ 名 (~s /~z/) ❶ C 山, 山岳 (略 M.; ⇒ 類義語): 「go up [climb] a *mountain* 山に登る / 「go down [climb down] a *mountain* 山を下りる / 「go across [cross] a *mountain* 山を越す / go to the *mountains* (遊び・休日などで)山へ行く. 語法 mountain は固有名詞の前にはつけない (⇒ Mount 語法).
❷ [the ... Mountains として] **...山脈**: *the* Rocky *Mountains* ロッキー山脈. ❸ C 《略式》 (山ほどの)多数, 多量; (山のように)大きなもの: a *mountain of* debts 山ほどの借金 / a *mountain of* a wave 山のような大波 (⇒ of 18). (形 móuntainous)

類義語 **mountain** かなりの高さにそびえ立つ山. 頂上が険しいものにいうことが多い. **hill** *mountain* よりも低くなだらかで, 頂上も平らなものをいうことが多い.

━ 形 限定 山の; 山に住む[ある]: a snowcapped *mountain* peak 雪をいただいた山頂.
(⇒ mount キズナ)

móuntain àsh 名 C ななかまど《落葉高木》.

móuntain bìke 名 C マウンテンバイク.

moun·tain·eer /màʊnṭəníə|-níə/ ！アク 名 C 登山者[家].

moun·tain·eer·ing /màʊnṭəní(ə)rɪŋ/ 名 U 登山.

móuntain gòat 名 C しろいわやぎ《Rocky 山脈産の野生のやぎ》.

móuntain lìon 名 C ピューマ, アメリカライオン [≒cougar].

+**moun·tain·ous** /máʊnṭənəs, -tn-/ ！アク 形 ❶ **山地の**, 山の多い: a *mountainous* region 山岳地帯. ❷ 限定 山のような, 巨大な: *mountainous* waves 山のような大波. (名 móuntain)

móuntain rànge 名 C 山脈, 連山.

móuntain sìckness 名 U 高山病.

moun·tain·side /máʊntnsàɪd|-tɪn-/ 名 C [普通は単数形で] 山腹.

Móuntain Stándard Tìme 名 《米》 山岳部標準時 (略 MST).

moun·tain·top /máʊntntà(:)p|-tɪntɔ̀p/ 名 C 山頂.

moun·te·bank /máʊnṭəbæ̀ŋk/ 名 C 《文語》 ぺてん師, いかさま師.

+**mount·ed** /máʊnṭɪd/ 形 ❶ 限定 **馬に乗った**, 騎乗の: the *mounted* police 騎馬警官隊. ❷ 限定 台紙にはった.

Mount·ie /máʊnṭi/ 名 C 《略式》 カナダ騎馬警官隊 (the Royal Canadian Mounted Police) の一員.

mount·ing /máʊnṭɪŋ/ 形 限定 (緊張などが)高まりゆく, 増える一方の. ━ 名 C 台紙; (据えつけ)台.

Mòunt Vér·non /-və́ːnən|-vɔ́ː-/ 名 固 マウントバーノン《米国 Virginia 州北東部 Potomac 河岸にある G. Washington の旧居・埋葬地》.

mourn /mɔ́ən|mɔ́ːn/ 動 他 (...)のために[(...)のことを] 嘆き悲しむ: The whole nation *mourned* the hero's death. 全国民が英雄の死を悲しんだ. ━ 自 嘆く, 悲しむ; 喪(も)に服する: *mourn for* the people killed in the war 戦死者に哀悼の意を表わす.

mourn·er /mɔ́ənə|mɔ́ːnə/ 名 C 嘆く人, 悲しむ者; (死者を)弔う人, 会葬者, 弔問客.

mourn·ful /mɔ́ənf(ə)l|mɔ́ːn-/ 形 W 悲しみに沈んだ; 悲しげな; 悲しい気持ちにさせる: a *mournful* song 悲しげな歌. **-ful·ly** /-fəli/ 副 悲しげに.

mourn·ing /mɔ́ənɪŋ|mɔ́ːn-/ 名 ❶ U 嘆き悲しむこと, 悲嘆, 哀悼. ❷ U 喪, 忌中: go into *mourning* 喪に服す / in *mourning* 喪に服して, 喪中で. ❸ U 喪服, 喪章.

‡mouse /máʊs/

━ 名 (複 mice /máɪs/) ❶ C [しばしば合成語で] **ねずみ**, 家ねずみ, はつかねずみ, マウス: We keep a cat 「for catching [to catch] *mice*. うちではねずみを取るために猫を飼っている (⇒ keep 他 4 語法) / When the cat is away, the *mice* will play. 《ことわざ》 猫がいないとねずみは遊ぶ(鬼のいぬ間に洗濯). ✪ 鳴き声については ⇒ cry 表.

参考 (1) 英米の人家の周辺に出没するもので house mouse ともいい, rat よりも小さい. 日本の人家の周辺に出没するどぶねずみ・くまねずみは rat. (2) 普通 mouse は小さくおくびょうで, かわいらしいという感

M

じがあるのに対して, rat は汚らしく, ずるく, いやらしいものというニュアンスを持つ.

❷ Ⓒ (複 mous·es /~ɪz/, mice)〔コンピュータ〕マウス《⇒ computer 挿絵》. ❸ Ⓒ [普通は単数形で]《略式》内気な人, はにかみ屋.

(as) quíet as a móuse [形] (人が)とても静かで, おとなしい.

móuse pàd [《英》 **màt**] 名 Ⓒ〔コンピュータ〕マウスパッド.

mouse·trap /máʊstræ̀p/ 名 Ⓒ ねずみ取り.

mousse /múːs/ 名 ❶ Ⓒ,Ⓤ ムース《クリーム・ゼラチンなどに砂糖・香料を加えて冷やした菓子》. ❷ Ⓒ,Ⓤ ムース《泡状の整髪料》.

mous·tache /mʌ́stæʃ, məstǽʃ | məstáːʃ, mʊs-/ 名《英》= mustache.

mous·tached /mʌ́stæʃt, məstǽʃt | məstáːʃt, mʊs-/ 形《英》= mustached.

mous·y /máʊsi/ 形 (mous·i·er; -i·est) ❶ (主に毛が)くすんだ茶色の. ❷ (主に女性が)内気な; さえない.

***mouth[1] /máʊθ/

— 名 (mouths /máʊðz/) 発音 ❶ Ⓒ (人・動物の)口《⇒ head 挿絵》: We eat and speak with our *mouths*. 私たちは口で物を食べ, ことばをしゃべる / He had a pipe in his *mouth*. 彼は口にパイプをくわえていた / Don't talk with your *mouth* full. 口に食べ物を入れたまま話してはいけません / open one's *mouth* 口を開く, 話す / close one's *mouth* 口を閉じる / cover one's *mouth* (with one's hand) 口を(手で)覆う. ❷ Ⓒ [普通は単数形で] **口の形をしたもの,** 口に当たる部分; (ほら穴などの)入り口, 出口; **河口:** the *mouth* of a jar [bottle] つぼ[びん]の口 / the *mouth* of the Mississippi ミシシッピー川の河口. ❸ Ⓒ ことば, 発言: He has a foul [big] *mouth*. 彼は口汚い[おしゃべりだ]《⇒ big mouth》/ Watch your *mouth*. Ⓢ ことばに気をつけろ. ❹ Ⓒ 食べさせなければならない人: a *mouth* to feed 養うべき人, 扶養家族《特に子供》.

be áll móuth [動] 自《英略式》まったく口先だけだ.

be bórn with a sílver spóon in one's **mòuth** [動] 自 ⇒ spoon 成句.

dówn in the móuth [形]《略式》がっくりして.

from móuth to móuth [副] (うわさなどが)口から口へと.

kéep one's **móuth shùt** [動] 自《略式》黙っている; 秘密を守る.

máke ...'s móuth wáter [動] ...によだれを出させる(ほどおいしそうである); (ひどく)欲しがらせる.

pùt a [one's] **hánd [fíngers] to** one's **móuth** [動] 自 口に手を当てる《驚きや恐れで息をのんだときの女性のしぐさ》.

shóot one's **móuth òff** [動] 自《略式》(秘密・知りもしないことなどを)べらべらしゃべる (*about*).

Shút your móuth! Ⓢ 黙れ.

mouth[2] /máʊð/ 動 他 ❶ (ことば)を声に出さず口の動きで言う. ❷ わかってもいない[心にもない]のに(...)をしゃべる. **móuth óff** [動] 自《略式》生意気[えらそう]な口をきく, わめき散らす (*at, to; about*).

mouth·ful /máʊθfʊ̀l/ 名 ❶ Ⓒ 口いっぱい分, ひと口分; 少量(の食べ[飲み]物) (*of*). ❷ [a ~]《略式》[こっけいに] (長くて)発音しにくい語(句)[名前]. **You sáid a móuthful.**《米略式》君の言ったことはもっともだ[そのとおりだ].

móuth òrgan 名 Ⓒ ハーモニカ [≒harmonica].

mouth·piece /máʊθpìːs/ 名 ❶ Ⓒ (楽器の)マウスピース《口に当てがう部分》; (電話機の)送話口《⇒ telephone 挿絵》; (パイプの)吸い口. ❷ Ⓒ [普通は単数形で] [軽蔑的] (政党などの)代弁者《人・新聞など》(*of*).

**mouths /máʊðz/ 名 mouth[1] の複数形.

mouth-to-mouth /máʊθtəmáʊθ←/ 形 限定 (人工呼吸が)口移し式の: *mouth-to-mouth* resuscitation 口移し式人工呼吸法. 関連 artificial respiration 人工呼吸. — 名 Ⓤ 口移し式人工呼吸法.

mouth·wash /máʊθwɑ̀(ː)ʃ, -wɔ̀ːʃ | -wɔ̀ʃ/ 名 Ⓤ,Ⓒ 口腔洗浄液《口臭予防・衛生用》.

mouth-wa·ter·ing /máʊθwɔ̀ːṭərɪŋ/ 形 [よい意味で] (食べ物が)よだれの出そうな, おいしそうな.

mouth·y /máʊði, -θi/ 形《略式》[軽蔑的] おしゃべりな; 大げさな; 生意気な.

mov·a·ble /múːvəbl/ 形 動かせる, 移動できる; (祭日などが)年によって日の変わる;〔法律〕動産の [⇔ immovable]. — 名 Ⓒ [普通は複数形で]〔法律〕動産.

móvable féast 名 Ⓒ 移動祭日《年によって日付が変わる; Easter など》.

***move /múːv/

意味のチャート

「動かす, 動く; 動き」他 ❶, 自 ❶; 名 ❶
→ (前へ動く) → 「進む」自 ❶
→ (住所を動かす) → 「転居(する)」自 ❷, 名 ❸
→ (感情を動かす) → 「感動させる」他 ❷

— 動 (moves /~z/; moved /~d/; mov·ing) 自 ❶ **動く, 体[手足など]を動かす;** 移動する; 進む: Don't *move*—stay where you are. 動かないでそのままそこにいて / This car won't *move*. この車はどうしても動かない / The train was so crowded that I could hardly *move*. 電車が込んでいてほとんど身動きできなかった / *Move* aside, please. V+副 わきへ寄ってください / These seats aren't very good. Let's *move*. この席はあまりよくない, 移ろう / The earth ***moves around*** the sun. V+前+名 地球は太陽の周りを回っている.
❷ **転居する,** 引っ越す, 移転する; 異動[転職]する: We ***moved from*** Chicago ***to*** Los Angeles. V+*from*+名+*to*+名 私たちはシカゴからロサンゼルスに引っ越した / We'll ***move to*** [***into***] the new house next month. V+*to* [*into*]+名 私たちは来月新しい家へ引っ越す.
❸ Ⓢ 出発する, 立ち去る. ❹ (仕事・事態などが)進展する (*ahead, on*); (ある方向に)(考え・話題などが)変わる (*away; from, off*): Things are *moving* in the right direction. 事態は望ましい方向に向かっている. ❺ 行動を起こす, (政府などが)措置を講じる: *move on* the matter その問題で手を打つ. ❻《格式》(正式に)提案する, 要求する: They *moved for* a retrial. 彼らは再審を要求した. ❼ (チェスなどで)こまを動かす, 指す. ❽《略式》すごく速く進む[走る]: That car can really *move*! あの車はすごくスピードが出る. ❾《略式》(商品が)売れる, さばける. ❿ (社交界などで)活躍する, 生活する (*in, among*).
— 他 ❶ (...)を動かす; 移動させる; 移転させる; (人)を異動させる; (予定など)を変更する [⇔ fix]: *move* a big stone 大きな石を動かす / *Move* your chair *nearer* (to) the fire. V+O+副 いすをもっと火の近くへ寄せなさい / The main office *was moved from* Osaka *to*

M

Tokyo. V+O+from+名+to+名の受身 本社は大阪から東京に移転された.

❷ [しばしば受身で]《格式》(人)を**感動させる**, (人)に(ある感情を)起こさせる; (人)の心を動かして～させる; (人)の態度[考え]を変えさせる; (人)に(～する)気を起こさせる [≒cause]: Their deep friendship *moved* us profoundly. 彼らの深い友情に私たちは心底感動した / His speech ***moved*** us ***to*** tears. V+O+to+名 彼のスピーチを聞いて私たちは泣いた / She *was* ***moved with*** compassion at the sight. V+O の受身 その光景を見て彼女は同情の念をかき立てられた / Their suffering ***moved*** him ***to*** help the poor family. V+O+C (to 不定詞) その苦しみを見て彼はその貧しい一家を助けてあげたいと思うようになった / I felt *moved to* call her again this morning. 今朝彼女にもう一度電話したい気になった. ❸《格式》(動議)を提出する, (正式に)提案する: Mr. Chairman, I *move that* we (*should*) vote on the matter. 議長, この件について票決することを提議します《⇒ should A 8》. ❹ (チェスなどで)(こま)を動かす. ❺《略式》(商品)を売る, さばく.

gèt móving [動] ⾃ Ⓢ すぐに出発する[始める], 急ぐ: If you don't *get moving*, you'll be late. すぐに出発しないと遅刻するぞ.

móve it [動] ⾃ Ⓢ 急ぐ. (名 mótion, móvement)

move の句動詞

+**móve abóut** 動《主に英》= move around.

+**móve alóng** 動 ⾃ (先へ)**どんどん進む**; (仕事などが)進む: Please *move along*. 先へ進んでください《車掌・警官などのことば》. — ⑩ (警官が)(見物人など)を立ち去らせる; (仕事など)を進める.

+**móve aróund** 動 ⾃ **動き回る**《⇒ ⾃ 1》; (特に仕事で)転々と住所[職場]を変える.

móve awáy** 動 ⾃ **立ち去る**, 立ち退く; **転居する**: She ***moved away from the window and sat down at the table. 彼女は窓から離れてテーブルについた / The family next door *moved away* last year. 隣の家族は昨年転居していった.

móve dówn 動 ⑩ ❶ (...)を下[階下]へ移す. ❷ (...)を(～へ)格下げする (*to*). — ⾃ (低い地位などへ)下がる.

***móve ín** 動 ⾃ ❶ (新居に)**移り住む**, 引っ越してくる: They bought the house and *moved in* the next week. 彼らはその家を買って翌週入居した. ❷ (...を)攻撃[支配]するために近づく (*on*). ❸ (市場などに)参入する (*on*). — ⑩ (...)を運び込む.

móve ín with ... [動] ⑩ ...のところに移り住む; (...)と同棲を始める.

móve ínto ... 動 ⑩ ❶ ...に引っ越す. ❷ ...の分野に進出する.

móve óff 動 ⾃ 立ち去る, (列車などが)出発する.

móve ón 動 ⾃ (どんどん)先へ進む, 立ち去る; (新しい話題・仕事などに)移る (*to*); 進歩する; 成熟する; (時が)経つ. — ⑩ (...)を先へ進める; 《英》(見物人など)を立ち去らせる.

***móve óut** 動 ⾃ **引っ越して** (...から)**出て行く** (*of*); 《米略式》出発する: Our neighbors *moved out* yesterday. 隣の人はきのう引っ越していった.

+**móve óver** 動 ⾃ ❶ (席などを)**詰める**, (場所を空けるために)わきへ寄る: *Move over* a little, please. 少し席を詰めてください. ❷ (組織内で)異動する. ❸ (他の方式・制度などへ)移行する (*to*).

móve úp 動 ⾃ ❶ 登っていく, 上がる; (価格などが)上がる. ❷ 昇進[進級]する. ❸《英》(席・空間などを)詰める. — ⑩ (...)を上[階上]へ移す; (価格など)を上げる.

móve úp in the wórld [動] ⾃ よい仕事[地位]につく, 出世する.

— 名 (～s /～z/) ❶ Ⓒ **動き, 行動**; 措置: a ***move to*** end the war +to 不定詞 戦争終結のための動き / a smart [wise] *move* 賢明な措置. ❷ Ⓒ (体の)動き, 動作: Her eyes followed his every *move*. 彼女は彼のすべての動作を目で追った. ❸ [単数形で] 転居; 移転; 異動. ❹ Ⓒ (チェスなどで)こまを動かすこと[番]: It's your *move*. 君の番だよ.

gèt a móve òn [動] ⾃ [しばしば命令文で] Ⓢ 急ぐ [≒hurry up]; 動きだす.

màke a móve [動] ⾃ (1) **動く**, 行動する; 手段[措置]をとる, 行動を開始する: The government *made* no *move* to hold down prices. 政府は物価を抑えるための措置をとらなかった. (2)《英略式》移動する, 立ち去る.

màke the fírst móve [動] ⾃ 最初に行動する.

on the móve [形] (1) 始終動いていて; 移動中で. (2) (物事が)進行[進展]して; 活動的で.

move·a·ble /múːvəbl/ 形, 名 Ⓒ = movable.

*****move·ment** /múːvmənt/

— 名 (move·ments /-mənts/) ❶ Ⓒ,Ⓤ **動き**, **運動**; 移動, 運行: She saw [heard] (a) *movement* in the hedge. 彼女は茂みで何かが動くのを目に[耳に]した / Tom made a *movement* toward the door. トムはドアのほうへ移動した / observe the *movement*(*s*) of stars 星の運行を観察する / The story is about the westward *movement* of the pioneers. その物語は開拓者たちの西部への移動に関するものだ.

❷ Ⓒ [しばしば M-] (社会的・政治的な)**運動**; [《英》単数形でもときに複数扱い] 運動団体: He leads the ***movement to*** stop destruction of the rain forest. +to 不定詞 彼は熱帯雨林の破壊を阻止する運動の指導者だ / the ***movement for*** equal pay 平等の賃金を求める運動 / the labor *movement* 労働運動 // ⇒ women's movement.

❸ Ⓒ,Ⓤ 動作, 身ぶり: make a *movement* of anger [impatience] 怒った[いらいらした]動作をする / He stood there without *movement*. 彼は身動き一つしないでそこに立っていた. ❹ [複数形で所有格の後で] 行動, 活動, 動静: The police had been watching *their movements* for weeks. 警察は何週間も彼らの動きを監視していた. ❺ [単数形で] (世間・時代などの)動向, 潮流, 成り行き, 傾向 [≒trend]; (事件・物語などの)進展, 発展: There's a growing *movement toward* [*away from*] traditional values. 伝統的な価値観へ向かう[から離れる]傾向が増している. ❻ Ⓤ,Ⓒ (物価・相場などの)動き, 変動 (*in*). ❼ Ⓒ,Ⓤ (特に軍隊の)計画的移動, 機動. ❽ Ⓒ 機械装置, 仕掛け. ❾ Ⓒ 〔音楽〕楽章. ❿ Ⓒ《格式》便通; 排泄(はいせつ)物 (bowel movement). (動 move)

類義語 **movement** 特定の物の具体的な動き(方), 実際の運動を表わす. **motion** *movement* と同じように用いることもあるが, 多くは, 理論的・抽象的な意味で「運動・動く状態」を表わすのに用いる. 従って, 例えば the laws of *motion* (運動の法則)には *movement* は用いられない.

mov·er /múːvə | -və/ 名 ❶ Ⓒ 動かす人[物]; [前に形

M

容詞をつけて] 動くのが...な人[動物, 物]: an earth *mover* (ブルドーザーなどの)土砂運搬機. ❷ Ⓒ [しばしば複数形で]《米》運送屋《人・会社》. ❸ Ⓒ 動議提出者, 発議者. **mόvers and shákers** [名] 有力者たち.

⁑mov·ie /múːvi/

— 名 (~s /~z/) ❶ Ⓒ《主に米》(個々の)**映画** [《英》film]: Let's go (and) see a *movie*. 映画を見に行こう / watch a *movie* on TV テレビで映画を見る / a horror *movie* ホラー映画 / make home *movies* ホームムービーを作る.

❷ [the ~s]《主に米》**映画(の上映)** [《英》cinema]: "How about going to *the movies* tonight?" "That's great. I'd love to."「今夜映画に行きませんか」「いいですね. ぜひ」 ❸ [the ~s]《主に米》映画館 [《米》movie theater;《英》cinema, pictures]: What's on at *the movies*? 映画館では何をやっているの. ❹ [形容詞的に]《主に米》映画の: a *movie* director 映画監督. ❺ [the ~s]《主に米》映画産業; 映画界 [《英》cinema, pictures].

mov·ie·go·er /múːvigòʊɚ | -gòʊə/ 名 Ⓒ《主に米》よく映画を見に行く人, 映画ファン.

móvie stàr 名 Ⓒ《主に米》映画スター [《英》film star].

***móvie thèater** 名 (~s /~z/) Ⓒ《米》**映画館** [《米》the movies,《米略式》theater;《英》cinema]: go to a *movie theater* 映画館へ行く.

+mov·ing /múːvɪŋ/ 形 ❶ **感動的な**, 哀れな: a *moving* sight 人の心を打つ[感動的な]光景. ❷ 限定 動く, 移動する, 固定されていない: a *moving* target 動く標的. ❸ 限定 動かす, 原動力となる: She was the *moving* force [spirit] behind the movement. 彼女はその運動の主導者だった. **~·ly** 副 感動的に.

móving vàn 名 Ⓒ《米》引っ越し用トラック [《英》removal van].

mow /móʊ/ 動 (mows; 過去 mowed; 過分 mowed, mown /móʊn/; mow·ing) 他 (草・麦・芝など)を刈る, 刈り取る; (畑など)の穀物[草]を刈る. — 自 刈る, 刈り入れる. **mów dówn** [動] 他 (機関銃などで)(大勢)を殺す; (車で突っ込んで)(人)をはねる, なぎ倒す.

mow·er /móʊɚ | móʊə/ 名 Ⓒ [主に合成語で] 草[麦]刈り機; 芝刈機 (lawn mower).

mown /móʊn/ 動 mow の過去分詞.

mox·ie /má(ː)ksi | mɔ́k-/ 名 Ⓤ《米略式》勇気, 決断力.

Mo·zam·bique /mòʊzəmbíːk/ 名 固 モザンビーク《アフリカ南東部の共和国》.

Mo·zart /móʊtsɑɚt | -tsɑːt/ 名 固 Wolf·gang /wʊ́lfgæŋ/ **A·ma·de·us** /æ̀mədéɪəs/ ~ モーツァルト (1756-91)《オーストリアの作曲家》.

MP /émpíː/ 名 (複 MPs, MP's /~z/) ❶ Ⓒ = Member of Parliament (⇒ parliament 1). ❷ Ⓒ = military police.

MPEG /émpèg/ 名 Ⓤ〔コンピュータ〕MPEG(ｴﾑﾍﾟｸﾞ)《動画・音声データの圧縮方式; *M*oving *P*icture *E*xperts *G*roup の略》.

mpg 略 = miles per gallon (⇒ gallon).

mph 略 = miles per hour 時速 (⇒ mile 1, per).

MP3 /émpìːθríː/ 名 Ⓒ,Ⓤ〔コンピュータ〕MP3《音声データ圧縮規格; またそれを利用したファイル》: an *MP3* player MP3 プレーヤー《MP3 ファイル再生装置[ソフト]》.

⁑Mr.,《主に英》**Mr** /místɚ | -tə/

— 名 (複 Messrs. /mèsɚz | -səz/; ⇒ Messrs. 参考) ❶ ...さん, ...氏, ...さま, ...殿, ...先生: *Mr.* Smith スミスさん[先生] / This is *Mr.* Long speaking. こちらはロングです《電話に出たとき; Dr. などの肩書きを持たないことを示す》.

> 語法 **Mr. の使い方**
> 米国では一般の成人男性に, 英国では爵位のない成人男性に用い, Mr. (John) Smith のように姓(と名)の前につける. Mr. John のように名だけの前にはつけることはない (⇒ lord 3 語法, sir 2). 元来は mister の略だが《英》ではピリオドなしで用いることが多い.

❷ [役職名につけ呼びかけで]《格式》: *Mr.* President《主に米》大統領閣下 / *Mr.* Chairman, we have a new proposal. 議長, 新しい提案があります. ❸ Ⓢ ミスター...《ある土地・職場・性質などを象徴する男性につける》: *Mr.* America ミスターアメリカ / *Mr.* Right (結婚・恋愛相手として)理想の男性 / *Mr.* Big《略式》かしら, 親分 / *Mr.* Clean《略式》清廉潔白な人.

MRI /émɑ̀ɚáɪ | -ɑ̀ː(r)áɪ/ 略 = magnetic resonance imaging 磁気共鳴映像法.

⁑Mrs.,《主に英》**Mrs** /mísɪz, -sɪs | -sɪz/

— 名 (複 Mmes., Mmes /meɪdɑ́ːm/) ❶ **...夫人**, ...さん, ...さま, ...先生: *Mrs.* Brown ブラウン夫人[先生] / *Mrs.* Barbara Walker バーバラ ウォーカーさん[夫人] / Tonight's guests are Mr. and *Mrs.* Hill. 今晩のお客さまはヒルさんご夫妻です / I'm *Mrs.* Smith. 私はスミスです《Miss でないことを示す》.

> 語法 **Mrs. の使い方**
> (1) 米国では一般の既婚女性に, 英国では爵位のない既婚女性に用い, Mrs. (Mary) Smith のように結婚後の姓(と名)の前につける (⇒ lady 4). 以前は Mrs. John Smith のように名を入れる場合夫の姓名の前につけたが, これは現在では格式ばって女性蔑視とも見られる. 元来は mistress の略だが《英》ではピリオドなしで用いることが多い.
> (2) 既婚・未婚の区別を避けて, Ms. を用いる傾向が強くなっている.

❷ Ⓢ ミセス...《ある土地・スポーツ・職業などを象徴する既婚女性につける》: *Mrs.* Tidy きれい好きな人.

MS〔米郵便〕= Mississippi.

⁑Ms.,《主に英》**Ms** /mìz/

— 名 (複 Mses., Mses, Ms.'s, Ms's /~ɪz/) ...さん, ...さま, ...先生: *Ms.* White ホワイトさん[先生] / *Ms.* Margaret Smith マーガレット スミスさん.

> 語法 **Ms. の使い方**
> Ms. (Mary) Smith のように成人女性の姓か姓名の前につける. Ms. Mary のように名だけの前につけることはない. Miss と Mrs. とを合体したもので, 女性が結婚しているかどうか不明のときや既婚・未婚の区別をしたくないときに用いる傾向が一般化している.《英》ではピリオドなしで用いることが多い.

MS., ms. /émés, mǽnjʊskrɪpt/ 略 = manuscript.

M.S. /émés/, **M.Sc.** /émèssíː/ 略 = Master of

Science《⇒ master 名 3》.

Mses., Mses /mìzız/ Ms., Ms の複数形.

MSG 略 = monosodium glutamate.

MSS., mss. /émèsés, mǽnjʊskrìpts/ 略 = manuscripts《⇒ manuscript》.

Ms.'s, Ms's /mìzız/ Ms., Ms の複数形.

MST 略 =《米》Mountain Standard Time.

MT〔米郵便〕= Montana.

Mt., Mt /màʊnt/ ...山. 語法 Mount の略で地図などで山の名の前につける: *Mt.* Fuji 富士山.

mu /mjúː/ 名 C ミュー《ギリシャ語アルファベットの第 12 文字 μ, M; ⇒ Greek alphabet 表》.

***much /mʌ́tʃ/

単語のエッセンス

1) たくさん(の) 形, 代 ❶
2) [動詞などを強めて] とても 副 ❶
3) [比較級を強めて] はるかに 副 ❷
4) [too, rather などを強めて] 大いに 副 ❸

— 形 (比 more /mɔ́ə | mɔ́ː/; 最 most /móʊst/) ✪ more, most についてはそれぞれの項目を参照; なお 形 の成句は 代 の末尾にまとめて示す. **多くの, 多量の**, たくさんの《量の多さ, 程度の高さを示す; ⇒ all 形 1 表》[⇔ little]: I don't have *much* money with [on] me. お金の持ち合わせがあまりない / Do you have *much* interest in it? そのことにとても興味がありますか / *How much* wine is there in the bottle? びんにはどのくらいワインがありますか / She had (far) *too much* coffee. 彼女はコーヒーを(あまりに)多く飲みすぎた / We had *so much* rain that the river flooded. 雨がひどく降ったので川がはんらんした / *Much* effort will be required. 《格式》多大な努力が必要となろう / I drank *more* beer *than* him [he (did)]. 私のほうが彼よりもたくさんビールを飲んだ《⇒ than 前 語法》/ This engine consumes the *most* gas. このエンジンがいちばんガソリンを食う.

> 語法 (1) **much の使い方**
> 数えられない名詞とともに用いる《⇒ many 形 表, 語法》: There wasn't *much* food. あまり食物がなかった.
> (2) 🔍 **much と a lot of など**
> much は主に否定文・疑問文で用いる. 肯定文で much を用いるのは《格式》. so, too, as などに続く場合は普通に用いられる. それ以外では, 普通は a lot of, lots of, a great [good] deal of, plenty of などを用いる.

— 代 ❶《不定代名詞》**たくさん(のもの), 多量** [⇔ little]: I don't eat *much* for lunch. 私は昼食はあまりたくさん食べません / There's not *much* I can say. 特に私から言えることはありません / How *much* did it cost? それはいくらかかりましたか / We have far too *much* to do. やることがあまりにも多すぎる / I don't remember ***much of*** it [the trouble]. 私はその[紛争の]ことはあまりよく覚えていない.

> 語法 (1) この 代 の much は 形 の独立した用法とも考えられるもので, 漠然と数えられない名詞の代わりに用いることが多い. 従って単数として扱われる: Not *much is* known about the composer's childhood. その作曲家の子供のころのことはあまり知られていない.
> (2) **much of ... の使い方**
> 定まったものを示す単数の代名詞 it, this, that や「the＋名詞」などが後に来ると of がつく: *Much of* what he said was not true. 彼が言ったことの大半は本当ではなかった.

❷ [補語として] **大したもの[こと], 大切なもの[こと]**: His house isn't *much* to look at. 彼の家はあまり見ばえのするものではない.

as múch [代] **ちょうどそれだけ[同じだけ]**: I thought [guessed] *as much.* そんなことだと思っていたよ(予想通りのまずい結果だ).

as múch agáin [代] さらに同じ量だけ; 2 倍の量(だけ) (*as*).

as múch as ... (1) **...と同じ量[程度]のもの**: I have *as much as* you. 私はあなたと同じだけ持っている. (2) **...するだけの量のもの, ...だけ**: You can drink *as much as* you want. 飲みたいだけ飲んでいいよ / learn *as much as* possible できるだけ多くのことを学ぶ.

as mùch as ... [数詞を伴って] ...もの(量の): pay *as much as* 50 dollars for it それに 50 ドルも払う.

as múch ... as ～ (1) **～と同じ量[程度]の..., ～と同じほどの..., ～と同じくらいたくさんの...**: There's *as much* difficulty in doing this *as* in doing that. これをするのはあれをするのと同じくらい難しい / I have half [a quarter, twice] *as much* money *as* him [*as* he (does)]. 私は彼の半分[4 分の 1, 2 倍]の金を持っている. (2) **～するだけの量の...**: Take *as much* sugar *as* you need. 必要なだけ砂糖を取ってね.

as múch as ... can dó ...が～できる精いっぱいのこと《⇒ as ... as ～ can (can¹ 成句)》: It was *as much as* I *could* do to finish the job yesterday. きのうはその仕事を済ませるので精いっぱいだった.

be nót mùch of a ... 《略式》**大した...でない**: He'*s not much of a* pianist. 彼は大したピアニストではない.

be tòo múch [動] 自 **(...には)多すぎる; (...の)手に負えない, (...の)手に余る; (...には)耐えられない**: This milk *is too much to* drink at one time. この牛乳は一度に飲むには多すぎる / This class *is too much for* me. このクラスは私の手には負えない.

be tóo [a bít] múch [動] 自 Ⓢ (少し)ひどすぎる, (少し)不当である: It'*s a bit much* to expect me to do all the cleaning. 私に全部掃除をしてもらおうなんて少々虫がよすぎる / You'*re* (just) *too much*! おまえにはもう我慢できない.

Hòw múch? ⇒ how¹ 成句.

màke múch of ... [動] 他《格式》(1) **...を重んずる, 重視する** [⇔ make little of ...]: We shouldn't *make* too *much of* this incident. この事件を過大視すべきではない. (2) ...をもてはやす, ちやほやする, 甘やかす. (3) [普通は否定文・疑問文で] ...をよく理解する.

nót as [so] mùch ... as ～ ～ほど多くはない...: You do*n't* have *as* [*so*] *much* money ⌈*as* me [*as* I (do)]. 君は私ほど金がない.

Nót (tòo) múch. Ⓢ 大したことはない, 相変わらずだ《⇒ Not much! (副 成句)》: 🗨 "What's up?" "*Not much.*"「最近どう?」「別に」

nóthing [nòt ánything] múch [代] Ⓢ 大したことない量, ごくわずか; 大したことのないもの[こと]: 🗨 "What did you find out?" "*Nothing much.*"「何を見つけたの」「大したものじゃない」/ It's *nothing much.* 大したものではありませんが《贈り物などを渡すときのことば》.

M

só múch [代] (1) **そんなに多くのもの:** Don't eat *so much.* そんなに食べないで. (2) Ⓢ ある一定量**:** We can only do *so much* in one day. 一日には限られたことしかできない. (3) [sò mùch] いくらいくら**:** They work for *so much* a month. 彼らは1か月につきいくらいくらで働く.

só múch ... [形] (1) **そんなにたくさんの...:** Does he have *so much* money? 彼はそんなに金を持っているのですか. (2) 同じ量の..., それだけの量の...; ある限られた一定量の**:** He looked upon the jobs he had done as *so much* labor lost. 彼は自分のやった仕事を(同じ量[まったく]の)むだ骨だと考えた / I can do only *so much* work and no more. 私は一定の仕事しかできません. (3) [sò mùch ...] いくらいくらの**:** mix *so much* flour with *so much* water 小麦粉いくらいくらを水これこれの量と混ぜる.

sò mùch for ... (1) [主に Ⓢ] **...についてはこれだけ(で十分)**, ...はこれでおしまい《話などを切り上げたり却下するときに用いる》**:** *So much for* Bill. He doesn't care about us after all. ビルの話はこれくらいにしよう. 結局彼は私たちのことを何とも思っていないんだから. (2)《略式》[皮肉または軽蔑的に] ...なんかそんなもんだ[期待できない], ...はもう終わり[だめ]だ**:** He's late again. *So much for* his promises. また遅刻だ. 彼の約束なんてそんなものだ.

thínk múch of ... ⇒ think 成句.

thìs [thàt] múch [代] これ[それ]だけ(のこと).

withòut so mùch as ... [副] ...さえなしで**:** He left *without so much as* saying goodbye. 彼は「さよなら」も言わず行ってしまった.

— /mʌ́tʃ/ [副] (比 **more** /mɔ̀ɚ | mɔ̀ː/; 最 **most** /mòʊst/ ⇒ more[1, 2], most[1, 2]) ❶ [動詞・過去分詞・一部の形容詞を強めて] **とても, 非常に**, 大いに [⇔ little]; しばしば**:** I do*n't* like the movie *much.* その映画はあまり好きではない / Does she go out *much?* 彼女はよく外出しますか / How *much* do you love me? 私のことどのくらい好き?.

> [語法] (1) **動詞を強める (very) much**
> much を単独で用いるのは否定文・疑問文などに多く, 肯定文の動詞を修飾するときは very much, too much などとすることが多い**:** We enjoyed the concert *very much.* コンサートはとても楽しかった / Thank you *very much.* どうもありがとうございました / She works *too much.* 彼女は働きすぎる / This picture is (*very*) *much* admired. この絵は大評判です《✪ 過去分詞を強める場合については ⇒ very[1] [語法] (2)》.
> (2) **形容詞を強める (very) much**
> aware, alike, alive, ashamed のような [叙述] に用いる形容詞や比較の意味を持つ形容詞 (different, superior など) を強めることもあるが, very と比べると《格式》**:** She is *very much afraid* of earthquakes. 彼女は地震をとても怖がっている.

❷ [形容詞・副詞の比較級・最上級を強めて] **はるかに, ずっと**, 断然《⇒ very[1] 3 [語法]》**:** This is *much* small*er* than that. これはあれよりもずっと小さい / She's *much* young*er* than me [I (am)]《⇒ than [前] [語法]》. 彼女は私よりずっと若い / Horses can run *much* fast*er* than dogs. 馬は犬よりずっと速く走れる / This is *much more* useful than that. この方があれよりずっと役に立つ / This is *much the most* interesting story I've ever read. これは今まで読んだうち断然一番おもしろい話です.

❸ [too, rather や前置詞句を強めて] **大いに**, 非常に**:** You're *much too* young. あなたは若すぎる / I'd *much rather* not go there. そこへはあまり行きたくない / *Much* to my disappointment, she didn't come to the party.《格式》非常に残念なことに彼女はパーティーに来なかった. ❹ [「同じ」を意味する語句を修飾] ほとんど, 大体 [≒nearly]**:** The sizes are *much* the *same.* 大きさはほとんど同じです / They're *much* the *same* age. 彼らはほぼ同じ年だ.

as mùch (...) as ~ (1) **~するだけ大いに(...):** Sleep *as much as* you like. 好きなだけ眠りなさい. (2) **~と同じ程度に(...):** That's *as much* her fault *as* his. それは彼と同じように彼女のせいでもある. (3) [as much as ... として] 事実上...も同然, ほとんど.... [語法] 主に動詞の前に用いる**:** She claimed that he (had) *as much as* promised to marry her. 彼は実際には結婚の約束をしたも同然だったと彼女は主張した.

múch as ... [接] **非常に...だけれども** [≒although]**:** *Much as* I'd like to come, I can't. 行きたいのはやまやまだが, 行けない.

mùch léss [副] [否定文の後で] なおさら(...でない), まして(...は~でない)**:** I can*not* even fry eggs, *much less* roast a turkey. 私は卵も焼けない, まして七面鳥など無理です.

Nót múch! [間]《略式》[強い否定に用いて] とんでもない [≒Certainly not]; [皮肉に] 確かに, 全く(その通りで)**:** "I didn't mean to upset her." "*Not much* (you didn't)!" 「彼女を怒らせるつもりはなかったんだ」「違うね(そのつもりだったくせに)」

nót [néver] so mùch as dó ...さえしない**:** He can*not so much as* write his own name. 彼は自分の名前さえ書けない.

nót sò mùch ... as ~ ...よりもむしろ~**:** Oceans do*n't so much* divide the world *as* unite it. 大洋は世界を分断しているというよりむしろ結び付けている.

sò múch [副] (1) **それほど**, そんなに**:** Don't worry *so much.* そんなに心配するなよ. (2) **大いに**, とても [≒very much]《特に女性が用いる》**:** Thank you *so much!* どうもありがとう.

sò múch the ... [後に比較級を伴って] Ⓢ (...には)**それだけますます...** (*for*)**:** That's *so* [*So*] *much the better.* それはますます結構です.

muck /mʌ́k/ [名] ❶ Ⓤ《略式》泥, 汚れ;《主に英》牛馬ふん, 肥やし. ❷ Ⓤ《英》くだらないもの. **màke a múck of ...** [動] ⑩《英略式》...をよごす; 台なしにする. — [動] [次の成句で] **múck abóut [aróund]** [動] ⓐ《英略式》のらくらする. **múck ín** [動] ⓐ《英略式》仕事[寝食]を共にする (*with*). **múck úp** [動] ⑩《略式, 主に英》(...)を台なしにする, (...)をよごす.

mu·cous /mjúːkəs/ [形] [限定] 粘液(性)の.

múcous mémbrane [名] Ⓒ〔解剖〕粘膜.

mu·cus /mjúːkəs/ [名] Ⓤ (生物体内の)粘液《鼻汁など》.

+**mud** /mʌ́d/ [名] Ⓤ **泥**, 泥んこ; ぬかるみ**:** The car splashed *mud* all over me. 車は私の体じゅうに泥をはねかけていった.

(as) cléar as múd [形] Ⓢ (説明などが)ちっともわからない, ひどくわかりにくい.

drág ...'s náme through the múd [動] (...)に恥をかかせる, ...の名を汚(けが)す.

...'s náme is múd《略式》...の評判はがた落ちだ.

M

thrów [slíng, flíng] múd at ... [動] ⓗ《略式》...の顔に泥を塗る; ...を中傷する, けなす《⇒ mudslinging》. (形 múddy)

múd bàth 名 C 泥ぶろ《美容・健康用》; [単数形で] 泥まみれ, ぬかるみ.

mud·dle /mʌ́dl/ 動 ⓗ ❶《主に英》(物事)をごちゃごちゃにする; 台なしにする (*up*). ❷《主に英》(人)を(精神的に)混乱させる, まごつかせる (*up*). ❸《主に英》(人・物事)を混同する, 取り違える (*up*). **múddle alóng** [動] ⓐ (あてもなく)適当[行き当たりばったり]にやっていく. **múddle thróugh** [動] ⓐ 何とかやっていく[やり抜く]. ― 名 [a ~] 混乱, めちゃめちゃ, ごちゃごちゃ (*about, over*); (頭などが)ぼんやりしていること: be in a *muddle* めちゃめちゃになっている; 混乱している.

mud·dled /mʌ́dld/ 形 混乱した.

+**mud·dy** /mʌ́di/ 形 (mud·di·er /-diə | -diə/; mud·di·est /-diɪst/) ❶ **泥だらけの**; ぬかるみの: get *muddy* 泥だらけになる / a *muddy* road ぬかるみ道. ❷ (色・音などが)曇った, 濁った. ❸ 頭のぼんやりした, (考えなどが)混乱した, はっきりしない. (名 mud)
― 動 (mud·dies; mud·died; -dy·ing) ⓗ (...)を泥だらけにする, 汚す.
múddy the wáters [íssue] [動] ⓐ 事態(など)を混乱させる, ややこしくする.

mud·flap /mʌ́dflæ̀p/ 名 C (車の)泥よけ.

mud·guard /mʌ́dgɑ̀əd | -gɑ̀ːd/ 名 C《英》= fender.

mud·slide /mʌ́dslàɪd/ 名 C 泥流, 土石流.

mud·sling·er /mʌ́dslìŋə | -ŋə/ 名 C (選挙などで)相手を中傷する人.

mud·sling·ing /mʌ́dslìŋɪŋ/ 名 U 中傷; (選挙などの)泥仕合.

mues·li /mjúːzli/ 名 U ミューズリー《オート麦・ドライフルーツ・ナッツなどを混ぜ合わせたシリアル》.

muff[1] /mʌ́f/ 名 (~s) C マフ《両手の防寒用の円筒状毛皮》. 関連 earmuffs 防寒用耳当て.

muff[2] /mʌ́f/ 動 ⓗ《略式》(捕球など)をやりそこなう; (機会など)を逃す, しくじる (*up*).

muf·fin /mʌ́fɪn/ 名 ❶ C《米》マフィン《カップの型に入れて焼いたケーキ[パン]》. ❷ C《英》イングリッシュマフィン《⇒ English muffin》.

muffin

English muffin

muf·fle /mʌ́fl/ 動 ⓗ ❶ (声・音を立てないように)(...)を包む; (音)を消す, 鈍くする. ❷ [普通は受身で] (保温・防護のため)(...)を包む, 覆(おお)う (*up, in*).

muf·fled /mʌ́fld/ 形 (音が)こもった, 押し殺した.

muf·fler /mʌ́flə | -lə/ 名 ❶ C《米》(エンジンの)消音装置 [《英》silencer]《⇒ motorcycle 挿絵》. ❷ C《古風》マフラー, 襟巻き [≒scarf].

+**mug** /mʌ́g/ 名 (~s /~z/) ❶ C **マグ**《円筒形で取っ手がついたジョッキ型カップ; ⇒ tankard; jug 日英》. ❷ C マグ 1 杯分 (*of*). ❸ C《略式》顔, 面(つら). ❹ C S《英略式》ばか, お人よし.
― 動 (mugs; mugged; mug·ging) ⓗ (路上などで)(...)を襲って金を奪う.

mug·ger /mʌ́gə | -gə/ 名 C (路上)強盗《人》.

mug·ging /mʌ́gɪŋ/ 名 C,U (路上)強盗《行為》.

mug·gy /mʌ́gi/ 形 (mug·gi·er; -gi·est)《略式》蒸し暑い, 暑苦しい.

múg shòt 名 C《略式》(容疑者の)顔写真.

Mu·ham·mad /moʊhǽməd/ 名 固 ムハンマド, マホメット (570?–632)《イスラム教の始祖》.

mul·ber·ry /mʌ́lbèri | -b(ə)ri/ 名 (-ber·ries) ❶ C くわの木; くわの実. ❷ U 濃い赤紫色.

mulch /mʌ́ltʃ/ 名 [U または a~] 根覆い, 敷きわら《植物の根を保護》. ― 動 ⓗ (...)に根覆いをする.

mule[1] /mjúːl/ 名 ❶ C らば《雄ろばと雌馬との子》. ❷ C《俗》麻薬の運び屋. **(as) stúbborn [óbstinate] as a múle** [形] 非常に頑固な, すごく強情っぱりな.

mule[2] /mjúːl/ 名 C [普通は複数形で] ミュール, (つっかけ式の)サンダル; スリッパ《⇒ slipper 日英》.

mul·ish /mjúːlɪʃ/ 形 強情な.

mull /mʌ́l/ 動 ⓗ (...)を熟考する (*over*).

mul·lah /mʌ́lə, mʊ́lə/ 名 C ムッラー《イスラムの法・教義に精通した人への尊称》.

mul·let /mʌ́lət/ 名 (複 ~(s)) C ぼら《食用魚》.

mul·lion /mʌ́ljən/ 名 C〔建築〕(窓の)縦仕切り.

mul·ti- /mʌ̀ltɪ, -tə/ 接頭「多くの...」の意《⇒ mono-》: *multi*colored 多色(刷り)の.

mul·ti·col·ored,《英》**-oured** /mʌ̀ltɪkʌ́ləd | -ləd⁻/ 形 [普通は 限定] 多色(刷り)の.

mul·ti·cul·tur·al /mʌ̀ltɪkʌ́ltʃ(ə)rəl⁻/ 形 (社会などが)多様な文化からなる, 多文化の.

mul·ti·cul·tur·al·is·m /mʌ̀ltɪkʌ́ltʃ(ə)rəlìzm/ 名 U 多文化共存; 多文化主義.

mul·ti·eth·nic /mʌ̀ltiéθnɪk⁻/ 形 多民族の.

mul·ti·far·i·ous /mʌ̀ltɪfé(ə)riəs⁻/ 形《格式》多方面にわたる, さまざまな.

mul·ti·lat·er·al /mʌ̀ltɪlǽtərəl, -trəl⁻/ 形 多国[者]間の. 関連 unilateral 一方的な / bilateral 2 国[者]間.

mul·ti·lin·gual /mʌ̀ltɪlíŋgwəl⁻/ 形 (人が)数種の言語を話す; (文書などが)数か国語[多言語]併用の.

mul·ti·me·di·a /mʌ̀ltɪmíːdiə/ 名 U, 形 限定 マルチメディア(の), 複合媒体(の)《コンピューター・テレビ・電話などを組み合わせた伝達方式; また多様な形態の情報の組み合わせ》.

+**mul·ti·na·tion·al** /mʌ̀ltɪnǽʃ(ə)nəl⁻/ 形 [普通は 限定] **多国籍の**, 多国家の: a *multinational* corporation 多国籍企業. ― 名 C 多国籍企業.

mul·ti·par·ty /mʌ̀ltɪpɑ́əti | -pɑ́ː-⁻/ 形 限定 複数政党(制)の: a *multiparty* system 複数政党制.

+**mul·ti·ple** /mʌ́ltəpl/ 形 限定 [比較なし] **多様な**, 多くの部分[要素]から成る; 複合的な; 多数の: *multiple* personality 多重人格 / *multiple* vitamin pills 総合ビタミン剤 / *multiple* birth (双子などの)多子出産. (動 múltiplỳ, 名 mùltiplícity)
― 名 ❶ C〔数学〕倍数: "What's the least [lowest] common *multiple of* 4 and 6?" "It's 12."「4 と 6 の最小公倍数はいくつか」「12 です」 ❷ C《主に英》= chain store.
〖⇒ simple キズナ〗

mul·ti·ple-choice /mʌ́ltəpltʃɔ́ɪs⁻/ 形 多肢選択の《複数の項目の中から正解を 1 つ選ばせるもの》.

mul·ti·plex /mʌ́ltəplèks/ 形 多様な; 複合の. ― 名 C 複合型映画館, シネマ・コンプレックス《同じビル内に複数のスクリーンがある》.

múltiplex cínema 名 C《英》= multiplex.

+**mul·ti·pli·ca·tion** /mʌ̀ltəplɪkéɪʃən/ 名 ❶ U,C **掛け**

算, 乗法. ✪ 掛け算の読み方については ⇒ times. 関連 addition 足し算 / subtraction 引き算 / division 割り算. ❷ U 《格式》 増加, 増殖, 繁殖 (*of*). (動 múltiply)

multiplicátion sìgn 名 C 乗法記号《×》. 関連 division sign 除法記号《÷》.

multiplicátion tàble 名 C 掛け算表《日本の「九九の表」に相当するもので, 12×12 まである》.

mul·ti·plic·i·ty /mʌ̀ltəplísəṭi/ 名 [U または a～] 《格式》 多数であること; 多様性: *a multiplicity of* subjects 多種な題目. (形 múltiple)

+**mul·ti·ply** /mʌ́ltəplàɪ/ 動 (-ti·plies /～z/; -ti·plied /～d/; -ply·ing) 他 ❶ (...)に(～を)**掛ける**, (...)を(～倍)にする, (2 つの数)を掛け(合わせ)る《⇒ times 日英》: 言い換え ***Multiply*** 3 ***by*** 5. V+O+*by*+名 = ***Multiply*** 3 ***and*** 5 (***together***). 3 を 5 倍せよ / 言い換え Eight ***multiplied by*** six equals [is] forty-eight. (= Eight times six is forty-eight.) 8×6 は 48. 関連 add 足す / take, subtract 引く / divide 割る.
❷ (...)を**増やす**; 〔生物〕 繁殖させる: Civilization *multiplies* wealth. 文明は富を増やす.
— 自 ❶ **増える**; 〔生物〕 繁殖する: Rabbits *multiply* rapidly. うさぎはどんどん繁殖する. ❷ 掛け算をする. (形 múltiple, 名 mùltiplicátion)
〖⇒ reply キズナ〗

mul·ti·pur·pose /mʌ̀ltɪpə́ːpəs | -pə́ː-←/ 形 限定 多目的の, 多用途の.

mul·ti·ra·cial /mʌ̀ltɪréɪʃəl←/ 形 多民族[人種]の[から成る]: a *multiracial* nation 多民族国家.

mul·ti·sto·ry, 《英》 **-rey** /mʌ̀lṭɪstɔ́ːri←/ 形 限定 高層の, 多層の. — 名 C S 《英》 立体駐車場.

mul·ti·task·ing /mʌ́ltɪtæ̀skɪŋ | -tɑ̀ːsk-/ 名 ❶ U 〔コンピュータ〕 マルチタスキング《単一の処理装置によって複数の処理を同時に実行すること》. ❷ U (人が)一度に複数の仕事をすること.

mul·ti·tude /mʌ́ltət(j)ùːd | -tjùːd/ 名 ❶ C 《格式》 多数, 大勢: a *multitude of* people 大勢の人. ❷ [the ～(s)] 《格式》 [ときに軽蔑的] 大衆, 庶民; 《文語》 群衆: The book appealed to *the multitude*(*s*). その本は大衆受けした. 語法 《英》 では単数形でも大衆を一団[一群]と考えるときには単数扱い, 一人一人に重点を置くときには複数扱いとすることがある.

mul·ti·tu·di·nous /mʌ̀ltət(j)úːḍənəs | -tjúː-←/ 形 《格式》 非常に多数の.

⁑**mum**[1] /mʌ́m/

— 名 (～s /～z/) C 《英略式》 **お母さん, ママ** [《米》 mom] 《⇒ mom 語法》. 関連 dad お父さん.

mum[2] /mʌ́m/ 形 [次の成句で] **kéep múm** [動] 自 《略式》 黙っている (*about*). **Múm's the wórd!** 《略式》 何も話してはならない, 他言無用.

Mum·bai /mʌ́mbàɪ | mòmbáɪ/ 名 固 ムンバイ《インド西部にある都市; 旧称 Bombay》.

mum·ble /mʌ́mbl/ 動 他 (口の中で)(...)を[と]もぐもぐ[ぶつぶつ]言う (*to*) 《⇒ murmur 表》. — 自 もぐもぐ[ぶつぶつ]言う (*about*). — 名 [a～] ぶつぶつ言うこと[声].

mum·bo jum·bo /mʌ́mboʊʤʌ́mboʊ/ 名 U 《略式》 わけのわからないことば《呪文など》.

mum·mi·fy /mʌ́məfàɪ/ 動 (-mi·fies; -mi·fied; -fy·ing) 他 (...)をミイラにする.

+**mum·my**[1] /mʌ́mi/ 名 (mum·mies /～z/) C 《英略式, 小児語》 **お母さん, ママ** [《米》 mommy] 《⇒ mother 語法 (2)》.

mum·my[2] /mʌ́mi/ 名 (mum·mies) C ミイラ.

mumps /mʌ́mps/ 名 U おたふくかぜ, 流行性耳下腺(せん)炎: have (the) *mumps* おたふくかぜにかかる.

munch /mʌ́nʧ/ 動 他 (...)をむしゃむしゃ[ぽりぽり]食べる. — 自 むしゃむしゃ食べる (*at, on*)

munch·ies /mʌ́nʧiz/ 名 複 ❶ 《米略式》 おやつ, 軽食. ❷ [the ～] 《略式》 (おやつがほしい)空腹感: have [get] *the munchies* 小腹がすく.

mun·dane /mʌ̀ndéɪn←/ 形 ❶ 日常の, ありきたりの: *mundane* chores 日常的な雑用. ❷ 《格式》 この世の, 世俗的な.

Mu·nich /mjúːnɪk/ 名 固 ミュンヘン《ドイツ南部の都市》.

+**mu·nic·i·pal** /mjuːnísəp(ə)l/ 形 限定 **市[町]の**, 自治都市の; 市[町]営の; 地方自治の: a *municipal* office 市役所, 町役場 / the *municipal* government 市[町]政, 市[町]当局 / a *municipal* election 自治体選挙. (名 munìcipálity)

mu·nic·i·pal·i·ty /mjuːnɪ̀səpǽləṭi/ 名 (-i·ties) ❶ C (地方)自治体. ❷ C 市[町]当局. (形 munícipal)

mu·nif·i·cence /mjuːnífəs(ə)ns/ 名 U 《格式》 気前のよいこと; 寛大さ.

mu·nif·i·cent /mjuːnífəs(ə)nt/ 形 《格式》 気前のよい; 寛大な.

mu·ni·tion /mjuːníʃən/ 形 限定 軍需(品)の.

mu·ni·tions /mjuːníʃənz/ 名 複 軍需品《武器・弾薬類》.

mu·ral /mjʊ́(ə)rəl/ 名 C 壁画. — 形 限定 壁の, 壁に描かれた.

*__mur·der__ /mə́ːḍə | mə́ːdə/ 名 (～s /～z/) ❶ U,C **殺人**; 〔法律〕 謀殺《計画的な殺意のあるもの; ⇒ homicide 表》; C 殺人事件: commit (a) *murder* 殺人を犯す / a *murder* case 殺人事件 / He was found guilty of *murder*. 彼は殺人について有罪と判決された / *murder*-for-hire 委託殺人 / One *murder* makes a villain, millions a hero. ひとりを殺せば悪人となるが何百万人を殺せば英雄となる《チャップリンの映画「殺人狂時代」のせりふ》 / *Murder* will out. 《ことわざ》 殺人[悪事]は必ず露見する. ❷ U S とても難しい[つらい, 危険な]こと[もの]: The exam was *murder*. 試験はすごく難しかった.
gèt awáy with múrder [動] 自 《略式》 ひどいことをしても罰[非難]を免れる. (形 múrderous)
— 動 (mur·ders /～z/; mur·dered /～d/; -der·ing /-ḍərɪŋ, -drɪŋ/) 他 ❶ 計画的に(人)を**殺害する**, 殺す, 虐殺する《⇒ kill 類義語》: Many people *were murdered by* the serial killer. V+O の受身 多数の人々がその連続殺人犯に殺された / He ***was murdered with*** a gun. 彼は銃で殺された. ❷ 《略式》 (演劇・音楽など)を台なしにする. ❸ (...)を打ち負かす, たたきのめす. ❹ S (人)に激怒する.
I could múrder ... S 《英》 ...が食べ[飲み]たくてたまらない.

+**mur·der·er** /mə́ːḍərə, -drə | mə́ːdərə, -drə/ 名 (～s /～z/) C **殺人者[犯人]**: a mass *murderer* 大量殺人者.

mur·der·ess /mə́ːḍərəs | mə́ː-/ 名 C 《古風》 殺人者[犯人]《女性》.

mur·der·ous /mə́ːdərəs, -drəs | mə́ː-/ 形 ❶ 殺人の; 殺意のある, 残忍な; 激怒した: *murderous* weapons 凶器 / a *murderous* look 激しい怒りの表情. ❷ 《略

M

式》殺人的な, ひどい: *murderous* heat ひどい暑さ. (名 múrder)

〜·ly 副 残忍に; 激怒して; 殺人的に, ものすごく.

murk·y /mə́:ki | mə́:-/ 形 (murk·i·er; -i·est) ❶ (水が)濁った; 暗くて陰気な; (やみ・霧などが)濃い. ❷ 怪しげな, やましい, いかがわしい. ❸ 複雑でわかりにくい.

+**mur·mur** /mə́:mə | mə́:mə/ 動 (mur·murs /〜z/; mur·mured /〜d/; -mur·ing /-m(ə)rɪŋ/) 他 (...)を[と]**つぶやく**, ささやく, 小声で言う; (不平など)をこぼす: She *murmured* her thanks. 彼女は小声でありがとうと言った / 言い換え "I can do it," he *murmured*. V+O (引用節) = He ***murmured that*** he could do it. V+O (*that* 節) 僕ならできると彼はつぶやいた.

murmur (聞き取りにくい声でぶつぶつ言う)	つぶやく
mutter (不平・怒りなどを聞こえないようにこぼす)	
mumble (口を開けずにもぐもぐ[ぶつぶつ]言う)	

— 自 ❶ **低い[かすかな]音を立てる**, さらさらいう: The brook is *murmuring* over the pebbles. 小川が小石の上をさらさらと流れている. ❷ ささやく. ❸《文語》ぶつぶつ(不平を)言う, こぼす (*against*).

— 名 (〜s /〜z/) ❶ C **つぶやき**, ささやき, 低い話し声: a *murmur* of voices 低い話し声 / a *murmur* of agreement [dissent] 賛意[不同意]のつぶやき.

❷ [単数形で] (連続的な)**かすかな音**, (川・波・木などの)さらさら[ざわざわ]いう音; (低い)ざわめき: the *murmur* of a stream 小川のせせらぎ. ❸ C ぶつぶつ言うこと: without a *murmur* 不平を言わずに. ❹ C [普通は単数形で]《医学》心臓の雑音《聴診器で聞こえる》.

Múr·phy's láw /mə́:fiz- | mə́:-/ 名 U《主に米》マーフィーの法則《経験から生まれたさまざまな法則を格言風にユーモラスに述べたもの;「失敗する可能性のあることは必ず失敗する」など》.

mus·cle** /mʌ́sl/ 発音 (同音 mussel) 名 (〜s /〜z/) ❶ U,C **筋肉**: an arm muscle 腕の筋肉 / develop one's *muscles* 筋肉をつける / My *muscles* ache all over. 体中の筋肉が痛い / ***flex a ***muscle*** 筋肉を屈伸させる, 力こぶをつくる《⇒ flex one's muscles (成句)》/ ***pull*** [***strain***] a ***muscle*** (無理に伸ばして)筋肉を痛める / ***relax*** a ***muscle*** 筋肉の力を抜く. ❷ U 筋力, 腕力, 体力. ❸ U 力, 圧力, 威力, 影響力: military [political] *muscle* 軍事[政治]力. ❹ U《俗》(犯罪者が雇う)用心棒.

fléx one's **múscles** [動] 自 力を誇示する.

nót móve a múscle [動] 自 身動き一つしない, ぴくりともしない.

pút some múscle ìnto it [動] 自 もっと身を入れてやる. (形 múscular)

— 動 自 力ずくで動く[進む]. — 他 (...)を力ずくで動かす[進める].

múscle ín [動] 自《略式》強引に割り込む, 縄張りを荒らす (*on*).

múscle one's **wáy** [動] 自 強引に割り込む (*into, through*).

〖語源 ラテン語で「小さなねずみ」の意; 筋肉の形と動きの連想から〗

mus·cle-bound /mʌ́slbàʊnd/ 形 (過度の運動で)筋肉が硬直[発達]した.

mus·cle·man /mʌ́slmæ̀n/ 名 C 筋骨たくましい男性; 用心棒.

Mus·co·vite /mʌ́skəvàɪt/ 名 C モスクワ市民.

+**mus·cu·lar** /mʌ́skjʊlə | -lə/ 形 ❶ **筋肉の**: *muscular* strength 筋力 / a *muscular* pain 筋肉痛.

❷ **筋肉の発達した**, 筋骨たくましい, 強そうな: a *muscular* man 筋肉隆々とした男性. (名 múscle)

múscular dýs·tro·phy /-dístrəfi/ 名 U《医学》筋ジストロフィー, 筋萎縮(いしゅく)症.

+**muse**[1] /mjú:z/ 動 (mus·es /〜ɪz/; mused /〜d/; mus·ing) 自 **じっくり考える**, もの思いにふける, 熟考する (*about, over, on, upon*).

— 他 (もの思いにふけりながら)(...)と心の中でつぶやく.

muse[2] /mjú:z/ 名 ❶ [M-]《ギリシャ神話》ミューズ《学芸・詩・音楽をつかさどる 9 人の女神 (the Muses) の一人》. ❷ C (芸術的)霊感(の源)《特に女性》.

****mu·se·um** /mju:zí:əm, mjʊ-/ アク

— 名 (〜s /〜z/) C **博物館**, 展示館, 美術館; 記念館: a science *museum* 科学博物館 / an art *museum* = a *museum* of (fine) art 美術館.

〖語源 ギリシャ語で「ミューズの神々 (Muses) の神殿」の意〗

muséum pìece 名 ❶ C 博物館もの; 珍品. ❷ C [こっけいに] 時代遅れの人[物].

mush /mʌ́ʃ/ 名 ❶ [U または a 〜] [普通は悪い意味で] どろどろした[ふやけた]もの[食べ物]: turn to *mush* どろどろ[ぐちゃぐちゃ]になる. ❷ U《米》(とうもろこしの)濃いかゆ. ❸ U《略式》[軽蔑的] 感傷的なたわごと[本, 映画など]. — 動 他 (食物など)をどろどろにすりつぶす (*up*).

***mush·room** /mʌ́ʃru:m, -rʊm/ 名 (〜s /〜z/) C **きのこ**, マッシュルーム: shiitake *mushrooms* しいたけ.

— 動 自 ❶ 急速に(...に)成長[発展]する (*into*); 急に現われる. ❷ きのこ狩りをする: go *mushrooming* きのこ狩りに行く. ❸ [副詞(句)を伴って] (空中に)きのこ状に広がる.

múshroom clòud 名 C [普通は単数形で] きのこ雲《原爆が爆発して生じる雲》.

mush·y /mʌ́ʃi/ 形 (mush·i·er; mush·i·est) ❶ (かゆのように)やわらかな, どろどろした, ふやけた. ❷《略式》[軽蔑的] ひどく感傷的な, お涙ちょうだいの.

*****mu·sic** /mjú:zɪk/

— 名 ❶ U **音楽**; **音楽作品**, 楽曲, 曲: I prefer popular *music* to classical *music*. 私はクラシックよりポピュラー音楽が好きだ / listen to a piece of *music* 音楽を 1 曲聞く / play [perform] *music* 音楽を演奏する / write [compose] *music* 作曲する / dance to *music* 音楽に合わせて踊る / set a poem to *music* 詩に曲をつける / a *music* lesson 音楽の授業[レッスン].

❷ U **楽譜**: read *music* 楽譜を読む / play without *music* 楽譜なしで演奏する. ❸ U (音楽のように)快い響き[音].

fáce the músic [動] 自《略式》(いさぎよく)罰[非難, むくい]を受ける.

músic to ...'s éars [名] ...の耳に快いもの. (形 músical)

〖語源 ギリシャ語で「ミューズの神々 (Muses) の業(わざ)」の意〗

****mu·si·cal** /mjú:zɪk(ə)l/

— 形 ❶ 限定 [比較なし] 音楽の, 音楽を伴う, 音楽向きの: a *musical* performance 演奏 / a *musical* score 楽譜. ❷ 音楽の上手な; 音楽好きな: a *musical* family 音楽(好きな)一家. ❸ 音楽のような, 耳に快い. (名 músic)

— 名 C ミュージカル.

músical bòx 名 C 《主に英》 = music box.

músical cháirs 名 ❶ U いす取りゲーム. ❷ U (役職などのむだな)入れ替わり, たらい回し.

músical ínstrument 名 C 楽器.

mu·si·cal·ly /mjúːzɪkəli/ 副 [ときに 文修飾] 音楽上, 音楽的に(は); 音楽のように, 調子[心地]よく.

músic bòx 名 C 《主に米》 オルゴール [《英》 musical box].

músic hàll 名 ❶ U 《英》 = vaudeville. ❷ C 《英》 演芸場.

****mu·si·cian** /mjuːzíʃən/ アク

— 名 (~s /~z/) C **音楽家**《作曲家・指揮者・演奏家・歌手など》; 音楽のうまい人: a classical *musician* クラシックの音楽家 / a street *musician* ストリートミュージシャン / a born *musician* 天性の音楽家.

mu·si·cian·ship /mjuːzíʃənʃɪp/ 名 U 音楽家としての技能[センス].

músic stànd 名 C 譜面台.

musk /mʌ́sk/ 名 U じゃこう(の香り).

mus·ket /mʌ́skɪt/ 名 C マスケット銃《現在のライフル銃 (rifle) の前身》.

musk·mel·on /mʌ́skmèlən/ 名 C (マスク)メロン《表面に網目模様がある》.

musk·rat /mʌ́skræ̀t/ 名 C マスクラット, じゃこうねずみ《水辺に住む》.

musk·y /mʌ́ski/ 形 (musk·i·er; -i·est) 限定 じゃこう(質)の, じゃこうの香りのする.

+**Mus·lim** /mʌ́zlɪm, mʊ́s-, mʊ́z-/ 名 (~s /~z/) C **イスラム教徒**, ムスリム.

— 形 イスラム教(徒)の.

mus·lin /mʌ́zlɪn/ 名 U モスリン, メリンス《昔の衣服に使われた透明に近い綿布》.

muss /mʌ́s/ 動 他 《略式, 主に米》 (髪・服など)をくしゃくしゃにする, 乱す (*up*). — 名 [次の成句で] **nò múss, nò fúss** [こっけいに] たやすい, 問題ない.

mus·sel /mʌ́sl/ 名 C むらさきいがい《食用二枚貝》.

*****must**[1] /(弱形) məs(t); (強形) mʌ́st/

— 助

単語のエッセンス
基本的には「義務」,「必要」を表わす.
1) [義務・必要] **...し[で]なければならない** ❶
2) [否定文で禁止] **...してはいけない** ❷
3) [推量] **...に違いない** ❸
4) [勧誘・希望] **ぜひ...してください** ❹
5) [主張・固執] **ぜひ...したいという** ❺
6) [必然] **必ず...する** ❻

❶ [義務・必要を表わす] (1) [主に肯定文・疑問文で] (どうしても)**...し[で]なければならない, ...すべきである**; (規則・法で)...する必要がある《⇒ had better の表; need 動 2》: I *must* go at once. 私はすぐに行かなければいけない / "*Must* I start now?" "No, you don't *need to* [*needn't*, do*n't have to*]." 「今出発しなければいけないのですか」「いいえ, その必要はありません」《⇒ need 助 (1)》.

語法 **must の使い方**
(1) must は助動詞なのでその前にさらに助動詞をつけることはできない. その場合は have to を用いる《⇒ 項目 have to の 語法 (1)》.
(2) must は過去形がないので過去時制は had to を用いる. しかし間接話法の場合または複文において主節の述語動詞が過去時制のとき, 従属節においては must をそのまま用いてもよい: 言い換え She told me that I *must* [had to] do it myself. (= She said to me, "You *must* do it yourself.") 自分でそれをやらなければいけないと彼女は私に言った / I thought I *must* leave for France immediately. 私はすぐフランスへ出発しなければいけないな, と思った.
(3) must は「話し手自身の意思で決めた義務(主観的義務)」を表わすことが多いので, 話し手の感情が入った個人的な主張の意味合いが強くなる: "Well, I'd better get going." "Really? Why don't you stay for supper?" "Thanks. I'd like to, but I really *must* go." 「じゃあ, 私そろそろ帰らなきゃ」「本当? 晩ご飯食べてからにしたら?」「ありがとう. そうしたいんだけど, 本当にもう行かないと」 / You *must* come to class every day. 毎日授業に出席しなければいけませんよ《休みがちな生徒に対する主観的な忠告; 話し手の意思とは関係なく, 状況やルールによって「...しなければならない」と客観的に述べる場合は have to や need to がより好まれる》 / In order to achieve anything, you *must* take risks. 何かを成し遂げるには, 危険を冒さなければならない《特定の個人に向けての忠告ではなく,「一般に人は...しなければならない」と意見を述べる文》.

♥ **...しなさい** (命令するとき)
You must ...
Ken, before you leave the table, **you must** eat all your vegetables. **ケン, 食卓を離れる前に野菜を全部食べなさい.**
I've already had enough!
もう十分食べたよ.
♥ 直接的で強制度の高い命令の意味で使われる.
♥ 相手に義務があることを指示したり, 権限のある人が何かを命じる場合(親が子供に命じるときなど)に使われることが多い.

(2) [must have＋過去分詞の形で; ⇒ 3 (2)] **...してしまっていなければならない:** They *must have finished* the work by next month. 彼らはその仕事を来月までに片づけておく必要がある.

❷ [否定文で; 禁止を表わす] **...してはいけない, ...するな, ...であってはならない**《不許可を表わす may not よりも直接的で強制力が強い; ⇒ may 2 (2) 語法, need 助, have to の 2》: You *mustn't* [*must not*] use violence no matter what. 何があろうとも絶対に暴力をふるってはいけない / Sally, you *must never* forget this. サリー, このことを忘れたらだめだよ.

❸ /mʌ́st/ [確信のある推量を表わす] (1) **...に違いない,** きっと...のはずだ《⇒ may 1》: You *must* be ill; you look pale. あなたは具合が悪いんでしょう. 顔色が悪いですよ / I felt there *must* be something wrong. きっとどこかおかしいと私は感じた《⇒ 1 (1) 語法 (2)》 / The longest day *must* have an end. 《ことわざ》 どんなに長い日でも必ず終わりがあるはずだ.

(2) [must have＋過去分詞の形で; 過去のことについて;

M

⇒ 1 (2)] **...だったに違いない**, きっと...だったはずだ: He hasn't arrived yet. He *must have got* lost in the forest. 彼はまだ来ていない. 森で迷ったに違いない.

> 語法 **must と否定**
> (1) この意味の否定の「...の[...だった]はずがない」の意味では cannot を用いる (= can[1] 4).
> (2) 《米》では He *must not* be there. (= It is definite that he's not there. 彼はそこにいないに違いない[いるはずはない])や You「*must not* [*mustn't*] *have been* hungry. (空腹でなかったに違いない)のように否定形で用いることもある.

❹ Ⓢ [you must ... として; 勧め・誘いを表わす] **ぜひ...してください**; [I [we] must ... として; 希望を表わす]ぜひ...したい: *You must* come and have tea with us. ぜひうちにお茶を飲みにきてください / *We must* have you over again sometime. いつかまたぜひお招きしたい.

> ♥ **ぜひ...してください** (勧めるとき)
> **You must ...**
>
> Thank you for having me. I enjoyed myself. お招きいただきありがとうございました. 楽しかったです.
> It was our pleasure. Thank you for coming. こちらこそ. お越しいただきありがとうございました.
> **You must** come visit me next time. 今度はぜひうちに遊びに来てください.
> ♥ 相手にとって望ましいこと・楽しいことを積極的に勧めたり, 誘うときに使う表現.
> ♥ 相手が断わらないことが予測できる場合の強い言い方で,「ぜひそうしてほしい」という気持ちを伝えることができる.

❺ /mʌ́st/ [主張・固執を表わす] **どうしても...しないと承知しない**: He *must* always do everything by himself. 彼はいつも何でも自分でやると言い張る.
❻ [必然を表わす] **必ず...する**: All people *must* die. すべての人は必ず死ぬ.

I múst sáy [admít] ... Ⓢ [強調を表わす] ...と言わざるをえない, 確かに...だ.

if you múst [話者の不満・不賛成を表わす] どうしても[ぜひに]というのなら: "May I smoke here?" "*If you must.*"「ここでたばこを吸っていいですか」「どうしても吸いたければね」

if you múst know Ⓢ [質問に不快感を表わす] そんなに知りたければ(言うが).

Múst you dó ...? Ⓢ [話者の困惑を表わす] どうしても...するんですか.

must[2] /mʌ́st/ 名 [a ～] 《略式》 ぜひ見る[聞く]べきもの, 絶対必要なもの[こと]: This book is *a must for* golfers. この本はゴルフをする人にとっては必読書だ. 関連 don't してはならないこと.

must- /mʌ́st/ 接頭 《略式》 [see, have, read などの動詞を伴って]「ぜひ...すべき(もの)」の意: a *must*-have 必需品 / a *must*-see movie 必見の映画 / a *must*-read 必読書.

mus·tache, 《英》 **mous·tache** /mʌ́stæʃ, məstǽʃ | məstɑ́:ʃ, mʊs-/ 発音 名 C 口ひげ (⇒ beard 挿絵): grow a *mustache* 口ひげを生やす.

mus·tached, 《英》 **mous·tached** /mʌ́stæʃt, məstǽʃt | məstɑ́:ʃt, mʊs-/ 形 口ひげを生やした.

mus·tang /mʌ́stæŋ/ 名 C ムスタング《米国南西部などに住む半野生の馬》.

mus·tard /mʌ́stəd | -təd/ 名 ❶ U からしな《あぶらな属の一年草》; U,C マスタード, からし. ❷ U からし色.
(as) kéen as mústard [形] 《英略式》 非常に熱心な. **cút the mústard** [動] 自 [普通は否定文で] 《略式》 (ある仕事をする)十分な能力がある.

mústard gàs 名 U マスタードガス《毒ガス》.

mus·ter /mʌ́stə | -tə/ 動 (-ter·ing /-tərɪŋ, -trɪŋ/) 他 ❶ (勇気など)を奮い起こす (*up*): *muster* one's courage 勇気を奮い起こす. ❷ (支援など)を求める, 集める. ❸ (兵士など)を召集する. — 自 (兵士などが)集まる, 応召する. — 名 C (兵士などの)召集, 勢ぞろい; 点呼. **páss múster** [動] 自 (基準に)達する, 通用する.

⁑must·n't /mʌ́snt/ 《略式》 must[1] not の短縮形: You *mustn't* smoke here. ここではたばこを吸ってはいけない.

must've /mʌ́stəv/ 《略式》 must[1] have[2] の短縮形: She *must've* left by now. 彼女はもう出たに違いない.

must·y /mʌ́sti/ 形 (must·i·er; -i·est) かび臭い.

mu·ta·bil·i·ty /mjù:ṭəbíləṭi/ 名 U 《格式》 変わりやすさ, 無常; むら気.

mu·ta·ble /mjú:ṭəbl/ 形 《格式》 変わりやすい; 気の変わりやすい.

mu·tant /mjú:tnt/ 名 ❶ C 〔生物〕 突然変異体, 変種. ❷ C (SF に出てくる)奇形生物, ミュータント. — 形 限定 突然変異の[による].

mu·tate /mjú:teɪt, mju:téɪt | mju:téɪt/ 動 自 〔生物〕 突然変異する; 変化する (*into*). — 他 〔生物〕 (...)を突然変異させる.

mu·ta·tion /mju:téɪʃən/ 名 U,C 〔生物〕 突然変異(体); 変化(したもの).

+mute /mjú:t/ 形 (mut·er; mut·est) ❶ **無言の**, 黙っている [≒silent]; ことばに表わされない: a *mute* appeal [protest] 無言の訴え[抗議] / She stood *mute*. 彼女は黙っていた[黙秘した]. ❷ 叙述 《古風》 [差別的] (障害で)口のきけない. 関連 blind 盲目の / deaf 耳が聞こえない / dumb 口のきけない. ❸ 〔音声〕 (文字が)発音されない, 黙字の [≒silent]: *mute* letters 発音されない文字, 黙字 (knife の k や e).
— 名 ❶ C 〔音楽〕 (楽器の)弱音器. ❷ C 《古風》 [差別的] (障害で)口がきけない人. ❸ C 〔音声〕 黙字. ❹ U ミュート《電話・テレビなどの消音機能》.
— 動 他 (音)を弱める[消す]; (楽器)に弱音器をつける; (色調・感情・批判・行為など)を抑える.

mut·ed /mjú:ṭɪd/ 形 [普通は 限定] ❶ (音が)弱められた; 音声を消した. ❷ (感情・批判・反応などが)抑制された, 控えめな. ❸ (色・光などが)柔らかい. ❹ 〔音楽〕 (楽器が)弱音器がついた.

mute·ly /mjú:tli/ 副 無言で.

mu·ti·late /mjú:ṭəlèɪt/ 動 他 [しばしば受身で] ❶ (人の手足など)を切断する; (身体など)を(ひどく)傷つける[切り刻む], ばらばらにする. ❷ (物)を損傷する, 台なしにする.

mu·ti·la·tion /mjù:ṭəléɪʃən/ 名 U,C (手足などの)切断, 切除; 損傷.

mu·ti·neer /mjù:ṭəníə | -níə/ 名 C 暴徒; (軍隊で)上官に反抗する兵士.

mu·ti·nous /mjú:ṭənəs, -tnəs/ 形 ❶ 暴動の. ❷ 反抗的[不穏]な. **～·ly** 副 反抗的に.

mu·ti·ny /mjú:ṭəni, -tni/ 名 (-ti·nies) U,C (軍隊・水夫などによる)反乱, (軍隊の)上官に対する反抗. — 動 (-ti·nies; -ti·nied; -ny·ing) 自 (軍隊が)反乱を起こす, (上官に)反抗する (*against*).

mutt /mʌ́t/ 名 C 《略式》 雑種犬.

+**mut·ter** /mʌ́ṭɚ | -tə/ 動 (mut·ters /~z/; mut·tered /~d/; -ter·ing /-ṭərɪŋ/) 自 (独り言(ごと)や不平を)**つぶやく**; **ぶつぶつ言う** (*about*) 《⇒ murmur 表》: We heard him *muttering*. 彼がぶつぶつ言っているのが聞こえた.
— 他 (...)を**つぶやく**; (...)とぶつぶつ言う: *mutter* complaints ぶつぶつ不平を言う / Alice ***muttered*** (*to* us) ***that*** John was acting stupid. V(+*to*+名)+O (*that* 節) アリスは私たちにジョンがばかなことをしているとぶつぶつ言った.
— 名 C [普通は単数形で] つぶやき; 不平.

mut·ton /mʌ́tn/ 名 U 羊 (sheep) の肉. 関連 lamb 子羊(の肉).

*__mu·tu·al__ /mjúːʧuəl, -ʧəl/ 形 ❶ [比較なし] **お互いの, 相互の**: *mutual* understanding [aid, trust] 相互理解[援助, 信頼] / "Nice to have met you." "The feeling is *mutual*."「お会いできてよかったです」「こちらこそ(同じ思いです)」/ a *mutual* admiration society [こっけいに] お互いをほめ合う連中. ❷ 限定 [比較なし] (友人・利害などが)共通の, 共同の [≒common]: *mutual* efforts 共同の努力 / We met through a *mutual* friend. 私たちは共通の友人を通して出会った / This plan would be to our *mutual* advantage. この計画は我々共通の利益となるでしょう.

mútual fùnd 名 C 《米》 (オープンエンド型)投資信託(会社).

mu·tu·al·ly /mjúːʧuəli, -ʧəli/ 副 互いに, 相互に: The two ideas are *mutually* exclusive [contradictory]. その 2 つの考えは相容れない / a *mutually* beneficial arrangement 相互に利益のある協定.

muu·muu /múːmuː/ 名 C 《米》 ムームー《ハワイ風のゆったりした女性服》.

Mu·zak /mjúːzæk/ 名 U [しばしば軽蔑的] ミューザック《有線・ラジオでレストラン・商店などに流す音楽; 商標》; 退屈な音楽.

muz·zle /mʌ́zl/ 名 ❶ C (犬・馬などの)**鼻, 鼻面** 《⇒ nose 関連》. ❷ C (犬などにはめる)口輪. ❸ C 銃口; 砲口. — 動 他 ❶ [普通は受身で] (犬など)に口輪をかける. ❷ (人)に口止めする; (新聞など)の言論を封じる.

muz·zy /mʌ́zi/ 形 《英》《英略式》 (病気・酒などで)ぼーっとした, もうろうとした; (形などが)ぼんやりした, はっきりしない.

MVP /émvìːpíː/ 略 = most valuable player 《⇒ player 1》.

MW /émdʌ́bljuː/ 略 = medium wave; megawatt.

my[1] /maɪ, máɪ/
— 代 **人称代名詞 I**[2] **の所有格** 《⇒ one's 語法》. ❶ (1) [名詞の前につけて限定的に] **私の**. ✪ 詳しい用法については ⇒ I[2]: This is *my* book. これは私の本です / *My* father is a doctor. 私の父は医者です.
(2) [動名詞の意味上の主語として] 《やや格式》 **私が** 《⇒ **巻末文法** 8. 2 ①》: Do you mind *my* (= me) *smoking*? たばこを吸ってもいいですか. ❷ [呼びかけの語句に添えて親しみの気持ちを表わす]: *my* boy おい坊や[君] / *my* dear お前, あなた / *my* darling あなた. ❸ [驚きなどを表わす]: *My* goodness! なんと!

my[2] /máɪ/ 間 おや!, まあ!, ああ! 《驚きや喜びを表わす》: Oh, *my*! おやまあ, おやおや / *My*, you look nice! わぁ, すてきね.

Myan·mar /mjáːnmɑɚ | mjǽnmɑː/ 名 固 ミャンマー《東南アジアの国; 1989 年からの Burma の公式名; 首都 Naypyidaw /népjidɔ̀ː, néɪ-/》.

my·col·o·gy /maɪkɑ́(ː)ləʤi | -kɔ́l-/ 名 U 菌類学.

mý·na(h) (bìrd) /máɪnə-/ 名 C 九官鳥.

my·o·pi·a /maɪóʊpiə/ 名 ❶ U 〔医学〕 近視. ❷ U 《格式》 [軽蔑的] 近視眼的なこと, 視野の狭さ.

my·o·pic /maɪóʊpɪk | -ɔ́p-/ 形 ❶ 〔医学〕 近視(性)の. ❷ 《格式》 [軽蔑的] 近視眼的な, 視野の狭い.

myr·i·ad /míriəd/ 名 C 《文語》 無数: a *myriad of* stars 無数の星. — 形 限定 《文語》 無数の.

myrrh /mɚ́ː | mɜ́ː/ 名 U ミルラ, 没薬(もつやく) 《香気のある樹脂; 香料・薬剤用》.

myr·tle /mɚ́ːṭl | mɜ́ː-/ 名 C,U ぎんばいか 《常緑低木》.

my·self /maɪsélf/
— 代 《再帰代名詞》 ❶ /maɪsèlf/ [再帰用法; 動詞・前置詞の目的語; 主語が I のときに用いる] (私が)**私自身を[に]**, (私が)自分を[に]; 自分の体[顔, 手など]を: *I* looked at *myself* in the mirror. 私は鏡で自分の姿[顔]を見た / *I* made *myself* a cup of coffee. 私は自分でコーヒーを入れた / *I* cut *myself* (while) shaving this morning. けさひげをそっていて顔を切ってしまった.
❷ [強調用法; ⇒ **巻末文法** 15. 1 (3)] (私が)**自分で**; 私本人を[に]: 言い換え *I* did it *myself*. = *I myself* did it. 私は自分でそれをした / *I*'ve never been there *myself*. 私自身はそこへ行ったことがない. ❸ 本来の自分: Sorry, I'm not *myself* today. すみません, 今日の私はどうかしています 《⇒ be oneself (oneself 成句)》.
for mysélf [副] (1) **私自身のために**. (2) **私自身で**, 独力で. ✪ (1), (2) については ⇒ for oneself (oneself 成句). (3) 私個人としては: *For myself*, I'd like to take part in the game. 私個人としてはその競技に参加したいです. ✪ myself の詳しい用法および by myself, to myself などの成句については ⇒ oneself.

+**mys·te·ri·ous** /mɪstí(ə)riəs/ アク 形 ❶ **なぞの(ような)**, 不思議な, 不可解な, 神秘的な, なぞめいた: a *mysterious* death なぞの死 / a *mysterious* stranger なぞの人物 / die in *mysterious* circumstances 不可解な状況で死ぬ / Mona Lisa's smile is *mysterious*. モナリザの微笑は神秘的だ. ❷ 叙述 (人が)秘密にしたがって, 話し[教え]たがらない: Anne is being very *mysterious about* her new boyfriend. アンは新しい恋人のことをなかなか話したがらない 《⇒ be[2] A 1》.
(名 mýstery)
~·ly 副 [ときに 文修飾] なぞのように, 不可解に(も), なぜか; なぞめいて.

mys·ter·y /místəri, -tri/ アク
— 名 (-ter·ies /~z/) ❶ C **不可解な事**, 不思議な事, 神秘的な[なぞのような]事; 秘密; なぞの人[もの]: It's [It remains] a *mystery* why the fire broke out. なぜ火災が発生したのかさっぱりわからない[わからないままだ].
❷ U **神秘**, なぞ: His past is still wrapped [shrouded] in *mystery*. 彼の過去は依然としてなぞに包まれている / There's an air of *mystery* about him. 彼にはなぞめいた雰囲気がある. ❸ C (小説・映画などの)推理[怪奇]もの, ミステリー. ❹ C [普通は複数形で] 秘訣(ひけつ), 極意: the *mysteries* of a long marriage 長い結婚生活(を送るため)の秘訣. ❺ C (神の啓示による)超自然的真理, 玄義: the *mystery of* Creation 天地創造の神秘. (形 mystérious)
— 形 限定 (正体が隠されて)なぞの, なぞに包まれた: a

mystery man なぞの男.
〘語源 ギリシャ語で「秘儀」の意〙

mys·tic /místɪk/ 形 限定 = mystical. — 名 C 神秘論[主義]者.

mys·ti·cal /místɪk(ə)l/ 形 限定 神秘主義的な; 霊感による; 秘法の.

mys·ti·cis·m /místəsìzm/ 名 U 神秘主義.

mys·ti·fy /místəfàɪ/ 動 (-ti·fies; -ti·fied; -fy·ing) 他 (...)を惑わす, 困惑させる, 迷わす.

mys·ti·fy·ing /místəfàɪɪŋ/ 形 不可解な.

mys·tique /mɪstíːk/ 名 [U または a ~] 神秘性.

***myth** /míθ/ !発音 名 (~s/~s/) ❶ C **神話**; U 神話《全体》: Greek [Roman] *myths* ギリシャ[ローマ]神話 / *myth* and legend 神話や伝説. ✪ ギリシャ·ローマ神話の神々については ⇒ god 表, goddess 表. 関連 legend 伝説. ❷ C,U (根拠の薄い)社会的通念: dispel the *myths* about mental illness 精神障害についての誤った認識を払拭する / contrary to popular *myth* 世間一般に信じられていることとは逆で.
(形 mýthical)
〘語源 ギリシャ語で「ことば, 物語」の意〙

myth·ic /míθɪk/ 形 [普通は 限定] 神話化された, 伝説的な: a *mythic* figure 伝説的人物 / ... of *mythic* proportions 非常に大きな[重要な]....

myth·i·cal /míθɪk(ə)l/ 形 [普通は 限定] 神話の; 作り話の, 架空の; 伝説的な: a *mythical* beast 架空の動物.
(名 myth)

myth·o·log·i·cal /mìθəlɑ́(ː)ʤɪk(ə)l | -lɔ́ʤ-ˈ/ 形 [普通は 限定] 神話の; 神話的な, 架空の.

my·thol·o·gy /mɪθɑ́(ː)ləʤi | -θɔ́l-/ 名 (-o·gies) ❶ U 神話《全体》; C 神話集. ❷ C,U = myth 2.

M

Nn

N

n, N[1] /én/ 名 (複 n's, ns, N's, Ns /~z/) ❶ C,U エヌ《英語アルファベットの第 14 文字》. ❷ U 〔数学〕 n《不特定の値を表わす》.
*__N__[2] 略 ❶ **北** (north). ❷ = northern. ❸ = newton.
n. 略 = noun.
n/a, N/A 略 ❶ = not applicable 該当せず《アンケートなどで》. ❷ = not available 入手できず.
NAACP /éndʌ̀bléɪsìːpíː/ 略 [the ~] 《米》 = National Association for the Advancement of Colored People 全米黒人地位向上協会.
nab /nǽb/ 動 (nabs; nabbed; nab·bing) 他 《略式》 (犯人など)をつかまえる (*for*); (もの)をひっつかむ.
na·celle /nəsél/ 名 C 〔航空〕 (航空機の)エンジン室 (⇒ airplane 挿絵).
na·chos /nɑ́ːʧoʊz/ 名 複 ナチョス《チーズのほかチリソースなどをのせたトルティーヤ (tortilla)》.
na·dir /néɪdɪə | -dɪə/ 名 ❶ [単数形で] 《格式》 最低点, どん底. ❷ [the ~] 〔天文〕 天底 [⇔ zenith].
nag[1] /nǽg/ 動 (nags; nagged; nag·ging) 自 ❶ (人に)がみがみ小言を言う[言って悩ます] (*at*); うるさくせがむ. ❷ (心配事などが)(人に)つきまとう (*at*). ― 他 ❶ (...)にうるさくせがむ: Mike is always *nagging* his father *to* buy him a car. マイクはしょっちゅう父親に車を買ってくれとせがんでいる. ❷ (...)にがみがみ言う, 小言を言う (*about*). ❸ (心配事などが)(...)を苦しめる, (...)につきまとう. ― 名 C 《略式》 □うるさい人, がみがみ屋《特に女性》; うるさくせがむ人.
nag[2] /nǽg/ 名 C 《古風, 略式》 老いぼれ馬.
nag·ging /nǽgɪŋ/ 形 限定 (不安・痛み・疑いなどが)しつこくつきまとう; がみがみ言う: a *nagging* feeling 念頭から消えない感情 / a *nagging* pain しつこい痛み.
*__nail__ /néɪl/ 名 (~s /~z/) ❶ C **くぎ**, びょう: a three-inch *nail* 3 インチのくぎ / hammer [drive, hit] a *nail* into a wall 壁にくぎを打ち込む / remove [pull out] a *nail* くぎを抜く. 関連 peg 留めくぎ / screw ねじ.
❷ C (手・足の)**指のつめ**: ***cut*** [***file***] one's ***nails*** つめを切る[やすりで磨く] / ***paint*** one's ***nails*** つめにマニキュア液を塗る / ***bite*** one's ***nails*** つめをかむ / ***break*** one's ***nails*** つめを割る[はがす]. 関連 fingernail 手の指のつめ / thumbnail 親指のつめ / toenail 足の指のつめ.
a náil in ...'s cóffin [名] ...の寿命を縮めるもの, ...の命取りとなるもの.
(as) hárd [tóugh] as náils [形] 《略式》 (体が)丈夫な; (心が)冷酷な.
hít the náil (ríght) on the héad [動] 自 《略式》 うまく言い当てる, ずばり的を射る; 適切なことをする.
on the náil [副・形] (1) 《英・豪》 即座に(払われる): pay cash *on the nail* 即金で払う. (2) 《主に米》 (推測などが)図星で, 的を射て.
― 動 (nails /~z/; nailed /~d/; nail·ing) 他 ❶ (...)を**くぎで打ちつける**, びょうで留める: They ***nailed*** the windows ***shut***. V+O+C(形) 彼らは窓をくぎで打ちつけた / I ***nailed*** the sign ***to*** the door. V+O+前+名 私はその掲示をドアに打ちつけた. ❷ 《略式》 (犯人など)を(...の罪で)つかまえる (*for*); (...)を苦労して手に入れる. ❸ 《略式》 (スポーツなどで)(...)を完璧にやってのける, (勝利)をおさめる. ❹ 《英略式》 (うそなど)をあばく.
náil dówn [動] 他 (1) (...)をくぎづけにする: *nail down* the carpet じゅうたんをびょうで留める. (2) 《略式》 (協定など)に合意する; (...)を確定する, はっきりさせる. (3) 《略式》 (人)を(期日などに)同意させる, (人)に意向をはっきり言わせる, (...)の言質(げんち)を取る (*to*).
náil úp [動] 他 (戸など)をくぎづけにする; (絵など)をくぎで留める.
nail·brush /néɪlbrʌ̀ʃ/ 名 C つめブラシ.
náil clìppers 名 複 つめ切り.
náil file 名 C つめやすり.
náil pòlish 名 U マニキュア液 (⇒ manicure 日英).
náil scìssors 名 複 つめ切りばさみ.
náil vàrnish 名 U 《英》 = nail polish.
Nai·ro·bi /naɪróʊbi/ 名 固 ナイロビ《ケニアの首都》.
+**na·ive, na·ïve** /nɑːíːv/ ≪フランス語から≫ 形 ❶ (人・言動・考えなどが)**世間知らずの**, **単純な**, 愚直な; 人を信じやすい, だまされやすい: ***It's naive to*** think you can change the way things are. 現状を変えられると考えるのは世間知らずだ / I'm not *naive* enough to believe that. そんなことを信じるほど単純じゃない.
日英 日本では「ナイーブ」はおもに 2 のよい意味で使われるが, 英語では 1 の悪い意味で使うのが普通.
❷ 無邪気な, 純真な, 素朴な. ❸ 〔美術〕 素朴な, 素朴派の. (名 naiveté)
〖語源 原義は「生まれたままの」で, native と同語源〗
~·ly 副 ❶ 単純に(も), 世間知らずに; 信じやすく. ❷ 純真に, 素朴に.
na·ive·té, na·ïve·té /nɑ̀ːiːvtéɪ | nɑːíːvteɪ/ ≪フランス語から≫ 名 ❶ U [軽蔑的] 単純さ, 世間知らず, 甘さ; 愚直. ❷ U 純真, 無邪気. (形 naïve)
na·ive·ty, na·ïve·ty /nɑːíːvəṭi/ 名 U = naiveté.
+**na·ked** /néɪkɪd/ 発音 形 ❶ [比較なし] **裸の**, 裸体の; 無毛の (⇒ bare 類義語): stark *naked* まっ裸の / a *naked* boy 裸の少年 / go *naked* 裸で過ごす / The workers were *naked* 「from the waist up [to the waist]. 労働者たちは上半身裸だった.
❷ [普通は 限定] **覆(おお)いのない**, むき出しの: a *naked* light bulb 裸電球 / a *naked* electric wire むき出しの電線 / a *naked* flame 裸火. ❸ 限定 (事実・態度などが)ありのままの, あからさまの, 赤裸々の, 露骨な: the *naked* facts ありのままの事実. ❹ [普通は 叙述] 無防備な, 無力な.
náked éye 名 [the ~] 肉眼, 裸眼: The planet 「was visible *to* [could be seen *with*] *the naked eye*. その惑星は肉眼でも見えた.
na·ked·ly /néɪkɪdli/ 副 あからさまに; むき出しに.
na·ked·ness /néɪkɪdnəs/ 名 U 裸; むき出し.

***__name__ /néɪm/
― 名 (~s /~z/) ❶ C (人や物の)**名**, **名前**, 名称; 姓名: Do you know the ***name of*** this flower? この花の名を知っていますか / Write your *name* and address here, please. お名前とご住所をここにお書きください.
日英 日本語の「住所氏名」と語順が逆 // I gave my *name* to the receptionist. 受付で名前を言った / May I have your *name* on this receipt? この受領証にお名前を書いていただけますか / There's no one here ***by*** that ***name***. そういう名前の人はここにはいません. 関連 nickname あだ名 / stage name 芸名.

N

語法 **名前の尋ね方**
相手の名前を尋ねるとき, Who are you?↘(あなたはだれなの)と下降調のイントネーション《⇒ **つづり字と発音解説 93**》で言うのは失礼な言い方で普通の会話では用いられない. What's your *name*? (名前は何ですか)も多少ぶっきらぼうな言い方で, May I have [ask] your *name*, please? (お名前を伺ってもよろしいですか)などと尋ねるほうが丁寧.

参考 (1) **英米人の名前 個人の名 → 姓の順**
英米人は家の名つまり姓より, 個人の名を先に言う. 例えば George Washington という名では, 初めの George が個人の名でこれを first name, Christian name (キリスト教徒の場合),《格式》forename,《米》ではまた given name といい, 後の Washington が姓でこれを last name, surname または family name という.
(2) **中間の名 (middle name)**
Edgar Allan Poe の Allan のように first name と last name の間にもう 1 つ(ときに複数)の名を持っている人が多く, これを middle name という《⇒ full name》. ただし, middle name も含めて姓以外の名全部を first name(s) のようにまとめて呼ぶこともある.
(3) **改まった場合と親しい間柄の名の呼び方**
改まった場合には Mr., Mrs., Miss, Ms. などをつけて last name で呼ぶが, 友人や同僚どうしは普通相手を first name で呼ぶ《⇒ first-name》. 主に英国の小中学校などでは教師が児童, 生徒を姓のみで呼ぶことも多い.
(4) **英語で表わす日本人の名前の扱い方**
日本人の名前を英語で話したり書いたりするとき, 従来は英米の習慣に従って Ichiro Tanaka のように名 → 姓の順に直して使う習慣があったが, 最近では日本の習慣どおり Tanaka Ichiro のように姓 → 名の順で言う方式に変わりつつある.

❷ Ⓒ [普通は単数形で] **評判**; 名声 [≒reputation]: one's good [bad] *name* 名声[悪評] / have [get] a bad *name* 悪い評判をとる / They ***gave*** the school a ***bad*** [***good***] ***name***. 彼らは学校の評判を落とした[上げた] / The hotel ***has*** a (***good***) ***name for*** its service. そのホテルはサービスがよいので好評だ. 日英 「ネームバリュー」は和製英語. ❸ Ⓒ《略式》有名な人, 名士: a big [famous, household] *name* 有名人. ❹ [形容詞的に]《略式》名前のよく知られた, 一流の. ❺ Ⓒ 名義; (実(じつ)に対しての)名, 名ばかりのもの, 名目; 虚名: ⇒ in the name of ... (成句).

by náme [副] (1) **名を言って**, 名指しで: He called me *by* (my) *name*. 彼は私の名を呼んだ. (2) 名前が(...という). (3) ⇒ know ... by name (成句).

by the náme of ... [前]《格式》...という名の; ...と称する: I met a man *by the name of* Jones. ジョーンズという名の人に会った.

cáll ... námes [動] ㊀ (人)をののしる, (面と向かって)(人)の悪態をつく.

cléar one's [...'s] **náme** [動] ㊂ 自分の[...の]汚名を晴らす.

dróp námes [動] ㊂ (相手を感心させるために)有名人の名を口にする.

gíve one's **náme to ...** [動] ㊀ (自分が発見[発明]したもの)に名を残す[自分の名をつける].

gó by [ùnder] the náme (of) ... [動] ㊀ (特に身元を隠すために)...という名前で通している.

hàve ...'s náme on it [動] ㊂ ...のためのものである, ...に向けたものである.

in áll but náme [形·副] 事実上(の), 実質的に.

in Gód's [héaven's] náme = in the náme of Gód [héaven] [副] (1)《格式》神に誓って. (2) [疑問詞を強めて]《格式》一体全体.

in náme ónly [形·副] 名目だけの[は].

in the náme of ... = in ...'s náme [前] (1) **...の名義で**: the land *in* my wife's *name* 妻名義の土地 / make a reservation *in the name of* Smith スミスの名で予約する. (2) **...の名において**, ...の名目で: The war was waged *in the name of* freedom. その戦争は自由の名において行なわれた. (3) (神など)の名にかけて, ...に誓って ⇒ in God's name.

knów ... by náme [動] ㊀ (...)の**名前は知っている**; (...)の名前を知っている: I *know* Mr. Black only *by name*. ブラックさんのことは名前だけ知っています.

lénd one's **náme to ...** [動] ㊀ (支援して)...に名前を貸す, ...を支持する, ...に賛同する.

máke a náme for oneself **= máke** one's **náme** [動] ㊂ (よいことで)有名になる, 評判を高める (*as, in*).

pùt a náme to ... [動] ㊀ [普通は cannot, could not を伴って] Ⓢ ...を思い出す.

pút one's **náme dòwn for ...** [動] ㊀ ...の候補として記名する; ...へ応募[入会]する.

táke ...'s náme in váin [動] [しばしばこっけいに] 軽々しく...の名を口にする.

the náme of the gáme [名]《略式》肝心な事[物], (物事の)決め手.

to one's **náme** [副]《略式》(金銭などが)自分の所有で: He didn't have a penny *to his name*. 彼は自分の金は全く持っていなかった.

ùnder the náme (of) ... [前] ...という(本名とは違う)名で; ...の名義で. (形 nóminal 1, 2)

— 動 (names /~z/; named /~d/; nam·ing) ㊀
❶ (人·物)を**...と名づける, 命名する**: The couple *named* their baby Thomas. V+O+C (名) その夫婦は自分たちの赤ん坊にトマスという名前をつけた / The plane *was named* the Eagle. V+O+C (名)の受身 その飛行機は「イーグル号」と名づけられた / Once there was a farmer *named* John. 昔ジョンという名の農夫がいました.
❷ (...)の**名を言う**, 名指す, 名をあげる: *Name* some of the flowers you like. あなたの好きな花をいくつか言ってみてください / Mack ***was named as*** a suspect. V+O+C (*as*+名)の受身 容疑者としてマックの名があがった.
❸ (...)を(~に)**指名する**, 任命する [≒appoint] (*to* do): They ***named*** Mr. Clark ***to*** the post. V+O+*to*+名 彼らはクラーク氏をその地位に任命した / She ***was named*** (***as***) (the) successor to the chairperson. V+O+C ((*as*+)名)の受身 彼女は会長の後継者に指名された.
❹ (日時など)をはっきりと決める, 指定する: *name* the day 結婚式の日取りを決める.

náme ... àfter [《米》for] ~ [動] ㊀ (...)を**~の名にちなんで命名する**: Mary was *named after* her aunt. メアリーはおばの名をとって名づけられた.

náme námes [動] ㊂ (悪事関係者, 特に共犯者の)名を明かす.

to náme (but) a féw [副] つなぎ語 (ほんの)少しの例をあげれば.

Yòu náme it. Ⓢ (そのほか)何でも, よりどりみどりで: Wine, beer—*you name it* and we've got it. ワイン, ビール, 何でも言ってみて, 私たちの所にはあるから. 〖語源 noun と同語源〗

náme brànd 名 C 有名ブランド品.

name-call·ing /néɪmkɔ̀ːlɪŋ/ 名 U 悪口(を言うこと), 中傷.

name-drop /néɪmdrɑ̀(ː)p | -drɔ̀p/ (-drops ; -dropped; -dropping) 動 自 [軽蔑的] (知人のように)有名人の名前をあげる.

name-drop·ping /néɪmdrɑ̀(ː)pɪŋ | -drɔ̀p-/ 名 U [軽蔑的] (知人のように)有名人の名前をあげること.

name·less /néɪmləs/ 形 ❶ [普通は 限定] 名のない; 無名の; 匿名の: a certain person who shall remain *nameless* Ⓢ 名前は伏せておくがある人. ❷ [普通は 限定] 《文語》(恐怖などが)名状しがたい, 口に出せない: *nameless* terrors 口に出せない恐怖.

+**name·ly** /néɪmli/ 副 つなぎ語 **すなわち**, つまり: the two countries of North America, *namely* the United States and Canada 北米の2つの国, つまり米国とカナダ. 語法 that is to say も前の語句をさらに詳しく説明するときに使うが, namely のほうがよりいっそう具体的な説明をするときに用いられる.

name·plate /néɪmplèɪt/ 名 C 表札; 名札.

name·sake /néɪmsèɪk/ 名 C [普通は所有格の後で] Ⓦ 同名の人[物]; (他人の)名をもらった人.

náme tàg 名 C 名札, ネームタグ.

Na·mib·i·a /nəmíbiə/ 名 固 ナミビア《アフリカ南西部の共和国》.

nan /nǽn/ 名 U,C ナン《インドの平たい発酵パン》.

Nan /nǽn/ 名 固 ナン《女性の名; Ann(e), Anna の愛称》.

Nan·cy /nǽnsi/ 名 固 ナンシー《女性の名; Anna の愛称》.

nan·ny /nǽni/ 名 C (nan·nies) (住み込みで雇われた)乳母, 子守の女性.

nan·o- /nǽnoʊ/ 接頭 「10億分の1」の意.

nan·o·sec·ond /nǽnoʊsèkənd/ 名 C ナノ秒, 10億分の1秒.

nan·o·tech·nol·o·gy /nǽnoʊteknɑ̀(ː)ləʤi | -nɔ̀l-/ 名 U ナノテクノロジー《微小な機械の加工など分子・原子のレベルで素材を扱う超微細技術》.

Na·o·mi /neɪóʊmi, néɪəmìː/ 名 固 ネイオーミ《女性の名》.

+**nap**[1] /nǽp/ 名 (~s /~s/) C **うたた寝**, 居眠り, 昼寝: have [take] a *nap* 昼寝する. — 動 (naps; napped; nap·ping) 自 うたた寝をする. **cátch ... nápping** [動] 他 《略式》(...)の不意を突く, 油断につけこむ; サボっているところを見つける.

nap[2] /nǽp/ 名 [単数形で] (ベルベットなどの)けば.

na·palm /néɪpɑːm/ 名 U ナパーム《ガソリンのゼリー化剤; 火炎放射器・焼夷(しょうい)弾用》.

nape /néɪp/ 名 [the ~ of ...'s neck で] (人の)首筋, うなじ《⇒ neck 挿絵; scruff》.

naph·tha /nǽfθə/ 名 U ナフサ《粗製のガソリン》.

naph·tha·lene /nǽfθəlìːn/ 名 U 〖化学〗ナフタリン.

nap·kin /nǽpkɪn/ 名 ❶ C (食卓用の)ナプキン: Put your *napkin* on your lap. ひざにナプキンを置きなさい. ❷ C 《古風, 英格式》= diaper. ❸ C 《米》= sanitary napkin. 〖語源 原義は「小さな布切れ」〗

nápkin rìng 名 C ナプキンリング《ナプキンを巻いてはさんでおく金属などの輪》.

Na·ples /néɪplz/ 名 固 ナポリ《イタリア南部の都市でかつてのシチリア王国の首都》: See *Naples* and (then) die. 《ことわざ》ナポリを見てから死ね(一生に一度はナポリを見物しておけ).

Na·po·le·on Bo·na·parte /nəpóʊliənbóʊnəpɑ̀ət | -pɑ̀ːt/ 名 固 ナポレオン(ボナパルト) (1769–1821)《フランスの皇帝 (1804–15); Waterloo の戦いに敗れ St. Helena 島へ流されて死んだ》.

nap·py /nǽpi/ 名 (nap·pies) C 《英》= diaper.

narc /nɑ́ək | nɑ́ːk/ 名 C 《米略式》麻薬取締官.
— 動 自 《米略式》(麻薬に関して)たれ込む (*on*).

narcissi 名 narcissus の複数形.

nar·cis·sis·m /nɑ́əsəsìzm | nɑ́ː-/ 名 U 《格式》[軽蔑的] 自己陶酔(症), ナルシシズム.

nar·cis·sist /nɑ́əsəsɪst | nɑ́ː-/ 名 C 《格式》[軽蔑的] 自己陶酔者, ナルシスト.

nar·cis·sis·tic /nɑ̀əsəsístɪk | nɑ̀ː-←/ 形 《格式》[軽蔑的] 自己陶酔的な.

nar·cis·sus /nɑəsísəs | nɑː-/ 名 (複 ~·es, ~, nar·cis·si /-saɪ/) C すいせん《⇒ daffodil》.

Nar·cis·sus /nɑəsísəs | nɑː-/ 名 固 〖ギリシャ神話〗ナルキッソス《泉に映った自分の姿に恋こがれて水死し, すいせんの花と化した美青年》.

nar·cot·ic /nɑəkɑ́(ː)tɪk | nɑːkɔ́t-/ 名 C ❶ [しばしば複数形で]《主に米》麻薬. ❷ C 麻酔薬; 鎮静剤, 睡眠薬. — 形 ❶ 限定 《主に米》麻薬の, 麻薬中毒の. ❷ 麻酔薬[剤]の, 鎮静の, 睡眠の.

nar·rate /nǽreɪt, næréɪt | nəréɪt/ 動 他 《格式》(...)を物語る, (順序立てて)述べる, 話す [≒tell]; (映画など)の語り手[ナレーター]になる.
(名 narrátion, nárrative, 形 nárrative)

nar·ra·tion /næréɪʃən, nə-/ 名 ❶ U,C 《格式》叙述, 物語ること. ❷ C,U (映画・劇などの)ナレーション. ❸ U 〖文法〗話法《⇒ **巻末文法 14**》. (動 nárrate)

+**nar·ra·tive** /nǽrəṭɪv/ 名 (~s /~z/) ❶ C 《格式》(現実の)**話**; **物語** [≒story]; U (会話部分に対して)地の部分. ❷ U,C 《格式》物語ること; 話術, 語り口.
(動 nárrate)
— 形 ❶ 限定 [比較なし]《格式》物語風の: a *narrative* poem 物語詩. ❷ 限定 物語の, 話術の.
(動 nárrate)

+**nar·ra·tor** /nǽreɪṭə, næréɪ- | nəréɪtə/ 名 (~s /~z/) C (テレビなどの)**語り手**, ナレーター; 物語る人.

**nar·row /nǽroʊ/

— 形 (nar·row·er; nar·row·est) ❶ **幅が狭い**, 細い [⇔ broad, wide]: a *narrow* bridge 狭い橋 / The alley is too *narrow* for the car to get into. その路地は狭くて車が入れない / *The Narrow Road to the Deep North*『奥の細道』《芭蕉の旅日記の英訳名》.

narrow (幅が)	狭い (⇒ wide 表)
small (面積が)	

狭い

狭い部屋
○a small room
×a narrow room《「細長い部屋」の意味になる》
✪ narrow は細長いことを表し, 面積が狭いと言うときは small を用いる.

❷ [普通は 限定] **ぎりぎりの**, きわどい: win a *narrow* victory かろうじて勝つ / I had a *narrow* escape. 私は

間一髪逃れた.
❸ (範囲・知識などが)**狭い**, 限られた; 厳密な [⇔ broad, wide]: a *narrow* range of themes 限られた範囲のテーマ / in a *narrow* sense 厳密な意味で. ❹ 心の狭い, 狭量な [⇔ broad]; けちけちしている, けちな: *narrow* views 狭い見方, 狭量な考え. ❺《格式》入念な, 詳細な: a *narrow* examination 入念な調査.
— 動 (nar·rows /~z/; nar·rowed /~d/; -row·ing) 自 (幅が)**狭くなる**, 細くなる; (目が)細まる; (範囲・差などが)狭(せ)まる [⇔ widen]: The valley *narrows* 500 feet ahead. 谷は 500 フィート先で狭くなっている.
— 他 (道など)を**狭くする**, 細くする; (目)を細める; (差など)を狭める: He *narrowed* his eyes. 彼は目を細めた. 語法 まぶしくて, またはよく見ようとして目を細めることをいう. with narrowed eyes (目を細めて)は「いぶかしげに」の意味 // *narrow* the gap between young and old 若者と高齢者との断絶を狭める.
nárrow dówn [動] 他 (範囲など)を狭める, 絞る (*to*).
— 名 [複数形で] 海峡, 瀬戸; 《米》(川などの)狭い部分.

nar·row·ly /nǽrouli/ 副 ❶ かろうじて [≒barely]; 僅差で: *narrowly* escape death かろうじて死を免れる. ❷ 狭義に, 狭く: interpret the law *narrowly* 法律を狭く解釈する. ❸《格式》入念に; 詳しく, 精密に.

nar·row-mind·ed /nǽroumáindɪd←/ 形 心の狭い, 狭量な [⇔ broad-minded]. **~·ness** 名 U 狭量, 了見の狭さ.

nar·row·ness /nǽrounəs/ 名 U 狭さ; 狭量; きわどさ.

NASA /nǽsə, nɑ́ː-/ 名 固 = National Aeronautics and Space Administration (⇒ aeronautics).

na·sal /néɪz(ə)l/ 形 ❶ 限定〔解剖〕鼻の, 鼻腔(びこう)の: the *nasal* cavity 鼻腔. ❷ 鼻にかかった, 鼻声の;〔音声〕鼻音の. 関連 oral □の. — 名 C〔音声〕鼻音《/m/, /n/, /ŋ/ など》. **~·ly** /-zəli/ 副 鼻音的に; 鼻にかかって.

nas·cent /nǽs(ə)nt/ 形 限定《格式》発生しかけている, 生まれつつある; 初期の, 発生期の.

nas·ti·ly /nǽstəli | nɑ́ːs-/ 副 ❶ 意地悪く, 悪意をもって. ❷ 感じが悪く, 不快に.

nas·ti·ness /nǽstinəs | nɑ́ːs-/ 名 U 意地悪さ; 不快, ひどさ.

nas·tur·tium /nəstə́ːʃəm | -tə́ː-/ 名 C のうぜんはれん, きんれんか, ナスターチウム《観賞用植物》.

+**nas·ty** /nǽsti | nɑ́ːs-/ 形 (nas·ti·er /nǽstiə | nɑ́ːstiə/; nas·ti·est /nǽstiɪst | nɑ́ːs-/) ❶ (発言・行動などが)**意地の悪い**, 悪意のある; 卑劣な: a *nasty* question 意地の悪い質問 / a *nasty* trick 卑劣なたくらみ / say *nasty* things (about ...) (...について)ひどいことを言う / Don't be so ***nasty to*** me. +to+名 私にそんなに意地悪しないで.
❷ (味・におい・見た目などが)**いやな**, ぞっとするような, 不快な [⇔ nice]: a *nasty* smell いやなにおい / It tastes *nasty*. それはいやな味がする / I got a *nasty* surprise. ぞっとするようないやな驚きを感じた / have a *nasty* feeling いやな予感がする.
❸ (傷・病気などが)**ひどい**; (天候・状況などが)**険悪な**, 危ない, やっかいな: a *nasty* cut ひどい傷 / *nasty* weather 険悪な空模様 / a *nasty* storm ひどいあらし / a *nasty* situation やっかいな立場. ❹ [普通は 限定] 卑猥(ひわい)な, いやらしい.
túrn [gèt] násty [動] 自 (1)《主に英》不機嫌になる, 怒る; おどす. (2) (天候・状況などが)悪化する: Things *got nasty*. 事態が悪化した.

Nat /nǽt/ 名 固 ナット《男性の名; Nathaniel の愛称》.

na·tal /néɪtl/ 形 限定《格式》出生の, 出産の: her *natal* home 彼女の生家 //⇒ prenatal.

Na·than·iel /nəθǽnjəl/ 名 固 ナサニエル《男性の名; 愛称は Nat》.

⁑na·tion /néɪʃən/

— 名 (~s /~z/)

> **意味のチャート**
> ラテン語で「生まれること」の意; native, nature と同語源. → (地元生まれの人たち) →「**種族**」,「**民族**」❷ →「**国民**」❶ →「**国家**」❶

❶ C **国家**《⇒ country 表》; [しばしば the ~] (国家を構成する)**国民**《全体; ⇒ race² 類義語》: an independent *nation* 独立国 / industrialized *nations* 工業国 / the voice of *the nation* 国民の声, 世論 / *the* Japanese *nation* 日本国民 / *The* whole *nation* was glad at the news. 全国民はその知らせを聞いて喜んだ. 関連 the United Nations 国際連合. ❷ C 民族, 種族: a *nation* without a country 国家を持たない民族. (形 nátional)

⁑na·tion·al /nǽʃ(ə)nəl/

— 形 ❶ [普通は 限定] [比較なし] **国家の; 国民の**, 国民的な; **国内的な**《国際的に対して》: the *national* flower 国花《日本の桜, England のばらなど》/ a *national* sport 国技《日本の相撲, 米国のアメリカンフットボールや野球など》/ a *national* hero 国民的な英雄 / *national* interests 国益. 関連 international 国際的な.
❷ 限定 [比較なし] **国立の**, 国有の: a *national* theater 国立劇場 / a *national* bank 国立銀行; 《米》国法銀行 / *national* forests 国有林. ❸ [普通は 限定] 全国的な: a *national* newspaper 全国紙. 関連 local 地方の. (名 nátion, 動 nátionalìze)
— 名 C《格式》...国籍の人, (外国に住む)...人: Japanese *nationals* in the United States 在米邦人.

nátional ánthem 名 C 国歌: the British *national anthem* 英国国歌. 関連 the Star-Spangled Banner 星条旗(米国国歌).

nátional débt 名 C [普通は the ~] 国の債務.

nátional flág 名 C 国旗. 関連 the Stars and Stripes 星条旗(米国旗) / the Union Jack ユニオンジャック(英国旗).

Nátional Guárd 名 [the ~]《米》州兵《全体》, 州軍《州ごとに組織される民兵軍》.

Nátional Héalth Sèrvice 名 [the ~]《英》国民健康保険制度《⇒ socialized medicine》.

nátional hóliday 名 C 国民祝日; 法定休日《⇒ holiday 表》.

Nátional Insúrance 名 U《英》(病人・失業者・退職者への)国民保険[年金]制度.

+**na·tion·al·is·m** /nǽʃ(ə)nəlìzm/ 名 U [ときに軽蔑的] **国家主義; 民族主義**. (形 nàtionalístic)

+**na·tion·al·ist** /nǽʃ(ə)nəlɪst/ 名 C [ときに軽蔑的] **国家主義者; 民族主義者**. (形 nàtionalístic)
— 形 限定 [ときに軽蔑的] 国家主義(者)の; 民族主義(者)の.

na·tion·al·is·tic /næ̀ʃ(ə)nəlístɪk←/ 形 [普通は軽蔑

的] 国家主義的な; 民族主義的な.
(名 nátionalìsm, nátionalist)

+**na·tion·al·i·ty** /næ̀ʃənǽləṭi/ 名 (-i·ties /~z/) ❶ U,C **国籍:** have Swiss *nationality* スイス国籍を持っている / "What is your *nationality*?" = "What *nationality* are you?" "I'm French."「あなたの国籍はどちらですか」「フランスです」/ dual *nationality* 二重国籍 / a ship of unknown *nationality* 国籍不明の船. ❷ C [普通は複数形で] 民族, 国民: people of various *nationalities* いろいろな民族の人たち.

na·tion·al·i·za·tion /næ̀ʃ(ə)nəlɪzéɪʃən | -laɪz-/ 名 U 国有(化), 国営化.

na·tion·al·ize /nǽʃ(ə)nəlàɪz/ 動 他 (...)を国有[国営]にする: a *nationalized* industry 国営産業.
(形 nátional)

Nátional Léague 名 固 [the ~] 《米》 ナショナルリーグ《プロ野球大リーグ (major leagues) の 1 つ》. 関連 American League アメリカンリーグ.

na·tion·al·ly /nǽʃ(ə)nəli/ 副 国として, 国家的に; 全国的に; 国内的に; 国家的に見て; 全国民によって.

nátional mónument 名 C 国定記念物《政府が管理する史跡·天然記念物など》.

+**nátional párk** 名 C [しばしば N- P-] **国立公園.**

nátional secúrity 名 U 国家安全保障.

nátional sérvice 名 U [しばしば N- S-] 《英》 徴兵制度《英国では 1960 年に廃止》.

Nátional Trúst 名 [the ~] ナショナルトラスト《英国の自然美保護財団》.

Nátional Wéather Sèrvice 名 [the ~] 《米》 国立気象局.

na·tion-state /néɪʃənstéɪt/ 名 C 国民国家《社会的·文化的·地理的に一つとみなし得る共同体よりなる国家》.

+**na·tion·wide** /néɪʃənwáɪd←/ 形 [普通は 限定] **全国的な:** a *nationwide* broadcast 全国放送.
— 副 全国的に.

⁑na·tive /néɪṭɪv/

— 形 [比較なし] ❶ 限定 **生まれ故郷の,** 出生地の; 生国の: one's *native* country [land] 生まれた国 / His *native* language [tongue] is German. 彼の母語はドイツ語です.

❷ (人や物が)**土着の,** 生粋(きっすい)の; その土地本来の, (動植物が)原産の; [差別的] (白人に対して)原住民の: a *native* New Yorker 生粋のニューヨーク市民 / The potato is ***native to*** the highlands of Central and South America. +to+名 じゃがいもは中南米高地が原産だ.

❸ 限定 **生まれつきの,** 生来の: She has a *native* charm. 彼女には生まれながらの愛嬌(あいきょう)がある. ❹ (鉱物などが)天然の, 自然のままの. ❺ 〔コンピュータ〕 特定のシステム用の.

gò nátive [動] 自 [しばしばこっけいに] (旅行者などが) その土地の流儀に従う, 地元民になりきる.

— 名 (~s /~z/) ❶ C **その土地で生まれた人,** 本国人, (その土地の)住民, ネイティブ: a ***native of*** New England ニューイングランド生まれの人 / He speaks English like a *native*. 彼は英語をネイティブなみに話す. ❷ C [普通は複数形で] [差別的] 《古風》 (白人に対して)原住民, 土着民. ❸ C 土着の動植物 (*of*).

Nátive Américan 名 C アメリカ先住民《《米》では American Indian よりも差別的でなく公正な言い方とされる; ⇒ politically correct》. — 形 限定 アメリカ先住民の.

nátive spéaker 名 C ネイティブスピーカー, 母語話者: a *native speaker of* English 英語を母語として話す人.

Na·tiv·i·ty /nətívəṭi/ 名 (-i·ties) ❶ [the ~] キリストの降誕. ❷ C キリスト降誕の図.

*__NATO, Nato__ /néɪṭoʊ/ 発音 名 固 **ナトー,** 北大西洋条約機構《North Atlantic Treaty Organization の略; ⇒ acronym》.

⁂nat·u·ral /nǽtʃ(ə)rəl/ 発音

— 形 ❶ 限定 [比較なし] **自然の, 天然の,** 自然のままの [⇔ artificial]; 自然界の [⇔ supernatural]; 自然の過程による, 自然な [⇔ unnatural]: *natural* forces 自然の力《雨·風·雷など》/ the *natural* world 自然界 / *natural* disasters 天災 / *natural* foods 自然食 / *natural* products 自然の産物 / *natural* death = death from *natural* causes (加齢·病気などによる)自然死 / *natural* life 寿命.

❷ (論理的に[人情として])**当然の,** 当たり前の, 自然な [⇔ unnatural]: ***It is*** (***only***) ***natural for*** parents ***to*** love their children. 親が自分の子供をかわいがるのは(ごく)当然です《⇒ for 前 B》/ ***It is natural that*** he *should* have gotten [got] angry with you. 彼があなたに腹を立てたのは当然です《⇒ should A 7 (1); that² A 2》/ *natural* law 自然法. ❸ [普通は 限定] 生まれつきの, 本来の: a *natural* poet 生まれながらの詩人 / *natural* abilities 生まれながらの才能. ❹ (様子などが)気取っていない, ごく自然な, 普通の [⇔ unnatural]: a *natural* way of speaking 自然な話し方 / be [act] *natural* 自然にふるまう. ❺ 限定 (親子などが)実の, 血がつながっている; 《古風》 非嫡出の: one's *natural* parents ...の生みの親《養父母に対して》. ❻ [名詞の後につけて] 〔音楽〕 ナチュラルの, 本位の《記号 ♮》: D *natural* 本位ニ音.
(名 náture)

— 名 ❶ C [普通は a ~] 生まれつきの名人; (仕事などに)うってつけ[ぴったり]のもの[人]: She is *a natural for* the part of Juliet. 彼女はジュリエットの役を演じるのにもってこいだ. ❷ C 〔音楽〕 ナチュラル, 本位音; 本位記号《♮》.

nátural gás 名 U 天然ガス.

nat·u·ral-born /nǽtʃ(ə)rəlbɔ́ən | -bɔ́ːn/ 形 限定 生まれつきの, 生まれつき能力のある.

nátural hístory 名 U 博物学, 自然史《植物学·動物学·鉱物学などの昔の総称》.

nat·u·ral·is·m /nǽtʃ(ə)rəlìzm/ 名 U 〔文学·芸術·哲学〕 自然主義.

nat·u·ral·ist /nǽtʃ(ə)rəlɪst/ 名 ❶ C 博物学者《特に動植物を戸外で観察·研究する人》. ❷ C 〔文学·芸術·哲学〕 自然主義者. — 形 = naturalistic.

nat·u·ral·is·tic /næ̀tʃ(ə)rəlístɪk←/ 形 〔文学·芸術·哲学〕 自然主義的な, 写実的な.

nat·u·ral·i·za·tion /næ̀tʃ(ə)rəlɪzéɪʃən | -laɪz-/ 名 U 帰化; (外国からの)移入, 移植.

nat·u·ral·ize /nǽtʃ(ə)rəlàɪz/ 動 他 ❶ [普通は受身で] (人)を帰化させる, (人)に市民権を与える: Lafcadio Hearn *was naturalized in* Japan in 1896. ラフカディオ ハーンは 1896 年に日本に帰化した. ❷ [普通は受身で] (動植物)を他の風土[気候]に慣らす; (外国から)移入[移植]する (*into*). — 自 新しい風土に慣れる.

nat·u·ral·ized /nǽtʃ(ə)rəlàɪzd/ 形 帰化した.

⁂nat·u·ral·ly /nǽtʃ(ə)rəli/

N

— 副 ❶ 文修飾 当然, もちろん, むろん: *Naturally* (enough), she accepted the invitation. = She *naturally* accepted the invitation. 当然彼女はその招待に応じた / 🗨 "Did you go to the party?" "*Naturally*!" 「パーティーには行きましたか」「もちろん」 ❷ **自然に**, すらすらと; **ふだんと変わらずに**, 改まらずに [⇔ unnaturally]: speak [behave] *naturally* 自然に話す[ふるまう] / She greeted her ex-husband quite *naturally*. 彼女は前夫とごく自然にあいさつした. ❸ 生まれつき, 生来; 本来: His hair is *naturally* curly. 彼は生まれつきの巻き毛です / a *naturally* gifted pianist 生まれつき才能のあるピアニスト. ❹ 自然の力で, 自然に: *naturally* occurring substance 自然に存在する物質. **còme náturally to ...** [動] 他 ...にはすらすら[楽々]とできる.

nat·u·ral·ness /nǽtʃ(ə)rəlnəs/ 名 U 自然さ.

nátural résources 名 複 天然資源.

nátural scíence 名 C,U 自然科学. 関連 social science 社会科学 / humanities 人文科学.

nátural seléction 名 U 〔生物〕(適者生存による)自然淘汰(とうた).

*****na·ture** /néɪtʃɚ | -tʃə/

— 名 (~s /~z/)

意味のチャート
ラテン語で「生まれること」の意; nation と同語源. → (生まれながらの性質) → 「**本質**」 ❷ → (本質を司(つかさど)るもの) → 「**自然(の力)**」 ❶

❶ U [しばしば N-] **自然**(✪ the はつけない); 自然現象; 自然の力; 自然界; 自然の状態; [N-] 自然の女神: a *nature* lover 自然を愛する人 / the laws of *nature* 自然の法則 / Return to *nature*! 自然に帰れ / go [get] back to *nature* 自然(の生活)に帰る / minerals found in *nature* 自然界にある鉱物 / All *nature* was quiet around us. あたりは万物ことごとく静まり返っていた. 語法 しばしば擬人化されて女性・女神として扱われる(⇒ Mother Nature).

❷ C,U **性質**, 性分, 天性(⇒ character 類義語); (物の)本質, 特徴: one's better *nature* (人の)良心[親切心] / As a child, he had a sweet *nature*. 彼は子供のとき優しい性格だった / It wasn't in his *nature* to criticize others. 他人の批判をするのは彼の性に合わなかった / She is kind ***by nature***. 彼女は生まれつき親切なのだ / the exact ***nature of*** the problem その問題の本質 / These are similar ***in nature***. これらは本質的には似かよっている. ❸ [単数形で] 種類 [≒sort, kind]: matters *of* that *nature* その種の事柄.

agàinst náture [形・副] 不自然な[に]; 不道徳な[に], 人道にもとる.

in a stàte of náture [形・副] (1) 未開の状態で, 野生のままで. (2) [こっけいに] 生まれたままの姿[丸裸]で.

in the náture of ... [前] ...のような性質を持って, ...に似て.

in the náture of thìngs [副] 文修飾 事の性質上; 当然のことだが.

lèt náture tàke its cóurse [動] 自 自然の成り行きに任せる.

the cáll of náture ⇒ call 名 成句. (形 nátural)

náture resèrve 名 C 自然保護区.

náture tràil 名 C (自然を観察するように作った)自然遊歩道.

naught /nɔ́ːt/ 名 ❶ U 《文語》 無 [≒nothing]. ❷ C,U 《米》 ゼロ, 零(の数字) [《英》 nought]. **còme to náught** [動] 自 《文語》 無効になる, 失敗に終わる.

naugh·ti·ly /nɔ́ːṭəli/ 副 わんぱくに, 行儀悪く.

naugh·ti·ness /nɔ́ːṭinəs/ 名 U わんぱく, (子供の)行儀悪さ.

+**naugh·ty** /nɔ́ːṭi/ ❗発音 形 (naugh·ti·er /-ṭiɚ | -tiə/; naugh·ti·est /-ṭiɪst/) (普通は子供が)**いたずらな**, わんぱくな, 行儀の悪い, 言うことをきかない; 《略式》 エッチな: a *naughty* boy いたずらっ子 / 言い換え You're *naughty* to pull your sister's hair. = ***It's naughty of*** you ***to*** pull your sister's hair. 妹の髪を引っ張るなんて悪い子だ(⇒ of 12).

nau·se·a /nɔ́ːziə, -siə/ 名 ❶ U 《格式》 吐き気, むかつき. ❷ U 《格式》 嫌悪(感).

nau·se·ate /nɔ́ːʒièɪt, -ʃi- | -si-, -zi-/ 動 他 《格式》 (...)に吐き気を起こさせる; ぞっとさせる.

nau·se·at·ed /nɔ́ːʒièɪṭɪd, -ʃi- | -si-, -zi-/ 形 吐き気を起こした; ぞっとした.

nau·se·at·ing /nɔ́ːʒièɪṭɪŋ, -ʃi- | -si-, -zi-/ 形 吐き気を起こさせるような; ぞっとするほどいやな. **~·ly** 副 吐き気がするほど; ぞっとするほど.

nau·seous /nɔ́ːʃəs, -ziəs | -siəs, -zi-/ 形 ❶ 吐き気がする, むかつく: I feel *nauseous*. 吐き気がする. ❷ 《格式》 吐き気を起こさせるような, ぞっとするほどいやな.

nau·ti·cal /nɔ́ːṭɪk(ə)l/ 形 [普通は 限定] 船の; 船員の; 航海の. **-cal·ly** /-kəli/ 副 船で; 航海上.

náutical míle 名 C 海里(1 海里 1852m が国際単位): a zone of 200 *nautical miles* 200 海里水域. 関連 knot ノット.

nau·ti·lus /nɔ́ːṭələs/ 名 (複 ~·es, nau·ti·li /-làɪ/) C おうむがい(頭足類).

***na·val** /néɪv(ə)l/ (同音 navel) 形 限定 **海軍の**; 軍艦の: a *naval* officer 海軍士官 / *naval* power 海軍力, 制海権 / a *naval* base 海軍基地. 関連 military 陸軍の. (名 návy)

Nával Acàdemy 名 [the ~] 《米》 海軍兵学校.

nave /néɪv/ 名 C 〔建築〕 (教会堂の)身廊(しんろう)(⇒ church 挿絵).

na·vel /néɪv(ə)l/ 名 C へそ(⇒ body 挿絵).

cóntemplate [gáze at] one's nável [こっけいに] 物思いにふける.

nável òrange 名 C ネーブル(果物).

nav·i·ga·bil·i·ty /næ̀vɪgəbíləṭi/ 名 U (川・水路が)航行できること.

nav·i·ga·ble /nǽvɪgəbl/ 形 (川・湖などが)航行可能な.

+**nav·i·gate** /nǽvɪgèɪt/ 動 (-i·gates /-gèɪts/; -i·gat·ed /-ṭɪd/; -i·gat·ing /-ṭɪŋ/) 他 ❶ (船・航空機など)を**誘導する**, 操縦する, 運転する; (道など)を進む: *navigate* one's way through ... ...をうまく通り抜ける. ❷ (複雑な問題など)に対処する, (困難・規則など)を切り抜ける. ❸ (海・川・空)を航行する, 航海する. ❹ (インターネット・ウェブサイト)を見て回る. — 自 ❶ 誘導する, 道案内をする; 航行する, 航海する: *navigate* by the stars 星を目印に航海する. ❷ 対処する, 切り抜ける. ❸ インターネット[ウェブサイト]を見て回る. (名 nàvigátion)

nav·i·ga·tion /næ̀vɪgéɪʃən/ 名 ❶ U 誘導; 航行, 航海, 航空: car *navigation* カーナビゲーション / This river is open to *navigation*. この川は航行できる. ❷ U 航海[航空]術. ❸ U (インターネット・ウェブサイトを)見て回ること. (動 návigàte)

nav·i·ga·tor /nǽvɪgèɪṭɚ | -tə/ 名 C 航海者, 航行

者; (航空機の)航空士; (車の)ナビゲーター.

***na·vy** /néɪvi/ 名 (na·vies /~z/) ❶ [the ~, the N- で《英》単数または複数扱い] **海軍**; 海軍力: *the* United States *Navy* 米国海軍 (略 USN) / *the* Royal [British] *Navy* 英国海軍 / join [enlist in] *the Navy* 海軍に入る / be in *the Navy* 海軍の軍人である. 関連 army 陸軍 / air force 空軍. ❷ C (海軍の)全艦隊, 海軍軍人《全体》. ❸ U = navy blue. (形 nával)
— 形 = navy blue.

návy blúe 形 濃紺色の. — 名 U 濃紺色《英海軍の制服の色》.

nay /néɪ/ 名 C 否定[不賛成]の返事; 反対投票, 反対投票者 [⇔ ay(e), yea]: The *nays* have it! 反対多数《議長などのことば》. — 副 ❶ [接続詞的に]《文語》というよりむしろ. ❷《古語》否(いな), いや [≒no] [⇔ ay(e), yea]. 語法 口頭の採決などでは, しばしば no の代わりに用いられる.

Naz·a·reth /nǽzərəθ/ 名 固 ナザレ《パレスチナ (Palestine) 北部の町; イエス キリストが少年期を過ごした》.

+**Na·zi** /nɑ́ːtsi, nǽtsi/ 名 (~s /~z/) ❶ C (ドイツの)**ナチ党員**; [the ~s] ナチ党, ナチス《ヒトラー (Hitler) が指導した国家社会主義ドイツ労働者党》. 関連 Fascist ファシスト党員. ❷ C S [軽蔑的] 横暴な人.
— 形 ナチ党の, ナチスの.

Na·zis·m /nɑ́ːtsɪzm, nǽts-/, **Na·zi·is·m** /nɑ́ːtsiìzm, nǽts-/ 名 U ナチズム, ドイツ国家社会主義.

N.B., n.b. /énbíː, nóʊṭəbéneɪ/《格式》注意, 注意せよ《ラテン語 *n*ota *b*ene (= note well) の略で, 注記の初めに記す》.

NBA /énbìːéɪ/ 略 固 = National Basketball Association 全米バスケットボール協会《米国のプロバスケットボールリーグ》.

NBC /énbìːsíː/ 名 固 NBC《米国の 3 大放送会社の 1 つ; *N*ational *B*roadcasting *C*ompany の略; ⇒ ABC², CBS》.

NC〔米郵便〕= North Carolina.

N.C. 略 = North Carolina.

NCAA 略 = National Collegiate Athletic Association 全米大学競技協会.

NCO /énsìːóʊ/ 略 = noncommissioned officer.

NC-17 /énsìːsèv(ə)ntíːn/ 名 C,U《米》〔映画〕17 歳以下禁止《*N*o *C*hildren under *17* の略》.

ND〔米郵便〕= North Dakota.

-nd 略 = secon*d*. 語法 2*nd* (= secon*d*), 22*nd* (twenty-secon*d*)のように数字の 2 につけて序数を表わす《⇒ number 表》.

N.D., N.Dak. 略 = North Dakota.

NE¹ /éníː/〔米郵便〕= Nebraska.

+**NE²** /éníː/ 略 ❶ **北東** (northeast). ❷ = northeastern.

Neal /níːl/ 名 固 ニール《男性の名》.

Ne·an·der·thal /niǽndəθɔ̀ːl, -tɑ̀ːl | -də-/ 形 ❶ 限定 ネアンデルタール人の. ❷ [軽蔑的] 粗野な; 時代遅れの, 頭の固い. — 名 [しばしば n-] ❶ C = Neanderthal man. ❷ C [軽蔑的] 粗野な人; 時代遅れの[頭の固い]人.

Neánderthal màn 名 U〔人類〕ネアンデルタール人《ドイツの Rhine 地方で発見された旧石器時代の原始人》.

Ne·a·pol·i·tan /nìːəpɑ́(ː)lətn | -pɔ́l-/ 形 ナポリ (Naples) の; ナポリ人の; [n-] (アイスクリームが)ナポリタンの《異なる色と味の層から成る》. — 名 C ナポリ人.

***near** /níə | níə/

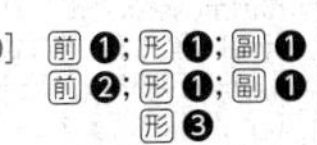

単語のエッセンス
基本的には「近くに[へ]」の意.
1) (場所的に)(...の)近くに[へ, の] 前 ❶; 形 ❶; 副 ❶
2) (時間的に)(...の)近くに[へ] 前 ❷; 形 ❶; 副 ❶
3) (関係が)近い 形 ❸

— 前 /nìə | nìə/ ❶ (距離的に)...**の近くに[へ]**, ...から遠くない所に《⇒ by 前 5 語法, close² 1》: Is there a post office *near* here? この近くに郵便局はありますか / Stay *near* me. 私のそばから離れないで / Come *near* the fire. 火の近くへおいで.

> 語法 前置詞 near は本来は副詞·形容詞用法の near to ... の to が省略されてできたもの《⇒ 副 1 語法》; 従ってときに very, so, too などの副詞で修飾されたり, 比較級·最上級の形で用いられる《⇒ like¹ 前 1 語法 (1)》: The hotel is *very near* the station. そのホテルは駅にとても近い / I want to find an apartment *nearer* my college. 私は大学にもっと近いところにアパートを見つけたい / Who's the girl sitting *nearest* the door? ドアのすぐそばに座っている少女はだれですか.

...から近い

私の学校は家から近い.
○My school is **near** my house.
×My school is near from my house.

❷ (時間的に)...**の近くに**, ...に接近した時に; (状態など)に近づいて; (数量)に近接して: It was *near* noon. 正午近かった / Please phone again *nearer* the end of the month. 月末近くなったらもう一度お電話ください. 語法 nearer to ... とも言える《⇒ 1 語法》 // Our task is *near* completion. 私たちの仕事は完了間近だ / It will cost you *nearer* one hundred dollars. それは百ドル近くかかるよ. ❸ ...に近似して, ...の域に近づいて: Nobody comes *near* him *in* tennis. テニスでは彼にかなう者がいない. ❹ ほとんど[もう少しで]...しかけて: The girls were *near* tears. 女の子たちは泣きそうになっていた / He came *near* death. 彼は危うく死ぬところだった / I came *near* forget*ting* it. もう少しでそれを忘れるところだった. 語法 come near to doing《⇒ 副 2》よりもくだけた言い方.

— 形 (near·er /ní(ə)rə | -rə/; near·est /ní(ə)rɪst/) ❶ (場所的·時間的に) **近い**, 近くの《⇒ 類義語》 [⇔ distant]: Our school is quite *near*. 私たちの学校はすぐそこです / What's the *nearest* station? 最寄りの駅は何駅ですか / Kyoto is ***nearer to*** Osaka than *to* Tokyo. +*to*+名 京都は東京よりも大阪に近い《⇒ 副 1 語法》 / Our vacation is very *near* now. 休暇(が始まるの)はもう間もなくだ / “Is there a convenience store anywhere *near*?” “Over there.” 「どこか近くにコンビニはありませんか」「あそこにあります」 / in the *near* future 近いうちに.

近くの

近くの学校
○a **nearby** school
×a near school
✪「近くの」の意味では名詞の前で用いない. ただし nearest は名詞の前でも用いる.

❷ 限定 近似した, きわどい, ほとんど...(と言える); [普通は最上級で] (本物に)近い: a *near* disaster 危機一髪のところ / a *near* guess 惜しくもはずれた推測 / in *near* darkness ほとんど真っ暗やみの中で / one's *nearest* rival 実力伯仲の[手ごわい]ライバル / This is the *nearest* (thing) we have *to* the Eiffel Tower. これは(我が国で)エッフェル塔に最も似た[近い]建物だ. ❸ 限定 近親の, 親しい: a *near* relation [relative] 身内の者《親や子など; ✪ a close relation [relative] のほうが普通》/ My niece is my *nearest* living relative. 生きている身内の中ではめいが私に最近親だ. ❹ 限定 [比較なし] (自分に)近いほうの: the *near* side of the table テーブルのこちら側.

...'s néarest and déarest [名] [こっけいに] 最も親しい人たち《家族・親友など》.

to the néarest ... [副] [数量表現を伴って] ...単位で概算して, ...の位まで(求めて): round off the number *to the nearest* hundred その数を(10 の位で)四捨五入して 100 の位まで求める.

類義語 **near** 単に漠然と近いことをいい, *close* ほどはっきりと接近していることは意味しない: *near* in time [place] 時間[場所]が近い. **close** 距離・時間においてほとんど接触あるいは同時であるほど接近していること: at *close* range 至近距離から.

— 副 (**near·er** /ní(ə)rə | -rə/; **near·est** /ní(ə)rɪst/) ❶ (場所的・時間的に)**近くに[へ]**, (...の)**近くに[へ]** (*to*) [⇔ far]: Do you live *near* (here)? この近くにお住まいですか / He came *near* when I called. 私が呼ぶと彼は近寄ってきた / Christmas is drawing *near*. クリスマスが近づいている.

> 語法 後に to ... を伴うのは主に比較級・最上級の場合《⇒ 前 1 語法》: Move the chair ***nearer to*** the table. いすをもっとテーブルに近づけなさい / He lives ***nearest to*** the station among us. 彼は私たちの中では駅にいちばん近い所に住んでいる.

❷ ほとんど, もう少しで [≒nearly]: *near* impossible [perfect] ほとんど不可能な[完ぺきな] / The boy was *near to* tears. 少年はほとんど泣きそうになっていた《⇒ 前 4》/ He came *near to* being run over by a car. 彼はもう少しで車にひかれるところだった《come close to が普通; ⇒ 前 4》.

as néar as ... can ~ [副] 文修飾 ...が～する限りでは: *as near as* I *can* judge [guess] 私が判断[推測]する限りでは.

néar and fár [副] あらゆる所に[を].

néar at [to] hánd ⇒ at hand (hand 名 成句).

néar bý [副] 近くに《⇒ nearby 副》.

néar enòugh [副] 《英略式》 ほとんど, 大体.

sò néar and yét sò fár [副] もう少しのところにありながら結局届かない[失敗で].

— 動 (**near·ing** /ní(ə)rɪŋ/) 他 《格式》 (...)に近づく.
— 自 《格式》 (時間などが)近づく, 迫ってくる.
〖語源 元来は nigh (近くに) の比較級; ⇒ next 語源〗

***near·by** /nìəbáɪ | nìə-´/
— 形 限定 [比較なし] (すぐ)**近くの**《⇒ near 形 1 ⚡》: the *nearby* waters 付近の水[海]域.
— 副 **近くに**《near by と 2 語にすることもある》: She lives *nearby*. 彼女は近くに住んでいる.

néar-dèath expérience 名 C 臨死体験.

Néar Éast 名 固 [the ~] 近東《地中海の東方のトルコ・シリア・レバノン・イスラエル・ヨルダン・サウジアラビア・エジプトなどの総称》. 関連 Far East 極東 / Middle East 中東.

Néar Éastern 形 近東の.

*****near·ly** /níəli | níə-/
— 副 ❶ **ほとんど**, もう少しで, ...近くで; 約...《⇒ about 類義語, almost 2 語法 (2)》: It's *nearly* nine o'clock. もう 9 時近くです / She's *nearly* thirty. 彼女はもうすぐ 30 歳です / It's *nearly* time to go to bed. もうそろそろ寝る時間だよ / I *nearly* always wear jeans. 私は大体いつもジーンズをはいている / *Nearly* all the customers were men. ほとんど(すべて)の客は男性だった / He comes to see me *nearly* every day. 彼はほとんど毎日私に会いに来る / Oh, I *nearly* forgot. ああ, もう少しで忘れるところでした / We *nearly* missed the bus. 私たちはもう少しでバスに乗り遅れるところだった.

nòt néarly ... [副] とうてい...ではない, ...とはほど遠い: She is *not nearly* ready. 彼女は準備ができているどころではありません(全く準備ができていない).

néar míss 名 ❶ C (航空機などの)異常接近, ニアミス; 至近弾. ❷ C もう少しで達成できたこと, 今一歩の惜しいこと.

near·ness /níənəs | níə-/ 名 ❶ U 近いこと, 近さ, 接近; 近似 (*to*). ❷ U 似ていること (*to*).

near·sight·ed /níəsáɪṭɪd | níə-´/ 形 《主に米》 近視の, 近眼の [《英》 shortsighted] [⇔ farsighted].
~·ness 名 U 《主に米》 近視, 近眼.

neat** /níːt/ 形 (**neat·er** /-ṭə | -tə/; **neat·est** /-ṭɪst/) ❶ **きちんとした**, さっぱりした, こぎれいな, 整然とした; きれい好きの; (体・容姿などが)均整のとれた, (小さくて)格好のよい: His clothes are always *neat* and clean. 彼の衣服はいつもきれいで清潔だ / Keep your room *neat* and tidy. 部屋はきちんと整頓(せいとん)しておきなさい. 語法 tidy and neat の語順にはできない // She's always ***neat in appearance. +*in*+名 彼女はいつも身なりがきちんとしている.
❷ **適切な**, 簡潔な; 巧みな, 上手な: a *neat* answer 気のきいた答え / Your solution is not so *neat*. 君の解決法はそんなにうまいものではない. ❸ S 《米》 最高の, すてきな: What a *neat* idea! なんていい考えだろう. ❹ 《主に英》 (酒などが水・炭酸などで)割っていない, 混ぜ物のない, ストレートの.

néat frèak 名 C 《米略式》 (過度に)きれい好きな人.

+neat·ly /níːtli/ 副 ❶ **きちんと**, さっぱりと, こぎれいに: She arranged the dishes *neatly* on the table. 彼女は皿をきちんとテーブルの上に並べた / John was *neatly* dressed for the interview. ジョンは面接のためにきちんとした格好をしていた.
❷ **適切に**; **上手に**: The manager solved the problem very *neatly*. 支配人は問題を非常に手際よく解決した.

neat·ness /níːtnəs/ 名 U こぎれいさ, 整然; 適切さ.

Neb., Nebr. 略 = Nebraska.

Ne·bras·ka /nɪbrǽskə/ 名 固 ネブラスカ《米国中部の州; 略 Neb., Nebr., 〔郵便〕では NE》. 〖語源 北米先住民のことばで「浅い川」を意味する川の名から〗

neb·u·la /nébjʊlə/ 名 (複 ~s, **neb·u·lae** /nébjʊlìː/) C 星雲.

neb·u·lar /nébjʊlə | -lə/ 形 星雲(状)の.

neb·u·lous /nébjʊləs/ 形 《格式》 (考え・表現が)漠然とした; (輪郭が)はっきりしない.

***nec·es·sar·i·ly** /nèsəsérəli, nésəsèr- | nèsəsérəli,

nésəs(ə)r-/ 副 ❶ [not とともに] **必ずしも...ではない**, 必ず...とは限らない《部分否定を表わす》: Large houses are *not necessarily* comfortable to live in. 大きな家が必ずしも住み心地がよいとは限らない / Beautiful flowers do *not necessarily* smell sweet. 美しい花が必ずよい香りがするわけではない.
❷《格式》**必然的に**, どうしても, 必ず: Complicated procedures *necessarily* involve delay. 複雑な手続きは必ず遅れを伴う.

*****nec·es·sar·y** /nésəsèri | -sèri, -s(ə)ri/ !アク
— 形 ❶ **必要な, なくてはならない** [⇔ unnecessary]: make the *necessary* arrangements 必要な準備をする / ***It is necessary to*** take immediate action. すぐに行動を起こす必要がある 多用 / Food is ***necessary for*** life. +for+名 食べ物は生きるために必要である 多用 / 言い換え ***It is necessary for*** you ***to*** go there at once. 《⇒ for 前 B》 = ***It is necessary that*** you (***should***) *go* there at once. 君がすぐそこへ行くことが必要だ《⇒ should A 8; that² A 2》 / He was lacking in the instincts ***necessary to*** a politician. +to+名 彼は政治家に必要な素質に欠けていた / I'll go with you, ***if necessary***. もし必要ならあなたといっしょに行こう / I use my car only ***when*** absolutely ***necessary***. どうしても必要な場合だけ車を使っている.

...する必要がある

君がそこへ行く必要がある.
○**It is necessary for you to** go there.
×You are necessary to go there.
✪ この意味では人を主語にはできない.

❷ 限定 必然的な, 避けることのできない, やむをえない, 当然の: a *necessary* conclusion 必然的な結論 / a *necessary* evil 必要悪.
(名 necéssity, 動 necéssitàte)
— 名 (-sar·ies /~z/) [複数形で] **必要な物**《⇒ necessity 類義語》: a few *necessaries for* camping キャンプ生活に必要ないくつかのもの.

ne·ces·si·tate /nɪsésətèɪt/ 動 他《格式》(物事が) (...)を必要とする, (...すること)を要する.
(形 nécessàry)

+ne·ces·si·ty /nɪsésəṭi/ !アク 名 (-si·ties /~z/) ❶ U **必要**, (緊急の)必要性: the ***necessity for*** radical change 抜本的変革の必要性 / Most students know the ***necessity of*** work*ing* hard. たいていの学生は一生懸命勉強することが必要だと知っている / 言い換え There is no ***necessity for*** you ***to*** stay here. +for+名 +to 不定詞 (= It is not necessary for you to stay here.) あなたがここに残っている必要はない《⇒ for 前 B》 / He did it ***out of necessity***. 彼は必要に迫られてそれをやったのだ / *Necessity* is the mother of invention. 《ことわざ》 必要は発明の母.
❷ C **必要な物**, 必需品《⇒ 類義語》 [⇔ luxury]: daily *necessities* 日常の必需品 / the basic *necessities* of life 最低限の生活必需品《衣食住; 英語では food, clothing and shelter の順でいう》 / ***necessities for*** a climb up Mt. Fuji 富士登山に必要な物. ❸ C [普通は a ~] 必然(性), 当然のこと.

be ùnder the necéssity of dóing [動]《文語》...する必要に迫られている.

of necéssity [副]《格式》必然的に, やむをえず; 必ず.
(形 nécessàry)

類義語 **necessity** 最も意味が強い語で, これがないと生きていけないような絶対に必要な物をいう. **need** *necessity* ほどではないが, 不足しているために差し迫って必要なもの. **necessary** *need* より意味が弱く, 何かをするのに必要なもの.

N

****neck** /nék/
— 名 (~s /~s/) ❶ C **首**; 首の骨. ✪ 日本語の「首」との違いについては ⇒ head 日英: She wore a red scarf around her *neck*. 彼女は首に赤いスカーフを巻いていた / I have a stiff *neck*. 私は首が(痛くて)回らない《肩凝り・寝違えなどで》 / He has a thick [short] *neck*. 彼は首が太い[短い].

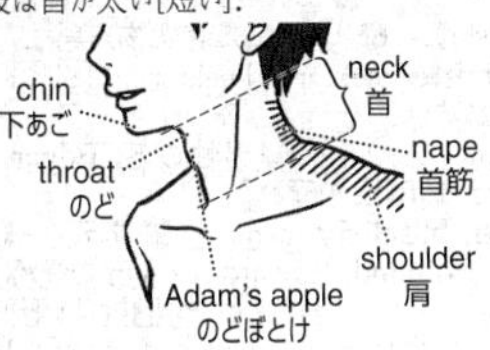

neck 1

❷ C (衣服の)**襟**: a crew *neck* 丸首 / the *neck* of a blouse ブラウスの襟. 関連 turtleneck タートルネック.
❸ C (首のように)くびれた部分: the *neck of* a bottle びんの首《⇒ bottleneck》 / a *neck of* land (2 つの水域間の) 地峡. 日英 「障害(となるもの)」という意味の「ネック」に相当する英語は bottleneck. ❹ U,C (羊などの)首の肉: (a) *neck of* mutton 羊肉の首の部分.

be úp to one's **néck** [動] 自 = be up to one's ears 《⇒ ear¹ 成句》.

bréak one's **néck** [動] 自 (1) 首の骨を折る; ひどいけがをする. (2)《略式》(...するように) 精一杯がんばる (*doing*, *to* do).

bréathe dòwn ...'s **néck** [動]《略式》...に付きまとう, ...を監視する.

by a néck [副]〔競馬〕首の差で;《略式》(競走などで)ほんのわずかの差で, かろうじて: win [lose] (a race) *by a neck* (競走に)わずかの差で勝つ[負ける].

gét it in the néck [動] 自《英略式》こっぴどくしかられる[非難される].

néck and néck [副·形]《略式》(競走·選挙で)(...と)肩を並べて, 互角に[で] (*with*).

néck of the wóods [名]《略式》地域, 近辺: in this *neck of the woods* こんな所で[に]《思いがけなく会ったときなどに》.

rísk one's **néck** [動] 自《略式》危険を冒(おか)す.

rúb the báck of one's **néck** [動] 自 首の後ろに手をやる《いらだちを抑えているしぐさ》.

rub the back of one's neck

stíck one's **néck òut** [動] 自《略式》危ないことをする; 物議をかもすようなことを言う[する] (*for*).

neck·band /nékbæ̀nd/ 名 C シャツの襟《カラーをつけるところ》; 首ひも, ネックバンド.

N

-necked /nékt/ 形 [合成語で] 首が...の, ...首の: a V-*necked* sweater V ネックのセーター.
neck·er·chief /nékɚtʃəf, -tʃìːf | -kə-/ 名 (〜s, -chieves /-tʃìːvz/) C ネッカチーフ.
neck·lace /nékləs/ 名 C ネックレス, 首飾り.
neck·line /néklàɪn/ 名 C ネックライン《女性の衣服の襟ぐりの線》.
neck·tie /néktàɪ/ 名 C 《米格式》ネクタイ (tie).
nec·ro·man·cy /nékrəmæ̀nsi/ 名 U 《文語》(死者の霊との交信による)占い; 魔法, (特に)黒魔術.
nec·tar /néktɚ | -tə/ 名 ❶ U 花みつ. ❷ U ネクター《濃い果汁》. ❸ U 〔ギリシャ·ローマ神話〕神酒《⇒ ambrosia》. ❹ U おいしい飲み物, 美酒.
nec·tar·ine /nèktəríːn | néktərìːn/ 名 C ネクタリン《毛のない桃》.
Ned /néd/ 名 固 ネッド《男性の名; Edgar, Edmund, Edward, Edwin の愛称》.
Ned·die, Ned·dy /nédi/ 名 固 ネディー《男性の名; Edgar, Edmund, Edward, Edwin の愛称》.
née /néɪ/ ≪フランス語から≫ 形 旧姓は《既婚女性の旧姓につけて用いる; ⇒ maiden name》: Mrs. White, *née* Red ホワイト夫人, 旧姓レッド.

***need** /níːd/ (同音 knead)

— 動 (needs /níːdz/; need·ed /-dɪd/; need·ing /-dɪŋ/) 他 [普通は進行形なし] ❶ (...)を**必要とする**; (物が)...する[される]必要がある: I *need* your help. あなたの援助が必要です / Some additional examples *are* (badly) *needed*. V+O の受身 もう少し実例が(どうしても)必要だ / She looks tired. She may ***need to*** rest for a while. V+O (*to* 不定詞) 彼女は疲れているみたいだ, 少し休む必要があるのかもしれない 多用 / 言い換え This house ***needs*** paint*ing*. V+O (動名) = This house *needs to* be painted. この家はペンキを塗る必要がある. 語法 目的語が動名詞のときには受身の意味となる.
❷ [義務を表わして; ⇒ 助] **...する必要がある**, ...しなければならない: You'll ***need to*** study harder if you want to pass the test. V+O (*to* 不定詞) 試験に合格したいのならもっと一生懸命勉強する必要があるだろう / Did you really *need to* say that? ほんとうにあんなこと言う必要があったの / She didn't *need to* come. 彼女は来る必要はなかった《⇒ 助 (2) 語法》.

> ♥ ...しなさい (命令するとき)
> **You need to ...**
>
> Ken, it's midnight. **You need to** go to sleep!
> ケン, もう真夜中だよ. 寝なさい!
> ♥ 直接的で強制度の高い命令や忠告の意味で使われる.
> ♥ 権限のある人が何かを命じたり, 状況や規則に基づき相手に必要性があることを命じる場合に使われることが多い《⇒ have to 1, must' 1 (1)》.

❸ (人)に...してもらう必要がある; (物)を...してもらう必要がある: I *need* you *to* come here immediately. すぐにこちらへ来てもらう必要がある / I *need* my camera repair*ed*. カメラを修理してもらう必要がある.
... dòn't [dòesn't] néed 〜. S (人)にとって〜は必要ない, 〜は迷惑だ: I *don't need* his complaints. やつのぐちは聞きたくもない.
Whó nèeds ...? S ...なんか必要ない.
— 助 [普通は否定文, 疑問文, if [whether] 節で; ⇒ 動 2] 《格式, 主に英》(1) **...する必要がある**《⇒ must' 1, needn't 語法》: She *need not* do it herself. 彼女は自分でそれをしなくていい / "*Need* I go right now?" "No, you *need not*. [Yes, you must.]" 「私は今すぐ出かける必要がありますか」「いいえ, それには及びません [はい, あります]」

> 語法 助動詞の need は差し迫った必要があるかどうかをいうときに用いるのが普通で, 習慣的·一般的必要性については動詞を用いる.

(2) [need not have＋過去分詞の形で] **...する必要がなかった(のに)**《過去に実際あった[行なった]ことについて, その必要がなかったことを表わす; ⇒ should A 1 (2)》: She *needn't have come*. (実際は来たのだが)彼女は来る必要はなかったのに. 語法 次と比較: She *didn't need to* come. 彼女は来る必要がなかった《実際に来たかどうかは問題にしていない》. (3) [need not＋原形の形で] ...であるとは限らない; ...であるはずがない: It *needn't* always be my fault. いつも私のせいであるとは限らない.
Néed I sày móre? S これだけ言えば十分でしょう?
— 名 (needs /níːdz/) ❶ [U または a 〜] **必要, 入り用:** There's an urgent ***need for*** more teachers. 緊急に教師を増やす必要がある / I feel a ***need to*** think it over. +*to* 不定詞 それについてよく考えてみる必要がありそうだ《⇒ to² C (4) 囲み》/ There is no ***need for*** you ***to*** stay here. +*for*+名+*to* 不定詞 あなたがここにとどまっている必要はない《⇒ for 前 B》/ There's no *need to* shout. S 大声で話すのはやめてくれ.
❷ C [普通は複数形で] **必要とする物[こと]; 要求**《⇒ necessity 類義語》: daily *needs* 日用必需品 / This money will meet [satisfy] ⌈your *needs* [the *needs* of the student]. このお金であなたの[その学生の]用は足りるでしょう / children with special *needs* 特別な問題をかかえた子供. ❸ U 困ったとき[状態], 困窮, 貧困; 不足, 欠乏.
be in néed of ... [動] 他 **...を必要とする:** We're badly *in need of* food. 私たちは食べ物を非常に必要としている. 語法 強調のためには badly をよく用いる.
hàve nó néed of ... [動] 他 ...が必要でない.
if néed bé [副] もし必要ならば [≒if necessary].
in néed [形] **困って**, 困窮して: A friend *in need* is a friend indeed. 《ことわざ》まさかのときの友が真の友 (困っているときの友が本当の友だ). (形 néedy)
need·ful /níːdf(ə)l/ 形 《古風》必要な.
+**nee·dle** /níːdl/ 名 (〜s /〜z/) ❶ C **針**, 縫い針; 編み棒 (knitting needle): sew with a *needle* 縫い針で縫う / knit with *needles* 編み棒で編む / a *needle* and thread 糸のついた針《単数扱い; ⇒ and 1 語法 (1)》/ I got the thread to go through the eye of my *needle*. 私は針の穴に糸を通した.

needle (縫い針や注射器などの針)	針
hand (時計などの針)	
hook (釣り針)	
indicator, pointer (メーターなどの針)	
staple (ホッチキスの針)	
sting (はちなどの針)	

❷ Ⓒ (注射器などの)**針**, 鍼(はり); (計器・レコードプレーヤーなどの)針: Drug users often share *needles*. 麻薬常用者は注射針を共用することが多い. ❸ Ⓒ [普通は複数形で] 針葉: pine *needles* 松葉.

lóok for [trý to fínd] a néedle in a háystack [動] 自 《略式》 大変な骨折りをする; むだ骨を折る. 由来 干し草の山の中から 1 本の針を捜し出そうとする, の意.

— 動 他 《略式》 (...)に(ねちねち)嫌みを言う; (...)をからかう (*about*).

need·less /níːdləs/ 形 不必要な: *needless* work [trouble] 不必要な仕事[もめごと]. **Néedless to sáy** [副] 文修飾 [文頭で] 言うまでもなく, もちろん: *Needless to say*, there are always plenty of applicants for such a good post. 言うまでもなく, こんなよい仕事にはいつも志願者がたくさんいる. 語法 It is needless to say that ... の形では用いない. **～·ly** 副 不必要に, 用もないのに.

nee·dle·work /níːdlwə̀ːk | -wə̀ːk/ 名 ❶ Ⓤ 針仕事, 裁縫. ❷ Ⓤ ししゅう; ししゅうした物.

***need·n't** /níːdnt/ 《略式》 **need not の短縮形:** You *needn't* finish it by tomorrow. あすまでに仕上げなくてもいいよ. 語法 これは《主に英》の言い方で, 《米》では You *don't need to* finish it by tomorrow. のように動詞を用いるほうが普通.

need·y /níːdi/ 形 (need·i·er; -i·est) 非常に貧乏な, 困窮した; 愛情に飢えた, 依存心の強い: We should help *the needy*. 我々は貧しい人たちを援助すべきだ《複数名詞のように扱われる; ⇒ the¹ 3》. (名 need)

ne'er /néə | néə/ 副 《文語》 今までに...ない, かつて...ない, 決して...でない (never).

NEET /níːt/ 名 Ⓒ ニート《義務教育後, 就学・就職・職業訓練をしていない若者; *n*ot in *e*ducation, *e*mployment or *t*raining の略》.

ne·far·i·ous /nɪfé(ə)riəs/ 形 限定 《格式》 極悪な, ふらちな, 不法な.

neg. 略 = negative.

ne·gate /nɪgéɪt/ 動 他 ❶ 《格式》 (...)を無効[無駄]にする. ❷ 《格式》 (...)を否定する, 打ち消す.

ne·ga·tion /nɪgéɪʃən/ 名 Ⓤ または a ～] 《格式》 否定, 打ち消し (*of*) [⇔ affirmation]; 拒絶; 反対; 〔文法〕 否定《⇒ **巻末文法** 13》.

***neg·a·tive** /négəṭɪv/ 形 ❶ (影響などが)**有害な**, 好ましくない [⇔ positive]: Computer games may have a *negative* effect on children. コンピューターゲームは子供たちに悪い影響を与えるかもしれない / a *negative* campaign 対立候補をけなす選挙運動.

❷ **消極的な**, 後ろ向きの; 悲観的な, 悪い面だけを考える [⇔ positive]: a *negative* attitude 消極[悲観]的な態度 / He's so ***negative about*** everything. 彼は何にでも悲観的だ.

❸ **否定の**, 打ち消しの; 拒否の, 反対の《略 neg.》 [⇔ affirmative, positive]: a *negative* answer [response] 否定の答え, 「いいえ」という返事 / a *negative* sentence 〔文法〕 否定文 / a *negative* vote 反対投票 / His answer was *negative*. 彼の答えは「否」であった. ❹ 〔医学〕 (検査結果が)陰性の, (血液が)RH マイナスの; 〔電気〕 負の, 陰の; 〔数学〕 負の, マイナスの [≒ minus] [⇔ positive]: a *negative* quantity 負数, 負量 / the *negative* sign 負符号《－》 / *negative* electricity 陰電気 / The results of the test came out *negative*. 検査の結果は陰性だった. ❺ 〔写真〕 陰画の [⇔ positive]: (a) *negative* film ネガフィルム.

— 名 (～s /～z/) ❶ Ⓒ 〔写真〕 **ネガ**, 陰画 [⇔ positive]. ❷ Ⓒ 否定, 反対 [⇔ affirmative]; 否定語《no, not, nobody, no one, none, nothing, nowhere, neither, never, nor など; ⇒ **巻末文法** 13.1 (2)》, 否定文. ❸ Ⓒ (物事の)悪い点, マイナスの側面 [⇔ positive]. ❹ Ⓒ 〔医学〕 陰性 [⇔ positive].

in the négative [副・形] 否定で[の]: 言い換え He answered *in the negative*. = His answer was *in the negative*. 彼の答えは「否」だった.

— 動 他 ❶ [しばしば受身で] 《格式》 (...)を否決[拒否]する, 蹴る; (...)に反対投票する. ❷ 《格式》 (...)を否定する; (...)の誤りを証明する.

***neg·a·tive·ly** /négəṭɪvli/ 副 **否定的に** [⇔ affirmatively]; 消極的に; 〔電気〕 陰電気を帯びて [⇔ positively].

neg·a·tiv·i·ty /nègətívəṭi/ 名 Ⓤ 否定的なこと; 消極性.

+**ne·glect** /nɪglékt/ 動 (ne·glects /-glékts/; -glect·ed /～ɪd/; -glect·ing) 他 ❶ (仕事・義務・世話など)を**怠る**, おろそかにする; 無視する, 放置する: He often *neglects* his homework. 彼はよく宿題をなまける. ❷ 《格式》 (特に怠慢・不注意から)(...)を**しない**, ...し忘れる: She ***neglected to*** mention that she had a full-time job. V+O (*to* 不定詞) 彼女はうっかりして正社員の職についていることを言い忘れた.

(形 négligent, négligible)

類義語 **neglect** 当然注意を払うべきことを, 故意にまたは不注意で無視すること: *neglect* one's children 育児放棄をする. **disregard** 通例故意に注意を払わなかったり軽視すること. 正当な場合もある. **ignore** 認めたくないものをわざと無視すること. *neglect* や *disregard* より意図的な含みが強い.

— 名 ❶ Ⓤ **怠慢**, 怠ること; 放置《当然なすべき義務・世話などをしないこと》, 育児放棄, ネグレクト; 無視: *neglect of* duty 義務の怠慢. ❷ Ⓤ 無視されていること, 放置状態: Her kitchen is in a state of *neglect*. 彼女の台所はほったらかしにされている. (形 negléctful) 〘⇒ elect キズナ〙

ne·glect·ed /nɪgléktɪd/ 形 おろそかにされた, ほったらかしの: *neglected* children (親の怠慢で)面倒を見てもらえない子供.

ne·glect·ful /nɪgléktf(ə)l/ 形 《格式》 怠慢な, 投げやりな; むとんちゃくな; 不注意な: *neglectful* parents (子供の面倒を見ない)怠慢な両親 / He's ***neglectful of*** his appearance. 彼は身なりをかまわない. (名 negléct)

neg·li·gee, nég·li·gé /nèɡləʒéɪ, néglɪʒèɪ/ ≪フランス語から≫ 名 Ⓒ (女性の)部屋着. 日英 日本の「ネグリジェ」と違い, nightdress などの上に着る薄手のナイトガウンをさすことが多い.

neg·li·gence /néglədʒəns/ 名 ❶ Ⓤ 怠慢; 不注意: professional *negligence* 職務怠慢; 職務上の過失. ❷ Ⓤ 〔法律〕 (不注意などによる)過失.

neg·li·gent /néglədʒənt/ 形 ❶ 怠慢な; 不注意な (*in*). ❷ 《文語》 (服装・態度などが)飾らない, 打ちとけた. (動 negléct)

～·ly 副 不注意に; 飾らずに, 打ちとけて.

neg·li·gi·ble /néglədʒəbl/ 形 無視してよい, 取るに足らない; わずかな. (動 negléct)

ne·go·ti·a·ble /nɪgóʊʃ(i)əbl/ 形 ❶ (価格などが)交渉の余地のある; (交渉などによって)協定できる. ❷ 〔商業〕 (手形が)譲渡できる; (小切手が)換金可能な. ❸ (道・橋などが)通行できる.

***ne·go·ti·ate** /nɪgóʊʃièɪt/ ❗発音 動 (-ti·ates /-èɪts/;

N

-ti·at·ed /-t̬ɪd/; -ti·at·ing /-t̬ɪŋ/) 自 交渉する, 協議する: They *negotiated with* their employer「*for* higher wages [*about* [*over*] their wages]. V+*with*+名+*for* [*about, over*]+名 彼らは賃上げを求めて[賃金のことで]雇い主と交渉した.
— 他 ❶ (交渉して) (協定·契約·価格など)を**取り決める**, 結ぶ: The country *negotiated* a treaty *with* its neighbor. V+O+*with*+名 その国は隣国と条約を結んだ. ❷ (難所など)をうまく通り抜ける; (困難など)を切り抜ける, 乗り切る: I barely managed to *negotiate* the curve. 私はかろうじてカーブを曲がり切った.
the negótiating tàble [名] 交渉の場: come to *the negotiating table* 交渉の席に着く. (名 negòtiátion)

*__ne·go·ti·a·tion__ /nɪgòʊʃiéɪʃən/ 名 (~s /~z/) C,U [普通は複数形で] **交渉**, 折衝: wage *negotiations between* labor and management 労使間の賃金交渉 / We「entered into [opened, began, started] *negotiations with* (the) management. 我々は経営側と交渉を始めた / conduct [resume, break off] *negotiations* 交渉を行なう[再開する, 打ち切る] / The salary is *open to negotiation*. 給料は交渉の余地がある / be *under negotiation* (物事が)交渉中である. (動 negótiàte)

+**ne·go·ti·a·tor** /nɪgóʊʃièɪt̬ɚ | -tə/ 名 (~s /~z/) C **交渉(当事)者**: a great *negotiator* 交渉上手 / a tough *negotiator* 手ごわい交渉相手.

Ne·gro /níːgroʊ/ 名 (~es) ❶ C 《古風》黒人, ニグロ. ❷ 《古風》[形容詞的に] 黒人の, 黒人に関する: *Negro* spirituals 黒人霊歌. 語法 差別的な語で, black を用いるのが普通.

neigh /néɪ/ 動 自 (馬が)いななく, ひひーんと鳴く (⇒ cry 表 horse). — 名 C (馬の)いななき.

***neigh·bor, 《英》 neigh·bour

/néɪbɚ | -bə/ 発音 名 (~s/~z/) ❶ C **近所の人**; 隣の住人: We're next-door *neighbors*. 私たちは隣どうしです / She's our *neighbor* across the street. 彼女は通りの向かいの人です. 参考 アパートなどでは上下の階の人を指すこともある.
❷ C **隣の席の人**; **隣国(人)**; 隣にあるもの, 近くにあるもの: my *neighbor* at dinner 食卓で私の隣の席の人 / Japan's nearest *neighbor* is South Korea. 日本にいちばん近い国は韓国です. ❸ C 《文語》仲間. (形 néighborly)
〖語源 原義は「近くの (⇒ nigh) 住人」.〗

***neigh·bor·hood, 《英》 neigh·bour·hood**

/néɪbɚhòd | -bə-/ 名 (-bor·hoods, 《英》 -bour·hoods /-hòdz/) ❶ C (ある) **地域**, 地区: a quiet [rich] *neighborhood* 静かな[高級な]地域.
❷ [the ~ または所有格を伴って] **近所**, 近く, 付近: There are many temples *in my neighborhood*. 私の住んでいるあたりには寺が多い / If you're ever *in our neighborhood*, be sure to drop in. もし私たちの家の近くにいらしたら, ぜひ寄ってください.
❸ [the ~; 《英》単数または複数扱い] **近所の人たち**; (ある) 地域の人たち《全体》[≒neighbors]: He was respected by *the* whole *neighborhood*. 彼は近所の人たちみんなに尊敬された.
in the néighborhood of ... [前] (1) **...の近く[近所]に**: He lives (somewhere) *in the neighborhood of* the park. 彼は公園の近くに住んでいる. (2) およそ..., 約 ... [≒about]: It cost *in the neighborhood of* $500. それは約 500 ドルかかった.

néighborhood wátch, 《英》 **-bour-** 名 U 地域住民による防犯活動.

+**neigh·bor·ing,** 《英》 **neigh·bour·ing** /néɪb(ə)rɪŋ/ 形 限定 **近隣の**, 近所の; 隣接した: *neighboring* countries 近隣諸国.

neigh·bor·li·ness, 《英》 **-bour-** /néɪbəlinəs | -bə-/ 名 U 隣人[隣国]のよしみ, 隣人らしい親切.

neigh·bor·ly, 《英》 **neigh·bour·ly** /néɪbəli | -bə-/ 形 隣人[隣国]らしい, 隣人[隣国]に関わる; 親切な. (名 néighbor)

***neigh·bour** /néɪbɚ | -bə/ 名 動 《英》 = neighbor.

***neigh·bour·hood** /néɪbɚhòd | -bə-/ 名 《英》 = neighborhood.

Neil /níːl/ 名 固 ニール《男性の名》.

***nei·ther** /níːðɚ, náɪ- | náɪðə, níː-/

> **単語のエッセンス**
> 1) どちら(の...)も〜でない[しない] 形, 代, 接
> 2) [否定文に続いて] ...もまた〜しない[でない] 副

— 形 [単数形の可算名詞につけて] (2 つあって) **どちらの...も〜でない, 2 つ[両方]の...とも〜でない** [≒not either] (⇒ 巻末文法 13.3 (1)): *Neither* story is true. 2 つの話はどちらも本当ではない / I like *neither* flower. 私はどちらの花も好きではない (✪ 《略式》では I *don't* like *either* flower. と言うほうが普通).

> 語法 **neither と both**
> (1)「2 つあって両方とも...である」と言うときは both を用いる: *Both* (the) stories are true. 2 つの話はどちらも本当だ.
> (2) 次の例文のように both が否定されたときの部分否定と比較 (⇒ both 形 2): *Both* (the) stories are *not* ↘ true. ↗ その 2 つの話は両方とも本当というわけではない(どちらか一方だけが本当だ).

— 代 《不定代名詞》 (2 つあって) **どちらも...でない** [≒not either]: I like *neither of* them. (= I do*n't* like *either of* them.) 私はあの 2 人[2 つ]のどちらも好きではない / "Which is correct?" "*Neither* (is correct)." 「どちらが正しい?」「どちらも正しくない」/ *Neither* was in pain. 《格式》どちらも苦しんでいなかった.

> 語法 (1) **neither of ... の使い方**
> (a) 普通は neither of の形で後に複数の代名詞や the + 複数名詞などを伴う.
> (b) たとえば *Neither of* the children was [《略式》 were] hurt. (子供はどちらもけがをしなかった)は 形 を用いて *Neither* child was hurt. ということができ, 意味の違いはない.
> (2) **neither の数**
> neither が主語のときには単数扱いが原則だが, 《略式》では複数扱いのこともある: *Neither of* the girls plays [《略式》 play] basketball. その 2 人の女の子はどちらもバスケットボールをしない.
> (3) **neither と none**
> 3 つ[3 人]以上については none を用いる: *None of* the three children were [was] hurt. (3 人の子供の

だれもけがをしなかった)《⇒ none 代 1》.
(4) **neither と both**
(a)「2 つあって両方とも...である」というときには both を用いる: I like *both of* them. 私はあの 2 人[2 つ]はどちらも好きです.
(b) 次の例文のように both が否定されたときの部分否定と比較《⇒ both 代 3》: I do*n't* like *both of* them. 私はあの 2 人[2 つ]が両方とも好きというわけではない(好きなのは 1 人[1 つ]だけだ).

— 副 [否定文の後を受けて] **...もまた～しない, ...もまた～でない**《⇒ nor 2, either 副》: 言い換え Mary is *not* kind. *Néither* is Hélen. (= *Nor* is Helen. = Helen is *not, either.*) メアリーは親切でないしヘレンもまた親切ではない / 言い換え The husband does*n't* work hard, (and) *néither* does his wífe. (=《格式》..., (《英》and) *nor* does his wife. =..., and his wife does*n't, either.*) 亭主は一生懸命働かないし, 女房もそうだ / "I do*n't* want to go." "*Néither* do Í." ="Me *neither.* (= Ⓢ《米》Me either.)"「僕は行きたくないね」「私も行きたくない」

語法 (1) **neither と語順**
neither の後では主語と動詞または助動詞の語順が逆になる《⇒ **巻末文法** 15.2 (3), do¹ [代動詞] 5》.
(2) **「...もまた」の言い方**
肯定文では次の例文のように too, also または so を用いる: He can swim, and I can swim, *too.* = He can swim, and I can *also* swim. = He can swim and *so* can I. 彼は泳げる. 私もまた泳げる.
(3)「...もまた」の意味がかかる語を強く発音する.

— /nìːðɚ | nàɪðə/ 接 [neither ... nor ～ として] **...も～も一しない[でない]**, どちらも一しない[でない]《⇒ either 接》: *Neither* he *nor* I can move it. 彼も私もそれを動かすことができない《代名詞と代名詞》/ It is *neither* blue *nor* green. それは青でも緑でもない《形容詞と形容詞》/ We *neither* moved *nor* made any noise. 我々は身動きもしなかったし物音一つ立てなかった《動詞と動詞》.

語法 (1) **neither A nor B と both A and B**
neither A nor B は both A and B に対する否定の言い方. 次の文を比較: *Neither* Mary *nor* Betty can swim. メアリーもベティーも泳げない / *Both* Mary *and* Betty can swim. メアリーもベティーも泳げる.
(2) 🔍 **neither A nor B と数**
neither A nor B の形が主語であるとき, それに続く動詞の人称や数は nor の後の名詞または代名詞に呼応するのが原則: *Neither* you *nor* Mr. Smith *likes* baseball. あなたもスミス氏も野球が好きではありませんね. ただし《略式》では後の名詞や代名詞が単数でも複数扱いとなることが多い. また 副 を用いてしばしば次のようにも言う: You do*n't* like baseball and *neither* does Mr. Smith.

〖語源 原義は 'not whether' (どちらも...でない)〗

Nell /nél/ 名 固 ネル《女性の名; Eleanor, Eleanore, Elinor, Helen の愛称》.

Nel·lie, Nel·ly /néli/ 名 固 ネリー《女性の名; Eleanor, Eleanore, Elinor, Helen の愛称》.

Nel·son /néls(ə)n/ 名 固 **Ho·ra·ti·o** /həréɪʃiòʊ/ ～ ネルソン (1758-1805)《英国の提督; トラファルガー (Trafalgar) の戦いでフランス・スペイン艦隊を破ったが戦死した》.

nem·e·sis /néməsɪs/ 名 (**nem·e·ses** /néməsìːz/) ❶ [N-]〖ギリシャ神話〗ネメシス《復讐(ふくしゅう)の女神》. ❷ Ⓒ 強敵; 疫病神. ❸ [単数形で]《文語》天罰, 因果応報.

ne·o- /níːoʊ/ 接頭「新, 近代」の意.

ne·o·clas·si·cal /nìːoʊklǽsɪk(ə)l⁻/ 形〖芸術〗新古典主義の.

ne·o·lith·ic /nìːoʊlíθɪk⁻/ 形 [しばしば N-]〖考古〗新石器時代の.

ne·ol·o·gis·m /niɑ́(ː)lədʒìzm | -ɔ́l-/ 名 Ⓒ 新語, 新語義.

ne·on /níːɑ(ː)n | níːɔn/ 名 Ⓤ〖化学〗ネオン《元素記号 Ne》: a *neon* light [sign] ネオン灯[ネオンサイン].

ne·o·na·tal /nìːənéɪtl⁻/ 形 限定〖医学〗(生後 1 か月以内の)新生児の: a *neonatal* intensive care unit 新生児集中治療室.

ne·o·phyte /níːəfàɪt/ 名 ❶ Ⓒ《格式》初心者, 初学者. ❷ Ⓒ《格式》新改宗者, (修道会の)修練士.

Ne·pal /nɪpɔ́ːl, -pɑ́ːl/ 名 固 ネパール《中国とインドの間にある共和国》.

+**neph·ew** /néfjuː | néfjuː, -vjuː/ 発音 名 (～s /～z/) Ⓒ **おい**《⇒ family tree 図》.

nep·o·tis·m /népətìzm/ 名 Ⓤ (就職などでの)縁故者[身内]優遇.

Nep·tune /népt(j)uːn | -tjuːn/ 名 固 ❶〖ローマ神話〗ネプチューン, ネプトゥヌス《海の神; ⇒ god 表》. ❷〖天文〗海王星《⇒ planet 挿絵》.

nerd /nɚ́ːd | nə́ːd/ 名 Ⓒ《略式》オタク; 間抜け; ダサいやつ.

nerd·y /nɚ́ːdi | nə́ː-/ 形《略式》オタクっぽい; 間抜けな; ダサい.

Ne·ro /ní(ə)roʊ, níːr- | níər-/ 名 固 ネロ (37-68)《ローマ皇帝 (54-68); 暴君として有名》.

***nerve** /nɚ́ːv | nə́ːv/ 名 (～s /～z/) ❶ Ⓒ **神経**, 神経繊維: The operation caused damage to the *nerve.* 手術は神経を損傷した.
❷ [複数形で] **神経過敏**; おくびょう; (環境に対応するための)神経の働き, 精神状態: get [suffer from] *nerves* 神経過敏になる[である] / calm [steady] one's *nerves* 神経を鎮める / It's just *nerves.* 過敏になってるせいだ / He doesn't know what *nerves* are. 彼はものに動じない[図太い]. ❸ Ⓤ 勇気, 度胸 [≒courage]: He didn't have the *nerve to* ask her for a date. 彼は彼女をデートに誘う勇気がなかった / It takes (a lot of) *nerve* to jump into the sea from here. ここから海に飛びこむのには(相当な)勇気がいる / lose one's *nerve* 気おくれする. ❹ [Ⓤ または a ～]《略式》ずうずうしさ, 厚かましさ: He had the *nerve to* say I had no manners. 彼は厚かましくも私のことを行儀作法を知らないなどと言った / Tom has *a* [some] *nerve.* トムは図太い / What (*a*) *nerve!* 何というずうずうしさだ.
be a búndle [bág] of nérves [動] 自《略式》すごく神経質になっている, ぴりぴり[いらいら]している.
gét on ...'s nérves [動]《略式》**...の神経にさわる**, ...をうるさがらせる: Her shrill voice *gets on my nerves.* 彼女のかん高い声はかんにさわる.
hít [stríke, tóuch] a (ráw [sénsitive]) nérve [動] 自 人の気にしていることを言う.
stráin èvery nérve [動] 自 全力を尽くす (*to* do).
(形 nérvous)

— 動 他 [次の成句で] **nérve** one**sèlf** 「**for ... [to**

dó] [動]《格式》勇気[元気]を出して...に向かう[...する].
nérve cèll 名 C 神経細胞.
nérve cènter 名 C (組織などの)中枢部分.
nérve gàs 名 U 神経ガス《毒ガスの一種》.
nerve-(w)rack·ing /nə́:vrækɪŋ | nə́:v-/ 形 神経にさわる, いらいらさせる.

****ner·vous** /nə́:vəs | nə́:-/
— 形 ❶ **神経質な**, 不安な; 心配して, びくびくして; 緊張して《⇒ worried 類義語》; いらいらした: Don't be so *nervous*. そんなに心配[緊張]しなくてもいいですよ / Sam was [felt, got] *nervous* at the interview. サムは面接で緊張していた / She is ***nervous about*** the result of the test. +about+名 彼女はテストの結果にびくびくしている 多用 / She is ***nervous of*** speak*ing* in public. +of+動名《英》彼女は人前で話をするのを怖がっている / a *nervous* smile 不安気な笑み. ❷ 限定 神経(性)の: *nervous* diseases 神経病. (名 nerve)
nérvous bréakdown 名 C 神経衰弱, ノイローゼ.
ner·vous·ly /nə́:vəsli | nə́:-/ 副 神経質に, びくびくして; いらいらして.
ner·vous·ness /nə́:vəsnəs | nə́:-/ 名 U 神経過敏, 不安; おくびょう; いらいら.
nérvous sỳstem 名 C 神経系.
nerv·y /nə́:vi | nə́:-/ 形 (nerv·i·er; nerv·i·est) ❶《米略式》[よい意味で] 大胆な; [悪い意味で] 厚かましい. ❷《英略式》神経質な, びくびくした; いらいらした.
Ness /nés/ 名 固 Loch ~ ネス湖《Scotland 北西部の湖; the Loch Ness monster [《略式》Nessie] と呼ばれる怪獣がすむといわれる》.
+**-ness** /nəs/ 接尾 [形容詞や分詞につく抽象名詞語尾] 「状態·性質」を示す: kind*ness* 親切 / tired*ness* 疲れ.
Ness·ie /nési/ 名 固《略式》ネッシー《⇒ Ness》.
+**nest** /nést/ 名 (nests /nésts/) ❶ C **巣**: build a *nest* 巣を作る. ❷ C 心地よい場所 (*of*). ❸ C (悪事の)巣窟(そう), 温床: a *nest of* crime 犯罪の温床. ❹ C (入れ子式の)ひと組, ひと重ね (*of*). **léave [flý] the nést** [動] 自 巣立つ; 親元を離れる.
— 動 自 (鳥などが)巣を作る, 巣ごもる.
nést ègg 名 C 将来のための蓄え, 貯金.
nes·tle /nésl/ 動 自 ❶ [副詞(句)を伴って] 気持ちよく横になる[座る], 寝そべる: He *nestled down in* bed. 彼は気持ちよさそうにベッドに体を横たえた. ❷ [副詞(句)を伴って] 寄り添う (*up*; *against*, *to*). ❸ [副詞(句)を伴って] (家·村などが周囲のものに)囲まれ[守られ]ている, (山などのふところに)抱かれている. — 他 (頭·肩など)を(...に)すり寄せる (*against*, *on*).
nest·ling /nés(t)lɪŋ/ 名 C 巣立っていないひな.

****net**[1] /nét/
— 名 (nets /néts/) ❶ C **網**, **ネット**: a fishing *net* 漁網 / cast [throw] a *net* 網を打つ. 関連 hairnet ヘアネット / safety net 安全ネット.
❷ [the Net, the ~]《略式》**インターネット** (Internet): on *the Net* インターネット上の[で] / surf *the Net* ネットサーフィンをする.
❸ [the ~] (テニスなどの)ネット; (サッカー·ホッケーなどの)ゴール(の網). ❹ U 網状のもの, 網細工. ❺ C 放送網, ネットワーク (network): a communication(s) *net* 通信網.
cást [spréad] one's **nét wíde** [動] 自 (人·情報などを求めて)網を広く打つ, 手広く捜す, (見逃しのないように)目配りする (*for*).
— 動 (nets /néts/; net·ted /-ṭɪd/; net·ting /-ṭɪŋ/) 他 ❶ (...)を**網で捕らえる**; 網を張って捕まえる: Bob was trying to *net* the butterfly. ボブはちょうを網で捕らえようとしていた. ❷ (...)を(うまく)得る, 捕まえる. ❸《略式》(ボール)をネット[ゴール]の中に打ち[けり]込む.
***net**[2] /nét/ 形 ❶ [普通は 限定] **掛け値のない; 正味の**《風袋(ふうたい)·税·諸経費などを除いた; ⇒ gross[1] 1》: a *net* price 正価 / a *net* profit [gain] 純益 / *net* weight 正味の重さ. ❷ 限定 (結果などが)最終[実質]的な: the *net* result of the government's efforts 政府の努力による実質的な成果.
— 副 正味で, 手取りで: This can of sardines weighs a pound *net*. この缶詰のいわしは正味 1 ポンドの重さがある.
— 動 (nets; net·ted; net·ting) 他 (ある額)の純益をあげる, (...に)(利益など)をもたらす: The new car *netted* the company a great profit. 新車は会社に大きな利益をもたらした.
neth·er /néðə | -ðə/ 形 限定《文語》[しばしばこっけいに] 低いほうの; 下の [≒lower]: the *nether* regions of the body 下半身.
Neth·er·land·er /néðəlændə | -ðəlændə/ 名 C オランダ人《⇒ Netherlands》.
Neth·er·lands /néðələndz | -ðə-/ 名 固 [the ~ として単数または複数扱い] オランダ《ヨーロッパ北西部の北海 (North Sea) に面する王国; 首都 Amsterdam》. 関連 Holland オランダ《俗称》/ Dutch オランダ(人, 語)の, オランダ語 / Dutchman オランダ人 / Netherlander オランダ人.
net·i·quette /néṭɪkət, -kèt/ 名 U《略式》ネチケット《ネットワーク上で書き込みをする際の礼儀》.
net·i·zen /néṭəz(ə)n/ 名 C《略式》ネット市民, ネチズン《インターネットの利用者》.
net·surf·ing /nétsə̀:fɪŋ | -sə̀:fɪŋ/ 名 U ネットサーフィン《ウェブ上のサイトを次々に見て回ること》.
net·ting /néṭɪŋ/ 名 U 網の材料; 網製品[細工].
net·tle /néṭl/ 名 C いらくさ《とげがあって触れると痛い植物》. — 動 他 [しばしば受身で]《略式》(...)を(ちょっと)怒らせる, いらだたせる.

****net·work** /nétwə̀:k | -wə̀:k/ アク
— 名 (~s /~s/) C **ネットワーク**, **放送網**, 通信網, (コンピューターなどの)ネットワーク; 網状の組織: a support *network* 支援組織 / This program will be shown over a nationwide TV *network*. この番組は全国ネットで放映される / A ***network of*** railroads soon spread over the entire country. 鉄道網がまもなく全国に広がった.
— 動 自 人脈を作る, 情報交換する (*with*).
— 他 (コンピューターなど)のネットワークを作る.
net·work·ing /nétwə̀:kɪŋ | -wə̀:k-/ 名 U (個人·組織間などの)情報交換(網形成); コネ[人脈]作り; (コンピューターの)ネットワーク化.
neu·ral /n(j)ʊ́(ə)rəl | njʊ́ər-/ 形〔解剖〕神経(系)の.
neu·ral·gia /n(j)ʊrǽlʤə | njʊ(ə)r-/ 名 U〔医学〕(顔面などの)神経痛.
néural nét(work) 名 C〔コンピュータ〕神経回路網, ニューラルネット(ワーク)《脳神経系をモデル化した並列的な情報処理システム》.
neu·ro- /n(j)ʊ́(ə)roʊ | njʊ́ər-/ 接頭「神経の」の意.
neu·ro·log·i·cal /n(j)ʊ(ə)rəlɑ́(:)ʤɪk(ə)l | njʊ̀ərəlɔ́ʤ-,

njɔ̀:r-ˊ/ 形 神経(病)学の; (病気が)神経の.

neu·rol·o·gist /n(j)ʊrɑ́(ː)ləʤɪst | njʊ(ə)rɔ́l-/ 名 C 神経学者, 神経科医.

neu·rol·o·gy /n(j)ʊrɑ́(ː)ləʤi | njʊ(ə)rɔ́l-/ 名 U 神経(病)学.

neu·ron /n(j)ʊ́(ə)rɑːn | njʊ́ərɔn/, **-rone** /-roʊn/ 名 C 〔生物〕神経単位, ニューロン.

neu·ro·sis /n(j)ʊróʊsɪs | njʊ(ə)r-/ 名 (複 **neu·ro·ses** /-siːz/) 〔医学〕 C,U 神経症, ノイローゼ.

neu·rot·ic /n(j)ʊrɑ́(ː)ṭɪk | njʊ(ə)rɔ́t-/ 形 神経過敏になった, 過度に心配をする (*about*); 神経症の, ノイローゼにかかった. — 名 C 神経症患者. **-rot·i·cal·ly** /-ṭɪkəli/ 副 神経過敏に; ノイローゼのように.

neu·ter /n(j)úːṭə | njúːtə/ 形 〔文法〕中性の: the *neuter* gender 中性. — 動 (-ter·ing /-ṭərɪŋ, -trɪŋ/) 他 (...)を去勢する; (...)を弱体化させる.

+**neu·tral** /n(j)úːtrəl | njúː-/ 形 ❶ **中立の**; 中立国の; 公平な, 不偏不党の: a *neutral* nation [state] 中立国 / a *neutral* zone 中立地帯 / on *neutral* ground [territory] (当事者とは無関係の)第三者の地で / That country remained [stayed] *neutral* in World War II. その国は第二次世界大戦では中立を保っていた. ❷ 特徴のない; (ことば・表現などが)感情的でない, 何気ない; (色などが)中間の, あいまいな, 灰色がかった: a *neutral* tone 何気ない口調 / *neutral* colors 中間色. ❸ 〔化学〕中性の; 〔電気〕帯電していない, 中性の. 関連 acid 酸性の / alkaline アルカリ性の.
(名 neutrálity, 動 néutralìze)
— 名 ❶ C 中立国, 中立国の人; 中立の人. ❷ U (車のギアの)ニュートラル: *in* [*into*] *neutral* ニュートラルになって[して]. ❸ C 中間色.

neu·tral·i·ty /n(j)uːtrǽləṭi | njuː-/ 名 U 中立(状態): unarmed *neutrality* 非武装中立. (形 néutral)

neu·tral·i·za·tion /n(j)ùːtrəlɪzéɪʃən | njùː-trəlaɪz-/ 名 U 中立化; 〔化学〕中和.

neu·tral·ize /n(j)úːtrəlàɪz | njúː-/ 動 他 ❶ (...)を中立にする, 中立化する; (反対の作用で)相殺(そうさい)する, 無効にする. ❷ 〔化学〕(...)を中和する. (形 néutral)

neu·tri·no /n(j)uːtríːnoʊ | njuː-/ 名 (~s /~z/) C 〔物理〕ニュートリノ, 中性微子.

neu·tron /n(j)úːtrɑ(ː)n | njúːtrɔn/ 名 C 〔物理〕中性子, ニュートロン: a *neutron* bomb 中性子爆弾.

Nev. 略 = Nevada.

Ne·vad·a /nəvǽdə, -vɑ́ː- | -vɑ́ː-/ 名 固 ネバダ《米国西部の州; 略 Nev., 〔郵便〕では NV》. 〖語源 スペイン語で「雪に覆われた山々」を意味する Sierra Nevada 山脈の名から〗

***nev·er** /névə | -və/

— 副 ❶ **どんな時でも...でない[...しない]** 《⇒ always 表; 巻末文法 13.1 (2)》: He *never* gets up early. 彼は早起きをすることがない / I'll *never* forget you. 私は(今までも)これから先も決してあなたのことを忘れません / Joan of Arc *never* feared death. ジャンヌダルクは少しも[どんな時も]死を恐れたことはなかった / I have *never* danced. 私は今までに踊ったことはありません / "Have you ever seen a koala?" "No, I *never* have." 「あなたはコアラを見たことがありますか」「いいえ, ありません」《⇒ have[2] 1 (4) 語法》.

> 語法 **never の使い方**
> (1) never には基本的に時間の観念が含まれていて, 「過去・現在・未来のどういう時でも決して...でない[...しない]」という意味を表わす. 従って 1 回だけ, あるいは短期間の行為をいうときに never を使うのは不自然で, その場合には not を使う: I have*n't* heard from her recently. 最近彼女から便りがない《I've *never* heard ... とはいわない》.
> (2) 強調のために never を文頭におくと改まった言い方になる《⇒ 巻末文法 15.2 (1)》: *Never* have I seen such an attractive woman. あれほど魅力的な女性を見たことがない.

❷ **決して...でない[...しない]**, 少しも...でない[...しない] 《not よりも強い否定; ⇒ likely 表》: *Never* mind! Ⓢ 心配するな / She *never* so much as said, "Thank you." 彼女は「ありがとう」とさえ言わなかった / That'll *never* do for a party. それは全然パーティー向きじゃない / I'll *never ever* do that again. 私は絶対に 2 度とそんなことはしない《強調》.
❸ [驚き・疑いを表わして] まさか...はしまい: You'll *never* tell! まさか人にしゃべりはしないだろうね / Am I going to marry John? *Never*! 私がジョンと結婚するですって. とんでもない.

àlmost néver [副] **めったに...しない**, めったに...でない [≒hardly ever] 《⇒ always 表; likely 表》: My mother *almost never* complains. 私の母はめったに不平を言いません.

néver ... but ~ 《古風》 ...すれば必ず~する: It *never* rains *but* it pours. 《ことわざ》 雨が降れば必ずどしゃ降り(不幸[物事]は必ずかたまってやって来るものだ, 二度あることは三度ある)《現在では When it rains, it pours. と言うのが普通》.

nèver fáil to dó ⇒ fail 成句.

néver sày néver [動] 自 《略式》 決してしない[できない]とは言わない《少しは可能性がある》.

nèver the +比較級 《格式》 (...だからといって)それだけ~というわけではない. 語法 比較級の語が強いアクセントを受ける: We were *nèver the wíser for* his explanation. 私たちは彼の説明を聞いてもやはりわからなかった.

nev·er-end·ing /névəéndɪŋ | -və(r)énd-ˊ/ 形 (いつまでも)きりがない, 果てしない.

***nev·er·the·less** /nèvəðəlés | -və-/ !発音 副 つなぎ語 《格式》 **それにもかかわらず**, それでも, やはり [≒still]: Tom is a naughty boy, but I love him *nevertheless*. トムはいたずらっ子だが, それでもやはり私は彼がかわいい.

Nev·ille /név(ə)l/ 名 固 ネビル《男性の名》.

***new** /n(j)úː | njúː/ (同音 knew, nu)

— 形 (new·er; new·est) ❶ **新しい**; 新品の; 新発見の [⇔ old, used, secondhand] 《⇒ brand-new》: a *new* desk 新しい机 / a *new* car 新車 / a *new* invention 新発明 / That information is *new to* me. +to+名 その情報は初めて聞く / That's a *new* one on me. Ⓢ それは初耳だ / 💬 "What's *new*?" 《主に米》 = "Anything *new*?" "Nothing in particular. How [What] about you?" 「どう, 変わりない?」「特にはね. そっちは?」《親しい人どうしのあいさつ》.
❷ **新型の**, 新式の [⇔ old]: the *new* fashion 新しい流行 / the *new* rich 新興の富裕層《⇒ the[1] 3》/ This car is a *new* model. この車は新型車です.
❸ [普通は 限定] [比較なし] **新たな**, 改まった; 生まれ変わった; 新たに始まる: begin a *new* life 新生活に入る.
❹ 限定 [比較なし] **新任の**, 新規の, 今度来た: That

man is our *new* teacher. あの男の人が私たちの新しい[今度来た]先生です.

❺ **まだ慣れていない**, 初めての: I'm *new* here. ここは初めてです / She's ***new to*** [*at*] her job. [+to [at]+名] 彼女は仕事に慣れていない / Japan was a *new* country *to* them. 日本は彼らにとってはなじみのない国だった.

like néw =(as) góod as néw [形] 新品同様で.

Néw Áge 形, 名 U ニューエイジ(の)《20 世紀後半英米で展開された全体論的人間観について言う》.

new·bie /n(j)úːbi | njúː-/ 名 C 《略式》[こっけいに] (インターネットなどの)初心者 (*to*).

new·born /n(j)úːbɔ́ən | njúːbɔ́ːn←/ 形 限定 生まれたての. — 名 C 新生児.

new·com·er /n(j)úːkʌ̀mə | njúːkʌ̀mə/ 名 C 新しく来た人, 新参者, 新入生, 新入社員 (*to*); 新機軸.

Nèw Dél·hi /-déli/ 名 固 ニューデリー《インド北部にある同国の首都》.

Nèw Éngland 名 固 ニューイングランド《米国北東部の大西洋に臨む地方》. 参考 Maine, Vermont, New Hampshire, Massachusetts, Rhode Island, Connecticut の 6 州.

new·fan·gled /n(j)úːfǽŋgld | njúː-←/ 形 限定 [軽蔑的] (考え方・道具などが)はやりの, 最新流行の; 奇をてらった.

new-found /n(j)úːfáʊnd/ 形 限定 新たに[最近]見つけた[手に入れた].

New·found·land /n(j)úːfən(d)lənd, -lǽnd | njúː-/ 名 固 ニューファンドランド《カナダ東岸の島; 本土の一部とともに一州を成す》.

Nèw Guín·ea /-gíni/ 名 固 ニューギニア《オーストラリアの北方にある世界で二番目に大きい島》.

Nèw Hámp·shire /-hǽm(p)ʃə | -ʃə/ 名 固 ニューハンプシャー《米国 New England 地方の州; 略 N.H., 〔郵便〕では NH》. 〖語源 英国南部の Hampshire 州の名にちなむ〗

Nèw Há·ven /-héɪv(ə)n/ 名 固 ニューヘイブン《米国 Connecticut 州南部の都市; Yale 大学がある》.

Nèw Jér·sey /-ʤə́ːzi | -ʤə́ː-/ 名 固 ニュージャージー《米国東部の州; 略 N.J., 〔郵便〕では NJ》. 〖語源 英国の Jersey 島の名にちなむ〗

****new·ly** /n(j)úːli | njúː-/

— 副 語法 普通は過去分詞の前で用いられる. ❶ **近ごろ**, 最近, 新...の: a *newly* built house 新築の家 / a *newly* married couple 新婚の夫婦.

❷ **新しく**, 新たに: The door has been *newly* painted. 戸は新しくペンキが塗られた.

new·ly·wed /n(j)úːliwèd | njúː-/ 名 C 新婚者; [複数形で] 新婚夫婦. — 形 新婚の.

Nèw México 名 固 ニューメキシコ《米国南西部の州; 略 N.Mex., N.M., 〔郵便〕では NM》. 〖語源 以前は Mexico 領であったことから〗

néw móon 名 ❶ C 新月《目には見えない; ⇒ moon 語法; phase 挿絵》. ❷ C,U (細い)三日月(の時期).

new·ness /n(j)úːnəs | njúː-/ 名 U 新しいこと, 新しさ; 珍しいこと, 不慣れ.

Nèw Ór·le·ans /-ɔ́əliənz, -ɔəlíːnz | -ɔːlíːənz/ 名 固 ニューオーリンズ《米国 Louisiana 州の都市; Mississippi 川の河口の港》.

*****news** /n(j)úːz | njúːz/ ❗発音

— 名 ❶ U **ニュース, 報道**, 記事; **(新)情報**, 知らせ, 便り, 消息: national [local] *news* 国内[地域の]ニュース / foreign [international] *news* 海外[国際]ニュース / breaking *news* ニュース速報 / front-page *news* (第 1 面の)トップ記事 / the ***news of*** the accident 事故のニュース[知らせ] / What is the latest ***news about*** [*of*] the earthquake? 地震に関する最新ニュースは何ですか / Everyone welcomed the ***news that*** he had been elected chairman. [+that 節] あの人が会長[議長]に選ばれたという知らせにみんなが喜んだ《⇒ that² A 4》/ That's [It's] ***news to*** me. Ⓢ それは知らなかった(初耳だ) / No *news* is good *news*. 《ことわざ》便りのないのはよい便り《⇒ no 形 1 (3) ✪》.

> 語法 「1 つ, 2 つ」と数えるときには a *piece* [two *pieces*] of *news* や a *news item*, two *news items* のように言い a news とは言わない《⇒ piece 発音》: We heard *a piece of* good *news* this morning. けさ私たちはよい知らせを 1 つ聞いた.

❷ U **変わったこと**, 興味のある事件, 報道する価値のある人[事件]: That's no *news*. そんなことはちっとも珍しくはない / Is there any *news*? 何か変わったことでもあるかい? / I've got *news* for you. Ⓢ 君に知らせることがあるんだ《相手にとって望ましくないことを言うときに》/ When a dog bites a man that is not *news*, but when a man bites a dog that is *news*. 犬が人をかんでもニュースにならないが, 人が犬をかめばニュースになる.

❸ [the ~] (テレビ・ラジオの)**ニュース(番組)**: Here's *the news*. ニュースをお伝えします / watch [listen to] *the* seven o'clock *news* 7 時のニュースを見る[聞く] / be ***on the news*** 報道され(てい)る.

be in the néws [動] 自 (事件などが)新聞種になる, 紙面をにぎわす.

bréak the néws [動] 自 《略式》(...に)(悪い)知らせを最初に伝える (*to*).

máke the néws [動] 自 (重要だとして)ニュースになる. (形 néwsy)

+**néws àgency** 名 C **通信社**《AP など》.

news·a·gent /n(j)úːzèɪʤənt | njúːz-/ 名 C 《英》= newsdealer.

néws bùlletin 名 C 《米》ニュース速報, 臨時ニュース [《英》newsflash]; 《英》短いニュース放送.

news·cast /n(j)úːzkæ̀st | njúːzkɑ̀ːst/ 名 C 《主に米》(ラジオ・テレビの)ニュース放送[番組].

news·cast·er /n(j)úːzkæ̀stə | njúːzkɑ̀ːstə/ 名 C 《主に米》(ニュースを伝える)アナウンサー[キャスター] [《英》newsreader].

néws cònference 名 C 《主に米》記者会見.

news·deal·er /n(j)úːzdìːlə | njúːzdìːlə/ 名 C 《米》新聞雑誌販売人[店] [《英》newsagent].

news·flash /n(j)úːzflæ̀ʃ | njúːz-/ 名 C 《主に英》ニュース速報 [《米》news bulletin].

news·group /n(j)úːzgrùːp | njúːz-/ 名 C ニュースグループ《ネット上で特定の話題の情報交換をする集団》.

news·let·ter /n(j)úːzlèṭə | njúːzlètə/ 名 C (団体などの)会報; (官庁・会社などの)公報, 社内報.

news·man /n(j)úːzmən | njúːz-/ 名 C (-men /-mən/) 報道記者; キャスター.

****news·pa·per** /n(j)úːzpèɪpə, n(j)úːs- | njúːzpèɪpə, njúːs-/ ❗発音

名 (~s /~z/) ❶ C **新聞** (paper): The *newspaper* says the Prime Minister will leave for America tomorrow. 新聞によれば首相はあすアメリカに出発するそうだ / I read it *in* the *newspaper*. それは新聞で読ん

だ / What *newspaper* do you get [subscribe to]? 新聞は何をとってるの? ❷ Ⓤ 新聞紙. ❸ Ⓒ 新聞社.

news·pa·per·man /n(j)úːzpèɪpəmæ̀n | njúːzpèɪpə-/ 名 (-men /-mèn/) Ⓒ 新聞記者.

news·print /n(j)úːzprɪ̀nt | njúːz-/ 名 Ⓤ 新聞用紙.

news·read·er /n(j)úːzrìːdə | njúːzrìːdə/ 名 Ⓒ《英》= newscaster.

news·reel /n(j)úːzrìːl | njúːz-/ 名 Ⓒ (昔, 映画館で上映された短編の)ニュース映画.

news·room /n(j)úːzrùːm, -rʊ̀m | njúːz-/ 名 Ⓒ (新聞社・放送局の)ニュース編集室.

news·stand /n(j)úːzstæ̀nd | njúːz-/ 名 Ⓒ 新聞[雑誌]売り場《駅・街頭などの》.

News·week /n(j)úːzwìːk | njúːz-/ 名 固『ニューズウィーク』《米国のニュース週刊誌》.

news·wom·an /n(j)úːzwʊ̀mən | njúːz-/ 名 (-wom·en) Ⓒ 女性報道記者; 女性キャスター.

news·wor·thy /n(j)úːzwə̀ːði | njúːzwə̀ː-/ 形 報道価値のある, 新聞種となる.

news·y /n(j)úːzi | njúː-/ 形 (news·i·er; -i·est)《略式》(手紙などが)話題の豊富な. (名 news)

newt /n(j)úːt | njúːt/ 名 Ⓒ いもり《両生類》.

Néw Téstament 名 固 [the ~] 新約聖書《キリストの伝記と教えやその弟子たちの書簡と黙示録を集めたもの; 略 NT》. 関連 the Bible 聖書 / the Old Testament 旧約聖書.

new·ton /n(j)úːtn | njúː-/ 名 Ⓒ〔物理〕ニュートン《力の単位; 略 N》.

New·ton /n(j)úːtn | njúː-/ 名 固 Sir Isaac ~ ニュートン (1642-1727)《英国の数学者・物理学者; 万有引力の法則などを発見した》.

néw wáve 名 ❶ Ⓒ,Ⓤ [普通は単数形で] (芸術・政治の)新しい波[傾向](の主導者) (*of*). ❷ Ⓤ [しばしば N- W-] ニューウェーブ《1970 年代後半から 1980 年代初期に流行したロック音楽》.

+**Néw Wórld** 名 [the ~] **新世界**, アメリカ大陸; 西半球 [⇔ Old World]**:** *From the New World*『新世界より』《ドボルザーク (Dvořák) の交響曲第 9 番》.

+**new year** /n(j)ùːjíə | njùːjíə, -jə́ː←/ 名 (~s /~z/) ❶ [N- Y-] Ⓤ または a ~] **新年:** a *New Year*('s) resolution 新年の抱負. ❷ [the ~] 正月(の最初の数週間). **Háppy Néw Yéar** [間] よいお年をお迎えください; 新年おめでとう《年末から 1 月なかばぐらいまでのあいさつ》. 語法 返事は「The sáme [Sáme] to yóu. などと言う.

+**Néw Yèar's Dáy** 名 Ⓤ または a ~] **元日**《1 月 1 日; 米国・カナダなどでは法定休日 (legal holiday), 英国では公休日 (bank holiday)》.

Néw Yèar's Éve 名 Ⓤ または a ~] 大みそか.

**New York /n(j)ùːjɔ́ək | njùːjɔ́ːk←/

— 名 固 ❶ **ニューヨーク市** (New York City).
❷ **ニューヨーク**《米国東部の州; 略 N.Y.,〔郵便〕では NY》.〔語源 ヨーク (York) 公にちなむ〕

**New York Cit·y /n(j)ùːjɔ̀əksíti | njùːjɔ̀ːk-/

— 名 固 **ニューヨーク市**《米国 New York 州にある同国最大の都市; the Bronx, Brooklyn, Manhattan などの 5 つの区 (borough) から成る; 略 NYC》.

Nèw Yórk·er /-jɔ́əkə | -jɔ́ːkə/ 名 Ⓒ ニューヨーク市民.

Nèw Yórk Stóck Exchànge 名 [the ~] ニューヨーク証券取引所《Wall Street にある世界最大の取引所》.

Néw Yòrk Tímes 名 固 [the ~]『ニューヨーク タイムズ』《米国の代表的日刊新聞》.

***New Zea·land** /n(j)ùːzíːlənd | njùː-/ 名 固 **ニュージーランド**《オーストラリア東方にある国; 英連邦の加盟国; 首都 Wellington; 略 NZ; ⇒ Southern Cross》.

+**Nèw Zéa·land·er** /-zíːləndə | -də/ 名 (~s /~z/) Ⓒ **ニュージーランド人.**

**next /nékst/

単語のエッセンス
1) (順序・時間的に)**次の** 形 ❶, ❷
2) **次に** 副 ❶, ❷
3) **次の人[もの]** 代

— 形 ❶ 限定 (時間的に)**次の,** すぐ後の, 来...; [the ~] **その次の,** 翌...《⇒ last¹ 形 2, this 形 3》**:** I'm going to New York *next* week [month]. 私は来週[来月]ニューヨークへ行く《⇒ week 図》/ It'll be hot this *next* week. この 1 週間は暑いだろう《⇒ week 図》/ I visited Washington and then went to New York *the next* week. 私はワシントンを訪れてその翌週ニューヨークへ行った / He left for Paris *the next* day. 彼は翌日パリへ出発した.

> 語法 **next の使い方**
> (1) 現在を基準として「来週・来月」のように言うときには the をつけないが, 過去・未来のある時を基準として「その翌週・翌月」のように言うときには the をつける.
> (2) 原則として next は「ある時点に一番近い未来の」の意だが例外もある. 例えば月曜日に next Wednesday のように比較的近接した曜日を言うと,「今週の水曜日」という意味にもなりうるが, 今週をとびこして「来週の水曜日」を意味することが多い《⇒ last¹ 形 2 語法 (1)》. この場合, this [on] Wednesday (今週の水曜に), (on) Wednesday next week (来週の水曜に)のように言うとはっきりする**:** The concert will be held ˹this Wednesday [on Wednesday *next* week]. 音楽会は今週の[来週の]水曜日に開かれる.

❷ 限定 (順序が)**次の, 隣の:** Read the *next* paragraph. 次の段落を読みなさい / *Next*, please. Ⓢ 次の方どうぞ《窓口などで》/ Who's *next*? 次はどなたですか《順番を聞くとき》/ Turn left at the *next* corner. 次の角を左に曲がりなさい.

as ... as the néxt pérson [gúy, mán, wóman] だれにも劣らず...; 他の人同様....

nèxt to ... ⇒ next to の項目.

(the) néxt (...) but óne [twó] [形]《主に英》**1 つ[2 つ]おいて隣の:** He stays in *the next* room *but one* [*two*]. 彼は 1 つ[2 つ]おいて隣の部屋にいる.

the néxt thìng one knóws [副]《略式》気がついてみると, いつのまにか**:** *The next thing I knew*, there was nobody there. 気がついたら, そこにはだれもいなかった.

— 副 ❶ **次に,** 今度**:** What did you see *next*? あなたは次に何を見ましたか / When I see him *next*, I'll tell him so. 今度彼に会ったらそう言っておきましょう.
❷ つなぎ語 次に《前に話した[した]ことに続いて何を話す[する]かを述べるときに用いる》**:** *Next*, I'd like to tell you the history of this town. 次にこの町の歴史についてお話ししたいと思います.
❸ [最上級の前で] 2 番目に, ...に次ぐ**:** She's our *next*

best pianist *after* Mr. Long. 彼女はロング氏に次ぐ最高のピアニストだ.
— 代 [主に the または所有格の後で] 次の人, 次のもの: Who will be *the next* to go? 次に行くのはだれですか.
the wéek [mónth, yéar] àfter néxt [名・副] 再来週[月, 年](に).
〖語源 元来は nigh (近くに) の最上級; ⇒ near 語源〗

néxt bést 形 限定 次善の: the *next best* thing 次善の策.

+**néxt dóor** /néks(t)dɔ́ə | -dɔ́ː/ 副 **隣に[へ]**: I live ***next door to*** John. 私はジョンの隣に住んでいる / The children *next door* are quiet. 隣のこどもたちはおとなしい.
— 名 U 《英略式》 隣の(家の)人たち.

next-door /néks(t)dɔ̀ə | -dɔ̀ː/ 形 限定 隣の家の, 隣の: our *next-door* neighbors 隣家の人たち.

****next to** /(母音の前では) nèks(t)tu, (子音の前では) -tʊ/
— 前 **...の隣に[の], ...の次に[の]**; ...に次いで: Who is the girl *next to* Alice? アリスの隣の女の子はだれ? / The family lives in the house *next to* ours. その家族はうちの隣の家に住んでいる / We'd like to have two seats *next to* each other. 隣り合った 2 座席が欲しいのですが / *Next to* Mozart, I like Chopin best. 私はモーツァルトの次にショパンが好きだ.
— 副 [普通は否定語とともに] **ほとんど** [≒almost]: She bought the book for ***next to nothing***. 彼女はその本をただ同然で買った / It was ***next to impossible*** to win. 勝つなんてほぼ不可能だった.

nex·us /néksəs/ 名 (複 ~) C [普通は単数形で] 《格式》 結び付き, 関係 (*between, of*).

NFC /énèfsíː/ 略 = National Football Conference ナショナルフットボールカンファレンス《AFC とともに NFL を構成する競技連盟》.

NFL /énèfél/ 略 = National Football League ナショナルフットボールリーグ《米国のプロリーグ》.

NGO /énʤìːóʊ/ 略 = nongovernmental organization 非政府組織《⇒ nongovernmental》.

NH 〔米郵便〕 = New Hampshire.

N.H. 略 = New Hampshire.

NHL 略 = National Hockey League ナショナルホッケーリーグ《米・カナダのプロアイスホッケーリーグ》.

ni·a·cin /náɪəsn | -sɪn/ 名 U ナイアシン《ビタミン B の一種》.

Ni·ag·a·ra /naɪǽg(ə)rə/ 名 固 ❶ [the ~] ナイアガラ川《Erie 湖に発して Ontario 湖に注ぐ川; 米国とカナダの国境をまたぐ》. ❷ = Niagara Falls.

Niágara Fálls 名 固 複 [ときに the ~ として普通は単数扱い] ナイアガラの滝《米国とカナダとの間 Niagara 川の途中にある滝》.

nib /níb/ 名 C ペン先.

nib·ble /níbl/ 動 他 (人・動物が) (...)を少しずつかじる (*away*); そっとかむ; かじって穴をあける. — 自 ❶ 少しずつかじる (*at, on*). ❷ (申し出などに)気のあるそぶりをする (*at*). **níbble awáy at ...** [動] 他 ...を少しずつ減らす. — 名 C 《略式》 ひとかじり; ひとかじりの量 (*of*).

Ni·Cad /náɪkæd/ 名 C ニッカド(電池)《商標》.

Nic·a·ra·gua /nìkərɑ́ːgwə | -rǽgjuə/ 名 固 ニカラグア《中米の共和国》.

*****nice** /náɪs/
— 形 (nic·er; nic·est)

意味のチャート
元来は「愚かな」,「鈍い」の意. 態度がはっきりしないことから (気難しい) → (細かいことにうるさい)
→「細かな」❹ →「微妙な」,「難しい」❹
→ (細かく行き届く) → (結構な)
→「すてきな」❶,「親切な」❷
→ (反語的に) →「いやな」❸

❶ **すてきな, すばらしい**, きれいな; おいしい; 楽しい, 感じのいい [≒pleasant] [⇔ nasty]: a *nice* house すてきな家 / It's *nice* out, isn't it? いい天気だね / Have a *nice* time [day]. Ⓢ 《主に米》 楽しんできてね, いってらっしゃい《遊びに行く人・客などに》 / She looks *nice* in pink. 彼女はピンクが似合う / 「***It's nice*** [***Nice***] ***to*** meet *you*. はじめまして, よろしく《多用; ややくだけた言い方》 / 「***It's been nice*** [***It was nice***, ***Nice***] meet*ing* [talk*ing* to] you. お会い[お話]できてよかったです《別れのあいさつ》 / ***It*** would ***be nice if*** you could visit us some day. いつか私たちを訪ねてくださったらうれしく思います / How ***nice of*** you ***to*** come! よくいらっしゃいました《来客などに対して; ⇒ of 12》 / *Nice* shot [catch, play]! ナイスショット[キャッチ, プレー]! 日英 この意味では日本語ではいつも「ナイス」を使うが, 英語では fine, beautiful, great など様々な形容詞を使う.

❷ **親切な, 思いやりがある** [≒kind]: He was ***nice to*** me. +to+名 彼は私に親切にしてくれた / ***It's nice of*** you ***to*** give me a present. 贈り物をくださってありがとうございます《⇒ good 形 7; of 12》 / You're being so *nice* to me. あなたには本当に親切にしていただいてます.

♥ **...してくれてありがとう** (感謝を表わすとき)
It's nice of you to ...
Your English is very good.
英語がとてもお上手ですね.
Thank you. **It's nice of you to** say that.
そう言ってくださってありがとうございます.
♥ 親切を受けたりほめられたりしたときに, このように言うことで相手に感謝の意を伝えることができる.

❸ [皮肉に] いやな, 困った, ひどい: What a *nice* person you are! こりゃどうもご親切に(薄情なやつだ)《頼みごとを断られたときなど》. ❹ 《格式》 微妙な, 難しい; 慎重を要する; 細かな [≒fine, subtle]: a *nice* difference in meaning 微妙な意味の違い. ❺ 《古風》 [普通は否定文で] 上品な, 教養のある: She doesn't come from a *nice* family. 彼女はよい家柄の出ではない.

màke níce [動] 自 《米略式》 (表面上は)愛想よくする.

nìce and /nàɪsn/ **...** [副] (とても)...なので気持ちよい, 申し分なく...だ: It's *nice and* warm by the fire. 火のそばはとても暖かくて気持ちよい. 語法 (1) 普通は好ましい意味の形容詞・副詞に先行する. (2) 名詞につく場合は a *nice and* warm place のようにはならず, a *nice* warm place とする.

Níce góing [móve, 《英》 òne]! [間] Ⓢ やったね!, (それは)でかした!《しばしば皮肉で相手のへまや過ちに対して発する》.

Níce wórk if you can gét it. 《略式》 (他人の楽な仕事・成功などに対して)うらやましい限りだ.

(名 nícety)

nice-looking /náɪslʊ́kɪŋ/ 形 かっこいい, 見ばえのよい.

+**nice·ly** /náɪsli/ 副 ❶ **きちんと, うまく.** ❷ 感じよく; 礼儀正しく. ❸ 《格式》 精密に, 細かく.

nice·ness /náɪsnəs/ 名 ❶ U 心地よさ. ❷ U 精密さ.

ni·ce·ty /náɪsəṭi/ 名 (-ce·ties) ❶ C [普通は複数形で] 細かな[微妙な]点. ❷ U《格式》正確さ, 精密さ; 微妙さ. (形 nice)

niche /níʧ, níːʃ | níːʃ/ 名 ❶ C (人・物の)適所, ふさわしい場所. ❷ C 市場のすき間, 特定の購買層[市場分野] (in). ❸ C ニッチ, 壁龕(がん)《彫像・花びんなどを置く壁のくぼみ》. ❹ C〔生物〕生態的地位.

Nich·o·las /níkələs/ 名 固 ❶ ニコラス《男性の名; 愛称は Nick》. ❷ Saint ～ 聖ニコラス《4 世紀ごろの小アジアの僧でロシアの守護聖人; 子供・船乗り・商人などの守護聖人にもされている; ⇒ Santa Claus 語源》.

nick /ník/ 名 C 刻み目; 切り傷. **in góod [bád] níck** [形]《英略式》(体・機械などの)調子がいい[悪い]. **in the níck of tíme** [副]《略式》ぎりぎり間に合って, 間一髪で. ― 動 他 ❶ (...)を軽く傷つける. ❷《英略式》(...)を盗む (from); (...)を逮捕する.

Nick /ník/ 名 固 ニック《男性の名; Nicholas の愛称》.

+**nick·el** /ník(ə)l/ 名 (～s /～z/) ❶ C《米・カナダ》**5 セント貨**《⇒ coin 表》.
❷ U **ニッケル**《元素記号 Ni》: This coin is made of *nickel*. この硬貨はニッケル製だ.

nick·el-and-dime /ník(ə)ləndáɪm/ 形 限定《米略式》取るに足らない; 安価な. ― 動 他《米略式》(...)にけちな対応をする.

+**nick·name** /níknèɪm/ !アク 名 (～s /～z/) C **ニックネーム**, あだ名; **愛称**《James を Jim と呼ぶような親しみを表わす呼び名; ⇒ John Bull, Uncle Sam》.
― 動 他 [しばしば受身で] (...)にあだ名[愛称]をつける: He *was nicknamed* "Lion." 彼は「ライオン」というあだ名をつけられた.
〖語源 元来 'an ekename' (付け足した名)が a nekename と異分析されてできたもの〗

nic·o·tine /níkətìːn/ 名 U ニコチン.

+**niece** /níːs/ 名 (niec·es /～ɪz/) C **めい**《⇒ family tree 図》.

NIEs /énàɪːz/ 名 固 ニーズ《新興工業経済地域; *N*ewly *I*ndustrializing *E*conomie*s* の略》.

nif·ty /nífti/ 形 (nif·ti·er; -ti·est)《略式》巧みな, かっこいい, 便利な: a *nifty* little gadget ちょっとした便利な道具.

Ni·ger /náɪʤɚ | nɪʒéə/ 名 固 ニジェール《アフリカ西部の共和国》.

Ni·ge·ri·a /naɪʤí(ə)riə | -ʤíə-/ 名 固 ナイジェリア《アフリカ西部の英連邦内の共和国》.

Ni·ge·ri·an /naɪʤí(ə)riən | -ʤíə-/ 形 ナイジェリア(人)の. ― 名 C ナイジェリア人.

nig·gard·ly /nígɚdli | -gəd-/ 形《格式》(人が)けちな; (金額が)ごく少ない.

nig·gle /nígl/ 動 自 つまらないことにこだわる (*about*, *over*); (疑いなどが)いつまでもひっかかる (*at*). ― 他 (人)の気にさわる; (人)を悩ます[苦しめる].

nig·gling /níglɪŋ/ 形 限定 (疑い・心配などが)(ささいだが)いつまでも気にかかる.

nigh /náɪ/ 副 (nigh·er; nigh·est)《文語》近くに. **nígh on ...** [副]《古風》ほとんど...で, ...近く.

***night** /náɪt/ ✪ -ght で終わる語の gh は発音しない. (同音 knight)
― 名 (nights /náɪts/) ❶ U,C **夜, 晩**《日没から日の出まで》[⇔ day]: a cold *night* 寒い夜 / We stayed at the hotel for two *nights*. 私たちはそのホテルに 2 晩泊まった / He called on me ***at night***. 彼は夜訪ねてきた / I talked with an old friend of mine ***all night*** (***long***). 私は旧友と一晩中語り明かした / I awoke three times ***in*** [***during***] ***the night***. 私は夜中に 3 度目を覚ました / ***by night*** 夜に / the other *night* 先日の夜.

語法 (1) 一般に「夜に」は at night だが,「...日の夜に」の場合の前置詞は on: We visited him (*on*) Sunday *night*. 私たちは日曜の夜に彼を訪問した《《略式, 主に米》では前置詞を省略することがある》/ The accident occurred *on* the *night* of August 15. その事故は 8 月 15 日の夜に起こった《August 15 は August (the) fifteenth と読む》.
(2) 前置詞なしで tomorrow, every, next, last などとともに副詞句をつくる: I danced with her *last night*. 私はゆうべ彼女と踊った.

❷ [形容詞的に] 夜(間)の: a *night* train 夜行列車 / a *night* breeze 夜風. ❸ U 暗やみ, 夜陰: *Night* began to fall. 日が暮れ始めた. ❹ [～s として副詞的に] (いつも)夜に, 晩に. ❺ C (催しのある)晩: the first [opening] *night* of the show 初演の晩.
a níght óut [名] 外出して楽しく過ごす一夜.
at thís tìme of nìght [副] 夜のこんな(遅い)時間に.
cáll it a níght [動] 自《略式》仕事(など)を終わりにする.
gòod níght ⇒ good night の項目.
hàve a góod [bád] níght [動] 自 よく眠る[眠れない], 安眠する[できない].
hàve「a láte [an éarly] níght [動] 自 (いつもより)夜ふかし[早寝]する.
màke a níght of it [動] 自《略式》飲み[遊び]明かす.
níght àfter níght [副]《略式》**毎晩毎晩**: I suffered from insomnia *night after night*. 私は毎晩毎晩不眠に悩まされた.
nìght and dáy ⇒ day 成句.
níght níght Ⓢ おやすみ《特に子供に対して》.
(形 níghtly)

night·cap /náɪtkæ̀p/ 名 ❶ C 寝酒. ❷ C (昔の)寝帽子, ナイトキャップ.

night·clothes /náɪtklòʊ(ð)z/ 名 複 寝巻き.

night·club /náɪtklʌ̀b/ 名 C ナイトクラブ (club).

níght depòsitory 名 C《米》(銀行の)夜間金庫.

night·dress /náɪtdrès/ 名 C《英》ナイトドレス, ネグリジェ《女性用のゆったりした寝巻き》[《略式》nightie].

night·fall /náɪtfɔ̀ːl/ 名 U《古風》夕暮れ; 夕方, 日暮れ, たそがれ: *at nightfall* 夕暮れに. 関連 daybreak 夜明け.

níght gàme 名 C ナイター, 夜間試合. 日英 nighter とは普通は言わない.

night·gown /náɪtgàʊn/ 名 C《米》= nightdress.

night·hawk /náɪthɔ̀ːk/ 名 ❶ C アメリカよたか《アメリカ産の夜行性の鳥》. ❷ C《米略式》夜ふかしする人.

night·ie /náɪṭi/ 名 C《略式》= nightdress.

night·in·gale /náɪtngèɪl, -ṭɪŋ- | -tɪŋ-/ 名 C ナイチンゲール, さよなきどり《雄が夜美しい声で鳴く小鳥》.

Night·in·gale /náɪtngèɪl, -ṭɪŋ- | -tɪŋ-/ 名 固 Florence ～ ナイチンゲール (1820-1910)《英国の女性看護師; 近代看護法の祖といわれる》.

night·life /náɪtlàɪf/ 名 U 夜の娯楽[社交生活]《ナイトクラブやバーなどの》.

night·light /náɪtlàɪt/ 名 C (寝室などの)終夜灯.

night·ly /náɪtli/ 形 限定 毎夜の, 夜ごとの. (名 night)
— 副 毎夜; 夜ごとに.

*__night·mare__ /náɪtmèə | -mèə/ 名 (~s /~z/) ❶ C 悪夢: have a *nightmare* 悪夢を見る, うなされる. ❷ C 悪夢のような出来事[経験] (*of*): a *nightmare* scenario 最悪のシナリオ[事態].

night·mar·ish /náɪtmè(ə)rɪʃ/ 形 悪夢のような.

níght òwl 名 C 《略式》(仕事などで)夜ふかしをする人, 夜型人間《⇒ early bird》.

níght schòol 名 U,C 夜間学校, 夜学: at [《米》in] *night school* 夜学で. 関連 day school 昼間の学校.

níght shìft 名 ❶ C [普通は単数形で] (昼夜交代制の)夜間勤務(時間)《普通は夜 10 時から朝 8 時まで》: work the *night shift* 夜勤をする. ❷ C [普通は単数形で] 夜間勤務者, 夜勤組《全体》.

night·shirt /náɪtʃə̀ːt | -ʃə̀ːt/ 名 C (主に男性用)寝巻き.

níght spòt 名 C ナイトクラブ.

night·stand /náɪtstæ̀nd/ 名 C 《米》= night table.

níght tàble 名 C 《米》ナイトテーブル《ベッドのそばに置く; ⇒ bedroom 挿絵》.

night·time /náɪttàɪm/ 名 U 夜間 [⇔ daytime].

níght wátch·man 名 C 夜警《人》.

night·wear /náɪtwèə | -wèə/ 名 U 寝巻き.

ni·hil·is·m /náɪ(h)əlìzm/ 名 ❶ U ニヒリズム, 虚無主義. ❷ U 無政府主義.

ni·hil·ist /náɪ(h)əlɪst/ 名 C ニヒリスト, 虚無主義者; 無政府主義者.

ni·hil·is·tic /nàɪ(h)əlístɪk, nì:-⁻/ 形 虚無主義の; ニヒルな; 無政府主義の.

+**nil** /níl/ 名 ❶ U 無, ゼロ [≒zero]. ❷ U 《英》(競技の得点の)ゼロ, 零点 [《米》nothing].

Nile /náɪl/ 名 固 [the ~] ナイル川《アフリカ東部を流れる世界最長の川》.

nimbi 名 nimbus の複数形.

nim·ble /nímbl/ 形 (nim·bler, more ~; nim·blest, most ~) ❶ すばやい, すばしっこい, 敏速な: He is *nimble* on his feet. 彼は足が速い. ❷ 頭の働きが鋭い, 理解の早い, 機敏な.

nim·bly /nímbli/ 副 身軽に, すばやく.

nim·bus /nímbəs/ 名 (複 nim·bi /-baɪ/, ~·es) ❶ C,U 乱雲, 雨雲. ❷ C 後光, 光輪.

nim·by, NIMBY /nímbi/ 名 C, 形 限定 [軽蔑的] ニンビー(の)《刑務所・ごみ処理場などが近所に建設されるのに反対の(人); *not in my backyard* の略》.

nin·com·poop /nínkəmpù:p/ 名 C 《古風, 略式》ばか者, とんま.

***nine** /náɪn/

— 代 《数詞》[複数扱い] 9 つ, 9 人, 9 個; 9 ドル[ポンド, セント, ペンスなど]《⇒ number 表》: *Nine* are not enough. 9 人[9 個]では足りない. 関連 ninth 9 番目の.

— 名 (~s /~z/) ❶ C (数としての) 9: Lesson *Nine* 第 9 課 / *Nine* and *nine* is [makes, equals, are, make] eighteen. 9 足す 9 は 18 (9+9 = 18) / Four times *nine* is thirty-six. 9 の 4 倍は 36(4×9 = 36)《⇒ times 日英》/ Twenty-seven divided by *nine* equals three. 27 割る 9 は 3 (27÷9 = 3).

❷ U 9 時, 9 分; 9 歳: The meeting was over *at nine*. 会合は 9 時に終わった / a boy of *nine* 9 歳の少年. ❸ C 9 の数字. ❹ C 9 つ[9 人, 9 個] ひと組のもの; 《米》野球のチーム. ❺ C 〔トランプ〕9 の札.

níne to fíve [副] 朝 9 時から夕方 5 時まで《通常の勤務時間; ⇒ nine-to-five》.

— 形 ❶ 限定 9 つの, 9 人の, 9 個の: *nine* times 9 回, 9 倍 / It took me *nine* days to finish it. それを仕上げるのに 9 日かかった. ❷ 叙述 9 歳で: I came here when I was *nine*. 私は 9 歳の時にここに来た.

hàve níne líves [動] 運よく難を逃れる. 由来 A cat has nine lives. (猫は 9 つの命を持つ)ということわざから.

níne tímes òut of tén [副] 十中八九, たいてい.

999 /náɪnnàɪnnáɪn/ 名 《英》999 番, 緊急電話番号《警察・救急車・消防署を呼ぶ番号》.

911 /náɪnwʌ̀nwʌ́n/ 名 《米》911 番, 緊急電話番号《警察・救急車・消防署を呼ぶ番号》.

***nine·teen** /nàɪntíːn⁻/

— 代 《数詞》[複数扱い] 19, 19 人, 19 個; 19 ドル[ポンド, セント, ペンスなど]《⇒ number 表, -teen, teens》.

— 名 (~s /~z/) ❶ C (数としての)19. ❷ U (24 時間制で)19 時, 19 分; 19 歳. ❸ C 19 の数字. ❹ C 19 人[個]ひと組のもの.

tálk ninetéen to the dózen [動] 自 《英略式》のべつ幕なしにしゃべりまくる.

— 形 ❶ 限定 19 の, 19 人[個]の. ❷ 叙述 19 歳で.

***nine·teenth** /nàɪntíːnθ⁻/

— 形 ❶ [普通は the ~; ⇒ the[1] 1 (4)] 19 番目の; 第 19 の《19th とも書く; ⇒ number 表》: *the nineteenth* lesson 第 19 課.
❷ 19 分の 1 の.

— 名 (~s /~s/) ❶ [単数形で; 普通は the ~] 19 番目の人[もの]; (月の)19 日《19th とも書く; ⇒ date[1] 名 1 語法》. ❷ C 19 分の 1, 1/19《⇒ 巻末文法 16.11 (3)》.

*__nine·ti·eth__ /náɪnṭiəθ/ 形 ❶ [普通は the ~; ⇒ the[1] 1 (4)] 90 番目の; 第 90 の《90th とも書く; ⇒ number 表》. ❷ 90 分の 1 の.

— 名 (~s /~s/) ❶ [単数形で; 普通は the ~] 90 番目の人[もの].
❷ C 90 分の 1, 1/90《⇒ 巻末文法 16.11 (3)》.

nine-to-five /náɪntəfáɪv/ 形 限定 (仕事が)午前 9 時から午後 5 時までの, 9 時 5 時の.

***nine·ty** /náɪnṭi/

— 代 《数詞》[複数扱い] 90, 90 人; 90 個; 90 ドル[ポンド, セント, ペンスなど]《⇒ number 表, -ty[2]》.

— 名 (nine·ties /~z/) ❶ C (数としての)90. ❷ U 90 歳. ❸ [複数形で the または所有格の後で] 90 年代; 90 歳代; (速度・温度・点数などの)90 番台[度台, 点台]《the '90s [90's] とも書く》: in *the* eighteen *nineties* [189*0s*, 189*0's*] 1890 年代に《⇒ 巻末文法 16.1 (2)》/ in *one's nineties* 90 歳代で. ❹ C 90 の数字. ❺ C 90 人[個]ひと組のもの.

— 形 ❶ 限定 90 の, 90 人[個]の. ❷ 叙述 90 歳で.

nin·ja /nínʤə/ ≪日本語から≫ 名 (~, ~s) C 忍者.

***ninth** /náɪnθ/

— 形 ❶ [普通は the ~; ⇒ the[1] 1 (4)] 9 番目の, 第 9 の, 9 位の《9th とも書く; ⇒ number 表, nine》: *the ninth* lesson 第 9 課 / the nine hundred (and) *ninth* person 909 番目の人 / Beethoven's *Ninth* Symphony ベートーヴェンの第 9 交響曲 / *The ninth* month of the year is September. 1 年の 9 番目の月は 9 月だ. ❷ 9 分の 1 の: a *ninth* part 9 分の 1 の部分.

— 名 (ninths /náɪn(θ)s/) ❶ [単数形で; 普通は the ~] **9 番目の人[もの]**, 9 位の人[もの], 第 9 号. ❷ [単数形で; 普通は the ~] (月の)**9 日**(ここのか)《9th とも書く》: on *the ninth* of February = on February 9 2 月 9 日に《February 9 は February (*the*) *ninth* と読む; ⇒ date[1] 名 1 語法》. ❸ C **9 分の 1**, 1/9《⇒ **巻末文法** 16.11 (3)》: a [one] *ninth* 1/9 / four *ninths* 4/9.

— 副 つなぎ語 9 番目に[として].

nip /níp/ 動 (nips; nipped; nip·ping) 他 ❶ (...)をつねる, はさむ, (軽く)かみつく: That puppy *nipped* my hand. その子犬が私の手にかみついた / Be careful not to get your finger *nipped in* the door. 戸に指をはさまれないように注意しなさい《⇒ get 他 12》. ❷ (霜・寒風などが)(植物)の生長を妨げる, (...)を枯らす. — 自 ❶ つねる, はさむ, かみつく; (寒さなどが)身を切る: The cat *nipped at* my finger. 猫は私の指にかみつこうとした. ❷ [副詞(句)を伴って]《英略式》急ぐ, さっと動く: *nip* in 急いで入る, さっと割り込む. **níp ... in the búd** [動] 他 (危険など)の芽を摘み取る, (...)を未然に防ぐ. **níp ... òff (~)** [動] 他 (...)を(~から)摘み[切り]取る. — 名 ❶ C ひとつねり, ひとかみ. ❷ C (身を切るような)寒さ: a *nip* in the air 身を切るような空気の冷たさ. ❸ C (ウイスキーなどの)ひと口, ひと飲み (*of*). **níp and túck** [形・副]《米略式》(競走・確率などが)五分五分の[で], 負けず劣らずの[で].

nip·per /nípɚ | -pə/ 名 C《英略式》子供, (特に)少年, 坊や.

nip·pers /nípɚz | -pəz/ 名 複 ❶ ニッパー《針金などを切る工具》. ❷ (かに・えびなどの)はさみ.

nip·ple /nípl/ 名 C (人の)乳首《⇒ body 挿絵》; 《米》哺乳(ほにゅう)びんの乳首 [《英》teat]; (機械に油などを注入するための)突起. 関連 teat 動物の乳首.

nip·py /nípi/ 形 (nip·pi·er; -pi·est) ❶《略式》肌寒い. ❷《英》すばしっこい.

nir·va·na /nɪəvɑ́ːnə | nɪə-/ ≪サンスクリット語から≫ 名 ❶ U [ときに N-]〔仏教・ヒンズー教〕涅槃(ねはん), 悟りの境地. ❷ [単数形で] 超脱; 至福, この世の極楽.

nit /nít/ 名 C しらみの卵, 幼虫;《英略式》= nitwit.

nit·pick·ing /nítpìkɪŋ/ 名 U, 形 細かいあら探し(をする).

ni·trate /náɪtreɪt, -trət/ 名 U,C 硝酸塩[エステル]; 硝酸ソーダ[カリウム].

ní·tric ácid /náɪtrɪk-/ 名 U 硝酸.

ni·tro·gen /náɪtrəʤən/ 名 U 窒素《元素記号 N》: *nitrogen* oxide (大気汚染を起こす)窒素酸化物.

ni·tro·glyc·er·in, -er·ine /nàɪtroʊglís(ə)rɪn/ 名 U ニトログリセリン《爆薬, 狭心症などの薬》.

nítrous óxide 名 U 亜酸化窒素, 笑気《麻酔剤》.

nit·ty-grit·ty /nítigríṭi/ 名 [the ~]《略式》(問題の)核心, 本質: get down to *the nitty-gritty* 問題の核心へ入る.

nit·wit /nítwìt/ 名 C《略式》ばか, うすのろ.

nix /níks/ 動 他《米略式》[新聞で] (...)を拒否する, はねつける.

NJ〔米郵便〕= New Jersey.

N.J. 略 = New Jersey.

NM〔米郵便〕= New Mexico.

N.Mex., N.M. 略 = New Mexico.

NNE 略 = north-northeast.

NNW 略 = north-northwest.

***no** /nóʊ/ (同音 know)

単語のエッセンス
1) いいえ; まさか; いやそれどころか 副 ❶, ❷, ❹
2) [比較級の前で] 少しも...ない 副 ❸
3) 少しの...もない, 1 つも...ない 形 ❶
4) 決して...でない 形 ❷
5) ...してはならない 形 ❸

— 副 ❶ S **いいえ**, いや; **違う**, そうではない; だめだ《相手の問い・ことば・行為などに対して否定・不賛成などを表わす》[⇔ yes, ay(e)].

語法 問いが肯定文であろうと否定文であろうと, 答えの内容が否定ならば no を用いるので, 日本語の「はい」と「いいえ」とは逆になることがある《⇒ yes 語法》.

"Do you have a dog?" "*No*, I do*n't*."「犬を飼ってる?」「いや, 飼ってない」/ "Do*n't* you have a dog?" "*No*, I do*n't*."「犬を飼ってないの?」「うん, 飼ってない」/ "Would you like some beer?" "*No*, thank you."「ビールいかがですか」「いえ, 結構です」《⇒ No, thank you. (Thank you. 成句) 語法》/ "You don't play football, do you?" "*No*, I do*n't*."「君はサッカーはしませんよね」「ええ, しません」《⇒ **巻末文法** 1.5 (2) ④》/ "He knew that." "*No*, I told him."「彼はそれを知っていたんだ」「いや, 私が彼に教えたんだ」

❷ S **まさか(そんなことが)**, えっ(本当ですか)《間投詞的に用いて驚きや強い疑問を表わす》: "We are going to build a bridge across this river." "*No*, that's impossible."「私たちはこの川に橋をかけるつもりです」「まさか! そんなことは不可能です」/ "He gave the money back to me." "Oh, *no*!" "Yes, he did."「彼はその金を私に返してくれましたよ」「あの男がまさか(そんなはずはない)」「いや, 返してくれたんです」

❸ [比較級の前で] **少しも...ない:** I can walk *no further* [*farther*]. 私はもうこれ以上はとても歩けない / She was a little girl *no bigger* than you are now. 彼女は今のあなたと全く同じような小さな女の子だった《⇒ than 前 1 語法 (1)》. 語法 このほか *no* better than ... 《⇒ better 形 成句》, *no* less than ...《⇒ less[1] 副 成句》, *no* longer ...《⇒ long[1] 副 成句》, *no* more than ...《⇒ more[1] 副 成句》などの言い方によく用いられる.

❹ [not, nor とともに用いて否定の意味を強める] **いやそれどころか:** No one praised him; *no, not* a soul. だれも彼をほめなかった, だれ一人として / He could not believe it; *no, nor* could anybody. 彼はそれを信じられなかった, いやだれだって信じられなかったのだ.

Nó can dó. ⇒ can[1] 成句.

— 形 ❶ **少しの...もない, 1 つ[1 人]も...ない** [≒not any]《⇒ all 形 1 表》. ✪ 名詞につけてそれを否定する《⇒ **巻末文法** 13.1 (2); none 代 最後の 語法》.

(1) 数えられる名詞の複数形につく《✪ 複数であることが普通の場合》: He has *no* children. 彼には子供が(1 人も)いない / *No* rooms are reserved. 部屋は(1 つも)予約して[されて]いない / Almost *no* students knew this. これを知っている生徒はほとんど(だれも)いなかった.

(2) 数えられる名詞の単数形につく《✪ 1 つであることが普通の場合; 単複どちらでもありうる場合は単数形のほうがより強い否定を表わす》: There is *no* swimming pool in the hotel. ホテルにはプールはない / He has *no* car. 彼には車がない.

⑶ 数えられない名詞につく: I have *no* money with [on] me. 私には手持ちのお金がない / *No* news is good news. 《ことわざ》 便りのないのはよい便り. ✪ この文では主語 no news は「便りのないこと」という意味で, 全体は否定文ではなく肯定文である. 次の否定文と比較: *No* news has come. 便りは 1 つも来ていない.

> 語法 **no と not any**
> (1) no は not any に相当するが, それより少し改まった言い方で, 意味が強い《⇒ any 形 1 語法 (2)》: 言い換え There are *no* buses after midnight. = There are*n't any* buses after midnight. 0 時を過ぎるとバスはありません.
> (2) 文頭に no がある場合は not any では言い換えられない: *No* student will be able to do it in a day. それを 1 日でできる生徒はいないだろう.

❷ [be 動詞の補語または形容詞の前につけて]《格式》**決して…でない**, とても…などではない: He is *no* fool. 彼がばかだなんてとんでもない(大変賢い). 語法 この言い方は強い否定で, 事実はむしろその反対であることを強調する. これに対して He is *not* a fool. は単にばかではない, という意味 // This is *no* easy job for me. これは私にとって決して容易だとは言えない仕事です.
❸ [省略文として] **…してはならない**, …するべからず, …禁止[お断り]. 語法 主に掲示などに用いる: NO PARKING 駐車禁止 / NO SMOKING 禁煙 / NO PICTURES 撮影禁止 / NO THOROUGHFARE 通り抜けお断り.
nó òne ⇒ no one の項目.
There is nó dóing ⇒ there[1] 成句.
— 名 (~(e)s) ❶ C [普通は単数形で] いいえという返事, 否定, 拒絶 [⇔ yes]: The answer was a *no*. 答えはノーだった. ❷ C [普通は複数形で] (特に議会で) 反対投票(者) [⇔ yes, ay(e)]: The *noes* have it! 反対多数《議長などのことば》.
wón't tàke nó for an ánswer [動] (相手に)いやとは言わせない.

***No., no.** /nʌ́mbɚ | -bə/ 略 (複 Nos., nos./~z/) **第…番**, 第…号《記号は #》: *No*.5 第 5 番 / Room *No*. 10 10 号室 / *Nos*. 3, 4 and 5 3, 4, 5 号. 語法 数字の前に置き定冠詞をつけない.
〖語源 ラテン語 numero (数[順番]は)の略〗

no-ac·count /nóʊəkàʊnt/ 形 限定《古風, 米略式》(人が)役立たずの.

No·ah /nóʊə/ 名 固 ❶〔旧約聖書〕ノア《アダム (Adam) から 10 代目の子孫で信仰の厚い男》.

> 参考 人類の堕落に怒ったエホバ (Jehovah) が地上に大洪水 (the Deluge) を起こしたが, ノア (Noah) だけはエホバの命に従って一族協力して箱舟を作り, 家族とすべての動物を一つがいずつ乗せて洪水を逃れたので, 全世界の生物が滅亡せずにすんだという. この舟をノアの箱舟 (Noah's Ark) という《⇒ olive branch 由来》.

❷ ノア《男性の名》.

Nó·ah's Árk /nóʊəz-/ 名 U〔旧約聖書〕ノアの箱舟《⇒ Noah 参考》.

nob·ble /nά(:)bl | nɔ́bl/ 動 他 ❶《英略式》(人)を買収する. ❷《英略式》(競走馬)に薬物を与え(て勝たせないようにす)る.

No·bel /nòʊbél←/ 名 固 Alfred Bern·hard /bɚ́:nhɑɚd | bə́:nhɑ:d/ ~ ノーベル (1833-96)《スウェーデンの化学者・技術者; ダイナマイトを発明》.

Nó·bel Príze /nóʊbel-, noʊbél-/ 名 C ノーベル賞《ノーベル (Nobel) の遺言により世界の物理学・化学・生理学医学・経済学・文学・平和分野に貢献した人々に毎年与えられる賞》: the *Nobel Prize* in [for] Physiology or Medicine ノーベル生理学・医学賞.

no·bil·i·ty /noʊbíləṭi/ 名 ❶ [the ~;《英》単数または複数扱い] (特に封建時代の)貴族階級, 貴族たち《全体》《⇒ peer[2] 2, peerage 表》. ❷ U《格式》気高さ, 高貴さ; 高尚; 壮大: a person of great *nobility* 大変気高い人. (形 nóble)

***no·ble** /nóʊbl/ 形 (no·bler; no·blest) ❶ **気高い**, 高潔な, 崇高な [⇔ ignoble]: a *noble* deed 崇高な行ない / He has a *noble* mind. 彼は気高い心を持っている. ❷ 限定 貴族の, 身分の高い, 高貴な: He was born into a *noble* family. 彼は貴族の家柄に生まれた. ❸ 限定 堂々とした, 立派な: a *noble* horse 立派な馬. (名 nobílity, 動 ennóble)
— 名 C [普通は複数形で] (特に封建時代の)貴族.
〖語源 ラテン語で「よく知られた」の意〗

no·ble·man /nóʊblmən/ 名 (-men /-mən/) C 貴族, 華族.

no·blesse o·blige /noʊblésəblí:ʒ/ ≪フランス語から≫ 名 U《格式》身分が高いゆえの義務《慈善などの社会貢献》.

no·ble·wom·an /nóʊblwʊ̀mən/ 名 (-wom·en) C 貴族《女性》.

no·bly /nóʊbli/ 副 気高く; 立派に, 堂々と; 貴族として: be *nobly* born 高貴な生まれで.

*****no·bod·y** /nóʊbəḍi, -bὰ(:)ḍi | -bədi, -bɔ̀di/
— 代《不定代名詞》**だれも…ない**, 1 人も…ない [≒no one]《⇒ 巻末文法 13.1 (2)》: There *was nobody* in the room. 部屋にはだれもいなかった / *Nobody* can understand it. だれにもそれは理解できない《✪ nobody が主語であるこの文を Not anybody can understand it. とは言い換えられない; ⇒ anybody 語法 (3) (4)》/ *Nobody else* came to help me. ほかにはだれ一人として私を助けにこなかった.

> 語法🔍 **nobody の使い方**
> (1) 単数として扱う.
> (2) nobody を受ける代名詞としては単数の形 (he, he or she など) もあるが, 今では特に《略式》で複数の代名詞 they が広く用いられる: *Nobody* has finished *their* [《格式》his or her, his] work. だれも自分の仕事を終えていない.
> (3) 付加疑問文では they を用いるのが普通: *Nobody* believed it, did *they*? だれもそれを信じなかったのですね.
> (4) 基本的に no one と同義であるが, 命令文では nobody を使う: *Nobody* move! 誰も動くな!

— 名 C [普通は a ~; 補語として] 取るに足らない人. 関連 somebody ひとかどの人.

no-brain·er /nóʊbrèɪnɚ | -nə/ 名 C《略式》(頭を使わずに)すぐにたやすくできる仕事, 簡単なこと.

noc·tur·nal /nɑ(:)ktə́:n(ə)l | nɔktə́:-/ 形 ❶ (動物が)夜行性の [⇔ diurnal]; (花が)夜開く. ❷《格式》夜(間)の.

noc·turne /nά(:)ktə:n | nɔ́ktə:n/ 名 C〔音楽〕夜想曲, ノクターン《特にピアノ曲》.

N

****nod** /ná(ː)d | nɔ́d/

— 動 (nods /ná(ː)dz | nɔ́dz/; nod·ded /-dɪd/; nod·ding /-dɪŋ/) 自 ❶ **うなずく**, 首を縦に振る; うなずいて合図する: He *nodded* in agreement. 彼は賛成してうなずいた / He ***nodded to*** [*at*] me ***to*** come in. [V+*to* [*at*]+名+*to* 不定詞] 彼は私に中に入るようにうなずいて合図した.

❷ **会釈する**, 目礼する: He ***nodded to*** [*at*] me. [V+*to* [*at*]+名] 彼は私に目礼した. ❸ (居眠りして)こっくりこっくりする, うとうとする: My grandfather often *nods over* his newspaper. 祖父はよく新聞を読みながらうとうとする.

— 他 ❶ (首)を**縦に振る**, (頭)を縦に振ってうなずく: She *nodded* her head. 彼女はうなずいた《承知・賛成・了解などの気持ちを表わす; ⇒ shake 動 他 1》.

❷ (承諾・同意など)を**うなずいて示す**: *nod* one's consent [approval] うなずいて承知[同意]の気持ちを示す / He ***nodded*** a welcome ***to*** me. [V+O+*to*+名] 彼はうなずいて私を歓迎した.

hàve a nódding acquáintance with ... [動] 他 (人)と会えば会釈する程度の知り合いである; (物事)を少しだけ知っている.

nód óff [動] 自《略式》居眠りする.

— 名 C [普通は単数形で] **うなずき**; 会釈; 目礼: She *gave* me a ***nod***. 彼女は私に向かってうなずいた[会釈した] / He agreed with a *nod* (of the head). 彼はうなずいて同意した / A wink's as good as a *nod*.《米》=《英・豪》A *nod*'s as good as a wink.《ことわざ》[こっけいに] うなずきは目くばせと同じ(口に出さなくても考えていることはわかる).

gèt the nód [動] 自《略式》承認を得る, 選ばれる.

gíve ... the nód = gíve the nód to ... [動] 他《略式》(...に)同意する.

nod·al /nóʊdl/ 形 限定 節の, 交点の. (名 node)

node /nóʊd/ 名 ❶ C〘植物〙節(ふし)《茎の枝・葉の生ずる所》; こぶ. ❷ C〘数学〙結節点; 節点, 交点. ❸ C = lymph node. ❹ C〘コンピュータ〙ノード《ネットワークの受信・送信ステーション; コンピューター端末など》. (形 nódal)

nod·ule /ná(ː)dʒuːl | nɔ́djuːl/ 名 C (植物・人体の)小さなこぶ; 根粒《植物の根に生ずる小さいこぶ》.

No·el[1] /nóʊəl/ 名 固 ノエル《男性または女性の名》.

No·el[2] /noʊél/ 名 固《詩語》クリスマス (Christmas).〘語源 フランス語から; 原義はラテン語で「誕生の(日)」〙

no-fault /nóʊfɔ́ːlt/ 形 限定《主に米》(自動車保険で)無過失損害賠償制度の;〘法律〙(離婚で)当事者双方の責任が問われない.

nó-flý zòne /nóʊflάɪ-/ 名 C 飛行禁止区域.

no-frills /nóʊfrílz←/ 形 限定 余計なものがつかない, 実質本位の: a *no-frills* airline 格安航空会社.

nog·gin /ná(ː)gɪn | nɔ́g-/ 名 ❶ C《略式》(人の)頭: Use your *noggin*. 頭を使え. ❷ C《古風》(酒の)少量.

no-good /nóʊgʊ́d/ 形 限定《略式》(人が)どうしようもない, 役立たずの.

no-hit·ter /nóʊhíṭə | -tə/ 名 C〘野球〙無安打試合.

no-holds-barred /nòʊhòʊldzbάəd | -bάːd/ 形 限定 制限のない, 自由な.

****noise** /nɔ́ɪz/

— 名 (nois·es /~ɪz/) ❶ C,U (やかましい)**音**, **物音**, 騒音: the *noise*(*s*) of the street = street *noise*(*s*) 通りの騒音 / "Don't make so much *noise*. I can't study." "I'm sorry. I'll be quiet."「うるさいなあ. 勉強できないよ」「ごめん. 静かにするよ」/ I couldn't sleep as there was a lot of *noise* in the next room. 隣の部屋でいろいろやかましい大きな音がして眠れなかった. ❷ U (機器などの)雑音, ノイズ;〘コンピュータ〙ノイズ《信号の乱れによって生じるデータのあやまり》.

màke (a) nóise [動] 自 (1) (やかましい)**音を立てる**, 騒ぐ《⇒ 1》. (2) (...について)騒ぎ立てる, うるさく不平[不満]を言う (*about*).

màke nóises [動] 自 (1) 不満[不平]を言う (*about*). (2) [形容詞を伴って] ...なことを言う (*about*): *make* (all) the right *noises* (あれこれ)もっともらしいことを言う. (3) それとなく言う, ほのめかす (*about*). (形 nóisy)

noise·less /nɔ́ɪzləs/ 形 W 音のしない, 静かな; 騒音の少ない [⇔ noisy]. **～·ly** 副 音を立てずに.

nóise pollùtion 名 U 騒音公害.

nois·i·ly /nɔ́ɪzəli/ 副 騒がしく, がやがやと.

noi·some /nɔ́ɪsəm/ 形《文語》不快な; 悪臭のする.

+**nois·y** /nɔ́ɪzi/ 形 (nois·i·er /-ziə | -ziə/; nois·i·est /-ziɪst/) **やかましい**, 騒々しい; がやがやした, ざわついている [⇔ noiseless, quiet]: *noisy* children うるさい子供たち / a *noisy* room 騒々しい部屋 / Don't be *noisy*! 静かにしなさい. (名 noise)

no·mad /nóʊmæd/ 名 ❶ C [しばしば複数形で] 遊牧民. ❷ C 放浪者.

no·mad·ic /noʊmǽdɪk/ 形 遊牧の; 放浪の.

nó-màn's lànd 名 [U または a ～] (相対する陣営間の)中間地帯; 所有者のない土地.

no·men·cla·ture /nóʊmənklèɪtʃə | noʊméŋklətʃə/ 名 U,C《格式》(分類上の)命名法; U 学名《全体》.

+**nom·i·nal** /ná(ː)mən(ə)l | nɔ́m-/ 形 ❶ (最高責任者などが)**名ばかりの**, 有名無実の; (実体でなく)名目上の; (金額などが)わずかな, 申しわけ程度の: a *nominal* king 名ばかりの王 / *nominal* wages 名目賃金 / a *nominal* fee わずかばかりの謝礼. ❷ 名の, 名義上の. ❸ 限定〘文法〙名詞の(働きをする), 名詞的な. (名 1, 2 では name, 3 では noun)

— 名 C〘文法〙名詞類.

nom·i·nal·ly /ná(ː)mənəli | nɔ́m-/ 副 ❶ 名義上, 名目上; 名ばかりで. ❷ 文修飾 名目上は, たてまえとしては.

+**nom·i·nate** /ná(ː)mənèɪt | nɔ́m-/ アク 動 (-i·nates /-nèɪts/; -i·nat·ed /-ṭɪd/; -i·nat·ing /-ṭɪŋ/) 他 ❶ (...)を(候補者・作品として)**指名する**, 推薦する: Mr. Hill *was* ***nominated for*** [*as*] President. [V+O+*for* [*as*]+名の受身] ヒル氏は大統領候補に指名された.

❷ (...)を(職・地位などに)**任命する**, 指名する: 言い換え The President ***nominated*** him ***as*** Secretary of State. [V+O+C (*as*+名)] = The President ***nominated*** him ***to*** be Secretary of State. [V+O+C (*to* 不定詞)] 大統領は彼を国務長官に指名した. ❸ (...)を(正式な日取り・場所として)決定する (*as*). (名 nòminátion)〘語源 ラテン語で「名をつける」の意; name と同語源〙

+**nom·i·na·tion** /nὰ(ː)mənéɪʃən | nɔ̀m-/ 名 (～s /～z/) ❶ U,C **指名**, 推薦: He got the ***nomination for*** the prize. 彼は賞の候補者に指名された. ❷ C 候補者; ノミネート作品 (*for*). ❸ U,C 任命 (*as*). (動 nóminàte)

nom·i·na·tive /ná(ː)m(ə)nəṭɪv | nɔ́m-/ 形〘文法〙主格の [≒ subjective]: the *nominative* case 主格.

— 名 C〘文法〙主格.

+**nom·i·nee** /nὰ(ː)məníː | nɔ̀m-/ 名 (～s /～z/) C **指名**

された人, 推薦された人 (*for*): the presidential *nominee* 大統領候補に指名された人.

+**non-** /ná(:)n | nɔ́n/ 接頭 ❶「非…, 不…, 無…」の意: *non*aligned 非同盟の / *non*smoker 非喫煙者. 語法 dis-, in- や un- が積極的な否定や反対を表わすのに対して, non- は単なる否定を示すだけのことがある. また non- のつく形容詞は un- のつくものと違って通例は比較変化をせず very や rather などに修飾されない: *non*professional 非職業的な / *un*professional 職業倫理に反する. ❷《略式》「…と呼ぶには値しない」の意: *non*-event 期待はずれのこと.

non·a·ge·nar·i·an /nà(:)nəʤəné(ə)riən | nòʊnə-ˊ/ 形, 名 C 90 歳代の(人).

non·ag·gres·sion /nà(:)nəgréʃən | nɔ̀n-/ 名 U (条約などによる 2 国間の)不可侵: a *nonaggression* pact [treaty] 不可侵条約.

non·al·co·hol·ic /nà(:)nælkəhɔ́:lɪk | nɔ̀nælkəhɔ́l-ˊ/ 形 アルコールを含まない.

non·aligned /nà(:)nəláɪnd | nɔ̀n-/ 形 [普通は 限定] 非同盟の, 中立の.

no-name /nóʊnèɪm/ 形 限定 無名の, 有名ブランドでない.

non-at·ten·dance /nà(:)nəténd(ə)ns | nɔ̀n-/ 名 U《格式》欠席, 不参加.

nonce /ná(:)ns | nɔ́ns/ 形 限定 (語句が)その場限りの, その場で臨時に作られた: a *nonce* word その場限りに臨時に作られる語[用法]. — 名 [次の成句で] **for the nónce** [副]《文語》さしあたり, 当座は.

non·cha·lance /nà(:)nʃəlá:ns | nɔ́nʃələns/ 名 U むとんちゃく, 無関心なふり: with *nonchalance* 平気で; 冷淡に.

non·cha·lant /nà(:)nʃəlá:nt ˊ | nɔ́nʃələnt/ 形 むとんちゃくな, 無関心な; 冷淡な (*about*): a *nonchalant* expression 無関心を装った表情. **~·ly** 副 平然と, 無関心に; 冷淡に.

non·com·bat·ant /nà(:)nkəmbǽtnt | nɔ̀nkɔ́mbət-ˊ/ 名 C〔軍隊〕非戦闘員.

nón·com·mis·sioned ófficer /ná(:)nkəmìʃənd- | nɔ́n-/ 名 C〔軍隊〕下士官《略 NCO》. 関連 commissioned officer 士官.

non·com·mit·tal /nà(:)nkəmíṭl | nɔ̀n-ˊ/ 形 意見[態度]を明らかにしない, 当たりさわりのない, どっちつかずの; あいまいな (*about, on*): a *noncommittal* answer 当たりさわりのない返事. **-tal·ly** /-ṭəli/ 副 当たりさわりなく; あいまいに.

non·con·form·ist /nà(:)nkənfɔ́ɚmɪst | nɔ̀nkənfɔ́:-ˊ/ 名 ❶ C 非協調的な人, 体制に従わない人. ❷ C [N-]《英》非国教徒. — 形 ❶ 非協調主義の. ❷ [N-]《英》非国教徒の.

non·con·for·mi·ty /nà(:)nkənfɔ́ɚməṭi | nɔ̀nkənfɔ́:-/ 名 ❶ U 非協調, (体制に対する)不服従. ❷ U《英》[N-] 国教不信奉主義, 非国教主義.

non-con·tro·ver·sial /nà(:)nkà(:)ntrəvə́:ʃ(ə)l | nɔ̀nkɔ̀ntrəvə́:-/ 形 議論の余地のない.

non·co·op·er·a·tion /nà(:)nkoʊà(:)pəréɪʃən | nɔ̀nkoʊɔ̀p-/ 名 U 非協力(政策[運動]).

nòn·cóunt nòun /nà(:)nkáʊnt- / 名 C〔文法〕= uncountable.

non-dair·y /ná(:)ndé(ə)ri | nɔ́n-ˊ/ 形 牛乳[乳製品]を含まない.

non-de·nom·i·na·tion·al /nà(:)ndɪnà(:)mənéɪʃ(ə)nəl | nɔ̀ndɪnɔ̀m-ˊ/ 形 特定宗派に属さない.

non·de·script /ná(:)ndɪskrɪ̀pt | nɔ́ndɪskrɪ̀pt/ 形 [軽蔑的] (これといった)特徴のない, どこにでもあるような; 漠然とした.

****none** /nʌ́n/ ❗発音 (同音 nun)

> **単語のエッセンス**
> 元来は 'no one'
> 1) …のどれも～でない 代 ❶
> 2) 少しも…(で)ない 代 ❷; 副
> 3) だれも…でない 代 ❸

— 代《不定代名詞》❶ [none of …として] **…のどれも～でない, 何も～でない,** …のだれも～でない [≒not any]《⇒ 巻末文法 13.1 (2); neither 代 語法 (3)》: *None of them* are [is] here. 彼らのだれもここにはいない《✪ ×No one of them …とは言わない》/ *None of* this *money* is yours. この金は一銭たりとも君のものではない / *None of* my *friends* come [comes] to see me. 友人はだれも私に会いに来ない / He took *none of it*. 彼はそれを少しも受け取らなかった.

> 語法 **none of … の使い方**
> (1) none of の後には定まった人・物を示す代名詞や「the＋名詞」などが来る.
> (2) この場合, 単数・複数両方に扱われるが, Ⓢ では(代)名詞の複数形が後に来れば複数扱いが普通で,《格式》では単数扱い. 数えられない名詞が後に来れば単数扱い.

❷ **少しも…ない,** 全然…ない《先行する名詞を否定する》: You have a lot of money, and I have *none* (at all). あなたはお金をたくさん持っているが私は少しも持っていない《at all は強調》/ "How much milk is left in the bottle?" "*None* (whatsoever [at all])." 「びんに牛乳がどのくらい残っていますか」「全然ありません」

❸ **だれも…でない:** There *are none* present. 出席者はだれもいない / *None have* arrived. だれも来ていない. 語法 複数扱いにすることが多い. 格式ばった言い方で, no one や nobody が普通.

語法 some や any には 形 の用法も 代 の用法もあるが, no には 代 の用法はなく, no の 代 の用法に相当するのがこの none である.

hàve nóne of … [動] 他 …を認めない[受け入れない].

nóne but … 《文語》ただ…だけ [≒only].

Nóne of …! …はやめろ: *None of* your tricks! いんちきはよせ.

nòne óther than … …にほかならない, まさに…だ《驚きを表わす》: He was *none other than* the prince. 彼はまさしく王子にほかならなかった.

— 副 少しも…でない, 決して…でない [≒not at all].

nòne the ＋比較級 (…だからといって)それだけ～というわけではない, (…なのに)いっこうに～ではない. 語法 比較級の語が強いアクセントを受ける: He seems (to be) *none the happier for* his great wealth. 彼は大金持ちの割に少しも幸福ではないようだ.

nòne the léss [副] = nonetheless.

nóne tòo … [副]《格式》決して…しすぎてはいない: The price is *none too* high. その値段は決して高すぎるということはない.

non·en·ti·ty /nà(:)nénṭəṭi | nɔ̀n-/ 名 (-ti·ties) C [軽蔑的] 取るに足らぬ人.

non·es·sen·tial /nà(:)nɪsénʃəl | nɔ̀n-ˊ/ 形 必ずしも必要でない.

+**none·the·less** /nʌ̀nðəlés/ 副 つなぎ語《格式》**それでもなお,** それにもかかわらず [≒nevertheless]: It was impossible for the team to turn the game around; *nonetheless* all the members tried to do their best. そのチームは逆転が不可能な状況だった. にもかかわらず選手たちは全員最善を尽くそうとした.

non-e·vent /nà(:)nɪvént | nɔ̀n-/ 名 C [普通は単数形で]《略式》期待はずれのこと[もの].

non·ex·is·tence /nà(:)nɪgzístəns | nɔ̀n-/ 名 U 存在[実在]しないこと.

non·ex·is·tent /nà(:)nɪgzístənt | nɔ̀n-←/ 形 存在しない, 実在しない.

non·fat /ná(:)nfǽt | nɔ́n-←/ 形 限定 脂肪分ゼロの.

non·fic·tion /nà(:)nfíkʃən | nɔ̀n-/ 名 U, 形 ノンフィクション(の)《小説・物語以外の散文文学》.

nón·fi·nite fórm /ná(:)nfàɪnaɪt- | nɔ́n-/ 名 C〔文法〕非定形.

non·flam·ma·ble /nà(:)nflǽməbl | nɔ̀n-←/ 形 (布・素材が)不燃性の(⇒ flammable 語法) [⇔ inflammable].

non·gov·ern·men·tal /nà(:)ngʌ̀vɚ(n)méntl | nɔ̀ngʌ̀v(ə)n-←/ 形 限定 非政府(機関)の, 民間の: a *nongovernmental* organization 非政府機関, 民間機関[団体]《略 NGO》.

non·im·mi·grant /nà(:)nímɪgrənt | nɔ̀n-/ 名 C, 形 限定 一時滞在の外国人(の).

non·in·ter·ven·tion /nà(:)nìntɚvénʃən | nɔ̀n-ìntə-/ 名 U 内政不干渉; 不介入.

non-i·ron /nà(:)náɪɚn | nɔ̀náɪən←/ 形 (衣類が)ノーアイロンの, アイロンのいらない.

non·judg·men·tal /nà(:)ndʒʌdʒméntl | nɔ̀n-/ 形 (判断などが)中立的な; 人を批判しない.

non·mem·ber /nà(:)nmémbɚ | nɔ̀nmémbə/ 名 C 非会員[党員], 非加入者[国].

non·na·tive /nà(:)nnéɪtɪv | nɔ̀n-←/ 形 ❶ (植物などが)外来の. ❷ (話者が)母語としない.

non·ne·go·ti·a·ble /nà(:)nnɪgóʊʃ(i)əbl | nɔ̀n-/ 形 交渉の余地のない; (小切手などが)譲渡できない.

non·nu·cle·ar /nà(:)nn(j)ú:kliɚ | nɔ̀nnjú:kliə←/ 形 限定 非核の.

no-no /nóʊnòʊ/ 名 (~s) C [しばしば単数形で]《略式》してはいけないこと, 禁則事項.

no-non·sense /nòʊná(:)nsens | -nɔ́ns(ə)ns←/ 形 限定 実際的な, きわめて現実的な, 無駄をきらう.

non·pa·reil /nà(:)npərél | nɔ̀npəréɪl←/ 名 [単数形で]《格式》無比の物[人]; 極上品.

non·par·ti·san /nà(:)npáɚtɪz(ə)n | nɔ̀npà:tɪzǽn←/ 形 党派心のない; 党派に属さない, 無所属の.

non·pay·ment /nà(:)npéɪmənt | nɔ̀n-/ 名 U《格式》不払い, 未納 (*of*).

non·plus(s)ed /nà(:)nplʌ́st | nɔ̀n-←/ 形 叙述 途方に暮れた (*at, by*).

non·pro·fes·sion·al /nà(:)nprəféʃ(ə)nəl | nɔ̀n-←/ 形 非職業的な, アマチュアの.

+**non·prof·it** /nà(:)nprá(:)fɪt | nɔ̀nprɔ́f-←/ 形 **非営利的な.** — 名 C 非営利組織.

non·prof·it-mak·ing /nà(:)nprá(:)fɪtmèɪkɪŋ | nɔ̀nprɔ́f-←/ 形《英》= nonprofit.

non·pro·lif·er·a·tion /nà(:)nprəlìfəréɪʃən | nɔ̀n-/ 名 U (核兵器などの)非拡散, 拡散防止: the *nonproliferation* treaty 核拡散防止条約.

non·re·fund·a·ble /nà(:)nri:fʌ́ndəbl | nɔ̀n-←/ 形 払い戻しのできない.

non-re·new·a·ble /nà(:)nrɪn(j)ú:əbl | nɔ̀nrɪnjú:-←/ 形 (エネルギー源などが)再生不可能な.

non·res·i·dent /nà(:)nrézədənt | nɔ̀n-←/ 名 C (ある国・地域などの)非居住者, 一時滞在者;《英》(ホテルなどの)宿泊客以外の外来者. — 形《格式》(ある国・地域などに)居住していない, 一時滞在の;《英》(ホテルの)外来客の.

non·re·stric·tive /nà(:)nrɪstríktɪv | nɔ̀n-/ 形〔文法〕非制限的な(⇒ **巻末文法 9.3 (4)**).

+**non·sense** /ná(:)nsèns, -s(ə)ns | nɔ́ns(ə)ns/ 名 ❶ U [《英》ではまた a ~] **ばかげた考え**, つまらない[くだらない]こと; 無意味な[わけのわからない]ことば; ばかげた行為: talk *nonsense* ばかなことを言う(✪ speak [say] nonsense とは言わない) / It's *nonsense* to try that. そんなことをしても無意味だ. ❷ [形容詞的に] 無意味な; ナンセンス詩の.

màke (a) nónsense of ... [動] 他《英》...を台なし[だめ]にする, ...を無意味にする. (形 nonsénsical)

— 間 **ばかな!**, くだらない!; なに言ってるんですか, とんでもない!: "I'm sure I failed the test." "*Nonsense*! You worry too much."「きっと試験に落ちたんだ」「ばか言え. 心配しすぎだよ」

non·sen·si·cal /nɑ(:)nsénsɪk(ə)l | nɔn-/ 形 無意味な; ばかげた, とんでもない. (名 nónsense)

non se·qui·tur /nà(:)nsékwɪtɚ | nɔ̀nsékwɪtə/ ≪ラテン語から≫ 名 C《格式》(これまでのことと)つながりのない発言[結論]; 無理な推論.

non·smok·er /nà(:)nsmóʊkɚ | nɔ̀nsmóʊkə/ 名 C 非喫煙者: *nonsmokers'* rights 嫌煙権.

non·smok·ing /nà(:)nsmóʊkɪŋ | nɔ̀n-←/ 形 限定 禁煙の; 非喫煙者の: a *nonsmoking* car 禁煙車.

non·stan·dard /nà(:)nstǽndɚd | nɔ̀nstǽndəd←/ 形 標準[規格]外の; (ことばづかいなどが)非標準的な.

non·start·er /nà(:)nstáɚtɚ | nɔ̀nstá:tə/ 名 C [普通は単数形で]《略式》(成功の)見込みのない物事[人].

non·stick /nà(:)nstík | nɔ̀n-←/ 形 (なべなどが)こびりつかない.

non·stop /nà(:)nstá(:)p | nɔ̀nstɔ́p←/ 形 限定, 副 途中で止まらない(で), 直行の[で]: a *nonstop* flight to Paris パリ行きの直行便.

non·tra·di·tion·al /nà(:)ntrədíʃ(ə)nəl | nɔ̀n-/ 形 非伝統的な, 非従来型の.

non·u·nion /nà(:)njú:njən | nɔ̀n-←/ 形 [普通は 限定] 労働組合に属さない; 労働組合を認めない.

non·ver·bal /nà(:)nvɚ́:b(ə)l | nɔ̀nvə́:-←/ 形 [普通は 限定] ことばを用いない, ことばによらない: *nonverbal* communication 非言語的コミュニケーション《身ぶり・表情など》.

non·vi·o·lence /nà(:)nváɪələns | nɔ̀n-/ 名 U 非暴力(主義).

non·vi·o·lent /nà(:)nváɪələnt | nɔ̀n-←/ 形 非暴力(主義)の; 平和的な.

non·white /nà(:)n(h)wáɪt | nɔ̀n-←/ 名 C 白人でない人. — 形 白人でない.

+**noo·dle** /nú:dl/ 名 (~s /~z/) C [普通は複数形で] **ヌードル, 麺**(めん): instant *noodles* 即席麺[ラーメン].

nook /nʊ́k/ 名 C (木陰などの)引っ込んだ所, 奥まった所; (部屋の)隅, 角(かど). **évery nóok and cránny** [名] 隅々, あらゆる所.

**noon /nú:n/

— 名 U **正午**, 昼の 12 時 [⇔ midnight]: The bell rings ***at noon***. ベルは正午に鳴る / 12 *noon* 昼の 12 時《12 *midnight* (夜の 12 時)に対して》.

〖語源 ラテン語で「(日の出から)第 9 時」の意〗

noon·day /núːndèɪ/ 形 限定 《文語》 正午の, 真昼の.

‡no one /nóʊwʌn/

— 代 《不定代名詞》 だれも…ない, 1 人も…ない 《⇒ none 3 語法》 [≒nobody]. 語法 用法は nobody と同じ 《⇒ nobody 代 語法》: We saw *no one* in the garden. 庭にはだれも見えなかった / *No one* knows. だれも知らない / *No one else* appeared. ほかにはだれも現れなかった 《⇒ else 形》. 語法 of が続く場合は none を用いる: *None of* them [×No one of them] went there. そこへ行ったものはだれもいなかった.

noose /núːs/ 名 C 輪縄; 絞首刑用の首つり縄: tighten the *noose* around … …を窮地に追い込む.

nope /nóʊp/ 副 S 《略式》 = no. 参考 最後の /p/ は唇を閉じたままで開かない 《⇒ yep》.

nó plàce 副 《略式, 主に米》 = nowhere.

‡nor /(強形) nɔ́ɚ | nɔ́ː; (弱形) nɚ | nə/ ✪ 《英》 では弱形はあまり使われない.

— 接 《等位接続詞》 ❶ [neither … nor 〜 として] どちらも…しない, どちらも…でない 《⇒ neither 接》.
❷ /nɔ́ɚ | nɔ́ː/ [否定文の後で] 《格式》 …もまた〜しない, …もまた〜でない: I can't read French, *nor* can I speak it. 私はフランス語が読めないし話すこともできない / They won't help her, (《英》 and) *nor* will I. 彼らは彼女を助けないだろう. 私だってそうだ / I *never* saw him again, *nor* did I want to. 私は二度と彼とは会わなかったし会いたくもなかった. 語法 nor の後では neither の場合と同じく主語と述語動詞の語順が逆になる 《⇒ 巻末文法 15.2 (3), do[1] [代動詞] 5》.
❸ /nɔ́ɚ | nɔ́ː/ [not の後で] 《格式》 …も〜しない, …も〜でない: She offered *not* a word of greeting *nor* even a smile. 彼女はあいさつどころか微笑みすらしなかった.
❹ /nɔ́ɚ | nɔ́ː/ [肯定文の後で] 《格式》 そしてまた…でない: I find his work lacking in imagination; *nor* am I sure his creations are completely original. 私は彼の作品は想像力に欠けていると思う, また彼の創作内容も完全に独創的と言えるかどうか確信がもてない.
〖語源 元来は neither の短縮形〗

Nor. 略 = Norway.

No·ra /nɔ́ːrə/ 名 固 ノーラ 《女性の名; Eleanor, Eleanore, Elinor の愛称》.

Nor·dic /nɔ́ɚdɪk | nɔ́ː-/ 形 ❶ 北欧の; 北欧人の. ❷ 〔スキー〕 ノルディック(種目)の 《⇒ Alpine》.

+norm /nɔ́ɚm | nɔ́ːm/ 名 (〜s/〜z/) ❶ C [普通は the 〜] 標準; ノルマ 《労働の基準量》 (*of, for*): Two-income households have ***become the norm***. 共働きの家庭がごくあたりまえになっている. ❷ [複数形で] 規範: cultural [social] *norms* 文化的[社会]規範.
(形 nórmal)
〖語源 ラテン語で「大工の物差し」の意〗

‡nor·mal /nɔ́ɚm(ə)l | nɔ́ː-/

— 形 標準の, 通常の, 普通の, 正規の; (心身が)正常な 《⇒ common 類義語》 [⇔ abnormal]: the *normal* (body) temperature 平熱 / 言い換え *It's* perfectly *normal* (*for* you) *to* feel that way. = *It's* perfectly *normal that* you (*should*) feel that way. そのように感じるのは全く普通のことだ 《⇒ should A 7》.
(動 nórmalìze, 名 norm, nórmalcy, normálity)

— 名 U 普通, 正常; 標準, 平均; (人体の)平熱: Your blood pressure is ***above*** [***below***] ***normal***. あなたの血圧は標準以上[以下]だ.

nor·mal·cy /nɔ́ɚm(ə)lsi | nɔ́ː-/ 名 U 《主に米》 = normality.
(形 nórmal)

nor·mal·i·ty /nɔɚmǽləṭi | nɔː-/ 名 U 正常, 常態.
(形 nórmal)

nor·mal·i·za·tion /nɔ̀ɚməlɪzéɪʃən | nɔ̀ːməlaɪz-/ 名 U 正常化; 標準化, 常態化 (*of*).

nor·mal·ize /nɔ́ɚməlàɪz | nɔ́ː-/ 動 他 《格式》 (状況・関係など)を正常化する; 標準化する. — 自 《格式》 正常化する; 標準化する.
(形 nórmal)

***nor·mal·ly** /nɔ́ɚməli | nɔ́ː-/ 副 [ときに 文修飾] **普通は**, 通常 《⇒ always 表》; **正常に**, 正規に [⇔ abnormally]: *Normally*, cranes live in cold countries. 通例つるは寒い国に住む / Is the engine working *normally*? エンジンは正常に動いていますか.

Nor·man /nɔ́ɚmən | nɔ́ː-/ 名 C ノルマンディー (Normandy) 人; ノルマン人. — 形 ノルマンディー人の; ノルマン人の; 〔建築〕 ノルマン様式の.

Nórman Cónquest 名 固 [the 〜] ノルマン人の征服 《1066 年ノルマンディー公ウィリアムの England 征服; ⇒ William 2》.

Nor·man·dy /nɔ́ɚməndi | nɔ́ː-/ 名 固 ノルマンディー 《フランス北西部の地方》.

nor·ma·tive /nɔ́ɚməṭɪv | nɔ́ː-/ 形 《格式》 規範的な; 規範となるような.

‡north /nɔ́ɚθ | nɔ́ːθ/

— 名 ❶ [the 〜 または U; しばしば N-] **北**, **北部**, 北方 《略 N》: Turn to *the north*. 北へ曲がってください / A cold wind was blowing from *the north*. 北から冷たい風が吹いていた / Canada is ***to the north of*** the United States. カナダは米国の北にある 《⇒ to[1] 1 語法》 / in *the north of* … …の北部に. 関連 south 南 / east 東 / west 西. ❷ [the N-] 《米》 北部諸州; 《英》 (England の)北部地方. ❸ [the N-] (北の)先進諸国. 関連 the South (南の)発展途上諸国.
(形 nórthern, nórtherly)

— 形 限定 [比較なし] [ときに N-] **北の**, 北部の, 北方の; (風などが)北からの: the *north* wall 北側の壁 / on the *north* coast [side] 北海岸[北側]に / a *north* wind 北風. 語法 政治的・行政的・地理的に境界が明確な地域を指す場合 North, South, East, West を用い, 境界があまり明確でないときには Northern, Southern, Eastern, Western を用いるのが原則: *North* Korea 北朝鮮 / *Northern* Japan 北日本.

— 副 [しばしば N-] **北に**, **北へ**, 北方へ: My room faces *north*. 私の部屋は北向きです / Oklahoma is [lies] ***north of*** Texas. オクラホマ州はテキサス州の北にある. **ùp nórth** [副] 《略式》 北で[に], 北の方で[に].

Nórth América 名 固 北アメリカ, 北米(大陸) 《⇒ America 語法》.

Nórth Américan 形 北アメリカの, 北米の; 北アメリカ[北米]人の. — 名 C 北米人.

north·bound /nɔ́ɚθbàʊnd | nɔ́ːθ-/ 形 限定 (乗り物などが)北へ向かっている, 北行き[回り]の.

Nórth Carolína 名 固 ノースカロライナ 《米国南東部の州; 略 N.C., 〔郵便〕 では NC》. 〖語源 Carolina はチャールズ一世のラテン語名 Carolus にちなむ〗

Nórth Dakóta 名 固 ノースダコタ 《米国北部の州; 略 N.D., N.Dak., 〔郵便〕 では ND》. 〖語源 Dakota は北米先住民のことばで「同盟者」の意〗

***north·east** /nɔ̀ɚθíːst | nɔ̀ːθ-/ 名 ❶ [the 〜 または U; しばしば N-, North-East] **北東** 《略 NE》. ❷ [the N-] **北東部**.
(形 nòrthéastern)

— 形 ❶ 限定 **北東の**. ❷ 限定 (風が)北東からの.

— 副 北東へ[に].

north·east·er·ly /nɔ̀ːəθíːstəli | nɔ̀ːθíːstə-⁻/ 形 ❶ 限定 北東(寄り)の. ❷ 限定 (風が)北東からの.

north·east·ern /nɔ̀ːəθíːstən | nɔ̀ːθíːstən⁻/ 形 [普通は 限定] 北東(へ)の; 北東からの; [しばしば N-] 北東部の《略 NE》. (名 nòrthéast)

north·east·ward /nɔ̀ːəθíːstwəd | nɔ̀ːθíːstwəd⁻/ 副 形 北東の方へ[の], 北東に向かって[向かう], 北東向きに[の].

north·er·ly /nɔ́ːəðəli | nɔ́ːðə-/ 形 ❶ 限定 北の, 北寄りの. ❷ 限定 (風が)北からの.

****north·ern** /nɔ́ːəðən | nɔ́ːðən/ 発音

— 形 ❶ 限定 [しばしば N-] **北の**, 北からの; 北向きの; 北への《略 N; ⇒ north 形 語法》: *Northern* Europe 北ヨーロッパ / on the *northern* side 北側に / a *northern* wind 北風. 関連 southern 南の / eastern 東の / western 西の. ❷ [N-]《米》北部(諸州)の. (名 north)

north·ern·er /nɔ́ːəðənə | nɔ́ːðənə/ 名 ❶ C 北部の人. ❷ C [N-]《米》北部の州の人[出身者].

Nórthern Hémisphere 名 [the ~] 北半球.

Nórthern Íreland 名 固 北アイルランド《Ireland 島北部の英国 (the United Kingdom)に属する地方; 首都 Belfast》.

Nórthern Líghts 名 複 [the ~] (北極圏の)オーロラ, 北極光 (aurora borealis). 関連 Southern Lights 南極光.

north·ern·most /nɔ́ːəðənmòʊst | nɔ́ːðən-/ 形 [普通は 限定] 最北(端)の.

Nórth Ísland 名 固 [the ~] 北島《ニュージーランドの主要な2島のうち北方の島》.

Nórth Koréa 名 固 北朝鮮《朝鮮民主主義人民共和国の通称; ⇒ Korea 参考》.

Nórth Macedónia 名 固 北マケドニア《Balkan 半島の共和国》.

north-north·east /nɔ́ːəθnɔ̀ːəθíːst | nɔ́ːθnɔ̀ːθ-/ 名 [the ~] 北北東《略 NNE》. — 形 限定 北北東の.

north-north·west /nɔ́ːəθnɔ̀ːəθwést | nɔ́ːθnɔ̀ːθ-/ 名 [the ~] 北北西《略 NNW》. — 形 限定 北北西の.

Nórth Póle 名 固 [the ~] 北極《⇒ zone 挿絵》. 関連 South Pole 南極.

Nórth Séa 名 固 [the ~] 北海《Great Britain 島とヨーロッパ大陸に囲まれた海》.

Nórth Stár 名 [the ~] = Pole Star.

north·ward /nɔ́ːəθwəd | nɔ́ːθwəd/ 副 北の方へ, 北に向かって, 北向きに: We rowed *northward*. 私たちは北に向かって舟をこいだ. — 形 限定 北の方への, 北に向かう, 北向きの.

north·wards /nɔ́ːəθwədz | nɔ́ːθwədz/ 副《英》= northward.

***north·west** /nɔ̀ːəθwést | nɔ̀ːθ-⁻/ 名 ❶ [the ~ または U; しばしば N-, North-West] **北西**《略 NW》. ❷ [the N-] **北西部**. (形 nòrthwéstern)

— 形 ❶ 限定 **北西の**. ❷ 限定 (風が)北西からの.

— 副 北西へ[に].

north·west·er·ly /nɔ̀ːəθwéstəli | nɔ̀ːθwéstə-⁻/ 形 ❶ 限定 北西(寄り)の. ❷ 限定 (風が)北西からの.

north·west·ern /nɔ̀ːəθwéstən | nɔ̀ːθwéstən⁻/ 形 [普通は 限定] 北西(へ)の; 北西からの; [しばしば N-] 北西部の《略 NW》. (名 nòrthwést)

north·west·ward /nɔ̀ːəθwéstwəd | nɔ̀ːθwéstwəd⁻/ 副 形 北西の方へ[の], 北西に向かって[向かう], 北西向きに[の] [⇔ southeastward].

Norw. 略 = Norway.

Nor·way /nɔ́ːəweɪ | nɔ́ː-/ 名 固 ノルウェー《ヨーロッパ北部スカンジナビア半島 (Scandinavian Peninsula) 西部の王国; 首都 Oslo; 略 Nor., Norw.》.

Nor·we·gian /nɔːəwíːdʒən | nɔː-/ 形 ノルウェーの; ノルウェー人の; ノルウェー系の; ノルウェー語の. — 名 C ノルウェー(系)人; U ノルウェー語.

Nos., nos. /nʌ́mbəz | -bəz/ 略 No., no. の複数形.

****nose** /nóʊz/

— 名 (nos·es /~ɪz/) ❶ C **鼻**《⇒ head 挿絵》.

> **日英** 「高い鼻」は普通 a high nose とはいわず, a long [large] nose という. 同様に「低い鼻」は a low nose ではなく a short [small] nose という.

a flat *nose* ぺちゃんこの鼻 / a straight *nose* 鼻筋の通った鼻 / 「punch ... [give ... a punch] on the *nose* ...の鼻をなぐる《⇒ the¹ 2》/ ***blow*** one's ***nose*** 鼻をかむ《ときには涙を隠すため》/ ***hold*** one's ***nose*** (臭くて)鼻をつまむ / ***pick*** one's ***nose*** 鼻をほじる / ***Wipe*** your ***nose*** with [on] a tissue. ティッシュで鼻をふきなさい / Your *nose* is bleeding. 鼻血が出ているよ / My *nose* is stuffy. 鼻がつまっている / 言い換え The child's *nose* is running. = The child has a runny *nose*. その子は鼻水が出ている / the bridge of the *nose* 鼻柱 // ⇒ snook. 関連 nostril 鼻の穴 / muzzle 犬・猫・馬などの鼻 / snout 豚などの鼻 / trunk 象の鼻.

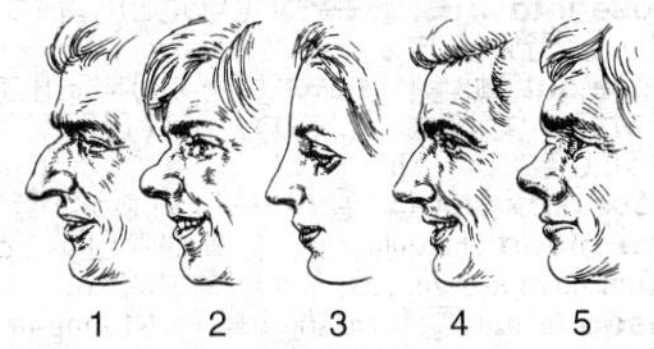

1 aquiline nose (わし鼻, かぎ鼻), 2 bulbous nose (だんご鼻), 3 Grecian nose (ギリシャ鼻), 4 Roman nose (ローマ鼻, わし鼻), 5 pug [snub] nose (しし鼻)

❷ C (鼻のように)**突き出た部分**, 先端; (飛行機の)**機首**《⇒ airplane 挿絵》; (ミサイルの)弾頭: The pilot raised the *nose* of the plane. パイロットは飛行機の機首を上げた. ❸ [a ~] 嗅覚(きゅうかく); (物事を)かぎつける能力: have *a* good *nose* 鼻がいい / He has *a* (good) *nose for* scandals. 彼にはスキャンダルをかぎつける勘がある.

by a nóse [副]〔競馬〕鼻の差で; わずかの差で.

cùt óff one's **nóse to spíte** one's **fáce** [動] 自《略式》かっとなって自分に不利なことをする.

fóllow one's **(ówn) nóse** [動] 自《略式》直感的に行動する, 勘にたよる; 真っすぐに進む.

gèt (ríght) úp ...'s nóse [動]《英略式》...を(ひどく)いらいらさせる[悩ます].

hàve one's **nóse in a bóok** [動] 自《略式》本を(熱心に)読んでいる.

kèep one's **nóse clèan** [動] 自《略式》面倒なことにかかわらない, 法を犯さないようにする.

kéep one's **nóse òut of ...** [動] 他 S (他人のこと)に干渉しない, 首をつっこまない.

léad ... by the nóse [動] 他《略式》(...)を思うよう

に操る[あごで使う].

lóok dówn one's **nóse at ...** [動] ⓗ《略式》...をばかにする, 見下す.

nóse to táil [副]《主に英》(交通が)渋滞して, 数珠(じゅず)つなぎになって.

on the nóse [副]《米略式》きっかりに, 正確に: at 7 p.m. *on the nose* 午後 7 時ちょうどに.

páy through the nóse [動] ⓐ《略式》(...に)とんでもない金を払う (*for*), ぼったくられる.

póke [stíck] one's **nóse ìnto [in] ...** [動] ⓗ《略式》(他人のこと)に干渉する, 首をつっこむ; 詮索(せんさく)する: Don't *poke your nose into* my business. 私の問題に首をつっこむな(よけいなお世話だ).

pùt ...'s nóse òut of jòint [動]《略式》...の鼻を明かす, ...にねたましい思いをさせる.

(rìght) ùnder ...'s nóse = (rìght) ùnder the nóse of ... [副]《略式》...の目の前(なのに気づかない)で; ...に対して公然と.

rúb ...'s nóse in it [the dírt] [動]《略式》...に(過去の失敗などについて)思い出させる, しつこく言う.

tùrn úp one's **nóse = túrn** one's **nóse ùp** [動] ⓐ 鼻をつんと立てる《軽蔑などの表情》;《略式》(...を)ばかにする, 鼻であしらう, はねつける (*at*).

with one's **nóse in the áir** [副]《略式》偉そうに.

— 動 ⓗ [副詞(句)を伴って] (車など)をゆっくり進める. — ⓐ [副詞(句)を伴って] ❶ ゆっくりと前進する, (船などが)進む. ❷ (動物が)においをかぐ.

nóse aróund [《英》**abóut**] [動] ⓐ (あちこち)かぎ[捜し]回る (*for*).

nóse ínto ... [動] ⓗ《略式》(人のこと)に首をつっこむ, (...)を詮索(せんさく)する.

nóse óut [動] ⓗ (1)《略式》(情報など)をかぎ出す, かぎつける. (2)《略式》(...)をわずかの差で破る, (...)にかろうじて勝つ.

nóse one's **wáy** [動] ⓐ (車・船などが)ゆっくり進む.

nose·bleed /nóʊzblìːd/ 名 C 鼻血を出すこと: I often have *nosebleeds*. 私はよく鼻血が出る.

-nosed /nóʊzd/ 形 [合成語で] 鼻が...な: long-*nosed* 鼻が長い / red-*nosed* 赤鼻の.

nose·dive /nóʊzdàɪv/ 名 ❶ C (価格などの)暴落: take a *nosedive* 暴落する. ❷ C (飛行機の)急降下. — 動 (-dives; 過去 -dived, 過分 -dived; -div·ing) ⓐ ❶ (価格などが)暴落する. ❷ (飛行機が)急降下する.

nóse jòb 名 C《略式》鼻の美容整形手術.

nóse rìng 名 C (牛などにつける)鼻輪.

nos·ey /nóʊzi/ 形 = nosy.

nosh /ná(ː)ʃ | nɔ́ʃ/ 名 U《米略式》軽食, 間食;《英略式》食べ物. — 動 ⓐ《略式》食べる.

no-show /nóʊʃóʊ/ 名 C (列車・飛行機・レストランなどの)席を予約しておきながら現われない客, ノーショー.

nó síde 名 U〔ラグビー〕ノーサイド, 試合終了.

nos·i·ness /nóʊzinəs/ 名 U 詮索(せんさく)好き; おせっかい.

nos·tal·gia /nɑ(ː)stǽlʤə | nɔs-/ 名 U 郷愁, なつかしさ (*for*).

nos·tal·gic /nɑ(ː)stǽlʤɪk | nɔs-/ 形 郷愁にふける[を誘う] (*for*): *nostalgic* melodies なつかしいメロディー.

-tal·gi·cal·ly /-kəli/ 副 なつかしそうに.

nos·tril /ná(ː)strəl | nɔ́s-/ 名 C 鼻の穴, 鼻孔.

nos·trum /ná(ː)strəm | nɔ́s-/ 名 ❶ C (実効の疑わしい)解決策. ❷ C (あやしげな)特効薬.

nos·y /nóʊzi/ 形 (nos·i·er; -i·est) [悪い意味で] 詮索(せんさく)好きな; おせっかいな.

*****not** /ná(ː)t | nɔ́t/ (同音 knot)

— 副 **...ではない, ...しない.** 語法 否定を表わす. 述語動詞を否定して否定文をつくるときと, 述語動詞以外の語・句・節を否定するときがある.

単語のエッセンス
1) [述語動詞の否定] (1)
2) [語・句の否定] (2)
3) [不定詞・分詞・動名詞の否定] (3)
4) [名詞節の否定] (4)
5) [否定の節の代用] (5)
6) [部分否定] (6)

(1) [述語動詞を否定する] (i) [平叙文で]

語法 平叙文での not の位置
(1) 助動詞, 本動詞の be, また時に《英》では「持っている」という意味の have の場合, not はその後にくる(助動詞が 2 つ以上あるときには第 1 の助動詞の直後). その他の動詞の場合には「do (助動詞)＋not＋動詞」の語順をとる.
(2)《略式》で助動詞, have, do の後では not が短縮されて -n't /nt/ となることが多い.「代名詞＋be＋not」の場合は圧倒的に 's not/'re not が好まれ,「名詞＋be＋not」の場合は isn't/aren't が好まれる.

「That's *not* [That is*n't*] my job. それは私の仕事ではない / You「should *not* [should*n't*] go out today. きょうは外出すべきじゃない / I can*not* [ca*n't*] speak French. 私はフランス語は話せない / He「will *not* [wo*n't*] succeed. 彼は成功しないだろう /「She has *not* [She has*n't*, She's *not*] been told. 彼女は知らされていない / We「do *not* [do*n't*] go to school on Sundays. 私たちは日曜日には学校へ行かない / 言い換え I「did *not* [did*n't*] have any money. =《英》I「had *not* [had*n't*] any money. 私はお金を持っていなかった (⇒ have¹ 1 (1) 語法) / He does*n't* drink *or* smoke. 彼は酒を飲まないしたばこも吸わない. 語法 2 つ以上のことを同時に否定する場合には and ではなく or を用いる (⇒ or 2).

(ii) [疑問文で]

語法 疑問文での not の位置
(1)《略式》では助動詞・動詞の be, have に -n't をつけた形を主語の前に置く《疑問代名詞が主語である文は語順は平叙文と同じになる》. ただし am は Am I not ... の順.
(2)《格式》では「助動詞＋主語＋not＋動詞」,「be 動詞 [have]＋主語＋not＋補語[目的語]」の順になる.
(3) 否定疑問文の形で驚き・非難・感嘆の意を表わすことがある (⇒ **巻末文法 13.6**).

Isn't that your umbrella? あれはあなたの傘ではないんですか / *Doesn't* Helen like chocolate? ヘレンはチョコレートが好きではないのですか / *Am* I *not* permitted to do it? 私はそれをするのを許されていないのですか / *Are* you *not* afraid of it? それが怖くないのですか / *Has* he *not* arrived yet? 彼はまだ到着していないのですか / *Haven't* you had breakfast? まだ朝ごはんすんでないの? / *Wasn't* it a marvelous concert! すてきなコンサートだったじゃないの.

(iii) [命令文で] 語法 be も含めすべての動詞の前に do not, don't をつける: *Don't* open the window. 窓を開けないで / *Do not* be noisy. 騒がないで.

> 語法《文語》や《詩語》では動詞の後に直接 not をつけることがある: But I *fear* him *not*. だが別に恐れておるのではない《シェークスピア (Shakespeare) 作の悲劇 *Julius Caesar* の中のせりふ》/ *Tell not* me. だまっておれ《シェークスピア作のロマンス劇 *The Tempest* の中のせりふ》.

(2) [語・句を否定する]: Ask Bill, *not* me. ビルに聞いて, 私じゃなくて / She's the author of two *not* very good novels. 彼女はあまりできのよくない 2 編の小説を書いている / See you on the 25th, if *not* before. 25 日にまた会いましょう, それ以前は無理だとしても / I believe he will succeed, though *not* without some difficulty. 彼は成功すると思う. 多少困難がないわけではないが / "Are you going fishing today?" "*Not* today. I'll go tomorrow."「きょうは釣りに行きますか」「きょうは行きません. あす行きます」

> 語法 **not と語句の否定**
> (1) not は単にある語・句を否定するだけでなく, その語と反対の意味を強調することがある: *not* a few [little] 少なからず, 大いに / *not* once 1 度ならず, 何度も / *not* seldom まれでなく, しばしば.
> (2) not が語・句を否定した文と述語動詞を否定した文とを比較: The teacher did *not scóld* the boy. 先生はその少年をしかったわけではない(ただ忠告しただけだ)《単に語としての scold を否定しただけ》/ The teacher did *not scold* the bóy. 先生はその少年をしからなかった《not は述語動詞の scold を否定しているので全体は否定文》.
> (3) 語・句だけを否定する特殊な場合として部分否定がある《⇒ (6), because 2 語法》.

(3) [不定詞・分詞・動名詞を否定する] 語法 not は不定詞・分詞・動名詞の前に置く: I told her *not to* be late. 私は彼女に遅れないように言った / *Not* know*ing* what to do, Meg asked her friend for advice. どうしてよいかわからなかったので, メグは友人に助言を求めた / They insisted on *not* giv*ing* up. 彼らはあきらめないと言い張った.

(4) [I don't think [believe, suppose, imagine] ...などの形で後続の名詞節を否定して] ...でないと思う: *I don't believe* she's at home. 彼女は家にいないと思います / *I don't think* you've met my sister. あなたは私の妹に会ったことがないと思う. 語法 🔍 文字どおりには「会ったとは思わない」の意であるが, このほうが I think you've *not* met my sister. と言うよりも柔らかく聞こえるため, 一般に好まれる. なお hope には当てはまらない: I hope she will *not* come with him. 彼女が彼といっしょに来なければいいと思う《✪ ×I don't hope she will come with him. とは言わない》.

(5) [否定の節の代用をする] (i) [I think, I hope, I fear, I guess, I suppose, I believe, I expect, I'm afraid など や if, or の後で; ⇒ so[1] 副 4 語法]: Is anybody feeling cold? *If not*, let's turn the heating off. だれか寒い人はいる? もしいなければ暖房を切ろう / Shall I call this evening, ⌈*or not* [*or* shall I *not* call]? 今夜電話しましょうか, それともしないでおきましょうか / 🗨 "Is he a good doctor?" "*I think nòt*."「彼はよい医者ですか」「そうは思えませんね」. 語法 この場合 I don't think so. のほうが普通. I'm afraid not. だとはっきり「よくない」と思っていることを意味する: "Can you come tomorrow?" "*I'm afràid nót*." (= I'm afraid I can*not* come tomorrow.)「あす来られますか」「残念ながら伺えません」《⇒ hope 囲み》.

(ii) [certainly, maybe, perhaps, probably, of course などの後で]: 🗨 "Do you think you could extend the deadline?" "*Cértainly nót*." (= *No* way!)「締切を延ばしていただくことはできるでしょうか」「とんでもない, だめです」/ "Do you think he will come?" "*Perháps* [Máybe] *nót*."「彼は来るだろうか」「多分来ないだろう」

(6) [both, every, always, all などと用いて部分否定を表わす; ⇒ **巻末文法** 13.2; necessarily 1]: I do*n't* know *both* ↘ of them. ↗ 私はその両方[2 人]とも知っているのではない(片方[1 人]は知らない) / *Not every* ↘ student wants to go to college. ↘↗ 生徒が全員大学に行きたいと思っているわけではない(行きたくない生徒もいる) / Their opinions are *not always* ↘ right.↗ 彼らの意見がいつも正しいわけではない(間違っていることもある) / 言い換え *Not all* ↘ humans are wise. ↘↗ = *All* ↘ humans are *not wise*.↘↗ 人間はみんな賢いというわけではない(愚かな人もいる).

> 語法 次のような全体否定を表わす文と比較. イントネーションの違いに注意: I do*n't* know *either* of them. ↘ = I know *neither* of them. ↘ 私は両方[2 人]とも知らない / *No* student wants to go to college. ↘ 大学に行きたがっている生徒は 1 人もいない / Their opinions are *never* right. ↘ 彼らの意見は正しかったためしがない / *All* humans are *un*wise. ↘ 人間はみんな愚かだ.

... nót! [前言を強く否定して] Ⓢ ...なんちゃって, ...なんてうそだよ《主に若者が使うことば》: I'm so excited — *not*! すごく楽しみ—っていうのはうそだけど.

nòt a [óne] ...́ [形] **1 つの[1 人の] ... も ~ でない.** 語法 no ... よりも強い否定を表わし, not a の後の名詞が強く発音される《⇒ not a single ... (single 形 成句)》: *Not a* ship entered the port. 1 隻の船も入港しなかった.

nòt at áll [副] (1) ⇒ at all (all 代 成句). (2)《丁寧》[お礼・おわびなどに対する返事として] **どういたしまして:** 🗨 "Thank you so much for your help." "*Not at all*."「ご協力どうもありがとうございました」「いいえ, どういたしまして」/ "I'm sorry to have bothered you." "*Not at all*."「お手数をおかけしてすみませんでした」「とんでもないです」

nòt ...́ but ~́ ...ではなくて ~(だ): It is *not* his mistake, *but* mine. それは彼の間違いではなくて私の間違いだ / I dislike *not* what she says *but* the way she says it. 私は彼女の言うことがいやなのではない, 言い方がいやなのだ / The most important thing in the Olympic Games is *not* winning *but* taking part. オリンピックで最も大切なことは勝つことではなくて参加することである.

nòt ónly [júst, mérely, símply, alóne] ...́ but (àlso) ~́ ⇒ only 副 成句.

nót that ... とはいうものの...というわけではない, といって...というのではないが: I cannot accept the offer — *not that* I don't like it. その申し入れは受け入れられません. (ただ)別にそれが気に入らないということではないのですが.

+**no·ta·ble** /nóʊṭəbl/ 形 **注目に値する**, 目立つ; 傑出している: *notable* achievements 優れた業績 / a *notable* exception 注目すべき例外 / Her work is ***notable for*** its originality. +for+名 彼女の作品は独創性の面で優れている. — 名 [複数形で] 有名人, 名士.

+**no·ta·bly** /nóʊṭəbli/ 副 ❶ つなぎ語 **特に**, とりわけ: Several politicians, *notably* the previous prime minister, criticized the bill. 何人かの政治家, 特に前首相がその法案を批判した. ❷《格式》著しく, 明白に, 目立って: The situation has *notably* improved. 状況は著しく良くなった / Some star players were *notably* absent from the list. そのリストには何人かのスター選手が欠けているのが目立った.

no·ta·rized /nóʊṭəràɪzd/ 形〘法律〙公証人により認証された.

no·ta·ry /nóʊṭəri/ (-ta·ries) 名 C = notary public.

nótary públic 名 (複 -ta·ries pub·lic) C 公証人.

no·ta·tion /noʊtéɪʃən/ 名 U,C (記号による)表記(法), 表示(法); 記譜法; 《米》記録, メモ.

notch /ná(ː)ʧ | nɔ́ʧ/ 名 ❶ C (棒や物の端につけた) V 字形の刻み目: He made a *notch* in the pillar to mark his son's height. 彼は柱に傷をつけて息子の身長を記した. ❷ C 級, 段: be a *notch* above ... ...より一段上である // ⇒ top-notch. ❸ C 《米》(山あいの)狭い道, 峠道. — 動 他 ❶ (...)に刻み目[切れ目]をつける《記録・目印のため》. ❷《略式》(勝利など)を得る, (点など)を取る (*up*).

***note** /nóʊt/

— 名 (notes /nóʊts/)

> **意味のチャート**
> ラテン語で「(注意を引くための)印」の意
> →「**覚え書き**」❷
> 　→「**短い手紙**」❶
> 　→「ことばへの注意書き」→「**注**」❸
> 　→ (支払いを約束する書き付け) →「**紙幣**」❹
> 　→ (楽音を示す注記) →「**音符**」❺
> 　　　　　→「(楽器の)**音**」❺

❶ C **短い手紙**, 短信《⇒ letter 類義語》: Mom ***left*** me a ***note*** on the kitchen table. お母さんは台所のテーブルに私への手紙を残していった / I ***wrote*** [***sent***, ***dropped***] him a ***note***. 彼に短い手紙を書いた[出した] / a thank-you *note* = a *note* of thanks 礼状 / a suicide *note* (自殺者の)書き置き.

❷ C **覚え書き**, **メモ**; [複数形で] (授業などの)ノート, 記録: write *notes* for a speech 演説用のメモ[下書き]を書く / speak without [from] *notes* メモなしで[を見ながら]話す / I ***made*** a ***note of*** the telephone number. 私はその電話番号を書き留めた / Kate ***took*** careful ***notes*** on the history lecture. ケートは歴史の講義を細かくノートにとった / make a mental note《⇒ mental 3》. 日英 note には日本語の「ノート(冊子)」(notebook)の意味はない.

❸ C **注**, 注釈, 注記: The *notes* on the meaning of these words are on page 50. これらの語の意味についての注は 50 ページにある. 関連 footnote 脚注 / endnote 巻末注.

❹ C《英》**紙幣**, 札(さつ) [《米》bill] (bank note): a five-pound *note* 5 ポンド紙幣 / £20 in *notes* 紙幣で 20 ポンド.

❺ C (楽器や声の)**音**, 音色, 調子; 音符; (ピアノの)鍵(けん): a high *note* on the violin バイオリンの高い音.

❻ [a ~] 語気, 語調; 気配, 様子; 特徴: We sensed *a* melancholy *note* [*a note of* melancholy] in his voice. 彼の声には憂鬱(ゆううつ)な調子が感じられた / The meeting ended *on a* positive *note*. 会議は楽観的な雰囲気で終わった. ❼ C (正式な)文書; (外交上の)公式書簡, 通牒(つうちょう): ⇒ sick note. ❽ C 記号, 符号. ❾ U 注目, 注意; 重要性; 有名.

compáre nótes [動] 自 情報[意見]を交換する (*with*, *on*).

of nóte [形] 重要な, 注目に値する; 著名な: an event worthy *of note* 注目に値する事件《⇒ noteworthy》/ a writer *of note* 著名な作家.

stríke [sóund] a nóte of ... [動] 他 ...(の意見・気持ち)を伝える[表わす], ...(の必要性)を口にする.

stríke [hít] the ríght [wróng] nóte [動] 自 適切な[不適切な]ことを言う[する]. 由来 正しい[間違った]鍵(けん)をたたく, の意から.

tàke nóte [動] 自 **注目する**, 注意する, 気づく: I ***took note of*** what he was saying. 私は彼の言っていることに注意した.

— 動 (notes /nóʊts/; not·ed /-ṭɪd/; not·ing /-ṭɪŋ/) 他 ❶《格式》(...)**に注意を払う**, 注目する, 気づく: Please *note* my words. 私のことばを注意して聞いてください / It should be ***noted that*** there are some exceptions. V+O (that 節) いくつかの例外があることに着目すべきです / ***Note how*** I do it. V+O (wh 節) 私がどうやるかよく見ていてください. ❷《格式》(...)のことを述べる, (...)に言及する, (...)と発言する (*that*): as *noted* above 上で述べたとおり. ❸ (...)を書き留める, メモする (*down*).

***note·book** /nóʊtbʊ̀k/

— 名 (~s /~s/) ❶ C **ノート**, **手帳**, メモ帳《⇒ note 名 2 日英》: She wrote down something in her *notebook*. 彼女はノートに何かを書き込んだ. ❷ C ノートパソコン [≒laptop].

*__not·ed__ /nóʊṭɪd/ 形 **有名な**, 著名な《⇒ famous 類義語》: a *noted* poet 有名な詩人 / She is ***noted as*** a singer. +as+名 彼女は歌手として有名だ / The mountain is ***noted for*** its beautiful shape. +for+名 その山は美しい姿で有名だ.

note·pad /nóʊtpæ̀d/ 名 C (はぎ取り式の)メモ帳.

note·pa·per /nóʊtpèɪpɚ | -pə/ 名 U 便箋(びんせん); メモ用紙.

note·wor·thy /nóʊtwɚ̀ːði | -wɜ̀ː-/ 形 (特に物事が)注目すべき [≒notable]; 目立った, 顕著な.

***noth·ing** /nʌ́θɪŋ/

— 代《不定代名詞》❶ **何も...しない**, **何も...でない** [≒not anything]. 語法 (1) 否定語として, 肯定文と同じ文構造で用い, 単数として扱われる《⇒ no 形, nobody 代》. (2) nothing を修飾する形容詞はその後へ置く: 言い換え I know *nothing* about it. (= I do*n't* know *anything* about it.) 私はそのことについて(全く)何も知りません《✪ Ⓢ I do*n't* know *nothing* about it. は《非標準》》/ *Nothing* happened. 何事も起こらなかった《✪ 主語の nothing は not anything で言い換えられない》/ There *is nothing interesting* in the newspaper. 新聞には何もおもしろいことは載っていない / I've heard *nothing else* from him yet. 彼からはまだそのほかには何の便りもない《⇒ else 形》// ⇒ venture 動 他 1 最後の例文. ❷ 大したもの[こと]は何も...ない

《⇒ 名 3》: There's *nothing* (in particular) on TV this evening. 今夜は(特に)これといったテレビ番組がない / 💬 "What's the matter?" "It's *nothing*. I just felt a bit dizzy." 「どうしたの」「いやなんでもないよ. ちょっと目まいがしただけだ」/ "What's the food like at the company cafeteria?" "*Nothing* special." 「社内食堂の食事はどう?」「どうってことない[今いちだ]ね」

be nóthing to ... [動] 他 **...には何でもない,** ...に関係がない: The rumor *was nothing to* him. そのうわさを彼は何とも思わなかった.

còme to nóthing [動] 自 むだになる, 失敗に終わる.

dò nóthing but dó [動] **...するだけだ,** ...してばかりいる: He *did nothing but* read /ríːd/ newspapers. 彼はただ新聞を読むだけで何もしなかった.

for nóthing [副] (1) **ただで** [≒for free]: I got it *for nothing*. 私は無料でそれを手に入れた / You never get something *for nothing*. 多少とも値打ちのあるものはただでは手に入らない. (2) むだに: He did not visit America *for nothing*. 彼がアメリカへ行ったのはむだではなかった. (3) [しばしば not for nothing として] 特に理由もなく: It was *not for nothing* that she was at the top of the class. 彼女がクラスで一番になったのもはっきりと理由があってのことだった.

hàve nóthing to dò with ... ⇒ have ... to do with ～(have¹ 成句).

if nóthing élse Ⓢ ほかのことはともかく, 少なくとも.

It's [It was] nóthing. Ⓢ [お礼に対する返事として] どういたしまして.

màke nóthing of ... [動] 他 (1) [can を伴って] ...を理解しない: I listened carefully but *could make nothing of* what the speaker said. 私は注意して聞いたが講演者の言うことは全くわからなかった. (2) ...を何とも思わない; (...すること)が平気である.

nóthing but ... [副] ただ...だけ [≒only]: There was *nothing but* an old chair in the room. その部屋には古ぼけたいすが 1 つあるだけだった / I have *nothing* to offer *but* blood, toil, tears and sweat. 私が提供できるのは血と苦労と涙と汗のみであります《英国の政治家チャーチル (Churchill) の第二次世界大戦中の議会でのことば》. 語法 but の代わりに except が使われることもある: In this world *nothing* can be said to be certain, *except* death and taxes. この世で確かなものと言えるのは死と税金だけなのだ《米国の著述家フランクリン (Franklin) のことば》.

nóthing dóing [間] Ⓢ 絶対いやだ, だめだ.

nóthing if nòt ... [副] まぎれもなく..., とても...: She's *nothing if not* patient. 彼女は全くもって辛抱強い.

nóthing múch ⇒ much 形 成句.

nóthing of ... 少しも...ではない: There is *nothing of* the banker in his bearing. 彼の態度には銀行家らしいところが全くない.

nóthing of the kínd [sórt] [代] Ⓢ (予想・評判と)全く違うもの[こと, 人]; 絶対できない[やってはいけない]こと; [否定的な返答として] とんでもない, (いいえ)全然: "Can I go out tonight?" "You'll do *nothing of the kind* [*sort*]." 「今夜出かけてもいい」「(そんなこと)絶対だめ!」

there is nòthing (èlse) fór it but to dó 《英》...するよりしかたがない: With the car stolen, *there was nothing for it but to* walk. 車を盗まれ, 歩くしかなかった.

there is nóthing in [to] ... ...は何の根拠もない, 本当ではない.

there is nóthing lìke ... ...に及ぶものはない: *There is nothing like* fresh air. 新鮮な空気ほどよいものはない.

(there is) nóthing tó it Ⓢ それは全然難しくない, どうってことない.

thìnk nóthing of ... ⇒ think 成句.

to sày nóthing of ... ⇒ say 成句.

― 副 **少しも...でない,** 決して...でない [≒not at all]: I care *nothing* for the news. その知らせなんか何ともない.

nòthing léss than ... ⇒ less¹ 副 成句.

nóthing lìke ... (1) ...に少しも似ていない: He looks *nothing like* a doctor. 彼は医者のようには全然見えない. (2) ...(するもの)にほど遠い: Life at this college is *nothing like* I expected. この大学での生活は私が思っていたのと全く違う.

nóthing so [as] mùch as ... [副] [名詞などの前につけて] まさに: It looked like *nothing so much as* a big stadium. それはまさに巨大なスタジアムのようだった.

― 名 ❶ Ⓤ **無, 無価値:** Is it possible to create something out of *nothing*? 無から有を作り出すことは可能だろうか.
❷ Ⓤ **ゼロ**《⇒ zero 語法 (2)》; 《米》(競技の得点の)ゼロ, 零点 [《英》nil]: The Yankees won the game 6–0 [six (to) *nothing*]. ヤンキースはその試合に 6 対 0 で勝った. ❸ Ⓤ,Ⓒ [普通は単数形で] つまらないもの[こと]; 取るに足らない人: A fight started over *nothing*. つまらないことをめぐってけんかが始まった. 関連 something 重要なもの[人].

nó nóthing [否定語句を並べた後で]《略式》全く何もない: There's *no* food, *no* water, *no nothing*. 食べ物も水も何もかもない.

〖語源 元来は no thing〗

noth·ing·ness /nʌ́θɪŋnəs/ 名 Ⓤ 無, 空虚; 存在しないこと; 死; 無価値.

***no·tice /nóʊṭɪs/ ❗発音

意味のチャート
原義はラテン語で「知らされること」
→「通知」名 ❷, 「掲示」名 ❶ →「...に気がつく」他 ❶
→「注意」名 ❸ →「...に注意する」他 ❷

― 動 (no·tic·es /～ɪz/; no·ticed /～t/; no·tic·ing) 他 ❶ [進行形なし] (...)に**気がつく,** (...)を見つける, 認める; (...ということ)がわかる: He *noticed* me [the noise]. 彼は私[物音]に気づいた / She ***noticed*** (*that*) somebody was following her. V+O ((that)節) 彼女はだれかが自分の後をつけてくるのに気づいた 多用 / I didn't ***notice how*** she was dressed. V+O (wh 節) 私は彼女がどんな服装をしているのか気づかなかった / I ***noticed*** her hands shak*ing*. V+O+C (現分) 私は彼女の手が震えているのを見てとった / We *noticed* the man *enter* her room. V+O+C (原形) 私たちはその男が彼女の部屋に入るのを見た. 語法 上の文を受身にすると原形の代わりに to 不定詞を用いて The man *was noticed to* enter her room. となるが, むしろ The man *was noticed* enter*ing* her room. V+O+C (現分)の受身 のほうが普通.
❷ [進行形なし] [しばしば受身で] (...)に**注目する,** 注意する: He just wanted to *be noticed*. 彼はただ注目されたかったのだ.
― 自 [進行形なし] 気がつく, 注意を払う: I'm sorry I

N

didn't *notice*. すみません, 気がつかなくて.
— 名 (no·tic·es /~ɪz/) ❶ C **掲示**, はり紙; 告示, 公告: They posted [put up] a *notice* of the baseball game on the wall. 彼らは野球の試合のビラを塀にはった.
❷ C **通知**, **知らせ**; 通知状: a ***notice about*** a change in bus schedules バス運行予定変更の通知 / The president issued a ***notice that*** every member was to attend the next meeting. +that 節 社長は次回の会合には全員出席するようにという通知を出した.
❸ U **注意**, 注目, 人目を引くこと [≒attention]: He ***took no notice of*** my advice. 彼は私の忠告を全く心に留めなかった / ***come to*** ...'s ***notice*** (物事が)...の注意を引く, ...の目に留まる / Her lecture has ***brought*** this fact ***to*** our ***notice***. 彼女の講演によって私たちはこの事実に気づいた / I hope my mistake will ***escape*** his ***notice***. 私の誤りが彼の目に留まらなければいいが / attract *notice* 注意[人目]を引く.
❹ U (解雇・解約・退職などの)**予告**, 通告, 警告; 辞表: Prices are subject to change ***without notice***. 価格は予告なしに変更されることがある / Her employer gave her two weeks' *notice*. 雇い主は彼女に 2 週間後の解雇予告をした / The family received two months' ***notice to*** quit the premises. +to 不定詞 その一家は 2 か月後には家を立ち退くようにという通知を受けた / I gave [handed in my] *notice* at work yesterday. 私はきのう退職願いを出した / serve *notice* 通知する. ❺ C [普通は複数形で] (新聞などの本・劇の)批評 [≒review].
at shórt [a móment's] nótice [副] (知らされて)すぐに, 急に.
on shórt [a móment's] nótice [副] 《米》 = at short [a moment's] notice.
untìl fúrther nótice [副] 追って通知があるまで, 当分の間: The store is closed *until further notice*. 当店は当分の間休業いたします.

+**no·tice·a·ble** /nóʊṭɪsəbl/ 形 **目立った**, 人目を引く, 顕著な; 注目すべき: There are *noticeable* differences between the two. 両者の間には著しい違いがある.
-a·bly /-əbli/ 副 目立って, 著しく.

nótice bòard 名 C 《英》 = bulletin board.

no·ti·fi·ca·tion /nòʊṭəfɪkéɪʃən/ 名 ❶ U,C 《格式》 通知, 告示 (*of*). ❷ C 《格式》 通知書, 届け (*of*).

no·ti·fy /nóʊṭəfàɪ/ 動 (-ti·fies; -ti·fied; -fy·ing) 他 (正式に)(人)に通知する, 通報する, 届け出る: I will *notify* you *of* the arrival of the goods. 品物が到着しましたらご連絡いたします / We haven't been *notified that* they have changed their address. 私たちは彼らが住所を変えたことを知らされていない.

no·tion** /nóʊʃən/ 名 (~s /~z/) ❶ C **考え**, 観念, 概念; 見解, 意見 (⇒ idea 類義語): a traditional ***notion of women's role in society 社会における女性の役割についての伝統的な考え / He had a ***notion that*** she was very angry with him. +that 節 彼は彼女が自分のことをとても怒っていると考えていた / I ***have no notion*** (***of***) ***what*** she wants. (+of) +wh 句・節 彼女が何を求めているのか私にはさっぱりわかりません / She didn't have the foggiest [slightest] *notion of how* to run a business. 彼女は会社の経営のしかたについては全くわからなかった.
❷ C (ふとした)**思いつき**, 気まぐれな考え; 意図, ...しようという考え. ❸ [複数形で] 《米》 小間物, 手芸用品 《ピン・ボタン・リボンなど》. (形 nótional)

no·tion·al /nóʊʃ(ə)nəl/ 形 [普通は 限定] 観念的な; 抽象的な; 想像上の; 架空の. (名 nótion)

no·to·ri·e·ty /nòʊṭəráɪəṭi/ 名 U 悪名高いこと, 悪評 (*for*, *as*): gain [achieve] a certain *notoriety* かなりの悪評を得る. (形 notórious)

+**no·to·ri·ous** /noʊtɔ́ːriəs/ 形 **悪名高い**, (悪いことで)有名な, 名うての (⇒ famous 類義語): The system is ***notorious for*** its lack of security. +for+名 そのシステムは安全性が十分でないことで有名だ. (名 nòtoríety)
~·ly 副 悪評高く, 悪名が知れわたるほど(...)で, 周知のごとく: Their forecasts are *notoriously* inaccurate. 彼らの予測は不正確なことで知られている.

not·with·stand·ing /nɑ̀(ː)twɪθstǽndɪŋ, -wɪð- | nɔ̀t-/ 前 《格式》 ...にもかかわらず [≒despite]: 「*Notwithstanding* our efforts [Our efforts *notwithstanding*], the situation grew even worse. 私たちの努力にもかかわらず, 状況はさらに悪化した. 語法 前置詞であるがしばしば名詞の後に置かれる. — 副 つなぎ語 《格式》 それにもかかわらず [≒nevertheless]: She accepted our offer *notwithstanding*. それにもかかわらず彼女は私たちの申し出を受けた.

nou·gat /núːgət | -gɑː/ 名 U ヌガー 《あめ菓子》.

nought /nɔ́ːt/ ✪ -ght で終わる語の gh は発音しない. 名 C,U 《主に英》 ゼロ, 零(の数字) [《米》 naught] (⇒ zero 語法 (1)).

nóughts and crósses 名 U 《英》 = 《米》 tic(k)-tac(k)-toe.

+**noun** /náʊn/ 名 (~s /~z/) C 〔文法〕 **名詞** (略 n.; ⇒ 巻末文法 2.1): a *noun* phrase 名詞句. (形 nóminal 3)
〖語源 ラテン語で「名前」の意; name と同語源〗

nour·ish /nə́ːrɪʃ | nʌ́r-/ 動 他 ❶ (...)を養う, (...)に栄養物を与える; (...)を育てる, はぐくむ: Milk *nourishes* a baby. ミルクは赤ん坊の栄養となる / a well-*nourished* child 栄養状態のよい子供. ❷ 《格式》 (望み・感情など)を抱く, はぐくむ, 強くする. 〖語源 nurse と同語源〗

nour·ish·ing /nə́ːrɪʃɪŋ | nʌ́r-/ 形 栄養になる, 栄養分の多い.

nour·ish·ment /nə́ːrɪʃmənt | nʌ́r-/ 名 ❶ U 《格式》 栄養物, 食物. ❷ U 《格式》 (精神の)糧(かて).

nou·velle cui·sine /nuːvélkwɪzíːn/ ≪フランス語から≫ 名 U ヌーベルキュイジーヌ 《素材の持ち味を活かす, フランスに発する独創的な料理法》.

+**Nov.** 略 **11 月** (November).

no·va /nóʊvə/ 名 (複 ~s, no·vae /nóʊviː/) C 〔天文〕 新星.

****nov·el**[1] /nɑ́(ː)v(ə)l | nɔ́v-/ !アク
— 名 (~s /~z/) C **(長編)小説** (⇒ story[1] 類義語): a popular *novel* 大衆小説 / write [read] a historical *novel* 歴史小説を書く[読む]. 〖語源 原義「新しい (⇒ novel[2]) こと」から「新しい話」の意となった〗

+**nov·el**[2] /nɑ́(ː)v(ə)l | nɔ́v-/ 形 [普通は 限定] **目新しい**; 斬新(ざんしん)な, 独創的な: a *novel* proposal 目新しい提案 / a dress of *novel* design 斬新なデザインのドレス. (名 nóvelty)

+**nov·el·ist** /nɑ́(ː)vəlɪst | nɔ́v-/ 名 (-el·ists /-lɪsts/) C **小説家**.

nov·el·i·za·tion /nɑ̀(ː)vəlɪzéɪʃən | nɔ̀vəlaɪz-/ 名 C (映画などの)小説化.

no·vel·la /noʊvélə/ 名 C 中編小説.

N

nov·el·ty /ná(:)v(ə)lti | nɔ́v-/ [アク] 名 (-el·ties) ❶ Ⓤ 目新しいこと, (もの)珍しさ, 新奇: The *novelty* of her music soon wore off. 彼女の音楽の斬新さはすぐに色あせてしまった. ❷ Ⓒ 目新しい物[事, 経験]. ❸ Ⓒ 目先の変わった品物[商品]《おもちゃ・装飾品・ギフト用品など》. (形 nóvel²)

No·vem·ber /noʊvémbɚ, nə- | -bə/
— 名 (~s /~z/) Ⓤ,Ⓒ **11 月**《略 Nov.; ⇒ month 表》: The cold north winds begin to blow ***in November***. 11 月になると冷たい北風が吹き始める / Martin Luther was born ***on November*** 10, 1483. マルティン・ルターは 1483 年 11 月 10 日に生まれた《年月日の読み方については ⇒ date¹ 名 1 語法》/ in early [mid-, late] *November* 11 月初旬[中旬, 下旬]に.

+**nov·ice** /ná(:)vɪs | nɔ́v-/ 名 (nov·ic·es /~ɪz/) ❶ Ⓒ **初心者**, 初学者 [≒beginner]: a *novice* cook 新米のコック / a complete ***novice at*** [***in***] golf ゴルフの全くの初心者. ❷ Ⓒ 見習い僧[尼], 新信者.

no·vi·ti·ate, 《主に英》 **no·vi·ci·ate** /noʊvíʃ(i)ət, -ʃièɪt/ 名 Ⓒ 〔宗教〕 (特に僧・尼の)見習い期間.

now /náʊ/

単語のエッセンス
1) 今, 今すぐ; 現在 副 ❶, ❷; 名
2) さて 副 ❻
3) そのとき 副 ❺
4) 今はもう…であるから 接

— 副 ❶ **今, 現在**; たった今《⇒ just now (成句), then 副 1》: I'm busy *now*. 今(は)忙しい / I'm writing a letter *now*. 私は今手紙を書いている / It's too late *now*. 今となっては遅すぎる / He doesn't smoke *now*. 彼は今はたばこを吸わない / "Can we talk for a minute?" "Not *now*. I'm going to be late for the class."「ちょっと話せる?」「今は無理, 授業に遅れそうなんだ」 語法 間接話法では now が then などに変わることがある《⇒ **巻末文法 14.2**》.
❷ **今すぐ**, 直(ただ)ちに [≒immediately]: We have to go *now*. 今すぐ行かないと / I'll bring it *now*. 今すぐ持ってきます. ❸ (ある事の起こった結果)今では, それだから; (これで)もう, やっと: She didn't turn up. *Now* we have to start without her. 彼女は来なかった. こうなったら私たちだけで出発するしかない. ❹ [時間を示す語句とともに用いて] 現在から数えて, 今や, もう; 今までに: We've been waiting for him for an hour *now*. 私たちはもう 1 時間も彼を待っている / It is *now* twenty years since he died. 彼が亡くなってからもう 20 年になる. ❺ そのとき, 今や [≒then]《物語の中などで過去形とともに用いる》: He was *now* a national hero. 彼は今や国民的英雄になっていた / The reason *now* became quite clear. 理由は今や全く明らかになった. ❻ [間投詞的に] Ⓢ さて, ところで, さあ, じゃあ《話題や気分を変えたり, 注意を促したり, 命令や依頼を強調したり, 次に話すことを考える間をつないだりするときに用いる》: *Now*, where did I leave my key? さて, どこに鍵を置いたんだっけ / *Now* let me see. さあ, どうでしょう.

ány dáy [móment, mínute, sécond, tíme] nòw [副] 今すぐにでも, いつなんどきでも.

(èvery) nów and thén [agáin] [副] **時々**: I visit my uncle in the country (*every*) *now and then* [*again*]. 私は時々いなかのおじを訪ねる.

jùst nów [副] (1) [主に過去時制とともに] **ちょっと前に**, ついさっき: I *just now* arrived. 今さっき着いたばかりだ. 語法 《米》 では現在完了形とともに用いることもある: I *have just now* arrived. (2) [現在時制・現在進行形とともに] **ちょうど今**; 今は: I'm very busy *just now*. 今はとても忙しい.

nów for ... [副] つなぎ語 Ⓢ さあ…に移ろう: And *now for* some sports news. さて次はスポーツの話題です《テレビなどで》/ *Now for* a nice cool drink. さあ冷たいものを 1 杯飲もう.

Nów, nów. [間] Ⓢ まあまあ, ほらほら《慰め》; おいおい, ちょっと《注意・警告》.

nów ..., nów ~ 《文語》 時には…また時には~.

nów or néver Ⓢ 今こそ…する時だ, 今をおいて…はない: Don't hesitate! It's *now or never*. ためらうな. やるなら今だ.

nów thèn [間] [相手に注意を促すのに用いて] Ⓢ さて, それでは; おいおい, さあ: *Now then*, let's get started, shall we? さて始めようか.

Nów whát? Ⓢ (1) 今度は何なの, またどうしたの《繰り返される迷惑などにいらだちを示す》. (2) さてどうしよう.

rìght nów [副] (1) **現在**, ただ今: The boss is out *right now*. 所長はただ今外出中です. (2) [しばしば will とともに] **今すぐ**, すぐに《⇒ immediately 類義語》: I'*ll* do it *right now*. 今すぐやります / I have to go home *right now*. すぐに家へ帰らなくちゃ.

Whàt (ís it) nów? = Now what? (1).

— 接 [しばしば ~ that として] **今はもう…であるから**, …となった今[以上]は: *Now* (*that*) the problem has been identified, we must take appropriate action. 問題が特定できたのだから, 適切な対応をとることが必要だ.

— 名 Ⓤ **今**, 現在, 目下: *Now* is the time to do what we promised. 今こそ約束を果たす時だ.

às of nów [副] 現時点では; 今から, 今後.

by nów = befòre nów [副] (多分)**現在までには**, (多分)今はもう《完了・終了などを表わす》: She'll be in Paris *by now*. 彼女は今ごろはもうパリに着いているだろう / The workmen should have finished their job *by now*. 今ごろは職人たちは仕事を終えているはずだ.

for nów [副] 今のところ(は), さしあたり: That's enough *for now*. 今回はこれで十分です.

from nów [副] 今から, 今後: six months *from now* 今から 6 か月後.

from nów ón [副] **これからは**, 今後は: You should be more careful *from now on*. これからはもっと注意しなさい.

untìl [tìll, ùp to] nów = ùp untìl nów [副] **今までは**《継続を表わす》: *Until* [*Till*, *Up to*] *now* I have been thinking only of passing the examination. 私は今まで試験に通ることだけを考えてきた.

*__now·a·days__ /náʊədèɪz/ [発音] 副 (以前に比べて)**このごろは**, 現在では: *Nowadays* the idea is widely accepted. 現在ではその考えは広く受け入れられている / Young people *nowadays* know little about it. 最近の若者はそれについてほとんど知らない. 語法 (1) 現在(進行)形の動詞とともに用いる《⇒ lately 語法, recently 語法》. (2) 形容詞ではないので「近ごろの…」の意味で名詞の前につけることはできない.

no·where /nóʊ(h)wèɚ | -wèə/
— 副 **どこにも…ない** [≒not anywhere]《⇒ every-

where 2 語法 (2))**:** I could find the book *nowhere*. その本はどこにも見つからなかった. 語法 《略式》では I could*n't* find the book *anywhere*. と言うほうが普通 // The child is *nowhere* ⌈to be found [to be seen, in sight]. その子はどこにも見つからない[見当たらない] / He has gone *nowhere else* for the past ten days. 彼はこの 10 日間ほかにはどこにも行っていない. 語法 名詞的に用いることもある**:** 言い換え There was *nowhere* for her to go. = She had *nowhere* to go. 彼女には行くところがなかった.

from [òut of] nówhere [副] どこからともなく, 突然; 無名の状態から.

gèt [gó, léad] nówhere [動] ⓐ (1) どこにも達しない. (2) (人が)(...で)何の成果も上げない, 成功しない (*with, in*); (事が)何の成果も上がらない, 何にもならない (⇒ get somewhere (somewhere 成句), get anywhere (anywhere 成句)).

gèt ... nówhere [動] ⓑ (人)の役に立たない.

nówhere néar [副] ...にはほど遠い; 全く...でない [≒ far from].

no-win /nóʊwín/ 形 限定 勝ち目のない.

nox·ious /ná(ː)kʃəs | nɔ́k-/ 形 《格式》 有害[有毒]な.

noz·zle /ná(ː)zl | nɔ́zl/ 名 C ノズル; 吹き出し口, 筒口, 管先, (きゅうすの)口.

NPO /énpìːóʊ/ 略 = nonprofit organization 非営利団体.

NT /éntíː/ 略 = New Testament.

-n't /nt/ 《略式》 **not の短縮形** (⇒ not (1) (i) 語法 (2)).

nth /énθ/ 形 限定 《略式》 (何度も繰り返されて)何番目かわからないほどの. **to the ńth degrée** [副] 《略式》 とことん, 徹底的に.

nu /n(j)úː | njúː/ 名 C ニュー《ギリシャ語アルファベットの第 13 文字 ν, N; ⇒ Greek alphabet 表》.

nu·ance /n(j)úːɑːns | njúː-/ ≪フランス語から≫ 名 C,U (色・音・調子・意味・感情などの)微妙な違い, ニュアンス (*of*).

nu·anced /n(j)úːɑːnst | njúː-/ 形 微妙な違いのある, 繊細な.

nub /nʌ́b/ 名 ❶ [the ~] (議論・問題などの)要点, 核心 (*of*). ❷ C 小さなかたまり, 食べ残し.

*__nu·cle·ar__ /n(j)úːkliə | njúːkliə/ 形 ❶ 限定 [比較なし] **核の, 原子力の**; 核兵器の**:** a *nuclear* bomb [test] 核爆弾[実験] / a *nuclear* (power) plant 原子力発電所 / a *nuclear* carrier [submarine] 原子力空母[潜水艦]. ❷ 〔物理〕 原子核の. 語法 1, 2 ともに現在では atomic より多く使われる. (名 núcleus)

núclear disármament 名 U 核軍縮.

núclear énergy 名 U 核エネルギー, 原子力.

núclear fámily 名 C 〔社会〕 核家族《夫婦(とその子)だけの家族》. 関連 extended family 拡大家族.

nu·cle·ar-free /n(j)úːkliəfríː | njúːkliə-⁺/ 形 [普通は 限定] 核(兵器)のない, 非核の**:** a *nuclear-free* zone 非核地帯.

núclear fúel 名 U,C 核燃料.

núclear fúsion 名 U 〔物理〕 核融合.

núclear pówer 名 U 原子力.

núclear reáctor 名 C 原子炉 (reactor).

núclear wár 名 U,C 核戦争.

núclear wáste 名 U 核廃棄物.

núclear wéapon 名 C [普通は ~s] 核兵器.

núclear wínter 名 C 核の冬《核戦争の結果予想される世界的寒冷化現象》.

nu·cléic ácid /n(j)uːklíːɪk- | njuː-/ 名 C,U 〔生化学〕 核酸《細胞中の重要な生体高分子; ⇒ DNA, RNA》.

nu·cle·us /n(j)úːkliəs | njúː-/ 名 (複 **nu·cle·i** /-liàɪ/, ~·es) ❶ C 〔物理〕 原子核; 〔生物〕 細胞核. ❷ C [普通は the ~] 中核, 中軸, 核心, 中心**:** You two are *the nucleus* of the team. 君たち 2 人はこのチームの中心だ. (形 núclear)

〖語源 ラテン語で「果実の核」の意〗

nude /n(j)úːd | njúːd/ 形 (nud·er; nud·est) ❶ (特に美術などで)裸の, 裸体の (⇒ bare 類義語)**:** *nude* pictures ヌード写真. ❷ ピンクがかったベージュの. ── 名 C (美術などの)裸体, 裸体画, 裸体像; 裸の人《特に女性》. **in the núde** [副・形] 裸体で.

nudge /nʌ́dʒ/ 動 ⓑ ❶ (注意を引くために)(人)をひじ(など)でそっと突く, こづく. ❷ (...)をそっと押す, そっと押しながら進む. ❸ (...するように)促す (*into, toward*). ❹ (ある数値)に近づく. ── ⓐ そっと押しながら進む. ── 名 C (ひじなどでの)軽いひと突き.

nud·is·m /n(j)úːdɪzm | njúː-/ 名 U 裸体主義.

nud·ist /n(j)úːdɪst | njúː-/ 名 C, 形 裸体主義者(の).

nu·di·ty /n(j)úːdəti | njúː-/ 名 U 裸であること, 裸.

nug·get /nʌ́gɪt/ 名 ❶ C (天然の)金塊; 貴重なもの[事柄]**:** *nuggets* of information いくつかの有益な情報. ❷ C (食べ物の)小さなかたまり**:** a chicken *nugget* チキンナゲット / *nuggets* of meat 肉のかたまり.

+**nui·sance** /n(j)úːs(ə)ns | njúː-/ 発音 名 (nui·sanc·es /~ɪz/) ❶ C [普通は a ~] **迷惑なもの[人]**, やっかいなもの[人]**:** It's such *a nuisance* having to change classrooms for each period. 毎時間教室を変わらなければならないのは実に面倒だ / I'm sorry ⌈to be [for being] a *nuisance*, but could I have some water? お手数ですがお水をいただけますか / What *a nuisance*! Ⓢ 《英》 何てことだ.

❷ C,U **迷惑な行為**; 不法妨害**:** a public *nuisance* 〔法律〕 公的不法妨害, (騒音などの)公害 (⇒ pollution 日英); 迷惑な人.

màke a núisance of onesèlf [動] ⓐ 人に迷惑をかける.

nuke /n(j)úːk | njúːk/ 名 C 《略式》 核兵器, 核爆弾; 原子力発電所, 原発**:** No *nukes*! 原発[核兵器]反対! ── 動 ⓑ ❶ 《略式》 (...)を核(兵器)を使って攻撃する. ❷ 《略式》 電子レンジで(食物)を調理する[温める].

null /nʌ́l/ 形 ❶ 限定 〔数学〕 零の. ❷ 無効の [≒ invalid]. **núll and vóid** [形] 叙述 〔法律〕 無効で.

nul·li·fi·ca·tion /nʌ̀ləfɪkéɪʃən/ 名 U 〔法律〕 無効化; 《格式》 破棄, 取り消し.

nul·li·fy /nʌ́ləfàɪ/ 動 (-li·fies; -li·fied; -fy·ing) ⓑ 〔法律〕 (...)を無効にする; 《格式》 (効果など)を無にする, 打ち消す, 帳消しにする.

numb /nʌ́m/ 発音 -mb で終わる語の b は発音しない. 形 (numb·er; numb·est) 感覚のない; しびれた, かじかんだ, まひした; (ショックで)呆(ぼう)然とした**:** The swimmers were (getting) *numb with* cold. 泳いでいる人たちは体が冷えて感覚がなくなって(きて)いた / go *numb* 硬直[まひ]する. ── 動 ⓑ [しばしば受身で] (人)の感覚を失わせる, しびれさせる; (ショックで)呆(ぼう)然とさせる**:** She *was* completely *numbed by* her husband's death. 彼女は夫の死で呆然自失の状態になった.

num·ber /nʌ́mbə | -bə/

── 名 (~s /~z/) ❶ C **数:** *numbers* from 1 to 10 1 から 10 までの数 / a large [high] *number* 大きい数 / a small [low] *number* 小さい数 / an even *number* 偶数 / an odd *number* 奇数 / Choose any *number* between 3 and 8. 3から8までのいずれかの数を選んでください / Seven is considered a lucky *number*. 7は運のよい数だと考えられている. 関連 figure 数字 / cardinal number 基数 / ordinal number 序数 / prime number 素数 / whole number 整数. ✪ ⇒ 次ページ表, 語法

❷ C (電話・部屋・家などの)**番号**; **...番** (略 No., no., 複数形は Nos., nos.; また《米》では数字の前に#の記号を用いて number と読むこともある; ⇒ No.): What's your seat *number*? あなたの座席は何番ですか / a phone [telephone] *number* 電話番号 / a cell (phone) *number* 携帯電話番号 / Do you have his (home [work]) *number*? 彼の(自宅[職場]の)電話番号をご存じですか / What *number* are you calling, please? 何番におかけですか《電話で》/ 🗨 "Hello. Is this Mr. Bird?"《この言い方は《米》;《英》では Is that ...》"No, I think you have the wrong *number*."「もしもし, バードさんですか」「いいえ, 番号が違うようです」《電話で》.

❸ C,U **数量**, **総数** (⇒ amount 名 語法 (1)): The *number of* boys in our class is twenty-five. うちのクラスの男子生徒の数は25人だ / The *number of* tourists was large [small]. 観光客の数は多かった[少なかった]. 語法 ✎ number は large [small] とともに使う. many [few] は使わない // There are ***a large*** [***great***] ***number of*** temples in Kyoto. 京都には多数の寺がある. 語法 a lot of ... や lots of ... より格式ばった言い方. ×a big number of ...とは言わない // ***a small number of*** ... 少数の... / They were greater ***in number*** than us. 彼らは人数では私たちよりも多かった (⇒ than 前 語法) / We were twenty *in number*. 私たちは総勢20人だった / *in* large [great] *numbers* 多数で, 大勢で. ❹ [~s として単数または複数扱い] 計算: She is good [bad] with *numbers*. 彼女は計算が得意[苦手]だ. ❺ [複数形で] 多数, 大勢: There are great *numbers* who believe the rumor. そのうわさを信じている人が大勢いる. ❻ C 曲目, 演目(の1つ). ❼ [単数形で; 普通は所有格を伴って]《格式》(人・物の)集団, 仲間, グループ: one of *our number* 我々の1人. ❽ C《英》(雑誌の)号数, ...号: a back *number* バックナンバー《雑誌などの古い号》. ❾ C [普通は a ~ として形容詞を伴って]《略式》(魅力的な)物[人], (特に女性の)服, ドレス. ❿ U〘文法〙数(すう).

a número of ... [形] いくつかの... [≒some, several]; かなりの数の...: There are *a number of* places to see in this city. この市には見物する所がいくつか[かなり]ある. 語法 (1) いずれの意味になるかは文脈による. (2) a number of ... を受ける動詞, 代名詞は複数形.

ány número of ... [形] ...がいくらでも, たくさんの...: *any number of* times 何度も.

beyònd [withòut] número [形]《文語》数えきれない, 無数の.

by númbers =《米》**by the númbers** [副] 型どおりに.

dò a número on ... [動] 他《略式》...をだめにする, 困らせる, やっつける.

hàve ...'s número [動]《略式》...の本心を見抜いている.

...'s número is ùp《略式》...の運が尽きる, 万事休す; 死ぬ. (形 númerous, numérical)

— 動 (num·bers /~z/; num·bered /~d/; -ber·ing /-b(ə)rɪŋ/) 他 ❶ (...)に**番号をつける**: *Number* the pages in the top right corner. ページの右上隅に番号をつけてください / The rooms ***are numbered from*** one ***to*** ten. V+O+*from*+名+*to*+名の受身 部屋には1から10までの番号がついている.

❷ (...)**の数に達する**, 合計(...)になる: The refugees *numbered* over a million. 難民の数は百万以上に上っていた. ❸《格式》(...)を(~の中に)含めて数える, 含める: He is *numbered among* the leaders. 彼は指導者の一人だ(とされている). ❹《文語》(...)を(指折り)数える.

— 自 ❶《格式》含まれる, ...の中に数えられる: She *numbers among* the best writers in Japan. 彼女は日本屈指の優れた作家だ. ❷ 合計...になる (*in*).

be númbered [動] 自 限られている: His days *are numbered*. 彼は余命いくばくもない.

número crùnch·ing /-krʌ̀ntʃɪŋ/ 名 U《略式》(複雑な)数値計算.

num·ber·less /nʌ́mbɚləs | -bə-/ 形《文語》数えきれないほど多い, 無数の.

+**número óne** 名 ❶ [形容詞的に] **最も重要な**, いちばんの: the *number one* problem 最も重要な問題. ❷ U **いちばん偉い[大事な]人[もの]**, **トップ**, 大物, ナンバーワン; U,C (ヒットチャートの)1位. ❸ U 自分自身 [≒oneself]: ⇒ look out for number one (look out (look 句動詞) 成句). ❹ [U または a ~] S《小児語》おしっこ.

número plàte 名 C《英》= license plate.

número twó 名 [U または a ~] S《小児語》うんち.

numb·ly /nʌ́mli/ 副 呆(ぼう)然と, ぼんやりと.

numb·ness /nʌ́mnəs/ 名 U 無感覚, まひ; 呆然.

nu·mer·al /n(j)úːm(ə)rəl | njúː-/ 名 C 数字;〘文法〙数詞: Arabic [Roman] *numerals* アラビア[ローマ]数字 (⇒ number 表). — 形 数の; 数を表わす.

nu·mer·ate /n(j)úːm(ə)rət | njúː-/ 形 計算能力のある, 数字に強い. 関連 literate 読み書きのできる.

nu·mer·a·tor /n(j)úːmərèɪṭɚ | njúːmərèɪtə/ 名 C〘数学〙分子. 関連 denominator 分母.

nu·mer·i·cal /n(j)uːmérɪk(ə)l | njuː-/ 形 限定 数の, 数字で表わした: a *numerical* equation 数式 / (in) *numerical* order 番号順(に). (名 número)

-cal·ly /-kəli/ 副 数で, 数的に, 数の上で(は).

***nu·mer·ous** /n(j)úːm(ə)rəs | njúː-/ 形 ❶《格式》**多数の**, たくさんの [≒many]: He has *numerous* friends in the Diet. 彼には国会議員の友人が大勢いる. ❷ [単数形の集合名詞の前で] 多数からなる: a *numerous* class 人数の多いクラス. (名 número)

+**nun** /nʌ́n/ 名 (~s /-z/) C **修道女**, 尼僧. 関連 monk 修道士.

nun·ner·y /nʌ́n(ə)ri/ 名 (-ner·ies) C《古風》女子修道院, 尼僧院 [≒convent].

nup·tial /nʌ́pʃəl, -tʃəl/ 形 限定《格式》結婚の, 婚礼の, 結婚式の. — 名 [複数形で]《格式》結婚式.

**nurse /nɚ́ːs | nə́ːs/

— 名 (nurs·es /~ɪz/) ❶ C **看護師**, ナース: a head *nurse* 看護師長 / Red Cross *nurses* 赤十字の看護師たち / a school *nurse* 学校の養護教諭 / *Nurse* Miller ミラー看護師. 語法 呼びかけの時, 人名の前に用いる時, 特定の付き添いの看護師をさす時は大文字で始め冠詞をつけないことが多い. 関連 patient 患者 / doctor 医師. ❷ C《古風》子守の女性, 保母: a wet *nurse* cardinal numbers (基数)

	Arabic numerals (アラビア数字)	Roman numerals (ローマ数字)
zéro (⇒ zero 語法)	0	
óne	1	I, i
twó	2	II, ii
thrée	3	III, iii
fóur	4	IV, iv
fíve	5	V, v
síx	6	VI, vi
séven	7	VII, vii
éight	8	VIII, viii
níne	9	IX, ix
tén	10	X, x
eléven	11	XI, xi
twélve	12	XII, xii
thìrtéen	13	XIII, xiii
fòurtéen	14	XIV, xiv
fiftéen	15	XV, xv
sìxtéen	16	XVI, xvi
sèventéen	17	XVII, xvii
èightéen	18	XVIII, xviii
ninetéen	19	XIX, xix
twénty	20	XX, xx
twénty-óne	21	XXI, xxi
thírty	30	XXX, xxx
thírty-óne	31	XXXI, xxxi
fórty	40	XL, xl
fórty-óne	41	XLI, xli
fífty	50	L, l
fífty-óne	51	LI, li
síxty	60	LX, lx
séventy	70	LXX, lxx
éighty	80	LXXX, lxxx
nínety	90	XC, xc
a [óne] húndred	100	C, c
a [óne] húndred (and) óne	101	CI, ci
twó húndred	200	CC, cc
fóur húndred	400	CD, cd
fíve húndred	500	D, d
níne húndred	900	CM, cm
óne thóusand	1,000	M, m
twó thóusand	2,000	MM, mm
fíve thóusand	5,000	V̄
tén thóusand	10,000	X̄
síxteen thóusand	16,000	X̄VM
a [óne] húndred thóusand	100,000	C̄
a [óne] míllion	1,000,000	M̄
twó míllion	2,000,000	M̄M̄
a [óne] bíllion	1,000,000,000	

ordinal numbers (序数)

fírst	1st
sécond	2nd
thírd	3rd
fóurth	4th
fífth	5th
síxth	6th
séventh	7th
éighth	8th
nínth	9th
ténth	10th
eléventh	11th
twélfth	12th
thìrtéenth	13th
fòurtéenth	14th
fiftéenth	15th
sìxtéenth	16th
sèventéenth	17th
èightéenth	18th
nìnetéenth	19th
twéntieth	20th
twénty-fírst	21st
twénty-sécond	22nd
twénty-thírd	23rd
twénty-nínth	29th
thírtieth	30th
thírty-fírst	31st
fórtieth	40th
fíftieth	50th
síxtieth	60th
séventieth	70th
éightieth	80th
nínetieth	90th
a [óne] húndredth	100th
a [óne] húndred (and) fírst	101st
twó húndredth	200th
a [óne] thóusandth	1,000th
tén thóusandth	10,000th
síxteen thóusandth	16,000th
a [óne] húndred thóusandth	100,000th
a [óne] míllionth	1,000,000th
a [óne] bíllionth	1,000,000,000th

語法 (1) 100 の位の数の後に and を省略するのは《米》.
(2) 特に《英》では 1,000—9,999 はコンマなしで 1000—9999 と示すことがある.

数字の読み方

(1) 3 桁の数字の読み方は ⇒ hundred 語法.
(2) 4 桁の数字の読み方は ⇒ thousand 語法.
(3) それ以上の数字は下のように 3 けたずつ位取りをして, 下から thousand, million, billion, trillion をつけて読む.

7 5 6, 3 6 1, 8 9 4, 1 0 3, 2 7 9
↑ trillion ↑ billion ↑ million ↑ thousand

従って上の数字は seven hundred (and) fifty-six *trillion*, three hundred (and) sixty-one *billion*, eight hundred (and) ninety-four *million*, one hundred (and) three *thousand*, two hundred (and) seventy-nine と読む.

乳母(うば).
— 動 (nurs·es /~ɪz/; nursed /~t/; nurs·ing) 他 ❶ (病人)を**看病する**, 看護する; (病気・けが・患部)を治そうと努める, いたわる, 大事にする: She *nursed* the sick woman with the greatest care. 彼女は細心の注意を払ってその病気の女性を看護した / *nurse* ... back to health (人)が治るまで看病する / I stayed home to *nurse* my cold. 私はかぜを治すために家にいた. ❷ (悪意・不平・望みなど)を心に抱き続ける. ❸ (...)を(大事に)守る, 育てる. ❹ (物)を大事に抱える, 慎重に扱う; (酒など)をゆっくりと味わう. ❺《古風》(赤ん坊)に乳を飲ませる, 授乳する. — 自 ❶ 看病する, 看護師として働く. ❷ 乳を吸う; 授乳する.
〘語源 ラテン語で「養う者」の意; nourish と同語源〙

nurse·maid /nə́ːsmèɪd | nə́ːs-/ 名 C《古風》子守の女性.

+**nurs·er·y** /nə́ːs(ə)ri | nə́ː-/ 名 (-er·ies /~z/) ❶ C **託児所**, 保育所 (day nursery) [《米》day-care center]: We leave our children at the *nursery* while we work. 私たちは働く間は子供たちを託児所に預ける. ❷ C《古風》子供部屋; (病院の)新生児室. ❸ C 苗床, 育種場; 養殖場.

nurs·er·y·man /nə́ːs(ə)rimən | nə́ː-/ 名 (-men /-mən/) C 苗木屋, 育種場経営者.

núrsery rhỳme 名 C 童謡, わらべ歌 [《米》Mother Goose rhyme].

núrsery schòol 名 C,U (2[3]-5 歳の幼児の)保育園 [《米》preschool].

+**nurs·ing** /nə́ːsɪŋ | nə́ːs-/ 名 U (病人などの)**看護**.

núrsing bòttle 名 C《米》哺乳(ほにゅう)びん [《英》feeding bottle].

núrsing hòme 名 C 老人ホーム; 養護施設.

+**nur·ture** /nə́ːtʃɚ | nə́ːtʃə/ 動 (nur·tures /~z/; nur·tured /~d/; nur·tur·ing /-tʃ(ə)rɪŋ/) 他 ❶ [しばしば受身で]《格式》(...)を**育てる**, 養育する, はぐくむ; 養成する. ❷《格式》(感情など)を抱き続ける; (計画など)を発展させる. — 名 U《格式》養育, 養成, いつくしみ; 教育; しつけ: nature or *nurture* 生まれか育ちか(どちらの影響が大きいか).

+**nut** /nʌ́t/ 名 (nuts /nʌ́ts/) ❶ C **木の実**, 堅果, ナッツ《殻の固い実; くるみ・くり・どんぐりなど; ⇒ fruit 表》: Here we go gathering *nuts* in May. 5 月に木の実を拾いに行こう《遊戯の歌の中のことば》. 関連 chestnut くり / coconut ココナッツ / hazelnut ヘーゼルナッツ / peanut ピーナッツ / walnut くるみ / berry 柔らかい実. ❷ C〘機械〙ナット, 親ねじ《⇒ bolt 2 挿絵》. ❸ C《略式》変人, 狂人; [名詞の後で] マニア, ファン, ...狂: a computer *nut* コンピューター狂 //⇒ nuts 2. ❹ [複数形で]《俗》きんたま.
a hárd [tóugh] nút (to cráck) [名] 難題; 扱いにくい人.
óff one's **nút** [形] Ⓢ《英略式》頭がおかしくなって.
(the) núts and bólts [名]《略式》基本, 基礎, 概要; (機械などの)仕組み (*of*). (形 nútty)

nut·crack·er /nʌ́tkrækɚ | -kə/ 名 C くるみ割り器.

nut·meg /nʌ́tmeg/ 名 ❶ U ナツメグ《香料・薬用; にくずくの種子からとる》. ❷ C にくずく《熱帯産の常緑高木》; にくずくの種子.

nu·tra·ceu·ti·cal /n(j)ùːtrəsúːṭɪk(ə)l | njùːtrəs(j)úː-/ 名 C 機能性食品.

+**nu·tri·ent** /n(j)úːtriənt | njúː-/ 名 (~s /-ʦ/) C **栄養素**, 栄養分.
— 形 栄養の; 栄養になる, 栄養のある.

nu·tri·ment /n(j)úːtrəmənt | njúː-/ 名 U,C《格式》栄養素, 栄養分; 食物.

+**nu·tri·tion** /n(j)uːtríʃən | njuː-/ 名 U **栄養の摂取**; 栄養(物), 食物; 栄養学: Good *nutrition* is essential if you want to stay healthy. 健康でいるためにはきちんと栄養をとることが欠かせない. (形 nutritional)

nu·tri·tio·nal /n(j)uːtríʃ(ə)nəl | njuː-/ 形 栄養(学)上の. (名 nutrition.)
~·ly 副 栄養(学)上.

nu·tri·tion·ist /n(j)uːtríʃ(ə)nɪst | njuː-/ 名 C 栄養士, 栄養学者.

*__nu·tri·tious__ /n(j)uːtríʃəs | njuː-/ 形 **栄養分のある**, 栄養になる: highly *nutritious* meals 栄養分の高い食事.

nu·tri·tive /n(j)úːtrəṭɪv | njúː-/ 形 限定《格式》栄養の; 栄養のある, 栄養になる.

nuts /nʌ́ʦ/ 形 ❶ 叙述《略式》頭がおかしくなって [≒ crazy]. ❷ 叙述《略式》(...に)夢中で (*about*, *over*).
dríve ... núts [動] 他《略式》(人)をひどくいらいらさせる. **gò núts** [動] 自《略式》頭がおかしくなる; かんかんになる; 興奮する. — 間《古風, 米》[憤慨・怒り・拒絶などを表わして] ちぇっ, くそっ, ばか言え, うそつけ.

nut·shell /nʌ́tʃèl/ 名 C 木の実の殻. **(to pút it) in a nútshell** [副] 文修飾 手短に言えば, 要するに.

nut·ty /nʌ́ṭi/ 形 (nut·ti·er; -ti·est) ❶ 木の実の香りがする, ナッツの風味がある; 木の実[ナッツ]の入った. ❷《略式》頭がおかしい; ばかげた. (名 nut)

nuz·zle /nʌ́zl/ 動 自 (... に) 鼻をすりつける (*up*; *against*, *to*). — 他 (...)に鼻をすりつける; (...)を(~に)すりつけ[寄せ]る (*against*).

NV〔米郵便〕= Nevada.

+**NW** 略 ❶ **北西** (northwest). ❷ = northwestern.

NY〔米郵便〕= New York 2.

N.Y. 略 = New York 2.

NYC 略 = New York City.

ny·lon /náɪlɑ(ː)n | -lɔn/ 名 ❶ U ナイロン: a *nylon* blouse ナイロンのブラウス. ❷ [複数形で]《古風》ナイロンストッキング《女性用》: a pair of *nylons* パンティストッキング 1 足.

nymph /nímf/ 名 ❶ C〘ギリシャ・ローマ神話〙ニンフ, 妖精《山・川・森などに住み少女の姿をしている; ⇒ fairy》: a wood *nymph* 森の精. ❷ C (とんぼ・ばったなど不完全変態昆虫の)若虫. ❸ C《文語》乙女.

nym·phet /nímfət/ 名 C セクシーな若い娘.

nym·pho /nímfoʊ/ 名 (~s) C《略式》= nymphomaniac.

nym·pho·ma·ni·a /nìmfəméɪniə/ 名 U [軽蔑的] (女性の)淫乱(いんらん)症, 色情狂.

nym·pho·ma·ni·ac /nìmfəméɪniæk/ 名 C 色情狂の女, 淫乱女.

NYPD /énwàɪpìːdíː/ 略 = New York Police Department ニューヨーク市警察.

NZ 略 = New Zealand.

Oo

O

o, O[1] /óʊ/ 名 (複 o's, os, O's, Os /~z/) ❶ C,U オウ《英語アルファベットの第 15 文字》. ❷ U Ⓢ (電話番号などの)ゼロ《⇒ zero 語法》. ❸ C O 字型(のもの).

O[2] /óʊ/ 間《詩語》おお!, ああ! (oh). 語法 常に大文字で書き, 普通は文の初めに用いられる. 用法についてはなお ⇒ oh[1] 語法.

O. 略 = Ohio.

o' /ə/ 前 Ⓦ = of《特に f を発音しない《略式》の発音を表わしたもの: a cup *o'* coffee コーヒー 1 杯.

O·a·hu /oʊáːhuː/ 名 固 オアフ《米国 Hawaii 州中央部の島》.

+**oak** /óʊk/ 名 (~s /~s/) ❶ C **オーク(の木)**《ぶな科こなら属のなら・かし類の樹木》: Great [Tall] *oaks* from little acorns grow. 《ことわざ》オーク[かし]の大樹も小さなどんぐりより育つ(千里の道も一歩から). ❷ U オーク材.

Oaks /óʊks/ 名 [the ~] [単数扱い] オークス競馬《英国の Epsom で毎年行なわれる》.

oar /ɔ́ə | ɔ́ː/ 名 C (舟の)オール, ろ, かい: pull on the *oars* オールをこぐ.

oar·lock /ɔ́əlɑ̀(ː)k | ɔ́ːlɔ̀k/ 名 C《米》オール受け, かい受け [《英》 rowlock].

oars·man /ɔ́əzmən | ɔ́ːz-/ 名 (-men /-mən/) C こぎ手 [≒rower]; ボート選手.

o·a·sis /oʊéɪsɪs/ ❗発音 名 (複 o·a·ses /oʊéɪsiːz/) C オアシス《砂漠の中の緑地》; 憩いの場所[時間].

oat /óʊt/ 形 限定 オート麦入りの《⇒ oats》.

oat·cake /óʊtkèɪk/ 名 C オートケーキ《オート麦で作ったビスケット》.

+**oath** /óʊθ/ 名 (oaths /óʊðz, óʊθs/) ❶ C **誓い**, 誓約(せいやく); 宣誓: keep [break] one's *oath* 誓いを守る[破る] / He ***swore*** [***took***] ***an oath to*** [***that*** he would] tell the truth. 彼は真実を述べるという誓いを立てた.

swearing [taking] an oath

❷ C《古風》ののしりのことば, 悪態《怒ったり驚いたりしてやたらと Damn! などと言うこと; ⇒ swear 動 自 1》.

be ùnder [on] óath [動] 自〔法律〕真実を述べると宣誓をしている.

tàke the óath [動] 自〔法律〕(法廷などで)宣誓をする《証人などが偽証しないと(神に)誓う》.

oat·meal /óʊtmìːl/ 名 ❶ U ひき割りオート麦. 関連 meal[2] ひき割り. ❷《米》オートミール《ひき割りオート麦に牛乳と砂糖を混ぜて作ったかゆ; 朝食用》.

oats /óʊts/ 名 複 オート麦, からす麦.

O·ba·ma /oʊbáːmə/ 名 固 Bar·ack /bǽræk/ Hus·sein /huːséɪn/ ~, Jr. オバマ (1961-)《米国の政治家; 第 44 代大統領 (2009-17); 米国史上初のアフリカ系大統領》.

o·be·di·ence /oʊbíːdiəns, əb-/ 名 U 服従 (*to*); 従順, 忠実 [⇔ disobedience]: demand unquestioning *obedience* 無条件の服従を要求する. (動 obéy, 形 obédient)

o·be·di·ent /oʊbíːdiənt, əb-/ 形 従順な, 素直な, よく言うことを聞く [⇔ disobedient]: an *obedient* child 素直な子供 / be *obedient to* one's parents 両親の言うことをよく聞く. (動 obéy, 名 obédience)

~·ly 副 従順に, 素直に.

o·bei·sance /oʊbéɪs(ə)ns, -bíː-/ 名 ❶ U《格式》尊敬, 服従 (*to*). ❷ C《格式》おじぎ, 会釈.

ob·e·lisk /ɑ́(ː)bəlɪ̀sk | ɔ́b-/ 名 C オベリスク, 方尖(ほうせん)塔.

o·bese /oʊbíːs/ 形〔医学〕肥満体の, (病的に)太った《⇒ fat 類義語》.

+**o·be·si·ty** /oʊbíːsəti/ 名 U〔医学〕(病的な)**肥満**.

+**o·bey** /oʊbéɪ, əb-/ 動 (o·beys /~z/; o·beyed /~d/; o·bey·ing) 他 (人)の**言うことに従う**; (法律・命令など)に従う; (...)に従って行動する [⇔ disobey]: *obey* the law [order(s)] 法律[命令]に従う《✪ ×*obey* to とは言わない》/ Do you *obey* the dictates of your conscience? あなたは良心の命令に従っ(て行動し)ていますか. — 自 言うことを聞く. (名 obédience, 形 obédient)

ob-gyn, ob/gyn /óʊbìːdʒíːwàɪén/ 名 ❶ U《米略式》産婦人科学《*ob*stetrics and *gyn*ecology の略》. ❷ C《米略式》産婦人科医《*ob*stetrician *gyn*ecologist の略》.

+**o·bit·u·ar·y** /əbítʃuèri | -tʃuəri/ 名 (-ar·ies) C (新聞・雑誌の)**死亡記事**, 追悼(ついとう)欄《略歴・業績紹介の短文の追悼記事》.

obj. 略 = object[1] 4.

***ob·ject**[1] /ɑ́(ː)bdʒɪkt | ɔ́b-/ ❗アク 動詞の object[2] とアクセントが違う.

— 名 (ob·jects /-dʒɪkts/)

意味のチャート
「対象(物)」❷ → 「物」❶ / → 「目的」❸ → 「目的語」❹

❶ C 物, 物体: art *objects* 美術品 / an unidentified flying *object* 未確認飛行物体, ユーフォー《⇒ UFO》/ I touched a strange *object* in the dark. 私は暗やみで変な物に触った.

❷ C [普通は単数形で] (動作・感情の)**対象**, 対象物; (...の)的: an ***object of*** interest [study] 興味[研究]の対象 / That actress became the *object of* admiration. その女優は賛美の的となった.

❸ C [普通は単数形で] **目的**, 目当て [≒aim, purpose]《⇒ 類義語》: He accomplished his *object* at last. 彼はついに目的を達成した / He seems to have no *object* in life. 彼は人生に何の目的も持っていないようだ / the *object* of the exercise (行動の)真の目的.

❹ C〔文法〕**目的語**《略 obj.; ⇒ 巻末文法 1. 1 (3)》.

... be nó óbject [動] 自 ...は問題にしない: John wants to buy a large house. Money *is no object.* ジョンは大きな家を買いたがっている. 金額は問題にしていない. (形 objéctive)

| 類義語 object 達成しようと努力する目的. objective 比較的目前に達成可能な目的.

〖語源 ラテン語で「...に対して投げられたもの」の意; ⇒ reject¹ キズナ〗

***ob·ject²** /əbʤékt/ ⚠アク 名詞の object¹ とアクセントが違う.

— 動 (ob·jects /-ʤékts/; -ject·ed /~ɪd/; -ject·ing) 自 (...に)**反対する, 異議を唱える** (⇒ oppose 類義語): Most of the local people *objected* strongly *to* the new airport. V+*to*+名 地元民の大半は新空港の建設に強く反対した 多用 / He *objected to* my [me] go*ing* there alone. V+*to*+動名 彼は私が1人でそこへ行くことに反対した / *I object*! 異議あり!《法廷などで》.

— 他 (...)と**言って反対する:** They all *objected that* he was unfit for the post. V+O (*that* 節) 彼らはみな彼がその地位に不適任だと言って反対した.

(名 objéction)

〖⇒ reject¹ キズナ〗

+ob·jec·tion /əbʤékʃən/ 名 (~s /~z/) ❶ U,C **異議**, 異論, 反対; 不服: 言い換え I *have no objection to* your plan. (= I quite agree with you about [on] your plan.) 私はあなたの計画に異存はありません / I have no *objection to* get*ting* up early. 朝早く起きるのは別にいやではありません / They *made* [*raised*, *voiced*] an *objection to* our proposal. 彼らは我々の提案に反対した / He made no *objection to* my [me] visit*ing* Kenya. 彼は私がケニアを訪れることに異論を唱えなかった. 語法 an objection is made [raised, voiced] to ... の形で受身にできる // *Objection*! 異議あり!《法廷などで》.

❷ C **反対理由**; 難点, 差し障(さわ)り: One of my *objections to* the program is that it will cost too much. その計画に私が反対する理由の1つは費用がかかりすぎるということです. (動 objéct²)

ob·jec·tion·a·ble /əbʤékʃ(ə)nəbl/ 形《格式》不快な, いやな [≒unpleasant].

***ob·jec·tive** /əbʤéktɪv/ 名 (~s /~z/) C **目的**, 目的物; 目標, 目標物; 〔軍隊〕(戦時の)目標地点 (⇒ object¹ 類義語): We have achieved [attained] our main *objective*. 我々は主目的を達成した.

— 形 ❶ **客観的な**, 事実に基づく [⇔ subjective]: *objective* data 客観的なデータ / an *objective* opinion 私情を交えない意見. ❷〔哲学〕物体の; 実在の, 現実の. ❸〔文法〕目的語の, 目的格の. (名 óbject¹)

ob·jec·tive·ly /əbʤéktɪvli/ 副 客観的に [⇔ subjectively].

ob·jec·tiv·i·ty /ὰ(ː)bʤektívəṭi | ɔ̀b-/ 名 U 客観的なこと, 客観性 [⇔ subjectivity].

óbject lèsson 名 C [普通は単数形で] 実物教育; [よい意味で] 実地の教訓, 他山の石 (*in*).

ob·jec·tor /əbʤéktɚ | -tə/ 名 C 反対者, 異議を唱える人 (*to*) (⇒ conscientious objector).

ob·li·gat·ed /ά(ː)blɪgèɪṭɪd | ɔ́b-/ 形《主に米》(法律・道徳上の)義務を負った, (人に)恩[義理]がある (*to*): He was [felt] *obligated to* do so. 彼はそうする義務があった[そうしなければと思った]. (名 òbligátion)

+ob·li·ga·tion /ὰ(ː)blɪgéɪʃən | ɔ̀b-/ 名 (~s /~z/) C,U (法律・道徳上の)**義務**, 責任; (人への)義理: a sense of *obligation to* one's family 家族に対する義務感[義理] / fulfill [meet] one's *obligation* 義務を果たす / They *have* a moral *obligation to* provide help. 彼らには支援を行なう道義的義務がある / You're *under* no *obligation to* answer these questions. これらの質問には答える義務はありません.

(動 oblíge, 形 oblígatòry, óbligàted)

o·blig·a·to·ry /əblígətɔ̀ːri | -təri, -tri/ ⚠発音 形 ❶《格式》(法律・道徳上)義務として負わされる, 義務的な [⇔ optional]: Attendance at tonight's meeting is *obligatory*. 今夜の会議への出席は義務です. ❷《米》(学科目が)必修の [《英》compulsory] [⇔ elective, 《英》optional]: an *obligatory* subject 必修科目. ❸ 限定 [こっけいに] お決まりの, 例の.

(名 òbligátion)

+o·blige /əbláɪʤ/ ⚠アク 動 (o·blig·es /~ɪz/; o·bliged /~d/; o·blig·ing) 他 ❶ [普通は受身で]《格式》(人)に**やむをえず~させる**, 義務づける, (約束・法律などで)強制する (⇒ force 類義語): I *was obliged to* borrow money to pay my father's hospital bills. V+O+C (*to* 不定詞)の受身 私は父の入院費を払うためやむなく借金をした / The Constitution of Japan *obliges* us *to* renounce war forever. V+O+C (*to* 不定詞) 日本国憲法は我々が永久に戦争を放棄すると定めている. ❷《格式》(求めに応じて)(人)に~をしてあげる; (人)の望みを聞き入れる: She will now *oblige* us *with* a song. 彼女がこれから私たちに歌を歌ってくれる.

— 自《格式》人の求めに応じる, 親切にする: If you need any help, I'd be happy [glad] to *oblige*. 何かお手伝いが必要なら喜んでいたします.

be oblíged [動] 自 Ⓢ《格式》**感謝している**, ありがたく思う: We*'d be* greatly *obliged if* you'd come with us. 私どもとご同行いただければ大変ありがたいのですが《丁寧な依頼》/ I'*m much obliged to you for* your help. 《古風》お力添えくださりありがとうございます.

(名 òbligátion)

o·blig·ing /əbláɪʤɪŋ/ 形 よく人の世話をする, 親切な. **~·ly** 副 親切に, 快く.

o·blique /oʊblíːk, əb-/ 形 ❶ 遠回しの, 婉曲(えんきょく)な. ❷ 斜めの: an *oblique* line 斜線 (/) / an *oblique* glance 横目. ❸ (角度が)斜角の《直角でない》.

— 名 C,U《英》斜線 (/) (slash).

oblíque ángle 名 C 斜角.

o·blit·er·ate /əblíṭərèɪt/ 動 他 ❶ (...)を完全に破壊する. ❷ (...)の形跡をなくす; (記憶など)を消し去る.

o·blit·er·a·tion /əblɪ̀ṭəréɪʃən/ 名 U 完全な破壊; 消し去ること, 抹殺.

o·bliv·i·on /əblíviən/ 名 ❶ U 忘れられること, 忘却: fade into *oblivion* 世に忘れられる. ❷ U 無意識状態, 意識不明: drink oneself *into oblivion* 前後不覚になるまで飲む.

o·bliv·i·ous /əblíviəs/ 形 叙述 (...に)気がつかないで, (...を)忘れて: She seemed *oblivious of* [*to*] others' feelings. 彼女は他人の気持ちに気づいていないようだった.

ob·long /ά(ː)blɔːŋ | ɔ́blɔŋ/ 形, 名 C《英》長方形(の);《米》細長い形(の).

ob·nox·ious /əbnά(ː)kʃəs, ɑ(ː)b- | əbnɔ́k-, ɔb-/ 形 気に障(さわ)る, 不快な, いやな. **~·ly** 副 不快なほど.

o·boe /óʊboʊ/ 名 C オーボエ《木管楽器》.

o·bo·ist /óʊboʊɪst/ 名 C オーボエ奏者.

ob·scene /əbsíːn/ 形 ❶ わいせつな, 卑猥(ひわい)な. ❷ とんでもない. **~·ly** 副 わいせつに, みだらに; とんでもなく.

ob·scen·i·ty /əbsénəṭi/ 名 (-i·ties) U わいせつ, 卑猥(ひわい); C [普通は複数形で] 卑猥なことば, わいせつ行為.

+ob·scure /əbskjʊ́ɚ, ɑ(ː)b- | əbskjʊ́ə, ɔb-/ 形 (ob·

scur·er/-skjʊ́(ə)rə | -rə/; ob·scur·est /-skjʊ́(ə)rɪst/) ❶ **世に知られていない**, 無名の: The movie made the *obscure* writer famous. その映画で無名の作家が有名になった. ❷ (意味・説明などが)はっきりしない, わかりにくい, 不明瞭(ふめいりょう)な(⇨ 類義語): for some *obscure* reason 何かはっきりしない理由で / There are some *obscure* points in his proposal. 彼の提案にはわかりにくい点がいくつかある. (名 obscúrity)

類義語 **obscure** 説明・知識が十分でないために不明瞭なこと: *obscure* jargon よくわからない特殊なことば. **vague** 精密さ, 精確さが欠けているために不明瞭なこと: a *vague* memory あやふやな記憶. **ambiguous** 2つ以上の意味にとれるために不明瞭なこと: an *ambiguous* sentence (両義的で)あいまいな文. **equivocal** 2つ以上の意味にとれるために不明瞭なことだが, *ambiguous* と違ってわざとあいまいにしようとする意図を含む: an *equivocal* answer どちらにもとれる答え.

— 動 (ob·scur·ing /-skjʊ́(ə)rɪŋ/) 他 (...)を見えなくする, 覆い隠す [≒hide]; (意味・発音・事実など)を不明瞭[あいまい]にする.

〖語源 原義はラテン語で「覆われた」の意〗

ob·scure·ly /əbskjʊ́əli, ɑ(ː)b- | əbskjʊ́ə-, ɔb-/ 副 はっきりせずに, あいまいに.

ob·scu·ri·ty /əbskjʊ́(ə)rəṭi, ɑ(ː)b- | əbskjʊ́ə-, ɔb-/ 名 (-ri·ties) ❶ U 世に知られないこと, 無名: die *in obscurity* ひっそりと亡くなる. ❷ U わかりにくさ, 不明瞭; C 不明瞭な点. ❸ U 《文語》暗さ. (形 obscúre)

ob·serv·a·ble /əbzə́ːvəbl | -zə́ː-/ 形 観察できる, 目につく; 目立った. **-a·bly** /-əbli/ 副 目立って.

ob·ser·vance /əbzə́ːv(ə)ns | -zə́ː-/ 名 ❶ U (法律・しきたりなどを)守ること, 遵守(じゅんしゅ): the *observance of* the law 法律を守ること. ❷ U (祭り・祝日などを)祝うこと: in *observance of* Easter イースターを祝って. ❸ C [普通は複数形で] (宗教上の)儀式, 祭典. (動 obsérve 他 4, 5)

ob·ser·vant /əbzə́ːv(ə)nt | -zə́ː-/ 形 ❶ 注意深い [≒watchful]; 観察力の鋭い. ❷ (宗教上の規律や慣習などを)厳守する. (動 obsérve)

+**ob·ser·va·tion** /ɑ̀(ː)bzəvéɪʃən, -sə- | ɔ̀bzə-/ 名 (~s /~z/) ❶ U,C **観察**, 観測; U 観察力: the ***observation of*** nature 自然の観察 / the *observation of* the stars 星の観測 / powers of *observation* 観察力.
❷ C **観察[観測]結果**, 観察[観測]報告: This book contains ***observations on*** [***about***] human behavior. この本には人間の行動の観察記録が書かれている.
❸ C (観察をもとにした)**意見**, 考え, 所見; 発言 [≒remark]: ***make*** some ***observations on*** [***about***] the subject その問題について2, 3考えを述べる / He was right in his ***observation that*** poverty was one cause of war. +*that* 節 貧困が戦争の原因の1つであるという彼の見解は正しかった. ❹ U (注意して)見ること; 監視; (医師による)観察: Fortunately he escaped the *observation* of the guards. 幸いにも彼は警備員の監視を逃れた / be *under observation* (容疑者・患者などが)監視[観察]下にある. ❺ U = observance 1. (動 obsérve 他 1, 2, 3, 自)

ob·ser·va·to·ry /əbzə́ːvətɔ̀ːri | -zə́ːvətəri, -tri/ 名 (-to·ries) C 天文台, 気象台: an astronomical *observatory* 天文台 / a meteorological *observatory* 気象台.

⁑ob·serve /əbzə́ːv | -zə́ːv/

— 動 (ob·serves /~z/; ob·served /~d/; ob·serv·ing)

意味のチャート
元来は「注意する」の意.
→「**観察する**」❷ →「**見てとる**」❶ → (気がつく) →「(気づいたことを)**述べる**」❸
→ (決まりに留意する) →「**守る**」❹ → (決められた行事を守る) →「(祝祭日を)**祝う**」❺

— 他 ❶ [進行形なし] 《格式》(観察などによって)(...)を**見てとる**, 見つける, (...)に気がつく [≒notice]: Darwin *observed* the difference between the two plants. ダーウィンはその2つの植物の違いに気がついた / He ***observed that*** the temperature had dropped suddenly. V+O (*that* 節) 彼は気温が急に下がったことに気がついた / We *observed* her *go* out of the room. V+O+C (原形) 私たちは彼女が部屋から出て行くのに気がついた. 語法 上の文を受身の文にすると次のように原形の代わりに to 不定詞を用いる: She ***was observed to*** go out of the room. // We ***observed*** them talk***ing*** happily. V+O+C (現分) 私たちは彼らが楽しそうに話しているのを見た. 語法 上の文を受身の文にすると次のようになる: They *were observed* talk*ing* happily.
❷ 《格式》(...)を**観察する**, 観測する; (注意して)見守る [≒watch]: *observe* ⌈the behavior of birds [the eclipse of the moon] 鳥の生態を観察する[月食を観測する] / ***Observe*** closely ***how*** it works. V+O (*wh* 節) それがどう動くかよく見ていなさい / The patient must ***be observed*** constantly. V+O の受身 その患者は常に見ている必要がある.
❸ 《格式》(意見・考えとして)(...)を**述べる**, 言う [≒remark]: He ***observed that*** the government should take the necessary measures immediately. V+O (*that* 節) 政府は必要な措置を直ちに講ずるべきだと彼は述べた / "It's getting warmer and warmer," she *observed*. V+O (引用節) 「だんだん暖かくなってきましたね」と彼女は言った. ❹ (命令・法律・規則・慣習など)を守る, 遵守(じゅんしゅ)する: *observe* the traffic regulations 交通法規を守る. ❺ 《格式》(祭り・祝日など)を祝う, (式など)を行なう: *observe* Christmas クリスマスを祝う.
— 自 観察する, 観測する, (注意して)見守る.
(他 1, 2, 3, 自 では 名 òbservátion, 他 4, 5 では 名 obsérvance; 形 obsérvant)

***ob·serv·er** /əbzə́ːvə | -zə́ːvə/ 名 (~s /~z/) ❶ C **観察者**, 観測者; 監視員: a casual *observer* 何の気なしに見ている人 / a shrewd *observer of* human behavior 人間の行動を鋭く観察する者.
❷ C (会議の)**オブザーバー**, 立会人《正式代表の資格がなく採決に加わらない》: Ms. Green attended the meeting as an *observer*. グリーンさんはオブザーバーとして会議に出席した.

+**ob·sess** /əbsés, ɑ(ː)b- | əb-, ɔb-/ 動 (ob·sess·es /~ɪz/; ob·sessed /~t/; -sess·ing) 他 [普通は受身で] (観念・妄想などが)(人)に**取りつく**; (人)を悩ます: She *is **obsessed with*** [***by***] strange fears. V+O の受身 彼女は得体の知れない恐怖に取りつかれている.
— 自 《略式》気にしすぎる (*about, over*).

+**ob·ses·sion** /əbséʃən, ɑ(ː)b- | əb-, ɔb-/ (~s /~z/) 名 C,U (考えなどが)**取りつくこと**; 執着, こだわり, 執念; C 取りついて悩ます人[物]: Kate has an ***obsession with*** cleanliness. ケートは潔癖症だ.

ob·ses·sion·al /əbséʃ(ə)nəl, ɑ(ː)b- | əb-, ɔb-/ 形 強

迫観念に取りつかれた (*about*).

ob·ses·sive /əbsésɪv, ɑ(:)b-|əb-, ɔb-/ 形 (考え・感情などが)頭から離れない, 強迫的な; (人が)妄想に取りつかれた, (...に)異常なまでにこだわる (*about*); 異常な(までの). **~·ly** 副 (妄想に)取りつかれたように, 異常なまでにこだわって.

ob·so·les·cence /ɑ̀(:)bsəlés(ə)ns|ɔ̀b-/ 名 U 廃(すた)れていること, 旧式になること.

ob·so·les·cent /ɑ̀(:)bsəlés(ə)nt|ɔ̀b-←/ 形 廃れた.

ob·so·lete /ɑ̀(:)bsəlíːt, ɑ́(:)bsəlìːt|ɔ́bsəlìːt, ɔ̀bsəlíːt/ 形 今では使われない, 廃れた [≒outdated]: an *obsolete* word 廃語, 死語.

+**ob·sta·cle** /ɑ́(:)bstəkl|ɔ́b-/ 名 (~s/~z/) C **障害**, じゃま(物), 障害物: overcome an ***obstacle to*** promotion 昇進の妨げを乗り越える / They cleared the *obstacle* from the road. 彼らは道路からその障害物を取り除いた. 〖⇒ stand キズナ〗

óbstacle còurse 名 C (障害物競走での)一連の障害物; (目標達成までの)苦労の連続, 険しい道のり.

ob·ste·tri·cian /ɑ̀(:)bstətríʃən|ɔ̀b-/ 名 C 〔医学〕 産科医.

ob·stet·rics /əbstétrɪks/ 名 U 〔医学〕 産科学.

ob·sti·na·cy /ɑ́(:)bstənəsi|ɔ́b-/ 名 U 頑固(がんこ), 強情.

ob·sti·nate /ɑ́(:)bstənət|ɔ́b-/ 形 ❶ 頑固な, 強情な (⇒ stubborn 類義語): an *obstinate* child 強情な子供. ❷ 限定 (問題などが)やっかいな, しつこい. **~·ly** 副 頑固に, 強情に.

ob·struct /əbstrʌ́kt/ 動 他 (道など)を通れなくする, ふさぐ (*with*); (進行・活動など)をじゃまする, 妨げる; (視界)をさえぎる (⇒ prevent 類義語). (名 obstrúction) 〖⇒ structure キズナ〗

ob·struc·tion /əbstrʌ́kʃən/ 名 ❶ U 妨害; 障害, 支障; 議事妨害: *obstruction of* justice 司法妨害. ❷ C,U じゃま物, 障害物; 〔医学〕 閉塞(へいそく). ❸ U 〔スポーツ〕 プレー妨害. (動 obstrúct)

ob·struc·tive /əbstrʌ́ktɪv/ 形 妨害となる; (...の)じゃまになる (*to*).

*__ob·tain__ /əbtéɪn/ 動 (ob·tains /~z/; ob·tained /~d/; -tain·ing) 他 《格式》 (...)を**得る**, 入手する (⇒ get 類義語): It was difficult to *obtain* the data for this study. この研究のためのデータを得るのは困難だった / They ***obtained*** the information ***from*** a spy. V+O+*from*+名 彼らはその情報をスパイから得た / Written consent *was obtained* from the patient. V+Oの受身 患者から書面での同意が得られた. — 自 [進行形なし] 《格式》 (風習・規則などが)広く行なわれている, 通用する. 〖⇒ contain キズナ〗

ob·tain·a·ble /əbtéɪnəbl/ 形 《格式》 入手できる, 得られる [⇔ unobtainable].

ob·trude /əbtrúːd/ 動 他 《格式》 (...)を(無理に)押しつける, 強いる: *obtrude* one's belief *on* [*upon*] others 自分の信念を他人に押しつける. — 自 《格式》 でしゃばる (*on, upon*). **obtrúde onesèlf** [動] 自 《格式》 でしゃばる.

ob·tru·sive /əbtrúːsɪv/ 形 押しつけがましい; でしゃばりの; 悪目立ちする; 耳ざわりな [⇔ unobtrusive].

ob·tuse /ɑ(:)bt(j)úːs|əbtjúːs/ 形 ❶ 《格式》 鈍感な, 愚鈍な: be deliberately *obtuse* わざとわからないふりをしている. ❷ 〔数学〕 鈍角の [⇔ acute]: an *obtuse* angle 鈍角.

ob·verse /ɑ́(:)bvəːs|ɔ́bvəːs/ 名 ❶ [the ~] 《格式》 正反対(のもの) (*of*). ❷ [the ~] (貨幣・メダルの)表, 表面 [⇔ reverse]: on *the obverse* of a medal メダルの表側に.

ob·vi·ate /ɑ́(:)bvièɪt|ɔ́b-/ 動 他 《格式》 (危険・困難・必要性など)を取り除く, 阻止[回避]する: *obvieate* the need for ... ...を不要にする.

⁑ob·vi·ous /ɑ́(:)bviəs|ɔ́b-/ ❗アク

— 形 ❶ **明らかな**, 明白な, 明瞭(めいりょう)な; (見て)すぐわかる (⇒ 類義語): the *obvious* choice だれが見ても当然の選択 / for *obvious* reasons 当然のことながら / His fatigue was *obvious*. 彼が疲れていたことははっきりしていた / ***It was obvious*** (***that***) she wasn't interested. 彼女が興味を持っていないのは明らかだった (多用; ⇒ that² A 2) / Such a thing is ***obvious*** even ***to*** children. +*to*+名 そんなことは子供にだってわかる. ❷ [悪い意味で] わかりきった: state *the obvious* わかりきったことを言う (⇒ the¹ 6).

類義語 **obvious** 見てすぐわかるような明白さで, 隠れている部分がないこと: The reason for it is *obvious*. その理由は明らかだ. **clear** 疑いなどを起こさせる要素が存在しないような明らかさ: It is *clear* that this is a mistake. これが誤りだということは明らかだ. **plain** 単純でわかりやすく, 明白なこと: The facts are quite *plain*. 事実は非常に明白だ. **apparent** は *evident* とほぼ同じ意味に用いられることもあるが, 目に見えることから判断して明白なことを指す. **evident** 外に現われている事実から推論して明白であることで, 事実に推論が加わることが特徴である. **manifest** は *evident* より強いことば. 外に現われている事実がすべてを物語るような明白さで, 推論や判断の必要もないほどの明白さをいう: It is *evident* that the story has been plagiarized, and in comparison with the original, its inferiority is *manifest*. その物語は盗作であることは明らかで, 原作と比べれば劣っているのは明白だ.

〖語源 ラテン語で「行く手 (⇒ via) にある」の意から,「だれにでも目につく」の意となった〗

⁑ob·vi·ous·ly /ɑ́(:)bviəsli|ɔ́b-/

— 副 **明らかに**, 明白に; 文修飾 言うまでもなく: an *obviously* wrong answer 明らかに間違った答え / *Obviously*, they did not release the murderer. 言うまでもなく殺人犯は釈放されなかった.

oc·a·ri·na /ɑ̀(:)kəríːnə|ɔ̀k-/ 名 C オカリナ (陶・金属製のずんぐりした笛).

⁑oc·ca·sion /əkéɪʒən/ ❗発音

— 名 (~s/~z/)

意味のチャート
原義はラテン語で「物事が降りかかること」.
→「**機会**」❸「**時**」❶ → (特別の時) →「**行事**」❷ の意となった.

❶ C (特定の)**時**, **場合**, 折 [≒time]: I've been there ***on*** several ***occasions***. 私はそこに何回か行ったことがあります / On this *occasion*, they are not invited. 今回は彼らは招待されていない.

❷ C **行事のある時**, **行事**, 祭典: She wore those jewels only ***on*** special ***occasions***. 彼女はそれらの宝石を何か特別な行事のある時だけ身につけた / This dress is for formal *occasions*. この服は改まった席向きです / ***on the occasion of*** the 10th anniversary of their marriage 彼らの結婚 10 周年記念の折に / His birthday party was「a great [quite an] *occasion*. 彼

の誕生日パーティーはとても盛会だった.
❸ [単数形で] **機会**, 折; (何かにふさわしい)場合: This is a good ***occasion to*** contact him. [+to 不定詞] 今が彼に近づくよいチャンスだ / This is not an ***occasion for*** complaints. 今は不平を言っている場合ではない / I'd like to ***take*** this ***occasion to*** thank everybody. この場をお借りして皆さんに感謝申し上げます. ❹ [単数形で]《格式》理由, きっかけ, 原因 (*for*, *of*) [≒ cause, reason]; 必要: There is no *occasion for* him *to* get excited. 彼が興奮する理由はない《⇒ for 前 B》/ We have never had *occasion to* seek legal advice. 今まで弁護士に相談するような必要が生じたことはなかった.

a sénse of occásion [名] 時と場合とをわきまえた良識; その場にふさわしい感情.

if (the) occásion aríses [副]《格式》必要が生じたら, 機会があれば.

on áll occásions = on évery occásion [副] あらゆる場合に.

on occásion [副] **時折**, 折にふれて: I meet him *on occasion* at our club. 彼とは時々クラブで会う.
(形 occásional)

— 動 他《格式》(...)を引き起こす [≒cause].

*__oc·ca·sion·al__ /əkéɪʒ(ə)nəl/ 形 ❶ 限定 **時折の**, たまの; 不定期の: an *occasional* visitor たまに来る客 / The outlook for tomorrow is (for) cloudy skies with *occasional* showers. あすは曇り時々雨でしょう《天気予報で》/ I drink *the occasional* glass of wine. 私はたまにワインを飲む. ❷ 限定 臨時の: an *occasional* table 予備テーブル. (名 occásion)

**__oc·ca·sion·al·ly__ /əkéɪʒ(ə)nəli/
— 副 **時折**, たまに《⇒ always 表》: My son *occasionally* calls me. 息子はたまに電話をよこす / I see Mr. Smith only *occasionally* these days. 最近はスミスさんにたまにしか会わない / It rains *very occasionally* (in) this season. この季節には雨はめったに降らない.

Oc·ci·dent /ɑ́(ː)ksəḍənt, -dnt | ɔ́k-/ 名 [the ~]《文語》西洋; 欧米, 西欧諸国;《詩語》西(方). 関連 Orient 東洋. (形 òccidéntal)
〖語源 ラテン語で「日の沈む地域」の意〗

oc·ci·den·tal /ɑ̀(ː)ksədénṭl | ɔ̀k-←/ 形 限定 [ときに O-]《格式》西洋の, 西欧の. 関連 oriental 東洋の. (名 Óccident)

oc·cult /əkʌ́lt | ɔ́kʌlt/ 形 限定 神秘的な, 不思議な; 秘法の: *occult* arts 秘術《錬金術・占星術など》. — 名 [the ~] 神秘(的な力), オカルト.

oc·cu·pan·cy /ɑ́(ː)kjʊp(ə)nsi | ɔ́k-/ 名 ❶ U《格式》(家・土地などの)占有, 居住; 占有期間: take *occupancy* of ... ...に入居する / IMMEDIATE OCCUPANCY 即時入居可《空き家などの掲示》. ❷ U《格式》入居[利用, 収容]人数[率]: single [double] *occupancy* 1 名[2 名]利用(で). (動 óccupỳ)

oc·cu·pant /ɑ́(ː)kjʊp(ə)nt | ɔ́k-/ 名 C《格式》(家・土地・部屋・地位などの)占有者, 居住者, 入居者 (*of*); (乗り物などに)乗っている人, 乗客.

*__oc·cu·pa·tion__ /ɑ̀(ː)kjʊpéɪʃən | ɔ̀k-/ 名 (~s /~z/)

> 意味のチャート
> 動詞 occupy (占める)から
> → (時間を取られること) → (仕事) → 「**職業**」 ❶
> → (場所を取ること) → 「**占有**」 ❹

❶ C《格式》**職業**, 職, 定職, 仕事《⇒ 類義語》: He has no steady *occupation*. 彼には定職がない / "What's your *occupation*?" "I'm a nurse." 「ご職業は何ですか」「看護師です」 語法 最も一般的には What do you do? を用いる《⇒ do² 他 1》.
❷ C (特定の時間の)**過ごし方**; (一般に)活動, する事《趣味・家事・日課など》: Reading is one of her favorite *occupations*. 読書は彼女の好きな時間の過ごし方の 1 つだ. ❸ U (軍隊などによる土地の)占領; (座り込みなどによる建造物の)占拠; 占領[占拠]期間: the *occupation* of a town 都市の占領 / *occupation* forces 占領軍 / under *occupation* 占領下で. ❹ U (家・土地などの)占有, 居住.
(動 óccupỳ, 形 òccupátional)

> 類義語 **occupation** 従事している職業を, その背景に関係なく指す一般的な語. 主に書類などで使われる. **profession** 弁護士・医師・教師・牧師・建築家のように知的・専門的な技術・学識を必要とするもの: the teaching *profession* 教職. **business** 商業・実業関係の営利を目的とする職業: He is in show *business*. 彼は芸能関係の仕事をしている. **vocation** それによって生活費を稼ぐかどうかを問わず, 社会のために自分の天職として打ち込む仕事: Medicine is my *vocation*. 医学が私の天職だ. **trade** 手を使う技術的な訓練を経て従事する職業: He is a mason by *trade*. 彼の職業は石屋だ. **employment** 職種に関係なく給料を取って働く勤め(口)を意味する: I found *employment*. 就職口が見つかった. **job**《⇒ job 類義語》一時的か永続的かを問わず, ある特定の時期に従事する職業を意味し, 以上のいずれの語の代わりにも用いられるくだけた感じの一般的な語: I'm looking for a part-time *job*. 私はアルバイトを探している. **work** 金を稼ぐか稼がないかを問わず, あらゆる種類の仕事に用いる最も一般的な語: Raising children is her *work*. 子育てが彼女の仕事だ. **career** 成功を求めて一生の仕事とするような職業: an acting *career* 俳優業.

oc·cu·pa·tion·al /ɑ̀(ː)kjʊpéɪʃ(ə)nəl | ɔ̀k-←/ 形 限定 職業の, 職業から起こる: an *occupational* disease 職業病 / an *occupational* hazard 仕事に伴う危険.
(名 òccupátion)

óccupational thérapy 名 U 作業療法《適当な軽い仕事を与えて行なう健康回復法》.

*__oc·cu·pied__ /ɑ́(ː)kjʊpàɪd | ɔ́k-/ 形 ❶ 叙述 (...で)**忙しい**, (...に)従事している: He was ***occupied*** 「***with*** the work [(***in***) writ***ing***]. [+with+名[(in+)動名]] 彼はその仕事[著述]に時間をとられていた.
❷ 叙述 (部屋・席などが)**使用中で**, 占有されて;《米》(トイレが)使用中で [《英》engaged] [⇔ vacant]: Is this seat *occupied*? この席はふさがっていますか.
❸ (国・地域などが) **占領[占拠]された** [⇔ unoccupied]: an *occupied* area 占領地.

oc·cu·pi·er /ɑ́(ː)kjʊpàɪɚ | ɔ́kjʊpàɪə/ 名 ❶ C [普通は複数形で] 占領者. ❷ C《英》(一時的な)居住者 (*of*); 借家[借地]人.

**__oc·cu·py__ /ɑ́(ː)kjʊpàɪ | ɔ́k-/ アク
— 動 (-cu·pies /~z/; -cu·pied /~d/; -py·ing) 他 ❶ (場所・建物など)を**占める** [≒fill]; (...)に**居住する**; (...)を占有する: She *occupied* the villa for a year. 彼女は 1 年間その別荘に住んでいた / His office *occupies* the top floor of the building. 彼のオフィスは建物の最上階を占有している

❷ (仕事などが)(時間)を**占める**, (事が)(人)に時間を使わせる: Writing the new novel *occupied* most of her time. 新しい小説の執筆に彼女の時間の大半が充てられた.

❸ (軍隊などが)(土地)を**占領する**, (座り込みなどで)(建造物)を占拠する: Napoleon failed to *occupy* Moscow. ナポレオンはモスクワの占領に失敗した.

❹ (地位)に就く: She *occupies* an important position in our firm. 彼女はわが社の重要な地位についている.

óccupy onesèlf with [in, by] ... [動] ⓗ **...に従事する**, ...で忙しくする: She ***occupied herself with*** [***in***, ***by***] study***ing*** Latin. 彼女はラテン語の勉強をして時間を過ごした. (名 òccupátion, óccupancy)

***oc·cur** /əkə́ː | əkə́ː/ !アク 動 (**oc·curs** /~z/; **oc·curred** /~d/; **-cur·ring** /əkə́ːrɪŋ | əkə́ː-/) 自 ❶ 《格式》(思いがけないことが)**起こる**, 生じる, 発生する《⇒ happen 類義語》: The accident *occurred* in the middle of the night. その事故は真夜中に起こった / Such a mistake will never *occur* again. こんな間違いは二度とないだろう.

❷ (考えが)**浮かぶ**, ふと思いつく: 言い換え Then a good idea ***occurred to*** her. V+to+名 (= Then a good idea came into [across] her mind.) その時よい考えがふと彼女の頭に浮かんだ / Didn't *it* ever *occur to* you (*that*) she was lying? あなたは彼女がうそをついているとは思いもしなかったのですか. 語法 it は (that) 節を受ける形式主語; 動詞型は V+to+名 // *It* never *occurred to* me *to* help him. 彼を助けようという思いは浮かばなかった. 語法 it は to 不定詞を受ける形式主語.

❸ [副詞(句)を伴って] 《格式》(物が)存在する, ある [≒exist]; 見受けられる [≒be found]: This sort of plant does not *occur* in Asia. この種の植物はアジアにはない. (名 occúrrence)
〘⇒ current キズナ〙

oc·cur·rence /əkə́ːrəns | əkʌ́r-/ !アク 名 ❶ C 出来事, 事件《⇒ event 表》: Traffic accidents are an everyday *occurrence*. 交通事故は日常茶飯事だ. ❷ U (事件などが)起こること, 発生[出現](の頻度): the *occurrence of* a fire 火事の発生. (動 occúr)

***o·cean** /óʊʃən/ !発音

— 名 (~s /~z/) ❶ U [普通は the ~] 《主に米》**海** 《⇒ sea 1 語法》: I like to swim *in the ocean*. 私は海で泳ぐのが好きだ.

❷ C [しばしば O-] **大洋**, 海洋, 大海: an *ocean* voyage 大洋航海 / The great *ocean* of truth lay all undiscovered before me. 広大な真理の大海が全く未発見のまま私の前にあった《英国の科学者ニュートン(Newton) のことば》. 関連 the Pacific Ocean 太平洋 / the Atlantic Ocean 大西洋 / the Indian Ocean インド洋 / the Arctic Ocean 北極海 / the Antarctic Ocean 南極海.

❸ C [しばしば複数形で] 《略式》たくさん: *oceans of* money 大金. (形 òceánic)
〘語源 ギリシャ語で「(世界を囲む)外洋」の意〙

o·cean·front /óʊʃənfrʌ̀nt/ 名 C, 形 限定 《米》臨海地(の).

o·cean·go·ing /óʊʃəngòʊɪŋ/ 形 (船が)外洋航行の.

O·ce·an·i·a /òʊʃiǽniə, -éɪn- | -siéɪn-/ 名 固 オセアニア, 大洋州《中部太平洋・南太平洋の諸島とオーストラリア大陸の総称》.

o·ce·an·ic /òʊʃiǽnɪk←/ 形 [普通は 限定] 《格式》海洋の, 大海の; 遠海に住む: *oceanic* currents 海流. (名 ócean)

o·cean·og·ra·pher /òʊʃənɑ́(ː)grəfə | -nɔ́grəfə/ 名 C 海洋学者, 海洋研究家.

o·cean·og·ra·phy /òʊʃənɑ́(ː)grəfi | -nɔ́g-/ 名 U 海洋学, 海洋研究《特に海洋生物・環境学》.

o·cher, 《英》**o·chre** /óʊkə | -kə/ 名 U 黄土《黄・赤色絵の具の原料》; オークル, 黄土色.

***o'clock** /əklɑ́(ː)k | əklɔ́k/

— 副 ...時《⇒ hour 5 語法》: It's seven *o'clock* now. 今 7 時です / They started *at* two *o'clock*. 彼らは 2 時に出発した. 語法 「何分」まで言うときには o'clock はつけない: It's ten (minutes) past [《米》 after] eight now. = It's eight ten now. 今は 8 時 10 分です. 〘語源 元来は of the clock〙

OCR /óʊsìːɑ́ə | -ɑ́ː/ 名 U 〔コンピュータ〕 光学式文字認識(ソフト)《*o*ptical *c*haracter *r*ecognition の略》.

+**Oct.** 略 **10 月** (October).

oc·ta·gon /ɑ́(ː)ktəgɑ̀(ː)n | ɔ́ktəgən/ 名 C 〔幾何〕 八角形, 八辺形《⇒ triangle》.

oc·tag·o·nal /ɑ(ː)ktǽgən(ə)l | ɔk-/ 形 〔幾何〕 八角形の, 八辺形の.

oc·tane /ɑ́(ː)kteɪn | ɔ́k-/ 名 U 〔化学〕 オクタン《石油中の無色液体炭化水素; ⇒ high-octane》.

oc·tave /ɑ́(ː)ktɪv, -teɪv | ɔ́k-/ 名 C 〔音楽〕 オクターブ, 8 度(音程); 1 オクターブ音域(の和音).

***Oc·to·ber** /ɑ(ː)któʊbə | ɔktóʊbə/

— 名 (~s /~z/) U,C **10 月**《略 Oct.; ⇒ month 表》: Leaves begin to fall ***in October***. 10 月に落葉が始まる / We were [got] married ***on*** 「***October*** 25 [the 25th of *October*], 2020. 僕らは 2020 年 10 月 25 日に結婚した《October 25 は October (the) twenty-fifth と読む; ⇒ date[1] 名 1 語法 囲み》/ in early [mid-, late] *October* 10 月上旬[中旬, 下旬]に.

oc·to·ge·nar·i·an /ɑ̀(ː)ktoʊdʒəné(ə)riən←/ 名 C 80 歳代の人.

oc·to·pus /ɑ́(ː)ktəpəs | ɔ́k-/ 名 (複 ~·es, **oc·to·pi** /ɑ́ktəpàɪ | ɔ́k-/) C たこ《軟体動物》.

oc·u·lar /ɑ́(ː)kjʊlə | ɔ́kjʊlə/ 形 限定 〔医学〕 視覚上の, 目の, 目による.

oc·u·list /ɑ́(ː)kjʊlɪst | ɔ́k-/ 名 C 《古風》 眼科医.

OD /óʊdíː/ 動 (OD's; OD'd; OD'ing) 自 《略式》 薬[麻薬]を飲みすぎる (overdose); やりすぎる, 食べすぎる (*on*).

ODA /óʊdìːéɪ/ 名 U 政府開発援助《先進国政府が発展途上国に対して行なう資金や技術の援助; *O*fficial *D*evelopment *A*ssistance の略》.

***odd** /ɑ́(ː)d | ɔ́d/ 形 (**odd·er** /ɑ́(ː)ḍə | ɔ́də/; **odd·est** /ɑ́(ː)ḍɪst | ɔ́d-/)

意味のチャート
原義は「三角形の頂点」→ (対(つい)からはみ出した)
→ (2 で割れない) → 「**奇数の**」 ❹
→ (はみ出した) → (並でない) → 「**変な**」 ❶
→ 「**片方だけの**」 ❸ → (余分の) → 「**臨時の**」 ❷

❶ **変な**, 風変わりな, 普通ではない, 妙な《⇒ strange 類義語》: He's an *odd* fellow. 彼は変なやつだ / 言い換え ***It's odd*** (***that***) she didn't speak. = The *odd* thing is (*that*) she didn't speak. 彼女が黙っていたのは妙だ /

You seem *odd* today. 今日の君は(言動が)変だ.
❷ 限定 [比較なし] **臨時の**, 片手間の; 時たまの, 時々の: I do *odd* jobs during the summer vacation. 私は夏休み中に臨時のアルバイトをする / She has *the odd* drink now and then. 彼女はたまに酒を飲む.
❸ 限定 [比較なし] (対になっている物が)**片方だけの**, (組になっている物が)半端な; 雑多な: an *odd* shoe 片方だけの靴 / *odd* socks 左右そろわない靴下 / an *odd* volume (全集などのうちの)半端な 1 巻 / *odd* scraps of paper 雑多な紙切れ.
❹ [比較なし] 奇数の [⇔ even]: 1, 3, 5, and 7 are *odd* numbers. 1, 3, 5, 7 は奇数である. ❺ [端数のない数の後で普通はハイフンとともに] Ⓢ ...ちょっとの, ...余り: 200-*odd* children 200 何人の子供たち / twenty-*odd* years 20 余年.
the ódd òne [màn] óut [名] (1) 仲間はずれの物[人]. (2) 組分けで余った物[人]. (名 óddity)

odd·ball /á(:)dbɔ̀:l | ɔ́d-/ 名 C 《略式》 変わり者.

odd·i·ty /á(:)dəṭi | ɔ́d-/ 名 (-i·ties) ❶ C 変人, 奇人; 奇行; 奇妙な物. ❷ U,C 風変わりなこと, 奇妙なこと [≒oddness]. (形 odd)

odd·ly /á(:)dli | ɔ́d-/ 副 ❶ 奇妙に, 奇異に. ❷ 文修飾 妙な話[こと]だが, 不思議にも: *Oddly* (enough), he rejected our proposal. 不思議なことに彼は私たちの提案を断わった.

odd·ness /á(:)dnəs | ɔ́d-/ 名 U 風変わりなこと, 奇妙なこと.

+**odds** /á(:)dz | ɔ́dz/ 名 複 ❶ [普通は the ～] (一般に)**見込み**, 可能性: ***The odds are that*** he will succeed. たぶん彼は成功するだろう / ***The odds of*** her pass*ing* the exam are slim [very good]. 彼女が合格する見込みは小さい[大きい] / *The odds* are four to one *that* our team will win. 我々のチームが勝つ見込みは 4 つに 1 つだ.
❷ **勝ち目**; 優劣の差; 不利: even *odds* 五分五分の勝ち目 / ***The odds*** are ｢***in*** our ***favor*** [***against*** us]. 形勢は我々に有利[不利]だ / The *odds* are fifty-fifty. 勝ち目は五分五分だ / beat [defy, overcome] the *odds* 不利な状況に打ち勝つ / ***against all (the) odds*** 多くの困難[非常に不利な状況]にもかかわらず / We won in the face of heavy [great] *odds*. 我々は大変な不利をものともせず勝った. ❸ (競技などで弱い者に与える)有利な条件 [≒handicap]; (賭(か)け事の)賭け率, オッズ: give [receive] *odds* ハンディ(キャップ)をつけてやる[もらう] / at *odds of* ten to one 10 対 1 の賭け率で.
be at ódds (with ...) [動] (...と)(～のことで)意見が合わない, 争っている (*about, over, on*); (...と)一致しない.
by (áll) ódds [副] たぶん; [比較級・最上級とともに] はるかに.
It [That] màkes nó ódds. Ⓢ 《英》 どっちでも問題ではない, 大差はない.
láy ódds [動] 自 (...に)賭ける, (...と)確信する (*on, that*).
lóng ódds [名] 見込みの薄いこと, 可能性の少ないこと: The team faces *long odds*. そのチームが勝ち残る見込みは少ない.
Whát's [Whát're] the ódds? Ⓢ 《英》 かまうものか, そんなことどうでもいいじゃないか.

ódds and énds 名 複 《略式》 こまごましたもの, 半端の寄せ集め, がらくた.

odds-on /á(:)dzá(:)n, -ɔ́:n | ɔ̀dzɔ́n←/ 形 《略式》 勝ち目のある; 可能性の高い, ...しそうな: 言い換え *It's odds-on that* she will win the election. = She's *odds-on to* win the election. 彼女は当選しそうだ. **ódds-on fávorite** [名] かたい本命馬, 優勝候補, 当選確実な候補者.

ode /óud/ 名 C 賦(ふ), 頌詩(しょうし) 《特定の人・物に寄せる叙情詩》 (*to*).

o·di·ous /óuḍiəs/ 形 《格式》 憎むべき, 憎らしい; ひどくいやな.

o·dom·e·ter /oudá(:)məṭɚ | oudɔ́mətə/ 名 C 《米》 (自動車の)走行距離計 [《英》 mileometer].

o·dor, 《英》 **o·dour** /óuḍɚ | -də/ 名 C,U 《格式》 (特にいやな)におい (⇒ smell 類義語): the *odor* of medicine 薬のにおい / foul *odors* いやなにおい.

o·dor·less, 《英》 **o·dour·less** /óuḍɚləs | -də-/ 形 においのない, 無臭の.

o·dor·ous /óuḍərəs/ 形 《文語》 強いにおいがする.

o·dour /óuḍɚ | -də/ 名 《英》 = odor.

O·dys·se·us /oudísiəs, -sju:s/ 名 固 〔ギリシャ伝説〕 オデュッセウス 《トロイ戦争 (Trojan War) に参加した知勇兼備のギリシャの将軍》.

Od·ys·sey /á(:)ḍəsi | ɔ́d-/ 名 ❶ [the ～] オデュッセイア, オデッセイ 《トロイ戦争からのオデュッセウスの帰還を扱ったホメロス (Homer) の大叙事詩》. ❷ [単数形で] [o-] 《文語》 長い冒険旅行.

OECD /óuì:sì:dí:/ 名 [the ～] 経済協力開発機構 《*O*rganization for *E*conomic *C*ooperation and *D*evelopment の略》.

Oe·di·pus /édəpəs | í:d-/ 名 固 〔ギリシャ神話〕 オイディプス, エディプス. 参考 Sphinx が出したなぞの答えを「人間」と解いて Thebes の王となった英雄; 知らずに父を殺し母を妻とした. 後にこれを知り自ら両眼をえぐって放浪した (⇒ sphinx 2 参考).

Óedipus còmplex 名 [the ～] 〔心理〕 エディプスコンプレックス 《男の子が無意識のうちに父親に反発し母親を慕う傾向》. 関連 Electra complex エレクトラコンプレックス.

o'er /ɔɚ | ɔ:/ 前 副 《詩語》 = over.

oe·soph·a·gus /ɪsá(:)fəgəs, i:- | -sɔ́f-/ 名 《英》 = esophagus.

oes·tro·gen /éstrəʤən | í:s-, és-/ 名 《英》 = estrogen.

***__of__** /(弱形) (ə)v, ə; (強形) á(:)v, ʌv | ɔv/ (同音 #a², #have², 《英》 are¹, 《英》 #her, 《英》 #or)
— 前

単語のエッセンス
基本的には「所有」と「分離」(⇒ off 語源) の意.
A. [所有] **...の**: the legs *of* a table テーブルの脚(あし) ⇒ ❶ / a friend *of* mine 私のある友人 ⇒ ❷
B. [分離・出所] **...から離れて, から**: be within a three-minute walk *of* the station 駅から歩いて 3 分以内にある ⇒ ⓮ / come *of* a good family 名門の出である ⇒ ⓯
C. その他
1) [分量・種類] **...の量[種類]の**: three pieces *of* chalk チョーク 3 本 ⇒ ❸
2) [部分・一員] **...の中での**: four members *of* the team チームの 4 人 ⇒ ❹
3) [関連・内容] **...の**: a photo *of* my cat 私の猫の写真 ⇒ ❺
4) [同格を示して] **...という**: the city *of* Osaka 大阪市 ⇒ ❻
5) [目的語の関係] **...を**: a maker *of* shoes 靴を作る人

⇒ ❼
6) [主語の関係] **…の:** the love *of* a mother 母の(子に対する)愛情 ⇒ ❽
7) [原料・構成要素] **…から(成って):** a family *of* five 5人家族 ⇒ ❾
8) [主体を示して] **…が:** It's kind *of* you to help me. 手伝ってくれてありがとう ⇒ ⓬
9) [原因] **…で:** She died *of* grief. 彼女は悲しみのあまり死んだ ⇒ ⓭
10) [性質・特徴] **…の性質[特徴]を持った:** a person *of* importance 重要な人物 ⇒ ⓰

❶ [所有・所属を示して] **…の, …のものである:** the legs *of* a table テーブルの脚(あし) / The roof *of* my house is red. 私の家の屋根は赤い / the size *of* the window 窓の大きさ.

> 語法 **of …と …'s (所有格)**
> (1) 所有の主体が人である場合には …'s (所有格)を用いることが多い: my father's friend's car 私の父の友人の車.
> (2) 無生物の場合は of … を用いるのが普通だが, 最近特に新聞などの英語では …'s (所有格)を用いることもある: baseball's future (= the future of baseball) 野球の将来.
> (3)「～の人たち」を意味する「the＋形容詞」《⇒ the[1] 3》の場合は of … を用いる: the needs *of the* old 老人たちの必要とするもの.
> (4)「…の権利・義務」などの意味を表わすときはしばしば of … を用いる: the rights *of* workers (= workers' rights) 労働者の権利 / the duties [responsibilities, role] *of* a teacher 教師の義務[責任, 役割].

❷ [名詞＋of＋独立所有格の形で] **…のある～:** a fríend *of míne* 私のある友人. 語法🔍これに対して *my* friend と言えば the friend と同じく前後の文脈で相手がだれであるかがわかる特定の友人を指す《⇒ mine[1] 成句 語法 囲み》// An old acquaintance *of* my *father's* visited us yesterday. 父の古い知人がきのううちに来た.

❸ [分量・種類を示して] **…の量の, …分の; …の種類の:** a cup *of* coffee 1杯のコーヒー / two sheets *of* paper 紙2枚 / three pieces *of* chalk チョーク3本 / five acres *of* land 5エーカーの土地 / a pile *of* books 本の山.

❹ [部分・一員を示して] (1) **…の中での, …の(うちの):** one *of* us 私たちのうちの1人 / four members *of* the team チームの4人 / None *of* them agreed. 彼らのうちだれも賛成しなかった / Some *of* the ships were lost in a storm. 船のうち何隻かはあらしで行方不明になった / All *of* us got to work at once. 私たちはみんなすぐに仕事に取りかかった. 語法 all *of* us は we all とも言える《⇒ all 代 2》. また all *of* the students は all the students と同じ.
(2) [最上級とともに] **…の中で(いちばん～):** January is the cold*est* month *of* the year. 1月は一年中でいちばん寒い月だ / This is the happi*est* day *of* my life. きょうは私の生涯で最も幸福な日だ.

❺ [関連・内容を示して] **…の, …について(の):** a map *of* Japan 日本地図 / a photo *of* my cat 私の猫の写真 / the result *of* the discussion 話し合いの結果.

❻ [名詞＋of＋名詞の語順で, 同格関係を示して] **…という:** the city [City] *of* Osaka (= Osaka City) 大阪市 / the name *of* Tom トムという名前 / the fact *of* his being a student (= the fact that he is a student) 彼が学生であるという事実《⇒ that[2] A 4》.

❼ [名詞＋of＋名詞の語順で, 後の名詞が前の名詞の意味上の目的語のような関係にあることを示して] **…(に対して)の, …を;** …を描いた[扱った]**:** a maker *of* shoes (= a man who *makes* shoes) 靴を作る人 / the writing *of* letters (= to *write* letters) 手紙を書くこと / The explanation *of* the cause (= To *explain* the cause) was very difficult. 原因を説明することは非常に困難だった / the love *of* God (人類が)神を愛すること《← (Man) *loves* God.; この of はまた次の8の意味にもなる》.

❽ [名詞＋of＋名詞の語順で, 後の名詞が前の名詞の意味上の主語のような関係にあることを示して] **…の(行なう),** …による**:** the love *of* a mother (= a mother's love) 母の(子供に対する)愛情《←A mother *loves* (her child).》/ the falling *of* rocks 岩が落ちること, 落石《←Rocks *fall*.》/ the love *of* God 神の(人類に対する)愛《←God *loves* (man).; この of はまた前の7の意味にもなる》.

❾ [原料・材料を示して] **…から,** …で, …を使って; [構成要素を示して] …から成って**:** a family *of* five 5人家族 / The committee consisted [was made up] *of* ten members. 委員会は10人のメンバーで構成されていた / "What's this dress made *of* /ɑ́(ː)v | ɔ̀v/?" "It's made *of* /əv/ wool."「この服は何でできていますか」「ウールです」

> 語法🔍 of は製品になったときに材料の質が変わっていない場合に用いる《⇒ from 6 語法, 項目 out of 6》.

❿ [日付を示して] **…の:** the 15th *of* January 1月15日. ⓫ [時刻を示して] Ⓢ《米》… 前 [≒to,《米》before]: It's ten *of* two. (= It's ten *to* two.) 2時10分前だ. ⓬ [it is [was]＋形容詞＋of＋名詞・代名詞＋to 不定詞の語順で, 行為や状態の主体を示して] **…が(～である[する]のは)**《⇒ for 前 B》**:** 言い換え *It's* very kind [nice] *of* you *to help* me. (= You're very kind [nice] to help me.) 手伝ってくれてありがとう / *It was* foolish *of* him *to lie* to the police. (= He was foolish to lie to the police.) 警察にうそをつくとは彼も愚かだった. 語法 人の性質や行為のよしあしを示す形容詞が用いられる. ⓭ [原因を示して] …で, …のために [≒from]**:** She died *of* grief. 彼女は悲しみのあまり死んだ / I was sick *of* the endless rain. 延々と降り続く雨にうんざりだった. ⓮ [距離・分離を示して] …から離れて, …から; …から取り除いて, …から奪い取って**:** The hotel is within a three-minute walk *of* the station. ホテルは駅から歩いて3分以内です. 語法 of が「距離」を示すのは普通は north, south, east, west のような方位を表わす語, または「within＋名詞」の後に続く場合である // We cleared the road *of* snow. 私たちは道路から雪を取り除いた / I was robbed *of* my handbag on my way home. 帰宅の途中でハンドバッグを奪われた. ⓯ [出所・作者を示して] …から, …の; …による**:** the people *of* Canada (= Canadians) カナダ人 / He comes *of* (= from) a good family. 彼は名門の出である / the works [plays] *of* Shakespeare (= Shakespeare's works [plays]) シェークスピアの作品[戯曲]《全体》. ⓰ [性質・特徴などを示して] …の性質[特徴]を持った, …である, …の. 語法 この場合の

「of＋名詞」と同じ意味をしばしば形容詞で表わすことができる: a person *of* importance (= an *important* person) 重要な人物 / things *of* use (= *useful* things) 役に立つもの. ⓱ [主題を示して] ...について(の). 語法 やや格式ばった言い方で, about を用いるのが普通: What was he speaking *of* /ὰ(:)v|ɔ̀v/? 彼は何の話をしていたのですか / He was speaking *of* /əv/ his young days. 彼は若いころの話をしていた. ⓲ [名詞＋of＋名詞の語順で, 後の名詞が前の名詞のようであることを示して] 語法 しばしば同じ意味を形容詞で表わすことができる: Ann is an angel *of* a girl. (= Ann is an *angelic* girl.) アンは天使のような少女だ.

of áll ... ⇒ all 形 成句.

＊of course /əvkɔ́ɚs, əf- | -kɔ́:s/ 副 ⇒ course 名 成句.

＊off /ɔ:f, ɑ(:)f; ɔ́:f, ɑ́(:)f | ɔf; ɔ́f/

> 単語のエッセンス
> 基本的には「分離」の意.
> 1) (間隔が)**離れて**: get *off* a bus バスから降りる ⇒ 前 ❶ / get *off* (乗り物から)降りる ⇒ 副 ❶ / The station is still two miles *off*. その駅はまだ 2 マイル先だ ⇒ 形 ❷
> 2) **取れて**, (服などを)**脱いで**: A button has come *off* my shirt. シャツのボタンが取れた ⇒ 前 ❷ / Take *off* your cap. 帽子を脱ぎなさい ⇒ 副 ❷ / The lid was *off*. ふたが取れていた ⇒ 形 ❷
> 3) (スイッチを)**切って**, **切れて**: Turn *off* the TV. テレビを消しなさい ⇒ 副 ❸ / The lights are *off*. 電灯が消えている ⇒ 形 ❸
> 4) (仕事から)**離れて**, **休んで**: We get *off* duty at 5 p.m. 午後 5 時に仕事が終わる ⇒ 前 ❸ / He has Thursday *off*. 彼は木曜日がお休みです ⇒ 副 ❹ / I was *off* for the afternoon. 私は午後は非番でした ⇒ 形 ❹
> 5) (値段を)**割引きして**: 20% *off*! 2 割引 ⇒ 副 ❺

— 前 ❶ [分離・隔離を示して] **...から(離れて)**; ...からそれて, ...から分岐して; ...から降りて; (岸など)の沖に (⇒ from 1 語法 (1)): get *off* a bus バスから降りる / He fell *off* his horse. 彼は馬から落ちた (✪ He fell from his horse. とするのは誤り) / KEEP OFF THE GRASS. 芝生に入らないでください (掲示) / Take the book *off* the shelf. 本棚からその本を取ってください / My house stands *off* the main road. 私の家は大通りからちょっと離れた所にある / The ship went a long way *off* the course during the storm. 船は嵐の間にかなりコースをはずれた.

> 語法 off は「接触」を示す on と反対の意味を表わす (⇒ on 前 挿絵). なお on と off との関係は in と out of との関係に似ている (⇒ 項目 out of の挿絵).
>
> 
>

❷ **...から取れて**, ...からはずれて: A button has come *off* my shirt. シャツのボタンが取れた / The paint came *off* the wall. ペンキが壁からはげ落ちた / wipe the mud *off* one's hands 手についた泥を落とす.
❸ (仕事・義務など)**から離れて**, 免れて: We get [are] *off* duty at 5 p.m. 午後 5 時に仕事が終わります / The responsibility is *off* my shoulders. 肩の荷が下りました. ❹ (値段)から割り[差し]引いて: We can take ten percent *off* the price. 値段から 10% 割引きいたします. ❺ (略式) (人が)...を差し控えて, やめて; (主に英) ...を嫌って: She is *off* food. 彼女は食事を控えている[食欲がない]. ❻ (別の部屋)に通じて: The bathroom is *off* the bedroom. 浴室は隣の寝室に通じている.

— 副 /ɔ́:f, ɑ́(:)f | ɔ́f/ ❶ **離れて**, 去って, 降りて; 向こうへ: get *off* (乗り物から)降りる / HANDS OFF. 手を触れぬこと (掲示) / Our plane took *off* at two. 私たちの飛行機は 2 時に離陸した / The dog ran *off*. 犬は走って行った / She went *off* in her car. 彼女は車で走り去った / *Off* we go! さあ出発だ / *Off* you go! さあ行きなさい[始めなさい].
❷ **取って**, はずして; (衣服などを)**脱いで** [⇔ on]: Take *off* your cap. 帽子を脱ぎなさい / Help your grandpa *off with* his coat. おじいちゃんが上着を脱ぐのを手伝ってあげて / take *off* the wrapping paper 包装紙を取る.
❸ (電気・スイッチ・ガス栓などを)**切って**, 止めて [⇔ on]: Turn [Switch] *off* the TV. テレビを消しなさい.
❹ (仕事・学校を)**休んで**, 休暇として: Why don't you have [take] a few days *off*? 2, 3 日休んだらどう / He has Thursday *off*. 彼は木曜日がお休みです.
❺ (値段を)**割引きして**, 値引きして: Can you give me ten dollars ***off on*** it? それを 10 ドルまけてもらえますか / He let me have it for five dollars *off*. 彼はそれを 5 ドルまけて売ってくれた / 20% *off*! 2 割引 (店の広告).
❻ すっかり, 終わりまで, (...して)しまう: I finally paid *off* my debt. ついに借金を払い終わった. ❼ (予定の催し・活動などが)中止になって, 取りやめで: The parade was (called) *off* because of rain. パレードは雨で中止になった. ❽ 〔演劇〕舞台裏に[で]: voices *off* 舞台裏からの声.

óff and ón = ón and óff [副] **断続的に**, 時々: It rained *off and on*. 雨が降ったりやんだりしていた.
Óff with ...! ...を取れ, ...を除け: *Off with* your shoes! 靴を脱げ / *Off with* you! うせろ, 帰れ.
rìght óff [副] (略式) = right away (⇒ right¹ 副 成句).
wéll óff ⇒ well-off.

— 形 /ɔ́:f, ɑ́(:)f | ɔ́f/ ❶ 叙述 **去って**, 立ち去って: Tom is *off to* New York. トムはニューヨークへ行っている[発(た)つところだ] / I must be *off* now. もう行かないといけません / At last we're *off* on our trip. さあいよいよ旅に出たぞ / They're *off*! (レースが)スタートしました (アナウンサーのことば).
❷ 叙述 **離れて**; (ふたなどが)取れて, (衣服などが)脱げて [⇔ on]: The station is still two miles *off*. その駅はまだ 2 マイル先だ / The summer vacation is only three days *off*. 夏休みまであとほんの 3 日だ / The lid was *off*. ふたが取れていた.
❸ 叙述 (電気・ガス・水道・電話などが)**切れて**, 止まって; (機械などが)止まって [⇔ on]: The lights are *off*. 電灯が消えている / Is the motor *off*? モーターは止まっていますか.
❹ (仕事・学校が)**休みで[の]**, 休暇で[の]; 暇な: I was *off* for the afternoon. 私は午後は非番でした // ⇒ off-season. ❺ 叙述 (主に米) (体などの)調子が悪い; 間違って: She seemed to be feeling *off* when I saw her last. この前会ったとき彼女は元気がなかった / He was *off* in his calculations. 彼は計算が間違っていた. ❻ 叙述 (英略式) 失礼な; よそよそしい (*with*). ❼ 叙述 (計画などが)中止になって: The strike is *off*. ストは中

止になった.
〔語源 元来 off と of とは同じ語. 原義は「離れて」で, 今でも of 14 に off の意味が残っている〕

off-air /ɔ́ːféɚ | ɔ̀féə⁻/ 形 限定 放送されない [⇔ on-air].

off·beat /ɔ́ːfbíːt | ɔ́f-⁻/ 形《略式》風変わりな, 型破りの.

off-col·or,《英》**-col·our** /ɔ́ːfkʌ́lɚ | ɔ́fkʌ́lə⁻/ 形 ❶ (冗談などが)下品な, 失礼な. ❷ 叙述 気分[健康]がすぐれない.

*__of·fence__ /əféns/ 名《英》= offense.

+**of·fend** /əfénd/ 動 (of·fends /əféndz/; -fend·ed /~ɪd/; -fend·ing) 他 ❶ (人)の**機嫌をそこねる**, (人)を怒らせる: Have I done anything to *offend* you? 何かあなたの気に障(さわ)ることをしたでしょうか / She *is offended by* [*at*] the mildest criticism. V+O の受身 彼女はわずかな批判でもすぐ怒る.
❷ (見るもの・聞くものなどが)(...)に**不快な感じを与える**: *offend* the ear [eye] 耳[目]ざわりである / Such a sight will *offend* her. そんな光景を見れば彼女は不愉快だろう.
— 自 ❶ (人の)機嫌をそこねる. ❷《格式》罪を犯す: He has *offended* in many ways. 彼は多くの点で罪を犯している. ❸《格式》(法律・礼儀などに)背く: Such behavior *offends against* common decency. そのようなふるまいは礼儀作法に反する. (名 offénse)
〔語源 ラテン語で「打つ, 殴る」の意〕

of·fend·ed /əféndɪd/ 形 感情を害した, 機嫌をそこねた: She gets *offended* easily. 彼女はすぐ不機嫌になる / Kate was a bit *offended that* she hadn't been invited. ケートは招待されなかったことに少し気を悪くしていた.

+**of·fend·er** /əféndɚ | -də/ 名 ❶ C (法律の)**違反者**; [遠回しに] 犯罪者: a first *offender* 初犯者 / a repeat *offender* 常習犯 / No trespassing: *offenders* will be prosecuted. 立ち入り禁止. 違反者は訴えられます《掲示》. ❷ C (問題の)元凶(となるもの[人]).

of·fend·ing /əféndɪŋ/ 形 限定 [the ~ として] 不快な感じを与える, 耳[目]ざわりな, いやな.

*__of·fense,__《英》**of·fence** /əféns/ 名 (of·fens·es, 《英》of·fenc·es /~ɪz/) ❶ C **罪**, 違反, 反則; 過失: a criminal *offense* 犯罪 / a traffic *offense* 交通違反 / a first *offense* 初犯 / commit a serious *offense* 重大な罪を犯す / an ***offense against*** the law 法律違反 / an *offense against* humanity 人道に反する行ない.
❷ U (他人の)**感情を害すること**, 侮辱; 無礼; (自分が)気を悪くすること, 立腹: I meant [intended] no *offense*. 悪気があって言った[した]のではないんです / Her words gave [caused] great *offense to* him. 彼女のことばは彼を非常に怒らせた. ❸ U《格式》攻撃; 《米》〔スポーツ〕攻撃側, オフェンス《全体》[⇔ defense]: "Which team is *on offense*?" "I don't know. Let's flip a coin." 「どっちのチームが攻撃側?」「どうしようかな. コインで決めよう」 語法 この意味で defense と対照させるときは《米》ではしばしば /ɑ́(ː)fens/ と発音される《⇒ defense 5 語法》.

Nò offénse. Ⓢ (私の発言には)悪気はないんです, 気を悪くしないで: I'm leaving — *no offense to* you, but I'm tired. 私は帰りますが気を悪くしないでください, 疲れているもので.

tàke offénse [動] 自 **怒る**: I hope you won't ***take offense at*** what I (have to) say. 私のことばをお聞きになって怒らないでください. 語法 take offense at ... は他動詞のように offense is taken at ... の形で受身にできる. (動 offénd, 形 offénsive)

*__of·fen·sive__ /əfénsɪv/ 形 ❶ (人・言動などが)**気に障(さわ)る**, 無礼な, 侮辱的な [≒rude] [⇔ inoffensive]: His joke may sound ***offensive to*** some women. +to+名 一部の女性には彼の冗談は侮辱的に聞こえるだろう.
❷《格式》**いやな**, 不快な [≒unpleasant] [⇔ inoffensive]: an *offensive* smell いやなにおい.
❸ 限定 **攻撃的な**, 攻撃用[側]の [⇔ defensive]: *offensive* weapons 攻撃用の武器. ❹《米》〔スポーツ〕攻撃側の [⇔ defensive]. (名 offénse)
— 名 C [しばしば the ~] 攻勢, 攻撃: begin [launch] an *offensive against* the enemy 敵への攻撃をかける / take [go on, go over to] *the offensive* 攻勢に出る / a diplomatic *offensive* 外交攻勢.

be on the offénsive [動] 自 攻勢に出ている, 攻撃中である.

~·ly 副 ❶ 気に障(さわ)るように, 無礼に. ❷ 攻撃的に. **~·ness** 名 U 気に障ること, 無礼.

*:of·fer /ɔ́ːfɚ, ɑ́(ː)fɚ | ɔ́fə/ !アク

— 動 (of·fers /~z/; of·fered /~d/; -fer·ing /-f(ə)rɪŋ/) 他 ❶ (...)を**提供する**, 差し出す; 提案する, 申し出る: *offer* advice 忠告を与える / The company *offers* a unique service. その会社は独自のサービスを提供している / She *offered* me some tea. V+O+O 彼女は私にお茶を勧めてくれた / 言い換え We ***offered*** a good job ***to*** Mr. Hill. V+O+*to*+名 = We *offered* Mr. Hill a good job. 我々はヒル氏によい仕事を提供した《⇒ to¹ 3 語法》. 語法 上の文を受身の文にすると次のようになる: A good job *was offered* (to) Mr. Hill. (直接目的語を主語としたとき) / Mr. Hill *was offered* a good job. (間接目的語を主語としたとき)《⇒ be² A 2 語法 (1)》// 言い換え He *offered* his hand *to* me. = He *offered* me his hand.《格式》彼は(握手しようと)私に手を差し出した.
❷ ...**しようと申し出る**, ...しようと言ってあげる: He *offered to* help the victims. V+O (*to* 不定詞) 彼は被災者たちを助けようと申し出た / I *offered* him a ride [lift]. V+O+O 私は彼に車に乗せてあげると言った.
❸ (物)を(...の値で)**売りに出す**; (物を)(...の値)で**買おうという**, (物に)(...の値)をつける: I ***offered*** my used car ***for*** $800. V+O+*for*+名 私は中古車を 800 ドルで売りに出した / He *offered* (me) £500 *for* my painting. 彼は私の絵に 500 ポンドの値をつけた. ❹ (物事が)(...)をもたらす, 提供する (*to*): The Internet *offers* many new possibilities. インターネットは多くの新しい可能性をもたらしている. ❺《格式》(神に)(祈りなど)をささげる (*up*; *to*, *for*).
— 自 申し出る; 勧める.

hàve múch [a lót, plénty, a grèat déal] to óffer [動] 自 よい点がたくさんある.

óffer itsèlf [themsèlves] [動] 自《格式》(物事が)現われる, 姿を現わす, 起こる.

— 名 (~s /~z/) ❶ C **提供**; **提案**, **申し出** [≒proposal]: a job *offer* 勧め口 / Thank you very much for your kind ***offer*** ⌈***of*** help [***to*** help]. +⌈*of*+名 [*to* 不定詞] ご親切にも援助を申し出てくださってありがとうございます《⇒ to² C (4) 囲み》/ ***accept*** [***take*** (***up***)] an ***offer*** 申し出を受け入れる / ⌈***turn down*** [***decline***, ***refuse***, ***reject***] an ***offer*** 申し出を断わる[辞退する] / ***withdraw*** an ***offer*** 申し出を撤回する. ❷ C 提示額, 付け値; 特価での提供: They made an *offer of*

$1,000 *for* the painting. 彼らはその絵を千ドルで買いたいと言ってきた / He made me a reasonable *offer*. 彼は妥当な値段を提示してきた.
on óffer [副·形] (1) 発売中で, 提供中で. (2)《主に英》特価で.

単語のキズナ　FER／運ぶ＝carry, bear

offer	(...の方へ運ぶ) →	**提供する**
prefer	(前に運ぶ) →	**...の方を好む**
refer	(運び戻す) →	**参照する**
suffer	(下から支える → 持ちこたえる) →	**(苦痛)を受ける**
transfer	(別の場所へ運ぶ) →	**移す**
differ	(ばらばらに運ぶ) →	**異なる**
confer	(意見を寄せ集める) →	**相談する**
infer	(頭の中へ持ち込む) →	**推論する**
fertile	(物をもたらす) →	**肥えた**

***of·fer·ing** /ɔ́:f(ə)rɪŋ, ɑ́(:)f- | ɔ́f-/ 名 (〜s /〜z/) ❶ C (最近の)**商品[作品]**: the latest *offering* from ... ...の最新作. ❷ C《格式》(神への)ささげ物, 供物(くもつ), いけにえ; (教会への)献金; (人への)贈り物: a peace *offering* 仲直りのしるしの贈り物. ❸ U《格式》(神への)奉納.
of·fer·to·ry /ɔ́:fətɔ̀:ri, ɑ́(:)f- | ɔ́fətəri, -tri/ 名 (-to·ries) ❶ C《格式》(教会での)献金. ❷ C《格式》〔キリスト教〕(ミサにおける)パンとぶどう酒の奉献.
off-guard /ɔ̀:fgɑ́əd | ɔ̀fgɑ́:d/ 形 叙述 警戒を怠って, 油断して: catch ... *off-guard* ...の不意をつく.
off·hand /ɔ̀:fhǽnd | ɔ̀f-←/ 形 そっけない, ぶっきらぼうな; 即座の, とっさの: his *offhand* manner 彼のそっけない態度. ― 副 即座に, とっさに, 直ちに: I can't say *offhand*. 即座には言えない.
off·hand·ed·ly /ɔ̀:fhǽndɪdli | ɔ̀f-/ 副 即座に, とっさに.

*****of·fice** /ɔ́fɪs, ɑ́(:)f- | ɔ́f-/
― 名 (of·fic·es /〜ɪz/)

意味のチャート
原義はラテン語で「仕事をすること」→「**職務**」❹
→(職務の場所)→「**事務所**」❶ →「**局, 省**」❷
→(職務の地位)→「**官職**」❸

❶ C **事務所, 営業所, 会社, 役所**; 勤め先, 職場; 事務室;《米》診療所, (大学教員の)研究室; [しばしば合成語で]案内所, ...取扱所: the main [head] *office* 本社, 本店 / a branch *office* 支店 / go to the *office* 出勤する / He works in an *office*. 彼は事務所[会社]に勤めている / She's at the *office* now. 彼女は今会社にいる / The company moved to new *offices* last year. 会社は去年新社屋に移った / the manager's *office* 支配人室 / the doctor's *office* 医者の診療室[診療所] / an information *office* 案内所.
❷ C [普通は O-]《米》(官庁の)**...局[部]**;《英》**...省[庁]**: the Foreign *Office*《英》外務省 / the Home *Office*《英》内務省 / the *office* of educational affairs (大学などの)教務課.
❸ U,C **官職**, 公職, (要)職(⇒ job 類義語); 地位: the *office* of President 大統領職 / ***take office*** (公職に)就任する / ***hold office*** (公職に)在職する. ❹ C 職務, 任務, 役目: act in the *office* of chairman 議長の役目を果たす. 語法 of の次は普通名詞でも冠詞がつかないのが普通.
by [through] the góod óffices of ... = by [through] ...'s (góod) óffices [前]《格式》(人)の好意あるご尽力[あっせん]で.
in óffice [形] (人が)在職している; (政党が)政権を握っている.
òut of óffice [形] (人が)在職していない; (政党が)政権を離れている. (形 offícial)

単語のキズナ　FIC／作る, なす＝make, do

office	(仕事をする所) →	**事務所**
difficult	((容易に)なすことができない) →	**難しい**
artificial	(技術で作った) →	**人工の**
deficit	(不完全にされていること) →	**欠損**
efficient	(完全になす) →	**効率のよい; 有能な**
sacrifice	(神聖にする) →	**犠牲(にする)**
sufficient	(下から上まで十分にされている) →	**十分な**
fiction	(作られたもの) →	**小説**

óffice bòy 名 C《古風》(会社などの)雑用係.
óffice gìrl 名 C《古風》(会社などの)雑用係. 日英「オフィスレディー」は和製英語. なお英語では secretary, typist のように職務名を具体的に言うのが普通.
of·fice·hold·er /ɑ́(:)fɪshòʊldə, ɔ́:f- | ɔ́fɪshòʊldə/ 名 C (主に公的な)役職者, 高官, 役員.
óffice hòurs 名 複 ❶ 執務時間, 営業時間. ❷《米》(大学教員の)在室時間; (医師の)診察時間.

*****of·fi·cer** /ɔ́:fɪsə, ɑ́(:)f- | ɔ́fɪsə/
― 名 (〜s /〜z/) ❶ C **士官**, 将校: an army *officer* 陸軍士官 / a naval *officer* 海軍士官 / a commanding *officer* 指揮官 / an *officer* of the day 当直将校. 関連 soldier 兵士 / sailor 水兵.
❷ C (地位の高い)**役人**, 上級公務員 [≒official]: a public *officer* 公務員 / an immigration [a passport control] *officer* 入国審査官.
❸ C **警察官**, 警官, 巡査(⇒ police officer 語法): *Officer* Brown《米》ブラウン巡査.
óffice wòrker 名 C 会社[役所]で働く人, サラリーマン(⇒ businessman 日英).

*****of·fi·cial** /əfɪ́ʃəl/ ! アク
― 形 ❶ 限定 **公務上の**, 公の, 職務上の; 政府の [⇔ unofficial]: *official* documents 公文書 / an *official* fund 公金 / an *official* residence 官邸, 公邸 / He went to Osaka on *official* business. 彼は公用で大阪へ行った.
❷ **公認の**, 公式の, 正式の; 表向きの: an *official* record 公認記録 / an *official* language 公用語 / the *official* version 表向きの説明 / The news is not *official*. そのニュースは公式のものではない. (名 óffice)
― 名 (〜s /〜z/) ❶ C (上級)**公務員, 役人**, 官僚; (幹部)職員; 役員: a government *official* 政府高官 / White House *officials* ホワイトハウス当局者[高官].
❷ C《米》〔スポーツ〕審判(員).
of·fi·cial·dom /əfɪ́ʃəldəm/ 名 U《格式》[しばしば軽蔑的] 官僚, (お)役人《全体》.
of·fi·cial·ese /əfɪ̀ʃəlí:z/ 名 U《略式》[軽蔑的] お役所ことば; 役人用語.
+**of·fi·cial·ly** /əfɪ́ʃəli/ 副 ❶ **公式に**, 正式に, 公に; 公人として, 職務上: The government *officially* announced the introduction of indirect taxes. 政府は

間接税の導入を公式に発表した / The museum was *officially* opened yesterday. 新しい博物館はきのう正式に開館した.

❷ 文修飾 **公式には**, 表向きは: *Officially*, he is on leave, but actually he is being investigated by the police. 彼は表向きは休暇中ということになっているが, 実際は警察に取り調べられている.

of·fi·ci·ate /əfíʃièɪt/ 動 自 ❶ (聖職者が)儀式をとりおこなう (*at*). ❷〘スポーツ〙審判を務める (*at*).

of·fi·cious /əfíʃəs/ 形 [軽蔑的] おせっかいな, 差し出がましい.

off·ing /ɔ́:fɪŋ | ɔ́f-/ 名 [次の成句で] **in the óffing** [形·副]《略式》(物事が)間もなく起こりそうな[で].

off-key /ɔ́:fkí: | ɔ́f-⁻/ 形 音程[調子]のはずれた.

off-lim·its /ɔ́:flímɪts | ɔ́f-⁻/ 形 ❶ 立ち入り禁止の (*to*). ❷ (話題などが)許されない, タブーの (*to*).

off·line /ɔ́:fláɪn | ɔ́f-⁻/ 形 副〘コンピュータ〙オフラインの[で]《インターネットなどに未接続の》[⇔ online].

off-load /ɔ́:flóʊd | ɔ́f-/ 動 他 ❶ (荷)を降ろす [≒ unload]. ❷ (...)を処分する, (他人に)押しつける, 売り払う (*onto*).

off-peak /ɔ́:fpí:k | ɔ́f-⁻/ 形 限定 繁忙期[ピーク時]をはずれた; 閑散期[時刻]の.

off·print /ɔ́:fprɪ̀nt | ɔ́f-/ 名 C (記事の)抜き刷り.

off-put·ting /ɔ́:fpʊ̀ṭɪŋ | ɔ́f-/ 形 不愉快な, がっかりさせる.

off-ramp /ɔ́:fræ̀mp | ɔ́f-/ 名 C《米》高速自動車道から一般道に出る車線.

off-road /ɔ́:fróʊd | ɔ́f-⁻/ 形 (車などが)オフロード仕様の《未舗装地用》: an *off-road* vehicle オフロード車.

off-sea·son /ɔ́:fsí:z(ə)n | ɔ́f-⁻/ 名 [単数形で] シーズンオフ, 閑散期. — 形 副 シーズンオフ[閑散期]の[に]. 日英 「シーズンオフ」は和製英語.

+**off·set**[1] /ɔ̀:fsét, ɑ̀(:)f- | ɔ̀f-/ 動 (-sets; 過去·過分 -set; -set·ting) 他 (...)を**埋め合わせる**, 償う, 相殺(そうさい)する: The long commute is *offset by* the lower price of houses. 通勤距離の長さは家の安さで相殺されている / *offset* ... against tax ...を経費で落とす.

off·set[2] /ɔ́:fsèt | ɔ́f-/ 名 ❶ C,U オフセット印刷[版]. ❷ C (負債などの)差し引き.

off·shoot /ɔ́:fʃù:t, ɑ́(:)f- | ɔ́f-/ 名 C (組織の)支流, 分派 (*of*); 支脈, 支流, 支線, 支道; (幹から出た)横枝, 側枝.

+**off·shore** /ɔ̀:fʃɔ́ə, ɑ̀(:)f- | ɔ̀fʃɔ́:⁻/ 形 ❶ [普通は 限定] **沖合いの**, 海岸から離れた, (風が)沖に向う [⇔ inshore]: *offshore* fishing [fisheries] 近海漁業[場]. ❷ [普通は 限定]〘商業〙海外の, (会社が)国外登録の. — 副 沖合いに; 沖に向かって [⇔ inshore].

off·side /ɔ̀:fsáɪd, ɑ̀(:)f- | ɔ̀f-⁻/ 形 副〘サッカー·ホッケー〙オフサイドの[で] [⇔ onside].

off·spring /ɔ́:fsprɪ̀ŋ, ɑ́(:)f- | ɔ́f-/ 名 (複 ~) C《格式》[しばしばこっけいに] (...の)子供, 子孫; 動物の子. 語法 単数のときでも不定冠詞 an は用いない: He died young without leaving any *offspring*. 彼は子供を残さずに早死にした.

off·stage /ɔ́:fstéɪʤ | ɔ́f-⁻/ 形 副 舞台裏[横]の[で] [⇔ onstage]; (舞台を離れた)私生活の[で].

off-street /ɔ́:fstrí:t | ɔ́f-⁻/ 形 限定 裏道の: *off-street* parking 裏道駐車.

off-the-cuff /ɔ́:fðəkʌ́f | ɔ́f-⁻/ 形 限定, 副 (発言·コメントなどが)とっさの[に], 即座の[に]. 語法 叙述, 副 ではしばしば off the cuff とつづる.

off-the-rec·ord /ɔ́:fðərékəd | ɔ́fðərékɔ:d⁻/ 形 限定, 副 記録にとどめない(で), 非公開[非公式, オフレコ]の[で]《⇒ off the record (record[1] 成句)》.

off-the-shelf /ɔ́:fðəʃélf | ɔ́f-/ 形 副 (商品が)既製の[で].

off-the-wall /ɔ́:fðəwɔ́:l | ɔ́f-⁻/ 形《略式》変わった, 風変わりな.

off-white /ɔ́:f(h)wáɪt | ɔ́f-⁻/ 名 U オフホワイト《灰色[黄色]がかった白》. — 形 オフホワイトの.

óff yèar 名 ❶ C はずれ年, 振るわない年 (*for*). ❷ C《米》大きな選挙(特に大統領選挙)のない年.

oft /ɔ́:ft, ɑ́(:)ft | ɔ́ft/ 副 [主に合成語で]《文語》しばしば (often): *oft*-repeated しばしば繰り返される.

***of·ten /ɔ́:f(ə)n, ɑ́(:)f-, -ft(ə)n | ɔ́f-/

— 副 (more ~; most ~) ❶ **よく, たびたび**, しばしば [⇔ seldom]《⇒ always 表; frequently 語法》: She *often* comes to see me. 彼女はよく私を訪ねてくる / ***How often*** do you go there? どれくらいの頻度でそこへ行きますか / He does*n't* email me *very often*. 彼は私にあまりメールをくれません《✪ very often は否定文では末尾に来る》/ In Tokyo it rains *more often* in September than in August. 東京では 8 月より 9 月のほうが雨が降る / It's not *often* (that) she's late. 彼女が遅れることはめったにない. ❷ [事例を表わして] 多くの場合(...である) [≒in many cases]: Children *often* dislike carrots. 子供はにんじんが嫌いなことが多い.

áll tòo óften [副] (いやなことだが)しょっちゅう.

as óften as ... cán [副] **できるだけたびたび**: I visited my mother in (the) hospital *as often as* I *could*. 私はできるだけ頻繁に入院中の母を見舞った.

as óften as nót [副] S たいてい.

èvery so óften [副] 時々.

mòre óften than nót [副] S たいてい.

of·ten·times /ɔ́f(ə)ntàɪmz | ɔ́f-/ 副《米》= often.

o·gle /óʊgl/ 動 他 [軽蔑的] (人)に色目を使う. — 自 [軽蔑的] 色目を使う (*at*).

o·gre /óʊgə | -gə/ 名 C (童話などの)人食い鬼; 恐ろしい人[物].

***oh[1] /óʊ/ (同音 O[2], owe)

— 間 ❶ つなぎ語 S [相手のことばに対する返答やコメントを導いて] **ああ, まあ**, あら《それ自体にあまり意味はない》: "Don't you like me?" "*Oh*, yes." 「私のこと好きじゃないの?」「いや, 好きだよ」

❷ S **おお!, ああ!**, おや!《驚き·恐れ·感嘆·願望などを表わす》: *Oh*, my! おやまあ / *Oh!* I almost forgot. ああ, もう少しで忘れるところだった / *Oh*, what a pity! ああ, かわいそうに / *Oh*, no! まさか(なんてことだ) / "They've won." "*Oh*, they have?" 「彼らが勝ったよ」「え, 本当?」

> 語法 O は大文字で書かれ, 普通は文の初めに用いてコンマや感嘆符を伴わないが, oh は文中に用いることもあり, 文頭では普通はコンマか感嘆符を伴う. また, O は oh よりも詩的な感じがある.

❸ つなぎ語 S [話すのをちゅうちょしたり, ことばを探して] えーと, その: I've been waiting for ... *oh* ...about 30 minutes. 待ち始めてから, そう 30 分くらいです. ❹ S [呼びかけに用いて] おい, ねえ: *Oh*, Bill, look at that. おい, ビル, 見てみろよ.

oh[2] /óʊ/ 名 C S ゼロ《⇒ zero 語法》.

OH〘米郵便〙= Ohio.

O. Hen·ry /óʊhénri/ 名 固 オー ヘンリー (1862–1910)《米国の短編作家; 本名 William S. Porter》.
O·hi·o /oʊháɪoʊ, ə-/ 名 固 ❶ オハイオ《米国中北部の州; 略 O., 〔郵便〕では OH》. ❷ [the ~] オハイオ川《米国中東部の川; Mississippi 川に合流する》. 〖語源 北米先住民のことばで「美しい川」の意〗
ohm /óʊm/ 名 C 〔物理〕オーム《電気抵抗の単位》.

O

*****oil** /ɔ́ɪl/
— 名 (~s /~z/) ❶ U 石油: heavy *oil* 重油 / an *oil* refinery 石油精製所 / A great deal of crude *oil* is obtained here. ここでは原油がたくさん採れる.
❷ U [しばしば合成語で] 油, オイル: machine *oil* 機械油 / olive *oil* オリーブ油 / salad *oil* サラダ油 / *Oil* and water do not mix. 油と水は混ざらない. 語法 種類をいうときには C となることもある: animal, vegetable, and mineral *oils* 動物油, 植物油および鉱物油. ❸ [複数形でまたは U] 油絵の具; C 油絵: The picture is painted in *oils*. その絵は油絵の具で描いてある.
búrn the mídnight óil [動] 自《略式》夜遅くまで勉強[仕事]する.
póur óil on tróubled wáter(s) [動] 自 (仲裁などで)穏やかに争いを静める. (形 óily)
— 動 (oils /~z/; oiled /~d/; oil·ing) 他 (...)に油を塗る, 油を引く, 油をさす: *oil* a bicycle 自転車に油をさす.
oil·can /ɔ́ɪlkæ̀n/ 名 C 油の缶, 注油器, 油さし.
oil·cloth /ɔ́ɪlklɔ̀ːθ | -klɔ̀θ/ 名 U オイルクロス, 油布《油を塗った厚い防水布; 特にテーブルかけ用》.
óil còlor 名 U,C 油絵の具. 関連 watercolor 水彩絵の具.
oiled /ɔ́ɪld/ 形 油を塗った.
óil fìeld 名 C 油田.
oil-fired /ɔ́ɪlfàɪəd | -fàɪəd/ 形 (暖房が)石油を使う.
oil·man /ɔ́ɪlmæ̀n/ 名 (-men /-mèn/) C 製油業者, 石油業者, 油田労働者.
óil pàint 名 C,U 油絵の具; 油性ペンキ.
óil pàinting 名 U 油絵画法; C 油絵.
óil rìg 名 C (油田の)石油掘削装置.
oil·skin /ɔ́ɪlskɪ̀n/ 名 U,C (油を引いた)防水布(の服); [複数形で] (上着とズボンからなる)防水服上下.
óil slìck 名 C 水面に流出した油 (slick).
óil tànker 名 C 油輸送船, タンカー(⇒ tanker 日英).
óil wèll 名 C 油井(ゆせい), 油田 (well).
oil·y /ɔ́ɪli/ 形 (oil·i·er; -i·est) ❶ 油の(ような); 脂性の; 油を塗った; 油だらけの; (食べ物が)脂っこい. ❷ こびへつらうような, お世辞のうまい. (名 oil)
oink /ɔ́ɪŋk/ 間, 名 C ぶーぶー(という豚の鳴き声).
— 動 自 (豚が)ぶーぶー鳴く(⇒ cry 表 pig).
oint·ment /ɔ́ɪntmənt/ 名 U,C 軟膏(なんこう); 化粧用クリーム(⇒ fly² 成句).
OJ /óʊdʒéɪ/ 名 U S 《米》オレンジジュース.
*****OK[1], O.K.** /òʊkéɪ, óʊkèɪ | òʊkéɪ/
— 間, 副, 形, 動 (OK's, O.K.'s; OK'd, O.K.'d; OK'ing, O.K.'ing), 名 (複 OK's, O.K.'s)《略式》= okay (⇒ okay 動 語法).
OK[2] 〔米郵便〕= Oklahoma.
*****o·kay** /òʊkéɪ, óʊkèɪ | òʊkéɪ/
— 間 S オーケー, よし, いいよ, わかった [≒all right]《納得・承知・賛成・確認などを表わす》; では, さて《話の切り出しなどに用いる》: 🗨 "Let's start right away." "*Okay*."「すぐ始めよう」「オーケー[そうしよう]」/ *Okay*, Jim, I'll let you know later. わかった, ジム, 後で知らせるよ / Let's stop here, *okay*? ここでやめにしようか, いいよね? / *Okay*, any questions? では何か質問は?
— 副 S 順調に, うまく; 立派に, ちゃんと: They're getting along *okay*. 連中はうまくやってるよ / I did *okay* on [《英》in] the math test. 数学の試験はまずまずの出来だった.
— 形 ❶ 叙述 S 問題ない, 大丈夫で; 結構で; まずまずで: Are you *okay*? 大丈夫ですか / I'm *okay* now. もう大丈夫だ[元気になった] / "Do you need a bag?" "I'm *okay*. Thank you."「袋要りますか」「私は結構です. ありがとう」《何かを勧められたときの断りの返事にも okay を使う》/ The movie was *okay*. 映画はまあまあだった / 🗨 "What's the matter?" "Nothing. Everything's *okay*."「どうした」「何でもない, 大丈夫だ」/ 言い換え Is it *okay* if I sit here? = Is it *okay for* me *to* sit here? ここに座ってもいいですか / That's ***okay by*** [***with***] me. +by [with]+名 私はそれでいいよ. 参考 英米人は okay と言いながら挿絵のようなしぐさをすることが多いが, 近年では白人至上主義の象徴として使われることもあり, 注意が必要.

うまくいっていることを表わすしぐさ

> ♥ もしよければ (誘うとき)
> **if that's okay with you**
> How about Friday, **if that's okay with you?**
> もし都合がよかったら, 金曜はどう?
> ♥ 依頼や誘い, 提案, 申し出, 許可を求める際などに緩和表現として使われる.
> ♥「もし...なら」という条件をつけることにより押しつけを弱め, 相手が断わりやすいよう配慮を示す.

❷ S (人が)いい, 信頼できる.
— 動 他《略式》(...)を承認[承知]する, オーケーする: All right, I'll *okay* that. わかりました, それでオーケーです. 語法 新聞の見出しなどでは OK と書くことが多い: Canada *OK's* Japanese Plan カナダ日本案を承諾 / New Labor Bill *OK'd* by House 新労働法案議会を通過.
— 名 [単数形で]《略式》承認, 許可: I've got his *okay* on it. そのことで彼のオーケーを取ってある / Did you give his plan the *okay*? 君は彼の計画をオーケーしましたか.
O·khotsk /oʊkɑ́(ː)tsk | -kɔ́tsk/ 名 固 the Sea of ~ オホーツク海.
Okla. 略 = Oklahoma.
O·kla·ho·ma /òʊkləhóʊmə←/ 名 固 オクラホマ《米国南部の州; 略 Okla., 〔郵便〕では OK》. 〖語源 北米先住民のことばで「赤い人々」を意味する部族の名から〗
o·kra /óʊkrə/ 名 U オクラ《あおい科の植物》.
*****old** /óʊld/
— 形 (old·er; old·est; ⇒ 3 語法) ❶ (人・動植物が)

年をとった, 老人の, 老齢の [⇔ young]《⇒ 類義語》: an *old* woman 老婦人 / As he grew *older*, he became weaker. 彼は年をとるにつれて体が弱った / *the old* 老人たち《複数名詞のように扱われる; ⇒ the[1] 3》. 語法 次のような例では「ある基準よりは年をとっている」という意味で,「年寄り」の意味はない: She looks *old* for her age. 彼女は年の割には老けて見える / Susie is ***too old to*** play with dolls. She's twelve. スージーは人形で遊ぶほど子供ではない. 12 歳なのだから / He is ***old enough to*** know better. 彼はそんなことは知っていてよい年ごろだ.
❷ (年齢が)...歳の; (物事の経過が)...年[月]になる, (生まれて[できて, 始まって]から)...たった: "Hòw *óld* are you?" "I'm twénty (yéars *òld*)."「あなたはおいくつですか」「20 歳です」 日英 欧米人は日本人のように気安く相手の年を聞くことはしない. 失礼と取られることが多いので注意が必要 // This baby is síx mònths *óld*. この赤ん坊は生後 6 か月です / a ten-year-*old* boy 10 歳の少年 / an eight-year-*old* war (始まってから)8 年たった戦争 / 言い換え This building is fifty years *old*. = This is a fifty-year-*old* building. この建物は建ってから 50 年になる.
❸ [比較級・最上級で] 年上の, 年長の [⇔ young]: 言い換え She is three years *older* than me [I]. = She is *older* than me [I] by three years.(= She is three years my senior.) 彼女は私よりも 3 つ年上です《⇒ than 前 語法》/ The *oldest* member of our club is still young. 私たちのクラブの最年長の会員でもまだ若い / my *older* [《英》*elder*] brother [sister] 私の兄[姉] / my *oldest* [《英》*eldest*] son [daughter] 私の長男[長女]. 語法《英》でも older, oldest というのが普通《⇒ elder[1], eldest; brother 日英, sister 日英》.
❹ (物・物事が)古い, 古くなった, 昔の, 古代の; 昔からの [⇔ new]; 限定 [O-] (言語が)古期の: an *old* castle 古城 / an *old* family 旧家 / *old* clothes 古着 / *Old* customs are not always bad. 昔からの風習が必ずしも悪いとは限らない.
❺ 旧式の, 古びた, 古くさい [⇔ new]; (昔から)よくある: an *older* model of the same car 同じ車の古いほうの型 / the ***same old*** excuse よくある言い訳.
❻ 限定 [比較なし] 昔なじみの, (古くから知っているので) 懐かしい: an *old* friend of mine 旧友 / *old* familiar tunes 懐しい歌 / the good *old* days 古き良き時代 / "*My Old Kentucky Home*"『懐かしきケンタッキーのわが家』《Foster 作の曲名》. ❼ 限定 以前の, 元の, かつての: I met her at my *old* school. 元の学校で私は彼女と知り合った. ❽ 限定 Ⓢ [呼びかけなどで親しみの気持ちを表わす]: Good *old* Bob! よう[いいぞ]ボブ! / *Old* boy [chap, man]!《古風, 英》ねえ君.

ány òld ... [形] Ⓢ どんな, いかなる: *Any old* car is OK. どんな車でもよい.

ány òld hòw [wày] [副] Ⓢ 乱雑に; 適当に.

> 類義語 **old** 最も一般的な語で年齢をいう場合《⇒ 1》には, かなりの年齢に達していて体力なども衰えている意味を含む. **aged** 少し格式ばった語で, *old* よりさらに高齢の感じを含み, 衰えを暗示する. **elderly** 中年以上の人に用いられる語で, しばしば *old* や *aged* の婉曲表現として用いられるが, 現在では失礼と感じる人もいる.

— 名 C [年齢を示す表現を伴って] ...歳の人[動物]: a *three-year-old* 三歳児.

of óld [形]《文語》昔の. —[副]《文語》昔は, 古くは; 昔から, 古くから.

óld áge 名 U 老年《普通は 65 歳以上》.

óld bóy 名 C《英》(男性の)卒業生《⇒ alumnus》.

óld còuntry 名 [the ~]《主に米》(移住民の)母国, 故国; (米国人から見た)ヨーロッパ.

old·en /óʊld(ə)n/ 形 [次の成句で] **in (the) ólden dáys [tímes]** 昔は.

Óld Énglish 名 U 古(期)英語《700-1100 年ごろの英語》.

+**old-fash·ioned** /óʊl(d)fǽʃənd←/ 形 **古風な**; 流行遅れの; (価値観などが)保守的な [⇔ modern]: an *old-fashioned* style 流行遅れのスタイル / Their ideas are quite *old-fashioned*. 彼らの考えは全く時代遅れだ.

óld gírl 名 C《英》(女性の)卒業生《⇒ alumna》.

Óld Glóry 名 U《米》星条旗 (Stars and Stripes).

óld hánd 名 C 老練な人, 熟練者 (*at*).

óld hát 形 叙述《略式》古くさい; つまらない.

old·ie /óʊldi/ 名 C《略式》古いもの《なつメロ, 古い映画など》; 年寄り.

old·ish /óʊldɪʃ/ 形 やや年とった; 古めかしい.

òld lády 名 [所有格の後で]《古風, 略式》おふくろ; かみさん; ガールフレンド《⇒ old man》.

óld máid 名 C《古風》[差別的] オールドミス. 日英「オールドミス」は和製英語.

òld mán 名 [所有格の後で]《古風, 略式》おやじ; 亭主; ボーイフレンド《⇒ old lady》.

óld máster 名 C (15-18 世紀ヨーロッパの)大画家; 大画家の作品.

óld péople's hòme 名 C《英》老人ホーム.

old-school /óʊldskúːl/ 形 限定 保守的な, 昔風の; 昔の.

old·ster /óʊldstə | -stə/ 名 C《略式》年寄り.

old-style /óʊldstàɪl/ 形 限定 古風な, 旧式の.

Óld Téstament 名 固 [the ~] 旧約聖書《天地の創造から紀元前 1 世紀頃に至るまでのイスラエル民族の伝承・歴史を記録したもの; 略 OT》. 関連 the Bible 聖書 / the New Testament 新約聖書.

old-time /óʊldtáɪm←/ 形 限定 昔風の.

old-tim·er /óʊldtáɪmə | -mə/ 名 ❶ C 古参, 古顔, 古株. ❷ C《米》老人《普通は男性》.

óld wóman 名 ❶ [所有格の後で]《古風, 英略式》おふくろ; かみさん. ❷ C《古風, 英略式》小うるさい男.

Óld Wórld 名 [the ~] 旧世界《Asia, Europe, Africa の大陸》[⇔ New World].

old-world /óʊldwə́ːld | -wɔ́ːld←/ 形 限定 [よい意味で] 昔風の, 歴史を感じさせる; ヨーロッパ風の.

ole /óʊl/ 形 = old《発音をまねたつづり》.

o·lé /oʊléɪ/ ≪スペイン語から≫ 間《略式》オーレ! いいぞ!《賛成, 喜び, 声援などの叫び声》.

o·le·an·der /óʊliæ̀ndə | òʊliǽndə/ 名 C,U 西洋きょうちくとう.

ol·fac·to·ry /ɑ(ː)lfǽktəri, -tri | ɔl-/ 形 限定〖医学〗嗅覚(きゅうかく)の: the *olfactory* organ 嗅覚器, 鼻.

ol·i·garch /ɑ́(ː)ləgɑ̀ək | ɔ́lɪgɑ̀ːk/ 名 C 寡頭(かとう)政治の執政者.

ol·i·gar·chy /ɑ́(ː)ləgɑ̀əki | ɔ́lɪgɑ̀ː-/ 名 (-gar·chies) ❶ C 寡頭制の国; [《英》単数形でもときに複数扱い] 寡頭政治の執政者《全体》. ❷ U 寡頭政治, 少数独裁政治.

+**ol·ive** /ɑ́(ː)lɪv | ɔ́l-/ !アク 名 (~s /~z/) ❶ C **オリーブの実**《油をとったり, 食用とする》.
❷ C **オリーブの木**《南ヨーロッパに産する常緑樹》. ❸ U オリーブ色, くすんだ黄緑色.
— 形 オリーブ色の; (肌が)黄褐色の.

Ol·ive /á(:)lɪv | ɔ́l-/ 名 固 ❶ オリーブ《女性の名》. ❷ オリーブ《米国の漫画の登場人物; Popeye の恋人》.

ólive brànch 名 [単数形で] オリーブの枝《平和・和解の象徴》; 和解のしるし. 由来 ノア (Noah) が箱舟から放ったはとがオリーブの枝を持ち帰ったという聖書の物語から; 国連の旗の模様にも採用. 「**hóld óut [óffer, extén d] an [the] ólive brànch** [動] 自 平和[和解]を申し出る (*to*).

O

ólive gréen 名 U = olive 3.

+**ólive òil** 名 U,C **オリーブ油.**

Ol·i·ver /á(:)ləvɚ | ɔ́lɪvə/ 名 固 オリバー《男性の名》.

O·liv·i·a /əlíviə/ 名 固 オリビア《女性の名》.

-ol·o·gy /á(:)ləʤi | ɔ́l-/ 接尾 ⇒ -logy.

O·lym·pi·a /əlímpiə, oʊ-/ 名 固 オリンピア《ギリシャ南西部の平野; オリンピア競技 (the Olympic Games) の始まった地》.

O·lym·pi·ad /əlímpiæ̀d, oʊ-/ 名 C 《格式》 国際オリンピック大会 (the Olympic Games).

O·lym·pi·an /əlímpiən, oʊ-/ 形 ❶ [しばしば o-] 《格式》 堂々とした, 威厳のある. ❷ オリンポスの神々の. — 名 ❶ C オリンピック競技出場選手. ❷ C オリンポス山の十二神の一人.

***O·lym·pic** /əlímpɪk, oʊ-/ ❗アク 形 限定 **国際オリンピック競技の:** a new *Olympic* record オリンピック新記録.

+**Olýmpic Gámes** 名 複 ❶ [the ~] **国際オリンピック大会:** at *the* 2012 London (Summer) *Olympic Games* 2012 年ロンドン(夏季)オリンピック大会で / *the* Winter *Olympic Games* 冬季オリンピック大会《正式には the Olympic Winter Games》. ❷ [the ~] オリンピア競技《古代ギリシャの Olympia で 4 年ごとに行なった競技》.

O·lym·pics /əlímpɪks, oʊ-/ 名 複 [the ~] = Olympic Games.

O·lym·pus /əlímpəs, oʊ-/ 名 固 オリンポス, オリュンポス《ギリシャ北部の山; 神々が住むとされた》.

O·ma·ha /óʊməhɑ̀:, -hɔ̀: | -hɑ:/ 名 固 オマハ《米国 Nebraska 州東部の都市》.

om·buds·man /á(:)mbədzmən | ɔ́m-/ 名 (-buds·men /-mən/) C オンブズマン, 行政監察官《行政に対する苦情を調査・処理する》; 苦情調査官.

o·me·ga /oʊméɪgə, -mégə | óʊmɪ-/ 名 C オメガ《ギリシャ語アルファベットの最後の文字 ω, Ω ⇒ Greek alphabet 表; alpha 成句》.

om·e·let, om·e·lette /á(:)m(ə)lət | ɔ́mlət/ 名 C オムレツ: You can't make an *omelet* without breaking eggs. 《ことわざ》 卵を割らずにオムレツはできない(何の支障もなく成就できることなどない).

o·men /óʊmən/ 名 C,U 前兆, きざし (*of, for*): a good [bad] *omen* 吉[凶]兆.

om·i·cron /á(:)məkrɑ̀(:)n | oʊmáɪkrɔn/ 名 C オミクロン《ギリシャ語アルファベットの第 15 文字 ο, Ο; ⇒ Greek alphabet 表》.

om·i·nous /á(:)mənəs | ɔ́m-/ 形 不吉な, 縁起の悪い; 不気味な. **~·ly** 副 [ときに 文修飾] 不吉に(も); 不気味なほど.

o·mis·sion /oʊmíʃən, əm-/ 名 ❶ U,C 省略; 脱落; (故意にまたはうっかりして)抜かすこと: I didn't notice the *omission of* his name *from* the list. 彼の名がリストから脱落しているのに気づかなかった. ❷ U 怠慢, 手抜かり: sins of *omission* 《格式》 怠慢の罪. (動 omít)

+**o·mit** /oʊmít, əm-/ 動 (o·mits /-míts/; o·mit·ted /-ṭɪd/; o·mit·ting /-ṭɪŋ/) 他 ❶ (...)を**省略する**, 省く: You may *omit* this chapter. この章は省いても結構です.

❷ (うっかりして)(...)を**抜かす**, 落とす [≒leave out]: I carelessly ***omitted*** his name ***from*** the list. V+O+*from*+名 私はうっかりしてリストから彼の名前を抜かしてしまった. ❸ 《格式》 ...し忘れる; (...すること)を怠る: She *omitted to* answer the letter. 彼女はその手紙の返事を出し忘れた[出さなかった]. (名 omíssion)

〖⇒ permit¹ キズナ〗

om·ni·bus /á(:)mnɪbəs | ɔ́m-/ 名 C 選集《同一の作家の既刊の作品を 1 冊にまとめたもの》; 《英》 オムニバス版(番組), 総集編: a Mark Twain *omnibus* マーク トウェイン選集. — 形 限定 多数のものを含む, 包括[総括]的な. 〖語源 ラテン語で「すべての人のために」の意; ⇒ bus 語源〗

om·nip·o·tence /ɑ(:)mnípəṭəns, -tns | ɔm-/ 名 U 《格式》 全能.

om·nip·o·tent /ɑ(:)mnípəṭənt, -tnt | ɔm-/ 形 《格式》 全能の (almighty): the *Omnipotent* 全能の神.

om·ni·pres·ent /ɑ̀(:)mnɪpréz(ə)nt | ɔ̀m-⁻/ 形 《格式》 遍在する, どこにでもいる[ある].

om·ni·scient /ɑ(:)mníʃənt | ɔmnísiənt/ 形 《格式》 全知の.

om·niv·o·rous /ɑ(:)mnív(ə)rəs | ɔm-/ 形 《格式》 雑食性の. 関連 carnivorous 肉食性の / herbivorous 草食性の / insectivorous 食虫の.

*****on** /ɑ(:)n, ɔ:n; á(:)n, ɔ́:n | ɔn; ɔ́n/

単語のエッセンス

基本的には「接触」の意を示す.

1) ...**の上に:** the glass *on* the table テーブルの上のコップ ⇒ 前 ❶ / The lid was *on*. ふたは閉まっていた ⇒ 形 ❸
2) ...**に近接した:** a house *on* the river 川のほとりの家 ⇒ 前 ❹
3) [日を示して] ...**に:** drop in *on* Sundays 日曜日に立ち寄る ⇒ 前 ❷
4) ...**の所を:** He hit me *on* the head. 彼は私の頭を殴った ⇒ 前 ❺
5) [支え・手段・根拠を示して] ...**で;** ...**によって:** [支え] turn *on* one's heel かかとでくるりと回る ⇒ 前 ❸ / [手段] see the information *on* the Internet インターネットで情報を見る ⇒ 前 ❻ / [根拠] act *on* one's teacher's advice 先生の忠告に従って行動する ⇒ 前 ⓫
6) ...**について,** ...**に関して:** a book *on* China 中国に関する本 ⇒ 前 ❼
7) ...**中で; 行なわれて:** *on* duty 勤務中で ⇒ 前 ❽ / a house *on* fire 燃えている家 ⇒ 前 ⓯ / The meeting is still *on*. 会議はまだ行なわれている ⇒ 形 ❷
8) ...**の一員で:** He's *on* the committee. 彼は委員会のメンバーだ ⇒ 前 ❾
9) **身につけて:** He had a cap *on* his head. 彼は帽子をかぶっていた ⇒ 前 ❿ / Put your hat *on*. 帽子をかぶりなさい ⇒ 副 ❷
10) ... **すると(すぐ):** *On* arriving there, he went straight to see his uncle. そこへ着くとすぐ彼はおじに会いにいった ⇒ 前 ⓬
11) **続けて; 前へ:** sleep *on* 眠り続ける ⇒ 副 ❶
12) (**電気・ガスが)通じて:** turn *on* the radio ラジオをつける ⇒ 副 ❹ / Is the gas *on*? ガスは出ていますか ⇒ 形 ❶

— 前 ❶ [表面・線上の接触を示して] ...(の上)に(**触れて**), **...に接して**; ...に乗って《⇒ off 前 挿絵》: the glass *on* the table テーブルの上のコップ《⇒ 挿絵 (A)》/ pictures *on* the wall 壁にかけてある絵《⇒ 挿絵 (B)》/ There are some flies *on* the ceiling. 天井にはえがとまっている《⇒ 挿絵 (C)》/ sit *on* the grass 芝生に座る / get *on* the bus バスに乗る / the photo *on* page 10 10 ページにある写真.

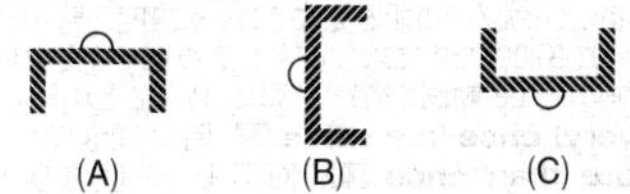

(A) (B) (C)

> 語法 **on の意味**
> (1) on は表面に接触していることを表わし, 日本語の「...の上に」とは意味の範囲がずれている. 挿絵 (A) (B) (C) の状態はいずれも on と言える.
> (2) on と in の比較は ⇒ in[1] 前 1 (1) 語法. ただし on を使うか in を使うかは慣用で決まっていることが多い.「農場で」は *on* the farm だが fields を使うと They are working *in* the fields. (彼らは農場で働いています)となる.
> (3) on と over の比較は ⇒ over 前 1 語法.

❷ [普通は日を表わす名詞とともに] ...に《⇒ at 2, in[1] 前 3》: He often drops in to see me *on* Sundays. 彼はよく日曜日に私に会いにくる / She left *on* 「Christmas Day [New Year's Eve]. 彼女はクリスマス[大みそか]に出発した / My sister was born *on* May 7, 2010. 妹は 2010 年 5 月 7 日に生まれた《May 7 は May (the) seventh と読む》.

> 語法 🔍 **on と特定の日の朝など**
> 「朝[午後, 晩]に」は *in* the morning [afternoon, evening] というが, 特定の日の場合は on を用いる. 《米》ではこの on は省略可能: *on* Monday morning [afternoon, evening] 月曜日の朝[午後, 晩]に / He died *on* the evening of June 29. 《格式》彼は 6 月 29 日の晩に死んだ.

❸ [支え・支点・依存を示して] **...を軸として**, ...を基として, ...を頼って; ...によって, ...を食べて; (薬など)を常用して: She turned *on* her heel. 彼女はかかとでくるりと回った《怒りや拒絶を表わすしぐさ》/ The old man was leaning *on* a stick. その老人はつえにすがっていた / You can depend *on* me for the money. その金の事は私に任せて / This toothbrush runs *on* electricity. この歯ブラシは電動だ / She lives *on* 「vegetables [her pension]. 彼女は菜食主義だ[年金で生活している].

❹ **...に近接して[した]**, ...に面して; [方向・対象を示して] ...の方に, ...に対して《⇒ 16》: a house *on* the river 川のほとりの家 / Mr. Smith sat *on* my left. スミス氏が私の左に座っていた / He lives *on* (=《英》in) Fírst Strèet. 彼は 1 番街に住んでいる. 語法 番地を言うときには The British prime minister lives *at* No. 10 Dówning Strèet. (英国首相はダウニング街 10 番地に住んでいる)のように at を用いる // The town is *on* the west side of the Mississippi. その町はミシシッピー川の西側にある《⇒ to[1] 1 語法》/ His eyes were *on* the screen. 彼の目はスクリーンに向けられていた / A new tax was imposed *on* alcohol. 酒類に新しい税が課せられた.

❺ [動作の行なわれる個所を示して] **...の所を**, ...のあたりを: He struck [hit] me *on the* head. 彼は私の頭を殴った. 語法 この用法の on の後の名詞には the がつく《⇒ the[1] 2》.

❻ [手段・方法を示して] **...で**: I saw the information *on* the Internet. その情報はインターネットで見た / store the data *on* a CD データを CD に保存する / watch the baseball game *on* TV テレビで野球の試合を見る / play a waltz *on* the piano ピアノでワルツを弾く / I talked with him *on* the phone. 私は彼と電話で話した.

❼ **...について**, ...に関して, ...に関する《⇒ about 前 1 語法》: a book *on* China 中国に関する本 / The professor lectured *on* French history. 教授はフランスの歴史について講演した《⇒ speak about ... (speak 句動詞) 語法》.

❽ [活動を示して] **...中で**, ...に従事して; ...のために, ...で: Mr. Smith is now *on* duty. スミスさんは今勤務中です / go to Paris *on* business 仕事でパリへ行く / go *on* a trip 旅行に出かける / "Have you finished your homework?" "I'm *on* it."「宿題は終わったの」「今やってる」

❾ [所属を示して] **...の一員で**, ...に属して; ...で働いて; (リストなど)に含まれて: He's *on* the committee. 彼は委員会のメンバーだ / She was *on* the staff of the newspaper. 彼女はその新聞の編集をしていた / His name isn't *on* the list. 彼の名前はリストにない.

❿ (衣服など)**...の身につけて**, ...に着用して, はめて, かぶって: He had a cap *on* his head. 彼は帽子をかぶっていた / He put the ring *on* her finger. 彼は彼女の指に指輪をはめた / It looks good *on* you. (その服は)よく似合うね //⇒ have ... on one (成句). ⓫ [根拠・理由を示して] ...に基づいて, ...によって; (ことばなど)にかけて(誓って): Act *on* your teacher's advice. 先生の忠告に従って行動しなさい / His story is based *on* experience. 彼の話は経験に基づいている / *on* one condition 1 つの条件付きで. ⓬《格式》...すると, ...するとすぐ; ...の時点で:「*On* his arrival there [*On* arriv*ing* there], he went straight to see his uncle. そこへ着くとすぐ彼はおじに会いにいった. 語法 この用法の on の後には動詞的な意味の名詞か動名詞がくる. ⓭ [比較の基準を示して] ...と比べて: Our profits are up *on* last year. 昨年よりも利益が上がっている. ⓮ Ⓢ (飲食物などの会計が)...持ちで, ...の負担で: This coffee is *on* me. このコーヒーは私が払うよ / Have a drink *on* me! 1 杯おごるよ. ⓯ [状態を示して] ...している最中で, ...中で: a house *on* fire 燃えている家 / Crime is *on* the increase. 犯罪が増加している. ⓰ [行為の対象・不利益者を示して]《略式》...に当てて, ...の不利となるように《⇒ 4; hang up (hang 句動詞) 自 語法》: The joke's *on* me. その冗談は私に当てつけたものだ / It rained *on* us. 雨に降られ(て困っ)た. ⓱ [電話番号を示して]《英》...番で[に] [《米》at].

háve ... on one [動] 他《略式》(...)を身につけて持っている, 手もとに持っている: Do you *have* any cash *on you*? お金持ってる?

ón and áfter ... [前] ...日以降に: *on and after* the 15th 15 日以降に.

òn or befòre ... [前] ...日以前に.

Whàt's ... ón? Ⓢ《略式》(わけのわからないことをして[言って])...は一体どうしたんだ.

— 副 /á(:)n, ɔ́:n | ɔ́n/ ❶ [動作の前進・継続, 時間の方向を示して] **続けて**, 引き続いて...して; **前へ**, 先へ:

sleep *on* 眠り続ける / It went *on* raining. 雨が降り続いた / drive *on* to the village 村までずっと車を走らせる《⇒ onto 語法 (3)》/ Come *on*! さあさあ; さあ早く《⇒ come on (come 句動詞)》/ from that day *on* その日以来[以降] / (now) ten years *on* (今や)あれから 10 年 / They'll be here later *on*. 彼らはあとでここに来る //⇒ on and on (成句).
❷ (衣服などを)**身につけて**, 着て, はいて, かぶって [⇔ off]: Put your hat *on*. 帽子をかぶりなさい / He put *on* his coat. 彼はコートを着た / The child had nothing *on*. その子は何も着ていなかった / Can I help you ***on with*** your coat? コートを着せてあげようか. ❸ (...の)上に(乗って): sew a button *on* ボタンを縫いつける. ❹ (スイッチや栓を)入れて, あけて [⇔ off]: turn *on* the radio ラジオをつける.
from hére ón (óut) = from thís pòint ón [副] ここから(先)は.
ón and óff [副] = off and on《⇒ off 副 成句》.
ón and ón [副] **どんどん**, しきりに: The traveler went *on and on* till he found himself in a strange place. 旅人はどんどん進むうちに見知らぬ所にいた.
òn to ... [前] (1)《英》= onto. (2)《略式》(たくらみなど)に気づいて; ...を発見しかけて.
— 形 /á(:)n, ɔ́:n | ɔ́n/ ❶ 叙述 (電気・ガス・水道・電話などが)**通じて**, 出て, 接続して; (機械などが)**動いて** [⇔ off]: Is the gas *on*? ガスは出ていますか / The emergency brake wasn't *on*. 非常ブレーキがかかっていなかった.
❷ 叙述 (催し・活動などが)**行なわれて**, 進行中で; (映画・劇などが)上映[上演]されて, (番組が)放送されて; 出番で; (人が)勤務中で; 予定されて: The meeting is still *on*. 会議はまだ行なわれている / What's *on* tonight? 今夜は(テレビで)何やってる? / I ***have a lot on*** this evening.《略式》今夜は予定が一杯だ.
❸ 叙述 **上にのって**; (乗り物に)乗って; (表面に)触れて, 接して [⇔ off]: The lid was *on* properly. ふたはちゃんと閉まっていた. ❹ 叙述《主に米》調子がよい.
be nòt ón [動] 自 Ⓢ《英略式》妥当でない, 受け入れられない; 可能でない.
be ón abòut ... [動] 他《英略式》...についてくどくど話す.
be ón at ... [動] 他《英略式》(人)にしつこく求める; がみがみ言う.
be ón for ... [動] 他 Ⓢ《略式》...に乗り気である, 喜んで参加する.
You're ón! Ⓢ《略式》(賭け・取り引きなどで)ようし承知した.

on-a·gain, off-a·gain /á(:)nəgènɔ́:fəgèn | ɔ́nəgènɔ́fəgèn/ 形《主に米》断続的な, 変わりやすい.

on-air /á(:)néə, ɔ́:n- | ɔ́néə←/ 形 限定 放送中の [⇔ off-air].

on-board /á(:)nbɔ́əd, ɔ́:n- | ɔ́nbɔ́:d←/ 形 限定 船上[機上, 車上]の.

***once** /wʌ́ns/
— 副 ❶ **1 度, 1 回**《⇒ time 10》: I've been there *once* before. 以前 1 度そこへ行ったことがある / He calls me *once* a week. 彼は週に 1 度電話をくれる / *once* every six months 6 か月に 1 度 / Christmas comes but *once* a year.《ことわざ》クリスマスは年に 1 度しか来ない(たまの騒ぎだ, とがめ立てするな). 関連 twice 2 度, 2 回.
❷ /wʌ̀ns/ **かつて**, 以前; 昔(あるとき)《物語を始めるときなど》: She was *once* a beauty. 彼女は以前は美人だった / *Once* there was a giant in this tower. 昔この塔には 1 人の巨人がいました.
❸ [否定文で] **1 度も**(...しない); [疑問文で] 今までに(1 度でも): I haven*'t* talked to him even *once*. 彼とは 1 度も口をきいたことがない. ❹ [条件・時を表わす節内で] いったん(...すれば), ひとたび(...なら)《⇒ 接》: If *once* we lose sight of the ship, we'll never see it again. いったんその船を見失えばもう二度と見られない. 語法 1, 3 の意では文末(近く)に, 2 の意では文中(一般動詞の前, be 動詞の後)と文頭に用いることが多い.
(èvery) ónce in a whíle [副] 時々, たまに.
móre than ónce [副] **何度も**, 一度ならず: It happened *more than once*. それは何度も起こった.
ònce agáin [副] (1) **もう一度[一回]**; 再び: Try it *once again*. もう一度やってごらん. (2) 文修飾《格式》繰り返し述べますが.
ónce (and) for áll [副] (1) 最終的に, きっぱりと, はっきりと: Let's settle the matter *once and for all*. この件について決着をつけよう. (2) Ⓢ これ一度だけ, 今回限り, これを最後に: I'll answer your question *once and for all*. お答えするのも今回限りですよ.
ónce in a blúe móon [副]《略式》ごくまれに.
ònce móre [副] (1) **もう一度[一回]**; 再び: *Once more*, please. もう一度やってください. 語法 相手の言うことが聞き取れないときには Can you say that again? または Sorry?, Excuse me? などと言うほうが普通. (2) = once again (2)
ónce or twíce [副] 数回, 何回か.
ónce tòo óften [副] またしても(...してしまう)《悪事などの度が過ぎて困った事態になることを示す》.
ónce upòn a tíme [副] (1) **昔々**: *Once upon a time* there was a beautiful princess. 昔々美しい王女さまがいました. 語法 おとぎ話の冒頭に用いられる. (2) Ⓢ 良き昔には, 以前は.
— 接 **いったん...すれば**, ひとたび...すると; ...してしまえば《⇒ 副 4》: *Once* he declines (= If *once* he declines), he'll never change his mind. 彼がいったん断わったら絶対に気持ちを変えないよ《✪ 未来を表わす will を用いて will decline とは言わない》. 語法「主語+be 動詞」が省略されることもある《⇒ while 接 1 語法 囲み》: *Once* (it is) learned, it isn't easily forgotten. いったん覚えると容易には忘れられない / ***Once*** a liar, ***always*** a liar. Ⓢ いったんうそをついたら, ずっとうそつきのままだ.
— 名 U 1 度, 1 回: *Once* is enough for me. Ⓢ 私は 1 度でもう十分です.
áll at ónce [副] (1) **突然, 不意に** [≒suddenly]: Then *all at once* there came a heavy thunderstorm. すると突然ものすごい雷雨がやって来た. (2) 全く同時に: We were happy and sad *all at once*. 私たちはうれしくもあり悲しくもあった.
at ónce [副] (1) **すぐに**, 直ちに《⇒ immediately 類義語》: Come here *at once*. すぐここに来なさい. (2) **一度に**, 同時に: I can't do two things *at once*. 一度に 2 つのことはできない.
at ònce ... and ～ [接] ...であると同時に～でもある: The song is *at once* sad *and* beautiful. その歌は悲しくまた美しい.
(jùst) for ónce [副] Ⓢ 今回だけ(は), その時限り: *Just for once*, let me treat you. 一度くらいは, おごらせてよ.
(jùst) thìs ónce [副] Ⓢ 今回だけ(は).

〘語源 元来は one の所有格の副詞的用法; ⇒ twice 語源〙

once-o·ver /wʌ́nsòʊvɚ | -və/ 名 [次の成句で]
gíve ... the [a] ónce-over [動] 他 《略式》 ...にざっと目を通す; ...をざっと掃除する.

on·col·o·gy /ɑ(ː)nkɑ́(ː)ləʤi | ɔnkɔ́l-/ 名 U 〘医学〙 腫瘍学.

on·com·ing /ɑ́(ː)nkʌ̀mɪŋ, ɔ́ːn- | ɔ́n-/ 形 限定 近づいてくる: an *oncoming* car 近づいてくる車, 対向車.

on-déck circle /ɑ(ː)ndék-, ɔːn- | ɔn-/ 名 C 〘野球〙 ネクストバッターズサークル, 次打者席.

on-de·mand /ɑ́(ː)ndɪmǽnd, ɔ́ːn- | ɔ́ndɪmɑ́ːnd/ 形 限定 要求に応じて提供できる, オンデマンドの.

***one**[1] /wʌ́n/ (同音 won)

単語のエッセンス
1) 1 つ; 1 つの 代; 形 ❶
2) (数の) 1 名 ❶
3) ある... 形 ❸

— 代 《数詞》 [単数扱い] **1 つ, 1 人, 1 個**; 1 ドル[ポンド, セント, ペンスなど] 《⇒ number 表》: *One* is enough. 1 つ[1 人, 1 個]で十分だ / *One* of the girls began to cry. 少女たちの 1 人が泣きだした. 関連 first 第 1 の.

...の 1 人
彼女は私の親友の 1 人だ.
○She is **one of** my best friend**s**.
×She is one of my best friend.
✪ one of の後には常に複数名詞が来る.

be òne of ús [動] 自 S (考えが同じ)仲間である.
for óne [副] (1) 文修飾 個人としては: I, *for one*, don't want to go. 私としては行きたくない. (2) 一例として 《⇒ for one thing (thing 成句)》.
óne and áll [代] 《古風》 みな, みなさん [≒every-one].
óne by óne [副] **1 つ[1 人]ずつ**: Let's look at them *one by one*. 1 つずつ見ていきましょう.

— 名 (~s /~z/) ❶ C (数としての) **1**; **1 の数字**: Book *One* 第 1 巻 / Lesson *One* 第 1 課 / *One* and *one* is [makes, equals, are, make] two. 1 足す 1 は 2 (1+1 = 2) / *One* from ten is [leaves] nine. 10 引く 1 は 9 (10−1 = 9).
❷ U **1 時, 1 分; 1 歳**: We had lunch at *one*. 私たちは 1 時に昼食をとった / a baby of just *one* ちょうど 1 歳の赤ん坊. ❸ C [普通は複数形で] 《米》 1 ドル紙幣. ❹ C 《略式》 (酒の)1 杯: a quick *one* ちょっと 1 杯.

(áll) in óne [副] 1 つでみんなを兼ねて: She's a politician, a wife, and a mother (*all*) *in one*. 彼女は政治家と妻と母とをみな兼ねている.
as óne [副] 《格式》 みんなでまとまって; いっせいに.
be at óne with ... [動] 他 《格式》 ...と一体となりくつろぐ; ...と一致している.
be [gèt] óne úp on ... [動] 他 《略式》 ...より優位に立つ, ...より有利である.
in ónes and twós [副] 1 人か 2 人で.
pùt óne óver on ... [動] 他 《略式》 ...をだます.

— 形 ❶ **1 つの, 1 人の, 1 個の, 単一の** [≒single]: my *one and only* son 私のたった 1 人の息子 《⇒ only 形 成句》 / There's *one* book on the desk. 机の上に本が 1 冊ある / ONE WAY 一方通行 《道路の標示》 / I just need *one* copy, not two. コピーは 2 部でなく 1 部だけ要る. 語法 特に「1 つ」の意味を強調する以外は普通 one の代わりに a, an を用いる.
❷ 叙述 **1 歳で**: "How old is your baby?" "He's just *one*." 「赤ちゃんはおいくつですか」「ちょうど 1 歳です」
❸ 限定 **ある...**: *one* night ある夜 / You'll see it *one* day. いつかそれがわかるときがくる 《⇒ day 名 成句》 / At *one* time I used to go skiing every winter. ある時期私は毎年冬にはスキーに行っていた.
❹ [所有格の後でまたは the ~] **ただ 1 つ[1 人]の** [≒only]: *my one* worry 私のただ 1 つの心配事 / This is *the one* way to achieve it. これはそれを成し遂げる唯一の方法だ. ❺ 限定 [形容詞を伴って] S 《米》 実に...な, 並はずれて...の: He's *one bright* boy. 彼は実に優秀な少年だ. ❻ 一体の; 同一の: We are *one* on this matter. 私たちはこの問題について同じ意見だ // ⇒ be of one mind (mind 名 成句).

be áll óne to ... [動] 他 ...にとっては(どちらも)同じことだ: It'*s all one to* me whether she's married or not. 彼女が既婚かどうか私には関係ない.
becòme [be] óne with ... [動] 他 ...と一体となる[である].
mòre than óne ... [形] [普通は単数扱い] **2 人[2 つ]以上の...**: *More than one* person *was* killed. 複数の人が死んだ.
óne and the sáme (...) [形] 全く同じ(...) 《same を強調した言い方》.
óne or twó ... [形] **1, 2 の...**, 少数の: It'll take *one or two* years to finish it. それを完成するには 1, 2 年かかるだろう.

***one**[2] /wʌ́n/ (同音 won)

単語のエッセンス
1) (同じ種類の) 1 つのもの 代 ❶
2) (...の)もの[人] 代 ❷
3) 一方の(もの) 代 ❸; 形 ❶
4) (一般的に)人 代 ❹

— 代 《不定代名詞》 ❶ [数えられる名詞の代わりに用いて(前に出た名詞と同種類のものを受けて)] (同じ種類の) **1 つのもの**: I want a *watch*, but I have no money to buy *one* (= *a* watch). 時計が欲しいがそれを買うお金がない / These *cookies* look good! May I have *one* (= *a* cookie)? このクッキーおいしそう. 1 つもらってもいい?

語法 (1) 数えられない名詞 (U) の場合は用いない: "Do you have any *milk*?" "Yes." "Can I have *some*?" 「ミルクある?」「うん」「もらってもいいかな」 《×Can I have *one*? とは言わない》.
(2) **one と it**
この用法では one は「同じ種類のうちの任意の 1 つ」を表わす. これに対して, it は特定のものを指す. 次の例文では前に出た名詞 apple は前後関係からどのりんごのことか特定されるので, それを受ける代名詞は it である: I see an *apple* on the table. May I have *it* (= *the* apple)? テーブルの上にりんごが 1 つあります ね. (それを)いただいてもよろしいですか.

❷ /wʌ̀n/ (複 ~s /~z/) **(...の)もの, (...の)人**. 語法 the, this, that などや形容詞などとともに, 数えられる名詞の代わりに用いられる: My *family* is a *large one*. うちは大家族だ / I don't like this *camera*. Please show me a *better* [*cheaper*] *one*. このカメラは気に入りません, もっといい[安い]のを見せてください / Are you *the one* who won the contest? あなたがコンテストに優勝した方ですか / "*Which one* will you take?" "「I'll take *this one* [*This one*, please]." 「どれにしますか」「これにします」/ "Which would you like?" "*The ones* on that shelf." 「どれがよろしいですか」「あの棚の上のにします」

O

❸ [another または the other と対応して] **一方(のもの)** 《⇒ one another の項目》**:** All the players competed *one* against *another* for the first prize. 選手たちはみな1等賞を得ようとして互いに争った / The two sisters resemble each other so closely that we can't distinguish *one* from *the other*. その2人の姉妹はそっくりで見分けがつかない.

❹ /wʌ́n, wʌ̀n/ 《格式》(一般的に) **人**, 人はだれでも, 我々《⇒ one's, oneself》**:** *One* must do *one's* best in everything. 人は何事においても最善を尽くすべきだ / *One* should take care of *oneself*. だれでも自分を大切にすべきだ.

語法 (1) **一般の人を表わす言い方**
この意味での one は非常に格式ばった古風な言い方で, 複数形は用いない. 一般的には you, they, we を用いる. you は相手に向かって言うので最も親しみがありくだけた感じ, they は一人称・二人称が除外された言い方なので, うわさや, あるいは場所的に限定された場合に用い, we は自分も含めた言い方なので多少けんそんした感じになる.
(2) **one を受ける代名詞**
one を主語として用いるとそれを受ける代名詞は one, one's, oneself であるが, 何度も繰り返す場合, また特に《米》では, he, his, him, himself; she, her, her, herself;《略式》では they, their, them, themselves で受けることが多い**:** *One* should do what *they* must even if *they* don't want to. (人は)たとえ気が進まなくとも義務は果たさねばならない.
(3) ときに I の代用**:** *One* tries to take an interest in what is going on. (私は)現在の状況に関心を持つようにしている.
(4) **辞書の中の one**
辞書の成句の説明などでは人称代名詞の代表形として one が用いられることがある. 例えばこの辞書の **look** の句動詞の囲みの **look about ...** の項目にある **lóok abóut** one (自分の周りを見回す)という成句は主語の人称・性・数によって次のように変わることを示す《⇒ one's 語法 (2), oneself 2 語法 (2)》**:** *I* [*She*] looked about *me* [*her*]. 私[彼女]は自分の周りを見回した / The onlookers looked about *them*. 見物人たちは自分たちの周りを見回した.

as òne [副] そういうものとして, それなりに**:** I'm a teacher, and expect to be treated *as one*. 私は教師であり, そのように扱っていただきたい.

be nót (a gréat) òne for ... [動] ⓗ《略式》...が(特に)好きではない.

be nòt óne to dó [動]《略式》...するタイプの人ではない.

líttle [yóung]ònes [名] Ⓢ 小さな子供たち.

óne àfter anóther [副] [3つ以上のものについて] **次から次へと:** The planes arrived *one after another*. 飛行機は次から次に到着した.

óne àfter the óther [副] [普通は2つのものについて] 代わる代わる; 次々と**:** The elephant lifted its forefeet *one after the other*. 象は前足を交互に上げた.

òne anóther ⇒ one another の項目.

óne ... the óther(s) ⇒ other 代 2 語法.

the óne abòut ... [名] Ⓢ ...に関する冗談[話].

the óne ... the óther 〜 [2つのものについて] 先に述べたものは[を, に]...また後に述べたものは[を, に]〜 [≒ the former ... the latter 〜]**:** Diligence and idleness are opposites. *The one* (= diligence) leads to success and *the other* (= idleness) to failure. 勤勉と怠惰は相反するものだ. 前者(=勤勉)は成功を招き後者(=怠惰)は失敗を招く.

— 形 /wʌ́n/ ❶ [another または the other と対応して] **一方の**; 別の《⇒ other 形 2, another 形 2, 代 3》**:** The boat will overturn if the passengers move from *one* side to *the other*. 乗っている人が一方の側から他の側へ移ったら舟はひっくり返るだろう / Talking is *one* thing and doing is *another*.《ことわざ》言うこととすることは別. ❷ [人名の前につけて]《格式》...とかいう**:** *one* John Brown ジョンブラウンとかいう方.

óne ... àfter anóther [形] 1つの...の後にまた..., ...を[が]次から次へと**:** I seem to get *one* cold *after another*. 私は次々とかぜばかりひいているようだ.

óne ... or anóther [形] なんらかの..., なにかしらの...**:** No one can go through life without having worries of *one* sort *or another*. なんの悩みもなしに人生を過ごせる人はいない.

***one an·oth·er** /wʌ̀nənʌ́ðɚ | -ðə/ ⚠アク 代《不定代名詞》❶ **お互い**《⇒ each other の項目》**:** They were helping *one another* in their work. 彼らは仕事で互いに助け合っていた / On Christmas Eve they gave presents to *one another*. クリスマスイブには彼らはお互いに贈り物をした / The girls used *one another's* books. 少女たちはお互いの本を交換して使った. 語法 (1) 所有格 one another's 以外では動詞または前置詞の目的語として用い, 主語としては用いない. (2) 3人以上のときは one another, 2人のときは each other を用いるとされてきたが, 必ずしも守られていない. ❷ 1つが他を[に], 次々に**:** Don't pile those books on top of *one another*! その本を次から次へと重ねないでよ.

óne-armed bándit /wʌ́nɑ̀ɚmd- | -ɑ̀ːmd-/ 名 Ⓒ《略式》= slot machine 1.

one-di·men·sion·al /wʌ́ndɪménʃ(ə)nəl←/ 形 [軽蔑的] 薄っぺらな, 深みのない.

óne-hìt wónder /wʌ́nhìt-/ 名 Ⓒ (歌手などの)一発屋.

one-horse /wʌ́nhɔ̀ɚs | -hɔ̀ːs←/ 形 限定 一頭の馬が引く. **a óne-horse ráce** [名] 一人勝ち, 独走状態. **a óne-horse tówn** [名]《略式》ちっぽけで退屈な町.

one-lin·er /wʌ́nláɪnɚ | -nə/ 名 Ⓒ (1文の)短いジョーク.

one-man /wʌ́nmǽn←/ 形 限定 1人で行なう, 1人で動かす; 1人用の**:** a *one-man* show 独演会, ワンマンショー; (絵などの)個展 / a *one-man* play 1人芝居. 語法 女性の場合は one-woman, また中立的な形として one-person がある. 日英 日本でいう「ワンマン」のような「独裁者・専制者」の意味はない.

óne-màn bánd 名 Ⓒ 一人楽団《複数の楽器を1人で演奏する大道芸人》;《略式》1人でやりくりする組織.

one·ness /wʌ́nnəs/ 名 Ⓤ《格式》一体感, 心が一つ

になること (with).

óne-nìght stánd /wʌ́nnàɪt-/ 名 ❶ C《略式》一夜限りの情事(の相手). ❷ C 1 回限りの興行.

one-of-a-kind /wʌ́nəvəkáɪnd/ 形 限定《主に米》他に類のない, 特別な.

one-off /wʌ́nɔ́ːf | -ɔ́f/ 形 限定, 名 C《英》1 回限りの(こと);《英略式》他に類のない人.

one-on-one /wʌ́nɑ(ː)nwʌ́n | -ɔn-/ 形 限定, 副《米》1 対 1 の[で].

óne-pàr·ent fámily /wʌ́npè(ə)rənt-, -pǽr- | -pèər-/ 名 C 片親の家庭, 父子[母子]家庭.

one-per·son /wʌ́npɚ́ːs(ə)n | -pɜ́ː-/ 形 限定 ⇒ one-man 語法.

one-piece /wʌ́npìːs/ 形 限定 ワンピース(型)の: a *one-piece* swimsuit ワンピースの水着. 日英 日本で「ワンピース」といっている女性服は普通 dress という.
— 名 C ワンピースの水着.

on·er·ous /ɑ́(ː)nərəs | óʊn-/ 形《格式》(仕事・任務などが)わずらわしい, やっかいな, 面倒な.

***one's** /wʌ̀nz, wʌ́nz/ 代 《one² 代 4 の所有格》《格式》**自分の**, その人の, ...の: *One* should respect *one's* parents. 両親を敬うべきだ.

> 語法 (1) 代名詞 one を主語とするときの所有格は《英》では one's であるが,《米》では格式ばった言い方では普通は his, her,《略式》では their を使う《⇒ one² 代 4 語法 (2)》.
> (2) **辞書の中の one's**
> 辞書などでは my, your, his, its など人称代名詞の所有格が人称・性・数において主語と一致する場合は, その代表形として成句などの記載形式として one's が用いられる. 例えばこの辞書の **mind** の 名 の項目にある **màke úp** one's **mínd** (決心する)という成句は主語の人称・性・数によって次のように変わることを示す《⇒ one² 代 4 語法 (4), oneself 2 語法 (2)》: *I* made up *my* mind to stay there. 私はそこに残ることにした / *He* [*The girl*] made up *his* [*her*] mind to leave. 彼[少女]は去ることにした / *The people* made up *their* minds to fight. 人々は戦う決心をした《mind*s* に注意》.

+**one·self** /wʌnsélf/ 代《再帰代名詞》

> 単語のエッセンス
> 1) [再帰用法] **自分自身を[に]** ❶
> 2) [強調用法] **自分自身で** ❷

❶ /wʌnsèlf/ [再帰用法; 不定代名詞 one² 代 4 が主語のときに用いる]《格式》**自分自身を**, 自分を, 自分の体[手, 顔]を; **自分自身に**, 自分に: *One* had to teach *oneself*, since there was no teacher at that time. 当時は教師がいなかったので, 独学せざるをえなかった.

> 語法 (1) 代名詞 one を主語とする文中でも,《米》では oneself の代わりに himself などを用いることが多い《⇒ one² 代 4 語法 (2)》.
> (2) 場所を表わす前置詞の目的語にするときには再帰代名詞でなく人称代名詞の目的格を用いる.

❷ /wʌnsélf/ [強調用法; 不定代名詞 one² 代 4 が主語のときに用いる]《格式》**自分自身で**, 自分で《他人は別として, 他人の助けを借りず, などの意味を含む》: Duty is what *one* expects from others; it is not what *one* does *oneself*. 義務というものは他人に期待するもので, 自分自身で果たすものではない《英国の作家ワイルド (Wilde) のことば》.

> 語法 (1) 代名詞 one を主語とする文中で oneself を使うのは非常に格式ばった言い方.
> (2) **辞書の中の oneself**
> 辞書の成句の説明などでは myself, himself などの -self のつく再帰代名詞の代表形として oneself が用いられる. 例えばこの辞書の **warm** の 動 の項目にある **wárm** one**sèlf** (体を暖める)という成句は主語の人称・性・数によって次のように変わることを示す《⇒ one² 代 4 語法 (4), one's 語法 (2)》: *He* [*She*] warmed *himself* [*herself*] at the stove. 彼[彼女]はストーブで体を暖めた / *The cat* [*children*] warmed *itself* [*themselves*] at the stove. 猫[子供たち]はストーブで体を暖めた.

(áll) by one**sélf** [副] (1) (他人と離れて)**独りぼっちで**, 自分だけで [≒alone]: *He* lived there (*all*) *by himself*. 彼はそこに 1 人で住んでいた. (2) (他人の助けを借りないで)**独力で**, 自分で, 1 人で《⇒ alone 類義語》: *I* cannot carry this desk (*all*) *by myself*. 私 1 人(だけ)ではこの机を運べない. 語法 この意味では for oneself に近いが by oneself には「自分のために」という気持ちは全く含まれない. (3) ひとりでに, 自然と: *The door* opened *by itself*. 戸はひとりでに開いた.

(áll) to one**sélf** [副] **自分だけに[で]**; (自分の)心の中に[で]: *He* has the large room *to himself*. 彼はその大きな部屋をひとり占めしている / *She* kept the secret *to herself*. 彼女はその秘密を自分の胸に秘めておいた // ⇒ say to oneself (say 成句).

be one**sélf** [動] 自 (1) [しばしば否定文で]《略式》(体調などが)正常である, いつもどおりである: *Tom isn't himself* today. トムはきょうはどうかしている. (2) 自然に[のびのびと]ふるまう: Now *I'm myself* again. さあ私はまた元気になった.

féel (lìke) one**sélf** [動] 自 = be oneself (1).

for one**sélf** [副] (1) **自分(自身)のために**: *I*'ll keep this book *for myself*. この本は自分用に取っておこう. (2) (他人に頼らないで)**自分で**: I won't tell you. *You*'ll have to find out *for yourself*. 私は教えません. 自分で調べてください.

in one**sélf** [副] **それ自体で[は]**, 本来は《この句は普通は in itself, in themselves の形で用いる》: be an end *in itself* (物事が)それ自体が目的である / *These substances* aren't poisonous *in themselves*. これらの物質はそれ自体では有毒ではない.

séem [lóok] (lìke) one**sélf** [動] 自 = be oneself (1).

one-shot /wʌ́nʃɑ̀(ː)t | -ʃɔ̀t/ 形 限定, 名 C《米略式》1 回限りの(こと) [《英》one-off].

one-sid·ed /wʌ́nsáɪdɪd←/ 形 ❶ 一方に偏った, 不公平な. ❷ 不つり合いの, (勝負などが)一方的な.

one-size-fits-all /wʌ́nsàɪzfɪtsɔ́ːl/ 形 ❶ 限定 (結果はしばしばうまくいかないが)万人向けの, 何にでも当てはまる. ❷ 限定 (洋服が)フリーサイズの.

one-star /wʌ́nstɑ̀ɚ | -stɑ̀ː/ 形 限定 (ホテル・レストランなどが)1つ星の《等級を示す; 最高級は five-star》.

one-stop /wʌ́nstɑ̀(ː)p | -stɔ̀p/ 形 限定 (店・買い物が)一か所で何でもそろう.

+**one-time** /wʌ́ntàɪm/ 形 ❶ 限定 **かつての**, 以前の [≒former]: a *one-time* jazz singer 元ジャズ歌手. ❷ 限定 1 回限りの.

one-to-one /wʌ́ntəwʌ́n←/ 形 限定, 副《格式》(対応関係が)1 対 1 の[で]; 1 人対 1 人の[で]《⇒ man-to-man 日英》: a *one-to-one* relationship 1 対 1 の関係.

óne-track mínd /wʌ́ntræk-/ 名 [次の成句で] **hàve a óne-track mínd** [動] 自 [軽蔑的] 一つのこと[(特に)セックスのこと]ばかり考えている.

one-two /wʌ́ntú:/ 名 [単数形で]〔ボクシング〕ワンツーパンチ.

one-up /wʌ́nʌ́p/ 動 (-ups; -upped; -up·ping) 他《米略式》(...)より優位に立つ, (...)を出し抜く.

one-up·man·ship /wʌ́nʌ́pmənʃìp/ 名 U [悪い意味で] (人より)一歩優位に立とうとすること.

one-way /wʌ́nwéɪ←/ 形 ❶ 限定 (道路が)一方通行の: *one-way* traffic 一方通行 / a *one-way* street 一方通行の通り. 関連 two-way 対面通行の. ❷ [普通は 限定]《主に米》(切符・乗車賃が)片道の [《英》 single]: a *one-way* fare 片道料金. ❸ [普通は 限定] 一方向(から)だけの; 一方的な: a *one-way* contract 一方的な契約.

óne-wày mírror 名 C マジックミラー.

óne-wày tícket 名 C《米》片道切符. 関連 round-trip ticket《米》往復切符.

one-wom·an /wʌ́nwòmən/ 形 限定 ⇒ one-man 語法.

+**on·go·ing** /ɑ́(:)ngòʊɪŋ, ɔ́:n-|ɔ́n-/ 形 **進行中の,** (長く)続いている: an *ongoing* depression 続く不景気.

+**on·ion** /ʌ́njən/ ❗発音 名 (~s /~z/) C,U **たまねぎ:** chopped *onions* みじん切りにしたたまねぎ.

ónion rìng 名 C オニオンリング.

+**on·line** /ɑ̀(:)nláɪn, ɔ̀:n-|ɔ̀n-←/ 形 副〔コンピュータ〕**オンライン(式)の[で]** [⇔ offline]: *online* shopping オンラインショッピング《インターネットを通じた買い物》/ go [be] *online* オンライン化される[されている]; (人が)インターネットに接続する[している] / an *online* magazine オンラインマガジン《雑誌のような情報を配信するウェブサイト》/ an *online* forum オンラインフォーラム《掲示板のようにネット上で意見交換ができる場》/ an *online* game オンラインゲーム.

ónline áuction 名 C ネットオークション.

ónline bánking 名 U (銀行の)オンライン[インターネット]取引.

on·look·er /ɑ́(:)nlʊ̀kə, ɔ́:n-|ɔ́nlʊ̀kə/ 名 C (通りすがりの)傍観者, 見物人.

*****on·ly** /óʊnli/ ❗発音

単語のエッセンス
1) ただ...だけ(の) 副 ❶, ❷; 形 ❷
2) 唯一の 形 ❶
3) ただし 接 ❶

— 副 /óʊnli/ ❶ [語句を修飾して] **ただ...だけ,** 単に, わずかに...しか. 語法「ただ...だけしかない」というように否定的に訳すことが多い: He had *only* two dollars. 彼はたった 2 ドルしか持っていなかった / We have *only* one earth. 地球はたった 1 つしかない《"Only One Earth" (たった 1 つだけの[かけがえのない]地球)はしばしば地球環境を守るためのスローガン》/ Polly is still *only* a child. ポリーはまだほんの子供だ // ⇒ only if ... (if¹ 成句).

語法 **only の位置**
(1) (a)《格式》では only は修飾する語の直前に置き,「...だけ」と強調される語が強く発音されるのが普通: *Ònly Tóm* saw the panda. トムだけがパンダを見た / Tom *ònly sáw* the panda. トムはパンダを見ただけだった《写真をとったりはしなかった》/ Tom saw *ònly the pánda.* トムはパンダしか見なかった.
(b) しかし話しことばでは(時に書きことばでも)動詞の後に来る語句を強調するときでも only を動詞の前(または助動詞や be 動詞の後)に置く傾向がある: Tom *ònly* saw *the pánda.* トムはパンダしか見なかった / Tom「*ònly* saw [has *ònly* seen] pandas *on télevision.* トムはパンダをテレビでしか見ていない.
(2)《格式》では only が文頭にくる場合, 倒置が起こることがある: *Only* in some zoos *can we see* pandas. いくつかの動物園においてのみパンダを見ることができる.

❷ [動詞の前で] **ただ...するばかりだ,** ...するだけだ: I can *only* guéss how he got it. Ⓢ 彼がどうやってそれを手に入れたか推測しかできない / ***I ónly hópe*** my daughter gets back safely. Ⓢ 娘が無事に戻るのを祈るのみだ. ❸ [名詞の後で] ...だけ, ...のみ, ...専用《しばしば掲示に用いる》: MEMBERS ONLY 会員のみ / WOMEN ONLY 女性専用. ❹ [過去を表わす副詞(句)を修飾して] つい, ほんの: John called me *only yésterday* [*an hóur ago*]. ジョンはきのう[1 時間前に]電話してきたばかりだ. 語法 文脈によっては「電話をしてきたのはきのう[1 時間前]だけである」の意味にもなる. ❺ [動詞の前で] 結局は...するだけだ: His resignation will *only* make things worse. Ⓢ 彼の辞任はただ事態を悪くするだけだろう.

hàve ónly to dó ⇒ have to の成句.

if ónly ... [接] (1) **ただ...でさえあれば:** He'll succeed *if only* he does his best (= *if* he *only* does his best). 全力でやりさえすれば彼は成功するだろう. ✪ 帰結文を省略することがある《⇒ if¹ 12》. (2) [願望を表わして] Ⓢ **...さえすればよいのになあ:** *If only* I could buy a car! = *If* I could *only* buy a car! もし車が買えたらなあ! (3) たとえ...だけであるとしても: You must come over, *if only* for a day. たとえ 1 日だけであってもぜひ来てください.

nòt ónly ... but (àlso) ~ [接] (ただ)...**だけでなく〜も(また):** She's *not only* kind *but* (*also*) honest. 彼女は親切なばかりでなく正直な人だ / *Not only* I *but* (*also*) Kate *attends* his class. 私だけでなくケートも彼の授業に出ている.

語法 **not only A but (also) B の使い方**
(1) not only A but (also) B では B が強調される《⇒ ...as well as 〜 (well¹ 副 成句)》.
(2) この成句を含む語句が主語になった場合は述語動詞の人称・数は普通は B に一致する.
(3) only の代わりに, just, merely, simply, alone などを用いたり, また also の代わりに too, as well などを用いることがある: For me, watching television is *not merely* an amusement *but also* a professional necessity. 私にとっては, テレビを見ることは娯楽であるばかりでなく職業上必要なことでもある.
(4)《格式》では not only が文頭にくる場合, 倒置が起こることがある: *Not only* were they tired, *but* (*also*) hungry. 彼らは疲れていただけでなく空腹だった.

ònly júst [副] (1) **たった今...したばかり:** I've *only just*

met him. たった今彼と会ったばかりだ. (2) **かろうじて, やっと:** I *only just* caught the last train. 私はぎりぎりで終電に間に合った.

ònly to dó (1) [目的を示して] **ただ...するために:** I'm saying this *only to* encourage you. 私はただあなたを励ますためにこのことを言っているのです. (2) [意外なまたは望ましくない結果を示して] Ⓦ (しかし)**結局...するだけのことだ,** 残念ながら...ということになる: 言い換え He worked hard, *only to* fail the exam. (= He worked hard, but failed the exam.) 彼は一生懸命頑張ったが結局は試験に落ちた.

ònly tóo ⁚ [副] (1) [glad, happy, pleased などの前で] **非常に,** とても [≒very]: I'm *only too glad* to help you. 喜んでお手伝いいたします. 語法 too の後の形容詞が強く発音される. (2) **残念ながら...だ,** 遺憾ながら...だ: The rumor is *only too* true. そのうわさは残念ながら本当だ.

— 形 ❶ 限定 [単数名詞につけて] **ただ 1 つの, 唯一の, ただ 1 人の:** an *only* child 一人っ子 / an *only* son [daughter] 一人息子[娘] / He's the *only* person [one] (who [that]) I know in this town. 彼はこの町で私が知っているただ 1 人の人だ.

❷ 限定 [複数名詞につけて] **ただ...だけの:** They're the *only people* who know the truth. 真実を知っているのは彼らだけだ / Henry and Richard are the *only boys* who met the captain. ヘンリーとリチャードだけが船長に会った少年だ. ❸ 限定 [the ~] 最適の, 最善の, 他に得られない: He's *the only* man *for* the task. 彼はその仕事に最もふさわしい人だ.

óne and ónly ⁚ [形] (1) [所有格とともに] 唯一の..., ただ 1 つの...《only を強めた言い方》: This is *your one and only* chance! これはあなたに与えられたただ 1 度の機会だ. (2) [the ~] 最高の, 不世出の《有名人などを紹介するときに用いる》.

The ónly thíng [próblem] is .... Ⓢ 実はひとつ困ったことに...だ.

— 接 ❶ Ⓢ **ただ, ただし,** だがしかし《先述のことがなぜ無理か理由を述べたり, 条件をつけたり, 修正・限定する》: 言い換え I'd like to do it, *only* I'm too busy now. (= Though I'd like to do it, I'm too busy now.) やりたいのは山々ですが, あいにく今は忙しくて.
❷ Ⓢ ...ということさえなければ: She'd succeed, *only* she gets very nervous. そんなにあがりさえしなければ彼女はうまくいくと思うのですが.

〖語源 原義は「1 つ (one[1]) のような (-ly[2])」〗

on-off /ɑ́(ː)nɔ́ːf, ɔ́ːn-, -ɑ́(ː)f | ɔ̀nɔ́f/ 形 ❶ 限定 断続的な, 長続きしない. ❷ 限定 (スイッチが)オン-オフ切換の.

on·o·mat·o·poe·ia /ɑ̀(ː)nəmæ̀t̬əpíːə | ɔ̀n-/ 名 U 〔言語〕擬声[音](による造語法).

on-ramp /ɑ́(ː)nræ̀mp | ɔ́n-/ 名 C 《米》 高速道へ入る車線.

on·rush /ɑ́(ː)nrʌ̀ʃ, ɔ́ːn- | ɔ́n-/ 名 [単数形で] 急な発生[発展]; 殺到, 奔流 (*of*).

on-screen /ɑ́(ː)nskríːn | ɔ́n-⁻/ 形 限定, 副 コンピューターの画面上の[で]; テレビ[映画]の[で].

on·set /ɑ́(ː)nsèt, ɔ́ːn- | ɔ́n-/ 名 [the ~] (特に不快なことの)始まり; (病気などの)発病, 発作 (*of*).

on·shore /ɑ́(ː)nʃɔ̀ə, ɔ́ːn- | ɔ̀nʃɔ́ː⁻/ 形 [普通は 限定] (風が海から)陸の方への; 陸上での, 岸近く(で)の.
— 副 (海から)陸の方へ; 陸上で.

on·side /ɑ́(ː)nsáɪd, ɔ́ːn- | ɔ́n-⁻/ 形 副 〔サッカー・ホッケー〕オフサイドでない[なく] [⇔ offside].

on-site /ɑ́(ː)nsáɪt, ɔ́ːn- | ɔ́n-⁻/ 形 限定, 副 現場[現地]の[で].

on·slaught /ɑ́(ː)nslɔ̀ːt, ɔ́ːn- | ɔ́n-/ 名 ❶ C [普通は単数形で] 猛攻撃, 猛襲; (...への) 激しい批判 (*on, against*); (人・物の)殺到 (*of*). ❷ [the ~] (不快なことの)影響 (*of*).

on·stage /ɑ́(ː)nstéɪʤ, ɔ́ːn- | ɔ́n-⁻/ 形 副 舞台上の[で] [⇔ offstage].

On·tar·i·o /ɑ(ː)ntéə)riòʊ | ɔn-/ 名 固 ❶ Lake ~ オンタリオ湖《米国とカナダとの間の湖; ⇒ Great Lakes》. ❷ オンタリオ《カナダ南東部の州》.

on-the-job /ɑ́(ː)nðəʤɑ́(ː)b | ɔ́nðəʤɔ́b/ 形 限定 職につきながらの.

****on·to** /(子音の前では) ɑ̀(ː)nt̬ʊ, ɔ̀ːn-, -t̬ə | ɔ̀n-, (母音の前では) -t̬u/

— 前 ❶ ...(の上)へ; **...の方へ[に]:** get *onto* (= on) the bus バスに乗る / The cat jumped *onto* the table. 猫はテーブルの上に跳び乗った / After a swim, we climbed back *onto* the raft. ひと泳ぎしたあと私たちはまたいかだの上にはい上がった / This door opens *onto* the street. この戸は通りに面している.

> 語法 (1) 上の例のように to か on だけでよいときに onto を使うことがある. onto と on の差は into と in の関係に似ている.
>
> 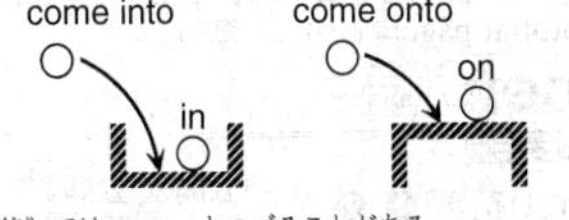
>
>
> (2) 《英》では on to とつづることがある.
> (3) He rán ón *to* the gáte. (彼は門まで走り続けた)のような副詞の on と前置詞の to の連続とは別.

❷ 《略式》 (人)に連絡[接触]して. ❸ 《略式》 ...を発見し(かけ)て, (成功など)をつかみかけて; (人(の悪事))に気づいて; ...に着手して.

on·tol·o·gy /ɑ(ː)tɑ́(ː)ləʤi | ɔntɔ́l-/ 名 U 〔哲学〕存在論.

o·nus /óʊnəs/ 名 [the ~] 《格式》 責務, 重荷; 汚名, (過失に対する)責任: *The onus* is *on* the school *to* provide a safe place for learning. 安全な学習の場を提供する責務は学校にある.

on·ward /ɑ́(ː)nwəd, ɔ́ːn- | ɔ́nwəd/ 副 《格式》 前方へ, 前へ; (ある場所・目標へ向かって)進んで; (時間的に)先へずっと: The demonstrators began to move *onward* to the Capitol. デモ隊は国会議事堂へ向かって進みだした. **from** ⁚ **ónward** [副] ...以降, ...以後: *from* 2010 *onward* 2010 年以降 / *From* this day *onward* our nation is independent. きょうからわが国は独立国だ. **ónward and úpward** [副] 好調で. — 形 限定 《格式》 その先への, 前方への; 前進的な, 前向きの.

on·wards /ɑ́(ː)nwədz, ɔ́ːn- | ɔ́nwədz/ 副 《英》 = onward.

on·yx /ɑ́(ː)nɪks | ɔ́n-/ 名 U 〔鉱石〕しまめのう.

oo·dles /úːdlz/ 名 複 [次の成句で] **óodles of ...** [形] 《古風, 略式》 たくさんの....

oo·long /úːlɔːŋ | -lɔŋ/ 名 U ウーロン茶.

oomph /ʊ́mf/ 名 U 《略式》 魅力, 迫力; パワー.

oops /uːps, (w)ʊ́ps/ 間 Ⓢ 《略式》 おっと, あれっ, あっいけない, しまった《失敗・困惑・失望など》.

ooze /úːz/ 動 自 [副詞(句)を伴って] ❶ (液体などが)(...

から)じくじく流れ出る, にじみ出る, しみ出る (*from, out of, through*). ❷ (人などが)(自信などを)にじみ出す, 発散する (*with*). — 他 ❶ (...)をじくじく出す. ❷ (性質・感情など)をにじみ出させる. — 名 ❶ U (水底の)軟泥. ❷ [単数形で] にじみ出ること[出たもの], 分泌(物).

ooz·y /úːzi/ 形 (ooz·i·er; -i·est) ❶ 《略式》 泥の(ような), 泥を含んだ. ❷ 《略式》 じくじく(しみ)出る.

O

+**op** /á(ː)p | ɔ́p/ 名 (~s) ❶ C 《英略式》 **手術**, オペ (operation); [しばしば複数形で] 《略式, 主に米》 作戦 (operation). ❷ C = opportunity.

op. 略 = opus 1.

o·pac·i·ty /oʊpǽsəṭi/ 名 ❶ U 不透明(さ). ❷ U 《格式》 難解(さ).

o·pal /óʊp(ə)l/ 名 U,C オパール, たんぱく石.

o·pal·es·cent /òʊpəlés(ə)nt←/ 形 《文語》 乳白光を発する.

o·paque /oʊpéɪk/ 形 ❶ 《格式》 不透明な [⇔ transparent]. ❷ 《格式》 不明瞭(ふめいりょう)な.

óp àrt /á(ː)p- | ɔ́p-/ 名 U オプアート《目に錯覚を起こさせる抽象芸術; *op*tical *art* の略》.

OPEC /óʊpek/ 略 = Organization of Petroleum Exporting Countries 石油輸出国機構.

op-ed /á(ː)péd | ɔ́p-/ 名 C 《米》 (社外の著者による)署名記事, オピニオン欄《社説の向かい側 (*op*posite the *ed*itorial page)にあったことから》.

***o·pen** /óʊp(ə)n/

意味のチャート

「あいている」 形 ❶, ❷ → 「公開の; 公開する」 形 ❹; 動 他 ❸
↓ → 「公然の; 率直な」 形 ❺
「あける, 開く」 動 他 ❶, 自 ❶ → 「空いている」 形 ❽
→ 「開始する」 動 他 ❷, 自 ❷

— 形 (o·pen·er; o·pen·est) ❶ あいている, **開いた** [⇔ closed, shut]; (花が)咲いた; (傷口が)あいている; 〔コンピュータ〕 (ファイルなどが)開いて; (織物などが)目の粗い: an *open* window あいている窓 / The doors are ***wide open***. 戸は大きくあいている / Who left the gate *open*? 門をあけたままにしたのはだれ? / His notebook was lying *open* on the desk. 彼のノートが机の上に開いたまま置いてあった.

❷ 叙述 [比較なし] (店などが)**あいている**, (営業・事業を)行なっている; (マイクが)オンで [⇔ closed, shut]: The store is *open* from ten to six. その店は 10 時から 6 時まであいている / Is the bank still *open*? 銀行はまだあいてますか / WE'RE OPEN 営業中《店の掲示》/ ALWAYS OPEN 年中無休《店の掲示》.

❸ 限定 **広々とした**, さえぎる物のない: *open* water [country] 広々とした水面[土地] / an *open* kitchen オープンキッチン / *open* spaces 広々とした空間 / the *open* road 交通量の少ない道路; 封鎖されていない道路 / the *open* sea 公海.

❹ **公開の**, (一般に)開放されている, 自由に参加できる [⇔ closed]: an *open* race だれでも参加できる競走 / in *open* court 公開法廷で / The museum isn't ***open to*** the public now. +*to*+名 その博物館は今は一般に公開されていない.

❺ **公然の**, あからさまの; **率直な**, 隠しだてのない《⇒ frank[1] 類義語》: an *open* secret 公然の秘密 / He spoke to me in a very *open* manner. 彼は大変率直な態度で私に話しかけた / She was very ***open with*** me ***about*** her intentions. +*with*+名+*about*+名 彼女は自分の意向を隠さずに私に打ち明けた. ❻ 覆い[屋根]のない, 無蓋(むがい)の; (衣服が)ボタン[ジッパーなど]のない, 開襟(かいきん)の: an *open* shirt オープンシャツ / an *open* car オープンカー / be *open to* the sky 屋根がない. ❼ 叙述 (...にとって)可能な, (...が)利用できる: This is the only choice *open to* us. これが我々にとって唯一可能な選択だ. ❽ [比較なし] 叙述 (地位・職などが)空いている, 空位の; (時間・場所などが)空いている: The position is still *open*. その地位はまだ空いている / I'll keep an hour *open for* the interview. その会見のために 1 時間空けておこう. ❾ ...にかかりやすい; ...に寛容な, ...をすぐに受け入れる: an *open* mind 広い心 / The grading system is *open to* criticism. その評価法は批判を受けやすい / I'm always *open to* suggestions. 提案はいつでも歓迎します //⇒ open to question (question 名 成句). ❿ (問題などが)未解決の, 未決定の: an *open* question 未解決の問題 / leave the options *open* 選択肢を未決定にしておく. ⓫ 〔球技〕 フリーの, ディフェンスがついていない. ⓬ 〔音声〕 (母音が)広い [⇔ close].

brèak ópen [動] 他 (...)を**無理に[壊(こわ)して]あける**, 破る. 語法 V+O (名·代)+*open* と V+*open*+O (名) の両型可能: He *broke* the door *open*. = He *broke open* the door. 彼はドアをこじあけた.

búrst ópen [動] 自 **ぱっと開く**: Suddenly the door *burst open*. 突然ドアがぱっと開いた. — 他 (...)を**ぱっとあける**; (ドアなど)を破(ってあけ)る: The soldiers *burst open* the gate and entered the fort. 兵士たちは門を破ってとりでに入った.

lày ópen [動] 他 (1) (...)を切り開く, (傷口など)を切開する. (2) (...)をあばく, 暴露する.

póp ópen [動] 自 突然開く. — 他 (...)をぱっと開ける; (栓など)をぽんとあける.

púll ópen [動] 他 (...)を引っ張ってあける.

púsh ópen [動] 他 (...)を**押しあける**: I tried to *push* the door *open*, but it wouldn't move. 私は戸を押しあけようとしたがどうしても動かなかった.

thrów ópen [動] 他 (1) (ドアなど)をぱっとあける. (2) (議論・場所)を(...に)開放する (*to*).

— 動 (o·pens /~z/; o·pened /~d/; o·pen·ing /-p(ə)nɪŋ/) 他 ❶ (閉じているもの)を**あける**, **開く**; 〔コンピュータ〕 (ファイルなど)を開く [⇔ close, shut, fold]; 広げる: *open* a window 窓をあける / *open* one's present プレゼントをあける / I *opened* the bag to take out a book. 私はかばんをあけて本を取り出した / *Open* your books to [《英》 at] page ten. 本の 10 ページを開きなさい / *open* one's arms [eyes, mouth] 両腕を広げる[目をあける, 口をあける].

❷ (営業・事業など)を**開始する**, (店など)を**あける**; (活動など)を始める; (銀行口座)を開く [⇔ close, shut]: 「At what [What] time do you *open* your office? 何時に事務所をあけますか / The new highway will ***be opened to*** traffic before long. V+O+*to*+名の受身 新しい幹線道路はまもなく開通する / They *opened* the discussion at 5 p.m. 彼らは午後 5 時に[から]討議を始めた / He ***opened*** the meeting ***with*** a short speech. V+O+*with*+名 彼は短いスピーチをしてから会を始めた. ❸ (...)を(人に)公開する, 開放する; (議会など)の開会を宣する: The garden *is opened to* the public once a year. その庭園は年に 1 度一般公開される. ❹ (心など)を(...に)開く, 開かせる (*to*).

— 自 ❶ **開く**, 割れる; 広がる [⇔ close]: This door won't *open*. この戸はどうしてもあかない《⇒ will¹ 3》/ The tulip buds are beginning to *open*. チューリップのつぼみが開き始めている.
❷ **開始する**, 始まる: The meeting ***opened with*** the president's speech. V+*with*+名 会議は社長のあいさつで始まった / In the US, school *opens* in September. 米国では学校は 9 月から始まる / 「The baseball season [The movie] *opens* this week. 野球のシーズン[その映画]は今週から始まる / The store *opens* at 8 a.m. その店は朝の 8 時に開く. ❸ (株価が)寄りつく.

open の句動詞

ópen ìnto ... 動 他 ...の中へ通じる: That door *opens into* a small storage room. そのドアは狭い貯蔵室に通じている.
ópen ònto ... 動 他 = open into ....
ópen óut 動 自 ❶ (道などが) 広がる (*into*). ❷ 《英》 心を開く.
ópen ... to ～ 動 他 ❶ ...を(人)に公開する, 開放する《⇒ open 他 3》. ❷ ...を(批判など)に向き合わせる.
ópen onesèlf (úp) to ... [動] 他 (批判・問題など)に向き合う.
*__ópen úp__ 動 他 ❶ (市場など)を**開放する**; (土地)を開発する V+名・代+*up* / V+*up*+名: The Canadian Government requested Japan to ***open up*** its markets ***to*** Canadian goods. カナダ政府は日本に対してカナダ製品に市場を開放するように要請した.
❷ (機会など)を**開く**, 利用できるようにする V+名・代+*up* / V+*up*+名: This discovery *opens up* the possibility of developing new drugs. この発見により新薬の開発の可能性が開かれる.
❸ (箱・包みなど)を**あける**, 広げる V+名・代+*up* / V+*up*+名: We *opened up* the box but found nothing in it. 箱をあけたが中には何もなかった. ❹ (店など)を開く, 開店する. ❺ (得点差)を広げる; (穴・ひびなど)を生じる. ❻ (議論)を開始する.
— 自 ❶ 開発される; 開放される (*to*); 開店する, 開業する. ❷ [しばしば命令文で] (戸を)あける. ❸ (機会・可能性が)開ける, 生じる. ❹ 遠慮なく話す, 打ち解ける; 情報を提供する. ❺ 発砲を開始する. ❻ (穴・ひびが)ぱっくりと開く.

— 名 ❶ [the ～] 空き地, 広場; 戸外, 野外. ❷ C [普通は O-] (ゴルフ・テニスなどの)選手権試合.
in the ópen [副・形] **戸外で[の]**, 広々とした野外で[の]: play *in the open* under the blue sky 青空のもと広々とした所で遊ぶ.
(òut) in [ìnto] the ópen [副・形] (秘密などが)明るみに(出て), 周知の状態に[で].

ópen áccess TV́ 名 U 一般大衆が進行役のテレビ番組.
ópen áir 名 [the ～] 戸外, 野外: in *the open air* 戸外[屋外]で, 野外で.
o·pen-air /óʊp(ə)néə | -éə⁺/ 形 限定 戸外の, 野外の: an *open-air* school 野外[林間]学校.
ó·pen-and-shút cáse /óʊp(ə)nənʃʌ́t-/ 名 C [普通は単数形で] 容易に解決できる訴訟事件.
ópen bár 名 C 《米》 (パーティーなどの)無料で飲み物を提供するバーカウンター.
o·pen·cast /óʊp(ə)nkæ̀st | -kɑ̀ːst/ 形 《英》 = open-pit.
ópen dày 名 C 《英》 = open house 1.
ópen dóor 名 [the ～] 門戸開放; 機会均等.
o·pen-door /óʊp(ə)ndɔ́ə | -dɔ́ː⁺/ 形 限定 門戸開放の; 機会均等の: an *open-door* policy (人々・商品などが自由に入れる)門戸開放政策.
o·pen-end·ed /óʊp(ə)néndɪd⁺/ 形 (問題が)決まった解答のない; (期限などが)制限のない; 変更可能な.
ópen enróllment 名 ❶ U 《主に米》 自由入学制《学区外の学校に入学できる制度》. ❷ U 《主に米》 自由参加期《メンバーとして参加[登録]できる期間》.
o·pen·er /óʊp(ə)nə | -nə/ 名 ❶ C [普通は合成語で] あける道具《缶切り・栓抜きなど》: a can [《英》 tin] *opener* 缶切り / a bottle *opener* 栓抜き. ❷ C 開幕試合; (ショーなどの)始まり, 序幕. **for ópeners** [副] 《略式, 主に米》 まず第一に《理由などを述べる際の表現》; 《略式, 主に英》 最初に.
o·pen-eyed /óʊp(ə)náɪd⁺/ 形 副 (驚いたりして)目を大きく見開いた[て]; 目を凝(こ)らした[て].
ó·pen-fàce(d) sándwich /óʊp(ə)nfèɪs(t)-/ 名 C 《米》 オープンサンド《1 枚のパンの上に卵・野菜などをのせたもの》 [《英》 open sandwich].
o·pen·hand·ed /óʊp(ə)nhǽndɪd⁺/ 形 ❶ 気前のよい, 物惜しみしない [≒generous]. ❷ 平手の.
o·pen-heart·ed /óʊp(ə)nháətɪd | -hɑ́ːt-⁺/ 形 親切な, 寛大な; 隠しだてしない, 率直な.
ó·pen-hèart súrgery /óʊp(ə)nhɑ̀ət- | -hɑ̀ːt-/ 名 U 〖医学〗 心臓切開手術.
ópen hóuse 名 ❶ C 《米》 (学校・寮・クラブなどの)一般公開日 [《英》 open day]; 売家の公開日. ❷ C オープンハウス《自宅を開放し親戚・友人ならだれでも気軽に迎えもてなす時間帯》; U 《英》 来客を歓迎すること.

**o·pen·ing /óʊp(ə)nɪŋ/

— 名 (～s /～z/) ❶ C,U [普通は the ～] **開くこと, 開始, 開業**, 開会, 開通, 開店: the ***opening of*** the new road 新しい道路の開通.
❷ [単数形で] **初め**, 冒頭 [≒beginning]: He spoke at the ***opening of*** the meeting. 彼はその会合の冒頭で話をした / The *opening of* this book is hard to understand. この本の初めの所は難しい.
❸ C **すき間**, 穴, 裂け目 (*in*); 空き地, 広場. ❹ C (地位・職などの)空き, 欠員: There's an *opening at* [*in*] this school *for* a history teacher. この学校には歴史の先生の欠員がある. ❺ C 機会, 好機: The photo provided me with an *opening to* ask about my grandfather. その写真は祖父について尋ねるよい機会を与えてくれた.
— 形 限定 **開始の**, 初めの [⇔ closing]: an *opening* address 開会の辞 / an *opening* sentence 書き出しの文.

ópening cèremony 名 C 開会式 [⇔ closing ceremony].
ópening hòurs 名 複 《主に英》 (レストラン・銀行などの)営業時間.
ópening nìght 名 C [普通は the ～] (演劇・映画などの)初演の夜.
ópening tìme 名 C,U 開店時刻.
ópening úp 名 [the ～] (土地などの)開発; (可能性などの)開拓; 開通, 開業 (*of*).
ópen létter 名 C 公開(質問)状《新聞・雑誌などに発表する手紙形式の個人あての抗議文》.
+**o·pen·ly** /óʊp(ə)nli/ 副 ❶ **率直に**, 遠慮なく: Let's talk about the matter *openly*. その問題を率直に話し

合おう.
❷ 公然と, 人前で, あからさまに: He *openly* criticized my policies. 彼は私の方針を公然と批判した.

ópen márket 名 C [普通は the ~] 公開[自由]市場: on the *open market* 公開市場で.

o·pen-mind·ed /óʊp(ə)nmáɪndɪd←/ 形 心の広い, 偏見のない (*about, toward*).

o·pen·mouthed /óʊp(ə)nmáʊðd←/ 形 副 口を開いた[て]; (驚いたりして)口をあんぐりと開けた[て].

o·pen-necked /óʊp(ə)nnékt←/ 形 (ワイシャツが)開襟(かいきん)の.

o·pen·ness /óʊp(ə)nnəs/ 名 ❶ U 率直さ (*of, about*); 心の広いこと, 寛大 (*to, toward*). ❷ U 開いていること, 開放状態 (*of*).

o·pen-pit /óʊp(ə)npɪt/ 形 [普通は 限定] 《米》 (鉱山が)露天掘りの [《英》 opencast].

o·pen-plan /óʊp(ə)nplǽn←/ 形 《主に英》 (事務所などが)部屋が間仕切りの壁で区切られていない.

ópen prímary 名 C 《米》 開放予備選挙.

ópen príson 名 C 《英》 開放型刑務所.

ópen sándwich 名 C 《英》 = open-face(d) sandwich.

ópen séason 名 U 狩猟[漁業](解禁)期間 (*for, on*) [⇔ closed [《英》 close] season]; 批判[攻撃]にさらされる期間 (*on*).

ópen shóp 名 C オープンショップ《労働組合未加入者も雇う事業所; ⇒ closed shop, union shop》.

ópen sóurce 形 限定 〘コンピュータ〙 (ソフトが)使用者が変更できるようにソースコードが公開された.

ópen sýstem 名 C 〘コンピュータ〙 オープンシステム《他社製のコンピューターと接続が可能なシステム》.

o·pen-toed /óʊp(ə)ntóʊd←/ 形 限定 (靴などが)つま先の部分があいた.

Ópen Univérsity 名 [the ~] 《英》 公開大学《特に放送・通信教育による教育機関》.

ópen vérdict 名 C 〘英法律〙 有疑評決《死因または殺害者を不明とする》.

o·pen·work /óʊp(ə)nwə̀ːk | -wəːk/ 形 限定 (編み物・彫刻などが)透(す)かし細工の.

*__op·er·a__[1] /ɑ́(ː)p(ə)rə | ɔ́p-/ 名 (~s/~z/) ❶ C,U オペラ, 歌劇: stage an *opera* オペラを上演する / a comic *opera* 喜歌劇. ❷ C = opera house. ❸ C 歌劇団. (形 òperátic)
〖語源 ラテン語で「仕事, 作品」の意; operate と同語源〗

opera[2] 名 opus の複数形.

op·er·a·ble /ɑ́(ː)p(ə)rəbl | ɔ́p-/ 形 〘医学〙 手術可能な; 《格式》 実施[使用]できる [⇔ inoperable].

ópera glàsses 名 複 オペラグラス.

op·er·a·go·er /ɑ́(ː)p(ə)rəgòʊə | ɔ́p(ə)rəgòʊə/ 名 C オペラによく行く人.

ópera hòuse 名 C オペラ劇場, 歌劇場.

*__op·er·ate__ /ɑ́(ː)pərèɪt | ɔ́p-/ !アク 動 (-er·ates/-rèɪts/; -er·at·ed /-ṭɪd/; -er·at·ing /-ṭɪŋ/) 自 ❶ [副詞(句)を伴って] (機械などが)**作動する**; 機能する (*as*); (人が)仕事をする, 行動する: The engine is *operating* properly. エンジンは順調に動いている.
❷ [副詞(句)を伴って] (会社などが)**営業活動をする**, (バスなどが)運行される: Established in 1950, the company now *operates* worldwide. その会社は 1950 年創立で今や世界中で事業を営んでいる.
❸ [副詞(句)を伴って] **作用する**, 影響する; 効果がある, (薬などが)効く: The new law *operated against* small businesses. 新法は小企業に不利に働いた.
❹ (患者に)**手術をする**: Dr. Smith ***operated on*** my father ***for*** lung cancer. V+*on*+名+*for*+名 スミス医師が父の肺癌(はいがん)の手術をした. ❺ (軍・警察が)行動[作戦]をとる (*in, against*).
— 他 ❶ (機械など)を**運転する**, 操作する, 動かす: Bill *operates* a bulldozer. ビルはブルドーザーの運転手だ / This machine ***is operated by*** electricity. V+O の受身 この機械は電気で動く.
❷ (...)を**運営する**, 経営する [≒run]; (営業)を行なう, (バスなど)を運行する. (名 òperátion, 形 óperative)
〖語源 ラテン語で「働く, 作用する」の意; ⇒ opera[1] 語源〗

op·er·at·ic /ɑ̀(ː)pərǽṭɪk | ɔ̀p-←/ 形 [普通は 限定] オペラの, 歌劇の; オペラ[歌劇]風の. (名 ópera)

óperating ròom 名 C 《米》 (病院の)手術室 [《英》 (operating) theatre].

óperating sỳstem 名 C 〘コンピュータ〙 オペレーティングシステム《コンピューターの管理プログラム; 略 OS》. 関連 application アプリケーション.

óperating tàble 名 C 手術台.

óperating thèatre 名 C 《英》 = operating room.

***__op·er·a·tion__ /ɑ̀(ː)pəréɪʃən | ɔ̀p-/
— 名 (~s /~z/)

意味のチャート
ラテン語で「仕事すること」の意から, 「**作業, 活動**」❷
→ (医術上の仕事) → 「**手術**」❶
→ (経営上の活動) → 「**運営**」❷
→ (運行上の作業) → 「**運転**」❸
→ (戦略上の行為) → 「**作戦**」❺

❶ C 〘医学〙 **手術** [《英略式》 op] (*to* do): He had [《格式》 underwent] an ***operation for*** liver disease [trouble]. 彼は肝臓病で手術を受けた / perform an ***operation on*** the patient 患者に手術をする.
❷ C **企業**, 会社; [普通は複数形で] (企業などの)事業活動; C,U 作業, 仕事, 活動; (事業の)運営: run a small manufacturing *operation* 小さな工場を営む / a rescue *operation* 救出作業.
❸ U (機械などの)**運転**, 操作: The *operation of* this machine requires advanced skill. この機械の操作は高度の技術を必要とする. ❹ U (法令などの)施行, 実施. ❺ C 軍事行動; (警察などの)作戦(行動); [O-] (特定の作戦名などに用いて) ...作戦 [《略式》 op].
❻ C 〘コンピュータ〙 オペレーション, 演算; 〘数学〙 演算: (the) four *operations* 加減乗除.

cóme [gó] ìnto operátion [動] 自 (機械などが)運転を始める; (法律などが)施行される.

in operátion [形] (1) (機械などが)**運転中で**; (法律などが)施行されて: The engine is *in operation*. エンジンは作動している. (2) 経営されて, 運営されて; 活動中で.

pút [bríng] ... ìnto operátion [動] 他 (機械など)を動かす; (法律など)を施行する; (...)に軍事行動をおこさせる. (動 óperàte, 形 òperátional)

+__op·er·a·tion·al__ /ɑ̀(ː)pəréɪʃ(ə)nəl | ɔ̀p-←/ 形 ❶ 叙述 **機能を果たせる**, 運転可能な, 使用できる; 操業中の: All these machines are fully *operational*. これらの機械はすべて完全に稼動可能だ. ❷ 限定 運営上の, 経営上の. (名 òperátion)
-al·ly /-nəli/ 副 機能[運用, 運営]上.

operátional resèarch, op·er·á·tions re-

sèarch /à(:)pəréɪʃənz- | ɔ̀p-/ 名 U オペレーションズリサーチ《経営上の様々な問題を最も効率的に決定[解決]するための研究》.

op·er·a·tive /á(:)p(ə)rətɪv, -pərèɪṭ- | ɔ́p-/ 形 ❶ 叙述 《格式》(機械などが)運転している, 使用できる; 操業している; 作用する; (法律などが)施行されている; (薬などが)効き目のある [⇔ inoperative]. ❷〔医学〕手術の.
the óperative wórd [名] ポイントとなることば.
(動 óperàte)
— 名 ❶ C《格式》〔商業〕工員, 職工. ❷ C《米》(政府機関の)スパイ, 工作員.

*__op·er·a·tor__ /á(:)pərèɪṭɚ | ɔ́pərèɪtə/ ❗アク 名 (~s /~z/) ❶ C **電話交換手.**
❷ C (機械・装置の)**運転者**, 操作係: an elevator *operator*《米》エレベーター運行係, エレベーターボーイ[ガール]. ❸ C (特定の業種の)経営者, 業者. ❹ C やり手: a smooth *operator* 如才ないやり手.

op·er·et·ta /à(:)pəréṭə | ɔ̀p-/ 名 C オペレッタ, 軽歌劇, 喜歌劇.

oph·thal·mic /ɑ(:)fθǽlmɪk | ɔf-/ 形 限定〔医学〕目に関する, 眼科の.

oph·thal·mol·o·gist /à(:)fθəlmá(:)ləʤɪst | ɔ̀fθælmɔ́l-/ 名 C〔医学〕眼科医.

oph·thal·mol·o·gy /à(:)fθəlmá(:)ləʤi | ɔ̀fθælmɔ́l-/ 名 U〔医学〕眼科学.

o·pi·ate /óupiət, -pièɪt/ 名 ❶ C〔医学〕鎮痛剤, 催眠剤. ❷ C《格式》[軽蔑的] 感覚を鈍らせるもの.

o·pine /oupáɪn/ 動 他《格式》...と意見を述べる (*that*).
— 自 意見を抱く (*about, on*).

⁑o·pin·ion /əpínjən/ ❗アク

— 名 (~s /~z/) ❶ C,U [普通は所有格の後で] (個人の)**意見, 考え**, (ものの)見方: What's *your opinion of* the new government? 新政府についてどう思いますか / May we ask *your opinion of* [*on, about*] our plan? 私たちの計画についてご意見を伺いたいのですが / The new evidence has confirmed *my opinion that* she's innocent. +that 節 新しい証拠により彼女は無罪だという私の考えが固まった / ***have*** [***hold***] an ***opinion*** 意見を持っている / ***give*** [***express***] one's ***opinion*** 意見を述べる / ***form*** an ***opinion*** 考えをまとめる / *my* personal *opinion* 私の個人的な意見 / different *opinions* 異論 / a difference of *opinion* 見解の相違.
❷ U (一般の人々の)**意見**, 世論: public [popular] *opinion* 世論 / *Opinion* has changed [turned] against [in favor of] nuclear power stations. 世論は原発反対[賛成]に傾いた.
❸ [形容詞を伴って a ~] **評価**; (善悪などの)判断: I have *a good* [*bad, poor*] ***opinion of*** the new method. その新しい方法を高く評価している[よくないと思っている] / They had *a high* [*low*] *opinion of* her talent(s). 彼らは彼女の才能を高く[低く]評価した.
❹ C [普通は単数形で] (専門家の)意見, 鑑定;〔法律〕(裁判所[官]の)意見: an expert('s) *opinion* 専門家の意見 / get a second *opinion* 別の専門家の判断を仰ぐ.
be of the opínion that ... [動]《格式》**...という意見を持っている**《⇒ that² A 4》.
in ...'s opìnion [副] 文修飾 **...の意見[考え]では:** *In mý opinion*, drinking is a bad habit. 私の考えでは飲酒は悪習だ. ⚡ ×According to my opinion とは言わない. 語法 (1) opinion の前の所有格の名詞や代名詞が強く発音される. (2) 文頭・文中・文末いずれにも用いる.

o·pin·ion·at·ed /əpínjənèɪṭɪd/ 形 [軽蔑的] 自説に固執する, 頑固な.

opínion màker 名 C [普通は複数形で] 世論を左右する者《政治家・ジャーナリストなど》.

+**opínion pòll** 名 C **世論調査** (poll).

o·pi·um /óupiəm/ 名 U あへん《麻薬》.

o·pos·sum /əpá(:)səm | əpɔ́s-/ 名 (複 ~(s)) C オポッサム, ふくろねずみ [《米略式》possum]《アメリカ産の有袋類; びっくりすると死んだようになる》.

opp. 略 = opposite.

⁑op·po·nent /əpóunənt/

— 名 (-po·nents /-nənʦ/) ❶ C [普通は所有格の後で] (競技・争い・討論などの)**相手, 敵** (*at*): He defeated *his opponent* in the last election. 彼は前回の選挙で対立候補を破った. ❷ C (...の)反対者 (*of*) [⇔ proponent].

op·por·tune /à(:)pɚt(j)ú:n⁻ | ɔ́pətjù:n/ 形《格式》(時機が)適切な; (行為などが)時宜にかなった, 都合のよい [⇔ inopportune]. (名 òpportúnity)
~·ly 副 時宜に適して, 都合よく; 適切に.

op·por·tun·is·m /à(:)pɚt(j)ú:nɪzm | ɔ̀pətjú:n-/ 名 U [軽蔑的] 便宜[ご都合, 日和見]主義.

op·por·tun·ist /à(:)pɚt(j)ú:nɪst | ɔ̀pətjú:n-/ 名 C [軽蔑的] 便宜[ご都合, 日和見]主義者; でき心で犯罪を犯す者. — 形 = opportunistic.

op·por·tu·nis·tic /à(:)pɚt(j)u:nístɪk | ɔ̀pətju:-⁻/ 形 [軽蔑的] 便宜[ご都合, 日和見]主義的な; でき心の.

⁑op·por·tu·ni·ty /à(:)pɚt(j)ú:nəṭi | ɔ̀pətjú:-/ ❗アク

— 名 (-ni·ties /~z/) ❶ U,C (よい)**機会; 好機, チャンス**《⇒ chance 表》: I don't have many ***opportunities to*** go abroad. +to 不定詞 海外へ行く機会はあまりない《⇒ to² C (4) 囲み》/ I have little ***opportunity for*** [***of***] traveling. 旅行する機会がめったにない / I'll tell her so ***at*** the first [earliest] ***opportunity***. 機会があり次第彼女にそう伝えます / I'd like to take this *opportunity to* express my gratitude to all of you. この場を借りて皆様にお礼を申し上げます / Don't miss this golden *opportunity*. この絶好の機会を逃さないで / ***give*** ... an ***opportunity*** ...に機会を与える / ***get*** an ***opportunity*** 機会を得る //⇒ photo opportunity. ❷ C 就職の機会, 就職口. (形 òpportúne)

*__op·pose__ /əpóuz/ ❗発音 動 (op·pos·es /~ɪz/; op·posed /~d/; op·pos·ing) 他 ❶ (...)に**反対する**, 対抗する; (...)をはばむ《⇒ 類義語》: We *opposed* his plan. 我々は彼の計画に反対した《✪ ×oppose to とは言わない》. ❷ (人)と争う, 競争する: He will *oppose* two other candidates in the election. 彼は選挙で他の候補 2 人と争うことになる.
(名 òppositíon, 形 ópposite)

類義語 **oppose**「反対する」の意のごく一般的な語. 証拠や正当な論理に基づく反対にも単なる感情的反対にも用いるが, 実力行使を意味することもある: We *oppose* the death penalty. 我々は死刑に反対する. **be against** 話しことばでは, この言い方が一般的: We*'re against* war. 戦争に反対だ. **object** 特定の意見の不一致点について, 嫌悪・反感などをもって反対すること. *oppose* ほど意味が強くない: My father *objected* to my traveling alone. 父は私の一人旅に反対した. **resist** 反対の意思を積極的な行動に表わして抵抗する意に用いる: The demonstrators *re-*

sisted police attempts to disperse them. デモ隊はけ散らそうとする警察の動きに抵抗した. **withstand** 格式ばった語で, 相手からしむけられた行動に対して, 受動的に自分の損害を防ぐために抵抗すること: The network *withstood* the hacker's attempts to break in. そのネットワークはハッカーの侵入の試みに耐えた.
〘語源〙ラテン語で「...に対して置く (pose)」の意; ⇒ propose キズナ〛

O

op·posed** /əpóʊzd/ 形 叙述 (...に)**反対で**; 対立して: Public opinion is strongly ***opposed to this policy. 世論はこの政策に強く反対している.
as oppósed to ... [前] ...と全く違ったものとして(の), ...と対照的に[である].

op·pos·ing /əpóʊzɪŋ/ 形 ❶ 限定 敵対[相対]する. ❷ 限定 (考え·意見が)正反対の, 相いれない. ❸ 限定 (方向·位置が)反対の, 対面の.

****op·po·site** /á(ː)pəzɪt, -sɪt | ɔ́p-/ ❗発音
— 形 ❶ [普通は 限定] [比較なし] (性質·意味などが) **正反対の**, **逆の** (《略》 opp.): 'High' and 'low' have *opposite* meanings.「高い」と「低い」は反対の意味を持つ / the *opposite* sex 異性.
❷ [普通は 限定] [比較なし] (位置が)**向こう側の**, 向かい合った; (方向などが)**反対(側)の** (*to*): on the *opposite* side of the street 通りの向こう側に / move in the *opposite* direction 反対方向に動く. ❸ [名詞の後で] 向かい側の: the houses *opposite* 向かい側の家.
(動 oppóse)
— 前 ❶ **...の向こう側に[の]**; ...の反対の方向[位置]に[の]: the house *opposite* the school 学校の向かい側の家 / Their house is just *opposite* ours. 彼らの家はわが家の真向かいだ / They sat *opposite* each other. 彼らは向き合って座った (⇒ 副). ❷ (俳優が)...の相手役で.
— 名 C または the ~] **逆のこと[物]**, 反対[正反対]の物[こと, 人]; 逆; 反意語 [≒antonym] (《略》 opp.): That's just ***the opposite of*** what I thought. それは私の考えたこととまるで逆だ / It isn't easy, it's just [quite] *the opposite*. それは容易ではない, 全くその逆だ / *Opposites* attract. 正反対の者どうしはひかれあう.
— 副 《主に英》 **向かい合わせの位置に**, 向こう側に; 反対方向に: They sat *opposite* (*to* each other). 彼らは向かい合って座った. 語法 to のないほうが普通 (⇒ 前 1 最後の例).

ópposite númber 名 C [普通は単数形で所有格の後で] 対等の地位の人 [≒counterpart].

op·po·si·tion** /à(ː)pəzíʃən | ɔ̀p-/ 名 (~s /~z/) ❶ U **反対**; 対抗, 抵抗; 妨害; 《格式》 対立 (*between*): The plan met (with) strong ***opposition from residents. その計画は住民の強硬な反対にあった / The mob offered ***opposition to*** the police. 暴徒は警官隊に抵抗した. ❷ [the ~; 《英》 単数または複数扱い] 対抗者, ライバル; [しばしば the O-] 野党.
in opposítion [形·副] 野党の[で].
in opposítion to ... [前] ...に反対して, (野党などが)...に抵抗して; ...と対立して. (動 oppóse)

opposítion pàrty 名 C 野党.

+**op·press** /əprés/ 動 (-press·es /~ɪz/; op·pressed /~t/; -press·ing) 他 [しばしば受身で] ❶ (...)を**圧迫する**, 抑圧する, 虐げる: The people *were oppressed* by the government. 国民は政府に抑圧されていた. ❷ Ⓦ (...)に圧迫感[重苦しい感じ]を与える; 憂鬱(ゆううつ)にする, ふさぎ込ませる.
(名 oppréssion, 形 oppréssive)
〘語源〙ラテン語で「押しつける」の意; ⇒ press キズナ〛

op·pressed /əprést/ 形 抑圧された; ふさぎ込んだ. — 名 [the ~ で複数扱い] 虐げられた人々.

+**op·pres·sion** /əpréʃən/ 名 ❶ U **圧迫**, 圧制: the *oppression* of the weak by the strong 強者による弱者への圧迫 / groan under *oppression* 圧制の下であえぐ. ❷ U 圧迫感, 重苦しい感じ; 憂鬱(ゆううつ), 意気消沈. (動 oppréss)

op·pres·sive /əprésɪv/ 形 ❶ 圧制的な, 圧迫的な; 苛酷(かこく)な, 厳しい. ❷ (天候が)暑苦しい, むっとする; (精神的に)重苦しい. (動 oppréss)
~**·ly** 副 圧制的に; 暑苦しく; 重苦しく.

op·pres·sor /əprésɚ | -sə/ 名 C 圧制者, 迫害者, 暴君.

op·pro·bri·um /əpróʊbriəm/ 名 U 《格式》 (多くの人々による)非難.

opt** /á(ː)pt | ɔ́pt/ 動 (opts /á(ː)pts | ɔ́pts/; ~**·ed** /~ɪd/; ~**·ing**) 自 **選ぶ**, 選択する (⇒ choose 類義語): Tom ***opted for Miss Snow's class. V+*for*+名 トムはスノー先生のクラスを選択した. — 他 (...)を選ぶ, 選択する: *opt to* go to college 大学進学を選ぶ.
ópt ín [動] 自 参加[加入]する (*to*).
ópt óut [動] 自 (1) 避ける, 逃れる (*of*). (2) (...に)参加しないことにする, (...から)身を引く (*of*). (3) 《英》 (学校·病院が)地方自治体の管理下から離れる (《国費により自主管理する》).

op·tic /á(ː)ptɪk | ɔ́p-/ 形 限定 〔解剖〕 目の, 視覚の, 視力の: the *optic* nerve 視神経.

op·ti·cal /á(ː)ptɪk(ə)l | ɔ́p-/ 形 ❶ 限定 光学の. ❷ 限定 目の, 視覚[視力]の. ❸ 限定 〔コンピュータ〕 光学式の (《データの伝送·記録に光を用いる》): an *optical* disk 光ディスク.

óptical fíber 名 C,U 光ファイバー.

op·ti·cian /a(ː)ptíʃən | ɔp-/ 名 C めがね屋 (《人》); 《英》 検眼士 [《米》 optometrist].

op·tics /á(ː)ptɪks | ɔ́p-/ 名 U 光学.

optima 名 optimum の複数形.

op·ti·mal /á(ː)ptəm(ə)l | ɔ́p-/ 形 限定 《格式》 = optimum.

+**op·ti·mis·m** /á(ː)ptəmìzm | ɔ́p-/ 名 U **楽観(論)**, 楽天主義 [⇔ pessimism]: The President expressed cautious ***optimism about*** the future. 大統領は控えめながら将来の楽観的展望を口にした.

op·ti·mist /á(ː)ptəmɪst | ɔ́p-/ 名 C 楽観論者, 楽天家 [⇔ pessimist].

op·ti·mis·tic** /à(ː)ptəmístɪk | ɔ̀p-/ 形 **楽観的な**, 楽天的な; (見通しなどが)明るい [⇔ pessimistic]: 言い換え We're ***optimistic about the success of the conference. +*about*+名 = We're ***optimistic that*** the conference will succeed. +*that* 節 会談の成功を楽観(視)している / Our students are ***cautiously optimistic about*** the future. 学生たちは未来について慎重ながら楽観的である.
-mis·ti·cal·ly /-kəli/ 副 楽観的に, 楽天的に.

op·ti·mize /á(ː)ptəmàɪz | ɔ́p-/ 動 他 《格式》 (...)を最も効果的にする, (...)を最大限に生かす; 〔コンピュータ〕 (システム)を最適化する.

op·ti·mum /á(ː)ptəməm | ɔ́p-/ 形 限定 《格式》 最適の, 最上[最善]の (*for*). — 名 (複 ~s, **op·ti·ma** /á(ː)ptəmə | ɔ́p-/) C [普通は単数形で] (成長などの)最適条件.

****op·tion** /á(ː)pʃən | ɔ́p-/

— 名 (～s /～z/) ❶ C,U **選択; 選択権**, 選択の自由 [≒choice]: If I had the [any] *option*, I'd do it. 私に選択権があればそうするのだが / You have the ***option of*** tak*ing* it or leav*ing* it. (条件を)のむのまないは[やるやらない]は君の自由だ / He ***had no option but to*** obey the orders. 彼は命令に従うほかなかった.
❷ C **選択肢**, 選択するもの[されるもの]; 《英》選択科目: an easy *option* より楽な選択肢 / *option* A A 案 / weigh *options* 選択肢を比較検討する / There are only a few *options* open to me. 私に残された選択肢はごくわずかだ / Resignation is not an *option* for me. 私には辞職は問題外だ / Is it the only *option for* improv*ing* our lives? 我々の暮らしをよくするにはその選択しかないのだろうか. ❸ C 〘コンピュータ〙オプション《プログラムの選択項目》: select the print *option* 印刷オプションを選択する. ❹ C 〘商業〙オプション, 選択売買権《一定期間内に, 定められた価格で売買する権利》(*on*). ❺ C (車などの)オプション《買い手が選択できる標準装備以外の装備品[部品, 機能]》.
kéep [léave] one's **óptions ópen (for the móment)** [動] 自 (当面)選択の自由を保留しておく, 最終決定をしないでおく.

op·tion·al /á(ː)pʃ(ə)nəl | ɔ́p-/ 形 ❶ 選択のきく, 自由に選べる, 任意の [⇔ obligatory]. ❷ 《英》(学科目が)選択の [《米》 elective] [⇔ 《英》 compulsory, 《米》 obligatory].

op·tom·e·trist /a(ː)ptá(ː)mətrɪst | ɔptɔ́m-/ 名 C 《米》検眼士 [《英》 optician].

op·tom·e·try /a(ː)ptá(ː)mətri | ɔptɔ́m-/ 名 U 検眼《視力測定·めがね[コンタクト]レンズなどの処方》.

opt-out /á(ː)ptàʊt | ɔ́pt-/ 名 C 離脱, 不参加 (*on, from*).

op·u·lence /á(ː)pjʊləns | ɔ́p-/ 名 U 《格式》華やかさ; 富裕 [≒wealth]; 豊富 [≒abundance] (*of*).

op·u·lent /á(ː)pjʊlənt | ɔ́p-/ 形 ❶ 《格式》豪奢(ごうしゃ)な, 華やかな. ❷ 《格式》富裕な; 豊富な, あり余る.

o·pus /óʊpəs/ 名 (～·es, o·pe·ra /-pərə/) ❶ C [普通は単数形で] [しばしば O-] 〘音楽〙作品番号《略 op.》. ❷ C [普通は単数形で] 《格式》作品, 大作.

****or** /(強形) ɔ́ə | ɔ́ː; (弱形) ə | ə/ ✪ 《英》では弱形はあまり使われない. (同音 #oar, #o'er, #ore, #are[1], #her, 《英》 #awe, 《英》 #a[2], 《英》 #of) 接 《等位接続詞》

単語のエッセンス
1) ...かまたは～ ❶
2) [否定語の後で] ...もまた～でない ❷
3) [命令文の後で] そうでないと ❸
4) 言い換えれば ❹
5) ...でも～でも ❻

❶ ...かまたは～, ...かあるいは～, ...か～か《⇒ either 接, whether》: Is the cat white ↗ *or* black? ↘ その猫は白いか黒いか [形容詞と形容詞を結ぶ] / Which do you like better, spring ↗ *or* fall? ↘ 春と秋ではどちらが好きですか [名詞と名詞] / Did he succeed ↗ *or* fail? ↘ 彼は成功したのか, それとも失敗したのか [動詞と動詞] / To be, *or* not to be: that is the question. この世に生きているかそれとも死ぬか, それが問題だ《シェークスピア (Shakespeare) 作の悲劇 *Hamlet* の中のせりふ》[(不定詞)句と(不定詞)句] / Will you come to see me, ↗ *or* shall I visit you? ↘ うちへいらっしゃいますか, それともそちらへ参りましょうか [節と節].

発音 (1) A *or* B という選択疑問文の文末は下降調で発音される《⇒ **巻末文法** 1. 5 (2) ③》.
(2) 「...かまたは～」という選択の意味が弱いときは /ə | ə/ と発音される: twó ↗ *or* /ɔə | ɔː/ thrée ↘ míles 2 マイルかまたは 3 マイル《どちらか》 / twó *or* /ə | ə/ thrèe míles ↘ 2, 3 マイル(ほど)《⇒ 7》 / Will you have coffee *or* /ə | ə/ tea? ↗ コーヒーか紅茶(か何か)を飲みますか. ✪ この文は選択疑問文ではない. 次の選択疑問文とのイントネーションの違いに注意: Will you have coffee ↗ *or* /ɔə | ɔː/ tea? ↘ コーヒー, それとも紅茶にしますか.
語法 **or と動詞の人称·数**
or で結ばれた主語に続く動詞の人称·数は後の語に一致する: He [Either he] *or* I *am* wrong. 彼か私が間違っている《He *and* I *are* wrong. (彼も私も間違っている)と比較》. 形を変えて次のようにも言える: Either he *is* wrong *or* I *am* (wrong).

❷ [no, not, never などの否定語の後で] **...もまた～でない[しない]**《⇒ nor 2》: Nancy has *no* brothers *or* sisters. ナンシーには兄弟も姉妹もいない / There *never* was a good war *or* a bad peace. いまだかつてよい戦争とか悪い平和というものはなかった《米国の政治家フランクリン (Franklin) のことば》.
❸ /ɔ́ə | ɔ́ː/ [命令文または must, have to, had better などを含む文の後で] **そうでないと**, そうしないと《⇒ and 4》; そうでなければ: Stop(,) *or* I'll shoot. 動くな, でないと撃つぞ / You *have to* leave right now, *or* you'll miss the train. 今出ないと電車に乗り遅れるよ. 語法 この用法の or の代わりに or else が用いられることもある《⇒ else 成句》.
❹ **言い換えれば**, つまり, すなわち《or の前にコンマを置くのが普通》: a mile, *or* 1609 meters 1 マイルすなわち 1609 メートル / He studies astronomy, *or* the science of stars. 彼は天文学, つまり星の学問を研究している. ❺ [前言を修正·補足して] いや(むしろ), というか, それどころか: He is, *or* (*to be precise*) was, a famous actor. 彼は有名な俳優だ, いや(厳密に言うと), だった / "How is he?" "He's much better, *or at least* he looks much better." 「彼はどう?」「かなりよくなった, というか, 少なくともかなりよくなったように見える」
❻ ...でも～でも, ...しても～しても: I'd like it to be red *or* yellow *or* blue. ↘ 私はそれが赤でも黄色でも青でも結構です《ただしほかの色ではいやだ》. ❼ /ə | ə/ [数量を示す語句の間に用いて] ...かそれぐらい, およそ...: five *or* six hours 5, 6 時間.
or ràther, ... ⇒ rather[1] 成句.
... or sò 《略式》 **...かそのくらい**, およそ...: He must be forty *or so* (years old). 彼は 40 歳ぐらいのはずだ / It'll be warmer in another month *or so*. もう 1 か月ほどたてば暖かくなるだろう. 語法 数や量を示す語句の後で用いる.

OR 〘米郵便〙 = Oregon.

-or /ə | ə/ 接尾 [名詞語尾] 「...するもの[人]」の意《⇒ -ee》: elevat*or* エレベーター / act*or* 役者.

or·a·cle /ɔ́ːrəkl | ɔ́r-/ 名 ❶ C (古代ギリシャ·ローマなどの)神の使い, みこ; 預言者; 神のお告げ, 神託; 神託所. ❷ C [こっけいに] 賢人, 哲人; 権威ある書物, 手引書.

o·rac·u·lar /ɔːrǽkjʊlə | ɔrǽkjʊlə/ 形 《格式》神託の(ような); なぞめいた.

+o·ral /ɔ́ːrəl/ (同音 aural) 形 ❶ [普通は 限定] [比較なし]

口頭の, 口述の [≒spoken]: an *oral* exam 口述試験 / (an) *oral* tradition 口承, 言い伝え. 関連 written 筆記の. ❷ [普通は 限定]〘解剖〙口の, 口部の: the *oral* cavity 口腔(こう). 関連 nasal 鼻の. ❸ 限定〘医学〙経口の.

— 名 C《主に英》(特に外国語の)口述[面接]試験; 《米》(大学の)口頭試問.

óral hístory 名 U 口述歴史《歴史上の出来事に参加した人との面接から録音・記述された資料》; C 口述歴史の本[記事].

o·ral·ly /ɔ́:rəli/ 副 口頭で;〘医学〙経口で.

óral séx 名 U オーラルセックス, 口淫《⇒ cunnilingus, fellatio》.

*__or·ange__ /ɔ́:rɪndʒ, ɑ́(:)r- | ɔ̀r-/ !アク 名 (or·ang·es /~ɪz/) ❶ C **オレンジ**; オレンジの木: peel an *orange* オレンジの皮をむく / a mandarin *orange* みかん. ❷ U **オレンジ色**, だいだい色. ❸ U,C (1 杯の)オレンジジュース.

— 形 オレンジ(色)の; オレンジの味[香り]がする.

or·ange·ade /ɔ̀:rɪndʒéɪd, ɑ̀(:)r- | ɔ̀r-/ 名 U,C オレンジエード《オレンジ果汁に甘味を加えた発泡性飲料》.

órange blòssom 名 U,C オレンジの花《白色の花で, 純潔の象徴として結婚式に花嫁の髪飾りやブーケにする; 米国 Florida 州の州花》.

órange jùice 名 U オレンジジュース《⇒ juice 日英》.

órange squásh 名 U,C《英》オレンジスカッシュ《オレンジ果汁に水を加えた非発泡性飲料》.

o·rang·u·tan /ɔ:rǽŋətæ̀n/, **-u·tang** /-tæ̀ŋ/ 名 C オランウータン.

o·ra·tion /ərέɪʃən/ 名 C《格式》演説, 式辞《特別な場合の正式なもの》.

or·a·tor /ɔ́:rəṭə | ɔ́rətə/ 名 C《格式》雄弁家; 演説者, 講演者.

or·a·tor·i·cal /ɔ̀:rətɔ́:rɪk(ə)l | ɔ̀rətɔ́r-ˊ/ 形《格式》演説[雄弁, 弁論]の; [ときに悪い意味で] 演説口調の.

or·a·to·ri·o /ɔ̀:rətɔ́:riòʊ | ɔ̀r-/ 名 (~s) C オラトリオ, 聖譚(せいたん)曲《聖書に題材を取った独唱・合唱・管弦楽などを伴う大規模な楽曲》.

or·a·to·ry[1] /ɔ́:rətɔ̀:ri | ɔ́rətəri, -tri/ 名 U《格式》雄弁; 雄弁術.

or·a·to·ry[2] /ɔ́:rətɔ̀:ri | ɔ́rətəri, -tri/ 名 C (カトリック教会の)小礼拝堂[室].

orb /ɔ́əb | ɔ́:b/ 名 ❶ C《文語》球体; 天体《特に太陽または月》. ❷ C (十字架付きの)宝珠《王権の象徴》.

+**or·bit** /ɔ́əbɪt | ɔ́:-/ 名 (or·bits /-bɪts/) ❶ C,U〘天文〙(惑星・人工衛星などの)**軌道**: the *orbits* of the planets ***around*** [***round***] the sun 太陽を回る諸惑星の軌道 / put a satellite ***in*** [***into***] ***orbit*** 人工衛星を軌道に乗せる. ❷ [単数形で] 勢力圏, 活動範囲; 生活の軌道: come [fall] within the *orbit* of ... ...の影響[勢力]下に入る. (形 órbital)

— 動 他 軌道を描いて(...)を回る. — 自 軌道を旋回する.

or·bit·al /ɔ́əbɪṭl | ɔ́:-/ 形 限定 軌道の;《英》(道路が)環状の. (名 órbit)

— 名 C《英》= beltway 1.

or·bit·er /ɔ́əbəṭə | ɔ́:bɪtə/ 名 C〘天文〙人工衛星, 宇宙探索機.

or·chard /ɔ́ətʃəd | ɔ́:tʃəd/ 名 C (柑橘(かんきつ)類以外の)果樹園. 関連 grove オレンジ・オリーブなどの果樹園.

+**or·ches·tra** /ɔ́əkɪstrə, -kes- | ɔ́:-/ !アク 名 (~s /~z/) ❶ C [《英》単数形でもときに複数扱い] **オーケストラ**, 管弦楽団: a symphony *orchestra* 交響楽団 / a string *orchestra* 弦楽合奏団. 関連 band 楽団. ❷ [the ~]《米》(劇場の)1 階席前方の座席《全体》[《英》stalls]. (形 orchéstral)

〘語源 ギリシャ語で「合唱隊がいた舞台前の場所」の意〙

or·ches·tral /ɔəkéstrəl | ɔ:-/ 形 限定 オーケストラの[による]; オーケストラ用の: *orchestral* music 管弦楽. (名 órchestra)

órchestra pìt 名 C (舞台前の)オーケストラ席, オーケストラピット (pit)《⇒ theater 挿絵》.

or·ches·trate /ɔ́əkɪstrèɪt, -kes- | ɔ́:-/ 動 他 ❶〘音楽〙(曲)を管弦楽用に作曲[編曲]する. ❷ [しばしば受身で] Ⓦ (...)を計画する, 仕組む.

or·ches·tra·tion /ɔ̀əkɪstréɪʃən, -kes- | ɔ̀:-/ 名 C,U 管弦楽作曲[編曲](法).

or·chid /ɔ́əkɪd | ɔ́:-/ 名 C らん(の花)《特に栽培種》; U 淡紫色.

or·dain /ɔədéɪn | ɔ:-/ 動 他 ❶ [しばしば受身で] (人)を(聖職者に)任命する, (人に)聖職を授ける (*as*). ❷《格式》(神・運命などが)(...)と定める (*that*).

+**or·deal** /ɔədí:l | ɔ:-/ 名 (~s /~z/) C [普通は単数形で] (精神的に)**苦しい体験, 厳しい試練**: go through [face, survive] the *ordeal of* ... ...という試練を受ける[に立ち向かう, を切り抜ける].

***__or·der__ /ɔ́əḍə | ɔ́:də/

— 名 (~s /~z/)

意味のチャート
ラテン語で「列」の意から, 「**順序**」❶
→ (順序立った状態) → 「**整頓**(せいとん)」❹
→ (順序の維持) → 「**規律**」❺ → (規律を求める指示) → 「**命令**」❷
→ (商行為での) → 「**注文**」❸

❶ U,C (前後の)順, **順序, 順番**: ***in*** the right [wrong] *order* 正しい[間違った]順番で / ***in*** alphabetical *order* アルファベット順に / Then came Tom, John, and Bob *in* that *order*. それからトムとジョンとボブがこの順でやって来た / ***in order of*** age [importance] 年齢[重要度]順に / I'll tell you about these events *in order*. これらの出来事を順を追ってお話しいたします / They started to speak ***out of order***. 彼らは我先に話しだした.

❷ C [しばしば複数形で] **命令**, 指示, 指令, 指図《⇒ 類義語》: I gave them ***orders to*** start at once. +*to* 不定詞 私は彼らにすぐ始めるようにという命令を与えた 多用 / 言い換え The captain gave an [the] ***order that*** his men (should) stay behind. +*that* 節 = The captain gave an [the] ***order for*** his men ***to*** stay behind. 隊長は部下にあとに残るようにと命令した《⇒ should A 8》 / ***issue*** an ***order*** 命令を出す / ***obey orders*** 命令に従う / ***take orders from*** ... ...の指図を受ける, ...の言いなりになる / I'm ***under orders to*** stay here. ここにとどまるようにという命令を受けている / ***on*** the President's ***orders*** 大統領の命令[指示]で / ***by order of***... ...の命令によって《⇒ by 前 2》.

❸ C,U **注文**; 注文書; 注文品; 飲食物の注文(品), オーダー: I placed an ***order for*** the new English dictionary on the Internet. ネットでその新しい英語の辞書を注文した / ***get*** [***receive***] an ***order*** from... ...から注文を受ける / I have a new computer ***on order***. 新しいコンピューターを注文中だ / 💬 "May I take your

order now?" "I'll have ham and eggs, please."「ご注文はお決まりですか」「ハムエッグをください」 日英 「オーダーメード」は和製英語で, 正しくは custom-made や made-to-order を用いる.
❹ Ⓤ **整頓**(せいとん)(された状態), 整理 [⇔ disorder]: He ***puts*** the room ***in order*** every day. 彼は部屋を毎日整理する / They got themselves into *order*. 彼らは整列した / The demonstrators marched *in* (good) *order*. デモ隊は整然と行進した.
❺ Ⓤ **規律**, (社会などの)秩序, 治安《⇒ law and order》[⇔ disorder]: public *order* 公共の秩序 / restore [keep] *order* 治安を回復[維持]する / keep the class ***in order*** クラスを静かにさせる. ❻ [単数形で] (社会の)体制; 等級, 種類; Ⓒ [しばしば複数形で]《古風, 主に英》[軽蔑的] (社会的)階級: the new *order* 新体制 / the established *order* 既存体制 / the (natural) *order* of things 当然のこと / have talents of「a high [the highest, the first] *order* 一流の才能を有する. ❼ [複数形で]《格式》聖職, 牧師の職; Ⓒ [しばしば the O- として《英》単数または複数扱い] 聖職の位階(の人たち): take (holy) *orders* 聖職につく.
❽ Ⓒ [しばしば O-;《英》単数形でもときに複数扱い] 結社, 組合; 教団, 修道会. ❾ Ⓒ [しばしば the O-] 勲章, 勲位; 勲爵士団 (*of*)《⇒ garter 3》. ❿ Ⓒ (郵便などの)為替; 命令書. ⓫ Ⓒ〔生物〕(分類上の)目(もく). ⓬ Ⓒ〔コンピュータ〕《米》待ち行列 [《英》queue].
cáll [bríng] ... to órder [動] ⓗ (議長などが)(...)に静粛を命ずる; (...)に開会を宣する.
in órder [副・形] ⑴ **順を追って**, 順序どおりに; (...の)順で [⇔ out of order]《⇒ 1》. ⑵ **整然と**, きちんと《⇒ 4》; 秩序正しく《⇒ 5》. ⑶ (機械などが)調子よく [⇔ out of order]: *in* (good) running [working] *order* 調子よく動いて. ⑷《格式》規則にかなって, 正式の (*to* do); ...するのが当然で; 使える状態で, 有効で: An apology is *in order*. (こういうときは)おわびを言うのが順当だ.
in òrder that ... may dó《格式》**...が～する目的で**, ...が～するように《⇒ that[2] B 1, may 5》: 言い換え Mr. Brown works hard *in order that* his family *may* be happy. (= Mr. Brown works hard so that his family will be happy.) ブラウン氏は家族が幸せになるように懸命に働いている.
in òrder to dó ...する目的で, ...するために: He worked hard *in order to* get the prize. 彼はその賞を得ようと一生懸命頑張った / I called *in order to* ask her opinion. 彼女の意見を聞くために電話した.

> 語法 ⑴「目的」を表わす to 不定詞の句《⇒ to[2] B 1》よりも「目的」がいっそう強く表現される. 上の文と次の文とを比較せよ: I called *to* ask her opinion. 彼女の意見を聞こうと電話した.
> ⑵ in order for ... to do
> in order に続く不定詞の意味上の主語を表わすため「*for*＋名詞・代名詞」を挿入することがある《⇒ for 前 B》: Stone implements were necessary ***in order for*** man ***to*** live.《格式》人間が生きていくために石器が必要であった.

in shórt òrder [副]《格式》手っとり早く, すぐに.
of [in] the órder of ... [副]《英格式》= on the order of ....
on the órder of ... [副]《米格式》おおよそ..., 約...; ...に似た, ほぼ同じの.
Órder! Órder! [間] Ⓢ《格式》(議会で)静粛に.
òut of órder [副・形] ⑴ (特に公共性の高い機械・装置について)**調子が狂って**, 故障で, 具合が悪く [⇔ in order]: The elevator seems to be *out of order*. エレベーターが故障のようだ. ⑵ **順が狂って** [⇔ in order]. ⑶《英略式》(行動が)不適切な [≒out of line]. ⑷《格式》規則に反して[た].
the órder of the dáy [名] ⑴ その場にふさわしいこと. ⑵ [軽蔑的] 時代の風潮.
to órder [副] 注文によって, あつらえで.
(形 4, 5 では órderly, 1 では órdinal)
— 動 (or·ders /~z/; or·dered /~d/; -der·ing /-ḍərɪŋ, -drɪŋ/) ⓗ ❶ (...)を**命令する**, 指図する; (...)に**～するよう命じる**, 指示する《⇒ 類義語》: The teacher *ordered* silence. 先生は静粛にするように命じた / The doctor ***ordered*** her ***to*** take a rest. V+O+C (*to* 不定詞) 医者は彼女に休養をとるように指示した / He ***ordered that*** the investigation (should) be continued. V+O (*that* 節) 彼は調査を継続するよう命じた《⇒ should A 8》/ He ***was ordered back*** to Japan. V+O+副の受身 彼は日本に戻るように命じられた / "Stop," the officer *ordered*. V+O (引用節)「止まれ」と警官は命じた.

> 語法 **order と間接話法**
> 命令文を間接話法にするときの伝達動詞として用い, tell より命令的な感じがさらに強い《⇒ 巻末文法 14. 2 (3)》: The man *ordered* me *to* get out. V+O+C (*to* 不定詞)《間接話法》(= The man said to me, "Get out!"《直接話法》) その男は私に「出て行け」と言った.

❷ (...)を**注文する**; (...)を(～のために)注文してやる: I'll ***order*** the book directly ***from*** the publisher. V+O+*from*+名 その本は出版社へ直接注文しよう / 言い換え My husband has *ordered* me a ring. V+O+O = My husband has ***ordered*** a ring ***for*** me. V+O+*for*+名 夫は私のために指輪を注文してくれた《⇒ for 前 A 1 語法》/ I've *ordered* breakfast *for* [*at*] seven o'clock. 朝食は7時に出してもらうように頼んでおいた.

> **...を～に注文する**
> **彼は本を2冊出版社に注文した.**
> ○He **ordered** two books **from** the publisher.
> ×He ordered two books to the publisher.

❸《格式》(...)を配列する; 整理する, 整頓する; 処理する: *order* the cards alphabetically カードをアルファベット順に並べる.
— ⓐ **注文を出す**: Are you ready to *order*? ご注文はお決まりですか / Have you *ordered* yet? もうご注文はお済みですか.
órder ... aróund [《主に英》**abóut**] [動] ⓗ (...)にああしろこうしろと言いつける; (...)をこき使う.
órder ... óut [動] ⓗ (...)に(～から)出るように命じる (*of*); (軍隊・警察など)に出動命令を出す.

> 類義語 **order**「有無を言わせず...せよと言う, 命令する」の意で一般的な語: He *ordered* the men to begin work. 彼はその男たちに仕事を始めよと命じた. **command** *order* より格式ばった語で, 特に軍隊などで権限のある者が正式に命令を下す場合に用いる: The general *commanded* his men to fire. 将軍は部下に発砲命令を下した. **direct** 手順などに関する説明や助言を与える意味で, 命令の意味が弱い: I *di-*

rected him to drive slowly. 彼に徐行運転するよう指示した. **instruct** *direct* よりもさらに細かな点まで指示すること: I've already *instructed* you how to process invoices. 送り状の処理法については指示済みだ.

órder bòok 名 C 〔商業〕注文控え帳.

or·dered /ɔ́ɚḍɚd | ɔ́:dəd/ 形 整然[きちん]とした.

órder fòrm 名 C 注文用紙.

or·der·ing /ɔ́ɚḍərɪŋ, -drɪŋ | ɔ́:dərɪŋ/ 名 U,C 整理; 配列.

or·der·ly /ɔ́ɚḍɚli | ɔ́:də-/ 形 ❶ (物・場所が)整頓(せいとん)された, 整理された [⇔ disorderly]: an *orderly* kitchen きちんと整理された台所 / Keep your room clean and *orderly*. 部屋を清潔にきちんとしておきなさい. ❷ 整然とした, 秩序のある; 行儀のよい [⇔ disorderly]: stand in line in an *orderly* fashion 整然と列に並ぶ. (名 órder 4, 5)

— 名 (-der·lies) ❶ C (病院の)用務員. ❷ C 当番兵《将校の従卒》.

órder of mágnitude 名 ❶ C ある数値からその10倍までの範囲, 桁. ❷ C 程度, 量, 大きさ.

or·di·nal /ɔ́ɚḍənl | ɔ́:-/ 形 順序の, 順序を示す. (名 órder 1)

— 名 C 〔文法〕= ordinal number.

órdinal númber [númeral] 名 C 〔文法〕序数(詞)《first, second, third など; ⇒ number 表》.

or·di·nance /ɔ́ɚḍənəns, -dn- | ɔ́:-/ 名 ❶ C,U 《格式》法令, 布告. ❷ C,U 《格式》(市・町の)条例.

or·di·nar·i·ly /ɔ̀ɚḍənérəli | ɔ́:d(ə)n(ə)rəli/ 副 ❶ 文修飾 普通は, 通常, たいてい [≒usually]: *Ordinarily*, Mrs. Lee arrives at school (at) about a quarter to eight. ふだんはリー先生は8時15分前に学校に着く. ❷ 普通に, 人並みに: behave *ordinarily* いつもどおりにふるまう.

⁑or·di·nar·y /ɔ́ɚḍənèri | ɔ́:d(ə)n(ə)ri/ ❗アク

— 形 ❶ [普通は 限定] **普通の**, 通常の, いつもどおりの《⇒ common 類義語》[⇔ extraordinary]: *ordinary* people 普通の人々, 庶民 / This is no *ordinary* accident. これは決してありふれた事故ではない.

❷ **平凡な**, 凡庸な; [軽蔑的] 並み(以下)の, 大したことのない: an *ordinary* man 平凡[凡庸]な男 / an *ordinary* meal ありきたりの食事.

in the órdinary wày [副] 《英》普通は, ふだんは; いつもどおり.

òut of the órdinary [形] 普通でない, 異常な.

〘語源 ラテン語で「順序どおりの」の意; order と同語源〙

or·di·na·tion /ɔ̀ɚḍənéɪʃən | ɔ̀:-/ 名 C,U 聖職授任式《聖職者に任ずる式》; 聖職授任.

ord·nance /ɔ́ɚdnəns | ɔ́:d-/ 名 ❶ U 大砲《全体》. ❷ U 兵器《全体》; 軍需品《全体》.

or·dure /ɔ́ɚdʒɚ | ɔ́:djʊə/ 名 U 《格式》排泄(はいせつ)物.

ore /ɔ́ɚ | ɔ́:/ 名 U,C 鉱石, 原鉱.

Oreg., Ore. 略 = Oregon.

o·reg·a·no /ərégənòʊ | ɔ̀rɪgɑ́:noʊ/ 名 U オレガノ《料理用のハーブ》.

Or·e·gon /ɔ́:rɪgən | ɔ́r-/ 名 固 オレゴン《米国北西部の州; 略 Oreg., Ore., 〔郵便〕では OR》. 〘語源 現地の川の名から〙

+or·gan /ɔ́ɚgən | ɔ́:-/ 名 (~s /~z/) ❶ C (動植物の)**器官**, 臓器, 内臓; [遠回しに] ペニス: the *organs* of speech 音声器官《舌・唇・歯など》/ vital *organs* 生命の維持に不可欠な器官 / the digestive [respiratory, reproductive] *organs* 消化[呼吸, 生殖]器官 / the sense *organs* 感覚器官 / an *organ* transplant 臓器移植 / an *organ* donor 臓器提供者.

❷ C (**パイプ**)**オルガン**; 電子オルガン: play the *organ* (パイプ)オルガンを弾く《⇒ play 他 2 後の 語法》.

日英 日本でいう「オルガン」にはパイプを使用せずに, リードを使う小型の reed organ, harmonium も含まれる.

❸ C 《格式》(政治・情報などの)**機関, 組織**; (政党などの)機関紙: Parliament is the chief *organ of* government. 議会は重要な政治機関だ / a house *organ* 社内報, 会報. (動 órganìze, 形 orgánic)

〘語源 ギリシャ語で「器具」の意〙

or·gan·dy, or·gan·die /ɔ́ɚgəndi | ɔ́:-/ 名 U オーガンジー《薄地の綿布; 女性の服地用》.

+or·gan·ic /ɔɚgǽnɪk | ɔ:-/ 形 ❶ [主に 限定] **有機物の**; 〔化学〕有機の [⇔ inorganic]: *organic* matter 有機物 / an *organic* compound 有機化合物. ❷ [主に 限定] (食品が)有機肥料[飼料]を用いた, 化学肥料[飼料, 薬品]を用いない: *organic* vegetables 有機栽培[無農薬]の野菜. ❸ 限定 《格式》有機的な, 組織的な. ❹ (変化・成長が)自然でゆっくりとした: *organic* growth ゆるやかな成長. ❺ 《格式》(体の)器官の, 臓器の: *organic* diseases 器質性疾患《内臓自体の病気》. (名 órgan)

-gan·i·cal·ly /-kəli/ 副 有機肥料を用いて; 器官的には; 有機的に, 組織的に.

orgánic chémistry 名 U 有機化学. 関連 inorganic chemistry 無機化学.

orgánic fárming 名 U 有機農法[農業].

⁑or·ga·ni·sa·tion /ɔ̀ɚgənɪzéɪʃən | ɔ̀:gənaɪz-/ 名 《英》= organization.

⁑or·ga·nise /ɔ́ɚgənàɪz | ɔ́:-/ 動 《英》= organize.

+or·gan·is·m /ɔ́ɚgənìzm | ɔ́:-/ 名 (~s /~z/) C **有機体**, (微)生物; 有機的組織体《社会・宇宙など》.

or·gan·ist /ɔ́ɚgənɪst | ɔ́:-/ 名 C (教会などの)パイプオルガン奏者.

⁑or·ga·ni·za·tion /ɔ̀ɚgənɪzéɪʃən | ɔ̀:gənaɪz-/

— 名 (~s /~z/) ❶ C (ある目的を持つ)**組織**(**体**); **団体**, **協会**: establish [found, form] a political *organization* 政治組織を設立する / run a religious [charitable] *organization* 宗教[慈善]団体を運営する.

❷ U **組織**(**化**), 編成; 組織構造, 構成, 機構; 取りまとめ, 計画, 準備: the *organization* of working people 働く人たちの組織化 / We need a change in the company's *organization*. 会社の組織変革が必要だ / I'm busy with the *organization* of the welcoming party. 歓迎会の下準備で忙しい. (動 órganìze)

or·ga·ni·za·tion·al /ɔ̀ɚgənɪzéɪʃ(ə)nəl | ɔ̀:gənaɪz-/ 形 構成(上)の; 組織(化)の; 団体の.

⁑or·ga·nize /ɔ́ɚgənàɪz | ɔ́:-/ ❗アク

— 動 (-ga·niz·es /~ɪz/; -ga·nized /~d/; -ga·niz·ing) 他 ❶ (会など)を**取りまとめる**, (催し物など)を準備[計画]する, 主催する [≒arrange]: They *organized* some entertainment for the party. 彼らはパーティーの余興を準備した.

❷ (...)を**組織する**; 編成する; (労働者)を組合組織化する: *organize* a baseball team 野球チームを作る / He has *organized* the workers *into* a labor union. [V+O+into+名] 彼は労働者を組織して労働組合を作った. ❸ (...)を系統立てる; (...)をまとめる, 整理する: *organize* one's thoughts 考えをまとめる.
— ㊀ 労働組合を作る. (㊔ órgan, òrganizátion)

*__or·ga·nized__ /ɔ́əgənàɪzd | ɔ́ː-/ ㊒ ❶ [限定] **組織された**; 組合に加入した [⇔ unorganized]: *organized* crime 組織犯罪 / an *organized* tour 団体旅行 / *organized* labor 組織労働者《全体》/ *organized* religion (伝統のある)組織宗教. ❷ うまくまとまった, よく整理された; (人が)能率のいい, きちんとした [⇔ disorganized]: an *organized* report よくまとまった報告書 / get *organized* (仕事の)準備をととのえる.

*__or·ga·niz·er__ /ɔ́əgənàɪzə | ɔ́ːgənàɪzə/ ㊔ (~s /~z/) Ⓒ **まとめ役**; (催し物などの)**主催者**; (会などの)幹事; (労働組合の)組織拡大[勧誘]担当者.

or·gas·m /ɔ́əgæzm | ɔ́ː-/ ㊔ Ⓤ,Ⓒ 〖生理〗オルガスム《性交時の性的絶頂感》.

or·gy /ɔ́əʤi | ɔ́ː-/ ㊔ (**or·gies**) ❶ Ⓒ 飲めや歌えの大騒ぎ; 乱交パーティー. ❷ [an ~] やりすぎ (*of*).

o·ri·ent /ɔ́ːriènt/ ㊍ ㊁ [普通は受身で] (...)の関心[活動, 目標]を(ある方向・分野へ)向ける, 導く; (...)を方向づける, (...)を～志向[向け]にする《⇒ oriented》: This language course *is oriented toward* [*to*] intermediate students. この語学コースは中級学習者向けだ.
órient onesèlf [動] ㊀ 自分の位置[立場]を見定める; (環境に)順応する (*to*).

+**O·ri·ent** /ɔ́ːriənt/ [!アク] ㊔ [the ~] 《古風》 **東洋** [≒ the East]; アジア [≒ Asia]. [関連] Occident 西洋. (㊒ òriéntal)
〖語源〗ラテン語で「(太陽が)昇る」の意; ⇒ origin [語源]〗

+**o·ri·en·tal** /ɔ̀ːriéntl⁻/ ㊒ [ときに O-] **東洋の** [≒ Eastern]: *Oriental* civilization 東洋文明. [関連] occidental 西洋の. (㊔ Órient)
— ㊔ Ⓒ [O-] 《古風》 [差別的] 東洋人.

ori·en·tal·ist /ɔ̀ːriéntəlɪst/ ㊔ Ⓒ 東洋学者, 東洋文化に通じた人.

o·ri·en·tate /ɔ́ːriəntèɪt/ ㊍ ㊁ 《英》 = orient.

o·ri·en·tat·ed /ɔ́ːriəntèɪtɪd/ ㊒ 《英》 = oriented.

+**o·ri·en·ta·tion** /ɔ̀ːriəntéɪʃən/ ㊔ (~s /~z/) ❶ Ⓤ,Ⓒ (活動・組織などの)**志向**, 目的, 方向性 (*to, toward, of*); (個人の)志向, 信条: political [religious] *orientation* 政治[宗教]的信条.
❷ Ⓤ (新入生などへの)**オリエンテーション**《始める前に展望を与えその後の学習や作業を方向づけること; ⇒ guidance [日英]》; (新しい環境への)適応: The new students get a week's *orientation*. 新入生は1週間のオリエンテーションを受ける. ❸ Ⓤ,Ⓒ (建物などの)向き, 方向.

+**o·ri·ent·ed** /ɔ́ːrièntɪd/ ㊒ (...の)**傾向を持つ**, 方向づけされた, (...を)志向する. [語法] profit-*oriented*「利益追及型の」, family-*oriented*「家庭志向の」のように合成語の第2要素になることが多い.

o·ri·en·teer·ing /ɔ̀ːriəntí(ə)rɪŋ/ ㊔ Ⓤ オリエンテーリング《地図と磁石を使い規定点を回る競技》.

or·i·fice /ɔ́ːrəfɪs | ɔ́r-/ ㊔ Ⓒ 《格式》 (体の)開口部, 穴, 孔《口・耳・鼻などの》; 口, 穴《管・煙突・傷などの》.

o·ri·ga·mi /ɔ̀ːrɪgáːmi | ɔ̀r-/ ㊔ Ⓤ 折り紙(細工).

*__o·ri·gin__ /ɔ́ːrəʤɪn, á(ː)r- | ɔ́r-/ [!アク]
— ㊔ (~s /~z/) ❶ Ⓤ,Ⓒ [しばしば複数形で] **起源**, 発端(ほったん), 起こり, 始まり; もと: the *origin*(*s*) *of* a quarrel [name] けんかのもと [名前の由来] / Some of our customs 「are *of* Chinese *origin* [are Chinese *in origin*]. 私たちの慣習には中国起源のものがある.
❷ [Ⓤ または複数形で] **生まれ**, 素性, 身元: a person of noble [humble] *origin*(*s*) 高貴の[低い身分の]生まれの人 / He is *of* Greek *origin*. 彼はギリシャ人の血を引いている. (㊒ oríginal 1, ㊍ oríginàte)
〖語源〗原義はラテン語で「太陽が昇ること」〗

*__o·rig·i·nal__ /əríʤ(ə)n(ə)l/ [!アク]
— ㊒ ❶ [限定] [比較なし] **最初の, 元の** [≒ first]; 原始の; 原文の: the *original* plan 原案 / the *original* painting 原画《複写に対し》/ the *original* meaning of the word その語の元の意味.
❷ **独創的な**, 創意に富んだ [≒ creative]: an *original* work 独創的な作品 / an *original* composer 独創的な作曲家 / He has a very *original* mind. 彼は独創的な頭脳を持っている.
❸ 《略式》 奇抜な, 新奇な, 目新しい.
(㊔ 1 では órigin, 2, 3 では orìginálity)
— ㊔ (~s /~z/) ❶ Ⓒ (美術品などの)**原物**, 原画, 原型, (写真などの)本人: The *original* of the Mona Lisa is in the Louvre in Paris. モナリザの原画はパリのルーブル美術館にある. [関連] copy 写し. ❷ [the ~] 原文, 原書, 原典: read Tolstoy *in the original* トルストイを原文[原書]で読む.

+**o·rig·i·nal·i·ty** /əriʤənǽləṭi/ ㊔ Ⓤ **独創力[性]**, 創造力; 創意, 目新しさ; 奇抜さ, 風変わり: a work of *originality* 創意に富んだ作品. (㊒ oríginal 2, 3)

*__o·rig·i·nal·ly__ /əríʤ(ə)nəli/
— ㊐ ❶ [ときに [文修飾]] **元来(は)**, 本来(は), 初めは: That firm was *originally* a small store. あの会社はもとは小さな商店だった / She was *originally* from Canada. 彼女はもともとはカナダ出身だった. ❷ 独創的に.

oríginal sín ㊔ Ⓤ 〖キリスト教〗 原罪《Adam と Eve の堕落に基づく人間生来の罪; ⇒ Eden》.

+**o·rig·i·nate** /əríʤənèɪt/ [!アク] ㊍ (**-i·nates** /-nèɪts/; **-i·nat·ed** /-ṭɪd/; **-i·nat·ing** /-ṭɪŋ/) ㊀ ❶ [進行形なし; 副詞(句)を伴って] 《格式》 **発生する**, 起こる, (...に)源を発する: Some of these medicines ***originate from*** herbs. [V+前+名] これらの薬には野草からできたものもある / The rumor ***originated in*** the radio news. そのうわさはラジオのニュースがもとだった / The war ***originated in*** [*as*] a quarrel over the island. 戦争はその島をめぐる争いから始まった.
❷ [進行形なし; 副詞(句)を伴って] 《格式》 (物事が人から)**始まる**, ...の考案になる: The system ***originated with*** the Romans. [V+with+名] その制度はローマ人が始めた.
— ㊁ 《格式》 (...)を考案[発明]する. (㊔ órigin)

o·rig·i·na·tor /əríʤənèɪṭə | -tə/ ㊔ Ⓒ 《格式》 創作者, 考案者, 創設者, 発起人, 元祖 (*of*).

o·ri·ole /ɔ́ːriòʊl/ ㊔ Ⓒ こうらいうぐいす《ヨーロッパ産》; アメリカむくどりもどき《北米産》.

O·ri·on /əráɪən/ [!発音] ㊔ ㊕ ❶ オリオン座《星座》. ❷ 〖ギリシャ神話〗 オリオン《美男の猟師》.

O·rí·on's Bélt /əráɪənz-/ ㊔ ㊕ オリオン座の三つ星.

Or·lé·ans /ɔ̀ːleɪáːŋ | ɔːlíːənz/ ㊔ ㊕ オルレアン《フランス中北部の都市; 百年戦争で英国軍に包囲されたが Joan of Arc に救われた (1429)》. **the Máid of**

Orléans [名] オルレアンの少女《ジャンヌダルク (Joan of Arc) の異名》.

or·na·ment[1] /ɔ́ənəmənt | ɔ́ː-/ 【!発音】 動詞の ornament[2] と発音が違う. 名 ❶ C 装飾品, 飾り物. ❷ U《格式》装飾, 飾り [≒decoration]: for [by way of] *ornament* 飾りとして.
(動 órnamènt[2], 形 òrnaméntal)

or·na·ment[2] /ɔ́ənəmènt | ɔ́ː-/ 【!発音】 名詞の ornament[1] と発音が違う. 動 他 [普通は受身で]《格式》(...)を(〜で)飾る (*with*). (名 órnament[1])

or·na·men·tal /ɔ̀ənəméntl | ɔ̀ː-⁻/ 形 装飾用の, 飾りの [≒decorative]. (名 órnament[1])

or·na·men·ta·tion /ɔ̀ənəmentéɪʃən | ɔ̀ː-/ 名 U《格式》装飾.

or·nate /ɔənéɪt | ɔː-/ 形 飾り立てた. **〜·ly** 副 飾り立てて.

or·ner·y /ɔ́ən(ə)ri | ɔ́ː-/ 形 (or·ner·i·er, more 〜; or·ner·i·est, most 〜)《米略式》[こっけいに] 怒りっぽい; へそ曲がりの.

or·ni·thol·o·gist /ɔ̀ənəθɑ́(ː)ləʤɪst | ɔ̀ːnəθɔ́l-/ 名 C《格式》鳥類学者.

or·ni·thol·o·gy /ɔ̀ənəθɑ́(ː)ləʤi | ɔ̀ːnəθɔ́l-/ 名 U《格式》鳥類学.

or·phan /ɔ́əf(ə)n | ɔ́ː-/ 名 C 孤児, みなしご; 親のない子: The little girl was left an *orphan*. その少女はみなしごになった. 【日英】 普通は両親をなくした子をいうが, 片親のない子にも用いることがある. **—** 動 他 [普通は受身で] (...)を孤児にする.

or·phan·age /ɔ́əf(ə)nɪʤ | ɔ́ː-/ 名 C 孤児院.

Or·phe·us /ɔ́əfjuːs | ɔ́ː-/ 名 固〔ギリシャ神話〕オルフェウス《草木や野生の動物をも感動させたという竪琴(たてごと) (lyre)の名手》.

or·tho·don·tic /ɔ̀əθədɑ́(ː)nṭɪk | ɔ̀ːθədɔ́n-⁻/ 形〔医学〕歯列矯正(学)の.

or·tho·don·tics /ɔ̀əθədɑ́(ː)nṭɪks | ɔ̀ːθədɔ́n-/ 名 U〔医学〕歯列矯正(学[術]).

or·tho·don·tist /ɔ̀əθədɑ́(ː)nṭɪst | ɔ̀ːθədɔ́n-/ 名 C〔医学〕歯列矯正医.

+**or·tho·dox** /ɔ́əθədɑ̀(ː)ks | ɔ́ːθədɔ̀ks/ 形 ❶ **正統的な**; 伝統的な [⇔ unorthodox, heterodox]: *orthodox* views about morals 道徳に対する世間一般の考え方. ❷〔宗教〕正統派の; [O-] (東方)正教会の.
(名 órthodòxy)

Órthodox Chúrch 名 [the 〜] (東方)正教会.

or·tho·dox·y /ɔ́əθədɑ̀(ː)ksi | ɔ́ːθədɔ̀k-/ 名 (-dox·ies) U,C《格式》伝統主義; 伝統的慣行[考え方]; 正統派信仰 [⇔ heterodoxy]. (形 órthodòx)

or·tho·graph·ic /ɔ̀əθəgrǽfɪk | ɔ̀ː-⁻/ 形 限定《格式》正字[書]法の.

or·thog·ra·phy /ɔəθɑ́(ː)grəfi | ɔːθɔ́g-/ 名 U《格式》(正しい)つづり字法, 正字[書]法.

or·tho·pe·dic, or·tho·pae·dic /ɔ̀əθəpíːḍɪk | ɔ̀ː-⁻/ 形〔医学〕整形外科(用)の.

or·tho·pe·dics, or·tho·pae·dics /ɔ̀əθəpíːḍɪks | ɔ̀ː-/ 名 U〔医学〕整形外科(学).

or·tho·pe·dist, or·tho·pae·dist /ɔ̀əθəpíːḍɪst | ɔ̀ː-/ 名 C〔医学〕整形外科医.

-o·ry /ɔ̀ːri, ─(─)ɔ̀ːri, ─(ə)ri | (ə)ri/ 接尾 ❶ [形容詞語尾]「...のような, ...の働き[性質]を持つ」の意: compul*sory* 強制的な. ❷ [名詞語尾]「...する場所, ...所」の意: fact*ory* 工場.

OS /óʊés/ 略 = operating system.

Os·car /ɑ́(ː)skə | ɔ́skə/ 名 ❶ 固 オスカー《男性の名》. ❷ C〔映画〕オスカー(賞)《Academy 賞受賞者に与えられる小型黄金立像》.

os·cil·late /ɑ́(ː)səlèɪt | ɔ́s-/ 動 自 ❶ (振り子のように)揺れる, (2 点間を)振動する. ❷《格式》(考え・態度などが)ぐらつく, 動揺する (*between*).

os·cil·la·tion /ɑ̀(ː)səléɪʃən | ɔ̀s-/ 名 ❶ U〔物理〕(振り子などの)振動; C (1 周期の)振動. ❷ U,C《格式》(考え・態度の)ぐらつき, 動揺.

Os·lo /ɑ́(ː)zloʊ | ɔ́z-/ 名 固 オスロ《ノルウェー南東部にある同国の首都》.

os·mo·sis /ɑ(ː)zmóʊsɪs | ɔz-/ 名 ❶ U〔生物・化学〕浸透. ❷ U (知識などの)吸収: learn a new language by [through] *osmosis* 知らないうちに新しい言語を身につける.

os·prey /ɑ́(ː)spri | ɔ́s-/ 名 C みさご《たかの一種で魚を主食とする》.

os·si·fy /ɑ́(ː)səfàɪ | ɔ́s-/ 動 (-si·fies; -si·fied; -fy·ing) 他 ❶《格式》(考え・感情など)から柔軟性を奪う; かたくなにする. ❷〔生理〕(...)を骨化させる. **—** 自 ❶《格式》(考え・感情などが)柔軟性を失う, 凝り固まる; かたくなになる. ❷〔生理〕骨化する.

os·ten·si·ble /ɑ(ː)sténsəbl | ɔs-/ 形 限定 (理由が)表向きの, うわべだけの, 見せかけの. **-si·bly** /-səbli/ 副 表面上は, うわべは.

os·ten·ta·tion /ɑ̀(ː)stəntéɪʃən | ɔ̀s-/ 名 U《格式》[軽蔑的] 見せびらかし, 見え(張り); 虚栄.

os·ten·ta·tious /ɑ̀(ː)stəntéɪʃəs | ɔ̀s-⁻/ 形《格式》[軽蔑的] 見えを張る, これ見よがしな. **〜·ly** 副 見えを張って, これ見よがしに.

os·te·o·po·ro·sis /ɑ̀(ː)stioʊpəróʊsɪs | ɔ̀s-/ 名 U〔医学〕骨粗鬆(そしょう)症.

os·tra·cis·m /ɑ́(ː)strəsìzm | ɔ́s-/ 名 U《格式》(集団・社会からの)追放, 排斥, 村八分.

os·tra·cize /ɑ́(ː)strəsàɪz | ɔ́s-/ 動 他 [しばしば受身で]《格式》(人)を追放する, 村八分にする.

os·trich /ɑ́(ː)strɪʧ, ɔ́ːs- | ɔ́s-/ 名 ❶ C だちょう《アフリカ産》. ❷ C《略式》現実逃避者.

OT 略 = Old Testament.

O·thel·lo /əθéloʊ/ 名 固 オセロ《シェークスピア (Shakespeare) 作の 4 大悲劇の 1 つ(の主人公)》.

***oth·er** /ʌ́ðə | ʌ́ðə/

単語のエッセンス

1) ほかの(物[人])	形 ❶; 代 ❶
2) [the 〜] もう一方の(物[人])	形 ❷; 代 ❷

— 形 ❶ 限定 ほかの, 他の; 別の, 異なった: I have two *other* sisters. 私にはほかに 2 人の姉妹がいる / Any *other* question(s)? ほかに質問は? / We can get together some *other* time. いつかまた別のときに集まりましょう / He has no ***other*** coat ***than*** [***besides***, ***but***, ***apart from***] that (one). 彼はあれ以外はコートは持っていない.

語法 other の使い方
(1) other は単独では名詞の複数形または数えられない名詞の前に用いる: There must be *other* ways of solving the problem. その問題を解くほかの方法があるに違いない / She has *other* work to do. 彼女にはほかにも仕事がある. 数えられる名詞の単数形の場合には one, some, any, no などと共に用いるか, another を代わりに用いる《⇒ another 形》: I want to meet *one* [*any*] *other* teacher. もう 1 人[だれか]

ほかの先生と会いたい.
(2) 次のような文では any other の後で単数形も複数形も使われるが, 単数形のほうが普通《⇒ 2 (2) 最後の例文》: She is taller than any *other* girl(s) in the class. 彼女はクラスのどの女の子よりも背が高い.

❷ 限定 [普通は the ~, 所有格の後などで] (1) [普通は単数名詞の前に用いて] (2 つのうちの)**もう一つの**, もう一方の; 反対の, 向こう側の《⇒ one² 形》: Put up *the other* hand. もう一方の手をあげなさい / I can't find *my other* shoe. 靴のもう片方が見つからない / He is on *the other* side of the Atlantic. 彼は今大西洋の向こう側にいる. (2) [複数名詞の前に用いて] (3 つ以上のうちで)残り(全て)の, あとの: Take these two. She wants (all) *the other* three (books). この 2 冊を持って行って. 彼女は残りの 3 冊(の本)を(全部)欲しがっているから / *My* 「*other* two [two *other*] sisters are away on vacation. 私のあとの 2 人の姉妹は休暇で出かけている / She is taller than (any of) *the other* girl*s* in the class. 彼女はクラスのほかの女の子(のだれ)よりも背が高い.
❸ 限定 [the ~] この前の, 最近の: the *other* morning この前の朝 / the *other* day《⇒ day 成句》.
èvery óther ... ⇒ every 成句.
nóne [nò] óther than ... ほかならぬ...: The man was *none* [*no*] *other than* his father. その男性はほかでもない彼の父親だった.
óther than ... [前・接] (1) [普通は否定文で]《格式》**...以外の**; ...以外に(は) [≒except]: The boy has *no* clothes *other than* what he's wearing. その少年は今着ているもの以外に服を持っていない. 語法 other を名詞の前に移して ... *no other* clothes *than* ... とも言える《⇒ 形 1 の 4 番目の例》// Someone *other than* me [I] must decide. 私以外のだれかが決定すべきだ. (2) [補語に用いて] ...と(は)異なって, ...とは別の: Helen can*not* be *other than* kind. ヘレンは全く親切な人だ《それ以外ではありえない》/ I would*n't* want him (to be) *other than* (the way) he is. 彼は今のままでよい.
the óther wày [副] 逆(方向)に, 反対(方向)に.
the óther wày aróund [róund, abóut] [副・形] **(その)逆に[で]**, あべこべに[で]: Turn it *the other way around*. 逆に回してください.
— 代《不定代名詞》(~s /~z/) ❶ **ほかの物**, 他の人たち, 他人; 別のもの《⇒ another 代 語法》. 語法 複数形で用いられることが多い: be kind to *others* 他人に親切にする / I don't like these colors. Show me some *others*. この色は気に入らないのでほかの色をいくつか見せてください / Jane and two [several] *others* came. ジェーンのほかに 2 人[数人]が来た / ***Some*** (people) believe in God and ***others*** do not. 神を信じる者もいるし信じない者もいる《⇒ some 代 2 語法》.
❷ [the ~] **もう一方の物[人]**; そのほかの物[人].

語法 🔍 **one と the other または the others**
2 つの物[2 人]については初めの物[人]は one, もう 1 つ[1 人]のほうは the other という. 3 つ以上の物[3 人以上]の中から 1 つ[1 人]または数個[数人]を除いた残りの物[人]全部を指すときには the others を用いる《⇒ one² 代 3》: There are *two* roses in the vase. *One* is white and *the other* (is) red. 花びんにばらが 2 本いけてある. 1 本は白でもう 1 本は赤だ / One [Two] of them remained and (all) *the others* went home. 彼らのうち 1 人[2 人]は残ってあとは全員帰った.

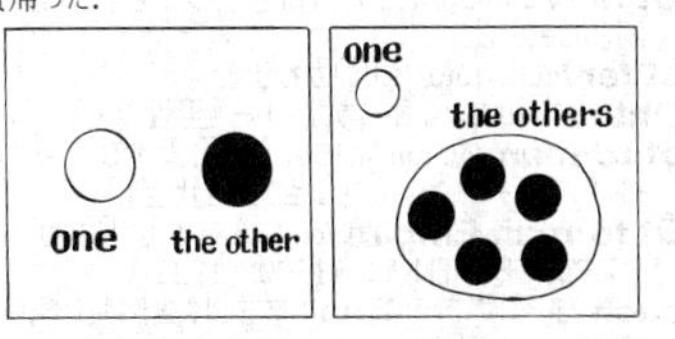

èach óther ⇒ each other の項目.
óne àfter the óther ⇒ one² 代 成句.
... or òther (はっきり言えないが)...か(何か)《明示できないかしたくないときのぼかした言い方; ...には something, someone, somebody, somewhere, somehow や「some＋名詞」などが入る; ⇒ some ... or other [another] (some 形 成句)》: The children are playing soccer somewhere [in some park] *or other*. 子供たちはどこかで[どこか公園で]サッカーをしている.
the óne ... the óther ~ ⇒ one² 代 成句.
thís, thát, and the óther ⇒ this 代 成句.
— 副 そうでなく, 別の方法で.
nòt (...) óther than ~ ~以外に(...)ない: I ca*n't* do *other than* (to) go. 行くよりほかはない.

oth·er·ness /ʌ́ðənəs | ʌ́ðə-/ 名 U《格式》(他とは)異なっていること.

***oth·er·wise** /ʌ́ðəwàɪz | ʌ́ðə-/ 副 ❶ つなぎ語 (1) [命令文などの後で; ⇒ or 3] **さもないと**, そうしなければ [≒or else]《もし前述の通りにしないとどうなるかを述べる》: Leave at once; *otherwise* you will miss the train. すぐ行きなさい, さもないと列車に遅れますよ.
(2) **そうでなければ** [≒if not]《もし前述のようでなかったら, の意》: Yes, you can have it. *Otherwise* I wouldn't have shown it to you. ええ, それはあなたにあげます. そうでなければお見せしませんでしたよ.
❷ **別の方法で(は)**, 違うふうに(は), ほかのやり方で(は): He was unable to do [say, think] *otherwise*. 彼はそうする[言う, 考える]ほかなかった / I wanted my son to become a doctor, but he decided *otherwise*. 医者になってもらいたかったが, 息子は別の方向に進むことを決めた / I invited him to the party, but he was *otherwise* engaged. 彼をパーティーに誘ったが彼は他に約束があった / He ought to have done it ***otherwise than*** he did. 彼はそれを別のやり方ですべきだったのに.
❸ つなぎ語 **その他の点では**: The house is small, but *otherwise* perfect. その家は小さいがその他の点では申し分ない.
... and ótherwise ...その他, ...や何か.
... or ótherwise (1) ...あるいはその逆で, ...ないしは別の方法で: I'll contact you by letter *or otherwise*. 手紙かまたは別の方法で連絡します. (2)《主に英》そうでないにせよ: This union is for all workers, skilled *or otherwise*. この組合は熟練か否かを問わずすべての労働者のためのものだ.
ótherwise knówn as ... 別名....
— 形 [次の成句で] **Hów can it be ótherwise? = It cánnot be ótherwise.**《格式》それは当然です.

oth·er·world·ly /ʌ́ðəwə́ːldli | ʌ́ðəwə́ːld-/ 形 現実離れした; あの世の.

OTOH 略 [E メールで] = on the other hand《⇒ hand

名 成句).
Ot·ta·wa /ɑ́(ː)ṭəwə | ɔ́t-/ 名 固 オタワ《カナダ南東部の同国の首都》.
ot·ter /ɑ́(ː)ṭɚ | ɔ́tə/ 名 C かわうそ.
Ot·to /ɑ́(ː)ṭoʊ | ɔ́t-/ 名 固 オットー《男性の名》.
ot·to·man /ɑ́(ː)ṭəmən | ɔ́t-/ 名 C 背やひじ掛けのない長いソファー; 《米》(クッションつき)足台.
Ót·to·man Émpire /ɑ́(ː)ṭəmən- | ɔ́t-/ 名 固 [the ~] オスマン帝国《旧トルコ (1300?–1922)》.
ouch /áʊʧ/ 間 あっ 痛いっ!; あちっ!《突然鋭い痛みなどを感じたときの叫び》.
***ought** /ɔ́ːt/ **!発音** -ght で終わる語の gh は発音しない. 助 [to 不定詞とともに] 語法 ただし疑問文・否定文では to を用いないことが多い《⇒ 1 (1) 用例》.

単語のエッセンス
1) [義務・妥当性] …すべきである; [提案・助言] …したほうがよい ❶
2) [推量・期待] …のはずだ ❷

❶ [義務・妥当性を表わす] (1) **…すべきである, …するのが当然だ;** [提案・助言で] **…したほうがよい**《⇒ had better の表》**:** You *ought to* help your mother. お母さんの手伝いをしなければいけません / You *ought* not (*to*) visit such a place after dark. 暗くなってからそんな所へ出かけてはいけないよ / *Ought* I (*to*) leave so soon? こんなに早く出かけなければいけませんか / "Do you think we should tell her?" "Well, we *ought to*."「彼女に話すべきかな」「そうだね, 話すべきだ」/ There *ought to* be more buses during (the) rush hours. ラッシュアワーの間にはもっとバスを出したほうがよい.

♥ **…したほうがいい** (助言するとき)
You ought to …
I've got a fever and a terrible stomachache.
熱があってお腹がすごく痛い.
Then **you ought to** see a doctor at once.
それなら, すぐ医者に診てもらったほうがいいよ.
♥ You should … とほぼ同様の意味で, 直接的な助言や提案として使われる.
♥ 相手がその助言・提案を受け入れる可能性が高い場合(状況的に極めて妥当な内容や, 知識・経験に基づいたアドバイスの場合など)に使うことが多い.

(2) [ought to have＋過去分詞の形で] **…すべきであった(のに), …するのが当然であった(のに)**《過去において当然すべきであったのに実際はしなかったことなどを示し, 非難や反省・後悔の気持ちを表わす; ⇒ should A 1 (2)》; …したほうがよかった(のに)**:** "You *ought to have read* the reading assignment before class." "I'm sorry, sir. I've been busy working on papers for other class."「授業の前に読書課題を読んでおかなければだめじゃないか」「すみません, 先生. 他のクラスのレポートで忙しかったんです」/ I'm sorry. I *ought to have let* you know. ごめんなさい. お知らせしておくべきでした《謝罪》/ He *ought to have been* a football player. 彼はフットボール選手になったらよかったのに.
❷ [推量・期待を表わす] (1) **…のはずだ,** 恐らく…だ**:** He *ought to* know that. 彼はそれを知っているはずだ / She *ought to* be upset. 彼女はきっと怒っているはずだ. (2) [ought to have＋過去分詞の形で] …している[した]はずだ(が)**:** They *ought to have arrived* by now. 彼らは今ごろはもう到着しているはずだ.
〖語源 元来は owe の過去形〗

***ought·n't** /ɔ́ːtnt/《略式》ought not の短縮形**:** You *oughtn't* (to) obey his orders. あなたは彼の命令に従うべきではない.
+**ounce** /áʊns/ 名 (ounc·es /~ɪz/) ❶ C **オンス**《重量の単位; 1/16 ポンド, 約 28.35 グラム; 略 oz., 複数形は oz(s).; ⇒ pound¹ 表; fluid ounce》**:** The parcel weighs 25 *ounces*. この包みは重さが 25 オンスある. ❷ [an ~ として否定文・条件節で]《略式》**少量:** There is *not an ounce of* truth in what he says. 彼のことばにはひとかけらの真実もない. 語法 of の後には抽象名詞がくる.
if (… is) an óunce ⇒ if¹ 成句.
〖語源 inch と同語源〗

***our
/(弱形) ɑɚ | ɑː; (強形) áʊɚ, ɑ́ɚ | áʊə, ɑ́ː/ 同音 #are¹, #hour)
— 代《人称代名詞 we の所有格; ⇒ one's 語法》❶ (1) [名詞の前につけて限定的に] **私たちの, 我々の;** わが国の**:** *our* country 私たちの国 / What do *our* viewers think? テレビをごらんの皆さまはどうお考えでしょうか《テレビ解説者などのことば》.
(2) [動名詞の意味上の主語として]《格式》**私たちが**《⇒ **巻末文法** 8. 2 ①》**:** She insisted on *our going*. 彼女は私たちが行くことを強く主張した[求めた]《⇒ insist 自 2 言い換え》. ❷ 我々が問題にしている; 例の《話題となっているものを指す》**:** *our* lady in white 例の白衣の婦人.

***ours
/áʊɚz, ɑ́ɚz | áʊəz, ɑ́ːz/
— 代《所有代名詞; ⇒ **巻末文法** 3 (1)》**私たちのもの, 我々のもの.** 語法 指すものが単数ならば単数扱い, 複数ならば複数扱い**:** This car is *ours*. この自動車は私たちの(もの)だ / Your children are all boys, but *ours* (＝ our children) are all girls. あなたがたのお子さんはみんな男の子ですが私たちの子供はみんな女の子です. 関連 our 私たちの.
… of òurs 私たちの…: a friend *of ours* 我々の友人(の 1 人) / this garden *of ours* 私たちのこの庭園《⇒ … of mine (mine¹ 成句) 語法》.

**our·selves
/aʊɚsélvz, ɑɚ- | aʊə-, ɑː-/
— 代《再帰代名詞; myself の複数形》❶ /aʊɚsèlvz, ɑɚ- | aʊə-, ɑː-/ [再帰用法; 主語が we のときに用いる] (私たちが)**自分自身を[に],** (我々が)自分たちを[に]; 自分の体[顔, 手]を**:** *We* must be careful not to hurt *ourselves*. 私たちはけがをしないように気をつけなければいけない / *We* do harm to *ourselves* when we speak ill of others. 他人の悪口を言えば自分自身を傷つけることになる.
❷ [強調用法; ⇒ **巻末文法** 15. 1 (3)]《格式》(私たちが)自分たちで, (我々が)自分たち自身で, 我々自身を[に]**:** *We ourselves* did it. ＝ *We* did it *ourselves*. 我々自身がそれをやったのだ. ✪ 詳しい用法や by ourselves, for ourselves, to ourselves などの成句については ⇒ oneself.
-ous /əs/ 接尾 [形容詞語尾]「…の多い, …性の, …に似た」の意**:** danger*ous* 危険な / fam*ous* 有名な
+**oust** /áʊst/ 動 (ousts /áʊsts/; oust·ed /~ɪd/; oust·ing) 他 (場所・地位などから)(人)を**追放する,** 追い出す**:** He *was ousted from* his position *as* director. V+O+from+名+as+名の受身 彼は重役の地位を追われた.
oust·er /áʊstɚ | -tə/ 名 U《米》追放 (*of*).

***out
/áʊt/

単語のエッセンス
基本的には「外へ」の意.
1) 外へ, 外に; 不在で　副❶, ❷; 形❶; 前
2) (外へ)出て, 現われて　副❺; 形❷
3) 消えて, 品切れで　形❹
4) すっかり; 尽きて　副❼; 形❺
5) はっきりと　副❽

— 副 ❶ [be 動詞以外の動詞とともに] **外へ, 外に** [⇔ in]: Get *out*! 出て行け / Are you coming *out* with us? いっしょに出かけますか / He couldn't get the nail *out*. 彼はそのくぎを抜けなかった / Let's go *out* for a walk. 散歩に出かけよう / I opened the cage and *out* flew the bird. 私が鳥かごをあけると小鳥は飛び出していった《⇒ **巻末文法** 15. 2(2)》.
❷ **外に, (家の)外で**, 戸外で; (遠く)離れて; 《米》西部に向かって; 沖合へ[で] [⇔ in]: eat *out* 外食する / It's very cold *out*. 外はとても寒い / He lives (far) *out* in the country. 彼は(遠くの)いなかに住んでいる.
❸ **分配して:** Hand *out* the papers. 書類を配ってください. ❹ 除外して; 追い出して; 見つけ[選び]出して: leave *out* a comma コンマを抜かす / Count me *out*. 私は数に含めないで / pick *out* the clothes 服を選ぶ.
❺ (外へ)出て[出して], 広げて; 現われて; 目立って; (花が)咲いて: It was already hot when the sun came *out*. 日が出た時はもう暑かった. ❻ 出版されて; 生産されて; 排出されて: bring *out* a book 本を出版する.
❼ すっかり, 徹底的に, 最後まで: be tired *out* 疲れきっている / We argued it *out*. 我々はそれを(結論が出るまで)徹底的に議論した. ❽ はっきりと, 大声で; 率直に: cry *out* 大声で叫ぶ / read *out* a letter 手紙を読み上げる / Please speak *out* about this matter. この問題について遠慮なくご意見をおっしゃってください. ❾ (火などが)消えて, なくなって, 尽きて; (潮が)引いて: All the tickets are sold *out*. チケットはすべて売り切れです / All the lights went *out*. 明かりがすべて消えた.
òut of ... ⇒ out of の項目.
Óut wíth it! Ⓢ 言っちゃえよ, 白状しなよ.
— 形 ❶ 叙述 [比較なし] (人が)**不在で**, (少しの間)**外出して**《⇒ away 形 1 語法》[⇔ in]: "Is John in [at home]?" "No, he's *out*."「ジョンはいますか」「外出中です」/ Mother is *out* shopping. 母は買い物に行って留守です.
❷ 叙述 [比較なし] (人・物が)**外に出て**, 持ち[追い]出されて: Our dog is *out* (there) ˹in the yard [under the tree]. うちの犬は外の(あそこの)庭[木の下]にいる《✪ out (there)でおおまかな位置を示したあとで場所を明示している》/ The book is now *out*. その本は貸し出し中だ《⇒ 3》.
❸ (本などが)**出版されて**; (秘密などが)皆に知れて; (花が)咲いて; (星などが)出て; (列車などが)出発して; 《略式》同性愛であると公にして: The book is now *out*. その本は出版されている《⇒ 2》/ The cherry blossoms will soon be *out*. 桜の花はまもなく咲くだろう / The secret is *out*. 秘密がばれた.
❹ 叙述 [比較なし] (明かり・火が)**消えて**; 眠って; 意識を失って; 品切れで; (潮が)ひいて [⇔ in]: When the firefighters got there, the fire was already *out*. 消防士たちが着いたときには火はすでに消えていた / He's been *out* cold for ten minutes. 彼は 10 分間意識不明になっている.
❺ 叙述 [比較なし] (服装などが)流行しなくなって, 廃(すた)れて; 《略式》尽きて, (期間などが)終わって: That hairstyle is *out*. その髪型は流行遅れだ / before the week is *out* 今週中に. ❻ 叙述 《略式, 主に米》(機械などが)故障[破損]して, 狂って, 不調で; (人が病気などで)休んで; 《英》ストをして: My watch is two minutes *out*. 私の時計は 2 分狂っている. ❼ 政権から離れて(いる); 〘スポーツ〙欠場の; アウトになって [⇔ safe]; (ボールが)アウトになって [⇔ in]: The batter is *out*. その打者はアウトだ. ❽ 間違って: He is *out in* his calculations. 彼の計算は間違っている. ❾ Ⓢ (物事が)不可能で, 問題にならない, 論外で.
be óut and abóut [動] 自 (1) (病後などに)外出できるようになっている. (2) 旅をして回る; 動き回る.
be óut for ... [動] 他 ...を(懸命に)得ようとしている.
be óut to dó [動] ...しようと努めて[決意して]いる.
— 前 /aʊt/ 《略式, 主に米》(ドア・窓など)**から外へ**《外側への運動などを示す; ⇒ out of 1 語法 (2)》: John went *out* the door. ジョンはドアから出て行った / She looked *out* the window at the tower. 彼女は窓から外の塔を眺めた.
— 名 ❶ Ⓒ 〘野球〙アウト: How many *outs*? アウトカウントはいくつですか. ❷ [an ~] 言いわけ, 口実.
be on the óuts with ... [動] 他 《米略式》...と仲が悪い.
— 動 他 [普通は受身で] 《略式》(...)が同性愛者であると暴露する. — 自 露見する, 表に出る.

out- /àʊt/ 接頭 ❶ 動詞・名詞につけて「...以上に, ...より優れて, ...より大きく」などの意の他動詞をつくる: *out*do (...)に勝る / *out*live (...)より長生きする. ❷ 名詞・分詞につけて「外の, 外に; 離れた[て]」などの意: *out*house 《米》屋外トイレ / *out*patient 外来患者.

out·age /áʊṭɪʤ/ 名 Ⓒ 《米》停電(時間).

out-and-out /áʊtnáʊt←/ 形 限定 全くの, 純然たる, 徹底的な: an *out-and-out* lie 全くのでたらめ.

out·back /áʊtbæ̀k/ 名 [the ~] (オーストラリアの人の少ない)内陸部.

out·bid /àʊtbíd/ 動 (-bids; 過去・過分 -bid; -bid·ding) 他 (競売で)(...)より高い値をつける.

óut·board mótor /áʊtbɔ̀ɚd-|-bɔ̀:d-/ 名 Ⓒ (モーターボートの)船外エンジン《取りはずせる》.

out·bound /áʊtbàʊnd/ 形 《格式》(航空機などが)外国行きの; (電車などが)郊外に向かう [⇔ inbound].

out-box /áʊtbὰ(:)ks|-bɔ̀ks/ 名 ❶ Ⓒ 《米》既決書類(整理)箱 [《英》out-tray]《⇒ in-box》. ❷ Ⓒ (E メールの)送信トレイ《⇒ in-box》.

+**out·break** /áʊtbrèɪk/ 名 (~s /~s/) Ⓒ (火事・戦争・暴動・病気などの)**突発**, 発生: the ***outbreak of*** war 戦争の勃発(ぼっぱつ) / an *outbreak of* flu インフルエンザの流行. (動 bréak óut 自 1)

out·build·ing /áʊtbìldɪŋ/ 名 Ⓒ [普通は複数形で] 付属建物《母屋(おもや)から離れた納屋など》; 別棟 [《英》outhouse].

out·burst /áʊtbɚ̀:st|-bə̀:st/ 名 Ⓒ (笑い・怒りなどの)爆発, 噴出: an *outburst of* laughter 大爆笑.

out·cast /áʊtkæ̀st|-kὰ:st/ 名 Ⓒ 追放された人, 見捨てられた人; 浮浪者. — 形 (社会などから)追放された, (家族などから)見捨てられた.

out·class /àʊtklǽs|-klɑ́:s/ 動 他 [しばしば受身で] (...)より段違いに上である, (...)にはるかに勝る.

out·come** /áʊtkʌ̀m/ 名 (~s /~z/) Ⓒ **結果**, 成果 [≒result]; 成り行き: the ***outcome of an election 選挙の結果 / Successful *outcomes* were reported in 80% of the patients treated. 患者の 80% が治療に成功したという結果が報じられた.

out·crop /áʊtkrɑ̀(ː)p | -krɔ̀p/ 名 C (鉱脈の)露頭.
out·cry /áʊtkràɪ/ 名 (out·cries) C,U 叫び(声); (公の)抗議 [≒protest] (*about, over, against*).
out·dat·ed /àʊtdéɪṭɪd/ 形 時代遅れの.
outdid 動 outdo の過去形.
out·dis·tance /àʊtdístəns/ 動 他 (...)をはるかに引き離す[追い抜く]; (...)にはるかに勝る.
out·do /àʊtdúː/ 動 (-does /-dʌ́z/; 過去 -did /-díd/; 過分 -done /-dʌ́n/; -do·ing) 他 (...)に勝る, しのぐ; (...)に打ち勝つ (*in*). **nót to be outdóne** [副] 負けてなるものかと. **outdó oneself** [動] 自 今まで以上にうまくやる.
+**out·door** /àʊtdɔ́ɚ | -dɔ́ː/ 形 限定 [比較なし] **屋外の**, 戸外の, 野外の [⇔ indoor]: *outdoor* sports 屋外競技 / *outdoor* clothing 屋外用の衣服 / an *outdoor* type 野外(活動)を好むタイプの人.
out·doors /àʊtdɔ́ɚz | -dɔ́ːz/ 副 屋外で[へ], 戸[野]外で[へ] [⇔ indoors]: He stayed *outdoors* until it began to rain. 雨が降りだすまで彼は外にいた. — 名 [the ～ として単数扱い] 屋外, 戸外. **the (gréat) outdóors** [名] (都市から離れた)大自然.
+**out·er** /áʊṭɚ | -tə/ 形 限定 [比較なし] **外側の**, 外部の; 中心から離れた [⇔ inner]: the *outer* suburbs 都心から遠い郊外 / the *outer* world 外界.
out·er·most /áʊṭɚmòʊst | -tə-/ 形 限定 最も外部の; 最も遠くの [⇔ innermost].
óuter spáce 名 U (大気圏外の)宇宙空間.
out·er·wear /áʊṭɚwèɚ | -təwèə/ 名 U 上着類, アウターウェア.
out·face /àʊtféɪs/ 動 他 《格式》 (...)に動じない, 敢然と立ち向かう.
out·fall /áʊtfɔ̀ːl/ 名 C 河口; (下水の)落ち口.
out·field /áʊtfìːld/ 名 [the ～] 〔野球・クリケット〕 外野; [《英》 単数または複数扱い] 外野手《全体》. 関連 left field レフト / center field センター / right field ライト / infield 内野.
out·field·er /áʊtfìːldɚ | -də/ 名 C 〔野球・クリケット〕 外野手. 関連 left fielder レフト / center fielder センター / right fielder ライト / infielder 内野手.
+**out·fit** /áʊtfìt/ 名 (-fits /-fìts/) ❶ C **身の回り品ひとそろい**; (ある用途のための)衣類[装備]一式: a new *outfit* for the wedding 結婚式用の新しい服. ❷ C [《英》 単数形でもときに複数扱い] [新聞で] (共に働く)一団, 組織, 会社. ❸ C 道具一式.
— 動 (-fits; -fit·ted; -fit·ting) 他 (...)に(装備などを)施す, 支給する (*with*).
out·fit·ter /áʊtfìṭɚ | -tə/ 名 C 《米》 アウトドア用品店.
out·flank /àʊtflǽŋk/ 動 他 ❶ (敵など)の側面を回って行く[背後をつく]. ❷ (...)の裏をかく.
out·flow /áʊtflòʊ/ 名 C [しばしば単数形で] (資金・液体などの)流出 (*of*) [⇔ inflow].
out·go·ing /àʊtgóʊɪŋ/ 形 ❶ 社交性に富んだ, 気さくな. ❷ 限定 退職[退任]する; 出て行く, 去っていく; 発信用の [⇔ incoming]: the *outgoing* president 引退する大統領.
out·go·ings /áʊtgòʊɪŋz/ 名 複 《英》 支出.
out·grow /àʊtgróʊ/ 動 (-grows; 過去 -grew /-grúː/; 過分 -grown /-gróʊn/; -grow·ing) 他 ❶ 大きくなりすぎて(...)に合わない [≒grow out of]: *outgrow* one's clothes 大きくなって服が合わなくなる. ❷ 成長して(習慣・興味など)を脱する[失う]: *outgrow* one's shyness 人見知りをする年を過ぎる[卒業する]. ❸ (...)より大きくなる[早く増える].
out·growth /áʊtgròʊθ/ 名 ❶ C 《格式》 自然[当然]の成り行き[結果]; 副産物 (*of*). ❷ C 《格式》 伸び出たもの《髪・鼻毛など》; 枝, ひこばえ.
out·house /áʊthàʊs/ 名 (-hous·es /-hàʊzɪz/) ❶ C 《米》 屋外トイレ. ❷ C 《英》 = outbuilding.
+**out·ing** /áʊṭɪŋ/ 名 (～s /～z/) ❶ C 遠足, ピクニック; (休みの日の)**遠出**: go on an *outing to* the country いなかへ遠足に行く. ❷ C 《略式》 (競技会・試合などへの)出場. ❸ U,C (有名人などが)同性愛者であると暴露すること.
out·land·ish /àʊtlǽndɪʃ/ 形 奇抜な.
out·last /àʊtlǽst | -lɑ́ːst/ 動 他 (...)より長くもつ, (...)より長く続く; (...)より長生きする.
out·law /áʊtlɔ̀ː/ 動 他 (行為など)を非合法化する, 禁止する. — 名 (～s /～z/) C 逃亡者, 無法者.
out·lay /áʊtlèɪ/ 名 C,U 経費, 出費 (*on, for*).
+**out·let** /áʊtlèt, -lət/ 名 (-lets /-lèts, -ləts/) ❶ C **販路**; 特約店, (系列下の)直売店: a retail *outlet for* electrical appliances 電化製品の直販店. ❷ C (感情などの)はけ口: find an *outlet for* one's energy 精力のはけ口を見出す. ❸ C (水・煙などの)出口, はけ口 (*for*) [⇔ inlet]. ❹ C 《米》 (電気の)コンセント [《英》 (power) point] (⇒ plug 挿絵): Put the plug in [into] the *outlet*. プラグをコンセントに差し込んでください. 日英 「コンセント」は和製英語.
out·line** /áʊtlàɪn/ !アク 名 (～s /～z/) ❶ C,U **概略**, 大要, あらまし: He explained the broad [rough] ***outlines of the government's strategy. 彼は政府の方針の概略を述べた / be agreed ***in outline*** 大筋で合意している.
❷ C,U **輪郭**, 形, 外形線; 略図: draw the ***outline of*** mountains 山々の輪郭を描く / an *outline* map [sketch] 略図 / draw ***in outline*** 輪郭だけ描く.
— 動 (-lines /～z/; -lined /～d/; -lin·ing) 他 ❶ (...)の**概略[あらまし]を述べる**: ***Outline*** (***to*** everyone) ***what*** you plan to do. V(+*to*+名)+O (*wh* 節) あなたがやろうとしていることの概略を(皆に)言ってください. ❷ [普通は受身で] (...)の輪郭を描く, 略図を書く.
out·live /àʊtlív/ 動 他 ❶ (...)より長生きする: *outlive* one's children 子供に先立たれる. ❷ 長生きして[年がたって](...)を失う[免れる]: *outlive* one's fame 年を取って昔の名声を失う.
+**out·look** /áʊtlʊ̀k/ 名 (～s /～s/) ❶ C **見解**, ...観 [≒view]: The accident changed my whole ***outlook on*** life. 事故で私の人生観が全く変わった.
❷ C [普通は単数形で] (将来の)**見通し**; 前途, 見込み, 展望 [≒prospect]: the weather ***outlook for*** tomorrow あすの天気予報 / the economic *outlook for* the next year 来年の経済の見通し. ❸ C 見晴らし, 眺め [≒view]: This room has a splendid *outlook over* the valley. この部屋は渓谷の見晴らしがすばらしい.
out·ly·ing /áʊtlàɪɪŋ/ 形 限定 中心を離れた; 遠い.
out·ma·neu·ver, 《英》 **-ma·noeu·vre** /àʊtmən(j)úːvɚ | -núːvə/ 動 (-ma·neu·ver·ing, 《英》 -noeu·vring /-v(ə)rɪŋ/) 他 (...)を策略[技術]でしのぐ.
out·mod·ed /àʊtmóʊḍɪd/ 形 時代遅れの, 旧式の.
out·num·ber /àʊtnʌ́mbɚ | -bə/ 動 (-ber·ing /-b(ə)rɪŋ/) 他 (...)より数で勝る.

*****out of** /áʊṭə(v)/
— 前

単語のエッセンス

1) ...から外へ; ...の外に; ...の範囲外に: jump *out of* bed ベッドから飛び出す ⇒ ❶ / Fish cannot live *out of* water. 魚は水の外では生きられない ⇒ ❷ / The ship sailed *out of* sight. 船は見えなくなった ⇒ ❹
2) ...がなくて, ...が切れて: My car is (clean) *out of* gas. 車は(すっかり)ガソリンが切れた ⇒ ❸
3) [原因・動機] ...から, ...で: I helped her *out of* pity. 同情心から彼女を助けてあげた ⇒ ❺
4) [原料・材料] ...から, ...で: He made this table *out of* an old box. このテーブルを古い箱で作った ⇒ ❻
5) ...のうちから: He was chosen *out of* a hundred applicants. 彼は 100 人の応募者中から選ばれた ⇒ ❼

❶ (...の中から)**外へ** [⇔ in, into]: He walked *out of* the house. 彼は家から出てきた / He jumped *out of* bed. 彼はベッドから飛び起きた / She looked *out of* the window. 彼女は窓から外を眺めた.

語法 (1) out of は「...から外へ離れていく」の意味を表わす.
(2) **out = out of**
「窓から飛び出す」「ドアから出る」のように, through (...を通り抜けて)の意味のとき特に Ⓢ《略式》では He jumped *out* the window. He ran *out* the door. のように言うことがある(⇒ out 前). しかし立体的なもの「の中から外へ」の意では用いないので次のような言い方はしない: ×He walked *out* the house. / ×He ran *out* the room.

❷ **...の外に**, ...の外で; (特に悪い状態)から抜け出して, ...を脱して; ...から出て [⇔ in]: thirty miles *out of* Chicago シカゴから 30 マイルのところで / Fish cannot live *out of* water. 魚は水の外では生きられない / My father is *out of* town now. 父は今町を離れている / He is now *out of* debt. 彼はもう借金はない / He always helped me *out of* trouble. 彼はいつも私を困難から救い出してくれた / *out of* hospital 退院して.

語法 in と out of との関係は on と off との関係に似ている(⇒ off 前 挿絵).

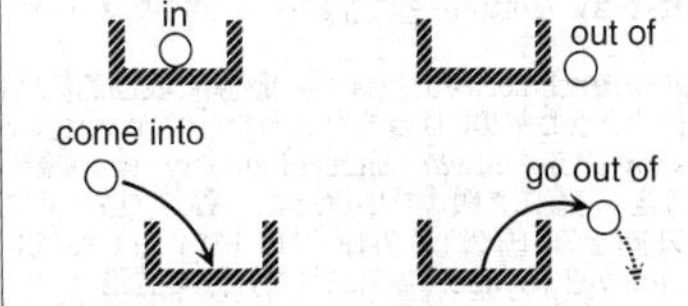

❸ **...がなくて**, ...が切れて, ...を失って [≒without]: My car is (clean) *out of* gas. 私の車は(すっかり)ガソリンが切れた / 言い換え We're *out of* sugar. (= We've run *out of* sugar.) 砂糖が切れた / This book is *out of* stock [print]. この本は在庫がない[絶版だ] / I am *out of* patience with her. 彼女にはもう我慢できない.
❹ **...の範囲外に**: The ship sailed *out of* sight. 船は見えなくなった / As soon as Ann was *out of* hearing, he cursed her violently. アンが聞こえない所まで行くとすぐ彼は激しく彼女をののしった.
❺ [原因・理由・動機などを示して] **...から**, ...で, ...のために: *out of* curiosity 好奇心から / I helped her *out of* pity. 私は同情心から彼女を助けてあげた / I'm sure he advised you to do so *out of* kindness. きっと彼は親切心からあなたにそうするよう忠告したのですよ.
❻ [原料・材料を示して] **...から**, ...で, ...を使って: He made this table *out of* an old box. 彼はこのテーブルを古い箱で作った / Nothing can be made *out of* nothing. 無からは何も生じない.
❼ (いくつかある)**...のうちから**, (何人かの)中で: He was chosen *out of* a hundred applicants. 彼は 100 人の応募者中から選ばれた / It will happen in nine cases *out of* ten. それは十中八九起こるだろう. ❽ [起源・出所を示して] ...から [≒from]; 〔競馬〕...を母として生まれた: a scene *out of* a play by Shakespeare シェークスピア劇の一場面. ❾ 関係がない, かかわり合いがなくて: I'm *out of* the scandal. 私はそのスキャンダルとは関係がない.

óut of it [形] (1)《略式》疎外感を感じて. (2)《略式》(酒・麻薬などで)もうろうとして, ぼーっとして.

out-of-date /áʊṭə(v)déɪt←/ 形 ❶ 限定 時代遅れの, 旧式の; 廃(すた)れた [⇔ up-to-date]. ❷ 限定 期限切れの. 語法 叙述 の用法では out of date とつづる(⇒ date¹ 成句).

óut of dóors 副 = outdoors.

out-of-state /áʊṭə(v)stéɪt←/ 形 限定《米》他州(から)の.

out-of-the-way /áʊṭə(v)ðəwéɪ←/ 形 限定 へんぴな, 片いなかの;《英》風変わりな, 珍しい.

out-of-town /áʊṭə(v)táʊn←/ 形 限定 よその町[市]から来た; 他の町[市]への.

out·pa·tient /áʊtpèɪʃənt/ 名 C 外来患者 [⇔ inpatient].

out·per·form /àʊtpəfɔ́ɚm | -pəfɔ́:m/ 動 他 (...)をしのぐ, (...)より優れている.

out·place·ment /áʊtplèɪsmənt/ 名 U (雇用主による従業員のための)再就職の世話.

out·play /àʊtpléɪ/ 動 他 (競技で)(...)を負かす.

out·post /áʊtpòʊst/ 名 C 辺境の居留地; 出先機関; 〔軍隊〕前哨(ぜんしょう)部隊[基地] (*of*).

out·pour·ing /áʊtpɔ̀:rɪŋ/ 名 C (感情などの)ほとばしり, 発露 (*of*).

***out·put** /áʊtpʊ̀t/ アク 名 (-puts /-pʊ̀ts/) ❶ U,C [普通は単数形で] (ある期間の)**生産高**; **生産品**; (文学などの)作品数: The daily *output* of cars has increased by 5%. 1 日当たりの車の生産高は 5% 増加した. ❷ U 〔コンピュータ〕**アウトプット**《コンピューターから出されるデータ》[⇔ input]: The *output* is converted to a form suitable for (a) tape or disk. アウトプットはテープやディスクに適した形に変換される. ❸ U 〔電気・機械〕出力 [⇔ input]. (動 pùt óut)
— 動 (-puts; 過去・過分 out·put, out·put·ted; -put·ting) 他 〔コンピュータ〕(...)を出力する.

+**out·rage** /áʊtrèɪʤ/ 名 (out·rag·es /~ɪz/) ❶ U (乱暴や侮辱に対する)**憤慨**, 激怒. ❷ U **乱暴**, 暴行; C 不法行為, 非道な行ない; 憤慨させる[けしからぬ]行為: commit an ***outrage against*** humanity 人道に反する行為をする. (形 outrágeous)
— 動 他 [普通は受身で] (...)を激怒[憤慨]させる.

+**out·ra·geous** /aʊtréɪʤəs/ 形 ❶ **不法な**, **けしからぬ**; 途方もない; (非常に)乱暴な: *outrageous* behavior けしからぬふるまい / an *outrageous* price 法外な値段. ❷ とっぴな, 風変わりな. (名 óutràge)
~·ly 副 不法に(も); 途方もなく.

O

out·ran /àʊtrǽn/ 動 outrun の過去形.

out·rank /àʊtrǽŋk/ 動 他 (...)より地位が高い; (...)より重要である.

out·reach /áʊtrìːtʃ/ 名 U 特別救済[奉仕]活動, 出張[訪問]サービス.

out·rid·er /áʊtràɪdə | -də/ 名 C (オートバイや馬に乗った)護衛警官.

out·rig·ger /áʊtrìgə | -gə/ 名 C 〔航海〕(カヌーの)舷外材, 舷外浮材; 舷外浮材付きの船.

+**out·right**[1] /áʊtràɪt/ ✪ -ght で終わる語の gh は発音しない. 形 ❶ 限定 **あからさまの, 率直な:** *outright* condemnation あからさまな非難. ❷ 限定 全くの, 完全な: an *outright* lie 真っ赤なうそ.

out·right[2] /àʊtráɪt/ ✪ -ght で終わる語の gh は発音しない. 副 ❶ 完全に, 全く, すっかり: own ... *outright* (全額支払って)...を完全に所有する. ❷ あからさまに, 率直に. ❸ 即時に: buy ... *outright* ...を一括払いで購入する.

out·run /àʊtrʌ́n/ 動 (-runs; 過去 -ran /-rǽn/; 過分 -run; -run·ning) 他 ❶ (...)より速く[遠くまで]走る. ❷ (...)の範囲を越える, 超過する.

out·sell /àʊtsél/ 動 他 (他のもの)より多く売れる; (競争相手)より多く売る.

+**out·set** /áʊtsèt/ 名 [the ～] **初め,** 最初, 始まり [≒ beginning]. **at [from] the óutset** 副 (...の)初め[最初]に[から] (*of*).

out·shine /àʊtʃáɪn/ 動 (-shines; 過去・過分 -shone /-ʃóʊn | -ʃɔ́n/, -shined; -shin·ing) 他 ❶ (...)より優れている, (...)に勝る. ❷ (...)よりよく光る.

***out·side /àʊtsáɪd, áʊtsàɪd/

— 前 /aʊtsàɪd, àʊtsaɪd/ ❶ **...の外に[へ, で],** ...の外側に[へ, で] [⇔ inside]: I waited *outside* the gate. 私は門の外で待った / He lives (just) *outside* the town. 彼は町の(すぐ)外に住んでいる. ❷ ...の範囲外で, ...を越えて [⇔ within]; (組織など)の外部(から)の; ...以上に; ... 以外に, ... を除いて [≒except]: The affair is *outside* the jurisdiction of this department. その事件はこの課の管轄外だ.

— 副 **外に[で, へ, は], 外側に[で, へ, は],** 外部に[で, へ, は]; 戸外に[で, へ, は] [⇔ inside]: It's cold *outside*. 外は寒い / go and play *outside* 外へ出て遊ぶ / Come [Step] *outside*! 表へ出ろ《けんかなどで》. 語法 go *outside* は外に出てまだ近くにいるのに対して, go *out* は外に出て別の場所へ行くことを意味する.

outsíde of ... [前] (1)《略式, 主に米》...以外に, ...を除いて [≒except]. (2)《略式, 主に米》...の外に[へ, で]: The girl was standing just *outside of* our garden. その女の子はうちの庭のすぐ外の所に立っていた. (3)《略式》...の範囲外で, ...の及ばないところで [≒ beyond].

— 形 ❶ 限定 [比較なし] **外部の, 外側の;** 戸外の [⇔ inside]: the *outside* door 外側のドア / the *outside* world 外界; 他国 / *outside* interference 外部からの干渉 / the *outside* lane《英》追い越し車線. ❷ 限定 (可能性・機会などが)ごくわずかの [≒slight]: an *outside* chance ごくわずかな可能性. ❸ 限定 (見積もりなどが)最大限の. ❹ 限定 本業以外の: *outside* interests 仕事以外の関心事.

— 名 (out·sides /àʊtsáɪdz, áʊtsàɪdz/) ❶ C [普通は the ～] (物の)**外部, 外側,** 外面; (組織の)外部 [⇔ inside]: *the outside of* a bottle びんの外側 / We can open this door only from *the outside*. このドアは外側からしか開かない / This building has slate *on the outside*. この建物は外壁がスレートでできている / those *on the outside* 部外者. ❷ C [普通は the ～] (物事の)**表面,** 外観, 外見; 見かけ: Do not judge things from *the outside* only. 物事を外側[外見]だけから判断するな / She looks calm *on the outside*. 彼女は落ち着いて見える. ❸ [the ～]《英》(道路の)**外側**《建物・カーブから遠い方》: *on the outside* 追い越し車線で.

at the (véry) outsíde [副] せいぜい, 多くて.

+**out·sid·er** /àʊtsáɪdə | -də/ 名 (～s /～z/) ❶ C **外部の者, 部外者,** 局外者; 門外漢; よそ者; 第三者 [⇔ insider]: The villagers treated him as an *outsider*. 村人たちは彼をよそ者扱いにした. ❷ C 勝てそうもない人[馬など]《⇒ favorite 名 3》.

out·size /áʊtsàɪz/ 形 (衣服などの)特大(型)の.

+**out·skirts** /áʊtskə̀ːts | -skə̀ːts/ 名 複 **郊外,** 町はずれ《⇒ suburb 類義語》; 周辺: *on* the *outskirts* of Chicago シカゴの郊外に.

out·smart /àʊtsmáət | -smáːt/ 動 他 = outwit.

out·source /àʊtsɔ́əs | -sɔ́ːs/ 動 他 (業務など)を外部に委託する.

out·sourc·ing /àʊtsɔ́əsɪŋ | -sɔ́ːs-/ 名 U 外部委託, アウトソーシング.

out·spo·ken /àʊtspóʊk(ə)n/ 形 率直な, 遠慮のない (*in*)《⇒ frank[1] 類義語》: an *outspoken* critic 遠慮なく批判する人. **～·ly** 副 率直に, 遠慮なく. **～·ness** 名 U 率直さ.

out·spread /àʊtspréd←/ 形 (腕などを)広げた: with *outspread* wings = with wings *outspread* 両翼を広げて.

*__out·stand·ing__ /àʊtstǽndɪŋ←/ 形 ❶ **傑出した,** 群を抜いた; 目立つ: an *outstanding* student 優等生. ❷ 未払いの; 未解決の, 未処理の: an *outstanding* debt 未払いの借金 / an *outstanding* issue 未解決の問題.

out·stand·ing·ly /àʊtstǽndɪŋli/ 副 傑出して, 群を抜いて.

out·stay /àʊtstéɪ/ 動 他 (...)より長居する. **outstáy one's wélcome** 《⇒ welcome 名 成句》.

out·stretched /àʊtstrétʃt←/ 形 (手足などが)いっぱいに広げた, 差し伸ばした.

out·strip /àʊtstríp/ 動 (-strips; -stripped; -strip·ping) 他 (...)に勝る; (...)を上回る; (...)を追い越す.

out-tray /áʊttrèɪ/ 名 C《英》= out-box 1《⇒ in-tray》.

+**out·ward** /áʊtwəd | -wəd/ 形 ❶ 限定 **表面的な,** 外面的な, うわべの; はっきりとした [⇔ inward]: She showed no *outward* signs of anxiety. 彼女は表向きは全く心配した顔は見せなかった. ❷ 限定 外へ向かう, 外向きの; 国外[海外]向けの [⇔ homeward]: an *outward* voyage (帰りに対して)行きの航路.

to (áll) óutward appéarances [副] 文修飾 (実際はともかく)見たところは.

— 副 ❶ 外へ, 外側へ, 外部へ [⇔ inward]: The door opens *outward*. そのドアは外側に開く. ❷ 国外へ; 港[出発点]を離れて [⇔ homeward].

out·ward·ly /áʊtwədli | -wəd-/ 副 [ときに 文修飾] 外見上(は), 表面上(は).

out·wards /áʊtwədz | -wədz/ 副《英》= outward.

+**out·weigh** /àʊtwéɪ/ 動 (-weighs /～z/; -weighed /～d/; -weigh·ing) 他 ❶《格式》(重要性・価値などの点で)(...)より**勝る:** The advantages far *outweigh* the disadvantages. 長所が短所をはるかに上回る. ❷

(...)より重い.

out·wit /àʊtwít/ 動 (-wits; -wit·ted; -wit·ting) 他 (...)の(計画の)裏をかく, 出し抜く [≒outsmart].

out·work /áʊtwə̀ːk | -wə̀ːk/ 名 U 《英》職場外[在宅]での仕事.

out·work·er /áʊtwə̀ːkə | -wə̀ːkə/ 名 C 《英》職場外[在宅]で仕事をする人.

out·worn /àʊtwɔ́ən | -wɔ́ːn←/ 形 [普通は 限定] (考え・習慣が)廃(すた)れた, 古くさい; 使い古した.

ova 名 ovum の複数形.

+**o·val** /óʊv(ə)l/ 形 **卵形の, 楕円(だえん)形の.**

— 名 C 卵形のもの, 楕円; (楕円形の)競技場.

Óval Óffice 名 [the ~] 《米》(ホワイトハウス内の)大統領執務室.

o·var·i·an /oʊvé(ə)riən/ 形 〘解剖〙 卵巣の; 〘植物〙 子房の: *ovarian* cancer 卵巣癌.

o·va·ry /óʊvəri/ 名 (o·va·ries) C 〘解剖〙 卵巣; 〘植物〙 子房.

o·va·tion /oʊvéɪʃən/ 名 C 《格式》 大かっさい, 激賞; 熱烈な歓迎: a standing *ovation* (観客・聴衆が)起立しての拍手かっさい.

***ov·en** /ʌ́v(ə)n/ ❗発音 名 (~s /~z/) C **オーブン**, 天火(てんぴ) (⇒ kitchen 挿絵); かまど: hot from the *oven* 焼きたての, ほかほかの / a microwave *oven* 電子レンジ (⇒ kitchen 挿絵) / turn on [off] an *oven* オーブンのスイッチを入れる[切る].

lìke an óven [形] 《略式》 暑苦しい, 蒸し暑い.

ov·en·proof /ʌ́v(ə)nprùːf/ 形 オーブン耐熱性の.

ov·en·ware /ʌ́v(ə)nwèə | -wèə/ 名 U (オーブン・電子レンジ用の)耐熱皿.

*****o·ver** /óʊvə | -və/ (同音 《英》 ova)

単語のエッセンス

基本的には「...の上に」の意.

1) **...の上に[を], ...を覆(おお)って, 一面に:** A lamp was hanging *over* the bed. ベッドの上にランプがかかっていた ⇒ 前 ❶ / Snow is falling (all) *over* the north of England. イングランド北部一帯に雪が降っている ⇒ 前 ❺ / He painted the whole box *over* in red. 彼は箱全体を赤く塗った ⇒ 副 ❻
2) [動作・状態] **...を越えて:** climb *over* the wall 塀を乗り越える ⇒ 前 ❷ / swim *over* to the other side of the river 川の向こう岸まで泳ぐ ⇒ 副 ❷
3) [数量] **...より多く:** He is already *over* sixty. 彼はもう 60 歳を超えている ⇒ 前 ❸
4) **...を支配して:** He reigned *over* his country for ten years. 10 年間国を治めた ⇒ 前 ❹
5) **...しながら, ...中ずっと:** Tom fell asleep *over* his work. トムは仕事をしながら眠ってしまった ⇒ 前 ❻ / stay here *over* the weekend 週末いっぱいここに滞在する ⇒ 前 ❼ / She stayed *over* till June. 彼女は 6 月までずっと滞在した ⇒ 副 ❼
6) **...に関して:** quarrel *over* a problem ある問題のことで口論する ⇒ 前 ❽
7) **倒れて:** fall *over* on the ice 氷の上で転ぶ ⇒ 副 ❶
8) **繰り返して:** begin [start] *over* 再開する ⇒ 副 ❽
9) **終わって:** The game is *over*. 試合は終わった ⇒ 形

— 前 /òʊvə | -və/ ❶ (1) **...の上に[を]**, ...の上方に[を] 《直接接触していない状態を表わす; ⇒ 挿絵(A)》 [⇔ under]: A lamp was hanging *over* the bed. ベッドの上にランプがかかっていた / There is a bridge *over* the river. その川には橋がかかっている / The plane was flying *over* the castle. 飛行機は城の上を飛んでいた.

(2) **...を覆(おお)って**, ...にかぶさって《接触して覆っている状態を表わす; ⇒ 挿絵(B)》 [⇔ under]: spread a cloth *over* (= on) the grass 芝生の上に布を広げる / She wore a coat *over* her dress. 彼女は服の上にコートを着ていた / He pulled his hat *over* his eyes. 彼は帽子を目深(まぶか)にかぶった.

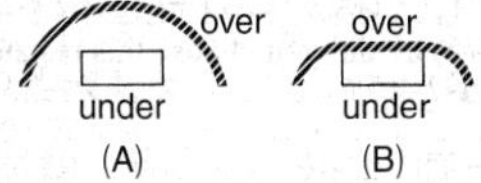

語法 (1) **over と above の使い分け**
over は under に対する語で上から覆いかぶさる感じを表わす. 挿絵(A)のように接触していないことも, (B)のように接触していることもある. なお above は below に対する語で, あるものよりも上のほうにあることを表わすが必ずしも真上でなくてもよい (⇒ above 挿絵). ただし, 接触していないときは over の代わりに above を用いることも多い: They held a large umbrella *over* [*above*] the king's head. 彼らは王に大きな傘をさしかけた. また動きを表わすときは above ではなく over を使う: A bird flew *over* the pond. 池の上を鳥が 1 羽飛んで行った.
(2) **over と on**
「...の上に」を表わす語にはまた on があるが, on は接触し支えられている感じを表わす (⇒ on 前 1 語法).

❷ (1) [動作を示して] **...を越えて**, ...越しに, ...の向こう側へ (⇒ 挿絵(A)) [⇔ under]; ...を横切って; ...(の端)を越えて下へ: John climbed *over* the wall. ジョンは塀を乗り越えた / The quick brown fox jumps *over* the lazy dog. すばやい茶色のきつねがものぐさな犬を飛び越える《アルファベット 26 文字を使った文》/ He talked to me *over* his shoulder. 彼は(振り返って)肩越しに私に話しかけた / I heard low voices from *over* the stone wall. 石塀越しに低い話し声が聞こえた (⇒ from 1 語法 (2)) / We walked *over* the bridge. 私たちは歩いて橋を渡った. 語法 この場合 ... across the bridge とも言う (⇒ across 前 1 語法) // fall *over* a cliff がけから落ちる.

(2) [状態を示して] **...を越えた所に**; 《主に英》...の向こう[反対]側に (⇒ 挿絵(B); ⇒ across 前 2); (難関など)を乗り越えて, (病気など)を克服して: My house is just *over* the hill. 私の家はあの山を越えた所にある / "*Over* the Rainbow"「にじのかなたに」《映画「オズの魔法使い」の挿入歌》/ They are *over* the worst of it. 彼らは最悪の事態を乗り越えた // ⇒ get over ... (get 句動詞).

(A)

(B)

❸ (年齢・時間・数量などの点で)**...より多く**, ...を超えて [≒more than] [⇔ under]: My father is already *over* sixty. 父はもう 60 歳を超えている. 語法 *over* sixty は 60 を含まない. 60 を含めて「60 以上」と言う場合には sixty and [or] *over* と言う (⇒ 副 4) // The tunnel is just [well] *over* five miles long. そのトンネルは長さが 5 マイルを少し[ゆうに]超える.

❹ (上位にいて)**...を支配して**, ...を制して, ...を監督して,

...を指揮[指導]して [⇔ under]; ...に優先して, ...に勝って: He reigned *over* his country for ten years. 彼は10年間国を治めた / He has no control *over* himself. 彼は自制心がない / Is he *over* you or under you at the office? 彼は会社で君の上役ですかそれとも部下ですか. 語法 a person *above* me は単に「地位が私より上の人」, a person *over* me は「私の上役で私を監督[指導]している人, 私の上司」を示す《⇒ under 前 4 語法》// Why did you choose this restaurant *over* the others? ほかでもなくこのレストランを選んだのはなぜですか.

❺ ...**の一面に**, ...中を《⇒ all over ... (成句)》: Snow is falling (all) *over* the north of England. イングランド北部一帯に雪が降っている / She showed us *over* her new house. 彼女は私たちを案内して新居を見せてくれた.

❻ (飲食·仕事など)**をしながら**; ...している間に: Tom fell asleep *over* his work. トムは仕事[勉強]をしながら眠ってしまった / We talked *over* lunch [a glass of beer]. 私たちは昼食をし[ビールを飲み]ながら話した.

❼ (時間が)...**中ずっと**, ...の終わりまで; (距離が)...にわたって: I'm going to stay here *over* the weekend. 私は週末いっぱいここに滞在する予定だ. ❽ ...に関して, ...のことで: quarrel *over* a problem ある問題のことで口論する. ❾ (電話·ラジオなど)によって, ...で: hear the news *over* the radio そのニュースをラジオで聞く / They talked *over* the telephone. 彼らは電話で話をした. 語法 on のほうが普通. ❿ (音が)...より大きく: His voice was heard *over* the noise. 騒音にかき消されず彼の声が聞こえた.

áll òver ... [前] ...**一面に**, ...の至る所に, ...のどこでも: Snow fell *all over* the region. その地方一帯に雪が降った / He traveled *all over* the world. 彼は世界中を旅行した.

óver and abóve ... [前] ...に加えて[のうえに].

— 副 /óʊvə | -və/ ❶ **倒れて**, 横倒しに; 折り曲げて; 裏返しになって, ひっくり返って[返して]: fall *over* on the ice 氷の上で転ぶ / bend *over* 身をかがめる / fold the paper *over* 紙を折る / He knocked the chair *over*. 彼はいすを倒した / *Over*. 《米》 裏面へ続く [《英》 PTO].

❷ **向こうへ**, あちら[そちら, こちら]へ; 横へ, わきへ; 家へ; (縁などを)越えて; 上方を(横切って): Please take this teapot *over* to the table. このティーポットをテーブルに持っていってください / swim *over* (= across) to the other side of the river 川の向こう岸まで泳ぐ / 言い換え He is *over* in France. = He has gone *over* to France. 彼はフランスに行った / I'll be right *over*. すぐに参ります / Please move *over* a little. 少し席を詰めてください / A plane flew *over*. 飛行機が頭上を飛んでいった.

❸ (相手側へ)**渡って**, 譲って; 交換して: Hand the gun *over* to me. 銃を私に渡せ / *Over* (to you)! Ⓢ (無線などで相手を呼んで)応答どうぞ.

❹ (数量が)**それ以上に**[で], 超過して《⇒ 前 3, under 副 2》; 過度に: people of 18 and [or] *over* 18歳以上の人たち / Her speech ran five minutes *over*. 彼女の話は予定を5分超えた. ❺ 余って, 余分に: I paid my bill and had two dollars left *over*. 勘定を払うと2ドル余った / 3 into 14 is 4 with 2 left *over*. 14÷3は4余り2. ❻ 一面に, 全面を覆うように, 至る所: He painted the whole box *over* in red. 彼は箱全体を赤く塗った / The fields are covered *over* with flowers. 野は一面花で覆われている / The lake was frozen *over*. 湖は全面凍結していた / all the world *over* 世界中で. ❼ 初めから終わりまで, すっかり; 《主に米》 (ある期間を)越えて, (期間中)ずっと: Now, think it *over*. さあそれをよく考えてみて / She stayed *over* till June. 彼女は6月までずっと滞在した. ❽ 繰り返して; 《主に米》 もう一度 [≒again]: twice [three times] *over* 2回[3回]繰り返して / begin [start] *over* 再開する, やり直す.

áll óver [副] (1) **一面に**, 至る所; 体中: He painted the box green *all over*. 彼は箱全体を緑色に塗った / He was caught in a shower and got drenched *all over*. 彼はにわか雨にあって全身ずぶぬれになった. (2) [名詞·代名詞の後で] Ⓢ まったく; いかにも...らしい: That's your father *all over*. それはいかにも君の父さんらしい話だ.

(àll) óver agáin [副] (いやなことだが)**もう一度**, 繰り返して: Do I have to start (*all*) *over again*? また(初めから)やり直さなくてはいけませんか.

óver and óver (agáin) [副] **何度も何度も**: When he is drunk, he says the same thing *over and over* (*again*). 彼は酔うと同じことを何度も言う.

òver hére [副] **こちらに**, こっちのほうへ, こちらでは.

òver thére [副] **向こうに**, 向こうでは, あちらでは.

— 形 /óʊvə | -və/ 叙述 **終わって**《⇒ get over (get 句動詞) 自 2》: The game is *over*. 試合は終わった / The concert will be *over* before we arrive. 私たちが着く前に音楽会は終わってしまうよ.

be áll óver [動] 自 もうだめだ: It's *all over* (*with* me). もう(私は)おしまいだ[万事休すだ].

be óver and dóne with [動] 自 《略式》 (いやなことが)すっかり終わっている, 済んでいる.

o·ver- /òʊvə, óʊvə | -və/ 接頭 ❶「過度の[に], 限度を超えた[て]」の意 [⇔ under-]: *over*estimate 過大評価する / *over*production 生産過剰 / *over*crowded 超満員の. 日英 日本語の「オーバー」のように over を単独で「大げさな」「誇張した」という意味には用いない. ❷「上方に[から], 上部に[から]」の意 [⇔ under-]: *over*hang ...の上にさしかかる / *over*look 見下ろす.

o·ver·a·chiev·er /òʊvəəʧíːvə | -və(r)əʧíːvə/ 名 C 期待以上に成果をあげる人; 身の程知らずのがんばり屋.

o·ver·act /òʊvəǽkt | -və(r)ǽkt/ 動 自 大げさな演技をする. — 他 (劇などで)(役)を大げさに演じる.

o·ver·age /òʊvəéɪʤ | -və(r)éɪʤ/ 形 規定の[標準]年齢を超えた (*for*).

****o·ver·all**[1] /òʊvəɔ́ːl | -və(r)ɔ́ːl←/ ✪ 名詞の overall[2] とアクセントが違う.

— 形 限定 [比較なし] **全体[全部]にわたる**, 全体の: the *overall* impression 全体の印象 / the *overall* cost 全費用.

— 副 ❶ 全部で, 全て含めて: How much do they weigh *overall*? 全部でどのくらいの重さになりますか. ❷ 文修飾 全体としていえば, 全体的に(見て): *Overall*, the concert was successful. 全体としてコンサートは成功だった.

o·ver·all[2] /óʊvəɔ̀ːl | -və(r)ɔ̀ːl/ ✪ 形容詞·副詞の overall[1] とアクセントが違う. 名 ❶ [複数形で] 《米》 (工員などの)上ばきズボン, オーバーオール《胸あてがついていて, 普通のズボンの上にはく》[《英》 dungarees]. ❷ C 《英》 (作業用)上っ張り. ❸ [複数形で] 《英》 つなぎ服.

o·ver·ate /òʊvəéɪt | -və(r)ét, -éɪt/ 動 overeat の過去形.

o·ver·awe /òʊvəɔ́ː | -və(r)ɔ́ː/ 動 他 [普通は受身で] (人)を威圧する.

o·ver·bal·ance /òʊvəbǽləns | -və-/ 動 自 《英》平衡を失う, バランスを崩す. — 他 《英》(...)の平衡を失わせる.

o·ver·bear·ing /òʊvəbé(ə)rɪŋ | -və-←/ 形 [軽蔑的] 高圧的な, 横柄な, いばっている.

o·ver·blown /òʊvəblóʊn | -və-←/ 形 (話などが)大げさな, 誇張した; 飾りたてた.

o·ver·board /óʊvəbɔ̀əd | -vəbɔ̀ːd/ 副 船外に, (船から)水中に: fall *overboard* 船外に落ちる. **gò óverboard** [動] 自 度を過ごす; 夢中になる (*on*, *with*). **thrów ... óverboard** [動] 他 (...)を見捨てる, 放棄する.

o·ver·book /òʊvəbúk | -və-/ 動 他 [普通は受身で] (ホテル・航空便など)に定員以上の予約を受け付ける. — 自 定員以上の予約を受け付ける.

o·ver·bur·den /òʊvəbə́ːdn | -vəbə́ː-/ 動 他 [普通は受身で] (負担・心労などを)(...)にかけすぎる; (仕事などで)(...)を過労にする (*with*).

****o·ver·came** /òʊvəkéɪm | -və-/ 動 overcome の過去形.

o·ver·cast /òʊvəkǽst | -vəkáːst←/ 形 (空が)一面に曇った.

o·ver·charge /òʊvətʃáəʤ | -vətʃáːʤ/ 動 他 ❶ (人)に不当な値段[掛け値]を要求する, 実際より(ある金額)だけ高く(人に)請求する [⇔ undercharge]: I was *overcharged by* $100 (*for* my purchase). (買い物の)勘定[請求書]を100ドル高くふっかけられた. ❷ (...)を充電しすぎる (*with*). — 自 不当な値段を要求する, 料金を(ある金額だけ)よけいに取(りすぎ)る (*by*) [⇔ undercharge].

o·ver·coat /óʊvəkòʊt | -və-/ 名 C コート: ⌈put on [take off] an *overcoat* コートを着る[脱ぐ].

****o·ver·come** /òʊvəkʌ́m | -və-/
— 動 (o·ver·comes /~z/; 過去 o·ver·came /-kéɪm/; 過分 o·ver·come; o·ver·com·ing) 他 ❶ (困難など)を**乗り越える**, 克服する, (...)に打ち勝つ; (競争相手・敵)を負かす, 圧倒する [≒defeat]: He *overcame* many difficulties. 彼は多くの困難を乗り越えた. ❷ [普通は受身で] (精神的・肉体的に)(...)を**参らせる**: She *was overcome with* [*by*] grief. V+O の受身 彼女は悲しみに打ちひしがれていた / *be overcome by* smoke 煙に巻かれて窒息する[死ぬ].

o·ver·com·pen·sate /òʊvəkɑ́(ː)mpənsèɪt | -vəkɔ́m-/ 動 自 過剰補償する (*for*) 《弱点・誤りなどを補うために極端に反対のことをする》.

o·ver·cook /òʊvəkúk | -və-/ 動 他 [普通は受身で] (...)を調理[加熱]しすぎる.

over·crowd·ed /òʊvəkráʊḍɪd | -və-/ 形 超満員の, とても混雑した (*with*).

o·ver·crowd·ing /òʊvəkráʊḍɪŋ | -və-/ 名 U 混雑(している状態), 超満員.

o·ver·do /òʊvədúː | -və-/ 動 (-does /-dʌ́z/; 過去 -did /-dɪ́d/; 過分 -done /-dʌ́n/; -do·ing) 他 ❶ (...)をやりすぎる, 度を越してする; 誇張する [≒exaggerate]: You're *overdoing* the sarcasm, I'm afraid. 皮肉が過ぎますよ. ❷ (調味料など)を使いすぎる. ❸ (...)を煮すぎる, 焼きすぎる. **overdó it [thìngs]** [動] 自 働きすぎる; やりすぎる.

o·ver·done /òʊvədʌ́n | -və-←/ 動 overdo の過去分詞. — 形 煮[焼き]すぎた [⇔ underdone].

o·ver·dose¹ /óʊvədòʊs | -və-/ 名 C (薬・麻薬の)与え[飲み]すぎ, 過剰服用; (物事の)過剰, やりすぎ (*of*).

o·ver·dose² /òʊvədóʊs | -və-/ 動 自 (薬・麻薬を)飲みすぎる (*on*).

o·ver·draw /òʊvədrɔ́ː | -və-/ 動 (-draws; 過去 -drew /-drúː/; 過分 -drawn /-drɔ́ːn/; -draw·ing) 他 〔商業〕(預金)を超過引き出しする, 借り越す; (手形)を超過振り出しする.

o·ver·drawn /òʊvədrɔ́ːn | -və-←/ 形 叙述 〔商業〕(口座が)借り[貸し]越しの: Your account is *overdrawn*. あなたの口座は借り越しになっています.

o·ver·dressed /òʊvədrést | -və-/ 形 着飾りすぎた.

o·ver·due /òʊvəd(j)úː | -vədjúː←/ 形 ❶ 支払い[返却]期限の過ぎた, 未払いの: an *overdue* bill 支払い期限の過ぎた請求書. ❷ (実現・処理などを)長い間待っている (*for*); 遅れた, 延着した: The reform is long *overdue*. 改革は延び延びになっている.

o·ver·eat /òʊvəíːt | -və(r)íːt/ 動 (-eats; 過去 -ate /-éɪt | -ét, -éɪt/; 過分 -eat·en /-íːtn/; -eat·ing) 自 食べすぎる.

o·ver·em·pha·size /òʊvəémfəsàɪz | -və(r)ém-/ 動 他 (...)を過度に強調する.

o·ver·es·ti·mate¹ /òʊvəéstəmèɪt | -və(r)és-/ 動 他 (...)を過大に評価する, 多く見積もる, 買いかぶる [⇔ underestimate]: The importance of peace cannot be *overestimated*. 平和の大切さはいくら評価してもしすぎることはない.

o·ver·es·ti·mate² /òʊvəéstəmət | -və(r)és-/ 名 C 過大評価, 買いかぶり [⇔ underestimate].

o·ver·ex·pose /òʊvəɪkspóʊz | -və(r)ɪks-/ 動 他 [普通は受身で] (フィルムなど)を露出過度にする; (人)をメディアに登場させすぎる [⇔ underexpose].

o·ver·ex·po·sure /òʊvəɪkspóʊʒə | -və(r)ɪkspóʊʒə/ 名 U 〔写真〕露出過度; (肌を太陽光線に)さらしすぎること; (人が)メディアに登場しすぎること.

o·ver·ex·tend /òʊvəɪksténd | -və(r)ɪks-/ 動 他 (...)を使いすぎる, やりすぎる. **overexténd onesèlf** [動] 自 無理をしすぎる.

o·ver·ex·tend·ed /òʊvəɪksténdɪd | -və(r)ɪks-/ 形 無理をしすぎた.

o·ver·fish·ing /òʊvəfíʃɪŋ | -və-/ 名 U (魚の)乱獲.

o·ver·flow¹ /òʊvəflóʊ | -və-/ ✪ 名詞の overflow² とアクセントが違う. 動 自 ❶ あふれる, (川などが)はんらんする (*with*): Oh! The tea [cup] is *overflowing*. わぁ, お茶[カップ]があふれている / The people *overflowed into* the street. 人が通りにあふれ出てきた. ❷ (...が)あり余る, (場所などが)(...で)いっぱいである: be filled to *overflowing* いっぱいであふれ返っている / Her heart was *overflowing with* joy. 彼女の心は喜びでいっぱいだった. — 他 ❶ (...)からあふれ出る; (...)にはんらんする. ❷ (場所)からあふれる. (名 óverflòw²)

o·ver·flow² /óʊvəflòʊ | -və-/ ✪ 動詞の overflow¹ とアクセントが違う. 名 ❶ U はんらん, あふれ出すこと, 流出. ❷ [U または an ~] あふれ出る[流れ出た]人[物] (*of*). ❸ U,C (あふれるほど)多すぎること, 過剰. ❹ C 排水口[管]. (動 òverflów¹)

o·ver·fly /òʊvəfláɪ | -və-/ 動 (-flies; -flew /-flúː/; -flown /-flóʊn/; -fly·ing) 他 (...)の上空を飛ぶ.

o·ver·ground /óʊvəgràʊnd | -və-/ 形 限定 (電車が)地上の.

o·ver·grown /òʊvəgróʊn | -və-←/ 形 ❶ 叙述 (土地が)草が生えるにまかされた, 草ぼうぼうの (*with*). ❷ (芝などが)伸びすぎた; 限定 [軽蔑的] 成長しすぎた: an

overgrown child 中身が子供のまま大人になった人.
o·ver·growth /óʊvəgròʊθ|-və-/ 名 ❶ U はびこっている植物[雑草など]. ❷ U 過度の成長.
o·ver·hand /óʊvəhæ̀nd|-və-/ 形《米》〔球技〕投げおろしの, オーバースローの [⇔ underhand]. 日英 日本でいう「オーバースロー」に相当する英語は an overhand(ed) throw [pitch]. —副《米》投げおろしで, オーバースローで [⇔ underhand]: pitch *overhand* (投手が)オーバースローで投球する.
o·ver·hang¹ /òʊvəhǽŋ|-və-/ 動 (-hangs; 過去·過分 -hung /-hʌ́ŋ/; -hang·ing) 他 (...)の上にさしかかる, (...)に突き出る, 張り出す: The cliff *overhangs* the sea. がけが海に突き出ている. —自 突き出る, 張り出す.
o·ver·hang² /óʊvəhæ̀ŋ|-və-/ 名 C [普通は単数形で] (がけなどの)張り出し, 突き出た部分;〔建築〕張り出し《屋根·バルコニーなど》.
o·ver·haul¹ /òʊvəhɔ́:l|-və-/ 動 他 (...)を分解検査[修理]する, オーバーホールする; 改善[修正]する.
o·ver·haul² /óʊvəhɔ̀:l|-və-/ 名 C 分解検査, 分解修理, オーバーホール; (制度などの)見直し, 改善.
+**o·ver·head¹** /òʊvəhéd|-və-/ ✪ 形容詞·名詞の overhead² とアクセントが違う. 副 **頭上に**; 高く, 空高く: fly *overhead* 頭上を飛ぶ.
o·ver·head² /óʊvəhèd|-və-/ ✪ 副詞の overhead¹ とアクセントが違う. 形 限定 頭上の; 高架の. —名 U《米》諸経費 [《英》overheads].
óverhead projéctor 名 C オーバーヘッドプロジェクター.
o·ver·heads /óʊvəhèdz|-və-/ 名 複《英》= overhead².
o·ver·hear /òʊvəhíə|-vəhíə/ 動 (-hears; 過去·過分 -heard /-hə́:d|-hɔ́:d/; -hear·ing /-hí(ə)rɪŋ/) 他 (...)をふと耳にする, 漏れ聞く; (たまたま)立ち聞きする. 関連 eavesdrop 故意に立ち聞きする.
o·ver·heat /òʊvəhí:t|-və-/ 動 自 (エンジンなどが)過熱[オーバーヒート]する. —他 (...)を過熱させる.
o·ver·heat·ed /òʊvəhí:ṭɪd|-və-⁻/ 形 ❶ 過熱した. ❷ (経済が)過熱した. ❸ 熱の入りすぎた, 興奮しすぎた.
o·ver·hung /òʊvəhʌ́ŋ|-və-/ 動 overhang¹ の過去形および過去分詞.
over·in·dulge /òʊvəɪndʌ́ldʒ|-və(r)ɪn-/ 動 自 食べ[飲み]すぎる; (...に)ふけりすぎる (*in*). —他 (...)を過度に放任する[甘やかす].
o·ver·joyed /òʊvədʒɔ́ɪd|-və-/ 形 叙述 大喜びして《⇒ pleased 囲み》, 狂喜した (*at*; *to* do; *that*).
o·ver·kill /óʊvəkìl|-və-/ 名 ❶ U《略式》過剰, やりすぎ. ❷ U 核兵器の過剰殺傷[破壊]力.
o·ver·laid /òʊvəléɪd|-və-/ 動 overlay¹ の過去形および過去分詞.
o·ver·land /óʊvəlæ̀nd|-və-/ 形 限定 陸地[上]の, 陸路の. —副 陸地[上]を, 陸路を [≒by land].
+**o·ver·lap¹** /òʊvəlǽp|-və-/ ✪ 名詞の overlap² とアクセントが違う. 動 (-laps /~s/; -lapped /~t/; -lap·ping) 自 (部分的に)**重なる**, 重なり合う; 重複する, (時期などが)かち合う (*with*): Your interests and mine *overlap*. あなたの興味と私のとは共通するところがある. —他 (部分的に)(...)を重ねる, 重ね合わせる.
o·ver·lap² /óʊvəlæ̀p|-və-/ ✪ 動詞の overlap¹ とアクセントが違う. 名 U 重複(すること); C 重複部分.
o·ver·lay¹ /òʊvəléɪ|-və-/ 動 (-lays; 過去·過分 -laid /-léɪd/; -lay·ing) 他 (...)をかぶせる; (...)に上張り[上塗り]をする (*with*); (...)に重ねる.
o·ver·lay² /óʊvəlèɪ|-və-/ 名 C (装飾用の)上敷き, 上掛け, 上張り; オーバーレイ《図·写真などに重ねて使う, 付加情報を記した透明なシート》.
o·ver·leaf /óʊvəlì:f|-və-/ 副 裏面に, 次ページに: continued *overleaf* 次ページに続く.
o·ver·load¹ /òʊvəlóʊd|-və-/ 動 他 [しばしば受身で] (...)に荷を積みすぎる; (...)に重荷[負担]をかけすぎる (*with*); (発電器など)に負荷をかけすぎる.
o·ver·load² /óʊvəlòʊd|-və-/ 名 [U または an ~] 過積(載), 過重荷, 積みすぎ;〔電気〕過負荷.
+**o·ver·look** /òʊvəlók|-və-/ 動 (-looks /~s/; -looked /~t/; -look·ing) 他 ❶ (不注意から)(...)を**見落とす**, 見逃す; 無視する, 考慮に入れない: You have *overlooked* [are *overlooking*] an important fact. 君は重要な事実を見落としている.
❷ (罪·間違いなど)を**大目に見る**, 見逃す: I can't *overlook* an employee's dishonesty. 従業員の不正を見逃すわけにはいかない.
❸ (人·場所が)(...)を**見下ろす**, 見渡す: This room *overlooks* a lake. この部屋から湖が見渡せる.
+**o·ver·ly** /óʊvəli|-və-/ 副 [形容詞の前に用いて; しばしば否定文で] **過度に**, あまりにも, ...すぎる.
o·ver·manned /òʊvəmǽnd|-və-⁻/ 形 (工場などが)人員過剰の [⇔ undermanned].
o·ver·much /òʊvəmʌ́tʃ|-və-⁻/ 副 [普通は否定文で]《文語》あまり(...でない); 過度に.
*__o·ver·night__ /òʊvənáɪt|-və-⁻/ ✪ -ght で終わる語の gh は発音しない. 副 ❶ **夜通し**, 徹夜で, ひと晩中: stay *overnight* ひと晩泊まる.
❷ **一夜のうちに**, 一夜にして; 突然, たちまち: A bad habit cannot be broken *overnight*. 悪い癖というものは一朝一夕に直るものではない.
—形 ❶ 限定 前夜からの, 夜通しの. ❷ 限定 一泊の; 一泊用の, 小旅行用の: an *overnight* guest 一晩泊まりの客 / an *overnight* bag 小旅行かばん. ❸ 限定 あっという間の, 突然の.
overpaid 動 overpay の過去形および過去分詞.
o·ver·pass /óʊvəpæ̀s|-vəpɑ̀:s/ 名 C《主に米》(立体交差の)上の道路, 高架道路; 跨線(こせん)橋, 陸橋 [《英》flyover] [⇔ underpass]: a pedestrian *overpass* 歩道橋.
o·ver·pay /òʊvəpéɪ|-və-/ 動 (-pays; 過去·過分 -paid /-péɪd/; -pay·ing) 他 (税金など)を払いすぎる; (...)に給料[代金]を払いすぎる (*for*) [⇔ underpay].
o·ver·play /òʊvəpléɪ|-və-/ 動 他 (価値·重要性など)を強調しすぎる, 重視しすぎる; 大げさにやり[ふるまい]すぎる [⇔ underplay]. **overpláy one's hánd** [動] 自 自分の力を過信する.
o·ver·pop·u·lat·ed /òʊvəpɑ́(:)pjʊlèɪṭɪd|-vəpɔ́p-/ 形 人口過多[過密]の [⇔ underpopulated].
o·ver·pop·u·la·tion /òʊvəpɑ̀(:)pjʊléɪʃən|-vəpɔ̀p-/ 名 U 人口過多[過密].
o·ver·pow·er /òʊvəpáʊə|-vəpáʊə/ 動 (-er·ing /-páʊ(ə)rɪŋ/) 他 (力ずくで)(...)を押し倒す; 負かす, (...)に打ち勝つ [≒overcome]; (におい·味·感情などが)(人)を圧倒する, 参らせる.
o·ver·pow·er·ing /òʊvəpáʊ(ə)rɪŋ|-və-⁻/ 形 強烈な, 圧倒的な; 威圧的な.
o·ver·priced /òʊvəpráɪst|-və-⁻/ 形 値段の高すぎる.
o·ver·pro·duc·tion /òʊvəprədʌ́kʃən|-və-/ 名 U 生産過剰 (*of*).
o·ver·pro·tec·tive /òʊvəprətéktɪv|-və-/ 形 (親な

どが)過保護な.

o·ver·qual·i·fied /òʊvəkwɑ́(ː)ləfàɪd|-vəkwɔ́l-←/ 形 必要以上の資格[学歴, 経験]を有する (*for*).

o·ver·ran /òʊvərǽn|-və-/ 動 overrun[1] の過去形.

o·ver·rate /òʊvəréɪt|-və-/ 動 他 (...)を過大評価する [⇔ underrate].

o·ver·rat·ed /òʊvəréɪṭɪd|-və-←/ 形 過大評価された [⇔ underrated].

o·ver·reach /òʊvəríːʧ|-və-/ 動 他 [~ oneself として] 無理をしてやろうとする.

o·ver·re·act /òʊvəriǽkt|-və-/ 動 自 過度に反応する, 過剰反応する (*to*).

o·ver·re·ac·tion /òʊvəriǽkʃən|-və-/ 名 [U または an ~] 過度の反応, 過剰反応 (*to*).

o·ver·ride /òʊvəráɪd|-və-/ 動 (-rides; 過去 -rode /-róʊd/; 過分 -rid·den /-rídn/; -rid·ing) 他 ❶ (命令・要求など)を無視する; 拒絶する, くつがえす. ❷ (物事が)(他の事)に優先する, (...)より大事[先]である. ❸ (...)の自動制御を解除する.

o·ver·rid·ing /òʊvəráɪḍɪŋ|-və-←/ 形 限定 最優先の, 最も重要な: our *overriding* concern 私たちの最優先の関心事.

o·ver·rule /òʊvərúːl|-və-/ 動 他 (権力を用いて)(決定・議論・方針など)をくつがえす, 却下する, 無効にする: (Objection) *overruled*. 異議は却下する《裁判長のことば》.

o·ver·run[1] /òʊvərʌ́n|-və-/ 動 (-runs; 過去 -ran /-rǽn/; 過分 -run; -run·ning) 他 ❶ [しばしば受身で] (雑草などが)(...)にはびこる, (害虫などが)(...)に群がる, 押し寄せる; (国土など)を踏みにじる. ❷ (範囲・制限時間・予算など)を超える; (停止線を越えて)走り[行き]過ぎる. — 自 (時間などが)超過する.

o·ver·run[2] /óʊvərʌ̀n|-və-/ 名 C (費用・時間などの)超過: cost *overruns* 費用の超過.

+**oversaw** 動 oversee **の過去形.**

*__o·ver·seas__ /òʊvəsíːz|-və-←/ 形 限定 **海外(から)の** [≒foreign]; **海外向けの:** make an *overseas* trip 海外旅行をする / *overseas* flights 国際便.

> 語法 (1) *overseas* students は「外国から勉強に来ている学生」, students *overseas* (副)は「外国へ勉強に行っている学生」の意.
> (2) foreign students はときに差別的で overseas students というほうがやや丁寧.

— 副 **海外へ[に, で]**, 外国へ[に, で] [≒abroad]: go *overseas* 海外へ行く / send money *overseas* 外国に送金する.

> **海外へ**
> **海外へ行く**
> ○go overseas ×go to overseas
> ✪ 副詞なので前置詞はつけない.

+**o·ver·see** /òʊvəsíː|-və-/ 動 (-sees; 過去 -saw /-sɔ́ː/; 過分 -seen /-síːn/; -see·ing) 他《格式》(仕事・労働者など)を**監督する**; 監視する.

o·ver·seer /óʊvəsìːə|-vəsìːə/ 名 C 監視者; (現場)監督《人》.

o·ver·sell /òʊvəsél|-və-/ 動 (-sells; 過去・過分 -sold; -sell·ing) 他 ❶ (...)をほめすぎる, 売り込みすぎる. ❷ (...)を売りすぎる.

o·ver·sen·si·tive /òʊvəsénsəṭɪv|-və-←/ 形 敏感すぎる, 過敏性の.

o·ver·shad·ow /òʊvəʃǽḍoʊ|-və-/ 動 他 ❶ (...)を見劣りさせる, (...)より勝る. ❷ (喜び・幸せなど)に暗い影を落とす, 陰鬱にする. ❸ (...)を陰にする, 暗くする.

o·ver·shoe /óʊvəʃùː|-və-/ 名 C [普通は複数形で] オーバーシューズ《防寒・防水用に靴の上にはく》.

o·ver·shoot /òʊvəʃúːt|-və-/ 動 (-shoots; 過去・過分 -shot /-ʃɑ́(ː)t|-ʃɔ́t/; -shoot·ing) 他 ❶ (目標地点)を行き過ぎる, (飛行機が)(滑走路)を行き過ぎる. ❷ (予定額など)を超過する. — 自 走り過ぎる, 度を越す; (予算額が)限度を超える.

+**o·ver·sight** /óʊvəsàɪt|-və-/ 名 (-sights /-sàɪts/) ❶ C,U **見落とし**, 手落ち. ❷ U《格式》監視, 監督.

o·ver·sim·pli·fi·ca·tion /òʊvəsìmpləfɪkéɪʃən|-və-/ 名 U,C 過度の単純化.

o·ver·sim·pli·fy /òʊvəsímpləfàɪ|-və-/ 動 (-pli·fies; -pli·fied; -fy·ing) 他 (...)を単純化しすぎる. — 自 単純化しすぎる.

o·ver·size(d) /òʊvəsáɪz(d)|-və-←/ 形 限定 特大の; 大きすぎる.

o·ver·sleep /òʊvəslíːp|-və-/ 動 (-sleeps; 過去・過分 -slept /-slépt/; -sleep·ing) 自 寝過ごす.

o·ver·spend /òʊvəspénd|-və-/ 動 (-spends; 過去・過分 -spent; -spend·ing) 自 金を(...に)使いすぎる (*on*). — 他 (予算など)を使いすぎる.

o·ver·spill /óʊvəspìl|-və-/ 名 [U または an ~]《英》(都市から郊外への)人口流出.

o·ver·staffed /òʊvəstǽft|-vəstɑ́ːft←/ 形 人員[従業員]が多すぎる [⇔ understaffed].

o·ver·state /òʊvəstéɪt|-və-/ 動 他 (...)を大げさに言う, 誇張する [≒exaggerate] [⇔ understate]: *overstate* the case 実際より大げさに言う / The importance of education cannot be *overstated*. 教育の重要性は誇張しすぎることはない.

o·ver·state·ment /òʊvəstéɪtmənt|-və-/ 名 U 大げさに言うこと, 誇張; C 大げさなことば [⇔ understatement].

o·ver·stay /òʊvəstéɪ|-və-/ 動 他 (...)の限度を越えて長居する. **overstáy** one's **wélcome** ⇒ welcome 名 成句.

o·ver·step /òʊvəstép|-və-/ 動 (o·ver·steps; -stepped; -step·ping) 他 (...)を(踏み)越える. **overstép the márk [líne]** [動] 自 度を越す.

o·ver·stock /òʊvəstɑ́(ː)k|-vəstɔ́k/ 動 他 (...)に供給しすぎる, 仕入れすぎる (*with*).

o·ver·stretch /òʊvəstréʧ|-və-/ 動 他 ❶ (筋肉など)を無理に伸ばす. ❷ (資金など)に過分な負担をかける, (...)に無理をさせる: *overstretch* oneself 無理をする.

o·ver·sup·ply /óʊvəsəplàɪ|-və-/ 名 C,U 供給過剰 (*of*).

o·vert /oʊvə́ːt, óʊvəːt|oʊvə́ːt, óʊvəːt/ 形 限定《格式》(証拠などが)明白な; 公然の [⇔ covert].

+**o·ver·take** /òʊvətéɪk|-və-/ 動 (o·ver·takes /~s/; 過去 o·ver·took /-tʊ́k/; 過分 o·ver·tak·en /-téɪk(ə)n/; o·ver·tak·ing) 他 ❶ (...)に**追いつく**;《英》追い越す [《米》pass]; (量・程度などで)(...)を追い抜く: The squad car *overtook* the dump truck. パトカーはダンプカーに追いついた.
❷ [普通は受身で] (災難・感情などが)(...)を**急に襲う**: The ship *was overtaken by* a storm. V+O の受身 船はあらしに襲われた.
— 自《英》(車が)追い越す [《米》pass]: No *overtaking*. 追い越し禁止《道路標識》.
be overtáken by evénts [動] 自 (事態の急変で)

(計画などが)役に立たなくなる, 現状に合わなくなる.

+**o·ver·tak·en** /òʊvətéɪk(ə)n | -və-/ 動 **overtake の過去分詞.**

o·ver·tax /òʊvətǽks | -və-/ 動 他 (...)に無理を強いる, こき使う; (...)に重税をかける[強いる].

o·ver-the-count·er /òʊvəðəkáʊnṭə | -vəðəkáʊntə←/ 形 ❶ 限定 (薬が)薬局で処方箋なしで買える. ❷ 限定 《米》 (証券などが)店頭売買[取引]の.

+**o·ver·threw** /òʊvəθrúː | -və-/ 動 **overthrow[1] の過去形.**

+**o·ver·throw[1]** /òʊvəθróʊ | -və-/ ⚠アク 名詞の overthrow[2] とアクセントが違う. 動 (-throws /~z/; 過去 -threw /-θrúː/; 過分 -thrown /-θróʊn/; -throw·ing) 他 ❶ (政権など)を**倒す**, 打倒する, くつがえす; (制度など)を廃止する: *overthrow* the government 政府を倒す. ❷ 《米》〔野球〕(...)へ暴投する (⇒ overhand 日英). (名 óverthròw[2])

+**o·ver·throw[2]** /óʊvəθròʊ | -və-/ ⚠アク 動詞の overthrow[1] とアクセントが違う. 名 (~s /~z/) ❶ C [普通は the ~] (政権などの)**転覆**(てんぷく), 打倒する[される]こと: ***the overthrow of*** the government 政府の転覆. ❷ C 《米》〔野球〕暴投 (⇒ overhand 日英). (動 òverthrów[1])

+**o·ver·thrown** /òʊvəθróʊn | -və-/ 動 **overthrow[1] の過去分詞.**

o·ver·time /óʊvətàɪm | -və-/ 名 ❶ U 規定外労働時間; 超過勤務, 残業: do [work] two hours of *overtime*. 2 時間残業する. ❷ U 超過勤務手当, 残業手当: pay *overtime* 超過勤務手当を払う / earn *overtime* 残業手当を稼ぐ. ❸ U 《米スポーツ》(試合の)延長時間 (選手のけがなどによるロスタイムの分). — 形 限定 時間外の, 超過勤務[残業]の: *overtime* pay [payments] 超過勤務手当. — 副 時間外に, 超過勤務で: I don't like to work *overtime*. 残業するのは好きじゃない. **wórk óvertime** [動] 自 [進行形で] 《略式》 (人·頭脳などが)活発に動く[働く].

o·vert·ly /oʊvə́ːtli | -vɜ́ːt-/ 副 明白に; 公然と.

o·ver·tone /óʊvətòʊn | -və-/ 名 ❶ C [普通は複数形で] 含み, 含蓄, ニュアンス (*of*). ❷ C 〔物理·音楽〕上音; 倍音.

+**o·ver·took** /òʊvətʊ́k | -və-/ 動 **overtake の過去形.**

o·ver·ture /óʊvətʃə, -tʃʊə | -vətjʊə, -tʃə/ 名 ❶ C 〔音楽〕(オペラの)序曲. ❷ C [普通は複数形で] (協定などの)提案, 申し入れ; 予備交渉: make *overtures to* ... ...に提議する, 申し込む. ❸ C (...の)前ぶれ, 前兆 (*to*).

+**o·ver·turn** /òʊvətə́ːn | -vətɜ́ːn/ 動 (-turns /~z/; -turned /~d/; -turn·ing) 他 ❶ (...)を**ひっくり返す**; 転覆させる, くつがえす [≒upset]: The boat *was* ***overturned by*** a great wave. V+O の受身 ボートは大波を受けて転覆した. ❷ (決定·判決など)をくつがえす, 無効にする. ❸ (政府など)を倒す. — 自 ひっくり返る, 横転する; 転覆する.

o·ver·use[1] /òʊvəjúːz | -və-/ 動 他 (...)を使いすぎる.

o·ver·use[2] /òʊvəjùːs | -və-/ 名 U 使いすぎ.

o·ver·val·ue /òʊvəvǽljuː | -və-/ 動 他 (...)を過大評価する, 買いかぶる [⇔ undervalue].

o·ver·view /óʊvəvjùː | -və-/ 名 C 概要, 大要: give an *overview of* ... ...の概略を述べる.

o·ver·ween·ing /òʊvəwíːnɪŋ | -və-←/ 形 限定 《格式》 自負心の強い, うぬぼれた, 傲慢(ごうまん)な; 過度の.

o·ver·weight /òʊvəwéɪt | -və-←/ 形 ❶ [遠回しに] 太りすぎの (⇒ fat 類義語): be two kilograms *overweight* 2 キロオーバーしている. ❷ 重量超過の [⇔ underweight].

+**o·ver·whelm** /òʊvə(h)wélm | -və-/ 動 (o·ver·whelms /~z/; o·ver·whelmed /~d/; -whelm·ing) 他 ❶ [しばしば受身で] (精神的に)(...)を**圧倒する**; 参らせる, 打ちのめす; 驚かす, 困惑させる: She *was* ***overwhelmed with*** [***by***] grief [gratitude]. V+O の受身 彼女は悲しみに打ちひしがれていた[感謝の気持ちで一杯だった]. ❷ (数·勢力で)(...)を圧倒する. ❸ 《文語》 (洪水などが)(...)を水浸しにする [≒flood].

*__o·ver·whelm·ing__ /òʊvə(h)wélmɪŋ | -və-/ 形 限定 **抵抗できないほどの**, (数·勢力が)**圧倒的な**; たいへん(感動的)な: feel an *overwhelming* desire to do it 何が何でもそれをしたい気持ちになる / an *overwhelming* majority [victory] 圧倒的な多数[勝利].
~·ly 副 圧倒的に; 圧倒的多数で.

o·ver·work[1] /òʊvəwə́ːk | -vəwɜ́ːk/ 動 他 (...)を働かせすぎる, 酷使する; 過労にさせる; (語句など)を使いすぎる. — 自 働きすぎる; 過労になる.

o·ver·work[2] /óʊvəwəːk | -vəwɜːk/ 名 U 過度の労働[仕事, 勉強]; 過労.

o·ver·worked /òʊvəwə́ːkt | -vəwɜ́ːkt←/ 形 ❶ 過労の. ❷ (語句などが)使い古された, 陳腐な.

o·ver·write /òʊvəráɪt | -və-/ 動 (-writes /-ráɪts/; 過去 -wrote /-róʊt/; 過分 -writ·ten /-rítn/) 他 〔コンピュータ〕(ファイル)を上書きする.

o·ver·wrought /òʊvərɔ́ːt | -və-←/ 形 (不安などで)緊張しすぎた, (神経の)張り詰めた.

o·void /óʊvɔɪd/ 形, 名 C 《格式》 卵形の(もの).

o·vum /óʊvəm/ 名 (複 **o·va** /óʊvə/) C 〔生物〕卵(子), 卵細胞.

ow /áʊ/ 間 あいた!, 痛い! (突然の痛みなどを表わす).

*__owe__ /óʊ/ (同音 O[2], oh[1,2]) 動 (owes /~z/; owed /~d/; ow·ing)

> **意味のチャート**
> 元来は「所有する」の意; own と同語源 → (義務を持つ) → 「**借りがある**」❶ → 「**恩を受けている**」❸

— 他 [普通は進行形なし] ❶ (人)に(金銭上の)**借りがある**, (...に)(ある額)の借金[つけ]がある, (...に)(金)を支払う義務がある: 「How much [What] do I *owe* (you)? V(+O)+O いくら(払えばいい)ですか / 言い換え I *owe* the tailor 50, 000 yen. V+O+O = I *owe* 50,000 yen ***to*** the tailor. V+O+*to*+名 私は洋服屋に 5 万円つけがある (⇒ to[1] 3 語法) / I still *owe* her (ten dollars) ***for*** the ticket. V+O(+O)+*for*+名 私はまだ彼女に切符代(10 ドル)を借りている.
❷ (人に)(感謝·説明など)を**当然行なうべきである**, (...)の借りがある; 《格式》 (人に義務など)を当然尽くすべきである: I *owe* her an apology. V+O+O 私は彼女に謝罪しなければならない / I *owe* him a favor [letter]. 彼にお返ししなければ[手紙を書かなくては]ならない / Thank you so much. ***I owe you one***. どうもありがとう. 借りができたね(このお返しは必ずするね) (感謝の意味を強める) / We *owe* loyalty ***to*** our king. V+O+*to*+名 我々は国王に対し忠誠を尽くすべきである.
❸ (...)に関して(~から)**恩恵を受けて**[**こうむって**]**いる**, (...(があるの))は(~の)おかげである: 言い換え I *owe* everything ***to*** him. V+O+*to*+名 = I *owe* him everything. V+O+O 私は彼に何から何までお世話になっている / I *owe* my success ***to*** you. 私の成功はあなたのおかげだ / I *owe* you my life. あなたは私の(命の)恩人だ.

ówe it to ... to dó [動] ...に対して～する必要がある, ...のために～したほうがよい: I *owe it to* my wife *to* stay healthy. 妻のためにも私は元気でいなければならない / You *owe it to* yourselves *to* have a week off. 君たちは1週間休暇をとったらいい.

ow·ing /óʊɪŋ/ [形] [叙述]《英》(金が)借りとなっている, (...に)支払われるべき (*to*). **ówing to ...** [前]《格式》...のせいで, ...が原因で《because of のほうが普通》: *Owing to* the snow(,) the trains were delayed. 雪のせいで列車が遅れた.

+**owl** /áʊl/ [発音] [名] (～s /～z/) ❶ [C] ふくろう《知恵の象徴とされている》. ❷ [C] みみずく (horned owl). ✪ 鳴き声については ⇒ cry 表.

owl·ish /áʊlɪʃ/ [形] ふくろうに似た; (めがねをかけて)賢そうな顔をした.

***own** /óʊn/

— [形] ❶ [限定] [比較なし] [所有格の後で所有の意味を強める] **自分[その人(たち)]自身の**, 自身の; (肉親などが)実(じつ)の: This is *my own* book. これは私自身の本だ(人に借りたのではない)《✪ ×myself's book とは言わない》/ I saw it with *my own* eyes. 私は自分の目でそれを見たのだ / They have *their own* troubles. 彼らには彼らなりの悩みがある / She is *his own* mother. 彼女は彼の実の母です《義母でなく》.
❷ [限定] [比較なし] [所有格の後で意味を強める] **自分[それ]独特の**, 独自の: She did it in *her own* way. 彼女はそれを彼女独特の方法[やり方]でやった / I have *my own* way of solving it. 私にはそれを解決する独自の方法がある.

— [代] [所有格の後で独立して用いて] **自分自身のもの:** That house is *his own*. あの家は彼自身のものだ《借家でなく》/ Your day off is *your own*. 休みの日は好きなように過ごしてよい / May I have it for *my own*? それを私のものとして[私がいただいて]もよろしいですか / I have no room to call *my own*. 私には自分の部屋と呼べるものはありません.

[語法] 形容詞・代名詞とも前に very を加えて意味を強めることができる: That is his *very own* (car). あれは(他の人のではなく)彼自身の(車)だ.

(áll) on one's **ówn** [副・形] (1) ひとりぼっちで. (2) 独力で, 独立して[た]《⇒ alone [類義語]》.

còme ìnto one's **ówn** [動] [自] 本領を発揮する; 当然の名誉[信用]を得る.

gèt one's **ówn bàck** [動] [自]《英略式》仕返しをする (*on*).

hóld one's **ówn** [動] [自] (1) 自分の立場を守り通す; (病気中に)がんばり抜く. (2) (競争などに)負けない, 引けを取らない (*against, in*).

máke ... (áll) one's **ówn** [動] [他] (歌・役など)を(すっかり)自分独自のものとする.

... of one's **(véry) ówn** [形] (1) **自分(だけ)の...**, 自分の所有の...: I want a car *of my own*. 私は自分の車が欲しい. (2) 独特の....

— [動] (owns /～z/; owned /～d/; own·ing) [他]

> **意味のチャート**
> 元来は owe の過去分詞形.
> 「**持っている**」❶ →「(自分のものであると)認める」→「**自白する**」❷

❶ [進行形なし] (...)を**持っている**, 所有する [≒possess]《⇒ have¹ [類義語]》: Who *owns* this house? この家の持ち主はだれですか. ❷ [進行形なし]《古風》(...)を認める [≒admit]: He *owned that* he had done it. 彼はそれをやったと白状した. **ówn úp** [動] [自] (自分の非・罪など)をあらいざらい認める, 白状する (*to*).

***own·er** /óʊnɚ | -nə/

— [名] (～s /～z/) [C] **持ち主, 所有者**, オーナー: Are you the *owner of* this car? あなたがこの車の持ち主ですか / a business *owner* 事業主 / [言い換え] Who is the *owner of* that land?(= Who owns that land?) その土地の所有者はだれですか // ⇒ master [日英]. [関連] homeowner 自家所有者.

***own·er·ship** /óʊnɚʃɪp | -nə-/ [名] [U] **所有権**; 持ち主[所有者]であること: the *ownership of* the house その家の所有権 / private *ownership* 私有.

ox /ɑ́(ː)ks | ɔ́ks/ [名] (複 **ox·en** /ɑ́ksn | ɔ́ksn/) ❶ [C] (去勢された)雄牛 [≒bullock]《⇒ cattle 表》. ✪ 鳴き声については ⇒ cry 表. [関連] beef 牛肉. ❷ [C] (大型の)牛.

Ox·bridge /ɑ́(ː)ksbrɪʤ | ɔ́ks-/ [名] [固]《英》オックスブリッジ《Oxford 大学と Cambridge 大学; 新しい大学に対し古い名門大学の意味に用いられる》.〖[語源] *Ox*ford と Cam*bridge* の混成語〗

oxen [名] ox の複数形.

ox·ford /ɑ́(ː)ksfɚd | ɔ́ksfəd/ [名] ❶ [複数形で] オックスフォードシューズ《甲の上をひもで結ぶ短靴》. ❷ [U] オックスフォード(地)《シャツなどに用いる厚手の綿織物》.

Ox·ford /ɑ́(ː)ksfɚd | ɔ́ksfəd/ [名] [固] オックスフォード《英国 England 中南部の都市; Oxford 大学の所在地; ⇒ Cambridge》.

ox·i·dant /ɑ́(ː)ksədənt, -dnt | ɔ́k-/ [名] [C]〔化学〕オキシダント《光化学スモッグの原因などになる》.

ox·ide /ɑ́(ː)ksaɪd | ɔ́k-/ [名] [U,C]〔化学〕酸化物.

ox·i·dize /ɑ́(ː)ksədàɪz | ɔ́k-/ [動] [他]〔化学〕(...)を酸化させる; さびつかせる. — [自]〔化学〕酸化する, さびる.

ox·tail /ɑ́(ː)kstèɪl | ɔ́ks-/ [名] [U,C] 牛の尾《スープ・シチューなどに用いる》.

+**ox·y·gen** /ɑ́(ː)ksɪʤən | ɔ́k-/ [名] [U] **酸素**《元素記号 O》: A fire cannot burn without *oxygen*. 酸素がなければ火は燃えない.

ox·y·gen·ate /ɑ́(ː)ksɪʤənèɪt | ɔ́k-/ [動] [他]〔化学〕(...)を酸素で処理する, 酸化させる.

óxygen màsk [名] [C]〔医学〕酸素マスク.

óxygen tènt [名] [C]〔医学〕酸素テント.

ox·y·mo·ron /ɑ̀(ː)ksɪmɔ́ːrɑ(ː)n | ɔ̀ksɪmɔ́ːrɔn/ [名] [C]〔修辞〕矛盾語法《相矛盾する語を組み合わせる修辞法: make haste slowly (ゆっくり急げ)など》.

oys·ter /ɔ́ɪstɚ | -tə/ [名] [C] かき《貝》; [U] かき(の身)《食用》: Never eat *oysters* unless there's an R in the month.《ことわざ》R のない月にかきは食べるな《5 月から 8 月までは食用に不適という言い伝え》. **The wórld is ...'s óyster.** 世は...の思うままだ.

óyster bèd [名] [C] かき養殖場.

+**oz.** /áʊns(ɪz)/ [略] **オンス** (ounce(s)).

+**o·zone** /óʊzoʊn/ [発音] [名] ❶ [U]〔化学〕**オゾン**. ❷ [U]《英略式》(海浜などの)新鮮な空気.

o·zone-friend·ly /óʊzoʊnfrèndli/ [形] オゾン(層)にやさしい, オゾン(層)を破壊しない.

ózone hòle [名] [C] オゾンホール《南極大陸上などでオゾン濃度が極端に減少する現象》.

ózone làyer [名] [the ～]〔気象〕オゾン層《地上 10–50 キロ上空のオゾンの多い大気の層》.

ozs. /áʊnsɪz/ [略] = ounces《⇒ ounce》.

Pp

p¹, P¹ /píː/ 名 (複 p's, ps, P's, Ps /~z/) C,U ピー《英語アルファベットの第 16 文字》. **mínd** [《米》 **wátch**] one's **ṕ's and q́'s** [動] 自 言動に気をつける.

+**p²** /píː/ 略《英》 **ペニー, ペンス**(penny, pence)《通貨単位; ⇒ penny 1》: 4 *p* 4 ペンス《four *pence*, four *p* /píː/ と読む》.

P

p³ 略 = piano²《⇒ f²》; pressure 4.

+**P²** 略 **駐車(場所)**《道路標識で》(parking).

*__p.¹__ /péɪdʒ/ 略 (複 **pp.** /péɪdʒɪz/) **ページ** (page¹)《⇒ l.¹》: *p.* 58 = *page* fifty-eight 58 ページ / 150 *pp.* = a hundred (and) fifty *pages* 150 ページ《ページ数》/ *pp.*7-10 7 ページから 10 ページまで《from *page* seven to *page* ten と読む》.

p.² 略 = participle, past 形 4, 名 3, per.

pa /pɑ́ː/ 名 C《古風, 略式, 小児語》お父ちゃん, パパ.

PA¹〔米郵便〕= Pennsylvania.

PA² /píːéɪ/ 略 ❶ = public-address system. ❷《英》= personal assistant.

Pa. 略 = Pennsylvania.

p.a. 略 = per annum.

PAC /pǽk/ 名 C《米》政治活動委員会《企業・組合などが候補者を議会に送り込むために資金集めをする機関; *p*olitical *a*ction *c*ommittee の略》.

*__pace__ /péɪs/ 名 (**pac·es** /~ɪz/) ❶ [U または a ~] (進歩などの)**速さ**, ペース: the (fast) *pace of* life 生活の(速い)ペース / the very slow *pace of* economic reconstruction 非常に遅い経済再建のペース / the *pace of* change [reform, growth] 変化[変革, 成長]の速さ / I'll do the job *at* my *own pace*. マイペースで仕事をします

❷ [U または a ~] **歩く[走る]速さ, 歩調**; 歩き方: walk at *a* slow [steady, rapid] *pace* ゆっくりとした[一定の, 速い]歩調で歩く / slow [quicken, pick up] one's *pace* 歩く[走る]速度をゆるめる[速める].

❸ C **1 歩**; 歩幅《普通は約 75 センチ》[≒step]: take three *paces* forward 3 歩前進する / The lion was about ten *paces* away from me. ライオンは私から 10 歩ほど離れていた.

gó through one's **páces** [動] 自 = show one's paces.

kèep páce with ... [動] 他 ...に遅れずについて行く [≒keep up with].

òff the páce [形・副]《米》先頭[トップ]より遅れて.

pùt ... through ...'s páces [動] 他 ...の力量[性能]を試す.

sét the páce [動] 自 (レースで)ペースメーカーとなる; (商品開発などで)最先端を行く (*for*).

shów one's **páces** [動] 自 力量を示す.

— 動 自 [副詞(句)を伴って] (心配などがあるため)行ったり来たりする: He was *pacing* ⌈*up and down* [*back and forth*] restlessly outside the room. 彼は部屋の外で落ち着きなく行ったり来たりしていた.

— 他 ❶ (部屋など)を行ったり来たりする: *pace* the hallway 廊下を行ったり来たりする. ❷ (...)を歩いて測る, 歩測する (*off*, *out*). ❸ (...)の速度調節をする; (走者など)にペースを示す.

páce onesèlf [動] 自 (レースなどで)自分のペースを決める; (あわてず)一定のペースで行なう.

〖語源 pass と同語源〗

pace·mak·er /péɪsmèɪkɚ | -kə/ 名 ❶ C〔医学〕(心臓の)ペースメーカー. ❷ C = pacesetter.

pace·set·ter /péɪssèṭɚ | -tə/ 名 ❶ C (先頭に立ち)ペースをつくる走者[馬], ペースメーカー. ❷ C 首位のチーム[人]. ❸ C 先導[指導]者.

pach·y·derm /pǽkɪdɚ̀ːm | -dɜ̀ːm/ 名 C〔動物〕厚皮動物《象・かば・さいなど》.

pa·cif·ic /pəsífɪk/ 形《文語》穏(おだ)やかな; 平和を愛する.

*Pa·cif·ic /pəsífɪk/ アク

— 形 **太平洋の**: the *Pacific* coast of Japan 日本の太平洋沿岸.

— 名 固 [the ~] **太平洋** (Pacific Ocean). 関連 the Atlantic 大西洋.

〖語源 穏やかな《⇒ pacific》海にちなみマゼラン (Magellan) が命名した〗

pac·i·fi·ca·tion /pæ̀səfɪkéɪʃən/ 名 U なだめること, 鎮静(ちんせい)化; 鎮定, 平和の回復.

*Pa·cif·ic O·cean /pəsífɪkóʊʃən/

— 名 固 [the ~] **太平洋**《世界最大の海洋; ⇒ ocean》.

Pacífic Rím 名 固 [the ~] 環太平洋諸国.

Pacífic Stándard Tìme 名 U《米》太平洋標準時《略 PST》.

pac·i·fi·er /pǽsəfàɪɚ | -fàɪə/ 名 ❶ C《米》(赤ん坊用の)おしゃぶり [《英》 dummy]. ❷ C 人の気持ちを落ち着けるもの.

pac·i·fis·m /pǽsəfɪzm/ 名 U 平和主義.

pac·i·fist /pǽsəfɪst/ 名 C 平和主義者. — 形 平和主義の.

pac·i·fy /pǽsəfàɪ/ 動 (-i·fies; -i·fied; -fy·ing) 他 (人)をなだめる, 鎮静(ちんせい)する; (国など)を鎮定する.

*pack /pǽk/

— 動 (packs /~s/; packed /~t/; pack·ing) 他 ❶ (持ち物)の**荷造りをする**, (箱・スーツケース・容器など)に詰める; (...)を包装する [⇔ unpack]: She's *packing* her suitcase. 彼女はスーツケースに荷物を詰めている / Have the books *been packed* yet? V+O の受身 本の荷造りはもうできましたか / 言い換え We *packed* our clothes *into* a suitcase. V+O+*into*+名 = We *packed* a suitcase *with* our clothes. V+O+*with*+名 私たちはスーツケースに衣類を詰めた. 語法 厳密には前の文はケース内が衣類だけでないことを, 後の文は衣類でいっぱいであることを表わす // *Pack* me (a) lunch. V+O+O = *Pack* (a) lunch *for* me. V+O+*for*+名 お弁当を詰めて[作って]よ.

❷ (人・物)を**詰め込む**; (人・物を)(場所など)に詰め込む; (人が)(場所)をいっぱいにする: 言い換え Tourists *were packed into* the bus. V+O+*into*+名の受身 = The bus *was packed with* tourists. V+O+*with*+名の受身 バスは観光客で込み合っていた《⇒ packed 1》/ Thousands of people *packed* the streets. 何千もの人々が通りを埋めつくした. ❸ (壊れ物など)に詰め物を

当てる[入れる] (*in, with*). ❹ (食品)を缶詰[パック]にする. ❺ (雪·土など)を押し固める (*down*). ❻《米略式》(銃など)を持ち歩く.
— ⓐ ❶ **物を詰める**; 荷造りをする [⇔ unpack]**:** Help me *pack*. 荷造りを手伝って. ❷ [副詞(句)を伴って] (詰めて)入る, 群がる**:** Crowds of people *packed into* the train. 大勢が列車に乗り込んだ.
sénd ... pácking [動] ⓣ《略式》(...)を追い出す, (...)を首[お払い箱]にする.

pack の句動詞
páck awáy 動 ⓣ (...)をしまう.
páck ín 動 ⓣ ❶ (人·物など)を詰め込む; (短期間に)(多くの活動(予定))を詰め込む. ❷《略式》(観客など)を引き寄せる. ❸ = pack up ⓣ 2.
páck it ín [動] ⓐ《英略式》やめる.
páck ... ínto ~ 動 ⓣ (人·物)を(限られた場所)に詰め込む; (短期間)に(多くの活動)を詰め込む.
páck óff 動 ⓣ《略式》(...)を追い立てる (*to*).
+**páck úp** 動 ⓣ ❶ (...)の**荷造りをする**, (旅行などのため)(荷物)をまとめる**:** I *packed up* my belongings and got ready to go. 私は身の回りの品をまとめて出かける支度(したく)をした. ❷《英略式》(...)をやめる [≒ stop, quit]. — ⓐ ❶ 荷造りをする, 荷物をまとめる. ❷《略式》(1 日の)仕事を終える;《英略式》仕事[活動]をやめる. ❸《英略式》(機械が)止まる, 故障する.

— 名 (~s /~s/) ❶ Ⓒ《主に米》(小さな)**包み**; (食品などを一定量包装した)**箱**, 袋, パック [《英》packet]《⇒ 類義語》; (書類などの)一式《略 pk., 複数形は pks.》**:** a *pack of* cigarettes たばこ 1 箱 / in a *pack of* 10 1 パック 10 個入りで / an information *pack* 資料一式. 日英 日本語では牛乳などの紙容器も「パック」というが, 英語では液体の容器には carton を使う.
❷ Ⓒ **荷**, 荷物, 包み《人が背負ったり馬に積んだりするもの》; リュックサック (backpack)**:** The climbers carried their food in *packs* on their backs. 登山者たちは食糧をリュックに入れて背負っていた. ❸ Ⓒ (トランプの)1 組《52 枚》[≒deck]. ❹ Ⓒ [《英》単数形でもときに複数扱い] (猟犬·おおかみなどの)群れ《⇒ group 類義語》; (いやな)連中; (競争などでトップに続く)集団; (年少のボーイ[ガール]スカウトの)一団**:** be ˹ahead of [leading] the *pack* 先頭を行く. ❺ Ⓒ《略式》たくさんのもの, 多数**:** a *pack of* lies うそ八百. ❻ Ⓒ〔医学〕湿布; = face pack.
類義語 **pack** 紙や厚紙でできたそろいの品を入れる容器. **package** 食品などを包装する紙やビニールの小さな箱·袋**:** a *package* of cookies クッキー 1 箱[袋]. **packet** 小さな package のこと.《英》では package の意味で使われる**:** a *packet* of biscuits ビスケット 1 包み.

****pack·age** /pǽkɪʤ/ !発音
— 名 (pack·ag·es /~ɪz/) ❶ Ⓒ《米》(食品などを包装した)**箱**, **袋**, パッケージ, パック [《英》packet]《⇒ pack 類義語》**:** a *package of* meat 肉 1 パック.
❷ Ⓒ《主に米》**包み**, **小包**, 小荷物 [《英》parcel]**:** send [deliver, receive] a *package* 小包を送る[配達する, 受け取る]. ❸ Ⓒ〔コンピュータ〕パッケージソフト. ❹ Ⓒ 一括して提供されるもの《福利厚生·サービスなど》; 一連のもの《対策·提案など》**:** a benefits *package* 福利厚生, 諸手当 / receive a financial aid *package* 金銭的支援を受ける / present a *package of* proposals 一連の案を提出する.
— 動 ⓣ [しばしば受身で] ❶ (...)を包装する, 荷造りする (*up*). ❷ (...)を一括販売する. ❸ (...)を魅力的に見えるようにする.

páckage dèal 名 Ⓒ 一括取り引き[交渉]; セット販売, 抱き合わせ販売.
páckage tòur [《英》**hóliday**] 名 Ⓒ パック旅行. 日英 pack tour とは言わない.
pack·ag·ing /pǽkɪʤɪŋ/ 名 ❶ Ⓤ 包装[梱包(こんぽう)]材料; 包装. ❷ Ⓤ (好感を与えるための)イメージ作り.
páck ànimal 名 Ⓒ 荷物を運ぶ動物《馬·ろばなど》.
+**packed** /pǽkt/ (同音 pact) 形 ❶ (**ぎっしり)詰まった**; (部屋·建物·乗物などが)込み合った**:** The train was ***packed with*** skiers. +with+名 列車はスキー客でいっぱいだった《⇒ pack 動 ⓣ 2》/ a forest closely [densely, tightly] *packed with* trees 木がぎっしりとはえた森. 関連 jam-packed すし詰めの. ❷ 荷造りのすんだ.
pácked lúnch 名 Ⓒ《英》= box lunch.
pack·er /pǽkə | -kə/ 名 Ⓒ 荷造り人[機], 荷造り業者; (容器に)詰める人; 缶詰業者.
+**pack·et** /pǽkɪt/ 名 (pack·ets /-kɪts/) ❶ Ⓒ **小さな包み**;《米》(液体·粉などが少量入った)小袋 [《英》sachet];《英》(商品の)箱, 袋, パック [《米》package]《⇒ pack 類義語》**:** a ***packet of*** crisps ポテトチップス 1 袋. ❷ Ⓒ〔コンピュータ〕パケット《ネットワークで送るために分割されたデータの単位》. ❸ [a ~]《英略式》大金. ❹ Ⓒ《米》書類一式.
páck ìce 名 Ⓤ 浮氷群, 流氷.
+**pack·ing** /pǽkɪŋ/ 名 ❶ Ⓤ **荷造り**; 包装**:** do one's [the] *packing* 荷造りをする. ❷ Ⓤ 包装用品, 詰め物.
pácking cràte [càse] 名 Ⓒ (木製の)荷箱.
páck ràt 名 Ⓒ《米略式》がらくたをためこむ人.
pact** /pǽkt/ (同音 packed) 名 (pacts /pǽkts/) Ⓒ **協定**, 条約**:** The two nations made [signed] a ***pact (***with*** each other) not ***to*** commence hostilities. +to 不定詞 両国は(相互に)不戦条約を結んだ / announce the signing of a ˹***pact between*** labor and management [labor-management *pact*] 労使間協定の調印を発表する.
+**pad**[1] /pǽd/ 名 (pads /pǽdz/) ❶ Ⓒ **詰め物**, **当て物**, クッション《摩擦·損傷防止用》; 生理用ナプキン; [普通は複数形で]〔球技〕すね当て**:** shoulder [knee] *pads* 肩[ひざ]パッド / This *pad* will protect the desk from scratches. この敷物[シート]は机に傷がつくのを防ぐ. ❷ Ⓒ (便箋(びんせん)などの)1 つづり**:** a writing *pad* 便箋の 1 つづり / a scratch *pad*《米》メモ用紙のつづり. 関連 sketchpad 写生帳. ❸ Ⓒ 肉趾(にくし)《犬·猫などの足裏の柔らかい部分》.
— 動 (pads /pǽdz/; pad·ded /-dɪd/; pad·ding /-dɪŋ/) ⓣ ❶ (...)に**詰め物[当て物]をする** (*out*)**:** They ***padded*** the box ***with*** cloth. V+O+with+名 彼らは箱に布の詰め物をした. ❷ (話など)を引き延ばす, ふくらます**:** The story was *padded* (*out*) *with* irrelevant details. その話は無関係な内容が盛り込まれ引き延ばされていた. ❸《米》(価格など)を不正に水増し請求する.
pad[2] /pǽd/ 動 (pads; pad·ded; pad·ding) ⓐ [副詞(句)を伴って] そっと歩く (*about, around*).
pad·ded /pǽdɪd/ 形 詰め物がされた, パッド入りの.
pádded céll 名 Ⓒ (精神病院の)クッション壁の個室.
pad·ding /pǽdɪŋ/ 名 Ⓤ 詰め物; (話などを引き延ばす

ための)むだなことば.

Pad·ding·ton Bear /pǽdɪŋtənbéə | -béə/ 名 固 パディントン ベア《英国の童話に登場するくま》.

pad·dle /pǽdl/ 名 ❶ C (幅広の短い)かい, パドル《カヌー用など》. ❷ C かい状のもの; へら《料理用》; (船の)水かき; 《米》(卓球の)ラケット. ― 動 他 ❶ (カヌーなど)をパドルでこぐ. ❷《米》(罰として)(子供)をへらでたたく. ― 自 パドルでこぐ.

pad·dle·boat /pǽdlbòut/ 名 ❶ C《米》足こぎボート. ❷ C = paddle steamer.

páddle stèamer 名 C 外輪船 [《米》side-wheeler].

pád·dling pòol /pǽdlɪŋ-/ 名 C《英》= wading pool.

pad·dock /pǽdək/ 名 C (馬小屋近くの)小牧場; パドック《出走前に馬・車を見せる所》.

pad·dy /pǽdi/ 名 (pad·dies) C = paddy field.

páddy fìeld 名 C 稲田, 水田 [≒rice paddy].

páddy wàgon 名 C《米略式》囚人護送車 [≒patrol wagon].

pad·lock /pǽdlɑ̀(ː)k | -lɔ̀k/ 名 C 南京(なんきん)錠. ― 動 他 (...)に南京錠をかける.

pa·dre /pɑ́ːdreɪ, -dri/ 名 C《略式》神父; 従軍司祭[牧師].

pae·an /píːən/ 名 C《文語》賛歌, 感謝[勝利]の歌.

pae·di·a·tri·cian /pìːdiətríʃən/ 名 C《英》= pediatrician.

pae·di·at·rics /pìːdiǽtrɪks/ 名 U《英》= pediatrics.

pae·do·phile /píːdəfàɪl/ 名 C《英》= pedophile.

pa·el·la /pɑːélə | paɪélə/ 名 U,C パエリア《魚介類などを煮てサフランで香りをつけたスペインの米料理》.

+**pa·gan** /péɪgən/ 名 (~s /~z/) C (キリスト教・ユダヤ教・イスラム教以外の)**異教徒**; 不信心[無神論]者. ― 形 異教徒の, 不信心の.

***page[1] /péɪʤ/

― 名 (pag·es /~ɪz/) ❶ C **ページ**《略 p., 複数形は pp.; ⇒ p.[1]; leaf 2》; (印刷物の)1 葉, 1 枚: Turn the *page* over. ページをめくってください / Open your book *to* [《英》*at*] *page* 20. 本の 20 ページを開いてください. 語法「...ページ」と言うときは無冠詞 // Let's begin *at* [*on*] *page* 10 today. きょうは 10 ページから始めましょう / You can find the picture *on page* 3. その絵は 3 ページにあります / over the *page* 次のページに[の].

❷ C (新聞・雑誌などの)**欄**, **記事**: the sports *pages* スポーツ欄.

❸ C〔コンピュータ〕(コンピューター画面上の)**ページ**; 画面上の文書全体: a web *page* ウェブページ. ❹ C《文語》(重要な)時期, 事件: a *page* in history 歴史の 1 ページ.

júmp [léap] off the páge [動] 自 (文字・絵などが)目に飛び込む, 目につく.

on the sáme páge [形]《略式》同じ意見で.

― 動 [次の成句で] **páge dówn [úp]** [動] 自〔コンピュータ〕(コンピューターで)次の[前の]画面を出す.

〖語源 原義はラテン語で「しっかり綴(と)じられたもの」〗

page[2] /péɪʤ/ 動 他 (館内放送で人)を呼び出す; (ポケットベルなどで人)を呼び出す: *Paging* Mr. Green. Please come to the information desk. お呼び出しを申し上げます. グリーンさま, 案内係までお越しください《空港・劇場などで》. ― 名 ❶ C《米》(国会議員の)雑用係《普通は大学生が行なう》. ❷ C《英》(ホテル・クラブなどの)ボーイ [《米》bellhop, bellboy].

pag·eant /pǽʤənt/ !発音 名 ❶ C 野外劇《歴史的な出来事を舞台で見せる》, ページェント. ❷ C《米》美人コンテスト.

pag·eant·ry /pǽʤəntri/ 名 U 華やかな式典[祭典] (*of*).

page·boy /péɪʤbɔ̀ɪ/ 名 ❶ C ページボーイ《髪を内側にカールさせた女性のヘアスタイル》. ❷ C《英》(結婚式で)花嫁に付き添う少年.

pag·er /péɪʤɚ | -ʤə/ 名 C ポケ(ット)ベル.

pa·go·da /pəgóudə/ 名 C (東洋風の)塔, パゴダ: a five-storied *pagoda* 五重の塔.

***paid /péɪd/

― 動 pay の**過去形および過去分詞**.

― 形 ❶ 限定 **有給の** [⇔ unpaid]; 雇われた: a *paid* vacation 有給休暇. ❷ [副詞とともに] (仕事などが)報酬が...の: a well [poorly] *paid* job 報酬が高い[低い]仕事. ❸ 支払い済みの [⇔ unpaid].

pùt páid to ... [動] 他《英》(計画など)を台なしにする.

paid-up /péɪdʌ́p←/ 形 限定 (会費などを)完納した.

+**pail** /péɪl/ (同音 pale[1, 2]) 名 (~s /~z/) ❶ C《米》**バケツ, 手おけ** [≒bucket]; バケツ状の容器: carry the water in a *pail* 水を手おけで運ぶ.

❷ C《米》**バケツ[手おけ]1 杯(の量)**: three *pails of* milk おけ 3 杯の牛乳.

pail·ful /péɪlfʊ̀l/ 名 C《米》バケツ[手おけ]1 杯(の量).

***pain /péɪn/ (同音 pane)

― 名 (~s /~z/) ❶ U,C (肉体的)**痛み, 苦痛**《⇒ 類義語》: Do you feel any *pain in* your stomach [chest, back]? おなか[胸, 背中]に痛みがありますか / "Are you still *in pain*?" = "Do you still feel the *pain*?" "I'm afraid so."「まだ痛む?」「うん」/ I have a sharp [dull, chronic] *pain in* my back. 背中に鋭い[鈍い, 慢性的な]痛みがあります / a terrible [severe, intense] *pain* ひどい痛み / suffer (from) *pain* 痛みがある / cause pain 痛みを引き起こす / relieve pain 痛みをやわらげる.

❷ U (精神的)**苦痛**, 心痛: She seems to be in *pain*. 彼女は悩んでいるようだ / It caused me a great deal of *pain* to part with the dog. その犬を手放すのはとてもつらかった.

a páin in the néck [《米卑語》**áss**, 《英卑語》**árse**] [名]《略式》いやな[うんざりするような]こと; いやなやつ.

be at páins to dó [動] ...しようと苦労している; ...しようと十分注意する.

gó to (gréat) páins [動] 自 = take (great) pains.

Nò páin, nò gáin.《ことわざ》苦労がなければ利益もない(まかぬ種は生えぬ).

on [ùnder] páin of ... [前]《格式》(違反したら)...を免れないという条件で, ...を承知[覚悟]で.

tàke (gréat) páins [動] 自 **(非常に)骨を折る**, 苦労する, 努力する (*with, over*): The Government *took great pains to* conclude the treaty. 政府はその条約を締結しようと非常に努力した. 語法 pains are taken の形で受身にできる. (形 páinful)

類義語 **pain** 痛み・苦痛を表わす一般的な語で, 心身いずれについても用いるが, 突然襲う短期間の痛みをいうことが多い: have chest *pains* 胸が痛い. **ache** 通常,身体の一部の継続的な鈍痛を示し, 痛む場所を表わす語とともに合成語を成すことが多い: a head*ache* 頭痛. **pang** 一時的に間をおいて起こる差し込むような強い痛み: hunger *pangs* 空腹痛. **agony** 長く続く耐えきれない痛み: groan in *agony* 痛さのあまりうめき声をあげる. **anguish** 絶望感を伴う苦痛: cries of *anguish* 苦痛の叫び.

— 動 他 [it を主語として] 《格式》 (人)の(心・傷などが)痛む: *It pains* me to see her becoming weaker each day because of the disease. 彼女が病気で日々弱っていくのを見るのは耐えがたい.

〖語源 ギリシャ語で「罰」の意; penalty と同語源〗

pained /péɪnd/ 形 (表情などが)取り乱した, 感情を害した.

*__pain·ful__ /péɪnf(ə)l/ 形 ❶ **痛い** [⇔ painless]: a *painful* wound 痛い傷 / That bruise looks *painful*. その打ち身は痛そうだ. 語法 人を主語にして I'm painful. とは言わない.「私は痛い」は I feel pain. や I'm in pain. などと言う.

❷ **つらい**, 苦しい; 骨の折れる, 困難な: a *painful* experience つらい経験 / *painful* memories つらい思い出 / a *painful* decision 苦渋の決断 / ***It was*** very ***painful for*** Meg ***to*** tell her mother about John's death. ジョンが死んだことを母に告げるのはメグにはとてもつらかった / This job is ***painful to*** me. +to+名 この仕事は私にはつらい. ❸ (あまりのひどさに)見て[聞いて]いられない: It's *painful to* listen to your excuses. 君の言い訳は聞くに耐えない. (名 pain)

pain·ful·ly /péɪnfəli/ 副 ❶ (残念ながら)たいへん, ひどく: be *painfully* aware 痛いほどよく分かっている. ❷ 痛んで, 痛そうに. ❸ つらく; 苦しく, 苦労して.

pain·kill·er /péɪnkɪ̀lɚ | -lə/ 名 C 鎮痛剤.

pain·kill·ing /péɪnkɪ̀lɪŋ/ 形 限定 鎮痛の.

pain·less /péɪnləs/ 形 ❶ 痛みのない, 苦しくない [⇔ painful]. ❷ 面倒でない, たやすい. **~·ly** 副 たやすく, 簡単に.

pains·tak·ing /péɪnztèɪkɪŋ/ 形 (仕事などが)丹精こめた, 入念な: *painstaking* work 念入りな[骨の折れる]仕事. **~·ly** 副 丹精こめて, 入念に.

***__paint__ /péɪnt/

— 名 (paints /péɪnʦ/) ❶ U **ペンキ**, **塗料**: WET PAINT ペンキ塗りたて《掲示》/ He gave the doors two coats of *paint*. 彼はドアにペンキを 2 度塗りした. ❷ [複数形で] (ひとそろいの)**絵の具**: tubes of *paints* 絵の具のチューブ / oil *paints* 油絵の具.

— 動 (paints /péɪnʦ/; paint·ed /-ṭɪd/; paint·ing /-ṭɪŋ/) 他 ❶ (...)に**ペンキを塗る**; (...)にペンキを塗って〜の色にする: Let's *paint* that door. あのドアにペンキを塗ろう / a freshly *painted* door ペンキ塗りたてのドア / He *painted* the gate blue. V+O+C(形) 彼は門を青く塗った.

❷ (絵の具で)(絵)を**描く**《⇒ draw 表》: be good at *painting* pictures 絵を描くのがうまい / The child *painted* flowers. 子供は(絵の具で)花の絵を描いた. ❸ (顔)にペイントを施す, (つめ)を(マニキュアなどで)塗る (*with*). ❹ (人・物)を(...と)描写[表現]する (*as*): The book *paints* a grim [rosy] picture of the future. その本は未来を暗く[明るく]描いている.

— 自 **ペンキを塗る**; **絵を描く**: He ***painted in*** oils [watercolors]. V+in+名 彼は油絵[水彩画]を描いた.

páint óut [動] 他 (ペンキなどで)(...)を塗りつぶす.

páint the tówn (rèd) [動] 自 《略式》 (飲み歩いて)陽気に騒ぐ.

paint·ball /péɪntbɔ̀ːl/ 名 U ペイントボール《塗料入りの弾丸を用いた戦闘ゲーム》.

paint·box /péɪntbɑ̀(ː)ks | -bɔ̀ks/ 名 C 絵の具箱.

paint·brush /péɪntbrʌ̀ʃ/ 名 C ペンキ用はけ; 絵筆.

**__paint·er__ /péɪnṭɚ | -tə/

— 名 (~s /~z/) ❶ C **画家**, 絵かき [≒artist]: a portrait *painter* 肖像画家.
❷ C **ペンキ屋**.

***__paint·ing__ /péɪnṭɪŋ/

— 名 (~s /~z/) ❶ C (絵の具の)**絵**: an oil *painting* 油絵 / a watercolor *painting* 水彩画 / a ***painting of*** water lilies すいれんの絵 / a ***painting by*** Monet モネの描いた絵 / do a *painting* 絵を描く. 関連 drawing 鉛筆[ペン, クレヨン]画.
❷ U **絵を描くこと**, 画法. ❸ U ペンキ塗装.

páint thìnner 名 U ペンキ希釈液, シンナー.

**__pair__ /péɚ | péə/ (同音 pare, pear)

— 名 (~s /~z/, ~) ❶ C (2 つから成る)**ひと組**, **1 対**《はさみ・めがねのように常に 2 つの部分が使われるものに用いる; ⇒ 類義語》: a ***pair of*** shoes [socks] 靴[靴下] 1 足 / a *pair of* scissors はさみ 1 丁 / a *pair of* trousers ズボン 1 着 / a *pair of* glasses めがね 1 個 / *A pair of* gloves makes a nice present. 手袋はすてきな贈り物になる. 語法 上のように a pair of ...は単数扱いが普通 // three *pairs* of slippers スリッパ 3 足 / I've only got one *pair of* hands. 手は 2 本しかない(もう手が一杯だ).

❷ C [《英》 単数形でもしばしば複数扱い] **2 人ひと組**, 2 人組《✪ 夫と妻, 恋人どうしには couple を用いる方が普通》; (動物の)**つがい**: five *pairs of* dancers 5 組のダンサー / Get out of here, ***the pair of you***! Ⓢ 《英》 おまえら 2 人(とも)出て行け!

a sáfe pàir of hánds [名] 頼れる人.

an éxtra pàir of hánds [名] 手伝ってくれる人, 人手.

in páirs [副・形] **2 つ[2 人]ひと組になって**: work *in pairs* on a task ペアを組んで課題に取り組む.

類義語 **pair** 類似または同類のもので, 必ず 2 つをひと組にして用いるものをいう. **couple** 同種類のもの 2 つをいうが, 必ずしもその 2 つが 1 つのものとしての働きをするとは限らない: I found a *couple* of socks in my room but they aren't a *pair*. 私の部屋で 2 つの靴下を見つけたが, 組になっていない.

— 動 (pair·ing /pé(ə)rɪŋ/) 他 [普通は受身で] (...)を(2 つ[2 人]ずつ)組み合わせる; 対にする: I *was paired with* Mary in a doubles match. 私はダブルスでメアリーと組まされた. — 自 (動物が)つがう (*up*).

páir óff [動] 他 (...)を(ペアとして)組ませる; 恋人どうし[夫婦]にする (*with*). — 自 ペアになる; 恋人どうし[夫婦]になる (*with*).

páir úp [動] 他 (競技などで)(...)を(ペアとして)組ませる (*with*). — 自 ペアを組む (*with*). 〖語源 ラテン語で「等しい」の意; par と同語源〗

pais·ley /péɪzli/ 名 U,C, 形 ペイズリー模様[織](の)《色あざやかな曲線模様》.

pa·ja·mas, 《英》 **py·ja·mas** /pədʒɑ́ːməz, -dʒǽməz/ 名 複 パジャマ《上着 (top) とズボン (trousers) で 1 組》: a pair of *pajamas* パジャマ 1 着《単数扱い; ⇒ pair 1 語法》/ change into *pajamas* パジャマ

に着替える. 語法 形容詞的に用いるときは単数形となる: *pajama* bottoms パジャマのズボン.

Pa·ki·stan /pǽkɪstæ̀n, pάːkɪstὰːn | pὰːkɪstάːn/ 名 固 パキスタン《インドの西隣にある共和国》.

Pa·ki·stan·i /pæ̀kɪstǽni, pὰːkɪstάː-←/ 形 パキスタン(人)の. ―名 C パキスタン人.

+**pal** /pǽl/ 名 (～s /～z/) ❶ C《古風, 略式》(親しい)**友達**, 仲よし(⇒ friend 類義語): ⇒ pen pal, keypal. ❷ C《略式》[男性への呼びかけとして] おいお前. ―動 (pals; palled; pal·ling) [次の成句で] **pál aróund** [動] 自《米略式》友達としてつき合う (*with*). (形 pálly)

P

*__pal·ace__ /pǽləs/ 発音 名 (pal·ac·es /～ɪz/) ❶ C [しばしば P-] **宮殿**;《主に英》(主教・大主教の)公邸: the Imperial *Palace* 皇居 / Buckingham *Palace* バッキンガム宮殿《英国(女)王が住む》. ❷ [the P-] [《英》単数形でもときに複数扱い] (英国の)王室(の人々). ❸ C 大邸宅, 御殿. (形 palátial)
〖語源 ローマ皇帝の宮殿があった丘の名から〗

pa·lae·o- /péɪli(oʊ) | pǽl-/ 接頭《英》= paleo-.

pal·at·a·ble /pǽlətəbl/ 形 ❶ (なかなか)味のよい, 口に合う. ❷ (考え・方法などが)好ましい, 容認できる, 快い (*to*) [≒acceptable].

pal·ate /pǽlət/ 名 ❶ [the ～]〔解剖〕口蓋(こうがい): *the* hard [soft] *palate* 硬[軟]口蓋. ❷ C [普通は単数形で] 味覚.

pa·la·tial /pəléɪʃəl/ 形 宮殿の(ような), 豪華な. (名 pálace)

pa·lav·er /pəlǽvɚ | -lάːvə/ 名 U《略式》むだ話.

*__pale__[1] /péɪl/ (同音 pail) 形 (pal·er; pal·est) ❶ (顔が)**青白い**, 顔色が悪い, 血の気がない: a *pale* face 青白い顔 / look *pale* 顔色が悪い / He turned [went] *pale* with fear. 彼は恐怖で青ざめた / go deathly *pale* 真っ青になる.
❷ (色が)**薄い**, 淡い: *pale* blue 薄い青色. ❸ (明かりが)薄い, 暗い; (光が)弱い: *pale* winter sunlight 弱い冬の日差し. ❹ 見劣りする.
― 動 自 ❶ (...と比べて)見劣りがする: All other worries *pale* into insignificance *beside* the fear of a nuclear accident. どんな心配事も原発事故の恐怖に比べればささいなものとなる / His achievements *pale* in [by] comparison with yours. 彼の業績も君のと比べると色あせて見える. ❷《文語》(顔色が)青ざめる; (色が)薄くなる; (明かりが)薄暗くなる; (光が)弱まる.

pale[2] /péɪl/ 名 C [次の成句で] **beyònd the pále** [形] (言動が)常軌を逸して.

pale·ness /péɪlnəs/ 名 U (顔色が)青ざめていること; (色の)薄さ.

pa·le·o- /péɪlioʊ | pǽl-/ 接頭 古代の, 太古の.

pa·le·o·lith·ic /pèɪliəlíθɪk | pæ̀l-←/ 形 [しばしば P-] 旧石器時代の.

pa·le·on·tol·o·gist /pèɪliɑ(ː)ntά(ː)lədʒɪst | pæ̀liɔntɔ́l-/ 名 C 古生物学者.

pa·le·on·tol·o·gy /pèɪliɑ(ː)ntά(ː)lədʒi | pæ̀liɔntɔ́l-/ 名 U 古生物学.

+**Pal·es·tine** /pǽləstàɪn/ 発音 名 固 **パレスチナ**《地中海東岸の地方; ほぼ現在のイスラエルとヨルダン川以西の地域にあたり, Nazareth や Jerusalem があるため Holy Land とも呼ばれる》: the *Palestine* Liberation Organization パレスチナ解放機構《略 PLO》.

Pal·es·tin·i·an /pæ̀ləstíniən←/ 形 パレスチナ(人)の. ―名 C パレスチナ人.

pal·ette /pǽlət/ 名 ❶ C パレット, 調色板. ❷ C〔絵画〕(ある画家の使う)独特の色彩(の範囲).

pálette knìfe 名 C (絵画・料理用の)パレットナイフ.

pal·in·drome /pǽlɪndròʊm/ 名 C 回文《前後どちらから読んでも同じ語・文など; 例: radar (レーダー) / Step on no pets. (ペットを踏まないで)》.

pal·ing /péɪlɪŋ/ 名 C,U (くいを巡(めぐ)らした)柵.

pal·i·sade /pæ̀ləséɪd←/ 名 ❶ C (防御用の)柵(さく). ❷ [複数形で]《米》(海・川沿いの)断崖(だんがい), 絶壁.

pall[1] /pɔ́ːl/ 名 ❶ C [普通は a ～] (煙・闇などの)(暗い)幕, とばり; 暗い雰囲気: a *pall of* black smoke 黒い煙幕 / The accident cast a *pall* over the ceremony. その事故が式典に暗いムードをもたらした. ❷ C (棺などにかける)覆(おお)い.

pall[2] /pɔ́ːl/ 動 自 [進行形なし]《文語》(物事が)飽きがきてつまらなくなる, 興味が薄れる.

pall·bear·er /pɔ́ːlbè(ə)rɚ | -rə/ 名 C (葬儀で)棺に付き添っていく人, 棺をかつぐ人.

pal·let[1] /pǽlət/ 名 C パレット《品物を運搬・保管するための台》.

pal·let[2] /pǽlət/ 名 C わらぶとん.

pal·li·ate /pǽlièɪt/ 動 他《格式》(病気・痛みなど)を一時的に和(やわ)らげる, 緩和する.

pal·li·a·tive /pǽlièɪṭɪv | -ət-/ 名 C 緩和剤;《格式》緩和策 (*for*). ―形《格式》緩和する.

pal·lid /pǽlɪd/ 形 ❶ (顔色などが)青ざめた, 青白い《病弱なため》. ❷ 退屈な, つまらない.

pal·lor /pǽlɚ | -lə/ 名 [U または a ～] (顔色の)青白さ《病弱な人の》.

pal·ly /pǽli/ 形 (pal·li·er; -li·est) 叙述《英略式》(...と)仲のよい, 親しい (*with*). (名 pal)

+**palm**[1] /pάːm, pάːlm | pάːm/ 発音 名 (～s /～z/) C **手のひら**, 掌(たなごころ)(⇒ hand 挿絵): He has several coins in the *palm* of his hand. 彼は手(のひら)に硬貨を数枚持っている / "Do you want me to ***read your palm***?" "Yes, please. Do you see anything good?" 「手相を見てあげようか」「うん, たのむよ. 何かいいことあるって出てる?」
cróss ...'s pálm with sílver [動]《主に英》(占い師など)に金をつかませる; わいろを贈る.
gréase ...'s pálm [動] (人)にわいろをつかませる.
hóld [háve] ... in the pálm of one's **hánd** [動] 他 (人)を完全に支配している.
―動 他 (手品などで)(...)を手のひらに隠す.
pálm óff [動] 他《略式》(安物など)を(人に)だましてつかませる, 押しつける (*on, onto*); (...)を(～と)偽ってつかませる (*as*); (人)をだまして(...を)押しつける; (人)を(言い訳などで)だます (*with*).

palm[2] /pάːm, pάːlm | pάːm/ 名 C やし, しゅろ. 〖語源 葉の形が手のひら (palm[1]) に似ているから〗

palm·ist /pάːmɪst/ 名 C = palm reader.

palm·is·try /pάːmɪstri/ 名 U 手相占い.

pálm òil 名 U やし油《せっけんなどの原料》.

pálm rèader 名 C《米》手相を見る人, 手相占い師.

palm-sized /pάːmsàɪzd/ 形 限定 (パソコンなどが)手のひらサイズの.

Pálm Súnday 名 U,C〔カトリック〕しゅろの聖日, 枝の主日《復活祭直前の日曜日》.

palm·top /pάːmtὰ(ː)p, pάːlm- | pάːmtɔ̀p/ 名 C パームトップパソコン《手のひらにのる小型サイズのもの》.

pálm trèe 名 C やし, しゅろ.

pal·o·mi·no /pæ̀ləmíːnoʊ/ 名 (～s) C パロミノ《体が黄金[クリーム]色でたてがみと尾が白色の馬》.

pal·pa·ble /pǽlpəbl/ 形 限定 《格式》明白な, 明瞭(めいりょう)な [⇔ impalpable]. **-pa·bly** /-pəbli/ 副 明らかに.

pal·pate /pǽlpeɪt/ 動 他 〔医学〕(...)を触診する.

pal·pi·tate /pǽlpətèɪt/ 動 自 (胸が)どきどきする, 震える; 〔医学〕動悸(どうき)がする.

pal·pi·ta·tions /pæ̀lpətéɪʃənz/ 名 複 〔医学〕動悸.

pal·sy /pɔ́:lzi/ 名 U まひ, 中風.

pal·sy-wal·sy /pǽlziwǽlzi←/ 形 《略式》なれなれしい, いかにも親しげな.

pal·try /pɔ́:ltri/ 形 (pal·tri·er; -tri·est) (額などが)わずかな; つまらない, 価値のない.

Pa·mirs /pəmíɚz | -míəz/ 名 固 [the ~] パミール《アジア中部の高原》.

pam·pas /pǽmpəz, -pəs/ 名 [the ~ として単数または複数扱い] パンパス《南米, 特にアルゼンチンの大草原; ⇒ savanna 関連》.

pámpas gràss 名 U パンパスグラス, しろがねよし《すすきに似た南米産の植物》.

pam·per /pǽmpɚ | -pə/ 動 (-per·ing /-p(ə)rɪŋ/) 他 (子供など)を甘やかす [≒spoil]; 手厚くもてなす: *pamper* oneself 気ままにする.

pam·phlet /pǽmflət/ 名 C パンフレット, 小冊子, 小論文《特に社会・政治問題の》(*about*, *on*). 日英 日本語でいう宣伝用の「パンフレット」に相当するのは brochure.

pam·phlet·eer /pæ̀mflətíɚ | -tíə/ 名 C パンフレットの著者《特に社会・政治問題についての》.

***pan**[1] /pǽn/ 名 (~s /~z/) ❶ C [しばしば合成語で] (料理用の)**平なべ**, フライパン (frying pan); 平なべ1杯(分) (*of*): fry fish in a *pan* フライパンで魚をいためる. 関連 saucepan シチューなべ.

pan (片手用平なべ)	な　べ
pot (深めの両手なべ)	

❷ C 《米》(オーブン用の)焼き型, 金属皿 [《英》tin]: a roasting *pan* (肉料理用)角皿. ❸ C てんびんの皿. ❹ C 《英》便器.

gò dówn the pán [動] 自 《英略式》むだ[だめ]になる.

― 動 (pans; panned; pan·ning) 他 ❶ 《略式》(...)をこきおろす, 酷評する [≒criticize]. ❷ (砂金など)を選鉱なべでふるい分ける.

― 自 (砂金などを)ふるい分ける (*for*).

pán óut [動] 自 (物事が)結局...となる [≒turn out]; (うまく)いく [≒work out].

pan[2] /pǽn/ 動 (pans; panned; pan·ning) 自 〔映画・テレビ〕パンする《全景撮影にカメラを左右[上下]に回して写す》; (カメラが)パンする (*over*, *around*). ― 他 〔映画・テレビ〕(カメラ)をパン(して撮影)する.

Pan /pǽn/ 名 固 〔ギリシャ神話〕パン, 牧神《羊・森・野原・野生動物の神で, やぎの角と足を持ち, あし (reed) で作った笛を吹き音楽を好む》.

pan- /pǽn/ 接頭 [ときに P-]「全..., 汎(はん)...」の意.

pan·a·ce·a /pæ̀nəsí:ə/ 名 C 万能薬, 万能の策 (*for*).

pa·nache /pənǽʃ/ 名 U さっそう[堂々]とした態度: with *panache* さっそうと.

pan·a·ma /pǽnəmà:/ 名 C = panama hat.

Pan·a·ma /pǽnəmà:, -mɔ̀:, pæ̀nəmá:/ 名 固 パナマ《中米の共和国; 首都 Panama City》.

Pánama Canál 名 固 [the ~] パナマ運河《パナマを横断し, 太平洋と大西洋とを結ぶ運河》.

pánama hát 名 C パナマ帽.

pan-A·mer·i·can /pæ̀nəmérɪkən←/ 形 (北米・中米・南米をすべて含む)全米(主義)の.

pan·cake /pǽnkèɪk/ 名 ❶ C 《米》パンケーキ, ホットケーキ《朝食用》; 《英》クレープ, 薄いパンケーキ. ❷ U (舞台メーク用の)パンケーキ. **(as) flát as a páncake** [形] 平らで, ぺちゃんこで.

pan·cre·as /pǽŋkriəs/ 名 C 〔解剖〕膵臓(すいぞう).

pan·cre·at·ic /pæ̀ŋkriǽṭɪk←/ 形 〔解剖〕膵臓の.

pan·da /pǽndə/ 名 (複 ~(s)) C (大)パンダ (giant panda); レッサーパンダ.

pánda càr 名 C 《英略式》小型パトカー.

pan·dem·ic /pændémɪk/ 名 C 〔医学〕全国[全大陸, 全世界]的な流行病. ― 形 〔医学〕(流行病が)全国[全大陸, 全世界]に広がった. 関連 endemic 風土性の / epidemic 流行性の.

pan·de·mo·ni·um /pæ̀ndəmóʊniəm/ 名 U 大混乱.

pan·der /pǽndɚ | -də/ 動 (-der·ing /-dərɪŋ, -drɪŋ/) 自 [軽蔑的] (...に)迎合する, おもねる (*to*).

Pan·do·ra /pændɔ́:rə/ 名 固 〔ギリシャ神話〕パンドラ《Zeus が Prometheus を罰するため下界につかわした人類最初の女性》.

Pan·dó·ra's bóx /pændɔ́:rəz-/ 名 U [ときに a ~] 〔ギリシャ神話〕パンドラの箱《Zeus の神が Pandora に与えた箱; 開けるなという禁を犯し開けると人間のいろいろな悪が地上に飛び出し, 最後に「希望」だけが残ったという》: open *a Pandora's box* 思いがけなく多くの災いを引き起こす.

pane /péɪn/ 名 C 窓ガラス (windowpane): two *panes of* glass 窓ガラス2枚.

pan·e·gyr·ic /pæ̀nəʤírɪk/ 名 C 《格式》賛辞, 称賛の演説[文].

****pan·el** /pǽn(ə)l/

― 名 (~s /~z/)

意味のチャート
「布切れ」❺ の意から
→ (全体の中の一部) → (一個の区画) → 「パネル」❷ → 「計器盤」❸
→ (名簿用の紙切れ) → (名簿登録者) → 「委員団」❶

❶ C [《英》単数形でもときに複数扱い] (専門家の)委員団, 審査団; (聴衆の前で討論する)討論者団, (テレビ番組などの)専門家[著名人]ゲストたち; 《米》陪審員団 [≒jury]: A *panel* of experts met to discuss the issue. 専門家の委員たちが集まってその問題を論じた / He's ***on the panel***. 彼は討論者団に入っている / 言い換え What does [do] the *panel* think? = What do the members of the *panel* think? 専門家の皆さんのお考えはいかがですか.

❷ C **パネル**《壁・天井などの仕切りや構成パーツの1つ》; 羽目板, 鏡板: The wall was divided up into *panels*. 壁はパネルに仕切られていた.

❸ C (自動車・飛行機などの)**計器盤**, パネル: read the dials on the instrument [control] *panel* 計器[制御]盤の目盛りを読む. ❹ C 画板; パネル画. ❺ C (衣服を作る際の)はぎ合わせ用の布. ❻ C (自動車の車体などの)パネル.

― 動 (pan·els; pan·eled, 《英》pan·elled; -el·

ing, 《英》-el·ling) ㊀ [普通は受身で] (壁など)に(…の)板をはめ込む (*in, with*).

pánel discùssion 名 C パネルディスカッション《決められた問題を聴衆の前で討論する》.

pan·el·ing, 《英》 **-el·ling** /pǽnəlɪŋ/ 名 U パネル張り; パネル用木材.

pan·el·ist, 《英》 **-el·list** /pǽnəlɪst/ 名 C パネルディスカッションの討論者, パネリスト; テレビ番組の専門家[著名人]ゲスト. 日英 「パネラー」は和製英語.

pánel trùck 名 C 《米》 (配達用の)小型バン.

pang /pǽŋ/ 名 ❶ C [普通は複数形で] (一時的な)激痛《⇒ pain 類義語》: hunger *pangs* 空腹痛. ❷ C 心の痛み[苦しみ], 苦悩: a *pang of* conscience 良心のかしゃく.

Pan·gae·a /pændʒíːə/ 名 〔地質〕 パンゲア《2 億年以上前に存在していたとされる大陸》.

pan·han·dle /pǽnhæ̀ndl/ 名 C 《米》 (他州に入り込んでいる)細長い地域. — 動 自 《米》 街路で物ごいをする.

pan·han·dler /pǽnhæ̀ndlɚ | -lə/ 名 C 《米》 (街路の)物ごい《人》, こじき.

***pan·ic** /pǽnɪk/ 名 (~s/~s/) ❶ [U または a ~] **恐怖**, パニック《⇒ fear 類義語》: flee *in panic* パニック状態で逃げる / I *got* [*went*] *into a panic* when I realized my wallet was missing. 私は財布がなくなっていることに気づいてパニックに陥った / Her cry created [caused] *a panic*. 彼女の叫び声が恐怖をかきたてた. ❷ [U または a ~] (社会的な)パニック状態; 混乱: public *panic over* [*about*] the safety of nuclear energy 原子力の安全性についての世間のパニック / *panic* buying (品不足を恐れた)パニック買い.

pánic stàtions [名] 《英》 (…で)大あわて[大混乱]の状態 (*over*). (形 pánicky)

— 動 (pan·ics; pan·icked; pan·ick·ing) 自 パニックを起こす, 混乱する: Don't *panic*! あわてるな.

— ㊀ (…)にパニックを起こさせる; [しばしば受身で] (人)にあわてて…させる: I *was panicked into* agree*ing* with his plan. 私はあわてて彼の案に賛成した.

〖語源 ギリシャ語で「Pan の神が起こした(恐怖)」の意〗

pánic bùtton 名 C 非常用ボタン.

pan·ick·y /pǽnɪki/ 形 《略式》 パニック状態の, あわてた. (名 pánic)

pan·ic-strick·en /pǽnɪkstrɪ̀k(ə)n/ 形 パニックをきたした, ろうばいした.

pan·nier /pǽnjɚ, -niɚ | -niə/ 名 ❶ C 荷かご《馬・ろばなどの背の両側に 1 対にしてつける》, 荷物入れ《自転車などの荷台の両側につける》. ❷ C 背負いかご.

pan·o·ply /pǽnəpli/ 名 U 《格式》 豪華な装い[装飾, 一式] (*of*).

pan·o·ram·a /pæ̀nərǽmə, -ráː- | -ráː-/ 名 C パノラマ, 全景; パノラマ写真, 全景図; 全容 (*of*).

pan·o·ram·ic /pæ̀nərǽmɪk←/ 形 限定 パノラマ式の, 全景が見える: a *panoramic* view 全景.

pan·pipe /pǽnpàɪps/ 名 C パンの笛, パンパイプ《あし (reed) の茎や木などの管で作った原始的な楽器; ギリシャ神話の Pan の笛》. 語法 《英》 では普通は複数形で用いる.

pan·sy /pǽnzi/ 名 (pan·sies) ❶ C パンジー, 三色すみれ. ❷ C 《略式》 めめしい男; [差別的] ホモ. 〖語源 原義は「思い」; 花ことばも「もの思い」〗

pant[1] /pǽnt/ 動 自 ❶ 息切れする, はあはあいう《運動・暑さなどで; ⇒ gasp 表》; 息を切らしながら走る: *pant* for breath 息を切らしてあえぐ. ❷ [進行形で] 強く求める (*for, after; to* do). — ㊀ (…)をあえぎながら言う (*out*); (…)と息を切らして言う.

pant[2] /pǽnt/ 形 限定 = pants.

pan·ta·loons /pæ̀nṭəlúːnz/ 名 複 《古風》 パンタロン《脚の部分が広くすそが締まったズボン》.

pan·the·is·m /pǽnθiːɪzm/ 名 U 汎(はん)神論《万物は神であるという信仰》; 多神教.

pan·the·ist /pǽnθiːɪst/ 名 C 汎神論者.

pan·the·is·tic /pæ̀nθiɪ́stɪk←/ 形 汎神論の.

pan·the·on /pǽnθiὰ(ː)n | -θiən/ 名 ❶ C (国民・民族の)すべての神々. ❷ C 《文語》 偉人[有名人]たち. ❸ C パンテオン《神々・偉人を祭った殿堂》. ❹ 固 [P-] パンテオン《ローマの神々を祭る殿堂》.

pan·ther /pǽnθɚ | -θə/ 名 (複 ~(s)) ❶ C 黒ひょう. ❷ C 《米》 ピューマ, アメリカライオン [≒cougar].

+**pant·ies** /pǽnṭiz/ 名 複 《主に米》 **パンティー**《女性用》 [《英》 knickers].

pan·to /pǽnṭoʊ/ 名 (~s) C,U 《英略式》 = pantomime 3.

pan·to·graph /pǽnṭəgræ̀f | -grὰːf/ 名 ❶ C 写図器, 縮図器. ❷ C (電車の)パンタグラフ, 集電器.

pan·to·mime /pǽnṭəmàɪm/ 名 ❶ C,U パントマイム (mime)《身ぶりだけの無言劇》. ❷ U 身ぶり, 手まね. ❸ C,U 《英》 おとぎ芝居《普通はクリスマスに子供向けに上演される歌・踊りもある童話劇》. ❹ C 《英》 お笑いぐさ, 茶番.

pan·try /pǽntri/ 名 (pan·tries) C 食料品貯蔵室.

+**pants** /pǽnts/ 名 複 ❶ 《主に米》 **ズボン**, パンツ [《英》 trousers]: a pair of *pants* ズボン 1 着 / 「put on [take off] one's *pants* ズボンをはく[脱ぐ] / pull on *pants* ズボンをさっとはく / unzip one's *pants* ズボンのジッパーをおろす.

❷ 《英》 **パンツ**《下着; 男性用・女性用どちらにも用いる》 [《米》 underpants].

bóre [scáre] the pánts òff ... [動] ㊀ 《略式》 (人)を死ぬほどうんざりさせる[こわがらせる].

cátch ... with ...'s pánts dòwn [動] ㊀ 《略式》 …の不意を襲う.

kéep one's **pánts ón** [動] 自 [命令文で] 《米略式》 あせらずに待つ.

wéar the pánts [動] 自 《米略式》 (夫婦の一方が)家庭内の主導権を握っている.

— 形 限定 ズボン[パンツ]の: a *pants* pocket (= a pant pocket) ズボンのポケット.

〖語源 pantaloons の短縮形〗

pant·suit /pǽntsùːt/ 名 C 《米》 (女性用の)パンツスーツ [《英》 trouser suit].

pan·ty·hose /pǽnṭihòʊz/ 名 複 《米》 パンティーストッキング, パンスト [《英》 tights].

pánty lìner 名 C パンティーライナー, おりものシート.

pap /pǽp/ 名 ❶ U くだらないもの《番組・映画・本など》. ❷ U 《英》 パンがゆ《幼児・病人の食べ物》.

pa·pa /pάːpə | pəpάː/ 名 C 《古風, 略式》 お父さん, パパ.

pa·pa·cy /péɪpəsi/ 名 ❶ [the ~] ローマ教皇 (Pope) の職[位, 権威]. ❷ U ローマ教皇の任期.

pa·pal /péɪp(ə)l/ 形 限定 ローマ教皇 (Pope) の; 教皇政治の; ローマカトリック教会の.

pa·pa·razzi /pὰːpərάːtsi: | pæ̀pərǽtsi:/ ≪イタリア語から≫ 名 複 (有名人を追いまわす)芸能記者[カメラマン], パパラッチ.

pa·pa·ya /pəpάɪə/ 名 C,U パパイア(の木・果実)《熱帯アメリカ原産》.

***pa·per** /péɪpɚ | -pə/
— 名 (~s /~z/) ❶ U [しばしば合成語で] **紙:** a slip [scrap] of *paper* 細く[細かく]切った紙片 / lined *paper* 罫紙(けいし) / blank *paper* 白紙 / This box is (made of) *paper*. この箱は紙製です. 語法「1 枚, 2 枚」と数えるときには「a *piece* [two *pieces*] of *paper* という(⇒ piece 1 発音); また一定の大きさや形を持った用紙を数えるときは「a *sheet* [two *sheets*] of *paper* のようにもいう.
❷ [形容詞的に] **紙(製)の**; 紙のように薄い: a *paper* bag 紙袋 / a *paper* napkin 紙ナプキン.
❸ C **新聞** (newspaper): today's *paper* 今日の新聞 / an evening *paper* 夕刊 / a daily *paper* 日刊新聞 / a local *paper* 地方新聞 / subscribe to a *paper* 新聞を定期購読する / It was ***in the papers*** and on TV. それは新聞に載っていたしテレビにも出ていた.
❹ [複数形で] **書類**, 文書; (身分)証明書: sign [fill out] the legal *papers* 法的書類に署名[記入]する.
❺ C **論文**; 《米》レポート: a ***paper on*** the population problem 人口問題に関する論文 / read [deliver, give] a *paper* 論文を(口頭で)発表する / What's the deadline for our *papers*? レポートの締切はいつですか. 日英 学生が課題として試験の代わりに提出するものを「レポート」と呼ぶのは和製英語. 英語では (term) paper, essay などという.
❻ C 《英》**試験問題; 答案(用紙):** He was marking exam *papers*. 彼は試験の答案を採点していた. 日英「ペーパーテスト」は和製英語. 英語では a written test という. ❼ U,C = wallpaper. ❽ [形容詞的に] 紙の上だけの, 机上の, 空論の: a *paper* plan 紙上の計画, 机上の空論.
on páper [副·形] (1) 紙面に[の], 文書で[の]: I put my thoughts (down) *on paper*. 私は考えを紙に書き出した. (2) [ときに 文修飾] 紙上では, 理論上は [≒in theory]: The plan looked good *on paper*, but it failed in practice. 計画は理論上はうまくいくように思えたが, 実際には失敗した.
— 動 (pa·pers /~z/; pa·pered /~d/; -per·ing /-p(ə)rɪŋ/) 他 (壁など)に**紙をはる:** 言い換え Nancy *papered* her room green. = Nancy *papered* her room「*in* green [*with* green paper]. ナンシーは部屋にグリーンの壁紙をはった.
páper óver [動] 他 (欠陥·不和など)を隠す(⇒ paper over the cracks (crack 名 成句)).
〘語源 ギリシャ語で「パピルス」(⇒ papyrus)の意〙

+**pa·per·back** /péɪpɚbæ̀k | -pə-/ 名 (~s /~s/) C,U ペーパーバック, 柔らかい紙表紙の本: The book is available ***in paperback***. その本はペーパーバックで入手できます. 関連 hardback, hardcover 堅い表紙の本. **—** 形 ペーパーバックの, 柔らかい紙表紙の.

pa·per·boy /péɪpɚbɔ̀ɪ | -pə-/ 名 C 新聞配達の少年.

páper clìp 名 C クリップ, (金属製の)紙ばさみ.

pa·per·girl /péɪpɚgɚ̀ːl | -pəgɜ̀ːl/ 名 C 新聞配達の少女.

páper knìfe 名 C 《英》(開封用の)ペーパーナイフ.

pa·per·less /péɪpɚləs | -pə-/ 形 コンピューター化された, 紙を使わない, ペーパーレスの.

páper móney 名 U 紙幣. 関連 coin 硬貨.

páper pùsher 名 C [軽蔑的] 事務屋.

páper ròund 名 C 《英》= paper route.

páper ròute 名 C 《米》新聞配達(ルート).

pa·per-thin /péɪpɚθín | -pə-←/ 形 紙のように薄い.

páper tíger 名 C 張り子の虎(とら)《虚勢を張る人; 見かけ倒しのもの》.

páper tówel 名 ❶ C ペーパータオル. ❷ C,U 《米》キッチンペーパー.

páper tràil 名 C (ある人の行動をたどることのできる)証拠書類.

pa·per·weight /péɪpɚwèɪt | -pə-/ 名 C 文鎮, 紙押さえ.

pa·per·work /péɪpɚwɚ̀ːk | -pəwɜ̀ːk/ 名 ❶ U 書類事務. ❷ U (商用·旅行などに)必要な書類.

pa·per·y /péɪp(ə)ri/ 形 (紙のように)薄くて乾燥した, かさかさした.

pa·pier-mâ·ché /pæpjèɪməʃéɪ | pæ̀pjeɪmæʃeɪ/ ≪フランス語から≫ 名 U 混凝(こんこう)紙《紙粘土》.

pa·pist /péɪpɪst/ 名 C [軽蔑的] カトリック教徒.

pa·poose /pæpúːs, pə-/ 名 C ベビーキャリア.

pa·pri·ka /pəpríːkə, pæprɪ-/ 名 U,C パプリカ《あまとうがらしなどの実から作る香味料》.

Páp smèar /pǽp-/ 名 C 《米》〔医学〕塗抹(とまつ)標本検査, パップテスト《子宮癌(がん)の検査法》.

Pá·pu·a Nèw Guínea /pǽpjuə-/ 名 固 パプアニューギニア《太平洋西部の New Guinea 島東部と付近の島々から成る国》.

pa·py·rus /pəpáɪ(ə)rəs/ 名 (~·es, pa·py·ri /-raɪ/) ❶ U パピルス, かみがやつり《アフリカなどに産する大型の多年草》; U,C パピルス紙. ❷ C (パピルスに書かれた)古文書.

+**par** /pάɚ | pάː-/ 名 ❶ [U または a ~] **同等**, 同位: Her work is ***on*** (***a***) ***par with*** her husband's. 彼女の業績は夫と同等だ. ❷ U 標準; (健康·精神の)常態. ❸ U〔ゴルフ〕基準打数《1 コース[ホール]の》, パー(⇒ birdie, eagle 2, bogey). ❹ U〔商業〕平価; 為替基準; 額面価格: at *par* 額面価格で / above [below] *par* 額面以上[以下]で.
abòve pár [形·副] 標準[期待]以上で.
be pár for the cóurse [動] 自 [悪い意味で] 普通[いつも]のことだ, (...には)よくあることだ (*for*).
nòt úp to pár [形·副] 標準[期待]以下で; いつもの調子でない.
ùnder [belòw] pár [形·副] 標準[期待]以下で; いつもの調子でない[元気がない].
〘語源 pair と同語源〙

par. 略 = paragraph.

par·a- /pǽrə/ 接頭 ❶「防護」の意: *para*chute パラシュート / *para*sol 日傘. ❷「...の傍らに, そばに」の意: *paral*lel 平行線. ❸「超」の意: *para*normal 超常的な. ❹「補足する, 副次的な」の意: *para*medic 医療補助員.

para. 略 = paragraph.

par·a·ble /pǽrəbl/ 名 C (聖書に出てくる)たとえ話, 寓話(ぐうわ): speak in *parables* たとえ話で話す.

pa·rab·o·la /pərǽbələ/ 名 C〔幾何〕放物線. 日英「パラボラアンテナ」は satellite dish と言う.

par·a·bol·ic /pæ̀rəbά(ː)lɪk | -bɔ́l-←/ 形 放物線状の.

par·a·chute /pǽrəʃùːt/ 名 C パラシュート, 落下傘.
— 動 自 [副詞(句)を伴って] パラシュートで降りる (*into*). **—** 他 (...)をパラシュートで落とす (*into, to*).
〘語源 原義はフランス語で「落下を防ぐもの」; ⇒ para-1, chute〙

par·a·chut·ist /pǽrəʃùːṭɪst/ 名 C 落下傘降下者, 落下傘兵.

+**pa·rade** /pəréɪd/ アク 名 (pa·rades /-réɪdz/) ❶ C (示威·祭典などの)**行進**, 行列, パレード; 〔軍隊〕閲兵:

have [throw] a *parade* パレードを行なう / There was a *parade* on the Fourth of July. 7 月 4 日(米国の独立記念日)にはパレードがあった. ❷ Ⓒ 多くの人[物]の列: a *parade of* cars 車の列.

on paráde [形·副] (1) パレードをして; (軍隊が)閲兵の隊形で. (2) 展示[誇示]されて.

— 動 (pa·rades /-réɪdz/; pa·rad·ed /-dɪd/; pa·rad·ing /-dɪŋ/) 自 ❶ [副詞(句)を伴って] (列を成して)行進する, パレードをする; (服などを見せびらかして)歩く: Boys and girls were *parading along* [*in*] the street. 少年少女たちが通りをパレードしていた. ❷〔軍隊〕閲兵のために整列する. ❸ (...のように)見せかける (*as*). — 他 ❶ (道など)を行進する; (人)を行進させる: The champion team *paraded* the streets. 優勝チームは街路をパレードした. ❷〔軍隊〕(...)を閲兵する. ❸ (...)を見せびらかして歩く; ひけらかす [≒show off]. ❹ [普通は受身で] (...)を(～のように)見せかける (*as*).

parádе gròund 名 Ⓒ〔軍隊〕閲兵場, 練兵場.

par·a·digm /pǽrədàɪm/ 名 ❶ Ⓒ《格式》範例; 模範, 典型 (*of*); パラダイム《思想·科学などを規定する方法論·体系》. ❷ Ⓒ〔文法〕語形変化表.

par·a·dig·mat·ic /pæ̀rədɪgmǽṭɪk←/ 形 ❶《格式》模範になる. ❷〔文法〕語形変化の.

páradigm shift 名 Ⓒ パラダイムシフト《思想や方法論の大変革》.

+**par·a·dise** /pǽrədàɪs/ 名 ❶ Ⓤ [普通は P-] **天国**, 極楽; エデンの園《⇒ Eden》: He's in *Paradise*. 彼は天国にいる / *Paradise Lost*『失楽園』《Milton の叙事詩》.

❷ [Ⓤ または a ～] **楽園**, 天国[極楽]のような所: Hawaii is ***a paradise for*** tourists. ハワイは旅行者にとって楽園だ // ⇒ fool's paradise. ❸ Ⓤ 至福(の状態).

par·a·dox /pǽrədɑ̀(ː)ks | -dɔ̀ks/ 名 ❶ Ⓒ,Ⓤ 逆説, パラドックス《一見矛盾しているようで実は正しいことば; More haste, less speed.「急いでいるときはゆっくりやれ」など》. ❷ Ⓒ つじつまの合わないことば, 矛盾したこと.

par·a·dox·i·cal /pæ̀rədɑ́(ː)ksɪk(ə)l | -dɔ́k-←/ 形 逆説の; 逆説的な; 矛盾する.

par·a·dox·i·cal·ly /pæ̀rədɑ́(ː)ksɪkəli | -dɔ́k-/ 副 [ときに 文修飾] 一見矛盾しているようだが, 意外にも; 逆説的に(言えば).

par·af·fin /pǽrəfɪn/ 名 ❶ Ⓤ パラフィン《ろう (wax) の一種で, びんの密封などに用いる》. ❷ Ⓤ《英》灯油 [《米》kerosene].

páraffin wàx 名 Ⓤ = paraffin 1.

par·a·glid·ing /pǽrəglàɪdɪŋ/ 名 Ⓒ パラグライディング.

par·a·gon /pǽrəgɑ̀(ː)n | -gən/ 名 Ⓒ 模範, 手本.

+**par·a·graph** /pǽrəgræ̀f | -grɑ̀ːf/ 名 (～s/～s/) Ⓒ **段落**, パラグラフ《略 par., para.》: Look at the second *paragraph*. 第 2 段落を見てください. 参考 いくつかの文から成り, あるまとまった考えや状況を表わす; 書き出しは字下げするのが一般的. 〖⇒ graph キズナ〗

Par·a·guay /pǽrəgwàɪ, -gwèɪ/ 名 固 パラグアイ《南米中部の共和国》.

par·a·keet /pǽrəkìːt/ 名 Ⓒ (小型の)いんこ《せきせいいんこなど》.

par·a·le·gal /pæ̀rəlíːg(ə)l←/ 名 Ⓒ《米》弁護士補助員.

+**par·al·lel** /pǽrəlèl/ アク 形 ❶ [比較なし] **平行の**, 平行した: 言い換え Draw ***parallel*** lines ***to*** this. = Draw lines ***parallel to*** this. これに平行線を引きなさい / a highway running ***parallel to*** [***with***] the railroad 線路と平行に走っている幹線道路. ❷《格式》類似[同様]の; 同時(進行)の. ❸〔電気〕並列の; 〔コンピュータ〕(データ処理が)並列の: a *parallel* circuit 並列回路.

— 名 (～s /～z/) ❶ Ⓒ,Ⓤ **匹敵するもの**, 対等のもの: Her success as a singer ***has no parallel*** in our country. 歌手としての彼女の成功はわが国に類のないものである / ***without parallel*** 匹敵するものがない(ほどの). ❷ Ⓒ [しばしば複数形で] **類似点**: ***draw parallels between*** the present ***and*** the past 現在と過去の類似点を指摘する.

❸ Ⓒ **緯線**: the 38th *parallel* 38 度線《朝鮮を南北に二分する》. 関連 latitude 緯度. ❹ Ⓒ 平行線[面] (*to*, *with*).

in párallel [形·副] (1) 平行して; 同時に (*with*). (2)〔電気〕並列に. 関連 in series 直列に.

— 動 (-al·lels /～z/; -al·leled /～d/; -lel·ing) 他 ❶ (...)に類似する; (...)に匹敵する: Its beauty has never *been paralleled*. その美しさに並ぶものはない. ❷ (...)と同時に[関連して]起こる. ❸ (...)に平行する. 〖語源 原義はギリシャ語で「お互いのそばに」; ⇒ para- 2〗

párallel bárs 名 複〔スポーツ〕平行棒.

par·al·lel·is·m /pǽrəlelɪ̀zm/ 名 Ⓤ,Ⓒ《格式》平行; 類似; 類似点.

par·al·lel·o·gram /pæ̀rəléləgræ̀m/ 名 Ⓒ〔幾何〕平行四辺形.

párallel párking 名 Ⓤ 縦列駐車.

Par·a·lym·pics /pæ̀rəlímpɪks/ 名 複 [the ～] パラリンピック《国際身体障害者スポーツ大会》.

+**par·a·lyse** /pǽrəlàɪz/ 動《英》= paralyze.

pa·ral·y·sis /pərǽləsɪs/ 名 (par·al·y·ses /-sìːz/) ❶ Ⓤ,Ⓒ まひ, 中風. ❷ Ⓤ (社会などの)まひ状態.

par·a·lyt·ic /pæ̀rəlíṭɪk←/ 形 ❶ 限定 まひした[を起こす]. ❷ 叙述《英略式》べろべろに酔った.

+**par·a·lyze** /pǽrəlàɪz/ 動 (-a·lyz·es /～ɪz/; -a·lyzed /～d/; -a·lyz·ing) 他 ❶ (...)を**まひさせる**, しびれさせる: He *was paralyzed* from the waist down. 彼は下半身がまひしてしまった. ❷ (...)を無力にする, 動けなくする; (機能など)をまひさせる.

par·a·lyzed /pǽrəlàɪzd/ 形 ❶ 体(の一部)がまひした. ❷ 動けない; (機能が)まひした: be *paralyzed with* fear 恐怖で動けなくなる / Train service was *paralyzed* by the snow. 雪で列車が不通になった.

par·a·med·ic /pæ̀rəméḍɪk/ 名 Ⓒ 救急救命士; 医療補助員《X 線技師·薬剤師·救護員など》.

+**pa·ram·e·ter** /pərǽməṭə | -tə/ 名 Ⓒ [普通は複数形で] **限定要素**, 要因; 枠, 限界; 〔数学〕パラメーター, 媒介変数: set [define] the *parameters for* ... ...の枠を定める.

par·a·mil·i·tar·y /pæ̀rəmílətèri | -təri, -tri←/ 形 限定 (非合法組織が)準軍事的な; 軍補助の. — 名 Ⓒ 準軍事組織のメンバー.

par·a·mount /pǽrəmàʊnt/ 形《格式》最も重要な; 最高の; 最高位の. 〖⇒ mount キズナ〗

par·a·noi·a /pæ̀rənɔ́ɪə/ 名 ❶ Ⓤ 被害妄想, 猜疑(さいぎ)心. ❷ Ⓤ〔心理〕パラノイア, 偏執(へんしゅう)症.

par·a·noid /pǽrənɔ̀ɪd/ 形 ❶ (根拠もないのに)異常に疑い深い. ❷〔心理〕偏執症の. — 名 ❶ Ⓒ〔心理〕偏執症患者. ❷ Ⓒ 異常に疑い深い人.

par·a·nor·mal /pæ̀rənɔ́ːm(ə)l | -nɔ́ː-←/ 形 科学では説明できない, 超常的な. — 名 [the ～] 超常現象.

par·a·pet /pǽrəpət, -pèt/ 名 C (バルコニー・橋などの)欄干, 手すり; (城などの)胸壁.

par·a·pher·na·lia /pæ̀rəfənéɪljə, -liə | -fənéɪliə/ 名 U 身の回りの品; 諸道具.

par·a·phrase /pǽrəfrèɪz/ 動 他 (文章など)を(易しく)言い換える, 意訳する. ― 自 (易しく)言い換える. ― 名 C (易しい)言い換え, パラフレーズ (*of*).

par·a·ple·gic /pæ̀rəplíːdʒɪk˙/ 名 C 〔医学〕対(つい)まひ患者. ― 形 限定 〔医学〕対まひの.

par·a·psy·chol·o·gy /pæ̀rəsaɪkɑ́(ː)lədʒi | -kɔ́l-/ 名 U 超心理学《予知能力などの現象を扱う》.

par·a·sail·ing /pǽrəsèɪlɪŋ/ 名 U パラセーリング《パラシュートを身につけモーターボートに引かせて空中を舞うスポーツ》.

par·a·site /pǽrəsàɪt/ 名 ❶ C 寄生動[植]物, 寄生虫. 関連 host 寄生動植物の宿主. ❷ C [軽蔑的] 寄生虫のような人; 居候(いそうろう).

par·a·sit·ic /pæ̀rəsíṭɪk˙/ 形 ❶ 寄生的な; (病気などが)寄生虫で起こる. ❷ 居候の.

par·a·sol /pǽrəsɔ̀ːl, -sɑ̀(ː)l | -sɔ̀l/ 名 C 日傘, パラソル 《⇒ beach umbrella 日英》. 関連 umbrella 傘 / sunshade 日傘. 〖語源 原義はイタリア語で「太陽(の熱)を防ぐもの」; ⇒ para- 1, Sol〗

par·a·troop·er /pǽrətrùːpɚ | -pə/ 名 C 落下傘兵.

par·a·troops /pǽrətrùːps/ 名 複 落下傘部隊.

par a·vion /pɑ̀ːrævjɔ́ːŋ/ ≪フランス語から≫ 副 航空便で [≒by airmail]《航空郵便の表記》.

par·boil /pɑ́ɚbɔ̀ɪl | pɑ́ː-/ 動 他 (...)を軽くゆでる, 半ゆでにする, (さっと)湯通しする.

+**par·cel** /pɑ́ɚs(ə)l | pɑ́ː-/ 名 (〜s /〜z/) ❶ C 《主に英》包み; 小包, 小荷物 (*of*) [《米》 package] 《⇒ bundle 類義語》: send [deliver, receive] a *parcel* 小包を送る[配達する, 受け取る]. ❷ C (土地などの)1 区画: a *parcel of* land 1 区画の土地. ❸ C 《英》包み焼き, ペーストリー.

párt and párcel [名] [無冠詞で, 補語として] (...にとって)切り離せないこと, つきもの; 必要部分 (*of*).

― 動 (par·cels; par·celed, 《英》 par·celled; -cel·ing, 《英》 -cel·ling) 他 ❶ 《英》 (...)を包みにする, 小包にする (*up*). ❷ 分配する (*out*). ❸ 《米》 (売るために)(...)を区分けする (*off*).

〖語源 ラテン語で「小部分」の意; particle と同語源〗

párcel bòmb 名 C 《英》 小包爆弾.

párcel pòst 名 U 《米》 小包郵便《最低料金の小包の郵送方法》.

parch /pɑ́ɚtʃ | pɑ́ːtʃ/ 動 他 (日光・風が)(...)を干からびさせる.

parched /pɑ́ɚtʃt | pɑ́ːtʃt/ 形 ❶ (土地などが)干からびた. ❷ 《略式》 のどがからからで.

parch·ment /pɑ́ɚtʃmənt | pɑ́ːtʃ-/ 名 U 羊皮紙; C 羊皮紙(状の紙)の文書《古文書・証書など》.

*__par·don__ /pɑ́ɚdn | pɑ́ː-/ 名 (〜s /〜z/) ❶ C **恩赦**, 特赦; 恩赦状; (ローマ教皇の)赦免, 免罪符: grant a *pardon* 恩赦を認める. ❷ U 《古風, 格式》 許すこと, 容赦(ようしゃ)[勘弁]すること: He「asked (for) [begged, sought] my *pardon*. 彼は私の許しを請うた.

「**I bég [Bég] your párdon.** (1) Ⓢ **ごめんなさい**, 失礼しました《♥ 相手にぶつかったときなど軽いマナー違反をわびるときに使う, やや格式ばった謝罪表現》 [≒Pardon me.]. 発音 下降調で発音される《⇒ **つづり字と発音解説** 93》. (2) Ⓢ **失礼ですが**, おことばですが《♥ 相手の発言に賛成しかねるときや, 聞き捨てならない場合に用いる》: *I beg your pardon*, but I don't believe so. 失礼ですがそうではないと思います.

「**I bég [Bég] your párdon?** Ⓢ 《丁寧》 **(恐れ入りますが)もう一度おっしゃってください**《相手の言ったことがわからなかったり聞き取れなくて聞き返すとき》. 上昇調で発音される《⇒ **つづり字と発音解説** 94》: 🗨 "May I ask your address?" "*I beg your pardon*? ↗" "I said, 'May I ask your address?'" 「ご住所をおうかがいしたいのですが」「何とおっしゃいましたか」「ご住所をおうかがいしたいと申し上げたんですが」

― 動 (par·dons /〜z/; par·doned /〜d/; -don·ing) 他 ❶ [進行形なし] (...)を許す, 大目に見る, 見逃す《⇒ forgive 表, 類義語》: Please *pardon* his rudeness. He's not at all well. 彼の失礼をお許しください. 具合がよくないのです / 言い換え *Pardon* my interrupt*ing* you. = *Pardon* me *for* interrupt*ing* you. お話の途中すみません《♥ やや格式ばった謝罪表現》. ❷ (人・罪)を赦免(しゃめん)[特赦]する.

may [might, can, could, should] be párdoned for dóing (人が)...するのも無理がない.

Párdon me. Ⓢ **ごめんなさい**, 失礼しました [≒I beg your pardon.] 《♥ 人にぶつかったり, あくびをしたりといった軽いマナー違反をしたときに使う, やや格式ばった謝罪表現》: 🗨 "Excuse me. Please let me through." "Oh, *pardon me*." 「すみません. 通してください」「あ, すみません」

Párdon (me)? Ⓢ **すみませんがもう一度**. 発音 上昇調で発音される《⇒ **つづり字と発音解説** 94》: She spoke in such a low voice that I said, "*Pardon* (*me*)?" 彼女はとても低い声で話したので, 私は「何とおっしゃいました」と聞き返した.

Párdon me, (but) .... (1) Ⓢ すみませんが [≒Excuse me.] 《♥ 相手の注意を引くときに使われる. 特に知らない人に呼びかけるときに用いる》: *Pardon me, but* that's my seat. すみません, そこは私の席です / *Pardon me*, sir. Do you have the time? すみません, 今何時ですか. (2) Ⓢ **失礼ですが...**, こう言っては何ですが《♥ 相手の発言に異議を唱えたり, 言いにくいことを述べる際の前置き表現として使われ, 相手の面子を傷つける程度を軽減する働きを持つ. あまり親しくない人に対して用いることが多い》: "I prefer plan A." "*Pardon me, but* I think plan B would cost less." 「私は A 案がいいと思う」「こう言っては何ですが, B 案のほうが費用を抑えられそうですが」

par·don·a·ble /pɑ́ɚdnəbl | pɑ́ː-/ 形 《格式》 許すことができる, 容赦できる, 無理もない. **-a·bly** /-əbli/ 副 許すことができる程度に, 無理もなく.

pare /péɚ | péə/ 動 (par·ing /pé(ə)rɪŋ/) 他 ❶ (刃物で)(野菜・果物)の皮をむく (*away*) 《⇒ peel 表》. ❷ (出費など)を減らす (*down*). ❸ (つめなど)を切り整える. **páre ... to the bóne** [動] 他 ぎりぎりまで(...)を切り詰める.

***par·ent /pé(ə)rənt, pǽr- | péər-/

― 名 (par·ents /-rənts/) ❶ C **親**《father または mother》; [複数形で] **両親** [⇔ child]: Is a *parent* of these boys here? この男の子たちの親はここにいますか / "What do your *parents* do?" "My dad is a high school English teacher, and my mom gives piano lessons at home." 「ご両親のお仕事は何ですか」「父は高校の英語の教師で, 母は自宅でピアノを教えています」 ❷ C (動植物の)**親**: *parent* birds 親鳥. ❸ C [しばしば形容詞的に] 元になるもの; = parent company.

(形 paréntal)

〖語源〗原義はラテン語で「子を産むもの」〗

par·ent·age /pé(ə)rənṭɪʤ, pǽr- | péər-/ 名 U《格式》家柄, 血統, 生まれ.

pa·ren·tal /pəréntl/ 形 限定 親の, 親らしい, 親としての [⇔ filial]. (名 párent)

paréntal léave 名 U 育児休暇.

párent còmpany 名 C 親会社.

pa·ren·the·sis /pərénθəsɪs/ 名 (複 pa·ren·the·ses /-sì:z/) ❶ C [普通は複数形で] 丸かっこ《( )の記号》[《英》(round) brackets]: put ... *into* [*in*] *parentheses* ...をかっこに入れる. 関連《米》brackets,《英》square brackets 角がっこ [ ] / braces 中かっこ { }. ❷ C〔文法〕挿入語句《⇒ 巻末文法 15. 3》. **in paréntheses** [《英》**parénthesis**] [副] つなぎ語 ついでに言いますが.

par·en·thet·i·cal /pæ̀rənθéṭɪk(ə)l←/, **-thet·ic** /-ṭɪk←/ 形 限定《格式》補足的な, 挿入語句的な; ついでの. **-cal·ly** /-kəli/ 副 挿入語句的に; ついでに.

par·ent·hood /pé(ə)rənthùd, pǽr- | péər-/ 名 U 親であること.

par·ent·ing /pé(ə)rənṭɪŋ, pǽr- | péər-/ 名 U 子育て, 養育.

par·ent-in-law /pé(ə)rənṭɪnlɔ̀:, pǽr- | péər-/ 名 (複 parents-in-law) C 義理の親《配偶者の親》.

párent-téach·er assoċiàtion /pé(ə)rənttí:ʧə-, pǽr- | péərəntti:ʧə-/ 名 C 父母と教師の会, PTA《略 PTA》.

par ex·cel·lence /pɑ:rèksəlɑ́:ns | -éksəlɑ̀:ns/ ≪フランス語から≫ 形 [名詞の後に置いて] 一段と優れた, 抜群の.

par·fait /pɑəféɪ | pɑ:-/ ≪フランス語から≫ 名 U,C《米》パフェ《果物・シロップ・アイスクリームなどで作る冷たいデザート》.

pa·ri·ah /pəráɪə/ 名 C のけ者, きらわれ者.

par·ings /pé(ə)rɪŋz/ 名 複 むき[切り]くず.

+**Par·is** /pǽrɪs/ 名 固 **パリ**《フランス北部の Seine 川にまたがる都市; フランスの首都》. (形 Parísian)

+**par·ish** /pǽrɪʃ/ 名 (~·es /~ɪz/) ❶ C **教区**《1 つの教会 (church) と 1 人の牧師 (parson) を有する区域; ⇒ rector, vicar》: a *parish* church 教区教会. ❷ C《英》行政教区《行政上の最小単位》. ❸ [the ~ でときに複数扱い] 教区[行政教区]の住民《全体》. ❹ C《米》(Louisiana 州の)郡《⇒ county 参考》. (形 paróchial)

pa·rish·ion·er /pərɪ́ʃ(ə)nə | -nə/ 名 C 教区民.

párish régister 名 C《英》教会記録簿《教区の教会に保管されている洗礼・結婚・埋葬などの記録》.

Pa·ri·sian /pərɪ́ʒən | -ziən/ 名 C パリ市民. — 形 パリの; パリ市民の; パリ風の. (名 Páris)

par·i·ty /pǽrəṭi/ 名 ❶ U《格式》同等; 等量; 同率 (*with*). ❷ U〔経済〕平衡(価格); 等価 (*with*).

park /pɑ́ək | pɑ́:k/

意味のチャート
原義は「囲まれた場所」.
→「公園」❶
→「...場」→ (駐車場) →「駐車する」動 ❶

— 名 (~s /~s/) ❶ C **公園**《略 pk.》: My father takes a walk in the *park* every morning. 私の父は毎朝公園を散歩する / a nature *park* 自然公園 / a national *park* 国立公園 // ⇒ amusement park, theme park. 参考 park は普通大きく広いものを指し, 町の中の小さな公園は square と呼ばれることがある. ❷ C《米》野球場 (ballpark); 競技場; [the ~]《英略式》(特にプロの)サッカー[ラグビー]場. ❸ C《英》(私有の)大庭園.

— 動 (parks /~s/; parked /~t/; park·ing) 他 ❶ (車)を(しばらく)**駐車する**, 止めておく: He *parked* his car *behind* the building. V+O+前+名 彼は車を建物の裏手に止めた / There's a car *parked* in front of my house. 私の家の前に 1 台の車が止まっている / My car *is parked over there*. V+O+副の受身 私の車はあそこに止めてある《I'*m parked* over there. ともいう》. ❷ [副詞(句)を伴って]《略式》(物)を(...に)置いておく, (迷惑を顧みず)(...)を(~に)預ける: She *parked* her bag *at* the reception desk. 彼女はバッグをフロントに預けた.

— 自 **駐車する**: Can I *park* here? ここに駐車してもいいですか.

párk onesèlf [動] 自《略式》(迷惑を顧みず) 座る, (長々と)居座る, 陣取る (*in, on*).

par·ka /pɑ́əkə | pɑ́:-/ 名 C パーカー《フード付き防寒服》.

párk and ríde 名 U パークアンドライド《郊外の駐車場に車を置き, 市内へバスなどで入る方式》.

+**park·ing** /pɑ́əkɪŋ | pɑ́:k-/ 名 ❶ U **駐車**《略 P》: a *parking* space [place] 駐車スペース / NO PARKING. 駐車禁止《掲示; ⇒ no 形 3》. ❷ U **駐車場所**, 駐車スペース《略 P》: free *parking* 無料駐車場.

párking bràke 名 C《米》(自動車の)駐車ブレーキ, サイドブレーキ [《英》handbrake].

párking garàge 名 C《米》(屋内)駐車場《多層のことが多い》[《英》car park].

párking lìght 名 C《米》(自動車の)駐車灯, 側灯 [《英》sidelight].

párking lòt 名 C《米》(屋外) 駐車場 [《英》car park].

párking mèter 名 C パーキングメーター.

párking tìcket 名 C 駐車違反の切符.

Pár·kin·son's disèase /pɑ́əkɪns(ə)nz- | pɑ́:-/ 名 U〔医学〕パーキンソン病.

park·land /pɑ́əklæ̀nd | pɑ́:k-/ 名 U (公園用の)緑地, 園地;《英》(特にいなかの大邸宅周辺の)緑地.

park·way /pɑ́əkwèɪ | pɑ́:k-/ 名 ❶ C《米》パークウェイ《両側や中央分離帯に草木を植えた広い道路》. ❷ C《英》広い駐車場のある駅.

par·lance /pɑ́ələns | pɑ́:-/ 名 U《格式》話しぶり, 口調; (特有な)用語, 言葉遣い.

par·lay /pɑ́əleɪ, -li | pɑ́:li/ 動 他《米》[新聞で] (資金・才能など)を活用する (*into*).

par·ley /pɑ́əli | pɑ́:-/ 名 C《古風》和平交渉.

par·lia·ment /pɑ́ələmənt, -ljə- | pɑ́:-/ ❗発音

— 名 (-lia·ments /-mənts/) ❶ [P-] (英国の) **議会**, 国会《英連邦の自治領の議会にも用いる; ⇒ congress 表》: a Member of *Parliament* 下院議員《略 MP; ⇒ congress 表》/ the Houses of *Parliament* (英国の)国会議事堂 / enter *Parliament* 議員になる. ❷ C,U (一般に) 議会, 国会; 国会の会期: dissolve *parliament* 議会を解散する. (形 pàrliaméntary)

〖語源〗原義は「話し合うこと」; parlor と同語源〗

par·lia·men·tar·i·an /pɑ̀ələmenté(ə)riən, -ljə- | pɑ̀:-←/ 名 C ベテラン議員; 議事運営に詳しい人.

+**par·lia·men·ta·ry** /pɑ̀ələméntəri, -ljə-, -tri | pɑ̀:-←/ 形 限定 **議会の**; 議会で制定した: *parliamentary* democracy 議会制民主主義. (名 párliament)

par·lor, 《英》 **par·lour** /páɚlɚ | pá:lə/ 名 ❶ C (客間風に造った)店: a beauty *parlor* 美容院. ❷ C 《古風》客間; 応接室. 〖語源 原義は「話をする部屋」; parliament と同語源〗

par·lous /páɚləs | pá:-/ 形 《格式》 危険な; 非常に悪い.

Pár·me·san (chéese) /páɚməzà:n- | pá:mɪzæ̀n-/ 名 U パルメザンチーズ《イタリア産》.

Par·nas·sus /pɑɚnǽsəs | pɑ:-/ 名 固 パルナッソス《ギリシャ中部の山》.

pa·ro·chi·al /pəróʊkiəl/ 形 [軽蔑的] (考えなどが)狭い, 狭量な; 限定 教区の. (名 párish)

pa·ro·chi·al·is·m /pəróʊkiəlìzm/ 名 U (考えの)狭さ, 狭量.

paróchial schòol 名 C 《米》 教区学校《教会などが運営する小·中·高等学校》.

par·o·dist /pǽrədɪst/ 名 C パロディー作者.

par·o·dy /pǽrədi/ 名 (-o·dies) ❶ C,U パロディー, もじり文, 替え歌 (*of*). ❷ C 下手な模倣, 猿まね (*of*). ― 動 (-o·dies; -o·died; -dy·ing) 他 (...)をもじる, パロディー化する; 下手にまねる.

pa·role /pəróʊl/ 名 U 〔法律〕 仮釈放[出獄](許可): on *parole* 仮釈放されて, 仮出所して. ― 動 他 [普通は受身で] (人)を仮釈放する.

par·ox·ys·m /pǽrəksìzm/ 名 C (感情などの)激発; 〔医学〕(病気の周期的な)発作 (*of*).

par·quet /pɑɚkéɪ, páɚkeɪ | pá:keɪ/ ≪フランス語から≫ 名 U 寄せ木細工(の床).

par·ri·cide /pǽrəsàɪd/ 名 U 《格式》 親[近親]殺し《行為》. 関連 patricide 父殺し / matricide 母殺し.

par·rot /pǽrət/ 名 C おうむ: repeat the words like a *parrot* 語句をおうむのように繰り返す. ― 動 他 [軽蔑的] (...)をおうむ返しに言う.

párrot fàshion 副 《英》 おうむ返しに; (内容を理解せず)丸暗記で.

par·ry /pǽri/ 動 (par·ries; par·ried; -ry·ing) 他 (攻撃)を(払いのけて)かわす; (質問など)をかわす, はぐらかす. ― 名 (par·ries) C かわすこと.

parse /páɚs | pá:z/ 動 他 〔文法〕 (文)を分析する《文中の語の品詞や文法的関係を説明すること》.

par·si·mo·ni·ous /pὰɚsəmóʊniəs | pὰ:-ˊ-/ 形 《格式》 けちな (*with*). **～·ly** 副 けちって.

par·si·mo·ny /páɚsəmòʊni | pá:səməni/ 名 U 《格式》 けち, 出し惜しみ.

pars·ley /páɚsli | pá:s-/ 名 U パセリ.

pars·nip /páɚsnɪp | pá:s-/ 名 C,U パースニップ《芹(せり)科の植物》; パースニップの根《食用》.

par·son /páɚs(ə)n | pá:-/ 名 C 《古風》 (教区)牧師.

par·son·age /páɚs(ə)nɪʤ | pá:-/ 名 C 牧師館.

***part** /páɚt | pá:t/

― 名 (parts /páɚts | pá:ts/)

> 意味のチャート
> (全体に対して)「部分」❶, ❸
> →「部品」❷
> →(人に割り当てられた部分)「役」❹
> →「地域」❻

❶ C 部分 (《略》 pt.) (《⇒ 類義語》): every *part of* the body 体の各部分 / Sport is an important *part of* my school life. スポーツは私の学校生活の重要な部分だ / A large [good] *part of* the money was spent on advertising. 資金の大部分は宣伝に費やされた / ***in parts*** 部分的に(は), ところどころ. 関連 whole 全体.

❷ C [普通は複数形で] (機械などの) **部品** (*of*): automobile *parts* 自動車の部品 / Do you sell *parts* for Toyota cars? こちらではトヨタ車の部品を売っていますか //⇒ spare part.

❸ [(a) ～ of ... として] **...の一部**, ...の一部分; ...の一員: ***Part of*** my collection of paintings has been stolen. 私の絵のコレクションの一部が盗まれた / Only *part of* the report is true. その報告は一部分だけ事実だ / *Part of* me wants to stay here longer. ここにもっと長くいたいという気持ちもある / I feel I'm *part of* your family. あなたの家族の一員になったような気がします.

> 語法 **part of ... の使い方**
> (1) 不定冠詞をつけない part of ... のほうが普通.
> (2) この形の part が主語の時, part of の後の名詞が単数形ならば単数扱い, 複数形ならば複数扱い. ただし of の後に複数名詞が来る時は some of ... のほうが正しいとされる.

❹ C (芝居などの) **役** [≒role]; せりふ: a leading [supporting] *part* 主役[わき役] / learn [memorize] one's *part* せりふを覚える / He ***played*** [***acted***] ***the part*** of the king well. 彼は王の役をうまく演じた.

❺ [単数形で] **役割**, 務め; (仕事などへの)関与: He ***played a*** very important [big] ***part in*** the research. 彼はその研究で大変重要な[大きな]役割を果たした / I ***had no part in*** the decision. 私はその決定には一切かかわらなかった.

❻ C (世界·国·都市などの)**地域** [≒region]; [複数形で] 《古風》 (漠然と)地方: I've never been in that ***part of*** the city. 町のその辺りには行ったことがない / There were participants from all *parts of* the country. 全国至る所から参加者が来ていた.

❼ C (書物などの)**部**, 編; 分冊, 巻: *Part* I 第 1 部 / This novel consists of four *parts*. この小説は 4 部から成る. ❽ C 〔音楽〕 音部, 声部, パート: a three-*part* song 三部合唱. ❾ C [数詞の後で] (全体をいくつかに)等分した部分; ...分の～ (《略》 pt.): mix one *part* (of) vinegar with three *parts* (of) oil 酢 1, 油 3 の割合で混ぜる. ❿ C 《米》 (髪の)分け目 [《英》 parting]. ⓫ [複数形で] 資質, 才能: a person of many *parts* 有能[多才]な人.

dréss the párt [動] 自 それらしい[ふさわしい]格好をする.

for óne's pàrt [副] 文修飾 《格式》 ...(の方)としては [≒as for ...]: *For my part*, I have nothing to say about it. 私としてはそれについて何も言うことはない.

for the móst pàrt [副] **大部分は**; 文修飾 大体は, いつもは: The audience was *for the most part* enthusiastic. 聴衆はおおむね熱心だった.

in lárge párt [副] 《格式》 大部分は.

in párt [副] **ある程度(は)**, 一部, いくらか: Her success was 「*in part* due [due *in part*] to good luck. 彼女の成功は幸運に助けられた部分がある.

lóok the párt [動] 自 それらしく見える; (スポーツで)立派に活躍する.

on ...'s pàrt = on the pàrt of ... [形·副] ...による[よって], ...が行なった; ...の側では[の]: It was a mistake *on the part of* the doctor. それは医者による間違いだった / There's no objection *on óur pàrt*. 私たちの

方には全く異議はない. 発音 所有格の語が強く発音される.

táke ... in góod párt [動] 他《古風, 英》(...)をよい意味にとる, 善意に解釈する.

tàke párt [動] 自 (活動に)**参加する**, 加わる, 関係する [≒participate]: The most important thing in the Olympic Games isn't to win but to *take part*. オリンピック競技において最も大切なことは勝つことではなくて参加することである / Three thousand students ***took part in*** the parade. 3千人の学生がそのパレードに参加した. 語法 attend と違い積極的に参加することを意味する.

táke ...'s párt = táke the párt of ... [動]《英格式》...に味方する, ...の肩を持つ.

the bétter [bést, gréater] párt of ... [名] ...の大半, ...の大部分.

wànt nó párt of [in] ... [動] 他 ...に全くかかわりたくない. (形 pártial 1)

類義語 **part** 最も一般的な語で, あるものの全体 (the whole) に対してその一部をいい, この類義語の他のすべての語の代わりに用いることができる: (a) *part* of the letter 手紙の一部. **fragment** 壊れた断片をいう: a *fragment* of an ancient urn 古いつぼの破片. **piece** 均一の質でできた全体の一部をとったもの. *fragment* は全体を表わす見本にはなりえないが, *piece* は全体と同じ質のものとして見本となりうるもの: a *piece* of cake ケーキ1切れ. **division** 全体を分割・分類した結果得られる一部. **section** も同じ分割した一部だが *division* より小さいもの: *section* 1, the sales *division* 営業部第一課. **portion** 全体から分けられる[割り当てられる]一部: a small *portion* of budget 予算のわずかな一部.

— 動 (parts /pɑ́ɚʦ | pɑ́:ʦ/; part·ed /-ṭɪd/; part·ing /-ṭɪŋ/) 他 ❶ (...)を**分ける**, 分割する [≒separate]; (髪など)を分ける; (カーテン)を開く《⇒ separate² 類義語》: I *parted* the curtains a little to look in. 少しカーテンを開けて中を見た / He *parts* his hair on the left. 彼は髪を左で分けている.

❷ [しばしば受身で]《格式》(人)を**引き離す**, 別々にする [≒separate]: He ***was parted from*** his wife in the war. V+O+*from*+名の受身 戦争で彼は妻と別れ別れになった / A fool and his money *are* soon *parted*. 《ことわざ》愚か者と金とはじきに別れる.

— 自 ❶ 分かれる, 離れる [≒separate]; (雲が)切れる. ❷《格式》別れる [≒separate] (*from*).

párt with ... [動] 他 (物)**を手放す**, ...を譲り[売り]渡す: Why did you *part with* the ring? なぜ指輪を手放したの?

— 副 一部分は [≒partly]; 幾分: The box is *part* white and *part* red. その箱は一部は白で一部は赤だ.

単語のキズナ PART/(部分)

part	部分; 分ける		
party	(分けられた部分)	→	一団; 集まり
partner	(分かち合う人)	→	パートナー
particular	(小部分に関する)	→	特定の
participate	(一部を占める)	→	参加する
partial	一部分の		
particle	(小部分)	→	小さな粒
apart	(部分に分かれて)	→	離れて
apartment	(部分に分けられたもの)	→	アパート
department	(部分に分けられたもの)	→	部門

part. 略 = participle.

par·take /pɑɚtéɪk | pɑ:-/ 動 (par·takes; 過去 par·took /-tʊ́k/; 過分 par·tak·en /-téɪk(ə)n/; par·tak·ing) 自 ❶《格式》(...を)食べる, 飲む (*of*). ❷《格式》参加する, 加わる (*in*). ❸《格式》幾分(...の)性質がある (*of*).

párt exchánge 名 C,U《英》下取り(品) [《米》trade-in].

Par·the·non /pɑ́ɚθənɑ̀(:)n | pɑ́:θənən/ 名 固 [the ~] パルテノン《ギリシャの Athens の Acropolis の丘にある, 女神 Athena の神殿》.

+**par·tial** /pɑ́ɚʃəl | pɑ́:-/ 形

意味のチャート
「部分 (part) の」の意《⇒ part キズナ》から
→「一部分の」❶
→(一方の側 (part) に偏(かたよ)る) →「不公平な」❷

❶ [比較なし] **一部分の**, 部分的な; 不完全な: *partial* damage 部分的な損害 / *partial* answers 不完全な解答.

❷ **不公平な**, えこひいきのある [⇔ impartial]: be ***partial toward*** [***to***] neither side +*toward* [*to*]+名 どちら側もえこひいきしない. ❸ 叙述《格式》(...が)大好きで, お気に入りで: She is *partial to* fruitcake. 彼女はフルーツケーキには目がない. (名 1 では part, 2, 3 では pàrtiálity)

par·ti·al·i·ty /pɑ̀ɚʃiǽləṭi | pɑ̀:-/ 名 ❶ U 不公平; えこひいき, 偏愛 [⇔ impartiality]. ❷ [単数形で]《格式》強い好み: have *a partiality for* ... ...がとても好きだ. (形 pártial 2, 3)

+**par·tial·ly** /pɑ́ɚʃəli | pɑ́:-/ 副《格式》**部分的に**, 一部 [≒partly]; 不完全に: The new tunnel is only *partially* completed. 新しいトンネルは部分的にしか完成していない.

+**par·tic·i·pant** /pəṭísəp(ə)nt, pɑɚ- | pɑ:-/ 名 (-pants /-p(ə)nʦ/) C **参加者**, 関係者: active ***participants in*** the discussion 議論に積極的に参加する人たち.

‡par·tic·i·pate /pəṭísəpèɪt, pɑɚ- | pɑ:-/ アク

— 動 (-i·pates /-pèɪʦ/; -i·pat·ed /-ṭɪd/; -i·pat·ing /-ṭɪŋ/) 自《格式》(人が)(活動に)**参加する**, 加わる, 関係する [≒take part]: the *participating* nations 参加国 / Not all the members of the union ***participated in*** the demonstration. V+*in*+名 組合員全員がデモに参加したわけではない. (名 partìcipátion)

《⇒ part キズナ》

+**par·tic·i·pa·tion** /pəṭìsəpéɪʃən, pɑɚ- | pɑ:-/ 名 U **参加**, 加入: active ***participation in*** the discussion 議論への積極的参加. (動 partícipàte)

par·tic·i·pa·to·ry /pəṭísəpətɔ̀:ri | pɑ:tísəpətəri, -tri/ 形 [普通は 限定]《格式》(個人)参加(方式)の.

par·ti·cip·i·al /pɑ̀ɚṭəsípiəl | pɑ̀:-/ 形〔文法〕分詞の.

par·ti·ci·ple /pɑ́ɚṭəsìpl | pɑ́:-/ 名 C〔文法〕分詞《略 p., part.; ⇒ 巻末文法 8. 3》.

+**par·ti·cle** /pɑ́ɚṭɪkl | pɑ́:-/ 名 (~s/~z/) ❶ C **小さな粒**, 微粒子, 小片: ***particles of*** dust = dúst pàrticles 細かいちり.

❷ C **ごく小量**, かけら: There is***n't a particle of*** evidence for that. それを裏づける証拠はかけらもない.

❸ C〔物理〕粒子: an elementary *particle* 素粒子.

❹ C〔文法〕不変化詞《副詞の一部・前置詞・接続詞など》.

〚⇒ part キズナ〛

****par·tic·u·lar** /pətíkjʊlə | pətíkjʊlə/ アク

— 形 ❶ 限定 [比較なし] **特定の, 個別の** [≒specific] 《日本語には訳さないですむ場合もある; ⇒ special 類義語》 [⇔ general]: I'm not talking about one *particular* person. 特定の個人について言っているのではありません / The rule doesn't hold true in this *particular* case. その規則はこの場合は適用されない.
❷ 限定 [比較なし] **格別の**, ことさらの, 特別の [≒special]: a matter of *particular* importance 特に重要なこと / I have nothing *particular* to do this evening. 今晩は特にすることがない《⇒ nothing 代 1 語法 (2)》 / He resigned for no *particular* reason. 彼は特に理由もなく辞任した.
❸ 叙述 好みにうるさい, 気難しい, きちょうめんな: My father is *particular about* his food. 父は食べ物にうるさい. ❹ (...に)特有[独特]な: This style of writing is *particular to* this author. この文体はこの著者特有のものだ. (動 partícularìze)
— 名 (~s /~z/) ❶ [複数形で] 《格式》 **詳細** [≒details]; (事件・人物の)詳しい点[事実]: We want to know (the) full ***particulars of*** the accident. 我々は事故の詳細をすべて知りたい / For further *particulars* contact us. 詳細につきましては当社にご連絡下さい / write down all ...'s *particulars* 《英》 ...の住所氏名などをすべて書き留める.
❷ C 《格式》 個々の項目[事項]: His account was exact「in every *particular* [in all *particulars*]. 彼の説明はあらゆる点で正確だった.
in partícular [副] (1) **特に**, とりわけ: This book is popular with young people *in particular*. この本は特に若者に人気がある / 🗨 "You look pale. What's the matter?" "Nothing *in particular*." 「顔色が悪いよ. どうしたの」「別に何でもないよ」 (2) つなぎ語 特に, とりわけ《あることについて概括的に述べた後で, 最も重要な例をあげるときに用いる》: The company came in for severe criticism. *In particular*, it was criticized for attempting to conceal all the unfavorable data. その会社は激しい批判にさらされた. 特に, 都合の悪いデータをすべて隠そうとしたことが非難された.
〚⇒ part キズナ〛

par·tic·u·lar·i·ty /pətìkjʊlǽrəṭi | pə-/ 名 (-i·ties) ❶ U 《格式》 独特, 個性. ❷ C 《格式》 特性, 特質, 特徴. ❸ U 《格式》 入念(さ), 精密. ❹ C [普通は複数形で] 《格式》 細目, 詳細.

par·tic·u·lar·ize /pətíkjʊlərὰɪz | pə-/ 動 他 自 《格式》 (...を)詳細に述べる; (...を)列挙する. (形 partícular)

***par·tic·u·lar·ly** /pətíkjʊləli | pətíkjʊlə-/ 副 **特に**, とりわけ [≒especially]: a *particularly* able student 特によくできる生徒 / The result was satisfactory, if not *particularly* great. 結果は特にすばらしくはなかったが満足のいくものだった / The singer is popular in Asia, *particularly* in Japan. その歌手はアジア, 特に日本で人気がある / 🗨 "Are you fond of rock music?" "No, not *particularly*." 「ロックは好き?」「いや, 特には」

part·ing /pάəṭɪŋ | pάːt-/ 名 ❶ U,C 別れること, 別離, 死別; 分離: on *parting* 別れの際に. ❷ C 《英》 (髪の)分け目 [《米》 part].
the [a] párting of the wáys [名] (人と人との)分かれ目, (道・人生の)分岐点.
— 形 限定 別れの, 告別の: a *parting* kiss 別れのキス / a *parting* shot 捨てぜりふ.

par·ti·san /pάəṭɪz(ə)n | pὰːtɪzǽn/ 名 ❶ C (党・計画などの)盲目的[熱狂的]支持者. ❷ C ゲリラ隊員, パルチザン.
— 形 [しばしば軽蔑的] (政党などに対して)盲従的な; 支持の偏った.

par·ti·san·ship /pάəṭɪz(ə)nʃɪp | pὰːtɪzǽn-/ 名 U 党派意識; 偏向的な支持.

par·ti·tion /pəətíʃən | pɑː-/ 名 ❶ C (部屋などの)仕切り, パーティション. ❷ U (土地などの)分割; 区分 (*of, into*). — 動 他 (土地など)を(...に)分割する, 区分する (*into*); (部屋など)を仕切る (*off*).

***part·ly** /pάətli | pάːt-/ 副 ❶ **ある程度**, 幾分: His success is *partly* due to luck. 彼の成功はある程度は運のおかげだ / I didn't enjoy the game *partly*「because of the bad weather [because the weather was bad]. 悪天候のせいもあって試合が楽しめなかった.
❷ **一部分が[は]**, 部分的に [⇔ wholly]: The roof has *partly* collapsed. 屋根が一部くずれた / Tomorrow is supposed to be *partly* cloudy. あすは所により曇りだろう.

****part·ner** /pάətnə | pάːtnə/

— 名 (~s /~z/) ❶ C **配偶者**《夫または妻》; 恋人, 愛人: ...'s marriage *partner* (...の)結婚相手.
❷ C (共同事業などの)**仲間**, 共同出資[経営]者; (協定などで結ばれた)(他の)同盟[加盟]国: a business *partner* 共同経営者; 提携先 / ***partners in*** crime [こっけいに] 共犯者 / trading *partners* 貿易相手国.
❸ C (遊戯・競技などの)**組む相手**, パートナー: a dancing [dance] *partner* ダンスの相手 / In today's tennis match, I was ***partners with*** Cindy. きょうのテニスの試合で私はシンディーと組んだ.
— 動 (-ner·ing /-nərɪŋ/) 他 (人)と組む; [普通は受身で] (人)を(...と)組ませる (*by, with*): I *partnered* her at tennis. 私はテニスで彼女と組んだ. — 自 (...と)組む, 提携する (*with*).
〚⇒ part キズナ〛

part·ner·ship** /pάətnəʃɪp | pάːtnə-/ 名 (~s /~s/) ❶ U (事業などの)**協力**, 提携, 共同(経営); C,U (個々の)協力[提携]関係: The ***partnership between the two men lasted for several years. 2人の男の協力関係は数年続いた / We have been ***in partnership*** for ten years. 我々は10年間協力してきた / ***go*** [***enter***] ***into partnership with*** local companies 地元企業と提携する.
❷ C 合名[合資]会社: a limited [general] *partnership* 合名[合資]会社.

párt of spéech 名 (複 parts of speech) C 〘文法〙 品詞《⇒ **巻末文法** 1. 3》.

par·took /pəətʊ́k | pɑː-/ 動 partake の過去形.

par·tridge /pάətrɪʤ | pάː-/ 名 (複 ~, par·tridg·es) C やまうずら, いわしゃこ《猟鳥》.

+**part-time** /pάəttáɪm | pάːt-ˊ/ 形 限定 **パートタイムの**, 非常勤の, アルバイトの; (学校などが)定時制の: a *part-time* job パートタイムの仕事, アルバイト. 日英 日本語の「アルバイト」はドイツ語からきたもの. 関連 full-time 常勤の, 専任の.
— 副 パートタイム[非常勤]で: work *part-time* at a supermarket スーパーでパートで働く[バイトする].

part-tim·er /pάəttáɪmə | pάːttáɪmə/ 名 C パートタイマー, 非常勤者.

part·way /pɑ́ɚtwéɪ | pɑ́:t-/ 副 (... の) 途中で[まで] (*through, along, down*).

***par·ty** /pɑ́ɚṭi | pɑ́:-/

— 名 (par·ties /~z/)

意味のチャート
原義「分けられた部分《⇒ part キズナ》」から→
「一団」❸ ─→ (一団となること) →「集まり」❶
　　　　　 └→ (党派) →「政党(の)」❷

❶ Ⓒ [主に合成語で] (社交上の) 集まり, 会, パーティー; [形容詞的に] パーティー(用)の: a birthday *party* 誕生日パーティー / a dinner *party* 晩餐(ばんさん)会, 夕食会 / a tea *party* ティーパーティー / a welcoming *party* 歓迎会 / a farewell *party* 送別会 / I'm having a *party* this evening. 今晩パーティーをします《⇒ be² A 1 (2)》/ give [throw] a *party* パーティーを開く / a *party* dress パーティードレス / "Thank you for a delightful *party*. I had a wonderful time." "Thank you for coming." 「楽しいパーティーをありがとう. とてもすばらしいひとときでした」「こちらこそ来てくれてありがとう」

参考 英米では, 簡単な飲食物を用意し気どらない集まりを開くことが多い. パーティーはただ楽しむだけでなく, 知人をふやす場としても大切である. パーティーの主人役のホスト (host), ホステス (hostess) は知らない客を引き合わせ, 客もできるだけ多くの人と話をし知り合いになるよう努めるのがエチケット.

❷ Ⓒ 政党, 党; 党派; [形容詞的に] 政党の, 党派の: the ruling [opposition] *party* 与党[野党] / There are two major (political) *parties* in the US. 米国には2つの大政党がある / a *party* leader 党首 / a twó-pàrty sýstem 2大政党制. 語法《英》では政党の一人一人に重きを置くときには単数形でも複数扱いとなることがある: *Are* all the (members of the) Conservative *Party* against that bill? 保守党員は(全員)その法案に反対なのか.

米国と英国の主な政党

《米》	the Democratic Party 民主党 the Republican Party 共和党
《英》	the Conservative Party 保守党 the Labour Party 労働党 the Liberal Democrats 自由民主党

❸ Ⓒ (人々の) 一団, 一行, 団体: a search [rescue] *party* 捜索[レスキュー]隊 / a wedding *party* 結婚式参列者一同 / Mrs. Black and her *party* ブラック夫人とその一行 / Mr. White, a *party of* four ホワイト様一行4名様. 語法《英》では一団の一人一人に重きを置くときには単数形でも複数扱いとなることがある: The mountaineering *party were* exhausted when they reached the summit. 登山隊は頂上に着いたときには疲れきっていた. ❹ Ⓒ《格式》(契約・訴訟などの) 当事者; 関係者, 相手方: an interested *party* 利害関係者 //⇒ third party.

be (a) párty to ... [動] 他《格式》...に関与する, 加担する.

— 動 (par·ties; par·tied; -ty·ing) 自《略式》パーティーに行く[を開く]; (パーティーなどで)(大いに)楽しむ, どんちゃん騒ぎをする.

párty ànimal 名 Ⓒ《略式》パーティー好き《人》.

par·ty·go·er /pɑ́ɚṭigòʊɚ | pɑ́:tigòʊə/ 名 Ⓒ パーティーによく行く人.

párty líne 名 [the ~] 党路線.

párty pólitics 名 Ⓤ [時に複数扱い] 政党本位の政治, 党利党略; 政党政治.

Pas·cal /pæskǽl/ 名 固 Blaise /bléɪz/ ~ パスカル (1623-62)《フランスの哲学者・数学者》.

pas·chal /pǽsk(ə)l/ 形 限定 [しばしば P-]《格式》〔ユダヤ教〕過ぎ越しの祝い (Passover) の.

***pass** /pǽs | pɑ́:s/

— 動 (pass·es /~ɪz/; passed /~t/; pass·ing)

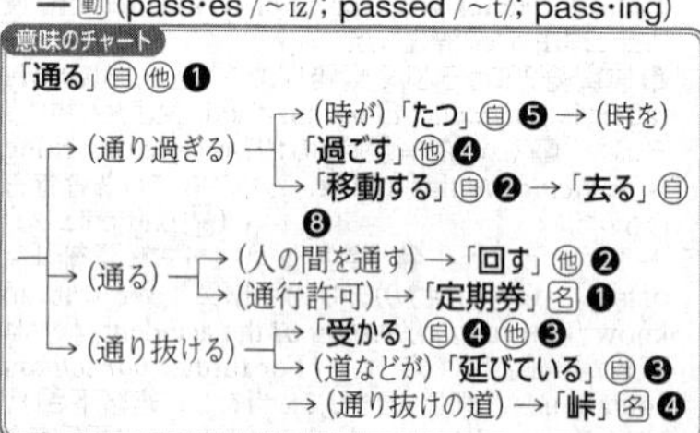
意味のチャート
「通る」自 他 ❶
→ (通り過ぎる) → (時が)「たつ」自 ❺ → (時を)「過ごす」他 ❹
→ (通り過ぎる) →「移動する」自 ❷ →「去る」自 ❽
→ (通る) → (人の間を通す) →「回す」他 ❷
→ (通る) → (通行許可) →「定期券」名 ❶
→ (通り抜ける) →「受かる」自 ❹ 他 ❸
→ (通り抜ける) → (道などが)「延びている」自 ❸
→ (通り抜けの道) →「峠」名 ❹

— 自 ❶ 通る, 通り過ぎる;《主に米》(車・運転者が) 追い越す [《英》overtake]: Let me *pass*, please. ちょっと通してください / As the road is narrow, only small cars can *pass*. 道が狭いので小型車しか通れない / No *passing*. 追い越し禁止《道路標識》.

❷ [副詞(句)を伴って] (短時間に) 移動する, 進む, (さっと)よぎる: People were ***passing in and out of*** the building. V+前+名 建物には人々が出入りしていた《⇒ in and out (in 副 成句)》/ Several white clouds ***passed across*** the sun. 白い雲がいくつか太陽をよぎった.

❸ [副詞(句)を伴って] (線・道路などが) 延びている, 通っている: The subway ***passes under*** the river. V+前+名 地下鉄は川の下を走っている.

❹ (試験などに) 受かる, 合格する [⇔ fail]; (議案などが) 通過する: just *passed* (成績の) 可 / conditionally *passed* 条件つき合格《⇒ grade 1 表》/ I hope you'll *pass*. 受かるといいね / When a bill has *passed*, it becomes (a) law. 法案が通過すると法律となる.

❺ (時が) たつ, 経過する: The time *passed* quickly. 時が速く経過した / 言い換え Two months have *passed* since she left for France. (= It is [has been] two months since she left for France.) 彼女がフランスに行ってから2か月が過ぎた.

❻〔球技〕ボールを渡す, パスする (*to*).

❼ (答えがわからず) パスする (*on*); Ⓢ (申し出に対して) 辞退する, 断る (*on*);〔トランプ〕パスする: 会話 "It's your turn, Anne." "Oh, I'm sorry. Go ahead, Betsy. I *pass*." 「アン, あなたの番だよ」「あっごめん. ベッツィ, 先にやって. 私パスする」

❽ 去る, (痛み・感情などが) なくなる: The storm has *passed*. あらしは過ぎ去った / The pain has now *passed*. 痛みはもうなくなった. ❾ [副詞(句)を伴って] (ことば・視線などが) 交わされる; (出来事が) 起こる: Angry words ***passed between*** the two of them. 両者の間で激しいことばのやりとりがあった. ❿《格式》(...から別の所へ) 渡る, 手渡される (*from, to*); (情報などが) 伝

わる: His whole fortune *passed to* his eldest son. 彼の財産はすべて長男に渡った. ⓫ [副詞(句)を伴って]《格式》(...から別の物に)変わる, 変化する, 推移する [≒change] (*from, to, into*). ⓬ 黙認される, 見逃される: let ... *pass* ...を見逃してやる, 聞き流す.

— ⑩ ❶ (...のそば[前など])を**通る**, **通り過ぎる**; (...)とすれ違う; (場所)を**通り抜ける**, 通過する;《主に米》(人・乗り物)を追い越す [《英》overtake]: I *passed* Mr. Smith on the street. 私は通りでスミス氏とすれ違った / Have we *passed* Boston yet? もうボストンは通過しましたか.

❷ (...)を(人に)(手)**渡す**, **回す**; (情報など)を伝える: Would you *pass* (me) the salt, please? V(+O)+O 塩を取ってくださいませんか. 参考 食卓で手を伸ばして人の前にあるものを取るのは失礼とされる // 言い換え Please ***pass*** this note ***to*** him. V+O+to+名 = Please *pass* him this note. V+O+O このメモを彼に渡してください (⇒ to¹ 3 語法).

❸ (試験など)に**受かる**, 合格する [⇔ fail]; (人・製品など)を(...として)合格させる, 認可する; (議案などが)(議会など)を**通過する**; (議案など)を可決する; (偽金など)を通用させる: Did she *pass* the entrance examination? 彼女は入学試験に受かりましたか / He *was passed* (*as*) fit for the job by the doctor. V+O+C ((as+)形)の受身 彼はその仕事に耐えられると医者に認定された / The bill has *passed* the Lower House. その法案は下院を通過した / The Senate *passed* the bill. 上院はその議案を可決した.

❹ (時)を**過ごす** [≒spend]《特に退屈しないで過ごす》; (日)を送る: We *passed* a night in a mountain hut. 私たちは山小屋で一夜を過ごした / They *passed* the time (by) talking. 彼らはおしゃべりをして過ごした.

❺ [副詞(句)を伴って] (手など)をさっと動かす, (糸・針・指など)を通す: *pass* a rope *around* a tree 木にロープを回す.

❻〔球技〕(ボール)を渡す, パスする: Tom *passes* the ball *to* John. トムはボールをジョンにパス《実況放送; ⇒ **巻末文法** 6. 1 (1)》. ❼ (意見)を述べる; (判決・判断など)を下す: *pass* comments *on* a book 本を論評する / The judge *passed* sentence *on* him. 裁判官は彼に判決を言い渡した. ❽ (ある数値)を超える;《格式》(限界・理解力など)を越える: Sales *passed* the one million mark. 売上が 100 万の大台を超えた / The story *passes* belief. その話はとても信じられない. ❾ (尿)などを出す, 排泄(はいせつ)する.

cóme to páss [動] ⓐ《文語》(事件などが)発生する [≒happen]; 実現[成就]する. (名 pássage)

pass の句動詞

páss alóng 動 ⓐ (立ち止まらないで)どんどん進む. — ⑩ (...)を(次へ[先へ])回す, 順に伝える: Please *pass* this memo *along*. このメモを順に回してください.

páss alòng ... 動 ⑩ (線・道路など)を通る, 進む; (バスなど)の奥へ進む: The parade *passed along* the street. パレードが通りを進んで行った.

+**páss aróund [róund]** 動 ⑩ (...)を**ぐるりと回す**, 順々に回す V+名・代+around [round] / V+around [round]+名: The candy was ***passed around to*** the guests. 菓子がお客に順々に回された.

páss as ... 動 ⑩ = pass for ....

***páss awáy** 動 ⓐ ❶ [遠回しに] (人が)**亡くなる**, 息を引き取る (⇒ die¹ 類義語): She *passed away* peacefully last night. 彼女は昨夜安らかに息を引き取った. ❷ 消滅する, 消え去る. — ⑩ (時)を過ごす.

***páss bý** 動 ⓐ (そばを)**通り過ぎる** (⇒ passerby): He said a woman *passed by*, but I didn't notice. 彼は女の人がそばを通り過ぎたと言ったが, 私は気がつかなかった. — ⑩ (...)をそのまま通す; (...)を無視する, 避ける: Life has *passed* him *by*. 人生が(機会[楽しみ]をもたらさずに)彼の前を素通りしていった.

+**páss by ...** 動 ⑩ **...のそばを素通りする**, 通り過ぎる: A man happened to *pass by* us while we stood talking. 私たちが立ち話をしているときたまたま男の人がそばを通りかかった.

páss dówn 動 ⑩ [しばしば受身で] = hand down (hand 句動詞) 1.

páss for ... 動 ⑩ (実際はそうでないが)...として通る [≒pass as]: She could easily *pass for* 20. 彼女は 20 歳だと言っても十分通用するだろう.

páss óff 動 ⓐ [普通は well などの副詞(句)とともに]《英》(ある事柄が)(...に)進む, 終わる.

+**páss ... óff as ~** 動 ⑩ (偽って)(...)を~**として通す**: She *passed* the jewel *off as* her own. 彼女はその宝石を自分のものとして押し通した / He *passed* himself *off as* a doctor. 彼は医者になりすました.

+**páss ón** 動 ⑩ (...)を(ほかの人へ)**回す**; (知らせなど)を伝える; (伝染病など)をうつす: Write down your name on the card and ***pass*** it ***on to*** the next person. カードに名前を書いて次の人へ回してください. — ⓐ [遠回しに] (人が)死ぬ (⇒ die¹ 類義語).

páss óut** 動 ⑩ (ビラ・商品見本など)を**配る**, 配布する V+名・代+out / V+out+名: The teacher ***passed out answer sheets ***to*** her class. 先生はクラスに答案用紙を配った.

— ⓐ **意識を失う**, 気絶する; 酔いつぶれる: She *passed out* when she saw all that blood. ひどい出血を見て彼女は気を失った. 語法 pass out cold ともいう.

páss óver 動 ⑩ ❶ [普通は受身で] (人)を(職・昇進などから)はずす (*for*). ❷ (発言など)を黙認する, 見逃す; (話題など)を避ける, 飛ばす: *pass over* the racist comment その人種差別的発言を黙認する.

páss róund 動 ⑩ = pass around.

***páss thróugh ...** 動 ⑩ **...を通り抜ける**; ...を貫く (受身 be passed through): We *passed through* several small villages. 私たちはいくつかの小さな村を通り過ぎた.

páss úp 動 ⑩ (チャンスなど)を逃す, 見送る; (招待など)を断わる, 辞退する.

— 名 (~·es /~ɪz/) ❶ Ⓒ **入場[通行, 外出]許可証**; (無料)入場[乗車]券, 定期(乗車)券: a bus *pass* バスの割引[無料]乗車券 / a commuter *pass* 通勤[通学]用定期券 / I have two ***passes for*** [*to*] the game. 私はその試合の入場券を 2 枚持っている.

❷ Ⓒ〔球技〕**送球**, **パス** (*to*);〔トランプ〕パス;〔フェンシング〕突き;〔野球〕四球による出塁: make a fine *pass* うまいパスをする.

❸ Ⓒ **合格**;《主に英》(大学課程の)普通及第 (⇒ honor 名 5): the *pass* mark 合格レベル[点] / He got a ***pass in*** history. 彼は歴史の学科試験に普通の成績で通った. ❹ Ⓒ 峠, 山道: cross a *pass* 峠を越す / an Alpine *pass* アルプス越えの道. ❺ Ⓒ (ある過程における)段階. ❻ Ⓒ (航空機などの)上空通過.

màke a páss at ... [動] ⑩《略式》(人)に言い寄る, モーションをかける.

〖語源 pace と同語源〗

単語のキズナ		PASS／通る
pass	通る	
past	(通り過ぎた)	→ 過去の
passage	(通るところ)	→ 通路
passenger	(通行する人)	→ 乗客
passport	(港を通る許可)	→ パスポート
bypass	(そばを通り過ぎる)	→ バイパス
trespass	(越えて通る)	→ 侵入する
surpass	(上を越える)	→ ...に勝る

P

pass·a·ble /pǽsəbl | pɑ́:s-/ 形 ❶《格式》まずまずの, 一応の, まあまあの, 悪くはない: a *passable* knowledge of Europe ヨーロッパについての一応の知識. ❷ 叙述 (道路などが)通行できる; (川などが)渡れる《徒歩や馬で》[⇔ impassable].

pass·a·bly /pǽsəbli | pɑ́:s-/ 副 まあまあ, どうにか.

***pas·sage** /pǽsɪʤ/ 名 (**pas·sag·es** /~ɪz/)

意味のチャート
pass(通る)に対する名詞《⇒ pass キズナ》.
→(通ること) →「**通行**」❸;「**航海**」❻
→(通るところ) →「**通路**」❶
→(通るもの) →「**(時の)流れ**」❼ →(流れるもの) →「**(文の)一節**」❷

❶ C (建物の中などの)**通路**, 廊下; 水路, 航路: a *passage into* a bay 湾へ通じる水路 / Don't leave your bicycle in the *passage*. 通路に自転車を置いてはいけない.
❷ C **文の一節**, 引用部分; (楽曲の)一節: a *passage from* the Bible 聖書の一節.
❸ [U または a ~]《格式》**通行**, 通過; 通行の権利[許可]: force *a passage through* a crowd 人込みを押し分けて進む / demand safe *passage to* another country 別の国への安全な渡航を要求する. ❹ U《格式》(議案の)通過, 可決 (*of, through*). ❺ C (体内の)管. ❻ [U または a ~]《古風》航海, (船)旅 (*from, to*); 船賃. ❼ U (時の)流れ, 経過: the *passage of* time 時間の経過. (動 pass)

pas·sage·way /pǽsɪʤwèɪ/ 名 C 通路, 廊下.

pass·book /pǽsbʊ̀k | pɑ́:s-/ 名 C 預金通帳.

pas·sé /pæséɪ/ ≪フランス語から≫ 形 叙述《格式》陳腐な, 時代遅れの; 盛りの過ぎた.

****pas·sen·ger** /pǽsənʤə | -ʤə/ !アク

— 名 (~s /~z/) ❶ C **乗客**, **旅客**《乗務員 (crew) に対して; ⇒ visitor 表》: *passengers* on「a train [a bus, a taxi, an airplane, a ship] 列車[バス, タクシー, 飛行機, 船]の乗客たち / a transit *passenger* (旅客機の)乗り継ぎ客 / Are the *passengers* all aboard? 乗客は皆乗りましたか / a *passenger* train [ship] 旅客列車[客船]. ❷《英略式》[軽蔑的] (組織内の)無能な人.〖⇒ pass キズナ〗

pássenger sèat 名 C (運転席の横の)助手席. 関連 driver's seat 運転席 / back seat 後部座席.

pass·er·by /pǽsəbáɪ | pɑ́:sə-/ 名 (複 **pass·ers-**) C 通りがかりの人, 通行人.

+**pass·ing** /pǽsɪŋ | pɑ́:s-/ 形 ❶ 限定 **通過する**, 通りがかりの;《文語》(時が)過ぎ行く: a *passing* taxi 通りがかりのタクシー / with every [each] *passing* day 日(を追う)ごとに. ❷ 限定 一時の, つかの間の; ちょっとした: *passing* joy つかの間の喜び / She has only a *passing* interest in math. 彼女は数学には一時的な興味しかない. ❸ 限定 ふとした, なにげない: ...'s *passing* remarks ...のふとしたことば. ❹ 限定《米》(点数などが)合格[及第]の. — 名 ❶ U 通過, 経過: the *passing of* time 時がたつこと. ❷ U《格式》終末, 消滅; [遠回しに] 死 (*of*) [≒death]. **in pássing** [副] つなぎ語 ついでに(言えば).

****pas·sion** /pǽʃən/

— 名 (~s /~z/)

意味のチャート
ラテン語で「苦しむこと」の意; patient と同語源.
→(心の動揺) →「**熱情**」❶ →「**情欲**」❷
→「**受難**」❹

❶ C,U **熱情**, 激情, 情熱: her ***passion for*** music 音楽に対する彼女の熱情 / Tom spoke ***with passion*** of people's need for food and medicine. トムは人々が食料と薬を必要としていることを熱く語った / *Passions* ran high at the protest meeting. 抗議集会では感情が高ぶっていた.
❷ U,C (異性に対する)**情欲**, 欲情, 色情: John felt a strong ***passion for*** Linda. ジョンはリンダに対して強い欲望を感じた. ❸ C 熱中, 熱愛; 大好きなもの: She *has a passion for* drama. 彼女は演劇に夢中だ / Photography is his *passion*. 彼は写真に熱中している. ❹ [the P-] キリストの受難; キリスト受難の物語[劇], 受難曲. **flý ìnto a pássion** [動] 自《文語》かっとなる. (形 pássionate)

+**pas·sion·ate** /pǽʃ(ə)nət/ 形 ❶ (人・言動が)**情熱的な**, **熱烈な** [⇔ dispassionate]: *passionate* love 情熱的な恋 / a *passionate* speech 熱狂的な演説 / Mary had a *passionate* interest in roses. メアリーはばらを熱烈に愛好していた. ❷ 叙述 熱中した, 熱心な (*about*). ❸ 情欲[色情]にかられた; 気性の激しい; 怒りっぽい. (名 pássion)

~·ly 副 情熱的に, 熱烈に.

pássion frùit 名 (複 passion fruit(s)) C,U パッションフルーツ《食用》.

pas·sion·less /pǽʃənləs/ 形 [悪い意味で] 熱意のない, さめた; 冷静な, 落ち着いた.

+**pas·sive** /pǽsɪv/ 形 ❶ **受身の**, 受動的な, 活気のない, 消極的な [⇔ active]: His *passive* attitude made things worse. 彼の消極的な態度が事態を悪くした. ❷ [比較なし]〔文法〕**受身の**, 受動態の [⇔ active]《⇒ **巻末文法 7. 2**》. (名 passívity)
— 名 [the ~]〔文法〕受身, 受動態.
〖語源 passion と同語源〗 **~·ly** 副 消極的に.

pássive resístance 名 U (政府などに対する)消極的抵抗《非協力など》.

pássive smóking 名 U 受動[間接]喫煙.

pas·siv·i·ty /pæsívəṭi/ 名 U 受動性; 消極性; 不活発. (形 pássive)

pass·key /pǽskìː | pɑ́:s-/ 名 C = master key.

Pass·o·ver /pǽsòʊvə | pɑ́:sòʊvə/ 名 [U]; ときに the ~] 過ぎ越しの祝い《古代ヘブライ人の Egypt からの解放を祝うユダヤ人の祝祭; ユダヤの民間暦 7 月の 14 日(現在の 4 月 12 日ごろ)に始まる 7 日間》.

****pass·port** /pǽspɔ̀ət | pɑ́:spɔ̀:t/ !アク

— 名 (-ports /-pɔ̀əts | -pɔ̀:ts/) ❶ C **パスポート**, 旅券, 通行証; 入場券, 許可証: *passport* control 入国審査 / 💬 "May I see your *passport*, ma'am?" "Here you are." 「パスポートを拝見できますか」「はいどうぞ」/

Have you applied for a *passport* yet? もうパスポートを申請しましたか. ❷ Ⓒ (ある目的のための)手段, 鍵, 秘訣: a *passport to* success 成功への鍵.
〘⇒ pass キズナ〙

pass·word /pǽswə̀ːd | pɑ́ːswə̀ːd/ 名 ❶ Ⓒ 〔コンピュータ〕 パスワード《アクセスに必要な暗証番号[記号]》: enter [forget] one's *password* パスワードを入れる[忘れる]. ❷ Ⓒ 合いことば.

***past** /pǽst | pɑ́ːst/

単語のエッセンス
1) 過去(の) 名; 形
2) (時間が)(...を)過ぎて 前 ❷; 副
3) (場所が)(...を)過ぎて 前 ❶; 副
4) (比喩的に)...を越えて 前 ❸

— 形 ❶ [比較なし] **過ぎ去った, 過去の**; 以前の: my *past* experience 私の過去の経験 / *past* wars 過去の戦争 / in *past* years 過去の年月に, 昔は / My days of struggling to make a living are *past*! あくせくと暮らした日々ももう終わった. 関連 present 現在の / future 未来の.
❷ 限定 [比較なし] [しばしば the ~ として期間を表わす語とともに] **過ぎたばかりの, 過去...**, この...: We've had two earthquakes during *the past* month. この 1 か月間に 2 回地震があった《⇒ week 図》/ My daughter *has been* taking piano lessons for *the past* five years. 娘はこの 5 年間ピアノを習っている. 語法 動詞はしばしば完了形が用いられる. ❸ 限定 任期の終わった, 前任の, 元... [≒former]: a *past* president 元[前]会長. ❹ 限定 [比較なし] 〔文法〕 過去の, 過去時制の, 過去形の《略 p., pt.; ⇒ **巻末文法** 6. 1 (2)》.
— 名 ❶ [the ~] **過去; 過ぎ去ったこと**, 過去のこと: The story begins far back in *the past*. 話は遠い昔に始まる / Let's forget *the past*. 過去のことは忘れよう / Letter writing seems to be a thing of the *past*. 手紙を書くのは今では過去のもののようだ / It's ***all in the past***. Ⓢ それは全て昔のことだ(から忘れよう). 関連 present 現在 / future 未来.
❷ [a ~, または所有格とともに] (国・人の)**過去の歴史**; 経歴: have *a* glorious *past* 輝かしい過去[歴史]がある / a person with *a* (shady) *past* 暗い過去のある人.
❸ [the ~] 〔文法〕 **過去**, 過去時制, 過去形《略 p., pt.; ⇒ **巻末文法** 6. 1 (2)》.
líve in the pást [動] 自 過去の思い出に生きる.
— /pæ̀st | pɑ̀ːst/ 前 ❶ (場所が)**...を過ぎた所に**, ...の先に; ...(のそば・前)**を通り過ぎて**, ...とすれ違って: He walked [drove] *past* the house. 彼はその家を歩いて[車で]通り過ぎた / He hurried (right) *past* me without a word. 彼はひと言も言わずに私の(すぐ)そばを急いで通り過ぎた / His office is (just) *past* the bank on your left. 彼の事務所は銀行を過ぎて(すぐ)左側にあります. 語法 「...を通り過ぎる」は go by ..., hurry by ... など by を使っても表わせる《⇒ by 前 7》. ただし最後の例では *by* the bank. とすると「銀行のそばにある」と意味が変わることに注意《⇒ by 前 5》.
❷ (時間が)**...を過ぎて**, ...時(...分)過ぎで《⇒ to[1] 5; half past ... (half 名 成句)》; (年齢が)...を越えて: It's (a) quarter *past* eight. 8 時 15 分過ぎだ / The next bus leaves at ten (minutes) *past* three. 次のバスは 3 時 10 分過ぎに出る / We stayed up until way *past* midnight. 12 時をはるかに過ぎるまで起きていた. 語法 (1) 《米》 では past よりも after のほうが普通. (2) 《英》 では past の目的語を省略することがある: The buses leave at five *past* (the hour). バスは毎時 5 分に出る // She seems to be (well) *past* forty. 彼女は(優に)40歳を越えているようだ. ❸ ...の段階[水準]を越えて, ...の及ばぬ所に; ...の年齢を越えて: He's *past* his prime. 彼は盛りを過ぎている / I'm *past* caring what you do. 君が何をしても私はもう気にしない.
I wóuldn't pùt it pást ... (to dó) 《略式》 ...は(~)しかねないと思う.
pást it [形] 《英略式》 年をとりすぎて; 役に立たない.
— 副 (場所を)**通り越して**, (時が)過ぎて: run [hurry] *past* 走って[急いで]通り過ぎる / The troops marched *past*. 軍隊は行進して行った / Months went *past* without any news from him. 彼から何の便りもないまま何か月も過ぎた.
〘語源 元来は pass の過去分詞形; ⇒ pass キズナ〙

***pas·ta** /pɑ́ːstə | pǽs-, pɑ́ːs-/ ≪イタリア語から≫ 名 (~s /~z/) Ⓤ **パスタ**《マカロニ・スパゲッティなど》. 語法 種類をいうときには Ⓒ.

+**paste** /péɪst/ 名 (pastes /péɪsts/) ❶ [Ⓤ または a ~] (粉と水などを混ぜた)**練り粉**, 生地, ペースト状のもの. 関連 toothpaste 練り歯磨き. ❷ Ⓤ [主に合成語で] ペースト《魚・肉・野菜などをすりつぶした食品》: liver *paste* レバーペースト. ❸ Ⓤ,Ⓒ のり《接着用》: stick two sheets of paper together with *paste* のりで 2 枚の紙をはり合わせる. ❹ Ⓤ 模造宝石.
— 動 (pastes /péɪsts/; past·ed /~ɪd/; past·ing) 他 ❶ (...)**をのりではる**: *paste* pictures *in* [*into*] a scrapbook V+前+名 スクラップブックに写真をはる / *paste* posters *on* [*onto, over*] a wall 壁にポスターをはる / *Paste* these sheets of paper *together*. この紙をはり合わせてください. ❷ 〔コンピュータ〕 (データ)をはりつける. — 自 〔コンピュータ〕 データをはりつける.

paste·board /péɪstbɔ̀ːd | -bɔ̀ːd/ 名 Ⓤ 厚紙; ボール紙.

pas·tel /pæstél | pǽstəl/ 名 Ⓤ,Ⓒ パステル(クレヨン); Ⓒ パステルカラー《淡い色彩》; パステル画. — 形 限定 パステル(画)の; (色が)パステル調の.

Pas·teur /pæstə́ː | -tə́ː/ 名 固 **Lou·is** /lúːi/ ~ パスツール (1822-95)《フランスの細菌学者; 狂犬病の予防接種法に成功した》.

pas·teur·i·za·tion /pæ̀stʃərɪzéɪʃən, -stər- | -raɪz-/ 名 Ⓤ 低温殺菌.

pas·teur·ize /pǽstʃəràɪz, -stər-/ 動 他 (...)を低温殺菌する: *pasteurized* milk 低温殺菌牛乳.

pas·tiche /pæstíːʃ/ ≪フランス語から≫ 名 Ⓒ (文学・音楽などの)模倣作品 (*of*); 寄せ集め作品; Ⓤ 模倣[寄せ集め](技法).

+**pas·time** /pǽstàɪm | pɑ́ːs-/ 名 (~s /~z/) Ⓒ **気晴らし**, 娯楽, 趣味 [≒hobby]: Reading is her favorite *pastime*. 読書が彼女のいちばんの楽しみだ.

past·ing /péɪstɪŋ/ 名 [単数形で] 《略式, 主に英》 ぶんなぐること, 強打; 酷評; (ひどく)打ち負かす[負かされる]こと, 大敗.

pást máster 名 Ⓒ 名人, (...の)上手な人 (*at*).

+**pas·tor** /pǽstə | pɑ́ːstə/ 名 (~s /~z/) Ⓒ **牧師**《特に非国教徒の》.

pas·to·ral /pǽstərəl, -trəl | pɑ́ːs-/ 形 ❶ 牧師の, 牧師としての; (精神的)指導の: *pastoral* care [duties] (教会信徒への)牧師の助言, (生徒への)指導者としてのアドバイス / make *pastoral* visits 牧師の務めとしての訪問をする. ❷ 《文語》 田園生活の, 牧歌的な: the "*Pastoral*" Symphony 『田園交響曲』《Beethoven

P

の交響曲第 6 番の通称》.

pást párticiple 名 C 〔文法〕過去分詞《略 pp; ⇒ 巻末文法 8. 3 (2)》.

pást pérfect 名 [the ~]〔文法〕過去完了.

past·ra·mi /pəstrá:mi | pæs-/ 名 U パストラミ《くん製ビーフ》.

+**pas·try** /péɪstri/ 名 (pas·tries /~z/) ❶ U **練り粉**, 生地.
❷ C **ペーストリー**《pie や tart など》.

pást ténse 名 [the ~]〔文法〕過去時制《略 pt.; ⇒ 巻末文法 6. 1 (2)》.

pas·ture /pǽstʃɚ | pá:stʃə/ 名 U,C (放牧用の)牧場: There's plenty of *pasture for* sheep on the hillside. 丘の中腹には羊の牧場がたくさんある. 関連 meadow 干し草を採る牧草地. **gréener [néw] pástures** = 《英》 **pástures gréener [néw]** [名] [こっけいに] 前よりましな[新たな]職場[仕事]. **pút ... óut to pásture** [動] 他 (1) (家畜)を放牧する. (2) 《略式》 [こっけいに] (高齢のために)(人)を引退させる. — 動 (pas·tur·ing /-tʃ(ə)rɪŋ/) 他 (家畜)を放牧する.

past·y[1] /péɪsti/ 形 (past·i·er; -i·est) (顔色が)青白い; 元気のない.

pas·ty[2] /pǽsti/ 名 (pas·ties) C 《英》 パスティー《肉・野菜・チーズ入りのパイ》.

PÁ sỳstem /pí:éɪ-/ 略 = public-address system.

+**pat**[1] /pǽt/ 動 (pats /pǽts/; pat·ted /-ṭɪd/; pat·ting /-ṭɪŋ/) 他 (平らなもので)(...)を**軽く打つ**, (平手で)軽くたたく《励まし・慰めのために》; なでる: *pat* down one's hair (形を整えるために)髪を軽くたたく[なでつける] / 言い換え He ***patted*** me ***on the*** shoulder. V+O+*on*+名 = He *patted* my shoulder. 彼は軽く私の肩をたたいた《⇒ the[1] 2 語法》/ He *patted* his hands dry (with a towel). V+O+C (形) 彼は(タオルで)手を軽くたたいて手を乾かした. **pát ... on the báck** [動] 他 《略式》 (人)の背中をぽんとたたく《賛成・称賛・励まし・慰めのしぐさ》.
— 名 (pats /pǽts/) ❶ C **軽く打つこと**, 軽くたたくこと《好意・慰めのため》: give ... a ***pat on the*** head ...の頭をなでる《⇒ the[1] 2》. ❷ C (バターなどの)小さな塊 (*of*). **a pát on the báck** [名] 《略式》 ほめること, 称賛(のことば) (*for*).

pat[2] /pǽt/ 形 [普通は 限定] [軽蔑的] (返答などが)お決まりの; うますぎる. — 副 [次の成句で] 《米》 **háve [knów] ... dówn pát** = 《英》 **háve [knów] ... óff pát** [動] 他 (...)を丸暗記している[すらすら言える], 覚え込んでいる. **stánd pát** [動] 自 《米》 (意見・予定などを)固守する, 変更しない (*on*).

Pat /pǽt/ 名 固 ❶ パット《女性の名; Patricia の愛称》. ❷ パット《男性の名; Patrick の愛称》.

+**patch** /pǽtʃ/ 名 (~·es /~ɪz/) ❶ C (周囲と違って見える)**部分**, 断片; 斑点(はんてん): *patches of* blue sky 雲間に見える青空. ❷ C **継ぎはぎ**, 継ぎきれ: a jacket with *patches* on the elbows ひじの所に当て布をした上着. ❸ C (耕作した)小地面, 畑: a cabbage *patch* キャベツ畑. ❹ C 眼帯. ❺ C (大変な)時期. ❻ C 〔コンピュータ〕パッチ《プログラムの臨時修正》. **be nót a pátch on ...** [動] 他 《英略式》 ...とは比べものにならない(ほど劣る). (形 pátchy)
— 動 (patch·es /~ɪz/; patched /~t/; patch·ing) 他 (穴・ほころびなど)に**継ぎを当てる**, 継ぎはぎをする; (継ぎを当てたりして)(衣服など)を修理する (*with*): The sailors were *patching* the sails. 水夫たちは帆に継ぎを当てていた.
pátch úp [動] 他 (1) (穴・ほころびなど)に**継ぎを当てる**; (...)に応急の修理をする, 応急処置をする: She *patched up* her old dresses. 彼女は古い服を直した. (2) (争い・不和)を仲裁する, おさめる: *patch* it [things] *up* with ... ...と仲直りする.
pátch togéther [動] 他 (...)を継ぎ合わせて作る; (考えなど)を早急にまとめる.

patch·work /pǽtʃwɚ:k | -wə:k/ 名 ❶ U パッチワーク《いろいろな色や形の小ぎれを寄せ集めて作ったもの》: a *patchwork* quilt パッチワークのベッドカバー. ❷ [a ~] 寄せ集めの物 (*of*).

patch·y /pǽtʃi/ 形 (patch·i·er; -i·est) ❶ 部分的な, 断片的な. ❷ むらのある; 一定していない, 不完全な. (名 patch)

pâ·té /pɑ:téɪ | pǽteɪ/ ≪フランス語から≫ 名 U 〔料理〕 パテ《レバーなどに香辛料を加えてペースト状にしたもの》.

pâ·té de foie gras /pɑ:téɪdəfwá:grá: | pǽteɪ-/ ≪フランス語から≫ 名 U フォアグラ (foie gras)《がちょう・あひるの肝臓のパテ》.

+**pat·ent**[1] /pǽṭənt, -tnt | péɪt-, pǽt-/ 名 (pat·ents /-ṭənts, -tnts/) C **特許権**; 特許状: goods protected ***by patent*** 特許で保護された製品 / apply for a *patent* 特許を申請する / take out a ***patent on*** [***for***] an invention 発明の特許を取る.
— 形 限定 [比較なし] **特許の**, 特許(権)のある, 特許(権)を取った: a *patent* lock 特許を取った錠 / a *patent* right 特許権. — 動 他 (...)の(専売)特許を取る.

pat·ent[2] /pǽṭənt, péɪṭ-, -tnt | péɪt-/ 形 限定 《格式》 明らかな, 明白な: a *patent* lie 明らかなうそ. 語法 普通は悪いことに用いる.

pát·ent léather /pǽṭənt-, -tnt-/ 名 U パテント革, (黒の)エナメル革《靴・ハンドバッグ用など》.

pat·ent·ly /pǽṭəntli, péɪṭ-, -tnt- | péɪt-/ 副 《格式》 明らかに, はっきりと: *patently* false 明らかに誤った.

pátent òffice 名 [the ~] 特許局[庁].

pa·ter·nal /pətɚ́:n(ə)l | -tə́:-/ 形 ❶ 父の, 父らしい《⇒ fatherly》: *paternal* love 父性愛. ❷ 限定 父方の: a *paternal* grandmother 父方の祖母. 関連 maternal 母(方)の.

pa·ter·nal·is·m /pətɚ́:nəlɪzm | -tə́:-/ 名 U [軽蔑的] 家長主義, 温情主義; 保護者ぶった干渉.

pa·ter·nal·is·tic /pətɚ̀:nəlístɪk | -tə̀:-←/ 形 [軽蔑的] 家長主義的な; 保護者ぶった.

pa·ter·nal·ly /pətɚ́:nəli | -tə́:-/ 副 父親らしく.

pa·ter·ni·ty /pətɚ́:nəṭi | -tə́:-/ 名 ❶ U 〔法律〕 父系; 父性, 父権. ❷ U 《格式》 父であること.

patérnity lèave 名 U 父親の育児休暇.

‡**path** /pǽθ | pá:θ/
— 名 (paths /pǽθs, pǽðz | pá:ðz/) ❶ C **小道**, 細道, 歩道 (pathway) [《英》 footpath]: We cleared [beat] a ***path through*** the woods. 森を切り開いて[踏み分けて]道をつくった. 参考 山林や野原などで人や動物に踏みつけられて自然にできた小道や公園・庭園などの小道をいう.

path (野山・畑・公園などの狭い道)	小道
lane (生け垣・家などの間の細い道)	
alley (狭い裏通り, 路地)	

❷ C **通り道**, 軌道: the ***path of*** a satellite [typhoon]

衛星[台風]の軌道[進路] / The typhoon left great damage in its *path.* 台風はその進路にあたった地域に大災害をもたらした / Two men blocked my *path.* 二人の男が私の行く手をふさいだ.
❸ Ⓒ (人生の)**進路**, 行路; (行動の)方針; [普通は単数形で] (...への)道**:** be on the ***path to*** glory [ruin] 栄光[滅亡]への道をたどる.
cróss ...'s páth [動] 偶然...と出会う.
...'s páths cróss [動] (2人(以上)が)偶然出会う.

+**pa·thet·ic** /pəθéṭɪk/ 形 ❶ **哀れを誘う**, 痛ましい; 感傷的な**:** the *pathetic* sight of a child crying 子供が泣き叫んでいる痛ましい光景. ❷《略式》情けないくらいひどい; まるで不十分な. **-thet·i·cal·ly** /-kəli/ 副 ❶ 悲しそうに; 感傷的に. ❷《略式》情けないくらいひどく.

path·find·er /pǽθfàɪndɚ | pɑ́:θfàɪndə/ 名 Ⓒ (未開地の)開拓者; (ある分野の)先駆者.

path·o·gen /pǽθəʤən/ 名 Ⓒ〔医学〕病原体[菌].

path·o·gen·ic /pæ̀θəʤénɪk←/ 形 病原(性)の, 発病させる.

path·o·log·i·cal /pæ̀θəlɑ́(:)ʤɪk(ə)l | -lɔ́ʤ-←/ 形 ❶〔医学〕病理学(上)の. ❷ 病的な, 異常な(ほどの)**:** a *pathological* liar 病的なうそつき.

pa·thol·o·gist /pəθɑ́(:)ləʤɪst | -θɔ́l-/ 名 Ⓒ〔医学〕病理学者.

pa·thol·o·gy /pəθɑ́(:)ləʤi | -θɔ́l-/ 名 Ⓤ〔医学〕病理学.

pa·thos /péɪθɑ(:)s | -θɔs/ 名 Ⓤ 悲哀, ペーソス《劇・文章などで悲しみや哀れみなどを起こさせる特質》.

path·way /pǽθwèɪ | pɑ́:θ-/ 名 ❶ Ⓒ 小道, 細道, 歩道 [≒path]. ❷ Ⓒ〔生化学〕経路.

+**pa·tience** /péɪʃəns/ ❗発音 名 ❶ Ⓤ (苦痛・不快をおさえる)**忍耐(力)**, 我慢[辛抱]強さ [⇔ impatience]**:** Have *patience.* 辛抱して / I have no ***patience with*** [***for***] him. あいつには我慢がならない / lose (one's) *patience* (*with* ...) = run out of *patience* (*with* ...) (...に)我慢しきれなくなる. ❷ Ⓤ 根気, がんばり (*for*)**:** I didn't have the ***patience to*** wait any longer. 私はそれ以上は待ちきれなかった. ❸ Ⓤ《英》= solitaire 1. **the pátience of「a sáint [Jób]** [名] 大変な忍耐(力). **trý ...'s pátience** [動] ...をいらいらさせる.
(形 pátient)

***pa·tient** /péɪʃənt/ ❗発音

— 名 (pa·tients /-ʃənʦ/) Ⓒ **患者**, (治療を受けている)**病人:** cancer *patients* 癌(がん)患者 / ***treat*** a ***patient*** 患者に処置を施す. 関連 inpatient 入院患者 / outpatient 外来患者 / nurse 看護師 / doctor 医師.
— 形 ❶ **我慢強い**, 辛抱強い; 我慢する [⇔ impatient]**:** You need to be ***patient with*** a baby. +with+名 赤ん坊には辛抱強く接しないと / Just be *patient* for another ten minutes. もう10分間我慢して. ❷ 根気のある, 粘り強い**:** a *patient* worker 根気よく働く人.
(名 pátience)

pa·tient·ly /péɪʃəntli/ 副 我慢強く, 根気よく, 気長に**:** wait *patiently* 根気よく待つ.

pa·ti·na /pǽṭənə, pətí:nə/ 名 [単数形で] ❶ 緑青(ろくしょう). ❷ (使い込まれた家具などの表面の)古つや. ❸ 風格, 趣(おもむき).

pa·ti·o /pǽṭiòʊ/ ≪スペイン語から≫ 名 (~s) Ⓒ (家の)中庭, パティオ《いす・テーブルなどが置いてある》.

pa·tois /pǽtwɑ:/ ≪フランス語から≫ 名 (複 pa·tois /pǽtwɑ:z/) Ⓤ,Ⓒ 方言, 地方なまり.

pa·tri·arch /péɪtriɑ̀ɚk | -ɑ̀:k/ 名 ❶ Ⓒ 長老; 族長, 家長. 関連 matriarch 女族長. ❷ Ⓒ [普通は P-]〔カトリック〕総大司教.

pa·tri·ar·chal /pèɪtriɑ́ɚk(ə)l | -ɑ́:-←/ 形 ❶ (社会・集団などが)男性支配の. ❷ 長老の; 家長らしい; 族長[家長](制)の.

pa·tri·ar·chy /péɪtriɑ̀ɚki | -ɑ̀:-/ 名 (-ar·chies) Ⓒ,Ⓤ 族長[家長]政治, 族長[家長]制度; 父権社会; 男性支配. 関連 matriarchy 女性支配.

Pa·tri·cia /pətríʃə/ 名 固 パトリシア《女性の名; 愛称は Pat, Patsy, Pattie または Patty》.

pa·tri·cian /pətríʃən/ 名 Ⓒ《格式》貴族. — 形 貴族の, 高貴な; 洗練された.

pat·ri·cide /pǽtrəsàɪd/ 名 Ⓤ〔法律〕父殺し《行為》. 関連 matricide 母殺し / parricide 親殺し.

Pat·rick /pǽtrɪk/ 名 固 ❶ パトリック《男性の名; 愛称は Pat》. ❷ St. ~ ⇒ St. Patrick.

pat·ri·mo·ny /pǽtrəmòʊni | -məni/ 名 [Ⓤ または a ~]《格式》世襲財産, 家に伝わるもの, 遺産.

pa·tri·ot /péɪtriət | péɪtri-, pǽtri-/ ❗発音 名 Ⓒ 愛国者.

+**pa·tri·ot·ic** /pèɪtriɑ́(:)ṭɪk | pæ̀triɔ́t-, pèɪtri-←/ 形 **愛国的な**, 愛国心の強い**:** a *patriotic* deed 愛国的な行為. **-ot·i·cal·ly** /-kəli/ 副 愛国的に.

pa·tri·ot·is·m /péɪtriətìzm | péɪtri-, pǽtri-/ 名 Ⓤ 愛国心.

+**pa·trol** /pətróʊl/ ❗発音 動 (pa·trols /~z/; pa·trolled /~d/; -trol·ling) 他 (ある地区)を**巡回する**, パトロールする**:** The police were *patrolling* the area. 警察はその地区をパトロールしていた. — 自 巡回する.
— 名 (~s /~z/) ❶ Ⓤ,Ⓒ **巡回**, パトロール**:** ***on patrol*** 巡回中(で). ❷ Ⓒ [《英》単数形でもときに複数扱い] 警備隊; 巡視船; 哨戒(しょうかい)機**:** the highway *patrol*《米》ハイウェーパトロール. ❸ Ⓒ [《英》単数でもときに複数扱い] ボーイ[ガール]スカウトの班.

patról càr 名 Ⓒ パトカー [≒squad car].

pa·trol·man /pətróʊlmən/ 名 (-men /-mən/) Ⓒ《米》パトロール警官;《英》道路パトロール員.

patról wàgon 名 Ⓒ《米》囚人護送車.

+**pa·tron** /péɪtrən/ ❗発音 名 (~s/~z/) ❶ Ⓒ (経済面での)**パトロン**, 後援者[団体]**:** a *patron of* the arts 芸術の保護者. ❷ Ⓒ《格式》(商店・ホテルなどの)顧客; ひいき客, お得意**:** special rates for regular *patrons* お得意さまのための特別料金.〖語源 原義はラテン語で「父親の役目をする者」; pattern と同語源〗

pa·tron·age /pǽtrənɪʤ, péɪtrə-/ 名 Ⓤ 後援, (金銭的)支援;《米格式》(店の)引き立て, 愛顧; 任命権.

pa·tron·ize /péɪtrənàɪz, pǽtrə- | pǽtrə-/ 動 他 ❶ [軽蔑的] (...)に見下した[庇護(ひご)者ぶった]態度をとる. ❷《格式》(...)を後援[支援]する; (商店など)をひいきにする.

pa·tron·iz·ing /péɪtrənàɪzɪŋ, pǽtrə- | pǽtrə-/ 形 [軽蔑的] 見下すような; 横柄な. **~·ly** 副 見下して; 横柄に.

pátron sáint 名 Ⓒ 守護聖人《ある土地・人などを守るとされる聖者》; (一般に)守護神, 守り神 (*of*).

Pat·sy /pǽtsi/ 名 固 パツィー《女性の名; Patricia の愛称》.

pat·ter[1] /pǽṭɚ | -tə/ 動 (-ter·ing /-ṭərɪŋ, -trɪŋ/) 自 [副詞(句)を伴って] (雨などが)ぱらぱらと音を立てる; ぱたぱたと音を立てる[立てて歩く] (*along, down*)**:** Rain was *pattering on* the roof. 屋根に雨がぱらぱら落ちていた. — 名 [単数形で] ぱらぱら[ぱたぱた]という音 (*of*).

pat·ter² /pǽṭə | -tə/ 名 [U または a ～] 早口, ぺらぺら(しゃべること); セールストーク.

*****pat·tern** /pǽṭən | -t(ə)n/ アク

— 名 (～s /～z/)

意味のチャート
原義は「保護者のように手本となる人」; patron と同語源.
(模範となるもの) →「**手本**」❸
→ (行動の手本) →「**型, 様式**」❶
→ (物の手本) →「**原型**」❹ →「**模様**」❷

❶ C (出来事・行動などの)**型, 様式, パターン: new** life *patterns* = new ***patterns of*** life 新しい生活様式 / These robberies all follow [fit] the same *pattern*. これらの強奪事件はすべて同じ手口だ.
❷ C **模様**, 柄(㋐)《同じ図形などの繰り返しで構成される》: a ***pattern of*** dots 水玉模様 / geometric *patterns* 幾何学的な模様 / "Do you have (any) other *patterns*?" "Yes, here are some paisley and checked ones."「ほかの柄はありませんか」「はい, ペイズリーとチェック柄があります」
❸ C [普通は単数形で] **模範, 手本:** His work ***set the pattern for*** future generations. 彼の作品は後の世代の模範となった.
❹ C 原型, 模型, 型紙; 鋳型: a paper *pattern for* a dress 服の型紙. ❺ C (洋服地などの)見本 [≒sample]. ❻ C〔文法〕型.
— 動 他 ❶ (...)に模様をつける (*with*). ❷ [しばしば受身で] (...を手本にして)(新しいもの)を作る, (模範に)(...)を合わせる: ***pattern*** oneself ***after*** [*on*] one's mother 母親を模範とする[まねる].

pat·terned /pǽṭənd | -t(ə)nd/ 形 模様のついた.

Pat·tie /pǽṭi/ 名 固 パティー《女性の名; Patricia の愛称》.

pat·ty /pǽṭi/ 名 (pat·ties) C (ハンバーグなどの)パティ《ひき肉などを小さな円盤状にしたもの》.

Pat·ty /pǽṭi/ 名 固 パティー《女性の名; Patricia の愛称》.

pau·ci·ty /pɔ́:səṭi/ 名 U または a ～] 《格式》少数, 少量; 不足 [≒lack]: *a paucity of* ... ...の不足.

Paul /pɔ́:l/ 名 固 ❶ ポール《男性の名》. ❷ St. ～ パウロ《キリストの弟子で, 新約聖書中の書簡の著者》.

Pául Bún·yan /-bʌ́njən/ 名 固〔米国伝説〕ポール バニアン《北部の森林で活躍したとされる巨人で怪力の材木切り出し人》.

paunch /pɔ́:nʧ/ 名 C (男性の)太鼓腹.

paunch·y /pɔ́:nʧi/ 形 (paunch·i·er; -i·est) (男性が)太鼓腹の.

pau·per /pɔ́:pə | -pə/ 名 C 《古風》生活困窮者, 貧乏人.

pause** /pɔ́:z/ 動 (paus·es /～ɪz/; paused /～d/; paus·ing) 自 ❶ (歩み・仕事・話などの途中で)**中断する**, 少し休む[止まる], 間(ま)をあける, ひと息入れる: He ***paused for a moment ***to*** think [***for*** thought]. V+*to* 不定詞 [*for*+名] 彼はちょっと中断して考えた / She *paused in* her work and spoke to me. 彼女は仕事の手を止めて私に話しかけた. ❷ (再生中の機械を)一時停止させる. — 他 (再生中の機械)を一時停止させる.
— 名 (paus·es /～ɪz/) ❶ C,U (歩み・仕事・話などの途中でのちょっとした)**途切れ**, 間(ま): She continued speaking after a *pause*. 彼女は間をおいてまた話を続けた / a ***pause in*** the conversation 会話の間 / a ***pause for*** breath 息つぎの間 / ***without*** (a) ***pause*** 休みなく. ❷ U 一時停止ボタン. ❸ C〔音楽〕フェルマータ《⌒, ◡》. **gíve ... páuse (for thóught)** [動] 他 (人)に慎重に考えさせる, ためらわせる.

+pave /péɪv/ 動 (paves /～z/; paved /～d/; pav·ing) 他 [普通は受身で] (道路など)を**舗装する:** The roads ***were paved with*** asphalt. V+O+*with*+名の受身 道路はアスファルトで舗装されていた.
páve the wáy for ... [動] 他 ...への道を開く, ...の準備をする. (名 pávement)

+pave·ment /péɪvmənt/ 名 (pave·ments /-mənʦ/) ❶ U《米》(道路の)**舗装(面):** a crack in the *pavement* 舗装のひび割れ.
❷ C《英》(舗装した)**歩道** [《米》sidewalk]: walk *on* the *pavement* 歩道を歩く. ❸ C,U (一般に)舗装された場所.
hít [póund] the pávement [動] 自 (職探しなどのため)走り回る. (動 pave)

pa·vil·ion /pəvíljən/ 名 ❶ C (博覧会などの)展示館, パビリオン. ❷ C《米》(スポーツなどのための)大型施設; 《英》(主にクリケット競技場の)付属建物《選手控室などに使う》.

pav·ing /péɪvɪŋ/ 名 ❶ U 舗装材料; 舗装部分[面]. ❷ C 敷石《舗装用》.

páving stòne 名 C 敷石《舗装用》.

paw /pɔ́:/ 名 ❶ C (犬・猫の)足《つめ (claws) のある動物の足をいう》: a dog's *paw* 犬の足. 関連 hoof ひづめのある足. ❷ C《略式》(人の)手. — 動 他 ❶ (動物が)(...)に足で触れる; (馬などが)前足で繰り返しひっかく. ❷《略式》(人が)(...)にいやらしく触(さわ)る, (やたらに)触る. — 自 (動物が)足で触れる; (馬などが)前足でひっかく (*at*).

pawn¹ /pɔ́:n/ 動 他 (...)を質に入れる.

pawn² /pɔ́:n/ 名 ❶ C〔チェス〕ポーン, 歩(ふ). ❷ C (人の)手先, こま (*in*).

pawn·bro·ker /pɔ́:nbròʊkə | -kə/ 名 C 質屋《人》.

pawn·shop /pɔ́:nʃɑ̀(:)p | -ʃɔ̀p/ 名 C 質屋《店》.

Pax /pǽks/ 名 固〔ローマ神話〕パクス《平和の女神; ギリシャ神話の Irene に当たる》.

*****pay** /péɪ/

— 動 (pays /～z/; 過去・過分 paid /péɪd/; pay·ing)

意味のチャート
peace と同語源で, ラテン語で「安心させる」の意.
(貸し手を安心させる) → (決済する) →「**支払う**」他 ❶
→ (支払いがある) →「**割に合う**」自 ❷ 他 ❸

— 他 ❶ (給料・賃金・代金など)を(人に)**支払う**; (...)を(～の代金として)**払う**, (人)に(...の代金として)払う《⇒ pay ... for ～ (句動詞)》; (人)に金を払って...させる: *pay* money お金を払う / *pay* the wages 賃金を支払う / 言い換え The company has *paid* her $500. V+O+O = The company has *paid* $500 *to* her. V+O+*to*+名 会社は彼女に 500 ドル払った《⇒ to¹ 3 語法》.
語法 上の文を受身文にすると次のようになる: $500 has *been paid* (to) her by the company. (主語は直接目的語) / She has *been paid* $500 by the company. (主語は間接目的語)《⇒ be² A 2》// I *get paid* ¥1,000 an hour. 私は時給で千円もらっている / I ***paid*** him ***to*** paint my fence. V+O+C (*to* 不定詞) 彼を雇って柵(さく)にペンキを塗ってもらった. 語法 上の文と次の to 不定詞が副詞的修飾語の場合と比較: I *paid*

$50 *to* get my hair done. 50 ドルで髪をセットしてもらった.
❷ (借金・代償など)を(人などに)**支払う** (*to*); ...に返済する: I haven't *paid* my taxes yet. 私はまだ税金を払っていない.
❸ (行為などが)(...)にとって**利益になる**, 割に合う; (仕事などが)報酬[利益]としてもたらす: It would *pay* you to read this carefully. これを注意して読めばそれだけのことはありますよ. 語法 It は to 以下を受ける形式主語; 動詞型は V+O // This job *pays* $400 a week. この仕事は一週間で 400 ドルになる.
❹ (注意・敬意など)を**払う**; (訪問など)をする; (お世辞など)を言う: You should ***pay*** more attention ***to*** his advice. V+O+*to*+名 君は彼の忠告にもっと注意を払うべきだよ / *pay* a visit *to* one's old friend 昔からの友達を訪問する.
— 自 ❶ **支払いをする**, **代金を払う** (⇒ pay for ... (句動詞)); (借金などを)返す: How are you *paying*? By credit card or in cash? お支払いはどうなさいますか. カードですか現金ですか / Let me *pay* for myself. 私の分は払わせてください / She ***paid to*** attend the concert. V+*to* 不定詞 彼女は金を払って演奏会を聞いた.
❷ (行為・仕事などが)**割に合う**, もうかる, 採算がとれる, 引き合う: This business doesn't *pay* well. この商売はあまり割に合わない / It *pays* to advertise. 広告すれば採算がとれる. 語法 It は to 以下を受ける形式主語; 動詞型は V. ❸ 罰を受ける, 償(つぐな)いをする: You'll *pay* (dearly) *for* this. 君はこんなまねをした以上(ひどい)報いを受けるぞ, あとで(ひどく)後悔するぞ / He *paid for* the crime *with* his life. 彼は死をもって罪を償った.
páy for itsélf [動] 自 (購入物などの)元がとれる.
páy one's **wáy** [動] 自 自分の生活費[費用]を自分で払う[稼ぐ]: *pay* one's *way through* college 苦学して大学を出る. (名 páyment)

pay の句動詞

***páy báck** 動 他 ❶ (借りた金)を(...に)**返す**, (人)に金を返す; 払い戻す V+名・代+*back* / V+*back*+名: Tom *paid back* the money he had borrowed from a friend of his. トムは友人に借りた金を返した / I'll *pay* you *back* (the money) as soon as I can. 出来るだけ早く(お金を)お返しします. ❷ (人)に仕返しをする (*for*), 腹いせをする.
***páy for ...** 動 他 (...)の**代金を払う** (受身 be paid for): He couldn't *pay for* the tuition. 彼は学費が払えなかった / Have these items *been paid for*? この品物の支払いは済んでいますか.
***páy ... for ~** 動 他 **~の代金として**(ある金額)**を払う**; ~の代金[料金]として(人)に支払いをする: How much did you *pay for* his work? 彼の仕事に対していくら払いましたか / Did you *pay* him *for* the tickets? 彼にチケット代を払いましたか.
páy ín 動 他 (金・小切手など)を(銀行・口座などに)払い込む[預ける]: I *paid* the money *in* yesterday. お金はきのう払い込みました.
páy ... ínto ~ 動 他 (銀行・口座など)に(...)を払い込む: My monthly salary *is paid into* my bank by employers. 私の月給は雇い主から銀行に振り込まれている.
***páy óff** 動 他 ❶ (借金)を**すっかり返す**, 完済する; (ローンなど)を少しずつ返済する V+名・代+*off* / V+*off*+名: I expect you to *pay off* all your debts by the end of this month. 今月末までに借金を全部返してもらいたい. ❷ 《英》 (...)を**給料を払って解雇する** V+名・代+*off* / V+*off*+名: Sixty workers have *been paid off*. 労働者 60 人が給料をもらって解雇された. ❸ (人)に口止め料を払う. — 自 (努力・準備などが)報われる, (計画などが)うまくいく. (名 páyòff)
+**páy óut** 動 他 (料金・報酬など)を**支払う** 《普通はかなり多額のものをいう》; (預金・利子など)を払い出す[戻す] V+名・代+*out* / V+*out*+名: I've ***paid out*** a lot ***for*** your piano lessons. あなたのピアノのレッスンには大変なお金を払っているんだよ. (名 páyòut)
+**páy úp** 動 自 (滞納金などを)**全額支払う**, 完納[完済]する: I have to *pay up* within a month. 1 か月以内に完納しなければならない. 関連 paid-up 完納した.

— 名 U **給料**, **報酬**, 手当: high *pay* 高給 / a *pay* increase 賃上げ / We get our *pay* every Friday. 毎週金曜日が給料日だ.
in the páy of ... [前] [普通は軽蔑的] ...に(ひそかに)雇われて[使われて].

類義語 **pay** あらゆる種類の給料を示すことができる一般的な語: a *pay* cut 給与削減. **wages** 肉体労働などの報酬で, 週給・日給・時間給などの報酬も含み, 現金支払いが普通: minimum *wages* 最低賃金. **salary** 知的な職業に対して月給またはそれ以上の長い期間を単位として銀行振り込みなどで支払われる給料: a high *salary* 高給. **fee** 報酬の意味では, 医者・弁護士などの専門職に対してその都度支払われるもの: consultation *fee*(*s*) 相談[診察]料. **income** は家賃・利息収入なども含む定期収入を指す: *income* tax 所得税. **earnings** 働いて得る収入: average *earnings* 平均収入.

pay·a·ble /péɪəbl/ 形 叙述 (...に)支払うべき, 支払うことのできる: a bank draft *payable in* yen 円で支払い可能な銀行手形 / This check is *payable to* you. この小切手は受取人があなたになっています.
pay-as-you-go /péɪəzjʊgóʊ/ 形 限定 現金払い主義の; (携帯電話・ネット接続が)プリペイド式の.
pay·back /péɪbæ̀k/ 名 ❶ C 見返り, 払い戻し. ❷ U 《米略式》 仕返し.
pay·check /péɪtʃèk/ 名 C 給料(支払い)小切手; 給料.
pay·day /péɪdèɪ/ 名 U,C 給料日; 支払い日.
páy dìrt 名 [次の成句で] **stríke [hít] páy dìrt** [動] 自 《米略式》 幸運な発見をする; (運よく)大成功する.
pay·ee /pèɪíː/ 名 C [普通は単数形で] (手形・小切手の)受取人, 被支払人.
páy ènvelope 名 C 《米》 給料袋; 給料 [《英》 pay packet].
pay·er /péɪɚ | péɪə/ 名 C 支払い人. 関連 taxpayer 納税者.
pay·load /péɪlòʊd/ 名 ❶ C 有料荷重《船客・船荷など》. ❷ C ミサイルの弾頭; 爆撃機の搭載爆弾. ❸ C (ロケット・人工衛星の)搭載機器.
pay·mas·ter /péɪmæ̀stɚ | -mɑ̀ːstə/ 名 ❶ C 会計部長[課長]; (軍隊の)主計官. ❷ C [軽蔑的] (組織の)黒幕.

****pay·ment** /péɪmənt/
— 名 (pay·ments /-mənʦ/) ❶ C **支払い金(額)**: a ***payment of*** $100 100 ドルの支払い / ***make*** the monthly ***payments on*** a house 住宅購入費のローン

を月々支払う / car *payments* 車の支払い(金).
❷ Ⓤ **支払い**《略 pt.》; (支払い金を)納めること, 払い込み**:** the prompt ***payment of*** taxes 税の即時納入 / ***make payment*** 支払う, 払い込む / *payment*「in cash [by credit card] 現金[クレジットカード]での支払い / *payment* in full [part] 全額[一部]払い / in ***payment for*** ... ...の支払いとして / ***on payment of*** ... ...が支払われた時点で / on a 20-year *payment* plan 20 年返済のローンで. ❸ [Ⓤ または単数形で] 報酬, 報い [≒reward]**:** in *payment for* ... ...に報いて. (動 pay)

pay·off /péɪɔ̀ːf | -ɔ̀f/ 名 ❶ Ⓒ (行為の)成果, 利益, 報い. ❷ Ⓒ わいろ [≒bribe]; 口止め料. ❸ Ⓒ《英》(解雇するときの)清算金, 退職金. (動 páy óff)

pay·out /péɪàʊt/ 名 Ⓒ 支払い; 支払い金《普通はかなり多額のものをいう》. (動 páy óut)

páy pàcket 名 Ⓒ《英》= pay envelope.

páy phòne 名 Ⓒ 公衆電話.

páy ràise [《英》**rìse**] 名 Ⓒ 賃上げ.

pay·roll /péɪròʊl/ 名 ❶ Ⓒ 給料支払い簿; 従業員名簿. ❷ [a ～] (従業員の)支払い給料(総額), 賃金, 人件費. **on the páyroll** [形・副] 雇われて.

PBS /píːbìːés/ 名 Ⓤ《米》公共放送網《*P*ublic *B*roadcasting *S*ervice の略》.

+**PC**[1] /píːsíː/ 名 (PC(')s /～z/) Ⓒ **パソコン**《*p*ersonal *c*omputer の略》.

PC[2] /píːsíː/ 略 ❶ = politically correct. ❷《英》= police constable.

PDA /píːdìːéɪ/ 名 Ⓒ〔コンピュータ〕PDA《携帯用個人情報端末; *p*ersonal *d*igital *a*ssistant の略》.

PDF /píːdìːéf/ 名 Ⓤ〔コンピュータ〕PDF《システムを問わず, 体裁を保ったまま文書を交換するためのファイル形式; *p*ortable *d*ocument *f*ormat の略》.

PDT /píːdìːtíː/ 略《米》= Pacific Daylight Time 太平洋夏時間.

PE /píːíː/ 略 = physical education.

+**pea** /píː/ (同音 pee) 名 (～s /～z/) Ⓒ [普通は複数形で] **えんどう(豆)**; えんどう豆に似た豆, ひよこ豆《⇒ bean 表》**:** green *peas* 青えんどう, グリンピース.
lìke twó péas in a pód [形]《略式》まるでうり二つで, そっくりで.

***peace** /píːs/ (同音 piece)

— 名 ❶ Ⓤ [ときに a ～] **平和**, 和平 [⇔ war]**:** lasting *peace* 永続的な平和 / achieve [threaten] world *peace* 世界平和を達成する[おびやかす] / bring *peace* to the region その地域に平和をもたらす / We've lived ***in peace*** for more than seventy years. 私たちは 70 年以上も平和に暮らしている / the *peace* movement 平和運動.
❷ Ⓤ [普通は the ～] **治安**, 秩序**:** disturb *the peace* 〔法律〕治安を乱す / The police are necessary in order to keep [maintain] *the peace*. 警察は治安維持のために必要だ. 関連 Justice of the Peace 治安判事.
❸ Ⓤ **平穏**, 無事; 安らぎ; 静寂, 沈黙**:** *peace* of mind 心の安らぎ / *peace* and quiet 静けさ, 落ちつき / May his soul rest ***in peace***! 彼の霊よ安らかに眠れ.
❹ [Ⓤ または a ～] [しばしば P-] 平和条約, 講和条約 (peace treaty); 停戦; 和解.
at péace [副・形] (1) **平和に[で]**; 仲よく**:** We're ***at peace with*** all neighboring countries. 私たちは近隣の国々すべてと仲よくやっています. (2) **安らかに[で]**; 安心して**:** Since then, he's been *at peace* with himself. それ以後, 彼の心は平穏だ. (3) [遠回しに] 死んで [≒dead].
hóld [kéep] one's **péace** [動] 自《古風, 格式》(言いたいことがあっても)沈黙を守る.
máke (one's) **péace with** ... [動] 他 **...と仲直りする**, **和解する:** The two nations *made peace with* each other. 両国は講和を結んだ.
(形 péaceful, péaceable)

peace·a·ble /píːsəbl/ 形 ❶ 平和を好む, 温厚な. ❷ 平穏な; 平和な. (名 peace)
-a·bly /-səbli/ 副 平穏に; 平和に; 穏やかに.

Péace Còrps /-kɔ̀ɚ | -kɔ̀ː/ 名 [the ～] 平和部隊《米国から開発途上国に派遣される技術者など》.

peace·ful /píːsf(ə)l/

— 形 ❶ **平和的な**, 暴力を伴わない; 平和を愛好する**:** *peaceful* coexistence 平和共存 / The government tried to solve the dispute by *peaceful* means. 政府は紛争を平和的な手段で解決しようとした.
❷ **静かな**, 平穏な; 安らかな, 平和な**:** a *peaceful* evening 静かな夕方. (名 peace)
-ful·ly /-fəli/ 副 平和に; 穏やかに, 静かに.
～·ness 名 Ⓤ 穏やかさ, 平穏.

peace·keep·er /píːskìːpɚ | -pə/ 名 Ⓒ 平和維持をはかる組織(の一員), 国連の停戦監視者.

peace·keep·ing /píːskìːpɪŋ/ 形 限定 平和維持の(ための)**:** a *peacekeeping* force 平和維持軍.

+**péacekeeping operátion** 名 Ⓒ (国連の) **平和維持活動**《略 PKO》.

peace-lov·ing /píːslʌ̀vɪŋ/ 形 平和を愛する.

peace·mak·er /píːsmèɪkɚ | -kə/ 名 Ⓒ 調停者, 仲裁人.

péace òffering 名 Ⓒ 和解の贈り物.

peace·time /píːstàɪm/ 名 Ⓤ 平和な時, 平時. 関連 wartime 戦時.

péace tréaty 名 Ⓒ 平和条約, 講和条約.

+**peach** /píːtʃ/ 名 (～·es /～ɪz/) ❶ Ⓒ **桃**, 桃の実; 桃の木; [形容詞的に] 桃の**:** a *peach* pit [《英》stone] 桃の種. 日英 日本の桃より実が小さい. ❷ Ⓤ (黄色みの強い)桃色; [形容詞的に] 桃色の. ❸ [a ～]《古風, 略式》すごい人; すばらしいもの.
péaches and créam [形] (1) [普通は 限定] (顔色が)きれいなピンク色の. (2)《米略式》何の問題もない.

pea·cock /píːkɑ̀(ː)k | -kɔ̀k/ 名 Ⓒ 雄のくじゃく; (一般に)くじゃく《⇒ peahen》. **(as) próud as a péacock** [形] (くじゃくのように)威張った.

péacock blúe 名 Ⓤ, 形 (光沢のある)緑青色(の).

péa gréen 名 Ⓤ, 形 青豆色(の), 淡緑色(の).

pea·hen /píːhèn/ 名 Ⓒ 雌のくじゃく.

peak** /píːk/ (同音 peek, pique) 名 (～s /～s/) ❶ Ⓒ [普通は単数形で] (特に変動する量・過程などの)**最高地点**, 最高度, 絶頂, ピーク(時)**:** This town's population ***reached its ***peak*** in the 1980s. この町の人口は 1980 年代にピークに達した / The accident happened at the ***peak of*** rush hour. 事故はラッシュアワーの真最中に発生した / He was ***at the peak of*** his acting career. 彼は俳優としての全盛期にあった.
❷ Ⓒ (先のとがった)**山頂**, 峰**:** The ***peak of*** the mountain was covered with snow. 山頂は雪をかぶっていた. ❸ Ⓒ《主に英》帽子 (cap) のひさし, つば [《米》visor]. ❹ Ⓒ 尖端(せんたん).
— 形 限定 最高の, 絶頂の; 最も活動的な, ピーク(時)の**:** in *peak* condition 最高の状態で / *peak* hours (of

electrical consumption) (電力消費の)ピーク(時) / a *peak* rate (ホテル・航空機などの)ピーク時[繁忙期]料金.

— 動 自 (活動・売上げ・需要などが)頂点[ピーク]に達する (*at*).

peaked[1] /píːkt/ 形 《主に英》(帽子が)ひさしのある.

peak·ed[2] /píːkɪd | píːkt/ 形 《米》顔色が悪い; やつれた.

peal /píːl/ 名 ❶ C 鐘の響き: a *peal* of bells 鐘の音. ❷ C (雷・大砲などの)とどろき: *peals* of laughter どっとわき起こる笑い声. ❸ C (調音した)一組の鐘(の音). — 動 自 (鐘が)鳴り響く (*out*).

pea·nut /píːnʌ̀t/ 名 ❶ C ピーナッツ, 落花生: a bag of *peanuts* ピーナッツ 1 袋 / be allergic to *peanuts* ピーナッツアレルギーである. ❷ [複数形で単数扱い]《略式》わずかな金額, はした金.

péanut bùtter 名 U ピーナッツバター.

+**pear** /péɚ | péə/ 発音 (同音 pair, pare) 名 (~s /~z/) ❶ C **西洋なし** (✪ 日本のなしは Japanese pear). ❷ C 西洋なしの木.

+**pearl** /pɚ́ːl | pə́ːl/ 発音 (同音 purl) 名 (~s /~z/) ❶ C **真珠**; 真珠のようなもの: a natural [cultured] *pearl* 天然[養殖]真珠 / a *pearl* choker 真珠のチョーカー / an imitation *pearl* 人造真珠 / wear a string of *pearls* 真珠のネックレスを身につけている. ❷ U = mother-of-pearl. ❸ C すばらしい人[もの].

péarls of wísdom [名] [しばしば皮肉に] すばらしい知恵. (形 péarly)

Péarl Hárbor /pɚ́ːl- | pə́ːl-/ 名 固 真珠湾, パールハーバー (米国 Hawaii 州 Oahu 島南部の軍港; 1941 年 12 月 7 日日本軍が奇襲攻撃を行なった).

pearl·y /pɚ́ːli | pə́ː-/ 形 (pearl·i·er; -i·est) 限定 真珠のような; 真珠で飾った; 真珠色の. (名 pearl)

+**peas·ant** /péz(ə)nt/ 発音 名 (peas·ants /-z(ə)nts/) ❶ C **小作農民**, 小農(人), 農民, 農夫; 農場労働者; [形容詞的に] (小作)農民の. 語法 発展途上国などの小作農民をいう. 英国・米国・カナダ・オーストラリアなどのように農業が farmer (農場経営者)によって行なわれている国では用いられない. ❷ C 《略式》[軽蔑的] いなか者, 教養のない人.

peas·ant·ry /péz(ə)ntri/ 名 [the ~; 《英》単数または複数扱い] (一国の)小作農たち(全体), 小作人[小農]階級.

peat /píːt/ 名 U 泥炭, ピート (燃料・肥料用).

peb·ble /pébl/ 名 C (河岸・海岸の)小石 (水の作用で丸くなったもの; ⇒ stone 類義語).

peb·bly /pébli/ 形 小石の多い.

pe·can /pɪkάːn | píːkæn/ 名 C ペカン (米国中・南部地方産のくるみ科の木); ペカンの果実 (食用).

peck[1] /pék/ 動 自 ❶ くちばしでつつく, ついばむ: The hens were *pecking* (*away*) *at* little bugs. めんどりは小さな虫をついばんでいた. ❷ (食物を)ほんの少し食べる (食欲がなくて) (*at*). — 他 ❶ (くちばしで)(...)をつつく, ついばむ; つついて(...)を食べる[作る]: The chicks *pecked* grain. ひよこは穀粒をつついて食べた / The birds *pecked* little holes *in* the tree trunk. 鳥が木の幹をつついて小さな穴をあけた. ❷ (...)に軽くキスをする: He *pecked* her *on* the cheek. 彼は彼女のほおにちょっとキスした. — 名 ❶ C (くちばしなどで)つつくこと (*at*). ❷ C 軽いキス: He gave her a *peck on* the cheek. 彼は彼女のほおにちょっとキスした (⇒ the[1] 2).

peck[2] /pék/ 名 C ペック (米国では乾量の単位で約 8.8 リットル; 英国では液量と乾量の単位で約 9 リットル; 略 pk.).

péck·ing òrder /pékɪŋ-/ 名 [単数形で] (人間社会での)序列, 順位. 由来 強い鳥が弱い鳥をつつく順位から.

pec·tin /péktɪn/ 名 U 〔化学〕ペクチン (果実に含まれる酵素).

pec·to·ral /péktərəl, -trəl/ 形 限定 〔解剖〕胸の, 胸部の. — 名 [複数形で] 胸筋.

+**pe·cu·liar** /pɪkjúːljɚ | -ljə/ 形

意味のチャート
ラテン語で「個人の財産の」の意から →(自分の)→「**独特の**」❷ →(特別の)→「**妙な**」❶

❶ **妙な**, 変な, 一風変わった; 妙な態度の (⇒ strange 類義語): a *peculiar* smell 妙なにおい / *peculiar* behavior 妙な行動 / He's a very *peculiar* fellow. 彼はとても変わったやつだ / It was *peculiar* that she didn't recognize him. 彼女が彼に気づかなかったのは変だ / He was very *peculiar* yesterday. 昨日の彼の様子はとても変だった.

❷ **独特の**, 固有の; 叙述 (...に)**特有である**: Every nation has its own *peculiar* character. 各国民にはそれぞれ固有の性格がある / This custom is ***peculiar to*** Ireland. +to+名 この慣習はアイルランドに特有のものだ. ❸ 叙述 《英略式》体調が悪い. (名 pecùliárity)

pe·cu·li·ar·i·ty /pɪkjùːliǽrəṭi/ 名 (-i·ties) ❶ C 風変わりな点; 妙な癖; U 特殊さ, 奇妙. ❷ C 特色, 特性. (形 pecúliar)

pe·cu·liar·ly /pɪkjúːljɚli | -liə-/ 副 ❶ 妙に, 変に. ❷ 固有に, 特有に, [形容詞を修飾して] ...に特有の: a *peculiarly Japanese* gesture 日本人独特の身ぶり. ❸ 特に.

pe·cu·ni·ar·y /pɪkjúːnièri | -njəri/ 形 《格式》金銭(上)の [≒financial].

ped·a·gog·i·cal /pèdəgάː(ː)ʤɪk(ə)l | -gɔ́ʤ-←/, **-gog·ic** /-ʤɪk←/ 形 《格式》教育学の; 教育的な.

ped·a·go·gy /pédəgòuʤi | -gɔ̀ʤi/ 名 U 《格式》教育学; 教授法.

ped·al /pédl/ 名 C ペダル, 踏み板 (ミシン・自転車・オルガン・ピアノなどの; ⇒ bicycle 挿絵): use the *pedal*(*s*) ペダルを踏む / a gas *pedal* 《米》(車の)アクセル / a *pedal* boat 足こぎボート. — 動 (ped·als; ped·aled, 《英》ped·alled; -al·ing, 《英》-al·ling) 他 (...)のペダルを踏む; (...)のペダルを踏んで動かす: She was *pedaling* a bicycle. 彼女は自転車をこいでいた. — 自 ペダルを踏む; ペダルを踏んで進む[走る] (*along*, *away*). 〖語源 ラテン語で「足の」の意〗

ped·ant /pédnt/ 名 C しゃくし定規な人, 細かいことにこだわりすぎる人; 学識をひけらかす人.

pe·dan·tic /pɪdǽnṭɪk/ 形 細かいことにこだわりすぎた, 重箱の隅をつつくような; 学識をひけらかす.

ped·ant·ry /péd(ə)ntri/ 名 U 細かい規則などにこだわりすぎること.

ped·dle /pédl/ 動 他 ❶ (...)を行商する, 売り歩く; (麻薬)を売りつける (*to*). ❷ (うわさなど)をふれ回る, (間違った考えなど)を広める (*to*).

ped·dler /pédlɚ | -lə/ 名 C 行商人, 売(り歩く)人.

ped·es·tal /pédɪstl/ 名 C (胸像・円柱などの)台.

pút [pláce] ... on a pédestal [動] 他 (...)を祭り上げる, もてはやす.

pe·des·tri·an /pɪdéstriən/ 名 C 歩行者: A *pedestrian* was killed in the traffic accident. その交通事故で歩行者が 1 人死亡した / PEDESTRIANS ONLY 歩行者専用 (掲示). — 形 ❶ 平凡[単調]

な. ❷ 限定 徒歩の, 歩行の; 歩行者用の: *pedestrian* traffic 歩行者の往来.

pedéstrian cróssing 名 C《英》= crosswalk.

pedéstrian máll [《英》**précinct**] 名 C (市街地の)車両進入禁止地域, 歩行者天国.

pe·di·a·tri·cian, 《英》**pae·di·a·tri·cian** /pìːḍiətríʃən/ 名 C 小児科医.

pe·di·at·rics, 《英》**pae·di·at·rics** /pìːḍiǽtrɪks/ 名 U 小児科(学).

ped·i·cure /pédɪkjʊ̀ɚ | -kjʊ̀ə/ 名 C,U 足の(つめの)手入れ; ペディキュア《足の美爪(びそう)術》. 関連 manicure 手やつめの手入れ.

ped·i·gree /pédəgrìː/ 名 ❶ U,C (動物の)血統; 家系; 経歴; 立派な家柄, 名門: a dog of unknown *pedigree* 血統不明の犬. ❷ C 血統書; 系図《⇒ family tree》. — 形 限定 (動物が)血統のよい; 家柄のよい.

ped·i·ment /pédəmənt/ 名 C〔建築〕ペディメント《古代建築の三角形の切妻壁(に似せた戸口上部などの装飾)》.

pe·dom·e·ter /pɪdɑ́(ː)məṭɚ | -dɔ́mətə/ 名 C 歩数計.

pe·do·phile /píːḍəfàɪl/ 名 C 小児(性)愛者.

pee /píː/ 動 自《略式》おしっこする. — 名《略式》U おしっこ; [a ～] おしっこをすること.

peek /píːk/ 動 自 ❶ (見てはいけないものを)ちらっとのぞく (*at*). ❷ ちらっと見える (*out*). — 名 [a ～] のぞき見: take *a peek at* ... ...をのぞき見する.

peek·a·boo /píːkəbùː/ 名 U, 間 いないいないばあ《赤ん坊をあやす遊戯(のかけ声)》.

+**peel** /píːl/ (同音 peal) 動 (peels /～z/; peeled /～d/; peel·ing) 他 ❶ (野菜・果物)の**皮をむく**《刃物や手で》: He *peeled* a banana. 彼はバナナの皮をむいた.

peel (刃物や手でむく)	皮をむく
pare (刃物を使ってむく)	

❷ (皮など)を**はぐ**, むく, はがす (*away, back*): He *peeled* the bark *off* [*from*] the twig. V+O+前+名 彼は枝の皮をはいだ.

— 自 (皮が)**むける**, はがれる, (ペンキなどが)はげ落ちる: Ripe peaches *peel* easily. 熟した桃は楽に皮がむける / My face *peeled*. 顔の皮がむけた《日焼けなどで》.

péel óff [動] 他 (1) (皮など)を**むく**, はがす. (2)《略式》(服など)を脱ぐ. — 自 (1) (皮が)むける; (ペンキなどが)はがれる. (2)《略式》服を脱ぐ. (3) (飛行機・車が)編隊[集団]から離れる.

— 名 U,C (果物などの)**皮**《⇒ skin 表》: (a) *peel* of an apple = (an) apple *peel* りんごの皮.

peel·ings /píːlɪŋz/ 名 複 むいた皮《果物などの》.

peep[1] /píːp/ 動 自 ❶ のぞき見する; こっそりと見る: The boy *peeped in* at the window. 少年は窓からのぞき込んだ / She was *peeping at* us from behind the curtain. 彼女はカーテンの陰からこっそり私たちをのぞいていた. ❷ [副詞(句)を伴って] ちらっと見える. — 他《略式》...を見る. — 名 C [普通は単数形で] のぞき見; こっそりと見ること: *take a peep at* a watch 腕時計をちらっと見る / One *peep into* the room told me that something was wrong. 私は部屋をちょっとのぞいてみて何かがおかしいことに気がついた.

peep[2] /píːp/ 名 ❶ C (ひな鳥などの)ぴいぴい[ちいちい]鳴く声. ❷ [単数形で]《略式》音, (特に不満の)声: I don't want to hear another *peep* out of you! つべこべ言うな《子供をしかるとき》. ❸ C [ときに peep peep として]《英小児語》プープー《クラクションの音》. — 動 自 ぴいぴい[ちいちい]鳴く.

peep·hole /píːphòʊl/ 名 C (壁などの)のぞき穴.

Péep·ing Tóm /píːpɪŋ-/ 名 C [しばしば P-] (人の裸などを)のぞき見するやつ, のぞき魔.

péep shòw 名 C ピープショー; (ヌードなどを見せる)いかがわしい見せ物.

+**peer**[1] /píɚ | píə/ (同音 pier) 動 (peers /～z/; peered /～d/; peer·ing /pí(ə)rɪŋ/) 自 [副詞(句)を伴って] (目を凝(こ)らして)**じっと見る** (*into*): She *peered at* herself in the mirror. V+前+名 彼女は鏡の中の自分の姿をじっと眺めた.

peer[2] /píɚ | píə/ (同音 pier) 名 ❶ C [普通は複数形で]《格式》(立場などが)同等の者; 同輩, 同僚; 仲間; 同級生: He was criticized by his *peers*. 彼は同僚から批判された. ❷ C《英》貴族(の一員)《⇒ peeress; peerage 表》; 上院議員《⇒ congress 表》.

peer·age /pí(ə)rɪdʒ/ 名 ❶ [the ～] 貴族《全体》, 貴族階級. ❷ C 貴族の位.

英国の貴族階級

	男　性	女　性
公　爵	duke	duchess
侯　爵	marquess	marchioness
伯　爵	earl	countess
子　爵	viscount	viscountess
男　爵	baron	baroness

peer·ess /pí(ə)rəs | pɪərés, píərəs/ 名 C《英》貴族《女性》; 貴族夫人《⇒ peer[2] 2》; 上院議員《女性》《⇒ congress 表》.

péer gròup 名 C 同輩の集団, 仲間のグループ.

peer·less /píɚləs | píə-/ 形 W 比類のない.

péer prèssure 名 U 同調圧力《仲間集団に順応するように求められる社会的圧力》.

peeve /píːv/ 名 ⇒ pet peeve.

pee·vish /píːvɪʃ/ 形 気難しい, 怒りっぽい. **～·ly** 副 いらいらして; 気難しく.

***peg** /pég/ 名 (～s /～z/) ❶ C **掛けくぎ**, ...掛け《上着や帽子などをかけるため壁に取り付けたもの》: hang a coat on the *peg* 上着を掛けくぎにかける.

❷ C **留め木, 留め金**; 留めくぎ. 参考 片方がとがった木製・金属製のもので木片の継ぎ合わせなどに用いる: The wooden pieces are fastened with a *peg*. 木片は1本の留め木[金]で留めてある. 関連 nail くぎ. ❸ C テントの留めぐい; (境界を示す)くい. ❹ C《英》洗濯ばさみ [《米》clothespin]. ❺ C (弦楽器の)糸巻き.

a pég to háng ... òn [名] ...する口実[理由].

a squáre pég in a róund hóle [名] 不適任者《丸い穴に四角いくぎ, の意から》.

tàke [bríng] ... dówn a pég (or twò) [動] 他 (...)をやり込める, (...)の鼻柱を折る.

— 動 (pegs /～z/; pegged /～d/; peg·ging) 他 ❶ (...)をくぎ[くい]で留める, (...)にくぎ[くい]を打つ; 《英》(洗濯物)を洗濯ばさみで留める. ❷ (物価・賃金など)を(ある水準に)安定させる; (通貨など)を(...に)連動させる (*at, to*). ❸ (...)を(～と)みなす (*as*).

pég awáy at ... [動] 他《略式, 主に英》...を一生懸命にやる.

pég óut [動] 自 《英略式》 死ぬ.
Peg·a·sus /pégəsəs/ 名 固 〔ギリシャ神話〕 ペガサス《翼のある天馬》.
Peg·gie, Peg·gy /pégi/ 名 固 ペギー《女性の名; Margaret の愛称》.
pég lèg 名 C 《略式》 (木製の)義足.
pe·jo·ra·tive /pɪʤɔ́:rəṭɪv | -ʤɔ́r-/ 形 《格式》 (ことばが)軽蔑的な, 悪口の, 非難の [≒insulting].
Pe·kin·ese /pì:kɪní:z←/ 名 (複 ~(s)) C = Pekingese.
+**Pe·king** /pì:kíŋ←/ 名 固 = Beijing.
Pe·king·ese /pì:kɪŋí:z←/ 名 (複 ~(s)) C ペキニーズ《ペット用の犬; ⇒ dog 挿絵》.
Péking Mán 名 U 〔人類〕 北京原人.
pel·i·can /pélɪk(ə)n/ 名 C ペリカン《水鳥》.
pélican cróssing 名 C 《英》 押しボタン式横断歩道.
pel·let /pélət/ 名 C 小球《紙・ろうなどを丸めたもの》; 丸型のえさ; 小弾丸.
pell-mell /pélmél←/ 副 《古風》 あわてふためいて.
pel·met /pélmɪt/ 名 C 《英》 = valance 1.
Pel·o·pon·ne·sus /pèləpəní:səs/ 名 固 [the ~] ペロポネソス半島《ギリシャ本土南部の半島》.
pelt[1] /pélt/ 動 他 (石などを)(...)に(続けて)投げつける: The rioters *pelted* the police *with* stones. 暴徒は警官に石を投げつけた. —自 ❶ (雨・あられなどが)降りつける: It [The rain] is *pelting* (*down*). 雨がひどく降っている. ❷ [副詞(句)を伴って] 《略式》 全速力で走る.
— 名 [次の成句で] **(at) fúll pélt** [副] 《英》 全速力で.
pelt[2] /pélt/ 名 C (羊・やぎなどの)生皮, 毛皮.
pel·vic /pélvɪk/ 形 限定 〔解剖〕 骨盤の.
pel·vis /pélvɪs/ 名 (複 ~·es, **pel·ves** /pélvi:z/) C 〔解剖〕 骨盤.

‡pen[1] /pén/ (同音 Penn)

— 名 (~s /~z/) ❶ C,U [しばしば合成語で] ペン: write 「with a *pen* [in *pen*] ペンで書く《✪ in の後は無冠詞》/ a ballpoint *pen* ボールペン / a felt-tip *pen* フェルトペン / a fountain *pen* 万年筆. ❷ C [普通は単数形で] 文筆, ペン: The *pen* is mightier than the sword. 《ことわざ》 ペンは剣よりも強い(言論・文筆の力は武力に勝る).
pùt [sèt] pén to páper [動] 自 書き始める, ペンを執る.
— 動 (pens; penned; pen·ning) 他 《格式》 (手紙など)をペンで書く (*to*).
〖語源 ラテン語で「羽」の意; 古くは鳥の羽で作ったことから〗
pen[2] /pén/ 名 C [しばしば合成語で] おり, 囲い《家畜用の》. 関連 pigpen 《米》 豚小屋. — 動 (pens; penned; pen·ning) 他 (動物)を囲いに入れる, (人)を(狭い場所に)閉じ込める (*up, in*).
pen[3] /pén/ 名 C 《米略式》 刑務所 (penitentiary).
P.E.N. /pén/ 名 固 国際ペンクラブ《International Association of *P*oets, *P*laywrights, *E*ditors, *E*ssayists and *N*ovelists の略》.
pe·nal /pí:n(ə)l/ 形 ❶ 限定 刑罰の; 刑事[刑法]上の; 刑事罰を受ける: the *penal* system 刑事罰制度. ❷ 《英》 非常に厳しい. (名 pénalty)
pénal còde 名 C 刑法.
pe·nal·ize /pí:nəlàɪz/ 動 他 ❶ (人)を処罰する, (...)に刑を課す: be *penalized for* tax evasion 脱税で罰せられる. ❷ 〔スポーツ〕 (反則者)にペナルティーを科す (*for*). ❸ (物事が)(人)を(不当に)不利な立場に置く.
∗**pen·al·ty** /pén(ə)lti/ !アク 名 (-al·ties /~z/) ❶ C 刑罰, 罰: He received a severe ***penalty for*** the crime. 彼はその犯罪に対して厳罰を受けた / impose a heavy [stiff] *penalty* 重い刑を科す // ⇒ death penalty. ❷ C 罰金 [≒fine]; 違約金: The ***penalty for*** spitting is £5. つばをはくと罰金は 5 ポンドです. ❸ C 報い, 代償 (*of*): pay the *penalty for* ... ...の報いを受ける. ❹ C 〔スポーツ〕 ペナルティー; = penalty kick. ❺ C 〔球技〕 ペナルティーゴール《ペナルティーキックによる得点》. (形 pénal)
pénalty àrea 名 C 〔サッカー〕 ペナルティーエリア《ここで守備側が反則すると相手側にペナルティーキックが与えられる》.
pénalty bòx 名 ❶ C 〔アイスホッケー〕 ペナルティーボックス《反則者が一定時間隔離される所》. ❷ C 《主に英》〔サッカー〕 = penalty area.
pénalty clàuse 名 C (契約中の)違約条項.
pénalty kìck 名 C 〔球技〕 ペナルティーキック, PK《ペナルティーエリア内での反則に対して相手側に与えられるキック》.
pénalty shóot-òut 名 C 〔サッカー〕 PK 戦.
pen·ance /pénəns/ 名 ❶ U,C (罪の)償い, 悔い改め. ❷ [単数形で] 苦行.
pen-and-ink /pénən(d)íŋk←/ 形 [普通は 限定] ペンで書いた: a *pen-and-ink* drawing ペン画.

‡pence /péns/

— 名 penny 1 の複数形. 語法 しばしば数字とともに合成語を作る; 略 p: a 25 *pence* [25*p*] stamp 25 ペンスの切手.
pen·chant /péntʃənt | pá:nʃa:ŋ/ ≪フランス語から≫ 名 C (...に対する)強い好み, 趣味 (*for*).

‡pen·cil /péns(ə)l/

— 名 (~s /~z/) ❶ C,U 鉛筆: write 「with a *pencil* [in *pencil*] 鉛筆で書く《✪ in の後は無冠詞》/ a colored *pencil* 色鉛筆 / a mechanical [《英》 propelling] *pencil* シャープペンシル / sharpen a *pencil* 鉛筆を削る / a *pencil* drawing 鉛筆画 / (a) *pencil* lead /léd/ 鉛筆のしん. ❷ C [しばしば合成語で] 鉛筆形のもの; (棒状の)まゆ墨.
— 動 (pen·cils; pen·ciled, 《英》 pen·cilled; -cil·ing, 《英》 -cil·ling) 他 (...)を鉛筆で書く[描く].
péncil ... ín [動] 他 (...)を予定として(仮に)入れておく: I'll *pencil* you *in for* May 1. あなた(と会うの)をとりあえず 5 月 1 日に予定しておきましょう.
〖語源 原義はラテン語で「小さい尾」で, 「絵筆」を指した〗
péncil càse 名 C 鉛筆入れ, 筆箱.
péncil shàrpener 名 C 鉛筆削り.
pen·dant /péndənt/ 名 C ペンダント. 〖⇒ depend キズナ〗
pen·dent /péndənt/ 形 《格式》 たれ下がっている.
pend·ing /péndɪŋ/ 形 ❶ 《格式》 (問題などが)未決定の; 審理中の: a *pending* case 係争中の訴訟事件 / a *pending* file [tray] 未決の書類入れ. ❷ 《格式》 (事が)起ころうとしている, 差し迫った. — 前 《格式》 ...(がある)まで; ...を待つ間: *pending* his reply 彼の返事があるまで. 〖⇒ depend キズナ〗
pen·du·lous /pénʤʊləs | -djʊ-/ 形 《文語》 たれ下がっている, 揺れている.

P

pen·du·lum /péndʒʊləm | -djʊ-/ 名 ❶ C (時計などの)振り子. ❷ [the ~] 揺れ(動くもの): *the pendulum* of public opinion 世論の変動. 〖⇒ depend キズナ〗

+**pen·e·trate** /pénətrèɪt/ アク 動 (-e·trates /-trèɪts/; -e·trat·ed /-ṭɪd/; -e·trat·ing /-ṭɪŋ/) 他 ❶ (...)に突き通る, (...)を貫く, 貫通する; (光·声などが)(...)を通過する, 通る: The bullet *penetrated* the wall. 弾丸は壁を貫通した / The sunshine couldn't *penetrate* the thick foliage. 日光は茂った木の葉にさえぎられ(て差し込めなかっ)た. ❷ (組織など)に潜入する, 入り込む; (市場など)に進出する; (液体·においなどが)(...)にしみ込む; (考えなどが)(...)に浸透する: Nothing seemed to *penetrate* his thick skull. 彼の固い頭には何も通じないようだった / The new ways of thinking *penetrated* society. 新たな考え方が社会に浸透した. ❸ (闇など)を見通す; (人の心·意図など)を見抜く, 見通す; 理解する. ❹ (性交で)(...)にペニスを挿入する. — 自 ❶ 貫通する; (におい·液体などが)しみ通る, 広がる, 浸透する; (音が)遠くまで伝わる; (...に)入り込む (*through, into*). ❷ (真意などが)理解される, 意味が通じる. (名 pènetrátion, 形 pénetràtive)

pen·e·trat·ing /pénətrèɪṭɪŋ/ 形 ❶ 浸透する, 貫通する; (声などが)かん高い; (においなどが)周囲に広がる: the *penetrating* cold 突き刺すような冷気. ❷ (視線などが)人の心を見抜くような, 鋭い; 洞察力のある, うがった: *penetrating* remarks うがった発言.

pen·e·tra·tion /pènətréɪʃən/ 名 ❶ U,C 浸透, 貫通, 侵入. ❷ U 見抜く力, 眼識; 洞察力. ❸ U (ペニスの)挿入. (動 pénetràte)

pen·e·tra·tive /pénətrèɪṭɪv | -trət-/ 形 貫通する; 眼力の鋭い; 洞察力のある. (動 pénetràte)

pén frìend 名 C 《英》 = pen pal.

+**pen·guin** /péŋgwɪn/ 名 (~s /~z/) C ペンギン.

pen·i·cil·lin /pènəsílɪn/ 名 U ペニシリン.

pe·nile /píːnaɪl/ 形 限定 〔解剖〕 ペニスの, 陰茎の.

+**pen·in·su·la** /pənínsələ, -ʃʊ- | -sjʊ-/ 名 (~s /~z/) C 半島: the Korean *Peninsula* 朝鮮半島. (形 penínsular) 〖語源 原義はラテン語で「ほとんど (pene-) 島(⇒ insular)」〗

pen·in·su·lar /pənínsələ, -ʃʊ- | -sjʊlə/ 形 半島の, 半島のような. (名 península)

+**pe·nis** /píːnɪs/ 名 (~·es /~ɪz/) C 〔解剖〕 ペニス, 陰茎.

pen·i·tence /pénəṭəns, -tns/ 名 U 《格式》 後悔, 懺悔(ざんげ) (*for*).

pen·i·tent /pénəṭənt, -tnt/ 形 《格式》 (...を)後悔している (*for*); 悔い改めた. — 名 C 懺悔(ざんげ)する人; 〔カトリック〕 悔悛(かいしゅん)者.

pen·i·ten·tial /pènəténʃəl⁺/ 形 《格式》 後悔の; 贖罪(しょくざい)の.

pen·i·ten·tia·ry /pènəténʃəri/ 名 (-tia·ries) C 《米》 刑務所 [≒prison].

pen·knife /pénnàɪf/ 名 (-knives /-nàɪvz/) C ポケットナイフ [≒pocketknife].

pen·light /pénlàɪt/ 名 C 《米》 ペンライト《ペン型の小型懐中電灯》.

pen·man·ship /pénmənʃɪp/ 名 U 《格式》 書法; 書道; 書体, 筆跡.

Penn /pén/ 名 固 William ~ ペン (1644-1718)《英国の Quaker 教徒の指導者; 米国 Pennsylvania 植民地を開拓した》.

Penn. 略 = Pennsylvania.

pén nàme 名 C ペンネーム, 筆名.

pen·nant /pénənt/ 名 ❶ C 長旗, 三角旗《船舶が信号などのために使う細長いもの》. ❷ [the ~] 《米》 (大リーグの)優勝旗: win *the pennant* (野球で)優勝する.

pen·ni·less /péniləs/ 形 無一文の; 非常に貧しい.

Penn·syl·va·nia /pènsəlvéɪnjə, -niə⁺/ 名 固 ペンシルベニア《米国東部の州; 略 Pa., Penn., 〔郵便〕 では PA》. 〖語源 「Penn の開拓した森林地」の意〗

Pénnsylvania Dútch 名 ❶ [the ~ として複数扱い] ペンシルベニアダッチ《Pennsylvania 州に住むドイツ系住民で Amish もこれにあたる》. ❷ U ペンシルベニアドイツ語《英語まじりのドイツ語》.

pen·ny /péni/

— 名 (複 1 では pence /péns/, 他は pen·nies /~z/) ❶ C 《英》 ペニー, ペンス《英国の通貨単位; 100 分の 1 ポンド; ⇒ pound[1] 1》: This cup costs sixty *pence*. このカップは 60 ペンスだ / A *penny* saved is a *penny* earned. S 《ことわざ》 節約した 1 ペニーはもうけた 1 ペニーと同じ, 節約は大切だ. 参考 英国では 1971 年以前は 12 ペンス = 1 シリング (shilling), 240 ペンス = 20 シリング = 1 ポンドであった. 1971 年 2 月より 100 ペンス = 1 ポンドとなった. 現在の penny, pence は p と略し, 4 p (4 ペンス)のように記す《four pence, S では four p /píː/ と読む》.

❷ C 《英》 **1 ペニー貨**: He gave me my change in *pennies*. 彼はつり銭を 1 ペニー貨でくれた.

❸ C 《米·カナダ》 **1 セント貨**《⇒ coin 表》: change a dime into *pennies* 10 セント貨を 1 セント貨にくずす.

❹ [a ~; 否定文で] 小銭, はした金: I do*n't* have *a penny* with me now. 今は所持金が全然ない.

A pénny for「your thóughts [them]. S 何を考えているんだい《黙っている人に対して》.

a prètty pénny [名] 《古風》 かなりの大金.

be twó [tén] a pénny [動] 自 《英》 安物である; ありふれている; 簡単に手に入る[見つかる] [《米略式》 be a dime a dozen].

be wórth èvery pénny [動] 自 払った金額の価値がある.

Ín for a pénny, ín for a póund. 《ことわざ》 《英》 S やりかけたら最後まで, 乗りかかった船.

pínch pénnies [動] 自 倹約する.

spénd a pénny [動] 自 S 《古風, 英》 [遠回しに] トイレに行く, 用を足す. 由来 有料トイレが 1 ペニーであったことから.

The pénny (has) dròpped. 《英略式》 (言われたことが)やっとわかった.

túrn úp lìke a bád pénny [動] 自 《英略式》 (いやな人が)頼みもしないのにしょっちゅう現われる.

pen·ny-pinch·ing /pénipìntʃɪŋ/ 形 けちな, しみったれな. — 名 U けちなこと.

pen·ny·worth /péniwəːθ | -wəθ/ 名 [a ~] 《古風, 英》 1 ペニー分(の量) (*of*).

pén pàl 名 C ペンパル [《英》 pen friend].

*__pen·sion__[1] /pénʃən/ 名 (~s /~z/) C **年金**, 恩給: an old age *pension* 老齢[養老]年金 / a disability *pension* 障害年金 / draw one's *pension* 年金を受け(取)る / live ***on*** a ***pension*** 年金で暮らす.
— 動 [次の成句で] **pénsion óff** [動] 他 [普通は受身で] 《主に英》 年金を与えて(人)を退職させる; 《略式》 (古くなった物)を処分する.

pen·sion[2] /pɑːnsjɔ́ːŋ | pɑ́ːnsjɔːŋ/ ≪フランス語から≫ 名

Ⓒ (ヨーロッパ大陸の)下宿屋, 安宿. 日英 日本語の「ペンション」のような「しゃれた家庭的な感じの洋式旅館」という意味はない.

pen·sion·a·ble /pénʃ(ə)nəbl/ 形 限定 《英》 年金[恩給]を受ける資格がある; 年金[恩給]のつく.

+**pen·sion·er** /pénʃ(ə)nɚ | -nə/ 名 (~s /~z/) Ⓒ 《英》 **年金生活者**, 年金受給者.

pénsion fùnd 名 Ⓒ 年金基金.

pénsion plàn 名 Ⓒ 年金制度[計画].

pen·sive /pénsɪv/ 形 物思いに沈んだ; 悲しげな.

+**pen·ta·gon** /péntəgɑ̀(ː)n | -gən/ 名 ❶ [the P-] **米国国防総省**, ペンタゴン《建物が五角形なので》; [単数または複数扱い] 米国国防総省指導部. ❷ Ⓒ 五角形, 五辺形《⇒ triangle》.

pen·tag·o·nal /pentǽgən(ə)l/ 形 五角[辺]形の.

pen·tath·lon /pentǽθlən/ 名 Ⓒ 〔スポーツ〕 五種競技. 関連 decathlon 十種競技.

Pen·te·cost /pénṭɪkɔ̀ːst | -kɔ̀st/ 名 固 ❶ 〔キリスト教〕 五旬節, 聖霊降臨の祝日 [《英》 Whitsunday]. ❷ (ユダヤ教の)ペンテコステ《過ぎ越しの祝い (Passover) の後 50 日目に行なう収穫祭》.

Pen·te·cos·tal /pèntɪkɑ́(ː)stl | -kɔ́s-⁺/ 形 ペンテコステ派の《聖霊の力を信じるキリスト教の一派》.

pent·house /pénthàʊs/ 名 (-hous·es /-hàʊzɪz/) Ⓒ ペントハウス《ビル最上階の高級住宅》; (マンションの)最上階の部屋.

pent-up /péntʌ́p⁺/ 形 (感情などが)閉じ込められた; 鬱積(うっせき)した: *pent-up* anger 鬱憤.

pen·ul·ti·mate /pənʌ́ltəmət/ 形 限定 《格式》 最後から 2 番目の.

pen·u·ry /pénjʊri/ 名 Ⓤ 《格式》 極貧, 窮乏.

pe·on /píːɑ(ː)n | -ən/ 名 ❶ Ⓒ 《米略式》 [こっけいに] 日雇い労働者. ❷ Ⓒ 《米》 (メキシコ・南米で)借金返済のため奴隷のように働かされる人, 農場労働者.

pe·o·ny /píːəni/ 名 (-o·nies) Ⓒ しゃくやく, ぼたん.

***__peo·ple__ /píːpl/ ✪ o は発音しない.

— 名 ❶ [複数扱い] **人々**, **人たち**《⇒ person 語法》; **世間の人々**《⇒ man 3 語法, they 2 (1)》: The street was crowded with *people*. 通りは人で混雑していた / Thirteen *people* were killed in the accident. その事故で 13 人の人が死んだ / I don't care what *people* think of me. 世間の人にどう思われようと気にしません. ❷ [複数扱い] (ある地方・階級・職業の)**人々**, 人たち: the *people* of the village = the village *people* 村の人たち / middle-class *people* 中流階級の人たち / military *people* 軍関係者.

❸ [the ~ として複数扱い] (政府・支配層に対して)**国民**, **人民**, 大衆, 庶民; 選挙民, 有権者: government of *the people*, by *the people*, for *the people* 人民の, 人民による, 人民のための政治《⇒ Gettysburg 参考》. ❹ (複 ~s /~z/) Ⓒ **国民**, **民族**《共通の文化や社会を持った集団; ⇒ race² 類義語》: the Japanese *people* 日本人 / *peoples* of Asia アジアの(いろいろな)民族. ❺ [所有格とともに用いて複数扱い] 臣民; 部下; 《古風》 家族, 両親, 親類. ❻ [呼びかけで用いて] Ⓢ 《米略式》 皆さん.

a mán [wóman] of the péople [名] 庶民の味方, 庶民派《庶民に人気のある政治家など》.

of áll péople [副] Ⓢ 人もあろうに, よりによって; だれよりもまず: Why should he, *of all people*, get fired? よりによって何で彼が首にならなければならないのか.

— 動 他 [普通は受身で] 《格式》 (...)に人を住まわせる; (人で)(場所)を満たす (*with, by*).

-peo·ple /pìːpl/ ⇒ -person 語法.

péople pèrson 名 Ⓒ 社交的な人.

péople skìlls 名 複 対人関係能力; 社交術.

pep /pép/ 名 Ⓤ 《略式》 元気, 気力, 精力. — 動 (peps; pepped; pep·ping) [次の成句で] **pép úp** [動] 他 《略式》 (...)を元気[活気]づける, おもしろくする.

*__pep·per__ /pépɚ | -pə/ 名 (~s /~z/) ❶ Ⓤ **こしょう**《粉状のもの》: white [black] *pepper* 白[黒]こしょう / Finally, sprinkle a dash of *pepper* over it. 最後にその上にこしょうを少々振りかけてください. ❷ Ⓒ とうがらし(の実): a red *pepper* とうがらし, 赤ピーマン / a green [《米》 bell] *pepper* ピーマン. (形 péppery 1)

— 動 (-per·ing /-p(ə)rɪŋ/) 他 ❶ (...)にこしょうをふりかける. ❷ (弾丸・質問などを)(...)に浴びせかける; (語句・数字などを)(...)にちりばめる (*with*).

pep·per-and-salt /pépɚənsɔ́ːlt | -pər-⁺/ 形 限定 (頭髪などが)ごま塩の.

pep·per·corn /pépɚkɔ̀ɚn | -pəkɔ̀ːn/ 名 Ⓒ (干した)こしょうの実.

pépper mìll 名 Ⓒ こしょうひき《道具》.

pep·per·mint /pépɚmɪ̀nt | -pə-/ 名 ❶ Ⓤ 西洋はっか, ペパーミント; ペパーミントの味[香り]. ❷ Ⓒ はっか入り菓子.

pep·pe·ro·ni /pèpəróʊni/ 名 Ⓤ,Ⓒ ペペローニ《香辛料のきいたイタリアソーセージ》.

pépper pòt 名 Ⓒ 《英》 = pepper shaker.

pépper shàker 名 Ⓒ 《米》 (卓上の)こしょう入れ [《英》 pepper pot].

pep·per·y /pép(ə)ri/ 形 ❶ こしょうのような, こしょうの味のする. ❷ 短気な. (名 1 では pépper)

pép pìll 名 Ⓒ 《略式》 覚醒(かくせい)剤, 興奮剤.

pep·py /pépi/ 形 (pep·pi·er; -pi·est) 《略式》 元気いっぱいの, 張り切った.

pép ràlly 名 Ⓒ 《米》 (試合前の)激励会, 壮行会.

pep·sin /pépsɪn/ 名 Ⓤ 〔生化学〕 ペプシン《胃液に含まれるたんぱく質分解酵素》.

pép tàlk 名 Ⓒ 《略式》 (短い)激励(のことば), はっぱ.

***__per__ /(弱形) pɚ | pə ✪ 文中では普通弱く発音されるので(強形)はまれ/

— 前 (一定の時間や数量)**ごとに**, (...に)つき《略 p.; ⇒ percent, per annum [capita]》: 50 miles [kilometers] *per* hour 時速 50 マイル[キロ]《略 50 mph [kph]》 / 65 words *per* minute 1 分間に 65 語《キーボードを打つ速度》 / How many miles *per* gallon does your car get? あなたの車は 1 ガロンあたり何マイル走りますか. 語法 (1) 上のような場合を除いては, per を用いるのは技術・商業英語で, 一般には per の代わりに a が用いられる. (2) per の後に続く単数名詞には冠詞がつかない: *per* week [person] 1 週間[1 人]につき.

às per ... [前] 《格式》 ...に従って, ...どおりに.

às per úsual [nórmal] [副] Ⓢ いつものように.

per·am·bu·la·tor /pərǽmbjʊlèɪṭɚ | -tə/ 名 Ⓒ 《英古風》 = pram.

per an·num /pɚ(ː)rǽnəm | pə(r)-/ 副 《格式》 1 年につき, 1 年ごとに《略 p.a.》.

per cap·i·ta /pɚ(ː)kǽpəṭə | pə(ː)-/ 副, 形 限定 《格式》 1 人当たり(の), 頭割りで[の].

+**per·ceive** /pɚsíːv | pə-/ 発音 動 (per·ceives /~z/; per·ceived /~d/; per·ceiv·ing) [進行形なし] 他 ❶ 《格式》 (...)と**わかる**, 理解する; (...)を(~と)受け取

る: 言い換え When I read her letter, I ***perceived*** her *as* reliable. V+O+C (as+形) = When I read her letter, I ***perceived*** her ***to*** be reliable. V+O+C (to 不定詞) = When I read her letter, I ***perceived that*** she was reliable. V+O (that 節) 彼女の手紙を読んで彼女が信頼できる人だとわかった / I *perceived* her behavior *as* a threat. V+O+C (as+名) 私は彼女の態度を脅迫と受け取った.

❷《格式》(見て)(...)に**気づく**, (...)を知覚する, 認める, (...)がわかる: 言い換え I *perceived* a slight change in her attitude. = I ***perceived*** (***that***) her attitude had changed slightly. V+O ((that)節) 私は彼女の態度が少し変化したことに気づいた.

(形 percéptive, 名 percéption)

〖⇒ receive キズナ〗

P

⁂per·cent, 《英》 per cent

/pɚsént | pə-/ アク 名 (複 ~) C [しばしば形容詞・副詞的に] **パーセント**: a [one] hundred *percent* 100 パーセント《100% と記すことが多い》/ Over ten ***percent of*** the students live in Tokyo. 学生の 1 割以上が東京に住む. 語法 percent of... の後に続く名詞が単数形であれば percent は単数扱い, 複数形であれば複数扱い. // interest *at* five *percent* 5 パーセントの利息 / Prices have increased [decreased] (*by*) 20 *percent*. 物価が 2 割上がった[下がった] / We give a 10 *percent* discount if you pay in cash. 現金でお支払いなら 1 割値引きします / This tie is 40 *percent* silk. このネクタイは絹が 40 パーセント入っています.

〖語源 ラテン語で「100 につき」の意; ⇒ per, cent キズナ〗

*per·cent·age /pɚsénṭɪʤ | pə-/ アク

— 名 (-cent·ag·es /~ɪz/) ❶ C [普通は単数形で] **百分率**, 百分比; 比率: the ***percentage of*** profits 利益率 / the *percentage of* black people (as) compared to white 白人と比較した黒人の率 / in *percentage* terms 率で言えば.

❷ C [普通は a ~] **割合**, 部分: *A* large [high] ***percentage of*** the men were jobless. 男たちの大部分は職がなかった / *A* small [low] *percentage of* the evacuees remain unemployed. 避難民のうちごく一部が失業中のままだ. 語法 述語動詞は of に続く名詞が単数形なら単数扱い, 複数形なら複数扱い. ❸ C [普通は単数形で] (売上に応じた)手数料, 歩合.

There is nó percéntage in (dóing) ... 《略式》... しても何の得にもならない.

per·cen·tile /pɚséntaɪl | pə-/ 名 C 〔統計〕 百分位数: in the 99th *percentile* 98% から 99% の間で《それより上位は 1% しかいない》.

per·cep·ti·ble /pɚséptəbl | pə-/ 形《格式》知覚[認識]できる, 気づくことができるほどの [⇔ imperceptible]. **-ti·bly** /-təbli/ 副 感知できるほどに.

+**per·cep·tion** /pɚsépʃən | pə-/ 名 (~s /~z/) U,C **認識**, 理解; U **知覚**(作用)《視力・聴力・脳などによる》; 知覚力; 直感(力): His ***perception of*** the situation is quite different from mine. 彼の状況認識は私と全く違う / There's a public ***perception that*** an only child will be spoiled. +that 節 ひとりっ子は甘やかされると一般に思われている / visual *perception* 視覚.

(動 percéive)

per·cep·tive /pɚséptɪv | pə-/ 形 [よい意味で] 知覚の鋭い, 明敏な. (動 percéive)

+**perch**[1] /pɚ́ːʧ | pə́ːʧ/ 動 (perch·es /~ɪz/; perched /~t/; perch·ing) 自 ❶ (人が)(高い所・端に)**ちょこんと座る**; (建物などが)(...に)ある: She ***perched on*** the side of the bed. V+on+名 彼女はベッドの端に座った. ❷ (鳥が)止まる: The bird *perched on* a branch. その鳥は枝に止まった. — 他 [受身で] (高い所・縁に)(...)を置く, 据(す)える (*on, above, over*).

pérch oneSèlf [動] 自 (...に)ちょこんと座る (*on*).

— 名 (~·es /~ɪz/) ❶ C **鳥の止まるところ**《木の枝など》; (鳥かごの)止まり木: a bird *on* a *perch* 止まり木に止まっている小鳥. ❷ C (高い)座席, 観客席.

perch[2] /pɚ́ːʧ | pə́ːʧ/ 名 (複 ~, ~·es) C パーチ《食用の淡水魚》.

per·chance /pɚʧǽns | pə(ː)ʧɑ́ːns/ 副《古語・文語》恐らく.

per·co·late /pɚ́ːkəlèɪt | pə́ː-/ 動 他 (コーヒー)をパーコレーターでいれる. — 自 ❶ (コーヒーが)パーコレーターでできる. ❷ [副詞(句)を伴って] (液体などが)しみ通る. ❸ (情報などが)(...に)次第に広まる, 浸透する (*through*).

per·co·la·tor /pɚ́ːkəlèɪṭɚ | pə́ːkəlèɪtə/ 名 C パーコレーター《ろ過装置によるコーヒー沸かし器》.

per·cus·sion /pɚkʌ́ʃən | pə(ː)-/ 名 ❶ U 打楽器《全体》; [the ~] (オーケストラの)打楽器部, 打楽器奏者《全体》. ❷ U《格式》(衝突による)震動; 音響.

percússion ìnstrument 名 C 打楽器《太鼓・シンバルなど》.

per·cus·sion·ist /pɚkʌ́ʃ(ə)nɪst | pə(ː)-/ 名 C 打楽器奏者.

per·cus·sive /pɚkʌ́sɪv | pə(ː)-/ 形 [普通は 限定] 打楽器の, 打楽器音のような.

per di·em /pɚ̀ːdíːəm | pəː-/ ≪ラテン語から≫ 形 限定, 副《米格式》一日当たりの[で]; 日割りの[で]. — 名 C《米》日給; (出張などの)日当.

per·di·tion /pɚdíʃən | pə(ː)-/ 名 U《古風》(死後の)永遠の破滅, 地獄行き[落ち]; 完全な破滅.

pe·remp·to·ry /pərém(p)təri, -tri/ 形《格式》(命令が)有無を言わせない, 断固とした; 横柄な.

+**pe·ren·ni·al** /pəréniəl/ 形 ❶ **長年続く**; 繰り返し起こる: a *perennial* problem 長年続く問題. ❷〔植物〕多年生の. 関連 annual 一年生の / biennial 二年生の. — 名 C 多年生植物.

per·e·stroi·ka /pèrəstróɪkə/ ≪ロシア語から≫ 名 U ペレストロイカ《1980 年代に旧ソ連で起きた社会・政治・経済改革》.

*per·fect[1] /pɚ́ːfɪkt | pə́ː-/ アク 動詞の perfect[2] とアクセントが違う.

— 形 ❶ [比較なし] **完全な**, 完ぺきな, 欠点[欠陥]のない, 申し分のない《⇒ complete 類義語》[⇔ imperfect]; 欠けたところのない: in *perfect* condition (傷などのない)完全な状態で / Your answer is *perfect*. あなたの答えは完ぺきだ / The weather was *perfect* yesterday. きのうは天気は申し分なかった / Nobody's *perfect*. Ⓢ 完全無欠な人はいない《批判に対して》.

> 語法 (1) 意味上 [比較なし] であるが,《略式》では比較級 more perfect, 最上級 most perfect も使われることがある.
> (2) 修飾する副詞としては absolutely, almost, just about, nearly, practically, quite, truly などがある.

❷ 限定 [比較なし] **正確な**, 寸分たがわない [≒exact]: a *perfect* copy 正確な写し, 実物と同じコピー / draw a

perfect circle 正確な円を描く.
❸ [比較なし] (...に)**最適の**, うってつけの: Mr. Long is ***perfect for*** the job. [+for+名] ロングさんならその仕事にうってつけだ / This would be a *perfect* role *for* him. これは彼にうってつけの役だろう.
❹ [限定] [比較なし] **全くの**, 純然たる [≒thorough]: He's a *perfect* stranger. あの人は赤の他人だ / He made a *perfect* mess of things. あいつは何もかもぶちこわしにしやがった. ❺ [限定]〔文法〕完了の; 完了形の. (動 perféct²)
— 名 [the ~]〔文法〕完了形《⇒ 巻末文法 6. 3》
〘⇒ effect キズナ〙

+**per·fect²** /pə(ː)fékt | pə(ː)-/ [!アク] 形容詞の perfect¹ とアクセントが違う. 動 (per·fects /-fékts/; -fect·ed /~ɪd/; -fect·ing) 他 (...)を**完成する**, 仕上げる, 完全にする [≒finish, complete]: He conducted many experiments to *perfect* his theory. 彼は自分の理論を完成するために数多くの実験を行なった. (形 pérfect¹, 名 perféction)

pérfect gáme 名 C〔野球〕完全試合.

+**per·fec·tion** /pəfékʃən | pə-/ 名 ❶ U **完全(なこと)**, 完ぺきさ [⇔ imperfection]: Don't seek *perfection* in your child. お子さんに完ぺきさを求めないように.
❷ U **完全に仕上げること**, 完成: aim at the *perfection of* the rocket ロケットの完成を目ざす. ❸ U 完ぺきな人[もの]: His technique was pure *perfection*. 彼の技術は全く完ぺきだった.
to perféction [副] 完全に, 完ぺきに. (動 perféct²)

per·fec·tion·is·m /pəfékʃənìzm | pə-/ 名 U [ときに軽蔑的] 完全[完ぺき]主義; 凝(こ)り性.

per·fec·tion·ist /pəfékʃ(ə)nɪst | pə-/ 名 C [ときに軽蔑的] 完全[完ぺき]主義者; 凝(こ)り性の人.

per·fect·ly /pə́ːfɪk(t)li | pə́ː-/
— 副 ❶ **完全に**, **全く**, すっかり [≒completely]: You are *perfectly* right, Mr. Long. ロングさん, あなたのおっしゃるとおりです.
❷ **完全に**, 完ぺきに; 申し分なく [⇔ imperfectly]: [言い換え] He speaks Russian *perfectly*. (= He speaks perfect Russian.) 彼はロシア語を完ぺきに話す / That old sofa is still *perfectly* good. その古いソファはまだ十分使える.

pérfect pítch 名 U〔音楽〕絶対音感.

per·fid·i·ous /pə(ː)fídiəs | pə(ː)-/ 形《文語》不誠実な, 裏切りの (*to, toward*).

per·fi·dy /pə́ːfədi | pə́ː-/ 名 U《文語》不誠実, 裏切り.

per·fo·rate /pə́ːfərèɪt | pə́ː-/ 動 他 ❶ (紙)にミシン目を入れる. ❷ (...)に穴をあける.

per·fo·rat·ed /pə́ːfərèɪṭɪd | pə́ː-/ 形 [限定] ミシン目のある; 穴のあいた.

per·fo·ra·tion /pə̀ːfəréɪʃən | pə̀ː-/ 名 ❶ C [普通は複数形で] (紙などの)ミシン目; 切り取り線. ❷ U 穴をあける[穴があく]こと; 貫通.

per·force /pəfɔ́əs | pə(ː)fɔ́ːs/ 副《文語》必然的に, いや応なく.

per·form /pəfɔ́əm | pəfɔ́ːm/ [!アク]
— 動 (per·forms /~z/; per·formed /~d/; -form·ing) 他 ❶ (役)を演じる, (劇)を**上演する**, (音楽)を**演奏する** [≒play]: They *performed Hamlet* last month. 彼らは「ハムレット」を先月上演した.
❷ (仕事・約束・命令など)を**実行する**, (機能・役割など)を果たす [≒do, carry out]: He *performed* his duties faithfully. 彼は職務を忠実に実行した. ❸ (儀式・式典)を行なう, 取りしきる.
— 自 ❶ **演じる**, **演奏する**: *perform* live 生で演奏する / The actress *performed* wonderfully. その女優はすばらしい演技をした / Miss White *performed* skillfully *on* the piano. ホワイト嬢はピアノを見事に演奏した. ❷ [副詞(句)を伴って] (機械などが)うまく働く; (人が)うまくやってのける: This PC *performs well* [*badly*]. このパソコンは調子がよい[悪い]. (名 perfórmance)

per·for·mance /pəfɔ́əməns | pəfɔ́ː-/
— 名 (-for·manc·es /~ɪz/) ❶ C **公演**, 上演; 演技, 演奏: a live *performance* 生演奏 / give a great [poor] *performance* 上手な[下手な]演技[演奏]をする / put on a *performance of Hamlet* 「ハムレット」を上演する.
❷ U,C (機械などの)**性能**, (人の)**作業能力**; できばえ, 成績: This car's *performance* needs to be improved. この車の性能は改善する必要がある / her academic *performance* 彼女の学業成績.
❸ U《格式》**実行**, 履行(りこう): the faithful ***performance of*** duties 職務の忠実な履行 / promises without *performance* 実行されない約束. ❹ [a ~]《英略式》ひと苦労, 面倒なこと. (動 perfórm)

perfórmance àrt 名 U パフォーマンスアート《演技・踊り・絵画・映像などを組み合わせた芸術》.

+**per·form·er** /pəfɔ́əmə | pəfɔ́ːmə/ 名 (~s /~z/) C **演技者**, 演奏者; [前に形容詞をつけて] 演技[演奏]が...の人; 成績が...の人, 売れ行きが...の製品[会社]: the star [top] *performer* 花形, 第一人者 / He's a *good* [*poor*] *performer*. 彼は演技[演奏]がうまい[下手だ].

perfórm·ing árts /pəfɔ́əmɪŋ- | pəfɔ́ːm-/ 名 複 [the ~] 舞台芸術《演劇・ダンスなど》.

+**per·fume¹** /pə́ːfjuːm, pə(ː)fjúːm | pə́ːfjuːm/ ✪ 動詞の perfume² とアクセントの傾向が違う. 名 (~s /~z/)
❶ C,U **香水**, 香料: I seldom wear *perfume*. 私はめったに香水をつけない《⇒ wear 表》/ She smelled of (a) strong *perfume*. 彼女は強い香水のにおいがした.
❷ C,U (よい)香り[におい], 芳香《⇒ smell 類義語》: the *perfume* of roses ばらの香り. (動 perfúme²)

per·fume² /pə(ː)fjúːm, pə́ːfjuːm | pə(ː)fjúːm, pə́ːfjuːm/ ✪ 名詞の perfume¹ とアクセントの傾向が違う. 動 他 [しばしば受身で] (...)に香水をつける[ふりかける];《文語》(花などが)(部屋・空気など)を香りで満たす (*with*). (名 pérfume¹)

per·fumed /pə(ː)fjúːmd | pə́ːfjuːmd/ 形 香水をつけた; 香り[芳香]のある.

per·fum·er·y /pə(ː)fjúːm(ə)ri | pə(ː)-/ 名 (-er·ies) U 香水製造(業); C 香水製造[販売]所.

per·func·to·ry /pəfʌ́ŋ(k)təri, -tri | pə(ː)-/ 形《格式》(行為が)おざなりの, 通りいっぺんの.

per·go·la /pə́ːgələ | pə́ː-/ 名 C パーゴラ《ばら・ふじなどをからませたあずまや》.

per·haps /pəhǽps, prǽps | pəhǽps, prǽps/ [!発音]
— 副 ❶ [文修飾] **ことによると**, **もしかしたら**, たぶん《⇒ likely 表》: *Perhaps* that's true. あるいはそれは本当かもしれない / *Perhaps* I'll come to see you next Sunday. もしかすると次の日曜日にお伺いするかもしれません / The book cost *perhaps* $20. その本はたぶん 20 ドルくらいだったかな / "Will it rain tomorrow?"

"*Perhaps.*"「あしたは雨が降るでしょうか」「かもね」/ "Doesn't she speak German?" "*Perháps nót.*"「彼女はドイツ語を話さないのでしょうか」「そうかもしれません」《⇒ not (5) (ii)》. ❷ [控えめな依頼・提案・申し出などを表わす] Ⓢ《丁寧》もしかして...していただけませんか, ...してはどうですか, ...しましょうか.

♥ **...したほうがいいかもしれません** (助言するとき)
Perhaps you should ...

How can I improve my presentation skills? プレゼンテーションの技術を上達させるにはどうしたらいいかな.

Perhaps you should practice in front of your friends and get their feedback. 友達の前で練習してコメントをもらったらいいかもね.

♥ perhaps は, could, can, should などを用いた依頼・提案・助言・申し出の文を控えめにする緩和表現.

♥ 押しつけを弱めて間接的な言い方をすることで,「相手が応じるのは当然」という態度を避け, 遠慮がちな姿勢を示す.《⇒ could B 1 (4) (6), can¹ 2 (1) (3), should A 1 (1)》

〖語源〗原義は「偶然によって」〗

per·il /pérəl/ 名 ❶ Ⓤ《文語》危険《⇒ danger 類義語》: *in* (great) *peril* (大きな)危険にさらされて. ❷ Ⓒ [普通は複数形で]《文語》危険な事[物]: the *perils* of the ocean 海上の危険. **at** one's **(ówn) péril** [副]《文語》危険を承知で, 自分の責任で: Trespass *at your peril.* 立ち入り危険《警告》.

per·il·ous /pérələs/ 形《文語》危険な, 冒険的な. **~·ly** 副《文語》危険なほどに: The driver came *perilously* close to losing his life. 運転手は危うく命を落とすところだった.

pe·rim·e·ter /pərímətɚ | -tə/ 名 Ⓒ (平面の)周囲, (飛行場などの)周辺;〔数学〕周辺の長さ (*of*).

***pe·ri·od** /pí(ə)riəd/

— 名 (-ri·ods /-ədz/)

意味のチャート
ギリシャ語で「ぐるりと回ること」の意.
→ (一巡りの間) → 「期間」❶ → 「時限」❹ / 「時代」❷
→ (一巡りの終わり) → 「ピリオド」❸

❶ Ⓒ **期間**, 時期: He stayed with us for a short *period.* 彼は短期間うちに滞在した / *periods of* cool weather 涼しい天気の時期 //⇒ cooling-off period.
❷ Ⓒ (歴史上の)**時代**《⇒ 類義語》; (生涯などの)時期: the *period* of Queen Victoria's reign ビクトリア女王治世のころ / Picasso's early *period* ピカソの初期.
❸ Ⓒ《米》〔文法〕**ピリオド**, 終止符《⇒ **巻末文法** 16. 10》[《英》full stop].
❹ Ⓒ (授業の)**時限**: the fourth *period* 第 4 時限 / a chemistry *period* 化学の時間 / a study *period* 自習時間 / I teach 16 *periods* a week. 私は 1 週に 16 コマ教えている. ❺ Ⓒ (女性の)生理, 月経: I've missed my *period.* 生理がこなかった. ❻ Ⓒ〔地質〕紀《代 (era) の下位区分; ⇒ era 3》: the Jurassic *period* ジュラ紀. ❼ Ⓒ〔スポーツ〕ピリオド《試合の 1 区切り》. (形 pèriódic)

類義語 **period** 長短に関係なくある区切られた期間を表わす最も一般的な語: in the *period* of World War II 第二次世界大戦の時代に. **era** 根本的な変化や重要な事件などがあった時代: an *era* of reform 改革の時代. **epoch** *era* と同じ意味に用いられるが, 厳密には *era* の初期の段階を指す: an *epoch* of invasion 侵略の時代. **age** ある権力者や大きな特徴によって代表される時代: the Victorian *Age* ビクトリア朝.

— 形 限定 ある時代特有の, 時代物の: *period* furniture 時代物の家具.

— 間《略式, 主に米》...なのだ, ...だけのことだ《文の最後に置いて断定的な口調にする》[《英》full stop]: Helen hates me, *period!* ヘレンは僕が嫌いなんだよ, そういうこと.

pe·ri·od·ic /pì(ə)riá(ː)dɪk | -ɔ́d-ˊ/ 形 限定 周期的な, 定期的な. (名 péríod)

pe·ri·od·i·cal /pì(ə)riá(ː)dɪk(ə)l | -ɔ́d-ˊ/ 名 Ⓒ 定期刊行物, 月刊[季刊]雑誌. — 形 = periodic.
-cal·ly /-kəli/ 副 定期[周期]的に.

periódic táble 名 [the ~]〔化学〕(元素の)周期(律)表.

per·i·o·don·tal /pèrioʊdá(ː)nṭl | -dɔ́n-ˊ/ 形〔歯学〕歯周囲の: *periodontal* disease 歯周病.

périod pìece 名 Ⓒ (演劇・映画などの)時代物; (家具などの)年代物.

per·i·pa·tet·ic /pèrəpətéṭɪkˊ/ 形《格式》(仕事で)歩き回る, 巡回する.

pe·riph·er·al /pəríf(ə)rəl/ 形 ❶《格式》末梢(まっしょう)的な, 重要でない (*to*). ❷《格式》周囲の, 周辺(的)の. ❸ 限定〔コンピュータ〕周辺装置の. — 名 Ⓒ [しばしば複数形で]〔コンピュータ〕周辺装置[機器].

perípheral vísion 名 Ⓤ 周辺視野.

pe·riph·er·y /pəríf(ə)ri/ 名 (-er·ies) ❶ Ⓒ [普通は the ~]《格式》周囲; 外辺, 周辺: factories *on the periphery of* the city 市の周辺部にある工場. ❷ Ⓒ [普通は the ~]《格式》(活動・グループなどの)周辺層, 非主流派.

per·i·scope /pérəskòʊp/ 名 Ⓒ 潜望鏡.

per·ish /pérɪʃ/ 動 自 ❶《格式》(災害・事故などで)死ぬ; 滅びる《⇒ die¹ 類義語》: The explorers *perished* on Mt. McKinley. 探検隊はマッキンリー山で死亡した. ❷《英》(ゴムなどが)劣化する. **Pérish the thóught!** [間] Ⓢ (そんな考えは)よしてくれ; (それは)とんでもないことだけど.

per·ish·a·ble /pérɪʃəbl/ 形 (食品などが)腐りやすい. — 名 [複数形で] 腐りやすいもの.

per·ished /pérɪʃt/ 形 叙述《英略式》(死ぬほど)寒い.

per·ish·ing /pérɪʃɪŋ/ 形 ❶《英略式》ひどく寒い. ❷ 限定《古風, 英略式》いまいましい.

per·i·to·ni·tis /pèrəṭənáɪṭɪs/ 名 Ⓤ〔医学〕腹膜炎.

per·i·win·kle¹ /pérɪwìŋkl/ 名 Ⓒ ひめつるにちにちそう; にちにちそう《観賞用植物》.

per·i·win·kle² /pérɪwìŋkl/ 名 Ⓒ = winkle.

per·jure /pə́ːdʒɚ | pə́ːdʒə/ 動 (-jur·ing /-dʒ(ə)rɪŋ/) 他 [~ oneself として]〔法律〕偽証する《宣誓後に》.

per·jur·er /pə́ːdʒərɚ | pə́ːdʒərə/ 名 Ⓒ〔法律〕偽誓者, 偽証者.

per·ju·ry /pə́ːdʒ(ə)ri | pə́ː-/ 名 Ⓤ〔法律〕偽証(罪).

perk¹ /pə́ːk | pə́ːk/ 名 Ⓒ [普通は複数形で] 給料外の給付; 役得, 特典 (*of*) [《格式》perquisite].

perk² /pə́ːk | pə́ːk/ 動 [次の成句で] **pérk úp** [動] 他《略式》(人)を元気づける; 活気づける; (...)の見映えをよくする. — 自《略式》元気になる; 活気づく.

perk·y /pə́ːki | pə́ː-/ 形 (perk·i·er; -i·est)《略式》自信たっぷりの; 意気揚々とした.

perm /pə́ːm | pə́ːm/ 名 Ⓒ パーマ: I'd like a cut and a *perm.* カットとパーマをお願いします. — 動 他 (髪)に

パーマをかける: have [get] one's hair *permed* 髪にパーマをかける.

per·ma·frost /pə́ːməfrɔ̀ːst | pə́ːməfrɔ̀st/ 名 U 永久凍土(層).

per·ma·nence /pə́ːm(ə)nəns | pə́ː-/, **per·ma·nen·cy** /pə́ːm(ə)nənsi | pə́ː-/ 名 U 永久; 不変, 永続性. (形 pérmanent)

*__per·ma·nent__ /pə́ːm(ə)nənt | pə́ː-/ アク 形 **永久的な**, いつまでも続く, 終身の, 不変の [⇔ impermanent, temporary]: *permanent* peace 恒久の平和 / a *permanent* address 定住所《長期不在中でも確実に郵便の届く自宅や実家などの住所》. (名 pérmanence)
— 名 C《米》= perm.

per·ma·nent·ly /pə́ːm(ə)nəntli | pə́ː-/ 副 永久に, いつまでも [⇔ temporarily].

pérmanent wáve 名 C《古風》パーマ.

per·me·a·bil·i·ty /pə̀ːmiəbíləṭi | pə̀ː-/ 名 U《格式》浸透性, 透過性.

per·me·a·ble /pə́ːmiəbl | pə́ː-/ 形《格式》(水・液体が)浸透できる, 浸透性の, 透過性の.

per·me·ate /pə́ːmièɪt | pə́ː-/ 動 他《格式》(...)にしみ渡る, 浸透する; (思想などが)(...)に行き渡る. — 自《格式》[副詞(句)を伴って] しみ渡る, 浸透する; 行き渡る.

per·mis·si·ble /pəmísəbl | pə-/ 形《格式》許される, 差しつかえない.

per·mis·sion /pəmíʃən | pə-/
— 名 U **許可**, 許し, 認可: ask (for) *permission* 許可を求める / get [obtain, receive] ***permission from*** the teacher 先生から許可を得る / give [grant] them ***permission to*** go out +to 不定詞 彼らに外出の許可を与える / Nobody can enter the room *without permission*. だれも無断でその部屋へ入ることはできない.

with your permíssion [副] 文修飾 S お許しを得て, お許しがあれば: *With your permission*, we'll take a 15-minute break. お許しを頂いて 15 分間の休憩(きゅうけい)としたいと存じます. (動 permít[1])

per·mis·sive /pəmísɪv | pə-/ 形 [しばしば軽蔑的] (道徳・性に関して)寛大な, 緩(ゆる)やかな: the *permissive* society (性について)寛大な社会 / *permissive* parents 子供に甘い親. (動 permít[1])

*__per·mit[1]__ /pəmít | pə-/ ✪ 名詞の permit[2] とアクセントが違う. 動 (per·mits /-míts/; -mit·ted /-ṭɪd/; -mit·ting /-ṭɪŋ/) 他 ❶《格式》(人に)(...)を**許可する**, **許す**《⇒ let[1] 類義語》: The law doesn't *permit* the sale of such drugs. 法律ではこのような薬品の販売は許可されていない / Smoking *is* not *permitted* in this room. V+O の受身 この部屋は禁煙だ / *Permit* me a few words. V+O+O 少し私に言わせてください / My father ***permitted*** me ***to*** go abroad. V+O+C (to 不定詞) 父は私が外国へ行くのを許してくれた. ❷ [受身なし]《格式》(物事が)可能にする, (事情が)(人)が(...するのを)許す, (人)が...できるようにする: Circumstances didn't *permit* me *to* go there. 事情があってそこに行けなかった / I'll attend the meeting, if my schedule *permits* it. もし都合がつけば会に出席する.
— 自《格式》**許す**, (...の)余裕がある: The ship will sail tomorrow, weather *permitting*. もし天気がよければ船はあす出帆する(⇒ **巻末文法 8.4**).
(名 permíssion, pérmit[2], 形 permíssive)

単語のキズナ			MIT/送る=send
permit	(通過させる)	→	許可する
admit	(...に送り込む)	→	入れる, 認める
commit	(すっかり送る →ゆだねる)	→	(罪)を犯す
emit	(外へ送る)	→	発する
omit	(向こうへ送り出す →無視する)	→	省略する
submit	(下に置く)	→	提出する
transmit	(向こうへ送る)	→	送信する
committee	(すっかり送られた人 →ゆだねられた人)	→	委員会

per·mit[2] /pə́ːmɪt | pə́ː-/ ✪ 動詞の permit[1] とアクセントが違う. 名 C 許可証[書], 免許状 (*for*; *to* do): a building *permit* 建築許可証 / a fishing *permit* 釣りの許可証. (動 permít[1])

per·mu·ta·tion /pə̀ːmjʊtéɪʃən | pə̀ː-/ 名 C [普通は複数形で] 交換, 置換; 配列; 〔数学〕順列.

per·ni·cious /pəníʃəs | pə-/ 形《格式》有害な, 有毒の, 致命的な (*to*).

per·nick·et·y /pəníkəṭi | pə-/ 形《英略式》= persnickety.

per·o·ra·tion /pèrəréɪʃən/ 名 C《格式》(演説などの)結び; [軽蔑的] (中身のない)長ったらしい演説.

per·ox·ide /pərɑ́(ː)ksaɪd | -rɔ́k-/ 名 U 過酸化水素, オキシドール (hydrogen peroxide)《消毒・漂白用》.

perp /pə́ːp | pə́ːp/ 名 C《米略式》犯人《perpetrator の略; 主に警察が使う》.

per·pen·dic·u·lar /pə̀ːpəndíkjʊlə | pə̀ːpəndíkjʊlə←/ 形 ❶ 垂直の, (線や面に対して)直角を成す: a *perpendicular* line 垂線 / The pole was *perpendicular to* the ground. 柱は地面に対して垂直であった. ❷ 直立した. ❸ [P-] 〔建築〕垂直様式の《英国ゴシック様式の一種》. — 名 ❶ C 垂線. ❷ U [普通は the ~] 垂直の位置[姿勢].

per·pe·trate /pə́ːpətrèɪt | pə́ː-/ アク 動 他《格式》(悪事など)を犯す [≒commit].

per·pe·tra·tor /pə́ːpətrèɪṭə | pə́ːpətrèɪtə/ 名 C《格式》(悪事などの)加害者, 犯人 [《米略式》perp].

+**per·pet·u·al** /pəpétʃuəl | pə-/ アク 形 [比較なし] [普通は 限定] ❶ **絶え間のない**, ひっきりなしの, ずっと続く [≒continuous]; たび重なる [≒continual]: I was annoyed by the *perpetual* noise of the machines. 私は機械の絶え間ない騒音に悩まされた.
❷《文語》**永久的な**, 不朽の: *perpetual* fame 不朽の名声 / a country of *perpetual* summer 常夏(とこなつ)の国 / *perpetual* snow 万年雪.
(動 perpétuàte, 名 pèrpetúity)

per·pet·u·al·ly /pəpétʃuəli | pə-/ 副 ❶ 絶え間なく, ひっきりなしに. ❷《文語》永久に, 永続的に.

per·pet·u·ate /pəpétʃuèɪt | pə-/ 動 他《格式》(悪弊など)を永続させる; 不滅にする. (形 perpétual)

per·pet·u·a·tion /pəpètʃuéɪʃən | pə-/ 名 U《格式》永久化, 末代までも伝えること.

per·pe·tu·i·ty /pə̀ːpət(j)úːəṭi | pə̀ːpətjúː-/ 名 [次の成句で] **in perpetúity** [副]《格式》永久に [≒forever]. (形 perpétual)

per·plex /pəpléks | pə-/ 動 他 (人や心)を悩ませる, 困惑させる, 途方に暮れさせる《解答・解決策・理由・相手の気持ちなどがわからなくて》[≒puzzle]: The police were *perplexed* by the crime. 警察はその犯罪に悩ま

された. (名 perpléxity)
〘⇒ simple キズナ〙

per·plexed /pəplékst | pə-/ 形 まごついている, とまどっている [≒puzzled].

per·plex·ing /pəpléksɪŋ | pə-/ 形 (人や心を)悩ませるような, 困惑させる, 途方に暮れさせる.

per·plex·i·ty /pəpléksəṭi | pə-/ 名 (-i·ties) ❶ U 悩んでいること, 困惑, 途方に暮れること: in *perplexity* 当惑して. ❷ C [普通は複数形で] 困ったこと, 難題. (動 perpléx)

per·qui·site /pə́ːkwəzɪt | pə́ː-/ 名 C [普通は複数形で] 《格式》 = perk[1].

P

per·ry /péri/ 名 U 《主に英》 ペアワイン, ペリー《西洋なしからつくる酒》.

Per·ry /péri/ 名 固 Matthew Cal·braith /kǽlbreɪθ/ ~ ペリー (1794-1858)《米国の提督; 1853 年浦賀に来港して幕府に開港を迫った》.

per se /pə(ː)séɪ | pəː-/ ≪ラテン語から≫ 副 《格式》 それ自体は, 本質的には.

per·se·cute /pə́ːsɪkjùːt | pə́ː-/ 動 他 ❶ [しばしば受身で] (...)を迫害する《宗教的·政治的に》: He was *persecuted for* his religion. 彼は自らの信仰のために迫害された. ❷ (...)をうるさく悩ませる, 苦しめる [≒harass]: He felt that his boss was *persecuting* him. 彼は上司が自分をいじめていると感じた.

per·se·cu·tion /pə̀ːsɪkjúːʃən | pə̀ː-/ 名 U,C (宗教的·政治的な)迫害; 虐待 (*of*).

persecútion còmplex 名 C 〔心理〕 被害妄想(もうそう).

per·se·cu·tor /pə́ːsɪkjùːṭə | pə́ːsɪkjùːtə/ 名 C 迫害者, 虐待者.

Per·se·us /pə́ːsiəs, -sjuːs | pə́ːsjuːs/ 名 固 〔ギリシャ神話〕 ペルセウス《ゼウス (Zeus) の子でメドゥサ (Medusa) を退治し, アンドロメダ (Andromeda) を救った英雄》.

per·se·ver·ance /pə̀ːsəví(ə)rəns | pə̀ː-/ 名 U [よい意味で] 根気, がんばり, 不屈の精神.

per·se·vere /pə̀ːsəvíə | pə̀ːsəvíə/ ❗発音 動 (-ver·ing /-ví(ə)rɪŋ/) 自 [よい意味で] 根気強くやり通す, へこたれないで続ける, がんばる: She *persevered with* [*in*] her work. 彼女はへこたれないで仕事をやり通した.

per·se·ver·ing /pə̀ːsəví(ə)rɪŋ | pə̀ː-/ 形 [よい意味で] 根気強い, へこたれない.

Per·sia /pə́ːʒə | pə́ːʃə/ 名 固 ペルシャ《現在の Iran の旧名》.

Per·sian /pə́ːʒən | pə́ːʃən/ 形 ペルシャの; ペルシャ人[語]の: a *Persian* carpet [rug] ペルシャじゅうたん. — 名 ❶ C イラン人, ペルシャ人. ❷ U ペルシャ語.

Pérsian cát 名 C ペルシャねこ.

Pérsian Gúlf 名 固 [the ~] ペルシャ湾.

per·sim·mon /pəsímən | pə(ː)-/ 名 C かき(の実).

+**per·sist** /pəsíst, -zíst | pəsíst/ 動 (**per·sists** /-sísts, -zísts | -sísts/; **-sist·ed** /~ɪd/; **-sist·ing**) 自 ❶ (自分の考えなどを)**あくまで通す**, 固執する, しつこく続ける: She ***persisted in*** her project. V+*in*+名 彼女は自分の計画に固執した / He ***persisted in*** demand*ing* to see the manager. V+*in*+動名 彼は店長に会わせろと執拗(しつよう)に要求した / They ***persisted with*** the tax reform. V+*with*+名 彼らは税制改革をあくまで推し進めた. ❷ (いやなことが)続く [≒last]: Take 2 tablets every 4 hours while symptoms *persist*. 症状が続く間は4時間ごとに2錠を服用のこと.
— 他 (...)と**主張し続ける**, 言い張る: "But all my friends have their own smartphones," Diana *persisted*. V+O (引用節) 「だけど私の友だちはみんな自分のスマホを持っているよ」とダイアナは言い張った. (形 persístent, 名 persístence)
〘⇒ insist キズナ〙

per·sis·tence /pəsístəns, -tns | pə-/ 名 U 頑固, 固執; がんばり, 粘り; 持続, 継続 (*of*). (動 persíst)

+**per·sis·tent** /pəsístənt, -tnt | pə-/ 形 ❶ (自分の考えに)**固執する**, 頑固な, しつこい; 粘り強い: a *persistent* salesperson しつこい販売員 / The laborers were *persistent in* their demands. 労働者たちはあくまでも要求を繰り返した. ❷ (いやなことが)いつまでも続く, 持続する: a *persistent* cold なかなか治らないかぜ. (動 persíst)
~**·ly** 副 執拗に, しつこく; 粘り強く; 持続的に.

persístent végetative státe 名 C 〔医学〕 遷延(せんえん)性植物状態《生命維持装置などで生きている長期的植物状態》.

per·snick·e·ty /pəsníkəṭi | pə-/ 形 《米略式》 [軽蔑的] つまらないことにこだわる, こうるさい; (仕事などが)細心の注意を必要とする [《英略式》 pernickety].

***per·son** /pə́ːs(ə)n | pə́ː-/

— 名 (~s /~z/) ❶ C 人, 個人, 人間《man, woman, child などを含む》; [名詞の後で] ...を好む人: a nice *person* いい人 / I respect him ***as a person***, not as a doctor. 私は彼を医者としてでなく一人の人間として尊敬している / After his father's death Robert became a different *person*. 父の死後ロバートは別人(のよう)になった / a cat *person* 猫好きな人 / a morning [night] *person* 朝型の[夜型の]人. 語法 (1) person の複数としては実際には people を用いることが多い. persons は公文書や掲示などの改まった言い方. (2) 名前[身元]のわからない者に対して用いることがある: He was murdered by a *person* or *persons* unknown. 彼は何者かによって殺害された. ❷ C 《格式》 身体, 体: *on* [*about*] one's *person* 身につけて, 携帯して. ❸ U,C 〔文法〕 人称《⇒ **巻末文法** 3 (1)》.

in pérson [副] 自分で, (代理人でなく)本人が, (手紙などでなく)直接出向いて.

in the pérson of ... [前] 《格式》 ...という(人の形で[の]): Just then help arrived *in the person of* a retired policeman. ちょうどそのとき退職警官という助っ人が現われた. (形 pérsonal)

〘語源 ラテン語で「役者の仮面」の意から「登場人物」, 単に「人」の意味になった〙

-per·son /pə̀ːs(ə)n | pə̀ː-/ 名 [合成語で] ...に従事[関係]する人.

> 語法 (1) 性別を示す語を避けるため, 男性を表わす salesman, congressman や女性を表わす saleswoman, congresswoman などの代わりに sales*person*, congress*person* などを使う傾向にある.
> (2) -person の複数形には -people を使う.

per·so·na /pəsóʊnə | pə(ː)-/ 名 (複 ~s, **per·so·nae** /-niː, -naɪ/) C 〔心理〕 ペルソナ, 外的人格: his public *persona* 彼の表向きの人格.

per·son·a·ble /pə́ːs(ə)nəbl | pə́ː-/ 形 感じのよい, 魅力的な.

per·son·age /pə́ːs(ə)nɪʤ | pə́ː-/ 名 C 《格式》 名士, 有名人.

***per·son·al** /pə́ːs(ə)nəl | pə́ː-/

— 形 ❶ [主に 限定] [比較なし] **個人の**(ための, もつ), 個人的な; **私的な**, 個人(の内面)に関する, 一身上の《⇒ 類義語》: a *personal* friend (仕事上でない)個人的な友人 / *personal* belongings 私物 / *personal* rights 個人の権利 / a *personal* opinion 個人的な意見 / his *personal* life 彼の私生活.
❷ 限定 [比較なし] **本人の**, 自身の; 本人が直接行なう: a *personal* experience 身をもって体験したこと / a *personal* best (競技などの)自己最高記録 / I made a *personal* call on him. 私は自ら(出かけていって)彼を訪問した.
❸ [比較なし] [軽蔑的] **個人に向けられた**, 個人攻撃の: Let's not get *personal*. 個人攻撃をするのはやめよう / *personal* remarks 個人攻撃的な発言 / It's nothing *personal*. Ⓢ 個人的なうらみはありません, 悪く思わないでください. ❹ 限定 身体の, 身体に関する: *personal* appearance 人の外見 / *personal* hygiene 体の衛生. ❺〔文法〕人称の《⇒ **巻末文法** 3 (1)》.
❻ 人格の: *personal* development 人格の発達.
(名 pérson, pèrsonálity)

類義語 **personal**「個人の」という意味で common (一般の)の反対. **private**「公的でない」という意味で public (公的な)の反対: The FBI was keeping *private* files on the *personal* affairs of many public figures. 連邦捜査局は多くの公人の私事に関する内密の記録を保持していた.

— 名 [the ~s]《米》= personal column.

pérsonal ád 名 Ⓒ (新聞・雑誌などで交際相手を募る)個人広告.

pérsonal assístant 名 Ⓒ《英》個人秘書《略 PA》.

pérsonal cólumn 名 Ⓒ《英》(新聞・雑誌などの)個人広告[消息]欄.

+**pérsonal compúter** 名 (~s /~z/) Ⓒ **パソコン**《略 PC》.

pérsonal dígital assístant 名 Ⓒ = PDA.

pérsonal identificátion nùmber 名 Ⓒ (キャッシュカードなどの)暗証番号《略 PIN》.

*per·son·al·i·ty /pə̀ːsənǽləṭi | pə̀ː-/

— 名 (-i·ties /~z/) ❶ Ⓒ,Ⓤ **個性**, 人柄, 性格, 人格《⇒ character 類義語》; Ⓒ 個性的な人: She has a strong *personality*. 彼女は個性が強い / a *personality* problem 人格上の問題 / He's a real *personality*. 彼は実に個性的な人だ // ⇒ split personality.
❷ Ⓤ **人間的魅力**, 人間味: Liz is beautiful, but she lacks *personality*. リズは美人だが人間的魅力に欠ける.
❸ Ⓒ (特に芸能・スポーツ界の)**有名人**, 名士: a TV *personality* テレビの有名人《⇒ talent 日英》. ❹ Ⓤ (場所・事物などの)独特の雰囲気, 風格.
(形 pérsonal)

personálity cùlt 名 Ⓒ [軽蔑的] (特に政治的指導者への)個人崇拝.

per·son·al·ize /pə́ːs(ə)nəlàɪz | pə́ː-/ 動 他 ❶ [しばしば受身で] (便箋(びんせん)・封筒・ハンカチなど)に個人名[イニシャル]を入れる《印刷したり縫い込んだりして》. ❷ (物)を個人向けにする, 個人の好みに合わせる. ❸ (議論・問題など)を個人の問題にすりかえる.

*__per·son·al·ly__ /pə́ːs(ə)nəli | pə́ː-/ 副 ❶ 文修飾 Ⓢ **自分(個人)としては**, 個人的には: *Personally*, I'm against the idea. 個人的にはその案に反対だ.
❷ **直接自分で**, じきじきに: The president conducted us *personally* to his office. 社長自ら我々を社長室に案内してくれた.
❸ (一個の)**人間として(は)**, 個人として: He's *personally* attractive but not trustworthy. 彼は人間的には魅力があるが信頼はおけない.
❹ **個人攻撃として**: Don't take what he said *personally*. 彼の言ったことで気を悪くしないでくれ.
❺ 本人に; (面識などについて)個人的に.

pérsonal prónoun 名 Ⓒ〔文法〕人称代名詞《⇒ **巻末文法** 3 (1)》.

pérsonal próperty 名 Ⓤ〔法律〕動産. 関連 real estate [property], realty 不動産.

pérsonal spáce 名 Ⓤ 個人空間《不快を感じない他人との距離》.

pérsonal stéreo 名 Ⓒ 携行用オーディオプレーヤー.

persóna nòn gráta /-nɑ́(ː)ngrɑ́ːṭə | -nɔ̀n-/ ≪ラテン語から≫ 名 Ⓤ《格式》(受け入れ国[側]にとって)好ましくない人物[外交官]; 歓迎されざる人.

per·son·i·fi·ca·tion /pəsɑ̀(ː)nəfɪkéɪʃən | pə(ː)sɔ̀n-/ 名 ❶ [the ~] (ある性質・性格の)権化(ごんげ), 化身: *the personification of* evil 悪の権化. ❷ Ⓤ,Ⓒ 人間のように扱うこと, 擬人化 (*of*).

per·son·i·fy /pəsɑ́(ː)nəfàɪ | pə(ː)sɔ́n-/ 動 (-i·fies; -i·fied; -fy·ing) 他 [進行形なし] ❶ (ある性質・性格)を具体化する, 象徴する, (...)の権化である. ❷ (...)を人間のように扱う, 擬人化する (*as*).

*__per·son·nel__ /pə̀ːsənél | pə̀ː-/ ❗アク 名 ❶ [複数扱い] **人員, 職員**, 社員; 隊員《全体》: Our *personnel are* all well trained. うちの職員はみなよく訓練されている / There *were* six airline *personnel* on the plane. 飛行機には乗員が 6 名いた. ❷ Ⓤ [《英》ときに複数扱い] 人事部[課]《全体》: the *personnel* manager 人事部長.

per·son-to-per·son /pə́ːs(ə)nṭəpə́ːs(ə)n | pə́ːs(ə)ntəpə́ː-←/ 形 ❶ 限定《米》(長距離電話が)指名通話の. ❷ 限定 個人対個人の, 直接の.

*__per·spec·tive__ /pəspéktɪv | pə(ː)-/ 名 (~s /~z/) ❶ Ⓒ (特定の)**見方**, 観点: a different ***perspective on*** the plan その計画に対する異なった見方 / consider the problem from a broader *perspective* その問題をもっと広い視野で[大所高所から]考える. ❷ Ⓤ つり合いのとれた見方: He's lost all *sense of perspective*. 彼は正しい判断力を失ってしまった / *put* the problem *into perspective* 問題を大局的にとらえる / keep ... *in perspective* ...を大局的に見る. ❸ Ⓤ 遠近画法, 透視画法: in [out of] *perspective* 遠近画法を用いて[からはずれて]. ❹ Ⓒ《格式》遠景, 眺望.
〖⇒ prospect[1] キズナ〗

Per·spex /pə́ːspeks | pə́ː-/ 名 Ⓤ《英》パースペックス《プラスチックガラスの一種で風防ガラスやレンズ用; 商標》[《米》Plexiglas].

per·spi·ca·cious /pə̀ːspəkéɪʃəs | pə̀ː-←/ 形《格式》洞察[判断]力のある, 明敏な.

per·spi·ra·tion /pə̀ːspəréɪʃən | pə̀ː-/ 名 Ⓤ《格式》発汗(作用); 汗《sweat より上品》.

per·spire /pəspáɪə | pəspáɪə/ 動 (per·spir·ing /-spáɪ(ə)rɪŋ/) 自《格式》汗をかく, 汗ばむ《sweat より上品》: *perspire* profusely 大汗をかく.

*__per·suade__ /pəswéɪd | pə-/ ❗発音 動 (per·suades /-swéɪdz/; per·suad·ed /-ḍɪd/; per·suad·ing /-ḍɪŋ/) 他 ❶ (人)を**説き伏せる**; (人)を**説得して...させる**《⇒ coax 語法》[⇔ dissuade]: The boy ***persuaded*** his father ***to*** take him to the movies. V+O+C (*to* 不定

詞) その少年は父親を説き伏せて映画に連れていってもらった / The movie *persuaded* Tom not *to* smoke any more. その映画を見てトムはたばこを吸わなくなった / She *was* ***persuaded into*** attend*ing* the conference. V+O+*into*+動名の受身 彼女は説得されて会議に出た.
❷ (はっきりした証拠などによって)(...)と(人に)**信じさせる**; (人)に(...を)納得させる [≒convince]: 言い換え I couldn't ***persuade*** him ***that*** I was honest. V+O+O (*that* 節) = I couldn't ***persuade*** him ***of*** my honesty. V+O+*of*+名 私が正直者だということを彼にはわかって[信じて]もらえなかった / 言い換え I *am* ***persuaded that*** he is innocent. V+O+O (*that* 節)の受身 = I *am* ***persuaded of*** his innocence. V+O+*of*+名の受身 私は彼の潔白を信じている. 語法 この意味では be convinced「that ... [of ...]を使うほうが普通.
(名 persuásion, 形 persuásive)

+**per·sua·sion** /pəswéɪʒən | pə-/ 名 (~s /~z/) ❶ U **説得**, 説得する[される]こと; 説得力 (*to* do): powers of *persuasion* 説得力. ❷ C《格式》(政治的·宗教的な)信条, 信仰; 宗派, 党派. ❸ [the ~]《格式》種類, ...流[派]: a writer *of the* female *persuasion* 女流作家.
(動 persuáde)

per·sua·sive /pəswéɪsɪv | pə-/ 形 説得力のある, なるほどと思わせる: a *persuasive* argument 説得力のある議論.
(動 persuáde)
~·ly 副 説得力をもって, ことば巧みに.

pert /pə́:t | pə́:t/ 形 (pert·er; pert·est) (若い女性が)小生意気な; (体の部位が)小さくてかわいい.

per·tain /pətéɪn | pə(:)-/ 動 自《格式》(...に)直接関係がある; (...に)適する;〔法律〕(...に)付属する: problems *pertaining to* education 教育に関係する問題.
(形 pértinent)

per·ti·na·cious /pə̀:ṭənéɪʃəs | pə̀:-/ 形《格式》不屈の, 粘り強い; しつこい, 頑固な.

per·ti·nent /pə́:ṭənənt | pə́:-/ 形《格式》直接関係がある; 適切な, 妥当な [≒relevant] (*to*): a *pertinent* question 的を射た質問.
(動 pertáin)

per·turb /pətə́:b | pə(:)tə́:b/ 動 他《格式》(人)を動揺させる, 不安にする.

per·tur·ba·tion /pə̀:ṭəbéɪʃən | pə̀:tə(:)-/ 名 U《格式》(心の)動揺, 不安; C,U 変動.

per·turbed /pətə́:bd | pə(:)tə́:bd/ 形《格式》動揺した, 不安な (*at, about, by*).

Pe·ru /pərú:/ 名 固 ペルー《南米北西部の共和国》.

pe·rus·al /pərú:z(ə)l/ 名 U または a ~]《格式》熟読, 精読.

pe·ruse /pərú:z/ 動 他《格式》(...)を熟読する, 精読する.

Pe·ru·vi·an /pərú:viən/ 形 ペルーの; ペルー人の. — 名 C ペルー人.

per·vade /pəvéɪd | pə(:)-/ 動 他《格式》(気分·思想·においなどが)(...)に広がる, 普及する, 行き渡る, 浸透する.

per·va·sive /pəvéɪsɪv | pə(:)-/ 形《格式》広がる(傾向のある), 普及する, 行き渡っている, 浸透している.

per·verse /pə(:)və́:s | pə(:)və́:s/ 形 (人·行為が)つむじ曲がりの, ひねくれた; 片意地な; 邪悪な, 誤った.
~·ly 副 あいにくながら; ひねくれて.

per·ver·sion /pəvə́:ʒən | pə(:)və́:ʃən/ 名 U,C 異常; 性的倒錯; 悪用, 逆用; 曲解 (*of*).

per·ver·si·ty /pəvə́:səṭi | pə(:)və́:-/ 名 U つむじ曲がり, 強情; 性的倒錯.

per·vert[1] /pəvə́:t | pə(:)və́:t/ 動 他 ❶ (...)を堕落させる. ❷ (...)を悪用する, 逆用する: *pervert* (the course of) justice《英》司法妨害をする.

per·vert[2] /pə́:və:t | pə́:və:t/ 名 C 変質者; 性的倒錯者.

per·vert·ed /pəvə́:ṭɪd | pə(:)və́:t-/ 形 邪道に陥った, 誤った; 変態的な; 性的倒錯の.

pe·se·ta /pəséɪṭə/ 名 C ペセタ《スペインの旧通貨単位; ⇒ euro》.

pes·ky /péski/ 形 (pes·ki·er; -ki·est) 限定《略式, 主に米》やっかいな, いやな, うるさい.

pe·so /péɪsoʊ/ 名 (~s) C ペソ《フィリピン·中南米諸国の通貨単位》.

pes·sa·ry /pésəri/ 名 (-sa·ries) C〔医学〕ペッサリー《女性用避妊具》; 子宮圧定器; 膣(ちつ)座薬.

pes·si·mis·m /pésəmìzm/ 名 U 悲観; 悲観論; 厭世(えんせい)主義 (*about, over*) [⇔ optimism].

pes·si·mist /pésəmɪst/ 名 C 悲観論者, 厭世家 [⇔ optimist].

pes·si·mis·tic /pèsəmístɪk←/ 形 悲観的な, 厭世的な [⇔ optimistic]; (見通しなどが)暗い: He's *pessimistic about* his future. 彼は自分の将来について悲観している.

+**pest** /pést/ 名 (pests /pésts/) ❶ C **有害生物**《害虫·害獣など》. ❷ C《略式》いやなやつ《特に子供》.

pes·ter /péstə | -tə/ 動 (-ter·ing /-tərɪŋ, -trɪŋ/) 他 (しつこくせがんだりして)(人)を困らせる, 悩ます (*with*): Tommy *pestered* his parents *for* [to buy him] a video game. トミーはテレビゲームを買ってくれとせがんで親を困らせた.

péster pòwer 名 U (子供の)おねだり力.

+**pes·ti·cide** /péstəsàɪd/ 名 (-ti·cides /-sàɪdz/) U,C **殺虫剤**.

pes·ti·lence /péstələns/ 名 C,U《文語》疫病, (致命的な)伝染病.

pes·tle /pés(t)l/ 名 C 乳棒; すりこ木, きね.

pet /pét/
— 名 (pets /péts/) ❶ C ペット, 愛玩(あいがん)動物: We have a cat as [for] a *pet*. うちではペットに猫を飼っている《⇒ keep 5 語法》/ Step on no *pets*. ペットを踏まないで《始めから読んでも終わりから読んでも同じ文》/ What *pet* is always found on the floor? — A car*pet*. 床の上にいつもいるペットは何—カーペット《pet と carpet をかけたなぞなぞ》.
❷ C [普通は所有格の後で] [普通は軽蔑的] **かわいがられている人**; お気に入り《特に子供》: the *teacher's pet* 先生のお気に入り. ❸ C《英略式》かわいい人[子], いい子《子供·若い女性への呼びかけに用いる》.
— 形 ❶ 限定 **ペットの**, 愛玩(用)の: a *pet* dog ペット犬. ❷ 限定 (考えなどが)いつも抱いている, 持論の; お気に入りの: my *pet* theory 私の持論.
— 動 (pets; pet·ted; pet·ting) 他 (動物·子供)を愛撫(あいぶ)する, なでる.

pet·al /péṭl/ 名 C 花びら, 花弁.

Pete /pí:t/ 名 固 ピート《男性名; Peter の愛称》.

+**pe·ter** /pí:ṭə | -tə/ 動 (~s /~z/; ~ed /~d/; -ter·ing /-ṭərɪŋ/) [次の成句で] **péter óut** [動] 自 **次第に消える[なくなる]**, 廃(すた)れる.

Pe·ter /pí:ṭə | -tə/ 名 固 ❶ ピーター《男性の名; 愛称は Pete》. ❷ St. ~ ペテロ(?-67?)《キリストの弟子; キリスト教会の創始者で新約聖書の「ペテロの手紙」の作者とされている》.

Péter Pán /-pǽn/ 名 固 ピーターパン《永遠に大人にならない少年; Barrie の同名の劇などの主人公》; C いつまでも若く見える人, 大人のふるまいをしない人.
Péter Rábbit 名 固 ピーター ラビット《英国の童話に登場するわんぱくな子うさぎ; ⇒ Potter》.
pét háte 名 C 《英》 = pet peeve.
pe·tít bóurgeois /pətíː-/ ≪フランス語から≫ 名 (複 petits bourgeois /~/) C [軽蔑的] プチブル, 小市民; 物欲[出世欲]の強い人. ― 形 [軽蔑的] プチブル[小市民]の; 物欲[出世欲]の強い.
pe·tite /pətíːt/ ≪フランス語から≫ 形 [よい意味で] (女性が)小柄で細身の.
pe·tit four /pétɪfɔ̀ɚ | -fɔ́ə/ ≪フランス語から≫ 名 (複 pe·tit(s) fours /~z/) C プチフール《コーヒー・紅茶といっしょに出される小型のケーキ》.
+**pe·ti·tion** /pətíʃən/ 名 (~s /~z/) ❶ C **請願[陳情, 嘆願]書**: sign a ***petition against*** the government's plan 政府案に反対する嘆願書に署名する / present a ***petition*** to the mayor ***for*** financial assistance 市長に財政援助の請願書を提出する. ❷ C 〔法律〕 (裁判所への)請願書, 申し立て書 (*for*): file a *petition* 請願する. ❸ C 《格式》 (神・支配者への)祈願.
― 動 (~s /~z/; ~ed /~d/; ~·ing) 他 (...)に(~を得たいと)**請願[陳情, 嘆願]する**; (裁判所)に申し立てる: 言い換え The inhabitants ***petitioned*** the mayor ***for*** a park. V+O+*for*+名 = The inhabitants ***petitioned*** the mayor ***to*** build a park. V+O+C (*to* 不定詞) 住民は市長に公園を造るようにと陳情した.
― 自 (...を求めて[に反対して])請願[陳情]する (*for, against*); (...の)申し立てをする (*for*).
pe·ti·tion·er /pətíʃ(ə)nɚ | -nə/ 名 ❶ C 陳情者. ❷ C 〔法律〕 (訴訟の)申立人.
pét nàme 名 C 愛称 [≒nickname].
pét péeve 名 C [所有格の後で] 《米》 (...の)大嫌いなもの, しゃくの種 [《英》 pet hate].
pet·rel /pétrəl/ 名 C みずなぎどり(類) 《海鳥》.
Pé·tri dìsh /píːtri-/ 名 C ペトリ皿《細菌培養用》.
pet·ri·fied /pétrəfàɪd/ 形 ❶ (...に)ひどくおびえて (*of*): *petrified with* fear 恐ろしさで体がすくんで. ❷ 限定 石化した: *petrified* trees 石化した木.
pet·ro·chem·i·cal /pètroʊkémɪk(ə)l←/ 名 C 石油化学製品.
pet·ro·dol·lars /pétrədɑ̀(ː)lɚz | -dɔ̀ləz/ 名 複 オイルダラー《特に中東の産油国が獲得したドル》.
+**pet·rol** /pétrəl/ (同音 petrel) 名 U 《英》 **ガソリン** [《米》 gas, gasoline].
pétrol càp 名 C 《英》 = gas cap 《⇒ car 挿絵》.
+**pe·tro·le·um** /pətróʊliəm/ ❗アク 名 U **石油**: Organization of *Petroleum* Exporting Countries 石油輸出国機構 《略 OPEC》. 〖語源 原義はラテン語で「石 (petro-) の油 (-oleum)」〗
pétrol stàtion 名 C 《英》 ガソリンスタンド, 給油所 《⇒ gas station 日英》.
pet·ti·coat /pétɪkòʊt/ 名 C 《古風》 ペチコート《女性用のスカート形の下着》.
pet·ty /péti/ 形 (pet·ti·er; -ti·est) ❶ [悪い意味で] 取るに足らない, ささいな, つまらない. ❷ ささいな事にこだわる; 心の狭い. ❸ 小規模の; 下級の, 劣った: *petty* crime 軽犯罪 / a *petty* official 小役人.
pétty cásh 名 U 当座用現金; 小口支払い用現金.
pétty ófficer 名 C 〔海軍〕 下士官 《略 PO》.
pet·u·lance /pétʃʊləns | -tjʊ-/ 名 U 短気, かんしゃく.
pet·u·lant /pétʃʊlənt | -tjʊ-/ 形 (つまらぬことで)だだをこねる, 不機嫌な.
pe·tu·nia /pɪt(j)úːnjə, -niə | -tjúː-/ 名 C ペチュニア, つくばねあさがお.
pew /pjúː/ 名 C (教会の)座席 《⇒ church 挿絵》.
pew·ter /pjúːṭɚ | -tə/ 名 U しろめ, びゃくろう 《すずと鉛などの合金》; しろめ製の器物.
pfen·nig /fénɪg/ 名 (複 ~s) C ペニヒ《ドイツの旧通貨単位; 100 分の 1(ドイツ)マルク》.
PG /píːdʒíː/ 名 C,U, 形 〔映画〕 親の指導[同伴]が望ましい(映画) 《*parental guidance* の略》.
PGCE /píːdʒìːsìːíː/ 略 《英》 = Postgraduate Certificate of Education 公立学校教員免許取得課程[免許状] 《大学院の 1 年間の教職課程》.
PG-13 /píːdʒíːθɚːtíːn | -θəː-/ 形, 名 C,U 《米》 〔映画〕 13 歳未満の子供には親の同伴が必要な(映画).
pH /píːéɪtʃ/ 名 [単数形で] 〔化学〕 ペーハー, ピーエイチ 《水素イオンの濃度指数》.
Pha·ë·thon /féɪəθɑ̀(ː)n | -θən/ 名 固 〔ギリシャ神話〕 パエトーン《Helios の息子; 父の持つ日輪の馬車を御しそこなって Zeus に殺された》.
pha·lanx /féɪlæŋks | fǽl-/ 名 (複 ~·es, pha·lan·ges /fəlǽndʒiːz/) C [《英》 単数形でもときに複数扱い] 《格式》 (人・物などの)密集; 密集軍 (*of*).
phal·lic /fǽlɪk/ 形 男根(像)の.
phal·lus /fǽləs/ 名 (複 phal·li /fǽlaɪ/, ~·es) C 男根像《男性の生殖力(崇拝)の象徴》; ペニス.
phan·tas·m /fǽntæzm/ 名 C,U 《文語》 想像の産物, 幻想.
phan·tas·ma·go·ri·a /fæntæ̀zməgɔ́ːriə | fæ̀ntæzməgɔ́r-/ 名 C 《文語》 (夢の中などの)次から次へ移り変わる光景[幻影, 幻想]; 走馬灯.
phan·tom /fǽnṭəm/ 名 C 《文語》 幽霊; 幻, 幻影 《夢で見る》; 妄想. ― 形 限定 幽霊の; 幻の, 妄想の: a *phantom* ship 幽霊船 / a *phantom* pregnancy 想像妊娠.
phar·aoh /fé(ə)roʊ/ 名 C [しばしば P-] ファラオ, パロ 《古代エジプトの王の称号》.
Phar·i·see /fǽrəsìː/ 名 ❶ C [普通は the ~s として複数扱い] パリサイ人(びと) 《古代ユダヤ教徒の一派で, 律法を厳格に遵守した》. ❷ [p-] C [軽蔑的] 偽善者.
+**phar·ma·ceu·ti·cal** /fɑ̀ɚməsúːṭɪk(ə)l | fɑ̀ːməs(j)úː-←/ 形 限定 **製薬の**; 薬学の; 薬剤の: a *pharmaceutical* company 製薬会社.
phar·ma·ceu·ti·cals /fɑ̀ɚməsúːṭɪk(ə)lz | fɑ̀ːməs(j)úː-/ 名 複 医薬品.
phar·ma·cist /fɑ́ɚməsɪst | fɑ́ː-/ 名 C 薬剤師 [《英》 chemist, 《米古風》 druggist].
phar·ma·col·o·gy /fɑ̀ɚməkɑ́(ː)lədʒi | fɑ̀ːməkɔ́l-/ 名 U 薬理学, 薬学; 薬の特性[効果].
phar·ma·co·poe·ia, -co·pe·ia /fɑ̀ɚməkəpíːə | fɑ̀ː-/ 名 C 《格式》 薬局方《薬品を列挙しその性能・用途・用法を記載した政府出版物》.
+**phar·ma·cy** /fɑ́ɚməsi | fɑ́ː-/ 名 (-ma·cies) ❶ C **薬局**, 薬屋 [《米》 drugstore, 《英》 chemist('s)]; (病院の)薬局 [≒dispensary]. ❷ U 薬学.
phar·ynx /fǽrɪŋ(k)s/ 名 (複 pha·ryn·ges /fəríndʒiːz/, ~·es) C 〔解剖〕 咽頭(いんとう).
phase** /féɪz/ (同音 faze) 名 (phas·es /~ɪz/) ❶ C (変化・発達などの)**段階**, 一時期, 局面 [≒stage]: a ***phase of history 歴史の一段階 / The war was entering a critical *phase*. 戦争は重大な局面に入りつつあった / in *phases* 段階を経て. ❷ C (月などの)相.

P

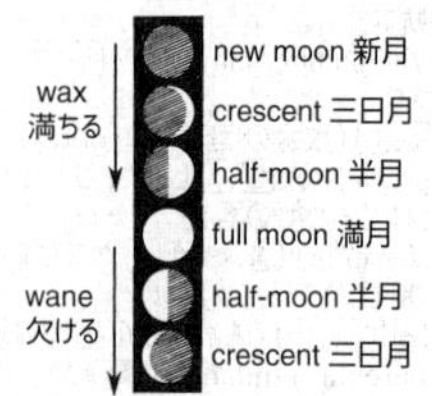

phases of the moon

in pháse [形·副]《主に英》(...と)同調して, 一致して (*with*).
òut of pháse [形·副]《主に英》(...と)同調しないで, 不一致で (*with*).
— 動 他 [普通は受身で] (計画など)を段階的に実施する; 漸次導入する: a *phased* withdrawal 段階的撤退.
pháse ín [動] 他 (...)を段階的に導入する.
pháse óut [動] 他 (...)を段階的に廃止する.

phat /fǽt/ 形《米俗》カッコいい, すげえ, グッとくる.

Ph.D., PhD /píːèɪtʃdíː/ 名 C 博士(号) (Doctor of Philosophy, D.Phil.) (⇒ doctor 2); 博士号取得者: He got a [his] *Ph.D.* in economics last month. 彼は先月経済学の博士号をとった.

pheas·ant /féz(ə)nt/ 名 (複 ~(s)) C きじ; U きじ肉: a cock [hen] *pheasant* 雄[雌]きじ.

phe·nom /fɪnɑ́(ː)m | -nɔ́m/ 名 C《米略式》天才, 並はずれた人 (phenomenon).

+**phe·nom·e·na** /fənɑ́(ː)mənə | -nɔ́m-/ 名 phenomenon の複数形.

phe·nom·e·nal /fənɑ́(ː)mən(ə)l | -nɔ́m-/ 形 驚くほどの, 驚嘆すべき: a *phenomenal* success 驚異的な成功 / His knowledge of birds is *phenomenal*. 彼の鳥の知識は驚異的である. (名 phenómenòn)

+**phe·nom·e·non** /fənɑ́(ː)mənɑ̀(ː)n, -nən | -nɔ́mənən/ !アク 名 (複 phe·nom·e·na /fənɑ́(ː)mənə | -nɔ́m-/; 2 ではまた ~s /~z/) ❶ C (自然·社会での特異で興味ある)現象: a natural *phenomenon* 自然現象. ❷ C 驚くべき人[物], 並はずれた人[物]. (形 phenómenal)
〖語源 ギリシャ語で「現われるもの」の意; fancy と同語源〗

pher·o·mone /férəmòʊn/ 名 C [普通は複数形で]〔生物〕フェロモン《同種の他個体に性的な反応を起こす分泌物質》.

phew /fjúː/ 間 S ひゃあ!, へえっ!, ちえっ!《驚き·失望·いらだち·不快などを表わす発声》; やれやれ《安堵(あんど)·安心などを表わす発声》. 語法 実際の会話では口笛に似たような音を出す.

phi /fáɪ/ 名 C フィー, ファイ《ギリシャ語アルファベットの第 21 文字 ϕ, Φ; ⇒ Greek alphabet 表》.

phi·al /fáɪəl/ 名 C《格式》小型ガラス[薬]びん (*of*).

Phi Be·ta Kap·pa /fáɪbéɪṭəkǽpə | -bíː-/ 名 ❶ 固 ファイベータカッパクラブ《米国の成績優秀な大学生のクラブ》. ❷ C ファイベータカッパクラブ会員.

Phil /fíl/ 名 固 フィル《男性の名; Philip の愛称》.

Phil·a·del·phi·a /fìlədélfiə, -fjə⁻/ 名 固 フィラデルフィア《米国 Pennsylvania 州南東部の都市; 独立宣言が行なわれた場所》.

phi·lan·der·er /fɪlǽndərə | -rə/ 名 C《古風》[軽蔑的] 女たらし.

phil·an·throp·ic /fìlənθrɑ́(ː)pɪk | -θrɔ́p-⁻/ 形 博愛(主義)の, 情け深い; 慈善事業(家)の.

phi·lan·thro·pist /fɪlǽnθrəpɪst/ 名 C 博愛主義者; 慈善家.

phi·lan·thro·py /fɪlǽnθrəpi/ 名 U 博愛(主義); 慈善.

phi·lat·e·list /fɪlǽṭəlɪst/ 名 C《格式》切手収集家 [≒stamp collector].

phi·lat·e·ly /fɪlǽṭəli/ 名 U《格式》切手収集 [≒stamp collecting].

-phile /fàɪl/ 接尾「...を好む(人)」の意: biblio*phile* 愛書家.

phil·har·mon·ic /fìlhɑəmɑ́(ː)nɪk | fìlhɑːmɔ́n-⁻/ 形 限定 音楽(愛好)の. 語法 普通大文字で始め交響楽団名に用いる: the Berlin *Philharmonic* Orchestra ベルリンフィルハーモニー管弦楽団.

Phil·ip /fílɪp/ 名 固 フィリップ《男性の名; 愛称は Phil》.

Phil·ip·pine /fíləpìːn/ 形 フィリピン諸島の; フィリピン人 (Filipino) の.

Phílippine Íslands 名 固 複 [the ~] フィリピン諸島.

Phil·ip·pines /fíləpìːnz/ 名 固 [the ~] フィリピン諸島 (Philippine Islands): the Republic of *the Philippines* フィリピン共和国《フィリピン諸島から成る共和国; 首都 Manila; 略 RP》.

Phil·is·tine /fíləstìːn | -tàɪn/ 名 ❶ C ペリシテ[フィリステア]人《昔 Palestine の南西部に住んでいた民族でイスラエル[ユダヤ]人の敵》. ❷ [p-] C [軽蔑的] 俗物, 教養のない人. — 形 [p-] [軽蔑的] 俗物の, 教養のない.

phi·lol·o·gist /fɪlɑ́(ː)ləʤɪst | -lɔ́l-/ 名 C 文献学者;《古風》言語学者.

phi·lol·o·gy /fɪlɑ́(ː)ləʤi | -lɔ́l-/ 名 U 文献学;《古風》言語学《現在は linguistics が普通》.

+**phi·los·o·pher** /fɪlɑ́(ː)səfə | -lɔ́səfə/ 名 (~s /~z/) ❶ C **哲学者**. ❷ C 思慮深い人.

phi·lós·o·pher's stóne /fɪlɑ́(ː)səfəz- | -lɔ́səfəz-/ 名 [the ~] 賢者の石《中世に卑金属を黄金に変える力があると考えられていた想像上の石》.

+**phil·o·soph·i·cal** /fìləsɑ́(ː)fɪk(ə)l | -sɔ́f-⁻/, **-soph·ic** /-sɑ́(ː)fɪk | -sɔ́f-⁻/ 形 ❶ **哲学の**, 哲学に通じている; 理性的な. ❷ [よい意味で] 達観した, 冷静な; あきらめのよい (*about*). (名 philósophy)
-cal·ly /-kəli/ 副 哲学的に; 達観して.

phi·los·o·phize /fɪlɑ́(ː)səfàɪz | -lɔ́s-/ 動 自 哲学的に考える[論じる] (*about, on*). (名 philósophy)

***phi·los·o·phy** /fɪlɑ́(ː)səfi | -lɔ́s-/ !アク 名 (-o·phies /~z/) ❶ U **哲学**; C 哲学体系: the *philosophy of* Socrates ソクラテスの哲学体系.
❷ C **人生観**; 基本理念, 原理: a *philosophy* of life 人生哲学, 人生観 / a *philosophy* of living 処世法.
(形 phìlosóphical, -sóphic, 動 philósophìze)
〖語源 原義はギリシャ語で「知 (-sophy) を愛すること (philo-)」〗

phish·ing /fíʃɪŋ/ 名 U フィッシング《インターネットやメールで相手をだましてクレジットカードの番号などの個人情報を引き出し, 金を盗む行為》.

phle·bi·tis /flɪbáɪṭɪs/ 名 U〔医学〕静脈炎.

phlegm /flém/ 名 ❶ U〔生理〕たん. ❷ U 冷静.

phleg·mat·ic /flegmǽṭɪk/ 形《格式》落ち着いた, 冷静な.

phlox /flɑ́(ː)ks | flɔ́ks/ 名 (複 ~·es, ~) C フロックス, くさきょうちくとう《植物》.

Phnom Penh /(p)nɑ́(ː)mpén | (p)nɔ́m-/ 名 固 プノンペン《カンボジアの首都》.

pho·bi·a /fóʊbiə/ 名 C 病的恐怖, 恐怖症: I have a *phobia about* insects. 私は虫恐怖症だ.

-pho·bi·a /fóʊbiə/ 接尾「...嫌い, ...恐怖症」の意: claustro*phobia* 閉所恐怖症.

pho·bic /fóʊbɪk/ 形 恐怖症の.

-pho·bic /fóʊbɪk/ 接尾「...恐怖症の」の意: claustro*phobic* 閉所恐怖症の.

Phoe·be /fíːbi/ 名 固〔ギリシャ神話〕フォイベ, フェーベ《月の女神アルテミス (Artemis) の呼び名》.

Phoe·bus /fíːbəs/ 名 固〔ギリシャ神話〕フォイボス《日の神アポロン (Apollo) の呼び名》.

Phoe·ni·cia /fəníʃə/ 名 固 フェニキア《紀元前 2000 年ごろの地中海東岸に栄えた王国》.

Phoe·ni·cian /fəníʃən/ 名 C フェニキア人.

phoe·nix /fíːnɪks/ 名 C〔エジプト神話〕フェニックス, 不死鳥《アラビアの荒野に住み, 500–600 年ごとに自ら積み重ねたまきに火を放って焼死し, その灰の中から再び若い姿となって現われるという霊鳥》. **ríse lìke a phóenix (from the áshes)** [動] 自 不死鳥のようによみがえる, 打撃から立ち直る.

Phoe·nix /fíːnɪks/ 名 固 フェニックス《米国 Arizona 州の州都》.

***phone** /fóʊn/

— 名 (~s /~z/) ❶ U [普通は the ~] 電話《telephone の短縮形》: He answered our questions *by phone*. 彼は我々の質問に電話で答えた / speak [talk] *on* [*over*] *the phone* 電話で話をする / Mr. Green, you are wanted *on the phone*. = Mr. Green, there's someone *on the phone* for you. グリーンさん, お電話ですよ / ***get off the phone*** 電話を切る. 語法「通話」の意味では (phone) call と言う: There was a (phone) call for you from Christina. クリスティーナから電話があったよ.

❷ C [しばしば the ~] **電話(機)**, 受話器: *The phone*'s ringing. 電話が鳴っている / answer *the phone* 電話に出る / 「pick up [put down] *the phone* 電話[受話器]を取る[置く] / hang up *the phone* 電話を切る / switch off *the phone* (携帯)電話の電源を切る / May I use your *phone*? 電話を借りてもいいですか? / Your *phone*'s been busy [《英》 engaged] for hours. ずいぶん長電話だったね / Just then she was called to *the phone*. ちょうどその時彼女は電話(口)に呼ばれた. 関連 cellphone, 《英》 mobile phone 携帯電話 / smartphone スマートフォン.

be on the phóne [動] 自 (1) 電話に出ている; (...と)電話で話している (*to*). (2) 《英》 電話を引いている.

— 動 (phones /~z/; phoned /~d/; phon·ing) 他 (人)に**電話する**, 電話をかける [≒call, 《英》 ring]《telephone の短縮形》: Please *phone* me later. 後で私に電話してください《✪ ×phone to me とは言わない》/ She *phoned* me to say she had been delayed. 彼女は私に(出発が)遅れたと電話してきた.

— 自 **電話をかける**, 電話で話す [≒call, 《英》 ring]: I'm *phoning* from the office. 会社から電話しています / Please *phone for* an ambulance. 電話で救急車を呼んでください / He *phoned* to say he would be late. 彼は遅れると電話で伝えた.

phóne ín [動] 自 電話を入れる; (視聴者が番組に)電話する. — 他 (...)を電話で知らせる.

phóne in síck [動] 自 (電話で)病気で行けないと言う, 病気で休むと電話を入れる.

phóne úp [動] 他 (...)に**電話をかける**, 電話口に呼び出す [≒call up, 《英》 ring up] V+名·代+*up* / V+*up*+名: *Phone* me *up* when you get to your office. 会社に着いたら電話をください. — 自 **電話をかける** [≒call up, 《英》 ring up].

-phone /fòʊn/ 接尾 ❶「音を出す機械[装置]」の意: ear*phone* イヤホン. ❷「...語を話す(人)」の意.

phóne bòok 名 C 電話帳 [≒(telephone) directory]: Look up his name in the *phone book*. 電話帳で彼の名を調べなさい.

+**phóne bòoth** 名 (- booths /-bùːðz, -bùːθs/) C (公衆)**電話ボックス** [《英》 phone box].

phóne bòx 名 C 《英》 = phone booth.

+**phóne càll** 名 (~s /~z/) C **電話の呼び出し, 通話** (call): I got a ***phone call from*** Tom. トムから電話があった / Can I ***make a*** quick ***phone call***? ちょっと電話かけてもいいかな.

phone·card /fóʊnkàəd | -kàːd/ 名 C テレホンカード.

phone-in /fóʊnìn/ 名 C 《英》 = call-in.

pho·neme /fóʊniːm/ 名 C〔言語〕音素.

***phóne nùmber** 名 (~s /~z/) C **電話番号** (telephone number): "May I have your *phone number*?" "Certainly." 「電話番号を伺ってもよろしいですか」「いいですよ」 参考 電話番号は普通は棒読みにする. 0 は o(h) /óʊ/ と読む. このほか《米》では zero, 《英》では nought と読むこともある《⇒ zero 語法 (1)》: 920–1161 (nine two 0 /óʊ/, one one six one). ただし 920–1161 を nine twenty one one sixty-one のように最後の 2 けたの数を 10 の位の数にして言うこともある. 11 のように同じ数字が 2 つ重なるときには "double one" のように読むこともある.

phone-tap·ping /fóʊntæpɪŋ/ 名 U (電話の)盗聴.

pho·net·ic /fənétɪk/ 形 ❶ 限定〔言語〕音声(学)の. ❷〔言語〕音声[発音]を表わす; (つづり字が)表音(式)の. **-net·i·cal·ly** /-kəli/ 副 音声学的に; 発音どおりに.

pho·ne·ti·cian /fòʊnətíʃən/ 名 C 音声学者.

pho·net·ics /fənétɪks/ 名 U 音声学, 発音学.

phonétic sýmbol 名 C 発音記号.

pho·ney /fóʊni/ 形 名 《英》 = phony.

phon·ic /fá(ː)nɪk | fɔ́n-/ 形 限定〔言語〕音の, 音声の.

phon·ics /fá(ː)nɪks | fɔ́n-/ 名 U〔言語〕フォニックス《つづり字と発音の関係を教える教授法》.

pho·no·graph /fóʊnəgræf | -gràːf/ 名 C 《米古風》蓄音機 [《英》 gramophone].

pho·nol·o·gy /fəná(ː)ləʤi | -nɔ́l-/ 名 U〔言語〕音韻論; (ある言語の)音韻組織[記述].

pho·ny /fóʊni/ 形 (pho·ni·er; -ni·est) 《略式》偽の, いんちきな; 不誠実な. — 名 (複 pho·nies) C 偽物; 詐欺師, ぺてん師.

phoo·ey /fúːi/ 間 《略式, 主に米》へぇー, (そんな)ばかな, ちぇっ《不信·失望·嫌悪を表わす》.

phos·phate /fá(ː)sfeɪt | fɔ́s-/ 名 ❶ U,C 燐酸(りんさん)塩. ❷ U,C [普通は複数形で] 燐酸肥料.

phos·pho·res·cence /fà(ː)sfərés(ə)ns | fɔ̀s-/ 名 U 燐光(りんこう)(を発すること); 青光り.

phos·pho·res·cent /fà(ː)sfərés(ə)nt | fɔ̀s-ˊ/ 形 燐光(りんこう)を発する, 青光りする; 燐光性の.

phos·phor·ic /fa(ː)sfɔ́ːrɪk | fɔsfɔ́r-/ 形〔化学〕燐(りん)の; 燐を含む: *phosphoric* acid 燐酸.

phos·pho·rus /fá(ː)sf(ə)rəs | fɔ́s-/ 名 U〔化学〕燐(りん)《非金属元素; 元素記号 P》.

***pho·to** /fóʊṭoʊ/

— 名 (~s /~z/) C《略式》**写真** (photograph): Can you take a ***photo of*** us? 私たちの写真をとってもらえますか / I had my *photo* taken. 写真をとってもらった.

pho·to- /fóʊṭoʊ/ 接頭「光; 写真」の意: *photo*chemical 光化学の / *photo*graph 写真.

phóto bòoth 名 C 証明用写真ボックス.

pho·to·chem·i·cal /fòʊṭoʊkémɪk(ə)l/ 形 光化学の: *photochemical* smog 光化学スモッグ.

pho·to·cop·i·er /fóʊṭəkɑ̀(ː)piə | -kɔ̀piə/ 名 C コピー機.

+**pho·to·cop·y** /fóʊṭəkɑ̀(ː)pi | -kɔ̀pi/ 名 (-cop·ies /~z/) C (複写機による)**コピー**, 複写 (copy). — 動 (-cop·ies /~z/; -cop·ied /~d/; -y·ing) 他 (複写機で)(...)の**コピーをとる**, 複写[コピー]する (copy).

phóto fínish 名 C (競馬などの)写真判定(を要する決勝場面); (選挙などの)大接戦.

pho·to·gen·ic /fòʊṭəʤénɪk/ 形 写真に適する, 写真向きの, 写真うつりのよい.

pho·to·graph /fóʊṭəgræ̀f | -grɑ̀ːf/ !アク

— 名 (~s /~s/) C **写真** [《略式》 photo]《⇒ picture 2》: I took a ***photograph of*** Mt. Fuji. 私は富士山の写真をとった / My mother doesn't like「to have [having] her *photograph* taken. 母は写真をとられるのが嫌いだ / NO PHOTOGRAPHS 写真撮影禁止《掲示》. (形 phòtográphic)

— 動 他 (...)の写真をとる. 語法 日常の英語では普通この意味では take a photo [picture] を用いる.

— 自 [副詞(句)を伴って] 写真にうつる: He *photographs well* [*badly*]. 彼は写真うつりがいい[悪い].

〖語源 ⇒ photo-, graph キズナ〗

pho·tog·ra·pher /fətɑ́(ː)grəfɚ | -tɔ́grəfə/ !アク

— 名 (~s /~z/) C **カメラマン**, 写真家; (一般に)写真をとる人: a press *photographer* 新聞[雑誌]社のカメラマン. 日英 新聞や雑誌などの(スチール)写真をとる人も日本では「カメラマン」と呼ぶが, 英語では普通 photographer という. 英語の cameraman は映画やテレビの撮影をする人を指す.

+**pho·to·graph·ic** /fòʊṭəgrǽfɪk/ 形 ❶ 限定 **写真の**, 写真撮影(用)の: *photographic* paper 印画紙. ❷ 限定 写真のように正確な: a *photographic* memory 写真のように正確[鮮明]な記憶力. (名 phótogràph)

+**pho·tog·ra·phy** /fətɑ́(ː)grəfi | -tɔ́g-/ !アク 名 U **写真術**; 写真撮影(業).

pho·to·jour·nal·is·m /fòʊṭoʊʤə́ːnəlìzm | -ʤə́ː-/ 名 U 写真ジャーナリズム《写真を主体にした新聞・雑誌の報道(形式)》.

pho·ton /fóʊtɑ(ː)n | -tɔn/ 名 C〔物理〕光(電)子《量子の一種で光のエネルギー単位》.

phóto opportùnity [《米略式》 **òp**] 名 C (政治家・有名人がカメラマンに与える)写真撮影の場.

pho·to·sen·si·tive /fòʊṭoʊsénsəṭɪv/ 形 (紙などが)感光性の.

Pho·to·stat /fóʊṭəstæ̀t/ 名 C [ときに p-] フォトスタット《直接複写カメラ; 商標》; 写真複写, コピー.

pho·to·syn·the·sis /fòʊṭoʊsínθəsɪs/ 名 U〔生物〕(植物の)光合成.

phras·al /fréɪz(ə)l/ 形 句の, 句から成る. (名 phrase)

phrásal vérb 名 C〔文法〕句動詞《⇒ **巻末文法** 4 (5)》.

*__phrase__ /fréɪz/ 名 (phras·es /~ɪz/)

> 意味のチャート
> ギリシャ語で「話し方」の意 →「**ことばづかい**」❷ →(独特の言い回し) →「**成句**」❶ →「**句**」❸

❶ C **成句**, **熟語**, 慣用句, 決まり文句: a set [fixed] *phrase* 成句, 決まり文句 / "Drop in" is a common *phrase* meaning "visit casually." drop in は「ふらりと立ち寄る」という意味でよく使う慣用句だ.

❷ C **ことばづかい**, 言い回し; 名言, 警句: well-known *phrases* 名文句 / a happy *turn of phrase* うまい言い回し. 関連 catchphrase 標語.

❸ C〔文法〕**句**《⇒ **巻末文法** 1. 4 (1); sentence 名 1 関連》: a noun *phrase* 名詞句 / a prepositional *phrase* 前置詞句 / a *phrase* preposition 句前置詞.

❹ C〔音楽〕フレーズ, 楽句. (形 phrásal)

— 動 他 ❶ (...)をことばで表わす. ❷〔音楽〕(...)をフレーズを際立たせて演奏する.

phráse bòok 名 C (海外旅行者などのための)外国語の慣用表現集, 会話表現集.

phra·se·ol·o·gy /frèɪziɑ́(ː)ləʤi | -ɔ́l-/ 名 U《格式》専門用語; ことばづかい, 言い回し.

phras·ing /fréɪzɪŋ/ 名 ❶ U ことばづかい, 語法. ❷ U〔音楽〕フレージング《楽句の正しい演奏法》.

phut /fʌ́t/ 名 [単数形で]《英略式》ぱん, ぽん《物が破裂する音》. **gò phút** [動] 自《英略式》(機械などが)壊れる, 動かなくなる.

Phyl·lis /fílɪs/ 名 固 フィリス《女性の名》.

phy·lum /fáɪləm/ 名 (複 phy·la /fáɪlə/) C〔生物〕(動植物の分類上の)門.

phys·i·cal /fízɪk(ə)l/

— 形

> 意味のチャート
> 原義はラテン語で「自然に関する」.
> →(物体の) →「**物質的な**」❷,「**物理的な**」❸《⇒ physicist》
> →(人体の) →「**身体の**」❶《⇒ physician》

❶ [普通は 限定] **身体の**, 肉体の [⇔ mental]: I'm in good *physical* condition. 私は体調が良い / a *physical* checkup 健康診断.

❷ 限定 **物質的な**, 有形の [≒material]; 自然界の, 自然の: the *physical* world 物質の世界.

❸ 限定 **物理学(上)の**, 物理的な: a *physical* change 物理的変化 / a *physical* impossibility 自然法則的に不可能なこと. ❹ (特に競技で)荒っぽい;《略式》人の体にさわりたがる. ❺ (男女の関係などが)肉体的な. (名 3 では phýsics)

— 名 C 健康診断, 身体検査.

phýsical educátion 名 U (学校の)体育《略 PE》.

phýsical examinátion 名 C = physical.

*__phys·i·cal·ly__ /fízɪkəli/ 副 ❶ **身体上**, 肉体的に [⇔ mentally]: be *physically* fit 体調がよい / be *physically* and emotionally exhausted 心身ともに疲れきっている. ❷ 物理的に, 全く: *physically* impossible 物理的に[全く]不可能な.

phýsical scíence 名 [U または the physical sciences の形で] (生命科学を除いた)自然科学《物理学・化学・天文学など》.

phýsical thérapy 名 U《米》理学[物理]療法《運動・マッサージなどによる》.

+**phy·si·cian** /fɪzíʃən/ !アク 名 (~s /~z/) C《格式,

主に米》**医者**, 開業医 [≒doctor]; 内科医: He practiced as a *physician*. 彼は開業医をしていた / see a *physician* 医者に診てもらう. 語法《英》では古風な語となっている. 関連 surgeon 外科医 / dentist 歯科医 / general practitioner 一般開業医.

+**phys·i·cist** /fízəsɪst/ 名 (-i·cists /-sɪsts/) C **物理学者**.

+**phys·ics** /fízɪks/ 名 U **物理学**: nuclear *physics* 原子核物理学 / applied *physics* 応用物理学. (形 phýsical 3)

phys·i·og·no·my /fɪziá(ː)(g)nəmi | -ɔ́(g)nə-/ 名 (-no·mies) C《格式》人相; 顔つき (*of*).

phys·i·o·log·i·cal /fɪziəlá(ː)ʤɪk(ə)l | -lɔ́ʤ-←/ 形 限定 生理的な; 生理学の, 生理学上の.

phys·i·ol·o·gist /fɪziá(ː)ləʤɪst | -ɔ́l-/ 名 C 生理学者.

phys·i·ol·o·gy /fɪziá(ː)ləʤi | -ɔ́l-/ 名 ❶ U 生理学. ❷ U 生理(機能) (*of*).

phys·i·o·ther·a·py /fɪzioʊθérəpi/ 名 U《英》= physical therapy.

phy·sique /fɪzíːk/ 名 C (特に男性の)体格.

pi /páɪ/ 名 ❶ C パイ, ピー《ギリシャ語アルファベットの第16文字 pi;, Π; ⇒ Greek alphabet 表》. ❷ U〔数学〕円周率, パイ《3.1415926...》: How I wish I could calculate *pi*! 円周率が計算できればいいのだが《この文の単語の字数を並べると円周率となる; ⇒ mnemonic》. 参考 円周率を覚えるための文についてはさらに ⇒ coffee 1 の例文.

pi·a·nis·si·mo /pìːənísəmòʊ/ 副 形〔音楽〕ピアニシモで[の]《きわめて弱く[弱い]; 略 pp》. 関連 fortissimo フォルティシモで, きわめて強く.

pi·an·ist /piǽnɪst, píːən-/ 名 C ピアニスト, ピアノ演奏者; [前に形容詞をつけて] ピアノを弾くのが...の人: Mary is a *good* [*poor*] *pianist*. メアリーはピアノがうまい[下手だ].

pi·an·o**[1] /piǽnoʊ, piáːn-/ ❗アク 名 (～s/～z/) C **ピアノ**: play the *piano* ピアノを弾く《⇒ play 他 2 の 2 番目の 語法》/ He played that tune ***on his old ***piano***. 彼はその曲を古いピアノで弾いた / She takes [gives] *piano* lessons on Fridays. 彼女は毎週金曜日にピアノを習って[教えて]いる // ⇒ grand piano, upright piano. 〖語源 イタリア語 pianoforte (強弱)の略; 音の強弱を出せるという意味〗

pi·a·no[2] /piáːnoʊ | pjáː-/ 副 形〔音楽〕ピアノで[の]《弱く, 弱音[声]で; 略 p》. 関連 forte フォルテ, 強く.

pi·an·o·forte /piæ̀noʊfɔ́ətèɪ, -ṭi | -fɔ́ː-/ 名 C《古風》ピアノ.

pi·a·no·la /pìːənóʊlə/ 名 C [ときに P-] ピアノラ《自動ピアノ (player piano) の一種; 商標》.

pi·az·za /piáːtsə, -ǽtsə/ 名 (複 ～s, **pi·az·ze** /piáːtseɪ, -ǽtseɪ/) C (イタリアなどの)広場.

pic /pík/ 名 (～s, **pix** /píks/) C《略式》画像, 写真; 映画 [≒picture].

pic·a·resque /pìkərésk←/ 形 [普通は 限定] (小説が)悪漢を主人公にした, 悪漢小説の.

Pi·cas·so /pɪkáːsoʊ | -kǽs-/ 名 固 **Pa·blo** /páːbloʊ | pǽb-/ ～ ピカソ (1881-1973)《スペイン生まれのフランスの画家・彫刻家》.

pic·a·yune /pìkəjúːn←/ 形《米略式》つまらない, くだらない; (人が)けちな, 心の狭い.

Píc·ca·dil·ly Círcus /píkədìli-/ 名 固 ピカデリーサーカス《London の都心にある広場》.

pic·ca·lil·li /pìkəlíli/ 名 U 野菜のからし漬.

pic·co·lo /píkəlòʊ/ 名 (～s) C ピッコロ《フルートより小さく, 1 オクターブ高い音を出す横笛》.

***pick /pík/

— 動 (picks /～s/; picked /～t/; pick·ing)

> 意味のチャート
> 「(とがった物で)**つつく**」❺, ❻ → (つついて取る)
> → 「**摘む**」❷ → (選んで摘む) → 「**選ぶ**」❶ / → 「**つまみ取る**」❸

— 他 ❶ (...)**を選ぶ**, 選び取る; (人)を選び出す, 選んで...させる《⇒ choose 類義語》: They ***picked*** a good day ***for*** the picnic. V+O+*for*+名 彼らはピクニックによい日を選んだ / She ***was picked as*** captain of the team. V+O+*as* (名)の受身 彼女はチームのキャプテンに選ばれた《⇒ as 前 1 語法 (1)》/ She ***was picked to*** chair the meeting. V+O+C (*to* 不定詞)の受身 彼女は議長に選ばれた / *pick* one's words ことばを選ぶ.

❷ (草花・実など)**を摘む**, 摘み取る, もぐ: I *picked* flowers in the field. 私は野原で花を摘んだ / He *picked* an apple ***for*** her. 彼は彼女にりんごを 1 つもいであげた.

❸ (...)**をつまみ取る**, 抜く; (鳥)の羽毛をむしり取る《料理のため》: He ***picked*** the meat ***from*** [***off***] the bone. V+O+前+名 彼は骨から肉を取った / Please ***pick*** this thorn ***out of*** my finger. 私の指に刺さったこのとげを抜いてください. ❹ (歯・鼻など)をほじくる: Don't *pick* your teeth in public. 人前で歯をほじくらないように. ❺ (鳥などが)(えさ)をつつく, ついばむ: The chick was *picking* grains of rice. そのひなは米粒をついばんでいた. ❻ (とがった物で)(...)をつつく, (つつくようにして)掘る; つついて(...に)(穴)をあける: She *picked* little holes *in* the paper with a pin. 彼女はピンで紙に小さな穴をあけた. ❼《米》(弦楽器)を(指で)つまびく, かき鳴らす. ❽ (錠)をこじあける《鍵以外の針金やピンなどで》. ❾ (...)を盗む, すり取る: *pick* ...'s pocket《⇒ pocket 名 成句》. ❿ (人に)(けんかなど)をふっかける (*with*).

píck and chóose [動] 自 念入りに選ぶ, より好みする.

píck ... cléan [動] 他 (骨など)から肉をすっかり取り去る.

píck hóles in ... [動] 他 ⇒ hole 名 成句.

píck ... to píeces [動] 他 ⇒ piece 名 成句.

píck one's **wáy** [動] 自 道を選びながら[慎重に]進む《⇒ way[1] 成句の囲み》.

pick の句動詞

+**pick at ...** 動 他 ❶ **...をつつく**, ついばむ; ...をちょっとだけ食べる, つつき回す (受身 be picked at): She only *picked at* her food. 彼女はほんの少ししか食べなかった. ❷ ...を(指で何回も)引っ張る, つまむ.

+**pick óff** 動 他 ❶ (...)**を摘み取る**, もぎ取る, むしり取る V+名·代+*off* / V+*off*+名: *Pick off* all the withered leaves. 枯れた葉を全部摘み取ってください. ❷ (人・動物など)を 1 人[1 匹]ずつねらい撃ちする. ❸〔野球〕(走者)を牽制(けんせい)球で刺す.

+**pick on ...** 動 他 ❶ S《略式》**...のあら探しをする**; ...をがみがみしかる, 責める; ...をいじめる. ❷ ...を選び出す; (いやな仕事をさせるために)(人)を選ぶ.

+**pick óut** 動 他 ❶ (...)**をつまみ[抜き]出す**; (多数の中から)**選ぶ**, 選び出す《⇒ pick up 他 4 日英》V+名·代+*out* / V+*out*+名: She *picked out* a nice tie *for* me. 彼女は私にすてきなネクタイを選んでくれた. ❷ (多数の

中から)(...)を見分ける, 見つけ出す: I soon *picked* Mr. Green *out in* the crowd. 人込みの中ですぐにグリーンさんを見つけ出せた. ❸ (意味など)を発見[識別]する. ❹ [しばしば受身で] (...)を(周りと異なる色で)際立(きわだ)たせる (*in, with*). ❺ (曲)を聞き覚えで(たどたどしく)演奏する.

píck óver 動 他 (...)を(手に取ったりして)念入りに調べる, 選び抜く.

***píck úp** 動 他 ❶ (...)を**拾い上げる**, 拾う; **取り上げる**, 抱き上げる; (寄せ)集める V+名·代+*up* / V+*up*+名: I *picked up* a wallet on the street. 私は路上で財布を拾った.

❷ (物)を**取りに行く[来る]**, 取ってくる; (車で)(人)を迎えに行く[来る], 連れてくる V+名·代+*up* / V+*up*+名: This is room 405. Can you *pick up* my laundry? こちらは405 号室ですが, 洗濯物を取りに来てくれますか《405 は four o(h) /óʊ/ five と読む》/ I'll *pick up* the ticket at the airport counter. 空港のカウンターで切符を受け取ります / I'll *pick* you *up* at the station. 駅まで迎えに行きます.

❸ (...)を(車に)**乗せる**, (タクシーが)(客)を拾う V+名·代+*up* / V+*up*+名 [⇔drop]: The bus *picked up* several people at the first stop. バスは最初の停留所で数人を乗せた.

❹ (...)を**手に入れる[見つける]**; (外国語など)を聞き覚える, 身につける; (知識·情報など)を得る; (病気)にかかる; (...)を買う《通りがかりに, またはお得な値段で》; (生活費)を稼ぐ V+名·代+*up* / V+*up*+名: I *picked up* this information at a restaurant. 私はこの情報をレストランで耳にした / Can I *pick up* anything at the supermarket *for* you? スーパーで何か買ってきてあげようか. 日英 「選び出す」という意味の「ピックアップする」に当たるのは pick out. ❺《略式》(...)をナンパする, 引っかける. ❻ (犯人)を捕らえる. ❼ (...)を受信[傍受]する. ❽ (中断のあとで)(話など)を再開する, さらに論じる. ❾《略式》(...)の支払いを引き受ける. ❿ (...)の元気を回復させる(⇒ pick-me-up). ⓫《主に米》(...)を片づける; (部屋など)を整頓する. ⓬ (速度)を上げる, 速める. ⓭ (におい·音·徴候など)に気づく.

— 自 ❶ (元気[健康]が)**回復する**; (状況が)好転する: Tom has been ill, but he's *picking up* now. トムは病気だったが今は少しずつよくなっている.

❷《略式, 主に米》**部屋を片づける**: Why do I always have to *pick up after* my son? どうして息子のあと片づけをいつも私がしなきゃいけないのよ. ❸《略式》(話·活動を)再開する: Let's *pick up* where we left off. 前回中断したところから始めましょう. ❹ (風が)強くなる, (速度が)上がる.

píck oneself úp [動] 自 (転んで)起き上がる; (失敗などから)立ち直る.

píck úp on ... [動] 他 ...に気づく; ...を取り上げる, ...に戻って論じる. (名 píckùp)

— 名 ❶ U [普通は所有格の後で] 選択(権): You can take [have] *your pick* (*of* these). (これらの中から)自由に選べるよ. ❷ [the ~] えり抜き, 最上のもの: *the pick of* the bunch 群を抜いた人[物], ぴか一. ❸ C《略式》選ばれた人[もの]. ❹ C [しばしば合成語で] つつく道具; つまようじ (toothpick). ❺ C = pickax. ❻ C《略式》(ギターなどの)ピック.

pick-and-mix /píkənmíks⁻/ 形《英》よりどりみどりの.

pick·ax,《英》**pick·axe** /píkæ̀ks/ 名 C つるはし.

picked /píkt/ 形 限定 精選した, えり抜きの.

pick·er /píkɚ | -kə/ 名 C (草花·実などを)摘む人; 摘み取り機: a cotton *picker* 綿の摘み手.

pick·et /píkɪt/ 名 ❶ C スト破り監視員, ピケ. ❷ C [《英》単数形でもときに複数扱い] ピケ隊; = picket line. ❸ C 見張り(兵); [《英》単数形でもときに複数扱い] 警戒隊. ❹ C [しばしば複数形で] 先のとがったくい《垣根·柵(さく)などを作るのに使う》. — 動 他 (スト中に) (工場·労働者など)の監視をする; (...)にピケを張る; (...)にピケ隊をおく; (兵士)を見張りに立たせる. — 自 ピケに立つ; 見張りをする.

pícket fénce 名 C《米》くい柵(さく), くい垣.

pícket lìne 名 C (労働争議などの)ピケライン: cross a *picket line* スト破りをする.

pick·ing /píkɪŋ/ 名 ❶ U 摘むこと, 摘み取り. ❷ [複数形で]《略式》(楽に[不当に]手に入る)利益, もうけ, 役得: expect easy [rich] *pickings* ぼろもうけを期待する. ❸ U 鍵をこじあけること, ピッキング.

⁺**pick·le** /píkl/ 名 (~s /~z/) ❶ C [普通は複数形で] **ピクルス**, 漬物《野菜などの塩漬けや酢漬け》. 参考《米》ではきゅうりの,《英》ではたまねぎのピクルスを指すことが多い. ❷ U《英》漬け汁. **be in a (prètty) píckle** [動] 自《古風》苦境にある, 困っている.
— 動 他 (野菜など)を漬物にする.

pick·led /píkld/ 形 ❶ ピクルスにした, 漬物の. ❷ 叙述《古風, 略式》酔っ払った.

pick-me-up /píkmiʌ̀p/ 名 C《略式》疲労を回復させるもの, 元気のもと《酒·コーヒー·ドリンク剤など》.

pick·off /píkɔ̀:f | -ɔ̀f/ 名 C【野球】牽制(けんせい)による刺殺: make a *pickoff* throw to second base 2 塁へ牽制球を投げる.

pick·pock·et /píkpɑ̀(:)kɪt | -pɔ̀k-/ 名 C すり《人》.

⁺**pick·up** /píkʌ̀p/ 名 (~s /~s/) ❶ C **小型無蓋(むがい)トラック**: We use a *pickup* to make deliveries. 私たちは配達するのに小型トラックを使う. ❷ C (景気などの)好転, 回復 (*in*). ❸ C,U (乗り物が)客を乗せること, (タクシーの)客拾い; (トラックの)荷積み; (ごみの)収集; (商品の)受け取り. ❹ C《略式》ナンパでひっかける相手. ❺ U《米》(車の)加速(力). ❻ C (エレキギターの)ピックアップ. — 形 限定《米》(試合が)即席の, 寄せ集めのチームで行なう. (動 pick úp)

píckup trùck 名 C = pickup 1.

pick·y /píki/ 形 (pick·i·er; -i·est)《略式》[軽蔑的] 好みがうるさい (*about*): a *picky* eater (食べ物の)好き嫌いの多い人.

****pic·nic** /píknɪk/ アク

— 名 (~s /~s/) ❶ C (食事に重点をおいた)**ピクニック**, (食べ物持参の)遠足; [形容詞的に] ピクニック(用)の: ***go on*** [***for***] ***a picnic*** ピクニックに行く / a *picnic* basket [lunch] ピクニック用のバスケット[弁当].

❷ C **野外での食事[会食]**;《英》野外に持参する食べ物: Let's ***have a picnic*** in the backyard. 裏庭で食事をしよう / Japanese people gather for *picnics* under the cherry blossoms. 日本人は桜の花の下に集まって花見の宴を開く. 日英 日本語の「ピクニック」は歩くことに重点があるが, 英語では(野外で)食事することに重点がある(⇒ hike 参考). ❸ [単数形で; 普通は否定文に用いて]《略式》楽しい経験[時間]; 楽な仕事: Working is *no picnic*. 働くのは楽じゃないよ.

— 動 (pic·nics /~s/; pic·nicked /~t/; pic·nick·ing) 自 **野外で食事をする**, ピクニックをする: Let's *picnic* on this bench. このベンチで持ってきたものを広げて食べよう.

pic·nick·er /píknɪkɚ | -kə/ 名 C ピクニック客.

pic·to·gram /píktəgræ̀m/, **pic·to·graph** /píktəgræ̀f | -grɑ̀ːf/ 名 C 絵文字, 象形文字; 絵で示した標識, ピクトグラム; 絵グラフ.

pic·to·ri·al /pɪktɔ́ːriəl/ 形 限定 絵の; 絵[写真]で表わした: a *pictorial* magazine 絵[写真]入り雑誌 / a *pictorial* record 絵[写真]による記録. (名 pícture)

-al·ly /-əli/ 副 絵によって, 絵[写真]入りで.

***pic·ture** /píkʧɚ | -ʧə/

— 名 (~s /~z/) ❶ C 絵; 肖像画, 肖像: This is a ***picture of*** Mrs. Lee. これはリー夫人を描いた絵だ / ***draw*** a ***picture*** (線画の)絵を描く / ***paint*** a ***picture*** (絵の具で)絵を描く / A *picture* is a poem without words. 絵はことばのない詩である《ローマの詩人ホラティウス (Horace) のことば》.

❷ C **写真**《photograph よりもくだけた語》: May I ***take*** your ***picture***? あなたの写真をとってもいいですか / The *pictures* came out nicely. 写真はうまくとれていた / "Are we allowed to take *pictures* in here?" "I'm afraid not." 「この中で写真をとってもよいでしょうか」「申し訳ありませんがとれません」

❸ C [普通は単数形で] (映画·テレビの)**画面, 映像,** 画像 (*of*): This television has a very clear *picture*. このテレビは画像がとても鮮明だ.

❹ C [普通は単数形で] **生き生きとした描写**, 記述, 説明; (心に描く)**像**, 観念: This novel ⌈gives you [paints] a good ***picture of*** life in 18th-century London. この小説は 18 世紀のロンドンの生活を生き生きと描いている / Can you form a *picture of* what happened? 何があったかあなたは想像できますか.

❺ [the ~] **状況**, 事情, 様子 [≒situation]: The murder changed *the* whole *picture* of the affair. その殺人事件は事件の全局面を変えてしまった. ❻ C 映画 [《米》 movie, 《英》 cinema, film]《特に映画界で使う》; [the ~s] 《古風》 映画館 [《米》 movies]: be in *pictures* 《主に米》 映画に出演する; 映画界の人間である / go to *the pictures* 映画を見に行く. ❼ [the ~] 生き写し; 化身(けしん): She is *the picture* of her mother. 彼女は母親そっくりだ / He is *the* very *picture* of health. 《略式》 彼は絵にかいたように健康だ(健康そのものだ). ❽ [a ~] 《略式, 主に英》 (絵のように)美しいもの[風景, 人].

(as) prétty as a pícture [形] 《古風》 とてもきれいで.

gét the pícture [動] 自 S 《略式》 事情がわかる, 全体像を把握する.

in the pícture [形] 《略式》 事態にかかわって.

òut of the pícture [形] 《略式》 事態に無関係で.

pút [kéep] ... in the pícture [動] 他 《略式》 (人)に事情を知らせる.

the bíg [bígger, wíder] pícture [名] 《略式》 全体像. (形 pìcturésque, pictórial)

— 動 (pic·tures /~z/; pic·tured /~d/; pic·tur·ing /-ʧ(ə)rɪŋ/) 他 ❶ (...)を**心に描く, 想像する** [≒imagine]: I can't ***picture*** myself ***as*** a parent. V+O+C (as+名) 私は親となった自分など想像もできない / Can you ***picture*** him danc***ing***? V+O+C (現分) 彼がダンスをしている姿を想像できますか / He ***pictured what*** she would do when she found him gone. V+O (wh 節) 彼は自分がいなくなったのを知ったら彼女がどうするか想像した. ❷ [普通は受身で] (事物)を(...として)描写する: Orion *was pictured as* a handsome hunter. オリオンは美男の狩人として描かれていた. ❸ [普通は受身で] (...)を絵にかく, 写真にとる; (...)の写真を(新聞·雑誌などに)載せる.

pícture ... to onesèlf [動] 他 (...)を想像する, 心に思い浮かべる.

〖語源 原義はラテン語で「描かれたもの」〗

pícture bòok 名 C (幼児用)絵本.

pícture càrd 名 C 《英》 (トランプの)絵札 [≒court card, 《米》 face card].

pícture gàllery 名 C 絵画展示室, 画廊.

pícture mès·sag·ing /-mèsɪʤɪŋ/ 名 U (携帯電話での)画像送受信.

pícture póstcard 名 C 《古風》 絵はがき.

pic·ture-post·card /píkʧɚpóʊs(t)kɑ̀ɚd | -ʧə-póʊs(t)kɑ̀ːd←/ 形 限定 非常に美しい.

pic·tur·esque /pìkʧərésk←/ アク 形 ❶ (場所などが)(古風な感じで)絵のように美しい: a *picturesque* village 絵のように美しい村. ❷ (ことば·表現などが)生き生きとした, 真に迫った, 生々しい, あけすけな, 露骨な. (名 pícture)

pícture wìndow 名 C 見晴らし窓《外景を取り入れるために居間などに設けた大きな一枚ガラスの窓》.

pid·dle /pídl/ 動 自 《略式》 おしっこする. **píddle aróund [《英》 abóut]** [動] 自 《略式》 だらだら時を過ごす.

pid·dling /pídlɪŋ/ 形 限定 《略式》 [軽蔑的] つまらない, 取るに足らない.

pid·gin /píʤɪn/ 名 U,C ピジン《異なる言語を話す人たちの間で使われる, 語彙(ごい)·文法が簡略化された混合言語》. 関連 creole クレオール.

pídgin Énglish 名 U ピジンイングリッシュ《アジア·アフリカなどの一部で用いられる通商英語で, その土地の言語が混合した変則的な英語》.

***pie** /páɪ/ (同音 pi)

— 名 (~s /~z/) ❶ C,U [しばしば合成語で] パイ《小麦粉とバターをこねて, 果物·肉などを中に詰めて焼いたもの》: a piece [slice] of *pie* パイ 1 切れ / bake a *pie* パイを焼く // ⇒ apple pie, mince pie, pumpkin pie.

参考 《米》 では中身が見えても見えなくても pie というが, 《英》 では中身の見えるものは tart か flan という.

❷ C (分配すべき収益などの)総額, 全体: a slice [share, piece] of the *pie* (金·収益などの)分け前.

(as) éasy as píe [形] 《略式》 とても易しい.

píe in the ský [名] 《略式》 当てのない空想, 絵にかいたもち.

pie·bald /páɪbɔ̀ːld/ 形 (馬などが)白黒まだらの, ぶちの.
— 名 C (白と黒の)まだら馬.

***piece** /píːs/ (同音 peace)

— 名 (piec·es /~ɪz/) ❶ C [数えられない名詞を個別に数えるときの単位として] (1) [物質名詞とともに用いて] **1 つ, 1 個**, 1 切れ, 1 本, 1 枚 (⇒ part 類義語): a ***piece of*** wood 木片 1 つ / several *pieces of* meat 何切れかの肉 / two *pieces of* chalk チョーク 2 本 (⇒ chalk 語法) / a *piece of* cloth 1 枚の布 / cut the pizza ***into*** eight ***pieces*** ピザを 8 つに切る.

(2) [抽象名詞とともに用いて; 普通は単数形で] **1 つ**, 1 例: a useful *piece of* advice 1 つの有益な忠告 / I'll give you a *piece of* information [good news]. あなたに情報[よい知らせ]を 1 つあげよう.

> 発音 piece は後に続く名詞ほどの強いアクセントを受けず, a pìece of méat, a pìece of advíce のように発音される. a cùp of téa, a glàss of wáter, a shèet of páper, a bàr of sóap, an àrticle of fúrniture などのアクセントも同様.

❷ Ⓒ **断片**, 破片: ***pieces of*** broken glass 割れたガラスの破片 / tear [rip] ... ***to*** [***into***] ***pieces*** ...をずたずたに引き裂く / I found my favorite vase ***in pieces***. 私のお気に入りの花びんが粉々になっていた.
❸ Ⓒ **一部分**, 1片, (ひと組の中の)一部, 部品; (土地の)一区画: a bad ***piece of*** road 道路の痛んだ部分 / the *pieces of* a jigsaw puzzle ジグソーパズルのピース / Some *pieces of* the coffee set were broken. コーヒーセットのうちのいくつかが割れていた / ***take*** a clock ***to pieces*** 時計を分解する / A *piece of* the land was sold. その土地の一区画が売れた.
❹ Ⓒ (1つの)**芸術作品**, 小品《文・詩・脚本・絵・楽曲など》, (テレビ・ラジオの)ニュース (*about*, *on*): a fine *piece of* music [poetry] 優れた1曲[詩の1編] / a dramatic *piece* 戯曲 / an excellent *piece of* sculpture すばらしい彫刻作品. ❺ Ⓒ (製品の)単位, 個: a *piece of* linen リネン1反 / two nice *pieces of* work 見事な製品2個. ❻ Ⓒ 硬貨 [≒coin]: a ten cent *piece* 10セント貨. ❼ Ⓒ (チェスなどの)こま. ❽ [a ~] 《米》(利益などの)分け前, 利権 (*of*). ❾ Ⓒ 《米俗》(小)銃.

(áll) in óne píece [副] 《略式》(物・人が)無事に.
(áll) of a píece [形] (1) 《格式》同じ性質[種類]の. (2) 《格式》(...と)一致して (*with*).
fáll to píeces [動] ⓐ (1) [進行形で] 古くなって傷む. (2) (人が)精神的に参る, うろたえる. (3) (計画などが)だめになる.
gò (áll) to píeces [動] ⓐ (人が肉体的・精神的に)参ってしまう.
píck ... to píeces [動] ⓣ 《略式》(...)のあら探しをする.
píck úp the píeces [動] ⓐ (ばらばらなものを)寄せ集める; 事態を収拾する.
píece by píece [副] 一つ一つ, 少しずつ.
púll [ríp, téar] ... to píeces [動] ⓣ 《略式》(...)をこきおろす.
sáy one's **píece** [動] ⓐ 思い[考え]をぶちまける.
to píeces [副] (1) ばらばらに, ずたずたに, 粉々に (⇒ 2, 3). (2) 《略式》すっかり, とことん.
— 動 [次の成句で] **píece togéther** [動] ⓣ (ばらばらの断片から) (話など)をまとめ(上げ)る, 総合する, (真相など)を見出す; (破片・部分など)をつなぎ合わせる, つなぎ合わせて作る.

-piece /pìːs/ 接尾 [数詞に付けて]「...個[人]から成る」の意: a five-*piece* band 5人編成のバンド.
piece·meal /píːsmìːl/ 副 形 [悪い意味で] (改革などが)場当り的に[な], 少しずつ(の); 断片的に[な].
piece·work /píːswə̀ːk | -wəːk/ 名 Ⓤ 出来高(払いの)仕事.
píe chàrt 名 Ⓒ 円グラフ. 関連 bar graph [chart] 棒グラフ.
pied /páɪd/ 形 限定 (鳥などが)(黒と白の)まだらの, 雑色の.
Pied Pip·er of Ham·e·lin /páɪdpáɪpəəvhǽm(ə)lɪn | -páɪpə(r)əv-/ 名 [the ~] 〔ドイツ伝説〕ハーメルンの笛吹き《ハーメルン(ドイツ北部の都市)の町中のねずみを退治したのに約束の礼金がもらえず, 仕返しに町中の子供を笛で誘い出して隠したという笛吹き》.
pier /píə | píə/ 名 ❶ Ⓒ 桟橋(さんばし), 埠頭(ふとう), 船着き場《船の乗り降りのほか《主に英》で遊歩場ともなる; ⇒ wharf 表》; 防波堤: The ship came alongside the *pier*. 船は桟橋に横付けになった. ❷ Ⓒ 橋脚, 橋げた.
+**pierce** /píəs | píəs/ 動 (pierc·es /~ɪz/; pierced /~t/; pierc·ing) ⓣ ❶ (...)を**突き抜く**, 貫く, (...)に穴をあける: The arrow *pierced* the wall. 矢は壁を貫いた / The bullet *pierced* his right lung. 弾丸が彼の右肺を貫通した / I had [got] my ears *pierced* on my 15th birthday. 私は15歳の誕生日に耳たぶにピアスの穴をあけ(てもらっ)た. 日英 耳につけるピアスという意味の名詞としては用いない. その場合は (pierced) earrings という.
❷ 《文語》(苦痛・寒さ・悲しみなどが)(...)の**身にしみる**, (...)にしみ通る; (...)を深く感動させる: The cold *pierced* me to the bone. 寒さが骨までしみた / Her heart was *pierced* with sorrow. 彼女の胸は悲しみで張り裂けそうだった. ❸ 《文語》(音が)(静けさなど)を破る; (光が)(暗やみなど)に差し込む: A shriek *pierced* the night air. 悲鳴が夜気を裂いて聞こえた.
— ⓐ 突き刺さる, 貫く; 《文語》(音・光が)入り込む (*through*).
pierced /píəst | píəst/ 形 穴のあいた; (イヤリングなどが)ピアスの; (耳たぶが)ピアス用に穴のあいた: a pair of *pierced* earrings ピアス1組.
pierc·ing /píəsɪŋ | píəs-/ 形 ❶ 突き刺すような. ❷ 限定 (声などが)かん高い; (寒さ・風・悲しみなどが)身にしみる; 鋭い: a *piercing* shriek かん高い叫び声. ❸ 限定 《文語》(目・視線が)(物事を)見通すような. — 名 Ⓤ,Ⓒ ピアスの穴(をあけること). **~·ly** 副 突き刺すように; 鋭く; 見通すように.
pi·e·ty /páɪəṭi/ 名 Ⓤ 敬虔(けいけん), 信心深さ [⇔ impiety]. (形 píous)
+**pig** /pɪ́g/ 名 (~s /~z/) ❶ Ⓒ **豚**. ✪ 鳴き声については ⇒ cry 表. 関連 pork 豚肉 / bacon ベーコン / ham ハム.

pig 《米》hog	boar (去勢しない雄豚)	豚
	hog (去勢した食用豚)	
	sow (雌豚)	

❷ Ⓒ Ⓢ 《略式》[軽蔑的] 薄汚い[欲深な, 食いしんぼうな]やつ. ❸ Ⓒ 《俗》[軽蔑的] 警官, ポリ公. ❹ [a ~] Ⓢ 《英》やっかいなこと: *a pig of a* job 大変な仕事.
búy a píg in a póke [動] ⓐ (安物を)無造作に買う, 現物を見ないで買う. 由来 poke は袋を指し, 中を見もせず袋に入った豚を買うという意味.
màke a píg of onesèlf [動] ⓐ 《略式》がつがつ食べる, がぶがぶ飲む.
màke a píg's éar (òut) of ... [動] ⓣ 《英略式》...をしくじる, やりそこなう.
Pígs mìght flý. 《英略式》豚だって空を飛ぶかもしれない(そんなことあるわけない).
when pígs flý [副] 《米略式》そんなことあるわけないが.
— 動 (pigs; pigged; pigging) [次の成句で] **píg óut** [動] ⓐ 《略式》(...を)がつがつ食べる, 平らげる (*on*).
+**pi·geon** /pɪ́ʤən/ 名 (~s/~z/) Ⓒ **はと**《野生のはとにも家ばとにも用いる》; Ⓤ はとの肉: a carrier [homing] *pigeon* 伝書ばと. ✪ 鳴き声については ⇒ cry 表.
〖語源 ラテン語で「ひな鳥」の意〗

pigeon (普通の)	はと
dove (特に小型の)	

pi·geon·hole /pídʒənhòul/ 名 C (書類などの)区分け棚, 整理棚. — 動 他 ❶ (...)を区分け棚に入れる; (人·物)を型にはめる[類型化する] (*as*). ❷ (...)を棚上げする, 後回しにする.
pi·geon-toed /pídʒəntóud←/ 形 内またの.
pig·ger·y /pígəri/ 名 (-ger·ies) C 《英》 養豚場, 豚小屋.
pig·gy /pígi/ 名 (pig·gies) C 《略式, 小児語》 子豚; 豚. — 形 (pig·gi·er; -gi·est) 《略式》 [軽蔑的] (目が)豚のような; がつがつした, 貪欲な.
pig·gy·back /pígibæ̀k/ 名 C おんぶ, 肩車. — 形 副 おんぶした[て], 肩車にした[て]: give ... a *piggyback* ride ...をおんぶする. — 動 自 《略式》 (...に)便乗する (*on, onto*).
píggy bànk 名 C (子豚の形をした)貯金箱《子供用》.
pig·head·ed /píghédɪd←/ 形 [軽蔑的] 強情な, つむじ曲がりの.
pig·let /píglət/ 名 C 子豚.
pig·ment /pígmənt/ 名 ❶ U,C 〔生物〕 色素. ❷ U,C 顔料.
pig·men·ta·tion /pìgməntéɪʃən/ 名 U 色素形成; (生物の)色.
pig·my /pígmi/ 名 形 = pygmy.
pig·pen /pígpèn/ 名 ❶ C 《米》 豚小屋. ❷ C 《米略式》 汚い部屋[家].
pig·skin /pígskìn/ 名 ❶ U 豚の皮. ❷ [単数形で] 《米略式》 フットボール用ボール.
pig·sty /pígstàɪ/ 名 (pig·sties) C = pigpen.
pig·tail /pígtèɪl/ 名 C (少女の)おさげ髪 [《米》 braid]: in *pigtails* おさげにして. 関連 ponytail ポニーテール.
pike¹ /páɪk/ 名 C S 《米》 高速有料道路, ハイウェー (turnpike). **cóme dòwn the píke** [動] 自 《米》 起こる, 現われる.
pike² /páɪk/ 名 (複 ~(s)) C かわかます《食用の大きな淡水魚》.
pi·laf, pi·laff /pɪlɑ́:f | pílæf/ 名 U,C ピラフ《味をつけた米に肉などを入れて炊いたもの》.
Pi·la·tes /pɪlɑ́:tiz/ 名 U ピラティス《筋肉を鍛え体の柔軟性を高める運動》.
pil·chard /píltʃəd | -tʃəd/ 名 (複 ~(s)) C ピルチャード《西ヨーロッパ産いわしの一種; ⇒ sardine》.
pile¹** /páɪl/ 名 (~s/~z/) ❶ C (同種のものをきちんと)**積み重ねた山**; (...の)山: a huge ***pile of mail どっさり山のように積まれた郵便物 / put books in [into] neat *piles* 本をきちんと積み重ねる / When I clean my desk, I first sort papers into *piles*. 私は机を片づけるときはまず書類を仕分けして積み重ねる.

pile (同種類のものをきちんと山積みにした)	積み重ね
heap (多少乱雑に高くこんもりと積み上げた)	
stack (同じ大きさ·形のものをきちんと山積みした)	

❷ C (偉容を誇る)大建築物[邸宅](群).
a píle of ... = píles of ... [形] 《略式》 **たくさんの, 大量の** [≒a lot of ..., lots of ...]: I've got 「*a pile* [*piles*] *of* work to do this afternoon. きょうの午後はしなければならない仕事が山ほどある.
máke a [one's] píle [動] 自 《略式》 ひともうけする, ひと財産つくる.
(the) tóp [bóttom] of the píle [名] (社会·組織などの)頂点[底辺].
— 動 (piles /~z/; piled /~d/; pil·ing) 他 ❶ (...)を**積み重ねる**, 山と積む: We *piled* the old magazines (high) in the corner. 私たちは古雑誌を隅に(うずたかく)積んだ.
❷ (場所)に(...を)**積み上げる**; (...)を(場所に)**積み上げる:** a plate ***piled*** high ***with*** french fries フライドポテトを山盛りにした皿 / The farmers ***piled*** hay (high) ***on*** [***onto***] the cart. 農夫たちは荷車に干し草を(うず高く)積み上げた.
— 自 ❶ 積もる; たまる. ❷ [副詞(句)を伴って] 《略式》 どやどやと入る[出る] (*in, out*): The children *piled into* [*out of*] the bus. 子供たちはどやどやとバスに乗り込んだ[バスを降りた].
píle it ón [動] 自 《略式》 (事態の深刻さなどを)大げさに言う, 誇張する.
píle úp [動] 自 (1) 積み重なる, 積もる; (仕事などが)たまる, 山積する. (2) 《略式, 主に米》 (何台もの車が)玉突き衝突する. — 他 (...)を積み重ねる; (...)を累積させる: Dishes were *piled up on* the table. 皿がテーブルの上に積み重ねられていた.
〘語源 pillar と同語源〙
pile² /páɪl/ 名 C パイル《地盤に打ち込むくい》.
pile³ /páɪl/ 名 C,U (ビロード·じゅうたんなどの)けば.
píle drìver 名 ❶ C くい打ち機. ❷ C 《英略式》 〔スポーツ〕 強烈なパンチ[キック].
piles /páɪlz/ 名 複 《略式》 痔(じ).
pile·up /páɪlʌ̀p/ 名 C 《略式》 (車の)玉突き衝突.
pil·fer /pílfə | -fə/ 動 (-fer·ing /-f(ə)rɪŋ/) 他 (...)を(少しだけ)盗む, くすねる (*from*). — 自 こそどろをする (*from*).
pil·grim /pílgrɪm/ 名 ❶ C 巡礼者: The *Pilgrim's* Progress 『天路歴程』《英国の宗教寓意(ぐうい)物語 (1678)》. ❷ [the Pilgrims で] = Pilgrim Fathers.
〘語源 ラテン語で「外国人」の意〙
pil·grim·age /pílgrəmɪdʒ/ 名 C,U 巡礼の旅, 聖地巡り; (名所·旧跡への)旅. 「**gó on [màke] a pílgrimage** [動] 自 巡礼の旅に出る (*to*).
Pílgrim Fáthers 名 複 [the ~] ピルグリムファーザーズ《1620 年 Mayflower 号でアメリカへ渡り, 現在の Massachusetts 州南東部に Plymouth Colony を築いた 102 名の英国の清教徒たち》.
pil·ing /páɪlɪŋ/ 名 C [普通は複数形で] くい.
+**pill** /píl/ 名 (~s /~z/) ❶ C **丸薬**, 錠剤: swallow a sleeping *pill* (丸薬·錠剤状の)睡眠薬を飲み込む / ***Take*** three ***pills*** a day. 1 日 3 錠飲むこと.
❷ [the ~, the P-] **ピル**, 経口避妊薬: be [go] ***on the pill*** ピルを飲んでいる[飲み始める].
a bítter píll ((for ...) to swállow) [名] ((...が)耐えなければならない)いやなこと.
swéeten [súgar] the píll [動] 自 いやな[苦しい]ことを受け入れやすくする.
pil·lage /pílɪdʒ/ 動 他 (...)を略奪する. — 自 略奪する. — 名 U (戦時の)略奪.
+**pil·lar** /pílə | -lə/ 名 (~s/~z/) ❶ C **柱**, 支柱; 記念

碑: set up *pillars* to support the roof 屋根を支える柱を立てる. ❷ Ⓒ 柱[支え]となるもの, 中心人物, 大黒柱: Newspapers are a *pillar of* democracy. 新聞は民主主義の支えである. ❸ Ⓒ《文語》柱のようなもの《火柱・水柱・立ち昇る煙など》(*of*).

a píllar of stréngth [名] (困った時に)頼りになる人[もの], 頼みの綱.

from píllar to póst [副] あちこち(回って), 右往左往して.

〘語源 pile[1] と同語源〙

píllar bòx 名 Ⓒ《古風, 英》(柱状の)郵便ポスト《普通は赤色》[≒postbox,《米》mailbox].

pill·box /pílbɑ̀(ː)ks | -bɔ̀ks/ 名 ❶ Ⓒ 錠剤入れ, ピルケース. ❷ Ⓒ〔軍隊〕トーチカ《コンクリート製の小型のとりで》. ❸ Ⓒ (上の平らな)縁なし婦人帽.

pil·lion /píljən/ 名 Ⓒ (オートバイなどの)後部座席(⇒ motorcycle 挿絵). ― 副 後部座席に.

pil·lo·ry /píləri/ 動 (-lo·ries; -lo·ried; -ry·ing) 他 ❶ [普通は受身で] (特にマスコミが)(人)を批判する, さらし者にする. ❷ (人)をさらし台にさらす. ― 名 (-lo·ries) Ⓒ さらし台《首と手首を板の間に挟む昔の刑具》.

+**pil·low** /píloʊ/ 名 (~s /~z/) Ⓒ **まくら**(⇒ bedroom 挿絵); まくらの代わりになるもの: toss and turn on one's *pillow* 眠れないで寝返りを打つ / pillow talk (夫婦の)寝室での会話. ― 動 他《文語》(眠るために)(頭)を(まくらなどに)のせる (*on*).

pil·low·case /píloʊkèɪs/ 名 Ⓒ まくらカバー.

píllow slìp 名 Ⓒ まくらカバー [≒pillowcase].

*__pi·lot__ /páɪlət/

― 名 (pi·lots /-ləʦ/) ❶ Ⓒ (航空機などの)**パイロット**, **操縦士**: a test *pilot* テストパイロット / a jet *pilot* ジェット機のパイロット. 関連 copilot 副操縦士.

❷ Ⓒ (船の)**水先(案内)人**: He served as the *pilot* of the ship. 彼はその船の水先人を務めた. ❸ Ⓒ (テレビ番組の)パイロット版《視聴者の反応を調べる》. ❹ Ⓒ = pilot light 1.

― 形 限定 試験的な, 実験的な; 予備的な: a *pilot* farm 試験農場 / a *pilot* project 試行計画.

― 動 他 ❶ (航空機など)を操縦する, (...)のパイロットを務める: My uncle *pilots* jumbo jets. 私のおじはジャンボジェット機のパイロットだ. ❷ (...)を試験的に行なう. ❸ (...)を案内する, (巧みに)導く; (法案など)を(議会で)通す (*through*). ❹ (...)の水先案内をする.

pílot bùrner 名 Ⓒ = pilot light 1.

pílot làmp 名 Ⓒ = pilot light 2.

pílot lìght 名 ❶ Ⓒ 口火《ガス器具などの点火用に常時燃やしておく》. ❷ Ⓒ 表示灯, パイロットランプ.

pi·men·to /pɪméntoʊ/, 《米》**pi·mien·to** /pɪm(j)énṭoʊ | pìmién-/ 名 (~s) Ⓒ,Ⓤ ピメント, 赤ピーマン.

pimp /pímp/ 名 Ⓒ 売春あっせん業者, ぽん引き.

pim·per·nel /pímpənèl | -pə-/ 名 Ⓒ るりはこべ《植物》.

pim·ple /pímpl/ 名 Ⓒ にきび, 吹き出物.

pim·pled /pímpld/ 形 = pimply.

pim·ply /pímpli/ 形 (pim·pli·er; -pli·est) にきびだらけの, 吹き出物のできた.

*__pin__ /pín/ 名 (~s /~z/) ❶ Ⓒ **ピン**, **留め針**, 待ち針: You could hear a *pin* drop. Ⓢ 針が落ちる音も聞こえるくらい(静か)だ. 関連 drawing pin《英》画びょう / hairpin ヘアピン / safety pin 安全ピン. ❷ Ⓒ 飾りピン《ネクタイピンなど》,《主に米》ブローチ, バッジ. 関連 tiepin ネクタイピン. ❸ Ⓒ 留め具[くぎ], (骨折部などを固定する)ピン, 金属棒; (手榴弾の)安全ピン;《英》(プラグの)ピン《金属の差し込み部分; ⇒ plug 挿絵》; (弦楽器の)糸巻き; 栓. ❹ Ⓒ〔ボウリング〕ピン;〔ゴルフ〕ピン《ホールを示す旗ざお; ⇒ golf 挿絵》. ❺ [複数形で]《略式》脚.

on píns and néedles [副]《米》やきもきして.

píns and néedles [名] [単数扱い]《略式》ちくちくする感じ《手足などのしびれが切れたときの》.

― 動 (pins /~z/; pinned /~d/; pin·ning) 他 [副詞(句)を伴って] ❶ (...)を**ピンで留める**, 画びょうで留める: *pin* two pieces of cloth *together* V+O+副 2 枚の布をピンで留める / Peggy *pinned* a flower *to* her coat. V+O+前+名 ペギーは花をコートにピンで留めた / Will you *pin* the calendar *to* [*on*] the wall? カレンダーを壁にピンで留めてくれませんか. ❷ (...)を押さえつける, 動けなくする: Paul *was pinned* 「*under* the fallen tree [*against* the wall]. ポールは倒れた木の下で[壁に押しつけられて]身動きできなかった.

pin の句動詞

pín dówn 動 他 ❶ (人)をくぎづけにする, 動けなくする: He was *pinned down by* a fallen log. 彼は倒れた丸太の下敷きになって身動きできなかった. ❷ (人)にはっきりした考え[詳細]を言わせる; (人)に(...を)明言させる: I don't like to be *pinned down to* (keep*ing*) such a promise. 私はそんな約束に縛られたくはない. ❸ (...)を突き止める, はっきりさせる, 明言する.

pín ... on 〜 動 他 〜に(罪)を着せる, 〜に(責任)を負わせる: She tried to *pin* the blame *on* me. 彼女はその罪を私に着せようとした.

PIN /pín/ 名 Ⓒ (キャッシュカードなどの)暗証番号《*per*sonal *i*dentification *n*umber の略》.

pin·a·fore /pínəfɔ̀ə | -fɔ̀ː/ 名 ❶ Ⓒ (胸当て付き)エプロン. ❷ Ⓒ《英》ジャンパースカート [《米》jumper].

pínafore drèss 名 Ⓒ《英》= pinafore 2.

pin·ball /pínbɔ̀ːl/ 名 Ⓤ ピンボール(ゲーム)《パチンコ, コリントゲームに似たゲーム》.

pínball machìne 名 Ⓒ ピンボール機.

pin·cers /pínsəz | -səz/ 名 複 ❶ やっとこ, くぎ抜き: a pair of *pincers* やっとこ 1 丁. ❷ (えび・かになどの)はさみ.

+**pinch** /píntʃ/ 動 (pinch·es /~ɪz/; pinched /~t/; pinch·ing) 他 ❶ (...)を**つねる**, つまむ, 挟(はさ)む: She *pinched* my arm. 彼女は私の腕をつねった / I *pinched* my nose to stop the bleeding. 私は鼻血を止めようとして鼻をつまんだ / Take care not to *pinch* your finger in the doors. 指をドアに挟まないように注意しなさい / I had to *pinch* myself to make sure I wasn't dreaming. 夢ではないかとわが身をつねって確かめずにはいられなかった. ❷ (靴などが)(...)を締めつける: You should avoid shoes that *pinch* your toes. 足にきつい靴はさけるべきだ. ❸《英略式》(つまらないもの)を盗む, くすねる. ❹ [普通は受身で] (...)を(経済的に)苦しめる, 困らせる.

― 自 (靴などが) **締めつける**: These shoes *pinch* badly. この靴はすごくきつい.

pínch óff [óut] [動] 他 (若芽・枝)を摘み取る.

― 名 (~·es /~ɪz/) ❶ Ⓒ ひとつまみ, 少量: add a *pinch of* salt 塩をひとつまみ加える. ❷ Ⓒ ひとつねり, つまむ[挟(はさ)む]こと: He gave me a *pinch* on the cheek. 彼は私のほおをつねった.

féel the pínch [動] 自 《略式》 金に困っている.
in [《英》 at] a pínch [副] いざというときに(は).
pinched /píntʃt/ 形 ❶ (顔が)やつれた, 青白い; (寒さなどで)縮み上がった (*with*). ❷ 《略式, 主に米》 (金などがなくて)困って (*for*).
pinch-hit /píntʃhít/ 動 (-hits; 過去・過分 -hit; -hit·ting) 自 〔野球〕 代打に出る; 《米》 (緊急の際に)代役を務める (*for*).
pínch hítter 名 C 〔野球〕 代打(者); 代役.
pínch rúnner 名 C 〔野球〕 代走(者).
pin·cush·ion /pínkʊ̀ʃən/ 名 C 針刺し.
+**pine**[1] /páɪn/ 名 (~s /~z/) ❶ C **松**, 松の木 (pine tree). 関連 resin 松やに.
❷ U **松材:** a *pine* table 松材製の食卓 / This table is made of *pine*. このテーブルは松材製だ.
pine[2] /páɪn/ 動 自 ❶ (悲しみ・喪失感で)やつれる, やせ衰える (*away*). ❷ 思い焦(こ)がれる: She's *pining for* home. 彼女はしきりと家に帰りたがっている.
pine·ap·ple /páɪnæ̀pl/ 名 C,U パイナップル; C パイナップルの木: *pineapple* juice パイナップルジュース.
pine·cone /páɪnkòʊn/ 名 C 松かさ, 松ぼっくり.
píne nèedle 名 C [普通は複数形で] 松葉.
píne trèe 名 C 松の木 (pine).
ping /píŋ/ 名 C ちん[ぴしっ]という音. — 動 自 ちん[ぴしっ]と音がする.
ping-pong /píŋpɑ̀(ː)ŋ, -pɔ̀ːŋ | -pɔ̀ŋ/ 名 U 《略式》 ピンポン, 卓球 [≒table tennis].
pin·head /pínhèd/ 名 ❶ C ピンの頭. ❷ C 《略式》 ばか, まぬけ.
pin·hole /pínhòʊl/ 名 C 針であけた穴, 小さい穴.
pin·ion[1] /pínjən/ 動 他 [副詞(句)を伴って] (人の腕や足)を縛る, 押さえつけ(て動けなくす)る (*against*, *to*).
pin·ion[2] /pínjən/ 名 C 〔機械〕 小歯車.
*__pink__ /píŋk/ 形 ❶ **ピンクの**, 桃色の: a *pink* rose ピンクのばら. ❷ 《略式》 [軽蔑的] (思想が)左翼がかった. ❸ 限定 《英》 同性愛者の.
— 名 (~s /~s/) ❶ U,C **ピンク**, 桃色: Her room was decorated in *pink*. 彼女の部屋はピンクに装飾されていた //⇒ salmon pink, shocking pink. ❷ U ピンクの服[布]: She was dressed in *pink*. 彼女はピンクの服を着ていた. ❸ C なでしこ, せきちく.
in the pínk [形] 《古風, 略式》 すごく元気で, ぴんぴんして.
pink-col·lar /píŋkkɑ́(ː)lɚ | -kɔ́lə←/ 形 《主に米》 (職業が)女性が従事する(低給の).
pin·kie /píŋki/ 名 C 《主に米》 小指 [≒little finger].
pínk·ing shèars [scìssors] /píŋkɪŋ-/ 名 複 ピンキングばさみ《刃にジグザグがある; 布用》.
pink·ish /píŋkɪʃ/ 形 ピンク[桃色]がかった.
pínk slíp 名 C 《米略式》 解雇通知.
pin·ky /píŋki/ 名 (pin·kies) C 《主に米》 = pinkie.
pín mòney 名 U こづかい銭.
pin·na·cle /pínəkl/ 名 ❶ C [普通は the ~] 頂点, 絶頂 (*of*). ❷ C 小尖塔(せんとう). ❸ C 頂上, 峰.
Pi·no·cch·i·o /pɪnóʊkiòʊ/ 名 固 ピノキオ《イタリアの童話に登場する木の人形》.
pin·point /pínpɔ̀ɪnt/ 動 他 (...)をつきとめる, (...)の位置[本質]を正確に指摘[記述]する. — 名 C (光などの)ごく小さい点 (*of*). — 形 限定 きわめて精密[正確]な: with *pinpoint* accuracy きわめて正確に.
pin·prick /pínprɪ̀k/ 名 ❶ C 針であけた(ような小さな)穴, (光などの)点. ❷ C ちょっとうっとうしいこと.
pin·stripe /pínstràɪp/ 名 C ごく細い縦じま.
pin·striped /pínstràɪpt/ 形 ごく細い縦じまの.
+**pint** /páɪnt/ 名 (pints /páɪnts/) ❶ C **パイント**《液量 (liquid measure) と乾量 (dry measure) の単位で, ½ quart, 4 gills; 米国の液量では約 0.47 リットル, 乾量では約 0.55 リットル, 英国では液・乾量ともに約 0.57 リットル; 略 pt.》: a *pint of* milk 牛乳 1 パイント.
❷ C 《英》 1 パイントのビール.
pin·up /pínʌ̀p/ 名 C ピンナップ《ピンで壁に留めたビキニ姿の女性などのポスター》; ピンナップのモデル.
pin·wheel /pín(h)wìːl/ 名 C 《米》 (おもちゃの)風車(かざぐるま) [《英》 windmill].
*__pi·o·neer__ /pàɪəníɚ | -níə←/ 【アク】 名 (~s /~z/) ❶ C (学問・研究などの)**先駆者**, 創始者; 草分け, パイオニア: a *pioneer in* [*of*] organ transplants 臓器移植の先駆者.
❷ C **開拓者:** the *pioneers* of the West (米国の)西部の開拓者たち / a *pioneer* spirit 開拓者精神.
— 動 (-neer·ing /-ní(ə)rɪŋ/) 他 (...)の先駆者となる, (...)を開拓する.
pi·o·neer·ing /pàɪəní(ə)rɪŋ | -níər-←/ 形 限定 先駆的な, 先がけとなる; 開拓者の.
pi·ous /páɪəs/ 形 ❶ 信心深い, 敬虔(けいけん)な [⇔ impious]: a *pious* Christian 敬虔なクリスチャン. ❷ [軽蔑的] うわべだけ信心深そうな, 偽善的な. **a pí·ous hópe [wísh]** [名] はかない望み. (名 piety)
~·ly 副 信心深く, 敬虔に.
pip[1] /píp/ 名 C 《英》 種(たね) [≒seed]《レモン・オレンジ・りんごなど小さい種がいくつもあるもの; ⇒ stone 3》.
pip[2] /píp/ 名 C 《米》 (トランプ・さいころの)目, 点.
pip[3] /píp/ 名 C [普通は the ~s] 《英》 (ラジオの時報などの)ピッという音.

pipe /páɪp/

— 名 (~s /~s/) ❶ C **管**, **パイプ:** a water *pipe* 水道管 / a waste pipe 排水管 / connect [disconnect] *pipes* 管をつなぐ[外す] / The *pipe* is blocked. 管が詰まっている / The water runs through a long *pipe*. 水が長い管を流れる. 日英 英語の pipe には日本語の「パイプ役」の意味はない.
❷ C (刻みたばこの)**パイプ:** smoke a *pipe* パイプをふかす / *pipe* tobacco (パイプに詰める)刻みたばこ / Put [Stick] that in your *pipe* and smoke it. Ⓢ 《略式》 それをパイプに詰めて吸ってみろ(いやでも私の言ったことを受け入れろ). ❸ C 笛, 管楽器《フルートなど》; (パイプオルガンの)パイプ; [複数形で] 《英》 = bagpipes.

> 類義語 **pipe** と **tube** はともに筒状の管であるが, *pipe* は両端が開いていて液体・気体を通過させるのに対して, *tube* は片端が閉じていて, 容器としても使われる. *pipe* は金属やプラスチックのような耐久性のある材質でできていて比較的太くて曲がらないが, *tube* は短くて曲がることが多い: a gas *pipe* ガス管 / a *tube* of toothpaste 練り歯磨きのチューブ.

— 動 他 ❶ [しばしば受身で] (液体・気体)を管[パイプ]で送る[運ぶ]: The water *is piped into* [*to*] the tank. 水は管を通ってタンクに送られる. ❷ (曲)を笛で吹く; (子供などが)(...)を甲高い声で言う[歌う]. ❸ (ケーキなど)にパイピング[縁取り]をする, 飾りつける.
— 自 ❶ 笛を吹く. ❷ (鳥が)ぴいぴいとさえずる《⇒ cry 表 bird》; (子供などが)甲高い声で話す[歌う].
pípe dówn [動] 自 [普通は命令文で] Ⓢ 《略式》 黙る, 静かにする.
pípe úp [動] 自 《略式》 急に話しだす (*with*).
pípe drèam 名 C (実現の見込みのない)空想的な希

望[計画].

pípe fitter 名 C (ガス・水道などの)配管工.

+**pipe·line** /páɪplàɪn/ 名 (~s /~z/) C (石油・水・ガスなどの)**輸送管**, パイプライン.

in the pípeline [副・形] (計画などが)準備中で.

pípe òrgan 名 C パイプオルガン.

pip·er /páɪpɚ | -pə/ 名 ❶ C バグパイプの演奏者. ❷ C 笛を吹く人 (⇒ Pied Piper of Hamelin). **páy the píper** [動] 自 費用を負担する: He who *pays the piper* calls the tune. 《ことわざ》 笛吹きに金を出す者が曲を注文する権利がある(金を出す者は口も出す(権利がある)).

pi·pette /paɪpét | pɪ-/ 名 C ピペット《ごく少量の液体を移すときに用いる小ガラス管》.

pip·ing /páɪpɪŋ/ 名 ❶ U パイプ(材); 配管(系統). ❷ U 笛の音. ❸ U (衣服の)パイピング《へりがほつれないように包むひも飾り》; (ケーキの)飾り, パイピング. — 形 叙述 (声・音が)甲高い, 鋭い. — 副 [次の成句で]

píping hót [形] 《略式》 (飲食物などが)ふーふー吹くほど熱い, ほかほか[あつあつ]の.

pip·pin /pípɪn/ 名 C ピピン種のりんご.

pi·quan·cy /píːk(ə)nsi/ 名 U (味が)ぴりっとすること; 痛快さ.

pi·quant /píːk(ə)nt/ 形 (味が)ぴりっと辛い; (話などが)痛快な.

pique /píːk/ 名 U 《格式》 立腹, 不機嫌《特に自尊心を傷つけられたときの》: in a fit of *pique* 立腹して. — 動 他 ❶ [普通は受身で] 《格式》 (...)の感情を害する, 自尊心を傷つける: She *was piqued at* my attitude. 彼女は私の態度にむっとした. ❷ 《主に米》 (好奇心・興味)をそそる.

pi·ra·cy /páɪ(ə)rəsi/ 名 ❶ U 著作権侵害; 海賊放送. ❷ U 海賊行為.

pi·ra·nha /pərάːn(j)ə/ 名 C ピラニア《群れをなして動物を襲う南米産の淡水魚》.

+**pi·rate** /páɪ(ə)rət/ 名 (pi·rates /páɪ(ə)rəts/) ❶ C **海賊**; 海賊船.

❷ C **著作権侵害者**: a software *pirate* ソフトウェアの違法コピー犯. ❸ [形容詞的に] 海賊の; 海賊版の, 著作権侵害の; (放送などが)無許可の: a *pirate* video 海賊版ビデオ.

— 動 他 (...)の著作権を侵害する, (...)の海賊版を作る.

〘語源 原義はギリシャ語で「攻撃する者」〙

pir·ou·ette /pìruét/ 名 C (バレエの)つま先旋回, ピルエット. — 動 自 つま先旋回する.

Pi·sa /píːzə/ 名 固 ピサ《イタリア中部の都市》: the Leaning Tower of *Pisa* ピサの斜塔.

Pi·sces /páɪsiːz/ 名 ❶ 固 魚座《星座》; 双魚宮 (the Fishes). ❷ C 魚座生まれの人.

+**piss** /pís/ 動 (piss·es /~ɪz/; pissed /~t/; piss·ing) 自 《卑語》 **小便をする**.

píss abóut [aróund] [動] 自 《英卑語》 (何もせずに)ぶらぶら[ちんたら]する.

píss dówn (with ráin) [動] 自 [it を主語として] 《英卑語》 (雨が)どしゃ降りになる.

píss óff [動] 自 [普通は命令文で] 《英卑語》 立ち去る, 失せる. — 他 Ⓢ 《卑語》 (人)を怒らせる, うんざりさせる.

— 名 ❶ U 《卑語》 **小便**. ❷ [a ~] 《卑語》 小便をすること.

pissed /píst/ 形 ❶ 叙述 [しばしば off を伴って] 《米俗》 頭に来て. ❷ 叙述 《英俗》 酔っ払って.

pis·ta·chi·o /pɪstǽʃiòʊ | -tάː-/ 名 (~s) C ピスタチオ(の実); ピスタチオの木.

pis·til /píst(ə)l/ 名 C 〘植物〙 雌(し)ずい, めしべ. 関連 stamen 雄ずい.

+**pis·tol** /píst(ə)l/ 名 (~s /~z/) C **けん銃**, **ピストル** [≒ gun]: shoot (with) a *pistol* ピストルで撃つ.

pis·ton /píst(ə)n/ 名 C 〘機械〙 ピストン.

***pit**[1] /pít/ 名 (pits /píts/) ❶ C (地面に掘られた)**穴** [≒ hole]; くぼみ: dig a *pit* and throw all waste into it 穴を掘ってごみを全部そこに捨てる ❷ C 採掘坑; 《主に英》 炭坑: a stone *pit* 採石場. ❸ C あばた, にきびの跡; (金属・ガラスなどの表面の)小さなへこみ. ❹ C 《略式》 汚い部屋[家]. ❺ C (体の)くぼみ; 《米略式》 わきの下 (armpit): the *pit* of the [one's] stomach みぞおち《不安などが宿る場所とされる》. ❻ [the ~s, 《米》 the ~] (自動車レース場の)修理場, ピット; C (自動車修理用の)くぼみ. ❼ C [普通は the ~] オーケストラピット (orchestra pit). ❽ C 《米》 (取引所の)立会場.

be the píts [動] 自 《略式》 最悪[最低]だ.

— 動 (pits; pit·ted; pit·ting) 他 ❶ (...)を(~と)取り組ませる, 戦わせる; (...を相手に)(能力・技など)を試す[発揮する]: *pit* one's wits *against* ... ...を相手に知力を総動員して戦う. ❷ [普通は受身で] (...)に斑点をつける; (顔)にあばた[ほうそうの跡]を残す (*with*); (...)に穴をあける, (...)をへこませる.

pit[2] /pít/ 名 C 《米》 種(たね)《桃・さくらんぼなどの》 [《英》 stone]. — 動 (pits; pit·ted; pit·ting) 他 《米》 (果物)の種を取る.

pí·ta (brèad) /píːṭə- | pítə-/ 名 U,C 《米》 ピタ《中東・ギリシャなどで中にサラダを詰めて食べるパン》.

pit-a-pat /píṭəpæ̀t | pìtəpǽt/ 名 副 = pitter-patter.

pít bùll (térrier) 名 C ピットブル《小型の闘犬》.

***pitch**[1] /pítʃ/

意味のチャート

「くいを打ち込む」の意から,

→ (投げつける) → 「**投げる**」 他 ❶, 自 ❶

→ 「**投球**」 名 ❷

→ (船首を波頭へ投げ込む) → 「**縦に揺れる**」 自 ❸

→ 「**(テントを)張る**」 他 ❹

→ (決められた点) → (最高限度) → 「**高さ**」 名 ❶

— 名 (~·es /~ɪz/) ❶ [U または a ~] (音の)**高さ**, 調子; 音感: absolute [perfect] *pitch* 絶対音感 / the *pitch* of a voice 声の高さ.

❷ C **投げること**, 〘野球〙 **投球**: a wild *pitch* 暴投 / John hit the batter with a *pitch*. ジョンは打者にデッドボールを与えた (⇒ dead 形 10 日英).

❸ [U または a ~] (物事の)**程度**; 頂点 (*of*): rise to fever *pitch* 最高潮に達する. ❹ C [普通は単数形で] 《略式》 強引な売り込み(文句). ❺ [U または a ~] 傾斜度: the *pitch of* a roof 屋根の勾配(こう). ❻ [単数形で] (船・航空機の)縦揺れ (⇒ 動 表). ❼ C 《英》 (サッカーなどの)競技場.

— 動 (pitch·es /~ɪz/; pitched /~t/; pitch·ing) 他 ❶ (目標をねらって)(...)を**投げる**, ほうる; 投げとばす; 〘野球〙 投球する (⇒ throw 類義語): She ***pitched*** the letter ***into*** the fire. V+O+前+名 彼女は手紙を火の中に投げ込んだ / The relief pitcher *pitched* a fast ball *to* the batter. リリーフ投手は打者に速球を投げた / *pitch* two innings 2 イニング投げる. ❷ (表現など)を

(相手に合わせて)調節[加減]する, (...)の調子[レベル]を合わせる (at); (音・声・曲)を(ある高さで)出す[歌う]. ❸ (品物・考えなど)を(特定の対象に向けて)売り込む (at). ❹ (テント)を張る.
— 自 ❶〔野球〕投球する (to); 投手を務める. ❷ [副詞(句)を伴って] ばったり倒れる; つんのめる: His foot caught on a log and he *pitched forward*. 足が丸太に引っかかって彼は前へつんのめった. ❸ (船・航空機が)縦[前後]に揺れる: The plane began to *pitch*, and several people got sick. 飛行機が揺れ出して数人が気分が悪くなった.

pitch (縦[前後]に)	(船などが)揺れる
roll (横[左右]に)	

❹ 下方に傾斜する. ❺〔ゴルフ〕ピッチショットする.
pítch ín [動] 自《略式》協力[援助]する (with).
pítch ínto ... [動] 他 (1)《略式》...を激しく攻撃する. (2)《略式》(仕事など)をせっせと始める.
pítch úp [動] 自《英略式》到着する, 現われる.

pitch[2] /pítʃ/ 名 U ピッチ《コールタールや松やにからできる黒い粘液》; 松やに, 樹脂. **(as) bláck as pítch** [形] 真っ黒な, 真っ暗やみの.

pitch-black /pítʃblǽk←/ 形 真っ黒な, 真っ暗な.

pitch-dark /pítʃdάːɚk | -dάːk←/ 形 真っ暗な.

pitch·er[1] /pítʃɚ | -tʃə/ 名 ❶ C《米》水差し《広口で取っ手がついている》[《英》jug]; (ビールを運ぶ)ピッチャー. ❷ C《英》陶製の液体容器《口が狭くて取っ手がついている》.

pitch·er[2] /pítʃɚ | -tʃə/ 名 C (野球の)投手, ピッチャー: a starting [relief] *pitcher* 先発[リリーフ]投手 / a winning [losing] *pitcher* 勝ち[負け]投手. 関連 catcher 捕手 / battery バッテリー.

pitch·fork /pítʃfɔ̀ɚk | -fɔ̀ːk/ 名 C 干し草用くま手.

pit·e·ous /píṭiəs/ 形《文語》哀れな, 悲惨な; 悲しげな. (名 píty)

pit·fall /pítfɔ̀ːl/ 名 C [普通は複数形で] 落とし穴; 隠れた危険; 陥りやすい誤り.

pith /píθ/ 名 ❶ U 髄《茎の中心の柔らかい部分》; (オレンジなどの)中果皮《内側の白い部分》. ❷ [the ~] (物事の)核心, 要点 (of).

pith·y /píθi/ 形 (pith·i·er; -i·est) (表現などが)力強い; 簡潔な: a *pithy* remark 核心をついたことば.

pit·i·a·ble /píṭiəbl/ 形 ❶《格式》哀れな, かわいそうな: a *pitiable* condition 哀れな状態. ❷《格式》情けない; あさましい. (名 píty)

pit·i·ful /píṭɪf(ə)l/ 形 ❶ かわいそうな, みじめな: a *pitiful* sight 哀れな光景[姿]. ❷ 情けない, ひどい, 下手な. ❸ ひどく少ない. (名 píty)
-ful·ly /-fəli/ 副 かわいそうなほど; ひどく.

pit·i·less /píṭɪləs/ 形 無情な, 冷酷な; 《文語》(雨風などが)容赦のない.

pít stòp 名 C (自動車レースで)ピットで止まること.
màke a pít stòp [動] 自《米略式》(長距離運転で食事・給油・トイレ休憩などで)途中停車する.

pit·tance /pítəns, -tns/ 名 [単数形で] [悪い意味で] わずかな手当[収入].

pit·ter-pat·ter /píṭɚpæ̀ṭɚ | -təpæ̀tə/ 名 [普通は the ~], 副 ぱらぱら[ぱたぱた, どきどき](と)《雨音・足音・鼓動など》(of).

Pitts·burgh /pítsbəːg | -bəːg/ 名 固 ピッツバーグ《米国 Pennsylvania 州の都市》.

pi·tú·i·tar·y (glànd) /pɪt(j)úːətèri- | -tjúːətəri-, -tri-/ 名 C〔解剖〕脳下垂体.

+**pit·y** /píṭi/ 名 ❶ U 哀れみ, 同情《⇒ 類義語》: a feeling of *pity* 哀れみの気持ち / I *felt pity for* him rather than anger. 私は彼に対して怒りよりもむしろ哀れみを感じた.
❷ [a ~] S 残念なこと, 気の毒な[惜しい]こと: *It's a pity* (*that*) they have to tear down a beautiful castle like that. あんなに美しい城を取り壊さなければならないとは残念だ / *What a pity* (*that*) you can't come with us! あなたがいっしょに来られないとは全く残念だ / *That's a pity!* それはお気の毒に.
for píty's sàke ⇒ sake[1] 成句.
móre's the píty [副] S 残念ながら [≒unfortunately]: 🗨 "Could you come this evening?" "No, *more's the pity*." 「今晩来られますか」「いいえ, 残念ながら行けません」
tàke [hàve] píty on ... [動] 他 (人)に哀れみをかける, (人)を気の毒[かわいそう]に思って手を貸す.
(形 píteous, pítiable, pítiful)

> 類義語 **pity** 自分より下か弱い者に対する哀れみの気持ちを示すことが多い. **sympathy** 相手の苦しみや悲しみを理解してともに苦しんだり悲しんだりする気持ちを表わす: They don't want *pity*. What they need is your thoughtful *sympathy*. 彼らは哀れみを欲しているのではない. 彼らに必要なのはあなたの思いやりだ. **compassion** *pity* より意味が強く, 積極的に相手を助けてやろうという気持ちを含むことが多い: I gave him money out of *compassion*. 私は深く同情して彼に金を与えた.

— 動 (pit·ies; pit·ied; -y·ing) 他 [普通は進行形なし] (...)を気の毒に思う, (...)に同情する; (...)を哀れな[情けない]やつと思う: I *pity* him. 私は彼をみじめなやつだと思う; 私は彼をかわいそう[気の毒]に思う《✪ 日常的には I feel sorry for him. がよく用いられるが, この表現には相手を下に見るようなニュアンスはない》.

pit·y·ing /píṭiɪŋ/ 形 [普通は 限定] 哀れみをこめた; 哀れ(みつつさげすす)むような: a *pitying* look 哀れむような目つき. **~·ly** 副 哀れみをこめて.

piv·ot /pívət/ 名 ❶ C〔機械〕旋回軸, ピボット; (てんびんの)軸. ❷ C [普通は the ~] (議論などの)中心点, 要点; 中心となる物[人] (of). ❸ C (片足を軸にした)旋回. — 動 自 ❶ (...を軸として)回転する (on). ❷ (...で)決まる, (...に)かかる (on, around). — 他 [普通は受身で] (...)に旋回軸をつける, (...)を回転させる (on).

piv·ot·al /pívəṭl/ 形 中枢の, 重要な (to): play a *pivotal* role 重要な働きをする.

pivot point 名 C = pivot 2.

pix 名 pic の複数形.

pix·el /píks(ə)l/ 名 C〔コンピュータ〕ピクセル, 画素《コンピューター画像などの最小単位》.

pix·ie, pix·y /píksi/ 名 (pix·ies) C 小妖精(ようせい).

+**piz·za** /píːtsə/ 名 (~s /~z/) C,U ピザ, ピッツァ: a slice of *pizza* ピザ一切れ.

piz·zazz /pɪzǽz/ 名 U《略式》活力, 活気, 元気.

piz·ze·ri·a /pìːtsəríːə/ 名 C ピザレストラン.

piz·zi·ca·to /pìtsɪkάːṭoʊ←/ 副 形〔音楽〕ピチカートで[の].

pj's, PJ's /píːʤèɪz/ 名 複 S《米略式》パジャマ (pajamas).

pk. 略 = pack, park, peck(s) 《⇒ peck[2]》.

PKO /píːkèɪóʊ/ 略 = peacekeeping operation.

pks. /péks/ 略 = packs《⇒ pack 名》.
pl. 略 = place, plural.
Pl. 略 = Place《⇒ place 名 7》.
plac·ard /plǽkɑəd, -kəd | -kɑːd/ 名 C はり紙, 掲示, ポスター; (デモ隊などの)プラカード.
pla·cate /pléɪkeɪt | pləkéɪt/ 動 他《格式》(...)をなだめる, 鎮(しず)める [≒appease, pacify].

***place /pléɪs/

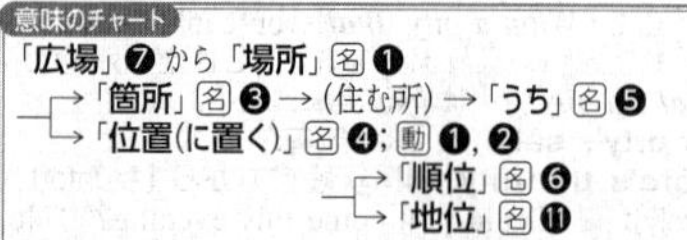

— 名 (plac·es /~ɪz/) ❶ C **場所**, **所**; **地域**, 地方, 土地; 市, 町, 村《略 pl.; ⇒ 類義語》**:** Tokyo is a very expensive *place* to live (in). 東京は住むのに非常に金がかかる所だ. 語法 ここでは in はないほうが自然だが a very expensive city to live in なら in は省略できない // Canada is a great *place for* sightseeing. カナダは観光にはすばらしい所だ / Can you describe the *place where* the kidnappers kept you? 誘拐犯たちがあなたを閉じ込めておいたのはどんな所だったか説明できますか.
❷ C (特定の目的に使用される)**場所**, 建物**:** a *place* to eat = an eating *place* 食堂 / one's *place of* work《格式》職場. 関連 workplace 仕事場.
❸ C (特定の)**箇所**; (本などの)一節, (ある)くだり**:** a sore *place* on my leg 脚の痛む箇所 / Mary put a letter in the book to mark her *place*. メアリーは読んでいる所がわかるように本に手紙を挟(はさ)んだ / I've lost my *place*. 私は読みかけていた所[言いかけた事]がわからなくなった.
❹ C [しばしば所有格とともに] (決まった)**位置**, (あるべき)場所; (座)席**:** Please put it back in *its place*. それを元の場所に戻してください / save ... a *place* (人)のために席[場所]をとっておく / lose one's *place* 席[場所]をとられる / change *places* (with ...) (...と)席[場所]を替わる《⇒ 成句》.
❺ [単数形で; しばしば所有格の後で]《略式》**うち:** He has a nice *place* in the country. 彼にはいなかにいい家がある / Why don't you come over to *my place* this afternoon? きょうの午後うちへ来ない?
❻ C [普通は単数形で] (競技などの)**順位:** Tom took second *place* in the race. トムは競走で 2 位だった / finish in third *place* 3 着になる.
❼ [P- として固有名詞とともに] ...広場, ...通り[街]《略 Pl.》**:** Portland *Place* ポートランド街. ❽ C [普通は否定文で] ふさわしい場所[機会]**:** That park is *no place for* a girl *to* be alone at night. あの公園は女の子が夜 1 人で行く所じゃない. ❾ [単数形で] 立場, 境遇**:** If I were in Tóm's [hís] *plàce*, I wouldn't do it. もし私がトム[彼]の立場だったら, それはしないだろう. 発音 place よりもその前にくる所有格の(代)名詞のほうを強く発音する. ❿ C 職, 勤め口; 入学[受講]資格; (運動チームの)一員としての資格. ⓫ C [普通は単数形で] 地位, 重要性; 役目, 権限, 義務, 本分**:** Mr. Hill has an important *place* in his company. ヒル氏は会社で重要な地位についている / It's not my *place* to do so. それをするのは私の役目ではない. ⓬ C〔数学〕(数の)けた, 位(くらい)**:** Give the answer to three decimal *places*. 小数点以下 3 けたまで答えよ.

àll óver the plàce [副] (1)《略式》至る所に, どこでも. (2)《略式》散らかって, めちゃくちゃで; 混乱して.
chánge pláces [動] 自 [しばしば否定文で] (...と)立場を替わる (*with*).
fáll into pláce [動] 自 (1) (事情・事態などが)はっきりしてくる, つじつまが合う. (2) (計画などが)軌道に乗る.
from pláce to pláce [副] **あちらこちらへ:** My family moved *from place to place* in my boyhood. 子供のころ私の家族はあちこちへ引っ越した.
gìve pláce to ... [動] 他《格式》...に取って代わられる**:** Streetcars *gave place to* buses and automobiles. 路面電車に代わってバスや自動車が使われるようになった.
gó plàces [動] 自 [普通は進行形で]《略式》成功[出世]する.
hàve nó pláce [動] 自《格式》受け入れられない (*in*).
in hígh pláces [副・形] 上層部に(いる), 高官で[の]**:** have friends *in high places* 有力な縁故[コネ]がある.
in pláce [形・副] (1) **正しい位置の[に]** [⇔ out of place]**:** The furniture wasn't *in place*. 家具類は本来の位置になかった. (2) 準備ができて. (3)《米》その場の[で].
in ...'s pláce [副] (1) ...の代わりに, ...に代わって. (2) ...の立場にいて《⇒ 9》. (3) 決まった場所に, 当然あるべき所に《⇒ 4》.
in plàce of ... [前] **...の代わりに**, ...に代わって [≒instead of ...]**:** Let me work *in place of* my sister. 私を姉の代わりに働かせてください.
in pláces [副] ところどころ, 所により.
òut of pláce [形・副] 場違いの[で], 不適当な[に]; 間違った場所の[に] [⇔ in place]**:** His speech was *out of place*. 彼の話は場違いであった.
pút ... in ...'s pláce [動] 他 (...)に身のほどをわきまえさせる.
pút one**sèlf in ...'s plàce** [動] ...の身になってみる.
swáp pláces [動] = change places.
tàke pláce [動] 自 (行事などが)**行なわれる**; (事件などが)**起こる**《⇒ happen 類義語》**:** The school festival will *take place* next month. 学園祭は来月行なわれる / The French Revolution *took place* in 1789. フランス革命は 1789 年に起こった.
tàke sécond pláce to ... [動] 他 ...の二番手となる, ...ほど大事ではない.
táke ...'s pláce = táke the pláce of ... [動] **...の代わりをする**, ...に取って代わる; ...と交替する**:** Who will *take* ⌈*the place of* Mr. Lee [Mr. Lee's *place*]? だれがリー氏の代理になる[後を継ぐ]のか.

類義語 **place** ある場所を指す一般的な語**:** the *place* where Churchill was born チャーチル誕生の地. **position** (ある特定の時刻または期間における)正確な位置**:** the enemy's *position* 敵の位置. **site** 建物の建設(予定)地または重大事などの現場**:** a *site* for the new station 新駅の建設予定地. **location** (建物などの)場所・所在地**:** a good *location* for the new school 新しい学校に好適の場所. **spot** ある特定の地点・場所**:** local beauty *spots* 地元の観光名所. **scene** (事件などの)現場**:** the *scene* of the accident 事故現場.

— 動 (plac·es /~ɪz/; placed /~t/; plac·ing) 他
❶ [副詞(句)を伴って] (...)を(慎重に)**置く**, すえる; 配置[配列]する [≒put]; (人・もの)を(ある立場に)置く**:**

Place the dishes *on* the table. [V+O+前+名] お皿をテーブルに並べなさい / *Place* the following words in the right order. 次の語を正しい順序に並べよ / There was a call that a bomb *was placed in* the station. [V+O+前+名の受身] 駅に爆弾が仕掛けられているという電話があった / His offer *placed* me *in* a favorable position. 彼の申し出で私は有利な立場に立った.
❷ (信用・重きなど)を**置く**, (責任)を負わせる; (希望)をかける: The project ***places*** emphasis ***on*** environmental impacts. [V+O+前+名] その計画は環境への影響を重視している.
❸ (注文・広告など)を**出す**; (電話)を入れる: She *placed* an order for the new dictionary with the bookstore. 彼女は書店にその新しい辞書を注文した / I *placed* a call to my office at five o'clock sharp. 私はちょうど5時に会社へ電話を入れた. ❹ (人)を配置[任命]する; (人)に仕事を見つけてやる; (孤児など)に(里親を)世話する (*with*): He *was placed in* the sales department. 彼は販売部に配置された. ❺ [普通は否定文で] (...)がだれ[何]であるか思い出す: I remember his face, but I ca*n't place* him. その男の顔は覚えているがだれだったか思い出せない. ❻ (...)を評価する, ランクづけする: I would *place* him *among* the best conductors of our time. 私は彼を当代最高の指揮者の1人と考えたい. ❼ [普通は受身で] (...)の順位を決定する. — ㊀ 〔米競馬〕 2位に入賞する.
be wéll [idéally, etc.] pláced ⌈**to** dó **[for ...]** [動] ...するのによい所にある; ...できる(有利な)立場にある: His company *is well placed to* expand its sales. 彼の会社は売り上げを伸ばすのに都合のよい状況にある.
pláce ... abòve [befòre, òver] ~ [動] ㊉ ~より(...)を重視する. (名 plácement)
〖語源 ギリシャ語で「広い通り」の意; plaza と同語源〗

pla·ce·bo /pləsíːboʊ/ 名 (~s, ~es) C 〔医学〕 偽薬, プラセボ《薬の効力を調べるために患者に薬と偽って飲ませるもの》: the *placebo* effect プラセボ効果.

place·kick /pléɪskɪ̀k/ 名 C 〔ラグビーなど〕 プレースキック《ボールを地面にすえてける; ⇒ dropkick》.

pláce màt 名 C プレースマット《各人の食器の下に敷く》.

place·ment /pléɪsmənt/ 名 ❶ U 就職[住居]斡旋(あっせん) ❷ C,U 置くこと, 配置. (動 place)

plácement tèst 名 C クラス分け試験.

pláce nàme 名 C 地名.

pla·cen·ta /pləsénṭə/ 名 (複 ~s, pla·cen·tae /-tiː/) C [普通は the ~] 〔解剖〕 胎盤.

pláce sètting 名 C (食卓の)1人分の食器具(の配置).

plac·id /plǽsɪd/ 形 (人・動物が)穏やかな, もの静かな; 落ち着いた; (物事が)平穏な.

pla·cid·i·ty /plæsíḍəṭi/ 名 U 平穏; 落ち着き.

plac·id·ly /plǽsɪdli/ 副 穏やかに; 落ち着いて.

pla·gia·ris·m /pléɪʤərìzm/ 名 U 剽窃(ひょうせつ), 盗用; C 剽窃[盗作]されたもの.

pla·gia·rist /pléɪʤərɪst/ 名 C 剽窃[盗作]者.

pla·gia·rize /pléɪʤəràɪz/ 動 ㊉ (他人の文章・説など)を剽窃[盗作]する (*from*). — ㊀ 剽窃[盗作]する.

+**plague** /pléɪg/ 名 (~s /~z/) ❶ C,U **伝染病**, 疫病. ❷ [the ~] ペスト, 黒死病. ❸ [a ~] はびこって不快なもの; 災難: *a plague of* mosquitoes 蚊の大襲来.
avóid ... lìke the plágue [動] ㊉ 怖くて[いやで]...を避ける, 遠ざける. — 動 ㊉ [しばしば受身で] (...)を絶えず悩ます, (...)にしつこく言う[せがむ] (*with*).

plaid /plǽd/ ❗発音 名 ❶ U 格子じま. ❷ C (スコットランドの)格子じまの長い肩掛け. — 形 格子じまの.

plain[1] /pléɪn/ (同音 plane[1-3])
— 形 (plain·er; plain·est)

> 意味のチャート
> ラテン語で「平らな」の意 → (はっきり見通せる) → 「**明白な**」❶ → (簡単明瞭(めいりょう)な) → 「**簡素な**」❷ → 「**飾り(気)のない**」❷, ❸ となった.

❶ **明白な**, わかりやすい, はっきりした, 明瞭(めいりょう)な《⇒ obvious 類義語》: in *plain* English わかりやすい英語で / ***It was plain*** (***that***) she would not accept the offer. 彼女がその申し出を受け入れないのは明らかだった 多用 / The problem is quite ***plain to*** us. [+to+名] その問題は我々にはきわめてはっきりしている / Make your idea *plain*. あなたの考えをはっきりさせなさい / She ***made it plain that*** we should cancel the concert. 彼女はそのコンサートは中止すべきだとはっきり言った.
❷ (物が)**飾りのない**, **簡素な**, 質素な [≒simple]; (生地が)**無地の**, (織り方・編み方が)単純な, (紙が)無罫(むけい)の; (食べ物などが)あっさりした: a *plain* blouse 無地のブラウス / *plain* yogurt (香料などを含まない)プレーンヨーグルト / *plain* living and high thinking 質素な生活, そして高度な思索(を)《ワーズワース (Wordsworth) のことば》. ❸ (人・ことば・態度などが)飾り気のない, 率直な [≒frank]: the *plain* truth [fact] ありのままの真実[事実] / speak in *plain* words 率直に言う. ❹ (特に女性の容貌(ようぼう)が)平凡な, 並の; [遠回しに] 不器量な《⇒ ugly 1 語法》: a *plain* woman 器量のよくない女性. ❺ 限定 S (称号・肩書きのない)普通の [≒ordinary]: *plain* people 庶民. ❻ 限定 S 全くの: *plain* stupidity 全くばかげたこと.
(as) pláin as dáy [the nóse on ...'s fáce] [形] きわめて明白で.
— 名 (~s /~z/) C **平地**, 平野; [しばしば複数形で単数扱い] 大草原: the *plains* of India インドの大平原 // ⇒ Great Plains.
— 副 《略式》 全く: *plain* stupid とてもばかな.

plain[2] /pléɪn/ 名 U 表編み, メリヤス編み. 関連 purl 裏編み.

pláin chócolate 名 U 《英》 = dark chocolate.

pláin clóthes 名 複 (刑事などの)私服.

plain-clothes /pléɪnklóʊ(ð)z←/ 形 限定 (刑事・警官が)私服の.

plain·ly /pléɪnli/ 副 ❶ わかりやすく, はっきりと: Express yourself more *plainly*. もっとはっきり言いなさい. ❷ 文修飾 明らかに(...である), ...は明白だ: *Plainly*, the accident was caused by carelessness. 明らかにその事故は不注意によるものだった. ❸ 飾り気なく, 率直に. ❹ 簡素に, 質素に: She was dressed *plainly*. 彼女は質素な身なりをしていた.

plain·ness /pléɪnnəs/ 名 U 明白, 平易; 質素, 地味; 率直; 不器量.

plain·spo·ken /pléɪnspóʊk(ə)n←/ 形 [よい意味で] (ことばづかいが)遠慮のない, 率直にものを言う.

plain·tiff /pléɪnṭɪf/ 名 (~s) C 〔法律〕 原告, 提訴人 [⇔ defendant].

plain·tive /pléɪnṭɪv/ 形 (声・音などが)悲しそうな, 哀れな: a *plaintive* cry 悲しげな泣き声.

plait /plǽt, pléɪt | plǽt/ 名 C 《英》 (少女の)編んだ髪, おさげ髪 [《米》 braid]. — 動 ㊉ 《英》 (髪・わらなど)を編む; おさげに結う [《米》 braid]; 編んで作る.

P

plan /plǽn/

— 名 (~s /~z/) ❶ C,U **計画**, 案, プラン, 予定《⇒ 類義語》: "Have you made any *plans for* the summer vacation?" "Yes, I'm planning to study English in London."「夏休みの計画を立てましたか」「はい, ロンドンで英語を勉強するつもりです」/ I have no *plans to* travel this year. [+to 不定詞]《⇒ to² C (4)》今年は旅行をする計画はない / change one's *plans* 計画を変更する / a change of *plan* 計画の変更 / a five-year *plan* 5 か年計画 / a business *plan* 事業計画 / a *plan* of action 行動計画 / go ***according to plan*** 計画どおりに進む / ***Under*** the ***plan***, the field will turn into a zoo. 計画ではその野原は動物園になる / *Plan* A 第 1 案 / *Plan* B (第 1 案がだめなときの)第 2 案, 代案.

❷ C (詳しい)**見取り図**, 平面図, 図面; 市街図; [普通は複数形で] (機械などの)設計図: ***plans for*** the new school 新しい学校の図面 / a seating *plan* 座席表. 関連 elevation 立面図. ❸ C [普通は合成語で] やり方, (支払いなどの)方式, 制度: the installment *plan* 《米》 分割払い方式 // ⇒ European plan, American plan, pension plan, retirement plan, payment 2 例文.

類義語 **plan**「計画」という意味を表わす最も一般的な語で, 漠然とした計画も, 綿密な最終的な計画も意味する: a master *plan* 基本計画. **blueprint** 細微な点まで決定された完ぺきな計画: a *blueprint* for pension reform 年金改革案. **project** 想像力や企業精神を働かせて作る大規模な計画: a *project* to build a new port 新港建設計画. **schedule** 計画や手順を具体的にきちんと時間順に割り当てたもの, またはその一覧表: a tight *schedule* 厳しい日程. **plot, conspiracy** 陰謀, 特に大勢を巻き込む非合法の計画: an assassination *plot* [*conspiracy*] 暗殺計画. **scheme** 《英》では組織的な計画の意味で用いる. ずる賢いたくらみといった悪い意味にも用いられる: a pension *scheme* 《英》年金制度. **program** 日程を含む具体的な活動・行動の計画: an economic development *program* 経済開発計画.

— 動 (plans /~z/; planned /~d/; plan·ning) 他 ❶ (...)を**計画する**, ...する案を立てる; **...するつもりである**《⇒ mean¹ 類義語》: *plan* a trip 旅行を計画する / We're ***planning to*** attend the meeting. [V+O (to 不定詞)] 私たちはその会議に出席するつもりだ. ❷ (...)を設計する, (...)の図面をかく.

— 自 (...を)計画する; (...する)つもりである; (...を)予期する: *plan* ahead [for the future] 前もって[将来に備えて]計画する / go as *planned* 計画どおりに進む / They are *planning on* going to Spain this summer. 彼らはこの夏スペインへ行くつもりだ.

plán óut [動] 他 (...)を(綿密に)計画する.

plane[1] /pléɪn/ (同音 plain[1,2])

— 名 (~s /~z/) C **飛行機**《airplane, aeroplane の短縮形》: We traveled to Osaka「***by plane*** [***on*** a ***plane***]. 我々は飛行機で大阪へ旅行した《⇒ by 前 2 語法》. 語法 by plane は by train, by car などに対して用いられる言い方で, 単に「...へ飛行機で行く」というときは fly to ... と言うほうが普通 // There were 150 passengers *on* the *plane*. 飛行機には 150 名の乗客が乗っていた /「***get on*** [board] a ***plane*** 飛行機に乗る《⇒ get on (get 句動詞)表》/ ***get off*** a ***plane*** 飛行機から降りる《⇒ get off (get 句動詞)表》/ I'll ***take*** the next ***plane for*** [*to*] New York. 私は次のニューヨーク行きの飛行機に乗る.

+**plane**[2] /pléɪn/ (同音 plain[1,2]) 名 (~s/~z/) ❶ C **平面**, 水平面;〔幾何〕平面: a horizontal *plane* 水平面 / an inclined *plane* 斜面. 関連 point 点 / line 線. ❷ C 水準, 程度: Her work is *on* a higher *plane* than his. 彼女の仕事のほうが彼より高水準にある. ❸ C かんな. 日英 欧米のかんなは前に押して削る.

— 形 限定 平らな, 平面の: a *plane* surface 平らな表面. — 動 他 ❶ (...)にかんなをかける; かんなをかけて...にする. ❷ (かんなをかけて)(...)を平らにする, 水平にする (*away*, *down*, *off*).

〖語源 plain¹ と同語源〗

plane[3] /pléɪn/ 名 C = plane tree.

pláne cràsh 名 C (飛行機の)墜落事故.

pláne geómetry 名 U 平面幾何学.

plan·et /plǽnɪt/

— 名 (plan·ets /-nɪts/) ❶ C **惑星**《⇒ star 1 語法; satellite 2》: The *planets* move around the sun. 惑星は太陽の周りを回る.

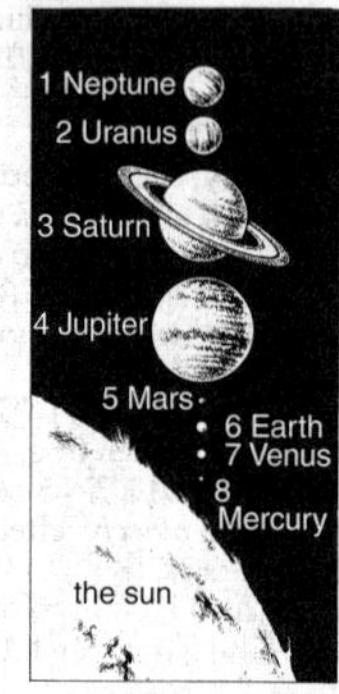

planets

❷ [the ~] (環境面から見た)地球. (形 plánetàry)

〖語源 ギリシャ語で「さまようもの」の意〗

plan·e·tar·i·um /plæ̀nətéə(ə)riəm/ 発音 名 (複 ~s, plan·e·tar·i·a /-téə(ə)riə/) C プラネタリウム(館).

plan·e·tar·y /plǽnətèri | -təri, -tri/ 形 限定 惑星の, 遊星の. (名 plánet)

pláne trèe 名 C プラタナス, すずかけの木.

plank /plǽŋk/ 名 ❶ C 厚板, (厚)板材. 参考 board より厚くて長い, 普通は厚さ 5–10 センチ, 幅 20 センチ以上の板で, 主に床材用. ❷ C 政党綱領の主要項目 (*of*).

plank·ing /plǽŋkɪŋ/ 名 U 板張り; 張り[敷き]板《全体》.

plank·ton /plǽŋ(k)tən/ 名 U プランクトン, 浮遊生物.

+**plan·ner** /plǽnə | -nə/ 名 (~s /~z/) ❶ C **立案者**, (都市)計画者, プランナー. ❷ C 手帳, 予定表; 計画ソフト.

*__plan·ning__ /plǽnɪŋ/ 名 U **計画(すること)**, **立案**; 都市計画: Nothing succeeds without good *planning*. 何事も十分な計画なしには成功しない.

plant /plǽnt | plɑ́:nt/

意味のチャート
ラテン語で「苗木」の意.
「植物(を植える)」名❶; 動❶ → (根付かせる) → 「しっかりと据(す)える」動❷ → (据えられたもの) → 「設備」名❸ → 「工場」名❷

— 名 (plants /plǽnts | plɑ́ːnts/) ❶ C (動物に対して)植物; (樹木に対して)草; 植木, 苗; 作物: *plants* and animals 動植物 / garden *plants* 園芸植物 / cabbage *plants* キャベツの苗 / grow *plants* 植物を育てる / water the *plants* 植物に水をやる / 「There are no *plants* [There is no *plant* life] on the island. その島には草木が生えていない // ⇒ houseplant. 関連 animal 動物 / mineral 鉱物.
❷ C [しばしば合成語で] (大規模な)(製造)**工場** (⇒ factory 表): a power *plant* 発電所 / an automobile *plant* 自動車製造工場.
❸ U 《英》 **機械[生産]装置**, 工場設備, プラント: *plant* hire 設備リース. ❹ C [普通は単数形で] (人を陥れるためにまぎれ込ませた)おとりの品, 盗品. ❺ C 回し者; スパイ.
— 動 (plants /plǽnts | plɑ́ːnts/; plant·ed /-ṭɪd/; plant·ing /-ṭɪŋ/) 他 ❶ (植物)を**植える**, (種)をまく; (土地など)に(植物を)植える: 言い換え He ***planted*** roses ***in*** his garden. V+O+*in*+名 = He ***planted*** his garden ***with*** roses. V+O+*with*+名 彼は庭にばらを植えた. ❷ [副詞(句)を伴って] 《略式》 (...)をしっかりと据(す)える; 配置する; (打撃など)を加える, (キス)をする: *plant* one's feet *on* the ground 地に足をしっかりとつけて立つ / A policeman *was planted on* every corner of the street. 警官がどの町角にも配置された. ❸ 《略式》 (人を陥れるために)(盗品など)をまぎれ込ませる: Somebody must have *planted* the stolen wallet *on* me. 誰かがその盗まれた財布を私の持ち物の中へ入れたに違いない. ❹ (爆発物など)を(...に)仕掛ける; (スパイなど)を送り込む: A time bomb *was planted in* [*at*] the airport. 空港に時限爆弾が仕掛けられていた. ❺ (思想・疑念など)を植え付ける, (考え)を吹き込む (*in*).
plánt óut [動] 他 (苗木)を(鉢から地面に)移植する.

plan·tain¹ /plǽntn, -ṭɪn | -teɪn/ 名 C,U 料理用バナナ.

plan·tain² /plǽntn, -ṭɪn | -teɪn/ 名 C おおばこ 《植物》.

+**plan·ta·tion** /plæntéɪʃən/ 名 (~s /~z/) ❶ C [しばしば合成語で] **大農場**, プランテーション 《特に熱帯の大農場》: a coffee [rubber, sugar] *plantation* コーヒー[ゴム, 砂糖]農園. ❷ C 植林地 (*of*).

plant·er /plǽnṭə | plɑ́ːntə/ 名 ❶ C プランター 《植物栽培容器》. ❷ C [しばしば合成語で] 大農場経営者. ❸ C 植え付け機, 種まき機[器].

plant·ing /plǽnṭɪŋ | plɑ́ːnt-/ 名 U,C 植え付け, 種まき; [普通は複数形で] 作物.

plaque /plǽk | plɑ́ːk, plǽk/ 名 ❶ C (金属・焼き物・象牙(ぞうげ)などの)飾り板, 銘板, 額 《建物の壁面などにはめ込んで有名人が住んだなどの由緒を記す》. ❷ U 〔医学〕 歯垢(しこう), プラーク.

plas·ma /plǽzmə/, **plas·m** /plǽzm/ 名 ❶ U 〔生理〕 血漿(けっしょう) 《血液中の液状成分》. ❷ U 〔物理〕 プラズマ.

plásma TV́ 名 C プラズマテレビ.

plas·ter /plǽstə | plɑ́ːstə/ 名 ❶ U しっくい, プラスター, 壁土. ❷ U = plaster of Paris. ❸ C,U 《英》 ばんそうこう [《米》 Band-Aid]: 「a sticking [an adhesive] *plaster* 《格式》 ばんそうこう. **in pláster** [副・形] 《英》 ギプス(包帯)をして[た]. — 動 (-ter·ing /-tərɪŋ, -trɪŋ/) 他 ❶ [しばしば受身で] (表面)に(物を)べたべた塗る[はりつける]; (物)を(...に)塗り[はり]つける: *plaster* the wall *with* posters = *plaster* posters *on* [*over*] the wall 壁にポスターをはる. ❷ (天井・壁)にしっくいを塗る. ❸ [普通は受身で] (髪など)を(汗・雨などで)べったりはりつける (*down*, *back*). ❹ (...)に軟膏(なんこう)を塗る, ばんそうこうをはる.

plas·ter·board /plǽstəbɔ̀əd | plɑ́ːstəbɔ̀ːd/ 名 U プラスターボード 《石こうをしんにした板紙》.

pláster cást 名 ❶ C ギプス(包帯) (cast). ❷ C 石こう模型, 石こう像.

plas·tered /plǽstəd | plɑ́ːstəd/ 形 叙述 《略式》 べろべろに酔っ払って.

plas·ter·er /plǽstərə | plɑ́ːstərə/ 名 C 左官.

pláster of Páris 名 U 焼き石こう.

***plas·tic** /plǽstɪk/
— 名 (~s /~s/) ❶ U,C **プラスチック**, 合成樹脂; **ビニール**: This flowerpot is made of *plastic*. この植木鉢はプラスチック製だ. ❷ [複数形で] プラスチック製品; ビニール製品. ❸ U 《略式》 クレジットカード.
— 形 ❶ 限定 **プラスチック製の**, 合成樹脂の; **ビニール(製)の**: a *plastic* bucket プラスチック製のバケツ / a *plastic* bag ビニール[ポリ]袋 / a *plastic* greenhouse ビニールハウス. 日英 (1) 日本語の「プラスチック」は形の決まった堅いものを指すが, 英語の plastic はビニールのような柔らかいものも指し, vinyl は専門用語. (2) 「ビニールハウス」は和製英語. ❷ 《格式》 (材料が)思いどおりの形にしやすい; 可塑(かそ)性の; (性格などが)柔軟な. ❸ 《略式》 [軽蔑的] 合成された, 人工的な; 不自然な: *plastic* food 合成食品 / a *plastic* smile 作り笑い.

plástic árts 名 複 造形美術.

plástic explósive 名 C,U プラスチック爆弾.

plas·tic·i·ty /plæstísəṭi/ 名 U 《格式》 可塑性; 造形力; 柔軟さ, 適応性.

plástic súrgery 名 U 形成外科(手術); 美容整形手術.

plástic wráp 名 U 《米》 (食品を包む)ラップ [《英》 clingfilm].

***plate** /pléɪt/ (同音 《米》 plait)
— 名 (plates /pléɪts/) ❶ C [しばしば合成語で] (食卓の上の)**取り皿** 《料理が盛られた盛り皿 (dish) からめいめいがこれに取る; ⇒ dish 表および 類義語》: My mother put a slice of meat on everyone's *plate*. 母はめいめいの皿に肉をひと切れずつ盛った / a soup *plate* スープ皿 / a dinner *plate* ディナー用皿 / a paper *plate* 紙皿 / clean [empty] one's *plate* 残さずに食べる.
❷ C **ひと皿分(の料理)**: a *plate of* soup [beef and vegetables] スープ[牛肉と野菜]ひと皿.
❸ C [普通は複数形で] (車の)**ナンバープレート** [《米》 license plate, 《英》 number plate] (⇒ car 挿絵).
❹ C (金属製の)**表札** 《医者・弁護士などの》: a brass *plate* 真ちゅうの表札.
❺ C,U [しばしば合成語で] **金属板**, 板金, めっき板; C 薄板, 平板; ガラス板; 版画; 〔印刷〕 図版, 挿絵; (写真の)乾板: a steel *plate* = a *plate* of steel 鋼板. 関連 doorplate, nameplate 表札. ❻ C 〔野球〕 プレート: the *plate* = home *plate* 本塁 / the pitcher's *plate* 投手板. ❼ U (金・銀(めっき)製の)食器類 《スプーン・皿・ボールなど》: a piece of *plate* (金・銀製の)食器 1 点 / gold [silver] *plate* 金[銀]製の食器類 《全

体》. ❽ Ⓒ 義歯床. ❾ Ⓒ 〔地質〕 プレート《地球の表面を構成する岩板》. ❿ Ⓒ 〔生物〕 (は虫類などの)甲. ⓫ [the ～] (教会の)献金皿.

hàve 「a lót [enóugh, tóo múch] on one's **pláte** [動] ⓐ《略式》 しなければならないことがたくさんある.

— 動 ⓗ (...)にめっきをする; (...)を板金で覆(おお)う.

pla·teau /plætóʊ, plǽṭoʊ/ 名 (複 ～s /～z/, **pla·teaux** /～z/) ❶ Ⓒ 高原, 台地. ❷ Ⓒ (学習・事業などの)停滞期: reach a *plateau* 停滞期に入る. — 動 ⓐ 停滞期に入る (*out*).

-plat·ed /pléɪṭɪd/ 形 [合成語で] ...でめっきした: a silver-*plated* spoon 銀めっきのスプーン.

plate·ful /pléɪtfʊ̀l/ 名 Ⓒ ひと皿分(の料理) (*of*).

pláte gláss 名 Ⓤ (上質の)板ガラス.

plate·let /pléɪtlət/ 名 Ⓒ 〔生理〕 血小板.

pláte ràck 名 Ⓒ 《英》 皿立て《水切り用》.

pláte tec·tón·ics /-tektá(ː)nɪks | -tɔ́n-/ 名 Ⓤ 〔地質〕 プレートテクトニクス《プレートの移動で地殻変動が生じるとする説》.

plat·form** /plǽtfɔəm | -fɔːm/ ⚠アク 名 (～s /～z/) ❶ Ⓒ **壇**, 演壇, 教壇; ステージ; 見解表明の場[機会]: mount [get on] a *platform* 演壇に立つ / provide a ***platform for consumers' views 消費者の意見を述べる機会を提供する.

❷ Ⓒ [しばしば無冠詞で数詞を伴って] 《主に英》 (駅の)**プラットホーム**, 番線 [《米》 track]: wait for a train *on* the *platform* プラットホームで電車を待つ / The train which has arrived *at platform* 6 is for York. 6 番線に到着した列車はヨーク行きだ / What *platform* does the train for Bath depart from? バース行きの列車は何番線から出ますか. 参考 米国では小さな駅では普通プラットホームがなく地面に足台を置いて乗る. ❸ Ⓒ [普通は単数形で] (政党の選挙前の)綱領, 政綱: adopt a *platform* 綱領を採択する. ❹ Ⓒ 足場《海底油田の掘削用など》. ❺ Ⓒ 《英》 (二階建てバスの端の)乗降口, デッキ. ❻ Ⓒ 〔コンピュータ〕 プラットホーム《システムを構成する基盤》. ❼ Ⓒ [普通は複数形で] 厚底の靴.

plat·ing /pléɪṭɪŋ/ 名 Ⓤ (金・銀の)めっき.

plat·i·num /plǽṭənəm/ 名 Ⓤ プラチナ, 白金《元素記号 Pt》.

plátinum blónde 名 Ⓒ 《略式》 プラチナブロンドの女性《特に染めたりして銀白色に近い薄い金髪をしている》.

plat·i·tude /plǽṭət(j)ùːd | -tjùːd/ 名 Ⓒ (陳腐な)決まり文句.

Pla·to /pléɪṭoʊ/ 名 固 プラトン (427?-347 B.C.)《ギリシャの哲学者》.

pla·ton·ic /plətá(ː)nɪk | -tɔ́n-/ 形 ❶ (純粋に)精神的な, プラトニックな: *platonic* love 精神的(恋)愛, プラトニックラブ. ❷ [P-] プラトン(哲学)の.

pla·toon /plətúːn/ 名 Ⓒ 〔陸軍〕 小隊《⇒ corps 参考》.

plat·ter /plǽṭə | -tə/ 名 Ⓒ 大皿《肉・魚などを盛る; ⇒ dish 類義語》; 大皿に盛ったセット料理 (*of*).

plat·y·pus /plǽṭɪpəs/ 名 (複 ～·es, **plat·y·pi** /-pàɪ/) Ⓒ かものはし《卵を産む原始的な哺乳類》.

plau·dits /plɔ́ːdɪts/ 名 複 《格式》 称賛, 絶賛: win [receive, earn] *plaudits* 称賛を受ける.

plau·si·ble /plɔ́ːzəbl/ 形 ❶ (説明などが)もっともらしい, 説得力のある, うなずける. ❷ [軽蔑的] (人が)口先のうまい, もっともらしいことを言う. **-si·bly** /-zəbli/ 副 もっともらしく, まことしやかに.

*****play** /pléɪ/

単語のエッセンス
1) 遊ぶ; 遊び ⓐ ❶; 名 ❶
2) 競技する; 競技, 技 ⓐ ❷, ⓗ ❶, ❸, ❹; 名 ❷, ❸
3) 演奏する ⓐ ❸, ⓗ ❷
4) 出演する, 演じる; 劇 ⓐ ❹, ⓗ ❻; 名 ❹
5) ふるまう, する, 果たす ⓐ ❺, ⓗ ❺

— 動 (plays /～z/; played /～d/; play·ing) ⓐ ❶ (主に子供が)(おもちゃなどで)**遊ぶ**, 戯れる [⇔ work]: The children were *playing* around instead of doing their homework. 子供たちは宿題もせずに遊び回っていた / Helen is ***playing with*** her friends in the yard. V+*with*+名 ヘレンは庭で友だちと遊んでいる / *play with* a toy おもちゃで遊ぶ. 語法 主に子供の遊びに用いられ, 大人の楽しみには用いない.

❷ **競技[試合]をする**; 競技[試合]に出る; (試合で)ポジションにつく (*on, as*): They ***play for*** Japan. V+*for*+名 彼らは日本代表選手である 多用 / We are ***playing against*** Nishi High School next week. V+*against*+名 わが校は来週西高校と対戦する / She always *plays* well. V+副 彼女はいつもいいプレーをする / I have only *played in* one game so far. 私はこれまで 1 試合しか出場していない / If you feel any pain, you shouldn't *play*. 痛かったら試合に出るべきでない.

❸ (楽器を)**演奏する**, 弾く; (楽器・ラジオなどが)鳴る: My son *plays in* the school orchestra. 私の息子は学校のオーケストラの一員だ / The organ was *playing* in the church. 教会ではオルガンが鳴っていた.

❹ **出演する**, 芝居に出る; [副詞(句)を伴って] (脚本などが)上演できる; [普通は進行形で] (劇・映画などが)上演[上映]される, かかる: Who *played in* that movie? その映画にはだれが出演したの / What's *playing* at the theater this weekend? この週末はその劇場[映画館]では何が上演[上映]されますか.

❺ **ふるまう** [≒behave]; (...の)ふりをする: Always *play* fair. V+副 いつも正々堂々とふるまいなさい / He's just *playing* sick. V+C(形) 彼は仮病を使っているだけだ. ❻ [副詞(句)を伴って] 《文語》 (光・波・風などが)踊る, 揺らぐ; (微笑などが)浮かぶ; (動物などが)跳(は)ね回る, 飛び回る. ❼ (噴水・ホースなどが)水を噴出する; (照明・水・砲火などが...に)向けられる, 浴びせられる (*on, over*). ❽ 勝負事[賭(か)け事]をする.

— ⓗ ❶ (競技・ゲームなど)**をする**: They're *playing* baseball [tennis]. 彼らは野球[テニス]をしている. 語法 競技・ゲームなどの名には定冠詞がつかない《⇒ 2 の 2 番目の 語法》 // Let's *play* catch in the yard. 庭でキャッチボールをしよう / The team *played* a good [poor] game. そのチームはいい[まずい]試合をした / Will you *play* (a game of) chess ***with*** me? V+O+*with*+名 私とチェスをしませんか / Japan is going to ***play*** football ***against*** Germany on Sunday. V+O+*against*+名 日曜日に日本はドイツとサッカーの試合をする / They ***play*** volleyball ***for*** Japan. V+O+*for*+名 彼らはバレーボールの日本代表だ.

❷ (楽器・曲)を**演奏する**, (ある作曲家)の曲を演奏する; (CD・オーディオプレーヤー・ラジオなど)を**かける**《語法 特に音楽をかけるときに用いる》; (...に)(曲など)を演奏してやる, かけてやる: Can she *play the* piano [violin]? 彼女はピアノ[バイオリン]が弾けますか. 語法 楽器の名には

普通は定冠詞がつくが, プロの演奏家の場合にはつけないことが多い《⇒ 1 語法》: He *plays piano* in a band. 彼はバンドでピアノを弾いている // 言い換え She ***played*** a piece of music ***for*** [***to***] the girl. V+O+*for* [*to*]+名 = She *played* the girl a piece of music. V+O+O 彼女はその少女のために 1 曲弾いてあげた《⇒ for 前 A 1 語法》/ He ***played*** a sad tune ***on*** his flute. V+O+*on*+名 彼は悲しい曲をフルートで吹いた / Let's *play* this CD. この CD をかけよう.

❸ (試合で) (...)の**役割をする**, (あるポジション)を務める, 守る; (人)を(選手として)試合に出す, (...に)使う (*as*): George *played* shortstop *in* the game. ジョージは試合でショートを守った. 語法 ポジションを表わす名詞には冠詞をつけない // We'll *play* him *in* the next match. 次の試合には彼を出そう.

❹ (...)と**試合[勝負]をする**; (人と)(...)の試合[勝負]をする: We ***played*** the sophomores ***at*** basketball. V+O+*at*+名 私たちは 2 年生とバスケットボールの試合をした / Will you *play* me a game of chess? V+O+O 私とチェスをしませんか《他 1 の 4 番目の例文のほうが普通の言い方》.

❺ (実生活で)(...の役割)を**果たす**, 務める; [受身なし] (...)らしくふるまう, (...)ぶる; (...)のふりをする: Water ***plays*** an important part ***in*** the functioning of the body. V+O+*in*+名 水は体の働きの面で重要な役割を果たす / She *played* the role of hostess at the party. 彼女がパーティーの接待役を務めた / Don't *play* the fool. ばかなまねはよせ.

❻ (役・場面)を**演じる**; (劇)を上演する [≒perform]; (場所)で演じる: (The part of) Hamlet ***was played by*** Tom. V+O の受身 ハムレット(の役)はトムがやった / Our company is now *playing The Cherry Orchard* at the Imperial Theatre. 我々の劇団はいま帝国劇場で「桜の園」を上演している. ❼ (子供が)(...)(のまね)をして遊ぶ, (...)ごっこをする: The children *played* school [house]. 子供たちは学校ごっこ[ままごと遊び]をした. ❽ (いたずら・卑劣なことなど)をする, (冗談など)を言う; (...に)(いたずらなど)をする: He *played* a mean trick *on* me. 彼は私に卑劣な仕打ちをした. ❾ (ボール)を打つ, ける. ❿ (ゲームで)(手札)を出す, 使う; (こま)を動かす. ⓫ (...)に賭(か)ける. ⓬ (光など)を(...に)当てる, 向ける; (水・砲火など)を(...に)浴びせる (*on, over*).

pláy onesèlf ín [動] 自 (ゲームなどで)プレーに体を慣らす, 徐々に調子を上げる.

play の句動詞

pláy alóng 動 自 《略式》 (...に)調子を合わせる(ふりをする), (一時的に)協力する (*with*).

pláy aróund [《英》 **abóut**] 動 自 ❶ (人・動物が)遊び[飛び]回る; ふざける《⇒ play 自 1》. ❷《略式》浮気[不倫]する (*with*). ❸ あれこれ考えて[調べて]みる, いじり回してみる (*with*).

pláy at ... 動 他 ❶ ...を遊び半分にやる, いいかげんにする: *play at* business 商売を遊び半分にやる / What do you think you're *playing at*? Ⓢ 《英》 (いたずらなどを見つけて)何をばかなことをしているのか. ❷ ...をして遊ぶ, ...ごっこをする: *play at* being soldiers 兵隊ごっこをする.

+**pláy báck** 動 他 (録音・録画など)を**再生する** V+名・代 +*back* / V+*back*+名: When you've finished the recording, ***play*** it ***back to*** me. 録音が終わったらそれを再生して聞かせてください. (名 pláybàck)

pláy dówn 動 他 (物事)を重要でないように見せる, (新聞などが) (記事)を小さく扱う [⇔play up].

+**pláy óff** 動 自 《主に英》 (引き分け・同点などの)**決勝戦をする**: They had to *play off* to decide the championship. 優勝者を決めるために決勝戦をしなければならなかった. — 他 《米》 (...)のよさを引き立たせる. (名 pláyòff)

pláy ... óff ~ 《米》 = **pláy ... óff agàinst ~** 《英》 [動] 他 (自己の利益のために)(...)と～を張り合わせる, 対抗させる.

pláy ón 動 自 遊び[演奏, 演技]を続ける; 〘スポーツ〙 試合を続行[再開]する.

pláy on [upòn] ... 動 他 (恐怖・不安など)につけ込む, ...を利用する: He *played on* their fears in order to get their money. 彼は金を巻き上げるために彼らの恐怖心につけ込んだ.

pláy óut 動 他 ❶ (場面など)を演じる; (考え・感情など)を行動に表わす. ❷ 最後まで演じる[プレーする]; (試合など)の決着をつける. — 自 ❶ 戸外で遊ぶ. ❷ (事が)展開する, 生じる.

pláy onesèlf óut [動] 自 (1) 役に立たなくなる, 尽きる. (2) (事が)展開する.

be pláyed óut [動] 自 (1) へとへとになっている. (2) (事が)展開する. (3) 《略式》 役立たなくなっている, 旧式である.

pláy úp 動 他 ❶ (...)を重要であるように見せる, 強調する [⇔play down]. ❷ 《英略式》 (人)を困らせる, 悩ます.

pláy úp to ... [動] 他 ...にへつらう.

***pláy with ...** 動 他 (受身 be played with) ❶ **...と遊ぶ**《⇒ 自 1》.
❷ **...で遊ぶ**; (物・考え・感情など)をもてあそぶ, ...をいじくる; ...をいろいろと試す: The little girl was *playing with* a toy. その小さな女の子はおもちゃで遊んでいた / He was just *playing with* his food. 彼は食べ物をつついているだけだった.

— 名 (~s /~z/) ❶ Ⓤ (特に子供の)**遊び**, 遊戯; 気晴らし; 戯れ [⇔ work]: Children learn a lot through *play*. 子供は遊びを通じて多くのことを学ぶ / The children were ***at play*** in the yard. 子供たちは庭で遊んでいた / time for *play* 遊びの時間 / All work and no *play* makes Jack a dull boy. 《ことわざ》 遊ばずに勉強ばかりしていては男の子はだめになる(よく学びよく遊べ).

❷ Ⓤ **競技**, 勝負事: *Play* will begin at 1 p.m. 競技は午後 1 時に始まります.

❸ Ⓤ **試合ぶり**, プレー; 演技; [a ~] 《米》 (競技での)動き, (勝敗・取り引きなどの)やり方: fair *play* 正々堂々の試合ぶり, フェアプレー / foul *play* 〘スポーツ〙 反則 / team *play* チームプレー / rough *play* 乱暴なプレー / He made *a* good *play* on that grounder. 彼はそのゴロをうまくさばいた / Nice [Great] *play*! ナイスプレー! 《⇒ nice 形 1 日英》.

❹ Ⓒ **劇**, 芝居, 戯曲; 脚本 (*about*). ✪ drama よりはくだけた感じの語: a TV [radio] *play* テレビ[ラジオ]ドラマ / ***a play by*** Miller ミラー作の劇 / the *plays* of Shakespeare シェークスピアの戯曲 / ***see*** **a *play*** 劇を見る / 「***put on*** [***stage, produce***] **a *play*** 劇を上演する / ***direct*** **a *play*** 劇を演出する / ***write*** **a *play*** 劇(の台本)を書く. 関連 screenplay (映画・テレビの)脚本. ❺ Ⓤ [しばしば the ~] 《文語》 (光などの)ちらつき, ゆらめき: *the play* of sunlight *on* the water 水面に揺れる日

P

の光. ❻ U (機械などの)動きのゆとり, 遊び, (ロープなどの)ゆるみ. ❼ U 働き, 作用, 活動, 影響 (*of*): be *at play* 作用している, (影響が)働いている / bring [call, put] ... into *play* ...を働かせる, 活用する / come into *play* 活動[影響]し始める. ❽ [単数形で] (勝負事などの)手, 番 [≒turn]: Now it's yóur plày. さあ今度はあなたの番ですよ. ❾ U《米》(マスコミの)報道; 注目, 関心. ❿ U (CD・DVD などの)再生.

a pláy on wórds [名] だじゃれ, ごろ合わせ.

in pláy [形]〔球技〕(ボールが)生きている.

màke a [one's] **pláy for ...** [動] 他 (1) (利益など)を得ようとする. (2) (異性)を引き付けようとする.

òut of pláy [形]〔球技〕(ボールが)死んでいる.

(形 pláyful)

play·act·ing /pléɪæ̀ktɪŋ/ 名 U みせかけ, 芝居.

play·back /pléɪbæ̀k/ 名 U,C (録音・録画の)再生; 再生録音[画面]: Let's watch this scene again on *playback*. この場面を再生画面でもう一度見てみよう. (動 pláy báck)

play·bill /pléɪbɪ̀l/ 名 C 芝居のビラ[ポスター];《米》芝居のプログラム.

play·boy /pléɪbɔ̀ɪ/ 名 C (金持ちの)道楽男, 遊び人, プレーボーイ.

play-by-play /pléɪbaɪpléɪ/ 形 限定《米》実況(放送)の. — 名 C《米》実況放送.

pláy dàte 名 C《米》(親同士が決める)子供同士の遊びの約束.

Play-Doh /pléɪdoʊ/ 名 U プレイドー《子供用の合成粘土; 商標》.

played-out /pléɪdáut←/ 形 人気[影響力]がなくなった; 時代遅れの《⇒ be played out (play 句動詞 play out の成句)》.

***play·er** /pléɪɚ | pléɪə/

— 名 (~s /~z/) ❶ C (スポーツの)**選手, 競技者**; [前に形容詞をつけて] (競技などをするのが)...な人: a baseball *player* 野球の選手 / the most valuable *player* 最優秀選手《略 MVP》/ 言い換え He's a *good* [*poor*] tennis *player*.(= He plays tennis well [poorly].) 彼はテニスがうまい[下手だ] / I'm not much of a *player*. 私は大してうまくはない.

❷ C (ある分野・活動の)(重要な)**関係者[企業, 国]**: The company has been a major [key] ***player in*** the computer industry. その会社はコンピューター業界では主要な企業である.

❸ C (楽器の)**演奏者**; [前に形容詞をつけて] 演奏が...の人: She's a *skillful* violin *player*. 彼女はバイオリンを弾くのがうまい.

❹ C [合成語で] **プレーヤー**, 再生装置: a DVD [CD] *player* DVD[CD]プレーヤー. ❺ C《古風》俳優, 役者. ❻ C 遊び人.

pláyer piáno 名 C 自動ピアノ.

play·ful /pléɪf(ə)l/ 形 ❶ 陽気な, 元気で楽しそうな: a *playful* little dog 楽しそうに飛び回っている子犬. ❷ ふざけている, 戯れの: a *playful* remark 冗談に言ったことば. (名 play)

-ful·ly /-fəli/ 副 ふざけて, 冗談半分に. **~·ness** 名 U ふざけ, 戯れ.

play·go·er /pléɪgòʊɚ | -gòʊə/ 名 C 芝居の常連.

play·ground /pléɪgràʊnd/ 名 ❶ C (学校の)運動場; 遊び場: Children are running around *on* [*in*] the *playground*. 子供たちが運動場で走り回っている. ❷ C 行楽地, リゾート (*of*).

play·group /pléɪgrùːp/ 名 ❶ C《米》(親の監督下に定期的に集まって)いっしょに遊ぶ幼児のグループ. ❷ C《英》(就学前の子供が通う一種の)幼稚園 [《米》preschool].

play·house /pléɪhàʊs/ 名 (-hous·es /-hàʊzɪz/) ❶ C [劇場名としてしばしば P-] 劇場 [≒theater]. ❷ C 子供が入って遊ぶ小屋.

pláy·ing càrd /pléɪɪŋ-/ 名 C《格式》トランプの札.

pláying fìeld 名 C 球技場; 運動場. **lével the pláying fìeld** [動] 自 機会を均等にする.

play·list /pléɪlɪst/ 名 C (ラジオ放送・端末での再生用の)曲目リスト.

play·mate /pléɪmèɪt/ 名 C (子供の)遊び友達.

play·off /pléɪɔ̀ːf | -ɔ̀f/ 名 (~s) C《米》[普通は複数形で] (シリーズとしての)優勝[順位]決定戦;《英》(同点・引き分けのときの)決勝試合. (動 pláy óff)

play·pen /pléɪpèn/ 名 C ベビーサークル《幼児の遊び場用囲い》. 日英「ベビーサークル」は和製英語.

play·room /pléɪrùːm/ 名 C (子供用の)遊戯室.

play·school /pléɪskùːl/ 名 C《英》= playgroup 2.

pláy strùcture 名 C《米》(しばしばすべり台のついた)ジャングルジム [《英》climbing frame].

play·thing /pléɪθɪ̀ŋ/ 名 ❶ C《格式》おもちゃ [≒toy]. ❷ C おもちゃにされる人, 慰みもの.

play·time /pléɪtàɪm/ 名 U,C 遊び時間;《英》(学校での)休み時間 [《米》recess].

play·wright /pléɪràɪt/ ✪ -ght で終わる語の gh は発音しない. 名 C 劇作家.

pla·za /plǽzə, plɑ́ːzə | plɑ́ːzə/ 名 ❶ C ショッピングセンター. ❷ C (都市の)広場. ❸ C《米》(高速道路の)サービスエリア.〘語源 place と同語源〙

+**plea** /plíː/ 名 (~s /~z/) ❶ C **嘆願**: make a ***plea for*** mercy 慈悲を嘆願する[願う] / The boys responded to my *plea to* stop fighting. 少年たちはけんかをやめるようにという私の訴えに応じてくれた. ❷ C〔法律〕抗弁: enter a *plea* of guilty [not guilty] 有罪[無罪]の申し立てをする. ❸ C 弁解, 口実: on the *plea of* [*that*] ... ...を[...ということを]口実に.

cóp a pléa [動] 自《米略式》(刑を軽くするため)軽いほうの罪を認める.

plea-bar·gain /plíːbɑ̀ɚgən | -bɑ̀ː-/ 動 自〔法律〕司法取引をする.

pléa bàrgaining 名 U〔法律〕司法取引.

+**plead** /plíːd/ 動 (pleads /plíːdz/; 過去・過分 plead·ed /-dɪd/,《主に米》ではまた pled /pléd/; plead·ing /-dɪŋ/) 自 ❶ **嘆願する**, 頼み込む, 懇願する: 言い換え She ***pleaded with*** me ***for*** more time. V+*with*+名+*for*+名 = She ***pleaded with*** me ***to*** give her more time. V+*with*+名+*to* 不定詞 彼女はお願いだからもっと時間をくださいと私に頼んだ.

❷ **弁護する**; 申し開きをする: The lawyer ***pleaded for*** her. V+*for*+名 その弁護士は彼女の弁護に立った.

— 他 ❶ [受身なし] (...である)と**弁解する**; 言いわけとして(...)と言う, (...)を申し立てる: 言い換え He *pleaded* ignorance of the regulation. = He ***pleaded that*** he didn't know about the regulation. V+O (*that* 節) 彼はその規則は知らなかったと弁解した.

❷ [受身なし] (法廷で)(...)を**弁護する**; (...)を抗弁として主張する: The lawyer *pleaded* her cause. 弁護士は彼女の立場[言い分]を弁護してくれた.

pléad guílty [動] 自〔法律〕(法廷で)(有)罪を認める, 身に覚えがあると認める (*to*).

pléad nót guílty [動] 自〔法律〕(法廷で)無罪を申

し立てる, 身に覚えがないと訴える.

plead·ing /plíːdɪŋ/ 名 ❶ U,C 嘆願. ❷ [複数形で]〘法律〙訴答(書面).

plead·ing·ly /plíːdɪŋli/ 副 嘆願するように.

*__pleas·ant__ /pléz(ə)nt/ ❗発音 形 (more ~, -ant·er /-ṭɚ | -tə/; most ~, -ant·est /-ṭɪst/) ❶ (物・事柄が) (...にとって)**気持ちのよい**, 快適な, 楽しい, 愉快な [⇔ unpleasant]: a *pleasant* climate [place] 快適な気候[場所] / We had a *pleasant* evening [time]. 私たちは楽しい晩[時]を過ごした / a *pleasant* surprise うれしい驚き / 言い換え ***It's pleasant to*** talk with her. = ***It's pleasant*** talk*ing* with her. 彼女と話をするのは楽しい / Her singing is ***pleasant to*** listen to. +to 不定詞 彼女の歌は聴いていて気持ちがいい. 語法 この意味では to 以下の動詞は他動詞またはそれに相当する句動詞で, 文の主語はその動詞の意味上の目的語になる《⇒ to² B 6 語法》.

❷ (人・言動・性格などが)**感じのいい**, (相手に)いい感じを与える, 楽しそうな; 愛想のよい: Jane is a *pleasant* person *to* be with. ジェーンはいっしょにいると楽しい人だ / Try to be ***pleasant to*** your interviewer. +to+名 面接の試験官には愛想よくするように努めなさい / What a *pleasant* smile she has! 彼女の笑顔は何て感じがいいんだろう. (動 please², 名 pléasure)

pleas·ant·ly /pléz(ə)ntli/ 副 ❶ 心地よく, 快適に: I was *pleasantly* surprised to see the actor. その俳優に会えたのはうれしい驚きだった / a *pleasantly* cool night 気持ちよく涼しい夜. ❷ 感じ[愛想]よく: smile *pleasantly* にこやかにほほえむ.

pleas·ant·ry /pléz(ə)ntri/ 名 (-ant·ries) C [普通は複数形で]《格式》礼儀上のことば《あいさつなど》.

***please¹ /plíːz/

— 副 ❶ [普通は命令文の文頭・文尾に添えて] **どうぞ** 《要請・依頼・命令などを丁寧にしたり強めたりする; 略 PLS, pls》: *Please* come in. どうぞお入りください. / *Please* don't forget your key. どうぞ鍵(かぎ)をお忘れなく / *Please* don't be mad. お願いだから怒らないで.

> 語法 (1) 文の終わりにくる please の前には普通コンマ (comma) を置く.
> (2) 上昇調のイントネーションを用いることが多い《⇒ **つづり字と発音解説** 94》.
> (3)《略式》では次のように動詞を略すこともある: "Two coffees, *please*." "Okay. Just a moment, *please*." 「コーヒーを 2 つください」「はい, 少々お待ちください」/ No noise, *please*. お静かに願います / This way, *please*. どうぞこちらへ(来てください) // ⇒ Attention, please. (attention 成句).
> (4) 平叙文の形で命令的に用いることがある: You will *please* leave the room. 部屋から出ていってください.
> (5)《略式》では次のように to 不定詞とともに用いることがある: I asked him to *please* come to work on time. 時間どおりに仕事に来てくださいと私は彼に頼んだ.
> (6) 許可を求められて承諾するときの「どうぞ」の意味では Please. は用いない. たとえば May I smoke here? (ここでたばこを吸ってもいいですか)に対しては Certainly., Of course., Sure. などと言う.
> (7) ものをさし出すときの「はい, どうぞ」の意味では, Please. ではなく Here you are. などと言う.

> **♥ ...してください** (依頼するとき)
> **..., please**
>
> Close the door, **please**.
> ドアを閉めてください.
>
> Yes, ma'am.
> かしこまりました.
>
> ♥ 相手が従う義務があることを命令・指示する場合や, 相手が断わる可能性がないようなことを頼む場合に使われる.
> ♥ please がつくことで口調が柔らかくなるが, 聞き手に選択の自由を与える表現ではないため, 押しつけの度合いが強い. 《依頼の表現については ⇒ could B 1 (4)》

❷ [疑問文で] **すみませんが, どうか.**
(1) [Would [Will] you ...?, Could [Can] you ...? などに加えて依頼や指示の口調を和らげる]: "Excuse me. *Could you please* tell me the way to the station?" "Certainly. Go along this street and turn right at the second corner. You'll find it on your left." 「すみません, 駅へ行く道を教えていただけますか」「ええ. この道をまっすぐ行って, 二つ目の交差点を右に曲がれば左側にありますよ」 語法 please が文末にくることもある: "*Would you* call the manager, *please*?" "Yes, sir." 「責任者を呼んでもらえますか」「かしこまりました, お客様」 ✪ please を加えることで依頼の意味を強め, 懇願したり, いらだちを込めたようなニュアンスで使うこともある: "*Could you please* not tell anyone about this?" "Okay, Mom." 「お願いだからこのことは誰にも言わないでくれる?」「わかったよ, お母さん」/ Bob, *can you please* be quiet? ボブ, 頼むから静かにしてくれる?
(2) [May I ...?, Can [Could] I ...? などに加えて許可を求めるときの口調を柔らかくする]: *May I* use the bathroom, *please*? お手洗いをお借りできますか / *Could I* have your name, *please*? お名前をおっしゃっていただけますか《⇒ name 名 1 語法》/ "*May I please* be excused?" "All right, you can go now." 「失礼させていただいてもよろしいですか」「はい, もう行ってかまいませんよ」/ "*Could I* get by, *please*?" "Oh, sorry, go ahead." 「通していただけますか」「あ, すみません, どうぞ」
(3) [丁寧な尋ね方をして; 相手が当然答えてくれるような質問の場合に用いる]: Is John there, *please*? ジョンさんはそちらでしょうか.

❸ [疑問文の形での申し出・誘いなどに答えて; Yes, please または Please として] **はい, お願いします**: "Would you like another cup of coffee?" "*Yes, please*. (= Yes, thank you.)" 「コーヒーをもう 1 杯いかがですか」「はい, いただきます」/ "Need some help?" "*Yes, please*. I'm looking for the West Exit." 「お困りですか」「はい. 西口を探してるんですが」《⇒ Yes, please. (yes 成句)》. 語法 (1) 断わるときは No, thank you. 《⇒ Thank you. 成句》. (2) 次のように用いることもある: "May I open the window?" "*Please* do!" 「窓を開けてもよろしいですか」「ええどうぞ」

❹ [間投詞的に用いて相手の注意を促す; ときにこっけいに]《略式》: *Please!* お願いです; (抗議して)やめてよ, ばかなこと言わないで / *Please*, sir [ma'am], I can't hear you. 《英》すみません, よく聞こえないんですけど《特に子供が先生や大人に対して》/ *Please*, it's cold in here. すみません, ここは寒いのですが(窓を閉めてください).

*__please²__ /plíːz/ 動 (pleas·es /~ɪz/; pleased /~d/; pleas·ing) 他 [進行形なし] ❶ (...)を**喜ばせる, 楽しま**

P

せる, 満足させる《⇒ pleased》 [⇔ displease]: 言い換え You can't *please* everyone. = There's no *pleasing* everyone. すべての人を満足させることは無理だ / 言い換え He's hard [a hard person] to *please*. = It's hard to *please* him. あの男は気難しい.
❷ [as, what などの関係代名詞が導く節の中で] **したいと思う**, 気に入る, 好む [≒like]: Take as many [much] *as* you *please*. 好きな(数[量])だけ取ってください / Do *what*(ever) [anything] you *please*. 好きなようにしなさい.
— 自 [進行形なし] ❶ [従属節に用いて] **したいと思う**, 気に入る, 好む [≒like]: You can do as you *please*. 好きなようにしていいです. ❷ **人を楽しませる**, **人の気に入る**: be eager to *please* しきりに人を喜ばせようとする.
(as) ... as you pléase Ⓢ《英》 驚くほど[全く]...に[で]: She walked in (*as*) bold *as you please*. 彼女は驚くほど大胆に入ってきた.
if you pléase [副] 文修飾 (1)《古風, 格式》 どうか, 恐れ入りますが: *If you please*, Miss Smith, I'd like a word with you. スミスさん, 恐れ入りますが, ちょっとお話があるのですが. (2)《古風, 英》 なんと, 驚いたことには.
pléase Gód [副] 神のおぼしめしならば; うまくいけば.
pléase one**sèlf** [動] 自 自分の好きなようにする: *Please yourself*. Ⓢ《略式》 勝手にしろ《特にいらだちを示すぞんざいな言い方》. (名 pléasure, 形 pléasant)

*__pleased__ /plíːzd/ 形 **喜んだ**, **満足した**, **うれしい**: She was ***pleased with*** her new dress. +with+名 彼女は新しいドレスが気に入った / Ben is ***pleased about*** his new job. +about+名 ベンは新しい仕事が気に入っている / 言い換え He was very ***pleased that*** he found his son safe and well. +(that) 節 = He was very ***pleased to*** find his son safe and well. +to 不定詞 彼は息子が無事でいることがわかってうれしかった《⇒ very[1] 1 語法 (2), to[2] B 2》 / Mr. Black is *pleased at* his son's success. ブラック氏は息子の成功を喜んでいる / My mother had a *pleased* look on her face. 母は満足顔だった.

> 番号の順序で喜びの度合いが小さくなる.
> 1. overjoyed (大喜びして)
> 2. delighted (とても喜んで)
> 3. glad, pleased (喜んで)

be pléased to dó [動] (1)《丁寧》 **喜んで...いたします**; ...してうれしく存じます: I'll *be pleased to* go with you. 喜んでお供いたしましょう / 「*I'm pleased* [*Pleased*] *to* meet you. Ⓢ はじめまして (How do you do?)《初対面のあいさつ》. 語法 次のように独立しても用いられる: 🗨 "Would you like to try some Japanese dishes?" "I'd *be pleased to*." 「日本料理を召し上がってみませんか」「喜んで」《⇒ to[2] A 1 語法 (1)》. (2)《格式》 (ありがたくも)...してくださる: The governor *was pleased to* attend the opening ceremony. 知事が開会式にご列席くださいました.
pléased with one**sèlf** [形] [しばしば軽蔑的] 自己満足して.
You'll be pléased to dó.《丁寧》 [主に know, hear, see などの動詞とともに] ぜひ...していただきたいと存じます: *You'll be pleased to know* that Mr. White was selected for the job. ホワイトさんがその仕事に選ばれたことをご通知申し上げます.

pleas·ing /plíːzɪŋ/ 形《格式》 心地よい; 楽しい: *pleasing to* the ear [eye] 耳に[見た目に]心地よい.
~·ly 副 心地よく; 楽しく.

plea·sur·a·ble /pléʒ(ə)rəbl/ 形《格式》 楽しい; 心地よい [⇔ unpleasant]. (名 pléasure)

**plea·sure /pléʒɚ | -ʒə/ 発音
— 名 (~s /~z/) ❶ U **楽しみ**, **喜び**, 愉快, 満足《⇒ 類義語》 [⇔ displeasure]: He did the work ***with pleasure***. 彼はその仕事を喜んでやった / I'm here ***for pleasure***, not on business. 私はここに仕事でなく遊びで来ています / the ***pleasure of*** listen*ing* to good music よい音楽を聴く楽しみ / 言い換え I got a lot of *pleasure* 「from [out of] this book. = This book gave [brought] me a lot of *pleasure*. この本はとても楽しく読めた / My mother ***takes*** (great) ***pleasure in*** play***ing*** the piano these days. 母は近ごろピアノを弾くのを(大いに)楽しんでいる / I found great *pleasure in* Jim's company. ジムといっしょにいるととても楽しかった.
❷ C,U **楽しいこと**, 娯楽; (肉体的)**快楽**; 遊興: It was a *pleasure* 「to see [seeing] you. Ⓢ あなたにお会いできてうれしかった / 言い換え It's a *pleasure* to work with her. = She's a *pleasure* to work with. 彼女といっしょに仕事をするのは楽しい.
at ...'s pléasure = at the pléasure of ... [副]《格式》 ...の好きなように[ときに]; ...の命を受けて.
hàve the pléasure of ... [動] 他 Ⓢ《丁寧》 ...を光栄に[うれしく]思う《ときにこっけいに》: May I *have the pleasure of* this dance? 一曲踊っていただけますでしょうか / We *had the pleasure of* din*ing* with him. 我々は光栄にもあの方と食事を共にした.
It's mý [óur, a] pléasure. = Mý [Óur] pléasure. Ⓢ《丁寧》 どういたしまして, こちらこそ: 🗨 "Thank you for your help." "Not at all; (*it's*) *my pleasure*." 「お手伝いありがとうございます」「どういたしまして. こちらこそ」
It's my pléasure to dó. **= It gíves me pléasure to** dó. Ⓢ《丁寧》 ...するのは光栄です, 謹んで...いたします: 「*It's my* [*It gives me*] great *pleasure to* introduce to you Dr. Rich from Great Britain. 英国から来られたリッチ博士をご紹介いたします《会合などの司会者のことば》.
The pléasure is míne [óurs].《丁寧》 どういたしまして, うれしいのはこちらのほうです: 🗨 "Thank you for appearing on our show." "*The pleasure is mine*." 「このショーにおいでいただきありがとうございます」「いえ, こちらこそ(お招きにあずかり光栄です)」
with pléasure [副] (1) **喜んで** (⇒ 1). (2) Ⓢ《丁寧》 **もちろんです**, ぜひ《喜んで承知するというときの改まった返事に使う》: 🗨 "Will you come to our party?" "「Thank you, *with pleasure* [*With pleasure*]." 「パーティーに来ませんか」「ありがとうございます. 喜んでまいります」
(動 please[2], 形 pléasant, pléasurable)

> 類義語 **pleasure** 最も一般的な語で, 単なる満足の気持ちから, 興奮を伴う喜び・楽しみまで広い範囲の気持ちを表わす: It's been a *pleasure* meeting you. お会いできてうれしい. **delight** *pleasure* のうちの度合いの強い喜びを表わし, はっきりと喜びの色が表現されるのが普通. 突然の大きな喜びのほか, 場合によっては, かなりの期間にわたって感じる喜びを意味することもある: the *delight* of reading 読書の喜び. **joy** *delight* よりさらに大きな躍り上がりたくなるような喜びを表わし, しば

しば sorrow と対比して用いられる**:** My baby is the *joy* of my life. 我が子は人生の喜びです《この場合 delight で言い換えも可能だが pleasure には言い換え不可》.

pléasure bòat [cràft] 名 C 遊覧船.

pleat /plíːt/ 名 C (スカートなどの)ひだ, プリーツ.

pleat·ed /plíːṭɪd/ 形 ひだ[プリーツ]のある[ついた]**:** a *pleated* skirt ひだのあるスカート, プリーツスカート.

plebe /plíːb/ 名 C 《米略式》陸[海]軍士官学校の一年生.

ple·be·ian /plɪbíːən/ 名 ❶ C [軽蔑的] 庶民, 大衆. ❷ C (古代ローマの)平民. — 形 ❶ [軽蔑的] 庶民の; 教養のない. ❷ (古代ローマの)平民の.

pleb·i·scite /plébəsàɪt, -sɪt/ 名 C,U 〔政治〕(国[地域]の重要問題をめぐる)国民[一般]投票《⇒ referendum》**:** hold a *plebiscite on* ... ...に関する国民投票を行なう.

plec·trum /pléktrəm/ 名 (複 **plec·tra** /-trə/, ~s) C 〔音楽〕(マンドリンなどの)ピック [≒pick].

pled 動 《米》plead の過去形および過去分詞.

*__pledge__ /pléʤ/ 名 (pledg·es /~ɪz/) ❶ C **誓い**, 誓約, 約束 [≒promise]**:** The government made [gave, took] a ***pledge*** 「***to*** reduce taxes [***that*** it would reduce taxes]. +to 不定詞 [that 節] 政府は減税をすると公約した / fulfill a *pledge* 誓いを果たす / break a *pledge* 誓いを破る / the *Pledge of* Allegiance (米国民の自国への)忠誠の誓い(のことば)《公式行事の場のほか, 毎朝多くの小学校で国旗に対してとなえる》. ❷ C 寄付の約束**:** make a *pledge of* $1,000 *to* the charity そのチャリティーへ 1,000 ドルの寄付を約束する. ❸ C 抵当の品; (愛情などの)印, 保証 (*of*). ❹ C 《米》(大学の学生社交クラブへの)入会誓約者.

— 動 他 ❶ (...)を(人に)誓約[約束]する [≒promise]; (...)の寄付を約束する**:** 言い換え He *pledged* his support [loyalty] *to* us. = He *pledged* us his support [loyalty]. 彼は我々に支持[忠誠]を誓った / The men *pledged* (*to* us) *to* [*that* they would] do their best. 部下たちは(我々に)最善を尽くすことを誓った. ❷ (人)に誓約[約束]させる**:** 言い換え He was *pledged to* secrecy. = He was *pledged to* keep the secret. 彼は秘密を守る約束になっていた. ❸ (...)を抵当に入れる. ❹ 《米》(大学の学生社交クラブ)に入会の誓約をする. — 自 《米》(大学の学生社交クラブに)入会の誓約をする.

plédge onesèlf to dó [動] ...すると誓う.

Ple·ia·des /plíːədìːz | pláɪə-/ 名 複 [the ~] プレアデス, すばる《牡牛(おうし)座にある星団》.

ple·na·ry /plíːnəri/ 形 ❶ 限定 《格式》(会議などが)全員出席の**:** a *plenary* session [meeting] 本会議, 総会. ❷ 限定 《格式》(権力などが)絶対的な, 最大限の**:** *plenary* powers 全権. — 名 (-na·ries) C 総会.

plen·i·po·ten·tia·ry /plènəpoʊténʃ(ə)ri, -ʃièri/ 名 (-tia·ries) C 《格式》全権大使. — 形 《格式》(大使などが)全権を有する, 全権大使としての.

plen·te·ous /plénṭiəs/ 形 《文語》豊穣な.

plen·ti·ful /plénṭɪf(ə)l/ 形 (あり余るほど)たっぷりある, 十分な, 豊富な [≒abundant] [⇔ scarce]**:** Fish are *plentiful* in this lake. この湖には魚がたくさんいる / Food is in *plentiful* supply. 食料は大量にある. (名 plénty)

-ful·ly /-fəli/ 副 たっぷりと; 豊富に.

****plen·ty** /plénṭi/

— 名 ❶ U (あり余るほど)**たっぷり**, 十分, 豊富 [⇔ lack]**:** They had ***plenty of*** money for their tour. 彼らは旅行用の金は十分持っていた.

> 語法 (1) 動詞は plenty of に続く名詞の数と一致する**:** *Plenty of* stores *are* still open. まだ開いている店がたくさんある.
> (2) 否定文では enough で代用するのが普通**:** He did*n't* have *enough* money. 彼はお金を十分持ってはいなかった.

There's always ***plenty to*** eat and drink at her parties. +to 不定詞 彼女のパーティーではいつも食べ物も飲み物もたっぷりある / If you run out of paper, you'll find *plenty* more in this drawer. 紙がなくなったらまだこの引き出しにいっぱいありますから. 語法 plenty は必要なだけ, または必要以上に数量があることを表わし, 必ずしも「非常にたくさん」は意味しない**:** Two is *plenty*. 2 つあれば十分です // 🗨 "Will you have some more cake?" "No, thank you. I've had *plenty*." 「お菓子をもう少しいかがですか」「結構です. もう十分にいただきました」 ❷ U 《格式》(物などの)豊富さ**:** days [years, a time] of *plenty* 物が豊富にある時代.

in plénty [副] 《格式》(あり余るほど)**たっぷりと**, 十分に, 豊富に**:** There was water *in plenty* in the camp. キャンプには水がふんだんにあった. (形 pléntiful)

— 副 ❶ 《略式》たっぷり, 十分に**:** It's *plenty* long (enough). 長さは十分だ / We'll need *plenty* more money. もっと多くのお金が必要になる. 語法 plenty ... (enough), plenty more ... の形で用いられる. ❷ 《米略式》とても, 非常に**:** He's *plenty* fat. 彼はとても太っている.

— 形 《略式》たくさんの.

pleth·o·ra /pléθərə/ 名 [a ~] 《格式》過剰, 過多**:** *a plethora of* information おびただしい量の情報.

pleu·ri·sy /plʊ́(ə)rəsi/ 名 U 〔医学〕胸膜炎.

Plex·i·glas /pléksɪglæ̀s | -glɑ̀ːs/ 名 U 《米》プレキシガラス《プラスチックガラスの一種で風防ガラスやレンズ用; 商標》[《英》Perspex]. 語法「プラスチック」の意でしばしば用いられる.

plex·us /pléksəs/ 名 C 〔解剖〕(神経・血管などの)叢(そう), 網状組織.

pli·a·bil·i·ty /plàɪəbíləṭi/ 名 ❶ U 曲げやすさ, 柔軟さ, しなやかさ. ❷ U (人の)言いなりになること.

pli·a·ble /pláɪəbl/ 形 ❶ 曲げやすい, 柔軟な. ❷ (人の)言いなりになる, (人に)影響されやすい.

pli·ant /pláɪənt/ 形 ❶ (体などが)柔軟に応じる, しなやかな. ❷ = pliable 2.

pli·ers /pláɪəz | pláɪəz/ 名 複 ペンチ, プライヤー**:** a pair [two pairs] of *pliers* ペンチ 1[2]丁.

+**plight** /pláɪt/ ✪ -ght で終わる語の gh は発音しない. 名 (plights /pláɪts/) C [普通は単数形で] **苦境**, 窮状, 苦しい状態**:** the ***plight of*** the refugees 難民たちの惨状 / They were *in* a desperate *plight*. 彼らは深刻な窮状にあった.

plinth /plínθ/ 名 C (柱・彫刻の)台座.

PLO /píːèlóʊ/ 略 [the ~] = the Palestine Liberation Organization《⇒ Palestine》.

plod /plɑ́(ː)d | plɔ́d/ 動 (plods; plod·ded; plod·ding) 自 ❶ [副詞(句)を伴って] ゆっくりと(重い足どり

で)歩く, とぼとぼと歩く. ❷ (面倒[退屈]なことを)こつこつやる; のろのろ進む (*along, on*): *plod through* a task こつこつ仕事をやりぬく. **plód** one's **wáy** [動] 自 とぼとぼと歩く.

plod·der /plá(ː)ḍɚ | plɔ́də/ 名 C 《略式》(能力がなく)こつこつやるだけの人; とぼとぼ歩く人.

plod·ding /plá(ː)ḍɪŋ | plɔ́d-/ 形 限定 のろくて退屈な; (能力がなく)こつこつやる.

plonk /plá(ː)ŋk | plɔ́ŋk/ 動 他 《略式, 主に英》= plunk.

plonk·er /plá(ː)ŋkɚ | plɔ́ŋkə/ 名 C 《英俗》[軽蔑的] ばか, まぬけ.

plop /plá(ː)p | plɔ́p/ 動 (plops; plopped; plop·ping) 自 ❶ [副詞(句)を伴って] ぽとり[ぽちゃん]と落ちる. ❷ どさっと座る (*down*). — 他 [副詞(句)を伴って] (...)をぽとり[ぽちゃん]と落とす; (...)をどさっと置く. **plóp** one**sèlf dówn** [動] 自 どさっと座る[横になる]. — 名 [a ～] ぽちゃんという音.

*__plot__ /plá(ː)t | plɔ́t/

意味のチャート
「(分割した)土地」名 ❸ →(平面)→(図面)→
「図表を描く」動 他 ❷ →(計画)
→「陰謀」名 ❷; 「たくらむ」動 自, 他 ❶
→(構想)→「筋」名 ❶

— 名 (plots /plá(ː)ṭs | plɔ́ts/) ❶ C,U (小説・劇の)**筋**, 構想: I've forgotten the *plot* of this play. この芝居の筋を忘れてしまった / The *plot* thickens. Ⓢ [こっけいに] 話(の筋)[事態]はますますややこしく[面白く]なってきた.

❷ C **陰謀**, (秘密の)計画 (⇒ plan 類義語): an assassination ***plot against*** the king 国王に対する暗殺計画 / The ***plot to*** kidnap him failed. +*to* 不定詞 彼を誘拐しようという陰謀は失敗した / hatch a *plot* 陰謀を企てる / foil a *plot* 陰謀をくじく. ❸ C (分割した)土地, 地所; (墓地などの)小区画: a vegetable *plot* 菜園 / Mr. Mill bought a *plot of* land for a house. ミルさんは家を建てるため土地を買った. ❹ C 《米》見取り図, 図面 [≒ground plan].

lóse the plót [動] 自 《英略式》状況がつかめなくなる, おかしくなる.

— 動 (plots /plá(ː)ṭs | plɔ́ts/; plot·ted /-ṭɪd/; plot·ting /-ṭɪŋ/) 自 (陰謀を)**たくらむ**, 秘密の計画を立てる: He ***plotted*** (***with*** his colleagues) ***against*** the boss. V+(*with*+名+)*against*+名 彼は(同僚と)上司に対する陰謀を企てた.

— 他 ❶ (悪事など)を**たくらむ**; (パーティーなど)をひそかに計画する: 言い換え Who *plotted* the murder of this woman? = Who ***plotted to*** murder this woman? V+O (*to* 不定詞) この女性を殺そうと計画したのはだれだ. ❷ (...)の図表[地図, グラフなど]を描く (*out*): *plot* the course of the ship その船のコースを地図に記入する / The sales increase *is plotted on* the graph. 売り上げの伸びはグラフに示されている. ❸ (小説など)の筋書きを立てる.

plot·ter /plá(ː)ṭɚ | plɔ́tə/ 名 ❶ C 陰謀者, 計画者. ❷ C 〔コンピュータ〕プロッター, 作図装置.

+**plough** /pláʊ/ 名 ❶ C 《英》= plow. ❷ [the P-] 《英》北斗七星 [《米》Big Dipper]. — 動 《英》= plow.

plov·er /plʌ́vɚ | -və/ 名 (複 ～(s)) C ちどり《鳥》.

+**plow,** 《英》**plough** /pláʊ/ 発音 名 (～s /～z/) C (耕作用の)**すき**《牛・馬・トラクターが引く》; すきに似たもの. 関連 snowplow 雪かき具.

— 動 (plows, 《英》ploughs /～z/; plowed, 《英》ploughed /～d/; plow·ing, 《英》plough·ing) 他 ❶ (畑)を**すく**, 耕す: The farmer is ***plowing*** (***up***) the field. V+(*up*+)名 農夫は畑を耕している. ❷ 《主に米》(道)の雪かきをする; (雪)をかく.

— 自 ❶ すきで耕す. ❷ [副詞(句)を伴って] 骨折って進む, かき分けて進む: The ship *plowed across* [*through*] the waves. 船は波を押し分けて進んだ. ❸ 《主に米》雪かきをする.

plów ahéad [動] 自 (困難なことなどを)推し進める (*with*).

plów báck [動] 他 (1) (すき起こした草)を(肥料として)畑に埋め返す. (2) (利益)を再投資する (*into*).

plów ínto ... [動] 他 (車などが)...と衝突[激突]する.

plów ón [動] 自 (困難[退屈]なことを)続ける (*with*): *plow on* regardless かまわずやり続ける.

plów (one's **wáy**) **through ...** [動] 他 (1) ...をかき分けて進む (⇒ 自 2); ...を突き抜けて進む. (2) (困難なこと)をこつこつする, やり通す; (本など)を読み通す.

plów úp [動] 他 (畑など)をすきで掘り起こす (⇒ 他 1); (車の跡などで)(地表)を掘り起こして荒らす.

plow·share, 《英》**plough·share** /pláʊʃèɚ | -ʃèə/ 名 C すきの刃.

ploy /plɔ́ɪ/ 名 C (人をだます)策略; 術策 (*to* do).

PLS, pls 略 [Eメールで] = please[1] 副 1.

pluck /plʌ́k/ 動 他 ❶ Ⓦ (...)を引き抜く, 引っ張る; ひょいと取る: *pluck* one's eyebrows まゆ毛を抜いて形を整える / I *plucked* white hairs *from* my mother's head. 私は母の頭から白髪を抜いた. ❷ (鳥の羽)をむしり取る《料理のために》: *pluck* (feathers *from*) a chicken 鶏の羽をむしる. ❸ [副詞(句)を伴って] (人)を(窮地などから)救い出す, 連れ出す: be *plucked to* safety 安全な所へ救出される / be *plucked from* obscurity 一躍有名になる. ❹ (弦楽器・弦)を(指で)はじく, かき鳴らす [《米》pick]. ❺ 《文語》(花や実)を摘(つ)む. — 自 ❶ (繰り返し)ぐいと引っ張る: *pluck at* ...'s sleeve ...のそでを引っ張る. ❷ 弦楽器を弾く, かき鳴らす (*at*). **plúck ... òut of the** [**thín**] **áir** [動] 他 (数値など)をよく考えずに□にする. **plúck úp** (**the**) **cóurage** [動] 自 (...する)勇気を奮い起こす (*to* do). — 名 U 《古風, 略式》勇気, 決断力.

pluck·y /plʌ́ki/ 形 (pluck·i·er; -i·est) 《略式》勇気[決断力]のある, 元気な.

+**plug** /plʌ́g/ 名 (～s /～z/) ❶ C (電源・コードなどの)**差し込み**, プラグ; 《略式, 主に英》コンセント: insert a *plug* in a wall outlet 壁のコンセントにプラグを差し込む / pull the *plug* プラグを抜く. 日英 「コンセント」は和製英語.

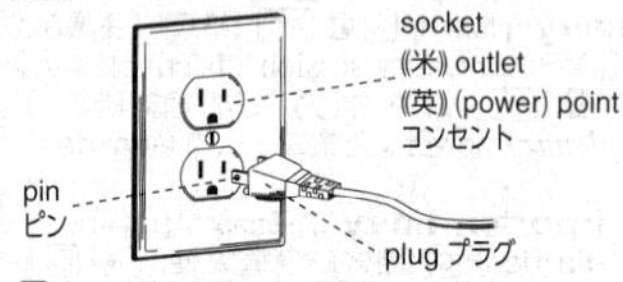

❷ C (たる・洗面台などの)**栓**; ふさぐ物 (*of*): pull out a *plug* 栓を抜く. 関連 earplug 耳栓. ❸ C 《略式》(テレビ・ラジオでの)売り込み, 宣伝 (*for*). ❹ C 《略式》(エンジンの)点火プラグ (spark(ing) plug). ❺ C (ねじ止め用)プラグ《プラスチック製》. ❻ C かみたばこ.

púll the plúg [動] 自 (1) 《略式》(資金・支援をやめて)(...を)突然中止する (*on*). (2) 《略式》生命維持装

置をはずす.
— 動 (plugs /~z/; plugged /~d/; plug·ging) 他 ❶ (穴など)に**栓をする**, (...)を(~で)ふさぐ (*with*): I ***plugged*** (***up***) the hole. V(+up)+名 = I ***plugged*** the hole ***up***. V+名·代+up 私はその穴をふさいだ. ❷ (テレビ·ラジオで)(...)を盛んに宣伝する. ❸《古風, 米略式》(人)を銃で撃つ.
plúg awáy [動] 自《略式》(仕事·勉強などを)こつこつやる (*at*).
plúg ín [動] 他 (1) (電気器具)のプラグを(コンセントに)差し込む, (...)をプラグでつなぐ [⇔ unplug]: ***plug in*** a toaster トースターのプラグを差し込む. (2) (情報)を入力する, 書き込む.
plúg ínto ... [動] 他 (1) (電気器具が)...につながる; (コンピューターネットワークなど)に接続する. (2) (市場など)とつながる, 関わる.
plúg ... ínto ~ [動] 他 (電気器具)をプラグで~につなぐ.
plúg the gáp [hóle] [動] 自 不足を補う.
plúg and pláy 名 U 〔コンピュータ〕 プラグアンドプレイ《コンピューターの周辺機器を自動認識して接続するしくみ》.
plug·hole /plʌ́ghòʊl/ 名 C 《英》 = drain 2.
plug-in /plʌ́gìn/ 形 限定 プラグ接続[差し込み]式の; 〔コンピュータ〕 プラグイン方式の. — 名 C 〔コンピュータ〕 プラグイン《機能追加ソフト》.
plum /plʌ́m/ 名 ❶ C 西洋すもも, プラム《⇒ prune¹》; 西洋すももの木. ❷ U 暗紫色. ❸ C 《略式》 好ましいもの; いい仕事. — 形 ❶ 限定 《略式》 魅力的な, 好ましい: a *plum* job いい仕事. ❷ 暗紫色の.
plum·age /plú:mɪʤ/ 名 U 鳥の羽《feather の集まったもの》.
plumb /plʌ́m/ 動 他 ❶《文語》(未知·神秘など)を探る, 解明する, 理解する. ❷ (家など)に配管工事をする. ❸ (...)を下げ振り糸で測定する. **plúmb ín** [動] 他《主に英》(洗濯機など)に給水[排水]管を取り付ける. **plúmb the dépth of ...** [動] 他 (絶望など)のどん底に落ちる; (悪事など)の極みを行なう. — 副 ❶ [副詞(句)を伴って]《略式》正確に, もろに. ❷《古風, 米略式》 完全に, 全く. — 形《格式》垂直な; 水平な. 「**òut of [òff] plúmb** [形]《格式》垂直でない, 傾いている.
plumb·er /plʌ́mɚ | -mə/ 名 C 配管工.
plumb·ing /plʌ́mɪŋ/ 名 ❶ U (建物内の)配管(設備); 下水(設備). ❷ U (水道などの)配管工事.
plume /plú:m/ 名 ❶ C 羽の形をしたもの; (立ち昇る煙·埃などの)柱, 雲: a *plume of* smoke 煙の柱. ❷ C (飾り用の大きな)羽; 羽飾り.
plumed /plú:md/ 形 限定 羽飾りのついた.
plum·met /plʌ́mɪt/ 動 自 (価格などが)急落する; 垂直に落ちる.
plum·my /plʌ́mi/ 形 (plum·mi·er; -mi·est) ❶ (色·味などが)プラムのような. ❷《英略式》[普通は軽蔑的] (声などが)上流階級風な, 気取った.
plump¹ /plʌ́mp/ 形 (plump·er; plump·est) ❶ [普通はよい意味で] 丸々と太った, ふっくらとした; [遠回しに] 太った《⇒ fat 類義語》: a *plump* baby 丸々と太った赤ちゃん. ❷ (形が)丸々[ふっくら]した. — 動 他 (...)をふっくらさせる, 柔らかくする (*up*). — 自 ふっくらする, 柔らかくなる.
plump² /plʌ́mp/ 動 他 (人や物)を(...に)どすんと落とす[置く] (*down*; *in*, *on*). **plúmp for ...** [動] 他《米略式》...を支持する;《英略式》(よく考えて)...を選ぶ.
plúmp (onesèlf) dówn [動] 自 どさっと座る.
plun·der /plʌ́ndɚ | -də/ 動 (-der·ing /-dərɪŋ, -drɪŋ/) 他《文語》(場所)から(物を)略奪する (*of*); (物)を盗む (*from*): The soldiers *plundered* the town. 兵士たちはその町を略奪した. — 自《文語》略奪する, 盗む (*from*). — 名 U《文語》略奪; 略奪品; 盗品.
plun·der·er /plʌ́ndərɚ, -drɚ | -dərə, -drə/ 名 C 《文語》略奪者, 盗賊.
plunge** /plʌ́nʤ/ 動 (plung·es /~ɪz/; plunged /~d/; plung·ing) 自 ❶ [副詞(句)を伴って] **飛び込む**, (急に)落ちる, 突っ込む; つんのめる; (道などが)急な下り坂になる: She ***plunged in for a swim. V+副 彼女は飛び込んでひと泳ぎした / He ***plunged into*** the river. V+前+名 彼は川に飛び込んだ / The car *plunged off* the cliff. その車はがけから転落した / ***plunge to*** one's ***death*** 落ちて死ぬ. ❷ (急に)...の状態になる[突入する]; (急に)...し始める: Let me *plunge into* today's theme. さっそく今日のテーマに入りたいと思います《インタビュアーなどのことば》/ *plunge into* war 戦争に突入する. ❸ (価値·気温などが)急落[急降下]する (*to*). ❹ (船などが)激しく揺れる[動く].
— 他 ❶ [副詞(句)を伴って] (...)を(急に)入れる, 突っ込む; つんのめらす: I *plunged* my hand *into* the bucket of water. 私は手をバケツの水の中へ突っ込んだ / The impact *plunged* him *forward*. その衝撃で彼は前へつんのめった. ❷ (人や物)を(急に)...の状態にする, ...に陥れる: She *was plunged into* grief by the loss of her father. 彼女は父親を亡くして悲嘆に暮れた.
— 名 ❶ [a ~] **飛び込むこと**, 急降下: take *a plunge* into the pool ざぶんとプールに飛び込む / begin *a* headlong *plunge* まっさかさまに落ちはじめる.
❷ C (価値などの)**急落**: a *plunge in* oil prices 石油価格の急落. ❸ C (ある状態への)突入: a *plunge into* debt 借金状態になること.
tàke the plúnge [動] 自 (しばらく悩んだ末に)思い切ってやってみる.
plung·er /plʌ́nʤɚ | -ʤə/ 名 ❶ C プランジャー《排水管のつまりを除く器具; 柄の先にゴムの吸着カップがついている》. ❷ C 〔機械〕 ピストン.
plunk /plʌ́ŋk/ 動 他 ❶ [副詞(句)を伴って]《米略式》(...)をぽんとほうり出す, ばたんと置く (*down*). ❷《米略式》(ギターなど)をぽろんと鳴らす. ❸《米略式》(...)にボールを当てる[ぶつける]. **plúnk dówn** [動] 他《米略式》(大金)を払う. **plúnk (onesèlf) dówn** [動] 自《米略式》どさっと座る.
plu·per·fect /plù:pɚ́:fɪkt | -pə́:-⁻/ 名 [the ~] 〔文法〕 過去完了, 大過去《⇒ **巻末文法** 6.3 (2)》.
+**plu·ral** /plʊ́(ə)rəl/ 形 ❶ 〔文法〕 **複数の**《略 pl.; ⇒ **巻末文法** 2.1 (1)》: a *plural* noun 複数名詞 / the *plural* form 複数形 / the *plural* number 複数. 関連 singular 単数の. ❷《格式》複数の, 2 つ[2 人]以上から成る: a *plural* society 複合社会《2 つ以上の民族·階層から成る》. (名 plurálity)
— 名 (~s /~z/) [the ~] **複数(形)**; C 複数名詞.
〘語源 plus と同語源〙
plu·ral·is·m /plʊ́(ə)rəlìzm/ 名 ❶ U《格式》多元的共存《一社会に人種·宗教·文化などを異にする集団が共存すること》; 多元性, 多元(的共存)主義. ❷ U《格式》[普通は軽蔑的] 聖職[役職]兼任.
plu·ral·i·ty /plʊ(ə)rǽləṭi/ 名 (-i·ties) ❶ C [普通は単数形で]《格式》(異なる物の)多数; 大多数 (*of*). ❷ C,U《主に米》〔政治〕(過半数を超えない)最高得票数, 相対多数(の次点との得票差) (*of*). ❸ U 〔文法〕

複数(性). (形 plúral)

‡plus /plʌ́s/

— 前 ❶ **...を加えた** [⇔ minus]**:** Three *plus* four is [equals] seven. 3 足す 4 は 7《3+4 = 7》. ❷ **...に加えて, ...のほかに:** In doing anything we must have perseverance *plus* intelligence. 何をするにも根気に加えて知能が必要だ.

— 名 (~·es /~ɪz/) ❶ C《略式》**利点**, 強み; おまけ [⇔ minus]**:** If you can speak English, that's a big *plus*. 英語が話せるなら大きな利点になる.

❷ C **プラス記号**.

— 形 ❶ 限定 [比較なし] **プラスの**, 正の, 陽の [⇔ minus]**:** a *plus* quantity〔数学〕正数《ゼロより大きい数》/ a temperature of *plus* 5° 気温 5 度《5° は five degrees と読む》. ❷ 限定 有利な, 好ましい, プラスの面の [⇔ minus]**:** a *plus* factor プラスの要因. ❸ [数字の後につけて] ...以上; [評点の後につけて] プラスの, ...の上(じょう)**:** $2,000 a year *plus* 年に 2 千ドル以上 / B *plus* B プラス《B⁺ と書く》.

on the plús sìde [副] つなぎ語 利点としては.

plús or mínus [形] プラスマイナス(...)の**:** errors of *plus or minus* three percent プラスマイナス 3% の誤差.

— 接《略式》それに加えて, おまけに.

〖語源 ラテン語で「より多くの」の意〗

plush /plʌ́ʃ/ 名 U フラシ天《けばのある柔らかい絹・綿の布》. — 形 ❶《略式》高級な, 豪華な. ❷ フラシ天製の.

plús sìgn 名 C 加法[プラス]記号, 正符号《+の記号》[⇔ minus sign].

plús sìze 名 C 大きなサイズ(の女性服).

plus-size /plʌ́ssàɪz/ 形 (女性服などが)大きなサイズの.

Plu·to /plúːṭoʊ/ 名 固 ❶〔ローマ神話〕プルートー《黄泉(よみ)の国の神; ⇒ god 表》. ❷ 冥王(めいおう)星.

plu·toc·ra·cy /pluːtɑ́(ː)krəsi | -tɔ́k-/ 名 (-ra·cies) C 金権国家[政府]; U 金権政治[体質].

plu·to·crat /plúːṭəkræ̀t/ 名 C 金権(政治)家.

plu·to·ni·um /pluːtóʊniəm/ 名 U〔化学〕プルトニウム《元素記号 Pu》.

ply¹ /pláɪ/ 動 (plies; plied; ply·ing) 自 [副詞(句)を伴って]《文語》(船などが定期的に)往復する, 通う (*between, across*). — 他 ❶《文語》(船などが)(川など)を定期的に往復する. ❷ (...)に(飲食などを)しつこく勧める; (...)を(質問などで)悩ます**:** He *plied* me *with* questions. 彼は私を質問攻めにした. ❸《文語》(道具など)を巧みに使う[動かす].

plý for híre [tráde, búsiness] [動] 自《英》客を探す. **plý** one's **tráde** [動] 自 仕事[商売]をする.

ply² /pláɪ/ 名 U [普通は合成語で数詞に伴って] (綱の)絢(こ)《よりあわせた糸の本数》, (毛糸の)より, (合板などの)層; (布の)厚さ**:** 2 *ply* toilet tissue 2 枚重ねのトイレットペーパー.

Plym·outh /plíməθ/ 名 固 プリマス《英国南部の港市; 1620 年 Mayflower 号がアメリカ大陸へ向け出港した》.

Plýmouth Còlony 名 固 プリマス植民地《Pilgrim Fathers が 1620 年に開いた植民地》.

ply·wood /pláɪwʊ̀d/ 名 U 合板(ごうはん), ベニヤ板《⇒ veneer 日英》.

PM /píːém/ 略《英略式》= prime minister.

***p.m., P.M.** /píːém/ 略 **午後の:** 11 *p.m.* 午後 11 時 / 8:40 *p.m.* 午後 8 時 40 分《eight forty p.m. と読む》/ The shop closes at 5 *p.m.* 店は午後 5 時に閉まる. 語法 p.m. は数字の後につける. 数字の後に o'clock はつけない. 関連 a.m., A.M. 午前の.

〖語源 ラテン語の post meridiem (正午より後)の略〗

PMS /píːèmés/ 名 U 月経前緊張症《*pre*m*enstrual* s*yndrome* の略; ⇒ PMT》.

PMT /píːèmtíː/ 名 U《英》月経前緊張症《*premen*strual *t*ension の略; ⇒ PMS》.

pneu·mat·ic /n(j)uːmǽṭɪk | njuː-/ 形 ❶ 限定 圧搾空気で動かされる; 空気の入っている. ❷《米略式》(女性が)豊満な.

pneumátic dríll 名 C《英》= jackhammer.

pneu·mo·ni·a /n(j)ʊmóʊniə, -njə | njuː-/ 発音 名 U〔医学〕肺炎.

PO /píːóʊ/ 略 = petty officer, postal order, post office.

poach¹ /póʊtʃ/ 動 他 (魚や割った卵)を熱湯の中に落としてゆでる**:** *poached* eggs 落とし卵.

poach² /póʊtʃ/ 動 他 ❶ (...)を[で]密猟[密漁]する. ❷ (人材)を引き抜く; (考えなど)を盗む, 横取りする (*from*). — 自 ❶ 密猟[密漁]する (*for*). ❷ 人材を引き抜く; 他人の領域[縄張り]を侵す (*on*).

poach·er /póʊtʃɚ | -tʃə/ 名 C 密猟者, 密漁者; 侵入者.

PO Box /píːóʊbɑ̀(ː)ks | -bɔ̀ks/ 略 = post-office box.

pocked /pɑ́(ː)kt | pɔ́kt/ 形 あばた[傷]のある (*with*).

‡pock·et /pɑ́(ː)kɪt | pɔ́k-/

— 名 (pock·ets /-kɪts/) ❶ C **ポケット:** He put the money in [into] his *pocket*. 彼はその金をポケットに入れた / She stood with her hands in her *pockets*. 彼女は両手をポケットに入れて立っていた / He turned out [emptied] his *pockets*. 彼はポケットの中身を全部出した / a jacket [trouser] *pocket* ジャケット[ズボン]のポケット / a breast [hip] *pocket* 胸[おしり]のポケット.

❷ [形容詞的に] **ポケットサイズの**, 小型の**:** a *pocket* dictionary 小型辞書.

❸ C [普通は単数形で] (懐中の)金(かね); 所持金, 財力, 懐(ふところ)ぐあい**:** She paid for it from [out of] her own *pocket*. 彼女は自腹を切ってそれを払った / deep *pockets* 豊富な資金 / suit every *pocket* だれの財力[予算]にも応じられる / hit ...'s *pocket* ...の懐を直撃する.

❹ C **ポケット状のもの**《座席の後ろの袋・ブックカバーの差し込み部分など》; (ビリヤード台の)玉受け**:** You'll find further information in the *pocket* attached to the seat. 座席のポケットにもっと詳しい説明が入っております. ❺ C (周囲から)孤立した地域[集団]**:** There're several *pockets of* unemployment in this area. この地域には(局地的に)失業者の多いところがいくつかある // ⇒ air pocket.

be in ...'s pócket = be in the pócket of ... [動] [軽蔑的] ...の意のままになっている.

be [líve] in èach óther's póckets [動] 自《英略式》(二人が)いつも一緒にいる.

hàve ... in one's **pócket** [動] 他 (試合など)を完全に自分のものにしている; (人)を思いのままに動かす.

in pócket [副・形]《英》もうけて.

líne one's **(ówn) pócket(s)** [動] 自 (不正な手段で)私腹を肥やす《字義どおりには「ポケットの中を(お金で)覆う (line²)」》.

òut of pócket [副・形]《英》(金銭的に)損をして.

pick ...'s pócket [動] ...にすりを働く, ...の懐中をする. 関連 pickpocket すり(人).

— 動 他 ❶ (...)をポケットに入れる[しまう]: He *pocketed* his wallet. 彼は財布をポケットにしまった. ❷ (金)を横領[着服]する; (賞金など)を楽にかせぐ. ❸ 〘ビリヤード〙(玉)をポケットに打ち込む.
〖語源 原義は「小さな袋」〗

pock·et·book /pá(ː)kɪtbòk | pɔ́k-/ 名 ❶ C 《米》資力, 財源; 懐ぐあい. ❷ C 《古風, 米》女性用ハンドバッグ; 財布. ❸ C 《米》ポケットブック《小型の廉価本》. ❹ C 《英》手帳.

pócket chànge 名 U 《米》はした金; 小銭.

pock·et·ful /pá(ː)kɪtfòl | pɔ́k-/ 名 C ポケット一杯(の量); 《略式》たくさん (*of*).

pock·et·knife /pá(ː)kɪtnàɪf | pɔ́k-/ 名 (-knives /-nàɪvz/) C (小型)ナイフ, 小刀.

pócket mòney 名 ❶ U 《略式》こづかい銭, 少額の金. ❷ U 《主に英》(子供の毎週[月]の)こづかい [《米》allowance].

pock·et-sized /pá(ː)kɪtsàɪzd | pɔ́k-/, **pock·et-size** /-sàɪz/ 形 限定 小型の; 小さい.

pócket vèto 名 C 《米》(大統領の)議案拒否.

pock·mark /pá(ː)kmàək | pɔ́kmàːk/ 名 C あばた; (表面の)へこみ.

pock·marked /pá(ː)kmàəkt | pɔ́kmàːkt/ 動 あばたのある; へこんだ.

pod /pá(ː)d | pɔ́d/ 名 ❶ C (えんどうなどの)さや. ❷ C ポッド《ジェット機の燃料などの格納器; 宇宙船の本体から切り離せる部分》. ❸ C (鯨などの)群れ. ❹ C (昆虫などの)卵嚢(らんのう).

pod·cast /pá(ː)dkæst | pɔ́dkɑːst/ 名 C ポッドキャスト《ネット上で配信されるラジオ番組などの音声や動画》.
— 動 他 (番組など)をポッドキャストで配信する.

podg·y /pá(ː)ʤi | pɔ́ʤi/ 形 (podg·i·er; -i·est) 《英略式》ずんぐりした, (少し)太った.

po·di·a·trist /pədáɪətrɪst/ 名 C 《主に米》足治療医[士].

po·di·a·try /pədáɪətri/ 名 U 《主に米》足治療《まめ・たこ・つめの異常などの治療》.

po·di·um /póʊḍiəm/ 名 (複 ~s, po·di·a /-ḍiə/) ❶ C (オーケストラの)指揮台; 演壇; 表彰台. ❷ C 《米》(講演者用の)書見台.

po·dunk /póʊdʌŋk/ 形 [時に P-] 《米略式》片田舎の.

Poe /póʊ/ 名 固 Edgar Allan ~ ポー (1809-49)《米国の詩人・小説家》.

**po·em /póʊəm/ !発音

— 名 (~s /~z/) C (1 編の)**詩**, 韻文 (*about*) (⇨ poetry 1 語法): write [compose] a *poem* 詩を書く.

poem (1 編の詩)	詩
poetry (文学の 1 分野としての詩)	

(形 poétic)
〖語源 ギリシャ語で「作られたもの」の意〗

***po·et** /póʊɪt/ !発音 名 (po·ets /-ɪts/) ❶ C **詩人**. ❷ C 詩的才能のある人. 〖語源 ギリシャ語で「作る人」の意〗

+**po·et·ic** /poʊéṭɪk/ !アク 形 ❶ 限定 **詩の**: a *poetic* drama 詩劇.
❷ [よい意味で] **詩的な**, 詩のような: a *poetic* scene 詩のような景色 / *poetic* beauty 詩的な美しさ. 関連 prosaic 散文的な. (名 póem, póetry)

po·et·i·cal /poʊéṭɪk(ə)l/ 形 = poetic. **-cal·ly** /-kəli/ 副 詩的に.

poétic jústice 名 U 詩的正義《文学作品に見られる, 勧善懲悪・因果応報の思想》.

póet láureate 名 C (複 poets laureate) 桂冠(けいかん)詩人《国の公式行事などで国王などから作詩の命を受ける》; 《主に米》(国・地域などを)代表する詩人.

***po·et·ry** /póʊətri/ 名 ❶ U (文学の 1 分野としての)**詩**, 詩歌, 詩文; (ある時代・国・詩人の)**詩**《全体》(⇨ poem 表): a collection of *poetry* 詩集 / a man of *poetry* 詩を解する人, 詩人. 語法 1 つ 1 つの詩作品は poem という. 関連 verse 韻文 / prose 散文. ❷ U 作詩法. ❸ U [よい意味で] 詩的な情緒, 詩情. (形 poétic)

pó·go stìck /póʊgoʊ-/ 名 C ホッピング《ばねのついた棒に乗って跳ねる遊びの道具》.

pogo stick

po·grom /póʊgrəm | pɔ́g-/ 名 C (特にユダヤ人の)大虐殺.

poi·gnan·cy /pɔ́ɪnjənsi/ 名 U 鋭さ, 激しさ.

poi·gnant /pɔ́ɪnjənt/ 形 痛ましい; 痛切な: a *poignant* reminder 痛ましい思い出. **~·ly** 副 痛ましく(も).

poin·set·ti·a /pɔɪnséṭiə/ 名 C ポインセチア《観葉植物; クリスマスの装飾用》.

***point /pɔ́ɪnt/

— 名 (points /pɔ́ɪnts/)

意味のチャート
ラテン語で「とがった先で刺した跡」の意.
→「点, 地点」❺ →(場所)
→(観る場所) →「(考える)点」❶
→(肝心な所) →「要点」❷
→(本質) →「意義」❸
→(際立った所) →「特徴」❻
→(限界の所) →「限度」❹
→「先, 先端」❽

❶ C (考える)**点**, 事柄, 問題; **言わんとするところ**, 言い分, 意見, 主張, (有効な)論点 (*about*): We focused our attention on two *points*. 我々は 2 つの点に注目した / You have a *point* (there). 君の言うことももっともだ / That's a (good) *point*. いいことを言ってくれた / That's my *point*. それが私の言いたいことだ / He made the ***point that*** further action is needed. + that 節 もっと行動が必要だと彼は主張した / get one's *point* across 言い分を伝える / the main *points* 主な論点 / the *points* at issue 問題点. 関連 viewpoint 観点.
❷ [the ~] (物語・議論・冗談などの)**要点**, 眼目; さわり: What's *the* ***point of*** his speech? あの人の演説の要点は何ですか(✪「何が言いたかったのか」の意味にもなる) / That's *the* (whole) *point*. それが肝心な点だ / That's not *the point*. それはどうでもいいことだ / *The*

point is (that) we have no other alternative. 要は我々にはほかに取るべき道はないということだ / get *the point* 要点を理解する.
❸ Ⓤ **意義**, 効果; 目的 [≒purpose]: There's ***no point in*** do*ing* so. [+*in*+動名] =《略式》No *point in* do*ing* so. そんなことをしたって無意味だ / What's the ***point of*** worry*ing* about such a matter? [+*of*+動名] そんなことで心配して何になるんだ / I don't see the *point of* do*ing* like that. = I see no *point in* do*ing* like that. そのようにすることの意味がわからない / The whole *point* of this regulation is to solve traffic congestion. この規制の最たる目的は交通渋滞の解消である.
❹ Ⓒ (時間の)**点**, **時点**; (進展などの)(**到達)点**, 段階; **程度**, 限度: ***at some*** [***one***] ***point*** あるとき, ある時点で / ***at this*** [***that***] ***point*** ちょうどこの[その]とき / I've reached [got to] the ***point where*** I cannot hold out any longer. [+*wh* 節] 私は我慢の限界点まできた. [関連] starting point 出発点 / turning point 転換点.
❺ Ⓒ (空間の)**点**, **地点**, 場所: a meeting *point* 待ち合わせ場所 / a *point* of entry 入国地(点) / a contact *point* 接触点,〔数学〕接点. [関連] line 線 / plane 面.
❻ Ⓒ **特徴**, 特質, (特色のある)点: strong *points* 長所, 強み / weak *points* 短所, 弱点 / selling *points* セールスポイント / plus *points* 有利な点 / the finer *points of* the law その法律の詳細 / This new car has many good *points*. この新しい車は多くの優れた点がある.
❼ Ⓒ (競技・ゲームなどの)**点数**, 得点(《略》pt.; ⇒ score 表); [複数形で] 信用, 評価: win [get] a *point* 点を取る / lose a *point* 点を失う / Scotland beat Wales by sixteen *points* to six. スコットランドはウェールズに 16 対 6 で勝った / win ***on points*** 判定で勝つ / get [score] *points* 点数稼ぎをする.
❽ Ⓒ (鉛筆・剣などの)**先**, **先端**; (陸地の)突端; [しばしば P- で地名として] 岬: sharpen the ***point of*** a pencil = sharpen a pencil ***to a point*** 鉛筆の先をとがらせる[削る] / I pricked my finger on [with] the *point of* a needle. 針先で指を刺した. ❾ Ⓒ 小さな印, (光・色などの)点; (文字・記号としての)点(《略》pt.; ⇒ line¹ 1); 小数点 (decimal point);《米》句読点, 終止符: four *point* six five 4.65. ❿ Ⓒ (目盛りの)度; (株価・指数などの)ポイント; (コンパスの)方位: the *points* of the compass コンパスの方位. [関連] boiling point 沸点 / freezing point 氷点. ⓫ Ⓒ,Ⓤ (活字の)ポイント. ⓬ Ⓒ《英》(電気の)コンセント (power point) [《米》outlet] (⇒ plug 挿絵). ⓭ [複数形で]《英》〔鉄道〕転轍(てつ)器, ポイント [《米》switches].
at áll póints [副] どの点から見ても, 完全に.
at [on] the póint of ... [前] **...の間際[せとぎわ]で:** My grandfather was *at* [*on*] *the point of* death when I arrived. 私が着いたときには祖父は息を引き取るところだった.
be on the póint of dóing [動] **(まさに)...するところである:** The lost child *was on the point of* crying when his mother found him. 母親が見つけたときその迷子はいまにも泣きだしそうだった.
beside the póint [形・副] 的はずれで, 要点と関係なくて, 重要でなくて: His comments seem to be *beside the point*. 彼の意見は的はずれのようだ.
gét [cóme] to the póint [動] ⾃ 要点に触れる, 本題に入る.
if it cómes to the póint [副] = when it comes to the point.
in póint [形] 適切な, ぴったり当てはまる: This is a case *in point*. これこそ適切な事例だ.
in póint of ... [前]《格式》**...の点で:** *In point of* learning he is superior to all his friends. 学識の点で彼は彼の友人のだれよりも上です.
màke a póint of dóing = màke it a póint to dó [動] **必ず[努めて]...することにしている;** (...するのだと)よく口にしている: Helen *makes a point of* doing everything by herself. ヘレンは何でも自分ひとりでするのだと言っている.
màke [próve] one's **[a] póint** [動] ⾃ (自分の)主張が正しいと示す, 考えを十分述べる.
míss the póint [動] ⾃ 要点[肝心な点]がわからない; (冗談などが)わからない.
móre to the póint [副] さらに大事なことは.
nót to pùt tóo fíne a póint on it [副] [文修飾] Ⓢ 率直[ありのまま]に言うと.
óff the póint [形・副] 的はずれで, 要領を得ないで.
on póint [形]《米》適切な, ぴったり当てはまって.
póint by póint [副] 1つ1つ細かく, 詳細に.
púsh the póint [動] ⾃ 繰り返し強調する.
scóre póints [動] ⾃ (1) 有利な立場になる, やり込める(*against*, *over*, *off*). (2) 得点をかせぐ, 喜ばす(*with*).
sée [táke] ...'s póint [動] (人)の話[言っていること]の要点がわかる: I *see* [*take*] *your point*. あなたの言いたいことはわかります / *Point taken*. 了解.
strétch a póint [動] ⾃ (規則などを)勝手に解釈する, 融通をきかせる; 言いすぎる.
the póint of nó retúrn [名] 帰還不能点(《航空機などが出発点へ帰る燃料がなくなる限界》); 後に引けない段階.
to the póint [形・副] **要領を得て**, 適切な: His answer was short but *to the point*. 彼の答えは短いが要領を得ていた.
to the póint of ... [前] ...と言ってもよいほど(の).
ùp to a póint [副] ある程度まで: She was right *up to a* (certain) *point*. ある程度まで彼女は正しかった.
whèn it cómes to the póint [副] [文修飾] いざとなると. (8 では [形] póinty)

— [動] (points /pɔ́ɪnts/; point·ed /-ṭɪd/; point·ing /-ṭɪŋ/) ⾃ (...を)**指さす**, **指し示す**; [副詞(句)を伴って] (...の方を)向いている; (方向・傾向を)示す, 暗示する: The policeman ***pointed at*** [***to***, ***toward***] the building. [V+前+名] 警官はその建物を指さした / The clock's hour hand was *pointing to* three. 時計の短針は 3 時を指していた / All the circumstances *point to* his guilt. すべての状況は彼が有罪であることを示している.

— ⑩ ❶ (指・銃・カメラなど)を(...に)**向ける:** He ***pointed*** a gun ***at*** the boy. [V+O+*at*+名] 彼はその少年に銃を向けた. ❷ [副詞(句)を伴って] (人)に(...の)方向を教える, (...を)(指し)示す: Tom *pointed* her in the direction of the dining room. トムは彼女に食堂の方向を教えた. ❸ (...)をとがらす, 鋭くする. ❹ (壁)の目地にセメント[しっくい]を塗る.
póint a [the] fínger at ... [動] ⑩ (人)を非難する.
póint one's **tóes** [動] ⾃ つま先を立てる.
póint the wáy [動] ⾃ (1) 道[方向]を(指さして)教える. (2) 可能性を示す (*to*, *toward*).

point の句動詞
***póint óut** [動] ⑩ ❶ (人や物)を**指し示す**, 指さす, 示

す [≒show] V+名·代+*out* / V+*out*+名: She *pointed out* the player. 彼女は指さしてその選手を教えた / Could you ***point out*** the building ***to*** me? その建物を指で私に示していただけませんか.
❷ (...)を**指摘する** [≒indicate] V+名·代+*out* / V+*out*+名: I ***pointed out*** his mistakes ***to*** him. 私は彼に誤りを指摘してやった / He ***pointed out that*** the plan would cost a lot of money. 彼はその計画は金がたくさん要ることを指摘した.
póint to ... 動 他 ❶ ...を指さす; (物事が)...の可能性を示す, ...を暗示する《⇒ 自》. ❷ ...に言及する, 触れる.
póint towàrd ... 動 他 = point to ... 1.
póint úp 動 他《格式》(...)を強調[力説]する; (必要性など)をはっきりと示す, 際立たせる.

point-blank /pɔ́ɪntblǽŋk←/ 副 ❶ 率直に, きっぱりと: refuse *point-blank* きっぱりと断わる. ❷ 直射で, 至近距離で. — 形 ❶ 限定 単刀直入の, きっぱりとした. ❷ 限定 至近距離からねらった, 直射の: at *point-blank* range 至近距離で.
+**point·ed** /pɔ́ɪnṭɪd/ 形 [普通は 限定] ❶ (先の)**とがった**, 鋭い: a *pointed* tower 先のとがった塔, 尖塔(せんとう). ❷ (ことばなどが)しんらつな, 鋭い; 当てつけた.
point·ed·ly /pɔ́ɪnṭɪdli/ 副 しんらつに; 当てつけて.
point·er /pɔ́ɪnṭɚ | -tə/ 名 ❶ C 指針, ヒント, 助言 (*on*). ❷ C《英》指標; 徴候 (*to*). ❸ C (図表などを指し示す)棒;〔コンピュータ〕(パソコン画面でマウスにあわせて動く)ポインター; (計器類の)針《⇒ needle 表》. ❹ C ポインター《猟犬; ⇒ dog 挿絵》.
point·less /pɔ́ɪntləs/ 形 無益な, 無意味な: *pointless* violence 無益な暴力 / It's *pointless* 「to try [trying] to persuade him. 彼を説得しようとしてもむだだ.
póint màn 名 ❶ [単数形で]《米》(組織の)責任者 (*on*). ❷ C〔軍隊〕偵察の先頭に立つ兵士.
póint of órder 名 C《格式》議事進行上の問題.
póint of réference 名 C 判断[評価]の基準.
póint of sále 名 C 店頭, 売り場.
+**póint of víew** 名 (複 points of view) C **観点**, 見地, 意見 [≒viewpoint]: an academic *point of view* 学問的見地 / ***From*** this ***point of view***, we can say his proposal is unreasonable. この観点からすれば彼の提案は不合理と言える.
point·y /pɔ́ɪnṭi/ 形 (point·i·er; -i·est)《略式》先のとがった. (名 point 8)
poise /pɔ́ɪz/ 名 ❶ U (心の)平静, 落ち着き; 自信: keep one's *poise* of mind 心の平静を保つ. ❷ U (優雅な)身のこなし, 態度. — 動 他 [副詞(句)を伴って] (...)をバランスよく置く[保つ].
poised /pɔ́ɪzd/ 形 ❶ 叙述 (...する)準備[態勢]ができて, 今にも...しそうで; (次の行動に移れるように)身構えて: The company is *poised* 「*for* success [*to* succeed]. その会社は成功目前である. ❷ 叙述 (すぐに動ける状態で)静止して, 宙に浮いて: A ball was *poised on* the seal's nose. 球はおっとせいの鼻の上に静止していた. ❸ 落ち着いた, 自信のある. ❹ 叙述 (...の間に)位置して, (...の間を)さまよって (*between*).
*****poi·son** /pɔ́ɪz(ə)n/ 名 (~s/~z/) ❶ C,U **毒**, **毒薬**: a deadly *poison* 猛毒 / take *poison* 毒を飲む / put *poison* in [on] ... ...に毒を盛る / She spread rat *poison*. 彼女は殺鼠(さそ)剤をまいた.
❷ C,U (社会などに対する)害毒, 弊害(へいがい).
❸ U《俗》酒: What's your *poison*? Ⓢ《古風》[こっけいに] 酒は何にする? (形 póisonous)
— 動 (poi·sons /~z/; poi·soned /~d/; -son·ing /-z(ə)nɪŋ/) 他 ❶ (...)を**毒殺する** (*with*); (...)に毒を入れる; (...)を汚染する: Many prisoners *were poisoned*. V+O の受身 大勢の囚人が毒殺された / This river *is poisoned* by industrial wastes. この川は産業廃棄物で汚染されている. ❷ (...)を(道徳的に)毒する, 害する; (...)に悪影響を与える; (...)をだめにする: *poison* ...'s mind against a person ...に人に対する反感を抱かせる.
〖語源 ラテン語で「飲み物」の意〗
poi·son·er /pɔ́ɪz(ə)nɚ | -nə/ 名 C 毒殺者.
póison gás 名 U 毒ガス.
poi·son·ing /pɔ́ɪz(ə)nɪŋ/ 名 U,C 中毒; 毒物混入, 毒殺: food [gas] *poisoning* 食[ガス]中毒.
póison ívy 名 U つたうるし《北米産》; (つたうるしによる)かぶれ.
póison óak 名 U ポイゾンオーク《触れるとかぶれる北米産植物》.
poi·son·ous /pɔ́ɪz(ə)nəs/ 形 ❶ 有毒な, 有害な (*to*): a *poisonous* substance 有毒物質 / This mushroom is *poisonous*. これは毒きのこです. ❷ 悪意に満ちた; ひどく不快な; (道徳的に)毒[害]のある;《英》意地悪な. (名 póison)
~·ly 副 有毒に, 有害に; 悪意に満ちて.
poi·son-pén lètter /pɔ́ɪz(ə)npén-/ 名 C (匿名の)中傷の手紙.
póison pìll 名 C《略式》〔金融〕毒薬条項, ポイズンピル《企業買収に対する防衛手段の 1 つ》.
poke /póʊk/ 動 他 ❶ (...)を(指·棒などの先で)突く, つつく; (指·棒など)を突っ込む, 突き出す; 突いて(穴)をあける: The child *poked* the frog *with* a stick. 子供はかえるを棒でつついた / He *poked* me *in* the ribs. 彼は私のわき腹をつついた《注意を引くため》/ Don't *poke* your fingers *into* the mud. 指を泥の中に突っ込まないように / Don't *poke* your head 「*out* (*of*) [*through*] the window. 窓から顔を出してはいけない《⇒ head 名 1 日英》. ❷ (火)を(棒で突いて)かき立てる. — 自 ❶ 突く, つつく (*at*). ❷ [副詞(句)を伴って] 突き出る: A long nail *poked out through* the back of the board. 長いくぎが板の裏に突き出ていた.
póke alóng [動] 自《米略式》のろのろ動く[進む].
póke aróund [《英》**abóut**] [動] 自《略式》探し回る; かぎ回る, 詮索(せんさく)する: He *poked around in* his pocket for his ticket. 彼は切符を見つけようとポケットの中を探った.
póke aróund ... [動] 他 ...をぶらぶら見て回る.
póke fún at ... ⇒ fun 成句.
póke ínto ... [動] 他《略式》...を詮索する.
— 名 ❶ C 突くこと; つつくこと: He gave me a *poke* in the ribs. 彼は私のわき腹をつついた《⇒ 他 1 の 2 番目の例文》. ❷ C《米略式》非難, 批判: take a *poke* at ... ...を非難する. ❸ U《英》(車の)馬力.
po·ker[1] /póʊkɚ | -kə/ 名 U ポーカー《トランプゲームの一種》: play *poker* ポーカーをする.
pok·er[2] /póʊkɚ | -kə/ 名 C 火かき棒.
póker fàce 名 [a ~] 無表情な顔, ポーカーフェイス.
po·ker-faced /póʊkɚfèɪst | -kə-/ 形 感情を表に出さない, ポーカーフェイスの.
pok·ey /póʊki/ 形 = poky.
po·ky /póʊki/ 形 (pok·i·er; -i·est) ❶《米略式》のろい. ❷《英略式》(場所などが)狭苦しい.
pol /pɑ́(ː)l | pɔ́l/ 名 C《米略式》政治家 (politician).

P

Po·land /póʊlənd/ 名 固 ポーランド《ヨーロッパ中東部の共和国; 首都 Warsaw》. 関連 Pole ポーランド人 / Polish ポーランド語, ポーランド(人・語)の.

po·lar /póʊlə | -lə/ 形 ❶ 限定 極の; 北極の [≒arctic]; 南極の [≒antarctic]; 極地の: *polar* ice 極地の氷, 極氷. ❷ 限定《格式》対極の, 正反対の: *polar* opposites 正反対のもの. ❸ 限定〔物理〕磁極の(ある). (名 pole²)

pólar bèar 名 C 北極ぐま, 白くま.

Po·lar·is /pəlǽrɪs | -lá:r-/ 名 固〔天文〕北極星 (the Pole Star).

po·lar·i·ty /poʊlǽrəṭi/ 名 ❶ U,C《格式》(主義・性格などの)正反対, 両極端, 対立, 矛盾性 (*of*, *between*). ❷ U,C〔物理〕両極性; (陰・陽)極性: negative [positive] *polarity* 陰[陽]極性.

po·lar·i·za·tion /pòʊlərɪzéɪʃən | -raɪz-/ 名 U,C《格式》二極化, 二分化.

po·lar·ize /póʊləràɪz/ 動 他 ❶《格式》(...)を二極化[分極]させる; 対立[分裂]させる. ❷〔物理〕偏光させる; 極性を与える. — 自 ❶《格式》二極化[分極]する; 分裂する. ❷〔物理〕偏光する.

Po·lar·oid /póʊlərɔ̀ɪd/ 名 ❶ C ポラロイド《撮影直後に写真ができるカメラ; 商標》; ポラロイド写真. ❷ U 人造偏光板《サングラスなどに用いる; 商標》. ❸ [複数形で] (偏光板使用の)サングラス《商標》.

***pole¹** /póʊl/ (同音 poll) 名 (~s /~z/) C **棒**, さお, 柱: a curtain *pole* カーテンポール / a ski *pole* スキーのストック / a tent *pole* テントの柱 / support with a *pole* 棒で支える.

I wóuldn't tóuch ... with a tén-foot póle《米略式》私は(人・物事)に全く関わりたくない, (...)はまっぴらだ. 由来 長い棒を使っても触りたくない, の意から.

— 動 他 (舟など)を棒[さお]で押し進める.

***pole²** /póʊl/ (同音 poll) 名 (~s /~z/) ❶ C **極**《北極 (the North Pole) または南極 (the South Pole)》, 極地. ❷ C 両極端, 正反対: be at opposite *poles* 正反対に位置する. ❸ C〔電気〕電極; 磁極 (magnetic pole): the positive [negative] *pole* 陽[陰]極.

be póles apárt [動] 自 正反対である, 全くかけ離れている. (形 pólar)

Pole /póʊl/ 名 C ポーランド人; ポーランド系人《⇒ Poland》.

pole·ax,《英》**pole·axe** /póʊlæ̀ks/ 動 他 (...)を殴り倒す; [普通は受身で] (...)をびっくり仰天させる.

pole·cat /póʊlkæ̀t/ 名 ❶ C けながいたち《ヨーロッパ産》. ❷ C《米略式》スカンク [≒skunk].

po·lem·ic /pəlémɪk/ 名 C《格式》論争; U《格式》論争術. — 形 = polemical.

po·lem·i·cal /pəlémɪk(ə)l/ 形《格式》議論好きな, 論争的な.

póle posìtion 名 U,C ポールポジション《自動車レース開始時の最前列》.

Póle Stàr 名 [the ~] 北極星 (the North Star, Polaris).

póle vàult 名 [the ~] 棒高跳び.

*****po·lice** /pəlí:s/ ❗発音

— 名 ❶ [the ~ として複数扱い] **警察**《⇒ dial 動 例文》: Call *the police*! 警察を呼べ / *The police are* investigating the cause of the accident. 警察はその事故の原因を調査中だ. 語法 新聞などでは the を省略することが多い. 関連 military police 憲兵隊 / riot police 機動隊 / secret police 秘密警察.

❷ [複数扱い] **警官たち**, 警官隊: Several hundred *police* guarded the palace. 数百名の警官隊が宮殿を警備した. 語法 1 人の警官は a police officer などという《⇒ police officer 語法》.

— 動 他 ❶ (地域)を(警察力で)警備する, 取り締まる; (...)の治安を保つ. ❷ (...)を管理[監視]する.

〘語源 ギリシャ語で「国家, 政府」の意; policy¹ と同語源〙

políce càr 名 C パトカー [≒squad car, patrol car,《米》cruiser].

políce cónstable 名 C《英》巡査.

políce depàrtment 名 C《米》(自治体の)警察局.

políce dòg 名 C 警察犬.

+**políce fòrce** 名 C (地域の)**警察**《全体》, 警官隊.

***po·lice·man** /pəlí:smən/ ❗発音 名 (-men /-mən/) C **警察官**, **警官**《男性; ⇒ police officer 語法》.

***políce òfficer** ❗アク 名 (~s /~z/) C **警察官**, 警官, 巡査: Two *police officers* arrested the criminal. 2 人の警官が犯人を逮捕した. 語法 性別を示す語を避けるために policeman, policewoman の代わりに公式には police officer を使う傾向にある. また呼びかけには普通は officer を用い, police officer とは呼ばない.

políce stàte 名 C [悪い意味で] 警察国家.

políce stàtion 名 C 警察署.

po·lice·wom·an /pəlí:swʊ̀mən/ 名 (-wom·en /-wɪ̀mən/) C 警察官, 警官《女性; ⇒ police officer 語法》.

po·lic·ing /pəlí:sɪŋ/ 名 U 警備, 治安維持; 監視.

****pol·i·cy¹** /pá(:)ləsi | pɔ́l-/

— 名 (-i·cies /~z/) ❶ C,U (政府などの)**政策**, (会社などの)方針: The government's ***policy on*** economic recovery is inadequate. 景気回復に関する政府の政策は不十分だ / the foreign *policy* 外交政策 / ***adopt*** a ***policy*** 政策[方針]を採用する / ***implement*** [***pursue***] a policy 政策を実行[遂行]する / the premier's *policy* speech 首相の施政方針演説 / This is one of the business *policies* of our firm. これはわが社の営業方針の 1 つだ.

❷ C,U (個人の)主義, 信条, 行動方針: *It's* my *policy* not *to* look down on others. 人を見下さないというのが私の主義だ.

〘語源 police と同語源〙

pol·i·cy² /pá(:)ləsi | pɔ́l-/ 名 (-i·cies) C 保険証券[証書] (insurance policy).

po·li·o /póʊliòʊ/ 名 U《略式》= poliomyelitis.

po·li·o·my·e·li·tis /pòʊlioʊmàɪəláɪṭɪs/ 名 U〔医学〕灰白髄炎, 小児まひ, ポリオ.

pol·i·sci /pá(:)lisàɪ | pɔ́li-/ 名 U《米略式》= political science.

+**pol·ish** /pá(:)lɪʃ | pɔ́l-/ ✪ Polish と発音が違う. 動 (-ish·es /~ɪz/; pol·ished /~t/; -ish·ing) 他 ❶ (...)を**磨く**, (...)のつやを出す (*with*): *polish* one's shoes 靴を磨く.

❷ (言動・文章・演技・演奏など)に**磨きをかける**, 洗練する: He needs to *polish* his performance. 彼は演技力に磨きをかける必要がある.

pólish óff [動] 他 (1)《略式》(仕事・食事など)をすばやく片づける[終える]. (2)《米略式》(人)を負かす; 殺す.

pólish úp [動] 他 (1) (...)を磨き上げる. (2) (勉強など)をやり直す, (...)に磨きをかける [≒brush up]. (3)

(イメージなど)を改善する, よくする.
pólish úp on ... [動] ⓗ = polish up (2)
— 名 (~·es /~·ɪz/) ❶ U,C [しばしば合成語で] **つやを出すもの**, 磨き粉, 光沢剤: shoe *polish* 靴墨(くつずみ) / floor *polish* 床磨き剤. ❷ [a ~] 磨くこと; 磨きをかけること / She *gave* her shoes *a* quick *polish*. 彼女は靴をさっと磨いた. ❸ [単数形で] 磨き, つや, 光沢. ❹ U (技能などの)洗練; (態度などの)優雅さ, 上品さ.
Pol·ish /póʊlɪʃ/ ✪ polish と発音が違う. 形 ポーランドの; ポーランド人[語]の(⇒ Poland). — 名 ❶ U ポーランド語. ❷ [the ~ として複数扱い] ポーランド人《全体》.
pol·ished /pɑ́(ː)lɪʃt | pɔ́l-/ 形 ❶ 磨かれた. ❷ 洗練された, 上品な; 巧みな, 優れた.
pol·ish·er /pɑ́(ː)lɪʃɚ | pɔ́lɪʃə/ 名 C つや出し器[布], 研磨機; 磨く人.

‡po·lite /pəláɪt/
— 形 (more ~, po·lit·er /-ṭɚ | -tə/; most ~, po·lit·est /-ṭɪst/)

意味のチャート
ラテン語で「磨かれた」の意で, polish と同語源.「**教養のある**」❸ →「**礼儀正しい**」❶ →「**儀礼的な**」❷

❶ **礼儀正しい**, **行儀のよい**, 丁寧な(⇒ 類義語) [⇔ impolite, rude]: Be ***polite to*** your teacher. [+to+名] 先生に対して礼儀正しくしなさい [多用] / Be more *polite* at (the) table. 食事のときはもっとお行儀よくしなさい / ***It's*** not very ***polite of*** you ***to*** speak that way. そういう言い方は失礼でしょう(⇒ of 12). ❷ (単に)儀礼的な, 社交辞令的な: I was only being *polite*. Ⓢ 私は社交辞令で言っただけだ(⇒ be² A 1 (1) 語法). ❸ [限定] [しばしばこっけいに] 上流の, 教養のある, 上品な: *polite* society 教養のある社会層.
類義語 **polite**「礼儀正しい, 丁寧な」という意味では最も一般的な語, 時に単に外面的に礼儀正しいことや他人行儀なことを意味することもある: He said it just to be *polite*. 彼は社交辞令でそう言ったのだ. **courteous** *polite* よりも積極的な意味の語で普通は思いやりのある礼儀正しさや丁重さを表わす: What a *courteous* man he is! 何と思いやりのある人だ. **civil** 粗野にならない程度に社交上の儀礼を守ることで, 消極的に「不作法でない」の意に用いる. 他人行儀であることを暗示する: Try to be *civil* to your neighbor if you can't be friendly. 隣人に好意がもてなくとも失礼のないように.

po·lite·ly /pəláɪtli/ 副 ❶ 礼儀正しく, 行儀よく, 丁寧に: speak *politely* 礼儀正しく話す. ❷ 儀礼的に.
to pút it polítely [副] つなぎ語 Ⓢ 控え目に言えば.
po·lite·ness /pəláɪtnəs/ 名 U 礼儀正しさ, 丁寧: out of *politeness* 礼儀上.
pol·i·tic /pɑ́(ː)lətɪ̀k | pɔ́l-/ 形 《格式》 (行為などが)思慮深い, 賢明な; 分別のある.

‡po·lit·i·cal /pəlíṭɪk(ə)l/
— 形 ❶ [比較なし] **政治の**, 政治上の, 政治に関する; 政治にたずさわる: a *political* issue 政治(的な)問題 / a *political* party 政党 / His motive was *political* rather than academic. 彼の動機は学問的というよりむしろ政治的なものであった. ❷ 政治に関心のある; 限定 反体制の: I'm not really *political*. 私はあまり政治に関心がない. ❸ [比較なし] 政略的な, 政略上の.
(名 pólitìcs, 動 políticìze)

polítical asýlum 名 U 政治亡命者の保護: seek *political asylum* 政治亡命を求める.
polítical corréctness 名 U (女性・弱者などに対する過度なほどの)差別の排除.
polítical ecónomy 名 U 政治経済学.
polítical fóotball 名 C 政争の具, 政治論争の種.
+**po·lit·i·cal·ly** /pəlíṭɪkəli/ 副 **政治的に**, 政略上; 文修飾 政治的に言うと.
polítically corréct 形 (女性・弱者などの差別を過度なほどに避けて)言動が正当[妥当]な, 差別を排除(しようと)する(略 PC); [the ~ として名詞的に] 反差別の立場の人たち《全体》 [⇔ politically incorrect].
polítically incorréct 形 (女性・弱者などに対する)言動が差別的な[不適切な] [⇔ politically correct].
polítical prísoner 名 C 政治犯.
polítical scíence 名 U 政治学.
polítical scíentist 名 C 政治学者.

‡pol·i·ti·cian /pɑ̀(ː)lətíʃən | pɔ̀l-/ !アク
— 名 (~s /~z/) C **政治家**; [軽蔑的] 策士.
類義語 現在では「政治家」の意味では一般に **politician** を用いるが, **statesman** には聡明で識見ある立派な政治家の意味が含まれていることがあるのに対して, *politician* は特に《米》ではしばしば信念のない, 自己または党派中心に駆け引きをする人たちに対して軽蔑的に用いることがある: A *politician* thinks of the next election; a *statesman*, of the next generation. 政治屋は次の選挙のことを考え, 政治家は次の世代のことを考える.

po·lit·i·cize /pəlíṭəsàɪz/ 動 ⓗ (...)を政治的にする, 政治問題化する. (形 polítical)
po·lit·i·cized /pəlíṭəsàɪzd/ 形 政治問題化された; (人が)政治に関心をもった[目覚めた].
pol·i·tick·ing /pɑ́(ː)lətɪ̀kɪŋ | pɔ́l-/ 名 U [しばしば軽蔑的] (個人の利益のための)政治活動.

‡pol·i·tics /pɑ́(ː)lətɪ̀ks | pɔ́l-/ !アク
— 名 ❶ U [ときに複数扱い] **政治**; 政治活動: domestic [international] *politics* 国内[国際]政治 / *Politics has* [*have*] been in the news a lot recently. 最近は政治がよくニュースになる / I have no real interest in *politics*. 私は政治にはあまり興味がない / ˹*go into* [*enter*] ***politics*** 政治の世界に入る, 政治家になる. 語法 語義 1, 2 ではどちらかというと単数扱いが好まれる.
❷ U [ときに複数扱い] [しばしば軽蔑的] **政争**, 駆け引き; 力関係: office *politics* 会社内の権力闘争 / sexual *politics* 男女間の権力関係 / the ***politics of*** class 階級間の力関係.
❸ 複 [普通は所有格の後で] **政見**, 政治についての意見: What *are your politics*? あなたの政治理念は何ですか. ❹ U 《主に英》 政治学 [≒political science].
pláy pólitics [動] ⓐ [軽蔑的] (...に関して)策を用いる, 私利を図る (*with*). (形 polítical)
pol·i·ty /pɑ́(ː)ləṭi | pɔ́l-/ 名 (-i·ties) C 《格式》 政治的組織体, 国家(組織); U 《格式》 政治形態[組織].
pol·ka /póʊ(l)kə | pɔ́l-/ 名 C ポルカ《2 人で組んで行なう活発な舞踏》; ポルカの曲.
pól·ka dòt /póʊkə- | pɔ́lkə-/ 名 C 水玉; [複数形で] 水玉模様.
pol·ka-dot /póʊkədɑ̀(ː)t | pɔ́lkədɔ̀t/ 形 限定 水玉模様の.
***poll** /póʊl/ (同音 pole¹·², Pole) 名 (~s /~z/)

P

意味のチャート
元来は「頭」の意 →（頭数）→「**投票数**」❸ →「**投票**」❷

❶ Ⓒ **世論調査**(の結果) (opinion poll): conduct [carry out, take, do] a ***poll of*** 5,000 people ***on*** the election result 選挙結果に関して 5 千人の世論調査を行なう. 関連 Gallup poll ギャラップ世論調査.
❷ Ⓒ [しばしば the ~s] **投票**, 選挙《⇒ vote 類義語》: ***go to the polls*** 投票(所)に行く / win a victory ***at the polls*** 選挙で勝つ / The *poll* will be held on Sunday. 投票は日曜日に行なわれる.
❸ Ⓒ [普通は the ~]《英》**投票数**, 投票結果 [≒ vote]: a heavy [light] *poll* 高い[低い]投票率 / He headed *the poll*. 彼は最多得票で当選した. ❹ [the ~s] 投票所.
— 動 他 ❶ [普通は受身で] (人)に(...について)世論調査する (*on*). ❷ (ある数の票)を得る: Mr. Smith *polled* about 5,000 votes. スミス氏は約 5 千票を獲得した. — 自 [副詞(句)を伴って] 票を得る: *poll* well 多くの票を得る.

pol·len /pá(ː)lən | pɔ́l-/ 名 Ⓤ 花粉: be allergic to *pollen* 花粉症である.
póllen còunt 名 Ⓒ 花粉数《花粉情報で流す》.
pol·li·nate /pá(ː)lənèɪt | pɔ́l-/ 動 他 〔植物〕(...)に授粉する.
pol·li·na·tion /pà(ː)lənéɪʃən | pɔ̀l-/ 名 Ⓤ 〔植物〕授粉(作用).
poll·ing /póʊlɪŋ/ 名 Ⓤ 投票; 世論調査: heavy [light] *polling* 高い[低い]投票率.
pólling bòoth 名 Ⓒ《英》= voting booth.
pólling dày 名 Ⓒ《英》投票日.
pólling plàce 名 Ⓒ《米》投票所.
pólling stàtion 名 Ⓒ《英》= polling place.
pol·li·wog /pá(ː)liwà(ː)g | -wɔ̀g/ 名 Ⓒ《米》おたまじゃくし [≒tadpole].
poll·ster /póʊlstə | -stə/ 名 Ⓒ 世論調査員.
póll tàx 名 Ⓒ 人頭税.
pol·lut·ant /pəlúːtnt/ 名 Ⓒ,Ⓤ 汚染物質.
+**pol·lute** /pəlúːt/ 動 (pol·lutes /-lúːts/; pol·lut·ed /-ṭɪd/; pol·lut·ing /-ṭɪŋ/) 他 ❶ (大気・水・土壌など)を**汚染する**, よごす (*with*): The air and water of this city have become extremely *polluted*. この市の空気と水は汚染がきわめてひどくなってきた. ❷ (心など)を堕落させる. (名 pollútion)
類義語 **pollute** 健康を害し, 生命に危険を与えるほどに大気・水・土壌などを汚染すること. 汚染の程度が明らかにわかるような場合に用いる: The exhaust fumes are *pollut*ing the air. 排気ガスが大気を汚染している. **contaminate** 外部から入り込んだ物質・細菌などによって汚染されることで, *pollute* に比べて, たとえ汚染の程度は重大でもそれほど明らかにわからないような汚染のしかたをいう: The food was *contaminated* with bacteria. 食品は細菌に汚染されていた.
pol·lut·ed /pəlúːṭɪd/ 形 汚染された, よごれた.
pol·lut·er /pəlúːṭə | -tə/ 名 Ⓒ (環境)汚染者, 公害企業; 汚染源.

**pol·lu·tion /pəlúːʃən/

— 名 ❶ Ⓤ **汚染, よごすこと**, よごれ; (汚染による)公害: air [water] *pollution* 大気[水質]汚染 / reduce *pollution* 汚染を減らす / Why has the government let *pollution* get so bad? なぜ政府は公害がこれほどひどくなるまでほうっておいたのか. 日英 日本語の「公害」に当たる英語は pollution と public nuisance だが, 前者は主に水のよごれなど汚染によるもの, 後者は主に騒音や, はとの糞などによる被害などを指す. ❷ Ⓤ 汚染物質. (動 pollúte)

Pol·ly /pá(ː)li | pɔ́li/ 名 固 ❶ ポリー《女性の名; Mary の愛称》. ❷ ポリー《おうむなどの典型的な名》.
po·lo /póʊloʊ/ 名 Ⓤ 〔スポーツ〕ポロ《4 人 1 組で行なう馬上球技》. 関連 water polo 水球.
Polo 名 固 ⇒ Marco Polo.
pólo nèck 名 Ⓒ《英》= turtleneck.
pólo shìrt 名 Ⓒ ポロシャツ.
pol·ter·geist /póʊltəgàɪst | pɔ́ltə-/ ≪ドイツ語から≫ 名 Ⓒ ポルターガイスト《物を動かし音を立てる幽霊》.
pol·y- /pá(ː)li | pɔ́li/ 接頭「多くの...」の意《⇒ mono-》: *poly*glot 複数の言語を話せる[書ける] / *poly*gon 多角形, 多辺形.
pol·y·es·ter /pá(ː)lièstə | pɔ́lièstə/ 名 Ⓤ 〔化学〕ポリエステル.
pol·y·eth·y·lene /pà(ː)liéθəlìːn | pɔ̀l-←/ 名 Ⓤ《米》〔化学〕ポリエチレン [《英》polythene].
po·lyg·a·mist /pəlígəmɪst/ 名 Ⓒ 一夫多妻者; 一妻多夫者.
po·lyg·a·mous /pəlígəməs/ 形 一夫多妻(制)の; 一妻多夫(制)の.
po·lyg·a·my /pəlígəmi/ 名 Ⓤ 一夫多妻(制); 一妻多夫(制).
pol·y·glot /pá(ː)liglà(ː)t | pɔ́liglɔ̀t/ 形 限定《格式》(人が)複数の言語を話せる[書ける]; (本などが)数か国語が用いられている [≒multilingual]: a *polyglot* nation 多言語使用の国家《インドなど》.
pol·y·gon /pá(ː)ligà(ː)n | pɔ́ligɔ̀n, -gən/ 名 Ⓒ 〔幾何〕多角形, 多辺形.
pol·y·graph /pá(ː)ligræ̀f | pɔ́ligrɑ̀ːf/ 名 Ⓒ ポリグラフ, うそ発見器 [≒lie detector].
pol·y·he·dron /pà(ː)lihíːdrən | pɔ̀l-/ 名 Ⓒ 〔幾何〕多面体.
pol·y·mer /pá(ː)ləmə | pɔ́lɪmə/ 名 Ⓒ 〔化学〕ポリマー, 重合体.
Pol·y·ne·sia /pà(ː)ləníːʒə, -ʃə | pɔ̀l-/ 名 固 ポリネシア《Oceania 東部に散在する諸島の総称》.
Pol·y·ne·sian /pà(ː)ləníːʒən, -ʃən | pɔ̀l-←/ 形 ポリネシアの; ポリネシア人[語]の. — 名 ❶ Ⓒ ポリネシア人. ❷ Ⓤ ポリネシア語.
pol·yp /pá(ː)lɪp | pɔ́l-/ 名 ❶ Ⓒ 〔医学〕ポリープ《粘膜の肥厚による突起》. ❷ Ⓒ 〔動物〕ポリプ《さんごなど》.
po·lyph·o·ny /pəlífəni/ 名 Ⓤ 〔音楽〕ポリフォニー, 多声音楽, 対位法.
pol·y·pro·pyl·ene /pà(ː)lipróʊpəlìːn | pɔ̀l-/ 名 Ⓤ 〔化学〕ポリプロピレン《プラスチックの一種》.
pol·y·sty·rene /pà(ː)listáɪriːn | pɔ̀l-/ 名 Ⓤ《英》= Styrofoam.
pol·y·syl·lab·ic /pà(ː)lisɪlǽbɪk | pɔ̀l-←/ 形 〔言語〕多音節の.
pol·y·tech·nic /pà(ː)litéknɪk | pɔ̀l-←/ 名 ❶ Ⓒ《英》ポリテクニック《大学レベルの総合技術専門学校; 1992 年 university として認定された》. ❷ Ⓒ《米》工芸[工科]学院.
pol·y·the·is·m /pá(ː)liθiːìzm | pɔ́l-/ 名 Ⓤ 多神論, 多神教.
pol·y·thene /pá(ː)liθìːn | pɔ́l-/ 名 Ⓤ《英》= polyethylene.
pol·y·un·sat·u·rat·ed /pà(ː)liʌ̀nsǽtʃʊrèɪṭɪd | pɔ̀l-/

形 多価不飽和脂肪(酸)の《健康によい》.

pol·y·u·re·thane /pὰ(:)lijʊ́(ə)rəθèɪn | pɔ̀l-/ 名 U 〔化学〕ポリウレタン《プラスチックの一種》.

po·made /poʊméɪd/ 名 U ポマード, 髪油.

po·man·der /póʊmændɚ | poʊmǽndə/ 名 C におい玉(入れ).

pome·gran·ate /pά(:)məgrӕnət | pɔ́mɪ-/ 名 C ざくろ(の木).

Pom·er·a·ni·an /pὰ(:)məréɪniən | pɔ̀m-/ 名 C ポメラニアン《毛の長い小犬; ⇒ dog 挿絵》.

pom·mel /pʌ́m(ə)l | pɔ́m-/ 名 C くら頭(がしら)《馬のくらの前方の突起している部分》; (剣の)つか頭《手でにぎる部分の先端》.

pómmel hòrse 名 C 〔体操〕鞍馬(あんば).

pomp /pά(:)mp | pɔ́mp/ 名 U 《格式》(公式の行事などの)華やかさ, 壮観: the *pomp* of the festival 祝典の盛観. **pómp and círcumstance** [名] 華麗で堂々とした威儀《公式の式典などの》.

Pom·pei·i /pɑ(:)mpéɪ, -péɪi | pɔm-/ 名 固 ポンペイ《イタリアの Naples 近くの古都; 紀元 79 年 Vesuvius 山が噴火して埋没したが発掘, 復元された》.

pom·pom /pά(:)mpɑ(:)m | pɔ́mpɔm/, **pom·pon** /pά(:)mpɑ(:)n | pɔ́mpɔn/ 名 C (帽子・チアガールなどの)ポンポン, 玉房飾り.

pom·pos·i·ty /pɑ(:)mpά(:)səṭi | pɔmpɔ́s-/ 名 U [軽蔑的] もったいぶり, 尊大.

pom·pous /pά(:)mpəs | pɔ́m-/ 形 [軽蔑的] もったいぶった, 気取った; 大げさな. **~·ly** 副 もったいぶって, 気取って; 大げさに.

pon·cho /pά(:)nʧoʊ | pɔ́n-/ 名 (~s) ❶ C ポンチョ《頭からかぶるレインコート》. ❷ C ポンチョ《南米先住民の外套(がいとう)の一種》.

+**pond** /pά(:)nd | pɔ́nd/ 名 (ponds /pά(:)nʤ | pɔ́nʤ/) C 池《pool より大きく lake より小さい; 人工のものが多い》: swim *in* the *pond* 池で泳ぐ / row a boat *on* the *pond* 池でボートをこぐ. **acròss the pónd** [形・副] 《略式》大西洋のむこう側の[で].

+**pon·der** /pά(:)ndɚ | pɔ́ndə/ 動 (~s /~z/; ~ed /~d/; -der·ing /-dərɪŋ, -drɪŋ/) 他 《格式》(...)**をじっくりと考える**, 熟考する: *ponder* a question 問題をじっくり考える / I ***pondered how*** I could get along without his help. V+O (wh 節) 彼の援助がなかったらどうしたらやっていけるだろうかと私は考えた. — 自 《格式》(...について)熟考する (*on, over, about*). 〖語源 ラテン語で「重さを量る」の意; pound[1] と同語源〗

pon·der·ous /pά(:)ndərəs, -drəs | pɔ́n-/ 形 ❶ (動きが)鈍重な; どっしりと重い. ❷ [軽蔑的] (文体などが)堅苦しい, (話・本などが)退屈な.

pon·tiff /pά(:)nṭɪf | pɔ́n-/ 名 C [the (Supreme) P-] 《格式》ローマ教皇(きょうこう)[法王].

pon·tif·i·cal /pɑ(:)ntífɪk(ə)l | pɔn-/ 形 限定 《格式》ローマ教皇[法王]の; 独断的な, 尊大な.

pon·tif·i·cate[1] /pɑ(:)ntífɪkət | pɔn-/ 名 C 《格式》ローマ教皇[法王]の職[位, 任期].

pon·tif·i·cate[2] /pɑ(:)ntífəkèɪt | pɔn-/ 動 自 [軽蔑的] (...について)独断的な言い方をする, もったいぶって[尊大に]話す (*about, on*).

pon·toon /pὰ(:)ntúːn | pɔ̀n-/ 名 C 〔航海〕平底(ひらぞこ)舟; (水上機の)フロート.

póntoon brìdge 名 C 舟橋, 浮き橋《平底舟を並べて作った橋》.

+**po·ny** /póʊni/ 名 (po·nies /~z/) C **ポニー**《小型の馬; 丈夫で忍耐力がある》; (一般に)小さな馬.

— 動 (po·nies; po·nied; -ny·ing) [次の成句で] **póny úp** [動] 他 《米略式》(金)を支払う. — 自 《米略式》金を支払う.

po·ny·tail /póʊnitèɪl/ 名 C ポニーテール《後ろで束ねて垂らす髪の結い方》.

poo /púː/ 名, 動 《英》 = poop[1].

pooch /púːʧ/ 名 C 《略式》[しばしばこっけいに] 犬, わんちゃん.

poo·dle /púːdl/ 名 C プードル《小型の愛玩(あいがん)用の犬; ⇒ dog 挿絵》.

poof /púːf, póf/ 間 ぱっ, さっ《突然の様子を表わす》.

pooh /púː/ 間 《古風, 略式》ふーん!, ばかな!, へーん!《あざけり・軽蔑・あせりを表わす》; 《英略式》あー臭い.

Pooh ⇒ Winnie-the-Pooh.

pooh-pooh /pùːpúː/ 動 他 《略式》(...)をあざける, 鼻先であしらう.

‡**pool**[1] /púːl/

— 名 (~s /~z/) ❶ C (水泳用の)プール (swimming pool): an indoor [outdoor] *pool* 室内[屋外]プール / a heated *pool* 温水プール.

❷ C **水たまり**, 小さな池《⇒ pond》: After the rain there were *pools* of water on the road. 雨の後で道路にいくつも水たまりがあった. ❸ C (液体・光の)たまり: a *pool of* blood 血の海.

+**pool**[2] /púːl/ 名 (~s /~z/) ❶ U **プール**《ビリヤードの一種》: shoot [play] *pool* プールをする. ❷ C (共同利用の)要員; 共同資金, 共有物: a labor *pool* = a *pool of* labor (共同利用の)労働要員 / a *pool to* buy a bus バスを購入するための共同資金 // ⇒ car pool. ❸ C (スポーツなどの)賭け; 賭け金; [the ~s] 《英》サッカー賭博. — 動 他 (...)を共同出資する, (資金・資源・アイデアなど)を持ちよる, 出し合う, 共同にする, プールする: They *pooled* their resources and started their business. 彼らは資金を出し合って事業を始めた.

póol hàll 名 C 《主に米》ビリヤード場.

pool·side /púːlsàɪd/ 名 U プールサイド: *at* the *poolside* プールサイドで. — 形 限定, 副 プールサイドの[で].

póol tàble 名 C 《米》(6 つのポケットのある)ビリヤード台.

poop[1] /púːp/ 名 《米小児》 U うんち; [a ~] うんちをすること [《英》poo]. — 動 自 《米小児》うんちをする.

poop[2] /púːp/ 動 [次の成句で] **póop óut** [動] 自 (1) 《米略式》(機械などが)止まる. (2) 《米略式》(くたびれて)取りやめる; (人との約束を)取りやめる (*on*).

pooped /púːpt/ 形 叙述 《米略式》疲れ果てた (*out*).

poop·er-scoop·er /púːpɚskùːpɚ | -pəskùːpə/ 名 C 《略式》うんち取りスコップ《犬の散歩用》.

‡**poor** /pʊ́ɚ, pɔ́ɚ | pɔ́ː, pʊ́ə/ ❗発音 (同音 #pour, #pore[1, 2], 《英》#paw)

— 形 (poor·er /pʊ́(ə)rɚ, pɔ́ːrɚ | pɔ́ːrə, pʊ́ərə/; poor·est /pʊ́(ə)rɪst, pɔ́ːr- | pɔ́ːrɪst, pʊ́ər-/)

> **意味のチャート**
> 「少ない」の意から
> →「**貧しい**」❶ →「**かわいそうな**」❸
> →「**乏しい**」❺ →「**質の悪い**」❷ →「**下手な**」❹

❶ **貧しい**, **貧乏な** [⇔ rich]: a *poor* woman 貧しい女 / *the poor* 貧しい人々《複数名詞のように扱われる; ⇒ the[1] 3》.

❷ **質の悪い**, 粗末な, 劣る; (聴覚・視覚・記憶力などが)衰えた, (健康状態が)すぐれない: goods of *poor*

quality 質の悪い品物 / be in *poor* health 健康がすぐれない / My hearing is *poor*. わたしは耳が遠い.
❸ [限定] [比較なし] Ⓢ **かわいそうな**, 不幸な, 気の毒な; 亡くなった: *Poor* fellow [thing, him, her, me]! かわいそうに / The *poor* girl was barefooted. かわいそうにその少女ははだしだった / His *poor* son was killed in the war. 気の毒に彼の息子は戦死した. [語法] 副詞的に訳せる場合が多い.
❹ **下手な**, 出来の悪い; (...が)苦手で [⇔ good]: a *poor* judge of character 人を見る目のない人 / My brother is ***poor at*** mathematics. [+at+名] 私の兄は数学が苦手だ.

P

[語法]「...するのが下手だ」というときには「...する人」の意味を持つ名詞の前に poor をつけて表わすことが多い《⇒ bad 6 [語法], good 3 [語法]》: She's a *poor cook* [*pianist*]. 彼女は料理[ピアノ]が下手だ.

❺ **乏しい**, 不十分な, 貧弱な; [普通は [叙述]] (土地が)やせた [⇔ rich]: a *poor* harvest [crop] 不作 / *poor* soil やせた土地 / a country ***poor in*** petroleum resources [+in+名] 石油資源が乏しい国.
còme (ín) [be] a pòor sécond [thírd] [動] ⓐ (競争などで)差をつけられて 2 位[3 位]になる.
the póor màn's ... [形] 劣った[安物の]...; 見劣りのする.... (名 1, 5 では póverty)
póor bòy [名] Ⓒ 《米》 = submarine 2.
poor·house /pʊ́ɚhàʊs, pɔ́ɚ- | pɔ́ː-, pʊ́ə-/ [名] Ⓒ (昔の公立の)救貧院.
+**poor·ly** /pʊ́ɚli, pɔ́ɚ- | pɔ́ː-, pʊ́ə-/ [副] ❶ **乏しく**, 不十分に: a hospital *poorly* equipped (= a hospital with poor equipment) 設備の貧弱な病院 / He's *poorly* paid. 彼は給料が安い.
❷ **下手に**, まずく: Meg dances [sings] *poorly*. メグは踊り[歌]が下手だ / I did *poorly* on [in] the test. 試験はうまくいかなかった.
— [形] [叙述] 《英略式》 気分[健康]がすぐれない.
póor relátion [名] Ⓒ (同類の中で)劣った人[物].
*__pop__[1] /pɑ́(ː)p | pɔ́p/ [名] Ⓤ **ポップス**, ポップミュージック《⇒ pops》.
— [形] [比較なし] ❶ [限定] **ポップ(ミュージック)の**: a *pop* singer ポップシンガー. ❷ [限定] 大衆向きの, 通俗的な.
*__pop__[2] /pɑ́(ː)p | pɔ́p/ [動] (pops /~s/; popped /~t/; pop·ping) ⓐ ❶ **ぽんという音を出す**, ぱんと破裂する, (炒ったとうもろこしが)はじける; [副詞(句)を伴って] **急にはずれる[飛び出す]**; ひょいと現われる: The cork *popped out*. コルク栓がぽんと抜けた / A button *popped off* my shirt. 私のシャツのボタンがはじけ飛んだ / *pop into* one's head (考えなどが)突然浮かぶ. ❷ [副詞句を伴って] Ⓢ 急に行く[来る]: I think I'll *pop by* again later. 後でまた寄ろうと思います. ❸ (気圧の変化などで)(耳が)ツーンとなる. ❹ (驚き・興奮などで)(目が)飛び出る (*out*). ❺ 〔野球〕 凡フライを打ち上げる.
— ⓣ ❶ (栓)をぽんと抜く; ぱんと破裂させる; (とうもろこし)を炒ってはじけさせる. ❷ [副詞(句)を伴って] 《略式》(...)をひょいと[急に]動かす[入れる, 出す, 置く]: *pop* a CD *into* the computer コンピューターに CD をひょいと入れる. ❸ Ⓢ 《米》 (...)を殴る: *pop* a person (one) 人に(一発)くらわす. ❹ 《略式》 (薬)をたくさん飲む.
póp óff [動] ⓐ (1) 《略式》 急に死ぬ. (2) 《米略式》 まくしたてる.
póp ón [動] ⓣ (1) 《英略式》 (服)をさっと着る. (2) 《英略式》 (電気製品)のスイッチを入れる.
póp óut [動] ⓐ (1) 《略式》 (ことばが)口をついて出る. (2) 〔野球〕 凡フライを打ち上げてアウトになる.
póp úp [動] ⓐ (1) 《略式》 不意に現われる; 突然起こる. (2) 〔野球〕 凡フライを打ち上げる.
— [名] (~s /~s/) ❶ Ⓒ **ぽんという音**: the *pop* of a cork コルクがぽんと抜ける音. ❷ Ⓤ,Ⓒ 《略式》 ソーダ水, サイダー [《米》 soda (pop)] 《果汁などの味つき炭酸飲料; ⇒ cider [日英]》. ❸ Ⓒ = pop fly.
... a póp [副] [数の表現を伴って] Ⓢ 《米》 1 つ[1 回, 1 個]につき...: $10 *a pop* 1 個 10 ドル.
tàke [hàve] a póp at ... [動] ⓣ 《略式》 (人)を殴る; 《英略式》 (人)を公然と非難する.
— [副] ぽんと, ひょいと: The cork went *pop*. ぽんとコルクが抜けた.
pop[3] /pɑ́(ː)p | pɔ́p/ [名] Ⓒ [ときに Pops; しばしば呼びかけで] 《古風, 米略式》 お父さん, パパ.
pop. [略] = population.
póp árt [名] Ⓤ 〔美術〕 ポップアート《1960 年代の漫画や広告・ポスターなどの手法を取り入れた前衛美術》.
póp còncert [名] Ⓒ ポップコンサート《ポップミュージックを主とした若者向けの音楽会》.
pop·corn /pɑ́(ː)pkɔ̀ɚn | pɔ́pkɔ̀ːn/ [名] Ⓤ ポップコーン: a *popcorn* popper ポップコーン炒り器.
póp cùlture [名] Ⓤ ポップカルチャー, 大衆文化.
+**pope** /póʊp/ [名] (~s /~s/) Ⓒ [しばしば the P-] **ローマ教皇**(きょうこう), ローマ法王: *Pope* Francis 教皇フランシスコ.
Pop·eye /pɑ́(ː)paɪ | pɔ́p-/ [名] [固] ポパイ《米国の漫画の主人公》.
pop-eyed /pɑ́(ː)pàɪd | pɔ́p-/ [形] 《略式》 (びっくり[興奮]して)目を丸くした; どんぐりまなこの.
póp flý [名] Ⓒ 〔野球〕 凡フライ, ポップフライ.
pop·gun /pɑ́(ː)pgʌ̀n | pɔ́p-/ [名] Ⓒ (おもちゃの)豆鉄砲《コルクの栓が飛び出る》.
pop·lar /pɑ́(ː)plɚ | pɔ́plə/ [名] Ⓒ ポプラ(の木); Ⓤ ポプラ材.
pop·lin /pɑ́(ː)plɪn | pɔ́p-/ [名] Ⓤ ポプリン《綿・絹・羊毛などのうね織りの一種》.
póp músic [名] Ⓤ = pop[1].
pop·o·ver /pɑ́(ː)pòʊvɚ | pɔ́pòʊvə/ [名] Ⓒ 《米》 中が空(から)のマフィン.
pop·pa /pɑ́(ː)pə | pɔ́pə/ [名] Ⓒ 《米略式》 お父さん, パパ.
póp psychólogy [名] Ⓤ 通俗心理学.
pop·py /pɑ́(ː)pi | pɔ́pi/ [名] (poppies) ❶ Ⓒ けし. ❷ Ⓤ けし色, 黄赤色.
póppy sèed [名] Ⓤ けしの実, けしつぶ《料理用》.
póp quìz [名] Ⓒ 《米》 抜き打ちテスト.
pops /pɑ́(ː)ps | pɔ́ps/ [形] [限定] (オーケストラ・コンサートなどが)大衆向きクラシックの曲[軽音楽]を演奏する, ポップスの. — [名] Ⓤ [しばしば P-] ポップス[軽音楽](を演奏するオーケストラ).
Pop·si·cle /pɑ́(ː)psɪkl | pɔ́p-/ [名] Ⓒ 《米》 アイスキャンデー《商標》 [《英》 ice lolly]. [日英] 「アイスキャンデー」は和製英語.
pop·u·lace /pɑ́(ː)pjʊləs | pɔ́p-/ [名] [the ~ として 《英》 単数または複数扱い] 《格式》 大衆, 民衆.
***__pop·u·lar__ /pɑ́(ː)pjʊlɚ | pɔ́pjʊlə/ [アク]
— [形] ❶ (大衆に)**人気のある**, 評判のよい; 流行した [⇔ unpopular]: a *popular* sport 人気のあるスポーツ / a *popular* author 人気作家 / These elephants are

very *popular with* [*among*] children. +with [among] +名 この象たちは子供たちにとても人気がある。 ❷ 限定 **大衆向きの,** ポピュラーな, 通俗的な: *popular* songs 流行歌 / a *popular* singer 流行歌手 / *popular* music ポピュラー音楽 / *popular* newspapers 大衆紙. ❸ 限定 民衆の, 庶民の, 人民の; 民間に普及した: *popular* opinion 世論 / *popular* support 国民の支持 / *popular* sentiment 国民感情 / by *popular* demand 大衆の要求によって / a *popular* misconception よくある誤解 / contrary to *popular* belief 一般に信じられているのと違って.
(名 pòpulárity, 動 pópularìze)
〖語源 ラテン語で「人々の」の意; people と同語源〗

pop·u·lar·i·ty /pὰ(:)pjʊlǽrəṭi | pɔ̀p-/ 名 U (大衆の間の)人気, 流行 (*of*) [⇔ unpopularity]: win [gain in] *popularity* 人気を得る[が増す] / Soccer began to enjoy great *popularity* in Japan in the 1990s. サッカーは 1990 年代に日本で非常な人気を集めだした / The singer lost *popularity with* young people. その歌手は若者に人気がなくなった. (形 pópular)

pop·u·lar·i·za·tion /pὰ(:)pjʊlərɪzéɪʃən | pɔ̀pjʊləraɪz-/ 名 U 人気を高めること; 普及, 通俗化.

pop·u·lar·ize /pá(:)pjʊləràɪz | pɔ́p-/ 動 他 ❶ (...)の人気を高める, (...)をはやらせる, 普及させる. ❷ (...)を通俗的[大衆的]にする. (形 pópular)

pop·u·lar·ly /pá(:)pjʊləli | pɔ́pjʊlə-/ 副 [過去分詞を修飾して] ❶ 一般的に; 俗に. ❷ 民衆によって; 大衆向けに: a *popularly* elected leader 民衆に選ばれた指導者 / *popularly* priced beer 大衆向け価格のビール.

pop·u·late /pá(:)pjʊlèɪt | pɔ́p-/ 動 他 [しばしば受身で] (人々などが)(場所)に住む; 植民する; (場所)に人々を住まわせる (*with*): The town is *populated* by scarcely 20,000 people. その町には 2 万人そこそこの人々が住んでいるだけだ.

pop·u·lat·ed /pá(:)pjʊlèɪṭɪd | pɔ́p-/ 形 [副詞句とともに] 人口が...な: a *densely* [*sparsely*] *populated* district 人口の密な[まばらな]地域.

****pop·u·la·tion** /pὰ(:)pjʊléɪʃən | pɔ̀p-/
— 名 (~s /~z/) ❶ C,U (ある地域の)**人口** (略 P, pop.): Tokyo has a ***population of*** over fourteen million. 東京の人口は 1400 万を超えている / The world is rapidly growing [increasing] in *population*. 世界の人口はどんどん増加している.

> **人口**
> **日本の人口はどのくらいですか.**
> ○**What is the population of** Japan?
> ×How many populations are in Japan?
> **多い[少ない]人口**
> ○a **large** [**small**] **population**
> ×many [few] populations
> ✪ 複数の地域・集団の人口についていうときは countries with large populations (人口の多い国々) のように複数形になる.

❷ C [普通は the ~ として《英》単数または複数扱い] (ある地域の)住民; (動物の)棲息(せいそく)数, 個体数《全体》: *The population* in this town gets its water from the dam. この町の住民はそのダムから水をとっている / *the* whale *population* of the Antarctic Ocean 南氷洋の鯨の棲息数. (形 pópulous)
〖語源 people と同語源〗

populátion explòsion 名 C 人口爆発《人口の劇的増加》.

pop·u·lis·m /pá(:)pjʊlìzm | pɔ́p-/ 名 U 人民[民衆]主義.

pop·u·list /pá(:)pjʊlɪst | pɔ́p-/ 形 [普通は 限定] 人民主義の. — 名 C 人民主義者, 民衆の代弁をする(と称する)者.

pop·u·lous /pá(:)pjʊləs | pɔ́p-/ 形《格式》人口の多い, 人口密度の高い. (名 pòpulátion)

pop-up /pá(:)pʌ̀p | pɔ́p-/ 形 ❶ 限定 ぽんと飛び出す仕掛けになった: a *pop-up* book 飛び出す(絵)本. ❷ 限定〔コンピュータ〕(メニューなどが)ポップアップの《クリックしたり, ページを開くと画面に現われる》. — 名 ❶ C〔コンピュータ〕ポップアップ《画面に突然現われるメニュー・広告のウインドーなど》. ❷ C 期間限定で開く店[レストラン].

por·ce·lain /pɔ́ɚs(ə)lən | pɔ́ː-/ 名 U,C 磁器; 磁器製品《全体》[≒china].

porch /pɔ́ɚtʃ | pɔ́ːtʃ/ 名 ❶ C《米》ベランダ, 縁側 [≒veranda]: He was cooling himself on the *porch*. 彼はベランダで涼んでいた. ❷ C《英》玄関, ポーチ《家などの入り口から外に突き出た屋根のある所》: The car stopped in front of the *porch*. その車は玄関の前で止まった.

por·cu·pine /pɔ́ɚkjʊpàɪn | pɔ́ː-/ 名 C やまあらし《長いとげのある動物》.

pore[1] /pɔ́ɚ | pɔ́ː/ 名 C (皮膚の)毛穴; (植物の)気孔; 小穴.

pore[2] /pɔ́ɚ | pɔ́ː/ 動 (**por·ing** /pɔ́ːrɪŋ/) 自 [次の成句で]
póre òver ... [動] 他 ...をじっくり見(て考え)る; 熟読する.

+**pork** /pɔ́ɚk | pɔ́ːk/ 名 ❶ U **豚肉**: roast *pork* 豚肉を焼く. ❷ U《米略式》[悪い意味で] (議員が選挙区のために政府から出させる)国庫交付金.

pork·er /pɔ́ɚkɚ | pɔ́ːkə/ 名 C 食用子豚; 《略式》[しばしばこっけいに] でぶ《失礼な言い方》.

porn /pɔ́ɚn | pɔ́ːn/, **por·no** /pɔ́ɚnoʊ | pɔ́ː-/ 名 U《略式》= pornography.

por·nog·ra·pher /pɔɚná(:)grəfɚ | pɔːnɔ́grəfə/ 名 C [軽蔑的] ポルノ作家[写真家].

por·no·graph·ic /pɔ̀ɚnəgrǽfɪk | pɔ̀ː-ˊ/ 形 [軽蔑的] 好色文学の, ポルノ(写真)の.

por·nog·ra·phy /pɔɚná(:)grəfi | pɔːnɔ́g-/ 名 U [軽蔑的] ポルノ《本・雑誌・映画など; 全体》, ポルノ写真[映画]; ポルノ製作.

po·ros·i·ty /pərá(:)səṭi | pɔːrɔ́s-/ 名 U《格式》多孔性; 浸透[吸水, 吸気]性.

po·rous /pɔ́ːrəs/ 形 (小さな)穴の多い, 多孔性の; 液体を吸収しやすい; 通気性のある.

por·poise /pɔ́ɚpəs | pɔ́ː-/ 名 C ねずみいるか《鼻先が丸い》.

por·ridge /pɔ́ːrɪdʒ | pɔ́r-/ 名 U《英》おかゆ [《米》oatmeal]《野菜や穀粒を牛乳や水でどろっとするまで煮たもの》; おかゆ状の食べ物: a bowl of *porridge* 1 杯のおかゆ.

***port**[1] /pɔ́ɚt | pɔ́ːt/ 名 (**ports** /pɔ́ɚts | pɔ́ːts/) C,U **港,** 海港 (略 pt.); [ときに地名の一部として P-] 港湾都市, 港町《特に税関のある港町》: a naval *port* 軍港 / ˹come into [leave] *port* (船が)入港[出港]する / be *in port* (船が)入港している / Any *port* in a storm. 《ことわざ》Ⓢ あらしのときにはどんな港でもよい(急場しのぎだからしかたない) / the *port* authorities 港湾当局. 関連 airport 空港 / heliport ヘリコプター発着場.

port (付近の都市などを含む商港)	港
harbor (避難などのため停泊する自然の港)	

a pórt of cáll [名] (1) 寄港地. (2) 《略式》(旅行中の)滞在地; 立ち寄り先. **a pórt of éntry** [名] 通関地, 通関手続地.

port² /pɔ́ət | pɔ́:t/ 名 U 左舷(さげん)《船首に向かって左側》, (航空機の)左側 [⇔ starboard].

port³ /pɔ́ət | pɔ́:t/ 名 C 〔コンピュータ〕ポート《データの受け渡し用の入出力端子》. — 動 他 〔コンピュータ〕(ソフトウェア)を(別のシステムから[に])移植する (*from, to*).

port⁴ /pɔ́ət | pɔ́:t/ 名 ❶ U ポートワイン《ポルトガル原産の甘い赤ワイン》. ❷ C 1杯のポートワイン.

por·ta·bil·i·ty /pɔ̀əṭəbíləṭi | pɔ̀:-/ 名 U 持ち運びできること, 携帯性; 移植可能性. (形 pórtable)

+**por·ta·ble** /pɔ́əṭəbl | pɔ́:-/ 形 ❶ **携帯用の**, ポータブルの, 持ち運びできる, 可搬(かはん)型の; 移動可能な: a *portable* television 携帯用テレビ / a *portable* media player 携帯メディアプレーヤー《映像や音楽などを再生できる》. ❷ 〔コンピュータ〕(ソフトウェアなどが)異なるシステム間の移植が可能な. ❸ (保険・年金が)職が変わってもそのまま継続できる. (名 pòrtabílity)
— 名 C 携帯用の物, ポータブル《携帯用コンピューター・テレビなど》.
〚⇒ export¹ キズナ〛

por·tage /pɔ́əṭɪdʒ | pɔ́:-/ 名 U 運搬《2 水路間での陸上輸送》.

por·tal /pɔ́əṭl | pɔ́:-/ 名 ❶ C 〔コンピュータ〕ポータル(サイト)《分類されたリンク集や検索エンジンなどがあり, インターネットへの入り口として利用できるサイト》. ❷ C 《文語》(堂々とした)入り口; 正門.

por·tend /pɔətĕnd | pɔ:-/ 動 他 《文語》(悪いこと)の前ぶれ[前兆]となる.

por·tent /pɔ́ətent | pɔ́:-/ 名 C 《文語》(不吉[重大]なことの)兆し, 前兆, 先ぶれ (*of*).

por·ten·tous /pɔəténṭəs | pɔ:-/ 形 ❶ 《文語》(不吉[重大]なことの)前兆となる; 縁起の悪い. ❷ 《格式》もったいぶった, 尊大な.

+**por·ter¹** /pɔ́əṭə | pɔ́:tə/ 名 (~s /~z/) ❶ C (ホテルや駅の)**ポーター**, 荷物運搬係, 赤帽. ❷ C 《米》(寝台車の)ボーイ. ❸ C 《米》(ビルなどの)清掃[修理]係.
〚⇒ export¹ キズナ〛

por·ter² /pɔ́əṭə | pɔ́:tə/ 名 C 《英》(病院・学校などの)門衛, 玄関番.

pór·ter·house stéak /pɔ́əṭəhàʊs- | pɔ́:tə-/ 名 C,U (骨付きの)特上のステーキ.

+**port·fo·li·o** /pɔətfóʊliòʊ | pɔ:t-/ 名 (~s) ❶ C **書類入れ折りかばん**《革製が多い》. ❷ C (デッサン・写真などの)**作品(のサンプル)集** (*of*)《自分の業績を示すためのもの》. ❸ C 〔金融〕金融資産《全体》; 資産構成, 有価証券(の明細表). ❹ C 《英》大臣の職務[地位]: a minister without *portfolio* 無任所大臣《✪ 無冠詞》.

port·hole /pɔ́əthòʊl | pɔ́:t-/ 名 C 舷窓(げんそう)《船室の明かり取りの窓》; (飛行機の)丸窓, 機窓.

Por·tia /pɔ́əʃə | pɔ́:-/ 名 固 ポーシャ《シェークスピア(Shakespeare) 作の「ベニスの商人」(*The Merchant of Venice*)中の才色兼備の女性》.

por·ti·co /pɔ́əṭɪkòʊ | pɔ́:-/ 名 (~(e)s) C 《格式》(柱廊式)玄関.

+**por·tion** /pɔ́əʃən | pɔ́:-/ 名 (~s /~z/) ❶ C **部分**, 一部《⇒ part 類義語》: the lower *portion of* a rocket ロケットの下部 / She saves a large *portion of* her allowance. 彼女はこづかいの大部分を貯金している. ❷ C (特にレストランの食べ物の)1人前, 盛り《⇒ helping》: order two *portions of* ice cream アイスクリームを2人前注文する / The cake was cut in [into] five small *portions*. ケーキは5人分に小さく切られた. ❸ C [普通は単数形で] (責任などの)分け前 [≒ share]: a *portion of* the blame 責任の一端. ❹ [単数形で所有格の後で] 《文語》運命.
— 動 他 (人に)(...)を分け前として与える (*out*).

port·ly /pɔ́ətli | pɔ́:t-/ 形 (port·li·er, more ~; -li·est, most ~) (年配の男性が)かっぷくのよい, 太った.

port·mán·teau wòrd /pɔətmǽntoʊ- | pɔ:t-/ 名 C 〔言語〕かばん語, 混成語《⇒ blend 名 3》.

por·trait** /pɔ́ətrət, -treɪt | pɔ́:-/ ❗発音 名 (por·traits /-trəts, -treɪts/) ❶ C (特に顔・上半身だけの)**肖像画**, **肖像写真**: a ***portrait of my father 私の父の肖像画[写真] / Mrs. White had her *portrait* done [painted]. ホワイト夫人は自分の肖像画を描いてもらった. ❷ C (人物・風物の)**描写**: a *portrait of* college life 大学生活のひとこま. ❸ [形容詞的に] (文書などの印刷が)縦長の [⇔ landscape]. (動 portráy)
〚語源 原義はフランス語で「描かれたもの」〛

por·trait·ist /pɔ́ətrəṭɪst, -treɪ- | pɔ́:-/ 名 C 肖像画家[写真家].

por·trai·ture /pɔ́ətrətʃə | pɔ́:trɪtʃə/ 名 U 《格式》肖像画法, 肖像画《全体》; 人物描写.

+**por·tray** /pɔətréɪ | pɔ:-/ ❗アク 動 (~s /~z/; ~ed /~d/; ~ing) 他 ❶ (...)の**肖像を描く**; (ことばで)(...)を生き生きと表現する, (~であると)描写する: The woman ***is portrayed as*** a victim in the movie. V+O+*as*+名の受身 その女性は映画では被害者として描かれている. ❷ (劇で)(...)の**役を演じる**: She *portrayed* the mother of the heroine in the play. 彼女はその劇でヒロインの母親の役を演じた. (名 pórtrait)

por·tray·al /pɔətréɪəl | pɔ:-/ 名 U,C (絵・ことばによる)描写, 記述: an accurate *portrayal of* his life 彼の生涯の正確な描写.

+**Por·tu·gal** /pɔ́ətʃʊgəl | pɔ́:-/ 名 固 **ポルトガル**《ヨーロッパ南西部の共和国; 首都 Lisbon》.

+**Por·tu·guese** /pɔ̀ətʃʊgí:z | pɔ̀:-ˈ-/ 形 ❶ **ポルトガル(人)の**; ポルトガル系の. ❷ **ポルトガル語の**.
— 名 (複 ~) ❶ C **ポルトガル人**; ポルトガル系人. ❷ [the ~ として複数扱い] **ポルトガル人**《全体》; ポルトガル国民《⇒ the¹ 5》. ❸ U **ポルトガル語**: *Portuguese* is spoken in Brazil. ブラジルではポルトガル語が話されている.

***pose** /póʊz/ 動 (pos·es /~ɪz/; posed /~d/; pos·ing) 他 ❶ (危険・問題など)を**もたらす**, 生む; (難問など)を提起する: Terrorism *poses* a serious threat *to* international security. テロリズムは世界の安全に大きな脅威をもたらす / The incident *posed* a problem [question]. その事件は1つの問題を提起した. ❷ (モデルなど)にポーズをとらせる.
— 自 ❶ (絵・写真のために)**ポーズをとる**: She ***posed for*** the cameras. V+*for*+名 彼女はカメラのためのポーズをとった. ❷ (...の)ふりをする (*as*). ❸ [普通は進行形で] [軽蔑的] 気取った態度をとる, 格好つける.
— 名 (pos·es /~ɪz/) ❶ C (絵・写真のためにとる)**姿勢**, **ポーズ**: She adopted [assumed] a ***pose for*** the photograph. 彼女は写真のポーズをとった.

❷ Ⓒ [軽蔑的] (人に見せるための)**気取った態度[行動]**; 見せかけ: She's always talking about Chinese literature — it's just a *pose*. 彼女はいつも中国文学の話をするが, ただ格好をつけているだけだ.
stríke a póse [動] ⓐ ポーズをとる; わざとらしい[気取った]態度をとる.
〚⇒ propose キズナ〛

Po·sei·don /pəsáɪdn/ 名 固 〔ギリシャ神話〕 ポセイドン《海の神; ⇒ god 表》.

pos·er /póuzɚ | -zə/ 名 ❶ Ⓒ 気取り屋, きざなやつ. ❷ Ⓒ 《略式》 難問, 難題.

posh /pá(ː)ʃ | pɔ́ʃ/ 形 (posh·er, more ~; posh·est, most ~) ❶ 《略式》 (ホテルなどが)豪華な, しゃれた; ぜいたくな. ❷ 《英略式》 お上品な, 上流の.

pos·it /pá(ː)zɪt | pɔ́z-/ 動 他 《格式》 ...と仮定する (*that*).

***po·si·tion /pəzíʃən/

— 名 (~s /~z/)

意味のチャート
ラテン語で「(ある場所に)置くこと」の意《⇒ propose キズナ》.
→ (場所) → 「**位置**」❸ → (地位) → 「**勤め口**」❺
→ (置かれた様態) → 「**姿勢**」❶ → 「**考え方**」❹
→ (置かれた状況) → 「**立場**」❷

❶ Ⓒ,Ⓤ (位置をとった)**姿勢**, 構え; 置き方, 向き: Be sure to sit ***in*** a comfortable ***position*** when you drive. 運転するときは必ず楽な姿勢で座るようにしなさい / *in* a sitting [kneeling, standing] *position* 座った[ひざまずいた, 立った]姿勢で / *in* an upright *position* 縦向きに / change [shift] *position* 姿勢を変える.
❷ Ⓒ [普通は単数形で] **立場**, 境遇, 状態: the economic *position* of Japan in the world 世界における日本の経済的立場 / I was ***in*** a very difficult [strong] ***position***. 私は非常に難しい[有利な]立場にあった / I'm ˹not ***in*** a [***in*** no] ***position to*** answer that question. その質問に答えられる立場にない / What would you do if you were *in* my *position*? もし私の立場だったらどうしますか.
❸ Ⓒ (人や物の)**位置**, 所在地; Ⓤ,Ⓒ 所定の位置, 配置; Ⓒ 〔スポーツ〕 守備位置, ポジション《⇒ place 類義語》: the *position* of the town on the map その町の地図上の位置 / take up one's *position* 所定の位置につく / put the furniture back ***in position*** 家具を所定の位置に戻す / ***out of position*** 所定の位置をはずれて / What *position* does he play? 彼のポジションはどこですか. ❹ Ⓒ 《格式》 (...に対する)考え方, 意見; (心の)態度: What's the senator's *position on* trade with Japan? 対日貿易についてのその上院議員の考えはどうなのか / She took the *position that* further resistance would be useless. 彼女はこれ以上抵抗してもむだであると考えた. ❺ Ⓒ 《格式》 勤め口, 職《⇒ job 類義語》: apply for the *position of* sales manager 販売部長の職に応募する / I got a *position as* a secretary. 私は秘書の職を得た / The *position* has already been filled. そのポストはもう人が決まっている. ❻ Ⓒ,Ⓤ 地位, 身分《特に社会的に高い》: a person in a *position* of authority 権威ある地位の人 / the *position* of women in society 社会における女性の地位. ❼ Ⓒ,Ⓤ 順位, 席次: finish (in) the second *position* 2 位になる.
— 動 他 [副詞(句)を伴って] (適当な場所に)置く: Please *position* the desk *for* the meeting. 会議に適当な場所にその机を置いてください / I *positioned myself* by the window. 私は窓のそばに陣取った.

***pos·i·tive /pá(ː)zətɪv | pɔ́z-/

— 形

意味のチャート
「**明確な**」❺ の意から「**確信した**」❸ → (建設的な)
→ 「**積極的な**」❶
→ 「**肯定的な**」❹ → 「**陽性の**」❻

❶ **積極的な**, 前向きな, 楽観的な, 自信のある; 建設的な [⇔ negative]: a *positive* attitude 積極的な態度 / take a *positive* approach to life 人生に積極的に取り組む / *positive thinking* 前向きな考え(方) / I'm ***positive about*** the situation. +about+名 私は状況を前向きにとらえている / Think *positive*. 前向きに考えよう《副詞的に使われることもある》 / take *positive* steps to solve the problems 問題解決のために建設的な手段をとる.
❷ **好ましい**, 有益な, プラスの [⇔ negative]: a *positive* effect [influence] 好ましい効果[影響] / on the *positive* side よい面としては / *Positive* progress has been made during the summer. 夏の間に有意義な進展が見られた.
❸ 叙述 **確信した** [≒certain]: Are you ***positive*** (***that***) he's innocent? +(that)節 あなたは彼が無罪だと確信しますか 多用 / I'm ***positive about*** [***of***] her success. +about [of]+名 私は彼女の成功を信じています / 💬 "Are you sure?" "*Positive*." 「確かですか」「間違いありません」 ❹ 肯定的な; 好意的な [⇔ negative]: a *positive* answer [reply] 肯定的な返事 / *positive* reactions 好意的な反応. ❺ 明確な, 明白な [≒definite]; きっぱりとした: a *positive* statement 明確な言明 / *positive* proof =《格式》 proof *positive* 確証 / a *positive* refusal きっぱりとした拒絶. ❻ (検査結果が)陽性の; 〔数学〕 正の, プラスの [≒plus]; 〔電気〕 正の, 陽の [⇔ negative]: He tested [came out] *positive* for flu. 彼はインフルエンザ検査で陽性だった / HIV *positive* HIV 陽性の / a *positive* number 正数 / the *positive* sign 正符号《+》 / *positive* electricity 陽電気. ❼ 限定 《略式》 全くの: It's a *positive* miracle! それは全くの奇跡だ. ❽ 〔写真〕 陽画の [⇔ negative]: (a) *positive* film ポジフィルム. ❾ 〔文法〕 原級の: the *positive* degree 原級.
— 名 ❶ Ⓒ よい点, プラスの側面 [⇔ negative]. ❷ Ⓒ 〔医学〕 陽性 [⇔ negative]. ❸ Ⓒ 〔写真〕 ポジ, 陽画 [⇔ negative].

pósitive discriminátion 名 Ⓤ 《英》 積極的[逆]差別《不当に差別されてきた人々を逆に優遇すること; ⇒ affirmative action, reverse discrimination》.

+**pos·i·tive·ly** /pá(ː)zətɪvli | pɔ́z-/ 副 ❶ Ⓢ (驚くかもしれないが)**確実に**, 全く; [質問の答えとして] 全くそのとおり [≒certainly]: There are quite a few diets that can be *positively* harmful. 確実に有害なダイエット法がかなりある / 💬 "Do you really intend to marry her?" "*Positively*." 「あなたは本当に彼女と結婚するつもりですか」「もちろんですとも」. 語法 この意味では《米》では pòsitívely というアクセントとなることがある. ❷ 肯定的に; 好意的に: respond *positively* 好意的に反応する. ❸ 積極的に, 前向きに [⇔ negatively]: think *positively* プラス思考をする. ❹ 明確に; 断固として, きっぱりと: be *positively* identified はっきりと特定される. ❺ 〔電気〕 正[陽]電気を帯びて [⇔ negatively]:

positively charged 正電気を荷電した.

pos·i·tiv·is·m /pá(:)zətɪvìzm | pɔ́z-/ 名 U 実証主義 [哲学]《思弁によらず観察可能な事実を重視する》.

pos·se /pá(:)si | pɔ́si/ 名 ❶ C《略式》(似通った)一団の人々 (*of*); 仲間. ❷ C《米》(昔犯人捜索などのために召集された)民兵隊.

***pos·sess** /pəzés/ ❗発音 動 (-sess·es /~ɪz/; pos·sessed /~t/; -sess·ing) 他 [進行形なし] ❶《格式》(物など)を**所有する**, 持つ《⇒ have¹ 類義語》: *possess* a large house 大きな家を所有する / Those who *possess* nothing lose nothing. 何も持たない者は何も失うことはない.
❷《格式》(性質·能力など)が**ある**: He doesn't *possess* the ability to do it. 彼にはそれをする能力がない.
❸ [しばしば受身で]《文語》(考えなどが)(人)に取りつく, (人)の心を奪う: They *are possessed by* the desire to be rich. 彼らは金持ちになりたいという欲望に取りつかれている / What (on earth) *possessed* him *to* do that? Ⓢ (一体)彼はどうしてそんなことをしたんだ.
(名 posséssion, 形 posséssive)

pos·sessed /pəzést/ 形 [叙述 または名詞の後につけて]《文語》(悪霊などに)取りつかれた, 狂気の: She began to dance like one *possessed*. 彼女は何かに取りつかれた(人の)ように踊り始めた. **be possessed of ...** [動] 他《文語》(資質·能力など)に恵まれている; (感情·考え)にとらわれている.

pos·ses·sion** /pəzéʃən/ 名 (~s /~z/) ❶ U《格式》**所有**, 所持, 占有, 占領;〔法律〕(銃·麻薬などの)不法所持: The island is ***in the possession of a rich businessman. その島はある金持ちの実業家が所有している / She ***has*** the property ***in*** her ***possession***. 彼女はその不動産を所有している / He is ***in possession of*** confidential information. 彼は機密情報を所有している / On her uncle's death, the house ***came into*** her ***possession***. おじが死んでその家は彼女の所有となった / The enemy ***took possession of*** the town. 敵はその町を占領した / He was charged with (the) ***possession of*** stolen goods. 彼は盗品所持のかどで告発された / *Possession* is nine tenths of the law. 《ことわざ》占有は 9 分の勝ち目(預かり物は自分の物).
❷ C [普通は複数形で] **所有物**, 財産;《格式》領土; 属国: personal *possessions* 所持品 / my most treasured *possession* 私のいちばん大切な物 / His *possessions* were all burned. 彼の財産はすべて焼けてしまった. ❸ U〔球技〕ボールを支配していること: win [lose] *possession* ボールを奪う[取られる]. ❹ U (悪霊などに)取りつかれること.
(動 posséss)

+**pos·ses·sive** /pəzésɪv/ 形 ❶ **所有欲[独占欲, 支配欲]の強い**; (自分の物を)人に使わせたがらない: She's ***possessive about*** [*of*] her car. 彼女は車を他の人に使わせない. ❷〔文法〕所有の, 所有格の《⇒ 巻末文法 3 (1)》.
(動 posséss)
— 名 ❶ [the ~]〔文法〕所有格. ❷ C〔文法〕= possessive pronoun.

posséssive prónoun 名 C〔文法〕所有代名詞《⇒ 巻末文法 3 (1)》.

pos·ses·sor /pəzésə | -sə/ 名 C《格式》持ち主, 所有者 (*of*).

****pos·si·bil·i·ty** /pà(:)səbíləṭi | pɔ̀s-/
— 名 (-i·ties /~z/) ❶ C,U **可能性, 起こり[あり]うること**; 実現性 [⇔ impossibility]: a strong [definite] *possibility* 大きな[はっきりとした]可能性 / the *possibility* of success 成功の可能性 / 言い換え There's no [some] ***possibility of*** his win***ning*** the election. = There's no [some] ***possibility*** (***that***) he'll win the election. ＋(that)節 彼が選挙に勝つ見込みは全然ない[少しある]. 語法 *to* do は後に来ない // There's only a remote *possibility that* an earthquake will hit this town. この町に地震が起こる可能性はまずない / We cannot「rule out [exclude] the *possibility of* human error. 人的ミスの可能性を排除できない / Agreement is still within the realm [bounds] of *possibility*. 合意の可能性はまだ残っている.
❷ C [しばしば複数形で] **やれること**, 考えられること, チャンス (*for*): Take all the *possibilities* into consideration. 考えられることはすべて考慮に入れなさい / ***explore the possibilities*** 可能性[やれること]をさぐる / ***exhaust*** all ***the possibilities*** やれることはみなやってみる. ❸ [複数形で] 発展[改良]の可能性, 見込み: *possibilities for* growth 成長する可能性 / This invention *has* wonderful *possibilities*. この発明にはすばらしい将来性がある.
(形 póssible)

*****pos·si·ble** /pá(:)səbl | pɔ́s-/
— 形 ❶ **可能な**; **実行できる** [⇔ impossible]: ***Is it possible for*** him ***to*** get there in time? 彼はそこへ間に合うように着くことができるだろうか / ***Would it be possible for*** you ***to*** lend me your office keys? 事務所の鍵を貸していただけないでしょうか《依頼》/ The new technology has ***made it possible to*** repair the bridge within a week. 新技術のおかげで 1 週間以内に橋を修理することができた. C+1 修飾する副詞には次のようなものが多い: technically *possible* 技術的に可能な / humanly *possible* 人間の力でできる / theoretically *possible* 理論的には可能な.

人が…することは可能だ

彼女は来週の土曜日に来ることができる.
○**It's possible for** her **to** come next Saturday.
○She **can** come next Saturday.
○She **is able to** come next Saturday.
×She is possible to come next Saturday.

♥ **...していただくことはできますか** (依頼するとき)
Would it be possible for you to ...?

I need to go to Nagano this weekend. **Would it be possible for you to** lend me your car?
週末に長野に行かなきゃならないんだけど, 車を貸してもらうことはできるかな.
Again? Why don't you rent a car?
また? レンタカー借りたらどうだ?
♥ 相手の都合や可能性を聞くことにより, 押しつけを弱める丁寧な依頼の表現.
♥ 間接的な響きがあり, 相手が応じるとは予測できない場合(負担の大きいことを頼んだり, 親しくない人にお願いする場合など)に使われることが多い.《依頼の表現については ⇒ could B 1 (4)》

❷ **考えうる**, 妥当な; 起こり[あり]うる, (もしかしたら)...になりそうな[...かもしれない]《⇒ 類義語》: There's only one *possible* solution. 考えられる解決法はたった 1 つしかない / a *possible* danger 起こりうる危険 / In this region snow is *possible* even in April. この地域では 4 月にも雪が降ることがある / ***It's possible that*** the roads will be crowded. 道路が混んでいるかもしれない《⇒ that² A 2》/ Anything's *possible* here. ここでは

どんなことでも起こりうる / This tiny melon costs 5,000 yen. How is it *possible*? この小さなメロン 5000 円だなんて. こんなことってある?

❸ [最上級, all, every などとともに用いその意味を強めて] **できる限りの**, できるだけ...で: *the worst possible* situation 考えられる最悪の状況 / She spoke with *all possible* calmness. 彼女はできるだけ落ち着いて話した / The doctors made *every possible* attempt to save the patient. 医師たちはその患者を救おうとできる限りの手を尽くした.

as ... as póssible [副] できるだけ...: 言い換え Try to exercise *as* often *as possible* (= as often as you can). できるだけ多く運動するようにしなさい / Read *as* many books *as possible*. できるだけたくさん本を読みなさい ‖⇒ as soon as possible (soon 成句).

if póssible [副] 文修飾 **可能なら** 《♥ 依頼や許可を求めるときに使われる緩和表現; 「可能なら」という条件をつけることにより押しつけを弱め, 相手が断わりやすいよう配慮を示す》: "When should I come to discuss it with you?" "*If possible*, I'd like to do so today. Could you drop by about 3 o'clock?" 「いつ打ち合わせに伺えばいいですか」「できれば今日がいいのですが. 3 時ごろに来ていただけますか」

whenéver [wheréver] póssible [副] 可能な限りいつでも[どこでも]. (名 pòssibílity)

類義語 **possible** は論理的に可能であるか, あるいは起こりうることを意味するのに対して, **probable** は確実ではないにしても, 統計上, あるいは状況から判断して大いにありそうなことをいう: Rain is *possible* but not *probable* before evening. 晩までに雨の可能性はあるが, まず降らないでしょう. **likely** は *possible* と *probable* の中間. 単に可能で起こりうるというだけではなく, ある程度の可能性はあるが, 確実性がそれほど高くはない場合に用いる: His horse is *likely to* win. 彼の馬が勝ちそうだ.

— 名 C ふさわしい人[もの]; 適任者, 有力候補.

pos·si·bly** /pά(:)səbli | pɔ́s-/ 副 ❶ 文修飾 **ことによると, もしかすると**, あるいは《⇒ likely 表》: 🗨 "What caused the accident?" "*Possibly*, the driver fell asleep." 「事故の原因は何ですか」「もしかすると運転手が居眠りしたのかもしれません」/ "Do you think Ken will marry her?" "Quite possibly*** [*Pòssibly nót*]." 「ケンは彼女と結婚するのかな」「十分ありうるね[しないかもね]」《⇒ not (5) (ii)》. C+1 A and [or] possibly B の形で, A より程度の高い可能性 B を表わすことができる: We could predict the problem *and possibly* prevent it. 我々はその問題を予測できるだろうし, もしかすると防ぐこともできるのではないか.

♥ ...していただくことはできますか (依頼するとき)
Could you possibly ...?

Could you possibly spare me a few minutes before the meeting? **会議の前にできれば数分お時間をいただくことはできませんか.**

Sure. No problem.
いいですよ.

♥ could や can を使った依頼や許可を求める疑問文に, 押しつけを弱めるために possibly を挿入することができる.

♥ 「ひょっとして...できませんか」という意味になり, 内容・状況的に難しいことをお願いする場合に, 「相手が依頼に応じるのは当然」という態度を避け, 遠慮がちな姿勢を示す. 《⇒ could B 1 (4), (5), can[1] 2 (1), (2)》

❷ [肯定文で can とともに] **できる限り, 何とかして**; [否定文で can とともに] **どうあっても(...できない)**, とても(...でない); [疑問文で can や could とともに] **いったい(...できるだろうか)**: I'll come as soon as I *possibly can*. できるだけ早く行きます / I'll do everything I *possibly can*. 私にできる限りのことをします / I *can't possibly* come tomorrow. 私はどうしてもあすは来られません / ***How could*** you ***possibly*** speak to me like that? Ⓢ 私に対してよくもそんな口がきけますね.

pos·sum /pά(:)səm | pɔ́s-/ 名 C 《略式, 主に米》 = opossum. **plày póssum** [動] 自 《略式》 死んだ[寝た]ふりをする.

P

****post**[1] /póʊst/ 発音

— 名 (posts /póʊsts/) ❶ U [普通は the ~] 《英》 **郵便**, 郵便制度 [《米》 mail]: I'll send the book ***by post***. その本を郵送します / put ... ***in the post*** ...を郵送する / Your parcel possibly got lost *in the post*. あなたの小包は郵送中に紛失したのかもしれない.

❷ U 《英》 **郵便物** 《全体》; (1 回に配達される)郵便(物); 郵便の集配[配達](時間) [《米》 mail]: open one's *post* 郵便物を開封する / "Has *the post* come yet this morning?" "No, not yet." 「けさはもう郵便が来ましたか」「いいえ, まだです」/ What time does the (next) *post* go? 郵便が(次に)収集されるのはいつですか / I caught [missed] *the* last *post*. 最終便に間に合った[間に合わなかった]. ❸ [P-; 新聞名で] ...ポスト: ⇒ Washington Post. (形 póstal)

— 動 (posts /póʊsts/; post·ed /~ɪd/; post·ing) 他 《英》 (...)を**郵便で出す, 郵送する** (*off*); (人に)(...)を郵送する; (手紙)を出す, 投函(とうかん)する [《米》 mail]: *Post* this letter, please. この手紙を出してください / 言い換え I *posted* John that book this morning. V+O+O = I ***posted*** that book ***to*** John this morning. V+O+*to*+名 その本はけさジョンに郵送した.

kéep ... pósted [動] 他 Ⓢ (人)に(最新の事情[情報]を)絶えず知らせる: *Keep* me *posted on* the latest happenings. 最新の出来事を絶えず私に知らせてください.

〖語源 イタリア語で「替え馬の置いてある宿場」→「早飛脚, 早馬」→「郵便(物)」の意となった; post[2] と同語源〗

****post**[2] /póʊst/ 発音

— 名 (posts /póʊsts/) ❶ C 《格式》 **地位**; **職** 《⇒ job 類義語》: the ***post of*** personnel manager 人事部長の地位 / a teaching *post* 教職の口 / ***take up*** a ***post*** (重要な)地位につく / ***resign*** [***quit***, ***leave***] one's ***post*** 辞職する / ***fill*** a ***post*** 地位に人を補充する / ***hold*** a ***post*** 地位についている / ***apply for*** a ***post*** 職[求人]に応募する / ***offer*** ... a ***post*** (人)に職[地位]を提供する / The authorities relieved her of her *post* as professor at the university. 当局は彼女をその大学の教授の地位からはずした.

❷ C (兵士などの)**持ち場**, 部署; **警戒区域**: ***leave*** one's ***post*** 持ち場を離れる / The brave soldier died at his *post*. その勇敢な兵士は持ち場に踏みとどまって死んだ / a border *post* 国境検問所. ❸ C (軍隊の)駐屯地; (辺境の)駐屯部隊.

— 動 他 ❶ [普通は受身で] (人)を(...で)勤務につかせる, 配属する; (兵士など)を配置する: be *posted to* Germany ドイツ勤務となる / She *was posted abroad* [*overseas*] for three years. 彼女は 3 年の海外勤務を

した. ❷《主に米》〔法律〕(保釈金)を払う.
〘語源 ラテン語で「置かれた(場所)」の意; post[1] と同語源〙

post[3] /póʊst/ 発音

— 名 (posts /póʊsts/) ❶ C **柱**, くい: He set a *post* at the gate. 彼は門の所に柱[くい]を立てた. 関連 gatepost 門柱. ❷ C〔コンピュータ〕(掲示板・SNS などへの)投稿. ❸ C = goalpost. ❹ [the ~] (競馬・競走などの)標識柱: the finishing [winning] *post* ゴールの柱.

— 動 (posts /póʊsts/; post·ed /~ɪd/; post·ing) 他 ❶ (ビラなど)を**はる**, 掲示する; (壁など)に(一面に)(ビラなどを)はる, はり紙をする (*over*; *with*): POST NO BILLS! はり紙禁止《掲示》/ A notice about the next meeting was *posted* (*up*) *on* the door. 次の会議の通知がドアに掲示された. ❷〔コンピュータ〕(ネットワーク上に)(メッセージ・画像)を投稿する. ❸《主に米》(利益・販売高など)を公表する, 公示する.

post- /pòʊst/ 接頭「後の, 後部の, 次の, ...以後の」の意 [⇔ ante-, pre-]: *post*graduate 大学院の / *post*war 戦後の.

post·age /póʊstɪʤ/ 名 U **郵便料金**: *postage* and handling [《英》 packing] 荷造り料込みの郵送料 / return *postage* 返送料 / airmail *postage* 航空便の料金 / *postage* paid 送料別納 / *postage* free [due] 郵便料金無料[不足].

+**póstage stámp** 名 (~s /~s/) C《格式》**郵便切手** (stamp).

+**post·al** /póʊst(ə)l/ 形 限定 **郵便の**; 郵便による: *postal* matter 郵便物 / *postal* charges [fees] 郵便料金 / *postal* savings 郵便貯金.
gò póstal [動] 自《米略式》キレる. (名 post[1])

póstal òrder 名 C《英》郵便為替《略 PO》[《米》 money order].

póstal sèrvice 名 ❶ [the P- S-]《米》郵政公社 [《英》 Post Office]. ❷ C 郵便業務.

post·bag /póʊs(t)bæ̀g/ 名 ❶ C《英》郵便配達かばん [《米》 mailbag]. ❷ [a ~] (放送局に届く)投書(の山).

post·box /póʊs(t)bɑ̀(ː)ks | -bɔ̀ks/ 名 C《英》郵便ポスト《普通は赤色》[《米》 mailbox].

post·card, post card /póʊs(t)kɑ̀ːd | -kɑ̀ːd/
— 名 (-cards /-kɑ̀ːʤ | -kɑ̀ːʤ/) C **はがき** (card): a return *postcard* 返信用はがき. 参考 官製はがきも私製はがきも絵はがき (picture postcard) も含む. 英国には官製はがきはない.

post·code /póʊs(t)kòʊd/ 名 C《英》郵便番号(制度)《文字と数字とで表わす》[《米》 zip code].

post·date /pòʊs(t)déɪt/ 動 他 ❶ (小切手など)の日付を遅らせる [⇔ antedate]. ❷ (...)より期日[時代]が後である [⇔ antedate, predate].

post·doc·tor·al /pòʊs(t)dɑ́(ː)ktərəl, -trəl | -dɔ́k-⁺/ 形 限定 博士課程修了後の.

+**post·er** /póʊstə | -tə/ 発音 名 (~s /~z/) ❶ C **ポスター**, 広告ビラ: put up a *poster for* the school festival 学園祭のポスターをはる. ❷ C〔コンピュータ〕(インターネット掲示板への)投稿者.

póster chìld 名 ❶ C《米》(病気・障害の子供を支援するポスターに出る)イメージキャラクター. ❷ C《米》(...の)典型的な人[物] (*for*).

poste res·tante /póʊstrestɑ́ːnt/ 名 U《英》= general delivery.

pos·te·ri·or /pɑ(ː)stí(ə)riə | pɔstíəriə/ 形 限定《格式》(位置などが)後の, 後部の [⇔ anterior]. — 名 C [こっけいに] しり [≒buttocks].

pos·ter·i·ty /pɑ(ː)stérəṭi | pɔs-/ 名 U《格式》後世, 後の代の人々; 子孫《全体》: be *recorded for posterity* 後世のために記録される / be handed down to *posterity* (名声などが)後の代にまで伝わる. 関連 ancestry 先祖.

póster pàint 名 C,U《主に英》ポスターカラー.

post-free /póʊs(t)fríː⁺/ 形, 副 限定《英》= post-paid.

post·grad·u·ate /pòʊs(t)grǽʤuət⁺/ 形《英》大学院の [《米》 graduate];《米》博士課程修了後の研究の. 関連 undergraduate 学部(生)の. — 名 C《英》大学院生;《米》博士課程修了後の研究者.

post·hu·mous /pɑ́(ː)sʧʊməs | pɔ́stjʊ-/ 形 限定 (名声・著書などが)本人の死後に現われた: *posthumous* fame 死後に博した名声. **~·ly** 副 死後に.

post·ing /póʊstɪŋ/ ❶ C《主に英》(職務への)派遣, 配属. ❷ C〔コンピュータ〕(ウェブ上の掲示板などへの)投稿. ❸ C《米》(求人)公示.

Post-it /póʊstɪt/ 名 C ポストイット《付箋(ふせん); 商標》.

+**post·man** /póʊs(t)mən/ 名 (-men /-mən/) C《主に英》**郵便集配人** [《米》 mailman].

post·mark /póʊs(t)mɑ̀ək | -mɑ̀ːk/ 名 C (郵便の)消印. — 動 他 [普通は受身で] (郵便物)に...の消印を押す.

post·mas·ter /póʊs(t)mæ̀stə | -mɑ̀ːstə/ 名 C 郵便局長《⇒ postmistress》.

post·mis·tress /póʊs(t)mìstrəs/ 名 C《古風》女性の郵便局長《⇒ postmaster》.

post·mod·ern /pòʊs(t)mɑ́(ː)ḍən | -mɔ́d(ə)n/ 形 ポストモダニズムの, ポストモダンの.

post·mod·ern·is·m /pòʊs(t)mɑ́(ː)ḍənìzm | -mɔ́də-/ 名 U ポストモダニズム《モダニズムに対する反動として起こった芸術運動》.

post·mor·tem /pòʊs(t)mɔ́əṭəm | -mɔ́ː-⁺/ 名 ❶ C 検死(解剖) (*on*) [≒autopsy]. ❷ C (特に失敗などの)事後の分析[検討] (*on*).

post·na·tal /pòʊs(t)néɪṭl⁺/ 形 限定〔医学〕出生後の, 産後の.

+**póst òffice** 名 (-fic·es /~ɪz/) ❶ C **郵便局**《略 PO》: Mail this letter at the nearest *post office*. この手紙を最寄りの郵便局で出してください. ❷ [the P- O-] 郵政省;《英》郵政公社 [《米》 Postal Service]《略 PO》.

póst-of·fice bòx /póʊstɔ̀ːfɪs- | -ɔ̀f-/ 名 C《格式》(郵便局の)私書箱《略 PO Box》.

post·op·er·a·tive /pòʊstɑ́(ː)p(ə)rəṭɪv | -ɔ́p-/ 形 限定〔医学〕(手)術後の.

post·paid /póʊs(t)péɪd⁺/ 形, 副 限定 郵便料金前払いの[で] [《英》 post-free]: *postpaid* reply card 返信用はがき.

post·par·tum /pòʊs(t)pɑ́əṭəm | -pɑ́ːt-⁺/ 形 限定〔医学〕出産後の.

+**post·pone** /poʊs(t)póʊn/ 動 (post·pones /~z/; post·poned /~d/; post·pon·ing) 他 (...)を**延期する**, 遅らせる [≒put off] [⇔ advance]; 後回しにする: We'll have to *postpone* the meeting. 会は延期しなければならない / I've ***postponed*** send***ing*** my reply. V+O (動名) 私は返事を後回しにした / The game *was* *postponed until* [*till, to*] the following week because of rain. V+O+*until* [*till, to*]+名の受身 試合は雨のため次週まで延期された. (名 postpónement)

post·pone·ment /poʊs(t)póʊnmənt/ 名 U,C 延期; 後回し. (動 postpóne)

post·script /póʊs(t)skrìpt/ 名 ❶ C (手紙や E メールの)追伸: add [write] a *postscript* to one's letter 手紙に追伸を加える[書く] (略 P.S.). ❷ C (話などに)追加されるもの, 追記, 後日談 (*to*).

póst-trau·màt·ic stréss disòrder /póus(t)-trɔːmǽtɪk-, -traʊ-/ 名 U 〔医学〕 心的外傷後ストレス障害 (略 PTSD).

pos·tu·late[1] /pɑ́(ː)stʃʊlèɪt | pɔ́stjʊ-/ 動 他 《格式》 (自明のこととして)(...)を仮定する, 前提とする.

pos·tu·late[2] /pɑ́(ː)stʃʊlət, -lèɪt | pɔ́stjʊ-/ 名 C 《格式》 (論理を発展させるための)仮定, 前提条件.

+**pos·ture** /pɑ́(ː)stʃɚ | pɔ́stʃə/ 名 (~s /~z/) ❶ C,U **姿勢**; (モデルなどの)**ポーズ** [≒pose]: an upright *posture* 直立の姿勢 / have good [bad, poor] *posture* よい[悪い]姿勢をしている / get into a relaxed *posture* ゆったりした姿勢をとる. ❷ C [普通は単数形で] 心構え, 態度, 見方: adopt a tougher *posture toward* ... ...に対してより厳しい態度をとる.

— 動 (pos·tur·ing /-tʃərɪŋ/) 自 《格式》 (気取った)姿勢[ポーズ]をとる; (...の)ふりをする (*as*).

pos·tur·ing /pɑ́(ː)stʃərɪŋ | pɔ́s-/ 名 C,U 《格式》 気取った態度; 見せかけ.

+**post·war** /poʊs(t)wɔ́ɚ | -wɔ́ː/ 形 限定 **戦後の** [⇔ prewar]: *postwar* Japan 戦後の日本.

po·sy /póʊzi/ 名 (po·sies) C 《文語》 小さい花束.

pot /pɑ́(ː)t | pɔ́t/

— 名 (pots /pɑ́(ː)ts | pɔ́ts/) ❶ C **丸い入れ物**, ポット 《陶器・金属・ガラスなどでできた, 深いなべ・ティーポット・植木鉢・つぼ・かめ・びんなど; ⇒ pan[1] 表; kitchen 挿絵》: *pots* and pans なべかま類, 台所用品 / a stew *pot* シチューなべ / He made coffee in a large *pot*. 彼は大きなポットでコーヒーを入れた / a *pot* of jam 《英》 ジャムのびん / a *pot* of paint 《英》 ペンキ入れ / A watched *pot* never boils. 《ことわざ》 見守っていてもなべは煮立たない(待つ身は長い). 日英 日本語の「ポット」のような「魔法びん(英語では Thermos (bottle))」の意味はない. 関連 coffeepot コーヒーポット / flowerpot 植木鉢 / teapot ティーポット.

pots

❷ C **ポット 1 杯分**: She served us a ***pot of*** tea. 彼女は私たちにポットで紅茶をいれてくれた. ❸ C (手作りの)焼物, 陶器 (⇒ potter[1], pottery). ❹ [the ~] 《主に米》 (ポーカーの)1 回の賭(か)け金 (全部); 共同資金. ❺ U 《古風, 略式》 マリファナ [≒marijuana]. ❻ C = potbelly. ❼ C 《英》 〔ビリヤード〕 ポケットに入れるショット.

gó to pót 動 自 《略式》 落ちぶれる, だめになる.

— 動 (pots /pɑ́(ː)ts | pɔ́ts/; pot·ted /-tɪd/; pot·ting /-tɪŋ/) 他 ❶ (植物)を**鉢に植える** (*up*): The young plants are *potted* during the winter. 苗は冬の間鉢植えにする. ❷ (獲物)を撃つ. ❸ 《英》 〔ビリヤード〕 (玉)をポケットに入れる.

po·ta·ble /póʊtəbl/ 形 《格式》 (水が)飲用に適した.

po·tage /poʊtɑ́ːʒ | pɔt-/ ≪フランス語から≫ 名 U,C ポタージュ (濃いスープ).

pot·ash /pɑ́(ː)tæ̀ʃ | pɔ́t-/ 名 U 灰汁(あく); 〔化学〕 苛性(かせい)カリ (肥料などに使われる).

po·tas·si·um /pətǽsiəm/ 名 U 〔化学〕 カリウム, カリ (元素記号 K).

po·ta·to /pətéɪtoʊ/ ! アク

— 名 (~es /~z/) C,U **じゃがいも**: baked *potatoes* 焼きじゃがいも, ベイクトポテト (バターをつけて食べる) / mashed *potato*(*es*) マッシュポテト / roast [fried, boiled] *potatoes* オーブンで焼いた[油で揚げた, ゆでた]じゃがいも / peel *potatoes* じゃがいもの皮をむく. 語法 《米》 ではさつまいも (sweet potato) と特に区別するときには white potato または Irish potato という.

potáto chìps 名 複 ❶ 《米・豪》 ポテトチップス (chips) (薄切りのじゃがいもをフライにしたもの) [《英》 potato crisps]. ❷ 《英》 = french fry.

potáto crísps 名 複 《英》 = potato chips 1.

pot·bel·lied /pɑ́(ː)tbèlid | pɔ́t-/ 形 太鼓腹の.

pot·bel·ly /pɑ́(ː)tbèli | pɔ́t-/ 名 (-bel·lies) C 太鼓腹.

pot·boil·er /pɑ́(ː)tbɔ̀ɪlɚ | pɔ́tbɔ̀ɪlə/ 名 C 金もうけのための作品[著作].

po·ten·cy /póʊtənsi, -tn-/ 名 ❶ U (薬の)効能. ❷ U (議論などの)説得[潜在]力 (*of*). ❸ U (男性の)性的能力.

+**po·tent** /póʊtənt, -tnt/ 形 ❶ (薬などが)**効能のある**: *potent* drugs 強い薬. ❷ (議論などが)説得力のある. ❸ 強力な, 威力のある [≒powerful]: a *potent* weapon 強力な武器. ❹ (男性が)性的能力のある [⇔ impotent].

po·ten·tate /póʊtəntèɪt, -tn-/ 名 C 《文語》 (昔の専制)君主.

*__po·ten·tial__ /pəténʃəl/ 形 限定 [比較なし] **潜在的な**; (発展・発達の)**可能性のある**, (将来)起こりうる, (...になる)見込みのある [≒possible]: a *potential* market 将来市場となる可能性のある地域[分野] / a *potential* danger [risk] 起こりうる危険 / Those children are our *potential* customers. あの子供たちはこれからうちのお客になってくれそうだ. C+1 この語と結びつくことの多い名詞は problem, threat, danger のような「問題・脅威・危険」系統と, buyer, customer のような「お客さん」系統に大別できる.

— 名 ❶ U (将来の)**可能性**; **潜在能力**, 将来性, 発展性: This technology has [shows] great ***potential for*** exploitation by terrorist nations. この技術はテロ活動をする国に利用される可能性が非常に高い / fulfill [achieve, realize] one's (full) *potential* 持っている能力を(存分に)発揮する / She has the ***potential to*** succeed in college. +*to* 不定詞 彼女は大学で立派にやる力がある / young players ***with potential*** 将来性のある若手選手. ❷ U 〔物理〕 電位: (a) *potential* difference 電位差.

po·ten·ti·al·i·ty /pətènʃiǽləti/ 名 (-i·ties) C 《格式》 潜在能力, 将来性, 発展性 (*for*).

+**po·ten·tial·ly** /pəténʃəli/ 副 **潜在的に**; 可能性を持って, もしかすると. C+1 dangerous (危険な) / fatal, deadly, lethal (致命的な)のようなよくない意味の形容詞を修飾することが多い: a *potentially deadly* disease もしかすると命にかかわるかもしれない病気.

pót hòlder 名 C なべつかみ.

pot·hole /pá(:)thòʊl | pɔ́t-/ 名 C (路面の)穴ぼこ; 深い(岩)穴.

po·tion /póʊʃən/ 名 C 《文語》(水薬・毒薬・霊薬などの)1 服; (魔力を持つ)飲み薬.

pot·luck /pá(:)tlʌ́k | pɔ̀t-/ 名 C 《米》 = potluck dinner. **tàke pótlúck** [動] 自 (1) (客が)あり合わせの料理を食べる[でもてなされる]. (2) 出たとこ勝負で選ぶ.

pótluck dínner [méal] 名 C 《米》ポットラック《参加者が各自食べ物を持ち寄るパーティー》.

Po·to·mac /pətóʊmək | -mæk/ 名 固 [the ~] ポトマック川《米国東部に発し首都ワシントン (Washington, D.C.) を流れる川; 河畔の桜並木で有名》.

pot·pie /pá(:)tpàɪ | pɔ́t-/ 名 C,U 《米》深皿で作る肉入りパイ.

pót plànt 名 C 《英》鉢植え植物.

pot·pour·ri /pòʊpʊríː/ 名 ❶ C,U ポプリ《ばらなどの乾燥した花弁を香料と混ぜてつぼに入れたもの》. ❷ [a ~] (雑多なものの)寄せ集め (*of*).

pót ròast 名 C,U ポットロースト《牛肉のかたまりをなべで蒸し焼きにした料理》.

pot·ted /pá(:)ṭɪd | pɔ́t-/ 形 ❶ 限定 鉢植えの: a *potted* flower 鉢植えの花. ❷ 限定 《英》(肉などを調理して)びんに入れた, ペースト状にされた.

+**pot·ter**[1] /pá(:)ṭɚ | pɔ́tə/ 名 (~s /~z/) C **焼き物師**, 陶工, 陶芸家.

pot·ter[2] /pá(:)ṭɚ | pɔ́tə/ 動 《英》 = putter[2].

Pot·ter /pá(:)ṭɚ | pɔ́tə/ 名 固 Beatrix ~ ポッター (1866–1943)《Peter Rabbit などを生んだ英国の童話作家》.

pót·ter's whèel 名 C ろくろ (wheel).

pot·ter·y /pá(:)ṭəri | pɔ́t-/ 名 (-ter·ies) ❶ U 陶器類; 陶器製造法[業], 陶芸; 陶土. ❷ C 陶器製造所.

pot·ty /pá(:)ṭi | pɔ́ti/ 名 (pot·ties) C 《略式》(子供用の)室内便器, おまる.

pouch /páʊtʃ/ 名 ❶ C ポーチ, (ポケットなどに入れておく)小袋; 物入れ: a tobacco *pouch* 刻みたばこ入れ. ❷ C (カンガルーなどの腹の)袋; (ハムスター・リスなどの)ほお袋. ❸ C 《主に米》郵便袋.

pouf, pouffe /púːf/ 名 (~s) C 《英》 = hassock 2.

poul·tice /póʊltɪs/ 名 C 温湿布(薬).

poul·try /póʊltri/ 名 ❶ [複数扱い] 家禽(かきん)《肉や卵を取るために飼う鶏・あひる・七面鳥など; ⇒ fowl》. ❷ U 家禽の肉.

pounce /páʊns/ 動 自 ❶ 急に飛びかかる, 突然襲う (*on, upon, at*). ❷ (人の誤り・失態を)のがさず攻撃[非難]する (*on*).

*****pound**[1] /páʊnd/ 発音

— 名 (pounds /páʊndz/) ❶ C **ポンド**《100 ペンス (pence)》: The price of this picture is eighty *pounds*. この絵の値段は 80 ポンドです.

> 参考 英国などの通貨単位; pound に相当するラテン語の libra の頭文字をとって £, L と略し, £3 (3 ポンド)《three pounds と読む》, £6.10 (6 ポンド 10 ペンス)《six pounds ten pence または ten p /píː/ と読む》のように記す《正式には pound sterling という》.

❷ C **ポンド**《重量の単位; 16 オンス (ounces), 約 453.6 グラム; 貴金属・薬品では 12 オンス (ounces), 約 373.24 グラム; 略 lb., 複数形は 略 lbs.》: This meat is three *pounds* in weight. = This meat weighs three *pounds*. この肉は 3 ポンドの重さがある / Butter is sold by the *pound*. バターは 1 ポンド単位で売っている (⇒ the[1] 7) / I've lost five *pounds*. 私は体重が 5 ポンド減った.

英米の重量の単位

1 ton	= 20 hundred-weight	= 《米》約 907 kg 《英》約 1016 kg
1 hundred-weight	= 《米》100 pounds 《英》112 pounds	= 約 45.36 kg 約 50.8 kg
1 pound	= 16 ounces	= 約 453.6 g
1 ounce	= 16 drams	= 約 28.35 g
1 dram	= 27.343 grains	= 約 1.77 g
1 grain	= 約 0.06 g	

❸ [the ~] ポンド相場; 英国の通貨制度: *The pound* has fallen against the yen lately. 最近円に対してポンド安になった.

háve [gét, wánt, demánd] one's póund of flésh [動] (どんなに苛酷でも)取り立てる権利のあるものはすべて取る, ひどい要求をする. 由来 Shakespeare 作「ベニスの商人」(*The Merchant of Venice*) 中の Shylock の要求から.

〚語源 ラテン語で「重さ」の意; 銀 1 ポンドの重さから通貨単位となった〛

pound[2] /páʊnd/ 動 他 ❶ (...)を強く何回も打つ, 連打する: 言い換え He *pounded* the table *with* his fist. = He *pounded* his fist *on* the table. 彼はテーブルをこぶしでどんどんとたたいた. ❷ (...)を打ち砕く, 粉砕する (*up*): The stones *were pounded into* [*to*] sand. 石は砕かれて砂になった. ❸ (場所)を激しく砲撃する. — 自 ❶ 強く何回も打つ, 連打する: The man *pounded on* [*at*] the door. その男はドアをどんどんたたいた. ❷ (心臓などが)激しく鼓動する. ❸ [副詞(句)を伴って] どすんどすん歩く, どたばた走る. **póund awáy** [動] 自 (1) せっせと仕事[勉強]を続ける. (2) 激しく攻撃する (*at*). **póund óut** [動] 他 (1) (ピアノなどで)(曲)をがんがん鳴らす[弾く]. (2) (...)を急いで仕上げる.

pound[3] /páʊnd/ 名 C (野犬や野良猫などの)収容施設, おり; (駐車違反車両などの)置き場.

pound·age /páʊndɪdʒ/ 名 ❶ U 1 ポンド(の金額・重量)につき支払う手数料 (*on*). ❷ U 《略式》体重.

póund càke 名 C,U パウンドケーキ《小麦粉・バター・砂糖などを 1 pound ずつ入れて作ったことから》.

pound·er /páʊndɚ | -də/ 名 [合成語で] ...ポンドの重さのもの[人].

pound·ing /páʊndɪŋ/ 名 U,C どんどんたたくこと[音]; (心臓の)高鳴り. **tàke a póunding** [動] 自 ボロ負けする; 大打撃をこうむる.

póund stérling 名 (複 pounds sterling) C (英貨の)ポンド (⇒ pound[1] 1 参考).

***pour** /pɔ́ɚ | pɔ́ː/ 発音 (同音 pore[1,2], #poor, 《英》paw) 動 (pours /~z/; poured /~d/; pour·ing /pɔ́ːrɪŋ/) 他 ❶ (...)を**注ぐ**, つぐ, かける; (人に)(...)をついでやる:

She **poured in** the water. V+副+O 彼女は水を注ぎ入れた / I **poured** the water **into** the bucket. V+O+前+名 私は水をバケツへ入れた / Helen **poured** some milk **from** [**out of**] the bottle. ヘレンはびんから牛乳をついだ / 言い換え Please *pour* me a cup of tea. V+O+O = Please **pour** a cup of tea **for** me. V+O+*for*+名 私にお茶を1杯ついでください《⇒ for 前 A 1 語法》.
❷ (注ぐように)(...)を**出す**; (光・熱など)を注ぐ; (ことば・声・音など)を立て続けに発する, 浴びせる**:** The sun *pours down* its heat. 太陽は熱を送ってくる. ❸ [it を主語として]《米》(雨)が激しく降る**:** It's *pouring* rain. どしゃ降りだ《⇒ 自 2》. ❹ (金・労力など)をつぎ込む, 投入する (*into*).
— 自 ❶ [副詞(句)を伴って] (液体が)(どっと)**流れる**, 流れ出る; (光線などが)流れる; (人の波・手紙・情報などが)どっと来る, 押し寄せる**:** Water **poured from** the broken pipe. V+前+名 水が壊れたパイプからどっと流れ出した / The crowd **poured out of** the stadium. 群衆が競技場からどっと出てきた.
❷ [しばしば it を主語にして; ⇒ it' A 2] (雨が)**激しく降る:** 言い換え *It's pouring*. = The rain is [*It's*] **pouring down**. V+*down* =《英》 *It's* **pouring** (**down**) **with** rain. V(+*down*)+*with*+名 どしゃ降りだ / It never rains but *it pours*. Ⓢ《ことわざ》 雨が降れば必ずどしゃ降り(不幸[物事]は必ずかたまってやってくるものだ, 二度あることは三度ある). ❸ お茶[コーヒーなど]を出す, つぐ**:** Shall I *pour*? おつぎしましょうか.
póur óut [動] 他 (1) (お茶など)を注ぐ, つぐ. (2) (不満・悩みなど)を打ち明ける (*to*).

pour·ing /pɔ́ːrɪŋ/ 形 限定 どしゃ降りの.

pout /páʊt/ 動 自 口をとがらす, ふくれる《子供がすねたとき, または不満・不機嫌の表情》; 唇を突き出す《性的関心を引くとき》. — 他 (唇)を突き出す. — 名 Ⓒ 口をとがらすこと; ふくれつら; 不機嫌.

pout·y /páʊṭi/ 形 ふくれた; すぐふくれる.

*__pov·er·ty__ /pá(ː)vəṭi | pɔ́və-/ 名 ❶ Ⓤ **貧困**, 貧しさ, 貧乏**:** extreme [abject] *poverty* 極貧 / live **in poverty** 貧しい暮らしをしている / The government promised to wipe out *poverty*. 政府は貧困を一掃すると約束した. ❷ Ⓤ 貧弱さ; 不毛**:** the *poverty of* the land その土地の不毛[やせていること]. ❸ [Ⓤ または a ~]《格式》欠乏, 不足**:** a *poverty of* natural resources 天然資源の不足. (形 poor 1, 5)

póverty lìne [《米》 **lèvel**] 名 [the ~] 貧困線, 最低生活水準**:** live below *the poverty line* 最低生活水準以下の暮らしをする.

pov·er·ty-strick·en /pá(ː)vəṭistrìk(ə)n | pɔ́və-/ 形 貧乏に打ちひしがれた, 非常に貧乏な.

póverty tràp 名 [the ~] 貧困のわな《収入増で生活保護が受けられず貧困から抜け出せない状況》.

pow /páʊ/ 間 パーン, バン《漫画で爆発・衝突などを表わす》.

P.O.W. /píːòʊdʌ́bljuː/ 名 Ⓒ = prisoner of war《⇒ prisoner》.

+**pow·der** /páʊḍə | -də/ 名 (~s /~z/) ❶ Ⓤ,Ⓒ **粉**, 粉末; 粉末製品, (粉)おしろい, パウダー**:** curry powder カレー粉 / milk powder 粉ミルク / grind ... into a *powder* ...をひいて粉にする. ❷ Ⓤ = powder snow. ❸ Ⓤ = gunpowder. (形 pówdery)
— 動 (-der·ing /-ḍərɪŋ, -drɪŋ/) 他 (...)におしろい[粉]をつける; (...)に粉を振りかける, (粉のようなものが)(...)を覆う**:** The sidewalk *was powdered with* snow. 歩道は粉をまいたように雪で白くなっていた.
pówder one's **nóse** [動] 自《古風》化粧を直しに行く《女性がトイレに行くときの表現》.

pow·dered /páʊḍəd | -dəd/ 形 限定 粉状の; 粉をかけた**:** *powdered* milk 粉ミルク.

pówder kèg 名 ❶ Ⓒ 火薬樽(たる); 爆発危険物. ❷ Ⓒ 今にも紛争が起こりそうな状況[地域].

pówder pùff 名 Ⓒ (化粧用の)パフ.

pówder ròom 名 Ⓒ (ホテル・劇場などの)女性用化粧室[洗面所].

pówder snòw 名 Ⓤ 粉雪.

pow·der·y /páʊḍəri/ 形 粉状の, 粉になりやすい, もろい; 粉だらけの. (名 pówder)

***__pow·er__ /páʊə | páʊə/
— 名 (~s /~z/)

意味のチャート
原義は「できること」→「**能力, 力**」❸
→「(物理的な)**力; 電力**」❺
→「**権力**」❶ →「**権限**」❷
→ (権力を持つもの) →「**強国**」❻

❶ Ⓤ **権力**, **勢力**, 支配力; **政権**; 軍事力**:** He had **power over** them. = He had them **in** his **power**. 彼は彼らを支配していた[思いのままにしていた] / **exercise power** 権力を行使する / the party **in power** 政権与党 / **come** [**rise**] **to power** 政権につく / **take** [**seize**] **power** 政権を握る / **lose power** 政権を失う / **return to power** 政権に返り咲く / land [sea, air] *power* 陸[海, 空]軍力 / the *power* of the law 法律の力 / He who has great *power* should use it lightly. 大きな権力を持っている者はそれをそっと使わなくてはならない《セネカ (Seneca) のことば》.
❷ Ⓒ,Ⓤ (法律で定められた)**権限:** Parliament has the **power to** declare war. +*to* 不定詞 (英国)議会は宣戦布告をする権限を持つ / the **power of** veto 拒否権 / the *powers of* Congress (アメリカ)議会の諸権限 / the separation of *powers*〔政治〕三権分立.
❸ Ⓤ **力**; 能力《⇒ 類義語》; 力強さ, 迫力**:** the **power of** nature 自然の力 / an adventure story of great *power* すごい迫力のある冒険物語 / She has the **power to** attract people. +*to* 不定詞 彼女は人を引きつける力を持っている / I'll **do everything in my power** to help you. あなたを助けるためにできるだけのことをしましょう / Such an award isn't **within** [**in**] **my power**. 私にそんな賞をとる力はない / It's **beyond my power** to solve the problem. 私にはその問題を解決する力がない / earning *power*〔経済〕収益(能)力 // ⇒ purchasing power.
❹ Ⓤ **影響力**; (社会的弱者の)政治運動(力)**:** the **power of** the media マスメディアの影響力 / the pulling *power* 人を引きつける力 // ⇒ Black Power.
❺ Ⓤ〔物理〕**力**; **動力**; **エネルギー** [≒energy]; **電力** (electric power); [形容詞的に] 動力の, 電力の, 動力[電力]で動く**:** nuclear [wind, solar] *power* 原子力[風力, 太陽エネルギー] / the *power* supply 電力供給 / turn on [off] the *power* 電源を入れる[切る] / lose *power* エネルギーが切れる / The *power* was [went] out in all the hotels in Waikiki because of the hurricane. ハリケーンのせいでワイキキのホテルは全部停電した. 関連 horsepower 馬力 / water power 水力.
❻ Ⓒ **強国**, 大国; 権力[実力]者**:** an economic *power* 経済大国 / a military *power* 軍事大国. 関連 superpower 超大国 / world power 世界的強国.

❼ [複数形で] 知力, 体力; 才能: ...'s *powers of* judgment [persuasion, concentration] (人の)判断[説得, 集中]力 / mental *powers* 精神力 / a person of great intellectual *powers* 知力の優れた人 / His *powers* are failing. 彼は(体力も知力も)衰えてきた / She's at the height of her *powers* as a singer. 彼女は歌手として最盛期にある. ❽ Ⓒ〔数学〕乗: three *to* the「fourth *power* [*power* of four] 3 の 4 乗(3^4). 関連 square 2 乗, 平方 / cube 3 乗, 立方. ❾ Ⓤ (レンズの)倍率.

in ...'s pówer [形] ((文語))...に支配されて [≒under the control of ...]: The company is *in his power* now. その会社はいま彼の支配下にある.

Mòre pówer to you! = ((英)) **Mòre pówer to your élbow!** Ⓢ 健闘[成功]を祈る.

swéep (...) to pówer [動] ⓐ 圧勝で政権につく. — ⓗ (...)を圧勝で政権につかせる.

the pówers that bé [名] 当局, その筋.

(形 pówerful, 動 empówer)

類義語 **power** 能力として持っている力: the hauling *power* of the engine その機関車の牽引力. **force** 実際に発揮される(物理的な)力: the *force* of a blow 一撃の力. **energy** 潜在的な力または蓄積された力: We spent all our *energy* in the election. 我々はその選挙に全力を費やした. **strength** ある行為·行動を可能にする力; 人間については特に体力を意味する: the *strength* to lift a rock 岩を持ち上げる力.

— 動 (**pow·er·ing** /páʊərɪŋ/) ⓗ ❶ [普通は受身で] (...)に動力[エネルギー]を供給する, (...)を動かす: The truck *is powered by* a diesel engine. そのトラックはディーゼルエンジンで走る. ❷ (...)を勢いよく進ませる: *power* one's way through... ...を破竹の勢いで進む. — ⓐ [副詞句を伴って] 勢いよく進む.

pówer úp [動] ⓗ (機械など)の電源を入れる, (...)を始動させる.

— 形 ❶ 限定 動力のついた, 電動の. ❷ 限定 ((略式)) 実力者の, ビジネス仕様の: a *power* lunch パワーランチ ((昼食を取りながらの会議)) / a *power* suit [tie] 地位[実力]を印象づけるようなスーツ[ネクタイ].

pówer bàse 名 Ⓒ [所有格の後で] 権力の基盤, 支持母体.

pow·er·boat /páʊəbòʊt | páʊə-/ 名 Ⓒ (高速)モーターボート [≒motorboat].

pówer cùt 名 Ⓒ ((英)) 停電.

pow·ered /páʊəd | páʊəd/ 形 動力のある, エンジンのついた. 語法 しばしば high-*powered* (強力エンジンのついた), solar-*powered* (太陽エネルギーの)のように合成語をつくる.

pówer fàilure 名 Ⓒ 停電.

pow·er·ful /páʊəf(ə)l | páʊə-/

— 形 ❶ **勢力のある**, 有力な [⇔ powerless]: a *powerful* politician 有力な政治家 / The Secretary is *powerful* in the government. その長官は政府の有力者である.

❷ **強力な**, **強い**; たくましい, 頑丈な: a *powerful* engine 強力なエンジン / a *powerful* blow 強打 / a *powerful* enemy 強大な敵 / in a *powerful* voice 力強い声で / He has a *powerful* physique. 彼は頑丈な体格をしている. ❸ 効き目のある, 効果的な; 人を動かす, 説得力のある; (におい·光·感情などが)強烈な: a *powerful* medicine よく効く薬 / a *powerful* argument 説得力のある議論. (名 pówer)

-ful·ly /-fəli/ 副 強力に; 頑丈に; 効果的に; 強烈に.

pow·er·house /páʊəhàʊs | páʊə-/ 名 (-hous·es /-hàʊzɪz/) ❶ Ⓒ 強力なグループ[国, スポーツチーム]. ❷ Ⓒ 精力的な人, やり手.

pow·er·less /páʊələs | páʊə-/ 形 (...に対して)無力な (*against*); (...する)力のない; 権力のない, 頼りない [⇔ powerful]: The police were *powerless to* stop the riot. 警察には暴動を止める力がなかった. **~·ly** 副 無力に; 頼りなく. **~·ness** 名 Ⓤ 無力さ.

pówer lìne 名 Ⓒ 電線, 送電線.

pówer of attórney 名 (複 powers of attorney) 〔法律〕 Ⓒ 委任状; Ⓤ,Ⓒ 委任された権限.

pówer òutage 名 Ⓒ ((米)) 停電.

+**pówer plànt** 名 (~s /-ts/) ❶ Ⓒ **発電所** [((英)) power station]: a nuclear *power plant* 原子力発電所. ❷ Ⓒ 発電[動力]装置.

pówer pòint 名 Ⓒ ((英)) (電気の)コンセント [((米)) outlet] ((⇒ plug 挿絵)).

pówer pòlitics 名 Ⓤ [ときに複数扱い] 武力外交.

pówer stàtion 名 Ⓒ ((英)) = power plant.

pówer stéering 名 Ⓤ (自動車のハンドル操作を軽くする)パワーステアリング, パワステ.

pówer strùcture 名 Ⓒ 体制(側).

pówer strùggle 名 Ⓒ 権力闘争.

pówer tòol 名 Ⓒ 電動工具.

pow·wow /páʊwàʊ/ 名 Ⓒ (北米先住民の)会議, 協議; [こっけいに] 話し合い.

pp 略 = past participle, pianissimo.

pp. /péɪʤɪz/ 略 ページ (pages) ((⇒ page[1] 1)). ✪ 用法については ⇒ p.[1].

ppm /píːpìːém/ 略 = parts per million ((⇒ million 1)).

PR[1] /píːάə | -άː/ 名 Ⓤ = public relations. 日英「新製品の PR」などのように商業的な宣伝, 広告の意味で用いるのは和製英語. 商業的宣伝は advertisement.

PR[2] 略 = proportional representation, Puerto Rico.

prac·ti·ca·bil·i·ty /præ̀ktɪkəbíləṭi/ 名 Ⓤ 実行できること, 実用性.

prac·ti·ca·ble /prǽktɪkəbl/ 形 (計画などが)実行できる, 実際的な [⇔ impracticable]: a *practicable* plan 実行可能な計画. **-ca·bly** /-kəbli/ 副 実際的に.

*__prac·ti·cal__ /prǽktɪk(ə)l/ ❗アク 形 ❶ (物事が)**実際的な**, 実地の: *practical* experience 実務経験 / *practical* studies 実地の研究 / deal with *practical* matters 実際の問題を扱う / The plan has many *practical* difficulties. 計画には多くの実際上の困難がある. 関連 theoretical 理論的な / academic 学問的な.

❷ (人や考え方が)**現実的な**, 実際的な; 実務[実地]向きの [⇔ impractical]: a *practical* person 現実的な人 ((理論を振り回すだけではない)) / Your ideas are hardly *practical*. あなたの考えはとても現実的とは言えない / ***in practical terms*** 現実的に言えば.

❸ **実用的な**, (実際の)役に立つ: *practical* English 実用的な英語 / *practical* advice 有益な助言 / Your invention seems to be *practical*. あなたの発明は実用になると思われる. ❹ (名目はともかく)実質上の, 事実上の: His silence was a *practical* admission of guilt. 彼の沈黙は事実上罪を認めたようなものだ. ❺ 手先が器用な.

for [to] (áll) práctical púrposes [副] 文修飾 事実上は, 実際は. (名 práctice, pràcticálity)

— 名 Ⓒ ((英)) (主に理系の)実習, 実地試験.

prac·ti·cal·i·ty /prӕktɪkǽləṭi/ 名 (-i·ties) ❶ Ⓤ 実際[実用]的であること; 実用性. ❷ [複数形で] 現実的な問題[面] (*of*). (形 práctical)

práctical jóke 名 Ⓒ 悪ふざけ, いたずら《口先の冗談ではなく実際に相手が迷惑するもの》.

práctical jóker 名 Ⓒ 悪ふざけをする人.

+**prac·ti·cal·ly** /prǽktɪk(ə)li/ 副 ❶ [主に Ⓢ] **ほとんど…も同然で**, 事実上 [≒almost]: *practically* empty ほとんど空っぽ / *practically* the same 事実上同じ / We've had *practically* no fine weather this month. 今月は好天の日はほとんどなかった. ❷ 実際的見地から(見て); 実用的に, 現実的に [⇔ theoretically]: Consider the problem more *practically*. その問題をもっと実際的な立場で考えなさい.

práctically spéaking [副] 文修飾 実際問題として(は), 実際には.

práctical núrse 名 Ⓒ《米》准看護師.

***prac·tice** /prǽktɪs/

— 名 (prac·tic·es /~ɪz/)

意味のチャート
語源はギリシャ語で「行なう」の意.
「実行」❸ → (繰り返し行なうこと) →「練習」❶
　　　　　→ (日常的に行なうこと) →「習慣」❷

❶ U,C (繰り返し行なう) **練習**, **けいこ**《⇒ 類義語》: choir *practice* 合唱の練習 / We have dancing *practice* twice a week. 私たちは週2回ダンスの練習をしている / It takes a lot of *practice* to play the piano well. ピアノを上手に弾くには多くの練習が必要だ / ***With practice***, your serve will get much better. 練習すればサーブがもっとよくなるよ / *Practice* makes perfect. 《ことわざ》練習を積めば完全になる(習うより慣れよ).

❷ C,U **習慣**, **慣例**, 慣行《⇒ habit》; 慣習, 風習: standard [common, normal] *practice* 普通の慣習 / the ***practice of*** stay*ing* up late 夜ふかしの習慣 / bad [unacceptable] *practices* in medical circles 医学界の悪習.

❸ Ⓤ **実行**, 実践, 実施, 実際 [⇔ theory]: ***Put*** your plan ***into practice*** as soon as possible. できるだけ早く計画を実行に移しなさい / Both theory and *practice* are important. 理論も実践も両方とも大切だ. ❹ C,U (医師・弁護士の)業務, 仕事; 事務所, 診療所: medical *practice* 医療.

in práctice [副] [普通は 文修飾] **実際に(は)**, 事実上は [⇔ in theory]: *In practice*, this rule is ignored. 実際にはこの規則は無視されている. — [形] (練習を積んで)熟練して; (医者・弁護士が)開業して.

òut of práctice [形] **練習不足(のために下手)で**: Saying that he was *out of practice*, he refused to sing for us. 練習不足だと言って, 彼は私たちに歌ってくれなかった.

(形 práctical)

類義語 **practice** 技能を習得するため絶えず繰り返す練習: daily piano *practice* 毎日のピアノ練習. **drill** 能力向上・技術習得のために指導者のもとで繰り返し行なわれる集団的訓練: *drill* in English sentence patterns 英語文型の練習. **exercise** すでに習ったことを発達させるため頭や体を使って組織的・体系的にやる練習または練習問題: grammar *exercises* 文法の練習問題. **training** 運動・技術に熟達するために一定期間繰り返し行なわれる訓練・練習: It takes many years of *training* to become a good doctor. よい医者になるには長年の訓練が必要だ.

— 動 (prac·tic·es /~ɪz/; prac·ticed /~t/; prac·tic·ing) 語法《英》では practise のつづりが普通. 他 ❶ (...)を(反復)**練習する**, けいこする: Do you *practice* the violin every day? 毎日バイオリンを練習していますか / You should *practice* speak*ing* English. V+O (動名) 英語で話す練習をしなさい 多用 / I ***practiced*** my English accent ***on*** her. V+O+on+名 私は彼女を相手に英語の発音の練習をした.

❷ (...)を(絶えず)**実行する**, (習慣として)行なう; (...)を心がけて行なう; (宗教・思想)を信奉する: I *practice* early rising. 私は早起きを実行している.

❸ (医者・弁護士業)を**開業している**: *practice* medicine [law] 医者[弁護士]を開業している.

— 自 ❶ **練習する**, **けいこする**: She has been *practicing* hard ***for*** the next tennis tournament. V+for+名 次のテニスの大会に備えて彼女は一生懸命練習している.

❷ (医者・弁護士が)**開業している**: Mr. Reed ***practices as*** a lawyer. V+C (as+名) リード氏は弁護士をしている.

prac·ticed,《英》**prac·tised** /prǽktɪst/ 形 ❶ (...の)練習を積んだ, (...に)熟練した (*in, at*). ❷ 限定 熟練した, 練習によって得た.

prac·tic·ing,《英》**prac·tis·ing** /prǽktɪsɪŋ/ 形 ❶ 限定 (信仰などを)実践している, 宗教の教えを守っている: a *practicing* Catholic 敬虔(けん)なカトリック教徒. ❷ 限定 (医者・弁護士が)開業している, (教師などが)現役の.

*__prac·tise__ /prǽktɪs/ 動《英》= practice.

+**prac·ti·tion·er** /prӕktíʃ(ə)nə | -nə/ 名 ❶ Ⓒ《格式》**開業医**; **弁護士**: a legal *practitioner* 弁護士 ⇒ general practitioner. ❷ Ⓒ《格式》実践者.

prag·mat·ic /prӕgmǽṭɪk/ 形 ❶《格式》実用的な, 実際的な, 実用本位の. ❷〔哲学〕実用主義の.

prag·mat·ics /prӕgmǽṭɪks/ 名 Ⓤ〔言語〕語用論.

prag·ma·tis·m /prǽgmətɪzm/ 名 ❶ Ⓤ《格式》現実主義. ❷ Ⓤ〔哲学〕実用主義.

Prague /prɑ́ːg/ 名 固 プラハ《チェコの首都》.

prai·rie /pré(ə)ri/ 名 Ⓒ (北米の)大草原, プレーリー《⇒ savanna 関連》.

práirie dòg 名 Ⓒ プレーリードッグ《北米産のマーモット(marmot)の一種; 犬のような声で鳴き, 地中に穴を掘ってすむ》.

práirie schòoner 名 Ⓒ《米》大型ほろ馬車《植民時代に開拓者が大草原を横断するのに用いた》.

praise /préɪz/

— 動 (prais·es /~ɪz/; praised /~d/; prais·ing) 他 ❶ (...)をほめる, 称賛する, たたえる: The teacher *praised* her speech. 先生は彼女のスピーチをほめた / The villagers ***praised*** him ***for*** his courage. V+O+for+名 村人たちは彼の勇敢さをほめたたえた / be highly *praised* 大いにほめられる. ❷ (神)を賛美する: *Praise* the Lord. 主をほめたたえよ, ありがたや.

— 名 (prais·es /~ɪz/) ❶ Ⓤ **ほめること**, 称賛: be ***full of praise for*** ... ...を大いにほめる / I ***received*** [***won***] high [a lot of] ***praise for*** my performance in the play. 私はその芝居の演技で非常にほめられた / ***in praise of*** ... ...をほめて[たたえて]. ❷ Ⓤ (神への)賛美; [複数形で] (神への)賛美のことば: *Praise* be (to God)!《古風》神をたたえよ, ありがたいことだ.

síng ...'s práise(s) = síng the práise(s) of ... [動] ...をほめそやす.
〖語源 ラテン語で「評価する」の意; precious, price と同語源〗

praise·wor·thy /préɪzwə̀ːði | -wə̀ː-/ 形 称賛に値する, 感心な, あっぱれな.

pram /prǽm/ 名 C 《英》(箱型の)乳母車 [《米》baby carriage, buggy].

prance /prǽns | práːns/ 動 自 [副詞(句)を伴って] (人が)跳びはねる, いばって歩く; (馬が)躍りはねる.

prank /prǽŋk/ 名 C (悪気のない)ふざけ, いたずら, 冗談: *prank* call いたずら電話 / play [pull] *pranks* on ... ...にいたずらをする.

P

prank·ster /prǽŋkstɚ | -stə/ 名 C いたずら者.

prat·tle /prǽṭl/ 動 自 (大人が)むだ話をする, ぺちゃくちゃしゃべる (*on, away; about*). ― 名 U むだ話.

prawn /prɔ́ːn/ 名 C くるまえび(類)《大きさが 20 センチメートルくらいまでのえび》. 関連 lobster ロブスター / shrimp 小えび.

pray** /préɪ/ (同音 prey) 動 (prays /~z/; prayed /~d/; pray·ing) 自 ❶ **祈る**, 祈願する: The villagers ***prayed for rain. V+*for*+名 村人は雨乞いをした 多用 / They ***prayed to*** God. V+*to*+名 彼らは神に祈った / She *prayed to* God *for* forgiveness of her sins. 彼女は神に罪の許しを祈った. ❷ 願い求める, (...があればと)希望する: *pray for* pardon 許しを請う.

祈るときのしぐさ

― 他 (...)を(神などに)**祈る**, (...するように)と祈願する: We ***prayed that*** our ship would reach port safely. V+O (*that* 節) 私たちは船が無事に港に着くことを祈った 多用 / He ***prayed*** (***to*** God) ***to*** be forgiven. V(+*to*+名)+O (*to* 不定詞) 彼は許されますようにと(神に)祈った.
(名 prayer)

+**prayer** /préɚ | préə/ ❗発音 名 (~s /~z/) ❶ C **祈り(のことば)**: We ***say*** our ***prayers*** before every meal. 僕らは毎食前にお祈りする[祈りのことばを言う] / a ***prayer for*** peace 平和への祈り / My ***prayers were*** finally ***answered*** and I was given a chance to work abroad. 私の祈りがついにかなえられて海外勤務の機会が与えられた / We'll remember him in our *prayers*. 彼のご成功[回復, 冥福]をお祈りいたします《難局にある人・病人・故人などへ向けられたことば》 ∥⇒ Lord's Prayer.
❷ U **祈り**, 祈禱(きとう): kneel ***in prayer*** ひざまずいて祈る. ❸ [複数形で] 祈りの集い. ❹ C 願い事, 嘆願: an [the] answer to ...'s *prayers* 理想のもの, 願い求めていたもの.
nót hàve a práyer [動] 自 《略式》(...する)見込みがない (*of doing*). (動 pray)

práyer bòok 名 C 祈禱(きとう)書.

pray·ing man·tis /préɪɪŋmǽnṭɪs/ 名 C かまきり (mantis)《前足を祈るような形に合わせることから》.

pre- /priː/ 接頭「あらかじめ, 前の, 前部の[にある], ...以前の」の意 [⇔ post-]: *pre*pay 前払いする / *pre*war 戦前の. 関連 ante- 前の.

+**preach** /príːtʃ/ 動 (preach·es /~ɪz/; preached /~t/; preach·ing) 他 ❶ (信仰・道徳)について**説教する**, (説教など)をする, 述べる; (...の教え)を説く (*that*): The missionary ***preached*** the word of God ***to*** them. V+O+*to*+名 宣教師は彼らに神のことばを説いた / *preach* the gospel 福音を説く / Practice what you *preach*. 《ことわざ》(他人にむかって)説教していることは(自分でも)実行せよ. ❷ (...)を(大事なこととして)説き勧める, 勧告する: He *preached* the value of peace. 彼は平和の価値を説いた.
― 自 ❶ **説教する**, 教えを説く; 伝道する (*about, on*): He ***preached to*** large crowds on the street. V+*to*+名 彼は街頭で大勢の人たちに説教した. ❷ くどくどとしかる, お説教をする (*about; to, at*).
préach to the convérted [chóir] [動] 自 相手がすでに知って[実践して]いることを説く, 釈迦に説法をする.

preach·er /príːtʃɚ | -tʃə/ 名 C 教えを説く人, 説教師, 伝道師.

preach·y /príːtʃi/ 形 (preach·i·er; -i·est) 《略式》お説教っぽい, くどくどと説く.

pre·am·ble /príːæmbl, priǽm-/ 名 C,U 《格式》序言; (条約などの)前文: without *preamble* 前置きなしに(いきなり) / the *preamble to* the Constitution 憲法の前文.

pre·ar·range /prìːəréɪndʒ/ 動 他 前もって(...)の手はずを整える, (...)を打ち合わせる; 予定する.

pre·ar·ranged /prìːəréɪndʒd/ 形 打ち合わせずみの.

pre·car·i·ous /prɪkéː(ə)riəs/ ❗発音 形 不安定な, 危険な; 頼りにならない: a *precarious* life 不安定な生活 / the company's *precarious* financial position 会社の危うい財政状態. **~·ly** 副 不安定な状態で.

+**pre·cau·tion** /prɪkɔ́ːʃən/ 名 (~s /~z/) C **用心**, 警戒; 予防措置: ***as a*** safety ***precaution*** 安全策として / a wise *precaution* 賢明な予防措置 / ***take precautions against*** the spread of the disease 病気の蔓延に対して予防措置をとる / I ***took the precaution of*** lock*ing* the door to the room. 私は用心してその部屋に通じるドアに鍵をかけた. (形 precáutionàry)

pre·cau·tion·ar·y /prɪkɔ́ːʃənèri | -ʃ(ə)nəri/ 形 用心のための, 予防上の: a *precautionary* measure 予防措置. (名 precáution)

+**pre·cede** /prɪsíːd/ 動 (pre·cedes /-síːdz/; pre·ced·ed /-dɪd/; pre·ced·ing /-dɪŋ/) 他 ❶ 《格式》(時・順序などで)(...)より**先に来る**, (...)より**先に行く** [≒come [go] before] [⇔ follow, succeed]: Wind *preceded* the rain. 雨になる前に風が吹いた / Lunch was *preceded by* a short speech. V+O の受身 昼食の前に短いスピーチがあった / She *preceded* him down the hall. 彼女は彼の前に立って廊下を歩いていった. ❷ (...で)(話など)の前置きをする, (...)を(~で)始める: He *preceded* his speech *with* a few words of thanks. 彼はスピーチを感謝のことばで始めた.
(名 précedence, précedent)
〖⇒ proceed キズナ〗

pre·ce·dence /présədəns, prɪsíː-, -dns/ ❗アク 名 U (時間・順序などが)先立つこと, 上位, 上席; 優先(権): Health takes [has] *precedence over* everything else. 健康が他のどんなものよりも優先する. **in órder of précedence** [副] 重要度順に.
(動 precéde)

+**prec·e·dent** /présədənt, -dnt/ ❗アク 名 (-e·dents

/-dənts, -dnts/) C,U **先例**, 従来の慣例; 〔法律〕 判例 (*for*): *set* [*create*, *establish*] *a precedent* 先例を作る / *break with precedent* 先例を破る / *without precedent* 先例のない. (動 precéde)

pre·ced·ing /prɪsíːdɪŋ/ 形 限定 《格式》 前の, 先立つ, 以前の; 前述の, 上記の [⇔ following, succeeding]: *the preceding* year その前年 / in *the preceding* section 前節において.

pre·cept /príːsept/ 名 C,U 《格式》 教訓, 戒め.

pre·cinct /príːsɪŋ(k)t/ 名 ❶ C 《米》 選挙区; 警察管区[署]. ❷ [複数形で] (ある場所の)近辺, 付近; 構内, 境内. ❸ C 《英》 (特定の) 地区, 区域: a shopping *precinct* 歩行者専用商店街.

+**pre·cious** /préʃəs/ 発音 形 ❶ **貴重な**, 高価な; 大切な, 尊い 《⇒ valuable 類義語》: *precious* time 貴重な時間 / a *precious* ring 高価な指輪 / *precious* experiences [memories] 貴重な経験[思い出] / This vase is very *precious to* me. +to+名 この花びんは私にとってとても大事なものです. ❷ [軽蔑的] 《格式》 (言葉・態度などが)気取った, もったいぶった. ❸ 限定 ⓢ [しばしば皮肉に] 全くの, ひどい; ご立派[ご大層]な, かなりの. ❹ 《米略式》 大切な, かわいい.
— 副 [~ few [little] で] すごく, ひどく [≒very]: I have *precious little* patience with fools! 私はばかな連中にはまず我慢できない.

précious métal 名 C,U 貴金属.

pre·cious·ness /préʃəsnəs/ 名 U 大切なこと; 高価, 貴重.

précious stóne 名 C 宝石 (stone).

prec·i·pice /présəpɪs/ 名 C 絶壁, がけ [≒cliff]; 危機: fall over a *precipice* がけから落ちる. **on the édge of a précipice** [副・形] 危機に瀕(ひん)して[た].

pre·cip·i·tate[1] /prɪsípətèɪt/ 動 他 ❶ 《格式》 (よくないこと)を誘発する, (...)を早める. ❷ 《格式》 (...)を投げ落とす; (ある状態へ)陥れる (*into*). ❸ 〔化学〕 (...)を沈殿させる. — 自 〔化学〕 沈殿する.

pre·cip·i·tate[2] /prɪsípətət/ 名 C,U 〔化学〕 沈殿[凝結]物. — 形 《格式》 性急な; 軽率な; 突然の.

pre·cip·i·ta·tion /prɪsìpətéɪʃən/ 名 ❶ C,U 〔気象〕 降雨[水](量), 降雪(量). ❷ U 〔化学〕 沈殿; C,U 沈殿物. ❸ U 《格式》 性急; 軽率.

pre·cip·i·tous /prɪsípətəs/ 形 ❶ 《格式》 切り立った, 険しい, 絶壁の. ❷ 《格式》 性急な, 突然の, 急激な: a *precipitous* decline in stock prices 株価の急激な下落.

pré·cis /preɪsíː, préɪsiː | préɪsiː/ 名 (複 ~ /~z/) C (論文などの)大意, 要約 [≒summary].

+**pre·cise** /prɪsáɪs/ アク 形 ❶ (きわめて)**正確な**, 精密な 《⇒ correct 類義語》; 明確な: *precise* measurements 正確な寸法 / the *precise* location of the ship 船の正確な位置 / His translation is very *precise*. 彼の翻訳は非常に正確だ / Officials refused to be *precise about* the number of casualties. +about+名 当局は死傷者の数について正確に言おうとしなかった. ❷ 限定 まさにその: at that *precise* moment まさにその瞬間に. ❸ (性格などが)きちょうめんな; しゃくし定規の. **to be precíse** [副] 文修飾 厳密に言えば.
(名 precísion)

***pre·cise·ly** /prɪsáɪsli/ 副 ❶ **正確に** [≒exactly]; **ちょうど**, まさに: *more precisely* もっと正確に(は) / The plane took off at twelve *precisely*. 飛行機は12時きっかりに離陸した / I can't remember *precisely* when it happened. それがいつ起こったのか正確に思い出せない.
❷ ⓢ **まさにそのとおり** [≒quite so] 《返事などで》: “Was it like this?” “*Precisely*.” 「それはこんなふうでしたか」「そのとおりです」

pre·cise·ness /prɪsáɪsnəs/ 名 U 正確; 精密.

+**pre·ci·sion** /prɪsíʒən/ 発音 名 ❶ U **正確**; 精密: He spoke *with* great *precision*. 彼は非常に正確に話した. ❷ [形容詞的に] 正確な; 精密な: *precision* machinery 精密機械類. (形 precíse)

pre·clude /prɪklúːd/ 動 他 《格式》 (...)を妨げる, 阻(はば)む (*from doing*) [≒prevent].

pre·co·cious /prɪkóʊʃəs/ 形 (子供・才能などが)早熟の; ませた.

pre·coc·i·ty /prɪkɑ́(ː)səṭi | -kɔ́s-/ 名 U 早熟(さ); おませ.

pre·con·ceived /prìːkənsíːvd⁻/ 形 限定 (十分な知識や経験なしで)前もって考えた, 思い込みの: a *preconceived* idea [notion] 先入観.

pre·con·cep·tion /prìːkənsépʃən/ 名 C [しばしば複数形で] 先入観, 偏見 (*about*, *of*).

pre·con·di·tion /prìːkəndíʃən/ 名 C 前提条件 (*for*, *of*).

pre·cook /prìːkʊ́k/ 動 他 (食品)をあらかじめ加熱調理しておく.

pre·cur·sor /prɪkɚ́ːsɚ | -kɜ́ːsə/ 名 ❶ C 《格式》 先駆者, 先駆け; 前身 (*of*, *to*). ❷ C 《格式》 前ぶれ, 前兆 (*of*, *to*).

pred. 略 = predicate[1], predicative.

pre·date /prìːdéɪt/ 動 他 (...より)前からある[に起こる].

pred·a·tor /prédəṭɚ | -tə/ 名 ❶ C 捕食[肉食]動物. ❷ C 他人を食い物にする人.

pred·a·to·ry /prédəṭɔ̀ːri | -təri, -tri/ 形 ❶ 〔動物〕 捕食性の, 肉食の. ❷ 他人を食い物にする.

+**pred·e·ces·sor** /prédəsèsɚ, prèdəsésɚ | príːdɪsèsə/ アク 名 (~s /~z/) ❶ C **前任者** [⇔ successor]; 先輩: I like the present principal better than his *predecessor*. 私は前の校長先生よりも今度の校長先生のほうが好きです. ❷ C 前に存在していたもの, 前のもの. 〘⇒ access キズナ〙

pre·des·ti·na·tion /prìːdèstənéɪʃən/ 名 ❶ U 〔神学〕 予定説 《この世のあらゆる出来事はあらかじめ神に定められているとする説》. ❷ U 天命, 宿命.

pre·des·tined /prìːdéstɪnd/ 形 運命づけられた: He was *predestined to* be a great football player. 彼はサッカーの大選手になる運命だった.

pre·de·ter·mined /prìːdɪtɚ́ːmɪnd | -tɜ́ː-/ 形 《格式》 前もって定められた.

pre·dic·a·ment /prɪdíkəmənt/ 名 C 苦しい立場, 苦境: in a *predicament* 窮地に(あって).

pred·i·cate[1] /prédɪkət/ 名 C 〔文法〕 述部, 述語.

pred·i·cate[2] /prédəkèɪt/ 動 他 [普通は受身で] 《格式》 (...)を(ある根拠に)基づかせる (*on*).

pred·i·ca·tive /prédɪkəṭɪv, prɪdík- | prɪdíkə-/ 形 〔文法〕 叙述的な, 述語的な 《⇒ **巻末文法** 5.1 (2), attributive》.

pre·dict** /prɪdíkt/ 動 (pre·dicts /-díkts/; -dict·ed /~ɪd/; -dict·ing) 他 (...)を**予言する**; **予測する**, 予報する 《⇒ forecast 類義語》: *predict* a drought 干ばつを予言する / Scientists ***predicted (***that***) there would be a great earthquake within the year. V+O ((that)節) 学者たちは年内に大地震が起こると予測した / No one can ***predict how*** things will turn out. V+O (wh 節) 事態がどう展開するのか誰も予言できない / The world population *is* ***predicted to*** reach 9 billion by the middle of this century. V+O+C (*to* 不定詞)の受身 世界の人口は今世紀半ばまでに 90 億に達すると予測されている. (名 predíction)

〘⇒ dictionary キズナ〙

pre·dict·a·bil·i·ty /prɪdìktəbíləṭi/ 名 U 予測可能性.

+**pre·dict·a·ble** /prɪdíktəbl/ 形 ❶ **予測できる**, 予想される [⇔ unpredictable]: *predictable* results 予測できる結果. ❷ (人が)やることが変わりばえしない, ワンパターンの.

pre·dict·a·bly /prɪdíktəbli/ 副 [しばしば 文修飾] 予想されたことだが, 予想どおり.

P

pre·dic·tion** /prɪdíkʃən/ 名 (~s /~z/) C,U **予測**, 予報; 予言: a *prediction about* the future 未来についての予測 / His ***prediction of her election victory turned out to be correct. 彼女が選挙で勝利するという彼の予測は的中した / The foreign minister ***made*** a ***prediction that*** trade disputes would diminish. + *that* 節 外務大臣は貿易摩擦は減少すると予言した. (動 predíct)

pre·dic·tive /prɪdíktɪv/ 形 [普通は 限定] 《格式》予測[予言]的な.

pred·i·lec·tion /prèḍəlékʃən, prì:-/ 名 C 《格式》偏愛, 好み, ひいき (*for*).

pre·dis·posed /prì:dɪspóʊzd/ 形 ❶ 叙述 《格式》(...に)傾いた, (...する)傾向のある (*to, toward*; *to* do). ❷ 叙述 〔医学〕病気にかかりやすい (*to*).

pre·dis·po·si·tion /prì:dìspəzíʃən/ 名 C,U 《格式》(しばしば悪い)傾向, 質(たち); 〔医学〕(病気に弱い)素因, 素質 (*to, toward*; *to* do).

pre·dom·i·nance /prɪdá(:)mənəns | -dóm-/ 名 U [または a ~] (力・数が他より)勝っていること; 優勢 (*of*).

+**pre·dom·i·nant** /prɪdá(:)mənənt | -dóm-/ 形 ❶ (力・数が...より)**勝っている**; 優勢な, 有力な. ❷ 主な, 目立つ: a *predominant* color 一番よく使われている色, 主色.

+**pre·dom·i·nant·ly** /prɪdá(:)mənəntli | -dóm-/ 副 **圧倒的に**, 主に, 目立って; 他に勝って, 優勢に: The passengers on the boat were *predominantly* Japanese tourists. 船客は主に日本人観光客だった.

pre·dom·i·nate /prɪdá(:)mənèɪt | -dóm-/ 動 自 《格式》(数量などで)勝る, 多い; (...より)優勢である (*over*).

pree·mie /prí:mi/ 名 C 《米略式》早産児.

pre·em·i·nence /priémənəns/ 名 U 《格式》抜群, 卓越, 傑出 (*in*).

+**pre·em·i·nent** /priémənənt/ 形 《格式》**抜群の**, 傑出した, 秀でた (*in, among*).

pre·empt /priém(p)t/ 動 他 ❶ (事前に)(...)を回避する; 先取する, 出し抜く, (...)の機先を制する. ❷ 《米》(通常番組)を取り替える, (...)の代わりをする.

pre·emp·tion /priém(p)ʃən/ 名 ❶ U 〔商業〕優先買い取り権; 《米》代替番組放送. ❷ U 先取り; 先制(攻撃).

pre·emp·tive /priém(p)tɪv/ 形 先制の: a *preemptive* attack 先制攻撃.

preen /prí:n/ 動 他 (羽)をくちばしで整える. — 自 ❶ 羽づくろいをする. ❷ 得意になる. **préen onesèlf** [動] 自 (1) 羽づくろいをする; おめかしをする. (2) 得意になる (*on*).

pre-ex·ist·ing /prì:ɪgzístɪŋ←/ 形 限定 《格式》前から存在する.

pre·fab /prí:fæb/ 名 C 《略式》プレハブ, 組み立て式家屋. — 形 《略式》= prefabricated.

pre·fab·ri·cat·ed /prì:fæbrɪkèɪṭɪd/ 形 限定 (建物が)プレハブの, 組み立て式の.

pre·fab·ri·ca·tion /prì:fæbrɪkéɪʃən/ 名 U (建物などを)規格部品で組み立てること, プレハブ生産.

+**pref·ace** /préfəs/ **!**発音 名 (~s /~ɪz/) C **序文**, 緒言, はしがき《著者自身が書くもの》; (スピーチの)前置き: I've just finished writing the ***preface to*** my book. いま自分の本に序文を書き終えたところだ. 関連 foreword 著者以外の人が書く序文.

— 動 他 《格式》(...)に序文を書く; (話など)の前置きをする (*with, by*).

〘語源 原義はラテン語で「前もって言うこと」〙

pref·a·to·ry /préfətɔ̀:ri | -təri, -tri/ 形 限定 《格式》序文の, 前置きの.

pre·fec·tur·al /prí:fektʃərəl, prɪfék-/ 形 (日本などの)県の, 府の: a *prefectural* government 県庁. (名 préfecture)

+**pre·fec·ture** /prí:fektʃɚ | -tʃə/ 名 (~s /~z/) C (フランス・イタリア・日本などの)**県**, 府, 道: I was born in Aichi [Osaka, Hokkaido] *Prefecture* in 2007. 私は 2007 年に愛知県[大阪府, 北海道]に生まれた. (形 preféctural)

****pre·fer** /prɪfɚ́: | -fə́:/ **!**アク

— 動 (pre·fers /~z/; pre·ferred /~d/; -fer·ring /-fɚ́:rɪŋ | -fə́:r-/) 他 [進行形なし] (他より)**むしろ(...)のほうを好む**, むしろ(...)を選ぶ; どちらかと言えば(他よりは)...したい; (人)に...してもらったほうがいい, (食べ物など)は...したのが好きだ: Which do you *prefer*, tea↗ or coffee?↘ お茶とコーヒーとどちらがお好きですか《⇒ **つづり字と発音解説 97**》/ 💬 "Would you like some hot tea?" "I'd *prefer* coffee." 「熱いお茶はいかがですか」「コーヒーのほうがいいのですが」 語法 I'*d rather* have coffee. のほうがくだけた言い方 // 言い換え I (much) *prefer* apples *to* oranges. V+O+*to*+名 (= I like apples (much) better than oranges.) 私はオレンジよりりんごのほうが(ずっと)好きです / I ***prefer to go*** alone. V+O (*to* 不定詞) どちらかと言えば一人で行きたい 多用 / 💬 "Why don't we go to the movies tonight?" "Well, I'd *prefer to* stay home." 「今夜映画に行きませんか」「そうですねえ, できれば家にいたいんですけど」/ I *prefer* staying home. V+O (動名) 私は家にいるほうが好きだ. 語法 特定の場合の好みの選択を言うときには V+O (*to* 不定詞), 一般的な好みを言うときには V+O (動名) の型を用いる // I ***prefer*** flying ***to*** going by train. V+O (動名)+*to*+動名 列車より飛行機で行くほうがいい / 言い換え Would you *prefer* me *to* do the work by myself? V+O+C (*to* 不定詞) = 《格式》Would you ***prefer that*** I did [(*should*) *do*] the work by myself? V+O (*that* 節) 《⇒ should A 8》私一人でその仕事をやったほうがよいのですか / I *prefer* my eggs hard-boiled. V+O+C (形) 卵はかたゆでがいい / My *preferred* option is number 3. 私の好みの選択肢は 3 番です.

> 語法 prefer の目的語が to 不定詞のときには「...より」の意の to の代わりに rather than を用いる: I *prefer to* wait *rather than* (*to*) go at once. 私としてはすぐ行くより待つほうがいい / *Rather than* go there, I'd (much) *prefer to* stay here on my own. そこへ行くよりもここに一人でいるほうが(ずっと)いい.

…より～のほうが好きだ

ごはんよりパンのほうが好きだ.
○I prefer bread to rice.
×I prefer bread than rice

if you prefér [副] [文修飾] (あなたが)そのほうがよければ, そう言ったほうがよいなら.

「I would [I'd] prefér it if ... Ⓢ《丁寧》...してもらいたい(と思う); ...であればいい(と思う): *I'd prefer it if* you didn't leave. 私はあなたに今出かけないでいただきたいのですが. [語法] if 節の(助)動詞は過去形になる. ([名] préference, [形] préferable)

〖[語源] ラテン語で「前に運ぶ」の意; ⇒ offer [キズナ]〗

+**pref·er·a·ble** /préf(ə)rəbl/ [!アク] [形] [叙述] (...よりも) **好ましい**, 望ましい; (...のほうを)選ぶべき: That's (*infinitely*) ***preferable to*** nothing. [+to+名] 何もないよりそのほうが(はるかに)ましである. [語法] もともと比較の意味を含むので, 普通は more や than とともに用いない. ([動] prefér)

pref·er·a·bly /préf(ə)rəbli/ [副] [しばしば [文修飾]] (もし)できれば; むしろ: We want an assistant, *preferably* someone with experience. 助手を求めています. なるべく経験のあるかたを.

+**pref·er·ence** /préf(ə)rəns/ [!アク] [名] (-er·enc·es /~ɪz/) ❶ [[U] または a ~] (他より)**...を好むこと**, 好み; (好みによる)選択; ひいき; [C] **好きなもの:** [言い換え] I ***have*** a (strong) ***preference for*** dogs rather than cats. (= I (strongly) prefer dogs to cats.) 私は猫よりむしろ犬のほうが(ずっと)好きだ / "Would you prefer a window or an aisle seat?" "I have no strong [particular, special] *preference*." 「窓側の席と通路側の席とどちらがよろしいでしょうか」「特に好みはありません(どちらでも結構です)」/ express a *preference* 好みを言う / a matter of personal *preference* 個人的な好みの問題 / in order of *preference* 好きな順に. ❷ [U,C] 優先, 優先権; (貿易上の)特恵: *give* [*show*] *preference to* private interests *over* the public good 公益よりも私益を優先する.

in préference to ... [前] ...よりはむしろ, ...に優先して. ([動] prefér, [形] 2 では prèferéntial)

pref·er·en·tial /prèfərénʃəl←/ [形] [限定] 優先の; (貿易上の)特恵のある: get *preferential* treatment 特別待遇を受ける. ([名] préference 2)

pre·fer·ment /prɪfə́ːmənt | -fə́ː-/ [名] [U] 《格式》 昇進, 昇級; 抜てき, 登用.

pre·fig·ure /prìːfígjə | -gə/ [動] (-fig·ur·ing /-gjərɪŋ | -gər-/) [他] 《格式》 (...)を前もって示す, 予示する, (...)の前兆となる.

pre·fix /príːfɪks/ [名] [C] 〔文法〕 接頭辞. [関連] suffix 接尾辞. ― [動] [他] (...)を前につける[置く].

***preg·nan·cy** /prégnənsi/ [名] (-nan·cies /~ɪz/) [U,C] **妊娠:** (an) unwanted *pregnancy* 望まない妊娠 / during (one's) *pregnancy* 妊娠中に. ([形] prégnant)

preg·nant** /prégnənt/ [形] ❶ **妊娠した**《She's going to have a baby. や《略式》 She's expecting. などのように遠回しに言う場合がある; ⇒ be expecting (expect 成句)》: a (heavily) *pregnant* woman (出産間近の)妊婦 / get [become] ***pregnant with a [one's] second child [+with+名] 第二子を妊娠する / My wife is eight months *pregnant*. 妻は妊娠 8 か月です / Bill got her *pregnant*. ビルが彼女を妊娠させた. [参考] 英米では妊娠期間を 9 か月と数える. ❷ [限定] (ことばなどが)含みのある: a *pregnant* pause [silence] 意味深長な沈黙. ❸ [叙述] 《格式》 (意味合い・感情などを)含んだ, (可能性などに)満ちた (*with*). ([名] prégnancy)

pre·heat /prìːhíːt/ [動] [他] (オーブン)を予熱する.

pre·hen·sile /prɪhéns(ə)l | -saɪl/ [形] 〔動物〕 (足・尾などが)つかむのに適する.

pre·his·tor·ic /prìːhɪstɔ́ːrɪk | -tɔ́r-←/ [形] 有史以前の. [関連] historic 有史時代の.

pre·his·to·ry /prìːhístəri, -tri/ [名] [U] 有史以前, 前史時代.

pre·judge /prìːʤʌ́ʤ/ [動] [他] 《格式》 [軽蔑的] (...)を予断[速断]する.

+**prej·u·dice** /préʤʊdɪs/ [名] (-u·dic·es /~ɪz/) [U,C] **偏見**, 先入観; 悪感情: racial [sexual] *prejudice* 人種[性的な]偏見 / There's little ***prejudice against*** minorities here. ここでは少数民族に対する偏見はほとんどありません. [関連] bias 先入観.

withòut préjudice [副] (1) 偏見を持たずに. (2) 〔法律〕 (...に)不利益とならずに, (...を)侵害しないで; (...を)損なわずに (*to*). ([形] prèjudícial)

― [動] (-u·dic·es /~ɪz/; -u·diced /~t/; -u·dic·ing) [他] ❶ (...)に**偏見をもたせる**; (...)に反感[好意]をもたせる: The experience ***prejudiced*** her ***against*** the Democratic Party. [V+O+against+名] その経験で彼女は民主党に対して反感を抱くようになった. ❷ 《格式》 (機会・利益など)を害する, 損なう.

〖[語源] 原義はラテン語で「前もっての判断」; ⇒ pre-, judicial〗

prej·u·diced /préʤʊdɪst/ [形] 偏見のある, (反感・好感などの)先入観をもった, 公平でない (*against*) [⇔ unprejudiced]: a *prejudiced* opinion 偏見 / be racially *prejudiced* 人種的偏見をもっている.

prej·u·di·cial /prèʤʊdíʃəl←/ [形] 《格式》 (...にとって)害となる, 不利な (*to*). ([名] préjudice)

prel·ate /prélət/ [名] [C] 高位の聖職者《司教 (bishop) や大司教 (archbishop) など》.

+**pre·lim·i·nar·y** /prɪlímənèri | -nəri/ [形] **予備的な**, 準備のための: the *preliminary* stages of the contest コンテストの予備段階 / *preliminary* remarks 序言 / an essential step ***preliminary to*** the final decision [+to+名] 最終決定の前に欠かせない手順.

― [名] (-nar·ies) ❶ [C] [しばしば複数形で] 予備段階, 予備行為, 前置き (*to*). ❷ [C] [普通は複数形で] 予備試験; 〔スポーツ〕 予選.

prel·ude /prél(j)uːd | -ljuːd/ [名] ❶ [C] [普通は単数形で] 前触れ, 序幕; 序文 (*to*). ❷ [C] 〔音楽〕 前奏曲, プレリュード (*to*). [関連] interlude 間奏曲, 幕あい, 合間(の出来事).

pre·mar·i·tal /prìːmǽrəṭl←/ [形] [限定] (男女関係が)(結)婚前の: *premarital* sex 婚前交渉.

+**pre·ma·ture** /prìːmət(j)ʊ́ə, -ʧʊ́ə← | préməʧə, príː-/ [!発音] [形] ❶ (普通[予想]より)**早い**; 早産の: *premature* death 早死に, 若死に / a *premature* baby 早産児. ❷ 早まった, 時期尚早の: a little too *premature* decision 少々早まった決定.

~·ly [副] ❶ (普通より)早く; 早産で. ❷ 早まって.

pre·med /prìːméd←/ [形] [限定] 《米》 医学部進学課程の. ― [名] [U] 《米》 医学部進学課程.

pre·med·i·tat·ed /prìːmédətèɪṭɪd/ [形] (犯罪などが)あらかじめ計画された [⇔ unpremeditated].

pre·med·i·ta·tion /prìːmèdətéɪʃən/ [名] [U] 前もっての計画.

pre·men·stru·al /prìːménstruəl←/ [形] [限定] 月経前の.

P

prémenstrual sýndrome 名 U 月経前緊張症《略 PMS》.

*__pre·mier__ /prɪmíɚ, príːmiɚ | prémiə/ 発音 名 (~s /~z/) ❶ C [しばしば P-] **総理大臣, 首相** (prime minister): *Premier* John Smith ジョン スミス首相 / John Smith Appointed *Premier* ジョン スミス首相に任命《新聞の見出し》. ❷ C (カナダ・オーストラリアの)州知事.
— 形 限定《格式》最良の, 最重要の.

pre·mière, pre·miere /prɪmíɚ | prémièə/ ≪フランス語から≫ 名 C (劇の)初日; (映画の)封切り (*of*): world *premiere* 世界初公演[公開].
— 動 自 (劇・映画などが)初日を迎える.
— 他 (劇)を初演する; (映画)を封切る.

pre·mier·ship /prɪmíɚʃìp, príːmiɚ- | prémiə-/ 名 U,C 首相の地位[任期].

prem·ise /prémɪs/ 名 C《格式》(理論の)前提: the major [minor] *premise* 大[小]前提 / on the *premise that* ... ...という前提に基づいて.

+__prem·is·es__ /prémɪsɪz/ 名 複 **家屋**《土地・付属物を含む》, 構内, 店内. **on [òff] the prémises** [副] 構内[構外]で, 店内[外]で.

*__pre·mi·um__ /príːmiəm/ 発音 名 (~s /~z/) ❶ C **保険料**: payment of a *premium* 保険料支払い. ❷ C 割増金, プレミアム: pay a *premium* 割増金を払う.
at a prémium [形・副] (1) プレミアム付きで, 額面以上で. (2) 需要があって, 入手困難で; 貴重で.
pút [pláce] a prémium on ... [動] 他 ...を重んじる, 高く評価する.
— 形 限定 高価な; 高品質の.

pre·mo·ni·tion /prìːmənɪ́ʃən, prèm-/ 名 C (悪い)予感, 虫の知らせ (*of*): have a *premonition that* ... ...という予感がする.

pre·mon·i·to·ry /prɪmɑ́(ː)nətɔ̀ːri | -mɔ́nɪtəri, -tri/ 形《格式》予告の, 警告の; 前兆の.

pre·na·tal /prìːnéɪtl←/ 形 限定【医学】出生前の, 胎児期の.

pre·oc·cu·pa·tion /prìːɑ̀(ː)kjopéɪʃən | -ɔ̀k-/ 名 ❶ [U または a ~] 没頭, 夢中 (*with*). ❷ C 気をとられている問題.

pre·oc·cu·pied /prìːɑ́(ː)kjopàɪd | -ɔ́k-/ 形 [普通は 叙述] (...に)気をとられて (*with*), うわの空の.

pre·oc·cu·py /prìːɑ́(ː)kjopàɪ | -ɔ́k-/ 動 (-cu·pies; -cu·pied; -py·ing) 他 (...)の心を奪う[悩ます].

pre·or·dained /prìːɔɚdéɪnd | -ɔː-/ 形 叙述《格式》(神・運命などによって)前もって定められている (*to* do).

prep[1] /prép/ 動 (preps, prepped, prep·ping) 他 ❶《米略式》(人)に準備をさせる (*for*). ❷《米略式》(料理)の下ごしらえをする. — 自《米略式》(...の)準備をする (*for*). — 名 U《英略式》宿題.

prep[2] 略 = preparatory, preposition.

pre·paid /prìːpéɪd←/ 動 prepay の過去形および過去分詞. — 形 前払いの: a *prepaid* card プリペイドカード.

*__prep·a·ra·tion__ /prèpəréɪʃən/ 名 (~s /~z/) ❶ U **準備**, 用意(すること), したく; (授業などの)予習, 下調べ: ***preparation for*** an examination 試験準備[勉強] / After months of *preparation*, they announced a new policy. 何か月もの準備の後, 彼らは新政策を発表した. / The plan is ***in preparation***. その計画はいま準備中だ / They were busy ***in preparation for*** the journey. 彼らは旅行の準備で忙しかった.
❷ C [普通は複数形で] (具体的な)**準備** (*to* do): We're ***making preparations for*** the party next week. 私たちは来週のパーティーのために準備をしている. ❸ U 調理, 料理. ❹ C《格式》調製したもの; 調合剤[薬, 化粧品]. (動 prepáre)

pre·par·a·to·ry /prɪpǽrətɔ̀ːri | -təri, -tri/ 形 限定《格式》準備の, 予備の《略 prep》. **prepáratory to ...** [前]《格式》...の準備として; ...に先立って. (動 prepáre)

prepáratory schòol 名 ❶ C《米》(大学進学希望者のための)私立高校 [《略式》prep school]《裕福な家庭の子が通う》. ❷ C《英》私立小学校 [《略式》prep school]. 参考 パブリックスクール (public school) への進学希望者が 7–13 歳ごろ通う. ここに入学する前は家庭教師 (tutor, governess) の個人指導を受けることが多い.

***pre·pare** /prɪpéɚ | -péə/ 発音

— 動 (pre·pares /~z/; pre·pared /~d/; pre·par·ing /-pé(ə)rɪŋ/) 他 ❶ (...)の**準備をする**, (...)の**用意をする**; (人)に(~の)準備をさせる: *prepare* one's lessons 授業の準備をする / The children are ***preparing to*** go hiking. V+O (to 不定詞) 子供たちはハイキングに行く準備をしている 多用 / He ***prepared*** a bed ***for*** his guest. V+O+for+名 彼はお客のベッドを用意した / 言い換え The teacher *prepared* the boys *for* the examination. = The teacher ***prepared*** the boys ***to*** take the examination. V+O+C (to 不定詞) 先生は少年たちに受験指導をした.
❷ (人の)(食事)の**したくをする**, 調理する (⇒ cooking 囲み); (文書・番組など)を作成する, 作る; (薬など)を調合する (*from*): *prepare* a meal 食事のしたくをする / *prepare* a report 報告書を作る / 言い換え My mother was *preparing* us lunch. V+O+O = My mother was ***preparing*** lunch ***for*** us. V+O+for+名 母は私たちの昼食のしたくをしていた / The program *was* specially *prepared for* kindergarten pupils. V+O+for+名の受身 その番組は特に幼稚園児向けに作られた.
— 自 **準備する, 用意する**, したくする; 覚悟をする: Tom is ***preparing for*** an interview [examination]. V+for+名 トムは面接[試験]の準備をしている / We should *prepare for* disaster. 我々は災害に備えることが必要である / Hope for the best and *prepare* for the worst. 《ことわざ》最善を望み最悪に備えよ.
prepáre oneself for [to dó] ... [動] 他 ...の[する]準備[用意]をする; ...の覚悟をする: Actually, we had *prepared ourselves for* [*to* accept] defeat. 実は我々は敗北を覚悟していた.
(名 prèparátion, 形 prepáratòry)

***pre·pared** /prɪpéɚd | -péəd/

— 形 ❶ 叙述 **準備ができた; 覚悟ができた**; ...**する意志がある** [⇔ unprepared]: 言い換え I'm ***prepared to*** do anything you order me to. +to 不定詞 = I'm ***prepared for*** anything you order me to do. +for+名 あなたの命令されることなら何でもします / Are you *prepared for* the worst? 最悪の場合の覚悟はできているか / ***I'm not prepared to*** answer that question. Ⓢ その質問には答えたくない.
❷ 限定 **準備された**, 用意のできた; (食べ物が)調理された: a *prepared* statement 用意された声明(書) / *prepared* foods 調理済み食品.

pre·par·ed·ness /prɪpé(ə)rɪdnəs, -péəd- | -péəd-, -péərɪd-/ 名 U《格式》準備[覚悟]ができていること

(*for*; *to* do).

pre·pay /prìːpéɪ/ 動 (pre·pays; 過去・過分 pre·paid /-péɪd/; -pay·ing) 他 (...)を前払いする.

pre·pay·ment /prìːpéɪmənt/ 名 U,C 前納.

pre·pon·der·ance /prɪpá(ː)ndərəns, -drəns | -pɔ́n-/ 名 [a ~] 《格式》(数・力の)優勢 (*of*).

pre·pon·der·ant /prɪpá(ː)ndərənt, -drənt | -pɔ́n-/ 形 《格式》(数量などで)勝っている, 優勢な.

prep·o·si·tion /prèpəzíʃən/ 名 C 〔文法〕前置詞 (《略》prep; ⇒ **巻末文法** 1.3 (6) a). 〘語源 原義はラテン語で「(名詞の)前に置かれたもの」; ⇒ pre-, position〙

prep·o·si·tion·al /prèpəzíʃ(ə)nəl←/ 形 限定 〔文法〕前置詞の, 前置詞の働きをする, 前置詞的な: a *prepositional* phrase 前置詞句.

pre·pos·sess·ing /prìːpəzésɪŋ←/ 形 [普通は否定文で] 《格式》魅力のある; 好感を抱かせる.

pre·pos·ter·ous /prɪpá(ː)stərəs, -trəs | -pɔ́s-/ 形 《格式》非常識な, 不合理な; ばかげた [≒absurd]. 〘語源 ラテン語で「前 (⇒ pre-) と後 (⇒ post-) が逆になった」の意〙

prep·py, prep·pie /prépi/ 形 (prep·pi·er; -pi·est) 《米略式》(服装・スタイルが)私立進学高校生風の. — 名 C 《米略式》私立進学高校生 (⇒ preparatory school 1).

prép schòol 名 C 《略式》= preparatory school 1, 2.

pre·quel /príːkwəl/ 名 C (本・映画などの)前編 (*to*) (以前の作品より前の出来事を扱う; ⇒ sequel 1).

pre·reg·is·ter /prìːréʤɪstə | -tə/ 動 自 《主に米》予備登録する (*for*).

pre·reg·is·tra·tion /prìːrèʤɪstréɪʃən/ 名 U 《主に米》予備登録.

pre·req·ui·site /prìːrékwəzɪt←/ 名 C 《格式》必須[必要]条件 (*for*, *of*, *to*).

pre·rog·a·tive /prɪrá(ː)gətɪv | -rɔ́g-/ 名 C [普通は単数形で] 《格式》(ある地位などに伴う)特権 (*of*).

pres. 略 = present¹ 5.

Pres. 略 大統領 (President) (⇒ president 1).

pres·age /présɪʤ/ 動 他 《格式》(悪い事)の前兆となる. — 名 C 《格式》前兆, (悪い)予感.

Pres·by·te·ri·an /prèzbətí(ə)riən←/ 名 C 長老教会派の人; 長老制主義者. — 形 長老教会派の, 長老制の.

pres·by·ter·y /prézbətèri | -təri, -tri/ 名 (-ter·ies) ❶ C 長老会, 中会. ❷ C 司祭館. ❸ C 司祭席 (教会の東側).

pre·school /príːskùːl/ 形 限定 就学前の (2-5, 6 歳). — 名 C,U 《米》(就学前の子供が通う一種の)幼稚園.

pre·school·er /príːskùːlə | -lə/ 名 C 《米》幼稚園児.

+**pre·scribe** /prɪskráɪb/ 動 (pre·scribes /~z/; pre·scribed /~d/; pre·scrib·ing) 他 ❶ (医者が)(薬)を**処方する**; (療法など)を指示する: The doctor ***prescribed*** a new medicine [drug] ***for*** my headaches. V+O+for+名 医者は私の頭痛に新しい薬を処方した / I've been *prescribed* painkillers. V+O+O の受身 私は痛み止めを処方してもらった. ❷ 《格式》(...)を規定[指示, 指図]する: This manual *prescribes* the tests which must be carried out. このマニュアルでどの検査を行なうべきかが規定されている.
(名 prescríption, 形 prescríptive)
〘⇒ describe キズナ〙

+**pre·scrip·tion** /prɪskrípʃən/ 名 (~s /~z/) ❶ C 〔医学〕**処方(箋)**(せん); 処方薬; U 処方(すること): The doctor wrote me a ***prescription for*** sleeping pills. 医者は睡眠剤を処方してくれた / Some medicines are available only ***by*** [《英》***on***] ***prescription***. (医者の)処方によってのみ入手できる薬がある. ❷ C 《格式》提案, 案; 指示 (*for*). (動 prescríbe)

pre·scrip·tive /prɪskríptɪv/ 形 ❶ 《格式》規定する, 指示を与える. ❷ 〔文法〕規範的な [⇔ descriptive]: *prescriptive* grammar 規範文法. (動 prescríbe)

pres·ence /préz(ə)ns/ (見出し記号 ＊＊)

— 名 (pres·enc·es /~ɪz/) ❶ U (ある場所に)いる[ある]こと, **出席, 存在** [⇔ absence]: No one noticed her *presence*. だれも彼女がいたのに気がつかなかった / Your *presence* is requested at the ceremony. 《格式》式典にご出席くださるようお願いします / The test showed the ***presence of*** alcohol in his blood. そのテストは彼の血中にアルコールが存在することを示した. ❷ [U または a ~] [よい意味で] 存在感, 貫禄(かんろく): a woman of great *presence* 存在感のある女性. ❸ [単数形で] (軍隊などの)駐留; (外国への経済的)進出: the American military *presence in* Japan 日本における米軍の駐留. ❹ C [普通は単数形で] 《文語》霊的な存在, 霊気.

in the présence of ... = in ...'s présence [前] 《格式》**...のいる前で**; ...に直面して: The girl felt shy *in the presence of* others. 少女は人の前で恥ずかしがった.

màke one's **présence félt** [動] 自 存在感を示す, 影響力を持つ. **présence of mínd** [名] 平静さ: have the *presence of mind* to call the police 落ち着いて警察に電話する. (形 1 では présent¹ 1)

pres·ent¹ /préz(ə)nt/ (見出し記号 ＊＊＊) ✪ present² とアクセントが違う.

意味のチャート
ラテン語で「(目の)前に (⇒ pre-) いる」の意.
→「いる」形 ❶ →「ある」❷
→「目下(もっか)の」❹ →「現在の」形 ❸, ❺ →「現在」名

— 形 ❶ 叙述 (ある場所に)**いる, 出席している** [⇔ absent¹]: All the students are *present*. 生徒は全員出席している / Were you ***present at*** the party? あなたはその会に出席しましたか / *Present*. Ⓢ [出席などの点呼に答えて] はい (⇒ here 間). 語法 名詞や代名詞を直接修飾するときは普通はその後に置く: 「The girls [Those] *present* were shocked. その場にいた少女[人]たちは衝撃を受けた.

❷ 叙述 (物事が)(...に)ある, 存在して(いる), 含まれて(いる); (心・記憶に)留まって(いる), 記憶されて(いる): These minerals are ***present in*** the body. こうしたミネラルは体内に含まれている.

❸ 限定 [the または所有格の後で] **現在の, 今の**: *the present* government 現在の政府 / *the present* situation 現状 / at *the present* time 今は / Do you know *her present* e-mail address? 彼女の今のメールアドレスを知ってる? 関連 past 過去の / future 未来の / former 以前の.

❹ 限定 [the ~] **目下(もっか)の**, 当面の; 考慮中の: *the present* proposal この(検討中の)提案 / That rule doesn't hold in *the present* case. その規則はこの場合には当てはまらない.

❺ 限定 〔文法〕 **現在の**, 現在時制[形]の《略 pres.; ⇒ 巻末文法 6.1 (1)》.

áll présent and 「accóunted fòr [《英》 corréct] 全員[すべて]そろって.

présent còmpany excépted [exclúded] 副 Ⓢ ここにおられる皆様は別ですが《何か批判がましいことを言うときの言いわけ》. (名 1 では présence 1)

— 名 ❶ [the ~] **現在, 今:** You must live in *the present*, not in the past. 過去に向いていないで今を生きなさい / 「There's no time [No time] like *the present*. 《ことわざ》 今こそ絶好のチャンスだ(思い立ったが吉日). 関連 past 過去 / future 未来.

❷ [the ~] 〔文法〕 現在(時制・形)《略 pres.; ⇒ **巻末文法** 6.1 (1)》.

at (the) présent 副 **現在は**, 目下(もっか) [≒now]: Everything is going well *at present*. 今はすべて順調だ.

for the présent 副 [ときに 文修飾] **さしあたり**, 当分(は), とりあえず(は): A couple of hours of exercise each week will be enough *for the present*. さしあたり週 2, 3 時間の運動で十分でしょう.

***pre·sent²** /prɪzént/ ✪ present[1,3] とアクセントが違う.

— 動 (pre·sents /-zénts/; -sent·ed /-ṭɪd/; -sent·ing /-ṭɪŋ/) 他

意味のチャート
ラテン語で「前に《⇒ pre-》差し出す」の意.
「差し出す」❸ → 「贈呈する」❶
→ (人前に) → 「上演する」❹ / 「紹介する」❺

❶ (特に公式の場で)(人)に(賞・賞品などを)**贈呈する**, 授与する; (...)を(人に)**贈呈する:** 言い換え The principal *presented* the students *with* certificates. V+O+with+名 = The principal *presented* certificates *to* the students. V+O+to+名 校長は生徒たちに修了証書を授与した. 語法 「(個人的に)贈り物[プレゼント]をする」の意味では give などを用い present は用いない《⇒ present³》.

❷ (問題など)を**起こす**, (人)に(困難・機会などを)**もたらす:** 言い換え The situation *presents* no difficulties *to* us. V+O+to+名 = The situation doesn't *present* us *with* any difficulties. V+O+with+名 情勢は我々にとって何ら難しいものではない.

❸ (...)を**差し出す**, (文書・意見など)を提出する; (小切手・請求書など)を渡す; (論文など)を発表する; (事実など)を示す; (...)を(~として)見せる (*as*): He *presented* his card *to* me. V+O+to+名 彼は私に名刺を差し出した / Will you *present* your plan *for* consideration? 検討用にあなたの企画を提出してもらえますか. ❹ (劇)を上演する; (映画)を公開する; (テレビ・ラジオで)放送する; 《英》 (番組など)の司会者[案内役]をつとめる [≒host]: The drama *was presented* last month. その劇は先月上演された. ❺ 《格式》 (目上の人に)(...)を紹介する [≒introduce]: Mrs. Smith, may I *present* Mr. Hill? スミスさん, ヒル氏をご紹介いたします. ❻ 《格式》 (あいさつ・謝罪など)を(うやうやしく)述べる: Mr. White *presents* his compliments *to* you. ホワイトさんがあなたによろしくとのことでした. ❼ 〔医学〕 (症状)を示す. — 自 〔医学〕 (患者が)(症状を)示す (*with*).

Presént árms! 〔軍隊〕 ささげ銃(つつ)《号令》.

presént onesèlf 動 自 (1) (機会・問題などが)**起こる**, 生じる (*to*): A good opportunity *presented itself*. よいチャンスがめぐってきた. (2) ふるまう; 自分を(...のように)見せる (*as*). (3) 《格式》 (人が)(会などに)出席する, 出頭する: Mr. Jones *presented himself* 「*to* the police [*for* an interview]. ジョーンズ氏は警察に出頭した[インタビュー(の席)に現われた].

(名 prèsentátion)

+**pres·ent³** /préz(ə)nt/ ❗発音 名 (pres·ents /-z(ə)nts/) Ⓒ **贈り物**, プレゼント; 土産(みやげ) 《⇒ 類義語; souvenir 日英》: What did you give [send] her *as* a birthday [Christmas, wedding] ***present***? 彼女の誕生日[クリスマス, 結婚]の贈り物に何をあげた[送った]の? / Nancy bought ***presents for*** her parents. ナンシーは両親にお土産を買った / This is a ***present from*** all of us. このプレゼントは私たちみんなからです / I'm going to give her a *present*. 彼女に贈り物をするつもりだ. 参考 英米では贈り物は普通その場で開けて礼を言う.

類義語 **present** しばしば親しみの気持ちの表われとしての贈り物: a birthday *present* 誕生日のプレゼント. **gift** やや改まった感じの語で多少価値のある贈り物を意味する: a wedding *gift* 結婚祝い. **donation** 多額の金銭的な寄付: a *donation* of one million yen to the college 大学への百万円の寄付.

〖語源 present² から「前へ(差し出す物)」→「贈り物」〗

pre·sent·a·ble /prɪzénṭəbl/ 形 人前に出せる, 見苦しくない, 体裁(ていさい)のよい: look *presentable* 見た目がよい. **màke onesèlf presentable** 動 自 身なりを整える.

***pre·sen·ta·tion** /prèz(e)ntéɪʃən, priːz-｜prèz-/

— 名 (~s /~z/) ❶ Ⓤ,Ⓒ 贈呈, 授与; Ⓒ 贈呈式: make a ***presentation of*** prizes 賞品を授与する. ❷ Ⓒ,Ⓤ (製品・意見などの)**発表**, プレゼン(テーション), 説明; (証拠などの)提示; Ⓤ 提示の仕方, 体裁: give [make] a ***presentation on*** [***about***] a new product 新製品の発表(会)を行なう / ***on*** [***upon***] ***presentation of*** a passport パスポートを提示したときに. ❸ Ⓒ 上演, 公開 (*of*). ❹ Ⓒ,Ⓤ 〔医学〕 (分娩(ぶんべん)時の)胎位.

(動 presént²)

présent dáy 名 [the ~] 現代, 今日(こんにち).

pres·ent-day /préz(ə)ntdéɪ⁻/ 形 限定 現代の, 現在の, 今日(こんにち)の《⇒ modern 類義語》: *present-day* English 現代英語.

pre·sent·er /prɪzéntə｜-tə/ 名 ❶ Ⓒ (意見などの)発表者, 講演者; 《米》 (賞などの)贈呈者. ❷ Ⓒ 《英》 (テレビ・ラジオの)司会者 [≒host].

pre·sen·ti·ment /prɪzénṭəmənt/ 名 Ⓒ 《格式》 (悪い)予感, 虫の知らせ (*of*).

pres·ent·ly /préz(ə)ntli/ 副 ❶ [普通は文中に用いて] 《格式, 主に米》 現在(は), 目下(もっか) [≒now]: He is *presently* traveling in Canada. 彼は今カナダを旅行中だ. ❷ 《格式》 まもなく, やがて《⇒ soon 類義語》: They'll be here *presently*. 彼らはまもなくここへ来るだろう / *Presently* the guest arrived. まもなくゲストが現われた. 語法 未来の出来事については文尾, 過去の出来事については文頭にくるのが普通.

présent párticiple 名 Ⓒ 〔文法〕 現在分詞《⇒ 巻末文法 8.3 (1)》.

présent pérfect 名 [the ~] 〔文法〕 現在完了.

présent ténse 名 [the ~] 〔文法〕 現在時制《⇒ 巻末文法 6.1 (1)》.

+**pres·er·va·tion** /prèzəvéɪʃən｜-zə-/ 名 ❶ Ⓤ (自然・環境・建物などの)**保護, 保存:** the ***preservation of*** nature [the environment] 自然[環境]保護.

❷ Ⓤ **保持**, 維持, 保つこと: the ***preservation of*** peace 平和の維持. ❸ Ⓤ 保存状態: ancient pots *in* a good state of *preservation* 保存状態のよい古代のつぼ. (動 preserve)

pre·serv·a·tive /prɪzə́ːvətɪv | -zə́ː-/ 名 C,U 保存料, 防腐剤.

***pre·serve** /prɪzə́ːv | -zə́ːv/ 発音 動 (pre·serves /~z/; pre·served /~d/; pre·serv·ing) 他 ❶ (自然・環境・建物など)を**保護する, 保存する:** The local people are struggling to *preserve* nature for future generations. 地元の人たちは自然を後世に残すために奮闘している / Valuable papers *are preserved* here. V+O の受身 貴重な文書はここに保存されている / They *preserved* the article *from* decay. 彼らは品物が傷(いた)まないように保存した.

❷ (...)を**保つ**, 維持する: *preserve* one's dignity 尊厳を保つ / make efforts to *preserve* peace 平和を維持するために努力する.

❸ (食品など)を(腐らないように)**保存する**, 貯蔵する: These pears are *preserved* in sugar. これらのなしは砂糖漬けになっている. (名 prèservátion)

— 名 ❶ [複数形でまたは Ⓤ] (果物の)砂糖漬け, ジャム. ❷ [単数形で] (活動の)分野, 領分 (*of*): a female *preserve* 女性の活動分野. ❸ Ⓒ (私有)猟地, 漁区; 《米》禁猟地[区], 保護区.

pre·serv·er /prɪzə́ːvə | -zə́ːvə/ 名 ❶ Ⓒ 保護者, 保持者. ❷ U,C (木材の)防腐剤.

pre·set /prìːsét/ 形 [普通は 限定] (機器などが)前もってセット[調節]された.

+**pre·side** /prɪzáɪd/ 動 (pre·sides /-záɪdz/; pre·sid·ed /-ḍɪd/; pre·sid·ing /-ḍɪŋ/) 自 ❶ **議長を務める**, 司会する; 裁判を司(つかさど)る (*over*): Who will ***preside at*** the meeting? V+*at*+名 その会議ではだれが議長[司会]をするのだろう. ❷ (会・会社などを)統轄[主宰]する; 最高責任者として取り組む: The association *is presided over by* Mr. Black. その協会はブラック氏が最高責任者だ. 語法 この文では preside over が他動詞と同じように扱われて受身になっている. (名 président)

〖語源 ラテン語で「前に(⇒ pre-)座る」の意; ⇒ president 語源〗

***pres·i·den·cy** /préz(ə)dənsi, -dn-/ 名 (-den·cies) ❶ Ⓒ [しばしば the ~] **大統領の地位[任期]**; 社長[会長, 学長]の地位[任期]: gain *the presidency* of an organization 組織の長の地位に就く.

❷ Ⓒ [しばしば the P-] **米国大統領の地位[任期]**: the Democratic candidate for *the Presidency* 民主党の大統領候補.

*****pres·i·dent** /prézəḍənt, -dnt/ 発音

— 名 (-i·dents /-ḍənts, -dnts/) ❶ Ⓒ [しばしば the P-] **大統領**(《略 Pres.》): ***the President of*** the United States 米国大統領 / *President* Obama visited Hiroshima in 2016. オバマ大統領は 2016 年に広島を訪問した / Abraham Lincoln was elected *president* in 1860. エイブラハム・リンカンは 1860 年に大統領に選ばれた(語法 役職名が補語になるとき普通は無冠詞). 語法 呼びかけるときは Mr. President (男性), Madam President (女性)という. 関連 vice president 副大統領.

❷ Ⓒ《主に米》**社長**, 頭取: the ***president of*** a company 会社の社長. ❸ Ⓒ 総裁, 会長; 学長, 総長: the *President of* Columbia University コロンビア大学学長. ❹ [the P-] 上院議長; (日本の)参議院議長. 関連 Speaker 下院議長, (日本の)衆議院議長. (動 presíde, 形 prèsidéntial)

〖語源 原義はラテン語で「前に座る人」; ⇒ preside 語源〗

pres·i·dent-e·lect /prézəḍənṭɪlékt, -dnt-/ 名 [単数形で] (就任前の)大統領当選者(⇒ elect 形); 社長[会長, 学長]選出者.

***pres·i·den·tial** /prèzədénʃəl/ 形 ❶ 限定 **大統領の**, 大統領に関する: a *presidential* election 大統領選挙 / a *presidential* year 《米》大統領選挙の年 / a *presidential* adviser 大統領顧問. ❷ 限定 社長[会長, 学長](の地位)の: a *presidential* order 社長の命令. (名 président)

Prés·i·dents' Dày /prézəḍənts-, -dnts-/ 名 Ⓤ 《米》大統領誕生日(ワシントン (Washington) とリンカン (Lincoln) の両大統領の誕生日を祝う法定休日 (legal holiday); 2 月の第 3 月曜日; ⇒ Washington's Birthday).

****press** /prés/

— 名 (~·es /~ɪz/)

意味のチャート
(押しつけること) → (押す道具) → 「**印刷機**」❹ → (印刷物) → 「**新聞・雑誌(の批評)**」❶, ❸ → 「**報道陣**」❷; print と同語源.

❶ [the [a] ~; 《英》単数または複数扱い] **新聞, 雑誌, 出版物**(《全体》); マスメディア; [形容詞的に] 新聞[マスメディア]の: the freedom of *the press* = *press* freedom 報道[出版]の自由 / *the* local [national] *press* 地方[全国]紙 / *the* daily *press* 日刊新聞 / a *press* report 新聞報道 / get *press* coverage マスコミに取り上げられる.

❷ [the ~, the P-; 《英》単数または複数扱い] **報道陣**, 記者団(《全体》): *The Press* is [are] waiting for the president's arrival. 記者団は大統領の到着を待っている.

❸ [a ~ または Ⓤ] (新聞・雑誌などの)**批評**, 論調, 報道量: The book got (*a*) good [bad] *press*. その本は紙上で好評[不評]だった. ❹ Ⓒ 印刷機; Ⓤ 印刷; Ⓒ 出版社, 印刷所: go to *press* 印刷に回される / in *press* 印刷中で / (the) Cambridge University *Press* ケンブリッジ大学出版局. ❺ [単数形で] 押すこと, 圧迫; アイロンをかけること: give the buzzer another *press* ブザーをもう一度押す. ❻ Ⓒ プレス器, 圧搾(あっさく)機, 搾(しぼ)り器: a trouser *press* ズボンプレッサー. ❼ [単数形で] 人混み, 雑踏; 群衆 (*of*).

hót òff the préss [形] (記事・情報などが)最新の, ほやほやの.

— 動 (press·es /~ɪz/; pressed /~t/; press·ing) 他 ❶ (...)を(強く)**押す**, 押しつける: *press* the button ボタンを押す / The crowd *pressed* them *back*. V+O+副 群衆が彼らを押し戻した / The boy *pressed* his ear *against* the door. V+O+前+名 少年はドアに耳を押し当てた / Please *press* the lid firmly *shut*. V+O+C (形) ふたを強く押してしっかり閉めてください.

❷ (...)を**押して平らにする**, (衣服)に**アイロンをかける**: *press* flowers 押し花を作る / She *presses* a skirt every night. 彼女は毎晩スカートにアイロンをかける.

❸ (人)に(...を)**迫る**, せがむ; (人)に無理に...させる: He ***pressed*** me ***for*** an answer. V+O+*for*+名 彼は私に回答を迫った / Because of (my) work, I *was pressed*

P

to return to the office. V+O+*to* 不定詞の受身 私は仕事でやむなく会社へ戻った / They ***pressed*** her ***into*** the position of adviser. V+O+*into*+名 彼らは彼女を無理やり顧問の地位に就けた. ❹ (論点など)を強調[主張, 力説]する: She *pressed* her claim for compensation. 彼女はどうしても弁償してくれと言ってきかなかった. ❺ (物・考えなど)を(...に)押しつける, 強(し)いる: He *pressed* the money *on* me. 彼は私にその金をどうしても受け取れと迫った. ❻ (...)を握りしめる, 抱き締める: He *pressed* her hand firmly. 彼は彼女の手をしっかりと握った / The mother *pressed* the child *to* her. 母親はその子を抱き寄せた / She *pressed* her clenched fist *against* her chest. 彼女はぎゅっと握ったこぶしで胸を押さえた《女性の驚き・恐怖の際のしぐさ》. ❼ (果物など)を搾(しぼ)る: They *press* juice *from* [*out of*] grapes. ぶどうからジュースを搾る. ❽ (...)を型押し[プレス]して作る, (CD など)を原版から複製する.

— 自 ❶ **押す**, 押しつける: *Press* (here) to shut. (ここを)押して閉めてください / ***press*** (***down***) ***on*** the lid V (+副) +前 +名 ふたを押す / Your bag is ***pressing against*** my back. 君のかばんが僕の背中に当たっている. ❷ せがむ, 強要する: *press for* higher wages 賃上げをしつこく要求する. ❸ [副詞(句)を伴って] 押し寄せる; 押しのけて進む: We *pressed through* the crowd. 我々は人込みを押し分けて進んだ. ❹ (不安・責任などが)(人に)のしかかる, (人を)苦しめる (*on*).

préss ahéad [ón] [動] 自 先へ進む; (仕事・行動など)を推し進める (*with*). (名 préssure)

単語のキズナ PRESS／押す

press	押す		
express	((考えを)外に押し出す)	→	表現する
impress	(心に押しつける)	→	印象を与える
repress	(押し返す)	→	抑える
suppress	(下に押しつける)	→	抑圧する
oppress	(...に押しつける)	→	圧迫する
depress	(下に押しつける)	→	気落ちさせる
compress	(両方から押す)	→	圧縮する

préss àgency 名 C 通信社.
préss àgent 名 C (芸能プロなどの)広報担当者.
préss bòx 名 C (競技場の)記者[放送]席.
préss clìpping 名 C (新聞などの)切り抜き [《英》 press cutting].
+**préss cònference** 名 (-fer·enc·es /〜ɪz/) C **記者会見** [《米》 news conference]: hold a *press conference* 記者会見を行なう.
préss còrps 名 [the 〜; 《英》 単数または複数扱い] (記者会見などに集まった)記者団, 報道陣. ✪ corps の発音については ⇒ corps.
préss cùtting 名 C 《英》 = press clipping.
pressed /prést/ 形 ❶ 叙述 (時間・金などが)不足して, (...に)窮して, せきたてられて: be *pressed for* time 時間に追われている. ❷ 押された; 圧搾(あっさく)された; (食品が)プレス加工の: *pressed* flowers 押し花 / *pressed* trousers アイロンをかけたズボン. **be hárd préssed to dó** [動] ...するのにひどく苦労する.
préss gàllery 名 C (議会などの)新聞記者席.
press·ing /présɪŋ/ 形 急を要する, 緊急の, 差し迫った: a *pressing* problem 切迫した問題.
press·man /présmən, -mæ̀n/ 名 (-men /-mən, -mèn/) C 印刷(職)工; 《英略式》 新聞記者.
préss òffice 名 C (企業・政府などの)広報部[室].
préss òfficer 名 C 広報担当者.
préss relèase 名 C (政府機関などの)新聞発表, プレスリリース; 声明文.
préss sècretary 名 C (米国大統領)報道官; (有名人・組織の)広報担当者, スポークスマン.
press-stud /présstʌ̀d/ 名 C 《英》 = snap 2.
press-up /présʌ̀p/ 名 C 《英》 = push-up.

*****pres·sure** /préʃɚ | -ʃə/

— 名 (〜s /〜z/) ❶ U **圧力**, 強制: 言い換え The ***pressure for*** tax reform is growing. = The ***pressure to*** reform the tax system is growing. +*to* 不定詞 税制改革への圧力が高まっている / put [exert] ***pressure on*** ... ...に圧力をかける, 強いる / give in to *pressure* 圧力に屈する.
❷ U,C (精神的な)**重圧**, **圧迫**, プレッシャー, 負担: mental *pressure* 精神的な重圧 / There's a lot of ***pressure on*** people today. 現代人は多くの重圧をかかえている / suffer from the ***pressure of*** work 仕事の重圧に苦しむ.
❸ U **圧迫**, **押すこと**: apply *pressure* to the wound 傷口を押さえる / The tunnel collapsed under the ***pressure of*** the water. 水圧でトンネルが崩れてしまった.
❹ U,C **圧力**; **気圧** (atmospheric pressure) (《略》 p): the ***pressure of*** water in the tank タンクの中の水圧 / high [low] (atmospheric) *pressure* 〔気象〕 高[低]気圧 // ⇒ blood pressure. ❺ U,C (経済的・政治的な)圧力, 圧迫, 窮迫: *pressure* for money 金詰まり / financial *pressures* 財政の逼迫(ひっぱく) / relieve [ease, reduce] the *pressure on* ... ...への圧迫を緩和する.
ùnder préssure [副・形] (1) 圧力がかかって, 強制されて; プレッシャーがかかって: I'm (coming) *under pressure from* my boss to change my whole plan. 上司から計画全体を変更するようにと圧力をかけられている. (2) (気体・液体が)加圧されて. (動 press)

— 動 (pres·sur·ing /-ʃ(ə)rɪŋ/) 他 《主に米》 (人)に圧力をかける, 強制する [《英》 pressurize]: 言い換え The premier *was pressured into* resignation [resigning]. = The premier *was pressured to* resign. 首相は辞任を迫られた.
préssure còoker 名 C 圧力なべ[がま].
pres·sured /préʃɚd | -ʃəd/ 形 (精神的に)プレッシャーを受けた.
préssure gròup 名 C 圧力団体 (⇒ lobby 2).
préssure pòint 名 ❶ C (皮膚の)圧点, つぼ; 止血点. ❷ C 政治圧力の標的, 弱点.
pres·sur·ize /préʃəràɪz/ 動 他 ❶ (飛行機内など)の気圧を正常に保つ, 加圧する. ❷ 《英》 = pressure.
pres·sur·ized /préʃəràɪzd/ 形 (航空機・潜水具などの内部が)気圧調節された, 一定の気圧に保たれた: a *pressurized* cabin 与圧室.
+**pres·tige** /prestíːʒ/ !発音 名 U **名声**, 信望, 威信: gain [lose] *prestige* 名声を獲得[失墜(しっつい)]する / Several universities in this country enjoy [have] great *prestige*. この国のいくつかの大学は非常に名声が高い. (形 prestígious)

— 形 限定 社会的地位の高さを示す, 高級な: a *prestige* car 高級車.
+**pres·ti·gious** /prestíʤəs, -tíːʤ-/ 形 **名声のある**, 名声をもたらす; (学校などが)名門の: a *prestigious* school 名門校. (名 prestíge)
pres·to /préstoʊ/ 形 副 〔音楽〕 プレスト《急速な[に]》.

— 名 (~s) C プレストの楽節[章]. — 間《米》(手品のかけ声で)あら不思議, それ.

***pre·sum·a·bly** /prɪzúːməbli | -z(j)úːm-/ 副 文修飾 **たぶん**, 恐らく: The report is *presumably* correct. その報道は恐らく正確なのだろう.

+**pre·sume** /prɪzúːm | -z(j)úːm/ 動 (pre·sumes /~z/; pre·sumed /~d/; pre·sum·ing) 他 ❶ [進行形なし] (...)と**推定する**; (...)を(~と)みなす; (たぶん)(...)と思う(⇒ 類義語): 言い換え We *presume* him (*to* be) guilty. V+O+C (to 不定詞[形]) = We *presume* his guilt. 彼は有罪だと推定される. 語法 V+O+C の型ではしばしば受身で用いられる: He *is presumed* (*to* be) guilty. // Two swimmers are missing, (and) ***presumed dead***. 泳いでいた 2 人が行方不明で, 死亡したものとみなされている / ***I presume*** (***that***) he'll be back tomorrow. V+O ((that)節) 彼は明日戻るでしょう. 語法 文の終りで ..., I presume (?)のように用いることがある: (You're) Mr. White, *I presume*? ホワイトさんでいらっしゃいますね《初対面の人に話しかけるときなどに用いる》. ❷ [普通は否定文·疑問文で]《格式》あえて[厚かましくも]...する: I wouldn't *presume to* question your judgment. あなたの判断を疑うつもりはありません. ❸ [普通は現在形で]《格式》(物事が)(...)を前提とする (*that*).

presúme on [upòn] ... [動] 他《格式》...につけ込む. (名 presúmption; 形 1 では presúmptive, 2 では presúmptuous)

類義語 **presume** 何らかの根拠に基づいて推定すること: He was *presumed* to have died in the fire. 彼はその火事で死亡したものとみなされた. **assume** 証拠はないが一応事実として仮定すること: Let's *assume* it to be true. それが正しいと仮定しよう.

〖⇒ resume キズナ〗

pre·sump·tion /prɪzʌ́m(p)ʃən/ 名 ❶ C,U 推定, 仮定; 憶測 (*of*; *that*). ❷ U《格式》ずうずうしさ. (動 presúme)

pre·sump·tive /prɪzʌ́m(p)tɪv/ 形 限定《格式》推定の, 推定に基づく. (動 presúme 1)

pre·sump·tu·ous /prɪzʌ́m(p)tʃuəs/ 形 [普通は 叙述]《格式》おこがましい, 厚かましい: It would be *presumptuous of* me to give you advice. 私があなたに助言をするのはおこがましいとは思いますが. (動 presúme 2)

pre·sup·pose /prìːsəpóʊz/ 動 他 ❶《格式》(...)を[と]前もって推定[仮定]する (*that*). ❷《格式》(...)を前提とする, 必要条件とする: Success *presupposes* diligence. 成功には勤勉が必要だ. (名 prèsùpposítion)

pre·sup·po·si·tion /prìːsʌ̀pəzíʃən/ 名 C,U《格式》前提(条件); 推定, 仮定. (動 prèsuppóse)

pre·tax /prìːtǽks←/ 形 限定 税引き前の, 税込みの.

pre·teen /prìːtíːn←/ 形 限定 ティーンエージャーより少し下の(子供向けの)《11-12 歳》. — 名 C ティーンエージャーより少し下の子供.

pre·tence /príːtens | prɪténs/ 名《英》= pretense.

+**pre·tend** /prɪténd/ 動 (pre·tends /-téndz/; -tend·ed /~ɪd/; -tend·ing) 他 ❶ (...)の**ふりをする**《ふざけたり, 人をだますために; ⇒ 類義語》; [普通は否定文·疑問文で] (偽って)(...である)と主張する: 言い換え She ***pretended*** (***that***) she was ill. V+O ((that) 節) = She ***pretended to*** be ill. V+O (to 不定詞) 彼女は仮病をつかった / He *pretended* not *to* see me. 彼は私が目に入らないふりをした. ❷ (子供が)(...の)**まねをして遊ぶ**, ...ごっこをする: 言い換え Let's ***pretend that*** we're cowboys. V+O (that 節) = Let's ***pretend to*** be cowboys. V+O (to 不定詞) カウボーイごっこをしようよ. ❸ [普通は否定文·疑問文で] (うぬぼれて)(...である)と言う (*that*): I do*n't pretend to* be an artist. 私は自分が芸術家だなどと言うつもりはない.

— 自 ❶ (...する)ふりをする: He knew the truth, but he *pretended otherwise*. 彼は本当のことを知っていたがそうでない[知らない]ふりをした. ❷ (子供が)まねごと遊びをする.

(名 prétense, preténsion, 形 preténtious)

類義語 **pretend** 最も一般的な語で, 真実ではないものを真実と見せかける: The detective *pretended* to be a visitor. 探偵は訪問客をよそおった. **affect** 他人にある印象を与えるためにそのふりをする: She *affected* sickness to avoid going to work. 彼女は仕事に行かなくてもすむように病気のふりをした. **assume** ある外見をよそおう: They *assumed* a calm air. 彼らは冷静をよそおった. **feign** 偽って巧みに見せかける: He *feigned* death. 彼は死んだふりをした. **make believe** 実際にはそうでないらしいことがわかっていてもあえてそう信じようとする: He's very ill, but *makes believe* that everything is okay. 彼は重病だが何でもないと信じようとしている.

— 形 [普通は 限定]《小児語》(遊びで)...であるつもりの, まねごとの, うそっこの: This is my *pretend* father. この子が私のお父さん(のつもり)だからね.

〖語源 原義はラテン語で「前に張り出す」; ⇒ tend¹ キズナ〗

pre·tend·ed /prɪténdɪd/ 形 限定 偽りの, うわべだけの: (a) *pretended* sickness 仮病.

pre·tend·er /prɪténdə | -də/ 名 C (王位などを)要求する者; 詐称(さしょう)者 (*to*).

+**pre·tense**, 《英》**pre·tence** /príːtens, prɪténs | prɪténs/ 名 (pre·tens·es, pre·tenc·es /~ɪz/) ❶ [U または a ~] **見せかけ**, (...の)ふり: He kept up the ***pretense that*** he didn't know the truth. +that 節 彼は真実を知らないふりをし続けた / She ***made no pretense of*** conceal*ing* her grief. +of+動名 彼女は悲しみを隠すそぶりさえ見せなかった[全く隠そうともしなかった] / He ***made a pretense of*** being sick. 彼は仮病をつかった / ***under*** [***on***] ***the pretense of*** ... ...のふりをして, ...という口実で. ❷ U,C [しばしば否定文で]《格式》見せびらかし, 見え; 主張: a person *without* [with *no*] *pretense to* education 教育のあるところなど見せない人.

ùnder [on] fálse preténses [副] 偽りの口実で, 真実を偽って. (動 preténd)

pre·ten·sion /prɪténʃən/ 名 C,U [普通は複数形で] (厚かましいまたはうぬぼれた)主張, てらい; 見せかけ, 気取り (*to* do): She makes no *pretensions to* good looks. 彼女は自分がきれいだとうぬぼれた様子は見せない / He has intellectual *pretensions*. 彼はインテリぶっている. (動 preténd)

pre·ten·tious /prɪténʃəs/ 形 見えを張った, 気取った, きざな; うぬぼれた [⇔ unpretentious]. (動 preténd)

~·ly 副 気取って; うぬぼれて. **~·ness** 名 U 気取り; うぬぼれ.

pre·text /príːtekst/ 名 C 口実, 弁解: She used her sore leg as a *pretext for* staying at home. 彼女は脚が痛いのを家にいる口実にした / on [under] the *pretext*

P

of [that] ... ...(であること)を口実にして.〘⇒ text キズナ〙

Pre·to·ri·a /prɪtɔ́ːriə/ 名 固 プレトリア《南アフリカ共和国の行政上の首都; ⇒ Cape Town》.

pret·ti·fy /príṭɪfàɪ/ 動 (-ti·fies; -ti·fied; -fy·ing) 他 [普通は軽蔑的] (...)を体裁よく[きれいに]見せる; 美化する.

pret·ti·ly /príṭəli/ 副 かわいらしく, きれいに.

pret·ti·ness /príṭinəs/ 名 U かわいらしさ, きれいさ.

***pret·ty**[1] /prìṭi, pə̀ːṭi | prìti/

— 副 ❶ [形容詞·副詞を強めて] [比較なし] Ⓢ かなり, なかなか《⇒ very[1] 表; fairly 類義語》. 発音 次にくる形容詞より少し弱く発音される: That question is *pretty hard* to answer. それはなかなか答えにくい質問だね / He'll get well *pretty soon*. 彼はすぐに元気になるだろう / Peggy can dance *pretty well*. ペギーはダンスがなかなかうまい. ❷ Ⓢ すごく, とても: a *pretty* good tune すごくいい曲.

prètty múch [wéll] [副] Ⓢ ほとんど, だいたい: It's *pretty much* the same. ほとんど同じことだよ.

〘語源 ⇒ pretty[2] **意味のチャート**〙

*__pret·ty__[2] /príṭi/ 形 (pret·ti·er /-ṭiə | -tiə/; pret·ti·est /-ṭiɪst/)

> 意味のチャート
> 元来は「ずるがしこい」の意 → (かしこい) → **「かわいらしい」** ❶ → (とてもよい) → **「とても, かなり」**《⇒ pretty[1]》

❶ (女性·子供が)**かわいらしい, きれいな**《⇒ beautiful 類義語》: a *pretty* girl かわいらしい女の子 / look *pretty* かわいく見える.

❷ (物が)**小さくてきれいな**, かわいい; (場所·光景などが)すてきな: a *pretty* doll かわいらしい人形 / What a *pretty* little house! 何てきれいなお家でしょう / The child sang a *pretty* song. その子はかわいらしい歌を歌った. ❸ 限定 (金額などが)かなりの, 相当な.

be nót a prétty síght [pícture] [動] 自 [しばしばこっけいに] 見るにたえない, 見ていられない.

pret·zel /préts(ə)l/ 名 C プレッツェル《棒形または結び目形で塩味のビスケット》.

+**pre·vail** /prɪvéɪl/ 動 (pre·vails /~z/; pre·vailed /~d/; -vail·ing) 自 ❶ [進行形なし]《格式》**普及[存在]している**, 流行している: This custom still ***prevails*** here ***in*** Japan. V+*in*+名 この慣習は今でもここ日本で一般に行なわれている.

❷《格式》(考え·見方などが)(...より)**優勢になる**, 受け入れられる; (敵などに)打ち勝つ, 克服する (*against*): Justice ***prevailed over*** evil in the end. V+*over*+名 正義が結局悪に打ち勝った.

preváil upòn [on] ... [動] 他《格式》...を説き伏せて~させる [≒persuade]: We *prevailed upon* [*on*] her *to* change her mind. 私たちは彼女を説得して考えを変えさせた. (形 prévalent)

pre·vail·ing /prɪvéɪlɪŋ/ 形 限定 (ある特定の場所·時期において)広く行なわれている, 一般的な; (最も)普通の, (最も)優勢な; 現在の [≒current]《⇒ prevalent 語法》: the *prevailing* opinion 大勢を占める意見.

the preváiling wínd [名] 卓越風《ある地域でよく吹く風》.

prev·a·lence /prév(ə)ləns/ 名 U 広く行きわたること, 流行, 普及 (*of*). (形 prévalent)

prev·a·lent /prév(ə)lənt/ 形 流行している, よくある: attitudes *prevalent among* young people 若い人たちの間によく見られる態度. 語法 prevailing と違って「最も広く行なわれている」ということは必ずしも意味しない. (動 prevaíl, 名 prévalence)

pre·var·i·cate /prɪvǽrəkèɪt/ 動 自《格式》はぐらかす.

****pre·vent** /prɪvént/

— 動 (prevents /-vénʦ/; -vent·ed /-ṭɪd/; -vent·ing /-ṭɪŋ/) 他

> 意味のチャート
> ラテン語で「先に来る」の意《⇒ event キズナ》→「(先に来て)**じゃまをする**」❶ →「**防ぐ**」❷

❶ (人など)を**妨害する**, じゃまする; (...)が(~するのを)**妨げる**, (...)が~できないようにする《⇒ 類義語》: Before he could *prevent* me, I went out of the room. 彼がじゃましないうちに私は部屋を出てしまった / 言い換え Business ***prevented*** me ***from*** attend***ing*** the meeting. V+O+*from*+動名 = Business ***prevented*** me [my] attend***ing*** the meeting. V+O (動名) 用事でその会に出られなかった《✪ from を省く形は《主に英》》.

❷ (物事)を**防ぐ, 防止する**, 予防する; (物事)が(~するのを)防ぐ: *prevent* air pollution 大気汚染を防止する / 言い換え How can we *prevent* the spread of this disease? = How can we ***prevent*** this disease ***from*** spread***ing***? V+O+*from*+動名 どうすればこの病気が広がるのを防ぐことができるだろうか / Why can't these accidents *be prevented*? V+O の受身 なぜこのような事故が防止できないのだろうか.

> **「妨げる」の意を表わす動詞グループ**
> **動詞+人+from *do*ing 人が~するのを妨げる**
> Business ***prevented*** me ***from*** attend***ing*** the meeting. 用事で私はその会に出られなかった
> **deter** やめさせる **discourage** 思いとどまらせる
> **keep** させない **prohibit** 禁じる **stop** やめさせる

(名 prevéntion, 形 prevéntive)

類義語 **prevent** はある行為またはその進行を完全に阻止することで, **hinder** は一時的に妨げるという意味のやや格式ばった語: Rain *prevented* [*hindered*] us from completing the work. 雨で私たちの仕事が完成できなかった[仕事の完成が遅れた]. **interrupt** 話の腰を折ったり, 仕事を妨害すること: Don't *interrupt* me while I'm talking. 私が話しているときに口出ししないでくれ. **obstruct** 進路の途中にじゃま物をおいて進行·運動を妨害すること: The snowslide *obstructed* traffic. 雪崩のために交通が妨げられた. **disturb** 眠りを妨げたり, 平静さをかき乱すこと: She's asleep; you mustn't *disturb* her. 彼女は眠っているから起こさないように.

pre·vent·a·ble /prɪvénṭəbl/ 形 予防できる: a *preventable* disease 予防可能な病気.

pre·ven·ta·tive /prɪvénṭəṭɪv/ 形 = preventive.

+**pre·ven·tion** /prɪvénʃən/ 名 U **防ぐこと; 防止**, 止めること; 予防: crime [accident] *prevention* 犯罪[事故]防止 / the ***prevention of*** a nuclear war 核戦争の防止 /《米》the Society [《英》the Royal Society] for the *Prevention of* Cruelty to Animals 動物愛護協会《略《米》SPCA,《英》RSPCA》/《米》An ounce of *prevention* is better than a pound of cure. =《英》*Prevention* is better than cure.《ことわざ》予防は治療に勝る. (動 prevént)

pre·ven·tive /prɪvénṭɪv/ 形 限定 予防の, 予防[防

止]に役立つ: *preventive* medicine [measures] 予防医学[措置]. (動 prevént)

+**pre·view** /príːvjùː/ 名 (~s /~z/) ❶ Ⓒ **試写会**, プレビュー; (展覧会などの)内覧, 内見(ないけん) (*of*): a press *preview* 報道関係者向けの試写会[内覧]. ❷ Ⓒ (映画などの)紹介記事; 《米》 (映画·テレビ番組の)予告編. ❸ Ⓒ 予告[予知]となるもの. ❹ Ⓒ 〔コンピュータ〕 印刷プレビュー.
— 動 他 ❶ (...)の試写[試演]を見る[見せる]. ❷ 《主に米》 (...)の事前説明をする.

***pre·vi·ous** /príːviəs/ 発音
— 形 限定 (時間·順序が)**先の**, 前の: (a) *previous* experience 前の経験 / I'm sorry, I have a *previous* engagement. すみませんが, 先約がありますので / She said he had left for Paris the *previous* day. 彼は前日にパリに発(た)ったと彼女は言った《⇒ 巻末文法 14.2 (1)》 / *previous* offenses [convictions] 前科.
prévious to ... [前] 《格式》 ...の前に [≒before]: Make sure you leave your keys at the reception desk *previous to* departure. 出発に先立ち, 鍵を受付に必ずお戻しください.
〖語源 ラテン語で「先立って《⇒ pre-》行く」の意〗

***pre·vi·ous·ly** /príːviəsli/
— 副 **以前に[は]**, それ[これ]まで(に); 前もって; (...日[年など])前に: *previously* unknown facts これまで知られていなかった事実 / We had *previously* informed him of our visit. 私たちは彼に前もって訪ねることを知らせておいた / three days *previously* 3 日前に.

pre·war /prìːwɔ́ɚ | -wɔ́ː-/ 形 限定 戦前の《特に第二次世界大戦前》 [⇔ postwar].

+**prey** /préɪ/ (同音 pray) 名 ❶ [U または a ~] (肉食動物の)**えじき**, **獲物**: An eagle was looking for *prey*. わしが獲物を捜していた. ❷ Ⓤ (えじきを)捕食する習性: a beast of *prey* 猛獣 / a bird of *prey* 猛禽(もうきん). ❸ Ⓤ (...の)犠牲, (...に)だまされやすい人[もの]: Be careful not to become easy *prey for* [*to*] a smooth talker. 口のうまいやつにだまされないように注意しなさい.
fàll [be] préy to ... [動] 他 ...のえじきになる; ...の犠牲[とりこ]になる: He *fell* [*was*] *prey to* a cunning salesman. 彼はずるいセールスマンに引っかかった.
— 動 [次の成句で] **préy on [upòn] ...** [動] 他 (1) (動物が)...を捕食する, えじきにする. (2) (人)を食い物にする, だます. **préy on ...'s mínd** [動] (心配·問題などが)...を絶えず悩ます, 苦しめる.

***price** /práɪs/
— 名 (pric·es /~ɪz/) ❶ Ⓒ,Ⓤ **値段**, **価格**; [複数形で] **物価**《⇒ 類義語》: a high [low] *price* 高い[安い]値段 / a fair [reasonable] *price* 手頃な値段 / two for the *price* of one 1 個の値段で 2 個(1 つ買えばもう 1 つはただ) / I bought it *at* half *price*. 私はそれを半値で買った / He sold the house *for* [*at*] a good *price*. 彼はその家をかなりの値段で売った / 言い換え What's the *price of* this necklace? (= How much is this necklace?) このネックレスはいくらですか《✪ How much is the *price* of ...? とは言わない》 / Televisions have come down in *price* recently. テレビは最近値下がりしている / ***Prices*** are「***going up*** [***falling***] these days. 近ごろは物価が上がって[下がって]いる / ***raise*** [***increase***] ***prices*** 値上げする / ***lower*** [***reduce, cut***] ***prices*** 値下げする / Everyone has their *price*. 《ことわざ》 人には皆値段がある(金を積めばだれでも買収がきく) / 会 "Can you give me a better *price*?" "I'm sorry, we can't change the *price*."「もっと安くなりませんか」「あいにくですが値引きはできません」 / "What *price* range do you have in mind?" "Somewhere around ten thousand (yen)."「ご予算はどのくらいをお考えですか」「だいたい 1 万円くらいです」 関連 cost price 原価 / list price カタログ価格 / market price 市価.
❷ [単数形で] **代償**, 犠牲: the ***price of*** success 成功の代償 / ***pay*** a high ***price for*** ... ...のために高い代償を払う / Getting up early is a small ***price to pay*** for such a beautiful hike. あんなにもすばらしい山歩きのためなら早起きなど大したことではない / He won the championship, but ***at what price***? 彼はチャンピオンになった. しかしどれだけの犠牲を払ったことか. ❸ Ⓒ (競馬などの)賭け率.
at ány príce [副] (1) **どんな犠牲を払っても**: We must achieve our goal *at any price*. 我々はいかなる犠牲を払っても目標を達成しなければならない. (2) [否定文で] どんな条件であっても(...しない).
at [for] a príce [副] (1) かなりの値段で, 高い値で. (2) 犠牲を払って.
pùt a príce on ... [動] 他 (1) ...に値段をつける. (2) ...に懸賞金をかける.

> 類義語 **price** 品物の値段: The *price* of this bicycle is too high. この自転車の値段は高すぎる. **charge** サービス·労働などに対する料金をいう: I paid an extra *charge* for the service. 私はそのサービスに対して追加料金を支払った. **fare** 乗り物などの料金: What's the train *fare* from Tokyo to Osaka? 東京から大阪までの鉄道料金はいくらですか. **cost** 実際に支払われる代価; 貨幣以外の場合もあり, またその代価は必ずしも妥当な値段 (price) とは一致しない: The price of this article doesn't cover the *cost* of its manufacture. この品物の値段では製造費を賄えない. **rate** 一定の単位当たりの率[規準]によって決められた料金: parking [hotel, insurance] *rates* 駐車[ホテル, 保険]料. **fee** 組織などに入ったり, 何かをするための費用: entrance *fee* 入場料 / membership *fees* 会費.

— 動 他 ❶ [普通は受身で] (...)に値段[定価]をつける; (品物)に値段を表示する (*up*): The coat I wanted *was priced at* $300. 私がほしかったコートには 300 ドルの値段がついていた. ❷ (品物)の値段を比べる.
príce onesèlf òut of the márket [動] 自 (自分の商品·仕事などに)高値をつけすぎて買い手がつかなくなる.

príce contròl 名 Ⓒ,Ⓤ 物価統制.
príce ìndex 名 Ⓒ 物価指数.
price·less /práɪsləs/ 形 ❶ (値段をつけられないほど)非常に価値のある《⇒ valuable 類義語》. 語法 valueless (価値のない)との違いに注意. ❷ きわめて重要な[役立つ]. ❸ 《略式》 すごくおかしい.
príce lìst 名 Ⓒ 価格表.
príce tàg 名 Ⓒ 値札, 正札(しょうふだ).
pric·ey /práɪsi/ 形 (pric·i·er; -i·est) 《略式》 値段の高い, 高価な.
prick /prík/ 動 他 ❶ (とがった物で)(...)を刺す, 突く, (...)に刺し傷をつける; 刺して(穴)をあける: A rose thorn *pricked* my finger. ばらのとげが私の指を刺した / *prick*「one's finger [oneself] *with* [*on*] a pin ピンで指を刺す / She *pricked* small holes *in* the wrapping. 彼女は包装紙に小さな穴をあけた. ❷ (...)をちくちく

[ひりひり]させる; 《文語》(涙が)(目)ににじむ. ❸ (精神的に)(...)を苦しめる. — 自 ちくちく痛む. **príck (úp) one's éars** [動] 自 (動物が)耳を立てる; (人が)耳をそばだてる. — 名 ❶ C ちくりとした痛み; (心の)うずき: There's a slight *prick*. (注射を打つ前に)ちくっとしますよ / the *pricks of* conscience 良心のとがめ. ❷ C 刺すこと; 刺してできた傷[穴]: give one's finger a *prick* with a pin ピンで指を刺す. 関連 pinprick 針であけた穴. ❸ C 《卑語》ペニス; Ⓢ いやなやつ.

prick·le /príkl/ 名 ❶ C (動植物の)とげ, 針. ❷ C ちくりとした痛み. — 動 他 (皮膚など)をちくちくさせる. — 自 ちくちくする[させる].

prick·ly /príkli/ 形 (prick·li·er; -li·est) とげだらけの, 針のある; 刺すような, ちくちくする; 《略式》(人が)怒りっぽい.

príckly héat 名 U あせも.

pric·y /práɪsi/ 形 = pricey.

*__pride__ /práɪd/ (同音 pried) 名 ❶ [U または a ~] **自慢**, 得意(な気持ち), 満足(感): He ***takes pride in*** his work. 彼は自分の仕事が自慢だ / He looked at his work ***with pride***. 彼は自分の作品を満足げに眺めた.
❷ U **自尊心, 誇り**, プライド: Where's your *pride*? あなたのプライドはどこにいったのですか(恥も外聞もないのですか) / His words hurt [wounded, injured] my *pride*. 彼のことばが私の自尊心を傷つけた / swallow one's *pride* 自尊心を抑える.
❸ U **うぬぼれ**, 思い上がり, 高慢, 傲慢(ごうまん): *Pride* goes [comes] before a fall. 《ことわざ》おごれる者久しからず / They're puffed up with *pride*. 彼らはうぬぼれですっかりのぼせ上がっている. 語法 2 の意味を true pride, 3 の意味を false pride といって区別することがある. ❹ [the ~] (...の)自慢の種: The painting is *the pride of* his collection. その絵は彼の集めた中で自慢のものである. ❺ C [単数形でも時に複数扱い] (ライオンの)群れ.
príde and jóy [名] [所有格とともに] (...の)大変な自慢の種.
príde of pláce [名] 最高の位置: have [take] *pride of place* 最高の位置を占める. (形 proud)
— 動 他 [次の成句で] **príde onesèlf on ...** [動] 他 ...が自慢である (do*ing*).

pried 動 pry[1,2] の過去形および過去分詞.

pries 動 pry[1,2] の三人称単数現在形.

*__priest__ /príːst/ 名 (priests /príːsts/) C 〔イングランド国教会・カトリック〕**司祭**(⇒ bishop 表); (キリスト教以外の)聖職者, 僧. (形 priestly)

priest·ess /príːstəs | priːstés, príːstəs/ 名 C (キリスト教以外の)聖職者《女性》, 尼, みこ.

priest·hood /príːsthòd/ 名 ❶ [the ~] 司祭職, 聖職, 僧職: enter *the priesthood* 聖職につく. ❷ [the ~] [単数または複数扱い] 聖職者たち《全体》.

priest·ly /príːstli/ 形 (priest·li·er; -li·est) [普通は 限定] 聖職者の, 司祭の, 僧の; 聖職者[僧]らしい. (名 priest)

prig /príg/ 名 C [軽蔑的] 堅苦しい人, 高潔ぶった人; (道徳・礼儀などに)口やかましい人.

prim /prím/ 形 (prim·mer; prim·mest) ❶ [軽蔑的] とりすました, 堅苦しい: *prim* and proper くそまじめな. ❷ きちんとした [≒neat].

prí·ma ballerína /príːmə-/ ≪イタリア語から≫ 名 C プリマ バレリーナ《バレエ団のトップをつとめる女性の踊り手》.

pri·ma·cy /práɪməsi/ 名 (-ma·cies) ❶ U 《格式》第一位, 首位; 優位, 卓越: give *primacy* to ... ...を最優先する. ❷ C 大主教[大司教]の職[地位].

pri·ma don·na /priːmədɑ́(ː)nə | -dɔ́nə/ ≪イタリア語から≫ 名 ❶ C プリマドンナ《歌劇の主役の女性歌手》. ❷ C [軽蔑的] うぬぼれた女[男].

pri·mae·val /praɪmíːv(ə)l/ 形 《英》= primeval.

pri·ma fa·ci·e /pràɪməféɪʃiː, -ʃiː/ ≪ラテン語から≫ 形 限定 〔法律〕一見した限りでの.

pri·mal /práɪm(ə)l/ 形 ❶ 限定 《格式》(感情などが)原始的な; 原始の. ❷ 《格式》根本の. (名 prime[1])

*__pri·mar·i·ly__ /praɪmérəli | praɪmér-, práɪmər-/ アク 副 **主として**, 主に [≒chiefly]: I listen *primarily* to piano music. 私は主にピアノの音楽を聴きます / This dictionary is *primarily* intended for high school students. この辞書は主として高校生を対象としたものです.

*__pri·mar·y__ /práɪmeri, -məri | -məri/ 形

意味のチャート
(最初の) → 「第一の」❶ → 「初級の」❹ / 「根本の」❺
(最初の) → 「主要な」❷

[普通は 限定] ❶ **第一(番)の**, 第 1 位[次]の; 最も重要な: This is the *primary* reason for my declining your request. これがあなたのご依頼を断わる第一の理由です / This is a matter of *primary* importance. これは最重要事項です. 関連 secondary 第二(番)の / tertiary 第三(番)の.
❷ **主要な**, 主な: a *primary* road 《米》主要道路《主として州道》/ *primary* members of the association 協会の主な会員. 関連 secondary 二次的な.
❸ (時間・発達段階などの)**初期の**, 最初の, 原始的な: the *primary* stage of civilization 文明の初期の段階.
❹ 《主に英》(教育が)**初級の**, 初等の: a *primary* teacher 小学校の先生 / *primary* education 初等教育. 関連 secondary 中級の.
❺ **根本の**, 基本の: the *primary* meaning of a word 単語の本来の意味.
— 名 (-mar·ies) C 《米》= primary election.
〖⇒ prime[1] キズナ〗

prímary áccent 名 U,C 〔音声〕第一アクセント(⇒ **つづり字と発音解説** 86).

prímary cáre 名 U (開業医の)一次医療[診療].

prímary cólor 名 C 原色《赤・黄・青》.

prímary elèction 名 C 《米》予備選挙. 参考 公職選挙の前に各政党の候補者を決定する選挙. 大統領選挙の場合は大統領候補者を指名する代議員を選出する.

+**prímary schòol** 名 (~s /~z/) C,U 《英》**小学校**, 初等学校《6 年制の初等教育機関; 5 歳から 11 歳まで》[《米》elementary school]. 関連 secondary school 中等学校.

prímary stréss 名 U,C 〔音声〕第一強勢[アクセント] [≒primary accent].

pri·mate /práɪmeɪt/ 名 C 〔生物〕霊長類の動物.

*__prime__[1] /práɪm/ 形 ❶ 限定 **最も重要な**; 第一の; 主な: a matter of *prime* importance 最重要事項 / a *prime* candidate [suspect] 最有力候補[第一容疑者]. ❷ 限定 最高級の, 極上の: a *prime* residential area 高級住宅地. ❸ 限定 最も典型的な: a *prime* example 最も典型的な例.
— 名 (~s /~z/) ❶ U [普通は the ~ または所有格とともに] **全盛期**, 最良の時: He's ***in the prime of***

youth [life]. 彼は青春[人生]の盛りにある / They're *in* [*past*] their *prime*. 彼らは全盛期だ[盛りを過ぎた]. ❷ Ⓒ〔数学〕= prime number. ❸ Ⓒ プライム記号《′》《⇒ foot 名 2, minute¹ 1》. (形 prímal)

単語のキズナ PRIM／第一の＝first

prime	第一の, 最も重要な		
primary	第一の; 初期の		
primitive	(最初の)	→	原始の
prince	(第一の席を占める人)	→	王子
principal	(第一の)	→	主要な; 校長
principle	(初めの部分)	→	原理; 主義

prime² /práɪm/ 動 他 ❶ (人)に前もって教えておく, 入れ知恵をする (*with, for; to* do). ❷ (銃)に弾薬を詰める, (爆弾など)を仕掛ける. ❸ (板・壁など)に下塗りする. ❹ (ポンプ)に呼び水を差す《⇒ prime the pump (pump¹成句)》.

príme merídian 名 [the ~] 本初子午線《英国の Greenwich を通過する経度 0° の線》.

⁑príme mínister

— 名 (~s /~z/) Ⓒ [しばしば P- M-] **総理大臣, 首相**《略 PM》: Mr. White was appointed *prime minister* last week. ホワイト氏は先週首相に任命された. 語法 役職名が補語になるときは普通は無冠詞.

príme móver 名 ❶ Ⓒ 発起人; 原動力(となるもの) (*of, in*). ❷ Ⓒ 原動力《風力・水力など》.

príme númber 名 Ⓒ〔数学〕素数.

prim·er¹ /prímɚ | práɪmə/ 名 Ⓒ《米》手引き, 入門書 (*on, of*);《古風》初歩の教本.

prim·er² /práɪmɚ | -mə/ 名 ❶ Ⓤ,Ⓒ (板壁などの)下塗り剤. ❷ Ⓒ 雷管, 導火管.

príme ráte 名 Ⓒ プライムレート《銀行が優良企業に融資するときの最低の金利》.

príme tíme 名 Ⓤ〔テレビ・ラジオ〕視聴率の最も高い時間帯, ゴールデンタイム. 語法 prime-time として形容詞的にも用いられる: *prime-time* television ゴールデンタイムのテレビ番組. 日英「ゴールデンタイム」は和製英語.

pri·me·val /praɪmíːv(ə)l/ 形 限定 ❶ 原始時代の; 太古の: *primeval* forests 原生林. ❷ 本能的な.

+**prim·i·tive** /prímɪṭɪv/ 形 ❶ 限定 **原始の**, 原始時代の, 太古の: *primitive* human 原始人 / *primitive* culture 原始時代の文化.
❷ **原始的な**; (生活(手段)などが)旧式で不便な: *primitive* weapons 原始的な武器《やり・弓矢など》.
— 名 ❶ Ⓒ ルネッサンス以前の画家や彫刻家(の作品).
❷ Ⓒ 素朴な画風の画家(の作品).
〖語源 ラテン語で「最初の」の意; ⇒ prime¹ キズナ〗
~·ly 副 原始的に; 元来, 元は.

prim·ly /prímli/ 副 [軽蔑的] とりすまして, 堅苦しく.

pri·mor·di·al /praɪmɔ́ɚḍiəl | -mɔ́ː-/ 形 [普通は 限定]《格式》原始の, 原始時代からある.

prim·rose /prímroʊz/ 名 Ⓒ さくらそうの花.

Prí·mus (stòve) /práɪməs(-)/ 名 Ⓒ《英》(キャンプなどで使う)小型石油こんろ《商標》.

***prince** /príns/ 名 (princ·es /~ɪz/) ❶ Ⓒ [しばしば P-] **王子**, 親王: *Prince* Charles チャールズ王子 / the crown *prince* (英国以外の)皇太子. 関連 princess 王女. ❷ Ⓒ [しばしば P-] (小国の)王, 君主: the *Prince* of Monaco モナコの国王. ❸ Ⓒ (英国以外の)公爵, 貴族. ❹ Ⓒ [普通は単数形で]《文語》大家, 第一人者 (*among, of*).
the Prínce of Wáles [名] 英国の皇太子.
(形 príncely)
〖語源 原義はラテン語で「第一の席を占める人」; ⇒ prime¹ キズナ〗

Prìnce Chárming 名 Ⓒ《略式》[しばしばこっけいに] (女性にとって)理想の男性《シンデレラ (Cinderella) に求婚する王子の名から》.

prínce cónsort 名 (複 princ·es con·sort) Ⓒ [しばしば P- C-] (女王・女帝の)夫君.

Prìnce Édward Ísland 名 固 プリンスエドワード島《カナダ南東部にある島で, 同国最小の州; 小説『赤毛のアン』の舞台として有名》.

prince·ly /prínsli/ 形 (prince·li·er; -li·est) ❶ 限定 (金額が)莫大な: a *princely* sum 大金; [しばしばこっけいに] 少額. ❷ 限定《格式》豪華な, 豪勢な: a *princely* gift 豪華な贈り物. ❸ 限定 王子[王侯]の(ような). (名 prince)

***prin·cess** /prínsəs, -ses | prìnsés←, prínsəs/ 名 (~·es /~ɪz/) ❶ Ⓒ [しばしば P-] **王女**, 内親王: *Princess* Anne アン王女 / the crown *princess* (英国以外の)皇太子妃. 関連 prince 王子.
❷ Ⓒ [しばしば P-] **皇太子妃**; (小国の)王妃: *Princess* Diana ダイアナ妃. ❸ Ⓒ (英国以外の)公爵夫人.
the Príncess of Wáles [名] 英国の皇太子妃.

Prínce·ton Univérsity /prínstən-/ 名 固 プリンストン大学《米国 New Jersey 州 Princeton にある名門大学で Ivy League の 1 つ》.

***prin·ci·pal** /prínsəp(ə)l/ (同音 #principle) 形 限定 **最も重要な**; 主な, 主要な [≒main]: the *principal* cities of the United States 米国の主要都市.
— 名 (~s /~z/) ❶ Ⓒ [しばしば P-]《米》**校長**,《英》(大学の)学長. ✪《英》では小・中学校の校長は head teacher, または男性は headmaster, 女性は headmistress という. ❷ [単数形で]〔経済〕元金. 関連 interest 利息. ❸ Ⓒ《米》(組織の)代表者, 社長. ❹ Ⓒ 主役, 首席奏者. ❺ Ⓒ〔法律〕(代理人・裏書人などに対して)本人.
〖⇒ prime¹ キズナ〗

prin·ci·pal·i·ty /prìnsəpǽləṭi/ 名 (-i·ties) Ⓒ 公国《prince 2 が治めている国》.

prin·ci·pal·ly /prínsəpəli/ 副 主として, 主に: Accidents of this kind occur *principally* on rainy days. この種の事故は主に雨の日に起こる.

***prin·ci·ple** /prínsəpl/ (同音 #principal) 名 (~s/~z/)

意味のチャート
「本源」❹ →「(根本の)原理」❷ → (基本的な考え方) →「主義」❶

❶ Ⓒ,Ⓤ [普通は複数形で] **主義**, 信条, 方針; 道義, 節操: It's ***against my principles*** to pamper a child. 子供を甘やかすのは私の主義に反する / It's ***a matter of principle***. それは主義[信念]に関わる事柄だ / She doesn't wear fur ***on principle***. 彼女は主義として毛皮は身につけない / ***stick to*** [***compromise***] one's ***principles*** 自分の主義を固く守る[曲げる] / a person of [without] *principle* 節操のある[ない]人 / He has no *principles* where money is concerned. 彼は金に関しては節操がない / We follow the ***principle that*** peace is essential. +that 節 我々は平和は絶対必要であるという主義を信奉する.
❷ Ⓒ (根本の)**原理**, 原則: the ***principle of*** democ-

racy 民主主義の原理 / the (basic) *principle that* all men are equal [+that 節] 人はみな平等であるという(根本)原則《⇒ that² A 4》. ❸ Ⓒ 物の根本原理; (機械などが動く)原理, 仕組み: the *principles* of physics 物理学の原理. ❹ Ⓒ《格式》本源, 本質.

in príncìple [副] [しばしば 文修飾] **原則的に(は)**: *In principle*, you're right. 原則的にはあなたは正しい《完全には同意できないことを含意する》.

〖語源 principal と同語源; ⇒ prime¹ キズナ〗

prin·ci·pled /prínsəpld/ 形 限定 主義[道義]に基づいた; 節操のある.

P

‡print /prínt/

— 動 (prints /prínts/; print·ed /-ṭɪd/; print·ing /-ṭɪŋ/) 他 ❶ (プリンターで)(文字・画像)を**印刷する**; 〔写真〕(...)を焼き付ける: I *printed* three copies of each photo. 各写真を 3 枚ずつプリントした.

❷ (本・新聞など)を**印刷する**; 印刷して書物にする[出版する], 活字に(して公表)する: Ten thousand copies of the book *were printed.* [V+O の受身] その本は 1 万部印刷された / In this dictionary, important words *are printed* in large type [letters]. この辞書では重要語は大きな活字で印刷されている.

❸ (名前・住所など)を(1 字 1 字を離して)**活字体で書く**: Please *print* your name. お名前を活字体で書いてください.

❹ (型・模様など)を(...に)**押しつける** (*on*), (布)に(模様などを)プリントする (*with*); (...)の跡をつける; (...)の印象を与える: The victim had ***printed*** the murderer's name ***in*** the sand before he died. [V+O+*in*+名] 被害者は死ぬ前に砂に殺人者の名を書いていた / The event *was* deeply ***printed in*** her mind. [V+O+*in*+名の受身] その事件は彼女の心に深く刻み込まれた.

— 自 ❶ 印刷する; (文書などが)印刷される. ❷ 活字体で書く.

prínt óut [óff] [動] 他〔コンピュータ〕(...)をプリントアウトする.

— 名 (prints /prínts/) ❶ Ⓤ **印刷(物)**; 印刷した文字[ことば]: I cannot read the small *print* without glasses. 私は小さい活字で印刷されたものはめがねなしでは読めません. 日英 授業などで配る「プリント」は和製英語で, 英語では handout.

❷ Ⓒ **版画**; 複製画; 〔写真〕**印画**, 陽画, プリント; 〔映画〕上映用フィルム: old Japanese *prints* 古い日本の版画 / I'd like three more *prints.* もう 3 枚プリントしてください.

❸ Ⓒ [しばしば合成語で] (押しつけてできた)**跡**, **印**: I found the *prints* of the wheels in the snow. 雪に車の跡がついていた. 関連 footprint 足跡. ❹ [複数形で] 指紋 (fingerprint). ❺ Ⓤ,Ⓒ プリント生地.

in prínt [形・副] **印刷されて**, 出版されて, 活字になって; 絶版になっていない: The book isn't yet *in print.* その本はまだ出版されていない.

òut of prínt [形] (本などが)絶版になって.

〖語源 press と同語源〗

print·a·ble /príntəbl/ 形 [普通は否定文で] 印刷[出版]して差し支えない.

prínt·ed círcuit /príntɪd-/ 名 Ⓒ〔電気〕プリント配線.

prínted màtter 名 Ⓤ〔郵便〕印刷物.

***print·er** /príntə | -tə/ 名 (~s /~z/) ❶ Ⓒ **印刷機**; (コンピューターの)**プリンター**《⇒ computer 挿絵》.

❷ Ⓒ **印刷工**; 印刷業者; 印刷所.

print·ing /príntɪŋ/ 名 ❶ Ⓤ 印刷(術), 印刷業. ❷ Ⓒ (1 回の)印刷部数, 版, 刷(す)《⇒ edition 語法》. ❸ Ⓤ 活字体で書いた文字《全体》.

prínting ìnk 名 Ⓤ 印刷用インク.

prínting prèss 名 Ⓒ 印刷機.

print·out /príntàʊt/ 名 Ⓤ,Ⓒ〔コンピュータ〕プリントアウト《出力[印刷]されたデータ》.

pri·on /príːɑ(ː)n | -ɔn/ 名 Ⓤ〔生物〕プリオン《BSE など神経系を冒す感染症の病原体とされるたんぱく質性粒子》.

***pri·or** /práɪə | práɪə/ 形 ❶ 限定 [比較なし] (時間・順序が)**前の**, 先の, 事前の: *prior* notice 事前の注意 / No *prior* knowledge is needed. 事前の知識は不要です《講座案内などで》. ❷ 限定 優先する: have a *prior* claim 優先権がある.

príor to ... [前]《格式》...より前に [≒before].

(名 priórity)

priori ⇒ a priori.

pri·or·i·ti·za·tion /praɪɔ̀ːrəṭɪzéɪʃən | -ɔ̀rətaɪz-/ 名 Ⓤ 優先(順に並べること).

pri·or·i·tize /praɪɔ́ːrətàɪz | -ɔ́r-/ 動 他 (...)を優先させる; (...)を優先順に並べる. — 自 優先順位を決める.

(名 priórity)

‡pri·or·i·ty /praɪɔ́ːrəṭi | -ɔ́r-/

— 名 (-i·ties /~z/) ❶ Ⓒ **優先する[させる]物[こと]**, 優先事項: Our top [first] *priority* is to find the victims. 我々はまず何よりも犠牲者を発見しなければならない.

❷ Ⓤ (順序・重要性の)**優先**, **優先権**, (他より)先行(する[させる]こと): high [low] *priority* 高い[低い]優先順位 / His claim ***has*** [***takes***] ***priority over*** yours in this case. この場合には彼の要求のほうがあなたのよりも優先します / The new prime minister has ***given*** top [highest] ***priority to*** the economy. 新首相は経済を最優先している. ❸ Ⓤ《英》(車の)優先権.

(形 príor)

prise /práɪz/ 動 他《英》= prize².

pris·m /prízm/ 名 ❶ Ⓒ〔光学〕プリズム. ❷ Ⓒ〔数学〕角柱.

pris·mat·ic /prɪzmǽṭɪk/ 形 プリズムで分光した; 鮮やかな; 色とりどりの.

pris·on** /príz(ə)n/ 名 (~s /~z/) ❶ Ⓒ,Ⓤ **刑務所**, **監獄**, 牢獄(ろうごく); 拘置所《⇒ jail 語法》: a state *prison*《米》州立刑務所 / the *prison* population (1 国の)全服役者(数) / He has been ***in prison for the past three years. 彼はここ 3 年間服役している / He was ***sent to prison*** for theft. 彼は窃盗罪で投獄された / ***put ... in prison*** (人)を投獄する / ***escape from prison*** 脱獄する / ***go to prison*** 服役する. ❷ Ⓤ 投獄, 監禁, 禁固: a *prison* term 刑期 / a *prison* sentence 禁固刑.

〖語源 ラテン語で「捕らえること」の意〗

príson càmp 名 Ⓒ 捕虜[政治犯]収容所.

+pris·on·er /príz(ə)nə | -nə/ 名 (~s /~z/) ❶ Ⓒ **囚人**; 刑事被告人: release a *prisoner* 囚人を釈放する / a political *prisoner* 政治犯 / a *prisoner* of conscience 良心の囚人《政治・宗教上の信念を理由に拘束をうけている人》/ a *prisoner* at the bar 刑事被告人.

❷ Ⓒ (戦争などの)**捕虜**: a *prisoner* of war (戦争)捕虜《略 P.O.W.》/ The rebel soldiers ***kept*** [***held***] the journalist ***prisoner*** for two months. 反乱兵たちはそ

のジャーナリストを2か月間捕虜にしておいた / ***take ... prisoner*** (人)を捕虜にする. ❸ Ⓒ 自由を奪われた人[動物]; (...の)とりこ: a *prisoner of* one's past 過去に縛られ[とらわれ]た人.

pris·sy /prísi/ 形 (pris·si·er; -si·est)《略式》[軽蔑的] (人が)小うるさい, 潔癖な.

pris·tine /prísti:n/ 形 元のままの; 真新しい, 汚れのない: in *pristine* condition (中古品などが)新品同様の, ほとんどまっさらの.

+**pri·va·cy** /práɪvəsi | prív-, práɪv-/ 名 ❶ Ⓤ **他人から干渉されないこと**, 個人の自由な生活, プライバシー: an invasion of (...'s) *privacy* (...の)プライバシーの侵害 / protect [respect] the *privacy* of one's child 自分の子どものプライバシーを守る[尊重する] / He often invades my *privacy*. 彼はしょっちゅう私の私事に立ち入る. ❷ Ⓤ 他人には秘密にしておくこと, 内密: They exchanged contracts *in the privacy of* the president's office. 彼らは人目につかぬ社長室で契約書を交わした. (形 private)

**pri·vate /práɪvət/ !発音

— 形

意味のチャート
ラテン語で「公職から離れた」の意から,
「個人の, 私的な」❶ → 「私立の」❸ / 「内密の」❷

❶ [普通は 限定] (公のものでなくて)**個人の**, 個人に属する, 私用の, 私的な; 内輪の《⇒ personal 類義語》 [⇔ public]: a *private* office 個人用の事務所 / I refused it for *private* reasons. 私は(言いたくない)個人的な理由でそれを断わった / Stay out of my *private* life! 私の私生活に立ち入るな.

❷ **内密の**, 秘密の, 非公開の, ないしょの [≒secret]; (手紙が)親展の《封筒の表に Private と書く》: This is a *private* matter and you mustn't tell it to anybody else. これはないしょのことなのでだれにも言ってはいけません.

❸ 限定 **私立の**, 私営の, 私有の; 民営の [⇔ public]: a *private* railroad 私鉄 / (a) *private* enterprise 民間企業.

❹ 限定 公職についていない, 在野の: return to *private* life (公職を離れて)民間人の生活に戻る.

❺ (場所などが)人目につかない; 限定 (人が)他人と交わらない. (名 prívacy, 動 prívatìze)

— 名 ❶ Ⓒ [しばしば P-]〘軍隊〙兵卒. ❷ [複数形で]《略式》= private parts.

in prívate [副] **ないしょで**, 人のいないところで [⇔ in public].

prívate detéctive [invéstigator] 名 Ⓒ 私立探偵.

prívate éye 名 Ⓒ《略式》私立探偵.

pri·vate·ly /práɪvətli/ 副 ❶ 人のいないところで, ないしょで, 秘密に; [ときに 文修飾] 内心で(は): I want to speak to you *privately*. 人のいないところで[2人きりで]お話ししたい. ❷ 個人として, 個人的に; [ときに 文修飾] 私的に(は); 民間[民営]で: a *privately* owned house 私有家屋.

prívate párts 名 複 [遠回しに] 陰部.

prívate schóol 名 Ⓒ 私立学校 [《英》independent school]. 関連 public school《米・スコットランド・豪》公立学校 / state school《英》公立学校.

+**prívate séctor** 名 [the ~] **民営部門**, 民間企業《⇒ public sector》.

pri·va·tion /praɪvéɪʃən/ 名 Ⓒ,Ⓤ《格式》(必需品などの)欠乏, 不足; 窮乏: suffer many *privations* いろいろなものに不自由する.

pri·vat·i·za·tion /pràɪvətɪzéɪʃən | -taɪz-/ 名 Ⓤ,Ⓒ 民営化. (動 prívatìze)

***pri·vat·ize** /práɪvətàɪz/ 動 (-vat·iz·es /~ɪz/; ~d /~d/; -iz·ing) 他 (政府の事業・組織)を**民営化する**: Japanese National Railways *were privatized* in 1987. V+O の受身 日本の国鉄は1987年に民営化された. (形 prívate, 名 prìvatizátion)

priv·et /prívɪt/ 名 Ⓤ いぼたの木, 西洋いぼた《生け垣用》.

+**priv·i·lege** /prív(ə)lɪdʒ/ 名 (-i·leg·es /~ɪz/) ❶ Ⓒ (地位・身分などに伴う)**特典, 特権**: have the ***privilege of*** tax exemption 免税の特権がある / What *privileges* do members enjoy? 会員にはどんな特典がありますか.

❷ [単数形で] (個人的な)**恩典**, 特典, 特別な名誉, 光栄: I had the ***privilege of*** meet*ing* the Prime Minister. 首相にお会いする栄誉を得た / It's *a* great *privilege* (for me) to attend this ceremony.《格式》この式典に参列するのは(私にとって)大変名誉なことです.

❸ Ⓤ [しばしば軽蔑的] (富・家柄・高位などによる)**特権**, 特別扱い: the days of white *privilege* 白人が特権を持っていた時代.

〖語源 原義はラテン語で「個人《⇒ private》のための法律」〗

+**priv·i·leged** /prív(ə)lɪdʒd/ 形 ❶ [ときに軽蔑的] **特典を与えられた**, 特権のある: the [a] *privileged* few 少数の特権階級の人々 / *the privileged* 特権階級の人々《複数名詞扱い; ⇒ the[1] 3》. 関連 underprivileged 社会的・経済的に恵まれない. ❷ 叙述 光栄な: We're very *privileged to* have Dr. Jones with us. ジョーンズ博士にお越しいただき誠に光栄に存じます.

priv·y /prívi/ 形 (priv·i·er; -i·est) 叙述《格式》(秘密などを)内々に[ひそかに]知っている (*to*). — 名 (priv·ies) Ⓒ《古風》(屋外)便所.

Prívy Cóuncil 名 [the ~]《英》枢密院.

Prívy Cóuncillor 名 Ⓒ《英》枢密顧問官.

**prize[1] /práɪz/ (同音 pries)

— 名 (priz·es /~ɪz/) ❶ Ⓒ **賞**; **賞品, 賞金**, ほうび《⇒ 類義語》: The boy was ***awarded*** [***given***] a ***prize for*** good conduct. その少年は善行に対して賞を与えられた / She ***won*** [***took***, ***got***] (the) first ***prize*** at the flower show. 彼女は花の展示会で1等賞をとった. 語法「1[2, 3]等賞をとる」,「1 [2, 3]等賞を授ける」のような場合は the を省くのが普通 // a consolation *prize* 残念賞 / "What do you get as (the) first *prize*?" "A trip to Hawaii, I hear."「1等賞は何がもらえるの?」「ハワイ旅行だって」

❷ Ⓒ (努力して獲得する)**価値ある物**; 貴重なもの: Fame is a *prize* almost everybody wants to win. 名声はたいていだれもが手にしたいと思うすばらしいものだ.

類義語 **prize** 競技・勝負事またはくじなどで得た賞金[賞品]: win first *prize* 一等賞をとる. **award** 審査員などの判定によって与えられる賞; 競争は表面には表われない: Academy *Awards* アカデミー賞《ただし Nobel Prize のように, この意味で prize が使われることもある》.

— 動 (priz·es /~ɪz/; prized /~d/; priz·ing) 他 [し

ばしば受身で] (...)を**大切にする**, 重んじる; 高く評価する: Her picture *was* highly ***prized for*** its originality. V+O+*for*+名の受身 彼女の絵はその独創性を高く評価された.

— 形 ❶ 限定 入賞した, 受賞に値する; 賞品の, 賞金の: a *prize* novel 入選小説. ❷ 限定 見事な, すばらしい; 《英略式》 全くの: *prize* roses 見事なばら / a *prize* fool [idiot] 《英略式》 大ばか.

〘語源 price と同語源〙

prize² /práɪz/ 動 他 (...)をてこで動かす; こじ開ける.

prized /práɪzd/ 形 とても大切な: ...'s most *prized* possessions ...が最も大切にしているもの.

prize·fight /práɪzfàɪt/ 名 C プロボクシングの試合.

prize·fight·er /práɪzfàɪṭɚ | -tə/ 名 C プロボクサー.

prize·fight·ing /práɪzfàɪṭɪŋ/ 名 U プロボクシング.

príze mòney 名 U 懸賞金, 賞金.

prize·win·ner /práɪzwɪ̀nɚ | -nə/ 名 C 受賞者.

prize·win·ning /práɪzwɪ̀nɪŋ/ 形 限定 受賞[入賞]した.

+**pro¹** /próʊ/ 名 (~s /~z/) C 《略式》 **プロ(選手)**, 本職 (professional): an old *pro* ベテラン.

— 形 **プロの**, 本職の: a *pro* baseball player プロ野球選手. 日英 professional は pro (プロ)と略せるが, amateur は ama (アマ)と略さない. ただし pro-am ((競技が)プロアマ参加の)は例外.

pro² /próʊ/ 名 C 賛成者[票, 意見]; よい点. **the prós and cóns** [名] メリットとデメリット; 賛否両論 (*of*).

pro-¹ /prə, proʊ/ 接頭 「前へ, 前に」の意: *pro*ceed (先に)進む / *pro*gress 進歩.

pro-² /pròʊ/ 接頭 「...に賛成の, ...びいきの」の意 [⇔ anti-]: *pro*-American アメリカびいきの.

pro-³ /pròʊ/ 接頭 「...の代わり, 代理」の意: *pro*noun 代名詞.

pro·ac·tive /proʊǽktɪv/ 形 先を見越した[ての].

pro-am /próʊǽm←/ 形 限定, 名 C (特にゴルフで)プロアマ参加の(競技) (⇒ pro¹ 形 日英).

+**prob·a·bil·i·ty** /prὰ(:)bəbíləṭi | prɔ̀b-/ 名 (-i·ties /~z/) ❶ U,C **見込み**, 公算 [⇔ improbability]: a high [strong] *probability* 大きな見込み / The ***probability of*** our win*ning* is high. 我々が勝つ可能性は高い / There's every [little, no] ***probability that*** his dream will come true. +*that* 節 彼の夢が実現する見込みは十分ある[ほとんどない, 全くない]. ❷ C 起こり[あり]そうな事柄[結果]: Her recovery is a *probability*. 彼女の病気は治る見込みがある / What are the *probabilities*? どういう結果になりそうですか / The *probability* is that the bill will be rejected. その法案は否決されそうだ. ❸ C,U 〔数学〕 確率.

in áll probabílity [副] 文修飾 たぶん, 十中八九.

(形 próbable)

+**prob·a·ble** /prά(:)bəbl | prɔ́b-/ 形 **ありそうな**, (起こる)見込みのある; たぶん(そう)なりそうな[しそうな] (⇒ possible 類義語) [⇔ improbable]: the *probable* results of the election 選挙で(たぶんこうなると)予想される結果 / A railroad strike seems highly *probable*. 鉄道ストはまず確実と思われる / 言い換え ***It's probable that*** he'll pass the exam. (= He'll probably pass the exam.) 彼はたぶん試験に合格するだろう (✪ *It's probable for* him *to* pass .... とはいわない) / Who's the *probable* winner? 勝ちそうな人はだれですか.

(名 pròbabílity)

— 名 C 可能性の高い人; 予想される候補者[勝者] (*for*).

〘語源 原義はラテン語で「証明可能な」; prove と同語源〙

*****prob·a·bly** /prά(:)bəbli | prɔ́b-/

— 副 [文中・文頭に用いて] 文修飾 **たぶん, 恐らく** (⇒ likely 表) [⇔ improbably]: 言い換え John will *probably* pass the exam. = *Probably* John will pass the exam. (= It's probable that John will pass the exam.) ジョンはたぶん試験に受かるだろう / She *probably* won't help. 彼女は手伝わないでしょう / 💬 "Is Liz coming tomorrow?" "*Próbably* [*Próbably nót*]." 「リズはあした来るかな」「たぶんね[たぶん来ないよ]」 (⇒ not (5) (ii)).

pro·bate /próʊbeɪt/ 名 U 〔法律〕 遺言などの検認 (本物であることの確認). — 動 他 《米》 〔法律〕 (遺言書)を検認する.

pro·ba·tion /proʊbéɪʃən/ 名 ❶ U 〔法律〕 保護観察; 執行猶予: be put *on probation* 保護観察に付される. ❷ U 見習い期間, 試用期間, 仮採用: *on probation* 試用期間中で. ❸ U 《米》 解雇猶予期間; (成績不振・不品行の学生の)仮及第[謹慎]期間: *on probation* 解雇[処分]するかどうか観察されて.

pro·ba·tion·ar·y /proʊbéɪʃənèri | -ʃ(ə)nəri/ 形 限定 見習い中の, 試用期間中の; 保護観察中の.

pro·ba·tion·er /proʊbéɪʃ(ə)nɚ | -nə/ 名 ❶ C 見習い中の人. ❷ C 保護観察[執行猶予]中の人.

probátion òfficer 名 C 保護観察官.

+**probe** /próʊb/ 動 (probes /~z/; probed /~d/; prob·ing) 他 ❶ (真相究明のため)(...)を**探る**, 調査する: The TV program *probed* the prime minister's involvement in the scandal. そのテレビ番組は首相のスキャンダルへの関与を探った. ❷ (指・棒などで)(...)を探る; 〔医学〕 探り針で探る.

— 自 **調査する**, 探る: ***probe*** deeply ***into*** the corruption case V+*into*+名 汚職事件を徹底的に調査する.

— 名 ❶ C [主に新聞で] (徹底的な)調査 (*into*). ❷ C 〔医学〕 探り針, プローブ. ❸ C = space probe.

*****prob·lem** /prά(:)bləm, -lem | prɔ́b-/

— 名 (~s /~z/) ❶ C **問題**, 課題 (解答や解決を必要とするもの; ⇒ 類義語): Pollution is a serious social *problem*. 汚染は深刻な社会問題である / a big [major] *problem* 大問題 / discuss the pressing ***problem of*** housing 急を要する住宅問題を話し合う / There's a difficult ***problem with*** that. それについては難しい問題がある / ***have*** a ***problem*** (*with* ...) (...に)問題がある / ***solve*** a ***problem*** 問題を解決する / 「***deal with*** [***address***, ***tackle***] a ***problem*** 問題に対処する[取り組む] / ***cause*** a ***problem*** 問題を引き起こす.

❷ C **やっかいなこと**, 困ったこと, 悩みの種: What's the *próblem*? どうしたんだ / ***The problem is that*** I can't drive. 問題は私が車を運転できないことだ / If a *problem* arises, tell me. もし問題が起きたら私に言ってくれ (✪ a problem happens とは言わない).

❸ C (試験などの)**問題**: 言い換え solve ***problems in*** mathematics = solve mathematical *problems* 数学の問題を解く.

❹ [形容詞的に] 問題となる; 問題を提供する: a *problem* child 問題児.

❺ C 故障, 不調, 障害: an engine *problem* エンジンの故障 / a health *problem* 健康上の問題 / a knee *problem* ひざの故障.

hàve a próblem with ... [動] ⑯《略式》...に不満がある.

Nó próblem. ⓢ (1) [依頼や許可の求めなどに対する返答として] **いい(です)よ**; 問題ない, 大丈夫です: "May I park here?" "*No problem.*"「ここに駐車してもいいですか」「ええ, どうぞ」/ "Can you finish this by tomorrow?" "*No problem.*"「これ, あしたまでに終わらせてもらえますか」「大丈夫ですよ」 (2) [お礼や謝罪に対する返事として] **どういたしまして**: "Thank you so much for your help." "*No problem.*"「手伝ってくれてありがとう」「どういたしまして」

Thàt's yóur [...'s] pròblem. ⓢ それは君の[...の]問題だ; 私の知ったことではない.

What's your próblem? ⓢ 一体どうしたというのですか《不可解なことをした相手に対して》.

(形 pròblemátic, pròblemátical)

類義語 **problem** はっきりと解決することが要求される問題をいう: There're some technical *problems* to solve. 解決すべき技術的問題がいくつかある. **question** 解決がつくかどうかは別として困難や議論を引き起こす問題をいう: the *question* of security 安全面の問題. **issue** 論争の対象となっている問題点で, 法律上の争点や, 決着を迫られている社会的·国際的な問題などに用いる: Our society is confronting various environmental *issues*. 社会は様々な環境問題に直面している.

〖語源 原義はギリシャ語で「(議論のために)前へ投げられたもの」〗

prob·lem·at·ic /prɑ̀(ː)bləmǽṭɪk | prɔ̀b-/, **-at·i·cal** /-ṭɪk(ə)l/ 形 問題のある, 疑問の; (主に結果が)疑わしい. (名 próblem)

pro·bos·cis /prəbɑ́(ː)sɪs | -bɔ́s-/ 名 (複 ~·es, pro·bos·ci·des /-sədiːz/) ❶ Ⓒ (昆虫などの)吻(ふん). ❷ Ⓒ (象などの)鼻.

pro·ce·dur·al /prəsíːdʒ(ə)rəl/ 形《格式》(訴訟)手続き上の, 進行上の. (名 procédure)

pro·ce·dure** /prəsíːdʒɚ | -dʒə/ 発音 名 (~s /~z/) ❶ Ⓒ,Ⓤ (物事の)**手続き**, 手順: follow the correct [proper] *procedure* 正しい手順をふむ / legal *procedure* 法的な手続き / boarding *procedures* (航空機の)搭乗手続き / What's the normal [usual] ***procedure for getting a driver's license? 免許証をとるには普通どんな手続きがいるの.
❷ Ⓒ〖医学〗処置, 手術: a medical *procedure* 医療上の処置.

pro·ceed** /proʊsíːd, prə-/ 動 (pro·ceeds /-síːdz/; -ceed·ed /-dɪd/; -ceed·ing /-dɪŋ/) 自 ❶《格式》(話·仕事などを)**続ける**, 進行する; 続いて[次に]...する: He ***proceeded with his speech. V+*with*+名 彼は演説を続けた / Let's ***proceed to*** the next item. V+*to*+名 次の項目に移ろう / After that she ***proceeded to*** explain the reasons for it. V+*to* 不定詞 それから彼女はその理由を説明し始めた.
❷ [副詞(句)を伴って]《格式》(先に)**進む**: Passengers on Flight 785, please ***proceed to*** Gate 9. V+*to*+名 785 便にご搭乗の方は 9 番ゲートへお進みください《空港のアナウンス; 785 は seven eight five と読む》/ *Proceed* with caution. 気をつけて進んでください.

procéed agàinst ... [動] ⑯〖法律〗...に対して(法律上の)手続きをとる.

procéed from ... [動] ⑯《格式》...から発生する, 生ずる, 由来する. (名 prócess, procéssion)

単語のキズナ　CEED／行く＝go

proceed	(前へ行く)	→	進む
succeed[2]	(次に行く)	→	(人)の後を継ぐ
exceed	(外に行く)	→	越える
precede	(先に行く)	→	...より先に行く
recede	(後ろへ行く)	→	後退する

+**pro·ceed·ings** /proʊsíːdɪŋz, prə-/ 名 複 ❶〖法律〗**法的[訴訟]手続き** (*against*, *for*): take [start, institute] (legal) *proceedings* 訴訟を起こす. ❷ [the ~] (一連の)出来事, (事の)成り行き. ❸ [the ~] 議事録; 議事, 会報 (*of*).

pro·ceeds /próʊsiːdz/ 名 複 [the ~] 収入, 売上高, 収益 (*of*, *from*).

‡**pro·cess** /prɑ́(ː)ses, próʊ- | próʊ-, prɔ́s-/ アク

— 名 (~·es /~ɪz/) ❶ Ⓒ **過程**, **プロセス**; 進行, 経過; 作用: the ***process of*** growth [learning] 生長[学習]の過程 / thought *processes* 思考過程 / the peace *process* 和平への道のり.
❷ Ⓒ **製法**, 工程; 加工, 処理: By what *process* is cloth made waterproof? 服地はどんな工程で防水加工されるのですか. ❸ Ⓒ〖法律〗訴訟手続き; 召喚状.

be in the prócess of ... [動] **...が進行中である**, ...中である: The railroad *is* now *in the process of* construction [be*ing* constructed]. その鉄道は今建設中だ.

in prócess [形] **進行中で**: the work *in process* 進行中の仕事.

in the prócess [副] その過程において.

(動 procéed)

— 動 他 ❶ (原料·食品)を加工する, (化学的に)処理する: *processed* food 加工食品. ❷ (書類など)を(決まったやり方で)処理[審査]する. ❸〖コンピュータ〗(情報·資料など)を処理する. ❹〖写真〗(...)を現像[焼き付け]する.

pro·cessed /prɑ́(ː)sest | próʊ-/ 形 加工した: *processed* cheese プロセスチーズ.

pro·cess·ing /prɑ́(ː)sesɪŋ | próʊ-/ 名 ❶ Ⓤ (食品などの)加工処理. ❷ Ⓤ〖コンピュータ〗処理: the *processing* of information [data] 情報[データ]の処理.

+**pro·ces·sion** /prəséʃən/ 名 (~s /~z/) ❶ Ⓒ,Ⓤ (儀式などの)**行列**, 行進: a funeral *procession* 葬列 / They marched ***in procession*** through the streets. 彼らは列を作って通りを行進した. ❷ Ⓒ (人·物の)連続, 連なり: a ***procession of*** visitors 次から次への来客. (動 procéed)

+**pro·ces·sor** /prɑ́(ː)sesɚ, próʊ- | próʊsesə, prɔ́s-/ 名 (~s /~z/) ❶ Ⓒ〖コンピュータ〗(**中央**)**処理装置**; 言語処理プログラム: a word *processor* ワープロ. ❷ Ⓒ 加工機; 加工業者: ⇒ food processor.

pro-choice /pròʊtʃɔ́ɪs/ 形 妊娠中絶支持の, 中絶合法化に賛成の [⇔ pro-life].

+**pro·claim** /proʊkléɪm, prə-/ 動 (pro·claims /~z/; pro·claimed /~d/; -claim·ing) 他 ❶《格式》(...)を**宣言する**, 布告する; (...)を(~であると)声明[公表, 発表]する [≒declare]: The island *proclaimed* its independence. その島は独立を宣言した / A new holiday *was proclaimed*. V+O の受身 新しい祝日が発布された / 言い換え The president ***proclaimed that*** Tom was his successor. V+O (*that* 節) = The president *proclaimed* Tom his successor. V+O+C

(名) = The president *proclaimed* Tom *to* be his successor. V+O+C (to 不定詞) 会長はトムが後継者だと発表した. ❷《格式》(物事が)(...(であること))を示している, (...)の証明とな(ってい)る. (名 pròclamátion)

pro·cla·ma·tion /prɑ̀(ː)kləméɪʃən | prɔ̀k-/ 名 ❶ U 宣言, 布告, 発布; 声明, 発表: the *proclamation* of a national holiday 国民の祝日の発布. ❷ C 声明書, 宣言書. (動 procláim)

pro·cliv·i·ty /proʊklívəṭi/ 名 (-i·ties) C《格式》(好ましくない)気質, 性癖, 傾向 (*for*; *to* do).

pro·cras·ti·nate /proʊkrǽstənèɪt/ 動 自《格式》やるべきことを(ぐずぐず)先に延ばす, ちゅうちょする, 逡巡(しゅんじゅん)する.

pro·cras·ti·na·tion /proʊkræ̀stənéɪʃən/ 名 U《格式》先延ばし, ちゅうちょ, 逡巡(しゅんじゅん).

pro·cras·ti·na·tor /proʊkrǽstənèɪṭɚ | -tə/ 名 C《格式》やるべきことを先に延ばす人.

pro·cre·ate /próʊkrièɪt/ 動 他《格式》(子)を産む. — 自《格式》出産する.

pro·cre·a·tion /pròʊkriéɪʃən/ 名 U《格式》出産.

proc·tor /prɑ́(ː)ktɚ | prɔ́ktə/ 名 C《米》試験監督官. — 動 (-tor·ing /-tərɪŋ/) 他《米》(...)の試験監督をする [《英》invigilate].

pro·cure /prəkjʊ́ɚ | -kjʊ́ə/ 動 (pro·cur·ing /-kjʊ́(ə)rɪŋ/) 他 ❶《格式》(苦労·努力して)(...)を手に入れる (*for*) [≒obtain]. ❷ (売春婦)をあっせんする (*for*). 〖語源 ラテン語で「世話をする」の意〗

pro·cure·ment /prəkjʊ́ɚmənt | -kjʊ́ə-/ 名 ❶ U (官庁·企業での)(必需品の)調達. ❷ U 獲得. ❸ U 売春のあっせん.

prod /prɑ́(ː)d | prɔ́d/ 動 (prods; prod·ded; prod·ding) 他 ❶ (指·棒などで)(...)を突く, 刺す. ❷ (...)を(~へと)駆り立てる; 励ます (*into*; *to* do). — 自 突く (*at*). — 名 ❶ C 突くこと, ひと突き. ❷ C 刺激; 促し, 催促. ❸ C 突き棒《家畜を追い立てる》.

prod·i·gal /prɑ́(ː)dɪg(ə)l | prɔ́d-/ 形《格式》浪費する; 放蕩(ほうとう)な: the *prodigal* son (悔い改めた)放蕩息子, 行ないを改めた道楽者《聖書のことばから》.

pro·di·gious /prədíʤəs/ 形《格式》巨大な, 莫大(ばくだい)な; 驚異的な. **~·ly** 副 莫大に; 驚異的に.

prod·i·gy /prɑ́(ː)dəʤi | prɔ́d-/ 名 (-i·gies) C 並はずれた天才: a child [an infant] *prodigy* 神童.

*****pro·duce**[1] /prəd(j)úːs | -djúːs/ アク 名詞の produce[2] とアクセントが違う. 動 (pro·duc·es /~ɪz/; pro·duced /~t/; pro·duc·ing) 他 ❶ (物)を**作り出す**, (大量に)**生産する**, 製造する; (作品など)を作る [≒make] [⇔ consume]: Our town *produces* steel. 私たちの町では鋼鉄が生産される / This factory *produces* television sets. この工場はテレビを作っている / It's hard to *produce* good crops *from* poor soil. やせた土地から豊かな作物を生産するのは難しい.

❷ (...)を**産み出す**; (人·動物が)(子)を産む, つくる; (場所が)(人)を輩出する: This mine *produces* plenty of coal. この鉱山は多量の石炭を産出する / Hens *produce* eggs. めんどりは卵を産む.

❸ (結果など)を**招く**, 引き起こす [≒cause]: The play has *produced* a great sensation. その劇は大変な評判を巻き起こした / Hunger often *produces* quarrels. 空腹はしばしばいさかいを生む.

❹ (劇·映画など)を**制作する**, 上演する: The play *was produced* with great success. V+O の受身 その劇の上演は大成功だった. ❺ (...)を(見えるように)取り出す, (証拠など)を提示する: I *produced* my ticket. 私は切符を出して見せた.

— 自 生産する; 産出する.

(名 próduct, prodúction, próduce[2]; 形 prodúctive)

〖語源 原義はラテン語で「前へ導き出す」; ⇒ pro-[1], introduce キズナ〗

prod·uce[2] /prɑ́(ː)d(j)uːs | prɔ́djuːs/ アク 動詞の produce[1] とアクセントが違う. 名 U 生産物《野菜·果物などの農産物》; 製品. (動 prodúce[1])

***pro·duc·er** /prəd(j)úːsɚ | -djúːsə/ 名 (~s /~z/) ❶ C (劇·映画·テレビ番組などの)**プロデューサー**, 制作者《特に経済面での責任者で, director のように俳優の演出はしない》.

❷ C **生産者[国]** (*of*) [⇔ consumer]: rice *producers* 米の生産者.

prodúcer gòods 名 複〔経済〕生産財 [⇔ consumer goods].

*****prod·uct** /prɑ́(ː)dʌkt, -dəkt | prɔ́d-/ アク

— 名 (prod·ucts /-dʌkts, -dəkts/) ❶ C (天然の)**産物**, (人工の)**製品**; 創作品; U〔商業〕生産物, 製品: natural *products* 天然の産物 / The company is planning to launch a new *product* on to the market. その会社は新製品を市場に売り出そうとしている / gross domestic *product* 国内総生産《略 GDP》.

関連 waste product 廃棄物.

❷ C **結果**, 成果, 産物 [≒result]: the ***products of*** hard work 努力の成果. ❸ C〔数学〕積 (*of*) [⇔ quotient]. ❹ C〔化学〕生成物. (動 prodúce[1])

*****pro·duc·tion** /prədʌ́kʃən/ アク

— 名 (~s /~z/) ❶ U (特に大量の)**生産**, 産出, 製造, 生成 [⇔ consumption]: the ***production of*** crops 作物の生産 / mass *production* 大量生産 / the costs of *production* 生産コスト / a new car ***in production*** 生産中の新型車 / ***go into*** [***out of***] ***production*** 生産が開始[中止]される.

❷ U **生産高**, 生産量: The *production* of automobiles is increasing. 自動車の生産は伸びている.

❸ U (劇·映画·テレビ番組などの)**制作**, 創作, 著作; 上演: The ***production of*** the play seemed impossible. その劇の上演は不可能のように見えた. ❹ C 芸術作品《劇·映画など》; (研究などの)成果; (心の)産物: dramatic *productions* 劇作品. 日英 英語では「芸能プロダクション」のような意味はない. theatrical agency のようにいう. ❺ U《格式》提出, 提示. (動 prodúce[1])

prodúction lìne 名 C 流れ(作業の)生産ライン.

+**pro·duc·tive** /prədʌ́ktɪv/ アク 形 ❶ **生産的な**, **生産力のある**, 実りの多い; 有意義な; 肥沃(ひよく)な [⇔ unproductive]: *productive* effort 報われることの多い努力 / The discussion was highly *productive*. 討論は非常に実り多いものであった / *productive* land 肥沃な土地. ❷ 生産の[に関する]: *productive* capacity 生産能力. ❸ 叙述《格式》(...を)生じる, (...を)起こす: New ideas are *productive of* debate. 新しいアイデアは議論を呼ぶ. (動 prodúce[1]; 名 pròductívity)

~·ly 副 有益に; 生産的に; 豊富に.

+**pro·duc·tiv·i·ty** /pròʊdəktívəṭi, -dʌk- | prɔ̀d-/ 名 U **生産力**(**があること**), 生産性: increase [raise, improve] *productivity* 生産性を高める. (形 prodúctive)

prof /prɑ́(ː)f | prɔ́f/ 名 (~s) C《略式》= professor.

Prof. 略 [肩書きとして用いて] ...教授.

> 語法 **Prof. の使い方**
> (1) 姓だけの前に用いるときには略語を用いない: *Prof.* William Clark / *Professor* Clark.
> (2) 《米》では呼びかけのときには普通 Dr. Clark, Mr. [Mrs.] Clark のようにいう.

prof·a·na·tion /prɑ̀(ː)fənéɪʃən | prɔ̀f-/ 名 U 《格式》神聖なものを汚(けが)すこと, 冒涜(ぼうとく).

pro·fane /proʊféɪn, prə-/ 形 ❶ 《格式》神聖なものを汚(けが)す, 冒涜(ぼうとく)的な; (ことばが)口ぎたない, 下品な. ❷ 限定 《格式》世俗的な. ── 動 他 《格式》(...)を冒涜する.

pro·fan·i·ty /proʊfǽnəṭi, prə-/ 名 (-i·ties) U 《格式》神聖なものを汚(けが)すこと, 冒涜(ぼうとく); 下品なことばづかい; C [普通は複数形で] 冒涜的[下品]なことば.

pro·fess /prəfés/ 動 他 ❶ 《格式》...する[...である, ...を持っている]と主張する, (...)を装う: He *professed to* know a lot about the law. 彼は法律のことをいかにもよく知っているように言った. ❷ 《格式》(思っていること)をはっきりと言う, 公言[明言]する: He *professed* his love for her. 彼は彼女を愛していると公言した. ❸ 《格式》(...)を信仰する(と告白する).

pro·fessed /prəfést/ 形 ❶ 限定 《格式》(...と)公言した, 公然の. ❷ 限定 《格式》見せかけだけの; 自称の.

*__pro·fes·sion__ /prəféʃən/ 名 (~s /~z/) ❶ C (主に知的な) **職業**, 専門職《⇒ occupation 類義語》: the teaching *profession* 教職. ❷ [the ~; 《英》ときに複数扱い] 同業者《全体》: *the* legal *profession* 法曹界. ❸ C 公言; (信仰などの)告白 (*of*).

by proféssion [副] **職業は** (...である): Mr. Lee is a lawyer *by profession*. リー氏の職業は弁護士です.
(形 proféssional)

*__pro·fes·sion·al__ /prəféʃ(ə)nəl/

── 形 ❶ 限定 [比較なし] (専門的な)**職業の**, 知的職業の; **職業上の**: a *professional* person 専門職の人《医師・弁護士など》/ *professional* advice [skill] 専門的な助言[技術].
❷ 限定 [比較なし] **プロの**, 本職の [⇔ amateur]: *professional* baseball プロ野球 / a *professional* golfer プロゴルファー / ***turn*** [***go***] ***professional*** プロに転向する.
❸ (技術・腕前が)**本職の**, プロ(並み)の [⇔ amateur]; 仕事に徹している, 私情をはさまない [⇔ unprofessional]: a very *professional* performance まさに玄人(くろうと)(はだし)の演技[演奏]. (名 proféssion)
── 名 (~s /~z/) ❶ C **本職の人**, 専門家, **プロ**, 玄人(くろうと) [《略式》pro]: a real *professional* 正真正銘のプロ.
❷ C **職業選手**, プロ [《略式》pro] [⇔ amateur]: a soccer *professional* プロ(の)サッカー選手.

pro·fes·sion·al·is·m /prəféʃ(ə)nəlìzm/ 名 ❶ U 専門家[プロ]の技術; 専門家[プロ]気質(かたぎ), プロ意識. ❷ U プロ選手の起用.

pro·fes·sion·al·ly /prəféʃ(ə)nəli/ 副 職業的に, 専門的に; 本職[プロ]として; プロによって.

*__pro·fes·sor__ /prəfésə | -sə/ 名 (~s /~z/) C **教授** [《略式》prof]; 《米》(一般的に)大学の教員《肩書きとしては 略 Prof.》: *Professor* Long ロング教授《⇒ Prof. 語法》/ a full *professor* 《米》正教授《特に associate [assistant] professor と区別するときにいう》/ an exchange *professor* 交換教授 / a visiting *professor* 客員教授 / a ***professor of*** history ***at*** Columbia University コロンビア大学の歴史学の教授 語法 of は専門を, at は所属を表わす.

米国	英国	日本
(full) professor	professor	教授
associate professor		
assistant professor	reader	准教授
instructor	lecturer	講師

(形 pròfessórial)

pro·fes·so·ri·al /pròʊfəsɔ́ːriəl | prɔ̀f-/ 形 教授の; 教授らしい[にふさわしい]. (名 proféssor)

pro·fes·sor·ship /prəfésəʃɪp | -sə-/ 名 C 教授の地位[職].

prof·fer /prɑ́(ː)fə | prɔ́fə/ 動 (-fer·ing /-f(ə)rɪŋ/) 他 《格式》(...)に(物)を差し出す; (助言など)を与える (*to*).

pro·fi·cien·cy /prəfíʃənsi/ 名 U 熟達, 熟練, 堪能(たんのう): *proficiency in* mathematics 数学力 / an English *proficiency* test 英語運用能力テスト.

pro·fi·cient /prəfíʃənt/ 形 熟達した, 熟練した, 堪能(たんのう)な: She's *proficient in* [*at*] German. 彼女はドイツ語がとても上手だ. **~·ly** 副 上手に.

*__pro·file__ /próʊfaɪl/ 名 (~s /~z/) ❶ C,U **横顔**, (彫像の)側面: He drew the writer's *profile*. 彼はその作家の横顔を描いた / ***in profile*** 横顔で, 側面から(見た).
❷ C (人物などの簡単な)**紹介(記事)**, **プロフィール**《新聞・テレビなどの》: a ***profile of*** ...'s achievements (人)の業績紹介. ❸ C (世間の)注目(度), 評価: ⇒ high profile, low profile. ❹ C 輪郭. ❺ C (地形面の)縦断面.
── 動 他 (...)の人物[事物]紹介をする; [普通は受身で] (...)の横顔を描く.

pro·fil·ing /próʊfaɪlɪŋ/ 名 U プロファイリング《種々のデータによる人物像などの分析・作成》.

*__prof·it__ /prɑ́(ː)fɪt | prɔ́f-/ (同音 prophet)

── 名 (prof·its /-fɪts/) ❶ C,U (金銭的な)**利益**, もうけ [⇔ loss]《⇒ 類義語》: (a) net *profit* 純益 / a gross *profit* 総利益 / Did you ***make*** [***turn***] a ***profit on*** the deal? その取り引きでもうけは出ましたか / sell ... ***at a profit*** ...を売って利益を出す / This organization is not run ***for profit***. この組織は営利目的で運営されていない.
❷ U 《格式》**ためになること**, 益, 利益, 利点: There is little *profit* in joining that association. その会に入っても得るものがほとんどない.

to ...'s prófit = to the prófit of ... [副] 《格式》...の利益になって: I read the book *to my* great *profit*. その本を読んで大変ためになった.

> 類義語 **profit** 金銭上または物質的利益: They made a *profit* of $7000 on the deal. 彼らはその取り引きで7千ドルの利益を得た. **benefit** 主として金銭以外の個人・集団の幸福につながる利益: Education is of great *benefit* to children. 教育は子供たちにとって

非常にためになるものだ. **advantage** 他より有利な立場・地位にあることから生じる利益: One *advantage* of this method is that it saves a lot of money. この方法の利点の一つは大いにお金を節約できる点だ.

— 動 (prof·its /-fɪts/; -it·ed /-ṭɪd/; -it·ing /-ṭɪŋ/) 自 (...から)**利益を得る**; (...で)得をする: Who ***profits by*** [***from***] the war? V+by [from]+名 その戦争で利益を得るものはだれか. — 他《格式》(物事が)(...)の利益になる, (...)に役立つ: It would *profit* you *to* learn to use computers. コンピューターが使えるようになることはあなたの利益となるだろう. (形 prófitable)

〖語源 ラテン語で「前進」の意〗

prof·it·a·bil·i·ty /prὰ(ː)fɪṭəbíləṭi | prɔ̀f-/ 名 U 収益性; 利益率.

+**prof·it·a·ble** /prá(ː)fɪṭəbl | prɔ́f-/ 形 ❶ **利益[もうけ]になる**, 有利な [⇔ unprofitable]: a *profitable* business もうかる商売 / I hope your new enterprise will be *profitable*. あなたの新事業はもうかると思います.
❷ **ためになる**, 有益な [≒useful]: a very *profitable* discussion 大変有益な討論. (動 prófit)

-a·bly /-bli/ 副 利益をあげて, もうかって; 有意義に, 有益に.

prof·i·teer /prὰ(ː)fətíə | prɔ̀fɪtíə/ 名 C (戦争・災害で)暴利をむさぼる者, 不当利得者.

prof·i·teer·ing /prὰ(ː)fətí(ə)rɪŋ | prɔ̀f-/ 名 U (戦争・災害で)暴利をむさぼること, 不当利得.

prof·it·less /prá(ː)fɪtləs | prɔ́f-/ 形 ❶《格式》利益のない, もうからない. ❷ 無益な, ためにならない.

prof·it-mak·ing /prá(ː)fɪtmèɪkɪŋ | prɔ́f-/ 形 [普通は 限定] 利益をあげる, 営利の.

prófit màrgin 名 C〔商業〕利ざや.

prófit shàring 名 U (労使間の)利益配分(制).

prof·li·ga·cy /prá(ː)flɪgəsi | prɔ́f-/ 名 U《格式》浪費; 放蕩(ほうとう), 不品行.

prof·li·gate /prá(ː)flɪgət | prɔ́f-/ 形《格式》浪費する, 金づかいの荒い (*of*); 放蕩(ほうとう)の, 不品行な. — 名 C《格式》浪費家; 放蕩者.

+**pro·found** /prəfáʊnd/ 形 (-found·er; -found·est)
❶ (影響などが)**強い**, 重大な, 深刻な; 完全な: a *profound* impact [effect, influence] 強い影響 / *profound* change in policy 重大な方針の変更.
❷ (感情などが)**心の底からの**, 深い: feel *profound* sympathy for ... ...に心からの同情を感じる.
❸ (考え・学問などが)**深遠な**, 奥深い; 難解な: *profound* doctrines 深遠な教義 / a person of *profound* learning 学識の深い人. ❹《文語》深い [≒deep]. (名 profúndity)

~·ly 副 深く, 激しく; 心から.

pro·fun·di·ty /prəfʌ́ndəṭi/ 名 (-di·ties) ❶ U《格式》(考えなどの)深遠さ, 奥深さ; (感情などの)深刻さ (*of*). ❷ C [普通は複数形で]《格式》深遠な思想[ことば], 深い意味. (形 profóund)

pro·fuse /prəfjúːs/ 形 多量の, おびただしい: make *profuse* apologies 平謝りする. **~·ly** 副 多量に, おびただしく; 何度も.

pro·fu·sion /prəfjúːʒən/ 名 [a ~ または U]《格式》多量, 多様: *in profusion* 豊富に, たくさん.

pro·gen·i·tor /proʊʤénəṭə | -tə/ 名 C《格式》(人間・動植物の)祖先, 先祖; 創始者, 元祖 (*of*).

prog·e·ny /prá(ː)ʤəni | prɔ́ʤ-/ 名 U [ときに複数扱い]《格式》子孫《全体》; 結果, 所産.

prog·no·sis /prɑ(ː)gnóʊsɪs | prɔg-/ 名 (複 prog·no·ses /prɑ(ː)gnóʊsiːz | prɔg-/) C〔医学〕予後《経過の予測; ⇒ diagnosis》;《格式》予知, 予測.

prog·nos·ti·ca·tion /prɑ(ː)gnὰ(ː)stəkéɪʃən | prɔgnɔ̀s-/ 名 C,U《格式》予測; 予言.

*****pro·gram**, 《英》**pro·gramme** /próʊgræm, -grəm | -græm/ ❗発音 名 (~s /~z/) ❶ C **計画**, 予定 (⇒ plan 類義語): a business *program* 事業計画 / a ***program of*** economic reform 経済改革の計画 / What's (on) the ***program for*** today? 今日の予定はどうなってるの.
❷ C (テレビ・ラジオの)**番組**: TV *programs* テレビ番組 / put on a ***program on*** [***about***] Japanese history 日本史を扱った番組を放送する.
❸ C〔コンピュータ〕**プログラム**《データの処理のしかたをコンピューターに指示する一連の指令》. 語法 この意味では《英》でも program のつづりが普通.
❹ C《米》(学習)**課程**, カリキュラム, プログラム: a training *program* 研修課程. ❺ C (コンサート・劇などの)**プログラム**(表), パンフレット; 曲目, 演目.

gét with the prógram [動] 自 Ⓢ《米略式》やるべきことをやる, (うかうかせずに)しっかりする.

— 動 (pro·grams, 《英》 pro·grammes /~z/; pro·grammed, pro·gramed /~d/; -gram·ming, -gram·ing) 他 ❶〔コンピュータ〕(コンピューター)を**プログラムする**: Can computers ***be programmed to*** talk in the same way as humans? V+O+C (*to* 不定詞)の受身 コンピューターを人間と同様に話すようプログラムすることは可能か. 語法 この意味では《英》でも program のつづりが普通.
❷ (機械など)に(...の仕組み[仕掛け]を)**組み込む**, (...するように)セットする; [普通は受身で] (人・動物)を(...するように)方向[条件]づける: This air conditioner ***is programmed to*** turn itself off at 1 a.m. V+O+C (*to* 不定詞)の受身 このエアコンは午前 1 時に停止するようにセットしてある. ❸ (...)を計画[予定]する.

〖語源 ギリシャ語で「公に書かれたもの」の意〗

pro·gram·ma·ble /próʊgræməbl/ 形 (コンピューターの)プログラムで制御できる, プログラム化可能な.

prógrammed léarning 名 U プログラム学習.

+**pro·gram·mer** /próʊgræmə | -mə/ 名 (~s /~z/) C **プログラマー**《コンピューター用プログラムの作成者》.

+**pro·gram·(m)ing** /próʊgræmɪŋ/ 名 ❶ U〔コンピュータ〕**プログラミング**《プログラム作成作業》. ❷ U (テレビ・ラジオの)番組編成; (編成された)番組.

****prog·ress**[1] /prá(ː)grəs, -gres | próʊgres, prɔ́g-/ ❗アク 動詞の progress[2] とアクセントが違う. 名 ❶ U **進歩**, 向上, 発達, 発展, 進展; 経過: ***progress in*** civilization 文明の発達 / He's ***making*** good ***progress in*** his studies. 彼はどんどん勉強ができるようになっている / ***progress on*** women's rights 女性の権利の向上 / The new policy seems to be facilitating ***progress toward*** peace. 新政策が平和に向けての進展を容易にしているようだ / a *progress* report 経過[中間]報告. ❷ U 前進, 進行: They *made* slow *progress* through the crowd. 彼らは群衆の間をゆっくりと進んでいった.

in prógress [形]《格式》**進行中で[の]**: A revolution is now *in progress* in that country. その国では今革命が進行している. (動 progréss[2])

pro·gress[2] /prəgrés/ ❗アク 名詞の progress[1] とアクセントが違う. 動 自 ❶ 進歩する, 上達する; 快方に向かう [⇔ regress]: He *progressed in* French little by little. 彼のフランス語は少しずつ進歩した. ❷ (仕事な

どが)進む, 進展する; (時などが)経過する: How's the work *progressing*? 仕事の進み具合はいかがですか.
(名 prógress[1], progréssion, 形 progréssive)
〖語源 ラテン語で「前へ(⇒ pro-[1])進む」の意〗

単語のキズナ		GRESS／進む=go
progress	(前へ進む)	→ 進歩(する)
regress	(後ろに進む)	→ 戻る
congress	(共に進む, 一緒に集まる)	→ 国会
aggressive	(...の方へ進む)	→ 攻撃的な

pro·gres·sion /prəgréʃən/ 名 ❶ [U または a ～] 《格式》 進行; 進歩, 発達 (*from, to*). ❷ C 《格式》 連続, 継起 (*of*). ❸ C 〔数学〕 数列.
(動 progréss[2])

+**pro·gres·sive** /prəgrésɪv/ ❗アク 形 ❶ **進歩的な**, 革新的な [⇔ conservative]; 発展[向上]している: a *progressive* policy 進歩的な政策 / *progressive* parties 革新政党. ❷ 漸進(ぜん)的な; (病気などが)進行性の; (税が)累進的な. ❸ 〔文法〕 進行形の.
(動 progréss[2])
— 名 C [普通は複数形で] 進歩的な人, 革新論者 [⇔ conservative].

pro·gres·sive·ly /prəgrésɪvli/ 副 [しばしば比較級とともに] 次第に, だんだんと.

+**pro·hib·it** /proʊhíbɪt, prə-/ 動 (-hib·its /-bɪts/; -it·ed /-ṭɪd/; -it·ing /-ṭɪŋ/) 他 ❶ [普通は受身で] (規則・法律などで)(ある事)を**禁止する**; (人など)に(...することを)禁じる(⇒ forbid 類義語): Parking *is prohibited* in this area. V+O の受身 この地域は駐車禁止です / Minors *are prohibited from* smok*ing* or drink*ing*. V+O+*from*+動名の受身 未成年者は喫煙と飲酒を禁じられている. ❷ 《格式》 (物事が)(ある事)を妨げる, 阻(はば)む; (人)が(...するのを)妨げる [≒prevent]: Some unavoidable business *prohibited* my [me *from*] tak*ing* part in the meeting. あるやむをえない事情で私はその会に参加できなかった.
(名 pròhibítion, 形 prohíbitive)

pro·hi·bi·tion /pròʊ(h)əbíʃən/ 名 ❶ U (規則・法律で)禁止する[される]こと: the strict *prohibition of* smoking in public places 公共の場所での喫煙の厳禁. ❷ C 禁止命令 (*against, on*): a *prohibition against* the use of guns 銃砲使用禁止令. ❸ U [普通は P-] 酒類醸造販売の禁止; 《米》 禁酒法実施期間(1920 年から 1933 年).
(動 prohíbit)

pro·hib·i·tive /proʊhíbəṭɪv, prə-/ 形 ❶ (価格が)手が出ないほどに高い, 法外な. ❷ (規則・税などが)禁止[抑制]するための, 禁止の.
(動 prohíbit)
～·ly 副 (価格が)手が出ないほど, 法外に.

***proj·ect[1]** /prá(ː)ʤekt, -ʤɪkt | próʤ-/ ❗アク 動詞の project[2] とアクセントが違う.
名 (projects/-ʤekts, -ʤɪkts/) ❶ C **計画**, 企画; 計画事業, プロジェクト(⇒ plan 類義語): a *project to* build a new city +*to* 不定詞 新都市を建設する計画.
❷ C (学生が取り組む)**研究[学習]課題**: do a *project on* the environment 環境について研究課題として取り組む. ❸ [しばしば the ～s] 《米略式》 = housing project.
(動 projéct[2] 他 3)
〖⇒ reject[1] キズナ〗

+**pro·ject[2]** /prəʤékt/ ❗アク 名詞の project[1] とアクセントが違う. 動 (pro·jects /-ʤékts/; -ject·ed /～ɪd/; -ject·ing) 他 ❶ [しばしば受身で] (...)を**予測する**, **見積もる**, 予想する: *project* sales for next year 来年の売上高を見積もる / Prices *are projected to* rise (by) two percent next year. V+O+C (*to* 不定詞)の受身 来年は物価が 2% 上昇すると予想されている.
❷ (映画・スライドなど)を**映写する**, 投映する; (影・光など)を投げかける: He *projected* color slides *onto* [*on*] the screen. V+O+*onto* [*on*]+名 彼はスクリーンにカラースライドを映した. ❸ [普通は受身で] (...)を計画する, 企てる: a *projected* dam 計画されたダム / Our trip to Hawaii *is projected for* next fall. 私たちのハワイ旅行はこの秋の予定だ. ❹ (イメージなど)をうまく表出する, 他人に(好ましく)印象づける: *project* an image of self-confidence 自信があるイメージを打ち出す / *project* oneself *as* a new leader 自分を新しい指導者として印象づける. ❺ (感情など)を(他人に)投影する (*on, onto*); (...)を(想像で)(未来などに)置いてみる, 向ける (*into*): Don't *project* your anxieties *onto* me. 自分が不安だからといって私も不安がっていると思わないでくれ. ❻ (...)を投げ出す, 発射する; (成功などが)(人)を(表舞台に)送り出す, 登場させる (*into, onto*). ❼ (声)を遠くまで聞こえるようにはっきり出す.
— 自 **突き出る**: The cliff *projected out over* the sea. V+副+前+名 がけは海の上に突き出ていた.
(名 projéction, 他 3 ではまた próject[1], 6 では projéctile)
〖語源 ラテン語で「前へ投げる」の意; ⇒ pro-[1], reject[1] キズナ〗

pro·jec·tile /prəʤéktl | -taɪl/ 名 C 《格式》 発射される物, 発射体(弾丸・ロケット・誘導ミサイルなど).
(動 projéct[2] 他 6)

+**pro·jec·tion** /prəʤékʃən/ 名 (～s /～z/) ❶ C **予測**, 見積もり, 予想: sales *projections for* next year 来年の売上高の予測. ❷ U 投影, (映画・スライドなどの)映写. ❸ C 投影図, 映写されたもの: *projections* of scenes *on* the wall 壁に映写された景色. ❹ 〔心理〕 U (感情などの)投影, 投射; C (感情・観念の)投影されたもの (*of*). ❺ C 《格式》 突き出(し)たもの, 突起.
(動 projéct[2])

pro·jec·tion·ist /prəʤékʃ(ə)nɪst/ 名 C 映写技師.

+**pro·jec·tor** /prəʤéktɚ | -tə/ 名 (～s /～z/) C **映写機**; (パソコン画面の)プロジェクター: ⇒ slide projector.

pro·le·tar·i·an /pròʊləté(ə)riən←/ 名 C, 形 プロレタリア(の), 無産者(の), 労働者(の).

pro·le·tar·i·at /pròʊlətéə)riət/ 名 [the ～; 《英》 単数または複数扱い] 無産階級(全体), プロレタリアート [⇔ bourgeoisie].

pro-life /pròʊláɪf/ 形 妊娠中絶(合法化)反対の [⇔ pro-choice].

pro·lif·er·ate /prəlífərèɪt, proʊ-/ 動 自 《格式》 急増する; (細胞などが)増殖する.

pro·lif·er·a·tion /prəlìfəréɪʃən/ 名 U または a ～] 《格式》 急増; (核兵器の)拡散.

pro·lif·ic /prəlífɪk, proʊ-/ 形 ❶ (作家などが)多作の, 創造力に富む; (スポーツ選手が)得点[勝利]の多い. ❷ 多産の; たくさん実を結ぶ. ❸ 多数存在する.
-lif·i·cal·ly /-kəli/ 副 豊富に.

pro·lix /proʊlíks, próʊlɪks/ 形 《格式》 (話・文章などが)冗長な, くどい.

pro·logue /próʊlɔːg, -lɑ(ː)g | -lɔg/ 名 ❶ C [ときに P-] (詩・物語・劇の)序詞, 序幕, プロローグ (*to*) [⇔ epilogue]. ❷ C 《文語》 (事件などの)前ぶれ (*to*). 〖⇒ dialogue キズナ〗

+**pro·long** /prəlɔ́ːŋ | -lɔ́ŋ/ 動 (pro·longs /～z/; -longed /～d/; -long·ing) 他 (事)を**長引かせる**, 延

P

ばす: He *prolonged* his visit. 彼は訪問の期間を延長した.

pro·lon·ga·tion /pròʊlɔ:ŋgéɪʃən | -lɔŋ-/ 名 U《格式》長引かせること, 延長 (*of*); C 延長部分 (*of*).

***pro·longed** /prəlɔ́:ŋd | -lɔ́ŋd/ 形 限定 **長引いた**, (非常に)長い.

prom /prá(:)m | prɔ́m/ 名 ❶《米》(高校などの)ダンスパーティー: the senior *prom* 最上級生の卒業ダンスパーティー. ❷ C《英略式》= promenade 1. ❸ C [しばしば P-]《英略式》= promenade concert.

prom·e·nade /prà(:)mənéɪd, -ná:d | prɔ̀məná:d←/ 名 ❶ C《英》(公園・海岸沿いなどの)散歩道, 遊歩道, プロムナード. ❷ C《古風》(公園などでの)散歩, 遊歩.
— 動 自《古風》散歩する; 行進する.

prómenade cóncert 名 C《英》プロムナードコンサート《聴衆の一部が立ったまま聴く音楽会》.

Pro·me·the·us /prəmí:θiəs, -θju:s/ 名 固〘ギリシャ神話〙プロメテウス《火の神; 天の火を盗み, 人類に与えた罰として岩につながれ, はげわしに肝臓を食われたという; ⇒ Pandora》.

prom·i·nence /prá(:)mənəns | prɔ́m-/ 名 U 目立って[傑出して]いること, 著名; C《格式》目立つ場所, 突出部: 「come to [rise to, gain] *prominence* 目立つようになる, 有名になる / give ... *prominence* = give *prominence* to ... ...を目立たせる. (形 próminent)

prom·i·nent** /prá(:)mənənt | prɔ́m-/ 形 ❶ **傑出した**, 卓越した, 著名な; 重要な: a *prominent* writer 優れた作家 / Mr. Hill is ***prominent in economic affairs. +in+名 ヒル氏は経済問題(の分野)で著名である. ❷ 目立つ, 人目につく: a *prominent* place [position] 目立つ場所[位置]. ❸ 突き出ている: a *prominent* nose 際立って高い鼻. (名 próminence)
~·ly 副 目立って, 顕著に.

prom·is·cu·i·ty /prà(:)məskjú:əṭi | prɔ̀m-/ 名 U だれとでもセックスすること, ふしだら.

pro·mis·cu·ous /prəmískjuəs/ 形 (セックスで)相手を選ばない, ふしだらな.

*****prom·ise** /prá(:)mɪs | prɔ́m-/
— 動 (prom·is·es /~ɪz/; prom·ised /~t/; prom·is·ing) 他 [進行形なし] ❶ (...)を**約束する**, (人に)(...する)と**約束する**, (...)を与えると約束する: 言い換え He ***promised to*** wait till we arrived. V+O (to 不定詞) = He ***promised*** (*that*) he would wait till we arrived. V+O ((that)節) 彼は私たちが来るまで待っていると約束した / ***Promise*** me (*that*) you'll be more careful. V+O+O ((that)節) もっと気をつけると約束して / 言い換え Tom ***promised*** the money ***to*** me. V+O+to+名 = Tom ***promised*** me the money. V+O+O トムはその金を私にくれると約束した《⇒ to[1] 3 語法》.
語法 上の文を受身の文にすると次のようになる: The money *was promised* (to) me by Tom. (直接目的語を主語としたとき) / I *was promised* the money by Tom. (間接目的語を主語としたとき)《⇒ be[2] A 2》.
❷ (物事が)(...)を期待[予想]させる; ...し[...になり]そうだ: An evening glow often *promises* good weather on the following day. 夕焼けがあるとしばしば翌日は晴れる / It ***promises to*** be an exciting concert. きっとすばらしいコンサートになる.
— 自 [進行形なし] **約束する**: My father always *promises*, but never performs. うちの父はいつも約束はするが実行したことがない / "Will you pay me tomorrow?" "I *promise*." 「あすは払ってくれますか」「約束します」

I (can) prómise you Ⓢ 約束する[うけあう]よ; きっと, 確かに, 絶対; (警告として)言っておくが: I'll come, *I promise you*. 絶対行くってば.

I càn't prómise (ànything) Ⓢ (やってはみますが)ご期待に添えないかもしれません.

prómise onesèlf that ... [動] ...と決心する.

— 名 (prom·is·es /~ɪz/) ❶ C **約束**, 契約: make a *promise* 約束する / keep one's *promise* 約束を守る / a ***promise of*** payment 支払いの約束 / 言い換え She broke her ***promise to*** pay within a month. +to 不定詞 = She broke her ***promise that*** she would pay within a month. +that 節 彼女は 1 か月以内に支払うという約束[契約]を破った《⇒ to[2] C (4); that[2] A 4》.
❷ U (前途・将来の)**見込み**, 有望なこと; 将来性: a young writer of *promise* 前途有望な若い作家 / The boy ***shows*** a lot of ***promise***. その少年は非常に有望だ[見どころがある] / ***hold promise*** 期待を持たせる.
❸ [U または a ~] 気配, きざし.

単語のキズナ　MIS／送られる=sent

promise	(前もって送られる)	→	約束(する)
dismiss	(追い払う)	→	(考え)を捨てる
missile	(送られうるもの)	→	ミサイル
mission	(送られること)	→	使命

Próm·ised Lánd /prá(:)mɪst- | prɔ́m-/ 名 [the ~]〘旧約聖書〙約束の地《神がアブラハム (Abraham) とその子孫に与えると約束した美しい土地で Canaan のこと》; まだ見ぬあこがれの地[状態].

+**prom·is·ing** /prá(:)mɪsɪŋ | prɔ́m-/ 形 **前途有望な**, 将来が楽しみな; 見通しが明るい: a *promising* student 有望な学生 / The weather is *promising*. 天気はよくなりそうだ. **~·ly** 副 うまく行きそうで, 順調に.

próm·is·so·ry nòte /prá(:)məsɔ̀:ri- | prɔ́mɪs(ə)ri-/ 名 C 約束手形.

+**promo** /próʊmoʊ/ 名 (~s /~z/) C《略式》**宣伝用映画**, **プロモーションビデオ**, 宣伝物.

prom·on·to·ry /prá(:)məntɔ̀:ri | prɔ́məntəri, -tri/ 名 (-to·ries) C 岬.

+**pro·mote** /prəmóʊt/ 動 (pro·motes /-móʊts/; pro·mot·ed /-ṭɪd/; pro·mot·ing /-ṭɪŋ/) 他 ❶ (...)を**促進する**, 助長する; 奨励[主唱]する: What can we do to *promote* world peace? 世界平和を促進するために何ができるだろうか.
❷ [普通は受身で] (人)を**昇進させる**, 昇格させる [⇔ demote]; 《米》(学生)を進級させる: Mr. Lee *was* ***promoted*** (***from*** assistant manager) ***to*** manager. V+O(+from+名)+to+名の受身 リー氏は(副支配人から)支配人に昇進した. ❸ (宣伝・値引きで)(商品)の販売を促進する, (...)を売り込む. ❹ (催し物など)を主催する. ❺ [普通は受身で]《英》(チーム)を(上位リーグへ)昇格させる (*to*) [⇔ relegate]. (名 promótion)
〖⇒ motion キズナ〗

+**pro·mot·er** /prəmóʊṭə | -tə/ 名 (~s /~z/) ❶ C (興行の)**主催者**, プロモーター. ❷ C 推進者, 奨励者, 主唱者.

***pro·mo·tion** /prəmóʊʃən/ 名 (~s /~z/) ❶ U,C **昇進**, 昇格, 進級 [⇔ demotion]: Are there good prospects of *promotion* in this company? この会社では昇進の見込みは大きいのですか / Jim got a *promotion to* manager last month. ジムは先月部長に昇進した.

❷ U,C 販売促進(活動); C 販売促進中の商品: sales *promotion* 販売促進. ❸ U 促進, 助長; 奨励: the *promotion of* international understanding 国際理解の促進. ❹ U《英》〔スポーツ〕(上位リーグへの)昇格. (動 promóte)

pro·mo·tion·al /prəmóʊʃ(ə)nəl/ 形 (資料・催しなどが)販売促進(用)の: a *promotional* video 販売促進用ビデオ. (名 promótion 2)

*__prompt__ /prá(ː)m(p)t | prɔ́m(p)t/ 動 (prompts /prá(ː)m(p)ʦ | prɔ́m(p)ʦ/; prompt·ed /~ɪd/; prompt·ing) 他 ❶ (...)を促(うなが)す, 刺激する; (人)を促して[刺激して]...させる: What *prompted* this hasty action? なぜこのような早まった行動をしたのだろうか / Concern ***prompted*** her ***to*** ask the question. V+O+C (to 不定詞) 気になって彼女はその質問をした. ❷ (俳優)にせりふをつける[教える]《⇒ prompter》. ❸〔コンピュータ〕(画面で)(ユーザー)に(...するように)促す. — 自 俳優にせりふをつける.

— 形 (prompt·er; prompt·est) ❶ (行動が)**迅速な**, すばやい: *prompt* action 迅速な行動 / I need your *prompt* reply. あなたの即答が欲しい.

❷ 叙述 (人が)**すぐさま...する**; 時間を守る: The players were ***prompt to*** obey the manager. +to 不定詞 選手たちはすぐに監督の言うことを聞いた / She's ***prompt in*** pay***ing*** her rent. +in+動名 彼女は家賃を期日どおりに払う.

— 副《英略式》時間きっかりに: at six o'clock *prompt* 6 時きっかりに.

— 名 ❶ C プロンプ《せりふを忘れた俳優に思い出させることば》. ❷ C〔コンピュータ〕プロンプト《次の入力を促すパソコン画面の記号・文字》.

prompt·er /prá(ː)m(p)tɚ | prɔ́m(p)tə/ 名 C プロンプター《俳優に小声でせりふを教える人》.

+**prompt·ly** /prá(ː)m(p)tli | prɔ́m(p)t-/ 副 ❶ **迅速に**, すばやく: He always acts *promptly*. 彼はいつも行動が迅速だ. ❷ 時間どおりに; きっかり(...時に). ❸ すぐに, たちまち.

prompt·ness /prá(ː)m(p)tnəs | prɔ́m(p)t-/ 名 U 迅速, 機敏.

pro·mul·gate /prá(ː)məlgèɪt | prɔ́m-/ 動 他《格式》(法令など)を発布[公布]する; (教義など)を広める.

pro·mul·ga·tion /prà(ː)məlgéɪʃən | prɔ̀m-/ 名 U《格式》(法令などの)発布, 公布; (教義などの)普及.

pron. 略 = pronoun, pronunciation.

+**prone** /próʊn/ 形 (pron·er, more ~; pron·est, most ~) ❶ 叙述 **...の[する]傾向がある**, ...にかかりやすい《よくないことに用いる》: He's ***prone*** ⌈***to*** anger [*to* get angry]. +to+名 [to 不定詞] 彼は怒りっぽい. C+1 しばしば合成語で, さまざまな名詞とともに使われる: injury-*prone* けがをしがちな / earthquake-*prone* areas 地震の多い地域 //⇒ accident-prone. ❷《格式》うつぶせになった. — 副《格式》うつぶせに. 関連 supine あおむけになった.

~·ness 名 U (...しがちな)傾向.

prong /prɔ́ːŋ | prɔ́ŋ/ 名 ❶ C (くま手・フォークなどの)また; (しかなどの)角の枝. ❷ C (方針などの)段階, 方面.

-pronged /prɔ́ːŋd | prɔ́ŋd/ 形 [合成語で] ...のまたの: a two-*pronged* fork 二またのフォーク.

pro·nom·i·nal /proʊná(ː)mən(ə)l | -nɔ́m-/ 形〔文法〕代名詞の, 代名詞の働きをする, 代名詞的な.

pro·noun /próʊnàʊn/ 名 C〔文法〕代名詞《略 pron.; ⇒ 巻末文法 3》.〖語源 ⇒ pro-³, noun〗

*__pro·nounce__ /prənáʊns/ 動 (pro·nounc·es /~ɪz/; pro·nounced /~t/; pro·nounc·ing) 他 ❶ (文字・単語・文など)を**発音する**: How do you *pronounce* this word? この語はどう発音しますか / The "ch" in "Christ" ***is pronounced*** (***as***) /k/. V+O+C ((as+)名)の受身 Christ の ch は /k/ と発音される.

❷ (人など)が**...であると宣言する**, 公言する [≒declare]; (...)と断定する: I now *pronounce* you man and wife. V+O+C (名) ここにあなたがたが夫婦であることを神に宣言します《結婚式で聖職者が言うことば》/ The king *was pronounced* dead. V+O+C (形)の受身 王は亡くなったと発表された / The doctor ***pronounced*** the patient ***to*** be out of danger. V+O+C (to 不定詞) 患者は危険を脱したと医者は断言した / He ***pronounced that*** it was a fake. V+O (that 節) 彼はそれは偽物だと断定した. ❸《格式》(判決など)を宣告する, 下す: The judge *pronounced* a sentence of death *on* [*upon*] the defendant. 裁判官は被告に死刑を宣告した. — 自《格式》(...について)意見を述べる (*on*); (...に有利な[不利な])判断[判決]を下す (*for, against*): You shouldn't *pronounce on* what you don't understand. 自分が理解していないことについて意見を述べないほうがよい.

(名 他 1 では pronùnciátion; 他 2, 3, 自 では pronóuncement)

pro·nounced /prənáʊnst/ 形 顕著な; (意見などが)明確な.

pro·nounce·ment /prənáʊnsmənt/ 名 C《格式》宣言, 発表 (*on*). (動 pronóunce 他 2, 3, 自)

pron·to /prá(ː)nṭoʊ | prɔ́n-/ 副《略式》すぐに, 直ちに: Get started, *pronto*! さあ始めて, 早く.

pro·nun·ci·a·tion /prənʌ̀nsiéɪʃən/ 名 ❶ U,C 発音(法)《略 pron.》: lessons in *pronunciation* 発音の授業 / There're two (different) *pronunciations of* "advertisement." advertisement には 2 つの(違う)発音がある. ❷ [U または a ~] (個人の)発音の仕方. (動 pronóunce 他 1)

*__proof__ /prúːf/ 名 (~s /~s/) ❶ U,C (確実な)**証拠**(品): a ***proof of*** purchase (商品の)購入を証明するもの《レシートなど》/ There's no (conclusive) ***proof*** (***that***) he is guilty. +(that)節 彼が有罪だという(決定的な)証拠はない / *proof* positive 確証 //⇒ living proof. ❷ U 立証: the *proof* of his statement 彼の言ったことの証明. ❸ C〔数学〕検算; 証明;《古風》吟味: The *proof* of the pudding is in the eating.《ことわざ》プディングの味は食べてみればわかることである(論より証拠). ❹ C,U [普通は複数形で]〔印刷〕校正刷り (galley proof). ❺ U (アルコール飲料の)標準強度. (動 prove)

— 形 ❶ 叙述《格式》(材料などが...に)耐えられる: A calm mind is *proof against* adversity. 冷静な人は逆境に耐えられる. ❷ (酒類が)...の強度の.

— 動 他 ❶ (布など)を(防水)加工する (*against*). ❷ = proofread.

-proof /prùːf/ 形 [合成語で] 防...の, ...を防ぐ: fire-*proof* 防火の //⇒ childproof.

proof·read /prúːfrìːd/ 動 (-reads; 過去・過分 -read /-rèd/; -read·ing) 他 (...)を校正する.

proof·read·er /prúːfrìːḍɚ | -də/ 名 C 校正係.

+**prop**[1] /prá(ː)p | prɔ́p/ 動 (props; propped; prop·ping) 他 [副詞(句)を伴って] (...)を**もたせかける**, 支える, 立て掛ける (*on*): I ***propped*** a ladder ***against*** the wall. V+O+前+名 私は塀にはしごを立て掛けた.

próp ... ópen [動] ⊕ (棒などで)…を開けておく (*with*).

próp úp [動] ⊕ (…)を支える; もたせかける (*against, on*); (産業など)を支援する.

— 名 ❶ C 支え, つっかい棒. ❷ C 支えとなる人[物].

prop² /prá(ː)p | prɔ́p/ 名 C [普通は複数形で] (舞台の)小道具.

prop³ /prá(ː)p | prɔ́p/ 名 C《略式》= propeller.

+**prop·a·gan·da** /prɑ̀(ː)pəgǽndə | prɔ̀p-/ 名 U [普通は悪い意味で] (主義・主張の)**宣伝, プロパガンダ**, 宣伝活動: a *propaganda* campaign 宣伝活動 / They were spreading anti-Japanese *propaganda*. 彼らは反日の宣伝を繰り広げていた.

prop·a·gan·dist /prá(ː)pəgǽndɪst | prɔ́p-/ 名 C [普通は軽蔑的] 宣伝活動をする人.

prop·a·gan·dize /prɑ̀(ː)pəgǽndaɪz | prɔ̀p-/ 動 自 [普通は悪い意味で] 宣伝する. — ⊕ [普通は悪い意味で] (人々)に宣伝する.

prop·a·gate /prá(ː)pəgèɪt | prɔ́p-/ 動 ⊕ ❶《格式》(考え・知識など)を広める, 普及させる. ❷《格式》(植物)を増やす, 繁殖させる. — 自《格式》(植物が)増える, 繁殖する.

prop·a·ga·tion /prɑ̀(ː)pəgéɪʃən | prɔ̀p-/ 名 U《格式》広めること, 普及, 宣伝 (*of*); 繁殖.

pro·pane /próʊpeɪn/ 名 U〔化学〕プロパン(ガス).

pro·pel /prəpél/ 動 (pro·pels; pro·pelled; -pel·ling) ⊕ (…)を推進する; 駆り立てる (*into*).

pro·pel·lant, -pel·lent /prəpélənt/ 名 U,C (ロケットの)推進燃料; (銃の)発射火薬; (スプレー用の)高圧ガス.

pro·pel·ler /prəpélə | -lə/ 名 C (飛行機の)プロペラ, (船の)スクリュー [《略式》prop].

pro·pél·ling péncil /prəpélɪŋ-/ 名 C《英》= mechanical pencil.

pro·pen·si·ty /prəpénsəṭi/ 名 (-si·ties) C《格式》(よくないことを好む)性質, 傾向: *have* a *propensity for* exaggerating [*to* exaggerate] 大げさに言う癖がある.

****prop·er** /prá(ː)pə | prɔ́pə/ 形

> 意味のチャート
> ラテン語で「自分自身の」の意《property と同語源》→「(ある物に)**特有の**」❺ →(本来の姿の)→「**礼儀正しい**」❷ →「**適切な**」❶

❶ 限定 [比較なし] **適切な**, ぴったり合う, ふさわしい (⇒ 類義語); 正しい: a ***proper*** dress ***for*** the party そのパーティーにふさわしいドレス / I cannot find *proper* words *to* express my thanks. 何とお礼を申し上げてよいかことばが見つかりません.

❷ **礼儀正しい**, 作法にかなった; 妥当な [⇔ improper]: *proper* behavior 礼儀正しいふるまい / ***It's*** considered not ***proper for*** a man ***to*** wear a hat indoors. 男性が室内で帽子をかぶっているのは礼儀に反するとされている (⇒ for 前 B) / ***It's*** only ***right and proper that*** you should apologize. どう見てもあなたが謝るのが当然です (⇒ that² A 2; should A 7 (1)).

❸ 限定 Ⓢ《英》まともな, ちゃんとした: a *proper* meal まともな食事. ❹ [名詞の後で] 厳密な意味での, 本来の, … 本体: Japan *proper* 日本本土 / England *proper* is about the size of Pennsylvania. (英国という広い意味でなく厳密な意味での)イングランドはペンシルベニア州とほぼ同じ大きさだ. ❺ 叙述《格式》(…に)特有の, 固有の: the cheerful disposition *proper to* the Mediterranean islanders 地中海の島の人たちに特有の明るい気性. ❻ 限定 Ⓢ《英》全くの, ひどい: a *proper* mess ひどい大混乱.

> 類義語 **proper** 理性的な判断によって, 当然そうあらねばならないと考えられるような適切さをいう: Is his behavior *proper*? 彼のふるまいは適切か(礼儀にかなっているか). **suitable** 状況・条件・目的などに実用的に合致すること. 理性的・道徳的判断からの適切さの意味は含まない: This is *suitable* for a birthday gift. これは誕生日の贈り物に適している. **fit** *suitable* よりくだけた語で, 条件・目的などに合致していることを意味する: It was a meal *fit* for a king. それは王にふさわしい食事だった. **appropriate** そのもの以外のものについては考えられないほど, 巧みに目的・条件にかなっていることで, *suitable* よりも個別的に趣味的な感じが強い: an *appropriate* adjective 適切な形容詞.

— 副 Ⓢ《英》= properly 1.

próper fráction 名 C〔数学〕真分数.

*****prop·er·ly** /prá(ː)pəli | prɔ́pə-/

— 副 ❶ **適切に**, きちんと; 正しく; 十分に: try to speak English *properly* 英語を正しく話すようにする / The engine is running *properly*. エンジンは快調に動いている.

❷ **礼儀正しく**, 作法にかなって [⇔ improperly]: be *properly* dressed ちゃんとした服装をしている. ❸ 本当は, 本来; 文修飾 当然のことながら: He, quite *properly*, turned down the offer. 当然のことだが, 彼はその申し出を断った.

próperly spéaking [副] 文修飾《主に英》正しく言えば.

próper nóun [náme] 名 C〔文法〕固有名詞 (⇒ 巻末文法 2.1 (2)).

prop·er·tied /prá(ː)pəṭid | prɔ́pə-/ 形 限定《格式》財産のある, 地所を持っている: the *propertied* classes 有産階級, 地主階級.

****prop·er·ty** /prá(ː)pəṭi | prɔ́pə-/ 名 (-er·ties /~z/) ❶ U **所有物**; 財産, 資産: stolen *property* 盗難品 / Don't touch those jewels; they're my mother's *property*. そこの宝石には手を触れないでくれ, 私の母のものだから / a person of *property* 資産家 / the common *property* of this town この町の共有財産 / The secret soon became common *property*. その秘密はたちまち皆に知れ渡った // ⇒ public property, personal property.

❷ U,C **不動産**, 所有地, 地所: "Private *Property*, Keep Out."「私有地につき立入禁止」《掲示》/ He has a large *property* in Texas. 彼はテキサスに大きな地所を持っている // ⇒ real property.

❸ C [普通は複数形で]《格式》特性: the *properties* of metal 金属の特性.

proph·e·cy /prá(ː)fəsi | prɔ́f-/ ❗発音 名 (-e·cies) C,U 予言; 神のお告げ, 預言.

proph·e·sy /prá(ː)fəsàɪ | prɔ́f-/ ❗発音 動 (-e·sies; -e·sied; -sy·ing) ⊕ (…)を[と]予言[預言]する (⇒ forecast 類義語). — 自 予言[預言]する.

proph·et /prá(ː)fɪt | prɔ́f-/ 名 ❶ C 預言者《神のお告げを述べる人》; [the P-] = Muhammad; [the P-] (旧約聖書の)預言書. ❷ C 予言者: The best *prophet of* the future is the past. 未来を最もよく予言するものは過去である / a *prophet of* doom 悲観論者, 悲観的なことばかり言う人. ❸ C (主義の)唱道者, 提唱者

(*of*).

proph·et·ess /prá(ː)fɪṭəs | pròfətés/ 名 C《古風》預[予]言者《女性》.

pro·phet·ic /prəféṭɪk/, **-phet·i·cal** /-ṭɪk(ə)l/ 形 ❶ (警告などが)未来を正確に言い当てる, 的中した. ❷ 予言(者)の, 予言者らしい.

pro·phet·ical·ly /prəféṭɪkəli/ 副 予言的に.

pro·phy·lac·tic /pròʊfəlǽktɪk | pròf-⁻/ 形〔医学〕病気[性病]予防の. — 名 C 予防薬[具]; 予防的処置;《米》性病予防器具《コンドーム》.

pro·pin·qui·ty /prəpíŋkwəṭi/ 名 U《格式》(時·場所の)近いこと, 近接 (*of, to*); 近親(性).

pro·pi·ti·ate /proʊpíʃièɪt/ 動 他《格式》(怒っている人)をなだめる; (人)の機嫌をとる.

pro·pi·tious /prəpíʃəs/ 形《格式》幸先(さいさき)のよい, 運のよい, 都合のよい (*for, to*).

+**pro·po·nent** /prəpóʊnənt/ 名 (-po·nents /-nənts/) C《格式》(主義などの) **支持者**, 唱道者 (*of*) [⇔ opponent].

pro·por·tion** /prəpɔ́ɚʃən | -pɔ́ː-/ 名 (~s /~z/) ❶ U,C (数量などの)**割合**, 比率 [≒ratio]: The ***proportion of women in Parliament is still low. 議会における女性議員の割合はまだ低い / "What's the ***proportion of*** boys ***to*** girls in your class?" "Three to two."「あなたのクラスの男女比はどうなっていますか」「(男女)3 対 2 です」/ Mix sugar and salt *in the proportion of* three *to* one. 砂糖と塩を 3 対 1 の割合で混ぜる.

❷ C **部分** [≒part]; 分け前, 割り当て [≒share]: He's done only a small ***proportion of*** the work. 彼はその仕事のほんの一部しかやっていない. 語法 of の後が単数名詞なら単数, 複数名詞なら複数扱い: A high [large] *proportion of* our students go on to college. 本校の生徒の大部分は大学へ進学する.

❸ U,C [しばしば複数形で] **つり合い**, 均衡, 調和, バランス: The mutual *proportions* of the rooms in this house are very good. この家の間取りは互いにつり合いがよくとれている / keep [lose] a sense of *proportion* バランス感覚を保つ[失う]. 日英「(特に女性の)体型」の意味での「プロポーション」は figure を用いる: keep one's figure 体型を保つ.

❹ [複数形で] **大きさ**, 広さ, 形; **規模**, 程度: a temple of grand *proportions* 堂々とした大寺院 / reach epidemic *proportions* (悪いことが)ひどく広がって[増えて]きている.

❺ U〔数学〕比例: direct [inverse] *proportion* 正[反]比例.

gét [blów] ... òut of propórtion [動] 他 (...)に大げさに反応する, (...)を大げさに扱う.

in propórtion [形·副] つり合いがとれて: keep things *in proportion* 事の重要性を冷静に判断する.

in propórtion to ... [前] (1) ...**に比例して**, ...に応じて: Any city should have public hospitals *in proportion to* its population. どんな都市でもその人口に比例した数の公立病院があるとよい. (2) ...の割には, ...と比べると. (3) ...とつり合いがとれて.

òut of (áll) propórtion [形·副] (全く)(...との)つり合いを失って; (...とは)不つり合いなほどで[に] (*to, with*). (形 propórtional, propórtionate)

— 動 他《格式》(...)をつり合わせる (*to*).

〖語源 原義はラテン語で「部分 (portion) に応じて」〗

pro·por·tion·al /prəpɔ́ɚʃ(ə)nəl | -pɔ́ː-/ 形《格式》(...に)比例した; つり合った: Your income will be *proportional to* your sales figures. あなたの収入は売上高に比例するでしょう / be directly [inversely] *proportional to* ... ...に正[反]比例する. (名 propórtion)

pro·por·tion·al·ly /prəpɔ́ɚʃ(ə)nəli | -pɔ́ː-/ 副 (...に)比例して (*to*).

propórtional representátion 名 U 比例代表制《略 PR》.

pro·por·tion·ate /prəpɔ́ɚʃ(ə)nət | -pɔ́ː-/ 形《格式》(...)に比例した; つり合った (*to*) [⇔ disproportionate]. (名 propórtion)

****pro·pos·al** /prəpóʊz(ə)l/

— 名 (~s /~z/) ❶ C,U **提案**, **申し込み**; (提案された)計画: ***proposals for*** peace = peace *proposals* 和平の提案 / a ***proposal for*** exchang*ing* professors between the two universities 二大学間での教授の交換の提案 / 言い換え He made a ***proposal to*** meet once a week. +to 不定詞 = He made a ***proposal that*** we (*should*) meet once a week. +that 節 彼は週に 1 度会合を開こうと提案した《⇒ should A 8; that² A 4》/ accept [reject] a *proposal* 提案を受け入れる[却下する] / consider [discuss] a *proposal* (出された)提案を検討する.

❷ C **結婚の申し込み**, プロポーズ: accept [refuse] a *proposal* 結婚の申し込みを受け入れる[断わる]. 日英 日本語の「プロポーズ」のように propose を名詞として使うことはない. (動 propóse)

****pro·pose** /prəpóʊz/

— 動 (pro·pos·es /~ɪz/; pro·posed /~d/; pro·pos·ing) 他 ❶《格式》(計画など)を**提案する**, 提示する [≒suggest]; (理論·説)をとなえる, 提唱する: I ***proposed that*** we (should) adopt a new method. V+O (that 節) 私は新方式を採用すべきだと提案した / The government ***proposed*** rais*ing* the tax rate. V+O (動名) 政府は税率の引き上げを提案した / She ***proposed*** a new idea ***to*** us. V+O+to+代·名 彼女は私たちに新しいアイデアを提案した.

> 語法 次のように間接話法の伝達動詞として用いることがある《⇒ **巻末文法** 14.2 (3)》: 言い換え He *proposed that* we (should) give a party =《主に米》He ***proposed to*** give a party. V+O (to 不定詞)《間接話法》= "Let's give a party," he *proposed*. V+O (引用節)《直接話法》彼はパーティーを開こうと言い出した《⇒ should A 8》. ✪ ×He proposed us to give a party. とは言わない.

❷《格式》(...)を計画する, 企てる, ...するつもりである [≒intend]: He *proposed* 「the purchase of [*to* purchase, purchas*ing*] a new house. 彼は新しい家を買うつもりだった.

❸《格式》(結婚)を申し込む《⇒ proposal 日英》: He *proposed* marriage *to* Mary. 彼はメアリーにプロポーズした.

❹ (人)を推薦する, 指名する: I *propose* John *for* (membership in) our club. ジョンをわがクラブの会員として推薦します.

— 自 **結婚を申し込む**: He wants to ***propose to*** Jill. V+to+名 彼はジルにプロポーズしたいと思っている.

(名 propósal, 1 では pròposítion)

〖語源 ラテン語で「前に《⇒ pro-¹》置く」の意〗

単語のキズナ POSE／**置く**＝place

propose	(前に置く)	→	**提案する**
purpose	(前に置くもの)	→	**目的**
suppose	(下に置く)	→	**前提とする; …ではないかと思う**
expose	(外に置く)	→	**さらす**
impose	(…の上に置く)	→	**課す**
oppose	(…に対して置く)	→	**反対する**
compose	(一緒に置く)	→	**構成する**
dispose	(別々に置く)	→	**配列する**
pose	((問題を)置く)	→	**提起する**
position	(置かれた状況)	→	**立場**

P

+**prop·o·si·tion** /prɑ̀(ː)pəzíʃən | prɔ̀p-/ 名 (~s /~z/) ❶ Ⓒ **陳述**, 主張, 説: The ***proposition that*** some people are genetically disposed to violence isn't convincing. [+that 節] 遺伝的に暴力的な傾向を持っている人がいるという主張は説得力がない.
❷ Ⓒ (商売・政治上の)**提案**, 提言, 申し入れ; 企画: ***make*** an attractive ***proposition*** 魅力のある提案をする. ❸ Ⓒ [しばしば P-] 《米》 (直接住民投票にかける)提案, 条例案: *Proposition* 13 13 号提案. ❹ Ⓒ 〔論理・数学〕 命題《証明・討論を必要とする提出された問題》; 〔数学〕 定理. (動 2 では propóse)
— 動 他 (異性)に性的な誘いをかける, 言い寄る.

pro·pound /prəpáʊnd/ 動 他 《格式》 (問題)を提出する, 提起する.

pro·pri·e·tar·y /prəpráɪətèri | -təri, -tri/ 形 [普通は 限定] 《格式》 商標登録された; 独占の, 専売の; 所有者の(ような): *proprietary* articles 専売品 / a *proprietary* name 商標名.

pro·pri·e·tor /prəpráɪəṭɚ | -tə/ 名 Ⓒ 《格式》 (店などの)持ち主, 所有者; 事業主, オーナー.

pro·pri·e·ty /prəpráɪəṭi/ 名 (-e·ties) ❶ Ⓤ 《格式》 妥当性, 正当(性) (*of*) [⇔ impropriety]. ❷ [the proprieties として] 《格式》 礼儀作法. ❸ Ⓤ 《格式》 礼儀(正しさ), 礼節.

pro·pul·sion /prəpʌ́lʃən/ 名 Ⓤ 《格式》 推進(力).

pro·rate /proʊréɪt/ 動 他 《米》 (値段・報酬など)を(使用量[実働時間]に応じて)計算する.

pro·sa·ic /proʊzéɪɪk/ 形 《格式》 散文的な; 単調な, 退屈な, 平凡な: a *prosaic* speaker 話のおもしろくない人. 関連 poetic 詩的な. (名 prose)
-sá·i·cal·ly /-kəli/ 副 平凡に; 散文的に.

pro·sce·ni·um /proʊsíːniəm/ 名 Ⓒ 前舞台《幕とオーケストラ席との間》.

pro·scribe /proʊskráɪb/ 動 他 《格式》 (…)を禁止[排斥]する.

+**prose** /próʊz/ 名 Ⓤ (詩に対して)**散文**《日常使われている書きことば》: *prose* works 散文の作品 / It's written *in prose*. それは散文で書かれている. 関連 verse 韻文 / poetry 詩. (形 prosáic)

+**pros·e·cute** /prɑ́(ː)sɪkjùːt | prɔ́s-/ 動 (-e·cutes /-kjùːts/; -e·cut·ed /-ṭɪd/; -e·cut·ing /-ṭɪŋ/) 他 ❶ (…)を**起訴する**, 告発する: The man *was* ***prosecuted*** ***for*** theft. [V+O+*for*+名の受身] その男は窃盗罪で起訴された / Trespassers will be *prosecuted*. 無断で立ち入る者は告訴される《掲示》. ❷ (訴訟)の検察官を務める. ❸ 《格式》 (…)を遂行する.
— 自 起訴する, 告発する. (名 pròsecútion)

prós·e·cut·ing attórney /prɑ́(ː)sɪkjùːṭɪŋ- | prɔ́s-/ 名 Ⓒ 《米》 検事.

+**pros·e·cu·tion** /prɑ̀(ː)sɪkjúːʃən | prɔ̀s-/ 名 (~s /~z/) ❶ Ⓤ,Ⓒ 〔法律〕 **起訴**, **告発**: bring a ***prosecution against*** a person 人を告訴する / He faced ***prosecution for*** driving without a license. 彼は無免許運転で起訴された. ❷ [the ~ として 《英》 単数または複数扱い] 検察側《全体》 [⇔ defense]. ❸ Ⓤ 《格式》 (任務などの)遂行, 続行 (*of*). (動 prósecùte)

+**pros·e·cu·tor** /prɑ́(ː)sɪkjùːṭɚ | prɔ́sɪkjùːtə/ 名 (~s /~z/) Ⓒ **検察官, 検事**: a public *prosecutor* 検察官.

pros·e·ly·tize /prɑ́(ː)s(ə)lətàɪz | prɔ́s-/ 動 自 他 《格式》 (人を)改宗[転向]させ(ようとす)る.

pros·o·dy /prɑ́(ː)sədi | prɔ́s-/ 名 Ⓤ 韻律形式[学].

***pros·pect**[1] /prɑ́(ː)spekt | prɔ́s-/
— 名 (pros·pects /-pekts/) ❶ Ⓤ,Ⓒ **見込み**, 可能性; 望み; [単数形で] **予想**, 期待: There's every [little] ***prospect of*** his recovery. 彼が回復する見込みは大いにある[ほとんどない] / 言い換え There's a real ***prospect of*** him [his] becom*ing* a superstar. = There's a real ***prospect that*** he'll become a superstar. [+that 節] 彼にはスーパースターになる現実的な可能性がある / a ***prospect for*** success 成功の見込み / She was excited at the *prospect of* going to Canada. 彼女はカナダへ行くことへの期待で興奮していた.
❷ [複数形で] (職業などでの)**成功する見込み**: a job with great *prospects* 大いに将来性のある仕事 / His *prospects* in the firm were very bright. 会社での彼の前途は洋々たるものだった. ❸ Ⓒ 見込みのある人[仕事, 計画]; 有力候補(者). ❹ Ⓒ 《格式》 (高い所からの)見晴らし, 眺め.
in próspect [形] 《格式》 予想されて, 見込みがあって. (形 prospéctive)
〘語源 原義はラテン語で「前を見ること」〙

単語のキズナ SPECT／**見る**＝see

prospect	(前を見ること)	→	**見込み**
respect	(振り返って見る)	→	**尊敬(する)**
inspect	(中を見る)	→	**検査する**
suspect	(下から見る, こっそり見る)	→	**疑う**
aspect	(…を見る)	→	**見方; 局面**
expect	((…を求めて)外を見る)	→	**予期する**
perspective	(…を見通す(仕方))	→	**見方**
spectacle	(見もの)	→	**壮観**
spectator	(見る人)	→	**観客**

pros·pect[2] /prɑ́(ː)spekt | prəspékt/ 動 自 (鉱石・石油などを)探す, 試掘する; (顧客などを)探す (*for*).

+**pro·spec·tive** /prəspéktɪv/ 形 限定 **予想される**, 将来…となると思われる[見込みの](人); いつかは…となる予定の(もの): *prospective* buyers いずれ買ってくれそうな人たち / my *prospective* husband 私の夫となりそうな人 / *prospective* changes 予想される変化. (名 próspect[1])

pros·pec·tor /prɑ́(ː)spektɚ | prəspéktə/ 名 Ⓒ (鉱石・石油などの)試掘者, 採鉱者.

pro·spec·tus /prəspéktəs/ 名 Ⓒ 《主に英》 (学校などの)案内書; (新事業などの)趣意書, 綱領.

pros·per /prɑ́(ː)spɚ | prɔ́spə/ 動 (-per·ing /-p(ə)rɪŋ/) 自 (金銭的に)成功する, 繁盛する [≒flourish]. (名 prospérity, 形 prósperous)

+**pros·per·i·ty** /prɑ(ː)spérəṭi | prɔs-/ アク 名 Ⓤ (特に金銭上の)**成功**, **繁栄**, **繁盛**: a period of great *prosperity* 大繁栄の時期. (動 prósper)

pros·per·ous /prá(ː)sp(ə)rəs | prɔ́s-/ アク 形 (特に金銭的に)成功した, 繁栄[繁盛]している(⇒ rich 類義語): a *prosperous* merchant 事業に成功した商人. (動 prósper)

pros·tate /prá(ː)steɪt | prɔ́s-/ 名 C 前立腺(せん).

pros·the·sis /prá(ː)sθəsɪs/ 名 (複 pros·the·ses /-siːz/) C 〔医学〕人工器官(義足・義眼など).

pros·thet·ic /prɑ(ː)sθéṭɪk | prɔs-/ 形 限定 〔医学〕補綴(ほてつ)の.

+**pros·ti·tute** /prá(ː)stət(j)ùːt | prɔ́stɪtjùːt/ 名 (-ti·tutes /-t(j)ùːts | -tjùːts/) C **売春婦**, 売春する人: a male *prostitute* 男娼(だんしょう). — 動 他 (格式) (体・才能など)を売る, 売り渡す. (名 pròstitútion)

+**pros·ti·tu·tion** /prà(ː)stət(j)úːʃən | prɔ̀stɪtjúː-/ 名 U **売春(行為)**. (動 próstitùte)

pros·trate /prá(ː)streɪt | prɔ́s-/ 形 ❶ うつぶせになった; ひれ伏して. ❷ (悲しみなどに)打ちひしがれて (*with*). — 動 /(英) prɔstréɪt/ 他 [普通は受身で] (格式) (病気・気候などが)(人)を弱らせる. **prostráte onesèlf** [動] 自 (格式) ひれ伏す, 伏し拝む.

pros·tra·tion /prɑ(ː)stréɪʃən | prɔs-/ 名 ❶ U,C ひれ伏すこと. ❷ U (格式) 衰弱, 疲労.

pro·tag·o·nist /proʊtǽgənɪst/ 名 ❶ C (劇の)主役, (物語・事件などの)主人公, 中心人物 [⇔ antagonist]. ❷ C (改革などの)主唱者, 指導者 (*of*).

***pro·tect** /prətékt/

— 動 (pro·tects /-tékts/; -tect·ed /~ɪd/; -tect·ing) 他 ❶ (危険・敵など)から(...)を**保護する**, **守る** (⇒ defend 類義語): We must *protect* wild animals. 野生動物は保護しなければならない / ***Protect*** your eyes ***from*** the sun. V+O+from+名 目を太陽から守りなさい / Those flowers ***are protected against*** the weather. V+O+against+名の受身 その花は雨風にさらされないように保護されている. ❷ (関税で)(国内産業)を保護する. ❸ (保険が)(人や物)を保障する (*against*).

— 自 (危険などから)保護する: This cream *protects against* sunburn. このクリームは日焼けどめになる. (名 protéction, 形 protéctive)

〖語源 ラテン語で「前を覆(おお)う」の意〗

pro·tect·ed /prətéktɪd/ 形 限定 (法律などで)保護された: a *protected* species 保護動物[植物].

***pro·tec·tion** /prətékʃən/

— 名 (~s /~z/) ❶ U **保護**: ***protection of*** the environment 環境保護 / A nylon scarf gives [provides, offers] little ***protection against*** the cold. ナイロンスカーフはあまり防寒にならない / The police gave him ***protection from*** terrorists. 警察はテロリストから彼を保護した / The victim is now safe and ***under the protection of*** the police. 被害者は今は安全で警察の保護下にある.

❷ C **保護する物[人]**, 保護用具; U 避妊法: a ***protection against*** frost [rain] 霜[雨]よけ / as a ***protection from*** the sun 日よけとして / a ***protection for*** the feet 足を保護するもの. ❸ U 保険金の支払保証, 補償. ❹ U 国内産業の保護, 保護貿易. (動 protéct)

pro·tec·tion·is·m /prətékʃənìzm/ 名 U 保護貿易主義; 保護政策.

pro·tec·tion·ist /prətékʃ(ə)nɪst/ 名 C 保護貿易主義者. — 形 保護貿易主義の.

+**pro·tec·tive** /prətéktɪv/ 形 ❶ 限定 [比較なし] **保護する**, 保護[安全]のための: *protective* measures 保護[保全]対策. ❷ 保護的な: be *protective toward* [*of*] ... (人)をかばう. (動 protéct)

protéctive cústody 名 U 保護拘置.

protéctive táriff 名 C 保護関税.

pro·tec·tor /prətéktə | -tə/ 名 C 保護する人[組織]; 保護するための道具: a chest *protector* (野球の)胸当て, プロテクター.

pro·tec·tor·ate /prətéktərət, -trət/ 名 C 保護国, 保護領.

pro·té·gé /próʊṭəʒèɪ/ 名 C 弟子, 秘蔵っ子.

***pro·tein** /próʊtiːn, -ṭiːn/ 名 (~s /~z/) U,C **たんぱく質**: vegetable *protein* 植物性たんぱく質.

pro·test**[1] /prətést/ アク 名詞の protest[2] とアクセントが違う. 動 (pro·tests /-tésts/; -test·ed /~ɪd/; -test·ing) 自 **抗議する**, 異議を申し立てる, 反対する: The demonstrators ***protested 「***against*** the continuation of [***against*** continu***ing***] the war. V+against+名・動名 デモの参加者たちは戦争の続行に抗議した / The students ***protested about*** [*at*] the decision. V+about [at]+名 学生たちはその決定に抗議した / The clerks ***protested to*** their boss. V+to+名 店員たちは店長に抗議した.

— 他 ❶ (米) (...)に**抗議する**, 異議を唱える: The coach *protested* the umpire's decision. 監督は審判の判定に抗議した.

❷ (...)を**主張する**; (...)と断言する: *protest* one's innocence 無罪を(繰り返し)主張する / 言い換え He *protested* his ignorance of the matter. = He ***protested that*** he was ignorant of the matter. V+O (that 節) 彼はその件は知らないと言い張った. (名 prótest[2], pròtestátion)

〖語源 ラテン語で「人前で証言する」の意〗

単語のキズナ	TEST/証言する=witness		
protest	(人前で証言する)	→	抗議する
contest[1,2]	(共に証言し合う)	→	競う; 競争
testify	証言する		
testimony	(証言すること)	→	証言

+**pro·test**[2] /próʊtest/ アク 動詞の protest[1] とアクセントが違う. 名 (pro·tests /-tests/) C,U **抗議**, 異議(の申し立て); C 抗議文; 抗議集会: a storm of *protest* 抗議のあらし / a *protest* march 抗議デモ / A mass *protest* was organized [staged] ***against*** the war. その戦争に反対する大規模な抗議集会が計画された[行なわれた] / make [lodge, register] a *protest against* [*about*] ... ...に抗議する, 異議を申し立てる / They sent letters ***in protest*** to the government. 彼らは政府に抗議して書簡を送った / ***without protest*** 異議なく, おとなしく. **ùnder prótest** [副] ぶつぶつ言いながら, しぶしぶ. (動 protést[1])

+**Prot·es·tant** /prá(ː)ṭəstənt | prɔ́t-/ アク 形 **プロテスタント(教会)の, 新教の**: the *Protestant* Church プロテスタント教会. 関連 (Roman) Catholic カトリックの, 旧教の.

— 名 (-tants /-tənts/) C **新教徒**.

〖語源 カトリックの教義に protest (抗議)したことから〗

Prot·es·tant·is·m /prá(ː)ṭəstəntìzm | prɔ́t-/ 名 U 新教; 新教の教義[信仰].

prot·es·ta·tion /prà(ː)testéɪʃən | prɔ̀t-/ 名 C,U (格式) 断言, 主張 (*of*). (動 protést[1])

+**pro·test·er, pro·tes·tor** /prətéstə | -tə/ 名 (~s /~z/) Ⓒ **抗議する人**, 異議を唱える人: antiwar *protesters* 反戦のデモ参加者たち.

pro·to·col /próʊṭəkɔ̀:l | -kɔ̀l/ 名 ❶ Ⓤ (外交上の)儀礼, 典礼: a breach of *protocol* 儀礼違反. ❷ Ⓒ《格式》議定書; 条約原案: the Kyoto *Protocol* (地球温暖化防止対策をまとめた)京都議定書《1997 年採択》. ❸ Ⓒ〔コンピュータ〕プロトコル《情報を送受信するための手順》. ❹ Ⓒ〔医学〕プロトコル《患者の治療プログラム》.

pro·ton /próʊtɑ(:)n | -tɔn/ 名 Ⓒ〔物理〕陽子.

pro·to·plas·m /próʊṭəplæ̀zm/ 名 Ⓤ〔生物〕原形質.

+**prot·o·type** /próʊṭətàɪp/ 名 (~s /~s/) Ⓒ **原型**, モデル《大量生産などの際の》; 模範 (*for*): a ***prototype*** (*of* an) electric car 電気自動車の試作モデル.

pro·to·zo·an /pròʊṭəzóʊən←/ 名 (複 ~s, -zo·a /-zóʊə/) Ⓒ 原生動物, 原虫. — 形 原生動物の.

pro·tract·ed /proʊtrǽktɪd/ 形 限定《格式》長引いた, 引き延ばされた.

pro·trac·tor /proʊtrǽktə | -tə/ 名 Ⓒ 分度器.

pro·trude /proʊtrú:d, prə-/ 動 自 Ⓦ 突き出る (*from*): *protruding* teeth 出っ歯.

pro·tru·sion /proʊtrú:ʒən/ 名《格式》Ⓒ 突出したもの, 突出部; Ⓤ 突出.

pro·tu·ber·ance /proʊt(j)ú:b(ə)rəns | -tjú:-/ 名 Ⓒ《格式》こぶ, ふくらみ.

‡proud /práʊd/

— 形 (proud·er /-ḍə | -də/; proud·est /-ḍɪst/) ❶ [よい意味で] (...を)**誇りに思う**; (...を[で])**得意になって**, 自慢して, うれしがっている: I'm ***proud of*** my son. +of+名 私は息子を誇りに思っている 多用 / 言い換え He's ***proud of*** being a doctor. +of+動名 = He's ***proud to*** be a doctor. +to 不定詞 彼は医者であることを誇りとしている 多用 / 言い換え We were *proud to* work with Dr. Hill. = We were ***proud*** (*that*) we worked with Dr. Hill. +(that)節 私たちはヒル博士と仕事を共にすることを誇りとしていた《⇒ that² B 3》/ Mary's *proud* parents gave her a wonderful present. 大喜びのメアリーの両親は彼女にすばらしいプレゼントをした.

❷ **うぬぼれた**, いばった, 高慢な, 尊大な [⇔ humble, modest]: a *proud* manner 高慢な態度 / Mrs. Black was so *proud* she wouldn't speak to us. ブラック夫人はとても尊大で私たちに話しかけようともしなかった.

❸ [よい意味で] **自尊心のある**, プライドのある, 誇り高い: poor but *proud* people 貧しいが誇り高い人たち / Mr. Watt was too *proud* to accept the money. ワット氏はプライドがあり金は受け取らなかった. ❹ 限定 (業績などが)誇るに足る, 誇らしい; 見事な, 堂々とした: the town's *proudest* building 町でいちばん自慢の建物. **dó ... próud** [動] 他《略式》...の誉れとなる;《古風, 英》(人)を豪勢にもてなす. (名 pride)

proud·ly /práʊdli/ 副 ❶ 誇らしげに; 自慢して: The team marched *proudly* with their pennant. チームは優勝旗を掲げて誇らしげに行進した. ❷ 高慢に. ❸ 堂々と.

prov·a·ble /prú:vəbl/ 形 証明[立証]できる.

‡prove /prú:v/ ！発音

— 動 (proves /~z/; 過去 proved /~d/; 過分 proved, prov·en /prú:v(ə)n/; prov·ing) 他 [普通は受身なし] (...)を**証明する**, 証拠立てる; (人・物)が(...だと)立証する [⇔ disprove]: We couldn't ***prove*** (*that*) he stole the money. V+O ((that)節) 我々は彼が金を盗んだことを証明できなかった 多用 / I can ***prove*** the truth ***to*** you. V+O+to+名 それが正しいことをあなたに証明できます / 言い換え I *proved* his innocence. = I *proved* him innocent. V+O+C (形) = I ***proved*** him ***to*** be innocent. V+O+C (to 不定詞) = I *proved* (*that*) he was innocent. 私は彼が無罪であることを証明した / I can't ***prove*** exactly ***what*** time I went to bed last night. V+O (wh 節) 昨夜正確に何時に寝たのかは証明できません.

— 自 (人や物事が)**...であることがわかる**, ...と判明する; (結果として) ...となる[である] [≒turn out]: 言い換え The rumor *proved* false. V+C (形) = The rumor ***proved to*** be false. V+C (to 不定詞) そのうわさは誤りであることが判明した[結局誤りだった] / 言い換え It *proved to* be a useful tool. = It *proved* a useful tool. V+C (名) それは役に立つ道具であることがわかった[(使ってみると)役に立つ道具であった].

próve onesèlf (...) [動] 自 自分の(...であるという)能力[価値]を立証する: She *proved herself* (*to* be) a capable surgeon. 彼女は(自分が)有能な外科医であることを立証してみせた. (名 proof)

prov·en /prú:v(ə)n/ 動 prove の過去分詞. — 形 限定 [よい意味で] 証明された; (性能などが)試験済みの.

prov·e·nance /prɑ́(:)v(ə)nəns | prɔ́v-/ 名 U,C《格式》起源, 出所, 来歴.

Pro·vence /prəvɑ́:ns | prɔ-/ 名 固 プロバンス《フランス南東部の地中海に面する地方》.

prov·erb /prɑ́(:)və:b | prɔ́və:b/ 名 Ⓒ ことわざ, 格言《警告・忠告・風刺などを織り込んだ短いことば; ⇒ saying》: A *proverb* is a short sentence based on long experience. ことわざとは長い経験に基づいた短い文章である《スペインの作家セルバンテス (Cervantes) のことばから》. **as the próverb gòes** [副] 文修飾 ことわざにあるとおり.

pro-verb /próʊvə̀:b | -və̀:b/ 名 Ⓒ〔文法〕代動詞《同じ動詞を繰り返すことを避けるために用いる do をいう; ⇒ do¹ [代動詞]》.

pro·ver·bi·al /prəvə́:biəl | -vɔ́:-/ 形 ❶ [the ~] ことわざにある, 成句に言う(通りの). ❷ ことわざ(風)の; よく知られた. **-al·ly** /-əli/ 副 よく知られているように.

‡pro·vide /prəváɪd/ ！アク

— 動 (pro·vides /-váɪdz/; pro·vid·ed /-ḍɪd/; pro·vid·ing /-ḍɪŋ/)

> **意味のチャート**
> ラテン語で「先を《⇒ pro-¹》見る」の意 →「将来を見て備えをする」《⇒ 成句》→ (準備をする) →「**供給する**」他 ❶

— 他 ❶ (...に)(必要な物)を**供給する**, 提供する, 与える, 支給する, 用意する, 備えつける, (人)に(物を)供給する [≒supply]: All information *is provided* in English. V+O の受身 すべての情報は英語で提供されている / This filling station *provides* restrooms. このガソリンスタンドにはトイレがある / Use the form *provided*. 備えつけの用紙をお使いください / 言い換え The government should urgently ***provide*** the victims ***with*** food and clothes. V+O+with+名 = The government should urgently ***provide*** food and clothes ***for*** the victims. V+O+for+名 政府は被災者たちに食べ物と衣服を至急与えなければならない.

「与える」の意を表わす動詞グループ
Aタイプ: **動詞＋人＋with＋物**
Bees *provide* us *with* honey. みつばちは私たちにはちみつを与えてくれる.

equip 備える	feed 供給する
furnish 供給する	present 贈呈する
provide 供給する	supply 供給する

Bタイプ: **動詞＋物＋to＋人**
My aunt *gave* the doll *to* me. (= My aunt gave me the doll.) おばが私に人形をくれた.

donate 寄付する	feed 食物を与える
give 与える	grant 権利を与える
hand 手渡す	issue 支給する
pass 渡す	present 贈呈する
supply 供給する	

❷ (物事が)(好ましい結果・機会・例など)をもたらす: 言い換え Her research *provided* the necessary information *for* us. = Her research *provided* us *with* the necessary information. 彼女の研究で必要な情報が得られた. ❸《格式》(法律などが)(...)と規定する: The law *provides that* everyone must submit this tax information. 法律はだれもが税制上のこの情報を提示すべしと規定している.

províde agàinst ... [動] ⊕《格式》(将来の危険など)に備える: *Provide against* a storm. あらしに備えておきなさい.

províde for ... [動] ⊕ (1) (人)に(衣食住など)**必要なものを与える**, (家族など)**を扶養する**, 養う (受身 be provided for): They have four children to *provide for*. 彼らは4人の子供を養ってゆかなければならない. (2)《格式》(将来のこと)を考えておく, ...に備える: I have to *provide for* the education of my son. 息子の教育の準備をしておかねばならない.
(名 provísion, 形 próvident)

+**pro·vid·ed** /prəváɪḍɪd/ 接 [ときに ～ that として] **仮に...とすれば**, ...という条件で [≒if]《⇒ providing 語法》: I prefer to go by bus, *provided* (*that*) the roads aren't crowded. 道路が混んでいなければ私はバスで行くほうがいい.

prov·i·dence /prá(ː)vədəns, -dns | prɔ́v-/ 名 [ときに P-; U]《文語》神; 神の配慮, 神意: divine *providence* 神の摂理.

prov·i·dent /prá(ː)vədənt, -dnt | prɔ́v-/ 形《格式》先見の明のある, (貯金など)将来に備えのある; 用心深い [⇔ improvident]. (動 províde)

prov·i·den·tial /prà(ː)vədénʃəl | prɔ̀v-˘/ 形《格式》幸運な [≒lucky]; 折よい.

pro·vid·er /prəváɪḍə | -də/ 名 ❶ C (家族を)扶養する者, 大黒柱. ❷ C 供給者[会社]; (インターネットの)プロバイダー.

***pro·vid·ing** /prəváɪḍɪŋ/ 接 [ときに ～ that として] **もしも...ならば**, ...という条件で. 語法 if よりも改まっているが, provided よりはくだけた言い方.

***prov·ince** /prá(ː)vɪns | prɔ́v-/ 名 (prov·inc·es /～ɪz/) ❶ C [ときに P-] (カナダなどの)**州**《⇒ county, state 名 3》; (昔の日本の)国: the *provinces* of Canada カナダの諸州 / Musashi *Province* = the *Province* of Musashi 武蔵の国. ❷ [the ～s] 地方, いなか《英国・カナダ・オーストラリアなどで首都や主要都市から離れた地域》. ❸ [単数形で, しばしば所有格の後で]《格式》(知識などの)範囲, 領域, 分野: That is outside my *province*. それは私の専門外だ.
(形 províncial)

+**pro·vin·cial** /prəvínʃəl/ 形 ❶ 限定 **州の**; **地方の**: a *provincial* government 州政府. ❷ [軽蔑的] 視野の狭い, 偏狭な; 粗野な. (名 próvince)
— 名 C [しばしば軽蔑的] いなか者; 地方の人.

pro·vin·cial·is·m /prəvínʃəlìzm/ 名 U,C [軽蔑的] いなか風; いなか根性, 偏狭さ.

pró·ving gròund /prúːvɪŋ-/ 名 C (新兵器・新理論などの)実験場; (車などの)性能試験場.

pro·vi·sion** /prəvíʒən/ 名 (～s /～z/) ❶ U **供給**, 支給, 提供; C [普通は単数形で] 供給[支給]量, 蓄え: the ***provision of food 食糧の供給 / We had a large *provision of* medical supplies. 私たちは多量の医療品をもらっていた.
❷ U (先を見越した)**用意**, 準備; U,C 備え, 設備: We should ***make provision for*** ｢old age [the future]. 老後[将来]の備えをすべきだろう / The citizens ***made*** no ***provision against*** earthquakes. 市民たちは地震に対する備えを何もしなかった.
❸ [複数形で] (旅の)**食糧**, 食料: lay in ***provisions for*** the expedition 遠征の食糧を蓄える / run out of *provisions* 食糧がなくなる. ❹ C〘法律〙規定, 条項; (...という)条件, 取り決め: under the *provisions* of ... ...の規定のもとで. (動 províde)
— 動 ⊕ [しばしば受身で]《格式》(準備として)(...)に食糧を供給する (*with*).

pro·vi·sion·al /prəvíʒ(ə)nəl/ 形《格式》暫定(ざんてい)的な, 仮の, 臨時の: a *provisional* government 暫定[臨時]政府. **-al·ly** /-ʒ(ə)nəli/ 副 暫定的に.

pro·vi·so /prəváɪzoʊ/ 名 (～(e)s) C ただし書き, 条件: with the *proviso* that ... ...という条件で.

pro·vo·ca·teur /prəvà(ː)kətə́ː | -vɔ̀kətə́ː/ 名 C おとり捜査官.

prov·o·ca·tion /prà(ː)vəkéɪʃən | prɔ̀v-/ 名 U,C 挑発(行為), 刺激; 怒らすこと[もの]: get angry at the slightest *provocation* ちょっとしたことで腹を立てる / without *provocation* 何も(挑発)されていないのに / under *provocation* 挑発されて; 憤慨して.
(動 provóke)

pro·voc·a·tive /prəvá(ː)kəṭɪv | -vɔ́k-/ 形 (人を)怒らせる, 刺激する, 議論を呼ぶ; (性的に)挑発的な.
(動 provóke)

pro·voc·a·tive·ly /prəvá(ː)kəṭɪvli | -vɔ́k-/ 副 人を怒らせるように; 挑発的に.

***pro·voke** /prəvóʊk/ 動 (pro·vokes /～s/; pro·voked /～t/; pro·vok·ing) ⊕ ❶ (...)を**挑発する**, **怒らせる**, 刺激する, じらす: His insulting words *provoked* her. 彼の失礼なことばに彼女は怒った.
❷ (人)の**感情を刺激して...させる**: 言い換え His nasty behavior ***provoked*** Peggy ***into*** slap***ping*** him. V+O+*into*+動名 = His nasty behavior ***provoked*** Peggy ***to*** slap him. V+O+C (*to* 不定詞) 彼の失礼な態度に怒ってペギーは彼をひっぱたいた.
❸ (事が)(怒り・抗議・笑いなど)を**引き起こす**, 誘う [≒cause]: *provoke* criticism (from ...) (...からの)批判を招く / His mistake *provoked* a roar of laughter. 彼の誤りにどっと笑いが起こった.
(名 pròvocátion, 形 provócative)

pro·vost /próʊvoʊst | prɔ́vəst/ 名 C [普通は P-]《米》(大学の学務担当の)副学長《学長 (president) の下でカリキュラム編成などを担当する学術面の責任者》;《英》(オックスフォード・ケンブリッジ大学などの)学寮長.

prow /práʊ/ 名 C 《文語》船首, へさき.
prow·ess /práʊəs/ 名 U 《格式》際立って優れた腕前[能力], 技量 (*as, at, in*).
prowl /práʊl/ 動 自 うろつく (*about, around*)《動物が獲物を求めたり, どろぼうが盗みの機会をねらったりして》. — 他 (通りなど)をうろつく. — 名 [単数形で] うろつき回ること; 獲物探し. **be [gó] on the prówl** [動] 自 (獲物・機会などを求めて)うろつき回っている[回る] (*for*).
prowl·er /práʊlə | -lə/ 名 C うろつく人[動物]; (夜間の)不審者, 痴漢, どろぼう; 空き巣ねらい.
prox·i·mate /prá(ː)ksəmət | prɔ́k-/ 形 ❶《格式》最も近い, 直前[直後]の (*to*). ❷ 限定《格式》(原因などが)直接の.
prox·im·i·ty /prɑ(ː)ksíməṭi | prɔk-/ 名 U 《格式》近いこと, 近接, 接近 (*to*).
prox·y /prá(ː)ksi | prɔ́k-/ 名 (prox·ies) C,U 代理人 (*for*); 委任状. **by próxy** [副] 代理人を立てて[通じて], 委任をもって.
prude /prúːd/ 名 C [軽蔑的] (特に性的なことで)上品ぶる人, 淑女ぶる女.
pru·dence /prúːḍns, -dns/ 名 U 慎重さ, 用心深さ, 分別 [⇔ imprudence].
pru·dent /prúːḍnt, -dnt/ 形 慎重な, 用心深い, 分別のある [⇔ imprudent]. **~·ly** 副 慎重に, 用心深く.
prud·er·y /prúːḍəri/ 名 U 《格式》[軽蔑的] 上品ぶり, 淑女ぶり.
prud·ish /prúːḍɪʃ/ 形 [軽蔑的] (性的なことに)ショックを受けやすい, 上品ぶった, とりすました. **~·ly** 副 とりすまして.
+**prune**[1] /prúːn/ 名 (~s /~z/) C **プルーン**, 干しすもも.
prune[2] /prúːn/ 動 他 ❶ (木など)を刈り込む, 剪(せん)定する; (枝)を下ろす (*back, away*). ❷ (余分なもの)を取り除く; 切り詰める, 縮小する (*down*).
pru·ri·ence /pró(ə)riəns/ 名 U 《格式》[軽蔑的] 好色, わいせつ.
pru·ri·ent /pró(ə)riənt/ 形 《格式》[軽蔑的] 好色な, わいせつな.
Prus·sia /prʌ́ʃə/ 名 固 プロイセン, プロシャ《ドイツ北東部の地方; 旧王国》.
Prus·sian /prʌ́ʃən/ 形 プロイセン[プロシャ]の; プロイセン[プロシャ]人の. — 名 C プロイセン[プロシャ]人; [the ~s] プロイセン[プロシャ]人《全体》.
Prússian blúe 名 U プルシアンブルー, 紺青(こんじょう).
prús·sic ácid /prʌ́sɪk-/ 名 U 〔化学〕青酸.
pry[1] /práɪ/ 動 (pries; pried; pry·ing) 自 (他人のことを)詮索(せんさく)する (*into*); (好奇心で)のぞく. **awáy from prýing éyes** [副] 人目につかない所で.
pry[2] /práɪ/ 動 (pries; pried; pry·ing) 他 ❶《主に米》(…)を(てこなどで)動かす: He *pried* the lid open [off]. 彼はふたをこじあけた. ❷ (秘密など)を(…から)ほじくり出す, かぎ出す (*out of*).
P.S., PS /píːés/ 略 = postscript.
psalm /sáːm/ 発音 名 ❶ C 賛美歌, 聖歌. ❷ [the Psalms として単数扱い] (旧約聖書の)詩篇.
psalm·ist /sáːmɪst/ 名 C 賛美歌作者.
psal·ter /sɔ́ːltə | -tə/ 名 C 詩篇歌集《礼拝用》.
pseu·do- /súːḍoʊ | s(j)úː-/ 接頭「偽りの, 仮の, 擬似の」の意: *pseudo*science 擬似[えせ]科学.
pseu·do·nym /súːḍənìm | s(j)úː-/ 名 C ペンネーム, 筆名 [≒pen name].
psi /(p)sáɪ/ 名 C プシー《ギリシャ語アルファベットの第 23 文字 ψ, Ψ; ⇒ Greek alphabet 表》.

psst /ps(t)/ 間 ちょっと!《他の人に気づかれずに相手の注意を引くとき小声で言う》.
PST /píːèstíː/ 略 《米》 = Pacific Standard Time.
psych /sáɪk/ 動 [次の成句で] **psých óut** [動] 他 《略式》(対戦相手)をびびらせる. **psých oneself úp** [動] 自 《略式》(…に対する)心構え[覚悟]をする, 気合を入れる (*for*). — 名 U S 《略式》 = psychology. — 形 限定 S 《略式》 = psychiatric.
Psy·che /sáɪki/ 名 ❶ 固 〔ギリシャ・ローマ神話〕プシュケ《キューピッド (Cupid) が愛した美少女》. ❷ C 《格式》精神, 霊魂.
psyched /sáɪkt/ 形 [ときに ~ up] 叙述 《略式》興奮して, 気合が入って (*about, for*).
psy·che·del·ic /sàɪkədélɪk←/ 形 (麻薬が)幻覚を生じさせる; (衣服・音楽などが)サイケデリックな《極彩色や異様な音などを特色とする》, サイケ調の.
+**psy·chi·at·ric** /sàɪkiǽtrɪk←/ 形 限定 **精神医学の**; 精神病(治療)の.
psychiátric hòspital 名 C 精神病院 [≒mental hospital].
+**psy·chi·a·trist** /saɪkáɪətrɪst, sə-/ 名 (-a·trists /-trɪsts/) C **精神科医**, 精神病医; 精神医学者.
psy·chi·a·try /saɪkáɪətri, sə-/ 名 U 精神医学.
+**psy·chic** /sáɪkɪk/ 発音 形 [比較なし] ❶ (人が)**超能力のある**; 心霊現象を感じとる: *psychic* powers 超能力 / *psychic* research 超能力研究. ❷ 心霊の; (死者の)霊魂の: *psychic* phenomenon 心霊現象. ❸ (病気が)心因性の.
— 名 C 霊媒, みこ; 超能力者.
psy·cho /sáɪkoʊ/ 名 (~s) C, 形 《略式》 = psychopath, psychopathic.
psy·cho- /sáɪkoʊ/ 接頭「精神, 心理(学)」の意: *psycho*logy 心理学.
psy·cho·a·nal·y·sis /sàɪkoʊənǽləsɪs/ 名 U 精神分析(学); 精神分析療法.
psy·cho·an·a·lyst /sàɪkoʊǽnəlɪst/ 名 C 精神分析医[学者].
psy·cho·an·a·lyt·ic /sàɪkoʊæ̀nəlíṭɪk←/, **-lyt·i·cal** /-ṭɪk(ə)l←/ 形 精神分析(療法)の.
psy·cho·an·a·lyze /sàɪkoʊǽnəlàɪz/ 動 他 (人)の精神分析をする; (人)に精神分析療法を施す.
psy·cho·bab·ble /sáɪkoʊbæ̀bl/ 名 U 《略式》[軽蔑的] もっともらしい心理学用語.
*__psy·cho·log·i·cal__ /sàɪkəlá(ː)ʤɪk(ə)l | -lɔ́ʤ-←/ 発音 形 [比較なし] ❶ **心理的な**, 精神的な [≒mental]: *psychological* effects 心理的効果 / *psychological* problems 精神的な問題 / *psychological* warfare 心理戦.
❷ 限定 **心理学上の**, 心理学的な: *psychological* studies on human behavior 人間の行動の心理学的研究. (名 psychólogy)
-cal·ly /-kəli/ 副 心理学的に; 心理的に.
psýchological móment 名 [the ~] 絶好の機会, (物事の)潮時(しおどき).
+**psy·chol·o·gist** /saɪká(ː)ləʤɪst | -kɔ́l-/ 名 (-o·gists /-ʤɪsts/) C **心理学者**.
+**psy·chol·o·gy** /saɪká(ː)ləʤi | -kɔ́l-/ 発音 p は発音しない. 名 (-o·gies /~z/) ❶ U **心理学** (略 psych.): child *psychology* 児童心理学 / group *psychology* 集団心理学.
❷ U,C (個人や集団の)**心理(状態)**, 精神状態, 気持ち (*of*): mob *psychology* 群集心理.
(形 psỳchológical)

〖語源 ⇒ psycho-, -logy〗

psy·cho·path /sáɪkəpæθ/ 名 C 精神病質者.

psy·cho·path·ic /sàɪkəpǽθɪk←/ 形 精神病質の.

psy·cho·sis /saɪkóʊsɪs/ 名 (複 **psy·cho·ses** /-siːz/) U,C 精神病.

psy·cho·so·mat·ic /sàɪkəsəmǽṭɪk←/ 形 心身症の; 心身医学の: a *psychosomatic* disorder 心身症 / *psychosomatic* medicine 心療内科.

psy·cho·ther·a·pist /sàɪkoʊθérəpɪst/ 名 C 精神[心理]療法士.

psy·cho·ther·a·py /sàɪkoʊθérəpi/ 名 U 精神[心理]療法.

psy·chot·ic /saɪkɑ́(ː)ṭɪk | -kɔ́t-/ 形〔医学〕精神病の. — 名 C〔医学〕精神病患者.

pt. 略 = part 名 1, 9, past, past tense, payment, pint(s), point 7, 9, port[1].

PTA /píːtìːéɪ/ 略 = parent-teacher association.

pter·o·dac·tyl /tèrədǽktl/ 名 C テロダクティル, 翼手竜《古生物》.

PTO[1] /píːtìːóʊ/ 略《米》= parent-teacher organization《PTA に相当》.

PTO[2] /píːtìːóʊ/ 略《英》= please turn over 裏面をごらんください, 裏面へ続く《⇒ turn over (turn 句動詞) 自 2》[《米》Over].

Ptól·e·ma·ic sýstem /tɑ́(ː)ləmèɪɪk- | tɔ́l-/ 名 [the ~] 天動説. 関連 Copernican system 地動説.

Ptol·e·my /tɑ́(ː)ləmi | tɔ́l-/ 名 固 トレミー, プトレマイオス《紀元 2 世紀ごろのエジプトの天文学者・数学者・地理学者》.

PTSD 略 = post-traumatic stress disorder.

+**pub** /pʌ́b/ 名 (~s /~z/) C《英》**パブ**, 酒場 [《格式》public house]《英国人の社交の場》: have a drink at the *pub* パブで一杯やる.

pu·ber·ty /pjúːbəṭi | -bə-/ 名 U 思春期《男子は 13 歳頃, 女子は 11 歳頃に始まり 3-5 年続く》: reach *puberty* 年ごろになる.

pu·bes /pjúːbiːz/ 名《略式》(複 ~) C 陰部.

pu·bes·cent /pjuːbés(ə)nt/ 形 思春期[年ごろ]の.

pu·bic /pjúːbɪk/ 形 限定 陰部の: *pubic* hair 陰毛.

***pub·lic** /pʌ́blɪk/

— 形

意味のチャート
ラテン語で「人々に関する」の意; people と同語源
→「社会一般の」❷ →「公然の」❹
→「公共の」❶ →「公務の」❸

❶ 限定 [比較なし] **公共の**, 公衆用の; **公立の** [⇔ private]: *public* buildings 公共の建物 / a *public* library 公共図書館 / Smoking in *public* places is banned. 公共の場所での喫煙は禁止されている.

❷ 限定 [比較なし] **社会一般の**, 一般大衆の, 公衆の [⇔ private]: *public* safety 社会の安全 / *public* morals 公衆道徳 / *public* health 公衆衛生 / a *public* outcry 世間の抗議 / *public* policy 公共政策 / *public* welfare 公共の福祉 / Disclosure of information is in the *public* interest. 情報開示は公益にかなう.

❸ 限定 [比較なし] **国[公共団体]の**, **公務の**, **公職の** [⇔ private]: *public* money 公金 / *public* spending (政府の)公共支出 / *public* office 公職, 官職. ❹ だれでも知っている, 公然の, 周知の, 公開の: a *public* figure 有名人 / a *public* display of affection 人目をはばからぬ愛情の表現 / This place is too *public* to have a private conversation. ここでは人目につきすぎるので個人的な話はできない / Mr. Long *made public* his intention to resign. ロング氏は辞職する意向を公にした.

gò públic [動] 自 (1) (情報・秘密などを)公表する (*on, with*). (2) (会社が)株式を公開する.

in the públic éye [形] 世間の注目を浴びて.

(動 públish, públicìze, 名 publícity)

— 名 ❶ [the ~] **大衆**, **公衆**, 人民, 国民; (一般)社会, 世間: *the* general *public* 一般大衆 / members of *the public* 一般の人々 / *the* British *public* 英国民 / *The public* is the best judge. 大衆が最もよい審判者である / The palace is open to *the public*. その宮殿は一般に公開されている.

語法 公衆の一人一人が重視されているときには《英》では複数扱いとなることがある: *The public are* requested not to enter this room. 一般の人々はこの部屋には入らないでください.

❷ [the ~, a ~または所有格とともに] (ある階層の)人々, ...仲間, ...ファン《全体》: *the* music-loving *public* 音楽愛好家たち / *the* reading *public* 一般読者層 / the singer*'s public* その歌手のファン.

in públic [副] **公然と**, 人前で(は) [⇔ in private]: He denounced the government's policy *in public*. 彼は公然と政府の政策を非難した.

públic áccess 名 ❶ U 公的利用権《一般の人の立ち入り[閲覧]権》(*to*). ❷ U《主に米》一般人が自分たちの番組を放送するためにケーブルテレビなどの設備を利用すること.

púb·lic-ad·dréss sỳstem /pʌ́blɪkədrés-/ 名 C 場内[構内, 校内]アナウンス設備《略 PA》.

públic affáirs 名 複 公共の事, 公事; (組織の)渉外[広報]部門.

públic assístance 名 U《米》公的扶助《貧困者などへの政府の補助》.

*__pub·li·ca·tion__ /pʌ̀bləkéɪʃən/ 名 (~s /~z/) ❶ U (書籍・雑誌・新聞などの)**出版**, 発行, 刊行: ***the publication of*** a magazine 雑誌の出版 / the date of *publication* 発行年月日.

❷ C **出版物**, 刊行物《書籍・雑誌など》: new *publications* 新刊書 / monthly *publications* 月刊刊行物.

❸ U 発表, 公表; (法律などの)公布 (*of*).

(動 públish)

públic cómpany 名 C《英》= public corporation 1.

públic convénience 名 C《英格式》公衆トイレ.

públic corporátion 名 ❶ C《米》株式公開会社. ❷ C《英》公共企業体, 公社, 公団.

públic defénder 名 C《米》公選弁護人.

públic domáin 名 U [普通は the ~]〔法律〕公有, パブリックドメイン《著作権・特許などが消滅した状態》.

in the públic domáin [副] (情報が)公開されて.

públic hóliday 名 C 祝日, 祭日.

públic hóuse 名 C《英格式》= pub.

públic hóusing 名 U《米》公営住宅《貧困者用》.

públic inquíry 名 C (事故の)公的調査.

pub·li·cist /pʌ́bləsɪst/ 名 C 宣伝係, 広報係.

*__pub·lic·i·ty__ /pʌblísəṭi/ 名 ❶ U **知名度**, **知れ渡っていること**; 世間の注目; 有名: good [bad] *publicity* 好[悪]評 / Her new novel gained wide *publicity*. 彼

女の新しい小説は広く評判になった / The news brought [got] her a lot of *publicity*. そのニュースで彼女のことはみんなに広く知れ渡った. ❷ Ⓤ 宣伝, 広報活動, PR: a *publicity* campaign PR 運動 / a *publicity* stunt 売名行為. (形 públic)

publícity àgent 名 Ⓒ 広報係.

+**pub·li·cize,** 《英》 **-cise** /pʌ́bləsàɪz/ 動 (-li·ciz·es /~ɪz/; -li·cized /~d/; -li·ciz·ing) 他 (...)を**公表する**, 発表する; (...)を広告する, 宣伝する: The events planned for the school festival *were* not well [highly] *publicized*. V+O の受身 学園祭の催しは宣伝が足りなかった. (形 públic)

+**pub·lic·ly** /pʌ́blɪkli/ 副 **公**(おおやけ)**に**, 公然と; 政府によって, 公的に; 一般の人に: Other politicians were afraid to criticize him *publicly*. ほかの政治家たちは彼を公然と批判する勇気がなかった.

públic núisance 名 ❶ Ⓒ 〔法律〕 公的不法妨害; (騒音などの)公害 《⇒ pollution 日英》. ❷ Ⓒ 迷惑な人.

+**públic opínion** 名 Ⓤ **世論**: arouse [stir up] *public opinion* 世論をかき立てる.

públic ównership 名 Ⓤ (企業などの)国有.

públic próperty 名 ❶ Ⓤ 〔法律〕 公共物[財産]. ❷ Ⓤ だれもが知る権利のある事柄.

públic prósecutor 名 Ⓒ 《英》 検察官: the *public prosecutor*'s office 検察庁. 関連 judge 裁判官 / counselor, 《英》 barrister 法廷弁護士.

+**públic relátions** 名 ❶ Ⓤ **広報活動**, 宣伝 《略 PR》: That person is just right for *public relations*. あの人は広報活動に向いている. ❷ 複 (企業などの)対社会関係, (世間の)受け.

+**públic schóol** 名 (~s /~z/) ❶ Ⓒ,Ⓤ 《米・スコットランド・豪》 **公立学校** [《英》 state school]. 関連 private school 私立学校.
❷ Ⓒ,Ⓤ 《英》 (主にイングランドの)**パブリックスクール**. 参考 日本の中学校と高等学校の学年に相当する普通は全寮制の男子私立学校; 卒業生の多くはたいてい Oxford や Cambridge などの名門大学を目ざす 《⇒ Eton College, Rugby, preparatory school 2》.

+**públic séctor** 名 [the ~] **公営(企業)部門** 《⇒ private sector》.

públic sérvant 名 Ⓒ 公務員.

públic sérvice 名 ❶ Ⓒ [普通は複数形で] 公共事業 《ガス・電気・水道など》. ❷ Ⓒ,Ⓤ 社会奉仕. ❸ Ⓤ 公務, 公用.

públic spéaking 名 Ⓤ 演説(法); (人前での)話し方, 話術.

pub·lic-spir·it·ed /pʌ́blɪkspírɪṭɪd←/ 形 公共心のある.

públic télevision 名 Ⓤ 《米》 公共テレビ放送.

públic tránsport 名 Ⓤ 《英》 = public transportation.

públic transportátion 名 Ⓤ 《米》 公共輸送機関 《バス・鉄道など》.

públic utílity 名 Ⓒ 公共事業[企業](体) 《ガス・電気・水道・交通機関など》.

públic wórks 名 複 公共(土木)事業.

****pub·lish** /pʌ́blɪʃ/

— 動 (-lish·es /~ɪz/; pub·lished /~t/; -lish·ing) 他 ❶ (書籍・雑誌・新聞など)を**出版する**, **刊行する**, 発行する; (新聞などが)(...)を記事にする, 掲載する: We *publish* books on science. 弊社は科学書を出版しています / That dictionary *was* ***published by*** an American company. V+O の受身 その辞書は米国の出版社から出版された. ❷ 《格式》 (...)を(新聞・雑誌・ホームページなどで)発表する, 公表する.

— 自 著作を発表する, 出版する. (形 públic, 名 pùblicátion)

+**pub·lish·er** /pʌ́blɪʃə | -ʃə/ 名 (~s /~z/) Ⓒ (書籍・雑誌・新聞などの)**出版社**, 出版業者, 発行人.

+**pub·lish·ing** /pʌ́blɪʃɪŋ/ 名 Ⓤ **出版業**: get a job in *publishing* 出版業界に職を得る.

puck /pʌ́k/ 名 Ⓒ 〔アイスホッケー〕 パック 《ボールに相当するゴム製の平らな円盤》.

Puck /pʌ́k/ 名 固 パック 《いたずらな妖精(ようせい)の名》.

puck·er /pʌ́kə | -kə/ 動 (-er·ing /-k(ə)rɪŋ/) 他 (顔)をしかめる, (唇)をすぼめる; (布など)にひだを取る: Grandma *puckered* (*up*) her lips and kissed me. おばあちゃんは口をすぼめて私にキスをした. — 自 しわが寄る, ひだができる; 唇をすぼめる (*up*). — 名 Ⓒ しわ, ひだ.

puck·ered /pʌ́kəd | -kəd/ 形 しわになった, すぼめられた.

pud /pʊ́d/ 名 Ⓤ,Ⓒ 《英略式》 = pudding.

+**pud·ding** /pʊ́dɪŋ/ 名 (~s /~z/) ❶ Ⓤ,Ⓒ 《主に米》 **プリン**.
❷ Ⓤ,Ⓒ **プディング** 《甘味がなく料理のつけ合わせとするものもある; ⇒ Christmas pudding, Yorkshire pudding》: The proof of the *pudding* is in the eating. ⇒ proof 名 3. ❸ Ⓤ,Ⓒ 《英》 デザート.

pud·dle /pʌ́dl/ 名 Ⓒ 水たまり (*of*).

pudg·i·ness /pʌ́ʤinəs/ 名 Ⓤ ずんぐりした[太った]様子.

pudg·y /pʌ́ʤi/ 形 (pudg·i·er; -i·est) ずんぐりした, (少し)太った [≒plump].

pueb·lo /pwébloʊ/ ≪スペイン語から≫ 名 Ⓒ プエブロ 《米国南西部に見られる先住民の集落》.

pu·er·ile /pjʊ́(ə)rəl | pjʊ́əraɪl/ 形 《格式》 子供っぽい [≒childish]; たわいのない.

pu·e·ril·i·ty /pjù:əríləṭi/ 名 Ⓤ 《格式》 おとなげないこと.

Puer·to Ri·can /pwéəṭərí:k(ə)n | pwə́:toʊ-/ 形 プエルトリコ(人)の. — 名 Ⓒ プエルトリコ人.

Puer·to Ri·co /pwéəṭərí:koʊ | pwə́:toʊ-/ 名 固 プエルトリコ 《西インド諸島 (West Indies) の大アンチル諸島の島; 米国の自治領; 略 PR》.

puff /pʌ́f/ 動 自 ❶ (たばこを)ふかす (*away*); ぷっと吹き出す, (蒸気・煙などが)ぱっぱっと出る: *puff on* [*at*] a pipe パイプをくゆらせる / Smoke was *puffing up* from the chimney. 煙突から煙がぱっぱっと立ち上っていた. ❷ 《略式》 荒い息づかいをする, あえぐ 《⇒ huff 動 自》. ❸ [副詞(句)を伴って] (蒸気・煙などを)ぱっぱっと出しながら動く[進む]; あえぎながら進む. — 他 (たばこ)をふかす; (空気・蒸気・煙など)をぱっぱっと出す: He *puffed* cigarette smoke *into* my face. 彼はたばこの煙をぷかりと私の顔へ吹きかけた. **púff and blów [pánt]** [動] 自 息をはずませる. **púff óut** [動] 他 (ほおなど)をふくらませる, (胸)を張る. **púff úp** [動] 他 (...)を(空気で)ふくらませる. — 自 ふくらむ, (体の一部などが)はれる.

— 名 ❶ Ⓒ (たばこの)一服 (*at*): take a *puff on* one's cigar 葉巻きをひと吹かしする. ❷ Ⓒ (空気・蒸気・煙などの)ひと吹き, ぷっと吹くこと, ぷっと吹く音: a *puff of* wind さあっと吹いてくる風, 一陣の風 / *puffs* from a locomotive 蒸気機関車のしゅっしゅっぽっぽっという音. ❸ Ⓒ ふわっとふくらんだ菓子 《シュークリーム (cream puff) など》. ❹ Ⓤ 《英略式》 呼吸. ❺ Ⓒ,Ⓤ

《略式》べたぼめ.

puffed /pʌ́ft/ 形 ❶ 叙述《英略式》息切れして (*out*). ❷ はれた, ふくらんだ (*up*). **púffed úp** 得意になって[思い上がって]いる (*with*).

puf·fin /pʌ́fɪn/ 名 C にしつのめどり《北極海・北大西洋などに集団で住むくちばしの大きな海鳥》.

puff·i·ness /pʌ́finəs/ 名 U ふくらみ, はれ.

puff·y /pʌ́fi/ 形 (puff·i·er; -i·est) (目・顔などが)ふくれ上がった, はれぼったい; (雲・髪などが)丸くふくらんだ.

pug /pʌ́g/ 名 C パグ《ブルドッグ (bulldog) に似た小型犬; ⇒ dog 挿絵》.

pug·na·cious /pʌgnéɪʃəs/ 形《格式》けんか好きな, けんか早い.

pug·nac·i·ty /pʌgnǽsəṭi/ 名 U《格式》けんか好き(な性質).

púg nòse 名 C しし鼻《⇒ nose 挿絵》.

puke /pjú:k/ 動 他 自《略式》(食べたものを)吐く (*up*). **It màkes me (wànt to) púke.** Ⓢ 本当にむかつく.
— 名 U《略式》吐いたもの, へど.

Pú·lit·zer Príze /pólɪtsə-, pjú:-|-tsə-/ 名 C ピューリツァー賞《毎年報道・文学・音楽の分野で活躍した人に与えられる米国の賞》.

***pull** /pól/

— 動 (pulls /~z/; pulled /~d/; pull·ing) 他 ❶ (...)を**引っ張る, 引く**; (別の所へ)引き寄せる, (引くようにして)動かす; (物)を引っ張って...にする《⇒ 類義語》[⇔ push]: He *pulled* the rope. 彼は綱を引っ張った / She *pulled* the curtain. 彼女はカーテンを引いた / ***Pull*** your chair ***to*** the table. V+O+前+名 いすをテーブルの方に引き寄せなさい / He ***pulled*** his son ***by the*** arm. V+O+*by*+名 彼は息子の腕を引っ張った《⇒ the[1] 2 語法》/ Lynn *pulled* the door open [shut]. V+O+C(形) リンは戸を引っ張って開けた[閉じた].

❷ (...)を**引き抜く**; 引き裂く: She *pulled* weeds. 彼女は草むしりをした / I had a tooth *pulled*. 私は歯を抜いてもらった / The puppy *pulled* the scarf *to* bits [pieces]. 子犬はスカーフをずたずたに引き裂いた. ❸ (ピストル・ナイフなど)を抜いて構える; (始動スイッチ・引き金など)を引く: The robber *pulled* a gun *on* her. 強盗はピストルを抜いて彼女に突き付けた / In an emergency, *pull* this lever to stop the train. 非常の場合にはこのレバーを引いて列車を止めてください. ❹ [副詞(句)を伴って] (服など)を(さっと)着る[脱ぐ]《⇒ pull on, pull off (句動詞)》: She *pulled* her sweater *over* her head. 彼女はセーターを頭からかぶって着た. ❺ (筋肉など)を無理に引き伸ばして痛める. ❻《略式》(大胆なこと・ごまかし・犯罪など)を行なう, やらかす: *pull* a stunt 離れ業をする / What are you trying to *pull*? 何をたくらんでいるんだ. ❼ (車など)を動かす, 進める, (わきへ)寄せる. ❽ (支持(票))を集める, 得る; (顧客など)を引きつける [≒attract];《英略式》(性的に)(人)を引きつける. ❾ (イベントなど)を中止する. ❿〔野球・ゴルフなど〕(打者が)(ボール)を引っ張って打つ, 引っ張る. ⓫ (ボート・オール)をこぐ.

— 自 ❶ **引っ張る, 引く** [⇔ push]: I'm worn out; I can't *pull* any more. とても疲れた. もうこれ以上引っ張れない.

❷ (車などが)**進む**, (わき・右・左に)寄る; (運転者が)乗り物を動かして進む[寄せる]《⇒ pull over (句動詞)》: He ***pulled to*** the side of the road. V+*to*+名 彼は車を道路わきに寄せた. ❸ ボートをこぐ.

púll a fást òne [動] 自《俗》(人を)だます (*on*).

pull の句動詞

+**púll ahéad** 動 自 **先頭に立つ:** Our company is *pulling ahead* in the battle for the computer market. 弊社はコンピューター市場獲得合戦の先頭に立っています.

púll ahéad of ... [動] 他 **...を追い抜く:** A red car *pulled ahead of* me. 赤い車が私を追い抜いた.

púll apárt 動 他 ❶ (...)を(引っ張って)ばらばらにする, 引きちぎる; 引き離す. ❷ (...)を酷評する.
— 自 ばらばらになる.

+**púll at ...** 動 他 (繰り返し)...**を引っ張る**, 引く (受身 be pulled at): Stop *pulling at* my sleeve! そでを引っ張るのはやめて.

+**púll awáy** 動 自 ❶ (車などが)**出ていく**, 発車する: The bus ***pulled away from*** the curb. バスは(発車して)歩道の縁から離れた.
❷ (...を)**引き離していく:** The Giants gradually ***pulled away from*** the other teams. ジャイアンツは次第に他のチームを引き離した. ❸ (...から)身を引き離す, 逃れる (*from*).
— 他 (...)を(場所・危険などから)引き離す (*from*).

púll báck 動 他 (...)を(~から)引き戻す (*from*).
— 自 引きさがる, 取りやめる, 手を引く (*from*).

*__púll dówn__ 動 他 ❶ (...)を**引き降ろす** V+名・代+*down* / V+*down*+名: Please *pull down* the shades. どうぞ日よけを降ろしてください.
❷ (建物・像)を**取り壊す**; (政府)を倒す V+名・代+*down* / V+*down*+名: They *pulled down* the old factory. 彼らは古い工場を取り壊した. ❸ (人・経済など)を弱らせる; (人)の地位[成績]を引き下げる. ❹ (...)を稼ぐ. ❺〔コンピュータ〕(メニュー)を表示させる.

púll for ... 動 他《略式》...を応援する.

*__púll ín__ 動 自 ❶ (列車・バスなどが)**到着する**, 駅に入る: The train ***pulled in*** (*at* the station) half an hour late. 列車は 30 分遅れて(駅に)着いた. ❷ (車などが)(道路わきに)寄って止まる (*to*); (運転手が)車を寄せる[入れる]: Let's *pull in* here. ここに車を止めよう.
— 他 ❶ (...)を(中へ)引っ張り入れる; (首・腹など)を引っ込める. ❷ (客など)を引きつける, 呼び寄せる: The circus *pulled in* a large crowd. サーカスは大勢の人を引きつけた. ❸《略式》(金)を稼ぐ, もうける. ❹《略式》(容疑者など)を連行する.

púll ìnto ... 動 他 (列車などが)(駅など)に入る, 到着する.

*__púll óff__ 動 他 ❶ (...)を(さっと)**脱ぐ**, はずす V+名・代+*off* / V+*off*+名: Help me *pull* my boots *off*. ブーツを脱ぐのに手を貸してください. ❷《略式》(困難なこと)をうまくやり遂(と)げる: The team *pulled off* a spectacular come-from-behind victory. そのチームはすばらしい逆転勝利を成し遂げた. — 自 ❶ 車を道路わきに寄せ(て止め)る. ❷ 離れる; 出発する.

+**púll óff ...** 動 他 (車・運転者が)(道路)の**わきに寄(って止ま)る:** The taxi *pulled off* the road. タクシーは道路わきに寄って止まった.

*__púll ón__ 動 他 (...)を(さっと)**着る**, はく V+名・代+*on* / V+*on*+名: She *pulled* her sweater *on*. 彼女はセーターを着た.

púll on ... 動 他 = pull at ....

*__púll óut__ 動 他 ❶ (歯・栓など)を**抜く**; 引き出す, 取り出す; 取りはずす V+名・代+*out* / V+*out*+名: I had a bad tooth *pulled out*. 私は虫歯を抜いてもらった. ❷ (軍隊など)を撤退させる.

P

— 自 ❶ (列車・バスなどが)**出発する**, 駅を出る; (ボートなどが)こぎ出る**:** The train *pulled out* on time. 列車は定刻どおりに出発した. ❷ (車などが)別の道路に出る; (追い越しのため)車線変更する. ❸ (仕事などから)手を引く; 撤退する.

+**púll òut of ...** 動 他 ❶ (列車・船が)**...から出発する:** The taxi *pulled out of* the garage at two. タクシーはガレージを2時に発車した. ❷ (困難など)から抜け出す; (契約など)から手を引く.

+**púll ... òut of 〜** 動 他 ❶ **〜から(...)を引っ張り出す[引き抜く]**; (...)を〜から引き出す, 取り出す**:** He *pulled* the cork *out of* the bottle. 彼はびんの栓を抜いた. ❷ (...)を(困難・危険など)から救い出す.

+**púll óver** 動 他 (車など)を**道路わきに寄せる**, (警察が合図して)(車(の運転者))を**わきに寄らせる** V+名・代+over**:** He ***pulled*** his car ***over to*** the side of the road. 彼は車を道路わきに寄せた. — 自 (車が)(進路を譲って)わきに寄る; (運転者が)車を道路際に寄せる (*to*) (⇨ pull off 自).

+**púll thróugh** 動 自 (難局などを)**切り抜ける**; 元気[意識]を回復する**:** I hope my mother will *pull through.* 母がよくなるといいのですが. — 他 (...)に病気[難局]を切り抜けさせる.

púll togéther 動 自 協力して働く[やっていく]. — 他 (組織)を立て直す, まとめる; (...)を(寄せ集めて)作る.

púll one**sèlf togéther** [動] 自 気を静める, しっかりする.

+**púll úp** 動 他 ❶ (車・馬など)を**止める** V+名・代+up / V+up+名**:** She ***pulled*** her car ***up at*** the gate. 彼女は車を門の所で止めた.
❷ (...)を**引っ張り上げる**; (いすなど)を**引き寄せる** V+名・代+up / V+up+名**:** When the bucket was full, he *pulled* it *up.* バケツがいっぱいになると彼はそれを引き上げた.
❸ (草・木・くいなど)を**引き抜く** V+名・代+up / V+up+名**:** He ***pulled up*** the weeds ***from*** his vegetable garden. 彼は菜園の雑草を抜いた. ❹ (人)を(急に)止める. ❺ 《英》 (人)をとがめる (*on, for*).
— 自 ❶ (車などが)**止まる**; (運転手が)車を止める**:** He ***pulled up at*** the traffic lights. 彼は信号の所で車を止めた. ❷ (突然)やめる: *pull up* short 急にやめる.

púll one**sèlf úp** [動] 自 体を引き上げる, 立ち上がる; (...に)昇る (*onto*).

類義語 **pull** 自分の方へ引き寄せることを意味する最も一般的な語. 上下左右の方向は問題にしない**:** The dentist *pulled* out my tooth. 歯医者は私の歯を抜いた. **draw** 滑らかに引っ張ること**:** He *drew* a chair up to the fireplace. 彼は暖炉の方にいすを引き寄せた. **drag** かなりの重さのあるものを水平に, または坂の上の方へ向かって引っ張ること**:** He *dragged* the bed across the floor. 彼は床の向こう側へベッドを引きずっていった. **heave** 重いものをぐいと一息で引っ張る, 持ち上げる**:** I *heaved* the heavy trunk into my car. 車に重いトランクをぐいと持ち上げ積み込んだ. **haul** 重い物を, しばしば機械を使って引っ張ることを意味する**:** The locomotive is *hauling* a long freight train. その機関車は長い貨車の列を引いている. **tug** 綱引きのときのように, 力を入れてぐいと手前へ引っ張ること**:** He *tugged* her sleeve to get her attention. 彼は彼女の注意を引くためそでを引っ張った. **tow** 故障した車などをロープなどを用いて牽引(けんいん)すること**:** They *towed* the car to the nearest garage. 彼らはその車を最寄りの修理工場へ引いていった.

— 名 (〜s /〜z/) ❶ C **引っ張ること**, 引くこと, 引っ張り [⇔ push]**:** 言い換え Give the rope a good *pull.* = Give a good *pull on* [*at*] the rope. ロープを十分に引っ張ってください.
❷ U,C **引く力**, 引力; 人を引き付ける力, 魅力**:** *the pull of* a magnet 磁石の引く力 / She felt *the pull of* family ties. 彼女は家族のきずなを感じた. ❸ U (他に対する)影響力, 縁故**:** He has (quite) a lot of *pull with* that firm. 彼はあの会社にはかなりのコネがある. ❹ C 肉離れ. ❺ C (たばこの)一服, (酒などの)ひと飲み (*at, on*). ❻ C [主に合成語で] (戸・引き出しなどの)引き手, 取っ手; 引きひも. ❼ [a 〜] 《英》 急な登り, (進む[登る]ときの)努力**:** It's *a* long, hard *pull* to the top of Mt. Fuji. 富士山の頂上までは長くてつらい登りだ. ❽ C 〔野球・ゴルフなど〕 ボールを引っ張って打つこと.

pull-down /póldàʊn/ 形 ❶ 限定 〔コンピュータ〕 (メニューが)プルダウン式の. ❷ 限定 (椅子・ベッドなどが)折りたたみ式の.

pul·let /pólət/ 名 C (産卵を始めた)若いめんどり.

pul·ley /póli/ 名 C 滑車, ベルト車, プーリー.

púll·ing pòwer /pólɪŋ-/ 名 U 《英》 集客力 [《米》 drawing power].

Pull·man /pólmən/ 名 C 特等客車《寝台付きの豪華な客車》.

pull·out /pólàʊt/ 名 ❶ C (軍隊などの)撤退 (*of, from*). ❷ C (本・雑誌の)別とじ(付録). — 形 限定 (家具が)引き出せる, 取り出せる.

pull·o·ver /pólòʊvɚ | -və/ 名 C 頭からかぶって着るセーター, プルオーバー.

pullover

púll tàb 名 C 《米》 (缶などを開けるための)引き手, プルタブ [《英》 ring-pull].

pull-up /pólʌ̀p/ 名 C 懸垂(運動) [《米》 chin-up].

pul·mo·nar·y /pʌ́lmənèri, pól- | -nəri/ 形 限定 〔医学〕 肺の, 肺を冒(おか)す: *pulmonary* tuberculosis 肺結核.

pulp /pʌ́lp/ 名 ❶ U (果物・野菜などの)柔らかい部分; 果肉; (植物の)髄. ❷ [U または a 〜] (果物・野菜などの)どろどろにしたもの: mash ... *to a pulp* ...をどろどろにつぶす. ❸ U パルプ (wood pulp). ❹ U 〔医学〕 歯髄. **béat ... to a púlp** [動] 他 (...)をたたきのめす. — 形 限定 (本・雑誌が)低俗な: *pulp* fiction 低俗小説. — 動 他 (...)をどろどろにする; (新聞・本など)をパルプ状にする.

pul·pit /pólpɪt/ 名 C 説教壇 (⇨ church 挿絵).

pul·sar /pʌ́lsɑɚ, -sɚ | -sɑː, -sə/ 名 C 〔天文〕 パルサー《周期的に電磁波を出す中性子星》. 関連 quasar 準星.

pul·sate /pʌ́lseɪt | pʌlséɪt/ 動 自 (脈などが)打つ, 正しく鼓動する; 振動する; 《文語》 (興奮などで)どきどきする (*with*). (名 pulse)

pul·sa·tion /pʌlséɪʃən/ 名 C,U 〔医学〕脈拍, 動悸(どうき); 〔物理〕振動.

+**pulse** /pʌ́ls/ 名 (puls·es /~ɪz/) ❶ C [普通は単数形で] **脈拍:** have a weak *pulse* 脈が弱い / ***take*** [***feel, check***] ...'s ***pulse*** (人)の脈をはかる[とる] / My *pulse* beats about 60 times a minute. 私の脈は1分間に60くらいだ. ❷ C,U 鼓動, 波動; 律動, 拍子. ❸ C 〔通信・電気〕パルス. ❹ U (世間の)動向, 意向. (動 púlsate)
— 動 自 ❶ 脈打つ, 鼓動する**:** It was as if I could feel the blood *pulsing through* my veins. 血が脈打って血管を伝わっていくのが感じられるかのようだった. ❷ (場所などが)(活気などで)満ちている (*with*).

púlse ràte 名 C 脈拍数.

pul·ver·ize /pʌ́lvəràɪz/ 動 他 ❶ (...)を粉々にする, 砕(くだ)く. ❷ 《略式》(...)に圧勝する.

pu·ma /p(j)úːmə | pjúː-/ 名 (複 ~(s)) C ピューマ [≒ cougar].

púm·ice (stòne) /pʌ́mɪs-/ 名 U,C 軽石.

pum·mel /pʌ́m(ə)l/ 動 (pum·mels; pum·meled, 《英》pum·mel·led; -mel·ing, 《英》-mel·ling) 他 ❶ (...)をげんこつで続けて打つ. ❷ (...)をやっつける.

*__pump__[1] /pʌ́mp/ 名 (~s /~s/) C [しばしば合成語で] **ポンプ:** a bicycle *pump* 自転車の空気入れ / an air *pump* (タイヤ)空気入れ / a gas *pump* 《米》(ガソリンスタンドの)給油機 / raise water with a *pump* ポンプで水をくみ上げる.
at the púmp(s) [副] 《米略式》ガソリンスタンドで.
príme the púmp [動] 自 (景気刺激のために)財政支出をする.
— 動 (pumps /~s/; pumped /~t/; pump·ing) 他 ❶ (水など)を**ポンプで吸い出す**; (井戸など)からポンプで(水を)くみ出す; (空気など)をポンプで入れる**:** ***Pump up*** [***out***] the water. V+副+O ポンプで水をくみ上げ[出し]なさい / The water had to ***be pumped out of*** the basement. V+O+前+名の受身 地下室から水をくみ出さねばならなかった / We *pumped* the pond dry. V+O+C(形) 私たちはポンプで水をくみ上げて池を干した / I *pumped* air ***into*** the tire. V+O+前+名 タイヤに空気を入れた. ❷ (ポンプの取っ手のように)(...)を上下に動かす**:** *pump* the pedals of a bicycle 自転車のペダルをこぐ. ❸ (資金など)を注ぎこむ (*into*; *in*); (弾丸など)を浴びせる (*into*). ❹ 《略式》(人)に探りを入れる, あれこれ尋ねる, 巧みに(...を)聞き出す (*for*).
— 自 ❶ [副詞(句)を伴って] (液体が)噴出する (*from, out of*). ❷ ポンプの作用をする; ポンプのように動く; (心臓が)鼓動する (*away*).
hàve one's **stómach púmped** [動] 自 胃を洗浄する.
púmp ... fúll of ~ [動] 他 (...)に~を注入する[浴びせる]; (人)に(薬)を大量に投与する.
púmp íron [動] 自 《略式》(ウェートトレーニングで)バーベルを挙げる.
púmp óut [動] 他 (1) (液体)をくみ出す (⇒ 他 1). (2) (...)を大量に作り出す[流す].
púmp úp [動] 他 (1) (タイヤなど)にポンプで空気を入れる. (2) 《略式》(量・価値など)を増大させる, 高める. (3) (人)の興奮[やる気]をかきたてる.

pump[2] /pʌ́mp/ 名 ❶ C [普通は複数形で] 《主に米》パンプス《ひもがなく, 甲の広くあいた靴》**:** a pair of *pumps* パンプス1足. ❷ C [普通は複数形で] 《英》(軽い)ダンス靴; 運動靴.

pum·per·nick·el /pʌ́mpənɪ̀k(ə)l | -pə-/ 名 U プンパーニッケル《ふすまの入ったライ麦の黒パン》.

+**pump·kin** /pʌ́m(p)kɪn | pʌ́m(p)-/ 名 (~s /~z/) C **かぼちゃ**; U (食用の)かぼちゃ(の果肉) (⇒ jack-o'-lantern).

púmpkin píe 名 C,U かぼちゃのパイ《米国では感謝祭 (Thanksgiving Day) に食べる》.

pun /pʌ́n/ 名 C だじゃれ, ごろ合わせ (*on*). — 動 (puns; punned; pun·ning) 自 だじゃれを言う, もじる (*on, upon*).

*__punch__[1] /pʌ́ntʃ/ 動 (punch·es /~ɪz/; punched /~t/; punch·ing) 他 ❶ (...)に**パンチ[げんこつ]を食わす** (⇒ strike 類義語)**:** 言い換え He *punched* my arm [stomach]. = He ***punched*** me 「***on*** the arm [***in*** the stomach]. V+O+*on* [*in*]+名 彼は私の腕[腹]を殴った (⇒ the[1] 2 語法). ❷ (ボタン・キーなど)を押して操作する (*into*).
púnch ín [動] 自 《米》タイムレコーダーで出勤時刻を記録する. — 他 〔コンピュータ〕(データ)を(キーを押して)入力する.
púnch óut [動] 自 《米》タイムレコーダーで退社時刻を記録する. — 他 《米略式》(人)を殴り倒す.
púnch ...'s líghts òut [動] 《略式》...の顔をぶん殴る.
púnch the clóck [動] 自 《米》タイムカードを押す.
púnch úp [動] 他 《米略式》(...)を活気づける, おもしろくする.
— 名 (~·es /~ɪz/) ❶ C **パンチ**, (こぶしの)一撃, 強打; [a ~] パンチ力**:** He gave me a ***punch*** 「***on*** the chin [***in*** the face]. 彼は私のあご[顔]を殴った. ❷ U 迫力, 力強さ**:** a speech with a lot of *punch* 迫力にあふれた演説.
béat ... to the púnch [動] 他 ...の先手を取る.
páck a púnch [動] 自 《略式》効き目が強い.
púll one's **púnches** [動] 自 [普通は否定文で] (攻撃・非難を)手かげんする.

punch[2] /pʌ́ntʃ/ 名 C 穴あけ器; 印字機, 刻印器. — 動 他 (金属・切符・カードなど)に穴をあける, パンチを入れる; (...に)(穴)をあける (*in*). **púnch hóles in ...** [動] 他 (考え・見解など)の弱点を指摘する.

punch[3] /pʌ́ntʃ/ 名 U,C [しばしば合成語で] ポンチ《フルーツジュースに洋酒・砂糖・湯・レモン・香料などを混ぜて作る飲み物》**:** fruit *punch* フルーツポンチ.

Púnch-and-Jú·dy shòw /pʌ́ntʃəndʒúːdi-/ 名 C パンチとジュディの劇《子供用のあやつり人形劇; パンチとジュディの夫婦がけんかをするこっけいな劇》.

punch·bag /pʌ́ntʃbæ̀g/ 名 C 《英》= punching bag.

púnch bòwl 名 C ポンチ鉢《ポンチ用大鉢》.

púnch càrd 名 C パンチカード《電算機用に使われた穿孔(せんこう)カード》.

punch-drunk /pʌ́ntʃdrʌ̀ŋk/ 形 (ボクサーが)パンチを食らって頭がもうろうとした; 《略式》頭が混乱した.

punch·er /pʌ́ntʃə | -tʃə/ 名 C こぶしで殴る人.

púnch·ing bàg /pʌ́ntʃɪŋ-/ 名 C 《米》サンドバッグ《ボクシングの練習用》[《英》punchbag]. 日英 英語の sandbag は「砂袋, 砂のう」の意味で, 日本語の「サンドバッグ」の意味はない. **úse ... as a púnching bàg** [動] 他 《米》(人)を殴る; (人)に当たり散らす.

púnch lìne 名 C (冗談などの)落ち, さわり.

punch·y /pʌ́ntʃi/ 形 (punch·i·er; -i·est) ❶ (文章などが)パンチのきいた. ❷ 《米略式》= punch-drunk.

punc·til·i·ous /pʌŋktíliəs/ 形 《格式》(人や行動が)

P

きちょうめんな, 細かいことまでよく気づく.

punc·tu·al /pʌ́ŋ(k)ʧuəl/ 形 時間[期日]を守る, 時間[期日]厳守の: *punctual* payment 期日どおりの支払い / He's always *punctual in* com*ing*. 彼はいつもきちんと定刻に来る / She's *punctual in* pay*ing* her rent. 彼女は家賃を期日どおりに払う.〖語源 原義はラテン語で「点の」; point と同語源〗

punc·tu·al·i·ty /pʌ̀ŋ(k)ʧuǽləṭi/ 名 U 時間[期日]厳守; 遅れないこと: *Punctuality* is the soul of business.《ことわざ》時間厳守はビジネスの命.

punc·tu·al·ly /pʌ́ŋ(k)ʧu(ə)li/ 副 時間[予定]どおりに.

punc·tu·ate /pʌ́ŋ(k)ʧuèɪt/ 動 他 ❶ (文など)に句読点をつける: Sentences *are punctuated* in order to make their meanings clear. 文にはその意味を明確にするため句読点をつける. ❷ [普通は受身で] (一続きの物事)を何度も(...で)中断させる[破る, さえぎる]; (演説など)に(...を)たびたび差し挟(はさ)む (*by, with*).〖語源 point と同語源〗

punc·tu·a·tion /pʌ̀ŋ(k)ʧuéɪʃən/ 名 U 句読法, 句読点をつけること; 句読点《全体》.

punctuátion màrk 名 C〔文法〕句読点, 句読記号《⇒ 巻末文法 16》.

punc·ture /pʌ́ŋ(k)ʧə | -ʧə/ [!発音] 名 ❶ C《英》パンクの穴; パンク. 日英 タイヤの「パンク」には flat tire を用いるのが普通. ❷ C 鋭いものによる小さな穴, 刺し傷. — 動 (punc·tur·ing /-ʧ(ə)rɪŋ/) 他 ❶ (タイヤなど)をパンクさせる; (...)に穴をあける《針やとがったもので刺して》: A nail *punctured* my new tire. くぎで私の新しいタイヤがパンクした. ❷ (自信など)をぺしゃんこにする. — 自 パンクする, 穴があく.

pun·dit /pʌ́ndɪt/ 名 C (テレビなどに出る)専門家, 権威(者).

pun·gen·cy /pʌ́nʤənsi/ 名 ❶ U ぴりっとすること; 刺激. ❷ U《格式》しんらつ, 鋭さ.

pun·gent /pʌ́nʤənt/ 形 ❶ (におい·味などが)舌や鼻を刺激する, ぴりっとする. ❷《格式》(ことばが)鋭い, しんらつな.

+**pun·ish** /pʌ́nɪʃ/ 動 (-ish·es /~ɪz/; pun·ished /~t/; -ish·ing) 他 (人や罪)を**罰する**, 処罰する, 懲(こ)らしめる: The teacher ***punished*** the student severely ***for*** cheat***ing***. V+O+*for*+動名 先生はカンニングをしたその生徒を厳しく罰した / He *was severely punished for* the crime. V+O+*for*+名の受身 彼はその罪できびしい罰を受けた / Disobedience ***is punished by*** [***with***] fines. V+O+*by* [*with*]+名の受身 命令違反は罰金に処せられる. **púnish** onesèlf [動] 自 自分を責める (*for*). (名 púnishment)

pun·ish·a·ble /pʌ́nɪʃəbl/ 形 罰せられる, 罰すべき, (刑に)処せられる (*by, with*): a *punishable* offense 処罰される罪.

pun·ish·ing /pʌ́nɪʃɪŋ/ 形 [普通は 限定] (日程などが)きびしい, へとへとに疲れさせる.

+**pun·ish·ment** /pʌ́nɪʃmənt/ 名 (-ish·ments /-mənts/) ❶ U,C **処罰**, 刑罰 [≒penalty]; 懲罰: ***punishment for*** tax evasion 脱税に対する罰 / I had my phone taken away ***as*** (***a***) ***punishment***. 罰として電話を取り上げられた / (a) cruel and unusual *punishment* 残酷すぎる刑罰 / Severe [Harsh] *punishment* was inflicted on the criminals. 犯人たちに厳罰が科せられた. 関連 crime 犯罪. ❷ U ひどい扱い: take a lot of *punishment* うんとひどい扱いに耐える. (動 púnish)

pu·ni·tive /pjúːnəṭɪv/ 形 ❶ 罰の, 刑罰の, 懲罰の: *punitive* damages〔法律〕懲罰的損害賠償金. ❷ (税金などが)苛酷(かこく)な.

punk /pʌ́ŋk/ 名 ❶ C《米略式》不良, ちんぴら; 青二才. ❷ U = punk rock; C = punk rocker. — 形 限定 (服装などが)パンク調の.

púnk róck 名 U パンクロック《1970 年代後半に流行した過激なロック》.

púnk rócker 名 C パンクロック愛好家(の若者).

punt[1] /pʌ́nt/ 名 C パント《さおでこぐ平底の小舟》. — 動 他 (パント)をこぐ; パントに乗せる. — 自 パントで行く: go *punting* 舟遊びに行く.

punt[2] /pʌ́nt/ 名 C〔アメフト·ラグビー〕パント《手から離したボールが地面につく前にけること》. — 動 他 自 (ボールを)パントする.

pu·ny /pjúːni/ 形 (pu·ni·er; -ni·est) ちっぽけな; 取るに足りない; 弱々しい.

pup /pʌ́p/ 名 ❶ C 子犬 [≒puppy]; あざらしなどの子. ❷ C《古風》生意気な青二才.

pu·pa /pjúːpə/ 名 (複 ~s, pu·pae /pjúːpiː/) C (昆虫の)さなぎ. 関連 chrysalis (ちょう·がの)さなぎ.

pu·pil[1] /pjúːp(ə)l/

— 名 (~s /~z/) ❶ C **生徒**《⇒ student 類義語》: "How many *pupils* are there in your school?" "About seven hundred." 「あなたの学校には何人の生徒がいますか」「約 700 人です」

❷ C **教え子**, 弟子《特に個人的な指導を受ける生徒》: He takes private *pupils* for violin lessons. 彼はバイオリンの個人教授をしている.

〖語源 ラテン語で「孤児」の意〗

pu·pil[2] /pjúːp(ə)l/ 名 C ひとみ, 瞳孔(どうこう).

pup·pet /pʌ́pɪt/ 名 ❶ C 操(あやつ)り人形; 指人形. ❷ C 人の手先, かいらい (*of*); [形容詞的に] かいらいの: a *puppet* government かいらい政府[政権].

pup·pe·teer /pʌ̀pɪtíə | -tíə/ 名 C 操り人形師.

pup·py /pʌ́pi/ 名 (pup·pies) C 子犬 [≒pup]. ✪ 鳴き声については ⇒ cry 表. 関連 dog (成)犬.

púppy lòve 名 U 幼い恋, (淡い)初恋.

púp tènt 名 C《米》二人用小型テント.

*__pur·chase__ /pə́ːʧəs | pə́ː-/ [!アク] [!発音] 動 (pur·chas·es /~ɪz/; pur·chased /~t/; pur·chas·ing) 他《格式》(...)を**購入する**, 買う《⇒ buy 類義語》: The company *purchased* the land *for* 2 million dollars. 会社はその土地を 200 万ドルで購入した.

— 名 (pur·chas·es /~ɪz/) ❶ U,C《格式》**購入**, 買うこと: the ***purchase of*** an apartment マンションの購入 / make a good [bad] *purchase* いい[高い]買い物をする.

❷ C《格式》**購入品**, 買い物: She paid for her *purchase* at the store. 彼女はその店で買い物の支払いをした. ❸ [U または a ~]《格式》(登る時などの)手[足]がかり, 支え: get [gain] a *purchase* on ... ...の手[足]がかりを得る.

〖語源 原義は「追い求める」; chase と同語源〗

pur·chas·er /pə́ːʧəsə | pə́ːʧəsə/ 名 C《格式》購入者, 買い手.

púr·chas·ing pòwer /pə́ːʧəsɪŋ- | pə́ː-/ 名 U 購買力; (特定通貨の)貨幣価値.

pur·dah /pə́ːḍə | pə́ː-/ 名 U (イスラム·ヒンズー教徒の)女性がカーテン·ベールで身を隠す習慣[生活].

*__pure__ /pjʊ́ə | pjʊ́ə, pjɔ́ː/ 形 (pur·er /pjʊ́(ə)rə | pjʊ́ərə, pjɔ́ːrə/; pur·est /pjʊ́(ə)rɪst | pjʊ́ər-, pjɔ́ːr-/) ❶ **純粋な**, 混じりけのない [⇔ impure, mixed]; 澄んだ: *pure* gold

純金 / *pure* white 純白 / a *pure* voice 澄んだ声 / The air became *purer* and cooler as we climbed. 登るにつれて空気は澄んで涼しくなった.
❷ 限定 **全くの**; 単なる: *pure* coincidence 全くの偶然 / *pure* mischief ほんのいたずら.
❸ 《文語》 **清潔な**, 汚(けが)れのない, 純潔な; 高潔な: a *pure* life 汚れなき生涯 / *pure* in body and mind. 心身ともに純潔で.
❹ **純然たる**, 生粋の; 純血の: a building in the *pure* Gothic style 純然たるゴシック様式の建築 / *pure* Japanese 生粋の日本人. ❺ 限定 (学問などが)純粋の, 理論的な: *pure* science 純粋科学. 関連 applied 応用の.
púre and símple [形] [名詞の後につけて] 純然たる, 全くの: It's denial, *pure and simple.* それは拒否以外の何ものでもない. (名 púrity, 動 púrify)

pu·ree, pu·rée /pjoréɪ | pjóəreɪ/ ≪フランス語から≫ 名 U,C ピューレ《野菜や果物を煮てこしたもの; スープなどに用いる》. — 動 (pu·rees, pu·rées; pu·reed, pu·réed; -ree·ing, -rée·ing) 他 (野菜など)をピューレにする.

+**pure·ly** /pjóəli | pjóə-, pjɔ́ːr-/ 副 ❶ **全く** [≒wholly]: It was *purely* my mistake. 全く私の落ち度でした.
❷ **単に**, ただ [≒only]: He did it *purely* out of curiosity. 彼はただ好奇心でそれをしただけだ.
púrely and símply [副] 全く; 単に.

pur·ga·tive /pə́ːgəṭɪv | pə́ː-/ 名 C 《古風》 下剤.

pur·ga·to·ry /pə́ːgətɔ̀ːri | pə́ːgətəri, -tri/ 名 ❶ U [普通は P-] 〘カトリック〙 煉獄(れんごく)《神の恵みにより死者の魂が天国に行くために自らの罪を苦しみによって償う所》. ❷ U [こっけいに] 苦難, 苦行.

purge /pə́ːʤ | pə́ːʤ/ 動 他 ❶ (政党など)から(好ましくない者を)一掃[粛清]する (*of*); (反対者など)を(…から)追放[粛清]する (*from*). ❷ 《文語》 (心身)を清める, (…)から(よくない考え・汚れを)取り[捨て]去る (*of*); (よくないもの)を(…から)取り除く (*from*). — 名 C (政治上の)粛清, 追放, パージ (*of, on*).

+**pu·ri·fi·ca·tion** /pjʊ̀(ə)rəfɪkéɪʃən/ 名 U **清めること, 浄化**: water *purification* 水質浄化.

pu·ri·fi·er /pjʊ́(ə)rəfàɪɚ | -fàɪə/ 名 C 浄化装置.

pu·ri·fy /pjʊ́(ə)rəfàɪ | pjóər-, pjɔ́ːr-/ 動 (-ri·fies; -ri·fied; -fy·ing) 他 (…)を浄化する; 精練する; 清める: *purify* water 水を浄化する. (形 pure)

pur·is·m /pjʊ́(ə)rɪzm/ 名 U (ことば・芸術などの)純正主義, (伝統・しきたりへの)こだわり.

pur·ist /pjʊ́(ə)rɪst | pjóər-, pjɔ́ːr-/ 名 C (ことば・芸術などの)純正主義者, (伝統にこだわる)うるさ型.

Pu·ri·tan /pjʊ́(ə)rətn/ 名 ❶ C ピューリタン, 清教徒. ❷ C [p-] [普通は軽蔑的] 厳格な人, 禁欲家. — 形 清教徒の; [p-] = puritanical 〘語源 英国の宗教改革をいっそう pure (純粋)にすることを目ざしたことから〙

pu·ri·tan·i·cal /pjʊ̀(ə)rətǽnɪk(ə)l←/ 形 [軽蔑的] 厳格な, 禁欲的な.

Pu·ri·tan·is·m /pjʊ́(ə)rəṭənìzm/ 名 U 清教徒主義; [p-] (宗教上の)厳正主義.

pu·ri·ty /pjʊ́(ə)rəṭi | pjóər-, pjɔ́ːr-/ 名 ❶ U 純粋さ [⇔ impurity]: spiritual *purity* 精神的な純粋さ. ❷ U 汚れのなさ, 純潔, 清浄: the *purity* of drinking water 飲料水の清潔さ. ❸ U (ことばなどの)純正 (*of*). (形 pure)

purl /pə́ːl | pə́ːl/ 名 U 裏編み. 関連 plain[2] 表編み. — 動 自 他 (…を)裏編みする.

*__pur·ple__ /pə́ːpl | pə́ː-/ 形 (pur·pler; pur·plest) ❶ **紫の**《violet よりも赤みが多い》: a *purple* flower 紫色の花 / go *purple* with rage [fury] 怒りで顔が真っ赤になる. ❷ 限定 [軽蔑的] (文体が)華麗な.

purple (赤紫色)	紫
violet (すみれ色, 青紫色)	

— 名 U **紫色**: deep *purple* 濃い紫色 / She's dressed in *purple.* 彼女は紫の服を着ています.

Púrple Héart 名 C 《米》 名誉戦傷勲章《米軍戦傷兵士に贈られる》.

pur·plish /pə́ːplɪʃ | pə́ː-/ 形 紫がかった.

pur·port[1] /pə(ː)pɔ́ɚt | pə(ː)pɔ́ːt/ 動 他 《格式》 (偽って)(…である)と言う, (事実とは逆に)(…)と主張する, …とされている: This newspaper *purports* [is *purported*] to be impartial. この新聞は公平であると称している[称されている].

pur·port[2] /pə́ːpɔɚt | pə́ːpɔːt/ 名 U 《格式》 (発言・行動などの)趣旨, 意味 (*of*).

pur·port·ed·ly /pə(ː)pɔ́ɚṭɪdli | pə(ː)pɔ́ːt-/ 副 《格式》 うわさによると, その称するところでは.

***__pur·pose__ /pə́ːpəs | pə́ː-/ ❗発音
— 名 (pur·pos·es /~ɪz/) ❶ C **目的**; 意図; 計画; 用途: The ***purpose of*** our trip was to see our friend there. 私たちの旅の目的はそこで友だちに会うことだった / She came to Tokyo ***for the purpose of*** get*ting* a new job. 彼女は新しい職を見つけるために東京にやって来た / This machine can be used ***for*** various ***purposes***. この機械はいろいろな目的に使える / 言い換え *For* what *purpose* are you going to America? = What's your ***purpose in*** go*ing* to America?" どのような目的でアメリカに行かれるのですか / ***serve*** a ***purpose*** 目的にかなう, 役に立つ / ***defeat*** the ***purpose of*** ... …の(本来の)目的に反する / We couldn't ***achieve*** our ***purpose***. 我々は目的を達することができなかった. ❷ U (達成への)意志: a sense of *purpose* 目的意識.
on púrpose [副] **わざと**, 故意に [≒deliberately] [⇔ by accident]: He hurt her feelings *on purpose.* 彼はわざと彼女の気持ちを傷つけたのだ.
to nó [líttle] púrpose [副・形] 《格式》 全く[ほとんど]役に立たない, (…しても)むだで(ある).
(形 púrposeful)
〘語源 propose と同語源; ⇒ propose キズナ〙

pur·pose·ful /pə́ːpəsf(ə)l | pə́ː-/ 形 (はっきりした)目的[意図]のある [⇔ purposeless]; 故意の; 断固[決然]たる. (名 púrpose)
-ful·ly /-fəli/ 副 意図的に; 断固[決然]として.

pur·pose·less /pə́ːpəsləs | pə́ː-/ 形 目的のない [⇔ purposeful]; 無意味な, 無益な.

pur·pose·ly /pə́ːpəsli | pə́ː-/ 副 ❶ わざと, 故意に [≒ on purpose]. ❷ わざわざ, 特別に.

purr /pə́ː | pə́ː/ 動 (purr·ing /pə́ːrɪŋ | pə́ːr-/) 自 (猫が)ごろごろいう, のどを鳴らす《⇒ cry 表 cat》; (機械などが)快調に音を立てる; (人が)うれしそうにする, 甘えた声を出す. — 他 (…)をうれしそうに[甘えて]言う. — 名 C (猫が)のどを鳴らす音; (機械などの)快調な音, 低いうなり.

*__purse__ /pə́ːs | pə́ːs/ 名 (purs·es /~ɪz/) ❶ C 《米》 (女性用の)**ハンドバッグ** [≒handbag]《ショルダーバッグでないもの》: She put her ticket in her *purse.* 彼女はハン

ドバッグに切符を入れた / A boy snatched my *purse* as he rode by on his bicycle. 少年が自転車に乗って通りすがりに私のハンドバッグをひったくった.
❷ Ⓒ《主に英》(主に女性用の)**小銭入れ**, 財布《札入れと小銭入れが合体したものも含む》. 参考《米》では change [coin] purse というのが普通. 札入れは wallet という《⇒ wallet 挿絵》: She seems to have a fat [thin] *purse*. 彼女は懐(ふところ)が暖かい[さみしい]らしい / You can't make a silk *purse* out of a sow's ear. 《ことわざ》雌豚の耳で絹の財布は作れない《質の悪い材料からよいものを作ることはできない》.

《米》change [coin] purse, 《英》purse (小銭入れ)	財　布
wallet (札入れ)	
《米》wallet, 《英》purse (札入れと小銭入れが合体したもの)	

❸ [単数形で]《格式》金銭, 財源: the public *purse* 国庫 / That sports car is *beyond my purse*. あのスポーツカーは私にはとても手が出ない. ❹ Ⓒ (ボクシングの試合などの)(懸)賞金, ファイトマネー, 寄付金.
— 動 他 (財布の口のように)(唇)をすぼめる《⇒ purse one's lips (lip 成句)》.

purs·er /pə́ːsə | pə́ːsə/ 名 Ⓒ (船の)パーサー, 事務長.

púrse strìngs 名 複 [次の成句で] **hóld [contról] the púrse strìngs** [動] 自 財布のひもを握っている, 会計[家計]を握っている. **lóosen [tíghten] the púrse strìngs** [動] 自 財布のひもを緩(ゆる)める[締める], 気前よく金を使う[節約する].

pur·su·ance /pəsúːəns | pəs(j)úː-/ 名 [次の成句で] **in pursúance of ...** [前]《格式》...を遂行(すいこう)する目的で; ...を遂行中(に). (動 pursúe)

pur·su·ant to /pəsúːənttʊ | pəs(j)úː-/ 前《格式》(規制・法律など)に従って[応じて, 準じて].

***pur·sue** /pəsúː | pəs(j)úː/ ⚠アク 動 (pur·sues /~z/; pur·sued /~d/; pur·su·ing) 他 ❶ (...)に**従事する**, かかわり続ける; (調査・議論など)を**続ける**: *pursue* a career in politics 政治の道を歩む / Let's not *pursue* the matter any further. その問題は深追いしないことにしよう.
❷ (目的など)を**追い求める**, 達成しようとする: The government should *pursue* a humanitarian policy. 政府はあくまでも人道主義の政策を貫くべきだ.
❸ (...)の**後を追う**《捕まえたり殺したりしようとして》, (...)を追跡する [≒follow]《⇒ follow 類義語》: The dogs *pursued* the fox. 犬たちはそのきつねを追いかけた / The robber is *being pursued by* the police. V+O の受身 その強盗は警察に追われている. ❹ (いやな人・物が)(...)に付きまとう, (...)をしつこく悩ます: He *was pursued by* beggars in the park. 彼は公園でこじきに付きまとわれた. (名 pursúit, pursúance)

pur·su·er /pəsúːə | pəs(j)úːə/ 名 Ⓒ 追跡者; (知識などを)追い求める人.

+**pur·suit** /pəsúːt | pəs(j)úːt/ ⚠アク 名 (pur·suits /-súːts | -s(j)úːts/) ❶ Ⓤ (仕事などの)**続行**, 遂行, 従事; (目的などの)**追求**, 探究: the right to life, liberty, and the ***pursuit of*** happiness 生命, 自由および幸福の追求の権利《人が生まれながら持つ権利としてアメリカ独立宣言に挙げられている文句》/ They came here ***in pursuit of*** work. 彼らは職を求めてここに来た.
❷ Ⓤ **追跡**, 追撃: The rebels fled, with the army ***in hot pursuit***. 反乱軍は逃亡し, 軍は激しく追跡して[間近に迫って]いる. ❸ Ⓒ [普通は複数形で]《格式》(続けていく)趣味, 楽しみ. (動 pursúe)

pur·u·lent /pjʊ́(ə)rʊlənt/ 形〔医学〕化膿(性)の.

pur·vey /pə(ː)véɪ | pə(ː)-/ 動 他《格式》(食料品・情報など)を調達[提供]する (*to*).

pur·vey·or /pə(ː)véɪə | pə(ː)véɪə/ 名 Ⓒ《格式》(食料品などの)納入業者 (*of*).

pur·view /pə́ːvjuː | pə́ː-/ 名 Ⓤ《格式》(責任・活動・知識などの)範囲, 領域: within [outside, beyond] the *purview* of ... ...の範囲内[外]に.

pus /pʌ́s/ 名 Ⓤ うみ(膿).

*****push** /pʊ́ʃ/

意味のチャート
「(力ずくで)押す(こと)」他 ❶, 自 ❶; 名 ❶
→ (人を押しやる) → 「駆り立てる」他 ❷
→ (力ずくで進める[進む]) → 「押し進める[進む]」他 ❸, 自 ❷
→ (物を押しつける) → 「売り込む」他 ❸
→ (ひと押し) → 「がんばり」名 ❷

— 動 (push·es /~ɪz/; pushed /~t/; push·ing) 他 ❶ [しばしば副詞句を伴って] (...)を**押す**, 押しやる; (別の場所へ)押し動かす, (車・船・馬など)を押し進める; (体の一部・道具など)を押し当てる; (...)を押して～にする [⇔ pull]: *Push* the red button to stop the machine. 機械を止めるには赤いボタンを押しなさい / Don't *push* people *aside*. V+O+副 人を押しのけるな / She got off her bicycle and *pushed* it *up* the slope. V+O+前+名 彼女は自転車を降りて, それを押して坂を上った / He *pushed* his desk *nearer* (*to*) the wall. 彼は机を押して壁に近づけた《⇒ near 前 1 語法, 副 1 語法》/ He ***pushed*** his shoulder ***against*** the door. 彼は肩でドアを押した. 語法 次の言い換えも可能: He ***pushed*** the door ***with*** his shoulder. // He *pushed* the door open [shut]. V+O+C(形) 彼はドアを押してあけた[閉めた].
❷ (人)を**駆り立てる**, 働かせる, 勉強させる, 追い込む; (人)を励ます; (人)に(...を)強要する, 強いる, (人)に無理に...させる: The new teacher *pushes* his students very hard. V+O+副 新しい先生は生徒にとても勉強させる / She ***pushed*** me ***to*** write to him. V+O+C (to 不定詞) 彼女は私に無理やり彼あてに手紙を書かせた / He can ***be pushed into*** promis***ing*** anything. V+O+into+動名の受身 彼は強く言われると何でも約束しかねない.
❸ (考え・計画など)を**押し進める**, (人に)押しつける (*on*); (商品など)を売り込む: Please *push* this project to completion. この計画はがんばって完成させてください. ❹ [副詞(句)を伴って] (数量など)を押し上げる[下げる]; (...)を(ある状態に)追い込む: *push* prices *up* [*down*] 物価を押し上げる[下げる]. ❺《略式》(麻薬)を密売する.
— 自 ❶ **押す**, ボタンを押す; 押し動かす [⇔ pull]; (物が)押されて動く: Don't *push*. 押さないでよ / You *push*, and I'll pull. 押してくれ, 僕が引っ張るから / The door was shut tight, so I had to *push* with all my might. ドアはしっかり閉じていたので私は力いっぱい押さねばならなかった.
❷ **押し進む**, 突き進む; (軍が)侵攻する: The tractor could not *push* any further. V+副 トラクターはそれ以

上進めなかった / A rude man ***pushed past*** [***by***] me. V+前+名 乱暴な男が私を押しのけて通っていった. ❸ (...するために)強く働きかける, がんばる: Environmentalists are *pushing to* stop construction of the new road. 環境保護を訴える人達が新しい道路の建設を中止するよう強く要求している.

be púshing ... [動] ⊕ 《略式》 (ある年齢)に近づく 《普通は 30 歳以上に用いる》: He'*s pushing* sixty. 彼はそろそろ 60 歳だ《⇒ pushing》.

púsh it [動] ⊜ 《略式》 = push one's luck 《⇒ luck 名 成句》.

púsh one**sèlf** [動] ⊜ (1) 体を押し出す. (2) 自分を駆り立てて ... する, がんばる: He *pushed himself to* complete it. 彼はこれを完成させるためにがんばった.

púsh one's **wáy** [動] ⊜ (ほかの人を)押しのけて[かき分けて]進む《⇒ way[1] 成句の囲み》.

push の句動詞

púsh abóut 動 ⊕ 《英》 = push around.

+**púsh ahéad** 動 ⊜ ❶ (計画などを)**どんどん進める**, 推進する: The city ***pushed ahead with*** the plans for the new road. 市は新しい道路の計画を押し進めた. ❷ 突き進む.

púsh alóng 動 ⊜ ❶ どんどん進む, 突き進む. ❷ Ⓢ 《英》 (客などが)立ち去る.

+**púsh aróund** 動 ⊕ (人)を**こき使う**; いじめる V+名·代+around: He *pushed* his men *around.* 彼は部下をこき使った.

púsh asíde 動 ⊕ ❶ (不快なこと)を忘れようとする. ❷ (人)を追いやる; 降格させる.

+**púsh awáy** 動 ⊕ (...)を**押しやる**, **押しのける**; (人)を遠ざける; (いやな考えなど)を払いのける V+名·代+away / V+away+名: He *pushed away* the book I offered him. 彼は私が差し出した本を押しのけた.

+**púsh báck** 動 ⊕ ❶ (...)を**押し戻す**, 押し返す; (下がっためがね·髪など)を押し上げる V+名·代+back / V+back+名: The wind *pushed* the boat *back.* 風がボートを押し戻した. ❷ (予定)を(...まで)遅らせる (*to, until*).

púsh for ... 動 ⊕ ...を強く要求する, ...を得ようと努める: They *pushed for* more pay. 彼らは賃上げのためにがんばった.

púsh ... for ~ 動 ⊕ (人)に~を迫る: He *pushed* me *for* payment. 彼は私に支払いを督促した.

púsh fórward 動 ⊜ = push ahead. — ⊕ (...)を押し進める.

púsh one**sèlf fórward** [動] ⊜ 自分を売り込む.

+**púsh ín** 動 ⊜ 《英》 (人が)**押し入る**, 列に割り込む [《米》 cut in]: Don't *push in.* Wait your turn. 割り込まないで順番を待ちなさい.

púsh óff 動 ⊜ ❶ [命令文で] Ⓢ 《英》 立ち去る. ❷ (ボートなどを)こぎ出す; (岸などを)離れる.

púsh ón 動 ⊜ (休んだ後で)先へ進む; (仕事)を続ける.

púsh ón with ... [動] ⊕ (仕事·計画など)をどんどん進める.

***púsh óut** 動 ⊕ ❶ (...)を**押し出す**; 突き出す V+名·代+out / V+out+名: Meg *pushed* Tom *out.* メグはトムを押し出した / The snail *pushed* its horns *out.* かたつむりは角を突き出した. ❷ [しばしば受身で] (人)を解雇する, 追い出す (*of*). ❸ (...)を大量に生産する.

púsh óver 動 ⊕ (...)を押し倒す, ひっくり返す.

+**púsh thróugh** 動 ⊕ (議案など)を**強引に通過させる**; (仕事など)をやり通す; (人)を(助けて)成功させる V+名·代+through / V+through+名: The ruling party *pushed* its tax bill *through.* 与党は強引に税制法案を通過させた.

púsh ... tó /túː/ 動 ⊕ (ドアなど)を押して(しっかりと)閉める《⇒ to[3] 2》.

— 名 (~·es /~ɪz/) ❶ Ⓒ **押すこと**, 押し, 突き [⇔ pull]: I ***gave*** the door three strong ***pushes*** but it didn't open. 私はそのドアを 3 回強く押したが開かなかった / ***at*** [***with***] ***the push of*** a button ボタンひと押しで.

❷ [単数形で] **がんばり**, 努力, ひと押し; 後押し, 催促 (*for*): make a ***push to*** eradicate drugs +to 不定詞 麻薬根絶のために奮闘する / The candidate is giving the final *push to* her election campaign. 候補者は選挙運動で最後のひと押しをして[追い込みをかけて]いる / One more *push*, and you'll make it. もうひと押しだ, そうすればうまくいく《⇒ and 4 語法》. ❸ Ⓒ 大攻勢: make a *push into* ... ...に大攻勢をかける.

at a púsh [副] 《英略式》 かろうじて, なんとかして.

gét the púsh [動] ⊜ 《英略式》 首になる; 振られる.

gíve ... the púsh [動] ⊕ 《英略式》 (人)を首にする; (恋人)を振る.

if [when] púsh cómes to shóve = if [when] it cómes to the púsh [副] 文修飾 《略式》 いざというときになれば[なると]. (形 púshy)

púsh bùtton 名 Ⓒ 押しボタン (button) 《⇒ dial; telephone 挿絵》.

push-but·ton /pʊ́ʃbʌ̀tn/ 形 限定 (機械などが)押しボタン式の; 遠隔操縦による: a *push-button* phone プッシュホン. 日英 「プッシュホン」は和製英語《⇒ Touch-Tone phone》.

push·cart /pʊ́ʃkɑ̀ɚt | -kɑ̀ːt/ 名 Ⓒ 手押し車 [《英》 barrow] 《行商人やスーパーの客が使う》.

push·chair /pʊ́ʃtʃèɚ | -tʃèə/ 名 Ⓒ 《英》 = stroller 1.

pushed /pʊ́ʃt/ 形 叙述 《英略式》 暇がない, 忙しい: I'm a bit *pushed* today. きょうは少々忙しい. **be (hárd) púshed to dó** [動] 《英略式》 ...するのにひどく苦労する: I *was pushed to* find an answer. 私は答を出そうと苦労していた. **be púshed for ...** [動] ⊕ 《英略式》 (金·時間など)が足りなくて困っている, ...が(十分に)ない: I'*m pushed for* money [time]. 金[時間]が足りなくて困ってるんだ.

push·er /pʊ́ʃɚ | -ʃə/ 名 Ⓒ 《略式》 麻薬密売人.

push·ing /pʊ́ʃɪŋ/ 前 《略式》 (ある年齢)に近づいて(いて) 《⇒ be pushing ... (push 動 成句)》.

push·o·ver /pʊ́ʃòʊvɚ | -və/ 名 ❶ [a ~] 《略式》 すぐだまされる[影響される, 負ける]人 (*for*). ❷ [a ~] 《略式》 とても簡単なこと.

push·pin /pʊ́ʃpɪ̀n/ 名 Ⓒ 《米》 ピン, 画びょう.

push-up /pʊ́ʃʌ̀p/ 名 Ⓒ [普通は複数形で] 《米》 腕立て伏せ [《英》 press-up]: do ten *push-ups* 10 回腕立て伏せをする.

push·y /pʊ́ʃi/ 形 (push·i·er; -i·est) 押しの強い, 強引な, 押しつけがましい; でしゃばりの. (名 push)

puss[1] /pʊ́s/ 名 Ⓒ [しばしば呼びかけで] 《英略式》 猫(ちゃん), にゃんこ [≒kitty]: *Puss* in Boots 『長靴をはいた猫』 《フランスの童話》.

puss[2] /pʊ́s/ 名 Ⓒ 《米略式》 顔.

puss·y[1] /pʊ́si/ 名 (puss·ies) Ⓒ 《小児語》 猫ちゃん, にゃあにゃあ.

pus·sy[2] /pʊ́si/ 名 (pus·sies) ❶ Ⓒ 《卑語》 女性器 《⇒ taboo word》. ❷ Ⓒ 《米卑語》 = sissy.

puss·y·cat /púsikæ̀t/ 名 ❶ C《略式》 = pussy[1]. ❷ C《略式》おとなしい[感じのいい]人.

puss·y·foot /púsifʊ̀t/ 動 自《略式》[軽蔑的] はっきりしない態度をとる (*about, around*).

pússy wìllow 名 C,U ねこやなぎの一種《北米産》.

pus·tule /pʌ́stʃuːl|-tjuːl/ 名 C〔医学〕膿疱(のうほう).

*****put** /pʊ́t/

— 動 (puts /pʊ́ts/; 過去・過分 put; put·ting /-ṭɪŋ/) 他

> 単語のエッセンス
> 基本的には「置く」の意.
> 1) (ある場所に)置く ❶
> 2) (ある状態に)する ❷
> 3) (ある場所へ)動かす ❸

❶ [副詞(句)を伴って] (...)を(ある場所・位置に)**置く**, **据**(す)**える**, のせる, 入れる; つける《⇒ set 他 1 語法》: *Where* did you *put* my umbrella? V+O+副 私の傘をどこに置きましたか / ***Put*** the chairs ***inside***. いすを中に入れなさい / She ***put*** it ***by*** the window. V+O+前+名 彼女はそれを窓のそばに置いた / Dad ***put*** the keys ***in*** his pocket. パパは鍵(かぎ)をポケットに入れた.

❷ (...)を(ある状態・関係に)**置く**, **する**, (...)を～にする[させる]: She *put* the picture straight. V+O+C (形) 彼女はその絵を真っすぐに直した / ***Put*** yourself ***at*** ease. V+O+C (前+名) 楽になさってください / She ***put*** her room ***in*** order. 彼女は部屋を整頓(せいとん)した / He ***put*** his child ***under*** the care of a specialist. 彼は子供の治療を専門医に託した / The closing of the factory will ***put*** many employees ***out of*** work. その工場の閉鎖によって多くの従業員が失業するだろう / Just ***put*** yourself ***in*** my place. 私の身にもなってくださいよ.

❸ [副詞(句)を伴って] (...)を(ある場所へ)**動かす**, 行かせる; (...)を(～の方向に)向ける, 向かわせる; (力を入れて)送り込む, (弾など)を撃ち込む; 〔スポーツ〕(砲丸)を投げる: Beth ***put*** her child ***to*** bed. V+O+前+名 ベスは子供を寝かせた[ベッドに行かせた] / be ***put in*** prison 刑務所に送られる. ❹ (...)を書く, 記入する, 記す: *Put* your name here, please. ここに名前を書いてください / *Put* a cross *against* [*opposite*] your choice. あなたの選んだものの横に×印をつけなさい / I *put* his message *on* paper. 私は彼の伝言を紙に書き留めた.

❺ (...)を言い表わす, 言う, 述べる [≒express]; (...)を(別の言語に)訳す: Try to *put* your questions more clearly. もっとはっきり質問を言いなさい / *put* Japanese *into* English 日本語を英語に訳す. ❻ (ある状態・変化など)を(...に)もたらす, (圧力・制限など)を(...に)加える; (信頼など)を(...に)置く: That *put* 「an end [a stop] *to* the debate. それで論争にけりがついた / The government tried to *put* a limit *on* high-tech exports. 政府は先端技術の輸出に制限をかけようとした / *Put* more trust *in* your teacher. 先生をもっと信頼しなさい. ❼ (人に)(質問など)をする, (考慮・決定などを求めて)(...に)(問題・案など)を提起する: He *put* a difficult question *to* me. 彼は私に難しい質問をした / She *put* several problems *before* the board of directors. 彼女は役員会にいくつかの問題を提起した.

❽ (金など)をつぎ込む, 注入する (*into*); (精力など)を(...に)振り向ける, 用いる (*to, on, in*): What *put* such an idea *into* your head? そういうアイデアを思いついたきっかけは? ❾ (人)を(仕事・行動などに)つかせる, (人)に(...を)やらせる; (人)を(苦痛・試練などに)あわせる: He *put* us *to* work in the garden. 彼は私たちを庭で働かせた. ❿ (責任・不都合など)を(...の)せいにする; (侮辱・解釈など)を加える; (値)をつける: They *put* the blame *on* me. 彼らは私に責任を負わせた / He *put* a wrong interpretation *on* my conduct. 彼は私の行動を誤解した. ⓫ (...)を(～と)評価する, 見積もる, 考える: I *put* her age *at* forty. 彼女の年は 40 歳だと思う / I *put* her *among* the best tennis players. 彼女は最もうまいテニス選手の 1 人だと思う / *put* the family first 家族を第一と考える.

as ... pùt it [副] 文修飾 ...が言うように: *As* Shakespeare *put* [*puts*] *it*, brevity is the soul of wit. シェークスピアが言った[言っている]ように, 簡潔は知恵の精髄である.

be hárd pút (to it) to dó [動] ...することに(ひどく)苦労する: You would *be hard put to* find a better job than this. これ以上よい仕事を見つけるのは難しいでしょう.

Hów can [shall] I pút this [it]? Ⓢ 何と言いますか, こんなことを言っては何ですが《⇒ 5》.

Lèt me pút it thís wày. Ⓢ このように言えばどうでしょう.

pút it to ... that ～ [動] 他 (人)に～という事実を提起する, ～ではないかと...にただす《不服なら反論しなさいという意味合いで》: I *put it to* you *that* you're concealing some of the facts. あなたは事実をいくつか隠しているではないかと言っているのです.

to pùt it ... [副] 文修飾 Ⓢ ...に言えば. 語法 ...には副詞(句)が続く: *To put it clearly*, his plan was a failure. はっきり言えば彼の計画は失敗だった.

to pút it anóther wày = pútting it anóther wày = pút anóther wày [副] つなぎ語 別の言い方をすれば.

> **put の句動詞**
>
> **pùt abóut** 動 他 ❶《英略式》(うわさなど)を広める [≒spread]: 「It was *put about* [They *put* (it) *about*] *that* he had resigned. 彼は辞職したといううわさが広がった. ❷ (船)を方向転換させる. — 自 (船が)方向転換する.
>
> **pút ... abòve ～** 動 他 = put ... before ～ 1.
>
> +**pùt acróss** 動 他 ❶ (考えなど)を(...に)**理解させる**, わからせる, 伝える V+名・代+*across*: He managed to *put* the ideas ***across to*** his students. 彼は学生にその思想をなんとか理解させた / She couldn't *put* herself *across*. 彼女は自分の考えをわかってもらえなかった. ❷ (...)を横にわたす, (橋など)をかける.
>
> **pút** oneself **acróss as ...** [動] 他 自分を(ある人物だ)と人に思い込ませる.
>
> +**pùt asíde** 動 他 ❶ (...)を**わきへ置く**, わきへどける; **片づける** [≒put away]; (しばらく仕事など)を中断する V+名・代+*aside* / V+*aside*+名: I *put* my work *aside* and turned on the television. 私は仕事をやめて[仕事の手を休めて]テレビをつけた.
>
> ❷ (ある目的のために)(...)を**取っておく**, (金)を蓄える, (時間など)をあけておく [≒save] V+名・代+*aside* / V+*aside*+名: Please ***put*** it ***aside for*** our next trip. それを次の旅行のために取っておいてください.
>
> ❸ (不和・憎しみなど)を**忘れる**, 無視する; (事実や問題など)を一応手つかずにしておく V+名・代+*aside* / V+*aside*+名: Let's ***put aside*** our differences. 互いの立場の相違を忘れよう.

⁑pùt awáy

動 他 ❶ (いつもの所へ)(...)を**しまう**, 片づける [≒put aside] V+名·代+away / V+away+名: *Put* your toys *away*, Billy! ビリー, おもちゃを片づけなさい.

❷ (将来に備えて)(金)を**蓄える**, 貯金する; 取っておく V+名·代+away / V+away+名: He's ***putting*** some money ***away for*** the future. 彼は将来のためにいくらかお金を蓄えている. ❸《略式》(飲食物)を平らげる. ❹《略式》(...)を刑務所[精神病院]に入れる. ❺《略式》(ボール)をゴールに決める. ❻《米略式》(競技で)(...)を負かす.

⁑pùt báck

動 他 ❶ (元の所へ)(...)を**返す**,戻す; (ある状態など)を取り戻させる V+名·代+back / V+back+名: *Put* the book *back* on the shelf when you're finished with it. 読み終わったら本を棚に戻しておいてください. ❷ (日付·行事など)を(...まで)延期する (*to*, *until*) [⇔put forward]: We need to *put* the meeting *back till* next Friday. 来週の金曜日まで会議を延期しなければならない. ❸ (...の進行)を遅らせる [⇔put forward]. ❹ (時計)の針を戻す [⇔put forward]: You cannot *put back* the clock.《ことわざ》時計の針は元へは戻せない(昔は帰ってこない).

+**pút ... befòre ～** 動 他 ❶ (...)を～**より優先させる:** The government must *put* the welfare of the people *before* everything else. 政府は国民の福祉を何よりも重視すべきだ. ❷ (問題など)を～に提起する《⇒ put 7》.

pút ... behìnd one 動 他 (不快なことなど)を過去のこととして忘れる.

pùt bý 動 他《主に英》(...)を蓄える, ためておく [≒put away].

⁑pùt dówn

動 他 ❶ (...)を(**下に**)**置く**; (手など)を下ろす [⇔put up] V+名·代+down / V+down+名: He *put* his glass *down*. 彼はコップを(下に)置いた / *Put down* your weapons! 武器を下ろせ.

❷ (...)を**書き記す**, 記入する V+名·代+down / V+down+名: She *put* her thoughts *down* on paper. 彼女は自分の考えを紙に書き記した.

❸ (...)を**けなす**, こきおろす; やりこめる V+名·代+down / V+down+名: Why are you always *putting* me *down*? どうしていつも僕をけなしてばかりいるんだ《⇒ be² A 1 (3)》/ *put* oneself *down* 自分を卑下する.
(名 pút-dòwn)

❹ **頭金[内金]として**(ある金額)を**払う** V+名·代+down / V+down+名: *put down* a deposit 頭金を払う.

❺ (反乱など)を**鎮**(しず)**める**; (犯罪など)を取り締まる, 抑える V+名·代+down / V+down+名: *put down* a revolt [rebellion] 反乱を鎮圧する. ❻ (病気や老齢の動物)を死なせる, 殺す. ❼ (子供)を寝かしつける. ❽ (受話器)を置く; (人との)(電話)を途中で切る (*on*). ❾ (議案など)を上程する. ❿ (飛行機)を着陸させる. ⓫《英》(乗客)を降ろす.

― 自 (飛行機が)**着陸する**, (パイロットが)飛行機を着陸させる: The plane *put down* at Rome at 7:30. 飛行機は7時30分にローマに着陸した.

I cóuldn't pùt it dówn. Ⓢ (本などが)おもしろくてやめられなかった.

pút ... dówn as ～ [動] 他 (1) (人)を～と考える, みなす: She *put* him *down as* a retired teacher. 彼女は彼を退職した教師だろうと考えた. (2) (...)を～の名目で記入する.

pút ... dówn for ～ [動] 他 (...)の名前を～への入学[参加]申込書に記入する; (...)の名前を～の寄付[予約]申込者として書き留める: 「How much [How many tickets] shall I *put* you *down for*? 申し込み金額はいくら[チケットは何枚]としておきましょうか.

pút ... dówn to ～ [動] 他 (誤り·行動など)を～のせいであるとする[言う]: Everyone makes a mistake; *put* it *down to* experience. 間違いはだれにもある. それを(いい)経験だと思いなさい.

pùt fórth 動 他 ❶《格式》(芽·葉など)を出す. ❷《格式》(意見·考えなど)を提起する.

+**pùt fórward** 動 他 ❶ (考え·案など)を**提出する**, 提案する V+名·代+forward / V+forward+名: The manager *put forward* a new proposal. 支配人は新しい案を出した.

❷ (候補者などとして)(人(の名))を**挙げる**, (...)を推薦する V+名·代+forward / V+forward+名: I ***put*** Paul's name ***forward as*** a possible candidate. 私は考えられる候補者としてポールの名を挙げた. ❸ (行事)の日付を早める, 繰り上げる (*to*) [⇔put back]. ❹ (時計)の針を進める [⇔ put back]: Will you *put* the clock *forward* two minutes? It's running slow. 時計を2分進めておいてくれる? 遅れているから. ❺ (...)を前の方へ移す[出す]: *Put* this bench *forward*. このベンチを前に出して.

⁑pùt ín

動 他 ❶ (...)を**入れる**, **差し込む**; 取りつける; (種)をまく, 植える; (データ)を入力する V+名·代+in / V+in+名: She *put* her head *in* through the window and looked around. 彼女は窓から顔を突っ込むと周りを見回した《⇒ head 名 日英》/ *Put* the garbage *in* here. ごみをここに入れて / They had a new bath *put in*. 彼らは新しいふろを取りつけた.

❷ (時間·労力·金など)を**費やす**, 投入する; (演技など)をする V+名·代+in / V+in+名: She's ***putting in*** five hours a day 「practic*ing* the piano [***at*** her studies]. 彼女はピアノの練習[勉強]に1日5時間を当てている.

❸ (要求など)を**提出する** V+名·代+in / V+in+名: A request ***was put in for*** higher wages. 賃上げの要求が出された.

❹ (ことば)を**差し挟**(はさ)**む** V+名·代+in / V+in+名: He talked so fast that I couldn't *put in* a word. 彼はひどく早口だったので私はひと言も口を差し挟めなかった / "But why did you go there?" Tom *put in*. V+O (引用節) 「でもどうしてそこへ行ったんだい」とトムはことばを差し挟んだ. ❺ (電話)を入れる, かける: I *put in* a call *to* Steve that night. 私はその夜スティーブに電話をかけた. ❻ (選挙で)(...)を選出する.

― 自 (船が)入港[寄港]する (*at*).

pùt ín for ... [動] 他 ...を申請する, ...に申し込む, ...を願い出る, ...に志願[立候補]する.

pút ìnto ... 動 他 (船などが)...に入港する.

*pút ... ìnto ～ 動 他 ❶ (...)を～**に入れる**; (データ)を(コンピューター)に入力する; 訳す《⇒ put 5》: She *put* the key *into* her pocket. 彼女はその鍵(かぎ)をポケットに入れた. ❷ (時間·労力など)を～につぎ込む, 投入する; (金)を～に投資する: I've *put* a great deal of effort *into* the work. 私はその仕事に非常に骨を折った.

P

pùt óff** 動 他 ❶ (物事(をすること))を**延期する**; (人)との約束などを延期[取りやめに]する, (...)に訪問を見合わせるように言う, (会わずに)(...)を追い払う [V+名·代+off / V+off+名]: We had to *put off* the meeting because of the storm. 我々はあらしのために会合を延期しなければならなかった / Don't keep ***putting off report*ing* the accident. 事故の届け出をいつまでも延ばすな / Don't ***put off until*** tomorrow what you can do today. 《ことわざ》 きょうできることをあすに延ばすな. ❷ (ことば·態度·においなどが)(...)を不快にする, (...)に嫌悪感を持たせる; (物事や人が)(...)の意欲[気力]をなくさせる, (...)に(~するのを)思いとどまらせる (*from*): He didn't eat the cheese because the smell *put* him *off*. 彼はにおいがいやでそのチーズを食べなかった. ❸ (ラジオ·電灯など)のスイッチを切る, 消す, (水道·ガスなど)を止める [≒turn off] [⇔put on]. ❹ 《英》 (乗客)を降ろす.

pút ... òff ~ 動 他 (人)に~に対する興味[食欲]を失わせる; (人)に~する気をなくさせる; (人)のじゃまをして~から気をそらす: They *put* me *off* my journey by saying that it was very dangerous. 彼らにとても危険だと言われて旅行に行く気がしなくなった.

*pùt ón

動 他 ❶ (...)を**身につける**, (衣類)を着る, (靴など)をはく, (帽子)をかぶる [⇔take off] [V+名·代+on / V+on+名]: I *put* my coat *on* to go out for a walk. 私は散歩に出かけるために上着を着た / He *put on* his glasses and began to read the newspaper. 彼はめがねをかけて新聞を読みだした. 語法 wear が「身につけている」という状態を表わすのに対して, put on は「身につける」という動作を表わす《⇒ wear 表》.

(身につける) put on	(服·シャツなど)を着る
	(ズボン·スカート·靴など)をはく
	(帽子·ヘルメット·かつらなど)をかぶる
	(めがねなど)をかける
	(マフラー·ネクタイ·手袋·指輪·腕時計·化粧など)をする
	(香水·リボンなど)をつける

❷ (ラジオ·電灯など)を**つける**, (水道·ガスなど)を出す [≒turn on] [⇔put out, put off]; (...)の料理を始める; (ブレーキ)をかける [V+名·代+on / V+on+名]: *Put* the light *on*. 明かりをつけてくれ.
❸ (音楽など)を**かける**; (劇など)を**上演する**, (会など)を催す [V+名·代+on / V+on+名]: *Put on* some piano music. 何かピアノの曲をかけてください / This drama club *put on* a presentation of *Hamlet* last year. この劇団は昨年『ハムレット』の上演を行なった.
❹ (外観)を**装う**, (...の態度)をとる; (...)のふりをする [V+名·代+on / V+on+名]: It's not easy to *put on* an air of innocence. しらばっくれるのも楽ではない.
❺ (体重·スピードなど)を**増す** [≒increase]; (得点·燃料など)を追加する [≒add]; 《英》 (列車·バスなど)を増発[増便]する [V+名·代+on / V+on+名]: She seems to be *putting on* weight. 彼女は体重が増えてきているみたいだ. ❻ (...)をのせる, (火などに)かける; (荷物など)を積み込む: Polly *put* the kettle *on*, We'll all have tea. ポリー, やかんをかけてね. みんなでお茶を飲みますから《英国の童謡集 *Mother Goose's Melodies* の中の歌》 / The suitcase that exploded *was put on* before the plane left New York. 爆発したスーツケースは飛行機がニューヨークを出る前に積み込まれたものだ. ❼ 《略式, 主に米》 (人)をかつぐ, だます. ❽ (人)を電話に出す.

*pút ... on ~

動 他 ❶ ~(の上)に(...)を**置く**, ~に(...)を**(取り)つける**, ~に(...)をのせる[はめる]; ~**に** (ペンキ·油·薬など)を**塗る**: *Put* the plates *on* the table. お皿をテーブルの上にのせなさい / Could you *put* a new button *on* this shirt? このシャツに新しいボタンをつけてもらえますか / Did you *put* medicine *on* the cut? 傷口に薬を塗りましたか. ❷ ~に(...)を加える《⇒ put 6》; ~に(責任·税など)を課する; ~に(値)をつける, 上乗せする《⇒ put 10》; ~に(金)を賭ける.

pút ... ónto ~ 動 他 (人)に~を教える[紹介する]; (警察)に~を知らせる.

*pùt óut

動 他 ❶ (明かりなど)を**消す** [⇔put on]; (火·たばこ·ろうそくなど)を消す [V+名·代+out / V+out+名] 《⇒ put off 3》: She *put out* the light. 彼女は明かりを消した / The firefighters soon *put* the fire *out*. 消防隊員がすぐ火を消し止めた.
❷ (...)を**生産する** [≒produce]; (使用するために)(衣服など)を出す, 用意する; (料理など)を提供する [V+out+名]: The company *put out* a new product. 会社は新製品を売り出した. (名 óutpùt)
❸ [普通は受身で] (人)の**機嫌をそこねる**, ...の気にさわる; 困らせる, 当惑させる [V+名·代+out]: She *was put out* that [because] we hadn't invited her to the party. 私たちが会に招かなかったので彼女は怒っていた.
❹ (人)に**面倒をかける** [V+名·代+out]: I hope I'm not *putting* you *out*. ご迷惑ではないといいのですが.
❺ (...)を**外に出す**; **追い出す** [V+名·代+out / V+out+名]: *Put out* the milk bottles. 牛乳びんを外に出して / Have you *put* the cat *out*? 猫を追い出しましたか. ❻ (手など)を出す, 差し出す; (芽·葉など)を出す: The doctor told me to *put out* my tongue for examination. 医者は私に舌を出して見せるように言った. ❼ (...)を公にする, 出版する [≒publish]; 放送する; (信号など)を発する: Our club *puts out* a magazine twice a year. うちのサークルは年に 2 回雑誌を発行している. ❽ 《略式》 (肩など)を脱きゅうする. ❾ 〔野球〕 (走者·打者)をアウトにする; (競技で)(...)を負かす. ❿ (仕事)を下請けに出す, 外注する (*to*). ⓫ (麻酔で)(人)の意識を失わせる. ⓬ (計算など)を狂わせる.
— 自 ❶ (船が)出帆する: Our ship *put out to* sea. 私たちの船は船出した. ❷ 《米俗》 (人と)セックスする (*for*).

pút oneself óut 動 自 (人のために)**骨を折る**, 尽くす: Don't ***put yourself out for*** me. (私のことは)どうぞおかまいなく.

pùt óver 動 他 ❶ = put across 1. ❷ (...)を越えさせる, (向こう側へ)渡す.

pút ... óver on ~ 動 他 《略式》 (うそなど)を~に信じ込ませる. 語法 特に次の形で用いる: *put* one [something] *over on* ~ ~に一杯食わせる.

+pùt thróugh 動 他 ❶ (人)の**電話をつなぐ** [≒connect]; (電話)をつなぐ [V+名·代+through]: 💬 "Can I

speak to Mrs. Ford?" "Hold on, please. I'll *put* you *through*."「フォードさんをお願いします」「お待ちください. おつなぎします」《電話で》/ Please **put** me **through to** the manager. 支配人に(電話を)つないでください.
❷ (手・ひもなど)を**通す;** (議案など)を通過させる V+名・代+*through*: He managed to *put* the thread *through*. 彼は糸をなんとか通すことができた / The government has to *put* many bills *through* during this session. 政府はこの国会会期中に多くの法案を通さなければならない. ❸ (計画・改革など)をやり遂(と)げる [≒carry out].

+**pút ... thròugh ～** 動 他 ❶ (...)に(苦しみなど)を**経験させる:** You've been *put through* it. ずいぶんいやな思いをしたね.
❷ (...)に(テスト)を**受けさせる:** The new model of the car *was put through* several severe tests. その新型車は何度か厳しいテストを受けた. ❸ (人)を援助して(大学など)を卒業させる; (人)を(試験)に合格させる. ❹ (手・ひもなど)を～に(突き)通す, (弾丸など)を～に撃ち通す. ❺ (議案など)を(議会など)で通過[承認]させる.

+**pút ... to ～** 動 他 ❶ (...)を～**に(押し)つける:** Mary *put* a finger *to* her lips to signal silence. メアリーは口に指を当てて黙るように合図した.
❷ (...)**に～をさせる;** (...)を(試練など)にあわせる**:** *put* a baby *to* sleep 赤ん坊を寝かしつける / I hope I'm not *putting* you *to* any trouble. あなたにご迷惑をかけていなければよいのですが. ❸ (質問)を～にする; (問題・案など)を～に提示する; (...)を(票決など)にかける**:** *put* the motion *to* a vote 動議を投票にかける.

***pùt togéther** 動 他 ❶ (...)を**集める;** (寄せ集めて)(食事など)を作る; (考えなど)をまとめる, 総合して考える V+名・代+*together* / V+*together*+名: *Put* all the books about computers *together*. コンピューターに関する本を全部集めなさい / They *put* their heads *together* to find a solution. 彼らは解決策を求めて寄り集まって協議した // ⇒ put two and two together (two 名 成句).
❷ (...)を**組み立てる;** (チームなど)を編成する V+名・代+*together* / V+*together*+名: I like *putting* machines *together*. 僕は機械を組み立てるのが好きだ. ❸ [普通は過去分詞として] (...)を合わせる, いっしょにする [≒combine]. 語法 特に比較表現の than, (as much) as の後の名詞(句)に続けて用いる**:** He's got more books *than* all the others *put together*. 彼は他の者みんなを合わせたよりもたくさんの本を持っている.

pút ... towàrd ～ 動 他 (金)を～の費用の一部に当てる.

pùt únder 動 他 (麻酔をかけて)(人)の意識を失わせる.

***pùt úp** 動 他 ❶ (家・像など)を**建てる** [≒build]; (テント)を張る V+名・代+*up* / V+*up*+名: They *put up* a garage for their car. 彼らは自分たちの自動車を入れる車庫を建てた.
❷ (掲示など)を**掲(かか)げる;** (棚など)を取りつける; (旗など)を立てる; (傘)をさす [⇔put down] V+名・代+*up* / V+*up*+名: ***Put*** these pictures ***up on*** the wall. この絵を壁に掛けてください.
❸ (人)を**泊まらせる,** 宿泊させる V+名・代+*up* / V+*up*+名: Is it okay if we *put up* a friend of mine for the weekend? 今度の週末友だちを泊めてもいい?
❹ (値段など)を**上げる,** 増す V+名・代+*up* / V+*up*+名: Butter has *been put up* again. バター(の値段)がまた上がった.
❺ (資金)を**提供する** V+*up*+名: Who will ***put up*** the money ***for*** the scheme? だれがその企画の資金を出すの.
❻ (...)を(上に)**上げる** [≒raise] [⇔put down]; (ミサイルなど)を打ち上げる; (髪)を結い上げる V+名・代+*up* / V+*up*+名: *Put up* your hand if you know the answer. 答えがわかる人は手を上げなさい / She *puts* her hair *up* when she wears a kimono. 彼女は着物を着るときには髪を結い上げる.
❼ (抵抗・戦いなど)を**続ける,** 行なう; (技能など)を見せる; (態度など)を見せる, 装う; (提案など)を出す V+*up*+名: They didn't *put up* much of a fight. 彼らは大して抵抗を続けなかった. ❽ (家・土地など)を売りに出す, (競売などに)出す, かける**:** We had to *put* our farm *up* for sale. 私たちは農場を売り出さなければならなかった. ❾ (...に)立候補させる, 推薦する (*for*).
— 自 《主に英》宿泊する [≒stay]: *put up at* an inn for the night 宿屋に一晩泊まる.

pùt úp or shút ùp [しばしば命令文で] 《略式》やってみるか, でなければ黙っている.

pút ... úp to ～ [動] 他 (人)をそそのかして[けしかけて, たきつけて](いたずらなど)をさせる**:** Somebody *put* him *up to* (play*ing*) that trick. だれかが彼にあのいたずらをするようにそそのかしたんだ.

pùt úp with ... [動] 他 **...を我慢する** (⇒ bear[1] 類義語) (受身 be put up with)**:** We have to *put up with* inconveniences for a while. 私たちはしばらく不便を我慢しなければならない.

pu·ta·tive /pjúːṭəṭɪv/ 形 限定 《格式》一般に(...と)思われている(人[物事]), 推定上の**:** the *putative* father of Ann's child アンの子供の父親とされる人.

+**put-down** /pótdàon/ 名 (～s /～z/) C **悪口,** けなすこと, こきおろし**:** Her boss's frequent *put-downs* undermined her self-confidence. 上司にたびたびけなされて彼女は自信をなくしてしまった. (動 pùt dówn 3)

put-on /pótɑ̀(ː)n, -ɔ̀ːn | -ɔ̀n/ 名 [a ～] 《米》見せかけ, 偽り. — 形 限定 見せかけの, 偽りの**:** a *put-on* smile 愛想笑い.

pu·tre·fac·tion /pjùːtrəfǽkʃən/ 名 U 《格式》腐敗(作用).

pu·tre·fy /pjúːtrəfàɪ/ 動 (-tre·fies; -tre·fied; -fy·ing) 自 《格式》腐敗する.

pu·trid /pjúːtrɪd/ 形 ❶ (動植物が)腐敗した; 悪臭を放っている. ❷ 《略式》不快な, ひどい.

putt /pʌ́t/ 動 他 〔ゴルフ〕(ボール)をパットする. — 自 〔ゴルフ〕パットを打つ; パットを決める. — 名 C 〔ゴルフ〕パット《軽打してボールを転がすこと》.

putt·er[1] /pʌ́ṭə | -tə/ 名 C 〔ゴルフ〕パター《パット用クラブ》; パットをする人.

put·ter[2] /pʌ́ṭə | -tə/ 動 (-ter·ing /-ṭərɪŋ/) 自 ❶ [副詞(句)を伴って] 《米》だらだら働く; ぶらつく; ゆっくり行く (*around, about*) [《英》potter]. ❷ 音を立ててゆっくり進む.

pútt·ing grèen /pʌ́ṭɪŋ-/ 名 C 〔ゴルフ〕グリーン (green)《ホール付近のパット用の芝地》.

put·ty /pʌ́ṭi/ 名 U パテ《窓ガラス固定などに使う充填(てん)剤》. **be (lìke) pútty in ...'s hánds** [動] ...の言いなりになる.

pút-up jòb /pótʌ̀p-/ 名 C 《略式》仕組まれた事, やらせ.

put-up·on /póṭəpɑ̀(ː)n, -əpɔ̀ːn | -əpɔ̀n/ 形 叙述 (人が)

利用された, つけ込まれた.

putz /pʌ́ts/ 名 C 《米略式》 いやなやつ, ばか.

+**puz·zle** /pʌ́zl/ 名 (~s /~z/) ❶ C [しばしば合成語で] (遊びとしての)**パズル**, クイズ: a picture *puzzle* はめ絵 / a crossword *puzzle* クロスワードパズル / a jigsaw *puzzle* ジグソーパズル / do a *puzzle* パズルをやる / I'm working on a *puzzle* now. 今パズルをしています.

❷ C [普通は単数形で] **難問**; なぞ (*to*): How to persuade her is a *puzzle*. いかにして彼女を納得させるかが難問だ.

a píece of the púzzle [名] なぞを解く手がかり.

— 動 (puz·zles /~z/; puz·zled /~d/; puz·zling) 他 (わからなくて)(人)を**困らせる**, 途方に暮れさせる《⇒ puzzled》: His words *puzzle* me. 彼のことばは不可解だ / What *puzzles* me is why they did that. なぜ彼らがそれをしたのか理解に苦しむ.

— 自 **頭を悩ます**, 知恵を絞(しぼ)る: He ***puzzled over*** the difficult problem. V+前+名 彼は難問に頭をかかえて考え込んでしまった / I *puzzled over* the best possible solution. 私は最善の解決法はないかと知恵を絞った.

púzzle óut [動] 他 (解決法など)を考え出す: *puzzle out* a mystery なぞを解く. (名 púzzlement)

puz·zled /pʌ́zld/ 形 困惑した, 途方に暮れた (*as to, at*): a *puzzled* look 困惑した表情 / I was *puzzled* (*about*) what to do next. 私は次に何をやっていいのやら途方に暮れた / I'm a bit *puzzled that* she's not called me yet. 彼女がまだ電話をしてこないことに少々困惑している.

puz·zle·ment /pʌ́zlmənt/ 名 U 《格式》 当惑, 閉口. (動 púzzle)

puz·zler /pʌ́zlɚ | -lə/ 名 C 《略式》 困らせる物, なぞの物; 難問, 難題.

puz·zling /pʌ́zlɪŋ/ 形 まごつかせる, わけのわからない: a *puzzling* problem 首をひねる問題.

pyg·my /pígmi/ 名 (pyg·mies) ❶ C [軽蔑的] ちっぽけな人[物], 取るに足らない人[物]. ❷ C [普通は P-] ピグミー族の人《アフリカ中部に住む背の低い種族の人》. — 形 限定 (動植物が)とても小さい, 小型の.

***py·ja·mas** /pəʤɑ́ːməz/ 名 《英》 = pajamas.

py·lon /páɪlɑ(ː)n | -lən/ 名 ❶ C (高圧線用の)鉄塔; 鉄柱. ❷ C (飛行場の)目標塔. ❸ C 《米》 コーン《工事中の道路などに置く円錐(えんすい)形の標識》.

Pyong·yang /piʌ̀ŋjɑ́ːŋ | pjɔ̀ŋjǽŋ/ 名 固 ピョンヤン, 平壌(へいじょう)《朝鮮民主主義人民共和国の首都》.

pyr·a·mid /pírəmìd/ ❗アク 名 ❶ C ピラミッド《古代エジプトで国王を葬った墓》. ❷ C 〔幾何〕 角錐(かくすい). 関連 cone 円錐. ❸ C ピラミッド[角錐]状のもの. ❹ C ピラミッド型組織.

py·ram·i·dal /pɪrǽmɪdl/ 形 ピラミッドのような; 角錐の.

pýramid sélling 名 U 〔商業〕 マルチ商法.

pyre /páɪɚ | páɪə/ 名 C 積みまき《火葬用》.

Pyr·e·nees /pírəniːz | pìrəníːz←/ 名 固 複 [the ~] ピレネー山脈《フランスとスペインの国境の山脈》.

Py·rex /páɪreks/ 名 U パイレックス《耐熱ガラス製品; 商標》.

py·rite /páɪraɪt/ 名 U 黄鉄鉱.

py·ri·tes /paɪráɪtiːz/ 名 U 硫化鉄鉱: iron [copper] *pyrites* 黄鉄[黄銅]鉱.

py·ro·ma·ni·a /pàɪ(ə)rouméɪniə/ 名 U 〔心理〕 放火癖.

py·ro·ma·ni·ac /pàɪ(ə)rouméɪniæ̀k/ 名 C 〔心理〕 放火癖のある人, 放火魔; 《略式》 [こっけいに] 火遊びの好きな.

py·ro·tech·nic /pàɪrətéknɪk←/ 形 限定 《格式》 花火(製造術)の; (弁舌・演奏などが)華々しい.

py·ro·tech·nics /pàɪrətéknɪks/ 名 ❶ U 《格式》 花火製造術. ❷ [複数扱い] 《格式》 花火の打ち上げ; (弁舌・演奏などの)華々しさ.

Pýr·rhic víctory /pírɪk-/ 名 C 犠牲が多くて割に合わない勝利《古代ギリシャの王ピュロス (Pyrrhus /pírəs/) が多大な犠牲を払ってローマ軍に勝ったことから》.

Py·thag·o·ras /pɪθǽgərəs, paɪ-/ 名 固 ピタゴラス《紀元前 6 世紀ごろのギリシャの哲学者・数学者》.

Py·thág·o·re·an théorem /pɪθæ̀gəríːən-, paɪ-/ 名 [the ~] 〔幾何〕 ピタゴラスの定理.

Pyth·i·as /píθiəs, -æ̀s/ 名 固 ピュティアス, ピシアス《⇒ Damon》.

py·thon /páɪθɑ(ː)n | -θən/ 名 C にしきへび《獲物を絞め殺して食べる大きな無毒の蛇》.

Qq

q, Q /kjúː/ 名 (複 q's, qs, Q's, Qs /~z/) C,U キュー《英語アルファベットの第 17 文字》.

Q. 略 = question.

Q & A, Q and A /kjúːənéɪ/ 略 = question and answer 質疑応答.

QB 略 = quarterback.

QED /kjúːìːdíː/ ≪ラテン語から≫ 略 = quod erat demonstrandum 以上証明終わり.

Qing /ʧíŋ/ 名 固 清(しん)《中国の王朝 (1616–1912)》.

QOL 略 = quality of life《⇒ quality 成句》.

qt 略 = quart(s)《⇒ quart》.

Q-tip /kjúːtìp/ 名 C《米》綿棒《商標; 日本の耳かきのようなものは英米にはなく, 耳あかは綿棒でとる》[《英》cotton bud].

qtr. 略 = quarter.

quack¹ /kwǽk/ 動 自 (あひるなどが)があがあ鳴く《⇒ cry 表 duck》. — 名 C《小児語》(あひるなどの)があがあ鳴く声.

quack² /kwǽk/ 名 ❶ C 偽医者, やぶ医者. ❷ C《英》医者. — 形 限定 偽の; いかさまの.

quad /kwɑ́(ː)d | kwɔ́d/ 名 ❶ [複数形で]《略式》四つ子《全体》(quadruplet); [a ~] 四つ子の 1 人. ❷ C《略式》= quadrangle 2. ❸ [複数形で]《略式》= quadriceps.

quad·ran·gle /kwɑ́(ː)drǽŋgl | kwɔ́dræŋ-/ 名 ❶ C〔幾何〕四角形, 四辺形. ❷ C《格式》中庭《特に大学などで建物に囲まれたもの》[《略式》quad].

quad·rant /kwɑ́(ː)drənt | kwɔ́drənt/ 名 ❶ C〔幾何〕四分円. ❷ C《格式》(昔の)四分儀《現代の sextant》.

qua·drat·ic /kwɑ(ː)drǽṭɪk | kwɔ-/ 形〔数学〕2 次の: a *quadratic* equation 2 次方程式.

quad·ri·ceps /kwɑ́(ː)drəsèps | kwɔ́drə-/ 名 複〔解剖〕大腿(だい)四頭筋.

quad·ri·lat·er·al /kwɑ̀(ː)drɪlǽṭərəl | kwɔ̀drɪ-⁻/ 名 C, 形〔幾何〕四辺形(の).

quad·ri·ple·gi·a /kwɑ̀(ː)drəplíːʤ(i)ə | kwɔ̀drə-/ 名 U〔医学〕四肢麻痺(ひ).

quad·ri·ple·gic /kwɑ̀(ː)drəplíːʤɪk | kwɔ̀drə-/ 形, 名 C〔医学〕四肢麻痺の(人).

quad·ru·ped /kwɑ́(ː)drʊpèd | kwɔ́drʊ-/ 名 C〔生物〕四肢動物, 四足獣《⇒ biped》.

qua·dru·ple /kwɑ(ː)drúːpl | kwɔ́drʊ-/ 動 自 4 倍になる. — 他 (...)を 4 倍にする. — 形 限定 4 つの部分から成る; 4 倍の. 関連 double 2 倍の / triple 3 倍の.

qua·dru·plet /kwɑ(ː)drúːplət | kwɔ́drʊ-/ 名 [複数形で] 四つ子《全体》; [a ~] 四つ子の 1 人 [《略式》quad]《⇒ twin》.

quag·mire /kwǽgmàɪə | -màɪə/ 名 C [普通は単数形で] 沼地, じめじめした土地; 苦境, 泥沼.

quail /kwéɪl/ 名 (複 ~(s)) C うずら; U うずら肉.

quaint /kwéɪnt/ 形 (quaint·er; quaint·est) (古めかしく)風変わりでおもしろい; 古風な趣のある, 一風変わった: *quaint* customs 風変わりな習慣. **~·ly** 副 風変わりに.

quake /kwéɪk/ 動 自 ❶ (人が)(恐怖・寒さなどで)がたがた震える (*with, at*)《⇒ shake 類義語》. ❷ (地震などで地面などが)揺れる, 震動する. — 名 C《略式》地震 (earthquake).

Quak·er /kwéɪkə | -kə/ 名 C クエーカー教徒《フレンド会の会員の俗称; ⇒ Society of Friends》. — 形 限定 クエーカー教(徒)の.

+**qual·i·fi·ca·tion** /kwɑ̀(ː)ləfɪkéɪʃən | kwɔ̀l-/ 名 (~s /~z/) ❶ C [普通は複数形で] (仕事にふさわしい)**資格, 能力**, 技術, 知識: He has no ***qualifications for*** the new job. 彼にはその新しい仕事に必要な資格[能力]がない / Mr. Brown has excellent ***qualifications to*** be president. +to 不定詞 ブラウン氏には社長になるのにふさわしい能力がある. ❷ C [普通は複数形で]《英》(ある職につく)資格(証書)《検定試験などに合格して得たもの》: paper *qualifications* 書面上の資格 / gain a medical *qualification* 医師の資格を取る. ❸ C,U 制限; 限定, 条件: without *qualification* 無条件に, 無制限に. ❹ U 資格を与え(られ)ること, 資格認定. (動 quálify)

qual·i·fied** /kwɑ́(ː)ləfàɪd | kwɔ́l-/ 形 ❶ **資格のある**, 適任の, 検定を通った [⇔ unqualified]: a *qualified* teacher 資格[免許]のある教員 / a person highly ***qualified for the post +for+名 = a person highly ***qualified to*** fill the post +to 不定詞 その地位にきわめて適任の人. ❷ 限定 制限された, 条件つきの [⇔ unqualified]: *qualified* approval 条件つき承認 / a *qualified* success まずまずの成功.

+**qual·i·fi·er** /kwɑ́(ː)ləfàɪə | kwɔ́ləfàɪə/ 名 (~s /~z/) ❶ C **有資格者**, 合格者, 予選通過者; 予選: win a *qualifier* 予選を通過する. ❷ C〔文法〕修飾語句 [≒ modifier].

qual·i·fy** /kwɑ́(ː)ləfàɪ | kwɔ́l-/ 動 (-i·fies /~z/; -i·fied /~d/; -fy·ing) 自 ❶ **資格を得る**; 資格[権限]を持つ: He is trying hard to ***qualify as a pilot. V+C (as+名) 彼はパイロットの資格を取ろうとがんばっている / She ***qualified for*** the tournament. V+for+名 彼女はそのトーナメントの参加資格を得た / She ***qualified to*** receive a scholarship. V+C (to 不定詞) 彼女は奨学金をもらう資格を得た. ❷ (...と)みなされる, みなし得る: Do they *qualify as* volunteers? 彼らはボランティアとみなされるのか. ❸〔スポーツ〕予選を通過する (*for*).

— 他 ❶ (人)に**資格を与える**, (人)に権限を与える; (人)を適任とする《⇒ qualified》[⇔ disqualify]: She ***is qualified to*** teach French. V+O+C (to 不定詞)の受身 彼女はフランス語を教える資格がある / He ***is qualified as*** a doctor. V+O+C (as+名)の受身 彼は医師としての資格[免許]がある / His experience ***qualifies*** him ***for*** this job. V+O+for+名 経験があるので彼はこの仕事に適任だ. ❷ (発言など)を和らげる; 修正する: *qualify* one's statement 発言を修正する. ❸ (人・物・言動など)を(...と)みなす, ...と評する (*as*). ❹〔文法〕(...)を修飾する. (名 qualificátion)

qual·i·ta·tive /kwɑ́(ː)lətèɪṭɪv | kwɔ́lətətɪv, -tèɪt-/ 形《格式》質的な: a *qualitative* difference 質的な違い. 関連 quantitative 量的な. (名 quálity)

quálitative análysis 名 U〔化学〕定性分析《物質の成分を検出する化学分析》.

‡**qual·i·ty** /kwɑ́(ː)ləṭi | kwɔ́l-/

— 名 (-i·ties /~z/) ❶ U,C 質, 品質: goods of

good [high, poor, low] *quality* 質のよい[高い, 悪い, 低い]品物 / ***quality of*** service サービスの質 / I prefer *quality* to quantity. 私は量よりも質をとる. 関連 quantity 量.

❷ C,U **特質, 特性**; [普通は複数形で] (人の)**資質**, 品性, 長所: He has leadership *qualities*. 彼には指導者の資質がある / star *quality* スター性 / One of the ***qualities of*** steel is hardness. 鋼鉄の特性の一つは硬いことだ.

❸ U **良質**; 優秀性, 高級: a singer of real *quality* 本当にすばらしい歌手 / This restaurant is famous for the *quality* of its dishes. このレストランは料理がいいので有名です.

❹ [形容詞的に] 《主に英》 **上質の**, 高級な: *quality* goods 高級品 / *quality* meat 上等な肉 / *quality* (news)papers 高級紙[新聞].

quálity of lífe [名] 生活の質《特に個人の生きがい・健康などを考慮した場合の》. (形 quálitàtive)

quálity assùrance 名 U 品質保証.

quálity contròl 名 U 品質管理.

quálity tìme 名 U (家族だんらんなどの)水入らずの時間, 充実した時間.

qualm /kwáːm, kwɔ́ːm/ 名 C [普通は複数形で] 不安, 懸念; 良心のかしゃく: without a *qualm* 安心して / have no *qualms about* cheating カンニングをして悪いと思わない.

quan·da·ry /kwɑ́(ː)ndəri, -dri | kwɔ́n-/ 名 C 困惑, 苦境, 難局. **be in a quándary** [動] 自 (...のことで)途方に暮れる (*about, over*).

quan·ti·fi·a·ble /kwɑ́(ː)nṭəfàɪəbl | kwɔ́n-/ 形 《格式》量で表わされる, 定量[数量]化できる.

quan·ti·fi·er /kwɑ́(ː)nṭəfàɪə | kwɔ́ntəfàɪə/ 名 C 〔文法〕 数量詞《数量を示す語(句)で, 普通は名詞とともに用いる; all, few, lots of など》.

quan·ti·fy /kwɑ́(ː)nṭəfàɪ | kwɔ́n-/ 動 (-ti·fies; -ti·fied; -fy·ing) 他 《格式》 (質的なもの)を量で表わす, (...)の量をはかる.

quan·ti·ta·tive /kwɑ́(ː)nṭətèɪṭɪv | kwɔ́ntɪtə-, -tèɪt-/ 形 《格式》 量的な. 関連 qualitative 質的な. (名 quántity)

quántitative análysis 名 U 〔化学〕 定量分析《成分の量を測定する化学分析》.

quan·ti·ty** /kwɑ́(ː)nṭəṭi | kwɔ́n-/ 発音 名 (-ti·ties /~z/) ❶ U,C **量**, 数量; 分量: This car consumes a large [small] ***quantity of fuel. この車は多量の燃料を食う[少量の燃料しか食わない] / ***in large quantities*** 大量に, たくさん / What *quantity* do you want? どのくらいの分量をお望みですか. 関連 quality 質.

❷ U,C **たくさん, 大量**: ***a quantity of*** ... = ***quantities of*** ... たくさんの..., 大量の... / ***in quantity*** 大量に, たくさん. (形 quántitàtive)

quan·tum /kwɑ́(ː)nṭəm | kwɔ́n-/ 名 (複 quan·ta /kwɑ́(ː)nṭə | kwɔ́n-/) C 〔物理〕 量子: *quantum* mechanics 量子力学.

quántum léap [júmp] 名 C 飛躍的進歩, 大躍進.

quántum thèory 名 U 〔物理〕 量子論.

quar·an·tine /kwɔ́ːrəntìːn | kwɔ́r-/ 名 U または a ~] (感染症患者の)隔離; 隔離期間; (港・空港での)検疫: be put [kept] *in quarantine* 隔離される. — 動 他 [しばしば受身で] (感染症患者)を隔離する; (人・動物)を検疫する.

quark /kwɔ́ək | kwɑ́ːk/ 名 C 〔物理〕 クォーク《素粒子を構成する粒子の一種》.

+**quar·rel** /kwɔ́ːrəl | kwɔ́r-/ 発音 名 (~s /~z/) ❶ C **口論, 言い争い**, 口げんか; 不和, 反目: I had a ***quarrel with*** Tom ***about*** [***over***] the program. 私はトムと番組のことでけんかをした / get into a *quarrel* けんかになる / It takes two to make a *quarrel*. 《ことわざ》 けんかをするのには 2 人要る(けんかは双方に責任がある, けんか両成敗). ❷ C [しばしば否定文で] 争いの原因, けんか[口論]の種; 苦情: I have *no quarrel with* him [what he says] now. 私は今のところ彼[彼の言うこと]に対しては何の文句もない. (形 quárrelsome)

— 動 (quar·rels /~z/; quar·reled, 《英》 quar·relled /~d/; -rel·ing, 《英》 -rel·ling) 自 ❶ **口論する, 言い争う**, けんかする: I don't want to ***quarrel with*** him. V+*with*+名 彼と言い争いたくない 多用 / The children ***quarreled about*** [***over***] trifles. V+*about* [*over*]+名 子供たちはささいなことでけんかした. ❷ 文句[苦情, 小言]を言う: It is no use *quarreling with* fate. 運命に文句を言ってみたところで始まらない.

quar·rel·some /kwɔ́ːrəlsəm | kwɔ́r-/ 形 けんか[口論]好きな, 短気な. (名 quárrel)

quar·ry[1] /kwɔ́ːri | kwɔ́ri/ 名 (quar·ries) C (露天の)石切り場, 採石[砂]場. — 動 (quar·ries; quar·ried; -ry·ing) 他 (石)を切り出す.

quar·ry[2] /kwɔ́ːri | kwɔ́ri/ 名 [単数形で] ねらった獲物; 目をつけた人[物].

quart /kwɔ́ət | kwɔ́ːt/ 名 C クォート (*of*). 参考 液量 (liquid measure)・乾量 (dry measure) の単位で ¼ gallon, 2 pints; 米国の液量では約 0.95 リットル, 乾量では約 1.1 リットル, 英国では液量・乾量とも約 1.14 リットル; 略 qt.

****quar·ter** /kwɔ́əṭə | kwɔ́ːtə/

— 名 (~s /~z/)

意味のチャート
「4 分の 1」 ❶ の意から
→ (1 時間の¼) → 「15 分」 ❷
→ (1 年の¼) → 「4 半期」 ❹
→ (1 ドルの¼) → 「25 セント貨」 ❸
→ (東西南北の 1 つ) → 「方面」 ❺ → 「地域」 ❻

❶ C **4 分の 1**, ¼, 4 半分 (略 qtr.): a ***quarter of*** a mile 4 分の 1 マイル / Over a ***quarter of*** the students were absent. 4 分の 1 以上の学生が欠席した / a century and a *quarter* 1 世紀と 4 分の 1 《125 年》 / Cut this melon into *quarters*. このメロンを 4 等分に切ってください // ⇒ three quarters. 関連 half 半分.

❷ C **15 分(間)** 《1 時間の ¼ から》, (時計などである正時の)15 分前[過ぎ]の時点: It's (a) ***quarter after*** [《英》 ***past***] seven. 今は 7 時 15 分(過ぎ)だ / He started at (a) ***quarter of*** [《英》 ***to***] eight. 彼は 8 時 15 分前に出発した / I'll meet you in a *quarter* of an hour. 15 分後に会いましょう. 語法 《略式》 ではしばしば a を省く. 関連 half 30 分.

❸ C 《米・カナダ》 **25 セント貨** 《1 ドルの ¼; ⇒ coin 表》: Can you change this dollar into *quarters*, please? この 1 ドル紙幣を 25 セント貨にくずしてもらえますか.

❹ C (1 年の)**4 半期**, 3 か月: I'm paying back my debt by the *quarter*. 私は 4 半期ごとに借金を返済している / The company made a profit of sixty thousand dollars in the first *quarter* of this year. 会社は今年の第一 4 半期に 6 万ドルの利益をあげた. ❺

Ⓒ [しばしば複数形で] 方面, 地方: from all *quarters* of the world 世界の各地から. ❻ Ⓒ (都市の)地域, ...街; (特定の人たちの住む)居住地《⇒ region 類義語》; [複数形で] (一時的に)住む場所, 宿所, (軍隊の)宿舎: the residential *quarter* 住宅街 / the Chinese *quarter* 中国人街 / married [single] *quarters* 既婚者[独身者]用宿舎. 関連 headquarters 本部. ❼ Ⓒ《米》(1 年 4 学期制大学の)学期《通例 10–12 週》;〔スポーツ〕クォーター《試合の前半[後半]の半分; ⇒ half 名 3》. ❽ Ⓒ (情報などの)出所, 筋; [しばしば複数形で] (ある地区・社会などの)人々: information from an unexpected *quarter* 思いもかけない筋からの情報 / in some *quarters* 一部の人々の間で. ❾ Ⓤ [否定文で]《文語》(敵に対する)情け容赦: give no *quarter* 情け容赦しない. ❿ Ⓒ 弦《月の満ち欠けの ¼; 約 7 日に相当》. ⓫ Ⓒ クォーター《重量の単位; 米国では 25 ポンド, 英国では 28 ポンド》.

at clóse quárters [形・副] 接近して, 間近で.

— 形 限定 4 分の 1 の: a *quarter* hour 15 分.

— 動 (-ter·ing /-ṭərɪŋ/) 他 ❶ (...)を 4 つに分ける, 4 等分する. ❷ [普通は受身で]《格式》(軍隊など)に宿舎を提供する, 宿営させる (*on*).

quar·ter·back /kwɔ́ːəṭəbæ̀k | kwɔ́ːtə-/ 名 Ⓒ〔アメフト〕クォーターバック《フォワード (forward) とバック (back) との間に位置し, 攻撃のかなめとなる; 略 QB》. — 動 自《米》〔アメフト〕クォーターバックを務める. — 他 ❶《米》〔アメフト〕(チーム)のクォーターバックを務める. ❷《米略式》(...)を組織[指揮]する.

quar·ter·deck /kwɔ́ːəṭədèk | kwɔ́ːtə-/ 名 Ⓒ (船の)後甲板《高級船員や士官がいる》.

+**quar·ter·fi·nal** /kwɔ̀ːəṭəfáɪn(ə)l | kwɔ̀ːtə-/ 名 (~s /~z/) Ⓒ **準々決勝戦**. 関連 final 決勝戦 / semifinal 準決勝戦.

+**quar·ter·ly** /kwɔ́ːəṭəli | kwɔ́ːtə-/ 形 限定 **年に 4 回の**, 3 か月に 1 回の: a *quarterly* issue 季刊.

— 名 (-ter·lies /~z/) Ⓒ **年 4 回の刊行物**, 季刊誌.

— 副 年 4 回, 3 か月に 1 回.

quárter nòte 名 Ⓒ《米》〔音楽〕4 分音符 [《英》crotchet].

+**quar·tet** /kwɔːətét | kwɔː-/ 名 (-tets /-téts/) Ⓒ〔音楽〕[《英》単数形でもときに複数扱い] **四重奏団**; 四重奏曲; 四人組, 四つぞろい (*of*): a string *quartet* 弦楽四重奏(団).

quar·to /kwɔ́ːəṭoʊ | kwɔ́ː-/ 名 (~s) Ⓒ《格式》四つ折り判《1 枚の紙を 2 回畳んで 8 ページ分とした大きさ; およそ縦 30 センチ横 24 センチ》; 四つ折り判の本《⇒ folio》.

quartz /kwɔ́ːəts | kwɔ́ːts/ 名 Ⓤ〔鉱石〕石英.

quártz clòck 名 Ⓒ 水晶[クォーツ]の掛け[置き]時計.

quártz wàtch 名 Ⓒ 水晶[クォーツ]の腕時計.

qua·sar /kwéɪzɑə | -zɑː/ 名 Ⓒ〔天文〕クエーサー, 準星《銀河系外から光や電波を発する準恒星状天体》. 関連 pulsar パルサー.

quash /kwɑ́(ː)ʃ | kwɔ́ʃ/ 動 他 ❶〔法律〕(判決・告発など)を破棄する, 無効にする. ❷《格式》(...)を鎮圧する, 静める; (うわさなど)を否定する.

qua·si- /kwéɪsaɪ, -zaɪ, kwɑ́ːzi/ 接頭「擬似, 類似, 準」の意: *quasi*-official 準公式の.

qua·ver /kwéɪvə | -və/ 動 (-ver·ing /-v(ə)rɪŋ/) 自 (声・音が)震える; 震え声で言う. — 他 (...)と震え声で言う (*out*). — 名 ❶ Ⓒ [普通は単数形で] 震え声. ❷ Ⓒ《英》= eighth note.

qua·ver·y /kwéɪv(ə)ri/ 形 震え声の.

quay /kíː/ ✪ 例外的な発音だが《米》には /k(w)éɪ/ という綴り字式の発音もある. 名 Ⓒ (小さな)波止場, 船着き場, 岸壁《⇒ wharf 表》.

quea·si·ness /kwíːzinəs/ 名 Ⓤ 吐き気; 不安.

quea·sy /kwíːzi/ 形 (quea·si·er; -si·est) ❶ むかむかする; (胃が)物を受けつけない, むかつく. ❷ 不快な; 不安な (*about, at*).

Que·bec /kwɪbék, kwə-/ 名 固 ケベック《カナダ東部の州, その州都》.

**queen /kwíːn/

— 名 (~s /~z/) ❶ Ⓒ [しばしば Q-] (君主としての) **女王**, 女帝: *the Queen of* England イングランドの女王 / *Queen* Elizabeth II 女王エリザベス二世《II は the second と読む》. 関連 king 王 / kingdom 王国 / empress 女帝.

❷ Ⓒ [しばしば Q-] (国王の夫人としての)**王妃**: The King and *Queen* attended the ceremony. 王と王妃が式典に臨席された. 関連 empress 皇后.

❸ Ⓒ [普通は単数形で] (...の)**女王**, 花形: a beauty *queen* 美人コンテストの女王 / *the queen of* society 社交界の花形. ❹ Ⓒ = queen ant, queen bee. ❺ Ⓒ [しばしば the ~] (トランプの)クイーン(の札); (チェスの)クイーン, 女王: *the queen of* hearts ハートのクイーン. 関連 king キング / jack ジャック. ❻ Ⓒ《略式》[差別的] ホモ, おかま. (形 quéenly)

— 動 [次の成句で] **quéen it òver ...** [動] 他《英略式》...に対して女王のようにふるまう.

quéen ánt 名 Ⓒ 女王あり.

quéen bée 名 Ⓒ 女王ばち; 女王気取りの女.

queen·ly /kwíːnli/ 形 (queen·li·er; -li·est) 女王[王妃]のような; 女王[王妃]にふさわしい. (名 queen)

quéen móther 名 [the ~; 普通は Q- M-] 皇太后《亡き王の未亡人で現君主の母》.

Quéen's Énglish 名 [the ~] 純正[標準]イギリス英語《⇒ King's English》.

queen-size /kwíːnsàɪz/ 形《米》(ベッドが)クイーンサイズの《標準型と king-size の中間》.

queer /kwíə | kwíə/ 形 (queer·er /kwí(ə)rə | -rə/; queer·est /kwí(ə)rɪst/) ❶《古風》風変わりな; 変な, 妙な: a *queer* way of talking おかしなしゃべり方 / be *queer* in the head 頭がおかしい. ❷《略式》[差別的] 同性愛の, ホモの. — 動 [次の成句で] **quéer ...'s pítch** [動]《英略式》...の計画をぶちこわす. — 名 Ⓒ《略式》[差別的] ホモ, おかま. **~·ly** 副 妙に, 変に.

quell /kwél/ 動 他 (力ずくで)(反乱・暴動など)を押さえる, 鎮める; (恐怖・不安・疑いなど)を抑える.

quench /kwéntʃ/ 動 他 ❶ (のどの渇きなど)をいやす; (欲望など)を満たす. ❷《格式》(火など)を消す.

quer·u·lous /kwérələs/ 形《格式》ぶつぶつこぼす, ぐちっぽい. **~·ly** 副 ぐちっぽく.

+**que·ry** /kwí(ə)ri/ 名 (que·ries /~z/) ❶ Ⓒ **質問**, 疑問 [≒question]; 疑い: have a *query* 質問がある / answer [reply to] a *query* 問い合わせに答える. ❷ Ⓒ 疑問符.

— 動 (que·ries; que·ried; -ry·ing) 他 ❶ (不審に思って)(人)に(...かと)尋ねる, 質問する, 問い合わせる [≒ask]: I *queried whether* the news was true or not. 私はそのニュースが本当かどうかを尋ねた. ❷ (...)に疑いを挟(はさ)む, 怪しむ: *query* ...'s decision ...の決定に疑いを挟む.

quest /kwést/ 名 Ⓒ《文語》追求, 探求 (*for*). **in quést of ...** [前]《文語》...を求めて. — 動 自《文

語》(...を)探し求める (for).

ques·tion /kwéstʃən/ 発音

— 名 (~s /~z/) ❶ Ⓒ 質問, 問い; (試験などでの)問題, 設問《略 Q.》; 尋問 [⇔ answer]; 〔文法〕 疑問文: Does anyone have any questions? = Any *questions*? 何か質問がありますか / Please answer my *question*. 私の質問に答えてください / "May I ask (you) a *question*?" "Go ahead." 「お尋ねしたいことがあるのですが」「どうぞ」 / He asked me some ***questions about*** [*on*] Japanese food. 彼は私に日本食についていくつか質問をした / *questions* and answers 質疑応答 / I couldn't answer a *question* 「in math [*on* gravity]. (試験で)数学[重力]の問題が解けなかった.

❷ Ⓒ (解決・議論を要する) 問題, 議題, 懸案《略 Q.; ⇒ problem 類義語》: the *question*(*s*) of the day 今日の問題, 時事問題 / It is only a ***question of*** money [time]. それは単に金[時間]の問題だ / She raised the ***question*** 「***of*** find*ing* [***of how to*** find] his successor. 彼女は彼の後任を見つける[いかに見つける か]という問題を提起した / address the housing *question* 住宅問題に取り組む / 言い換え The *question* is whether he can do it in time. = The *question* is, can he do it in time (or not)? 問題は彼が期間内にそれができるかどうかだ / That's another *question* altogether. それは全く別の問題だ.

❸ U,C 疑い, 疑問, 疑義 [≒doubt]: 言い換え There is no ***question about*** [*of*] his honesty. = There is no ***question about*** [*of*] his be*ing* honest. = There is no ***question*** (***that***) he is honest. + (that)節 彼が正直であることについては疑う余地がない《⇒ There is no question of ... (成句)》 / There was some ***question*** (***as to***) ***whether*** (or not) she would resign. + (as to +) whether 節 彼女が辞職するかどうか定かでなかった.

besìde the quéstion [形] 本題をはずれた, 的はずれの《⇒ beside 3》.

beyònd (áll) quéstion [形・副] **疑いもなく**, 確かに: His honesty [ability] is *beyond question*. 彼が正直なのは[能力があるのは]確かだ.

bríng [cáll, thrów] ... ìnto quéstion [動] 他 (...)に疑義を差し挟む, (...)を問題にする.

còme ìnto quéstion [動] 自 問題になる.

in quéstion [形] (1) **問題の**, 話題の, 当該の: the point *in question* 問題点 / The man *in question* died. 例の男は死んだ. (2) 問題[話題]になって, 疑わしい: His testimony is *in question*. 彼の証言に疑問がもたれている.

ópen to quéstion [形] 疑問[議論]の余地がある, (真偽のほどが)定かでない.

òut of the quéstion [形] **問題にならない**, 論外で, 全く不可能で [≒impossible]: His proposal is *out of the question*. 彼の提案は問題にならない.

póp the quéstion [動] 自 《略式》 結婚を申し込む, プロポーズする.

Thàt's a góod quéstion! = Góod quéstion! Ⓢ (それは)よい[鋭い]質問ですね, 痛いところをつかれましたよ《答えられなかったり答えたくないときなどに》.

There is nó quéstion of ... (1) ...は問題に(さえ)ならない, 論外である, ...の可能性[見込み]は全くない: *There is no question of* escape. 逃亡の可能性は全くない / *There was no question of* his refus*ing* to come to the party. 彼がその会の出席を断わるなどということは全く考えられなかった. 語法 次のように question に no 以外の語を冠することがある: *There is some question of* her resign*ing*. 彼女が辞職することも考えられる. (2) ...には疑問の余地がない: *There is no question of* his genius. 彼に天分があることは明らかだ《⇒ 名 3 の例文》.

withòut quéstion [副] (1) 疑いもなく, 確かに. (2) 何の疑いも持たずに, 黙って.

— 動 (ques·tions /~z/; ques·tioned /~d/; -tion·ing /-tʃ(ə)nɪŋ/) 他 ❶ (人)に**質問する**; (人)に尋問する: They ***questioned*** the candidate closely ***on*** [***about***] his political views. V+O+on [about]+名 彼らはその候補者に政見を詳しく尋ねた / He *was* ***questioned by*** the police officer ***about*** his belongings. V+O+about+名の受身 彼は所持品についてその警察官に尋問された.

❷ (...)を**疑う**, 疑問に思う; (...)に異議を唱える: I *questioned* the significance of his discovery. 彼の発見に意義があるのかどうか疑いを持った / I ***question whether*** he will be elected president. V+O (whether 節) 彼が大統領に選ばれるかどうか疑問だ.

ques·tion·a·ble /kwéstʃ(ə)nəbl/ 形 疑わしい, 疑問の余地がある [⇔ unquestionable]; 不審な, いかがわしい: It is *questionable* whether the news is true. そのニュースが本当かどうか疑わしい. **-a·bly** /-əbli/ 副 疑わしく.

ques·tion·er /kwéstʃənə | -nə/ 名 Ⓒ 質問者; 尋問者.

ques·tion·ing /kwéstʃ(ə)nɪŋ/ 形 疑わしげな, 不審そうな; 尋ねたがっているような [⇔ unquestioning]. — 名 Ⓤ 尋問, 事情聴取: be kept [held] for *questioning* 尋問のために引き留められる. **~·ly** 副 疑わしげに; 尋ねるように.

+**ques·tion mark** /kwéstʃənmɑ̀ək | -mɑ̀:k/ 名 (~s /~s/) ❶ Ⓒ **疑問符**《⇒ 巻末文法 16.7》: put a *question mark* 疑問符をつける. ❷ Ⓒ 疑問の点, 不確定な要素 (over).

quéstion màster 名 Ⓒ 《英》 = quizmaster.

ques·tion·naire /kwèstʃənéə | -néə/ 名 Ⓒ アンケート, 質問表: answer [complete, fill out, fill in] a *questionnaire* アンケートに答える[記入する]. 日英 日本語の「アンケート」はフランス語の enquête /ɑːŋkét/ (質問, 調査)に由来する.

quéstion tàg 名 Ⓒ = tag question.

+**queue** /kjúː/ 発音 (同音 cue[1, 2]) 名 (~s /~z/) ❶ Ⓒ 《英》 (順番を待つ人・車などの)**列** [《米》 line]: a ***queue for*** the bus バス待ちの列 / a ***queue of*** cars 車の列 / form a *queue* 列を作る / join [get into] a *queue* 列に加わる / be ***in a queue*** 行列に並んでいる / stand [wait] *in a queue* 一列になって並ぶ[待つ]. ❷ Ⓒ 〔コンピュータ〕 待ち行列《処理を待つ一連の作業》.

júmp the [a] quéue [動] 自 《英》 (列・順番などに)割り込む.

— 動 (queues /~z/; queued /~d/; queu(e)·ing) 自 ❶ 《英》 **行列する**, 並んで順番を待つ [《米》 line up]; [進行形で] (多くの人が)(...を)望んでいる (up; for; to do): We *queued* (*up*) *for* taxis. 私たちは一列に並んでタクシーを待った. ❷ 〔コンピュータ〕 待ち行列に入る. — 他 〔コンピュータ〕 (...)を待ち行列に入れる.

quib·ble /kwíbl/ 名 Ⓒ (取るに足りない)異論, 文句. — 動 自 (ささいなことで)文句を言う, つべこべ言う (about, over).

quiche /kíːʃ/ 名 C,U キッシュ《卵・生クリーム・ベーコン・チーズ・野菜などを入れて焼くパイの一種》.

quick /kwík/

— 形 (quick·er; quick·est)

意味のチャート
元来は「生きている」❹ の意から → (生きがいい) → 「敏感な」❸ →「すばやい」❷ →「速い」❶

❶ (速度などが)速い, 急速な [⇔ slow]《⇒ fast[1] 表, 類義語》: a *quick* worker 仕事の速い人 / walk at a *quick* pace 足早に歩く / It will be *quicker* to walk than to take a taxi. 歩いて行くほうがタクシーに乗るより速いでしょう.
❷ (行動・動作が)すばやい, 迅速な, 敏捷(びんしょう)な, 機敏な; (もの覚え・理解などが)早い; (出来事が)一瞬の間の, 短時間の [⇔ slow]: a *quick* response 即答 / a *quick* learner もの覚えが早い人 / *quick* thinking すばやい判断, 機転 / make a *quick* decision 迅速に決断を下す / have a *quick* drink さっと一杯飲む[ひっかける] / pay a *quick* visit ちょっと立ち寄る / The elevator made a *quick* stop. エレベーターが急に[がたんと]止まった / He was ***quick to*** help us. +*to* 不定詞 彼はいち早く私たちを助けてくれた 多用 / Give him a call, and be ***quick about*** it (= hurry up)! +前+名 Ⓢ 彼に電話してくれ, すぐにだぞ / He is ***quick at*** figures. 彼は計算が早い / 言い換え Mary was ***quick at*** learn*ing* French. +*at*+動名 (= Mary learned French quickly.) メアリーはフランス語を覚えるのが早かった. ❸ せっかちな, 怒りっぽい; 敏感な, 鋭い, 鋭敏な [⇔ slow]: John has a *quick* temper. ジョンは怒りっぽい. ❹《文語》生きている: *the quick* and the dead 生者と死者《複数名詞扱い; ⇒ the[1] 3》. (動 quícken)
— 副 (quick·er; quick·est) Ⓢ **速く**, 急いで, すばやく [≒quickly]: Come *quick*! すぐ来い / Can't you run *quicker*? もっと速く走れないのか. 語法 how とともに文頭にくるとき以外は, quick は常に動詞の後にくる // You can hardly get rich *quick* doing that! そんなことをしていては急に金持ちになるのはまず無理だ.
— 名 U [普通は the ~] (皮膚の)敏感な部分, 生身《特につめの下》.
cút ... to the quíck [動] 他 (人)の感情をひどく傷つける.

quick·en /kwík(ə)n/ 動 他 ❶ Ⓦ (歩調など)を速める: He *quickened* his pace. 彼は歩調を速めた. ❷《格式》(興味など)をかき立てる;《文語》(...)を活気づける. — 自 ❶ Ⓦ 速くなる, 速まる. ❷《格式》(興味などが)かき立てられる;《文語》活発になる. (形 quick)

quick·fire /kwíkfàɪə | -fàɪə/ 形 限定 (質問などが)やつぎばやの.

quick-freeze /kwíkfríːz/ 動 (-freez·es; 過去 -froze /-fróʊz/; 過分 -fro·zen /-fróʊz(ə)n/; -freez·ing) 他 (食料品)を急速冷凍する.

quick·ie /kwíki/ 名 C《略式》やっつけ仕事《急ごしらえの安物映画・テレビ番組・小説など》; 大急ぎのこと, 即席のこと; (酒などを)さっと一杯(ひっかけること); さっとすませるセックス. — 形 限定《略式》急ごしらえの; さっとすませる, 略式の.

quick·lime /kwíklàɪm/ 名 U 生石灰.

quick·ly /kwíkli/

— 副 (more ~, quick·li·er; most ~, quick·li·est) ❶ 速く, 急いで, すばやく, スピーディに [⇔ slowly]: She always speaks *quickly*. 彼女はいつも早口だ / The vacation went by *quickly*. 休暇はあっという間に過ぎ去った / We should act as *quickly* as possible. できるだけ早く行動を起こすべきだ / What can you serve (the) most *quickly*? 何がいちばん早くできますか《飲食店などで》.
❷ すぐに, 直(ただ)ちに: The doctor *quickly* realized that it was a serious disease. 医者はすぐにそれが重い病気だとわかった. ❸ ちょっと(の間).

quick·ness /kwíknəs/ 名 ❶ U (速度・運動などの)敏速さ. ❷ U すばやさ, 機敏; 敏感, (勘の)鋭さ.

quick·sand /kwíksæ̀nd/ 名 U,C 流砂《その上を歩こうとする人や動物などを吸い込む》; 流砂地帯; 危機, 底なし地獄.

quick·sil·ver /kwíksìlvə | -və/ 名 U《古語》水銀. — 形 限定《文語》変わりやすい, 動きの速い; 移り気な.

quick·step /kwíkstèp/ 名 C [普通は the ~]〔ダンス〕クイックステップ; クイックステップの曲.

quick-tem·pered /kwíktémpəd | -pəd←/ 形 短気な, 怒りっぽい.

quick-wit·ted /kwíkwíṭɪd←/ 形 頭の回転が速い, 機転のきく.

quid /kwíd/ 名 (複 ~) C《英略式》ポンド(の金) [≒ pound]. **be quíds ín** [動] 自《英略式》もうけている.

quid pro quo /kwídproʊkwóʊ/ ≪ラテン語から≫ 名 (~s) C《格式》対価, 見返り, お返し (*for*).

qui·es·cence /kwaɪés(ə)ns/ 名 U《格式》静止, 休止; 沈黙; 静寂.

qui·es·cent /kwaɪés(ə)nt/ 形《格式》静止した, 動きのない, 静かな;〔医学〕(病気が)鎮静期の, 無症状の.

qui·et /kwáɪət/ ❗発音

— 形 (qui·et·er /-ṭə | -tə/; qui·et·est /-ṭɪst/)

意味のチャート
元は「停止した」の意. →「平穏な」❷
→「ひっそりとした」→「(物音が)静かな」❶
→「動きのない」❸ →「落ち着いた」❷ →「おとなしい」❹

❶ 静かな, もの静かな, ひっそりとした; 静かにしている [⇔ noisy, loud]《⇒ silent 類義語》: *quiet* music 静かな音楽 / speak in a *quiet* voice 静かな声で話す / *Quiet* [Be *quiet*]! Ⓢ 静かに! / Could you keep the children *quiet*? 子供たちをおとなしくさせておいてくれますか / The noise of the traffic is getting [growing] *quieter*. 車の往来の音が静かになってきた.

quiet (じゃまな音や動きがない)	静かな《⇒silent 類義語》
silent (声も音も全くしない)	
still (音だけでなく動きもない)	
calm (天候や海が穏やかな)	

❷ 落ち着いた; 平和な, 平穏な《心配や気苦労のない》[≒peaceful]: She lived a *quiet* life in the country. 彼女はいなかで平穏な暮らしをしていた / We had a *quiet* day today. きょうは一日のんびりと過ごしました (特別なことはなかった) / a *quiet* evening 静かな夕暮れ.
❸ 動きのない, 静止した; (場所などが)静まりかえった, 閑静な; (市況などが)不活発な: Keep *quiet*, please. (そのまま)動かないでください / This street is very *quiet* on Sundays. この通りは日曜日はとても静かだ / The

stock market is *quiet* today. 株式市場はきょうは動きがない.

❹ (人や性格が)**おとなしい**, 無口な, もの静かな, つつましやかな, しとやかな: a *quiet* young woman もの静かな若い女性. ❺ 内密の, ひそかな: a *quiet* confidence ひそかな自信 / I want to have a *quiet* word with her. 彼女にそっと釘をさして[ひとこと言って]おきたい.

kèep quíet abòut ... = kéep ... quíet [動] ⑪ ...について黙っている; ...をないしょにしておく.

(名 quíetùde)

— 名 ❶ Ⓤ **平穏**, 平和, 平静 [⇔ disquiet]; 安静: He wanted only a little peace and *quiet*. 彼はほんのささやかな平穏無事を願った. ❷ Ⓤ 静けさ, 静寂 [≒ quietness]: *in the quiet of* the night 夜の静けさの中で / The teacher asked for *quiet*. 先生は静かにするようにと言った.

on the quíet [副] こっそり, 秘密に.

— 動 ⑪《主に米》(...)を静かにさせる (*down*); (不安など)を静める, なだめる [《英》quieten]: The news of his success *quieted* her fears. 彼の成功の知らせで彼女は安心した.

— ⑪《主に米》静かになる [《英》quieten]: The spectators *quieted down* at the sight of him. 観客は彼の姿を見ると静まった.

qui·et·en /kwáɪətn/ 動《英》= quiet.

qui·et·ly /kwáɪətli/

— 副 ❶ **静かに**; 黙って, おとなしく: Walk as *quietly* as you can. できるだけ静かに歩きなさい / Please speak *quietly*. 静かに話してください / go *quietly* 黙って引き下がる.

❷ **穏やかに**, 平穏に: live *quietly* 平和に暮らす. ❸ ひそかに, 内密に: *quietly* confident ひそかに確信している.

qui·et·ness /kwáɪətnəs/ 名 ❶ Ⓤ 静けさ, 静寂: the *quietness* of the night 夜の静けさ. ❷ Ⓤ 穏やかさ, 平穏.

qui·e·tude /kwáɪət(j)ù:d | -tjù:d/ 名 Ⓤ《格式》静けさ, 穏やかさ; 平穏 [≒calmness]. (形 quíet)

quill /kwíl/ 名 ❶ Ⓒ 大羽, 羽軸《鳥の翼・尾にある強くて丈夫な羽根》. ❷ Ⓒ [普通は複数形で] (やまあらし・はりねずみなどの)針. ❸ = quill pen.

quíll pén 名 Ⓒ 鵞(が)ペン, 羽根ペン.

quilt /kwílt/ 名 Ⓒ キルト, キルティングのしてあるベッドカバー《2 枚の布地の間に羽毛などを入れて刺し子に縫い止めたもの》.

quilt·ed /kwíltɪd/ 形 キルト(風)の.

quilt·ing /kwíltɪŋ/ 名 Ⓤ 刺し子に縫うこと, キルティング; キルトの材料.

quin /kwín/ 名《英略式》= quint.

quince /kwíns/ 名 Ⓒ,Ⓤ まるめろ(の実)《砂糖漬けやジャムなどにする》.

qui·nine /kwáɪnaɪn | kwí-ni:n/ 名 Ⓤ キニーネ(剤)《マラリアの特効薬》.

quint /kwínt/ 名 [複数形で]《米略式》五つ子《全体》(quintuplet); [a ~]《米略式》五つ子の 1 人 [《英》quin].

quin·tes·sence /kwɪntés(ə)ns/ 名 [the ~]《格式》典型; 精髄, 真髄 (*of*).

quin·tes·sen·tial /kwɪ̀ntəsénʃəl⁻/ 形 限定《格式》典型的な [≒typical]. **-tial·ly** /-ʃəli/ 副 典型的に.

quin·tet /kwɪntét/ 名 Ⓒ [《英》単数形でもときに複数扱い]〔音楽〕五重奏団; 五重奏曲: a string *quintet* 弦楽五重奏(団).

quin·tu·plet /kwɪntʌ́plət | kwíntjʊp-/ 名 [複数形で] 五つ子《全体》; [a ~] 五つ子の 1 人《⇒ twin》.

quip /kwíp/ 名 Ⓒ 気のきいたことば, 軽口, 冗談, 皮肉.
— 動 (quips; quipped; quip·ping) ⑪ ⑪ (...と)冗談[皮肉]を言う.

quirk /kwə́:k | kwə́:k/ 名 ❶ Ⓒ 奇妙な癖, 奇癖. ❷ Ⓒ (運命などの)急変, 巡り合わせ: by a [some] *quirk of* fate 運命のいたずらで.

quirk·y /kwə́:ki | kwə́:-/ 形 (quirk·i·er; -i·est) 風変わりな.

***quit** /kwít/ 動 (quits /kwíts/; 過去・過分 quit,《主に英》quit·ted /-ṭɪd/; quit·ting /-ṭɪŋ/) ⑪ ❶《略式》(仕事・学校など)を**やめる**;《略式, 主に米》(よくない行為など)をやめる, よす《⇒ retire 類義語, stop 類義語》: *quit* school [a job] 学校[仕事]をやめる / I *quit* smok*ing* two years ago. V+O (動名) 私は 2 年前に禁煙した / *Quit* chatt*ing*. おしゃべりはやめろ. ❷《格式》(場所)から去る, 立ち退く. ❸〔コンピュータ〕(プログラムなど)を終了する.

— ⑪ ❶《略式》仕事[学校]をやめる;《略式, 主に米》やめる; 止まる. ❷《格式》去る, 立ち退く. ❸〔コンピュータ〕(プログラムなどを)終了する.

*****quite** /kwáɪt/ ❗発音

— 副

> 単語のエッセンス
> 1) すっかり, 全く ❶
> 2) (相当に); なかなか ❷
> 3) (多少は); まあまあ ❸
> 4) [否定文で] すっかり...ではない ❹

❶ **すっかり**, 完全に, 全く [≒completely]: I am *quite* well now. 私はもうすっかり元気です / You are *quite* right. 全くあなたの言うとおりです / *Quite* right! よろしい, 結構です;《英》そのとおり / That is *quite* another matter. それは全く別問題です / Bob is *quite* grown up now. ボブはもうすっかり大人です / I *quite* agree with you. あなたと全く同じ意見だ / This is *quite* the tallest building I've ever seen. これはまさしく今まで見た中で最も高いビルだ.

❷ **なかなか**, 相当, かなり《⇒ very[1] 表》;《米》とても, すごく [≒very]: She is *quite* a good tennis player, isn't she? 彼女はなかなか[とても]いいテニス選手じゃないか《⇒ a[2] 語法 (2)》/ It is *quite* cold this morning. けさはかなり寒い / He left *quite* suddenly. 彼はずいぶん急に出発した / That hat is *quite* nice.《米》その帽子はとてもよい《✪《英》では「なかなかよい; まあまあよい」の意; ⇒ 3)》.

> 語法 quite が「不定冠詞＋形容詞＋名詞」につくときは, 次の 2 通りの位置をとる《⇒ rather[1] 語法 (2)》: (a) He is *a quite* rich man. (b) He is *quite a* rich man. (a)は「彼はすごい金持ちだ」の意味であるが, (b)は(a)の意味のほかに「彼はまあかなり金持ちだ」の意味にもなる.

❸《主に英》**まあまあ**, まずまず: Her performance was *quite* good. ↘ 彼女の演奏はまあまあだった / "Did you enjoy the game?" "Yes, *quite*." 「試合はおもしろかったですか」「ええ, まあまあでした」

❹ [否定文で] **すっかり...ではない**, 完全には...ではない《⇒ **巻末文法** 13.1》: I am *not quite* as healthy as I used to be. 私はまだ元どおりには具合がよくなってはいない(まだ幾分悪い) / He is *not quite* a gentleman. 彼は完全な紳士とは言えない(いくらか紳士らしくない点がある) / She is not *quite* the woman she was. 彼女は以前とは違ってしまった《以前ほどよくない, 丈夫ではないなど》. ❺《英格式》全くそうだ, 全くそのとおり [≒ certainly]《相手のことばへの相づちとして》: ▭ "It's a very difficult problem." "「*Quite* (so)! [Yes, *quite*!]" 「それは非常に難しい問題だ」「全くそのとおり」

quíte a [sòme] ... なかなか[相当]の, ちょっとした, (かなり)すごい: *quite a* while かなり長い間 / *quite some* time かなりの時間 / Liz is *quite a* [*some*] girl. リズはなかなかの[やり手の, 勇敢な, 強情な]女だ / Bob is *quite a* [*some*] baseball player. ボブはちょっとした[かなりうまい]野球選手だ.

quìte a bít ⇒ bit[1] 成句.

quìte a féw ... ⇒ few 形 成句.

quìte a líttle ... ⇒ little[1] 形 成句.

quìte a lót of ... ⇒ lot[1] 成句.

quits /kwíts/ 形 叙述《略式》(返済・仕返しなどによって)五分五分で, あいこで. **be quíts with ...** [動] 他《略式》(人)と対等になる; (人)に報復する. **cáll it quíts** [動] 自 (1)《略式》(返済・争いなどで)五分五分だと言う, 勝ち負け[貸し借り]なしにする. (2)《略式》やめる, 終わりにする.

quit·ter /kwíṭɚ | -tə/ 名 C《略式》粘りのない人, あきらめの早い人, 三日坊主.

quiv·er[1] /kwívɚ | -və/ 動 (-er·ing /-v(ə)rɪŋ/) 自 (小刻みに)震える, 揺れる; おののく《⇒ shake 類義語》: He *quivered with* rage. 彼は怒りに震えていた / *quiver at* the sound of the wind 風の音におののく. — 名 C 震え, 震動; 震え声: a *quiver of* fear 恐怖による震え.

quiv·er[2] /kwívɚ | -və/ 名 C えびら, 矢筒.

Quixote 名 固 ⇒ Don Quixote.

quix·ot·ic /kwɪksá(ː)ṭɪk | -sɔ́t-/ 形《格式》ドンキホーテ (Don Quixote) 風の; 非現実的な, 夢物語的な, 楽観的すぎる.

+**quiz** /kwíz/ 名 (quiz·zes /~ɪz/) ❶ C《主に米》(簡単な)**試験, 小テスト**, (学校などでの)臨時試験《⇒ examination 表》: a *quiz in* geography = a geography *quiz* 地理のテスト.
❷ C (ラジオ・テレビなどの)**クイズ**; 質問: a *quiz* program クイズ番組.
— 動 (quiz·zes; quizzed; quiz·zing) 他 ❶《米》(学生など)に(簡単な)試験をする, テストする. ❷ (人)に質問する; 尋問する (*about*, *on*).

quiz·mas·ter /kwízmæ̀stɚ | -mɑ̀ːstə/ 名 C クイズ番組司会者 [《英》question master].

quíz shòw 名 C クイズ番組.

quiz·zi·cal /kwízɪk(ə)l/ 形 ❶ 不審そうな, いぶかしそうな. ❷ (表情などが)ふざけ[からかい]半分の.

quoit /k(w)ɔ́ɪt/ 名 C (輪投げの)輪; [複数形で単数扱い] 輪投げ《鉄棒に鉄輪などを投げる》.

quo·rum /kwɔ́ːrəm/ 名 [単数形で] (議決に要する)定数: have a *quorum* 定数を満たしている.

+**quo·ta** /kwóʊṭə/ 名 (~s /~z/) ❶ C **持ち分**; 割り当て (*on*, *for*)《特に輸出入・製造・移民・入学者などの割り当て数量》: the *quota of* immigrants 移民の割り当て / do one's *quota of* work 割り当て分の仕事をする / meet [fill] one's *quota* ノルマを達成する. ❷ C《英》当選基数.

quot·a·ble /kwóʊṭəbl/ 形 引用価値のある, 引用に適する.

quo·ta·tion /kwoʊtéɪʃən/ 名 ❶ C 引用文, 引用語句 [《略式》quote]: a *quotation from* the Bible 聖書からの引用. ❷ U 引用(する[される]こと). ❸ C 見積もり(書); 〔商業〕相場(表), 時価: a *quotation for* the extension 増築費用の見積もり. (動 quote)

quotátion màrks 名 複 引用符《⇒ 巻末文法 16.9》.

*__quote__ /kwóʊt/ 動 (quotes /kwóʊts/; quot·ed /-ṭɪd/; quot·ing /-ṭɪŋ/) 他 ❶ (他人のことば・文章など)を**引用する**, 引き合いに出す; (人)の言ったことを伝える: *quote* the Bible 聖書(のことば)を引用する / The proverb *is quoted from* Franklin. V+O+*from*+名の受身 そのことわざはフランクリンのことばから引用されたものです / Don't *quote* me (*on* that). V+O(+*on*+名) (そのことを)私から聞いたと言わないでくれ / She *was quoted as* say*ing* she would resign. V+O+C (*as*+現分)の受身 彼女は辞任すると言ったとされた. ❷ (実例など)を示す: Can you *quote* me a recent case? 最近の例を示してくれませんか. ❸ (金額・価格)を言う, 見積もる; 〔商業〕...に相場をつける.
— 自 **引用する**; S 引用(文)を始める [⇔ unquote]: Our teacher often *quotes from* the Bible. V+*from*+名 私たちの先生はよく聖書を引用します.

quóte ... únquote S (以下)引用始め...引用終わり, 括弧(かっこ)付きで言うと...《他の人のことばをそのまま引くときに用いる; しばしば必ずしも同意していないことを暗示する; ⇒ unquote 語法》: He was killed in *quote* friendly (*unquote*) fire. 彼はいわゆる「友軍による」発砲で戦死した《✪ 後の unquote を省くこともある; また ... *quote unquote* friendly fire と連続させる形もある》. (名 quotátion)

人のことばの引用であることを表わすしぐさ

— 名 (quotes /kwóʊts/) ❶ C《略式》**引用文**, 引用語句 [≒quotation] (*from*). ❷ [複数形で]《略式》引用符《⇒ 巻末文法 16.9》. ❸ C 見積もり.

in quótes [形・副]《略式》**引用符付きの[で]**; かっこ付きの[で].

〖語源 ラテン語で「(章・節の)番号をつける」の意〗

quo·tid·i·an /kwoʊtíḍiən/ 形《格式》毎日の, 普通の, いつもの.

quo·tient /kwóʊʃənt/ 名 ❶ C〔数学〕商 [⇔ product]; 指数《⇒ intelligence quotient》. ❷ C 指数, 程度.

Qur'an, Qur·an /kərǽn, -rɑ́ːn | kɔrɑ́ːn/ 名 [the ~] = Koran.

Q

Rr

r, R[1] /ɑ́ɚ | ɑ́ː/ 名 (複 r's, rs, R's, Rs /～z/) C,U アール《英語アルファベットの第 18 文字》. **the thrée Ŕ's [Ŕs]** [名] 読み書き算数[そろばん]《基礎教育としての *r*eading, w*r*iting, a*r*ithmetic のこと》.

R[2] /ɑ́ɚ | ɑ́ː/ 名 C,U, 形 《米》〔映画〕準成人向き(の)《16 歳以下は親の同伴が必要; *r*estricted の略》.

r. 略 ❶ 右, 右の[に] (right). ❷ = radius, railroad, railway.

R. 略 ❶ 右, 右の[に] (right). ❷ = railroad, railway, Regina, 《米》 Republican, Rex, river, route, Royal, 〔野球〕 run(s).

® 登録商標《registered trademark の略号》.

R.A. 略 = Royal Academy.

rab·bi /rǽbaɪ/ 名 C ラビ《ユダヤ教の指導者[律法博士]》; [敬称として] 先生.

rab·bin·i·cal /rəbínɪk(ə)l/ 形 ラビの(教義の).

rab·bit /rǽbɪt/

— 名 (rab·bits /-bɪts/) ❶ C (穴)うさぎ《日本には野生しない》, 飼いうさぎ. 参考 小型で地中に深い巣穴を作る. 童話に登場するうさぎ (bunny) はこれ: a *rabbit* hutch うさぎ小屋. 関連 burrow 野うさぎの穴 / hare 野うさぎ. ❷ U うさぎの肉[毛皮].

— 動 [次の成句で] **rábbit ón** [動] 自 《英略式》 だらだらしゃべる (*about*).

rábbit pùnch 名 C ラビットパンチ《首後部へのパンチ[チョップ]》.

rábbit wàrren 名 C = warren.

rab·ble /rǽbl/ 名 ❶ C 暴徒; 群衆. ❷ [the ～] 下層社会, 庶民《全体》.

rab·ble-rous·er /rǽblràʊzɚ | -zə/ 名 C 民衆扇動家.

rab·id /rǽbɪd/ 形 ❶ (人·意見が)過激な; 熱狂的な. ❷ 狂犬病にかかった.

ra·bies /réɪbiːz/ 名 U 狂犬病.

rac·coon /rækúːn, rə-/ 名 (複 ～(s)) C あらいぐま《北米産; 樹上に住み夜行性》; U あらいぐまの毛皮.

race[1] /réɪs/

— 名 (rac·es /～ɪz/) ❶ C 競走, レース《競馬·ボートレースなど》: Let's have a *race between* your dog and mine. 君の犬と僕の犬とを競走させよう / ***take part in*** a *race* 競走に参加する / ***win*** [***lose***] a *race* 競走に勝つ[負ける] / come second ***in*** the *race* 競走で 2 位に入る.

❷ C [普通は単数形で] **競争**, 争い: the arms *race* (国家間の)軍備拡張競争 / a ***race for*** a position 地位争い / the ***race to*** develop nuclear weapons +to 不定詞 核兵器開発競争 / ***The race is*** (now) ***on to*** find cleaner energy sources. よりクリーンなエネルギー源を見つけようとする競争が始まっている.

❸ [the ～s] **競馬(会)**: go to *the races* 競馬に行く.

a ráce agàinst tíme [the clóck] [名] 時間との競争《期限までに仕上げようとする努力》.

— 動 (rac·es /～ɪz/; raced /～t/; rac·ing) 自 ❶ **競走する**, レースに出場する; 競う: My horse will ***race against*** seven others tomorrow. V+against+名 私の馬はあす 7 頭の馬と競走する / They are ***racing to*** win. V+to 不定詞 彼らは勝とうと張り合っている.

❷ [副詞(句)を伴って] **大急ぎで走る, 疾走する:** He *raced home*. = He ***raced to*** get [go] home. V+to 不定詞 彼は大急ぎで家に帰った / He ***raced to*** the airport in his car. V+前+名 彼は空港まで車で飛ばした / A sports car was ***racing along*** the freeway. 1 台のスポーツカーが高速道路を飛ばしていた. ❸ (心臓·脈などが)早く打つ; (気持ちが)はやる; (考えなどが)かけ巡る. ❹ (エンジンなどが)空転する.

— 他 ❶ (...)と**競走する:** I'll *race* you to that tree. あの木まで君と競走しよう.

❷ (動物·車)を**競走させる**, 競走に出す; 競争させる: Are you going to *race* your horse in the Derby? あなたの馬をダービーに出すつもりですか.

❸ [副詞(句)を伴って] (...)を**大至急運ぶ[送る]:** We ***raced*** the injured girl ***to*** the hospital. V+O+to+名 私たちは負傷した少女を大至急病院に運んだ. ❹ (エンジンなど)を空ぶかしする.

ráce agàinst tíme [the clóck] [動] 自 時間と競争する, 時間に追われる.

race[2] /réɪs/

— 名 (rac·es /～ɪz/) ❶ C **人種**; 種族, 民族; U 人種の違い《⇒ 類義語》: students of all *races* あらゆる人種の学生 / a person of ***mixed race*** 混血の人 / discrimination on the grounds of *race* 人種差別 / the *race* problem [issue, question] 人種問題.

❷ C (生物の)**種族**, 種類: the human *race* 人類. (形 rácial)

類義語 **race** 人種的に同じで, 同じ肌の色や体型をした人たちの集団をいう. **nation** 言語や歴史などが同じで, 1 つの政府のもとに統一されている人たちの集団. 普通は同じ地域に居住するが, そうでないこともある. **people** 国民の意味で用いる場合は, 政治的·行政的区分による国家·国民というより, 文化的·民族的つながりを持つ人々の集団を意味する. **tribe** 言語や慣習が同じで *nation* よりも小さい集団.

ráce càr 名 C 《米》 レーシングカー.

race·course /réɪskɔ̀ɚs | -kɔ̀ːs/ 名 ❶ C 《主に英》 競馬場 [《米》 racetrack]. ❷ C 《米》 競走路.

race·go·er /réɪsgòʊɚ | -gòʊə/ 名 C 《英》 競馬の常連.

race·horse /réɪshɔ̀ɚs | -hɔ̀ːs/ 名 C 競走馬.

rac·er /réɪsɚ | -sə/ 名 C 競走者, レーサー; 競走馬; 競走用ヨット[自転車, 自動車など].

ráce relàtions 名 複 (同一社会内の)人種関係.

ráce rìot 名 C 人種暴動.

race·track /réɪstræ̀k/ 名 ❶ C (競技場の)トラック, 競走路[場] (track). ❷ C 《米》 競馬場.

Ra·chel /réɪtʃəl/ 名 固 レイチェル《女性の名》.

*__ra·cial__ /réɪʃəl/ 形 限定 **人種(上)の, 人種間の**; 民族(間)の; 人種差別的な: *racial* prejudice 人種的な偏見 / *racial* discrimination 人種差別 / *racial* equality 人種間の平等 / *racial* minorities 人種的マイノリティー. (名 race[2])

ra·cial·is·m /réɪʃəlìzm/ 名 U 《英, 古風》 = racism.

ra·cial·ist /réɪʃəlɪst/ 名 C, 形 《英, 古風》 = racist.

ra·cial·ly /réɪʃəli/ 副 人種的に, 民族上は: a *racially*

mixed school 異なる人種のいる学校.

+**rac·ing** /réɪsɪŋ/ 名 U **競馬** (horse racing); (...)競走[レース]: road *racing* ロードレース.
— 形 限定 競走(用)の; 競馬の; 競馬愛好の.

rácing càr 名 C 《英》 = race car.

+**rac·is·m** /réɪsɪzm/ 名 U **人種差別(主義)**; 人種[民族]的優越感: experience deep-rooted *racism* 根深い人種差別を経験する.

+**rac·ist** /réɪsɪst/ 名 (-ists /-ɪsts/) C **人種差別(主義)者**. — 形 人種差別(主義)的な: *racist* remarks 人種差別的な発言.

+**rack**[1] /rǽk/ 名 (~s /~s/) ❶ C [しばしば合成語で] **置き棚**, (物を)掛ける[のせる]もの《格子状の枠・網・棒・くぎなどで作ったもの》; (列車などの)網棚: I put my suitcase on the *rack*. 網棚にスーツケースをのせた. 関連 dish rack 《米》(皿の)水切りかご / luggage rack 網棚; 《米》(車の)ルーフラック / plate rack 《英》(水切り用の)皿立て / roof rack 《英》ルーフラック. ❷ [the ~] (昔の)拷問台. ❸ C (歯車の)歯ざお. ❹ C 《米》〔ビリヤード〕ラック《プレーする前に球をそろえる三角形の枠》.
òff the ráck [副・形] 《米》(衣服などが)既製で[の].
on the ráck [形] 非常に苦しんで; 緊張して.
— 動 他 ❶ [普通は受身で] (痛みなどが)(...)を苦しめる: He *was racked* 「*with* pain [*by* guilt]. 彼は痛みで[罪悪感に]苦しんだ. ❷ (頭・知恵など)を絞る: He *racked* his brain(s) *for* a solution. 彼は知恵を絞って答えを考えた.
ráck úp [動] 他 《略式》(利益・損失など)を増す; (得点など)をあげる; (...)の価値を上げる.

rack[2] /rǽk/ 名 [次の成句で] **gó to ráck and rúin** [動] 自 (建物などが)荒廃する; 破滅する.

rack[3] /rǽk/ 名 [a ~] (羊・豚の)あばら肉 (*of*).

*__rack·et__[1] /rǽkɪt/ アク 名 (rack·ets /rǽkɪts/) ❶ C (テニスなどの)**ラケット**. ❷ [~s として U 扱い] ラケット《スカッシュ (squash) に似た球技》.

rack·et[2] /rǽkɪt/ 名 ❶ [単数形で] 騒ぎ, 騒音: make a *racket* 大騒ぎする. ❷ C 《略式》不正な金もうけ, ゆすり. ❸ C 《略式》仕事, 商売.

rack·et·ball /rǽkɪtbɔ̀ːl/ 名 U = racquetball.

rack·e·teer /rӕkətíə | -tíə/ 名 C (商店などの)恐喝者, ゆすり屋, やくざ.

rack·e·teer·ing /rӕkətí(ə)rɪŋ/ 名 U ゆすり.

ra·con·teur /rӕkɑ(ː)ntə́ː | -kɔntə́ː/ 名 C 《格式》語り上手, 漫談家《物語や逸話を話すのがうまい人》.

ra·coon /rækúːn, rə-/ 名 C,U = raccoon.

rac·quet /rǽkɪt/ 名 C = racket[1].

rac·quet·ball /rǽkɪtbɔ̀ːl/ 名 U ラケットボール《2 人か 4 人で四面壁のコートで行なう球技; 柄の短いラケットでゴムボールを壁に当てて打ち合う》.

rac·y /réɪsi/ 形 (rac·i·er; -i·est) (性的に)刺激的な, (話などが)きわどい.

rad /rǽd/ 形 《米俗》 = radical 4.

+**ra·dar** /réɪdɑə | -dɑː/ 名 (~s /~z/) U,C **レーダー**, 電波探知法[機]《*ra*dio *d*etecting *a*nd *r*anging の略; ⇒ acronym》: a *radar* system レーダー装置 / We 「picked up [detected] flight 607 on (our) *radar*. 我々はレーダーで 607 便を探知した《607 は six o(h) /óʊ/ seven と読む》. **on [òff] the rádar (scrèen)** [形・副] (問題などが)人に注目されていて[注目されずにいて]. **ùnder [belòw] the rádar** [形・副] 気づかれずにいて.

rádar gùn 名 C (小型の)速度測定器.

rádar tràp 名 C (警察の)速度違反監視装置.

ra·di·al /réɪḍiəl/ 形 放射状の. — 名 C = radial tire.

rádial tíre 名 C ラジアルタイヤ.

ra·di·ance /réɪḍiəns/ 名 [U または a ~] (目・顔の)輝き; 輝くこと, 発光. (形 rádiant)

ra·di·ant /réɪḍiənt/ 形 ❶ (人・表情が)はればれした, うれしそうな: with a *radiant* smile にっこりと笑って / Her face was *radiant with* joy. 彼女の顔はうれしさで輝いていた. ❷ 限定 輝いた, 光[熱]を放つ: the *radiant* sun 輝く太陽. ❸ 限定 〔物理〕(光などが)放射される, 放射の: *radiant* energy [heat] 放射エネルギー[熱]. (名 rádiance)
~·ly 副 (顔が)はればれと, にこやかに; 輝いて.

ra·di·ate /réɪḍièɪt/ 動 他 ❶ (熱・光など)を放射する, 発する: The sun *radiates* light and heat. 太陽は光と熱を発する. ❷ (感情・性質)を強く表わす, 発散する; 振りまく. — 自 ❶ (熱・光などが)放射する, 発する: Heat *radiates from* a stove. 熱がストーブから出る. ❷ (感情などが)発散される, あふれ出る: Happiness *radiated from* her eyes. 幸福感が彼女の目からあふれ出ていた. ❸ 放射状に伸びる[広がる]: Six avenues *radiate* (*out*) *from* the park. 大通りが 6 つその公園から放射状に伸びている. (名 ràdiátion)

+**ra·di·a·tion** /rèɪḍiéɪʃən/ 名 (~s /~z/) ❶ U,C 〔物理〕**放射(線)**; 放射能: harmful *radiation* 有害な放射線. ❷ U (熱・光などの)放射, 放熱: the *radiation* of heat 熱の放射. ❸ U 放射線療法. (動 rádiàte)

radiátion sìckness 名 U 〔医学〕放射線障害, 放射線病《吐き気などを伴う》.

ra·di·a·tor /réɪḍièɪṭə | -tə/ 名 ❶ C 暖房器, 放熱器. ❷ C (エンジンの)冷却装置, ラジエーター.

+**rad·i·cal** /rǽḍɪk(ə)l/ アク 形

> **意味のチャート**
> ラテン語で「根の(ある)」の意. 「**根本的な**」❷ →「**徹底的な**」❶ →「**過激な**」❸ となった.

❶ **徹底的な**; (考え・方法などが)全く新しい, 革新的な: a *radical* reform 抜本的な改革 / *radical* changes 革新的な変化.
❷ **根本的な**, 基本的な: a *radical* difference 根本的な違い.
❸ [しばしば R-] (人・意見が)**過激な**, 急進的な, 極端な: a *radical* party 急進派[政党]. ❹ 《米俗》すばらしい, すてきな.
— 名 ❶ C 急進論者, 過激派の人: extreme *radicals* 極端な過激派. ❷ C 〔数学〕根; 根号《√ の記号》; 〔化学〕基.

rad·i·cal·is·m /rǽḍɪkəlìzm/ 名 U 急進主義, 急進論; 急進性.

rad·i·cal·ize /rǽḍɪkəlàɪz/ 動 他 (...)をより過激[急進的]にする.

rad·i·cal·ly /rǽḍɪkəli/ 副 根本的に, 徹底的に.

ra·dic·chi·o /rədíːkiòʊ | -dík-/ 名 U,C 赤チコリー《にがみのある葉はサラダ用》.

radii 名 radius の複数形.

*****ra·di·o** /réɪḍiòʊ/ 発音
— 名 (~s /~z/) ❶ C **ラジオ(受信機)**; 無線機: a car *radio* カーラジオ / ***turn* [*switch*] *on* a *radio*** ラジオをつける / ***turn* [*switch*] *off* a *radio*** ラジオを消す.
❷ U [しばしば the ~] **ラジオ(放送, 番組)**: listen to *the radio* ラジオを聞く / be [work] *in radio* ラジオ(関係)の仕事をする / I heard the news *on* [*over*] *the*

radio. 私はそのニュースをラジオで聞いた. ❸ Ⓤ 無線電信, 無電による通信: send a message *by radio* 無電で通信を送る. ❹ [形容詞的に] 無線による: a *radio* program ラジオ番組.
— 動 他 [受身なし] (...)に[を]無線で通信[連絡]する: *radio* the results [data] *to* the ground 結果[データ]を無線で地上に連絡する. — 自 無線連絡をする (*for*).
〘語源 radiotelegraphy (無線電信術)の短縮形〙

ra·di·o- /réɪḍiòʊ/ 接頭 「放射(線), 放射性; 無線, 電波」の意: *radio*therapy 放射線療法.

+**ra·di·o·ac·tive** /rèɪḍioʊǽktɪv⁻/ 形 **放射性の**, 放射能を持つ: *radioactive* rain 放射能雨 / *radioactive* waste 放射性廃棄物. (名 ràdioactívity)

ra·di·o·ac·tiv·i·ty /rèɪḍioʊæktívəṭi/ 名 Ⓤ 〔物理〕 放射能, 放射性. (形 ràdioáctive)

rádio bèacon 名 Ⓒ 無線標識(所).

ra·di·o·cár·bon dàting /reɪḍioʊkáɚb(ə)n- | -ká:-/ 名 Ⓤ 放射性炭素年代測定法.

ra·di·o-con·trolled /rèɪḍioʊkəntróʊld⁻/ 形 無線操縦[ラジコン]の.

ra·di·og·raph·er /rèɪḍiá(:)grəfɚ | -ɔ́grəfə/ 名 Ⓒ 放射線技師, レントゲン技師.

ra·di·og·ra·phy /rèɪḍiá(:)grəfi | -ɔ́g-/ 名 Ⓤ レントゲン写真(法).

ra·di·o·i·so·tope /rèɪḍioʊáɪsətòʊp/ 名 Ⓒ 〔化学〕 放射性同位元素[アイソトープ].

ra·di·ol·o·gist /rèɪḍiá(:)ləʤɪst | -ɔ́l-/ 名 Ⓒ 放射線学者, 放射線科医師; 放射線技師.

ra·di·ol·o·gy /rèɪḍiá(:)ləʤi | -ɔ́l-/ 名 Ⓤ 放射線学[医学].

rádio stàtion 名 Ⓒ ラジオ放送局.

ra·di·o·tel·e·phone /rèɪḍioʊtéləfòʊn/ 名 Ⓒ 無線電話(機).

rádio télescope 名 Ⓒ 電波望遠鏡.

ra·di·o·ther·a·pist /rèɪḍioʊθérəpɪst/ 名 Ⓒ 放射線療法士.

ra·di·o·ther·a·py /rèɪḍioʊθérəpi/ 名 Ⓤ 放射線療法.

rádio wàve 名 Ⓒ [普通は複数形で] 電波.

rad·ish /rǽḍɪʃ/ 名 Ⓒ ラディッシュ, はつかだいこん.

ra·di·um /réɪḍiəm/ 発音 名 Ⓤ 〔化学〕 ラジウム《元素記号 Ra》.

ra·di·us /réɪḍiəs/ 名 (複 **ra·di·i** /réɪḍiàɪ/, ~·es) ❶ Ⓒ 半径; 半径内の地域《略 r.; ⇒ circle 挿絵》: within a two-mile *radius* of the station 駅から半径2マイルの範囲内に[で]. 関連 diameter 直径. ❷ Ⓒ 〔解剖〕 橈骨(とうこつ). 〘語源 ラテン語で「車輪のスポーク (spoke)」の意; ray¹ と同語源〙

ra·don /réɪdɑ(:)n | -dɔn/ 名 Ⓤ 〔化学〕 ラドン《放射性希ガス元素; 元素記号 Rn》.

RAF /ɑ́ɚèɪéf, rǽf | ɑ́:(r)èɪ-, rǽf/ 略 [the ~] = Royal Air Force.

raf·fi·a /rǽfiə/ 名 Ⓤ ラフィア《ラフィアやしの葉の繊維; かご・帽子の材料》.

raff·ish /rǽfɪʃ/ 形 《格式》 奔放な, 奇抜な; はでな.

raf·fle /rǽfl/ 名 Ⓒ (慈善目的の)景品くじ. — 動 他 (...)をくじの景品にする (*off*).

raft¹ /rǽft | rá:ft/ 名 ❶ Ⓒ いかだ. ❷ Ⓒ (ゴム製)救命ボート (life raft). ❸ Ⓒ (海水浴場の)浮き台.

raft² /rǽft | rá:ft/ 名 [次の成句で] **a (whóle) ráft [ráfts] of ...** [形] たくさんの....

raf·ter /rǽftɚ | rá:ftə/ 名 Ⓒ 〔建築〕 たるき.

raft·ing /rǽftɪŋ | rá:ft-/ 名 Ⓤ 〔スポーツ〕 (ゴムボートやいかだでの)川下り.

+**rag¹** /rǽg/ 名 (~s /~z/) ❶ Ⓒ,Ⓤ **ぼろ**, ぼろきれ: polish shoes with a (piece of) *rag* ぼろきれで靴を磨く. ❷ [複数形で] ぼろ服: be (dressed) *in rags* ぼろ服を着ている. ❸ Ⓒ 《略式》 (くだらない)新聞.
(from) rágs to riches [副] 赤貧から大金持ちに.
lóse one's **rág** [動] 自 《英略式》 かんかんに怒る.

rag² /rǽg/ 動 (rags; ragged; rag·ging) (...について)(人)をからかう (*about*). **rág on ...** [動] 他 《米略式》 (人)をからかう; (人)に小言を言う. — 名 Ⓤ,Ⓒ 《英》 (慈善募金のための学生の)イベント.

rag³ /rǽg/ 名 Ⓒ ラグタイム (ragtime) の曲.

rag·a·muf·fin /rǽgəmʌ̀fɪn/ 名 Ⓒ 《文語》 ぼろを着た子供.

rag·bag /rǽgbæ̀g/ 名 Ⓒ 《主に英》 (...の)寄せ集め, ごたまぜ (*of*).

rág dòll 名 Ⓒ 縫いぐるみの人形.

rage** /réɪʤ/ 名 (rag·es /~ɪz/) ❶ Ⓤ,Ⓒ **(激しい)怒り**, 激怒《fury ほど強くはない》; 逆上行為《⇒ air rage》: He was *in a rage over* what Tom had said. 彼はトムが言ったことに憤慨していた / She was ***shaking with rage. 彼女は激怒のあまり震えていた / ***fly into a rage*** 激怒する, かっとなる ❷ Ⓤ (自然の)恐ろしい力: the *rage* of the sea 海の猛威. ❸ Ⓒ 大流行, ブーム (*for*).
be (áll) the ráge [動] 自 (一時的に)大流行している.
— 動 (rag·es /~ɪz/; raged /~d/; rag·ing) 自 ❶ (人が)**ひどく怒る**, 腹を立てる (*about*): He ***raged at*** me for being careless. V+*at*+名 彼は私が不注意であったことに対してひどく腹を立てた / He ***was raging against*** unfair treatment. V+*against*+名 彼は不公平な扱いを受けたことをひどく怒っていた.
❷ (火・病気・あらしなどが)**猛威をふるう**, 荒れ狂う; (戦いが)激しく続く: The storm *raged* all night. あらしは一晩中荒れ狂った.

rag·ged /rǽgɪd/ 発音 -ed は /ɪd/ と発音する. 形 ❶ (衣服などが)ぼろぼろの, (使いすぎて)破れた: a *ragged* coat ぼろぼろのコート. ❷ (人が)ぼろを着た. ❸ (のこぎりの歯のように)ぎざぎざの; でこぼこの, ざらざらした; (髪が)ぼさぼさの: a *ragged* coastline ぎざぎざの海岸線《リアス式海岸など》. ❹ ふぞろいの, 不規則[不完全]な. ❺ 《略式》 へとへとに疲れた: run ... *ragged* (人)をぐったりさせる. **be on the rágged édge** [動] 自 《米略式》 疲れきって[動揺して]いる; 危ない状態にある.
~·ly 副 ぼろぼろに; 不規則に. **~·ness** 名 Ⓤ ぼろぼろ; ふぞろい.

rag·ing /réɪʤɪŋ/ 形 限定 激怒した; 荒れ狂う; (痛みなどが)猛烈な: a *raging* headache 激しい頭痛.

rag·lan /rǽglən/ 形 限定 ラグラン(型)の《そで布が襟まで続いて肩に縫い目がない》: a *raglan* coat [sleeve, sweater] ラグランコート[そで, セーター].

ra·gout /rægú:/ ≪フランス語から≫ 名 Ⓒ,Ⓤ ラグー《肉片・野菜を入れた濃い味付けのシチュー》.

rag·tag /rǽgtæ̀g/ 形 《略式》 まとまりのない, 秩序のない.

rag·time /rǽgtàɪm/ 名 Ⓤ 〔音楽〕 ラグタイム《ジャズ音楽の先駆》.

rág tràde 名 [the ~] 《英略式》 服飾業界.

rag·weed /rǽgwì:d/ 名 Ⓤ,Ⓒ ぶたくさの類《花粉症 (hay fever) の原因となる》.

raid** /réɪd/ 名 (raids /réɪdz/) ❶ Ⓒ (不意の)**襲撃**, 急襲; 空襲 (air raid): The enemy 「carried out [launched, made] a ***raid on our camp. 敵はわが陣地

を襲撃した.
❷ Ⓒ (警察の) **手入れ:** The police carried out a (dawn) ***raid on*** the gambling den. 警察はその賭博場に(早朝の)手入れをした. ❸ Ⓒ (略奪目的の)襲撃, (押し込み)強盗.
— 動 (raids /réɪdz/; ~·ed /~ɪd/; ~·ing) 他 ❶ (...)を**襲撃[急襲]する**; 空襲する: Soldiers *raided* the enemy camp. 兵士たちは敵のキャンプを襲撃した. ❷ (警察が)(...)に手入れをする. ❸ (冷蔵庫など)をあさる. ❹ (強盗などが)(...)に押し入る, 侵入する.

raid·er /réɪḍə | -də/ 名 Ⓒ 急襲者.

***rail**[1] /réɪl/ 名 (~s/~z/)

意味のチャート
「横棒」❷ → (長く延びた横棒)
→「手すり」❶
→ (鉄道の)「レール」❸ →「鉄道」❹

❶ Ⓒ **手すり**, 欄干(らんかん): lean on a *rail* 手すりに寄りかかる. 関連 guardrail ガードレール / handrail (階段などの)手すり.
❷ Ⓒ **横棒**, 横木 [≒bar]; (横棒の)柵(さく): a towel *rail* タオルかけ.
❸ Ⓒ [普通は複数形で] (鉄道などの)**レール**, 線路, 軌道: run along the *rails* レール[軌道]の上を走る / off the *rails* 脱線して.
❹ Ⓤ [しばしば形容詞的に] **鉄道** (railroad): *rail* travel [fare] 鉄道旅行[運賃] / The goods were sent ***by rail***. その品物は鉄道便で送られた.
gèt báck on the ráils [動] 自 正常に戻る.
gó [rún] òff the ráils [動] 自 《略式》 (人が)異常な行動をとる, 気が狂う; (計画などが)狂う.
— 動 他 (...)を柵で囲む[仕切る] (*off*).
〖語源 ラテン語で「物差し」の意; rule と同語源〗

rail[2] /réɪl/ 動 自 《格式》 ののしる, 毒づく (*at, against*).

rail·ing /réɪlɪŋ/ 名 Ⓒ 柵(さく); 手すり, 欄干(らんかん).

rail·ler·y /réɪləri/ 名 Ⓤ 《格式》 冷やかし, からかい.

‡rail·road /réɪlròʊd/

— 名 (-roads /-ròʊdz/) ❶ Ⓒ 《米》 **鉄道**, 鉄道路線; [the ~] 鉄道会社[業務, 施設] [《英》 railway] (《略》 r., R.): build a *railroad* 鉄道を建設する / work on *the railroad* 鉄道(会社)で働く. 関連 subway 《米》 地下鉄. ❷ [形容詞的に] 《米》 鉄道の: a *railroad* company 鉄道会社.
— 動 他 ❶ 不当な手段で(人)に...させる, (人)に強引に...させる (*into*). ❷ (議案)を強引に通過させる (*through*). ❸ 《米》 (まともに審議せずに)(...)を有罪とする.

ráilroad cròssing 名 Ⓒ 《米》 (鉄道の)踏切.

ráilroad stàtion 名 Ⓒ 《米》 (鉄道の)駅.

‡rail·way /réɪlwèɪ/

— 名 (~s /~z/) ❶ Ⓒ 《英》 **鉄道**, 鉄道路線; [the ~(s)] 鉄道会社[業務, 施設] (《略》 r., R.) [《米》 railroad]: work on *the railway(s)* 鉄道(会社)で働く. ❷ [形容詞的に] 鉄道の.

ráilway stàtion 名 Ⓒ 《英》 = railroad station.

rai·ment /réɪmənt/ 名 Ⓤ 《文語》 衣服.

‡rain /réɪn/ (同音 reign, rein)

— 名 (~s /~z/) ❶ Ⓤ **雨**; 雨降り, 降雨: Suddenly *rain* began to fall. 急に雨が降り始めた / The *rain* has stopped [let up]. 雨がやんだ[小やみになった] / We didn't have much *rain* last month. 先月は雨があまり降らなかった / pouring *rain* どしゃ降りの雨 / walk ***in the rain*** 雨の中を歩く / 言い換え It looks like *rain*. (= It's likely to rain.) Ⓢ 雨になりそうだ. 語法 降雨を 1 回, 2 回と数えるときやいろいろな状態の雨をいうときには Ⓒ となることもある: There was *a* light [heavy] *rain* yesterday morning. きのうの朝は小雨[大雨]が降った. 関連 hail あられ / sleet みぞれ / snow 雪.

雨だ

昨日は雨だった.
○It **was raining** yesterday.
×It was rain yesterday.
✪ 動詞の rain を使って「雨が降っていた」と表現する.

❷ [the ~s] (熱帯地方の)雨季. ❸ [a ~] 雨のようなもの, ... の雨: There was *a rain of* negative comments after her speech. 彼女のスピーチが終わると反対意見が続出した.
(còme) ráin or shíne = còme ráin, còme shíne [副] 文修飾 Ⓢ **降っても照っても**; どんな場合でも: *Rain or shine*, I'll come to meet you at the station. 天候のいかんにかかわらず駅へお迎えに参ります. (形 ráiny)
— 動 (rains /~z/; rained /~d/; rain·ing) 自 ❶ [it を主語として; ⇒ it[1] A 2] **雨が降る:** *It's raining* hard [heavily]. ひどく雨が降っている / *It* has begun *raining* [to *rain*]. 雨が降り始めた / *It* has stopped *raining*. 雨がやんだ.
❷ [副詞(句)を伴って] (雨のように)**降り注ぐ** (*on, upon*): Tears of joy ***rained down*** their cheeks. 喜びの涙が彼らのほおを流れた.
— 他 (雨のように)(...)を降らす: *rain* blows *on* ... ...に強打を浴びせる.
be ráined óut [《英》 **óff**] [動] 自 (行事・試合などが)雨で流れる.
It's ráining cáts and dógs. Ⓢ 《古風》 雨がどしゃ降りに降っている.

+rain·bow /réɪnbòʊ/ 名 (~s /~z/) Ⓒ **にじ:** There's a *rainbow* in the eastern sky. 東の空ににじがかかっている / The *rainbow* has seven colors: red, orange, yellow, green, blue, indigo and violet. にじには 7 色あります. 赤, だいだい, 黄, 緑, 青, あい, 紫です《indigo を除いた 6 色とする場合もある》.

ráin chèck 名 ❶ Ⓒ 《米》 (競技・催し物などの)雨天引換券《雨などで延期になったときに観客に渡す》. ❷ Ⓒ Ⓢ 《主に米》 後日の招待[誘い], 別の機会《都合で申し出に応じられないときの》: I'll take a *rain check* (*on* that). (それについては)またの機会にします. ❸ Ⓒ 《米》 (売り切れ商品の)購入予約券.

+rain·coat /réɪnkòʊt/ 名 (-coats /-kòʊts/) Ⓒ **レインコート**.

rain·drop /réɪndrɑ̀(ː)p | -drɔ̀p/ 名 Ⓒ 雨のしずく.

+rain·fall /réɪnfɔ̀ːl/ 名 (~s /~z/) Ⓤ,Ⓒ **降水(量)**, 雨量: What's the annual average *rainfall* in Tokyo? 東京の年間の平均雨量はどのくらいか.

+ráin fòrest 名 Ⓒ **熱帯雨林**.

ráin gàuge 名 Ⓒ 雨量計.

rain·proof /réɪnprùːf/ 形 防水の.

rain·storm /réɪnstɔ̀əm | -stɔ̀ːm/ 名 Ⓒ 暴風雨.

rain·wa·ter /réɪnwɔ̀ːṭə | -tə/ 名 Ⓤ 雨水.

***rain·y** /réɪni/ 形 (rain·i·er; rain·i·est) ❶ **雨(降り)の**; 雨の多い, 雨続きの [⇔ dry]: a *rainy* day 雨の日 / the *rainy* season 雨季, (日本の)梅雨. 関連 clear 晴れた

/ cloudy 曇った / snowy 雪の降る. ❷ [限定] 雨にぬれた: *rainy* streets 雨にぬれた街路. **for a ráiny dáy** [副] 万一のときに備えて: save [keep] money *for a rainy day* 困ったときのために貯金する. ([名] rain)

****raise** /réɪz/ ([同音] raze)

— [動] (rais·es /~ɪz/; raised /~d/; rais·ing) [他]

意味のチャート
基本的には「(低いものを)高くする」の意.
→(高い所へ)「上げる」❶
→(上昇させる)→「高くする」❷ →(程度を)「強める」❽
→(作り出す)→「育てる」,「栽培する」❸ →(金を)「集める」❹ →(異論を出す)→「提起する」❺

❶ (高い位置に)(...)を**上げる**; 引き上げる, 押し上げる [≒lift] [⇔ lower]; (倒れた人・物)を起こす, 立たせる, 立てる: *raise* a flag 旗を上げる / *raise* one's eyes [face] 伏せた目[顔]を上げる / *raise* one's hand 手を挙げる / They ***raised*** the car ***out of*** the water. [V+O+前+名] 彼らはその車を水中から引き上げた / The curtain *was raised.* [V+O の受身] 幕が上がった. ⚡ raise に相当する [自] の rise (上がる)と混同しないこと.
❷ (...)を**高くする**; (値段・給料・質など)を**上げる**; (温度・血圧など)を上昇させる; (品位・名声など)を上げる [⇔ lower]; (人)を昇進させる (*to*): *raise* prices 値段を上げる / Our salaries *were raised* a little bit. [V+O の受身] 我々の給料は少しばかり上がった / The stress *raised* his blood pressure. ストレスで彼の血圧は上がった.
❸ 《主に米》(子供)を**育てる** [≒bring up]; (作物など)を**栽培する** [≒grow]; (家畜など)を**飼う**: The farmers here *raise* corn and cattle. このへんの農家はとうもろこしと牛を育てている / He *was* born and ***raised*** (***as***) a Catholic. [V+O+C ((as+)名)の受身] 彼はカトリック教徒として生まれ育った.
❹ (金)を**集める** [≒collect] (⇒ fund-raising); (軍隊)を召集する: We *raised* the funds for our project. 我々は計画の資金を調達した.
❺ (質問・異議など)を**提起する**: *raise* an important question [problem] 重要な問題を提起する / *raise* an objection 異議を唱える.
❻ (疑問・恐怖など)を**呼び起こす**, 抱かせる; (意識など)を高める: *raise* fears 恐怖を呼び起こす / *raise* hopes 希望を抱かせる.
❼ (反応など)を**生じさせる**, 引き起こす; (ほこり)を立てる: *raise* a laugh 笑いを引き起こす. ❽ (声・調子)を強める, 張り上げる: *raise* one's voice 大声を出す. ❾ 《格式》(包囲・禁止など)を解除する, 解く. ❿ (無線・電話で)(人)と交信する, 連絡をとる. ⓫ 〔聖書〕(...)を生き返らせる. ⓬ 《格式》(建物)を建てる. ⓭ 〔トランプ〕(相手)より(ある額)多く賭ける. ⓮ 〔数学〕(...)を累乗する.
ráise one**sèlf (úp)** [動] [自] 身を起こす, 起き上がる.
— [名] (rais·es /~ɪz/) [C] 《米》 **昇給(額)**, 賃上げ [《英》 rise]: demand a *raise* 賃上げを要求する.

raised /réɪzd/ [形] 一段高くなった, 上にあげた: a *raised* platform 一段高い壇.

rais·er /réɪzɚ | -zə/ [名] [しばしば合成語で] ❶ [C] 集める人: ⇒ fund-raiser. ❷ [C] 飼育者, 栽培者: a cattle *raiser* 肉牛飼育者.

rai·sin /réɪz(ə)n/ [名] [C] 干しぶどう: *raisin* bread ぶどうパン. [関連] grape ぶどうの実.

rai·son d'ê·tre /réɪzɔ:ndétr(ə) | reɪzɔ́:ŋ-/ ≪フランス語から≫ [名] [単数形で] 存在理由; 生きがい.

ra·ja, ra·jah /rá:ʤə/ [名] [C] (昔のインドの)王侯.

rake[1] /réɪk/ [名] ❶ [C] くま手, レーキ《細長い柄のついた, わら・葉などをかき集める道具》. ❷ [C] (賭博場の)賭け金集めの道具. — [動] [他] ❶ (...)を(くま手で)かきならす; かき集める: *rake* (*up*) fallen leaves = *rake* fallen leaves *together* 落ち葉をかき集める / *rake* hay *into* heaps [piles] 干し草をかき集めて山にする. ❷ (場所)を機銃掃射する; (...)を(双眼鏡などで)くまなく見渡す (*with*); (明かりが)(場所)をくまなく照らす. ❸ (指・つめなどで(...を)こする, ひっかく, かきむしる (*across*, *through*). — [自] ❶ くま手でかく. ❷ [副詞(句)を伴って] くまなく探す (*through*, *around*). ❸ つめでかく. **ráke ín** [動] [他] 《略式》 (金)をごっそりもうける. **ráke it ín** [動] [自] [普通は進行形で] 《略式》 大もうけをする. **ráke óver** [動] [他] = rake up (3). **ráke úp** [動] [他] (1) (落葉など)をかき集める(⇒ [他] 1). (2) 《略式》 (金・人員など)をかき集める. (3) 《略式》 (古傷など)をほじくり返す, あばく.

rake[2] /réɪk/ [名] [単数形で] (舞台の)前方への傾斜.

rake[3] /réɪk/ [名] [C] 《古風》 放蕩(ほうとう)者.

rake-off /réɪkɔ̀:f | -ɔ̀f/ [名] (~s) [C] 《略式》 (不正な利益などの)分け前, 手数料, リベート.

rak·ish /réɪkɪʃ/ [形] ❶ しゃれた, いきな: at a *rakish* angle (帽子を)いきに後ろ[横]に傾けて. ❷ 《古風》 放蕩な. **~·ly** [副] しゃれて.

Ra·leigh /rɔ́:li/ [名] [固] Sir Walter ~ ローリー (1552?-1618)《英国の軍人・探検家・政治家》.

ral·ly** /rǽli/ [名] (ral·lies /~z/) ❶ [C] (政治的・宗教的な)**大集会**; (決起[抗議])集会: a political *rally* 政治的な集会 / ***hold an antinuclear ***rally*** 反核集会を開く. ❷ [C] 回復, 盛り返し; (株価などの)持ち直し, 反発. ❸ [C] (公道での自動車などの)長距離競走, ラリー. ❹ [C] (テニスなどの)ラリー《続けざまに打ち返し合うこと》.
— [動] (ral·lies /~z/; ral·lied /~d/; -ly·ing) [自] ❶ (支援者などが)**集まる**, (再)集結する (*behind*): They ***rallied to*** the common cause. [V+to+名] 彼らは共通の大義のもとに集結した / A large crowd ***rallied around*** the leader. [V+around+名] 多くの人が指導者の周りに集まってきた.
❷ **回復する**, 元気を取り戻す; 〔商業〕 (株価・景気などが)持ち直す: *rally from* illness 病気から回復する.
— [他] ❶ (人々・支持など)を**集める**, 集結する (*to*); (分かれた隊など)を再び集める: *rally* support 支持を集める. ❷ (精力・援助など)を集中する.
rálly aróund [《英》 **róund**] [動] [他] (人)の援助のために集まる.

rál·ly·ing crỳ /rǽliɪŋ-/ [名] [C] (政治運動などの)決起スローガン.

rállying pòint [名] [C] 人々を集結[決起]させる契機となるもの (*for*).

Ralph /rǽlf | rǽlf, réɪf/ [名] [固] ラルフ《男性の名》.

ram /rǽm/ [名] ❶ [C] (去勢しない)雄羊. [関連] ewe 雌羊. ❷ [C] くい打ち機, 落としづち. ❸ [the R-] 牡羊(おひつじ)座《星座》 (Aries). — [動] (rams; rammed; ram·ming) [他] ❶ (車などが)(...)に(故意に)激突する, (...)に突っ込む. ❷ [副詞(句)を伴って] (物)を押し[打ち]込む, 押し当てる (*in*, *into*, *on*). ❸ (考え・法案など)を押し通す (*through*). — [自] [副詞(句)を伴って] (...に)激突する, 突っ込む (*into*). **rám ... hóme** [動]

他 (考え・要点など)をしっかりたたき込む, 十分に分からせる.

RAM /rǽm/ 名 U 〘コンピュータ〙 ラム《読み出しおよび書き込みが可能な記憶装置; *r*andom-*a*ccess *m*emory の略; ⇒ ROM》.

Ra·ma·dan /rǽːmədάːn | -dǽn/ 名 U (イスラム暦の) ラマダーン《九番目の月; イスラム教徒はこの月に日の出から日没まで断食をする》.

ram·ble /rǽmbl/ 動 自 ❶ [副詞(句)を伴って] ぶらぶら歩く, 散策する. ❷ とりとめのないことを話す[書く] (*about*). ❸ (つる草などが)はびこる. **rámble ón** [動] 自 長々とおしゃべりをする[書き連ねる] (*about*). ― 名 ❶ C ハイキング, 散策《田園地帯での比較的長いもの》. ❷ C とりとめのないおしゃべり[文章].

ram·bler /rǽmblə | -blə/ 名 ❶ C 《英》 (特に集団の) 散策者. ❷ C つるばら.

ram·bling /rǽmblɪŋ/ 形 ❶ (話・文章が)散漫な, とりとめのない. ❷ (建物・町などが)無計画に広がった. ❸ 〘植物〙 つる性の. ― 名 ❶ U 《英》 ぶらぶら歩き, 散策. ❷ [複数形で] とりとめのないおしゃべり, 散漫な文章.

ram·bunc·tious /ræmbʌ́ŋ(k)ʃəs/ 形 《主に米》 (人・行動が)騒々しい, 無軌道な.

ram·e·kin /rǽməkɪn/ 名 C ラムカン《1 人分用の料理を焼いて出すための小さい皿》.

ram·i·fi·ca·tion /ræ̀məfɪkéɪʃən/ 名 C [普通は複数形で] 《格式》 (ある行動・決定などがもたらす複雑な[予想外の])結果, 影響.

ramp[1] /rǽmp/ 名 ❶ C 《米》 高速道路の進入[退出]路 [《英》 slip road]. ❷ C 傾斜路, スロープ《高さの違う 2 つの路面や廊下などをつなぐ; 車や車椅子用》; (立体交差路の)ランプ; (飛行機の)移動式タラップ.

ramp[2] /rǽmp/ 動 [次の成句で] **rámp úp** [動] 他 (生産量など)を増やす; (株価)をつり上げる.

ram·page[1] /ræmpéɪʤ/ 動 自 (集団で)暴れ回る, 荒れ狂う (*through*).

ram·page[2] /rǽmpeɪʤ/ 名 C 大暴れ. **be [gó] on the [a] rámpage** [動] 自 暴れ回る.

ram·pant /rǽmp(ə)nt/ 形 (病気・犯罪などが)蔓延(まんえん)した, 流行する; (雑草などが)はびこる. **~·ly** 副 蔓延して.

ram·part /rǽmpɑət | -pɑːt/ 名 C [普通は複数形で] 城壁, 堡塁(ほうるい).

ram-raid·ing /rǽmrèɪdɪŋ/ 名 U 《英》 車で店に突っ込んでの強盗.

ram·rod /rǽmrɑ̀(ː)d | -rɔ̀d/ 名 C 込み矢《銃口からの弾薬装填(てん)用の棒》. **(as) stráight [stíff] as a rámrod** [形・副] 背筋をぴんと伸ばして. ― 形, 副 [次の成句で] **rámrod stráight [stíff]** [副] 背筋をぴんと伸ばして.

ram·shack·le /rǽmʃæ̀kl/ 形 (家などが)倒れそうな, ぐらぐらする; (組織などが)がたがたの.

***ran** /rǽn/ 動 run の過去形.

+**ranch** /rǽntʃ | rάːntʃ/ 名 (~·es /~ɪz/) ❶ C (主に米国西部・カナダの)**大放牧場**. ❷ C 《米》 [普通は合成語で] ...飼育[栽培]園. ❸ C = ranch house.
― 動 自 牧場を経営する; 牧場で働く.

ranch·er /rǽntʃə | rάːntʃə/ 名 C 牧場経営者, 牧場主; 牧場労働者.

ránch hòuse 名 ❶ C 《米》 (屋根の傾斜が緩い)平屋建ての家. ❷ C 牧場主の家.

ranch·ing /rǽntʃɪŋ | rάːntʃ-/ 名 U 牧場の仕事; 牧場経営.

ran·cid /rǽnsɪd/ 形 (バターなどが)腐ったようなにおい[味]のする; (におい・味が)いやな.

ran·cor, 《英》 **ran·cour** /rǽŋkə | -kə/ 名 U 《格式》 深い恨み, 怨恨(えんこん) (*against*).

ran·cor·ous /rǽŋkərəs/ 形 《格式》 恨みのある (*against*).

rand /rǽnd/ 名 (複 ~) C ランド, ラント《南アフリカ共和国の通貨単位》.

R & B /άəənbíː | άː(r)ən-/ 略 = rhythm and blues.

R & D /άəəndíː | άː(r)ən-/ 名 U (企業の) 研究開発《*r*esearch and *d*evelopment の略》.

+**ran·dom** /rǽndəm/ 形 [普通は 限定] **手当たり次第の,** 任意の, でたらめの; 〘統計〙 無作為の: a *random* collection of old stamps 手当たり次第に集めた古切手 / a *random* sample 無作為標本.
― 名 [次の成句で] **at rándom** [副] **手当たり次第に**, でたらめに; 無作為に: Walking *at random* can be pleasant. あてもなく歩くのも楽しい.

rándom áccess 名 U 〘コンピュータ〙 ランダムアクセス《記憶装置内の情報の任意の順序での読み出し》.

rándom-áccess mèmory /rǽndəmǽkses-/ 名 U 〘コンピュータ〙 = RAM.

ran·dom·ize /rǽndəmàɪz/ 動 他 〘統計〙 (...)を無作為化する; でたらめ[ランダム]に並べる.

ran·dom·ly /rǽndəmli/ 副 手当たり次第に; 〘統計〙 無作為に.

ran·dom·ness /rǽndəmnəs/ 名 U でたらめ, 無作為.

rándom sámpling 名 U 〘統計〙 無作為標本抽出(法).

R & R /άəən(d)άə | άː(r)ən(d)άː/ 名 U (軍隊の)保養休暇《*r*est and *r*elaxation の略》.

rand·y /rǽndi/ 形 (rand·i·er; -i·est) 《英略式》 性的に興奮した, 欲情している.

***rang** /rǽŋ/ 動 ring[2] の過去形.

***range** /réɪnʤ/

意味のチャート
元来は「**列**」❹《rank[1] と同義語》→ (連なり)
→ (まとまったもの) → 「**種類**」❶
→ (山の連なり) → 「**山脈**」❹
→ (連なる) → 「**広がる**」 動 自 ❶ → (連なる[広がる]場所) → 「**範囲**」❷ → 「**届く限界**」❸

― 名 (rang·es /~ɪz/) ❶ C (商品などの)**種類**; 品ぞろえ: a full ***range of*** tennis rackets あらゆる種類のテニスラケット / They have a complete *range of* skiing gear at that store. あの店ではスキー用品が完全にそろっている.
❷ C [普通は単数形で] (変動の)**範囲**, (上下・左右の)**幅**; (責任・権限などの及ぶ)範囲, 領域; 区域: There's a wide price *range* for cameras. カメラには高いものから安いものまでかなり幅がある / She has a wide ***range of*** interests. 彼女の趣味は幅広い / ***in*** the age ***range*** from 15 to 20 15 歳から 20 歳までの年齢の幅に / be ***within the range of*** expectations 予想の範囲内である / The car is ***out of*** my price ***range***. その車は私の価格の範囲を越えている[高くて手が出ない] / It is ***beyond the range of*** human understanding. それは人知の及ばぬことだ.
❸ U,C (弾丸などの)**届く限界, 射程**; C (飛行機・車の

1 回の給油による)航続[走行]距離**:** That rifle has a ***range of*** five hundred meters. そのライフルは 500 メートルの所まで弾が届く / fire ***at long*** [***close, short***] ***range*** 遠[近]距離から発砲する / ***within*** [***out of***] ***range*** (***of*** ...) (...の)届く[届かない]所に. 関連 reach (手の)届く範囲.
❹ Ⓒ **山脈**, 山並み, 連山 (mountain range); 列, 並び [≒line]**:** From the summit we could see several mountain *ranges*. その頂上からいくつもの山並みが見えた. ❺ Ⓒ《米》(料理用の)レンジ《⇒ kitchen 挿絵》;《英》(昔の)料理用ストーブ. ❻ C,U《米》放牧地. ❼ Ⓒ 射撃(練習)場; (ロケット・ミサイルなどの)試射[実験]場.
― 動 (rang·es /~ɪz/; ranged /~d/; rang·ing) 自 ❶ [進行形なし] [副詞(句)を伴って] (ある範囲で)**変動する**, (ある範囲に)わたる; (話などが)**及ぶ**, 広がる; (生物が)分布する; (銃などが)(...の)射程がある**:** 言い換え My students ***range*** in age ***from*** sixteen ***to*** eighteen. V+*from*+名+*to*+名 = My students' ages ***range between*** [***from***] sixteen ***and*** [***to***] eighteen. V+*between* [*from*]+名+*and* [*to*]+名 私の教える生徒の年齢は 16 歳から 18 歳です / His talk ***ranged over*** a variety of subjects. V+*over*+名 彼の話は広くさまざまな話題に及んだ. ❷ [副詞(句)を伴って] さまよう, 歩き回る (*over, through*).
― 他 ❶ [普通は受身でまたは ~ oneself として]《格式》(...)を並べる, 整列させる; (...)を分類する**:** The soldiers *are ranged* in order of height. 兵士たちは身長順に整列している / The chairs *are ranged* in front of the desk. いすは机の前に並べてある. ❷ [普通は受身でまたは ~ oneself として] (...)を(ある立場に)立たせる《味方または敵対する》**:** Most of the politicians *were ranged with* [*against*] the prime minister. ほとんどの政治家は首相に味方[敵対]した. ❸ [受身なし] (場所)をさまよう, 歩き回る.

rang·er /réɪnʤə | -ʤə/ 名 ❶ Ⓒ《主に米》森林監視隊員, レーンジャー (forest ranger). ❷ Ⓒ [しばしば R-]《米》特別攻撃隊員, レーンジャー部隊員. ❸ Ⓒ [R-]《英》シニアガールガイド《Girl Guide の 14–19 歳の団員》.

rang·y /réɪnʤi/ 形 (rang·i·er; -i·est) (人・動物が)手足のひょろ長い.

***rank**[1] /rǽŋk/ 名 (~s /~s/)

> 意味のチャート
> 「列」❸《range と同語源》→ (並び方) →
> 「**順位, 階級**」❶

❶ C,U (警察・軍隊などの)**階級**, 位; (社会的な)地位, 身分; 高い地位; 順位**:** the *rank* of major 少佐(という階級) / People of all *ranks* and conditions admired her. あらゆる階層の人が彼女を敬愛した / He's a painter of the first [front, top] *rank*. 彼は一流の画家です.
❷ [the ~s] **兵士たち**《将校たちに対して》; (組織の)下っぱ, 平社員; (ある集団に属する)人々, グループ**:** in *the ranks* 兵卒として / He was reduced to *the ranks*. 彼は兵卒に格下げされた / rise from *the ranks* 兵卒[低い身分]から出世する / ***join the ranks of*** the unemployed 失業者の仲間入りをする. ❸ Ⓒ (人・物の)列, 並び; タクシー乗り場; (兵士・警官などの)横列《普通は 2 列; ⇒ rank and file》**:** the front [rear] *rank* 前[後]列. 関連 file 縦列.
bréak ránks [動] 自 (1) (...との)結束を乱す, (...に)離反する (*with*). (2) 列を乱す.
clóse ránks /klóuz/ [動] 自 (1) (...に抗して)結束を固める (*against*). (2) 列を詰める.
― 動 (ranks /~s/; ranked /~t/; rank·ing) 自 [進行形なし] (階級・順位を)**占める**, 位する**:** A colonel ***ranks above*** a major. V+前+名 大佐は少佐より位が上だ / He ***ranks among*** [***with***] the top baseball players. 彼は最高の野球選手の 1 人だ[と同列だ] / The US ***ranks third in*** the world in population. V+C (形) 米国の人口は世界第 3 位だ.
― 他 ❶ (...)を**格付けする**, (...)に等級をつける; (...)を評価する**:** He ***ranks*** Tom ***above*** [***below***] John. V+O+前+名 彼はトムがジョンより上[下]だと考えている / He's ***ranked as*** a great dramatist. V+O+C (*as*+名)の受身 彼は偉大な劇作家と評価されている. ❷ [しばしば受身で] (...)を(ある順序で)並べる, 配列する**:** *Rank* these cities by population. 人口順に市を並べよ. ❸《米》(...)の上に位する, (...)の上位にある.

rank[2] /rǽŋk/ 形 (rank·er; rank·est) ❶ 悪臭を放つ, くさい; まずい味の. ❷ 限定 全くの, ひどい; 極端な**:** a *rank* beginner ずぶの素人. ❸ (雑草などが)はびこった, 茂りすぎた (*with*).

ránk and fíle 名 [the ~; 単数または複数扱い] 兵士たち《将校たちに対して》; 一般大衆《指導者層に対して》; 一般組合員, 平社員《幹部に対して》.

rank-and-file /rǽŋkənfáɪl/ 形 限定 普通の, 平(ひら)の**:** *rank-and-file* members 一般会員[組合員].

+**rank·ing** /rǽŋkɪŋ/ 名 (~s /~z/) Ⓒ (競技などでの)**順位**, ランキング**:** rise in the world *rankings* 世界ランキングが上がる. ― 形 限定《主に米》最上位の《将校について》; 上級の, 幹部の**:** a *ranking* officer 高官.

ran·kle /rǽŋkl/ 動 自 (苦い思い出などが)(...の)心を絶えずさいなむ (*with*). ― 他 (人・心)をさいなむ.

ran·sack /rǽnsæk/ 動 他 ❶ (場所)から奪う, (...)を荒らす**:** The house was *ransacked* by burglars. その家は泥棒に荒らされた. ❷ (場所)をくまなく捜す, 捜し回る (*for*).

ran·som /rǽnsəm/ 名 ❶ C,U (捕虜の)身代金, 賠償金**:** demand a *ransom* (*of*...) (ある額の)身代金を要求する. ❷ Ⓤ (身代金と引き換えに)捕虜などを受け戻すこと. **a kíng's ránsom** [名] 大金. **hóld ... for [《英》to] ránsom** [動] 他 (...)を人質にして身代金を要求する; (...)を脅して無理な要求をする. ― 動 他 (捕虜など)を(身代金を払って)受け戻す.

rant /rǽnt/ 動 自 わめく, どなり立てる, 大げさに言いたてる (*about*)**:** *rant* and rave わめき散らす. ― 名 Ⓒ わめき散らし, 怒号.

+**rap** /rǽp/ (同音 wrap) 名 (~s /~s/) ❶ Ⓒ **こつんとたたくこと**, とんとんと打つこと; **とんとん[こつん]とたたく音:** I heard a *rap at* [*on*] the door. ドアをこつこつたたく音を聞いた. ❷ U,C ラップ(ミュージック)《早口でしゃべるように歌う音楽》. ❸ Ⓒ《米略式》犯罪容疑**:** a murder *rap* 殺人容疑.
a 「bád ráp [búm ràp] [名] ぬれぎぬ; 不当な非難.
a ráp on [òver] the knúckles [名]《略式》おしかり, 叱責. 由来 子供への罰として指の関節をたたくことから.
béat the ráp [動] 自《米略式》刑を免れる.
táke the ráp [動] 自《略式》(人に代わって)罰せられる[しかられる]; ぬれぎぬを着せられる (*for*).
― 動 (raps /~s/; rapped /~t/; rap·ping) 自 ❶ **こつん[とんとん]とたたく:** She ***rapped at*** [***on***] the door. V+*at* [*on*]+名 彼女はドアをこつこつとたたいた.

❷ ラップを歌う《ビートに合わせて早口でしゃべるように歌う》. ❸《古風》おしゃべりする, 雑談する.
— 他 ❶ (...)をたたく. ❷ [新聞で] (...)を非難する. ❸ (命令など)を厳しく[突然]言う (*out*).

ra·pa·cious /rəpéɪʃəs/ 形《格式》(金品に対して)強欲な, 貪欲(どんよく)な. **～·ly** 副 強欲に.

ra·pac·i·ty /rəpǽsəṭi/ 名 U《格式》強欲.

*__rape__[1] /réɪp/ 動 (rapes /～s/; raped /～t/; rap·ing) 他 (人)を**強姦(ごうかん)[レイプ]する:** The girl *was raped* in the car. V+O の受身 その少女は車の中で犯された.
— 名 ❶ U,C 強姦, レイプ: commit (a) *rape* レイプする. ❷ [単数形で] (環境などの)破壊: the *rape of* the rain forests 熱帯雨林の破壊.

rape[2] /réɪp/ 名 U 西洋あぶらな.

Ra·pha·el /rǽfiəl/ 名 固 ラファエロ (1483-1520)《イタリアの画家・彫刻家・建築家》.

**rap·id /rǽpɪd/

— 形 (more ～, rap·id·er; most ～, rap·id·est) [普通は 限定] (動きなどが)速い, すばやい; (変化などが)**急速な** [⇔ slow]《⇒ fast[1] 表, 類義語》: *rapid* economic growth 急速な経済成長 / curb the *rapid* increase in prices 物価の急速な上昇を抑える / the *rapid* spread of the disease 病気の急速な拡大. 語法 quick よりは改まった感じの語. (名 rapídity)

rap·id-fire /rǽpɪdfáɪə | -fáɪə/ 形 限定 (質問などが)やつぎばやの; (鉄砲が)速射の: a *rapid-fire* gun 速射砲.

ra·pid·i·ty /rəpídəṭi/ 名 U 急速, 迅速: *with* astonishing *rapidity* 驚くほど速く. (形 rápid)

*__rap·id·ly__ /rǽpɪdli/ 副 **速く**, すばやく; 急速に, 急激に [⇔ slowly]: The world's population is growing *rapidly*. 世界の人口は急増している / the *rapidly* changing computer technology 急速に変化するコンピューター技術.

rap·ids /rǽpɪdz/ 名 複 早瀬: shoot the *rapids* (カヌーなどが)早瀬を乗り切る.

rápid tránsit (sỳstem) 名 C,U《米》高速旅客輸送(システム)《都市などの地下鉄や高架鉄道》.

ra·pi·er /réɪpiə | -piə/ 名 C 細身の両刃の刀. — 形 限定 鋭い: a *rapier* wit 鋭い機転.

rap·ist /réɪpɪst/ 名 C 強姦(ごうかん)犯.

rap·pel /rəpél, ræ-/ 動 (-pels; -pelled; -pel·ling) 自〔登山〕《米》(岩壁を)懸垂下降する. — 名 C〔登山〕《米》懸垂下降.

rap·per /rǽpə | -pə/ 名 C ラップミュージシャン.

rap·port /ræpɔ́ə | -pɔ́ː/ ≪フランス語から≫ 名 U または a ～] (人とのよい)関係, 協調[信頼]関係 (*between, with*).

rap·proche·ment /rӕproʊʃmɑ́ːŋ | ræprɔ́ʃmɑːŋ/ ≪フランス語から≫ 名 U または a ～]《格式》(特に国家間の)関係改善, 和解 (*between, with*).

ráp shèet 名 C《米略式》前科の記録書.

rapt /rǽpt/ 形 W 心を奪われた, 熱中した, (...で)うっとりとした (*with*): with *rapt* attention 一心不乱に.

rap·ture /rǽptʃə | -tʃə/ 名 U《格式》大きな喜び[幸せ], 狂喜, 有頂天: listen *in* [*with*] *rapture* 有頂天になって聞く. **be in ráptures** [動] 自《格式》有頂天でいる, 大喜びである (*at, about, over*). **gó [fáll] ìnto ráptures** [動] 自《格式》有頂天になる (*at, about, over*).

rap·tur·ous /rǽptʃ(ə)rəs/ 形 [普通は 限定] (拍手・歓迎などが)熱狂的な. **～·ly** 副 熱狂的に.

*__rare__[1] /réə | réə/ 形 (rar·er /ré(ə)rə | -rə/; rar·est /ré(ə)rɪst/) ❶ **まれな**, めったにない; **珍しい:** This is a *rare* variety of apple. これはりんごの珍種である / ***It's*** very ***rare for*** him ***to*** be so angry. 彼がそんなに怒るとは珍しいことだ《⇒ for 前 B》/ ***It's rare to*** have snow here in October. ここで 10 月に雪を見ることはまれだ. ❷ (空気などが)薄い, 希薄な. (名 rárity)

類義語 rare めったになく珍しいの意, またはまれで価値の高いの意: *rare* books 珍本, 貴重な本. **scarce** いつもはあるものが今はたまたま不足していることを意味する: Tomatoes are *scarce* these days. 今はトマトが品不足です.

rare[2] /réə | réə/ 形 (rar·er /ré(ə)rə | -rə/; rar·est /ré(ə)rɪst/) (ステーキなどが)生焼けの《⇒ steak 参考》.

rare·bit /réəbɪt | réə-/ 名 C,U = Welsh rabbit [rarebit].

rar·e·fied /ré(ə)rəfàɪd/ 形 [普通は 限定] ❶ [しばしば軽蔑的] (雰囲気などが)高尚な, 閉鎖的な; 深遠な. ❷〔気象〕(高所の空気が)薄い, 希薄な.

**rare·ly /réəli | réə-/

— 副 ❶ まれにしか...しない, めったに...しない [≒ seldom]《⇒ always 表》: I'm *rarely* ill. 私はめったに病気をしない / He very *rarely* comes here. 彼はほんのたまにしかここへ来ません / *Rarely* have I been so moved by a movie.《格式》私はこれまで映画でこれほど感動したことはめったにありませんでした. ❷ [事例を表わして] ...な[する]のはめったにない: Diets are *rarely* successful in the long term. ダイエットは長期的に見てうまくいくことはめったにない.

rar·ing /ré(ə)rɪŋ/ 形 叙述《略式》(...)したくてうずうずする: be *raring to* go 行きたくて[早く始めたくて]うずうずしている.

rar·i·ty /ré(ə)rəṭi/ 名 (-i·ties) ❶ C まれな出来事; 珍しいもの[人], 貴重品. ❷ U 珍しさ, 希少(性). (形 rare[1])

ras·cal /rǽsk(ə)l | rɑ́ːs-/ 名 ❶ C いたずらっ子; やつ: You little *rascal*! このいたずらっ子め. 語法 現在は愛情またはこっけい味を帯びた言い方であることが多い. ❷ C《古風》悪漢, ごろつき.

+**rash**[1] /rǽʃ/ 形 (rash·er; rash·est) **向こう見ずな**, 無分別な; せっかちな, 軽率な: a *rash* young man 向こう見ずな若者 / a *rash* promise 安請け合い / It was *rash of* you *to* go there alone. 1 人でそこへ行くとはあなたも向こう見ずだった《⇒ of 12》.

rash[2] /rǽʃ/ 名 C [普通は a ～] 発疹(はっしん), 吹き出物: come [break] out in *a rash* 発疹が出る / a heat *rash* あせも. **a rásh of ...** [複数名詞の前につけて] (いやな事柄の)続発, 頻発.

rash·er /rǽʃə | -ʃə/ 名 C《主に英》ベーコン[ハム]の薄切り (*of*).

rash·ly /rǽʃli/ 副 無分別に; 軽率に.

rash·ness /rǽʃnəs/ 名 U 無分別, 軽率.

rasp /rǽsp | rɑ́ːsp/ 動 他 ❶ (...)を[と]耳ざわりな声で言う. ❷ (...)にやすりをかける, (...)を(ざらざらした物で)こする. — 自 耳ざわりな音[声]を出す. — 名 ❶ [単数形で] 耳ざわりな音, きしみ (*of*). ❷ C 目の粗いやすり.

rasp·ber·ry /rǽzbèri | rɑ́ːzb(ə)ri/ 発音 名 (-ber·ries) ❶ C 木いちご(の実)《⇒ berry》. ❷ C《略式》(ばかにして唇の間から)舌を出して鳴らす音 [《米》Bronx cheer]: blow [give] a *raspberry* at ... (人)に向かって(ぶーっと)舌を鳴らす.

rasp·y /rǽspi | rɑ́ːs-/ 形 (rasp·i·er; rasp·i·est) (声

がしわがれた.

Ras·ta /rǽstə/ 名 C 《略式》 = Rastafarian.

Ras·ta·far·i·an /ræ̀stəfé(ə)riən←/ 名 C, 形 ラスタファリ主義者(の)《アフリカへの回帰を唱えるジャマイカの宗教団体の信者》.

Ras·ta·far·i·an·is·m /ræ̀stəfé(ə)riənìzm/ 名 U ラスタファリ主義[思想].

+**rat** /rǽt/ 名 (rats /rǽts/) ❶ C **ねずみ**《mouse よりも大きい種類; ⇒ mouse 参考》: *Rats* desert [leave] a sinking ship. 《ことわざ》 ねずみは沈みそうな船から逃げ出す. ❷ C S 裏切り者, ひきょう者. 由来 1 の例文のことわざから.

lìke a drówned rát [形·副] ぬれねずみ[ずぶぬれ]になった[て].

Ráts! [間] S 《略式》 ばかな!, ちぇっ!《いらだちや嫌悪を表わす》.

sméll a rát [動] 自 《略式》 うさんくさく思う, 変だと感づく.

— 動 (rats; rat·ted; rat·ting) 自 《略式》 (人を)裏切る, 密告する (*on*); 《英》 (約束などを)破る (*on*).

rát óut [動] 他 《米略式》 (人)を裏切る, 密告する.

rat-arsed /rǽtɑ̀ːəst | -ɑ̀ːst/ 形 叙述 《英略式》 ぐでんぐでんに酔って.

rat-a-tat /ræ̀ṭətǽt/, **rat-a-tat-tat** /rǽṭətæ(t)-tǽt/ 名 [単数形で] こつこつ, どんどん, ダダダッ《戸をたたく音や機関銃などの音》.

ratch·et /rǽtʃɪt/ 名 C ラチェット, つめ車, 追い歯.
— 動 [次の成句で] **rátchet úp [dówn]** [動] 他 (...)を少しずつ上昇させる[下げる].

*****rate** /réɪt/

— 名 (rates /réɪts/)

意味のチャート
原義はラテン語で「数えられた」→「**料金**」❸ →
(1 単位当たりの料金) →
「**率**」❶ ─→ (速さの割合) → 「**速度**」❷
　　　　└→ (割合を計るもの) → 「**等級**」❹

❶ C **率, 割合:** a high [low] birth *rate* 高い[低い]出生率 / the death *rate* 死亡率 / the unemployment *rate* 失業率 / the crime *rate* 犯罪率 / the success [failure] *rate* 成功[失敗]率 / the interest *rate* 利率 / the exchange *rate* = the *rate* of exchange 為替相場[レート] / The divorce *rate* in the United States is high. 米国の離婚率は高い / Calls were coming in ***at a*** [***the***] ***rate of*** three a minute. 1 分間に 3 回の割合で電話がかかってきた / 言い換え There was a pass *rate* of one student in ten in the exam. = There was a one-in-ten pass *rate* in the exam. その試験では 10 名の学生のうち 1 名の割合で合格した.

❷ C **速度**, 進度 [≒speed]: the *rate of* scientific progress over the past twenty years ここ 20 年にわたる科学の進歩の速さ / He drove his new sports car ***at*** a furious ***rate*** (of speed). 彼は新しいスポーツカーを猛スピードで走らせた.

❸ C (一定の率による)**料金**, 値段《⇒ price 類義語》: the telephone *rate* 電話料金 / utility *rates* 公共料金 / the base [reduced] *rate* 基本[割引]料金 / the hourly [weekly, monthly] *rate* 時[週, 月]給 / What's the *rate*? 料金はいくらですか / What's the going *rate* (of pay) *for* waiters? ウエーターの(賃金の)相場はどのくらいですか. ❹ C [普通は序数詞を伴って形容詞的に] 等級 [≒class]. 関連 first-rate 一流[級]の / second-rate 二流[級]の. ❺ [複数形で] 《英》 地方税《商業用の土地·建物に課す》.

at ány ràte [副] つなぎ語 (1) S **とにかく**, ともかく [≒anyway]《重要なのはこれまでの話ではなくこれから述べる事柄であることを示す》: I may fail, but *at any rate* I'll try. だめかも知れないけれど, とにかくやってみます. (2) [前言をより正確に言い直して] S 少なくとも: Most people, (or) *at any rate* those I've talked with, are in favor of the plan. ほとんどの人が, 少なくとも私が話をした人たちは, その計画に賛成しています.

at thís [thát] ràte [副] 文修飾 S この[あの]分では, この[あの]調子では.

— 動 (rates /réɪts/; rat·ed /-ṭɪd/; rat·ing /-ṭɪŋ/) 他 ❶ (...の価値·能力など)を**見積もる**, 評価[格付け]する [≒value]: She ***is rated*** (***as***) a top five player in the nation. V+O+C ((as+)名)の受身 彼女は国内で 5 位以内に入る選手であると評価されている / He ***rated*** the building ***at*** $100,000. V+O+at+名 彼はその建物を 10 万ドルの価値があると見積もった. ❷ (...)を(〜と)みなす, 思う [≒consider]: He'*s rated among* [(*as*) one of] the best students in his class. 彼はクラスでいちばんよい学生の一人と考えられている. ❸ [普通は受身で] (映画)に(成人向きなどの)等級をつける《⇒ X-rated》; 《米》 (...)に評点をつける: Each subject is *rated on* a five-point scale. 各科目とも 5 点法で評点がつけられている. ❹ 《略式》 (...)の価値がある, (...)に値する: The incident *rates* a mention in the press. その出来事は新聞に取り上げられるだけの価値がある. ❺ 《英略式》 (...)を高く評価する.

— 自 見積もられる, 評価される (*as*); 位する: He *rated* very high in his class. 彼はクラスでは高く評価されていた.

*****rath·er**[1] /rǽðə | rɑ́ːðə/

— 副

意味のチャート
元来は「より早く」の意. → (より好ましく) → 「**むしろ**」❷ → 「**かなり**」❶

❶ (1) [形容詞·副詞(の比較級)や too を修飾して] **かなり**, だいぶ; やや, 幾分《⇒ fairly 類義語; very[1] 表》: This soup is *rather* cold. このスープはかなり冷たくなっている / It's *rather* hotter today, isn't it? きょうは(いつもより)だいぶ暑いですね / It looks *rather* like a toy house. それは何だかおもちゃの家のように見える / I'm *rather* tired. 私はだいぶ疲れた / This coat is *rather too* big for me to wear. このコートは私が着るにはやや大きすぎる.

語法 (1) 否定文では用いない.
(2) この意味の rather が「不定冠詞＋形容詞＋名詞」につくときは次の 2 通りに置ける《⇒ quite 語法》: He's *rather an* old man. = He's *a rather* old man. 彼はかなりの年の人です.

(2) [単数名詞·動詞を修飾して] **かなり(の)**, 相当に; どうやら: That's *rather* a nuisance. それはかなりやっかいなことだ / She *rather* doubted what he said. 彼女は彼が言ったことは何となく怪しいと思った / I *rather* think you may be mistaken. 《丁寧》 あなたが間違っているのではないかと思いますが《I think ... の遠回しな言い方》.

❷ (1) [しばしば than とともに] **むしろ**, (...よりは)むしろ,

どちらかと言えば～《⇒ rather than do [doing] (成句)》: It's a hall *rather than* a room. ＝《格式》 It's *rather* a hall *than* a room. それは部屋というよりはむしろ広間だ / The color is orange *rather than* red. その色は赤というよりオレンジだ.

(2) [I would rather ...として] **どちらかと言えば...したい(と思う)**, むしろ...の方がいい(と思う); [(that) 節を伴って] (人)が...してくれればいいと思う: 「*I would* [*I'd*] *rather* stay at home. どちらかと言えば私は家にいたい / *I'd rather* not go [have gone] there. そこへは行きたくない[行かない方がよかった] / *I'd rather* be deceived *than* deceive others. 私は人をだますくらいなら人にだまされたほうがましだ / *I'd rather* you *went*. できればあなたに行ってもらいたい. 語法 従属節の動詞は仮定法過去形.

> ♥ **遠慮しておきます** (断わるとき)
> **I'd rather not.**
>
> How about going for a drive?
> ドライブに行かない?
> **I'd rather not.** Actually, I'm a bit tired.
> やめとく. ちょっと疲れてるんだ.
> ♥「もし選べるものなら...したくない」という意味から, 控えめに断わるときなどに用いる.

> ♥ **できればご遠慮ください** (断わるとき)
> **I'd rather you didn't.**
>
> Would you mind if I smoked?
> たばこを吸ってもいいですか.
> **I'd rather you didn't.**
> できればご遠慮いただきたいのですが.
> ♥ 相手に「できれば...してほしくない」ということを, 柔らかく伝える際に用いる.

❸ つなぎ語 むしろ, それどころか《前述と違う[反対の]意見を述べ, 後述の方がより妥当なことを示す》: That novel wasn't a success. It was, *rather*, a failure. その小説は成功作ではなかった. むしろ失敗作だった.

nòt ...(,) but ràther — ...ではなくて(むしろ)—だ《⇒ 3》: He is *not* a teacher *but rather* a scholar. 彼は教師というよりはむしろ学者だ.

or ràther(,) ... つなぎ語 より正しく言えば..., (～というよりは)むしろ...と言ったほうがよい《前の語句を訂正するときに用いる》: We felt an earthquake late last night, *or rather* early this morning. 昨夜遅く, より正確にはけさ早く地震があった.

ráther than dó [dóing] ...するよりも, ...しないで(むしろ): *Rather than* waste [wast*ing*] your time doing it yourself, why don't you call in a builder? 自分でそれをして時間をむだにするよりも建築業者を呼んだら.

Ràther ... than mé. Ⓢ《略式》...がするのは構わないが私はいやだ: "I'm going climbing tomorrow." "*Rather* you *than me*."「明日登山するよ」「私はごめんだね」

rath·er² /ræðə́ː | rɑ̀ːðə́ː/ 間 Ⓢ《古風, 英》そうですとも《返答に用いる》.

rat·i·fi·ca·tion /ræ̀ṭəfɪkéɪʃən/ 名 Ｕ (条約などの)批准(ひじゅん), 裁可. (動 rátify)

+**rat·i·fy** /rǽṭəfàɪ/ 動 (-i·fies /～z/; -i·fied /～d/; -fy·ing) 他 (条約など)を**批准する**, 裁可する: *ratify* a treaty 条約を批准する. (名 ràtificátion)

*__rat·ing__ /réɪṭɪŋ/ 名 (～s /～z/) ❶ Ｃ,Ｕ **ランク付け**, 評価; Ｃ (商社・人などの)信用度, 格付け: a credit *rating* (個人や法人の)信用等級 / ...'s approval *rating* ...の支持率. ❷ [the ～s] (ラジオ・テレビの)視聴[聴取]率. ❸ Ｃ (映画の)等級《⇒ rate 動 他 3》. ❹ Ｃ《英》(海軍の)下士官, 水兵.

+**ra·tio** /réɪʃoʊ, -ʃiòʊ | -ʃiòʊ/ 名 (～s/～z/) ❶ Ｃ **比**, 比率; 割合: 言い換え The *ratio* 「*between* males *and* females [*of* males *to* females] was three *to* two. ＝ There was a three-to-two *ratio* 「*between* males *and* females [*of* males *to* females]. 男性と女性の比率は 3 対 2 であった《three to two は 3:2 とも書く》/ There was a *ratio of* four yeses *to* every no. 賛成 4 に反対 1 の割合であった / 言い換え The *ratio of* 15 *to* 5 is 3 to 1. ＝ 15 and 5 are *in the ratio of* 3 *to* 1. 15 対 5 は 3 対 1 に等しい. ❷ Ｕ〔数学〕比: *in* direct [inverse] *ratio* to ... ...に正[逆]比して.
〖語源 ration, reason と同語源〗

+**ra·tion** /rǽʃən, réɪʃ- | rǽʃ-/ 名 (～s/～z/) ❶ Ｃ **配給量**; いつもの量, 定量; [単数形で] 適量 (*of*): the gasoline *ration* ガソリンの配給量. ❷ [複数形で] 配給食糧; 〔軍隊〕1 日分の食糧: on short *rations* 食糧を制限されて.
— 動 他 ❶ [しばしば受身で] (食糧・衣服など)を配給する, (...)の供給を制限する: Gasoline *was rationed to* five gallons at a time. ガソリンの供給は一度に 5 ガロンに制限され(てい)た. ❷ (人)に配給する, 供給を制限する: The soldiers *were rationed to* two eggs a week. 兵士たちは配給を週あたり卵 2 個に制限された.
〖語源 ラテン語で「計算」の意; ratio, reason と同語源〗

+**ra·tio·nal** /rǽʃ(ə)nəl/ 形 ❶ **理性のある**, 理性的な; 分別のある, 正気の [⇔ irrational]: Human beings are *rational* creatures. 人間は理性的な動物だ.
❷ **合理的な** [⇔ irrational]: *rational* thinking 合理的な考え方. ❸〔数学〕有理の: a *rational* number 有理数. (名 ràtionálity, 動 rátionalìze)

ra·tio·nale /ræ̀ʃənǽl | -nɑ́ːl/ 名 Ｃ,Ｕ《格式》論理的根拠, 根本的理由 (*for, behind, of*).

ra·tio·nal·ise /rǽʃ(ə)nəlàɪz/ 動《英》＝ rationalize.

ra·tio·nal·is·m /rǽʃ(ə)nəlìzm/ 名 Ｕ〔哲学〕合理主義, 理性論, 合理論.

ra·tio·nal·ist /rǽʃ(ə)nəlɪst/ 名 Ｃ 合理主義者, 理性論者. — 形 合理主義の, 理性論的な.

ra·tio·nal·is·tic /ræ̀ʃ(ə)nəlístɪk←/ 形 合理主義者の, 理性論者の.

ra·tio·nal·i·ty /ræ̀ʃənǽləṭi/ 名 Ｕ 理性的なこと; 合理性. (形 rátional)

ra·tio·nal·i·za·tion /ræ̀ʃ(ə)nəlɪzéɪʃən | -laɪz-/ 名 Ｕ,Ｃ 正当化; 《主に英》合理化.

ra·tio·nal·ize /rǽʃ(ə)nəlàɪz/ 動 他 ❶ (...)を合理的に(説明)する. ❷ (行動など)を正当化(しようと)する, (...)を合理的に見せようとする. ❸《主に英》(企業・経営)を合理化する. — 自 ❶ 正当化する. ❷《主に英》合理化する. (形 rátional)

ra·tio·nal·ly /rǽʃ(ə)nəli/ 副 理性[合理]的に, 冷静に.

ra·tion·ing /rǽʃ(ə)nɪŋ, réɪ- | rǽʃ-/ 名 Ｕ 配給(制).

rát ràce 名 [the ～] (実業界などの)激しい出世[生存]競争.

rát rùn 名 Ｃ《英》(運転手が使う)抜け道.

rat·tan /rætǽn/ 名 Ｕ とう(籐)《熱帯アジア産のつる植物; 家具などの材料》.

+**rat·tle** /rǽṭl/ 動 (rat·tles /～z/; rat·tled /～d/; rat·tling) 自 ❶ **がらがら音がする**, がたがた音を立てる: The windows *rattled* in the storm. あらしで窓ががたがた鳴った.

R

❷ [副詞(句)を伴って] (車が)**がたがたと走る**; ごろごろ[がらがら]と動く (*along*, *by*, *over*, *past*): His old bicycle ***rattled down*** the bumpy lane. [V+前+名] 彼の古い自転車がでこぼこの路地をがたがたと走っていった.
— 他 ❶ (...)に**がらがら音を立てさせる**, (...)をがたがたさせる: The gale *rattled* the tiles on the roof. 突風が屋根のかわらをかたかたと鳴らした. ❷ 《略式》 (人)を混乱[動揺]させる.
ráttle aróund [動] 自 (広すぎる家に)住んでいる (*in*). — 他 (広すぎる家)に住んでいる.
ráttle óff [動] 他 (暗記したこと)をすらすらと言ってのける.
ráttle ón [動] 自 《略式》 (つまらないことを)ぺらぺらしゃべる (*about*).
ráttle thróugh ... [動] 他 《英》 ...を手早く行なう, さっさと片づける.
ráttle úp [動] 他 《英》 (競技で)(得点)をあっさり入れる.
— 名 ❶ C [普通は単数形で] がらがらという音, がたがたいう音 (*of*). ❷ C がらがら《乳児用のおもちゃ》; 《英》 がらがら音を立てる道具《サッカーの応援用など》.

R

rat·tler /rǽtlɚ | -tlə/ 名 C 《略式》 = rattlesnake.
rat·tle·snake /rǽṭlsnèɪk/ 名 C がらがらへび.
rat·tle·trap /rǽṭltræp/ 形 限定, 名 C 《米》 おんぼろ[ぽんこつ]の(車).
rat·tling /rǽtlɪŋ/ 副 《英古風》 とても.
rat·ty /rǽṭi/ 形 (rat·ti·er; -ti·est) ❶ 《米略式》 おんぼろの, みすぼらしい. ❷ 《英略式》 怒りっぽい, 不機嫌な. ❸ ねずみの(ような).
rau·cous /rɔ́ːkəs/ 形 耳ざわりな; 騒々しい. **~·ly** 副 耳ざわりな声[音]で.
raun·chy /rɔ́ːntʃi/ 形 (raun·chi·er; raun·chi·est) 《略式》 卑猥な; きたならしい, 臭い.
rav·age /rǽvɪdʒ/ 名 [the ~s] (戦争・病気などによる)破壊(の跡), 損傷, 惨状: *the ravages of* war 戦禍 / *the ravages* of time 時の経過による荒廃. — 動 他 [しばしば受身で] (...)を荒らす; 破壊する.
+**rave** /réɪv/ 動 (raves /~z/; raved /~d/; rav·ing) 自 ❶ **べたぼめする**, **絶賛する** (*over*): The audience ***raved about*** the music. 聴衆はその音楽を絶賛した. ❷ **わめき立てる**, どなり散らす: She ***raved at*** me ***about*** how I was inconsiderate. [V+*at*+名+*about*+*wh* 節] 彼女は何と薄情な奴だと私にわめき立てた.
— 名 ❶ C べたぼめ, 絶賛. ❷ C レイブ(パーティー)《若者の大規模なダンスパーティー》.
— 形 べたぼめの, 絶賛の: get [receive, win] *rave* reviews 絶賛を博する.
rav·el /rǽv(ə)l/ 動 (rav·els; rav·eled, 《英》 rav·elled; -el·ing, 《英》 -el·ling) 自 《文語》 (編み物などが)ほどける, ほつれる.
ra·ven /réɪv(ə)n/ 名 C わたりがらす, 大がらす《しばしば不吉の兆しとされる》. — 形 限定 《文語》 (髪が)黒々とした.
rav·en·ing /rǽv(ə)nɪŋ/ 形 限定 《文語》 (動物が)ひどく飢えた, がつがつした.
rav·en·ous /rǽv(ə)nəs/ 形 飢えた, 腹ぺこの; 限定 (食欲が)猛烈な. **~·ly** 副 がつがつと.
rav·er /réɪvɚ | -və/ 名 ❶ C レイブに行く人《⇒ rave 名 2》. ❷ C 《英》 社交家, 遊び人.
ra·vine /rəvíːn/ 名 C 峡谷, 山峡, 渓谷《川の浸食でできたもの; ⇒ valley 類義語》.
rav·ing /réɪvɪŋ/ 形 ❶ 限定 《略式》 わめき立てる; 荒れ狂う; (言動が)狂った: a *raving* lunatic 完全な狂人. ❷ 限定 《略式》 すばらしい, 非常な.
— 副 《略式》 全く, すっかり. **(stárk) ráving mád [bónkers]** [形] 《略式》 すっかり狂って.
— 名 [複数形で] たわごと, どなり散らし (*of*).
rav·i·o·li /ræ̀vióʊli/ 名 U,C ラビオリ《ひき肉などをパスタに詰めたイタリア料理》.
rav·ish /rǽvɪʃ/ 動 他 ❶ 《文語》 (女性)を強姦(ごうかん)する. ❷ [普通は受身で] 《文語》 (人)をうっとりさせる, 狂喜させる.
rav·ish·ing /rǽvɪʃɪŋ/ 形 《文語》 (女性が)魅惑的な, 非常に美しい. **~·ly** 副 うっとりさせるほど.
***raw** /rɔ́ː/ ❗発音 (同音 《英》 roar) 形 ❶ (食物が)**生**(なま)**の**; (十分に)加熱していない: a *raw* egg 生卵 / eat fish *raw* 魚を生で食べる.
❷ [普通は 限定] (材料・情報などが)**未加工の**, **未処理の**, 原料のままの; (下水が)浄化処理のされていない: *raw* milk 未加工乳 / *raw* data 未処理のデータ. ❸ (傷などが)赤むけの, ひりひりする: a *raw* wound 赤むけになっている傷. ❹ 未熟な, 経験の浅い, 不慣れな: a *raw* recruit 未訓練の新兵, 不慣れな新入社員. ❺ (天気が)じめじめとして寒い, 底冷えのする: a *raw* winter day 底冷えのする冬の日. ❻ (感情などが)むき出しの. ❼ (描写などが)率直な, 露骨な; 《米略式》 下品な.
— 名 [次の成句で] **in the ráw** [形・副] ありのままの[で], むき出しの[で]; 《略式》 裸の[で].
ráw déal 名 C ひどい仕打ち.
raw·hide /rɔ́ːhàɪd/ 名 U なめしてない牛皮, 生皮(きがわ).
ráw matérial 名 C,U 原料; 素材, 題材 (*for*).
raw·ness /rɔ́ːnəs/ 名 U 生(なま)(の状態); (感情などが)むき出しのこと; 未熟さ; 底冷え状態.
ray**[1] /réɪ/ (同音 re[1], #re[2]) 名 (~s/~z/) ❶ C [しばしば複数形で] (中心から放射する)**光線**, 放射線, 熱線《⇒ beam 名 1》: the ***rays of the sun 太陽光線 / ultraviolet *rays* 紫外線. ❷ C ひと筋の光明; かすかな兆(きざ)し: a *ray of* hope 少しの望み.
a ráy of súnshine [名] 《略式》 周りを明るくする人, 喜び[希望]を与えるもの.
cátch some [a fèw] ráys [動] 自 《略式》 日光浴をする.
〖語源 radius と同語源〗
ray[2] /réɪ/ 名 C えい《魚》.
Ray /réɪ/ 名 固 レイ《男性の名; Raymond の愛称》.
Ray·mond /réɪmənd/ 名 固 レイモンド《男性の名; 愛称は Ray》.
ray·on /réɪɑ(ː)n | -ɔn/ 名 U レーヨン, 人造絹糸.
raze /réɪz/ 動 他 [普通は受身で] (...)を破壊する, 取り壊す: be *razed* to the ground 完全に破壊される.
ra·zor /réɪzɚ | -zə/ 名 C かみそり: an electric *razor* 電気かみそり.
rázor blàde 名 C かみそり刃.
rázor èdge 名 [単数形で] 鋭い刃. **be on a rázor('s) èdge** [動] 自 危険で[きわどい状況に]ある.
ra·zor-sharp /réɪzɚʃɑ́ɚp | -zəʃɑ́ːp←/ 形 (刃物や頭が)非常に鋭い, 切れる.
ra·zor-thin /réɪzɚθín | -zə-←/ 形 限定 《米》 非常に薄い, 紙一重の差の.
rázor wìre 名 U レザーワイヤ《鋭い小鉄片のついた囲い用鉄線》.
razz /rǽz/ 動 他 《米略式》 (人)をからかう.
raz·zle-daz·zle /rǽzldǽzl/ 名 U = razzmatazz.
razz·ma·tazz /rὰzmətǽz/ 名 U 《略式》 はでな催し[騒ぎ], 大げさな演出.

RC /áɚsíː | ɑ́ː-/ 略 = Roman Catholic.
RD /áɚdíː | ɑ́ː-/ 略 《米》 = rural delivery.
Rd. 略 道路, ...通り, ...街 (Road).
-rd 略 = thi*rd*. 語法 *3rd* (= thi*rd*), 23*rd* (= twenty-thi*rd*) のように数字の 3 につけて序数を表わす《⇒ number 表》.
RDA /áɚːdìːéɪ | ɑ́ː-/ 略 = recommended daily allowance (ビタミンなどの)1 日の推奨摂取量.
re[1] /réɪ/ 名 [単数形で] 〔音楽〕レ《全音階の第 2 音》.
re[2] /ríː, réɪ/ ≪ラテン語から≫ 前 [主に商用文や法律文書で] 《格式》...に関して, ...に関する《E メールでは返信の件名に使われる》.
re-[1] /rɪ, rə/ 接頭 「後へ, 元へ; さらに, 再び」の意: *re*call 思い出す / *re*new 再び始める.
re-[2] /rìː/ 接頭 「再び, さらに; ...しなおす」の意: *re*build 建て直す / *re*elect 再選する. 語法 re-[1] と違って自由に動詞につけることができる.
***-'re** /ə | ə/ 《略式》 are[1] の短縮形《⇒ be 表, we're, you're, they're, what're》.

***reach** /ríːtʃ/

— 動 (reach·es /~ɪz/; reached /~t/; reach·ing) 他

意味のチャート
「伸ばす」❸ →「(伸ばして) ...に届く」❷ →「...に到着する」❶

❶ (...)に到着する, 着く; (やっと)たどり着く《⇒ arrive 類義語》[⇔ depart, leave]: He *reached* New York yesterday. 彼はきのうニューヨークに着いた / How long will it take this letter to *reach* Moscow? この手紙がモスクワにつくにはどのくらいかかりますか / Meg *reached* the finish line first. メグは 1 着でゴールインした《⇒ goal 3 日英》.

...に到着する
私たちは山頂に到着した.
○We **reached** the top of the mountain.
×We reached to the top of the mountain.
✪ reach はこの意味では他動詞なので前置詞はつけない.

❷ [進行形なし] (...)に届く, 達する, 及ぶ; (結論・年齢など)に達する: *reach* the age of 18 18 歳に達する / The girl's hair *reaches* her shoulders. その女の子の髪は肩まで届く / Today's temperature will *reach* 30℃. きょうの気温は(摂氏)30 度に届くだろう《30℃は thirty degrees Celsius [centigrade] と読む》/ The two parties failed to *reach* an agreement. 両者は合意に達せなかった.
❸ [進行形なし] (手などを)**伸ばして**(...)**を取る**[(...)に届く]; (...)を(人に)手渡しする, 渡す (*over*): The boy ***reached*** a cup (***down***) ***from*** the shelf. V+O+(down+)from+名 その少年は手を伸ばして棚の上からカップを取った / *Reach* me the knife. V+O+O 私にそのナイフを取ってください. ❹ (人)と(電話などで)連絡する: You can *reach* me at this number. この番号で私に連絡がつきます. ❺ (放送・情報などが)(人)に伝わる; (話などが)(人)の心に届く: The TV program *reaches* a wide audience. そのテレビ番組は幅広い視聴者が見ている.
— 自 ❶ [進行形なし; 副詞(句)を伴って] (手などを...まで)**伸ばす**; (手などが)伸びる: He ***reached across*** the table and took the cup. V+前+名 彼はテーブルの向こうに手を伸ばしてカップを取った / He ***reached into*** his pocket ***for*** his wallet. 彼は財布を取ろうとポケットに手をつっこんだ / I can't *reach* (that high). 私は(そんなに高くまで)手が届かない《⇒ that[1] 副 1》.
❷ [進行形なし; 副詞(句)を伴って] **届く**, 及ぶ: Her hair ***reaches*** (***down***) ***to*** her shoulders. V+(down+)to+名 彼女の髪は肩まで届く / (The influence of) IT ***reaches into*** most people's lives. V+into+名 情報技術(の影響)はたいていの人の生活に及んでいる.

reach の句動詞
***réach for ...** 動 他 [受身なし] (手を伸ばして)**...を取ろうとする**, ...を取る: He *reached for* a box on the shelf. 彼は手を伸ばして棚の上の箱を取ろうとした.
+**réach óut** 動 自 ❶ **手を伸ばす**[**差し出す**]: The boy ***reached out for*** the last apple. 少年は最後のりんごを取ろうとして手を伸ばした. ❷ (人々に)接触しようとする, 援助の手を差し伸べる; 援助を求める (*to*).
— 他 (手など)を(...へ)伸ばす, 差し出す (*to, for*).

— 名 (~·es /~ɪz/) ❶ U **手を伸ばした範囲**; [a ~] **リーチ**, 手の長さ: ***within*** [***beyond***] (...'s) ***reach*** (...の)手の届く[届かない]所に / Keep ***out of*** (***the***) ***reach of*** children. 子供の手の届かない所に置いてください《薬などの注意書き》. ✪ ×out of (the) reach from とはしない // His long *reach* enabled him to knock out his opponent. リーチが長かったので彼は相手をノックアウトできた. 関連 range (弾丸などの)届く範囲[距離].
❷ U (力・理解などの及ぶ)**範囲**, 限度: That is ***beyond the reach of*** my understanding. それは私にはとてもわからない / The goal is ***within*** (our) ***reach***. その目標は達成可能だ. ❸ [普通は複数形で] (川などの)区域, (2 つの曲がり目の間の)見渡せる区域; (組織などの)階層, レベル: the upper [lower] *reaches* of the Amazon アマゾン上流[下流]の地域 / the upper *reaches* of an organization 組織の上層部.
withìn (éasy) réach (of ...) 副 (...から)気軽に出かけられる範囲に, (...の)近くに.
reach·a·ble /ríːtʃəbl/ 形 叙述 到達可能な.
re·act** /riǽkt/ 動 (re·acts /-ǽkts/; -act·ed /~ɪd/; -act·ing) 自 ❶ (刺激に対して)**反応する**; 反作用をする; **対応する**: The audience ***reacted to his speech *by* applauding loudly. V+to+名 聴衆は彼の演説に大きな拍手でこたえた.
❷ **反発する**, 反抗する; 反撃する: Young people naturally ***react against*** the attitudes of their parents. V+against+名 若い人たちは本来親の考え方に対して反発するものだ. ❸ (食物などに)(悪い)反応を示す (*to*); 〔化学〕反応する (*with; together*).
(名 reáction)
〖⇒ act キズナ〗

***re·ac·tion** /riǽkʃən/

— 名 (~s /~z/) ❶ C,U **反応**; 反作用 [⇔ action]; [複数形で] (危険などに対する)反射能力: a positive [negative] *reaction* 肯定的な[否定的な]反応 / show a mixed *reaction* さまざまな反応を示す / There was no ***reaction to*** his speech. 彼の演説には反応が全くなかった / the driver's quick *reactions* 運転手の機敏な反射神経.
❷ [単数形で] **反発**, 反抗: a ***reaction against*** the tax increase 増税に対する反発 / The suggestion prompted [provoked] a strong (negative) *reaction*. 提案は強い反発をかった.

R

❸ Ⓒ (薬品·化学物質などに対する)**身体的反応**, (薬などの)副作用: I have an allergic ***reaction to*** eggs. 私は卵にアレルギー反応がある. ❹ C,U 〘化学〙 反応; 〘物理〙 反作用: an acid [alkaline] *reaction* 酸性[アルカリ性]反応 / action and *reaction* /rìːækʃən/ 作用と反作用. ❺ Ⓤ 《格式》 (政治上の)反動; 復古調: the forces of *reaction* 反動勢力.
(動 reáct, 形 reáctionàry)

re·ac·tion·ar·y /riǽkʃənèri | -ʃ(ə)nəri/ 形 [軽蔑的] 反動的な, 逆コースの: *reactionary* politicians 反動的な政治家たち. (名 reáction)
— 名 (-ar·ies) Ⓒ [軽蔑的] 反動主義者.

re·ac·ti·vate /rìːǽktəvèɪt/ 動 他 (...)を再び活動させる, 再び活発にする.

re·ac·tive /riǽktɪv/ 形 反応する(だけの), 受け身の; 〘化学〙 反応性の.

+**re·ac·tor** /riǽktə | -tə/ 名 (~s /~z/) Ⓒ **原子炉** (nuclear reactor).

***read**[1] /ríːd/ 発音 過去形および過去分詞の read[2] と発音が違う. (同音 reed)
— 動 (reads /ríːdz/; 過去・過分 read /réd/; read·ing /-dɪŋ/) 他 ❶ (本・文字など)を**読む**; (外国語・目盛りなど)を読んで理解する, 読める: Have you *read* this book? この本は読みましたか / Mike was *reading* a letter from his father. マイクは父親からの手紙を読んでいた / *Read* Chapter 4 for Friday. 金曜日の予習に第 4 章を読んでおくこと / Kate speaks Japanese but can't *read* it. ケートは日本語を話せるが読めない / The book *is* widely *read*. V+O の受身 その本は幅広い人々に読まれている / *read* music [a map] 楽譜[地図]を読む.
❷ (...)を**声を出して読む**, 朗読する; (人)に読んで聞かせる: 言い換え My mother used to ***read*** fairy tales ***to*** me every night. V+O+to+名 = My mother used to *read* me fairy tales every night. V+O+O 母は毎晩私におとぎ話を読んでくれた (⇒ to[1] 3 語法).
❸ [進行形なし] (ニュースなど)を**読んで知る**: I ***read*** in the newspaper ***(that)*** the summit will take place soon. V+O ((that)節) 首脳会議がまもなく始まるということを新聞で知った.
❹ (人の心・顔色など)を**読み取る**; (...)を解釈する [≒ interpret]; 〘コンピュータ〙 (データ)を読み取る: *read* ...'s palm ...の手相を見る / Can you *read* my mind [thoughts]? 私の気持ち[考えていること]がわかりますか / Ask him if he *read* the passage accurately. 彼がその一節を正しく解釈したか尋ねてごらんなさい / She ***read*** his silence ***as*** consent. V+O+C (as+名) 彼女は彼が黙っていたのを承知したのだと解釈した. 関連 lip-reading 読唇術.
❺ [進行形なし] (計器・掲示などが)(...)を**表示する**; (印刷物などが)(...)と書いてある: The thermometer *reads* 30 degrees. 温度計は 30 度を示している. ❻ [普通は命令文で] (語)を(...と)訂正して読む, (語を)(...)と訂正する: Please *read* "form" *as* "from." = *For* "form" *read* "from." form は from の誤りです. ❼ (無線などで)(人)の声を聞き取る: Do you *read* me? Ⓢ 私の言うことがわかり[聞こえ]ますか / 「I *read* [I'm *reading*] you loud and clear. はっきり聞き取れるよ. ❽ 《英》 (...)を専攻する, (大学で)研究する: *read* physics at Cambridge ケンブリッジ大学で物理学を専攻する.
— 自 ❶ **読書する**, 読む; [進行形なし] 読んで知る: I don't have enough time to *read*. 私には読書する暇が十分ない / I've ***read about*** that great hero. V+about+名 私はその偉大な英雄のことについては読んで知っている.
❷ [副詞(句)を伴って] **声を出して読む**, 朗読する; 読んで聞かせる: *read* aloud 声に出して読む / The mother ***read to*** her son until he fell asleep. V+to+名 母親は息子が眠るまで本を読んでやった. ❸ [副詞(句)を伴って] [進行形なし] 読んでみると...である, (...に)読める: This article *reads well*. この記事はうまく書いてある. ❹ [副詞(句)を伴って] [進行形なし] (...と)書いてある, (...に)解される: The telegram *reads* as follows. 電報の文句は次のとおりです. ❺ 《英》 (大学で)(...を)専攻する (*for*).
réad betwèen the línes [動] 自 言外の意味を読み取る, 行間を読む (⇒ line[1] 5).
táke ... as réad /réd/ [動] 他 《主に英》 (...)を(問題にしないで)そのまま了承する; (...)を当然(ありそうなこと)と考える (この read は過去分詞).

read の句動詞

réad báck 動 他 (確認のため)(書いたもの)を(人に向かって)読み上げる (*to*).
réad for ... 動 他 (ある役)のオーディションを受ける.
+**réad ... ínto ~** 動 他 (ことば)の中に(...)が**意味[意図]されていると考える**: You're *reading* too much *into* it. それはあなたの勘ぐりすぎですよ.
réad of ... 動 他 ...のことを読んで知る.
+**réad óut** 動 他 ❶ (...)を**声を出して読む**; 読み上げる (*to*). ❷ 《主に米》 〘コンピュータ〙 (情報)を読み出す.
+**réad thróugh [óver]** 動 他 (...)を(注意して)**終わりまで読む**, 通読[読破]する V+名·代+through [over] / V+through [over] +名: Have you *read* the contract *through*? その契約書を(全部)読み通したの?
réad úp 動 他 《英》 = read up on ....
+**réad úp on [abòut] ...** 動 他 (書物などで)...**を集中[徹底]的に調べる**; 研究する [≒study]: I've been *reading up on* environmental problems. 私は環境問題を研究している.

— 名 [a ~] 《略式》 一読(すること); 読書; 読書の時間; [形容詞を伴って] 読み物: have *a* quiet *read* 静かに読書する / *a good read* 読んで楽しいもの.

***read**[2] /réd/ 発音 原形の read[1] と発音が違う. (同音 red)
— 動 **read[1] の過去形および過去分詞.**
— 形 [次の成句で] **be wéll réad in ...** [動] 他 ...に精通している.

read·a·bil·i·ty /rìːdəbíləti/ 名 Ⓤ おもしろく読めること; 読みやすさ.

read·a·ble /ríːdəbl/ 形 ❶ (本などが)読んでおもしろい; 読みやすい [⇔ unreadable]. ❷ (筆跡などが)判読できる. ❸ 〘コンピュータ〙 (ファイルなどが)読み取れる.

re·ad·dress /rìːədrés/ 動 他 《英》 (手紙など)のあて名を書き直す; (...)を転送する (*to*, *forward*).

***read·er** /ríːdə | -də/
— 名 (~s /~z/) ❶ Ⓒ (本・新聞・雑誌の)**読者**, 読む人; 読書家; [前に形容詞をつけて] 読むのが...の人: I'm a *slow* [*fast*] *reader*. 私は読むのが遅い[速い] / He's a *great reader of* mystery stories. 彼はミステリーの熱心な読者です.
❷ Ⓒ (語学などの)**教科書** (読むことを訓練するためのもの), リーダー, 読本: an English *reader* 英語のリー

ダー. ❸ Ⓒ [普通は R-]《英》(大学の)准教授《教授 (professor) と講師 (lecturer) の間の地位; ⇒ professor 表》;《米》(大学の)採点助手: a *reader in* physics 物理学の准教授. ❹ Ⓒ〔コンピュータ〕読み取り装置[機].

read·er·ship /ríːdəʃìp | -də-/ 名 ❶ [Ⓤ または a~] (新聞·雑誌などの)読者数; 読者層 (*of*): This magazine has *a* wide [large] *readership*. この雑誌には多数の読者がいる. ❷ Ⓒ [普通は R-]《英》准教授の地位 (*in*).

***read·i·ly** /rédəli/ 副 ❶ **たやすく**, 簡単に: be *readily* available すぐ手に入る / Even a child can *readily* understand it. 子供だってそれぐらいはわけなく理解できる.
❷ **快く**, 進んで, 異論なく [≒willingly]: *readily* accept ...'s offer 快く...の申し出を受け入れる.

read·i·ness /rédinəs/ 名 ❶ Ⓤ 準備[用意]ができていること (*for*). ❷ [Ⓤ または a ~] 進んですること: He expressed (his [*a*]) *readiness to* help us. 彼は喜んで我々を援助する意向を示した. **in réadiness** [形·副] 準備が整って: We have everything *in readiness for* the exhibition. 展示会の準備はすっかりできている.

****read·ing** /ríːdɪŋ/

— 名 (~s /~z/) ❶ Ⓤ **読書**; **読み方**《⇒ R' 成句》; [a ~] (...の)一読; Ⓒ 朗読: silent *reading* 黙読 / I like *reading*. 私は読書が好きです / *a* close reading *of* the text テキストの精読 / give a poetry *reading* 詩の朗読をする.
❷ Ⓤ **読み物**: light *reading* 軽い読み物 / This book makes (for) pleasant *reading*. この本は楽しい読み物です.
❸ Ⓒ **解釈**; **判断**; 意見: What's your *reading of* the latest trade figures? 最近の貿易の統計についてのあなたの見方はいかがですか.
❹ Ⓒ (計器などの)**表示**, 示度: take a meter *reading* メーターの表示を読み取る. ❺ Ⓒ 読書会; 朗読会; 朗読会で読まれる聖典[テキスト]の一節. ❻ Ⓒ (議会の)読会《法案を慎重に審議するための段階》: the first [second, third] *reading* 第 1[2, 3]読会.

réading matèrial 名 Ⓤ (新聞·雑誌の)読み物, 記事《広告と区別して》.

réading ròom 名 Ⓒ 図書閲覧室, 読書室.

re·ad·just /rìːədʒʌ́st/ 動 自 (新しい環境などに)慣れる (*to*). — 他 (...)を(再び)調整する.

re·ad·just·ment /rìːədʒʌ́s(t)mənt/ 名 Ⓒ,Ⓤ 慣れること; (再)調整.

réad-on·ly mémory /ríːdòʊnli-/ 名 Ⓒ〔コンピュータ〕= ROM.

read·out /ríːdàʊt/ 名 Ⓒ〔コンピュータ〕読み出された[表示·記録された]情報.

****read·y** /rédi/ 発音

— 形 (read·i·er /-diə | -diə/; read·i·est /-diɪst/) ❶ 叙述 **用意のできた**, 支度[準備]のできた: Dinner is *ready*. 食事の用意ができました / Are you *ready to* order? +to 不定詞 ご注文はお決まりですか 多用 / "We're [Everything is] *ready for* the meeting. +for+名 会議の用意はできています 多用 / The room is now *ready for* you [the party]. その部屋はあなたが使えるよう[パーティー用]に用意ができています / I'm afraid I can't *get ready to* go out in ten minutes. 私は 10 分では出かける支度ができそうもない / We have to *get* [*make*] *ready for* the coming winter. 私たちはやがて来る冬のための準備をしなければならない. 語法 make ready は重要な準備をするときに用いることが多い // John, will you *get* dinner *ready*? ジョン, 夕食の支度をしてくれる? / *get* the children *ready for* school 子供たちに学校へ行く支度をさせる / be *ready for anything* どんなことにも対処する用意ができている.
❷ 叙述 (いつでも)**喜んで...する**, 進んでやる気のある: I'm *ready to* help. +to 不定詞 私は喜んでお手伝いをいたします.
❸ 叙述 **今にも...しようとして**; すぐ...しがちで: The girl was *ready to* cry. +to 不定詞 少女は今にも泣きだしそうだった / She's always *ready with* an excuse. +with+名 彼女はいつもすぐ言いわけをする.
❹ 叙述 Ⓢ (すぐ)(...を)必要として, 欲しがって: This job has worn me out. I'm *ready for* a holiday. この仕事でとても疲れた. 休みがほしい.
❺ 手近の; すぐ使える[得られる]: He had a gun *ready*. 彼は銃を手近に持っていた.
❻ 限定 手早い, 敏速な [≒quick]; 即座の: a *ready* wit 機知 / give a *ready* answer 即答する.
réady to hánd [形] すぐ使えるようにして.
Réady [Gèt réady], (gèt) sét, gó! [間] Ⓢ〔スポーツ〕位置について, 用意, どん! 語法 このほかに On your mark(s), get set, go! や《英》Ready, steady, go! などと言うこともある.
réady when yóu àre Ⓢ こちらはいつでもよい(あなた次第だ): "Shall we start?" "*Ready* [I'm *ready*] *when you are*." 「始めましょうか」「こちらはいつでもいいですよ」
— 動 (read·ies; read·ied; -y·ing) 他《格式》(物事)を用意する; (人)に準備させる (*for*).
réady onesèlf [動] 自《格式》準備をする (*for*).
— 名 [the ~]《英略式》現金.
àt the réady [副] すぐ使える状態で: Have your pencil *at the ready* to take down the telephone number. 電話番号を控えるために鉛筆を用意してください.

réady cásh 名 Ⓤ = ready money.

read·y-made /rédiméɪd←/ 形 ❶ 限定 出来合いの, 既製の [⇔ made-to-order, custom-made, tailor-made]: *ready-made* clothes 既製服. ❷ 限定 (返答·方法などが)おあつらえ向きの, すぐ使える: a ready-made excuse おあつらえ向きの口実.

réady móney 名 Ⓤ 即金; 現金.

read·y-to-wear /réditəwéə | -wéə←/ 形《古風》(服が)既製(品)の.

re·af·firm /rìːəfə́ːm | -əfə́ːm/ 動 他 (...)と再び断言[主張]する.

re·af·fir·ma·tion /rìːæfəméɪʃən | -æfə-/ 名 Ⓤ,Ⓒ 再び断言[主張]すること.

re·a·gent /riéɪdʒənt, rìː-/ 名 Ⓒ〔化学〕試薬, 試剤.

****re·al** /ríː(ə)l, ríəl | ríəl, ríː(ə)l/ 発音 (同音) #reel[1, 2]

— 形

意味のチャート
原義はラテン語で「物の」→「**本物の**」→「**本当の**」❷ →「**実在の**」❶

❶ **実在の**, 現実の [⇔ imaginary, unreal]; 限定 実際の; 重要な: in *real* life 実生活では / the *real* world 現実の世界, 実社会 / The *real* manager of the firm is Mr. Long. その会社の実際の経営者はロング氏だ / a

very *real* danger とても重大な危険 / the *real* problem 重要問題.
❷ [限定] 本当の, 真の, 本物の (⇒ [類義語]) [⇔ false, fake]: *real* flowers 本物の花 / her *real* name 彼女の本名 / a *real* job ちゃんとした仕事 / the *real* thing 《略式》本物 / a *real* live movie star 本物の映画スター / *real* friends 真の友達 / I have discovered the *real* reason for her absence. 私は彼女が欠席した本当の理由を知った.
❸ [限定] [意味を強めて] Ⓢ **全くの**, 本当の: He's a *real* fool! 彼は本当にばかだ. ❹ [限定] (食品・飲料が)天然の, 加工を施してない: *real* coffee (インスタントでない)本物のコーヒー. ❺ [限定] (収入・価格などが)購買力に基づいて測定された, 実質の: *real* wages 実質賃金.
Gèt réal! Ⓢ 現実的に考えろ.
kéep it réal [動] 自 Ⓢ 素直にふるまう.
(名 reálity, 動 réalìze)
— 副 Ⓢ 《米》 **本当に** [≒really]; とても [≒very]: It was *real* nice of you to say so. そう言ってくれてどうもありがとう.
— 名 [次の成句で] **for réal** [副・形] (1) Ⓢ 本当に[の], 本気で[の]. (2) Ⓢ 《米》 正気で[の]; 上手な, すぐれた: Are you *for real*? 正気なの?
[類義語] **real** 「外見と内容が一致した正真正銘の」という意味: That's her *real* mother. あの人が彼女の生みの母です. **actual** 「現実に存在している」という意味: Those were his *actual* words. それが彼が実際に言ったことばです. **genuine, authentic** 「にせ物でない, 本物の」という意味: 「a *genuine* [an *authentic*] $10 bill 本物の10ドル紙幣. **true** 「持つべき性質・特性を有した, 本物の」という意味: a *true* friend 真の友.

+**réal estàte** 名 U 《主に米》〔法律〕 **不動産** (土地・建物など); 不動産業. [関連] personal property 動産.
réal estàte àgent 名 C 《米》 不動産業者 [《英》 estate agent].
re·a·lign /rìːəláɪn/ 動 他 ❶ (...)を再編成[統合]する, 再調整する. ❷ (...)の位置[向き]を変える.
realígn onesèlf [動] 自 (...に対する)立場[路線]を変える[見直す] (*with*).
re·a·lign·ment /rìːəláɪnmənt/ 名 ❶ U,C 再編成, 再統合, 再調整; 路線変更 (*of*). ❷ U,C 並べ換え.
****re·al·ise** /ríːəlàɪz | ríəlaɪz, ríːəlàɪz/ 動 《英》 = realize.
re·al·is·m /ríːəlìzm | ríə-/ 名 ❶ U 現実主義 [⇔ idealism]. ❷ U 迫真, リアルさ. ❸ U [しばしば R-] (文芸・美術の)写実主義, リアリズム. ❹ U (哲学の)実在論.
re·al·ist /ríːəlɪst | ríə-/ 名 C 現実主義者, 実際家; 写実主義者: a *realist* novel 写実小説.
+**re·al·is·tic** /rìːəlístɪk | rìə-, rìːə-←/ 形 ❶ **現実的な**, 実際的な; 実行可能な [⇔ unrealistic]: a more *realistic* goal より実行可能な目標 / You have to be ***realistic about*** the situation. [+about+名] 情況を現実的に考える必要がある / It isn't *realistic* to do such a thing. そんなことをするのは現実的でない. ❷ 現実[写実]主義の; (描写が)真に迫った, リアルな: a *realistic* novel 写実(的な)小説.
re·al·is·ti·cal·ly /rìːəlístɪkəli, rìə-, rìːə-/ 副 [ときに 文修飾] 現実的に(は), 実際には; 写実的に.
****re·al·i·ty** /riǽləṭi/ [!発音]
— 名 (-i·ties /~z/) ❶ U,C **現実**, 現実に存在するもの, 実際に見た[経験した]もの: an escape from *reality* 現実からの逃避 / ***face*** the harsh [tough] ***realities*** [***reality***] of life 人生の厳しい(さまざまな)現実に直面する / His dream has now ***become*** a ***reality***. 彼の夢は今や現実となった / ***The reality is that*** there're fewer young people willing to get married. 結婚を望む若者が減ってきているのが現実だ / *make* the project a *reality* 計画を実現する. ❷ U 現実性, 実在: doubt the *reality* of God 神は実在しないのではないかと思う.
in reálity [副] (1) [つなぎ語] (ところが)実際は (前述のことと対照的な[矛盾する]ことを述べる): She seemed confident, but *in reality* she felt nervous. 彼女は自信がありそうだったが, 実際は不安を感じていた. (2) 実際に(は).
(形 réal)
reálity chèck 名 C [普通は単数形で] 《略式》 現実に目を向けること[機会].
reálity TV 名 U リアリティ番組 (俳優などではない一般人の行動などを描き出す).
re·al·iz·a·ble /ríːəlàɪzəbl | ríə-/ 形 ❶ 実現可能な. ❷ (資産などが)換金可能な.
re·al·i·za·tion /rìːəlɪzéɪʃən | rìəlaɪz-, rìːə-/ 名 ❶ [U または a ~] (本当の)理解, 悟ること, 実感 (*of*): We came to the *realization that* a severe earthquake could occur at any moment. 大地震がいつでも起こりうることがわかった (⇒ that² A4). ❷ [the ~] 《格式》 (希望・計画などの)実現, 達成, 現実化: *the realization of* space travel 宇宙旅行の実現. ❸ [the ~] 《格式》 (財産などの)現金化 (*of*). (動 réalìze)
****re·al·ize** /ríːəlàɪz | ríəlaɪz, ríːəlàɪz/ [!アク]
— 動 (-al·iz·es /~ɪz/; -al·ized /~d/; -al·iz·ing) 他

意味のチャート
(本物 (real) にする)
→ 「**実現する**」 ❷
→ (本当だと感じる) → 「**理解する**」 ❶

❶ [進行形・受身なし] (...)を(本当に)**理解する**, 悟る, 実感をもって(...)がわかる; (...)に気づく: [言い換え] He has *realized* his error. = He has *realized* (*that*) he made an error. [V+O ((that)節)] 彼は誤りを犯したことを悟った / Afterward, she *realized what* had happened. [V+O (wh 節)] 彼女は後になって何が起こったかわかった / I didn't *realize* it was this late. I'm afraid I have to say goodbye. こんなに遅いとは気づきませんでした. もうおいとましなくては.
❷ 《格式》 (希望・計画など)を**実現する**; [普通は受身で] (恐れ)を現実化する: At last he *realized* his dream of becoming a doctor. とうとう彼は医者になる夢を達成した / My (worst) fears *were realized*. [V+O の受身] 私の(最も)恐れていたことが現実となった. ❸ 《格式》 (...)を具体化する, 現実的に描く: The stage set *realized* the atmosphere of an American house. その舞台装置はアメリカの家の雰囲気を再現していた.
❹ 《格式》 (物が)(利益)をあげる; (...)で売れる; (...)を現金に換える; (利益)を得る. (形 réal, 名 rèalizátion)
re·al-life /ríː(ə)lláɪf | ríəl-←/ 形 [限定] 現実の, 実際に起きた.
****re·al·ly** /ríː(ə)li, ríəli | ríəli, ríː(ə)li/
— 副 ❶ [形容詞・副詞を強めて] Ⓢ **全く**, 本当に, 実に: It was a *really* beautiful morning. その日は本当

に美しい朝だった / He runs *really* fast. 彼は実に足が速い / I'm *really*, *really* sorry. 本当に, 本当に申しわけありません.
❷ Ⓢ **本当に, 実際に:** Tell me what *really* happened. 実際は何が起こったのか教えてください / Do you *really* think so? あなたは本当にそう思いますか / I *really* don't care. 僕は本当にどうでもいいんだ.
❸ 文修飾 **本当は, 実際は:** He sometimes seems to be rather cold, but he's *really* a very kind man. 彼は時には少し冷たいと思えることもあるが本当はとても親切な人だ.
❹ Ⓢ **本当に**; まさか; 全くだ, そのとおり [≒indeed]. 語法 相手の話に対する興味・驚き・疑い・抗議などを表わしたり, 相づちや《米》同意に用いる. 上昇調で発音されることが多い: "I'm going to Hawaii next week." "Oh, *really*? ↗"「来週私はハワイへ行きます」「え, 本当ですか」/ "Mr. Black passed away last week." "Not *really*? ↗"「ブラックさんが先週亡くなりました」「まさか」/ "You needn't have said that." "Yeah, *really*."「そんなこと言わなくてもよかったのに」「全くだ」
❺ Ⓢ [否定文で] そんなに[あまり](...でない)《否定をやわらげる》: 🗨 "Do you like it?" "*Not really*."「それが好きですか」「いや(そんなに)」《⇒ 4 の 2 番目の例文》/ I do*n't really* know it. それをよく知っているわけではない. 語法 really の位置による意味の違いに注意: I *really* don't know it. 本当にそれを知らない. ❻ [普通は ought to, should を強調して] Ⓢ 本当(のところ)は: You「*ought really* [*really ought*] *to* do [have done] it yourself. 本当のところは君はそれを自分でやるべきだ[だったのに].

+**realm** /rélm/ ❗発音 名 (~s /~z/) ❶ Ⓒ **領域**, 部門, 範囲: in the ***realm of*** science 科学の領域では. ❷ Ⓒ [しばしば R-]《文語》王国 [≒kingdom].
within [beyònd] the réalm(s) of possibílity [形] ありうる[ありえない], 可能[不可能]で.
〖語源 region と同語源〗

re·al·pol·i·tik /reɪáːlpoʊlətìːk | -pɔl-/ ≪ドイツ語から≫ 名 Ⓤ 現実政策.

réal próperty 名 Ⓤ《米》〔法律〕不動産. 関連 personal property 動産.

réal tíme 名 Ⓤ,Ⓒ〔コンピュータ〕リアルタイム, 実時間; 即時, 瞬時. **in réal tíme** [副] 即時に, 同時に.

re·al-time /ríː(ə)ltáɪm | ríəl-←/ 形 限定〔コンピュータ〕リアルタイムの, 実時間の; 即時の, 瞬時の, 同時の.

Re·al·tor, re·al·tor /ríː(ə)ltɚ, -tɔɚ | ríəltə/ 名 Ⓒ《米》(公認の) 不動産業者《商標; ⇒ real estate agent》.

re·al·ty /ríː(ə)lti | ríəl-/ 名 Ⓤ《米》= real estate. 関連 personal property 動産.

ream[1] /ríːm/ 名 ❶ [複数形で]《略式》多量(の書き物) (*of*). ❷ Ⓒ〔製紙〕連《洋紙を数える単位で《米》500 枚, 《英》480 枚》.

ream[2] /ríːm/ 動 他 ❶《米略式》(人)をだます, ひどく扱う. ❷《米略式》(人)をひどくけなす, しかりつける (*out*). ❸《格式》(穴)を広げる.

re·an·i·mate /riːǽnəmèɪt/ 動 他《格式》(...)を復活させる; 新しく勢いづける, 元気づける.

reap /ríːp/ 動 他 ❶ (報い)を受ける, (利益)を得る: You have now *reaped* the rewards [benefit(s), harvest] of years of hard work. これであなたは長年の苦労が報いられた. ❷ (穀物)を刈る, 刈り取る; 収穫する《⇒ sow[1]》: You *reap* what you sow.《ことわざ》まいたとおりに刈らねばならぬ(因果応報, 自業自得). — 自 収穫をする. 〖語源 ripe と同語源〗

reap·er /ríːpɚ | -pə/ 名 Ⓒ 刈り取る人; 刈り取り機.

re·ap·pear /rìːəpíɚ | -əpíə/ 動 (-pear·ing /-píː(ə)rɪŋ/) 自 再び現われる, 再出現[出場]する.

re·ap·pear·ance /rìːəpí(ə)rəns/ 名 Ⓤ,Ⓒ 再び現われること, 再出現, 再出場 (*of*).

re·ap·prais·al /rìːəpréɪz(ə)l/ 名 Ⓒ,Ⓤ《格式》再評価, 再検討 (*of*).

re·ap·praise /rìːəpréɪz/ 動 他《格式》(...)を再評価する, 再検討する.

*__rear__[1] /ríɚ | ríə/ 名 (~s /~z/) ❶ [the ~] **後ろの部分**, 後部, 奥, 裏側 [≒back] [⇔ front]: sit ***in the rear of*** the car 車の後部座席に座る. ❷ Ⓒ = rear end 2.
at the réar of ... [前] = in the rear of ....
bríng úp the réar [動] 自 (行列などの)しんがりを務める, いちばん後ろを行く (*of*).
in the réar of ... [前] (1) ...の後部に: march *in the rear of* the procession 行列の後部で行進する. (2) ...の後ろに, ...の背後に: the garden *in the rear of* my house 私の家の裏にある庭.
— 形 限定 **後ろの**, 後部の [≒back] [⇔ front]: a *rear* gate [entrance] 裏門[口] / the *rear* wheels of a car 車の後輪.

+**rear**[2] /ríɚ | ríə/ 動 (rears /~z/; reared /~d/; rear·ing /rí(ə)rɪŋ/) 他 (子供・動物)を(大人になるまで)**育てる**, 飼育する [《米》raise]: He *reared* three children by himself. 彼は自分ひとりで 3 人の子供を育てた / He was ***reared on*** video games. 彼はテレビゲームばかりして育った. — 自 ❶ (馬などが)後ろ足で立つ (*up*). ❷《文語》(建物などが)そびえる (*up*).
réar one's **úgly héad** [動] 自 (問題などが)生じる, 頭をもたげる.

réar ádmiral 名 Ⓒ [しばしば R- A-] 海軍少将.

réar énd 名 ❶ Ⓒ (乗り物の)後部. ❷ Ⓒ《略式》[遠回しに] おしり.

réar-énd 動 他《米, 略式》(前の車)に追突する.

réar guárd 名 [the ~ として単数でもときに複数扱い]〔軍隊〕後衛 [⇔ vanguard].

re·arm /rìːáɚm | -áːm/ 動 自 再武装[再軍備]する. — 他 (...)を再武装[再軍備]させる (*with*).

re·arm·a·ment /rìːáɚməmənt | -áː-/ 名 Ⓤ 再武装, 再軍備. 関連 disarmament 軍備縮小.

rear·most /ríɚmòʊst | ríə-/ 形 限定 最後部[尾]の.

+**re·ar·range** /rìːəréɪnʤ/ 動 (-ar·rang·es /~ɪz/; -ar·ranged /~d/; -rang·ing) 他 (...)を**再び整理[配列]する**; (会合など)の日時を変更する (*for*).

re·ar·range·ment /rìːəréɪnʤmənt/ 名 Ⓤ,Ⓒ 再整理, 再配列; (予定の)変更 (*of*).

réar·view mírror /ríɚvjùː- | ríə-/ 名 Ⓒ (自動車などの)バックミラー《⇒ car 挿絵》. 日英「バックミラー」は和製英語.

rear·ward /ríɚwɚd | ríəwəd/ 形 限定, 副《格式》後方の[に].

***rea·son** /ríːz(ə)n/

— 名 (~s /~z/) ❶ Ⓒ,Ⓤ **理由**, 根拠, わけ; 動機: What are「the ***reasons for*** his stay [his ***reasons for*** stay*ing*] there? 彼がそこにとどまっている理由は何か / One of the *reasons* (*why* [*that*]) I love him is *that* [《略式》*because*] he's honest. +(why [that])節 私が彼を好きなのはひとつにはあの人が正直だからだ《⇒ because 1 語法 (2)》. 語法 この why, that は関係副詞;

reason が省略される場合については ⇒ why² 1 語法 // 「We have [There's] every [good] ***reason to*** believe that his motives are suspect. +to 不定詞 彼の動機は疑わしいと考えるには十分の[もっともな]理由がある《⇒ every 4》/ You have no *reason to* complain. あなたが苦情を言う理由は全くない / ***For*** this ***reason*** I cannot agree with you. こういう理由で私はあなたに同意できない / I won't eat it *for* the simple *reason* (*that*) I don't like it. 私がそれを食べようとしないのは単に好きではないからだ / Will you ***give*** me your ***reasons*** for doing this? こんなことをした理由を言いなさい / explain the ***reasons behind*** his decision 彼の決意の背後にある理由を説明する.

❷ Ⓤ **理性**, 判断力, 正気: the voice of *reason* 理性の声《⇒ voice¹ 3》/ the power of *reason* 理性の力. ❸ Ⓤ 道理; 分別: Why will you not *listen to reason*? どうしてお前は道理に従おうとしないのか.

áll the mòre réason [名] Ⓢ (...する)なおさらの理由 (*to* do): "I'm very tired." "*All the more reason to* go to bed at once." 「とても疲れた」「それならなおのことすぐに寝なさい」

beyònd (áll) réason [形·副] 道理[理屈]を超えた[て], 途方もない[なく]: Love is *beyond reason*. 恋は理屈では抑えられない.

by réason of ... [前] 《格式》...のために.

for sóme réason (or óther) [副] どういうわけか.

háve one's **réasons** [動] ⓐ 《略式》人に言えない理由がある.

It stánds to réason that ... 《略式》...は理屈に合う, ...は筋が通る: *It stands to reason that* such poor planning will lead to failure. そんなずさんな計画の立て方では失敗するのも無理はない.

Nò réason. Ⓢ [理由を答えたくないときに] (特に)理由なんてないね.

with (góod) réason [副] 文修飾 (...であるのは, ...するのは)もっともだ, 無理もない: Mrs. Long refused his offer *with* (*good*) *reason*. ロング夫人が彼の申し出を断わったのも無理はない.

withìn réason [副·形] 理にかなった(範囲内で), 穏当な(程度に): I'll do anything *within reason* to win. 勝つために道理にかなうことは何でもします.

(形 réasonable)

— 動 (rea·sons /~z/; rea·soned /~d/; -son·ing /-z(ə)nɪŋ/) ⓣ [受身なし] (...)と(筋道を立てて)**論ずる**, **考える**; (論理的に)判断する: They ***reasoned*** (*that*) I must be guilty. V+O (*that* 節) 彼らは私が有罪に違いないと考えた.

— ⓐ (理性を働かせて)考える, 推理する; 判断する: the ability to *reason* 思考[判断, 推理]力.

réason óut [動] ⓣ (答え)を論理的に考えて出す.

réason with ... [動] ⓣ (人)を説得する: It's hard to *reason with* him. 彼を説得するのは難しい.

〖語源 ラテン語で「計算」の意; ratio, ration と同語源〗

*rea·son·a·ble /ríːz(ə)nəbl/

— 形 ❶ **道理をわきまえた**, 分別のある; 理性のある [⇔ unreasonable]: a *reasonable* person 分別のある人 / Be *reasonable*. むちゃを言う[する]な.

❷ **道理に合った**, 筋の通った [⇔ unreasonable]: a (perfectly) *reasonable* explanation [request] (全く)理屈に合った説明[要求] / ***It's reasonable for*** him ***to*** make the demand. 彼がそのように要求するのは筋が通っている.

❸ (値段が)**手ごろな**, 高くない, 応分の; **ほどよい**, 穏当な, まあまあの《⇒ cheap 類義語》: a *reasonable* price 手ごろな[高くない]値段 / a *reasonable* size 手ごろな大きさ / a *reasonable* standard of living まあまあの生活水準.

(名 réason)

~·ness 名 Ⓤ 道理に合ったこと; (値段の)手ごろさ; ほどよさ.

***rea·son·a·bly** /ríːz(ə)nəbli/ 副 ❶ [形容詞·副詞を修飾して] **ほどほどに**, まあまあ [≒fairly]; 適度に: do *reasonably* well 結構いい成績をとる / a *reasonably* priced book 手ごろな値段の本.

❷ **合理的に**, 分別を持って; 無理なく [⇔ unreasonably]: act *reasonably* 分別のある行動をする. ❸ 文修飾 道理に合って, もっともで, ...のも無理はない: You can't *reasonably* expect them to give you support. 彼らが支持してくれると考えない方が無難だ.

rea·soned /ríːz(ə)nd/ 形 限定 (議論などが)筋の通った.

rea·son·ing** /ríːz(ə)nɪŋ/ 名 Ⓤ **推理**, 推論; 議論の進め方, 論法; 理由: a line of *reasoning* 推理の道筋 / Explain the ***reasoning behind the idea. そういう考え方をする理由を説明してください.

re·as·sert /rìːəsə́ːt | -əsə́ːt/ 動 ⓣ (権利など)を再び主張する; (...)を再び明言する.

reassért itsèlf [動] ⓐ よみがえる, 復活する.

re·as·sess /rìːəsés/ 動 ⓣ (...)を再考する.

re·as·sur·ance /rìːəʃʊ́(ə)rəns, -əʃə́ːr- | -əʃʊ́ə-/ 名 ❶ Ⓤ 安心; 保証, 確約 (*that*). ❷ Ⓒ 安心させることば (*that*).

(動 rèassúre)

+re·as·sure /rìːəʃʊ́ɚ, -əʃə́ː | -əʃɔ́ː, -əʃʊ́ə/ 動 (-as·sures /~z/; -as·sured /~d/; -as·sur·ing /-ʃʊ́(ə)rɪŋ/) ⓣ (人)を**安心させる**, 確約する; (人)の(...に関する)不安を除く (*about*): The doctor's remarks *reassured* the patient. 医師のことばはその患者を安心させた / The bank ***reassured*** us (***that***) our money was safe. V+O+O ((*that*)節) 銀行は我々の金が安全なことを確約した.

(名 rèassúrance)

re·as·sur·ing /rìːəʃʊ́(ə)rɪŋ, -ʃə́ːr- | -ʃʊ́ər-/ 形 安心させる(ような), 頼もしい. **~·ly** 副 安心させるように.

re·bate /ríːbeɪt/ 名 Ⓒ 払い戻し; 割引: a tax *rebate* 税金の払い戻し. 日英 日本語の「リベート」と違って合法的なもの.

Re·bec·ca /rɪbékə/ 名 固 レベッカ《女性の名; 愛称は Becky》.

+reb·el¹ /réb(ə)l/ 名 (~s /~z/) Ⓒ **反逆者**, 反抗者; [複数形で] **反乱軍** (*against*): armed *rebels* 武装した反乱者たち / the *rebel* army 反乱軍.

(動 rebél)

+re·bel² /rɪbél/ 動 (re·bels /~z/; re·belled /~d/; -bel·ling) ⓐ ❶ (政府·権力(者)などに)**反抗する**, 背く [≒revolt]: He ***rebelled against*** the leader of his party. V+*against*+名 彼は党のリーダーに反抗した. ❷ 反発する, 反感を持つ (*against*). (名 rébel, rebéllion)

+re·bel·lion /rɪbéljən/ 名 (~s /~z/) Ⓤ,Ⓒ **反乱**, **謀反**(むほん), 暴動; 反抗: rise (up) ***in rebellion against*** the government 政府に対する反乱を起こす /「***put down*** [***crush***] a ***rebellion*** 反乱を鎮圧する.

(動 rebél², 形 rebéllious)

re·bel·lious /rɪbéljəs/ 形 反抗的な, 言うことを聞かない; 反乱を起こす, 反逆心のある: He has a *rebellious* streak. 彼には反抗的なところがある. (名 rebéllion)

re·birth /rìːbə́ːθ | -bə́ːθ/ 名 Ⓤ または a ~] 《格式》再生, 更生, 復活, 復興 (*of*); (宗教上の)覚醒(かくせい).

re·boot /rìːbúːt/ 動 ⓣ 〔コンピュータ〕(コンピューター)を

再起動する. ― ⓐ〔コンピュータ〕(コンピューターが)再起動する.

re·born /rìːbɔ́ɚn | -bɔ́ːn/ 形《文語》生まれ変わった, 再生した, 復活した; (宗教上で)覚醒した.

re·bound[1] /ríːbàʊnd, rɪbáʊnd, rìː- | rɪ-, rìː-/ 動 ⓐ ❶ (ボールなどが)はね返る (*from, off*). ❷ (経済などが)持ち直す (*from*). ❸《格式》(よくない行為などが)(当人に)はね返ってくる, 裏目に出る (*on, upon*). ❹〔バスケ〕リバウンドボールを取る.

re·bound[2] /ríːbàʊnd/ 名 ❶ Ⓒ〔バスケなど〕リバウンドボール(を取ること). ❷ Ⓒ (経済などの)持ち直し, 揺り戻し, 回復. **on the rébound** [副] (1) (失恋などの)反動で, はずみで (*from*). (2) (ボールなどの)はね返ったところを (*from*). (3) 回復基調で.

re·buff /rɪbʌ́f/ 名 (~s) Ⓒ《格式》拒絶, はねつけ: ˹meet with [suffer] a *rebuff* 拒絶される. ― 動 ⓣ《格式》(...)をはねつける, 拒絶する.

+**re·build** /rìːbíld/ 動 (re·builds /-bílʣ/; 過去・過分 re·built /-bílt/; -build·ing) ⓣ ❶ (...)を**建て直す**; 再建する: A lot of houses had to *be rebuilt* after the earthquake. V+O の受身 地震の後, 建て直さなければならない家が多かった. ❷ (人生)をやり直す; (財政など)を再建する.

re·buke /rɪbjúːk/ 動 ⓣ [しばしば受身で]《格式》(...)を(厳しく公然と)しかる, とがめる, 非難する《⇒ scold 類義語》: The official *was rebuked for* his misconduct. その公務員は違法行為を厳しくとがめられた. ― 名 C,U《格式》非難; 叱責(しっせき).

re·bus /ríːbəs/ 名 Ⓒ 判じ物, 判じ絵《文字や絵を与えて同じ発音の語や文を作らせるもの》.

re·but /rɪbʌ́t/ 動 (re·buts; -but·ted; -but·ting) ⓣ《格式》(批判など)に反駁(はんばく)する, (...)の反証をあげる.

re·but·tal /rɪbʌ́tl/ 名 C,U《格式》反駁; 反証.

rec. 略 = record[2] 2.

re·cal·ci·trance /rɪkǽlsətrəns/ 名 Ⓤ《格式》強情さ, 手に負えないこと.

re·cal·ci·trant /rɪkǽlsətrənt/ 形《格式》頑強に反抗する, 手に負えない, 強情な.

*__re·call__[1] /rɪkɔ́ːl/ 動 (re·calls /~z/; re·called /~d/; -call·ing) ⓣ

> 意味のチャート
> 「呼び戻す」❷
> → (心に呼び戻す) → 「思い出す」❶
> → (手元に呼び戻す) → 「回収する」❸

❶ [進行形なし]《格式》(...)を(努めて)**思い出す, 思い起こす**; (物事が)(...)を思い出させる《⇒ remember 類義語》: I can't *recall* her name. 私は彼女の名前を思い出せない / I don't ***recall*** (***that***) he returned the book to me. V+O ((*that*) 節) その本を彼が返してくれた覚えはない / Do you ***recall*** go***ing*** there? V+O (動名) そこへ行ったことを覚えていますか / Can you ***recall where*** we first met? V+O (*wh* 節) 私たちが最初にどこで会ったか思い出せますか / Her story *recalled* my school days. 彼女の話は私に学校時代のことを思い出させた.

❷ (国・元のチームなどに)(人)を**呼び戻す**, 呼び返す, 召還する (*to*): The ambassador was ***recalled from*** Moscow in protest. V+O+*from*+名の受身 抗議の意味で大使はモスクワから呼び戻された.

❸ (欠陥商品など)を**回収する**: The company *recalled* all the defective engines. 会社は欠陥エンジンをすべて回収した. ❹〔コンピュータ〕(情報)を呼び出す. ❺《米》(公職者)をリコールで解任する.

― ⓐ [進行形なし]《格式》思い出す: as I *recall* 私の記憶では. (名 recáll[2])

+**re·call**[2] /rɪkɔ́ːl, ríːkɔ̀ːl/ 名 (~s /~z/) ❶ Ⓤ **回想**, 思い起こすこと; 記憶力: have total *recall* すべて覚えている.

❷ Ⓤ または a ~] **呼び戻し**, 召還: the ***recall of*** an ambassador ***from*** his post 大使の任地からの召還. ❸ Ⓒ (欠陥商品などの)回収 (*of*). ❹ Ⓤ または a ~]《米》リコール《一般投票による公務員の解任(権)》(*of*): a *recall* election リコール投票.

beyònd [pàst] recáll [形・副] (1) 取り返しのつかない. (2) 思い起こすことができない. (動 recáll[1])

re·cant /rɪkǽnt/ 動 ⓣ《格式》(信仰など)を取り消す, 撤回する. ― ⓐ《格式》公式に撤回する.

re·can·ta·tion /rìːkæntéɪʃən/ 名 C,U《格式》取り消し, 撤回.

re·cap /ríːkæ̀p/ 動 (-caps; -capped; -cap·ping) ⓣ (...)の要点を繰り返す; (...)を要約する [《格式》recapitulate]. ― ⓐ 要点を繰り返す; 要約する (*on*) [《格式》recapitulate]. ― 名 Ⓒ [普通は a ~] 要点の繰り返し; 要約 (*of, on*) [《格式》recapitulation].

re·ca·pit·u·late /rìːkəpítʃʊlèɪt/ 動 ⓣ《格式》= recap. ― ⓐ《格式》= recap.

re·ca·pit·u·la·tion /rìːkəpìtʃʊléɪʃən/ 名 C,U《格式》= recap.

re·cap·ture /rìːkǽptʃɚ | -tʃə/ 動 (-cap·tur·ing /-tʃ(ə)rɪŋ/) ⓣ ❶ (...)を奪い返す, 取り戻す; 再び捕える. ❷ (...)を再現する; 思い出す. ― 名 Ⓤ 奪還; 再逮捕, 再捕獲.

re·cast /rìːkǽst | -káːst/ 動 (re·casts; 過去・過分 re·cast; -cast·ing) ⓣ ❶ (...)を作り[書き]直す (*as*). ❷ (...)の配役[役割]を変える (*as*).

recd. 略 = received《⇒ receive 1》.

+**re·cede** /rɪsíːd/ 動 (re·cedes /-síːʣ/; re·ced·ed /-dɪd/; re·ced·ing /-dɪŋ/) ⓐ ❶ **退く**, 後退する, (姿・足音などが)遠ざかる; (水が)引く; (記憶・痛み・望みなどが)弱まる (*into*). ❷ (髪の生え際が)後退する, (あごが)引っ込む: a *receding* hairline 後退する生え際. 〖語源 recess と同語源; ⇒ proceed キズナ〗

*__re·ceipt__ /rɪsíːt/ 発音 名 (re·ceipts /-síːʦ/) ❶ Ⓒ **領収書**, 受取, レシート: Keep ***receipts for*** things you have bought. 買った物の領収書は取っておくように. ❷ Ⓤ《格式》受け取ること, 受領: *on* [*upon*] *receipt of* ... ...を受け取り次第 / I am *in receipt of* ... (= I have received ...) ...を受け取りました. ❸ [複数形で]〔商業〕(切符などの)売り上げ高, (金の)受け入れ高. (動 recéive)

***re·ceive** /rɪsíːv/ 発音

― 動 (re·ceives /~z/; re·ceived /~d/; re·ceiv·ing) ⓣ ❶《格式》(贈り物・手紙など)を**受け取る**, 受ける, もらう《過去形・過去分詞は 略 recd.; ⇒ accept 類義語》[⇔ send]: I *received* your letter yesterday. 私はあなたの手紙をきのう受け取りました / I ***received*** a gift ***from*** him. V+O+*from*+名 私は彼から贈り物をもらった.

❷《格式》(待遇・処置など)を**受ける**, (けがなど)をこうむる (*from*): *receive* hospital treatment for an injury 病院でけがの治療を受ける / *receive* a heavy sentence 重い判決を受ける / She has *received* a good education. 彼女は立派な教育を受けた.

❸ (申し出など)を**受ける**; [普通は受身で] (考えなど)を

受け入れる[取る], (...)に反応する (*with*); 《⇒ accept 類義語》: Joe *received* my advice coldly. ジョーは私の忠告を冷ややかに受け止めた《無視した》/ Her novel is well *received*. 彼女の小説は好評だ. ❹ [しばしば受身で]《格式》(人)を迎える [≒greet]; もてなす (*with*, *as*): *receive* a guest 客を迎える / I *wasn't received into* the group. 私はその仲間に入れてもらえなかった. ❺ (電波など)を受信する: I'm *receiving* you loud and clear. (無線などで)はっきりと聞こえます. ❻ (盗品)を買い取る. ❼〔球技〕(球)をレシーブする.

be on [at] the recéiving ènd [動] 自 (不快なことの)受け手である, (...で)不快な思いをする (*of*).
(名 receipt, recéption, 形 recéptive)

> **単語のキズナ** CEIVE/取る=take
>
> receive (取り戻す) → **受け取る**
> conceive (すっかり取る) → **心に抱く**
> perceive (完全につかむ) → **わかる**
> deceive (わなにかける) → **だます**

R

re·ceived /rɪsíːvd/ 形 限定 《格式》一般に承認[容認]された: *received* wisdom 一般の見方, 世間の常識.

+**re·ceiv·er** /rɪsíːvə | -və/ 名 (~s /~z/) ❶ C **受話器**; **受信機** 《⇒ telephone 挿絵》; レシーバー; 《格式》(ラジオの)受信機, (テレビの)受像機: pick up a *receiver* 受話器を取る / put down [replace] a *receiver* 受話器を置く. ❷ C [普通は the ~]〔法律〕(破産)管財人. ❸ C (盗品の)買い取り[故買]人. ❹ C 受取人 [⇔ sender];〔アメフト〕レシーバー.

re·ceiv·er·ship /rɪsíːvəʃɪp | -və-/ 名 U〔法律〕(破産)管財人による管理: go into *receivership* 管財人の管理下になる.

****re·cent** /ríːs(ə)nt/ アク

— 形 [普通は 限定] **近ごろの, 最近の, 新しい** 《⇒ modern 類義語》: *recent* events 最近の出来事 / in *recent* years 近年.

****re·cent·ly** /ríːs(ə)ntli/

— 副 **最近, 近ごろ**: Did it happen *recently*? それは最近のことですか / He has *recently* published a book. 最近彼は本を出版した / *Recently* there was a major fire in this town. 最近この町で大きな火事があった / until *recently* 最近まで. 語法 現在完了形にも過去時制にも用いられる《⇒ lately 語法, have² 1 (1) 語法 (3)》.

re·cep·ta·cle /rɪséptəkl/ 名 ❶ C 《格式》容器; 置き場, 貯蔵所 (*for*). ❷ C 《米》コンセント. 日英「コンセント」は和製英語.

+**re·cep·tion** /rɪsépʃən/ 名 (~s /~z/) ❶ C **歓迎会**, レセプション: a wedding *reception* 結婚披露宴 / hold a ***reception for*** new members 新会員の歓迎会を開く.
❷ C [普通は単数形で] (世間の)**受け入れ方**, 反応, 評判: The play ***received*** a favorable [mixed] ***reception***. その劇は好評を博した[賛否両論の評価を受けた].
❸ C [普通は単数形で] (客などの)**歓迎**, 接待, 待遇: ***give*** the guest a cordial ***reception*** 客を心からもてなす / They ***got*** a warm [cool] ***reception***. 彼らは温かく[冷たく]迎えられた. ❹ U (ホテルなどの)受付, フロント; ロビー: the *reception* area 受付付近. ❺ U (ラジオ・テレビなどの)受信[受像]状態: This TV gets good [poor] *reception*. このテレビは映りがよい[よくない]. ❻ C〔アメフト〕(パスの)捕球. (動 recéive)

recéption dèsk 名 C = front desk.

re·cep·tion·ist /rɪsépʃ(ə)nɪst/ 名 C 受付係, フロント: a *receptionist's* desk 受付のデスク.

recéption ròom 名 C 《英》居間《不動産業者の用語; 風呂・台所・寝室以外を言う; ⇒ living room》.

re·cep·tive /rɪséptɪv/ 形 (考え・提案などを)よく受け入れる: have a *receptive* mind (提案を受け入れる)開かれた心をもっている / He's *receptive to* new ideas 彼は新しい考えをよく受け入れる. (動 recéive)

re·cep·tiv·i·ty /rìːseptívəṭi, rɪsèp-/ 名 U 受容力.

re·cep·tor /rɪséptə | -tə/ 名 C〔生理〕受容器, 感覚器官;〔生化学〕受容体, レセプター.

+**re·cess** /ríːses, rɪsés/ 名 (~·es /~ɪz/) ❶ U 《米》(小学校などの)**休み時間** [《英》break, playtime]: at [during] *recess* 休み時間に.
❷ C,U **休憩**; (議会などの)休会, (法廷の)休廷: Parliament is now in *recess*. 議会はいま休会中だ.
❸ C (部屋の)引っ込んだ部分《本箱・食器棚などを置くための》. ❹ [the recesses として] 奥深い場所; (心の)奥 (*of*).
— 動 (-cess·es /~ɪz/; re·cessed /~t/; -cess·ing) 自 《主に米》(会議などが)休会に入る: Congress *recessed for* the weekend. 議会は週末の休会に入った / The session will now *recess for* a 20-minute break. 会議は 20 分間の休憩に入ります.
— 他 ❶ 《主に米》(...)を休会にする. ❷ (...)を引っ込んだ所に置く (*in*, *into*).
〖語源 ラテン語で「退くこと」の意; recede と同語源; ⇒ access キズナ〗

***re·ces·sion** /rɪséʃən/ アク 名 (~s /~z/) ❶ U,C (景気の)**一時的な後退**: an economic *recession* 景気後退 / go into *recession* 景気後退に入る / be out of *recession* 景気後退から抜け出している. 関連 depression (長期の)不況. ❷ U 《格式》後退, 退去.

re·ces·sive /rɪsésɪv/ 形〔生物〕(遺伝質が)劣性の [⇔ dominant].

re·charge /rìːtʃáədʒ, ríːtʃàədʒ | rìːtʃáːdʒ/ 動 他 (電池)を充電する《⇒ battery 成句》. — 自 充電する; 《略式》元気を回復する.

re·charge·a·ble /rìːtʃáədʒəbl | -tʃáːdʒ-/ 形 充電できる.

re·cid·i·vist /rɪsídəvɪst/ 名 C〔法律〕常習犯《人》.

+**rec·i·pe** /résəpìː, -pi/ 名 (~s /~z/) ❶ C (料理の)**調理法**, レシピ: a *recipe* book 料理本 / follow the ***recipe for*** stew シチューの作り方に従う. ❷ [a ~] 秘訣(ひけつ); (...を)引き起こすもの: a *recipe for* success 成功の秘訣 / a *recipe for* disaster 災難をもたらすもの.

+**re·cip·i·ent** /rɪsípiənt/ 名 (-i·ents /-ənts/) C 《格式》**受領者**, 受取人 (*of*): a welfare *recipient* 生活保護受給者.

re·cip·ro·cal /rɪsíprək(ə)l/ 形 [普通は 限定] 《格式》相互の [≒mutual]; 互恵の: *reciprocal* love 相愛 / a *reciprocal* arrangement 相互協定. **-cal·ly** /-kəli/ 副 相互(的)に; 互恵的に.

re·cip·ro·cate /rɪsíprəkèɪt/ 動 他 《格式》(...)を交換する; (...)に報いる, 返礼する. — 自 ❶ 《格式》報いる, 返礼する (*with*). ❷〔機械〕往復運動をする.

rec·i·proc·i·ty /rèsəprá(ː)səṭi | -prɔ́s-/ 名 U 《格式》(貿易などの)互恵主義, 相互主義.

re·cit·al /rɪsáɪṭl/ 名 ❶ C リサイタル, 独奏会, 独唱会; (詩の)朗読 (*of*): give a piano *recital* ピアノのリサイタ

ルを開く. 関連 concert (多数の演奏家による)音楽会.
❷ Ⓒ《格式》(長く退屈な)詳しい話[説明]; 列挙 (*of*).
(動 recíte)

rec·i·ta·tion /rèsətéɪʃən/ 名 ❶ C,U 朗唱, 吟唱; (公開の場での)朗読 (*of*, *from*). ❷ C,U (一つ一つ)述べること, 詳説 (*of*). (動 recíte)

re·cite /rɪsáɪt/ 動 他 ❶ (詩など)を(聴衆の前で)暗唱する, 朗唱[朗読]する (*to*). ❷ (...)を１つずつ述べる [≒narrate]; 列挙する (*to*). — 自 暗唱[朗唱, 朗読]する. (名 recítal, rècitátion)

reck·less /rékləs/ 形 向こう見ずな, 無謀な [≒rash]; (...に)むとんちゃくな, (...を)意に介さない: *reckless* driving 無謀運転 / show a *reckless* disregard for safety 無謀にも安全を無視する / You are too *reckless with* [*in* spend*ing*] money. 君は金(を使うこと)にむとんちゃくすぎる. **~·ly** 副 向こう見ずに, 無謀に. **~·ness** 名 U 無謀(さ).

*__reck·on__ /rék(ə)n/ 動 (reck·ons /~z/; reck·oned /~d/; -on·ing /-k(ə)nɪŋ/) 他 [進行形なし] ❶ (...)を**推測する**, (...)と概算する (*at*) [≒estimate]; Ⓢ (...)と**思う** [≒think]; (...する)と思う, ...しそうだ [≒expect]: How much do you ***reckon*** (***that***) it'll cost? V+O ((*that*)節) いくらぐらい費用がかかると思いますか / The number of victims *is **reckoned to*** be about one thousand. V+O+C (*to* 不定詞)の受身 被害者の数は約千人と推定される / I *reckon* he'll come. 彼は来ると思う / "Will he do it?" "I *reckon* so [not]." 「彼はそれをやってくれるかな?」「やってくれる[だめだ]と思う」. 語法 文の終わりで, ..., I reckon. のように用いることもある: Mary will succeed, I *reckon*. メアリーはうまくいくだろう. ❷ [普通は受身で] (...)を(～と)みなす, 考える [≒consider]: He *is reckoned to* be the greatest of our poets. 彼はわが国最大の詩人と考えられている / This expenditure *is reckoned as* expenses. この支出は(必要)経費と考えられている. ❸《格式》(...)を数える, 計算する [≒count].

> **reckon の句動詞**
>
> **réckon on ...** 動 他 (...)を当てにする, (...)を頼みにする [≒rely on ...]; ...を予期する: I *reckon on* gett*ing* about 80 percent on the exam. 私は試験で８割ぐらいはとれると思っている / I *reckon on* your help. 君が手伝ってくれるものと思っている.
>
> **réckon úp** 動 他《主に英》(...)の合計を出す.
>
> +**réckon with ...** 動 他 ❶ [普通は否定文で] (...)を**考慮に入れる:** The doctor had *not reckoned with* the side effects of the medicine. その医者は薬の副作用を考慮に入れていなかった. ❷ (手ごわい者)を相手とする: If you try to fire her, you'll have the union to *reckon with*. 彼女を首にしようとすれば組合を相手にしなければならないよ.
>
> **... to be réckoned with** [形] (相手として)考慮しなければならない..., 侮(あなど)り難い...: Environmentalists are now a force *to be reckoned with*. 環境保護論者は今や侮りがたい勢力である.
>
> **réckon withòut ...** 動 他《主に英》...を考慮に入れない.

reck·on·ing /rék(ə)nɪŋ/ 名 ❶ U,C (大まかな)計算, 概算: by my *reckoning* 私の計算では. ❷ C,U [普通は単数形で] (行動に対する)精算, 裁き(の時), 報い: a [the] day of *reckoning* 裁きを受ける時. **in [ìnto] the réckoning** [形·副]《英》(スポーツで)勝てそう[成功しそう]な見込みで. **òut of the réckoning** [形·副]《英》(スポーツで)勝てそう[成功しそう]な見込みがなくて.

re·claim /rɪkléɪm/ 動 他 ❶ (...)の返還を要求する, 取り戻す (*from*). ❷ (...)を開墾(かいこん)[開拓]する; 埋め立てる (*from*); [普通は受身で] (土地)を本来の状態に戻す. ❸ (資源など)を(廃物から)再利用[リサイクル]する (*from*). ❹ (人)を更生させる.

rec·la·ma·tion /rèkləméɪʃən/ 名 U 開墾, 埋め立て.

re·cline /rɪkláɪn/ 動 自 ❶ [副詞(句)を伴って]《格式》もたれる, 横になる: *recline on* the grass 芝生に横になる. ❷ (シートが)後ろにたおれる. — 他 (シート)を後ろにたおす.

rec·luse /réklu:s, rɪklú:s/ 名 Ⓒ 世捨て人, 隠者.

re·clu·sive /rɪklú:sɪv/ 形 世を捨てた, 隠遁(いんとん)した.

****rec·og·nise** /rékəgnàɪz, -kɪg- | -kəg-/ 動《英》= recognize.

*__rec·og·ni·tion__ /rèkəgníʃən, -kɪg- | -kəg-/ 名 ❶ U (人·物がだれ[何]であるか)**わかること**, 見分け(られ)ること, 識別; 見[聞き]覚え《⇒ recognize》: I was surprised at her immediate ***recognition of*** me. 私であることが彼女にすぐわかったのには驚いた.
❷ [U または a ～] (事実として)**認めること**, 認識: ***recognition of*** defeat 敗北を認めること / There's a growing ***recognition that*** we should abolish capital punishment. +*that* 節 死刑は廃止するべきだという認識が高まっている.
❸ U (法律的な)**承認**; 認可; 認知: diplomatic *recognition* 外交上の承認 / the ***recognition of*** a new state 新国家の承認. ❹ [U または a ～] (業績·功労などを)認めること, 表彰; (功労などに対する)報酬, お礼: The poet has received [gained] wide *recognition*. その詩人は多くの人に認められている / He received a medal *in recognition of* his bravery. 彼は勇敢な働きが認められて勲章をもらった. ❺ U【コンピュータ】(文字·図形·音声などの)認識: facial *recognition* 顔認識[認証].
beyònd [òut of] (áll) recognítion [副] 見分けのつかないほど: change *out of* (*all*) *recognition*. 見るかげもないほど変わる. (動 récognìze)

rec·og·niz·a·ble /rékəgnàɪzəbl, -kɪg- | -kəg-/ 形 認識できる, 見分けがつく: instantly *recognizable* すぐに見分けがつく. **-a·bly** /-bli/ 副 見分けがつくほど(に), (それとわかるほど)はっきりと.

****rec·og·nize** /rékəgnàɪz, -kɪg- | -kəg-/ ! アク
— 動 (-og·niz·es /~ɪz/; -og·nized /~d/; -og·niz·ing) 他 [進行形なし] ❶ (...)が(だれ[何]であるか)わかる, (...)の見分けがつく, (...)を識別する; (...)の見[聞き]覚えがある《ある人や物が以前から見聞きして知っていたものと同じだと認めること》: I didn't *recognize* my old friend after thirty years. 30 年ぶりだったので旧友に会ってもわからなかった / I easily ***recognized*** the bird ***by*** its coloring. V+O+*by*+名 色で容易にその鳥の見分けがついた.
❷ (...)を(事実として)**認める**, 認識する, (...)に気づく; (...)を(～であると)**認める:** He refused to *recognize* his mistake. 彼は自分の間違いを認めようとしなかった / She ***recognized that*** it was true. V+O (*that* 節) 彼女はそれが真実だと認めた 多用 / You should ***recognize how*** serious the problem is. V+O (*wh* 節) その問題がどれだけ深刻か気づくべきだ / He *is **recognized as*** a

R

new leader. V+O+C (as+名)の受身 彼は新しいリーダーとして認められている。
❸ (...)を(正式に)**認める**, 承認する; 認可する; 認知する: John's father ***recognized*** him ***as*** his lawful heir. V+O+C (as+名) 父親はジョンを正式な相続人と認めた / The new government *was* quickly ***recognized by*** many nations. V+O の受身 新政府はただちに多くの国に承認された. ❹ [しばしば受身で] (功績など)を認める, 評価する, 表彰する. (名 rècognítion)

re·coil[1] /rɪkɔ́ɪl/ 動 自 ❶ (恐怖・嫌悪感などで...から)急に引き下がる, あとずさりする; (...に)しりごみする, ひるむ (*from, at*): ***recoil*** in horror 恐怖でひるむ. ❷ (銃などが発射の反動で)跳(は)ね返る.

re·coil[2] /ríːkɔɪl, rɪkɔ́ɪl/ 名 [U または a ~] (銃などの)跳(は)ね返り.

rec·ol·lect /rèkəlékt/ 動 他 [進行形・受身なし]《格式》(...)を(努めて)思い起こす, 思い出す(⇒ remember 類義語): ***recollect*** one's student days 学生時代を思い起こす / 言い換え I *recollected that* I *had seen* her somewhere. = I *recollected* seei*ng* her somewhere. 私は彼女にどこかで会ったことがあるのを思い出した / I can't *recollect what* happened there. そこで何が起こったか思い出せない. — 自《格式》思い起こす: as far as I (can) *recollect* 私の記憶では.
(名 rècolléction)
〘語源 ラテン語で「再び (re-²) 集める (collect)」の意〙

rec·ol·lec·tion /rèkəlékʃən/ 名 ❶ U《格式》思い出すこと, 想起; 記憶(力) [≒memory]: I have no *recollection of* it. それを全く思い出せない. ❷ C《格式》思い出, 記憶; 追憶, 回想: I have a clear [vivid] *recollection of* the event. その出来事をはっきりと覚えている. **to the bést of my recolléction** [副] 文修飾《格式》思い違いでなければ, 私の記憶では.
(動 rècolléct)

‡rec·om·mend /rèkəménd/ アク
— 動 (-om·mends /-méndz/; -mend·ed /~ɪd/; -mend·ing) 他 ❶ (...)を勧める, 忠告する; (...)に(~するよう)勧める, 助言する [≒advise]: The doctor (strongly) *recommended* a few days' rest. 医者は2, 3 日の休養を(強く)勧めた / I ***recommended*** (***that***) he (*should*) see a doctor. V+O ((that)節) 私は彼に診察を受けるように勧めた(多用; ⇒ should A 8) / 言い換え I ***recommend*** visit*ing* Kyoto. V+O (動名) = I *recommend* (*that*) you (*should*) *visit* Kyoto. 京都見物をお勧めします.
❷ (人・物など)を**推薦する**; (人に)(...)を(よいものとして)**勧める**; 推奨する: Can you *recommend* a good digital camera? いいデジカメを紹介してもらえませんか / I can ***recommend*** a good novel ***to*** you. V+O+to+名 君にいい小説を 1 冊推薦し(てあげ)よう / Who will you ***recommend for*** the job? V+O+for+名 その職にだれを推薦しますか. ❸ (性質などが)(人・物)を(...にとって)魅力ある[好ましい]ものにする, (...に)受け入れられるようにする (*to*): The new film has nothing [much] to *recommend* it. 今度の新作映画はこれといった魅力がない[大いに魅力がある].
(名 rècommendátion)

rec·om·men·da·tion** /rèkəmendéɪʃən, -men-/ 名 (~s /~z/) ❶ C,U **勧告**, 勧め; 忠告: ***make a ***recommendation for*** reform ***to*** the president 社長に改善を求めて勧告する / Mr. Smith followed his doctor's ***recommendations that*** he (should) stop smoking. +that 節 スミス氏は禁煙するようにという医者の忠告に従った / We acted on her ***recommendation to*** hire a lawyer. +to 不定詞 私たちは弁護士を雇うようにという彼女の勧めに従った.
❷ U,C **推薦**, 推奨(⇒ advice 類義語): I bought this dictionary ***on the recommendation of*** my teacher. 私は先生の勧めでこの辞書を買った.
❸ C《主に米》**推薦状[文]**: write a (letter of) *recommendation* 推薦状を書く. (動 rècomménd)

rec·om·pense /rékəmpèns/ 動 他 ❶《格式》(人)に弁償[補償]する [≒compensate] (*for*). ❷《格式》(人)に報いる, 報酬を与える [≒reward] (*for*). — 名 ❶ [U または a ~]《格式》弁償, 補償 (*for*). ❷ [U または a ~]《格式》報酬; 報い (*for*). **in récompense for ...** [前]《格式》...の報い[弁償]として.

+rec·on·cile /rékənsàɪl/ アク 動 (-on·ciles /~z/; -on·ciled /~d/; -on·cil·ing) 他 ❶ (対立する考えなど)を**調和させる**, 一致させる [≒harmonize]: It's difficult to ***reconcile*** one's ideals ***with*** reality. V+O+with+名 理想と現実の折り合いをつけるのは難しい.
❷ [普通は受身で] (けんかをおさめて)(...)を**仲直りさせる** (*with*): The boys *were* soon *reconciled.* V+O の受身 少年たちはじきに仲直りした. ❸ (人)に(...を)(しかたなく)受け入れさせる (*to*).
réconcile onesèlf to ... [動] 他 ...に甘んじる, ...をしかたがないとあきらめる[受け入れる]: We had to *reconcile ourselves to* a life of poverty. 私たちは貧しい生活に甘んじなければならなかった. (名 rèconciliátion)

+rec·on·cil·i·a·tion /rèkənsɪ̀liéɪʃən/ 名 [U または a ~] **和解**, 調停; 調和, 一致: ***a reconciliation between*** the two countries 両国間の和解 / ***a reconciliation of*** religion ***with*** science 宗教と科学との調和. (動 réconcìle)

re·con·di·tion /rìːkəndíʃən/ 動 他 [しばしば受身で] (機械など)を(元どおりに)修理する.

re·con·nais·sance /rɪkɑ́(ː)nəz(ə)ns, -s(ə)ns | -kɔ́nəs(ə)ns/ 名 C,U〔軍隊〕偵察.

re·con·noi·ter,《英》**-noi·tre** /rìːkənɔ́ɪṭɚ | rèkənɔ́ɪtə/ 動 (-noi·ters,《英》-tres; -noi·tered,《英》-tred; -noi·ter·ing,《英》-noi·tring /-ṭərɪŋ, -trɪŋ/) 他〔軍隊〕(...)を偵察する. — 自〔軍隊〕偵察する.

re·con·sid·er /rìːkənsídɚ | -də/ 動 (-er·ing /-d̬ərɪŋ/) 他 (決定など)を再考する. — 自 再考する.

re·con·sid·er·a·tion /rìːkənsɪ̀d̬əréɪʃən/ 名 U 再考.

re·con·sti·tute /rìːkɑ́(ː)nstət(j)ùːt | -kɔ́nstətjùːt/ 動 他 ❶ [しばしば受身で]《格式》(組織など)を再構成[再編成]する (*as*). ❷ [しばしば受身で] (乾燥食品など)を戻す《水[湯]を加えて》.

re·con·struct /rìːkənstrʌ́kt/ 動 他 ❶ (証拠などから)(...の全体)を再現[復元, 推理]する: ***reconstruct*** the crime ***from*** the bloodstains on the floor 床に付いた血痕から犯行の再現をする. ❷ (建物など)を再建する, 修復する (*from*): ***reconstruct*** a palace 宮殿を再建する. (名 rèconstrúction)

+re·con·struc·tion /rìːkənstrʌ́kʃən/ 名 (~s /~z/) ❶ U **再建**, 修復; 復興; C 再建[復元]されたもの: the ***reconstruction of*** the temple その寺の再建 / economic *reconstruction* 経済の建て直し. ❷ C [普通は単数形で] 復元; 再現(映像): the *reconstruction of* a crime 犯行の再現. (動 rèconstrúct)

re·con·struc·tive /rìːkənstrʌ́ktɪv/ 形 限定〔医

学》再建の: *reconstructive* surgery 再建手術.

re·con·vene /rìːkənvíːn/ 動 自 (議会などが)再開する. ― 他 (議会など)を再び招集する.

*****rec·ord¹** /rékəd, -kɔəd | -kɔːd/ アク 動詞の record² とアクセントが違う.
― 名 (rec·ords /-kədz, -kɔədz | -kɔːdz/)

意味のチャート
原義はラテン語で「心に呼び戻す」(⇒ record² キズナ).
(心覚えとしての)「記憶した[された]もの」❶
→「(競技の)記録」❷ →「記録的な」❸
→(業績の記録) →「経歴」,「成績」❺
→(音の記録) →「レコード」❹

❶ C 記録した[された]もの, 記録(文書): *records of* the past 過去の記録 / She *kept* a *record of* everything that was said by the speaker. 彼女は講演者が言ったことをすべて記録に残した / He left behind no *record of* his private life. 彼は私生活についての記録を全く残さなかった / medical *records* 医療記録, カルテ / It was the biggest earthquake ***on record***. それは記録に残っている最大の地震だった.
❷ C (運動競技などの)(最高)記録, レコード: ***hold*** the world [Olympic] ***record for*** the marathon マラソンの世界[オリンピック]記録を持っている / The *record for* this distance is 1 minute 56 seconds. この距離の最高記録は 1 分 56 秒だ / ***set*** [***establish***] a ***record*** 記録を作る / ***equal*** [《米》***tie***] a ***record*** 記録に並ぶ / ***break*** [***beat***] a ***record*** 記録を破る.
❸ [形容詞的に] 記録的な, 空前の; 新記録の: a *record* high [low] temperature 記録的な高温[低温] / a *record* snowfall 記録的な降雪 / She swam the distance in 「*record* time [a *record* time of 1 minute 56 seconds]. 彼女はその距離を新記録[1 分 56 秒の新記録]で泳いだ.
❹ C レコード, 音盤 [≒disc]: play [put on] some dance *records* ダンス音楽のレコードをかける / a *record* company レコード会社.
❺ [単数形で] 経歴; 成績, 実績 (*of, in, on*); 素姓(すじょう): He has a brilliant *record* as a politician. 彼は政治家としてすばらしい経歴の持ち主だ / The child has a good [bad] school *record*. その子は学校の成績がいい[悪い].
❻ C 前科: a police [criminal] *record* 前科.

a máter of récord [名] 記録されている事実.

be [gó] on (the) récord [動] 自 (記録に残る形で)意見を公表している[する]: She'*s on record as* having supported the plan. 彼女はその計画に賛成したと発表されている.

(júst) for the récord [副] [しばしば 文修飾] S 記録を残すために(言えば); はっきりさせておくが, 念のため.

òff the récord [副·形] 記録にとどめずに, 公表せずに; 非公開[オフレコ]で[の] (⇒ off-the-record): He spoke *off the record*. 彼は非公式な形で語った / Please make it *off the record*. それは公表しないでください.

pút [sét] the récord stràight [動] 自 記録を正す; 誤解を解く[正す] (*about*). (動 recórd²)

*****re·cord²** /rɪkɔ́əd | -kɔ́ːd/ アク 名詞の record¹ とアクセントが違う.
― 動 (re·cords /-kɔ́ədz | -kɔ́ːdz/; -cord·ed /-dɪd/; -cord·ing /-dɪŋ/) 他 ❶ (...)を記録する, 書き留める; (...)を登録[登記]する: That myth *was* first *recorded* in the Bible. V+O の受身 その神話は聖書において初めて記された / The policemen ***recorded that*** the traffic accident had been caused by speeding. V+O (*that* 節) 警察官はその交通事故はスピード違反で起きたと記録した.
❷ (...)を録音する, 録画する; (...)を吹き込む《略 rec.》: a *recorded* program (ラジオの)録音番組, (テレビの)録画番組 (⇒ live² 2) / *record* a new album ニューアルバムを吹き込む / His speech *was recorded* on video. V+O の受身 彼の演説はビデオに収録された / Don't forget to *record* the program for me. その番組を録画するのを忘れないでね. ❸ (計器などが)(...)を表示[記録]する: The thermometer *recorded* 90°F in the shade. 温度計は日陰で華氏 90 度を示していた《90°F は ninety degrees Fahrenheit と読む》.
― 自 録音[録画]する. (名 récord¹)

単語のキズナ　CORD／心＝heart

record	(心に呼び戻す)	→	記録(する)
accord	(...に心を合わせること)	→	協定
courage	(心)	→	勇気

rec·ord-break·er /rékədbrèɪkə | -kɔːdbrèɪkə/ 名 C 記録を破る人[物].

rec·ord-break·ing /rékədbrèɪkɪŋ | -kɔːd-/ 形 限定 記録破りの, 空前の.

re·córd·ed delívery /rɪkɔ́ədɪd- | -kɔ́ːd-/ 名 U 《英》配達証明郵便 [《米》certified mail].

+re·cord·er /rɪkɔ́ədə | -kɔ́ːdə/ 名 (~s /~z/) ❶ C 録音[録画]器; 記録計, レコーダー: ⇒ tape recorder, flight recorder. ❷ C リコーダー, 縦笛. ❸ C (市裁判所などの)判事; 記録係.

rec·ord-hold·er /rékədhòʊldə | -kɔːdhòʊldə/ 名 C 記録保持者.

re·cord·ing** /rɪkɔ́ədɪŋ | -kɔ́ːd-/ 名 (~s /~z/) ❶ C 録音[録画]したもの《レコード·テープ·CD·DVD など》: ***recordings of Mozart's operas モーツァルトのオペラの録音《CD など》.
❷ U 録音[録画]すること: The *recording of* this symphony will take three hours. この交響曲の録音には 3 時間かかる. ❸ [形容詞的に] 録音[録画]する(ための): a *recording* studio 録音スタジオ / a *recording* session レコーディングの時間.

récord plàyer 名 C レコードプレーヤー.

re·count¹ /rɪkáʊnt/ 動 他 《格式》(...)を(~に)詳しく話す (*to*); (...)を物語る.

re·count² /ríːkàʊnt/ 名 C (投票などの)数え直し.

re·count³ /rìːkáʊnt/ 動 他 (...)を数え直す.

re·coup /rɪkúːp/ 動 他 (損失·かかった費用など)を取り戻す.

re·course /ríːkɔəs, rɪkɔ́əs | rɪkɔ́ːs/ 名 U 《格式》頼ること; 頼みとするもの: The vet had no *recourse* but to put the dog to sleep. 獣医はその犬を安楽死させる以外に手だてがなかった / We still *have recourse to* legal action. 我々にはまだ法律に訴える道がある / without *recourse to* ... ...に頼らずに.

re·cov·er** /rɪkʌ́və | -və/ 動 (-cov·ers /~z/; -cov·ered /~d/; -er·ing /-v(ə)rɪŋ/) 自 (病気などから)回復する, 治る; (人·経済などが)(正常に)立ち直る, 平静になる: The patient will soon *recover* completely. 患者はじきに全快するだろう / He gradually ***recovered from the shock of hearing the bad news. V+*from*+名 彼はその悪い知らせを聞いたショックから徐々に立ち直った.

R

— ⑩ ❶ (失ったものなど)を**取り戻す**, (健康など)を回復する: *recover* consciousness 意識を回復する / The police ***recovered*** the stolen goods ***from*** the next building. V+O+*from*+名 警察は盗品を隣の建物から回収した. ❷ (損失·かかった費用など)を取り戻す (*from*).

recóver oneself [動] ⓐ 冷静さを取り戻す.

(名 recóvery)

re·cov·er·a·ble /rɪkʌ́v(ə)rəbl/ 形 回復可能な; 取り戻せる.

*__re·cov·er·y__ /rɪkʌ́v(ə)ri/ アク 名 ❶ [U または a ~] (病気などからの)**回復**; 蘇生(そせい); 復旧: She's (well) ***on the road*** [*way*] ***to recovery***. 彼女は(順調に)快方に向かっている / He's ***made*** a full [quick] ***recovery from*** his stroke. 彼は脳卒中の発作から全快した[すぐに回復した] / There was a miraculous ***recovery in*** the country's economy. その国の経済には奇跡的な回復が見られた.

❷ U (失った物などの)**取り戻し**, 回収: a *recovery* vehicle 回収車, レッカー車 / I'm afraid the ***recovery of*** the stolen jewels is impossible. 盗まれた宝石を取り戻すのは不可能だと思う. (動 recóver)

recóvery ròom 名 C (病院の)術後回復室《手術直後の患者の容態を見る》.

re·cre·ate /rìːkriéɪt/ 動 他 (...)を再現[複製]する; 造り直す: *recreate* an event 事件を再現する.

+**rec·re·a·tion** /rèkriéɪʃən/ アク 名 (~s /~z/) U,C (仕事の後でくつろぐための)**休養**, **娯楽**, 気晴らし, レクリエーション: walking ***for recreation*** 気晴らしの散歩 / My favorite *recreation* is gardening. 私のいちばんの楽しみはガーデニングだ. (形 rècreátional)

rec·re·a·tion·al /rèkriéɪʃ(ə)nəl/ 形 休養の, 娯楽の, 気晴らしの, レクリエーションの. (名 rècreátion)

récreational véhicle 名 C 《米》 = RV.

recreátion gròund 名 C 《英》 = playing field.

recreátion ròom 名 ❶ C (病院などの)娯楽室. ❷ C 《米》 (個人の家の)遊戯室.

re·crim·i·na·tion /rɪkrìmənéɪʃən/ 名 C,U [普通は複数形で] 責め合い; 非難し返すこと.

*__re·cruit__ /rɪkrúːt/ 動 (re·cruits /-krúːts/; -cruit·ed /-ṭɪd/; -cruit·ing /-ṭɪŋ/) 他 ❶ (新社員·新会員·新兵など)を**募集する**, 誘い入れる, 採用する (*from*): We're *recruiting* new members *for* [*to*] the tennis club. テニスクラブは新人を募集中です / He was *recruited as* manager of the department. 彼はその部署の部長として採用された. 語法 役職名には普通は冠詞をつけない. ❷ (...するように)(人)を説き伏せる (*to* do). ❸ (新会員·新兵などを募集して)(組織·軍隊など)を編成する.

— ⓐ (新社員などを)募集する (*from*).

— 名 (re·cruits /-krúːts/) C **新(入)社員**, **新会員**, 新入生, 新人; **新兵**: the company's new *recruits* 会社の新社員 / a raw *recruit* 未熟な新兵.

re·cruit·er /rɪkrúːṭɚ | -tə/ 名 C 新人募集担当者.

re·cruit·ment /rɪkrúːtmənt/ 名 U 新社員[新会員, 新兵]募集, リクルート.

recta 名 rectum の複数形.

rec·tal /réktl/ 形 〔解剖〕 直腸の.

rec·tan·gle /réktæ̀ŋgl/ 名 C 長方形. 〖⇒ correct キズナ〗

rec·tan·gu·lar /rektǽŋgjʊlɚ | -lə/ 形 長方形の.

rec·ti·fi·ca·tion /rèktəfɪkéɪʃən/ 名 U,C 《格式》 是正, 修正.

rec·ti·fy /réktəfàɪ/ 動 (-ti·fies; -ti·fied; -fy·ing) 他 《格式》 (誤りなど)を正す, 直す, 矯正する. 〖⇒ correct キズナ〗

rec·ti·tude /réktət(j)ùːd | -tjùːd/ 名 U 《格式》 (道徳上の)正しさ, 正直, 潔白なふるまい.

rec·tor /réktɚ | -tə/ 名 ❶ C 〔イングランド国教会〕 教区司祭《教区 (parish) を受け持ち, 教会の収入を受領する; ⇒ vicar, curate》. ❷ C 《主に英》 校長, 学長.

rec·to·ry /réktəri, -tri/ 名 (-to·ries) C 教区司祭 (rector) の住宅, 牧師館.

rec·tum /réktəm/ 名 (複 ~s, rec·ta /-tə/) C 〔解剖〕 直腸.

re·cum·bent /rɪkʌ́mb(ə)nt/ 形 [普通は 限定] 《格式》 (人·姿勢が)横になった, よりかかった.

re·cu·per·ate /rɪk(j)úːpərèɪt/ 動 ⓐ 《格式》 (人が)回復する, 元気になる (*from*). — 他 《英格式》 (損失など)を取り戻す.

re·cu·per·a·tion /rɪk(j)ùːpəréɪʃən/ 名 U 《格式》 回復, 立ち直り.

re·cu·per·a·tive /rɪk(j)úːp(ə)rəṭɪv, -pərèɪ-/ 形 限定 《格式》 回復させる, 元気づける.

+**re·cur** /rɪkə́ː | -kə́ː/ 動 (re·curs /~z/; re·curred /~d/; -cur·ring /-kə́ːrɪŋ | -kə́ːr-/) ⓐ ❶ (特によくないことが)**再び起こる**, 再発する; 繰り返される: a *recurring* problem 繰り返し起こる問題. ❷ 〔数学〕 (小数などが)循環する. 〖⇒ current キズナ〗

re·cur·rence /rɪkə́ːrəns | -kʌ́r-/ 名 C,U [普通は単数形で] 《格式》 繰り返し起こること, 再発, 再現 (*of*).

re·cur·rent /rɪkə́ːrənt | -kʌ́r-/ 形 繰り返される; 再発する: a *recurrent* fever 回帰熱.

re·cy·cla·ble /rìːsáɪkləbl/ 形 (廃品などが)再生可能な, リサイクルできる. — 名 C [普通は複数形で] 再生可能なもの, リサイクルできるもの.

*__re·cy·cle__ /rìːsáɪkl/ 動 (-cycles /-sáɪklz/; -cycled /-sáɪkld/; -cy·cling) 他 ❶ (廃品など)を**再生する**, 再利用[リサイクル]する: *recycle* old paper into toilet paper 古紙をトイレットペーパーに再生する / *recycled* paper 再生紙. ❷ (同じ考え·方法·冗談など)を再び使う.

*__re·cy·cling__ /rìːsáɪklɪŋ/ 名 U (廃品などの)**再利用**, 再生, リサイクル; [the ~] 《米略式》 リサイクルできるもの, 資源ごみ: the town's *recycling* program 町のリサイクル計画. 日英 日本語では「リサイクル工場」「リサイクル製品」と言うが, 英語では recycling, recycled を用いて recycling plant, recycled product のように言う. 日本語の「リサイクルショップ」に相当するのは, thrift shop [store], secondhand shop [store], recycled-goods shop など.

***__red__ /réd/ (同音 read²)

— 形 (red·der /-ḍɚ | -də/; red·dest /-ḍɪst/) ❶ 赤い, 赤色の: a bright *red* rose 鮮やかな赤いばら / A *red* traffic light means "Stop!" 赤信号は「止まれ!」を意味する / Leaves turn *red* in the fall. 秋には木の葉が紅葉する.

❷ (顔などが恥ずかしさ·怒りなどで)**真っ赤になった**; (目が)充血した, (泣いて)赤くなった; (髪などが)赤毛の《⇒ hair 参考》: with *red* eyes (泣いて)目を赤くして / The teacher turned [went] *red* with anger. 先生は真っ赤になって怒った. ❸ 《略式》 [しばしば軽蔑的] 赤化した, 左翼の, 共産主義の. (動 rédden)

— 名 (reds /rédz/) ❶ U,C 赤, **赤色**《語法 種類をいう時には C》; (交通信号の)**赤色**: *Red* is the color of blood. 赤は血の色だ. 関連 primary color 原色. ❷

Ⓤ 赤い服[布]: Betty was dressed in *red*. ベティーは赤い服を着ていた. ❸ Ⓤ,Ⓒ 赤ワイン. ❹ Ⓒ [しばしば R-] 《古風, 略式》 [軽蔑的] 共産主義者[党員], アカ.
be in the réd [動] 自 《略式》 赤字を出している, 借金をしている [⇔ be in the black].
sée réd [動] 自 《略式》 かっとなる《闘牛で牛が赤い布の動きを見て興奮することから》.

réd alért 名 Ⓤ,Ⓒ 緊急[非常]時(態勢): be (put [placed]) on *red alert* 非常時態勢をとっている.

réd blóod cèll 名 Ⓒ 赤血球.

red-blood·ed /rédblʌ́dɪd←/ 形 限定 《略式》 血気盛んな, 精力旺盛な.

red·cap /rédkæ̀p/ 名 ❶ Ⓒ 《米》 (駅などの)赤帽 [≒ porter]. ❷ Ⓒ 《英略式》 憲兵.

réd cárd 名 Ⓒ レッドカード《サッカーなどで審判が選手に退場を命じる際に示すカード》. 関連 yellow card (警告を与える)イエローカード.

réd cárpet 名 Ⓒ [普通は the ~] 赤じゅうたん《貴賓を迎えるためのもの》. **róll óut the réd cárpet for ...** [動] 自 ...を丁重に迎える.

réd cént 名 [次の成句で] **be nòt wórth a réd cént** [動] 自 《米略式》 一文の価値もない.

+**Réd Cróss** 名 [the ~] **赤十字社**; 赤十字支社.

red·den /rédn/ 動 自 赤くなる; 顔を赤くする. — 他 (...)を赤くする. (形 red)

red·dish /rédɪʃ/ 形 赤みがかった, 赤らんだ: *reddish* brown 赤みがかった茶色.

re·dec·o·rate /rìːdékərèɪt/ 動 他 (部屋·建物など)を改装する. — 自 改装する.

re·deem /rɪdíːm/ 動 他 ❶ (欠点など)を補う, 埋め合わせる; (名誉など)を回復する. ❷ (証券など)を現金[現物]化する. ❸ (神·キリストが)(人)を救い出す, 贖(あがな)う. ❹ 《格式》 (約束など)を果たす. ❺ (質草など)を買い戻す (*from*); (債務など)を返済する. **redéem onesèlf** [動] 自 名誉を挽回(ばんかい)する.

re·deem·a·ble /rɪdíːməbl/ 形 現金[現物]に換えられる (*for*) [⇔ irredeemable].

Re·deem·er /rɪdíːmɚ | -mə/ 名 [the ~] 《文語》 贖(あがな)い主, 救世主, イエス キリスト (Jesus Christ).

re·demp·tion /rɪdém(p)ʃən/ 名 ❶ Ⓤ (キリストによる)救い, (罪の)贖(あがな)い. ❷ Ⓤ 現金[現物]化, 換金, 引き換え; 買い戻し; 償却. **beyònd [pàst] redémption** [形] 回復[救い]の見込みのない.

re·de·sign /rìːdɪzáɪn/ 動 他 (...)のデザインを変更する, (...)を再設計する. — 名 Ⓤ,Ⓒ デザイン変更, 再設計.

re·de·vel·op /rìːdɪvéləp/ 動 他 (...)を再開発する.

re·de·vel·op·ment /rìːdɪvéləpmənt/ 名 Ⓤ,Ⓒ 再開発.

red-eye /rédàɪ/ 名 ❶ Ⓒ 《米略式》 夜間便: a *red-eye* flight 夜間飛行便. ❷ Ⓤ (写真の)赤目(現象).

réd flág 名 ❶ Ⓒ 赤い旗《危険信号》. ❷ [the ~] 赤旗《左翼政党[団体]などの象徴》.

réd gíant 名 Ⓒ 〔天文〕 赤色巨星.

red-hand·ed /rédhǽndɪd/ 形 叙述 悪事を行なっている最中で, 現行犯で: She was caught *red-handed* trying to shoplift a necklace. 彼女はネックレスを万引きしようとして現行犯でつかまった.

red·head /rédhèd/ 名 Ⓒ 赤毛の人《特に女性》.

red·head·ed /rédhèdɪd/ 形 赤毛の.

réd hérring 名 Ⓒ 人の注意を他へそらすもの.

red-hot /rédhɑ́(ː)t | -hɔ́t←/ 形 ❶ (金属が)赤熱した; 《略式》 ひどく熱い. ❷ 《略式》 熱烈な; 猛烈な ❸ 《略式》 最新の; とてもわくわくさせる; 大人気の.

redid 動 redo の過去形.

re·di·rect /rìːdɪrékt, -daɪ-/ 動 他 (...)の方向を変える; (...)を別の目的に転用する (*to*).

re·dis·cov·er /rìːdɪskʌ́vɚ | -və/ 動 (-er·ing /-v(ə)rɪŋ/) 他 (...)を再発見する.

re·dis·trib·ute /rìːdɪstríbjʊt | -bjuːt/ 動 他 (...)を再分配する, 分配し直す.

re·dis·tri·bu·tion /rìːdìstrəbjúːʃən/ 名 Ⓤ 再分配 (*of*).

réd-lét·ter dày /rédlétɚ- | -tə-/ 名 Ⓒ 《略式》 記念すべき日, おめでたい日, 吉日《カレンダーで聖人の祝日や祭日が赤く記されていることから》.

réd líght 名 Ⓒ 赤の信号灯, 停止[赤]信号: run [go through] a *red light* 停止信号を無視する. 関連 green light 青の信号灯 / yellow light 黄の信号灯.

réd-líght dìstrict /rédláɪt-/ 名 Ⓒ 赤線地帯《売春宿·売春婦が多い地区》.

réd méat 名 Ⓤ 赤肉《牛肉·羊肉など; ⇒ white meat》.

red·neck /rédnèk/ 名 Ⓒ 《米略式》 [軽蔑的] 赤っ首《米南部の無学で保守的な白人労働者》.

red·ness /rédnəs/ 名 Ⓤ 赤いこと, 赤色, 赤み.

re·do /rìːdúː/ 動 (-does /-dʌ́z/; 過去 -did /-díd/; 過分 -done /-dʌ́n/; -do·ing) 他 ❶ (...)を再び行なう, やり直す. ❷ (...)を改装する.

red·o·lent /rédələnt/ 形 叙述 ❶ 《格式》 (...を)しのばせる, 暗示する (*of*, *with*). ❷ 《文語》 (...の)においが強い (*of*, *with*).

redone 動 redo の過去分詞.

re·dou·ble /rìːdʌ́bl/ 動 他 (...)を倍加する; 強める: *redouble* one's efforts いっそう努力する.

réd pépper 名 Ⓒ とうがらし, 赤ピーマン《⇒ green pepper》; Ⓤ とうがらし《粉》 (cayenne pepper).

re·dress /rɪdrés/ 動 他 《格式》 (不正など)を正す, 是正する: *redress* the balance 不均衡を正す. — 名 Ⓤ 《格式》 救済, 補償: seek legal *redress for* the damage 損害の法的救済[補償]を求める.

Réd Séa 名 固 [the ~] 紅海《Africa と Arabia との間の海; Suez 運河によって地中海に通じる》.

réd tápe 名 Ⓤ [軽蔑的] お役所仕事, 官僚的形式主義《昔公文書を赤ひもで結んだことから》. **cút the réd tápe** [動] 自 形式的な手続きを省く.

***re·duce** /rɪd(j)úːs | -djúːs/

— 動 (re·duc·es /~ɪz/; re·duced /~t/; re·duc·ing) 他 ❶ (重さ·量·価値など)を**減らす**, (大きさ)を**小さくする**, 縮小する; (熱·力など)を弱める; (値段など)を引き下げる; (液体)を煮詰める: REDUCE SPEED (NOW) スピードを落とせ《道路標識》 / The doctor advised me to *reduce* my weight *to* 60kg. V+O+to+名 私は医者に 60kg まで体重を減らすように言われた / Can you *reduce* the price *by* 5 percent? 値段を 5 パーセント引けませんか / These shoes *were reduced from* $50 *to* $40. V+O+from+名+to+名の受身 この靴は 50 ドルから 40 ドルに値引きされた.
❷ [しばしば受身で] (...)を(よくない状態に)**する**, 追い込む; (...)を(より単純な形に)変える: The boy *was reduced to tears* [*silence*]. V+O+to+名の受身 少年は泣きだして[黙りこんで]しまった / The city *was reduced to ruins* [*rubble*, *ashes*] その町は廃墟と化した / He *was reduced to* sell*ing* his furniture to pay the bills. V+O+to+動名の受身 彼は支払いのために家具を売るはめになった.

R

— 自《略式, 主に米》(食事を控えて)体重を減らす, 減量する. (名 redúction)
〘語源 ラテン語で「後ろへ引き戻す」の意; ⇒ re-[1], introduce キズナ〙

re·duc·i·ble /rɪd(j)úːsəbl | -djúːs-/ 形 叙述《格式》(単純なものに)還元できる (*to*).

***re·duc·tion** /rɪdʌ́kʃən/ 名 (~s /~z/) ❶ C,U **少なく[小さく]すること**, 縮小: a *reduction in* [*of*] working hours 労働時間の短縮 / a *reduction in* [*of*] speed 減速 / tax *reduction* 減税 / cost *reduction* コストの引き下げ. 日英「コストダウン」は和製英語 // arms *reduction* talks 軍縮会議.
❷ C,U **割引**, 値下げ; C 割引額[量]: *at a reduction of* 10 percent 1 割引で. ❸ C (地図・写真の)縮写, 縮図. ❹ U,C〘化学〙還元. (動 redúce)

re·dun·dan·cy /rɪdʌ́ndənsi/ 名 (-dan·cies /~z/) ❶ U,C《英》余剰労働者削減[解雇], リストラ: take voluntary *redundancy* 希望退職に応じる / *redundancy* pay [money] (リストラされた人への)割増退職手当. ❷ U 余剰(性), 冗長(性).

re·dun·dant /rɪdʌ́ndənt/ 形 ❶《英》(労働者が)余剰人員の, 解雇対象の: be made [become] *redundant* 解雇される. ❷ 余分の, 不要な; 余剰の, 冗長な.

réd wíne 名 U,C 赤ワイン《⇒ wine 参考》.

red·wood /rédwʊ̀d/ 名 C セコイア(めすぎ)《北米西海岸産の常緑大高木; 100 メートルを越す世界一高い植物》; U セコイア材.

+**reed** /ríːd/ 名 (reeds /ríːdz/) ❶ C **あし**, よし《湿生植物》: Man is but a *reed*, the weakest thing in nature, but he is a thinking *reed*. 人間は自然の中でいちばん弱い 1 本のあしにすぎない. しかしそれは考えるあしである《フランスの哲学者パスカル (Pascal) のことば》. ❷ C (木管楽器の)舌, リード.

réed ìnstrument 名 C リード楽器《リードのついた楽器; クラリネット・オーボエ・サクソホンなど》.

réed òrgan 名 C (リードで音を出す)オルガン《⇒ organ 日英》.

reed·y /ríːḍi/ 形 (reed·i·er; -i·est) ❶ (声・音が)甲高い. ❷ あしの多い[生い茂った].

+**reef** /ríːf/ 名 (~s /~s/) C **岩礁**, 暗礁; 砂州: a coral *reef* さんご礁.

reek /ríːk/ 動 自 ❶ 悪臭を放つ; (...の)においがする (*of*). ❷ [悪い意味で] (悪事などの)気配がする (*of*).
— 名 [単数形で] 悪臭, 臭気.

***reel**[1] /ríːl/ (同音 #real) 名 (~s /~z/) ❶ C **巻き枠, 巻き軸, リール**《軸になるものにテープ・電線・ホースなどを巻いたもの》;《英》糸巻き [《米》spool]: wind wire onto a *reel* リールに電線を巻く. ❷ C 巻き枠[巻き軸, リール]1 本分: a *reel of* tape テープ 1 巻分. ❸ C (釣りざおの)リール, 巻き車. ❹ C (映画フィルムの)巻.
— 動 他 (...)を(リールに)巻き取る.
réel ín [動] 他 (魚)をリールを巻いて引き寄せる.
réel óff [動] 他《略式》(覚えたことなど)をすらすらとしゃべる.

reel[2] /ríːl/ 動 自 ❶ (人・心が)動揺する, (頭が)混乱する (*with*); のけぞる (*back*): She's still *reeling from* the shock. 彼女はそのショックでまだ動揺している. ❷ [副詞(句)を伴って] よろめく, 千鳥足で歩く. ❸ (光景が)ぐるぐる回る(ように見える).

reel[3] /ríːl/ 名 C リール《スコットランド・アイルランドの活発な舞踏》; リールの曲.

re·e·lect /rìːɪlékt/ 動 他 (...)を再選する, 改選する (*to*, *as*).

re·e·lec·tion /rìːɪlékʃən/ 名 U,C 再選, 改選.

re·en·act /rìːɪnǽkt/ 動 他 (...)を再現する.

re·en·act·ment /rìːɪnǽktmənt/ 名 C,U 再現.

re·en·ter /rìːénṭə | -tə/ 動 (-ter·ing /-ṭərɪŋ, -trɪŋ/) 他 (...)に再び入る. — 自 再び入る.

re·en·try /rìːéntri/ 名 (-en·tries) C,U 再び入ること; 再入国; 再加入; (宇宙船などの大気圏への)再突入 (*into*).

re·ex·am·ine /rìːɪgzǽmɪn/ 動 他 (...)を再検査[再検討]する, 再試験する;〘法律〙(...)を再尋問する.

ref /réf/ 名 (~s) C《略式》レフェリー, 主審 (referee).

ref. 略 = reference.

re·fec·to·ry /rɪféktəri, -tri/ 名 (-to·ries) C (修道院・大学などの)食堂 [≒cafeteria].

****re·fer** /rɪfə́ː | -fə́ː/ !アク
— 動 (re·fers /~z/; re·ferred /~d/; -fer·ring /-fə́ːrɪŋ | -fə́ːr-/) 自 [refer to...として] ❶ (人・物などについて) (直接に)**言及する**, 触れる, 口に出す, 引き合いに出す [≒mention]; 引用する: The speaker often *referred to* Professor White's book. V+to+名 その講演者はたびたびホワイト教授の著書について触れた / Chaucer *is* often *referred to as* the father of English poetry. チョーサーはしばしば英詩の父と呼ばれる. 関連 allude 間接的に言及する.
❷ (...を)**参照する**, 参考にする; (...に)問い合わせる, 照会する: You should *refer to* some other books. V+to+名 何かほかの本を参照したほうがよい / Please *refer to* Mr. Smith for more information. より詳しくはスミス氏に問い合わせてください. ❸ (...に)関連する, (規則などが)当てはまる; (...)を示す: The rule *refers* only *to* male students. この規則は男子学生だけに適用される / The numbers in the index *refer to* sections. 索引の数字は節を示す.
— 他 ❶ [しばしば受身で] (人)を(ある人に)**紹介する, 引き合わす**《専門的な知識を得たり治療を受けたりするため》, (ある場所に)差し向ける: I *referred* him *to* the consultant. V+O+to+名 私は彼をコンサルタントのところへ(相談に)行かせた / Tom *was referred to* the doctor for the results of his medical checkup. V+O+to+名の受身 トムは検査の結果を聞きに医者のところへ行かされた. ❷《格式》(人)に(本などを)参照させる, 参考にさせる: The professor *referred* his students *to* several articles on the subject. 教授は学生たちにその主題に関するいくつかの論文を参照させた. ❸ (問題・事件(の解決)など)を任せる: They *referred* the problem *to* the committee for a decision. 彼らはその問題の解決を委員会に任せた. (名 réference)
〘語源 原義はラテン語で「運び戻す」; ⇒ offer キズナ〙

+**ref·er·ee** /rèfəríː/ !アク 名 (~s /~z/) ❶ C〘スポーツ〙**レフェリー, 審判(員)** [《略式》ref]《⇒ judge 表》. ❷ C 仲裁人. ❸ C《英》身元保証人 [≒reference]. ❹ C (論文などの)審査員.
— 動 他 (...)のレフェリー[審判]をする. — 自 レフェリー[審判]を務める.

***ref·er·ence** /réf(ə)rəns/ !アク 名 (-er·enc·es /~ɪz/) ❶ C,U **話で触れること**, 話題にすること, (直接の)言及 [≒mention]: This magazine has [makes] a few *references to* life in Italy. この雑誌はイタリアの生活について多少触れている / *Reference to* the decline of the Turkish Empire will be *made* in the

next chapter. トルコ帝国の衰退については次章で言及する / Her e-mail contained only a *passing reference to* the matter. 彼女のメールはその件についてちょっとしか触れていなかった. 関連 allusion 間接的な言及.
❷ U **参照**, 参考; 引用: ***Reference to*** the map will help you in class. 授業では地図を参照するとわかりやすい / Here's a copy of today's agenda, *for* (your) (easy) *reference*. (簡単に)参照できるように今日の議題の控えがあります / ***for future reference*** 今後の参考として.
❸ C **人物証明書**, 推薦状; 身元照会先; 身元保証人 [《英》 referee]: a banker's *reference* (銀行の出す顧客の)信用証明書 / He has excellent ***references from*** his school teachers. 彼には学校の先生たちからすばらしい推薦状が来ている / "Who is your *reference*?" "My former employer is."「あなたの身元保証人はどなたですか」「私の前の雇い主です」. 日英 reference は本人には見せないもので, 日本の推薦状とは異なり, 純粋に客観的に書かれる厳しいものだが, testimonial は本人に見せるので, 多少とも好意的に甘く書かれる. ❹ C 参考文献, 参照[参考]個所, 引用個所, 引用文: a list of *references* 参考文献一覧. ❺ C 参照記号[番号]; 問い合わせ[照会, 整理]番号《略 ref.》.
with [in] réference to ... [前] 《格式》 **...に関して** [≒concerning]: I should like to express my opinion *with reference to* his suggestion. 彼の提案について私の意見を述べたいと思います.
withòut réference to ... [前] 《格式》 ...に関係なく, ...を問わずに; ...に問い合わせることなく. (動 refér)

réference bòok 名 C 参考図書《辞書・百科事典・年鑑・地図など; 学習参考書とは違う》.

réference lìbrary 名 C 参考図書館[室]《館外貸し出しを行なわない; ⇒ lending library》.

+**ref·er·en·dum** /rèfəréndəm/ 名 (複 ~s, ref·er·en·da /-də/) C,U (政策などについての)**国民投票**, 住民投票《⇒ plebiscite》: ***hold*** [***have***] a ***referendum on*** the issue その問題について国民投票を行なう / by *referendum* 国民投票で.

re·fer·ral /rɪfə́ːrəl | -fə́ː-/ 名 U,C 《格式》 (専門医などへの)紹介 (*to*).

re·fill¹ /rìːfíl/ 動 他 (...)を再び満たす, 補充する.

re·fill² /ríːfìl/ 名 C 補充物, 詰め替え品; (飲み物などの)お代わり: a *refill for* a ball point pen ボールペンの替えしん / Would you like a *refill*? Ⓢ (コーヒー・ワインなどを)もう一杯いかがですか?

re·fi·nance /rìːfáɪnæns, -faɪnǽns/ 動 他 (借金)を借り換える, (ローン)を組み直す.

+**re·fine** /rɪfáɪn/ 動 (-fines /~z/; -fined /~d/; -fin·ing) 他 ❶ (砂糖・石油など)を**精製する**, 純粋にする. ❷ (方法・理論・装置など)を改善[改良]する, (ことばなど)を洗練する: *refine* skills 技術を磨く. (名 refínement)
〖⇒ final キズナ〗

re·fined /rɪfáɪnd/ 形 ❶ 精製した: *refined* sugar 精製糖. ❷ (方法などが)改良された, 精巧な, 手の込んだ. ❸ (ことばづかい・態度などが)洗練された, 上品な, あか抜けした: *refined* tastes 上品な趣味.

re·fine·ment /rɪfáɪnmənt/ 名 ❶ U,C 改善, 改良; C (機械・技術などの)改良されたもの[点], 改良品 (*of*). ❷ U 精製; 精錬; 純化: the *refinement of* sugar 砂糖の精製. ❸ U 上品, 洗練; 優雅, あか抜けていること: a gentleman of *refinement* 洗練された紳士. (動 refíne)

re·fin·er·y /rɪfáɪnəri/ 名 (-er·ies) C 精製所.

re·fin·ish /rìːfínɪʃ/ 動 他 《米》 (木材など)の表面を再仕上げする.

re·fit¹ /rìːfít/ 動 (re·fits; -fit·ted; -fit·ting) 他 (船など)を再装備[改装, 修理]する.

re·fit² /ríːfìt/ 名 C,U (船などの)修理, 改装.

****re·flect** /rɪflékt/
― 動 (re·flects /-flékts/; -flect·ed /~ɪd/; -flect·ing) 他 ❶ [普通は受身で] (鏡などが)(像)を**映す**, 映じる: The beautiful mountains ***were reflected in*** the lake. V+O+*in*+名の受身 美しい山々が湖に映っていた.
❷ (光・熱)を**反射する**; (音)を反響する: The snow on the road *reflected* the sunlight. 道路の雪は日の光を反射していた.
❸ [普通は進行形なし] (考えなど)を**反映する**, 表わす, 示す: Rose's face *reflected* her deep sorrow. ローズの顔は深い悲しみを表わしていた / Public opinion ***is reflected in*** letters to the editor. V+O+*in*+名の受身 世論は編集者への投書に反映されている / His letter ***reflects how*** he really feels about you. V+O (*wh* 節) 彼の手紙は君への本当の気持ちを示している. ❹ [受身なし] (...)をよく考える, 熟考する [≒consider]; (...)と反省する: I *reflected that* it wouldn't be legal for me to do it. 私がそれをするのは法にそむくことだと考えた.
― 自 ❶ (光・熱が) (...に)**反射する**; (音が)反響する: Light *reflected off* the roof. V+*off*+名 光が屋根に反射していた.
❷ **よく考える**, 熟考[反省]する: Take time to ***reflect on*** [***upon***] your decision. V+*on* [*upon*]+名 ゆっくりよく考えて決めてください. ❸ [しばしば badly, well を伴って] (...に)(悪)影響を及ぼす, (...の)不名誉となる: His conduct *reflects* (*badly*) *on* his honesty. 彼の行為は彼の誠実さを疑わせるものだ.
(名 refléction, 形 refléctive)
〖語源 ラテン語で「後ろへ曲げる」の意〗

re·flécting tèlescope /rɪfléktɪŋ-/ 名 C 反射望遠鏡.

re·flec·tion** /rɪflékʃən/ 名 (~s /~z/) ❶ C (鏡・水などに)**映ったもの**, 映った姿, 映像: Betty looked at her ***reflection in the mirror [lake]. ベティーは鏡[湖]に映った自分の姿を眺めた.
❷ U **反射**; 反響: the *reflection of* light [heat] 光[熱]の反射. ❸ C (状況・事情などの)反映, 表[現]われ; (...に)不名誉な評価をもたらすもの: An increase in crime is one *reflection of* an unhealthy society. 犯罪の増加は不健全な社会の反映である / Mary's behavior is a (*sad*) *reflection on* her parents. メアリーの行ないにより, 彼女の両親が悪く見られる. ❹ U よく考えること, 熟考; 反省: He seems to have done it without much *reflection*. 彼はよく考えないでそれをやってしまったようだ. ❺ C [普通は複数形で] (熟考した上での)考え, 意見, 感想 (*on*).
on [upòn] refléction [副] 文修飾 よく考えてみると[みて]; 熟考の上. (動 refléct)

+**re·flec·tive** /rɪfléktɪv/ 形 ❶ **熟考する**, 思慮深い. ❷ 反射する. ❸ 叙述 (物事を)反映する (*of*). (動 refléct)

re·flec·tor /rɪfléktə | -tə/ 名 ❶ C 反射鏡, 反射板. ❷ C リフレクター, 夜間反射装置《自転車の後ろなど

に付けた車の光を反射する板》.

re·flex /ríːfleks/ 名 ❶ C 反射運動; 反射作用: a conditioned *reflex* 〔生理〕条件反射 / a *reflex* movement 反射運動. ❷ [複数形で] 反射神経: have good *reflexes* 反射神経がいい.

réflex áction 名 C = reflex 1.

re·flex·ion /rɪflékʃən/ 名 C,U《英》= reflection.

re·fléx·ive pronóun /rɪfléksɪv-/ 名 C〔文法〕再帰代名詞《⇒ **巻末文法** 3 (1)》.

refléxive vérb 名 C〔文法〕再帰動詞《再帰代名詞を目的語にとる動詞》.

re·flex·ol·o·gy /rìːfleksá(ː)ləʤi | -sɔ́l-/ 名 U 反射療法《足のマッサージによる病気の治療》.

re·for·est /rìːfɔ́ːrəst | -fɔ́r-/ 動 他 (土地)に森林を再生させる, 再植林をする.

re·for·es·ta·tion /rìːfɔ̀ːrəstéɪʃən | -fɔ̀r-/ 名 U 森林再生, 再植林.

***re·form** /rɪfɔ́ɚm | -fɔ́ːm/ 動 (**re·forms** /~z/; **re·formed** /~d/; **-form·ing**) 他 ❶ (...)を**改革する**, 改善する [≒improve]; (...)を改正する: The government is trying to *reform* the tax system. 政府は税制を改革しようとしている.
❷ (...)を**改心させる**, (品行)を矯正する: a *reformed* smoker (改心して)禁煙した人 / Prison seldom *reforms* criminals. 犯罪者は投獄されてもめったに改心しない.
— 自 **改心する**, 行ないを改める: Joe has completely *reformed*. ジョーはすっかり改心した. (名 rèformátion)
— 名 (~s /~z/) U,C **改革**, 改善: economic *reform* 経済改革 / educational *reform* 教育改革 / a ***reform of*** teaching methods 教授法の改善.
〘⇒ form キズナ〙

re-form /rìːfɔ́ɚm | -fɔ́ːm/ 動 他 (...)を作り直す; (組織など)を編成し直す. — 自 再編成する; 再び作られる.
日英 服や家を作り変えることを意味する「リフォーム」は和製英語. 英語では, 服には alter, remake, 家には remodel, renovate などを使う.

ref·or·ma·tion /rèfɚméɪʃən | -fə-/ 名 ❶ U,C《格式》改善, 改革; 矯正, 感化. ❷ [the R-] 宗教改革《16–17 世紀におけるローマカトリック教会に対する改革運動》. (動 refórm)

re·for·ma·to·ry /rɪfɔ́ɚmətɔ̀ːri | -fɔ́ːmətəri, -tri/ 名 (-to·ries) C《古風, 米》= reform school.

re·form·er /rɪfɔ́ɚmɚ | -fɔ́ːmə/ 名 C (社会・道徳などの)改革者, 改良家.

refórm schòol 名 C《古風, 米》少年院.

re·fract /rɪfrǽkt/ 動 他〔物理〕(光)を屈折させる.

re·fráct·ing tèlescope /rɪfrǽktɪŋ-/ 名 C 屈折望遠鏡.

re·frac·tion /rɪfrǽkʃən/ 名 U〔物理〕屈折.

re·frac·to·ry /rɪfrǽktəri, -tri/ 形 ❶《格式》(人や動物が)手に負えない. ❷〔医学〕(病気が)難治の.

+**re·frain¹** /rɪfréɪn/ 動 (**re·frains** /~z/; **-frained** /~d/; **-frain·ing**) 自《格式》(したいと思うことを)**差し控える**, 慎む [≒abstain]: PLEASE REFRAIN FROM SMOKING 喫煙はご遠慮ください《掲示》.

re·frain² /rɪfréɪn/ 名 ❶ C (詩歌の各節の終わりの)繰り返しの句. ❷ C《格式》(繰り返される)決まり文句.

***re·fresh** /rɪfréʃ/ 動 (**re·fresh·es** /~ɪz/; **-freshed** /~t/; **-fresh·ing**) 他 ❶ (休息・飲食物などが)(人)を**さわやかな気分にする**, 元気づける: A cup of tea will *refresh* you. お茶を1杯飲めばすっきりするよ. ❷ (思い出など)を新たにする: This picture may *refresh* your memory. この写真を見ればまた思い出すかもしれない. ❸《米》(酒など)をつぎ足す. ❹〔コンピュータ〕(画面の情報)を更新する. — 自〔コンピュータ〕(画面の情報が)更新される. **refrésh onesèlf** [動] 自 (休息・飲食物などで)さわやかな気分になる (*with*). (名 refréshment)

re·freshed /rɪfréʃt/ 形 さわやかになって, 再び元気づいて.

re·frésh·er (còurse) /rɪfréʃɚ- | -ʃə-/ 名 C (新しい知識・技術などの)講習, 再教育講習[課程].

+**re·fresh·ing** /rɪfréʃɪŋ/ 形 ❶ **すがすがしい, さわやかな**; 元気づける: a *refreshing* breeze すがすがしい風. ❷ 目新しくて心地(ここち)よい: a *refreshing* change 斬新(ざんしん)な変化. **~·ly** 副 すがすがしく; 目新しく.

re·fresh·ment /rɪfréʃmənt/ 名 ❶ [複数形で]《格式》(会合・催しなどで出る軽い)飲食物, (軽い)食事, 茶菓子: serve [offer] *refreshments* 軽食[茶菓子]を出す. ❷ U《格式》(一般に)飲食物: liquid *refreshment* [こっけいに] アルコール飲料. ❸ U《格式》元気回復, さわやかにする[なる]こと; 休養. (動 refrésh)

ré·fried béans /ríːfràɪd-/ 名 複 フリホーレス《煮た豆をつぶしていためたメキシコ料理》.

re·frig·er·ate /rɪfríʤərèɪt/ 動 他 (食料品)を冷蔵する.

re·frig·er·a·tion /rɪfrìʤəréɪʃən/ 名 U 冷蔵: under *refrigeration* 冷蔵して.

***re·frig·er·a·tor** /rɪfríʤərèɪṭɚ | -tə/ ❗アク 名 (~s /~z/) C《英格式または米》**冷蔵庫**《《英》では fridge が普通; ⇒ icebox; kitchen 挿絵》: Keep the tomatoes cool in the *refrigerator*. 冷蔵庫でトマトを冷やしておきなさい. 関連 freezer 冷凍庫.

re·fu·el /rìːfjúːəl/ 動 (-fu·els; -fu·eled,《英》-fu·elled; -el·ing,《英》-el·ling) 他 (...)に燃料を補給する, 給油する: aerial *refueling* (燃料の)空中補給. — 自 燃料の補給を受ける.

+**ref·uge** /réfjuːʤ/ ❗アク 名 (**ref·ug·es** /~ɪz/) ❶ U **避難**; 保護《危険・困難などから逃れること, または逃がしてかくまうこと》: a place of *refuge* 避難所 / ***seek refuge from*** the storm あらしの難を避けようとする / ***take refuge from*** a civil war ***in*** another country 内戦を避けて他国に避難する / ***give refuge to*** ... ...をかくまう. ❷ C **避難所**, 逃げ場, 隠れ家 [≒shelter]: ***find*** a ***refuge from*** danger 危険を避けるための逃げ場を見つける / a *refuge for* wildlife = a wildlife *refuge* 野生動物保護区.

ref·u·gee** /rèfjʊʤíː, réfjʊʤìː/ ❗アク 名 (~s /~z/) C (国外への)**難民**, 避難者; 亡命者: ***refugees from Palestine パレスチナ難民 / a *refugee* camp 難民収容所.

+**re·fund¹** /ríːfʌ̀nd/ 名 (-funds /-fʌ̀nʤ/) C **払い戻し(金)**: a tax *refund* 税の還付金 / demand [get] a full *refund* 全額払い戻しを請求する[受ける] / give ... a *refund* ...に払い戻しをする. (動 rèfúnd²)

re·fund² /rɪːfʌ́nd, rɪ-/ 動 他 (...)を(~に)払い戻す: 言い換え They *refunded* 「us the money [the money *to* us]. 彼らは私たちに金を払い戻した / We had our money *refunded*. 私たちは金を払い戻してもらった. (名 réfùnd¹)

re·fur·bish /rìːfɚ́ːbɪʃ | -fə́ː-/ 動 他 (...)を改装[改修]する.

+**re·fus·al** /rɪfjúːz(ə)l/ 名 (~s /~z/) C,U **拒絶**, 拒否, 辞退 (*of*): She gave me a flat [blunt] *refusal*. 彼女は私の申し入れをきっぱりと[そっけなく]断わった / His

refusal to attend the party offended them. [+to 不定詞] 彼がパーティーに出るのを断わったので彼らは怒った.
(動 refúse[1])

re·fuse[1] /rɪfjúːz/ [発音] 名詞の refuse[2] と発音・アクセントが違う.

— 動 (re·fus·es /~ɪz/; re·fused /~d/; re·fus·ing) 他 ❶ (...すること)を拒む, (どうしても)...しようとしない: The boys *refused to* listen to me. [V+O (to 不定詞)] 少年たちは私の話をどうしても聞こうとしなかった / The engine *refuses to* start. エンジンがどうしてもかからない.

❷ (申し出・要求など)を断わる, 拒絶する, 拒否する [⇔ agree]; (...)を辞退する; (許可など)を与えない: He flatly *refused* my gift [offer]. 彼は私の贈り物[申し出]をきっぱりと断わった / The offer was too good to *refuse*. その申し出は断わるにはもったいないくらい申し分なかった / They *refused* John permission to go. [V+O+O] 彼らはジョンに外出許可を与えなかった / I *was refused* admission. [V+O+O の受身] 私は入場を拒否された.

refuse (かなり強い調子で)	断わる
reject (不要・不適当としてきっぱりと)	
decline ((言葉で)丁寧に・穏やかに)	

— 自 断わる, 拒絶する: He asked me to come, but I *refused*. 彼に来るように頼まれたが私は断わった.
(名 refúsal)

ref·use[2] /réfjuːs/ [発音] 動詞の refuse[1] と発音・アクセントが違う. 名 U 《格式》 (台所などの)ごみ, くず; 廃物 [《米》 garbage, trash, 《英》 rubbish].

re·fut·a·ble /rɪfjúːṭəbl/ 形 《格式》 論駁(ろんばく)できる, 論破できる [⇔ irrefutable].

ref·u·ta·tion /rèfjʊtéɪʃən/ 名 C,U 《格式》 論駁(ろんばく), 反駁; 反証.

+**re·fute** /rɪfjúːt/ 動 (re·futes /-fjúːts/; re·fut·ed /-ṭɪd/; re·fut·ing /-ṭɪŋ/) 他 ❶ 《格式》 (...)の**誤りを証明する**, 反証をあげる. ❷ (事・人)に反駁する; (...)を否定する.

reg. 略 = registration.

+**re·gain** /rɪgéɪn/ 動 (~s /~z/; ~ed /~d/; ~·ing) 他 ❶ (能力・統制・意識など)を**取り返す**, 回復する: He slowly *regained* his health. 彼は徐々に健康を回復した. ❷ [受身なし] 《文語》 (場所)に帰り着く.
regáin one's **bálance** [《文語》 **féet**] [動] 自 (倒れかけた者が)足を踏みこらえて立ち直る.

re·gal /ríːg(ə)l/ 形 《格式》 王[女王]にふさわしい, 王[女王]らしい; 堂々とした; 王[女王]の. 〖語源 royal と同語源〗

re·gale /rɪgéɪl/ 動 他 (人)を(...で)喜ばせる, 楽しませる (*with*).

re·ga·lia /rɪgéɪljə/ 名 U (儀礼用の)豪華な衣装[装飾品], 礼服: in full *regalia* 盛装して.

re·gard /rɪgάɚd | -gάːd/

— 動 (re·gards /-gάɚdz | -gάːdz/; -gard·ed /-ḍɪd/; -gard·ing /-ḍɪŋ/) 他

> **意味のチャート**
> 原義は「見守る」《reward と同語源》→「(ある見方で)見る」❷ →「みなす」→「考える」❶

❶ [進行形なし] (...)が(～であると)**考える**, (～と)みなす 《⇒ 類義語》: We all *regarded* her *as* a genius. [V+O+C (as+名)] 私たちはみな彼女を天才だと考えた / They *regarded* his behavior *as* childish. [V+O+C (as+形)] 彼らは彼のふるまいを子供っぽいと考えた / He's widely *regarded as* our greatest actor. [V+O+C (as+名)の受身] 彼は多くの人に最高の俳優とみなされている / They *regarded* the key *as lost*. [V+O+C (as+過分)] 彼らは鍵は紛失したものとみなした. 語法 consider と違って上の動詞型にのみ用いる.

> **「みなす」の意を表わす動詞グループ: as 型**
> 《⇒ consider グループ》
> **動詞＋A＋as＋B　AをBとみなす**
> We all **regarded** her **as** a genius. 私たちはみな彼女を天才だと考えた.
> **acknowledge, identify, recognize** AをBと認める
> **imagine** AをBと想像する
> **classify, interpret, look on, perceive, regard, see** AをBとみなす
> **describe, refer to, represent** AをBと言う

❷ [進行形なし] 《格式》 (ある見方・態度で)(...)の**ことを考える**, (...)を見る: Though he retired years ago, the public still *regards* him *highly*. [V+O+副] 彼は何年も前に引退したが人々はまだ彼のことを尊敬している / His actions were *regarded* with suspicion. 彼の行動は疑いの目で見られた.

as regàrds ... [前] 《格式》 ...**に関しては**, ...については [≒regarding]: *As regards* her use of color, she is a very good artist. 色の使い方の点では彼女は大変すばらしい芸術家だ.

> 類義語 **regard** 「...を～とみなす」の意の一般的な語で, 単なる外見による判断の場合にも用いる: He *regarded* the novel *as* an important literary work. 彼はその小説を重要な文学作品とみなした. **consider** ある程度よく考えた上で判断した場合に用いる: I *consider* this dictionary very useful. 私はこの辞書は大変役に立つと思います.

— 名 (re·gards /-gάɚdz | -gάːdz/) ❶ U 《格式》 **尊敬**, 敬意 [≒respect]; 好意: We ***hold*** him ***in high*** [*low*] ***regard***. 私たちは彼を大変尊敬[軽蔑]している / I ***have high regard for*** her judgment on most matters. 私はたいていのことに関して彼女の判断を高く評価している.

❷ U 《格式》 **注意**, 関心, 考慮 [≒consideration]; 心配, 心づかい: She ***has*** [***pays, shows***] no [little] ***regard for*** the feelings of others. 彼女は他人の気持ちを全然[ほとんど]考慮しない.

❸ [複数形で] **よろしくというあいさつ** 《手紙などの結びに用いる》: ***My*** (***kind*** [***best***]) ***regards to*** your mother. お母さまにどうぞよろしくお伝えください / My wife ***sends*** her ***best regards to*** you. 妻からもくれぐれもよろしくとのことです / Please ***give*** my ***kind***(***est***) ***regards to*** Mrs. Brown. ブラウン夫人に(くれぐれも)よろしくお伝えください《面識のある人に限られる; 《略式》では say hello to ... が普通》. ❹ [単数形で] 《文語》 注視, 凝視.

in thís [thát] regárd [副] [しばしば 文修飾] 《格式》 この[その]点について(は).

(With) bést [kínd] regárds, = Regárds, [副] 敬具《仕事上の知り合いなどへのやや改まった手紙の結

びのあいさつ》.

with [in] regárd to ... [前]《格式》...に関しては: *With regard to* the date and place, I completely agree with you. 日時と場所の点では私はあなたと全く同意見です. 語法 regards と複数形にしない.

withòut regárd to [for]... [前]《格式》...にかまわず; ...を考慮せずに: He carried out his plan *without regard to* the dangers. 彼は危険を無視して計画を実行した.

+**re·gard·ing** /rɪgáɚdɪŋ | -gá:d-/ 前《格式》**...に関しては** [≒about]《✪ 主に商用文に用いる》: *Regarding* your recent inquiry, enclosed is our catalogue. お問い合わせの件につきましては, 当社のカタログを同封いたしました.

+**re·gard·less** /rɪgáɚdləs | -gá:d-/ 副 (困難·反対などに)**かまわずに**, とにかく: It was snowing hard, but she pressed on *regardless*. 雪が降りしきっていたが彼女はかまわず突き進んだ.

regárdless of ... [前] **...にかかわらず**, ...に関係なく: Everyone is welcome *regardless of* age. 年齢に関係なくどなたでも歓迎いたします.

re·gat·ta /rɪgá:ṭə, -gǽṭə | -gǽtə/ 名 C ボートレース, ヨットレース, レガッタ.

re·gen·cy /rí:ʤənsi/ 名 (-gen·cies) U,C 摂政期; 摂政政治; 摂政の任.

re·gen·er·ate /rɪʤénərèɪt, rì:-/ 動 他 ❶《格式》(...)を再生させる, 復興[回復]させる. ❷〔生物〕(器官·組織)を再生させる. — 自〔生物〕(器官·組織が)再生する.

re·gen·er·a·tion /rɪʤènəréɪʃən/ 名 ❶ U《格式》再生, 再建, 復興. ❷ U〔生物〕再生.

re·gen·er·a·tive /rɪʤénərèɪṭɪv | -rət-/ 形 ❶《格式》再生させる, 回復させる. ❷〔生物〕再生の.

re·gent /rí:ʤənt/ 名 ❶ C [しばしば R-] 摂政《王·皇帝などに代わって一時的に政務を行なう人》. ❷ C《米》大学評議員; (州の)教育委員会委員.
— 形 [しばしば R-] [名詞の後につけて] 摂政の任にある.

reg·gae /régeɪ/ 名 U [しばしば R-] レゲエ《西インド諸島起源のポピュラー音楽》.

Reg·gie /réʤi/ 名 固 レジー《男性の名; Reginald の愛称》.

reg·i·cide /réʤəsàɪd/ 名 U《格式》国王殺し《行為》; C 国王殺し《人》.

+**re·gime** /rɪʒí:m, reɪ-/ ≪フランス語から≫ アク 名 (~s /~z/) ❶ C [しばしば悪い意味で] **政権**, 体制; **制度**: under the present military *regime* 現在の軍事政権の下で. ❷ C = regimen.

reg·i·men /réʤəmən/ 名 C《格式》(食事·運動などによる)養生法, 食餌(じ)療法.

reg·i·ment[1] /réʤəmənt/ 名 ❶ C [《英》単数形でもときに複数扱い]〔陸軍〕連隊《⇒ corps 参考》. ❷ C 大勢, 多数; 大群: a *regiment of* tourists 大勢の観光客.

reg·i·ment[2] /réʤəmènt/ 動 他 [しばしば受身で] [悪い意味で] (...)を厳しく統制する; (...)を規格化する.

reg·i·men·tal /rèʤəménṭl⁻/ 形 限定 連隊の, 連隊付きの.

reg·i·men·ta·tion /rèʤəməntéɪʃən/ 名 U 統制; 規格化.

Re·gi·na /rɪʤáɪnə/ ≪ラテン語から≫ 名 U《英格式》女王《公式文書で女王の名の後につける; また女王在位のときに国が当事者となる訴訟で称号として用いる; 略 R.; ⇒ Rex》.

Reg·i·nald /réʤən(ə)ld/ 名 固 レジナルド《男性の名; 愛称は Reggie》.

‡**re·gion** /rí:ʤən/
— 名 (~s /~z/) ❶ C **地方**, 地域, 地帯; 行政区域, 管区 (*of*)《⇒ 類義語》: forest *regions* 森林地帯 / the tropical *regions* 熱帯地方. ❷ C (体の)部位, 部: I felt a severe pain in the *region of* the heart. 心臓のあたりに鋭い痛みを感じた. ❸ [the ~s]《英》(首都に対する)地方.

(sómewhere) in the région of ... [前] およそ... [≒about]: The cost will be *in the region of* a thousand dollars 費用はおよそ千ドルだろう.

(形 régional)

類義語 **region** かなりの広さを持つ地域で, 何か他と区別する特徴を持つ: a wooded *region* 森林地帯. **district** *region* より小さく, 明確な行政的区画や地域の特徴などによって明らかに区画されている地方など: an electoral *district* 選挙区. **area** 広い狭いに関係なく, ある region や district をいくつかに区分した場合の 1 つの地域: a cultivated *area* 耕作地域. **quarter** 都市の区分で, 同じ種類のものが集まっている地域: the Chinese *quarter* 中国人居住地域. **zone** 用途, 生産物, 生息している動物, 繁茂している植物などで分けた地域: a demilitarized *zone* 非武装地帯.

〖語源 元来は「王国」の意;「支配区域」→「地域, 地方」〗

*__re·gion·al__ /rí:ʤ(ə)nəl/ 形 [普通は 限定] **地方の, 地域の**, 地帯の; **地方的な**; 局地的な: *regional* accents 地方なまり / *regional* differences 地域的な差異.

(名 région)

re·gion·al·is·m /rí:ʤ(ə)nəlìzm/ 名 ❶ U 地方(分権)主義. ❷ C 地域特有のことば.

re·gion·al·ly /rí:ʤ(ə)nəli/ 副 地域的に; 地域別に; 局地的に.

*__reg·is·ter__ /réʤɪstɚ | -tə/ アク 動 (-is·ters /~z/; -is·tered /~d/; -ter·ing /-tərɪŋ, -trɪŋ/) 他 ❶ (...)を**登録する**, 登記する; (...)を記録する (*in*): They *registered* the birth of their baby. 彼らは子供の出生を届けた / My new house *is* not yet *registered*. V+O の受身 私の新居はまだ登記が済んでいない / I wasn't ***registered*** (***as***) a voter. V+O+C ((as+)名)の受身 私は有権者として登録されていなかった. ❷《格式》(不満·意見など)を正式に表明する. ❸《格式》(人·表情が)(感情など)をおもてに表わす, 示す: Her face *registered* surprise. 彼女の顔には驚きが表われていた. ❹ (計器が)(...)を示す, 記録する [≒record]: The thermometer *registered* minus 10 degrees [10 degrees below zero]. 温度計はマイナス 10 度を指していた. ❺ [普通は否定文で] (...)を認識する, (...)に気づく, (...)を思い出す; (...)を理解する. ❻ (手紙など)を書留にする: have a parcel *registered* 小包を書留にする.
— 自 ❶ (名簿などに)**登録する**; 記名[署名, 記帳]する: He ***registered at*** the front desk. V+*at*+名 彼はフロントで宿泊者名簿に記名した / I'd like to ***register for*** an introductory class. V+*for*+名 入門クラスに登録したいのですが / *register with* the local authority 地方自治体に登録する. ❷ (計器などが)記録する; (計器に)示される (*on*). ❸ (感情が)(顔などに)表われる (*on*). ❹ [普通は否定文で] はっきり認識される, (...の)記憶に残る (*with*). (名 règistrátion, régistry)

— 名 (~s /~z/) ❶ Ⓒ **登録簿**, 名簿, 記録簿: a school attendance *register* 学校の出席[在籍]簿 / a hotel *register* ホテルの宿泊者名簿 / the *register of* voters = the electoral *register* 選挙人名簿 / record in a *register* 記録簿に記録する. ❷ Ⓒ《米》レジスター (cash register). 日英 商店などの「レジ」は register を短縮したものだが, register はレジの機械そのものを指す. 英語では人は cashier, 場所は checkout (counter)という. ❸ Ⓒ《米》(冷暖房の)通風調節装置. ❹ Ⓒ〔音楽〕声域, 音域. ❺ C,U〔言語〕(言語)使用域《場面・職業・年齢などによる言語使用の差異》.

reg·is·tered /rédʒɪstəd | -təd/ 形 ❶ 書留にした: *registered* mail [《英》post] 書留便. ❷ 登録された, 登録済みの, 登記した.

régistered núrse 名 Ⓒ 正看護師《略 RN》.

régistered trádemark 名 Ⓒ 登録商標 (trademark)《略 ®》.

régister òffice 名 Ⓒ《英》= registry office.

reg·is·trar /rédʒɪstrɑ̀ɚ, rèdʒɪstrɑ́ɚ | rèdʒɪstrɑ́ː/ 名 ❶ Ⓒ 登記係, 記録係; (大学の)総務係, 学籍係, 学務部長. ❷ Ⓒ《英》実修医《インターン終了後に専門医としての訓練を受ける; ⇒ resident 名 2》.

+**reg·is·tra·tion** /rèdʒɪstréɪʃən/ 名 (~s /~z/) ❶ U,C **登録**, 登記 (of)《略 reg.》: student *registration* 学生の(履修)登録. ❷ Ⓒ《米》(自動車の)登録証; 《英》= registration number. (動 régister)

registrátion nùmber 名 Ⓒ《英》(自動車の)登録番号《⇒ car 挿絵》[《米》license number].

reg·is·try /rédʒɪstri/ 名 (-is·tries) Ⓒ 登記所, 登録所; 《米》登録簿. (動 régister)

régistry òffice 名 Ⓒ《英》戸籍登記所《出生・結婚・死亡などを登記する役所》.

re·gress /rɪgrés/ 動 自 (前の状態などに)戻る; 退歩する; 逆行する (to) [⇔ progress].〖⇒ progress² キズナ〗

re·gres·sion /rɪgréʃən/ 名 U,C 後戻り, 復帰; 後退, 退歩, 退化; 逆行.

re·gres·sive /rɪgrésɪv/ 形 退歩する, 後戻りする; 退行する [⇔ progressive].

*__re·gret__ /rɪgrét/ !アク 動 (re·grets /-gréts/; -gret·ted /-ṭɪd/; -gret·ting /-ṭɪŋ/) 他 ❶ (...)を**後悔する**, 悔いる: He'll bitterly [deeply] *regret* what he said. 彼は自分の発言をひどく後悔するだろう / I ***regret*** sell*ing* [hav*ing* sold] the picture. V+O (動名) 私はその絵を売ったことを後悔している. 語法 regret *doing* で過去のことを表わすが, 特に過去であることを明示するときは regret having *done* の形を用いる // 言い換え I *regretted* having done it. = I ***regretted that*** I *had done* it. V+O (*that* 節) 私はそれをしてしまったことを後悔した.

❷ [進行形なし]《格式》(...)を**残念に思う**, 気の毒に思う, 遺憾に思う: I *regret* my rash decision. 早まった決断をして申しわけありません / I ***regret that*** I won't be able to attend the party. V+O (*that* 節) 残念ながらパーティに出席できません. C+1 意味を強めるときには deeply が用いられる: We ***deeply regret*** *that* we have to cancel our performance. 私たちの公演を中止にしなければならず, 誠に残念です // I ***regret to say*** [***inform*** you] ***that*** I cannot accept your offer. V+O (*to* 不定詞) 残念ながらお申し出はお受けできません. 語法 よくない知らせや言いにくいことを伝える際に用いる. I'm sorry to say ... よりも改まった言い方で, 商用文などで多用する // *It* is to *be regretted that* she died so young. 彼女があの若さで死んだとは惜しいことだ. 語法 it は that 以下を受ける形式主語; 動詞型は V+O (*that* 節)の受身.

líve to regrét ... [動] 他 ...をあとで後悔する(ことになる): If you don't go now, you'll *live to regret* it. 今行かなければあとで後悔するよ.

— 名 (re·grets /-gréts/) ❶ U,C **後悔**: I felt some ***regret about*** [***for***] what I had done. 私は自分のしたことに後悔の念を覚えた / She ***has no regrets*** *about* her decision. 彼女は自分の決断を全く後悔していない.

❷ Ⓤ **残念**; 失望; 哀悼(の意) (*about*): a matter of [for] *regret* 残念なこと / I feel great ***regret at*** [***over***] the loss of my best friend. 私は親友を失ったことをとても残念に[悲しく]思う / The president expressed deep *regret for* [*over, at*] the accident. 社長はその事故について哀悼の意を表明した / It is ***with*** great ***regret*** that we received his resignation. 大変残念ながら彼の辞表を受理しました. ❸ [複数形で]《格式》(丁寧な)断わり, 断わり状: She sent her *regrets*. 彼女は断わり状を出した.

to ...'s regrét = to the regrét of ... [副] 文修飾 ...**にとって残念なことには**, 残念ながら: Much [Greatly] *to my regret*, I'm unable to attend. 誠に残念ですが出席できません. (形 regrétful)

re·gret·ful /rɪgrétf(ə)l/ 形 悔やんでいる; 残念そうな; 心残りの: a *regretful* sigh 残念そうなため息 / He's *regretful for* his behavior at the party. 彼はパーティーでのふるまいを悔いている. 語法 事物を主語にはしない. (名 regrét)

re·gret·ful·ly /rɪgrétfəli/ 副 ❶ 後悔して, 残念そうに; 心残りで. ❷ 文修飾《格式》残念[遺憾]なことに [≒regrettably]: *Regretfully*, I had to decline their offer. 残念ながら私は彼らの申し出を辞退しなければならなかった.

re·gret·ta·ble /rɪgréṭəbl/ 形 残念な, 遺憾な; 悲しむべき, 気の毒な. 語法 人を主語にしない: His resignation was *regrettable*. 彼の辞職は遺憾であった / It's *regrettable* that the bill wasn't passed. その法案が成立しなかったのは残念だ.

re·gret·ta·bly /rɪgréṭəbli/ 副 ❶ 文修飾 残念[遺憾]なことに(は); ...なのは残念である: *Regrettably*, the experiment ended in failure. 残念ながら実験は失敗に終わった. ❷ 残念な[嘆かわしい]ほどに.

re·group /rìːgrúːp/ 動 他 (...)を再編成する (*for*). — 自 再編成される (*for*); 態勢を立て直す.

reg·u·lar /régjʊlɚ | -lə/ !発音

— 形

意味のチャート

ラテン語で「定規の」の意. → (定規によった) → **「規則的な」❷**

→ (規則正しく) **「定期的な」❶**

→ (規準に合って) → **「整然とした」❺** / → **「正規の」❹**

❶ [普通は 限定] **定期的な**, (間隔などが)一定の; (仕事などが)決まった; (人などが)よく...する [⇔ irregular]: a *regular* meeting 定期会合, 例会 / *regular* service 定期運航[便] / on a *regular* basis 定期的に / I have no *regular* job now. 私は今定職がない / She's a *regular* customer in the store. 彼女は店の常連だ.

❷ (行動などが)**規則的な**, 規則正しい; 叙述 (人が)便

R

通[生理]がきちんとある: He's *regular in* his habits. [+in+名] 彼の習慣は規則正しい / keep *regular* hours 規則正しい生活をする / Is your pulse *regular*? 脈拍は正常ですか. ❸ [限定] 通常の [≒usual]: *regular* business hours 通常の営業時間 / the *regular* price 通常価格. ❹ [限定] 正規[正式]の, 本職の; (選手などが)レギュラーの: *regular* troops 正規軍 / Is John a *regular* member [player]? ジョンは正会員[正選手]ですか. ❺ (形が)整然とした, 均整のとれた, 整った: She has *regular* features [teeth]. 彼女は整った顔をしている[歯並びがよい]. ❻ [限定] 《主に米》 普通の, 一般的な; (大きさが)レギュラーサイズの, 並の: a *regular* guy (いい意味で)普通の人. ❼ 〘文法〙 規則的な: a *regular* verb 規則動詞. ❽ [限定] 《略式》 [しばしば皮肉に] 全くの, 紛れもない: a *regular* rascal 全くの悪党.
(動 régulàte, régularìze, 名 règulárity)
— 名 ❶ C 常連, お得意様. ❷ C 正規兵; (チーム・番組の)レギュラー. ❸ U 《米》 (質・大きさが)標準的なもの; レギュラー(ガソリン).

reg·u·lar·i·ty /règjʊlǽrəṭi/ 名 (-i·ties) ❶ U 定期的なこと, 規則正しさ; U,C 規則性 [⇔ irregularity]: with *regularity* 規則正しく, きちんと. ❷ U 均整.
(形 régular)

reg·u·lar·ize /régjʊləràɪz/ 動 他 (状況など)を正式[合法的]なものにする.
(形 régular)

‡reg·u·lar·ly /régjʊləli | -lə-/
— 副 ❶ **定期的に**; 頻繁に, いつも (⇒ always 囲み) [⇔ irregularly]: We meet *regularly*, once a week. 私たちは毎週 1 回定期的に集まる.
❷ **規則的に**, 規則正しく, きちんと: Take this medicine *regularly*, every six hours. この薬をきちんと 6 時間ごとに飲んでください. ❸ 整然と.

+reg·u·late /régjʊlèɪt/ 動 (-u·lates /-lèɪts/; -u·lat·ed /-ṭɪd/; -u·lat·ing /-ṭɪŋ/) 他 ❶ (...)を**規制する**, (規則などで)取り締まる [⇔ deregulate]: Signals *regulate* the flow of traffic. 信号機は車の流れを整理する / Prices *were* strictly *regulated* in those days. [V+O の受身] 当時は物価が厳しく統制されていた.
❷ (...)を**調節する**, 調整する: *regulate* the temperature in the room 部屋の温度を調節する.
(名 règulátion, 形 régular)

***regu·la·tion** /règjʊléɪʃən/ 名 (~s /~z/) ❶ C [普通は複数形で] **規則**, 規約, 規定, 法規: traffic [building] *regulations* 交通[建築]法規 / *regulations on* trade 取引に関する規定.
❷ U **規制**, 取り締まり: the ***regulation of*** prices 物価の統制. ❸ [形容詞的に] 規定(どおり)の, 正規の: *regulation* size 規定のサイズ / a *regulation* cap 制帽.
(動 régulàte)

reg·u·la·tor /régjʊlèɪṭə | -tə/ 名 ❶ C (温度などの)調節器, 調整器. ❷ C (政府任命の)取締官[機関], 業務監査委員[庁].

reg·u·la·to·ry /régjʊlətɔ̀:ri | régjʊlətəri, -tri/ 形 [限定] 《格式》 規制する, 取り締まりの.

re·gur·gi·tate /rɪgə́:ʤətèɪt | -gə́:-/ 動 他 ❶ 《格式》 (食べた物)を吐き戻す. ❷ [軽蔑的] (知識)を受け売りする. — 自 吐き戻す.

re·hab /rí:hæb/ 名 U 《略式》 (アルコール・麻薬依存症者の)リハビリ (rehabilitation): in *rehab* リハビリ中で.
— 動 (-habs; -habbed; -hab·bing) 他 《米略式》 = rehabilitate.

+re·ha·bil·i·tate /rì:(h)əbílətèɪt/ 動 (-i·tates /-teɪts/; -tat·ed /~ɪd/; -tat·ing) 他 ❶ (病人など)を**社会復帰させる**, (...)にリハビリ治療をする; (犯罪者)を更生させる. ❷ (...)の印象[信用, 評判]を回復させる. ❸ (建物)を修復する, (土地)を再開発する.
(名 rèhabìlitátion)

+re·ha·bil·i·ta·tion /rì:(h)əbìlətéɪʃən/ 名 ❶ U (病人などの)**社会復帰**, リハビリ; (犯罪者の)更生: *rehabilitation* of the disabled 身障者の社会復帰. ❷ U (印象・評判などの)回復. ❸ U (建物・土地などの)修復, 復興.
(動 rèhabílitàte)

re·hash¹ /rì:hǽʃ/ 動 他 [悪い意味で] (考え・作品など)を作り直す, 焼き直す; (議論など)を蒸し返す.

re·hash² /rí:hæʃ/ 名 C [悪い意味で] (考え・作品などの)焼き直し, 改作; (議論などの)蒸し返し (*of*).

+re·hears·al /rɪhə́:s(ə)l | -hə́:-/ 名 (~s /~z/) C,U **リハーサル**, (劇などの)けいこ, 練習; C (行事などの)予行演習 (*for*, *of*): have [do] a *rehearsal* リハーサルをする / a play *in rehearsal* リハーサル中の芝居 // ⇒ dress rehearsal.

re·hearse /rɪhə́:s | -hə́:s/ 動 他 ❶ (劇など)をリハーサルする; (人)に下げいこをつける. ❷ (頭の中で)(...)の予行演習をする. ❸ 《格式》 (言いふるされた意見・考え)をくどくどと繰り返す. — 自 (...の)リハーサルをする (*for*).

re·heat /rì:hí:t/ 動 他 (飲食物)を温め直す, 再加熱する.

re·house /rì:háʊz/ 動 他 (人)に新しい住居を提供する.

+reign /réɪn/ [!発音] -gn で終わる語の g は発音しない. (同音 rain, rein) 名 (~s /~z/) ❶ C (王などの)**在位期間**, 治世: ***in*** [***during***] the ***reign of*** Queen Elizabeth I 女王エリザベス一世の時代に. ❷ C 支配(期間), 君臨; 優位.
a réign of térror [名] 恐怖政治時代.
— 動 (reigns /~z/; reigned /~d/; reign·ing) 自 ❶ **君臨する**, 王[皇帝]の位につく (⇒ govern [類義語]): The king ***reigned over*** the island. [V+*over*+名] 王はその島を治めた / In Great Britain the sovereign *reigns* but does not rule. 英国では君主は君臨するが統治はしない《政治的実権を持たない》. ❷ 支配[君臨]する; 《文語》 (考え・感情などが)支配的である: the *reigning* champion 現チャンピオン / *reign* supreme 最高である, 最も重要である.

re·im·burse /rì:ɪmbə́:s | -bə́:s/ 動 他 《格式》 (人)に(費用・損害を)返済[弁償]する, 払い戻す (*for*).

re·im·burse·ment /rì:ɪmbə́:smənt | -bə́:s-/ 名 U,C 《格式》 返済, 弁償, 払い戻し.

+rein /réɪn/ (同音 rain, reign) 名 (~s /~z/) ❶ C [普通は複数形で] (馬の)**手綱**(たづな); [複数形で] 《英》 (幼児用の)安全ひも: control a horse with the *reins* 手綱で馬を御する. ❷ [the ~s] 制御, 統御, 支配(権) (*of*): take [hand] over *the reins* 支配権を引き継ぐ[譲り渡す].
gìve frée [fúll] réin to ... [動] 他 ...に好きなようにさせる; (感情などを)解放する: She *gave free rein to* her imagination. 彼女は空想にふけった.
kéep a tíght réin on ... [動] 他 ...を厳しく抑制[支配]する.
— 動 [次の成句で] **réin ín [báck]** [動] 他 (1) (...)を制御[抑制]する. (2) (手綱で)(馬)を止める[抑える].

re·in·car·nate /rì:ɪnkáənèɪt | -ká:-/ 動 他 [普通は受身で] (...)を(~として)生まれ変わらせる (*in*, *as*).

re·in·car·na·tion /rì:ìnkɑənéɪʃən | -kɑ:-/ 名 ❶ U

霊魂再来(説). ❷ Ⓒ 生まれ変わり, 化身 (*of*).

rein·deer /réɪndɪə | -dɪə/ 名 (複 ～(s)) Ⓒ となかい 《⇒ caribou》.

+**re·in·force** /rìːɪnfɔ́ːs | -fɔ́ːs/ 動 (-in·forc·es /～ɪz/; -in·forced /～t/; -in·forc·ing) 他 ❶ (感情など)を**強化する**, 強める; (主張など)に説得力を与える: His argument *was* ***reinforced by*** reports from the laboratory. V+O の受身 彼の説は実験室からの報告で裏付けられた. ❷ (建物·設備など)を補強する (*with*). ❸ (軍など)を増強する. (名 rèinfórcement)

ré·in·forced cóncrete /ríːɪnfɔ̀ːst- | -fɔ̀ːst-/ 名 Ⓤ 鉄筋コンクリート.

re·in·force·ment /rìːɪnfɔ́ːsmənt | -fɔ́ːs-/ 名 ❶ Ⓤ 強化, 補強, 増強; Ⓒ 補強するもの: positive *reinforcement* 正の強化《ほめたりしてやる気を起こさせること》. ❷ [複数形で] 増援隊, 援軍: call for *reinforcements* 援軍を要請する. (動 rèinfórce)

re·in·state /rìːɪnstéɪt/ 動 他 (人)を復位[復権, 復職]させる; (制度など)を復活させる (*in, as*).

re·in·state·ment /rìːɪnstéɪtmənt/ 名 Ⓤ,Ⓒ 復位, 復権, 復職; 復活 (*of*).

re·in·vent /rìːɪnvént/ 動 他 (...)を一新する. **reinvént onesèlf** [動] 自 自分自身[生活]を大きく変える, イメージチェンジする.

re·is·sue /rìːíʃuː | -íʃuː, -ísjuː/ 動 他 (書籍など)を再発行する. — 名 Ⓒ 再発行(版).

re·it·er·ate /riítərèɪt, rìː-/ 動 他 《格式》 (...)を繰り返して言う (*that*) [≒repeat].

re·it·er·a·tion /riìtəréɪʃən, rìː-/ 名 Ⓤ,Ⓒ 《格式》 繰り返し (*of*).

****re·ject[1]** /rɪʤékt/ ✪ 名詞の reject[2] とアクセントが違う.

— 動 (re·jects /-ʤékts/; -ject·ed /～ɪd/; -ject·ing) 他 ❶ (申し出·提案など)を**拒絶する**, 拒否する, はねつける; (人·考えなど)を受け入れない [≒turn down] [⇔ accept] 《⇒ refuse[1] 表》: He *rejected* our proposal. 彼は私たちの提案を断わった / Peter *was* ***rejected by*** the club. V+O の受身 ピーターはクラブから入会を拒否された. ❷ (人)に愛情を拒む; (人)を冷遇する: She *was rejected* by her family. 彼女は家族に冷たくされていた. ❸ (不用の物·欠陥品など)を廃棄する, 除く; (自販機が)(硬貨など)を受けつけない. ❹ 〚医学〛 (...)に拒絶反応を示す. (名 rejéction)

〚語源 ラテン語で「投げ返す」の意〛

単語のキズナ JECT／投げる＝throw

reject[1]	(投げ返す)	→ **拒絶する**
subject	(下に投げられたもの → 支配を受けるもの)	→ **テーマ, 主題**
project[1, 2]	(前へ投げる)	→ **計画(する); 予測する**
object[1]	(...に対して投げられたもの)	→ **対象**
object[2]	(...に対して投げる)	→ **反対する**
inject	(中へ投げ入れる)	→ **注射する**
eject	(外に投げ出す)	→ **追い出す**
adjective	((名詞)に投げ添えられたもの)	→ **形容詞**
jet	(噴き出す)	→ **ジェット機**

re·ject[2] /ríːʤekt/ ✪ 動詞の reject[1] とアクセントが違う. 名 ❶ Ⓒ 不良品. ❷ Ⓒ (社会などから)拒否された人; 不合格者.

re·jec·tion /rɪʤékʃən/ 名 ❶ Ⓤ 拒絶, 拒否 [⇔ acceptance]; 否決, 却下 (*of*); 排除. ❷ Ⓤ 不採用, 不合格. ❸ Ⓤ,Ⓒ (愛情の)拒否; 冷遇. ❹ Ⓤ,Ⓒ 〚医学〛 拒絶反応. (動 rejéct[1])

re·jig·ger /rìːʤígə | -gə/ 動 他 《米略式》 (...)を調整する, 再編する.

re·joice /rɪʤɔ́ɪs/ 動 自 《文語》 うれしがる, 喜ぶ [≒be glad]: 言い換え She *rejoiced at* the news. = She *rejoiced to* hear the news. 彼女はその知らせを喜んだ / The team *rejoiced over* [*in*] their victory. チームは勝利に歓喜した / They *rejoiced that* you were safe. 彼らはあなたが無事で喜んでいた. 語法 that は省略できない. **rejóice in the náme [títle] of ...** [動] 他 《英》 [こっけいに] ...という(おもしろい)呼び名を持つ.

re·joic·ing /rɪʤɔ́ɪsɪŋ/ 名 [Ⓤ または複数形で] 《文語》 (大勢の人の)喜び, 歓喜; 祝賀 (*at, over*).

re·join[1] /rìːʤɔ́ɪn/ 動 他 ❶ (元の集団など)に復帰する; (...)と再会する. ❷ (...)に再合流する.

re·join[2] /rɪʤɔ́ɪn/ 動 他 [受身なし] 《格式》 (ぶっきらぼうに)(...だ)と応答する, (...)と言い返す.

re·join·der /rɪʤɔ́ɪndə | -də/ 名 Ⓒ 《格式》 (ぶっきらぼうな)応答, 反論, 言い返し, 口答え.

re·ju·ve·nate /rɪʤúːvənèɪt/ 動 他 ❶ (...)を若返らせる. ❷ (組織など)を活性化させる.

re·ju·ve·na·tion /rɪʤùːvənéɪʃən/ 名 [Ⓤ または a ～] 若返り, 元気回復; 活性化.

re·kin·dle /rìːkíndl/ 動 他 《格式》 (感情·興味など)を再びかきたてる, 再燃させる.

re·lapse[1] /rɪlǽps/ 動 自 (元の状態へ)逆戻りする, 退歩する; (病気などが)ぶり返して...となる: She *relapsed into* silence. 彼女はまた黙ってしまった.

re·lapse[2] /rɪlǽps, ríːlæps/ 名 Ⓒ,Ⓤ (病気の)再発: have [suffer] a *relapse* 病気がぶり返す.

****re·late** /rɪléɪt/ アク

— 動 (re·lates /-léɪts/; re·lat·ed /-ṭɪd/; re·lat·ing /-ṭɪŋ/)

意味のチャート
「話す」 他 ❷ → (ことばで関係づける) → 「**関係する[させる]**」 自 ❶ 他 ❶ → 「**血縁関係で結び付ける**」 《⇒ related》

— 自 ❶ (...に)**関係[関連]する**; (...に)言及する: This news ***relates to*** my father's business. V+to+名 このニュースは父の仕事に関係がある. ❷ (人と)気持ちが通う, (...に)共感する, (人の気持ちなどを)理解する: I find it difficult to *relate to* her. 彼女にはどうも共感できない / I've had similar experiences, and I can *relate to* that. 私にも似た経験があるから, よくわかるよ.

— 他 ❶ (...)を(～と)**関係させる**, (...)を(～に)関連づける: This report ***relates*** the increase in crime ***to*** the recession. V+O+to+名 このレポートは犯罪の増加を景気の後退に結びつけて論じている. ❷ 《格式》 (...)を話す, 語る [≒tell]: The professor *related* many of his experiences *to* his students. 教授は学生たちに自分の経験の多くを語った.

reláting to ... [前] ...に関して[関する].

(名 relátion, 形 rélative)

+**re·lat·ed** /rɪléɪṭɪd/ 形 ❶ [しばしば合成語で] **関係のある**, 関連した [⇔ unrelated]: *related* items 関連事項 / diseases directly [closely] ***related to*** stress +to+名 ストレスに直接[密接に]関係ある病気 / drug-*related* crimes 麻薬関連の犯罪.

❷ 叙述 **親類の**: be ***related to*** an aristocratic family +to+名 貴族の一家と親戚関係にある. ❸ (動植物·

R

言語などが)同族の.
～·ness 名 U 関連性; 縁続き.

*re·la·tion /rɪléɪʃən/ 名 (～s /～z/) ❶ U,C **関係**, 関連: the ***relation between*** cause and effect = the cause-and-effect *relation* 因果関係 / the ***relation of*** height ***to*** weight = the height-weight *relation* 身長と体重の関係 / The accident ***bears*** [***has***] ***no relation to*** us. その事故は我々とは関係がない.
❷ [複数形で] (人·組織·国などの)**相互[利害]関係**; 国際関係: establish [have] friendly ***relations*** (***with*** ...) (...と)親しくなる[親しくしている] / break off all *relations with* the family その一家との関係を完全に断つ / We have good *relations with* that firm. あの会社とは良好な取引関係を有している / Diplomatic ***relations between*** Russia and France became strained. ロシアとフランスとの外交関係は緊迫化した. 関連 human relations (社会·職場などの)人間関係(研究). ❸ C 親類(の人), 親戚(しんせき)《✪ relative のほうが普通》; U 血縁[親戚, 縁故]関係《✪ relationship のほうが普通》: a *relation* by marriage 姻戚(いんせき) / my blood *relations* 私の血縁の人たち / He's no *relation to* my family. 彼は私の家とは何の縁故関係もない. ❹ [複数形で]《古風》性的[肉体]関係: have (sexual) *relations* with ... ...と(性的)関係を持つ
in relátion to ... [前]《格式》(1) ...と比較して. (2) ...との関連で; ...に関して[関する]. (動 reláte)

re·lá·tion·al dátabase /rɪléɪʃ(ə)nəl-/ 名 C 《コンピュータ》リレーショナル[関係型]データベース.

***re·la·tion·ship /rɪléɪʃənʃɪp/

— 名 (～s /～s/) ❶ C (人と人との)**結び付き**, **関係**: establish [break off] a ***relationship with*** ... ...と関係を結ぶ[断つ] / A good ***relationship between*** doctor and patient is important. 医者と患者との間の良好な関係が大切だ / John has developed a good *relationship with* his boss. ジョンは上司といい関係を築いた.
❷ C,U (物事と物事との)**関連**, 関係: the ***relationship of*** language ***to*** [***and***] thought 言語と思考との関係 / 言い換え This ***has*** [***bears***] ***no relationship to*** the incident.(= This is not related to the incident.) これはその事件とは関連がない / The ***relationship between*** those facts isn't clear. それらの事実関係は明らかではない. ❸ C 恋愛[性的]関係: 「be in [have] a *relationship* (*with* ...) (...と)親密な関係にある. ❹ U 親族関係 (*to*): degrees of *relationship* 親等.

**rel·a·tive /réləṭɪv/ アク

— 名 (～s /～z/) ❶ C [しばしば所有格の後で] **肉親**, **身内**《親子·兄弟姉妹などを含む》, **親類(の人)**, 親戚(しんせき), 親族(の者): They're close [distant] ***relatives of mine***. 彼らは私の近親[遠縁]の者です. ❷ C 同族(のもの)《動植物·言語など》. ❸ C 《文法》関係詞《関係代名詞, 関係副詞, 関係形容詞の総称》.
— 形 ❶ 限定 **比較的...な**, かなりの, ある程度の: a period of *relative* peace 比較的平和な時期 / She's now living in *relative* comfort. 彼女はいま比較的安楽に暮らしている.
❷ **相対的な**; 比較的な, お互いを比較した上での [⇔ absolute]: the *relative* value [importance] of two objects 2 つの物の相対的な価値[重要性] / the ***relative*** position of a star ***to*** the Pole Star ある星の北極星に対する相対的な位置 / It's all *relative*. Ⓢ それは相対的な問題だ. ❸ 限定 《文法》関係を示す.
rélative to ... [前] (1)《格式》...と比べて: The yen rose in value *relative to* the dollar. ドルに対して円の価値が上がった. (2)《格式》[主に名詞のあとで] ...に関する[関して]: official documents *relative to* the issue その問題に関する公文書. (動 reláte, 名 rèlatívity)

rélative cláuse 名 C 《文法》関係詞節《関係詞 (relative) に導かれる節; ⇒ 巻末文法 9.3》.

*rel·a·tive·ly /réləṭɪvli/ 副 ❶ **比較的(に)**, 割合; かなり: It's *relatively* warm today. きょうは割と暖かい / This hotel is *relatively* expensive *for* this town. このホテルはこの町にしては比較的高い. ❷ 相対的に; 文修飾 (他と)比較して言えば《relatively speaking ともいう》.

rélative prónoun 名 C 《文法》関係代名詞《⇒ 巻末文法 9.3 (1)》.

rel·a·tiv·is·m /réləṭɪvɪzm/ 名 U 《哲学》相対主義.

rel·a·tiv·i·ty /rèlətívəṭi/ 名 ❶ U 《物理》相対性理論. ❷ U 《格式》相対性, 相関性. (形 rélative)

re·launch[1] /rì:lɔ́:ntʃ/ 動 他 (商品)を再び売り出す; (...)を再開する.

re·launch[2] /rí:lɔ̀:ntʃ/ 名 C (商品の)再発売; 再開.

***re·lax /rɪlǽks/

— 動 (-lax·es /～ɪz/; re·laxed /～t/; -lax·ing) 自
❶ **くつろぐ**, リラックスする: She *relaxed with* a cup of coffee. 彼女はコーヒーを飲んでくつろいだ / Just *relax*. まあ気を楽にして.
❷ (筋肉などが)**緩(ゆる)む**, 緊張を解く: Her features gradually *relaxed into* a smile. 彼女の表情は次第に和らいで笑顔に変わった.
— 他 ❶ (人)を**くつろがせる**, リラックスさせる: The hot bath *relaxed* her. 熱い風呂に入ると彼女はくつろいだ気分になった.
❷ (筋肉など)を**緩める**, (...)の力を抜く [≒loosen]; (努力·注意など)を**怠る**: He *relaxed* his hold [grip] on me. 彼は私をつかまえている力を緩めた / He never *relaxed* his effort to break the record. 彼はその記録を破るための努力を決して怠らなかった.
❸ (規則など)を**緩める**: *relax* regulations 規制を緩める. (名 rèlaxátion)

re·lax·ant /rɪlǽks(ə)nt/ 名 C (筋肉)弛緩(しかん)剤.

+**re·lax·a·tion** /rì:lækséɪʃən/ 名 (～s /～z/) ❶ U **気晴らし**; くつろぎ, 息抜き: I take a walk *for relaxation*. 私は気晴らしに散歩をする. ❷ C 気晴らしにすること, 娯楽 [≒recreation]. ❸ U 緩み; (緊張·規則などを)緩めること, 緩和 (*of, in*). (動 relάx)

+**re·laxed** /rɪlǽkst/ 形 ❶ (人が)**くつろいだ**, リラックスした: I'm feeling *relaxed* now. 私は今リラックスした気分です. ❷ (場所·雰囲気などが)ゆったりした, くつろいだ. ❸ (規則などが)緩やかな.

re·lax·ing /rɪlǽksɪŋ/ 形 (場所·時間が)くつろがせる, リラックスさせる.

re·lay[1] /rí:leɪ/ 名 ❶ C リレー (relay race): a medley *relay* メドレーリレー. ❷ C (テレビ·ラジオの)中継放送; U (生)中継: The show will be broadcast *by relay*. そのショーは生中継される予定だ. ❸ C 交替(者); 乗り継ぎ馬: work *in relays* 交替で働く.

re·lay[2] /rí:leɪ, rɪléɪ/ 動 他 ❶ (伝言など)を取り次ぐ (*from, to*). ❷ (...)を中継で送る[放送する].

rélay ràce 名 C (競走などの)リレー (relay).

R

rélay stàtion 名 C (テレビ・ラジオの)中継局.

re·lease /rɪlíːs/

— 動 (re·leas·es /～ɪz/; re·leased /～t/; re·leas·ing) 他 ❶ (閉じ込められているもの)を**解放する**, 自由にする; (人)を放免する, 釈放する; (人)を(病院から)退院させる; (人)を(義務・職務から)免除する: She *released* the birds *from* the cage. V+O+*from*+名 彼女は鳥をかごから放してあげた.

❷ (つかんでいるものなど)を**放つ**, 離す; (結んだもの)をほどく, (固定していたもの)をはずす; (爆弾など)を投下する, (矢)を放つ (*from*): He suddenly *released* the dog. 彼は犬を突然放した / *Release* the spring and the lid will open. ばねをはずせばふたは開く. ❸ (情報など)を公開[公表]する; (映画など)を封切る; (CD・新製品など)を発売する: The details of the plan haven't *been released to* the public yet. その計画の詳細はまだ一般には公表されていない. ❹ (感情など)を発散させる; (化学物質など)を放出する. ❺ (資金・土地など)を使えるようにする.

— 名 (re·leas·es /～ɪz/) ❶ [U または a ～] **解放**, 釈放; 退院; 免除: a *release from* prison 刑務所からの釈放 / a *release from* a debt 債務の免除. ❷ [U または a ～] (苦しみ・緊張からの)解放, 息抜き; 安堵(あんど)(感). ❸ U,C (情報などの)公開, 発表; (映画の)封切り; (CD などの)発売; C 封切り映画; 新発売の CD[DVD]. ❹ U,C (化学物質などの)放出. ❺ C (機械の)解除装置.

rel·e·gate /rélɪgèɪt/ 動 他 ❶ 《格式》 (...)を(ある場所・地位へ)退ける, 左遷(さ)[追放]する; (...)を(下位の種類・等級などに)格下げする: He was *relegated to* a lower position. 彼は降格された. ❷ [普通は受身で] 《英》 (チーム)を(下位リーグへ)降格させる (*to*) [⇔ promote].

rel·e·ga·tion /rèlɪgéɪʃən/ 名 U 降格, 左遷 (*to*).

re·lent /rɪlént/ 動 自 《格式》 (交渉の結果)折れる, 妥協する; (風雨などが)和らぐ, 弱まる; (...を)弱める (*in*).

+**re·lent·less** /rɪléntləs/ 形 **容赦のない**, 厳しい; (追及などが)飽くなき, 絶え間ない: They're *relentless in* punish*ing* offenders. 彼らは容赦なく違反者を罰する.

～·ly 副 容赦なく; 執拗(しつよう)に; 徹底的に.

rel·e·vance /réləv(ə)ns/ 名 U (当面の問題との)関連(性), 重要さ (*to*); 妥当性 [⇔ irrelevance].

+**rel·e·vant** /réləv(ə)nt/ 形 ❶ (当面の問題に)**関連した**; 実際的な価値[重要性]がある [⇔ irrelevant]: the *relevant* data 関連するデータ / Is it *relevant to* the present problem? +*to*+名 それは現在の問題に関連があるのですか. ❷ 適切な, 妥当な [⇔ irrelevant].

～·ly 副 [ときに 文修飾] 関連して; 適切に.

re·li·a·bil·i·ty /rɪlàɪəbíləṭi/ 名 U 信頼できること, 信頼度; 確実性, 信憑(ぴょう)性. (形 relíable)

***re·li·a·ble** /rɪláɪəbl/ 形 ❶ **頼りになる**, 頼もしい [⇔ unreliable]: a *reliable* employee [tool] 頼りになる従業員[道具]. ❷ 確かな: *reliable* sources 確かな筋[典拠]. (名 relìabílity, 動 relý)

+**re·li·a·bly** /rɪláɪəbli/ 副 **頼もしく**; 確実に; 確かな筋から.

re·li·ance /rɪláɪəns/ 名 [U または a ～] (...への)依存, 頼ること; 信頼: Japan's *reliance on* imported oil 輸入の石油に対する日本の依存. (動 relý)

re·li·ant /rɪláɪənt/ 形 叙述 (...に)依存している, 頼る [≒ dependent] (*on, upon*). (動 relý)

rel·ic /rélɪk/ 名 ❶ C (過去の)遺物, 遺跡; 名残(なごり) (*of*). ❷ C (聖人・殉教者などの)遺骨, 遺品.

re·lief[1] /rɪlíːf/

— 名 (～s /～s/) ❶ [U または a ～] **安心**, ほっとする[させる]こと; 気晴らし, 息抜き; 慰め: feel a great sense of *relief* すごくほっとする / smile *with relief* ほっとしてほほえむ / breathe a sigh of *relief* 安堵のため息をつく / It was *a relief* to hear the news of his safe arrival. 彼が無事に着いたという知らせを聞いてほっとした / What *a relief*! ああほっとした / light *relief* 軽い息抜き, 気晴らし / comic *relief* (深刻な場面に挟む)こっけいな息抜き(の場面).

❷ U (苦しみ・痛みなどを一時的に)**軽くすること**, 軽減: get ⌈*relief from* pain [pain *relief*] 痛みが軽くなる / This medicine gives immediate *relief for* most headaches. この薬でほとんどの頭痛はすぐ楽になる.

❸ U **救済**, 救援; 救援物資[金] 《政府や公的な機関から与えられるもの》; 《古風, 主に米》 福祉手当: disaster [earthquake] *relief* 災害[地震]救援物資 / the *relief* of the poor 貧しい人々の救済 / provide *relief* for [to] the victims 被災者に救援物資を提供する / a *relief* project 救済計画 / people *on relief* 生活保護を受けている人々. ❹ U 交替; C [《英》 単数形でもときに複数扱い] 交替要員: a *relief* driver 交替の運転手. ❺ U (税金の)控除. ❻ U (包囲された町などの)解放.

to ...'s relíef [副] 文修飾 **...が安心[ほっと]したことには** (⇒ to[1] 12): 言い換え ⌈Much *to my relief* [*To my* great *relief*] my house wasn't flooded. (= I was very [much] relieved that my house wasn't flooded.) 私の家は浸水を免れてほっとした.

(動 relíeve)

re·lief[2] /rɪlíːf/ 名 (～s /～s/) ❶ 〔美術〕 U 浮き彫り; C 浮き彫り彫刻, 浮き彫り絵, レリーフ: in high [low] *relief* 高[薄]浮き彫りの[で]. ❷ U 際立って見えること, 鮮明さ: stand out *in* sharp [stark] *relief* (*against* ...) (...を背景に)くっきりと際立つ / bring [throw] ... into *relief* ...を際立たせる, 浮き彫りにする.

relíef màp 名 C 起伏地図, 立体模型地図.

relíef pìtcher 名 C 救援投手, リリーフ.

relíef ròad 名 C 《英》 迂回(うかい)路, バイパス.

+**re·lieve** /rɪlíːv/ 動 (re·lieves /～z/; re·lieved /～d/; re·liev·ing) 他 ❶ (苦しみなど)を(一時的に)**和(やわ)らげる**, 軽減する; (人)を楽にする; (問題など)を緩和する: The medicine *relieved* my stomachache. その薬で腹痛がおさまった / An aspirin *relieved* me *of* my headache. V+O+*of*+名 アスピリン 1 錠で頭痛が軽くなった (⇒ of 14).

❷ (人)を**ほっとさせる**, 安心させる (⇒ relieved).

❸ 《格式》 (人)を(重荷・責任などから)**解放する**; (人)から(物を)預かる; 《略式》 [こっけいに] (人)から(金品などを)奪う: Let me *relieve* you *of* that suitcase. V+O+*of*+名 そのスーツケースを持ちましょう. ❹ (人)を勤務から外(はず)す; (人)と交替する; 免職にする: I'll *be relieved* at ten. 私は 10 時に交替になる. ❺ (単調なもの)に変化を与える, (退屈)を紛らす. ❻ 〔軍隊〕 (包囲された町など)を解放する. **relíeve onesèlf** [動] 自 [遠回しに] 用を足す. (名 relíef[1])

+**re·lieved** /rɪlíːvd/ 形 ほっとした, 安心した (⇒ relieve 2): a *relieved* look ほっとした表情 / I was *relieved* ⌈*to* be [*that* I was] back home. +*to* 不定詞 [*that* 節] 私は家に戻ってほっとした / He was *relieved at* [*to* hear] the news. +*at*+名 彼はその知らせを聞いてほっとした.

R

re·li·gion /rɪlíʤən/ アク

— 名 (~s /~z/) ❶ U 宗教: As you get older, *religion* comes to have more meaning. 年をとるにつれて宗教はより意味を持つようになる.
❷ C (特定の)宗教, 宗派, ... 教: the Christian *religion* キリスト教 / the great *religions* of the world 世界の大宗教《キリスト教・仏教・イスラム教など》. ❸ U 信仰, 信仰生活: freedom of *religion* 信仰の自由 / enter into a life of *religion* 信仰[修道]生活に入る.
❹ [単数形で]《略式》(信仰のように)大切なもの, なくてはならないもの.
gèt relígion [動] 自《略式》(突然)宗教に走る[とりつかれる]. (形 religious)

re·li·gi·os·i·ty /rɪlìʤiá(ː)səṭi | -ɔ́s-/ 名 U [ときに軽蔑的] (度を越した)信心深さ, 宗教熱心.

re·li·gious /rɪlíʤəs/ 形 ❶ 限定 **宗教上の, 宗教の** [⇔ secular]; 信仰の: a *religious* book 宗教書 / enter *religious* life 信仰[修道]生活に入る.
❷ **信心深い**, 敬虔(けいけん)な [⇔ irreligious]. C+1 意味を強める副詞として deeply がよく用いられる: a ***deeply religious*** person 信仰が篤(あつ)い人. ❸《略式》きちょうめんな; 熱心な (*about*). (名 relígion)

re·li·gious·ly /rɪlíʤəsli/ 副 ❶ きちょうめんに, きちんと. ❷ 宗教上, 宗教的に.

re·lin·quish /rɪlíŋkwɪʃ/ 動 他 ❶《格式》(地位・権利など)を譲る, 譲渡する; 放棄する: He *relinquished* his ownership of the land *to* his younger brother. 彼は土地の所有権を弟に譲った. ❷《格式》(計画・習慣・希望など)をあきらめる [≒give up]: Never *relinquish* your dreams. 夢をあきらめるな.

rel·i·quar·y /réləkwèri | -kwəri/ 名 (-quar·ies) C 〔宗教〕聖遺物箱, 聖骨箱.

+**rel·ish** /rélɪʃ/ 動 (~·es /~ɪz/; ~ed /~t/; ~·ing) 他 (...)**を楽しむ**, 好む: 言い換え I don't ***relish*** hav*ing* to leave you. V+O (動名) = I don't *relish* the idea of leaving you. 君を置いて行かなければならないのは心苦しい.
— 名 ❶ [U または a ~] 大喜び, 楽しみ: *with* (great) *relish* (とても)楽しんで. ❷ U,C 薬味, 調味料, 付け合わせ; (肉料理などにかける)冷製ソース.

re·live /rìːlív/ 動 他 (過去のことなど)を(想像の中で)再体験する; (過去の記憶など)を思い出す.

re·load /rìːlóud/ 動 他 (銃)に再び弾丸を込める; (カメラ)にフィルムを入れ直す; (コンピューター)にプログラムを入れ直す; 〔コンピューター〕(ウェブページなど)を再び読み込む. — 自 再び込める; 入れ直す; 再び読み込む.

*__re·lo·cate__ /rìːlóukeɪt, -loukéɪt/ 動 (-lo·cates /-lóukeɪts, -loukéɪts/; -lo·cat·ed /-ṭɪd/; -lo·cat·ing /-ṭɪŋ/) 自 (会社などが)**移転する**; (人が)移る (*to*). — 他 (会社など)を移転する; (人)を移す (*to*).

re·lo·ca·tion /rìːloukéɪʃən/ 名 U 移転; 移住; 配置転換, 異動.

re·luc·tance /rɪlʌ́ktəns/ 名 [U または a ~] 気が進まないこと, 不承不承; 嫌い, 嫌悪: with *reluctance* いやいやながら. (形 relúctant)

*__re·luc·tant__ /rɪlʌ́ktənt/ アク 形 (人が)**気が進まない**, (...することを)嫌う, いやがる; いやいやながらの [≒unwilling]: *reluctant* consent しぶしぶの同意 / He was ***reluctant to*** answer. +to 不定詞 彼は答えるのをいやがった[しぶしぶ答えた]. (名 relúctance)

re·luc·tant·ly /rɪlʌ́ktəntli/ 副 いやいやながら, しぶしぶ [≒unwillingly]: She *reluctantly* agreed to the proposal. 彼女はその提案にしぶしぶ同意した.

*__re·ly__ /rɪláɪ/ 動 (re·lies /~z/; re·lied /~d/; -ly·ing) 自 [rely on [upon] ...として] (人・人の行為・気持ちなど)を**信頼する**, 頼りにする; (人の援助・物事など)を**当てにする** [≒depend]: You can ***rely on*** me. V+on+名 私に任せて / She *was* always *relied on* [*upon*] as a coach. 彼女はコーチとしていつも頼りになった. 語法 他動詞のように受身にできる // 言い換え I'm *relying on* [*upon*] your understanding. = I'm ***relying on*** [***upon***] you ***to*** understand. V+on [upon]+名+to 不定詞 私はあなたが理解してくれると信じています / You can't ***rely on*** [***upon***] him ***for*** help. V+on [upon]+名+for+名 彼の援助は当てにできない / Don't ***rely on*** me meet*ing* you there. V+on+動名 そこに私が迎えに行くと当てにしないでください《行くつもりですが》/ You can't *rely on* [*upon*] this machine. この機械は当てにならない / You can *rely on* [*upon*] it that he'll be here by ten. 彼は 10 時までに必ずここに来る. (形 relíable, relíant, 名 relíance)

***__re·main__ /rɪméɪn/

— 動 (re·mains /~z/; re·mained /~d/; -main·ing) 自 [普通は進行形なし] ❶ (ある状態の)ままでいる, 相変わらず[依然として]...である: He ***remained*** stand*ing*. V+C (現分) 彼は立ったままでいた / *Remain* seat*ed*, please. V+C (過分) どうぞそのまま座っていてください / The weather *remained* rainy. V+C (形) 天気は依然として雨だった / Let's *remain* friends. V+C (名) 友達のままでいよう / Let it *remain* as it is. それはそのままにしておきなさい.
❷ [副詞(句)を伴って]《格式》(その場に)**居残る**, そのまま居続ける, とどまる [≒stay]: They left, but I was forced to *remain* behind. 彼らは出かけたが私は居残りをさせられた / I ***remained at*** home yesterday. V+前+名 きのうは家にいた.
❸ (物が)**残る**, 取り残される; 生き残る; 余る: Few of my belongings *remained* after the fire. 私の持ち物は火事の後ほとんど何も残らなかった / After the flood nothing ***remained of*** the house. V+of+名 洪水の後その家は跡形もなくなった.
❹ (これから先のこととして)**残っている**, まだ...されないでいる: Much ***remains to*** be done [discussed]. V+to 不定詞 まだなすべきこと[検討すべき点]がたくさんある / The problem still *remains to* be solved. その問題はまだ解決されていない / ***It remains to be seen*** *whether* the medicine will take effect. その薬が効くかどうかまだわからない. (名 remáinder)

+**re·main·der** /rɪméɪndɚ | -də/ 名 ❶ [the ~ として単数または複数扱い] **他の人々**; **残り(物)**, 余り(物), 残部 [≒the rest]: Tom gave *the remainder of* the food to his cat. トムは食べ物の残りを猫にやった《⇒ leftover 1》. ❷ C [普通は a ~]〔数学〕(引き算の)差, (割り算の)余り. ❸ C (値引きして売る)売れ残り本. (動 remáin)

*__re·main·ing__ /rɪméɪnɪŋ/ 形 限定 **残りの**: the *remaining* lessons [chapters] 残りの課[章].

+**re·mains** /rɪméɪnz/ 名 複 ❶ [the ~] **残り**, 残り物; 残額: *the remains of* the dinner ごちそうの残り《⇒ leftover 1》. ❷ 遺跡, 遺物: Roman *remains* ローマの遺跡. ❸ 遺体, 遺骨, 死骸(しがい).

re·make[1] /ríːmèɪk/ 名 C (映画などの)リメーク版.

re·make[2] /rìːméɪk/ 動 (-makes; 過去・過分 -made /-méɪd/; -mak·ing) 他 (映画など)を作り直す, リメー

クする; (...)を改造[改作]する, 建て直す (*into*).

re·mand /rɪmǽnd | -mάːnd/ 動 他 ❶ [普通は受身で] 〔法律〕(...)を(次回公判まで)再拘留する: He *was remanded* in custody for a month. 彼は1か月間再拘留された / *be remanded* on bail 《英》 保釈される. ❷ 《米》 (事件)を(下級裁判所に)差し戻す. ― 名 U 〔法律〕再拘留: *on remand* 再拘留中で.

remánd cèntre 名 C 《英》 拘置所.

*__re·mark__ /rɪmάɚk | -mάːk/ 名 (~s /~s/) C (簡単な) **批評, 意見,** 感想; 発言, 評言 (⇒ comment 類義語); [複数形で] (スピーチなどでの)ことば: Anne's feelings were hurt by Barbara's ironic *remark*. アンの気持ちはバーバラの皮肉なことばで傷ついた / I ***made*** a few ***remarks about*** [***on***] his work. 彼の作品について少々意見[感想]を述べた.

― 動 (re·marks /~s/; re·marked /~t/; -mark·ing) 他 (思ったことなどを)(...)と**言う**, 述べる, 論評する: "I think she's mistaken," he *remarked*. V+O (引用節) 「彼女は間違っていると思う」と彼は言った / She ***remarked that*** the town looked the same as ever. V+O (*that* 節) 彼女は街の様子は相変わらずだと言った.

― 自 (...について)**意見を述べる,** 論評する: She ***remarked on*** [***upon***] his new hairstyle. V+*on* [*upon*]+名 彼の新しい髪型について彼女は感想を述べた.

*__re·mark·a·ble__ /rɪmάɚkəbl | -mάːk-/ 形 [特によい意味で] **注目すべき; 著しい,** 目立った; 珍しい, 驚くべき: a *remarkable* event 注目すべき事件 / He's ***remarkable for*** his wisdom. +*for*+名 彼の賢さは大したものだ / ***It's remarkable that*** he said nothing at all. 彼が何も言わなかったとは珍しい.

+**re·mark·a·bly** /rɪmάɚkəbli | -mάːk-/ 副 ❶ [形容詞・副詞を修飾して] **著しく,** 驚くほど (⇒ very¹ 表); 目立って: He made a *remarkably* good speech. 彼は驚くほど立派なスピーチをした. ❷ 文修飾 驚くべきことには, 注目すべきことには: *Remarkably* (enough), she recovered from her injuries. 驚いたことに彼女は負傷から立ち直った.

re·mar·riage /rìːmǽrɪʤ/ 名 U,C 再婚.

re·mar·ry /rìːmǽri/ 動 (-mar·ries; -mar·ried; -ry·ing) 自 再婚する. ― 他 (...)と再婚する.

re·mas·ter /rìːmǽstɚ | -mάːstə/ 動 (-ter·ing /-tərɪŋ, -trɪŋ/) 他 (新技術を使って)(...)の原盤を作り直す, リマスターする.

re·match /ríːmæ̀ʧ/ 名 C [普通は単数形で] (引き分けなどによる)再試合.

Rem·brandt /rémbrænt/ 名 固 レンブラント (1606–69) 《オランダの画家》.

re·me·di·a·ble /rɪmíːdiəbl/ 形 《格式》 治療できる; 矯正[改善, 救済]できる.

re·me·di·al /rɪmíːḍiəl/ 形 ❶ 限定 治療上の; 救済的な, 矯正的な. ❷ 限定 学力向上のための, 補習の: a *remedial* class 補習授業. (名 rémedy)

+**rem·e·dy** /rémədi/ 名 (-e·dies /~z/) ❶ C (問題・欠点などの)**矯正法,** 改善法, 対処法, 救済策: a ***remedy for*** recession 景気後退に対する対処法 / beyond *remedy* 《格式》 改善[対処]できない(ほどに). ❷ C (薬・手術などによる)**治療,** 治療法; 治療薬 [≒ cure]: There's no known ***remedy for*** the disease. その病気の治療法は見つかっていない. (形 remédial)

― 動 (-e·dies; -e·died; -dy·ing) 他 (欠点など)を改善する, 矯正する.

*****re·mem·ber** /rɪmémbɚ | -bə/ ❗アク

― 動 (-mem·bers /~z/; -mem·bered /~d/; -ber·ing /-b(ə)rɪŋ/)

単語のエッセンス
1) 覚えている; 思い出す 他 ❶, ❷, 自
2) 忘れずに...する 他 ❸

― 他 語法 普通は進行形には用いない.

❶ (人・事実や過去のこと)を**覚えている,** 記憶している, 忘れていない (⇒ 類義語) [⇔ forget]: I (*can*) *remember* that day clearly. その日のことをはっきり覚えているよ (✪ can が加わっても意味はほとんど変わらない) / I don't *remember* his name. 私は彼の名を覚えていない / 言い換え I ***remember*** seeing her somewhere before. V+O (動名) = I ***remember*** (*that*) I *have seen* her somewhere before. V+O ((*that*)節) 私は以前どこかで彼女に会った覚えがある 多用 / 言い換え He *remembered* being [hav*ing been*] there once. = He *remembered* (*that*) he *had been* there once. 彼は一度そこへ行ったことがあるのを覚えていた (✪「思い出した」の意味の場合もある; ⇒ 他 2) / I vaguely *remember* our teacher saying so. V+O+C (現分) 私は先生がそう言ったのを何となく覚えている / 言い換え I ***remember*** him ***as*** a sensible man. V+O+C (*as*+名) = I ***remember*** him ***for*** being a sensible man. V+O+*for*+動名 私の記憶では彼は思慮分別のある人だった.

❷ [しばしば can (not)とともに用いて] (忘れた事実や過去のこと)を**思い出す:** He tried to *remember* her name. 彼は彼女の名前を思い出そうとした / I ***can't remember where*** I heard it. V+O (*wh* 節) 私はどこでそれを聞いたか思い出せない 多用 / 言い換え I suddenly ***remembered that*** I had left the door open. V+O (*that* 節) = I suddenly ***remembered*** leav*ing* [hav*ing* left] the door open. V+O (動名) 私はドアを開けたままにしてきたことを急に思い出した.

❸ (今後のことについて)**忘れずに...する;** (物事)を忘れずにいる, 覚えておく [⇔ forget]: 言い換え ***Remember to*** turn it off when you're done. V+O (*to* 不定詞) (= Do*n't forget to* turn it off ....) 使い終わったら忘れずに電源を切ってね / John *remembered to* take the medicine. ジョンは忘れずにその薬を飲んだ / You did *remember* the dictionary, didn't you? 辞書は忘れていませんね(忘れずに持ってきましたね) / 言い換え ***Remember*** [You must ***remember***] ***that*** you're still a student. V+O (*that* 節) = It must [should] *be remembered that* you are still a student. V+O (*that* 節)の受身 あなたはまだ学生であることを忘れないように (⇒ it 1 A 4).

> 語法 🔍 **remember+to *do* と remember+*do*ing**
> V+O (*to* 不定詞) の動詞型はこれから先のことについて忘れないように注意する,「忘れずに...する」の意味に用いられる. 一方 V+O (動名) の動詞型は過去にあったことを覚えている,「...したことを覚えている[思い出す]」という, 上の 1, 2 の意味に用いられる (⇒ forget 2 語法).

❹ Ⓢ 《古風》 (...)を[から]**よろしくと(~に)言う[伝える].** 語法 give [send] ...'s best [kind] regards to ... や say hello to ... などの方が普通: Please ***remember*** me ***to*** your father. V+O+*to*+名 お父さんによろしくお伝えください. ❺ (...)に(忘れずに)贈り物をする: *remember ... in one's will* ...に(遺言状で)遺産を残す. ❻ (...)のために祈る; (...)を追悼する.

— 自 **思い出す, 覚えている:** If I *remember* right(ly) [correctly], she's from Iraq. 私の記憶が正しければ彼女はイラク出身だ / Now I *remember*. ああ, 思い出した / It's true, ***as far as I can remember***. 私が記憶する限りではそれは本当のことだ / That painting has been there ***for as long as I can remember***. (私の記憶にある限りの)ずっと長い間その絵はそこにある.

be remémbered「as ... [for (dòing) ...] (人が)...として[...(したこと)で]よく知られている, 名が残る.

(名 remémbrance)

類義語 **remember** 意識的・無意識的を問わず過去のことを覚えていたりすぐに思い出すこと: I *remember* the house where I was born. 私は生まれた家を覚えている / I can't *remember* his name. 私は彼の名前を思い出せない. **recall** *remember* よりも改まった語で, 意識的に過去を思い出すこと: He *recalled* the scene. 彼はその光景を思い起こした. **recollect** 過去の出来事などの記憶をゆっくりと呼び戻すこと: I often *recollect* my student days. 私は学生時代のことをよく思い出す.

〖語源 原義はラテン語で「記憶(⇒ memory)に呼び戻す」〗

re·mem·brance /rɪmémbrəns/ 名 ❶ U,C 記憶 [≒memory]; 思い出, 追憶; 追悼: vivid *remembrances of* childhood holidays 子供の頃の休日の鮮明な思い出 / a service *in remembrance of* those who died in the war 戦没者に対する追悼礼拝. ❷ C《格式》記念品; 形見 (*of*). (動 remémber)

Remémbrance Dày [Súnday] 名 U,C《英》戦没者追悼記念日《11 月 11 日に最も近い日曜日; ⇒ Memorial Day, Veterans Day》.

****re·mind** /rɪmáɪnd/

— 動 (re·minds /-máɪndz/; -mind·ed /~ɪd/; -mind·ing) 他 ❶ (物事・人が)(人)に(~を)思い出させる; (...)に(~を)連想させる: That *reminds* me. I have to call my mother. それで思い出した, 母に電話しなくちゃ / You *remind* me *of* your father. V+O+*of*+名 君を見ると君のお父さんを思い出す / 言い換え This song *reminds* me *of* my hometown. (= Whenever I hear this song, I remember my hometown.) この歌を聞くと故郷を思い出す.

❷ (人)に(...するように)**気づかせる**; (...であること)を(人に)注意する: ***Remind*** me ***to*** give it back to you. V+O+C (*to* 不定詞) 私がそれを返し忘れていたら注意してください《✪ ×of giving は誤り》/ I called to ***remind*** him ***about*** the meeting. V+O+*about*+名 彼に会合について気づかせるために(念のため確認の)電話をした / Please be ***reminded that*** smoking is prohibited in this room. V+O+O (*that* 節)の受身《格式》この部屋は禁煙ですのでご注意ください / Let me *remind* you (that) .... = May I *remind* you (that) ...? Ⓢ《格式》念のため申し上げますが...です《警告・非難を強調する》.

Dón't remínd me. Ⓢ (いやなことを)思い出させないでくれ.

remínd onesèlf「to dó [that ...] 動 ...するの[...ということ]を忘れないようにする.

+re·mind·er /rɪmáɪndə | -də/ 名 (~s /~z/) ❶ C [しばしば a ~] **思い出させる人[もの]** (*of*): The story serves as ***a reminder that*** nothing is impossible. +*that* 節 その話は不可能なことは何もないということを思い出させてくれる. ❷ C (思い出させるための)注意, 合図; 催促(状).

rem·i·nisce /rèmənís/ 動 自 追憶する, (...の)思い出を語る[書く] (*about*).

rem·i·nis·cence /rèmənís(ə)ns/ 名 ❶ C [普通は複数形で] 思い出(話), 回想録 (*of, about*). ❷ U 思い出すこと, 回想, 追憶 (*of*). ❸ [複数形で] 思い出させるもの.

rem·i·nis·cent /rèmənís(ə)nt⁻/ 形 ❶ 叙述 (...を)思い出させる: a house *reminiscent of* the one I grew up in 私が育った家を思わせるような家. ❷ 限定《文語》昔をしのぶ, 追憶の.

re·miss /rɪmís/ 形 叙述《格式》不注意な, 怠慢な (*in*): That was very *remiss of* you. それはあなたの怠慢でした(⇒ of 12).

re·mis·sion /rɪmíʃən/ 名 ❶ U,C (痛み・苦しみなどの)軽減; 小康(期間): be in *remission* (病気・病人が)小康状態にある. ❷ U,C《格式》(支払いなどの)免除; 許すこと, 赦免: the *remission of* sins 免罪. ❸ U,C〘英法律〙減刑. (動 remít[1] 他 3)

re·mit[1] /rɪmít/ 動 (re·mits; -mit·ted; -mit·ting) 他 ❶《格式》(金銭)を送る (*to*). ❷《格式》(問題など)を(委員会などに)付託する;〘法律〙(事件)を(下級裁判所に)差し戻す (*to*). ❸《格式》(罰・負債など)を免除する; (刑)を軽減する. — 自《格式》送金する.

(名 他 1, 自 では remíttance; 他 3 では remíssion)

re·mit[2] /rɪmít, ríːmɪt | ríːmɪt/ 名 U《英格式》(個人・組織の)権限(の範囲); 任務.

re·mit·tance /rɪmíṭəns, -tns/ 名《格式》U 送金; C 送金額. (動 remít[1] 他 1, 自)

re·mix /ríːmɪks/ 名 C ミキシングし直した曲.

rem·nant /rémnənt/ 名 ❶ C [普通は複数形で] 残り, 残り物; 名残(なごり) (*of*). ❷ C 端切れ.

re·mod·el /rìːmá(ː)dl | -mɔ́dl/ 動 (-mod·els; -mod·eled,《英》-mod·elled; -el·ing,《英》-el·ling /-d(ə)lɪŋ/) 他 (家など)を改造する.

re·mon·strance /rɪmá(ː)nstrəns | -mɔ́n-/ 名 C,U《格式》抗議; 忠告, 諫言(かんげん).

re·mon·strate /rɪmá(ː)nstreɪt, rémənstrèɪt/ 動 自《格式》(人に)抗議する, 諫言する (*with*).

re·morse /rɪmɔ́əs | -mɔ́ːs/ 名 U 後悔, 自責の念: show *remorse* 後悔の念を示す / feel [be filled with] *remorse for* one's crimes 自分の犯した罪を悔いる.

(形 remórseful)

re·morse·ful /rɪmɔ́əsf(ə)l | -mɔ́ːs-/ 形 後悔している, 深く反省している. (名 remórse)

re·morse·less /rɪmɔ́əsləs | -mɔ́ːs-/ 形 (物事が)容赦ない, 執拗(しつよう)な; (人が)無慈悲な, 冷酷な.

***re·mote** /rɪmóʊt/ 形 (re·mot·er /-ṭə | -tə/, more ~; re·mot·est /-ṭɪst/, most ~) ❶ **遠く離れた** (*from*); へんぴな(⇒ far 類義語): They went to the *remotest* villages. 彼らはどんなへんぴな村にも行った(⇒ **巻末文法 12.4**).

❷ 限定 **遠い昔の; 遠い未来の:** *remote* ancestors 遠い先祖 / in the *remote* past [future] 遠い昔[未来]に.

❸ **関係の薄い;** (...から)かけ離れた, 全然違う: be ***remote from*** everyday life +*from*+名 日常生活とかけ離れている / *remote* relatives 遠い親類. ❹ (可能性などが)わずかな: a *remote* chance [possibility] わずかな可能性 / I don't have the *remotest* idea what he'll do next. 彼が次に何をするかまるで見当がつかない. ❺ (態度などが)よそよそしい, 冷淡な. ❻ 限定 (装置などが)遠隔操作の; 遠隔の, リモートの: *remote* working [learning] リモートワーク[学習].

— 名 C《略式》= remote control 1.

〘語源 ラテン語で「遠くに移された」の意; remove と同語源; ⇒ motion キズナ〙

remóte áccess 名 U 〔コンピュータ〕 リモート[遠隔]アクセス《離れた所にある端末から別のコンピューターにアクセスすること》.

remóte contról 名 ❶ C リモコン(装置) [《略式》 remote]. ❷ U 遠隔操作[制御]: by *remote control* 遠隔操作で.

re·mote-con·trolled /rɪmóʊtkəntróʊld←/ 形 遠隔操作の, リモコンによる.

re·mote·ly /rɪmóʊtli/ 副 ❶ [普通は否定文で] ごくわずかに(でも), 少しも(...でない): She was*n't remotely* interested in art. 彼女は芸術に少しも興味がなかった. ❷ 遠く離れて, 遠くから; 間接的に: work *remotely* リモートで働く.

re·mote·ness /rɪmóʊtnəs/ 名 U 遠さ, 隔たり, 距離, (行き来の)不便さ; よそよそしさ.

remóte sénsing 名 U 〔工学〕 リモートセンシング《人工衛星による地球の遠隔探査・観測》.

re·mount /rìːmáʊnt/ 動 他 ❶ (馬など)に再び乗る; (はしご・丘など)に再び上る[登る]. ❷ (写真・宝石など)を付けかえる. ❸ (劇など)を再上演する.

re·mov·a·ble /rɪmúːvəbl/ 形 取り外(はず)しのできる.

***re·mov·al** /rɪmúːv(ə)l/ 名 (~s /~z/) ❶ U,C **除去**, 取り除き, 撤去 (*of*).
❷ U,C **解任**, 免職 (*from*).
❸ U,C **移動**, 移転; 《英》 引っ越し, 転居.
(動 remóve)

remóval vàn 名 C 《英》 = moving van.

****re·move** /rɪmúːv/

— 動 (re·moves /~z/; re·moved /~d/; re·mov·ing) 他 ❶ (...)を(~から)**取り去る**, 取り除く, 除去する; 撤廃する; (問題など)を解消する, なくす; (ある場所から他の場所へ)(...)を**移す**, 立ち退かせる: *remove* the stain *from* the shirt V+O+*from*+名 シャツからしみを取る / The posters *were removed from* the wall. V+O+*from*+名の受身 ポスターは壁から撤去された / He was *removing* the snow on the street. 彼は通りの除雪をしていた.
❷ 《格式》 (身につけたもの)を**脱ぐ**, 取る [≒take off]: *Remove* your shoes here, please. ここで靴を脱いでください. ❸ (...)を免職にする, 解任[解雇]する [≒dismiss] (*from*).
(名 remóval)
— 名 C,U 《格式》 距離, 隔たり: *at* a safe *remove* 安全な距離をとって.

re·moved /rɪmúːvd/ 形 ❶ 叙述 (...と)かけ離れた; 大いに異なる: The report is (far) *removed from* the facts. その報告は事実とは大いに異なっている. ❷ (いとこ(の子孫)が)...世代隔たった[離れた]: a (first) cousin once *removed* いとこの子, 5 親等.

re·mov·er /rɪmúːvə | -və/ 名 ❶ C,U [普通は合成語で] (ペンキ・しみなどの)除去剤. ❷ C [普通は複数形で] 《英》 引っ越し運送業者[人].

RÉM slèep /rém-/ 名 U 〔生理学〕 レム睡眠《睡眠中眼球が急速に動き夢を見ている状態; *r*apid *e*ye *m*ovement の略》.

re·mu·ner·ate /rɪmjúːnərèɪt/ 動 他 《格式》 (...)に報酬を与える, 報いる (*for*).

re·mu·ner·a·tion /rɪmjùːnəréɪʃən/ 名 U,C 《格式》 報酬, 報償; 給料 (*for*).

re·mu·ner·a·tive /rɪmjúːn(ə)rətɪv/ 形 《格式》 利益のある, 報酬のある.

+**re·nais·sance** /rènəsáːns, -záːns← | rɪnéɪs(ə)ns/ 名 ❶ [the R-] **ルネサンス, 文芸復興**《14-16 世紀ヨーロッパに起こった古典文芸・学術の復興》. ❷ [a ~] (文芸・宗教などの)復興, 復活 (*in*).

Rénaissance mán [wóman] 名 C ルネサンス的教養人《幅広い知識と教養の持ち主》.

re·nal /ríːnl/ 形 限定 〔解剖〕 腎臓(じんぞう)の.

re·name /rìːnéɪm/ 動 他 [普通は受身で] (...)に新しく(~と)名をつける, (...)を(~と)改名[改称]する.

re·nas·cent /rɪnǽs(ə)nt/ 形 限定 《格式》 復活[再生]しつつある, 勢いを盛り返そうとしている.

rend /rénd/ 動 (rends; 過去・過分 rent /rént/; rend·ing) 他 《文語》 (...)を引き裂く; かき乱す.

+**ren·der** /réndə | -də/ 動 (ren·ders /~z/; ren·dered /~d/; -der·ing /-dərɪŋ, -drɪŋ/) 他 ❶ 《格式》 (...)を ~ **にする** [≒make]: The frost *rendered* the orange crop worthless. V+O+C (形) 霜のせいでオレンジの収穫がだめになった / I *was rendered* speechless ***by*** his rudeness. V+O+C (形)の受身 彼の無礼な態度にはあきれて物も言えなかった.
❷ 《格式》 (援助など)を**与える**, (力)を貸す, 尽くす: 言い換え He ***rendered*** a great service ***to*** the nation. V+O+*to*+名 = He *rendered* the nation a great service. V+O+O 彼は国家に大変な尽力をした / They requested payment for services *rendered*. 彼らは尽力に対する支払いを求めた. ❸ 《格式》 (報告など)を提出する; (判決など)を下す. ❹ 《格式》 (...)を表現する [≒express]; 演奏する, 演じる [≒perform]: The landscape is *rendered in* soft colors. その風景はやわらかい色調で表現されている. ❺ 《格式》 (...)を(...語に)翻訳する (*into*), (...と)訳す (*as*) [≒translate]. ❻ (脂)を溶かす (*down*). ❼ 〔建築〕 (壁など)を(しっくいなどで)下塗りする.

ren·der·ing /réndərɪŋ, -drɪŋ/ 名 ❶ C 演奏, 演技, 演出; 表現; 翻訳. ❷ C (建物などの)完成見取図. ❸ U,C 〔建築〕 下塗り.

ren·dez·vous /ráːndɪvùː | rɔ́n-/ 発音 ≪フランス語から≫ 名 (複 ~ /~z/) ❶ C 会合《特に秘かに時と場所を決めて行なうもの》, 待ち合わせ(の約束) (*with*): arrange [make] a *rendezvous* 待ち合わせの約束をする. ❷ C (予定の)会合場所; (人の)たまり場 (*for*). ❸ C (宇宙船などの)ランデブー, (軍用車両の)集結.
— 動 自 約束した場所で会う, 落ち合う (*with*).

ren·di·tion /rendíʃən/ 名 ❶ C 演奏, 演技, 演出; 表現, 描写; 翻訳 (*of*). ❷ C 《主に米》 (容疑者などの)引き渡し.

ren·e·gade /rénɪgèɪd/ 名 C 《文語》 [軽蔑的] 脱党者; 背教者 (*from*). — 形 限定 《文語》 裏切りの.

re·nege /rɪníg, -nég/ 動 自 《格式》 (約束などを)破る, (取り決めなどに)背く (*on*).

***re·new** /rɪn(j)úː | -njúː/ 動 (re·news /~z/; re·newed /~d/; -new·ing) 他 ❶ (契約・免許など)を**更新する**; (本など)の貸出期限を延長する: This license must *be renewed* every five years. V+O の受身 この免許は 5 年ごとに更新しなければならない.
❷ 《格式》 (...)を**再び始める** [≒resume]: *renew* an attack 攻撃を再開する / *renew* a friendship with ... ...との旧交を温める.
❸ (...)を**新しくする**, 新たにする; 再度言う; くり返す: His words *renewed* my courage. 彼のことばで私は勇気を新たにした. ❹ (...)を取り替える [≒replace].
(名 renéwal)

re·new·a·ble /rɪn(j)úːəbl | -njúː-/ 形 ❶ (契約などが)

更新[延長]できる. ❷ 再生できる: *renewable* energy (太陽・風・水などの)再生可能エネルギー. — 名 [複数形で] 再生可能エネルギー(源).

+**re·new·al** /rɪn(j)ú:əl | -njú:-/ 名 (~s /~z/) ❶ U,C (契約・免許などの)**更新**, 延長 (*of*): the *renewal* date (本の貸出しなどの)更新期日 / come [be] *up for renewal* (契約などが)更新の時期になる.
❷ **新たにする[される]こと**, 刷新; 再開; 復活; 再生 (*of*). (動 renéw)

*__re·newed__ /rɪn(j)ú:d | -njú:d/ 形 ❶ 限定 **新しくなった**, 復活した. ❷ 叙述 健康[元気]を取り戻して.

Re·noir /rənwɑ́ɚ | -nwɑ́:/ 名 固 Pierre /pjéɚ | pjéə/ Au·guste /ɔ:gúst/ ~ ルノワール (1841-1919)《フランスの画家》.

re·nounce /rɪnáʊns/ 動 他 ❶《格式》(権利・位など)を(公式に)放棄する: *renounce* one's citizenship 市民権を放棄する. ❷《格式》(主義など)を(公式に)否認する; (習慣など)を捨てる, 絶つ: The Japanese people have *renounced* war. 日本国民は戦争を放棄している. ❸《格式》(...)と縁を切る, (...)を見捨てる. (名 rènunciátion)

ren·o·vate /rénəvèɪt/ 動 他 (建物・家具・絵画など)を改修[修理, 修復]する《⇒ repair 類義語》.

ren·o·va·tion /rènəvéɪʃən/ 名 U,C [しばしば複数形で] 改修, 修繕, 修理, 修復.

re·nown /rɪnáʊn/ 名 U《格式》名声 [≒fame]: a poet *of* great *renown* 非常に名高い詩人 / win [achieve] *renown as* ... ...としての名声を得る.

re·nowned /rɪnáʊnd/ 形 有名な《⇒ famous 類義語》: The hotel is *renowned for* its hospitality. そのホテルは親切なおもてなしで有名だ / She's *renowned as* a pianist. 彼女はピアニストとして有名だ.

rent[1] /rént/

意味のチャート
原義は「返されるもの」→ (利用する代償)
→ (払う側にとって)「**借り賃**」名;「**賃借りする**」他 ❶
→ (受け取る側にとって)「**貸し賃**」名;「**賃貸しする**」他 ❷

— 動 (rents /rénts/; rent·ed /-tɪd/; rent·ing /-tɪŋ/) 他 ❶ (土地・建物・部屋など)を**賃借りする**, (...)の借り賃を払う《⇒ borrow 表》: I *rented* a small apartment for three years. 私は小さなアパートを 3 年借りた / We ***rent*** land ***from*** a landowner. V+O+*from*+名 私たちは地主から土地を借りている.
❷ (土地・建物・部屋など)を**賃貸しする** [《英》let]《⇒ lend 表》: He ***rents*** a room ***to*** a student. V+O+*to*+名 彼は学生に部屋を貸している.
❸《主に米》(車・DVD など)を(有料で短期間)**借りる** [《英》hire]: *rent* a compact car 小型車を借りる. 関連 charter チャーターする / lease 賃貸し[借り]する.
— 自 (土地・建物・部屋などが)**賃貸しされる**; 賃借りする: This room ***rents at*** [***for***] 50 dollars a week. V+*at* [*for*]+名 この部屋は週 50 ドルで貸している.

rént óut [動] 他 (土地・建物・部屋など)を賃貸しする (*to*) [《英》let out]《⇒ lend 表》.

— 名 (rents /rénts/) U,C (土地・建物・部屋・機械などの)**借り賃**, 賃借料; **貸し賃**, 賃貸料; 地代; 家賃, 部屋代;《主に米》(車・DVD などの)レンタル料: pay the *rent* 借り賃を支払う / a high [low] *rent* 高い[安い]借り賃 / ground *rent* 地代 / ***at a rent of*** $20 a day 1 日 20 ドルの使用料で / *rent* collector 賃貸[使用]料の集金人 / I'm two months behind with [on] the *rent*. 私は家賃を 2 か月分滞納している.

for rént [形]《主に米》**賃貸しの** [《英》to let]: a house [room] *for rent* 貸し家[貸し部屋]. 語法 単に For Rent として「貸し家[貸し部屋]あり」の意味で掲示・広告などにも用いる.

rent[2] 動 rend の過去形および過去分詞.

rent[3] /rént/ 名 C《格式》(布地などの)裂け目, 切れ目.

rent-a- /rénṭə/ 接頭《略式》レンタルの; 雇われの: a *rent-a*-mob 雇われ集会参加者たち.

rent-a-car /rénṭəkɑ̀ɚ | -kɑ̀:/ 名 C《米》レンタカー.

+**rent·al** /rénṭl/ 名 (~s /~z/) ❶ U,C **レンタル**, 賃貸, 賃借: CD *rentals* CD のレンタル.
❷ [U または a ~] **レンタル料**, 賃貸[賃借]料: ski *rental* スキーのレンタル料金 / at a *rental* of $10 10 ドルの賃貸料で. ❸ C《主に米》賃貸の家[アパート]; レンタル物件《レンタカー・貸衣装など》.
— 形 限定 レンタルの, 賃貸しの: a *rental* car レンタカー / a DVD *rental* shop レンタル DVD 店.

rént contròl 名 U (政府などの)家賃統制(法).

rent·ed /rénṭɪd/ 形 (住居などが)賃貸の.

rent·er /rénṭɚ | -tə/ 名 C 賃借人, 借り主; 賃貸人, 貸し主;《米》賃貸業者, レンタル業者.

rent-free /réntfrí:←/ 形 副 使用料[家賃, 地代]なしの[で], 無料の[で].

re·nun·ci·a·tion /rɪnʌ̀nsiéɪʃən/ 名 U,C《格式》放棄, 廃棄; 否認; 自制 (*of*). (動 renóunce)

+**re·o·pen** /rì:óʊp(ə)n/ 動 (~s /~z/; ~ed /~d/; ~·ing) 他 (工場・活動など)**を再開する**, 再び始める: The store was *reopened* under a new name. その店は名前を変えて新装開店した.
— 自 **再開する**, 再び始まる: Peace talks *reopened* last week. 和平会談が先週再開した.

re·or·der /rì:ɔ́ɚḍɚ | -ɔ́:də/ 動 他 ❶ (...)を再[追加]注文する. ❷ (...)を整理[配列]し直す. — 自 再[追加]注文する.

re·or·ga·ni·za·tion /rì:ɔ̀ɚgənɪzéɪʃən | -ɔ̀:gənaɪz-/ 名 U,C 再編成; 改造, 改組 (*of*). (動 rèórganìze)

+**re·or·ga·nize** /rì:ɔ́ɚgənàɪz | -ɔ́:-/ 動 (-ga·niz·es /~ɪz/; -ga·nized /~d/; -ga·niz·ing) 他 (...)を**再編成する**; 改造[改組]する: *reorganize* the departments 部局の組織替えをする. — 自 再編成する. (名 rèorganizátion)

rep /rép/ 名 ❶ C《略式》= representative 1, 3. ❷ U《略式》= repertory 1; C レパートリー方式で上演する劇団[劇場]. ❸ C《米俗》= reputation. ❹ C [普通は複数形で] (運動の)反復 (repetition).

Rep. 略 = representative 2, Republican.

+**re·paid** /rɪ:péɪd, rì:-/ 動 **repay の過去形および過去分詞**.

*__re·pair__ /rɪpéɚ | -péə/ 動 (re·pairs /~z/; re·paired /~d/; re·pair·ing /-pé(ə)rɪŋ/) 他 ❶ (...)を**修理する**, 修繕する, 修復する《⇒ 類義語》: He had [got] his watch *repaired*. 彼は時計を直してもらった / This television cannot *be repaired*. V+O の受身 このテレビは修理がきかない / *repair* the damage caused by the accident 事故で生じた損傷を修復する. ❷ (関係・状況など)を修復する, 改善する. ❸《格式》(...)の埋め合わせをする, (...)を償う. (名 3 では rèparátion)

類義語 **repair** やや格式ばった語で, 構造が複雑で, 修理に多少とも特殊な技術を要するものを修繕することをいう: I had my car *repaired*. 私は車を修理してもらった. **mend** *repair* とほぼ同じ意味で用いられることもあるが, どちらかというと大した技術を要しないものを修繕する意味に用いられる.《米》では一般に機械類の修理には用いられない: I *mended* the torn page with tape. 破れたページをテープで直した. **fix**《略式》で正常な状態にすることを意味し, *mend* や *repair* の代わりによく用いられる: Can you *fix* a flat tire yourself? タイヤのパンクを自分で直せるの? **service** 車や機械を点検・整備する: I need to have my car *serviced*. 車を点検してもらう必要がある. **renovate** 建物や家具を修繕して良い状態にする: The hotel was *renovated* last year. そのホテルは去年改修された. **restore** 修理して元の状態に戻す: The old wall painting was *restored*. 古い壁画は修復された.

— 名 (~s /~z/) ❶ C [しばしば複数形で] **修理[修繕, 修復]作業**; 修繕部分: road *repairs* 道路修理 / He ***made*** [***did, carried out***] ***repairs*** on his house. 彼は自分の家の修理をした / The ***repairs to*** the school building will be made this summer. 校舎の修理はこの夏行なわれる.

❷ U **修理**, 手入れ: *repair* work 修繕(の仕事) / This elevator is badly ***in need of repair***. このエレベーターは絶対に修理が必要だ / The bridge was destroyed ***beyond repair***. 橋は修理できないほどに破壊された / The bridge is now ***under repair***. 橋は現在修理中である.

in góod [bád, póor] repáir = in a góod [bád, póor] státe of repáir [形]《格式》**手入れが行き届いて[行き届かなくて]**: The road is *in good* [*poor*] *repair*. その道路は手入れが行き届いている[いない].

〖語源 原義はラテン語で「再び用意する」(⇒ prepare)」〗

re·pair·a·ble /rɪpé(ə)rəbl/ 形 叙述 直せる, 修理できる.

re·pair·er /rɪpé(ə)rə | -rə/ 名 C 修理工[人].

re·pair·man /rɪpéəmæ̀n | -péə-/ 名 (-men /-mèn/) C (機械などの)修理工[人] [≒repairer].

rep·a·ra·tion /rèpəréɪʃən/ 名 U,C《格式》償い, 賠償 (*to*); [複数形で] (戦争の)賠償金: make *reparation for* the damage 損害賠償をする. (動 repáir 3)

rep·ar·tee /rèpətíː | -pɑː-/ 名 U (ウィットに富む)テンポのいいやり取り; 当意即妙の応答.

re·past /rɪpǽst | -pɑ́ːst/ 名 C《格式》食事.

re·pa·tri·ate /riːpéɪtrièɪt, -pǽtri- | -pǽtri-/ 動 他 (人)を本国へ送還する: The criminal was *repatriated to* his country. 犯人は本国に送還された. (名 rèpàtriátion)

re·pa·tri·a·tion /rìːpèɪtriéɪʃən, -pætri-/ 名 U,C 本国送還, 帰国. (動 rèpátriàte)

+**re·pay** /rɪpéɪ, rìː-/ 動 (re·pays /~z/; 過去・過分 re·paid /-péɪd/; -pay·ing) 他 ❶ (金)を**返す**, 返済する [≒pay back]; (人)に返金[返済]する: 言い換え When will you *repay* me the money? V+O+O = When will you ***repay*** the money ***to*** me? V+O+*to*+名 いつ私にお金を返してくれますか (⇒ to¹ 3 語法) / She hasn't *repaid* me yet. 彼女はまだ私にお金を返していない.

❷ (親切・恩など)に**報いる**, (人)に恩返しする: 言い換え I must *repay* their kindness. = I must ***repay*** them ***for*** their kindness. V+O+*for*+名 私は彼らの親切に対して報いなければならない. ❸ (物事が)(努力など)に報いる, 値する: This book *repays* close study. この本は詳しい分析に値する. (名 rèpáyment)

re·pay·a·ble /rɪpéɪəbl, rìː-/ 形 叙述 払い戻すべき, 返済すべき; 払い戻しできる, 返済できる.

re·pay·ment /rɪpéɪmənt, rìː-/ 名 ❶ U 返済, 払い戻し (*of*). ❷ C [普通は複数形で] 返済金, 払い戻し金. (動 rèpáy)

re·peal /rɪpíːl/ 動 他 (政府が)(法律など)を無効にする, 廃止[撤回]する. — 名 U 廃止, 撤回.

re·peat /rɪpíːt/

— 動 (re·peats /-píːts/; -peat·ed /-ṭɪd/; -peat·ing /-ṭɪŋ/) 他 ❶ (...)を[と]**繰り返して言う**; (意見・要求など)を重ねて述べる: Could you *repeat* that? もう一度言っていただけませんか / "I'm tired," she *repeated*. V+O (引用節) 「疲れた」と彼女は繰り返して言った / I ***repeat*** (*that*) I can't agree with you. V+O ((*that*)節) 繰り返しますがあなたの意見には賛成できません.

❷ (...)を**繰り返して行なう[経験する]**, 反復する; [しばしば受身で] (番組)を再放送[再放映]する: *repeat* a course [year] 再履修[留年]する / *repeat* the error of war 戦争の過ちを繰り返す / Sleep in peace. The mistake will not *be repeated*. V+O の受身 安らかに眠ってください. 過ちは繰り返しませぬから《広島の原爆記念碑のことば》. ❸ (...)を復唱する; 暗唱する; (人の話)を(さらに)他人に話す, 他言する: *Repeat* the words *after* me. 私の後について単語を言ってください / *repeat* a poem 詩を暗唱する / Don't *repeat* what I said (*to* anybody). 私の話は(誰にも)口外しないで.

— 自 ❶ **繰り返して言う; 繰り返す**; 繰り返し[再び]現われる: Please ***repeat after*** me. V+*after*+名 私の後について言ってください / He'll ***repeat as*** a gold medalist. V+C (*as*+名) 彼はまた金メダルを取るだろう. ❷《英》(食べた物が)後味が残る《特にげっぷが出て》: Onions *repeat on* me. たまねぎを食べると口の中に味が残る.

béar repéating [動] 自 [しばしば否定文で] 繰り返して言うのに耐える[値する].

repéat onesèlf [動] 自 (1) (しばしばうっかり)**同じことを繰り返して言う**: Don't *repeat yourself*. 同じことを何度も言うな. (2) (事が)繰り返し起こる: History *repeats itself*.《ことわざ》歴史は繰り返す.

(名 rèpetítion, 形 repétitive, rèpetítious)

— 名 ❶ C (テレビ・ラジオの)再放送番組. ❷ C 繰り返し, 反復 (*of*); [形容詞的に] 繰り返しの; 〖音楽〗反復(記号, 楽節): a *repeat* performance 再演; (いやなことの)繰り返し / *repeat* customers 常連客.

re·peat·a·ble /rɪpíːṭəbl/ 形 [普通は 叙述] ❶ [否定文で] (発言が)繰り返しに耐える, 失礼でない. ❷ 繰り返せる.

+**re·peat·ed** /rɪpíːṭɪd/ 形 限定 **繰り返された**, たびたびの: *repeated* requests たび重なる要請.

+**re·peat·ed·ly** /rɪpíːṭɪdli/ 副 **繰り返して**, たびたび, 何度も: He *repeatedly* asked me to let him go. 彼は行かせてくれと何度も私に頼んできた.

re·peat·er /rɪpíːṭə | -tə/ 名 ❶ C 連発銃. ❷ C 繰り返す人; 再履修生; 再犯者; 再登場者.

re·pel /rɪpél/ 動 (re·pels; re·pelled; -pel·ling) 他 ❶ (敵)を追い払う, 撃退する. ❷ (人)を不快にする. ❸ (...)をよせつけない; (水など)をはじく, 通さない. ❹ 〖物理〗(同じ磁極)と反発する. — 自〖物理〗(磁極が)反発する.

re·pel·lent /rɪpélənt/ 形 ❶《格式》(...に)嫌悪感を抱かせる; (...にとって)不快な, いやな (*to*). ❷ [合成語

で] はねつける; (水などを)はじく. ― 名 ❶ U,C 防虫剤, 虫よけ. ❷ U,C 防水剤.

re·pent /rɪpént/ 動 自 《格式》 後悔する, 悔やむ; (罪などを) 悔い改める (*for*): He *repented of* his hasty decision. 彼は早まった決断を後悔した. ― 他 《格式》 (...したこと)を後悔する, 悔やむ; (罪など)を悔い改める: You'll *repent* this some day. いつかこのことを後悔しますよ / He *repented* hav*ing* said so. 彼はそう言ったことを後悔した.

re·pen·tance /rɪpéntəns/ 名 U 《格式》 悔い改め.

re·pen·tant /rɪpéntənt/ 形 《格式》 後悔している, 悔いている; 悔い改めた: *the repentant* 悔い改めた人々 (⇒ the[1] 3) / He's *repentant of* his behavior. 彼は自分の行ないを後悔している.

re·per·cus·sion /rìːpəkʌ́ʃən | -pə-/ 名 ❶ C [普通は複数形で] (特に好ましくない)影響, 余波 (*on*, *for*). ❷ C 〔物理〕 反動; (音の)反響.

rep·er·toire /répətwɑ̀ə | -pətwɑ̀ː/ ≪フランス語から≫ 名 ❶ C [普通は単数形で] レパートリー, 上演目録 《いつでも上演[演奏]できるようにしてある作品群》 (*of*). ❷ C [普通は単数形で] こなせる範囲, 持ち駒.

rep·er·to·ry /répətɔ̀ːri | -pətəri, -tri/ 名 (-to·ries) ❶ U 〔演劇〕 レパートリー方式 《劇団がそのレパートリーを順繰りに上演する方式》. ❷ C 《格式》 = repertoire 1.

rep·e·ti·tion /rèpətíʃən/ 名 U,C 繰り返し, 反復 (*of*): learn by *repetition* 繰り返しにより学習する. (動 repéat)

rep·e·ti·tious /rèpətíʃəs←/ 形 繰り返しの多い; くどい, 単調で退屈な. **~·ly** 副 くどくどと. **~·ness** 名 U くどさ.

re·pet·i·tive /rɪpéṭəṭɪv/ 形 ❶ 繰り返しの多い; (同じことばかりで)退屈な. ❷ (動作などが)反復的な.

re·phrase /rìːfréɪz/ 動 他 (...)を(わかりやすく)言い換える[直す], 書き換える.

****re·place** /rɪpléɪs/

― 動 (re·plac·es /~ɪz/; re·placed /~t/; re·plac·ing) 他 ❶ (...)に**とって代わる**, (...)の代わりを務める; (...)の後任になる: Nothing can *replace* a mother's love. 母の愛に代わりうるものは何もない / Mr. Smith ***replaced*** Mr. Brown ***as*** our president. V+O+C (as+名) スミス氏がブラウン氏の後任として我が社の社長になった.

❷ (...)を(~と)**取り替える**, 代える, 交替させる: She ***replaced*** her old car ***with*** a brand-new sports car. V+O+with+名 彼女は古くなった車を新品のスポーツカーに替えた (⇒ substitute 他 語法) / The system ***was replaced by*** a more complex one. V+O+by+名の受身 その制度はより複雑なものに替えられた. ❸ (...)を元の所に置く, 戻す [≒put back]: *replace* the receiver 受話器を置く / He *replaced* the book *on* the table. 彼は本をテーブルの上に戻した. (名 replácement)

re·place·a·ble /rɪpléɪsəbl/ 形 取り替えられる, 代わりのきく; (い)なくてもいい [⇔ irreplaceable].

re·place·ment** /rɪpléɪsmənt/ 名 (-place·ments /-mənts/) ❶ U **取り替え**, 交替: regular ***replacement of filters フィルターの定期的な交換 / the ***replacement of*** manual labor ***with*** [***by***] machines 肉体労働の代わりに機械を用いること.

❷ C **交替の物[人]**, 代わりの物[人]: a ***replacement for*** the secretary その秘書の代わり(の人) / a *replacement* staff member 交替要員. (動 repláce)

re·play[1] /ríːplèɪ/ ✪ 動詞の replay[2] とアクセントが違う. 名 ❶ C 再試合; 再演奏; 再演. ❷ C (録画・録音の)再生, リプレー; 再生画面 [≒playback]: an instant [《英》 action] *replay* (スポーツ中継での)即時再生(画面). ❸ C 《略式》 繰り返し, 再現 (*of*). (動 rèpláy)

re·play[2] /rìːpléɪ/ ✪ 名詞の replay[1] とアクセントが違う. 動 他 ❶ [しばしば受身で] (試合)を再び行なう: The drawn game will *be replayed* on Sunday. 引き分け試合は日曜日に再試合が行なわれる. ❷ (録画・録音)を再生する: I *replayed* the baseball game. 野球の試合(の録画)を再生した. (名 réplày)

re·plen·ish /rɪplénɪʃ/ 動 他 《格式》 (...)を(~で)再び満たす (*with*); (...)を補充[補給]する.

re·plen·ish·ment /rɪplénɪʃmənt/ 名 U 《格式》 補充, 補給.

re·plete /rɪplíːt/ 形 ❶ 叙述 《格式》 (...で)一杯の, 充満した (*with*). ❷ 叙述 《古風》 満腹した (*with*).

rep·li·ca /réplɪkə/ 名 ❶ C 〔美術〕 (特に原作者による)原作の写し[複製], レプリカ 《絵画・ブロンズ像など》. ❷ C 模写, 複製(品), 模造品; 生き写し (*of*).

+rep·li·cate /réplәkèɪt/ 動 (-li·cates /-kèɪts/; -li·cat·ed /-ṭɪd/; -li·cat·ing /-ṭɪŋ/) 他 《格式》 (実験など)を**再現する**; (...)を複写[複製]する. ― 自 〔生化学〕 (遺伝子などが)自己複製する.

rep·li·ca·tion /rèpləkéɪʃən/ 名 U,C 《格式》 (実験などの)再現; 複写, 複製(品).

****re·ply** /rɪpláɪ/ ❗発音

― 動 (re·plies /~z/; re·plied /~d/; -ply·ing) 自 ❶ **返事をする**, 回答する, 答える (⇒ answer 類義語): I'll *reply* by letter. 書面で回答します / He didn't ***reply to*** my email. V+to+名 彼は私のメールに返事をくれなかった. 語法 answer を用いて He didn't *answer* my email. と言うよりも堅い響き.

❷ **応答する**, (行動で)応じる; (攻撃などに)応酬する: They ***replied to*** our signal. V+to+名 彼らは我々の合図に応じた / The police ***replied with*** tear gas. V+with+名 警察は催涙ガスで応酬した.

― 他 (...)と**答える**, 回答する; 答えとして(...)を返す: He ***replied that*** he didn't want to go. V+O (that 節) 彼は行きたくないと返事した / "I know nothing about it," she *replied*. V+O (引用節) 「それについては何も知りません」と彼女は答えた / He *replied* not a word. 彼はひと言も答えなかった.

― 名 (re·plies /~z/) ❶ C,U **返事**, 答え, 返答, 回答: She ***made*** no ***reply***. 彼女は何の返答もしなかった / I haven't received a ***reply to*** my letter yet. 私は手紙の返事をまだ受け取っていない / This is ***in reply to*** your letter of June 2. 《格式》 6 月 2 日付のお手紙にお返事いたします 《手紙の冒頭などで》 / He said nothing ***in reply***. 彼は何の答えもしなかった. ❷ C,U 応答; 応酬, 応戦: score two goals *without reply* 《英》 2 点を取って相手に点を返されない.

〖語源 ラテン語で「折り返す」の意〗

単語のキズナ PLY/折りたたむ=fold

reply	(折り返す)	→	返事(をする)
apply	(...に折り重ねる)	→	当てる
imply	(中に包み込む)	→	ほのめかす
multiply	(たくさん折り重ねる)	→	掛ける

re·ply-paid /rɪpláɪpéɪd/ 形 限定《英》(郵便が)料金受取人払いの.

re·port /rɪpɔ́ət | -pɔ́ːt/ アク

— 名 (re·ports /-pɔ́əts | -pɔ́ːts/) ❶ C (公式の)**報告**, 報告書; 報道, 報道記事: The police made a full *report on* [*about*] the case. 警察はその事件に関する詳細な報告書を作成した / I read a newspaper *report of* a terrorist attack. 私はテロ攻撃の新聞報道[記事]を読んだ / I've heard news *reports that* the king is seriously ill. +that 節 王が重体だという報道を耳にした《⇒ that[2] A 4》/ give a progress *report* (口頭で)経過報告をする // ⇒ paper 5 日英. 関連 weather report 天気予報.
❷ C [普通は複数形で] (非公式の)話, (不確かな)情報: We've received *reports of* an earthquake in that area. その地域で地震があったという話だ. ❸ C《英》通知表, 通信簿 [《米》report card]: have a bad *report* 悪い成績をとる. ❹ U《格式》評判: a person of good *report* 評判のいい人. ❺ C《格式》銃声, 爆音. ❻ C《英》(直属の)部下.
— 動 (re·ports /-pɔ́əts | -pɔ́ːts/; -port·ed /-ṭɪd/; -port·ing /-ṭɪŋ/) 他 ❶ (...)を(公式に)**報告する**, 公表する, (...)と知らせる《⇒ tell 類義語》; (...)を**報道する**, (...)と伝える; (...)が～であると報じる; (...)の記事を書く: He *reported that* he had discovered a new comet. V+O (that 節) 彼は新しい彗星(すいせい)を発見したと報告[発表]した 多用 / He *reported* seeing [having seen] the stolen car. V+O (動名) 彼は盗難車を見たと知らせてきた / She *reported how* it had happened. V+O (wh 節) 彼女はそれがどのように起こったか報告した / *It was reported that* the train had been involved in an accident. その列車は事故にあったと伝えられた. 語法 it は that 以下を受ける形式主語; 動詞型は V+O (that 節)の受身; この文は次の言い換えも可能: The train *was reported to* have been involved in an accident. V+O+to 不定詞の受身 // He *was reported* dead. V+O+C (形)の受身 彼は死亡したと報じられた.
❷ (...)を**届け出る**, 申告する; (人)を告発する, (人)のことを言いつける: You have to *report* the accident *to* the police. V+O+to+名 その事故を警察に届け出なければいけない / She *reported* her son missing. V+O+C (形) 彼女は息子が行方不明だと届け出た / If you do it again, I'll *report* you *to* the teacher. 今度こんなことをしたら先生に言いつけるから / She *reported* him *to* the boss *for* repeated lateness. V+O+to+名+for+名 彼女は彼が何度も遅刻していると上司に訴えた.
— 自 ❶ **報告する**: He *reported on* progress. V+on+名 彼は進捗(しんちょく)状況について報告した 多用 / Hurry to the site and *report to* me. V+to+名 現場に直行して私に報告しなさい.
❷ **報道する**, 新聞記事を書く: He *reports for* the *Daily News*. 彼は『デイリーニューズ』紙の記者をしている.
❸ **出頭する**, 出向く; (到着を)届け出る: He was told to *report to* the police. V+to+名 彼は警察へ出頭するようにと言われた / We *report for* work [duty] at 8 a.m. V+for+名 午前 8 時に出勤する.
repórt báck [動] 自 帰って報告する; (求められたことを折り返し)報告する (*on*): Hurry to the stricken area and *report back* (*to* me). 被災地に直行し(私に)報告するように. — 他 (結果など)を帰って[折り返し]報告する (*that*).
repórt síck [動] 自 病欠の届けをする.
repórt to ... [動] 他 (1) (責任者など)**に報告する**《⇒ 自 1》; ...に届け出る《⇒ 自 3》. (2) ...の監督下にある, ...を上司とする.
〖語源 原義はラテン語で「運び戻す」; ⇒ re-[1], export[1] キズナ〗

re·port·age /rèpətáːʒ | -pɔː-/ ≪フランス語から≫ 名 U《格式》報道, (現地)報告, ルポルタージュ.

repórt càrd 名 C《米》通知表, 通信簿 [《英》report].

+**re·port·ed·ly** /rɪpɔ́əṭɪdli | -pɔ́ːt-/ 副 文修飾《格式》**伝えられるところによれば**: 言い換え Ten passengers are *reportedly* missing. (= It is reported that ten passengers are missing.) 10 名の乗客が行方不明と伝えられている.

repórted spéech /rɪpɔ́əṭɪd- | -pɔ́ːt-/ 名 U 間接話法 [≒indirect speech].

re·port·er /rɪpɔ́əṭə | -pɔ́ːtə/

— 名 (~s /~z/) C **取材記者**, 新聞[放送]記者, 通信員, レポーター; 報告者: a *reporter for* [*from*] *The Times* = a *Times reporter*『タイムズ』紙の記者.

+**re·port·ing** /rɪpɔ́əṭɪŋ | -pɔ́ːt-/ 名 U **報道**: impartial *reporting* 偏(かたよ)らない報道.

re·pose /rɪpóʊz/ 名 U《格式》休息 [≒rest]; 睡眠; 安らぎ; 平静: in *repose* 休息して. — 動 自 [副詞(句)を伴って]《格式》休息する, 休む; 横になる; (物が)(...に)置いてある (*on*).

re·pos·i·to·ry /rɪpá(ː)zətɔ̀ːri | -pɔ́zətəri, -tri/ 名 (-to·ries) C《格式》貯蔵所, 倉庫; (知識などの)宝庫《人や本》(*of, for*).

re·pos·sess /rìːpəzés/ 動 他 (支払いが滞っている商品など)を取り戻す, 回収する.

re·pos·ses·sion /rìːpəzéʃən/ 名 U,C (支払いが滞っている商品などの)取り戻し, 回収; C 回収品.

rep·re·hen·si·ble /rèprɪhénsəbl←/ 形《格式》非難されるべき, ふらちな.

rep·re·sent /rèprɪzént/ アク

— 動 (-re·sents /-zénts/; -sent·ed /-ṭɪd/; -sent·ing /-ṭɪŋ/) 他

意味のチャート
原義は「はっきりと示す」.
「表わす」❹ → (絵・文で表わす) → 「**描いている**」❺
→ (全体に代わって表わす) → 「**代表する**」❶
→ (意味を表わす) → 「**...に相当する**」❸

❶ (...)を**代表する**, (...)の代理となる; (...)を代表する国会議員である; (弁護士などが)(...)の代理人を務める: Tom *represented* his school in the public speaking competition. トムはスピーチコンテストで学校の代表だった / An ambassador *represents* his nation in a foreign country. 大使は外国において自国を代表する / I *represent* (the) Pioneer Metal Company. 私はパイオニア金属会社の者です《商談などで》/ Mr. Mill *represents* this district in the Lower House. ミル氏は下院でこの地区を代表する(この地区選出の議員だ).
❷ [受身で] (会・行事などに)(国・組織など)の**代表として出席[参加]する**; (ある場所で)(集団)の存在を示す: Fifty nations *are represented* at the Games. V+O の受身 この競技会に 50 か国が代表を送っている / Japanese companies *are* well [strongly] *represented* in

this country. 日本の会社がこの国に多数進出している. ❸ [進行形・受身なし] (...)に**相当する**, (...)である [≒be]; (...)の**一例である**, (...)を典型的に示す: The figure *represents* a 3% increase over the previous year. この数値は前年比 3% 増に相当する / That *represents* a change in his attitude. それは彼の態度の変化を(典型的に)示している.
❹ [進行形なし] (...)を**表わす**, 表現する, 示す; 象徴する [≒stand for]: The fifty stars on the American flag *represent* the fifty states. 米国の国旗の 50 個の星は 50 の州を表わしている.
❺ (絵などが)(...)を**描いている**, 描写する [≒depict]; (偽って)(...)を(～であると)言い表わす, 称する (*as*) [≒describe]: This picture *represents* a scene during the game. この絵は試合の一場面を描いたものだ / He ***represented*** himself ***as*** a helpless victim. V+O+C (as+名) 彼は自身を無力な被害者と称した. ❻《格式》(相手に)(...)を表明する; (...だ)と主張する (*to*).
(名 rèpresentátion, 形 rèpreséntative)

＊**rep·re·sen·ta·tion** /rèprɪzentéɪʃən, -zən-/ 名 (～s /～z/) ❶ U **代表(する[される]こと)**, 代理; 代表者《全体》: No taxation without *representation.* 代表なくして課税なし《米国独立戦争時の標語》/ proportional *representation* 比例代表(制).
❷ C,U **表現(する[した]もの)**, 描写; 表示(したもの); C 絵画, 肖像, 彫像: a vivid ***representation of*** Russian life ロシア人の生活を生き生きと描写したもの.
❸ [複数形で]《格式, 主に英》陳情, 抗議; 主張: make *representations to* the government *about* the tax increase 増税に対して政府に抗議する.
(動 rèpresént)

rep·re·sen·ta·tion·al /rèprɪzentéɪʃ(ə)nəl, -zən-⁻/ 形 (絵画などが)写実的な.

＊**rep·re·sen·ta·tive** /rèprɪzéntəṭɪv⁻/ アク 名 (～s /～z/) ❶ C **代表者**, 代理人 [《略式》rep]: We sent a *representative* to the meeting. 我々はその集会に代表を送った / Mr. Smith is the ***representative of*** our firm in Japan. スミス氏は日本における当社の代理人だ.
❷ C [R-]《米》**下院議員**《略 Rep.; ⇒ congress 表》; (一般に)代議士; (日本の)衆議院議員: *Representative* Bill Thomas 下院議員ビル トーマス. 語法 下院議員は称号以外では普通 Congressman, Congresswoman と呼ばれる: She's a Congresswoman from Chicago. 彼女はシカゴ選出の下院議員だ. ❸ C〔商業〕販売外交員, セールスマン (sales representative) [《略式》rep]. ❹ C (代表的な)見本, 典型 (*of*).
the Hóuse of Represéntatives [名] ⇒ congress 表.
— 形 ❶ [比較なし] **代表する**; 代議制の: *representative* government 代議政治 / the *representative* system 代議制.
❷ **代表的な**, 典型的な [≒typical]: *representative* examples 典型的な例 / buildings ***representative of*** modern architecture +of+名 近代建築を代表する建物.
(動 rèpresént)

+**re·press** /rɪprés/ 動 (～·es /～ɪz/; ～ed /～t/; ～·ing) 他 ❶ (感情など)を**抑える**, 押し殺す; (記憶など)を抑圧する: *repress* one's emotions 感情を抑制する.
❷ (人)を抑えつける; (反乱など)を鎮圧する.
《⇒ press キズナ》

re·pressed /rɪprést/ 形 (感情・欲望などが)抑圧された; (性的に)欲求不満の.

+**re·pres·sion** /rɪpréʃən/ 名 (～s /～z/) ❶ U,C **抑圧**, 制止; 鎮圧: the ***repression of*** dissidents 反体制派の弾圧. ❷ U,C (感情の)抑圧(状態).

re·pres·sive /rɪprésɪv/ 形 抑圧的な, 弾圧的な.

re·prieve /rɪpríːv/ 名 C (死刑)執行延期(令状); (一時的)猶予 (*from*). — 動 他 [普通は受身で] ❶ (死刑囚)の刑の執行を猶予する. ❷ (...)を(危険・困難から)一時的に救う (*from*); (...)の廃止(など)を取りやめる[延期する].

rep·ri·mand /réprəmæ̀nd | -mɑ̀ːnd/ 動 他《格式》(特に職務に関して)(人)を叱責する, 懲戒する, 戒告する (*for*)《⇒ scold 類義語》. — 名 C,U 叱責, 懲戒, 戒告.

re·print¹ /rìːprínt/ 動 他 (...)を再版[増刷]する; 翻刻する: It's now being *reprinted.* 今増刷中だ.

re·print² /ríːprìnt/ 名 C 再版, 増刷; 翻刻(版).

re·pri·sal /rɪpráɪz(ə)l/ 名 C,U (特に政治的・軍事的な)報復:「carry out [take] *reprisals* 報復する / *in reprisal for* ... ...に対する報復として.

re·prise /rɪpríːz/ 名 C 繰り返し, 反復 (*of*). — 動 他 (...)を繰り返す, 反復する.

re·proach /rɪpróʊtʃ/ 名 ❶ U《格式》しかること, 非難: She looked at me with *reproach.* 彼女は私をとがめる目つきで見た. ❷ C《格式》非難のことば, 小言: a gentle *reproach* 穏やかな小言. ❸ [a ～]《格式》恥となるもの; U 恥辱, 不面目: *a reproach to* the school 学校の恥. **abòve [beyònd] repróach** [形]《格式》非の打ち所がない, 申し分ない. — 動 他《格式》(失望して)(人)をとがめる, しかる; (...)を(～のことで)非難する [≒blame]: 言い換え He *reproached* me *for* carelessness. = He *reproached* me *for* being careless. 彼は私の不注意をしかった / I have nothing to *reproach* myself *for*. 私には何も気がとがめることはない.

re·proach·ful /rɪpróʊtʃf(ə)l/ 形 しかる[とがめる]ような. **-ful·ly** /-fəli/ 副 しかる[とがめる]ように.

rep·ro·bate /réprəbèɪt, -bət/ 名 C《格式》[しばしばこっけいに] ろくでなし, 不良. — 形 限定《格式》[しばしばこっけいに] 不品行[無節操]な, 堕落した.

+**re·pro·duce** /rìːprəd(j)úːs | -djúːs/ 動 (-pro·duc·es /～ɪz/; -pro·duced /～t/; -pro·duc·ing) 他 ❶ (絵・写真など)を**複写する**, 複製する: It's illegal to *reproduce* a photograph without permission. 許可なく写真を複写するのは違法だ.
❷ (音・画像など)を**再生する**, 再現する《映画・機器などで》; (劇など)を再演する; (事)を繰り返す: These speakers are designed to faithfully *reproduce* high frequency sounds. このスピーカーは高い音域を忠実に再生するよう設計されている / *reproduce* the results (実験)結果を再現する. ❸ (子孫)をふやす, 繁殖させる.
— 自 繁殖する, 生殖する.
(名 rèprodúction, 形 rèprodúctive)

re·pro·duc·tion /rìːprədʌ́kʃən/ 名 ❶ U 繁殖, 生殖. ❷ U (絵・写真などの)複写, 複製: Commercial *reproduction* of these pictures is illegal. この絵を営利目的で複製することは違法だ. ❸ U 再生, 再現; (劇などの)再演: the *reproduction* of sound 音の再生. ❹ C 再生[再現]されたもの, 複製 (*of*).
(動 rèprodúce)

re·pro·duc·tive /rìːprədʌ́ktɪv⁻/ 形 ❶ 限定 繁殖の, 生殖の: *reproductive* organs 生殖器. ❷ 限定 再生

の, 複写の. (動 rèprodúce)

re·proof /rɪprúːf/ 名 (~s) ❶ U 《格式》 非難, 叱責(しっせき). ❷ C 《格式》 非難のことば, 小言.

re·prove /rɪprúːv/ 動 他 《格式》 (...)を叱責(しっせき)する; とがめる, たしなめる: The teacher *reproved* me *for* be*ing* impolite. 先生は私の無作法をたしなめた.

rep·tile /réptl, -taɪl | -taɪl/ 名 C 爬虫(はちゅう)類(の動物) 《蛇・とかげなど》.

****re·pub·lic** /rɪpʌ́blɪk/ アク

— 名 (~s /~s/) ❶ C **共和国** 《国民が主権者で元首(大統領が多い)が公選される国》: the *Republic* of Ireland アイルランド共和国 / the People's *Republic* of China 中華人民共和国. 関連 monarchy 君主国. ❷ C 共和政体. (形 repúblican)

〖語源 ラテン語で「公のもの」の意〗

re·pub·li·can /rɪpʌ́blɪk(ə)n/ 形 ❶ 共和国の; 共和制の; 共和制支持の. ❷ [R-] (米国の)共和党(員)の; 共和党支持の. 関連 Democratic 民主党(員)の. (名 repúblic)

— 名 ❶ C 共和制支持者, 共和主義者. ❷ C [R-] (米国の)共和党員《略 R., Rep.》. 関連 Democrat 民主党員.

Re·pub·li·can·is·m /rɪpʌ́blɪkənɪzm/ 名 U 共和党の主義[政策].

Repúblican Párty 名 [the ~] 共和党《米国の二大政党の一つ; ⇒ party 2 表; elephant 参考》.

re·pu·di·ate /rɪpjúːdièɪt/ 動 他 ❶ 《格式》 (申し出など)を拒否[拒絶]する [≒reject]. ❷ 《格式》 (主張・非難など)を否認[否定]する.

re·pu·di·a·tion /rɪpjùːdiéɪʃən/ 名 U 《格式》 拒否, 拒絶; 否認.

re·pug·nance /rɪpʌ́gnəns/ 名 U 《格式》 反感, 嫌悪 (*for*, *of*).

re·pug·nant /rɪpʌ́gnənt/ 形 《格式》 嫌悪感を抱かせる, とてもいやな (*to*).

re·pulse /rɪpʌ́ls/ 動 他 《格式》 (...)を嫌がらせる; (...)を撃退する, 追い払う; (...)をはねつける, 拒絶する.

— 名 [単数形で] 《格式》 拒絶; 撃退.

re·pul·sion /rɪpʌ́lʃən/ 名 [U または a ~] 反感, 嫌悪; U 〔物理〕 斥力, 反発力 [⇔ attraction].

re·pul·sive /rɪpʌ́lsɪv/ 形 ❶ 非常に不快な, いやな, ぞっとする. ❷ 〔物理〕 反発する.

rep·u·ta·ble /répjʊtəbl/ 形 評判のよい, 立派な, 信頼できる [⇔ disreputable].

rep·u·ta·tion** /rèpjʊtéɪʃən/ 名 (~s /~z/) C,U [しばしば a ~] **評判**; **名声**, 好評: a person with *a* good [bad, poor] *reputation* 評判のよい[悪い]人 / The school has 「a ***reputation for [the ***reputation of***] be*ing* the best. その学校は最良という定評がある / With that concert, he established his ***reputation as*** a pianist. そのコンサートで彼はピアニストとしての名声を確立した / ***gain*** [***acquire***, ***earn***] a ***reputation*** 評判を得る, 評判になる / ***build*** a ***reputation*** 評判を築く / That mistake ***damaged*** [***ruined***] his ***reputation***. その間違いで彼の評判に傷がついた / ***live up to*** one's ***reputation*** 評判どおりである.

re·pute /rɪpjúːt/ 名 U 《格式》 評判, 世評; 好評, 名声 [⇔ disrepute]: That director is held *in* high [low] *repute*. その映画監督は評判がいい[悪い] / a player *of* (some) *repute* 名声を得た選手.

re·put·ed /rɪpjúːtɪd/ 形 (本当かどうかはっきりしないが)(...という)評判のある, (...と)思われている: She is *reputed to* be the best teacher in this town. 彼女はこの町でいちばんの先生だという評判だ / his *reputed* father 彼の父とされる人.

re·put·ed·ly /rɪpjúːtɪdli/ 副 文修飾 世評によれば, 評判では, うわさでは.

****re·quest** /rɪkwést/

— 名 (re·quests /-kwésts/) ❶ C (...してほしいという)要請, 頼み, 願い: Their ***request for*** help came too late. 彼らの援助の要請は遅すぎた / We ***made*** a ***request for*** immediate assistance. 私たちは直ちに援助してほしいと要請した / There was a ***request that*** the meeting (*should*) *be* rescheduled. +*that* 節 会議日程を変更してほしいという要請があった《⇒ that² A 4; should A 8》 / The mayor refused [rejected] repeated ***requests to*** disclose the information. +*to* 不定詞 市長は情報の開示を求めるたびたびの請求を却下した / a formal [written] *request* 公式の[書面による]要請.

❷ C **願い事**, 頼み事; リクエスト(曲): The king granted their *requests*. 王は彼らの願い事をかなえてやった / "What's your next *request*?" "'Yesterday' by the Beatles."「次のリクエスト曲は?」「ビートルズの「イエスタデイ」です」

at ...'s requést = at the requést of ... 副 ...の要請によって, ...に頼まれて.

by requést 副 (...の)求めによって (*of*).

on [**upòn**] **requést** 副 請求があり次第: A catalog will be sent *on* [*upon*] *request*. カタログはご請求があり次第お送りいたします.

— 動 (re·quests /-kwésts/; -quest·ed /~ɪd/; -quest·ing) 他 《格式》 (行為・物)を(人に)**要請する**, 願う, 求める; (人)に(...してほしいと)**頼む**; 懇願する; (曲など)をリクエストする: *request* information 情報を求める / He *requested* my help. 彼は私の助力を求めた / They ***requested that*** the plan (*should*) *be* modified. V+O (*that* 節) 彼らは計画を修正するよう要請した 多用 / He ***requested*** a loan ***from*** the bank. V+O+*from*+名 彼は銀行に融資を要請した / Passengers *are* ***requested*** not ***to*** lean over the rail. V+O+C (*to* 不定詞)の受身 手すりから身を乗り出さないでください《船上などでの注意》.

> 語法 **request と間接話法**
> request は ask よりも改まった感じの語で, 次のように命令文を間接話法にするときの伝達動詞として用いる《⇒ **巻末文法 14.2 (3)**》: 言い換え He *requested* the guests *to* refrain from smoking. = He *requested that* the guests (*should*) *refrain* from smoking. = He *requested of* the guests *that* they (*should*) *refrain* from smoking. 《⇒ should A 8》《間接話法》(= He said to the guests, "Please refrain from smoking."《直接話法》) 彼は客にたばこはご遠慮くださいと言った.

〖語源 require と同語源〗

re·qui·em /rékwiəm/ 名 C 死者のためのミサ(曲), レクイエム, 鎮魂曲.

****re·quire** /rɪkwáɪɚ | -kwáɪə/

— 動 (requires /~z/; re·quired /~d/; re·quir·ing /-kwáɪ(ə)rɪŋ/) 他 [進行形なし] ❶ 《格式》 (差し迫った事情などで)(...)を**必要とする** [≒need]: We *re-*

quire your help. 私たちにはあなたの援助が必要だ / The situation ***requires that*** decisions (*should*) *be* made quickly. V+O (that 節) 状況は迅速な決断を要している (⇒ should A 8) / This computer ***requires*** repair***ing***. V+O (動名) このコンピューターは修理が必要だ.

❷ [しばしば受身で] 《格式》 (権利・規則・法律・義務などによって)(人)に(...するように)**要求する**, 命じる; (...)を要求する, 命令する (⇒ demand 類義語): 言い換え The police ***required*** him ***to*** fill out a form. V+O+C (to 不定詞) = The police ***required that*** he (*should*) *fill out* a form. V+O (that 節) 警察は彼に書類に記入するよう要求した / What is ***required of*** students? V+O+of+名の受身 学生には何が求められますか / Students *are required to* show their ID. V+O+C (to 不定詞)の受身 学生は学生証を見せなければならない / a *required* subject 必修科目. (名 requírement)

〖語源 原義はラテン語で「再び求める」; request と同語源〗

*__re·quire·ment__ /rɪkwáɪəmənt | -kwáɪə-/ 名 (-quire·ments /-mənts/) ❶ C [普通は複数形で] **必要物[品]**, 必要量[額]: The most urgent *requirements* of the victims are food and clothing. 被災者に何よりまず必要なのは食糧と衣類だ / Users will choose the one which best ***meets*** [***fulfills***, ***satisfies***] their ***requirements***. 使用者は自分の必要を最もよく満たしてくれるものを選ぶだろう.

❷ C **必要条件**, 要件; **資格**: legal *requirements* 法的要件 / He doesn't ***meet*** the minimum ***requirements for*** graduation. 彼は卒業の最低条件を満たしていない. (動 requíre)

req·ui·site /rékwəzɪt/ 形 限定 《格式》 必要な, 必須の: the *requisite* procedures *for* ... ...に必要な手続き. — 名 C [普通は複数形で] 《格式》 必需品, 必要物; 要件 (*for*, *of*).

req·ui·si·tion /rèkwəzíʃən/ 動 他 《格式》 (...)を強制使用[徴発]する. — 名 C,U 《格式》 (権力などによる)要求, 請求; (軍隊などによる)接収, 徴発 (*for*).

re·quite /rɪkwáɪt/ 動 他 《格式》 (親切など)に報いる; 報復する: *requited* love 報われた愛.

re·route /rìːrúːt/ 動 他 (...)を別ルートで送る[運ぶ]; (...)のルート[コース]を変更する.

re·run¹ /ríːrʌ̀n/ 名 ❶ C 再放送, 再上映, 再演 (*of*); 再放送[再上映]の番組[映画]. ❷ C 再現, 再発, 繰り返し. ❸ C (レースなどの)やり直し.

re·run² /rìːrʌ́n/ 動 (re·runs; 過去 re·ran /-rǽn/; 過分 re·run; -run·ning) 他 ❶ (テレビ[ラジオ]番組)を再放送する, (映画・劇)を再上映[再演]する. ❷ (...)をやり直す, 繰り返す.

re·sale /ríːsèɪl/ 名 U 再販売, 転売.

re·sched·ule /rìːskédʒuːl | -ʃédjuːl/ 動 他 ❶ (...)の予定を変更する. ❷ (債務)の返済を繰り延べる.

re·scind /rɪsínd/ 動 他 《格式》 (...)を無効にする.

*__res·cue__ /réskjuː/ アク 動 (res·cues /~z/; res·cued /~d/; res·cu·ing) 他 (人など)を(危険などから)**救う**, 救い出す (⇒ save¹ 類義語): He *rescued* a drowning man. 彼はおぼれかかった人を救った / The fireman ***rescued*** a boy ***from*** the burning building. V+O+from+名 消防士は燃え盛る建物から少年を救出した.

— 名 (~s /~z/) ❶ U,C **救出**, 救援, 救済: They ***came to the rescue of*** the shipwrecked sailors. 彼らは難破した船員たちを救助した. ❷ [形容詞的に] 救助の, 救援の: a *rescue* party [team] 救助隊 / *rescue* work 救援作業.

res·cu·er /réskjuːə | -kjuːə/ 名 C 救助[救済]者.

**__re·search¹__ /ríːsəːtʃ, rɪsə́ːtʃ | rɪsə́ːtʃ, ríːsəːtʃ/

— 名 (~·es /~ɪz/) ❶ U (長期に及ぶ綿密な)**調査**; (科学的な)**研究**, 学術研究. 語法 複数形でも用いられるが, その場合でも数詞や many とともには用いない. 数える場合には two [three, ...] pieces of *research* のように言う: market *research* 市場調査 / He's engaged in scientific *research*. 彼は科学研究に従事している / They ***did*** [***carried out, conducted***] (*some*) ***research on*** [*into*] the nature of language. 彼らは言語の本質についての研究を行なった. ❷ [形容詞的に] 調査の, 研究(用)の: *research* fund 調査[研究]費 / a *research* assistant 研究助手.

résearch and devélopment [名] = R & D.

+**re·search²** /rɪsə́ːtʃ, ríːsəːtʃ | rɪsə́ːtʃ/ 動 (-search·es /~ɪz/; -searched /~t/; -search·ing) 他 (...)を**研究[調査]する**: We've been *researching* the drug's side effects. 私たちはずっとその薬の副作用を研究している. — 自 研究する, 調査する (*into*, *on*).

re·search·er /rɪsə́ːtʃə, ríːsəː- | rɪsə́ːtʃə/ 名 C 研究員.

re·sem·blance /rɪzémbləns/ 名 U (形・外観での)類似; C 類似点 [≒similarity]: 言い換え He bears [has] a strong [close, great] *resemblance to* his father. (= He resembles his father very much.) 彼は父親にそっくりだ / There's very little *resemblance between* them. 彼らには似ているところがほとんどない. (動 resémble)

+**re·sem·ble** /rɪzémbl/ 動 (re·sem·bles /~z/; -sem·bled /~d/; -sem·bling) 他 [受身・進行形なし] (形・性質の上で)(...)に**似ている** [≒be like]: She *resembles* her mother. 彼女は母親に似ている / The brothers closely [strongly] ***resemble*** each other ***in*** character. V+O+in+名 その兄弟は性格がよく似ている. 語法 「だんだん似てくる」という意味のときには進行形が使われることがある: Linda *is resembling* her mother more and more. リンダはますます母親似になってきている.

...に似ている

彼女は私に似ている.

○She **resembles** me.

×She resembles to me.

(名 resémblance)

+**re·sent** /rɪzént/ 動 (re·sents /-zénts/; -sent·ed /-ṭɪd/; -sent·ing /-ṭɪŋ/) 他 (人(の言動))に**腹を立てる**, 憤慨する; 恨む: He bitterly [deeply, strongly] *resented* my remarks. 彼は私のことばに大変腹を立てた / I ***resent*** hav***ing*** to do so much work. V+O (動名) こんなに多くの仕事をしなければならないのが腹立たしい / She seems to *resent* him [《格式》 his] leav*ing* her. 彼女は彼が自分と別れたのを恨んでいるようだ. (形 reséntful, 名 reséntment)

〖⇒ sentence キズナ〗

re·sent·ful /rɪzéntf(ə)l/ 形 憤慨して(いる); 怒って(いる) (*about*, *at*, *of*). (動 resént)

-ful·ly /-fəli/ 副 憤慨して.

+**re·sent·ment** /rɪzéntmənt/ 名 U **憤慨**, 憤(いきどお)り; 恨み: ***resentment against*** [***toward***] the authorities 当局に対する憤り / He ***felt*** [***harbored***] deep [strong] *resentment at* [*over*] the unfair treatment he received. 彼は自分が受けた不公平な扱いに対して深い恨みを抱いた. (動 resént)

+**res·er·va·tion** /rèzəvéɪʃən | -zə-/ 名 (~s /~z/) ❶ C (部屋・座席・切符などの)**予約**; 予約室[席]: I'd like to *make* a *reservation for* a flight to Paris on April 7. 4月7日のパリ行きの便の予約をしたいのですが / We have a *reservation* in the name of Tanaka. 田中の名前で予約してあるのですが / 会 "Could you arrange my hotel *reservation*?" "Yes, sir. What city are you going to?" 「ホテルの予約をしてもらえますか」「はい, どこ(の町)へお出かけですか」 語法 「(診察などの)予約」は appointment.
❷ C,U [しばしば複数形で] 疑念, 不安, 危惧(きぐ)の念: I have some *reservations about* his plan. 私は彼の計画について多少の疑念を抱いている / *without reservation* 率直に; 無条件で. ❸ C (自然・環境などの)保存; 《米》(アメリカ先住民のためなどの)指定保留地; 《米》動物保護区, 禁猟区域: a Native American *reservation* アメリカ先住民特別保留地. (動 resérve)

re·serve /rɪzə́ːv | -zə́ːv/
— 動 (re·serves /~z/; re·served /~d/; re·serv·ing) 他 ❶ (部屋・座席・切符など)を**予約する**, 指定する(⇒ reserved 2): We *reserved* two rooms at the hotel. 私たちはそのホテルに2部屋とった / I'd like to ***reserve*** a table ***for*** two for tonight at six o'clock. V+O+for+名 今夜6時に2人分の席を予約したいのですが.
❷ (...)を(使わずに)**取っておく**, (他の目的のために)別にしておく: Let's ***reserve*** this wine ***for*** special occasions. V+O+for+名 このワインは特別な時のために取っておこう. ❸ 《格式》(権利など)を保有する; 留保する(⇒ reserved 3). ❹ (判断など)を差し控える, 見合わせる. (名 rèservátion)
— 名 (~s /~z/) ❶ C [普通は複数形で] **蓄え**, 保有物; 予備品; 準備金, 積立金: food *reserves* 食糧の蓄え / the bank's *reserves* 銀行の準備金 / He has great ***reserves of*** energy. 彼は大いに精力を蓄えている / a *reserve* fund 準備金. ❷ C (アメリカ先住民のための)特別保留地; 《主に英》保護区, 禁猟地: a forest *reserve* 保安林. ❸ U 遠慮, 慎み; 保留; 制限, 条件: *without reserve* 遠慮なく; 無条件に / *with reserve* 条件付きで. ❹ [the ~(s)] 予備軍, 予備艦隊; C 補欠選手.
in resérve [形] 取っておいた, 蓄えてある: They always keep [hold] plenty of food *in reserve*. 彼らは常にたくさんの食糧を蓄えている.

+**re·served** /rɪzə́ːvd | -zə́ːvd/ 形 ❶ **遠慮した**, 控えめな, 無口な, 打ち解けない(⇒ shy 類義語): He seems very *reserved* with us. 彼は私たちに対してとても他人行儀だ. ❷ (部屋・座席・切符などが)**予約した**, 貸し切りの, 指定の (*for*) [⇔ unreserved]: *reserved* seats 予約席 / a *reserved* book 指定図書(大学図書館などで一般図書と区別して置かれる学生必読書). ❸ 《格式》保有された: All rights *reserved*. 著作権[版権]所有(© と併記される).

res·er·voir /rézəvwὰə | -zəvwὰː/ 名 ❶ C 貯水池, 貯水用ダム. ❷ C (潜在的な物・知識などの)蓄積, 宝庫 (*of*).

re·set /rìːsét/ 動 (re·sets; 過去・過分 re·set; -set·ting) 他 ❶ (時計・ダイヤルなど)をセットし直す, リセットする. ❷ (折れた骨)を継ぎ直す, 整形する. ❸ 〔コンピュータ〕(...)をリセットする. ❹ (宝石)をはめ直す.

re·shuf·fle[1] /rìːʃʌ́fl/ 動 他 ❶ (内閣)を改造する; (...)を入れかえる. ❷ 〔トランプ〕(札)を切り直す.

re·shuf·fle[2] /ríːʃʌ̀fl/ 名 C (内閣のポストなどの)入れかえ, (小)改造.

re·side /rɪzáɪd/ 動 自 ❶ [副詞(句)を伴って] 《格式》居住する, 住む [≒live] (*in, at*): *reside* abroad 外国に居住する. ❷ 《格式》(性質・権力などが)(...に)存在する (*in, with, within*). (名 résidence, 形 résident)

+**res·i·dence** /rézədəns, -dns/ 名 (-i·denc·es /~ɪz/) ❶ C 《格式》**住居**; (特に立派な)邸宅(⇒ house[1] 類義語): an [the] official *residence* 官[公]邸 / a splendid *residence* for sale 販売中豪華住宅(不動産広告で). ❷ U 《格式》居住(許可); 駐在; 在住[滞在]期間: He *took up residence in* Dallas. 彼はダラスに居を構えた / during his two years' *residence* abroad 彼の2年間の海外滞在中に.
in résidence [形] 《格式》(官邸などに)住んで, (任地に)駐在して; [名詞の後で] (芸術家などが)(大学・劇団などで)指導に当たっている. (動 resíde)

res·i·den·cy /rézədənsi, -dn-/ 名 (-den·cies /~z/) ❶ U = residence 2. ❷ C,U 《米》(インターン終了後の)専門医学実習の期間[地位].

*__res·i·dent__ /rézədənt, -dnt/ 名 (-i·dents /-dənts, -dnts/) ❶ C (一時的な)**居住者**, (一定期間の)在住者: foreign *residents* of [in] Tokyo 東京の在留外国人 / a *resident's* card 住民票. 関連 inhabitant 永続的な居住者. ❷ C 《格式》(ホテルの)宿泊客. ❸ C 《米》レジデント, 研修医(インターン終了後に病院住み込みで専門的訓練を受ける有資格医師; ⇒ registrar 2). (形 rèsidéntial)
— 形 ❶ 《格式》居住する, 在住の (*in*): the *resident* population 居住者数 / *resident* foreigners 在留外国人. ❷ 限定 住み込みの; 常勤の; 専属の: a *resident* intern 住み込みのインターン生. (動 resíde)

+**res·i·den·tial** /rèzədénʃəl/ 形 ❶ [普通は 限定] **住宅の**; 住宅向きの: *residential* areas 住宅区域. ❷ [普通は 限定] 居住を条件とする, 住み込むことが必要な; 宿泊設備のある. (名 résident)

re·sid·u·al /rɪzíʤuəl | -dju-, -ʤu-/ 形 限定 《格式》残りの; 残余の: *residual* income (税引き後の)手取り収入.

res·i·due /rézəd(j)ùː | -djùː/ 名 C 残り分, 残余 (*of*); 〔法律〕残余財産; C,U 残留物 (*from*).

*__re·sign__ /rɪzáɪn/ 発音 -gn で終わる語の g は発音しない. 動 (re·signs /~z/; re·signed /~d/; -sign·ing) 自 **辞職する**, 退職する: The Foreign Minister *resigned* yesterday. 外務大臣はきのう辞職した / He ***resigned from*** his job as principal. V+from+名 彼は校長の仕事をやめた / Mr. Brown ***resigned as*** chairman. V+as+名 ブラウン氏は議長を辞任した. 関連 retire 定年で退職する.
— 他 (地位・職など)を**やめる**, 辞(任)する(⇒ retire 類義語): My uncle *resigned* his post in the government. おじは政府の職を辞任した.
resígn onesèlf to (dóing) ... [動] 他 あきらめて...(すること)を受け入れる: She *resigned herself to living* there. 彼女はあきらめてそこで暮らすことにした. (名 rèsignátion)
〖語源 ラテン語で「封印を破る, 無効にする」の意; ⇒ sign キズナ〗

*__res·ig·na·tion__ /rèzɪgnéɪʃən/ 名 (~s /~z/) ❶ U,C

R

辞職, 辞任: the *resignation* of the Foreign Minister (*from* office) 外務大臣の辞任.
❷ Ⓒ 辞表: 「hand in [submit, tender] one's *resignation* 辞表を出す. ❸ Ⓤ あきらめ, 甘受: *with resignation* あきらめて. (動 resígn)

+**re·signed** /rɪzáɪnd/ 形 **あきらめている**; (...を)甘受して: a *resigned* look あきらめた顔(つき).
be resígned to (dóing)... [動] 他 あきらめて...(すること)を受け入れる.

re·sil·ience /rɪzíljəns/ 名 Ⓤ 復元力, 弾(力)性; 回復力, 早い立ち直り.

re·sil·ient /rɪzíljənt/ 形 ❶ 弾力のある. ❷ 立ち直りの早い, 回復力のある, しぶとい.

res·in /réz(ə)n | -zɪn/ 名 ❶ Ⓤ 樹脂; 松やに. ❷ Ⓤ,Ⓒ 合成樹脂.

res·in·ous /réz(ə)nəs/ 形 樹脂(質)の; 樹脂製の; 樹脂を含む.

*__re·sist__ /rɪzíst/ 動 (re·sists /-zísts/; -sist·ed /~ɪd/; -sist·ing) 他

意味のチャート
原義はラテン語で「...に対して立つ」《⇒ insist キズナ》.
→ (積極的に立ち向かう) → 「**抵抗する**」❶
→ (じっとがんばる) → 「**我慢する**」❷, 「**耐える**」❸

❶ (変革・敵など)に**抵抗する**, 反抗する《⇒ oppose 類義語》; (...)を妨害する: *resist* arrest 逮捕に抵抗する / The troops strongly [fiercely] *resisted* the attack. 軍隊は攻撃に激しく抵抗した / The child ***resisted*** be*ing* put to bed. V+O (動名) 子供は寝かされるのをいやがった.
❷ [普通は否定文で] (...)を**我慢する**, こらえる: I couldn't *resist* the temptation to open the box. 箱を開けたい気持を我慢できなかった / It was impossible for me to ***resist*** laugh*ing* at him. V+O (動名) 彼のことを笑わずにはいられなかった / I *can't resist* chocolate. チョコレートにはつい手が出る.
❸ (化学作用・自然力)に**耐える**, 侵されない: Regular exercise helps us *resist* disease. 規則的に運動をしていると病気にならない.
— 自 ❶ 抵抗する. ❷ [普通は否定文で] 我慢する. (名 resístance, 形 resístant)

*__re·sis·tance__ /rɪzístəns, -tns/ アク 名 (-sis·tanc·es /~ɪz/) ❶ [Ⓤ または a ~] **抵抗**, 反対 [≒ opposition]; 抵抗力: ***put up*** (a) fierce ***resistance*** 激しい抵抗をする / He ***offered*** no ***resistance to*** our demands. 彼は私たちの要求に対して何の抵抗もしなかった / Lack of sleep lowers the body's natural *resistance*. 睡眠不足は体に備わった抵抗力を低下させる. ❷ Ⓤ,Ⓒ 〔物理〕(空気などの)抵抗; 〔電気〕抵抗: air *resistance* 空気抵抗. ❸ [the ~; しばしば the R-; 単数または複数扱い] 抵抗運動, レジスタンス《特に第二次大戦中ドイツに占領されたフランス地域の》. (動 resíst)
táke [fóllow, chóose] the páth [líne] of léast resístance [動] 自 最も楽な方法をとる.

+**re·sis·tant** /rɪzístənt, -tnt/ 形 ❶ (変革などに)**抵抗する**, 反抗する: She's extremely ***resistant to*** any form of change. +to+名 彼女はどんな変化にも強く抵抗する. ❷ [しばしば合成語で] **抵抗力のある, 強い** (*to*): a disease-*resistant* variety of rice 病気に強い品種の稲. (動 resíst)

re·sist·er /rɪzístə | -tə/ 名 Ⓒ 抵抗者.

re·sis·tor /rɪzístə | -tə/ 名 Ⓒ 〔電気〕 抵抗器.

res·o·lute /rézəlùːt/ 形 断固とした, 決意の固い [≒ determined] [⇔ irresolute]: He was *resolute in* his decision to continue the project. 計画を続行しようという彼の決心は固かった. (動 resólve 他 2, 自 1)
~·ly 副 断固[決然]として.

*__res·o·lu·tion__ /rèzəlúːʃən/ 名 (~s /~z/) ❶ Ⓒ **決議**, 決議文[案]: The ***resolution to*** build a new road was passed. +to 不定詞 新しく道路を建設するという決議が可決された / a *resolution* calling for abolishing the death penalty 死刑制度の廃止を求める決議 / The UN General Assembly adopted [approved] the cease-fire *resolution*. 国連総会は停戦決議案を採択[承認]した.
❷ Ⓒ (...しようという)**決意**, 決心 [≒ determination]: New Year('s) *resolutions* 新年の決意 / He made a firm ***resolution*** never ***to*** repeat it. +to 不定詞 彼は二度とそれを繰り返すまいと固く決心した.
❸ Ⓤ [よい意味で] **断固たる気性**, 決断力: a person lacking in *resolution* 優柔不断な人. ❹ [Ⓤ または a ~] (問題などの)解決, 解答 (*to*) [≒ solution]: the *resolution of* the problem 問題の解決. ❺ Ⓤ,Ⓒ (画像の)解像[鮮明]度. (動 resólve)

re·solv·a·ble /rɪzɑ́(ː)lvəbl | -zɔ́lv-/ 形 分解できる, 溶解性の (*into*); 解決できる.

*__re·solve__ /rɪzɑ́(ː)lv | -zɔ́lv/ 発音 動 (re·solves /~z/; re·solved /~d/; re·solv·ing) 他

意味のチャート
「**分解する**」❹ → 「**解決する**」❶ → (疑問点をはっきりさせる) → (決着をつける) → 「**決心する**」❷ → (公的に決める) → 「**決議する**」❸

❶ (問題)を**解決する**, 解く [≒ solve]; (疑いなど)を晴らす: The conflict *was resolved* by negotiations. V+O の受身 交渉で紛争が解決した / My behavior *resolved* her doubts. 私の行動は彼女の疑いを解いた.
❷ 《格式》 (...しよう)と**決心する**, (...すること)を決定する《⇒ decide 類義語》: 言い換え I ***resolved to*** work harder. V+O (to 不定詞) = I ***resolved that*** I would work harder. V+O (that 節) 私はもっと一生懸命に勉強しよう[働こう]と決心した.
❸ 《格式》 (...)を**決議する**: *It was **resolved that*** our city (*should*) *have* an airport. わが市に空港を設けることが決議された《⇒ should A 8》. 語法 it は that 以下を受ける形式主語; 動詞型は V+O (that 節)の受身 // Congress ***resolved to*** create a holiday in his honor. V+O (to 不定詞) 議会は彼を讃えて休日を作ることを決議した.
❹ (物)を(...に)**分解する, 分析する**; 溶解する: Light *is **resolved by*** a prism ***into*** numerous colors. V+O+into+名の受身 光線はプリズムによって多数の色に分解される.
— 自 ❶ 《格式》 (...することに)**決心する**, 決定する [≒ decide]; 決議する: She *resolved on* marry*ing* John. 彼女はジョンと結婚することに決めた. ❷ 分解して...になる; 次第に...に変わる: Water *resolves into* oxygen and hydrogen. 水は分解して酸素と水素になる. (他 2, 自 1 では 形 résolùte, 名 rèsolútion)
— 名 Ⓤ 《格式》 決心, 固い決意 (*to* do).

re·solved /rɪzɑ́(ː)lvd | -zɔ́lvd/ 形 叙述 《格式》 決心した, 決意の固い [≒ determined]: I am *resolved* never *to* give in. 私は絶対に屈しないと決意している.

res·o·nance /réz(ə)nəns/ 名 ❶ Ⓤ 《格式》 反響, 響き. ❷ Ⓒ,Ⓤ 《格式》 心に響くもの, 共鳴するところ:

have *resonance for* ... (人)にとって共鳴するところがある. ❸ [U,C]〔物理〕共鳴, 共振.

res·o·nant /réz(ə)nənt/ 形 ❶《格式》(音などが)反響する, 鳴り響く: a *resonant* voice 朗々たる声. ❷《格式》(壁・部屋などが)共鳴する, 鳴り響く. ❸《文語》心に(感情・経験などを)呼び起こす (*with*).

res·o·nate /rézənèɪt/ 動 自 ❶《格式》共鳴する; (音・場所が)鳴り響く, 反響する. ❷《格式》(人に)共感[好感]を呼び起こす (*with*).

*__re·sort__ /rɪzɔ́ət | -zɔ́:t/ 名 (re·sorts /-zɔ́əts | -zɔ́:ts/) ❶ [C] **行楽地**, リゾート; 人のよく行く場所: a health *resort* 保養地 / a holiday *resort*《英》行楽地 / a seaside *resort* 海岸の行楽地 / a ski *resort* スキーリゾート. ❷ [U]《格式》(やむをえずよくない手段に)頼ること, 訴えること: You can teach good manners to children *without resort to* punishment. 全く罰を与えなくても子供たちに良い礼儀作法を教えられる. ❸ [単数形で] 頼りにする人[物], 頼みの綱: Alternative medicine was his last *resort*. 代替医療が彼の最後の頼みの綱だった.

as a lást resórt =《英》**in the lást resórt** [副] 最後の手段として, せっぱ詰まって, 結局.

— 動 (re·sorts /-zɔ́əts | -zɔ́:ts/; -sort·ed /-tɪd/; -sort·ing /-tɪŋ/) 自 (やむをえずよくない手段に)**頼る**, 訴える: He finally ***resorted to*** violence [steal***ing***]. [V+*to*+名[動名]] 彼はついに暴力に訴えた[盗みまでしでかした].

〖語源 原義は「再び出かける」〗

re·sound /rɪzáʊnd/ [!発音] 動 自 ❶ (音・声などが)鳴り響く, 反響する (*through, around*). ❷ (場所が)(音で)響き渡る, こだまする (*with, to*).

re·sound·ing /rɪzáʊndɪŋ/ 形 ❶ [限定] (音・歓声などが)周囲に響き渡る. ❷ [限定] (成功などが)目覚ましい, 完全な: a *resounding* victory [defeat] 圧勝[完敗].

～·ly 副 鳴り響いて; 目覚ましく.

*re·source /rí:sɔəs, -zɔəs, rɪsɔ́əs, -zɔ́əs | rɪzɔ́:s, -sɔ́:s/

— 名 (re·sourc·es /～ɪz/) ❶ [C] [普通は複数形で] **資源**; **財源**, 資金; 資産: energy *resources* エネルギー資源 / China is rich in natural *resources*. 中国は天然資源に富んでいる / We have limited financial *resources*. 我々は財源が限られている.

❷ [複数形で] (人の)**資質**, 能力《勇気・精神力など》: inner *resources* 内に秘めた力[才能].

❸ [C] (教育・研究用の)**資料**, 教材: a *resource* room 資料室 / The Internet has become a useful *resource* for information. インターネットは有用な情報源になった. ❹ [U]《格式》臨機応変の才能, 機転, 才覚: a leader of great *resource* 機略に富む指導者.

(形 resóurceful)

re·source·ful /rɪsɔ́əsf(ə)l, -zɔ́əs- | -zɔ́:s-, -sɔ́:s-/ 形 [よい意味で] 臨機応変の才のある, 機転のきく; やり手の.

(名 résource)

～·ness 名 [U] 機転(がきくこと).

*re·spect /rɪspékt/ [!アク]

— 名 (re·spects /-spékts/)

> 意味のチャート
> 「注目すること」
> → (敬意をもっての注目)「**尊重**」❷,「**尊敬**」❶
> 　→ (敬意のしるし) →「**あいさつ**」❹
> → (注目する所) →「**点**」❸

❶ [U または a ～] **尊敬**, **敬意** [⇔ disrespect]: [言い換え] She has great *respect for* her teacher. (= She respects her teacher very much.) 彼女は先生をとても尊敬している / ***earn*** [***command***] ...'s ***respect*** (人)から尊敬される.

❷ [U または a ～] **尊重**, 重視 [⇔ disrespect]; 配慮; 注意深さ: We should have *respect for* the law. 法は尊重しなければならない / He has no *respect for* the opinions of others. 彼は他人の意見を全く尊重しない / treat ... with *respect* ...を丁重に扱う.

❸ [C] **点**, 個所 [≒point]: ***in*** some [many] ***respects*** いくつか[多く]の点で / Your translation is perfect *in* all *respects* [every *respect*]. あなたの翻訳はあらゆる点で完ぺきだ. ❹ [複数形で]《格式》(よろしくという)伝言, あいさつ: *Give* [*Send*] my *respects to* your parents. ご両親によろしくお伝えください.

in respéct of ... [前]《格式》...に関しては.

in thís [thát] respéct [副] [しばしば 文修飾] **この[その]点に関して(は)**: *In this respect*, life in Japan is difficult for foreigners. この点に関して言えば日本での生活は外国人にとって難しい.

òut of respéct for ... [前] ...に敬意を表して.

páy one's **lást [fínal] respécts to ...** [動] 他《格式》...の葬儀に参列する.

páy one's **respécts to ...** [動] 他 (1)《英格式》(敬意を表わすために)...を公式に訪問する, ...にあいさつする. (2) ...の葬儀に参列する.

with (áll) (dúe) respéct = with the gréatest respéct [副] 文修飾 Ⓢ《格式》ごもっともですが《丁寧に反論するときの前置き》: *With due respect*, I must disagree. おことばですが賛成いたしかねます.

with respéct to ... [前]《格式》...に関して: I wrote to him *with respect to* our future plans. 私は私たちの将来の計画について彼に手紙を書いた.

(形 respéctful)

— 動 (re·spects /-spékts/; -spect·ed /～ɪd/; -spect·ing) 他 ❶ [進行形なし] (人)を**敬う**, 尊敬する [≒look up to ...] [⇔ despise]: The statesman ***was respected by*** everybody. [V+O の受身] その政治家はみんなから尊敬されていた / I ***respect*** her ***for*** her honesty. [V+O+*for*+名] 私は彼女をその正直さの点で尊敬している / I ***respect*** Mr. Smith ***as*** our leader. [V+O+C (*as*+名)] 私はスミスさんを指導者として尊敬している.

❷ (...)を**尊重する**, 重んじる; 考慮に入れる; (規則など)を守る: We should *respect* the privacy of others. 他人のプライバシーは尊重しなければならない.

〖語源 ラテン語で「振り返って見る」の意; ⇒ prospect[1] [キズナ]〗

re·spect·a·bil·i·ty /rɪspèktəbíləṭi/ 名 [U] (世間的に)ちゃんとしていること, 品位; 体面; ちゃんとした評価.

(形 respéctable)

+**re·spect·a·ble** /rɪspéktəbl/ 形 ❶ (人が)**まともな**, (世間的に)ちゃんとした. [語法] respectable は「いかがわしいところがない」の意味で, とりたてて「立派な, 尊敬に値する」の意味ではないことが多い. a respectable person と言うとかえって失礼になることもある: That family is poor but *respectable*. その家庭は貧しいがまともな暮らしをしている.

❷ (服装・身なり・行為などが)**きちんとした**, 体裁(ていさい)のよい, 見苦しくない, 下品でない: a *respectable* suit きちんとしたスーツ / His behavior was less than *respectable*. 彼のふるまいはとても見苦しかった. ❸ (質・量・大きさなどが)まずまずの [≒decent]: a *respectable*

amount of money まずまずの金額.
(名 respèctabílity)
-a·bly /-bli/ 副 まともに, ちゃんと; ほどほどに(よく).
re·spect·ed /rɪspéktɪd/ 形 尊敬されている.
re·spect·er /rɪspéktə | -tə/ 名 C (...を)尊重する人 (*of*). **be nó respécter of ...** [動] 他 ...を全く考慮しない; (人)を分け隔てしない: Death *is no respecter of* persons. 死は人を選ばない[誰にも平等に訪れる].
re·spect·ful /rɪspéktf(ə)l/ 形 (人・物事に対して)敬意を表する, 丁寧な; 叙述 (...を)尊重して [⇔ disrespectful]: The audience listened in *respectful* silence. 聴衆は礼儀正しく静かに耳を傾けていた / He's *respectful of* his colleagues. 彼は同僚に敬意を払っている.
(名 respéct)
-ful·ly /-fəli/ 副 うやうやしく, 丁寧に.
re·spect·ing /rɪspéktɪŋ/ 前 《格式》...について.
re·spec·tive /rɪspéktɪv/ 形 限定 それぞれの, めいめいの, 各自の. 語法 普通は後に複数名詞を伴う: They went their *respective* ways. 彼らはそれぞれの道を行った.
+**re·spec·tive·ly** /rɪspéktɪvli/ 副 [普通は文尾に用いて] **それぞれ**, おのおの, めいめいに: Beth, Sue and Joan are 10, 7 and 3 years old *respectively*. ベス, スー, ジョーンはそれぞれ 10 歳, 7 歳, 3 歳だ.
res·pi·ra·tion /rèspəréɪʃən/ 名 U 〔医学〕 呼吸: artificial *respiration* 人工呼吸.
res·pi·ra·tor /réspərèɪṭə | -tə/ 名 ❶ C 人工呼吸装置. ❷ C (防毒・防塵用)マスク.
re·spi·ra·to·ry /résp(ə)rətɔ̀ːri | rɪspírətəri, -tri/ 形 限定 〔医学〕 呼吸(作用)の, 呼吸のための: the *respiratory* system 呼吸器系.
re·spire /rɪspáɪə | -páɪə/ 動 (re·spir·ing /-spáɪ(ə)rɪŋ/) 自 《格式》 呼吸する [≒breathe].
re·spite /réspɪt | -paɪt/ 名 ❶ [U または a ~] 休止; 休息期間; 中休み, 息抜きのひととき (*from*). ❷ [U または a ~] 一時的中止, 延期, 猶予.
re·splen·dent /rɪspléndənt/ 形 《格式》 きらきら輝く, まばゆいばかりに美しい (*in, with*).

⁑re·spond /rɪspɑ́(ː)nd | -spɔ́nd/

— 動 (re·sponds /-spɑ́(ː)ndz | -spɔ́ndz/; -spond·ed /~ɪd/; -spond·ing) 自 ❶ **反応を示す**, 応じる; 対応する, 応酬する: The students *responded to* her sincere teaching. V+to+名 学生たちは彼女の誠意ある教え方にこたえた 多用 / I waved to her and she *responded by* smil*ing* at me. V+by+動名 私が彼女に向かって手を振ると彼女はほほえみで答えてくれた / Tom *responded with* rage *to* the insult. V+with+名 侮辱に対してトムは激怒した.
❷ **答える**, 返事をする (⇒ answer 類義語): He *responded* quickly *to* my letter 「*with* a phone call [*by* telephon*ing*]. V+to+名+with+名 [by+動名] 彼は私の手紙に対してすぐに電話で返事をくれた. ❸ (患者・病気などが)(治療などに)効き目[好反応]を示す: The patient didn't *respond to* the treatment. その患者には治療の効果がなかった.
— 他 (...)と答える (*that*). (名 respónse)
〖語源 原義はラテン語で「約束し返す」の意; ⇒ sponsor 語源〗
re·spon·dent /rɪspɑ́(ː)ndənt | -spɔ́n-/ 名 ❶ C (アンケートなどの)回答者. ❷ C 〔法律〕 被告.

⁑re·sponse /rɪspɑ́(ː)ns | -spɔ́ns/ アク

— 名 (re·spons·es /~ɪz/) ❶ C,U **反応**, 感応 [≒reaction]; **反響**: The audience showed little *response to* his speech. 聴衆は彼の演説にほとんど反応を示さなかった / ***in response to*** many requests 多くの要望にこたえて.
❷ C,U **応答**, 返答 [≒answer]: The candidate ***made*** [***gave***] a quick ***response to*** the criticism. その候補者は批判に直(ただ)ちに答えた.
(動 respónd, 形 respónsive)

⁑re·spon·si·bil·i·ty

/rɪspɑ̀(ː)nsəbíləṭi | -spɔ̀n-/ アク 名 (-i·ties /~z/) ❶ U (仕事・事故などに対する)**責任**, 責務; 責任能力: He has a [no] sense of *responsibility*. 彼には責任感がある[ない] / She has ***responsibility for*** the project. 彼女はその計画の責任者だ / I'll ***take*** full ***responsibility for*** the accident. 事故の責任は私が全面的に負います / ***accept*** [***assume***] ***responsibility*** 責任を負う / The radicals ***claimed responsibility for*** the bombing. 過激派はその爆破は自分たちの犯行だと言った.
❷ C (責任のある)**職務**, 職責, 義務 [≒duty]; 責任を負っている仕事[人]: the varied *responsibilities* of the presidency 大統領職の様々な責任 / Doctors have a ***responsibility to*** their patients. 医者は患者に対して責任がある / We have a ***responsibility to*** protect the environment. +to 不定詞 私たちは環境を守る義務がある.
on one's **ówn responsibílity** [副] 《格式》 自分の一存で; 独断で. (形 respónsible)

⁑re·spon·si·ble /rɪspɑ́(ː)nsəbl | -spɔ́n-/ アク

— 形 ❶ 叙述 (仕事・事故・人などに対して)**責任がある**, 責任を負っている; (業務を)担当している; (物事が...の)原因である: He is ***responsible for*** mak*ing* the final decision. +for+動名 最終決定をする責任は彼にある 《✪ ˣresponsible to make the final decision は誤り》 / Doctors are ***responsible for*** their patients. +for+名 医者は患者に対して責任がある / ***hold*** him ***responsible for*** the failure 彼に失敗の責任があると考える / Smoking is *responsible for* most cases of lung cancer. 喫煙は肺癌(がん)の主な原因になっている.
❷ (管理者・上司に対して)(仕事[報告]などの)**責任がある**, (...の)監督下にある: He is ***responsible to*** this committee. +to+名 彼は本委員会に対して(報告する)責任がある.
❸ **信用できる** [≒reliable]; 責任を果たしうる, 責任能力がある; 分別のある [⇔ irresponsible]: a *responsible* person 仕事を任せられる人 / He proved *responsible*. 彼は信用できる人だとわかった.
❹ 限定 (地位・仕事などが)**責任の重い**: She's in a very *responsible* position. 彼女は大変責任の重い地位についている. (名 respònsibílity)
-si·bly /-bli/ 副 責任をもって, 確実に.
re·spon·sive /rɪspɑ́(ː)nsɪv | -spɔ́n-/ 形 (すぐに)反応する, 敏感な; よい反応を示す: a *responsive* pupil のみこみの早い生徒 / She's *responsive to* changes in the weather. 彼女は天候の変化に敏感だ. (名 respónse)
~·ness 名 U 反応のよさ, 敏感さ.
re·spray[1] /rìːspréɪ/ 動 他 (車など)を再塗装する.
re·spray[2] /ríːsprèɪ/ 名 C 再塗装.

⁑rest[1] /rést/ (同音 wrest)

— 名 ❶ [the ～] **残り**, 残余 [≒the remainder]. 語法 数えられないものを指すときには単数扱い. 数えられるものを指すときには複数扱い: One of the dogs was white and (all) *the rest were* black. 犬のうち 1 匹は白で残りは(皆)黒だった / Half (of) the cake is for now, *the rest* (of it) is for tomorrow. ケーキの半分は今食べて残りは明日の分だ / (for) the *rest* of one's life 残りの人生(の間).

❷ [the ～ として複数扱い] **残りの人たち**, 他の人たち: I know two of them, but (all) *the rest are* strangers. 彼らのうち 2 人は知っているが, 他は知りません.

and áll the rést of it Ⓢ = and the rest (1).

and the rést (1) Ⓢ その他, などいろいろ. (2) Ⓢ [こっけいに] そんなもんじゃない《相手の想像よりもずっと多い[悪い]ことを強調する》.

for the rést [副] つなぎ語《格式》その他は, その他のことについては.

*****rest**[2] /rést/ (同音 wrest)

— 名 (rests /résts/) ❶ C,U **休み**, 休息, 休養; 睡眠; **休憩**, ひと休み: Let's stop and *take* [*have*] a *rest*. 中断してひと休みしようよ / I need a *rest from* all these responsibilities. 私はこの重荷から逃れて少し休みたい / I never get enough *rest* these days. このごろは十分な休養をとっていない / I need a good night's *rest*. ひと晩たっぷり睡眠をとる必要がある / The patient must have complete *rest* for at least one week. その患者は少なくとも 1 週間の絶対安静が必要だ. ❷ U 停止, 静止. ❸ C [しばしば合成語で] (物をのせる)台, 支え (*for*). 関連 footrest 足のせ台 / headrest 頭支え.

❹ C〔音楽〕休止; 休(止)符.

at rést [形] (1) 休息して; 静止して. (2) 安心して. (3) [遠回しに] 安らかに眠って.

cóme to rést [動] 自 (動いている物・視線などが)止まる, 停止する.

gíve ... a rést [動] 他 Ⓢ (...)をやめる: *Give* it *a rest*! その話はもうたくさんだ, やめてくれ.

láy ... to rést [動] 他 (1) [遠回しに] (人)を埋葬する. (2)《格式》(不安・うわさなど)を静める, なくす.

pút [sét] ...'s mínd at rést [動] ...の不安を取り除く, ...を安心させる.

pút ... to rést [動] 他 = lay ... to rest (2).

(形 réstful)

— 動 (rests /résts/; rest·ed /～ɪd/; rest·ing) 自 ❶ **休む**, 休息する; 眠る: I'm just going to *rest* during the summer vacation. 夏休みにはゆっくり休むつもりだ.

❷ [副詞(句)を伴って] **のっている**, 支えられている; 寄りかかる: His hand was *resting on* his knee. V+前+名 彼の手はひざの上に置かれていた / The roof *rests on* [*upon*] four columns. 屋根は 4 本の柱で支えられている / The skis *rested against* the wall. スキーが壁に立てかけられていた.

❸ **静止している**; 休止している; (話題などが)ほうっておかれる, そのままにされる: Let's let「the matter [it] *rest*. その問題はそのままにしておこう.

❹ [否定文で] **安心している**; 落ち着いている: She will *not rest* until she sees her son again. 彼女は再び息子の顔を見るまでは安心しないだろう. ❺ [副詞(句)を伴って] [遠回しに] 眠る, 永眠する: May he [she, they] *rest* in peace.《格式》安らかに眠られんことを《死者に対してのことば; R.I.P. と略して墓碑に刻まれる》.

— 他 ❶ (体・手足など)を**休ませる**: You should *rest* your eyes after reading. 読書のあとには目を休ませたほうがいいよ.

❷ [副詞(句)を伴って] (...)を(～に)**もたれかからせる**, 立てかける [≒lean]: He *rested* his head *on* [*upon*] a cushion. V+O+前+名 彼は頭をクッションにのせた / *rest* the ladder *against* the wall はしごを塀に立てかけておく. ❸ (目など)を(...に)向ける (*on*). ❹〔法律〕(弁論)を終える: I *rest* my case. 以上で弁論[立証]を終えます《弁護士のことば》; [こっけいに] これで私が正しいのが証明された.

rést assúred ([that] ...) [動]《格式》(...ということに)安心している: You can *rest assured* (*that*) we'll do the best we can. ご安心ください. できるだけのことはしますから.

rést éasy [動] 自 安心している.

rést on [upòn] ... [動] 他 (1)《格式》(事が)...**にかかっている**, ...による; ...に基づいている: All our hopes *rest on* her negotiating skills. 私たちの望みはひとえに彼女の交渉力にかかっている / The success of the flight *rests* entirely *upon* the wind. うまく飛べるかどうかは風次第だ. (2) (視線などが)...に向く, 留まる: His eyes *rested on* an old book. 1 冊の古い本に彼の目が留まった.

rést with ... [動] 他《格式》(責任などが)(人)にかかっている, ...次第だ: The decision *rests with* him. = It *rests with* him *to* decide. 決定は彼次第だ.

rést àrea 名 C《米》(高速道路の)サービスエリア.

re·start /rìːstáəːt | -stáːt/ [動] 他 (...)を再開[再始動, 再起動]する. — 自 再開される; 再始動する.

re·state /rìːstéɪt/ 動 他《格式》(...)を再び述べる; 言い換える.

re·state·ment /rìːstéɪtmənt/ 名 U,C《格式》再表明; 言い換え.

****res·tau·rant** /réstərənt, -trɑnt | -tərɑ̀ːŋ, -trɑ̀ːnt/ ❗発音

— 名 (-tau·rants /-tərənts, -trɑnts | -tərɑ̀ːŋs, -trɑ̀ːnts/) C **レストラン**, 飲食店, 料理店: a Chinese *restaurant* 中華料理店 / I had lunch *at* that *restaurant*. 私はそのレストランで昼食をとった. 関連 buffet (立食式の)簡易食堂 / café 軽食堂 / cafeteria (セルフサービス式の)カフェテリア / snack bar 軽食堂, スナック.

〖語源 原義はフランス語で「(元気を)回復させるもの」; restore と同語源〗

réstaurant càr 名 C《英》= dining car.

res·tau·ra·teur /rèstərətə́ː | -tə́ː/ ≪フランス語から≫ 名 C レストラン経営者.

rest·ed /réstɪd/ 形 叙述 十分休みをとって, 元気を回復して.

rest·ful /réstf(ə)l/ 形 安らかな, 静かな, 心休まる [⇔ restless]. (名 rest[2])

-ful·ly /-fəli/ 副 安らかに.

rést hòme 名 C 老人ホーム; 療養所.

res·ti·tu·tion /rèstət(j)úːʃən | -tjúː-/ 名 U《格式》返却, 返還 (*of*);〔法律〕損害賠償: make *restitution to* the victims *for* a crime 犠牲者に犯罪の損害賠償をする.

res·tive /réstɪv/ 形《格式》落ち着きのない, ざわついた; 反抗的な.

+rest·less /réstləs/ 形 ❶ **落ち着かない**, そわそわした; (同じ所に)じっとしていられない [⇔ restful]: a *restless* child 落ち着きのない子供 / After six or seven hours, the passengers became [got] *restless*. 6, 7 時間後には乗客たちは落ち着きがなくなってきた. ❷ 限定 (夜が)眠れない: She passed a *restless* night. 彼女は眠れぬ夜を過ごした.

~·ly 副 落ち着きなく, そわそわと.

~·ness 名 U 落ち着きのなさ.

re·stock /rìːstá(ː)k | -stɔ́k/ 動 他 (場所)に(品物などを)補充する[仕入れる] (*with*). — 自 補給する.

+**res·to·ra·tion** /rèstəréɪʃən/ 名 (~s /~z/) ❶ U,C **回復する[される]こと**, 復活; **修復**, 復元; 返還 (*to*): the ***restoration of*** order [peace] 秩序[平和]の回復 / the *restoration of* a ruined house 廃屋の修復. ❷ [the R-] 王政復古《1660 年のチャールズ (Charles) 二世の復活を指す》. (動 restóre)

re·stor·a·tive /rɪstɔ́ːrəṭɪv/ 形《格式》(食べ物・薬などが)元気を回復させる. (動 restóre)

***re·store** /rɪstɔ́ə | -stɔ́ː/ 動 (re·stores /~z/; re·stored /~d/; re·stor·ing /-stɔ́ːrɪŋ/) 他 ❶ (一度失われたものなど)を**元に戻す, 取り戻す**, 回復する[させる], 復旧する, 復興する, 復活させる: *restore* law and order 法と秩序を回復する / It'll be difficult to *restore* peace between the two countries. 両国の間に平和を取り戻すことは困難だろう.

❷ (...)を(元の状態・地位に)**戻す**, 回復させる: The treatment ***restored*** the child ***to*** health. V+O+*to*+名 手当てを受けてその子供は元気になった / The king *was* ***restored to*** his throne. V+O+*to*+名の受身 王は王位に復帰した.

❸ (建物・美術品など)を**修復する**, 復元する《⇒ repair 類義語》: The temple *was* ***restored by*** specialists ***to*** its former glory. V+O+*to*+名の受身 寺は専門家たちによって元の美観に復元された. ❹《格式》(...)を(持ち主に)返還する, 返す (*to*).

(名 rèstorátion, 形 restórative)

re·stor·er /rɪstɔ́ːrə | -rə/ 名 C 元へ戻す人[物], (美術品などの)修復をする人, 修復士.

re·strain** /rɪstréɪn/ 動 (re·strains /~z/; re·strained /~d/; -strain·ing) 他 ❶ (...)を**制止する**, (...)に(~を)**させないようにする**《⇒ limit 類義語》; 拘束する: It's hard to ***restrain children ***from*** mak*ing* noise. V+O+*from*+動名 子供たちを静かにさせておくのは難しい.

❷ (行為・感情など)を**抑える**: She couldn't *restrain* her anger. 彼女は怒りを抑えられなかった. ❸ (インフレ・出費など)を抑制する.

restráin onesèlf [動] 自 **我慢する**, 自制する: I couldn't *restrain myself from* hit*ting* him. 私は我慢できず彼を殴ってしまった. (名 restráint)

〘語源 restrict と同語源〙

re·strained /rɪstréɪnd/ 形 (態度などが)控えめな, 自制した; (表現・装飾が)抑えた [⇔ unrestrained].

+**re·straint** /rɪstréɪnt/ 名 (re·straints /-stréɪnts/) ❶ U **抑えること**, 抑制; 自制心, 我慢, 慎み, 節度: ***show*** [***exercise***] ***restraint*** 自制する / wage *restraint* 賃金抑制 / ***without restraint*** 自由に, 遠慮なく.

❷ C [普通は複数形で] **制限するもの, 制約**, 規制, 歯止め: ***put*** [***impose***] ***restraints on*** military activities 軍事活動に制限を課す. ❸ U《格式》拘束, 監禁: be kept *under restraint* 拘束[監禁]されている. ❹ C (安全用の)拘束器具. (動 restráin)

+**re·strict** /rɪstríkt/ 動 (re·stricts /-stríkts/; -strict·ed /~ɪd/; -strict·ing) 他 (数・量・範囲・人(の行動)など)を**制限する**, 限る, 限定する《⇒ limit 類義語》: Freedom of speech [the press] *was* tightly *restricted*. V+O の受身 言論[出版]の自由は厳しく制限されていた / He ***was restricted to*** (drink*ing*) one glass of beer a day. V+O+*to*+動名[名]の受身 彼は酒を 1 日ビール 1 杯に制限された / Fog has *restricted* visibility *to* 100 meters. 霧で視界が 100 メートルしかきかなかった.

restríct onesèlf to ... [動] 他 (自粛して)...に制限する[とどめる]. (名 restríction, 形 restríctive)

〘語源 restrain と同語源〙

+**re·strict·ed** /rɪstríktɪd/ 形 ❶ **制限された**, 限られた; 狭い: a *restricted* area (立ち入り・駐車・スピードなどの)制限地域. ❷ 特定の人[集団, 場所など]に限られた: Entrance is *restricted to* adults. 入場は大人に限られている. ❸ (情報などが)部外秘の.

re·stric·tion** /rɪstríkʃən/ 名 (~s /~z/) ❶ C [普通は複数形で] **制限[制約]するもの**, 規制: speed *restrictions* スピード制限 / ***impose [***place***] ***restrictions on*** foreign trade 外国貿易に制限を加える / ***lift*** [***remove***] ***restrictions*** 制限を解除する.

❷ U **制限(すること)**, 制約, 限定: *restriction of* travel 旅行の制限 / without *restriction* 無制限に. (動 restríct)

re·stric·tive /rɪstríktɪv/ 形 ❶ 制限する, 制限的な; 窮屈な. ❷〘文法〙制限的な《⇒ **巻末文法** 9.3 (3)》. (動 restríct)

rest·room /réstrùːm/ 名 C《米》[遠回しに] (レストラン・劇場などの)お手洗い, 化粧室《⇒ toilet 参考》.

+**re·struc·ture** /rìːstrʌ́ktʃə | -tʃə/ 動 (-struc·tures /~z/; -struc·tured /~d/; -struc·tur·ing /-tʃ(ə)rɪŋ/) 他 (組織など)を**再編する**, 作り直す, (...)の構造改革をする: *restructure* a company 会社を再編する.

〘⇒ structure キズナ〙

re·struc·tur·ing /rìːstrʌ́ktʃ(ə)rɪŋ/ 名 [U または a ~] 再編, 構造改革, (企業の)リストラ.

rést stòp 名 C《米》= rest area.

*****re·sult** /rɪzʌ́lt/ ❗アク

— 名 (re·sults /-zʌ́lts/) ❶ C,U **結果**, 結末; [複数形で] よい結果, 成果: His success is the ***result of*** (his) hard work. 彼が成功したのはよくがんばったからだ / The (end [final]) *result*(*s*) of the election will be announced tomorrow. 選挙の(最終)結果はあす発表される / He came late to the party, ***with the result that*** he missed the best part. 彼はパーティーに遅れてやってきた. その結果いちばんいいところを逃した / Mr. Long works hard and ***gets results***. ロング氏はよく働いてよい成果を上げている.

❷ C [普通は複数形で] (試合・《英》試験の)**成績**: the tennis *results* テニスの試合結果 / Have you got your exam *results?* 試験の成績はもらいましたか. ❸ C (実験・診断などの)結果: the *results of* my blood test 私の血液検査の結果.

as a resúlt [副] つなぎ語 **その結果として**: My sister was on a diet for six months; *as a result*, she lost five kilos. 姉は 6 か月ダイエットをした. その結果体重が 5 キロ減った. 語法 🔍 as the result とは言わない.

as a resúlt of ... [前] **...の結果として**: *As a result of* the President's careless statement, the stock market fell five percent. 大統領の軽率な発言で株式相場は 5 パーセント下落した.

— 動 (re·sults /-zʌ́lts/; -sult·ed /~ɪd/; -sult·ing) 自 ❶ (...の)**結果になる**, (...に)終わる [≒end]: His hard work ***resulted in*** a great success. V+*in*+名 彼

の努力が大成功につながった.
❷ (...の)**結果として生じる**; (...によって)起こる: These diseases ***result from*** infection. [V+*from*+名] これらの病気は感染から起こる. (形 resúltant)

re·sul·tant /rɪzʌ́ltənt/ 形 [限定] 《格式》 (その)結果として生じる: a revolution and the *resultant* disorder 革命とその結果生じる混乱. (動 resúlt)

re·sume** /rɪzúːm | -z(j)úːm/ 動 (**re·sumes** /~z/; **re·sumed** /~d/; **re·sum·ing**) 他 ❶ 《格式》 (中断していたこと)を**再び始める**, 再び続ける, 再開する: After a ten-minute break, we *resumed* our rehearsal. 10 分間休憩してからまたリハーサルを続けた / He ***resumed read***ing*** after lunch. [V+O (動名)] 彼は昼食後また読書を始めた.
❷ 《格式》 (元の位置)に**戻る**; (地位など)に再びつく: The audience *resumed* their seats for Act 2. 観衆は第 2 幕のために席に戻った.
— 自 《格式》 **再び始まる**, 再開する: Discussion *resumed* after a short interruption. 短い中断の後討議が再び始まった. (名 resúmption)

単語のキズナ		SUME／取る＝take	
resume	(再び取る)	→	**再び始める**
assume	(取り入れる)	→	**当然(...)と考える; 仮定する**
consume	(完全に取る)	→	**消費する**
presume	(前もって取る)	→	**推定する**

ré·su·mé /rézəmèɪ, rèzʊméɪ | réz(j)ʊmèɪ/ ≪フランス語から≫ 名 ❶ C 概要, レジュメ [≒summary]. ❷ C 《米》 履歴書 [≒curriculum vitae].

re·sump·tion /rɪzʌ́m(p)ʃən/ 名 [U または a ~] 《格式》 再開, 続行 (*of*). (動 resúme)

re·sur·face /rìːsə́ːfəs | -sə́ː-/ 動 自 ❶ 再び姿を現わす; (問題などが)再び表面化する. ❷ 水面に再浮上する. — 他 (道路など)を舗装し直す.

re·sur·gence /rɪsə́ːdʒəns | -sə́ː-/ 名 [U または a ~] 《格式》 (思想·活動などの)復活, 再起 (*of, in*).

re·sur·gent /rɪsə́ːdʒənt | -sə́ː-/ 形 [普通は [限定]] 《格式》 (思想·関心などが)生き返る, 復活する, 再起する.

res·ur·rect /rèzərékt/ 動 他 ❶ (廃(すた)れたもの)を復活させる. ❷ (死者)をよみがえらせる.

res·ur·rec·tion /rèzərékʃən/ 名 ❶ [the R-] キリストの復活. ❷ [U または a ~] 《格式》 復活, 復興, 再流行.

re·sus·ci·tate /rɪsʌ́sətèɪt/ 動 他 (人)を蘇生(そせい)させる; (物事)を復活させる.

re·sus·ci·ta·tion /rɪsʌ̀sətéɪʃən/ 名 U 蘇生; 復活.

***re·tail**[1] /ríːteɪl/ 名 U **小売り**; [形容詞的に] 小売りの: a *retail* dealer 小売り業者 / a *retail* outlet 小売り販売店 / *retail* business 小売り業 / a *retail* price 小売り価格, 定価. [関連] wholesale 卸し売り.
— 副 小売り(値)で: sell *retail* 小売りする.

re·tail[2] /ríːteɪl, rɪtéɪl/ 動 自 小売りされる (*at, for*). — 他 (...)を小売りする. [関連] wholesale 卸し売りする.

+**re·tail·er** /ríːteɪlə | -lə/ 名 (~s /~z/) C **小売り業者**, 小売り店主. [関連] wholesaler 卸し売り業者.

re·tail·ing /ríːteɪlɪŋ/ 名 U 小売り業.

***re·tain** /rɪtéɪn/ 動 (**re·tains** /~z/; **re·tained** /~d/; **-tain·ing**) 他 ❶ 《格式》 (...)を**保つ**, 保有する [≒keep]; 維持する: *retain* one's independence 独立を保つ / *retain* control of the region その地域の支配を維持する / It helps the skin *retain* moisture. これは肌のうるおいを保つ効果がある. ❷ 《格式》 (...)を忘れずに覚えている [≒remember]. ❸ (弁護士など)を抱える; (人)を長期間雇う. (名 reténtion, 形 reténtive)
〘⇒ contain [キズナ]〙

re·tain·er /rɪtéɪnə | -nə/ 名 ❶ C (弁護士)依頼料. ❷ C 《米》 (歯列矯正用の)固定装置. ❸ C 《英》 (不在中の)割引家賃.

re·take[1] /rìːtéɪk/ 動 (-takes; [過去] -took /-tʊ́k/; [過分] -tak·en /-téɪk(ə)n/; -tak·ing) 他 ❶ (陣地など)を取り戻す, 奪回する. ❷ (写真·映像など)をとり直す. ❸ (試験)を再受験する.

re·take[2] /ríːtèɪk/ 名 ❶ C とり直し, 再撮影(した映像[写真]). ❷ C 《英》 再受験.

+**re·tal·i·ate** /rɪtǽlièɪt/ 動 (-i·ates /-èɪts/; -at·ed /-ṭɪd/; -at·ing /-ṭɪŋ/) 自 **報復する**, 仕返しする: The radicals ***retaliated against*** the police ***for*** the arrest of some of their members ***by*** plant***ing*** [***with***] bombs. [V+*against*+名+*for*+名+*by*+動名 [*with*+名]] 過激派は同志の逮捕に対して爆弾を仕掛けて警察に報復した.

re·tal·i·a·tion /rɪtæ̀liéɪʃən/ 名 U 報復, 仕返し: in *retaliation* (*for* ...) (...の)報復として, 仕返しに. (動 retáliàte)

re·tal·i·a·to·ry /rɪtǽliətɔ̀ːri | -təri, -tri/ 形 [普通は [限定]] 《格式》 報復的な.

re·tard /rɪtáəd | -táːd/ 動 他 《格式》 (進行·発育など)を遅らせる.

re·tar·da·tion /rìːtɑədéɪʃən | -tɑː-/ 名 U 《格式》 遅延, 遅れ; [差別的] (発育·学習などの)遅れ: mental *retardation* 知的障害.

retch /rétʃ/ 動 自 (人が)吐き気を催す. [関連] vomit 吐く.

re·tell /rìːtél/ 動 (re·tells; [過去]·[過分] re·told /-tóʊld/; -tell·ing) 他 (別の言語·別の言い方で)(...)を再び語る, 書き直す.

re·ten·tion /rɪténʃən/ 名 ❶ U 《格式》 保有, 保持; 維持 (*of*). ❷ U 《格式》 保持力; 保水力. ❸ U 《格式》 記憶(力). (動 retáin)

re·ten·tive /rɪténṭɪv/ 形 (記憶力の)すぐれた; 保持力のある. (動 retáin)

re·think[1] /rìːθíŋk/ 動 (re·thinks; [過去]·[過分] re·thought /-θɔ́ːt/; -think·ing) 他 (問題·計画など)を考え直す, 再考する. — 自 考え直す.

re·think[2] /ríːθìŋk/ 名 [a ~] 再考.

ret·i·cence /réṭəs(ə)ns/ 名 U 無口, 寡黙.

ret·i·cent /réṭəs(ə)nt/ 形 無口な, 黙りがちな (*about, on*).

ret·i·na /réṭənə/ 名 (複 ~s, ret·i·nae /-nìː/) C (目の)網膜.

ret·i·nue /réṭən(j)ùː | -tɪnjùː/ 名 C [《英》 単数形でもときに複数扱い] (高官·要人などに随行する一団の)従者たち, 随行員(団) (*of*).

re·tire** /rɪtáɪə | -táɪə/ 動 (**re·tires** /~z/; **re·tired** /~d/; **re·tir·ing** /-táɪ(ə)rɪŋ/) 自 ❶ (定年で)**退職する**, 引退する (⇒ [類義語]): He's going to *retire* at the age of sixty-five. 彼は 65 歳で退職することになっている / Mr. Smith ***retired from the diplomatic service. [V+*from*+名] スミス氏は外交官勤務を引退した. [関連] resign 辞職する. ❷ (選手が)途中で棄権する, リタイアする. ❸ 《格式》 (静かな場所に)退く, 引き下がる (*to*). ❹ 《文語》 寝る, 床につく. ❺ 《格式》 (軍隊が)後退[撤退]する. — 他 ❶ [普通は受身で] (人)を退職[引退]させる; (機械など)を使用[製造]中止にする.

❷ (...)を後退させる; 退却させる. ❸〔野球〕(打者)をアウトにする. (名 retírement)

類義語 retire 定年·老齢のために退職すること. quit 自分の意志で退職すること. resign 自分の意志で退職することだが, 何か失敗をしたり, 健康上の理由などでやむなく退職する[させられる]場合にしばしば用いられる.

+**re·tired** /rɪtáɪəd | -táɪəd/ 形 **退職した**, 引退した; (年金などが)退職者向けの: a *retired* nurse 退職した看護師 / Professor Lee is *retired*, but not forgotten. リー教授は退職したが忘れ去られてはいない.

re·tir·ee /rɪtàɪ(ə)ríː/ 名 C 《米》(定年)退職者.

***re·tire·ment** /rɪtáɪəmənt | -táɪə-/ 名 (-tire·ments /-mənts/) ❶ U,C (定年)**退職**, 引退 (*from*): take early *retirement* 早期退職する / *retirement* benefits 退職手当 / come out of *retirement* 引退後復帰する / We've had three *retirements* this year. 今年は退職が 3 件あった. ❷ [U または a ~] 退職後の生活, 隠遁(いんとん): live *in retirement* 隠遁[隠居]生活をする. (動 retíre)

R

retírement hòme 名 C 老人ホーム.

retírement plàn 名 C 《米》退職年金制度.

re·tir·ing /rɪtáɪ(ə)rɪŋ/ 形 ❶ 内気な, 引っ込み思案な, 遠慮がちな [≒shy]. ❷ 限定 退職(予定)の, 引退(間近)の: the *retiring* president 退職する社長.

re·told /rìːtóʊld/ 動 retell の過去形および過去分詞.

re·took /rìːtʊ́k/ 動 retake¹ の過去形.

+**re·tort¹** /rɪtɔ́ət | -tɔ́ːt/ 動 (re·torts /-tɔ́əts | -tɔ́ːts/; -tort·ed /-ṭɪd/; -tort·ing /-ṭɪŋ/) 他 (...)とすばやく**言い返す**, やり返す: He ***retorted*** (***that***) my question wasn't worth answering. V+O (that)節 彼は私の質問は答えるに値しないとやり返してきた / "It's not my fault," he *retorted*. V+O (引用節)「それは私のせいではない」と彼は言い返した. — 名 C,U 言い返し, 口答え. 〖⇨ torture キズナ〗

re·tort² /rɪtɔ́ət | -tɔ́ːt/ 名 C レトルト, 蒸留器.

re·touch /rìːtʌ́tʃ/ 動 他 (写真·絵など)に手を入れる, 修正する.

re·trace /rɪtréɪs, rìː-/ 動 他 ❶ (道など)を引き返す; (先人の行程)を再びたどる: *retrace* one's steps (同じ道を)引き返す. ❷ (...)をさかのぼって調べる.

re·tract /rɪtrǽkt/ 動 他 ❶《格式》(前言·約束など)を取り消す, 撤回する. ❷《格式》(...)を引っ込める, 格納する. — 自 ❶《格式》前言を取り消す. ❷《格式》引っ込む, 格納される.

re·tract·a·ble /rɪtrǽktəbl/ 形 (飛行機の車輪·ナイフの刃などが)引っ込められる, 格納式の.

re·trac·tion /rɪtrǽkʃən/ 名 ❶ C《格式》取り消しのことば, 撤回. ❷ U《格式》引っ込めること.

re·train /rìːtréɪn/ 動 自 (新技術などを)研修する. — 他 (人)に(新技術などを)研修させる.

re·tread /ríːtrèd/ 名 ❶ C 再生タイヤ. ❷ C《略式》[軽蔑的] 焼き直し, 二番せんじ.

re·treat** /rɪtríːt/ 動 (re·treats /-tríːts/; -treat·ed /-ṭɪd/; -treat·ing /-ṭɪŋ/) 自 ❶ **引き下がる**, 逃げる; (軍隊などが)**退却する**, 撤退する [⇔ advance]: The Germans ***retreated from the village ***to*** the hill. V+from+名+to+名 ドイツ軍は村から丘まで退却した. ❷ (静かな場所などに)引っ込む (*into*, *to*). ❸ (公約·要求などから)後退する (*from*). ❹ (水などが)引く, 減少する. ❺ (株価が)下がる.

retréat into oneséelf [one's **shéll**] 動 自 自分の世界に入り込む.

— 名 (re·treats /-tríːts/) ❶ U,C [普通は単数形で] **退却**, 後退; [the ~] 退却の合図: The general ordered a ***retreat from*** the hill. 将軍は丘からの退却を命じた / sound the *retreat* 退却の合図を鳴らす. ❷ [U または a ~] (公約などからの)後退, 撤回 (*from*). ❸ U,C 逃避, 隠遁(いんとん); 黙想(期間). ❹ C 隠れ家, 避難所. ❺ [U または a ~] (氷河などの)後退, 縮小.

béat a (hásty) retréat 動 自 さっさと逃げ出す[退却する].

re·trench /rɪtréntʃ/ 動 自《格式》(国·企業が)節約をする, 歳出を削減する.

re·tri·al /rìːtráɪəl/ 名 C〔法律〕再審.

ret·ri·bu·tion /rètrəbjúːʃən/ 名 [U または a ~]《格式》報い, 応報, 天罰 (*for*).

re·trib·u·tive /rɪtríbjʊṭɪv/ 形 限定《格式》報いの, 応報の.

re·triev·a·ble /rɪtríːvəbl/ 形〔コンピュータ〕検索可能な.

re·triev·al /rɪtríːv(ə)l/ 名 ❶ U〔コンピュータ〕(情報の)検索: information *retrieval* 情報検索. ❷ U《格式》取り戻し, 回収; 回復, 挽回(ばんかい). **beyònd** [**pàst**] **retríeval** [形·副]《格式》(状況が)取り返しのつかない(ほど); 回復できない(ほど). (動 retríeve)

re·trieve** /rɪtríːv/ 動 (~s /~z/; ~d /~d/; -triev·ing) 他 ❶《格式》(残した[失った]ものなど)を**取り戻す**, 回収する: I ***retrieved my umbrella ***from*** the lost-and-found. V+O+from+名 私は傘を遺失物取扱所から受け取った.
❷〔コンピュータ〕(情報)を**検索する**: Can you ***retrieve*** the data ***from*** this file? V+O+from+名 このファイルからそのデータを取り出せますか. ❸《格式》(...)を復活させる, 回復する; (状況など)を修復する. ❹ (猟犬が)(射止めた獲物)を取ってくる. (名 retríeval)

re·triev·er /rɪtríːvə | -və/ 名 C レトリーバー《射止めた獲物を探して持ってくる猟犬》.

ret·ro /rétroʊ/ 形 レトロの, 復古調の.

ret·ro- /rétroʊ/ 接頭「後へ, 戻って, 逆に」の意: *retro*gression 後退 / *retro*spect 回顧.

ret·ro·ac·tive /rètroʊǽktɪv←/ 形《格式》(法律などが)遡及(そきゅう)力のある, 過去にさかのぼる (*to*). **~·ly** 副《格式》過去にさかのぼって.

ret·ro·grade /rétrəgrèɪd/ 形《格式》後退する, 逆戻りの; 退化する.

ret·ro·gres·sion /rètrəgréʃən/ 名 U《格式》後退; 退化, 衰退.

ret·ro·gres·sive /rètrəgrésɪv←/ 形《格式》(考えなどが)逆行的な, 後退する.

ret·ro·spect /rétrəspèkt/ 名 U 回顧, 追想. **in rétrospect** [副] 顧みると, 振り返って考えると.

ret·ro·spec·tion /rètrəspékʃən/ 名 U《格式》回顧, 追想.

ret·ro·spec·tive /rètrəspéktɪv←/ 形 ❶ [普通は 限定] 過去を振り返った, 回顧的な. ❷ [普通は 限定] = retroactive. — 名 C (画家などの)回顧展.

*****re·turn** /rɪtə́ːn | -tə́ːn/

— 動 (re·turns /~z/; re·turned /~d/; -turn·ing) 自 ❶ (元の場所へ)**帰る**, **戻る** [≒go back, come back]: I ***returned*** home at nine yesterday. V+副 私はきのう 9 時に家に戻った / I want to ***return to*** my hometown. V+to+名 私は故郷へ帰りたい / When did you ***return from*** Hawaii? V+from+名 いつハワイ

から帰ってきたの.
❷ (元の活動・状態・話題などに)**戻る**, 復帰する**:** Let's *return to* our first question. V+to+名 最初の問題に話を戻そう / My blood pressure has *returned to* normal. 血圧が正常値に戻った / *return to* work 仕事に復帰する. ❸ (状況・感情などが)戻って来る, 巡(めぐ)ってくる; 再発する**:** The warm weather will soon *return*. そのうちまた暖かくなるだろう.
— ⑩ ❶ (...)を**返す**; (...)を(持ち主などに)返す, 戻す**:** When can you ***return*** the CD ***to*** me? V+O+to+名 いつ CD を返してくれますか (⇒ to¹ 3 語法).
❷ (...)を(前の場所・状態に)**戻す**, 復帰させる**:** He ***returned*** the key ***to*** his pocket. V+O+to+名 彼は鍵をポケットに戻した. ❸ (相手の行為など)に(同じやり方で)報いる, お返しをする; (...)と答える;〔テニス〕(球)を打ち返す**:** *return* the compliment (ほめてくれた人を)ほめ返す / *return* the favor 好意に対してお返しをする / He smiled — and surprisingly she *returned* his smile. 彼がほほえんだ. すると驚いたことに彼女もほほえみ返した / *return* a call 折返し電話をする. ❹ (投資・株などが)(利益など)を生む, 生じる. ❺ (陪審が)(評決)を答申する. ❻ [普通は受身で]《英》(国会議員)を選出する (*to, as*).
— 名 (~s /~z/) ❶ [単数形で] **帰り**, 帰宅, 帰国**:** She's waiting for the *return* of her husband *from* abroad. 彼女は夫の海外からの帰国を待っている / I think I must delay my ***return to*** Japan. 日本に戻る時期を遅らせることになりそうだ / ***On*** my ***return*** home [*from* America], I learned that his mother had died. 私は帰国して[米国から帰って]彼の母が亡くなったのを知った.
❷ U,C **返すこと**, 返却, 返還, 返品;〔テニス〕返球 (*to*)**:** He's demanding the *return* of the money. 彼はその金を返すよう要求している.
❸ U,C **再び戻って[巡って]くること**, 回帰; 再発**:** the ***return of*** militarism 軍国主義の復活 / I wish you many happy *returns* of the day. きょうのよき日がいくたびも巡ってくるようお祈りいたします. 語法 誕生日などの祝いのことば; 単に Many happy *returns*! ということが多い.
❹ [単数形で] **元に戻ること**, 復帰; 回復**:** a ***return to*** work 職場(への)復帰 / I was happy to hear about her *return to* good health. 私は彼女の健康の回復を聞いて喜んだ. ❺ C 《英》往復切符 (return ticket) [《米》round-trip ticket]. 関連 single《英》片道切符. ❻ [形容詞的に] 帰りの, 帰路の;《英》(切符などが)往復の**:** a *return* fare to York《英》ヨークまでの往復料金. ❼ C,U 利益, 収益 [≒profit]**:** I got good *returns on* my investments. 私は投資してかなりもうけた. ❽ C 報告書; (税金などの)申告(書)**:** a tax *return* 税金の申告. ❾ [複数形で] 開票報告. ❿ U〔コンピュータ〕リターン[改行]キー.
by retúrn máil《米》**= by retúrn (of póst)**《英》[副] (至急)折り返し(郵便で).
in retúrn [副] (...の)**返礼として**, (...の)お返しに; (...の)見返りとして**:** Let's send her a gift *in return for* her hospitality. 彼女のもてなしへの返礼として何か贈り物をしよう / He gave me everything but took nothing *in return*. 彼は全て私にくれたが代わりに何も受け取らなかった.
〖語源 ⇒ re-¹, turn〗

re·turn·a·ble /rɪtə́ːnəbl | -tə́ːn-/ 形 ❶ (再利用のために)回収[返却]できる[すべき], 再使用できる. ❷ (後で)返還される(べき); 返品可能な.

retúrn addrèss 名 C 差出人住所, 返送先.

re·turn·ee /rɪtə̀ːníː | -təːn-/ 名 C《主に米》帰還[帰国, 復帰, 復学]者, (海外からの)帰還軍人.

retúrn gáme 名 C = return match.

retúrn mátch 名 C《主に英》(競技の)雪辱戦, (タイトルの)奪還試合, リターンマッチ.

retúrn tìcket 名 ❶ C《米》帰りの切符. ❷ C《英》往復切符 [《米》round-trip ticket]. 関連 one-way ticket《米》, single《英》片道切符.

re·tweet /rìːtwíːt/ 動 ⑩ (Twitter で)(他人の投稿)をリツイートする《再度投稿して他のユーザーに教える》.

re·u·nion /rìːjúːnjən/ 名 ❶ C 再会の集まり, 同窓会**:** a family *reunion* 家族再会の集い《しばしば親戚の者も加わる》/ hold [attend] a *reunion* 同窓会を開く[に出席する]. ❷ C,U (家族・旧友との)再会 (*with*). ❸ U 再結合, 再統合. (動 rèuníte)

re·u·nite /rìːjuːnáɪt/ 動 ⑩ ❶ [普通は受身で] (人)を(家族・旧友に)再会させる**:** The boy *was reunited with* his parents. 少年は両親と再会した. ❷ (...)を再結合[再結成, 再統合]する. — ⓐ ❶ 再会する (*with*). ❷ 再結合[再結成, 再統合]する. (名 rèúnion)

re·us·a·ble /rìːjúːzəbl/ 形 再利用可能な.

re·use¹ /rìːjúːz/ 動 ⑩ (...)を再利用する.

re·use² /rìːjúːs/ 名 U 再利用, 再使用.

rev /rév/ 名 C [普通は複数形で]《略式》(エンジンなどの)回転 (revolution). — 動 (revs; revved; rev·ving) ⑩ (エンジンの)回転数を上げる (*up*). — ⓐ (エンジンが)回転を増す (*up*). **rév úp** [動] ⑩《略式》(活動など)を活発にする. — ⓐ《略式》活発になる.

Rev. 略 = Reverend.

re·val·ue /rìːvǽljuː/ 動 ⑩ ❶ (...)を再評価する. ❷〔経済〕(平価)を切り上げる.

re·vamp /rìːvǽmp/ 動 ⑩《略式》(...)を新しくする[見せる], 改修[改造]する, 作り直す.

re·veal** /rɪvíːl/ ❗アク 動 (re·veals /~z/; re·vealed /~d/; -veal·ing) ⑩ ❶ (隠されていた物事)を**明らかにする**, 暴く, 知らせる; (秘密)を漏らす [≒disclose] [⇔ conceal]**:** The experiment has ***revealed that the report was inaccurate. V+O (that 節) 実験の結果はその報告が不正確であることを明らかにした 多用 / She ***revealed*** her secret ***to*** us. V+O+to+名 彼女は私たちに秘密を打ち明けた / This evidence ***revealed*** him ***to*** be guilty. V+O+C (to 不定詞) この証拠で彼が有罪だということがはっきりした.
❷ (隠されていた物)を**現わす**, 見せる [≒show]**:** The curtain rose to *reveal* a garden scene. 幕が上がって庭の場面が現れた. (名 rèvelátion)
〖語源 ラテン語で「おおい《⇒ veil》を取る」の意〗

+**re·veal·ing** /rɪvíːlɪŋ/ 形 ❶ (本・発言が)**物事[人柄, 本質]を明らかにする**, 啓発的な; 示唆に富んだ**:** Some of his comments about the problem were very *revealing*. その問題についての彼の発言の中には示唆に富むものがあった. ❷ (衣服などが)肌を露出させる.

rev·el /rév(ə)l/ 動 (rev·els; rev·eled,《英》rev·elled; -el·ing,《英》-el·ling) ⓐ《文語》浮かれ騒ぐ. **rével in ...** [動] ⑩ (...)を大いに楽しむ. — 名 C [普通は複数形で]《文語》浮かれ騒ぎ.

+**rev·e·la·tion** /rèvəléɪʃən/ 名 (~s /~z/) ❶ C (意外な)**新事実**, **暴露されたこと:** startling ***revelations about*** his private life 彼の私生活についての驚くべき事実 / I was surprised by the ***revelation that*** our

neighbor is a murderer. [+that 節] 隣人が殺人犯だとわかって驚いた / His extensive knowledge of music was a ***revelation to*** us. 彼が音楽に大変詳しいのは私たちにとって意外なことだった.
❷ [U] (隠れているもの・秘密などを)**明らかにすること,** 暴露; 発覚**:** The ***revelation of*** his misdeeds led to his resignation. 悪行がばれて彼は辞職した. ❸ [U,C] 〔宗教〕啓示, 黙示. ([動] revéal)

rev·el·er /rév(ə)lɚ | -lə/ [名] [C] [普通は複数形で] 《文語》飲み[浮かれ]騒ぐ者.

rev·el·ry /rév(ə)lri/ [名] (-el·ries) [[U] または複数形で] 《文語》お祭り[どんちゃん]騒ぎ.

+**re·venge** /rɪvénʤ/ [名] ❶ [U] **復讐,** 報復; 復讐心**:** I'll ***take*** [***get, have***] (my) ***revenge on*** him ***for*** this insult. やつにはこの侮辱の仕返しをしてやる / ***seek revenge for*** ... ...の復讐をたくらむ / ***in revenge*** (***for*** ...) (...の)仕返しに, 報復として. ❷ [U] (スポーツでの)雪辱 (*for*). ([形] revéngeful)

— [動] (re·veng·es /~ɪz/; re·venged /~d/; re·veng·ing) [他] [~ oneself または受身で] 《格式》復讐する, (自分の)恨みを晴らす**:** We *revenged ourselves on* the enemy. 私たちは敵に復讐をした.

[類義語] **revenge** 受けた被害に対して個人的な憎しみや悪意を動機として仕返しすること. 元の被害者自身を主語にするのが普通**:** He *revenged himself on* the man who had betrayed him. 彼は自分を裏切った男に仕返しをした. **avenge** 悪事や不正に対して正義感などから当然の報いを受けさせること. 元の被害者以外の人を主語として, 被害者に代わって復讐する形をとることが多い**:** Hamlet *avenged* his father's death *upon* his uncle. ハムレットはおじに対して父の死の復讐をした.

re·venge·ful /rɪvénʤf(ə)l/ [形] 復讐心に燃えた, 執念深い. ([名] revénge)

***rev·e·nue** /révən(j)ùː | -njùː/ [名] (~s /~z/) ❶ [[U] または ~s] (企業・組織などの定期的な)**収入,** 収益; 収入源**:** Our company's *revenue* totals $9 million. 我が社の収益は合計 900 万ドルになる.
❷ [[U] または ~s] **歳入** 《税金などによる国家の収入》**:** internal [《英》 inland] *revenue* 国内税収入.
〘語源 原義は「戻ってきたもの」〙

re·ver·ber·ate /rɪvɚ́ːbərèɪt | -vɚ́ː-/ [動] [自] (音が)反響する, 鳴り響く [≒echo]; (場所が)振動する; (事件などが)反響を呼ぶ (*through, around*).

re·ver·ber·a·tion /rɪvɚ̀ːbəréɪʃən | -vɚ̀ː-/ [名] ❶ [U,C] 反響. ❷ [C] [普通は複数形で] (事件などの)影響, 余波, 反響.

re·vere /rɪvíɚ | -víə/ [動] (re·ver·ing /-ví(ə)rɪŋ/) [他] [普通は受身で] 《格式》(...)をあがめる, 敬愛する (*as*).

rev·er·ence /rév(ə)rəns/ [名] [U] 《格式》(愛情のこもった)尊敬, 敬愛**:** show *reverence for* [*to*] ... ...に敬意を示す.

+**rev·er·end** /rév(ə)rənd/ [形] [the R- として名前の前につけて] **...師** 《キリスト教の聖職者の敬称; [略] Rev.》**:** *the Reverend* Martin Luther King, Jr. マーティン ルーサー キング師. — [名] [C] 牧師.

rev·er·ent /rév(ə)rənt/ [形] 《格式》うやうやしい; 敬虔(けいけん)な [⇔ irreverent]. **~·ly** [副] うやうやしく.

rev·er·en·tial /rèvərénʃəl˝/ [形] 《格式》うやうやしい, 尊敬を表わす.

rev·er·ie /rév(ə)ri/ [名] [C,U] 《格式》空想, 夢想.

re·ver·sal /rɪvɚ́ːs(ə)l | -vɚ́ː-/ [名] [U,C] (方針の)大転換, 反転; (役割の)逆転 (*of*)**:** a role *reversal* (仕事・家事における)役割交替. ([動] revérse)

***re·verse** /rɪvɚ́ːs | -vɚ́ːs/ [動] (re·vers·es /~ɪz/; re·versed /~t/; re·vers·ing) [他] ❶ (方針・決定・傾向など)を**逆転させる, 大転換する:** The decision was *reversed*. 判決が逆転された.
❷ (順序など)を**逆にする;** 裏返す; (役割など)を逆にする**:** Don't *reverse* the order. 順序を逆にするな. ❸ 《主に英》(車)をバックさせる [≒back up].
— [自] 《主に英》(車が)**バックする;** (運転手が)**車をバックさせる** [≒back up]**:** The car ***reversed through*** the gate. [V+前+名] 車はバックして門を通り抜けた.
revérse oneself [動] [自] 《米》意見[立場]を一変させる.
revérse (the) chárges [動] [自] 《英》 = call ... collect (⇒ collect [副] 成句). ([名] revérsal)

— [名] (re·vers·es /~ɪz/) ❶ [the ~] **逆,** 反対 [≒ opposite]**:** We had expected a successful meeting, but the reality was quite *the reverse*. 私たちは会議の成功を期待していたが実際は全く逆だった / He did *the reverse of* what I wanted. 彼は私の望んでいたのとは逆のことをした.
❷ [the ~] **裏,** 背面 [⇔ obverse]**:** *on the reverse of* a coin 硬貨の裏側に. ❸ [U] 逆進装置, (ギアの)バック (reverse gear)**:** put the car *in* [*into*] *reverse* 車のギアをバックにする. ❹ [C] 《格式》挫折(ざせつ), 不運, 失敗; 敗北 [≒setback].
in [ìnto] revérse [副・形] 逆(の方向[順番])に; 悪い方向に**:** go *into reverse* (傾向が)逆になる.
— [形] ❶ [限定] **逆の,** あべこべの**:** in *reverse* order 逆の順序で.
❷ [限定] **裏の:** the *reverse* side of the page ページの裏側.

単語のキズナ VERSE／向く, 回る＝turn

reverse	(後ろに向く)	→	逆転させる
diverse	(別々の方向に向いた)	→	さまざまの
adverse	(...の方を向く, 逆の)	→	不利な
conversation	(一緒に向かい合うこと)	→	会話
controversy	(反対に向くこと)	→	論争
anniversary	(毎年巡ってくる日)	→	記念日
version	(向きを変えること)	→	改作, ...版

revérse discriminátion [名] [U] 逆差別, 被差別者に対する優遇政策 (⇒ positive discrimination).

revérse géar [名] [U,C] (車の)バックギア.

re·vers·i·ble /rɪvɚ́ːsəbl | -vɚ́ːs-/ [形] ❶ (方針・過程などが)逆にできる, 元に戻せる [⇔ irreversible]. ❷ (服などが)裏返しで使用できる, リバーシブルの.

re·ver·sion /rɪvɚ́ːʒən | -vɚ́ːʃən/ [名] ❶ [U,C] 《格式》(以前の状態に)戻ること, 逆戻り, 復帰 (*to*). ❷ [U,C] 〔法律〕財産の復帰.

re·vert /rɪvɚ́ːt | -vɚ́ːt/ [動] [自] ❶ 《格式》(以前の状態に)戻る, 逆戻りする; (元の話題・考えに)戻る (*to*). ❷ 〔法律〕(所有権などが)復帰する (*to*).

**re·view /rɪvjúː/ ([同音] revue)

— [名] (~s /~z/)

意味のチャート
原義は「再び見ること」(⇒ re-¹, view).
→ (作品を詳しく見る) → 「**批評**」❷ → 「**評論誌**」❸
→ (勉強を見返す) → 「**復習**」❹

❶ U,C **再検討**, 再調査, 見直し; 〘法〙 再審理: conduct a *review of* the investigation 調査の再検討を行なう / The plan is ***under review***. その計画は再検討中である / This matter is subject to *review* every year. この件は毎年再検討する必要がある.
❷ C,U **批評**, 評論, レビュー [≒criticism]; 批評記事 (⇒ comment 類義語): a music *review* 音楽評論 / a book *review* 書評 / A favorable *review of* your play will appear in the next issue. あなたの劇に対する好意的な批評が次号に出ます.
❸ C **評論誌**, 批評雑誌: a literary *review* 文芸評論誌. ❹ U 《米》 復習; C 《米》 練習[復習]問題. ❺ C,U 回顧; 概観. ❻ C 閲兵, 観兵式, 観艦式.
— 動 (re·views /~z/; re·viewed /~d/; -view·ing) 他 ❶ (...)を**再検討する**, 再調査する: The police *reviewed* the possible causes of the accident. 警察は事故原因と考えられる事柄を再調査した.
❷ (...)を**批評する**, 論評する, (...)の書評を書く: *review* the new novel for the newspaper 新聞に新しい小説の批評を書く.
❸ 《米》 (...)を**復習する** [《英》 revise]: I need to *review* history for the exam. 試験に備えて歴史を復習しないといけない. ❹ (...)を回顧する, (出来事)を概観する. ❺ (...)を閲兵する.
— 自 ❶ 批評[評論]を書く (*for*). ❷ 《米》 復習をする (*for*) [《英》 revise].

re·view·er /rɪvjúːə | -vjúːə/ 名 C 批評家, 評論家.

re·vile /rɪváɪl/ 動 他 [普通は受身で] 《格式》 (...)をののしる, 悪く言う (*for*).

+**re·vise** /rɪváɪz/ 動 (re·vis·es /~ɪz/; re·vised /~d/; re·vis·ing) 他 ❶ (意見・予測・価格など)を**修正する**, 変更する: He *revised* his opinion. 彼は自説を修正した.
❷ (...)を**改訂する**; 修正する, 推敲する: The dictionary has recently *been revised*. V+O の受身 その辞書は最近改訂された.
❸ 《英》 (...)を**復習する** [《米》 review].
— 自 《英》 復習する (*for*) [《米》 review].
(名 revísion)
〘語源 ラテン語で「再び見る」の意; ⇒ re-[1], visit キズナ〙

Revísed Vérsion 名 [the ~] 改訳聖書 《欽定(きんてい)訳聖書 (Authorized Version) の 19 世紀末の改訂版》.

re·vi·sion /rɪvíʒən/ 名 ❶ U,C 修正, 見直し; 改訂, 訂正: The *revision* of this dictionary took six years. この辞書の改訂には 6 年かかった. ❷ C 改訂版: a *revision* of an earlier translation 前の翻訳の改訂版. ❸ U 《英》 復習 (*for*). (動 revíse)

re·vi·sion·is·m /rɪvíʒənìzm/ 名 U (マルクス主義などの)修正主義, 見直し論.

re·vi·sion·ist /rɪvíʒ(ə)nɪst/ 形 修正主義(者)の.
— 名 C 修正主義者.

re·vis·it /riːvízɪt/ 動 他 ❶ (人・場所)を再び訪れる. ❷ 《格式》 (...)を再考[再検討]する.

re·vi·tal·i·za·tion /rìːvàɪṭəlɪzéɪʃən | -laɪz-/ 名 U 再生(させること), 復活.

re·vi·tal·ize /rìːváɪṭəlàɪz/ 動 他 (物事)に再び活気を与える, (...)を生き返らせる.

+**re·viv·al** /rɪváɪv(ə)l/ 名 (~s /~z/) ❶ U,C **復活**; 復興: the economic *revival of* Japan 日本の経済復興.
❷ C 再流行: The song is enjoying a *revival*. その歌は再流行している. ❸ U,C 生き返(らせ)ること; (元気などの)回復. ❹ C 再演, 再上映.

the Revíval of Léarning [名] 文芸復興 (the Renaissance). (動 revíve)

re·viv·al·is·m /rɪváɪvəlìzm/ 名 U 信仰復興運動; 復興風潮[気運].

revíval mèeting 名 C (キリスト教の)信仰復興集会.

+**re·vive** /rɪváɪv/ 動 (re·vives /~z/; re·vived /~d/; re·viv·ing) 自 ❶ **生き返る**, 回復する; 活気づく: The flowers *revived* after the rain. 花は雨のあと生気を取り戻した / My hopes *revived*. また希望がわいてきた.
❷ 復活[復興]する.
— 他 ❶ (...)を**生き返らせる**, 再び元気にする; 回復させる; 活気づける: The rain *revived* the flowers. 雨で花が生き返った. ❷ (...)を復活[復興]させる, 再びはやらせる; 再上演する: The old play *was* recently *revived*. その古い劇は最近再上演された. (名 revíval)
〘語源 原義はラテン語で「再び生きる」; ⇒ re-[1], vivid キズナ〙

rev·o·ca·tion /rèvəkéɪʃən/ 名 U,C 《格式》 取り消し, 無効.

re·voke /rɪvóʊk/ 動 他 《格式》 (法律・決定・許可など)を取り消す, 無効にする, 解約する.

+**re·volt** /rɪvóʊlt/ 名 (re·volts /-vóʊlts/) C,U **反乱** [≒rebellion]; (権威・規制への)反抗: crush [put down] a ***revolt against*** the ruler 支配者に対する反乱を鎮圧する / rise ***in revolt*** 反乱を起こす.
— 動 (re·volts /-vóʊlts/; ~·ed /~ɪd/; ~·ing) 自 **反乱を起こす**, 謀反(むほん)を起こす [≒rebel]; (権威・規制に)反抗する: The people ***revolted against*** the dictator. V+*against*+名 民衆は独裁者に対して反乱を起こした.
— 他 [しばしば受身で] (人)に嫌悪感を抱かせる, (...)を不快にさせる: Kate *was revolted by* Tom's behavior. ケートはトムのふるまいを非常に不愉快に感じた.
〘⇒ involve キズナ〙

re·volt·ing /rɪvóʊltɪŋ/ 形 不快感を与える, 実にいやな [≒disgusting].

***rev·o·lu·tion** /rèvəlúːʃən/ 名 (~s /~z/)

> 意味のチャート
> 「ぐるりと回ること」
> → (物体が回ること) → 「**回転**」 ❸
> → (体制が変わること) → 「**革命**」 ❶

❶ C,U **革命**: Widespread poverty often leads to (a) *revolution*. 貧困が広まるとしばしば革命が起こる. 関連 the American Revolution 米国独立戦争 (1775–83) / the French Revolution フランス革命 (1789–99).
❷ C **革命的な出来事**, 大変革: the Industrial *Revolution* 産業革命 / a scientific *revolution* 科学革命 / The computer has brought about a ***revolution in*** our society. コンピューターは社会に革命をもたらした. ❸ C 回転, 循環: rotate *at* 500 *revolutions* per minute 1 分間に 500 回転で回る. ❹ C,U 〘天文〙 公転 (*on, around, round*). 関連 rotation 自転. (1, 2 では 形 rèvolútionàry, 動 rèvolútionìze; 3, 4 では 動 revólve)

***rev·o·lu·tion·ar·y** /rèvəlúːʃənèri | -ʃ(ə)nəri/ 形 ❶ 限定 **革命の**: a *revolutionary* leader 革命の指導者. ❷ 革命[画期]的な: a *revolutionary* idea 画期的なアイディア. (名 rèvolútion 1, 2)
— 名 (-ar·ies) C 革命家, 革命論者.

Revolútionary Wár 名 [the ~] (米国の)独立戦争 (American Revolution).

rev·o·lu·tion·ize /rèvəlúːʃənàɪz/ 動 他 (...)に大変革をもたらす, 革命を起こす. (名 revolútion 2)

+**re·volve** /rɪvá(ː)lv | -vɔ́lv/ 動 (re·volves /~z/; re·volved /~d/; re·volv·ing) 自 ❶ (あるものを中心として)**回転する**《⇒ turn 類義語》: A wheel ***revolves on*** its axis. V+前+名 車輪は軸を中心にして回る / The planets ***revolve around*** the sun. 惑星は太陽の周りを回る. ❷ [進行形なし] (あるものを中心として)動く, 展開する: His high school life *revolved around* baseball. 彼の高校生活は野球を中心に回っていた. — 他 (...)を回転させる, 回す. (名 revolútion 3, 4) 〘⇒ involve キズナ〙

re·volv·er /rɪvá(ː)lvɚ | -vɔ́lvə/ 名 C (回転式)連発ピストル, リボルバー.

re·volv·ing /rɪvá(ː)lvɪŋ | -vɔ́l-/ 形 回転する, 回転式の: a *revolving* stage 回り舞台.

revólving dóor 名 C 回転ドア; [単数形で] 人の入れ替わりの激しい状況[ところ].

re·vue /rɪvjúː/ 名 C,U レビュー《歌・踊り・時事風刺などで構成する軽演劇》.

R

re·vul·sion /rɪvʌ́lʃən/ 名 [U または a ~] (強い)嫌悪 (*against, at, toward*).

re·ward** /rɪwɔ́ɚd | -wɔ́ːd/ 名 (re·wards /-wɔ́ɚdz | -wɔ́ːdz/) ❶ U,C (善行・功績などに対する)**報酬**, ほうび: (a) just *reward* 当然の報酬 / The boy was given a watch「as a ***reward [in ***reward***] ***for*** his good deed. その少年は善行のほうびとして時計を贈られた.
❷ C **報奨金**, 謝礼金: He offered a ***reward of*** $10,000 ***for*** information leading to the arrest of the criminal. 彼は犯人逮捕に至る情報提供に対して1万ドル出そうと申し出た.
— 動 (re·wards /-wɔ́ɚdz | -wɔ́ːdz/; -ward·ed /-dɪd/; -ward·ing /-dɪŋ/) 他 [しばしば受身で] (...)に**報いる**, 償う; (...)に報酬[ほうび]を与える: We'll *reward* the person who finds our dog. うちの犬を発見された方には謝礼を差し上げます / My years of effort have ***been rewarded with*** success. V+O+*with*+名の受身 長年にわたる私の努力は成功で報われた / She ***was rewarded for***「her efforts [mak*ing* an effort] on behalf of the refugees. V+O+*for*+名[動名]の受身 彼女は難民のための尽力で賞をもらった.
〘語源 regard と同語源〙

re·ward·ing /rɪwɔ́ɚdɪŋ | -wɔ́ːd-/ 形 (経験・活動などが)報われる, やりがいのある: a *rewarding* experience ためになる経験.

re·wind /rìːwáɪnd/ 動 (re·winds; 過去・過分 re·wound /-wáʊnd/; -wind·ing) 他 (テープ・フィルム)を巻き戻す.

re·work /rìːwɚ́ːk | -wɔ́ːk/ 動 他 (案・作品など)に変更を加える, (...)を修正する, 作り[書き]直す.

re·write[1] /rìːráɪt/ 動 (re·writes; 過去 re·wrote /-róʊt/; 過分 re·writ·ten /-rítn/; re·writ·ing) 他 (...)を書き直す [≒revise]: *Rewrite* the following sentences *in* easier English. 次の文をより易しい英語で書き直しなさい.

re·write[2] /ríːràɪt/ 名 C 書き直し(たもの).

rewritten 動 rewrite[1] の過去分詞.

rewrote 動 rewrite[1] の過去形.

Rex /réks/ ≪ラテン語から≫ 名 U《英格式》国王《公式文書で王の名の後につける; また国が当事者となる訴訟で称号として用いる; 略 R.; ⇒ Regina》.

rhap·sod·ic /ræpsá(ː)dɪk | -sɔ́d-/ 形《格式》狂詩曲(風)の; (ことば・感情などが)熱狂的[熱烈]な.

rhap·so·dy /ræ̀psədi/ 名 (-so·dies) ❶ C〔音楽〕狂詩曲, ラプソディー. ❷ C《格式》熱狂的な文章[詩歌, ことば].

rhé·sus mònkey /ríːsəs-/ 名 C あかげざる, ベンガルざる《北インド産で尾が短い; 医学実験用》.

+**rhet·o·ric** /rétərɪk/ アク 名 ❶ U [しばしば軽蔑的] **美辞麗句**; 効果を狙ったことばづかい, レトリック: His speech was full of empty *rhetoric*. 彼の演説は空虚な美辞麗句だらけだった. ❷ U 修辞学《ことばを効果的に用いることを研究する学問》. (形 rhetórical)

rhe·tor·i·cal /rɪtɔ́ːrɪk(ə)l | -tɔ́r-/ 形 ❶ 修辞学の; 修辞上の. ❷ [軽蔑的] 美辞麗句の, 誇張的な. (名 rhétoric)
-cal·ly /-kəli/ 副 修辞(学)的に; 修辞疑問で.

rhetórical quéstion 名 C,U〔文法〕修辞疑問《⇒ 巻末文法 13.6》.

rheu·mat·ic /ruːmǽtɪk/ 形 リューマチの[による].

rheu·ma·tis·m /rúːmətɪzm/ 名 U リューマチ.

rhéu·ma·toid arthrítis /rúːmətɔ̀ɪd-/ 名 U〔医学〕リューマチ性関節炎.

Rh fàctor /ɑ́ːéɪtʃ- | ɑ́ː(r)-/ 名 [the ~]〔生化学〕Rh 因子, リーサス因子《赤血球の中にある凝血素》.

Rhine /ráɪn/ 名 固 [the ~] ライン川《スイスに発しドイツ・オランダを流れて北海 (North Sea) に注ぐ》.

rhine·stone /ráɪnstòʊn/ 名 C,U ラインストーン《模造ダイヤモンド》.

rhi·no /ráɪnoʊ/ 名 (複 ~(s)) C《略式》= rhinoceros.

rhi·noc·e·ros /raɪnɑ́(ː)s(ə)rəs | -nɔ́s-/ 名 (複 ~·es, ~) C さい(犀) [《略式》rhino].

rhi·zome /ráɪzoʊm/ 名 C〔植物〕地下茎, 根茎.

rho /róʊ/ 名 (~s) C ロー《ギリシャ語アルファベットの第17文字 ρ, Ρ; ⇒ Greek alphabet 表》.

Rhode Is·land /ròʊdáɪlənd/ 名 固 ロードアイランド《米国 New England 地方の州; 略 R.I.,〔郵便〕RI》.
〘語源 ロードス (Rhodes) 島の名にちなむ〙

Rhodes /róʊdz/ 名 固 ロードス島《エーゲ海 (Aegean Sea) にあるギリシャ領の島》.

rho·do·den·dron /ròʊdədéndrən/ 名 C しゃくなげ; つつじ.

rhom·boid /rɑ́(ː)mbɔɪd | rɔ́m-/ 名 C, 形〔幾何〕長斜方形(の)《隣り合った辺の長さが異なる平行四辺形》.

rhom·bus /rɑ́(ː)mbəs | rɔ́m-/ 名 C〔幾何〕ひし形.

rhu·barb /rúːbɑɚb | -bɑːb/ 名 ❶ U〔植物〕ルバーブ, (食用)大黄(だいおう)《ジャム, パイなどを作る》; 大黄の根《下剤》. ❷ U S ガヤガヤ《役者が群衆のざわめきを表わすときのことば》. ❸ C《米俗》激論, 口論.

+**rhyme** /ráɪm/ 名 (~s /~z/) ❶ C **韻を踏む語**, 同韻語《ring /ríŋ/ と sing /síŋ/, love /lʌ́v/ と dove /dʌ́v/ のように語末の発音が同じ語同士》: "Feet" is a *rhyme for* "seat." feet は seat と韻を踏む. ❷ C 韻を踏んだ詩, 韻文; 詩歌: a nursery *rhyme* 童謡, わらべ歌. ❸ U 韻, 押韻, 脚韻《詩の各行の終わりに同じ音を繰り返すこと; ⇒ verse》; 同韻: in *rhyme* 韻を踏んで, 韻文で.

rhyme

Twinkle, twinkle, little st*ar* /stɑ́ɚ | stɑ́ː/,
How I wonder what you *are* /ɑ́ɚ | ɑ́ː/!
Up above the world so h*igh* /háɪ/,
Like a diamond in the sk*y* /skáɪ/.
(stanza)
きらめけ, きらめけ, 小さな星よ
お前はいったい何だろう

この世界よりずっと高いところで
空のダイヤモンドのようだ
《日本では「きらきら星」と呼ばれる童謡の一節》

rhýme or réason [名] [否定文で] 道理, 根拠: without *rhyme or reason* 理由もなく.
— 動 自 [進行形なし] (語や詩が)韻を踏む, (...と)韻が合う: "Love" *rhymes with* "dove." love は dove と韻を踏む. — 他 [進行形なし] (ある語)を(別の語と)韻を踏ませる (*with*).

*__rhyth·m__ /ríðm/ [発音] 名 (~s /~z/) ❶ C,U **リズム**, 律動; 調子; 規則的な動き: sing *in* a complicated ***rhythm*** 複雑なリズムで歌う / the steady *rhythm of* the heartbeat 規則的な心臓の鼓動. ❷ U リズム感, のり(のよさ): He has a good sense of *rhythm*. 彼はリズム感がいい. ❸ U,C 周期的な動き; 周期性: the *rhythm of* the seasons 季節の周期的な変化.
(形 rhýthmic, rhýthmical)

rhýthm and blúes 名 U 〔音楽〕 リズムアンドブルース《1940-60 年代の米国黒人のポピュラー音楽; 略 R & B》.

rhyth·mic /ríðmɪk/, **rhyth·mi·cal** /-mɪk(ə)l/ 形 リズムのある, リズミカルな; 調子のよい: a *rhythmic* beating 規則的な鼓動. (名 rhýthm)
-cal·ly /-kəli/ 副 リズミカルに, 調子よく.

rhýthm sèction 名 C リズムセクション《バンドのベースやドラムなど》.

RI 〔米郵便〕 = Rhode Island.

R.I. 略 = Rhode Island.

+**rib** /ríb/ 名 (~s /~z/) ❶ C (人・動物の)**肋骨**(ろっこつ), あばら骨: break a *rib* 肋骨を折る. ❷ C (あばら骨のついた)あばら肉《⇒ spareribs》. ❸ C 肋骨のようなもの; (船の)肋材; (傘の)骨. ❹ U,C (編み物の)畝(うね); リブ編み. — 動 (ribs; ribbed; rib·bing) 他 《略式》 (人)をからかう (*about, for, over*).

rib·ald /ríb(ə)ld/ 形 《格式》 (ことば・冗談などが)下品な, 卑猥(ひわい)な.

rib·ald·ry /ríb(ə)ldri/ 名 U 下品なことば[ふるまい].

ribbed /ríbd/ 形 (織物などが)畝(うね)のある, リブ編みの.

rib·bing /ríbɪŋ/ 名 ❶ U からかい. ❷ U (編み物の)畝(うね), リブ.

+**rib·bon** /ríb(ə)n/ 名 (~s /~z/) ❶ C,U **リボン**, ひも: put on a *ribbon* リボンをつける《⇒ put on (put 句動詞)表》 / Mary ⌈is wearing [has] a ***ribbon in*** her hair. メアリーは髪にリボンをつけている《⇒ wear 表》 / cut the *ribbon* テープカットする. 日英 「テープカット」は和製英語; ⇒ tape 名 2.
❷ C **帯状のもの**, 細長い連なり: a ***ribbon of*** road across the desert 砂漠地帯を帯状に走る 1 本の道路. ❸ C (勲章の)飾りひも, 綬(じゅ), (リボン状の)勲章, 記章《特に軍人の》. ❹ C 《米》 (賞として与えられる)リボン: ⇒ blue ribbon. ❺ [複数形で] ずたずたのもの, ぼろ: be cut [torn] to *ribbons* ずたずた[ぼろぼろ]になっている.

ríb càge 名 C 〔解剖〕 胸郭.

ri·bo·fla·vin /ràɪbooflérvɪn/ 名 U 〔生化学〕 リボフラビン《牛乳・肉・野菜などに含まれるビタミン B_2》.

rí·bo·nu·cle·ic ácid /ráɪboon(j)u:klì:ɪk- | -nju:-/ 名 C = RNA.

***rice** /ráɪs/

— 名 U **米**; **ごはん**, 飯, ライス; 稲: a grain of *rice* 米 1 粒 / a bowl of *rice* ごはん 1 杯 / boil [cook] *rice* ごはんを炊(た)く / grow *rice* 米を作る / brown [polished] *rice* 玄米[白米] / We had a good [poor] ⌈crop of *rice* [*rice* crop] this year. 今年は米は豊作[不作]だった. 語法 種類をいうときには C. 日英 欧米では普通主食ではない. 幸福, 多産を象徴し, 結婚式後に新婚夫婦が教会を出る際に米を投げつけて祝う習慣がある.

ríce pàddy 名 C 稲田, 水田 [≒paddy (field)].

ríce pàper 名 U 通草紙(つうそうし)《書画などに用いる薄い上質紙》; ライスペーパー《生春巻などに用いる米粉などで作る紙状の食品》.

ríce púdding 名 U,C ライスプディング《米・牛乳・砂糖などで作る甘いデザート》.

***rich** /rítʃ/

— 形 (rich·er; rich·est)

意味のチャート
元来は「強力な」の意. →「(物が)豊富な」❷
→ (経済的に豊か) →「金持ちの」❶ →「ぜいたくな」❻
→ (産み出す力が豊か) →「こってりした」❸ /「(土地が)肥えた」❹

❶ **金持ちの**, 裕福な《⇒ 類義語》 [⇔ poor]: a *rich* man 金持ちの男 / get *rich* 金持ちになる / *The rich* aren't always happy. 金持ちが必ずしも幸福とは限らない《複数名詞のように扱われる; ⇒ the[1] 3》. 語法 poor と対照して並べるときには the を省略することが多い: He was respected by ⌈both *rich and poor* [*rich and poor* alike]. 彼は金持ちからも貧乏人からも同じように尊敬された.
❷ (収穫・物資などが)**豊富な**, 豊かな; 叙述 (人・物・場所などが)(...に)**恵まれた**, (...に)富んだ [⇔ poor]; 多彩で興味深い: a *rich* harvest 豊作 / a *rich* source of protein 豊かなたんぱく源 / iron-*rich* food 鉄分の豊富な食べ物 / Oranges are ***rich in*** vitamin C. +in+名 オレンジにはビタミン C が多い / This area has a *rich* history. この地域には多彩な[激動の]歴史がある.
❸ (飲食物が)**こってりした**, 濃厚な《脂肪分などを多く含む》; (味の)濃い, こくのある: *rich* food こってりした食べ物 / a *rich* chocolate cake 濃厚なチョコレートケーキ.
❹ (土地が)**肥えた**, 肥沃(ひよく)な [≒fertile] [⇔ poor]: *rich* soil [land] 肥えた土地. ❺ (香りが)強い, 芳醇(ほうじゅん)な; (色が)鮮やかな; (音・声が)豊かな: a *rich* pink 鮮やかなピンク色 / a soft, *rich* voice 柔らかく深みのある声. ❻ 高価な, ぜいたくな: *rich* silks 高価な絹物.
Thát's rích (cóming from ...)! Ⓢ 《主に英》 (...がそんなことを言うなんて)笑わせる《自分の事を棚に上げて他人を批判する人に対して》.

類義語 **rich** 一般的な語で必要と思われる以上の金を所有していること. あまり多額の金でない場合にも用いられる. **wealthy** 収入を生む財産などがあり, 富裕な生活と社会的に影響を与えるような地位を持つことを意味する. **well-to-do** 安楽な生活をするのに十分な財産・収入があること. **well-off** *well-to-do* とほぼ同じ意味だが, 叙述的にだけ用いる. **prosperous** 成功して裕福なこと. **affluent** 裕福でぜいたくな生活ができること.

Rich·ard /rítʃəd | -tʃəd/ 名 固 リチャード《男性の名; 愛称は Dick》.

rich·es /rítʃɪz/ 名 複 《主に文語》 富, 財産, 宝 [≒wealth]; 豊かさ; 豊富さ.

rich·ly /rítʃli/ 副 豪華に; 豊かに, 豊富に; 濃厚に; 十分に, たっぷり; 大いに: a *richly* deserved punishment [reward] 当然の罰[報い].

Rich·mond /rítʃmənd/ 名 固 リッチモンド《米国 Virginia 州の州都》.

rich·ness /rítʃnəs/ 名 ❶ Ⓤ 豊かさ; 豊富, 肥沃(ひよく). ❷ Ⓤ 豪華(さ). ❸ Ⓤ 濃厚; (色の)鮮やかさ, (香りの)豊かさ, (声などの)深み.

Rích·ter scàle /ríktə-|-tə-/ 名 [the ~] リヒタースケール《地震の規模を表わす尺度; マグニチュードで表わす》: The earthquake was 7.5 *on the Richter scale*. 地震の大きさはマグニチュード 7.5 だった.

rick[1] /rík/ 名 Ⓒ (干し草などの)堆積(たいせき), 山.

rick[2] /rík/ 動 他《英》(...)を軽くねんざする, (...)の筋を違える.

rick·ets /ríkɪts/ 名 Ⓒ くる病.

rick·et·y /ríkəṭi/ 形 (-et·i·er; -et·i·est) (建物・家具などが)ぐらぐらする, がたのきた.

rick·shaw /ríkʃɔː/ 名 Ⓒ 人力車; (東南アジアの)輪タク.

ric·o·chet /ríkəʃèɪ/ 名 (-o·chets /-ʃèɪz/) Ⓒ,Ⓤ はね飛び《弾丸・石などが平面に斜めに当たって水切りのようにはね飛ぶこと》; Ⓒ はね飛んだ物《弾丸・石など》. ― 動 (-o·chets /-ʃèɪz/; -o·cheted /-ʃèɪd/, 《英》 -chet·ted /-ʃèṭɪd/; -chet·ing /-ʃèɪɪŋ/, 《英》 -chet·ting /-ʃèṭɪŋ/) 自 (弾丸などが)はね飛ぶ (*off*).

rid /ríd/

― 動 (rids /rídz/; 過去・過分 rid, 《古風》 rid·ded /-ḍɪd/; rid·ding /-ḍɪŋ/) 他 Ⓦ (...)から(望ましくないものを)取り除く; (人)に(...を)免れさせる: The government is trying to *rid* the nation *of* drugs. V+O+*of*+名 政府は国から麻薬を追放しようとしている.

be ríd of ... [動] 他《格式》(いやなもの)を免れている, ...がなくなる: It's nice to *be rid of* him! 彼がいなくなってせいせいした.

gèt ríd of ... [動] 他 (いやなもの)を免れる, ...を脱する, 取り除く; (売って)処分する; (人)から自由になる, 追い払う: I have finally *got rid of* my bad cold. ひどいかぜがやっと治った / How can I *get rid of* him? どうやったら彼と縁を切れるだろうか.

ríd oneself of ... [動] 他《格式》(いやなもの)を免れる, ...を捨てる: I'm trying to *rid myself of* this bad habit. この悪癖を直そうと努めている. 語法 get rid of ...のほうがくだけた言い方.

wánt ríd of ... [動] 他《英》...を追放したいと思う.

(名 ríddance)

rid·dance /rídns/ 名 [次の成句で] **Góod ríddance (to ...)!** Ⓢ (...が消えて)いいやっかい払いだ[せいせいする]!: *Good riddance to* bad rubbish! いやな人[物]が(い)なくなってやれやれだ. (動 ríd)

rid·den /rídn/ 動 ride の過去分詞.

-rid·den /rìdn/ 形 [合成語で] ...を背負いこんだ, ...に悩まされている, ...でいっぱいの: debt-*ridden* 借金に苦しむ / mosquito-*ridden* areas 蚊の多い地域.

rid·dle[1] /rídl/ 名 ❶ Ⓒ なぞ, なぞなぞ, 判じ物: solve a *riddle* なぞを解く / speak [talk] in *riddles* なぞめいたことを言う / Ask [Tell] me a *riddle*. 私になぞなぞを出してみて. 参考 riddle の例としては, left[1] 形 1, lift 他 1, long[1] 形 1, make 他 6 の例文を参照. ❷ Ⓒ 難題, 難問 (*of*); 不可解な人[物, 事].

rid·dle[2] /rídl/ 名 Ⓒ 粗目のふるい. ― 動 他 (弾丸などで)穴だらけにする; ...だらけにする (*with*).

rid·dled /rídld/ 形 (よくないもので)満ちて (*with*).

ride /ráɪd/

― 動 (rides /ráɪdz/; 過去 rode /róʊd/; 過分 rid·den /rídn/; rid·ing /-ḍɪŋ/) 自 ❶ [普通は副詞(句)を伴って] (馬・自転車・オートバイなどに)乗る; (バス・列車・エレベーターなどに)(乗客として)乗る, 乗っていく: It's pleasant to *ride on* [*in*] a train. V+*on* [*in*]+名 列車に乗るのはいいものだ / He was *riding on* a donkey. 彼はろばに乗っていた / I *ride* to school *on* 「my bicycle [the bus]. 私は自転車[バス]に乗って通学している. 関連 drive (車を)運転する. ❷ 馬乗りになる, またがる: The child *rode on* his father's shoulders [back]. その子供は父親の肩車に乗った[父親におんぶした]. ❸ [副詞(句)を伴って] 乗って...である, 乗り心地が...である: *ride* smoothly (車などが)スムーズに走る / Your new car *rides well*. あなたの新しい車はとても乗り心地がよい. ❹ (水中・空中に)浮かぶ: The moon is *riding* high in the sky. 月が空高く昇っている.

― 他 ❶ (馬・自転車・オートバイなど)に乗る; 《主に米》(バス・列車・エレベーターなど)に(乗客として)乗る, 乗っていく; 乗り物[馬]で(道・道路など)を行く[通る]: Can you *ride* a horse [bicycle]? あなたは馬[自転車]に乗れますか / She *rides* 「her bicycle [the bus] to school. 彼女は自転車[バス]通学している. 語法 他動詞の場合, 目的語に car, taxi, truck, jeep などの自動車を用いない. 関連 drive (車を)運転する. ❷ (船などが)(波・風)に乗って進む. ❸ Ⓢ《米》(人)をいじめる, 困らせる.

be ríding for a fáll [動] 自《略式》むちゃな事をしている.

be ríding hígh [動] 自 好調の波に乗っている, 得意になっている.

gò ríding [動] 自 乗馬に行く.

lèt ... ríde [動] 他《略式》(物事・事態)をそのままにしておく, 成り行きに任せる, 放っておく.

ríde on ... [動] 他《略式》(物事が)...にかかっている, ...次第である [≒depend on].

ríde óut [動] 他 (あらし・難局など)を乗り切る.

ríde úp [動] 自 (スカートなどが)ずり上がる.

― 名 (rides /ráɪdz/) ❶ Ⓒ (馬・自転車や車・バス・列車などの乗り物に)乗る[乗せてもらう]こと《⇒ lift 名 1》; (乗り物による)旅行: We *went for* a *ride* 「to the lake [in the country]. 私たちは湖まで[郊外を]ドライブした / We *took* a long bus *ride* across the country. 私たちはその国を横断する長いバスの旅をした / 💬 "Can you *give* me a *ride* to town?" "Sure, I'll be happy to." 「町までちょっと車に乗せて(って)くれる?」「ああいいよ」/ *get* a *ride* (人の)車に乗せてもらう / *take* ... *for* a *ride* (人)を車で連れ出す / *hitch* a *ride* ヒッチハイクする, 車に便乗させてもらう / give ... a *ride* on one's shoulders ...を肩車する.

❷ Ⓒ (馬・自転車やバス・列車などの)乗り物に乗って行く道のり; 乗っている時間: My school is just 「a ten-minute *ride on* the bus [a ten-minute bus *ride*] from my house. 私の学校は家からバスでわずか 10 分の所にある. 関連 drive 車で行く道のり / walk 歩いて行く道のり. ❸ Ⓒ (遊園地などの)乗り物: go on the *rides* at an amusement park 遊園地で(いろいろな)乗り物に乗る. ❹ Ⓒ [前に形容詞をつけて] ...な乗り心地: Her car gives a *bumpy ride*. 彼女の車はがたがた揺れる. ❺ Ⓒ [前に rough, easy などをつけて] ...な経

験: have a *rough ride* ひどい目にあう / have an *easy ride* 楽に乗り切る.
be [còme, gò] alóng for the ríde [動]《略式》面白半分[おつきあい]で参加する.
táke ... for a ríde [動] 他《略式》(特に金を奪うために)(人)をだます.

*__rid·er__ /ráɪdə | -də/ 名 (~s /~z/) ❶ C (馬・自転車などに)**乗る人**, 乗り手, 騎手; 乗客; [前に形容詞をつけて] 乗るのが...の人: Ned is a *good* [*bad*] *rider*. ネッドは馬に乗るのがうまい[下手だ] / *riders* on the bus バスの乗客たち. ❷ C 添え書き; 追加条項 (*to*).

+**ridge** /rídʒ/ 名 (ridg·es /~ɪz/) ❶ C **山の背**, 尾根; 分水線; 山脈: walk along the mountain *ridges* 尾根伝いに歩く.
❷ C (両側から盛り上がった)**細長い隆起**; (屋根の)棟(むね); (畑などの)畝(うね), あぜ; 背, 背筋. ❸ C〔気象〕(高気圧の)尾根, 張り出し部.
— 動 他 [普通は受身で] (...)に畝をつける.

rid·i·cule /rídəkjùːl/ 名 U あざけり, あざ笑い, 嘲笑(ちょうしょう), 冷やかし: be exposed to public *ridicule* 世間の物笑いになる / an object of *ridicule* 嘲笑の的《人・物》/ hold ... up to *ridicule* ...をあざ笑う.
(形 ridículous)
— 動 他 (人)を嘲笑する, あざ笑う, 冷やかす.

+**ri·dic·u·lous** /rɪdíkjʊləs/ 形 **ばかげた**, おかしい: a *ridiculous* idea ばかげた考え / Don't be *ridiculous*. ばかなことを言うな.
(名 rídicùle)
~·ly 副 ばかばかしいほど, 途方もなく; ばかげて; 文修飾 ばかげたことには.

+**rid·ing** /ráɪdɪŋ/ 名 U **乗馬**: take up *riding* 乗馬を始める / a *riding* school 乗馬学校.

rife /ráɪf/ 形 (rif·er; rif·est) 叙述 (悪いことが)広まって, 流行して; (場所が)(悪いことで)満ち満ちて: run *rife* 蔓延(まんえん)する / 言い換え Corruption is *rife in* this country. = This country is *rife with* corruption. この国は汚職が横行している.

riff /ríf/ 名 ❶ C リフ《ジャズなどで反復演奏される短い楽節》. ❷ C (...についての)気のきいたことば (*on*).

rif·fle /rífl/ 動 他 (ページなど)をぱらぱらめくる.

+**ri·fle**[1] /ráɪfl/ 名 (~s /~z/) C **ライフル銃**《弾丸を回転させるため銃身の内側にらせん状の溝をつけた小銃》: fire a *rifle* ライフル銃で撃つ / load a *rifle* ライフル銃に弾を込める.

ri·fle[2] /ráɪfl/ 動 他 (盗むために)(机・引き出しなど)をすばやく探す, (...)から盗む. **ríflе through ...** [動] 他 (引き出しなど)をすばやく探す.

ri·fle·man /ráɪflmən/ 名 (-men /-mən/) C ライフル銃兵; ライフル銃の名手.

ríflе ràngе 名 C ライフル射撃場.

rift /ríft/ 名 ❶ C 切れ目; 裂け目, 割れ目. ❷ C (友人間などの)不和, ひび (*between, in, with*).

ríft vàlley 名 C 地溝.

+**rig**[1] /ríg/ 動 (rigs /~z/; rigged /~d/; rig·ging) 他 (市場・選挙など)を**不正操作する**, やらせ[八百長]をやる: *rig* an election 選挙(結果)を不正操作する.

rig[2] /ríg/ 動 (rigs; rigged; rig·ging) 他 (船)に(帆・索具などを)装備する; (...)に(~を)備え付ける: The ship has *been rigged with* new sails. その船には新しい帆が装備されている. **ríg óut** [動] 他《英略式》(...)に(変わった服装を)させる (*as, in*). **ríg úp** [動] 他《略式》(...)を急ごしらえする, 間に合わせに作る. — 名 ❶ C [普通は合成語で] 装置, 装備, 用具《一式》; 石油掘削装置 (oil rig). ❷ C 船の装備, 艤装(ぎそう). ❸ C《米略式》大型トラック.

rig·a·ma·role /rígəməròʊl/ 名 = rigmarole.

rig·ging /rígɪŋ/ 名 U〔航海〕索具《帆・マストを支えるロープ・鎖類》.

***__right__[1] /ráɪt/ ✪ -ght で終わる語の gh は発音しない. (同音 rite, Wright, write)

意味のチャート
元来は「真っすぐな」の意. →「正しい」
→ (道徳的に)「**正しい**」形 ❸ →「**正義**」名 ❷
→ (正義の主張) →「**権利**」名 ❶
→ (正確で)「**正しい**」形 ❶ →「**適当な**」形 ❷
→ (物事が)「**都合のよい**」形 ❹
→ (心身が)「**健康な**」形 ❺

— 形 (more ~; most ~) ❶ (答え・考えなどの点で) **正しい**, 正確な《⇒ correct 類義語》[⇔ wrong]: the *right* answer 正解 / What's the *right* time? 正確には何時ですか / You're ***right about*** that. +about+名 それについてはあなたの言うとおりです / Am I ***right in*** think*ing* (that) you'll support us? +in+動名 あなたは私たちを支持してくれると考えていいんですね.
❷ **適当な**, (最も)適切な, ふさわしい [≒proper] [⇔ wrong]: the ***right*** person ***for*** the ***right*** job 適材適所 / Is this tie ***right for*** a business meeting? +for+名 仕事の打合せに出るのにこのネクタイでいいでしょうか / Is this the *right* bus *for* Boston? ボストン行きはこのバスでよいのですか / She's the ***right*** person ***to*** turn to for advice. 彼女はアドバイスを求めるのにふさわしい人だ.
❸ [普通は 叙述] (道徳的に)**正しい**, よい, 正義の《⇒ correct 類義語》[⇔ wrong]: That was the ***right thing*** to do. それは正しい行動だった / You were ***right to*** refuse the offer of a bribe. +to 不定詞 あなたが贈賄の申し出を断わったのは正しかった 多用 / ***It's only right that*** parents (should) support their children. 親が子を養うのは全く当然だ《⇒ it[1] A 4》/ What you've said doesn't ***make it right*** ｢***to*** be [*that* you were] late for school. 君が今言ったことは学校に遅れた理由にはならないよ《⇒ it[1] B 3》. ❹ (状況・物が)正常な, 都合のよい, 申し分のない: Things are not *right* between them. 彼らの関係はうまくいっていない. ❺ 叙述 Ⓢ 健康な, 調子のよい; (精神が)健全な, まともな. ❻ 限定《英略式》(特に悪いものについて)全くの, 真の: a *right* idiot どうしようもないばか.

àll ríght ⇒ all right の項目 形.
Am I ríght? Ⓢ そうなんですね, ...だね《念を押したり, 確認を求めるときの言い方; ⇒ 副 5 (3)》.
be in the ríght plàce at the ríght tíme [動] 自 ちょうど運よくその場に居合わせる.
gét ... ríght [動] 他 (物事)を正しく理解する.
pút [sét]... ríght [動] 他 (物事)を正す, 正常な状態にする; (人)を治す; (人)の誤解を正す (*on*).
rìght enóugh [形] 申し分のない, 満足のいく.
Ríght you áre! [間] Ⓢ《英》いいですよ, わかりました.
Thàt's ríght. Ⓢ そのとおりです《相づちを打つときなど; ⇒ 副 5 (1)》.
— 副 ❶ [副詞・前置詞の前に用いて] (1) [意味を強めて] **ちょうど**, まさしく; 全く, すっかり; (...まで)ずっと: The car stopped *right* here. 車はちょうどここで止まった / He came *right* at the beginning of the game. 彼はちょうど試合が始まったときにやって来た / The apple is rotten *right* through. りんごはすっかり腐っている / Her skirt goes *right* down to her ankles. 彼女のス

R

カートは足首までもある.
⑵ **真っすぐに**, まともに: Go *right* on until you reach the church. 教会に着くまで真っすぐに行きなさい / He looked me *right* in the eye. 彼は私の目を直視した / You should go *right* home after school. 授業のあとは真っすぐに家へ帰りなさい.
⑶ **直(ただ)ちに**, すぐに: I'll be *right* back. Ⓢ すぐに戻ってきます / I'll be *right* there [with you]. Ⓢ (そっちへ)すぐ行きます / *Right* after lunch, I went shopping. 昼食後すぐ買い物に出かけた.
❷ **正確に**, 間違いなく [≒correctly] [⇔ wrong]; 適切に: She guessed *right*. 彼女の推測は当たった / He's in America now, if I remember *right*. 私の記憶が正しければ彼は今米国にいるはずだ.
❸ (道徳的に)**正しく**, 正当に [⇔ wrong]: He did *right*. 彼は正しく行動した. ❹ うまく, 望みどおりに: Everything is going *right for* him. 彼にとって万事うまく行っている. ❺ [間投詞的に] Ⓢ ⑴ [相づち] そのとおりです《⇒ That's right. (形 成句)》; [命令などに対して] わかりました, オーケー [≒all right]: 🗨 "Come and help me." "*Right*." 「ここに来て手伝って」「いいよ」 ⑵ [しばしば命令文の前に用いて] 《英》 それじゃ《注意を引くため》: *Right*, push it from behind. さあ, うしろから押して. ⑶ [確認など] ...だね; いいね?, わかったね?《⇒ Am I right? (形 成句)》: You're leaving tomorrow, *right*? あす出発するんですよね.
àll ríght ⇒ all right の項目 副.
rìght awáy [副] **今すぐ**, さっそく《⇒ immediately 類義語》: Let's begin *right away*. さあさっそく始めよう.
rìght nów ⇒ now 成句.
rìght óff [副] = right away.
Ríght ón! [間] Ⓢ 《米》 そうだ, そのとおり, 賛成.
— 名 (rights /ráɪts/) ❶ C,U (法律・道徳上の)**権利**; [しばしば複数形で] (法律的な)権利, 利権: *rights* and duties 権利と義務 / basic human *rights* 基本的人権 / fight for equal *rights* for women 女性のために平等の権利を求めて奮闘する / a [the] ***right of*** arrest [veto] 逮捕[拒否]権 / a [the] ***right to*** sunlight 日照権 / You have the ***right to*** remain silent. +to 不定詞 あなたには黙秘権がある / the movie *rights to* the book その本の映画化権. 関連 copyright 著作権.
❷ U (道徳的に)**正しいこと**, 善, 正義, 公正 [⇔ wrong]: know *right* from wrong 善悪の区別がつく / do *right* 正しいことをする.
be in the ríght [動] 自 Ⓢ (人が)(行動などに関して)**正しい**, 間違っていない [⇔ be in the wrong].
be within one's **ríghts** [動] 自 (人が)(...するのは)権限内である, 当然である (*to* do).
by ríght [副] 《格式》 当然の権利として, 正当に.
by ríghts [副] 文修飾 Ⓢ 正しくは; 本来[本当]ならば《実際とは違うことを暗示する》.
hàve a [the] ríght to dó [動] ⑴ ...する権利がある《⇒ 1》. ⑵ ...すべき理由がある, ...しても当然である: She *has a* [*the*] *right to* be pleased [upset]. 彼女が喜ぶ[動揺する]のも無理はない《✪ 強調して have *every* right to do ともいう》.
in one's **ówn ríght** [副] [普通は形容詞・名詞に伴って] 生まれたときからの[当人の]権利で; 自分の力で; それ自体で, 独自に: Mary was a queen *in her own right*. メアリーは生まれたときから女王の権利を持っていた《王家の血をひく女王だった, の意》.
pút [sét] ... to ríghts [動] 他 (...)を整える, 直す; (...)を正常に戻す.
the ríghts and wróngs of ... [名] ...の真相, ...の実状. (形 ríghteous, ríghtful)
— 動 他 ❶ (不正など)を正す; (誤りなど)を直す: These wrongs must *be righted*. このような諸悪は正されなければならない. ❷ (...)を元の姿勢に戻す; 立て直す, 起こす: The boat *righted* itself. ボートはバランスをとり直した.

***right²** /ráɪt/ ✪ -ght で終わる語の gh は発音しない. (同音 rite, Wright, write)

意味のチャート
「適切な」《⇒ right¹》→ (両手のうちでより強い手) → 「右手」→「**右(の)**」❶

— 形 ❶ 限定 [比較なし] **右の**, 右手の, 右側の《略 r., R.》 [⇔ left]: my *right* hand [leg] 私の右手[脚] / Americans drive on the *right* side of the road. アメリカでは道の右側を運転する / take a *right* turn 右折する. ❷ (more ~, right·er /-ṭə | -tə/; most ~, right·est /-ṭɪst/) [しばしば R-] 〔政治〕 右翼の, 右派の [⇔ left].
— 副 [比較なし] **右に**, 右手に, 右側へ《略 r., R.》 [⇔ left]: Turn *right*. 右に曲がれ / KEEP RIGHT 右側通行《道路標識; 米国では自動車は右側通行》.
ríght and léft [副] ⑴ 左右に[へ]: He looked *right and left*. 彼は左右を見た. ⑵ 《米》 至る所で; あらゆる面で: spend money *right and left* 手当たり次第に金を使う.
ríght, léft, and cénter [副] 《英》 = right and left ⑵
— 名 (rights /ráɪts/) ❶ U [the ~ または所有格の後で] **右**, 右方, 右側《略 r., R.》 [⇔ left]: Go through the door ***on the*** [*your*] ***right***. 右手のドアから入ってください / The car turned ***to the right***. 車は右に曲がった / The bank is ***to the right of*** the library. 銀行は図書館の右側にある. 語法 一般に位置の意味では on, 方向の意味では to が多い.
❷ [the ~, the R-] [《英》 単数形でもときに複数扱い] 〔政治〕 **右翼**, 右派, 保守派《⇒ left¹ 名 参考》. ❸ C 右に曲がること, 右折: take [make] a *right* 右に曲がる. ❹ C 〔ボクシング〕 右手打ち.
ríght ángle 名 C 直角: at 「*right angles* [a *right angle*] (*to* ...) (...に)直角に.
right-an·gled /ráɪtǽŋgld←/ 形 限定 直角の: *right-angled* triangle 《英》 直角三角形.
right-click /ráɪtklìk/ 動 自 〔コンピュータ〕 (アイコンなどを)右クリックする (*on*).
righ·teous /ráɪʧəs/ 形 ❶ 《格式》 (人・行動が)正しい; 廉直な, 高潔な: *the righteous* 正しい人々《複数名詞のように扱われる; ⇒ the¹ 3》 / a *righteous* act 立派な行い. ❷ 《格式》 (憤りなどが)正当な, 当然な, もっともな: *righteous* indignation 義憤. (名 right¹)
~·ly 副 正しく; 高潔に. **~·ness** 名 U 正義; 高潔.
ríght fíeld 名 U 〔野球〕 ライト, 右翼《⇒ outfield》.
ríght fíelder 名 C 〔野球〕 ライト, 右翼手《⇒ outfielder》.
right·ful /ráɪtf(ə)l/ 形 限定 《格式》 正しい, 正当な; 合法の: the *rightful* heir 正当な相続人. (名 right¹)
right·ful·ly /ráɪtfəli/ 副 《格式》 正しく(は), 正当に; 文修飾 当然のことながら: She *rightfully* refused it. 彼女がそれを断わったのは当然だ.
+**right-hand** /ráɪthǽnd←/ 形 ❶ 限定 **右手の**, 右側の [⇔ left-hand]: a *right-hand* corner 右隅 / a *right-*

hand drive car 右ハンドルの車 / a building on the *right-hand* side 右側の建物. ❷ 限定 右手用の.

right-hand·ed /ráɪthǽndɪd←/ 形 ❶ 右ききの; 右きき用の [⇔ left-handed]. ❷ 右手による. — 副 右手で, 右打ちで.

right-hand·er /ráɪthǽndə | -də/ 名 ❶ C 右ききの人; 〔野球〕右腕投手 [⇔ left-hander]. ❷ C 〔ボクシング〕右のパンチ[ブロー].

ríght-hànd mán 名 [単数形で] (人の)右腕[片腕](となる者), 最も頼りになる人.

right·ist /ráɪṭɪst/ 名 C 右翼[右派]の人, 保守派の人 [⇔ leftist]. — 形 右翼の, 保守的な.

right·ly /ráɪtli/ 副 ❶ 正しく, 正当に; 正確に [≒ correctly]; 本当に. ❷ 文修飾 当然に, ...なのは当然だ: He was *rightly* punished. 彼が罰せられたのも当然だ. ❸ [普通は否定文で] Ⓢ はっきりとは, 確信をもって: 「I do*n't rightly* know [I ca*n't rightly* say] who she is. 彼女がだれなのかはっきりとは分からない. **and ríghtly só** [文の後で] Ⓢ そしてそれも当然だ. **ríghtly or wróngly** [副] 文修飾 正しいかどうかはともかく.

right-mind·ed /ráɪtmáɪndɪd←/ 形 [普通は 限定] (考え・精神の)まともな, 正常な, 健全な.

right·ness /ráɪtnəs/ 名 U 正しさ; 正義.

right-of-way /ráɪṭəvwéɪ/ 名 (複 rights-, ~s) ❶ U 通行優先権《車が十字路などで他の車に先行する権利》. ❷ U (他人の地所内の)通行権; C 通行権のある道路.

ríght tríangle 名 C 《米》 直角三角形 [《英》 right-angled triangle].

right·ward /ráɪtwəd | -wəd/ 副 形 右の方へ(の); (政治的に)右へ(の) [⇔ leftward].

right·wards /ráɪtwədz | -wədz/ 副 《英》 = rightward.

ríght wíng 名 ❶ [the ~; 《英》 単数または複数扱い]〔政治〕右翼, 右派, 保守派 [⇔ left wing]. ❷ C,U 〔スポーツ〕ライトウイング(の選手・ポジション).

+**right-wing** /ráɪtwíŋ←/ 形 〔政治〕 **右翼の**, 右派の, 保守派の [⇔ left-wing]; 〔スポーツ〕右翼の.

right-wing·er /ráɪtwíŋə | -ŋə/ 名 C 〔政治〕右派の人, 保守主義者 [⇔ left-winger]; 〔スポーツ〕右翼の選手.

+**rig·id** /rídʒɪd/ 形 ❶ [しばしば軽蔑的] **厳格な**, 厳しい [≒strict]; 頑固な, 融通のきかない: *rigid* rules 窮屈な規則 / Mrs. White is very ***rigid in*** her thinking. +in+名 ホワイト先生は頭が固い.
❷ **堅い**, 堅くて曲がらない, 硬直した [≒stiff]; 動かない, (表情などが)こわばった: a *rigid* smile こわばった笑み / He was ***rigid with*** terror. +with+名 彼は恐怖で動けなかった. (名 rigídity)

ri·gid·i·ty /rɪdʒídəṭi/ 名 U,C 堅さ; 硬直; 厳格. (形 rígid)

rig·id·ly /rídʒɪdli/ 副 厳格に; 頑固に; 堅く, 硬直して.

rig·ma·role /rígmərὸʊl/ 名 U 形式的でくだらない手続き; くだらない長話.

rig·or, 《英》 **rig·our** /rígə | -gə/ 名 ❶ C [普通は the ~s] (気候などの)厳しさ; (生活などの)苦しさ, 困苦. ❷ U 《格式》 (法律・処罰などの)厳しさ, 厳格さ. ❸ U (学問上の)厳密さ.

rig·or mor·tis /rígəmɔ́ətɪs | -gəmɔ́ː-/ 名 U 〔医学〕死後硬直.

rig·or·ous /ríg(ə)rəs/ 形 ❶ 厳密な, 精密な. ❷ 厳しい, 厳格な《⇒ strict 類義語》. **~·ly** 副 厳密に, 精密に; 厳しく.

rile /ráɪl/ 動 他 《略式》 (人)を怒らせる (*up*).

rim /rím/ 名 ❶ C (丸い器・めがねなどの)縁(ふち), へり: The *rim* of this cup is chipped. このカップの縁はかけている. ❷ C (車輪の)外枠, リム. — 動 (rims; rimmed; rim·ming) 他 《格式》 (...)の縁[へり]を取り巻く.

rime /ráɪm/ 名 U 《文語》 霜, 白霜.

rim·less /rímləs/ 形 (めがねが)縁なしの.

-rimmed /rímd←/ 形 [合成語で] ...の縁の: gold-*rimmed* glasses 金縁めがね.

rind /ráɪnd/ 名 U,C (果物・ベーコン・チーズなどの)皮, 外皮《⇒ skin 表》.

**ring[1] /ríŋ/ (同音 wring)

— 名 (~s /~z/) ❶ C **指輪**; 輪形の飾り《耳輪・首輪など》: She has [is wearing] a diamond *ring* on her finger. 彼女はダイヤの指輪をはめている《⇒ wear 表》 / put on a *ring* 指輪をはめる《⇒ put on (put 句動詞)表》 //⇒ earring, engagement ring, wedding ring.
❷ C **輪**, 環; 輪形のもの; (目の)くま; 人[物]の輪: the (growth) *rings* of [in] a tree 木の年輪 / a key *ring* (輪形の)キーホルダー / the *rings* of Saturn 土星の環 / sit in a *ring* 輪になって座る. ❸ C (ボクシングなどの)リング; 円形の競技場《競馬場など》; (サーカスの)円形演技場; [the ~] プロボクシング(界). 関連 links ゴルフ場 / rink スケートリンク. ❹ C 徒党, 一味: a spy *ring* スパイの一味.
fórm a ríng with one's **fíngers** [動] 自 指を丸めて輪を作る《万事うまくいっていることを表わす》. 参考 米国人は okay と言いながらこのしぐさをすることが多い《⇒ okay 挿絵》.
rùn ríngs aròund [ròund] ... [動] 他 《略式》 ...より早く[手ぎわよく](仕事などを)する.
— 動 他 (...)を丸く取り囲む; 《英》 丸[円]で囲む.

**ring[2] /ríŋ/ (同音 wring)

— 動 (rings /~z/; 過去 rang /rǽŋ/; 過分 rung /rʌ́ŋ/; ring·ing) 自 ❶ (ベル・鈴・鐘などが)**鳴る**, 響く: As I was having lunch, the phone *rang*. 私が昼食を食べているとき電話が鳴った / The bell ***rang for*** lunch. V+for+名 昼食のベルが鳴った.
❷ **鐘[鈴]を鳴らす**; (ベルを鳴らして)(人を)**呼ぶ**, (物などを)頼む: Somebody *rang* at the door. だれかが戸口でベルを鳴らした / Did you *ring*, sir? お呼びになりましたか《ベルで呼ばれたボーイなどのことば》 / He ***rang for*** the maid. V+for+名 彼はベルを鳴らしてメイドを呼んだ. ❸ 《主に英》 **電話をかける** [≒call]: She ***rang for*** a taxi. V+for+名 彼女は電話でタクシーを呼んだ. ❹ 《文語》 (場所が...で)鳴り響く, 響き渡る; (評判などが)響き渡る: The room *rang with* their laughter. 部屋に彼らの笑い声が響いた. ❺ ...の音(ね)がする; ...らしく聞こえる: *ring* true [hollow] 本当のように[しらじらしく]聞こえる. ❻ 耳鳴りがする: My ears are *ringing*. 耳鳴りがします.
— 他 ❶ (ベル・鈴・鐘など)を**鳴らす**, 打つ; (ベルなど)を鳴らして(...を)呼ぶ[持って来させる]: Please *ring* the bell. ベルを鳴らしてください / She ***rang*** the bell ***for*** the nurse. V+O+for+名 彼女はベルを鳴らして看護師を呼んだ.
❷ 《主に英》 (...)に**電話をかける** [≒call]: She *rang* me at eight. 彼女は 8 時に私に電話してきた. ❸ (鐘などを鳴らして)(時)を告げる.

ríng in one's **éars [héad]** [動] 自 (人のことばなどが)耳に残る, 記憶に残る.

ring の句動詞

+**ríng báck** 動 他 《英》(電話をくれた人)に**後から[折り返し]電話をする** [≒call back] V+名·代+*back*: I'll *ring* you *back* as soon as possible. できるだけ早く折り返しお電話します.

— 自 《英》 **後で[折り返し]電話をする** [≒call back]: "He isn't here right now." "I'll *ring back* later." 「彼は今席を外しています」「では後ほどかけ直します」

ríng ín 動 他 (新年など)を鐘を鳴らして迎える《⇒ ring out 他》. — 自 《英》 会社などに電話を入れる: *ring in* sick 病気で休むと電話を入れる.

ríng óff 動 自 《英》 電話を切る.

ríng óut 動 自 (声などが)響き渡る, 鳴り響く.

— 他 (行く年など)を鐘を鳴らして送る《⇒ ring in 他》.

*__ríng úp__ 動 他 ❶ 《主に英》(...)に**電話をかける** [≒call up] V+名·代+*up* / V+*up*+名: I'll ask him to *ring* you *up*. あなたに電話をかけるように彼に伝えます. ❷ (売上全額)をレジスターに打ち込む.

— 名 (~s /~z/) ❶ C (ベル·鈴·鐘などを)**鳴らすこと; (りーんと)鳴る音**; 響き: He answered the phone *on* the fifth *ring*. 彼は5回めの呼び出し音で電話に出た. ❷ [a ~] 《英略式》 **電話をかけること** [≒call]: Give me a *ring* tomorrow morning. 明日の朝電話をください. ❸ U または a ~] 響き; 調子: His voice had *a* familiar *ring*. 彼の声には聞きおぼえがあった / What he said had the [*a*] *ring of* truth about it. 彼のことばには真実味があった.

ríng bìnder 名 C リングバインダー《ルーズリーフを輪でとじるもの》.

ring·er /ríŋɚ | -ŋə/ 名 ❶ C 鈴を振る人, (教会の)鐘を鳴らす人. ❷ C 《米》(競技などの)替え玉.

a déad ríngeŕ (for ...) [名] 《略式》 (...に)よく似た人, (...の)そっくりさん.

ring-fence /ríŋfèns/ 動 他 (金)を(ある用途のために)とっておく, (金)の用途を限定する.

ríng fìnger 名 C (特に左手の)薬指《結婚指輪 (wedding ring) をはめることから; ⇒ hand 挿絵》.

ring·ing /ríŋɪŋ/ 形 限定 ❶ 鳴り響く, 響き渡る. ❷ (声明などが)明確な, 力強い.

ring·lead·er /ríŋlìːdɚ | -də/ 名 C [普通は悪い意味で] 首謀者, 張本人.

ring·let /ríŋlət/ 名 C [普通は複数形で] 巻き毛.

ring-pull /ríŋpʊ̀l/ 名 C 《主に英》 (缶の)引き開けリング [《米》 (pull) tab].

ríng ròad 名 C 《英》 = beltway 1.

ring·side /ríŋsàɪd/ 名 U [しばしば the ~] リングサイド《ボクシング場·サーカス場などの最前列の席》.

ring·tone /ríŋtòʊn/ 名 C (携帯電話の)着信音.

ring·worm /ríŋwɚ̀ːm | -wə̀ːm/ 名 U 白癬(はくせん)《たむし·水虫など》.

rink /ríŋk/ 名 C スケートリンク, アイス[ローラー]スケート場, アイスホッケー場. 関連 links ゴルフ場 / ring ボクシング[レスリング]用リング.

rinse /ríns/ 動 他 (...)をすすぐ, ゆすぐ; (汚れなど)をすすぎ落とす, 洗い落とす (*out, off, away*): The dentist told me to *rinse* (*out*) my mouth. 歯医者は私に口をゆすぐように言った / *Rinse* all the shampoo *from* [*out of*] your hair. 髪からシャンプーをよく洗い落としなさい. 関連 wash 洗う / wipe ふく. — 名 ❶ C すすぎ, ゆすぎ: Give these shirts a good *rinse*. このシャツをよくゆすぎなさい. ❷ U,C すすぎ液, リンス液. ❸ U,C 染毛剤.

Ri·o de Ja·nei·ro /ríːoʊdeɪʒənéə(ə)roʊ | -dədʒəníər-/ 名 固 リオデジャネイロ《ブラジル中南部の大西洋に臨む港市》.

Ri·o Gran·de /rìːoʊgrǽnd(i)/ 名 固 [the ~] リオグランデ川《米国とメキシコとの国境を成す川》.

*__ri·ot__ /ráɪət/ 名 (ri·ots /-əʦ/) ❶ C **暴動**, 一揆(いっき); 騒動: a race *riot* 人種暴動 / put down a *riot* 暴動を鎮圧する / 「A *riot* broke out [There was a *riot*] in the jail. 刑務所で暴動が起こった. ❷ [a ~] 《略式》 おもしろい人[物, 事]. ❸ [a ~] 多種多様, 多彩: *a riot of* color 色とりどり.

rùn ríot [動] 自 (1) 騒ぎ[暴れ]回る. (2) (想像力などが)奔放に働く. (3) (雑草などが)はびこる; (花が)咲き乱れる. (形 ríotous)

— 動 自 (...のことで)暴動を起こす; 騒ぐ (*over*).

ríot àct 名 [次の成句で] **réad ... the ríot àct** [動] (人)に強く警告する.

ri·ot·er /ráɪəṭɚ | -tə/ 名 C 暴徒.

ri·ot·ing /ráɪəṭɪŋ/ 名 U 暴動; 騒動.

ri·ot·ous /ráɪəṭəs/ 形 ❶ 《格式》 暴動の. ❷ 限定 飲み騒ぐ, 騒々しい. **~·ly** 副 騒々しく; きわめて.

ríot polìce 名 [複数扱い] 機動隊.

+**rip** /ríp/ 動 (rips /~s/; ripped /~t/; rip·ping) 他 ❶ (...)を**(引き)裂く** [≒tear]: *rip* the letter *up* V+O+副 手紙をずたずたに引き裂く / He *ripped* the envelope open. V+O+C (形) 彼は封筒を引き破って開けた. ❷ (...)をはぎ取る, 引きはがす, むしり取る (*from; away, down, out*).

— 自 裂ける, 破れる; ほころびる.

lèt it [her] ríp [動] 自 《略式》 (車·モーターボートなどを)ぶっ飛ばす.

lèt ríp [動] 自 《略式》 思いきりやる; 暴言をはく, 怒りをぶちまける.

ríp apárt [動] 他 (...)をばらばらに引き裂く; (...)の仲を裂く.

ríp ínto ... [動] 他 (1) (弾丸などが)...に食い込む. (2) ...を激しく攻撃する.

ríp óff [動] 他 (1) (...)を(乱暴に)はぎ取る. (2) 《略式》 (人)から法外な代金を取る, ぼる. (3) 《略式》 (...)を盗む, (考えなど)を盗用する; (人)から奪う.

ríp thróugh ... [動] 他 (あらしなどが)...を激しく通り抜ける.

— 名 (~s /~s/) C **裂け目**, ほころび [≒tear]: sew up the *rip in* the sleeve そでのほころびを縫う.

RIP, R.I.P. /áːàɪpíː | ɑ́ː(r)-/ 略 = rest in peace《⇒ rest[2] 動 自 5》.

ríp còrd 名 C (パラシュートの)開き綱.

+**ripe** /ráɪp/ 形 (rip·er; rip·est) ❶ (穀物·果物などが) **熟した**, 実った《⇒ 類義語》 [⇔ unripe]: *ripe* fruit 熟した果物 / *ripe* grain 実った穀物 / The apples aren't quite *ripe* yet. そのりんごは, まだ完全に熟しているわけではない. ❷ 叙述 [比較なし] 準備の整った, 機が熟した [≒ready]: The time is *ripe* 「*for* action [for us *to* act]. 今や行動に移る機は熟した. ❸ (年齢が)進んだ, 円熟した: live to a *ripe* old age 高齢まで生きる. ❹ (チーズ·ワインなどが)熟成した. (動 rípen)

類義語 **ripe** 十分熟して, 収穫したり食べたり使ったりするのに適した状態をいう: *ripe* oranges 熟した(食べごろになった)オレンジ. **mellow** 熟して柔らかくまろやかな状態を指す: *mellow* wine 芳醇(ほうじゅん)なワイン. **mature** 十分発育·生長して成熟した状態, または, ある過程を経て完成の域に達した状態をいう: a *mature* pianist 円熟したピアニスト.
〚語源 原義は「収穫の近い」; reap と同語源〛

rip·en /ráɪp(ə)n/ 動 自 (穀物・果物などが)熟す, 実る: Cherries *ripen* in early summer. さくらんぼは初夏に熟す. ― 他 (果物など)を熟させる, 実らせる; (...)を熟成させる: The sun *ripens* fruit. 日光で果物が熟する. (形 ripe)

ripe·ness /ráɪpnəs/ 名 U 熟していること.

rip-off /rípɔ̀ːf|-ɔ̀f/ 名 ❶ C [普通は a ～]《略式》法外に高いもの. ❷ C にせもの, にせの作品 (*of*).

ri·poste /rɪpóʊst/ 名 C《格式》当意即妙の答え, しっぺ返し. ― 動 自《格式》当意即妙に言い返す.

rip·ple /rípl/ 名 ❶ C さざ波, 小さい波; 波形. ❷ [a ～] さざ波のような音, (笑いなどの)さざめき: *A ripple of* laughter [applause] passed [ran] through the audience. 聴衆に笑い[拍手]のさざめきが起こった. ❸ [a ～] (不安・興奮などの) 波紋 (*of*). ― 動 (rip·ples; rip·pled; rip·pling) 他 (水面など)にさざ波を立たせる. ― 自 ❶ さざ波が立つ. ❷ さらさらと音を立てる; [副詞(句)を伴って] 波紋のように伝わる (*around, through*).

rípple effèct 名 C 波及効果.

rip-roar·ing /ríprɔ́ːrɪŋ←/ 形 限定《略式》騒々しい; どんちゃん騒ぎの.

⁑rise /ráɪz/

意味のチャート
基本的には「(低いものが)高くなる」の意.
→「立ち上がる」動 ❹ →「起床する」動 ❺
→「上がる」動 ❶; 「上がること」名 ❸
→ (数・量・程度が)「増す」動 ❷; 「上昇」名 ❶
→ (高度が上がる) →「そびえ立つ」動 ❻ / →「上り道」名 ❹

― 動 (ris·es /～ɪz/; 過去 rose /róʊz/; 過分 ris·en /ríz(ə)n/; ris·ing) 自 ❶ **上がる**, 上昇する; (幕などが)上がる [⇔ fall]; (煙などが)立ち昇る, (鳥・飛行機などが)飛び立つ (*up*); (太陽・月・星が)昇る, 出る [⇔ set]: Smoke ***rose from*** the factories. V+前+名 工場から煙が上がった / The curtain *rises* at 6:00 p.m. (芝居の)幕は午後 6 時に上がる《6 時開演だ》/ The sun [moon] *rises in* the east. 太陽[月]は東から昇る《✪ rise from the east は誤り》. ⚡ rise に相当する 他 は raise (上げる).

❷ (数・量・程度が)**増す, 増大する**, 増加する; (温度・値段・水位などが)**上がる**, 高くなる, 上昇する; (風・嵐が)強まる [⇔ fall]; (パン生地などが)ふくれる: Prices have ***risen*** sharply [***by*** 5%] during the past year. V+*by*+名 過去 1 年間に物価が急激に[5%]上がった / Ocean temperatures are *rising*. 海水温が上がっている / The yen is *rising against* the dollar. ドルに対して円高が進んでいる.

❸ **昇進[出世]する**, 地位[評判]が上がる: ***rise to*** fame [power] V+*to*+名 有名になる[政権をとる] / He *rose* from poverty to become a millionaire. 彼は貧しい中から出世してお金持ちになった.

❹《格式》**立ち上がる** [≒stand up]; 起き上がる: He ***rose from*** his chair to welcome me. V+*from*+名 彼はいすから立ち上がって私を迎えた / ***rise to*** one's ***feet*** 立ち上がる《⇒ foot 成句の囲み》.

❺《文語》**起床する** [≒get up]: He *rose* earlier than usual that morning. 彼はその朝いつもよりも早く起床した.

❻ [進行形なし] (建物・山などが)**そびえ立つ** (*up*); (土地が)高くなる: Mt. Everest ***rose above*** the clouds. V+*above*+名 エベレスト山は雲の上にそびえていた / The tower *rises* 200 meters. その塔は高さが 200 メートルある.

❼ **反乱を起こす**, 謀反(むほん)を起こす: They ***rose*** (***up***) ***against*** the despot. V(+*up*)+*against*+名 彼らは独裁者に対して反乱を起こした. ❽ (音・声などが)聞こえてくる, 上がる, 大きくなる; (感情などが)高まる, わき起こる: His voice *rose* in anger. 怒って彼の声は高くなった / She felt anger *rising* (*up*) inside her. 彼女は怒りが込み上げてくるのを感じた. ❾ (...に)応じる, 対処する; (相手の挑発などに)反応する: *rise to* the occasion 臨機応変の処置をとる / *rise to* the challenge 難問に対処する. ❿ [進行形なし] 源を発する; 生ずる; 発生する, 起こる: The Mississippi *rises in* Minnesota. ミシシッピー川はミネソタ州に源を発する.

ríse abòve ... [動] 他 (1) ...を超越する, 無視する; ...を克服する. (2) ...の域を脱する, ...より勝る.

Ríse and shíne. Ⓢ さっさと起きなさい.

ríse from the déad [gráve] [動] 自 生き返る.

― 名 (ris·es /～ɪz/) ❶ C (数量などの)**増加**, 増大; (物価・温度などの)**上昇**, 騰貴(とうき) [⇔ fall]; 《英》昇給, 賃上げ [《米》raise]: a ***rise in*** crime [unemployment] 犯罪[失業]の増加 / a *rise in* temperature 温度の上昇 / There was a gradual *rise in* prices last year. 昨年は徐々に物価が上がった / a *rise in* wages = a wage *rise* 賃金の上昇.

❷ [単数形で] **昇進, 出世**, 向上; 興隆 [⇔ fall]: ...'s ***rise to*** fame [power] (人)の名声[政権]の獲得 / the ***rise of*** fascism ファシズムの台頭 / the ***rise and fall of*** the Roman Empire ローマ帝国の栄枯盛衰.

❸ C **上がること**, 上昇 [⇔ fall]: the *rise* and fall of the tide 潮の満ち干. 関連 sunrise 日の出.

❹ C **上り道[坂]**; 高い所, 小山, 高台: There's a gentle *rise* from here to the station. ここから駅に向かって緩(ゆる)やかな上り坂になっている.

gèt a ríse òut of ... [動] 他《略式》(わざと)(人)をからかって怒らせる.

gìve ríse to ... [動] 他《格式》(好ましくないこと)**を起こす**, ...を生ずる: His conduct *gave rise to* another problem. 彼の行為はまたもややっかいなことを引き起こした.

⁑ris·en /ríz(ə)n/ 発音 動 rise の過去分詞.

ris·er /ráɪzə|-zə/ 名 ❶ C 起床する人; [前に形容詞をつけて] 起きるのが...の人: an *early riser* 早起きの人 / a *late riser* 朝寝坊. ❷ C〘建築〙(階段の)け上げ《⇒ flight[1] 挿絵》. ❸ [複数形で]《米》(舞台の)ひな壇.

ris·i·ble /rízəbl/ 形《格式》こっけいな, 笑うべき.

***ris·ing** /ráɪzɪŋ/ 形 ❶ 限定 **発展しつつある**, 興隆する; 増加[増大]する: the *rising* middle class 新興中産階級 / a *rising* star 新進のスター / the *rising* generation 《英》(次代を担う)若い世代. ❷ 限定 (太陽や月が)昇りかけている: the *rising* sun 朝日. ❸ 限定 上り坂の, 高くなる: a *rising* slope 上り坂. ― 名 C 反乱, 謀反(むほん) [≒uprising].

⁑risk /rísk/

― 名 (～s /～s/) ❶ U,C **危険(性)**, リスク; (事故の)恐れ《⇒ danger 類義語》: reduce the ***risk of*** fire 火事の危険を減らす / There's a ***risk*** 「***of*** losing [***that***

you'll lose] your way in the woods. [+of+動名 [+that 節]] この森では道に迷う危険があります / That's not worth the *risk*. それは危険を冒してまですることではない.
❷ Ⓒ **危険なこと[物, 人]**: a health *risk* 健康を害する危険要因 / a ***risk to*** national security 国家の安全を脅かす危険因子 / Travelers used to face a lot of *risks*. 旅人は昔は多くの危険な目にあったものだ. ❸ Ⓒ (ある危険度の)被保険者[物]: a good [bad, poor] *risk* 危険の少ない[多い]被保険者.
at one's ówn rísk [副] 自分の責任において: Enter *at your own risk*. 自らの責任で立ち入ること《「立入禁止」の意味の掲示》.
at rísk [形] **危険にさらされて(いる)**: Smokers are *at* high *risk of* develop*ing* cancer. 喫煙者は癌になる危険性が高い / put one's life *at risk* 命を危険にさらす.
at the rísk of ... [前] **...の危険を冒(おか)して, ...する恐れを覚悟の上で**: He helped her *at the risk of* his life. 彼は命を賭(か)けて彼女を助けた.
rùn [tàke]「a rísk [rísks] [動] ⾃ **危険を冒す**《✪ take は勇気・積極性を含意する》: You can't succeed in business without *taking risks*. 商売では危険を冒さないと成功しない.
rùn [tàke] the rísk of ... [動] ⑯ ...の危険を冒す: I don't want to *run the risk of* los*ing* my job. 私は職を失うような危険を冒したくない. (形 rísky)
— 動 (risks /~s/; risked /~t/; risk·ing) ⑯ ❶ (大事なもの)を**危険にさらす**; (命・金など)を(...に)**賭(か)ける** (*on*): You'll *risk* your health if you smoke. 喫煙はあなたの健康を損なう危険があります / He ***risked*** his life ***to*** save the child. [V+O+to 不定詞] 彼はその子を救うために自分の命を賭けた.
❷ (悪い結末)の**危険を冒(おか)す**: *risk* defeat 負ける危険を冒す / You *risk* catch*ing* a cold (by) dressing like that. [V+O (動名)] そんな服装をしているとかぜをひきかねないよ. ❸ (危険なこと)をあえてする, 思い切ってやってみる: I don't want to *risk* travel*ing* alone in that area. その地域を一人で旅することなどあえてしたくない.

rísk fàctor 名 Ⓒ〔医学〕危険因子, リスクファクター《疾病の発現を促す要因》.

risk·i·ness /rískinəs/ 名 Ⓤ 危なっかしさ.

+**risk·y** /ríski/ 形 (risk·i·er, more ~; -i·est, most ~) (行動などが)**危険な**, 危なっかしい; 冒険的な: a *risky* business 危険な事 / Your project is too *risky*. あなたの計画は危険すぎる. (名 risk)

ri·sot·to /rɪsɔ́:ṭoʊ | -zɔ́t-/ ≪イタリア語から≫ 名 (~s) Ⓒ,Ⓤ リゾット《米を野菜・肉などと煮込んだイタリア料理》.

ris·qué /rɪskéɪ | ríske ɪ/ 形 (冗談などが)きわどい.

+**rite** /ráɪt/ 名 (rites /ráɪts/) Ⓒ **儀式**, 儀礼: (the) burial [funeral] *rites* 葬儀 / a *rite* of passage 通過儀礼《成人・結婚など人生の節目に行なう儀式》, 人生の節目(となる重大事・試練) / the last *rites* 臨終の儀式. (形 rítual)

+**rit·u·al** /rítʃuəl/ 名 (~s /~z/) ❶ Ⓒ,Ⓤ **儀式**, 祭式: a religious *ritual* 宗教的な儀式. ❷ Ⓒ,Ⓤ (日常の)決まった習慣. — 形 ❶ [限定] 儀式[祭式]の. ❷ [限定] 儀礼的な; 恒例の. (名 rite)

rit·u·al·is·tic /rìtʃuəlístɪk←/ 形 儀式の, 儀式を重んずる.

ritz·y /rítsi/ 形 (ritz·i·er; ritz·i·est)《略式》豪華な, 高級な.

⁑ri·val /ráɪv(ə)l/
— 名 (~s /~z/) ❶ Ⓒ **競争相手, ライバル**; 好敵手 《⇒ competitor》: a business *rival* 商売がたき / a ***rival in*** love 恋がたき / Mike and Dick are ***rivals for*** (the position of) catcher. マイクとディックはキャッチャーのポジションを争っている.
❷ [形容詞的に] **競争する**, 対抗する: a *rival* team 競争相手のチーム.
— 動 (ri·vals /~z/; ri·valed, 《英》 ri·valled /~d/; -val·ing, 《英》 -val·ling) ⑯ (...)と**対抗する**; (...)に匹敵する: Bicycles can't ***rival*** motorbikes ***for*** speed. [V+O+for+名] 自転車はスピードではオートバイと勝負にならない. (名 rívalry)
〖語源 ラテン語で「同じ川を使う者」の意; ⇒ arrive キズナ〗

+**ri·val·ry** /ráɪv(ə)lri/ 名 (-val·ries) Ⓤ,Ⓒ **競争**, 対抗: There's a bitter [friendly] ***rivalry between*** the two sisters. そのふたりの姉妹の間には激しい[友好的な]ライバル意識がある. (動 ríval)

riv·en /rív(ə)n/ 形 [叙述]《格式》(国・組織などが)(争いなどで)引き裂かれた, 分裂した (*by, with*).

⁑riv·er /rívɚ | -və/
— 名 (~s /~z/) ❶ Ⓒ **川**《略 R.; ⇒ 類義語》: We went「fishing ***in*** [rowing ***on***] the ***river***. 私たちは川へ魚釣りに[ボートをこぎに]行った / sail ***up*** [***down***] (a) ***river*** 川を船で上る[下る] / We walked along the *river*. 私たちはその川に沿って歩いた / a house on the *river* 川沿いの家 / on both sides of the *river* 川の両岸に / *river* traffic 河川交通. 語法 川の名称を言うとき《米》では the Colorado *River* (コロラド川), 《英》では the *River* Thames (テムズ川)の語順になる. ❷ Ⓒ 多量の流れ: a *river* of tears [blood]《文語》涙[血]の川《多くの涙[血]》.

類義語 **river** 比較的大きい川のことで, 通常, 海や湖などに直接流れ込むものをいう. **stream** 俗に *brook* と同じように小川を指すのに用いられることが多いが, *river* や *brook* をひっくるめて川に対する一般的な語としても用いられる. **brook** 比較的小さい川のことで, 普通は水源から *river* に至るまでの, 谷間や草原の間を流れるもの. 文語的な語.

〖語源 ラテン語で「川岸」の意; ⇒ arrive キズナ〗

riv·er·bank /rívɚbæ̀ŋk | -və-/ 名 Ⓒ 川岸.

ríver bàsin 名 Ⓒ (川の)流域.

riv·er·bed /rívɚbèd | -və-/ 名 Ⓒ 川床, 河床.

riv·er·side /rívɚsàɪd | -və-/ 名 ❶ [the ~] 川辺, 川岸. ❷ [形容詞的に] 川辺の, 川岸の.

riv·et /rívɪt/ 名 Ⓒ びょう, リベット. — 動 ⑯ ❶ (...)をびょう[リベット]で留める. ❷ (人)をくぎづけにする: I stood *riveted to* the spot. 私はその場に(くぎづけにされたように)立ち尽くした. ❸ (視線・注意など)を集中させる, 引き付ける: Her eyes *were riveted on* [*to*] the screen. 彼女の視線はスクリーンにくぎづけになっていた.

riv·et·ing /rívɪṭɪŋ/ 形 興味を引きつける, 非常におもしろい.

Ri·vi·er·a /rìvié(ə)rə/ 名 [the ~] ⾃ リビエラ《南フランスから北イタリアに至る地中海沿岸の避寒地》.

riv·u·let /rívjʊlət/ 名 Ⓒ《格式》小川, 細い流れ.

Ri·yadh /ri(j)ɑ́:d | rí:æd/ 名 ⾃ リヤ(ー)ド《サウジアラビアの首都》.

RN /ɑ́ɚén | ɑ́:(r)én/ 略 ❶ = registered nurse. ❷《英》= Royal Navy.

RNA /ɑ́ɚènéɪ | ɑ́:(r)èn-/ 名 Ⓤ〔生化学〕リボ核酸《*r*ibo*n*ucleic *a*cid の略》.

+**roach** /róʊʧ/ 名 (~·es /~ɪz/) C 《米略式》 **ごきぶり** (cockroach).

***road** /róʊd/ (同音 rode)

— 名 (roads /róʊʣ/) ❶ C **道路**, 道, 車道; (都市と都市を結ぶ)街道: a main *road* 主要道路 / the *road to* London ロンドンへの道 / walk *up* [*down*, *along*] a *road* 道を歩いていく / travel *by road* 陸路で旅行する (⇒ by 前 2 語法) / There was a dead cat *on* the *road*. 路上に猫が死んでいた. 語法 on は単に「道路上で」の意味だが, in を使った場合は「道路に入り込んで」,「じゃまになって」という気持ちが強い (⇒ in the way (way¹ 成句)) // cross a *road* 道を横断する / This *road* goes [leads] to the station. この道を行けば駅に出ます / Will this *road* take me to the museum? この道を行けば博物館へ着きますか / a *road* accident 交通事故.

road (車両の通行のための道路)	道路
street (車道と歩道があり建物が並ぶ街路)	
avenue (比較的広い市街の街路)	
highway (都市と都市を結ぶ幹線自動車路)	
《米》expressway, freeway, superhighway, thruway; 《英》motorway (高速(自動車)道路, ハイウェー)	

❷ [R- として固有名詞の後につけて] **...通り**, ...街 (略 Rd.): We live *on* [《英》 *in*] Apple *Road*. 私たちはアップル通りに住んでいます / His address is 32 Green *Rd*. 彼の住所はグリーン通り 32 番です.

❸ C (成功などへの) **道**, 手段, 方法: Their first album put them *on the road to* success. 彼らの最初のアルバムが成功への道となった // ⇒ royal road.

(fúrther [sómewhere]) alòng [dòwn] the róad [副·形] 《略式》 これから先, 将来(のいつか).

hít the róad [動] 自 《略式》 (旅に)出(かけ)る.

on the róad [形·副] (1) (車に乗って)旅行中で; (劇団などが)地方巡業[地方回り]をして. (2) (成功・回復などに)向かっていて (*to*) (⇒ 3). (3) (車が)走行可能な.

óne for the róad [名] S (酒場などを出る前の)最後の一杯(の酒).

〖語源 元来は「馬で行くこと」の意; ride と同語源〗

road·block /róʊdblɑ̀(ː)k | -blɔ̀k/ 名 C (検問用の)路上バリケード; 《米》 じゃま物, 障害(物) (*to*).

róad hòg 名 C 《略式》 乱暴な運転手.

road·house /róʊdhàʊs/ 名 C 《古風, 米》 (郊外の)街道沿いレストラン[酒場].

road·kill /róʊdkɪ̀l/ 名 U 《米略式》 路上ではねられて死んだ動物.

róad màp 名 C 道路地図; 指針, 行程表 (*to*).

road·run·ner /róʊdrʌ̀nɚ | -nə/ 名 C みちばしり (米国南部の鳥; 地上をすばやく走る).

róad shów 名 C 地方巡業(団).

road·side /róʊdsàɪd/ 名 C [普通は the ~] 路傍, 道端; [形容詞的に] 路傍の, 道端の: a *roadside* restaurant ドライブイン (⇒ drive-in 日英).

róad sìgn 名 C 道路標識.

róad tèst 名 C 路上テスト (新車の実地の性能試験). — 動 他 (新車)を路上テストする.

róad trìp 名 C 《米》 自動車旅行; (スポーツチームの)遠征.

road·way /róʊdwèɪ/ 名 C [普通は the ~] 車道 (⇒ sidewalk).

road·work /róʊdwɚ̀ːk | -wə̀ːk/ 名 [《米》 U, 《英》 複数形で] 道路工事: ROADWORK(S) AHEAD この先道路工事中 (掲示).

road·wor·thy /róʊdwɚ̀ːði | -wə̀ː-/ 形 (車が)道路でうまく[安全に]走れる (⇒ seaworthy).

roam /róʊm/ 動 自 [副詞(句)を伴って] (あてもなく)歩き回る, ぶらつく, 放浪する: *roam around* [*through*] the forest 森の中を歩き回る. — 他 (...)を歩き回る, 放浪する.

roam·ing /róʊmɪŋ/ 名 U ローミング (通常の契約エリア外での携帯電話などの使用).

roan /róʊn/ 形 限定 (馬が)あし毛の (茶褐色に白または灰色の混じった色). — 名 C あし毛の馬.

+**roar** /rɔ́ɚ | rɔ́ː/ 動 (同音 《英》 raw) (roars /~z/; roared /~d/; roar·ing /rɔ́ːrɪŋ/) 自 ❶ (獣が)**ほえる** (⇒ cry 表 lion, tiger): The lions *roared*. ライオンがほえた.

❷ **ごう音を立てる**, とどろく; [副詞(句)を伴って] (車などが)**ごう音を立てて走る**: The north wind was *roaring* outside. 外では北風がごうごうと吹き荒れていた / The train *roared through* the tunnel. V+前+名 列車がごーっと音を立ててトンネルを通り過ぎた.

❸ **大声を立てる**, どなる, わめく; 大笑いする: The audience *roared with laughter*. 聴衆はどっと声を上げて笑った.

— 他 (...)を大声で言う[歌う]: *roar out* a command 大声で命令する.

róar báck [動] 自 (スポーツ・選挙などで)盛り返す.

— 名 (~s /~z/) ❶ C (獣の)**ほえる声**, うなり声: The lion gave a *roar*. ライオンはほえた.

❷ C (笑ったりどなったりする)**大きな声**; どよめき; (機械・風の)ごうごういう音, ごう音, とどろき: There was a *roar* of laughter. どっと笑いが起こった.

roar·ing /rɔ́ːrɪŋ/ 形 ❶ 限定 ほえる; ごう音をたてる; (火などが)燃えさかる: a *roaring* fire 燃えさかる火. ❷ 限定 《略式》 大繁盛の, 盛んな: a *roaring* success 大成功 / do a *roaring* trade 商売が繁盛する. — 副 《略式》 ひどく: be *roaring* drunk ひどく酔っている.

+**roast** /róʊst/ 動 (roasts /róʊsʦ/; roast·ed /~ɪd/; roast·ing) 他 ❶ (肉)を**焼く**, あぶる; 蒸し焼きにする; (豆など)をいる (普通はオーブンで焼いたり, じかに火に当てることに用いる; ⇒ cooking 囲み): take the *roasted* meat out of the oven 焼きあがった肉をオーブンから出す / He's *roasting* coffee beans. 彼はコーヒー豆をいっている.

roast (肉をじか火かオーブンで)	(食べ物を)焼く
broil 《米》, grill (肉や魚を焼き網などを使って直接火にかけて)	
barbecue (豚や牛を丸焼きにしたり, 辛いソースをつけて)	
bake (パン・菓子などをオーブンで)	
toast (パンなどの表面を)	

❷ 《略式》 (...)を(日光・火で)暖める. ❸ 《略式》 (人)

をきびしくしかる, 非難する; (冗談で)からかう, けなす.
— ⓐ 焼かれる, 焼ける; いられる.
— 名 (roasts /róusts/) C **焼いた肉**(のかたまり); 《米》(肉・野菜などを焼いて食べる)野外パーティー, バーベキュー; C,U 《米略式》 主賓を冗談でけなす宴会.
— 形 限定 焼いた, ローストにした; いった: *roast* chicken [beef] ローストチキン[ビーフ] / *roast* coffee いったコーヒー.

roast·ing /róustɪŋ/ 形 副 《略式》 焼けつくように(暑い): *roasting* hot 焼けるように暑い. — 名 [a ~] 《略式》 ひどくしかること: get *a roasting* うんとしかられる.

+**rob** /rá(:)b | rɔ́b/ 動 (robs /~z/; robbed /~d/; rob·bing) ⓣ ❶ (人)から(力ずくで)**奪う**, (人)を襲って(金品を)強奪する; (場所など)を**襲う**, 荒らす(⇒ steal 類義語). 語法 人や場所が目的語(受身のときは主語)となる. 物や金を目的語としない. その場合は steal を用いる: The man *robbed* the bank *of* 100,000 dollars. V+O+*of*+名 男は銀行から10万ドルを強奪した(⇒ of 14) / She *was robbed of* her purse. V+O+*of*+名の受身 彼女はハンドバッグを奪われた / A young man was arrested for *robbing* a convenience store. コンビニ強盗で若い男がつかまった. ❷ (人・物)から(能力などを)奪う: The shock *robbed* her *of* speech. ショックで彼女は口がきけなかった.
rób ... blínd [動] ⓣ 《略式》 (人)から大金を奪う.
rób Péter to páy Pául [動] ⓐ ある人から奪って別の人に与える, ある目的に必要な金を別の目的に流用する. (名 róbbery)

Rob /rá(:)b | rɔ́b/ 名 固 ロブ《男性の名; Robert の愛称》.

rob·ber /rá(:)bə | rɔ́bə/ 名 C 強盗, どろぼう《人》: a bank *robber* 銀行強盗.

+**rob·ber·y** /rá(:)b(ə)ri | rɔ́b-/ 名 (-ber·ies /~z/) U,C (力ずくで)**奪うこと**, 強奪; 強盗事件, 盗難事件; 〘法律〙 強盗罪: (an) armed *robbery* 武装強盗 / commit a bank *robbery* 銀行強盗を働く. (動 rob)

robe /róub/ 名 ❶ C [しばしば複数形で] 礼服, 官服, 法衣《すそまで垂れる長い緩やかな外衣; 特に官職などを示すために皇族・聖職者・大学教授・裁判官などが着る》. ❷ C 《主に米》 = bathrobe. — 動 ⓣ [普通は受身で] 《格式》 (人)に(礼服などを)着せる (*in*). 〖語源 原義は「略奪された服」; rob と同語源〗

Rob·ert /rá(:)bət | rɔ́bət/ 名 固 ロバート《男性の名; 愛称は Bert, Bob, Bobby または Rob》.

rob·in /rá(:)bɪn | rɔ́b-/ 名 ❶ C 《英》 ヨーロッパこまどり, ロビン《胸が赤い小鳥; 英国の国鳥》: Who killed Cock *Robin*? だれがこまどり殺したの《英国の童謡集 *Mother Goose's Melodies* の中の歌》. ❷ C 《米》 こまつぐみ《つぐみ (thrush) の一種》.

Rób·in Hòod /-hòd | -hód/ 名 固 ロビン フッド《英国の伝説的な12世紀ごろの義賊; 金持ちからだけ盗んで貧しい人たちに分け与えていたといわれる》.

Rob·in·son Cru·soe /rá(:)bɪns(ə)nkrú:sou | rɔ́b-/ 名 固 ロビンソン クルーソー《英国の作家デフォー (Defoe) の小説の主人公; 航海中に船が難破して無人島に漂着し, 冒険的な生活をした》.

+**ro·bot** /róuba(:)t | -bɔt/ ⚠アク 名 (ro·bots /-ba(:)ts | -bɔts/) C **ロボット**; 自動装置: industrial *robots* 産業用ロボット.

ro·bot·ic /roubá(:)ṭɪk | -bɔ́t-/ 形 ❶ 限定 ロボットの. ❷ (人が)ロボットのような, 機械的な.

ro·bot·ics /roubá(:)ṭɪks | -bɔ́t-/ 名 U ロボット工学.

+**ro·bust** /roubʌ́st, róubʌst/ 形 ❶ (人が)**たくましい**, **強い**, (物が)頑丈な; 元気のよい: a *robust* young man たくましい青年. ❷ (経済などが)健全[良好]な, 勢いのある; (言動が)確固[断固]とした. ❸ (ワインなどが)こくのある, 芳醇(ほうじゅん)な.

***rock**[1] /rá(:)k | rɔ́k/
— 名 (~s /~s/) ❶ U,C **岩**; 岩山, 岩壁: The house is built on hard *rock*. その家は堅い岩の上に建っている / volcanic *rock* 火山岩.
❷ C **岩石**, 大きな石(⇒ stone 類義語): A large *rock* fell and hit a climber. 大きな岩石が落ちて来て一人の登山者に当たった.
❸ C 《主に米》 **石**, 小石 [≒stone]: The demonstrators threw *rocks* at the police. デモ隊は警官隊に向かって投石した.
❹ [複数形で] **岩礁**(がんしょう), 暗礁: The ship hit the *rocks*. 船は暗礁にぶつかった. ❺ [単数形で] 頼りになる人. ❻ [普通は複数形で] 《略式》 宝石.
(as) sólid [stéady] as a róck [形] (1) (岩のように)しっかりした. (2) (人が)信頼するに足る.
be betwèen a róck and a hárd plàce [動] ⓐ (いやなこと・危険なことの)板ばさみになる.
on the rócks [形・副] (1) 《略式》 破滅しかけて; 破綻(はたん)しかかって. (2) 《略式》 (ウイスキーなどが)オンザロックの: Scotch *on the rocks* オンザロックのスコッチウイスキー. 日英 日本語の「オンザロック」と違って rocks と複数形となる. (形 rócky)

rock[2] /rá(:)k | rɔ́k/ 動 ⓣ ❶ (前後または左右に)(...)を揺り動かす, 揺らす [≒swing]; 揺すって...させる: The baby's mother *rocked* it *to* sleep. 母親は赤ん坊を揺すって寝かしつけた. ❷ (人々)を激しく動揺させる, びっくりさせる; (会社・政府など)を揺さぶる: *rock* ...'s world (人)の世界を揺さぶる, (人)に新しい見方[楽しみ]を与える. ❸ (爆発・地震などが)(建物・地域など)を激しく振動させる [≒shake]. — ⓐ ❶ 揺れ動く: The boat *rocked* ⌈to and fro [from side to side]. ボートは前後[左右]に揺れた. ❷ 《略式》 ロック(音楽)にあわせて踊る. ❸ Ⓢ (人・物が)すごくいい. — 名 U ロック (rock music); = rock 'n' roll.

rock·a·bil·ly /rá(:)kəbìli | rɔ́k-/ 名 U ロカビリー《ロックとカントリーの要素をもつポピュラー音楽》. 〖語源 *rock* 'n' roll と hill*billy* music の混成語; ⇒ blend 名 3〗

róck and róll 名 U = rock 'n' roll.

róck bóttom 名 U (価格などの)どん底, 最低: hit [reach] *rock bottom* (価格などが)底をつく; (人が)どん底まで落ちる.

rock-bot·tom /rá(:)kbá(:)ṭəm | rɔ́kbɔ́t-←/ 形 限定 (価格などが)最低の: *rock-bottom* prices 底値.

róck cándy 名 U,C 《米》 氷砂糖《しばしば着色してひも・棒につけた形で売る》.

rock-climb·ing /rá(:)kklàɪmɪŋ | rɔ́k-/ 名 U 岩登り, ロッククライミング.

Rock·e·fel·ler /rá(:)kəfèlə | rɔ́kəfèlə/ 名 固 John Da·vi·son /déɪvɪsn/ ~ ロックフェラー (1839-1937)《米国の資本家・慈善事業家》.

rock·er /rá(:)kə | rɔ́kə/ 名 ❶ C 揺り軸. ❷ C 《主に米》 = rocking chair. ❸ C ロック歌手[ミュージシャン]; ロックファン. **óff** one's **rócker** [形] 《略式》 Ⓢ 気が狂って.

rock·er·y /rá(:)k(ə)ri | rɔ́k-/ 名 (-er·ies) C = rock garden.

*****rock·et** /rá(:)kɪt | rɔ́k-/ ⚠アク 名 (rock·ets /-kɪts/) ❶ C **ロケット**; ロケット弾; ロケットミサイル: launch a

rocket ロケットを打ち上げる. ❷ Ⓒ 打ち上げ花火: fire a *rocket* 花火を打ち上げる.
— 動 自 ❶ (数量・価格などが)急に上がる, 急増する (*up*). ❷ [副詞(句)を伴って] 突進する; 一気に(高い地位に)上がる.

rócket scìence 名 Ⓤ ロケット工学; 難しいこと.

rock·fall /rá(ː)kfɔ̀ːl | rɔ́k-/ 名 Ⓒ 落石(した石).

róck gàrden 名 Ⓒ ロックガーデン《岩や石の間に草花を配置した庭園》.

Rock·ies /rá(ː)kiz | rɔ́k-/ 名 固 複 [the ~] = Rocky Mountains.

róck·ing chàir /rá(ː)kɪŋ- | rɔ́k-/ 名 Ⓒ 揺りいす.

rócking hòrse 名 Ⓒ 揺り木馬.

róck mùsic 名 Ⓤ ロック(ミュージック) (rock)《ロックンロールに由来する強烈なビートの音楽》.

rock 'n' roll /rá(ː)k(ə)nróʊl | rɔ́k-/ 名 Ⓤ ロックンロール《特に 1950 年代からはやった米国のビートのきいたポピュラー音楽; ⇒ rock music》.

róck sàlt 名 Ⓤ 岩塩.

rock-solid /rá(ː)ksá(ː)lɪd | rɔ́ksɔ́l-/ 形 非常に硬い; きわめてしっかりした, 頼りになる.

rock·y /rá(ː)ki | rɔ́ki/ 形 (rock·i·er; -i·est) ❶ 岩の多い; 岩石からなる. ❷《略式》問題の多い, 困難な: get off to a *rocky* start 多難なスタートを切る / face a *rocky* road ahead 前途多難である. (名 rock[1])

Róck·y Móuntains /rá(ː)ki- | rɔ́ki-/ 名 固 複 [the ~] ロッキー山脈 (the Rockies)《北米西部の大山系》.

ro·co·co /rəkóʊkoʊ/ 形 [普通は 限定] ロココ式の《18 世紀フランスの華麗な建築・美術の様式》; 飾りの多い.

+**rod** /rá(ː)d | rɔ́d/ 名 (rods /rá(ː)dz | rɔ́dz/) ❶ Ⓒ [しばしば合成語で] (細くて真っすぐな)**棒**, さお, つえ: a curtain *rod* カーテンレール // ⇒ lightning rod. ❷ Ⓒ 釣りざお (fishing rod). ❸ Ⓒ《古風》むち; [the ~] むち打ち, せっかん: Spare *the rod* and spoil the child.《ことわざ》むちを惜しむと子供がだめになる(かわいい子には旅をさせよ).

***rode** /róʊd/ (同音 road) 動 ride の過去形.

ro·dent /róʊdnt/ 名 Ⓒ〔動物〕齧歯(げっし)類の動物《ねずみ・うさぎ・りすなど》.

ro·de·o /róʊdiòʊ/ 名 (~s) Ⓒ《米・カナダ》ロデオ《カウボーイの荒馬乗り, 投げ縄などの公開競技会》.

Ro·din /roʊdǽn | róʊdæŋ/ 名 固 **Au·guste** /ɔːgíst, -gʊ́st/ ~ ロダン (1840-1917)《フランスの彫刻家》.

roe /róʊ/ 名 Ⓤ,Ⓒ はららご, 魚卵; 魚精, しらこ.

roent·gen, rönt·gen /réntgən | rɔ́nt-/ 名 Ⓒ〔物理〕レントゲン《放射線量の単位》.

rog·er /rá(ː)ʤɚ | rɔ́ʤə/ 間 了解, オーケー《通信で相手の伝言を了解したことを伝えることば》.

Rog·er /rá(ː)ʤɚ | rɔ́ʤə/ 名 固 ロジャー《男性の名》.

rogue /róʊg/ 名 ❶ Ⓒ [親しみを込めてしばしばこっけいに] いたずら者, わんぱく小僧. ❷ Ⓒ《古風》悪党, 悪漢, ごろつき. — 形 ❶ 限定 (人・組織が)一匹狼的な. ❷ 限定 (動物が)群れからはぐれて狂暴な.

rogu·ish /róʊgɪʃ/ 形 [しばしばこっけいに] いたずらっぽい, ふざける, おちゃめな. **~·ly** 副 ふざけて.

ROK /rá(ː)k | rɔ́k/ 略 = the Republic of Korea《⇒ Korea》.

***role** /róʊl/ (同音 roll)
— 名 (~s /~z/) ❶ Ⓒ **役割**, 役目, 任務: the *role of* women *in* society 社会における女性の役割 / fulfill one's *role* 役割を果たす / take an active *role* 積極的な役割を果たす / Japan should play「an important [a key] *role in* maintaining world peace. 日本は世界平和を維持するために重要な役割を演じなければならない.
❷ Ⓒ (俳優の)**役**: a minor *role* 端役 / the leading [starring] *role* 主役 / play the *role* of Romeo. ロミオの役を演じる // ⇒ title role.
〖語源 原義は「役者のせりふを書いた巻物」; roll と同語源〗

róle mòdel 名 Ⓒ 手本(となる人).

role-play /róʊlplèɪ/ 名 Ⓤ,Ⓒ (語学学習などでの)役割演技. — 動 自 役割演技をする. — 他 (...)の役割演技をする.

róle revérsal 名 Ⓒ,Ⓤ (仕事・家事・育児における男女の)役割交替.

***roll** /róʊl/ (同音 role)
— 動 (rolls /~z/; rolled /~d/; roll·ing) 自

意味のチャート
ラテン語で「車輪」の意.「**転がる**」❶ →「(転がって)**進む**」❷ → (上下・左右に動く)
→「**揺れる**」「**流れる**」❸, ❹
→ (音が高く低くひびく) →「**ごろごろ鳴る**」❺

❶ [副詞(句)を伴って] (球・車輪などが)**転がる**, 転がっていく; (人・動物などが)転がる, 寝返りを打つ; (涙などが)流れる: The ball ***rolled into*** the stream. V+前+名 ボールは小川の中へ転がり込んだ / The baby ***rolled onto*** its stomach. 赤ちゃんは寝返りを打って腹ばいになった / Tears ***rolled down*** his cheeks. 涙が彼のほおを流れ落ちた.
❷ [副詞(句)を伴って] (車などが滑らかに)**進む**, 走る: The train ***rolled out of*** the station. V+前+名 列車は滑るように駅から出ていった.
❸ [副詞(句)を伴って] (波・雲などが滑らかに)**動く**, 流れる: The waves ***rolled***「***in to*** [***onto***] the beach. V+(副+)前+名 波が浜辺に打ち寄せた / The clouds are ***rolling away***. 雲が流れていく.
❹ (航空機・船が)**横[左右]に揺れる**《⇒ pitch[1] 動 自 3 表》: Our ship *rolled* badly in the storm. 私たちの船はあらしでひどく揺れた. ❺ (雷・太鼓が)ごろごろ鳴る: Thunder *rolled* in the distance. 遠くで雷がごろごろ鳴った. ❻ (カメラ・機械などが)作動する, 回る. ❼ (月日が)めぐる, たつ [≒pass]: Time *rolled on* [*by*]. 時が過ぎ去った. ❽ (目が)ぐるりと動く《驚き・いらだちなどの表情》. ❾ さいころを振る. ❿ Ⓢ 始める, 出発する: be ready to *roll* 始める[出かける]準備ができている / Let's *roll*. さあ始めよう[出かけよう].
— 他 ❶ [副詞(句)を伴って] (...)を**転がす**; 転がしていく[運ぶ], (車・手押し車など)を動かす: He ***rolled*** the tire ***to*** the car. V+O+前+名 彼はそのタイヤを自動車のところまで転がしてきた / ***roll*** the barrel ***down*** the slope たるを坂を転がして降ろす.
❷ (...)を(丸く)**巻く**, 丸める; 巻いて作る; (巻くように)くるむ, 包む [⇔ unroll]: She ***rolled*** the yarn ***into*** a ball. V+O+前+名 彼女は毛糸を巻いて玉にした / He ***rolled*** himself ***in*** a blanket. 彼は毛布にくるまった / *roll* one's own (cigarettes) 紙巻きたばこを巻いて作る. ❸ (道路など)を(ローラーで)ならす; (金属・パン生地など)を伸ばす: *roll* the lawn 芝生をローラーでならす / *roll* the lump of dough flat パン生地の固まりを平らに伸ばす. ❹ (航空機・船)を横[左右]に揺れさせる. ❺ (目)をぐるりと動かす《驚き・いらだち・非難などの表情》.

❻ (さいころ)を振る.
be rólling in móney [it, cásh] [動] ⑪《略式》金をうなるほど持っている.
gèt rólling [動] ⓐ (仕事・計画などが)進み出す.
... rólled ìnto óne ...を(1 つに)合わせた[兼ねた]: He's a painter, a businessman, and a novelist (all) *rolled into one*. 彼は画家であり実業家, 小説家でもある.

roll の句動詞
róll aróund [《英》**róund**] 動 ⓐ ❶ 転げ回る. ❷ (季節・休日などが)めぐってくる.
róll báck 動 ⑪ ❶ (...)を巻き返す, 巻き戻す. ❷《主に米》(物価など)を下げる, 元の水準に戻す. ❸ (敵など)を押し返す; (影響力など)を弱める.
+**róll dówn** 動 ⑪ ❶ (窓など)を**ハンドルを回して下げる** [⇔roll up]: Please *roll down* the window. (車の)窓を開けてください. ❷ (まくり上げていたそでなど)を下ろす.
róll ín 動 ⓐ ❶《略式》どんどん入ってくる[やって来る]; (予告なしに[遅れて])やって来る. ❷ (雲・霧などが)出る.
róll ón 動 ⓐ ❶ (月日が)過ぎ去る《⇒ ⓐ 7》. ❷ [命令文で] Ⓢ《英》(週末などが)早く来る: *Roll on* the holidays! 休みが早く来ないかな.
róll óut 動 ⑪ ❶ (練り粉など)を平らに伸ばす, (道路など)を(ローラーで)ならす; (巻いた物)を広げる, 伸ばす. ❷《主に米》(...)を作り[売り]出す. — ⓐ 転がり出る;《略式》(ベッドから)起き出す (*of*).
+**róll óver** 動 ⓐ ❶ **転がる**; 寝返りを打つ: The barrel *rolled over* and *over* until it hit a tree. たるはごろごろと転がっていって木に当たった. ❷《略式》簡単に負ける.
— ⑪ ❶ (人)を**転がす**: If you *roll* him *over* he'll stop snoring. 寝返りさせれば彼はいびきをかくのをやめるでしょう. ❷ (借金)の返済を繰り延べる; (資金)を再投資する.
+**róll úp** 動 ⑪ ❶ (...)を**巻き上げる**, まくり上げる; (窓など)を**ハンドルを回して上げる** [⇔roll down] [V+名・代+*up* / V+*up*+名]: *roll up* one's sleeves そでをまくり上げる《⇒ sleeve 成句》/ Please *roll up* the window. (車の)窓を閉めてくれ.
❷ (...)を**くるくる巻く**; くるむ [V+名・代+*up* / V+*up*+名]: He *rolled* his umbrella *up* tightly. 彼は傘をきちっと巻いた. — ⓐ ❶ (動物などが)丸くなる. ❷《略式》(遅れたりして)やって来る. ❸ [命令文で] Ⓢ《英》いらっしゃい《見せ物などの呼び込みで》.

— 名 (~s /~z/) ❶ Ⓒ **巻いた物**, ひと巻き: a *roll of* toilet paper トイレットペーパーのひと巻き.
❷ Ⓒ **巻いて作った[巻いた形の]物**《ロールパン・巻き菓子・肉巻き・巻きたばこなど; ⇒ bread 表》: a basket of warm *rolls* 温かいロールパンのひとかご分 / a cheese *roll*《英》チーズ入りロールパン / a *roll* of clouds 巻き雲 / *rolls of* fat on the stomach 腹の周りについた脂肪 // ⇒ jelly roll. ❸ Ⓒ [ときに R-] 名簿; 目録, 表: call [take] the *roll* (出席簿を読んで)出席をとる / the electoral *roll* 有権者名簿 / a *roll* of honor《英》栄誉者名簿《戦死者など》. ❹ Ⓒ (飛行機・船の)横揺れ, 左右動《⇒ pitch¹ 動 ⓐ 3 表》. ❺ Ⓒ 転がること, 回転(運動); (さいころの)ひと振り: do a forward *roll* 前転をする. ❻ [a ~] (雷・太鼓などの)ごろごろ鳴る音: *a* distant *roll of* thunder 遠雷のとどろき.

be on a róll [動] ⓐ《略式》(次々に)成功している, 順調である.
roll·back /róʊlbæ̀k/ 名 Ⓒ《主に米》(物価などの元の水準への)引き下げ.
róll càll 名 Ⓒ,Ⓤ 出席調べ, 点呼.
+**roll·er** /róʊlə | -lə/ 名 (~s /~z/) ❶ Ⓒ **ローラー**, 地ならし機; 圧延機; (こねた粉を押し伸ばす)めん棒. ❷ Ⓒ (運搬用の)ころ, (ピアノなどの)足車, キャスター. ❸ [普通は複数形で] ヘアカーラー. ❹ Ⓒ 大波, うねり.
Roll·er·blade /róʊləblèɪd | -lə-/ 名 Ⓒ ローラーブレード《車輪が 1 列のローラースケート靴; 商標》. — 動 [r-] ⓐ ローラーブレードで滑る.
róller còaster 名 ❶ Ⓒ (遊園地の)ジェットコースター. 日英「ジェットコースター」は和製英語. ❷ Ⓒ 激変, 激しい浮き沈み: be on an emotional *roller coaster* 感情の起伏が激しい.
róller skàte 名 Ⓒ [普通は複数形で] ローラースケート靴.
roll·er-skate /róʊləskèɪt | -lə-/ 動 ⓐ ローラースケート靴で滑る.
róller skàting 名 Ⓤ ローラースケート.
rol·lick·ing /rɑ́(ː)lɪkɪŋ | rɔ́l-/ 形 限定《古風》にぎやかな, 陽気な. — 名 [a ~]《英略式》叱責(しっせき), お目玉: give ... *a rollicking* ...をしかりとばす.
+**roll·ing** /róʊlɪŋ/ 形 ❶ 限定 (土地が)**ゆるやかに起伏している**: *rolling* hills なだらかに起伏する丘陵地帯. ❷ (物事が)段階的な, 定期的な.
rólling pìn 名 Ⓒ めん棒, のし棒《めん類やパンの生地を平らに伸ばす棒》.
rólling stòck 名 Ⓤ 鉄道の車両《機関車・客車・貨物の全体》.
rólling stóne 名 ❶ Ⓒ 転がる石: A *rolling stone* gathers no moss.《ことわざ》転がる石にはこけがつかない, 転石こけむさず. 参考 以前は「しばしば職業や住居を変える人は成功しない」という意味に使われていたが, 最近では「活動している[飛び回っている]人はいつも清新である」という意味に使う人が多い. ❷ Ⓒ《略式》住所[職業など]をよく変える人.
roll·out /róʊlàʊt/ 名 Ⓒ (新製品などの)初公開, 売り出し.
roll·over /róʊlòʊvə | -və/ 名 ❶ Ⓒ ロールオーバー, 資金の借りつなぎ. ❷ Ⓒ 車の転覆. ❸ Ⓒ《英》当選賞金の繰り越し.
Rolls-Royce /róʊlzrɔ́ɪs/ 名 Ⓒ ロールスロイス《英国製の高級車; 商標》; [the ~]《英》最高級品 (*of*).
ro·ly-po·ly /róʊlipóʊli⁻/ 名 (複 ~s, -po·lies) Ⓒ,Ⓤ《英》(ジャム入りの)渦巻きプディング. — 形 限定《略式》まるまる太った, ころころした.
ROM /rɑ́(ː)m | rɔ́m/ 名 Ⓒ〔コンピュータ〕ロム《読み出し専用記憶装置; *read-only memory* の略; ⇒ RAM》.
ro·man /róʊmən/ 形 ローマン体の; ローマ数字の: write in *roman* letters ローマン体で書く. — 名 Ⓤ ローマン体《普通の印刷字体》.
+**Ro·man** /róʊmən/ 形 ❶ (古代)**ローマの**; (古代)ローマ人の; ローマ帝国 (the Roman Empire) の; (現代の)ローマ(市)の: *Roman* citizens (古代)ローマ市民. ❷ = Roman Catholic. (名 Rome)
— 名 (~s /~z/) Ⓒ (古代)**ローマ人**; (現代の)ローマ市民:「When (you are) in [In] Rome, do as the *Romans* do.《ことわざ》ローマではローマ人たちがやる通りにしろ(郷(ごう)に入っては郷に従え).
Róman álphabet 名 [the ~] ローマ字.
+**Róman Cátholic** 形 **ローマカトリック教会の**《略

RC》: a *Roman Catholic* priest ローマカトリック教会の司祭. 関連 Protestant プロテスタント[新教]の.
— 名 C ローマカトリック教徒.

Róman Cátholic Chúrch 名 [the ~] ローマカトリック教会 (Catholic Church).

Róman Cathólicism 名 U ローマカトリック教.

+**ro·mance** /roʊmǽns, róʊmæns/ 名 (ro·manc·es /~ɪz/) ❶ C (短期間の)**恋愛関係**, ロマンス: a summer *romance* 《米》ひと夏の恋 / Rumor has it that he's having a ***romance with*** an actress. うわさによれば彼は女優と恋仲だそうだ.
❷ U **恋愛感情**; ロマンチックな気分[雰囲気]; わくわくする喜び, ロマン: There is no *romance* left in our relationship. 私たちの関係には恋愛感情は残っていない / the *romance of* travel 旅行の喜び, 旅のロマン.
❸ C **恋愛小説[映画]**; 空想小説, 伝奇物語. ❹ C (中世の)騎士(道)物語: *romances* about King Arthur アーサー王にまつわる騎士道物語. (形 romántic)
— 動 自 作り話をする, 誇張して話す (*about*).
— 他 《古風》(人)に言い寄る, (人)の気を引く.
〖語源 原義は「(学問的なラテン語でなく口語的な)ロマンス語 (Romance languages) で書かれたもの」〗

Ró·mance lánguages /róʊmæns-/ 名 複 ロマンス語《ラテン語系統の言語; フランス語・イタリア語・スペイン語・ポルトガル語・ルーマニア語など》.

Róman Émpire 名 固 [the ~] ローマ帝国. 参考 紀元前 27 年にアウグストゥス (Augustus) が建設した Rome を首都とする大帝国で, 395 年に東西に分裂した. 関連 Eastern [Western] Roman Empire 東[西]ローマ帝国.

Ro·man·esque /ròʊmənésk←/ 形 ロマネスク式の《中世初期ヨーロッパの建築様式; 丸形アーチ・太い柱・巨大丸天井が特徴》.

Ro·ma·ni·a /ruːméɪniə, roʊ-/ 名 固 ルーマニア《ヨーロッパ南東部の共和国; 首都 Bucharest》.

Ro·ma·ni·an /ruːméɪniən, roʊ-/ 形 ルーマニア(人[語])の. — 名 ❶ C ルーマニア人. ❷ U ルーマニア語.

Róman nóse 名 C ローマ鼻, わし鼻《鼻すじが高い; ⇒ nose 挿絵》.

Róman númeral 名 C ローマ数字《⇒ number 表》.

+**ro·man·tic** /roʊmǽnṭɪk, rə-/ 形 ❶ **愛情を示す[のある]**, 情熱的な; 限定 恋愛[性愛]の: have a *romantic* relationship with ... ...と恋愛関係にある / She doesn't think Bill is *romantic*. 彼女はビルがロマンチックなタイプだとは思っていない. ❷ 恋愛[冒険]小説的な, 夢のように美しい, ロマンチックな: It would be *romantic* to live in a castle. お城に住んだらロマンチックでしょうね. ❸ 空想的な, 現実離れした: a *romantic* idea 夢のような考え. ❹ 限定 [しばしば R-] 〔芸術〕ロマン主義の, ロマン派の: the *romantic* poets ロマン派の詩人たち. 関連 classical 古典主義の.
(名 románcе, 名 románticìsm; 動 románticìze)
— 名 ❶ C 空想的な人, 夢想家; ロマンチスト. 日英 日本語の「ロマンチスト」は「ロマンチシスト (romanticist)」がなまった和製英語. ❷ C [しばしば R-] ロマン主義[派]の人.

ro·man·ti·cal·ly /roʊmǽnṭɪkəli/ 副 愛情をこめて[持って]; ロマンチックに; 空想的に.

ro·man·ti·cis·m /roʊmǽnṭəsìzm/ 名 ❶ U [しばしば R-] 〔芸術〕ロマンチシズム, ロマン主義《特に 18 世紀末から 19 世紀初頭の自由・個性・奔放な空想などを重んずる文芸思想》. 関連 classicism 古典主義. ❷ U 空想的なこと[気分, 態度, 行動].

ro·man·ti·cist /roʊmǽnṭəsɪst/ 名 C [しばしば R-] ロマン主義者《⇒ romantic 名 日英》.

ro·man·ti·cize /roʊmǽnṭəsàɪz/ 動 他 自 (...を)理想化[美化]して考える[話す, 描く]. (形 romántic)

Rom·a·ny /rá(ː)məni | róʊ-/ 名 (-a·nies) ❶ C ロマ, ジプシー. ❷ U ロマニ語《ジプシーの言語》. — 形 ジプシーの, ロマニ語の. ✪ 最近は gypsy より Romany を使う方が好まれる.

+**Rome** /róʊm/ (同音 roam) 名 固 **ローマ**《イタリアの首都; 古代ローマ帝国の首都》: *Rome* was not built in a day. 《ことわざ》ローマは一日にして成らず(大きな事業は短い年月ではできない). (形 Róman)

Ro·me·o /róʊmiòʊ/ 名 ❶ 固 ロミオ《シェークスピア (Shakespeare) 作の悲劇「ロミオとジュリエット」(*Romeo and Juliet*)の主人公》. ❷ (~s) C [しばしばこっけいに] 色男.

romp /rá(ː)mp | rɔ́mp/ 動 自 ❶ (子供・動物などが)跳ね[飛び]回る, ふざけ回る (*about, around*). ❷ 楽勝する: *romp* to victory [a win] = 《英》*romp* home 楽勝する / *romp* through ... 《英略式》(...)を軽々とやってのける. — 名 ❶ C 跳ね回る[遊び騒ぐ]こと. ❷ C 《略式》(映画・演劇などの)痛快娯楽作品. ❸ C 楽勝 (*over*). ❹ C 《略式》性的関係.

romp·er /rá(ː)mpɚ | -pə/ 名 C [普通は複数形で] ロンパース《幼児の遊び着》.

Ron /rá(ː)n | rɔ́n/ 名 固 ロン《男性の名; Ronald の愛称》.

Ron·ald /rá(ː)n(ə)ld | rɔ́n-/ 名 固 ロナルド《男性の名; 愛称は Ron》.

ron·do /rá(ː)ndoʊ | rɔ́n-/ 名 (~s) C 〔音楽〕ロンド《主題がたびたび反復される》.

rönt·gen /réntgən | rɔ́nt-/ 名 C = roentgen.

**roof /rúːf, rʊ́f/

— 名 (~s /~s/) ❶ C **屋根**; **屋上**《⇒ house[1] 挿絵》: Some birds are singing on the *roof*. 屋根の上で鳥が何羽かさえずっている / He climbed onto the *roof*. 彼は屋根[屋上]へ上がった / the *roof* of a car 自動車の屋根. ❷ C (洞穴などの)天井; [the ~] いちばん高い所, てっぺん: *the roof* of the world 世界の屋根《ヒマラヤ山脈 (the Himalayas) など》. ❸ C 屋根形のもの: the *roof* of the [one's] mouth 口蓋(こうがい).
a róof òver one's **héad** [名] 住む家.
gó through the róof [動] 自 (1) 《略式》(物価などが)急騰する, 天井知らずである. (2) 《略式》かんかんになって怒る.
hít the róof = go through the roof (2).
ráise the róof [動] 自 《略式》大騒ぎする.
ùnder ...'s róof [副] Ⓢ (...)の家に(泊めてもらって).
ùnder 「the sáme [óne] róof [副] 同じ家[建物]に: We lived *under* 「*the same* [*one*] *roof* for five years. 私たちは 5 年間一つ屋根の下で暮らした.
— 動 他 [しばしば受身で] (...)に屋根をつける, (...)を屋根で覆(おお)う (*in, over*): The house is *roofed with* tiles. その家の屋根はかわらぶきだ.

róof gàrden 名 C 屋上庭園; 屋上レストラン.

roof·ing /rúːfɪŋ/ 名 U 屋根ふき; 屋根ふきの材料.

róof ràck 名 C 《英》= luggage rack 2.

roof·top /rúːftà(ː)p | -tɔ̀p/ 名 C 屋根; 屋上. **shóut ... from the róoftops** [動] 他 ...を世間に吹聴する.

rook[1] /rʊ́k/ 名 C みやまがらす.

rook[2] /rˊʊk/ 名 C 〘チェス〙ルーク《日本の将棋の飛車と同じような動きをする》[≒castle].

+**rook·ie** /rˊʊki/ 名 (～s /～z/) C 《略式, 主に米》**新米**(の警官), 新兵; (プロスポーツの)**新人選手**, ルーキー.

room /rúːm, rˊʊm/

— 名 (～s /～z/)

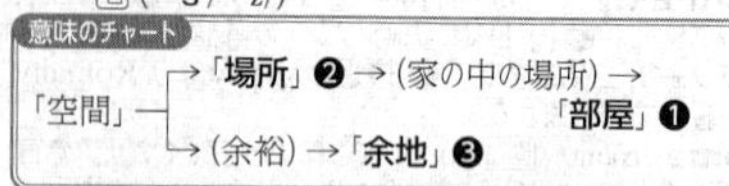

❶ C **部屋**, 室; [one's ～ として] **寝室**: My house has six *rooms*. 私の家は部屋が 6 つあります / a *room* with a (good) view 眺めのいい部屋 / enter [leave] a *room* 部屋に入る[から出る] / reserve [book] a single [double, twin-bedded] *room* (ホテルの)シングル[ダブル, ツイン]の部屋を予約する / rent a *room* 部屋を賃借りする / rent [《英》let] (out) a *room* (to...) (人に)部屋を賃貸しする / She lives in *Room* 8. 彼女は 8 号室に住んでいる. 関連 bathroom 浴室 / bedroom 寝室 / dining room (家の)食堂 / living room 居間.

❷ U **空間**, (人・物が占める)**場所**; (場所の)余裕, ゆとり**:** Do you ***have*** any ***room for*** me? 私が入る[座る]場所はありますか / There isn't even ***room to*** stand. [+to 不定詞] 人が立つすき間もない / 🗨 "Can you ***make room for*** me?" "Sure." 「少し席を詰めていただけますか」「どうぞ」/ This table ***takes up*** too much ***room***. このテーブルは場所を取りすぎる.

❸ U (活動の)**余地**, 機会 (*to* do)**:** There's no ***room for*** doubt. 疑う余地はない / There's *room for* improvement in this plan. この計画には改善の余地がある. ❹ U [普通は the ～; ときに複数扱い] 部屋にいる人々, 室内の人々《全体》**:** *The* whole *room* was shocked by his appearance. 彼が姿を見せたので部屋にいた人はみんなびっくりした. ❺ [複数形で]《古風, 主に英》ひと組の部屋, 借間, 下宿.

róom and bóard [名]《米》賄(まかな)い付き貸間[下宿].

— 動 自《米》同居する (*together*; *with*); 下宿する.

room·er /rúːmə, rˊʊmə | -mə/ 名 C 《米》(賄いなしの)間借り人, 下宿人.

room·ful /rúːmfʊ̀l, rˊʊm-/ 名 C 部屋いっぱいのもの[量, 人]**:** a *roomful of* journalists 部屋いっぱいの報道関係者.

róom·ing hòuse /rúːmɪŋ-, rˊʊm-/ 名 C 《米》下宿屋《短期間で賄いなし》[《英》lodging house]. 関連 boardinghouse 賄い付き下宿屋.

+**room·mate** /rúːmmèɪt, rˊʊm-/ 名 (-mates /-mèɪts/) ❶ C **ルームメイト**, 同室者. ❷ C 《米》アパートの同居人.

róom nùmber 名 C 部屋番号. ✪ 部屋番号は名詞の後に基数詞を置く**:** Room 203 (room two 0 /óʊ/ three).

róom sèrvice 名 U (ホテルの)ルームサービス.

róom tèmperature 名 U (通常の)室温.

room·y /rúːmi, rˊʊmi/ 形 (room·i·er; -i·est) (部屋・車などが)広い, 広々とした.

Roo·se·velt /róʊzəvèlt, -vəlt/ 名 固 ローズベルト, ルーズベルト. ❶ Franklin Del·a·no /délənòʊ/ ～ (1882–1945)《米国の政治家; 第 32 代大統領 (1933–45)》. ❷ Theodore ～ (1858–1919)《米国の政治家; 第 26 代大統領 (1901–09)》.

roost /rúːst/ 名 C (鳥の)止まり木; ねぐら. **rúle the róost** [動] 自《略式》牛耳(ぎゅうじ)る, 実権を握る. — 動 自 止まり木に止まる, ねぐらにつく. **còme hóme to róost** [動] 自 (悪行などが)本人の身にはね返る, 自業自得となる.

roost·er /rúːstə | -tə/ 名 C 《主に米》おんどり [《英》cock]. ✪ 鳴き声については ⇒ cry 表. 関連 chicken 鶏 / hen めんどり / chick ひな鳥.

root[1] /rúːt, rˊʊt | rúːt/ (同音 #route)

— 名 (roots /rúːts, rˊʊts | rúːts/) ❶ C [しばしば複数形で] (植物の)**根**《⇒ tree 挿絵》**:** The *roots* of this tree have spread out several meters. この木の根は数メートルも張っている / pull up weeds ***by the roots*** 雑草を根こそぎ抜く.

❷ C (舌・指・歯・翼などの)**付け根**《植物の根のように隠れた部分》, 根元**:** the *roots* of the hair 毛根.

❸ C **根源**, (根本的)原因; 根本, 基礎; [形容詞的に] 根本の**:** Poverty ***is*** [***lies***] ***at the root of*** terrorism. 貧困がテロリズムの根本原因である / Money is the *root* of all evil. 金銭欲が諸悪の根源《新約聖書のことば》/ ***get to the root of*** the problem 問題の根本原因を突きとめる / What's the *root* cause of all this misery? この悲惨さの根本原因は何だろう.

❹ [複数形で] **ルーツ**《人・風習などの民族的・文化的・社会的な起源》; (土地などに対する)心のきずな**:** How far back can you trace your *roots*? あなたのルーツ[家系]はどのくらい昔までさかのぼれますか / Jazz ***has*** its ***roots in*** African music. ジャズはもとはアフリカの音楽からきている. ❺ C 〘文法〙原形; 〘言語〙原形, 語根 (*of*). ❻ C 〘数学〙根, ルート《$\sqrt{\ }$ で表わす》**:** a square [cube] *root* 平方[立方]根 (*of*). 参考 $\sqrt{36}$ は the square [second] *root* of thirty-six と, $\sqrt[3]{27}$ は the cube [third] *root* of twenty-seven と読む.

pùt dówn róots [動] 自 (1) (植物が)根を下ろす. (2) (人が)新しい所に落ち着く.

róot and bránch [副]《主に英》(悪いものを)完全に(一掃して); 徹底的に.

tàke róot [動] 自 (1) (植物の)根がつく. (2) (考え方・習慣などが)根を下ろす, 定着する**:** Communism failed to *take root* in the country. 共産主義はその国に定着しなかった.

— 動 (roots /rúːts, rˊʊts | rúːts/; root·ed /-ṭɪd/; root·ing /-ṭɪŋ/) 自 (植物が)**根づく:** This plant has *rooted* quickly. この植物は根がつくのが早かった.

— 他 ❶ (植物)を根づかせる**:** *root* oneself (植物が)根づく. ❷ [しばしば受身で] (考え方・習慣など)を定着させる《⇒ rooted》. ❸ [普通は受身で] (恐怖などが)(人)を動けなくする《⇒ rooted 成句》.

róot óut [動] 他 (...)を根こそぎにする; 根絶する**:** Our campaign is aimed at *rooting out* corruption. 我々の運動は汚職の根絶を目標としている.

róot úp [動] 他 (植物)を根ごと引き抜く.

root[2] /rúːt, rˊʊt | rúːt/ 動 自《略式》(人を)応援する, 《主に米》(チーム・選手に)声援を送る (*for*).

root[3] /rúːt, rˊʊt | rúːt/ 動 自 ❶ (豚が)鼻で地を掘って(食べ物を)探し出す (*for*). ❷ [副詞(句)を伴って] (人がひっかき回して)捜す, 捜し出す**:** *root around* [*about*] *in* the desk *for* a pen ペンを探して机の中をひっかき回す. **róot óut** [動] 他 (...)を見つけ出す, 捜し出す.

róot bèer 名 C,U ルートビア《植物の根の汁が入っているノンアルコールの飲料; 米国で愛飲される》.

róot canàl 名 C 〘医学〙(歯の)根管(治療).

róot cròp 名 C 根菜類の作物《かぶ・にんじんなど》.
root·ed /rúːṭɪd, róṭ-|rúːt-/ 形 ❶ 深く根ざした, 根強い [≒deep-seated]. ❷ 叙述 (…に)根源[源泉]がある, 根ざしている (*in*). **be [stánd] róoted (to the spót [gróund, flóor])** [動] 自 (その場に根が生えたように)くぎづけになる, 立ちつくす.
root·less /rúːtləs, rót-|rúːt-/ 形 (生活などが)根なし草の, 不安定な.
+**rope** /róʊp/ 名 (~s /~s/) ❶ C,U **ロープ, 縄,** 綱《⇒ string 類義語》: tie [fasten] with a (piece of) *rope* 綱で縛る / a wire *rope* ワイヤーロープ, 綱索 / a jump *rope* 《米》= 《英》 a skipping *rope* 縄跳びの縄. 語法 ロープ1本, 2本というときには a *rope*, two *ropes* とも a piece of *rope*, two pieces of *rope* ともいう. ❷ C (主に宝石などの)ひとつなぎの物: a *rope of* pearls ひとつなぎの真珠飾り. ❸ [the ~s] (ボクシングのリングなどの)ロープ, 囲い. ❹ [the ~s] こつ, やり方: know [learn] *the ropes* こつを知っている[のみこむ] / show ... *the ropes* (人)にやり方[こつ]を教える.
be at [néar] the énd of one's **rópe** [動] 自 《主に米》 限界にきている, 万策つきる. 由来 家畜はつなぎ縄以上遠くに行くことができないことから.
gíve ... enóugh rópe [動] 他 《略式》 (人)に全く自由に行動させ(て自滅させ)る. 由来 次の《ことわざ》から: *Give* a fool *enough rope* and he'll hang him*self*. 愚か者をしたいほうだいにさせておけばきっと身を滅ぼす.
júmp [skíp] rópe [動] 自 《米》 縄跳びをする [《英》 skip].
on the rópes [形] (1) 〔ボクシング〕 ふらふらでロープにもたれかかって. (2) 《略式》 すっかりまいって, 困って.
— 動 他 ❶ (…)を(縄やロープで) 縛る: One of the elephant's legs *was roped to* a post. 象の片足は柱に縛りつけられていた / The prisoners *were roped together*. 囚人たちはロープで縛られてつながれていた. ❷ 《米》 (動物)を投げ縄でつかまえる.
rópe ín [動] 他 [普通は受身で] 《略式》 (人)を引き込む, 誘い入れる (*to* do).
rópe ... ìnto dóing [動] 他 《略式》 (人)を誘いこんで~させる.
rópe óff [動] 他 (ある区域)をロープで囲う; ロープで仕切る.
rópe làdder 名 C 縄ばしご.
Rór·schach tèst /rɔ́ːʃɑːk-|rɔ́ː-/ 名 C 〔心理〕 ロールシャッハ検査《性格検査法の一種》.
Ro·sa /róʊzə/ 名 固 ローザ《女性の名》.
ro·sa·ry /róʊzəri/ 名 (-sa·ries) ❶ C 〔カトリック〕 ロザリオ《お祈り用の数珠》. ❷ [the ~; しばしば the R-] 〔カトリック〕 ロザリオの祈り.

***rose[1]** /róʊz/ !発音 動 rise の過去形.

***rose[2]** /róʊz/ !発音

— 名 (ros·es /~ɪz/) ❶ C **ばら(の花)**《England の国花; 米国 New York 州の州花》: *Roses* smell sweet. ばらはよい香りです / There is no *rose* without a thorn. 《ことわざ》 とげのないばらはない(楽あれば苦あり). 関連 thistle あざみ (Scotland の国花) / daffodil らっぱずいせん (Wales の国花) / shamrock こめつぶつめくさ (Ireland の国花). ❷ U ばら色, ピンク色. ❸ [形容詞的に] ばらの; ばら色の. ❹ C ばらの模様[形]をしたもの《じょうろの散水口など》.
be nót àll róses = be nót a béd of róses [動] 自 《略式》 (仕事などが)いいことばかりではない《いやなこともある》.
còme óut [úp] smélling lìke 「a róse [róses] 《米》 **= còme óut [úp] smélling of róses** [動] 自 《略式》 (危ないところを)非難されずに[無傷で]済む, 非難をかわして(不当に)評価を上げる.
còme ùp róses [動] 自 [普通は進行形で] 《略式》 万事うまく行く.
pùt the róses bàck in ...'s chéeks [動] 《英略式》 (人)の顔色をよくする. (形 rósy)
Rose /róʊz/ 名 固 ローズ《女性の名》.
ro·sé /roʊzéɪ|róʊzeɪ, roʊzéɪ/ 名 U,C ロゼ《ピンク色のワイン; ⇒ wine 参考》.
Róse Bòwl 名 [the ~] 《米》 ローズボウル《元日に行なわれるアメリカ大学フットボール中西部リーグと西海岸リーグの優勝校同士の対戦》.
rose·bud /róʊzbʌ̀d/ 名 C ばらのつぼみ.
rose-col·ored /róʊzkʌ̀ləd|-ləd/ 形 ばら色の; 楽観的な, 有望な: see [view] ... through *rose-colored* glasses [spectacles] ...を楽観的に考える.
rose·mar·y /róʊzmeri|-m(ə)ri/ 名 U ローズマリー, まんねんろう《常緑小低木; 忠実・貞操・記憶の象徴とされる》; ローズマリーの葉《料理用ハーブ》.
Rose·mar·y /róʊzmeri|-m(ə)ri/ 名 固 ローズマリー《女性の名》.
Ro·sét·ta stòne /roʊzéṭə-/ 名 [the ~] ロゼッタ石《1799年に Nile 河口付近で発見された碑石; エジプト象形文字解読の手がかりとなった; 大英博物館所蔵》.
ro·sette /roʊzét/ 名 C ばら結び, ばら花飾り; 〔建築〕 円花飾り.
róse wàter 名 U ばら(香)水, ローズウォーター.
róse wìndow 名 C ばら窓, 円花窓.
rose·wood /róʊzwʊ̀d/ 名 C 紫檀(したん)《熱帯産のまめ科の常緑樹》; U 紫檀材《高級家具材》.
Rosh Ha·sha·na(h) /róʊʃhəʃɔ́ːnə|rɔ́ʃhæ-/ 名 U 〔ユダヤ教〕 新年祭《9月か10月に祝う》.
ros·in /rɑ́(ː)z(ə)n|rɔ́zɪn/ 名 U ロジン《松やにからテレビン油を蒸留した後の残留物; 滑り止め用》. — 動 他 (バイオリンの弓など)にロジンを塗る.
ros·ter /rɑ́(ː)stə|rɔ́stə/ 名 C 当番表; 勤務時間表; (登録)名簿.
ros·trum /rɑ́(ː)strəm|rɔ́s-/ 名 (複 ~s, **ros·tra** /rɑ́strə|rɔ́s-/) C 演壇; 説教壇; 指揮台.
ros·y /róʊzi/ 形 (ros·i·er; ros·i·est) ❶ ばら色の; 赤らんだ《ほお・肌などが健康で》, 紅顔の: *rosy* cheeks ピンク色のほお. ❷ (見通しなどが)明るい, 有望な [≒bright]: paint a *rosy* picture of ... ...を楽観的に見る / a *rosy* future ばら色の未来. (名 rose[2])
+**rot** /rɑ́(ː)t|rɔ́t/ 動 (rots /rɑ́(ː)ts|rɔ́ts/; rot·ted /-ṭɪd/; rot·ting /-ṭɪŋ/) 自 (果物・野菜・肉が) **腐る,** 腐敗する [≒decay]; (家などが)朽ちる; (囚人などが)衰える《⇒ rotten》: The tomatoes *rotted* in the basket. トマトはかごの中で腐った / be left to *rot* in jail [prison] 刑務所で朽ち果てるままにされる.
— 他 (...)を**腐らせる,** 朽ちさせる: Too much rain will *rot* the crops. あまり雨が多いと作物が腐る.
rót awáy [動] 自 腐り[朽ち]果てる. — 他 (...)を腐り[朽ち]果てさせる.
— 名 ❶ U 腐敗; 腐敗物; (菌類による)腐敗病. ❷ [the ~] だめになること, 衰退, 堕落: That stopped *the rot* in our town. 《英》 うちの町はそれでもち直した / The *rot* set in when tourists began to visit the country. 《英》 観光客が来るようになってその地方の堕

落が始まった. ❸ Ⓤ《古風, 英》たわごと.

ro·ta·ry /róʊṭəri/ 名 (-ta·ries) Ⓒ《米》ロータリー《円形の交差点》[《英》roundabout]. — 形 ❶ 限定 回転する. ❷ 限定 回転式の.

Rótary Clùb 名 [the ~] ロータリークラブ《国際的な社会奉仕団体》.

+**ro·tate** /róʊteɪt | roʊtéɪt/ 動 (**ro·tates** /-teɪts | -téɪts/; **ro·tat·ed** /-ṭɪd/; **ro·tat·ing** /-ṭɪŋ/) 自 ❶ **回転する** [≒revolve]《⇒ turn 類義語》; 循環する: The moon ***rotates around*** [***round***] the earth. V+前+名 月は地球の周りを回転する / The earth ***rotates on*** its axis. 地球は地軸を中心に自転する. ❷ 交代する, 輪番でする. — 他 ❶ (...)を回転させる. ❷ (...)を交代させる[でやる]; (仕事)を輪番でする;〔農業〕輪作する.
(名 rotátion)

ro·ta·tion /roʊtéɪʃən/ 名 ❶ U,C 回転; 循環: the *rotation* of the earth *around* the sun 太陽の周りを回る地球の回転《⇒ 3》. ❷ U,C 交替;〔野球〕ローテーション《先発投手の起用順序》; 輪番: crop *rotation*〔農業〕輪作. ❸ U,C〔天文〕自転: the *rotation* of the earth (on its axis) 地球の自転. 関連 revolution 公転. **in rotátion** [副] 順番に, 順繰りに.
(動 rótate)

ROTC /rá(ː)tsi | rɔ́tsi/ 略《米》= Reserve Officers Training Corps 予備役将校訓練隊《卒業後一定の兵役を行なう条件で学資を貸与する》.

rote /róʊt/ 名 Ⓤ 丸暗記(学習法): *rote* learning 丸暗記学習 / learn *by rote* 丸暗記する.

ROTFL, rotfl 略 = rolling on the floor laughing ((ここで)笑いころげる)《チャットや E メール で使われる》.

ro·tis·ser·ie /roʊtís(ə)ri/ ≪フランス語から≫ 名 Ⓒ (回転式の)肉焼き器.

ro·tor /róʊṭɚ | -tə/ 名 Ⓒ〔機械〕(モーターなどの)回転部; (ヘリコプターの)回転翼.

rot·ten /rá(ː)tn | rɔ́tn/ 形 (-ten·er; -ten·est) ❶ (果物・野菜・肉・魚などが)腐った; (家などが)朽ちた, ぼろぼろになった: a *rotten* tomato 腐ったトマト / *go rotten* 腐る. ❷《略式》不快な, ひどい; どうしようもなく下手な. ❸《略式》(道徳的に)堕落した, 腐敗した [≒corrupt]; 不親切な: They're *rotten to the core.* 彼らは芯(しん)まで腐っている. **a rótten ápple** [名] 悪影響を与える人. **féel rótten** [動] 自《略式》気分が悪い; 気が重い, やましい. — 副《略式》ひどく; ものすごく: spoil the child *rotten* 子供をひどく甘やかす. **~·ness** 名 Ⓤ 腐敗; 堕落.

ro·tund /roʊtʌ́nd, róʊtʌnd/ 形《文語》[こっけいに] (人が)丸々と太った.

ro·tun·da /roʊtʌ́ndə/ 名 Ⓒ (丸屋根のある)円形の建物; (天井の高い)円形の広間.

ro·tun·di·ty /roʊtʌ́ndəṭi/ 名 Ⓤ《文語》[こっけいに] 肥満.

rou·ble /rúːbl/ 名 Ⓒ《英》= ruble.

rouge /rúːʒ/ 名 Ⓤ《古風》ほお紅, 紅. — 動 他《古風》(...)にほお紅をつける.

***rough** /rʌ́f/ 発音 (同音 ruff)

— 形 (rough·er; rough·est)

意味のチャート
「粗い」❶ →「仕上げをしていない」❻ →「大まかな」❷
「粗い」❶ →「粗野な」,「荒々しい」❸, ❺

❶ (表面が) **粗い**, ざらざらした; **でこぼこの** [⇔ smooth]; (毛が)もじゃもじゃした: *rough* paper ざらざらした紙 / *rough* skin 荒れた肌 / a *rough* board でこぼこした板 / This cloth is *rough* to the touch. この布は触るとざらざらした感じがする.

❷ **大まかな**, 大体の, 概略の: a *rough* translation 大まかな翻訳 / a *rough* idea おおよそのイメージ / A *rough* drawing [estimate] will do. 大ざっぱな図[見積もり]で結構です / at a *rough* guess 当て推量で.

❸ **乱暴な**, 荒っぽい; 粗野な, 不作法な, がさつな: a *rough* sport 荒っぽいスポーツ / *rough* handling 乱暴な取扱い / Don't be so *rough with* the box. その箱をそんなに乱暴に扱わないで.

❹ **つらい**, 苦しい; 不愉快な: have a *rough* time つらい目にあう / a *rough* night 眠れない夜.

❺ **危険[物騒]な**; (天候・海などが)荒れた: a *rough* part of the city その都市の物騒な一帯 / *rough* seas 荒れた海. ❻ 限定 仕上げをしていない; 簡素な, 粗末な: a *rough* copy [draft] (原稿などの)下書き / *rough* jewels 加工していない宝石. ❼ (音などが)耳ざわりな; (ワインなどが)渋い, 辛口の. ❽ 叙述《英略式》気分[体調]が悪い. 日英「ラフな服装」といった使い方は和製英語. 英語では casual や comfortable を用いる.

be róugh on ... [動] 他《略式》(人)につらくあたる; (事が)...にとってつらい: You *were* pretty *rough on* that student. あなたはその生徒に厳しすぎた.
(動 róughen)

— 副 荒っぽく, 乱暴に: Tom plays *rough*. トムは乱暴なプレーをする. **líve [sléep] róugh** [動] 自《英》路上[ホームレス]生活をする.

— 名 ❶ [Ⓤ または the ~]〔ゴルフ〕ラフ《芝の植えてない草地; ⇒ golf 挿絵》. ❷ Ⓒ 下書き. ❸ Ⓒ《古風, 略式》乱暴者.

in róugh [副]《英》下書きで; 大ざっぱに.

in the róugh [形・副] 未加工の[で], 未完成の[で]: a diamond *in the rough*《⇒ diamond 成句》.

táke the róugh with the smóoth [動] 自 人生の幸不幸[苦楽, 運不運]をともに受け入れる.

— 動 [次の成句で] **róugh it** [動] 自《略式》不便を忍ぶ, 不自由な生活をする. **róugh óut** [動] 他 (...)の概略を書く. **róugh úp** [動] 他《略式》(人)を手荒く扱う; (人)に暴力を振るう.

rough·age /rʌ́fɪdʒ/ 名 Ⓤ (食物)繊維.

rough-and-read·y /rʌ́f(ə)nréḍi←/ 形 [普通は 限定] 間に合わせ的な; 簡単な, 雑な.

rough-and-tum·ble /rʌ́f(ə)ntʌ́mbl←/ 形 限定 乱闘的な, 荒っぽい, むちゃくちゃな. — 名 乱闘; 激しい戦い (*of*).

róugh díamond 名 Ⓒ《英略式》= diamond in the rough《⇒ diamond 成句》.

rough·en /rʌ́f(ə)n/ 動 他 (...)を粗く[ざらざらに]する. — 自 粗く[ざらざらに]なる.
(形 rough)

rough-hewn /rʌ́fhjúːn←/ 形 限定 (木材・石材が)あら削りの; 粗野な.

rough·house /rʌ́fhàʊs/ 動 自《米略式》大騒ぎ[大暴れ]する.

***rough·ly** /rʌ́fli/ 副 ❶ **おおよそ**, 約, 大体; 大ざっぱに, ざっと《⇒ about 類義語》: *roughly* a half 大体半分 / It'll cost *roughly* 1,000 dollars. 約千ドルかかる. ❷ 乱暴に, 手荒く: treat *roughly* 乱暴に扱う.

róughly spéaking [副] 文修飾 **大ざっぱに言うと**, 概略で: *Roughly speaking*, the United States is twenty-five times larger than Japan. 大ざっぱに言って, 米国は日本の 25 倍の大きさがある.

rough·neck /rʌ́fnèk/ 名 ❶ C《略式, 主に米》不作法者, 乱暴者. ❷ C《略式, 主に米》(油田の)採掘労働者.

rough·ness /rʌ́fnəs/ 名 ❶ U 粗いこと, でこぼこ. ❷ U 乱暴; 粗野, 不作法. ❸ U (海などの)荒れ.

rough·shod /rʌ́fʃɑ̀(ː)d | -ʃɔ̀d/ 副 [次の成句で] **rún [ríde] róughshod òver ...** [動] 他 (人)にいばり散らす; (人の感情・法律など)をひどく扱う, 踏みにじる.

rou·lette /ruːlét/ 名 U ルーレット.

***round**[1] /ráʊnd/

単語のエッセンス
1) ...の周りを回って; ぐるりと　前❶; 副❶
2) (...の)周りに　前❷; 副❷
3) ...のあちこちに　前❸; 副❹

語法 前, 副 とも《米》では around,《英》では round を用いるのが一般的.

— 前 /raʊnd/ ❶ **...の周(まわ)りをぐるっと回って**, (角など)を曲がって; ...を曲がった所に: sail *round* the world 船で世界一周をする / The earth goes [moves] *round* the sun. 地球は太陽の周りを回っている / I followed him *round* the corner. 私は彼の後ろについて町角を曲がった.

❷ **...の周りに**; ...を取り巻いて: The boys sat *round* the campfire. 少年たちはキャンプファイヤーの周りに座っていた / She had a scarf *round* her neck. 彼女は首にスカーフを巻いていた.

❸ **...のあちこちに**, ...をあちこちと; ...を次々に訪れて: He looked *round* the room. 彼は部屋を見回した / Shall I show you *round* the house? 家の中をご案内しましょうか / We took our cousins *round* the town [museums]. 私たちはいとこたちを町[博物館]の見物に連れていきました. 語法 この意味は about でも表わせるが,「一定のコースを回って」,「巡回して」の意を暗示する場合は round のほうが普通.

❹ ...の近くに[で]: She lives *round* here. 彼女はこの辺りに住んでいる.

❺ およそ..., 約... [≒about]. 語法 この意味の round は副詞と考えることもできる《⇒ 副 8》.

❻ ...を中心に, ...に合わせて: arrange one's hours *round* the kids 子供たちに合わせて時間を調整する.

❼ ...を迂回(うかい)して; (問題・困難など)を切り抜けて: a way (to get) *round* the problem 問題を克服する方法.

áll róund ... [前] = all around ...《⇒ around 前 成句》.

— /ráʊnd/ 副 ❶ **ぐるりと(回って)**, ひと回りして; (回って[向きを変えて])向こう側へ, 反対方向へ: The minute hand of a clock goes *round* once an hour. 時計の分針は1時間に1周する / The girls were dancing *round* in a circle. 少女たちは輪になって踊り回っていた / go ***round and round*** ぐるぐる回る / turn *round* 向きを変える, 振り向く.

❷ **周りに, 周りを**, 周囲に[を]: The pupils gathered *round*. 生徒たちが周りに集まった.

❸ 周囲が, 周りが: a ball 10 inches *round* 周囲が10インチのボール.

❹ あちこちに[と]: show ... *round* ...を案内して回る.

❺ (グループの人々に)行き渡るように, 回して; 巡回して: Please hand these papers *round*. この書類を回覧してください.

❻ 回り道をして, 遠回りして: drive the long way *round* 車で遠回りして行く.

❼《略式》相手のいる場所へ[で]: I'll be *round* in an hour. 1時間でそちらに伺います. ❽ 近くに; (ある場所に)存在して, (物が)あって: Nobody was *round*. 近くに誰もいなかった. ❾ あてもなく, ぶらぶらと: stand *round* たたずむ. ❿《略式》およそ..., 約... [≒about, around]: It'll cost *round* twenty pounds. それは20ポンドくらいの値段でしょう. ⓫ (時が)巡(めぐ)って(きて): The summer vacation will soon be *round* again. 夏休みがもうじきまた巡ってきます / this time *round* 今回は.

áll róund [副] = all around《⇒ around 副 成句》.

ròund abóut [副] 周りに; 近くに: The red roof contrasts pleasantly with the grey ones *round about*. 赤い屋根は周りのグレーの屋根と美しい対照を成している.

ròund abòut ... [前] (1) S およそ..., 約... [≒about]. (2) ...の周りに; ...の近くに.

***round**[2] /ráʊnd/

— 形 (round·er; round·est) ❶ **丸い**; 円[輪]形の, 球形の, 円筒形の: a *round* table 丸いテーブル, 円卓《⇒ round-table》/ The earth isn't perfectly *round*. 地球は完全な球形ではない / Her eyes grew *round* with joy at the news. 彼女はその知らせを聞いてうれしさのあまり目を丸くした. ❷ 丸々とした, 丸みを帯びた: *round* cheeks ふっくらしたほお / He has *round* shoulders. 彼は猫背だ. ❸ 限定 端数のない; 大体の, およその: a *round* number 端数のない数《485 に対する 500, 73 に対する 70 など》/ in *round* numbers [figures] 端数は切り捨てて[四捨五入して], 概数で / a *round* estimate 概算見積もり. ❹ 限定 (数量が)ちょうどの, 完全な: a *round* dozen ちょうど1ダース.

— 名 (rounds /ráʊndz/) ❶ C (仕事・交渉などの)**ひと区切り**; 繰り返し, 連続: The President planned three ***rounds of*** talks with the Prime Minister. 大統領は首相と3回の会談を予定した.

❷ C **ひと勝負**, ひと試合; (トーナメントの)...回戦; (ボクシング・レスリングなどの)1ラウンド; (ゴルフの)1ラウンド《普通は18ホール》: a ten-*round* fight 10回戦《ボクシングの場合》/ the second *round of* the entrance exams 入試の二次試験.

❸ C **ひと巡り, 巡回**, 配達; 巡回[配達]路: The doctor was「***out on*** her ***rounds*** [《米》*making* her *rounds*]. その医者は往診[回診]に出ていた. 関連 milk round (毎日の)牛乳配達. ❹ C (弾薬の)一発分; 一斉射撃; (歓声などの)ひとしきり; (飲食物などの)ひとわたり: Give him a big *round of* applause. 彼に盛大な拍手を / buy [stand] a *round of* drinks 全員にひとわたり酒をおごる / It's my *round*. 今度は私が(みんなに)おごる番だ. ❺ C 円形のもの; 輪; 球 [≒ring]. ❻ C《英》(薄切りの)パンひと切れ; (薄切りのパン2枚で作る)サンドイッチ. ❼ C〔音楽〕輪唱.

gó the róunds [動] 自《英》= make the rounds (1).

in the róund [形・副] (1) (彫刻が)丸彫りの[で]. (2) あらゆる角度から見た[て]. (3) (劇場で)客席が舞台をぐるりと取り巻いて(いる).

máke the róunds《米》=《英》**dó the róunds** [動] 自 (1) (うわさ・病気などが)伝わる, 広まる. (2) (...を)巡回する, 次々と回る (*of*)《⇒ 3》.

R

— 動 (rounds /ráʊndz/; round·ed /~ɪd/; round·ing) 他 ❶ (...)を**回る**, 曲がる; 一周する: The racing car *rounded* the corner too fast and crashed. そのレーシングカーはカーブを曲がるときスピードを出しすぎて衝突した. ❷ (...)を丸くする, 丸める: He *rounded* his lips. 彼は唇を丸めた. ❸ (数字)を端数のない[切りのいい]数にする (*to*).
— 自 丸くなる, 丸くふくらむ: Her eyes *rounded* in surprise. 驚いて彼女は目を丸くした.

round の句動詞

róund dówn 動 他 (数字)を(端数のない数に)切り捨てる (*to*). 関連 round up 切り上げる / round off 四捨五入する.

+**róund óff** 動 他 ❶ (...)を**仕上げる**, 締めくくる (*by, with*): How about an ice cream to *round off* the meal? 食事の終わりにアイスクリームはどうですか. ❷ (数字)を**四捨五入する**, 概数にする: ***Round off*** 13.286 ***to*** two decimals [decimal places]. 13.286 の小数第 2 位未満を四捨五入せよ《⇒ **巻末文法** 16. 11 (3)》. 関連 round up 切り上げる / round down 切り捨てる. ❸ (...)を丸くする; (...)の角(かど)を落とす.

róund on [upòn] ... 動 他 《英》(人)に襲いかかる; (人)にいきなり食ってかかる.

róund óut 動 他 (...)をより完全なものにする; = round off 1.

róund úp 動 他 ❶ (人や動物)を駆り集める. ❷ (犯人)を検挙する. ❸ (数字)を(端数のない数に)切り上げる (*to*). 関連 round down 切り捨てる / round off 四捨五入する.

round·a·bout /ráʊndəbàʊt/ 名 ❶ C 《英》 = traffic circle. ❷ C 《英》 = merry-go-round. — 形 ❶ 限定 回り道の, 遠回りの. ❷ 限定 (ことばなどが)遠回しの; 間接的な: in a *roundabout* way 遠回しに.

round·ed /ráʊndɪd/ 形 ❶ 丸い, 丸みを帯びた. ❷ バランスのとれた, 円熟した, (味が)まろやかな.

round·ly /ráʊndli/ 副 ❶ 率直に; 厳しく: *roundly* criticized 厳しく批判されて. ❷ 十分に, 完全に: *roundly* defeated 完敗して.

round·ness /ráʊndnəs/ 名 U 丸いこと, 丸み.

róund róbin 名 ❶ C 〖スポーツ〗 総当たり戦. ❷ C 《英》 円形に署名した請願書《署名者名簿順を隠すため》.

round-shoul·dered /ráʊndʃóʊldəd | -dəd⁻/ 形 猫背の.

round-ta·ble /ráʊndtèɪbl/ 形 限定 円卓の: a *round-table* conference 円卓会議. 〖語源 アーサー (Arthur) 王が臣下の騎士たちを座らせた円卓にちなむ.〗

round-the-clock /ráʊn(d)ðəklá(ː)k | -klɔ́k⁻/ 形 限定 = around-the-clock.

róund tríp 名 C 往復旅行.

róund-trip tícket /ráʊn(d)trɪp-/ 名 C 《米》 往復切符 [《英》 return ticket]. 関連 one-way ticket 《米》 片道切符.

round·up /ráʊndʌ̀p/ 名 ❶ C (ニュースなどの)まとめ, 総括. ❷ C (家畜の)駆り集め; (犯人の)検挙.

rouse /ráʊz/ 動 他 ❶ 《格式》 (人)を目覚めさせる, 起こす [≒awaken]: I *was roused from* [*out of*] a deep sleep. 私は深い眠りから目覚めさせられた. ❷ (人)を奮起させる: She *roused* her son *from* his depression. 彼女は落胆していた息子を奮い立たせた / My advice *roused* him *to* [*to* take] action. 私の忠告で彼は行動に出た. ❸ (感情)を喚起する; [普通は受身で] (人)を怒らせる.

rous·ing /ráʊzɪŋ/ 形 限定 鼓舞する, 奮い立たせる; (声援などが)熱狂的な.

Rous·seau /ruːsóʊ | rúːsoʊ/ 名 固 Jean-Jacques /ʒɑ́ːŋʒɑ́ːk/ ~ ルソー (1712–78)《フランスの思想家・作家》.

roust·a·bout /ráʊstəbàʊt/ 名 C 《主に米》 (油田・港湾などの)非熟練労働者, 臨時雇い; (サーカスの)下働き.

rout /ráʊt/ 名 C,U [普通は単数形で] 大敗, 壊滅(状態): put ... to *rout* (人)を大敗させる. — 動 他 (人)を大敗させる; 敗走[壊滅]させる.

route /rúːt, ráʊt | rúːt/ 発音 (同音 #root[1,2], #rout)

— 名 (routes /rúːts, ráʊts | rúːts/) ❶ C (ある場所から他の場所へ至る)**道**, ルート, 道筋 [≒way]; 航路, 路線: ***take*** [***follow***] a ***route*** あるルートをとる / That hotel is ***on*** a bus ***route***. そのホテルはバス路線の途中にある / a *route* map 路線図. ❷ C (ある目的・結果に至る)道, 手段: the *route to* success 成功への道. ❸ C [R-] 《米》 (国道の)...号線《略 R.》: Take *Route* 16. 16 号線[国道 16 号]を行け《米国では国道のうち南北に走る道路に奇数の, 東西に走る道路に偶数の番号が付いている》.

en róute ⇒ en route の項目.

— 動 他 (...)を(経由を定めて)発送する (*through, by*): They *routed* the freight *by way of* Singapore. 彼らは貨物をシンガポール経由で発送した.

rout·er /rúːtə | -tə/ 名 C 〖コンピュータ〗 ルーター《ネットワークで最適経路を選択する装置》.

***rou·tine** /rùːtíːn⁻/ 発音 名 (~s/~z/) ❶ C,U (日常習慣的にやっている)**決まりきった仕方, 手順**; 慣例, 日常の仕事; U [悪い意味で] 代わり映えしないこと: A walk before breakfast is part of his daily *routine*. 朝食前の散歩は彼の日課の一部だ《⇒ part 名 3 語法》 / as a matter of *routine* いつも決まってやることとして. ❷ C 型どおりの演技[所作]; (ダンスの)ルーチン《一連の型どおりのステップ》. ❸ C 〖コンピュータ〗 ルーチン《特定の機能を実行させる一連の命令》.

— 形 限定 **日常の**, 定例の; [悪い意味で] 型にはまった, 代わり映えのしない: a *routine* physical exam 通常の健康診断 / *routine* work お決まりの仕事.

〖語源 原義は「一定のルート (route) に従った」〗

~·ly 副 日常的に; 決まって, いつも.

roux /rúː/ 名 (複 ~ /~z/) U,C 〔料理〕 ルー《バターと小麦粉を混ぜたもの; スープなどにとろみをつけるのに使う》.

rove /róʊv/ 動 自 ❶ Ⓦ (あてもなく)さまよう, 歩き回る [≒wander]: a *roving* salesman あちこちを回る外交員. ❷ (目が)きょろきょろする (*about, around*). — 他 Ⓦ (...)をさまよう, 歩き回る. **hàve a róving éye** [動] 自 《古風》 (次々と他の異性に)目移りする, 浮気っぽい.

Ro·ver /róʊvə | -və/ 名 固 《米》 ローバー《飼い犬の典型的な名; ⇒ Fido》.

***row**[1] /róʊ/ 発音 (同音 rho, roe)

— 名 (~s/~z/) ❶ C **列**《普通は人や物のきちんと横に並んだ列》, **横列**《⇒ line[1] 挿絵》, 並び; 家並み: a ***row of*** trees 並木 / a ***row of*** teeth 歯並び / a ***row of*** houses 立ち並ぶ家 / Please set the glasses ***in a row***. コップを一列に(真っすぐ)並べてください. 関連 line 縦

列.

❷ Ⓒ (劇場などの横の)**席の列:** He's in the front [fifth] *row*. 彼は最前列[前から 5 列目]にいる. ❸ Ⓒ (表などの)行, 横の並び. ❹ [R-] (地名に用いて)...通り: Savile *Row* サヴィルロー《ロンドンの街路名; 高級紳士服店が多い》. ❺ Ⓒ (編み物の)編み目の列.

a hárd [tóugh] rów to hóe [名] 難しい[骨の折れる]仕事.

in a rów [副・形] (1) **一列に**, 一列になって(⇒ 1). (2) **立て続けに(ある)**, 連続的に: three holidays *in a row* 3 連休 / win five games *in a row* 5 連勝する / Bob hit three home runs *in a row*. ボブは立て続けに 3 本のホームランを打った.

+**row²** /róʊ/ [!発音] (同音 rho, roe) 動 (rows /~z/; rowed /~d/; row·ing) 他 ❶ (舟)を**こぐ:** She ***rowed*** the boat ***back***. [V+O+副] 彼女はボートをこいで戻った. ❷ [副詞(句)を伴って] (人)を**こいで運ぶ:** He ***rowed*** me ***across*** [***up***, ***down***] the river. [V+O+前+名] 彼は私を舟に乗せて川を渡して[上って, 下って]くれた.

— 自 ❶ [副詞(句)を伴って] **舟をこぐ**, 舟をこいで行く: We ***rowed out to*** sea. [V+*out*+前+名] 我々は海へ舟をこぎ出した. ❷ (レースで)ボートをこぐ.

— 名 (~s /~z/) Ⓒ [普通は a ~] **こぐこと**; 舟遊び: We went for *a row* on the lake. 我々は湖へボートをこぎにいった.

+**row³** /ráʊ/ [!発音] 名 (~s /~z/) ❶ Ⓒ《主に英》(特に親しい者との騒々しい)**けんか**, 口論; (公的な)論争 (*about*, *over*)**:** He ***had*** a terrific ***row with*** his wife. 彼は妻と大げんかした.

❷ [単数形で]《主に英》**騒ぎ**, 騒動: They were making too much of a *row* outside for me to study. 外で彼らが騒々しすぎて勉強ができなかった.

— 動 自《主に英》口げんかする (*with*; *about*).

row·boat /róʊbòʊt/ 名 Ⓒ《米》ボート, オールでこぐ舟 [《英》rowing boat] (⇒ boat [日英]).

row·di·ness /ráʊḍinəs/ 名 Ⓤ 騒々しさ, 乱暴.

+**row·dy** /ráʊḍi/ 形 (row·di·er; -di·est) (人が)**騒々しい**; 乱暴な, けんか好きな: *rowdy* kids 騒々しい子供たち. — 名 (row·dies) Ⓒ [普通は複数形で]《古風》騒がしい人; 乱暴者.

row·er /róʊɚ | róʊə/ 名 Ⓒ こぐ人, こぎ手.

rów hòuse /róʊ-/ 名 Ⓒ《米》連棟式住宅の 1 軒 [《英》terraced house].

row·ing /róʊɪŋ/ 名 Ⓤ ボートこぎ; 〔スポーツ〕漕艇(そうてい).

rów·ing bòat /róʊɪŋ-/ 名 Ⓒ《英》= rowboat.

row·lock /rá(ː)lək | rɔ́l-/ 名 Ⓒ《英》= oarlock.

Roy /rɔ́ɪ/ 名 固 ロイ《男性の名》.

***roy·al** /rɔ́ɪəl/ 形 ❶ [限定] **王の**, 女王の; 王室の: a [the] *royal* family 王族 / a *royal* palace 王宮. ❷ [ときに R-] [限定] **王立の**《国王の許可・保護の下に設立された》; 勅許の: a *royal* charter [warrant] 勅許状. ❸ [限定] すばらしい, すてきな [≒splendid]: a (right) *royal* feast すばらしいごちそう / a *royal* welcome 最上の歓迎. ❹ [限定] 王者らしい [≒majestic]; 堂々とした: *royal* dignity 王者のような威厳. ❺《略式》とてもひどい. (名 róyalty)

— 名 Ⓒ [しばしば複数形で]《略式》王家の一員.

〖語源 regal と同語源〗

Róyal Acádemy 名 固 [the ~] 英国王立美術院 (略 R.A.).

Róyal Áir Fòrce 名 固 [the ~] 英国空軍 (略 RAF).

róyal blúe 名 Ⓤ, 形 ロイヤルブルー(の)《濃い鮮やかな青》.

róyal flúsh 名 [a ~]〔トランプ〕ロイヤルフラッシュ《ポーカーで同じ組の ace, king, queen, jack および 10 の 5 枚がそろうこと; 最高のそろい札》.

Róyal Híghness 名 Ⓒ 殿下《王族などに対する敬称; ⇒ Highness》.

roy·al·ist /rɔ́ɪəlɪst/ 名 Ⓒ, 形 君主制支持者(の), 王党員(の).

róyal jélly 名 Ⓤ ロイヤルゼリー《働きばちが分泌する栄養分で女王蜂の幼虫に与えられる》.

roy·al·ly /rɔ́ɪəli/ 副《古風》すばらしく.

Róyal Návy 名 固 [the ~] 英国海軍 (略 RN).

róyal róad 名 [単数形で] 王道, 近道; 楽な方法: There is no *royal road to* learning [knowledge]. 《ことわざ》学問には王道[楽な道]はない.

Róyal Socíety 名 固 [the ~] 英国学士院.

roy·al·ty /rɔ́ɪəlti/ [!アク] 名 (-al·ties) ❶ Ⓒ [普通は複数形で] 印税, 著作権使用料; 特許権使用料. ❷ Ⓤ [ときに複数扱い] 王族(の一員). (形 róyal)

RP /áɚpíː | áː-/ 略 = Received Pronunciation 英国容認標準発音.

rpm /áɚpìːém | áː-/ 略 = revolutions per minute (⇒ revolution 3).

RR, R.R. 略 ❶ = railroad. ❷《米》= rural route 地方郵便配達路.

RSI /áɚèsáɪ | áː(r)ès-/ 略〔医学〕= repetitive strain injury 反復運動(過多)損傷.

RSPB /áɚèspìːbíː | áː(r)ès-/ 略《英》= Royal Society for the Protection of Birds 英国鳥類保護協会.

RSPCA /áɚèspìːsìːéɪ | áː(r)ès-/ 略《英》= the Royal Society for the Prevention of Cruelty to Animals (⇒ prevention).

RSVP /áɚèsvìːpíː | áː(r)ès-/ 略 ご返事をお願いいたします《手紙や招待状に書く文句; フランス語の *R*épondez *s*'il *v*ous *p*laît. /reɪpɔ́ːndeɪsɪlvuːpléɪ | -pɔ́n-/ の略》.

+**rub** /rʌ́b/ 動 (rubs /~z/; rubbed /~d/; rub·bing) 他 ❶ (手・布などで)(...)を**こする**, さする, ふく; (...)をこすって(~に)する; (2 つの物)をこすり合わせる: [言い換え] He ***rubbed*** his eyes ***with*** his left hand. [V+O+前+名] = He ***rubbed*** his left hand ***across*** his eyes. 彼は左手で目をこすった / *Rub* the surface dry. [V+O+形] 表面をふいて乾かしてください / It was cold, so he ***rubbed*** his hands ***together***. [V+O+*together*] 寒かったので彼は両手をこすり合わせた.

❷ (...)を(~に)**こすりつける**; (...)を(~に)すり込む, (...)に(~を)すり込む: The cat ***rubbed*** its head ***against*** me. [V+O+前+名] 猫は頭を私にこすりつけてきた / [言い換え] She ***rubbed*** suntan lotion ***on*** [***over***] his back. = She ***rubbed*** his back ***with*** suntan lotion. 彼女は日焼け止めを彼の背中にすり込んだ[塗りつけた].

— 自 ❶ **こする**; (...に)**こすりつける:** He ***rubbed at*** the stain with his thumb. [V+前+名] 彼はしみを親指でこすった / The cat ***rubbed against*** my legs. 猫は私の脚に体をこすりつけた. ❷ (物が)こすれる.

rúb shóulders [《米》**élbows**] **with ...** [動] 他《略式》(有名人たちなど)と付き合う.

rúb ... (《英》ùp) the wróng wáy [動] 他《略式》(人)の神経を逆なでする, (人)を怒らせる.

rub の句動詞

rúb alóng 動 自《英略式》(人と)なんとかうまくやっていく (*together*; *with*).

rúb dówn 動 他 ❶ (...)をこすって磨く. ❷ (体な

ど)をふいて乾かす; (...)をマッサージする.
rúb ín 動 他 ❶ (クリームなど)をすり込む. ❷《略式》(相手の失敗など)をしつこく言う.
rúb it ín [動] 自《略式》いやなことをしつこく言う.
rúb óff 動 他 (...)をこすり落とす; (...)をこすって消す: He *rubbed* the dirt *off* his shoes. 彼は靴についた泥をこすって落とした. — 自 こすり落とされる; こすって消される.
rúb óff on [ònto] ... [動] 他 (考え・習慣などが)...に影響する, ...に移る.
rúb óut 動 他 ❶《英》(...)を(消しゴムなどで)消す. ❷《米略式》(人)を殺す.

— 名 ❶ [a ~] ひとこすり, 磨く[こする]こと: give ... a *rub* ...をふく[こする]; ...にマッサージをする. ❷ [the ~]《格式》[しばしばこっけいに] 困難, 障害: There's [There lies] *the rub*. それが問題なのだ. ❸ C《米》(肉にすり込む)スパイス.

*__rub·ber__ /rʌ́bɚ | -bə/ 名 (~s /~z/) ❶ U **ゴム**, 弾性ゴム: hard *rubber* 硬質ゴム / synthetic *rubber* 合成ゴム / This toy is made of *rubber*. このおもちゃはゴム製だ. 関連 gum ゴム樹液.
❷ [形容詞的に] (弾性)**ゴム製の**; ゴムの: a *rubber* ball ゴムボール.
❸ C《英》**消しゴム**; 黒板ふき [《米》eraser]: a pencil with a *rubber* at one end 片方の端に消しゴムのついた鉛筆. ❹ C《米略式》コンドーム. ❺ [複数形で]《米古風》オーバーシューズ [≒overshoes]. ❻ C〔野球〕投手板.

rúbber bánd 名 C ゴムバンド, 輪ゴム [《英》elastic band].

rúbber bóot 名 C [普通は複数形で]《米》ゴム長靴 [《英》Wellington].

rub·ber·neck /rʌ́bɚnèk | -bə-/ 動 自《略式》(運転中に)振り向いてじろじろ見る (*at*).

rúbber plànt 名 C ゴムの木《観葉植物》.

rúbber stámp 名 ❶ C ゴム印. ❷ C [軽蔑的] よく考えずに承認する人[組織].

rub·ber-stamp /rʌ́bɚstǽmp | -bə-/ 動 他 [軽蔑的] (...)をよく考えずに承認する.

rub·ber·y /rʌ́bəri/ 形 (-ber·ier; -ber·i·est) ❶ ゴムのような. ❷ (足・ひざが)弱い, がくがくする.

rub·bing /rʌ́bɪŋ/ 名 C 摺(す)り写し, 拓本.

rúbbing àlcohol 名 U《米》消毒用アルコール.

+__rub·bish__ /rʌ́bɪʃ/ 名 ❶ U《主に英》**ごみ**, くず, 廃物 [《米》trash, garbage]: a pile of *rubbish* ごみの山 / Don't throw *rubbish* here. ここにくずを捨てぬこと / a *rubbish* bin ごみ入れ. ❷ U《略式, 主に英》くだらないもの[考え]; 出来の悪いもの.
— 動 他《英略式》(...)をけなす, こきおろす [《米》trash]. — 形《英略式》下手くそな.

rub·ble /rʌ́bl/ 名 U (石・れんがなどの)破片, 瓦礫(がれき); 荒石《基礎工事の割った石塊》.

rub·down /rʌ́bdàʊn/ 名 ❶ C《主に米》マッサージ: give ... a *rubdown* (人)にマッサージをする. ❷ C 磨く[こする]こと.

ru·bel·la /ru:bélə/ 名 U〔医学〕風疹(ふうしん) [≒German measles].

Ru·bens /rú:b(ə)nz/ 名 固 Peter Paul ~ ルーベンス (1577–1640)《Flanders の画家》.

Ru·bi·con /rú:bɪkɑ̀(:)n | -k(ə)n/ 名 固 [the ~] ルビコン川《イタリア中部の川; 49 B.C. にユリウス・カエサル (Julius Caesar) が渡ってポンペイウス (Pompey /pámpi | pɔ́m-/) との戦いを始めた; この時「さいは投げられた」と言ったと伝えられる; ⇒ die[2]》. **cróss the Rúbicon** [動] 自 [新聞で] 後へ引けない手段に出る, 背水の陣を敷く.

ru·ble /rú:bl/ 名 C《主に米》ルーブル《ロシア・旧ソ連の通貨単位; 100 コペイカ; 《英》rouble》.

ru·bric /rú:brɪk/ 名 ❶ C《格式》(答案用紙などの)指示, 説明. ❷ C (章・節などの)題名, 題目《赤文字または特殊な字体で印刷された》.

ru·by /rú:bi/ !発音 名 (ru·bies) ❶ C ルビー, 紅玉《7月の誕生石》. ❷ U ルビー色, 真紅色. ❸ [形容詞的に] ルビー(色)の. 〖語源 ラテン語で「赤い(石)」の意〗

ruck·sack /rʌ́ksæ̀k, rʊ́k-/ 名 C《主に英》リュックサック, バックパック [《米》backpack].

ruck·us /rʌ́kəs/ 名 [単数形で]《略式, 主に米》けんか, 言い争い, 大騒ぎ.

rud·der /rʌ́dɚ | -də/ 名 C (船の)かじ; (飛行機の)方向舵(ほうこうだ).

rud·der·less /rʌ́dɚləs | -də-/ 形 かじのない; (組織などが)指導者のいない.

rud·dy /rʌ́di/ 形 (rud·di·er; -di·est) ❶ (顔色が健康で)赤い, 血色のよい. ❷ 限定《文語》赤い, 赤みがかった. ❸ 限定《英略式》ひどい, いまいましい [≒bloody]. — 副《英略式》ひどく, いまいましいほどに.

*__rude__ /rú:d/ !発音 形 (rud·er /-dɚ | -də/; rud·est /-dɪst/) ❶ **不作法な**, 無礼な; 不作法なことをする[言う] [⇔ polite]: He made a *rude* gesture. 彼は無礼なしぐさをした / Don't be ***rude to*** [***about***] the principal. +to [about]+名 校長先生に対して[ついて]失礼なことを言ってはいけない 多用 / 言い換え ***It was rude of*** me ***to*** ask you that question. (= I was *rude* to ask you that question.) あんなことをお尋ねして失礼しました(⇒ of 12). ❷ 限定 乱暴な, 荒々しい; ひどい, 突然の: a *rude* shock ひどいショック. ❸《主に英》わいせつな, みだらな. ❹ 限定《文語》粗末な, 素朴な, 大ざっぱな: a *rude* chair 雑に作ったいす.

rude·ly /rú:dli/ 副 ❶ 不作法に, 無礼に: Don't speak *rudely*. 失礼な話し方をしてはいけない. ❷ ひどく; 突然.

rude·ness /rú:dnəs/ 名 U 不作法, 無礼.

ru·di·ment /rú:dəmənt/ 名 [the ~s]《格式》基本, 基礎(原理): *the rudiments of* psychology 心理学の基礎.

ru·di·men·ta·ry /rù:dəméntəri, -tri⁻/ 形 ❶《格式》基本の; 初歩の: a *rudimentary* knowledge 基本的な知識. ❷《格式》(設備・器官などが)原始的な, 未発達の.

Ru·dolf, Ru·dolph /rú:dɑ(:)lf | -dɔlf/ 名 固 ルドルフ《男性の名; 愛称は Rudy》.

Ru·dy /rú:di/ 名 固 ルーディ《男性の名; Rudolf, Rudolph の愛称》.

rue /rú:/ 動 (rued; ru(e)·ing) 他《文語》(...)を後悔する [≒regret].

rue·ful /rú:f(ə)l/ 形《文語》悔やんでいる; 悲しんでいる.
-ful·ly /-fəli/ 副 悔やんで; 悲しげに.

ruff /rʌ́f/ 名 (~s) C ひだ襟《16 世紀に流行した》; (鳥・獣の)首羽, 首毛.

ruf·fi·an /rʌ́fiən/ 名 C《古風》ならず者, 悪党.

ruf·fle /rʌ́fl/ 動 他 ❶ (...)にしわを寄せる; (水面)を波立たせる; (髪など)をくしゃくしゃにする; (鳥が)(羽毛)を逆立てる (*up*): A sudden breeze *ruffled* the surface of the pond. 風がさあっと吹いて池の面にさざ波が立った. ❷ [しばしば受身で] (心など)をかき乱す; (人)を怒

らせる: He gets *ruffled* easily. 彼はすぐに怒る.
— 名 C [普通は複数形で] ひだ飾り, フリル, ラッフル《首・そで・すそなどについているもの》.

+**rug** /rʌ́g/ 名 (～s /～z/) ❶ C (床に敷く小型の)**敷物**, じゅうたん《carpet よりも小さいもの》. 関連 hearthrug 炉の前の敷物. ❷ C《英》ひざ掛け [《米》lap robe]. ❸ C《略式》[こっけいに] = toupee.
púll the rúg (òut) from ùnder ... [...'s **féet**] [動]《略式》(人)への援助を突然やめる.

+**rug·by** /rʌ́gbi/ 名 U **ラグビー**《フットボールの一種; ⇒ eleven 名 4》.

Rug·by /rʌ́gbi/ 名 固 ラグビー《英国 England 中部の町; rugby の発祥の地とされる有名なパブリックスクール (public school) である Rugby School がある》.

rúgby fóotball 名 U = rugby.

rug·ged /rʌ́gɪd/ ❗発音 形 ❶ でこぼこの, ごつごつした: a *rugged* road でこぼこ道 / a *rugged* peak ごつごつした山頂. ❷ [よい意味で] (顔などが)ごつい, いかつい: a *rugged* handsome face りりしい顔. ❸ (人・性格が)断固とした, 頑固な; 無骨な: a *rugged* individualist 断固とした個人主義者. ❹ (機械などが)頑丈な, 丈夫な.

rug·ger /rʌ́gə | -gə/ 名 U《英略式》ラグビー. 〘語源 *rug*by を短縮した形に -er をつけたもの; ⇒ soccer〙

*__ru·in__ /rúːɪn/ 動 (ru·ins /～z/; ru·ined /～d/; -in·ing) 他 ❶ (損害を与えて)(...)を**台なしにする**, だめにする; (...)を荒廃させる《⇒ destroy 類義語》: The scandal *ruined* his career. スキャンダルで彼の経歴は台なしになった / The ancient capital ***was ruined by*** a huge earthquake. V+O の受身 その古代都市は大地震で廃墟となった. ❷ (人・国・会社など)を破滅させる, 破産させる. (名 rùinátion)
— 名 (～s /～z/) ❶ U **荒廃**, 壊滅状態; 破滅, 破産: Tom's laziness finally led to his *ruin*. トムは怠けすぎてとうとう破産してしまった / on the road to *ruin* 破滅に向かっていて /「***go to*** [***fall into***] ***ruin*** だめになる, 荒廃する.
❷ C [しばしば複数形で] **廃墟**, 遺跡; [the ～s] (...の)遺物 (*of*): the *ruins* of an old church 廃墟となった古い教会 / ancient Greek *ruins* 古代ギリシャの遺跡.
❸ U [所有格または the とともに] 破滅の原因: 言い換え Drink was *his ruin*. = Drink was *the ruin* of him. 彼は酒で身を滅ぼした.
in rúins [形] 廃墟となって; 荒廃して; 破滅して, だめになって: The castle lay *in ruins*. その城は廃虚となっていた. (形 rúinous)
〘語源 ラテン語で「倒れること」の意〙

ru·in·a·tion /rùːɪnéɪʃən/ 名 U《格式》破滅; 破壊, 荒廃; 破滅の元, 禍根(かこん). (動 rúin)

ru·ined /rúːɪnd/ 形 限定 廃墟となった, 荒廃した.

ru·in·ous /rúːɪnəs/ 形 ❶ 破滅をきたす, 破滅的な. ❷ (値段などが)べらぼうに高い. ❸《格式, 主に英》荒廃した. (名 rúin)

***__rule__ /rúːl/
— 名 (～s /～z/)

意味のチャート
「物差し」❺ → (規準)
→「規則」❶ → (規則の行使) →「支配」❷
→ (標準的なこと) →「普通のこと」❹ →「習慣」❸

❶ C **規則**, 規定, 決まり, ルール; 守るべきこと; (文法などの) 規則, 法則: It's against the ***rules of*** [***in***] baseball. それは野球の規則に違反している / Our school has a ***rule that*** everyone must leave the premises by six. +*that* 節 私たちの学校には 6 時までには下校するという規則がある / ***obey*** [***follow***] a ***rule*** 規則を守る / ***break*** [***violate***] a ***rule*** 規則を破る / ***apply*** a ***rule*** 規則を適用する / ***enforce*** a ***rule*** 規則を押しつける / *Rules* are *rules*. Ⓢ 規則は規則だ(守らなくてはならない) / There're no hard and fast *rules* about that. それについては厳密な決まりはない.
❷ U **支配**, 統治: foreign *rule* 外国による支配 / Under the long *rule* of Queen Victoria, Britain became a powerful nation. ビクトリア女王の長い治世に英国は強国になった.
❸ C [普通は単数形で] **習慣**, 習わし, 決まり: Early to bed was the *rule* at my house. 早寝がわが家の習慣だった / It's my *rule* to go to bed around ten. 10 時頃に就寝するのが私の習慣だ.
❹ [the ～] (ごく)**普通のこと**, いつものこと, 常態: Rainy weather is *the rule* here in June. 6 月の雨はこのあたりでは普通のことだ / A typhoon in July is the exception, not *the rule*. 7 月の台風は例外で普通のことではない.
❺ C《古風》定規, 物差し [≒ruler]: a slide *rule* 計算尺.
as a (géneral) rúle [副] 文修飾 **概して**, 一般に [≒generally]; 普通は [≒usually]: *As a rule*, we have a great deal of rain in Japan in the fall. 概して日本では秋には雨が多い / *As a rule*, he's punctual. 彼はたいてい時間を守る.
màke it a rúle to dó [動] **いつも...することにしている**: He *made it a rule* never *to* watch television after 9 o'clock. 彼は 9 時以降は絶対にテレビを見ないことにしていた.
pláy by the rúles 規則通りに行動する[扱う].
the rúle of láw [名] 法の支配.
wórk to rúle [動] 自《主に英》順法闘争を行なう.
— 動 (rules /～z/; ruled /～d/; rul·ing) 他 ❶ (...)を**支配する**, 統治する《⇒ govern 類義語》; (感情などが)(人・生き方など)を支配する, 左右する: The country ***is ruled by*** a dictator. V+O の受身 その国は独裁者に支配されている / Political life *is ruled by* the desire for power. 政治(家の)活動は権力欲に支配されて[動かされて]いる / Silence *ruled* the forest. 沈黙が森を支配していた(森は静まり返っていた) / *Be ruled by* your conscience. 良心に従え.
❷ (裁判官などが)(...である)と**裁決する**, 判定する, (...)を(～と)決定する: The court ***ruled that*** the case (*should*) *be* tried on Monday. V+O (*that* 節) 裁判所はこの件の審議を月曜日に行なうと裁決した 多用《⇒ should A 8》/ The law *was* ***ruled*** (*to* be) unconstitutional. V+O+C (*to* 不定詞[形]) の受身 その法律は違憲と裁定された. ❸ (線)を定規で引く; (紙)に定規で線を引く.
— 自 ❶ **支配する**, 統治する: The king ***ruled*** wisely ***over*** his people for ten years. V+*over*+名 王は 10 年間立派に国民を治めた.
❷ [副詞(句)を伴って] **判決を下す**: The court ***ruled on*** the case. V+前+名 裁判所はその事件について判決を下した / The court ***ruled against*** [***in favor of***] the defendant. 裁判所は被告に不利[有利]な判決を下した. ❸《略式》だれ[どれ]にも負けない, 最高[最強]だ: Our team *rules*! うちのチーム最高!
rúle óff [動] 他 線を引いて(...)を区切る.

R

rúle óut [動] ⊛ (1) (...の可能性)を否定する: The police *ruled out* (the possibility of) suicide in the case. 警察はその事件に自殺(の可能性)はありえないとした. (2) (...)を不可能にする. (3) (...)を(試合などに)出場できなくする (*of*).
〘語源 rail[1] と同語源〙

rule·book /rú:lbòk/ 名 C [普通は the ～ で] 就業規則書; (スポーツの)規則集, ルールブック.

ruled /rú:ld/ 形 限定 (紙が)罫線の入った: *ruled* paper 罫紙.

+**rul·er** /rú:lə | -lə/ 名 (～s /～z/) ❶ C **支配者**, 統治[主権]者: the *ruler* of an empire 帝国の支配者. ❷ C **定規**, 物差し: draw a line with a *ruler* 定規で線を引く.

*__rul·ing__ /rú:lɪŋ/ 名 (～s /～z/) C **判決**, 判定, 裁定: The court handed down a ***ruling on*** that issue last week. 法廷はその問題について先週判決を下した / The judge gave a ***ruling that*** he (*should*) *make* a formal apology. +that 節 裁判官は彼が正式に謝罪するようにと裁定した《⇒ should A 8》.
— 形 ❶ 限定 **支配[統治]している**: the *ruling* class 支配階級 / the *ruling* party 与党. ❷ 限定 優勢な, 主な: ... 's *ruling* passion (人)の最大の関心事.

rum /rʌ́m/ 名 U,C ラム酒《さとうきびから作る》; C ラム酒 1 杯.

Ru·ma·ni·a /ru:méɪniə, roʊ-/ 名 固 = Romania.

Ru·ma·ni·an /ru:méɪniən, roʊ-/ 形 名 = Romanian.

rum·ba /rʌ́mbə/ 名 C,U ルンバ《キューバ起源の踊り[曲]》.

rum·ble /rʌ́mbl/ 動 ⊜ ❶ (雷・砲声などが)ごろごろ鳴る; (空腹で)腹がぐーぐー鳴る: My stomach is *rumbling*. 腹がごろごろ鳴っている. ❷ [副詞(句)を伴って] (車などが)がたがたと進む. ❸《古風, 米略式》(不良が)けんかする. — ⊛《英略式》(人)の正体(など)を見破る. — 名 ❶ C [普通は単数形で] ごろごろ[がたがた]という音, 低い音[声]. ❷ C《古風, 米略式》(不良同士の)路上のけんか.

rum·bling /rʌ́mblɪŋ/ 名 ❶ C [普通は単数形で] ごろごろ鳴る音. ❷ C [普通は単数形で] (不平・不安などの)徴候, 不満の声; うわさ.

ru·mi·nant /rú:mənənt/ 名 C 反芻(はんすう)動物《牛など》. — 形 (牛などが)反芻する; 反芻動物の.

ru·mi·nate /rú:mənèɪt/ 動 ⊜ ❶《格式》思いにふける (*about, on, over*). ❷ (牛などが)反芻する.

ru·mi·na·tion /rù:mənéɪʃən/ 名 U,C《格式》熟考(すること), 瞑想(めいそう).

rum·mage /rʌ́mɪdʒ/ 動 ⊜ [副詞(句)を伴って] ひっかき回して捜す, 捜し回る: *rummage around* [*about*] *in* the handbag *for* a key 鍵を探してハンドバッグの中をかき回す. — 名 ❶ [a ～]《主に英》かき回して捜すこと. ❷ U《主に米》がらくた.

rúmmage sàle 名 C《米》(中古品などの)慈善バザー, がらくた市 [《英》 jumble sale].

rum·my /rʌ́mi/ 名 U ラミー《トランプ遊びの一種》.

*__ru·mor,__ 《英》 __ru·mour__ /rú:mə | -mə/ (同音 #roomer) 名 (～s/～z/) C,U **うわさ**, 流言, (世間の)評判: I've heard some ***rumors about*** [*of*] his failure. 私は彼の失敗についてのうわさをいろいろ聞いている / There's a ***rumor that*** Dr. Lee is going to resign. +that 節 リー博士は辞職するらしい / start [spread] a *rumor* うわさを立てる[広める] / deny a *rumor* うわさを否定する / *Rumor* has it that Dr. White will marry his secretary. うわさではホワイト博士は秘書と結婚するとのことだ.
— 動 (ru·mors, 《英》 ru·mours; ru·mored, 《英》 ru·moured; -mor·ing, 《英》 -mour·ing /-m(ə)rɪŋ/) ⊛ [受身で] (...)とうわさする: He's *rumored to* be in hiding. 彼は身を隠しているとうわさされている / *It was* widely *rumored that* he had been poisoned. 彼は毒殺されたと広くうわさされていた. 語法 it は that 以下を受ける形式主語; 動詞型は V+O の受身.
〘語源 ラテン語で「雑音」の意〙

ru·mor·mon·ger /rú:məmʌ̀ŋgə | -məmʌ̀ŋgə/ 名 C [悪い意味で] うわさを広める人.

*__ru·mour__ /rú:mə | -mə/ 名 C,U, 動《英》= rumor.

rump /rʌ́mp/ 名 ❶ C (動物の)じり [≒buttocks]; [こっけいに] (人の)しり. ❷ U (牛肉の)しり肉. ❸ [単数形で]《英》(組織・グループの)残党.

rum·ple /rʌ́mpl/ 動 ⊛ [しばしば受身で] (髪・衣服など)をしわくちゃにする, くしゃくしゃにする.

rum·pus /rʌ́mpəs/ 名 [a ～]《略式》騒ぎ; 口げんか, 激論.

***run /rʌ́n/

— 動 (runs /～z/; 過去 ran /rǽn/; 過分 run; run·ning)

単語のエッセンス
基本的には「走る」の意.

1) 走る; 走らせる	⊜ ❶, ❷, ❹; ⊛ ❶, ❷, ❼
2) 車で運ぶ	⊛ ❻
3) (順調に)動く; 動かす	⊜ ❸; ⊛ ❹
4) 経営する	⊛ ❸
5) 通じている	⊜ ❻
6) 流れる	⊜ ❼
7) 続く	⊜ ❽

— ⊜ ❶ (人・馬などが)**走る**, 駆ける; 急いで行く, 駆けつける, (車などで)ちょっと行く: A cheetah can *run* faster than any other animal. チータは他のどの動物よりも速く走れる / He *ran* (*for*) five miles. 彼は 5 マイル走った《⇒ ⊛ 1; for 前 A 5 語法 (1)》 / I ***ran to*** my mother. V+前+名 私は母に駆け寄った / She ***ran for*** the door. 彼女はドアの方へ走った / She came *running* out to help him. 彼女は彼を助けに走って出てきた / I'll *run* over there later, in my car. 後でそこまで車で行ってきます / They *ran to* her aid. 彼らは彼女の救助に駆けつけた / *Run* and get your schoolbag. 急いで通学かばんを取ってきなさい / I have to *run*. 急いで行かなくては. 関連 walk 歩く.
❷ **競走に出場する**; (選手としてまたは趣味で)走る; [副詞(句)を伴って] 走って...着になる; (選挙で公職に)立候補する: She'll ***run in*** the women's hundred-meter hurdles. V+in+名 彼女は女子の 100 メートル障害に出場する / His horse *ran in* the Derby. 彼の馬はダービーに出馬した / She *ran second*. 彼女は競走で 2 着になった / He ***ran for*** President [the Presidency]. V+for+名 彼は大統領に立候補した / Is he ***running against*** Smith *in* the next election? V+against+名 彼はスミスに対抗して次の選挙に出るのですか.
❸ (機械などが順調に)**動く**; 〘コンピュータ〙(ソフトなどが)動く; (録音テープなどが)回転する; (ボールなどが)転がる: I can't get this motor to *run*. 私はこのモーターを

動かすことができない / This motor ***runs on*** electricity. このモーターは電気で動く / This machine [clock] doesn't *run* well. この機械[時計]は調子が悪い.
❹ (車・船などが)**走る**; (バス・列車などが)**定期的に運行する**, 通っている**:** The train is *running* at 60 miles an hour. 列車は時速 60 マイルで走っている / The buses *run* every fifteen minutes. バスは 15 分ごとに出る / Incoming flights are *running* about one hour late [behind schedule]. 到着便は予定より約 1 時間遅れで運行している.
❺ (事が)(ある進み具合で)**進行する:** His life *ran* smoothly. 彼の人生は順調だった / The project is *running* on schedule. 計画は予定通りに進んでいる / I'm *running* a little late [behind]. 私は(到着・仕事などが)少し遅れている.
❻ [副詞(句)を伴って] [進行形なし] (道路・線路などが)**通じている**, 走っている; (山脈などが)延びている**:** The fence ***runs from*** the house ***to*** the road. V+前+名 塀は家から道路まで延びている / This path ***runs through*** the woods. この小道は森の中を通っている / This mountain chain *runs down* the whole length of the island. この山脈はその島全体に延びている / A scar *ran across* his right cheek. 長い傷跡が彼の右のほおにあった.
❼ (川・潮・液体などが)**流れる**, したたる; (場所・体の一部などが)液体を流す[出す]; (流れるように)動いていく**:** The river ***runs into*** the lake. V+前+名 その川は湖に流れ込んでいる / Blood *ran from* the wound. 血が傷口から流れた / 言い換え Her face was ***running with*** sweat. = Sweat was ***running down*** her face. 彼女は顔が汗びっしょりだった / Don't leave the faucet [tap] *running*. 蛇口の水を出しっぱなしにしてはいけない / Pollen makes my nose *run*. 私は花粉を吸うと鼻水が出る.
❽ (時間的に)**続く**, 持続する; (劇などが)続演される, (映画が)続映される; (法律などが)有効である; (性格などが)受け継がれる**:** The play ***ran for*** six months. V+*for*+名 その芝居は 6 か月間続演された / Our vacation ***runs from*** the middle of July ***to*** the end of August. V+*from*+名+*to*+名 私たちの休暇は 7 月の中ごろから 8 月の終わりまでです / His contract *runs for* one more year. 彼の契約はもう 1 年間有効だ / The meeting *ran* long. 会議が長引いた.
❾ **逃げる**, 逃走する**:** I ***ran for my life***. 私は命からがら逃げた.
❿ (ある状態に)なる [≒become]; (値段・数量などが)...である**:** The shower *ran* cold [hot]. シャワーから出るお湯が冷たく[熱く]なった / The pond has *run* dry. 池が干上がった / Time is *running* short. 時間が足りなくなってきた / My car is *running* 「low on fuel [short of fuel]. 車の燃料が足りなくなってきている / Losses are *running at* millions of dollars. 損失は何百万ドルにもなっている.
⓫ [副詞(句)を伴って] (記憶・考えなどが)ふと浮かぶ, (感情などが)広がる, (痛みなどが)走る; (うわさなどが)流れる**:** A melody *ran through* my head. あるメロディーが頭に浮かんだ / A sharp pain *ran up* his arm. 鋭い痛みが彼の腕に走った / A rumor that he had been fired *ran through* the office. 彼が首になったといううわさが職場中に伝わった.
⓬ (広告・記事などが)(新聞などに)掲載される, (テレビで)流れる.
⓭ [副詞(句)を伴って] (文句・詩などが)(...と)書いてある, (...のように)なっている**:** The notice *runs* 「as follows [like this]. その通知には次のように書いてある.
⓮ (ろう・バターなどが)溶けて流れる; (色・インクなどが)広がる, にじむ.
⓯ 《米》 (ストッキングが)伝線する [《英》 ladder].
— 他 ❶ (ある距離・道など)を**走る**; 走っていく; (封鎖線など)を突破する**:** He can *run* a mile in four minutes. 彼は 1 マイルを 4 分で走れる / They *ran* the length of the yard. 彼らは庭の端から端まで走った / Don't *run* red lights. 赤信号を無視して走ってはいけない.
❷ (競走・使い走りなど)を**する**, 走って(...)をする; (競走)に出場する; [普通は受身で] (競走・競馬)をとり行なう**:** *run* a race 競走をする / John *ran* the 100 meters. ジョンは 100 メートル走に出場した / When he was a boy, he often *ran* errands for me. 彼は子供のときよく私の使い走りをしてくれた.
❸ (店・会社など)を**動かす, 経営する**, (国・部門・人など)を管理する, (会・選挙など)を運営する**:** He *runs* a hotel. 彼はホテルを経営している / The store ***is run by*** her husband. V+O の受身 その店は彼女の夫が経営している. / *run* ...'s life ...の生活に口出しする, ...にあれこれうるさく指示する.
❹ (機械・パソコンなど)を**動かす**, 作動させる; (ソフトなど)を(コンピューター上で)動かす; (録音テープなど)を回す; 《主に英》 (車など)を持っている, 維持する**:** I *ran* the machines by myself. 私はひとりで機械を操作した / I can't afford to ***run*** two cars ***on*** my small income. V+O+*on*+名 私の少ない収入では 2 台の車は持てない.
❺ (実験・検査など)を**行なう** (*on*)**:** We had to *run* the whole test again. 私たちは検査をもう一度全部やり直さなければならなかった.
❻ 《略式》 (人)を**車に乗せていく**, (物)を運ぶ; (麻薬・銃など)を(不法に)運び[持ち]込む, 密輸する**:** I'll ***run*** you home [***to*** the station]. V+O+副[前+名] 家[駅]まで車で送ります.
❼ (バス・列車など)を**運行させる**; (犬・馬など)を走らせる**:** They *run* extra trains during rush hour. ラッシュアワーの間は臨時列車を走らせる.
❽ (馬など)を競走させる, 競馬に出す; (人)を立候補させる.
❾ [副詞(句)を伴って] (手・指・目など)を走らせる, 通す**:** She *ran* her fingers [hand] *through* her hair. 彼女は髪に指[手]を通した《神経質になっているときのしぐさ》 / She *ran* her eyes *over* [*down*] the page. 彼女はそのページにざっと目を通した.
❿ (道・コードなど)を走らせる, 通す.
⓫ (広告・記事など)を(新聞などに)掲載する, (テレビで)流す**:** *run* ads in the newspaper 新聞に広告を出す.
⓬ (見出し・詩などが)(...)という文句になっている.
⓭ (液体など)を流す, 流し込む, (蛇口など)から液体を流す; (ふろ)に水[湯]を満たす; (人のために)(ふろ)に水[湯]を入れる**:** *Run* 「a bath *for* me [me a bath], please. ふろに湯を入れてください.
⓮ (熱)を出す.
⓯ 《米》 (人にとって)(ある金額)がかかる.
còme rúnning [動] 自 (1) 走って来る, 駆けつける《⇨ 自 1》; 《略式》 (相手の望むことを)喜んでする, 言うとおりにする. (2) Ⓢ (人に)助け[助言, 同情]を求める (*to*).
rún befòre one **can wálk** [動] 自 基礎ができないうちに難しいことに取り組む.
rún for it [動] 自 急いで逃げる.

run の句動詞

*__rún acròss ...__ 動 他 ❶ **...を走って横切る**; ...を横切って流れる: While I was driving, a cat *ran across* the road. 車の運転中猫が道を走って横切った.
❷ (人)**に偶然出会う**; (物)を偶然見つける: Yesterday I *ran across* an old friend on the street. きのう私は通りでひょっこり昔の友達に会った.

*__rún áfter ...__ 動 他 ❶ (捕まえようと)**...を追いかける**, ...の後から走る; ...を追い求める (⇒ follow 類義語): The child *ran after* a ball. 子供はボールを追いかけた. ❷ 《略式》[軽蔑的] (異性など)を追い回す: Kate is always *running after* boys. ケートはいつも男の子を追いかけている.

+__rún alóng__ 動 自 [しばしば子供に対して命令文で] Ⓢ 《古風》**あっちへ行く**, 立ち去る: *Run along* and watch TV. I'm busy now. あっちへ行ってテレビを見てなさい. 今は忙しいの.

+__rún aróund__ 動 自 ❶ **走り回る**, 動き回る: Children are *running around* in the park. 子供たちが公園で走り回っている. ❷ [軽蔑的] (人と)付き合う: I don't like the boys Jimmy is *running around with*. 私はジミーが付き合っている男の子たちが気に入らない. ❸ 《略式》(あれこれと)忙しく動き回る.

*rún awáy

動 自 ❶ (...から)**逃げる**, 逃げ出す; 走り去る: Tom threw a rock at me and then *ran away*. トムは私に石をぶつけて逃げていった / He ***ran away from*** home when he was fifteen. 彼は 15 歳のときに家出した. ❷ 駆け落ちする (*together*).

rún awáy from ... [動] 他 (困難など)を避ける.

rún awáy with ... [動] 他 ⑴ **...を持ち逃げする**: She *ran away with* the jewels. 彼女はその宝石を持ち逃げした. ⑵ (人)と走り去る, 駆け落ちする: His daughter *ran away with* a young man. 彼の娘は若い男と駆け落ちした. ⑶ (感情などが)(人)の自制心を失わせる, (人)をとりこにする: Don't let your feelings *run away with* you. 感情に駆られて我を忘れてはいけない. ⑷ [普通は否定文で] Ⓢ (考え)を早合点して受け入れる. ⑸ 《略式》(賞)を楽々と獲得する, (選挙)に楽勝する.
(名 rúnawày)

+__rún báck__ 動 自 **走って戻る**, 急いで戻る.
― 他 ❶ (帰る人)を(車で)**送る**. ❷ (テープなど)を巻き戻す.

rún báck òver ... [動] 他 (過去など)を振り返ってみる; ...を再考[再検討]する, 読み返す.

rún ... bý ~ 動 他 《略式》(意見などを求めるため)(人)に(...)について話す[(...)を見せる]: Can you *run* that *by* me again? それをもう一度言ってもらえませんか.

*__rún dówn__ 動 自 ❶ **走り下りる**; 流れ落ちる; (近くへまたは南・地方へ)急いで行く (⇒ down¹ 副 4): He *ran down to* the lake. 彼は湖のところまで駆け下りた[車で行った].
❷ (時計・機械などが)**止まる**; (電池などが)切れる; (土地などが)さびれる; (産業などが)衰える: The clock has *run down*. 時計が止まった.
― 他 ❶ (車・運転者が)(人など)を**ひく**, はねる V+名・代+*down* / V+*down*+名: Two children *were run down* by the drunk driver. 2 人の子供が酔っ払った運転手にひかれた.
❷ 《略式》(...)を**悪く言う**, けなす V+名・代+*down* / V+*down*+名: He's constantly *running down* his boss. 彼はいつも部長をけなしてばかりいる (⇒ be² A 1 (3)).
❸ 《英》(...)の(**生産**)**力を落とす**, (人員など)を減らす; (...)を弱らせる (⇒ run-down): They appeared to *be run down*. 彼らは体が弱っているようだった. ❹ (電池など)を使い果たす, 切らす. ❺ (人・獲物)を追い詰めて捕らえる; (やっと)捜し出す, 突き止める; 〔野球〕(走者)を挟殺する.
(名 rúndòwn)

*__rún dówn ...__ 動 他 ❶ **...を走り下りる**; **...を流れ落ちる** (⇒ run 自 7): The car *ran down* the hill. 車は坂を下った. ❷ (リスト)にさっと目を通す.

+__rún ín__ 動 自 **走って入る**; 流れ込む: Just then a boy *ran in*. ちょうどそのときひとりの少年が駆け込んできた.
― 他 ❶ 《英》(新車など)の慣らし運転をする. ❷ 《古風, 略式》(人)を逮捕する.

*__rùn ínto ...__ 動 他 ❶ **...にぶつかる**: His car *ran into* the iron gate. 彼の車はその鉄の門に衝突した.
❷ (問題)**にぶつかる**, (苦しい状況など)に陥る; (悪天候)にあう: He *ran into* debt. 彼は借金をこしらえた.
❸ 《略式》 (人)**に思いがけなく会う**, 偶然(人)に出くわす: I'm really happy I *ran into* you. (こんな)思いがけないところで会えるなんてうれしいねえ.
❹ (合計して)**...に達する**: The cost will *run into* thousands of dollars. 費用は数千ドルに達する. ❺ ...に駆け込む; ...に流れ込む (⇒ run 自 7).

+__rún ... ìnto ~__ 動 他 ❶ (...)を**~にぶつける**: He *ran* his car *into* a lamppost. 彼は車を電柱にぶつけた.
❷ (...)を~の中に入れる; (...)を~に陥れる.

+__rún óff__ 動 自 ❶ **走り去る**, 急いで立ち去る; 逃げる: He *ran off* to meet his teacher. 彼は先生を迎えに走っていった. ❷ = run away 2. ❸ 流れ出る.
― 他 ❶ (...)を**印刷する**, 刷る, (コピー)をとる[作る]; (音楽・詩など)をすらすらと作る[書く] V+名・代+*off* / V+*off*+名: We *ran off* 50 copies of the invitation. 私たちは招待状を 50 通刷った / Could you *run* ⌈me *off* five copies [five copies *off* for me]? 私に 5 部コピーしてください. ❷ (...)を流出させる. ❸ 走って(体重など)を減らす. ❹ (レース・予選など)を行なう; (...)の決着をつける. ❺ 《米》(...)を追い払う.

rún óff at the móuth [動] 自 《米略式》 べらべらとしゃべりすぎる.

rún óff with ... [動] 他 = run away with ... ⑴ ⑵ (⇒ run away 成句).

+__rún òff ...__ 動 他 (軌道など)**から離れる**: The train *ran off* the tracks [rails]. 列車は脱線した.

rún ... òff ~ 動 他 《米》 (...)を~から追い払う.

*__rún ón__ 動 自 ❶ **走り続ける**: I *ran on* and *on*, never looking back. 私は振り向かずにどんどん走り続けた. ❷ (話・催し物・病気などが)(予定以上に)続く, 長びく; (人が)話し続ける.

rún on ... 動 他 ❶ (機械などが)(電気・石油など)で動く (⇒ run 自 3). ❷ (話・考えなどが)...のことに集中する[及ぶ, 関わる].

*rún óut

動 自 ❶ (在庫品・補給などが)**なくなる**, (忍耐力などが)尽きる, (期限・契約などが)**切れる**; (人が)物を切らす: I'm afraid time has *run out*. 時間切れですよ.
❷ **走って出ていく**; ちょっと出かける (⇒ run 自 1).
❸ 流れ出る.

rùn óut on ... [動] 他 (人)を見捨てる, 置き去りにする.

*rún óut of ...

動 他 ❶ ...を使い果たす, ...を切らす: I've *run out of* sugar. I'll have to remember to buy some when I go out shopping. 砂糖が切れちゃった. 買い物に行くときに忘れないようにしなくちゃ / We [Our car] *ran out of* gas in the middle of the desert. 砂漠の真ん中で僕らの車はガス欠になった.
❷ ...から走り出る; ...から流れ出る: Lots of people *ran out of* the burning building. 火災を起こしているビルから大勢の人が走り出てきた.
rún ... òut of ～ 動 他 (...)を～から追い出す.
*__rún óver__ 動 他 (車・運転者が人など)をひく V+名・代+over / V+over+名: The drunk *was run over* by a truck. その酔っ払いはトラックにひかれた. 語法 この over を前置詞として扱うこともある《⇒ run over ...》.
— 自 ❶ (液体・容器が)あふれる: The bath [bath water] is *running over*! ふろの水があふれているよ. ❷ (話などが)予定(の時間など)を超える. ❸ (...へ)急いで行く[来る]; ちょっと(訪ねて)行く[来る] (*to*).
*__rún óver ...__ 動 他 ❶ (車などが)...をひく《⇒ run over 語法》: The car in front of me *ran over* a dog. 私の前を走っていた車が犬をひいた.
❷ (液体が)...からあふれる: The water *ran over* the banks. 水が土手からあふれた. ❸ ...を(ざっと)復習する, 読み返す; ...を(再度)説明する; ...について考える: *run over* one's notes before giving a lecture 講演の前にメモに目を通す. ❹ (予定の時間など)を超える.
rún thróugh 動 他 《文語》(剣などで)(人など)を突き通す (*with*).
*__rún thròugh ...__ 動 他 ❶ ...を走って[さっと]通り抜ける; (川などが)...を貫流する: The Seine *runs through* Paris. セーヌ川はパリを貫流する. ❷ (考えなどが)(心)をよぎる, (感情などが)...に広がる, 行き渡る《⇒ run 自 11》. ❸ ...にざっと目を通す, ...を検討する, 説明する; ...を見返す, ...のリハーサルをする: Will you *run through* this essay for me and tell me what you think of it? この作文にざっと目を通して感想を聞かせてください. ❹ (金)を使い果たす, 浪費する.
rún ... thròugh ～ 動 他 ❶ (水など)を(管など)に通す[流す]; (指・くしなど)を(髪など)にさっと通す《⇒ run 他 9》. ❷ (データなど)を(コンピュータなど)にかける. ❸ 《文語》(剣など)を(体)に突き通す.
rún to ... 動 他 ❶ (ある数・量など)に達する, ...に及ぶ: That'll *run to* a large sum. それは相当な額に達するだろう. ❷ [進行形なし; 普通は否定文で]《主に英》(金などが)...に十分なだけある, ...にも回る, (人が)...のための金がある: I *can't run to* a new car. 私は新車にまで手を出す余裕がない. ❸ (助けを求めて)...に頼る. ❹ (好みが)...の傾向がある.
*__rún úp__ 動 自 走り上がる; 走り寄る; (北・都市へ)急いで行く《⇒ up 副 4》: The manager ***ran up to*** the fifth floor. 支配人は 5 階まで駆け上がった / The students *ran up to* the gate. 生徒たちは門まで走ってきた.
— 他 ❶ (支払額・借金など)を急に増やす, ためる: *run up* a big bill 多額のつけをこしらえる. ❷ (衣服など)を急いで作る. ❸ (旗など)を掲げる. ❹ (得点・勝利など)をあげる, 達成する.
rún úp agàinst ... [動] (困難など)に出くわす, ぶつかる.
rún with ... 動 他 ❶ [普通は進行形で] (場所が)...であふれる《⇒ 自 7》. ❷ (...)を受け入れ(て進め)る. ❸ [軽蔑的] (人)と付き合う.

— 名 (～s /～z/) ❶ C 走ること, 駆け足; (長い距離の)競走; 逃走: a five-kilometer *run* 5 キロの競走 / She ***broke into a run***. 彼女は急に走りだした / He usually ***goes for*** a short [ten-minute] ***run*** before breakfast. 彼はたいてい朝食前にちょっと[10 分]走る. 関連 dash, sprint 短距離競走 / jogging ジョギング.
❷ C [しばしば a ～] 連続, 継続; (芝居などの)続演; 〘トランプ〙(配られた)そろいの続き札: ***a run of*** bad luck 不運の連続 / We had *a run of* 「wet weather [rainy days] in June. 6 月は雨天続きだった / That movie had *a* long *run*. その映画は長期間上映された.
❸ C 〘野球・クリケット〙得点《略 R.; ⇒ score 表》: Our team scored 3 *runs* in the bottom of the 7th inning. 我々のチームは 7 回の裏に 3 点をあげた. 関連 earned run 投手の自責点 / home run ホームラン.
❹ C (車などで)ちょっと行く[出かける]こと, ドライブ; (列車などの)運行, (船の)航行, 便; 走行距離[時間], 行程; 運行経路, 路線, 航路: Let's take the car out for a *run* in the country. いなかへドライブに行こう / The bus makes two *runs* a day *to* New York. バスはニューヨークへ日に 2 便出ている / the last *run* 最終便 / London is 「an hour's [a 60-mile] *run* from here. ロンドンはここから 1 時間[60 マイル]の行程だ / the Paris *run* パリ行きの路線. 関連 trial run 試運転.
❺ [the ～] (場所の)使用の自由: We had [got, were given] *the run of* the house. 私たちはその家を自由に使わせてもらった.
❻ C [普通は a ～] 大需要, 大変な買い[売り]人気; (銀行に対する)取り付け: *a run on* the dollar ドルの売り[買い]人気 / *a run on* the bank 銀行の取り付け(騒ぎ).
❼ C 《米》(ストッキングの)糸のほつれ, 伝線 [《英》 ladder]: I've got a *run* in my stocking. ストッキングが伝線した.
❽ [単数形で] 《米》(選挙に立候補して)競うこと, 選挙運動: make a hard *run for* the presidency 大統領選で大いに頑張る.
❾ [the ～] (物事などの)成り行き, 形勢; 傾向; タイプ: in *the* normal *run of* events (事が)普通[順当]に行けば / *the* common [usual, ordinary] *run of* singers よくいるタイプの歌手.
❿ C 作業高, 生産高: a print *run* of 1,000 copies 千部の印刷部数.
⓫ C [しばしば合成語で] (動物の)飼育場: a chicken *run* 養鶏場.
⓬ C (スキーなどのための)斜面, コース; (スキーなどでの)滑走.
⓭ [the ～s] 《略式》下痢.
⓮ C 〘音楽〙走句.
at a rún [副] 駆け足で.
gíve ... a (góod) rún for ...'s móney [動] 他 (競争などで)(人)によく対抗する, 善戦する.
hàve a (góod) rún for one's **móney** [動] 自 (出費[労力]に見合う)いい思いをする.
in the lóng rùn [副] [しばしば 文修飾] 最後に(は), 結局は; 長期的に見て: I believe that honesty will triumph *in the long run*. 私は正直であれば最後には勝利を得ると信じている.
in the shórt rùn [副] [しばしば 文修飾] 短期的に(は), さしあたり(は).
màke a rún for it [動] 自 一目散に逃げ出す.
on the rún [形・副] (1) 走って, 走りながら; 逃走中で (*from*); 負かされて, 退却して: Now we have the

enemy *on the run*. 我々は今や敵を退却させている. (2)《略式》忙しく活動して: I was *on the run* all day long. 私は一日中忙しかった / eat *on the run* (移動中に[ほかのことをしながら])あわただしく食べる.

run·a·bout /rʌ́nəbàʊt/ 名 C 《略式》小型自動車.

run·a·round /rʌ́nəràʊnd/ 名 [次の成句で] **give ... the rúnaround** [動] 他《略式》(人)をまともにとりあわない, たらい回しにする.

run·a·way /rʌ́nəwèɪ/ 形 限定 (インフレなどが)あっという間の; (勝利などが)圧倒的な; (馬などが)暴走した; 逃げた, 家出した: a *runaway* success 大成功. — 名 C 家出人[少年]; 逃亡者. (動 rùn awáy)

run·down /rʌ́ndàʊn/ 名 ❶ [単数形で] 概要(報告) (*of*): He gave me a full *rundown on* the situation. 彼は私に状況を詳しく話した. ❷ [単数形で]《英》(事業などの)縮小, (人員などの)削減 (*in, of*). ❸ C 〔野球〕挟殺(きょうさつ). (動 rùn dówn)

run-down /rʌ́ndáʊn←/ 形 ❶ 叙述 健康を害した, 疲れた: feel *run-down* 体調が悪い. ❷ (土地・建物が)荒廃した; 活気をなくした.

rune /rúːn/ 名 C ルーン文字, 北欧古代文字《古代ゲルマン人の文字》; 神秘的な文字; 呪文(じゅもん).

****rung**[1] /rʌ́ŋ/ (同音 wrung) 動 ring[2] **の過去分詞**.

rung[2] /rʌ́ŋ/ 名 C (はしごの, 足をかける)横木, 段; (いすの脚の)桟. **the tóp [bóttom, lówest] rúng of the ládder** [名]《略式》(社会・組織などの)最高[最低]の地位.

run-in /rʌ́nìn/ 名 ❶ C 《略式》(警官などとの)けんか, 口論 (*with*). ❷ = run-up 2.

****run·ner** /rʌ́nɚ | -nə/

— 名 (~s /~z/) ❶ C **走る人[動物]**; [前に形容詞をつけて] **走るのが...の人**; (競走・競技の)**走者**, ランナー, 出走馬: a *fast runner* 走るのが速い人[選手] / a (long-)distance *runner* 長距離走者. ❷ C [普通は合成語で] 密輸業者: a drug *runner* 麻薬密輸業者. ❸ C 使い走り《人》. ❹ C (そりの)滑走面; (スケートの)刃, 滑走部; (カーテン・引き出しの)レール, 溝. ❺ C 〔植物〕匍匐枝(ほふくし), ランナー《いちごなどの, 地面をはうように伸びる細長い枝・つる》. ❻ C 細長いじゅうたん[掛け布].

rúnner bèan 名 C 《英》紅花いんげん.

+**run·ner-up** /rʌ́nɚʌ̀p | -nə(r)ʌ́p/ 名 (複 run·ners- /-nɚz- | -nəz-/) C (競技・競走での)**2 位の人[チーム]**, 次点者: She was [finished] (a) *runner-up to* Bill in the contest. 彼女はそのコンテストでビルに次いで 2 位に入った《✪ しばしば無冠詞》.

****run·ning** /rʌ́nɪŋ/

— 名 ❶ U **走ること**, **ランニング**; 競走; 〔野球〕走塁: *running* shoes ランニングシューズ / *Running* is good exercise. 走ることはよい運動だ. ❷ [the ~] (店・家庭などの)運営, 経営, 切り盛り; (機械の)運転 (*of*). ❸ U [合成語で] (麻薬などの)密輸.

in [òut of] the rúnning [形] 勝算がある[ない] (*for*).

— 形 ❶ 限定 **走っている**; 走りながらの: a *running* train 走行中の列車 / a *running* kick ランニングキック. ❷ 限定 (液体が)流れている: *running* water (蛇口から出る)水道水, 流水. ❸ 限定 続けざまの, 連続する: a *running* fire of questions 質問攻め / a *running* battle 長い闘い. ❹ 限定 うみの出る: a *running* sore うみが出ている傷.

— 副 **続けて**, ぶっ通しで: It rained for「five days [the fifth day] *running*. 5 日間ぶっ続けに雨が降った. 語法 数を伴う複数名詞か序数を伴う単数名詞の後に置く.

rúnning bàck 名 C,U 〔アメフト〕ランニングバック.

rúnning cómmentary 名 C (ラジオ・テレビの)実況放送[中継].

rúnning còsts 名 複 (会社などの)運営経費; (車などの)維持費.

rúnning màte 名 C [普通は単数形で]《主に米》組になっている候補者のうちの下位の候補者; (大統領候補と組む)副大統領候補.

run·ny /rʌ́ni/ 形 (run·ni·er; -ni·est) ❶《略式》鼻水[涙]の出る. ❷《略式》(食物が普通より)軟らかい, たれやすい, 水っぽい.

run·off /rʌ́nɔ̀ːf | -ɔ̀f/ 名 (~s) ❶ C (同点者の)決勝戦, 決選投票. ❷ U (土地からの)流水(量).

run-of-the-mill /rʌ́nəvðəmíl←/ 形 [しばしば軽蔑的] 普通の, 並の, 平凡な.

runt /rʌ́nt/ 名 C (ひと腹の子の中で)最小[最弱]のもの; 《略式》[軽蔑的] ちび(すけ).

run-through /rʌ́nθrùː/ 名 C リハーサル.

run-up /rʌ́nʌ̀p/ 名 ❶ C (スポーツの)助走(距離). ❷ C [普通は the ~] (ある事に対する)準備期間[活動] (*to*). ❸ C (価格の)急上昇.

run·way /rʌ́nwèɪ/ 名 ❶ C 滑走路. ❷ C 《米》(ファッションモデルなどが歩く)ランウェー [≒catwalk].

ru·pee /ruːpíː/ 名 C ルピー《インド・パキスタン・スリランカなどの通貨単位》.

rup·ture /rʌ́ptʃɚ | -tʃə/ 名 ❶ C,U 破裂. ❷ C,U 決裂, 仲たがい (*with*). ❸ C,U 〔医学〕ヘルニア, 脱腸. — 動 他 (...)を裂く, 破裂させる; (関係など)を決裂させる. — 自 裂ける, 破裂する. **rúpture onesèlf** [動] 自〔医学〕ヘルニアにかかる. 〖⇒ bankrupt キズナ〗

****ru·ral** /rʊ́(ə)rəl/

— 形 [普通は 限定] **いなかの**, 田園の, いなか風の [⇔ urban]: *rural* life 田園生活 / live in a *rural* setting (都会から離れて)いなかで暮らす.

rúral delívery 名 U 《米》地方郵便配達.

ruse /rúːs, rúːz | rúːz/ 名 C 策略, 計略 [≒trick].

rush**[1] /rʌ́ʃ/ 動 (rush·es /~ɪz/; rushed /~t/; rush·ing) 自 ❶ [普通は副詞(句)を伴って] **突進する**, 殺到する, 大急ぎで行く《⇒ dash 表》; 突撃する: You don't have to *rush*. 急ぐことはない / They ***rushed out for help. 彼らは助けを求めて飛び出した / The police ***rushed to*** the scene. V+前+名 警官隊は現場へ急行した / Everyone ***rushed for*** the door. 皆がドアの方に殺到した / The bull ***rushed at*** me. 雄牛は私に向かって突進してきた《⇒ at 3 語法》/ People are ***rushing to*** buy jewelry. V+*to* 不定詞 人々が宝石を買いに殺到している.

❷ **向こう見ずに[軽はずみに]行動する**; 急いで[あわてて]...する: They ***rushed into*** the conflict. V+*into*+名 彼らは向こう見ずに争いに首を突っ込んだ / He *rushed into* (the) marriage. 彼はあわてて結婚した / Don't ***rush into*** sign*ing* this contract. V+*into*+動名 軽はずみにこの契約にサインしないように. ❸ [普通は副詞(句)を伴って] (水などが)勢いよく流れる; 急に現われる: I felt the blood *rush to* my face. 私は恥ずかしくて顔に血がのぼるのを感じた. ❹〔アメフト〕ラッシュする《ボールを持って突進する》. ❺《米》(新入生が)大学

の社交クラブの催しに参加する.
— 他 ❶ [副詞(句)を伴って] (人)を**急いで連れて行く**; (物)を**急いで運ぶ**: We ***rushed*** her ***to*** the hospital. V+O+前+名 私たちは彼女を大急ぎで病院へ運んだ / I ***rushed*** the child ***out of*** the room. 私は急いでその子を部屋から連れ出した / They *rushed* supplies *to* the disaster area. 彼らは被災地に物資を急送した.
❷ (人)を**急がせる**; (人)をせき立てて～させる: Don't *rush* me! (そんなに)せかさないでよ / She ***rushed*** him ***into*** sign***ing*** the contract. V+O+*into*+動名 彼女は彼をせき立てて契約にサインさせた. ❸ (物事)を急いで[あわてて]する: I want you to *rush* this job. この仕事は急いでやってください. ❹ (...)に突進する; 襲撃する; 急襲して占領する: We *rushed* the enemy's position. 我々は敵陣を攻撃して奪った. ❺《米》(大学の社交クラブが)(新入生)を歓待[勧誘]する; (新入生が)(社交クラブ)の催しに参加する. ❻〔アメフト〕(ボール)を持って突進する; (ボールを持った相手チームの選手)に突進する.
rúsh aróund [《英》**abóut**] [動] 自 多くのことを急いでやる, どたばたする.
rúsh óut [動] 他 (...)を急いで製造する; (記事など)を急いで出す.
rúsh thróugh [動] 他 (議案など)を急いで通過させる, (仕事など)を急いで処理する.
— 名 (～·es /~ɪz/) ❶ [単数形で] **突進**, 突撃; 急に現われること, 突発, (感情の)激発; 《略式》(麻薬や活動による)気分の高揚, 快感: a ***rush of*** wind 一陣の風 / a *rush of* anger 激怒 / The boys ***made a rush for*** the door. 少年たちは戸口の方へどっと走っていった / I felt a *rush of* dizziness. 私は突然めまいを覚えた / have a *rush* of blood to the head 頭にかっと血がのぼる.
❷ [単数形で] (人や需要・注文などの)**殺到**; (商売などの)書き入れ(時); 突然の増加: a ***rush on*** [***for***] new cars 新車に対する需要の殺到 / There'll be a ***rush to*** buy concert tickets. +*to* 不定詞 コンサートの切符を買いに人がどっと押し寄せるだろう // ⇒ gold rush.
❸ [the ～] **ラッシュ(時)**, **混雑時間[時期]**: *the* Christmas *rush* クリスマス直前の混雑時《買い物客などでの》/ I leave early to beat *the rush*. 私はラッシュを避けるために早く出る.
❹ [U または a ～] **急ぐこと[必要]**, 急がせること: Is there any ***rush on*** this coat? 《略式》このコートは急ぎますか《クリーニング店などで》/ There's no *rush*. 急がなくてよい. ❺ U 慌(あわ)ただしさ, めまぐるしさ: the *rush* of city life 都会生活の慌ただしさ. ❻ [複数形で]〔映画〕編集用のプリント, ラッシュ. ❼ [単数形で]《米》(大学の社交クラブでの)勧誘(期間). ❽ C〔アメフト〕ラッシュ《ボールを持って突進すること, またはボールを持った選手への突進》.
in a rúsh [形・副] **急いで(いる)**; あわてて, 慌ただしく: Use the stairs, not the elevator, when you're not *in a rush*. 急がないときにはエレベーターではなく階段を使いなさい.
Whát's (àll) the rúsh? 何を急いでいるの.
— 形 限定 大急ぎの, 大急ぎでした: a *rush* order 至急の注文 / a *rush* job 大急ぎの仕事.

rush² /rʌ́ʃ/ 名 C [普通は複数形で] いぐさ, い, 灯心草《湿生植物; むしろ・かごなどを作る》.

rúsh hòur 名 C,U ラッシュアワー: the evening *rush hour* 夕方のラッシュアワー / commute 「at *rush hour* [in the *rush hour*] ラッシュアワーに通勤する.

rusk /rʌ́sk/ 名 C 《主に英》ラスク《乳幼児用のビスケット》.

Rus·sell /rʌ́s(ə)l/ 名 固 Bertrand ～ ラッセル (1872–1970)《英国の数学者・哲学者》.

rus·set /rʌ́sɪt/ 名 U 《文語》赤褐色. — 形《文語》赤褐色の.

Rus·sia /rʌ́ʃə/ ❗発音

— 名 固 ❶ **ロシア**《ヨーロッパ北東部からアジア北部にわたる広大な地域; 特に Ural 山脈の西方のヨーロッパに属する部分を指すことが多い》.
❷ **ロシア(連邦)** (⇒ Russian Federation)).
(形 Rússian)

Rus·sian /rʌ́ʃən/ ❗発音

— 形 ❶ **ロシアの**, ソ連の; **ロシア人の**; ロシア系の; ロシア製の: a *Russian* tank ロシア製の戦車.
❷ **ロシア語の**: the *Russian* alphabet ロシア語アルファベット.
(名 Rússia)
— 名 (～s /~z/) ❶ C **ロシア人**; ロシア系人: There were three *Russians* in the group. 一行の中には3名のロシア(系)人がいた.
❷ [(the) ～s] **ロシア人**《全体》, ロシア国民 (⇒ the¹ 5)).
❸ U **ロシア語**.

Rússian Federátion 名 固 [the ～] ロシア連邦《ヨーロッパ北東部から Siberia に及ぶ連邦共和国; 1991 年旧ソ連の解体により独立; CIS 最大の構成国; 首都 Moscow》.

Rússian Órthodox Chúrch 名 [the ～] ロシア正教会.

Rússian Revolútion 名 [the ～] ロシア革命《1917 年 3 月(旧暦 2 月)と同年 11 月(旧暦 10 月)の革命》.

Rússian roulétte 名 ❶ U ロシアンルーレット《1 個だけ弾丸の入っている回転式ピストルを自分の頭に向けて引き金を引く生命の危険を伴うゲーム》. ❷ U 危険を伴う行動[事態].

Rus·so-Jap·a·nese /rʌ́soʊdʒæ̀pəníːz←/ 形 ロシアと日本の, 日露(間)の: the *Russo-Japanese* war 日露戦争 (1904–05).

rust /rʌ́st/ 名 ❶ U (鉄の)さび; さび色: This pipe is covered with *rust*. このパイプはさびで覆(おお)われている. ❷ U〔植物〕さび病. — 動 自 さびる, 腐食する: My knife has *rusted*. 私のナイフはさびてしまった. — 他 (...)をさびさせる, 腐食させる. **rúst awáy** [動] 自 さびていく.

rus·tic /rʌ́stɪk/ 形 ❶ 限定 [よい意味で] いなかの; いなか風の, 田園の [≒rural] [⇔ urban]; 素朴な: *rustic* charm いなか風な良さ. ❷ 限定 荒木[丸太]作りの.
— 名 C いなかの人.

rus·tic·i·ty /rʌstísəṭi/ 名 U 素朴, 質素.

rus·tle /rʌ́sl/ 動 自 (木の葉・紙・布などが)さらさら[かさかさ]と鳴る; [副詞(句)を伴って] さらさら[かさかさ]と音を立てて動く: The fallen leaves *rustled* as we walked. 私たちが歩くと落ち葉がかさかさと音を立てた.
— 他 ❶ (...)をさらさら[かさかさ]と音を立てさせる: The wind was *rustling* the leaves. 風が木の葉をかさかさ鳴らしていた. ❷ (牛・馬など)を盗む. **rústle úp** [動] 他 《略式》(食事など)を(あり合わせのもので)急いで用意する, 間に合わせる (*for*): *rustle up* some lunch from leftovers 残りもので昼食を用意する. — 名 [単数形で] さらさら[かさかさ]という音; きぬずれの音 (*of*).

R

rus·tler /rʌ́slə | -lə/ 名 C 家畜どろぼう.

rust·proof /rʌ́stprùːf/ 形 (金属が)さびない.

rust·y /rʌ́sti/ 形 (rust·i·er; -i·est) ❶ さびた, さびついた: a *rusty* pipe さびたパイプ. ❷ 叙述 (技術・知識などが使用しないため)下手になった, さびついた: My English is *rusty*. 私の英語はもうさびついている.

rut /rʌ́t/ 名 C わだち, 車輪の跡. 「**gèt ìnto [be (stúck) in] a rút** [動] 自 型にはまる[はまっている], マンネリになる.

ru·ta·ba·ga /rùːṭəbéɪgə/ 名 C,U 《米》 スウェーデンかぶ, かぶかんらん《食用》.

Ruth /rúːθ/ 名 固 ❶ ルース《女性の名》. ❷ Babe ~ (ベーブ)ルース (1895–1948)《米国の野球選手》.

+**ruth·less** /rúːθləs/ 形 **無慈悲な**, 冷酷な; 容赦のない: She's ***ruthless in*** deal*ing* with her children. +*in*+ 動名 彼女は容赦なく子供を扱う.
 ~·ly 副 冷酷に(も), 容赦なく; 断固として.
 ~·ness 名 U 冷酷, 容赦のなさ.

RV /ɑ́ɚvíː | ɑ́ː-/ 名 (複 RVs) C 《米》 RV 車《キャンピングカーなど; *r*ecreational *v*ehicle の略》.

Rwan·da /ruɑ́ːndə | ruǽn-/ 名 固 ルワンダ《アフリカ中部の国》.

Rx /ɑ́ɚéks | ɑ́ː(r)éks/ 名 (複 Rx(')s) ❶ C 《米》 処方(箋(せん)) (prescription). ❷ C 《米》 (問題の)解決策.

-ry /ri/ 接尾 [名詞語尾] = -ery.

rye /ráɪ/ 名 ❶ U ライ麦, ライ麦の実《北欧原産で黒パンの原料》. ❷ U = rye bread. ❸ U (ライ麦が原料の)ライウイスキー.

rýe bréad 名 U ライ麦パン, 黒パン.

rýe whískey 名 U = rye 3.

Ss

s¹, S¹ /és/ 名 (複 s's, ss, S's, Ss /~ɪz/) ❶ C,U エス《英語アルファベットの第 19 文字》. ❷ C S 字形, S 字形のもの.

s² 略 = second(s)《⇒ second²》.

*__S²__ 略 ❶ **南** (south). ❷ (特に衣類の)小さな [S] サイズ (small (size))《⇒ L⁴ 1》. ❸ = southern, subject¹ 名 4.

***__-s¹__ /ɪz, z, s/ 接尾 **名詞の複数形の語尾.** ✪ 発音および用法については ⇒ **巻末文法** 2.1 (1).

***__-s²__ /ɪz, z, s/ 接尾 **動詞の三人称単数現在形の語尾.** ✪ 発音および用法については ⇒ **巻末文法** 6.1 (1).

***__-'s¹__ /ɪz, z, s/ ❶ **名詞の所有格の語尾.** 語法 特に《英》で所有格だけで, 家・店などを表わす: Liz is staying at Bill'*s*. リズはビルの家にいる.
❷ 文字・数字・略語などの複数形の語尾《⇒ **巻末文法** 16. 1 (2)》: three A'*s*, 3'*s*, MP'*s*.

***__-'s²__ /(有声音の後では) z, (無声音の後では) s/《略式》**is の短縮形:** Tom'*s* a high school student. トムは高校生だ / Meg'*s* loved by everybody. メグはみんなに好かれている. 語法 Yes, he is. のように is が文の最後に来ると短縮形は用いない.

***__-'s³__ /(有声音の後では) z, (無声音の後では) s/《略式》 **has² の短縮形:** Bob'*s* failed the exam. ボブは試験に落ちた. ✪ 's got については ⇒ have got の項目. 語法 Yes, he has. のように has が文の最後に来ると短縮形は用いない.

***__-'s⁴__ /s/ [let の後で]《略式》**us の短縮形:** Let'*s* stop here. ここでやめよう.

*__-'s⁵__ /(有声音の後では) z, (無声音の後では) s/《略式》**does の短縮形:** What'*s* it matter? それがどうしたというのだ.

***__$, $__** /dɑ́(ː)lə(z) | dɔ́lə(z)/ 略 **ドル** (dollar(s))《通貨単位》: *$* 1 1 ドル《one [a] dollar と読む》/ *$* 75.50 75 ドル 50 セント《seventy-five dollars (and) fifty cents と読む》《⇒ ¢, £》.

S.A. 略 = South Africa, South America.

Sab·bath /sǽbəθ/ 名 [the ~] 安息日《ユダヤ教では土曜日, キリスト教では日曜日》: keep [break] *the Sabbath* 安息日を守る[守らない].

sab·bat·i·cal /səbǽṭɪk(ə)l/ 名 C,U 長期(有給)休暇, サバティカル《休養・旅行・研究のため元来は 7 年ごとに 1 年間大学教授などに与えられる》: take a *sabbatical* 長期休暇をとる / She's *on sabbatical*. 彼女は長期休暇中だ.

sabbátical yéar 名 C 有給休暇年.

sa·ber,《英》**sa·bre** /séɪbə | -bə/ 名 ❶ C (騎兵の)サーベル, 軍刀. ❷ C〔フェンシング〕サーブル.

sa·ber-rat·tling /séɪbərrǽtlɪŋ | -bə-/ 名 U 武力による(見せかけの)威嚇.

sa·ble /séɪbl/ 名 C くろてん《シベリア・ヨーロッパ北部に住む》; U くろてんの毛皮《高級品》. — 形《詩語》暗黒の.

sab·o·tage /sǽbətɑ̀ːʒ/ 名 U 破壊活動, 破壊行為, 生産妨害, 妨害行為《紛争や労働争議で建物・設備・機械などを破壊すること》: an act of *sabotage* 破壊行為. 日英 sabotage には日本語の「サボタージュ」のような怠業の意味はなく,「怠業」は英語では《米》slowdown,《英》go-slow という. また「サボタージュ」に由来する「授業をサボる」は cut a class などという. — 動 他 (建物・設備・機械など)を破壊する, (...)に対し破壊活動[工作]をする; (活動・計画など)を妨害する: The bridge *was sabotaged by* terrorists. 橋はテロリストによって破壊された.〖語源 フランス語から; 昔, 労働者が木靴 (sabot /sæbóʊ/) で機械などを破壊して妨害したことから〗

sab·o·teur /sæ̀bətə́ː | -tə́ː/ ≪フランス語から≫ 名 C 破壊活動[行為]をする人.

sa·bre /séɪbə | -bə/ 名 C《英》= saber.

sac /sǽk/ 名 C〔動物・植物〕嚢(のう).

sac·cha·rin /sǽk(ə)rɪn/ 名 U〔化学〕サッカリン.

sac·cha·rine /sǽk(ə)rɪn, -ràɪn/ 形《格式》[軽蔑的] (態度・話などが)甘ったるい, 感傷的な.

sa·chet /sæʃéɪ | sǽʃeɪ/ ≪フランス語から≫ 名 ❶ C におい袋. ❷ C《英》(砂糖・シャンプーなどの)少量入りの包み (*of*).

*__sack¹__ /sǽk/ (同音 sac) 名 (~s /~s/) ❶ C **大袋**《穀物・野菜・石炭などを入れる; ⇒ bag 類義語》; 1 袋分(の分量): a potato *sack* じゃがいも用の袋 / two ***sacks of*** sugar 砂糖 2 袋(分) / An empty *sack* won't stand alone.《ことわざ》からっぽの袋はそれだけでは立たない, 腹が減っては戦(いくさ)はできぬ. ❷ C《米》(一般に)袋 [≒bag]; 買い物袋《商店が客にくれる茶色の紙袋》. ❸ [the ~]《略式, 主に米》ベッド: in *the sack* ベッドの中で; セックスの最中に. ❹ [the ~]《英略式》解雇, 首: get *the sack* 首になる / give ... *the sack* ...を首にする.
hít the sáck [動] 自《古風, 略式》床につく.
— 動 他 ❶《略式》(人)を首にする [≒fire]: He was *sacked for* stealing. 彼は盗みを働いて首になった. ❷〔アメフト〕(クォーターバック)をサックする《スクリメージラインの後方でタックルする》.
sáck óut [動] 自《米略式》寝る.

sack² /sǽk/ 動 他 (戦勝軍が)(都市)を略奪する. — 名 [the ~]《格式》(占領地の)略奪 (*of*).

sack·cloth /sǽkklɔ̀ːθ | -klɔ̀θ/ 名 U ズック, 袋用麻布.
in [wéaring] sáckcloth and áshes [形・副] 悲しみに沈んで; 深く悔いて.

sack·ful /sǽkfʊ̀l/ 名 C 1 袋分(の分量), 1 俵分.

sack·ing /sǽkɪŋ/ 名 U = sackcloth.

sáck ràce 名 C サックレース, 袋競走《袋に両足を入れて前へぴょんぴょん跳ぶ競走》.

sac·ra·ment /sǽkrəmənt/ 名 ❶ C〔カトリック〕秘跡(ひせき);〔プロテスタント〕(聖)礼典《洗礼などの重要な儀式》. ❷ [the ~, the S-] 聖餐(せいさん)用のパン(とぶどう酒), 聖体;〔プロテスタント〕聖餐式.

sac·ra·men·tal /sæ̀krəménṭl←/ 形 聖餐(用)の.

+__sa·cred__ /séɪkrɪd/ ❗発音 形 ❶ **神聖な**, 聖なる [≒holy]; 限定 宗教上の [⇔ secular]: a *sacred* book 聖典 / a *sacred* building 神聖な建物《教会・聖堂・寺院など》/ *sacred* music 宗教音楽 / Owls are ***sacred to*** them. +to+名 ふくろうは彼らにとって神聖なものである. ❷ 神聖視される; 尊い, 侵すべからざる: a *sacred* promise 厳粛なる誓い / a *sacred* right 不可侵の権利 / Is nothing *sacred*? Ⓢ 守るべきものは何もないのか, 世も末か《伝統などを無視する風潮に対して》.

sácred ców 名 C [軽蔑的] 神聖にして侵すべからざ

S

る物.

sa·cred·ness /séɪkrɪdnəs/ 名 U 神聖(さ).

*__sac·ri·fice__ /sǽkrəfàɪs/ 名 (-ri·fic·es /~ɪz/) ❶ U,C **犠牲**, 犠牲的行為: at great personal *sacrifice* 自己を非常に犠牲にして / Parents often ***make*** great ***sacrifices*** to send their children to college. 両親はしばしば子供を大学に行かせるために大変な犠牲を払う. ❷ C,U **神にささげ物をすること**; C (神にささげる)いけにえ, ささげ物: offer [make] a *sacrifice to* a god 神にいけにえをささげる / a human *sacrifice* 人身御供. ❸ C 〔野球〕 犠打. (形 sàcrifícial)

— 動 (-ri·fic·es /~ɪz/; -ri·ficed /~t/; -ri·fic·ing) 他 ❶ (...)を**犠牲にする**: The boy *sacrificed* his life to save his sister from the fire. 少年は妹を火事から救うため命を犠牲にした / Mothers often ***sacrifice*** a great deal ***for*** their children. V+O+*for*+名 母親はよく子供のために多くを犠牲にする. ❷ (...)をいけにえとして供(そな)える[ささげる] (*to*).

— 自 ❶ いけにえをささげる (*to*). ❷〔野球〕 犠打を打つ.

〘語源 原義はラテン語で「神聖(⇒ sacred)にする」; ⇒ office キズナ〙

sácrifice búnt 名 C 〔野球〕 犠牲バント.

sácrifice flý 名 C 〔野球〕 犠牲フライ.

sácrifice hít 名 C 〔野球〕 犠打, 犠牲バント.

sac·ri·fi·cial /sæ̀krəfíʃəl←/ 形 [普通は 限定] 犠牲の, いけにえの; 犠牲的な. (名 sácrifice)

sac·ri·lege /sǽkrəlɪʤ/ 名 U,C 神聖冒涜(ぼうとく)(の行為); ばちあたり(な行ない).

sac·ri·le·gious /sæ̀krəlíʤəs, -líːʤ-←/ 形 神聖を汚す; ばちあたりの.

sac·ro·sanct /sǽkroʊsæ̀ŋ(k)t/ 形 きわめて神聖[重要]な; 絶対に侵すべからざる.

⁑sad /sǽd/

— 形 (sad·der /-dɚ | -də/; sad·dest /-dɪst/) ❶ **悲しい**, 悲しむべき, 嘆かわしい [⇔ glad]; **哀れな**, 悲しそうな: a *sad* story 悲しい話 / She looked *sad*. 彼女は悲しそうな顔をしていた / We were ***sad to*** see her quit the club. +*to* 不定詞 私たちは彼女がクラブをやめるのを見て悲しかった(⇒ to² B 2) / I'm ***sad*** (***that***) you've failed again. +(*that*)節 あなたがまた失敗したとは残念だ / I was ***sad about*** not be*ing* allowed to go. +*about*+動名 私は行かせてもらえないことが悲しかった / ***It is sad that*** children have so little free time. 子供たちがあまりにも少ししか自由な時間をもてないのは悲しいことだ(⇒ that² A 2). ❷ 限定 ひどい, 嘆かわしい: a *sad* state of affairs ひどい事態 / The *sad* fact [thing] is (that) this sort of accident is sure to happen again. Ⓢ 嘆かわしいことだがこの種の事故は必ずまた起こる. ❸《略式》(人が)つまらない, さえない, 残念な.

sád to sáy [副] 文修飾 Ⓢ 悲しい[残念な]ことに.

sádder but [and] wíser [形] 悲しい[苦い]経験から賢明になった[て]. 語法 しばしば次のような形で用いる: He came back a *sadder but wiser* man. 彼は苦い教訓を得て帰って来た. (動 sádden)

〘語源 元来は「満足して(うんざりした)」の意〙

sad·den /sǽdn/ 動 他《格式》悲しませる [⇔ gladden]: The villagers were deeply *saddened* by the priest's death. 村人たちは司祭の死を深く悲しんだ. (形 sad)

+**sad·dle** /sǽdl/ 名 (~s /~z/) C (乗馬用などの)**くら**; (自転車などの)**サドル**(⇒ bicycle 挿絵): He put the *saddle* on his horse. 彼は馬にくらを置いた.

in the sáddle [形·副]《略式》馬に乗って; 管理して, 指揮権を握って.

— 動 (sad·dles /~z/; sad·dled /~d/; sad·dling) 他 ❶ (...)に**くらを置く**: ***Saddle*** (***up***) the horse for Jimmy. ジミーのために馬にくらをつけてあげなさい. ❷ (負担·責任などを)(...)に負わせる, 押しつける: He *is saddled with* his brothers. 彼は弟の面倒を見なければならない.

sad·dle·bag /sǽdlbæ̀g/ 名 ❶ C サドルバッグ(自転車などの後輪の上につけるバッグ; ⇒ bicycle 挿絵). ❷ C 鞍(くら)袋.

sa·dis·m /séɪdɪzm/ 名 U 〔心理〕 サディズム, 加虐性愛. 関連 masochism マゾヒズム.

sa·dist /séɪdɪst/ 名 C 〔心理〕 サディスト, 加虐性愛者; 残酷な人. 関連 masochist マゾヒスト.

sa·dis·tic /sədístɪk/ 形 〔心理〕 サディズム[サディスト]的な, 加虐性愛の. 関連 masochistic マゾヒズム的な.

*__sad·ly__ /sǽdli/ 副 ❶ **悲しんで**, 悲しそうに [⇔ gladly]: He spoke *sadly*. 彼は悲しそうに話した. ❷ 文修飾 **悲しいことに**, 残念ながら: *Sadly*, not all the members can attend the ceremony. 残念ながら会員がみな式に出席できるというわけにはいかない. ❸ ひどく [≒ badly]: You are *sadly* mistaken. ひどい勘違いをしてますよ.

sad·ness /sǽdnəs/ 名 [U または a ~] 悲しみ, 悲しさ, 悲哀(⇒ sorrow 類義語) [⇔ gladness]: I can well understand his deep *sadness over* his son's death. 息子を失った彼の深い悲しみはよくわかる.

sa·do·mas·o·chis·m /sèɪdoʊmǽsəkɪ̀zm/ 名 U 〔心理〕 サドマゾヒズム(サディズムとマゾヒズムの両面をあわせもつこと).

SAE, sae /éseɪíː/ 名 C《主に英》切手を貼りあて名を書いた封筒(*s*elf-*a*ddressed [*s*tamped *a*ddressed] *e*nvelope の略) [《米》 SASE].

+**sa·fa·ri** /səfɑ́ːri/ 名 (~s /~z/) U,C (特にアフリカでの狩猟·探検などの)**遠征旅行**, **サファリ**: ***go on safari*** 遠征旅行[サファリ]に出かける.

safári pàrk 名 C サファリパーク(自然動物園).

⁑safe[1] /séɪf/

— 形 (saf·er; saf·est) ❶ **安全な**, 安心な, 危険のない [⇔ unsafe, dangerous]: feel *safe* 安全と感じる / at [from] a *safe* distance 安全な所で[から] / Keep the money in a *safe* place. その金を安全な所にしまっておきなさい / ***It's*** not ***safe to*** walk alone at night here. このあたりを夜 1 人で歩くのは危ない 多用 / 言い換え ***It's safe to*** drink the water. = The water is ***safe to*** drink. +*to* 不定詞 = The water is ***safe for*** drink*ing*. +*for*+動名 その水は飲んでも安心だ / The place is ***safe for*** children. +*for*+名 その場所は子供にとって安全である / The bird will be ***safe from*** attack there. +*from*+名 その鳥はそこなら攻撃される危険はない / Your secrets will be *safe* with me. あなたの秘密は私が漏らすことはありません / Have a *safe* journey. Ⓢ 気をつけていってらっしゃい(見送りのときなどに).

❷ **無事な**: their *safe* return 彼らの無事な帰還. 語法 arrive, be, bring, come, keep などとともに用いて, 補語の働きをする: The boat *came safe* to port. ボートは無事に港に着いた / I'll *keep* it *safe*. 大事にしまっておくよ.

❸ (行動などが)**危なげのない**, 確実な; (話題などが)無

難な; (人が)慎重な, 信頼できる: a *safe* bet Ⓢ 間違いのない賭(か)け, 確かなこと / *safe* driving 安全運転 / a *safe* investment 安全な投資 / He was a *safe* choice as [for] manager. 彼は支配人として無難な人だった《⇒ as 前 1 語法 (1)》/ Better (to be) *safe* than sorry. Ⓢ《ことわざ》用心するにこしたことはない.
❹ 叙述 (...しても)**差しつかえのない**, 間違いのない: ***Is it safe to*** say that? そう言っても差しつかえないのですか. ❺〔野球〕セーフの [⇔ out]. ❻ Ⓢ《英略式》悪くない, なかなかよい; [応答に用いて] いいね《若者が用いる》.
pláy (it) sáfe [動] 自 慎重にする.
sáfe and sóund [形] 無事で: They returned from their trip *safe and sound*. 彼らは旅行から無事に帰った《⇒ 2 語法》.
to bé on the sáfe sìde [副] Ⓢ 念のために.
(名 sáfety)

safe² /séɪf/ 名 Ⓒ 金庫: The thief cracked [broke into] the *safe*. どろぼうは金庫をこじあけた.

sáfe-de·pòs·it bòx /séɪfdɪpὰ(ː)zɪt- | -pɔ̀z-/ 名 Ⓒ (銀行などの)貸し金庫.

+**safe·guard** /séɪfgὰɚd | -gὰːd/ 動 (-guards /-gὰɚdz | -gὰːdz/; -guarded /-ḍɪd/; -guard·ing) 他 (物事・人)を**保護する**, 守る [≒protect]: ***safeguard*** children ***from*** [***against***] traffic accidents V+O+*from* [*against*]+名 子供たちを交通事故から守る. — 自 (...から)守る (*against*).
— 名 (-guards /-gὰɚdz | -gὰːdz/) Ⓒ **安全装置[対策]**; 保護: a ***safeguard against*** fires 防火装置.

sáfe háven 名 Ⓒ 避難所, 安全地帯 (*for*).

sáfe hòuse 名 Ⓒ 隠れ家, アジト.

safe·keep·ing /séɪfkíːpɪŋ/ 名 Ⓤ 保管, 保護: for *safekeeping* 保管のために.

+**safe·ly** /séɪfli/ 副 ❶ **安全に**, 無事に: He reached home *safely*. 彼は無事帰宅した. ❷ 文修飾 (...しても)差しつかえなく, 間違いなく: It may *safely* be said that language is our most precious tool. 言語は人間の最も貴重な道具だと言っても差しつかえなかろう.

sáfe séx 名 Ⓤ セーフセックス《AIDS や性病防止のためにコンドームなどを用いる性行為》.

****safe·ty** /séɪfti/
— 名 (safe·ties /~z/) ❶ Ⓤ **安全**, 無事; 安全性 (*of*) [⇔ danger]: SAFETY FIRST 安全第一《危険防止の標語》/ He was detained for his own *safety*. 身の安全のために彼は拘留された / The boat crossed the sea ***in safety***. 船は無事に海を渡った / The parents are worried about their kidnapped son's *safety*. 両親は誘拐された息子の安否を心配している / There's *safety* in numbers. 《ことわざ》Ⓢ 多数なら安全(多くの人と一緒だと安全) / The toy was tested for *safety*. そのおもちゃの安全性がテストされた. ❷ [形容詞的に] 安全(性)の, 安全上の: *safety* measures 安全対策 / *safety* regulations 安全規則. ❸ Ⓤ 安全な場所: lead [take] the child to *safety* その子を安全な場所へ連れて行く. ❹ Ⓒ《米》(銃の)安全装置 [《英》safety catch]. ❺ Ⓒ〔野球〕ヒット, 安打;〔アメフト〕セーフティー; セーフティマン. (形 safe¹)

sáfety bèlt 名 Ⓒ シートベルト [≒seat belt]; (高所で作業する人がつける)安全ベルト.

sáfety càtch 名 Ⓒ《英》= safety 4.

sáfety cùrtain 名 Ⓒ (劇場の)防火幕.

sáfety glàss 名 Ⓤ 安全ガラス.

sáfety ìsland 名 Ⓒ《米》(車道の)安全地帯 [≒ traffic island].

sáfety làmp 名 Ⓒ (坑夫の)安全灯.

sáfety nèt 名 ❶ Ⓒ (サーカスなどの)安全ネット. ❷ Ⓒ 安全策, (弱者などへの)救済策 (*for*).

sáfety pìn 名 Ⓒ 安全ピン.

sáfety ràzor 名 Ⓒ 安全かみそり.

sáfety vàlve 名 ❶ Ⓒ (ボイラーなどの)安全弁. ❷ Ⓒ (感情・精力などの)はけ口.

saf·fron /sǽfrən/ 名 ❶ Ⓤ サフラン《秋咲きのクロッカス (crocus) の雌ずいの黄色い柱頭を乾燥させたもので, 染料・香味料》. ❷ Ⓤ 鮮黄色.

sag /sǽg/ 動 (sags; sagged; sag·ging) 自 ❶ (天井・棚・道路などの中央部が)(重みで)たわむ, 下がる, 沈下する (*down*); (皮膚・ほおなどが)たるむ. ❷ (物価が)下落する, (売れ行きが)落ちる. ❸ 弱る, だらける. — 名 ❶ [a ~ または Ⓤ] たるみ, 陥没, 沈下 (*in*). ❷ [a ~ または Ⓤ] (物価の)下落.

sa·ga /sάːgə/ 名 ❶ Ⓒ 出来事の長々とした記述[経験談]. ❷ Ⓒ (北欧の)中世の伝説.

sa·ga·cious /səgéɪʃəs/ 形《格式》賢明な, 利口な [≒wise].

sa·gac·i·ty /səgǽsəṭi/ 名 Ⓤ《格式》賢明.

sage¹ /séɪʤ/ 名 ❶ Ⓤ セージ, ヤクヨウサルビア《葉は香味料・薬用》. ❷ Ⓤ 灰緑色《セージの葉の色》.

sage² /séɪʤ/ 形 (sag·er; sag·est)《文語》賢明な [≒wise]; 思慮深い. — 名 Ⓒ《文語》賢人, 哲人.

sage·brush /séɪʤbrʌ̀ʃ/ 名 Ⓤ よもぎの一種《北米西部不毛地の雑草》.

sage·ly /séɪʤli/ 副《文語》賢明に.

sag·gy /sǽgi/ 形 (-gi·er; -gi·est)《略式》たるんだ, 垂れ下がった.

Sag·it·tar·i·us /sæ̀ʤəté(ə)riəs/ 名 ❶ 固 射手座《星座》; 人馬宮 (the Archer)《⇒ zodiac 挿絵》. ❷ Ⓒ 射手座生まれの人.

sa·go /séɪgoʊ/ 名 Ⓤ サゴ《南洋産サゴやしの髄から採れるでんぷん; プディングなどに用いる》.

Sa·har·a /səhǽrə | -hάːrə/ 名 固 [the ~] サハラ砂漠《アフリカ北部の世界最大の砂漠》.

*****said** /séd/ ❗発音
— 動 say の過去形および過去分詞.
— 形 限定 [普通は the ~]〔法律〕前述の, 上述の: *the said* person 当該人物, 本人.

sail** /séɪl/ ❗発音 (同音 sale) 動 (sails /~z/; sailed /~d/; sail·ing) 自 ❶ [副詞(句)を伴って] (船・人が)**帆走する; 船[ヨット]で行く**, 航海する; (船・ヨットの)操縦をする: The ship ***sailed ⌈***through*** the channel [***into*** harbor]. V+前+名 船は水路を通っていった[入港した] / He ***sailed*** ⌈***across*** the Pacific [***around*** the world] in a small yacht. 彼は小さなヨットで太平洋を横断[世界一周を]した / ***go sailing*** セーリングに行く. ❷ (船・乗員・乗客が)出帆する, 出航する (*for*). ❸ [副詞(句)を伴って] (雲・ボールなどが帆船のように)すいすい進む[飛ぶ], 疾走する; (人が)さっそうと歩く: A sports car was *sailing along* the expressway. スポーツカーが高速道路を疾走していた / She *sailed into* the room. 彼女は部屋にさっそうと入ってきた.
— 他 ❶ (海など)を**航行する**, 帆走する: It is very pleasant to *sail* these waters. この海域を航行するのはとても気持ちがいい.
❷ (船など)を**走らせる**, 操縦する: He ***sailed*** his boat straight ***to*** the harbor. V+O+前+名 彼は自分の船を

S

真っすぐ港に向かって走らせた.
sáil thròugh ... [動] ⑩ (試験・宿題など)を悠々と通る[終える], ...に楽に成功する.
— [名] (~s /~z/) ❶ [C,U] (船の)**帆**: raise [hoist] the *sails* 帆を揚げる / lower the *sails* 帆を降ろす / furl a *sail* 帆をたたむ. ❷ [a ~] 航海, 航行; 帆走: go for *a sail* 航海に出る. ❸ [C] 風車(ふうしゃ)の羽根.
in fúll sáil [形・副] 帆をいっぱいに揚げた[て].
sèt sáil [動] ⓐ 出帆[出航]する (*for*).
ùnder sáil [形・副] ((文語)) 帆を揚げた[て], 航行中の[で].

sail·board /séɪlbɔ̀ɚd | -bɔ̀ːd/ [名] [C] セールボード ((ウィンドサーフィンで用いる帆の付いた板)).

sail·boat /séɪlbòʊt/ [名] [C] ((米)) 帆船, ヨット [((英)) sailing boat] ((⇨ yacht [日英])).

+**sail·ing** /séɪlɪŋ/ [名] (~s /~z/) ❶ [U] **帆走**; 帆走[ヨット]競技, セーリング; 帆走法, 航海術. ❷ [C] 出帆; 航行; (船の定期便の)出航: We had to wait for two hours for the next *sailing*. 私たちは次の船が出るまで2時間も待たなければならなかった.
smóoth [cléar] sáiling ((米)) = **pláin sáiling** ((英)) [名] (特に困難の後)滞りなく[容易に]物事が運ぶこと, 順調な進行.

sáiling bòat [名] [C] ((英)) = sailboat.

sáiling shìp [名] [C] (大型)帆船.

+**sail·or** /séɪlɚ | -lə/ [名] (~s /~z/) ❶ [C] **船員, 水夫**, 海員, 船乗り: He became a *sailor* when he was sixteen. 彼は16歳のときに水夫になった.
❷ [C] **水兵**; 海軍軍人. [関連] officer (海軍)士官 / soldier 兵士. ❸ [C] [前に形容詞をつけて] 船に...の人: a good [bad] *sailor* 船に強い[弱い]人.

sáilor sùit [名] [C] (子供用の)セーラー服.

***saint** /séɪnt/ [名] (saints /séɪnts/) ❶ [C] **聖人**, 聖者 ((キリスト教会で精進・敬虔(けいけん)などの点で特に優れた人を死後認定し, 尊崇して呼ぶ名称)): a patron *saint* 守護聖人. [語法] Saint /seɪn(t) | s(ə)n(t)/ として人名の前につけて用いる. この場合にはしばしば St. /sèɪnt | s(ə)n(t)/ と略す ((⇨ St.²)). ❷ [C] ((略式)) 聖人のような人, 高徳の人, 忍耐強い人: He's no *saint*. 彼は聖人君子ではない. ([形] saintly)

Saint Ándrew [名] [固] = St. Andrew.

Saint Ber·nard /sèɪn(t)bɚnáɚd | s(ə)n(t)bə́ːnəd/ [名] [C] セントバーナード ((大型犬; ⇨ dog 挿絵)).

Saint Fráncis [名] [固] = St. Francis.

Saint Geórge [名] [固] = St. George.

saint·hood /séɪnthʊ̀d/ [名] ❶ [U] 聖人であること. ❷ [U] 聖人, 聖徒 ((全体)).

Saint Jóhn [名] [固] ヨハネ ((⇨ John 3)).

Saint Lúke [名] [固] ルカ ((⇨ Luke 2)).

saint·ly /séɪntli/ [形] (saint·li·er, more ~; saint·li·est, most ~) 聖人らしい; 高徳の, 気高い. ([名] saint)

Saint Márk [名] [固] マルコ ((⇨ Mark 2)).

Saint Mátthew [名] [固] マタイ ((⇨ Matthew 2)).

Saint Pátrick [名] [固] = St. Patrick.

sáint's dày [名] [C] 聖人記念日 ((各聖人ごとに定められた記念日)).

Saint Válentine's Dày [名] = St. Valentine's Day.

Sai·pan /saɪpǽn/ [名] [固] サイパン ((西太平洋 Mariana 諸島の島; 米国自治領)).

***sake¹** /séɪk/ [名] [U] (...の)**ため**, 目的; 利益.

> [語法] (1) 普通は下のような成句で用いる.
> (2) sake の前の名詞が抽象名詞で, その語尾の音が /s/ の場合は所有格の -s または -'s を省略するのが普通: for appearance(') *sake* 体裁上 / for convenience(') *sake* 便宜上. それ以外は一般の所有格と同じ: for Alice'*s* /ǽlɪsɪz/ *sake* アリスのために.

for Chríst's sàke = for Gód's sàke = for góodness(') sàke = for héaven's sàke = for píty's sàke = for Péte's sàke [副] Ⓢ **お願いだから**, 頼むから ((願い・頼みごとを強める)); 冗談じゃないよ, いいかげんに[かんべん]してよ, 一体全体, 全く(のところ) ((いらだち・驚きを示す)): *For goodness sake*, will you be quiet! 静かにしてよ, 本当にもう! / *For God's sake*, tell me where she is! お願いだから彼女がどこにいるのか教えてくれよ! [語法] for Christ's [God's] sake が最も強く, for goodness sake が最も柔らかい言い方. ただし前者は宗教上の理由から使用を嫌う人もいるので注意.
for óld tímes' sàke [副] なつかしい過去を思い出して, 昔のよしみで.
for one's [...'s] **ówn sàke** [副] 自分自身[...自体]のために.
for the sàke of ... = for ...'s sàke [副] **...のために** ((目的や利益を表わす)): art *for* art's *sake* 芸術のための芸術 / *for the sake of* argument Ⓢ 議論を進めるために, 話の便宜上 / I did it *for your sake*. 私はあなたのためを思ってそれをしました / We study the past *for the sake of* the future. 私たちは未来のために過去のことを学ぶのです.
for the sáke of it [副] (ほかならぬ)ただそのために: I'm not talking just *for the sake of it*! ただ話したいから話してるんじゃないんだよ(ちゃんと聞いて).

sa·ke² /sáːki/ ≪日本語から≫ [名] [U] 日本酒, (清)酒.

Sa·kha·lin /sǽkəlìːn/ [名] [固] サハリン ((北海道北方にあるロシア領の島; 日本名は樺太(からふと))).

sa·laam /səláːm/ [名] [C] (イスラム教徒の)額手(ぬかで)の礼 ((右手の手のひらを額に当てて体をかがめる)); 敬礼, あいさつ. — [動] ⓐ 額手の礼を行なう.

sal·a·ble /séɪləbl/ [形] 売れる, 売れ行きのよい.

sa·la·cious /səléɪʃəs/ [形] ((格式)) (本・絵・話などが)みだらな, わいせつな.

+**sal·ad** /sǽləd/ [名] (sal·ads /-lədz/) ❶ [U,C] **サラダ**: chicken [egg, ham, potato, tuna] salad チキン[卵, ハム, ポテト, ツナ]サラダ / make [prepare] a *salad* サラダを作る ((⇨ cooking 囲み)) / toss a *salad* サラダを(ドレッシングと)よく混ぜる. ❷ [U] サラダ用の野菜 ((レタス・エンダイブなど)).
〖[語源] 原義は「塩味をつけた」〗

sálad bàr [名] [C] サラダバー ((レストランなどで客がサラダを自由に組み合わせて取れるコーナー)).

sálad bòwl [名] ❶ [C] サラダボール ((器)). ❷ [C] 多様な人種の入り混じった国[地域] ((独自性を保ったまま共存する状態に対して melting pot の代わりに用いる)).

sálad crèam [名] [U] ((英)) クリーム状のサラダドレッシング ((普通はマヨネーズよりも甘味が強い)).

sálad dàys [名] [複] ((古風)) 未熟な青年時代.

sálad drèssing [名] [U,C] サラダドレッシング.

sálad òil [名] [U] サラダ油.

sal·a·man·der /sǽləmæ̀ndɚ | -də/ [名] [C] さんしょううお.

sa·la·mi /səláːmi/ [名] [U,C] サラミソーセージ.

sal·a·ried /sǽl(ə)rid/ [形] ❶ (人が)給料を取っている: a *salaried* worker [employee] 給料生活者, 月給と

り《⇒ salaryman 日英》. ❷ (仕事・職などが)給料の支払われる[出る], 有給の: a *salaried* position 有給の勤め口.

***sal·a·ry** /sǽl(ə)ri/
— 名 (-a·ries /~z/) Ⓒ **給料**, サラリー《普通は月ごとに支払われるもの; ⇒ pay 類義語》: a high [low, small] *salary* 高い[低い]給料 / 「an annual [a yearly] *salary* 年俸 / a base [basic] *salary* 基本給 / earn a *salary* 給料を稼ぐ / I can't support my family ***on*** this ***salary***. この給料では家族を養っていけない / She's ***on a salary of*** $45,000 a year. 彼女は年に45,000ドルの給料を取っている.〘語源 ラテン語で「(兵士に支払われた)塩を買うための代金」の意〙

sal·a·ry·man /sǽl(ə)rimæ̀n/ 名 (-men /-mèn/) Ⓒ (日本のよく働く)サラリーマン. 日英 日本語の「サラリーマン」に当たる一般的な英語としては an office worker, a white-collar worker などが適切《⇒ businessman 日英》.

***sale** /séɪl/ (同音 sail)
— 名 (~s /~z/) ❶ U,C **販売**, 売却: the *sale of* houses 住宅の販売 / make a *sale* 販売をする / a credit [cash] *sale* 信用[現金]販売. 関連 discount sale 割引販売 / retail 小売り / wholesale 卸し売り.
❷ Ⓒ **(大)安売り**, 特売, バーゲンセール: a summer [winter] *sale* 夏[冬]の特売 / She bought a coat in [at] the January *sale(s)*. 彼女は1月のセールでコートを買った / We are having [running] a ***sale on*** kitchenware this week. 今週は台所用品の特売を行なっている // ⇒ clearance sale, garage sale. 日英 英米では bargain sale とは言わない.
❸ [複数形で] **売上高**; [~s として Ⓤ 扱い] 販売活動; 販売部門, 営業(部): ***Sales of*** oil stoves are up [down] this winter. この冬は石油ストーブの売り上げが伸びた[落ちた] / He works in *sales*. 彼は営業部で働いている. ❹ [複数形で形容詞的に] 販売の(ための), 売り上げの; 営業(部)の: this month's *sales* figures 今月の販売数. ❺ Ⓒ 競売, 競(せ)り売り: a *sale of* antique furniture 骨董家具の競売.
a póint of sále [名] 売り場, 店頭.
for sále [形] (特に個人の持ち主によって)**売りに出されて(いる)**, 売り物の: a house *for sale* 売り家 / NOT FOR SALE 非売品《掲示》. —[副] 売りに: put a car up *for sale* 車を売りに出す.
on sále [形] (1) (特に店で)**売りに出されて(いる)**, 販売されて: His new novel will go [be] *on sale* next week. 彼の新しい小説は来週発売される. (2)《主に米》**特売中で**: Winter coats are *on sale* now. 冬もののコートが今特価販売中だ.
—[副]《主に米》**特売[特価]で**, バーゲンで: I bought this sweater *on sale*. このセーターは特売で買った. (動 sell)

sale·a·ble /séɪləbl/ 形 = salable.
sáles campàign 名 Ⓒ 販売キャンペーン.
sales·clerk /séɪlzklɚ̀ːk | -klɑ̀ːk/ 名 Ⓒ《米》店員 (clerk) [《英》shop assistant].
sales·girl /séɪlzgɚ̀ːl | -gə̀ːl/ 名 Ⓒ《古風》若い女店員《⇒ saleswoman》.
+**sales·man** /séɪlzmən/ 名 (-men /-mən/) ❶ Ⓒ (販売の)**外交員**《男性》, セールスマン: an insurance *salesman* 保険外交員 // ⇒ sales representative.
❷ Ⓒ **店員**《男性》, 販売係《⇒ salesperson》: shoe *salesmen* 靴売り場の店員. 日英 日本語の「セールスマン」は外交販売員だけをいうが, salesman は店内の販売係にも使う.
sales·man·ship /séɪlzmənʃɪ̀p/ 名 Ⓤ 販売術, 売り込みの手腕.
sales·peo·ple /séɪlzpìːpl/ 名 複 ⇒ salesperson 語法.
sa·les·per·son /séɪlzpɚ̀ːs(ə)n | -pə̀ː-/ 名 Ⓒ 外交員, セールスマン; 店員, 販売係 [≒salesman, saleswoman]《性別を示す語を避けた言い方》. 語法 複数形は salespeople が普通.
sáles rèp 名 Ⓒ《略式》= sales representative.
sáles represèntative 名 Ⓒ (販売の)外交員, セールスマン [≒salesman, saleswoman].
sáles slìp 名 Ⓒ《米》売上伝票; レシート [≒receipt].
sáles tàx 名 U,C 売上税《日本の消費税に相当; ⇒ VAT》.
sales·wom·an /séɪlzwʊ̀mən/ 名 (-wom·en /-wɪ̀mən/) Ⓒ (販売の)外交員《女性》; 店員, 販売係《女性》《⇒ salesman 2 日英, salesperson》.
sa·li·ence /séɪliəns/ 名 Ⓤ《格式》顕著, 目立つこと.
sa·li·ent /séɪliənt/ 形 限定《格式》顕著な, 目立った: *salient* features 特徴 / the *salient* points of a speech 演説の主要点.
sa·line /séɪliːn | -laɪn/ 形 限定《格式》塩分を含んだ; 塩辛い: a *saline* solution 食塩水 / a *saline* lake 塩水湖. (名 salt)
— 名 Ⓤ〔医学〕(食)塩水.
sa·lin·i·ty /səlɪ́nəṭi/ 名 Ⓤ 塩分; 塩度.
sa·li·va /səláɪvə/ 名 Ⓤ つば, 唾液(だえき).
sál·i·var·y glànds /sǽləvèri- | -v(ə)ri-/ 名 複〔解剖〕唾液腺(だえきせん).
sal·i·vate /sǽləvèɪt/ 動 自 ❶ (過度に)唾液を分泌する. ❷ 深い関心をもつ, ひどく願望する, よだれを垂らす (*over*).
sal·low /sǽloʊ/ 形 (sal·low·er; -low·est) (肌が)黄ばんだ, 土色の, 血色の悪い.
sal·ly /sǽli/ 名 (sal·lies) ❶ Ⓒ《格式》警句: a humorous *sally* ユーモアのある警句. ❷ Ⓒ《格式》出撃, 突撃 (*against*).
Sal·ly /sǽli/ 名 固 サリー《女性の名; Sara または Sarah の愛称》.
+**salm·on** /sǽmən/ 発音 l は発音しない. 名 (複 ~, ~s; ⇒ fish 語法) ❶ Ⓒ **さけ(鮭)**: catch *salmon* さけを取る / *salmon* roe いくら. ❷ Ⓤ さけの肉: canned [《英》tinned] *salmon* さけの缶詰. ❸ Ⓤ = salmon pink.
sal·mo·nel·la /sæ̀lmənélə/ 名 (複 sal·mo·nellae /-liː/, ~(s)) U,C サルモネラ菌: *salmonella* poisoning サルモネラ菌による食中毒.
sálmon pínk 名 Ⓤ サーモンピンク.
+**sa·lon** /səlɑ́(ː)n | sǽlɔn/ 名 (~s /~z/) ❶ Ⓒ (美容・服飾の)店: a beauty *salon* 美容院. ❷ Ⓒ《古風》(大邸宅の)大広間, 客間. ❸ Ⓒ (特に18世紀フランスで)名士の集まり, サロン.
sa·loon /səlúːn/ 名 ❶ Ⓒ《米》(昔の大きな)酒場, バー [≒bar]. ❷ Ⓒ (客船の)大広間, 談話室. ❸ Ⓒ《英》セダン型自動車《運転手席を仕切らない普通の箱型の車》[《米》sedan].
sal·sa /sɔ́ːlsə, sɑ́ːls- | sǽl-/ 名 ❶ Ⓤ サルサ《メキシコ料理のソース》. ❷ Ⓤ サルサ《中南米のダンス音楽》; C,U サルサのダンス.

****salt** /sɔ́ːlt/ 発音

— 名 (salts /sɔ́ːlts/) ❶ U 塩; **食塩** (table salt): rock *salt* 岩塩 / Please pass (me) the *salt*. 塩を回してください. 参考 食卓で人の前に手を伸ばすことは不作法とされている // add a spoonful [pinch] of *salt* 食塩を1さじ[1つまみ]入れる / To spill *salt* brings bad luck. 塩をこぼすと縁起が悪い. 参考 英米で広く知られている迷信. ❷ C 〔化学〕 塩, 塩類; [複数形で] 薬用塩類《下剤などに使う》.

rúb sált ìnto the [...'s] wóund(s) [動] 自 《略式》 人の傷口に塩をすり込む, 人の恥辱[悲しみ, 苦しみ(など)]をいっそううつのらせる.

táke ... with a gráin [pínch] of sált [動] 他 《略式》 (話)を割り引きして聞く, 話半分に聞く. 由来 塩を少々加えればどんなものでものみ込めるという含意から.

the sált of the éarth [名] 地の塩, 社会の中堅となるべき健全な人たち. 由来 新約聖書のことば.

wórth one's **sált** [形] [しばしば否定文で] (給料分の)働きがある; 有能な. (形 sáline, sálty)

— 動 (salts /sɔ́ːlts/; salt·ed /~ɪd/; salt·ing) 他 ❶ (...)に**塩をふりかける**, 塩で味をつける; (...)を**塩漬けにする** (*down*): Have you *salted* the vegetables? 野菜に塩をかけましたか. ❷ (道路)に塩をまく《道路の凍結を防ぐため》.

sált awáy [動] 他 (金など)を(不正に)たくわえる, ため込む.

— 形 (salt·er; salt·est) ❶ 限定 塩漬けの: *salt* pork 塩漬けの豚肉. ❷ 限定 (水が)塩水の [⇔ fresh]; (土地が)海水に浸る: *salt* water 塩水. ❸ 限定 塩分を含む; 塩辛い: *salt* butter 塩気のあるバター / a *salt* breeze 潮風.

salt·cel·lar /sɔ́ːltsèlə | -lə/ 名 C 《英》 = saltshaker.

salt·i·ness /sɔ́ːltinəs/ 名 U 塩気のあること.

Sált Làke Cíty 名 固 ソルトレイクシティー《米国 Utah 州の州都; Mormon 教の中心地》.

salt·pe·ter, 《英》 **-pe·tre** /sɔ́ːltpìːtə | -tə/ 名 U 硝石《火薬・マッチなどの素材》.

salt·shak·er /sɔ́ːltʃèɪkə | -kə/ 名 C 《米》 食卓塩入れ《振り出し式のもの》 [《英》 saltcellar].

salt·wa·ter /sɔ́ːltwɔ̀ːtə | -tə/ 形 限定 塩水の, 海水の (⇒ freshwater): *saltwater* fish 塩水魚.

salt·y /sɔ́ːlti/ 形 (salt·i·er; -i·est) ❶ 塩気のある, 塩辛い. ❷ 《古風, 米》 (話などが)(おもしろいが)きわどい. (名 salt)

sa·lu·bri·ous /səlúːbriəs/ 形 《格式》 (気候・土地などが)健康的な, さわやかな.

sal·u·tar·y /sǽljətèri | -təri, -tri/ 形 限定 《格式》 (経験などが)(快くないが)有益な, ためになる.

sal·u·ta·tion /sæ̀ljətéɪʃən/ 名 ❶ C 《格式》 (手紙の書き出しの)あいさつ (⇒ letter 図). 参考 次のような書き方がある: Dear Mr. Smith, Dear Sir, Dear Sirs, Gentlemen, Dear Professor White, Dear Tom, Dear Mom and Dad, Darling, Dear John and Mary. ❷ U,C 《格式》 敬礼; あいさつ [≒greeting]. (動 salúte)

+sa·lute /səlúːt/ 動 (sa·lutes /-lúːts/; sa·lut·ed /-ṭɪd/; sa·lut·ing /-ṭɪŋ/) 他 ❶ (挙手して)(上官・国旗など)に**敬礼する**: *salute* the flag 国旗に敬礼する. ❷ 《格式》 (人・業績など)を(公式に)たたえる. ❸ 《古風》 (特に敬意を示す身振り・ことばで)(...)にあいさつする.
— 自 敬礼する. (名 sàlutátion)

— 名 ❶ C 敬礼; 礼砲: give [take] a *salute* 敬礼をする[受ける]. ❷ C,U あいさつ; 称賛(すること) (*to*): in *salute* 敬礼[あいさつ]として; ほめたたえて.

Salvador 名 固 ⇒ El Salvador.

+sal·vage /sǽlvɪdʒ/ 動 (sal·vag·es /~ɪz/; sal·vaged /~d/; sal·vag·ing) 他 ❶ (難破船・火災などから)(物)を**救出する**; (沈没船)を**引き揚げる**: The flight recorders *were* ***salvaged from*** the wreckage. V+O+*from*+名の受身 残骸(ざんがい)からフライトレコーダーが回収された. ❷ (困難な状況など)を修復する; (名声など)を回復する.

— 名 ❶ U 家財救出, (遭難船などからの)貨物救助; (沈没船の)引き揚げ(作業), サルベージ: a *salvage* operation 引き揚げ作業. ❷ U 救助された貨物.

+sal·va·tion /sælvéɪʃən/ 名 ❶ U **救済**, 救助; (人にとって)救いとなるもの[手段]: This research may bring *salvation* to cancer sufferers. この研究はがんに苦しむ人々に救いをもたらすかもしれない / Work has been his ***salvation from*** worries. 仕事が彼にとって苦悩から解放される手段となっている / His cellular phone was the ***salvation of*** the boy. 少年は携帯(電話)のおかげで助かった. ❷ U 〔宗教〕 (キリスト教の)救い.

Salvátion Ármy 名 [the ~] 救世軍《1865 年に創設された軍隊組織のキリスト教団体》.

salve /sǽ(l)v, sɑ́ː(l)v | sǽlv, sɑ́ːv/ 名 ❶ U,C 膏薬(こうやく), 軟膏. ❷ [a ~] 慰め, 慰安 (*for, to*). — 動 他 《格式》 (心の痛みなど)を和(やわ)らげる. **sálve** one's **cónscience** [動] 自 《格式》 気のとがめを休める, 気がすむようにする.

sal·ver /sǽlvə | -və/ 名 C (銀製の)盆.

sal·vi·a /sǽlviə/ 名 U,C サルビア《植物》.

sal·vo /sǽlvoʊ/ 名 (~(e)s) ❶ C 《格式》 一斉射撃; (爆弾の)一斉投下. ❷ C 《格式》 (議論などでの)一撃: the opening *salvo* 先制の一撃.

Sam /sǽm/ 名 固 サム《男性の名; Samuel の愛称》.

Sa·mar·i·tan /səmǽrətn/ 名 C 〔聖書〕 サマリア人(じん). **a Góod Samáritan** [名] 情け深い人《新約聖書「ルカ伝」にある「よきサマリア人」の話から》.

sam·ba /sǽmbə/ 名 C,U サンバ《アフリカ起源のブラジルのダンス》; サンバの曲.

*****same** /séɪm/

— 形 ❶ [the ~] **同一の**, 同じ; **同様な**, 同じような (⇒ 類義語). 語法 しばしば as, that, which, who などとともに用いる: (in) *the same* way 同じように / These three flowers are *the same* color. この3つの花は色が同じだ / 言い換え Her name is *the same as* mine. = Her name and mine are *the same*. 彼女の名前と私の名前は同じです / I met her at *the same* spot *as* yesterday. 私はきのうと同じ場所で彼女に会った / She is not *the same* happy person (*that*) she once was. 彼女は元のような明るい人ではない (⇒ that[3] 1 (4)) / I have *the same* hat (*that*) you have. 君と同じ帽子を持っている.

> 語法 the same ... as ～ は「同じ種類のもの」を, the same ... that ～ は「まったく同一のもの」を表わすといわれることがあるが, 必ずしもそうとは限らず, 両者とも同じ意味のことが多い.

Is this *the same* actor *who* played Romeo before? この俳優は前にロミオの役を演じていたのと同じ人ですか / I found the box in *the same* place (*where*) I had

S

left it. その箱は私が置いたのと同じ(元の)場所にあった / We were both born on ***the very same*** day. 私たち2人はまったく同じ日に生まれた《⇒ very' 3》/ He said ***exactly the same*** thing. 彼はまったく同じことを言った / His condition is ***much the same*** *as* yesterday. 彼の容体はきのうとほぼ同じです / She is always *the same* to me. 彼女は私に対していつも同じです(態度が変わることがない). 語法 応答のことばで the を省略することがある《⇒ 副 語法》: "How are you?" "*Same* [*The same*] as usual." 「調子はどう」「いつもどおりです」《⇒ Same here.(成句), 「The same [Same] to you!(成句)》.

❷ [this, these, that, those の後で] **前に述べた**; この, あの, その; 例の. 語法 単なる "*the same* ..." よりも強調的な言い方で, ときに軽蔑の気持ちが含まれる: *This* [*That*] *same* man stole my car. (ほかならぬ)この[あの]男が私の車を盗んだのだ.

— 代《不定代名詞》[the 〜] **同じ物[事]**; **同じような物[事]**; 《英》同一人: If I had a chance, I would do *the same*. チャンスがあれば私も同じことをするだろう / *The same* may be said of many other countries. 同じ事が他の多くの国についても言える / I think whoever will be elected chairperson, it's going to be ***more of the same***. 誰が委員長に選ばれても同じ事の繰り返しになると思う / "I'll have a coffee." "I'll have *the same*." =《略式》"*Same* for me, please." 「コーヒーをください」「私にも同じものをください」

— 副 [the 〜] 同様に, 同じように: I still feel *the same* about you. あなたに対する私の気持ちに変わりはありません / I need some free time, *same as* anybody else. Ⓢ 私も他の人並みに自由時間が必要だ. 語法 as を伴う場合《略式》ではしばしば the を省略する《⇒ 形 1 最後の例文》.

àll [jùst] the sáme [形] Ⓢ **全く同じ**, 少しも変わりはない; かまわない: It's *all* [*just*] *the same to* me. 私にとっては同じ事だ / I'd like to stay here if it's *all the same to* you. もしあなたがかまわないならここにいたいのですが.

— [副] つなぎ語 Ⓢ **それでもやはり**, とはいうものの: I know I shouldn't have done it, but I did it *all* [*just*] *the same*. そうしてはいけないことはわかっていたがそれでもやってしまった / Thank you *all* [*just*] *the same*. でもありがとう《相手の申し出・誘いなどを断わったときのことば》.

at the sáme tíme [副] (1) **同時に**, 一緒に: The two runners reached the finish line *at the same time*. その2人の走者は同時にゴールインした. (2) つなぎ語 **そうではあるが**, しかし(その一方で): I know he has faults, but, *at the same time*, I think he has some good in him. 彼に欠点があるということはわかっているが, でもやはり, いいところもあると思う.

Sáme hére. Ⓢ 私も[こちらも]同様だ.

「**The sáme [Sáme] agáin.** Ⓢ《略式》同じのをもう1杯《前に頼んだのと同じ飲み物を注文するとき》.

the sáme òld ... [形]《略式》[軽蔑的] 相変わらずの ...: *the same old* excuse 相も変わらぬいつもの言いわけ / It's *the same old* story. よくある話さ.

「**The sáme [Sáme] to yóu!** Ⓢ (あなたにも)**ご同様に**《Happy New Year! とか Merry Christmas! などに対して答えることば》: 🗨 "Good luck!" "And *the same to you*!" 「がんばってね」「あなたもね」《⇒ good luck 日英》. 語法 けんかなどで悪口を言われたときにも使う: "Go to hell!" "*The same to you*!" 「くたばってしまえ」「おまえこそくたばれ」

> 類義語 **same** 同一物であるか, または質・内容・外観などにおいて全く相違のない同種のもの: We are the *same* age. 私たちは同じ年です. **identical** 同一物か, あるいは同一物と認められるほど細かい特徴や, 特有の性質までが似ている: These two pictures are *identical*. この2枚の絵はそっくりだ. **equal** 同一物ではないが, 数・量・重さ・大きさ・価値などが等しい: These are *equal* in weight. これらは重さが等しい. **similar** 同一ではないが, 同種のもので形状その他の性質において, ほぼ同じで似ている意: Your idea is *similar* in essence to mine. あなたの考え方は本質的には私の考え方に類似している.

same·ness /séɪmnəs/ 名 U 同一性; 単調さ.

same-sex /séɪmsèks/ 形 限定 (結婚などが)同性間の: a *same-sex* marriage 同性結婚.

Sam·mie, Sam·my /sǽmi/ 名 固 サミー《男性の名; Samuel の愛称》.

Sa·mo·a /səmóʊə/ 名 固 サモア《南太平洋の群島》.

sam·o·var /sǽməvɑ̀ːə | -vɑ̀ː/ ≪ロシア語から≫ 名 C サモワール《ロシアのお茶用湯沸かし》.

sam·pan /sǽmpæn/ 名 C サンパン《中国の小型木造の平底船》.

****sam·ple** /sǽmpl | sάːm-/

— 名 (〜s /〜z/) ❶ C **見本**, サンプル, 標本; 商品見本, 試供品《⇒ example 類義語》: take a blood *sample* 血液のサンプルを採る / hand out free *samples* 試供品を配る / ***Samples of*** the tea will be sent on request. お茶の見本はお申し込み次第お送りします《広告・案内文》. ❷ [形容詞的に] 見本の: a *sample* copy 本の見本 / *sample* questions 質問例. ❸ C 〔統計〕標本《調査のために抽出した人・もの》: a random *sample of* voters 投票者の無作為標本 / a representative *sample* 代表標本. ❹ C 〔音楽〕録音・編集して再利用する曲[音].

— 動 (sam·ples /〜z/; sam·pled /〜d/; sam·pling) 他 ❶ (...)を(**見本で)試す**, 試飲[試食]する, 味見する; 体験する: I *sampled* the wine and decided to buy a bottle. 私はそのワインを味見して一本買うことに決めた. ❷ [しばしば受身で]〔統計〕(...)を(調査のために)標本抽出する. ❸〔音楽〕(曲・音)を録音・編集して再利用する, サンプリングする.

〖語源 example と同語源〗

sam·pler /sǽmplə | sάːmplə/ 名 ❶ C ししゅう見本作品. ❷ C (いろいろな種類を少しずつまとめた)試供品, 試食品, 見本集. ❸ C 〔音楽〕サンプラー《曲・音をサンプリングするための機器》.

sam·pling /sǽmplɪŋ | sάːm-/ 名 ❶ U (統計などのための)標本抽出, サンプリング; C 見本品: random *sampling* 無作為標本抽出(法). ❷ U 〔音楽〕サンプリング《既存の音楽を編集して再利用すること》.

Sam·u·el /sǽmjuəl/ 名 固 サミュエル《男性の名; 愛称は Sam, Sammie または Sammy》.

san·a·to·ri·um /sæ̀nətɔ́ːriəm/ 名 (複 〜s, san·a·to·ri·a /-riə/) C 《古風》サナトリウム, 療養所 [《米》sanitarium]

sancta 名 sanctum の複数形.

sanc·ti·fi·ca·tion /sæ̀ŋ(k)təfɪkéɪʃən/ 名 U 《格式》神聖化; 清め.

sanc·ti·fy /sǽŋ(k)təfàɪ/ 動 (-ti·fies; -ti·fied; -fy·ing) 他 ❶《格式》(...)を神聖にする, 神にささげる. ❷《格式》(...)を正当化する, 是認する.

S

sanc·ti·mo·ni·ous /sæ̀ŋ(k)təmóʊniəs⁻/ 形《格式》信心ぶる, 高潔らしく見せかけた.

*__sanc·tion__ /sǽŋ(k)ʃən/ 名(~s/~z/) ❶ C [普通は複数形で] (国際法違反などに対する)**制裁:** trade *sanctions against* ... ...に対する貿易制裁 / *impose* economic *sanctions on* [*against*] a country ある国に経済制裁を加える / *lift sanctions* 制裁を解除する. ❷ U《格式》(公式の)**認可**, 承認; (慣習などによる)容認, 支持: It needs the *sanction* of the church. それは教会の認可を必要とする. ❸ C (不法への)制裁, 処罰.
— 動 (sanc·tions /~z/; sanc·tioned /~d/; -tion·ing /-ʃ(ə)nɪŋ/) 他 ❶《格式》(...)を**認可する**; 承認[是認]する; 容認する: The church would not *sanction* the prince's marriage. 教会は王子の結婚を是認しようとしなかった. ❷ (...)に制裁を課す, (...)を処罰する.
〖語源 原義はラテン語で「神聖にすること」; sacred と同語源〗

sanc·ti·ty /sǽŋ(k)təti/ 名 U 神聖, 尊厳: the *sanctity of* marriage [human life] 結婚の神聖[人命の尊厳].

+**sanc·tu·ar·y** /sǽŋ(k)ʧuèri | -ʧuəri/ 名 (-ar·ies) ❶ C **避難所**, 隠れ場; U 保護, 避難: a *sanctuary for* refugees 難民の避難所 / seek [take] *sanctuary* 保護を求める[避難する]. ❷ C〔環境〕**禁猟区; 鳥獣保護区**, サンクチュアリ (*for*): wildlife *sanctuary* 野生生物保護区. ❸ C 聖なる所, 神殿, 寺院; (教会・寺院などの)内陣; 《米》礼拝室[堂].

sanc·tum /sǽŋ(k)təm/ 名 (複 ~s, sanc·ta /-tə/) ❶ C 私室, (自分だけの)居間: the inner *sanctum* [こっけいに] (他人に邪魔されない)奥の部屋. ❷ C (特にユダヤ教の神殿などの)聖所.

‡sand /sǽnd/

— 名 (sands /sǽndz/) ❶ U **砂:** fine [coarse] *sand* 細かい[粗い]砂 / a grain of *sand* 砂粒 / I got *sand* in my shoes. 靴に砂が入った. 関連 pebble 小石 / gravel 砂利.
❷ U,C [普通は複数形で] **砂浜**; 砂地; 砂漠; 州(す), 砂州: play on the *sand*(*s*) 砂浜で遊ぶ. ❸ [the ~s] 《文語》(砂時計の)砂粒; 時間, 寿命: *the sands* of time (過ぎていく)時間.
búilt on sánd [形] 砂の上に建てられた; 不安定な.
(形 sándy)
— 動 他 ❶ (砂・紙やすりで)(...)を磨く (*down*). ❷ (道路)に砂をまく《車のスリップを防ぐため》.

san·dal /sǽndl/ 名 C [普通は複数形で] サンダル(靴): a pair of *sandals* サンダル 1 足 / ˹put on [take off] one's *sandals* サンダルをはく[脱ぐ].

san·dal·wood /sǽndlwʊ̀d/ 名 U 白檀(びゃくだん)材.

sand·bag /sǽn(d)bæ̀g/ 名 C 砂袋, 砂嚢(さのう)《防壁用または暴漢の凶器; ⇒ punching bag 日英》. — 動 他 (...)に砂袋を積む.

sand·bank /sǽn(d)bæ̀ŋk/ 名 C 砂州; 砂丘.

sand·bar /sǽn(d)bɑ̀ɚ | -bɑ̀:/ 名 C 砂州.

sand·blast /sǽn(d)blæ̀st | -blɑ̀:st/ 動 他 (金属・ガラスなど)に砂を吹き付ける《研磨のために》.

sand·box /sǽn(d)bɑ̀(:)ks | -bɔ̀ks/ 名 C 《米》砂箱, 砂場《子供の遊び場》[《英》 sandpit].

sand·cas·tle /sǽn(d)kæ̀sl | -kɑ̀:sl/ 名 C 砂の城《子供が海辺などで作る》.

sánd dùne 名 C (海浜の)砂丘 [≒dune].

sand·er /sǽndɚ | -də/ 名 C サンダー, 研磨機.

San Di·e·go /sæ̀ndiéɪgoʊ/ 名 固 サンディエゴ《米国 California 州南西部の港湾都市》.

sand·man /sǽn(d)mæ̀n/ 名 [the ~] 眠りの精, 睡魔《子供の目に砂を入れて眠けを誘い目をこすらせるという妖精(ようせい)》.

sand·pa·per /sǽn(d)pèɪpɚ | -pə/ 名 U 紙やすり. — 動 (-per·ing /-p(ə)rɪŋ/) 他 (...)を紙やすりで磨く (*down*).

sand·pip·er /sǽn(d)pàɪpɚ | -pə/ 名 C 砂浜にいるしぎ科の鳥《いそしぎなど》.

sand·pit /sǽn(d)pìt/ 名 C 《英》 = sandbox.

sand·stone /sǽn(d)stòʊn/ 名 U 砂岩《建築用》.

sand·storm /sǽn(d)stɔ̀ɚm | -stɔ̀:m/ 名 C 砂あらし《砂漠のあらし》.

sánd tràp 名 C 《米》〔ゴルフ〕バンカー《⇒ golf 挿絵》[≒bunker].

‡sand·wich /sǽn(d)wɪʧ | sǽnwɪʤ, -wɪʧ/ ❗アク

— 名 (~·es /~ɪz/) ❶ C **サンドイッチ:** a cheese *sandwich* チーズサンドイッチ / a *sandwich* with mustard on it マスタード付きのサンドイッチ / a tuna *sandwich* on rye (bread) ライ麦パンのツナサンド // ⇒ club sandwich, open-faced sandwich. ❷ C 《英》サンドイッチケーキ《ジャムやクリームを間に挟む》.
— 動 他 [普通は受身で] (...)を差し込む, 間に挟(はさ)む; (予定・仕事など)を間に組み入れる: The letter *was sandwiched* (*in*) *between* the Bible and a dictionary. 手紙は聖書と辞書の間に挟んであった.
〖語源 18 世紀英国の伯爵の名から; 食事に中断されずに賭(か)け事に熱中できるようにこれを考案したといわれる〗

sándwich bòard 名 C サンドイッチマンの広告板《体の前後に下げた 2 枚の板のこと》.

+**sand·y** /sǽndi/ 形 (sand·i·er /-diɚ | -diə/; sand·i·est /-diɪst/) ❶ **砂の**; 砂地の; 砂だらけの: a *sandy* beach 砂浜 / *sandy* soil 砂地. ❷ (頭髪が)薄茶色の, 黄土色の, 砂色の. (名 sand)

San·dy /sǽndi/ 名 固 サンディー《男性の名; Alexander の愛称》.

sane /séɪn/ (同音 Seine) 形 (san·er; san·est) ❶ (人が)正気の [⇔ insane]: He doesn't seem (to be) quite *sane*. 彼はあまり正気とは思えない / Jogging keeps me *sane*. 私はジョギングをすることで心の健康を保っている. ❷ (人・行動・思想などが)良識のある, 健全な, 穏健な: a *sane* policy 穏健な政策 / *sane* judgment 健全な判断. (名 sánity)
〖語源 ラテン語で「健康な」の意〗

*__San Fran·cis·co__ /sæ̀nfrənsískoʊ⁻/ 名 固 **サンフランシスコ**《米国 California 州中部の都市》.

‡sang /sǽŋ/ 動 sing の過去形.

sang·froid /sɑ̀:ŋfrwɑ́:/ ≪フランス語から≫ 名 U 《格式》(危険・困難に直面しての)沈着.

san·gri·a /sæŋgrí:ə/ 名 U サングリア《赤ワインに果汁・炭酸水などを加えたスペインの飲料》.

san·guine /sǽŋgwɪn/ 形 《格式》快活な; 希望に燃える; 楽観的な (*about*).

san·i·tar·i·um /sæ̀nəté(ə)riəm/ 名 (複 ~s, san·i·tar·i·a /-riə/) C 《米古風》 = sanatorium.

san·i·tar·y /sǽnətèri | -təri, -tri/ 形 ❶ 衛生的な, 清潔な: a *sanitary* kitchen 衛生的な台所. ❷ 限定 (公

衆)衛生の: a *sanitary* engineer 衛生技師《水道管理や下水処理などを行なう》/ *sanitary* facilities 衛生設備.

sánitary nàpkin 名 C 《米》生理用ナプキン.

sánitary tòwel 名 C 《英》= sanitary napkin.

san·i·ta·tion /sænətéɪʃən/ 名 U 公衆衛生; 衛生設備[施設]; 下水設備.

san·i·tize /sǽnətàɪz/ 動 他 ❶ [軽蔑的] (望ましくない箇所を除いて)(話・ニュースなど)を受け入れやすくする, (...)に手を加える. ❷ (場所など)を衛生的にする.

san·i·ty /sǽnəṭi/ 名 ❶ U 正気, 気の確かなこと [⇔ insanity]: keep [lose] one's *sanity* 正気を保つ[失う]. ❷ U (行動・思想などの)健全(なこと), 穏健さ. (形 sane)

sank /sǽŋk/ 動 sink の過去形.

San Sal·va·dor /sænsǽlvədɔ̀ɚ | -dɔ̀ː/ 名 固 サンサルバドル《El Salvador の首都》.

San·skrit /sǽnskrɪt/ 名 U サンスクリット, 梵語(ぼんご)《古代インドの標準的な書きことば》.

San·ta /sǽnṭə/ 名 固 《略式》= Santa Claus.

+**San·ta Claus** /sǽnṭəklɔ̀ːz/ 名 固 **サンタクロース** [《略式》Santa, 《英》Father Christmas]: *Santa Claus* brought me a wonderful present. サンタクロースがすてきなプレゼントを持ってきてくれた.
〖語源 ロシアの守護聖人の「聖ニコラス」(Saint Nicholas)がなまったもの〗

San·ti·a·go /sæ̀nṭiáːgoʊ/ 名 固 サンティアゴ《チリ(Chile) の首都》.

São Pau·lo /sàʊmpáʊluː/ 名 固 サンパウロ《ブラジル(Brazil) 南部の都市》.

sap[1] /sǽp/ 名 ❶ U 樹液. ❷ C 《略式, 主に米》ばか, お人よし.

sap[2] /sǽp/ 動 (saps; sapped; sap·ping) 他 ❶ (気力・体力など)を(徐々に)弱らせる, 害する. ❷ (...)の元気[活力]をなくさせる, (...)から(気力などを)奪う: He's *been sapped of* his strength *by* the heat. 彼は暑さで体力を消耗して[ばてて]いる.

sap·ling /sǽplɪŋ/ 名 C 若木, 苗木.

sap·phire /sǽfaɪɚ | -faɪə/ 名 C,U サファイア《宝石》; U サファイア色, るり色.

sap·py /sǽpi/ 形 《米略式》ひどく感傷的な [《英》soppy].

Sar·a, Sar·ah /sé(ə)rə/ 名 固 サラ《女性の名; 愛称は Sally》.

Sar·a·cen /sǽrəs(ə)n/ 名 C 《古語》サラセン人《シリア・アラビアの砂漠に住んでいた遊牧の民》; 十字軍時代のアラビア人[イスラム教徒].

Sar·ah /sé(ə)rə/ 名 固 = Sara.

Sa·ra·je·vo /sæ̀rəjéɪvoʊ/ 名 固 サラエボ《Bosnia and Herzegovina の首都》.

Sa·rán Wràp /səræ̋n-/ 名 U 《米》サランラップ《商標》[《米》plastic wrap, 《英》clingfilm].

sar·cas·m /sáɚkæzm | sáː-/ 名 U 皮肉, あてこすり, いやみ《⇒ irony 類義語》: biting [heavy] *sarcasm* 痛烈な皮肉 / a touch of *sarcasm* かすかな皮肉.

sar·cas·tic /sɑɚkǽstɪk | sɑː-/ 形 皮肉な, いやみを言う: a *sarcastic* remark 皮肉なことば. **-cas·ti·cal·ly** /-kəli/ 副 皮肉に, あてこすって.

sar·coph·a·gus /sɑɚkɑ́(ː)fəgəs | sɑːkɔ́f-/ 名 (複 sar·coph·a·gi /-gàɪ/, ～·es) C (古代の)石棺《立派な装飾を施したもの》.

sar·dine /sɑ̀ɚdíːn | sɑ̀ː-/ 名 (複 ～(s)) C いわし, サーディン《pilchard の幼魚; 油漬けの缶詰にする》: canned *sardines* 缶詰のいわし / a *sardine* sandwich サーディンサンドイッチ. **be pácked lìke sardínes** [動] 自 《略式》すし詰めになっている.

sar·don·ic /sɑɚdɑ́(ː)nɪk | sɑːdɔ́n-/ 形 W 冷笑的な, せせら笑う [≒scornful]: a *sardonic* smile 冷笑.

sarge /sɑ́ɚʤ | sɑ́ːʤ/ 名 [単数形で] S = sergeant.

sa·ri /sɑ́ːri/ 名 C サリー《インド・パキスタンの女性が衣服として体に巻きつける長い綿[絹]布》.

sa·rin /sɑ́ːrɪn/ 名 U サリン《神経を侵す猛毒の有機燐系ガス》.

sa·rong /sərɔ́ːŋ | -rɔ́ŋ/ 名 C サロン《マレー人などがつける腰布》.

SARS /sɑ́ɚz | sɑ́ːz/ 名 U 重症急性呼吸器症候群, 急性肺炎, サーズ《*s*evere *a*cute *r*espiratory *s*yndrome の略》.

sar·to·ri·al /sɑɚtɔ́ːriəl | sɑː-/ 形 限定 《格式》(仕立て)服の.

SASE /ésèɪèsíː/ 名 C 《米》切手を貼り返信用のあて名を書いた封筒《*s*elf-*a*ddressed *s*tamped *e*nvelope の略》[《英》SAE].

sash[1] /sǽʃ/ 名 C (上げ下げ窓の)滑り枠, 窓枠, サッシ.

sash[2] /sǽʃ/ 名 C 飾り帯; 懸章《肩からかける》.

sa·shay /sæʃéɪ/ 動 自 [副詞(句)を伴って]《略式》気取って[さっさと]歩く (*around, down*).

sásh còrd 名 C (上げ下げ窓の)つりひも《端におもりがつく》.

sásh wìndow 名 C 《米》上げ下げ窓.

sass /sǽs/ 動 他 《米略式》(人)に生意気をいう; (人)に口答えする (*back*). ━ 名 ❶ U 《米略式》[悪い意味で] (親などに対する)生意気なことば[行為]; 口答え [《英》sauce]. ❷ U 《米略式》[よい意味で] (快活で)自信に満ちた態度, 堂々としたふるまい.

sas·sy /sǽsi/ 形 (sas·si·er; -si·est) ❶ 《米略式》(子供が)生意気な. ❷ 《米略式》(女性などが)はつらつとした; 粋(いき)な.

sat /sǽt/ 動 sit の過去形および過去分詞.

SAT /èsèɪtíː | sǽt/ 名 U 《米》大学進学適性検査《*S*cholastic *A*ssessment [旧称 Aptitude] *T*est の略; 商標》.

+**Sat.** 略 **土曜日** (Saturday).

Sa·tan /séɪtn/ 名 固 魔王, サタン [≒Devil].

sa·tan·ic /sətǽnɪk, seɪ-/ 形 ❶ 限定 [しばしば S-] 魔王の, サタンの: *satanic* rites 悪魔崇拝の儀式. ❷ 限定 悪魔のような, 凶悪な.

sa·tan·is·m /séɪṭənìzm/ 名 U 悪魔崇拝.

sa·tan·ist /séɪṭənɪst/ 名 C 悪魔崇拝者. ━ 形 悪魔崇拝の.

satch·el /sǽʧəl/ 名 C (肩からかける)学生かばん.

sate /séɪt/ 動 他 《文語》= satiate.

*__sat·el·lite__ /sǽṭəlàɪt/ ! アク 名 (-tel·lites /-làɪts/)

> 意味のチャート
> ラテン語で「従者」の意 → (周りを取り巻いて護衛するもの) → 「衛星」❷ → 「人工衛星」❶
> → 「衛星国」「衛星都市」❸

❶ C **人工衛星**《⇒ star 語法》; 宇宙船: a communications [weather] *satellite* 通信[気象]衛星 / launch a *satellite* 人工衛星を打ち上げる / *by* [*via*] *satellite* 衛星中継で. ❷ C 〔天文〕衛星《惑星 (planet) の周りを回る天体》: The moon is the earth's only natural *satellite*. 月は地球の唯一の自然の衛星である. ❸ C

衛星国; 衛星[近郊]都市; [形容詞的に] 周辺にある, 従属的な: a *satellite* state [city, town] 衛星国[都市] / a *satellite* office サテライトオフィス.

sátellite bróadcasting 名 U 衛星放送.

sátellite dìsh 名 C 衛星放送受信用のアンテナ.

sátellite télevision [TV́] 名 U 衛星テレビ.

sa·ti·ate /séɪʃièɪt/ 動 他 [普通は受身で]《格式》(人)を(食べ物・楽しみなどで)十二分に満足させる; 飽き飽きさせる (*with*).

sa·ti·a·tion /sèɪʃiéɪʃən/ 名 U《格式》= satiety.

sa·ti·e·ty /sətáɪəṭi/ 名 U《格式》完全に満足すること; 飽食, 飽満.

sat·in /sǽtn | -tɪn/ 名 ❶ U しゅす, しゅす織り, サテン. ❷ [形容詞的に] しゅす[サテン]の(ような).

sat·in·wood /sǽtnwòd | -tɪn-/ 名 C,U マホガニー類の木《インド産で家具に多く用いられる》.

sat·in·y /sǽtni, -ṭəni/ 形 しゅす[サテン]のような, つやつやした, すべすべした.

sat·ire /sǽtaɪə | -taɪə/ 名 ❶ U 風刺 (*on*)《⇒ irony 類義語》. ❷ C 風刺文[詩, 劇, 映画].

sa·tir·ic /sətírɪk/, **-tir·i·cal** /-rɪk(ə)l/ 形 風刺的な; 皮肉な, いやみを言う. **-cal·ly** /-kəli/ 副 風刺的に; 皮肉に, 当てつけがましく.

sat·i·rist /sǽṭərɪst/ 名 ❶ C 風刺文[詩]作者. ❷ C 皮肉屋, 当てこすり[いやみ]を言う人.

sat·i·rize /sǽṭəràɪz/ 動 他 (...)を風刺する; 当てこする, (...)にいやみを言う.

+**sat·is·fac·tion** /sæ̀ṭɪsfǽkʃən/ 名 ❶ U **満足**, 満足させる[する]こと [⇔ dissatisfaction]: I read my written work ***with satisfaction***. 私は書き上げたものを満足して読んだ / get [derive, gain] ***satisfaction from*** ... ...から満足を得る / My mother expressed ***satisfaction with*** my report card. 母は私の成績表に満足したと言った / At least he had [got] the ***satisfaction of*** hav*ing* accomplished his task. 彼は少なくとも課題を果たしたという満足を覚えた / find [take] *satisfaction in* ... ...に満足を見いだす / Hearing the news gave me great *satisfaction*. 私はその知らせを聞いて非常に満足した.

❷ C [普通は a ~] **満足を与えるもの[事]**, 満足すべきもの[事]; うれしいこと: Jim's success as a writer was *a* great *satisfaction* to his former English teacher. ジムの作家としての成功は彼のかつての英語の教師にとっては大きな喜びだった. ❸ U (条件などを)満たすこと: the *satisfaction of* safety standards 安全基準を満たすこと. ❹ U (願望などの)達成 (*of*); 本望. ❺ U《格式》(借金の)返済, 賠償; 謝罪: get *satisfaction* 賠償[謝罪]を受ける.

to ...'s satisfáction = to the satisfáction of ... [副・形] (1) ...の満足[納得]のいくように; ...が満足のいく: The dispute was resolved *to everyone's satisfaction*. その争議は皆の納得のいくように解決された. (2) 文修飾 ...が満足したことには. (動 sátisfỳ)

sat·is·fac·to·ri·ly /sæ̀ṭɪsfǽktərəli, -trə-/ 副 [話し手の判断を示して] 満足できるほど(に), 十分に, 思うとおりに: Our project is progressing *satisfactorily*. 我々の計画は思うとおりに進行している.

+**sat·is·fac·to·ry** /sæ̀ṭɪsfǽktəri, -tri/ !アク 形 **満足のいく**; なかなかよい; まあまあの [⇔ unsatisfactory]: a *satisfactory* explanation 納得のいく説明 / His score was highly *satisfactory*. 彼のスコアは全く申し分がなかった / The new conditions are not very ***satisfactory to*** either party. +前+名 その新しい条件はどちらにとってもあまり満足のいくものではない / These shoes should be ***satisfactory for*** walking. この靴だと歩くのによいでしょう / *Satisfactory* (成績の)可《⇒ grade 1 表》. (動 sátisfỳ)

*__sat·is·fied__ /sǽṭɪsfàɪd/ 形 ❶ **満足した[して]**, 満ち足りた《⇒ 類義語》[⇔ dissatisfied]: with a *satisfied* look 満足そうに / I'm completely ***satisfied with*** my new house. +with+名 私は新しい家にすっかり満足している《✪ ×satisfied about [of] とは言わない》/ You've ruined our dinner. *Satisfied?* Ⓢ せっかくの夕食が君のおかげで台なしだ. これで満足?《皮肉を言うときなど》.

satisfied (要求について十分に)	満足した《⇒ 類義語》
content (一応不満を解消できる程度に)	

❷ 納得して; 確信して《⇒ satisfy 動 3》: I'm *satisfied* (*that*) my son has done his best. 私は息子が全力を尽くしたと確信している.

類義語 **satisfied** が欲望・希望・必要などが十分に満たされ, 単に満足しただけでなく楽しみも与えられたことを表わすのに対して, **content** は必ずしも十分ではないが「まあこれでいいか」と一応満足した状態を表わす: Some people are *satisfied* only with expensive meals; others are *content* with home cooking. 高価な料理でなければ満足しない人もいれば, 家庭料理で満足する人もいる.

*__sat·is·fy__ /sǽṭɪsfàɪ/ !アク 動 (-is·fies /~z/; -is·fied /~d/; -fy·ing) 他 [普通は進行形なし] ❶ [しばしば受身で] (人)を**満足させる**《⇒ satisfied》; (欲求・要求)を**満たす**, (...)に応じる: None of the wallpaper samples *satisfied* Mrs. Hill. 壁紙の見本はどれもヒル夫人の気に入らなかった / A glass of beer *satisfied* his thirst. ビールを 1 杯飲んで彼ののどの渇きがいえた.

❷《格式》(条件・基準など)を**満たす**, (...)に合致する: None of the candidates *satisfied* our requirements. 我々の条件に合格した候補者はひとりもいなかった. ❸《格式》[ときに ~ oneself として] (人)を納得させる, 確信させる [≒convince]: 言い換え He *satisfied himself that* she was honest. = He *satisfied himself of* her honesty. 彼は彼女が正直だと確信した. (名 sàtisfáction, 形 sàtisfáctory)

【語源 原義はラテン語で「十分にする」】

+**sat·is·fy·ing** /sǽṭɪsfàɪɪŋ/ 形 ❶ **やりがいのある**, 満足のいく, 十分な: a *satisfying* result 満足な結果.
❷ (料理などが)**満足な**, 満腹になる.
~·ly 副 満足のいくように; 十分に.

sat·su·ma /sætsú:mə, sǽtsʊ-/ ≪日本語から≫ 名 C みかん.

sat·u·rate /sǽtʃʊrèɪt/ 動 他 ❶《格式》(...)を浸す, (...)にしみ込ませる; (...)をずぶぬれにする: The ground *was saturated with* oil. 地面には油がしみ込んでいた. ❷ [しばしば受身で] (...)を飽和状態にする, (...)を(~で)あふれさせる (*with*);〘化学〙飽和させる.

sat·u·rat·ed /sǽtʃʊrèɪṭɪd/ 形 ❶ 叙述 (すっかり)ぬれて. ❷ 限定 飽和状態の; (脂肪・油脂が有害なほどに)飽和の [⇔ unsaturated]: *saturated* fat 飽和脂肪.

sat·u·ra·tion /sæ̀tʃʊréɪʃən/ 名 ❶ U 浸すこと, しみ込ますこと, 浸潤. ❷ U 飽和状態;〘化学〙飽和. ❸ U 集中砲火[攻撃]. **réach (a [the]) saturátion pòint** [動] 自 飽和点[状態]に達する, 限界になる, パンク寸前になる.

Sat·ur·day /sǽṭədèɪ, -ḍi | -tə-/

— 名 (~s /~z/) ✪ 詳しい説明は ⇒ Sunday. ❶ C,U 土曜日 (略 Sat.): Today is *Saturday*. 今日は土曜日です / It was a rainy *Saturday* in June. それは6月のある雨の土曜日だった / ***on Saturday*** (いつも[たいてい])土曜日に(は); (この前[次]の)土曜日に / ***on Saturdays*** = every *Saturday* 毎週土曜日に / last [next] *Saturday* この前[次]の土曜日に.

❷ [形容詞的に] **土曜日の:** *on Saturday* morning (この前[次]の)土曜日の朝に (⇒ on 前 2 語法). ❸ [副詞的に] (略式, 主に米) 土曜日に (on Saturday); [Saturdays として] (いつも)土曜日に(は) (every Saturday). 〚語源 原義は「ローマ神話の農耕の神 Saturn の日」〛

Sat·urn /sǽṭən | -tən/ 名 固 ❶ 土星 (⇒ planet 挿絵). ❷ 〔ローマ神話〕 サトゥルヌス, サターン (農耕の神).

sa·tyr /séɪṭə | sǽtə/ 名 C 〔ギリシャ神話〕 サチュロス (森の神で, やぎの耳と尾を持つ半人半獣の怪物; ローマ神話の faun に当たる).

***sauce** /sɔ́ːs/ (同音 (英) source) 名 (sauc·es /~ɪz/) ❶ U **ソース** (料理・デザートにかける液状またはクリーム状の調味料): tomato *sauce* トマトソース / chili *sauce* チリソース / chocolate *sauce* チョコレートソース / Let's serve this fish with a spicy *sauce*. この魚はスパイスの効いたソースをかけて出そう / Hunger is the best *sauce*. (ことわざ) 空腹は最上のソース(空腹にまずいものなし). 語法 種類をいうときには C. 日英 日本で一般的な「(ウスター)ソース」は Worcester (shire) sauce という. ❷ U (米) 甘く煮た果物 (⇒ applesauce). ❸ U (古風, 英略式) = sass. ❹ [the ~] (古風, 米) 酒, ウイスキー.
〚語源 ラテン語で「塩味をつけた」の意〛

sauce·boat /sɔ́ːsbòʊt/ 名 C 舟形のソース入れ.

+**sauce·pan** /sɔ́ːspæ̀n/ 名 (~s /~z/) C **シチューなべ** (長柄でふた付きの深なべ).

sau·cer /sɔ́ːsə | -sə/ 名 ❶ C (カップの)受け皿 (⇒ dish 表および 類義語): a cup and *saucer* 受け皿付きのカップ (⇒ and 1 語法 (1)). ❷ C 受け皿形のもの. 関連 flying saucer 空飛ぶ円盤. 〚語源 原義は「ソース入れ」〛

sauc·y /sɔ́ːsi/ 形 (sauc·i·er; -i·est) ❶ (どぎつくなく) セクシーな, 少しエッチな. ❷ 生意気な.

Sau·di /sáʊḍi, sɔ́ːḍi/ 形 サウジアラビアの. — 名 C サウジアラビア人.

Sáudi Arábia 名 固 サウジアラビア (アラビア半島の王国).

sau·er·kraut /sáʊəkràʊt | sáʊə-/ ≪ドイツ語から≫ 名 U ザウアークラウト (塩漬けキャベツを発酵させたもの).

sau·na /sɔ́ːnə, sáʊ-/ ≪フィンランド語から≫ 名 ❶ C サウナぶろ. ❷ C サウナでの入浴: have [take] a *sauna* サウナに入る.

saun·ter /sɔ́ːnṭə | -tə/ 動 (-ter·ing /-ṭərɪŋ/) 自 [副詞(句)を伴って] ゆったりと歩く (*along, by*). — 名 [a ~] ゆったりと歩くこと. 関連 stroll ぶらぶら歩き.

+**sau·sage** /sɔ́ːsɪʤ | sɔ́s-/ !アク 名 (sau·sag·es /~ɪz/) C,U **ソーセージ:** a string of *sausages* 1 つなぎのソーセージ.
〚語源 ラテン語で「塩味をつけた」の意〛

sáusage mèat 名 U ソーセージ用のひき肉.

sau·té /sɔːtéɪ | sóʊteɪ/ ≪フランス語から≫ 動 (sau·tés; sau·téed, sau·téd; sau·té·ing) 他 (...)をソテーにする (バターなどでいためて焼く). — 名 (~s) C ソテー. — 形 限定 ソテーにした, ソテー風の.

+**sav·age** /sǽvɪʤ/ 形 ❶ **どうもうな,** 残酷な, 乱暴な; (批判などが)厳しい: a *savage* dog 猛犬 / *savage* criticism 酷評 / make a *savage* attack on the government's policies 政府の政策を激しく攻撃する. ❷ 限定 (古風) [差別的] 野蛮な, 未開の [⇔ civilized]. (名 sávagery)
— 名 C (古風) [差別的] 野蛮人, 未開人; 野蛮な人. — 動 他 (動物が)暴れて(...)に危害を加える; (...)を激しく攻撃する, 酷評する.
~·ly 副 残忍に, 乱暴に. **~·ness** 名 U 残忍.

sav·age·ry /sǽvɪʤ(ə)ri/ 名 (-age·ries) ❶ U 凶暴性, 残忍. ❷ C [普通は複数形で] 残忍な行為, 蛮行. (形 sávage)

+**sa·van·na(h)** /səvǽnə/ 名 C,U サバンナ, (熱帯・亜熱帯の)大草原. 関連 pampas パンパス / prairie プレーリー / steppe ステップ.

save[1] /séɪv/

— 動 (saves /~z/; saved /~d/; sav·ing) 他

意味のチャート
原義はラテン語で「安全にする」(safe[1] と同語源)
→「**救う**」❶ →
「**守る**」❹ → (消費から守る) →「**蓄える**」❷
　　　　　→ (浪費から守る) →「**節約する**」❸

❶ (危険などから) (...)を**救う**, 救出[救助]する; (神が罪などから)(人)を救済する (⇒ 類義語): He *saved* the girl's life. 彼はその少女の命を救った / The library burned down but we *saved* many of the books. 図書館は焼けたが書籍の多くは我々が運び出して無事だった / The mother *saved* her baby ***from*** the fire. V+O+*from*+名 母親は赤ん坊を火事から救った / Bob *saved* the child ***from*** drown***ing***. V+O+*from*+動名 ボブは子供がおぼれかけているのを助けた.

❷ (...)を**蓄える**, 貯蓄する; (将来のために)取っておく, 収集する: I am *saving* money ***for*** the Christmas vacation. V+O+*for*+名 私はクリスマスの休暇のために貯金している / *Save* your energy ***for*** the second half. 後半のために力を蓄えておけ / 言い換え *Save* some candy *for* me. = *Save* me some candy. V+O+O 私に少しキャンディーを取っておいてね (⇒ for 前 A 1 語法).

❸ (費用・労力など)を**節約する**, 省く: You'll *save* a mile by taking this shortcut. この近道を通れば1マイル近くなりますよ / *Save* 20%! 2割もお買い得 (広告) / ***save*** money ***on*** electricity V+O+*on*+名 電気代を節約する / Computers *save* us a lot of time and energy. V+O+O コンピューターは多くの時間と労力を省いてくれる / If you lend me your bike, it'll *save* me (***from***) hav***ing*** to buy one. V+O(+*from*)+動名 自転車を貸してくれれば買わなくてすむ. 関連 waste 浪費する. ❹ (...)を保護する, 守る: *save* one's eyes 眼を守る / Seat belts *save* lives — buckle up! シートベルトは生命を守る—ちゃんと締めよう (標語). ❺ 〔球技〕 (敵の得点)を防ぐ. ❻ 〔コンピュータ〕 (データなど)をセーブ[保存]する: *Save* the document to a new file. 文書を新しいファイルに保存しなさい.

— 自 ❶ **蓄える**, 貯金する: 言い換え Tom is ***saving for*** a car. V+*for*+名 = Tom is *saving* to buy a car. トムは車を買うために貯金をしている. ❷ (費用などを)

節約する: *save on* shipping costs 輸送費を節約する. ❸ (神が人を)救済する. ❹〔コンピュータ〕ファイルをセーブ[保存]する.

Gód Sáve the Kíng [Quéen]! 国王[女王]万歳! (⇒ **巻末文法** 11. 4 (4)). —[名]《英》英国国歌(の題名).

sáve úp [動] ⓐ (...のために)貯金する; 取っておく (*for*; *to* do). — ⓑ (金など)をためる; 取っておく, 集める (*for*; *to* do).

— 名 C〔球技〕(敵の得点の)阻止, 防衛;〔野球〕(救援投手の)セーブ.

類義語 **save** 危険などから救い出す意味を表わす最も一般的な語: He *saved* a drowning child. 彼はおぼれている子供を救った. **rescue** 重大な危険にさらされている人を速やかに救出すること. しばしば組織的な行動によって救出する意味に用いられる: He was *rescued* from the burning building. 彼は燃えている建物から救助された. **help** 救い出す行動よりも助けを与えることに意味の重点を置いた語.

save[2] /sèɪv/ 前《格式》...を除けば, ...は別として [≒except]. **sàve for ...** [前]《格式》...(があるの)を除いては, ...以外(の点で)は [≒except for ...]. **sàve that ...** [接]《格式》...を除けば.

sav·er /séɪvə | -və/ 名 ❶ C 貯蓄家, 節約家. ❷ C [合成語で] 節約する物[装置]: a time-*saver* 時間の節約になるもの.

*__sav·ing__ /séɪvɪŋ/ 名 (~s /~z/) ❶ C **節約(量)** (⇒ savings): make great *savings of* [*on*] time 時間の大幅な節約をする / a *saving of* 20% *on* the price of clothes 衣服の値段の 20% の節約. ❷ U 貯蓄(すること).

— 形 ❶ [合成語で] (...を)節約する, (...が)省ける: a labor-*saving* device 省力機械. ❷ 限定 (欠点の)埋め合わせとなる, 償いとなる: ⇒ saving grace. ❸ 倹約する [≒economical].

sáving gráce 名 C [普通は単数形で] 欠点を補う取り柄 (⇒ saving 形 1).

sav·ings /séɪvɪŋz/ 名 複 貯蓄, 貯金, 預金; (銀行の)預金額: withdraw one's *savings* from a bank 銀行から預金を下ろす / life *savings* 一生かけて蓄えた貯金.

sávings accòunt 名 C《米》普通預金(口座)(利息がつく; ⇒ checking account);《英》貯蓄預金(口座)(deposit account より利息がよい).

sávings and lóan associàtion 名 C《米》貯蓄貸し付け組合《預金者に住宅資金の貸し付けなどを行なう; 英国の building society に相当》.

sávings bànk 名 C 貯蓄銀行.

sávings bònd 名 C《米》貯蓄債券.

sav·ior,《英》**sav·iour** /séɪvjə | -vjə/ 名 ❶ C 救助者, 救済者, 救世主 (*of*). ❷ [the [our] S-] (救世主である)キリスト (Christ). 語法 この意味では《米》でもしばしば Saviour とつづる.

sávio(u)r sìbling 名 C 救済者兄弟《難病の子に細胞などを移植するために産む弟妹》.

sa·vor,《英》**sa·vour** /séɪvə | -və/ 動 (-vor·ing,《英》-vour·ing /-v(ə)rɪŋ/) ⓐ《格式》(よくないことの)気味がある: Her attitude *savors of* hypocrisy. 彼女の態度には偽善めいたところがある. — ⓑ (食物・体験など)をゆっくり味わう, 賞味する; 楽しむ. — 名 U [または a ~]《格式》味, 風味, 趣, 刺激; おもしろみ.

sa·vor·y,《英》**sa·vour·y** /séɪv(ə)ri/ 形 (sa·vor·i·er,《英》-vour·i·er, more ~; sa·vor·i·est,《英》-vour·i·est, most ~) ❶ 味のよい, 風味のある, 香りのよい. ❷《英》(料理が)塩味の(する), 辛口の. ❸ [普通は否定文で] (道徳的に)好ましい, 健全な. — 名 (-vor·ies,《英》-vour·ies) C [普通は複数形で]《格式》セイボリー《英国・カナダなどで主に食事の最後に出す(辛口の)小料理》.

sav·vy /sǽvi/ 名 U《略式》手腕, 技量; 常識. — 形《米略式》事情通の, 常識のある (*about*).

*****saw**[1] /sɔ́ː/ 発音 (同音《英》soar,《英》sore) 動 see の過去形.

+**saw**[2] /sɔ́ː/ 発音 名 (~s /~z/) C **のこぎり**: a power *saw* 電動のこぎり / use a *saw* のこぎりを使う / cut wood with a *saw* のこぎりで木材を切る.

— 動 (saws /~z/; 過去 sawed /~d/; 過分《主に米》sawed,《英》sawn /sɔ́ːn/; saw·ing) ⓑ ❶ (...)をのこぎりで切る; のこぎりでひいて...にする (*into*): *saw* a log *in* half のこぎりで丸太を半分に切る. ❷ (...)をのこぎりをひくように動かす. — ⓐ ❶ のこぎりを使う, 木をひく: *saw into* the branch のこぎりで枝に切り込む. ❷ のこぎりでひくように切る (*at*); (バイオリンなどを)ぎーぎー鳴らす (*away*; *at*).

saw[2] **の句動詞**

sáw dówn 動 ⓑ (...)をのこぎりで切り倒す.
sáw óff 動 ⓑ (...)をのこぎりで切り離す[切り落とす].
sáw ... òff ~ 動 ⓑ のこぎりで(...)を~から切り離す[切り落とす].
sáw thróugh 動 ⓑ (丸太など)をのこぎりで切り抜く[切断する].
sáw úp 動 ⓑ (...)を細かくのこぎりで切る (*into*).

saw·dust /sɔ́ːdʌ̀st/ 名 U おがくず.

sáwed-òff shótgun 名 C《米》銃身を短く切った(ギャング用)散弾銃 [《英》sawn-off shotgun].

saw·horse /sɔ́ːhɔ̀əs | -hɔ̀ːs/ 名 C 木(こ)びき台.

saw·mill /sɔ́ːmɪ̀l/ 名 C 製材所.

sawn /sɔ́ːn/ 動《英》saw[2] の過去分詞.

sáwn-òff shótgun 名 C《英》= sawed-off shotgun.

Sawyer 名 固 ⇒ Tom Sawyer.

sax /sǽks/ 名 C《略式》サクソホン, サックス (saxophone を短縮した形).

Sax·on /sǽks(ə)n/ 名 ❶ C サクソン人; [the ~s] サクソン族《ドイツ北部の古代民族で 5, 6 世紀にアングル族 (Angles), ジュート族 (Jutes) とともに England に侵入し, いっしょになってアングロサクソン族となった; ⇒ Anglo-Saxon》. ❷ U サクソン語. ❸ C ザクセン人. — 形 サクソン人[語]の.

sax·o·phone /sǽksəfòʊn/ 名 C サクソホン《円錐(えんすい)管の金属製の管楽器》[《略式》sax].

sax·o·phon·ist /sǽksəfòʊnɪst/ 名 C サクソホン奏者.

*****say** /séɪ/

— 動 (三単現 says /séz/; 過去・過分 said /séd/; say·ing) ⓑ

単語のエッセンス
1) 言う, 述べる ❶, ❸
2) ...と書いてある ❷

❶ (...)と言う, **述べる**, 話す (⇒ 類義語); 発音する [≒pronounce]: What did you *say*?↗ 何と言いましたか《もう一度言ってください》/ She ***said*** (***that***) she knew Mr. Smith. V+O ((*that*)節) 彼女はスミスさんを知ってい

ると言った [多用] / "Listen!"「the man *said* [*said* the man]. [V+O (引用節)]「よく聞け」とその男は言った《述語動詞 say が主語 man の前に来ることについては ⇒ **巻末文法** 15. 2 (2)》/ I'm sorry to *say that* I can't help you. 残念ながらあなたのお手伝いはできません / She didn't ***say when*** she would be home. [V+O (*wh* 句・節)] 彼女はいつ帰るか言わなかった / Tom *said* nothing *to* me. [V+O+*to*+名] トムは私に何も言わなかった / I have something to *say*. お話があります / That's a nice thing to *say*. いいことを言ってくれるね / The less *said*, the better. 《ことわざ》 言わぬが花(よけいなことは言わないのが最善の策).

[語法] **say と話法**
(1) 次の例文のように伝達動詞として用いる《⇒ **巻末文法** 14. 2》. その場合 /sèɪ/, /sèz/, /sèd/ とやや弱く発音される: [言い換え] He *said*, "I'm hungry." = "I'm hungry," he *said*. 《直接話法》 = He *said that* he was hungry. 《間接話法》彼は空腹だと言った / [言い換え] He ***said to*** me, "I'm going to the movies this evening." [V+*to*+名+O (引用節)] (= He *told* me *that* he was going to the movies that evening.) 彼は私に今晩映画を見に行くつもりだと言った.
(2) say が引用節の中間にくることがある: "I'd like a hamburger," the customer *said*, "and a cup of coffee." お客は「ハンバーガーとコーヒーを 1 杯ください」と言った.

❷ [受身なし] (書物・手紙・掲示などが)(…)と**書いてある**, (時計などが)示している: My watch *says* 7:30. 私の時計では 7 時半だ / The letter ***says*** (*that*) he is doing well. [V+O ((*that*)節)] その手紙には彼はちゃんとやっているとある / ˹The Bible *says* [It *says* in the Bible] *that* God is love. 聖書にいわく, 神は愛なりと / The novel doesn't ***say where*** the hero was born. [V+O (*wh* 節)] その小説には主人公がどこで生まれたのか書かれていない / The prescription ***says to*** take one tablet after every meal. [V+O (*to* 不定詞)] 処方箋(せん)には食後に一錠飲むように書いてある.
❸ (意見・判断として)(…)と**述べる**, 思う, 断言する: No one can ***say that*** you're wrong. [V+O (*that* 節)] あなたが間違っているとはだれも言えませんよ / I wouldn't *say* (*that*) she did it deliberately. 彼女がわざとそれをしたとは思いません / It's hard to ***say who*** will win. [V+O (*wh* 句・節)] だれが勝つか当てるのは難しい.
❹ (…)と**うわさする**, (世間で)言う: What do people *say about* me? 人は私のことをどう言っているのですか / *They* [*People*] ***say*** (***that***) the Cabinet will have to resign. [V+O ((*that*)節)] 内閣は総辞職だろうというわさだ《⇒ they 2 (1)》/ ***It is said that*** his style was strongly influenced by Picasso. [V+O (*that* 節)の受身] 彼の手法はピカソの影響を強く受けたと言われている / [言い換え] She ***is said to*** be ill. [V+O+C (*to* 不定詞)の受身] = They *say* (*that*) she *is* ill. 彼女は病気だという話だ《✪ ×They say her to be ill. とは言わない》/ [言い換え] She *is said to* have been ill. = They *say* (*that*) she *was* ill. 彼女は病気だったという話だ《⇒ to² G 1》.
❺ [普通は進行形で] …のつもりで言う: I'*m* not *saying* it's a bad idea. それが悪い考えだと言っているわけではありません / All I'*m saying* is that we've got to try first. まずは試してみないといけないと言っているだけです.
❻ (思想・感情・本質など)を伝える, 明らかにする, 表現する: What is he trying to *say* in his work? 彼は作品の中で何を言わんとしているのか / These figures *say* a lot *about* recent trends. これらの数字は最近の傾向について多くのことを物語っている. ❼ [進行形なし] (…せよ)と言う, 指示する: He *said to* come to his office. 彼は事務所に来るようにと言った. ❽ (…)を暗唱する, 唱(とな)える, 読む: *Say* grace [your prayers]. 食前のお祈りをしなさい. ❾ [文頭で接続詞的に] Ⓢ 仮に(…だ)とせよ, (…)とすれば [≒suppose, if]《⇒ let's say (成句)》: *Say* [Let's *say*, Just *say*] (that) he asked you to marry him, what would you do (then)? 仮に彼があなたに結婚を申し込んだとしたらどうしますか. [語法] (1) say (that)に続く節では仮定法も用いられる. (2) 主節に当たる部分はしばしば疑問文となる. ❿ /sèɪ/ [挿入語句として] Ⓢ 例えば, まあ: You can get it done in, *say*, ten days. あなたはそれをやり終えられますよ, そうですね, 10 日ぐらいで.

— ⓐ **言う**; 考えを述べる: "When will he be back?" "He didn't *say*."「いつ彼は戻りますか」「別に(いつとは)言ってませんでした」

as if to sày … (…)と言わんばかりに: He nodded *as if to say* he already knew. 彼はもう知っているよと言わんばかりにうなずいた.
(be) éasier sàid than dóne Ⓢ 言うのは行なうより易しい, そう[言うほど]簡単には行かない《しばしばことわざ(言うは易く行なうは難し)として用いる》.
hàve múch [a lót] to sáy for onesèlf [動] ⓐ いろいろな言い分がある; 話すことがいろいろある.
hàve sómething to sáy abòut … [動] ⓗ Ⓢ …のことで文句がある.
hàve … to sày [動] ⓗ (…)と述べている: The victim *has* this *to say*. 被害者はこう述べている.
hàving sáid thàt [副] Ⓢ そうは言っても, それでもやはり [≒nevertheless].
I càn't sáy (that) … Ⓢ 私にはどうも…とは言えない, …と言うとうそになる: *I can't say* I agree with you. 賛成しかねます.
I múst [hàve to] sày … Ⓢ …と言わざるをえない, 本当に…だ: *I must say* that's an odd question. (言っちゃなんだが)それはどうも変な質問ですね.
I sáy [間] (1) Ⓢ 《古風, 英》 ねえ, もしもし, おい, ちょっと《⇒ [間]》: *I say*, who is that gentleman? ねえ, あの男の人はだれ. (2) Ⓢ 《古風, 英》 おやまあ《軽い驚きを表わす》.
Í should [would] sày Ⓢ **たぶん**《⇒ should A 3》.
Í should sày nót. (1) ぜったいだめです, いけません; 違います《強い拒絶・否定などを表わす》: "May I go to a movie?" "*I should say not.*"「映画に行っていい?」「だめですよ」 (2) たぶんそうではないでしょう: "Do you think he will come?" "*I should say not.*"「彼は来ると思いますか」「来ないでしょう」
I wóuldn't sày nó (to …) Ⓢ 喜んで(…を)いただきます.
if I may sáy sò [副] Ⓢ 《格式》 こう言っては何ですが, 言わせてもらえば.
Í'll sày! Ⓢ 《古風》 確かに, そのとおり.
Ì'll sáy thís [thát] for … Ⓢ …のためにこの[その]点(だけ)はよいと認める.
it gòes withòut sáying that … Ⓢ …ということは言うまでもない, …はもちろんである.
it is nót tòo múch to sáy that … 《格式》 …というのは言い過ぎではない, …というのももっともだ.
lèt's sày [挿入語句として] Ⓢ 例えば, まあ, そうですね

S

《⇒ ㊀ 9》.

nót to sày ... 《主に英》(...)とは言わないまでも.

sáy「a lót [vèry líttle] for ... [動] ㊀ (物事が)...が優れている[いない]ことを表わしている.

sáy it áll [動] ㊁ すべてを物語っている.

Sáy no móre! Ⓢ もうわかった, それ以上言うな《言い分・要求・意図を理解したということを示す》.

sáy to onesèlf [動] ㊀ (心の中で)(...)と**自分に言い聞かせる**, (...)と思う《⇒ talk to oneself (talk to ... (talk 句動詞)成句)》: "I have to win," she *said to herself*. 「ぜひとも勝たなければ」と彼女は心の中で思った.

sáy whát? Ⓢ 《主に米》え, 何だって.

sáy whàt you líke [wíll, wánt] [副] Ⓢ 《主に英》あなたが何と言おうと [≒whatever you say].

Sày whén. ⇒ when[1] 名 成句.

so to sày [副] 文修飾 [挿入語句として] いわば [≒so to speak]《⇒ to[2] B 7》.

that [this] is nót to sáy (that) ... だからといって...というわけではない.

thàt is to sày [副] つなぎ語 [挿入語句として, あるいは前の文を受けて文頭で] **すなわち**, 言い換えれば, つまり; 少なくとも《前に述べたことをより明確に言い直すときに用いる; ⇒ i.e., namely 語法》: Let's meet three days from now, *that is to say* on Friday. 今から 3 日後, つまり金曜日に会おう.

thát sáid [副] Ⓢ = having said that.

that's nòt sáying mùch とりたてて言うほどのことでもない, そんなのは当然だ.

There is nó sáying ... (...)を言う[知る]ことはできない: *There's no saying* what time she will come. 彼女が何時に来るかわからない.

There's sómething [a lót, múch] to be sáid for ... Ⓢ ...にはよいところがいくらかある[大いにある].

to sày nóthing of ... ...**は言うまでもなく**, ...はもちろん《⇒ to[2] B 7》: He can speak French and German, *to say nothing of* English. 彼は英語はもちろん, フランス語もドイツ語も話せる.

Wéll sáid! 全くそのとおり, よく言った《同意を強めた言い方》.

Whát do [would] you sáy? (1) Ⓢ (...は)いかがですか, (...について)どう思いますか: *What do you say to* [*about*] (tak*ing*) a walk in the park? 公園を散歩しませんか / *What do you say* we go out tonight? 今夜外出しましょうよ / My teacher thinks I'm lazy. *What do you say*? 先生は私のことを怠け者だと思っている. 君の意見は? (2) Ⓢ [子どもに対して] そういうときは何て言うの《Thank you. や please を言わせたいときに》.

Whàt「do you hàve [have you gòt] to sáy for yoursèlf? Ⓢ 何か言い分[言い訳]はある?

What [Whatèver] ... sàys góes. Ⓢ (人)の言い分が通る, (人)の鶴の一声で決まる.

when áll is sáid and dóne [副] Ⓢ 結局, つまり.

Whó can sáy (...)? = Whó's to sáy (...)? Ⓢ (...なんて)誰がわかるものか.

Whó sáys (...)? Ⓢ (...なんて)誰が言ったのか(そんなことはない).

Yóu can sày thát agàin! Ⓢ まったくそのとおりだ, 同感だ.

You dòn't sáy (sò)! Ⓢ [下降調で; ⇒ **つづり字と発音解説** 93] まあ, へーえ《驚き・感嘆の気持ちを表わす; しばしば驚いていないときに皮肉で用いる》.

Yóu sáid it! (1) Ⓢ 《主に米》おっしゃるとおりだ, 同感だ. (2) Ⓢ (そうは言いたくはなかったが)確かにそのとおりだね.

類義語 **say** ある特定のことばを言うことを意味する: *Say* yes. はいと言いなさい. **tell**「...という内容のことを言う」という意味. 従って, *say* と違って, 話されたことばどおりを伝えるのではなく, 内容のみを伝えるときに用いられる: He *told* me everything about it. 彼は私にそれについてすべてを話した.

— 名 ❶ Ⓤ [しばしば a ~] 発言の機会; 発言権: have a [no] *say* (*in*...) (...について)言う機会[権利]がある[ない]. ❷ [the ~] 決定権: The chairman has *the* final *say*. 最終的な決定権は議長にある.

hàve one's sáy [動] ㊁ 言いたいことを言う: Let him *have his say*. 彼に言いたいことを言わせなさい.

— 間 [呼びかけで]《米略式》**ねえ**, もしもし, おい, **ちょっと** [《英古風》I say]: *Say*, Tom, have you had lunch yet? ねえトム, 昼ごはんはもうすませたの.

+**say·ing** /séɪɪŋ/ 名 (~s /~z/) Ⓒ **ことわざ**, 言いならわし《日常的な真理を簡潔に示す; ⇒ proverb》.

as the sáying góes [副] ことわざにもいうように.

****says** /séz/ ❗発音 動 say の三人称単数現在形.

say-so /séɪsòʊ/ 名 [単数形で所有格とともに]《略式》(根拠のない)主張, 言い分; 許可, 指示. **on ...'s sáy-so** [副]《略式》...の主張にもとづいて, ...が言ったという理由で; ...の許可を得て.

SC 〔米郵便〕= South Carolina.

scab /skǽb/ 名 ❶ Ⓒ かさ, かさぶた: A *scab* formed over the cut. その切り傷にかさぶたができた. ❷ Ⓒ《略式》[軽蔑的] 非組合員; スト破り《人》.

scab·bard /skǽbəd | -bəd/ 名 Ⓒ (刀剣の)さや.

sca·bies /skéɪbiz/ 名 Ⓤ 〔医学〕疥癬(かいせん), 皮癬(ひせん)《皮膚病》.

scads /skǽdz/ 名 複《略式》たくさん[多量](の...): *scads of* money 大金.

scaf·fold /skǽf(ə)ld/ 名 ❶ Ⓒ (建築現場の)足場, 足台. ❷ Ⓒ (特に昔の)絞首台.

scaf·fold·ing /skǽf(ə)ldɪŋ, -foʊld-/ 名 Ⓤ (建築現場の)足場; 足場材料.

scal·a·wag /skǽlɪwæ̀g/ 名 Ⓒ《古風, 米略式》いたずらっ子, やんちゃ坊主 [《英》scallywag].

scald /skɔ́ːld/ 動 ㊀ ❶ (熱湯・蒸気などで)(体の一部など)をやけどする: *scald* oneself やけどする. 関連 burn 火でやけどさせる. ❷ (野菜)を熱湯につける; (牛乳)を沸騰点近くまで熱する. — 名 Ⓒ (熱湯・蒸気での)やけど. 関連 burn 火によるやけど.

scald·ing /skɔ́ːldɪŋ/ 形 ❶ (湯などが)沸騰している; やけどするような; (焼けつくように)暑い. ❷ (批判などが)痛烈な. — 副 やけどするほど: *scalding* hot やけどするほど[すごく]熱い.

****scale[1]** /skéɪl/ 名 (~s /~z/)

意味のチャート
ラテン語で「階段」「はしご」の意.
(階段のついたもの) → 「**音階**」❺
→ 「**目盛り**」❷ → 「**縮尺**」❹ → (相対的な大きさ) → 「**規模**」❶

❶ [単数形で] **規模**, 程度: a disaster ***of*** [***on***] this ***scale*** これほどの規模の災害 / the full *scale* of the problem 問題の全容 / These handicrafts are being produced *on* a large *scale*. これらの手工芸品は大量に作られている. 関連 large-scale 大規模の / small-scale 小規模の.

❷ Ⓒ **目盛り**, 度盛り, 尺度; (目盛りのついた)物差し, 定規: the *scale* on a thermometer 温度計の目盛り / a ruler with the *scale* in centimeters センチの目盛りのついた物差し.
❸ Ⓒ [普通は単数形で] **段階**, 等級; 地位, 位: a pay *scale* 給与の段階, 給与表 / the social *scale* 社会的地位の段階, 社会階級 / ***on a scale of*** 1 to 10 10 段階(の評価)で.
❹ Ⓒ (地図などの)**縮尺**; 比例尺; 比例, 割合, 度合い: a reduced *scale* 縮尺 / a map on [drawn to] a ***scale of*** one inch to a hundred miles 100 マイルを 1 インチに縮尺した地図 / a *scale* drawing 縮尺図 / a *scale* model 縮尺模型. ❺ Ⓒ 〔音楽〕 音階: a major [minor] *scale* 長[短]音階.
at the óther ènd of the scàle [副] その対極に[反対側に].
to scále [副・形] 一定の比率で(縮小[拡大]して), 縮尺に従って.
— 動 他 ❶ 《格式》(…)の頂上に登る; (…の頂点)に達する. ❷ (地図など)を縮尺する, 縮尺して作成する; 率に応じて決定する: The difficulty of test questions should *be scaled* according to the level of the students. 試験問題の難しさは生徒のレベルに応じて決められるべきだ.
scále báck [dówn] [動] 他 (…)の規模を縮小する.
scále úp [動] 他 (…)の規模を拡大する.

+**scale²** /skéɪl/ 名 (~s /~z/) ❶ Ⓒ [《英》では複数形で] **てんびん**, てんびんばかり; **体重計**, 重量計: a pair of *scales* てんびん 1 台 / a kitchen *scale* = 《英》 kitchen *scales* 台所用はかり / put the parcel ***on*** [***in***] the ***scale*** [《英》 ***scales***] 小包をはかりにのせる / weigh oneself *on* the bathroom *scale* [《英》 *scales*] 浴室の体重計で体重を計る. ❷ Ⓒ てんびんの皿. ❸ [the Scales] 天秤(てん)座《星座》.
típ the scáles [動] 自 (…に有利[不利]に)形勢を一変させる (*in favor of*, *against*).
típ the scáles at ... [動] 他 …の重さがある [≒ weigh].

scale³ /skéɪl/ 名 ❶ Ⓒ (魚・蛇などの)うろこ; うろこ状のもの, (特に皮膚からとれる)薄片. ❷ Ⓤ (ボイラーなどの)(湯)あか; 歯石. **The scáles fáll from ...'s éyes.** 《文語》 …の目からうろこが落ちる, 真実を悟る.
— 動 他 (…)のうろこを落とす.

scal·lion /skǽljən/ 名 Ⓒ 《米》 青ねぎ, わけぎ [《米》 green onion, 《英》 spring onion].

scal·lop /skɑ́(ː)ləp, skǽl- | skǽl-, skɔ́l-/ 名 ❶ Ⓒ ほたて貝; ほたて貝の貝柱《食用》. ❷ Ⓒ [普通は複数形で] スカラップ《半円形つなぎの模様で, 襟・すその端を飾るもの》.

scal·loped /skɑ́(ː)ləpt, skǽl- | skǽl-, skɔ́l-/ 形 ❶ 限定 スカラップ(の飾り)のついた. ❷ 限定 (じゃがいもなどが)クリームソースをかけて焼いた.

scal·ly·wag /skǽliwæ̀g/ 名 Ⓒ 《英》 = scalawag.

scalp /skǽlp/ 名 ❶ Ⓒ 頭皮; 頭髪付きの頭皮《特にアメリカ先住民などが戦利品として敵の死体からはぎ取ったもの》. ❷ Ⓒ 《略式》 勝利のしるし. — 動 他 ❶ 《米略式》 (ダフ屋が)(チケット)を高く売りつける [《英》 tout]. ❷ (…)の頭皮をはぐ.

scal·pel /skǽlp(ə)l/ 名 Ⓒ 外科[解剖]用メス.

scalp·er /skǽlpɚ | -pə/ 名 Ⓒ 《米》 ダフ屋 [《英》 tout].

scal·y /skéɪli/ 形 (scal·i·er; -i·est) ❶ うろこのある; うろこ状の. ❷ (皮膚が)かさかさした.

scam /skǽm/ 名 Ⓒ 《略式》 詐欺, ぺてん.

scamp /skǽmp/ 名 Ⓒ 《古風》 いたずらっ子.

scam·per /skǽmpɚ | -pə/ 動 (-per·ing /-p(ə)rɪŋ/) 自 [副詞(句)を伴って] (子供や小さい動物が)跳ね回る, ふざけ回る; 素早く逃げる (*into*): *scamper after* a ball (犬などが)ボールを追っかける.

scam·pi /skǽmpi/ 名 (複 ~) ❶ Ⓒ 《英》 スキャンピ《大きなくるまえび》. ❷ Ⓤ 《英》 スキャンピ料理《くるまえびをフライや直火焼きにしたイタリア風料理》.

+**scan** /skǽn/ 動 (scans /~z/; scanned /~d/; scan·ning) 他 ❶ (書類・新聞など)に**ざっと目を通す**: I ***scanned*** the list ***for*** any familiar names. V+O+*for*+名 私は知っている名前がないかとリストにざっと目を通した.
❷ (人や物を探して)(…)を**細かく調べる**, 目をこらして見る: The search party was [《英》 were] ***scanning*** the pass ***for*** signs of the bear. V+O+*for*+名 捜索隊は熊が通った形跡はないかと山道を調べていた. ❸ 〔コンピュータ〕 (データなど)を(スキャナーで)読み取(り記憶させ)る, スキャンする (*in*); 〔テレビ〕 (映像)を走査する; 〔レーダー〕 (ある地域)を走査する; 〔医学〕 (放射線で)(人体)を走査する: All the documents were *scanned into* the computer. すべての文書はスキャナーでコンピュータに読み取られた. — 自 ❶ ざっと目を通す (*through*). ❷ (詩の行が)韻律に合う, 詩脚が合う.
— 名 [単数形で] ざっと目を通すこと; Ⓒ 〔テレビ・レーダー・医学〕 走査, スキャン.

***scan·dal** /skǽndl/ 名 (~s /~z/) ❶ Ⓒ,Ⓤ **スキャンダル**, 醜聞, 不祥事; 汚職[不正]事件, 疑獄: 「cover up [uncover] a political *scandal* 政治的な疑獄を隠す[暴く] / cause [create] a *scandal* 醜聞[汚職]を引き起こす. ❷ Ⓤ (醜聞に対する世間の)騒ぎ, 反感, 物議, 憤慨. ❸ [単数形で] Ⓢ 恥ずべき状況, とんでもないこと, 名折れ: It's a *scandal* that our city doesn't have a concert hall. 私たちの町にコンサートホールがないのはとんでもないことだ.
(動 scándalìze, 形 scándalous)

scan·dal·ize /skǽndəlàɪz/ 動 他 [普通は受身で] (…)をあきれさせる, (…)にけしからぬと思わせる: We *were scandalized by* his behavior. 私たちは彼の行動にあきれ果てた. (名 scándal)

scan·dal·mon·ger /skǽndlmʌ̀ŋgɚ | -gə/ 名 Ⓒ [軽蔑的] 人の悪口を言いふらす人.

scan·dal·ous /skǽndələs/ 形 ❶ 恥ずべき, 外聞の悪い [≒infamous]; けしからぬ, あきれた [≒shocking]: *scandalous* behavior とんでもない行動. ❷ 限定 (うわさなどが)中傷的な. (名 scándal)
~·ly 副 恥知らずに; けしからぬこと[ほど]に.

+**Scan·di·na·vi·a** /skæ̀ndənéɪviə←/ 名 固 ❶ **スカンジナビア**《スカンジナビア半島とデンマーク・フィンランド・アイスランドを含めた北欧の地域》. ❷ = Scandinavian Peninsula.

Scan·di·na·vi·an /skæ̀ndənéɪviən←/ 形 スカンジナビア(半島)の; スカンジナビア人[語]の. — 名 Ⓒ スカンジナビア人; Ⓤ スカンジナビア語《ノルウェー・スウェーデン・デンマーク・アイスランドの言語》.

Scandinávian Península 名 固 [the ~] スカンジナビア半島《北欧の半島; ノルウェーとスウェーデンから成る》.

scan·ner /skǽnɚ | -nə/ 名 Ⓒ 〔医学〕 (人体内部を調べる)スキャナー; 〔コンピュータ〕 スキャナー.

scant /skǽnt/ 形 (scant·er; scant·est) ❶ 限定 乏しい, わずかな [≒scanty]: give [pay] *scant* attention (*to* ...) (...に)あまり注意を払わない. ❷ 限定 [不定冠詞を伴って] (一定の数量に)少し不足の: *a scant* two hours 2 時間弱の時間.

scant·i·ly /skǽnṭəli/ 副 乏しく; 体を露出させて: *scantily* clad [dressed] dancers ほとんど何も身につけていないダンサー.

scant·y /skǽnṭi/ 形 (scant·i·er; -i·est) 乏しい, わずかな, 不十分な [⇔ ample]; (衣服が)体を露出させるような: *scanty* information 乏しい情報 / a *scanty* bikini 露出度の高いビキニ.

scape·goat /skéɪpgòʊt/ 名 C 身代わり, 犠牲《人》[《米略式》 fall guy]: be made a *scapegoat for* ... ...の罪を負わされる[身代わりにさせられる].

scap·u·la /skǽpjʊlə/ 名 C (複 scap·u·lae /-lìː/, ~s) 〔解剖〕 肩甲骨 [≒shoulder blade].

+**scar** /skáɚ | skáː/ 名 (~s /~z/) ❶ C (皮膚の)**傷跡**, (やけど・できものの)**跡**: leave a burn *scar* やけどの跡を残す / He has a *scar* on his cheek. 彼はほおに傷跡がある. ❷ C 心の傷; (災害などの)つめ跡: He still bears the *scars* of an unhappy childhood. 彼は未だに不幸な幼年時代の思い出が心の傷となっている.

— 動 (scars; scarred; scar·ring /skáːrɪŋ/) 他 (...)に傷跡を残す, (...)を損なう: an arm *scarred by* insect bites 虫にかまれた跡の残っている腕 / a face *scarred with* sorrow 悲しみの跡をとどめた顔.

scár ... for lífe [動] 他 [しばしば受身で] (...)に一生残る深い傷を負わせる.

scar·ab /skǽrəb/ ！発音 名 ❶ C たまおしこがね《古代エジプト人が崇拝した黒色のこがね虫の一種; 獣のふんを球にして地中に運び込む》. ❷ C 甲虫石, スカラベ《たまおしこがねの形に彫刻した宝石; 古代エジプト人がお守りまたは装飾品として用いた》.

+**scarce** /skéɚs | skéəs/ 形 (scarc·er; scarc·est) **不足して(いる)**, 少ない, 欠乏して [⇔ plentiful] 《⇒ rare[1] 類義語》: In the old days, fresh vegetables were *scarce* in the winter. 昔は冬には新鮮な野菜が不足した.

máke onesèlf scárce [動] 自 《略式》 (かかわり合いを恐れて)いなくなる. (名 scárcity)

+**scarce·ly** /skéɚsli | skéəs-/ 副 ❶ **ほとんど...ない** [≒ hardly] 《⇒ barely 語法; **巻末文法** 13. 1 (2)》: I could *scarcely* believe her story. 彼女の話はどうも信用できなかった / He speaks *scarcely* a word of English. 彼はほとんどひと言も英語を話せない / *Scarcely* anyone remembers him now. 今はほとんどだれひとり彼のことを覚えていない.

❷ **やっと**, かろうじて: There is *scarcely* enough coffee left for one cup. やっと 1 杯分のコーヒーが残っているだけだ / He was *scarcely* more than twenty then. そのとき彼はやっと 20 歳になったばかりだった. ❸ とても...ない, まず...(とは言え)ない [≒certainly not]: He's *scarcely* the right person for teaching. 彼は先生に向いているとはいい難い. 語法 しばしば can, could とともに用いる: I *could scarcely* ask her to lend me such a large sum of money. 彼女にそんな大金を貸してくれとはとても頼めなかった.

scárcely éver [副] ⇒ ever 成句.

scárcely ... when [befòre] ~ ...するかしないうちに~, ...するとすぐ~: I had *scarcely* run out of the building *when* [*before*] it exploded. 私が外へ飛び出すとすぐにその建物は爆発した.

> 語法 🔍 **scarcely...when [before] ~ の使い方**
> (1) when または before の前は過去完了形, 後は過去時制が用いられるのが普通.
> (2) 強調のために scarcely が文の最初に来るときには主語と述語動詞の語順が変わる《⇒ **巻末文法** 15. 2 (1)》: *Scarcely had she* boarded the train *when* it began to move. 《格式》 彼女が列車に乗ったと思ったら動き出した.

scar·ci·ty /skéɚsəṭi | skéə-/ 名 (-ci·ties) U,C (物資)不足, 欠乏: a great *scarcity of* water ひどい水不足. (形 scarce)

***scare** /skéɚ | skéə/ 動 (scares /~z/; scared /~d/; scar·ing /skéːərɪŋ/) 他 (...)を**おびえさせる**, 怖がらせる, びっくりさせる《⇒ frighten 類義語》; **脅かす**, 脅かして...させる: They *were scared by* the loud noise. V+O の受身 彼らは大きな音におびえた / *It scares* me *to* think ... ...と思うと怖い / The robber *scared* the guard *into* giv*ing* him the keys. V+O+into+動名 その強盗は守衛を脅して鍵を渡させた.

— 自 おびえる: The boy doesn't *scare* easily. あの子は少しのことではびくつかない.

scáre awáy [óff] [動] 他 (人・動物)を脅して追い払う[近寄らせない]; おじけさせる.

scáre ... 「òut of ...'s wíts [to déath] [動] 他 (人)をひどくおびえさせる.

scáre the lífe òut of ... [動] 他 《略式》 ...をひどく怖がらせる.

scáre úp [動] 他 《米略式》 (...)をかき集める, 捜し出す; (手持ちの少ない材料で)(食事など)を作る.

— 名 [a ~] (ぎくりとさせるような)驚き, 脅し; おびえ; 恐慌: a bomb *scare* 爆弾騒ぎ / The news gave him *a scare*. その知らせに彼はぎくりとした.

scare·crow /skéɚkròʊ | skéə-/ 名 C かかし.

***scared** /skéɚd | skéəd/ 形 (more ~; most ~) **おびえた**, 怖がった, びっくりした: The boy had a *scared* look on his face. その男の子はおびえた顔をしていた / I'm *scared of* snakes [fly*ing*]. +of+名[動名] 私はへびが[飛行機に乗るのが]怖い / Are you *scared to* cross the river? +to 不定詞 川を渡るのが怖いか / He is *scared that* the boat might sink. +that 節 彼は船が沈みはしないかと怖がっている.

be scáred stíff [to déath, òut of one's **wíts]** [動] 自 ひどくおびえている.

scarf[1] /skáɚf | skáːf/ 名 (複 scarves /skáɚvz | skáːvz/, ~s) C スカーフ, マフラー, 肩掛け: wear a *scarf* スカーフをかける[巻く].

scarf[2] /skáɚf | skáːf/ 動 他 《米略式》 (...)をがつがつ食べる (*down, up*).

scar·let /skáɚlət | skáː-/ 形 緋(ひ)色の, 深紅色の.
— 名 U 緋色《crimson より明るい鮮やかな赤色》, 深紅色; 緋色の服.

scárlet féver 名 U 猩紅(しょうこう)熱.

scarves /skáɚvz | skáːvz/ 名 scarf の複数形.

***scar·y** /ské(ə)ri/ 形 (scar·i·er; -i·est) 《略式》 (物事が)**恐ろしい**, 怖い: a *scary* movie 怖い映画.

scat /skǽt/ 名 C 〔ジャズ〕 スキャット《曲に合わせて無意味なことばを反復する歌》.

scath·ing /skéɪðɪŋ/ 形 (批評などが)厳しい, 痛烈な: a *scathing* attack 情け容赦ない攻撃.

+**scat·ter** /skǽṭɚ | -tə/ ！発音 動 (scat·ters /~z/; scat·tered /~d/; -ter·ing /-ṭərɪŋ, -trɪŋ/) 他 ❶ (...)を**ばらまく**, まき散らす; あちこちに置く (*around*); (場所)に(...を)ばらまく: I *scattered* some seeds *on* [*over*] the freshly-turned soil. V+O+前+名 私は掘

り起こしたばかりの土の上に種をまいた / The ground *was scattered with* rose petals. V+O+*with*+名の受身 地面にはばらの花びらが散らかっていた.
❷ (...)を**追い散らす**, ちりぢりにする: The police *scattered* the rioters. 警察は暴徒を追い散らした.
— 自 **ちりぢりになる**; 消えうせる: The crowd *scattered*. 群衆はちりぢりになった.

scat·ter·brain /skǽṭəbrèɪn | -tə-/ 名 C 《略式》 注意散漫な人, おっちょこちょい.

scat·ter·brained /skǽṭəbrèɪnd | -tə-/ 形 《略式》 注意散漫な, おっちょこちょいの.

scat·tered /skǽṭəd | -təd/ 形 ちりぢりになった, 離れ離れの, 散在している, まばらな: *scattered* showers 所によりにわか雨《天気予報などで》 / My relatives are *scattered* around the country. 私の親戚は国のあちこちに散在している.

scat·ter·ing /skǽṭərɪŋ, -trɪŋ/ 名 [a ~] W まばらなもの, ばらばらなもの; (ほんの)少数(の人[もの]): *a scattering of* houses 点在する家々.

scav·enge /skǽvɪnʤ/ 動 自 (動物が)(食べ物などを)あさる (*for*). — 他 (動物が)(死体・ごみ)に群がる; (廃品・食べ物など)をあさる.

scav·en·ger /skǽvɪnʤə | -ʤə/ 名 C 死体[ごみ]に群がる動物, 清掃動物《はげたかなど》.

+**sce·nar·i·o** /sɪné(ə)riòʊ | -náːr-/ ❗発音 名 (~s /~z/)
❶ C (計画・事件などの)**予定の筋書き**, 概要: a possible *scenario* 起こりうる事態 / a nightmare [worst-case] *scenario* (起こりうる)最悪の事態.
❷ C 〔演劇〕 **筋書き**; 〔映画〕 シナリオ, 映画脚本.

scene /síːn/ (同音 seen)

— 名 (~s /~z/)

> 意味のチャート
> ギリシャ語で「舞台」の意
> → (舞台の)「**一場面**」❶, ❷ → (物事が行なわれる場面) → 「**現場**」❹ → 「**活動の場**」❺
> → (舞台の背景) → 「**景色**」❸

❶ C (劇・映画・テレビなどの)**一場面**; (小説などの)舞台: a love *scene* ラブシーン / play the balcony *scene* in *Romeo and Juliet* 「ロミオとジュリエット」のバルコニーの場面を演じる / The *scene* is set in Vienna just after World War II. 舞台は第二次世界大戦直後のウィーンだ.
❷ C (劇の)**場**: *Hamlet*, Act III, *Scene* i 「ハムレット」第 3 幕第 1 場《act three, scene one と読む》.
❸ C (絵のような)**景色**, **風景**, 眺め (*of*)《⇒ view 類義語》: The boats on the lake make a beautiful *scene*. 湖に舟が浮かんでいるのは美しい風景だ.
❹ C [普通は the ~] (事件などの)**現場**《⇒ place 類義語》; (現場の)状況, 出来事: arrive at [on] *the scene of* the crime 犯行現場に到着する / be ***on*** [***at***] ***the scene*** 現場にいる[来る].
❺ [the ~; しばしば修飾語を伴って] 《略式》 **活動の場**, ...の世界[分野], ...界: *the* business [political] *scene* 実業界[政界].
❻ U [所有格の後で; 否定文で] 《略式》 好み: Jazz *isn't my scene*. ジャズは性に合わない. ❼ C (人前での)大騒ぎ, 醜態《泣く・わめく・怒るなど》: make a *scene* 大騒ぎをする, 醜態を演じる.

behìnd the scénes [副・形] 舞台裏で[の]; 秘密に, ひそかに.

cóme [be] on the scéne [動] 自 登場する.

sét the scéne [動] 自 これまでの経過説明をする; (...の)状況を整える, 下地を作る (*for*). (形 scénic)

sce·ner·y /síːn(ə)ri/ ❗発音 名 ❶ U (一地方の全体の)風景, 景色《⇒ view 類義語》: the picturesque *scenery* of Switzerland (美しい)絵のようなスイスの風景. ❷ U 舞台面, 道具立て, 背景《全体》: set up (the) *scenery* 舞台をつくる.

+**sce·nic** /síːnɪk/ 形 ❶ [普通は 限定] **景色の**; 景色[眺め]のよい: *scenic* beauty 風光明媚 / a *scenic* spot 景勝地 / take the *scenic* route 眺めのよい道を通る; [こっけいに] 遠回りする. ❷ [普通は 限定] 舞台(上)の; 背景の. (名 scene)

+**scent** /sént/ (同音 cent, sent) 名 (scents /sénts/) ❶ C (よい)**香り**, (かすかな)におい《⇒ smell 類義語》: a faint *scent of* roses かすかなばらの香り. ❷ C [普通は単数形で] (獣・人の残した)におい: The dog picked up the *scent*. 犬はにおいをかぎつけた / follow the *scent* においをかぎながら追う / lose the *scent* においをたどれなくなる. ❸ C,U 香水. ❹ [単数形で] (...の)気配 (*of*).

on the scént [形・副] (猟犬が)においをかぎつけて; (...の)手がかりを得て (*of*).

thrów [pút] ... òff the scént [動] 他 (人)に手がかりを失わせる, (追っ手)をまく.

— 動 他 ❶ [しばしば受身で] (...)を香り[におい]で満たす; (場所など)に香水[香り]をつける: The room *is scented with* flowers. その部屋は花の香りがする. ❷ (犬などが)(...)をかぎつける, かぎ分ける, (...)のにおいの跡をつける: *scent* a rat ねずみをかぎ出す. ❸ W (秘密など)に感づく, かぎつける; (...)と感じとる [≒suspect]: *scent* danger 危険に感づく.
《⇒ sentence キズナ》

scent·ed /sénṭɪd/ 形 よい香りのする.

scep·ter, 《英》 **scep·tre** /séptə | -tə/ 名 C (王の)笏(しゃく)《王権の象徴》.

scep·tic /sképtɪk/ 名 《英》 = skeptic.

+**scep·ti·cal** /sképtɪk(ə)l/ 形 《英》 = skeptical.

scep·ti·cis·m /sképtəsìzm/ 名 《英》 = skepticism.

scep·tre /séptə | -tə/ 名 《英》 = scepter.

sched·ule /skéʤuːl | ʃédjuːl/ ❗発音

— 名 (~s /~z/)

> 意味のチャート
> ラテン語で「紙片」の意 → (紙片のメモ) → (付表) → 「**一覧表**」❹, 「**時刻表**」❷ → 「**予定表**」「**予定**」❶ となった.

❶ C,U **予定**, **計画**, **スケジュール**, 日程; **予定表**, 計画表《⇒ plan 類義語》: an exam *schedule* 試験の日程 / What's on the *schedule for* Tuesday? 火曜日の予定はどうなってる? / I have a tight [busy, full] *schedule*. 私は予定が詰まっている / The plane arrived ***on schedule***. 飛行機は定刻に到着した / ***ahead of schedule*** 予定より早く[早い] / ***behind schedule*** 予定より遅れて / ***according to schedule*** 予定[計画]どおりに.
❷ C 《米》 **時刻表** [《英》 timetable]: a bus [train] *schedule* バス[列車]の時刻表. ❸ C 《米》 (学校の)時間割 [《英》 timetable]. ❹ C 表, 一覧表, 目録 [≒list].

— 動 (sched·ules /~z/; sched·uled /~d/; sched·ul·ing) 他 [普通は受身で] (...)を**予定する**; (人など)が...することを予定する: His arrival *is sched-*

S

uled for Thursday. V+O+*for*+名の受身 彼の到着は木曜の予定だ / The Crown Prince *is scheduled to* visit the hospital tomorrow. V+O+C (*to* 不定詞)の受身 皇太子はその病院をあす訪問される予定だ / The bus left「*earlier than scheduled* [*as scheduled*]. バスは予定より早く[予定どおり]出発した.

sched·uled /skéʤuːld | ʃédjuːld/ 形 限定 (時刻表などに)予定された**:** a *scheduled* flight 定期便.

sche·ma /skíːmə/ 名 (複 **sche·ma·ta** /-məṭə/, ~s) C《格式》概要, 枠組; 図式.

sche·mat·ic /skiːmǽṭɪk/ 形 概要の; 図式的な.

***scheme** /skíːm/ 発音 名 (~s /~z/) ❶ C **陰謀, たくらみ** [≒plot]**:** Their *scheme to* kidnap the girl was discovered. +*to* 不定詞 彼らが少女を誘拐しようとしたたくらみが露見した / The *scheme* was hatched two years ago. その陰謀は2年前に計画された.
❷ C《英》(組織的な)**計画**, 制度(⇒ plan 類義語)**:** a pension *scheme* 年金制度 / a ***scheme for*** changing sunlight into energy 日光をエネルギーに変える計画 / run [operate] a *scheme* 計画を実行する. ❸ C 体系, 仕組み, 配列**:** the color *scheme* 配色.
the schéme of thìngs [名] 物事のあり方[成り立ち], 仕組み.
— 動 (schemes /~z/; schemed /~d/; schem·ing) 自 (陰謀を)企てる, たくらむ, 画策する, (ひそかに)動く**:** They *schemed against* her. 彼らは彼女に対して陰謀を企てた. — 他 (陰謀)を企てる, たくらむ**:** They *schemed to* overthrow the government. 彼らは政府の打倒を企てた.

schem·er /skíːmə | -mə/ 名 C (陰謀の)計画者, 立案者; 陰謀家, 策士.

schem·ing /skíːmɪŋ/ 形《格式》策動的な, 腹黒い.

schis·m /skízm, sízm/ 名 C,U《格式》(団体の)分離, 分裂; (教会の)分派 (*in*).

schis·mat·ic /sɪzmǽṭɪk, skɪz-/ 形《格式》分離的な; (教会の)宗派分立の[を引き起こす].

schiz·oid /skítsɔɪd/ 形〔医学〕統合失調症の.

schiz·o·phre·ni·a /skìtsəfríːniə/ 名 U〔医学〕統合失調症.

schiz·o·phren·ic /skìtsəfrénɪk←/ 形〔医学〕統合失調症の;《略式》気まぐれな. — 名 C〔医学〕統合失調症患者.

schlep, schlepp /ʃlép/ 動 (schleps, schlepps; schlepped; schlep·ping) 他《略式, 主に米》(...)を引きずる, 引きずって運ぶ.

schlock /ʃlɑ́(ː)k | ʃlɔ́k/ 名 U《米略式》安物.

schmal(t)z /ʃmɔ́ːlts/ 名 U《略式》[軽蔑的] 極端な感傷主義.

schmaltz·y /ʃmɔ́ːltsi/ 形 (schmaltz·i·er; schmaltz·i·est)《略式》[軽蔑的] ひどく感傷的な.

schmooze /ʃmúːz/ 動 自《略式》雑談する, (相手に取り入ろうとして)話をする.

schmuck /ʃmʌ́k/ 名 C《略式, 主に米》ばか者.

schnapps /ʃnǽps/ ≪ドイツ語から≫ 名 U シュナップス《ジンに似た強い酒》.

+**schol·ar** /skɑ́(ː)lə | skɔ́lə/ 名 (~s /~z/) ❶ C **学者**《特に人文学者・古典学者を指すことが多い》**:** a ***scholar of*** Chinese history 中国史学者. 関連 scientist (自然)科学者. ❷ C 給費生, 奨学金を受けている人. ❸ C《英略式》学[教養]のある人**:** He's not much of a *scholar*. 彼はたいして教養のある人物ではない.
(形 schólarly)
〖語源 school¹ と同語源〗

schol·ar·ly /skɑ́(ː)ləli | skɔ́lə-/ 形 ❶ 限定 学術的な, 学問的な. ❷ 学者[学究]的な; 博学な, 学問好きの.
(名 schólar)

+**schol·ar·ship** /skɑ́(ː)ləʃɪp | skɔ́lə-/ 名 (~s /~s/) ❶ C **奨学金**; 奨学金制度**:** He went to college ***on*** a ***scholarship***. 彼は奨学金を受けて大学に通った / She won [got, received] a ***scholarship***「***to*** Yale [***for*** undergraduate study]. 彼女はイェール大学へ入る[大学での勉強のための]奨学金をもらった. 日英 英米の奨学金は貸与でなく贈与が普通.
❷ U **学問**, 学問研究, 学識《特に古典・人文学の》**:** admirable *scholarship* 見事な博識 / a fine piece of *scholarship* 優れた研究書.

scho·las·tic /skəlǽstɪk/ 形 ❶ 限定《格式》学校(教育)の; 学問の. ❷ 限定《格式》スコラ哲学の.

*****school**[1] /skúːl/
— 名 (~s /~z/) ❶ C **学校**; (職業・技術などの)専修学校, 教習所, 養成所; **校舎** (school building, schoolhouse); [形容詞的に] 学校の**:** a girls' *school* 女子校 / They're building a new *school* down the street. この通りに新しい学校が建てられている / You can see our *school* over there. 向こうに私たちの学校が見えます / "Which *school* does she go to?" "Camden *School* for Girls."「彼女はどこの学校に通ってるの」「キャムデン女子校だよ」/ a *school* cafeteria 学校のカフェテリア.

> 語法 **school と冠詞の有無**
> (1) 一般に学校教育機関や課程の意味で用いた場合冠詞をつけない(⇒ 2)が, school に修飾語がつくと冠詞が加わる**:** They went to *a* good *school*. 彼らはよい学校に行った.
> (2) 次のように建物の意味のときでも冠詞をつけないことがある**:** I walked straight to *school*. 私は真っすぐに学校に歩いていった.

参考 普通は小学校・中学校・高等学校を指すが, 米国では大学も school ということがある. なお米国の学校制度は州によって異なる.
❷ U **授業**, 学業 [≒class, lesson]; (学校教育の意味での)学校, 就学(期間); 在学時代**:** *School* begins at eight o'clock. 学校は8時に[から]始まる / "What time is *school* over for you?" "At three-twenty."「学校[授業]はいつ終わりますか」「3時20分です」/ We have no *school* today. きょうは授業はない(きょうは学校は休みだ) / Come and see me in my room ***after*** [***before***] ***school***. 放課後[始業前]に私の部屋へ来てください / ***at school*** 学校で[に], 授業中(で);《英》在学中で / ***in school*** 学校で[に], 授業中(で);《米》在学中で / friends from *school* 学生時代からの友だち / Jim entered *school* in September. ジムは9月に入学した. ✪ 具体的な学校の場合は C として扱い冠詞をつける(⇒ 1 語法)**:** Jim entered *a school* in Texas. ジムはテキサスの学校に入った // Tom is not old enough yet for *school*. トムはまだ学校へ行く年齢ではない / Where did you ***go to school***? どこの(土地で)学校に行かれましたか, (通った)学校はどちらですか《出身校の場所[名前]を聞く》/ Jim usually walks to *school*. ジムはいつも歩いて学校へ行く / ***attend school*** 学校に通う / ***start school*** 学校に上がる / ***leave school*** 下校する; 退学する;《英》(義務教育を終えて)卒業する / ***quit school*** 学校をやめる[中退する] /

finish [*graduate from*] *school* 学校を卒業する.
❸ Ⓒ [普通は the ～ として《英》単数または複数扱い] **学校の生徒**(および教職員)《全体》: *The* whole *school* celebrated the victory of its [their] baseball team. 学校全体が野球チームの勝利を祝った.
❹ Ⓒ,Ⓤ (大学の)**学部**, 専門学部; 大学院; 《米略式》大学(時代): a graduate *school*《米》大学院 / a *school* of economics 経済学部 / a *school* of education 教育学部 / an engineering *school* 工学部 / a *school* of law = a law *school* 法学部, 法科大学院 / a *school* of medicine = a medical *school* 医学部, 医大. ❺ Ⓒ (学問・芸術などの)学派, 流派, ...派: the Impressionist *school*〘芸術〙印象派.
a schóol of thóught [名] (いく人かが共有する)考え方, 学派(の見解).
— 動 他《格式》(...)を教育する; しつける: *school* oneself *in* patience 忍耐心を養う.
〘語源 ギリシャ語で「余暇」の意〙

school² /skúːl/ 名 Ⓒ (魚・鯨・おっとせいなどの)群れ (*of*)《⇒ group 類義語》.

schóol àge 名 Ⓤ 就学年齢; 学齢(期間).

school·bag /skúːlbæ̀g/ 名 Ⓒ 通学かばん.

schóol bòard 名 Ⓒ《米》(州内各地区の)教育委員会.

school·book /skúːlbʊ̀k/ 名 Ⓒ 教科書.

school·boy /skúːlbɔ̀ɪ/ 名 Ⓒ (小・中学校の)男子.

schóol buìlding 名 Ⓒ 校舎《⇒ schoolhouse 参考》.

schóol bùs 名 Ⓒ スクールバス《通学専用》.

school·child /skúːltʃàɪld/ 名 (-chil·dren /-tʃɪ̀l-drən/) Ⓒ 学童.

schóol dày 名 ❶ Ⓒ 登校日《英米では月曜から金曜まで》. ❷ [所有格の後で複数形で] 学生時代.

schóol dìstrict 名 Ⓒ《米》学区, 校区.

school·girl /skúːlgɚ̀ːl | -gə̀ːl/ 名 Ⓒ (小・中学校の)女子.

school·house /skúːlhàʊs/ 名 (-hous·es /-hàʊzɪz/) Ⓒ 校舎. 参考 やや古風な感じのすることばで, いなかの小さな小学校, 古びた木造校舎のようなイメージがある《⇒ school building》.

school·ing /skúːlɪŋ/ 名 Ⓤ 学校教育, (通信教育の)スクーリング (*in*).

school·kid /skúːlkɪ̀d/ 名 Ⓒ《略式》学童.

school-leav·er /skúːllíːvɚ | -və/ 名 Ⓒ《英》(中等教育を終了し就職希望の)卒業生《多くは 16 歳》.

school·marm /skúːlmɑ̀ɚm | -mɑ̀ːm/ 名 Ⓒ [軽蔑的] (口うるさい)古風な教師タイプの女性.

school·mas·ter /skúːlmæ̀stɚ | -mɑ̀ːstə/ 名 Ⓒ《古風, 主に英》(特にパブリックスクールの)教師《男性》.

school·mate /skúːlmèɪt/ 名 Ⓒ 学友, 同級生.

school·mis·tress /skúːlmɪ̀strəs/ 名 Ⓒ《古風, 主に英》(特にパブリックスクールの)教師《女性》.

S

初等および中等学校制度
(▒の部分は公費による義務教育)

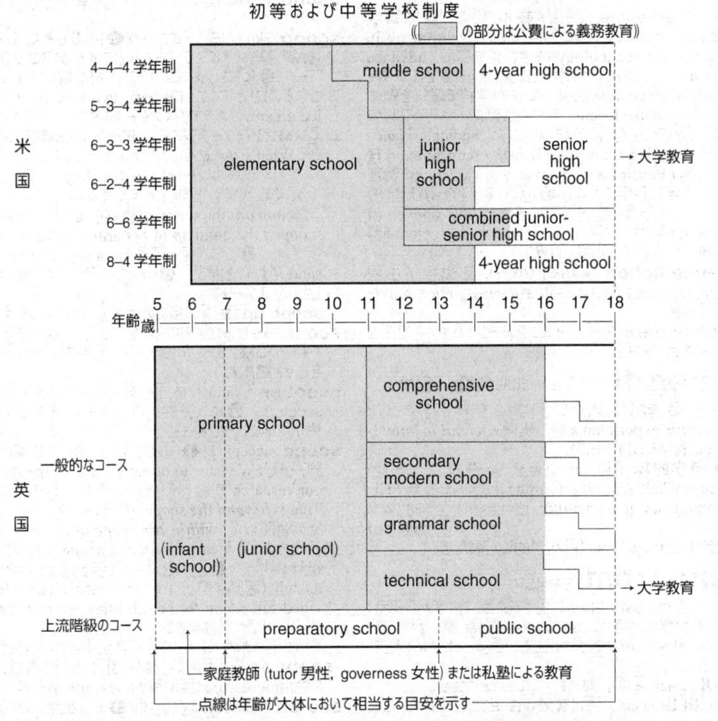

school·room /skúːlrùːm/ 名 C《古風》= classroom.
school·teach·er /skúːltìːʧɚ | -ʧə/ 名 C (小・中・高等学校の)教師.
school·work /skúːlwɚːk | -wəːk/ 名 U 学校の勉強《予習・宿題などの家庭学習も含む》, 学業(成績).
school·yard /skúːljàɚd | -jàːd/ 名 C《米》校庭.
schóol yéar 名 C 学年. 関連 calendar year 暦年 / fiscal [《英》financial] year 会計年度.
schoo·ner /skúːnɚ | -nə/ 名 ❶ C スクーナー船《2 本以上のマストがある縦帆船》. ❷ C《米》(背の高い)ビール用グラス;《英》(背の高い)シェリー用グラス.
Schu·bert /ʃúːbɚt | -bət/ 名 固 Franz /frǽnts/ Peter /píːtɚ | -tə/ ~ シューベルト (1797-1828)《オーストリアの作曲家》.
schwa /ʃwáː/ 名 C〔音声〕シュワー《/ə/ の記号; 例えば b*a*nan*a* /bənǽnə | bənáːnə/ の最初と最後のアクセントのない母音を表わす》; /ə/ の音《⇒ **つづり字と発音解説** 37; hooked schwa》.
Schweit·zer /ʃwáɪtsɚ | -tsə/ 名 固 Albert ~ シュバイツァー (1875-1965)《ドイツ生まれの医師・音楽家; アフリカで医療に献身した》.
sci·at·ic /saɪǽṭɪk/ 形 [普通は 限定]〔医学〕臀(でん)部の, 坐骨の: the *sciatic* nerve 坐骨神経.
sci·at·i·ca /saɪǽṭɪkə/ 名 U 坐骨神経痛.

***sci·ence** /sáɪəns/ !アク !発音
— 名 (sci·enc·es /~ɪz/) ❶ U **科学**; **自然科学** (natural science); 理科; 科学研究: developments in *science* and technology 科学技術の発展 / advance [promote] *science* 科学を進歩[発展]させる / We study *science* at school. 私たちは学校で理科を勉強する / a *science* teacher 理科の教師.
❷ U,C (特定・個別の)**科学**, ...学: medical *science* 医学 / applied *sciences* 応用科学 / pure *science* 理論科学 / Physics and chemistry are *sciences*. 物理学と化学は科学である. ❸ U,C (専門的な)技術, わざ; [a ~] 技術[こつ]を要すること: the *science* of cooking 料理の技術. (形 scientífic)
〘語源 ラテン語で「知識」の意〙
scíence fíction 名 U SF(小説), 空想科学小説《略 SF, sf》[《略式》sci-fi]: a *science fiction* movie SF 映画.
scíence pàrk 名 C サイエンスパーク《ハイテク産業を集中させた地域》.

***sci·en·tif·ic** /sàɪəntífɪk⁻/ !アク !発音
— 形 ❶ 限定 [比較なし] **科学の**, (自然)科学上の: *scientific* experiments 科学実験 / *scientific* knowledge 科学に関する知識.
❷ **科学的な**; (科学的に)厳密な, 系統立った [⇔ unscientific]: *scientific* farming 科学的な農業 / His methods are not *scientific*. 彼の方法は科学的ではない. (名 science)
-tif·i·cal·ly /-kəli/ 副 科学的に; 系統立てて.

***sci·en·tist** /sáɪənṭɪst/
— 名 (-en·tists /-ṭɪsts/) C **科学者**, (科学)研究者; (自然科学の)学者: a nuclear *scientist* 原子科学者 / a social *scientist* 社会科学者. 関連 scholar (人文)学者.
sci-fi /sáɪfáɪ/ 名 U《略式》= science fiction.
scin·til·la /sɪntílə/ 名 [普通は否定文で]《格式》ごくわずか(の...), 少し(の...) (*of*).
scin·til·lat·ing /sínṭəlèɪṭɪŋ/ 形《格式》(ことば・会話などが)才気あふれる, 機知に富んだ.
sci·on /sáɪən/ 名 ❶ C《文語》(貴族・名門の)子, 子弟, 御曹司(おんぞうし). ❷ C (接ぎ木の)接ぎ穂, 若枝.
scis·sors /sízɚz | -zəz/ !発音 名 複 はさみ《⇒ clipper, shears》: use *scissors* はさみを使う. 語法 数えるときには a pair of *scissors* / two [three, four, ...] pairs of *scissors* のようにいう.
scle·ro·sis /sklɪróʊsɪs/ 名 (scle·ro·ses /-siːz/) U,C〔医学〕硬化(症).
scoff /skɑ́(ː)f | skɔ́f/ 動 自 あざける, ばかにする (*at*). — 他 ❶ (...)とばかにして言う. ❷《英略式》(...)をがつがつ食べる [《米》scarf].
scold /skóʊld/ 動 他《格式》(怒って大声で)しかる: She *scolded* her son *for* being out late. 彼女は遅くまで出歩いたことで息子をしかりつけた.
類義語 **scold** 言うことを聞かない子供に対するときなどに親や先生がいらいらして非難すること. **rebuke** 公式な立場で激しく厳しく非難することを意味する格式ばった語. **reprimand** 公式または正式に権威をもって非難すること. **tell off**《略式》で文句を言ったりしかりつけること.
scol·lop /skɑ́(ː)ləp | skɔ́l-/ 名 = scallop.
sconce /skɑ́(ː)ns | skɔ́ns/ 名 C 突き出し燭台(しょくだい)《壁などに取り付けたもの》.
scone /skóʊn/ 名 C スコーン《小型のさっくりしたパン》.
+**scoop** /skúːp/ 名 (~s /~s/) ❶ C **ひしゃく**, しゃくし; (砂糖・穀物・アイスクリームなどをすくう)**スコップ**, サーバー. ❷ C ひしゃく[スコップ]1 杯の量; (アイスクリームなどの)ひとすくい: I'll have two *scoops of* vanilla ice cream. バニラアイスクリームをダブルでください. ❸ C《略式》スクープ, 特ダネ; [the ~]《米略式》最新情報: What's *the scoop*? 何か変わったことない?
— 動 (~s /~s/; ~ed /~t/; ~·ing) 他 ❶ (...)を**すくう, くむ**, すくい出す[上げる], えぐる; さっと持ち上げる: ***scoop out*** the seeds V+副+O 種をえぐり出す / He ***scooped*** the child ***up*** in his arms. 彼はその子を抱き上げた. ❷ (...)を掘って作る: *scoop* a hole in the sand 砂に穴を掘る. ❸《略式》(特ダネで)(他社)を出し抜く, スクープする.
scóop úp [動] 他 (多くの人が)(...)を買いつくす.
scoot /skúːt/ 動 自《略式》急いで行く, 走り去る (*off*);《米》少し横に動く (*over*). — 他《略式, 主に米》(...)をさっと動かす.
scoot·er /skúːṭɚ | -tə/ 名 ❶ C スクーター (motor scooter). ❷ C (子供用の)スクーター《片足をのせて片足で地をけって走る》.
+**scope** /skóʊp/ 名 ❶ U (知識・活動などの)**範囲**; 視界, 視野: We have to broaden [widen] the ***scope of*** our research. 我々の研究の範囲を広げねばならない / That is ***beyond the scope of*** this study. それはこの研究の範囲外だ / ***within the scope of*** ... ...の能力の範囲内で / His idea is limited ***in scope***. 彼の考え方は視野が狭い. ❷ U (能力などを示す)機会 [≒opportunity]; (活動などの)余地 [≒space]: The job provided full *scope for* her abilities. その仕事で彼女は能力を十分に発揮することができた.
— 動 他《米略式》(...)をよく見る, 検討する (*out*).
-scope /skòʊp/ 接尾 [名詞語尾]「...を見る器械, ...鏡」の意: micro*scope* 顕微鏡 / tele*scope* 望遠鏡.
scorch /skɔ́ɚʧ | skɔ́ːʧ/ 動 他 ❶ (...)を焦(こ)がす, (火

に)あぶる: I *scorched* this blouse while I was ironing it. アイロンをかけていてこのブラウスを焦がしてしまった. ❷ (日光が)(肌など)を焼く; (草木)をしおれさせる[枯らす]. ― 自 ❶ 焦げる. ❷ (草木が)しおれる. ❸《英略式》(自動車などが)突っ走る. ― 名 C 焼け焦げ(の跡).

scórched-éarth pòlicy /skɔ́ɚtʃtə́ːθ- | skɔ́ːtʃtə́ːθ-/ 名 C 焦土戦術《退却に際して敵に利用されないようにすべてを焼き払う戦術》.

scorch·er /skɔ́ɚtʃɚ | skɔ́ːtʃə/ 名 C [普通は a ～]《略式》焼けつくように暑い日.

scorch·ing /skɔ́ɚtʃɪŋ | skɔ́ːtʃ-/ 形 焼き焦がすような: *scorching* heat 酷暑. ― 副 焼けつくように.

****score** /skɔ́ɚ | skɔ́ː/ 名 (～s /～z/)

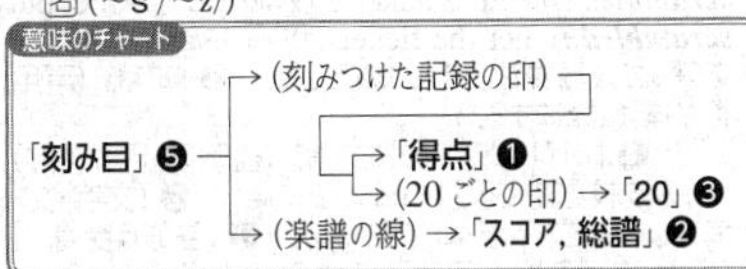

❶ C 〔スポーツ〕(総)得点; (総)得点記録, スコア; 〔教育〕点数, 成績: What's the *score* now? 今得点はどうなってるの / The final *score* was [stood (at)] 7 to 2. 最終スコアは 7 対 2 だった / win by a ***score of*** 5–0 [five (to) nothing] 5 対 0 で勝つ《⇒ zero 語法(2)》/ keep (the) *score* スコアをつける; 記録する / My test *score* in English was high [low]. 英語のテストの私の点は高[低]かった / He got ┌a *score of* eighty [a perfect *score*] on the music test. 彼は音楽のテストで 80 点[満点]を取った.

point	バスケットボール・バレーボール・ラグビーなどの得点
run	野球などの得点
goal	サッカー・ホッケーなどの得点
それぞれの得点の合計を score という.	

❷ C 〔音楽〕**スコア**, 総譜; 楽譜: a full *score* 総譜 / a piano *score* ピアノの楽譜 / a vocal *score* 声楽用楽譜 / Can you read a musical *score*? 楽譜は読めますか. ❸ (複 ～) C Ⓦ 20, 20 人[個]: four *score* and seven years ago 87 年前に《リンカン (Lincoln) 大統領の Gettysburg 演説の中のことば》. ❹ [複数形で] Ⓦ 多数: *scores of* houses 多くの住宅. ❺ C 刻み目, 切り込み線; ひっかいた線.

knów the scóre [動] 自《略式》(しばしばよくないこと)の真相[実情]を知っている.

on thát [thís] scóre [副] Ⓢ その[この]点で[は].

séttle ┌a scóre [an óld scóre] [動] 自 (積年の)恨みを晴らす (*with*).

Whàt's the scóre?《略式》いったい(事態は)どうなっているの《⇒ 1》.

― 動 (scores /～z/; scored /～d/; scor·ing /skɔ́ːrɪŋ/) 他 ❶ (試合・試験などで)(...点)を**取る**, 得点する (*up*): He ***scored*** a goal [point, run] ***for*** his team. V+O+*for*+名 彼は自分のチームに得点を入れた《⇒ 名 1 表》. ❷ (得点など)を**記録する**; 採点する, 計算する; (...に)(得点)を与える: *score* test papers 答案を採点する / The American judge *scored* the gymnast 9.75. V+O+O アメリカの審判はその体操選手に 9.75 をつけた《9.75 は nine point seven five と読む》. ❸《略式》(勝利など)を得る, (成功など)を収める: He has *scored* a great success *with* his new play. 彼は新しい劇で大成功を収めた. ❹ (...)に刻み目[印]をつける. ❺ [普通は受身で] (曲)を作る; (曲)を(管弦楽などに)編曲する (*for*).

― 自 ❶ 得点する; (競技の)得点を記録[勘定]する (*for*). ❷《略式》成功する (*with*).

scóre óff ... [動] 他 [受身なし]《英》(議論などで)...を負かす.

score·board /skɔ́ɚbɔ̀ɚd | skɔ́ːbɔ̀ːd/ 名 C スコアボード, 得点掲示板.

score·card /skɔ́ɚkɑ̀ɚd | skɔ́ːkɑ̀ːd/ 名 C (競技の)採点[得点]カード.

score·keep·er /skɔ́ɚkìːpɚ | skɔ́ːkìːpə/ 名 C (競技の)公式得点記録係.

score·less /skɔ́ɚləs | skɔ́ː-/ 形 (試合などが)無得点の.

scor·er /skɔ́ːrɚ | -rə/ 名 ❶ C 〔スポーツ〕得点者: a high *scorer* 高得点者. ❷ C (競技の)記録係.

scorn /skɔ́ɚn | skɔ́ːn/ 名 U 軽蔑(べつ), あざけり: with *scorn* 軽蔑して / I had nothing but *scorn for* him. 私は彼にただただ軽蔑の念を抱いた. **héap [póur] scórn on ...** [動] 他 ...に軽蔑のことばを浴びせる. ― 動 他 ❶ (...)を軽蔑する, あざける. ❷《格式》(...)を拒絶する, (...するの)を潔しとしない (*to* do).

scorn·ful /skɔ́ɚnf(ə)l | skɔ́ːn-/ 形 軽蔑(べつ)する; (...を)さげすむ: a *scornful* look 軽蔑した顔つき / He was *scornful of* our offer. 彼は私たちの申し出をばかにした. **-ful·ly** /-fəli/ 副 ばかにして; さげすんで.

Scor·pi·o /skɔ́ɚpiòʊ | skɔ́ː-/ 名 (～s) ❶ 固 さそり座《星座》; 天蝎(てんかつ)宮 (the Scorpion)《⇒ zodiac 挿絵》. ❷ C さそり座生まれの人.

scor·pi·on /skɔ́ɚpiən | skɔ́ː-/ 名 ❶ C さそり. ❷ [the S-] さそり座《星座》(Scorpio).

Scot /skɑ́(ː)t | skɔ́t/ 名 C スコットランド人.

scotch /skɑ́(ː)tʃ | skɔ́tʃ/ 動 他 (陰謀・うわさなど)をつぶす, くじく, 抑え込む.

Scotch /skɑ́(ː)tʃ | skɔ́tʃ/ 形《古風》スコットランド(人)の. 語法 ウイスキー (Scotch whisky) や食物・織物以外では Scottish を用いるのが普通. (名 Scótland) ― 名 U スコッチ《スコットランド産のウイスキー; ⇒ whiskey 語法》; C グラス 1 杯のスコッチ: *Scotch* and water スコッチの水割り / How about a *Scotch*? スコッチを 1 杯どう.

Scótch bróth 名 U《英》スコッチブロス《肉・野菜・大麦の濃いスープ》.

Scótch tápe 名 U《米》セロテープ, スコッチテープ《商標》[≒tape,《英》Sellotape]: a roll of *Scotch* tape セロテープ一巻[一個].

Scótch whísky 名 U,C = Scotch 名.

scot-free /skɑ́(ː)tfríː | skɔ́t-/ 形 [次の成句で] **gèt òff [awáy] scót-frée** [動] 自《略式》(受けて当然の)罰を免れる, 無事に逃れる.

***Scot·land** /skɑ́(ː)tlənd | skɔ́t-/ 名 固 **スコットランド**《Great Britain 島の北半分を占める; 首都 Edinburgh; ⇒ England 参考》. (形 Scóttish, Scotch, Scots)

Scótland Yárd 名 固 [《英》単数または複数扱い] ロ

S

ンドン警視庁(刑事部)《以前 London の Scotland Yard という通りにあったことから; 現在の公式名は New Scotland Yard》.

Scots /skɑ́(ː)ts | skɔ́ts/ 形 スコットランド(人)の; スコットランド語[方言]の [≒Scottish]: a *Scots* accent スコットランドなまり. (名 Scótland)
— 名 ❶ U スコットランド語[方言]. ❷ [the ~ として複数扱い] スコットランド人《全体; ⇒ the¹ 5》. 関連 English イングランド人 / Irish アイルランド人 / Welsh ウェールズ人.

Scots·man /skɑ́(ː)tsmən | skɔ́ts-/ 名 (-men /-mən/) C スコットランド人《男性》. 関連 Englishman イングランド人 / Irishman アイルランド人 / Welshman ウェールズ人.

Scots·wom·an /skɑ́(ː)tswòmən | skɔ́ts-/ 名 (-wom·en /-wìmən/) C スコットランド人《女性》.

Scott /skɑ́(ː)t | skɔ́t/ 名 固 スコット. ❶ 男性の名. ❷ Robert Falcon ~ (1868-1912)《英国の南極探検家》. ❸ Sir Walter ~ (1771-1832)《スコットランドの詩人・小説家》.

***Scot·tish** /skɑ́(ː)ṭɪʃ | skɔ́t-/ 形 **スコットランドの; スコットランド人の**; スコットランド語[方言]の《⇒ Scotch 形 語法》: *Scottish* music スコットランド音楽. (名 Scótland)

Scóttish térrier 名 C スコティッシュ[スコッチ]テリア《犬の一種; ⇒ dog 挿絵》.

scoun·drel /skáondrəl/ 名 C 《古風》 悪党.

scour¹ /skáoə | skáoə/ 動 (scour·ing /skáo(ə)rɪŋ/) 他 (人・物を求めて)(場所)を捜し回る, くまなく捜す: They *scoured* the woods *for* the lost child. 彼らは林の中をくまなく迷子を捜しまわった.

scour² /skáoə | skáoə/ 動 (scour·ing /skáo(ə)rɪŋ/) 他 ❶ (...)をごしごし磨く, (磨いて)光らせる; (汚れなど)をこすり取る (*out*). ❷ (流れなどが次第に)(水路・穴など)を作る, 侵食する (*out*).

scour·er /skáo(ə)rə | -rə/ 名 C 《英》 (台所用)たわし.

scourge /skə́ːʤ | skə́ːʤ/ 名 ❶ C [普通は単数形で] 《格式》 災害[不幸]の元凶《戦乱・疾病など》; 災難 (*of*). ❷ C (昔, 体罰を与えるときに使った)むち. — 動 他 ❶ [普通は受身で] 《文語》 (物事が)(...)を苦しめる, 悩ます. ❷ 《古語》 (...)をむち打つ.

scout /skáot/ 名 ❶ C 偵察兵, 斥候(せっこう); 偵察機; 見張り: send out *scouts* 偵察機[斥候]を出す. ❷ C (スポーツ・芸能界などの新人の)スカウト (talent scout). ❸ [the (Boy) Scouts] ボーイスカウト. ❹ C [しばしば S-] ボーイスカウト (Boy Scouts) の一員 (Boy Scout); ガールスカウト (Girl Scouts) の一員 (Girl Scout). — 動 自 ❶ [副詞(句)を伴って] 探し回る; (新人を)スカウトする: *scout* (*around*) *for* wood to make a fire たき火のためのまきをあちこち探す. ❷ (敵状を)偵察する (*for*). — 他 (場所など)を偵察する, 調べる (*out*); (新人)をスカウトする. 【語源 ラテン語で「聴く」の意】

scout·ing /skáoṭɪŋ/ 名 U ボーイ[ガール]スカウト活動.

scout·mas·ter /skáotmæ̀stə | -mɑ̀ːstə/ 名 C ボーイスカウトの隊長《大人》.

scowl /skáol/ 動 自 顔をしかめる, いやな顔をする; にらみつける (*at*)《⇒ frown 類義語》. — 名 C しかめっ面, 怖い顔: with a *scowl* 怖い顔をして.

scrab·ble /skrǽbl/ 動 自 [副詞(句)を伴って] かき回して捜す, 手探りする: She *scrabbled around* [*about*] under the bed *for* her ring. 彼女は指輪を捜してベッドの下をがさがさ手探りした.

Scrab·ble /skrǽbl/ 名 U スクラブル《2-4 人で行なう単語作りゲーム; 商標》.

scrag·gly /skrǽgli/ 形 (scrag·gli·er; -gli·est) 《略式, 主に米》 (毛などが)まばらな, ふぞろいの.

scrag·gy /skrǽgi/ 形 (scrag·gi·er; -gi·est) 《英》 [軽蔑的] やせこけた: a *scraggy* neck やせた首.

scram /skrǽm/ 動 (scrams; scrammed; scram·ming) 自 [普通は命令文で] 《古風, 略式》 さっさと去る, 逃げる.

+**scram·ble** /skrǽmbl/ 動 (scram·bles /~z/; scram·bled /~d/; scram·bling) 自 ❶ [副詞(句)を伴って] **よじ登る**, はって進む, はい上る[降りる]; 急いで移動する: He *scrambled up* the hillside. V+前+名 彼は山腹をはい上っていった.
❷ **奪い合う**; 先を争って...する: 言い換え People *scrambled for* the tickets. V+*for*+名 = People *scrambled to* get the tickets. V+*to* 不定詞 人々は先を争って入場券を入手しようとした. ❸ 〔軍隊〕 (軍用機が)緊急発進する.
— 他 ❶ [しばしば受身で] 〔通信〕 (盗聴防止のために)(...)の波長を変える [⇔ unscramble]. ❷ (文字・文・考えなど)をごちゃ混ぜにする (*up*). ❸ [普通は受身で] (バターなどを加えて)(卵)を炒る: I'd like my eggs *scrambled*. 私はいり卵にしてください.
— 名 ❶ [a ~] よじ登ること, はい上ること. ❷ [a ~] 争って取ること: *a* mad *scramble for* [*to* get] a favorable position 有利な場所の激しい奪い合い.

scrám·bled éggs /skrǽmbld-/ 名 (複 ~) C,U スクランブルエッグ, いり卵.

+**scrap¹** /skrǽp/ 名 (~s /~s/) ❶ C **破片**, 断片, 一片, 小片, (不用の)切れ端: Put those *scraps of* paper in the wastebasket. その紙切れをくずかごに捨てなさい / *scraps of* information 断片的な情報.
❷ [a ~ として普通は否定文で] **少量**, (ほんの)わずか: You do*n't* have even *a scrap of* evidence to support your theory. 君の理論を裏づける証拠は何もない. ❸ [複数形で] 残り物, 残飯. ❹ U スクラップ, 廃物; くず鉄; [形容詞的に] 廃物の[を扱う], くずの: I sold my old car for *scrap*. 私は古い車をスクラップとして売った / *scrap* metal くずの金属 / a *scrap* dealer くず鉄回収業者. (形 scráppy)
— 動 (scraps; scrapped; scrap·ping) 他 [しばしば受身で] ❶ (...)を廃棄する, (計画など)を廃止[中止]する. ❷ (...)をスクラップにする, 解体する.

scrap² /skrǽp/ 名 C 《略式》 (小さい)いさかい (*with*). — 動 (scraps; scrapped; scrap·ping) 自 《略式》 いさかい[けんか]をする (*with*).

scrap·book /skrǽpbòk/ 名 C スクラップブック, (新聞記事などの)切り抜き帳.

+**scrape** /skréɪp/ 動 (scrapes /~s/; scraped /~t/; scrap·ing) 他 ❶ (...)を**こすって汚れ[皮]を取る**, 磨く; (泥など付着物)を(...から)**こすり落とす**, (皮など)を削り[そぎ]取る (*off, away*): I *scraped* the gum *off* the floor. V+O+*off*+名 私は床のガムをこすり取った / I *scraped* the wall clean. V+O+C (形) 私は壁をこすってきれいにした. ❷ (...)にすり傷をつける, すりむく: *scrape* one's knee ひざをすりむく / He *scraped* the side of the car *on* [*against*] the gatepost. 彼は車の側面を門柱でこすってしまった. ❸ (荒々しくきしませて)動かす, こすれさせる; (こすって)(...)にきしみ音を立てさせる (*on, against*): He *scraped* his chair *on* the floor as he stood up. 彼はいすを引きずって[きしませて]立ち上がった. ❹ (...)を苦労して成し遂(と)げる:

scrape a living 何とか暮らしを立てる. ❺ 掘る; 掘り出す.
— 自 かする, きしみ音を出す; [副詞(句)を伴って] すれすれに通る: The bus *scraped against* the branches of a tree. バスは木の枝をこするようにして通った.

scrape の句動詞
scrápe bý [alóng] 動 自 どうにか暮らして[やって]いく: I *scrape by on* 800 dollars a month. 私は1月800ドルでなんとかやっている.
scrápe thróugh 動 自 かろうじて乗り切る; やっと合格[及第]する.
scrápe thròugh ... 動 他 ...をかろうじて乗り切る; ...にやっと合格[及第]する.
scrápe togéther [úp] 動 他 (金・人員)を苦労して(かき)集める: He *scraped together* enough money for a new car. 彼は新車を買う金を工面した.

— 名 ❶ C こすった跡; すり傷. ❷ [単数形で] こする[かする]こと; こする音, ぎーぎーいう音 (*of*). ❸ C 《古風, 略式》 (自ら招いた)窮地: get into a stupid *scrape* 愚かにも自ら窮地に陥る.
scrap·er /skréɪpɚ | -pə/ 名 C (ペンキ・氷などを削り取る)へら, スクレーパー; 靴の泥落とし.
scráp hèap 名 C (くず鉄などの)廃棄物の山. **on the scráp hèap** [副] 《略式》 (物・人が)(不当にも)お払い箱で.
scrap·ings /skréɪpɪŋz/ 名 複 削り落としたもの, 削りくず.
scráp pàper 名 U 《英》 = scratch paper.
scrap·py /skrǽpi/ 形 (scrap·pi·er; -pi·est) ❶ 《米略式》 [よい意味で] やる気満々の, 戦闘的な. ❷ 《主に英》 断片的な, ちぐはぐな; まとまりのない. (名 scrap[1])
+**scratch** /skrǽtʃ/ 動 (scratch·es /~ɪz/; scratched /~t/; scratch·ing) 他 ❶ (かゆい所など)を**かく**, こする: *scratch* oneself 体をかく / *scratch* a mosquito bite 蚊にさされた所をかく.
❷ (...)を**ひっかく**; (...)にひっかき傷をつける; ひっかいて取る, はがす, こすり取る: That cat *scratched* my hand. その猫が私の手をひっかいた / Meg ***scratched*** 「her finger [herself] ***on*** a thorn. V+O+*on*+名 メグはとげで指[体]をひっかいた / *scratch* a car 車をこする / *scratch off* paint with a fingernail つめでペンキをひっかいて取る. ❸ (名前など)をひっかいて描く[書く]; 《略式》 走り書きする: She *scratched* her name *on* the wall. 彼女は壁に名前を刻んだ. ❹ (名前など)を削る (*from, off*); 《略式》 (計画など)を取りやめる, (...)の出場を取り消す (*from*).
— 自 ❶ **ひっかく**, かく: Be careful — that cat will *scratch*. 気をつけて, その猫はひっかきますよ / The cat ***scratched at*** the wall. V+*at*+名 猫は壁をひっかいた (⇒ at 3 語法). ❷ [副詞(句)を伴って] (ペンが)引っ掛かる, がりがりいう. ❸ 《略式》 出場を取りやめる, 手を引く (*from*).
scrátch aróund [abóut] [動] 自 (...を捜して)ひっかき回す, ほじくり回す (*for*).
scrátch óut [動] 他 (語句・名前など)を削除する.
Yóu scrátch my báck, (and) Í'll scràtch yóurs. 《略式》 《ことわざ》 私の背中をかいてくれればあなたの背中をかいてあげよう(持ちつ持たれつ).
— 名 (~·es /~ɪz/) ❶ C **ひっかき傷**, かき跡, かすり傷: Meg got a *scratch* on her finger. メグは指にひっかき傷をつけた / He came back ***without a scratch***. 彼はかすり傷ひとつなく生還した / It's ***only a scratch***. ほんのかすり傷だ. ❷ [a ~] (かゆい所などを)かくこと, こすること; ひっかくこと: The dog was having *a scratch*. 犬はかゆい所をかいていた / The cat gave him *a scratch*. 猫は彼をひっかいた. ❸ C ひっかく[きしる]音.
from scrátch [副] 最初から, ゼロから: start *from scratch* ゼロから始める
ùp to scrátch [形・副] [否定文で] 《英略式》 よい状態で[に]; 標準に達して. (形 scrátchy)
— 形 ❶ 限定 (ゴルフで)ハンディキャップなしの. ❷ 限定 《英》 寄せ集めの, あり合わせの, 雑多な: a *scratch* team 寄せ集めのチーム.
scrátch càrd 名 C 《主に英》 スクラッチカード《表面をこするくじ》.
scrátch pàd 名 C 《米》 メモ用紙のつづり.
scrátch pàper 名 U 《米》 メモ用紙《しばしば片面がすでに使われた紙》 [《英》 scrap paper].
scratch·y /skrǽtʃi/ 形 (scratch·i·er; -i·est) ❶ (衣服などが)ちくちくする; (レコードが)雑音のひどい; (声が)がらがらの; (のどが)ひりひりする. ❷ (文字・絵などが)走り書きの, ぞんざいな. (名 scrátch)
scrawl /skrɔ́:l/ 動 他 (...)をぞんざいに書く, 走り書きする. — 名 C 走り書きしたもの; なぐり書き.
scraw·ny /skrɔ́:ni/ 形 (scraw·ni·er; -ni·est) [軽蔑的] (がりがりに)やせこけた.

**scream /skrí:m/ 発音

— 動 (screams /~z/; screamed /~d/; scream·ing) 自 ❶ (痛み・恐怖・興奮などで)**金切り声を上げる**, 悲鳴を上げる, わめく (⇒ shout 類義語); (子供が)ぎゃあぎゃあ泣く: He ***screamed*** 「***in*** terror [***with*** laughter]. V+*in* [*with*] +名 彼は怖くなって悲鳴を上げた[きゃーきゃー笑った] / She ***screamed*** (***out***) ***for*** help. V(+*out*) +*for*+名 彼女は悲鳴を上げて助けを求めた / She ***screamed at*** the boy ***to*** stop bullying. V+*at*+名+*to* 不定詞 彼女は少年に向かっていじめるのはやめてと叫んだ. ❷ (ふくろうなどが)鋭い声で[ぎゃーと]鳴く (⇒ cry 表 owl); (汽笛・サイレンなどが)ぴーっと[鋭く]鳴る.
— 他 (...)と[を]金切り声で言う, 絶叫する: He *screamed*, "Get out." 彼は「出て行け」と叫んだ / *scream* abuse at her 彼女に罵声をあびせる / *scream* (*out*) a warning かん高い声で気をつけろと叫ぶ / The girl *screamed* herself hoarse. その少女は声がかれるほど泣き叫んだ.
— 名 (~s /~z/) ❶ C **金切り声**, 悲鳴, 鋭い叫び (*of*); (ジェット機などの)きーという音: a shrill *scream* for help 助けを求める鋭い叫び声 / give [let out] a *scream* 金切り声を出す. ❷ [a ~] 《古風, 略式》 こっけいな人[もの, 事], お笑いぐさ.
scream·ing·ly /skrí:mɪŋli/ 副 《略式》 とても, ひどく.
scree /skrí:/ 名 U,C (山腹などの)がれ場, 石ころの多い坂.
screech /skrí:tʃ/ 動 自 ❶ 金切り声で叫ぶ (*at*); (ふくろうなどが)ぎゃーと鳴く (⇒ cry 表 owl). ❷ (ブレーキ・タイヤなどが)きーっと音を立てる. — 他 (...)と[を]金切り声で叫ぶ. **scréech to a hált [stándstill]** [動] 自 きーっと音を立てて止まる; 突然止まる[終わる].
— 名 C [普通は単数形で] 鋭い叫び声, 金切り声; きーという音.

**screen /skrí:n/

— 名 (~s /~z/)

意味のチャート
元来は「**遮蔽**(しゃへい)**物**」❹ の意.
→ (人目をさえぎるもの) → 「**仕切り**」❸
→ (害虫の侵入をさえぎるもの) → 「**網戸**」❺
→ (光を遮断して映像をうつし出す幕) → 「**画面**」❶

❶ Ⓒ (テレビ・コンピューターなどの) **画面**, 表示面; (映画・スライド映写などの) **スクリーン**: a 32-inch TV *screen* 32 インチのテレビ画面 / on *screen* 画面[スクリーン]上に (✪ この場合は無冠詞; ⇒ 2).
❷ Ⓤ [しばしば the ~] **映画(界)**: *the* big *screen* 映画 (✪ the small screen は「テレビ」の意) / a star of stage and *screen* 舞台と映画のスター / She made her debut on *the screen* at twenty. 彼女は 20 歳のときに映画界にデビューした (⇒ silver screen).
❸ Ⓒ (部屋などの) **仕切り**, ついたて, びょうぶ, 幕; (教会の) 内陣仕切り: a folding *screen* びょうぶ / a sliding *screen* ふすま, 障子 / a *screen* between the two rooms その 2 つの部屋を仕切る幕[ついたて].
❹ Ⓒ **遮蔽**(しゃへい)**物**, 目隠し (光・熱・風・視野などをさえぎる); 煙幕; (実体などを) 隠すもの: behind a ***screen of*** trees 木立ちに隠れて / His job was just a ***screen for*** his spying. 彼の仕事はスパイ活動の単なる隠れみのだった. 関連 windscreen《英》(自動車の) フロントガラス.
❺ Ⓒ (虫よけの) **網戸**: We've got to put up *screens*. 網戸を取りつけないといけない.

— 動 (screens /~z/; screened /~d/; screen·ing) 他 ❶ (病気などで) (人)を**検査する**; (...)の資格審査をする, 選抜[選考]する, ふるい分ける: Women should ***be screened for*** breast cancer. V+O+*for*+名の受身 女性は乳がんの検査を受けるべきだ / The applicants *were* carefully *screened*. 志願者たちは慎重な審査を受けた / *screen* one's (phone) calls (留守電で) かかってくる電話をえり分ける. ❷ (人目から) さえぎる: I held up my hand and *screened* my eyes *from* the sun. 私は手をかざして目から太陽をさえぎった. ❸ (...)をかくまう, 守る. ❹ [普通は受身で] (...を) 上映[放映]する.

scréen óff [動] 他 [しばしば受身で] (ついたてなどで) (...)を仕切る.

scréen óut [動] 他 (1) (...)を遮断(しゃだん)する, さえぎる. (2) (審査によって) (...)を除く, ふるい分ける.

screen·ing /skríːnɪŋ/ 名 ❶ Ⓤ,Ⓒ (病気の) 検査 (*for*); 資格審査, ふるい分け. ❷ Ⓒ 上映, 放映.

screen·play /skríːnplèɪ/ 名 Ⓒ (映画・テレビの) 脚本, シナリオ.

scréen sàver 名 Ⓒ 〔コンピュータ〕 スクリーンセイバー (スクリーンの焼けを防止するためのプログラム).

screen·shot /skríːnʃɑ̀(ː)t | -ʃɔ̀t/ 名 Ⓒ 〔コンピュータ〕 スクリーンショット (画面表示を画像ファイルとして保存したもの).

scréen tèst 名 Ⓒ (映画俳優志願者の適性をみる) スクリーンテスト, 撮影オーディション.

screen·writ·er /skríːnràɪṭɚ | -tə/ 名 Ⓒ 映画脚本作家, 脚本家, シナリオライター.

+**screw** /skrúː/ ❗発音 名 (~s /~z/) ❶ Ⓒ **ねじ**; ねじくぎ, ねじボルト: turn the *screw* to the right ねじを右へ回す / tighten a loose *screw* ゆるんだねじを締める. ❷ Ⓒ (ねじの) ひと回し, ひとねじ. ❸ Ⓒ らせん状のもの; (船の) スクリュー, (飛行機の) プロペラ.

hàve a scréw lóose [動] 自《略式》頭が少し変だ.

pút [tíghten] the scréws on ... [動] 他《略式》(人)に圧力[おどし]をかける, 無理強いする.

— 動 (screws /~z/; screwed /~d/; screw·ing) 他 ❶ [副詞(句)を伴って] (...)を**ねじで締める**, ねじくぎで取り付ける[留める] [⇔ unscrew]: I ***screwed*** the latch ***to*** the gate. V+O+*to*+名 私は門に掛けがねをねじで取り付けた. ❷ (...)をひねる, ねじる [≒twist]; (紙・布など)を丸める; 絞る: *Screw* the cap *on* the tube, please. チューブのふたをひねって閉めてください / He *screwed* the nut tight. 彼はナットをしっかり締めた. ❸《俗》(人)をだます, だまして (金などを) 取る. ❹《卑語》(...)とセックスする.

— 自 [副詞(句)を伴って] ねじって締まる[はずれる]: This lid *screws on*. このふたはひねると締まる.

screw の句動詞

scréw aróund 動 自 Ⓢ《略式》つまらないことをして時間をむだにする.

scréw ... òut of ~ 動 他《略式》(人)から (金など)を無理やり取る.

scréw úp 動 他 ❶《略式》(計画など)をめちゃめちゃにする. ❷ (目)を細める, (顔)をしかめる, ゆがめる. ❸《略式》(人)を不安[ノイローゼ]にする, 緊張[混乱]させる. ❹ (紙など)を丸める. ❺ (ねじくぎで) (...)を締めつける. ❻ (勇気など)を奮い起こす.
— 自《略式》へまをする.

screw·ball /skrúːbɔ̀ːl/ 名 ❶ Ⓒ《略式, 主に米》[ときに差別的] 変人: a *screwball* comedy 奇人変人の奇抜な言動を中心にしたコメディ映画. ❷ Ⓒ 〔野球〕 スクリューボール, シュート. 日英 「シュート」は和製英語.

screw·driv·er /skrúːdràɪvɚ | -və/ 名 ❶ Ⓒ ねじ回し, ドライバー. 日英 英語では単に driver とはいわない. ❷ Ⓤ,Ⓒ スクリュードライバー (オレンジジュースとウオッカを混ぜたカクテル).

scréwed-úp 形 ❶《略式》ノイローゼの, 気が変になった. ❷《略式》(計画などが) めちゃめちゃの.

scréw tóp 名 Ⓒ (びん・チューブなどの) ねじぶた; (びんなどのねじぶたをはめる) 上部のねじのある部分.

screw-top /skrúːtɑ́(ː)p | -tɔ́p←/ 形 限定 (びんなどが) ねじぶたの付いた.

screw·y /skrúːi/ 形 (screw·i·er; -i·est)《古風, 略式》(計画・考えなどが) 変な, 奇妙な; 気が変な.

scrib·ble /skríbl/ 動 他 (...)を走り書きする (*down*).
— 自 落書きをする. — 名 ❶ [Ⓤ または a ~] 走り書き, 悪筆. ❷ Ⓒ [普通は複数形で] (無意味な) 落書き.

scrib·bler /skríblɚ | -blə/ 名 Ⓒ [軽蔑的またはこっけいに] へぼ作家[記者].

scribe /skráɪb/ 名 Ⓒ (特に印刷術が発明される以前の) 写字生, 筆記者; [こっけいに] 記者.

scrim·mage /skrímɪʤ/ 名 ❶ Ⓒ 〔アメフト・バスケ〕 練習試合; 〔アメフト〕 スクリメージ. ❷ Ⓒ《略式》取っ組み合い, 乱闘; 小ぜり合い.

scrimp /skrímp/ 動 自 節約する, 切り詰める (*on*): *scrimp* and save 節約して金をためる.

scrip /skríp/ 名 Ⓒ《米略式》処方箋(せん) (prescription).

***script** /skrípt/ 名 (scripts /skrípts/) ❶ Ⓒ (映画・演劇・放送などの) **台本**, 脚本, スクリプト; (演説などの) 原稿: a film *script* 映画の台本 / read from a *script* 台本を読み上げる. ❷ Ⓤ,Ⓒ 表記法, 文字. ❸ [Ⓤ または a ~]《格式》手書き [≒handwriting]. 関連

typescript タイプで打った原稿. ❹ Ⓒ《英》(試験の)答案.〖語源 ラテン語で「書かれたもの」の意; ⇒ describe キズナ〗
script·ed /skríptɪd/ 形 [普通は 限定] (演説·放送などが)原稿[台本]による [⇔ unscripted].
scrip·tur·al /skrípʧ(ə)rəl/ 形 限定 聖書の, 聖書に基づく.
scrip·ture /skrípʧɚ | -ʧə/ 名 ❶ [U または S- または the (Holy) Scriptures] 聖書 [≒Bible]. 参考 新約聖書か旧約聖書, またはその両者を指す. ❷ [U または複数形で] (キリスト教以外の)聖典, 経典.
script·writ·er /skríptràɪṭɚ | -tə/ 名 Ⓒ 脚本家, シナリオ作家.
scroll /skróʊl/ 名 ❶ Ⓒ 巻物; 巻物に書かれた古文書. ❷ Ⓒ 渦巻き形の装飾, 渦巻き模様. ― 動 自〘コンピュータ〙(ディスプレイ上で)上下[左右]に移動する (*up*, *down*, *through*). ― 他〘コンピュータ〙(ディスプレイ上の画面)を上下[左右]に移動する, スクロールする.
scrooge /skrúːʤ/ 名 Ⓒ [しばしば S-]《略式》[軽蔑的] けちん坊, 欲ばり. 由来 ディケンズ (Dickens) 作の *A Christmas Carol* に出てくる欲ばりの主人公の名から.
scro·tum /skróʊṭəm/ 名 (複 scro·ta /-ṭə/, ~s) Ⓒ〘解剖〙陰囊(いんのう).
scrounge /skráʊnʤ/ 動 他《略式》(ささいなもの)をねだって[ごまかして]手に入れる, せしめる (*up*; *from*, *off*). ― 自 ❶《略式》ねだって[ごまかして]せしめる (*for*, *from*, *off*). ❷《米略式》捜し回る, あさる (*around*; *for*).
scroung·er /skráʊnʤɚ | -ʤə/ 名 Ⓒ《略式》[軽蔑的] ねだって[ごまかして]物をせしめる人.
+**scrub**[1] /skrʌ́b/ 動 (scrubs; scrubbed; scrubbing) 他 ❶ (床·壁など)を**ごしごしこすってきれいにする**, 洗う (*down*); (汚れなど)をこすり落とす: He *scrubbed* the floor clean with a brush. 彼は床をブラシでこすってきれいにした. ❷《略式》(計画など)を取りやめる, 中止する. ― 自 ごしごし洗う: *scrub at* one's face 顔をごしごし洗う.
scrúb óff [動] 他 (汚れなど)をこすり落とす[取る].
scrúb óut [動] 他 (部屋·容器など(の中))をこすってきれいにする.
scrúb úp [動] 自 (医者が手術前に)手を洗う.
― 名 ❶ [a ~] ごしごし磨く[洗う]こと. ❷ Ⓒ スクラブ《細かい粒子の入ったクレンジング剤》.
scrub[2] /skrʌ́b/ 名 U 低木林《密集した低木の林》, 雑木林, 雑木の生えた土地.
scrúb·bing brùsh /skrʌ́bɪŋ-/ 名 Ⓒ《英》= scrub brush.
scrúb brùsh 名 Ⓒ《米》洗いたわし《床そうじ用など》[《英》scrubbing brush].
scrub·by /skrʌ́bi/ 形 (scrub·bi·er; -bi·est) 雑木の繁った; (木などが)発育の悪い.
scruff /skrʌ́f/ 名 Ⓒ (人·動物の)襟首, 首筋: take [seize] ... by the *scruff* of the neck ...の襟首[首筋]をつかむ.
scruff·y /skrʌ́fi/ 形《略式》薄汚ない, みすぼらしい.
scrum /skrʌ́m/ 名 Ⓒ〘ラグビー〙スクラム.
scrum·half /skrʌ́mhæ̀f | -háːf/ 名 Ⓒ〘ラグビー〙スクラムハーフ《スクラムの中にボールを入れる選手》.
scrum·mage /skrʌ́mɪʤ/ 名 Ⓒ《格式》= scrum. ― 動 自〘ラグビー〙スクラムを組む.
scrump·tious /skrʌ́m(p)ʃəs/ 形《略式》すごくおいしい.
scrunch /skrʌ́nʧ/ 動 自 (小石·葉などが)ばりばり[がりがり]音を立てる. ― 他 ❶ (紙など)をくしゃくしゃに丸める (*up*). ❷ (身)を縮める, (目)を細める, (顔)をゆがめる (*up*).
scru·ple /skrúːpl/ 名 U,C [普通は複数形で] 良心のとがめ, ためらい: a man without [with no] *scruples* 平気で悪いことをする男 / They *have no scruples about* ly*ing*. 彼らは平気でうそをつく. ― 動 自 [to 不定詞を伴って; 普通は否定文で]《文語》気がとがめる, ためらう: He does *not scruple to* deceive others. 彼は他人を平気であざむく.
scru·pu·lous /skrúːpjʊləs/ 形 ❶ 良心的な, 実直な (*in*) [⇔ unscrupulous]. ❷ きちょうめんな, 細心な (*about*). **~·ly** 副 良心的に; きちょうめんに.
scru·ti·nize /skrúːṭənàɪz/ 動 他 (...)を詳しく見る, 細かに調べる, 吟味する, 詮索する. (名 scrútiny)
+**scru·ti·ny** /skrúːṭəni/ 名 U《格式》**精密な検査**, 吟味, 詮索(せんさく): Her behavior was subjected to close *scrutiny*. 彼女の行動は綿密に調べられた / come under *scrutiny* 検査を受ける, 詮索される. (動 scrútinìze)
scú·ba dìver /sk(j)úːbə-/ 名 Ⓒ スキューバダイバー.
scúba dìving 名 U スキューバダイビング《スキューバを用いる潜水; ⇒ skin diving》.
scud /skʌ́d/ 動 (scuds; scud·ded; scud·ding) 自 [副詞(句)を伴って]《文語》(雲などが)速く流れる.
scuff /skʌ́f/ 動 他 ❶ (靴·床など)に傷をつける, (...)をこする, すり減らす (*on*). ❷ [受身なし] (足·かかと)を引きずって歩く. ― 名 (~s) ❶ Ⓒ (すり減って)傷んだ個所. ❷ Ⓒ [普通は複数形で]《米》スリッパ《⇒ slipper 日英》.
scuf·fle /skʌ́fl/ 動 自 小ぜり合いをする (*with*). ― 名 Ⓒ 小ぜり合い (*with*).
scull /skʌ́l/ 名 ❶ Ⓒ スカル(舟)《2 本のオールを使ってこぐ競漕用の軽いボート》. ❷ Ⓒ [普通は複数形で] スカル《両手に 1 本ずつ持ってこぐオール》. ― 動 自 スカルでボートをこぐ.
scul·ler·y /skʌ́l(ə)ri/ 名 (-ler·ies) Ⓒ (大邸宅の昔の)食器洗い場.
sculpt /skʌ́lpt/ 動 他 ❶ (...)の像を彫る, 彫刻をする. ❷ (...)を形作る, (...)の形を整える. ― 自 彫刻をする.
sculp·tor /skʌ́lptɚ | -tə/ 名 Ⓒ 彫刻家.
sculp·tur·al /skʌ́lpʧ(ə)rəl/ 形 限定 彫刻の, 彫刻的な. (名 scúlpture)
+**sculp·ture** /skʌ́lpʧɚ | -ʧə/ 名 (~s /~z/) ❶ C,U **彫刻(作)品**: *sculptures* by Rodin ロダンの彫刻 / He made a beautiful ***sculpture of*** a goddess. 彼は女神の美しい彫刻を作った. 関連 statue 彫像.
❷ U **彫刻**, 彫刻術: modern *sculpture* 現代彫刻. (形 scúlptural)
sculp·tured /skʌ́lpʧɚd | -ʧəd/ 形 ❶ 限定 彫刻(を施)された. ❷ 限定 [よい意味で] (容姿などが)彫刻のように美しい; 彫りの深い.
scum /skʌ́m/ 名 ❶ [U または a ~] 浮きかす, 泡, (温めた牛乳などの表面に張る)薄い膜; あく《肉や野菜を煮るときに出る》. ❷ [複数扱い]《卑語》人間のくず(ども), 最低のやつ《呼び掛けにも用いる》.
scum·bag /skʌ́mbæ̀g/ 名 Ⓒ《卑語》人間のくず.
scup·per /skʌ́pɚ | -pə/ 動 (-per·ing /-p(ə)rɪŋ/) 他《英》(計画など)をだめにする, 台なしにする.
scur·ril·ous /skɚ́ːrələs | skʌ́r-/ 形《格式》口の悪い, 中傷的な; 下品な.
scur·ry /skɚ́ːri | skʌ́ri/ 動 (scur·ries; scur·ried;

-ry·ing) 自 [副詞(句)を伴って] あわてて走る, ちょこちょこ走る (*across, around, away, off*).

scut·tle[1] /skʌ́ṭl/ 名 C 石炭入れ (coal scuttle).

scut·tle[2] /skʌ́ṭl/ 動 自 [副詞(句)を伴って] あわてて走る; ほうほうの体(てい)で逃げる (*off, away, past*).

scut·tle[3] /skʌ́ṭl/ 動 他 ❶ (計画・提案など)を(故意に)台なしにする. ❷ 穴をあけて((自分の)船)を沈める.

scut·tle·butt /skʌ́ṭlbʌ̀t/ 名 U 《米略式》うわさ.

scythe /sáɪð/ 名 C 大がま, (長柄の)草刈りがま(⇒ death 参考)). 関連 sickle 小がま.

SD 〔米郵便〕 = South Dakota.

S.D., S. Dak. 略 = South Dakota.

+**SE** 略 ❶ **南東** (southeast). ❷ = southeastern.

***sea** /síː/ (同音 see)

— 名 (~s /~z/) ❶ U,C [しばしば the ~, 《文語》 the seas] **海, 海洋** [⇔ land, earth]: swim in *the sea* 海で泳ぐ / live by *the sea* 海辺に住む / sail on *the sea* 海上を帆走する / go to *the sea* 海岸へ行く(⇒ go to sea (成句)) / *the Sea* of Japan 日本海 / Japan is surrounded by (*the*) *sea*. 日本は海に囲まれている. 語法 《米》では sea の代わりにしばしば ocean を用いる. 関連 high seas 公海.

❷ [形容詞的に] **海の**, 海洋の, 海上の; 海に近い: a *sea* route 海路 / *sea* air (健康によい)海辺の空気. ❸ C [しばしば S- で固有名詞の後につけて] 内海; 大きい湖(塩水または淡水のもの)): the Inland *Sea* 瀬戸内海 / the Caspian *Sea* カスピ海. ❹ C [しばしば複数形で] (ある状態の)海; 波, 波浪: a calm *sea* 穏やかな海 / heavy [rough] *seas* 荒海. ❺ C [普通は S- として名称に用いる] 〔天文〕 海(月面の暗黒部をなす平原)).

a [the] séa of ... [形] 多数[多量]の..., 一面の...: *a sea of* flame 火の海 / *a sea of* troubles 多くの悩み.

at séa [副] **航海中で[に]**, (陸地の見えない)海上で, 海(の中)で: He spent many years *at sea*. 彼は長年海で過ごした / be lost *at sea* 海で死ぬ. — [形] (1) 航海中で[の], 海上での: life *at sea* 海上[船乗り]の生活. (2) 途方に暮れて (*about, with*): I was (all [completely]) *at sea* when I was asked to explain the situation. 事情を説明してくれと言われたときは本当に困った.

by séa [副] **船で, 海路で**; 船便で: Do you like traveling *by sea*? 船旅はお好きですか.

gó to séa [動] 自 船乗りになる(⇒ 1)).

pùt (óut) to séa [動] 自 出帆する.

séa anèmone 名 C いそぎんちゃく.

sea·bed /síːbèd/ 名 [the ~] 海底.

sea·bird /síːbɚ̀ːd | -bə̀ːd/ 名 C 海鳥(かもめ・あほうどりなど)).

sea·board /síːbɔ̀ɚd | -bɔ̀ːd/ 名 C 沿岸, 海岸地帯: the Eastern *Seaboard* 合衆国東部海岸.

sea·borne /síːbɔ̀ɚn | -bɔ̀ːn/ 形 限定 海上運送の.

séa brèeze 名 C 海風(海から陸に吹く微風)).

séa chànge 名 [a ~] (態度などの)大変化 (*in*).

sea·far·er /síːfè(ə)rɚ | -rə/ 名 C 《古風》 船乗り.

sea·far·ing /síːfè(ə)rɪŋ/ 形 限定 航海の; 船乗りの. — 名 U 航海; 船乗り業.

sea·floor /síːflɔ̀ɚ | -flɔ̀ː/ 名 [the ~] 海底.

+**sea·food** /síːfùːd/ 名 U **シーフード**, 海産物.

sea·front /síːfrʌ̀nt/ 名 [the ~] 海岸通り.

sea·go·ing /síːgòʊɪŋ/ 形 限定 (船が)遠洋航海用の.

séa·gùll /síːgʌ̀l/ 名 C かもめ [≒gull]. ✪ 鳴き声については ⇒ cry 表.

séa hòrse 名 C たつのおとしご(魚)).

*__seal__[1] /síːl/ 動 (seals /~z/; sealed /~d/; seal·ing) 他 ❶ (穴・窓など)を**ふさぐ**, 密封する; (地域など)を封鎖する: The gap under the door should ***be sealed with*** tape. V+O+*with*+名の受身 ドアの下のすき間はテープでふさぎなさい.

❷ (手紙など)に**封をする**, (...)を封印する: *seal* the envelope 封筒に封をする.

❸ (証文・条約)に**捺印(なついん)[調印]する**: *seal* the treaty 条約に調印する. 関連 sign 署名する. ❹ (友情・契約など)を確実にする; 保証する: *seal* an agreement by shaking hands 握手をして合意を確認する. ❺ (運命など)を定める, 決定する.

My líps are séaled. Ⓢ 絶対にしゃべらないよ.

séal ín [動] 他 (香りなど)を封じ込める.

séal óff [動] 他 (地域など)を封鎖する.

séal úp [動] 他 (穴・窓など)をふさぐ, 密封する; (手紙・包みなど)を封印する.

— 名 (~s /~z/) ❶ C **印章**; 判, 証印(ろうまたは鉛などの上に押す)); 印鑑: an official *seal* 公印 / Please put the *seal* here. ここに押印してください.

> **日英** 日本では押印するが, 欧米では署名ですませるので一般の人は印鑑を持たない. 公文書などには印鑑を使うことがあるが, 溶かしたろうの上などから押す. 認め印 (signet) や認め印つき指輪 (signet ring) の用法も同じ(⇒ stamp 名 2)).

❷ C (封書などの)**シール**, 封印紙; (封筒の)封(をした部分): He broke the *seal* of the letter. 彼は手紙の封を切った / a Christmas [Red Cross] *seal* クリスマス[赤十字]のシール(慈善団体などが寄付者に発行する)). ❸ C (気体や液体の)**密封材**; 密封, 密閉: a rubber *seal* on the bottle びんのゴムを用いた密封材. ❹ [単数形で] (友情などの)印(しるし), 保証.

séal of appróval [名] [単数形で] 正式な認可.

sét [pút] the séal on ... [動] 他 《英》 ...を確実なものにする, 決定する.

ùnder séal [副] 《格式》 封印されて.

*__seal__[2] /síːl/ 名 (複 ~(s)) C **あざらし**; おっとせい (fur seal).

séa làne 名 C (主要)航路, 海上輸送[交通]路, 航路帯, シーレーン.

seal·ant /síːlənt/ 名 U,C 密封材, 防水剤.

sealed /síːld/ 形 封をした; 密封の: a *sealed* envelope 封印された封筒.

séa lègs 名 複 船内をしっかりと歩ける足どり; 船に酔わないこと: find [get] one's *sea legs* 船に酔わなくなる.

seal·er /síːlɚ | -lə/ 名 U,C = sealant.

séa lèvel 名 U 海面, 平均海面: This mountain is three thousand feet *above sea level*. この山は海抜 3 千フィートだ.

séaling wàx 名 U 封蝋(ふうろう).

séa lìon 名 C あしか, とど.

seal·skin /síːlskìn/ 名 U あざらし[おっとせい]の毛皮.

seam /síːm/ 名 ❶ C 縫い目, 継ぎ目, 合わせ目, とじ目. ❷ C (地層間の)薄層, 鉱脈. **be búrsting [búlging] at the séams** [動] 自 《略式》 (場所が)満員である. **cóme [fáll] apárt at the séams** [動] 自 (1) (衣服が)縫い目がほころびる. (2) [進行形で] 《略式》 (物事・人が)すっかりだめになる.

sea·man /síːmən/ 名 (-men /-mən/) ❶ C 船員, 船

S

乗り, 水夫, 海員. ❷ Ⓒ〔海軍〕水兵.

séa mìle 名 Ⓒ 海里 [≒nautical mile].

seam·less /síːmləs/ 形 切れ目のない, 円滑な; 縫い目[継ぎ目]のない: *seamless* stockings シームレスのストッキング.

seam·stress /síːmstrəs | sém-/ 名 Ⓒ《古風》お針子, 裁縫師《女性》.

seam·y /síːmi/ 形 (seam·i·er; -i·est) [普通は 限定] 不快な, 見苦しい, 裏面の: the *seamy* side of life 人生の裏面[暗黒面].

Sean /ʃɔ́ːn/ 名 固 ショーン《男性の名》.

sé·ance /séɪɑːns/ 名 Ⓒ 降霊術の会.

sea·plane /síːplèɪn/ 名 Ⓒ 水上飛行機.

sea·port /síːpɔ̀ət | -pɔ̀ːt/ 名 Ⓒ 海港; 港市, 港町 [≒port]. 関連 airport 空港.

séa pòwer 名 Ⓤ 海軍力; Ⓒ 海軍国.

sear /síə | síə/ 動 (sear·ing /sí(ə)rɪŋ/) 他 ❶ (...)の表面を焦がす; (肉汁を閉じこめるために)強火で(...)を一気に焼く《⇒ searing》. ❷ (人など)に強い影響を与える, (イメージなど)を深く刻む. — 自 [副詞(句)を伴って] 焼ける, 焦げる; (痛みなどが)焼けつくように感じる.

search /sə́ːtʃ | sə́ːtʃ/

— 名 (~·es /~ɪz/) ❶ Ⓒ [普通は単数形で] **搜索**, 追求; 調査: the *search for* truth 真実の追求 / carry out a *search of* the building そのビルを捜索する / call off a *search* 捜索を打ち切る. ❷ Ⓒ〔コンピュータ〕検索: do [conduct] an online *search* オンライン検索する / do [run] a *search* on the Internet インターネットで検索する.

in séarch of ... [前] **...を捜して**, ...を求めて: Many people come to Tokyo *in search of* employment. 職を求めて上京する人が多い.

— 動 (search·es /~ɪz/; searched /~t/; search·ing) 自 **捜す**, 求める: We are *searching for* the lost boat. V+*for*+名 私たちは行方不明のボートを捜している 多用. 語法 look for のほうが《略式》で普通 // The police *searched through* the documents. V+前+名 警察は書類の山の中をくまなく探した.

— 他 ❶ (場所(の中))を**捜す**, **捜査する**; (人)を身体検査する: The police *searched* the house *for* concealed weapons. V+O+*for*+名 警察はその家を捜索して隠した武器を探した / I *was searched* before I boarded the plane. V+O の受身 私は飛行機に乗る前に身体検査を受けた.

...を捜す

行方不明の犬を捜す

○search for the lost dog

×search the lost dog

✪ 動詞の目的語は捜す場所で, 捜し求める人・物は直接目的語とはならない.

❷〔コンピュータ〕(ウェブサイトなど)を検索する: *search* the Web *for* cheap plane tickets 格安航空券を求めてウェブ検索をする.

Séarch mé! Ⓢ《略式》(私が)知るものか.

séarch óut [動] 他 (物事・人)を捜し出す.

séarch èngine 名 Ⓒ〔コンピュータ〕検索エンジン.

search·ing /sə́ːtʃɪŋ | sə́ːtʃ-/ 形 [普通は 限定] 探るような; くまなく捜し回る, 徹底的な: a *searching* look 鋭い目つき. **~·ly** 副 探るように; 徹底的に.

search·light /sə́ːtʃlàɪt | sə́ːtʃ-/ 名 Ⓒ 探照灯, サーチライト, 探海灯.

séarch pàrty 名 Ⓒ 捜索隊.

séarch wàrrant 名 Ⓒ 家宅捜索令状.

sear·ing /sí(ə)rɪŋ/ 形 ❶ 限定 焼けつくような, 灼熱[酷暑]の. ❷ 限定 (痛みが)激しい. ❸ 限定 (批評などが)辛らつな.

sea·scape /síːskèɪp/ 名 Ⓒ 海の風景画[写真]; 海の景色.

sea·shell /síːʃèl/ 名 Ⓒ (海水産の)貝.

sea·shore /síːʃɔ̀ə | -ʃɔ̀ː/ 名 [the ~] 海岸, 海辺 (shore).

sea·sick /síːsìk/ 形 [普通は 叙述] 船に酔った, 船酔いの: get [feel] *seasick* 船酔いする. **~·ness** 名 Ⓤ 船酔い.

sea·side /síːsàɪd/ 名 ❶ [the ~]《主に英》海辺; (保養[行楽]地としての)海岸地帯[町]《⇒ shore[1] 類義語》: I spent two weeks at [by] *the seaside*. 海辺の保養地で 2 週間過ごした. ❷ [形容詞的に] 海岸の, 海辺の: a *seaside* hotel 海辺のホテル.

sea·son /síːz(ə)n/

意味のチャート
ラテン語で「種まき(の季節)」の意 →「**季節**」名 ❶ →「**時期**」名 ❷ → (食べ物の食べごろ) → (美味にする) →「(...)**に味をつける**」動 ❶ となった.

— 名 (~s /~z/) ❶ Ⓒ **季節**《⇒ month 表》: Spring, summer, fall [autumn] and winter are the four *seasons* of the year. 春, 夏, 秋, 冬が 1 年の四季である / Most vegetables are cheap late *in* the *season*. 季節の終わり目はたいていの野菜が安い. 語法「春[夏, 秋, 冬]に」を表わす場合には前置詞は in を用いる《⇒ in[1] 前 3》.

❷ Ⓒ [普通は単数形で] (ある特定の)**時期**, **シーズン**, 活動[流行]期, 盛り; 好機 (*for*): the Christmas *season* クリスマスシーズン / the baseball *season* 野球のシーズン / the rainy [dry] *season* 雨[乾]季 / the holiday *season* 休暇期《《米》では感謝祭からクリスマスを経て新年まで》 // ⇒ high season. 関連 off-season シーズンオフ(の).

in séason [形・副] (1) (果物・野菜などが)**旬**(しゅん)**で**[**に**], 出盛りで[に]: Oysters are now *in season*. かきが今食べごろだ. (2) (行楽などの)シーズン中の[に]. (3) (雌の動物が)盛りがついた[て]. (4) 猟期の[で], 解禁の[で].

òut of séason [形・副] (1) (果物・野菜などが)季節はずれで[に]. (2) (人々が休暇をあまりとらない)シーズンオフに(は). (3) 禁猟期の[で].

Séason's Gréetings! Ⓦ 時候のごあいさつを申し上げます《クリスマスカードなどのあいさつのことば》. (形 séasonal)

— 動 (sea·sons /~z/; sea·soned /~d/; -son·ing /-z(ə)nɪŋ/) 他 ❶ (...)に**味をつける**, 風味を添える: She usually *seasons* lamb *with* rosemary. V+O+*with*+名 彼女はふだん子羊の肉にローズマリーで風味づけする. ❷ [普通は受身で] (材木)を(使えるように)乾燥させる.

sea·son·a·ble /síːz(ə)nəbl/ 形《格式》季節にふさわしい, 季節に合った; 順調な [⇔ unseasonable]: *seasonable* weather その季節らしい天候.

+**sea·son·al** /síːz(ə)nəl/ 形 [普通は 限定] **季節の**, 季節的な; 周期的な: *seasonal* changes in the weather 天候の季節的な変化 / *seasonal* workers 季節労働者. (名 séason)

sea·son·al·ly /síːz(ə)nəli/ 副 季節的に, (ある)季節に合わせて: *seasonally* adjusted unemployment figures 季節による変動を除いた失業者数.

sea·soned /síːz(ə)nd/ 形 ❶ 限定 ベテランの, 熟達した, 経験豊富な: a *seasoned* traveler 旅慣れた人. ❷ 味つけした: highly [lightly] *seasoned* 味つけの濃い[薄い]. ❸ (材木が)乾燥した.

sea·son·ing /síːz(ə)nɪŋ/ 名 U,C 調味料, 風味を添えるもの, 薬味《salt, pepper, spice, herb など》.

séason tìcket 名 ❶ C (演奏会·スポーツなどの)定期入場券《期間中いつでも入場できる》. ❷ C《英》定期乗車券.

***seat** /síːt/

— 名 (seats /síːts/) ❶ C **座席**, 席, シート《⇒ chair 表》: ***seats for*** six people 6 人分の座席 / ***have*** [***take***] a ***seat*** 座る, 着席する / ***reserve*** [***book***] a ***seat*** online 座席をオンライン予約する / reserved *seats* 予約席 / I got into the front [back] *seat* of her car. 私は彼女の車の前[後ろ]の席に乗り込んだ / Which would you prefer, a window *seat* or an aisle *seat*? 窓側の席と通路側の席のどちらがよろしいですか / 💬 "Is this *seat* taken?" "No, go right ahead." 「この席はふさがっていますか」「いいえ, どうぞ」/ Excuse me, but I think you're in the wrong *seat*. 失礼ですがお席が違っているようです / Please put your *seat* in the upright position. 座席を起こしてください《飛行機離着陸時の客室乗務員のことば》.

❷ C **議席**, 議員[委員など]の地位: a ***seat on*** the council 審議会委員の座 / a ***seat in*** Parliament 議席 / The Democratic Party won [lost] seven *seats*. 民主党は 7 議席を得た[失った] / keep one's *seat* (議員が)議席を維持する.

❸ C [普通は単数形で] (いすの)**座**, 腰掛ける部分; (ズボンなどの)しり; 《格式》(身体の)尻, 臀部(でんぶ): the *seat of* the chair いすの座面 / the *seat of* one's pants [trousers] ズボンのしり(の部分). ❹ C [普通は単数形で]《格式》(...の)所在[中心]地: the *seat of* government 政府の所在地, 首都 / Oxford and Cambridge are *seats of* learning. オックスフォードとケンブリッジは学問の中心地だ.

by the séat of one's **pánts** [副] 自分の判断を頼りに, 勘で.

— 動 (seats /síːts/; seat·ed /-tɪd/; seat·ing /-tɪŋ/) 他 ❶ [しばしば受身でまたは ~ oneself として]《格式》(人)を席に着かせる, 着席させる: The host *seated* his guests *around* the table. 主人は客を食卓に着かせた / He *seated himself* ⌈*at* his desk [*on* the bench]. 彼は机に向かって[ベンチに]座った. ❷ [進行形なし] (...)の座席を持つ; (...)に席を設ける: That theater *seats* two thousand people. あの劇場は 2 千人収容できる[座席数 2 千である].

〖語源 sit と同語源〗

séat bèlt 名 C (飛行機·自動車などの座席の)シートベルト, 安全ベルト [≒safety belt]: Please fasten your *seat belts*. 座席のベルトをお締めください.

seat·ed /síːṭɪd/ 形 叙述《格式》着席した: He was *seated* at the table. 彼はテーブルについていた / Please *be seated*. Ⓢ ご着席ください / Please remain [stay] *seated*. Ⓢ 席をお立ちになりませんように.

-seat·er /síːṭə | -tə/ 名 C, 形 [合成語で] ...人乗りの(車), ...人掛けの(いす).

seat·ing /síːṭɪŋ/ 名 U 座席数 (*for*); 座席(の設備); 座席の配列: a *seating* capacity of 500 座席数 500 / a *seating* plan = *seating* arrangements (晩餐(ばんさん)会などでの)座席表.

Se·at·tle /siǽṭl/ 名 固 シアトル《米国 Washington 州西部の港市》.

séa ùrchin 名 C うに.

sea·wall /síːwɔ̀ːl/ 名 C (海岸の)護岸堤防.

sea·ward /síːwəd | -wəd/ 形 限定 海の方への [⇔ landward]. — 副 海[沖]の方へ.

sea·wards /síːwədz | -wədz/ 副 = seaward.

sea·wa·ter /síːwɔ̀ːṭə | -tə/ 名 U 海水.

sea·weed /síːwìːd/ 名 U 海草《こんぶ·わかめ·のりなど; 欧米では一般に食用とはしない》.

sea·wor·thy /síːwə̀ːði | -wə̀ː-/ 形 (船が)航海に適する, 航海に耐える.

se·ba·ceous /sɪbéɪʃəs/ 形 限定〔生理〕脂肪を分泌する: a *sebaceous* gland 皮脂腺.

Se·bas·tian /səbǽstʃən | -bǽstiən/ 名 固 セバスチャン《男性の名》.

+**sec**[1] 略 **秒** (second(s)).

sec[2] /sék/ 名 [a ~] Ⓢ《略式》ちょっとの間 (second): I'll be with you in *a sec*. すぐに戻りますから / Just *a sec*. = Hold [Hang] on *a sec*. ちょっと待って.

SEC /éssìːsíː/ 略 = Securities and Exchange Commission《米》証券取引委員会.

sec. 略 = secretary, section(s).

se·cede /sɪsíːd/ 動 自《格式》(同盟·政党·教会から)脱退する, 分離独立する (*from*).

se·ces·sion /sɪséʃən/ 名 ❶ [U または a ~]《格式》分離独立, 脱退 (*from*). ❷ U [しばしば S-]〔米国史〕南部 11 州の離脱《南北戦争の原因となった; ⇒ civil war 2》.

se·clude /sɪklúːd/ 動 他《格式》(...)を(~から)引き離す, 隔離する; 隠退させる (*from*).

se·clud·ed /sɪklúːdɪd/ 形 [普通は 限定] (場所が)人目につかない, 静かな; (生活などが)引きこもった.

se·clu·sion /sɪklúːʒən/ 名 U (世間から)隔離された状態[場所], 隠退, 閑居; 隔離すること (*of*): live *in seclusion* 世間から離れて生活する.

***sec·ond**[1] /sékənd/

— 形 ❶ [普通は the ~; ⇒ the[1] 1 (4)] **2 番目の**, **第 2 の**, 2 位の《2nd とも書く; ⇒ number 表, two》: *the second* lesson 第 2 課 / *the second* floor《米》2 階, 《英》3 階《⇒ floor 語法》/ *the* two hundred and *second* person 202 番目の人 / their *second* child 彼らの第 2 子 / for the *second* time 2 度目に, 再び / the ***second to*** (***the***) ***last*** paragraph 最後から 2 番目の段落 / ***every second*** year 2 年に 1 度.

❷ 限定 [普通は a ~] **もう一つの**, また別の, そのほかの [≒another]: *a second* chance 別の機会 / *a second* helping (食事の)お代わり / *a second* home 別宅 / *a second* pair of socks 靴下の替え. ❸ 次の, (...に)次ぐ (*to*); 限定〔音楽〕第二の; (車のギアが)セカンドの: Ken thinks his hobby is *second only to* his family. 趣味は家族に次いで大切だとケンは思っている / *second* violin 第二バイオリン.

be sécond to nóne [動] 自 何物[だれ]にも劣らない.

in the sécond plàce [副] つなぎ語 第二に, 次に《理由を挙げるときなどに用いる表現》: In the first place John is brighter, and *in the second place* he needs the money more. まず第一にジョンのほうが成

績がよい, そして第二にジョンのほうがその金を必要としている.

— 名 (sec·onds /-kəndz/) ❶ [単数形で; 普通は the ~] **第 2 の人[もの]**, 2 番目の人[もの], 2 位の人[もの], 第 2 号 (⇒ former[1] 語法 (1)): *the second* of three children 3 人の子供の 2 番目 / Elizabeth *the Second* = Elizabeth *II* エリザベス二世 / He was *the second to* ask me that question. [+to 不定詞] 彼は私にその質問をした 2 人目の人だった.
❷ [単数形で; 普通は the ~] (月の) **2 日**(ふつか) (2nd とも書く): The meeting began「on *the second* of April [on April 2]. 会議は 4 月 2 日から始まった (April 2 は April (*the*) *second* と読む; ⇒ date[1] 名 1 語法). ❸ [複数形で] 《略式》 (食事の)お代わり, 追加. ❹ [複数形で] (製品・商品などの)二級品, (安値の) 傷物. ❺ U (自動車のギアの)セカンド, 2 速: change [shift] into *second* 2 速に変速する. ❻ C 〔ボクシング〕セコンド; 補助者, (決闘の)介添え人. ❼ U 〔野球〕二塁 (second base). ❽ C 《英》第 2 級 (の優等学位) (大学卒業の優等 (honours) 試験で中位の成績).

— 副 ❶ 2 番目に, 2 位で: He「came (in) [finished] *second*. 彼は 2 着でゴールインした. ❷ つなぎ語 第二に, 次に (理由などを挙げるときに用いる) [≒secondly]. ❸ [最上級につけて] 2 番目に...: Los Angeles is *the second* larg*est* city in the US. ロサンゼルスは米国で 2 番目に大きな都市だ. C+1「~に次いで 2 番目に...」というときは after, behind を, それに続く 3 番目を示す場合は followed by などを用いる: Texas is America's *second* larg*est* state *after* Alaska, and is *followed by* California. テキサスはアラスカに次いでアメリカで 2 番目に大きい州で, カリフォルニアがそれに続く.

— 動 他 (動議など)を支持する, (...)に賛成する [≒support]: He *seconded* the proposal. 彼はその提案に賛成した / I'll *second* that. Ⓢ それに賛成だ.
〖語源 原義はラテン語で「次に続く」; sequence と同語源〗

****sec·ond**[2] /sékənd/

— 名 (sec·onds /-kəndz/) ❶ C **秒** (1 分の1/60; 略 s, sec, 複数形は 略 secs.; 数字の後に ″ をつけて表わす): There are sixty *seconds* in a minute. 1 分は 60 秒だ / His time is 1 minute and 3 *seconds*. 彼のタイムは 1 分 3 秒だ. ❷ C Ⓢ ちょっとの間 [≒moment] [《略式》 sec]: for a *second* ちょっとの間 / Wait a *second*. = Just a *second*. ちょっと待ってくれ / I'll join you *in* a *second* [*matter of seconds*]. 今すぐごいっしょします / *within seconds* すぐに // ⇒ split second. ❸ C 秒 (角度などの単位; 1 分の1/60; 数字の後に ″ をつけて表わす). 関連 degree 度 / minute 分.
〖語源 原義はラテン語で「第 2 の1/60」; 1 時間を「2 度」60 に分けたのが「秒」だから〗

se·cond[3] /sɪkɑ́(ː)nd | -kɔ́nd/ 動 他 [普通は受身で] 《英》 (人)を一時的に(他の職場に)配置換えする (*to*).

sec·ond·ar·i·ly /sèkəndérəli | sékəndərəli, -drə-/ 副 第 2 番[位]に; 従属[副次]的に.

sec·ond·ar·y** /sékəndèri | -dəri, -dri/ 形 ❶ **二次的な**, 派生的な, 副の, 従の: a *secondary* product 副産物 / Skill is of *secondary* importance. 技術は重要性では二次的なことである / My career is ***secondary to my family. [+to+名] 仕事は家族の次だ. 関連 primary 主要な.
❷ **第二(番)の**, 第 2 位[次]の, 次席の (*to*): a *secondary* stage in development 発展の第二段階. 関連 primary 第一(番)の / tertiary 第三(番)の.
❸ 限定 (教育が)**中級の**, 中等の: *secondary* education 中等教育. 関連 primary 初級の.

sécondary áccent 名 U,C 〔音声〕第二アクセント (⇒ つづり字と発音解説 86).

+sécondary schòol 名 (~s /~z/) C,U **中等学校** (米国の高等学校 (high school) や英国の公立中等学校など):「a lower [an upper] *secondary school* (日本の)中学校[高等学校]. 関連 elementary [《英》 primary] school 小学校.

sécondary stréss 名 U,C 〔音声〕第二アクセント (secondary accent).

sécond báse 名 U 〔野球〕二塁 (⇒ base[1] 4 語法, infield).

sécond báseman 名 C 〔野球〕二塁手 (⇒ infielder).

sécond bést 名 U 2 番目によい物, 次善の物: settle for *second best* 次善でよしとする.

sec·ond-best /sékən(d)bést←/ 形 限定 2 番目によい, 次善の: her *second-best* dress 彼女の 2 番目によい服. **còme óff sécond-bést** [動] 自 《主に英》 (試合などで)第 2 位に終わる; 負ける.

sécond chíldhood 名 U [所有格の後で] (老化による)ぼけ: He is *in his second childhood*. 彼は認知症である.

sécond cláss 名 ❶ U (乗り物などの)2 等, 普通席. 関連 first class 1 等(席). ❷ U 第 2 種郵便物 (《米》では新聞・雑誌などの定期刊行物; 《英》では普通の郵便扱い; ⇒ first class).

sec·ond-class /sékən(d)klǽs | -klɑ́ːs←/ 形 ❶ 限定 二流の: stay at a *second-class* hotel 二流のホテルに泊まる. 関連 first-class 一流の / third-class 三流の. ❷ 限定 (乗り物などの)2 等の, 普通席の; (郵便などの) 第 2 種[類]の: *second-class* mail 第 2 種郵便. — 副 2 等で; (郵便が)第 2 種で.

sec·ond-de·gree /sékən(d)dɪgríː←/ 形 ❶ 限定 〔米法律〕 (犯罪が)第 2 級の (情状酌量の余地がある): *second-degree* murder 第 2 級謀殺. ❷ 限定 〔医学〕 (やけどなどが)第 2 度の (3 段階中の中程度のもの): a *second-degree* burn 第 2 度熱傷.

sec·ond·er /sékəndə | -də/ 名 C 《格式》 (動議などの)支持者.

sec·ond-guess /sékən(d)gés/ 動 他 ❶ 《米》 (済んだ事)に後知恵を働かせる (後になってああすればよかった, こうすればよかったと言う); (...)に結果論を振り回す. ❷ (...)を予言[予測]する; (人)の先を読む.

+sec·ond·hand /sékəndhǽnd←/ 形 ❶ **中古の**, 一度使った [≒used] [⇔ new]: a *secondhand* book 古本 / a *secondhand* car 中古車. ❷ 限定 中古品を扱う: a *secondhand* shop [store] 中古品店, リサイクルショップ. ❸ 間接の, 受け売りの: a *secondhand* report また聞きの報告. 関連 firsthand 直接得た.
— 副 ❶ 中古で: He bought the dictionary *secondhand*. 彼はその辞書を古本で買った. ❷ また聞きで, 間接に.

sécond hànd[1] 名 C (時計の) 秒針. 関連 hour hand 時針 / minute hand 分針.

sécond hánd[2] 名 ⇒ at second hand (hand 名 成句).

sécondhand smóke 名 U 副流煙 (非喫煙者が

吸い込む他人のタバコの煙》.

sécond lánguage 名 C [普通は単数形で] 第二言語《母語 (mother tongue) に次いで習得する言語》.

sécond lieuténant 名 C《米》空軍[海兵隊]少尉;《英》陸軍少尉.

+**sec·ond·ly** /sékəndli/ 副 つなぎ語 **第二に**, 次に《理由などを挙げるときに用いる; ⇒ firstly 語法》.

sécond náture 名 U 第二の天性《習慣や癖》: Habit is *second nature*.《ことわざ》習慣は第二の天性である(習い性となる). **be sécond náture to ...** [動] 他 (人)にとってはごく普通のことである.

sécond opínion 名 C セカンドオピニオン《別の医師による診断》.

sécond pérson 名 [the ~]〔文法〕第二人称《⇒ 巻末文法 3 (1)》.

sec·ond-rate /sékən(d)réɪt←/ 形 [普通は 限定] 二流[級]の, 劣った. 関連 first-rate 一流の / third-rate 三流の.

sécond síght 名 U 透視力, 千里眼.

séc·ond-stríng /sékən(d)stríŋ←/ 形 限定《主に米》〔スポーツ〕二線級の, 二軍の, 控えの. 関連 first-string 一線級の.

sécond thóught 名 C,U 再考. **hàve sécond thóughts** [動] 自 決心がつかない, 二の足を踏む (*about*). **nót gìve ... a sécond thóught** [動] 他 ...を全く気にしない[顧みない]. **on sécond thóught** [《英》 **thóughts**] [副] Ⓢ 考え直して(みると), 再考[反省]の上, やっぱり. **withòut (so mùch as) a sécond thóught** [副] 全く気に(も)せずに.

sécond wínd /-wínd/ 名 [単数形で] 元気の回復: get a [one's] *second wind* 元気を回復する.

+**se·cre·cy** /síːkrəsi/ 名 ❶ U **秘密(にすること)**, 内密: It should be done「*in* the strictest *secrecy* [*with* great *secrecy*]. それは極秘で行なわなければならない / The affair was shrouded [cloaked] *in secrecy*. その事件は秘密に包まれていた. ❷ U 秘密を守ること; 秘密主義: swear ... to *secrecy* ...に秘密を守ると誓わせる. (形 sécret)

⁑**se·cret** /síːkrət/ !発音

— 形 ❶ **秘密の**, 内密の; (場所などが)隠れた, 人目につかない; 限定 (気持ちなどが)他の人に知られていない, ひそかな: *secret* meetings [talks] 秘密の会談 / We must keep this matter strictly *secret from* them. + from+名 このことは彼らに絶対に秘密にしておかなくてはならない / a *secret* passage 秘密の通路 / a *secret* weapon 秘密兵器, 切り札 / Bob is Sally's *secret* admirer. ボブはひそかにサリーに思いを寄せている. 関連 top secret 極秘の. ❷ 秘密を守る, 口の堅い (*about*). (名 sécrecy)

— 名 (se·crets /-krəts/) ❶ C **秘密(のこと・もの)**, 機密, ないしょの事: We have no *secrets* from each other. 私たちは互いに何の隠し事もない / Can you ***keep*** a ***secret***? 秘密を守れますか /「***tell*** ... [***let*** ... ***in on***] a ***secret*** (人)に秘密を教える / ***reveal*** a ***secret*** 秘密を明かす / a closely guarded *secret* 極秘の事柄 / an open *secret* 公然の秘密 / a trade *secret* 企業秘密 / a *secret* from his past 彼の過去の秘密 / It's no *secret* that he is going to resign. 彼が辞任することは知れ渡っている / The *secret* is out. 秘密はばれている. ❷ [単数形で] **秘訣**(ひけつ), 極意(ごくい): the ***secret to*** [***of***] success 成功の秘訣 / What's the *secret to* [*of*] mak*ing* a good pie? おいしいパイを作る秘訣は何ですか. ❸ C [普通は複数形で] (自然界の)不思議, 神秘: the *secrets of* nature 自然界の神秘.

in sécret [副] **秘密に**, ないしょで, 内密に, ひそかに: They were married *in secret*. 二人はひそかに結婚していた.

màke nó sécret of ... [動] 他 ...を隠そうとしない. (形 sécretive)

〖語源 ラテン語で「分離された」の意〗

sécret ágent 名 C (自国の)諜報(ちょうほう)部員, スパイ. 関連 spy 外国の諜報部員.

sec·re·tar·i·al /sèkrətéː(ə)riəl←/ 形 限定 書記の, 秘書(官)の: a *secretarial* school 秘書専門学校. (名 sécretàry)

sec·re·tar·i·at /sèkrətéː(ə)riət/ 名 C 事務局; 秘書課, 文書課; 事務局[秘書課, 文書課]職員《全体》: the United Nations *Secretariat* 国連事務局.

⁑**sec·re·tar·y** /sékrətèri | -tri, -təri/ !アク

— 名 (-tar·ies /~z/) ❶ C **秘書**《略 sec.》; 事務員: a private *secretary* 個人秘書 / Laura is a *secretary to* the president. ローラは社長(付き)の秘書だ. ❷ C (クラブ・協会などの)**書記**, 幹事. ❸ C《米》**長官**《省 (department) の長で他国の大臣に当たる; ⇒ department 表》;《英》(一部の省の)大臣《⇒ minister 参考》. ❹ C **書記官**, 秘書官, 事務官: the Permanent *Secretary* (英国の)事務次官 / the First *Secretary* 一等書記官 / the Chief Cabinet *Secretary* (日本の)官房長官.

the Sécretary of Státe [名] (1)《米》**国務長官**《他国の外務大臣に相当し, 閣僚の取りまとめ役を兼ねる》. (2)《英》(国務)大臣. (形 sècretárial)

〖語源 原義はラテン語で「秘密に関わる人」〗

***sec·re·tar·y-gen·er·al** /sékrətèriʤén(ə)rəl | -tri-/ 名 (複 sec·re·tar·ies-) [しばしば Secretary-General] C **事務総[局]長**; 書記長: the United Nations *Secretary-General* 国連事務総長.

se·crete[1] /sɪkríːt/ 動 他〔生理〕(...)を分泌する.

se·crete[2] /sɪkríːt/ 動 他《格式》(...)を隠す (*in*).

se·cre·tion /sɪkríːʃən/ 名 U〔生理〕分泌, 分泌作用; C 分泌物[液] (*from*).

se·cre·tive /síːkrəṭɪv, sɪkríːṭ-/ 形 隠し立てする, 秘密主義の (*about*). (名 sécret)

+**se·cret·ly** /síːkrətli/ 副 **こっそりと**, ひそかに, 内密に, 秘密裏に.

sécret políce 名 [the ~として単数または複数扱い] 秘密警察.

Sécret Sérvice 名 ❶ [the ~]《米》シークレットサービス《大統領の護衛などに当たる国土安全保障省の一機関》. ❷ [the s-; s-]《英》(政府の)諜報(ちょうほう)部, 諜報機関.

+**secs.** 略 ❶ **秒** (seconds)《⇒ second[2]》. ❷ = sections《⇒ section》.

sect /sékt/ 名 C 分派; 宗派; 学派; 党派, 派閥.

sect. 略 = section(s).

sec·tar·i·an /sektéː(ə)riən/ 形 [しばしば軽蔑的] 分派(間)の; 宗派(間)の; 党派心の強い; 偏狭な.

sec·tar·i·an·is·m /sektéː(ə)riənìzm/ 名 U [しばしば軽蔑的] 党派[宗派]心, 派閥根性; セクト主義.

⁑**sec·tion** /sékʃən/

— 名 (~s /~z/) ❶ C (物の)**部分**《⇒ part 類義語》; (場所などの)**区画**, **地区**;《米》一区画《面積 1 平方マ

イルの土地》: a *section of* the road 道路の一部分 / You'll find that book in the fine arts *section of* the library. その本は図書館の美術書コーナーにあります / the smoking *section* 喫煙エリア / the business *section of* a city 市の商業地域.
❷ Ⓒ (製品などの)**部分**, 部品; 《米》(みかんなどの)袋, 房: That furniture comes ***in sections***. その家具は部分に分かれている[組み立て式だ] / a *section of* a grapefruit グレープフルーツの 1 房.
❸ Ⓒ (新聞などの)**欄**; (書物・文章の)**節**, 項; (法律の)条項《略 sec., sect., 複数形は 略 secs.; § の記号で示す》; 〔音楽〕楽節: the sports *section* of the newspaper 新聞のスポーツ欄 / Chapter I, *Section* 2 = *Section* 2 of Chapter I 第 1 章第 2 節.
❹ Ⓒ (組織などの)**部門**; (官庁・会社などの)課; (団体の中の)グループ, 派; (社会の)階層: the percussion *section* (オーケストラの)打楽器部 / all *sections* of the community 地域のあらゆる階層(の人々). ❺ Ⓒ 横断面; 断面(図) (cross section); (顕微鏡用の)薄片, 切片: show it *in section* それを断面図で示す. ❻ U,C 切ること; 〔医学〕切開, 切断. 関連 cesarean section 帝王切開(術). (形 séctional)
— 動 他 ❶ (...)を区分する, 区画する (*off*); 〔医学〕(手術などのために)切開する, 切断する. ❷ 《英》(患者)を精神病院に強制入院させる.
〖語源 ラテン語で「切り取ること」の意〗

sec·tion·al /sékʃ(ə)nəl/ 形 ❶ 派閥的な; 地域的な; 一地方に偏(かたよ)った: *sectional* interests (相異なる)地域[派閥]の利害. ❷ 組み立て式の, ユニット式の: a *sectional* sofa ユニット式ソファー. ❸ 断面(図)の. (名 séction)

***sec·tor** /séktə | -tə/ 名 (~s /~z/) ❶ Ⓒ (一国の産業・経済などの)**部門**, 分野: in the service [manufacturing] *sector* サービス[製造]部門で ∥⇒ private [public] sector. ❷ Ⓒ 占領地域, 防衛地区; (一般に)地区, 区域. ❸ Ⓒ 〔数学〕扇形《⇒ circle 挿絵》.

sec·u·lar /sékjʊlə | -lə/ 形 ❶ (宗教的に対して)世俗的な, 非宗教的な [⇔ religious, sacred]; この世の, 現世の: *secular* music (聖歌・ミサ曲などに対して)教会と無関係な世俗音楽 / *secular* education (宗教教育をしない)普通教育. ❷ (聖職者が)修道院に属さない, 在俗の, 教区付きの.

sec·u·lar·is·m /sékjʊlərìzm/ 名 U 世俗主義; 教育宗教分離主義.

****se·cure** /sɪkjʊ́ə | -kjʊ́ə, -kjɔ́ː/ アク
— 形 (more ~, se·cur·er /-kjʊ́(ə)rə | -rə/; most ~, se·cur·est /-kjʊ́(ə)rɪst/) ❶ **安全な**, 危険のない [≒safe] [⇔ insecure]: in a *secure* place 安全な場所に / a castle ***secure from*** [***against***] attack +from [against]+名 攻撃される恐れのない城.
❷ **安定した**, **確かな**, 信頼できる; 確保した: a *secure* job [income] 安定した職[収入].
❸ **自信を持って**; 不安[疑念]のない, 安心した (*about*) [⇔ insecure]: financially *secure* 経済的に不安のない / She felt ***secure in*** the knowledge that she would win promotion. 彼女は昇進できると自信を持っていた. ❹ きちんと締まった; (土台・建物などが)しっかりした [≒firm]: The doors and windows are *secure*. ドアや窓はしっかり閉まっている. (名 secúrity)
— 動 (se·cures /~z/; se·cured /~d/; se·cur·ing /-kjʊ́(ə)rɪŋ/) 他 ❶ 《格式》(...)を**確保する**, **獲得する**: Our primary aim is to *secure* peace. 我々の第一の目的は平和の確保にある / *secure* the release of the hostages 人質の解放を確実にする / 言い換え He has ***secured*** favorable terms ***for*** us. V+O+for+名 = He has *secured* us favorable terms. V+O+O 彼は私たちに有利な条件を確保してくれた.
❷ 《格式》(...)を**安全にする**, 守る: These locks ***secure*** my home ***against*** burglary. V+O+against+名 これらの鍵(かぎ)でわが家は強盗の心配がない. ❸ 《格式》(...)をしっかり締める, 固定する, 縛る [≒fasten]: *secure* a boat *to* the pier 桟橋にボートを固定する / The door *is secured with* bolts. 戸はかんぬきでしっかり閉めてある. ❹ 《格式》(...)を保証する; 確実にする: a *secured* loan 担保のついた貸付金.
〖語源 ラテン語で「心配のない」の意; sure と同語源; ⇒ cure キズナ〗

+**se·cure·ly** /sɪkjʊ́əli | -kjʊ́ə-, -kjɔ́ː-/ 副 **しっかりと**; 安全に; 確実に.

****se·cu·ri·ty** /sɪkjʊ́(ə)rəṭi | -kjʊ́ər-, -kjɔ́ːr-/ アク
— 名 (-ri·ties /~z/) ❶ U (安全のための)**防衛**, **安全保障**; **警備**, 保護; 防衛手段; (空港などの)保安[手荷物]検査場: national *security* 国家安全保障 / a maximum *security* prison 重警備刑務所《凶悪犯罪者用》/ ***Security against*** terrorists was very tight. テロリストに対する警備は厳重だった / You have to go through *security* before boarding your flight. 搭乗前に保安検査場を通る必要があります ∥⇒ social security.
❷ [形容詞的に] **安全(保障)の(ための)**: *security* measures 安全[保安]対策 / for *security* reasons 警備上の理由から / a *security* camera 防犯カメラ.
❸ U **安全**, 無事; 安心, 安堵(あんど) [⇔ insecurity]: peace and *security* 平和と安全 / a sense of *security* 安心感 / financial *security* 財政的な安定 / job *security* 雇用の保証 / *Security* is the greatest enemy. 《ことわざ》油断大敵. ❹ U [《英》単数または複数扱い] (施設・会社などの)警備[保安]部門.
❺ U,C 保証, 担保: as *security for* a loan 担保として / lend money *on security* 担保をとって金を貸す. ❻ Ⓒ [普通は複数形で] 有価証券: a *securities* company 証券会社 / the *Securities* and Exchange Commission 《米》証券取引委員会《略 SEC》.
in secúrity [副] 安全に, 無事に. (形 secúre)

secúrity blànket 名 ❶ Ⓒ 安心[だっこちゃん]毛布《幼児が安心感を得るために手に握りしめている毛布・布きれなど》. ❷ Ⓒ 安心感を与えてくれるもの.

secúrity chèck 名 Ⓒ (空港などで武器・爆弾などの所持を発見するために行なわれる)保安[手荷物]検査, セキュリティチェック.

***Secúrity Còuncil** 名 固 [the ~] (国連の)**安全保障理事会**.

secúrity guàrd 名 Ⓒ 警備員, 保安要員, ガードマン (guard). 日英「ガードマン」は和製英語.

secúrity rìsk 名 Ⓒ 危険人物《機密をもらしたりして国家の安全をおびやかすおそれのある人物》, (安全保障上の)危険要因.

se·dan /sɪdǽn/ 名 Ⓒ 《米・豪》セダン(型自動車)《運転手席を仕切らない 4 ドアの箱型の車; ⇒ limousine》[《英》saloon].

se·date /sɪdéɪt/ 形 (se·dat·er, more ~; se·dat·est, most ~) 平静な, 落ち着いた; 堅苦しい, つまらない; 《格式》ゆっくりとした. — 動 他 [しばしば受身で] (人)を(鎮静剤で)落ち着かせる, 眠らせる.

S

se·da·tion /sɪdéɪʃən/ 名 U 鎮静(状態): under *sedation* (鎮静剤によって)鎮静状態で.

sed·a·tive /sédəṭɪv/ 名 C 鎮静剤. — 形 鎮静(作用)の.

sed·en·tar·y /sédntèri | -təri, -tri/ 形 ❶《格式》(運動などしないで)ほとんど座ってばかりいる; (仕事などが)座ってする. ❷《格式》(人・動物が)定住性の, 移住しない [⇔ migratory].

sedge /séʤ/ 名 U すげ《湿生植物》.

sed·i·ment /sédəmənt/ 名 U,C 沈殿物; 〔地質〕堆積(たいせき)物.

sed·i·men·ta·ry /sèdəménṭəri, -tri⁻/ 形 沈殿物の; 〔地質〕堆積作用による, 堆積物の: *sedimentary* rocks 堆積岩.

se·di·tion /sɪdíʃən/ 名 U《格式》治安妨害; (反政府的な)扇動; 騒乱.

se·di·tious /sɪdíʃəs/ 形《格式》治安妨害の; 扇動的な, 反政府的な.

+**se·duce** /sɪd(j)ú:s | -djú:s/ 動 (se·duc·es /~ɪz/; se·duced /~t/; se·duc·ing) 他 ❶ (人)を(性的に)**誘惑する**, (...)に言い寄る: She claimed that she *was seduced* by her boss. V+O の受身 彼女は上司に誘惑されたと主張した. ❷ [しばしば受身で] (人)をそそのかす, 巧みに誘う: Don't let yourself *be seduced into* buy*ing* a new car. うまく口車に乗せられて新しい車を買わないように. (名 sedúction, 形 sedúctive) 〘⇒ introduce キズナ〙

se·duc·er /sɪd(j)ú:sɚ | -djú:sə/ 名 C (性的に)誘惑する人; 女[男]たらし.

se·duc·tion /sɪdʌ́kʃən/ 名 ❶ U,C (性的に)誘惑(すること). ❷ C [普通は複数形で] 魅惑(するもの), 魅力 (*of*). (動 sedúce)

se·duc·tive /sɪdʌ́ktɪv/ 形 (性的に)誘惑する; 魅惑的な, 魅力的な. (動 sedúce)

***see** /sí:/ (同音 sea)

— 動 (sees /~z/; 過去 saw /sɔ́:/; 過分 seen /sí:n/; see·ing)

単語のエッセンス

基本的には「見る」の意.

1) 見える	他 ❶; 自 ❶
2) 見る	他 ❷
3) 会う	他 ❸
4) 見て知る; わかる; 想像する	他 ❹; ❺; ❻; 自 ❷
5) よく見てみる, 確かめる	他 ❼; 自 ❸
6) 送っていく	他 ❽
7) 気をつける	他 ❾

— 他 ❶ [進行形なし] (自然と)(...)が**見える**, 目に入る; (...)が～する[している]のを見る, (...)に気づく《⇒ 類義語》. 語法 しばしば can, could とともに用いる: I *saw* a lot of flowers in the garden. 庭にたくさんの花が見えた / I looked around but *saw* nothing. 辺りを見回したが何も見えなかった / We *can see* the island from the top of this hill. この山頂からその島が見える / I *saw that* the door was open. V+O (that 節) ドアが開いているのに気づいた 多用 / Did you *see who* wrote on the wall? V+O (wh 節) だれが壁に字を書いたのか見ましたか 多用 / I *saw* Bob *enter* the building. V+O+C (原形) ボブがその建物に入るのが見えた. 語法 🔍 上の文を受身の文にすると原形の代わりに次のように to 不定詞を用いる: Bob *was seen to enter* the building. 《改まった言い方》 // We *saw* her walk*ing* alone along the street. V+O+C (現分) 彼女が 1 人で通りを歩いているのが見えた / The suspect *was seen* stand*ing* in the shadows. V+O+C (現分)の受身 その容疑者は暗がりに立っているのを目撃された / He did not live to *see* his work complet*ed*. V+O+C (過分) 彼は自分の仕事の完成を見ることなく死んでしまった. 語法 🔍 C が原形不定詞のときと現在分詞のときとでは, 前者が動作の完結を, 後者がその進行中を暗示するという違いがある.

❷ [普通は進行形なし] (見ようとして)(...)を**見る**; (映画・芝居・試合など)を見る; (名所など)を見物する: *See* that dark cloud! あの黒い雲を見てごらん / *See* p.10. 10 ページ参照《page ten と読む》/ What film are you going to *see* this evening? 今晩はどの映画を見るの / I *saw* the baseball game on television. 野球の試合をテレビで見た / *See* Naples and die. 《ことわざ》ナポリを見てから死ね(一生に一度はナポリを見物しておけ).

❸ (人)に**会う**, 面会する; (...)に**会いに行く**, 訪ねる; (～について)(...)に会って相談する, (医者など)に診てもらう; (医者が)(患者)を診る; [普通は進行形で] (...)と付き合う: I'd like to *see* Mr. Bell. ベルさんにお会いしたい / I *saw* her yesterday on the bus. きのうバスで彼女に会った / I'm glad to *see* you again, Mr. Lee. リーさん, またお会いできてうれしいです《久しぶりに会ったときに言う; ⇒ meet 他 3》/ I'll *see* you later [soon]. Ⓢ それではまたお会いしましょう; さようなら.

> 語法 **別れるときの表現**
> (1) 親しい人と別れるときは See you later [soon]!, See you!, Be seeing you! のようにしばしば I'll を省く《⇒ goodbye 類義語》.
> (2)「来週[月曜日]までさようなら」ならば「I'll *see* [*See*] you「next week [(on) Monday]. となる.

Please come and *see* us (*at* our house). どうぞ(家に)遊びに来てください《⇒ come and do (come 成句)》/ You'd better **see** a doctor ***about*** that cough. V+O+about+名 そのせきは医者に診てもらったほうがいい / The doctor will *see* you at 9 tomorrow morning. 先生は明朝 9 時にあなたを診察します / *Is* she *seeing* anyone these days? 彼女は最近誰かと付き合っているのか.

❹ [進行形なし] (...)が**わかる**, (...)を理解する [≒ understand]《⇒ know 類義語》: I don't *see* any use in going there. そこへ行くことに意味があるとは思えない / I ***see what*** you mean. V+O (wh 節) あなたの言いたいことはわかる / She couldn't ***see that*** he was insincere. V+O (that 節) 彼女には彼が不誠実であることがわからなかった.

❺ [進行形なし] (...)を(ある見方で)**見る**; (...)を(～と)見なす; (...)を**想像する**, 心に思い浮かべる, 予想[予測]する [≒imagine]: I *see* things differently now. V+O+副 今では物事を違った目で見ている / I just can't ***see*** her ***as*** a teacher. V+O+C (as+名) 彼女が先生になった姿なんて想像もできないな / I can't ***see*** him behav*ing* like that. V+O+C (現分) 彼がそのようにふるまうなんて想像もできない / I can't *see* myself liv*ing* alone. 私は(自分が)ひとりで生活することは考えられない.

❻ [進行形なし] (...)を**見て知る**; (新聞などで)**見る**, 読んで(...ということ)を知る: I ***see in*** [*from*] the paper (***that***) a plane crashed yesterday. V+O ((that) 節) きのう飛行機が墜落したのを新聞で知った. 語法 この場合 I see ... は I've just read ... の意 // I want to *see* her

married before I leave for France. V+O+C (形) 彼女の結婚を見届けてからフランスへ行きたい.
❼ [普通は進行形なし] [受身なし] (...)を**よく見てみる**, 調べる, 観察する; (...かどうか)を**確かめる**, 考えてみる: May I *see* your passport, please? パスポートを見せていただけますか / I heard a knock at the door. Go and *see who* it is. V+O (wh 節) 玄関でノックするのが聞こえた. だれだか行って見てきて / Go and *see if* [*whether*] the postman has come. V+O (if·whether 節) 郵便屋さんが来たかどうか見てきて / I'll *see what* I can do. Ⓢ 私に何ができるか考えてみます, できるだけのことはやってみましょう.
❽ [副詞(句)を伴って] (人)を(...まで)**送っていく**, 見送る: Just a minute. Let me *see* you *to* the door. V+O+前+名 ちょっと待って. 出入口まで送るから / May I *see* you *home*? V+O+副 家まで送りましょうか.
❾ [しばしば命令文で] [進行形なし] (...である[する]ように)**気をつける**, 取り計らう; 確かに...する《⇒ see (to it) that ... (成句)》: *See that* all the doors are locked before you go to bed. V+O (that 節) 寝る前にドアの鍵(かぎ)が全部かかってるのを確かめて / I'll *see* (that) it gets done. 私が監督してそれをさせます. ❿ [進行形なし] (...)を経験する; (ある時代・場所が)(事件など)を目撃する, (...)の時期[舞台]となる: My uncle has *seen* a lot of life. おじは人生経験が豊かだ / The 20th century has *seen* two world wars. 20 世紀には世界大戦が 2 度あった.
— 自 ❶ [進行形なし] (目が)**見える**; 見る. 語法 しばしば can, could とともに用いる: Cats *can see* in the dark. 猫は暗い所でも目が見える / You *can see* a long way from the upstairs windows. 2 階の窓から遠くまで見える / It was so dark that we *could* hardly *see* to read. 暗くてほとんど字も読めなかった.
❷ [進行形なし] **わかる**, 理解する [≒understand]《⇒ I see.(成句), you see (成句)》: Do you *see*? わかりますか / *See*? Ⓢ わかった?《親しい間柄や目下の者などに対して使う》/ Can't you *see*? わからないのか, わかってくれよ. ❸ 確かめる, 調べる; 考える《⇒ I'll [We'll] (have to) see.(成句)》. ❹ [命令文で] Ⓢ ほらごらん, いいかい: *See*! I told you he'd come. ほらね, 彼は来ると言ったでしょう.

as fàr as Í can sée [副] 文修飾 Ⓢ (私が)見渡す限り(では); 私の知る限りでは.
as Í sèe it [副] 文修飾 私の考えでは.
Be séeing you! [間] Ⓢ = I'll be seeing you!
I dón't sèe whỳ nót. Ⓢ いいですよ, そうしましょう.
I sée. Ⓢ **わかった**, なるほど《⇒ you see (成句)》.
I'll be séeing you! [間] Ⓢ **ではまた**, さようなら《⇒ 他 3 語法, 巻末文法 6. 2 (3)》.
I'll [We'll] (hàve to) sée. Ⓢ (決定する前に)考慮すべきことがある, 考えてみます.
Lèt me sée. ⇒ let[1] 成句.
Lèt's sée. ⇒ let's 成句.
Lóng tíme nó sée! [間] [あいさつで]《略式》(やあ)久しぶりだね.
Nów I've sèen éverything [it áll]. Ⓢ なんということだ, これは驚いた.
sée「a lót [múch] of ... [動] (人)**によく会う**: He's *seeing a lot of* Jane these days. 彼はこのごろジェーンとよく会っている / I haven't *seen much of* him recently. 最近彼にあまり会っていない. 語法 much は普通は否定文・疑問文で用いる.
sée ... cóming [動] 他 (悪い事態など)を予測[予想]する.
sée for onesélf [動] 自 自分で確かめる.
Sée hére! [間] これこれ, いいかね《警告や非難を表わす》.
sée móre [léss] of ... [動] 他 (人)に前よりよく会う[前ほど会わない].
sée (to it) that ... [動] ...**する[となる]ように手配する**, ...する[となる]ように取り計らう《⇒ 他 9》: Please *see* (*to it*) *that* the parcel reaches him by the end of this month. その包みが今月末までに必ず彼のところに届くようにしてください. 語法 (1) to it を省くほうが略式. (2) that 以下では普通は未来時制ではなく現在時制を用いる.
Sée you! = Sée you láter [sóon]! [間] Ⓢ **ではまた**, じゃあね《⇒ 他 3 語法》.
Sée you agáin! [間] Ⓢ ではまた, さよなら《長い別れを連想させる》.
sèeing (that) ... ⇒ seeing 接.
the wày Í sèe it [副] Ⓢ = as I see it.
Yóu'll sée. まあ見ていなさい, 今にわかるよ.
you sèe [副] 文修飾 Ⓢ《略式》**いいですか...ですよ**, だって[何しろ]...でしょう[ですからね]; ですから(おわかりでしょうが)...です; ねえ, ほらね, そうだろう.

語法 **you see の使い方**
(1) 文頭・文尾・文中に置いて, 相手に説明が必要と思われることを述べるときや, 相手がすでに知っていると思われる[これまでの話からわかる]ことを確認し軽く注意を促すときに用いる.
(2) Do you see?《⇒ 自 2》の場合よりもいっそう親しい間柄で, または目下の者などに対して使う《⇒ I see. (成句); you know (know 成句)》: *You see*, our plan is like this. いいかい, 我々の計画はこんな感じだ / We should be kind to old people, *you see*. お年寄りには当然親切にしてあげないとね / He worked very hard while you were away. So, *you see*, he deserves a day off. 彼はあなたの留守中とてもがんばったんです. だから, ね, 一日休みをもらって当然なんです.

see の句動詞
+**sée abòut ...** 動 他 ...**について処置をする**, ...の手配をする: I must *see about* (cook*ing*) dinner. 夕食の用意にかからなければならない.
We'll sée abòut thát. (1) Ⓢ そのことはもっと考える必要がある[考えておこう]. (2) Ⓢ そのことは何とかやめさせよう.
sée àfter ... 動 他 ...の世話をする.
sée ... agàinst ~ 動 他 (...)を~と対照[比較]して考える.
sée aròund ... 動 他 (場所)を見て回る.
sée ... aróund 動 他 (人)を(そのあたりで)よく見かける, (人)に会う: *See* you *around*. Ⓢ じゃあまたね.
sée ín 動 他 中に入るまで(人)を見送る; (人)を中へ案内する; (新年)を迎える: Mary's aunt *saw* her safely *in*. メアリーのおばは彼女が無事に中に入るのを見届けた.
+**sée ... in ~** 動 他 ~に(よい性質など)を**認める**: I wonder [don't know] what he *sees in* Ann. 彼にはアンのどこがいいんだろう.
*__sée óff__ 動 他 ❶ (人)を(駅・空港などで)**見送る**; (人)を追い払う V+名·代+*off*: We went to the airport to

see our mother *off*. 母を見送りに空港へ行った. ❷《英》(敵の攻撃など)がやむまで持ちこたえる, (優位に立つまで)(相手)をかわす.

+**sée óut** 動 他 ❶ (人)を**玄関[外]まで見送る** V+名・代+out: *See* the gentleman *out*. その方をお見送りしてください / I'll *see* myself *out*. お見送りは結構です. ❷ [進行形なし] (人・物が)(...)の終わりまで持ちこたえる; (人)より長続きする. ❸ (仕事など)を最後までやり通す.

sée òver ... 動 他 ❶ (...)の向こうが見える: From there, he could *see over* the wall into an orchard. 彼にはそこから塀越しに果樹園が見えた. ❷《英》(建物・展示物など)を見回る, 視察する.

+**sée thróugh** 動 他 ❶ [普通は進行形なし] (事業など)を**最後までやり通す**; (難局)を乗り越える V+名・代+through: He *saw* the job *through* to the end. 彼は仕事を最後までやりとげた. ❷ [進行形なし] (資金・激励などで[が])(人)を最後まで助ける, (...)に(難局を)切り抜けさせる.

+**sée thróugh ...** 動 他 ❶ (窓・カーテンなど)**を通して向こうが見える:** The windows are so dirty that I can hardly *see through* them. 窓がひどく汚れているので向こうが見えない.
❷ [進行形なし] (偽りなど)**を見通す**; (人)の正体を見抜く (受身 be seen through): I *saw through* his excuse at once. 彼の言いわけをすぐに見抜いた / I can *see* right *through* you. 君のことはすべてお見通しだよ. (1 では 形 sée-thròugh)

+**sée ... through ～** 動 他 [進行形なし] (人)を**助けて(難局)を切り抜けさせる**, ～が終わるまで(...)の面倒を見る: They *saw* Michael「*through* his troubles [*through* college]. 彼らはマイケルを助けてその問題を切り抜けさせて[大学を出して]やった.

+**sée to ...** 動 他 ...**に対し必要な処置をする**, (仕事など)を引き受ける; (物)を直す; (人)の世話をする (受身 be seen to): I have to get my car *seen to*. 車の具合を見てもらわなくちゃ.

類義語 **see** は積極的に見るのではなく自然に目に入ってくることをいう. 一方 **look at** は見ようとして視線を向けること: I *looked at* his face and *saw* many wrinkles. 彼の顔に目をやるとたくさんのしわが見えた. ✪ ただし *see* には 他 2 のように,「見ようとして見る」という意味もある. **watch** 動く(可能性のある)ものを注意を集中して見ること: I *watched* a hawk. 私はたかを観察した.

*seed /sí:d/ (同音 cede)

— 名 (複 ～, seeds /sí:dz/) ❶ C,U 種, 実, 種子 (⇒ fruit 挿絵): flower *seed* 花の種 / a handful of *seeds* 手のひらいっぱいの種 / sow [plant, scatter] *seed(s)* 種をまく / grow flowers from *seed* 種から花を育てる. 語法 大量の種をいうときには U, 少量の種をいうときには C として複数形を使うのが普通: This tree produces (its) *seeds* in the fall. この木は秋に実を結ぶ / "When is the latest that these *seeds* can be planted?" "From the end of April to the beginning of May."「この種はいつまでにまけばいいですか」「4 月末から 5 月初めです」 ❷ C [普通は複数形で] Ⓦ もと, 根源: sow (the) *seeds of* doubt 疑いの種をまく. ❸ C (テニス・ゴルフなどの)シードされた選手[チーム]: the number one *seed* 第 1 シード. ❹ [形容詞的に] (植物などが)種用の: *seed* potatoes 種じゃがいも.

gó [rún] to séed [動] 自 (1) 種子[実]ができる. (2) 衰える, みすぼらしくなる.

— 動 他 ❶ (果物)から種を取り除く. ❷ [普通は受身で] (テニス・ゴルフなどで)シードする: John *was seeded* second in the tournament. ジョンはトーナメントで第 2 シードとなった. ❸ (土地)に種をまく: He *seeded* his field *with* wheat. 彼は畑に小麦をまいた.
— 自 実を結ぶ, 種を生じる, 種子を落とす.

seed·bed /sí:dbèd/ 名 C 苗床; [主に新聞で] (悪などの)温床, 育成の場 (*for*, *of*).

seed·less /sí:dləs/ 形 種なしの.

seed·ling /sí:dlɪŋ/ 名 C 実生(みしょう)の苗木, 苗.

seed·y /sí:ḍi/ 形 (seed·i·er; -i·est)《略式》[軽蔑的] みすぼらしい, 見苦しい; あやしげな.

+**see·ing** /sí:ɪŋ/ 接 Ⓢ ...**であることを考えると**, ...であるから, ...を見ると [≒since]: *Seeing* (*that* [*as*, *as how*]) he has two children, he's probably over thirty. 子供が 2 人いるところを見ると彼は多分 30 を越えているだろう. 語法 seeing (that)以下の内容が事実とわかっているときに用いる.
— 名 (～s /～z/) ❶ U **見ること**: *Seeing* is believing.《ことわざ》(実際に目で)見ることは信じることである(百聞は一見にしかず, 論より証拠)《実際に見るまでは信じられない》. ❷ U,C 視覚, 視力.

Séeing Éye dòg 名 C《米》盲導犬《商標》[《英》guide dog].

***seek** /sí:k/ 動 (seeks /～s/; 過去・過分 sought /sɔ́:t/; seek·ing) 他 ❶《格式》(...)を**探す**; 捜し求める: *seek* employment 職を探す / *seek* the truth 真実を追求する. 語法 日常語では look for が普通.
❷《格式》(...)を**得ようとする**; (助言・助けなど)を**求める**, 要求する: Flood victims were *seeking* food and shelter. 洪水の被害者は食糧と避難場所を求めていた / I must *seek* permission *from* the principal. V+O+from+名 校長の許可をもらわなければならない. ❸《格式》(...しようと)努める: They *sought to* persuade the boy. 彼らは少年を説得しようとした.

séek óut [動] 他《格式》(人・物)を捜し出す.

+**seek·er** /sí:kə | -kə/ 名 C **探求者**, 捜す人, 捜索者; 求める人: a *seeker of* [*for*, *after*] the truth = a truth *seeker* 真理を追求する人 / a job *seeker* 求職者.

***seem /sí:m/ (同音 seam)

— 動 (seems /～z/; seemed /～d/; seem·ing) 自
❶ [進行形なし] (人には)...**のように見える**, ...**らしい** (⇒ 類義語): The price *seems* reasonable. V+C (形) 価格は妥当なようだ 多用 / 言い換え He *seems* honest. = He *seems* an honest man. V+C (名) = He *seems to* be honest. V+C (to 不定詞) = He *seems to* be an honest man. 彼は正直者のようだ / They didn't *seem to* notice us. = They *seemed* not *to* notice us. 彼らは私たちに気づかないようだった (✪ 前の文のほうが普通) / He *seems to have been* ill. 彼は病気だったらしい (⇒ to² G 1) / The actress *seemed to have caught* a cold. 女優はかぜをひいたようだった. 語法 to+名 を伴うことがある: How does it *seem to you*? それはあなたにはどう思えますか.
❷ [進行形なし] [it を主語として; ⇒ it¹ A 5] ...**のようだ**, ...**らしい** (⇒ appear 2): *It seems* (*that*) no one knew the truth. だれもその真相は知らなかったらしい / *It seemed to* me (*that*) he was honest. 私には彼は正直に思えた / *It seems* (*as though* [*if*]) Meg will pass the exam. メグは試験に通りそうだ / "Ms. Smith

is ill, isn't she?" "「Yes, *it seems* so [No, *it seems* not]." 「スミスさんは病気ですね」「どうもそうらしい[そうではないらしい]」(⇒ so¹ 副 4, not (5)). 語法 it seems を文中・文末に挿入することもある: Surfing, *it seems*, is safer than some other sports. サーフィンはほかのスポーツよりも安全のようだ / Bill failed again, *it seems*. ビルはまた失敗したようだ. ❸ [断定を避けて]《丁寧》(どうも)...のようです: I *seem to* have made a mistake. どうもミスをしてしまったようです / 言い換え She *can't seem to* understand that poem. (= It seems that she can't understand that poem.) 彼女はどうしてもその詩を理解することができないようだ / *It would seem* (*that*) he doesn't like our company. どうも彼は私たちとの同席を好まないようです. 語法 would が入るとより遠回しで改まった響きになる(⇒ would B 2).

séem lìke ... [動] 他 ...のようである: He *seemed like* an honest man. 彼は正直な男のようだった.

there séems ... ...があるようだ: *There seems* (to be) no error on her side. 彼女の側には誤りはないようだ.

類義語 **seem, appear, look** はほぼ同じ意味に用いられることも多いが, *seem* は話し手の主観的判断に基づいた見方を意味する: That *seems* best to me. 私にはそれが最善のように見える. *appear* は外観はそう見えるが, 実際にはそうではないかもしれないという含みを持つことがある: He *appears* to be satisfied. 彼は満足そうに見える. *look* は外観から判断して, 実際もそうであろうという意味が含まれる: She *looks* angry. 彼女は怒っているらしい.

seem·ing /síːmɪŋ/ 形 限定《格式》うわべの, 表面だけの; 見せかけの, もっともらしい.

+**seem·ing·ly** /síːmɪŋli/ 副 ❶ [形容詞の前に置いて] **見たところ**, 表面上は: These are *seemingly* minor problems. これらは外見上は小さな問題だ. ❷ 文修飾《格式》**見たところでは**, どうやら(...のようで): 言い換え *Seemingly*, the driver didn't see the child. (= It seems that the driver didn't see the child.) どうやら運転手にはその子が目に入らなかったようだ.

seem·ly /síːmli/ 形 (seem·li·er, more ~; seem·li·est, most ~)《古風》(態度・行儀などが)ふさわしい, 適切な, 上品な [⇔ unseemly].

*****seen** /síːn/ (同音 scene) 動 see **の過去分詞**.

+**seep** /síːp/ 動 (~s /~s/; ~ed /~t/; ~·ing) 自 [副詞(句)を伴って] (液体などが)**しみ込む**, しみ出る, 漏(も)れる; (思想・感情などが)徐々に広がる: The water was *seeping through* the wall. 壁から水がしみ出てきた.

séep awáy [動] 自 徐々に消えていく[弱まる].

seep·age /síːpɪʤ/ 名 U,C《格式》しみ込み, 漏(も)れ出し.

seer /síɚ | sía/ 名 C《文語》予言者.

see·saw /síːsɔ̀ː/ 名 ❶ C シーソー(板): play *on* a *seesaw* シーソーで遊ぶ. 関連 slide 滑り台 / swing ぶらんこ. ❷ [単数形で] 上下動, 動揺; (物価などの)変動; (試合などでの)一進一退. ━ 動 自 前後に[上下に]動く; 変動する (*between*); 一進一退をくり返す.

seethe /síːð/ 動 自 [しばしば進行形で] (怒りなどで)興奮する, かっかとなる; (場所が)(人などで)あふれ返る, 騒然とする, ごった返す (*with*).

see-through /síːθrùː/ 形 限定 (生地などが)透(す)けて見える. (動 sée thróugh ... 1)

***seg·ment¹** /ségmənt/ 名 (-ments /-mənts/) ❶ C **区分**, 区切り, 部分 [≒section]; 分節: *segments of* an orange オレンジの(実の)袋 / a *segment of* an insect 昆虫の体節. ❷ C〔数学〕線分; (円の)弓形(きゅうけい)(⇒ circle 挿絵). (動 ségment²)

seg·ment² /ségment | segmént/ 動 他《格式》(...)を(部分に)分ける (*into*). (名 ségment¹)

seg·men·ta·tion /sègməntéɪʃən/ 名 U《格式》分割, 分裂; 分節.

seg·ment·ed /ségmentɪd | segmént-/ 形《格式》区分けされた; 分節された.

seg·re·gate /ségrɪgèɪt/ 動 他 [しばしば受身で] (人種・宗教・性などにより)(人・集団)を(他と)分離[差別]する [⇔ integrate]; (...)を分離する, 隔離する: Black children *were segregated from* white children in those days. その当時は黒人の子供たちは白人の子供たちから分離されていた.

seg·re·gat·ed /ségrɪgèɪtɪd/ 形 分離[差別, 隔離]された; (場所などが)特定の人種[集団]専用の.

seg·re·ga·tion /sègrɪgéɪʃən/ 名 U (差別による)隔離, 分離 (*of*): The government practiced (a policy of) racial *segregation*. 政府は人種別の隔離(政策)を実施した.

Seine /séɪn/ 名 固 [the ~] セーヌ川《フランス北部の川; パリ (Paris) を流れてイギリス海峡 (English Channel) に注ぐ》.

seis·mic /sáɪzmɪk/ 形 ❶ 限定〔地質〕地震の; 地震性の. ❷ 限定 (変化などが)急激な, 重大な, 深刻な.

seis·mo·graph /sáɪzməgræ̀f | -grɑ̀ːf/ 名 C 地震計.

seis·mol·o·gist /saɪzmɑ́(ː)ləʤɪst | -mɔ́l-/ 名 C 地震学者.

seis·mol·o·gy /saɪzmɑ́(ː)ləʤi | -mɔ́l-/ 名 U 地震学.

***seize** /síːz/ !発音 動 (seiz·es /~ɪz/; seized /~d/; seiz·ing) 他 ❶ (突然, 力ずくで)(...)を**つかむ**, つかみ取る(⇒ take 類義語); (人)を逮捕する: I *seized* (hold of) his hand. 私は(感謝の気持ちなどから)彼の手をぐっとつかんだ / I **seized** him **by the** neck. V+O+by+名 私は彼の襟首を(乱暴に)つかんだ(⇒ the¹ 2 語法) / He **seized** the gun **from** the burglar. V+O+from+名 彼は強盗から銃をつかみ取った / *seize* a murder suspect 殺人容疑者を逮捕する.
❷ (...)を**奪う**, 占領する; 没収する: The army *seized* power in a coup. 軍がクーデターで権力を奪取した / The police *seized* a large shipment of drugs. 警察は麻薬の多量の積み荷を押収した. ❸ (好機など)をとらえる. ❹ [しばしば受身で] (病気・悲しみなどが)(人)を襲う, (欲望などが) (...)に取りつく: I *was* suddenly *seized with* [*by*] a feeling of insecurity. 私は突然不安感に襲われた.
━ 自 (機会・弱みなどを)のがさず利用する, とらえる; (提案などに)喜んでのる[飛びつく]: Meg *seized on* every opportunity to criticize Anne. メグはあらゆる機会をとらえてアンのあら探しをした / Jim suggested eating out, and his wife immediately *seized on* the idea. ジムが外食しようと言うと妻は即その考えに賛成した.

séize úp [動] 自 (機械などが)止まる; (体の一部が疲れなどで)動かなくなる. (名 séizure)

sei·zure /síːʒɚ | -ʒə/ 名 ❶ U,C 差し押さえ(たもの), 押収(品), 没収(品). ❷ U,C 強奪; 占領 (*of*). ❸ C 発作, 卒中. (動 seize)

+**sel·dom** /séldəm/ 副 ❶ **めったに...しない** [≒rarely] [⇔ often](⇒ always 囲み; 巻末文法 13. 1 (2)): My mother is *seldom* ill. 母はめったに病気をしない / He *seldom* calls his father, does he? 彼はめったに父親に

電話をしませんね《✪ 肯定形の付加疑問に注意》/ *Seldom* would he phone his old mother.《格式》彼は年老いた母に電話をすることはめったになかった《⇒ **巻末文法** 15. 2(1)》. ❷ [事例を表わして] ...な[する]のはめったにない: Barking dogs *seldom* bite.《ことわざ》ほえる犬はめったにかまない《口やかましい人には案外悪意がない》.

séldom, if éver [副] たとえあったとしてもごくたまにしか...しない: He *seldom, if ever*, reads the newspaper. 彼は新聞などまずほとんど読まない.

séldom or néver [副] めったに...しない.

***se·lect** /səlékt, sɪ-/ 【アク】

— 動 (se·lects /-lékts/; -lect·ed /~ɪd/; -lect·ing) 他 (...)を選ぶ, 選択する, 選抜する《⇒ choose 表, 類義語》: He *selected* a birthday present *for* Ann. [V+O+*for*+名] 彼はアンのために誕生日のプレゼントを選んだ / They *were selected from* many applicants. [V+O+*from*+名の受身] 彼らは多数の応募者の中から選ばれた / We *selected* John *as* the team leader. [V+O+C (*as*+名)] ジョンをチームのリーダーに選んだ / We *selected* Sally *to* represent us. [V+O+C (*to* 不定詞)] サリーを私たちの代表に選んだ. (名 seléction, 形 seléctive)

— 形 ❶ 限定《格式》**えり抜きの**, 選び抜いた, 高級な; 選ばれた(少数の), 抜粋した: a *select* hotel 高級ホテル / a *select* few 選ばれた少数の人. ❷《格式》人選のやかましい; 上流社会(用)の: a *select* club 入会資格の厳しいクラブ.

〖⇒ elect キズナ〗

se·lect·ed /səléktɪd, sɪ-/ 形 選ばれた, 選抜された; えり抜きの.

***se·lec·tion** /səlékʃən, sɪ-/ 名 (~s /~z/) ❶ U または a ~] **選ぶこと, 選択**, 選抜 [≒choice]; 選ばれること: make *a selection* 選ぶ / The *selection of* a new computer system *for* the office will require careful thought. 事務所の新しいコンピューターシステムの選定には慎重な配慮が必要であろう / Her *selection as* mayor was not unexpected. 彼女が市長に選出されたことは予想されないことではなかった.

❷ C **選んだ[選ばれた]もの**, 抜粋, 選集; [普通は a ~] (商品などの)選択の種類, 品ぞろえ: ***selections from*** Beethoven's sonatas ベートーヴェンのソナタの選集 / That store has *a* fine [wide] ***selection of*** furniture. あの店には極上の[種々の]家具が置いてある. (動 seléct)

+se·lec·tive /səléktɪv, sɪ-/ 形 ❶ **えり好みをする**, 慎重に選ぶ (*about*, *in*): a highly *selective* school 選抜の厳しい学校, 超難関校. ❷ 選択的な, 一部だけに及ぶ, 精選された: a *selective* memory 自分に好都合なことだけの記憶. (動 seléct, 名 selectívity)

~·ly 副 えり好みして; 選択して, 選別的に.

se·lec·tiv·i·ty /səlektívəṭi, sɪ-/ 名 U 選択的なこと; 精選. (形 seléctive)

se·lec·tor /səléktə, sɪ- | -tə/ 名 C 選別機, セレクター;《英》選手選抜委員.

Se·le·ne /səlí:ni/ 名 固〘ギリシャ神話〙セレネ《月の女神; ローマ神話の Luna に当たる》.

***self** /sélf/

— 名 (複 selves /sélvz/) ❶ U,C **自分**, 自身, 自己; 自我; C (本質·本性の)一面 [≒aspect]: George was his usual [normal] *self* when I last saw him. この前会ったときジョージはいつもどおりの彼だった / She's (quite) her old *self* again. 彼女はまた(すっかり)もとの彼女に戻った / reveal one's true [real] *self* 本性を現わす / one's inner *self* 人の内面 / a sense of *self* 自意識. ❷ U《格式》私欲, 我欲: rise above *self* 私欲を超越する. (形 sélfish)

+self- /sélf/ 接頭「**自分を**, 自分で, 自分に対して, 自分だけで, 自動的に」などの意味の合成語をつくる. self- とそれに続く第 2 要素の語に第一アクセント《⇒ **つづり字と発音解説** 86》が置かれる. 従ってこの辞書にない語であってもその発音と意味を推測することができる: *self-*control 自制(心).

self-ab·sorbed /sélfəbsɔ́ɚbd | -sɔ́:bd←/ 形 自分のことだけに熱中した, 自己陶酔の.

self-ad·dressed /sélfədrést←/ 形 [普通は 限定] (返信用の封筒が)自分あての《⇒ SASE》: Enclose a *self-addressed*, stamped envelope with your letter. 切手を貼りあて名を書いた封筒を手紙に同封してください.

self-ad·he·sive /sélfædhí:sɪv, -əd-←/ 形 (封筒などが)のりの付いた.

self-ap·point·ed /sélfəpɔ́ɪnṭɪd←/ 形 [普通は 限定] [軽蔑的] 独り決めの, 自薦の, 自称の.

self-as·sem·bly /sélfəsémbli/ 形 限定《英》(家具などが)組み立て式の.

self-as·ser·tive /sélfəsɚ́:ṭɪv | -əsə́:-←/ 形 自己主張をする, (言うべきことを)はっきりと言う.

self-as·sess·ment /sélfəsésmənt/ 名 U 自己評価.

self-as·sur·ance /sélfəʃʊ́(ə)rəns/ 名 U 自信.

self-as·sured /sélfəʃʊ́ɚd | -əʃʊ́əd←/ 形 自信のある.

self-build /sélfbíld/ 名 U 自分(の設計)で自宅を建てること; C 自作建築.

self-cen·tered,《英》**-cen·tred** /sélfsénṭɚd | -təd←/ 形 自己中心[本位]的な; 利己的な.

self-check·out /sélfʧékàʊt/ 名 C セルフレジ.

self-con·fessed /sélfkənfést←/ 形 限定 (普通は悪い点について)自認している, 自称の.

self-con·fi·dence /sélfkɑ́(:)nfəḍəns, -dns | -kɔ́n-/ 名 U 自信.

self-con·fi·dent /sélfkɑ́(:)nfəḍənt | -kɔ́n-←/ 形 自信のある.

+self-con·scious /sélfkɑ́(:)nʃəs | -kɔ́n-←/ 形 **自意識過剰の, 人目を気にする**; (作品などが)世評を意識しすぎた: You're too ***self-conscious about*** your weight. [+*about*+名] あなたは体重を気にしすぎだ. **~·ness** 名 U 自意識過剰. **~·ly** 副 自意識過剰に; はにかんで.

self-con·tained /sélfkəntéɪnd←/ 形 ❶ 必要なものが全部そろった, 自給自足の; (機械が)自給の. ❷ (人が)他人に頼らない; 打ち解けない.

self-con·tra·dic·to·ry /sélfkɑ̀(:)ntrədíktəri, -tri | -kɔ̀n-←/ 形 自己矛盾の.

self-con·trol /sélfkəntróʊl/ 名 U 自制(心), 克己: keep [lose, regain] one's *self-control* 自制心を保つ[失う, 取り戻す].

self-con·trolled /sélfkəntróʊld←/ 形 自制心のある.

self-de·feat·ing /sélfdɪfí:ṭɪŋ/ 形 いっそう問題を生じる, 自滅的な.

self-de·fense,《英》**-de·fence** /sélfdɪféns/ 名 U 自己防衛, 自衛; 正当防衛; 護身(術): Japan *Self-Defense* Forces 日本の自衛隊. **in sélf-defénse** [副] 自衛上, 正当防衛で.

self-de·ni·al /sélfdɪnáɪəl/ 名 U 自制, 禁欲, 克己;

無私.

self-de·struct /sélfdɪstrʌ́kt/ 動 自 (機械・爆弾などが)自己破壊する, 自爆する; 自滅する.

self-de·struc·tion /sélfdɪstrʌ́kʃən/ 名 U 自己破壊, 自滅, 自殺.

self-de·struc·tive /sélfdɪstrʌ́ktɪv/ 形 自己破壊的な, 自滅的な.

self-de·ter·mi·na·tion /sélfdɪtə̀ːmənéɪʃən | -tə̀ː-/ 名 U 民族自決(主義); 自己決定(権).

self-dis·ci·pline /sélfdísəplɪn/ 名 U 自己鍛練, 自己修養.

self-drive /sélfdráɪv←/ 形 限定 《英》(自動車が)借り手が自分で運転する, レンタルの.

self-ed·u·cat·ed /sélféʤʊkèɪṭɪd←/ 形 独学の.

self-ef·fac·ing /sélfɪféɪsɪŋ←/ 形 《格式》控え目な.

self-em·ployed /sélfɪmplɔ́ɪd←/ 形 自営の: the *self-employed* 自営業者 《全体; ⇒ the¹ 3》.

+**self-es·teem** /sélfɪstíːm/ 名 U **自尊(心)**, 自負心, うぬぼれ: raise [build (up)] *self-esteem* 自尊心を高める.

self-ev·i·dent /sélfévəḍənt, -dnt | -d(ə)nt-←/ 形 《格式》自明の, わかりきった.

self-ex·am·i·na·tion /sélfɪgzæ̀mənéɪʃən/ 名 ❶ U 自己分析, 自省, 反省. ❷ U,C 《医学》自己診断.

self-ex·plan·a·to·ry /sélfɪksplǽnətɔ̀ːri | -təri, -tri←/ 形 (文章などが)明白な, 自明の; 読め[見れ]ばわかる.

self-ex·pres·sion /sélfɪkspréʃən/ 名 U 自己[個性]表現.

self-ful·fill·ing /sélffʊlfílɪŋ←/ 形 (予言などが)自己成就の《予想して行動した結果, 現実となる》.

self-gov·ern·ing /sélfgʌ́vənɪŋ | -vən-←/ 形 限定 自治の, 自治権をもった.

self-gov·ern·ment /sélfgʌ́və(n)mənt | -v(ə)n-/ 名 U 自治.

self-help /sélfhélp/ 名 U 自助, 自立: *Self-help* is the best help. 《ことわざ》自助は最上の助け / a *self-help* book 独習書.

sel·fie /sélfi/ 名 C 《略式》自撮り写真.

self-im·age /sélfímɪʤ/ 名 C 自分についてのイメージ, 自己像.

self-im·por·tance /sélfɪmpɔ́əṭəns | -pɔ́ː-/ 名 U 自尊, うぬぼれ; 尊大な態度.

self-im·por·tant /sélfɪmpɔ́əṭənt | -pɔ́ː-←/ 形 尊大な.

self-im·posed /sélfɪmpóʊzd←/ 形 [普通は 限定] 自分に課した, 自分で選んだ: *self-imposed* exile 自ら選んだ亡命生活.

self-im·prove·ment /sélfɪmprúːvmənt/ 名 U 自己改善[向上].

self-in·dul·gence /sélfɪndʌ́lʤəns/ 名 U わがまま.

self-in·dul·gent /sélfɪndʌ́lʤənt←/ 形 わがままな, やりたい放題の. **～·ly** 副 わがままに.

self-in·flict·ed /sélfɪnflíktɪd/ 形 (けが・被害などが)自ら招いた.

self-in·ter·est /sélfíntrəst, -ṭərèst/ 名 U 私利, 私欲; 利己主義: 「act out of [be motivated by] *self-interest* 私利私欲で動く.

self-in·ter·est·ed /sélfíntrəstɪd, -ṭərèst-←/ 形 私利私欲を求める; 利己主義の.

+**self·ish** /sélfɪʃ/ 形 **利己的な**, 自己本位の, 身勝手な, わがままな [⇔ unselfish]: act from some *selfish* motive 何か利己的な動機で行動する / That's too *selfish*. それはあまりにも身勝手すぎる / He's deliberately being *selfish*. 彼はわざとわがままな言動をしている. (名 self)

～·ly 副 利己的に, 自己本位に, わがままに.

～·ness 名 U 自己本位.

self·less /sélfləs/ 形 [よい意味で] 自分のことを考えない, 無私の, 利己心のない. **～·ly** 副 利己心を捨てて.

～·ness 名 U 無私, 無欲.

self-made /sélfméɪd←/ 形 [普通は 限定] 独力でやり上げた, たたき上げの: a *self-made* woman 自力で成功した女性.

self-pit·y /sélfpíṭi/ 名 U [軽蔑的] 自分に対するあわれみ, 自己憐憫(れんびん).

self-por·trait /sélfpɔ́ətrət | -pɔ́ː-/ 名 C 自画像.

self-pos·sessed /sélfpəzést←/ 形 冷静な, 沈着な.

self-pos·ses·sion /sélfpəzéʃən/ 名 U 冷静.

self-pres·er·va·tion /sélfprèzəvéɪʃən | -zə-/ 名 U 自己保存, 自衛本能.

self-pro·claimed /sélfproʊkléɪmd←/ 形 限定 [軽蔑的] 自称の: a *self-proclaimed* expert 自称専門家.

self-re·li·ance /sélfrɪláɪəns/ 名 U 自分を頼りにすること, 自立, 独立独行.

self-re·li·ant /sélfrɪláɪənt←/ 形 自分を頼りとする, 自立した, 独立独行の.

self-re·spect /sélfrɪspékt/ 名 U 自尊心: keep [lose] one's *self-respect* 自尊心を保つ[失う].

self-re·spect·ing /sélfrɪspéktɪŋ←/ 形 限定 [普通は否定文で] 自尊心のある, 誇り高い.

self-re·straint /sélfrɪstréɪnt/ 名 U 自制(心).

self-righ·teous /sélfráɪʧəs←/ 形 独りよがりの, 独善的な. **～·ly** 副 独りよがりに.

self-rule /sélfrúːl/ 名 U 自治.

self-sac·ri·fice /sélfsǽkrəfàɪs/ 名 U 自己犠牲, 献身.

self-sac·ri·fic·ing /sélfsǽkrəfàɪsɪŋ←/ 形 自己を犠牲にする, 献身的な.

self·same /sélfsèɪm/ 形 限定 [the, this, that, these, those を伴って] 《文語》全く同じ, 全く同一の《same を強めた語》.

self-sat·is·fied /sélfsǽṭɪsfàɪd←/ 形 自己満足の, 独りよがりの.

self-seek·ing /sélfsíːkɪŋ←/ 形 利己的な, 自分本位の.

+**self-ser·vice** /sélfsə́ːvɪs | -sə́ː-←/ 形 限定 **セルフサービス式の**: a *self-service* 「gas station [car wash] セルフサービスのガソリンスタンド[洗車場].

— 名 U (食堂・売店などの)**セルフサービス**.

self-serv·ing /sélfsə́ːvɪŋ | -sə́ː-/ 形 = self-seeking.

self-styled /sélfstáɪld/ 形 限定 [軽蔑的] 自称の: a *self-styled* novelist 自称小説家.

self-suf·fi·cien·cy /sélfsəfíʃənsi/ 名 U 自給自足.

self-suf·fi·cient /sélfsəfíʃənt←/ 形 自給(自足)できる: The village is about 70 percent *self-sufficient in* rice. その村は米を約 70% 自給自足できる.

self-sup·port·ing /sélfsəpɔ́əṭɪŋ← | -pɔ́ːt-/ 形 自営の, 自活する.

self-taught /sélftɔ́ːt←/ 形 独学の, 独習の.

self-willed /sélfwíld←/ 形 わがままな, 身勝手な; 頑固な.

self-worth /sélfwə́ːθ | -wə́ːθ/ 名 U 自尊心, 自負心.

*****sell** /sél/ (同音 cell)

— 動 (sells /～z/; 過去・過分 sold /sóʊld/; sell·ing) 他 ❶ (...)を売る [⇔ buy]; 売り渡す: He *sold*

S

his house *for* 150,000 dollars. V+O+for+名 彼は家を 15 万ドルで売った / 言い換え Will you *sell* me your car? V+O+O = Will you *sell* your car *to* me? V+O+to+名 私にあなたの車を売ってくれませんか《⇒ to¹ 3 語法》.

❷ (...)を売っている, 商う: 「Do you [Does this store] *sell* sugar? (この店に)砂糖はありますか. ❸ (物が)(いくつ)売れる: The book *sold* more than a million copies. その本は百万部以上売れた. ❹ (商品)の販売を促進する: This advertising campaign has *sold* a lot of beer. この広告キャンペーンでビールの売り上げが促進された. ❺《略式》(考え方など)を(人に)売り込む, よいと思わせる: He tried to *sell* his new idea *to* the boss. 彼は自分の新しいアイデアを上役に売り込もうとした.

— 自 ❶ 売る; 商う: Stockbrokers buy and *sell* for their customers. 株式仲買人は客に代わって売買する / We don't *sell to* retailers. V+to+名 小売業者には販売しない.

❷ (...で)売れる, 売られる; 売れ行きが...だ: His painting *sold for* [*at*] £2000. V+for [at]+名 彼の絵は2千ポンドで売れた / Is your new book *selling* well? 新しく出した本はよく売れていますか.

be sóld on ... [動] 他 ...にほれ込んでいる.

séll ... dòwn the ríver [動] 他《略式》(人)を裏切る, 見殺しにする. 由来 昔, 奴隷をミシシッピー川下流に転売したことから.

séll onesèlf [動] 自 (1) 自分を売り込む, 自己宣伝をする. (2) (金のために)自己を売る, 破廉恥(はれんち)なことをする; (女性が)体を売る.

séll ... shórt [動] 他 (...)を軽んじる, 見くびる, (自分)を卑下する. (名 sale)

sell の句動詞

séll óff 動 他 (...)を(安値で)売り払う, 手放す; (会社・土地など(の一部))を売却する: Mr. Brown *sold off* his art collection. ブラウン氏は美術品のコレクションを手放した.

***séll óut** 動 他 ❶ [受身で] (...)を**売り切る**, 売り尽くす V+out+名: TODAY'S SHOW SOLD OUT 本日のショーは売り切れ《掲示》/ All the tickets *are sold out*. 切符は全部売り切れだ. ❷《略式》(...)を裏切る. — 自 ❶ **売り切る**; (商品が)**売り切れる**. ❷《略式》裏切る; (...に)寝返る (*to*). ❸ 店をたたむ (*to*). (名 séllòut)

séll óut of ... 動 他 ...を売り尽くす; [受身で] ...が売り切れになる: We've [We'*re*] *sold out of* jeans. ジーンズはみんな売り切れました.

séll úp 動 自《英》家を売却する, 店をたたむ.

— 名 ❶ [the ~] 売り込み(法): *the* soft [hard] *sell* 穏やかな[強引な]販売法. ❷ [a ~; easy, hard, tough などを伴って]《米》売り込みやすい[にくい]もの: The idea is *a tough sell*. その考えは受け入れがたいものだ.

〖語源 元来は「与える」の意; 次第に「金(かね)と引き換えに与える」つまり「売る」の意味になった〗

séll-by dàte /sélbaɪ-/ 名 C《英》(食品の)販売[賞味]期限 [《米》pull date].

+**sell·er** /sélə | -lə/ (同音 cellar) 名 (~s /~z/) ❶ C **売り手**, 販売人[会社]: When goods are scarce, *sellers* have the advantage. 品物が少ないときには売り手が有利だ. 関連 buyer 買い手. ❷ C [前に形容詞をつけて] 売れ行きが...のもの: a *good* [*poor*] *seller* 売れ行きのよい[よくない]商品.

séll·ers' màrket /séləz- | -ləz-/ 名 [a ~] 売り手市場《供給より需要の多い経済状態》. 関連 buyers' market 買い手市場.

séll·ing pòint /sélɪŋ-/ 名 C セールスポイント, (商品の)目玉. 日英 「セールスポイント」は和製英語.

sélling prìce 名 C 売り値.

sel·lo·tape, Sel·lo·tape /sélətèɪp/ 名 U《英》セロテープ《商標》[≒tape,《米》Scotch tape]. — 動 他《英》(...)をセロテープで貼る.

sell·out /sélàʊt/ 名 ❶ [単数形で] 売り切れ; 大入り満員の催し物[興行]. ❷ [単数形で]《略式》裏切り行為; 裏切り者. (動 séll óut 他)

selt·zer /séltsə | -tsə/ 名 U《米》炭酸水.

sel·vage, sel·vedge /sélvɪʤ/ 名 C 織物の耳, 織り端.

***selves** /sélvz/ 名 **self の複数形.**

se·man·tic /sɪmǽnṭɪk/ 形 [普通は 限定] 〔言語〕 意味の, 意味に関する; 意味論的な.

se·man·tics /sɪmǽnṭɪks/ 名 ❶ U 〔言語〕 意味論. ❷ [the ~ として単数扱い] 〔言語〕 意味 (*of*).

sem·a·phore /séməfɔ̀ə | -fɔ̀ː/ 名 U 手旗信号.

sem·blance /sémbləns/ 名 [U または a ~]《格式》外形, 外観; (うわべの)見せかけ(だけのもの), ...めいた[らしき]もの (*of*).

se·men /síːmən/ 名 U 〔生理〕 精液.

***se·mes·ter** /səméstə | -tə/ 名 (~s /~z/) C《米》(2 学期制の)**学期**《⇒ term 3》: the fall *semester* 秋学期《8[9]–12 月》/ the spring *semester* 春学期《1–5[6]月》.

sem·i /sémi/ 名 ❶ C [普通は複数形で]《略式》= semifinal. ❷ C《米》= semitrailer.

sem·i- /sémi, -maɪ | -mi/ 接頭 「半分; 半ば; ...に 2 回」の意: *semi*circle 半円(形).

sem·i·an·nu·al /sèmiǽnjuəl⁻/ 形 半年ごとの, 年 2 回の; (植物が)半年生の.

sem·i·breve /sémibrìːv/ 名 C《英》〔音楽〕 全音符 [《米》whole note].

sem·i·cir·cle /sémisə̀ːkl | -sə̀ː-/ 名 C 半円(形): sit in a *semicircle* 半円形になって座る.

sem·i·co·lon /sémikòʊlən/ 名 C 〔文法〕 セミコロン《; という記号; 一般にピリオド (period) とコンマ (comma) の中間的な働きをし, 等位接続詞を用いない 2 つの節の間などに用いる; ⇒ **巻末文法 16. 3**》.

sem·i·con·duc·tor /sèmikəndʌ́ktə | -tə/ 名 C 〔物理〕 半導体. 関連 conductor (伝)導体 / nonconductor 不導体.

sem·i·con·scious /sèmikɑ́(ː)nʃəs | -kɔ́n-⁻/ 形 半ば意識のある; もうろうとした.

sem·i·de·tached /sèmidɪtǽʧt/ 形《英》(家などが)仕切り壁で隣家と続いた. — 名 C《英》2 戸建て家屋《2 軒が仕切り壁でくっついているもの》.

***sem·i·fi·nal** /sèmifáɪnl/ 名 (~s /~z/) C [しばしば複数形で] **準決勝(戦)** [《略式》semi]: reach [get through to] the Wimbledon *semifinal(s)* ウィンブルドンの準決勝に進出する. 関連 final 決勝戦 / quarterfinal 準々決勝戦. — 形 準決勝の.

sem·i·fi·nal·ist /sèmifáɪnəlɪst/ 名 C 準決勝出場選手[チーム].

sem·i·nal /sémənl/ 形 ❶《格式》(本・論説などが)発展の可能性がある, 影響力の大きい. ❷ 限定 精液の.

+**sem·i·nar** /sémənàə | -nàː/ 名 (~s /~z/) C ゼミ

(ナール), 演習《指導教授のもとで研究・討論をする大学の小人数の学生のクラス》; (特定の問題に関する)**セミナー**, 研究会: a ***seminar on*** Chinese history 中国史のゼミ. 〖語源 ラテン語で「苗床; 養成所」の意〗

sem·i·nar·y /sémənèri | -nəri/ 名 (-nar·ies) C 神学校.

se·mi·ot·ics /sìːmiɑ́(ː)tɪks, sèm- | -ɔ́t-/ 名 U 記号論.

sem·i·pre·cious /sèmipréʃəs←/ 形 [普通は 限定] 準宝石の.

sem·i·pro·fes·sion·al /sèmiprəféʃ(ə)nəl←/ 形 限定 セミプロの. ― 名 C セミプロの選手.

sem·i·qua·ver /sémɪkwèɪvɚ | -və/ 名 C《英》〔音楽〕16 分音符 [《米》sixteenth note].

Se·mit·ic /səmíṭɪk/ 形 セム族の; ユダヤ人の; セム語系の. ― 名 U セム語.

sem·i·tone /sémitòʊn/ 名 C《英》〔音楽〕半音 [《米》half step].

sem·i·trail·er /sémitrèɪlɚ | -lə/ 名 C セミトレーラー《前部がけん引車に連結されるトレーラー》[《米》semi].

sem·i·trop·i·cal /sèmitrɑ́(ː)pɪk(ə)l | -trɔ́p-←/ 形 限定 亜熱帯の.

sem·i·week·ly /sèmiwíːkli←/ 形 副 週 2 回(の). 関連 biweekly 1 週おきの[に].

sem·o·li·na /sèməlíːnə/ 名 U セモリナ《プディングやパスタなどに用いる粗い小麦粉》.

Sen., sen. 略 = senate, senator.

***sen·ate** /sénət/ 名 (sen·ates /-nəts/) ❶ [the S-] (米国・カナダ・オーストラリア・フランスなどの)**上院**《略 Sen., sen.; ⇒ congress 表》: *The Senate* meets next week. 来週上院が開かれる. ❷ C [普通は the ~] (米国の)州議会の上院. ❸ [the S-] (古代ローマの)元老院. ❹ C [普通は the ~] (大学の)評議員会.
(形 sènatórial)

***sen·a·tor** /sénəṭɚ | -tə/ 名 (~s /~z/) C [しばしば S-] (米国・カナダ・オーストラリア・フランスなどの)**上院議員**《略 Sen., sen.; ⇒ congress 表》: a *senator from* [*for*] Ohio オハイオ州選出の上院議員.
(形 sènatórial)

sen·a·to·ri·al /sènətɔ́ːriəl←/ 形 限定 (米国・カナダ・オーストラリア・フランスなどの)上院の, 上院議員の.
(名 sénate, sénator)

*****send** /sénd/

― 動 (sends /séndz/; 過去・過分 sent /sént/; send·ing /séndɪŋ/) 他

単語のエッセンス
基本的には「行かせる」の意.
1) 送る ❶
2) 行かせる ❷
3) (ある状態に)追いやる ❸

❶ (物)を(...に)**送る**, 届ける; (小包・手紙など)を発送する, (電子メール・電報)を送信する [⇔ receive]; (あいさつのことばなど)を申し送る, 伝える: She *sent* a book by mail. 彼女は郵便で本を送った / 言い換え He *sent* Carol a nice present. V+O+O = He *sent* a nice present *to* Carol. V+O+to+名 彼はキャロルにすばらしいプレゼントを送った《⇒ to¹ 3 語法》/ I *sent* him an email yesterday. 私は彼にきのうメールを送った / She *sends* you her best wishes. Ⓢ 彼女からよろしくとのことです.

❷ (命じて[頼んで])(人)を(...のところへ)**行かせる**, **派遣する**, 送り込む, (使いに)やる; (車)を差し向ける: I'll *send* Tom *to* you with the letter. V+O+to+名 トムにその手紙を持たせてあなたのところへ行かせます / Are they going to *send* their son *to* college? 彼らは息子を大学に行かせるつもりだろうか / That new nation will soon *send* a special envoy *abroad*. V+O+副 その新しい国は近いうちに特使を海外に派遣するだろう / She *sent* her son *for* the suitcases. V+O+for+名 彼女は息子にスーツケースを取りに行かせた / I'll *send* a car *for* you. あなたに(お迎えの)車を差し向けます / I *sent* him *to* get some plates from the kitchen. V+O+C (to 不定詞) 私は彼に台所へ皿を取りに行かせた / Who *sent* you to see me? 誰に言われて私に会いに来たのですか.

❸ (...)を(~)**させる**, (~の状態に)する; (...)を(ある状態に) **追いやる**, 陥れる: The alarm ***sent*** everyone rush*ing* out of the room. V+O+C (現分) 警報を聞いてみな部屋から飛び出した / The news ***sent*** the crowd ***into*** (a) panic. V+O+into+名 その知らせに群衆はパニック状態に陥った / The boring speech ***sent*** him ***to*** sleep. V+O+to+名 彼はその退屈な話で寝てしまった / Her long life in prison *sent* her insane. V+O+C (形) 長い牢獄(ろうごく)生活で彼女は頭が変になった. ❹ [副詞(句)を伴って] (...)を(ある方向に)動かす, 放つ, 飛ばす: *send* a rocket *to* the moon 月にロケットを打ち上げる. ❺ (興奮・痛みなど)を伝える, 走らせる: The sight *sent* cold shivers (*up and*) *down* my spine. その光景を見て背筋がぞくっとした.

― 自《格式》使いをやる[よこす]; 便りを出す[よこす]: She *sent to* say that she couldn't come. 彼女は来られないと言ってきた.

send の句動詞

***sénd awáy** 動 他 (離れた所へ) (...)を**行かせる**, **派遣する**; 追い払う V+名・代+away / V+away+名: His parents *sent* him *away to* school in Switzerland. 彼の両親は彼をスイスの学校にやった.

sènd awáy for ... [動] 他 ...を(郵便[通信販売]で)注文する[取り寄せる]: He *sent away to* a company in New York *for* a diving suit. 彼はニューヨークの会社に潜水服の注文を郵便で出した.

+**sénd báck** 動 他 (...)を**戻す**, **返す**; (気に入らない品など)を送り返す, 返送する; (人に)(手紙の返事など)をよこす V+名・代+back / V+back+名: He *sent* (us) *back* a message that everyone was well. 彼から(私たちに)みな元気だと返事が来た / The chair they delivered was broken, so I *sent* it *back to* the shop. 届いたいすは壊れていたので店に送り返した.

sénd dówn 動 他 ❶ (...)を降ろす, 下降させる; 持って下(お)りて来させる: Will you *send down* a pot of coffee? コーヒーをポット 1 杯分持ってきてもらいたいのですが《レストランの下の階で注文するときなど》. ❷ (物価・熱など)を下げる: The good weather *sent* the price of vegetables *down*. 好天で野菜の値段が下がった. ❸《英略式》(...)を刑務所にぶち込む [《米》send up].

+**sénd for ...** 動 他 ❶ **...を取り寄せる**, ...を注文する (受身 be sent for): *send for* a catalog カタログを取り寄せる.
❷《古風》(人)**を呼び寄せる**; (助けなど)を求める: *Send for* a doctor at once. 医者をすぐ呼んでください / We'd better *send for* help. 助けを求めたほうがいい.

+**sénd ín** 動 他 ❶ (書類など)を**提出する**, 送付[送信]する; (展覧会などに)(...)を出品する V+名・代+in /

S

V+in+名: Have you *sent in* your application form? 願書を提出しましたか.
❷ (部屋などへ)(...)を**通す**, 入れる, 入らせる V+名·代+in / V+in+名: *Send* her *in*. 彼女を通しなさい. ❸ (警察·軍隊など)を投入する. ❹ (選手)を出場させる.
+**sénd óff** 動 他 ❶ (手紙·品物など)を**発送する** V+名·代+off / V+off+名: I *sent off* all the letters this morning. 私はけさ手紙を全部出した. ❷ (人)を行かせる, 送り出す. ❸《英》(反則で)(選手)を退場させる (*for*).
sénd óff for ... [動] 他 = send away for ....
(名 sénd-òff)
sénd ón 動 他 ❶ (手紙など)を転送する《forward 動 のほうが普通》: Would you please *send on* any mail *to* my new address? 郵便物があれば新しい住所へ転送してもらえませんか. ❷ (荷物など)を先に送る, 前もって送る.
*****sénd óut** 動 他 ❶ (部屋などから) (...)を**外へ出させる**; (使いなどで) (...)を外へ行かせる, 派遣する V+名·代+out / V+out+名: He *sent* his son *out* to get the newspaper. 彼は新聞を取りに息子を外にやった / *send out* search parties 捜索隊を出す.
❷ (通知状など)を**発送する**; (信号など)を発信する V+名·代+out / V+out+名: I'll *send out* the invitations as soon as possible. できるだけ早く招待状を発送します.
❸ (光·香り·音など)を発する, 放つ; (芽など)を出す.
sènd óut for ... [動] 他 (店に)...の出前[宅配]を頼む: They often *send out for* pizza *to* a nearby restaurant. 彼らはよく近くのレストランにピザの出前を頼む.
sénd úp 動 他 ❶ (ロケット·煙など)を上げる, 上昇させる; (物価·熱など)を上げる; (声)を発する: *send up* a balloon 気球を上げる. ❷ (...)を上[階上]へ行かせる; 持って上がって来させる. ❸《米略式》(...)を刑務所にぶち込む [《英》send down]. ❹《略式》(...)を(まねて)からかう.

send·er /séndə | -də/ 名 C 差し出し人, 送り主, 発送人, 出荷主, 発信人[元] [⇔ addressee, receiver].
send-off /séndɔ̀:f | -ɔ̀f/ 名 (~s) C《略式》送別会; (駅などでの)見送り, 送別: give ... a big [good, great] *send-off* ...を盛大に見送る. (動 sénd óff)
send-up /séndʌ̀p/ 名 C《略式》おどけた物まね, パロディー (*of*).
Sen·e·ca /sénɪkə/ 名 固 **Lu·ci·us** /lú:siəs/ **An·nae·us** /əní:əs/ ~ セネカ (4 B.C.?–A.D. 65)《ローマの政治家·哲学者》.
Sen·e·gal /sènɪgɔ́:l/ 名 固 セネガル《アフリカ西部の共和国》.
se·nile /sí:naɪl/ 形 老人性認知症の, ぼけた: get [go] *senile* 認知症になる.
se·nil·i·ty /sɪníləṭi/ 名 U ぼけ, 老衰.

***se·nior /sí:njə | -njə/

— 形 ❶ (位·役職などが)**上の**, 上役の, 上司の, 上級の; 先輩の [⇔ junior]: a *senior* partner (合名会社などの)社長 / Mr. White is *senior to* me in our firm. +to+名 ホワイトさんは会社では私の上司です. 語法 「...よりも」の意味では than ではなく to を使う《⇒ to¹ 9》.
❷ 限定 (競技などが)**上級者の**, シニアの; 高齢者用の.
❸ 年上の [≒older]《存命の父親と息子が同姓同名のとき, 姓名の後につけて父親を示すのに用いられる; 略 Sr., 《英》Snr》: Robert Smith, *Sr.* 父のロバートスミス. 語法 年齢を比較するときには普通は older than を用いる. 関連 junior 息子を示す. ❹ 限定《米》(大学·高校で)最上級の, 最終学年の. (名 senióríty)
— 名 (~s /~z/) ❶ C **年上の者**; 先輩; 上役, 上官 [⇔ junior]: 言い換え He's my *senior* by three years. = He's three years my *senior*. 彼は私より 3 歳年上だ.
❷ C《米》**シニア**《大学·高校の最上級生, 特に 4 学年制の 4 年生; ⇒ freshman, sophomore, junior 名 2》; (スポーツの)上級者; 上級学校の生徒, 上級生: a *senior* at the University of Chicago シカゴ大学の 4 年生. ❸ C《主に米》= senior citizen.
sénior cítizen 名 C [遠回しに] 高齢者, お年寄り《特に社会の第一線から引退した人》: *Senior Citizens' Day* 敬老の日.
sénior hígh (schòol) 名 C《米》高等学校《⇒ school¹ 名 1 参考 および表》.
se·nior·i·ty /si:njɔ́:rəṭi | si:niór-/ 名 U 年功(序列); 先輩[上役]であること: the *seniority* system 年功序列制度. (形 sénior)
sen·na /sénə/ 名 U センナ葉《緩下剤》.
*****sen·sa·tion** /senséɪʃən/ 名 (~s /~z/) ❶ U,C **感覚**《五感, 特に触覚によるもの》, 知覚; C **感じ**, 気持ち [≒feeling]: a tingling *sensation* ちくちくする感じ / I enjoyed the ***sensation of*** ris*ing* and fall*ing* with the waves. 私は波とともに浮き沈みする感じを楽しんだ / I had the ***sensation that*** I was being watched. +that 節 私は監視されているような気がした.
❷ C [普通は単数形で] **大評判**, **センセーション**, 大騒ぎ; 大評判となった[なっている]もの[こと, 人], 大事件: His novel caused [created] a great *sensation*. 彼の小説は大評判になった. (形 sensátional)
〖⇒ sense キズナ〗
sen·sa·tion·al /senséɪʃ(ə)nəl/ 形 ❶ 大騒ぎを起こさせる, 世間をあっと言わせるような, センセーショナルな; (新聞·雑誌などが)扇情的な, 興味本位の. ❷ とても優れた, すばらしい; 《略式》すてきな: a *sensational* idea すばらしいアイデア / She looks *sensational* in that hat. 彼女はあの帽子をかぶるとすてきだ.
(名 sensátion)
sen·sa·tion·al·is·m /senséɪʃ(ə)nəlìzm/ 名 U (新聞·雑誌などの)興味本位(主義), 扇情主義, センセーショナリズム.
sen·sa·tion·al·ist /senséɪʃ(ə)nəlɪst/ 形 興味本位の, 扇情的な.
sen·sa·tion·al·ize /senséɪʃ(ə)nəlàɪz/ 動 他 (...)を興味本位で扱う.
sen·sa·tion·al·ly /senséɪʃ(ə)nəli/ 副 ❶ 世間をあっと言わせるように, センセーショナルに; 興味本位に. ❷ [肯定的な形容詞·副詞を強めて] とても: *sensationally* good とてもよい.

***sense /séns/

— 名 (sens·es /~ɪz/)

意味のチャート
「感覚」❷ →(個々の)「感じ」❶ → (感じる力) → 「思慮」❹ / 「意識」❸, ❺
→ (感じる内容) → 「意味」❻

❶ [単数形で] **感じ**, ...感: *a sense of* guilt [achievement, crisis] 罪悪[達成, 危機]感 / I had *a sense that* someone was watching me. +that 節 だれかに

見張られているような気がした.
❷ Ⓒ **感覚**; 五感(の一つ): the (five) *senses* 五感 / a sixth *sense* 第六感, 直感 / the *sense of* sight [hearing, smell, taste, touch] 視[聴, 嗅(きゅう), 味, 触]覚 / Hawks have a keen *sense of* sight. たかの視覚[目]は鋭い / a *sense of* balance バランス感覚 ‖⇒ sense organ.
❸ [単数形で] (...についての)**認識(力)**, 意識, 観念, (...を)解する心: ***a sense of*** humor ユーモアを解する心 / *a sense of* time 時間の観念 / *a sense of* responsibility 責任感 / He has no *sense of* the value of money. 彼はまるで金の値打ちがわからない / Bill has *a* good [poor] *sense of* direction. ビルは方向感覚がよい[方向音痴だ] / She has dress [clothes] *sense*. 彼女は着こなしのセンスがある《⇒ taste 名 4》.
❹ Ⓤ **思慮**, 分別, 判断力, 常識: common *sense* 常識《⇒ common sense》/ He ***had the*** (good) ***sense to*** refuse their offer. [+to 不定詞] 彼には彼らの申し入れを断わるだけの分別[良識]があった / She has more *sense* than to believe his lies. 彼女は彼のうそを信じるほど愚かではない.
❺ [所有格の後で複数形で] **意識**; 正気: That ***brought*** her ***to her senses***. それで彼女は正気に返った[迷いから覚めた] / He'll soon ***come to his senses***. すぐに彼は気の迷いから覚めるだろう / Have you lost *your senses*? 君は気でも狂ったのか.
❻ Ⓒ **意味**, 語義《⇒ meaning 類義語》; 趣旨, 意図: This word is used ***in*** two ***senses***. この語は 2 つの意味で使われている / He is a learned person ***in every sense of the word***. 彼はあらゆる意味で学のある人だ / ***In no sense*** can they be said to represent the nation. 彼らはとても国の代表とはいえない《⇒ **巻末文法** 15. 2 (1)》/ *in* a (very) real *sense* 真の意味で, 本当に / *in* the *sense that* ... ...という意味では ‖⇒ in a sense (成句).

in a [óne] sénse [副] 文修飾 **ある意味[点]では**, ある程度は: What he says is true *in a sense*. 彼の言っていることはある意味では真実だ.
in one's **(right) sénses** [形・副] 正気の[で].
knóck [tálk] some sénse ìnto ... [動] ⑩ ...の愚かな考え[ふるまい]を変えさせる.
màke sénse [動] ⓐ (1) (ことばなどが)**意味を成す**, 理解できる: His letter doesn't *make* (any) *sense* (to me). 彼の手紙は(私には)わけがわからない. (2) (行動などが)**道理にかなう**; 賢明である: It *makes sense* to quit smoking. たばこをやめるのは賢明だ.
màke sénse (òut) of ... [動] ⑩ [しばしば疑問文または否定文で] **...の意味をくみ取る**, ...を理解する: Can you *make any sense* (*out*) *of* what he's saying? 彼の言っていることがわかりますか. 語法 sense にはときに no, any, little, a lot of, much, more, good などの修飾語がつく.
òut of one's **sénses** [形・副] 《古風》正気を失って, 正気を失わせるほど; 気が違って.
sée sénse [動] ⓐ 分別のある行動をする.
tálk sénse [動] ⓐ Ⓢ 道理をわきまえた話をする, 筋が通ったことを言う. 語法 speak sense とは言わない.
(there's) nó sénse (in) dóing Ⓢ ...してもむだだ, ...しても意味がない.
(形 sénsible, sénsitive, sénsory, sénsuous)

— 動 (sens·es /~ɪz/; sensed /~t/; sens·ing) ⑩ ❶ [進行形なし] (...)を**感じる**; (...ということ)に感づく: We *sensed* danger ahead. 我々は行く手に危険を感じた / She ***sensed that*** she was unwelcome. [V+O (that 節)] 彼女は歓迎されていないような気がした / She began to ***sense what*** was happening. [V+O (wh 節)] 何が起きているのか彼女は感づき始めた. ❷ [進行形なし] (機械が)探知する.

> **単語のキズナ** SENSE／感じる=feel
>
> | | | | |
> |---|---|---|---|
> | sense | 感覚; 感じる | | |
> | sensible | (知覚できる) | → | 思慮のある |
> | sensitive | 感じやすい; 敏感な | | |
> | sensation | (感じること) | → | 感覚 |
> | consensus | (共感すること) | → | 意見の一致 |

sense·less /sénsləs/ 形 ❶ 無分別な; 無意味な, 愚かな [≒foolish] [⇔ sensible]: *senseless* behavior 愚かな行動. ❷ 叙述 無感覚で, 無意識で; 気[意識]を失っている: The man was knocked *senseless*. 男はなぐられ気絶した.

sénse òrgan 名 Ⓒ 感覚器官.

sen·si·bil·i·ty /sènsəbíləṭi/ 名 (-i·ties) ❶ [複数形で] (...に)傷つきやすい感情, 多感 (*to*): offend [wound] readers' *sensibilities* 読者の感情を害する. ❷ Ⓤ,Ⓒ (繊細な)感受性, 鋭敏な感覚, 感性: the *sensibility* of a poet 詩人の感性. (形 sénsible)

sen·si·ble** /sénsəbl/ 形 ❶ **思慮のある**, 分別のある; 気のきいた [⇔ senseless, silly]: a *sensible* person 思慮分別のある人 / 言い換え ***It is very ***sensible of*** you ***to*** keep it secret. = You are very ***sensible to*** keep it secret. それを隠しておくとはあなたもなかなか思慮深い《⇒ of 12》. 語法 sensitive (敏感な)との違いに注意. ❷ 限定 (衣服などが)実用的な; (食事が)健康によい: *sensible* shoes *for* walking 歩きやすい靴. ❸ 叙述 《文語》(...に)気づいて, (...が)よくわかって [≒aware] (*of*). ❹ 《格式》知覚できる; 気づくほどの.
(名 sense, sènsibílity)
〖⇒ sense キズナ〗

sen·si·bly /sénsəbli/ 副 ❶ 思慮深く, 賢明に; 健康によく: He was *sensibly* dressed for the tropics. 彼は熱帯地方の気候をよく考えた服装をしていた. ❷ 文修飾 気のきいたことには: *Sensibly*, Ben carried a compass with him just in case. 気のきいたことにベンは万一に備えて方位磁石を持っていた.

sen·si·tive** /sénsəṭɪv/ 形 ❶ (人の気持ち・問題などに) **敏感な**, **気を配る** [⇔ insensitive]: Employers must be more ***sensitive to the problems of women. [+to+名] 雇用者たちは女性の抱えている問題にもっと気を配らなければならない.
❷ **物事を気にしやすい**, 神経過敏な, すぐ気にする[怒る] [⇔ insensitive]: a *sensitive* child 神経質な子 / You shouldn't be so ***sensitive to*** criticism. [+to+名] 批判をそんなに気にすることはない / He's ***sensitive about*** his curly hair. [+about+名] 彼は巻き毛を気にしている.
❸ **感じやすい**, 敏感な; (...に対して)過敏な, (...に)弱い [⇔ insensitive]: a *sensitive* ear 敏感な耳 / *sensitive* skin 弱い肌 / She's ***sensitive to*** heat [cold]. [+to+名] 彼女は暑[寒]がりだ. ❹ (問題などが)取り扱いに注意を要する, 微妙な; 機密を扱う: a *sensitive* issue デリケートな問題 / highly *sensitive* information 極秘情報. ❺ (芸術などについて)感覚の鋭い, 繊細な: a *sensitive* pianist 繊細な演奏をするピアニスト / a *sensitive* performance きめの細かい演技[演奏]. ❻ (...の作用を)受ける, (...を)感じる; (機械などが)感度の

高い (*to*). (名 sense, sènsitívity)
〖⇒ sense キズナ〗
～・ly 副 取り扱いに注意して; 繊細に.

+**sen・si・tiv・i・ty** /sènsətívəṭi/ 名 (-i・ties) ❶ [U または a ～] **気配り**, 敏感さ (*to*). ❷ U 取り扱いに注意を要すること, デリケートさ. ❸ U,C (食品などに対する体の)過敏さ (*to*). ❹ U (神経の)過敏さ, 感じやすさ (*to*); [複数形で] 微妙な感情. ❺ U,C (芸術上の)鋭敏さ, 感性. ❻ U 感度. (形 sénsitive)

sen・si・tize /sénsətàɪz/ 動 他 ❶ [普通は受身で] (...)を(～に対して)敏感にする, 気づかせる (*to*). ❷〔医学〕(人)を(化学物質などに)過敏にさせる (*to*). ❸〔写真〕(...)に感光性を与える.

sen・sor /sénsɔə, -sə | -sə/ 名 C〔電子工学〕感知器, センサー.

sen・so・ry /sénsəri/ 形 [普通は 限定] 感覚の, 知覚の: *sensory* nerves 感覚神経 / *sensory* perception 知覚. (名 sense)

sen・su・al /sénʃuəl/ 形 (精神に対し)肉体的な; 官能的な, 肉感的な: *sensual* pleasure 肉体的快楽.

sen・su・al・i・ty /sènʃuǽləṭi/ 名 U 官能性; 肉欲, 好色.

sen・su・ous /sénʃuəs/ 形 ❶ 感覚に訴える, 感覚的な; (感覚的に)非常に心地よい. ❷《文語》官能的な, 肉感的な [≒sensual]. (名 sense)

****sent** /sént/ (同音 cent, scent) 動 send **の過去形および過去分詞.**

****sen・tence** /séntəns, -tns | -təns/
— 名 (sen・tenc・es /～ɪz/)

意味のチャート
ラテン語で「考え, 意見」の意.
→ (判断を下すこと) →「**判決**」,「**宣告**」❷
→ (個別の意見を示すことば) →「**文**」❶

❶ C〔文法〕**文**《⇒ **巻末文法** 1》: I can't understand the meaning of this *sentence*. この文の意味が私には理解できない. 関連 clause 節 / phrase 句 / word 語.
❷ C,U〔法律〕(刑事上の)**判決**, **宣告**; 刑: be given a light [severe, heavy] *sentence* 軽い[重い]刑を受ける / a ten-year prison *sentence* = a *sentence* of ten years in prison 禁固 10 年の刑 / ***serve*** one's ***sentence*** 刑に服す / ***pass*** [***pronounce***] (a) ***sentence on*** ... ...に判決を下す, ...に刑を言い渡す.
ùnder séntence of ... [前] ...の(刑の)宣告を受けて, ...の刑に処せられて.
— 動 (sen・tenc・es /～ɪz/; sen・tenced /～t/; sen・tenc・ing) 他 [しばしば受身で]〔法律〕(...)に**判決を下す**, (...)を刑に処する, (刑を)(...)に宣告する: The court ***sentenced*** him ***to*** death [three years in prison]. V+O+*to*+名 法廷は彼に死刑[禁固 3 年]の判決を下した.

単語のキズナ		SENT/感じる=feel
sentence	(感じたこと, 意見) →	文
sentiment	(感じたもの) →	感情; 意見
scent	(感知するもの) →	におい
consent	(共感する) →	同意(する)
dissent	(反対に感じる) →	異議
resent	(強く感じる) →	腹を立てる
assent	(同感する) →	同意(する)

séntence àdverb 名 C〔文法〕文(修飾)副詞《文全体を修飾する副詞: 例えば Happily, he did not die. (幸いにも彼は死ななかった)の happily》.

séntence pàttern 名 C〔文法〕文型《⇒ **巻末文法** 1. 2》.

sen・ten・tious /senténʃəs/ 形《格式》説教がましい, もったいぶった.

sen・tient /sénʃ(i)ənt/ 形 限定《格式》感覚[知覚]力のある.

+**sen・ti・ment** /sénṭəmənt/ 名 (-ti・ments /-mənts/) ❶ U,C《格式》(感情の交じった)**意見**, 見方, 気持ち; 感想: There is (a) strong public [popular] ***sentiment against*** [***in favor of***] the policy. その政策に対して国民の間では反対[賛成]する意見が強い / They expressed the same ***sentiments on*** the subject. 彼らはその問題について同じ意見を述べた / 💬 "The mayor should step down." "***My sentiments exactly***." 「市長は辞めるべきだ」「全く同感だ」
❷ U **感傷**, 感情に走ること, 情に[涙]もろいこと, 感傷的なこと, 多感: a movie dripping with tears and *sentiment* お涙ちょうだいの映画 / There is no room for *sentiment* in competition. 勝負には感傷が入る余地がない. (形 sèntiméntal)
〖⇒ sentence キズナ〗

+**sen・ti・men・tal** /sènṭəméntl⁻/ 形 ❶ **感情に動かされる**, 懐かしさからくる, (特別な)思い入れのある: I kept this watch for *sentimental* reasons; it belonged to my grandfather. この時計は祖父のものだったので, 懐かしくてとっておいた / This old hat has *sentimental* value for me. この古い帽子は私には大切な思い出の品だ.
❷ (人が)**感傷的な**, 涙もろい, 感じやすい: You shouldn't be ***sentimental about*** these things. +*about*+名 こういうことに感傷的になっちゃだめだ.
❸ (作品などが)**感情に訴える**, お涙ちょうだいの: a *sentimental* novel センチメンタルな小説. (名 séntiment, sèntimentálity)

sen・ti・men・tal・ist /sènṭəménṭəlɪst/ 名 C 感傷的な人, 涙もろい人.

sen・ti・men・tal・i・ty /sènṭəmentǽləṭi/ 名 U 感傷的な[涙もろい]こと. (形 sèntiméntal)

sen・ti・men・tal・ly /sènṭəménṭəli/ 副 ❶ 感情的に; 懐かしくて. ❷ 感傷的に.

sen・try /séntri/ 名 (sen・tries) C〔軍隊〕歩哨(ほしょう), 衛兵.

séntry bòx 名 C 哨舎(しょうしゃ), 番小屋.

+**Seoul** /sóʊl/ (同音 sole[1-3], soul, 《米》sol) 名 固 **ソウル**《大韓民国の首都》.

+**Sep.** 略 9月 (September).

se・pal /síːp(ə)l, sép-/ 名 C〔植物〕がく片.

sep・a・ra・ble /sép(ə)rəbl/ 形 (...から)分けられる, 分離できる (*from*) [⇔ inseparable].

****sep・a・rate**[1] /sép(ə)rət/ !アク !発音 動詞の separate[2] と発音が違う.
— 形 [比較なし] ❶ [普通は 限定] **別々の**, 別個の; 独立の, それぞれの, 各自の: My sons have *separate* rooms. 息子たちは別々の部屋を持っている / two *separate* questions 2 つの別個の問題 / After graduation we went our *separate* ways. 卒業後私たちはそれぞれの道を進んだ[関係が切れた].
❷ **分かれた**, 分離した, 離れた: *separate* volumes 分冊 / Keep these airmail letters ***separate from*** the others. +*from*+名 これらの航空便の手紙は他の手紙とは分けておくように. (動 séparàte[2])

****sep・a・rate**[2] /sépərèɪt/ !アク !発音 形容詞の separate[1] と発音が違う.

— 動 (-a·rates /-rèɪts/; -a·rat·ed /-t̬ɪd/; -a·rat·ing /-t̬ɪŋ/) 他 ❶ (...)を分ける, 区切る; 隔てる (⇒ 類義語): This curtain *separates* the rooms. このカーテンで部屋が仕切られている / Great Britain *is separated from* the Continent *by* the English Channel and the Straits of Dover. V+O+from+名の受身 グレートブリテン島はイギリス海峡とドーバー海峡によってヨーロッパ大陸から隔てられている / This town *is separated by* the river *into* the residential district and the business district. V+O+into+名の受身 この町は川をはさんで住宅地域と商業地域とに分かれている.
❷ (...)を切り離す, 引き離す; 分離する; 分類する, 区分する, 切り離して考える: He *separated* the two men who were fighting. 彼は取っ組み合いをしている 2 人の男を引き離した / *separate* the eggs 卵を黄身と白身に分ける / This machine *separates* cream *from* milk. V+O+from+名 この機械は牛乳からクリームを分離する / They *were separated into* two groups. V+O+into+名の受身 彼らは 2 つのグループに分けられた / What *separates* humans *from* animals? 人間が動物と違う点は何か / Only two points *separated* the two teams. 2 チームの差はたった 2 点だった.
— 自 ❶ (人が)別れる; (夫婦が)別居する: We *separated* at the corner. 私たちは町角で別れた / My sister *separated from* her husband last month. V+from+名 先月姉は夫と別居を始めた.
❷ (物が)分かれる, 分離する (*into*): Oil *separates from* water. V+from+名 油は水と分離する.
séparate óut [動] 他 (...)を分離させる, 分ける (*from*). (名 sèparátion, 形 séparate[1])

類義語 **separate** もともと結合してできているものや互いにつながりのあるものを切り離すこと: The two rooms are *separated* by a thin wall. その 2 つの部屋は薄い壁で仕切られている. **divide** 分配などのために切ったり, 割ったり, 区画を定めたりなどして, いくつかの部分に分けること: The country is *divided* into six regions. この国は 6 つの地方に分かれている. **part** 密接な関係のある人または物を引き離すことで, separate より改まった語: We were *parted* from each other in our childhood. 私たちは子供のころに生き別れた.

+**sep·a·rat·ed** /sépərèɪt̬ɪd/ 形 叙述 (夫婦が)別居して: the divorced and *separated* 離婚した人たちと別居中の人たち (⇒ the[1] 3) / He is *separated from* his wife. +from+名 彼は妻と別居している.

+**sep·a·rate·ly** /sép(ə)rətli/ 副 ❶ 別々に, 別個に; (...とは)別に (*from*): They ate together, but paid *separately*. 彼らはいっしょに食事をしたが別々に金を払った / Could you wrap this *separately*, please? これは別に包んでください. ❷ 分かれて, 分けて, 離れて: sit *separately* 離れて座る.

sep·a·rates /sép(ə)rəts/ 名 複 (衣類の)セパレーツ (上下別々に自由に組み合わせて着る婦人服). 関連 suit スーツ / coordinates コーディネイト.

+**sep·a·ra·tion** /sèpəréɪʃən/ 名 (~s /~z/) ❶ U,C 分離, 分けること (*from, into, between*); 分離した状態: the *separation of* church and state 教会と国家の分離, 政教分離. ❷ C,U 別離(期間) (*from*). ❸ C (夫婦の)別居. (動 séparàte[2])

sep·a·ra·tis·m /sép(ə)rət̬ìzm/ 名 U 分離主義.

sep·a·ra·tist /sép(ə)rət̬ɪst/ 名 C 分離主義者. — 形 限定 分離主義(者)の.

sep·a·ra·tor /sépərèɪt̬ə | -tə/ 名 C 分離する人; 選鉱器; 分離器, (牛乳の)クリーム分離器.

se·pi·a /síːpiə/ 名 U セピア (いかの墨から作る暗褐色の絵の具・インク); セピア色, 暗褐色. — 形 (写真などが)セピア色の, 暗褐色の.

sep·sis /sépsɪs/ 名 U 〔医学〕 敗血症.

+**Sept.** 略 9 月 (September).

***Sep·tem·ber** /septémbə | -bə/
— 名 (~s /~z/) U,C 9 月 (略 Sep., Sept.; ⇒ month 表): School begins *in September* in the United States. 米国では学校は 9 月に始まる (⇒ begin 自 ⚡) / He left Chicago *on September* 2. 彼は 9 月 2 日にシカゴを出発した (September 2 は September (the) second と読む; ⇒ date[1] 名 1 語法) / in early [mid-, late] *September* 9 月上旬[中旬, 下旬]に.

sep·tic /séptɪk/ 形 (主に英) 〔医学〕 腐敗性の.

séptic tànk 名 C (腐敗菌利用の)汚水浄化槽.

sep·tu·a·ge·nar·i·an /sèpt(j)uədʒəné(ə)riən | -tjuə-/ 名 C 70 歳(代)の人.

se·quel /síːkwəl/ 名 ❶ C (文学作品・映画などの)続編, 後編 (*to*). 関連 prequel 前編. ❷ C [普通は単数形で] 結果, 帰着点 (*to*).

+**se·quence** /síːkwəns/ 名 (se·quenc·es /~ɪz/) ❶ C,U (続いて起こる)順序; 続いて起こること, 連続: in the correct *sequence* 正しい順序で / *in sequence* 順序どおりに / *out of sequence* ばらばらの順序で.
❷ C 続いて起こるもの[こと], 連続するもの[こと]: the *sequence of* events 一連の出来事 / a *sequence of* disasters [good harvests] 災害[豊作]続き. ❸ C 〔映画〕 一連の画面[場面].
【語源 ラテン語で「後に続くもの」の意; second[1] と同語源】

se·quen·tial /sɪkwénʃəl/ 形 (格式) 連続的な, 順序立った; 続いて起こる. (名 séquence)

se·ques·ter /sɪkwéstə | -tə/ 動 (-ter·ing /-tərɪŋ, -trɪŋ/) 他 ❶ (格式) (...)を隔離する. ❷ 〔法律〕 (財産など)を仮差し押さえする.

se·quin /síːkwɪn/ 名 C シークイン(飾り) (衣服につけるきらきらした飾りまたはスパンコール).

se·quoi·a /sɪkwɔ́ɪə/ 名 C セコイア, セコイアめすぎ [≒ redwood].

se·ra 名 serum の複数形.

Serb /sə́ːb | sə́ːb/ 名 C セルビア人; U セルビア語.

Ser·bi·a /sə́ːbiə | sə́ː-/ 名 固 セルビア (バルカン半島の共和国; 首都 Belgrade).

ser·e·nade /sèrənéɪd/ 名 C セレナーデ (夜, 恋する女性の窓下で歌う[奏でる]調べ) (*to*); 〔音楽〕 セレナーデ, 小夜曲(さよきょく). — 動 他 (人)にセレナーデを奏でる[歌う].

ser·en·dip·i·ty /sèrəndípət̬i/ 名 U (文語) 偶然貴重な発見をすること.

se·rene /səríːn/ 形 (more ~, se·ren·er; most ~, se·ren·est) ❶ のどかな; (空などが)雲のない; (海などが)穏やかな, 静かな [≒ calm]: a *serene* valley 静かな谷. ❷ (精神的に)落ち着いた, 穏やかな, 平和な: a *serene* life 平和な生活 / a *serene* smile 穏やかな笑み. **~·ly** 副 穏やかに; 落ち着いて.

se·ren·i·ty /sərénət̬i/ 名 ❶ U のどかさ, 穏やかさ, 晴朗. ❷ U 平静, 落ち着き.

serf /sə́ːf | sə́ːf/ 名 (~s) C 農奴 (封建時代の農民の最下層階級で土地に縛られ, 土地とともに売買された); 奴隷(のような人).

serge /sə́:ʤ | sə́:ʤ/ 名 U 〘織物〙サージ《強いウールの服地》: a blue *serge* suit 紺サージ服.

+**ser·geant** /sάəʤənt | sά:-/ 名 (**ser·geants** /-ʤənts/) ❶ C **軍曹**《軍隊の階級; 略 Sgt.》. ❷ C 巡査部長《米国では lieutenant の下, 英国では inspector と constable の中間; 略 Sgt.》.

sérgeant májor 名 (複 sergeants major) C (米陸軍・海兵隊の)上級曹長; (英陸軍の)特務曹長.

+**se·ri·al** /sí(ə)riəl/ (同音 cereal) 名 (~s /~z/) C (小説・映画などの)**連続物**, 続き物《クライマックスで終わり, また次に続くもの》; 定期刊行物: Her new novel will be made into a television *serial*. 彼女の新しい小説は連続テレビドラマになる予定だ. 関連 series 1 回ごとに話が完結する連続物. (動 sérialìze)

— 形 ❶ 限定 (小説・映画など)**続き物の**; (出版物が)定期の. ❷ 限定 連続的な; ひと続きの, 通しの: a *serial* killer 連続殺人犯 / in *serial* order 連続して, 番号順に. ❸ 限定 〘コンピュータ〙(データの伝送・演算が)直列の, シリアルの.

se·ri·al·ize /sí(ə)riəlàɪz/ 動 他 [普通は受身で] (...)を連載する, 続き物として掲載[放送, 上映]する. (名 sérial)

se·ri·al·ly /sí(ə)riəli/ 副 連続的に, ひと続きで.

sérial nùmber 名 C (紙幣などの)通し番号.

S

＊＊**se·ries** /sí(ə)ri:z/ ❗発音 (同音 Ceres)

— 名 (複 ~) ❶ C [普通は単数形で] **ひと続き**, 連続, 一連のもの: a ***series of*** victories 連戦連勝. 語法 a series of＋複数名詞は単数として扱う: *A series of* misfortunes *has* destroyed her life. 不幸の連続で彼女の一生は台なしになった.

❷ C (小説・映画などの)**連続物**, 続き物《1 回ごとに筋が完結して話が続いていくもの》; (試合の)シリーズ: a television *series* 連続テレビ番組 / the World *Series* 《米》(プロ野球の)ワールドシリーズ / the Sherlock Holmes *series* シャーロックホームズのシリーズ. 関連 serial 話が続く連続物.

in séries [副・形] (1) 連続して; シリーズもので. (2) 〘電気〙直列に. 関連 in parallel 並列に.

＊＊**se·ri·ous** /sí(ə)riəs/ ❗発音 (同音 《米》 #Sirius)

— 形 ❶ **重大な**, 深刻な, 油断のならない, 容易ならない; (病気などが)**重症の, 重い**: a *serious* problem 重大な問題 / a *serious* illness 重病 / The situation became *serious*. 情勢は緊迫してきた / 🗨 "Are you all right?" "Yes, thank you. It's not [nothing] *serious*." 「大丈夫ですか」「ありがとう. 大したことではありません」

❷ **まじめな, 真剣な**, ひたむきな; (恋愛などが)本気の; (表情などが)深刻な《⇒ 類義語》: This is a *serious* talk. これはまじめな話です / Sam is ***serious about*** his work. ＋about＋名 サムは仕事に関してまじめだ / Are you ***serious about*** leav*ing* school? ＋about＋動名 学校をやめるというのは本気なの? / Jim has a *serious* girlfriend. ジムには本気で付き合っている恋人がいる / He looked *serious*. 彼は深刻な顔をしていた / You can't be *serious*! Ⓢ 本気で言ってるんじゃないよね.

❸ (仕事などが)慎重を要する, 重要な; (文学・芸術などが)まじめな, 堅い: This issue needs *serious* consideration. この問題は慎重に考える必要がある. ❹ 限定 《略式》大量の: *serious* money 大金.

類義語 **serious** 一般的な語で, 重要な考えや仕事に本気になって取り組むこと: I'm *serious*. This isn't a joke. 本気で言っているんだ. これは冗談ではない. **grave** 威厳を伴った真剣さ, または責任の重大さを反映する態度. **earnest** 熱心さを伴った真剣な気持ちを表わす. **sober** 「酔っていない」という意味から, 冷静さを伴ったまじめな態度.

＊＊**se·ri·ous·ly** /sí(ə)riəsli/

— 副 ❶ **重大に**, ひどく: He's *seriously* ill. 彼は重病だ.

❷ **まじめに, 真剣に**, 本気で: She took my joke *seriously*. 彼女は私の冗談を真(ま)に受けた. ❸ 文修飾 Ⓢ まじめな話, 冗談はさておき: *Seriously*, what do you think of the government's decision? まじめな話, あなたは政府の決定をどう思いますか. ❹ 《略式》とても [≒very]: She's *seriously* rich. 彼女は大金持ちだ.

séNriously spéaking [副] 文修飾 **まじめな話だが**, 冗談は抜きにして: *Seriously speaking*, we must make some preparations for this winter. まじめな話, この冬のしたくをしなければならない.

se·ri·ous·ness /sí(ə)riəsnəs/ 名 ❶ U まじめなこと, 真剣さ. ❷ U 重大さ; 危篤. **in áll sériousness** [副] 大まじめに(言って).

ser·mon /sə́:mən | sə́:-/ 名 ❶ C (教会の)説教: The minister gave [preached, delivered] a *sermon on* forgiveness. 牧師は人を許すということについての説教をした. ❷ C 《略式》(長たらしい)お説教, 小言 (*on*). **the Sérmon on the Móunt** [名] 〘聖書〙山上の垂訓《キリストが丘の上で弟子たちに説いた教訓》.

ser·mon·ize /sə́:mənàɪz | sə́:-/ 動 自 [軽蔑的] お説教をする.

ser·pent /sə́:pənt | sə́:-/ 名 C 《文語》蛇. 参考 特に大きく有毒の種類をいうことが多く, またしばしば悪賢いものの例とされる《⇒ snake 表; Eden 参考》.

ser·pen·tine /sə́:pəntì:n, -tàɪn | sə́:pəntàɪn/ 形 《文語》蛇状の; 蛇行した.

ser·rat·ed /səréɪṭɪd/ 形 (ナイフなどが)のこぎり(歯)状の, ぎざぎざになった.

ser·ried /sérid/ 形 限定 《文語》密集した, すし詰めの: *serried* ranks of soldiers 密集した兵隊の列.

se·rum /sí(ə)rəm/ 名 (複 ~s, **se·ra** /sí(ə)rə/) ❶ U,C 〘医学〙血清. ❷ U 〘生理〙漿液(しょうえき), リンパ液.

＊**ser·vant** /sə́:v(ə)nt | sə́:-/ 名 (**ser·vants** /-v(ə)nts/) ❶ C **使用人**, 召し使い. 参考 master (主人), mistress (女主人)や servant (使用人)という語は昔ほどは使われない: keep *servants* 使用人を雇っている / a domestic *servant* 家事手伝いの人 / We're not ***the servants of*** computers. 私たちはコンピューターのしもべではない / Fire is a good *servant*, but a bad master. 《ことわざ》火はよい召し使いであるが悪い主人である. ❷ C 《格式》(忠実な)奉仕者: a *servant* of Christ キリストのしもべ《牧師のこと》 // ⇒ civil servant.

〘語源 原義は「仕える (serve) 者」〙

＊＊**serve** /sə́:v | sə́:v/

— 動 (serves /~z/; served /~d/; serv·ing)

意味のチャート
「**仕える**」他 ❹ → 「**役に立つ**」他 ❸, 自 ❷
→ 「**応対する**」他 ❷ → 「(飲食物を)**出す**」他 ❶, 自 ❸ → 「**供給する**」他 ❻
→ 「**務める, 勤める**」他 ❺, 自 ❶

— 他 ❶ (飲食物)を**出す**, 食卓に出す, 配膳(はいぜん)する:

Dinner *is served.* V+Oの受身 お食事の用意ができました《主人や客に言う》/ Dessert will be *served* next. デザートを次にお出しします / 言い換え She *served* wine *to* me. V+O+to+名 = She *served* me wine. V+O+O 彼女は私にワインを出してくれた / Roast beef *is* usually ***served with*** gravy. V+O+with+名の受身 ローストビーフは普通グレービーソースを添えて出される / Steak must *be served* hot. V+O+C (形)の受身 ステーキは熱いうちに出さなければならない.

❷ (客)に**応対する**, (客)の注文を聞く, (客)に品物を見せる**:** *serve* a customer 客の用を伺う / How can we *serve* you? 何にいたしましょうか《店員が言うことば》/ Are you *being served*? V+Oの受身 もうご用件は承っておりますでしょうか《店員が言うことば》.

❸ (...)の**役に立つ**, 助けになる; (目的·要求など)にかなう, 間に合う; (料理などが)(ある人数分)だけある**:** I hope this money will *serve* your needs [purpose]. このお金があなたのお役に立てばよいと思います / Her experience in teaching will *serve* her well in the future. 彼女の教職の経験が将来十分に役に立つだろう / This turkey will *serve* five. この七面鳥は5人分ある.

❹ (...)に**仕える**, (...)のために働く, (...)に奉仕する; (人)の用を足す**:** She dedicated herself to *serving* the community. 彼女は地域社会に奉仕することに身をささげた / Mr. Smith ***served*** the nation ***as*** Chief Justice for more than ten years. V+O+as+名 スミス氏は10年以上も最高裁判所長官として国家に仕えた《⇒ as 前 1 語法 (1)》.

❺ (任期·刑期·年季など)を**務める**, 務め上げる; (...の職)を務める**:** Young carpenters had to *serve* an apprenticeship. 若い大工たちは見習い期間[年季]を務めなければならなかった / She ***served*** her term ***as*** chairperson. V+O+C (as+名) 彼女は委員長としての任期を務め上げた《⇒ as 前 1 語法 (1)》/ He *served* ⌈ten years [a ten-year sentence] for murder. 彼は殺人罪で10年間服役した.

❻ (地域など)の**必要を満たす**, (...)を受け持つ; (人·地域など)に(必要な物を)**供給する**, 提供する [≒supply]**:** That hospital *serves* a large area. その病院は広い地域を受け持っている / The village *is*n't yet ***served with*** gas. V+O+with+名の受身 その村にはまだガスが供給されていない. ❼〔球技〕(球)をサーブする. ❽〔法律〕(令状などを)(人)に渡す, 送付する; (令状など)を(人に)渡す**:** *serve* a summons *on* ... ...に召喚状を送付する.

— 自 ❶ **務める**, 勤務する; 仕える, 奉仕する; 服役する**:** My sister ***serves as*** the club treasurer. V+C (as+名) 姉はクラブの会計係をしている 多用 / She has ***served in*** the government [army] for three years. V+in+名 彼女は官庁[陸軍]で3年間働いた / Mr. Black ***serves on*** various committees. V+on+名 ブラック氏はいろいろな委員会の委員を務めている / He ***served under*** Admiral Nelson during the war. V+under+名 彼は戦争中はネルソン提督の指揮下にあった.

❷ (本来の目的以外に)**役立つ**, 間に合う; (結果として)...(すること)になる**:** The box ***served as*** a table. V+C (as+名) その箱はテーブルとして利用できた / This only ***serves to*** prove that he's lazy. V+to 不定詞 このことは彼が怠け者だということをはっきり示しているだけだ. ❸ 給仕する, (飲食物を)出す. ❹〔球技〕サーブする.

sérve óut [動] 他 (1) (任期·刑期など)を全うする, 務め上げる. (2)《英》(飲食物)を配る.

sérve ... ríght [動] 他 Ⓢ (~したのだから)(...)には当然の報いだ (*for*)**:** It'll *serve* him *right* if he fails the exam. He didn't study at all. 彼が試験に落ちたとしても当たり前だ. 全然勉強しなかったのだから / ⌈It *serves* [*Serves*] you *right*! 当然の報いだ, いい気味だ.

sérve úp [動] 他 (食事)を出す**:** Fish shouldn't be *served up* cold. 魚は冷めたまま出してはいけない.

(名 sérvice)

— 名 C〔球技〕サーブ(の順) [≒service].

+**serv·er** /sə́ːvɚ | sə́ːvə/ 名 (~s /~z/) ❶ C〔コンピュータ〕**サーバー**. ❷ C《米》ウエーター [≒waiter, waitress]. ❸ C [普通は複数形で] 食べ物をよそう道具《おたま·スプーンなど》. ❹ C〔球技〕サーブをする人[選手]. ❺ C〔カトリック〕侍者《ミサで司祭を助ける者》.

***ser·vice** /sə́ːvɪs | sə́ː-/ ❗発音

— 名 (ser·vic·es /~ɪz/)

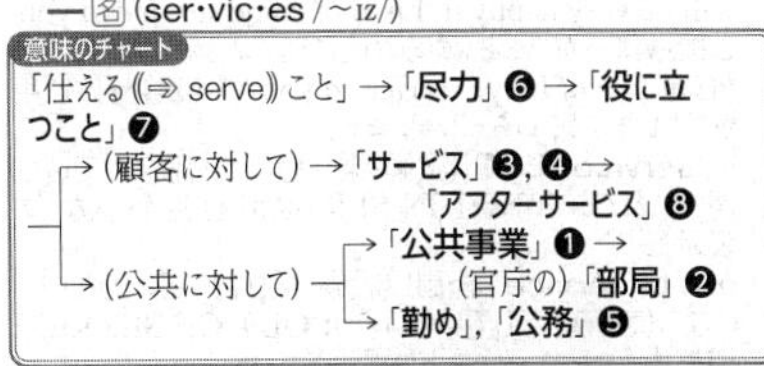

意味のチャート
「仕える《⇒ serve》こと」→「尽力」❻ →「役につこと」❼
→ (顧客に対して) →「サービス」❸, ❹ →
「アフターサービス」❽
→ (公共に対して) — →「公共事業」❶ →
(官庁の)「部局」❷
→「勤め」,「公務」❺

❶ C,U (郵便·電信·電話などの)**公共事業**, **業務**, 施設; (ガス·水道·電気などの)**供給**, 施設; (公共的乗り物の) **便**, 運転**:** a telephone *service* 電話事業 / There's a good rail *service* between this town and the airport. この町と空港の間は列車の便がよい.

❷ C [しばしば the ~ として普通は単数形で] (官庁などの)**部局**, 部門**:** *the* civil *service* (軍以外の)行政機関 / *the* health *service* 保健局 // ⇒ Secret Service.

❸ C,U **サービス**《顧客に提供される生産に関係しない労働》/ That supermarket offers a delivery *service*. あのスーパーは配達サービスをしている // ⇒ service industry.

❹ U (ホテル·飲食店などの)**サービス**, 接客; サービス料**:** excellent customer *service* 申し分のない顧客サービス / The *service* in this restaurant is good [poor]. このレストランはサービスがよい[悪い] / Is *service* included in the bill? サービス料込みですか. 日英 日本語の「サービス」のような「値引き」や「おまけ」の意味はない. 関連 room service ルームサービス / self-service セルフサービス.

❺ U **勤め**, 勤務**:** public *service* 公務, 公用 / He retired after thirty years of ***service to*** the company. 彼はその会社に30年間勤めて退職した.

❻ C [普通は複数形で] **尽力**, 骨折り, 奉仕, 世話; 功労, 功績, 貢献**:** professional *services* (医師·弁護士などの)専門職としての仕事 / Mr. Smith offered his ***services to*** our association. スミス氏は我々の協会の役に立ちたいと申し出た / She has done us a great *service*. 彼女は私たちに非常に尽くしてくれた.

❼ U **役立つこと**, 有効, 有用**:** 言い換え They have gotten [had] good *service* out of this truck. = This truck has given them good *service*. このトラックはずいぶん彼らの役に立った.

❽ U,C (製品に対する)**アフターサービス**; 点検修理**:** radio and television repair *service* ラジオおよびテレビの(販売後の)修理サービス / take one's car in for

S

(《英》a) *service* 車を点検に出す. 日英 「アフターサービス」は和製英語. 英語では (maintenance) service,《英》after-sales service という. ❾ Ⓤ 兵役, 軍務; Ⓒ (陸・海・空)軍: military *service* 兵役 / on active *service* 現役(の軍人)で / My uncle was wounded while he was *in* the *service*. 私のおじは従軍中に負傷した. ❿ Ⓒ,Ⓤ (宗教上の)儀式, 礼拝(式): hold a funeral *service* 葬式を行なう / attend (the) morning *service* 朝の礼拝に出る. ⓫ Ⓒ〔球技〕サーブ; サーブの順番; サービスゲーム: return of *service* サーブを返すこと. ⓬ Ⓒ (食器などの)ひとそろい, 一式 [≒ set]: a coffee [tea] *service* コーヒー用具[茶器]一式.

at ...'s sérvice [形・副]《格式》...の望みのままに; (いつでも)...の役に立って: I'm always *at your service*. いつでも私にご用命ください / The car is *at your service*. その車はご自由にお使いください.

be of sérvice to ... [動] ⑯《格式》...に役に立つ: I will be very happy if this *is of* some *service to* you. これがいくらかでもあなたのお役に立てばうれしく思います / Can I *be of* (any) *service to* you?《丁寧》何かご用がございますか, いらっしゃいませ.

in sérvice [形・副] (設備・乗り物などが)使われていて, 運行されていて: NOT IN SERVICE 回送《バスなどの表示》.

òut of sérvice [形・副] (設備・乗り物などが)使われていない(で), 運行していない(で): OUT OF SERVICE 調整中《エレベーターなどの掲示》.

préss ... ìnto sérvice [動] ⑯ (...)を急場しのぎに利用する[手伝わせる].

sée sérvice [動] ⓐ (1) 実戦の経験を積む. (2)《略式》役に立つ, 使い込まれる. (動 serve)

― 動 (ser·vic·es /~ɪz/; ser·viced /~t/; ser·vic·ing) ⑯ ❶ (...)を**点検修理する**(⇒ repair 類義語); (製品)のアフターサービスをする: I'm going to have my car *serviced* regularly. 定期的に車の点検修理をしてもらうつもりだ. ❷ (人・地域など)に必要なものを提供する. ❸〔経済〕(負債)の利子を支払う.

― 形 限定 従業員用の: the *service* elevator 業務用エレベーター.

ser·vice·a·ble /sə́ːvɪsəbl | sə́ː-/ 形 使える, 役に立つ; もちのよい, 実用向きの.

sérvice àrea 名 Ⓒ《英》サービスエリア《高速道路沿いにある休憩・給油所》.

sérvice brèak 名 Ⓒ〔テニス〕サービスブレイク.

sérvice chàrge 名 Ⓒ サービス料, 手数料.

sérvice ìndustry 名 Ⓤ,Ⓒ サービス産業.

+**ser·vice·man** /sə́ːvɪsmæ̀n, -mən | sə́ːvɪsmən/ 名 (-men /mèn, -mən | -mən/) Ⓒ **軍人**《男性》.

sérvice stàtion 名 Ⓒ ガソリンスタンド(⇒ gas station 日英).

ser·vice·wom·an /sə́ːvɪswʊ̀mən | sə́ː-/ 名 (-wom·en /-wɪ̀mən/) Ⓒ 軍人《女性》.

ser·vi·ette /sə̀ːviét | sə̀ː-/ 名 Ⓒ《英》(食卓用の)ナプキン [≒napkin].

ser·vile /sə́ːv(ə)l | sə́ːvaɪl/ 形 ❶ [軽蔑的] 奴隷的な, 卑屈な; 盲従的な; (...に)追従的な (*to*). ❷ 奴隷の(ような).

ser·vil·i·ty /səːvíləṭi | səː-/ 名 Ⓤ《格式》[軽蔑的] 奴隷根性; 卑屈, 屈従.

serv·ing /sə́ːvɪŋ | sə́ːv-/ 名 Ⓒ (料理の)1 人分, 1 杯 [≒helping]: a second *serving of* meat 肉のお代わり.
― 形 限定 (食器が)給仕[取り分け]用の.

ser·vi·tude /sə́ːvət(j)ùːd | sə́ːvɪtjùːd/ 名 Ⓤ《格式》奴隷状態; 隷属 (*to*).

ses·a·me /sésəmi/ 名 Ⓤ ごま; ごまの実. **an ópen sésame** [名] (望みをかなえてくれる)安易な道[方法] (*to*). 由来 「千夜一夜物語」(*The Arabian Nights' Entertainments*)の中で, アリババ (Ali Baba) が洞窟(どうくつ)を開くときに用いた「開けごま」という呪文(じゅもん)から.

****ses·sion** /séʃən/ (同音 cession)

― 名 (~s /~z/) ❶ Ⓒ (ある活動のための)**時間**, **会合**: a recording *session* レコーディングセッション / a planning *session* 企画の会合 / a jam *session* ジャズやロックの即興演奏会 / The committee had a long *session*. 委員会の会議は長時間にわたった.

❷ Ⓒ,Ⓤ (議会などの)**会議**, 会合; **開会(していること)**; (裁判所の)開廷; (証券取引所などの)立会い: a plenary *session* 本会議 / hold a ***session on*** trade problems 貿易問題について会合を開く / Congress is ***in session***. 議会が開会中だ.

❸ Ⓒ **会期**, 開廷期間: a *session* of Congress 議会の会期. ❹ Ⓒ《主に米》学期; 授業(時間): the summer *session* 夏学期.

〖語源 ラテン語で「着席」の意〗

****set** /sét/

意味のチャート
基本的には「**置く**」⑯ ❶ の意
→ (ある状態に置く)
→ (自らを置く) → (太陽・月が)「**沈む**」ⓐ ❶
→「**整える**」⑯ ❺ → (髪が)「**セットできる**」ⓐ ❸ / →「(髪の)**セット**」名 ❽
→ (ある状態に)「**する**」⑯ ❻
→ (設定する)
→「**決める**」⑯ ❷ →「**固まる**」ⓐ ❷ →「**動かない**」形 ❹
→「**定める**」⑯ ❷ →「**定められた**」形 ❷ → (設定されたもの) →「(試合の)**セット**」名 ❺
→ (一括して置かれたもの)
→「**ひとそろい**」名 ❶ → (機器一式) →「**受信機**」名 ❷
→「**一団**」名 ❸ (sect との混同で)

― 動 (sets /séts/; 過去・過分 set; set·ting /-ṭɪŋ/) ⑯ ❶ [副詞(句)を伴って] (...)を(きちんと〜に)**置く**, 据(す)え付ける, 立てる; 座らせる; (鶏)に卵を抱かせる. 語法 「定まった位置・状態に置く」という感じで, put よりやや改まった言い方: *set* the statue *on* its base V+O+前+名 像を台座の上に置く / Please *set* these chairs *by* the window. これらのいすを窓際に並べてください / A large fireplace *was **set into*** the wall. V+O+前+名の受身 大きな暖炉が壁に作りつけられていた.

❷ (時間・値段・基準・限界など)を(...と)**決める**, **定める**; (...に)(価値など)を置く (*on*): *set* standards of hygiene 衛生基準を定める / Let's ***set*** the date ***for*** the meeting. V+O+前+名 会合の日取りを決めよう / He ***set*** the price ***at*** $80. 彼は値を 80 ドルとつけた.

❸ (流行・風潮・先例など)を**作る**, (模範など)を示す; (新記録など)を**樹立する**: ***set*** a good example ***for*** [*to*] the children V+O+*for* [*to*]+名 子供たちに立派な手本を見せる / *set* a world record in the 100 meters 百メートルの世界記録を樹立する.

❹ [普通は受身で] (物語などの舞台)を(...に)**設定する**: The novel *is set in* 17th-century Spain. その小説の

舞台は 17 世紀のスペインに置かれている.
❺ (...)を**きちんとした状態[形]にする, 整える**; (器具など)を**調節する**; (髪)を**セットする**; (...)(の骨)を接(つ)ぐ; (...)(の活字)を組む: ***set*** the table ***for*** dinner V+O+前+名 ディナーのために食卓を用意する / ***set*** the clock ***by*** the time signal 時計を時報に合わせる / ***Set*** the watch ***to*** the correct time. 時計を正しい時間に合わせなさい / I ***set*** the alarm clock ***for*** seven. 私は目覚まし時計を 7 時に(鳴るように)セットした / She has her hair *set* every other week. 彼女は 1 週間おきに髪をセットしてもらう.
❻ (...)を(ある状態に)**する**; [-ing 形を伴って] (...)に[を]〜させ(始め)る: *set* the prisoners free V+O+C (形) 囚人を釈放する / 言い換え ***set*** the house ***on*** fire = ***set*** fire ***to*** the house 家に放火する / How can we ***set*** her mind ***at*** rest? V+O+C (前+名) どうしたら彼女を安心させられるだろう / His speech ***set*** me think***ing*** about the future. V+O+C (現分) 彼のスピーチを聞いて私は将来について考えさせられた. ❼ (仕事・問題など)を(...に)課する, あてがう; (人)を(仕事などに)取りかからせる (*to*); (人)に(仕事で)...させる (*to* do). ❽ (...)を固める, 固定する; [普通は受身で] (決意などを示して)(あご・顔など)を不動にする, 固くする, (心)を(...に)決める: Tom *set* his heart *on* becom*ing* a doctor. トムは医者になる決心をした. ❾ (詩など)に曲をつける; (動きなど)を曲に合わせる: *set* a poem *to* music 詩に曲をつける. ❿ (...)を(しっかりと)差し込む; (木・苗)を植えつける; [普通は受身で] (宝石など)を(...に)はめ込む, (...)に(宝石などを)ちりばめる: 言い換え Many jewels *are set in* this crown. = This crown *is set with* many jewels. この王冠には多くの宝石がちりばめてある. ⓫ (人)を(...に)配置する, (役などに)つける: *set* guards *at* the gate 門に番兵を置く.
— 自 ❶ (太陽・月が)**沈む** [≒go down] [⇔ rise]: The moon ⌈is *setting* [has *set*]. 月が沈みかけている[沈んだ] / The sun rises in the east and ***sets in*** the west. V+*in*+名 太陽は東から昇り西に沈む. 関連 sunset 日の入り.
❷ **固まる**, 凝固する; (表情が)固くなる (*into*): The cement has *set*. セメントは固まった / His face *set* when he heard the news. その知らせを聞くと彼の顔はこわばった.
❸ (髪が)**セットできる**; (骨が)整復する, 治る: My hair *sets* easily. 私の髪はセットしやすい.

set の句動詞

+**sèt abóut ...** 動 他 ❶ ...**を始める**, ...に取りかかる [≒begin]: We *set about* do*ing* the job right after lunch. 我々は昼食後すぐに仕事に取りかかった. ❷ 《文語》(人)を攻撃する.
+**sét ... agàinst ~** 動 他 ❶ (...)を**~に立てかける**, 寄りかける, ~の隣に置く: I *set* the ladder *against* the wall. 私ははしごを壁に立てかけた. ❷ [普通は受身で] ~を背景にして(...)を据える[示す]: The ribbon looked beautiful *set against* her hair. リボンは彼女の髪に見事に映えていた. ❸ (人)を(親しい人など)と対立させる; (人)を~に反対させる: The civil war *set* friend *against* friend. 内戦で友人どうしが敵対した. ❹ (...)を~と比べる, (...)を~に対応させて考慮する; (経費など)を(税金)から差し引く.
sét ... apárt 動 他 ❶ (...)を際立(きわだ)たせる (*from*). ❷ [普通は受身で] (...)を取っておく (*for*).
+**sèt asíde** 動 他 ❶ (...)を(一時的に)**わきに置く**, わきにやる; (仕事など)を中断する V+名・代+*aside* / V+*aside*+名: She *set aside* her sewing when the telephone rang. 電話が鳴ったとき彼女は縫い物を(一時中断して)わきに置いた.
❷ (ある目的のために) (金・時間・場所など)を**取っておく**, 蓄えておく [≒save]: You'd better *set* this money *aside for* future use. このお金は将来のために取っておきなさい. ❸ (意見・感情など)を無視する. ❹〔法律〕(評決など)を却下[破棄]する.
+**sèt báck** 動 他 ❶ (時計)を**遅らす**, 戻す [⇔set forward] V+名・代+*back* / V+*back*+名: *Set* this clock *back* twenty minutes, please. この時計を 20 分遅らせてください.
❷ (進行など)を**はばむ**, (人)を不利な立場におく; (計画など)を遅らせる V+名・代+*back* / V+*back*+名: The rain *set* our plans *back* (by) two weeks. 雨で我々の計画が 2 週間遅れた. ❸ (...)を後ろへ移す; [普通は受身で] (家など)を(...から)少し離して後ろに置く[建てる] (*from*). ❹《略式》(人に)(費用)を出費させる [≒cost]: If you have dinner at that hotel, it'll *set* you *back* quite a lot. あのホテルで食事をとるとずいぶん高くつくよ. (名 sétbàck)
*__sèt dówn__ 動 他 ❶ (...)を**下に置く** V+名・代+*down* / V+*down*+名: He *set down* his bag for a while. 彼は少しの間かばんを下に置いた. ❷ (基準など)を定める, 規定する. ❸ (...)を書き留める [≒record]: I *set down* my ideas on paper. 私は自分の考えを紙に書きつけた.
sèt fórth 動 自《文語》出発する. — 他《格式》= set out 他 2.
sèt fórward 動 他 (時計)を進める [⇔set back]: If you fly from London to Tokyo, *set* your watch *forward* nine hours. ロンドンから東京へ飛行機で行く場合は時計を 9 時間進めなさい.
+**sèt ín** 動 自 (悪天候・冬期などが)**始まる** [≒begin]; (病気などが)起こる; (流行などが)広まりだす: The rainy season has *set in*. 雨季が始まった.
*__sèt óff__ 動 自 (旅行などに)**出発する** [≒set out] (*for*): When are you going to *set off* on your trip? いつ旅行にご出発ですか.
— 他 ❶ (爆弾など)を**爆発させる**, (花火)を打ち上げる; (機械)を始動させる V+名・代+*off* / V+*off*+名: The engineers *set off* the dynamite. 技師たちはダイナマイトを爆発させた / The fire alarm was accidentally *set off*. 火災報知機は間違って鳴った. ❷ (...)を引き起こす; [しばしば -ing 形を伴って] (人)に...させ始める: He *set* everyone *off* laugh*ing*. 彼はみんなをどっと笑わせた. ❸ (...)を引き立たせる: This frame will *set off* the picture. この額縁で絵は引き立つでしょう. ❹ (...)を(〜と)つり合わせる, (〜で)相殺する; (...)を(〜から)差し引く (*against*)《⇒ offset[1]》.
sét ... on ~ 動 他 (犬など)を~にけしかける.
*__sèt óut__ 動 自 ❶ **出発する**, (長)旅に出る [≒set off]: 言い換え They *set out for* [*from*] New York. (= They started for [from] New York.) 一行はニューヨークへ向けて出発した[ニューヨークを発(た)った] / We *set out on* our journey full of hope. 我々は期待を胸に旅立った.
❷ [to 不定詞とともに] (...することに)**着手する**, (...することを)目指す: The government *set out to* resolve the unemployment problem. 政府は失業問題を解決しようと乗り出した.
— 他 ❶ (...)を**陳列する**, 並べる; 表示[提示]する V+

S

名·代+out / V+out+名: All the goods for sale are *set out on* the tables. 商品はすべて陳列台に並べてある. ❷ (...)を(整然と)述べる, 説明する: He *set out* his reasons clearly. 彼はその理由をはっきりと述べた.

***sèt úp** 動 他 ❶ (望遠鏡·カメラなど)を**据**(す)**え付ける**, (テント)を張る; (機械など)を組み立てる, 設置する, (コンピューターなど)を設定[セットアップ]する; (小屋など)を建てる V+名·代+up / V+up+名: *set up* a jungle gym ジャングルジムを設置する / We *set up* our tents before dark. 私たちは暗くなる前にテントを張った.
❷ (会社·組織など)を**設立する**, 創設する [≒establish]; (調査など)を開始する V+名·代+up / V+up+名: The government has *set up* a committee to inquire into the problem. 政府はその問題を調査するために委員会を設立した.
❸ (像など)を**立てる**; (看板など)を掲げる V+名·代+up / V+up+名: They *set up* a pole at the center of the circle. 彼らは円の中心に棒を立てた. ❹ (会合など)を設定する. ❺ (資金を与えて)(人)を(商売などで)独立させる: He *set* his son *up in* business. 彼は息子に事業を始めさせた. ❻ (人)を(わなに)はめる. ❼ (...)に(必要な物を)供給する (*with*).
— 自 (...として)職につく[商売を始める]: In 1706, Thomas Twining /twáınıŋ/ *set up as* a tea merchant in London. 1706 年にトマス トワイニングは紅茶商としてロンドンで事業を始めた.
sèt one**sèlf úp as ...** [動] 他 (1) ...として職につく[商売を始める]: He *set himself up as* a record producer. 彼はレコーディングのプロデューサーの職についた. (2) 自分を...だと主張する, ...のふりをする. (名 sétùp)

S

— 名 (sets /séts/) ❶ C (同じ種類の物の)**ひとそろい**, ひと組, 一式, セット: a coffee [tea] *set* コーヒー[ティー]セット / two *sets of* tea things 茶器ふたそろい / a train *set* 鉄道模型のセット / a new *set of* tools 新しい(大工などの)道具ひとそろい / a *set of* rules 一連の規則.
❷ C **受信機, 受像機:** buy a TV *set* テレビを買う.
❸ C [普通は単数形で; 《英》ときに複数扱い] (趣味·ライフスタイルなどが同じ)**一団**, 一派, 連中, 仲間: the cycling *set* サイクリング仲間 / the young *set* 若い連中 //⇒ jet set.
❹ C,U 〔演劇〕**大道具**, 舞台装置; 〔映画·テレビ〕**セット**: on (the) *set* (俳優などが)セットに入って.
❺ C (テニス·バレーボールなどの)**セット**, 回 (⇒ game¹ 3 参考): Mary won the first *set* six (to) four. メアリーは 6-4 で第 1 セットをとった. ❻ C (コンサートなどで)1 回に演奏する曲目. ❼ [単数形で; しばしば the ~] 置かれた具合, 配置; (身体の一部の)格好《ときに決意を示す》: *the set* of his jaw 彼のあごの格好. ❽ [単数形で] (髪の)セット; 固まること, 凝固: I'd like to have a *set*. セットをお願いします. ❾ C 〔数学〕集合. ❿ C 苗, 球根: onion *sets* たまねぎの球根.
— 形 ❶ 叙述 (ある位置に)**置かれた:** a castle *set on* a hill 丘の上にある城.
❷ 限定 (あらかじめ)**定められた**, 決められた, 型どおりの; 《英》(図書などが)指定された: *set* rules 決まった規則 / a *set* wage 固定給 / at the *set* time 指定された時刻に / a *set* phrase 決まり文句, 成句 / a *set* meal 定食 / a *set* book 《英》(試験用の)指定図書. ❸ 叙述 《略式》(...の)用意ができて [≒ready] (*for*); ...しそうで: On your mark [《英》marks], get *set*, go! 位置について, 用意, どん《競走のスタートの合図》/ I'm all *set to* go at any time. 用意はすっかりできていつでも出発できる / The weather looks *set to* change. 天気が変わりそうだ. ❹ (表情などが)動かない, こわばった, 固い: a *set* smile 作り笑い. ❺ (意志などが)堅い, 断固とした; 頑固な: a person of *set* opinions 頑固な意見の持ち主.
be sét agàinst (doing) **...** [動] 他 ...(すること)に断固として反対している: Carol's father *is* (dead) *set against* her marriage. キャロルの父親は彼女の結婚に強く反対している.
be sét on [upòn] (doing) **...** [動] 他 ...(しようと)**固く決心している:** He's very *set on* being a doctor. 彼は医者になろうと固く心に決めている.
〖語源 原義は「座らせる」で sit, settle と同語源〗

+**set·back** /sétbæ̀k/ 名 (~s /~s/) C (進歩などの)**妨げ**, 停滞, 後退, つまずき: suffer a major *setback* 大きくつまずく. (動 sèt báck)

sét pìece 名 C (演劇·小説などの)型どおりの場面.

sét pòint 名 C セットポイント《テニスなどでそのセットを勝つための最後の 1 ポイント》.

set·square /sétskwèə | -skwèə/ 名 C 《英》三角定規 [《米》triangle].

set·tee /setíː/ 名 C 《主に英》(背付きの)長いす.

set·ter /séṭə | -tə/ 名 ❶ C セッター《猟犬; ⇒ dog 挿絵》. ❷ C [合成語で] (...を)決める人, 作る人: a fashion-*setter* 流行を作る人. ❸ C 〔バレーボール〕セッター. ❹ C 置く人, 並べる人.

sét thèory 名 C 〔数学〕集合論.

set·ting** /séṭıŋ/ 名 (~s /~z/) ❶ C **背景**, 周囲, 環境; (物語の)**舞台**; 〔演劇〕道具立て, 舞台装置: the perfect ***setting for a wedding 結婚式の最高の舞台 / Tokyo is the ***setting of*** this play. 東京がこの劇の舞台だ.
❷ C (器具の)**調節点**, 目盛りの位置; [普通は複数形で] 設定: check the *setting* 目盛りを確かめる.
❸ C (宝石などの)はめ込み台[枠]. ❹ C (歌詞に付けた)曲, 旋律. ❺ U 《文語》(太陽·月が)沈むこと: the *setting of* the sun [moon] 日[月]の入り. ❻ C ひとそろいの食器類《スプーン·ナイフ·フォークなど》. ❼ U,C 置くこと, 据(す)え付け, 設置.

**set·tle /séṭl/

— 動 (set·tles /~z/; set·tled /~d/; set·tling) 他

意味のチャート
(安定した状態に)「**据える, 置く**」❸
→(懸案をきちんとする)→「**解決する**」❶ / →「**清算する**」❹
→(人を定着させる)→「**定住させる**」❷

❶ (問題·紛争など)を**解決する**, 処理する, 調停する; (財産など)を整理する; (...)を**決定する**, 決める: He *settled* his differences with his father. 彼は父親と和解した / The question *is*n't yet *settled*. V+O の受身 その問題はまだ解決されていない / *settle* one's affairs (旅行·死の前に)身の回りを整理する / ***That settles it***. それで問題は解決した, それで決まりだ / OK, ***it's settled*** then. よし, じゃあそれで決まりだ.
❷ [しばしば受身で] (...に)(人)を**定住させる**; (人が)(土地)に**移り住む, 植民する:** We've ***settled*** ourselves ***in*** our new house. V+O+前+名 私たちは新しい家に落ち着いた / This town *was* first *settled by* the Spanish. V+O の受身 この町は最初スペイン人が植民した.
❸ [副詞(句)を伴って] (動かないように)(...)を**置く**, 据(す)える, 固定させる; (体)を安定させる: He ***settled*** the baby ***into*** the car seat. V+O+前+名 彼は赤ちゃんを

チャイルドシートに座らせた / She ***settled*** herself ***in*** the chair. 彼女はいすにどっかりと腰を下ろした.
❹ (勘定)を**支払う**, **清算する** [≒pay]: I *settled* my account *with* Bill. V+O+*with*+名 私はビルと勘定[負債]の清算を済ませた. ❺ (...)を鎮静させる, 落ち着かせる: This medicine will *settle* your stomach [nerves]. この薬であなたの胃もたれ[神経]も鎮まるでしょう. ❻ (かすなど)を沈殿させる; (ぎっしり)詰める, 固める; (液体)を澄ます: The rain will *settle* the dust on the road. 雨が道のほこりを静めるだろう. ❼ (人)を(新しい環境などに)慣れさせる (*in*, *into*): He soon got *settled into* his new job. 彼はすぐに新しい仕事に慣れた.

— 自 ❶ **和解する**; (人・事態が)落ち着く, (胃もたれ・痛みなどが)鎮まる; (天気などが)安定する: *settle* out of court 示談にする.
❷ [副詞(句)を伴って] **定住する**, **植民する**: The English ***settled in*** Virginia during the 17th century. V+*in*+名 英国人たちは 17 世紀にバージニアに植民した.
❸ (鳥・視線などが)**止まる**; (霧・闇(やみ)などが)降りる, かかる; (雪・ほこりなどが)積もる; (かすなどが)沈殿する; (液体が)澄む; (静けさ・気分などが)漂う: The birds ***settled on*** the branches. V+前+名 鳥は枝に止まった / Silence ***settled over*** the valley. 静寂が谷を包んだ.
❹ 腰を下ろす, くつろぐ: *settle* (*back*) *in* a chair いすにゆったりともたれる. (名 séttlement)

settle の句動詞

***séttle dówn** 動 自 ❶ (動いた後で)**腰を下ろす**, 落ち着く; ゆっくりくつろぐ: She *settled down* in the chair and began to read. 彼女はいすに腰を下ろして本を読みだした.
❷ (結婚したりして)**身を固める**; **定住する**: I want my son to get married and *settled down*. 息子に結婚して落ち着いてもらいたい / The family *settled down in* Boston. 一家はボストンに定住した. ❸ (環境に)慣れる. ❹ (事態が)落ち着く, (騒ぎなどが)収まる; (おり・ごみなどが)沈下[沈殿]する.
— 他 ❶ (...)を(ゆったりと)座らせる. ❷ (...)を落ち着かせる, 静かにさせる.
séttle (dówn) to (dó) ... [動] 他 本格的に...を始める[...に取りかかる]: He *settled down to* (do) the job. 彼は仕事に本格的に着手した.
+**séttle for ...** 動 他 (不満足なもの)**を受け入れる**, ...で手を打つ: Finally he *settled for* two thousand dollars. 彼は結局 2 千ドルで手を打った.
séttle ín 動 自 (新しい家・仕事などに)落ち着く.
séttle in [ìnto] ... 動 他 (新しい環境など)に慣れる: *settle in* [*into*] a new job 新しい勤め口に慣れる.
+**séttle on [upòn] ...** 動 他 (1) **...を決定する**, ...に決める: What have you *settled on*? 何に決めましたか. (2) ...に止まる (⇒ 自 3).
séttle úp 動 自 (勘定・借金などを)支払う, 清算する (*with*).
séttle with ... 動 他 (人)に借金を返す; ...と和解する.

〘語源 set, sit と同語源〙

+**set·tled** /séṭld/ 形 ❶ **確固たる**, 固定した; 根深い [⇔ unsettled]: *settled* ideas 確固たる意見. ❷ 落ち着いた; 定着した, 定住した [⇔ unsettled]: *settled* weather 晴天続き / I don't feel *settled in* my new job yet. まだ新しい仕事になじめない.

set·tle·ment** /séṭlmənt/ 名 (-tle·ments /-mənts/) ❶ U,C **解決**, **落着**; 決定, 和解: ***reach a ***settlement*** 和解に達する / We expect an early ***settlement of*** the affair. 我々はその事件の早期解決を期待する / a divorce *settlement* 離婚調停.
❷ C **定住地**, 入植地, 植民地, 居留地, 開拓地; 集落, 村落: British *settlements* in Africa in the 19th century 19 世紀アフリカの英国人植民[居留]地.
❸ U **移住**, 入植, 植民, 移民: land left for *settlement* 開拓のために残された土地 / The British ***settlement of*** Australia began in the 18th century. 英国人のオーストラリア移住[植民]は 18 世紀に始まった. ❹ U (借金などの)支払い, 清算: the *settlement of* all claims for damages すべての損害賠償請求の支払い / *in settlement of* ... ...の支払いとして. ❺ C,U 〘法律〙 (財産などの)譲渡; 贈与財産. (動 séttle)

+**set·tler** /séṭlɚ | -lə/ 名 (~s /~z/) C (初期の)**開拓者**, 移住民, 移民, 植民者: the early ***settlers in*** [*of*] Virginia ヴァージニアの初期の開拓者たち.

set-to /séttù:/ 名 (~s /~z/) C [普通は単数形で] 《略式》 (ささいな)けんか, 口論.

+**set·up** /séṭʌ̀p/ 名 (~s /~s/) ❶ C (会社などの)**機構**, 編成, 仕組み: The *setup* of the new company is complicated. 新しい会社の機構は複雑だ. ❷ C,U (システムなどの)設定. ❸ C [普通は単数形で] 《略式》 (仕組まれた)わな. (1 では 動 sèt úp)

***sev·en /sév(ə)n/

— 代 《数詞》 [複数扱い] 7 つ, 7 人, 7 個; 7 ドル[ポンド, セント, ペンスなど] (⇒ number 表): *Seven were* sufficient. 7 個で足りた. 参考 縁起のよい数とされる. 関連 seventh 7 番目の.
— 名 (~s /~z/) ❶ C (数としての)7: Lesson *Seven* 第 7 課 / *Seven* and *seven* is [makes, equals, are, make] fourteen. 7 足す 7 は 14 (7+7=14) / 「*Seven* from nine [Nine minus *seven*] is [leaves] two. 9 引く 7 は 2 (9−7=2).
❷ U 7 時, 7 分; 7 歳: The show will start at *seven*. 番組は 7 時に始まる / Rain before *seven*, fine before eleven. 《ことわざ》 7 時前の雨は 11 時前の晴れ (始めは悪くてもそのうちによくなる) / a girl of *seven* 7 歳の少女. ❸ C 7 の数字. ❹ C 7 つ[7 人, 7 個]でひと組のもの. ❺ C 〘トランプ〙 7 の札.
— 形 ❶ 限定 7 つの, 7 人の, 7 個の: *seven* times 7 回, 7 倍 / A week has *seven* days. 1 週間は 7 日です.
❷ 叙述 7 歳で: My sister is only *seven*. 妹はまだ 7 歳です.

***sev·en·teen /sèv(ə)ntí:n←/

— 代 《数詞》 [複数扱い] 17, 17 人, 17 個; 17 ドル[ポンド, セント, ペンスなど] (⇒ number 表, -teen, teens).
— 名 (~s /~z/) ❶ C (数としての) 17. ❷ U (24 時間制で) 17 時, 17 分; 17 歳. ❸ C 17 の数字. ❹ C 17 人[個]でひと組のもの.
— 形 ❶ 限定 17 の, 17 人の, 17 個の. ❷ 叙述 17 歳で.

***sev·en·teenth /sèv(ə)ntí:nθ←/

— 形 ❶ [普通は the ~; ⇒ the¹ 1 (4)] **17 番目の**, **第 17 の** (17th とも書く; ⇒ number 表): *the seventeenth* lesson 第 17 課. ❷ 17 分の 1 の.

— 名 (~s /~s/) ❶ [単数形で; 普通は the ~] 17 番目の人[もの]; (月の)17 日《17th とも書く; ⇒ date¹ 名 1 語法》. ❷ C 17 分の 1, 1/17《⇒ 巻末文法 16. 11 (3)》.

‡sev·enth /sév(ə)nθ/

— 形 ❶ [普通は the ~; ⇒ the¹ 1 (4)] 7 番目の, **第 7 の**, 7 位の《7th とも書く; ⇒ number 表》: *the seventh* lesson 第 7 課 / *the* seven hundred (and) *seventh* person 707 番目の人 / *The seventh* month of the year is July. 1 年の 7 番目の月は 7 月だ. ❷ 7 分の 1 の: a *seventh* part of the money その金の 7 分の 1.

— 名 (sev·enths /sév(ə)n(θ)s/) ❶ [単数形で; 普通は the ~] 7 番目の人[もの], 7 位の人[もの], 第 7 号.
❷ [単数形で; 普通は the ~] (月の)7 日(なのか)《7th とも書く》: on *the seventh* of January = on January 7 1 月 7 日に《January 7 は January (*the*) *seventh* と読む; ⇒ date¹ 名 1 語法》.
❸ C **7 分の 1**, 1/7《⇒ 巻末文法 16. 11 (3)》: a [one] *seventh* 1/7 / five *sevenths* 5/7.

— 副 つなぎ語 7 番目に[として].

séventh héaven 名 [次の成句で]. **be in séventh héaven** [動] 自 《略式》 有頂天(うちょうてん)である.

S

***sev·en·ti·eth** /sév(ə)ntiəθ/ 形 ❶ [普通は the ~; ⇒ the¹ 1 (4)] **70 番目の, 第 70 の**《70th とも書く; ⇒ number 表》. ❷ 70 分の 1 の.

— 名 (~s /~s/) ❶ [単数形で; 普通は the ~] **70 番目の人[もの]**.
❷ C **70 分の 1**, 1/70《⇒ 巻末文法 16.11 (3)》.

‡sev·en·ty /sév(ə)nti/

— 代 《数詞》 [複数扱い] **70**, 70 人, 70 個; 70 ドル[ポンド, セント, ペンスなど]《⇒ number 表, -ty²》.

— 名 (-en·ties /~z/) ❶ C (数としての)70. ❷ U 70 歳. ❸ [複数形で the または所有格の後で] 70 年代; 70 歳代; (速度・温度・点数などで)70 番台[度台, 点台]《しばしば the 70's [70s] とも書く》: in *the* (nineteen) *seventies* [1970'*s*, 1970*s*] 1970 年代に《⇒ 巻末文法 16.1 (2)》 / in *one's* (early [mid, late]) *seventies* 70 歳代(前半[半ば, 後半])で. ❹ C 70 の数字. ❺ C 70 人[個]でひと組のもの.

— 形 ❶ 限定 **70 の**, 70 人の, 70 個の. ❷ 叙述 70 歳で.

sev·er /sévə | -və/ 動 (-er·ing /-v(ə)rɪŋ/) 他 ❶ 《格式》 (...)を切断する, 切り取る: He *severed* a bough *from* the tree. 彼は木から大枝を切り取った. ❷ 《格式》 (関係など)を断つ.

‡sev·er·al /sév(ə)rəl/

— 形 ❶ 限定 **いくつかの**, 数個の, 数人の. 語法 (1) 3 以上で 9 あたりまでを指し, many や a lot ほど多くない. (2) 全体や予想値よりも少数を意味する a few と違い, 「少ない」の語感がなく, only several とは普通言わない《⇒ some 類義語; all 形 1 囲み》: He stayed there for *several* days. 彼はそこに数日間滞在した / I read the book *several* times. その本は数回読んだ / *Several* people went out to see the waterfall. 滝を見ようと数人が出かけた. ❷ 限定 《格式》 それぞれの, 別々の; 別個の.

— 代 《不定代名詞》 **いくつかのもの**, 数個, 数人. 語法 この 代 の several は 形 の独立した用法とも考えられるもので, 数えられる名詞の複数形の代わりに用い, 複数として扱う: *Several of* the cups were broken. カップのうちいくつかは割れていた.

〖語源 ラテン語で「分かれた」の意; separate と同語源〗

sev·er·ance /sév(ə)rəns/ 名 ❶ U 《格式》 分離, 切断; 断絶: the *severance of* diplomatic relations 国交の断絶. ❷ U 《格式》 契約の解除; 解雇; 退職.

séverance pày 名 U 解雇手当, 退職手当.

‡se·vere /səvíə | -víə/ !アク

— 形 (more ~, se·ver·er /-ví(ə)rə | -rə/ most ~, se·ver·est /-ví(ə)rɪst/)

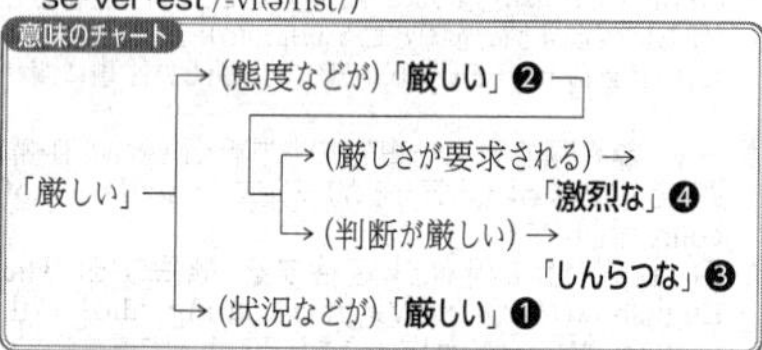

❶ (痛み・天候などが)激しい, 厳しい, 深刻な, ひどい [⇔ mild]: I have a *severe* pain in my stomach. 胃がひどく痛む / We've had a *severe* winter. この冬は寒さが厳しかった / The flood caused *severe* damage. 洪水は深刻な被害をもたらした / The drought was a *severe* blow to the vegetable growers. 干ばつは野菜農家にとって大変な打撃であった.
❷ (人・規制・罰などが)**厳しい**, 厳格な, 厳重な, 苛酷(かこく)な《⇒ strict 類義語》; (表情などが)いかめしい [⇔ mild]: Don't be so ***severe on*** [***with***] your students. +on [with]+名 生徒にあまり厳しくあたらないでください / He had a *severe* look on his face. 彼はいかめしい表情をしていた.
❸ (批評などが)**手厳しい**, しんらつな: The critics were ***severe on*** the writer. +on+名 批評家たちはその作家に対してしんらつだった.
❹ (競争などが)**激烈な**; (仕事などが)非常に骨の折れる: *severe* competition 激しい競争 / The job made *severe* demands on his time and energy. その仕事は彼の時間と労力に苛酷な負担を強いた. ❺ (服・外観などが)飾り気のない, 簡素な, 地味な. (名 sevérity)

+se·vere·ly /səvíəli | -víə-/ 副 ❶ **ひどく**, 深刻に: be *severely* injured 大けがをする. ❷ 厳しく; しんらつに. ❸ 簡素に, 地味に.

se·ver·i·ty /səvérəti/ 名 ❶ U (事態の)深刻さ, ひどさ (*of*). ❷ U 厳格さ, 厳正さ; いかめしさ: punish a person *with severity* 人を厳しく罰する. ❸ U 簡素, 地味. (形 sevére)

sew /sóʊ/ !発音 ew は例外的に /oʊ/ と発音する. 動 (sews; 過去 sewed; 過分 sewn /sóʊn/, sewed; sew·ing) 他 (...)を縫う, 縫いつける; 縫い合わせる, 縫い込む: My mother *sewed* a dress *for* me. 母は私にワンピースを縫ってくれた / *sew* two pieces of cloth *together* 2 枚の布地を縫い合わせる / Would you *sew* a new button *on*(*to*) my uniform? 制服に新しいボタンを縫いつけてくれませんか. 関連 knit 編む / weave 織る. — 自 縫い物をする; ミシンを使う. **séw úp** [動] 他 (1) (...)を縫い合わせる, 縫ってふさぐ. (2) [普通は受身で] 《略式》 (交渉など)をまとめる, (...)に決着をつける; (...)の支配権を握る, (...)を確実なものにする.

sew·age /súːɪdʒ/ 名 U 下水汚物, 下水, 汚水: treat [process] *sewage* 汚水を処理する.

séwage dispòsal 名 U 下水処理.

séwage plànt [《英》 **fàrm**] 名 C (特に肥料として

再利用をはかる)下水処理場.
séwage wòrks 名 (複 ~) C [単数形でもときに複数扱い]《英》(河川に流す前の)下水[汚水]処理場.
sew·er /súːɚ | súːə/ 名 C 下水道, 下水溝.
sew·er·age /súːərɪdʒ/ 名 U 下水設備; 下水処理: a *sewerage* system 下水(処理)設備.
sew·ing /sóʊɪŋ/ 名 U 裁縫, 針仕事; 縫い物.
séwing machìne 名 C ミシン. 日英 日本語の「ミシン」はこの machine がなまったもの.
sewn /sóʊn/ 動 sew の過去分詞.
*__sex__ /séks/ 名 (~·es /~ɪz/) ❶ U **性行為**, 性交, セックス; [形容詞的に] 性的な: be interested in *sex* セックスに興味を持つ / have *sex* (*with* ...) (...と)性交する / The movie has a lot of explicit *sex*. その映画には露骨なセックスの場面が多い.
❷ U,C **性**, **性別**《男性[雄] (male) と女性[雌] (female) の別; ⇒ gender》; [形容詞的に] 性の, 性別の: without distinction based on race, age or *sex* 人種・年齢・性の別なく / the opposite *sex* 異性 / This school is for both *sexes*. この学校は男女共学だ / male [female] *sex* organs 男[女]性器 / *sex* discrimination 性差別. 日英 日本語の「セックス」には「性別」という意味はないが, 英語ではこれが本来の意味.
(形 séxual, séxy)
— 動 他 (動物)の性別を判定する.
séx úp [動] 他《略式》(書類など)に手を加える, (...)を魅力的にみせる.
séx àct 名 C 性行為.
sex·a·ge·nar·i·an /sèksədʒəné(ə)riən←/ 名 C 60歳代の人.
séx appèal 名 U 性的魅力.
séx chànge 名 C [普通は複数形で] 性転換(手術).
séx drive 名 C [普通は単数形で] 性的衝動.
séx educàtion 名 U 性教育.
sex·i·ly /séksəli/ 副 性的魅力があって.
sex·i·ness /séksinəs/ 名 U 性的魅力.
sex·is·m /séksɪzm/ 名 U 性差別; 女性蔑視(べっし).
sex·ist /séksɪst/ 名 C 性差別論者; 女性蔑視者. — 形 性差別的な; 女性を差別する: a *sexist* attitude 性差別的な態度.
sex·less /séksləs/ 形 ❶ 性的魅力のない. ❷ 無性の, 男女[雌雄]の別のない. ❸ 性欲のない; セックスのない.
séx lìfe 名 C 性生活.
sex·ol·o·gy /seksɑ́(ː)lədʒi | -sɔ́l-/ 名 U 性科学.
séx sỳmbol 名 C セックスシンボル《性的魅力のある有名人》.
sex·tant /sékstənt/ 名 C 六分儀《⇒ quadrant 2》.
sex·tet /sekstét/ 名 C〔音楽〕六重奏曲; [単数または複数扱い] 六重奏団.
sex·ton /sékstən/ 名 C 会堂管理人《教会の建物の手入れ・鐘つき・墓掘りなどをする》.
*__sex·u·al__ /sékʃuəl, -ʃəl/ 形 ❶ **性の**, **性的な**《⇒ 類義語》: *sexual* desire 性欲 / *sexual* abuse 性的虐待 / *sexual* orientation [preference] (異性愛か同性愛かなどについて)性的志向[嗜好]. 関連 homosexual 同性愛の / heterosexual 異性愛の.
❷ [比較なし] **性別の**, 雌雄の; 限定 (有性)生殖の: *sexual* differences 男女の差 / *sexual* discrimination 性差別 / *sexual* organs 生殖器 / *sexual* reproduction 有性生殖. (名 sex, sèxuálity)
類義語 **sexual** 単に「性に関する」の意. **sexy** よい意味で性的魅力があること. **erotic** 作品や演技などが性愛を扱ったり性的刺激が強いこと.
séxual harássment 名 U (職場などでの)性的いやがらせ, セクシャルハラスメント, セクハラ.
séxual íntercourse 名 U《格式》性交渉, 性交 (intercourse).
+**sex·u·al·i·ty** /sèkʃuǽləṭi/ 名 U **性的関心**; **性欲**; 性的志向. (形 séxual)
sex·u·al·ly /sékʃuəli, -ʃəli/ 副 性的に; 男女[雌雄]の別によって.
séxually transmítted diséase 名 U,C 性感染症, 性病《梅毒・エイズなど; 略 STD》.
+**sex·y** /séksi/ 形 (sex·i·er /-siɚ | -siə/; sex·i·est /-siɪst/) ❶ **性的魅力のある**, セクシーな, 性的刺激の強い[多い]《⇒ sexual 類義語》; 性的刺激を受けた: a *sexy* man [woman] 性的魅力のある男性[女性] / Linda's smile is very *sexy*. リンダの笑顔はとてもセクシーだ. ❷《略式》人気のある, かっこいい. (名 sex)
SF, sf /éséf/ 略 = science fiction.
Sgt. 略 = sergeant.
sh /ʃː/ 間《略式》しーっ, 静かに: *Sh*! Here's the teacher! しーっ, 先生が来た.
shab·bi·ly /ʃǽbɪli/ 副 みすぼらしく; ひどく.
shab·by /ʃǽbi/ 形 (shab·bi·er; -bi·est) ❶ (服などが)ぼろぼろの; (人が)ぼろ服を着た: a *shabby* coat 着古した上着. ❷ (人・場所が)みすぼらしい, うらぶれた: a *shabby* house ぼろ家. ❸ (行為などが)卑劣な, ひどい, 不当な: *shabby* treatment ひどい扱い.
nót (tòo) shábby [形]《略式》悪くない, かなりいい.
shack /ʃǽk/ 名 C 丸太小屋, 掘っ立て小屋, バラック《⇒ barracks 日英》. — 動 自 [次の成句で]
sháck úp [動] 自《略式》[軽蔑的] 同棲(どうせい)する (*together*; *with*).
shack·le /ʃǽkl/ 名 ❶ C [普通は複数形で] 足かせ, 手かせ. ❷ [the ~s]《文語》束縛, 拘束 (*of*). — 動 他 [普通は受身で] (人)に手かせ[手錠]をかける, 足かせをかける, 鎖で縛る (*together*); (...)の自由を束縛する.
*__shade__ /ʃéɪd/ 名 (shades /ʃéɪdz/)

意味のチャート
「陰」❶ → (陰を作るもの) → 「**日よけ**」❷
→ (陰の度合い) → 「**色合い**」❸

❶ U [しばしば the ~] **陰**(の部分), 日陰, 物陰《⇒ shadow 表, 挿絵》; (絵の)暗い部分, 陰影 [⇔ light]: Let's take a rest ***in the shade*** (***of*** that tree). (あの木の)陰で休もう / This tree gives [provides] pleasant ***shade*** (***from*** the sun). この木は気持ちのよい日陰を作っている / There is not enough light and *shade* in this picture. この絵は明暗のコントラストに欠ける.
❷ C [しばしば合成語で] **光をさえぎる物**; (ランプ・電灯・スタンドなどの)**かさ** (lampshade); [しばしば複数形で]《米》**ブラインド**, 日よけ (window shade) [≒ blind]: 「pull down [draw] the *shades* ブラインドを下げる / 「pull up [raise] the *shades* ブラインドを上げる. 関連 sunshade 日傘, 日よけ.
❸ C **色合い**, 明暗[濃淡]の度合い《⇒ color 類義語》: a darker [lighter] ***shade of*** blue より暗い[明るい]色合いの青色 / The leaves exhibited every *shade* from vivid green to reddish brown. 木の葉は鮮やかな緑から赤褐色に至るあらゆる色合いを示していた. ❹ [複数形で]《略式》サングラス (sunglasses). ❺ C [普通は複数形で] (意味などの)わずかな相違, ニュアンス: subtle *shades of* meaning 意味の微妙な違い / all

S

shades of opinion いろいろな意見. ❻ [a ～ として副詞的に] 少し [≒a little]: This skirt is *a shade* too short. このスカートは少し短すぎる.

pút ... in the sháde [動] ⊕ (...)より断然優勢である, (...)の影を薄くする.

Shádes of ...! ...を思い出すね! (形 shády)

— 動 (shades /ʃéɪdz/; shad·ed /-ḍɪd/; shad·ing /-ḍɪŋ/) ⊕ ❶ (...)から**光[熱]をさえぎる**, 覆う; (電球・ランプなど)にかさをつける, (...)に日よけをつける; (光など)を暗くする: She **shaded** her eyes ***from*** the sun ***with*** her hand. V+O+*from*+名 彼女は片手をかざして目から日光をさえぎった. ❷ (絵など)に陰影をつける, 明暗[濃淡]をつける (*in*).

— ⊜ [副詞(句)を伴って] (色彩・意見・方法などが)次第に変化する, ぼやける, 変化して(...に)なる: The colors *shade from* yellow *into* green. その色は黄色から緑色へと次第に変わる.

sháde (óff) ìnto ... [動] ⊕ (色などが)変化して[ぼけて]...となる.

shad·ing /ʃéɪḍɪŋ/ 名 ❶ U (絵画の)描影法, 濃淡. ❷ [複数形で] (性質・意味などの)わずかな変化, 違い (*of*).

***shad·ow** /ʃǽḍoʊ/ 名 (～s /～z/) ❶ C (輪郭・形のはっきりした)**影**, 物影, 人影, 影法師; **映像**, 投影: a person's *shadow* on the wall 壁に映った人の影 / The *shadows* of the trees lengthened as the sun went down. 日が沈むにつれて木の影が伸びていった / The oak tree cast a long *shadow* on the pond. オークの木が池に長い影を落としていた.

shadow (光線に当たってできるはっきりした影)	影
shade (ひなたに対して日陰の部分)	陰

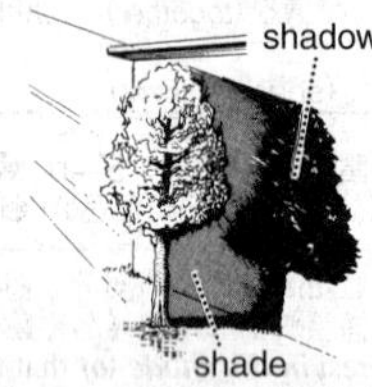

shadow 1

❷ [U または the ～s] (ぼんやりした)**陰**, 物陰, 暗がり: They hid themselves ***in the shadows***. 彼らは物陰に身を隠した / The room is deep ***in shadow***. その部屋はすっかり陰になっている. ❸ C [単数形で] (不吉な)暗い影, 悪影響; 前兆, 前ぶれ: Father's illness cast a dark *shadow* over our family. 父親の病気がわが家に暗い影を落としていた. ❹ [単数形で] ごくわずか: There's not *a shadow of* (a) doubt about what he says. 彼の言うことには少しの疑いもない. ❺ [複数形で] (目の周囲の)くま; U (絵・写真の)暗い部分, 陰 [⇔ light, highlight]. ❻ C 影のように付きまとう者; 尾行者, 探偵. ❼ C 影のようなもの; 幻想, 幻影: He spent his life chasing *shadows*. 彼ははかない夢を追って一生を過ごした. ❽ C 幻, 幽霊.

a shádow of one's **fórmer sélf** [名] 変わり果てた[衰えた]姿.

beyònd [withòut] a shádow of a dóubt [副] 少しの疑いもなく, 確かに.

in the shádow of ... [前] (1) ...のすぐそばで. (2) ...の影響のもとに; ...の陰に隠れて目立たずに. (形 shádowy)

— 動 ⊕ ❶ (影のように)(人)に付きまとう, 尾行する: The police were *shadowing* the suspect. 警察は容疑者をつけていた. ❷ (人)に付いて(仕事などを)学ぶ. ❸ [普通は受身で] (...)を陰にする, 陰で覆う, ぼかす.

shad·ow·box·ing /ʃǽḍoʊbɑ̀(ː)ksɪŋ | -bɔ̀ks-/ 名 U シャドーボクシング《相手が前にいると想定して1人で行なう練習》.

Shádow Cábinet 名 [the ～] 《英》 影の内閣《野党が政権を取った場合の閣僚候補》.

shad·ow·y /ʃǽḍoʊi/ 形 (shad·ow·i·er, more ～; shad·ow·i·est, most ～) ❶ [普通は 限定] 影のような, ぼんやりした; はっきりしない: a *shadowy* outline ぼやけた輪郭 / a *shadowy* figure 謎の人物. ❷ 陰の多い, 暗い: a *shadowy* path 薄暗い小道. (名 shádow)

shad·y /ʃéɪḍi/ 形 (shad·i·er; shad·i·est) ❶ 陰の多い, 日陰になった [⇔ sunny]: a *shady* path 日陰の小道 / the *shady* side of the street 街路の日陰になった側. ❷ 陰をつくる, 陰になる: *shady* trees 日陰をつくっている木. ❸ 《略式》 明るみに出せない, いかがわしい: a *shady* business deal やみ取り引き. (名 shade)

+**shaft** /ʃǽft | ʃɑ́ːft/ 名 (shafts /ʃǽfts | ʃɑ́ːfts/) ❶ C (エレベーターの)**シャフト**《上下に動く空間》; 〔鉱山〕 縦坑; 換気坑.

❷ C (細長い)**柄**, 取っ手 [≒handle]; 矢の軸, 矢柄(やがら); 《文語》 矢, やり; [普通は複数形で] (馬車などの)かじ棒: the *shaft* of a golf club ゴルフクラブの柄 / the *shaft of* an arrow 矢柄 / the *shaft of* a spear やりの柄. ❸ C 〔機械〕 軸, 心棒, シャフト. ❹ C 《文語》 ひと筋の光: a *shaft of* sunlight ひと筋の日の光.

gét the sháft [動] ⊜ 《米略式》 ひどい目にあう.

gíve ... the sháft [動] ⊕ 《米略式》 (人)をひどい目にあわす, だます.

shag /ʃǽg/ 名 ❶ U けば, けば布地; 粗毛, むく毛. ❷ C 《主に英》 鵜(う). ❸ U 強い刻みたばこ.

shag·gi·ness /ʃǽginəs/ 名 U 毛深いこと.

shag·gy /ʃǽgi/ 形 (shag·gi·er; -gi·est) 毛深い, 毛むくじゃらの; もじゃもじゃの.

shág·gy-dóg stòry /ʃǽgidɔ́ːg- | -dɔ́g-/ 名 C 《古風》 長いばか話.

***shake /ʃéɪk/

— 動 (shakes /～s/; 過去 shook /ʃʊ́k/; 過分 shak·en /ʃéɪk(ə)n/; shak·ing) ⊕ ❶ (...)を**振る**, 振り動かす, 揺さぶる, 振り回す: *shake* the bottle of dressing ドレッシングのびんを振る / The man *shook* his head. 男は首を横に振った《不賛成・失望・叱責(しっせき)・感嘆などの気持ちを表わす; ⇒ nod ⊕ 1》 / A strong earthquake *shook* the East Coast in 2011. 2011年に強い地震が(アメリカ)東海岸を襲った / He ***shook*** his son ***by the*** shoulders. V+O+*by*+名 彼は息子の肩をつかんで揺さぶった《子供に説教するときのしぐさ; ⇒ the[1] 2 語法》 / He ***shook*** his fist ***at*** me. V+O+*at*+名 彼は私に向けてこぶしを振った《脅しの動作; ⇒ at 3 語法》 / I *shook* him awake. V+O+C (形) 私は彼の体を揺すって起こした.

❷ (...)を**振り落とす**: She ***shook*** the crumbs ***off*** her dress. V+O+前+名 彼女はドレスからパンくずを払い落とした.

❸ [進行形なし] (人)(の気持ち)を**動揺させる**, 混乱させる, 驚かす [≒shock]; (信念・気力など)を弱める: They *were* visibly *shaken by* the news. [V+O の受身] 彼らはその知らせに動揺を見せた / Since then his faith has *been* badly *shaken*. それ以来彼の信念はひどくぐらついている. ❹ (病気・悪習など)を直す, 断つ; (追ってくる人)をまく.

— ⓐ ❶ **揺れる, 震動する**; (人・声などが)**震える** (⇒ [類義語]): The trees were *shaking* in the wind. 木々が風に揺れていた / The children were ***shaking with*** fear [cold]. [V+*with*+名] 子供たちは怖くて[寒くて]震えていた / This screw has *shaken* loose. [V+C (形)] このねじは震動でゆるくなった. ❷ Ⓢ 握手をする: Let's *shake on* it. それに同意して握手をしましょう.

sháke ...'s hánd = sháke ... by the hánd [動] (人)と握手をする: I *shook* her (*by the*) *hand*. 私は彼女と握手した (⇒ the¹ 2 [語法]). [関連] handshake 握手.

sháke hánds [動] ⓐ (...と)**握手する**: [言い換え] I *shook hands with* him. = He and I *shook hands*. 私は彼と握手した. [日英] 欧米人は相手の目を見て手をしっかり握り上下に振る. 握手しながらおじぎはしない.

shake の句動詞

+**sháke dówn** 動 ⓗ ❶ (...)を**振り落とす**; (...)を振って[ゆすって](容器などに)詰める [V+名・代+*down* / V+*down*+名]: The boys *shook down* some apples *from* the tree. 少年たちは木からりんごを振り落とした / If you *shake* the sugar *down*, it'll all go in the bottle. 砂糖をゆすって入れればみんなびんに入りますよ. ❷ 《米略式》(人)から金を巻き上げる. ❸ 《米略式》(...)を徹底的に捜索[検査]する. ❹ (機械など)のならし運転をする. — ⓐ (事態が)落ち着く.

+**sháke óff** 動 ⓗ ❶ (ほこりなど)を**振り落とす**, 払いのける [V+名・代+*off* / V+*off*+名]. ❷ (病気・悪習など)を直す, 断つ. ❸ (人)を追い払う; (追ってくる人)をまく.

sháke óut 動 ⓗ ❶ (布など)を振って(ほこり・ごみなどを)出す[払う]; (ほこりなど)を振って落とす. ❷ (帆・旗など)を振って広げる.

***sháke úp** 動 ⓗ ❶ (...)を**振り混ぜる** [V+名・代+*up* / V+*up*+名]: *Shake up* the medicine before use. 使う前に薬をよく振って混ぜなさい.
❷ (人)を**うろたえさせる**; (人)に活を入れる [V+名・代+*up* / V+*up*+名]: That accident really *shook* me *up*. 私はその事故ですっかり動転してしまった.
❸ (組織・人事)を**刷新する**, 改造する [V+名・代+*up* / V+*up*+名]: The prime minister decided to *shake up* the cabinet. 首相は内閣改造を決意した.
(3 では 名 sháke-ùp)

[類義語] **shake, tremble, quiver, quake, shiver, shudder** はすべて「震える」という意味を持つが, **shake** が最も普通の語: She was *shaking* with stage fright. 彼女はあがって震えていた. **tremble** と **quiver** は恐れ・寒さなどで体が思わず小刻みに震えること: Her hands were *trembling* from the cold. 彼女の手は寒さで震えていた / He was *quivering* with fear. 彼は恐怖で震えていた. **quake** 恐怖や驚きのため, 体が大きく震えること. **shiver** 寒さや恐怖のため体が震えること. **shudder** 恐怖などで, *tremble* や *shiver* よりも体が激しく急に震えること: He *shuddered* at the horrible sight. 彼はその恐ろしい光景に身震いした.

— 名 (~s /~s/) ❶ Ⓒ **振ること**, ひと振り, 振動: He denied it with a ***shake of*** his head. 彼は首を横に振ってそれを否定した / Give the can a good *shake*. 缶をよく振ってください. ❷ [the ~s として単数扱い] (熱や恐怖による)ひどい震え, 悪寒(おかん): get [have] *the shakes* (不安・病気などで)ぶるぶる震える. ❸ Ⓒ = milk shake. ❹ [a ~] 《略式》 扱い, 待遇: get *a* fair *shake* 公正に扱われる.

be nó gréat shákes [動] ⓐ 《略式》(人・物が)大したものではない (*as, at*).

in twó [a cóuple of] shákes [副] 《略式》 すぐに, ただちに.
(形 shäky)

shake·down /ʃéɪkdàʊn/ 名 ❶ Ⓒ 《米略式》 脅し, ゆすり. ❷ Ⓒ 《米略式》 徹底的な捜索[検査]. ❸ Ⓒ ならし運転, 最終試運転.

*****shak·en** /ʃéɪk(ə)n/ 動 shake の過去分詞.
— 形 [普通は [叙述]] 動揺した, うろたえた.

shak·er /ʃéɪkɚ | -kə/ 名 ❶ Ⓒ 撹拌(かくはん)器, (カクテル混合用の)シェーカー. ❷ Ⓒ = saltshaker.

Shake·speare /ʃéɪkspɪɚ | -pɪə/ 名 固 William ~ シェークスピア (1564–1616) 《英国の劇作家・詩人; ⇒ Stratford-upon-Avon》.

Shake·spear·e·an, -spear·i·an /ʃeɪkspí(ə)riən/ 形 [限定] シェークスピア(風)の.

shake-up /ʃéɪkʌ̀p/ 名 Ⓒ (人事などの)大異動, 大刷新, (政策などの)大改革; 再編成, 合理化 (*in, of*).
(動 sháke úp 3)

shak·i·ly /ʃéɪkɪli/ 副 震えて; よろよろして.

shak·ing /ʃéɪkɪŋ/ 名 [U または a ~] 振ること; 揺さぶること.

shak·y /ʃéɪki/ 形 (shak·i·er; -i·est) ❶ 震える, 揺れる, ぐらつく; (老齢・病気などのために)よろめく. ❷ 不確実な; (地位などが)不安定な; 当てにならない; 失敗しそうな: a *shaky* start 前途多難な出だし.
(名 shake)

*****shall** /(弱形) ʃəl; (強形) ʃǽl/
— 助 ([過去] should /(弱形) ʃəd; (強形) ʃʊ́d/; ⇒ -'ll [語法]) ✪ なお過去形の用法については ⇒ should.

単語のエッセンス
1) [疑問文で] ...しましょうか ❶
2) [単なる未来] ...でしょう ❷

❶ /ʃǽl/ [疑問文に用いて相手の意志を尋ねる] (1) [Shall I ... ? として; 申し出を表わす] Ⓢ **...しましょうか**: "You look tired. *Shall I* drive for a while?" "No, I'm fine, thanks." 「疲れてるみたいだね. 運転替わろうか」「いや, 大丈夫. ありがとう」 [語法] Should I ...? の形も用いる (⇒ should A 1 (3)).

♥ **...しましょうか** (申し出るとき)
Shall I ...?

Shall I call a cab for you?
タクシーをお呼びしましょうか.
♥ やや控えめに助力を申し出る際の表現.

+ 申し出の表現
♠ 申し出をする際は, 一般に次の表現がよく使われる. 上のものほど直接的で, 下のものほど間接的な言い方.
① I'll ... / Let me ...
② Can [Could] I ... (for you)?
③ Shall [Should] I ...? / 《格式》 May I ...?
④ Do you want me to ...?

⑤ Would you like me to ...? / If you like, I could ...

相手がその申し出を望んでいることが明らかな場合には，積極的に申し出ていることを表わすために，通例 I'll... や Let me... などの相手の意向に配慮しない直接的な表現が使われる(このような場面で間接度の高すぎる表現を使うと，本気でするつもりはないのに社交辞令で申し出ているように聞こえることもあるので注意)．逆に，相手が申し出を望んでいるかどうか確信できない場合は，相手の意向を尋ねて余計なお世話にならないよう配慮を示し，相手が断わりやすいような間接的な言い方が好まれる．

(2) [Shall we ...? として; 誘い・提案を表わす] Ⓢ **...しましょうか:** Okay, *shall we* start? では，始めましょうか / Let's go, *shall we*? 出かけようか《⇒ let's 語法 (3)》． 語法 Should we ...? の形も用いる《⇒ should A 1 (3)》．

♥ **...しませんか** （誘うとき）
Shall we ...?

Shall we go for a drink after the meeting?
会議の後で一杯飲みに行かない?

Well, I have to take my kid to soccer practice this evening. Maybe next time.
うーん，今晩子供をサッカーの練習に連れて行かなきゃならないから，また今度．

♥ やや控えめに提案したり，誘うときに用いる．《誘いの表現については ⇒ let's》

♥ 断わるときには，相手の気持ちに配慮するためにはっきり no とは言わず謝ったり (Sorry, but ...)，理由を述べたり (I already have plans.)，一旦同意の気持ちを述べてから反対したり (That's a good idea, but ... / I'd like to, but ...) することが多い．

♥ 応じるときには Sure. (もちろん)，(That) sounds good. (いいね)，I'd love to. (ぜひそうしたいです) などがよく使われる．

(3) [相手の助言を求める; 特に疑問詞を使った疑問文で] Ⓢ **...したらいいでしょうか:** *What shall we* do? どうしたらいいでしょうか / *How shall I* put it? 何て言ったらいいのかな． 語法 should を用いるほうが普通．

(4) [第三者に対する相手の意志を尋ねる]《格式》**...に～させましょうか:** "*Shall* he go first?" "Yes, let him go first." 「彼を先に行かせましょうか」「ええ，そうしてください」 語法 「Do you want [Would you like] him to go first? というほうが普通．

❷ /ʃəl/ [単に未来を表わす]《格式，主に英》**...でしょう，...だろう，**...するでしょう[だろう]．(1) [一人称の代名詞とともに平叙文で]: *I shall* be fifteen years old next spring. 私は来春で 15 歳になる / *We shall* see. いずれわかるだろう． 語法 will を用いるほうが普通《⇒ will[1] 1 (1) 語法 (2)》．

(2) [一人称の代名詞とともに疑問文で]: *Shall I* be in time if I start now? 今出れば間に合うでしょうか． 語法 will を用いるほうが普通《⇒ will[1] 1 (2)》．

(3) [shall be＋-ing 形で未来進行形を表わす]: ⇒ be[2] A 1 (4).

(4) [shall have＋過去分詞の形で未来完了形を表わす]: ⇒ have[2] 3.

❸ /ʃǽl/ [I ～, we ～ として話し手の決意や強い意志を表わす]《格式》**(必ず)...するつもりだ** きっと...する: *I never shall* [*shall* never] forget your kindness. ご親切は決して忘れません / *We Shall Overcome*「勝利をわれらに」《政治的抗議運動などで歌われるフォークソングの題名》． 語法 この言い方は意志を表わす I [we] will よりも強く，しばしば決意や約束または脅迫，否定文では拒絶に用いる．

❹ /ʃǽl/ [二人称・三人称に対する命令・禁止]《格式》...せよ，...しなければならない [≒must]; [否定文で] ...してはならない《法律などに使うことが多い》: *You shall* love your neighbor as yourself. あなたは隣人を自分自身のように愛さなければならない《新約聖書のことば》/ Users *shall not* reproduce any of the content without the prior permission. 使用者は事前の許可なく(著作物の)内容を複製してはならない．

❺ /ʃǽl/ [名詞あるいは二人称・三人称の代名詞に対する話し手の強い意志を表わす]《格式》...に～させよう，...に～しよう． 語法 この言い方は話し手が命令を与える立場にあることが普通で，ときに命令に相当する意味合いを持つ: *You shall* have my answer tomorrow. あす返事をしよう / 言い換え One step forward and *you shall* die.(= If you take one step forward, I'll kill you.) 一歩でも前に出れば殺すぞ //⇒ Gettysburg 参考 の文．

〖語源 元来は「(私は)義務がある」の意〗

shal·lot /ʃəlɑ́(ː)t | -lɔ́t/ 名 Ⓒ エシャロット，ワケギ《葉と鱗茎(りんけい)を香辛野菜として用いるねぎの一種》．

+**shal·low** /ʃǽloʊ/ 形 (shal·low·er; -low·est) ❶ **浅い** [⇔ deep]: a *shallow* dish 浅い皿 / Cross the stream at its *shallowest* point. 川はいちばん浅いところを渡りなさい．

❷ [軽蔑的] **あさはかな，**浅薄な; 皮相的な，表面的な: a *shallow* argument あさはかな議論 / a *shallow* person 薄っぺらな人． ❸ (呼吸が)浅い．

— 名 [the ～s] 浅瀬: in *the shallows* 浅瀬に．

shal·low·ness /ʃǽloʊnəs/ 名 ❶ Ⓤ 浅さ． ❷ Ⓤ あさはかさ，浅薄(さ)．

sham /ʃǽm/ 名 ❶ [Ⓤ または a ～] 見せかけ，偽善，ごまかし，虚偽: His illness is *a* mere *sham*. 彼の病気は単なる仮病だ． ❷ Ⓒ 偽物 [≒imitation]; 見かけ倒しの人，ほら吹き，仮病使い． ❸ Ⓒ (装飾用の)枕カバー．
— 形 限定 偽の，ごまかしの，偽善の: a *sham* jewel 模造の宝石． — 動 (shams; shammed; sham·ming) 自 見せかける，(見せかけの)芝居をする． — 他 (...)のふりをする．

sham·ble /ʃǽmbl/ 動 自 [副詞(句)を伴って] よろよろ歩く． 関連 shuffle 足を引きずって歩く．

sham·bles /ʃǽmblz/ 名 [a ～ として単数扱い] 混乱(の場)，てんやわんや(の状態); 汚れた[ちらかった]場所; 台なし: After the wild party, my room was (in) *a shambles*. はめをはずしたパーティーの後，私の部屋はめちゃめちゃになっていた．

**shame /ʃéɪm/

— 名 ❶ [a ～] Ⓢ **ひどいこと，**つらいこと; **残念なこと，**情けないこと: ***It's a shame to*** treat him like that! 彼をそんなふうに扱うとはあんまりだ / ***It's*** such ***a shame*** (***that***) you can't come to the party. あなたがパーティーに来れないなんてとても残念だ / ***What a shame!*** 何と残念な[情けない]ことだ / That's *a shame*. それは残念だ．

❷ Ⓤ (罪悪感などによる)**恥ずかしい思い，**恥ずかしさ; **はじらい，**羞恥(しゅうち)心《⇒ embarrassment 1》: What I did filled me with *shame*. 私は自分のしたことを思うと恥ずかしさでいっぱいになった / I'd die of *shame* if she found out I'd told her a lie. 彼女にうそをついたことがばれたら恥ずかしくて死にたくなるだろう / He has no *shame*. 彼は恥知らずだ / hang [bow] one's head ***in shame*** 恥ずかしくてうなだれる.

❸ Ⓤ **恥, 恥辱, 不面目:** There's no *shame* in failing. 失敗することは別に恥ではない / Their foolish behavior ***brought shame on*** the whole school. 彼らの愚かな行動は学校全体の恥となった.

pùt ... to sháme [動] ⑩ (1) (人)に恥をかかせる, (人)の面目をつぶす. (2) (...)顔負けのことをする, (...)よりはるかに勝る**:** Your work *puts* mine *to shame*. あなたの作品は私のよりはるかに勝っている.

Sháme on you! [間] Ⓢ 恥を知れ!, みっともない!, 情けない!

to ...'s sháme [副] 文修飾 (人)にとって恥ずかしいことに**:** *To my shame*, I yelled at my sister. 恥ずかしいことに妹をどなりつけてしまった. (形 sháméful)

— 動 ⑩ ❶ (人)に恥をかかせる, (人)の面目をつぶす; (...)を侮辱する**:** You've *shamed* our school. 君はわが校を汚(けが)したのだ. ❷ (人)に恥ずかしい思いをさせる; (人)を恥じ入らせて...させる**:** He was *shamed into* making an apology. 恥ずかしくなり彼はあやまった. ❸ (能力などで) (...)を赤面させる(ほどである), しのぐ.

shame·faced /ʃéɪmféɪst←/ 形 恥じ入った; きまり悪げな; 内気な.

shame·ful /ʃéɪmf(ə)l/ 形 恥ずべき, 不面目な; けしからぬ, 破廉恥(はれんち)な**:** *shameful* conduct 恥ずべき行為 / *It was shameful the way* they treated him. あの連中の彼の扱い方はけしからん. (名 shame)

-ful·ly /-fəli/ 副 けしからぬこと[ほど]に; 恥じて.

shame·less /ʃéɪmləs/ 形 恥知らずの, ずうずうしい; (行為などが)慎しみのない, みだらな**:** It was *shameless of* him *to* say that. あの人はよくもそんなことが言えたものだ《⇒ of 12》. **～·ly** 副 恥知らずに(も).

sham·poo /ʃæmpúː/ !アク 名 (～s) ❶ U,C シャンプー; (じゅうたん・車用などの)洗剤**:** I got *shampoo* in my eyes. 目にシャンプーが入った. ❷ Ⓒ 頭髪を洗うこと, 洗髪; (じゅうたんなどを)洗剤で洗うこと**:** I'd like to have a *shampoo* and set. 洗髪とセットをお願いします《⇒ and 1 (1)》. — 動 ⑩ ❶ (髪)を洗う, シャンプーする. ❷ (じゅうたんなど)を洗剤で洗う.

sham·rock /ʃǽmrɑ(ː)k | -rɔk/ 名 Ⓒ クローバーの類の三つ葉の植物《特にこめつぶつめくさを指す; Ireland の国花; ⇒ rose[2] 関連》; みやまかたばみ.

Shang·hai /ʃæŋhái/ 名 固 シャンハイ(上海)《中国東部の海港都市》.

shank /ʃǽŋk/ 名 ❶ Ⓒ 柄, 軸. ❷ U,C (牛・羊などの)すね肉. ❸ Ⓒ [普通は複数形で] すね; 脚(あし).

shan't /ʃǽnt | ʃɑ́ːnt/ 《英略式》 shall not の短縮形《⇒ not (1) (i) 語法 囲み》.

shan·ty /ʃǽnṭi/ 名 (shan·ties) Ⓒ 掘っ立て小屋, バラック [≒hut]《⇒ barracks 日英》.

shan·ty·town /ʃǽnṭitàʊn/ 名 Ⓒ 貧民街, スラム街.

***shape** /ʃéɪp/

— 名 (～s /～s/) ❶ C,U 形, 格好, 外形, 輪郭, 姿**:** a building with a round *shape* 丸い形の建物 / What *shape* is the bottle? そのびんはどんな形ですか / Mt. Fuji is beautiful ***in shape***. 富士山は形が美しい / As the sun climbed higher, the snowman began to lose its *shape*. 日が高くなるにつれて雪だるまの形が崩れだした / The prince first appeared ***in the shape of*** a toad. 王子は最初はひきがえるの姿で現われた / in all *shapes* and sizes さまざまな形や大きさで.

shape (個々のものに特有の)	形 《⇒ form 類義語》
form (ある種類に共通の)	

❷ Ⓤ **状態**, 調子 [≒condition]**:** He's ***in*** good [bad, poor] ***shape***. 彼は体の調子がよい[悪い].

❸ Ⓒ (おぼろげなまたは怪しい)**姿**, **幽霊:** Vague *shapes* loomed up out of the fog. 霧の中からぼんやりとした姿が現われた.

❹ Ⓤ 形態, 性格, 種類 (*of*).

gét (onesèlf) ìnto shápe [動] ⓐ 体調を調える.

gìve shápe to ... [動] ⑩ **...に格好をつける**, 具体化する; ...をまとめる.

in ány (wày,) shàpe or fòrm [形] [しばしば否定文で] **どんな(種類の) ... も:** She was opposed to violence *in any shape or form*. 彼女はどんな暴力にも反対だった. —[副] [普通は否定文で] どんな形ででも(...ない), 少しも(...ない).

in nó shápe to dó [形] とても...する様子[状態]でない, とても...できない.

in shápe [形・副] (1) **体調がよくて; 好調で** [⇔ out of shape]**:** keep [stay] *in shape* 体調を保つ / The players are working hard to get back *in shape*. 選手たちは調子を取り戻そうと一生懸命だ. (2) よい形[体形]をして.

in the shápe of ... [前] (1) ...の姿をした, ...を装った《⇒ 1》. (2) (特に)...という形[種類]で[の], ...の形で.

òut of shápe [形・副] (1) 形[体形]が崩れて. (2) 体調が悪くて [⇔ in shape].

tàke shápe [動] ⓐ **具体化する**, 実現する, 目鼻がつく**:** The plan has begun to *take shape*. その計画も目鼻がつきだした.

the shápe of thìngs to cóme [名] (物事の)将来の徴候, 来たるべき姿. (形 shápely)

— 動 (shapes /～s/; shaped /～t/; shap·ing) ⑩ ❶ (進路・将来・性格など)を**決める**, 方向づける; (考えなど)に影響を与える**:** That experience *shaped* the boy's character. その経験が少年の性格を形成した.

❷ (素材)を(...に)**形作る**, (...)に形を与える; (素材から) (...)を作り出す [≒form]**:** 言い換え The child is ***shaping*** clay ***into*** a doll. V+O+*into*+名 = The child is ***shaping*** a doll ***from*** [***out of***] clay. V+O+*from* [*out of*]+名 その子供は粘土で人形を作っている / The earth *is shaped* like an orange. V+O の受身 地球はオレンジのような形をしている.

shápe úp [動] ⓐ (1) 具体化する, 形を成す; (事態などが) (うまく)発展[進展]する**:** How is your work *shaping up*? 仕事の具合はどうですか / The plan is *shaping up well*. 計画はうまくいっている. (2) 《略式》 ちゃんとしたふるまい[言動]をする, やる気[力]を出す.

日英 「スタイルをよくする」という意味での「シェイプアップ」は和製英語.

***shaped** /ʃéɪpt/ 形 [しばしば合成語で] (...の)**形をした**, ...形の**:** an egg-*shaped* box 卵形の箱 / a bottle *shaped* like a rabbit うさぎのような形をしたびん.

+**shape·less** /ʃéɪpləs/ 形 ❶ **はっきりした[定まった]形のない:** a *shapeless* mass 無定形の塊.

❷ **不格好な**, 醜い**:** a *shapeless* hat 不格好な帽子.

shape·ly /ʃéɪpli/ 形 (shape·li·er; -li·est) (特に女性の姿・脚が)格好のよい, 均整のとれた. (名 shape)

shard /ʃɑ́əd | ʃɑ́:d/ 名 C (陶器・ガラスなどの)かけら, 破片.

*****share** /ʃéə | ʃéə/

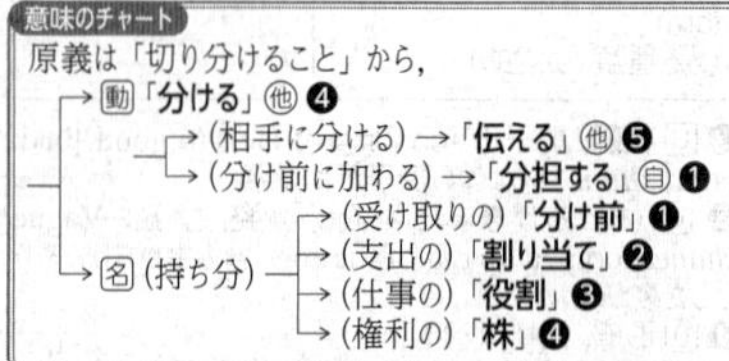

意味のチャート
原義は「切り分けること」から,
→ 動「分ける」他 ❹
→(相手に分ける) →「伝える」他 ❺
→(分け前に加わる) →「分担する」自 ❶
→ 名(持ち分)
→(受け取りの)「分け前」❶
→(支出の)「割り当て」❷
→(仕事の)「役割」❸
→(権利の)「株」❹

— 動 (shares /~z/; shared /~d/; shar·ing /ʃé(ə)rɪŋ/) 他 ❶ (物)を(人と)**共有する**, 共同で使う: Do you mind *sharing* a table? テーブルをご一緒してもかまいませんか / *share* an umbrella 1 つの傘に入る, 相合い傘になる / She *shares* a room ***with*** her sister. V+O+with+名 彼女は妹と部屋を共同で使っている.
❷ (感情・考え・経験など)を**同じくする**: I certainly *share* your feelings. 私はあなたの気持ちがよくわかる / We *share* an interest in sports. 私たちはスポーツの興味が一致している / This opinion ***is shared by*** many sensible people. V+O の受身 この意見は多くの心ある人が等しく抱くものだ / I'll ***share*** both happiness and sadness ***with*** you. V+O+with+名 私はあなたと苦楽を共にしよう.
❸ (責任・負担など)を**共に分け合う**, 分担する: We all *share* the blame for the bankruptcy. 破産の責任は我々全員にある.
❹ (食べ物など)を**分ける**, 分配する: He ***shared*** his food ***with*** the poor man. V+O+with+名 彼はその貧しい人に食べ物を分けてやった / They ***shared*** the profits ***between*** [***among***] them. V+O+between [among]+名 彼らは利益を分け合った. ❺ (悩み・考えなど)を伝える, 話す: Could you *share* your worries ***with*** me? あなたの悩みを私に話してくれませんか.
— 自 ❶ **共有する**; 分担する, (喜び・悲しみなどを)共にする; 分配を受ける: We all ***share in*** the responsibility for this. V+in+名 この責任は我々みなのものだ.
❷ (悩み・考えなどを)伝える, 話す.
sháre and sháre alíke [動] 自 S 平等に分ける.
sháre óut [動] 他 《主に英》(...)を分配する.
— 名 (~s /~z/) ❶ C [普通は単数形で] **分け前**, 取り分, (個々に)分配されたもの; (数量の)**一部分**: a *share in* [*of*] the profits 利益の分け前 / This is your *share of* it. これはあなたの取り分です / a large *share of* the income 収入の大部分.
❷ C [普通は単数形で] (支出などの)**割り当て**, 負担, 出し分: Your ***share of*** the expenses is fifty dollars. その費用のあなたの負担分は 50 ドルだ.
❸ [単数形で] (割り当てられた)**役割**, 参加, 参画; 尽力, 貢献: He refused to do his (fair) ***share of*** the work. 彼は割り当てられた(当然の)任務を果たすのを拒否した / She had a ***share in*** complet*ing* the job. 彼女はその仕事を完成するのに貢献した.
❹ C (会社の)**株**, 株式 (⇒ stock 名 3 語法): own [buy, sell] one thousand ***shares*** of stock ***in*** that company その会社の株を1 千株所有する[買う, 売る].
❺ [形容詞的に] 株(式)の: *share* prices 株価. ❻ C 出資; 共有権; U 市場占有率, シェア.
háve [gét] one's fáir sháre of ... [動] 他 ...の正当な[当然の]分け前をもらう; (困難・成功など)を十分経験する.

+**share·hold·er** /ʃéəhòʊldə | ʃéəhòʊldə/ 名 (~s) C **株主**.

share-out /ʃéəàʊt | ʃéə(r)-/ 名 C [普通は a ~] 《英》(利益などの)分配, 配分 (*of*).

share·ware /ʃéəwèə | ʃéəwèə/ 名 U 〔コンピュータ〕シェアウェア 《無料[廉価]の体験版ソフトウェア》.

shark /ʃɑ́ək | ʃɑ́:k/ 名 ❶ C (複 ~, ~s) さめ, ふか. ❷ C 《略式》 詐欺師 (⇒ loan shark).

****sharp** /ʃɑ́əp | ʃɑ́:p/

— 形 (sharp·er; sharp·est)

意味のチャート
「(刃物が)**鋭い**」❶
→(角度が鋭い) →「**急な, 険しい**」❷
→(響きが鋭い) →「**かん高い**」❼
→(痛みを与える) →「**鋭い**」❸,「**激しい**」❹
→(感覚が鋭い) →「**鋭敏な**」❺
→(対比が鋭い) →「**くっきりとした**」❻

❶ (刃などが)**鋭い**, 鋭利な [⇔ dull, blunt]; (形が)とがった: a *sharp* knife よく切れるナイフ[包丁] / *sharp* teeth 鋭い歯 / a pencil with a *sharp* point 先のとがった鉛筆. 日英「シャープペンシル」は英語では a mechanical [《英》 propelling] pencil という.
❷ (角度・坂などが)**急な**, 険しい; 急に曲がった; [普通は 限定] (変化などが)急激な: a *sharp* rise [drop] in prices 物価の急上昇[急落] / He made a *sharp* turn [left] at the corner. 彼はその角で急に曲がった[左折した].
❸ (痛みなどが)**鋭い**, 強烈な; (寒さなどが)厳しい [≒ severe]: I felt a *sharp* pain in my stomach. 胃に刺すような痛みを感じた / a *sharp* frost 厳しい寒さ / a *sharp* wind 肌を刺すような冷たい風.
❹ (ことばなどが)**激しい**, 痛烈な; (人が)しんらつな, きつい: *sharp* criticism 厳しい批判 / have a *sharp* tongue 毒舌である / Mark's *sharp* words hurt his wife. マークのひどいことばが妻を傷つけた / He's too ***sharp with*** the girl students. +with+名 彼は女子学生に対してはとてもしんらつだ.
❺ **鋭敏な**, 敏感な; **頭の切れる**, 利口な; 抜けめのない, すばしこい, ずるい [≒ clever] [⇔ dull]: He has *sharp* ears [eyes]. 彼は鋭い耳[目]をしている / Karen is awfully *sharp* when it comes to math. カレンは数学となるとすばらしく頭が切れる.
❻ **くっきりとした**, はっきりとした [≒ clear]; (目鼻立ちなどが)角張った: in *sharp* contrast to ... ...とは明確な対照をなして / *sharp* differences of opinion 意見のはっきりとした違い / This photograph is very *sharp*. この写真はとても鮮明だ.
❼ [普通は 限定] (音が)**鋭い**, かん高い: A *sharp* cry was heard. 鋭い叫び声が聞こえた / a *sharp* knock at the door ドアを激しくたたく音. ❽ [普通は 限定] (動作などが)すばやい, 活発な; (打撃などが)強い, 強烈な: a *sharp* debate 活発な討議. ❾ (味・においが)強い, ぴりっとする: The salad dressing had a pleasantly *sharp* taste. そのサラダドレッシングはぴりっとしておいしかった. ❿ (服装などが)かっこいい, しゃれた. ⓫〔音楽〕[調名の後につけて] シャープの, 嬰(えい)音の《記号 ♯》; 正しい音より高い: a concerto in C *sharp* minor 嬰ハ短調の協奏曲. 関連 flat フラットの.
(動 shárpen)

— 副 (sharp·er; sharp·est) ❶ **きっちり**, ぴったり [≒exactly]: The meeting starts at 10 o'clock *sharp*. 会議は10時きっかりに始まる. 語法 時刻を表わす語の後に用いる. ❷ 急に, すばやく; 鋭く: turn *sharp* right [left] 急に右折[左折]する. ❸〔音楽〕正しい音より高く.

— 名 (~s /~s/) C〔音楽〕**シャープ**, 嬰音《半音高い音》; 嬰記号《♯》. 関連 flat フラット.

sharp·en /ʃάɚp(ə)n | ʃάː-/ 動 他 ❶ (...)を鋭くする, とがらせる; (刃物など)を研(と)ぐ: Can you *sharpen* this knife for me? このナイフを研いでくれませんか. ❷ (食欲・痛みなど)を増す, 強くする, 激しくする; (感覚など)を鋭敏にする; (能力)を磨く; (焦点など)をはっきりさせる [⇔ dull]: A glass of sherry will help (to) *sharpen* my appetite. シェリー酒を1杯飲めば食欲が出るでしょう. ❸ (声)をかん高くする. — 自 鋭くなる; 激しくなる; 敏感になる; (声)がかん高くなる. **shárpen úp** [動] 他 (...)を鋭敏にする; よくする. — 自 よくなる. (形 sharp)

sharp·en·er /ʃάɚp(ə)nɚ | ʃάːp(ə)nə/ 名 C 研ぐ[削る]物: ⇒ pencil sharpener.

sharp-eyed /ʃάɚpáɪd | ʃάːp-⁻/ 形 視力のよい; 目ざとい.

***sharp·ly** /ʃάɚpli | ʃάː-/ 副 ❶ **急に**, 突然: The path turns *sharply* at the bridge. 道は橋のところで急に曲がっている.
❷ **鋭く**, 厳しく, 激しく; つっけんどんに: criticize *sharply* 激しく非難する / She replied *sharply*. 彼女はつっけんどんに答えた.
❸ **くっきりと**: The color of the house contrasts *sharply* with the green of the trees. その家の色は木立ちの緑とくっきりとした対照を成している.

sharp·ness /ʃάɚpnəs | ʃάː-/ 名 ❶ U 急なこと. ❷ U 鋭さ; 激しさ. ❸ U 鮮明さ. ❹ U 鋭敏さ.

sharp·shoot·er /ʃάɚpʃùːṭɚ | ʃάːpʃùːtə/ 名 C 射撃の名手; 狙撃(そげき)兵.

shat /ʃǽt/ 動 shit の過去形および過去分詞.

shat·ter /ʃǽṭɚ | -tə/ 動 (-ter·ing /-ṭərɪŋ/) 他 ❶ (...)を粉々に壊す, 粉砕する《⇒ break 類義語》: The ball *shattered* the window. そのボールで窓ガラスが粉々に壊れた. ❷ (希望など)を壊す, 打ち砕く: His dreams *were shattered*. 彼の夢はつぶれた. ❸ (人)にショックを与える, 動揺させる. — 自 粉々になる, 飛散する; (夢・希望などが)壊れる: The mirror *shattered into* pieces. 鏡が粉々に砕けた.

+**shat·tered** /ʃǽṭɚd | -təd/ 形 ❶ 叙述 (精神的に)**打ちのめされた**, がっくりきた: He was *shattered* at the news. その知らせを聞いて彼はがっくりきた. ❷ 叙述《英略式》(疲れて)ぐったりした.

shat·ter·ing /ʃǽṭərɪŋ/ 形 ❶ (経験・知らせなどが)心を動揺させるような, 衝撃的な. ❷《英略式》へとへとに疲れさせる.

shat·ter·proof /ʃǽṭɚprùːf | -tə-/ 形 (ガラス製品などが)粉々に割れない, 破砕防止の.

+**shave** /ʃéɪv/ 動 (shaves /~z/; 過去 shaved /~d/; 過分 shaved, 《主に米》 shav·en /ʃéɪv(ə)n/; shav·ing) 自 **ひげをそる**, かみそりを使う: I *shave* every morning. 私は毎朝ひげをそる.
— 他 ❶ (顔・ひげなど)を**そる**; (人)のひげ[顔など]をそる: *shave* one's legs 脚の毛をそる / He ***shaved off*** his mustache. V+*off*+O 彼は口ひげをそり落とした. ❷ (...)を薄く削る; (...)にかんなをかける: *Shave* an eighth of an inch *off* (that) and it'll fit. (そこから)⅛インチ削り取ればそこにはまるだろう. ❸ (...)を減らす, (値段)を少し下げる, (記録)を縮める (*off*).
— 名 (~s /~z/) C [普通は単数形で] **ひげをそること**; 削ること: get [have] a close [clean] *shave* つるつるにそる / He felt fresh after his *shave* and shower. 彼はひげをそりシャワーを浴びてさっぱりした.
a clóse sháve [名] 危機一髪: have *a close shave* 危ないところを逃れる.

+**shav·en** /ʃéɪv(ə)n/ 動《主に米》shave **の過去分詞**.
— 形 (ひげを)そった《⇒ clean-shaven》[⇔ unshaven].

shav·er /ʃéɪvɚ | -və/ 名 ❶ C 電気かみそり, シェーバー. ❷ C (ひげを)そる人, 理容師.

shav·ing /ʃéɪvɪŋ/ 名 ❶ U そること, ひげそり. ❷ [複数形で] 削りくず, かんなくず.

sháving crèam 名 U,C ひげそり用クリーム.

shawl /ʃɔ́ːl/ 名 C ショール, 肩掛け.

*****she**[1] /(弱形) ʃi; (強形) ʃíː/
— 代《人称代名詞; 三人称・女性・単数・主格》(所有格 her /(弱形) (h)ɚ | (h)ə; (強形) hɚ́ː | hə́ː/, 目的格 her; 複 they /ðeɪ, ðéɪ/). ❶ [1人の女性または1匹の雌の動物を指して] (1) [主語として] **彼女は[が]**, **その女は[が]**, **あの女は[が]**: My *aunt* lives in Hawaii. *She* (= My aunt) is a teacher. 私のおばはハワイに住んでいる. 彼女は教師だ / "Who is *she*?" "*She*'s Mrs. Brown." 「あの人はだれですか」「(あの人は)ブラウン夫人です」

> 語法 話に加わっている当人の目の前で, その人を she と言うのは失礼な言い方. その場合は代名詞を使わず名前を言う. he の場合も同じ: This is Mary. *Mary* is studying chemistry. こちらはメアリーです. メアリーは化学を勉強しています.

(2) /ʃíː/ [主格補語として]《格式》**彼女(だ, です)**, あの女(だ, です)《⇒ me 2 語法 (2)》: "May I speak to Ms. Ford?" "This is *she*." 《米》「フォードさんをお願いします」「私ですが」《電話で》. 語法 書きことばで, 女性か男性かわからない時など he の使用《⇒ he[1] 2》が繰り返されるのを避けるために she を用いることがある. ❷ [国・乗り物を示して]《古風》それは[が]: My sailboat is an old one, but *she* is still in good shape. 私のヨットは古いがまだ調子はよい.

she[2] /ʃíː/ 名 ❶ [a ~]《略式》女, 雌 [⇔ he]. ❷ [合成語で] 女[雌]の: a *she*-goat 雌やぎ.

s/he 代 Ⓦ = he or she, she or he. ✪ she or he または she he と読む《⇒ he[1] 2 語法》.

sheaf /ʃíːf/ 名 (複 sheaves /ʃíːvz/) C (穀物・書類などの)束: two *sheaves* of wheat 小麦2束.

shear /ʃíɚ | ʃíə/ 動 (shears; 過去 sheared; 過分 sheared, shorn /ʃɔ́ɚn | ʃɔ́ːn/; shear·ing /ʃí(ə)rɪŋ/) 他 ❶ (羊)の毛を刈る; (羊の毛など)を刈り取る; [普通は受身で]《文語》(毛髪)を切り取る (*off*): *shear* sheep in spring 春に羊の毛を刈る. ❷ [普通は受身で]《文語》(人)から奪う, はぎ取る: The king *was shorn of* his power. 王は権力を奪われた《⇒ of 14》. ❸ (軸・ボルトなど)を切断する, 引きちぎる (*off*). — 自 (軸・ボルトなどが)切断される, 引きちぎれる (*off*).

shears /ʃíɚz | ʃíəz/ 名 複 大ばさみ《植木を切ったり, 羊の毛を刈り取ったりするもの; ⇒ clipper, scissors》: a pair of *shears* 大ばさみ1丁.

sheath /ʃíːθ/ 名 (sheaths /ʃíːðz, ʃíːθs/) ❶ C (刃物

の)さや; さや状の物; (道具の)覆(おお)い. ❷ Ⓒ シース《体にぴったりのスカート・ワンピースなど》. ❸ Ⓒ《古風, 英》コンドーム.

sheathe /ʃíːð/ 動 他 ❶《文語》(...)をさやに納める. ❷ [普通は受身で] (外側を保護するもので)おおう, 被覆する (*in*, *with*).

sheaves /ʃíːvz/ 名 sheaf の複数形.

she·bang /ʃɪbǽŋ/ 名 [次の成句で] **the whóle shebáng** [名]《略式》何もかも全部.

+**shed**[1] /ʃéd/ 名 (sheds /ʃédz/) ❶ Ⓒ [しばしば合成語で] **小屋**; 物置[家畜]小屋: a cattle *shed* 牛小屋 / a tool *shed* 道具小屋. ❷ Ⓒ《英》車庫, 格納庫.

+**shed**[2] /ʃéd/ 動 (sheds /ʃédz/; 過去・過分 shed; shed·ding /ʃédɪŋ/) 他 ❶ (不要なもの)を**取り除く**, (体重・人員など)を減らす: *shed* one's bad image 悪いイメージを払拭(ふっしょく)する / *shed* a few pounds 数ポンド減量する.
❷ (葉・毛・角など)を**落とす**, (外皮など)を脱ぎ替える; (衣服など)を脱ぐ: Many trees *shed* their leaves in (the) fall. 多くの木々は秋に葉を落とす.
❸《格式》(血・涙など)を**流す**, こぼす: *shed* bitter tears 悲痛の涙を流す. ❹ (光・熱・香りなど)を発する, 注ぐ: The candle *shed* a dim light on the table. ろうそくがテーブルの上をぼんやりと照らしていた. ❺ (水など)をはじく, はね返す: This cloth *sheds* water. この布は防水だ.

S

she'd /ʃiːd/ ❶《略式》she[1] would **の短縮形:** She said that *she'd* be there by five. 彼女はそこに 5 時までには行くと言った.
❷《略式》**she**[1] **had**[2] **の短縮形:** *She'd* been waiting there for three hours before we arrived. 我々が着くまで彼女はそこで 3 時間も待っていた.

sheen /ʃíːn/ 名 [Ⓤ または a ～] 輝き; 光沢.

sheep /ʃíːp/
— 名 (複 ～) Ⓒ 羊, 綿羊: a flock of *sheep* 羊の群れ / They keep a number of *sheep*. 彼らは羊を何頭か飼っている / One may [might] as well be hanged for a *sheep* as (for) a lamb.《ことわざ》子羊を盗んでしばり首になるくらいなら親羊でしばり首になるほうがましだ(毒を食らわば皿まで). 参考 羊には無邪気で純真というイメージがある. ✪ 鳴き声については ⇒ cry 表. 関連 lamb 子羊 / ram 去勢しない雄羊 / ewe 雌羊 / mutton 羊肉.
cóunt shéep [動] 自 羊(の数)を数える《眠れないときに》.
like shéep [形・副] 羊のように従順な[に], 付和雷同する[して].
séparate [sórt óut] the shéep from the góats [動] 自《主に英》善人と悪人[有能な人と無能な人]を区別する, よしあしを見分ける. 由来 新約聖書のマタイ伝から.

sheep·dog /ʃíːpdɔ̀ːg | -dɔ̀g/ 名 Ⓒ 牧羊犬《collie など》.

sheep·herd·er /ʃíːphə̀ːdə | -hə̀ːdə/ 名 Ⓒ《米》羊飼い [≒shepherd].

sheep·ish /ʃíːpɪʃ/ 形 きまり悪げな; おどおどした.
～·ly 副 きまり悪そうに; おどおどして.

sheep·skin /ʃíːpskɪn/ 名 ❶ Ⓤ,Ⓒ (毛がついたままの)羊皮; 羊のなめし皮. ❷ Ⓒ 羊皮製のコート[帽子, 敷物など].

+**sheer**[1] /ʃíə | ʃíə/ (同音 shear) 形 (sheer·er /ʃí(ə)rə | -rə/; sheer·est /ʃí(ə)rɪst/) ❶ 限定 **全くの** [≒pure]; 驚くほど大きい[多い]: a *sheer* waste of money 全くの金の浪費 / survive by *sheer* luck 全くの幸運で生き残る / the *sheer* size of the building その建物の驚くべき大きさ. ❷ 切り立った, 険しい: a *sheer* cliff 断崖(だんがい), 絶壁. ❸ [普通は 限定] (織物・靴下などが)透き通る, ごく薄い. — 副 (ほとんど)垂直に, 真っすぐに.

sheer[2] /ʃíə | ʃíə/ 動 (sheer·ing /ʃí(ə)rɪŋ/) 自 [副詞(句)を伴って] 針路からそれる, 急に進路[向き]を変える (*away*, *off*).

sheet /ʃíːt/
— 名 (sheets /ʃíːts/) ❶ Ⓒ **シーツ**, 敷布《ベッドには上下 2 枚用いる; ⇒ bedroom 挿絵》: change the *sheets* シーツを替える / She put clean *sheets* on the bed. 彼女はベッドにきれいなシーツを敷いた.
❷ Ⓒ (紙のように薄い物の)**1 枚**; 1 枚の紙; 薄板《⇒ paper 名 1 語法》: a ***sheet of*** paper 紙 1 枚 / two *sheets of* glass 板ガラス 2 枚 / a blank *sheet* 白紙 / 「a question [an answer] *sheet* 問題[解答]用紙. ❸ Ⓒ (水・雪・氷・火・色などの)広がり, 一面の...: a *sheet of* ice on the road 道路一面の氷.
a cléan shéet [名] = a clean slate《⇒ slate 名 成句》.

sheet·ing /ʃíːtɪŋ/ 名 ❶ Ⓤ 被覆用材《金属・プラスチックなどの》. ❷ Ⓤ 敷布地, 敷布.

shéet lìghtning 名 Ⓤ 幕電(光)《雷鳴は聞こえず, 空や雲が光る遠方の稲光》.

shéet mùsic 名 Ⓤ 1 枚刷りの楽譜.

Shef·field /ʃéfiːld/ 名 固 シェフィールド《英国 England 中北部の都市》.

sheikh, sheik /ʃíːk/ 名 Ⓒ (アラブ人の)首長; (イスラム教の)導師.

Shei·la /ʃíːlə/ 名 固 シーラ《女性の名》.

shek·el /ʃék(ə)l/ 名 Ⓒ シェケル《イスラエルの通貨単位》.

shelf /ʃélf/
— 名 (複 shelves /ʃélvz/) ❶ Ⓒ 棚, 棚の段: Put these books back on the top *shelf*. これらの本を一番上の棚に戻してください / fix a *shelf* 棚をつける / 「put up [build] a *shelf* 棚をつる. 関連 bookshelf 本棚.
❷ Ⓒ ひと棚分のもの: two *shelves of* plates 棚 2 段分の皿. ❸ Ⓒ (がけの)岩棚; 暗礁, 浅瀬; 砂州: a *shelf* of rock 岩棚.
òff the shélf [副・形] (特注でなく)在庫品で入手して[する].
on the shélf [副・形] 棚上げされて, 用がなくなって; 売れ残って;《古風, 英》[しばしば性差別的] (女性が)婚期を過ぎて. (動 shelve)

shélf lìfe 名 Ⓒ [普通は単数形で] 有効保存期間《包装食品・薬などの品質の変わらない期間》.

shell /ʃél/
— 名 (～s /～z/) ❶ Ⓒ,Ⓤ [しばしば合成語で] **貝殻**, 貝; (虫・卵などの)固い殻; (かめ・かになどの)甲羅: gather *shells* along the shore 海辺で貝殻を集める / crack the *shell* of an egg 卵の殻を割る. 関連 eggshell 卵の殻.
❷ Ⓒ,Ⓤ (木の実などの)**固い殻**; (豆の)さや; パイ[タルト]の固い皮: peanut *shells* ピーナツの殻 / crack a walnut *shell* くるみの殻を割る. 関連 nutshell 木の実の殻.
❸ Ⓒ 砲弾;《主に米》薬莢(やっきょう) [≒cartridge]: a gas *shell* 毒ガス弾. 関連 bullet 小銃弾. ❹ Ⓒ 骨組み,

外枠, 外郭: the burned-out *shell* of the building その全焼したビルの骨組み.

bríng ... óut of ...'s shéll [動] ⑩ (人)を打ち解けさせる.

còme óut of one's **shéll** [動] ⑥ 打ち解ける.

— 動 ⑩ ❶ (...)を砲撃[爆撃]する. ❷ (...)を殻から取り出す; (...)のさやをむく[はぐ].

shéll óut [動] ⑩ ((略式)) (...に)(金)を(しぶしぶ)支払う (*for, on*).

— ⑥ ((略式)) 金を支払う (*for*).

she'll /ʃiːl/ ((略式)) she¹ will¹ の短縮形: *She'll* try it once more. 彼女はもう一度それをやってみるだろう.

shel·lac /ʃəlǽk/ 名 U シェラック(塗料)((ワニスなどの原料)). — 動 (shel·lacs, -lacks; shel·lacked; shel·lack·ing) ⑩ ❶ (...)にシェラックを塗る. ❷ [普通は受身で] ((米略式)) (...)に楽勝する.

Shel·ley /ʃéli/ 名 固 Per·cy /pə́ːsi | pə́ː-/ Bysshe /bíʃ/ ~ シェリー (1792–1822)((英国の詩人)).

shell·fish /ʃélfìʃ/ 名 (複 ~) ❶ C 貝((かきなど)); 甲殻類((かに・えびなど)). ❷ U 食べ物としての貝[甲殻類](の身).

shel·ter /ʃéltə | -tə/ 名 (~s /~z/) ❶ U (雨露をしのぐ)**住まい**, 住居: food, clothing and *shelter* 衣食住. 日英 日本語と語順が異なる.

❷ U **避難; 保護**, 庇護(ひご): run ***for shelter*** 避難所[逃げ場]を求めて走る / take [find, seek] ***shelter from*** the rain under a big tree 大きな木の下で雨宿りをする / He gave temporary *shelter* to the refugees. 彼はその難民たちをしばらく保護してやった. 関連 tax shelter 税金逃れの手段.

❸ C (風雨・危険などからの)**避難所**, 隠れ場; 雨宿りの場所; (浮浪者などの)保護施設, 収容所; 核シェルター: a ***shelter for*** the homeless 家のない人々の収容所 / The hut provided [gave] a ***shelter from*** the storm その小屋はあらしのときの避難場所となった // ⇒ bus shelter.

— 動 (shel·ters /~z/; shel·tered /~d/; -ter·ing /-tərɪŋ, -trɪŋ/) ⑩ (人・物)を(...から)**保護する**, かくまう [≒protect]: The trees in the backyard ***shelter*** the house ***from*** snowstorms. V+O+*from*+名 裏庭の木がその家を吹雪から守っている / *shelter* the homeless 家のない人たちを泊める((⇒ the¹ 3)).

— ⑥ [副詞(句)を伴って] 避難する, 隠れる; (風・雨などを)避ける: *shelter from* the rain 雨宿りをする.

shel·tered /ʃéltəd | -təd/ 形 ❶ (場所が)雨風から守られた. ❷ [ときに軽蔑的] (特に過度に)保護された; かくまわれた: lead a *sheltered* life 過保護な生活を送る. ❸ 限定 ((英)) (施設・仕事などが)(老人・障害者に)自立のための保護を与える: *sheltered* housing [accommodation] (老人)養護ホーム.

shelve /ʃélv/ 動 ⑩ ❶ (計画・課題など)を棚上げする. ❷ (本など)を棚にのせる[置く]. — ⑥ [副詞(句)を伴って] (土地が)傾斜する. (名 shelf)

shelves /ʃélvz/ 名 shelf の複数形.

shelv·ing /ʃélvɪŋ/ 名 U 棚((全体)); 棚の材料.

she·nan·i·gans /ʃənǽnɪgənz/ 名 複 ((略式)) いたずら, ふざけ; ごまかし.

shep·herd /ʃépəd | -pəd/ ❗発音 名 (shep·herds /-pədz | -pədz/) C **羊飼い**: Red sky at night, *Shepherd's* delight; Red sky in the morning, *Shepherd's* warning. ((ことわざ)) 夕焼けは羊飼いの喜び, 朝焼けは羊飼いへの警告((英国の童謡集 *Mother Goose's Melodies* の中のことばから)) / the Good *Shepherd* よき羊飼い((キリストのこと)).

— 動 ⑩ [副詞句を伴って] (群衆など)を導く.

〖語源 原義は「羊 (sheep) の番人 (herd)」〗

shép·herd's píe /ʃépədz- | -pədz-/ 名 C,U シェパーズパイ((ひき肉の上にマッシュポテトをのせて焼く)).

sher·bet /ʃə́ːbət | ʃə́ː-/ 名 ❶ C ((米)) シャーベット((果汁に牛乳・卵白・ゼラチンを加え凍らせたもの)) [((英)) sorbet]. ❷ U ((英)) 粉末ソーダ菓子.

sher·iff /ʃérɪf/ 名 (~s/~s/) ❶ C ((米)) **郡警察局長**, (郡の)**保安官**, シェリフ((郡 (county) の最高職で, 司法権と警察権を持つ)). ❷ C ((英)) 州長官((しばしば High Sheriff と呼ばれる)).

〖語源 元来は「州 (shire) の長官」の意〗

Sher·lock Holmes /ʃə́ːlɑ(ː)k hóʊmz | ʃə́ːlɔk-/ 名 固 シャーロック ホームズ((英国の作家ドイル (Doyle) の推理小説に登場する名探偵)).

Sher·pa /ʃéəpə | ʃə́ː-/ 名 (複 ~s, ~) C シェルパ((ヒマラヤ山脈に住むチベット人; 登山者のガイド・荷物運搬人となる)).

sher·ry /ʃéri/ 名 (sher·ries) U,C シェリー酒((スペイン南部原産の白ワイン; 英国では主に食前酒として飲む)).

Shér·wood Fór·est /ʃə́ːwʊd- | ʃə́ː-/ 名 固 シャーウッドの森((英国 England 中部にあった王室林; 義賊ロビンフッド (Robin Hood) が活躍したといわれる土地)).

she's /ʃiːz/ ❶ ((略式)) she¹ is の短縮形((⇒ be 表)): *She's* our teacher. あの方は私たちの先生です / *She's* working now. 彼女はいま仕事中だ / *She's* trusted by everyone. 彼女はだれからも信用されている.

❷ ((略式)) she¹ has² の短縮形: *She's* already finished it. 彼女はもうそれを終えてしまった.

shh /ʃː/ 間 = sh.

shib·bo·leth /ʃíbələθ, -lèθ/ 名 C ((格式)) (もはや重要視されない)旧式な考え[慣習], 時代遅れのもの.

shied /ʃáɪd/ 動 shy の過去形および過去分詞.

shield /ʃiːld/ 名 (~s /~z/) ❶ C **盾**. ❷ C 守る物[人], 保護物[者] (*against*); (機械などの)カバー, 覆い. 関連 windshield ((米)) (車の)フロントガラス. ❸ C 盾形の物((記章・トロフィーなど)); ((米)) (盾形の)警官のバッジ.

— 動 ⑩ (...)を保護する, かくまう, 覆う [≒protect]: *shield* one's eyes *from* the sun (手で)目に入る太陽の光をさえぎる / He *shielded* his friend *from* the unfair criticism. 彼は友だちが不当に非難されるのをかばった.

shi·er /ʃáɪə | ʃáɪə/ 形 **shy の比較級**.

shies /ʃáɪz/ 動 shy の三人称単数現在形.

shi·est /ʃáɪɪst/ 形 **shy の最上級**.

shift /ʃíft/ 動 (shifts /ʃífts/; shift·ed /~ɪd/; shift·ing) ⑩ ❶ (位置など)を**変える**, (...)の場所[方向]を変える, (...)を移す: The center fielder *shifted* his position against the slugger. 強打者に対してセンターは守備位置を変えた / He ***shifted*** the suitcase ***from*** his right hand ***to*** his left. V+O+*from*+名+*to*+名 彼はスーツケースを右手から左手に持ち替えた.

❷ (意見・態度など)を**変える**; (注意・重点・焦点など)を転じる; (資金など)を(ほかへ)向ける; (責任など)を転嫁する: They've *shifted* their position. 彼らは立場を変えた. / He tried to ***shift*** the blame [responsibility] ***onto*** [***to***] me. V+O+*onto* [*to*]+名 彼は罪[責任]を私にかぶせようとした. ❸ ((米)) (自動車のギア)を入れ替える.

S

— 自 ❶ **移る**, 位置を変える, (神経質に)体を動かす; (舞台などが)変わる, (風などが)向きが変わる: She kept *shifting* nervously in her seat [chair]. 彼女は椅子に座ってそわそわ(と体を動か)していた / The wind ***shifted to*** the east. V+*to*+名 風向きが東に変わった / The scene ***shifted from*** New York ***to*** Chicago. V+*from*+名+*to*+名 舞台はニューヨークからシカゴに変わった.
❷ (意見・態度などが)変わる; (注意・重点・焦点などが)移る. ❸《米》車のギアを(...に)入れ替える [《英》change]: *shift into* second gear ギアをセカンドに入れる.
shíft for onesélf [動] 自《英》何とか自活する.
— 名 (shifts /ʃífts/) ❶ C (位置・方向・状態などの)**変化**, 移行: a ***shift in*** the wind 風向きの変化 / a ***shift from*** communism ***to*** capitalism 共産主義から資本主義への移行 / The election won't bring about any marked *shift in* foreign policy. 選挙で外交政策がはっきりと変わることはないだろう.
❷ C (勤務の)**交替**; (交替制の)勤務時間, 出番; [《英》単数形でもときに複数扱い] (交替の)組; [形容詞的に] 交替でする, 交替制[勤務]の: a work *shift* (仕事の)出番 / I work [do] the morning *shift* tomorrow. 明日は早番だ / They work (***in***) eight-hour ***shifts***. 彼らは 8 時間交替で働く / The doctor is ***on*** the night ***shift*** at the hospital. その医者は病院で夜勤をしている / a *shift* worker 交替で働く人 / do *shift* work 交替制で働く. ❸ C = shift key. ❹ C シフトドレス《真っすぐなラインのゆったりしたワンピース》.

S

shift·i·ly /ʃíftəli/ 副 ずるそうに.
shíft kèy 名 C (キーボードの)シフトキー.
shift·less /ʃíftləs/ 形 [軽蔑的] やる気のない; ふがいない.
shift·y /ʃífti/ 形 (shift·i·er; -i·est)《略式》ずるそうな; 当てにならない: *shifty* eyes ずるそうな目つき.
Shi·ite /ʃíːaɪt/ 名 C シーア派イスラム教徒. — 形 シーア派の.
shil·ling /ʃílɪŋ/ 名 C シリング《英国の旧通貨単位; 1 ポンド (pound) の 20 分の 1, 12 ペンス (pence); 1971 年に廃止》.
shim·mer /ʃímɚ|-mə/ 動 (-mer·ing /-mərɪŋ/) 自 ちらちら光る, かすかに光る. — 名 [U または a ~] ゆらめく光, かすかな光 (*of*).
shin /ʃín/ 名 C 向こうずね《⇒ leg 挿絵》. — 動 (shins; shinned; shin·ning) 自《英》= shinny.
shin·bone /ʃínbòʊn/ 名 C すねの骨.
shine** /ʃáɪn/ 動 (shines /~z/; 過去・過分 shone /ʃóʊn|ʃɔ́n/, 他 2 では shined /~d/; shin·ing) 自 ❶ **輝く**, 光る, 照る《⇒ 類義語》: The moon is *shining* brightly. 月が明るく輝いている / She polished the sink until it *shone*. 彼女は流しをぴかぴかになるまで磨いた / The sun is ***shining (down) ***on*** the water. V+前+名 日光が水面を照らしている.
❷ (表情などが)**明るくなる**, 輝く: Her「face was [eyes were] ***shining with*** delight. V+*with*+名 彼女の顔[目]は喜びで輝いていた.
❸ [進行形なし] (優れているので)**目立つ**, 異彩を放つ: This concert will be your chance to *shine*. このコンサートはあなたが脚光を浴びるチャンスとなるだろう / She ***shines in*** [***at***] chemistry. V+*in* [*at*]+名 彼女は化学が得意だ.
— 他 ❶ (光・灯火など)を**照らす**, (光線など)を向ける: The night watchman ***shone*** a flashlight ***on*** the window. V+O+前+名 夜警は懐中電灯でその窓を照らした.
❷ (過去・過分 shined /~d/) (靴・金具など)を**磨く**, 光らせる [≒polish]: The boy *shined* shoes for a living. その少年は生計を立てるために靴磨きをしていた.
shíne thróugh [動] 自 (特質などが)はっきり見てとれる.

> 類義語 shine 最も一般的な語で, 明るく光り輝くこと. **twinkle, sparkle** きらきら[ぴかぴか]光ること: Stars are *twinkling* [*sparkling*] in the sky. 空に星がきらめいている. **glisten** 濡れた感じできらきら光ること. **glitter** より強い光でぴかぴか光ること. **gleam** 物の表面などが特に反射する光によってきらきら光ること: the moon *gleaming* on the water 水面に光り輝く月. **glow** 特に暖かく柔らかな光や燃えるように輝く光をいう. **flicker** ちかちかとした光をいう. **flash** 短くぱっと光ること.

— 名 ❶ [U または a ~] 光沢, つや; 光, 輝き. ❷ [単数形で] (靴などを)磨くこと: He gave *a* good *shine* to my shoes. 彼は私の靴をきれいに磨いてくれた.
(còme) ráin or shíne ⇒ rain 名 成句.
tàke a shíne to ... [動] 他《略式》...が(すぐに)好きになる. (形 shíny)
shin·gle¹ /ʃíŋgl/ 名 C,U 屋根板, こけら板. **háng óut** one's **shíngle** [動] 自《米略式》(医師・弁護士などが)看板を出す, 開業する.
shin·gle² /ʃíŋgl/ 名 U (海岸の)小石, 砂利.
shin·gles /ʃíŋglz/ 名 U 〔医学〕帯状疱疹(ほうしん).
shín guàrd 名 C [普通は複数形で] すね当て《野球・アイスホッケーなどの》.
+**shin·ing** /ʃáɪnɪŋ/ 形 ❶ **輝いている**, 光っている. ❷ 限定 目立つ, 卓越した: a *shining* example (of bravery) (勇敢さの)すばらしい手本.
shin·ny /ʃíni/ 動 (shin·nies; shin·nied; -ny·ing) 自《米》(綱・柱などに)よじ登る (*up*); (...から)するすると降りる (*down*) [《英》shin].
+**shin·y** /ʃáɪni/ 形 (shin·i·er; -i·est) **光沢[つや]のある**; 磨いた: *shiny* shoes ぴかぴかの靴. (名 shine)
Shin·to /ʃínṭoʊ/, **Shin·to·is·m** /ʃínṭoʊìzm/ ≪日本語から≫ 名 U (日本の)神道.

***ship /ʃíp/

— 名 (~s /~s/) ❶ C (大型の)**船**: There were 500 passengers「***on board*** [***aboard***] the ***ship***. 船には 500 人が乗っていた / send goods ***by ship*** 貨物を船で送る《⇒ by 前 2 語法》.

> 語法 女性として扱われることがある. ただし関係代名詞は which を用いる: A large *ship* is in port; *she's* an American *ship*, and I've never seen *her* before. 大きな船が入港している. アメリカの船で, 今までに見たことのないものだ.

ship (比較的大型の船)	船
boat (小型の船・一般の船)	

❷ C 飛行機; 飛行船 (airship); 宇宙船 (spaceship).
júmp shíp [動] 自 (1) (組織などから)離脱する. (2) (水夫が)船から逃亡する.
rún a tíght shíp [動] 自 (組織などの)統制をしっかり保つ.

— 動 (ships /～s/; shipped /～t/; ship·ping) 他 ❶ (列車・トラックなどで) (...)を**送る**, 輸送する, 発送する, 出荷する: *ship* goods by rail 商品を鉄道便で送る. ❷ (貨物)を**船で運ぶ**[**送る**], 船に積む: We can *ship* it abroad. V+O+副 それは海外へ船便で送れる / The products *were shipped* (*over* [*out*]) *to* Hong Kong. V+O(+副)+*to*+名の受身 製品は船で香港に運ばれた. ❸〖コンピュータ〗(ソフトウェアなど)を発売する. ❹ (人)を追いやる, 追っ払う (*away, off, out*). ❺ (波)をかぶる: The boat *shipped* water. ボートは波をかぶった. — 自〖コンピュータ〗(ソフトウェアなどが)発売される.

-ship /ʃɪp/ 接尾 [名詞につく抽象名詞語尾] ❶「性質・状態・精神」を示す: friend*ship* 友情. ❷「職・身分・地位」を示す: author*ship* 著述業. ❸ (...としての)「技量・手腕」を示す: musician*ship* 音楽家としての技量. ❹「特定の集団全体」を示す: member*ship* 会員.

ship·board /ʃípbɔ̀əd | -bɔ̀:d/ 形 限定 船上での.

ship·build·er /ʃípbìldə | -də/ 名 C 造船会社.

ship·build·ing /ʃípbìldɪŋ/ 名 U 造船(業).

ship·load /ʃíplòʊd/ 名 C 船1隻分(の積み荷・乗船人数) (*of*).

ship·mate /ʃípmèɪt/ 名 C 船員仲間.

+**ship·ment** /ʃípmənt/ 名 (ship·ments /-mənʦ/) ❶ C **積荷**; 船荷: a large ***shipment of*** wine 大量のワインの積荷. ❷ U **発送**, 出荷; 船積み: The food is ready for *shipment*. 食糧はすぐにでも発送できます.

ship·own·er /ʃípòʊnə | -nə/ 名 C 船主, 船舶所有者.

ship·per /ʃípə | -pə/ 名 C 船の荷主, 船荷の送り人; 運送業者.

+**ship·ping** /ʃípɪŋ/ 名 ❶ U **船舶**《全体》: The port is open to all *shipping*. その港はあらゆる船舶が入れる. ❷ U (船舶)輸送, 運送; 海運業; 《米》配送料: *shipping* and handling 《米》(通信販売などで)送料および手数料. ❸ [形容詞的に] 船舶の; 輸送の, 海運の: a *shipping* lane 海上交通路, 航路.

shípping àgent 名 C 海運業者.

ship·shape /ʃípʃèɪp/ 形 [普通は 叙述] 整然として, きちんとした, 整備された.

ship·wreck /ʃíprèk/ 名 ❶ U,C 難船, 難破, (海での)船の遭難. ❷ C 難破船, 遭難船. — 動 他 [普通は受身で] (船の乗員・乗客)を難船させる, 遭難させる: They *were shipwrecked* off Cape Town. 彼らはケープタウン沖で難船した.

ship·wright /ʃípràɪt/ 名 C 造船工; 船大工.

ship·yard /ʃípjɑ̀əd | -jɑ̀:d/ 名 C 造船所.

shire /ʃáɪə | ʃáɪə/ 名 C 《英古語》州. 語法 現在では州の意味には county が用いられ, shire は York*shire* のように州の名の語尾に用いて /-ʃɪə | -ʃə/ と発音される.

shirk /ʃə́:k | ʃə́:k/ 動 他 ❶ (責任など)を回避する, 逃れる. ❷ (仕事など)を怠ける. — 自 責任逃れをする; 怠ける (*from*).

shirk·er /ʃə́:kə | ʃə́:kə/ 名 C 回避者; 怠け者.

Shir·ley /ʃə́:li | ʃə́:-/ 名 固 シャーリー《女性の名》.

‡shirt /ʃə́:t | ʃə́:t/

— 名 (shirts /ʃə́:ʦ | ʃə́:ʦ/) C **ワイシャツ**, **シャツ**: wear a *shirt* and tie ネクタイとシャツを着用する / 「put on [take off] a *shirt* ワイシャツを着る[脱ぐ]. 日英 日本語の「ワイシャツ」は white shirt に由来するが英語では単に shirt でよい. スポーツシャツや半そでシャツと区別するときには dress shirt という. 関連 polo shirt ポロシャツ / sweatshirt トレーナー / T-shirt Tシャツ.

kèep one's shírt òn [動] 自 [普通は命令文で] S 冷静にしている: *Keep your shirt on!* かっかするな《失礼な言い方ととられることもある》.

lóse one's shírt [動] 自 《米略式》(賭(か)け事・投資で)大損をする.

pút one's shírt on ... [動] 他 《略式, 主に英》(競馬などにあり金全部を賭(か)ける.

〖語源 原義は「短い衣服」; skirt, short と同語源〗

shirt·front /ʃə́:tfrʌ̀nt | ʃə́:t-/ 名 C ワイシャツの胸.

shirt·sleeve /ʃə́:tslì:v | ʃə́:t-/ 名 C ワイシャツのそで.

in (one's) shírtslèeves [副・形] 《略式》上着を脱いで, ワイシャツ1枚になって. — 形 限定 《米》上着を着ていない; (天気が)上着のいらない; 略式の, くつろいだ.

shish ke·bab /ʃíʃkəbɑ̀:b | -bæ̀b/ ≪トルコ語から≫ 名 C シシカバブ《トルコ起源の串焼き肉料理》.

+**shit** /ʃít/ 名 (shits /ʃíʦ/) ❶ U S 《卑語》**大便**, **くそ**; [a ～] 大便をすること; [the ～s] 下痢《⇒ taboo word》: take [《英》have] *a shit* うんこする. ❷ U S 《卑語》たわごと; ひどい仕打ち[ことば]; くだらないもの. ❸ C S 《卑語》くそったれ, いやなやつ.

— 動 (shits; 過去・過分 shit, shit·ted /-tɪd/, shat /ʃǽt/; shit·ting /-tɪŋ/) 自 S 《卑語》大便[くそ]をする. — 他 S 《卑語》(くそ)をする; (...)にくそをする.

shít onesèlf [動] 自 (1) S 《卑語》大便をもらす. (2) S 《卑語》びくびくする.

— 間 S 《卑語》くそっ!, ちくしょう!

+**shiv·er** /ʃívə | -və/ ❗発音 動 (shiv·ers /～z/; shiv·ered /～d/; -er·ing /-v(ə)rɪŋ/) 自 (寒さ・恐怖などで) **ぶるぶる震える**; (恐れ)おののく《⇒ shake 類義語》: Tom was ***shivering with*** cold [fear]. V+*with*+名 トムは寒さで[怖くて]ぶるぶると震えていた / She ***shivered at*** the sight. V+*at*+名 彼女はその光景を見てぞっとした.

— 名 (～s /～z/) ❶ C **震え**, 身震い: A *shiver* ran up [down] my spine. 背筋がぞくっとした. ❷ [the ～s] 《略式》寒け, 悪寒(おかん); ぞっとすること: get [have] *the shivers* (寒さ・恐怖で)震える, ぞっとする / give ... *the shivers* ...をぞっとさせる. (形 shívery)

shiv·er·y /ʃív(ə)ri/ 形 (shiv·er·i·er, more ～; -er·i·est, most ～) (寒さ・恐怖などで)震える, (体が)ぞくぞくする. (名 shíver)

shoal[1] /ʃóʊl/ 名 C 魚の群れ, 大群《⇒ group 類義語》: *a shoal of* sardines いわしの群れ.

shoal[2] /ʃóʊl/ 名 C 浅瀬; 砂州.

‡shock[1] /ʃɑ́(:)k | ʃɔ́k/

— 名 (～s /～s/) ❶ [U または a ～] (精神的な)**衝撃**, **ショック**, 打撃, ぎょっとすること; C 衝撃的な出来事: get *a shock* ショックを受ける / The news gave him *a* terrible *shock*. その知らせは彼にひどいショックを与えた / Bob's death 「came as [was] *a* great ***shock to*** us. ボブの死は我々にとって大きなショックだった / He couldn't get over the ***shock of*** his father's death. 彼は父の死のショックから立ち直れなかった / in (a state of) *shock* ショックを受けて《⇒ 2》.

❷ U〖医学〗**衝撃**, ショック(症): in (a state of) *shock* ショック症状で / suffer from *shock* ショック症にかかる / die of *shock* ショック死する.

❸ C,U (衝突・爆発などの) **衝撃**, 衝動; 激突; 激動: the ***shock of*** the explosion 爆発の衝撃 / The first ***shock of*** the earthquake was felt at 10:14 a.m. 地震

S

の最初の震動は午前 10 時 14 分に感じられた. ❹ Ⓒ 電撃, 感電: get an electric *shock* 感電する. ❺ Ⓒ [特に新聞で] (予期しない)突発的な騒動[変化]; [形容詞的に] 衝撃的な: a *shock* defeat 衝撃的な敗北. ❻ Ⓒ = shock wave. ❼ Ⓒ [普通は複数形で] = shock absorber.

— 動 (shocks /~s/; shocked /~t/; shock·ing) 他 ❶ (精神的に) (...)に**衝撃[ショック]を与える**, ぎょっとさせる《⇒ shocked》: The accident *shocked* the entire town. その事故は全市に衝撃を与えた / They ***were shocked into*** silence. V+O+*into*+名の受身 彼らはぎょっとして黙ってしまった.

❷ (...)を**憤慨させる**, あきれさせる: The bribery *shocked* the entire country. その汚職事件に全国民が憤慨した. ❸ (...)を感電させる.

— 自 衝撃を与える.

shock² /ʃɑ́(ː)k | ʃɔ́k/ 名 [普通は a ~ of hair として] くしゃくしゃの髪, 乱れ髪.

shóck ab·sòrb·er /-əbsɔ̀ɚbɚ | -sɔ̀ːbə/ 名 Ⓒ 緩衝器[装置]《⇒ motorcycle 挿絵》.

+**shocked** /ʃɑ́(ː)kt | ʃɔ́kt/ 形 ❶ **衝撃[ショック]を受けた**: stand in *shocked* silence ショックのあまり口もきけずに立ちつくす / Everybody was ***shocked by*** [*at*] the disaster. +*by* [*at*]+名 皆がその災害でショックを受けた / I was deeply ***shocked to*** hear the news. +*to* 不定詞 私はその知らせを聞いて大きな衝撃を受けた. ❷ (不道徳なことに)憤慨した, あきれた.

shock·er /ʃɑ́(ː)kɚ | ʃɔ́kə/ 名 Ⓒ《略式》あきれた人[もの], ひどい人[もの]; ぞっとさせるもの, 扇情的な小説[映画].

+**shock·ing** /ʃɑ́(ː)kɪŋ | ʃɔ́k-/ 形 ❶ **衝撃的な**, ぞっとする: *shocking* news 衝撃的な知らせ / It's *shocking* to hear about crimes like that. そういう犯罪のことを聞くとぞっとする. ❷ 憤慨させる, あきれるほどの: *shocking* behavior けしからぬ振舞い. ❸《英略式》ひどい, とんでもない.

~·**ly** 副 ぞっとさせるよう[こと]に, ショッキングなことに; ひどく.

shócking pínk 名 Ⓤ ショッキングピンク《強烈[鮮やか]なピンク》. — 形 強烈[鮮やか]なピンクの.

shock·proof /ʃɑ́(ː)kprùːf | ʃɔ́k-/ 形 (腕時計などが)衝撃に耐える, 耐震性の.

shóck thèrapy [trèatment] 名 ❶ Ⓤ〔医学〕(精神病者に対する)ショック療法. ❷ Ⓤ 過激な対処法, 荒療治.

shóck tròops 名 複 奇襲隊, 突撃隊.

shóck wàve 名 ❶ Ⓒ 衝撃波. ❷ [複数形で] (大事件などによる)衝撃. **sénd shóck wàves through ...** [動] 他 ...に衝撃を与える.

shod /ʃɑ́(ː)d | ʃɔ́d/ 動 shoe の過去形および過去分詞. — 形 [しばしば合成語で]《文語》(...の)靴をはいている: well-*shod* いい靴をはいた.

shod·dy /ʃɑ́(ː)ḍi | ʃɔ́di/ 形 (shod·di·er; -di·est) ❶ 粗悪な, 見かけ倒しの. ❷ 卑劣な, 汚い.

**shoe /ʃúː/

— 名 (~s /~z/) ❶ Ⓒ [普通は複数形で] **靴**; **短靴**《⇒ boot¹》. 日英 欧米では衣服の一種と考えられ, 家や部屋の中でも寝る時以外は脱がないのが普通《⇒ clothes 日英》: 「a pair [three pair(s)] of *shoes* 靴 1 足[3 足] / 言い換え She's ***wearing*** her new ***shoes***. = She has her new *shoes* on. = She is in her new *shoes*. 彼女は新しい靴をはいている《⇒ wear 表, have on (have¹ 句動詞)表》/ ***put on*** one's ***shoes*** 靴をはく《⇒ put on (put 句動詞)表》/ ***take off*** one's ***shoes*** 靴を脱ぐ《⇒ take off (take 句動詞)表》/ These *shoes* fit [are too tight]. この靴は合う[きつすぎる] / 🗨 "Do you have these *shoes* in 7 ½ wide?" "Yes. Over here please." 「この靴で幅広の 7½ のサイズはありますか」「はい, こちらへどうぞ」《7½ は seven and a half と読む; ⇒ size 名 2 例文》/ If the *shoe* fits, wear it. 《ことわざ》Ⓢ《米》靴が合うなら, それをはけ(その批判が自分に思い当たるならば, 自分のことを言われていると思え)《⇒ cap 名 1 最後の例文》. ❷ Ⓒ 蹄鉄(ていてつ) (horseshoe).

fíll ...'s shóes = stép ìnto ...'s shóes [動] (人)のあとを引き継ぐ.

in ...'s shóes [形・副] (人)の(苦しい)立場に立って: Try to be [put yourself] *in his shoes*. 彼の立場に立って考えてみてごらんなさい.

— 動 (shoes; 過去・過分 shod /ʃɑ́(ː)d | ʃɔ́d/; shoe·ing) 他 (馬)に蹄鉄(ていてつ)を打つ.

shoe·horn /ʃúːhɔ̀ɚn | -hɔ̀ːn/ 名 Ⓒ 靴べら.

shoe·lace /ʃúːlèɪs/ 名 Ⓒ 靴ひも: tie [untie] a *shoelace* 靴ひもを結ぶ[解く].

shoe·mak·er /ʃúːmèɪkɚ | -kə/ 名 Ⓒ 靴製造人, 靴直し《人》.

shoe·mak·ing /ʃúːmèɪkɪŋ/ 名 Ⓤ 靴造り, 靴直し《行為》.

shoe·shine /ʃúːʃàɪn/ 名 Ⓒ [普通は単数形で] 靴磨き《行為》.

shoe·string /ʃúːstrɪŋ/ 名 Ⓒ《米》靴ひも [≒shoelace]. **on a shóestring** [副]《略式》わずかの資本で; 細々と. — 形 限定《略式》(予算などが)規模の小さい.

shóestring potàtoes 名 複《米》せん切りのフライドポテト.

sho·gun /ʃóʊgən | -gʌn/ ≪日本語から≫ 名 Ⓒ 将軍.

*__shone__ /ʃóʊn | ʃɔ́n/ (同音《米》shown) 動 **shine の過去形および過去分詞**.

shoo /ʃúː/ 間 しいっ!《鳥・猫などを追い払うときの発声》. — 動 他《略式》しいっと言って(...)を追い払う (*away*, *out*).

shoo-in /ʃúːɪn/ 名 Ⓒ [普通は単数形で]《略式, 主に米》楽勝[当選]確実な人 (*for*; *to* do).

***shook /ʃʊ́k/ 動 **shake の過去形**.

**shoot¹ /ʃúːt/ 発音 (同音 chute)

— 動 (shoots /ʃúːts/; 過去・過分 shot /ʃɑ́(ː)t | ʃɔ́t/; shoot·ing /ʃúːṭɪŋ/)

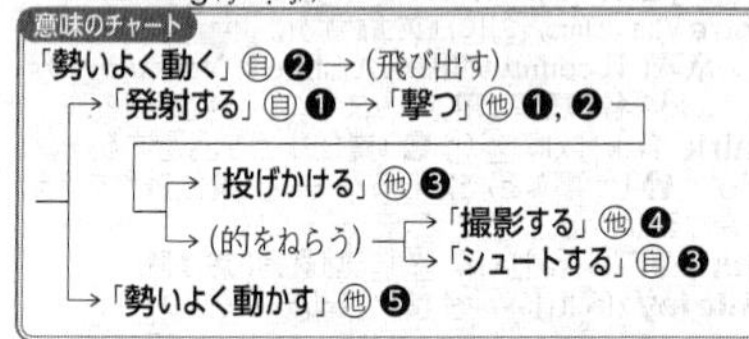

— 他 ❶ (人・的・獲物など)を**撃つ**, 射る, 狙撃(そげき)する, 射殺する; (銃で)(...)の狩り[猟]をする《⇒ hunt 動 他 1 語法》: He *shot* a lion. 彼はライオンを撃った[しとめた]. 語法 He *shot at* a lion. は必ずしも命中したことを意味しない《⇒ at 3 語法》// The spy was ***shot dead***. V+O+C (形)の受身 そのスパイは銃殺された / She *was shot*

in the back at close range. V+O+*in*+名の受身 彼女は近距離から背中を撃たれた.
❷ (銃・弾丸など)を**撃つ**, 発射する; (弓・矢)を射る: The enemy began to ***shoot*** arrows ***at*** us. V+O+*at*+名 敵は私たちに向かって矢を射始めた.
❸ [受身なし] (視線・ことば)を**投げかける**, 浴びせる, 向ける: 言い換え She ***shot*** a hostile glance ***at*** me. V+O+*at*+名 = She *shot* me a hostile glance. V+O+O 彼女は私に敵意のこもったまなざしを向けた.
❹ (映画・場面など)を**撮影する**, 写真にとる: *shoot* a scene 撮影する / This film *was shot* in China. V+O の受身 この映画は中国で撮影された. ❺ [副詞句を伴って] (...)を勢いよく動かす; (...)を勢いよく噴出する; (...)を勢いよく下る[渡る]: *shoot* out one's hand 手をさっと差しのべる / *shoot* the traffic lights 信号を無視して突っ走る / *shoot* the rapids in a canoe カヌーで早瀬を勢いよく下る. ❻ ゴールに向かって(ボール)をける[投げる, シュートする]; (得点)をあげる (⇒ shot² 3 日英): *shoot* a goal シュートを決める. ❼ 《米》 (ビリヤード・さいころ賭博など)をする.
— 自 ❶ **発射する**, 射る, 射撃する; (銃で)狩猟する: He ***shot at*** the target. V+*at*+名 彼は的めがけて撃った (⇒ 他 1 語法) / Don't *shoot*! I surrender! 撃つな. 降伏するから / ***shoot to kill*** 殺すつもりで撃つ.
❷ [副詞(句)を伴って] **勢いよく動く[飛ぶ, 出る]**; どっと出る, 吹き出す: Water ***shot from*** the pipe. V+前+名 管から水が吹き出した / The rabbit ***shot out of*** the bush. うさぎが茂みから飛び出してきた / A cyclist ***shot past*** me. 自転車に乗った人が私のそばをさっと通っていった / Flames were ***shooting up*** from the burning house. V+*up* 燃えている家からめらめらと炎が上がっていた.
❸ 〔球技〕 **シュートする**, ゴールにボールをける[投げる] (⇒ shot² 3 日英): *shoot at* goal ゴールを狙ってボールをける / Smith jumps and *shoots* — it's in there for two points! スミス ジャンプ, シュート—入った. 2 点です《実況放送》. ❹ 映画を撮影する, 写真をとる. ❺ (痛みが)走る: A sharp pain *shot through* my right leg. 右脚に激痛が走った. ❻ (順位などで)急上昇する: *shoot* to fame [stardom] あっという間に名声を得る[スターの座に登りつめる]. ❼ (植物が)芽[枝]を出す; 生長する. ❽ [普通は命令形で] Ⓢ 《米》 (思っていることを)言う.
shóot it óut [動] 自 《略式》 (人と)撃ち合いで決着をつける (*with*).
shóot one**sèlf in the fóot** [動] 自 《略式》 (自分で足を撃つような)へまをする. (名 shot²)

shoot の句動詞
+**shóot at ...** 動 他 ❶ **...を狙って撃つ** (⇒ shoot 他 1 語法; 自 1, 3). ❷ = shoot for ....
+**shóot dówn** 動 他 ❶ (...)を**撃墜する**; (...)を射落とす V+名・代+*down* / V+*down*+名: The plane was *shot down* by the American air force. その飛行機はアメリカ空軍に撃墜された. ❷ (人)を銃殺する. ❸ [しばしば後に in flames を伴って] 《略式》 (議論の相手)をやっつける; (提案など)をはねつける.
shóot for ... 動 他 《米略式》 (特に困難なこと)を目ざす.
shóot óff 動 他 (...)を撃って切断[破壊]する.
— 自 《英略式》 さっさと立ち去る.
shóot úp 動 自 ❶ (物価・温度などが)急に上がる; (子供などが)急に育つ[背が伸びる]. ❷ 《俗》 麻薬を打つ. — 他 ❶ (...)を銃撃で損傷[負傷]させる. ❷ 《俗》 (麻薬)を打つ.

— 名 (shoots /ʃúːts/) ❶ Ⓒ **若芽**, 若枝: a bamboo *shoot* 竹の子 / put out *shoots* (植物が)若芽を出す. ❷ Ⓒ (写真)撮影: do a *shoot* 写真をとる / a photo *shoot* (モデルなどの)写真撮影. ❸ Ⓒ 《英》 射撃会; 狩猟(会); 狩猟地. ❹ Ⓒ 射撃, 発砲 (⇒ shot² 3 日英; screwball 日英).
shoot² /ʃúːt/ 間 《米略式》 ばかな, ちくしょう, ちぇっ 《いらだち・怒り・驚きなどを表わす》.
shoot·er /ʃúːṭɚ | -tə/ 名 ❶ Ⓒ 射手, 射撃する人. ❷ Ⓒ 《略式》 銃; [合成語で] ...連銃: ⇒ six-shooter. ❸ Ⓒ 《米》 シュートする(のがうまい)人.
+**shoot·ing** /ʃúːṭɪŋ/ 名 (~s /~z/) ❶ C,U **狙撃**(そげき), 銃撃, 射殺: The terrorists claimed responsibility for three *shootings* in the town. テロリストは町なかの射殺事件 3 件は自分たちがやったと言った. ❷ Ⓤ 狩猟. ❸ Ⓤ 撮影.
shóoting gàllery 名 Ⓒ (盛り場の)射的場; 室内射撃練習場.
shóoting stár 名 Ⓒ 流れ星 [≒falling star].
shoot-out /ʃúːṭàʊt/ 名 Ⓒ 撃ち合い.

***shop** /ʃɑ́(ː)p | ʃɔ́p/
— 名 (~s /~s/) ❶ Ⓒ 《主に英》 **店**, **商店**, **小売り店** [《米》 store]; 専門店. 語法 《米》 でいう shop は, いろいろな商品を売る store に対して, それより小規模で特定の商品を売る専門店を指すのが普通: a shoe *shop* 靴屋 / a toy *shop* おもちゃ屋 / a butcher *shop* 《米》 = 《英》 a butcher's *shop* 肉屋 / open [close] a *shop* 店を開く[閉める] / run [keep] a *shop* 店を経営している / wander [browse] around the *shops* 店をぶらぶら見て回る. ❷ Ⓒ [普通は合成語で] 作業場, 仕事場 [≒workshop]: a repair *shop* 修理場 / a paint *shop* (車の)塗装場. ❸ Ⓤ 《米》 (教科の)工作: in *shop* 工作の時間に. ❹ [単数形で] Ⓢ 《英》 (日常の)買い物: do the weekly *shop* 1 週間分の買い物をする.
clóse [《英》 shút] úp shóp [動] 自 《略式》 (終業時間に)閉店する; 商売[事業]をやめる.
sét úp shóp [動] 自 《略式》 商売を始める.
tálk shóp [動] 自 《略式》 (時・場所をわきまえずに)自分の仕事[専門, 商売]の話をする.
— 動 (shops /~s/; shopped /~t/; shop·ping) 自 **買い物をする**, **買い物に行く**: Jane is out ***shopping at*** the supermarket. V+*at*+名 ジェーンはスーパーに買い物に出かけている / I was ***shopping for*** new shoes, but I couldn't find any good ones. V+*for*+名 新しい靴を買おうとしたがいいのが見つからなかった.
— 他 《英略式》 (...)を密告する (*to*).
gò shópping [動] 自 **買い物に行く**: She *goes shopping* downtown once a week. 彼女は週に 1 度都心に買い物に行く.

買い物に行く
私は友だちと買い物に行った.
○I **went shopping** with a friend of mine.
×I went to shopping with a friend of mine.
彼女はスーパーへ買い物に行った.
○She **went shopping at** the supermarket.
×She went shopping to the supermarket.
⇒ go doing (go 動 成句)

shóp aróund [動] 自 (買う前に)商品[店]を見比べて

歩く; (決める前に)比較検討する, 捜し回る (*for*). 〖語源 元来は「(売り場として)母屋に付設した小屋」の意〗

shop·a·hol·ic /ʃɑ́(ː)pəhɑ́(ː)lɪk | ʃɔ̀pəhɔ́l-/ 名 C 《略式》 買い物中毒の人.

shóp assìstant 名 C 《英》 店員 [《米》 salesclerk].

shop-bought /ʃɑ́(ː)pbɔ̀ːt | ʃɔ́p-/ 形 《英》 店で買った, 既製の [《米》 store-bought].

shóp flòor 名 [the ~] 《英》 (工場などの)作業現場; [単数扱い] (経営側に対して)現場(の人々).

shop·keep·er /ʃɑ́(ː)pkìːpə | ʃɔ́pkìːpə/ 名 C 《主に英》 店主, 小売商人 [《米》 storekeeper].

shop·lift /ʃɑ́(ː)plɪ̀ft | ʃɔ́p-/ 動 自 万引きをする. — 他 (...)を万引きする (⇒ steal 類義語).

shop·lift·er /ʃɑ́(ː)plɪ̀ftə | ʃɔ́plɪ̀ftə/ 名 C 万引き《人》.

shop·lift·ing /ʃɑ́(ː)plɪ̀ftɪŋ | ʃɔ́p-/ 名 U 万引き《行為》.

shop·per /ʃɑ́(ː)pə | ʃɔ́pə/ 名 C 買い物客 (⇒ visitor 表).

***shop·ping** /ʃɑ́(ː)pɪŋ | ʃɔ́p-/

— 名 ❶ U **買い物(をすること):** I have some *shopping* to do. 少し買い物がある / do the [one's] *shopping* 買い物をする. ❷ U 《英》 (買った)品物: put one's *shopping* in a bag 買ったものを袋に入れる.

shópping bàg 名 C 買い物袋 《布・ビニール・紙製; 《米》では店がくれる厚い紙またはビニールの袋》 [《英》 carrier bag]: a reusable *shopping bag* マイバッグ.

shópping bàsket 名 C (店の)買い物かご.

shópping càrt 名 C 《米》 (スーパーなどの)ショッピングカート 《買物用の手押し車; ⇒ supermarket 挿絵》 [《英》 shopping trolley]; (オンラインショッピングの)カート.

shópping cènter 名 C ショッピングセンター, 商店街.

shópping lìst 名 C 買い物リスト.

shópping màll 名 C 《主に米》 = mall.

shópping tròlley 名 C 《英》 = shopping cart.

shop·soiled /ʃɑ́(ː)psɔ̀ɪld | ʃɔ́p-/ 形 《英》 = shopworn.

shop·talk /ʃɑ́(ː)ptɔ̀ːk | ʃɔ́p-/ 名 U 《主に米》 (職場外での)仕事の話 (⇒ talk shop (shop 名 成句)).

shóp wìndow 名 C 陳列窓, ショーウィンドー.

shop·worn /ʃɑ́(ː)pwɔ̀ən | ʃɔ́pwɔ̀ːn/ 形 ❶ 《米》 店(たな)ざらしの. ❷ (考えなどが)古くさい.

shore**[1] /ʃɔ́ə | ʃɔ́ː/ (同音 #sure) 名 (~s /~z/) ❶ C,U **岸**; 岸辺; 海岸 (seashore) (⇒ 類義語, coast 表): a castle ***on the shores of a beautiful lake 美しい湖の岸辺の城 / walk on the *shore* 岸辺を歩く. ❷ [複数形で] 《文語》 海に面した国: these *shores* この(海に面した)国.

òff shóre [副] 岸を離れて, 沖に.

on shóre [副・形] **陸上で[に(いる)]:** We went *on shore*. 我々は上陸した. (副 ashóre)

類義語 **shore** 海・湖・川の岸を表わす最も一般的な語. **coast** 海岸, それも大陸や大きな島の海岸に用いられる. 語法 shore は海から見たときの海岸, coast は陸から見たときの海岸に用いることが多い. **beach** 波に洗われる砂や小石の多い平らな浜辺. **seaside** 《米》では一般に海岸を指すが, 《英》では特に保養・行楽地としての海岸地帯や海辺の町を指す.

shore[2] /ʃɔ́ə | ʃɔ́ː/ 動 [次の成句で] **shóre úp** [動] 他 (1) (...)を支柱で支える. (2) (事業・体制など)を支える, 支援する.

shore·line /ʃɔ́əlàɪn | ʃɔ́ː-/ 名 C 海岸線.

shorn /ʃɔ́ən | ʃɔ́ːn/ 動 shear の過去分詞.

***short** /ʃɔ́ət | ʃɔ́ːt/

意味のチャート
(距離・時間が) **「短い」** 形 ❶, ❸
→ (背丈が短い) → **「低い」** 形 ❷
→ (規準より短い) → **「不足している」** 形 ❹
→ (手短な) → **「簡潔な」** 形 ❺ → (ぶっきらぼうに) → **「急に」** 副 ❷

— 形 (short·er /-ṭə | -tə/; short·est /-ṭɪst/) ❶ (寸法・距離が)**短い** [⇔ long]: a *short* skirt 短いスカート / a *short* distance from here ここから近い距離 / This cord is too *short*. このコードは短すぎる / She had her hair cut *short*. 彼女は髪の毛を短く切ってもらった.
❷ **背[丈]の低い** [⇔ tall] (⇒ low[1] 表): My sister is *shorter* than me. 妹は私より背が低い / *short* grasses 丈の低い草.
❸ (時間が)**短い** (⇒ 類義語) [⇔ long]: a *short* vacation 短い休暇 / a *short* delay わずかの遅れ / This job will take only a *short* time. この仕事はちょっとしか時間がかからない / The days are getting *shorter* and *shorter*. 日はますます短くなってきている.
❹ (分量・金などが)**不足している**, 足りない; 叙述 (人などが)十分に持ってなくて (⇒ lack 動 類義語): Hurry up! Time is *short*. 急いで. 時間がないんだから / I'm 5 dollars *short*. 5 ドル足りない / We're ***short of*** water [food]. +of+名 私たちは水[食べ物]が不足している.
❺ (話・手紙などが)短い, 簡潔な; 短縮した, 略した: a *short* book 薄い本 / make a *short* speech 簡潔な話をする / Be *short* and to the point. 手短に要領よく話しなさい / Jim is *short for* James. ジムというのはジェームズを短くしたものだ. ❻ (人・態度などが)そっけない, 無愛想な; (気が)短い: a *short* reply そっけない返事 / She was very *short with* me. 彼女は私にひどく無愛想だった. ❼ (母音字が)短音の [⇔ long] (⇒ **つづり字と発音解説** 2 (1)). ❽ [普通は 限定] (ケーキなどが)さっくりした (⇒ shortbread, shortcake).

be shórt of ... [動] 他 (1) (人などが) **...が不足している**, ...が足りない (⇒ 4). (2) ...に達していない, ...に及ばない: We *were* ten miles *short of* Boston. ボストンにはまだ 10 マイルあった.

be shórt on ... [動] 他 《略式》 (知恵・性質など)に欠けている, ...が少々足りない: *be short on* brains [tact] 少々知恵がない[機転がきかない].

nóthing [lìttle] shórt of ... [副・形] 全く[ほとんど] ...に近い: His survival was *little short of* a miracle. 彼が生き残ったのは奇跡に近かった.

shórt and swéet [形] 《略式》 簡潔で要を得た.

(4 では 名 shórtage, 動 shórten)

類義語 **short** と **brief** は期間が短いという意味ではほぼ同じ意味だが, *brief* のほうがやや格式ばった語. 演説や書き物についていうときには *brief* はまとまりがよく簡潔であることを強調し, *short* は内容を削った結果短いことを意味する: a *short* speech 短い話 / a *brief* sermon 短い説教.

— 副 (short·er /-ṭə | -tə/; short·est /-ṭɪst/) ❶ (目標などに)**達しないで**, 手前で: The ball landed [came down] ten meters *short of* the fence. そのボールは柵(さく)の 10 メートル手前で地面に落ちた.
❷ **急に**, 突然: He stopped *short*. 彼は急に立ち止まっ

た. ❸ (予定の時間より)前に.

be táken [cáught] shórt [動] 自 《英略式》 急にトイレに行きたくなる.

còme ùp shórt [動] 自 不足する; (成功に)あと一歩及ばない (*of*).

cút ... shórt = cút shórt ... [動] 他 (...)を**中断する**; (人)の話を途中でさえぎる: The President *cut short* his stay in Moscow and returned to Washington. 大統領はモスクワの滞在を切り上げてワシントンに戻った / His musical career was *cut short* by the accident. 彼はその事故で音楽家としての道が断たれた.

fáll shórt of ... [動] 自 **...に届かない**, ...に達しない, ...に及ばない; ...に不足する: The arrow *fell short of* the mark. 矢は的に届かなかった / The results *fell short of* my expectations. 結果は私の期待にそわなかった.

gó shórt [動] 自 《英》 (衣食などに)不自由する (*of*).

rún shórt [動] 自 [しばしば進行形で] (物が)不足する, 底をつく: Our stock of food *is running short*. 食料の在庫が底をつきそうだ.

rún shórt of [on] ... [動] 他 [しばしば進行形で] (人が)**...が不足する**, ...が足りなくなる, ...がなくな(ってく)る, ...を切らす: We'*re running short of* food [money]. 食べ物[金]がなくなってきた.

shórt of ... [前] (1) ...を除いて, ...以外は; ...がなければ: *Short of* committing murder, they did everything they could to win. 勝つために人殺し以外はあらゆる手を使った. (2) ...の手前で[に] (⇒ 1).

stóp shórt of dóing ... [動] (⇒ stop 成句).

— 名 ❶ C 《略式》 短編映画. ❷ C 《略式》 = short circuit. ❸ [複数形で] ⇒ shorts. ❹ U 〔野球〕 = shortstop. ❺ C 《英略式》 強い酒.

for shórt [副] 短く, 略して: Elizabeth is called Betty *for short*. エリザベスは縮めてベティーと呼ばれている.

in shórt [副] つなぎ語 **簡単に言えば**, 要するに, 結論としては《これまでの要約や結論を述べるときに用いる》: *In short*, we need some money. 要するに私たちはお金が少々必要だ.

— 動 他 自 《略式》 = short-circuit.

short·age** /ʃɔ́ɚṭɪʤ | ʃɔ́ː-/ 名 (short·ag·es /~ɪz/) C,U **不足**, 欠乏状態; 不足高: a food *shortage* = a ***shortage of food 食料不足 / ***There's no shortage of*** water. 水は十分にある. (形 short 4)

short·bread /ʃɔ́ɚtbrèd | ʃɔ́ːt-/ 名 U ショートブレッド《バターをたっぷり使ったさっくりしたクッキー》.

short·cake /ʃɔ́ɚtkèɪk | ʃɔ́ːt-/ 名 ❶ U 《米》 ショートケーキ. ❷ U 《英》 = shortbread.

short·change /ʃɔ́ɚtʧéɪnʤ | ʃɔ́ːt-/ 動 他 [しばしば受身で] ❶ (人)につり銭を少なく渡す. ❷ 《略式》 (人)をだます, 不当に扱う.

shórt círcuit 名 C 〔電気〕 ショート, 短絡.

short-cir·cuit /ʃɔ́ɚtsɚ́ːkɪt | ʃɔ̀ːtsə́ː-/ 動 他 ❶ 〔電気〕 (...)をショート[短絡]させる. ❷ 短く[簡単に]する, 簡略化する. — 自 〔電気〕 ショートする.

short·com·ing /ʃɔ́ɚtkʌ̀mɪŋ | ʃɔ́ːt-/ 名 C [普通は複数形で] 欠点, 短所; 欠陥 [≒fault] (*of, in*).

short·cut /ʃɔ́ɚtkʌ̀t | ʃɔ́ːt-/ 名 C 近道 (*to*); てっとり早い方法: take a *shortcut* 近道をする.

short·en /ʃɔ́ɚtn | ʃɔ́ːtn/ 動 他 (...)を短くする, 短縮する, 縮める [⇔ lengthen]: I've *shortened* my skirt by five centimeters. 私はスカートを 5 センチ短くした / Can you *shorten* the paper *to* ten pages? その論文を 10 枚に短縮できませんか. — 自 短くなる, 縮まる: The days are gradually *shortening*. 日がだんだん短くなってきている. (形 short)

short·en·ing /ʃɔ́ɚtnɪŋ | ʃɔ́ːtn-/ 名 U ショートニング《菓子をさっくり軽くするためのバター・ラードなど》.

short·fall /ʃɔ́ɚtfɔ̀ːl | ʃɔ́ːt-/ 名 C 不足, 不足分, 不足額 (*of, in*).

short·hand /ʃɔ́ɚthæ̀nd | ʃɔ́ːt-/ 名 ❶ U 速記(術): Take down *in shorthand* what I say, please. 私の言うことを速記してください. 関連 longhand 普通の手書き. ❷ U 簡略表現.

short·hand·ed /ʃɔ́ɚthǽndɪd | ʃɔ̀ːt-←/ 形 [普通は 叙述] 人手不足な.

shórthand týpist 名 C 《英》 速記者 [《米》 stenographer].

shórt lìst 名 C 最終候補者名簿 (*for*).

short-lived /ʃɔ́ɚtlívd | ʃɔ̀ːt-←/ 形 (more ~, short·er-lived; most ~, short·est-lived) 短命の; 一時的な, はかない [⇔ long-lived].

***short·ly** /ʃɔ́ɚtli | ʃɔ́ːt-/

— 副 ❶ まもなく, すぐに (⇒ soon 類義語): ***shortly before*** [***after***] five 5 時少し前[後]に / He'll arrive *shortly*. 彼はまもなく到着するだろう.

❷ **ぶっきらぼうに**, 無愛想に: answer *shortly* ぶっきらぼうに答える.

short·ness /ʃɔ́ɚtnəs | ʃɔ́ːt-/ 名 U 短いこと; 背が低いこと; 足りないこと, 不足.

short-or·der /ʃɔ́ɚtɔ̀ɚḍɚ | ʃɔ́ːtɔ̀ːdə/ 形 限定 《米》 即席料理を作る[出す]: a *short-order* cook 即席料理専門のコック.

short-range /ʃɔ́ɚtréɪnʤ | ʃɔ̀ːt-←/ 形 ❶ 限定 (ミサイルなどが)短距離の [⇔ long-range]. ❷ 限定 (計画などが)短期の [⇔ long-range].

+**shorts** /ʃɔ́ɚts | ʃɔ́ːts/ 名 複 ❶ **ショートパンツ**, 半ズボン: a pair of *shorts* ショートパンツ 1 枚. ❷ 《主に米》 トランクス (boxer shorts) 《男性用下着》.

short·sight·ed /ʃɔ́ɚtsáɪṭɪd | ʃɔ̀ːt-←/ 形 ❶ 《英》 近視の [《米》 nearsighted] [⇔ longsighted]. ❷ [軽蔑的] 先見の明のない, 近視眼的な [⇔ farsighted]. **~·ly** 副 近視眼的に. **~·ness** 名 U 近視; 先見の明のなさ.

short·stop /ʃɔ́ɚtstɑ̀(ː)p | ʃɔ́ːtstɔ̀p/ 名 U 〔野球〕 ショート, 遊撃 (⇒ infield); C 遊撃手.

shórt stóry 名 C 短編小説.

short-tem·pered /ʃɔ́ɚttémpɚd | ʃɔ̀ːttémpəd←/ 形 短気な, 怒りっぽい.

***short-term** /ʃɔ́ɚttɚ́ːm | ʃɔ̀ːttə́ːm←/ 形 (more ~, short·er-term; most ~, short·est-term) [普通は 限定] **短期の** [⇔ long-term]: a *short-term* plan 短期計画 / a *short-term* loan 短期のローン.

shórt tíme 名 U 《英》 操業短縮: *on short time* 操業短縮して[で働いて(いる)].

short·wave /ʃɔ́ɚtwèɪv | ʃɔ́ːt-/ 名 U 〔無線〕 短波 (略 SW); C 短波ラジオ. 関連 medium wave 中波 / long wave 長波.

short·y /ʃɔ́ɚṭi | ʃɔ́ː-/ 名 (short·ies) C 《略式》 [差別的] 背の低い人, ちび.

***shot**[1] /ʃɑ́(ː)t | ʃɔ́t/ 動 shoot[1] の過去形および過去分詞.

***shot**[2] /ʃɑ́(ː)t | ʃɔ́t/

— 名 (shots /ʃɑ́(ː)ts | ʃɔ́ts/)

意味のチャート

shoot[1]の名詞形で
(射ること) →「発射」❶ →「銃声」❷
(スポーツの) →「シュート」❸
(射られたもの) →「散弾」❾
(射る人) →「射つのが…の人」❹

❶ Ⓒ 発射, 発砲, 射撃: ***fire*** [***take***] ***a shot at*** a bird 鳥を(ねらって)撃つ.
❷ Ⓒ **銃声**, 砲声: *Shots* were heard in the distance. 遠くに銃声が聞こえた.
❸ Ⓒ 〔球技〕 **シュート**; 〔ゴルフ〕 ショット: ***take*** [***have***] ***a shot at*** the goal ゴールを狙ってシュートする / Mike ***made a*** fantastic ***shot***. マイクはすばらしいシュートをした / Good [Beautiful] *shot*! ナイスショット!《⇒ nice 形 1 (日英)》. 日英 日本でいう「シュート」のように shoot をこの意味で名詞として使うことはしない.
❹ Ⓒ [前に形容詞をつけて] **射つのが…の人**: He is a *good* [*bad*, *poor*] *shot*. 彼は射撃がうまい[下手だ].
❺ Ⓒ **写真** [≒photo]; 撮影場面, ショット: ***take a*** close-up ***shot of*** an actress 女優を近くから写す / the opening *shot* (映画などの)最初の場面. 関連 snapshot スナップ写真. ❻ Ⓒ [普通は単数形で] 《略式》 試み, ためし; 当て推量: at the first *shot* 最初の試みで / have [take] a *shot at* ... …をやってみる / give ... a *shot* …をやってみる; (人)にやらせてみる / I'll *give* it *my best shot*. ベストを尽します. ❼ Ⓒ しんらつなことば: The candidates *took shots at* each other. 候補者たちはお互いを攻撃し合った / a parting *shot* 捨てぜりふ. ❽ Ⓒ 《略式》 (強い酒の) 1 杯; 《主に米》 注射: a *shot* of whiskey ウイスキーひと口 / I got a *shot* before I went on my trip. 旅行前に(予防)注射をした. ❾ Ⓤ (猟銃などの)散弾; Ⓒ (複 ~) (昔の大砲の)砲丸. ❿ Ⓒ [しばしば the ~] (砲丸投げの)砲丸: putting *the shot* 砲丸投げ. ⓫ Ⓒ (ロケットなどの)発射, 射ち上げ.

a shót in the árm [名] 活気づけるもの; 刺激剤.
a shót in the dárk [名] 当てずっぽう.
cáll the shóts [動] 自 《略式》 指図する, 物事を決める.
lìke a shót [副] 《略式》 弾丸のように速く, すぐに.
(動 shoot[1])

shot[3] /ʃá(ː)t | ʃɔ́t/ 形 ❶ 叙述 Ⓢ 使い果たした, ぼろぼろになった; へとへとになった. ❷ 玉虫色の(織り方の); (ある色の)混ざった (*with*).

shot·gun /ʃá(ː)tgʌ̀n | ʃɔ́t-/ 名 Ⓒ 散弾銃, 猟銃.

shótgun wédding 名 Ⓒ (妊娠のために)やむをえずする結婚, できちゃった結婚.

shót pùt 名 [the ~] 〔スポーツ〕 砲丸投げ.

shót pùt·ter /-pʊ̀tə | -tə/ 名 Ⓒ 砲丸投げ選手.

***should** /(弱形) ʃəd; (強形) ʃʊ́d/

— 助 shall の過去形.

単語のエッセンス

1) …すべきである[あった]; …したほうがよい [よかった]	A ❶
2) 恐らく[きっと]…だろう	A ❷
3) [一人称で] …なのですが	A ❸
4) [一人称で] …であろうに, …であったろうに	A ❹
5) 万一…ならば; たとえ…でも	A ❺
6) [疑問詞と] …する(必要がある)	A ❻
7) [it...that ~ などで] …とは	A ❼

A [仮定法過去形] ❶ [義務・妥当性を表わす] (1) (当然) …すべきである, …**するのが当然だ**; [提案・助言などで] …**したほうがよい** 《⇒ had better》: We *should* love our neighbors. 隣人を愛するべきである / You *should*n't stay up late. 夜ふかしをしないほうがいい / You *should* be looking at the audience, not at your notes. メモではなく, 聴衆のほうを見るべきです / "The movie starts at 7." "OK. Then probably we *should* plan to get there around 6:30?" 「映画は 7 時開始だよ」「そっか. じゃあ 6 時半頃には着くようにしたほうがいいかもね」 / *Should*n't we wait for her? 彼女を待ったほうがいいんじゃない? 《直接的な提案》 / The assignment *should* be handed in by Friday. 課題は金曜までに提出してください / What *should* I do? どうすればいいんだろう.

♥ …したほうがいい (助言するとき)
You should ...

Do you think this book is worth reading?
この本は読む価値があると思いますか.

Yes, it's a very helpful book. **You should** read it.
ためになる本だから, 読んだほうがいいですよ.

♥ 直接的な助言や提案の表現.
♥ 相手がその助言・提案を受け入れる可能性が高い場合に使うことが多い.
♥ 断定口調を和らげるために maybe, perhaps, probably, I think, I believe, I guess などを文頭につけることも多い.

＋ 助言の表現

♠ 助言する際には主に次の表現がよく使われる. 上のものほど直接的で, 下のものほど間接的な言い方.
① You should [ought to] ...
② How about ...ing? / Why don't you ...?
③ (If I were you,) I would ...
④ You could ... / It might be better to ...
⑤ You might want to ... / It might be an idea to ...

相手がその助言を受け入れる可能性が高いとき(指導者・専門家などが経験・知識に基づいて客観的に助言する場合や, 状況から判断して極めて妥当な事柄の場合, 緊急度が高い場合など)にはより直接的で押しつけの強い表現が使われる. 逆に, 相手が受け入れるかどうかわからないとき(単なる個人的・主観的なアドバイスなど)には間接的で押しつけの弱い表現を使って控えめに助言・提案する. 上記以外にも, 例えば Have you thought of ...ing? (…することは考えましたか) のように尋ねて「…すべき」という意見を暗に示唆する場合もある.

(2) [should have＋過去分詞の形で] (当然) …**すべきであった(のに)**, …**するのが当然だった(のに)**; …**したほうがよかったのに** 《過去の怠慢・落ち度に対する非難や後悔を表わす; ⇒ ought 1 (2), need 助 (2)》: I *should have studied* harder. もっと勉強しておくべきだった / You *should have* (at least) *called* to tell me if you'd canceled it. キャンセルしたのなら, 電話して教えてくれればよかったのに / You *should have seen* his face when he opened the box. あの箱を開けたときの彼の顔を君に見せたかったよ // ⇒ know better (than that) (know 成句)例文.

♥ …すべきでした (謝罪するとき)
I should have ...

My apologies. **I should've** been more careful. すみません. もっと気をつけるべきでした.

♥「...すべきだったのに(しなかった)」という意味から, 自分の怠慢・落ち度に対する後悔を表わすことで謝罪の気持ちを強める.

♥ わざわざよかったのに (感謝するとき)
You shouldn't have.

Happy Birthday! Here's something for you!
誕生日おめでとう! これ, プレゼント.
Oh! What a beautiful necklace! It looks expensive. **You** really **shouldn't have.**
わあ, きれいなネックレス! 高かったでしょ? こんな, わざわざよかったのに.

♥「...すべきではなかった(のに)」という意味から, 高価な贈り物や親切な行為などに恐縮してお礼を言うときに用いる.

(3) [Should I [we] ...?として; 申し出や提案を表わす] Ⓢ ...しましょうか《⇒ shall 1 (1), (2)》: "*Should I* help you with your bag?" "Thanks, but I'm fine."「お荷物をお手伝いしましょうか」「ありがとうございます. でも大丈夫です」/ "*Should we* take a break?" "Sure, why not?"「休憩にしようか」「うん, そうしよう」 (4) [You should ... として; 勧め・誘いを表わす] ぜひ...してください《⇒ must¹ 4》: It's a really good movie. *You should* see it. とてもいい映画なので, ぜひ見るといいですよ.

♥ ぜひ...してください (勧めるとき)
You should ...

You should try this cake. It's really delicious!
このケーキ, ぜひ食べてみてください. すごくおいしいですよ.

♥ 相手にとって望ましいこと・楽しいことを積極的に勧めたり, 誘うときに使う表現.
♥ 相手が断わらないことが予測できる場合の強い言い方.

❷ /ʃʊ́d/ [推量・予期を表わす] (1) **恐らく[きっと]...だろう; ...するはずだ:** The bus *should* be coming before long. バスはすぐ来るだろう / You *should*n't have any trouble finding the florist. その花屋を見つけるのは何の苦労もいらないはずだ. (2) [should have＋過去分詞の形で] 恐らく...しただろう; ...するはずであった(のに): His plane *should have reached* Paris by now. 彼の飛行機は今ごろパリに着いているだろう / The taxi *should have arrived* at noon, but it didn't show up. タクシーは正午に来るはずだったのに, やって来なかった.

❸ [think, say, imagine, guess などの動詞を一人称とともに用いて] (私(ども)としては)...**なのですが:** *I should think* your presentation could have been arranged differently. あなたの発表の組み立て方にはもう少し他のやり方があったかと思いますが.

> 語法 このshould は元来は, もしもそういう推量[言い方]が許されるとすれば, といった仮定の気持ちが裏に含まれているので, *I should* like (to do)《⇒ like² 2》, *I should* say《⇒ say 成句》, *I should* think ...《⇒ think ⑩ 1 の 1 つ目の ♥》のような控えめな言い方に用いられる《⇒ A 4》.

❹ [一人称の代名詞とともに用いて]《格式, 主に英》 語法《米》では would を使う.《英》でも would のほうが普通. (1) [if＋仮定法過去などで表わされる仮定の結果を表わす; ⇒ would B 1 (1)] (仮に...ならば)...**であろうに, ...するのだが**《⇒ if¹ 2》: *I should* stay in bed (*if* I *were* you). 私(があなた)なら寝ているよ.

(2) [should have＋過去分詞の形で if＋仮定法過去完了などで表わされる仮定の結果を表わす; ⇒ would B 1 (2)] (仮にあのとき...だったとしたならば)...であった[した]だろうに《⇒ if¹ 3》.

❺ [仮定または譲歩を表わす節の中で]《格式, 主に英》**万一...ならば**《⇒ if¹ 4, (just) in case ... (case¹ 成句) (1)》; **たとえ...でも**《⇒ if¹ 5》: *If* she *should* come here, I'll [I'd] let you know at once. 万一彼女がこちらへ来たらすぐに知らせます / Even *if* I *should* fail, I'll [I'd] try again. たとえ失敗しても, もう一度やるつもりです / *Should* you see Paul, do let us know. 万一ポールに会うことがありましたらぜひ教えてください. ✪ 最後の例のように if が省略された場合の語順については ⇒ if¹ 4 語法.

❻ [疑問詞とともに] (1) [why, how とともに用いて, 疑念・不可解の気持ちを表わす] (一体どうして)...**する(必要がある)**(のか); (どうして)...するはずがあろう(か): "Where's Jack?" "*How should* I know?"「ジャックはどこ」「私が知っているわけがないだろう」/ *Why should*n't we do it? なぜそれをしてはいけないのか(していいじゃないか). (2) [who [what, where] should ... but ～ の構文で用いて, 驚き・こっけいさを表わす] (～以外のだれが[何が, どこで]) ...したろうか: As I left the café, *who should* come in *but* our teacher. 私がその喫茶店を出るときに入ってきたのは何と先生だった.

❼ [it ... that ～の構文で that に続く節または I'm sorry などに続く節の中で話し手の驚き・残念・心配などの反応や善悪などの判断を表わす]《主に英》(1) **～するとは:** *It*'s strange *that* she *should* know nothing about it. 彼女(ともあろう人)がそのことについて何も知らないなんて不思議だ(とても考えられない).

> 語法 It's strange that she *knows* nothing about it. (彼女がそれについて何も知らないのは不思議だ)は事実を述べるだけだが, should を用いると驚きなどの感情が含まれる.

I'm amazed (that) a man like Mr. White *should* make such a mistake. ホワイトさんのような人がこんな間違いをするとは全く驚いた. (2) [should have＋過去分詞で] ...したとは: *I'm surprised* that she *should have invited* Tom. 彼女がトムを招待したとは驚いた.

❽ [命令・決定・提案・主張・必要などを表わす動詞・形容詞・名詞に続く that 節で]《主に英》(これから)...すること[ように], ...すべく: The doctor *ordered that* I *should* have no coffee. 医者は私にコーヒーを飲まないように指示した / It's *necessary that* every member *should* be informed of these rules. 各会員にこの規則を通知する必要がある.

> 語法 **that 節の中で should＋原形か単に原形か**
> 《米》では should を用いずに動詞の原形を用いるのが普通《⇒ **巻末文法** 11.4 (1)》;《英》ではまた should を用いずに直説法にすることも可能: They *insisted that* he「*should stay* [《主に米》*stay*,《英》*stayed*] in school for another year. 彼はもう 1 年学校に残るべきだと彼らは主張した.

❾ [目的を表わす過去の副詞節で]《格式》...するために: She spoke slowly「*so that* [*in order that*] the students *should* understand her. 彼女は生徒たちにわかるようゆっくり話した. 語法 should の代わりに, would, could,《文語》might も使う.

S

B [直説法過去形] 語法 主節の述語動詞が過去時制のとき, 従属節において用いる《⇒ 巻末文法 14.2 (4)》. (1) [単なる未来を表わす shall《⇒ shall 2》の過去形]《英格式》...**するだろう:** 言い換え I *thought* (that) we *should* soon find the ship. (= I thought, "We *shall* soon find the ship.") 私はまもなく船が見つかるものと思った. 語法 《米》では would を使う.《英》でも would のほうが普通.
(2) [直接話法で一人称または三人称とともに疑問文で用いられた shall は, 間接話法になると should を用いることがある]: 言い換え He asked me what time he *should* come. (= He said to me, "What time *shall* I come?") 彼は私に何時に参りましょうかと尋ねた.
I should lìke ... ⇒ like² 2.

⁑shoul·der /ʃóʊldɚ | -də/ 発音
— 名 (~s /~z/) ❶ Ⓒ **肩**. 日英 日本語の「肩」よりも範囲が広く, 鎖骨や肩甲骨のあたりまでも含む《⇒ back 挿絵, body 挿絵, neck 挿絵》: a man with broad *shoulders* 肩幅が広い男性 / He was carrying his son *on* his *shoulders*. 彼は息子を肩車していた / shrug one's *shoulders* 肩をすくめる《困惑·疑惑·不賛成·あきらめなどのしぐさ》/ hunch one's *shoulders* 肩[背中]を丸める《脅威や寒さなどから身を守るしぐさ》. ❷ Ⓒ (衣服などの)肩の部分: the *shoulders* of an overcoat コートの肩のところ. ❸ Ⓒ《米》路肩(ろかた) [《英》verge]; (山·びんなどの)肩: pull one's car over to the *shoulder* 車を路肩に寄せて止める. ❹ Ⓒ [普通は複数形で] (責任を負う)肩, 双肩: The responsibility rests *on* his *shoulders*. 責任は彼の双肩にかかっている. ❺ Ⓤ,Ⓒ (食用獣の)肩肉 (*of*).
a shóulder to crý òn [名] 同情してくれる人.
gíve ... the cóld shóulder [動] 他 ⇒ cold shoulder 成句.
lóok òver one's **shóulder** [動] 自 (1) 振り返って見る. (2) [進行形で] 用心[警戒]する.
lóok [wátch] òver ...'s shóulder [動] (人の)肩越しにのぞき込む, (批判的な目で)監視する.
pùt one's **shóulder to the whéel** [動] 自 仕事に熱心に取り組む.
shóulder to shóulder [副] (1) 肩と肩とが触れ合って, 肩を並べて; 密集して. (2) 互いに協力して: stand *shoulder to shoulder with* one's colleagues 同僚と同一歩調をとる.
stráight from the shóulder [副] (発言などで)率直に, 遠慮なく, ずばりと.
— 動 (-der·ing /-dərɪŋ, -drɪŋ/) 他 ❶ (荷物·銃など)をかつぐ, 背負う; (責任·義務·費用など)を負う: *shoulder* a heavy responsibility 重い責任を負う. ❷ (...)を肩で押す, 肩で突く.
shóulder one's **wáy** [動] 自 肩で押しのけて進む (*through, into*)《⇒ way¹ 成句の囲み》.

shóulder bàg 名 Ⓒ ショルダーバッグ.
shóulder blàde 名 Ⓒ 肩甲骨 [≒scapula].
shóulder pàd 名 Ⓒ 肩あて.
shóulder stràp 名 Ⓒ 肩ひも, つりひも《ドレス·スリップ·ショルダーバッグなどの》.

⁑should·n't /ʃʊ́dnt/《略式》should not の短縮形: You *shouldn't* go there. そこへは行かないほうがよい.
should've /ʃʊdəv/《略式》should have² の短縮形.

⁑shout /ʃáʊt/
— 動 (shouts /ʃáʊts/; shout·ed /-ṭɪd/; shout·ing /-ṭɪŋ/) 自 ❶ (大声で) **叫ぶ**, どなる; 大声で話す《⇒ 類義語; cry 1 表》: Don't *shout at* me! V+*at*+名 私に向かってどならないでくれ 多用 / Ed *shouted to* me. V+*to*+名 エドは私に大声で呼びかけた / He *shouted for* help. V+*for*+名 彼は大声で助けを求めた / Tom *shouted at* me *to* go away. V+*at*+名+*to* 不定詞 トムは私に出て行けとどなった. 語法 shout at... は近くにいる人に対して使い, 攻撃的なニュアンスがある. shout to... は遠くにいる人に聞こえるように大声で呼びかける場合に使う《⇒ at と to の使い分け(at 3 語法)》. ❷ (痛みなどで)大声を上げる (*in, with*).
— 他 (命令·警告·名前など)を**叫んで言う**, どなる; (...)と大声で言う: "Go back!" he *shouted*. V+O (引用節) 「戻れ」と彼は叫んだ / He *shouted* (*out*) his orders. V+(*out*+) O 彼は大声で命令を下した / They *shouted* insults *at* each other. V+O+*at*+名 彼らは大声でののしりあった / They *shouted* (*to* us) *that* the ship had arrived. V+(*to*+名)+O (*that* 節) 彼らは(私たちに)船が着いたと叫んだ.
It's [It was] áll óver bùt [《英》bàr] the shóuting. Ⓢ (競技·選挙·演技などで)勝負の山は見えた《あとはかっさいするだけ》.
shóut ... dówn [動] 他 大声を上げて(人)の声をかき消す.
shóut one**sèlf hóarse** [動] 自 大声を出して声をからす.

> 類義語 **shout** 最も一般的な語で, 大声を上げて話す[叫ぶ]こと. **call** (**out**) 注意をひくために大声を上げること. **cry** (**out**) 「叫ぶ」という意味で用いるのはやや文語的で, 驚きや痛みで思わず声を出すこと. **exclaim** 驚き·喜びなどの強い感情をもって突然叫ぶ[言う]こと. **yell** 助けを求めたり, スポーツの応援をしたり, 苦痛·怒り·興奮などで, 声高く絶叫すること. **scream** 激しい苦痛·恐怖·興奮のあまり金切り声で「きゃー」と言うように叫ぶこと. **shriek** 恐怖などで, *scream* よりさらにかん高い声で突然叫ぶこと.

— 名 (shouts /ʃáʊts/) Ⓒ **叫び**, **大声**: a loud *shout* 大声 / give a *shout* of joy 歓声をあげる.
gíve ... a shóut [動] 他 Ⓢ (人)にひと声かける.

+shove /ʃʌ́v/ 動 (shoves /~z/; shoved /~d/; shov·ing) 他 ❶ (...)を(**乱暴に**)**押す**, 突く; 押しやる [≒push]: The guards *shoved* people *aside* to make way for the movie star. V+O+副 警備員はその映画スターが通れるように人々をわきへ押しのけた / The rough boys *shoved* the child *out of* the line. V+O+前+名 悪ガキどもはその子を列から押し出した. ❷ [副詞(句)を伴って]《略式》(...)を(無造作に)置く, 入れる, 押し込む (*in, into, under*).
— 自 押す, 突く, 押し進む: The crowd was *pushing and shoving* to see the star. 群衆はそのスターを見ようと押し合いへし合いしていた.
shóve ... aróund [動] 他《略式》(人)をこづき回す, こき使う.
shóve it [動] 自 [しばしば命令文または can shove it として] Ⓢ《俗》(そんなもの)勝手にしろ, 知るか, くそくらえ《失礼な拒否の表現》.
shóve óff [動] 自 (1) (岸からさおで)船を押し出す. (2) [普通は命令文で] Ⓢ《英》立ち去る: *Shove off*! 出て行け.
shóve úp [óver] [動] 自 Ⓢ《英》座席を詰める, 動いて場所を空ける: *Shove up*, please. 少し(席を)詰めてくれ《乱暴な言い方》.

— 名 Ⓒ [普通は単数形で] ひと押し, 突き: give ... a *shove* ...をぐっと押す[突く].

shov·el /ʃʌ́v(ə)l/ 名 ❶ Ⓒ シャベル, スコップ. ❷ Ⓒ = steam shovel. — 動 (shov·els; shov·eled, 《英》 shov·elled; -el·ing, 《英》 -el·ling) 他 ❶ (雪・土など)をシャベルですくう; 《米》 (歩道など)をシャベルで雪かきをする: They were *shoveling* the snow *away* [*off*]. 彼らはシャベルで除雪していた. ❷ (食べ物など)を(口[皿]に)大量にほうり[盛り]込む (*into*, *onto*).

shov·el·ful /ʃʌ́v(ə)lfʊ̀l/ 名 Ⓒ シャベル 1 杯の量.

***show** /ʃóʊ/

— 動 (shows /~z/; 過去 showed /~d/; 過分 shown /ʃóʊn/, showed; show·ing) 他

単語のエッセンス
1) 見せる, 示す, 表わす ❶, ❷, ❹, ❺, ❻
2) 教える, 案内する ❸, ❼
3) 上演する, 上映する; 展示する ❽

❶ (人に)(物)を見せる, 示す; (顔・姿など)を見せる, 現わす: *Show* your tickets, please. 切符を見せてください / 言い換え Nell *showed* me all the pictures. V+O+O = Nell *showed* all the pictures *to* me. V+O+*to*+名 ネルはその写真全部を私に見せてくれた《⇒ to[1] 3 語法》.

語法 上の文を受身の文にすると次のようになる: All the pictures *were shown* (*to*) me by Nell. (直接目的語を主語としたとき) / I *was shown* all the pictures by Nell. (間接目的語を主語としたとき) 《⇒ be[2] A 2 語法 (1)》.

The director *showed* himself on the platform. 監督が壇上に姿を見せた // ⇒ show one's face (face 名 成句).

❷ (...であること)を示す, 証明する, 明らかにする [≒ prove]: The way she dresses *shows* her good taste. 彼女の服装を見ると趣味のよいことがわかる / The movie *showed that* she was a great actress. V+O ((*that*)節) その映画は彼女がすばらしい女優であると証明した 多用 / The letter *showed how* much he loved her. V+O (*wh* 節) その手紙は彼がどんなに彼女を愛しているかを示していた 多用 / 言い換え The new facts *showed* the story *to* be true. V+O+C (*to* 不定詞) = The new facts *showed that* the story was true. 新事実はその話が本当だということを証明した / The picture *showed* Mr. Lee ly*ing* on the couch. V+O+C (現分) 写真にはリー氏がソファーに横になっているところが写っていた.

❸ (道など)を教える, 案内する; (方法など)を**教える**, 説明する《⇒ teach 表》: Could you *show* me the way to the station? V+O+O 駅へ行く道を教えていただけませんか.

語法 🔍 地図を書いたり案内したりすることを頼む言い方で, 単に口で教えてもらうときは tell を使う. このようなときに teach は使わない.

言い換え Please *show* me *what to* do next. V+O+O (*wh* 句) = Please *show* me *what* I should do next. V+O+O (*wh* 節) 次はどうしたらよいか教えてください / I'll *show* you *how* absurd that plan is. その計画がどんなにばかげているか説明しよう.

❹ [進行形なし] (服・色などが)(汚れなど)を**見せる**, 現わす: 「This suit [White] will *show* the dirt. この服では[白は]よごれが目立つだろう.

❺ (態度・感情・特徴など)を**表わす**, 示す: He *showed* his true feelings. 彼は本当の気持ちを表わした / 言い換え He ***showed*** great kindness ***to*** me. V+O+*to*+名 = He *showed* me great kindness. V+O+O 彼はとても親切にしてくれた《⇒ to[1] 3 語法》.

❻ [受身なし] (図・計器などが)(...)を**示す**, 表示する; 記録する: a map *showing* the sightseeing spots in Kyoto 京都の観光名所を示した地図 / The thermometer *showed* five degrees below zero. 温度計は零下 5 度を示していた.

❼ (人)を**案内する**, 通す: Please ***show*** this gentleman ***in*** [***out***, ***up***]. V+O+副 この方を中へ[外へ, 階上へ]ご案内してください / Let me ***show*** you ***to*** the elevator. V+O+前+名 エレベーターまでご案内しましょう / I ***was shown into*** the room. V+O+前+名の受身 私は部屋に通された / He *showed* me the sights. V+O+O 彼は私に名所案内をしてくれた. ❽ (劇)を上演する, (映画)を上映する; (物)を展示する, 陳列[出品]する: What film are they *showing* at that movie theater? あの映画館では何を上映していますか / Meg won first prize for the painting (which) she *showed*. メグは出品した絵で 1 等賞をもらった. ❾ Ⓢ (人)に自分の力量を見せる: My brothers think I can't do it, but *I'll show them*! 兄たちは僕にはできないと思っているが, 今に見てろよ. ❿ (動物)を競技会に出す.

— 自 ❶ (物事が)**見える**, 目につく, 目立つ: Peter was annoyed, and *it showed*. ピーターはいささか腹を立てており, はた目にもそれがわかった / His knee was *showing* through his old jeans. 彼のひざが古くなったジーンズからのぞいていた / Worry *showed* in her eyes. 心配の気持ちが彼女の目に現われていた / This scar won't *show*. この傷跡は目立たないだろう. ❷ (芝居が)上演される, (映画が)上映される. ❸ 《略式, 主に米》 (人が)現われる, 姿を見せる.

it (just) góes to shów (that) ... [動] Ⓢ それで...であると証明されることになる, ...がわかる.

shów onesèlf [動] **姿を見せる**《⇒ 他 1》; (物事が)現われる; (人が)(...だと)証明する: His joy *showed itself in* his face. 喜びが彼の顔に現われていた / She *showed herself* (to be) reliable. 彼女は頼りになることを(身をもって)示した.

shów wílling [動] 自 《英》 やる気を示す.

to shów for ... [形] [nothing, little や金額などの後で] ...の成果[もうけ]として(示すに足る): He had only $10 *to show for* his work. 彼は働いたけれどもうけは 10 ドルに過ぎなかった.

show の句動詞

+**shów aróund** 動 他 (人)を**案内する** V+名・代+*around*: When you come to Paris, I'll *show* you *around*. パリにいらっしゃったらご案内します.

shów ... aròund ~ 動 他 (人)を**連れて～を案内する**: She *showed* me *around* the campus. 彼女は私を連れてキャンパスを案内してくれた.

***shów óff** 動 自 [軽蔑的] **目立ちたがる**, かっこよく見せる: Al was *showing off* on his new bicycle when he ran into the wall. アルは新しい自転車に乗ってかっこつけていて壁にぶつかった.

S

— 他 ❶ (能力・財産など)を**見せびらかす** V+名・代+*off* / V+*off*+名: The host *showed off* his rare stamps *to* all his guests. 主人は所蔵の珍しい切手を客のみんなに自慢そうに見せた. ❷ (...)を引き立たせる, よく見せる: This swimsuit will *show off* your figure. この水着はスタイルを引き立てる.

+**shów úp** 動 自 ❶ 《略式》(約束の時間に)**姿を現わす**, (会などに)出る: Susan didn't *show up at* the party. スーザンはパーティーに姿を見せなかった. ❷ **目立つ:** The cracks *showed up* clearly in the photograph. ひびは写真ではっきり見えた.
— 他 ❶ (...)を目立たせる: The sunlight *showed up* the dust. 日光でほこりが目立った. ❷ (人)に(人前で)恥ずかしい思いをさせる, (...)を当惑させる.

— 名 (~s /~z/) ❶ Ⓒ **ショー, 見せ物, 興行**; (テレビ・ラジオの)**番組**; (映画の)上映, (劇などの)上演: go to a *show* ショーを見に行く / host a *show* 番組の司会をする / a quiz *show* クイズ番組 / a talk *show* トーク番組 / THE GREATEST SHOW ON EARTH 地上最大のショー《サーカスなどの広告》/ "When will the last *show* start?" "At seven." 「最終上映はいつ始まりますか」「7 時です」
❷ Ⓒ **展示会, 展覧会**; 品評会: hold a flower *show* 花の展示会を開催する / a fashion *show* ファッションショー / a dog *show* 犬の品評会. ❸ [単数形で] (感情・態度などを)見せること, 表示; 誇示, 見せびらかし: without any *show of* anger 怒りを見せることなく / make *a show of* strength [force] 力を誇示する / He's fond of *show*. 彼ははで好きだ. ❹ Ⓤ または a ~] うわべ, 見せかけ, 外観, 様子: Her apology was nothing but *show*. 彼女の謝罪はただの見せかけだった / He put on *a show of* indifference. 彼は無関心を装った / make *a show of* reading a book 本を読んでいるふりをする. ❺ Ⓤ または a ~] 豪華(な外観), 見もの: *a* colorful *show of* flowers 色彩豊かな花の景観. ❻ [単数形で] 《略式》組織; 仕事, 企て, 事業: run the (whole) *show* (事業・組織などを)牛耳る.
a shów of hánds [名] 挙手(による採決).
for shów [副] 見せびらかしに, 見えで.
Lét's gèt this [the] shów on the róad. Ⓢ さあ, 始め[出発し]よう.
on shów [形] **展示されて**, 陳列されて: His paintings are now *on show* at a gallery. 彼の絵は今画廊に展示されている.
pùt úp a góod [póor] shów [動] 自 《略式》(物事を)上手[下手]にする.
stéal the shów [動] 自 人気をさらう, 注目を浴びる.
(形 shówy)

shów and téll 名 Ⓤ (生徒が家から珍しいものを持ってきて説明する)発表会.
show・biz /ʃóʊbɪ̀z/ 名 Ⓤ 《略式》= show business.
show・boat /ʃóʊbòʊt/ 名 Ⓒ 《米》(ミシシッピー (Mississippi) 川などの)演芸船, ショーボート. — 動 自 《略式》自分をひけらかす.
shów bùsiness 名 Ⓤ (映画・演劇・テレビなどの)芸能産業, 芸能界 [《略式》showbiz].
+**show・case** /ʃóʊkèɪs/ 名 (-cas・es /~ɪz/) ❶ Ⓒ **陳列棚**, 陳列ケース. ❷ Ⓒ (人・製品などを)引き立たせて見せるもの, 披露の場 (*for*). — 動 他 (才能など)を引き立てて見せる, 披露する.
show・down /ʃóʊdàʊn/ 名 Ⓒ [普通は単数形で] 対決して決着をつけること, 決定的対決 (*between, with*).

****show・er** /ʃáʊɚ | ʃáʊə/ ❗発音
— 名 (~s /~z/) ❶ Ⓒ **シャワー(を浴びること)**; シャワーの装置《⇒ bathroom 挿絵》; シャワールーム: take [《主に英》have] a *shower* シャワーを浴びる / The phone rang when I was in the *shower*. シャワー中に電話が鳴った / a *shower* cap シャワーキャップ / a *shower* curtain シャワーカーテン《⇒ bathroom 挿絵》. 日英 英米人には朝起きたときにシャワーを浴びる人が多い.
❷ Ⓒ **にわか雨**; にわか雪[みぞれ, あられ, ひょう]: I was caught in a *shower*. 私はにわか雨にあった / Scattered *showers* are forecast for this afternoon. きょうの午後は所によりにわか雨が予想されている. 日英 shower は一時的な降雨をいうが, 日本語の「夕立」のように激しさは意味しない《⇒ downpour》. ❸ Ⓒ にわか雨のように降るもの; [a ~] (弾丸・贈り物などの)雨, (...の)洪水: *a shower of* sparks 降りそそぐ火の粉. ❹ Ⓒ 《米》(女性の)祝い品贈呈の会《結婚や出産の前に開く》: have a baby *shower* 出産祝いのパーティーを開く.
(形 shówery)
— 動 (show・ers /~z/; show・ered /~d/; -er・ing /ʃáʊ(ə)rɪŋ/) 自 ❶ **シャワーを浴びる:** I *showered* before breakfast. 朝食前にシャワーを浴びた. ❷ 雨のように注ぐ, どっと来る[与えられる]: Good wishes *showered* (*down*) *on* the couple. 祝福のことばがカップルに浴びせられた.
— 他 (人)に(物事を)浴びせる; (物事)を(人に)たくさん注ぐ[与える]: They *showered* 「the speaker *with* questions [questions *on* the speaker]. 彼らは講演者に雨あられと質問を浴びせかけた.

show・er・proof /ʃáʊɚprùːf | ʃáʊə-/ 形 (衣服が)(雨などを通さないように)撥水(はっすい)加工した.
show・er・y /ʃáʊ(ə)ri/ 形 (show・er・i・er; -i・est) にわか雨の(多い). (名 shówer)
show・girl /ʃóʊgɚ̀ːl | -gə̀ːl/ 名 Ⓒ (ミュージカルなどで集団で歌って踊る)コーラスガール.
show・i・ly /ʃóʊɪli/ 副 はでに.
show・i・ness /ʃóʊinəs/ 名 Ⓤ けばけばしさ.
show・ing /ʃóʊɪŋ/ 名 ❶ Ⓒ 公開, 上映, 放映, 展示 (*of*): the first *showing* (映画の)封切り. ❷ Ⓒ [普通は単数形で] できばえ, 成績: make a good [poor] *showing* できばえがよい[悪い] / On yesterday's *showing*, our team will probably win today. 昨日の試合から見て我がチームは今日も勝つだろう.
shów jùmping 名 Ⓤ (馬術の)障害飛越(ひえつ)(競技).
show・man /ʃóʊmən/ 名 (-men /-mən/) ❶ Ⓒ [しばしばよい意味で] 巧みに注目を集める人《芸人・政治家など》. ❷ Ⓒ 興行師.
show・man・ship /ʃóʊmənʃɪp/ 名 Ⓤ 巧みに注目を集める腕前, 興行的手腕.

*****shown** /ʃóʊn/ (同音 《米》 shone) 動 show の**過去分詞**.

show-off /ʃóʊɔ̀ːf | -ɔ̀f/ 名 (~s) Ⓒ 《略式》[軽蔑的] 見せびらかす人, 自慢[目立ちたがり]屋.
show・piece /ʃóʊpìːs/ 名 Ⓒ (企業などが誇る)優れた見本[手本]となるもの: a *showpiece* factory モデル工場.
show・place /ʃóʊplèɪs/ 名 Ⓒ 名所, 旧跡.
show・room /ʃóʊrùːm/ 名 Ⓒ ショールーム, 陳列室, (商品)展示室.
show・stop・per /ʃóʊstɑ̀(ː)pɚ | -stɔ̀pə/ 名 Ⓒ 拍手喝采で中断させるほどの名演技; 人目を引くもの.

show·time /ʃóʊtàɪm/ 名 U 番組[映画, ショー]の開始時刻; 《米略式》見せ場.

shów wìndow 名 C ショーウインドー.

show·y /ʃóʊi/ 形 (show·i·er, more ~; -i·est, most ~) [しばしば軽蔑的] 目立つ, はでな, けばけばしい. (名 show)

+**shrank** /ʃrǽŋk/ 動 shrink の過去形.

shrap·nel /ʃrǽpn(ə)l/ 名 U りゅう散弾(片).

+**shred** /ʃréd/ 名 (shreds /ʃrédz/) ❶ C [普通は複数形で] (**細長い**)**一片**, 断片, 残りくず [≒scrap]: *shreds of* paper (切断された)紙切れ / *in shreds* ずたずたになって / The cloth was ***torn*** [***ripped***] ***to shreds***. きれはずたずたに切り裂かれた. ❷ [a ~ として普通は否定文で] ほんの少し: There's *not a shred of* truth in the rumor. それは根も葉もないうわさだ.

téar [ríp] ... to shréds [動] 他 (1) (...)をずたずたに切り裂く《⇒ 1》. (2) (...)を激しく批判する.

— 動 (shreds /ʃrédz/; shred·ded /-ḍɪd/; shred·ding /-ḍɪŋ/) 他 (...)を(**細長い**)**断片に切る**, (シュレッダーで)裁断する; (野菜など)を刻む: The clerks *shredded* the secret documents. 社員たちは秘密文書を裁断した / *shred* cabbage with a food processor フードプロセッサーを使ってキャベツを刻む.

shred·der /ʃréḍɚ | -də/ 名 C シュレッダー, 文書裁断機.

shrew /ʃrúː/ 名 C とがりねずみ《鼻先のとがった小さな動物》.

shrewd /ʃrúːd/ 形 (shrewd·er; shrewd·est) ❶ 抜け目のない, 利口な: a *shrewd* businessman やり手の実業家. ❷ 鋭い, 鋭敏な: a *shrewd* guess 鋭い推測.
~·ly 副 抜け目なく; 鋭く. **~·ness** 名 U 抜け目なさ, 利口.

shriek /ʃríːk/ 動 自 金切り声を出す, (かん高い声で)きゃっと叫ぶ《⇒ shout 類義語》: The children *shrieked with* laughter. 子供たちはきゃーきゃー言って笑った. — 他 (...)を[と]金切り声で言う: *shriek out* a warning かん高い声で注意する. — 名 C (痛み・恐怖などによる)金切り声, かん高い声; 悲鳴; 鋭い音: give [let out] a *shriek of* laughter きゃーきゃー笑う.

shrill /ʃríl/ 形 (shrill·er; shrill·est) ❶ 金切り声の, かん高い; けたたましい《警笛・電話のベルなど》: a *shrill* voice 金切り声 / a *shrill* whistle 鋭い警笛. ❷ (主張・要求などが)激しい, しつような. — 動 自 W 鋭い音[金切り声]を出す. — 他 (...)と[を]かん高い声で言う. **shril·ly** /ʃrílli/ 副 かん高く.

shrimp /ʃrímp/ 名 (複 ~(s)) ❶ C 小えび《大きさが普通 4–8 センチメートルくらいのもの; えびじゃこなど》; 《米》= prawn. 関連 lobster ロブスター. ❷ C (複 ~s) [差別的] 小柄な人, ちび.

shrine /ʃráɪn/ !発音 名 ❶ C 聖堂《聖人の遺骨・遺物を祭ったところ》, 聖人の墓所, 社, (日本の)神社 (*to*): the Meiji *Shrine* 明治神宮 / pray at a Shinto *shrine* 神社で祈願する. 関連 temple 神殿, 仏教の寺. ❷ C 殿堂, 聖地, 霊場: a *shrine to* art 芸術の殿堂. ❸ C 聖骨[聖物]箱.

+**shrink** /ʃríŋk/ 動 (shrinks /~s/; 過去 shrank /ʃrǽŋk/, shrunk /ʃrʌ́ŋk/; 過分 shrunk; shrink·ing) 自 ❶ **縮む**《布地などが水や熱で》; 縮小する: Wool *shrinks* 「when washed [in the wash]. 羊毛は洗うと縮む. ❷ (数量・価値が)減る, 減少する (*to*): Inflation has made the value of the dollar *shrink*. インフレでドルの値打ちが下がった. ❸ [副詞(句)を伴って] (恐れ・痛みなどで)ひるむ, しりごみする (*away*, *back*).
— 他 (...)を縮ませる; 縮小する; 減らす.

shrínk from ... [動] 他 ...(すること)を避ける, いやがる [≒avoid]: I *shrank from* tell*ing* Mom the news. 私はその知らせを母に告げるのは忍びなかった.

— 名 C 《略式》[こっけいに] 精神科医.

shrink·age /ʃríŋkɪdʒ/ 名 U 収縮; 縮小, 減少.

shrink-wrap /ʃríŋkræ̀p/ 名 U 収縮包装のラップ.

shrink-wrapped /ʃríŋkræ̀pt/ 形 (商品が)ポリエチレン製のラップで包まれた, 収縮包装の.

shriv·el /ʃrív(ə)l/ 動 (shriv·els; shriv·eled, 《英》 shriv·elled; -el·ing, 《英》 -el·ling) 自 しなびる, しぼむ (*up*); しわが寄る, 縮む. — 他 (...)をしなびさせる (*up*); (...)にしわを寄らせる, 縮ませる

shriv·eled, 《英》 **-elled** /ʃrív(ə)ld/ 形 しなびた, しわの寄った: a *shriveled* face しわくちゃの顔.

shroud /ʃráʊd/ 名 ❶ C 経(きょう)かたびら, 屍衣(しい). ❷ C 《文語》 覆(おお)う[包む]もの, 覆い, 幕: under the *shroud of* night 夜のとばりに紛れて. — 動 他 [普通は受身で] 《文語》 (...)を覆(おお)う [≒cover]; 覆い隠す: be *shrouded in* mystery なぞに包まれている.

Shróve Túesday /ʃróʊv-/ 名 C,U 懺悔(ざんげ)火曜日《灰の水曜日 (Ash Wednesday) の前日; Mardi Gras と同じ》.

+**shrub** /ʃrʌ́b/ 名 (~s /~z/) C **低木**, 灌木(かんぼく)《根元から多くの枝が出ている低い木》 [≒bush]: They hid behind the *shrubs*. 彼らは茂みの後ろに隠れた. 関連 tree 木.

shrub·ber·y /ʃrʌ́b(ə)ri/ 名 (-ber·ies) U 低木《全体》; C (庭園内などの)低木の植え込み.

+**shrug** /ʃrʌ́g/ 動 (shrugs; shrugged; shrug·ging) 自 **肩をすくめる**《不愉快・無関心・驚き・疑い・冷笑などの感情を表わす》: She just *shrugged* at my remark. 彼女は私の感想をただ肩をすくめてあしらっただけだった.
— 他 (肩)をすくめる.

shrug

shrúg óff [動] 他 (...)を軽くあしらう, 無視する; ふり払う.

— 名 C [普通は a ~] 肩をすくめること: with *a shrug* (of the shoulders) 肩をすくめて / give a *shrug* (of the shoulders) 肩をすくめる.

+**shrunk** /ʃrʌ́ŋk/ 動 shrink の過去形および過去分詞.

+**shrunk·en** /ʃrʌ́ŋk(ə)n/ 形 [普通は 限定] **縮んだ**, しなびた; 縮小した.

shtick /ʃtík/ 名 U 《米略式》 お決まりのこっけいなしぐさ[場面].

shuck /ʃʌ́k/ 名 C 《米》 (とうもろこしなどの)皮, (かきなどの)殻, さや. — 動 他 《米》 (...)の皮をむく, 殻を取る.

shud·der /ʃʌ́ḍɚ | -də/ 動 (-der·ing /-ḍərɪŋ, -drɪŋ/) 自 ❶ (怖さ・寒さなどで)震える, 身震いする, がたがた震える, ぞくぞくする《⇒ shake 類義語》: He *shuddered with* dread [cold]. 彼は怖くて[寒くて]がたがた震えた.

❷ (いやで)ぞっとする: I *shudder* 「*at* the thought [*to* think] of it. それを考えるとぞっとする. ❸ (機械・乗り物などが)激しく揺れる. ― 名 C [普通は単数形で] 身震い, おののき; 震動: with a *shudder* 身震いしながら. **sénd a shúdder through ...** [動] 他 ...を震え上がらせる.

+**shuf·fle** /ʃʌ́fl/ 動 (shuf·fles /~z/; shuf·fled /~d/; shuf·fling) 自 ❶ [副詞(句)を伴って] **足を引きずって歩く**: She *shuffled across* the room to the door. V+前+名 彼女は足を引きずりながらドアまで行った. 関連 shamble よろよろ歩く. ❷ もじもじ[そわそわ]する. ❸ トランプの札を切る.

― 他 ❶ (書類など)をあちこちへ動かす, 移しかえる; (...)をごちゃ混ぜにする (*around*). ❷ (トランプの札)を切る: Will you *shuffle* the cards? 札を切ってくれませんか. ❸ (足)を(その場で)もぞもぞと動かす.

― 名 ❶ [単数形で] 足を引きずって歩くこと. ❷ C トランプを切ること[番]: give the pack [cards] a good *shuffle* トランプをよく切る. ❸ C (人事の)異動, 入れかえ: a Cabinet *shuffle* 内閣改造.

be [gèt] lóst in the shúffle [動] 自 どさくさにまぎれて見落とされる[無視される].

shuffle·board /ʃʌ́flbɔ̀ɚd | -bɔ̀ːd/ 名 U シャッフルボード《棒で円盤を突いて枠に入れるゲーム》.

shun /ʃʌ́n/ 動 (shuns; shunned; shun·ning) 他 (...)を遠ざける, 避ける: *shun* publicity [meet*ing* people] 世間の注目[人に会うこと]を避ける.

shunt /ʃʌ́nt/ 動 他 ❶ [しばしば受身で] (人・物)を別の所へ移す[どかす]; (人)を左遷(させん)する (*aside, off*). ❷ (列車・車両)を(他の線へ)入れかえる (*onto, to*). ― 名 ❶ C (列車を)側線へ入れること. ❷ C 〔医学〕(血液の)側路, バイパス. ❸ C 《英略式》(車の)追突事故.

shush /ʃʌ́ʃ, ʃóʃ/ 間 S しっ, 静かに《特に子供に対して》. ― 動 他 (人)をしっと言って[唇に指を当てて]黙らせる.

⁑shut /ʃʌ́t/

― 動 (shuts /ʃʌ́ts/; 過去・過分 shut; shut·ting /-ṭɪŋ/) 他 ❶ (...)を閉じる, 閉(し)める, (...)の戸[窓, ふた]を閉める, (穴など)をふさぐ《⇒ 類義語》 [⇔ open]: Please *shut* the door [window]. ドア[窓]を閉めてください / She *shut* (the lid of) the box carefully. 彼女は注意して箱のふたを閉めた / He *shut* his eyes. 彼は目を閉じた.

❷ (本・傘など)を閉じる, (望遠鏡など)をたたむ: *Shut* your books now, and I'll ask you some questions. さあ本を閉じて, いくつか質問しますから. ❸ 《英》(店・工場など)を閉める, 休業[終業]する [⇔ open]. ❹ (服・指など)を(...に)挟(はさ)む: I *shut* my finger *in* the door. 私は指を戸に挟んでしまった. 語法 《米》では I *shut* the door *on* my finger. のほうが普通.

― 自 ❶ (ドア・ふたなどが)**閉まる**; (目・口などが)閉じる: This door won't *shut*. このドアはどうにも閉まらない. ❷ 《英》(店・工場などが)閉まる.

shut の句動詞

shút awáy 動 他 (離れた所に)(...)を閉じ込める (*in*); しまい込む, 隠す.

shút onesèlf awáy [動] 自 (離れた所に)閉じこもる (*in*).

+**shút dówn** 動 他 ❶ (会社・工場など)を**閉鎖する, 休業にする** V+名・代+*down* / V+*down*+名: The smaller factory was *shut down*. 小さいほうの工場は閉鎖された. ❷ (機械・装置)を止める. ❸ 《略式》(相手チーム・選手)の動き[得点]を妨げる.

― 自 ❶ (会社・工場などが)**閉鎖される**, 休業する: That mine has *shut down*. その鉱山は閉鎖している. ❷ (機械・装置が)止まる. (名 shútdòwn)

+**shút ín** 動 他 (...)を**閉じ込める**, (病気などで)(人)を引きこもらせる V+名・代+*in* / V+*in*+名: Please don't *shut* me *in*! 閉じ込めないで.

shút onesèlf ín [動] 自 (部屋に)閉じこもる. (名 shút-ìn)

*****shút óff** 動 他 ❶ (ガス・水道・電気など)を**切る**, (物資など)の供給を止める; (蛇口・器具・ヒーターなど)を**止める**; (道路・交通など)を遮断(しゃだん)する V+名・代+*off* / V+*off*+名: The police surrounded the house and *shut off* the power supply. 警察が家を包囲して電気を止めた. ❷ [普通は受身で] (...から)切り離す: The small village *was shut off from* the outside world. その小さい村は外の世界から隔絶されていた.

― 自 (ガス・水道・電気・器具などが)**止まる**, 切れる: The gas *shuts off* automatically if there's a strong earthquake. 強い地震があるとガスは自動的に止まる.

shút onesèlf óff [動] 自 引きこもる, (...から)遠ざかる (*from*).

*****shút óut** 動 他 ❶ (人・動物)を**締め出す**, のけ者にする (*from*); (考えなど)を(頭・意識などから)締め出す; (光・風など)を遮断(しゃだん)する, (眺めなど)をさえぎる V+名・代+*out* / V+*out*+名: He closed the blinds to *shut out* the light. 彼は光を遮断するためにブラインドを下ろした. ❷ 《米》〔スポーツ〕(相手側)に得点をさせない, (...)を完封[シャットアウト]する: The pitcher *shut out* the Dodgers on three hits. その投手はドジャースを 3 安打で完封した. 語法 野球の 1 試合全部でなくても言える: He *shut out* the Giants for the last two innings. 彼は最後の 2 回はジャイアンツを零点に抑えた. (名 shútòut)

shút ... òut of ~ 動 他 (...)を～から締め出す.

*****shút úp** 動 自 《略式》**黙る**, (...についての)話をやめる (*about*). 語法 しばしば命令文で用いるが, 高圧的で乱暴な言い方: *Shut up*, everybody! I can't hear the TV. みんな話をやめろよ. テレビが聞こえないだろ.

― 他 ❶ 《略式》(人)を**黙らせる** V+名・代+*up* / V+*up*+名: Once he begins to talk on that subject, you just can't *shut* him *up*. 彼がいったんそのことで話しだしたら, なかなか黙らせられない.

❷ (...)を**閉じ込める** V+名・代+*up* / V+*up*+名: He was *shut up in* prison for ten years. 彼は 10 年間牢獄(ろうごく)に閉じ込められた.

❸ (戸口・窓など)を**すっかり閉じる**, (家など)の戸締まりをする; (店・工場など)を閉める V+名・代+*up* / V+*up*+名: He almost forgot to *shut up* the house before he went on vacation. 彼は旅行に出る前に戸締まりを忘れそうになった.

類義語 **shut** と **close** は閉じる意で区別なく用いることも多いが, *close* のほうがやや上品な語. *shut* はぴったりしめる動作を強調し, *close* より《略式》: Please *shut* [*close*] the door. 戸を閉めてください / *Shut* your mouth. 黙れ.

― 形 叙述 (窓・目などが)**閉じて**, 閉まって; 《英》(店などが)閉まって [⇔ open]: The door slammed *shut*. ドアがばたんと閉まった / Sorry, we're *shut*. すみません, 閉店です / Keep your eyes wide open before marriage, and half *shut* afterward. 結婚前には目を大きく開き, 結婚後は半分閉じなさい《米国の政治家フランクリン (Franklin) のことば》.

shut·down /ʃʌ́tdàʊn/ 名 ❶ C (工場などの)一時休業, 廃業, 操業停止 (*of*). ❷ C 〔コンピュータ〕シャットダウン, 終了. (動 shút dówn)

shut-eye /ʃʌ́tài/ 名 U 《略式》眠り, 睡眠: get [catch] some *shut-eye* ひと眠りする.

shut-in /ʃʌ́tìn/ 名 C 《米》(家に)引きこもった病人[障害者]. (動 shút ín)

shut·out /ʃʌ́tàʊt/ 名 C 〔野球〕シャットアウト(ゲーム), 完封. (動 shút óut)

shut·ter /ʃʌ́tə | -tə/ 名 ❶ C [普通は複数形で] シャッター, よろい戸, 雨戸. ❷ C 〔写真〕シャッター: press the *shutter* シャッターを押す. 日英 写真をとってもらうときに, 日本語では「シャッターを押してもらえますか」と言うことがあるが, 英語では Can you take my [our] picture? と言い, Can you press the shutter? とは言わない. — 動 (-ter·ing /-tərɪŋ, -trɪŋ/) 他 ❶ 《米》(店など)を閉める. ❷ (...)のシャッターを閉める[つける].

+**shut·tle** /ʃʌ́tl/ 名 (~s /~z/) ❶ C (近距離の)**定期往復(便)**; シャトルバス[列車]; 〔航空〕連続往復機: When does the next *shuttle* (flight) to Glasgow leave? 次のグラスゴー行き定期便はいつ出ますか. ❷ C = space shuttle. ❸ C (織機の)杼(ひ)《横糸を左右に通す器具》.
— 動 自 往復する (*between*). — 他 (...)を往復便で運ぶ.

shut·tle·cock /ʃʌ́tlkὰ(ː)k | -kɔ̀k/ 名 C (バドミントン・羽根つきの)羽根.

shúttle diplòmacy 名 U 往復外交《特使が関係諸国間を行き来して交渉する》.

***shy** /ʃáɪ/
— 形 (shy·er, shi·er; shy·est, shi·est) ❶ **恥ずかしがりの**, 内気な, 引っ込み思案の; **恥ずかしそうな**, はにかんだ《⇒ 類義語; ashamed 表》: Don't be *shy*. 恥ずかしがらないで / Helen is painfully ***shy with*** boys. [+ with+名] ヘレンは男の子と話すのをひどく恥ずかしがる / a *shy* smile [look] 恥ずかしそうな微笑[表情] / The little boy was so *shy* that he hid behind his mother when the visitor arrived. その坊やはとても人見知りして, お客が来ると母親のかげに隠れてしまった. ❷ 叙述 (...を)ためらう, 渋る, (...に)用心深い (*about, of*): She's not *shy about* voicing her opinions. 彼女は自分の意見をためらわずに口にする / Once bitten, twice *shy*. 《ことわざ》1 度かみつかれると, 2 度目は用心深くなる. 関連 camera-shy 写真嫌いの. ❸ (動物が)ものおじする, 物に驚きやすい. ❹ 叙述 《主に米》(目標に)...だけ不足して: be an inch *shy of* five feet 5 フィートに 1 インチ足りない.

fíght shý of (dóing) ... [動] 他 《英》...(するの)を避け(ようとす)る, ...(するの)を嫌う.

類義語 **shy** 性格的に, または社交に不慣れで, 人に接したがらなかったり, 人前ではにかみの強いこと. **bashful** 子供や若い女性などが赤面したりして恥ずかしがる様子. **reserved** 感情を表に出したり胸のうちを明かすことを好まないこと. **timid** おずおずした内気さをいう.

— 動 (shies; shied; shy·ing) 自 (馬がおびえて)後ずさりする, 怖がる (*at*).

shý awáy from ... [動] 他 ...を避ける; ...(するの)をいやがる.

Shy·lock /ʃáɪlɑ(ː)k | -lɔk/ 名 固 シャイロック《シェークスピア (Shakespeare) 作「ベニスの商人」(*The Merchant of Venice*) 中のユダヤ人高利貸し》.

shy·ly /ʃáɪli/ 副 恥ずかしそうに; おずおずと.

shy·ness /ʃáɪnəs/ 名 U 内気, はにかみ.

shy·ster /ʃáɪstə | -stə/ 名 C 《略式, 主に米》いかさま師; 悪徳弁護士[政治家].

Si·am /saɪǽm/ 名 固 シャム《タイ (Thailand) の旧名》.

Si·a·mese /sàɪəmíːz⁺/ 形 《古風》シャム (Siam) の; シャム人[語]の. — 名 (複 ~) 《古風》C シャム人; U シャム語. 語法 現在では Thai を用いる.

Síamese cát 名 C シャムねこ.

Síamese twíns 名 複 《古風》[ときに差別的] シャム双生児《2 人の体がくっついたまま生まれた双生児》.

Si·be·ri·a /saɪbí(ə)riə/ 名 固 シベリア《アジア北部のロシア共和国領の広大な地域》.

Si·be·ri·an /saɪbí(ə)riən/ 形 シベリアの. — 名 C シベリア人.

sib·i·lant /síbələnt/ 形 ❶ 《格式》しゅーしゅーいう. ❷ 〔音声〕歯擦音の. — 名 C 〔音声〕歯擦音《/s/, /z/, /ʃ/, /ʒ/ など》.

sib·ling /síblɪŋ/ 名 C 《格式》兄弟姉妹《いずれか 1 人》: *sibling* rivalry (親の愛情をめぐる)兄弟姉妹間の争い.

sic[1] /sík/ 動 (sics, sicks; sicced, sicked; sic·cing, sick·ing) 他 《米》(犬が)襲う; (犬)を(...に)けしかける: *Sic*'em! S (犬に対して)かかれ!

sic[2] /sík/ ≪ラテン語から≫ 副 原文のまま《誤りや疑問のある文を引用するときに (*sic*)と付記する》.

Sic·i·ly /sísəli/ 名 固 シチリア《イタリア南方の島》.

***sick** /sík/ (同音 sic)
— 形 (sick·er; sick·est) ❶ **病気の**, 病気で, 具合が悪い [⇔ well, healthy]. 語法 《米》では 限定 にも 叙述 にも用いるが, 《英》では 限定 にしか用いず, 叙述 には ill を用いる《⇒ ill 語法》: a *sick* person 病人 / He's *sick* in bed. 彼は病気で寝ている / You look *sick*. 顔色が悪いですよ / ***get sick*** 《米》病気になる / ***the sick*** 病人たち《複数名詞のように扱われる; ⇒ the[1] 3》.
❷ 叙述 **吐き気がする**, むかむかする; 吐いた: I feel *sick*. 吐き気がする / I'm going to be *sick*. 吐きそうだ / The girl was *sick* twice. その女の子は 2 度吐いた. 関連 carsick 車に酔った / seasick 船に酔った.
❸ 叙述 S **うんざりして**, 飽き飽きして: I'm ***sick of*** the rain. [+of+名] この雨にはうんざりだ / I'm ***sick of*** hear***ing*** this song. [+of+動名] この歌は聴き飽きた / be ***sick and tired of*** ... = be ***sick to death of*** ... ...に飽き飽きしている. ❹ 頭のおかしい, 病的な; (話が)ぞっとする, 悪趣味の: a *sick* mind 病んだ心(の持ち主) / a *sick* joke ぞっとするような冗談.

be óut síck 《米》= 《英》**be óff síck** [動] 自 病気で休む.

be [féel] síck to one's **stómach** [動] 自 (1) 《米》吐き気がする. (2) 嫌悪感をもつ, ぞっとする.

be síck with wórry [動] 自 とても心配する.

fàll síck [動] 自 《格式》病気になる.

màke ... síck [動] 他 (1) 《英》(人)に吐き気を起こさせる. (2) S (人)をひどく不快にさせる; [こっけいに] (人)をうらやましがらせる: His behavior *makes* me *sick*. 彼の言動は頭に来る.

síck at héart [形] 《文語》悲観して. (動 sícken)
— 名 U 《英略式》吐いたもの.

síck bàg 名 C (飛行機・船舶などの)嘔吐(おうと)袋.

síck bày 名 C (船や学校の)医務室, 病室.
sick·bed /síkbèd/ 名 C [所有格の後で] 病床.
síck buílding sỳndrome 名 U シックビル症候群《換気の少ないオフィスビルで働く人にみられる症状; 頭痛·吐き気など》.
síck dày 名 C 病欠日《有給扱い》.
sick·en /sík(ə)n/ 動 他 (...)に嫌悪感を与える, (...)をむかつかせる. ― 自《古風》病気になる: He's *sickening for* something.《英》彼は何か具合が悪くなっている.
(形 sick)
sick·en·ing /sík(ə)nɪŋ/ 形 吐き気を催させる, むかつくような; 腹立たしい; (音などが)いやな感じの. **~·ly** 副 むかつくほど.
sick·ie /síki/ 名 ❶ C《米略式》[こっけいに] 変質者 [≒sicko]. ❷ C《英略式》(仮病による)ずる休み.
sick·le /síkl/ 名 C 小がま. 関連 scythe 大がま.
síck lèave 名 U 病気休暇: be *on sick leave* 病気で休んでいる.
síck·le-cèll anémia /síklsèl-/ 名 U〔医学〕鎌状赤血球貧血《黒人に多い》.
sick·ly /síkli/ 形 (sick·li·er, more ~; -li·est, most ~) ❶ 病気がちな, 病弱な; 病人らしい, 青ざめた. ❷ 吐き気を催すような; 不快な. ❸ (表情·光·色などが)弱々しい.
+**sick·ness** /síknəs/ 名 (~·es /~ɪz/) ❶ U **病気**, 不健康な状態《⇒ illness 類義語》[⇔ health]: Some workers are out because of *sickness*. 病気で休んでいる労働者がいる / There has been a lot of *sickness* in my family this winter. この冬はうちでは病気が多かった. ❷ U,C (特定の)病気, ...病: altitude [mountain] *sickness* 高山病 / various *sicknesses* caused by viruses ウイルスが原因となるさまざまな病気. ❸ U 吐き気. 関連 morning sickness つわり / motion sickness 乗り物酔い. ❹ C,U (社会·政治などの)不健全な状態.
in síckness and in héalth [副] 病気のときも健康のときも. 由来 結婚の誓いのことばから.
síckness bènefit 名 U《英》疾病手当.
síck nòte 名 C《英》病欠証明書, 欠席届.
sick·o /síkoʊ/ 名 (~s) C《略式》変質者.
sick-out /síkàʊt/ 名 C《米》(労働者の)病欠スト.
síck pày 名 U 疾病手当, 病休期間の給与.
sick·room /síkrùːm/ 名 C 医務[保健]室.
Sid /síd/ 名 固 シッド《男性の名; Sidney の愛称》.
side /sáɪd/
― 名 (sides /sáɪdz/)

意味のチャート
元来は「**わき腹**」❹ →(物の)「**側面**」❷
→(中心に対して側面) → (一方の)「側(がわ)」❶
→「**斜面**」❽
→(比喩的に) → (対立する)「側(がわ)」❻
→(問題の)「**側面**」❼

❶ C 側(がわ)《線·境などの左側または右側など》; 方面; (川の)岸: the left [right] *side of* a line 線の左[右]側 / *on* both *sides of* the street 通りの両側に《⇒ either 形 3 語法》/ Our town is (*on*) the east *side of* the river. 私たちの町はその川の東岸にある / She crossed *to* the other [far] *side of* the room. 彼女は部屋を横切って向こう側へいった / He tilted his head *to* one *side*. 彼は首をかしげた.
❷ C 側面《正面または裏面に対して》, 横; 端, へり [≒edge]《中心から最も離れた部分》: The *side of* the house was covered with ivy. 家の横はつたで覆(おお)われていた / The name of the company was written *on* both *sides of* the van. 会社の名前がトラックの両側に書かれていた / walk over to the *side of* the swimming pool プールの端へ歩いて行く / He was standing at the *side of* the road. 彼は道端に立っていた.
❸ C 面《薄い物の表面·裏面または立体の面など》; (三角形などの)辺; (書き物·論文の)1 ページ分: on the right [wrong] *side of* the paper 紙の表[裏]に / THIS SIDE UP こちら側が上, 天地無用《荷物の箱などに記す文句》/ A square has four *sides*. 正方形には辺が 4 つある.
❹ C **わき腹**, 横腹: lie *on* one's *side* (体の左右どちらかを下にして)横たわる / She felt a pain in her *side*. 彼女はわき腹に痛みを感じた.
❺ C [普通は単数形で] (人の)**そば**, かたわら: He never left her *side* during her illness. 彼女が病気の間ずっと彼は彼女のそばを離れなかった.
❻ C (競争·交渉などの一方の)**側**(がわ), 味方, ...派; [《英》単数形でもときに複数扱い] (スポーツの)チーム: the two *sides in* the strike ストライキにかかわる両者《経営側と労働者側》/ It's advantageous to the other *side*. それは相手側に有利だ / Whose *side* are you *on*? Ⓢ あなたはどっちの味方なの / We were *on* the winning [losing] *side*. 我々は勝った[負けた]側であった / Bob is *on* our *side*. ボブは我々のチームの一員だ / pick [choose] *sides* (フットボールなどの)両チームの選手を選ぶ, 組分けをする.
❼ C (問題などの)**側面**, 方面; (一方の側の)立場, 見方: look on the bright [dark] *side* (of things) 物事の明るい[暗い]面を見る, 楽[悲]観する / The economic *side* of this problem has been solved. 経済の面では問題は解決した / change *sides* 立場[見解]を変える.
❽ C (山などの)斜面, 山腹: *on* the *side* of a hill 山腹に. 関連 hillside, mountainside 山腹. ❾ C (血統の)関係, ...方(がた): He's French on his mother's *side*. 彼は母方がフランス系だ. ❿ C《米》添え料理 (side dish) (*of*). ⓫ C (牛などの)わき腹肉.
at ...'s síde [副] = by ...'s side.
by ...'s síde = by the síde of ... [副] (人)**のそばに**, (人)の近くに《⇒ by 前 5 語法》; (人)のそばで(精神的に)支えて: He sat *by my side*. 彼は私のそばに座った.
from áll sídes = from évery síde [副] あらゆる方面から, 各方面から.
from síde to síde [副] 端から端へ, 左右に.
gét on ...'s bád [wróng] síde = gét on the bád [wróng] síde of ... [動] (人)に嫌われる.
gét on ...'s góod [ríght] síde = gét on the góod [ríght] síde of ... [動] (人)に気に入られる.
lèt the síde dòwn [動] 自《英》家族[仲間など]の期待を裏切る, 失望させる.
nó síde ⇒ no side の項目.
óff síde [形·副] = offside.
on áll sídes = on évery síde [副] 四方八方に, 至る所に.
on [to] óne síde [副] わきへ; (一時的に)よけて; (当面は)保留にして: put ... *on* [*to*] *one side* ...をわきへ置く; ...を保留にする.
ón síde [形·副] = onside.
on ...'s sìde = on the sìde of ... [形·副] (人)**に味方して**《⇒ 6》: We're *on the side of* the poor. 我々は

貧しい者の味方だ《⇒ the¹ 3》/ They had luck *on their side*. 幸運が彼らの味方をした.

on the ríght [wróng] sìde of ... [形]《略式》(人が)まだ...歳前で[もう...歳を過ぎて]: He's *on the wrong side of* 60. 彼は 60 歳を過ぎている.

on the síde [副] (1) 副業に: a job *on the side* (本業とは別の)副業. (2) 余分に;《米略式》(料理が)添え物として. (3)《略式》こっそりと.

on the ... sìde [形]《略式》少し...で. [語法] ...には形容詞が入る: He's a bit *on the* heavy [short] *side*. 彼は少々太りぎみだ[背が低い].

síde by síde [副] (1) 並んで: We walked *side by side*. 我々は並んで歩いた. (2) いっしょに,(人と)協力し合って; 共存して: We'll stand *side by side with* you in this matter. この問題では我々は君らを支持する.

splít one's **sídes (láughing [with láughter])** [動] ⓐ 腹を抱えて笑う《⇒ sidesplitting》.

táke [dráw] ... to óne side [動] ⓗ (内密の話のために)(人)をわきへ連れ出す.

tàke sídes [動] ⓐ (けんか・討論などで)一方に味方する: My mother never *takes sides* when my sister and I argue. 妹と私が言い争うとき母はどちらにも決してつかない.

táke ...'s síde [動] ...に味方する, ...の肩を持つ.

thís síde of ... [前] ...のこちら側に[で]; (時間的に)...の前に[で].

— [形] ❶ [限定] 横の, 横からの, 側面の; わき腹の: a *side* gate 横の門. ❷ [限定] 主要でない, 従の, 副の.

— [動] ⓐ (一方の)側につく; (...に)味方する (*with*), (...に)反対する (*against*).

side·arm /sáɪdɑ̀ɚm | -ɑ̀ːm/ [形] [副]〔野球〕横手の[で], サイドスローの[で]: pitch *sidearm* サイドスローで投げる.

síde àrms [名] [複] 腰につける武器《銃剣など》.

side·bar /sáɪdbɑ̀ɚ | -bɑ̀ː/ [名] ❶ Ⓒ (新聞などの)補足記事. ❷ Ⓒ《米》〔法律〕サイドバー《陪審員がいない所での裁判官と弁護士の協議》.

síde bènefit [名] Ⓒ 副次的な利益[効果].

+**side·board** /sáɪdbɔ̀ɚd | -bɔ̀ːd/ [名] (-boards /-bɔ̀ɚdz | -bɔ̀ːdz/) Ⓒ (食堂に備え付けの)**食器棚**.

side·boards /sáɪdbɔ̀ɚdz | -bɔ̀ːdz/ [名] [複]《英》= sideburns.

side·burns /sáɪdbɚ̀ːnz | -bə̀ːnz/ [名] [複] 短いほおひげ《耳の前からほおまで生やす》; もみあげ.

side·car /sáɪdkɑ̀ɚ | -kɑ̀ː/ [名] Ⓒ (オートバイに取り付ける)サイドカー, 側車.

-sid·ed /sáɪdɪd/ [形] [合成語で] (...)の面[辺, 側]のある: a five-*sided* figure 五角形.

síde dìsh [名] Ⓒ サイドディッシュ, 添え料理 (*of*).

+**síde effèct** [名] ❶ Ⓒ [普通は複数形で] (薬の)**副作用**: One of the *side effects of* this medicine is nausea. この薬の副作用の 1 つは吐き気である. ❷ Ⓒ 思わぬ結果, 副次的問題 (*of*).

síde ìssue [名] Ⓒ 副次的[枝葉末節的]な問題.

side·kick /sáɪdkɪ̀k/ [名] Ⓒ《略式》相棒; 助手.

side·light /sáɪdlàɪt/ [名] ❶ Ⓒ 付随的な情報 (*on*, *about*). ❷ Ⓒ《英》= parking light.

side·line /sáɪdlàɪn/ [名] ❶ Ⓒ 副業, サイドビジネス: sell used books as a *sideline* 副業に古本を売る. ❷ Ⓒ〔アメフト・テニス〕サイドライン; [普通は複数形で] サイドラインの外側. **on the sídelines** [副・形] (1) サイドラインの外側で[に]. (2) 出番を待って, 第一線からはずされて; 傍観して: stand *on the sidelines* 傍観する.

— [動] ⓗ [普通は受身で] (人)を(試合などから)はずす.

side·long /sáɪdlɔ̀ːŋ | -lɔ̀ŋ/ [形] [限定] 横の, 斜めの, わきの: He gave her a *sidelong* glance. 彼は彼女を横目でちらっと見た. — [副] 横へ, 斜めに, わきに.

síde mìrror [名] Ⓒ《米》= side-view mirror.

síde òrder [名] Ⓒ = side dish.

síde ròad [名] Ⓒ = side street.

side·show /sáɪdʃòʊ/ [名] ❶ Ⓒ 余興. ❷ Ⓒ 二次的な問題[出来事] (*to*).

side·split·ting /sáɪdsplɪ̀tɪŋ/ [形] 抱腹絶倒の.

side·step /sáɪdstèp/ [動] (-steps; -stepped; -step·ping) ⓗ ❶ (責任など)を避ける; (質問など)をはぐらかす. ❷ (...)をよける. — ⓐ 横によける.

síde stèp [名] Ⓒ 横によけること; 回避.

síde strèet [名] Ⓒ わきの通り, 横町.

side·swipe /sáɪdswàɪp/ [動] ⓗ《米》(他車(の側面))をこする, (...)に接触する. — [名] ❶ Ⓒ (他の話の)ついでにする批判 (*at*). ❷ Ⓒ《米》(他車への)接触.

side·track /sáɪdtræ̀k/ [動] ⓗ [普通は受身で] (人)の話[活動]を脇道にそらす, (...)を脱線させる: get *side-tracked* on other issues 話が別の問題に脱線する[脇道にそれる].

síde-view mìrror /sáɪdvjùː-/ [名] Ⓒ《米》(自動車の)サイドミラー [《英》wing mirror]《⇒ car 挿絵》.

+**side·walk** /sáɪdwɔ̀ːk/ [名] (~s /~s/) Ⓒ《米》(舗装した)**歩道** [《英》pavement]: Walk ***on*** the ***sidewalk***. 歩道を歩きなさい.

sídewalk àrtist [名] Ⓒ《米》大道画家《舗道に色チョークで絵を描いて, 通行人から金をもらう》.

side·ways /sáɪdwèɪz/ [副] 横に, 斜めに: turn *sideways* 横に回す / go through the door *sideways* (*on*) 横向きになってドアを通る / Jill looked at John *sideways*. ジルはジョンを横目で見た. — [形] [限定] 横の, 横向きの, 斜めの: shoot a *sideways* glance 横目で見る.

side-wheel·er /sáɪd(h)wìːlɚ | -wìːlə/ [名] Ⓒ《米》外輪船 [《英》paddle steamer].

sid·ing /sáɪdɪŋ/ [名] ❶ Ⓤ《米》(木造建物の)壁板, 下見板. ❷ Ⓒ (鉄道の)側線, 待避線.

si·dle /sáɪdl/ [動] ⓐ [副詞(句)を伴って] そっと進む[歩み寄る], 忍び寄る, すり寄る (*up*, *over*; *to*).

Sid·ney /sídni/ [名] [固] シドニー《男性の名; 愛称は Sid》.

SIDS /ésàɪdìːés/ [名] Ⓤ〔医学〕乳児突然死症候群《crib death の正式名; *S*udden *I*nfant *D*eath *S*yndrome の略; ⇒ acronym》.

+**siege** /síːdʒ/ [名] (sieg·es /~ɪz/) ❶ [C,U] **包囲(攻撃)**: a ***siege of*** a town 町の包囲攻撃 / break a *siege* 包囲を破る / lift [raise] the *siege* 包囲を解く. ❷ [C,U] (警察による)建物の包囲.

be ùnder síege [動] ⓐ (1) 包囲されている. (2) (大勢に)批判[攻撃]されている, 責め立てられている.

láy síege to ... [動] ⓗ ...を包囲(攻撃)する.

síege mentàlity [名] [a ~ または Ⓤ] 強迫観念; 被包囲心理《敵に囲まれていると感じる心理状態》.

si·en·na /siénə/ [名] Ⓤ シエナ土《酸化鉄を含む粘土; 顔料用》; シエナ色《黄褐色または赤褐色》.

si·er·ra /siérə/ [名] Ⓒ 山脈, 連山《スペインや中南米の突き立ったもの》.

Si·er·ra Ne·vad·a /siérənəvǽdə | -vɑ́ːdə/ [名] [固] [the ~] シエラネバダ《米国 California 州東部の山脈》.

si·es·ta /siéstə/ ≪スペイン語から≫ [名] Ⓒ (スペインなど

の)昼寝, 午睡: have [take] a *siesta* 昼寝をする.

sieve /sív/ 発音 ie は例外的に /ɪ/ と発音する. 名 C (目の細かい)ふるい, (液体の)こし器《茶こしなど》, うらごし器. **hàve a mémory [mínd] lìke a síeve** [動] 自《略式》もの忘れがひどい. — 動 他 (...)をふるいにかける.

sift /síft/ 動 他 ❶ (...)をふるいにかける; (ふるいにかけて)(...)と(異物とを)より分ける: *Sift* flour *into* a bowl. 小麦粉をふるってボウルに入れてください / *sift* (*out*) the wheat *from* the chaff 小麦ともみ殻とをふるい分ける. ❷ (証拠など)を厳密に調べる. **síft óut** [動] 他 (情報など)をより分ける (*from*). **síft through ...** [動] 他 ...を厳密に調べる.

sift·er /síftɚ | -tə/ 名 C [普通は合成語で]《米》ふるい《特に調理用の》;《英》(調味料などの)振りかけ器: a flour-*sifter* 粉ふるい.

sigh** /sáɪ/ 発音 動 (sighs /~z/ sighed /~d/; sigh·ing) 自 ❶ **ため息をつく**《悲しみ・安心・疲れなどで》: *sigh* deeply [heavily] 深くため息をつく / He ***sighed with relief. V+*with*+名 彼はほっとしてため息をついた. ❷ (風が)そよぐ. ❸《文語》(昔を)懐かしむ (*for*).
— 他 (...)とため息をついて言う.
— 名 (~s /~z/) C **ため息**, 嘆息: breathe [give, heave, let out] a deep *sigh* 深いため息をつく / with a *sigh* of relief 安堵のため息をついて.

sight /sáɪt/ 発音 -ght で終わる語の gh は発音しない. (同音 cite, site)
— 名 (sights /sáɪts/)

意味のチャート
see と同語源
→「**見ること**」❷ → (見る能力) →「**視力**」❶
→ (視力の及ぶ範囲) →「**視界**」❸
→ (見もの) →「**光景**」❹ →「**名所**」❺

❶ U **視力**, 視覚 [≒eyesight]: lose one's *sight* 視力を失う, 失明する / He has good [poor] *sight* for his age. 彼はあの年にしては目がよい[悪い] / She tested my *sight*. 彼女は私の検眼をした.
❷ U [ときに a ~] **見ること**, **見えること**; **目撃**: I couldn't stand [bear] the *sight of* blood. 血を見るのには耐えられなかった / He always faints ***at the sight of*** blood. 彼は血を見るといつも気を失ってしまう.
❸ U **視界**, 視野 [≒view]: disappear [vanish] from *sight* 視界から消える, 見えなくなる / come into *sight* 見えてくる / Don't let the kids out of your *sight*. 子供たちから目を離さないで / Get out of my *sight*! 視界から消えうせろ // ⇒ in sight, out of sight (成句).
❹ C **光景**, 風景, 眺め《⇒ view 類義語》: a beautiful [wonderful] *sight* 美しい[すばらしい]光景 / a familiar [common] *sight* 見なれた光景.
❺ [the ~s] **名所**: *the sights* of Rome ローマの名所 / It's impossible to see all *the sights* of Paris in a week. 1 週間でくまなくパリの名所を見物するのは無理だ.
❻ [a ~]《略式》(こっけい[ぶざま]な)見もの: What *a sight* you are! なんだそのざまは / You look *a sight*! ひどい見た目だ.
❼ C [しばしば複数形で] (銃の)照準, 照星.
❽ [a ~]《略式》たくさん; [a (damn) ~として副詞的に比較級, too などを強めて] ずっと, うんと: be *a sight* bigger もっとずっとでかい.
a sight for sóre éyes [名] S 見るもうれしい[楽しい]もの; 会えてうれしい人;《英》醜い[妙な]もの.
at fírst síght [副] (1) 文修飾 **一見したところでは**: *At first sight* the problem seemed very difficult. 見たところその問題はとても難しく思われた. (2) **ひと目見て**: Tom and Meg fell in love *at first sight*. トムとメグは(互いに)ひと目ぼれした.
cátch síght of ... [動] 他 **...を(不意に)見つける**, 見かける [⇔ lose sight of ...]: We *caught sight of* a ship in the distance. 我々は遠くに船を見つけた.
hàve ... in one's **síghts** [動] 他 (...)を視界にとらえる; (...)にねらいをつけ(てい)る.
in ...'s síght = in the síght of ... [副] (1) (人)の面前で. (2) 文修飾《格式》(人)の見解で(は).
in síght [副・形] (人や物が)**見える範囲内の[に]**; (結末などが)間近で[に]: There wasn't a tree *in sight*. 木は一本も見えなかった.
in síght of ... [前] ...の[から]見える所に[で]; ...が間近で[に].
kèep ... in síght = kèep síght of ... [動] 他 (1) (...)を見張っている, (...)から目を離さない. (2) (事実など)を心にとめておく.
knów ... by síght [動] 他 **(人)の顔は知っている**: I *know* Mr. Smith *by sight*, though I've never spoken to him. スミスさんとは話したことはありませんが, 顔はわかります.
lóse síght of ... [動] 他 **...を見失う** [⇔ catch sight of ...]; (大切なこと)を忘れる: He *lost sight of* his fellow hikers. 彼は連れのハイカーたちを見失ってしまった / Don't *lose sight of* your original objective. 当初の目標を忘れるな. 語法 ... is lost sight of の形で受身にできる.
lówer one's **síghts** [動] 自 狙い[目標]を下げる.
on síght [副] 見てすぐに, 見つけ次第に.
òut of síght [副・形] (人や物が)**見える範囲外の[に]**, 視野の外の[に]: The plane flew *out of sight*. 飛行機は飛び去って見えなくなった / *Out of sight*, out of mind.《ことわざ》見えなくなれば記憶から去る(去る者は日々に疎(うと)し).
òut of síght of ... [前] **...の[から]見えない所で[に]**, ... の視野の外で: Once *out of sight of* the house, he began to run. その家が見えない所へ来ると彼は走りだした.
ráise one's **síghts** [動] 自 狙い[目標]を上げる.
sét one's **síghts on ...** [動] 他 ...を目標にする.
síght unséen [副] (買い物など)現物を見ないで.
withìn síght [副・形] = in sight.
withìn síght of ... [副・形] = in sight of ....
— 動 他 (...)を見つける, 認める: Two weeks later they *sighted* land. 2 週間後に彼らは陸地を見つけた.

sight·ed /sáɪṭɪd/ 形 視力のある, 目の見える.

sight·ing /sáɪṭɪŋ/ 名 ❶ U 目撃(すること), 観察, 観測. ❷ C 目撃例, 観察例, 観測例.

sight·less /sáɪtləs/ 形《文語》盲目の [≒blind].

sight-read /sáɪtrìːd/ 動 (-reads; -read /-rèd/; reading) 他 (楽譜)を初見で演奏する[歌う]. — 自 初見で演奏する[歌う].

sight·see·ing** /sáɪtsìːɪŋ/ 発音 名 U **観光**, **遊覧**: We ***went sightseeing. 私たちは観光に出かけた / a *sightseeing* bus [tour] 観光バス[旅行].

sight·se·er /sáɪtsìːɚ | -sìːə/ 名 C 観光客.

sig·ma /sígmə/ 名 C シグマ《ギリシャ語アルファベットの第 18 文字 σ, ς, Σ; ⇒ Greek alphabet 表》.

sign /sáɪn/ 発音 -gn で終わる語の g は発音しない. (同音 sine)

意味のチャート
「(意味を伝える)しるし」
→「記号」「符号」❺→「掲示」❶
→「手まね」❹→「合図」❹
→「前兆」❷→「気配」→「形跡」❸

— 名 (~s /~z/) ❶ C 掲示, 標識; 看板: traffic [road] *signs* 交通[道路]標識 / a "No Smoking" *sign* 「禁煙」の掲示 / follow the *sign* 標識に従って進む / put up [hang up, post] a *sign* 看板を掲げる / The *sign* says "EMERGENCY EXIT." 掲示には「非常口」と書いてある.
❷ C (性質・状態・存在などを示す) 印, あらわれ; **前兆**, 徴候, きざし (⇒ 類義語): a sure *sign of* rain 雨になる確かな徴候 / a *sign of* love 愛の印 / This wind is the first *sign of* spring. この風は春の最初のきざしだ / The economy is ***showing signs of*** improvement. 経済は改善のきざしを見せている / There were no ***signs that*** a severe earthquake would occur. +that 節 強い地震が起こるような徴候はなかった / That's a good [bad] *sign!* それはよい[悪い]徴候だ.
❸ C [しばしば否定文で] (...の)**形跡**, 気配: There was *no sign of* life in the house. = The house ***showed no sign of*** life. その家には人の気配はなかった.
❹ C (ことばや動作による)**合図**, **信号**, 暗号; **手まね**, **身ぶり**; 〔野球〕サイン: the go-ahead *sign* 進めの信号 / a *sign of* consent 同意の身ぶり / 言い換え He gave her a ***sign to*** go. +to 不定詞 = He made a ***sign for*** [*to*] her ***to*** go. +for [to]+名+to 不定詞 = He gave her a ***sign that*** she should go. +that 節 彼は彼女に行けという合図をした / His nod was a *sign that* he agreed. 彼のうなずきは同意したということを示す動作であった / The two people communicated *with* [*by* us*ing*] *signs.* 2 人は手まねで伝え合った / The manager sent the bunt *sign* to the batter. 監督は打者にバントのサインを送った. 関連 V sign V サイン.
❺ C **記号**, **符号**: a mathematical *sign* 数学記号 / The *sign* ∞ represents [stands for] infinity. ∞の記号は無限大を表わす. 関連 equal sign 等号《=》/ plus sign 加法記号《+》/ minus sign 減法記号《−》/ multiplication sign 乗法記号《×》/ division sign 除法記号《÷》.
❻ C 〔占星術〕宮(きゅう), 星座《黄道の 12 区分の一つ; star sign ともいう》; 〔聖書〕(神の)お告げ, 奇跡.
a sígn of the tímes [名] 時代の象徴, 時代[時世]を端的に示すもの.
máke the sígn of the cróss [動] 自 十字を切る (⇒ cross oneself (cross 動 成句)).

類義語 **sign** 最も意味の広い語で, ある事実または意味を表わす印となることをいう: The crocus is a *sign* of spring. クロッカスは春を告げる花だ. **mark** 書かれたり, 刻みつけられたりした印: His face bears the *marks* of his suffering. 彼の顔には苦しみの跡がある. **token** 感謝・尊敬・愛情・思い出などを表わす印: This is a small *token* of my gratitude. これはほんの感謝のしるしです.

— 動 (signs /~z/; signed /~d/; sign·ing) 他 ❶ (手紙・書類・小切手など)に**署名する**, サインする; (名前)を書き入れる; (協定など)に調印する: 言い換え He *signed* the check. = He *signed* his name on the check. 彼は小切手に署名した / The singer *signed* autographs after the concert. コンサートの後でその歌手はサインをした. 日英 sign には日本語の「サイン」(署名)に当たる名詞の用法はない. 手紙・契約書などのサインは signature, 有名人などのサインは autograph (⇒ signature 日英). 関連 seal 捺印する. ❷ 署名をさせて(人)を雇う, 契約して雇う; (人)に(...するように)署名させる: The Tigers *signed* three new players (*to* two-year contracts). タイガースは 3 人の新入団選手と(2 年)契約をした. ❸ [受身なし] (...するように)と合図する, (...である)と身ぶりで知らせる [≒signal] (*that*). ❹ (...)を手話で伝える.
— 自 ❶ **署名する**: *Sign* here, please. こちらにご署名をお願いします / Please *sign* in the left-hand corner of this receipt. この領収書の左隅に署名してください.
❷ (...する)契約に署名をする: He *signed to* manage the team for $500,000. 彼は 50 万ドルでチームの監督になる契約にサインした. ❸ 合図する [≒signal]: He *signed to* me *to* enter. 彼は私に入れと合図した.
❹ 手話を用いる.
be (áll) sígned and séaled = be (áll) sígned, séaled and delívered [動] 自 〔法律〕(すべて)署名封印して送付[交付]済みである; (すべての)手続きが完了している. (名 sígnal, sígnature)

sign の句動詞
síign awáy 動 他 証書に署名して(財産・権利など)を手放す[譲る].
sígn for ... 動 他 ❶ (署名して)正式に...を受け取る. ❷ 《英》= sign with ....
sígn ín 動 自 署名して到着[出勤]の記録をする; 〔コンピュータ〕= log in [on] (⇒ log¹ 動 成句) [⇔sign out]. — 他 (人)の到着を記録する.
sígn óff 動 自 ❶ (音楽などで)放送の終了を知らせる; 番組を終える. ❷ 手紙を終える. — 他 《英》= sign off on ....
sígn óff on ... 動 他 《米》...を正式に承認する.
sígn ón 動 自 ❶ = sign up. ❷ 《英》失業者として登録する. ❸ = sign in. — 他 = sign up.
sígn óut 動 自 署名して退出[外出]の記録をする; 〔コンピュータ〕= log off [out] (⇒ log¹ 動 成句) [⇔sign in]. — 他 ❶ (人)の退出を記録する. ❷ (...)を署名して借り出す.
sígn óver 動 他 証書に署名して(財産など)を(人に)譲り[売り]渡す (*to*).
+**sign úp** 動 自 **署名して(...に)雇われる[入隊する]**; (...に)**参加登録[署名参加]**する, 申し込む: *sign up for* a study tour 研修旅行に申し込む. — 他 (人)に署名をさせて雇う[参加させる]; (人)に(...するように)署名させる (*to* do); (人)と契約をする.
sign with ... 動 他 (選手などが)(チームなど)と契約する.

単語のキズナ SIGN／印

sign	印; 署名する		
signal	合図		
signature	署名		
significant	(印をつけた)	→	重要な
signify	(印をつける)	→	意味する
assign	(印をつけて定める)	→	割り当てる
design	(印をつけて定める)	→	設計(する); デザイン(する)
designate	(印をつけて定める)	→	指定する
resign	(封印を破る)	→	辞職する

S

⁑sig·nal /síɡn(ə)l/

— 名 (～s /～z/) ❶ C **信号**, **合図**, サイン《慣習や約束によって決まった意味を持つもの》; (物事の起こる)きっかけ, 動機 (*for*): a danger *signal* 危険信号 / The whistle was the ***signal to*** run. [+*to* 不定詞] ホイッスルが走りだす合図だった / The conductor gave a ***signal that*** the train would start. [+*that* 節] 車掌は列車の出発の合図をした / The attack began ***at*** a ***signal*** from the general. 攻撃は将軍の合図で始まった //⇒ busy signal, distress signal, turn signal.
❷ C (ある傾向などの)**あらわれ**, 徴候, きざし: These figures can be regarded as a clear ***signal*** 「***of*** economic improvement [***that*** the economy is improving]. [+*of*+名 [*that* 節]] これらの数字は経済の好転の明らかなきざしとみなせる. ❸ C (テレビなどの)信号, 電波: receive a *signal* from a satellite 衛星から電波を受信する. ❹ C 信号機; 交通信号機 [≒ traffic light]: The *signal* is now red. 信号はいま赤だ.
(動 sign)

— 動 (sig·nals /～z/; sig·naled, 《英》 sig·nalled /～d/; -nal·ing, 《英》 -nal·ling /-nəlɪŋ/) 他 ❶ (...)に**信号[身ぶり]で合図する**, (...)に信号を送る; (...)を信号で伝える; 〔野球〕(選手)に(...の)サインを出す: This red light ***signals that*** something is wrong with the engine. [V+O (*that* 節)] この赤いライトはエンジンの異常を知らせる [多用] / I ***signaled*** the car ***to*** stop. [V+O+C (*to* 不定詞)] 私は車に止まれと合図した / He ***signaled*** a warning ***to*** us. [V+O+*to*+名] 彼は私たちに警告を信号で伝えてきた. ❷ (...)の前兆になる, (...)の印となる: Their victory *signaled* the beginning of a new age. 彼らの勝利は新時代のはじまりを告げるものであった. ❸ [主に新聞で] (言動によって)(意見など)を明らかにする.

— 自 ❶ (**信号[身ぶり]で)合図する**, 信号を発する: The yacht ***signaled for*** help. [V+*for*+名] そのヨットは信号で救助を求めた / The policeman ***signaled to*** [***for***] them ***to*** wait. [V+*to* [*for*]+名+*to* 不定詞] 警官は彼らに待てと合図した. ❷ ウィンカーを出す.

— 形 限定 《格式》(成功・失敗などが)際立った.

〖⇒ sign キズナ〗

sígnal bòx 名 C 《英》(鉄道の)信号所.

sig·nal·er, 《英》 **-nal·ler** /síɡnələ | -lə/ 名 C = signalman 1.

sig·nal·man /síɡn(ə)lmən/ 名 (-men /-mən/) ❶ C 通信兵. ❷ C 《主に英》(鉄道の)信号手[係].

sig·na·to·ry /síɡnətɔ̀ːri | -təri, -tri/ 名 (-to·ries) C 《格式》署名者, 調印者; 条約加盟国 (*to, of*).

+sig·na·ture /síɡnətʃə, -tʃʊə | -tʃə/ アク 名 (～s /～z/) ❶ C **署名**, サイン《⇒ sign 動 日英》: put one's *signature to* [*on*] ... ...に署名する / Could we have your *signature on* this paper? この書類に署名していただけますか. **日英** 欧米では署名が日本の捺印(なついん)の慣習に相当する. ❷ U 《格式》署名すること《✪ signing のほうが普通》. ❸ C [普通は単数形で] 特徴(づけるもの); [形容詞的に] 特徴づける, トレードマークの.
(動 sign)

〖⇒ sign キズナ〗

sígnature tùne 名 C 《英》(ラジオ・テレビ番組などの)テーマ音楽.

sign·board /sáɪnbɔ̀əd | -bɔ̀ːd/ 名 C 看板.

sig·net /síɡnɪt/ 名 C 印, 認め印《特に公用のもの; ⇒ seal¹ 日英》.

sígnet rìng 名 C 認印[印章]付き指輪.

+sig·nif·i·cance /sɪɡnífɪk(ə)ns/ 名 (-i·canc·es /～ɪz/) ❶ U **重要性**, 重大さ [≒importance] [⇔ insignificance]: have enormous ***significance for*** [***to***] the promotion of world peace 世界平和の促進にとって非常に重要である / a speech ***of*** great [little] ***significance*** 非常に重要な[あまり重要でない]演説. ❷ U,C 意義, 意味《⇒ meaning 類義語》: the *significance of* this sign この記号の意味.
(形 signíficant)

⁎sig·nif·i·cant /sɪɡnífɪk(ə)nt/ アク 形 ❶ (数量・影響などが)**相当の**, かなり大きな; (統計的に)有意の [⇔ insignificant]: These differences don't seem so *significant*. これらの相違はそう大きいとは思えない.
❷ **重要な**; **意義深い**, 意味のある [⇔ insignificant]: a very [highly] *significant* speech 非常に重要な演説 / a ***significant*** day ***for*** our school わが校にとって意義深い日 / ***It is significant for*** a country simply ***to*** participate in the Olympics. 国がオリンピックに参加するだけで意義がある. ❸ 限定 意味ありげな: a *significant* smile 意味ありげなほほえみ.
(名 signíficance, 動 sígnify)

〖⇒ sign キズナ〗

signíficant fígures [dígits] 名 複 〔数学〕有効数字.

+sig·nif·i·cant·ly /sɪɡnífɪk(ə)ntli/ 副 ❶ **相当に**, かなり(大きく): differ *significantly* 相当に違う.
❷ 文修飾 **重要なことには**; 意味[意義]深いことには: *Significantly* (enough), he didn't deny his guilt. 彼が自分の罪を否定しなかったのは見過ごせない点だ. ❸ 意味ありげに.

signíficant óther 名 C 大切な人《夫・妻・恋人》.

sig·ni·fi·ca·tion /sìɡnəfɪkéɪʃən/ 名 C,U 《格式》(語の)意義, 語義.

⁎sig·ni·fy /síɡnəfàɪ/ アク 動 (-ni·fies; -ni·fied; -fy·ing) 他 ❶ 《格式》(...)を**意味する**, 表わす [≒mean]: What does this mark *signify?* この印はどういう意味ですか. ❷ 《格式》(目的・意志など)を(身ぶりなどで)知らせる, 示す; 表明する [≒indicate]: I *signified* my approval *with* a nod. 私はうなずいて了承したことを知らせた / He *signified* 「his agreement [*that* he agreed]. 彼は同意したことを表明した. — 自 [普通は否定文・疑問文で] 《格式》重大である: It *signifies little*. それは大したことではない.
(形 signíficant)

〖⇒ sign キズナ〗

+sign·ing /sáɪnɪŋ/ 名 U **署名(すること)**; C サイン会: the ***signing of*** the peace treaty 講和条約の調印.

sígn lànguage 名 U,C 手話, 指話(法)《聾唖(ろうあ)者などの間で用いられる》.

sign·post /sáɪnpòʊst/ 名 C (交差点などの)道標, 道路標識; 手がかり, 指針 (*to, of*).

Sikh /síːk/ 名 C シク教徒. — 形 シク教(徒)の.

⁑si·lence /sáɪləns/

— 名 (si·lenc·es /～ɪz/) ❶ U **静けさ**, 物音のしないこと: A cry broke the *silence of* the night. 叫び声が夜の静けさを破った / Dead [Complete] *silence* fell in the forest. 森は恐ろしいほど静まり返った.
❷ C,U **沈黙**, 無言, 声を出さないこと; 沈黙の時間: an awkward [embarrassed] *silence* 気まずい沈黙 / a brief *silence* しばしの沈黙 / They left the room ***in silence***. 彼らは黙って部屋から出ていった / She maintained her *silence*. 彼女は黙っていた / *Silence* is

golden. 《ことわざ》 沈黙は金. ❸ Ⓤ (特に発言が期待される場合に)意見を言わないこと, 黙殺; 黙秘 (*on*): the right to *silence* 黙秘権. ❹ Ⓤ 音信不通: after three years of *silence* 3 年ぶりに. ❺ Ⓒ 黙禱(もくとう): observe a one-minute *silence* 1 分間の黙禱をする.

bréak one's **sílence** [動] ⓐ 沈黙を破って話し[書き]始める. (形 sílent)

— 動 ⓗ ❶ (...)を静かにさせる, 黙らせる; (敵の砲火)を鎮(しず)める. ❷ (意見など)を封じる, 抑える.

si·lenc·er /sáɪlənsə | -sə/ 名 ❶ Ⓒ (銃の)消音装置. ❷ Ⓒ 《英》 (エンジンの)消音器 [《米》 muffler].

‡si·lent /sáɪlənt/

— 形 (more ~, si·lent·er; most ~, si·lent·est)

❶ **無言の**, 沈黙した, 声を出さない; 無口な: keep [remain, stay] *silent* 黙っている / fall *silent* (急に)黙る / say [offer] a *silent* prayer 無言の祈り[黙禱(もくとう)]を捧げる / He's the strong, *silent* type. 彼は無口だが頼りになるタイプだ.

❷ **静かな**, 物音のしない, しんとした《⇒ 類義語; quiet 表》; 騒音が少ない: All was *silent* throughout the castle. 城中が静まり返っていた / a *silent* forest 静かな森. ❸ 叙述 (...について)言及しない; 黙秘する: The prime minister remained *silent on* that question. 首相はその問題については黙っていた. ❹ 限定 (映画が)無声の: a *silent* movie 無声映画. ❺ (文字が)発音されない, 黙字の: a *silent* letter 黙字《write の w や e など》. (名 sílence)

類義語 **silent** 全く声または音がしないこと: Everyone fell *silent* at the news. みなそのニュースを聞いて黙った. **quiet** よけいな音や騒音やじゃまな動きのないこと: a *quiet* restaurant 静かなレストラン. **still** 音も動きもなく静まり返った状態: the *still* water(s) of the lake 湖の静かな水. **calm** もともと天候の穏やかなことを表わす語で, 音も動きもない状態, 特に騒ぎの後の静けさについていうことが多い: The sea became *calm* again after the storm. あらしの後で海は再び静かになった.

+si·lent·ly /sáɪləntli/ 副 ❶ **黙って**, 無言で. ❷ 物音を立てずに, 静かに, しんとして.

sílent majórity 名 [the ~; 《英》 時に複数扱い] 声なき大衆《政治的な発言をしない一般大衆》.

sílent pártner 名 Ⓒ 《米》 経営には参加しない出資者 [《英》 sleeping partner].

sil·hou·ette /sìluét/ ❗アク 名 Ⓒ シルエット, 影絵; 輪郭: in *silhouette* シルエットで[の]; 輪郭だけで[の]. — 動 ⓗ [普通は受身で] (...)をシルエット[輪郭]で表わす[見せる] (*against, on*).

sil·i·ca /sílɪkə/ 名 Ⓤ 〔化学〕 シリカ, 珪土(けいど), 無水珪酸.

sílica gèl 名 Ⓤ,Ⓒ 〔化学〕 シリカゲル《乾燥剤》.

sil·i·con /sílɪk(ə)n/ 名 Ⓤ 珪素(けいそ)《元素記号 Si》.

sílicon chíp 名 Ⓒ シリコンチップ《シリコン製マイクロチップ; コンピューターなどの集積回路に用いる》.

sil·i·cone /sílәkòun/ 名 Ⓤ 〔化学〕 シリコン, 珪素(けいそ)樹脂《耐熱性・耐水性にすぐれた合成樹脂》.

Sílicon Válley 名 固 シリコンバレー《高度のエレクトロニクス産業が集中している米国 California 州 San Francisco 郊外の地域の通称》.

+silk /sílk/ 名 (~s /~s/) ❶ Ⓤ **絹**; 生糸; [形容詞的に] 絹(製)の: raw *silk* 生糸 / *silk* stockings 絹の靴下. ❷ [複数形で] 〔競馬〕 騎手の服. (形 sílky, sílken)

silk·en /sílk(ə)n/ 形 [普通は 限定] ❶ 《文語》 (髪・肌などが)柔らかい, なめらかな, つやつやした. ❷ 《文語》 (声が)もの柔らかな. ❸ 《文語》 絹製の. (名 silk)

Sílk Róad 名 [the ~] シルクロード《中国とシリアを結んだ古代の交易路; 中国の絹を西洋に運んだ》.

silk·worm /sílkwə̀ːm | -wə̀ːm/ 名 Ⓒ 蚕(かいこ).

silk·y /sílki/ 形 (silk·i·er; -i·est) ❶ 絹のような; (髪・肌などが)なめらかな, 光沢のある. ❷ (声などが)もの柔らかな. ❸ 限定 絹製の. (名 silk)

sill /síl/ 名 Ⓒ (窓などの)下枠.

sil·li·ness /sílinəs/ 名 Ⓤ ばかなこと[ふるまい].

sil·ly** /síli/ 形 (sil·li·er /-liə | -liə/; sil·li·est /-lɪɪst/) ❶ **ばかな**, 愚かな《⇒ foolish 類義語》: That was a *silly* thing to do. ばかなことをしたもんだ / a *silly* question ばかな質問 / Don't be *silly*. ばかなことを言う[する]ものじゃない / a *silly* little boy ばかな男の子 / ***It was silly of me ***to*** believe him. 彼を信じるとは私はばかだった《⇒ of 12》.

❷ (子供じみて)**ばかげた**, おかしな, ふざけた; つまらない, くだらない: a *silly* game くだらないゲーム / I feel a little *silly* in these clothes. こんな服を着るのはちょっとばかみたいで恥ずかしい. ❸ 叙述 《略式》 目を回した, ぼーっとなった: bore me *silly* ぼーっとするほど私を退屈させる.

— 名 (sil·lies) Ⓒ Ⓢ おばかさん. 語法 子供に対してよく使う.

〖語源 元来は「幸せな」の意; 日本語の「おめでたい」が「ばかな」という意味でも使われるのと同様〗

sílly bíl·ly /-bíli/ 名 Ⓒ 《主に英》 = silly.

si·lo /sáɪlou/ 名 (~s) ❶ Ⓒ サイロ《穀物・牧草などを貯蔵するための塔状建築物》. ❷ Ⓒ 地下貯蔵室; 地下ミサイル格納庫.

silt /sílt/ 名 Ⓤ (川底などの)沈泥(ちんでい). — 動 ⓗ (沈泥で)ふさぐ (*up*). — ⓐ (泥で)ふさがる (*up*).

‡sil·ver /sílvə | -və/

— 名 ❶ Ⓤ 銀《元素記号 Ag》: gold and *silver* 金と銀 / This bell is made of *silver*. この鈴は銀製だ. ❷ Ⓤ 銀色. ❸ Ⓤ 銀器類; 銀(色)の食器類: table *silver* 食卓用の銀食器類《ナイフ・フォーク・スプーン・皿など》. ❹ Ⓤ 銀貨, 白銅貨. (形 sílvery)

— 形 ❶ **銀製の**, 銀の: a *silver* spoon 銀のスプーン / a *silver* watch 銀時計 / *silver* coins 銀貨. ❷ 銀のような, 銀色の: *silver* hair 銀髪, 白髪(しらが). 日英 英語の silver には日本語の「シルバー」のような「お年寄り」という意味はない.

— 動 (-ver·ing /-vərɪŋ/) ⓗ ❶ 〔工芸〕 (...)に銀をかぶせる, 銀めっきする. ❷ 《文語》 (...を)銀色にする.

sílver anniversary 名 Ⓒ 《米》 銀婚式《結婚 25 周年; ⇒ wedding anniversary》; 25 周年記念日[祝典].

sílver bírch 名 Ⓒ しだれかんば《しらかばの一種》.

sílver búllet 名 Ⓒ 《米》 (問題解決の)特効薬.

sil·ver·fish /sílvəfɪʃ | -və-/ 名 (複 ~, ~·es) Ⓒ (せいよう)しみ《本・衣類の食害虫》.

sílver fóil 名 Ⓤ 《英》 銀ぱく; 銀紙.

sílver júbilee 名 Ⓒ 《英》 25 周年記念日[祝典].

sílver líning 名 Ⓒ 明るい半面, 明るい見通し: Every cloud has a *silver lining*. 《ことわざ》 どんな雲でも半面は明るいものだ.

sílver médal 名 Ⓒ,Ⓤ 銀メダル《2 等賞》. 関連 gold medal 金メダル / bronze medal 銅メダル.

sílver páper 名 Ⓤ 《英》 銀紙; アルミ[すず]はく.

sílver pláte 名 Ⓤ 銀めっき.

sil·ver-plat·ed /sílvəpléɪṭɪd | -və-ˊ/ 形 銀めっきをした.
sílver scréen 名 [the ~]《古風》映画界, 銀幕.
sil·ver·smith /sílvəsmìθ | -və-/ 名 C 銀細工師; 銀器商.
sil·ver-tongued /sílvətʌ́ŋd | -və-ˊ/ 形 [普通は 限定]《文語》雄弁な, 説得力のある.
sil·ver·ware /sílvəwèə | -vəwèə/ 名 U 銀製の食器類(《米》ではナイフ・フォーク・スプーンを指す).
sílver wédding 名 C《英》銀婚式 [《米》silver anniversary].
sil·ver·y /sílv(ə)ri/ 形 ❶ 限定 銀のような; 銀色の. ❷ 限定《文語》(声・音色などが)澄んだ, さえた. (名 sílver)
Sil·vi·a /sílviə/ 名 固 シルビア《女性の名》.
SÍM Càrd /sím-/ 名 C シムカード《携帯電話使用者特定用カード; *s*ubscriber *i*dentity *m*odule の略》.

***sim·i·lar /símələ | -lə/

— 形 ❶ **似ている**, 類似した; 同様の (⇒ same 類義語) [⇔ different, dissimilar]: ***similar*** tastes 同じような趣味 / His handwriting is ***similar to*** mine. +to+名 彼の筆跡は私のに似ている 多用 / These two look strikingly ***similar in*** shape. +in+名 この 2 つは形がよく似ている. ❷〔数学〕相似の. (名 sìmilárity)

+**sim·i·lar·i·ty** /sìmələ́ræṭi/ 名 (-i·ties /~z/) ❶ U,C **似ていること**, 類似(性), 相似 [⇔ difference, dissimilarity]: ***similarity between*** Venus and (the) earth 金星と地球の類似性 / I was surprised at the ***similarity of*** his style ***to*** Hemingway's. 彼の文体がヘミングウェイの文体と似ているのに驚いた.
❷ C **似ている点**, 類似点: ***similarities in*** appearance 外観上の類似点 / There are striking ***similarities between*** the two designs. 2 つのデザインには著しい類似点がある. (形 símilar)

**sim·i·lar·ly /símələli | -lə-/

— 副 ❶ つなぎ語 **同様に, 同じく**: The children enjoyed swimming in the sea. *Similarly*, the parents had a good time lying on the beach. 子供達は海水浴を楽しんだ. 同様に親は浜辺でくつろいだ. ❷ 同じように, 類似して: be *similarly* situated 同じような状況にある.

sim·i·le /síməlì: | -m(ə)li/ 名 U,C〔修辞〕直喩(ちょくゆ), 明喩. 関連 metaphor 隠喩(いんゆ).

> **参考** as や like などを用いてあるものを他のものにたとえて言い表わすこと; 例えば, Her hair is *like* gold. (彼女の髪は金のようだ[金のように美しい]) /He fought *as* bravely *as* a lion. (彼はライオンのように勇敢に戦った)など.

+**sim·mer** /símə | -mə/ 動 (sim·mers /~z/; sim·mered /~d/; -mer·ing /-m(ə)rɪŋ/) 自 ❶ (とろ火で) **ぐつぐつ煮える[煮え立つ]**: Let the soup *simmer* gently for 10 minutes. スープをとろ火で 10 分ゆっくり煮立てます. ❷ (人が)(怒り・興奮などで)じりじりする (*with*); (怒りなどが)今にも爆発しようとする. ❸ (争いなどが)(爆発しないで)くすぶり続ける. — 他 (...)をとろ火で煮る, ぐつぐつ煮る (⇒ cooking 囲み).
símmer dówn [動] 自 静まる, 気を落ち着ける.
— 名 [a ~] ぐつぐつ煮える状態: bring soup to *a simmer* スープをぐつぐつ煮立たせる.

Si·mon /sáɪmən/ 名 固 サイモン《男性の名》.
sim·pa·ti·co /sɪmpá:ṭɪkòʊ/ 形 ❶《米略式》(人が)親しみやすい, 感じがよい. ❷《米略式》気の合った.
sim·per /símpə | -pə/ 動 (-per·ing /-p(ə)rɪŋ/) 自 にたにた笑う. — 名 C (間の抜けた)作り笑い.

***sim·ple /símpl/

— 形 (sim·pler; sim·plest)

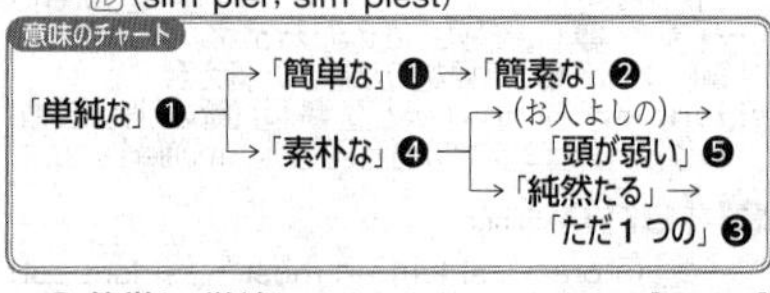

❶ **簡単な, 単純な**, わかりやすい, ...しやすい [≒easy] [⇔ complex, difficult]: a *simple* question 簡単な問題 / a *simple* tool (構造が)簡単な道具 / This tool is very ***simple to*** use. +to 不定詞 この道具はとても使いやすい / I only want an outline of your plan. Keep it *simple*. あなたの計画の概略を聞きたいだけなのです. 簡潔にお願いします / It wasn't so *simple* to persuade him. 彼を説得するのはそんなに簡単ではなかった.
❷ **簡素な**, 飾りのない, シンプルな [≒plain] / a *simple* dress 簡素なドレス / a *simple* meal 質素な食事.
❸ 限定 [比較なし] **ただ 1 つの**, 純然たる, 単なる: The *simple* truth [fact] is, he doesn't have enough knowledge about the problem. 単に, 彼にはその問題に関する知識が足りないだけだ. ❹ 純真な, 素朴な, 気取らない. ❺ 叙述《古風》頭が弱い, 愚かな. ❻〔文法〕単純時制の.
the símple lífe [名]《略式》(いなかなどでの)簡素で平穏な生活. (名 simplícity, 動 símplifỳ)

> **単語のキズナ** PLE／折りたたむ=fold
>
> | | | | |
> |---|---|---|---|
> | simple | (1 つに折りたたむ) | → | **簡単な** |
> | triple | (3 つに折りたたむ) | → | **3 重の** |
> | multiple | (何回も折りたたむ) | → | **多様な** |
> | complex[1] | (一緒に折りたたんだ) | → | **複雑な** |
> | perplex | (完全に折りたたんだ → 複雑にする) | → | **困惑させる** |

símple frácture 名 C〔医学〕単純骨折.
símple ínterest 名 U〔経済〕(金利の)単利. 関連 compound interest 複利.
sim·ple-mind·ed /símplmáɪndɪd ˊ/ 形 [軽蔑的] 単純な, 単細胞的な, 無邪気な; 低能な.
símple séntence 名 C〔文法〕単文.
sim·plic·i·ty /sɪmplísəṭi/ (-ties) 名 ❶ U 簡単さ, 単純さ; わかりやすさ [⇔ complexity]: the *simplicity* of the engine エンジン構造の単純さ / for the sake of *simplicity* わかりやすくするために. ❷ U,C [よい意味で] 簡素, 飾らないこと: the *simplicity of* rural life 田園生活の簡素さ. **be simplícity itsélf** [動] 自 全く簡単である, 単純明快そのものである. (形 símple)
sim·pli·fi·ca·tion /sìmpləfɪkéɪʃən/ 名 U,C 単純化, 平易化; 簡素化. (動 símplifỳ)
sim·pli·fy /símpləfàɪ/ 動 (-pli·fies; -pli·fied; -fy·ing) 他 (...)を単純[簡単]にする, 簡略化する, 平易にする [⇔ complicate]: *simplify* the explanation for children 子供向きに説明を易しくする. (形 símple, 名 sìmplificátion)
sim·plis·tic /sɪmplístɪk/ 形 [軽蔑的] 単純すぎる, 短

絡的な: a *simplistic* view 単純すぎる見方.

***sim·ply** /símpli/

— 副 ❶ **単に...だけ**, ただ [≒just]: He did it *simply* out of curiosity. 彼は単に好奇心からそれをしただけだ / Mary refused to marry him *simply* because he was poor. メアリーは彼がただ貧しいというだけの理由で結婚するのを断わった.

❷ **全く**, 実に [≒absolutely]; [否定文で] 全然(...ない): It's *simply* glorious weather, isn't it? 全くすばらしい天気ですね / He *simply* did*n't* answer. 彼は返事なんて全くしなかった / I have *simply nothing* to say about it. それについて全く何も言うことはない.

❸ **簡単に**, わかりやすく: explain [answer] *simply* 簡単に説明[回答]する.

❹ **質素に**, 飾り気なく: live *simply* 質素に暮らす.

to pùt it símply = símply pút [副] つなぎ語 簡単に言えば, 早い話が.

sim·u·late /símjʊlèɪt/ 動 他 ❶ (事態・過程など)を模擬[人工]的に再現する[作り出す], (...)の模擬実験[シミュレーション]をする. ❷ (物)に似せる. ❸《格式》(...)のふりをする, (...)に見せかける.

sim·u·lat·ed /símjʊlèɪṭɪd/ 形 限定 似せて造った; 模擬の, シミュレーションした;《格式》見せかけの: *simulated* pearls 模造真珠.

sim·u·la·tion /sìmjʊléɪʃən/ 名 ❶ C,U (コンピューターなどによる)模擬実験, シミュレーション (*of*). ❷ U《格式》(...の)ふり, まね, 見せかけ (*of*).

sim·u·lat·or /símjʊlèɪṭə | -tə/ アク 名 C シミュレーター《訓練用または実験用の模擬装置》.

si·mul·cast /sáɪm(ə)lkæ̀st | sím(ə)lkɑ̀:st/ 動 (si·mul·casts; 過去・過分 si·mul·cast; -cast·ing) 他 [普通は受身で] (ラジオとテレビで)同時に(...)を放送する.
— 名 C 同時放送(番組).

si·mul·ta·ne·i·ty /sàɪm(ə)ltəní:əṭi | sìm-/ 名 U《格式》同時性. (形 sìmultáneous)

+si·mul·ta·ne·ous /sàɪm(ə)ltéɪniəs | sìm-/ 形 **同時の**, (...と)同時に起こる (*with*): *simultaneous* translation 同時通訳. (名 sìmultanéity)

+si·mul·ta·ne·ous·ly /sàɪm(ə)ltéɪniəsli | sìm-/ 副 (...と) **同時に**: The two bombs went off *simultaneously*. 2 つの爆弾が同時に爆発した.

***sin**[1] /sín/ 名 (~s /~z/) ❶ C,U (道徳・宗教上の)**罪**, 罪悪《⇒ crime 表》(*of*): commit a *sin* 罪を犯す / confess one's *sins* 罪を告白する / forgive a *sin* 罪を許す / repent (of) a *sin* 罪を悔いる / Your *sins* will find you out.《ことわざ》[しばしばこっけいに] 罪はばれることになる // ⇒ original sin. ❷ [a ~]《略式》けしからぬこと, 罰(ばち)当たりなこと: It's a *sin* to reject his proposal. 彼のプロポーズを断るなんて罰当たりですよ.

(as) guílty [míserable, úgly] as sín [形] Ⓢ ひどく罪深い[みじめな, 醜い].

for one's **síns** [副] Ⓢ《略式, 主に英》[こっけいに] 何かの罰(ばち)で, 何の因果か. (形 sínful)

— 動 (sins; sinned; sin·ning) 自 罪を犯す, (...に)背く (*against*).

sin[2] 略 = sine.

Si·nai /sáɪnaɪ, -niàɪ/ 名 固 ❶ Mount ~ シナイ山《モーセ (Moses) が神より十戒を授けられたという山》. ❷ ~ Peninsula [the ~] シナイ半島《紅海と地中海との間の半島》.

***since** /síns/

単語のエッセンス
基本的には「その後」の意.
1) (...して)以来; それ以来 前; 接 ❶; 副
2) ...だから 接 ❷

— /sɪns/ 前 **...以来**, **...以後**, ...から(今[その時]まで): I *have*n't *heard* from him *since* last fall. 去年の秋以来彼からは何の便りもない / Sophie *has been* waiting for you *since* six o'clock. ソフィーは 6 時からずっとあなたを待っている / We *have known* each other *since* childhood. 私たちは互いに子供の時から知っている / Jimmy *has been* very happy *since* join*ing* the tennis club. ジミーはテニスクラブに入ってからとても楽しくやっている.

語法 **since と時制**
(1) since は普通は完了形とともに用いる. 他方 from は単に時の出発点を表わし, 時制に関係なく用いる: I'*ve been* here *since* Friday. 私は金曜日からここにいる / I was there *from* Friday. 金曜日からずっとそこにいた.
(2) 現在[過去]時制とともに用いることもある: It'*s* a long time *since* the accident. その事故からずいぶんになる《✪《米》では It's been a long time ... が普通》/ She's looking much better *since* her operation. 彼女は手術以来ずっとよくなっているようだ.

Sìnce whén ...? (一体)いつから...(というの)か?《Ⓢ ではしばしば驚き・怒りを示す》: "*Since when* did you two split up?" "*Since* last month." 「君達二人はいつ別れたの」「先月です」

— /sɪns/ 接《従属接続詞》❶ [普通は完了形とともに用いて] **...して以来**, ...して以後, ...してから(今[その時]まで): What *have* you *been* do*ing since* you quit your job? 仕事をやめてからずっと何をしていたのですか / 言い換え It 「*has been* [《英》*is*] ten years *since* I came here. = Ten years *have passed since* I came here. 私がここへ来て 10 年になる[10 年たつ] / How long 「*has* it *been* [《英》*is* it] *since* you got married? 結婚してからどれくらいになりますか / Yesterday was the hottest day I *have experienced since* I came to live here. きのうは私がここに住むようになってから経験したいちばん暑い日だった / I didn't realize how much things *had changed since* I went away. 私が去ってからどのくらい事態が変化してしまったのかわからなかった.

❷ **...だから**《⇒ because 類義語》: *Since* tomorrow is a holiday, the train schedule will be a little different from usual. あすは休日なので電車のダイヤがいつもとは少し異なる. ❸ [発言の理由を示して] ...なので言う[尋ねる]が: *Since* you ask, she's in the hospital now. あなたが尋ねるから教えてあげるが, 彼女は今入院している.

éver sìnce ... [前・接] **...からずっと**: My grandmother has been bedridden *ever since* 「her accident [I can remember]. 祖母は事故以来[私の記憶にある限り]ずっと寝たきりだ.

— /síns/ 副 [完了形とともに用いて] **それ以来**, その後: *Have* you *been* there *since*? それ以来あなたはそこに行ったことがありますか / We'*ve heard* nothing of him *since*. その後彼については何も聞いていない.

èver sínce [副] **それ以来ずっと**: He had an

S

accident months ago and has been in the hospital *ever since*. 彼は数か月前に(交通)事故にあってからというものずっと入院している.

lóng sínce [副] ずっと前に[から]: He used to wear fashionable clothes, but he has *long since* ceased to care. 彼は以前は流行の服を着ていたがもうずっと前に気にするのをやめた.

+**sin·cere** /sɪnsíə | -síə/ [発音] [形] (more ~, sin·cer·er /-sí(ə)rə | -rə/; most ~, sin·cer·est /-sí(ə)rɪst/) ❶ (行動・感情などが)**本心からの**, 見せかけではない, 偽りのない, 本気の [⇔ insincere]. [参考] 他人に対してよりも, その場の自分の気持ちに対して忠実であることをいう: Please accept my *sincere* apologies. 心から謝罪いたします / Do you think her tears are *sincere*? 彼女の涙は本物だと思いますか.

❷ (人が)**誠実な**, 実直な, 正直な [⇔ insincere]: a *sincere* politician 誠実な政治家 / The president is ***sincere in*** his desire for peace. [+in+名] 大統領の平和を望む気持ちに嘘はない. ([名] sincérity)

sin·cere·ly /sɪnsíəli | -síə-/ [副] 本心から, 誠実に, 本気で [≒truly]: I *sincerely* hope you (will) succeed. 心からご成功をお祈りいたします. **Sincérely (yóurs),** 《米》 = 《英》 **Yóurs sincérely,** 《格式》 敬具《手紙の結びのあいさつ》.

sin·cer·i·ty /sɪnsérəṭi/ [名] ❶ [U] 誠実さ, 正直 [⇔ insincerity]: a look of *sincerity* 誠実さがあらわれている表情 / He spoke with *sincerity*. 彼は誠意をもって話した. ❷ [U] 本当の気持ち, 本心: His letter seems to show his *sincerity*. 彼の手紙は本当の気持ちを表わしているようだ. **in áll sincérity** [副] 《格式》 本心から, うそ偽りなく. ([形] sincére)

Sind·bad /sín(d)bæd/ [名] [固] シンドバッド《「千夜一夜物語」(*The Arabian Nights' Entertainments*)中の「船乗りシンドバッド」の物語の主人公》.

sine /sáɪn/ [名] [C] 〔数学〕 サイン, 正弦《[略] sin》. [関連] cosine コサイン / tangent タンジェント.

si·ne·cure /sáɪnɪkjʊə | -kjʊə/ [名] [C] 《格式》 (報酬だけで実務のない)閑職.

si·ne qua non /sínikwɑːnɑ́(ː)n | -nɔ́n/ ≪ラテン語から≫ [名] [a [the] ~] 《格式》 必須条件.

sin·ew /sínjuː/ [名] ❶ [C,U] 腱(けん) [≒tendon]. ❷ [C] [普通は複数形で] 《文語》 支え; 資力 (*of*).

sin·ew·y /sínjuːi/ [形] 筋骨たくましい, 丈夫な.

sin·ful /sínf(ə)l/ [形] 罪深い, 罪悪を犯した; 《略式》 悪い, 罰(ばち)当たりな. ([名] sin¹)

*****sing** /síŋ/ [発音]

— [動] (sings /~z/; [過去] sang /sǽŋ/; [過分] sung /sʌ́ŋ/; sing·ing) [自] ❶ (歌を)**歌う**: She *sang well*. 彼女は上手に歌った / Meg ***sang*** softly ***to*** her kids. [V+to+名] メグは子供にやさしく歌った [多用] / Tom often ***sings about*** [《古風》 *of*] love. [V+about [of]+名] トムは恋の歌をよく歌う. ❷ (鳥・虫などが)鳴く, さえずる《⇒ cry 表 bird, lark》: The birds were *singing* all day. 鳥たちは一日中さえずっていた. ❸ [副詞(句)を伴って] (小川・やかんなどが)音を立てる, 鳴る; (矢などが)音を立てて進む: The kettle is *singing* on the stove. やかんがガス台でぴーっと鳴っている / A bullet *sang past* his ear. 弾丸が彼の耳もとをびゅんとかすめた.

— [他] ❶ (歌)を(…に)**歌う**: [言い換え] She *sang* us a beautiful song. [V+O+O] = She *sang* a beautiful song ***to*** us. [V+O+to+名] 彼女は僕たちに美しい歌を歌ってくれた《⇒ to¹ 3 [語法]》. ❷ 歌って(人)を…にする, 歌って…させる: Anne *sang* her baby *to* sleep. アンは(子守)歌で赤ん坊を寝かしつけた. [語法] この sleep は [名] 《⇒ send ... to sleep (sleep [名] 成句)》.

síng alóng [動] [自] いっしょに歌う (*to, with*).

síng óut [動] [自] (1) 大声で言う[歌う], どなる (*for*). (2) 声をもっと大きくして歌う. — [他] (命令など)を大声で叫ぶ.

síng úp [動] [自] 《英》 = sing out (2). ([名] song)

— [名] [a ~] 歌うこと.

sing. [略] = singular.

sing-a·long /síŋəlɔ̀ːŋ | -əlɔ̀ŋ/ [名] [C] みんなで歌を歌うこと, 合唱会 [《英》 singsong].

Sin·ga·pore /síŋ(g)əpɔ̀ə | sìŋ(g)əpɔ́ː/ [名] [固] シンガポール《Malay 半島南端の島国; およびその首都》.

Sin·ga·por·e·an /sìŋ(g)əpɔ́ːriən←/ [名] [C], [形] シンガポール人(の), シンガポールの.

singe /síndʒ/ [動] (sing·es; singed; singe·ing) [他] (…)の表面を焼く; (毛・衣服など)を焦(こ)がす. — [自] 表面が焼ける; 焦げる. — [名] [C] 焦げた跡.

***sing·er** /síŋə | -ŋə/ [発音] [名] (~s /~z/) [C] **歌手, 歌う人**, 声楽家; [前に形容詞をつけて] 歌うのが…の人: a pop *singer* ポップシンガー / an opera *singer* オペラ歌手 / Who's your favorite *singer*? 好きな歌手は誰ですか / My dad is a *good* [*poor*] *singer*. パパは歌が上手[下手]だ //⇒ folk singer.

síng·er-sóng·writ·er [名] [C] シンガーソングライター《歌手兼作詞・作曲家》.

+**sing·ing** /síŋɪŋ/ [名] ❶ [U] **歌うこと**; 歌声: a *singing* teacher 歌の先生 / *singing* lessons 歌のレッスン. ❷ [U] (鳥などが)鳴くこと; さえずり.

*****sin·gle** /síŋgl/

— [形] ❶ [限定] **ただ1つの**, たった1個[1人]の [≒only one]: in a *single* day たった1日で / the (one) *single* purpose of her trip 彼女の唯一の旅行目的.

❷ [限定] **1つ1つの**, 個々の, それぞれの; [最上級を伴って] まさに: every *single* day 毎日毎日 / *the single most important* source of information まさしく最も重要な情報源.

❸ **独身の**, 未婚の [⇔ married]; 恋人のいない: *single* men 独身の男たち / remain *single* 独身のままでいる.

❹ [限定] **1人用の**; 単式の; 片方だけの: a *single* bed シングルベッド《1人用のベッド》 / Will you reserve a *single* room for me? 私に1人部屋をとってください. [関連] double 2重の / triple 3重の.

❺ [限定] 《英》 (切符・運賃が)**片道の** [《米》 one-way]: a *single* ticket 片道切符. [関連] return 《英》 往復の.

❻ 一桁(ひとけた)の: *single* digits 一桁の数. ❼ [限定] (花が)一重(咲き)の. [関連] double 八重の.

nòt a síngle ... [形] 1つの…もない: There was *not a single* book in the room. 部屋には1冊の本もなかった.

> [語法] 下の文ほど否定の気持ちが強くなる.
> 1. There was *not a* book in the room.
> 2. There was *not a single* book in the room.
> 3. There was *not one single* book in the room.
> 4. There was *not one single solitary* book in the room.

— [名] ❶ [C] (CD の)シングル盤. ❷ [C] 〔野球〕 単打, シングルヒット. [関連] double 二塁打 / triple 三塁打.

❸ [複数形で単数扱い] (テニスなどの)シングルス(の試合). 関連 doubles ダブルス. ❹ C (ホテルなどの)1人部屋. 関連 double 2 人部屋. ❺ C [普通は複数形で]《米》1 ドル紙幣. ❻ [複数形で] 独身者たち: a *singles* bar 独身者向けのバー. ❼ C《英》片道切符 [《米》one-way ticket]. 関連 return ticket《英》, round-trip ticket《米》往復切符.
— 動 (sin·gles /~z/; sin·gled /~d/; sin·gling) 自〔野球〕単打[シングルヒット]を打つ.
síngle óut [動] 他 (...)を**選び出す**, 選抜する (*as*): Tom was *singled out for* praise [criticism]. トムだけが選ばれてほめられた[批判された].

sin·gle-breast·ed /síŋglbréstɪd←/ 形 限定 (上着などが)シングルの, ボタンが 1 列の, 片前の.

síngle créam 名 U《英》低脂肪クリーム.

síngle cúrrency 名 [単数形で] 単一通貨.

sin·gle-deck·er /síŋgldékə | -kə/ 名 C《英》1 階だけのバス《⇒ double-decker》.

síngle fígures 名 複 一桁(ひとけた)の数(字).

síngle fíle 名 U 一列縦隊: walk in *single file* 一列になって歩く.

sin·gle-hand·ed /síŋglhǽndɪd←/ 形 限定 独力の, 独力でやった. — 副 独力で, ひとりで.

sin·gle-hand·ed·ly /síŋglhǽndɪdli/ 副 = single-handed.

sin·gle-mind·ed /síŋglmáɪndɪd←/ 形 ひたむきな, 専念した (*about*). **~·ness** 名 U ひたむきさ.

síngle párent 名 C (子育てをする)片親.

sin·gly /síŋgli/ 副 ❶ 単独に, 1 人で [≒alone]. ❷ 1 つ[1 人]ずつ, 別々に.

sing·song /síŋsɔ̀ːŋ | -sɔ̀ŋ/ 名 [a ~] 単調な調子, 一本調子の話しぶり; C《英》= sing-along. — 形 限定 単調な, 一本調子の.

+**sin·gu·lar** /síŋgjʊlə | -lə/ 形 ❶〔文法〕**単数(形)の** (《略 sing.》): a *singular* noun 単数名詞 / the *singular* form 単数形 / the singular number 単数. 関連 plural 複数(形)の. ❷ 限定《格式》並はずれた, まれに見る, 異例な: a *singular* lack of interest in politics 政治に対する異常な無関心. ❸ 限定《文語》奇妙な, 風変わりな. (名 sìngulárity)
— 名 [the ~]〔文法〕**単数(形)**.

sin·gu·lar·i·ty /sìŋgjʊlǽrəṭi/ 名 U《格式》風変わりなこと. (形 síngular)

sin·gu·lar·ly /síŋgjʊləli | -lə-/ 副《格式》際立って, 実に; 特に.

Sin·ha·lese /sìn(h)əlíːz←/ 名 (複 ~) C シンハラ族(の一人)《スリランカの主要民族》; U シンハラ語.
— 形 シンハラ族[人, 語]の.

+**sin·is·ter** /sínɪstə | -tə/ 形 ❶ **悪意のある, 邪悪な**: a *sinister* face 意地悪そうな顔.
❷ **不吉な**, 凶の; 災いとなる: There's something *sinister* about the family. その家族にはどこか不吉なところがある.

sink /síŋk/ (同音 sync)
— 動 (sinks /~s/; 過去 sank /sǽŋk/,《米》ではまた sunk /sʌ́ŋk/; 過分 sunk; sink·ing) 自 ❶ (水面下に)**沈む, 沈没する** [⇔ float]; (地平線下に)沈む, 没する: The ship has *sunk to* the bottom of the ocean. V+前+名 その船は海底に沈んだ / The sun is *sinking in* the west. 太陽が西に沈むところだ.
❷ (地盤・建物などが)**沈下する**, 陥没する; (ほおが)こける: The foundations of our house *sank* because of the earthquake. 地震のせいで家の土台が沈下した.
❸ [副詞(句)を伴って] (ぐったりと)倒れる, 座る: He *sank* (*down*) *into* a chair. 彼はいすに倒れこんだ.
❹ (数・価値・程度などが)低下する, 下がる: The population of the city has *sunk from* sixty thousand *to* forty. その市の人口は 6 万人から 4 万人に落ち込んだ.
❺ [副詞(句)を伴って] (悪い状態・眠りなどに)陥る, 落ち込む: *sink into* despair 絶望する / *sink into* a deep sleep 深い眠りに陥る. ❻ (体力が)衰弱する; (心・勇気が)くじける, がっくりする: The patient is *sinking* fast. 患者は急速に衰弱してきている / My heart [spirits] *sank* at the sight. そのありさまに私はがっかりした. ❼ W (声などが)低くなる: Her voice *sank to* a whisper. 彼女の声はささやき声になった.
— 他 ❶ (水面下に) (...)を**沈める, 沈没させる**: The aircraft carrier *was* **sunk** *by* a submarine. V+Oの受身 その航空母艦は潜水艦によって沈められた. ❷ (井戸など)を掘る; (...)を(地中に)打ち込む; (刃物など)を突き刺す: *sink* a well 井戸を掘る / *sink* a knife *into* butter バターにナイフを刺す / *sink* one's teeth *into* an apple りんごにかぶりつく. ❸《略式》(計画など)を挫折させる, (人)を破滅させる: We are *sunk*! S もうだめだ. ❹ (資本など)を(事業などに)つぎ込む, 投資する (*in*, *into*). ❺〔ゴルフ〕(ボール)をホールに沈める;〔バスケ〕(ボール)をバスケットに入れる.
sínk ín [動] 自 (1) (事柄が)十分に理解される, 浸透する (*to*). (2) しみ込む (*to*).
sínk lìke a stóne =《主に英》**sínk withòut tráce** [動] 自 すぐに沈む; 忘れ去られる.
sínk or swím [動] 自 いちかばちか, のるか反(そ)るかだ. 語法 名詞的にも用いる: It's *sink or swim* for us. 我々はとにかくがんばるしかない.
sínk so lów (as to dó) = sínk to (dóing) ... [動] ...するほど落ちぶれる; ...するほど恥知らずである.
— 名 (~s /~s/) ❶ C (台所の)**流し**《⇒ kitchen 挿絵》: Harry is washing the dishes in the *sink*. ハリーは流しで皿を洗っている. ❷ C 洗面台 [≒washbasin]《⇒ bathroom 挿絵》.

sink·er /síŋkə | -kə/ 名 ❶ C (釣り糸・網などの)おもり. ❷ C〔野球〕シンカー.

sink·hole /síŋkhòʊl/ 名 ❶ C〔地質〕落込み穴, ドリーネ. ❷ C 長期にわたり金のかかること.

sínk·ing fèeling /síŋkɪŋ-/ 名 [a ~]《略式》悪い予感, 不安感.

sin·less /sínləs/ 形 罪のない, 潔白な.

sin·ner /sínə | -nə/ 名 C《格式》(道徳・宗教上の)罪ある人, 罪人.

Si·no- /sáɪnoʊ/ 接頭 中国(と...)の: *Sino-Japanese* 日中の.

sin·u·ous /sínjuəs/ 形《文語》曲がりくねった, 波状の; (くねくねと)しなやかに動く.

si·nus /sáɪnəs/ 名 C〔解剖〕洞(どう)《鼻孔に通じる頭蓋骨の空洞部》.

si·nus·i·tis /sàɪnjʊsáɪṭɪs | -nə-/ 名 U〔医学〕副鼻腔炎.

-sion 接尾 [動詞につく名詞語尾]「動作・状態・結果」を表わす: discus*sion* 討議 / inva*sion* 侵略. 語法 前が子音字のときの発音は /ʃən (-rsion のとき《米》では ʒən もある)/, 前が母音字のときは /ʒən/.

+**sip** /síp/ 動 (sips /~s/; sipped /~t/; sip·ping) 他 (...)を**少しずつ飲む**, ちびちび飲む: I *sipped* some coffee. コーヒーを少しずつ飲んだ.
— 自 少しずつ飲む, ちびちび飲む, すする: She *sipped*

at the wine. 彼女はワインを少しずつ飲んだ.
— 名 (~s /~s/) C (飲み物のごく少量の)**ひと口**, ひとすすり: take a ***sip*** (***of*** ...) (...を)ひと口飲む.

si·phon /sáɪf(ə)n/ 名 C サイフォン, 吸い上げ管.
— 動 他 ❶ サイフォンで(...)を吸う[吸い上げる, 移す].
❷ (金など)を(不正に)流用する, 横領する.

***sir** /(弱形) sə|sə; (強形) sə́ː|sə́ː/
— 名 (~s /~z/) ❶ [男性に対する呼びかけや返事に用いる; ⇒ gentleman 3, ma'am 1, madam 1; Miss 3] 《丁寧》 (1) /sə|sə/ [文の終わりで] Ⓢ: Yes, *sir*. はいそうです, かしこまりました / Here [Present], *sir*. はい《出席をとるときの返事》 / May I help you, *sir*? いらっしゃいませ《店員などのことば》 / Would you follow me, *sir*? どうぞこちらへおいでください《案内係などのことば》. (2) /sə́ː|sə́ː/ [文の初めで] Ⓢ: *Sir*! You dropped this! 《米》 あの!これを落としましたよ / *Sir*, may I ask you a question? 《英》 先生, 質問していいですか. (3) /sə́ː|sə́ː/ [手紙の書き出しで]: ⇒ 成句.
❷ /sə|sə/ [S-] 《英》 ...卿(きょう): *Sir* Isaac (Newton) アイザック(ニュートン)卿.

> 語法 (1) 准男爵 (baronet), ナイト爵 (knight) の男性名につける敬称《⇒ lord 名 3, lady 4》.
> (2) 日常の呼びかけには *Sir* John, *Sir* Isaac のようにクリスチャンネーム (Christian name) だけにつけるが, *Sir* Smith, *Sir* Newton のように姓 (surname) だけにつけることはない.

Déar Sír(s): 拝啓《商用などの手紙の書き出し; 一般に《米》ではコロン(:)を, 《英》ではコンマ(,)を付ける; ⇒ salutation 参考》.
Déar Sír or Mádam = Déar Sír / Mádam 《丁寧》 拝啓《相手の名前·性別が不明の商用文などの書き出しに用いる》.

sire /sáɪə|sáɪə/ 名 C (家畜などの)雄親; 種馬《⇒ dam²》. — 動 他 ❶ (...)の種馬[牛, 犬]になる. ❷ 《古風》 (...)の父親になる.

si·ren /sáɪ(ə)rən/ 名 ❶ C (警報などの)サイレン: They ⌈turn on [sound] the *siren* at eight, noon, and five. 8 時と正午と 5 時にサイレンが鳴る. ❷ [the Sirens] 〔ギリシャ神話〕 セイレン《美しい歌声で近くを通る船人を誘い寄せて船を難破させたという海の精》. ❸ C [新聞で] 魅惑的な女性, 魔性の女.

Sir·i·us /síriəs/ 名 固 シリウス《大犬座の主星; 恒星中で最も明るい星》.

sir·loin /sə́ːlɔɪn|sə́ː-/ 名 C,U サーロイン《牛の腰肉の上部; 最も美味な部分の一つ》.

sírloin stéak 名 C,U サーロインステーキ.

si·roc·co /sɪrɑ́(ː)koʊ|-rɔ́k-/ 名 (~s) C シロッコ《Sahara 砂漠から南ヨーロッパ地方に吹く熱風》.

sis /sís/ 名 C Ⓢ 《略式》 姉, 妹 (sister). 語法 姉妹の呼びかけに用いる.

si·sal /sáɪs(ə)l/ 名 U サイザル《中央アメリカ産のりゅうぜつらんの一種》; サイザル麻《サイザルの葉から作られるロープなどの素材》.

sis·sy /sísi/ 名 (sis·sies) C 《略式》 (男の)弱虫, いくじなし. — 形 《略式》 (男が)弱虫の.

***sis·ter** /sístə|-tə/
— 名 (~s /~z/) ❶ C **姉, 妹**: Do you have any *sisters?* お姉さんか妹さんはいますか / I don't have any *sisters*. 私には姉も妹もいません. 関連 brother 兄, 弟.

> 日英 **sister と「姉, 妹」**
> (1) 英米では出生の順序によって姉や妹のような区別をしない. 普通は単に sister というが, 特に区別するときだけ姉に対しては an older *sister* または a big *sister* を用い, 妹に対しては a younger *sister* または a little *sister* を用いる《⇒ family tree 図》.
> (2) 日本語の呼びかけの「お姉さん」に当たる英語はなく, 姉妹は互いに Meg とか Liz のように相手の名前で呼ぶのが普通《⇒ sis》.

❷ [形容詞的に] 姉妹関係にある, 対の: *sister* schools 姉妹校. ❸ C 姉妹のように親しい女, 女の親友[仲間]; (女性の)会員仲間. ❹ C [しばしば S-] 修道女《略 Sr.》; (女性の)同一の教会員: *Sister* Grace シスターグレース《呼びかけにも用いる》. ❺ C [しばしば S-; 呼びかけにも用いて] 《英》 (病棟管理の)主任看護師.
(形 sísterly)

síster cíty 名 C 《米》 姉妹都市 [《英》 twin town].

sis·ter·hood /sístəhʊ̀d|-tə-/ 名 ❶ U 姉妹[女性同士]の間柄[友情]. ❷ C 女性団体; 修道女会.

sis·ter-in-law /sístəmlɔ̀ː|-tə(r)ɪn-/ 名 (複 sisters-in-law) C 義姉, 義妹《⇒ family tree 図》.

sis·ter·ly /sístəli|-tə-/ 形 [普通は 限定] 姉妹のような, 姉妹にふさわしい.
(名 sister)

***sit** /sít/
— 動 (sits /síts/; 過去·過分 sat /sǽt/; sit·ting /sítɪŋ/) 自

> 単語のエッセンス
> 基本的には「座る」の意.
> 1) 座る; 座っている ❶; ❷
> 2) (鳥が)止まる ❻
> 3) (ある場所に)位置する ❸

❶ **座っている**, (...の状態で)腰を下ろしている《状態を表わす》: He *sat* still. V+C (形) 彼はじっと座っていた / She *sat* reading for hours. V+C (現分) 彼女は座って何時間も本を読んでいた. 語法 進行形は一時的な状態を表わす: He *was sitting at* his desk (reading a book) when I went in. V+前+名 私が入っていったとき彼は机に向かって(本を読んで)いた. 関連 stand 立っている.
❷ [副詞(句)を伴って] (...に)**座る**, 腰を下ろす《動作を表わす》: She came in and *sat* ⌈*next to* [*beside*] me. V+前+名 彼女は入ってきて私の隣りに座った / Please *sit in* [*on*] that chair; I'll *sit on* the stool. そちらのいすにおかけください. 私は丸いすにかけますから《⇒ in¹ 前 1 語法》 / Do you think six people can *sit around* [*round*] this table? このテーブルに 6 人座れると思いますか. 語法 この意味ではしばしば down を伴う《⇒ sit down (句動詞)》. 関連 stand 立ち上がる. ❸ [副詞(句)を伴って] 動かずにいる; (物が)位置する, 存在する, 横たわる: I'm not going to just *sit* here. ここで何もしないでいるつもりはない / A vase is *sitting on* the table. 花びんがテーブルの上にある. ❹ [副詞(句)を伴って] (委員会などの)一員である: He *sat on* the committee. 彼は委員だった. ❺ (議会などが)開かれる; (裁判所が)開廷する. ❻ [副詞(句)を伴って] (犬などが)うずくまる; (鳥が)(枝に)止まる, (卵を)抱く (*on*): The dog *sat at* his master's feet. 犬は飼い主の足元に座った / *Sit*, Rover! ローバー, お座り. ❼ = babysit. ❽ ポーズをとる《⇒ sit for ... (句動詞)》. ❾ [副詞(句)を伴って]

(衣服が...に)似合う, 合う (*on*).
— ⑯ ❶ [副詞(句)を伴って] (人)を座らせる: He *sat* the boy (*down*) *on* his lap. 彼は少年をひざに座らせた. ❷ 《英》(筆記試験)を受ける.
be sítting prétty [動] ⓐ 有利な立場にある.
sít wéll [ríght, cómfortably, éasily] with ... [動] ⑯ [否定文で] (言動などが)(人)に受け入れられる, (...)の好みに合う.

sit の句動詞

sít aróund [《英》 abóut] 動 ⓐ 何もしないでいる, 漫然と過ごす.
sít báck 動 ⓐ ❶ (いすへ)深く腰かける, よりかかって座る; くつろぐ: *sit back* and relax いすに腰かけてくつろぐ. ❷ のんきに構えている: We can't just *sit back* and do nothing! ただ黙って座っていて何もしないというわけにはいかない.
sít bý 動 ⓐ 傍観する.

***sít dówn**

動 ⓐ 座る, **腰を下ろす**; 着席する: Please *sit down.* どうぞおかけください / She *sat down* ⌈*on* the sofa [*across from* him]. 彼女はソファーに[彼の向かいに]腰を下ろした / We *sat down to* dinner. 私たちは腰かけて食事を始めた.
sít dówn and dó [動] 腰をすえて[じっくりと]...する.
sít one**sèlf dówn** [動] ⓐ 腰を下ろす: *Sit yourself down* over here. こちらに座りなさい.
sít for ... 動 ⑯ ❶ (画家・写真家など)のためのモデルになる; (肖像画)をかいてもらう, (写真)をとってもらう. ❷ 《英》(試験)を受ける.
sít ín for ... 動 ⑯ (...)の代理[代行]をする.
sít ín on ... 動 ⑯ (会議など)に(傍聴人として)出席する.
sít on ... 動 ⑯ ❶ (委員会など)の一員である (⇒ sit ⓐ 4). ❷ 《略式》(手紙・苦情など)を放置する.
sít óut 動 ⑯ ❶ (我慢して)(...)を終わりまで見る[聞く, 待つ]: We *sat out* his long speech. 我々は彼の長話を終わりまで聞いた. ❷ (ダンス・ゲームなど)に参加しない, (...)を抜かす.
sít thròugh ... 動 ⑯ = sit out ⑯ 1.
***sít úp** 動 ⓐ ❶ (寝た姿勢から座った姿勢に)**起き上がる**: Linda *sat up* in bed. リンダはベッドの上で起き上がった.
❷ **背筋をきちんとのばして座る**: Don't lean over the table. *Sit up* straight. 食卓にかがみこまないで. 姿勢をしゃんとしなさい. ❸ (遅くまで[寝ないで])起きている: *sit up* late 夜遅くまで起きている / I'll be home late, so don't *sit up for* me. 遅く帰るから寝ないで僕を待っていなくていいよ.
— ⑯ (人)を起こして座らせる (*in, on*).
sít úp and tàke nótice [動] ⓐ 《略式》(急に)関心を示す, 驚く.

si·tar /sɪtáɚ | -tá:/ 名 Ⓒ シタール《インドの弦楽器》.
sit·com /sítkὰ(ː)m | -kɔ̀m/ 名 Ⓒ,Ⓤ (テレビの)連続ホームコメディー[ドラマ] [《格式》 situation comedy].
sit-down /sítdàʊn/ 形 限定 (食事などが)着席しての, (レストランが)着席式の; (ストなどが)座り込みの.
— 名 [a ~] 《英略式》 座ってのひと休み.

***site** /sáɪt/ (同音 cite, sight)
— 名 (sites /sáɪts/) ❶ Ⓒ (建物などの)**用地**, 敷地: a *site for* [*of*] a new university 新しい大学の用地.
❷ Ⓒ (事件・事業などの)**場所**, **現場** (⇒ place 類義語); **遺跡**: the *site of* the crash 衝突[墜落]現場 / Which city will be the *site of* the next Olympic Games? 次のオリンピックの開催都市はどこですか. 関連 campsite キャンプ場. ❸ Ⓒ〔コンピュータ〕(ウェブ)サイト [≒website].
on síte [副・形] 現場で[の].
— 動 ⑯ [普通は受身で] (...)の用地を(ある場所に)定める, 設置する, 建てる (*in, on, at*).
sit-in /sítɪ̀n/ 名 Ⓒ (抗議の)座り込み: hold [stage] a *sit-in* 座り込みを行なう.
sit·ter /sítɚ | -tə/ 名 ❶ Ⓒ Ⓢ 《主に米》 = babysitter. ❷ Ⓒ 肖像画[写真]のモデルになる人.
sit·ting /sítɪŋ/ 名 ❶ Ⓒ (大勢が何回かに分かれてとる)食事時間. ❷ Ⓒ (肖像画・写真の)モデルになること[回数]. ❸ Ⓒ 座って(仕事などをして)いる時間. ❹ Ⓒ 開会(期間), 開廷(期間), (議会の)会期. **in [at] óne sítting** [副] (仕事などを)一気に, 一度に; (食事を)一堂で, 同時に.
sítting dúck 名 Ⓒ だましやすい人, 「かも」.
sítting ròom 名 Ⓒ 《主に英》 居間 [≒living room].
sítting tárget 名 Ⓒ = sitting duck.
sit·u·ate /sítʃuèɪt/ 動 ⑯ [副詞(句)を伴って] 《格式》(...)を(~に)置く; (...)を(他との関連・状況の中で)位置づける.
+sit·u·at·ed /sítʃuèɪṭɪd/ 形 ❶ 叙述 (...に)**位置している**, (...に)ある; 敷地が...である: London is ***situated on*** the Thames. +前+名 ロンドンはテムズ川のほとりにある / His house is ideally ***situated near*** the station. 彼の家は駅の近くという理想的な所にある. ❷ 叙述 《格式》(...の)立場にある, 状況にある (*for*): This company is well *situated to* enter the European market. この会社はヨーロッパ市場に参入するのに好都合な状況にある.

*****sit·u·a·tion** /sìtʃuéɪʃən/
— 名 (~s /~z/) ❶ Ⓒ **情勢**, **状況**, 形勢, 事態; 緊急事態, 難局: the political *situation* 政治情勢 / improve the *situation* 状況を改善する / We have a *situation.* 緊急事態だ.
❷ Ⓒ **立場**, **境遇** (⇒ circumstance 類義語): He's now in a very difficult [awkward] *situation.* 彼はいま非常に困難な[まずい]立場にある. ❸ Ⓒ 《格式》 位置, 場所 [≒location]; 用地 《特に不動産広告で用いる》: a hotel in a pleasing *situation* 快適な場所にあるホテル. ❹ Ⓒ 《古風》 勤め口, 職: SITUATIONS WANTED [《英》 VACANT] 職を求む《求職欄の見出し》.
situátion cómedy 名 Ⓒ,Ⓤ 《格式》 = sitcom.
sit-up /sítʌ̀p/ 名 Ⓒ [普通は複数形で] (寝ている姿勢から上体を起こす)腹筋運動.

*****six** /síks/
— 代 《数詞》 [複数扱い] **6 つ**, 6 人, 6 個; 6 ドル[ポンド, セント, ペンスなど] (⇒ number 表): There *are six* (of us) in my family. 私の家族は 6 人です. 関連 sixth 6 番目の.
— 名 (~·es /~ɪz/) ❶ Ⓒ (数としての) **6**: Lesson *Six* 第 6 課 / *Six* and *six* is [makes, equals, are, make] twelve. 6 足す 6 は 12(6+6 = 12) / ⌈*Six* from nine [Nine minus *six*] is [leaves] three. 9 から 6 を引くと 3(9−6 = 3).

S

❷ Ⓤ 6 時, 6 分; 6 歳: The earthquake occurred at six minutes to *six*. 地震は 6 時 6 分前に起こった / a child of *six* 6 歳の子. ❸ Ⓒ 6 の数字. ❹ Ⓒ 6 つ [6 人, 6 個]ひと組のもの. ❺ Ⓒ 〖トランプ〗 6 の札.

at síxes and sévens [形] 《略式》 混乱して, 迷って; (意見などが)一致しないで (*with*): He was *at sixes and sevens about* what to do. 彼は何をしたらよいかわからなかった.

It's síx of óne (and) hàlf a dózen of the óther. Ⓢ 《略式》 どちらも(ほとんど)同じだ, 五十歩百歩だ.

knóck [hít] ... for síx [動] ⊕ Ⓢ 《英》 ...を完全に打ちのめす; ...をあっと驚かす.

— 形 ❶ 限定 6 つの, 6 人の, 6 個の: *six* times 6 回, 6 倍. ❷ 叙述 6 歳で.

six-fig·ure /síksfígjə | -gə/ 形 限定 (数字が)6 桁(けた)の: a *six-figure* salary 6 桁の給料.

six·fold /síksfòʊld/ 形 副 6 倍の[に], 6 重の[に].

six-pack /síkspæ̀k/ 名 ❶ Ⓒ (びん・缶の)6 本入りのパック (*of*). ❷ Ⓒ 《略式》 よく発達した腹筋.

six·pence /síksp(ə)ns/ 名 Ⓒ 《英》 (1971 年以前の)旧 6 ペンス硬貨.

six-shoot·er /síksʃùːṭə | -tə/ 名 Ⓒ 《古風, 主に米》 6 連発ピストル.

***six·teen /sìkstíːn←/

— 代 《数詞》 [複数扱い] 16, 16 人, 16 個; 16 ドル [ポンド, セント, ペンスなど] 《⇒ number 表, -teen, teens》.

— 名 (~s /~z/) ❶ Ⓒ (数としての) 16. ❷ Ⓤ (24 時間制で)16 時, 16 分; 16 歳. ❸ Ⓒ 16 の数字. ❹ Ⓒ 16[16 人, 16 個]ひと組のもの.

— 形 ❶ 限定 16 の, 16 人[個]の. ❷ 叙述 16 歳で.

**six·teenth /sìkstíːnθ←/

— 形 ❶ [普通は the ~; ⇒ the[1] 1 (4)] **16 番目の, 第 16 の** 《16th とも書く; ⇒ number 表》: my *sixteenth* birthday 私の 16 歳の誕生日. ❷ 16 分の 1 の.

— 名 (~s /~s/) ❶ [単数形で; 普通は the ~] **16 番目の人[もの]; (月の)16 日** 《16th とも書く; ⇒ date[1] 名 1 語法》.

❷ Ⓒ **16 分の 1**, 1/16 《⇒ 巻末文法 16.11 (3)》.

sixtéenth nòte 名 Ⓒ 《米》 〖音楽〗 16 分音符 [《英》 semiquaver].

***sixth /síksθ/

— 形 ❶ [普通は the ~; ⇒ the[1] 1 (4)] **6 番目の, 第 6 の, 6 位の** 《6th とも書く; ⇒ number 表》: *the sixth* lesson 第 6 課 / *the* six hundred (and) *sixth* person 606 番目の人. ❷ 6 分の 1 の: a *sixth* part 6 分の 1 の部分.

— 名 (~s /~s/) ❶ [単数形で; 普通は the ~] **6 番目の人[もの], 6 位の人[もの], 第 6 号.**

❷ [単数形で; 普通は the ~] **(月の) 6 日(むいか)** 《6th とも書く》: *on the sixth* of September = *on* September 6 9 月 6 日に 《September 6 は September (*the*) *sixth* と読む; ⇒ date[1] 名 1 語法》. ❸ Ⓒ 6 分の 1, 1/6 《⇒ 巻末文法 16.11 (3)》: a [one] *sixth* 1/6 / five *sixths* 5/6.

— 副 つなぎ語 6 番目に[として].

síxth fòrm 名 [the ~] 《英》 (中等学校の)第 6 学年, 最上級学年 《16-18 歳の生徒用の 2 年間》.

síxth·form cóllege /síksθfɔ̀əm- | -fɔ̀ːm-/ 名 Ⓒ 《英》 第 6 学年カレッジ 《A level 試験対策の大学進学準備校》.

síxth fòrmer 名 Ⓒ 《英》 (中等学校)第 6 学年生.

síxth sénse 名 [単数形で] 第六感, 直感.

***six·ti·eth** /síkstiəθ/ 形 ❶ [普通は the ~; ⇒ the[1] 1 (4)] **60 番目の, 第 60 の** 《60th とも書く; ⇒ number 表》. ❷ 60 分の 1 の.

— 名 (~s /~s/) ❶ [単数形で; 普通は the ~] **60 番目の人[もの].** ❷ Ⓒ 60 分の 1, 1/60 《⇒ 巻末文法 16.11 (3)》.

***six·ty /síksti/

— 代 《数詞》 [複数扱い] **60, 60 人, 60 個; 60 ドル [ポンド, セント, ペンスなど]** 《⇒ number 表, -ty[2]》.

— 名 (six·ties /~z/) ❶ Ⓒ (数としての) **60.** ❷ Ⓤ 60 歳. ❸ [複数形で the または所有格の後で] 60 年代; 60 歳代; (速度・温度・点数などで)60 番台[度台・点台] 《しばしば the 60's[60s]とも書く》: in *the* (nineteen) *sixties* [*1960's*, *1960s*] 1960 年代に 《⇒ 巻末文法 16.1 (2)》 / in *one's* (early [mid, late]) *sixties* 60 歳代(前半[半ば, 後半])で. ❹ Ⓒ 60 の数字. ❺ Ⓒ 60[60 人, 60 個]ひと組のもの.

— 形 ❶ 限定 **60 の**, 60 人[個]の. ❷ 叙述 60 歳で.

siz·a·ble /sáɪzəbl/ 形 かなりの大きさの, 相当な [≒ considerable]: a *sizable* income 相当な収入.

***size /sáɪz/

— 名 (siz·es /~ɪz/) ❶ Ⓤ,Ⓒ **大きさ, 規模**; Ⓤ 大きいこと: the *size of* the building 建物の大きさ / life [actual] *size* 実物大 / These two cups are about the same *size*. この 2 つのカップは大きさがほぼ同じだ / It's a stone about (half) the *size of* an egg. 卵(の半分)ぐらいの大きさの石だ / Who can afford a house (*of*) that *size*? だれがあんな大きい家を持てるのだろう / the sheer *size of* his debts 彼の借金のあまりにも多いこと.

❷ Ⓒ (衣服などの) **サイズ, 寸法; 型, 判**: all *sizes* of socks あらゆるサイズの靴下 / May I take [check] your *size*, madam? 奥さま, 寸法をお測りしましょう / "What *size* shoes do you wear?" "8AA." 「どのサイズの靴をはいていますか」「8AA です」 《8AA は eight double A と読む; AA は横幅のサイズの一つ》 / I wear *size* six shoes. 私は(ふだん)サイズ 6 の靴をはく / Do you have jeans in 「my *size* [the next *size* down]? 私に合う[1 つ下の]サイズのジーンズはありますか.

cút ... dòwn to síze [動] ⊕ (...)に身のほどを思い知らせる.

That's abòut the síze of it. Ⓢ まあそんなところだ.

to síze [副] 適切な大きさ[寸法]に.

trý ... (ón) for síze [動] ⊕ (...)が(寸法が)合うかどうか身につけてみる.

— 動 ⊕ ❶ [普通は受身で] (...)をある大きさに作る. ❷ (...)を大きさで分ける.

síze úp [動] ⊕ (...)を判断する, 評価する.

size·a·ble /sáɪzəbl/ 形 = sizable.

-sized /sáɪzd/ 形 [合成語で] ...の大きさの: medium-*sized* 中型の.

siz·zle /sízl/ 動 ⊜ じゅーじゅー[しゅーしゅー]いう 《油でいためるときなど》. — 名 [単数形で] じゅーじゅー[しゅーしゅー](いう音).

siz·zling /síz lɪŋ/ 形 ❶ とても暑い[熱い]. ❷ (特に性的に)とても刺激的な.

ska /skáː/ 名 Ⓤ スカ 《ジャマイカ起源の音楽》.

+**skate[1]** /skéɪt/ 名 (skates /skéɪts/) ❶ Ⓒ [普通は複数

形で] **スケート靴**《skating 用の靴》(ice skate): a pair of *skates* スケート靴 1 足. 日英 英語の skate はスケート靴をさす. 日本語の「スケート」は氷の上を滑る運動をいうがこれに相当する英語は skating. 関連 ski スキー用の板. ❷ Ⓒ [普通は複数形で] ローラースケート靴 (roller skate).

gét [pút] one's skátes òn [動] ⓐ [普通は命令文で] Ⓢ《英略式》急ぐ.

— 動 (skates /skéɪts/; skat·ed /-ṭɪd/; skat·ing /-ṭɪŋ/) ⓐ ❶ **スケートをする** (ice-skate): Bob *skated on* the pond in the afternoon. ボブは午後池でスケートをした / I *went skating on* the lake. 私は湖にスケートに行った. ⚡ × ... skating to the lake とは言わない《⇒ go doing (go 動 成句) ⚡》. ❷ ローラースケートをする (roller-skate).

skáte óver [aróund] ... [動] ⓗ (問題など)に軽く触れる, 深入りをしない.

skate[2] /skéɪt/ 名 (複 ~(s)) Ⓒ,Ⓤ がんぎえい《美味な高級魚》.

skate·board /skéɪtbɔ̀ɚd | -bɔ̀:d/ 名 Ⓒ スケートボード, スケボー. — 動 ⓐ スケートボードをする.

skate·board·er /skéɪtbɔ̀ɚḍɚ | -bɔ̀:də/ 名 Ⓒ スケートボードで滑る人.

skate·board·ing /skéɪtbɔ̀ɚḍɪŋ | -bɔ̀:d-/ 名 Ⓤ スケートボード滑り.

skate·park /skéɪtpɑ̀ɚk | -pɑ̀:k/ 名 Ⓒ スケートボード場.

skat·er /skéɪṭɚ | -tə/ 名 Ⓒ スケート[ローラースケート]をする人; [前に形容詞をつけて] スケートが...の人: a speed *skater* スピードスケート選手 / a poor *skater* スケートの下手な人.

skat·ing /skéɪṭɪŋ/ 名 ❶ Ⓤ スケート (ice skating)《⇒ skate[1] 日英》. ❷ Ⓤ = roller skating.

skáting rìnk 名 Ⓒ スケートリンク; ローラースケート場. 日英 「スケートリンク」は和製英語.

ske·dad·dle /skɪdǽḍl/ 動 ⓐ《略式》[こっけいに] (急いで)逃げる, 逃げ出す.

skein /skéɪn/ 名 Ⓒ (糸の)かせ《枠にゆるく巻いたもの》; 《文語》もつれ, 混乱.

skel·e·tal /skéləṭl/ 形 ❶ 骨格の; がい骨のようにやせた. ❷ 骨子(のみ)を示す. (名 skéleton)

+**skel·e·ton** /skélətn/ 名 (~s/~z/) ❶ Ⓒ **骨格; がい骨**; 《略式》ひどくやせた人[動物]: She was reduced to a *skeleton*. 彼女は骨と皮ばかりになった. ❷ Ⓒ [普通は単数形で] 骨子, 輪郭, 概略: the *skeleton of* my report 報告書の概略. ❸ Ⓒ [普通は単数形で] (建物などの)骨組み (*of*). ❹ [形容詞的に] 必要最小限の: a *skeleton* staff 最低要員.

a skéleton in the clóset [《英》**cúpboard**] [名] 世間に知られたくない家庭の秘密; 隠蔽(いんぺい)すべき恥ずかしい過去. 由来 何ひとつ苦労の種のないと思われていた女性が, 実は毎晩戸棚の中のがい骨にキスするよう夫から命令されていたという話から. (形 skéletal)
〖語源 ギリシャ語で「ひからびた(体), ミイラ」の意〗

skéleton kèy 名 Ⓒ 親鍵 [≒master key].

skep·tic, 《英》**scep·tic** /sképtɪk/ 名 Ⓒ 懐疑論者, 疑い深い人.

+**skep·ti·cal,** 《英》**scep·ti·cal** /sképtɪk(ə)l/ 形 **懐疑的な**, 疑い深い; (...を)疑って: They are *skeptical about* [*of*] the report. 彼らはその報告を疑っている.

-cal·ly /-kəli/ 副 懐疑的に, 疑い深く.

skep·ti·cis·m, 《英》**scep·ti·cis·m** /sképtəsìzm/ 名 Ⓤ 懐疑, 懐疑論.

+**sketch** /skéʧ/ 名 (~·es /~ɪz/) ❶ Ⓒ **スケッチ**, 略図; 写生図: make [draw] a ***sketch of*** a house 家の写生をする[見取り図をかく]. ❷ Ⓒ (ユーモラスな)寸劇. ❸ Ⓒ 概要, 概略; 素描: a rough *sketch of* the plan 計画の概略.

— 動 (sketch·es /~ɪz/; sketched /~t/; sketch·ing) ⓗ ❶ (...)を**スケッチする**, 写生する; (...)の略図をかく: *sketch* the street 通りをスケッチする. ❷ (...)の概要を述べる: *sketch* (*out*) the point of the story 話の要点を述べる.

— ⓐ **スケッチをする**; 略図をかく.

skétch ín [動] ⓗ (話などで)(細部)を加える, 補足する.

sketch·book /skéʧbʊ̀k/ 名 Ⓒ スケッチブック.

sketch·pad /skéʧpæ̀d/ 名 Ⓒ = sketchbook.

sketch·y /skéʧi/ 形 (sketch·i·er; -i·est) 概略だけの, 大まかな; 不十分な: a *sketchy* report 大ざっぱな報告.

skew /skjú:/ 動 ⓗ (事実など)を曲げる, ゆがめる.

skewed /skjú:d/ 形 (事実などが)ゆがんだ.

skew·er /skjú:ɚ | skjú:ə/ 名 Ⓒ (調理用の)くし, 焼きぐし: on a *skewer* くしに刺されて. — 動 (-er·ing /skjú:ərɪŋ/) ⓗ (肉など)をくしに刺す.

skew-whiff /skjú:(h)wíf | -wíf/ 形 叙述《英略式》斜めになった, 傾いた.

*__ski__ /skí:/ 名 (~s /~z/) ❶ Ⓒ **スキー**《skiing 用の板》: a pair of *skis* 1 組のスキー / glide down the hill ***on skis*** スキーをはいて丘を滑り下りる. 日英 英語の ski はスキー用の板をさす. 日本語の「スキー」は雪の上を滑る運動もいうがこれに相当する英語は skiing. 関連 water ski 水上スキー用の板 / skate スケート靴. ❷ [形容詞的に] スキー(用)の. ❸ Ⓒ (雪上車などの)滑走部.

— 動 (skis /~z/; skied /~d/; ski·ing) ⓐ **スキーをする**, スキーで滑る: I ***skied down*** the slope. V+前+名 私はスロープをスキーで滑り下りた.

gò skíing [動] ⓐ スキーに行く: We *went skiing* 「*at* Zao [*in* Yamagata]. 私たちは蔵王[山形]にスキーに行った. ⚡ ×... skiing to Zao とは言わない《⇒ go doing (go 動 成句) ⚡》.

skí bòot 名 Ⓒ [普通は複数形で] スキー靴.

skid /skíd/ 動 (skids; skid·ded; skid·ding) ⓐ (車が[で])横滑りする, スリップする《⇒ slip[1] 動 ⓐ 2 日英》: Cars often *skid on* icy roads. 車は氷の張った道では滑りやすい. — 名 ❶ Ⓒ [普通は単数形で] (車などの)横滑り, スリップ: go into a *skid* スリップする / *skid* marks (車の)スリップ跡. ❷ Ⓒ 《米》(スポーツチームなどの)不振, 連敗. ❸ Ⓒ (ヘリコプターなどの着陸用の)そり, 滑走部. ❹ Ⓒ [普通は単数形で] 滑材, まくら木. 「**be on [hít] the skíds** [動] ⓐ《略式》落ち目にある[なる], 失敗する. **pùt the skíds ùnder [on] ...** [動] ⓗ《略式》(計画など)を失敗させる.

skíd ròw /-róʊ/ 名 Ⓤ《略式, 主に米》どや街, 浮浪者のたまり場: end up *on skid row* 浮浪者になる.

*__ski·er__ /skí:ɚ | skí:ə/ 名 (~s /~z/) Ⓒ **スキーをする人**, スキーヤー; [前に形容詞をつけて] スキーが...の人: a *poor skier* スキーの下手な人.

***__skies__ /skáɪz/ 名 sky の**複数形**.

skiff /skíf/ 名 (~s) Ⓒ (1 人乗りの)小舟, 短艇.

*__ski·ing__ /skí:ɪŋ/ 名 Ⓤ **スキー**《skis で滑ること; ⇒ ski 日英》. 関連 waterskiing 水上スキー.

skí jùmp 名 C スキージャンプ台.
skil·ful /skílf(ə)l/ 形《英》= skillful.
skí lìft 名 C スキーリフト.

skill /skíl/
— 名 (~s /~z/) ❶ U **技量**, 手腕, 腕前; 熟練, うまさ, 器用さ《⇒ ability 類義語》: He has great *skill in* [*at*] photography. 彼は写真が大変うまい / Mr. Clark handles his employees *with* great *skill*. クラーク氏は従業員を非常に上手に扱う.
❷ C (特殊な) **技能**, 技術《⇒ technique 類義語》: one's writing [technical] *skills* 筆記力[専門技能] / learn new *skills* 新しい技能を学ぶ. (形 skíllful)

+**skilled** /skíld/ 形 ❶ **熟練した**, (特殊な)技量を持った, 腕のよい《⇒ skillful 類義語》[⇔ unskilled]: highly *skilled* workers 高度な熟練工 / She's very ***skilled at*** [***in***] her job. +at [in]+名 彼女は仕事にとても熟練している / He's highly ***skilled at*** [***in***] grow*ing* orchids. +at [in]+動名 彼はらんを育てるのがとてもうまい / He's *skilled with* his hands. 彼は手先が器用だ. ❷ 限定 (仕事が)特殊技術を必要とする: a *skilled* job 熟練を必要とする仕事.

skil·let /skílɪt/ 名 C《米》フライパン [≒frying pan].

*__skill·ful__,《英》**skil·ful** /skílf(ə)l/ 形 **技量のある**, 腕前のよい, 手腕のある; 熟練した《⇒ 類義語》: *skillful* driving 巧みな運転 / Mr. Hall is quite *skillful at* [*in*] handl*ing* his students. ホール先生は生徒の扱い方がとても上手だ. (名 skill)
-ful·ly /-fəli/ 副 上手に, 巧みに.
類義語 **skillful** 腕がよくて巧妙であること. 人や行動に関して用いる: His *skillful* handling of the delicate problem was praised. 微妙な問題に対する彼の巧みな対処のしかたは称賛された. **skilled** 今までの修練によって特殊技能を身につけていること. 人や技術に関して用いる: He's a *skilled* carpenter. 彼は腕のいい大工だ.

skim /skím/ 動 (skims; skimmed; skim·ming) 他 ❶ (...)の表面に浮いた物をすくう; (クリーム・皮膜など)を(...から)すくい取る: *skim* the cream *off* [*from*] the milk 牛乳からクリームをすくい取る. ❷ (...)をざっと読む: *skim* the headlines of the newspaper 新聞の見出しをざっと読む. ❸ [受身なし] (水面など)をすれすれに飛んでいく, かすめていく: A gull *skimmed* the water. かもめが1羽水面すれすれに飛んでいった. ❹《英》(石)を水切りして飛ばす [《米》skip]. — 自 ❶ ざっと読む: *skim through* [*over*] the catalog カタログにざっと目を通す. ❷ かすめて飛ぶ[通る] (*over*, *across*); 滑るように進む (*along*). **skím óff** [動] 他 (1) (最良の人[物])を取る. (2) (金)をかすめ取る.

skím mílk,《英》**skímmed mílk** 名 U 脱脂乳, スキムミルク.
skimp /skímp/ 動 自 倹約する, けちる (*on*).
skimp·y /skímpi/ 形 (skimp·i·er; -i·est) ❶ 乏しい, 貧弱な. ❷ (衣服などが)露出の多い: a *skimpy* dress 露出の多いドレス.

skin /skín/
— 名 (~s /~z/) ❶ U,C (人体・動物の)**皮膚**, 肌; 顔の皮膚[色つや]: She has (a) fair [dark] *skin*. 彼女は肌の色が白い[黒い] / the color of one's *skin* 肌の色 / dry [oily, sensitive] *skin* 乾燥[脂性, 敏感]肌 / *skin* cancer 皮膚がん / a *skin* treatment 肌の手入れ. 日英 「スキンシップ」は和製英語.
❷ U,C [しばしば合成語で] **獣の皮**, 皮革; 毛皮: the *skin* of a seal あざらし[おっとせい]の皮.

skin	hide (人体・動物の皮膚; 獣の皮)	動物	皮
	peel (果物・野菜などの薄い皮)	植物	
	rind (果物などの厚くて堅い皮)		
bark (樹皮)			

❸ C,U 外皮, (果物などの)皮 [≒peel]《⇒ fruit 挿絵》: the *skin* of a tomato [sausage] トマト[ソーセージ]の皮. ❹ C,U 薄い膜《外殻・沸かした牛乳の表面の薄膜など》; C (機体・船体などの)外板, 外装. ❺ C,U〔コンピュータ〕スキン《パソコン画面での情報の見え方》.
be (áll [nóthing but]) skín and bóne(s) [動] 自《略式》骨と皮ばかりにやせている.
be nò skín òff ...'s nòse [《米》**bàck**,《米》**tèeth**] [動] Ⓢ ...の知ったことではない.
by the skín of one's **téeth** [副]《略式》かろうじて, やっとのことで, 命からがら.
gèt ùnder ...'s **skín** [動]《略式》(1) ...をいらだたせる, ...の気に障る. (2) ...の心を強くとらえる.
hàve (a) thín [thíck] skín [動] 自 (批評などに)敏感に反応する[動じない].
júmp [léap] óut of one's **skín** [動] 自《略式》飛び上がるほど驚く.
máke ...'s **skín cràwl** [動]《略式》...をぞっとさせる, いやな気分にさせる.
sáve one's **(ówn) skín** [動] 自 (危険・苦境から)無事にのがれる.
to the skín [副] 肌まで: I got soaked [wet] *to the skin*. 私は全身ずぶぬれになった.
— 動 (skins; skinned; skin·ning) 他 (動物・果物など)の皮をはぐ[むく]; (ひざなど)の皮をすりむく.

skin·care /skínkèə | -kèə/ 名 U 肌の手入れ.
skin-deep /skíndíːp←/ 形 叙述 皮だけの; 外面だけの, 上っ面の: Beauty is only *skin-deep*.《ことわざ》美貌(びぼう)は皮一重(見目より心).
skín dìver 名 C スキンダイビングをする人.
skín dìving 名 U スキンダイビング《特別な潜水服をつけない潜水法; ⇒ scuba diving》.
skin·flint /skínflìnt/ 名 C《略式》けちなやつ.
skín gràft 名 C〔医学〕皮膚移植(手術).
skin·head /skínhèd/ 名 C スキンヘッド(の若者)《しばしば乱暴で人種差別的な行動をするとされる》.
-skinned /skínd/ 形 [合成語で] ...肌の: dark-*skinned* 黒い肌の.
+**skin·ny** /skíni/ 形 (skin·ni·er; -ni·est) ❶《略式》[普通は悪い意味で] **やせこけた**《⇒ thin 類義語》. ❷ (服が)ぴったりした.
skin·ny-dip·ping /skínidìpɪŋ/ 名 U《略式》全裸で泳ぐこと.
skint /skínt/ 形 叙述《英略式》文なしで [≒broke].
skin·tight /skíntáɪt←/ 形 (服が)ぴったりとした.
+**skip** /skíp/ 動 (skips /~s/; skipped /~t/; skip·ping) 自 ❶ **スキップする**《片足で2歩ずつ交互に跳びはねながら進む》, 跳びはねる; ひょいと跳ぶ《⇒ jump

類義語)): The kids were *skipping along* the road. V+前+名 子供たちは通りを跳びはねていった.
❷ **省略する**, (間を)とばす, とばして先へ進む: I *skipped over* the boring pages. V+*over*+名 私は退屈なページをとばした / I *skipped to* the fifth chapter. V+*to*+名 間をとばして 5 章に進んだ. ❸ [副詞(句)を伴って] (話題などを)次々と変える (*from, to*). ❹ 《英》 縄跳びをする [《米》 jump [skip] rope].
— 他 ❶ (...)を**省略する**, 抜かす; 《主に米》(授業など)を欠席する, サボる; (...)をとばして先へ進む; (学年・階級など)をとび越す: *skip* lunch 昼食を抜く / *skip* class 授業をサボる / You can *skip* any difficult questions. 難しい問題はとばしていいですよ / *skip* a grade [year] 飛び級をする. ❷ 《米》 (縄)を跳ぶ: The children *skipped* rope in the playground. 子供たちは校庭で縄跳びをした (⇒ 自 4). ❸ 《米》 (石)を水面を跳ねるように[水切りして]飛ばす [《英》 skim]. ❹ [受身なし] (土地)から急に[こっそり]出ていく, 逃亡する, 高飛びする: *skip* town [the country] 町から[国外へ]逃げる.
Skíp it. 《略式, 主に米》 (その話は)もういい, やめよう.
skíp óut [《英》 óff] [動] 自 (人・勘定から)逃げる: *skip out on* the bill 金を払わずに逃げる / *skip out on* one's wife 妻を捨てる.
— 名 ❶ C (軽く)跳ぶこと, 跳躍: give a *skip* of joy 小躍りして喜ぶ. ❷ C 《英》 大型ゴミ容器 [《米》 Dumpster].

skí pòle 名 C (スキーの)ストック.

+**skip·per** /skípɚ | -pə/ 名 (~s /~z/) ❶ C 《略式》 (小型船などの)**船長**. ❷ C 《略式》 (スポーツチームの)キャプテン [≒captain].
— 動 (-per·ing /-p(ə)rɪŋ/) 他 (...)の船長[キャプテン]を務める.

skípping ròpe 名 C 《英》 縄跳びの縄 [《米》 jump rope].

skir·mish /skɚ́ːmɪʃ | skə́ː-/ 名 C 小ぜり合い; 小戦闘; 小論争 (*with, between*). — 動 自 小ぜり合いをする.

***skirt** /skɚ́ːt | skə́ːt/ 名 (skirts /skɚ́ːts | skə́ːts/) ❶ C **スカート** (⇒ suit 参考); [ときに複数形で] 衣服の腰 (waist) から下の部分, すそ: She was wearing a flared [pleated] *skirt*. 彼女はフレアー[プリーツ]スカートをはいていた / a long [short] *skirt* 丈の長い[短い]スカート. 関連 miniskirt ミニスカート. ❷ C (車両・機械などの)下の部分の覆(おお)い, すそ覆い.
— 動 他 ❶ (...)の周辺をめぐる, (...)の端を通る, (...)のふちに沿っていく. ❷ (いやな話題・問題など)を避ける, 回避する.
skírt aróund [róund] ... [動] 他 = skirt 動 他 1,2.
〖語源 原義は「短い服」; shirt, short と同語源〗

skí rùn 名 C (スキー用の)スロープ, ゲレンデ.

skit /skít/ 名 C 寸劇, スキット; (軽い)風刺, 風刺文 (*on*): do a *skit* 寸劇をやる.

skit·tish /skíṭɪʃ/ 形 ❶ (馬などが)物に驚きやすい, おくびょうな. ❷ 気まぐれな, 移り気な.

skit·tle /skíṭl/ 名 ❶ [複数形で単数扱い] スキトル《球などを投げ, 9 本のピンを倒す英国のゲーム》. ❷ C スキトル用のピン.

skive /skáɪv/ 動 自 《英略式》 学校[仕事]をサボる, こっそりいなくなる (*off*).

skiv·er /skáɪvɚ | -və/ 名 C 《英略式》 サボり屋.

skiv·vies /skíviz/ 名 複 《米》 (男性用の)アンダーウェア《シャツとパンツとから成る》.

skulk /skʌ́lk/ 動 自 [副詞(句)を伴って] (悪事をたくらんで)こそこそ動き回る; こそこそ逃げる[隠れる] (*around, about, behind*).

+**skull** /skʌ́l/ 名 (~s /~z/) ❶ C **頭蓋**(ずがい)**骨**. ❷ C 《略式》 頭, 頭脳.
gét ... ìnto one's **(thíck) skúll** [動] 他 [普通は疑問文・否定文で] 《略式》 ...を理解する《怒り・軽蔑を示す失礼な表現》.

skúll and cróssbones 名 [単数形で] 頭蓋骨の下に大腿(だいたい)骨 2 本を交差した図《昔は海賊旗の図柄; 今では毒薬びんなどに張って警告を示す印》.

skull·cap /skʌ́lkæ̀p/ 名 C スカルキャップ《特にカトリックの聖職者やユダヤ人男性が用いる縁なし帽》.

skunk /skʌ́ŋk/ 名 C スカンク.

*****sky** /skáɪ/
— 名 (skies /~z/) ❶ C,U [普通は the ~] 空, 天 [⇔ earth]: look up at *the* night *sky* 夜空を見上げる / There wasn't a cloud *in the sky*. 空には雲ひとつなかった / *under the* open *sky* 広々とした空の下で(=屋外で).

> 語法 形容詞がつくと a をつけることがある: We seldom enjoy *a* clear, blue *sky* in (the) winter. 冬には澄んだ青空はほとんど見られない / They danced under *a* starry *sky*. 彼らは星空の下で踊った.

❷ [複数形で] 空模様, 天候; 気候: The *skies* were gray throughout the day. 空は一日中曇っていた / Partly cloudy *skies* are expected across the Northwest. 北西部では所により曇り空となるでしょう《天気予報で》 / the sunny *skies of* Rome ローマの晴れの多い気候.
The ský's the límit. 《略式》 (能力・金額などについて)限界がない, 無制限である.
〖語源 元来は「雲」の意〗

ský blúe 名 U 空色.

sky-blue /skáɪblúː←/ 形 空色の.

sky·cap /skáɪkæ̀p/ 名 C 《米》 空港のポーター.

sky·div·er /skáɪdàɪvɚ | -və/ 名 C スカイダイバー.

sky·div·ing /skáɪdàɪvɪŋ/ 名 U スカイダイビング《パラシュートで降下するスポーツ》.

sky-high /skáɪháɪ←/ 形 副 (物価・自信などが)非常に高い[高く].

sky·lark /skáɪlàɚk | -làːk/ 名 C ひばり (lark).

sky·light /skáɪlàɪt/ 名 C 天窓, 明かり取り.

sky·line /skáɪlàɪn/ 名 C [普通は the ~] (山・高層ビルなどの)空を背景とする輪郭.

Skype /skáɪp/ 名 C スカイプ《無料のインターネット電話サービス; 商標》. — 動 他 (人)とスカイプで話す.

sky·rock·et /skáɪrɑ̀(ː)kɪt | -rɔ̀k-/ 動 自 《略式》 (物価などが)急上昇する, 急騰する.

sky·scrap·er /skáɪskrèɪpɚ | -pə/ 名 C 超高層ビル, 摩天楼.

sky·ward /skáɪwɚd | -wəd/ 副 形 空の方へ(の).

sky·wards /skáɪwɚdz | -wədz/ 副 《主に英》 = skyward.

slab /slǽb/ 名 C (木・石の)平板; (パン・肉などの)平たく厚い 1 切れ: a *slab of* cheese 厚切りのチーズ.

slack /slǽk/ 形 (slack·er; slack·est) ❶ ゆるい, たるんだ [≒loose] [⇔ tight, taut]: a *slack* rope たるんだ綱 / The rope hung *slack*. ロープはたるんで垂れ下がっていた. ❷ (商売などが)不景気な, 活気のない: the *slack* season (商売の)閑散期. ❸ 不注意な, 怠慢な, いいかげんな; (規律などが)手ぬるい, 甘い: He's *slack in* his work. 彼は仕事がいいかげんだ.

— 名 ❶ U ゆるんだ部分, たるんだ所; たるみ: some *slack in* the rope ロープのたるんだ部分. ❷ U 余剰資金[人員, スペース]. **cút [gíve] ... sòme sláck** [動] 他 Ⓢ (人を)大目に見る, ...に理解を示す. **tàke [pìck] úp the sláck** [動] 自 たるみをなくす[取る]; (企業などで)活性化[合理化]する; 代役を務める, 穴埋めをする.

— 動 自 ❶ 手を抜く, 怠ける, いいかげんにやる: She's *slacking at* [*on*] her work. 彼女は仕事の手を抜いている. ❷ ゆるむ. **sláck óff** [動] 自 活動[緊張]をゆるめる, 手を抜く (*on*).

slack·en /slǽk(ə)n/ 動 他 ❶ (速度など)を落とす, 弱める. ❷ (...)をゆるめる. — 自 ❶ 速度が落ちる, 勢いが弱まる; 不活発になる (*off*). ❷ ゆるむ, たるむ.

slack·er /slǽkɚ | -kə/ 名 C 《略式》 (仕事を)いいかげんにする人, 怠け者.

slack·ly /slǽkli/ 副 ゆるく, だらりと; だらしなく.

slack·ness /slǽknəs/ 名 U ゆるみ, たるみ; 怠慢, いいかげん; 不景気, 不振.

slacks /slǽks/ 名 複 スラックス《カジュアルなズボン》. 関連 pants, trousers ズボン.

slag /slǽg/ 名 U 鉱滓(こうさい), スラッグ《金属を精錬するとき, 溶けた鉱石の上層に浮いたかす》.

S

slain /sléɪn/ 動 slay の過去分詞.

slake /sléɪk/ 動 他 《文語》 (渇き)をいやす; (欲求など)を満たす.

sla·lom /slɑ́:ləm/ 名 C,U (スキー・カヌーなどの)スラローム(競技), 回転競技.

+**slam** /slǽm/ 動 (slams /~z/; slammed /~d/; slam·ming) 他 ❶ (ドアなど)を**ばたんと閉める**, ぴしゃりと閉める: He *slammed* the lid *down*. V+O+副 彼はぴしゃりとふたを閉めた / She *slammed* the door *shut*. V+O+C (形) 彼女はドアをばたんと閉めた. ❷ (...)をどしんと置く, どさりと投げ出す, (急に)激しくたたきつける[押す]; (あらしなどが)(...)を襲う: *slam down* the phone 受話器をがちゃんと置く / *slam* (*on*) the brakes ブレーキを急に踏む. ❸ [新聞で] (...)を酷評[非難]する (*for*). — 自 ❶ (ドアなどが)ばたん[ぴしゃり]と閉まる: The door *slammed* shut. ドアがばたんと閉まった. ❷ (...に)激突する (*into*, *against*).

— 名 C [普通は単数形で] ばたん[ぴしゃり]と閉まる音: close with *a slam* ばたん[ぴしゃり]と音を立てて閉まる.

slam-dunk /slǽmdʌ̀ŋk/ 名 C 〔バスケ〕 ダンクシュート. — 動 自 〔バスケ〕 ダンクシュートする. — 他 (ボール)をダンクシュートする.

slan·der /slǽndɚ | slɑ́:ndə/ 名 ❶ C,U 悪口, 中傷. ❷ U 〔法律〕 (口頭による)名誉毀損(きそん) (⇒ libel). — 動 (-der·ing /-d(ə)rɪŋ, -drɪŋ/) 他 (...)の悪口を言う, (...)を中傷する.

slan·der·ous /slǽnd(ə)rəs | slɑ́:n-/ 形 中傷する(ような), 中傷的な.

slang /slǽŋ/ 名 ❶ U 俗語, スラング《くだけた会話では用いられるが, 品位のある言い方とは認められない語句や表現; この辞書では《俗》と示している》. 語法 個々の俗語表現のことは a *slang* word, a *slang* expression などという. ❷ U (特定の集団の)通用語: student *slang* 学生ことば.

slang·y /slǽŋi/ 形 (slang·i·er; -i·est) [しばしば軽蔑的] 俗語の, 俗語っぽい; 俗語の多い.

slant /slǽnt | slɑ́:nt/ 動 自 傾く, 傾斜する [≒slope]: His handwriting *slants* badly [*to* the left]. 彼の字はひどく[左へ]傾いている. — 他 ❶ (...)を傾ける, 傾斜させる: The picture *was slanted to* the left. 絵は左に傾いていた. ❷ (報道など)を偏(かたよ)って扱う, (...にとって不利[有利]に)ゆがめる (*against*, *in favor of*). — 名 ❶ [単数形で] 傾斜; 斜面: The roof has a steep *slant*. 屋根は急傾斜になっている. ❷ [単数形で] (特に偏った)見方, 見解: put a new *slant on* ... ...の新しい見方を提示する. **at [on] a slánt** [副・形] 傾いて, 斜めに.

slant·ed /slǽnṭɪd | slɑ́:nt-/ 形 ❶ (情報などが)偏った, 一面的な [≒biased] (*toward*). ❷ 傾いた.

+**slap** /slǽp/ 動 (slaps /~s/; slapped /~t/; slap·ping) 他 ❶ (...)を**平手で打つ**, ぴしゃりと打つ (⇒ strike 類義語): Tom *slapped* my back. = Tom *slapped* me *on the* back. V+O+*on*+名 (賞賛・激励などの気持ちを表わして)トムは私の背中をぽんとたたいた (⇒ the¹ 2). ❷ (物)を乱暴に[どんと]置く, ぽんと投げ出す; (ペンキなど)をさっと[無造作に]つける[塗る] (*on*). ❸ 《略式》 (税・罰金など)を(...に)(突然)課す (*on*); (ある金額など)を(...に)上乗せする (*on*).

— 自 (波などが)ぴしゃりと打ち当たる (*against*).

sláp dówn [動] 他 (人)をしかりつける, こきおろす.

— 名 (~s /~s/) C **平手打ち**, ぴしゃりと打つこと: She gave him a *slap* on the cheek. 彼女は彼のほおをぴしゃりとぶった.

a sláp in the fáce [名] 顔への平手打ち; あからさまな侮辱.

a sláp on the báck [名] 賞賛[祝意](を表わして背中をぽんとたたくこと).

a sláp on the wríst [名] 軽い罰[警告].

slap·dash /slǽpdæ̀ʃ/ 形 いいかげんな, やっつけの.

slap·hap·py /slǽphæ̀pi/ 形 《略式》 のんきな, いいかげんな.

slap·stick /slǽpstɪ̀k/ 名 U どたばた喜劇.

slap-up /slǽpʌ̀p/ 形 限定 《英略式》 (食事が)豪勢な.

+**slash** /slǽʃ/ 動 (slash·es /~ɪz/; slashed /~t/; slash·ing) 他 ❶ (ナイフなどで)(...)を**さっと切る**, 深く切る, 切り下ろす: The painting *was slashed with* a knife. V+O+*with*+名の受身 その絵はナイフで切られた. ❷ [しばしば新聞で] (経費・値段など)を切り下げる, 大幅に削減する: Expenses *were slashed* by 50%. 支出は半分に切り詰められた.

— 自 (さっと)切りつける: He *slashed at* me *with* a knife. 彼はナイフで私を切りつけてきた.

— 名 ❶ C (刃物の)一撃. ❷ C 深い傷, 切り傷; 切れ目. ❸ C 斜線, スラッシュ《/ の記号》.

slat /slǽt/ 名 C (木・プラスティック・金属などの)細長い薄板, 小割板, (ブラインドの)羽板.

+**slate** /sléɪt/ 名 (slates /sléɪts/) ❶ U **粘板岩**; C **スレート**《粘板岩のはぎ板; 屋根などの材料》: A few *slates* were blown off the roof. 数枚のスレートが屋根から吹き飛んだ. ❷ C 《米》 (選挙などの)候補者名簿. ❸ C 石盤《昔, 生徒が筆記に用いた》. ❹ [形容詞的に] スレート色の《暗い青灰色》.

a cléan sláte [名] 汚点のない経歴.

wípe the sláte clèan [動] 自 過去の事をすっかり水に流す.

— 動 他 ❶ [普通は受身で] (...)を(~に)予定する [≒schedule] (*for*): Ms. Rich *is slated to* take over the chair in April. リッチさんは 4 月に委員長を引き継ぐ予定だ. ❷ [普通は受身で] 《主に米》 (人)を(...の)候補に立てる: Mr. Lee *was slated for* the presidency. リー氏は社長候補に選ばれた. ❸ 《英略式》 (...)を酷評する (*for*).

slath·er /slǽðɚ | -ðə/ 動 (-er·ing /-ð(ə)rɪŋ/) 他 《米》 (バター・オイルなど)を(表面に)厚く塗る (*on*, *over*); (表

面)に(...を)厚く塗る (*with, in*).

+**slaugh·ter** /slɔ́:ṭə | -tə/ 名 ❶ U **虐殺**; 大量殺人: mass *slaughter* 大虐殺. ❷ U **畜殺**, **屠畜**(とちく).
— 動 (~s /~z/; ~ed /~d/; -ter·ing /-ṭərɪŋ/) 他 ❶ (...)を**虐殺する**: Many innocent civilians *were slaughtered* by the troops. 多くの罪のない市民が軍によって虐殺された.
❷ (家畜)を**畜殺する**. ❸ 《略式》(相手)に圧勝する.

slaugh·ter·house /slɔ́:ṭəhàʊs | -tə-/ 名 (-hous·es /-hàʊzɪz/) C 畜殺場, 屠畜(とちく)場.

Slav /slɑ́:v, slǽv/ 名 C スラブ人; [the ~s] スラブ民族《ロシア人・チェコ人・ポーランド人・ブルガリア人など》. — 形 スラブ人の.

+**slave** /sléɪv/ 名 (~s /~z/) ❶ C **奴隷**: work like a *slave* 奴隷のように働く / As I would not be a *slave*, so I would not be a master. This expresses my idea of democracy. 私は奴隷になりたくないと同様に主人にもなりたくない. これが私の民主主義の考え方を表わすものだ《リンカン (Lincoln) のことば》.
❷ C **自由を奪われた人**; [軽蔑的] (欲望・習慣などの)とりこになった人: a ***slave of*** [*to*] fashion 流行ばかり追いかける人. (形 slávish)
— 動 自 (奴隷のように)あくせく働く (*away*): *slave at* [*over*] the housework 家事にあくせくする.
〖語源 ギリシア語で「スラブ人」(Slav)の意; 中世にスラブ系の捕虜が奴隷にされたことから〗

sláve drìver 名 C [軽蔑的またはこっけいに] 人使いが荒い人[雇い主].

sláve lábor 名 ❶ U 奴隷の仕事; 奴隷労働者《全体》. ❷ U 《略式》低賃金のつらい仕事.

slav·er¹ /slǽvə | -və/ 動 (-er·ing /-v(ə)rɪŋ/) 自 (犬などが)よだれを流す.

slav·er² /sléɪvə | -və/ 名 C 奴隷商人; 奴隷船.

slav·er·y /sléɪv(ə)ri/ 名 ❶ U **奴隷制度**: the abolition of *slavery* 奴隷制度の廃止. ❷ U 奴隷の身分, 奴隷の状態: He was sold [born] into *slavery*. 彼は奴隷として売られた[生まれた].

Sláve Stàtes 名 複 [the ~] 〔米国史〕奴隷州《南北戦争まで奴隷制度があった南部の 15 州》.

sláve tràde 名 [the ~] 奴隷売買.

Slav·ic /slɑ́:vɪk, slǽv-/ 形 スラブ人[民族]の; スラブ語の. — 名 U スラブ語(派).

slav·ish /sléɪvɪʃ/ 形 [軽蔑的] 奴隷のような, 言いなりの; 独創性のない, 猿まねの. (名 slave)

Sla·von·ic /sləvɑ́(:)nɪk | -vɔ́n-/ 形, 名 U = Slavic.

slay /sléɪ/ 動 (slays; 過去 slew /slú:/; 過分 slain /sléɪn/; slay·ing) 他 《文語》(...)を殺す, 殺害する(⇒ kill 類義語). 語法 《米》では主に新聞で用いる.

slay·er /sléɪə | sléɪə/ 名 C 《主に米》殺害者.

slay·ing /sléɪɪŋ/ 名 C 《主に米》殺害.

sleaze /slí:z/ 名 ❶ U いかがわしい行為, 不道徳な行動. ❷ C 《米略式》いかがわしい人.

slea·zy /slí:zi/ 形 (slea·zi·er; -zi·est) 《略式》(場所などが)いかがわしい, 低俗な, 汚ない; (人などが)いかがわしい: a *sleazy* hotel みすぼらしいホテル.

sled /sléd/ 名 C 《主に米》(大型の)そり《運搬用》; (小型の)そり《雪滑り遊び用》[《英》sledge].

sled, 《英》sledge (大型の荷物運搬用; 小型の滑降用)	そり
sleigh (馬が引く)	

— 動 (sleds; sled·ded; sled·ding) 自 そりで行く, そりに乗る.

sledge /slédʒ/ 名 C 《英》= sled (⇒ sled 表). — 動 自 《英》= sled.

sledge·ham·mer /slédʒhæ̀mə | -mə/ 名 C 大つち《両手で用いる》.

sleek /slí:k/ 形 (sleek·er; sleek·est) ❶ (毛皮や髪が)なめらかな, つやのある. ❷ (車などが)(流線型で)かっこいい. ❸ (人が)裕福そうな, 身なりのよい. — 動 他 (毛皮や髪)をなめらかにする; なでつける (*back, down*).

***sleep /slí:p/

— 動 (sleeps /~s/; 過去・過分 slept /slépt/; sleep·ing) 自 ❶ **眠っている**, 眠る, 寝る; 泊まる: I *slept* well [badly] last night. 昨夜はよく眠れた[眠れなかった] / Good night, Mary. *Sleep* well. おやすみ, メアリー. よく休んでね《ベッドに入る[入っている]人に言うことば》/ I *slept* (*for*) nine hours. 私は 9 時間眠った(⇒ for 前 A 5 語法) / *sleep* late 遅くまで寝ている, 朝寝ぼうする / He ***slept at*** his aunt's house last night. V+前+名 彼はゆうべおばの家に泊まった / Is he *sleeping*? 彼は寝ているの《✪ Is he *asleep*? のほうが普通》.

寝る

昨夜は 10 時に寝た.
○I **went to bed** at ten last night. 《ベッドに入った》
○I 「**went to sleep** [**fell asleep**] at ten last night. 《眠りについた》
×I slept at ten last night.

sleep, be asleep (眠っている状態)	寝る
be in bed (ベッドにいる状態)	
go to sleep, fall asleep (眠りにつく動作)	
go to bed (ベッドに入る動作)	

❷ 《略式》[遠回しに] (人と)寝る, 性的関係を持つ (*together*; *with*). ❸ 《文語》(場所が)寝静まっている, 静まりかえっている. ❹ 《文語》永眠している: A great poet *sleeps* here. 大詩人ここに眠る《墓石に刻まれた文》.
— 他 [受身なし] (場所が)(...人)を泊められる: This room can *sleep* five. この部屋は 5 人泊まれる.

sléep tíght [動] 自 [主に命令文で; 特に子供に対して] S ぐっすりと眠る. (形 asléep)

sleep の句動詞

sléep aróund 動 自 《略式》[軽蔑的] いろいろな相手と性的関係を持つ.

sléep awáy 動 他 (時間)を眠って過ごす: I *slept* the whole day *away* yesterday. 私は昨日一日眠って過ごした.

sléep ín 動 自 朝寝ぼうする.

sléep óff 動 他 (...)を寝て治す: She *slept off* her hangover. 彼女は寝て二日酔いを治した.

sléep it óff [動] 自 《略式》眠って酔いをさます.

sléep on ... 動 他 S ...をひと晩寝て考える; ...の決定を翌日まで延ばす: I'll *sleep on* it. よく考えておきましょう《やんわり断わるときのことが多い》.

S

sléep óver 動 自 (特に子供が)人の家に泊まる.
sléep thròugh ... 動 他 (目覚し時計の音・地震など)に気づかずに眠り続ける; ...の間ずっと目を覚まさない: My father *slept through* the movie. 父は映画の間ずっと眠っていた.

— 名 ❶ U 眠り, 睡眠; [a ～] ひと眠り(の時間): I didn't get much *sleep* last night. 昨夜はあまり眠っていない / lack of *sleep* 睡眠不足 / talk ***in*** one's ***sleep*** 寝言を言う / Did you have *a* good *sleep*? よく眠れた? / Have *a* good night's *sleep*! おやすみなさい. ❷ U《略式》目やに.
can [be àble to] dó ... in one's **sléep** [動] 目をつぶっていても...できる.
gèt to sléep [動] 自 [しばしば否定文で] 寝つく.
gò to sléep [動] 自 (1) 寝つく, 寝入る《⇒ 自 1 表》: I usually *go to sleep* the moment I get into bed. ふだんはベッドに入るとすぐに寝入ってしまう. (2)《略式》(手足などが)しびれる.
lóse sléep òver ... [動] 他 [普通は否定文で] ...が気がかりで眠れない, ...を心配する.
pút ... to sléep [動] 他 (1) [遠回しに] (動物)を(薬で)殺す. (2)《略式》(人)を麻酔で眠らせる.
sénd ... to sléep [動] 他 (...)を眠らせる, 寝かしつける.
(形 sléepy)

sleep·er /slíːpɚ | -pə/ 名 ❶ C 眠っている人; [前に形容詞をつけて] 眠りの...の人: a *light* [*heavy, sound*] *sleeper* 眠りの浅い[熟睡できる]人. ❷ C 寝台車 [≒sleeping car]; 寝台車の寝台. ❸ C《主に米》予想外にヒットしたもの《本・映画など》. ❹ C《英》(鉄道の)まくら木 [《米》tie]. ❺ C《米》(赤ちゃんの)おくるみ, 寝巻き.
sleep·i·ly /slíːpɪli/ 副 眠そうに.
sleep·i·ness /slíːpinəs/ 名 U 眠いこと.
+**sleep·ing** /slíːpɪŋ/ 形 限定 **眠っている**; 休止している: Let *sleeping* dogs lie.《ことわざ》眠っている犬を起こすな(触らぬ神にたたりなし). 語法 これと同じ意味の 叙述 は asleep.
sléeping bàg 名 C 寝袋, シュラーフ.
Sléeping Béauty 名 固 [the ～] 眠れる森の美女《おとぎ話の主人公》; [こっけいに] ねぼすけ.
sléeping càr 名 C 寝台車.
sléeping pártner 名 C《英》= silent partner.
sléeping pill 名 C 睡眠薬《錠剤》.
sléeping sìckness 名 U【医学】眠り病《ツェツェバエが媒介となる熱帯性の感染症》.
sleep·less /slíːpləs/ 形 限定 (夜などが)眠れない; [しばしば 叙述] (人が)眠れないで(いる): spend a *sleepless* night 眠れない夜を過ごす / He lay *sleepless* in bed, worrying. 彼は心配で寝つけなかった.
sleep·o·ver /slíːpòuvɚ | -və/ 名 C (子供の)お泊まり会《友人の家に泊まる》.
sleep·walk /slíːpwɔ̀ːk/ 動 自 夢中歩行する.
sleep·walk·er /slíːpwɔ̀ːkɚ | -kə/ 名 C 夢遊病者.
sleep·walk·ing /slíːpwɔ̀ːkɪŋ/ 名 U 夢遊病.

**sleep·y /slíːpi/

— 形 (sleep·i·er; sleep·i·est) ❶ **眠い**, 眠そうな; 寝ぼけた: feel *sleepy* 眠い / She looked at it with *sleepy* eyes. 彼女は寝ぼけまなこでそれを見た. ❷ (場所などが)眠っているような, 活気のない, 静かな.
(名 sleep)

sleep·y·head /slíːpihèd/ 名 C [しばしば呼びかけに用いて] S おねむさん, ねぼすけ《特に子供》.
sleet /slíːt/ 名 U みぞれ《⇒ rain 関連》. — 動 自 [it を主語として; ⇒ it¹ A 2] みぞれが降る.
sleet·y /slíːṭi/ 形 (sleet·i·er; -i·est) みぞれの(ような), みぞれの降る.
+**sleeve** /slíːv/ 名 (～s /～z/) ❶ C (衣服の)**そで**, たもと: a dress with long *sleeves* 長そでのドレス. 関連 shirtsleeve ワイシャツのそで. ❷ C = jacket 2. ❸ C スリーブ《機械の軸などを包む筒状の管》.
háve [kéep] ... ùp one's **sléeve** [動] 他《略式》いざというときのために(奥の手など)を用意しておく.
láugh ùp one's **sléeve** [動] 自《略式》ひそかに笑う, ほくそえむ (*at*).
róll úp one's **sléeves** [動] 自 腕まくりする; 気を引き締めてとりかかる《⇒ roll up (roll 句動詞)例文》.
-sleeved /slíːvd/ 形 [合成語で] (...の)そでのある: short-*sleeved* 半そでの.
sleeve·less /slíːvləs/ 形 そでのない, ノースリーブの.
sléeve nòtes 名 複《英》= liner notes.
sleigh /sléɪ/ 名 C そり《普通は馬が引く; Santa Claus がとなかい (reindeer) に引かれて乗るそりでもある; ⇒ sled 表》: ride in a *sleigh* そりに乗る.
sleight /sláɪt/ 名 [次の成句で] **sléight of hánd** [名] (1) 手先の早業; 手品. (2) 巧みなごまかし.
slen·der /sléndɚ | -də/ 形 (slen·der·er /-dərɚ | -rə/, more ～; slen·der·est /-dərɪst/, most ～) ❶ [よい意味で] (人・体などが)ほっそりした, スリムな; (柱などが)細長い《⇒ thin 類義語》: a *slender* girl すらっとした少女 / *slender* fingers ほっそりした指. ❷ (資力・可能性などが)乏しい, わずかな: people of *slender* means [resources] 資力の乏しい人々 / win by a *slender* margin [majority] 僅差で勝つ.
slen·der·ness /sléndɚnəs | -də-/ 名 U ほっそりしていること, すらりとしていること.

***slept /slépt/ 動 sleep の過去形および過去分詞.

sleuth /slúːθ/ 名 C《古風》探偵.
slew¹ /slúː/ 動 slay の過去形.
slew² /slúː/ 名 [a ～]《略式》たくさん, 多数: *a slew of* problems 山ほどの問題.
slew³ /slúː/ 動 自 [副詞(句)を伴って] (車などが)急に向きを変える, 横すべりする; 回る (*around*). — 他 [副詞(句)を伴って] (車など)の向きを急に変える; 回す (*around*).
*__slice__ /sláɪs/ 名 (slic·es /～ɪz/) ❶ C (パン・肉などの薄い)**ひと切れ**《⇒ loaf¹, roll 名 2》: a ***slice of bréad*** [*cáke*] パン[ケーキ]ひと切れ. ❷ C《略式》一部分; 分け前: demand a *slice of* the profits 利益の分け前を要求する. ❸ C《英》薄刃の(料理用)へら, フライ返し (fish slice). ❹ C【スポーツ】(打球の)スライス.
a slíce of lífe [名] (小説・映画などに描かれる)人生の現実の姿.
— 動 (slic·es /～ɪz/; sliced /～t/; slic·ing) 他 ❶ (...)を**薄く切る** (*up*); 切り分ける; 切り取る, 切り落とす (*off*): *slice* the bread thinly パンを薄く切る / *slice* the meat *in* two [half] 肉を2つに切り分ける. ❷ (時間・金など)を削減する (*off*). ❸【スポーツ】(球)をスライスさせて打つ.
— 自 ❶ (刃物が[で]) (...を)すぱっと切る (*into, through*). ❷ [副詞(句)を伴って] (空気・水などを)切るように進む (*through, into*).
ány wày you slíce it [副] S《米》どのように考えても.

+**slick** /slík/ 形 (slick·er; slick·est) ❶ (動作などが)**巧みな**, なめらかな: a *slick* performance 見事な演技. ❷ [しばしば軽蔑的] 口先のうまい; (作品などが)巧妙な作りの, 見ばえがする(が深みに欠ける): a *slick* lawyer 口先のうまい弁護士. ❸ (道路が)つるつる滑る; (髪などが)なめらかな.
— 動 [次の成句で] **slíck báck [dówn]** [動] 他 (髪など)をきれいになでつける, てかてかにする.
— 名 C = oil slick.

slick·er /slíkə | -kə/ 名 C 《米》 (長いゆったりした)レインコート.

*slid /slíd/ 動 **slide の過去形および過去分詞.**

*slide /sláɪd/ 動 (slides /sláɪdz/; 過去・過分 slid /slíd/; slid·ing /-dɪŋ/) 自 ❶ **滑る, 滑走する**, 滑るように走る[動く] (⇒ 類義語); 〔野球〕 滑り込む: Children were ***sliding down*** the snowy hill on sleds. V+前+名 子どもたちはそりで雪の積もった丘を滑り降りていた / The runner ***slid into*** third base. ランナーは三塁に滑り込んだ / The door *slid* open. V+C(形) ドアは(ひとりでに)すると開いた / The drawers ***slide in*** and ***out*** smoothly. V+副 その引き出しは出し入れがなめらかだ. ❷ [副詞(句)を伴って] **そっと動く[入る, 出る]**: He ***slid out of*** his seat. V+前+名 彼はそっと席を抜け出した. ❸ (価格・数量などが)下落する. ❹ 徐々に悪化する, (悪い状態に)陥る: *slide into* a bad habit いつのまにか悪い癖を身につける.
— 他 ❶ (...)を滑らせる, 滑走させる: *slide* the bottle *across* the counter びんをカウンターの向こうへ滑らせる. ❷ [副詞(句)を伴って] (物)をするりと(...に)入れる[(...から)出す], そっと入れる[出す]: He *slid* a gun *into* his pocket. 彼は銃をこっそりポケットに忍ばせた.
lèt ... slíde [動] 他 (物事)を悪くなるまま見過ごす; (問題など)を放っておく.

類義語 **slide** なめらかな表面を楽々と滑る: Children like to *slide down* banisters. 子供は階段の手すりを滑り降りるのが好きだ. **glide** 音を立てずに流れるように滑る. 必ずしも表面との接触を意味しない: A swallow *glided* through the air. つばめが空中を滑るように飛んだ. **slip** 誤って足を滑らす, あるいはそれに似た動作: I *slipped* on the icy sidewalk. 氷の張った歩道で足を滑らせた.

— 名 (slides /sláɪdz/) ❶ C **滑り台**: play on a *slide* 滑り台で遊ぶ.
❷ C [普通は a ～] **滑ること**, 滑走; 〔野球〕 滑り込み: A truck suddenly went into *a slide* on the icy road. トラックが突然凍りついた道路を滑り始めた.
❸ C (写真や顕微鏡の)**スライド**; 〔コンピュータ〕 スライド《プレゼンテーションなどで投影・表示する画像資料》: He showed us some *slides* of his trip to India. 彼は私たちにインド旅行のスライドを見せてくれた. ❹ C [普通は単数形で] (価格などの)下落, 低下; 悪化 (*in, into*): on the *slide* 下落して, 落ち目で. ❺ C 山崩れ, 地滑り (landslide); 雪崩(なだれ) (snowslide).

slíde projèctor 名 C スライド映写機.

slid·er /sláɪdə | -də/ 名 C 〔野球〕 スライダー.

slíde rùle 名 C 計算尺.

slíding dóor 名 C 引き戸.

slíding scále 名 C 〔経済〕 スライド制《賃金・料金などを物価・収入などの変動に応じて上下させる》.

sli·er /sláɪə | sláɪə/ 形 sly の比較級.

sli·est /sláɪɪst/ 形 sly の最上級.

*slight /sláɪt/ ✪ -ght で終わる語の gh は発音しない. (同音 sleight) 形 (slight·er /-tə | -tə/; slight·est /-tɪst/) ❶ [普通は 限定] **わずかな, (ほんの)少しの**; 《格式》 (問題・作品などが)大したことのない, 取るに足らない: a *slight* headache かすかな頭痛 / He gets upset over the *slightest* mistake. 彼はほんのちょっとした間違いにも腹をたてる (⇒ **巻末文法 12.4**) / There isn't the *slightest* bit of truth in what he says. 彼の言うことには真実のかけらもない. ❷ (人・体などが)ほっそりした, きゃしゃな.
nòt in the slíghtest [副] Ⓢ **少しも(...で)ない**: "Do you mind if I sit here?" "*Not in the slightest.*" 「ここに座ってもいいですか」「ええ, どうぞ(全くかまいません)」
— 動 他 [しばしば受身で] (...)を軽んじる, 無視する; 侮辱する: feel *slighted* 無視されたと感じる.
— 名 C 軽視, 軽蔑(べつ); 侮辱 (*on, to*).

*slight·ly /sláɪtli/ 発音 副 ❶ **わずかに**, 少しばかり: It was raining *slightly*. 小雨が降っていた / be *slightly* injured 軽いけがをする / I'm feeling ever so *slightly* better today. きょうはほんの少し気分がいい. ❷ ほっそりと, きゃしゃに: *slightly* built 体つきが細い.

*slim /slím/ 形 (slim·mer; slim·mest) ❶ [よい意味で] (体などが)**ほっそりした**, すらりとした, スリムな; (本などが)薄い (⇒ thin 類義語): have a *slim* figure ほっそりした体つきをしている. ❷ (見込みなどが)わずかな, 少ない: by a *slim* majority わずかな差で / The patient's chances of recovery are *slim*. 患者の回復の見込みは少ない.
— 動 (slims; slimmed; slim·ming) 自 [普通は進行形で] 《英》 (減食・運動などで)減量する, ダイエットする.
slím dówn [動] 自 (1) やせる. (2) (会社などが)規模を縮小する. — 他 (1) (体)を細くする. (2) (会社・人員など)を縮小する, 削減する.

slime /sláɪm/ 名 U どろどろ[ねばねば]した物, 粘着物; 軟泥, へどろ; (なめくじなどの)粘液.

slim·line /slímlàɪn/ 形 ❶ 《英》 小型の, 薄型の. ❷ 《英》 (飲み物が)低カロリーの.

slim·ness /slímnəs/ 名 U ほっそりしていること.

slim·y /sláɪmi/ 形 (slim·i·er; -i·est) ❶ ぬるぬるした, ねばねばした; 泥だらけの. ❷ 《略式》 [軽蔑的] なれなれしい, 取り入ろうとする, ぺこぺこする.

sling /slíŋ/ 動 (slings; 過去・過分 slung /slʌ́ŋ/; sling·ing) 他 ❶ (...)を(無造作に[力を入れて])投げる, ほうる. ❷ [副詞(句)を伴って; しばしば受身で] (...)をかける, ぶら下げる, 下げる, つるす: *sling* the washing *on* a clothesline 洗濯物を物干し綱につるす. — 名 (～s /～z/) ❶ C つり包帯, 三角巾: have one's arm *in a sling* (けがなどで)腕をつっている. ❷ C (重い物をつり上げる)つり索, つり綱, つり鎖. ❸ C (ベビー)スリング《赤ん坊を抱くのに用いる布状のだっこひも》. ❹ C 投石器《昔の武器》.

sling·shot /slíŋʃɑ̀(ː)t | -ʃɔ̀t/ 名 C 《米》 (石などを飛ばす)おもちゃのぱちんこ [《英》 catapult].

slink /slíŋk/ 動 (slinks; 過去・過分 slunk /slʌ́ŋk/; slink·ing) 自 [副詞(句)を伴って] (恥ずかしさなどで)こそこそ歩く, こそこそ逃げる.

*slip[1] /slíp/

意味のチャート
「そっと動く」 動 自 ❸ → 「するりと抜ける」 自 ❷
→ 「滑る」 自 ❶, ❷; 「滑ること」 名 ❷ → (うっかりする) → (しくじる) → 「間違い」 名 ❶
→ 「さっと着る[脱ぐ]」 自 ❹ → (さっと着られるもの) → 「スリップ」 名 ❸

動 (slips /~s/; slipped /~t/; slip·ping) 自 ❶ **滑って転ぶ**, 足を滑らせる: He *slipped* and fell on his bottom. 彼は滑って転んでしりもちをついた / I ***slipped on*** the ice. V+*on*+名 氷の上で滑った.
❷ **滑る**, はずれる; 滑り落ちる, するりと抜ける《⇒ slide 類義語》: The knife *slipped* and cut her finger. ナイフが滑って彼女は指を切った / The napkin ***slipped off*** [***from***] her lap. V+前+名 ナプキンが彼女のひざから滑り落ちた / The eel ***slipped out of*** my hands. うなぎは手からするりと抜け出た. 日英 日本語で車の横滑りを「スリップ(する)」というが, 英語では普通は skid という.
❸ [普通は副詞(句)を伴って] **そっと出る[入る, 動く]**; 滑るように動く[進む, 流れる]; (時などが)いつのまにか過ぎる; (機会などが)去る, 消える: He ***slipped out of*** the room. V+前+名 彼は部屋からこっそり抜け出した / The weeks ***slipped by*** [***away, past***]. いつのまにか数週間が過ぎ去った // ⇒ let ... slip (成句) (2). ❹ [副詞(句)を伴って] (服などを)さっと着る[脱ぐ]: She *slipped into* [*out of*] her dress. 彼女はさっと服を着た[脱いだ]. ❺ (ある状態に)陥る; 悪化[低下, 下落]する: *slip into* unconsciousness 意識を失う.
— 他 [受身なし] ❶ (...)を**滑らせる**, 滑り込ませる; そっと(...に)入れる, そっと(...から)出す: He ***slipped*** the letter ***into*** [***out of***] his pocket. V+O+前+名 彼は手紙をポケットに滑り込ませた[からそっと出した] / *slip* a note *under* the door ドアの下にメモを差し込む.
❷ (物)を**こっそり渡す**: I ***slipped*** a note ***to*** my friend while the teacher wasn't looking. V+O+*to*+名 先生が見ていないすきに友達にメモをこっそり渡した / She *slipped* the boy a dollar. V+O+O 彼女は少年にこっそり1ドルを手渡した. ❸ (束縛しているもの)から逃れる, 離れる; (記憶・関心など)から離れる. ❹ (衣服・靴など)をすばやく身につける[はずす], 急いで着る[脱ぐ]: He *slipped* his coat *on* [*off*]. 彼はさっと上着を着た[脱いだ].

lèt ... slíp [動] 他 (1) (事実など)をうっかりしゃべる: He *let* (it) *slip that* he was going to leave. 彼はやめるつもりだと口を滑らせた. (2) (機会など)を逃す: You don't want to *let* this opportunity *slip* (*through* your *fingers*). この機会を逃してはいけない.
slíp awáy [動] 自 (1) (気づかれないうちに)そっと立ち去る: She *slipped away* into the crowd. 彼女はそっと人込みの中へ姿を消した. (2) (機会などが)気づかないうちに消える, (時が)過ぎる《⇒ 自 3》.
slíp òne óver on ... [動] 他《略式, 主に米》...をだます, 出し抜く.
slíp óut [動] 自 (秘密などが)つい(口から)もれる.
slíp úp [動] 自 間違える, しくじる: He *slipped up on* the date [last question]. 彼は日付を間違えた[最後の問題でしくじった]. (形 slíppery)

— 名 (~s /~s/) ❶ C (ちょっとした)**間違い**, 失敗 [≒mistake]: make a *slip* 間違いをする / a *slip* of the pen 書き間違い / There's many a *slip* 'twixt (the) cup and (the) lip. 《ことわざ》コップを口に持っていく間にいくらもしくじりは起こる(油断大敵) //⇒ a slip of the tongue (tongue 成句). ❷ C 滑って転ぶこと; 滑ること: have a *slip* on the ice 氷で滑って転ぶ //⇒ 動 自 2 (日英). ❸ C スリップ《女性用の下着》[≒ petticoat]: wear a *slip* スリップを着ている. ❹ C 低下, 下落 (*in*).
gíve ... the slíp [動] 他《略式》(追っ手)をまく.

+**slip**[2] /slíp/ 名 (~s /~s/) C **細長い一片, 紙片**; 伝票; メモ用紙: a ***slip of*** paper 細長い紙片 / a salary *slip* 給与明細票 / a sales *slip* 売上伝票.

slip·case /slípkèɪs/ 名 C (ボール紙製の)本の外箱.
slip·cov·er /slípkʌ̀vɚ | -və/ 名 C 《米》(ソファーなどにかける)カバー.
slip·knot /slípnɑ̀(ː)t | -nɔ̀t/ 名 C 投げなわ結び《引けば締まる》; 引き結び《引けばすぐ解ける》.
slip-on /slípɑ̀(ː)n, -ɔ̀ːn | -ɔ̀n/ 名 C [普通は複数形で] スリッポン(シューズ), (ひもがなくて)はいたり脱いだりしやすい靴. — 形 限定 スリッポン式の.
slip·page /slípɪʤ/ 名 U,C (価値・量などの)低下, 下落; (目標などとの)ずれ, 遅れ; 滑り.
slípped dísk [dísc] /slípt-/ 名 C [普通は a ~] 椎間板(ついかんばん)ヘルニア《⇒ disk 語法》.
slip·per /slípɚ | -pə/ 名 C [普通は複数形で] スリッパ, 部屋ばき《普通は寝室ではく; ⇒ bedroom 挿絵》: a pair of *slippers* スリッパ 1 足. 日英 slipper はつっかけ式の室内ばきの総称で, かかとの低い物からかかとのない物まである. 日本でいうかかとのないスリッパは mule, 《米》ではまた scuff という.
slip·per·i·ness /slíp(ə)rinəs/ 名 U 滑りやすいこと; 《略式》信用できないこと.
slip·per·y /slíp(ə)ri/ 形 (slip·per·i·er, more ~; slip·per·i·est, most ~) ❶ つるつるした, 滑りやすい; (ぬるぬるして)つかまえにくい. ❷《略式》(人が)信用できない, ずるい. ❸《略式》(ことば・概念などが)曖昧な.
a [the] slíppery slópe [名] 破滅への道: He is on *the slippery slope to* ruin. 彼は破滅への道を突き進んでいる. (動 slip[1])
slíp ròad 名 C 《英》= ramp[1] 1.
slip·shod /slípʃɑ̀(ː)d | -ʃɔ̀d/ 形 [軽蔑的] (仕事などが)いいかげんな, 雑な.
slip·up /slípʌ̀p/ 名 C 《略式》小さなミス[間違い].
slit /slít/ 動 (slits; 過去・過分 slit; slit·ting) 他 (...)を切り開く; 縦に細長く切る[裂く]. — 名 C 長い切り口; スリット《スカートなどの切り込み》; 細長い穴[裂け目].
slith·er /slíðɚ | -ðə/ 動 (-er·ing /-ð(ə)rɪŋ/) 自 [副詞(句)を伴って] ずるずる滑る; (蛇などが)くねくね進む.
slith·er·y /slíðəri/ 形 ぬるぬるした; すべすべした.
sliv·er /slívɚ | -və/ 名 C (ガラス・材木などの)細長い一片, 切片; (光などの)ひと筋, 少し: a *sliver of* broken glass 割れたガラスの破片.
slob /slɑ́(ː)b | slɔ́b/ 名 C 《略式》だらしない男, 汚らしいやつ.
slob·ber /slɑ́(ː)bɚ | slɔ́bə/ 動 (-ber·ing /-b(ə)rɪŋ/) 自 よだれをたらす. **slóbber òver ...** [動] 他《略式》[軽蔑的] (人・物)にやたらと愛情[関心]を示す.
slob·ber·y /slɑ́(ː)b(ə)ri | slɔ́b-/ 形 よだれでべたべたの.
sloe /slóʊ/ 名 C りんぼくの青黒い実; りんぼくの木.
slóe gín 名 U スロージン《sloe で味をつけたジン》.
slog /slɑ́(ː)g | slɔ́g/ 動 (slogs; slogged; slog·ging) ❶ 自《略式》たゆまず働く, がんばって(...を)やる (*away*; *at*). ❷ [副詞(句)を伴って]《略式》重い足どりで歩く (*down*, *up*, *along*). **slóg it óut** [動] 自 《英》決着がつくまでやる. **slóg (one's wáy) through ...** [動] 他《略式》(雪など)をかき分けて進む; (仕事など)をがんばってやり抜く. — 名 ❶ [U または a ~]《略式》つらい仕事(の時間). ❷ [a ~] 長時間の歩行, つらい道のり.

+**slo·gan** /slóʊg(ə)n/ 名 (~s /~z/) C **スローガン**, 標語; (宣伝用の)うたい文句, キャッチフレーズ《⇒ catch-phrase 日英》: The *slogan* on the demonstrators' banner said "No Nukes!" デモ隊の横断幕には「核兵器[原発]反対」というスローガンが書いてあった.

S

〘語源 元来は「(軍隊の)ときの声」の意〙

slo-mo /slóʊmoʊ/ 名 U, 形 = slow(-)motion.

sloop /slúːp/ 名 C スループ型帆船《1 本マスト》.

slop /slɑ́(ː)p | slɔ́p/ 動 (slops; slopped; slop·ping) 自 [副詞(句)を伴って] (液体が)はねる, こぼれる. — 他 ❶ (液体)をこぼす. ❷《米》(豚)に残飯を与える.
slóp aróund [abóut] [動] 自《英略式》(だらしない格好で)ぶらぶらする, だらだら過ごす. — 名 ❶ [U または複数形で] (飼料用の)残飯; 汚水; (人間の)糞尿. ❷ U《略式》ぐちゃぐちゃした(まずい)食べ物.

+**slope** /slóʊp/ 名 (~s /~s/) ❶ C **坂**, 坂道, 斜面; (スキー場の)ゲレンデ: a steep [gentle] *slope* 急[ゆるやか]な坂 / 「an upward [a downward] *slope* 上り[下り]坂 / hit the *slopes* スキーをする.
❷ [U または a ~] **勾配**(こうばい), 傾斜: The land has *a slope of* 8 degrees. その土地は勾配が 8 度ある.
— 動 自 傾斜する, 坂になる: The field *slopes down* to the river. 畑は川の方へ下っている.
slópe óff [動] 自《英略式》(仕事から)こっそり逃げる, ずらかる.

slop·pi·ly /slɑ́(ː)pɪli | slɔ́p-/ 副 いいかげんに.

slop·pi·ness /slɑ́(ː)pinəs | slɔ́p-/ 名 U いいかげんさ; だらしのなさ.

slop·py /slɑ́(ː)pi | slɔ́pi/ 形 (slop·pi·er; slop·pi·est) ❶ (人·仕事などが)いいかげんな, ずさんな: a *sloppy* worker 適当に仕事をする人. ❷ (服などが)だぶだぶの; だらしない, 薄汚れた: a *sloppy* old coat 薄汚れた古いコート. ❸ 感傷的で陳腐な. ❹ べちゃべちゃの; (かゆなどが)水っぽい.

slosh /slɑ́(ː)ʃ | slɔ́ʃ/ 動 自 [副詞(句)を伴って] ❶ (水などが)ばちゃばちゃする, はねる. ❷ (泥[水]の中を)ばちゃばちゃ歩く[跳ね回る]. — 他 (水など)をばちゃばちゃさせる; (液体)をぞんざいに注ぐ (*into*).

sloshed /slɑ́(ː)ʃt | slɔ́ʃt/ 形 叙述《略式》酔っぱらった.

+**slot** /slɑ́(ː)t | slɔ́t/ 名 (slots /slɑ́(ː)ʦ | slɔ́ʦ/) ❶ C (物を入れる)**細長い小さい穴[溝]**; (自動販売機などの)(**硬貨)投入口**: He put two quarters in the *slot*. 彼は 25 セント貨を 2 枚投入口に入れた. ❷ C (組織·計画·表などの中の)位置, 地位, 場所; (テレビ番組などの)時間帯, 枠.
— 動 (slots; slot·ted; slot·ting) 他 (...)をはめ込む; 《略式》(予定·組織の中へ)入れる (*in, into*).
— 自《略式》(集団などに)うまく溶け込む, なじむ (*in; into*).

sloth /slɔ́ːθ | slóʊθ/ 名 ❶ C なまけもの《中南米産の動物》. ❷ U《格式》怠惰, ものぐさ [≒laziness].

sloth·ful /slɔ́ːθf(ə)l, slɑ́(ː)θ- | slóʊθ-/ 形《格式》ものぐさな, 無精な.

slót machìne 名 ❶ C《米》スロットマシン [《英》fruit machine, 《略式》one-armed bandit]: play a *slot machine* スロットマシンで遊ぶ. ❷ C《英》= vending machine.

slótted spóon 名 C 穴あき大型スプーン.

slouch /sláʊʧ/ 動 自 (だらけて)前かがみに歩く[座る, 立つ]. — 名 [a ~] 前かがみ(に歩く[座る, 立つ]こと).
be nó slóuch at ... [動] 他《略式》...の達人だ.

slough[1] /slʌ́f/ 動 他 ❶ (蛇などが)(皮)を脱ぎ落とす (*off*). ❷《文語》(習慣·責任など)を捨てる (*off*).

slough[2] /slúː, sláʊ/ 名 ❶ [a ~]《文語》泥沼[絶望]状態 (*of*). ❷ C ぬかるみ, 泥沼; 沼地.

Slo·vak /slóʊvɑːk, -væk | -væk/ 名 ❶ C スロバキア人. ❷ U スロバキア語. — 形 スロバキア(人)の; スロバキア語の.

Slo·va·ki·a /sloʊvɑ́ːkiə, -vǽk-/ 名 固 スロバキア《ヨーロッパ中部の共和国; 1993 年に Czechoslovakia から分離独立した; 首都 Bratislava》.

Slo·ve·ni·a /sloʊvíːniə/ 名 固 スロベニア《ヨーロッパ南部の共和国; もと Yugoslavia 連邦の一部》.

slov·en·ly /slʌ́v(ə)nli/ 形 (slov·en·li·er; more ~; slov·en·li·est, most ~) 無精な, だらしない; いいかげんな, ぞんざいな.

***slow** /slóʊ/ (同音 sloe)
— 形 (slow·er; slow·est) ❶ (速度·動作などが)**遅い**, **ゆっくりした**, のろい [⇔ quick, fast, rapid]《⇒ late 2 表》: walk at a *slow* pace 遅いペースで歩く / a *slow* walker 歩くのが遅い人 / *slow* music ゆるやかな音楽 / a *slow* train 普通列車, 鈍行 / *Slow* and steady wins the race.《ことわざ》ゆっくりでも着実にやってゆくのが勝負には勝つ(急がば回れ).
❷ (進行·行動などが)**遅い**, 時間がかかる, なかなか...しない; (人が)(もの覚え·理解などが)遅い, 鈍感な; おっとりした [⇔ quick]: He was ***slow to*** react to the crisis. [+*to* 不定詞] 彼は危機に対応するのが遅かった 多用 / Change has been ***slow*** (***in*** [***at***]) com***ing***. [(+*in* [*at*]) + 動名] 変化が現われるのには時間がかかった / The economic recovery has been painfully *slow*. 経済復興がひどく遅れている. 語法 「(決まった時間に)遅れる」の意味では slow ではなく late を用いる: He was *late in* handing in his report 報告書を出すのが遅れた // a *slow* learner 覚えの悪い人.
❸ **活気のない**; つまらない: Business was *slow* last month. 先月は商売は低調だった.
❹ 叙述 (時計が)**遅れている** [⇔ fast]: Your watch is three minutes *slow*. 君の時計は 3 分遅れている. ❺ (フィルムが)感光度の低い.
— 副 (slow·er; slow·est)《略式》**ゆっくりと**, 遅く, のろく [≒slowly]: He speaks *slower* than 「I (do) [me]. 彼は私よりゆっくりしゃべる《⇒ than 接 1 と 前 の 語法》/ DRIVE SLOW 徐行《道路の指示》. 語法 感嘆文で how とともに文頭にくるとき以外は, slow は slowly と違って常に動詞の後にくる.
gò slów [動] 自 **ゆっくり行く**; (仕事などを)ゆっくりやる, のんびりする (*on*)《⇒ go-slow》.
— 動 (slows /~z/; slowed /~d/; slow·ing) 自 速度が落ちる, 遅くなる; 速度を落とす. — 他 (...)を遅くする, 遅らせる; (...)の速度を落とす.

slow の句動詞

*__slów dówn__ 動 自 **速度が落ちる**, 速度を落とす [⇔ speed up]; (人が)のんびりする: Our train *slowed down* before entering the tunnel. 列車はトンネルに入る前にスピードを落とした. 日英 「スピードダウン」は和製英語. — 他 (...)の速度を落とす, (...)に減速させる.
slów úp 動 自 = slow down.

slow·down /slóʊdàʊn/ 名 ❶ C [普通は単数形で] 減速, 停滞 (*in, of*). ❷ C《米》怠業戦術, サボタージュ [《英》go-slow]《⇒ sabotage 日英》.

slów fóod 名 U,C スローフード《fast food に対して, 伝統的な手間ひまかけた料理[食べ物]》.

slów làne 名 C (高速道路の)低速車線《外側の車線; ⇒ fast lane》.

***slow·ly** /slóʊli/

— 副 ゆっくりと, 遅く [⇔ quickly, fast, rapidly]: walk *slowly* down the street 通りをゆっくり歩く / Could you please speak more *slowly*? もっとゆっくり話してくださいませんか.

slówly but súrely [副] ゆっくりとだが確実に.

slów mótion 名 U (画面などの)スローモーション [《略式》 slo-mo]: show the scene *in slow motion* スローモーションでその場面を見せる.

slow-mo·tion /slóʊmóʊʃən←/ 形 限定 スローモーション[高速度撮影]の [《略式》 slo-mo].

slow·ness /slóʊnəs/ 名 U 遅いこと; 鈍感.

slow·poke /slóʊpòʊk/ 名 C 《米略式》 のろま《人》.

slow-wit·ted /slóʊwíṭɪd←/ 形 頭の鈍い.

sludge /slʌ́ʤ/ 名 U 泥, ぬかるみ; (汚水・廃水中の)泥状の沈殿物, へどろ; オイルかす.

slug[1] /slʌ́g/ 名 C なめくじ.

slug[2] /slʌ́g/ 名 ❶ C 《米略式》 弾丸. ❷ C 《米略式》 (自動販売機で不正に使われる)にせ硬貨. ❸ C 《略式》 (ウイスキーなどの)一口 (*of*).

slug[3] /slʌ́g/ 動 (slugs; slugged; slug·ging) 他 《略式》 (...)を(げんこつで)殴りつける, 強打する; (ボール)を(バットで)強打する. **slúg it óut** [動] 自 決着がつくまで戦う.

slug-fest /slʌ́gfèst/ 名 C 《略式, 主に米》 激しい打ち合い[言い争い].

slug·ger /slʌ́gɚ | -gə/ 名 C 《米略式》 強打者, スラッガー《野球・プロボクシングなどで》.

slug·gish /slʌ́gɪʃ/ 形 ❶ のろい; (動作などが)鈍い. ❷ 不活発な; けだるい. ❸ (景気などが)停滞した. **~·ly** 副 のろのろと; 不活発に.

sluice /slúːs/ 名 C 水門; せき口. — 動 他 (...)を水で洗い流す, (...)に水をどっとかける (*out, down*). — 自 [副詞(句)を伴って] (水が)どっと流れる.

+**slum** /slʌ́m/ 名 (~s /~z/) ❶ C [しばしば複数形で] **スラム街**; スラム街の家[部屋]: live in the *slums* スラム街に住む. ❷ C 《英略式》 不潔な所[家, 部屋].

— 動 (slums; slummed; slum·ming) [次の成句で] **slúm it = be slúmming (it)** [動] 自 《略式》 [しばしばこっけいに] ふだんよりひどい状況に甘んじる.

slum·ber /slʌ́mbɚ | -bə/ 動 (-ber·ing /-b(ə)rɪŋ/) 自 《文語》 眠る, まどろむ [≒sleep]. — 名 U,C [しばしば複数形で] 《文語》 眠り, まどろみ.

slúmber pàrty 名 C 《米》 パジャマパーティー《子供たちが友だちの家に泊まって一夜を明かす》.

+**slump** /slʌ́mp/ 動 (slumps /~s/; slumped /~t/; slump·ing) 自 ❶ (物価などが)**暴落する**, (景気・事業などが) 不振となる [⇔ boom]: Profits *slumped* noticeably. 利益が著しく落ちた. ❷ [副詞(句)を伴って] 急に倒れる, 落ち込む, くずれるように座る; うなだれる, 前かがみになる.

— 名 (~s /~s/) ❶ C **不景気**, (物価などの)**暴落**, (景気・事業などの)不振; 人気のがた落ち [⇔ boom]: a ***slump in*** trade 貿易の不況. ❷ C 《主に米》 (活動・調子の)不調, 不振; (数量・力の)減少: be in a *slump* スランプに陥っている.

slumped /slʌ́mpt/ 形 叙述 (...に)倒れ込んで, 前かがみで (*over, against*): He sat *slumped in* a chair. 彼はぐったりといすに座っていた.

slung /slʌ́ŋ/ 動 sling の過去形および過去分詞.

slunk /slʌ́ŋk/ 動 slink の過去形および過去分詞.

slur /slɚ́ː | slə́ː/ 動 (slurs; slurred; slur·ring /slɚ́ːrɪŋ | slə́ːr-/) 他 ❶ (ことば)を不明瞭(ふめいりょう)に言う. ❷ 〔音楽〕 (音符)をなめらかに続けて演奏する[歌う]. ❸ (...)を中傷する. — 自 不明瞭に話す. — 名 ❶ C 中傷, 当てこすり (*on, against*). ❷ [単数形で] 不明瞭に続けて発音すること. ❸ C 〔音楽〕 スラー《⌒ または ⌣ の記号》.

slurp /slɚ́ːp | slə́ːp/ 動 自 《略式》 ずるずる[ちゅーちゅー]と音を立てて飲む, すする. — 他 《略式》 (飲食物)を音を立てて飲む. — 名 C [普通は a ~] 《略式》 すする音.

slush /slʌ́ʃ/ 名 ❶ U 解けかかった雪, ぬかるみ. ❷ U 《略式》 感傷的な読み物[話]. ❸ U,C 《主に米》 スラッシュ《シャーベット状に凍らせた飲み物》.

slúsh fùnd 名 C (特に政治での)不正資金, 裏金.

slush·y /slʌ́ʃi/ 形 (slush·i·er; -i·est) ❶ 雪解けの, ぬかるみの. ❷ 《略式》 感傷的な.

slut /slʌ́t/ 名 C 《卑語》 ふしだらな[だらしない]女.

sly /sláɪ/ 形 (sli·er, sly·er; sli·est, sly·est) ❶ ずるい, 陰険な《⇒ 類義語》. ❷ [普通は 限定] 秘密を知っていると言いたげな: a *sly* look わけ知り顔. **on the slý** [副] 《略式》 こっそりと.

> 類義語 **sly** 真意を隠し, こそこそとずるく立ち回ること. **cunning** 悪知恵が働いてずるいこと. **crafty** *cunning* よりも巧妙なずるさ. **tricky** 非良心的なことを平気でするようなずるさで, 当てにならないという意味が強い.

~·ly 副 ずるく; わけ知り顔で.

+**smack**[1] /smǽk/ 動 (smacks /~s/; smacked /~t/; smack·ing) 他 ❶ 《主に英》 (特に子供)を**平手で打つ**: She *smacked* her child for misbehaving. 彼女は子供の行儀が悪かったのでぴしゃりとたたいた. ❷ (...)をばしっ[ばたん]と置く[ぶつける]. ❸ (人)にちゅっとキスをする. **smáck** one's **líps** [動] 自 = lick one's lips (lip 成句).

— 名 (~s /~s/) ❶ C **平手打ち**, ぴしゃりと打つこと; 《英略式》 (こぶしの)一撃, 強打: give the boy a *smack* ʻ*on* the bottom [*in* the face] 少年のしり[顔]をぴしゃりとたたく. ❷ C [普通は a ~] ばしっ[ばたん]という音: The tomato hit the floor with *a smack.* トマトがぺちゃっと(いう音を立てて)床に落ちた. ❸ C 《略式》 音のするキス: He gave her a *smack on* the cheek [lips]. 彼は彼女のほお[唇]にちゅっとキスした.

— 副 ❶ 《略式》 まともに, もろに: *smack* in the middle ど真ん中に. ❷ 《略式》 どすんと; いきなり: run *smack* into a wall 塀にどすんとぶつかる.

smáck[2] /smǽk/ 動 [次の成句で] **smáck of ...** [動] 他 (不正・不快さなど)の傾向がある: *smack of* racism 人種差別的なところがある.

smack[3] /smǽk/ 名 C 《英》 小型漁船.

smack-dab /smǽkdǽb/ 副 《米略式》 = smack[1] 副 1.

smack·er /smǽkɚ | -kə/ 名 ❶ C 《俗》 ドル; ポンド. ❷ C 《略式》 ちゅっと音を立てるキス.

***small /smɔ́ːl/

— 形 (small·er; small·est; ⇒ little[2] 最初の 語法) ❶ **小さい**, 小型の; 狭い; (服などのサイズが)小さい, S サイズの《略 S》 [⇔ large]; **幼い** [≒young]: a *small* man 小柄な男 / a *small* room 狭い部屋《⇒ narrow 表, ⚡》 / Rhode Island is the *smallest* state in the United States. ロードアイランドは米国でいちばん小さな州だ / This cap is too *small* for me. この帽子は僕には小さすぎる / a *small* child 幼い子 / It's a *small* world. Ⓢ 世の中は狭いものですね《思わぬ所で思わぬ人と出会ったときなど》.

small (大きさ·数·量などが客観的に)	小さい《⇨ 類義語》
little (かわいらしさ·軽べつなどの感情を伴って)	

❷ 少ない, 少数の, 少量の [⇔ large]: a *small* number of people 少数の人たち / a *small* sum of money 少額の金 / a *small* salary わずかな給料.
❸ **つまらない**, ささいな; 限定 **小規模の**, (人が)わずかの ...をする: a *small* error [problem] 取るに足らない間違い[問題] / It's ***no small*** matter. それは決して小さな問題ではない(重要だ) / a *small* business 小さな店[会社] / a *small* investor 少額投資家. ❹ [普通は 限定] 小文字の《⇨ capital 形 1》: *small* letters 小文字 / a *small* h 小文字の h. ❺ (声が)小さい: in a *small* voice 小声で.
féel smáll [動] 自 しょげる, 恥ずかしく思う; 引け目を感じる, 肩身の狭い思いをする.
lòok smáll [動] 自 小さくなっている, しょげた様子をしている, はにかむ.
類義語 **small, little** ともに小さいことを表わす一般的な語でいずれを用いてもほぼ同じ意味のことが多い: It's a *small* [*little*] town. それは小さな町だ. しかし *small* は客観的に数·量·大きさなどが小さいことを表わし, *little* はしばしば「小さくてかわいい」などの感情を含む: a *smáll* bírd 小さい鳥 / a *lìttle* bírd かわいい小鳥《⇨ little² 1 語法》. **tiny** きわめて小さいことを意味し, 模型·小さな生物などに用いられる: a *tiny* baby [insect] 小さな赤ん坊[昆虫]《その赤ん坊や昆虫が標準より小さいということではない》.
— 副 (small·er; small·est) 小さく, 細かく.
— 名 ❶ [the ~] 小さい[細い]部分: *the small* of the [one's] back 腰のくびれた部分. ❷ C S サイズのもの. ❸ [複数形で]《古風, 英略式》下着.
smáll àd 名 C《英略式》= classified ad.
smáll árms 名 複 携帯兵器《小銃·けん銃など》.
smáll béer 名 U《英略式》= small potatoes.
smáll chánge 名 U 小銭; 取るに足らないもの[人].
smáll cláims còurt 名 C 少額裁判所《少額の訴訟を扱う簡易裁判所》.
smáll fórtune 名 [a ~]《略式》ひと財産, 大金.
smáll frỳ 名 U [しばしば複数扱い]《米略式》子供たち; 取るに足らない人たち[もの]; [a ~] 子供.
small·hold·er /smɔ́:lhòʊldɚ | -də/ 名 C《英》小自作農.
small·hold·ing /smɔ́:lhòʊldɪŋ/ 名 C《英》小自作農地.
smáll hóurs 名 複 [the ~] 深夜《午前 1 時から 4 時ないし 5 時ごろまで; 時刻を表わす数が小さいので》: in *the small hours* 夜中過ぎてから.
smáll intéstine 名 [the ~] 小腸.
small·ish /smɔ́:lɪʃ/ 形《略式》小さめの.
small-mind·ed /smɔ́:lmáɪndɪd←/ 形 [軽蔑的] 心の狭い, 自分のことしか考えない.
small·ness /smɔ́:lnəs/ 名 U 小ささ.
smáll potátoes 名 複《米略式》取るに足らない人[もの] [《英》small beer].
small·pox /smɔ́:lpɑ̀(:)ks | -pɔ̀ks/ 名 U〔医学〕天然痘, ほうそう.
smáll prínt 名 [the ~]《英》= fine print.
small-scale /smɔ́:lskéɪl←/ 形 小規模の; (地図が)小縮尺の [⇔ large-scale].
smáll scréen 名 [the ~] テレビ《特に映画に対して用いる》.
smáll tàlk 名 U 世間話, おしゃべり: make *small talk* 世間話をする.
small-time /smɔ́:ltáɪm←/ 形 限定 (犯罪者などが)小物の, 取るに足らない.

⁑smart /smɑ́ɚt | smɑ́:t/
— 形 (smart·er /-ṭɚ | -tə/; smart·est /-ṭɪst/)

意味のチャート
元来は「鋭い」の意 → (激しい) → (動作が激しく)「**活発な**」❹
→ (てきぱきしている) → 「**頭のいい**」❶
→ (外見がきりりとしている) → 「**きちんとした**」❷

❶《主に米》**頭のいい**, 聡明な; 賢明な, 気のきいた; **生意気な**: a *smart* guy 頭のいい男 / a *smart* move 賢明な行動[判断] / a *smart* answer 気のきいた[生意気な]答え / John was ***smart to*** go alone. +to 不定詞 ジョンがひとりで行ったのは賢明だった / Don't get ***smart with*** me. +with+名 私に生意気な口をたたくな.
❷《主に英》(服装などが)**きちんとした**, ぱりっとした; かっこいい, おしゃれな, 流行の; 上流の: You look very *smart* today. 今日(の服装)はすごく決まってるね / a *smart* uniform かっこいい制服 / a *smart* restaurant おしゃれな[高級]レストラン / the *smart* set 上流階級.
日英 日本語の「スマート」には「ほっそりした」という意味があるが, 英語の smart にその意味はなく, slender や slim を用いる《⇨ thin 類義語》. ❸ (機械·武器などが)コンピューター制御の, 高度の機能を備えた: a *smart* bomb スマート爆弾. ❹ 活発な, すばやい: walk at a *smart* pace 足早に歩く. (2 では 動 smárten)
— 動 自 ❶ 痛む, ひりひりする (*from*): The cut *smarted* when I put medicine on it. 薬をつけたら傷がぴりぴり痛んだ. ❷ [普通は進行形で] 心が痛む; 感情を害する: She was still *smarting from* [*over, at*] my remarks. 彼女はまだ私のことばに怒っていた.
smárt óff [動] 自《米略式》小ばかにしたことを言う.
— 名 [複数形で]《米略式》知力, 頭脳: have the *smarts to* succeed 成功するだけの賢さがある.
smárt àl·ec(k) /-ælɪk/ 名 C《略式》[軽蔑的] うぬぼれの強い人; 知ったかぶりをする人.
smárt càrd 名 U スマートカード, IC カード《集積回路を組み込んだクレジットカードなど》.
smart·en /smɑ́ɚtn | smɑ́:-/ 動 [次の成句で] **smárten úp** [動] 他《主に英》(場所など)をきれいにする; 身ぎれいにする. — 自 (1)《米》意識を高める. (2)《主に英》おしゃれをする. (形 smart 2)
smart·ly /smɑ́ɚtli | smɑ́:t-/ 副 ❶ きちんと, こぎれいに. ❷ すばやく; 力強く.
smart·ness /smɑ́ɚtnəs | smɑ́:t-/ 名 U《主に英》スマート, いき; 機敏.
smart·phone /smɑ́ɚtfoʊn | smɑ́:t-/ 名 C スマートフォン, 多機能携帯電話.
smár·ty pànts /smɑ́ɚṭi- | smɑ́:-/ 名 (複 ~) C《略式》= smart alec(k).
smash** /smǽʃ/ 動 (smash·es /~ɪz/; smashed /~t/; smash·ing) 他 ❶ (...)を(粉々に)**打ち壊す**, たたきつぶす, 粉砕する; ぶっつける, (車)を衝突させる (*against*)《✪ mash ((じゃがいもを)つぶす)との混同に注意; ⇒ break 類義語》: They ***smashed the door ***down***. V+O+副 彼らは(ハンマーなどで)ドアをたたき壊した / The vase ***was smashed to*** [***into***] pieces. V+

O+to [into]+名の受身 花びんは粉々に打ち砕かれた / We *smashed* the door open and escaped. V+O+C (形) ドアをぶち壊して脱出した.
❷ (...)を**打ち破る**, 撃破する; (記録)を破る; (犯罪組織など)を撲滅する: *smash* the world record 世界記録を破る / John *smashed* his opponent 6–0. ジョンは相手を6–0で破った《6–0 は six to zero と読む》. ❸ (...)を強打する: *smash* the door *in* ドアを強打して穴をあける / I'll *smash* your head [face] *in*! 《略式》頭[顔]をぶんなぐ(ってへこませ)るぞ《おどし文句》. ❹ (テニスなどで)(ボール)をスマッシュする.
— 自 ❶ **壊れる**, 粉々に割れる: A pane of glass fell to the pavement and ***smashed to pieces***. 窓ガラスが歩道に落ちて粉々に砕けた.
❷ [副詞(句)を伴って] (...に)**激突する**, 衝突する: The car ***smashed into*** [***against***] the wall. V+into [against]+名 車は塀に激突した.
smásh úp [動] 他 (...)を(故意に)めちゃめちゃ[粉々]に壊す[砕く].
— 名 (~·es /~ɪz/) ❶ C = smash hit. ❷ C 《英》車の衝突(事故). ❸ C 強打; (テニスなどの)スマッシュ. ❹ [単数形で] 粉砕; 粉々になる音 (*of*).

smashed /smǽʃt/ 形 叙述 《俗》酔っ払った.

smásh hít 名 C (演劇・歌・映画などの)大当たり, 大ヒット.

smat·ter·ing /smǽtərɪŋ, -trɪŋ/ 名 [a ~] わずかな量[数]; (外国語などの)なまかじりの知識 (*of*).

smear /smíə | smíə/ 動 (smear·ing /smí(ə)rɪŋ/) 他 ❶ (...)を(油・べとつくものなどで)よごす; (油など)を(...に)塗りつける: The child *smeared* the wall *with* paint. その子は壁にペンキを塗りたくった / The boy *smeared* mud all *over* his clothes. 少年は服を泥だらけにした. ❷ [新聞で] (...)の名声などをけがす, (人)を中傷する. ❸ (インクなど)をこすってよごす. — 自 (油などが)しみる, よごれる, にじむ. — 名 ❶ C よごれ, しみ (*of*). ❷ C [新聞で] 中傷, 悪口 (*against, on*).

****smell** /smél/
— 名 (~s /~z/) ❶ C **におい**, 香り《⇒ 類義語》: a sweet [strong] *smell* いい[強烈な]におい / These violets have [give off] a nice *smell*. このすみれはよい香りがする / There's a ***smell of*** something burning. 何か焦(こ)げているにおいがする. 関連 taste 味.
❷ C **臭**(くさ)**いにおい**, 悪臭: the *smell* of garbage ごみの悪臭 / What a (bad) *smell*! 何というにおいだ.
❸ U **嗅覚**(きゅうかく): the sense of *smell* 嗅覚 / find drugs by *smell* においで麻薬を見つける. 関連 taste 味覚. ❹ [a ~] かぐこと: take [have] *a smell of* ... ...のにおいをかぐ. (2 では 形 smélly)

> 類義語 **smell** と **odor** はにおいを表わす最も一般的な語だが, *odor* は *smell* よりも格式ばった語で, いやなにおいに用いられることが多い. **scent** 植物などのほのかなよい香り. 動物が残すにおいにも用いられる. **perfume** 文語的な語で, 香水・花などのよい香りをいう. **fragrance** よい香りのみに用い, *perfume* ほど強くない, 繊細な感じの香り.

— 動 (smells /~z/; 過去・過分 smelled /~d/, 《主に英》smelt /smélt/; smell·ing) 自 ❶ [普通は進行形なし; 形容詞・副詞(句)を伴って] (...の)**においがする**: This food *smells* good [delicious]. V+C (形) この料理はいい香りがする 多用 / This room ***smells of*** paint. V+of+名 この部屋はペンキ臭い 多用 / It ***smells like*** cheese. V+like+名 それはチーズのようなにおいがする / This room ***smells as if*** nobody has opened a window for weeks. V+as if 節 この部屋は何週間も窓を開けてないようなにおいがする.
❷ [普通は進行形なし] **臭**(くさ)**い**, 悪臭がする: These shoes *smell*. この靴は臭い. ❸ [普通は進行形なし] 鼻がきく, においをかぐ力がある. ❹ (物事が)...な感じがする, ...くさい: The rumor *smells* fishy. そのうわさはうさんくさい.
— 他 ❶ [普通は進行形なし; 受身なし; しばしば can [could] を伴って] **...のにおいを感じる**, ...のにおいがする: Do [*Can*] you *smell* the sea? 海のにおいがしますか / I ***can smell*** something burn***ing***. V+O+C (現分) 何かが焦(こ)げているにおいがする.
❷ (...)の**においをかぐ**, においをかいでみる: He *smelled* the milk to see if it had turned sour. 彼は牛乳が腐っているかどうかにおいをかいでみた. ❸ [受身なし] (危険など)に感づく, かぎつける: He *smelled* trouble (coming). 彼はごたごたが起こりそうだと感じた.
sméll óut [動] 他 (...)をかぎつける; (...)を探り出す.

smell·y /sméli/ 形 (smell·i·er; -i·est) いやなにおいのする. (名 smell 2)

***smelt¹** /smélt/ 動 《主に英》smell **の過去形および過去分詞**.

smelt² /smélt/ 動 他 (鉱石・金属)を(溶解して)精錬[製錬]する.

smelt·er /sméltə | -tə/ 名 C 製錬所; 溶鉱炉.

smid·ge(o)n, smid·gin /smíʤɪn/, **smidge** /smíʤ/ 名 [a ~] 《略式》わずか, 少量 (*of*).

*****smile** /smáɪl/
— 動 (smiles /~z/; smiled /~d/; smil·ing) 自 **ほほえむ, にっこりする**, 微笑する, (声を出さずに)笑う《⇒ laugh 類義語 および挿絵》; おもしろがる: She was ***smiling at*** me. V+at+名 彼女は私にほほえみかけていた. 語法 普通 ˣsmile to とは言わない. smile to oneself は「ひとりでにっこりする」の意 // ***Smile for*** [***at***] the camera, everyone! 皆さんカメラに向かって笑って / ***smile at*** one's own mistake 自分の誤りに苦笑する.
— 他 ほほえんで(...)を示す, ほほえんで(...)と言う; ...な笑い方をする: She *smiled* her approval [thanks]. 彼女はにっこりと笑って承諾した[感謝の気持ちを表わした] / Harry ***smiled a*** bitter ***smile***. ハリーは苦笑いをした.
smíle on ... [動] 他 《格式》(運・天候などが)...に有利となる, 好意を示す, 励ましを与える: Fortune ***smiled on*** me. 幸運が私に味方してくれた.
— 名 (~s /~z/) C **ほほえみ, にっこりとした笑い**, 微笑, (声を出さない)笑い; 笑顔: a cheerful *smile* 楽しそうなほほえみ / an ironic *smile* 皮肉な笑い / with a *smile* にこにこしながら, 笑顔で / She had a *smile* on her face. 彼女は顔に笑みを浮かべていた / He gave me a *smile*. 彼は私に対してにっこり笑った / wear a broad *smile* 満面の笑みをたたえる.
be áll smíles [動] 自 満面に笑みをたたえている.
wípe the smíle òff ...'s [one's] fáce [動] 《略式》(人・物事が)...の満足げな笑いをやめさせる, ...をしゅんとさせる; (人が)笑いをやめる.

smil·ey /smáɪli/ 形 ほほえんだ, にこやかな. — 名 C (E メールなどで使う)スマイリー, 顔文字《:-)》.

smil·ing·ly /smáɪlɪŋli/ 副 にこにこして, 笑顔で.

smirk /smə́ːk | smə́ːk/ 動 自 (優越感などで)にやにや笑う (*at*). — 名 C にやにや[作り]笑い.

smite /smáɪt/ 動 (smites; 過去 smote /smóʊt/; 過分 smit·ten /smítn/, 《米》ではまた smote; smit·ing)

㊕ ❶《古語》(...)を(強く)打つ [≒hit]. ❷〔聖書〕(人)を滅ぼす; 罰する.

smith /smíθ/ 名 ❶ Ⓒ かじ屋 (blacksmith). ❷ Ⓒ 金属細工人; ...作り《人》. 語法 この意味では, goldsmith, silversmith; gunsmith, locksmith のように普通は合成語で用いる.

Smith /smíθ/ 名 固 スミス ❶《英米人に最もありふれた姓; ⇒ Jones》. ❷ Adam ~ (1723-90)《英国の経済学者》.

smith·er·eens /smìðəríːnz/ 名 複 [次の成句で] **be smáshed [blówn] to smitheréens** [動] 自《略式》粉々になる.

Smith·só·ni·an (Institútion) /smɪθsóʊniən-/ 名 固 [the ~] スミソニアン協会《Washington, D.C. で, 多数の博物館・研究所を運営する》.

smith·y /smíθi/ 名 (smith·ies) Ⓒ かじ屋の仕事場.

smit·ten /smítn/ 動 smite の過去分詞. — 形 ❶ 叙述 (...)に急にほれこんで (*with, by*). ❷ 叙述 (感情・病気に)苦しんで (*with, by*).

smock /smá(ː)k | smɔ́k/ 名 Ⓒ スモック《画家・幼児・女性などが作業着などとして着る上着》.

smock·ing /smá(ː)kɪŋ | smɔ́k-/ 名 Ⓤ スモッキング《ひだ飾りの一種》.

smog /smá(ː)g | smɔ́g/ 名 Ⓤ,Ⓒ スモッグ《煙の混じった霧》, 煙霧: a city shrouded in *smog* スモッグに覆(おお)われた都市 / photochemical *smog* 光化学スモッグ. 〘語源 *smoke* と *fog* の混成語; ⇒ blend 名 3〙

smog·gy /smá(ː)gi | smɔ́gi/ 形 (smog·gi·er; -gi·est) スモッグの(多い).

**smoke /smóʊk/ 発音

— 名 (~s /~s/) ❶ Ⓤ **煙**: The room was full of cigarette *smoke*. 部屋はたばこの煙が立ち込めていた / The chimney is belching (out) clouds of black *smoke*. 煙突は黒い煙を吐いている / Where there's *smoke* there's fire. = 「There's no [No] *smoke* without fire. Ⓢ《ことわざ》火のない所に煙は立たぬ. ❷ [a ~] (たばこの)一服: have *a smoke* 一服する. ❸ Ⓒ《略式》たばこ.

blów smóke [動] 自《米略式》人をだまそうとする.

gò úp in smóke [動] 自 (1) 燃え尽きる. (2)《略式》(計画などが)たち消えになる, 煙と消える. (形 smóky)

— 動 (smokes /~s/; smoked /~t/; smok·ing) 自 ❶ **たばこを吸う, 喫煙する**: *smoke* heavily たばこを何本も吸う / Do you mind if I *smoke?* たばこを吸ってもいいですか / I don't *smoke*. たばこは吸いません / Please *smoke* in the designated smoking areas only. 喫煙は喫煙所でお願いします《掲示》.

❷ **煙を出す**; (火・ストーブなどが)煙る, くすぶる: The volcano is *smoking*. 火山は煙を上げている.

— 他 ❶ (たばこ・麻薬など)を**吸う**: He *smokes* more than twenty cigarettes a day. 彼は 1 日に 20 本以上もたばこを吸う. ❷ (...)を薫製にする.

smóke óut [動] 他 (1) (けものなど)をいぶり出す. (2) (犯人など)を探り出す.

smóke bòmb 名 Ⓒ 発煙弾, 発煙筒.

smoked /smóʊkt/ 形 限定 いぶした, 薫製にした: *smoked* salmon スモークサーモン, 薫製のさけ.

smóked gláss 名 Ⓤ スモークガラス.

smoke-free /smóʊkfríː/ 形 (場所などが)禁煙の.

smoke·less /smóʊkləs/ 形 限定 (燃料などが)煙を出さない, 無煙の.

smok·er /smóʊkə | -kə/ 名 Ⓒ たばこを吸う人, 喫煙家: a heavy *smoker* ヘビースモーカー // ⇒ chain-smoker.

smóke scrèen 名 Ⓒ (意図を隠すための)見せかけ, 偽装; (戦闘で用いる)煙幕.

smoke·stack /smóʊkstæ̀k/ 名 Ⓒ (工場・汽船などの)高い煙突; 《米》(機関車の)煙突. 関連 chimney 家の煙突.

smókestack ìndustry 名 Ⓒ [普通は複数形で] 重工業.

***smok·ing** /smóʊkɪŋ/ 名 Ⓤ **たばこを吸うこと, 喫煙**: NO SMOKING 禁煙《掲示; ⇒ no 形 3》/「give up [quit, stop] *smoking* 禁煙する / *Smoking* is dangerous to your health. 喫煙は健康に危険を及ぼす.

smóking gún 名 Ⓒ [普通は単数形で] (犯罪などの)決定的な証拠.

smóking ròom 名 Ⓒ 喫煙室.

smok·y /smóʊki/ 形 (smok·i·er; -i·est) ❶ 煙っている, くすぶる; 黒煙を出す, 煙の多い; 煙でいぶしたようなにおい[味]のする, 煙くさい. ❷ 煙色の, すすけた, 曇った; くすんだ. (名 smoke)

smol·der, 《英》**smoul·der** /smóʊldə | -də/ 動 (-der·ing /-dərɪŋ, -drɪŋ/) 自 ❶ くすぶる, 煙る. ❷《文語》(心の中に)くすぶる, 内にこもる: *smoldering* hatred 鬱積(うっせき)している憎しみ / She [Her eyes] *smoldered with* jealousy. 彼女[彼女の目]はしっとを内に秘めていた.

smooch /smúːtʃ/ 動 自《略式》(男女が)キスし合う, (人目をはばからずに)抱き合う, いちゃつく (*with*).
— 名 Ⓒ《略式》(男女の)キス, いちゃつき.

***smooth** /smúːð/ 発音 形 (smooth·er; smooth·est) ❶ (表面が)**なめらかな**, でこぼこのない, すべすべの《⇒ flat¹ 類義語》[⇔ rough, lumpy, bumpy]; (水面が)**波立たない**, 静かな [≒calm]: *smooth* skin すべすべした肌[皮] / This paper is *smooth* to the touch. この紙はつるつるした手触りだ / *smooth* water 静かな水面.
❷ 限定 (動きが)**なめらかな**, ぎくしゃくしない; (乗り物が)揺れの少ない [⇔ bumpy]: a *smooth* golf swing なめらかなゴルフのスウィング / a *smooth* flight 快適な空の旅. ❸ (行く手に)困難のない, 円滑な, 順調な: a *smooth* transition to democracy 民主制への円滑な移行 / This will make our path *smoother*. これで私たちの前途も楽になるだろう. ❹ [しばしば悪い意味で] (特に男性が)口先のうまい, 如才ない; 人当たりのよい: a *smooth* talker 口先のうまい人 / a *smooth* operator やり手 / a *smooth* manner 人当たりのよい態度. ❺ (液体などがよく混ざって)塊のない, なめらかな [⇔ lumpy]. ❻ (酒などが)口当たりのよい, まろやかな; (声などが)優しい, 快い.

— 動 (smooths /~z/; smoothed /~d/; smooth·ing) 他 ❶ (...)を**なめらかにする**, 平らにする, 平らに広げる[伸ばす]; (髪)をなでつける: He ***smoothed*** (***out***) the sheets. V(+out)+名 彼はシーツを伸ばした / She ***smoothed*** (***back*** [***down***]) her hair. V(+back [down])+名 彼女は髪をなでつけた. ❷ (クリームなど)を塗りつける, 擦り込む (*on, into, over*).

smóoth awáy [動] 他 (困難など)を取り除く.

smóoth óut [動] 他 (1) (布など)を平らに伸ばす《⇒ 1》. (2) (変動など)をならす. (3) = smooth away.

smóoth óver [動] 他 (問題・感情など)を穏便にすませる; (過失など)を取りつくろう.

smóoth the wáy [páth] [動] 自 (...の)行く手を容易にする, (...を)助ける (*for*).

smooth·ie /smúːði/ 名 ❶ Ⓒ《略式》口先のうまい人

《普通は男性》. ❷ Ⓒ スムージー《果物を牛乳[ヨーグルト, アイスクリーム, 氷など]と混ぜた飲物》.

smooth·ly /smúːðli/ 副 ❶ なめらかに, すらすらと, 円滑に; すんなりと: Everything is going *smoothly*. 万事うまくいっている. ❷ 落ち着きはらって, 平静に.

smooth·ness /smúːðnəs/ 名 ❶ Ⓤ なめらかさ; 平坦(へいたん); 円滑. ❷ Ⓤ 口先のうまさ; 人当たりのよさ; 流暢さ. ❸ Ⓤ (飲み物の)口当たりのよさ.

smooth-talk·ing /smúːðtɔ̀ːkɪŋ/ 形 口先のうまい.

smor·gas·bord /smɔ́ɚgəsbɔ̀ɚd | smɔ́ːgəsbɔ̀ːd/ ❶ 名 Ⓤ または a ~] ビュッフェ(形式の食事), バイキング [≒buffet]《⇒ Viking 日英》. ❷ [a ~] 多種多様 (*of*).

smote /smóʊt/ 動 ❶ smite の過去形. ❷ 《米》 smite の過去分詞.

smoth·er /smʌ́ðɚ | -ðə/ 動 (-er·ing /-ð(ə)rɪŋ/) 他 ❶ (...)を窒息死させる. ❷ (...)をすっかり覆う; (キス・愛情などで)息もつけないようにする, 息苦しくする: potatoes *smothered with* gravy グレービーソースをたっぷりかけたじゃがいも / The town *was smothered in* fog. 町は霧に包まれていた. ❸ (火)を覆(おお)い消す: *smother* the fire *with* a blanket 毛皮をかけて火を消す. ❹ (感情など)を抑える; [軽蔑的] (反対勢力など)を抑圧する: *smother* a yawn あくびをかみ殺す.

smoul·der /smóʊldɚ | -də/ 動 《英》 = smolder.

SMS /ésèmés/ 名 Ⓤ (携帯電話の)ショートメッセージサービス《*s*hort *m*essage *s*ervice の略》; Ⓒ (SMS で送られる)メッセージ.

smudge /smʌ́dʒ/ 名 Ⓒ (ぼやけた)よごれ, しみ, にじみ. ― 動 他 (...)にしみをつける, (...)をよごす (*with*); (...)をにじませる. ― 自 よごれる; にじむ.

smug /smʌ́g/ 形 (smug·ger; smug·gest) [軽蔑的に] 得意げな, うぬぼれた (*about*); 気取った.

+**smug·gle** /smʌ́gl/ 動 (smug·gles /~z/; smug·gled /~d/; smug·gling) 他 ❶ (...)を**密輸する**, 密輸入[出]する; 密入国[出国]させる (*into, out of, from, across*): They were arrested for ***smuggling*** drugs ***into*** the country. V+O+前+名 彼らは麻薬を密輸入しようとして逮捕された. ❷ 《略式》 (...)を密かに持ち込む[持ち出す] (*in, out; into*).

smug·gler /smʌ́glɚ | -lə/ 名 Ⓒ 密輸入[出]者; 密輸業者; drug *smugglers* 麻薬の密輸入者たち.

smug·gling /smʌ́glɪŋ/ 名 Ⓤ 密輸.

smugly /smʌ́gli/ 副 得意そうに.

smut /smʌ́t/ 名 ❶ Ⓤ わいせつな話[本, 写真]. ❷ Ⓒ,Ⓤ すす, 煤煙; (すすの)よごれ.

smut·ty /smʌ́ṭi/ 形 (smut·ti·er; -ti·est) ❶ (話・絵などが)わいせつな; 下品な. ❷ よごれた, すすけた.

+**snack** /snǽk/ 名 (~s /~s/) Ⓒ **軽食**, 急ぎの食事; 間食, おやつ: have [eat] a *snack* 軽く何か食べる / a light *snack* 軽食. 日英 日本語の「スナック」のような飲食店の意味はない《⇒ snack bar 日英》.
― 動 自 間食をする, 軽く[間食に](...を)食べる (*on*).

snack bar 名 Ⓒ 軽食堂《⇒ restaurant 関連》. 日英 日本の「スナックバー」と違って酒類は出さない.

snaf·fle /snǽfl/ 動 他 《英略式》 (...)をかっさらう.

sna·fu /snæfúː/ 名 Ⓒ 《米略式》 めちゃくちゃな状態.

snag /snǽg/ 名 ❶ Ⓒ 《略式》 思いがけない障害; (ちょっとした)難点, 問題: The talks hit a *snag*. 交渉は暗礁に乗り上げた. ❷ Ⓒ (衣服などの)引っかけ傷, かぎ裂き. ❸ Ⓒ (とがった)突起物; 沈み木《水中で船の進行を妨げる》. ― 動 (snags; snagged; snag·ging) 他 ❶ (...)を引っ掛ける; (...)にかぎ裂きを作る: I *snagged* my sweater *on* a nail. セーターをくぎに引っ掛けた. ❷ 《米略式》 (...)をさっと捕らえる[手に入れる].

snail /snéɪl/ 名 Ⓒ かたつむり. **at a snáil's pàce** [副] 非常にゆっくりと.

snáil màil 名 Ⓤ [こっけいに] 普通郵便《E メールに対して》.

+**snake** /snéɪk/ 名 (~s /~s/) ❶ Ⓒ **蛇**《⇒ serpent 参考》: *Snakes* slither. 蛇はくねくねと滑るように進む. ✪ 蛇が立てる音については ⇒ cry 表.

snake (総称)	蛇
serpent (大きくて有毒)	

❷ Ⓒ 欺く人, 裏切り者.

a snáke in the gráss [名] 味方を装った敵; 信用できない人.
― 動 自 [副詞(句)を伴って] 《文語》 (川・道・列車などが)(蛇のように)くねくねと動く, 蛇行する (*across, past, through*). **snáke** one's **wáy** [動] 自 曲がりくねって進む; 蛇行する (*across, into, past, through*).

snáke chàrmer 名 Ⓒ 蛇使い.

snak·y /snéɪki/ 形 (snak·i·er; -i·est) ❶ 蛇の(ような). ❷ 曲がりくねった, 蛇行している.

*__snap__ /snǽp/

意味のチャート
「ぱくっとかみつく」 自 ❹ から
→「かちりと閉まる[開く]」 自 ❷, 他 ❷ → 「留め金」 名 ❷
→「ぱちんという音(を立てる)」 名 ❶; 他 ❶, 自 ❶
→「ぽきんと折れる[折る], ぷっつり切れる」 自 ❶, 他 ❶

― 動 (snaps /~s/; snapped /~t/; snap·ping) 自 ❶ **ぽきんと折れる; ぷっつり切れる**; ぽきん[ぱちん, かちっ]と音を立てる: The branch ***snapped off***. V+off 枝がぽきんと折れた / The string *snapped*. ひもがぷっつり切れた.
❷ [副詞(句)を伴って] **かちり[ぱちん]と閉まる[開く, はまる]**: The door *snapped* shut. V+C (形) ドアがかちゃんと閉まった / The bolt ***snapped into*** place. V+前+名 かんぬきはかちゃりと閉まった. ❸ (人に)がみがみ言う, 食ってかかる (*at*). ❹ (犬などが)(ぱくっと)かみつく (*at*). ❺ 《略式》 スナップ写真をとる. ❻ (神経などが)耐えきれなくなる, キレる. ❼ すばやく動く: *snap* to attention (兵が)さっと気をつけの姿勢をとる.
― 他 ❶ (...)を**ぽきんと折る**; ぱちり[ぽきん, かちっ]といわせる: *snap* the twig in two [half] 小枝を半分に折る / The wind *snapped off* a lot of branches. 風で木の枝がたくさん折れた / He *snapped* his fingers at me. 彼は私に向かって指をぱちんと鳴らした《挑戦・軽蔑を示したり注意を引くため》.
❷ **かちり[ぱちん]と閉める[開ける, はめる]**: She ***snapped down*** the lid. V+副+O 彼女はふたをぱたんと閉めた / I *snapped* the briefcase shut. V+O+C (形) 私は書類かばんをぱたんと閉じた. ❸ (...)と鋭く[かみつくように]言う (*out*): "Be quiet!" *snapped* the teacher. 「静かに」と先生はどなった. ❹ 《略式》 (...)のスナップ写真をとる. ❺ 《米》 [新聞で] (連敗など)を断ち切る.

snáp óff [動] 他 (明かり)をぱちっと消す.

snáp ón [動] 他 (明かり)をぱちっとつける.

snáp óut of ... [動] ⊕ (沈滞した気分などから)ぱっと抜け出す: *Snap out of* it. 元気を出せよ.
snáp tó it [動] ⊜ [普通は命令文で] ⓢ 急ぐ.
snáp úp [動] ⊕ 先を争って(...)を買う; (人材)を即座に獲得する[雇う].
— 名 (~s /~s/) ❶ [単数形で] **ぱちん[ぱたん, かちり, ぽきん]という音:** with a *snap* ぱちん[かちり, ぽきん]と音を立てて / the ***snap of*** a branch 枝のぽきんと折れる音 / With a *snap* of his fingers, the magician made flowers appear. 手品師が指をぱちんとならすと花が出てきた.
❷ Ⓒ《米》**留め金**, スナップ, ホック [《英》press-stud]. ❸ [a ~]《米略式》楽な仕事, 楽勝なこと: This job is *a snap*. こんな仕事は朝飯前だ. ❹ Ⓒ (天候の)急変, 激変, (突然の)寒さの襲来 (cold snap). ❺ Ⓒ《略式, 主に英》= snapshot. ❻ Ⓤ《英》スナップ《トランプ遊びの一種》. (形 snáppy)
— 形 限定 急な; 即座の, 軽率な; 不意の: a *snap* decision 即決 / a *snap* election《英》急な選挙.
snap·drag·on /snǽpdræ̀g(ə)n/ 名 Ⓒ 金魚草.
snap·py /snǽpi/ 形 (snap·pi·er; -pi·est) ❶ (ことばなどが)簡潔な, 気の利いた. ❷《略式》しゃれた, かっこいい. ❸ 元気のいい, きびきびした. ❹ いらいらした, 不機嫌な (*with*). **Máke it snáppy!** =《英》**Lóok snáppy!**《略式》急いでやれ. (名 snap)
snap·shot /snǽpʃɑ̀(ː)t | -ʃɔ̀t/ 名 ❶ Ⓒ スナップ(写真) [《略式》snap]: take a *snapshot* of ... ...のスナップをとる. ❷ Ⓒ (事柄の)寸描 (*of*).
snare /snéə | snéə/ 名 ❶ Ⓒ (小鳥・小動物を捕らえるための)わな [≒trap]: A fox is not taken twice in the same *snare*.《ことわざ》きつねは2度と同じわなにはからない. ❷ Ⓒ《格式》(危険・失敗などに陥れる)落とし穴, わな, 誘惑. ❸ Ⓒ (響線(ひびきせん)付きの)小太鼓 (snare drum). — 動 (snar·ing /snéː(ə)rɪŋ/) ⊕ ❶ (...)をわなで捕らえる; 陥れる, 誘惑する. ❷ (...)を巧みに手に入れる.
snáre drùm 名 Ⓒ 小太鼓《下面に響線が張ってある》.
snarl[1] /snάəl | snάːl/ 動 ⊜ ❶ (犬が)歯をむいてうなる (*at*). ❷ 怒って言う, どなる (*at*). — ⊕ (...)と[を]厳しい調子で言う, どなる. — 名 Ⓒ [普通は単数形で] うなり声 [≒growl]; どなり声.
snarl[2] /snάəl | snάːl/ 動 ⊕ [しばしば受身で] (...)をもつれさせる; (交通など)を渋滞させる (*up*). — ⊜ もつれる; 渋滞する. — 名 Ⓒ もつれ; 渋滞.
snarl-up /snάəlʌ̀p | snάːl-/ 名 Ⓒ《英》混乱; 交通渋滞.
+**snatch** /snǽtʃ/ 動 (snatch·es /~ɪz/; snatched /~t/; snatch·ing) ⊕ ❶ (...)を**ひったくる**, 奪い取る; もぎ取る; (人)を連れ出す, 誘拐する《⇒ take 類義語》: The man *snatched* the girl's purse. 男は女の子のハンドバッグをひったくった / I ***snatched*** the knife ***away from*** him. V+O+副+前+名 ナイフを彼からもぎ取った / She *snatched* the newspaper *from* me. 彼女は私から新聞をひったくった. ❷ (...)をすばやく[さっと]手に入れる; (食事・睡眠)を急いでとる: I *snatched* a quick lunch. 急いで昼食をとった. — ⊜ ❶ ひったくろうとする, さっと取ろうと[つかもうと]する: She *snatched at* my book. 彼女は私の本をひったくろうとした《⇒ at 3 語法》. ❷ (機会などに)飛びつく (*at*).
— 名 ❶ Ⓒ [しばしば複数形で] (歌・ことばなどの)断片 [≒piece]; 短い合間, ひとしきり: I only caught *snatches of* their conversation. 会話をとぎれとぎれに聞いただけだ. ❷ [a ~] ひったくり, 強奪: make *a snatch at* ... ...をひったくろうとする.
in snátches [副] とぎれとぎれに, 断続的に: sleep *in snatches* とぎれとぎれに眠る.
snaz·zi·ly /snǽzəli/ 副《略式》かっこよく.
snaz·zy /snǽzi/ 形 (snaz·zi·er; -zi·est)《略式》(衣服などが)かっこいい, しゃれた, いきな; 派手な.
+**sneak** /sníːk/ 動 (sneaks /~s/; 過去・過分 sneaked /~t/,《米》ではまた snuck /snʌ́k/; sneak·ing) ⊜ ❶ [副詞(句)を伴って] **こそこそと入る[出る]**; うろうろする; こそこそ逃げる: He ***sneaked into*** [***out of***] the room. V+前+名 彼はこそこそと部屋に入った[から出て行った] / The man ***sneaked away***. V+副 その男はこっそり立ち去った. ❷《古風, 英》(生徒が)(人のことを)先生に告げ口する (*on*).
— ⊕《略式》(...)をこっそり持ち出す[込む] (*out of, into*); (事)をこっそりやる; (ちょっとした物)をこっそり盗む (*from*): John *sneaked* a look at her letter. ジョンはこっそり彼女の手紙を見た / *sneak* a smoke こっそりとたばこを吸う.
snéak úp [動] ⊜ こっそり近づく (*on, to, behind*).
— 名 ❶ Ⓒ《米略式》こそこそする人, 卑劣な人. ❷ Ⓒ《英略式》告げ口する子.
— 形 限定 こっそりと行なわれる, 不意打ちの: a *sneak* attack 奇襲 / a *sneak* thief こそどろ.
sneak·er /sníːkə | -kə/ 名 Ⓒ [普通は複数形で]《主に米》スニーカー, 運動靴 [《英》trainer]: a pair of *sneakers* スニーカー1足.
sneak·ing /sníːkɪŋ/ 形 限定 ❶ (感情が)ひそかな, 口には出せない; 漠然とした: a *sneaking* suspicion 漠然とした疑い. ❷ 忍び歩く, こっそりやる; 卑劣な, 卑しい.
snéak préview 名 Ⓒ 特別試写会.
sneak·y /sníːki/ 形 (sneak·i·er; -i·est) こそこそやる; 卑劣な.
sneer /sníə | sníə/ 動 (sneer·ing /sní(ə)rɪŋ/) ⊜ あざ笑う, 鼻であしらう (*at*). — ⊕ (...)とせせら笑って言う.
— 名 Ⓒ 冷笑, 軽蔑(ぶ)(の言動[態度]): with a *sneer* あざ笑って.
sneer·ing·ly /sní(ə)rɪŋli/ 副 あざ笑うように.
sneeze /sníːz/ 動 ⊜ くしゃみをする《⇒ ahchoo》.
be nóthing to snéeze àt = be nòt to be snéezed àt [動] ⊜《略式》(金額などが)ばかにできない. — 名 Ⓒ くしゃみ: give a *sneeze* くしゃみをする.
snick·er /sníkə | -kə/ 動 (-er·ing /-k(ə)rɪŋ/) ⊜《米》くすくす笑う, 忍び笑いをする (*at*). — 名 Ⓒ《米》くすくす笑い, 忍び笑い.
snide /snáɪd/ 形 (snid·er; snid·est) (発言・意見などが)意地の悪い, いやみな, 皮肉っぽい.
+**sniff** /sníf/ 動 (sniffs /~s/; sniffed /~t/; sniff·ing) ⊜ ❶ **鼻をすする**, 鼻をぐすぐすいわせる: Please excuse my *sniffing* and sneezing. 鼻をすすったりくしゃみをしたりしてすみません.
❷ **においをかぐ**, (犬などが)くんくんかぐ: The dog ***sniffed at*** the stranger. V+at+名 その犬は見知らぬ人のにおいをかいだ.
— ⊕ ❶ (...)のにおいをかぐ. ❷ (...)と鼻であしらって言う. ❸ (麻薬など)を吸飲する; (...)を鼻から吸い込む. 関連 glue sniffing シンナー遊び.
sníff at ... [動] ⊕ ...を鼻であしらう, ばかにする: be ⌈nothing to *sniff at* [not to be *sniffed at*]《略式》(金額などが)ばかにできない.
sníff óut [動] ⊕ (1) (犬が)(麻薬など)をかぎつける. (2)《略式》(秘密など)を探り出す, (...)に感づく.

—名(~s) ❶ⓒ鼻をすすること. ❷ⓒくんくんかぐこと; ひとかぎ, ひと吸い; におい: He took a *sniff of* the soup. 彼はスープのにおいをかいでみた. ❸ⓒ鼻であしらうこと. ❹[単数形で]《略式》わずかな徴候, 気配 (*of*).

sníff·er (dòg) /snífə(-)|-fə(-)/ 名ⓒ麻薬[爆発物]捜索犬.

snif·fle /snífl/ 動自Ⓢ鼻をすする; すすり泣く. —名 ❶ⓒ鼻をすすること, 鼻声. ❷[the ~s]Ⓢ鼻かぜ, 鼻詰まり: have [get] *the sniffles* 軽い(鼻)かぜをひいている[ひく].

snif·fy /snífi/ 形 (snif·fi·er; -fi·est)《英略式》鼻であしらう, 高慢な; 軽蔑的な (*about*).

snig·ger /snígə|-gə/ 動, 名ⓒ《英》= snicker.

snip /sníp/ 動 (snips; snipped; snip·ping) 他 (...)をちょきんと切る, はさみで切る; ちょきんと切り取る (*off*). —自ちょきんと切る (*at*). —名 ❶ⓒ(はさみで)ちょきんと切ること; 切れ端 (*of*). ❷ⓒ[普通は a ~]《英略式》お買い得品.

snipe /snáɪp/ 名 (複 ~(s)) ⓒしぎ, たしぎ《沼・湿地に住む猟鳥》. —動自 ❶(隠れた所から)狙撃(そげき)する (*at*). ❷(人を)中傷する, 非難する (*at*).

snip·er /snáɪpə|-pə/ 名ⓒ狙撃者[兵].

snip·pet /snípɪt/ 名ⓒ[ときに複数形で]切れ端; 断片, 抜粋: *snippets of* information 断片的な情報.

snip·py /snípi/ 形 (snip·pi·er; -pi·est)《米略式》(いら立って)ぶっきらぼうな, そっけない, 横柄な.

snit /snít/ 名[a ~]《米略式》いら立ち, 立腹, 不機嫌: be in *a snit* いらいらしている.

snitch /snítʃ/ 動他《略式》(つまらないもの)を盗む, くすねる. —自《略式》(...に)密告する (*to*); (...のことを)告げ口する (*on*). —名ⓒ《略式》密告者.

sniv·el /snív(ə)l/ 動 (sniv·els; sniv·eled,《英》sniv·elled; -el·ing,《英》-el·ling) 自泣き言を並べる; めそめそする, 哀れっぽく泣く.

snob /snά(ː)b|snɔ́b/ 名 ❶ⓒ[軽蔑的]スノッブ, 俗物《上流気取りで上の人にへつらい下の者にいばる人》. ❷ⓒ[軽蔑的](自分の教養などを)鼻にかける人, いやみなやつ: a music *snob* 音楽通ぶる人.

snob·ber·y /snά(ː)b(ə)ri|snɔ́b-/ 名Ⓤ[軽蔑的]上流気取り, 俗物根性; 俗物的な言動.

snob·bish /snά(ː)bɪʃ|snɔ́b-/ 形[軽蔑的]俗物の, 上流気取りの. **~·ly** 副俗物的に, 気取って.

snob·by /snά(ː)bi|snɔ́bi/ 形 (snob·bi·er; -bi·est) = snobbish.

snook /snʊ́k, snúːk/ 名[次の成句で] **cóck a snóok at ...** [動]他《英略式》...をばかにする; ...に軽蔑(べつ)のしぐさをする《親指を鼻先に当てほかの4本の指を広げて見せること》.

軽蔑のしぐさ

snoo·ker /snʊ́kə|snúːkə/ 名Ⓤスヌーカー《玉突きの一種; 15個の赤玉と6個の色違いの玉を使う》. —動 (-er·ing /-k(ə)rɪŋ/) 他[普通は受身で]《英略式》(人)のじゃまをする, (人)を窮地に立たせる.

snoop /snúːp/ 動自[副詞(句)を伴って]《略式》うろうろのぞき回る (*about, around, on*); 詮索(せんさく)する (*into*). —名ⓒ《略式》のぞき見る[かぎ回る]こと; こそこそかぎ回る人.

Snoo·py /snúːpi/ 名固スヌーピー《米国の漫画 *Peanuts* に登場するビーグル犬》.

snoot·y /snúːṭi/ 形 (snoot·i·er; -i·est)《略式》横柄な, 高慢な.

snooze /snúːz/ 動自《略式》(日中に)居眠りする. —名ⓒ[普通は a ~]《略式》うたた寝, 居眠り: have *a snooze* 居眠りする.

snore /snɔ́ə|snɔ́ː/ 動 (snor·ing /snɔ́ːrɪŋ/) 自いびきをかく: *snore* loudly 大きないびきをかく. 関連 zzz いびきの音. —名ⓒいびき.

snor·kel /snɔ́ək(ə)l|snɔ́ː-/ 名ⓒシュノーケル《潜水のときに口にくわえる呼吸用パイプ》. —動 (snor·kels; snor·keled,《英》snor·kelled; snor·kel·ing,《英》snor·kel·ling) 自シュノーケルで潜水する.

snor·kel·ing,《英》**-kel·ling** /snɔ́ək(ə)lɪŋ|snɔ́ː-/ 名Ⓤシュノーケル潜水.

snort /snɔ́ət|snɔ́ːt/ 動自 ❶(いらだち・怒り・軽蔑(べつ)・不賛成などで, またときに面白がって)鼻息を荒くする, (怒り・軽蔑などの)感情をあらわにする (*at*). ❷(馬などが)鼻を鳴らす《⇒ cry 表 horse》. —他 ❶(...)と[を]鼻息を荒くして言う. ❷(麻薬)を吸う. —名 ❶ⓒ荒い鼻息; 鼻を鳴らすこと: give a *snort* of contempt 軽蔑してふんと鼻を鳴らす. ❷ⓒ(麻薬の)一かぎ, 吸飲.

snot /snά(ː)t|snɔ́t/ 名 ❶Ⓤ《略式》鼻水《mucus の意の下品な語》. ❷ⓒ《略式》生意気な[嫌な]やつ.

snot-nosed /snά(ː)tnòʊzd|snɔ́t-/ 形 限定《略式, 主に米》(子供のくせに)生意気な.

snot·ty /snά(ː)ṭi|snɔ́ti/ 形 (snot·ti·er; -ti·est) ❶《略式》= snooty. ❷《略式》鼻水をたらして汚い.

snout /snáʊt/ 名 ❶ⓒ(豚などの)鼻《⇒ nose 名 1 関連》; 鼻の形をしたもの. ❷ⓒ《略式》[こっけいに](人の大きな)鼻. ❸ⓒ《英略式》密告者.

‡snow /snóʊ/

—名 (~s /~z/) ❶Ⓤ雪《⇒ rain 関連》; 降雪; 積もった雪: walk in the *snow* 雪の降る中を歩く / We didn't have much *snow* last year. 昨年はあまり雪が降らなかった / They traveled over the *snow* on skis. 彼らはスキーをはいて雪の上を行った / Four inches of *snow* fell overnight. 一晩で4インチの雪が積もった. 語法 降雪を1回, 2回と数えるとき, またはいろいろな状態の雪をいうときにはⓒとなることもある: *a* heavy [light] *snow* 大雪[小雪] / This will be one of the heaviest *snows* this winter. これはこの冬一番と言ってもいいほどの大雪になるだろう. ❷[複数形で](大量の)積雪; [普通は the ~s]降雪(期); 雪の原; 積雪地帯: *the snows* of the Alps アルプスに積もった雪. ❸Ⓤ《略式》(白い粉の)麻薬《コカインなど》.

(形 snówy)

—動 (snows /~z/; snowed /~d/; snow·ing) 自[it を主語として; ⇒ it¹ A 2] **雪が降る:** *It's snowing* hard [heavily]. ひどく雪が降っている.

—他 ❶[普通は受身で]雪で覆(おお)う, 雪で閉じ込める: We *were snowed in* for a whole week. まる1週間雪で足止めされた. ❷《米略式》(人)を(うまいことを言って)だます, 丸めこむ (*into*).

be snówed únder [動]自 (1)(物が)雪に埋まる. (2)圧倒される: I'*m snowed under with* work. こなせ

ないほどの仕事をかかえている.

snow·ball /snóʊbɔ̀ːl/ 名 C 雪玉, 雪つぶて: have a *snowball* fight 雪合戦をする. — 動 自 (計画・問題・話などが)(雪だるまのように)だんだんと大きくなる[増大する]: a *snowballing* debt 雪だるま式に増えていく借金.

snówball effèct 名 [a ~] 雪だるま式に増えるような影響[効果].

snow·board /snóʊbɔ̀ːd | -bɔ̀ːd/ 名 C スノーボード《幅の広いスキー状の板》.

snow·board·er /snóʊbɔ̀ːdɚ | -bɔ̀ːdə/ 名 C スノーボードをする人.

snow·board·ing /snóʊbɔ̀ːdɪŋ | -bɔ̀ːd-/ 名 U スノーボード《スポーツ》.

snow·bound /snóʊbáʊnd←/ 形 雪に閉じ込められた, 雪に埋もれた, 雪で足止めされた.

snow·capped /snóʊkæ̀pt/ 形《文語》(山が)雪をいただいた.

snów dày 名 C《米》大雪による休校日[休業日].

snow·drift /snóʊdrìft/ 名 C 雪の吹きだまり.

snow·drop /snóʊdrɑ̀(ː)p | -drɔ̀p/ 名 C スノードロップ, まつゆきそう《早春の花》.

snow·fall /snóʊfɔ̀ːl/ 名 C (一回の)降雪; U 降雪量: a heavy [light] *snowfall* 大[小]雪.

snow·field /snóʊfìːld/ 名 C 雪原, 万年雪.

snow·flake /snóʊflèɪk/ 名 C 雪片; (降る)雪の一ひら.

snów jòb 名 C《米略式》(ことば巧みに)だまそうとすること, 丸め込み, 詐欺; 口車.

snów lìne 名 [the ~] 雪線《万年雪のある最低境界線》.

snow·man /snóʊmæ̀n/ 名 (-men /-mèn/) C 雪だるま, 雪人形: build [make] a *snowman* 雪だるまをつくる. 日英 日本の雪だるまより人間の形に近い. 鼻にはにんじんを使うのが習慣. 雪玉を 3 つ重ねて作ることもある.

snow·mo·bile /snóʊmoʊbìːl/ 名 C スノーモービル《小型の雪上車》.

snow·plow, 《英》 **snow-plough** /snóʊplàʊ/ 名 C 雪かき《道具》; 除雪機[車].

snow·shoe /snóʊʃùː/ 名 C [普通は複数形で] 雪靴, かんじき: walk on *snowshoes* 雪靴で歩く.

snow·slide /snóʊslàɪd/ 名 C 雪崩(なだれ).

snow·storm /snóʊstɔ̀ɚm | -stɔ̀ːm/ 名 C 吹雪.

snow·suit /snóʊsùːt | -s(j)ùːt/ 名 C (つなぎ服のように全身を包む子供用の)防寒着.

snów tìre 名 C《米》スノータイヤ.

Snów Whìte 名 固 白雪姫《グリム (Grimm) 童話の主人公》.

snow-white /snóʊ(h)wáɪt←/ 形 雪のように白い.

+**snow·y** /snóʊi/ 形 (snow·i·er; snow·i·est) ❶ **雪の降る**, 雪の多い: a *snowy* day 雪の日. 関連 rainy 雨降りの. ❷ 雪の積もった. ❸《文語》雪のように白い. (名 snow)

Snr 略《英》= senior.

snub /snʌ́b/ 動 (snubs; snubbed; snub·bing) 他 (人)を鼻であしらう, (冷たく)無視する; (申し入れなど)をつれなく断わる. — 名 C 無視, 冷遇. — 形 限定 (鼻などが)ずんぐりして上を向いた: a *snub* nose しし鼻 (⇒ nose 挿絵).

snub-nosed /snʌ́bnóʊzd←/ 形 しし鼻の.

snuck /snʌ́k/ 動《米》sneak の過去形および過去分詞.

snuff[1] /snʌ́f/ 動 他 ❶ (ろうそくなど)を消す (*out*). ❷ (希望など)を終わらせる, 消滅させる (*out*). ❸《略式》(人)を殺す (*out*).

snuff[2] /snʌ́f/ 動 自 (動物などが)鼻をふんふんいわせる, かぐ [≒sniff]. — 他 (においなど)をかぐ, 鼻で吸い込む. — 名 U かぎたばこ: take (a pinch of) *snuff* かぎたばこを(1 服)吸う. **ùp to snúff** [形]《米略式》申し分ない.

snuff·box /snʌ́fbɑ̀(ː)ks | -bɔ̀ks/ 名 C かぎたばこ入れ.

snuf·fle /snʌ́fl/ 動 自 鼻をぐずぐずいわせる, 鼻をすする [≒sniff]. — 名 ❶ C 鼻をすすること; [単数形で] 鼻声. ❷ [the ~s] 鼻かぜ.

snug /snʌ́g/ 形 (snug·ger; snug·gest) ❶ (暖かくて)気持ちよい; (部屋などが)こぢんまりとして居心地のよい, 快適な (⇒ comfortable 類義語): lie *snug* in one's bed ベッドで気持ちよく寝る / a *snug* armchair 座り心地のよいひじ掛けいす. ❷ (衣服などが)ぴったりした, ややきつい: a *snug* sweater ぴったりしたセーター. — 名 C《英》(パブなどの)こぢんまりした個室.

snug·gle /snʌ́gl/ 動 自 [副詞(句)を伴って]《略式》すり寄る, 寄り添う (*up to* [*against*]); (寝具の中へ)心地よく入り込む[身を丸める] (*down*). — 他《略式》(体の一部)をすり寄せる.

snug·ly /snʌ́gli/ 副 ❶ 居心地よく, 快適に. ❷ (体などに)ぴったりと.

***so**[1] /sóʊ/ (同音 sew, sow[1])

> **単語のエッセンス**
> 基本的には「そのように」の意.
> 1) それほど; とても　副 ❶; ❸
> 2) そんなふうに, そのように　副 ❷, ❹, ❺
> 3) そこで; では　接 ❶; ❷
> 4) そのとおり, 全く　副 ❻
> 5) [肯定文の後を受けて] ...もまた ~ する[である]　副 ❼

— 副 ❶ **それほど**, そんなに, こんなに, あんなに, それくらい, これくらい, この程度まで. (1) [形容詞・副詞の前につけて]: Don't decide *so* quickly. そんなに早く決めないでください / The question wasn't *so* difficult. 問題はそんなに難しくなかった / She couldn't walk any longer, she was *so* tired. 《略式》彼女はもう全然歩けなかった. それほど彼女は疲れていた《so は前の文全体を受ける》. 語法 書きことばでは She was *so* tired *that* she could not walk any longer. がよい // "How tall was she?" "About *só* tall." 「彼女の背丈はどれくらいでした」(身ぶりで高さを示しながら)「このくらいでした」

> 語法 **so と such**
> (1) **不定冠詞 (a, an) の位置**
> so が「不定冠詞＋形容詞＋名詞」につくときは次のような位置をとるが, これは改まった言い方: 言い換え There has never been *so* happy *a* time *as* those days. (= There has never been *such a* happy time *as* those days.) あの当時ほど幸せなときはなかった.
> (2) such とは異なり, この意味の so は「形容詞＋複数名詞」につくことはない (⇒ such 形 1 (3)).

(2) [動詞を修飾して] S《古風》: Don't worry *so*! そんなに心配しないで.

❷ [動詞を修飾して] **そんなふうに**, **そんな具合に**, こんなふうに, あんなふうに: Hóld your pén *jùst* sò. ペンをちょうどこんなふうに持って / You shouldn't behave *so*. そ

んなふうにふるまうものではありません.
❸ [形容詞・副詞・動詞を強めて]《略式》**とても**, すごく [≒very, very much]: It's *so* (very) kind of you to come to see me off. お見送り本当にありがとうございます / He's acting *so* weird these days. 彼は最近ふるまいがすごく変だよ / You're working far too hard ― it does *so* worry me. あなたは働きすぎで, とても心配だなあ.
❹ **そのように**, そう, そのとおり: I told you *so*. 君にそう言ったじゃないか, だから言ったのに / "Sally's getting married." "Yes, *so* I heard." 「サリーが結婚するよ」「ええ, そう聞いています」

> 語法 (1) **節の代わりをする so**
> この用法の so は say, think, hope, expect, believe, suppose, guess, fear, I'm afraid, it seems [appears] などの後で肯定の節の代用をすることがある(⇒ not (5)): I thínk [dòn't thínk] *sò*. そう思う [そうじゃないと思う] / I hópe *sò*. そうだといいね (⇒ hope 囲み). ✪ 前の動詞が強く, so がそれより弱く発音される.
> (2) **do so の使い方**
> do so の形で直前の動詞句の代用をする(⇒ do[1] [代動詞] 1): I asked him to mail the letter, but he forgot to *do so*. 彼に手紙を出すように頼んだのに彼は出し忘れてしまった.

❺ [補語のように用いて] Ⓢ **そう(で)**, そのように, そのまま(で): Is that (really) *so*? (本当に)そうですか / How *so*? どうしてそうなの / Is he really missing? If *so*, call the police. 彼は本当に行方不明なのか. もしそうなら警察に届けなさい / "Is the novel interesting?" "Yes, more *so* than I expected." 「その小説はおもしろいですか」「はい, 思ったよりおもしろいです」 語法 主格補語のように使われる so は強調のため文頭にくることがある: *Só* it séems [appéars]. そう思われる / *Só* it ís. (確かに)そうだ.
❻ [so＋主語[there]＋(助)動詞の形で] Ⓢ **そのとおり**, 確かに, 全く《同意や驚きを表わす》: "He's very lazy." "*So* he ís." 「あの男はひどく怠け者だな」「全くですね」/ "We all worked hard." "*So* we díd." 「みんな実に一生懸命働いた」「全くそのとおりだ」/ "There's a crow on the roof." "*So* there ís." 「屋根にからすがとまっている」「本当だ」 語法 (1) 例文でアクセントをつけた語が強調される. (2) 次の 7 の場合と比較.
❼ [肯定文の後を受けて, so＋(助)動詞＋主語の形で] **...もまた～する[である]**: He's left-handed and *so* am Í. 彼は左利きだが私もそうだ / "John can speak French." "*So* can Máry." 「ジョンはフランス語が話せます」「メアリーも話せますよ」/ "I went to the movies yesterday." "Oh, did you? *So* did Í." 「きのう映画に行ったんだ」「そうなんだ, 僕も行ったよ」

> 語法 **so と語順: So does A. の場合**
> (1) 「...もまた」の意味がかかる語が強調され, so の後では上の 6 の場合と語順が逆になる. 次の文を上の 6 の 2 番目の例文と比較: "They all worked hard." "*So* did wé." 「彼らはみんな一生懸命働いた」「私たちもよく働いたよ」
> (2) 否定文では neither または nor を用いる(⇒ neither 副, nor 2).

❽ [主語＋(助)動詞＋so の形で] Ⓢ《米》そうだってば《相手の否定のことばに対する反論を表わす》. 語法 特に子供が用いる: "You're stingy." "I am not." "You áre *só*." 「君はけちだ」「けちなんかじゃない」「けちだってば」 ❾ [しばしば否定文で形容詞・名詞句を強めて] Ⓢ《略式》絶対に: This is *so not* the right job for you. これは絶対君に合った仕事じゃない. ❿ [人名などの前に置いて]《略式》いかにも(その人)らしい: That's *so* Jim. He always says things like that. それはいかにもジムらしいね. 彼はいつもそういうことを言うんだよ.

and só òn ＝ and só fòrth ...など, ...その他, ...といったもの[人]《改まった文章では etc. と略す; ⇒ etc.》: In the audience, there were students, teachers, clerks, *and so on* [*forth*]. 聴衆の中には学生, 教師, 事務員などがいた.
èven só ⇒ even[1] 成句.
exáctly só ＝ just so (3), (4).
gó so fàr as to dó ⇒ far 成句.
jùst só [副] (1) **ちょうどその[この]ように** (⇒ 2). (2) ちょうどこれくらい. (3) [応答に用いて]《古風》まったくそのとおり. (4) [形容詞的に] きちんと整理されて; [副詞的に] きちんと, 申し分なく.
lìke só [副] Ⓢ こんなふうに (⇒ like this [that] (like[1] 前 成句)); これくらい.
nòt (...) so ... as ～ ⇒ as 成句.
... or sò ⇒ or 成句.
sò ... as ～ ⇒ as 成句.
sò ... as to dó (1)《格式》～するほど.... 語法 so のあとに形容詞または副詞がくる (⇒ such ... as to do (such 形 成句)): I'm not *so* foolish *as to* believe that. そんなことを信じるほど私はばかではない. (2) Ⓦ ～することになるように...: This kitchen was *so* designed *as to* make cooking as easy as possible. この台所は料理ができるだけ楽にできるように設計されていた.
Sò bé it. Ⓢ それならそれでいい[しかたない]《不本意な承諾などを表わす》.
só fàr ⇒ far 成句.
so fàr as ... ⇒ far 成句.
So lóng! ⇒ So long の項目.
so lòng as ... ⇒ long[1] 副 成句.
só mány ⇒ many 代 成句.
só mány ... ⇒ many 代 成句.
só múch ⇒ much 副 代 成句.
só múch ... ⇒ much 代 成句.
sò mùch for ... ⇒ much 代 成句.
só mùch só that ... 非常にそうなので..., ...なほど(そう)で. 語法 2 番目の so は 前文にある形容詞・副詞を受ける (⇒ so ... that ～): He's hardworking ― *so much so that* he's never home before midnight. 彼は働き者だ―夜 12 時前に帰宅することがないくらいだ.
só sò ⇒ so-so.
só ... that ～ (1) [結果を表わして] **非常に...なので～** (⇒ such ... that ～ (such 形 成句 語法; that[2] B 2)). 語法 (1)《略式》では that が省かれることがある: The box was *so* heavy (*that*) I couldn't move it. その箱はとても重くて私には動かせなかった. (2) 強調した表現では「so＋形容詞[副詞]」が文頭に出て「述語動詞＋主語」の倒置となる: *So* busy was he *that* he didn't notice how dark it had become outside. 彼はあまりに忙しくて外がどれほど暗くなっているか気がつかなかった.
(2) [程度を表わして] **～であるほど...**: Nobody is *so* busy (*that*) they can't read a newspaper at least once in a while! 時たまでさえ新聞を読めないほど忙しい人はいない. (3) [様態を表わして] ～することになるよ

うに...: The building is *so* constructed *that* it'll withstand a major earthquake. そのビルは大地震に耐えられるように作られている.

— 接 ❶ **そこで**, それで, だから《前の節・文の結果を述べるときに用いる》《⇒ and so (成句)》: The supermarket was closed, *so* I couldn't get any. スーパーが閉まっていて, だから何も買えなかったんだ.

❷ [文頭で] Ⓢ **では それじゃ**, さて [≒then]《相手や自分が言ったことや, その場の状況を受けて, 質問をしたりその結論や要約を述べるときに用いる》: *So* here we are at last. さてやっと着いたぞ / *So* you're going to be a father. じゃ, いよいよ君も父親になるんだね / *So* how was the examination? それで試験はどうだった.

and sò [接] だから, **それで**《⇒ 1》: There was a heavy rain, *and so* the river flooded. 大雨が降って, それでその川がはんらんした.

sò ... as ~ ⇒ as 成句.

sò as nòt to dó《格式》**...しないように**《so as to ...の否定形》: Work hard *so as not to* fail the exam. 試験に落ちないように一生懸命勉強しなさい.

sò as to dó《格式》**...するように**, ...するために.

sò that ... [接] **そのため...**, だから...: Interest rates are very low, *so that* there is little incentive to save. 利率が非常に低い. それで貯蓄の誘因がほとんどない. 語法 この用法の so that の前には普通コンマ (comma) がある《⇒ so that ... can do》.

sò that ... can dó =《格式》**sò that ... may** dó ...が～**できるように**《⇒ that² B 1》: I worked late on Thursday *so that* I *could* take Friday off. 私は金曜日に休めるように木曜日遅くまで働いた / She left early *so that* she *could* catch the first train. 彼女は始発列車に間に合うように早く出た. 語法《略式》では that が省かれることが多い: Please read slowly *so* I *can* follow you. 聞き取れるようにゆっくり読んでください.

sò that ... will dó =《略式》**sò ... will** dó ...が～するように《⇒ that² B 1》: Would you sew up this hole *so* (*that*) no one *will* notice it? だれも気がつかないようにこの穴を繕(つくろ)ってくれますか. 語法 特に否定構文では will を使わないこともある: You should get up early(,) *so* (*that*) you don't miss the train. 列車に乗り遅れないように早く起きたほうがいい.

Sò (whát)? Ⓢ [反抗・無関心を表わして] それがどうした: "You smoke too much." "*So* [*So what*]?"「たばこを吸いすぎだよ」「だから何」

— 間 [驚き・疑い・反抗・賛成などを表わして] Ⓢ まあ!, まさか!; 確かに (...だが, それがどうした)!; よし!: *So*, you did it by yourself! 本当ですか, 君はそれをひとりでやったんですね / *So*, Mr. Bond, we meet again! やあボンドさん, また会いましたね.

so² /sóʊ/ 名 [単数形で] = sol.

+**soak** /sóʊk/ 動 (soaks /～s/; soaked /～t/; soak·ing) 他 ❶ (...)を**浸す**, 液体につける: *soak* the bread *in* the milk V+O+*in*+名 パンを牛乳に浸す.

❷ (...)を**ずぶぬれにする**, びしょびしょにする (*with*, *in*)《⇒ soaked》: The rain *soaked* the ground. 雨で地面がびしょびしょになった. ❸《略式》(...)に法外な値段をふっかける, (...)からぼったくる.

— 自 ❶ **浸る**: She let the clothes *soak in* soapy water for two hours. V+*in*+名 彼女は服をせっけん水に2時間浸した.

❷ [副詞(句)を伴って] **しみ通る**; にじむ: The coffee *soaked into* the rug. V+前+名 コーヒーが敷物にしみ込んだ / The rain *soaked through* her coat. 雨が彼女のコートにしみ通った. ❸ 長風呂に入る.

sóak úp [動] 他 (1) (液体)を吸い取る. (2) (日光など)を十分楽しむ[浴びる], (...)に十分浸る. (3) (知識など)を吸収する.

— 名 Ⓒ 浸すこと; ずぶぬれ; 長風呂: give a sheet a good *soak* 敷布を水によく浸す.

soaked /sóʊkt/ 形 ❶ (雨などで)ずぶぬれで: 言い換え I was [got] *soaked* to the skin in a shower. = I was [got] *soaked* through in a shower. にわか雨にあってずぶぬれになった. ❷ (...に)満ちて(いる) (*in*, *with*).

soak·ing /sóʊkɪŋ/ 形 びしょぬれで; [副詞的に] びしょびしょに: get [be] *soaking* wet びしょぬれになる[である].

so-and-so /sóʊənsòʊ/ 名 (～s, ～'s) ❶ Ⓤ Ⓢ だれかさん; なにか(しらの物・事): Mr. *So-and-so* 某氏《Mr. — と書くこともある》. ❷ Ⓒ《略式》[遠回しに] いやなやつ: You rotten *so-and-so*! このろくでなしが.

+**soap** /sóʊp/ 発音 名 ❶ U,C **せっけん**: Wash your hands with *soap* and water. せっけんと水で手を洗ってください / a bar of *soap* せっけん1個 / *soap* bubbles シャボン玉. 関連 detergent 洗剤. ❷ Ⓒ《略式》= soap opera. (形 sóapy)

— 動 他 (...)をせっけんで洗う[こする], (...)にせっけんをつける (*up*).

soap·box /sóʊpbɑ̀(ː)ks | -bɔ̀ks/ 名 Ⓒ (街頭演説の)演壇用の箱. **be [gét] on** one's **sóapbox** [動] 自《略式》声高(こわだか)に自分の意見を主張する.

sóap òpera 名 Ⓒ (ラジオ・テレビの)連続メロドラマ [《略式》soap]. 由来 アメリカではよくせっけん会社がスポンサーだったことから.

sóap pòwder 名 U,C《英》粉せっけん.

soap·suds /sóʊpsʌ̀dz/ 名 複 せっけんの泡, (泡立った)せっけん水 (suds).

soap·y /sóʊpi/ 形 (soap·i·er; -i·est) せっけん(質)の, せっけんのような; せっけんを含んだ: *soapy* water せっけん水. (名 soap)

+**soar** /sɔ́ɚ | sɔ́ː/ (同音 sore,《英》saw) 動 (soars /～z/; soared /～d/; soar·ing /sɔ́ːrɪŋ/) 自 ❶ (物価・温度などが)**急に高くなる**: The cost of living has *soared*. 生活費が高騰した.

❷ (空高く)**舞い上がる**; 空をかける, 滑空する: The skylark *soared up into* the blue sky. V+*up*+*into*+名 ひばりは青空高く舞い上がっていった / The jet *soared* away into the distance. ジェット機ははるかかなたへ飛び去った / An eagl[illegible]*ng* in the sky. わしが1羽空をかけている. ❸ (気分・希望などが)高揚する, 大きくふくらむ; (声などが)高く響き渡る. ❹ [進行形なし] 高くそびえる [≒tower]: Mt. Fuji *soars* above all the other mountains. 富士山は他のすべての山々より高くそびえている.

soar·ing /sɔ́ːrɪŋ/ 形 限定 (数値などが)急上昇する, うなぎ登りの; (建物などが)そびえ立つ.

sob /sɑ́(ː)b | sɔ́b/ 動 (sobs; sobbed; sob·bing) 自 すすり泣く, 嗚咽(おえつ)する, (痛みなどで)むせび泣く (*with*)《⇒ cry 1 表》: Susan began *sobbing* uncontrollably. スーザンは激しく泣きじゃくり始めた. — 他 (...)を[と]すすり泣きながら話す[言う] (*out*): "I'm lost," *sobbed* the child.「迷子になっちゃった」と子供はすすり泣きして言った. — 名 Ⓒ すすり泣き(の声).

SOB 略 = son of a bitch《⇒ bitch 成句》.

+**so·ber** /sóʊbɚ | -bə/ 形 (so·ber·er /-b(ə)rɚ | -rə/, more ～, so·ber·est /-b(ə)rɪst/, most ～) ❶ **酒に酔っていない**, しらふの: He came home *sober*. 彼はし

らふで帰宅した. ❷ まじめな《⇒ serious 類義語》; 冷静な: a *sober*, hardworking man まじめで勤勉な男 / (a) *sober* judgment 冷静な判断. ❸ (事実などが)人を厳粛な気持ちにさせる, 考えさせる: a *sober* reminder of our mortality 人は死ぬものだということを厳粛に思い出させるもの. ❹ (色などが)地味な.
(名 sobríety)
— 動 (so·ber·ing /-bərɪŋ/) 他 ❶ (...)の酔いをさます (*up*). ❷ (人)をまじめ[真剣]にさせる (*down*).
— 自 ❶ 酔いがさめる (*up*). ❷ まじめ[真剣]になる (*down*).

so·ber·ing /sóʊb(ə)rɪŋ/ 形 人をまじめにさせる, 考えさせる: a *sobering* thought 厳粛な思い.

so·ber·ly /sóʊbəli | -bə-/ 副 酔わずに; まじめに; 地味に.

so·bri·e·ty /səbráɪəṭi/ 名 U 《格式》 酒に酔っていないこと, しらふ; 節酒; まじめ, 真剣; (状況などの)深刻さ.
(形 sóber)

sób stòry 名 C 《略式》 (自分に関する同情を引くような)哀れっぽい話[作り話], お涙ちょうだいな話.

Soc. 略 = society.

*__so-called__ /sóʊkɔ́ːld←/ 形 限定 (怪し気な言い方だが) **いわゆる**, 名前ばかりの, ...とやら《「適切でない」という含みがある》; 一般に[広く]そう言われている, 俗にいう: a *so-called* friend 名ばかりの友だち / What do you think about *so-called* smart devices? いわゆるスマートデバイスについてどう考えますか.

> 語法 (1) 名詞の後に置かれることもある: These advisers, *so-called*, are virtually no help. このいわゆるアドバイザーは事実上なんの役にも立っていない.
> (2) 2 語につづられる so called (そう呼ばれる)と区別すること: John was so called then. ジョンが当時そう呼ばれた.

*__soc·cer__ /sɑ́(ː)kɚ | sɔ́kə/ 発音 名 U **サッカー** [《英》football] 《⇒ eleven 名 4》: play *soccer* サッカーをする / a *soccer* player サッカーの選手.
〘語源 association football を短縮した形に -er をつけたもの; ⇒ rugger〙

sóccer mòm 名 C 《米略式》 サッカーママ《子供のスポーツや習い事の送り迎えに明け暮れる典型的な中流階級の母親》.

so·cia·bil·i·ty /sòʊʃəbíləṭi/ 名 U 社交性; 交際上手, 愛想のよいこと.

so·cia·ble /sóʊʃəbl/ 形 社交的な, 人付き合いのいい; 愛想のよい [⇔ unsociable]. (名 socíety)

***so·cial /sóʊʃəl/

— 形 ❶ 限定 **社会の**, **社会的な**, 社会に関する; 社会的地位の: a *social* problem 社会問題 / fight for *social* reform 社会変革のために闘う / *social* classes 社会階級.
❷ 限定 **社交上の**, 懇親(こんしん)の; 社交界の: She has a busy *social* life. 彼女は人付き合いで忙しい / *social* skills 社交術 / *social* events 社交的な催し / a *social* club 社交クラブ / a *social* evening 楽しい夕べのひととき《会合など》.
❸ 限定 **社会生活を営む**; (動物が)群れをなす; (植物が)群生する, 叢生(そうせい)の: *social* insects 群居する昆虫 / Man is a *social* animal. 人間は社会生活を営む動物である. ❹ 社交的な [≒sociable].
(名 socíety, 動 sócialìze)
— 名 C 《古風》 親睦(しんぼく)会, 懇親会.

sócial clímber 名 C [軽蔑的] (有力者に取り入るなどして)上流社会の一員となろうとする人.

sócial demócracy 名 ❶ U 社会民主主義. ❷ C 社会民主主義国家.

sócial démocrat 名 C 社会民主主義者; [S- D-] 社会民主党員.

sócial engineéring 名 U 社会工学.

+**so·cial·is·m** /sóʊʃəlìzm/ 名 U **社会主義**; 社会主義運動. 関連 capitalism 資本主義 / communism 共産主義.

+**so·cial·ist** /sóʊʃ(ə)lɪst/ 名 (-cial·ists /-lɪsts/) C **社会主義者**; [普通は S-] 社会党員; [the Socialists] 社会党. — 形 社会主義(者)の; [普通は S-] 社会党(員)の.

so·cial·is·tic /sòʊʃəlístɪk←/ 形 社会主義の, 社会主義者[運動]の, 社会主義的な.

so·cial·ite /sóʊʃəlàɪt/ 名 C (社交界の)名士.

so·cial·i·za·tion /sòʊʃəlɪzéɪʃən | -laɪz-/ 名 ❶ U 《格式》 社会に順応させること. ❷ U 《格式》 社会主義化.
(動 sócialìze)

+**so·cial·ize** /sóʊʃəlàɪz/ 動 (-iz·es /~ɪz/; ~d /~d/; -iz·ing) 自 **社交活動をする**, **付き合う**, 遊ぶ: He doesn't *socialize with* his colleagues. 彼は同僚とは付き合わない. — 他 ❶ [しばしば受身で] (人)を社会に順応させる. ❷ [普通は受身で] (...)を社会主義化する.
(形 sócial, 名 sòcializátion)

só·cial·ized médicine /sóʊʃəlàɪzd-/ 名 U 《主に米》 医療社会化制度《⇒ National Health Service》.

+**so·cial·ly** /sóʊʃəli/ 副 **社会的に**; 社交的に, 社交上で, 社公の場で.

sócial média 名 複 ソーシャルメディア《インターネット上でユーザー同士が情報の共有を行なうための媒体》.

sócial nétworking 名 U ソーシャルネットワーキング《インターネット上で共通の関心事について情報交換すること》.

sócial scíence 名 U 社会科学; C [普通は複数形で] 社会科学(の諸分野)《社会学·政治学·経済学など》. 関連 natural science 自然科学.

+**sócial secúrity** 名 ❶ U [普通は S- S-] 《米》 **社会保障(制度)**《政府の運営する老年·遺族·障害者保険》: be [live] on *Social Security* 社会保障を受けている / *Social Security* Number 社会保障番号《身元確認に用いる》. ❷ U 《英》 生活保護 [《米》 welfare].

+**sócial sérvice** 名 C [しばしば複数形で] **社会福祉事業**; [複数形で] (自治体の)社会福祉課.

sócial stùdies 名 複 [単数扱い] 社会科《小·中学校などの教科》; 社会科学 [≒social science].

sócial wòrk 名 U 社会福祉事業.

+**sócial wòrker** 名 C **社会福祉指導員[主事]**, ソーシャルワーカー, 民生委員.

so·ci·e·tal /səsáɪəṭl/ 形 限定 《格式》 社会の, 社会的な, 社会に関する.

***so·ci·e·ty /səsáɪəṭi/ 発音

— 名 (-e·ties /~z/)

> 意味のチャート
> ラテン語で「仲間付き合い」の意.
> →「交際」❹
> → (人の集まり) →「社会」❶
> → (目的を持った集まり) →「協会」❷

❶ U,C 社会, 世間: a member of *society* 社会の一員[成員] / a multiracial *society* 多民族社会. ❷ C 協会, 会, 学会, 組合《略 Soc.》: an agricultural *society* 農業組合 / a *society* of bird-watchers 野鳥観察者の会 / establish [set up] a *society* 協会を設立する. ❸ U,C 特定の社会[階層], ...界; U 社交界, 上流社会; [形容詞的に] 社交界の, 上流社会の: the customs followed in polite *society* 教養のある社会層で守られる風習 / high *society* 上流社会 / get [go] into *society* 社交界に出る / a *society* page (新聞などの)社交界欄. ❹ U《格式》交際, 付き合い, 交友 [≒company]: I enjoy the *society* of my friends. 友人と交際するのが楽しい.
(形 sócial, 4 では 形 sóciable)

Socíety of Fríends 名 固 [the ~] フレンド会《17世紀に創設された宗教団体で絶対平和主義を唱える新教徒の一派; ⇒ Quaker》.

so·ci·o·ec·o·nom·ic /sòʊsioʊèkənɑ́(ː)mɪk | -nɔ́m-⁺/ 形 社会経済の, 社会経済的な.

so·ci·o·log·i·cal /sòʊsiəlɑ́(ː)ʤɪk(ə)l | -lɔ́ʤ-⁺/ 形 社会学(上)の.

so·ci·ol·o·gist /sòʊsiɑ́(ː)ləʤɪst | -ɔ́l-/ 名 C 社会学者.

+**so·ci·ol·o·gy** /sòʊsiɑ́(ː)ləʤi | -ɔ́l-/ 名 U **社会学**.

so·ci·o·path /sóʊsiəpæθ/ 名 C 社会病質者《人格障害があり, 反社会的行動をとる》.

*__sock__[1] /sɑ́(ː)k | sɔ́k/ 名 (~s /~s/ または《米略式》sox /sɑ́(ː)ks | sɔ́ks/) [普通は複数形で] (短い)**靴下**, ソックス: a pair of *socks* 靴下 1 足 / knee-length *socks* ハイソックス / 「put on [take off] one's *socks* 靴下をはく[脱ぐ]. 関連 stocking ひざ上丈の靴下.

knóck [blów] ...'s sócks òff [動]《略式》(人)をひどく驚かせる; 感心させる.

pùt a sóck in it [動] 自 [普通は命令文で]《古風, 略式》黙る.

— 動 [次の成句で] **be sócked ín** [動] 自《米》(道路・空港などが)悪天候で閉鎖される.

sóck awáy [動] 他《米略式》(金)をため込む.

sock[2] /sɑ́(ː)k | sɔ́k/ 動 他《略式》(こぶしで)殴る, 強打する. **sóck it to ...** [動] 他《古風》...にはっきり言ってやる, ...をやっつける. — 名 C [普通は単数形で]《略式》(げんこつの)打撃, 強打.

sock·et /sɑ́(ː)kɪt | sɔ́k-/ 名 ❶ C 差し込み口; コンセント, ソケット《⇒ plug 挿絵》. ❷ C くぼみ;〔解剖〕窩(か), 腔(こう).

Soc·ra·tes /sɑ́(ː)krətìːz | sɔ́k-/ 名 固 ソクラテス (470?–399 B.C.)《ギリシャの哲学者》.

So·crat·ic /səkrǽtɪk/ 形《格式》ソクラテス(風)の.

sod /sɑ́(ː)d | sɔ́d/ 名 ❶ U 芝生, 芝地《草と根とそれについた土からなる層》. ❷ C 切芝 [《英》turf]《四角に切り取った芝生》.

so·da /sóʊdə/ 名 ❶ U《主に米》ソーダ, サイダー《果汁の味などのついた炭酸飲料; ⇒ cider 日英》(soda pop); C ソーダ水[サイダー]1 杯: ⇒ cream soda. ❷ U 炭酸水 (soda water); C 炭酸水(入りの飲み物)1 杯: a whiskey and *soda* ウイスキーのソーダ割り 1 杯. ❸ C,U《米》= ice-cream soda. ❹ U (炭酸)ソーダ; 重曹 (baking soda).

sóda fòuntain 名 C《古風, 米》ソーダ水売り場《清涼飲料・軽食などを出す》.

sóda pòp 名 U,C《米》= soda 1.

sóda wàter 名 U,C = soda 2.

sod·den /sɑ́(ː)dn | sɔ́dn/ 形 水につかった, (...で)びしょぬれの (*with*).

+**so·di·um** /sóʊdiəm/ 名 U〔化学〕**ナトリウム**《元素記号 Na》.

sódium bicárbonate 名 U〔化学〕重炭酸ナトリウム, 重曹.

sódium chlóride 名 U〔化学〕塩化ナトリウム《食塩》.

sod·om·y /sɑ́(ː)dəmi | sɔ́d-/ 名 U (男性間の)肛門性交.

+**so·fa** /sóʊfə/ ❗発音 名 (~s /~z/) C **ソファー**《⇒ living room 挿絵ならびに chair の表》: sit on a *sofa* ソファーに座る.

sófa bèd 名 C ソファーベッド.

So·fi·a /sóʊfiə/ 名 固 ソフィア《ブルガリアの首都》.

soft /sɔ́ːft | sɔ́ft/

— 形 (soft·er; soft·est) ❶ (物体が)**柔らかい**; (木材・金属などが)軟質の [⇔ hard]: a *soft* bed 柔らかいベッド / The ground is *soft* after the rain. 雨が降ったので地面が柔らかくなっている / Pine is *softer* than oak. 松材はオーク材よりも柔らかい.
❷ **手触りの柔らかな**, (表面が)なめらかな [≒smooth]: *soft* skin きめの細かい肌 / Silk is *soft* to the touch. 絹は手触りがなめらかだ.
❸ 限定 (光・色などが)**穏やかな**, 柔らかい; (物音・声などが)**静かな**, 優しい; (カーブなどが)なだらかな: a *soft* shade of blue 柔らかな感じのブルー / *soft* music 静かな音楽 / speak in a *soft* voice 優しい声で話す / *soft* rolling hills ゆるやかに起伏する丘.
❹ (雨・風などが) **穏やかな**, 弱い [≒light]: a *soft* breeze 快い微風.
❺ (性質・言動などが)**優しい**, 柔和な; 厳しくない, 手ぬるい [⇔ tough]: have a *soft* heart 心が優しい / go *soft* 優しく[柔和に]なる / The judge is ***soft on*** juvenile crime. +on+名 その判事は青少年の犯罪に対して甘い 多用 / That manager is ***soft on*** [***with***] star players. +with+名 あの監督はスター選手に甘い. ❻ 意気地のない, (性格が)軟弱な. ❼《略式》(仕事などが)楽な [≒easy]: a *soft* job 楽な仕事 / a *soft* option 楽な選択肢. ❽《略式》(力・体力が)弱い [≒weak]: get *soft* for lack of exercise 運動不足で体力が落ちる. ❾《英》ばかな, まぬけな. ❿ (水などが)軟質の; (飲み物が)アルコール分のない《⇒ soft drink》[⇔ hard]. ⓫ 軟音の《c, g が *c*ent, *g*em におけるように /s/, /ʤ/ と発音される》. 関連 hard 硬音の.

a sóft tóuch [名]《略式》だまされやすい人, お人よし.
(動 sóften)

soft·ball /sɔ́ːftbɔ̀ːl | sɔ́ft-/ 名 ❶ U ソフトボール《野球に似た球技》. ❷ C ソフトボール用のボール.

soft-boiled /sɔ́ːftbɔ́ɪld | sɔ́ft-⁺/ 形 (卵などが)半熟の. 関連 hard-boiled 固ゆでの.

sóft drínk 名 C,U ソフトドリンク, 清涼飲料, 合成飲料《⇒ cider 日英, juice 日英》. 関連 strong drink 強いアルコール飲料.

sóft drúg 名 C ソフトドラッグ《マリファナなど中毒性の少ない麻薬; ⇒ hard drug》.

+**sof·ten** /sɔ́ːf(ə)n | sɔ́f-/ ❗発音 t は発音しない. 動 (sof·tens /~z/; sof·tened /~d/; -ten·ing /-f(ə)nɪŋ/) 他 ❶ (...)を**柔らかくする**; なめらかにする [⇔ harden]: He *softened* the butter by warming it. 彼はバターを温めて柔らかくした. ❷ (...)をやわらげる, 穏やかにする, 軽減する: *soften* the blow [impact] 衝撃をやわらげる / The screen *softens* the light. そのスクリーンは光をやわ

らげる.
―自 **柔らかくなる**; 優しくなる; やわらぐ: Wax *softens* when heated. ろうは熱で柔らかくなる / His attitude *softened*. 彼の態度はやわらいだ.
sóften úp [動] 他 (1) 《略式》 (事前に工作して)(人)の気持ちをやわらげておく, 機嫌を取る, (人)を懐柔する. (2) 《略式》 (敵の戦力)を弱める《直接攻撃に先立って爆撃・艦砲射撃などで》. (形 soft)

sof·ten·er /sɔ́:f(ə)nɚ | sɔ́f(ə)nə/ 名 ❶ C,U (衣類の)柔軟剤. ❷ U,C = water softener.

soft-heart·ed /sɔ́:fthὰɚṭɪd | sɔ́fthὰ:t-/ 形 心の優しい, 情け深い.

soft·ie /sɔ́:fti | sɔ́fti/ 名 C = softy.

sóft lánding 名 C (宇宙船などの)軟着陸.

sóft léns 名 C (コンタクトの)ソフトレンズ.

sóft líne 名 [単数形で] (政治などの)柔軟路線.

***soft·ly** /sɔ́:ftli | sɔ́ft-/ 副 ❶ **優しく**, 穏やかに; 静かに: speak *softly* そっと話す.
❷ **柔らかに**; なめらかに.

soft·ly-spo·ken /sɔ́:ftlispóʊk(ə)n | sɔ́ft-⁻/ 形 = soft-spoken.

+**soft·ness** /sɔ́:ftnəs | sɔ́ft-/ 名 ❶ U **柔らかさ**, 柔軟さ [⇔ hardness]. ❷ U 優しさ; 寛大さ.

soft-ped·al /sɔ́:ftpédl | sɔ́ft-/ 動 (-ped·als; -ped·aled, 《英》 -ped·alled; -al·ing, 《英》 -al·ling) 他 《略式》 (事実など)を重要でなく見せる, 軽く扱う.

sóft séll 名 U [単数形で] 穏やかな販売法. 関連 hard sell 強引な販売法.

sóft sóap 名 U 《英略式》 お世辞, おだて.

soft-soap /sɔ́:ftsóʊp | sɔ́ft-/ 動 他 《英略式》 (...)をおだてる; (...)をおだてて～させる (*into*).

soft-spo·ken /sɔ́:ftspóʊk(ə)n | sɔ́ft-⁻/ 形 (口調の)もの柔らかな, 優しい; 人当たりのよい.

****soft·ware** /sɔ́:ftwèɚ | sɔ́ftwèə/
― 名 U 〔コンピュータ〕 **ソフト(ウェア)** 《コンピューターに入れるプログラム》: download [install] a piece of *software* ソフトをダウンロード[インストール]する. 関連 hardware ハードウェア.

soft·wood /sɔ́:ftwʊ̀d | sɔ́ft-/ 名 U 軟木(なんぼく), 軟材《まつ・もみなど》; C 針葉樹. 関連 hardwood 堅木(かたぎ) 硬材; 広葉樹.

soft·y /sɔ́:fti | sɔ́fti/ 名 (soft·ies) C 《略式》 情にもろい人, 感傷的な人; 説得に弱い人.

sog·gy /sá(:)gi | sɔ́gi/ 形 (sog·gi·er; -gi·est) ❶ (地面・布などが)びしょびしょの, じめじめした. ❷ (パンなどが)ふやけた, べちゃっとした.

So·ho /sóʊhoʊ/ 名 固 ソーホー《London の中心にある繁華街》.

So·Ho /sóʊhoʊ/ 名 固 ソーホー《New York 市の Manhattan 南部の地区で高級店・画廊が多い》.

SOHO /sóʊhoʊ/ 名 C ソーホー[在宅]勤務《インターネットなどを利用して自宅(近くのサテライトオフィス)で仕事をすること; Small Office, Home Office の略》.

***soil**[1] /sɔ́ɪl/ 名 (～s /～z/) ❶ U,C **土**《作物などが生育するための》, 土壌《⇒ ground[1] 類義語》: rich [poor] *soil* 肥えた[やせた]土 / cultivate [work] the *soil* 土地を耕す / They prepared the *soil* for planting. 彼らは植え付けのために土地を整えた. ❷ U,C 《格式》 土地, 国土 [≒land]; 国: one's native *soil* 《文語》 生まれ故郷 / die *on* foreign *soil* 遠く異郷で死ぬ. ❸ [the ～] 《文語》 農耕生活, 農業: a man of *the soil* 農夫. ❹ U (...を生み出す)土壌, 温床 (*for*).

soil[2] /sɔ́ɪl/ 動 他 《格式》 (...)をよごす, (...)にしみをつける.
sóil one's **hánds** [動] 自 (不正などで)手をよごす.

soiled /sɔ́ɪld/ 形 《格式》 よごれた.

soi·ree, soi·rée /swɑ:réɪ | swá:reɪ/ ≪フランス語から≫ 名 C 《格式》 夜会, (音楽などの)夕べ.

so·journ /sóʊʤɚ:n | sɔ́ʤə(:)n/ 名 C 《格式》 滞在, 逗留(とうりゅう). ―動 自 [副詞(句)を伴って] 《格式》 滞在する, 逗留する.

sol /sóʊl | sɔ́l/ 名 [単数形で] 〔音楽〕 ソ《全音階の第 5 音》.

Sol /sá(:)l | sɔ́l/ 名 固 〔ローマ神話〕 ソル《太陽の神; ⇒ god 表》.

sol·ace /sá(:)ləs | sɔ́l-/ 名 U,C 《格式》 慰め, 慰謝: find [seek] *solace* in music 音楽に慰めを見出す[求める]. ―動 他 《文語》 (...)を慰める.

****so·lar** /sóʊlɚ | -lə/
― 形 限定 **太陽の**, 太陽に関する; 太陽光線[熱]を利用した: *solar* heat [energy, power] 太陽熱[エネルギー]. 関連 lunar 月の.

sólar báttery 名 C 太陽電池《特に solar cell がいくつか集まったもの》.

sólar cálendar 名 [the ～] 太陽暦. 関連 lunar calendar 太陰暦.

sólar céll 名 C 太陽電池.

sólar eclípse 名 C 日食.

so·lar·i·um /soʊlé(ə)riəm/ 名 (複 ～s, so·lar·i·a /-lé(ə)riə/) ❶ C サンルーム. ❷ C 日焼けサロン.

sólar pánel 名 C ソーラーパネル, 太陽電池板.

sólar pléxus 名 [the ～] みぞおち.

sólar sỳstem 名 ❶ [the ～] 太陽系. ❷ C 太陽系以外の惑星系.

sólar yéar 名 C 〔天文〕 太陽年《地球が太陽を 1 周する時間; 365 日 5 時間 48 分 46 秒弱》.

*****sold** /sóʊld/ 動 sell の過去形および過去分詞.

sol·der /sá(:)ḍɚ | sóʊldə/ 名 U はんだ. ―動 (-der·ing /-dərɪŋ, -drɪŋ/) 他 (...)をはんだ付けする (*onto, to, together*).

sól·der·ing ìron /sá(:)ḍərɪŋ-, -drɪŋ- | sóʊldərɪŋ-, -drɪŋ-/ 名 C はんだごて.

****sol·dier** /sóʊlʤɚ | -ʤə/ 発音
― 名 (～s /～z/) ❶ C **兵士**; 陸軍軍人; 下士官: an old *soldier* 老兵 //⇒ Unknown Soldier. 関連 officer (陸軍)士官 / sailor 水兵. ❷ C (主義のために戦う)戦士.
― 動 (-dier·ing /-ʤ(ə)rɪŋ/) [次の成句で] **sóldier ón** [動] 自 (困難に負けずに)奮闘する, がんばる.

sol·dier·ly /sóʊlʤɚli | -ʤə-/ 形 《格式》 軍人らしい, 勇ましい.

sold-out /sóʊldáʊt/ 形 限定 (入場券などが)売り切れの; (商品などが)完売の (*of*). 語法 叙述 では sold out とつづる.

+**sole**[1] /sóʊl/ (同音 Seoul, soul, 《米》 sol) 形 ❶ 限定 **ただ 1 つの**, 唯一の, たった 1 人の [≒only]: the *sole* survivor of the shipwreck 難破船の唯一の生存者 / The child is her *sole* consolation. その子は彼女の唯一の慰めだ.
❷ 限定 **単独の**, 独占的な: the *sole* right to negotiate 交渉する独占権 / the *sole* agent 一手販売人 / have *sole* responsibility for sales ただひとりで販売の責任を負っている.

sole² /sóʊl/ 名 ❶ C 足の裏《⇒ leg 挿絵》. ❷ C (靴・靴下の)底, 靴底革. ― 動 他 [普通は受身で] (靴)に底をつける.

sole³ /sóʊl/ 名 (複 ~s, ~) U,C したびらめ《魚》.

+**sole·ly** /sóʊ(l)li | sóʊlli/ 副 ❶ **ただ…だけ**, 単に [≒ only]: He did it *solely* for money. 彼はただ金が目的でそれをやった. ❷ 単独で[に], ただ 1 人で [≒alone]: He's *solely* responsible for the decision. その決定の責任は全部彼にある.

+**sol·emn** /sá(ː)ləm | sɔ́l-/ 形 ❶ **まじめな**, 謹厳な [≒ serious]: speak in a *solemn* voice 重々しい声で話す / look *solemn* まじめな顔をする.
❷ **真剣な**, 本心からの: a *solemn* vow [oath] 真剣な誓い / give one's *solemn* promise [word] 固い約束をする.
❸ 限定 **厳(おごそ)かな**, 厳粛な, 荘厳な; (宗教的な)儀式にのっとってなされる, 正式の: a *solemn* ceremony 厳かな儀式 / *solemn* music 荘重な音楽.
(名 solémnity, 動 sólemnìze)

so·lem·ni·ty /səlémnəṭi/ 名 (-ni·ties) ❶ U 《格式》 厳粛さ, 荘重さ, 荘厳さ. ❷ C [複数形で] 《格式》 (荘重な)儀式, 祭典: with all the *solemnities* (行事にふさわしい)荘重な儀式にのっとって. (形 sólemn)

sol·em·nize /sá(ː)ləmnàɪz | sɔ́l-/ 動 他 《格式》 (式)を挙げる《特に結婚式をいう》; 厳粛[荘厳]にする. (形 sólemn)

sol·emn·ly /sá(ː)ləmli | sɔ́l-/ 副 厳(おごそ)かに, 厳粛に; 真剣に; まじめに.

sol-fa /sòʊlfáː | sɔ̀l-/ 名 U 〔音楽〕 ドレミファソラシ (do, re, mi, fa, sol, la, ti) という名称による音階.

so·lic·it /səlísɪt/ 動 他 ❶ 《格式》 (…)を[に]請い求める; 懇願する: He *solicited* our help. 彼は私たちの援助を求めた / She *solicited* information *from* experts. 彼女は専門家に情報を要請した / He *solicited* me *for* a contribution. 彼は私に寄付をしてくれないかと頼んだ. ❷ 《米》 (商品など)を訪問販売する. ❸ (売春婦が)(客)を勧誘する. ― 自 ❶ 《格式》 懇願する: *solicit for* contributions 寄付を求める. ❷ 《米》 訪問販売をする. ❸ (売春婦が)客を誘う.

so·lic·i·ta·tion /səlìsətéɪʃən/ 名 U,C 《格式》 懇願, 要請; 勧誘. (動 solícit)

+**so·lic·i·tor** /səlísəṭə | -tə/ 名 (~s /~z/) ❶ C 《米》 **訪問販売員**, 勧誘員: NO SOLICITORS 押し売りお断わり《掲示》.
❷ C 《米》 (市などの)**法務官**. ❸ C 《英》 事務弁護士《⇒ lawyer 類義語》.

Solícitor Géneral 名 (複 So·lic·i·tors Gen·er·al) C 《米》 法務局長; 《英》 法務次官.

so·lic·it·ous /səlísəṭəs/ 形 《格式》 (…を)気づかう, 案じている; よく配慮する: Tom is *solicitous of* his uncle's health. トムはおじの健康状態を案じている. (動 solícit)
~·ly 副 気づかって.

so·lic·i·tude /səlísət(j)ùːd | -tjùːd/ 名 U 《格式》 気づかい, 憂慮 (*for*); 配慮.

***sol·id** /sá(ː)lɪd | sɔ́l-/

意味のチャート
「中身の詰まった」 形 ❸ から
→ (塊の) → 「固体の」 形 ❶ → 「固体」 名 ❶
→ (しっかりした) → 「がっしりした」 形 ❷
→ 「堅実な」 形 ❺

― 形 (sol·id·er /-ɪḍə | -ɪdə/; sol·id·est /-ɪḍɪst/) ❶ **固体の**, 固形の: *solid* food 固形食 / *solid* fuel 固形燃料 / The water in the basin has frozen *solid*. 洗面器の水がかちかちに凍った. 関連 gaseous 気体の / liquid 液体の / fluid 流動体の.
❷ **がっしりした**, 頑丈な; 堅い, 堅固な《⇒ hard 類義語》: *solid* foundations しっかりした基礎 / *solid* as a rock 非常に頑丈な / a *solid* piece of furniture 頑丈な家具. ❸ 中身の詰まった, うつろでない [⇔ hollow]; すきま[間隔]のない: a *solid* iron bar 中空でない鉄の棒 / be packed *solid* ぎゅうぎゅう詰めである / be shown as a *solid* line on the graph グラフ上で実線で示されている. ❹ 限定 中まで同質の; (色が)一様の, 一色の: *solid* gold 金無垢 / a *solid* oak table オーク無垢材のテーブル. ❺ 堅実な, しっかりした, 確固とした, 頼りになる [≒reliable]: *solid* evidence 確かな証拠 / a company with a *solid* reputation 定評のある会社. ❻ 《略式》 (時間が)切れ目なしの / two *solid* weeks = two weeks *solid* まる 2 週間. ❼ 〔幾何〕 立体の, 立方の: a *solid* figure 立体. ❽ 団結した; 全員一致した.
on sólid gróund [形・副] 確信して; 安心して.
(名 solídity, 動 solídify)
― 名 ❶ C 固体. 関連 gas 気体 / liquid 液体 / fluid 流動体. ❷ C [複数形で] (流動食に対して)固形食; (液体の水分をとった後に残る)固形物: take *solids* 固形食をとる / milk *solids* 固形ミルク. ❸ C 〔幾何〕 立体.

+**sol·i·dar·i·ty** /sà(ː)lədǽrəṭi | sɔ̀l-/ 名 U (一致)**団結**, 結束, 連帯: show [express] one's *solidarity with* the strikers ストライキ参加者との連帯を表明する.

so·lid·i·fy /səlíḍəfàɪ/ 動 (-i·fies; -i·fied; -fy·ing) 他 (…)を凝固させる, 固める; 確かなものにする, 堅固にする. ― 自 凝固する; 堅固になる, 固まる. (形 sólid)

so·lid·i·ty /səlíḍəṭi/ 名 ❶ U 固いこと, 固体性. ❷ U 堅固; 堅実; 信頼性, 確実さ. (形 sólid)

sol·id·ly /sá(ː)lɪdli | sɔ́l-/ 副 ❶ がっしりと, 堅固に; 堅実に. ❷ 団結して, こぞって.

sol·id·ness /sá(ː)lɪdnəs | sɔ́l-/ 名 U = solidity.

so·lil·o·quy /səlíləkwi/ 名 (-o·quies) C,U 〔演劇〕 独白.

sol·i·taire /sá(ː)lətèə | sɔ̀lɪtéə/ 名 ❶ U 《米》 トランプの一人遊び, ソリティア [《英》 patience]. ❷ C 指輪などに 1 つだけはめ込まれた宝石《特にダイヤ》; 1 つだけ宝石をはめた指輪など.

sol·i·tar·i·ly /sà(ː)lətérəli | sɔ́lətərəli, -trə-/ 副 ひとり寂しく.

sol·i·tar·y /sá(ː)lətèri | sɔ́lətəri, -tri/ 形 ❶ [普通は 限定] ひとり[ひとつ]だけの, ひとりぼっちの: a *solitary* traveler ひとり旅をしている人. ❷ 孤独な, 孤独を愛する《⇒ lonely 類義語》: a *solitary* (sort of) person ひとりでいるのが好きな人. ❸ 人里離れた; 孤立した. ❹ 限定 [否定文・疑問文で] 唯一の, 単一の: *Not* a *solitary* example could be found. たった 1 つの事例も見つからなかった《⇒ single 語法》. (名 sólitùde)
― 名 U 《略式》 = solitary confinement.

sólitary confínement 名 U 独房監禁 [《略式》 solitary].

sol·i·tude /sá(ː)lət(j)ùːd | sɔ́lətjùːd/ 名 U 孤独, ひとりでいること《⇒ lonely 類義語》: live *in solitude* ひとりで暮らす. (形 sólitàry)

+**so·lo** /sóʊloʊ/ 名 (~s /~z/) ❶ C **独奏(曲)**, **独唱(曲)**; 独演, ソロ: perform [play] a *solo* 独奏する.

❷ C ひとりでやる仕事; 単独飛行.
— 形 限定 単独の; 独奏[独演]の: make [do] a *solo* flight 単独飛行をする / a *solo* effort 独力.
— 副 単独に, ひとりで; 独奏[独演]で: fly *solo* 単独飛行をする / go *solo* ソロ活動をする, 独立する.
— 動 自 (so·los; so·loed; so·lo·ing) 独奏[独演]する; 単独行動[飛行]する.

so·lo·ist /sóuloʊɪst/ 名 C 独奏者, 独唱者.

Sol·o·mon /sá(:)ləmən | sɔ́l-/ 名 固 ソロモン《紀元前10世紀のイスラエルの賢明な王; David の子》.

Sólomon Íslands 名 固 複 [the ~] ソロモン諸島《ニューギニア東方の諸島; 北部は Papua New Guinea の一部, 南部は同名の独立国》.

***So long** /soʊlɔ́:ŋ | -lɔ́ŋ/ 間 S 《主に米》**さよなら**《すぐまた会う親しい人に対して言う; ⇒ goodbye 類義語》: Tom said, "*So long*!" and got on the bus. トムは「さよなら」と言ってバスに乗った.

sol·stice /sá(:)lstɪs | sɔ́l-/ 名 C 〔天文〕 至(し)《太陽が赤道から北または南に最も離れた時》: the summer [winter] *solstice* 夏[冬]至.

sol·u·ble /sá(:)ljʊbl | sɔ́l-/ 形 ❶ (水などに)溶ける, 溶解する; 溶けやすい [⇔ insoluble]: This substance is *soluble in* water. この物質は水に溶けやすい. ❷《格式》(問題が)解ける, 解決できる.

S

so·lu·tion /səlú:ʃən/

— 名 (~s /~z/) ❶ C **解決法**; **解答** [≒answer]; U (問題などの)解決, 解明: find [come up with] a peaceful *solution* 平和的な解決法を見出す / There's no easy ***solution to*** [***for***] this problem. この問題には簡単な解決策はない / This workbook has algebra problems with their *solutions*. この問題集には代数の問題が解答付きで載っている / the *solution* of the equation 方程式の解.
❷ C,U **溶液**: a ***solution*** of iodine ***in*** alcohol ヨードのアルコール溶液. ❸ U (水などに)溶けること, 溶解.
(1 では 動 solve)

solv·a·ble /sá(:)lvəbl | sɔ́lv-/ 形 (問題が)解ける, 解決できる.

solve /sá(:)lv | sɔ́lv/

— 動 (solves /~z/; solved /~d/; solv·ing) 他 (問題など)を**解決する**; (なぞなど)を**解く**, 解明する: *solve* all the problems 問題を全部解決する / The mystery still remains to *be solved*. その不可解な事件は依然として未解決のままだ / This case will be very difficult to *solve*. この事件は解決するのが非常に難しいだろう《⇒ to² B 6 語法》 / *solve* a puzzle パズルを解く.
(名 solútion 1)

sol·ven·cy /sá(:)lv(ə)nsi | sɔ́l-/ 名 U 《格式》 支払い能力, 資力 [⇔ insolvency].

sol·vent /sá(:)lv(ə)nt | sɔ́l-/ 形 [普通は 叙述] 支払い能力のある [⇔ insolvent]. — 名 U,C 溶剤, 溶媒.

sólvent a·bùse /-əbjù:s/ 名 U 《英格式》 シンナー遊び [≒glue sniffing].

So·ma·li·a /soʊmá:liə | sə-/ 名 固 ソマリア《アフリカ東部の共和国》.

som·ber, 《英》 **som·bre** /sá(:)mbɚ | sɔ́mbə/ 形 ❶ 陰気な, 憂鬱(ゆううつ)な. ❷ 暗い, 薄暗い; くすんだ.
~·ly 副 陰気に; 地味に.

som·bre·ro /səmbré(ə)roʊ | sɔm-/ ≪スペイン語から≫ 名 (~s) C ソンブレロ《米国南西部やメキシコの縁の広い帽子》.

some /(弱形) s(ə)m; (強形) sʌ́m/ (同音 #sum)

単語のエッセンス

1) いくらかの(人[物])	形 ❶, ❷; 代 ❶
2) ある(人たち, もの)	形 ❸; 代 ❷
3) かなりの	形 ❹
4) 約	副 ❶

— 形 ❶ 限定 /s(ə)m/ いくらかの, **いくつかの**, 多少の《⇒ 類義語; all 形 1 表》: I can see *some* girls under the tree. 木陰に(数人の)女の子がいるのが見える / There are *some* apples on the table. 食卓の上にりんごが数個ある / I want *some* eggs. 卵が少し欲しい《以上, 数を表わす場合》 // Give me *some* sugar, please. 砂糖をください / *Some* money was lost through his carelessness. 彼の不注意でお金が少しなくなった《以上, 量を表わす場合》.

語法 (1) **some の使い方**
数えられる名詞の複数形および数えられない名詞の前につけて, 不定の数量を表わすのに用いる. 意味が弱く日本語に訳す必要のないことが多い. この場合常に弱く発音する《⇒ a² 1 語法 (1)》.
(2) **some と any**
この意味では一般的には some は肯定文に用い, 疑問文・否定文, および if, whether に続く節では any を用いる: There is *some* milk in the cup. カップの中には牛乳が入っている // Is there *any* milk in the cup? カップの中には牛乳が入っていますか / There is*n't any* milk in the cup. カップの中には牛乳は入っていません.
✪🔍 ただし形は疑問文でも肯定の気持ちが強いときや, 何かを頼んだり, 勧めたりするときには some を用いる: Didn't he ask you *some* questions? 彼はあなたにいくつか質問しませんでしたか(したでしょう) / Can I have *some* milk, please? 牛乳をいただけますか《依頼を表わす》 / Won't you have *some* cookies? クッキーを少しいかがですか《勧めを表わす》.

❷ 限定 /sʌ́m/ いくらかの, **何人かの**, 一部の. 語法 数えられる名詞の複数形および数えられない名詞とともに用い, all, others と対照させることが多い. 日本語では「中には...の人[物]もある, ...の人[物]もあれば～の人[物]もある」と訳せることが多い: *Some* people like exercise; *others* don't. 体を動かすことが好きな人もいればそうでない人もいる / Not *all* ↘snakes are poisonous ↗; *some* are harmless.↘ 蛇は全部が毒をもっているとは限らない. 中には無毒のものもいる《⇒ all 形 語法 (2)》.
❸ 限定 /sʌ́m/ [数えられる名詞の単数形の前につけて] ある..., 何かの..., だれか[どこか, いつか]の...: I read it in *some* book. 何かの本でそれを読んだことがある / He went to *some* town in Texas. 彼はテキサスのどこかの町へ行った / For *some* reason she wasn't in time for the train. 何らかの理由で彼女は列車に乗り遅れた / There's *some* woman at the door, sir. 玄関にだれか女の方が来ていますが / He seems to be in *some* kind of trouble. 彼は何か面倒な事に巻き込まれているようだ.

語法 (1) はっきり何[だれ]であるか知らない[言いたくない]ときに用いる《⇒ certain 3 語法》.
(2) 次を比較: Come and see me *some* day next week. 来週いつか来てください / Come and see me

any day next week. 来週いつでも来てください.

❹ 限定 /sʌ́m/《格式》**かなりの**, 相当の; Ⓢ《略式》大した, なかなかの: I had to wait for *some* time. かなりの時間待たなければならなかった / That's *some* pie. Wow! わあ, すごく大きい[おいしそうな]パイだ. 語法 文頭で反語的に用いることがある: *Some* friend you are! 大した友達だよ君は《ひどい人だ》.

some mòre ... ⇒ more¹ 形 成句.

sóme ... or òther [anòther] 何かの..., だれか[どこか, いつか]ある...《⇒ ... or other (other 代 成句)》: in *some* way *or other* なんらかの方法で / I read it in *some* newspaper *or other*. 何かの新聞でそれを読みました / *some* time *or other* いつか(そのうち).

— 代 /sʌ́m/《不定代名詞》❶ **いくらか**, 多少, 少し: We have lots of fruit; would you like *some*? 果物がたくさんあります. 少しいかがですか / We have *some* to sell, but none to rent. 売る物は少々ありますが, お貸しするものはありません.

語法 (1) この 代 の some は 形 の独立した用法とも考えられるもので, 数えられる名詞の複数形および数えられない名詞の代わりに用いる. 数えられる名詞の単数形の代わりには one を用いる. some と any の用法についてはなお ⇒ 形 1 語法 (2): "Do you have *any* books on Japanese history?" "Yes, I have *some* [*one*]." 「日本の歴史の本をお持ちですか」「ええ, 何冊か[1 冊]持っています」
(2) **some of ... の使い方**
次に定まった人·物を示す代名詞や「the＋名詞」などが来ると of をつける: He ate *some of* it. 彼はそれを少し食べた / *Some of* us [the guests] were very worried. 私たち[お客]の何人かはとても心配した.

❷ **ある人たち**, あるもの. 語法 🔍 others と対照させて用いることが多い. 数えられる名詞を受けて複数として扱われる: *Some* said yes; *others* said no. 賛成する人もいたし, 反対の人もいた // *Some* agree with us, *some* don't, and *others* won't say (one way or the other). 私たちに同意する人, しない人, 意見を控える人とさまざまだ / *Some* are wise and *some* are otherwise. 《ことわざ》賢い人もいるしそうでない人もいる.

... and thén sòme 《略式》[先行する数量·程度などの表現に付加して] さらにもっと.

sòme móre ⇒ more¹ 代 成句.

類義語 **some** 数や量が不特定なことを示し, かなり多くの数や量の場合も含めて用いる: *some* years ago 何年か前に. **a few**「少数の」の意味で絶対的な数が決まっているわけではない. 前後関係や話し手の主観で変動がある: *a few* days ago 数日前に. **several** 3 より多くて many や a lot より少ない数を表わす. 3 以上 9 あたりまでを表わすのが普通である: *several* days ago 数日[5, 6 日]前.

— 副 /sʌ́m/ ❶ [数詞の前につけて] **約**, およそ [≒about]: It's *some* twenty miles. 約 20 マイルです / *Some* thirty people were wounded. 30 名ほどがけがを負った. ❷ Ⓢ《米》ある程度, 少々: I work *some* and play *some*. 私はそこそこ働きそこそこ遊ぶ.

-some /səm/ 接尾 ❶ [形容詞語尾]「...を生じる, ...の傾向のある」などの意: quarrel*some* けんか好きな / trouble*some* やっかいな. ❷ [名詞語尾] 数詞につけて「...人[個]の組[群れ]」などの意味を表わす: two*some* 2 人組.

⁑some·bod·y /sʌ́mbɑ̀(ː)di, -bədi | -bədi, -bɔ̀di/

— 代《不定代名詞》**ある人**, **だれか** [≒someone]: "There'*s somebody* at the door." "Who is *it*?" 「玄関にだれか来ている」「だれですか」《⇒ it¹ A 1 (1) 語法》/ When *somebody* call*s*, remember to ask for *his* [《略式》*their*] name. だれか来たときは忘れずに名前を聞いてください《⇒ anybody 代 語法 (2)》/ Everything is funny as long as it happens to *somebody else*. 何事もそれがだれか他人の身の上に起こる限りではおもしろいものだ / *Somebody* open this door! だれかこのドアを開けて《命令文; ⇒ you A 1 (2)》/ There's *somebody's* glove on the floor. だれかの手袋が床に落ちている.

語法 **somebody の使い方**
(1) 単数として扱う. 一般的には肯定文に用い, 疑問文·否定文, および if, whether に続く節の中では anybody を用いる《⇒ anybody 代 1》. ✪ ただし形は疑問文でも肯定の気持ちが強いときや, 何かを頼んだり, 勧めたりするときには somebody を用いる: Didn't you meet *somebody* at the gate? 門のところで人に会いませんでしたか(会ったでしょう) / Would *somebody* answer the phone? だれか電話に出てくれませんか.
(2) somebody を修飾する形容詞はその後へ置く: We think *somebody neutral* should take the chair. だれか中立の立場の人が議長になるべきだと思います.

... or /ə | ə/ sòmebody Ⓢ ...かだれかそういった人: I think Meg *or somebody* said so. メグかだれかがそう言ってたと思う.

sómebody or òther [代] だれか《⇒ ... or other (other 代 成句)》: *Somebody or other* has left the gate open. だれかが門を開けっぱなしにした.

— 名 (-bod·ies) Ⓒ [普通は単数形で補語として, しばしば不定冠詞なしで] ひとかどの人物, 偉い人. 関連 nobody 取るに足らない人.

***some·day, some day** /sʌ́mdèɪ/ 副 (未来の) **いつか**, そのうち: They'll know the truth *someday*. 彼らもいつか真相を知るだろう / *Someday* you'll thank your father for it. 君はいつかそのことでお父さんに感謝するようになるだろう.

語法 (1)《米》では someday と 1 語に,《英》では some day と 2 語につづるのが一般的.
(2) 過去の「いつか」というときには one day, the other day《⇒ day 成句》などを用いる.
(3) Let's do it *sóme dáy* next week. (来週の何曜日かにそれをしよう)の some day とのアクセントの違いに注意.

⁑some·how /sʌ́mhàʊ/

— 副 ❶ [肯定文で] **何とか**; ともかくも《⇒ anyhow》: I managed to finish my homework *somehow*. 私は何とか宿題を済ますことができた / This job must be done *somehow*. この仕事は何とかしなければならない.
❷ 文修飾 **どういうわけか**: *Somehow* I don't like him. どういうわけか彼が好きになれない.

sómehow or òther [副] どうにか, 何とかして《⇒ ... or other (other 代 成句)》.

‡some·one /sʌ́mwʌ̀n/

— 代《不定代名詞》**ある人, だれか** [≒somebody]. 語法 用法は somebody と同じだが somebody のほうが《略式》的《⇒ somebody 代 語法》: *Someone* was playing the piano in the room. だれかが部屋でピアノを弾いていた / Our company needs *someone* new. うちの会社は新しい人を必要としている / *Someone else* must have broken it. だれか他の人がそれを壊したに違いない.

... or /ɚ | ə/ sòmeone = ... or somebody《⇒ somebody 成句》.

sómeone or òther [代] だれか《⇒ ... or other (other 代 成句)》.

— 名 C = somebody.

some·place /sʌ́mplèɪs/ 副 S《主に米》どこかに[で], どこかへ [≒somewhere].

som·er·sault /sʌ́mɚsɔ̀ːlt | -mə-/ 名 C 宙返り, とんぼ返り: a backward *somersault* 後方宙返り / do [turn] a *somersault* 宙返りをする. — 動 自 宙返り[とんぼ返り]する.

‡some·thing /sʌ́mθɪŋ/

— 代《不定代名詞》❶ **あるもの, あること, 何か**: I could see *something* at the top of the hill. 丘の上に何かが見えた / I've got *something* to tell you. お話しすることがあります / Let's talk about *something else*. 何かほかのことについて話しましょう.

> 語法 (1) **something の使い方**
> 単数として扱う. 一般的には肯定文に用い, 疑問文・否定文, および if, whether に続く節の中では anything を用いる《⇒ nothing 代 1, anything 代 1》.
> ✪ ただし形は疑問文でも肯定の気持ちが強いときや, 何かを頼んだり, 勧めたりするときには something を用いる: Can you give me *something* to read? Anything will do. 何か読むものをくれませんか. 何でもいいです / Would you like *something* to drink? 何かお飲み物はいかがですか《⇒ 2》.
> (2) 🔍 **something＋形容詞**
> something を修飾する形容詞はその後へ置く: *Something new* must have happened. 何か変わったことが起きたに違いない / There's *something unusual about him*. 彼にはどこか変わったところがある.

❷ S 何か食べる[飲む]もの: *something* to eat (何かの)食べ物 / It's so hot. Let's have *something* cold (to drink). 暑いねえ. 何か冷たいものを飲もうよ. ❸ S ... なんとか《数字・名前など(の一部)がはっきりしないとき, またはわざとぼかすときなどに用いる》: the four *something* train 4 時何分かの列車 / in nineteen forty *something* 1940 何年かに.

be sómething to dò with ... ⇒ have ... to do with ～ (have[1] 成句).

dó sòmething [動] 自 (...に対して)何か対処する, (...を)どうにかする: Don't just stand there; *do something about* the noise. そこにただ立ってないであの音を何とかしろよ.

hàve sómething of ... [動] 他 ...と似たところがある.

hàve sómething to dò with ... ⇒ have ... to do with ～ (have[1] 成句).

máke sòmething of ... [動] 他 (1) ...を利用して何かを成し遂げる《⇒ make ... of ～ (make 句動詞) 4》. (2)《略式》...を問題[争いの種]にする: 「Do you want [You want] to *make something of* it? 何か文句があるのか《非難する相手などに対する脅しの応答》.

màke sómething of onesèlf [動] 自 成功[出世]する.

... or /ɚ | ə/sòmething S **...か何かそうしたもの[こと]**: She's a writer *or something*. 彼女は作家か何かそんな職業の人だ. 語法 名詞(句)以外のものに伴うこともある: Meg didn't come. She was sick *or something*. メグは来なかった. 具合が悪いか何かだったはずだ.

sòmething élse [名] (1) 何かほかのもの[こと]《⇒ 1》. (2) S 格別にすばらしいもの[人], 段違いにすごいもの[人].

sómething of a ... (1) **かなりの...**, 相当の...: He's *something of a* pianist. 彼はピアノはかなりの腕前だ. (2)《格式》ある程度の...: The news was *something of a* shock. そのニュースはちょっとしたショックだった.

sómething or òther [代] 何か《⇒ ... or other (other 代 成句)》.

— 副《略式》かなり, ひどく.

sómething lìke ... (1) **何だか...のような**, いくらか...らしい: It's shaped *something like* an egg. それは何だか卵のような形をしている. (2) 約..., およそ... [≒about].

— 名 ❶ U S **重要なもの[人]**, かなりのもの[人]; 結構なこと: You're *something*! あなたは大したものだ / It's really [quite] *something* to be through with such hard work. あんな大変な仕事を済ませて本当にやれやれだ. 関連 nothing つまらないもの[人]. ❷ U いくらかの真理[価値]: There's *something in* [*to*] what he says. 彼の言うことにも一理ある.

a lìttle sómething [名] S ちょっとしたもの[贈り物, 飲食物].

Thát's sómething. S (十分とは言えないが)それはよかった.

+some·time /sʌ́mtàɪm/ 副 (未来の)**いつか**, そのうち; (過去の)いつか, あるとき: Come over and see us *sometime*. いつか遊びに来てよ / *sometime* soon 近いうちに / I saw him *sometime* last summer. 去年の夏のいつだったか彼に会った. 語法《英》では some time と 2 語につづることもある.

sómetime or òther [副] いつか(遅かれ早かれ)《⇒ ... or other (other 代 成句)》.

— 形 ❶ 限定《格式》以前の: a *sometime* mayor of the town 町のかつての町長. ❷ 限定《米》時おりの.

‡some·times /sʌ́mtàɪmz, sʌ̀mtáɪmz | sʌ́mtàɪmz/

— 副 **時々**, 時には《⇒ always 表》: We *sometimes* play tennis with them. 私たちは時々彼らとテニスをする / He's *sometimes* late for school. 彼は時々学校に遅れる / That can *sometimes* be a problem. それが問題になることもある / *Sometimes* I do it by myself. 時にはそれを自分でする. 語法 文中で 2 つの sometimes を相関させることがある: *Sometimes* they're friendly; *sometimes* (they're) not. 彼らは時には友好的で, 時にはそうではない.

some·way /sʌ́mwèɪ/ 副《米略式》= somehow.

***some·what** /sʌ́m(h)wɑ̀(ː)t | -wɔ̀t/ 副 **幾分**, やや, 少し: I was *somewhat* disappointed. 私は少々失望した / The plane arrived *somewhat* late. 飛行機は多少遅れて到着した / The price was *somewhat* higher than I (had) expected. 値段は予想より少々高かった. 語法 普通は肯定文で用いる.

— 代 [次の成句で] **sómewhat of a ...** ちょっとした...; 多少, 幾分: He's *somewhat of a* painter. 彼は絵かきの端くれだ.

****some·where** /sʌ́m(h)wèə | -wèə/

— 副 ❶ どこかに, どこかへ, ある所に[で, へ]: I've left my bag *somewhere*. 私はバッグをどこかに置き忘れた / His mind was *somewhere else*. 彼の心はどこかほかの所にあった(上の空だった).

語法 **somewhere の使い方**
(1) 一般的には肯定文に用い, 疑問文·否定文, および if, whether に続く節では anywhere を用いる(⇒ anywhere 語法).
(2) somewhere が修飾語を伴ったり, 目的語になったりして名詞的になることがある: Let's go *somewhere quiet*. どこか静かなところへ行こう / I need *somewhere to* sleep. 私はどこか寝るところが必要です.

❷ およそ...のころ, およそ...ぐらい: *somewhere between* 20 *and* 30 people 2, 30 人 / It happened *somewhere around* 1600. それはおよそ1600年ごろの出来事だ.

gét sòmewhere [動] 自 [進行形で]《略式》成果が上がる; 成功する(⇒ get anywhere (anywhere 成句), get nowhere (nowhere 成句)).

... or /ə | ə/ **sòmewhere** ...かどこかに[へ]: They went to Ohio *or somewhere*. 彼らはオハイオかどこかへ行った.

sómewhere or òther [副] どこかで(⇒ ... or other (other 代 成句)).

som·nam·bu·list /sɑ(ː)mnǽmbjʊlɪst | sɔm-/ 名 C《格式》夢遊病者 [≒sleepwalker].

som·no·lent /sɑ́(ː)mnələnt | sɔ́m-/ 形《格式》眠い, 眠そうな; 眠けを催す.

*****son** /sʌ́n/ **!**発音 (同音 sun)

— 名 (~s /~z/) ❶ C **息子**(⇒ family tree 図): This is my youngest *son*. これは私のいちばん末の息子です / John's only *son* ジョンの一人息子. ❷ [単数形で無冠詞で] Ⓢ 君(年長の男性が年少の男性[男子]に呼びかける際に用いる, また《格式》でカトリック司祭が罪の告白に来た男性に my son として用いる). ❸ [the S-] (三位一体の第2位としての)イエス キリスト. ❹ C [普通は複数形で]《文語》(ある土地·国などが)生んだ人, ...の子 (*of*).

són of a gún [名] (複 sons of guns) Ⓢ《米》(1)《古風》[こっけいに] お前, この野郎《親しい男同士で》. (2) (いやな)やつ, 野郎. (3) やっかいなこと[もの]. (4) [間投詞的に] こりゃあ驚いた!

so·nar /sóʊnɑə | -nɑː/ 名 U ソナー, 水中探知機《*so*und *na*vigation *r*anging の略; ⇒ acronym》.

so·na·ta /sənɑ́ːṭə/ 名 C 【音楽】ソナタ, 奏鳴曲.

*****song** /sɔ́ːŋ | sɔ́ŋ/

— 名 (~s /~z/) ❶ C **歌, 歌曲**: Let's *sing* some merry ***songs***. 楽しい歌を何曲か歌おう / These ***songs*** were ***written*** by the same person. これらの歌は同じ人が作曲している / ***play*** a ***song*** 曲を演奏する // ⇒ folk [love] song.

❷ U **歌うこと**; 声楽, 歌唱: an evening spent in *song* 歌を歌って過ごす夕べ / the gift of *song* 歌を歌う素質 / burst [break] into *song* 急に歌いだす.

❸ U,C (鳥などの)**さえずり**, 鳴き声: I could hear the *song* of a lark. ひばりのさえずりが聞こえた.

a sóng and dánce [名] (1)《米略式》くどい言い訳, 言い逃れ. (2)《英略式》大げさな騒ぎ: make *a song and dance* (*about* ...) (...のことで)騒ぎ立てる.

for a sóng [副]《略式》安い値で, 二束三文で: be going *for a song* 非常に安く売られている. 由来 昔, 酒場の外で歌う旅回りの芸人のチップがとても安かったことから. (動 sing)

song·bird /sɔ́ːŋbə̀ːd | sɔ́ŋbə̀ːd/ 名 C 鳴鳥(めいちょう), 歌鳥《鳴き声の美しい鳥》.

song·book /sɔ́ːŋbʊ̀k | sɔ́ŋ-/ 名 C (歌詞と楽譜を載せた)歌の本, 唱歌集.

song·writ·er /sɔ́ːŋràɪṭə | sɔ́ŋràɪtə/ 名 C ソングライター《ポピュラー曲の作詞, 作曲または両方をする人; ⇒ singer-songwriter》.

song·writ·ing /sɔ́ːŋràɪṭɪŋ | sɔ́ŋ-/ 名 U 作詞, 作曲; 作詞作曲.

son·ic /sɑ́(ː)nɪk | sɔ́n-/ 形 音速の; 限定 音の, 音波の. 関連 supersonic 超音速の / subsonic 音速以下の.

sónic bóom 名 C 衝撃波音《超音速機による爆音》.

son-in-law /sʌ́nɪnlɔ̀ː/ 名 (複 sons-in-law) C 娘の夫, むこ(⇒ family tree 図).

son·net /sɑ́(ː)nɪt | sɔ́n-/ 名 C ソネット《普通は弱強5歩格の14行から成る詩》.

son·ny /sʌ́ni/ 名 [単数形で無冠詞で; 年少の男子に対する呼びかけで] Ⓢ《古風》坊や, 君.

so·nor·i·ty /sənɔ́ːrəṭi | -nɔ́r-/ 名 U《格式》鳴り響くこと.

so·no·rous /sənɔ́ːrəs | sɔ́n(ə)r-/ 形《格式》鳴り響く, 響き渡る; 朗々とした.

*****soon** /súːn/

— 副 (soon·er; soon·est) ❶ **まもなく, すぐに**, そのうちに, 近いうちに(⇒ 類義語): He'll be here *soon*. もうすぐ彼はここに来るでしょう / We'll *soon* be having snow. まもなく雪が降ってくることでしょう / I *soon* got used to my new school. 私はやがて新しい学校に慣れた / She got married ***soon after*** graduation. 彼女は卒業後すぐに結婚した / See you *soon*! Ⓢ ではまた, じゃあね(⇒ see 他 3 語法).

❷ **早めに**, (時期が)早く [≒early]: "How *soon* can you have these shirts ready?" "By noon tomorrow." 「このワイシャツはいつごろまでに(＝どれくらい早く)仕上がりますか」「あすの正午までに仕上がります」/ Do you have to go so *soon*? もう帰るんですか(まだいいじゃないですか) / It's too *soon* to say so. そう言うのは時期尚早だ / The *sooner* we leave this place, the better. ここを離れるのは早ければ早いほどいい(⇒ the² 1) / She came *sooner* than we (had) expected. 彼女は思ったよりも早くやって来た.

as sóon as ... [接] ...するとすぐに: She began to cry *as soon as* Tom left. トムが去ると彼女はすぐ泣きだした / I'll ask him about it *as soon as* he arrives. 彼が着いたらすぐこのことを尋ねます(✪ 未来を表わす will を用いて will arrive とは言わない).

as sóon as póssible [... can] できるだけ早く, (略 asap): Please send us the book *as soon as possible* [you *can*]. できるだけ早くその本を送ってください.

nò sòoner sáid than dóne (要求·願い事などが) 言うそばから[たちまちに] かなえられる[なされる].

S

nò sòoner ... than ～ [接] ...するとすぐ, ...するかしないかのうちに:「I had *no sooner* entered [*No sooner* had I entered] the hall *than* the ceremony began. 講堂に入るとすぐ式が始まった.

> 語法 no sooner ... than ～ の使い方
> (1) no sooner の後には過去完了形, than の後には過去時制が用いられることが多い.
> (2) 強調のために no sooner が文頭にくるときは主語と述語動詞の語順が変わる《⇒ 巻末文法 15.2 (1)》.

nòt a móment tòo sóon [副] 時間ぎりぎりのところで, すんでのところで.
sóoner or láter [副] **遅かれ早かれ**, 早晩: *Sooner or later* their plot will be discovered. 早晩彼らのたくらみは暴露されるだろう. 日英 日本語の「遅かれ早かれ」とは語順が逆.
would (jùst) as sòon ... (as ～) = would sòoner ... (than ～) (～するより)むしろ...したい: I *would just as soon* go with you *as* stay here. ここにいるよりはあなたといっしょに行きたい / I *would sooner* die *than* marry him. 彼と結婚するくらいなら死んだほうがましです / "Would you like some more to drink?" "I'*d just as soon* not."「もっと飲みますか」「いややめておきます」 語法 節を伴う言い方にも注意《⇒ rather[1] 2 (2)》: I'*d* (*just*) *as soon* you didn't tell her. 彼女に話してもらいたくないんですが.

> 類義語 **soon** あまり時間がたたないうちに事が起こったことを意味するが, どのくらいの長さの時間であるかは前後関係によって異なり, かなりの時間を意味することもある: They will *soon* arrive. 彼らはもうすぐ到着するでしょう. **presently** *soon* とほぼ同じ意味だが, 少し改まった感じのことば: The meeting will be over *presently*. 会はほどなく終わるでしょう. **shortly** 特にすぐに起こるとわかっているときに用いる: The train will leave *shortly*, so you should hurry. 列車はまもなく発車するので急いだほうがいい.

〖語源 元来は「直ちに」の意〗

soot /sʊ́t/ 名 U すす, 煤煙(ばいえん).
+**soothe** /súːð/ 動 (soothes /～z/; soothed /～d/; sooth·ing) 他 ❶ (...)をなだめる, 慰める; (神経・感情)を静める: They tried to *soothe* her with kind words. 彼らは優しいことばで彼女を慰めようとした. ❷ (苦しみ・痛み)を和らげる (*away*).
sooth·ing /súːðɪŋ/ 形 ❶ 慰めるような, 心の落ちつく: *soothing* music 心が落ちつく音楽. ❷ (痛みなどを)和らげる: a *soothing* lotion 鎮痛[消炎]塗布液.
～·**ly** 副 なだめるように, 静めるように.
soot·y /sʊ́ṭi/ 形 (soot·i·er; -i·est) すすけた, 黒ずんだ; すす色の, 黒っぽい.
sop /sɑ́(ː)p | sɔ́p/ 名 C [普通は単数形で] 機嫌をとるための物, えさ; わいろ (*to*). ― 動 (sops; sopped; sop·ping) [次の成句で] **sóp úp** [動] 他 (スポンジ・布などで)(液体など)を吸い取る.
So·phi·a /soʊfíːə, -fáɪə/ 名 固 ソフィア《女性の名; 愛称は Sophie または Sophy》.
So·phie /sóʊfi/ 名 固 ソフィー《女性の名; Sophia の愛称》.
so·phis·ti·cate /səfístɪkət/ 名 C《格式》高い教養のある人, 知識人, あか抜けた人; 世慣れた人.
***so·phis·ti·cat·ed** /səfístəkèɪṭɪd/ 形 ❶ **高度の教養のある**, (知的に)洗練された, あか抜けた; 洗練された人の好みに合う, しゃれた; 見識のある [⇔ unsophisticated]: *sophisticated* tastes 洗練された趣味 / *sophisticated* consumers 目の肥えた消費者.
❷ (機械などが)**精巧な**, 精密な; 複雑な《⇒ complex[1] 類義語》: *sophisticated* weapons 精密兵器 / a highly *sophisticated* computer きわめて高性能のコンピューター.
so·phis·ti·ca·tion /səfìstəkéɪʃən/ 名 ❶ U 高度の教養, 洗練. ❷ U 精巧さ, 高度化.
soph·ist·ry /sɑ́(ː)fɪstri | sɔ́f-/ 名 (-ist·ries) ❶ U《格式》詭弁(きべん)(法), 詭弁を弄(ろう)すること. ❷ C《格式》詭弁.
soph·o·more /sɑ́(ː)fəmɔ̀ɚ, -fmɔ̀ɚ | sɔ́fəmɔ̀ː/ 名 C《米》(4 年制の大学・高校の)2 年生《⇒ freshman, junior 名 2, senior 名 2》.
soph·o·mor·ic /sɑ̀(ː)fəmɔ́ːrɪk | sɔ̀fə-˚/ 形《米》生意気な, 青くさい, 未熟な.
So·phy /sóʊfi/ 名 固 ソフィー《女性の名; Sophia の愛称》.
sop·o·rif·ic /sɑ̀(ː)pərífɪk | sɔ̀p-˚/ 形《格式》眠気を催させる, 催眠の. ― 名 C《格式》催眠剤.
sop·ping /sɑ́(ː)pɪŋ | sɔ́p-/ 形《略式》びしょぬれの, ずぶぬれの. ― 副 [次の成句で] **sópping wét** [形]《略式》ずぶぬれで[の].
sop·py /sɑ́(ː)pi | sɔ́pi/ 形 (sop·pi·er; -pi·est)《英略式》べたべたに感傷的な, 陳腐な; 叙述 (...が)大好きで, (...に)めろめろで (*about*) [《米》 sappy].
so·pra·no /səprǽnoʊ, -prɑ́ːn- | -prɑ́ːn-/ 名 (～s) ❶ C〔音楽〕ソプラノ歌手. ❷ U〔音楽〕ソプラノ.
― 形 限定 ソプラノの.
sor·bet /sɔ́ɚbɪt | sɔ́ːbeɪ/ ≪フランス語から≫ 名 ❶ C,U《英》= sherbet 1. ❷ C,U《米》(水に色と味をつけて作る)氷菓.
sor·cer·er /sɔ́ɚs(ə)rɚ | sɔ́ːs(ə)rə/ 名 C 魔法使い, 魔術師, 妖術(ようじゅつ)師.
sor·cer·ess /sɔ́ɚs(ə)rəs | sɔ́ː-/ 名 C 女魔術師.
sor·cer·y /sɔ́ɚs(ə)ri | sɔ́ː-/ 名 (-cer·ies) U,C 魔法, 魔術.
sor·did /sɔ́ɚdɪd | sɔ́ː-/ 形 ❶ (動機・行為・人物などが)下劣な, 汚い, あさましい: all the *sordid* details of the corruption 汚職事件のあさましい全容. ❷ (環境などが)むさくるしい, 汚い.
+**sore** /sɔ́ɚ | sɔ́ː/ (同音 soar, 《英》 saw[1, 2]) 形 (sor·er /sɔ́ːrɚ | -rə/; sor·est /sɔ́ːrɪst/) ❶ (触ると)**痛い**, ひりひり痛い, 炎症を起こして痛い [≒painful]; [普通は 叙述] (人が)痛みを感じる: I have a *sore* throat. のどが痛い / My feet are *sore from* the long walk. +from+名 長時間歩いたせいで足が痛い.
❷ 叙述《略式, 主に米》感情を害した, 怒った [≒ angry] (*about, at*): get *sore* 感情を害する.
❸ 限定《英》非常な, ひどい: be in *sore* need ひどく必要としている.
a sóre póint [spót, súbject] [名] (人の)気にさわる点, 痛い所, (...にとって)触れられたくない話題 (*with*).
― 名 (～s /～z/) C すりむけた所, 触れると痛い傷; ただれ, はれもの: a cold *sore* (かぜのあとにできる)口唇ヘルペス. 関連 bedsore 床ずれ.
sore·head /sɔ́ɚhèd | sɔ́ː-/ 名 C《米略式》怒りっぽい人, 不満屋.
sóre lóser 名 C 負けっぷりの悪い人.
sore·ly /sɔ́ɚli | sɔ́ː-/ 副《格式》非常に, きわめて: He'll be *sorely* missed. 彼がいなくなるととても寂しくなるだろう.
sore·ness /sɔ́ɚnəs | sɔ́ː-/ 名 U 痛み, 痛さ.

sor·ghum /sɔ́ɚgəm | sɔ́:-/ 名 U もろこし《食料・飼料・ほうき用》.

so·ror·i·ty /sərɔ́:rəṭi | -rɔ́r-/ 名 (-i·ties) C《米》女子大学生社交クラブ. 関連 fraternity 男子大学生社交クラブ.

sor·rel[1] /sɔ́:rəl | sɔ́r-/ 名 U すいば, すかんぽ《植物》.

sor·rel[2] /sɔ́:rəl | sɔ́r-/ 名 C くり毛の馬.

sor·row /sá(:)roʊ, sɔ́:r- | sɔ́r-/ 名 ❶ U《格式》(深い)悲しみ, 悲嘆《⇒ 類義語》: We felt deep *sorrow at* [*over*] her death. 私たちは彼女の死を深く悲しんだ. ❷ C 悲しみの種, 悲しいこと, 不幸: the joys and *sorrows* of life 人生の喜びと悲しみ. ❸ U 残念, 後悔, 遺憾 [≒regret]: He expressed his *sorrow for* having betrayed our trust. 彼は私たちの信頼を裏切ったことに対し遺憾の意を表わした. **dró́wn** one's **sórrows** [動] 自 酒を飲んで憂さ晴らしをする. **mòre in sórrow than in ánger** [副] 怒りというよりも残念な気持ちで. **to ...'s sórrow = to the sórrow of ...** [副] 文修飾 ...にとって悲しいことには; ...にとって残念なことには: *To* our great *sorrow*, he never recovered from his stroke. 私たちにとって大変悲しいことに彼は卒中で倒れたまま意識が戻らなかったのです. (形 sórrowful)

類義語 **sorrow** 悲しみを表わす一般的な語で, 不幸に対する悲しみとともに後悔や残念の気持ちも表わす: the *sorrow* of parting 別れの悲しみ. **grief** ある特定の不幸, 特に人の死による非常に強い悲しみの情を表わす: Meg's *grief* at the loss of her mother 母を失ったメグの悲しみ. **sadness** 失望感によるさびしさを伴った悲しみ: The news filled her with *sadness*. その知らせを聞いて彼女はもの悲しさでいっぱいになった.

— 動 自《文語》悲しむ, 嘆く, 気の毒に思う (*over*).

sor·row·ful /sá(:)roʊf(ə)l, sɔ́:r- | sɔ́r-/ 形《文語》悲嘆に暮れている, 悲しんでいる: a *sorrowful* look 悲しそうな顔. (名 sórrow)

-ful·ly /-fəli/ 副《文語》悲しそうに, 悲嘆に暮れて.

***sor·ry /sá(:)ri, sɔ́:ri | sɔ́ri/

— 形 ❶ 叙述 (...を)申しわけなく思って, (...で)すまないと思って: I'm very *sorry*. It won't happen again. ごめんなさい. もうこんなことがないようにします / I'm *sorry about* [*for*] the mistake. +about [for]+名 間違えてすみません / Say (you're) *sorry* to Susan *for* hit*ting* her, John. +for+動名 ジョン, たたいてごめんってスーザンに謝りなさい / I'm *sorry to* bother you, but could you give me a hand? +to 不定詞 すみませんが, ちょっと手伝っていただけますか《⇒ to² B 2, G 1 語法》/ We're *sorry to* have kept you waiting. お待たせしてすみません《⇒ to² G 1》/ "I'm truly *sorry* (*that*) it happened. I apologize." +(that)節 "You don't have to be *sorry*. It's not your fault."「こんなことが起きてしまって本当に申しわけありません. おわびいたします」「悪く思わなくていいですよ. あなたのせいじゃないですし」《✪ sorry の後の that は省略されることが多い》/ I'm *sorry* if I'm wrong. もし間違っていたらすみません. 日英 日本語の軽いお礼の意味の「すみません」に相当するのは Thank you.

♥ ごめんなさい (謝罪するとき)
I'm sorry.

I'm sorry I'm late. The train was delayed.
遅れてごめんね. 電車が遅れてて.

That's OK. Don't worry about it.
いいよ, 気にしないで.

♥ 謝罪の意を表わす最も一般的な表現.
♥ 軽い違反や迷惑の場合には, Sorry. とだけ言うことも多い.
♥ 深刻な違反に対しては, Sorry. や I'm sorry. と言うだけでは儀礼的であまり心がこもっていないと感じられることがある. 真剣に謝りたいときは, I'm really [so, very, terribly, truly, awfully] sorry. のように, 意味を強める副詞とともに用いることが多い.
♥ sorry の前後に具体的な謝罪の内容や, 事情の説明・弁解・補償の申し出・反省の気持ちなどを加えると, より誠意のある謝罪になる.

♥ お手数をおかけしてすみませんが... (依頼するとき)
I'm sorry to bother you, but ...

I'm sorry to bother you, but could you take a picture of us?
お手数ですが, 写真を撮っていただけますか.

Sure.
いいですよ.

♥ 依頼をする際の前置きとして用いる表現.
♥「迷惑をかけて悪い」という気持ちが伝わるので, より丁寧な依頼になる.

❷ 叙述 気の毒で, かわいそうで: I am [feel] *sorry for* her. +for+名 彼女がかわいそうだ 多用 / "I'm very *sorry about* your father." +about+名 "Thank you."「お父様のこと, 本当に残念です」「(お気づかい)ありがとうございます」/ I'm *sorry to* hear that. +to 不定詞 それは残念です / We're *sorry* (*that*) you're sick. +(that)節 ご病気とのこと, お気の毒です.

❸ 叙述 S《丁寧》残念で, 残念ながら...で, 悪いが...で《⇒ afraid 3》: I'm *sorry about* Monday, but I can't make it. +about+名 月曜日はあいにく都合がつきません / I'm *sorry to* say (that) I can't help you. +to 不定詞 残念ですが, お力になれません《⇒ regret 動 2》/ I'm *sorry* (*that*) I don't quite understand. +(that)節 すみませんが, よくわからないのですが《相手の意見に納得できない場合など》/ I'm *sorry*, your name was ...? 恐れ入りますが, お名前は...? 語法《略式》では間投詞的に sorry だけを用いることもある: *Sorry*, I have to go now. すみません, もう行かないと.

♥ せっかくですが... (誘いを断わるとき)
I'm sorry, but ...

We're having a party on Saturday. Would you like to come?
土曜にパーティーするんだけど, 来ない?

Oh, **I'm sorry, but** I have to work that day. Thanks for asking, though. It sounds like fun.
あー, せっかくだけどその日はバイトがあって. でも誘ってくれてありがとう. 楽しそうだね.

♥ 誘いや依頼を断わる際の前置きとして用いる.
♥「相手の希望に添えなくて残念だ」という気持ちが伝わるので, より丁寧な断わりになる.

♥ すみませんが... (言いにくいことを伝えるとき)
I'm sorry, but ...

Excuse me. Do you have this shirt in a different color?
すみません. このシャツの色違いはありますか.

Let me go check— **I'm** terribly **sorry, but** it seems we only have that one color in stock

right now. お調べします―大変申しわけありませんが, 今はその色しか在庫がありません.
♥ 言いにくい(相手にとって不都合・不快な)ことを伝える際の前置きとして用いる.
♥「相手が聞きたくないことを伝えるのを申しわけなく思っている」気持ちが伝わり, 相手の面子に配慮した言い方になる.

❹ 叙述 Ⓢ **後悔して**, 悔やんで: You'll be ***sorry for*** it later. +for+名 あとで(それを)後悔するぞ(覚えていろよ)《捨てぜりふ》/ It's too late to be *sorry*. 悔やんでも遅すぎる(後悔先に立たず). ❺ (**sor·ri·er** /-riɚ | -riə/; **sor·ri·est** /-riɪst/) 限定 みじめな, 哀れな; お粗末な: a *sorry* sight 哀れな光景 / in a *sorry* state (of affairs) みじめな状態で / a *sorry* excuse 下手な言いわけ.

be [féel] sórry for one**sèlf** [動] 自 自分をみじめと思う, わが身を嘆く.

Sórry. (1) **ごめんなさい**, 失礼しました, すみません [≒Excuse me.]: *Sorry*, I'm late. ごめん, 遅れてしまって. (2) 残念ながら, 悪いけど《⇒ 3 語法》. (3) [しばしば文中で] いや《自分のことばの訂正に用いる》: She'll come at four, *sorry*, five o'clock. 彼女は4時いや5時に来ます.

Sórry? (聞き返して)**すみませんがもう一度** [≒Pardon?]. 語法 上昇調で発音される《⇒ **つづり字と発音解説 94**》.
〖語源 原義は「(心が)痛い」; sore と同語源〗

S

***sort /sɔ́ɚt | sɔ́ːt/ (同音《英》sought)

— 名 (**sorts** /sɔ́ɚts | sɔ́ːts/) ❶ Ⓒ **種類**; 部類《⇒ 類義語》: What *sort of* book do you want? どんな本が欲しいのですか / That's not the *sort* I'm looking for. それは私が探している種類のものではない / I'm not good at 「this *sort of* thing [things of this *sort*]. 私はこういったたぐいのことは苦手です / I said nothing of the *sort*. そういうことは何も言っていません / It takes all *sórts* (to make a world). Ⓢ《主に英》《ことわざ》世間にはいろいろな人がいるものだ, 人さまざま(変わった人もいてよいのだ).

> 語法「この種の本」の言い方は次のとおり.
> [単数] a. this *sort* [*kind*, *type*] of book
> [複数] b. books of this *sort* [*kind*, *type*]
> c. these *sorts* [*kinds*, *types*] of books
> d. these *sorts* [*kinds*, *types*] of book

❷ Ⓒ [普通は単数形で, しばしば前に形容詞をつけて] ...のタイプの人: Jane is not such a *bad sort*. ジェーンはそんなに悪い人ではない / She isn't the *sort* of person who would do that. 彼女はそんなことをするような人ではない. ❸ [単数形で]〖コンピュータ〗ソート, 並べ換え.

a sòrt of ... 《略式》**一種の...**, ...のようなもの: It's *a sort of* box. それはまあ箱みたいなものですよ. 語法 ...に入る名詞は普通は無冠詞の単数名詞.

àll sórts of ... = ... of àll sórts [形] **いろいろな...**, ありとあらゆる...: *all sorts of* animals = animals *of all sorts* いろいろな動物.

be [féel] òut of sórts [動] 自 いつもの元気がない, 調子が悪い; 機嫌が悪い.

... of sórts = ... of a sórt [形] (厳密には違うが)...のような, ...らしき, 三流の...: He's a lawyer *of sorts*. 彼は弁護士みたいなことをしている.

sòme sórt of ... = ... of sòme sórt [形] 何らかの(種類の).

sòrt of ... ⇒ sort of の項目.

whàt sórt of ... (1) **どんな種類の...**, どんなふうな... 《⇒ 1》. (2) Ⓢ《主に英》[いらだち・怒りを表わして] いったいどんな...: *What sort of* time do you think it is? いったい何時だと思っているんだ.

> 類義語 **sort** と **kind** とはほぼ同義だが, *sort* は *kind* よりくだけた感じの語: all *sorts* [*kinds*] of books あらゆる種類の本. **class** 共通の特徴や性質を持ったものの集まり・部類の意で, 優劣などの価値判断を伴って用いることのある語: whiskey of the same [highest] *class* 同じ部類[最高級]のウイスキー. **type** 本来は, 他の種類と明確に区別できるような共通の特徴を持ったものの集まりとしての種類の意であるが, *kind* や *sort* とほぼ同じ意味で用いることもある: the latest *type* of contact lens 最新式のコンタクトレンズ.

— 動 (**sorts** /sɔ́ɚts | sɔ́ːts/; **sort·ed** /-ṭɪd/; **sort·ing** /-ṭɪŋ/) 他 ❶ (...)を**分類する, 区分する**, 仕分ける, えり分ける: We need to *sort* paper, cans and bottles for recycling. リサイクル用に紙と缶とびんを分別する必要がある / The documents have been ***sorted into*** three categories. V+O+into+名の受身 書類は3種類に仕分けられた. ❷ [しばしば受身で]《英略式》(問題など)を処理する, 片づける.

sórt one**sèlf óut = gèt** one**sèlf sórted óut** [動] 自 (問題や混乱を解決して)正常な状態に戻る, 落ち着く.

sórt óut [動] 他 (1) (...)を整頓(せいとん)する. (2) (...)を分類する, えり分ける (*from*). (3) (問題など)を解決する, 処理する. (4)《主に英》(...)を手配する. (5)《英略式》(人)をやっつける, こらしめる.

sórt thróugh ... [動] 他 (～を探して)(...)をざっと整理する (*for*).

sort·a /sɔ́ɚṭə | sɔ́ː-/ 副《米俗》= sort of.

sor·tie /sɔ́ɚṭi | sɔ́ː-/ 名 ❶ Ⓒ (軍用機の)出撃; (包囲された陣地からの)突撃, 出撃. ❷ Ⓒ (知らない場所へ)ちょっと出かけること, 小旅行.

sort of /sɔ́ɚṭə(v) | sɔ́ːt-/ 副 Ⓢ いくらか, 多少; 何だか...のようだ[するようだ]: She was *sort of* angry. 彼女は少し怒っていた / I *sort of* expected it. それは多少予期していた《♥ 断定的な言い方を避けてやわらかく言うときに使われる》.

SOS /ésòués/ 名 [単数形で] エスオーエス《無線などによる遭難信号》; (放送などで救援・応答などを求める)緊急の呼びかけ: send out an *SOS* エスオーエスを発する.
〖語源 最も打電しやすいモールス符号 ···———··· より〗

so-so /sóusòu/ 形 Ⓢ よくも悪くもない, まあまあの: a *so-so* painter 並みの画家 / 💬 "How are you?" "Just *so-so*." 「元気?」「まあね」《否定的に響く》.
— 副 Ⓢ よくも悪くもなく, そこそこ.

「まあまあ」を表わすしぐさ

sot·to vo·ce /sɑ́(ː)ṭouvóuʧi | sɔ́t-/ ≪イタリア語から≫ 副《格式》小声で.

souf·flé /suːfléɪ | súːfleɪ/ ≪フランス語から≫ 名 C,U ス

フレ《卵白と牛乳を泡立てて軽く焼いた料理・デザート》.

sought /sɔ́ːt/ ✪ -ght で終わる語の gh は発音しない. (同音《英》sort) 動 seek の過去形および過去分詞.

sought-a·fter /sɔ́ːtæ̀ftɚ | -ɑ̀ːftə/ 形 需要の多い, ひっぱりだこの.

soul /sóʊl/ 発音 (同音 Seoul, sole¹⁻³,《米》sol) 名 (~s /~z/)

意味のチャート
(肉体に宿る)「魂」❶ →「(人の)精神」❷
→ (強い精神の表われ) →「熱情」❸
→「人間」❹

❶ C 魂, 霊魂; 亡霊 (⇒ mind 類義語): the immortality of the *soul* 霊魂の不滅 / His *soul* is in heaven. 彼の魂は天国にいる. 関連 body 体.
❷ C 精神, 心: the *soul* of an artist 芸術家の心 / He put his heart and *soul* into his work. 彼は仕事に全身全霊を傾けた.
❸ U 熱情, 気迫, 生気; (芸術を理解する)心, 感受性: His singing is technically good, but it lacks *soul*. 彼の歌い方は技術的にはよいのだが訴えるものがない. ❹ C [普通は否定文で] 人間, 人; [前に形容詞をつけて] ...な人: There was*n't* a (*living*) *soul* in sight. 人っ子一人いなかった / a *kind soul* 親切な人 / Nellie was killed in the accident, *poor soul*! ネリーはその事故で死んでしまった, かわいそうに. ❺ U 精髄(せいずい), 本質: Brevity is the *soul* of wit. 簡潔は知恵の精髄《シェークスピア作の悲劇 *Hamlet* の中のことば》. ❻ U = soul music. ❼ [the ~] (...の)権化(ごんげ), 典型: He is *the soul* of kindness [discretion]. 彼は親切[慎重]そのものだ.

séll one's **sóul (to the dévil)** [動] 自 (金などのために)魂[良心]を売る (*for*). (形 sóulful)

soul-de·stroy·ing /sóʊldɪstrɔ̀ɪɪŋ/ 形 (仕事などが)ひどく単調な, うんざりする.

soul·ful /sóʊlf(ə)l/ 形 感情のこもった; 悲しげな [⇔ soulless]. (名 soul)

soul·less /sóʊlləs/ 形 (生活・仕事・建物などが)人間味のない, 生気のない, 味気ない; (人が)無情な [⇔ soulful].

sóul màte 名 C 心から理解し合える人, 心の友.

sóul mùsic 名 U ソウルミュージック《黒人の宗教音楽にリズムアンドブルースを加えた音楽》(soul).

soul-search·ing /sóʊlsɚ̀ːtʃɪŋ | -sə̀ːtʃ-/ 名 U (動機などについての)自己分析, 内省, 反省.

sound¹ /sáʊnd/

— 名 (sounds /sáʊndz/) ❶ C,U 音, 音響, 物音; (テレビ・ラジオの)音量: the *sound* of bells 鐘の音 / without a *sound* 音を立てずに / Don't make a *sound*. 音を立てるな / *Sound* travels faster through water than through air. 音は空気中より水中のほうが速く伝わる / 言い換え There was no *sound*. = Not a *sound* was heard. 物音一つしなかった / Turn down [up] the *sound*. (テレビなどの)音を小さく[大きく]して. ❷ C,U (ある歌手やグループ特有の)音楽, サウンド. ❸ C〔言語〕音(おん): a vowel *sound* 母音.

by [from] the sóund of it [thìngs] [副] 聞いた感じからすると.

I dón't líke the sóund of ... ...(の感じ)が気に入らない[心配だ], ...は感心しない.

— 動 (sounds /sáʊndz/; sound·ed /~ɪd/; sound·ing) 自 ❶ [普通は進行形なし] (話を聞いて[読んで]みると)...のように思われる, ...みたいだ [≒seem]: Their complaints *sound* reasonable (*to* me). V+C (形) (+ to+名) 彼らの苦情は私にはもっとものように思われる / This may *sound* strange *to* you, but it's true. 変な話だと思われるかもしれませんが, 本当です / It *sounds as if* [*though*] you had a nice trip. V+as if [though] 節 楽しい旅行だったようですね / It *sounds* like he's in trouble. 彼は困っているみたいだ / “How about going for a drive?” “*Sounds* [That *sounds*] great [good]!” 「ドライブはどう」「いいねえ」/ That *sounds* a good idea. V+C (名)《英》それはいい考えのようだ.
❷ [普通は進行形なし] ...のように聞こえる, ...の音がする: Chris *sounded* a little tired. V+C (形) クリスは少し疲れた声をしていた / I knocked on it but it didn't *sound* very solid. たたいてみたがあまり堅そうな音はしなかった / You *sound as if* [*though*] you have a cold. V+as if [though] 節 あなたはかぜ声のようだ. 関連 look ...のように見える / feel 触ると...のように感じる.
❸ 鳴る, 響く, 音を出す: The siren *sounded* in the distance. 遠くでサイレンが鳴った / His voice *sounded* louder than usual. 彼の声は普段より大きく聞こえた.
— 他 ❶ (音を鳴らして)(...)を知らせる, 合図[命令]する: They *sounded* 「the alarm [a warning]. 彼らは警告を発した / The retreat *was sounded*. 退却の命令が伝えられた.
❷ (...)を鳴らす, (らっぱなど)を吹く: *sound* a horn 警笛を鳴らす. ❸ (語・文字)を発音する.

sound の句動詞

sóund lìke ... 動 他 ❶ (聞いて[読んで]みると) ...のように思われる [≒seem]: That *sounds like* a great idea. それはよさそうな考えだ (⇒ 自 1) / Bill doesn't *sound like* the kind of person you would like. ビルは君が好きになれるような人とは思えない.
❷ ...のように聞こえる, ...のような音がする: She *sounds* just *like* her mother. 彼女の声は母親そっくりだ[彼女はまるで彼女の母親みたいなことを言う] / That *sounds like* a helicopter. あれはヘリコプターのような音だ / You *sound like* you have a cold. あなたはかぜ声のようだ.

sóund óff 動 自 ❶《略式》(不平などを)まくしたてる (*about, on*). ❷《米》(点呼などで)大きな声で名前[番号]を言う.

sound² /sáʊnd/ 形 (sound·er; sound·est) ❶ (判断など)妥当な, 穏健な, 無理のない [⇔ unsound];《英略式》(人が)信頼できる: *sound* advice 適切な助言 / an economically *sound* policy 経済的に妥当な政策.
❷ (基盤などが)堅固な, しっかりした, 堅実な; (財政的に)安全な; (正確で)きちんとした: a structurally *sound* building 構造のしっかりした建物 / a *sound* investment 安全[堅実]な投資.
❸ 限定 (理解などが) 徹底した, 完全な: a *sound* understanding of the subject その問題の完全な理解.
❹ 欠陥のない, 傷(いた)んでいない: a *sound* wall 壊れた所のない塀. ❺ (心身が)健全な, 正常な; 元気な (⇒ healthy 類義語) [⇔ unsound]: He's *sound in* mind and body. 彼は心身ともに健全である / be *of sound mind*〔法律〕正常な精神状態にある / A *sound* mind in a *sound* body.《ことわざ》健全な身体に健全な精神(を持つことが望ましい). ❻ 限定 (眠りが)深い: have a *sound* sleep 熟睡する. ❼ 限定 厳しい: a *sound*

beating [thrashing] ひどく殴ること.
— 副 (sound·er; sound·est) (眠りが)深く, ぐっすり: sleep *sound* 熟睡する / The baby is *sound* asleep. 赤ん坊はぐっすり眠っている. 語法 sleep や asleep とともに用いるのが普通.

sound[3] /sáʊnd/ 動 他 ❶《格式》(水深など)を測る. ❷ (人の考えなど)を探る, 打診する: Try and *sound out* his feelings *on* [*about*] that problem. その問題についての彼の気持ちを打診してみてくれ.

sound[4] /sáʊnd/ 名 ❶ Ⓒ 海峡《strait よりは大きい》. ❷ Ⓒ 入り江, 河口; 湾.

sóund bàrrier 名 [the ～] 音速障壁《音速に近い速度で飛ぶときの空気抵抗》: break *the sound barrier* 音速を超える.

sóund bìte 名 Ⓒ サウンドバイト《放送用に抜粋された政治家などの短い印象的なことば》.

sóund càrd 名 Ⓒ 〔コンピュータ〕 サウンドカード《音の入出力用の拡張カード》.

sóund effècts 名 複 音響効果《放送・劇・映画などの》.

sóunding bòard 名 Ⓒ (新しい考えなどに対する)反応を見るために使われる人[集団] (*for*).

sound·ings /sáʊndɪŋz/ 名 複 ❶ 打診, 探り: take *soundings* 意向を探る. ❷ 水深測量; 水深.

sound·less /sáʊndləs/ 形《文語》音のしない, 音を出さない, 静かな. **～·ly** 副 音もなく; 静かに.

sound·ly /sáʊndli/ 副 ❶ 十分に; ぐっすりと. ❷ ひどく: *soundly* beaten ひどく負かされて[ぶたれて]. ❸ 健全に, 正しく; 確実に, 堅固に; 穏健に.

sound·ness /sáʊn(d)nəs/ 名 Ⓤ 健全なこと, 堅実, 堅固; 妥当, 穏健.

sound·proof /sáʊndprùːf/ 形 音を通さない, 防音の: *soundproof* walls 防音壁. — 動 他 (...)に防音装置を施(ほどこ)す.

sóund sỳstem 名 Ⓒ 音響装置.

+**sound·track** /sáʊndtræk/ 名 ❶ Ⓒ **映画音楽**: a *soundtrack to* [*of*] "Titanic"「タイタニック」のサントラ. ❷ Ⓒ (映画のフィルムの端の)録音帯, サウンドトラック.

sóund wàve 名 Ⓒ [普通は複数形で] 音波.

*__soup__ /súːp/ ❗発音 名 (～s /～s/) Ⓤ **スープ**: chicken *soup* 鶏肉(とりにく)のスープ / noodle *soup* めんのスープ / clear *soup* コンソメスープ / cream *soup* ポタージュ / a bowl of vegetable *soup* 野菜スープ 1 杯 / I had *soup* for [with my] lunch. 私は昼食にスープを飲んだ. 語法 種類をいうときには Ⓒ: tomato and chicken *soups* トマトスープとチキンスープ / thin and thick *soups* 薄いスープと濃いスープ.

> 日英 (1)「スープを飲む」に相当する英語は, スプーンを用いて口に入れるときには eat soup, 直接 cup から飲むときには drink soup《⇒ drink 表》.
> (2) スープを飲むときは音を立ててはいけない.

in the sóup [形・副]《古風, 略式》困って.
— 動 [次の成句で] **sóup úp** [動] 他《略式》(機械)の馬力[性能]を上げる.

sóup kìtchen 名 Ⓒ (ホームレスの人などに対する)無料食堂.

sóup plàte 名 Ⓒ スープ皿.

soup·spoon /súːpspùːn/ 名 Ⓒ スープ用スプーン.

+**sour** /sáʊə | sáʊə/ ❗発音 形 (sour·er /sáʊ(ə)rə | -rə/; sour·est /sáʊ(ə)rɪst/) ❶ **酸**(す)**っぱい**, 酸味の [⇔ sweet]; (発酵して)酸っぱくなった, すえたような: a *sour* orange 酸っぱいオレンジ / *sour* milk (腐りかけて)酸っぱくなった牛乳 / a *sour* smell すえたにおい / Lemons taste *sour*. レモンは酸っぱい味がする. ❷ 不機嫌な, 気難しい; (物事が)嫌な, 不快な: Ben was in a *sour* mood. ベンは不機嫌だった / end on a *sour* note 不調に終わる.

gò [túrn] sóur [動] 自 (1) (腐敗して)酸っぱくなる. (2)《略式》(物事が)うまくいかない, だめになる: The whole affair *turned sour on* her. 彼女にとってすべてがうまくいかなくなった.

— 動 (sours /～z/; soured /～d/; sour·ing /sáʊ(ə)rɪŋ/) 自 ❶ (関係などが)悪くなる, 不機嫌に[気難しく]なる. ❷ (牛乳などが)(腐りかけて)酸っぱくなる, すえる: The milk has *soured*. 牛乳が酸っぱくなった. ❸ (...に対する)興味を失う (*on*).
— 他 ❶ (関係など)を悪くする, (...)を不機嫌に[気難しく]させる. ❷ (...)を酸っぱくする.

***source** /sɔ́əs | sɔ́ːs/ (同音《英》sauce)
— 名 (sourc·es /～ɪz/)

> 意味のチャート
> 「(水が湧き)上がる」の意《surge と同語源》から
> 「**水源**」❸ → (元) → 「**出所**」❷ / 「**原因**」❶

❶ Ⓒ 源, 起こり; (物事の)**原因**, 元: the *source of* his idea 彼の着想の源 / energy *source* = a *source of* energy エネルギー源 / Fishing is the town's major [main, primary] *source of* income. 漁業がこの町の主要な収入源である / a *source of* trouble トラブルの原因.
❷ Ⓒ [普通は複数形で] (情報などの)**出所**, **典拠**, **情報源**: news from reliable *sources* 確かな筋からのニュース / historical *sources* 史料 / *source* material (調査・研究の)原資料《日記・原稿など》/ reveal [disclose] the *source of* information 情報源をあかす.
❸ Ⓒ (川などの)**源**, 水源, 源泉: The river has its *source* in this lake. その川はこの湖に源を発している.
— 動 他 ❶ (...)を入手する (*from*). ❷ (...)の出所を突きとめる.

sóurce còde 名 Ⓤ 〔コンピュータ〕 ソース[原始]コード《機械語に変換する前の, 元の形のプログラム》.

sóur créam 名 Ⓤ サワークリーム《乳酸菌で発酵させた酸味のあるクリーム》[《英》soured cream].

sour·dough /sáʊədòʊ | sáʊə-/ 名 Ⓤ サワードー《パン種にする発酵した練り粉で焼いたパン》.

sóured créam /sáʊəd- | sáʊəd-/ 名 Ⓤ《英》= sour cream.

sóur grápes 名 Ⓤ 負け惜しみ: That's just *sour grapes* on her part. それは彼女の負け惜しみにすぎない. 由来 取ろうとしたぶどうに届かず「あんなぶどうは酸っぱいのだ」と負け惜しみを言ってあきらめた「イソップ物語」(Aesop's Fables) のきつねの話から.

sour·ly /sáʊəli | sáʊə-/ 副 気難しく, 不機嫌に.

sour·ness /sáʊənəs | sáʊə-/ 名 ❶ Ⓤ 酸っぱさ, 酸味. ❷ Ⓤ 気難しさ, 不機嫌.

souse /sáʊs/ 動 他 (水などに)(...)を浸す; (...)に水をかける, (...)をずぶぬれにする [≒ drench].

*****south** /sáʊθ/
— 名 ❶ [the ～ または Ⓤ; しばしば S-] **南**, **南部**, 南方《略 S; ⇒ north 日英》: The birds flew to *the*

south. 鳥たちは南へ飛んで行った / A warm wind was blowing *from the south*. 南から暖かい風が吹いていた / England is [lies] ***to the south of*** Scotland. イングランドはスコットランドの南にある《⇒ to¹ 1 語法》/ in ***the south of*** ... ...の南部に. 関連 north 北 / east 東 / west 西. ❷ [the S-]《米》南部《米国南東部; ⇒ Deep South》;《英》(England の)南部地方. ❸ [the S-] (南の)発展途上諸国. 関連 the North (北の)先進諸国. (形 sóuthern, sóutherly)
— 形 限定 [比較なし] [ときに S-] 南の, 南部の, 南方の; 南向きの; (風が)南からの《⇒ north 形 語法》: a *south* wind 南風 / on the *south* side 南側に.
— 副 [しばしば S-] 南へ, **南に**, 南方へ: My room faces *south*. 私の部屋は南向きだ / Spain is [lies] *south of* France. スペインはフランスの南にある.
dówn sóuth [《米》**Sóuth**] [副]《略式》南(部)で[に], 南の方で[に].
gò sóuth [動] 自《米略式》(状況などが)悪化する.

Sòuth África 名 固 the Republic of ~ 南アフリカ共和国《アフリカ南端の共和国; 略 RSA, S.A.; 首都 Pretoria (行政上), Cape Town (立法上)》.

Sòuth Áfrican 形 南アフリカ(共和国)の. — 名 C 南アフリカ(共和国)の住民.

Sóuth América 名 固 南アメリカ, 南米《略 S.A.; ⇒ America 語法》.

Sóuth Américan 形 南アメリカ(人)の, 南米(人)の. — 名 C 南アメリカ人, 南米人.

south·bound /sáʊθbàʊnd/ 形 限定 (乗り物などが)南へ向かっている, 南回りの.

Sóuth Carolína 名 固 サウスカロライナ《米国南部の州; 略〔郵便〕では SC》.〖語源 Carolina はチャールズ 1 世のラテン語名 Carolus にちなむ〗

Sóuth Chína Séa 名 固 [the ~] 南シナ海《中国・フィリピン・インドシナ半島に囲まれた海》. 関連 the East China Sea 東シナ海.

Sóuth Dakóta 名 固 サウスダコタ《米国北部の州; 略 S.D.,S. Dak.,〔郵便〕では SD》.〖語源 Dakota は北米先住民のことばで「同盟者」の意〗

***south·east** /sàʊθíːst←/ 名 [the ~ または U; しばしば S-, South-East] **南東**; 南東部《略 SE》. (形 sòuthéastern)
— 形 ❶ 限定 南東の. ❷ 限定 (風が)南東からの.
— 副 南東へ[に].

Sóutheast Ásia 名 固 東南アジア《カンボジア・インドネシア・ラオス・マレーシア・ミャンマー・フィリピン・シンガポール・タイ・ベトナムを含む地域》. 関連 ASEAN アセアン諸国.

south·east·er·ly /sàʊθíːstəli | -tə-←/ 形 限定 南東(寄り)の; (風が)南東からの.

south·east·ern /sàʊθíːstən | -tən←/ 形 南東(へ)の; 南東からの《略 SE》. (名 sòuthéast)

south·east·ward /sàʊθíːstwəd | -wəd←/ 副 形 南東の方へ[の], 南東に向かって[向かう], 南東向きに[の].

south·er·ly /sʌ́ðəli | -ðə-/ 形 ❶ 南の, 南寄りの. ❷ (風が)南からの. (名 south)

****south·ern** /sʌ́ðən | -ðən/ ⚠発音
— 形 ❶ 限定 [しばしば S-] **南の**; 南からの; 南向きの; 南への《略 S; ⇒ north 形 語法》: *Southern* Europe 南ヨーロッパ / a *southern* wind 南風. 関連 northern 北の / eastern 東の / western 西の. ❷ [S-]《米》南部(諸州)の. (名 south)

Sóuthern Cróss 名 [the ~] 南十字星, 南十字座《星座》. 参考 オーストラリアおよびニュージーランドの国旗はこれをかたどったもの.

south·ern·er /sʌ́ðənə | -ðənə/ 名 ❶ C 南部の人. ❷ C [S-]《米》南部の州の人[出身者].

Sóuthern Hémisphere 名 [the ~] 南半球.

Sóuthern Líghts 名 複 [the ~] 南極光 (aurora australis). 関連 Northern Lights 北極光.

south·ern·most /sʌ́ðənmòʊst | -ðən-/ 形 [普通は 限定] 最南(端)の.

Sóuth Ísland 名 固 [the ~] 南島《ニュージーランドの 2 つの主要な島のうちの南の島》.

Sóuth Koréa 名 固 韓国《⇒ Korea 参考》.

Sóuth Pacífic 名 [the ~] 南太洋.

south·paw /sáʊθpɔ̀ː/ 名 C《略式, 主に米》左ききの人; 左腕投手; 左ききのボクサー.

Sóuth Póle 名 固 [the ~] 南極《⇒ zone 挿絵》. 関連 North Pole.

Sóuth Sèa Íslands 名 固 複 [the ~] 南太平洋諸島.

Sóuth Séas 名 固 複 [the ~] 南太平洋.

south-south·east /sáʊθsàʊθíːst/ 名 [the ~] 南南東《略 SSE》. — 形 南南東の.

south-south·west /sáʊθsàʊθwést/ 名 [the ~] 南南西《略 SSW》. — 形 南南西の.

south·ward /sáʊθwəd | -wəd/ 副 南の方へ, 南向きに: travel *southward* 南に向かって旅をする. — 形 限定 南の方への, 南に向かう, 南向きの.

south·wards /sáʊθwədz | -wədz/ 副 = southward.

***south·west** /sàʊθwést←/ 名 [the ~ または U; しばしば S-, South-West] **南西**; 南西部《略 SW》. (形 sòuthwéstern)
— 形 ❶ 限定 南西の. ❷ 限定 (風が)南西からの.
— 副 南西へ[に].

south·west·er·ly /sàʊθwéstəli | -tə-←/ 形 ❶ 南西の, 南西寄りの. ❷ (風が)南西からの.

south·west·ern /sàʊθwéstən | -tən←/ 形 南西(へ)の; 南西からの《略 SW》. (名 sòuthwést)

south·west·ward /sàʊθwéstwəd | -wəd←/ 副 形 南西の方へ[の], 南西に向かって[向かう], 南西向きに[の].

***sou·ve·nir** /súːvənìə, sùːvəníə | sùːvəníə, súːvəniə/ ⚠発音 名 (~s /~z/) C **記念品**, 思い出の品, みやげ《記念としていつまでも残るもの》; 形見: a *souvenir* shop みやげ物店 / I bought this doll as a *souvenir of* my trip to Japan. この人形を日本への旅行の記念に買った / This glass is a *souvenir from* Vienna. このグラスはウィーンの記念[思い出]だ.

> 日英 souvenir は他人への贈り物とは限らず自分の思い出にとっておく物も含む. 従って旅先で贈り物として買うみやげ物は present, gift というほうが適当なことが多い.

+**sov·er·eign** /sά(ː)v(ə)rən | sɔ́v(ə)rɪn/ ⚠発音 -gn で終わる語の g は発音しない. 名 (~s /~z/) ❶ C《格式》**君主**《皇帝 (emperor), 国王 (king), 女王 (queen) など》, 元首, 統治者: King Charles III is the present *sovereign* of the United Kingdom. 国王チャールズ三世は英国の現君主である. ❷ C ソブリン金貨《1 ポンド(= 20 シリング)に相当した英国の旧金貨》.
— 形 ❶《格式》最高の権力を有する, 統治している; 最高の, 至上の [≒supreme]: *sovereign* power 主権. ❷ 限定《格式》独立の, 自主の [≒indepen-

dent]: a *sovereign* state 独立[主権]国.
(名 sóvereignty)
〖語源 原義は「上に立つ者」; super- と同語源〗

+**sov·er·eign·ty** /sɑ́(ː)v(ə)rənṭi | sɔ́v(ə)rɪn-/ 名 ❶ U 《格式》 **主権**, 統治権: Japan claims ***sovereignty over*** these islands. 日本はこれらの島々の主権を主張している. ❷ U 《格式》 独立[主権]国であること.
(形 sóvereign)

So·vi·et /sóʊvièt/ 名 ❶ [the ～s] 《主に米》 旧ソ連の国民. ❷ [s-] C 旧ソ連の国[地方]の議会. — 形 限定 旧ソ連の.

Sóviet Únion 名 固 [the ～] = Union of Soviet Socialist Republics.

+**sow**[1] /sóʊ/ 発音 (同音 sew, so[1,2]) 動 (**sows** /～z/; 過去 **sowed** /～d/; 過分 **sown** /sóʊn/, **sowed** /～d/; **sow·ing**) 他 ❶ (畑などに)(種)をまく, 植え付ける [≒ plant] (*on*); (土地)に(...の)種をまく《⇒ reap 2》: 言い換え They ***sowed*** corn ***in*** the field. V+O+*in*+名 = They ***sowed*** the field ***with*** corn. V+O+*with*+名 彼らは畑にとうもろこしをまいた. ❷ (争い・不満の原因など)植え付ける (*in*).
— 自 **種をまく:** As you *sow*, so shall you reap. 《ことわざ》 まいた種は刈らねばならぬ(自業自得).

sow[2] /sáʊ/ 名 C 雌豚《⇒ pig 表》.

sow·er /sóʊɚ | sóʊə/ 名 C 種をまく人; 種まき機.

+**sown** /sóʊn/ (同音 sewn) 動 **sow**[1] **の過去分詞.**

sox /sɑ́(ː)ks | sɔ́ks/ 名 複 《米》 靴下《✪ 特に広告で用いる socks の別つづり》.

+**soy** /sɔ́ɪ/ 名 ❶ U 《米》 = soybean. ❷ U 《米》 = soy sauce.

soy·a /sɔ́ɪə/ 名 U 《英》 = soy 1, 2.

sóya bèan 名 C 《英》 = soybean.

sóya sàuce 名 U 《英》 = soy sauce.

+**soy·bean** /sɔ́ɪbìːn/ 名 (～s /～z/) C 《米》 **大豆**《植物または豆》.

sóy sàuce 名 U しょうゆ.

+**spa** /spɑ́ː/ 名 (～s /～z/) ❶ C **鉱泉**, 温泉; 鉱泉場, 温泉場; = health spa. ❷ C 《主に米》 泡ぶろ, ジャグジー.

***space /spéɪs/

— 名 (spac·es /～ɪz/)

意味のチャート
「時間的な隔たり」 ❺ →「空間的な隔たり」 ❷
→「空間」 ❹ →「余地」 ❶ →「紙面」 ❽
→「宇宙空間」 ❸

❶ U,C 余地, (空いている)場所, スペース; 空き地: cupboard *space* 食器棚を置く場所 / a parking *space* 駐車場所 / Is there enough *space for* three people? 3 人分の余裕[空席]がありますか / I'll have to clear [make] some [a] *space for* the piano. ピアノを置く場所を空けなくては / The room had plenty of *space* to move around in. その部屋には動き回れるスペースが十分あった / a sense [feeling] of *space* 広々とした感じ / (an) open *space* 空き地 / wide open *spaces* 広々と開けた土地.

❷ C,U (空間的な)**間隔**, すき間 [≒gap]: leave a *space* of two meters 2 メートルの間隔をあけておく / the *space between* the seats 座席の間隔.

❸ U (大気圏外の)**宇宙空間**, **宇宙**《厳密には outer space という》: Who was the first person to travel in *space*? 宇宙を最初に旅したのはだれですか.

space (宇宙空間)	宇宙
universe (天体を含む全宇宙)	

❹ U **空間**《時間 (time) に対していう》: time and *space* 時間と空間 / stare [look] into *space* 虚空を見つめる. ❺ C [普通は単数形で] (ひと区切りの)時間; (時間的な)間隔: in [within] the *space* of a week 1 週間で / in a short *space* of time わずかな時間[期間]で. ❻ U (言動の)自由, 不干渉: give *space* 自由を与える. ❼ C 〖印刷〗 (タイプの)1 文字分の幅, スペース. ❽ U (新聞・雑誌などの)紙面, スペース.

Wátch this spáce. 《略式》 (新聞などで)今後もご注目ください.
(形 spácious, spátial)

— 動 他 ❶ (...)を(一定の)間隔に置く; 間隔をあけて行なう (*out*): The houses *were spaced* about 50 yards *apart*. 家は約 50 ヤード間隔で並んでいた / be *evenly spaced* 等間隔になっている. ❷ 《米略式》 (...)を忘れる (*off*). — 自 《略式》 (退屈・麻薬などで)ぼうっとする (*out*).

space-age /spéɪsèɪʤ/ 形 限定 《略式》 (技術・デザインなどが)最新の, 超近代的な.

spáce bàr 名 C スペースバー《キーボードで字間を空けるためのキー》.

spáce cadèt 名 C 《略式》 ぼうっとしている人.

spáce càpsule 名 C 宇宙カプセル《実験器具・人間などを乗せた宇宙船の気密室》.

+**space·craft** /spéɪskræ̀ft | -krɑ̀ːft/ 名 (複 ～) C **宇宙船** [≒craft].

spaced /spéɪst/ 形 = spaced out.

spáced óut 形 《略式》 (麻薬・疲労などで)ぼうっとした.

space·flight /spéɪsflàɪt/ 名 U,C 宇宙飛行.

spáce hèater 名 C 《米》 (小型の)室内暖房器.

space·man /spéɪsmæ̀n/ 名 (-men /-mèn/) ❶ C 《略式》 宇宙飛行士《男性》 [≒astronaut]. ❷ C 宇宙人.

spáce pròbe 名 C 宇宙探査機.

+**space·ship** /spéɪsʃɪ̀p/ 名 (～s /～s/) C **宇宙船.**

spáce shùttle 名 C スペースシャトル, 宇宙連絡[往復]船.

spáce stàtion 名 C 宇宙ステーション.

spáce sùit 名 C 宇宙服.

space·walk /spéɪswɔ̀ːk/ 名 C 宇宙遊泳.

space·y /spéɪsi/ (spac·i·er; spac·i·est) 形 《略式》 = spaced out.

spac·ing /spéɪsɪŋ/ 名 U 間隔をあけること; 語間, 行間; 空き, 間隔: with single [double] *spacing* 行間なし[一行置き]に《タイプで》.

spa·cious /spéɪʃəs/ 形 広々とした, 広大な.
(名 space.)
～**·ly** 副 広々と, ゆったりと.

spade[1] /spéɪd/ 名 C すき, シャベル. **cáll a spáde a spáde** [動] 自 (相手のいやがることでも包み隠さず)ありのまま[率直]に言う.

spade[2] /spéɪd/ 名 C 〖トランプ〗 スペード(の札); [～s でときに単数扱い] スペードの組: the queen of *spades* スペードの女王. **in spádes** [副] たくさん; ものすごく. 関連 club クラブ / diamond ダイヤ / heart ハート.

*__spa·ghet·ti__ /spəgéṭi/ ≪イタリア語から≫ 名 U **スパゲッティ.** 関連 macaroni マカロニ.

+**Spain** /spéɪn/ 名 固 **スペイン**《ヨーロッパ南西部のイベリ

ア半島 (Iberian Peninsula) にある国; 首都 Madrid》. (形 Spánish)

spam /spǽm/ 名 U 〔コンピュータ〕スパム(メール)《不特定多数に送りつけられる広告などの迷惑メール》.
— 動 他 〔コンピュータ〕(人)に迷惑メールを送る.

Spam /spǽm/ 名 U スパム《調理済みの肉の缶詰; 商標》.

spam·ming /spǽmɪŋ/ 名 U 〔コンピュータ〕迷惑メール送付.

+**span** /spǽn/ 名 (～s /～z/) ❶ C **(一定の長さの)時間;** (注意・関心などの)継続[持続]時間**:** for a short *span* of time しばらくの間 / over a *span* of twenty years 20 年間にわたって / Within the brief *span* of just two years, this computer has become old-fashioned. たった 2 年という短期間の間にこのコンピューターは旧式になってしまった. 関連 life span 寿命.
❷ C **端から端までの長さ;** 全長, 全幅, 差し渡し; 径間(わたりま), 張り間《アーチ・橋脚などの支点から支点までの距離》; (航空機の)翼幅《両翼の端から端までの長さ》[≒wingspan]**:** The arch has a *span* of 20 yards. アーチの径間は 20 ヤードだ. ❸ C 範囲, 領域 (*of*).
— 動 (spans; spanned; span·ning) 他 ❶ (期間などが)(...)に広がる, 及ぶ; (活動・領域などが)(...の範囲)に及ぶ**:** My grandmother's life *spanned* almost a century. 私の祖母の一生はほぼ 1 世紀にも及んだ / *span* the globe 世界中に行き渡る. ❷ (橋が)(川)にかかる**:** An old bridge *spans* the river. その川には古い橋がかかっている.

span·gle /spǽŋgl/ 名 C スパンコール《ぴかぴか光る金[銀, すず]のはく》.

span·gled /spǽŋgld/ 形 (スパンコールなど光る物を)散りばめた (*with*). 関連 the Star-Spangled Banner 星条旗.

Span·iard /spǽnjəd | -njəd/ 名 C スペイン人; スペイン系人.

span·iel /spǽnjəl/ 名 C スパニエル《耳の垂れた毛の長い犬; ⇒ cocker spaniel》.

*****Span·ish** /spǽnɪʃ/ 形 ❶ **スペインの; スペイン人の:** a *Spanish* dance スペイン舞踊 / He's *Spanish*. 彼はスペイン人だ《✪ He's a Spaniard. よりも丁寧な言い方》.
❷ **スペイン語の;** スペイン風の; スペイン系の**:** the *Spanish* language スペイン語. (名 Spain)
— 名 ❶ U **スペイン語**《略 Sp., Span.》.
❷ [the ～ として複数扱い] **スペイン人**《全体》, スペイン国民《⇒ the[1] 5 語法》.

Spánish Amérìca 名 固 スパニッシュアメリカ《ブラジルを除く中南米; 旧スペイン領で, スペイン語を用いる; ⇒ Latin America》.

Span·ish-A·mer·i·can /spǽnɪʃəmérɪk(ə)n←/ 形 ❶ スパニッシュアメリカの. ❷ スペインとアメリカの, 米西の**:** the *Spanish-American* War 米西戦争 (1898).
— 名 C スパニッシュアメリカの人.

spank /spǽŋk/ 動 他 (子供のしりなど)を(罰として)平手[スリッパなど]でぴしゃりと打つ.

spank·ing[1] /spǽŋkɪŋ/ 名 C,U しり打ち《罰として子供のしりを平手やスリッパでたたくこと》**:** I'm going to give you a *spanking*. おしりをたたきますよ.

spank·ing[2] /spǽŋkɪŋ/ 副《略式》すごく, とても. 語法 clean, fine, new などの形容詞とともに使われることが多い.

span·ner /spǽnə | -nə/ 名 C《英》〔機械〕スパナ [《米》 wrench].

spar[1] /spάə | spά:/ 動 (spars; sparred; spar·ring /spά:rɪŋ/) 自 ❶〔ボクシング〕スパーリングをする (*with*). ❷ (普通は友好的に)議論し合う (*with, over*).

spar[2] /spάə | spά:/ 名 C〔海事〕(帆げた・帆柱などの)円材.

*****spare** /spéə | spéə/

意味のチャート	
原義は「控える」.	
→(力の行使を控える)→「**免じてやる**」	動 ❸
→(使用を控える)→「**惜しむ**」	動 ❷
→(控えに取っておく)→「**割(さ)く**」	動 ❶
→(控えの)→「**予備の**」	形 ❶

— 形 (spar·er /spé(ə)rə | -rə/; spar·est /spé(ə)rɪst/) ❶ 限定 [比較なし] **余分な,** 余った; **予備の:** *spare* time 暇な時間 / *spare* money 当座必要のない金 / *spare* change 恵んでやる小銭 / a *spare* key [battery] 予備の鍵[電池] / a *spare* room (来客用などの)予備の部屋 / Is there any *spare* room for a desk here? ここに机を入れる余地はありますか. ❷ Ⓦ (体などが)やせた [≒lean]**:** He's *spare* of build. 彼は体つきがほっそりしている. ❸ 限定《文語》簡素な, 飾りのない; 簡潔な.
— 動 (spares /～z/; spared /～d/; spar·ing /spé(ə)rɪŋ/) 他 ❶ (時間など)を**割(さ)く;** (金・余分な物など)を分けてやる, (人)を(別の所へ)回す**:** I can't *spare* any time at present. 私は今のところ全然時間が割けない / 言い換え Could you *spare* me a little time? V+O+O = Could you ***spare*** a little time ***for me***? V+O+*for*+名 私のために少し時間を割いてくださいませんか / We can't *spare* you (*for* that work) today — we're too busy here. (その仕事のために)きょう君に抜けられちゃ困る—こっちもすごく忙しいんだから / Have you ever *spared* a thought *for* her? これまでに彼女のことを考えてあげたことはありますか.
❷ [普通は疑問文・否定文で] (労力・費用など)を**惜しむ,** けちけちして使わない**:** He *spared no* trouble [《格式》 pains]. 彼は少しも骨身を惜しまなかった / *No* expense was *spared* to make their stay enjoyable. V+O の受身 彼らの滞在を楽しいものにするために惜しみなくお金が使われた.
❸ (人に)(苦しいこと・いやなこと)を**免じてやる,** (不快な話など)を伝えないでおく**:** I'll *spare* you the details. V+O+O くわしく話すのはやめとこう. ❹《格式》(...)に危害[罰]を与えないでおく, (...)を容赦する, 助命する; (人の感情)を傷つけないようにする**:** They *spared* his life. 彼らは彼の命を勘弁してやった.

spáre oneself [動] 自 [普通は否定文で] 骨[労]を惜しむ.

... to spáre [形] 余分の...**:** I have no money [time] *to spare*. 余分なお金[時間]はない.

— 名 ❶ C 予備の物, スペア. ❷ C = spare tire. ❸ C [しばしば複数形で]《英》= spare part. ❹ C〔ボウリング〕スペア(の得点).

spáre párt 名 C [普通は複数形で] (機械・自動車などの)予備部品.

spare·ribs /spéərìbz | spéə-/ 名 複 スペアリブ《豚の肉付きあばら骨》.

spáre tíre 名 C スペアタイヤ, 予備のタイヤ.

spar·ing /spé(ə)rɪŋ/ 形 控えめの, 倹約した, (...を)惜しむ [⇔ unsparing]**:** I wish you weren't so *sparing in* [*with*] praise. そんなに賛辞を惜しまなくてもいいのに.

spar·ing·ly /spé(ə)rɪŋli/ 副 控えめに, 倹約して**:** Natural resources must be used more *sparingly*. 天然資源はもっと控えめに利用すべきだ.

S

*__spark__ /spáɚk | spáːk/ 名 (~s /~s/) ❶ Ⓒ **火花**; 火の粉; (電気などの)スパーク, 閃光(せんこう): a shower of *sparks* 飛び散った火花 / *Sparks* flew from the burning house. 燃える家から火の粉が飛んだ. ❷ [a ~ または Ⓤ] 生気, 活気; (才気などの)ひらめき: a *spark* of genius 天才のひらめき / He lacked his usual *spark* because of a cold. 彼は風邪のためいつもの生気を欠いていた. ❸ [a ~] (感情・性質などの)痕跡(こんせき), 少し: *a spark of* hope わずかな希望. ❹ Ⓒ (紛争などの)火種, 発端. ❺ [複数形で] (感情の)火花: (the) *sparks* fly 感情の火花が散る.
— 動 自 火花が散る; 輝く, きらめく; スパークする.
— 他 ❶ (争いなど)を引き起こす (*off*). ❷ (人・関心・活動など)を刺激する, 活気づける.

spárk·ing plùg /spáɚkɪŋ- | spáːk-/ 名 Ⓒ《英》= spark plug.

+**spar·kle** /spáɚkl | spáː-/ 動 (spar·kles /~z/; spar·kled /~d/; spar·kling) 自 ❶ (宝石・水面などが)**輝く**, きらめく; (目などが興奮などで)輝く: The diamond *sparkled* on her finger. ダイヤが彼女の指できらめいた / His eyes *sparkled with* delight. 彼の目は喜びで輝いた. ❷ (人・話などが)生気[才気]にあふれる (*with*).
— 名 (~s /~z/) ❶ Ⓒ,Ⓤ **輝き**, きらめき; 火花: the *sparkle* of diamonds ダイヤのきらめき. ❷ Ⓤ,Ⓒ 生気; (才能などの)ひらめき.

spar·kler /spáɚklɚ | spáːklə/ 名 Ⓒ (手に持つ)花火, 線香花火.

spar·kling /spáɚklɪŋ | spáːk-/ 形 ❶ きらきら光る (⇒ shine 類義語). ❷ ぴかぴかの, きれいな, 清潔な. ❸ (ワイン・炭酸水などが)泡立つ, 発泡性の. ❹ (人・話・才気などが)生気あふれる, 輝くような.

spárk plùg 名 Ⓒ (エンジンの)点火プラグ, スパークプラグ [《英》sparking plug].

spár·ring pàrtner /spáːrɪŋ-/ 名 ❶ Ⓒ ボクシングの練習相手. ❷ Ⓒ (仲のよい)議論の相手.

spar·row /spǽroʊ/ 名 Ⓒ すずめ; (特に)いえすずめ《欧州原産》.

sparse /spáɚs | spáːs/ 形 (spars·er; spars·est) (人口などが)希薄な, まばらの; 薄い; 少ない [⇔ dense]: *sparse* vegetation まばらな草木. **~·ly** 副 希薄に, まばらに: a *sparsely* populated area 過疎地.
~·ness 名 Ⓤ まばら.

Spar·ta /spáɚṭə | spáː-/ 名 固 スパルタ《古代ギリシャの都市国家》.

Spar·tan /spáɚtn | spáː-/ 形 スパルタ(式)の; [普通は s-] (暮らし・住居が)質実剛健な; (食事などが)簡素な; 厳格な. — 名 Ⓒ スパルタ人.

spas·m /spǽzm/ 名 ❶ Ⓒ,Ⓤ けいれん, ひきつけ: go into *spasm(s)* けいれんを起こす. ❷ Ⓒ Ⓦ 発作的な活動[感情], 激発: a *spasm of* coughing せき込み / a *spasm of* laughter どっと笑いだすこと.

spas·mod·ic /spæzmá(ː)ḍɪk | -mɔ́d-/ 形 発作的な, やったりやめたりの, 長続きしない; 〘医学〙けいれん(性)の. **-mod·i·cal·ly** /-kəli/ 副 発作[断続]的に.

spas·tic /spǽstɪk/ 形《古風》けいれん(性)の; けいれん性まひの: *spastic* paralysis けいれん性まひ.

+**spat**[1] /spǽt/ 動 **spit**[1] **の過去形および過去分詞.**

spat[2] /spǽt/ 名 Ⓒ《略式》ちょっとした口論.

spate /spéɪt/ 名 Ⓒ [普通は単数形で] (よくないことの)大量発生, 多発, 連続 (*of*).

spa·tial /spéɪʃəl/ 形 限定《格式》空間の, 空間的な; 場所の. (名 space)
-tial·ly /-ʃəli/ 副 空間的に.

spat·ter /spǽṭɚ | -tə/ 動 (-ter·ing /-ṭərɪŋ, -trɪŋ/) 他 (人・物に) (水・泥など)をはねかける, まく; (人・物)に(...を)はねかける, ふりかけて汚す; (水などが)(...)にぱらぱら当たる: 言い換え The truck *spattered* mud *over* my new suit. = The truck *spattered* my new suit *with* mud. トラックが私の新しいスーツに泥をはねかけた.
— 自 はねる, 散らばる (*on*); (雨などが)ぱらぱら降る.
— 名 Ⓒ はね(る音); (雨などの)ぱらぱらと降る音 (*of*).

spat·u·la /spǽtʃʊlə | -tjʊ-/ 名 ❶ Ⓒ《米》フライ返し [《英》fish slice]. ❷ Ⓒ へら.

spawn /spɔ́ːn/ 動 他 ❶ (魚などが)(卵)を産む. ❷ [しばしば軽蔑的] (...)を大量に作り出す. — 自 産卵する.
— 名 Ⓤ (魚・かえる・貝・えびなどの)卵.

spay /spéɪ/ 動 他 (雌の動物)の卵巣を除去する.

SPCA /éspìːsìːéɪ/ 略《米》= the Society for the Prevention of Cruelty to Animals (⇒ prevention).

***speak /spíːk/

— 動 (speaks /~s/; 過去 **spoke** /spóʊk/; 過分 **spo·ken** /spóʊk(ə)n/; **speak·ing**) 自 ❶ **話す**, ものを言う (⇒ 類義語); [しばしば否定文・進行形で] (会って)口をきく: Please *speak* more slowly. もっとゆっくり話してください / She *spoke* in English. 彼女は英語で話した / 🗨 "Hello. Is this [《英》that] Jane?" "Yes, *speaking* [*Speaking*]." 「もしもし, ジェーン?」「はい, 私です」《電話口で; ⇒ speak to ... (句動詞); who[1] 代 1 (2) 🗨》/ Since their argument they're not *speaking*. 口論の後彼らは口もきかない.
❷ **演説する**, 講演する; **意見を述べる**: *speak* at a conference 会議で演説[講演]する / The Premier ***spoke against*** the proposal. V+前+名 首相はその提案に対して反対の意見を述べた.
❸ (目・顔・行為などが)(真意・心中などを)表わす, 物語る, 伝える: Her eyes *spoke*. 彼女の目がものを言った[気持ちを伝えた].
— 他 ❶ (ある言語)を話す, (日常的に)使用する: Do you *speak* Japanese? 日本語を話しますか (✪ Can you *speak* Japanese? (日本語を話せますか)は相手の能力を問うことになり失礼に響くこともある) / Do they *speak* French in Belgium? ベルギーではフランス語を使っていますか / What languages *are spoken* in India? V+O の受身 インドでは何語が使われていますか / She doesn't *speak* a word of Chinese. 彼女は中国語を全く話せない.
❷ (ことばなど)を話す, 語る; (心中など)を伝える: She *spoke* only a few words. 彼女はほんの二言三言しか話さなかった / Do you swear to *speak* the truth, the whole truth, and nothing but the truth? あなたは真実を, すべての真実を, そして真実のみを話すことを誓いますか《法廷で証人が宣誓の際にこう聞かれる》.

génerally [próperly, róughly, stríctly] spéaking [副] 文修飾 一般的に[正しく, 大ざっぱに, 厳密に]言えば《各副詞の成句を参照》.

nót to spéak of ... [前] **...は言うまでもなく:** His classmates are all angry about his cheating, *not to speak of* his teachers. 彼のカンニングには先生はもちろん, 同級生もみな怒っている.

sò to spèak [副] 文修飾 [挿入語句として] Ⓢ **いわば:** He is, *so to speak*, a walking dictionary. 彼はいわば生き字引といったところだ.

spéak bádly [《古風》**íll**] **of ...** [動] 他 ...のことを悪く言う, ...の悪口を言う [≒criticize] [⇔ speak well of ...]: Don't *speak ill of* the dead. 死んだ人の悪口を言

うな《⇒ the¹ 3》.

spéak híghly of ... [動] ㊀ = speak well of ....

spéaking for mysélf [副] 文修飾 私の考えでは.

spéaking of ... [前] Ⓢ ...の話と言えば: *Speaking of* baseball, which team do you think will win the pennant? 野球と言えば, どのチームが優勝すると思いますか.

spéak wéll for ... [動] ㊀ (物事が)...に有利な証拠になる, ...(のよさ)を示す.

spéak wéll of ... [動] ㊀《古風》...のことをよく言う, ...をほめる [≒praise] [⇔ speak badly of ...].

(名 speech)

speak の句動詞

+**spéak abòut ...** 動 ㊀ ...**について話す** (受身 be spoken about): He never *spoke about* his family. 彼は自分の家族のことについては何も話したことがなかった.

語法 **speak about ... と speak of [on] ...**
「...について話す」という意味では speak about ... が最も普通の言い方. speak of ... は《格式》で「わざわざ口に出して言う」, speak on ... は「...について演説[講演]をする」のような意味合いを持つ. 特に I'll *speak to* him *about* the problem. (私が彼にその問題について話そう)のように speak to ... が用いられるときはこの about は of や on と置き換えることはできない.

spéak for ... 動 ㊀ 《⇒ spoken 成句》 ❶ (人)に代わって(意見[考え, 気持ち]を)話す, ...を代弁する: In Congress, he *spoke for* the poor. 彼は議会で貧しい人たちの代弁をした《⇒ the¹ 3》. ❷ (人・案など)のために[を支持して]話をする, ...を弁護する.

spéak for onesélf [動] ㊂ (1) (物事が)それだけで十分な証拠になっている, (説明を加えなくても)雄弁に物語っている: The facts *speak for themselves*. 事実はおのずから明らかだ. (2) (他人のではなくて)自分自身の意見[気持ち]だけを述べる.

spéak for yoursélf [動] ㊂ [命令文で] Ⓢ 勝手なことは言わないでくれ, 私の考えは違うよ: "I think we've both had too much to drink." "*Speak for yourself!*" 「僕らはちょっと飲みすぎたようだ」「君はそうでも私は違う」

+**spéak of ...** 動 ㊀ ❶《格式》...**のことを言う**, ...について語る《⇒ speak about ... 語法》: Who are you *speaking of*? だれのことを言っているのか // ⇒ devil 1 例文. ❷《格式》(物事が)...を指示[示唆, 表示, 暗示]する.

... to spéak òf [形] [否定語を伴って] 取り立てて言うほどの...: 言い換え She has *no* talent *to speak of*. = She's *without any* talent *to* speak of. 彼女にはこれといった才能はない / The food at that hotel is *nothing* to *speak of*. あのホテルの料理は取り立てて言うほどのものではない.

+**spéak on ...** 動 ㊀ ...**について論ずる[演説する]**《⇒ speak about ... 語法》: He'll be *speaking on* air pollution at the next meeting. 次の会合で彼は大気汚染について話をする.

+**spéak óut** 動 ㊂ **思い切って言う**, 遠慮なく言う: No one dared to *speak out against* the proposal. その提案に異議を唱えようとする者はいなかった.

*__spéak to ...__ 動 ㊀ ❶ (人)**と話す**; (人)に話しかける (受身 be spoken to)《⇒ speak with ... 語法》: She never *speaks to* strangers. 彼女は知らない人とは話をしない / ☐ "Hello. May [Can] I *speak to* Mr. Smith?" "Speaking." 「もしもし, スミスさんをお願いします」「私ですが」《電話口で》/ Who am I *speaking to*, please? どちらさまでしょうか《電話口で》. ❷《略式》(人)に忠告をする, 注意を促す (*about*). ❸ (人の心)に訴える, (人)を引き付ける.

spéak úp 動 ㊂ ❶ [しばしば命令文で] (もっと)大きな声で話す: Could you *speak up*, please? 大きな声で話してください. ❷ 思い切って[率直に]意見を述べる; (...を)はっきりと[公然と]弁護[支持]する (*for*).

+**spéak with ...** 動 ㊀ ❶《主に米》(人)**と話す**: Mr. White was *speaking with* my mother for a long time. ホワイト先生は私の母と長いこと話していた. 語法《英》では長時間話すときに用いられ, 一般には speak to ... のほうが普通.
❷ (人)**と話し合う**; 相談する: I'd like to *speak with* you *about* the schedule. 予定のことについてご相談したいのですが.

類義語 **speak** ことばを話すという一般的な意味. **talk** *speak* とほぼ同じ意味を持つが, *speak* がしばしば改まった内容のある話をすることを意味するのに対して, *talk* は個人的に打ち解けたまたはとりとめのない会話をする意味にも用いる: Mr. Black *spoke* after (the) dinner. ブラックさんが食後にあいさつをした / We were *talking* at dinner. 私たちは夕食を食べながらおしゃべりしていた.

-speak /spìːk/ 接尾 [しばしば軽蔑的]「...に関係する[特有の]言語[用語], ...の仲間うちだけで通用する隠語」の意.

***__speak·er__ /spíːkɚ | -kə/

— 名 (~s /~z/) ❶ Ⓒ **演説者**, 講演者; **話す人**, 話し手, 話者: a guest *speaker* 来賓講演者 / a native *speaker* of English 英語を母語として話す人 / 言い換え She is a good [poor] *speaker* of French.(= She speaks French well [poorly].) 彼女はフランス語を話すのがうまい[下手だ].
❷ Ⓒ **スピーカー**, 拡声器 [≒loudspeaker]: I want to buy better *speakers* for my stereo set. うちのステレオにもっといいスピーカーを買いたい. ❸ Ⓒ [普通は the S-] 下院議長; (日本の)衆議院議長: Mr. *Speaker*! 議長《呼びかけ》. 関連 President 上院議長, (日本の)参議院議長.

the Spéaker of the Hóuse [名] (米国の)下院議長.

speak·er·phone /spíːkɚfòʊn | -kə-/ 名 Ⓒ《主に米》スピーカーホン《スピーカーとマイクを内蔵し手に持たずに通話できる電話機》.

+**speak·ing** /spíːkɪŋ/ 形 ❶ 限定 **話す**, 口をきく: He has a good *speaking* voice. 彼は話し声がいい. ❷ 限定 ものを言うような; 表情たっぷりな, 生き生きした. ❸ [合成語で] ...語を話す: English-*speaking* people 英語を話す人々.

be nót on spéaking térms [動] ㊂ (人と)仲たがいをして会っても口をきかない (*with*).

— 名 Ⓤ **話すこと**, 談話, 演説: a *speaking* engagement 講演の約束.

spear /spíɚ | spíə/ 名 ❶ Ⓒ やり, 投げやり《狩猟用または昔の歩兵の武器》; (魚を突く)やす. ❷ Ⓒ (植物の)芽, 若枝. — 動 (**spear·ing** /spí(ə)rɪŋ/) ㊀ (...)をや

り[フォーク]で突く[刺す].

spear·head /spíəhèd | spíə-/ 名 ❶ C [普通は単数形で] Ⓦ (攻撃・運動などの)先頭に立つ人[集団], 先鋒(せんぽう) (*of*). ❷ C やりの穂先. — 動 他 (攻撃・事業)の先頭に立つ.

spear·mint /spíəmìnt | spíə-/ 名 U スペアミント, みどりはっか《葉からとる精油はガムなどの香料》.

spec[1] /spék/ 名 [次の成句で] **on spéc** [副] 賭けで; いちかばちか《on speculation の短縮形》.

spec[2] /spék/ C [普通は複数形で] 仕様書 (specification).

*****spe·cial** /spéʃəl/

— 形 ❶ **特別の, 特殊な**, 特製の; 並はずれた, 異例の; 特別大切な, (人が)特に親しい(⇒ 類義語): *special* treatment 特別扱い / something *special* 何かいつもと違ったもの[こと] / Do you have any *special* reason? 何か特別の理由がありますか / We have food like this only on *special* occasions. こんな料理は特別の場合にしか食べない / What's your *special* interest? あなたが特に関心があるのは何ですか / What's so *special about* this personal computer? +about+名 このパソコンは何が特に優れているのですか / He's a very *special* friend. 彼は大の親友だ.

❷ 限定 **専門の**, 特殊な [⇔ general]: a *special* course for gifted children 才能のある子供たちのための特殊なコース.

❸ 限定 **臨時の**; 特別用の: a *special* flight (空の)臨時便 / a *special* number (雑誌などの)臨時増刊号 / a *special* correspondent 特派員.

❹ 独特の, (...に)固有の: a way of thinking *special to* women 女性特有の考え方.

(動 spécialìze, 名 spèciálity, spécialty)

類義語 **special** 同類の他のものと比べて, 特別に違った性質や用途があることを意味する: a *special* duty 特別の任務. **particular** 同類の中から, ある 1 つを抜き出して言うときに用いる: He returned late on that *particular* day. 彼はその日に(限って)遅く帰ってきた. **specific** 同類の中から 1 つをとり出し, 特にその 1 つについて話すような場合に用いる: The book was written for a *specific* audience. この本はある特定の読者層のために書かれた.

— 名 ❶ C 特別な物; 特別番組; 特別料理: a TV *special on* gun control 銃規制についてのテレビ特別番組. ❷ C 《略式, 主に米》 特価提供(品), 特売(品).

on spécial [形] 《米略式》 特価の, お買い得の.

〖語源 原義はラテン語で「特別な種 (species) の」〗

spécial ágent 名 C 《米》 (FBI の)特別捜査官.

spécial delívery 名 U 速達便.

spécial educátion 名 U (障害児のための)特殊教育.

spécial efféčts 名 複 (映画などの)特殊効果.

spécial fórces 名 複 特殊部隊.

spécial ínterests 名 複 《主に米》 特殊利益集団 《経済の特殊な部門に特別の権益を有する団体》.

spe·cial·ise /spéʃəlàɪz/ 動 《英》 = specialize.

***spe·cial·ist** /spéʃ(ə)lɪst/

— 名 (-cial·ists /-lɪsts/) C **専門家** [⇔ generalist]; 専門医: a *specialist in* heart diseases = a heart *specialist* 心臓病の専門医. 関連 general practitioner 一般開業医.

spe·ci·al·i·ty /spèʃiǽləṭi/ 名 (-i·ties) C 《英》 = specialty.

(形 spécial)

spe·cial·i·za·tion /spèʃəlɪzéɪʃən | -laɪzéɪ-/ 名 U,C 特殊[専門]化; 専攻 (*in*); 専門分野. (動 spécialìze)

***spe·cial·ize** /spéʃəlàɪz/ 動 (-cial·iz·es /~ɪz/; -cial·ized /~d/; -cial·iz·ing) 自 (...を)**専門にする**, 専攻する; (...を)専門に扱う: She *specializes in* criminal law. V+in+名 彼女は刑法の専門家だ.

(形 spécial, 名 spècializátion)

***spe·cial·ized** /spéʃəlàɪzd/ 形 **専門的な**, 専門家の; **専門化した**, 特殊用途の: a *specialized* knowledge 専門的知識 / a highly *specialized* field of study 高度に専門化した研究分野.

+spe·cial·ly /spéʃəli/ 副 ❶ **わざわざ**, 特別に, 特定の目的のために: She made the cake *specially for* you. 彼女はケーキをわざわざあなたのために作った / a *specially* designed wedding ring 特注デザインの結婚指輪.

❷ Ⓢ 特に, とりわけ [≒especially]; [否定文で] 特に(...であるというわけではない): I do*n't specially* like summer. 私は夏が特に好きというわけではない.

spécial néeds 名 複 (障害者などに生じる)特殊ニーズ.

spécial óffer 名 C (格安)特別提供(品).

spécial schòol 名 C 《主に英》 (障害児の)特別支援学校.

+spe·cial·ty /spéʃəlti/ 名 (-cial·ties) ❶ C 《主に米》 **特産品**, 特製品, 自慢の料理; (高級)専門品: a *specialty* of India インドの特産品 / the house *specialty* 店の自慢料理 / a *specialty* store 専門店.

❷ C 《主に米》 専門, 専攻; 得意: His *specialty* is modern American poetry. 彼の専攻は近代アメリカ詩です / make a *specialty* of ....を専門にする.

(形 spécial)

***spe·cies** /spíːʃiːz, -siːz/ 発音 名 (複 ~) C 〔生物〕 **種**(しゅ): butterflies of many *species* = many *species* of butterfly [butterflies] 各種のちょう / the [our] *species* = the human *species* 人類 / an endangered *species* 絶滅危惧(き)種 / *The Origin of Species*『種の起源』《Darwin の著書》.

***spe·cif·ic** /spɪsífɪk/ アク 形 ❶ 限定 (一般的でなく) **特定の**, 一定の [⇔ general] (⇒ special 類義語): He visited us with a *specific* purpose in mind. 彼はある特定の目的で私たちを訪れた / This disease has no *specific* symptoms in its early stages. この病気は初期の段階では特に症状を示さない.

❷ **明確な**, 詳細な, 具体的な: What are your *specific* aims in applying to this college? 具体的にはどういう目的でこの大学へ入りたいのですか / Could you be a little more ***specific*** (***about*** it)? +about+名 (それについて)もう少し具体的に言ってください.

❸ 叙述 《格式》 (...に)特有の, 独特の: problems *specific to* this branch of science 科学のこの分野に特有の諸問題.

❹ (薬が)特効のある (*for*).

to be (mòre) specífic [副] つなぎ語 (もう少し)**具体的に言うと**: This TV set is no good. *To be specific*, the colors blur and the sound isn't clear. このテレビはひどい. 具体的に言いますと, 色はぼけていますし, 音もはっきりしません. (動 spécifỳ)

— 名 ❶ [複数形で] 細目, 詳細, 細部 (*of*). ❷ C 〔医学〕 特効薬 (*for*).

***spe·cif·i·cal·ly** /spɪsífɪkəli/ 副 ❶ **特に, とりわけ**; つなぎ語 具体的[正確]に言えば: jackets *specifically* designed for young people 特に若者向けのデザインの

上着 / We need teachers for several subjects, (more) *specifically*, English, science and music. 若干の教科, (もっと)具体的に言えば英語, 理科および音楽の教師が必要です.
❷ 明確に, はっきりと.

+**spec·i·fi·ca·tion** /spèsəfɪkéɪʃən/ 名 (~s /~z/) ❶ Ⓒ [普通は複数形で] **仕様書**, 設計書; 明細書: to ... *specifications* ...の仕様に合わせて / a job *specification* 職務明細事項. ❷ Ⓤ 詳しく述べる[記す]こと, 詳述 (*of*); 特定. (動 specify)

specific grávity 名 Ⓤ 〔物理〕比重.

+**spec·i·fy** /spésəfàɪ/ 動 (-i·fies /~z/; -i·fied /~d/; -fy·ing) 他 (...)を**詳しく述べる[記す]**, (...)と明細に言う; はっきり指定する, 特定する: Please *specify* the time and place for the meeting. 会合の時間と場所とを指定してください / Do it this way unless otherwise *specified*. 他に指定がなければそれはこのようにしなさい / He didn't ***specify when*** he would leave. V+O (*wh* 句・節) 彼はいつ出発するかはっきり言わなかった / The regulations ***specify that*** you may use a calculator in the examination. V+O (*that* 節) 規則では試験中に計算機を使ってよいことになっている. (形 specífic, 名 spècificátion)

+**spec·i·men** /spésəmən/ 名 (~s /~z/) ❶ Ⓒ **標本** (⇒ example 類義語); 〔医学〕(検査・分析のための)検体, 試料 (特に尿や血液): a blood *specimen* 血液の検体 / a stuffed *specimen* 剝製(はくせい) / *specimens* in alcohol アルコールづけの標本. ❷ Ⓒ 見本, 実例, 典型的な例: *specimens of* new synthetic fabrics 新しい合成繊維の見本. ❸ [形容詞的に] 見本の: a *specimen* page 見本ページ / a *specimen* copy of the textbook その教科書の見本(刷). ❹ Ⓒ [前に形容詞をつけて] Ⓢ [こっけいに] ...な人[やつ]: This student appears to be a brilliant academic *specimen*. この生徒は優秀な勉強好きのタイプみたいね.

spe·cious /spíːʃəs/ 形 《格式》(一見)もっともらしい(が偽りの).

speck /spék/ 名 小さいしみ[きず], 小斑点(はんてん); 微小片; 少量: a *speck of* dust 小さいほこり.

speck·led /spékld/ 形 小斑点のある, まだらの.

speck·les /spéklz/ 名 複 (多数の)小斑点, ぽつ; しみ.

specs /spéks/ 名 複 《略式》めがね (spectacles).

+**spec·ta·cle** /spéktəkl/ アク 名 (~s/~z/) ❶ Ⓒ (目を見張るような)**壮観**, すばらしい眺め; 壮大な見せ物, スペクタクル: the grand [magnificent] *spectacle* of the Alps アルプスの雄大な眺め.
❷ Ⓒ [普通は単数形で] (珍しい)**光景**; ありさま (*of*): a curious [bizarre] *spectacle* 奇妙な[奇怪な]光景. ❸ [複数形で] 《古風》めがね [≒glasses] [《略式》specs]; めがねに似たもの.
màke a spéctacle of one**sèlf** [動] 自 (行動や服装で)人の物笑いになる, 恥をさらす. (形 spectácular)
〘⇒ prospect¹ キズナ〙

*****spec·tac·u·lar** /spektǽkjʊlə | -lə/ アク 形 **目を見張らせるような**; **華々しい**, 壮観な; 劇的な: a *spectacular* view of the Rockies ロッキー山脈のすばらしい眺め / a *spectacular* success 華々しい成功. (名 spéctacle)
— 名 Ⓒ 見もの, (テレビなどの)豪華番組.
~·ly 副 目覚ましく; 劇的に.

+**spec·ta·tor** /spékteɪṭə | spektéɪtə/ アク 名 (~s /~z/) Ⓒ (特にスポーツの試合の)**見物人**, 観客 (⇒ audience): ***spectators at*** a game 試合の観客.
〘⇒ prospect¹ キズナ〙

spéctator spòrt 名 Ⓒ 観客動員力のあるスポーツ (野球・サッカーなど); [普通はこっけいに] 傍観する対象.

spec·ter, 《英》 **spec·tre** /spéktə | -tə/ 名 ❶ Ⓒ (予想される)恐ろしいもの, おびやかすもの: raise the *specter of* unemployment 失業の不安を呼び起こす. ❷ Ⓒ 《文語》幽霊, お化け [≒ghost].

spectra 名 spectrum の複数形.

spec·tral /spéktrəl/ 形 ❶ 限定 《文語》幽霊の, お化けの; 奇怪な, 恐ろしい. ❷ スペクトルの.

spec·tre /spéktə | -tə/ 名 《英》 = specter.

+**spec·trum** /spéktrəm/ 名 (複 **spec·tra** /-trə/, ~s /~z/) ❶ Ⓒ [普通は単数形で] **変動の範囲, 幅**: a wide [broad] ***spectrum of*** public opinion 広範囲にわたる世論 / support from across the political *spectrum* あらゆる政治的立場からの支持 / opposite ends of the *spectrum* 対極. ❷ Ⓒ [しばしば the ~] (分光器によって分けられる光の)スペクトル; (音の)周波数帯: a sound *spectrum* 音声スペクトル.

*****spec·u·late** /spékjʊlèɪt/ 動 (-u·lates /-lèɪts/; -u·lat·ed /-ṭɪd/; -u·lat·ing /-ṭɪŋ/) 自 ❶ (将来・原因・結果などについて)**あれこれ考えをめぐらす[述べる]**; 推測[憶測]する. 語法 十分な証拠や知識がなくて単に推測であれこれ考えるという意味のことが多い: The sports commentators ***speculated about*** [***on***] the new league's future. V+*about* [*on*]+名 スポーツ解説者たちは新リーグの将来についてあれこれ語った. ❷ 投機をする, 思わく買いをやる (*on*): *speculate in* stocks 株に手を出す.
— 他 (...)と[を]あれこれ推測する: Dan *speculated that* Harry might be given a raise. ダンはハリーに昇給があるかもしれないと思った.
(名 spèculátion, 形 spéculative)
〘語源 ラテン語で「観察する」の意〙

+**spec·u·la·tion** /spèkjʊléɪʃən/ 名 (~s /~z/) ❶ U,C **考えをめぐらすこと**; 推測, 憶測; 考察 (⇒ speculate 1 語法): ***speculations about*** [***over, on***] the future of mankind 人類の未来についての諸考察 / There's some ***speculation that*** the president will resign. +*that* 節 社長が辞任するという憶測も出ている / pure *speculation* まったくの憶測 / idle [wild] *speculation* でたらめな憶測.
❷ U,C **投機**, 思わく買い: ***speculation in*** stocks 株への投機, (利益目当ての)株取引. (動 spéculàte)

spec·u·la·tive /spékjʊləṭɪv, -lèɪṭ- | -lət-/ 形 ❶ 推測の; 憶測に基づく; 推測する(ような): a *speculative* look 探るような目. ❷ 思索的な, 純理論的な. ❸ 投機的な, 思わくの. (動 spéculàte)
~·ly 副 推測して, 探るように; 投機的に.

spec·u·la·tor /spékjʊlèɪṭə | -tə/ 名 Ⓒ 投機家.

*****sped** /spéd/ 動 **speed の過去形および過去分詞.**

***·**speech** /spíːtʃ/
— 名 (~·es /~ɪz/) ❶ Ⓒ **演説, 講演**; スピーチ, あいさつ; 話, 談話 (⇒ 類義語): give [make] a *speech* 演説をする / 「an opening [a closing] *speech* 開会[閉会]の辞 / after-dinner *speech* 晩餐(ばんさん)会でのあいさつ, テーブルスピーチ. 日英 「テーブルスピーチ」は和製英語 // They delivered some excellent ***speeches on*** [***about***] nuclear disarmament. 彼らは核軍縮についてすばらしい演説をした.
❷ Ⓤ **話すこと**, 言論; 話す力, 言語能力: freedom of *speech* 言論の自由 / In fairy tales animals often

have the power of *speech*. おとぎ話ではしばしば動物は口がきけることになっている.
❸ Ⓤ [普通は所有格とともに] **話し方**, 話しぶり: I knew from *his speech* that he was German. 話し方で彼がドイツ人だとわかった. ❹ [U,C] (ある地域の)ことば, 方言, なまり: the *speech* of New England ニューイングランド地方のことば. ❺ Ⓤ 話しことば; ことば, 言語: parts of *speech* 品詞. ❻ Ⓒ (劇の)せりふ. ❼ Ⓤ スピーチ研究《発声法・弁論術など話しことばに関する分野を扱う大学の学科》. ❽ Ⓤ〔文法〕話法《⇒ **巻末文法** 14》. (動 speak)

[類義語] **speech** 演説を意味する最も一般的な語で, 聴衆を前にした多少改まった話を意味する. **address** 格式ばった語で, かなり重要な地位の人が重要な問題について十分準備をして行なう演説: the President's Inaugural *Address* 大統領の就任演説. **talk** くだけた調子の演説: He gave a *talk* to the children on traffic safety. 彼は交通安全について子供たちに話をした.

speech·i·fy /spíːtʃəfàɪ/ 動 (-i·fies; -i·fied; -fy·ing) 自《略式》偉そうな[もったいぶった]話し方をする, 一席ぶつ.

speech·less /spíːtʃləs/ 形 (強い感情のため)口もきけない(ほどの): He was (left) *speechless with* surprise. 彼は驚いて口がきけなかった.

spéech thèrapy 名 Ⓤ 言語障害治療.

speech·writ·er /spíːtʃràɪtə | -tə/ 名 Ⓒ 演説草稿作者.

S

**speed /spíːd/

— 名 (speeds /spíːdz/) ❶ [C,U] 速さ, 速度, 速力, スピード: the *speed* of light [sound] 光[音]の速さ / fly away *at* great *speed* 非常な速さで飛び去る / drive *at* high [breakneck] *speed* 高速[猛スピード]で運転する / He drove away *at* full [top] *speed*. 彼は全速力で走り去った / The train was traveling ***at a speed of*** 80 miles an [per] hour when the accident occurred. 事故当時列車は時速 80 マイルで走っていた / The train gathered [gained, picked up] *speed*. 列車は次第にスピードを上げた / *Speed* kills. スピードは命取り《交通安全運動の標語》.
❷ Ⓤ **速いこと**, 迅速: act ***with speed*** すばやく行動する. ❸ Ⓒ (自動車・自転車などの)変速装置, ギア: a 5-*speed* bicycle 5 段変速の自転車. ❹ Ⓒ〔写真〕(フィルムの)感度; シャッター速度. ❺ Ⓤ《略式》スピード《覚醒剤アンフェタミンの俗称》.

at spéed [副]《英》スピードを出して.

fúll spéed ahéad [副] 全速力で, 力をふりしぼって; [命令文で] 全速力で前進だ, 全力でやれ.

ùp to spéed [形] 最新の情報に通じて (*on*). (形 spéedy)

— 動 (speeds /spíːdz/; 過去・過分 speed·ed /-dɪd/, sped /spéd/; speed·ing /-dɪŋ/) 語法 自 2, 3, 他 2 では常に 過去・過分 は speeded. 自 ❶ [副詞(句)を伴って] **急ぐ**; 疾走する: A sports car ***speeded along***. スポーツカーが 1 台疾走していった / He ***sped down*** the street. 彼は通りを走り去った.
❷ [普通は進行形で] **制限速度以上で運転する**, スピード違反をする: "You *were speeding*," said the traffic cop. 「スピード違反だ」と交通巡査が言った. 関連 speeding スピード違反.
❸ **速度を増す**《⇒ speed up (成句)》.
— 他 ❶ [副詞(句)を伴って] (...)を**急がせる**: They ***sped*** the injured people ***to*** the hospital. [V+O+前+名] 彼らはけが人を急いで病院へ運んだ.
❷ (...)の**速度を速める**; (仕事など)をはかどらせる, 促進させる: This will *speed* his recovery. これで彼の回復が早まるだろう.

spéed úp [動] 自 **速度を増す**, スピードを上げる [⇔ slow down]: She *speeded up* after passing the police station. 彼女は警察署を過ぎるとスピードを上げた. — 他 (...)の**速度を速める**, (...)を促進させる [V+名·代 +*up* / V+*up*+名]: Industrial production was *speeded up* to meet demand. 需要に応じるため工業製品の生産が促進された.

speed·boat /spíːdbòʊt/ 名 Ⓒ 高速モーターボート.

spéed bùmp 名 Ⓒ (道路上の)減速用の段差.

spéed dìal, spéed dìalling 名 Ⓤ (電話の)短縮ダイアル機能, 番号登録機能.

speed·i·ly /spíːdəli/ 副 敏速[迅速]に, てきぱきと.

speed·ing /spíːdɪŋ/ 名 Ⓤ スピード違反《⇒ speed 動 自 2》.

spéed lìmit 名 Ⓒ 制限[最高]速度: exceed [break] the *speed limit* 制限速度を越える / keep to the *speed limit* 制限速度を守る.

speed·om·e·ter /spɪdɑ́(ː)məṭə | -dɔ́mətə/ 名 Ⓒ 速度計《⇒ motorcycle 挿絵; -meter》.

spéed rèading 名 Ⓤ 速読法.

spéed skàting 名 Ⓤ スピードスケート.

spéed tràp 名 Ⓒ (道路の)スピード違反監視区間.

speed·up /spíːdʌ̀p/ 名 Ⓒ [普通は単数形で] (列車などの)速力増加, スピードアップ; 能率促進.

speed·way /spíːdwèɪ/ 名 ❶ Ⓒ《主に米》スピードウェー《自動車・オートバイの競走路》. ❷ Ⓤ《英》(スピードウェーでの)オートバイレース.

speed·y /spíːdi/ 形 (speed·i·er; -i·est) 敏速な, きびきびとした, てきぱきした; 速い《⇒ fast[1] 表, 類義語》. (名 speed)

**spell[1] /spél/

— 動 (spells /~z/; 過去・過分 spelled /spéld, spélt/, spelt /spélt/; spell·ing) 語法《米》では spelled,《英》では spelt が普通. 他 ❶ (単語)を**つづる**, (...)のつづりを書く[言う]: How do you *spell* your name? あなたの名前はどうつづりますか / I *spelled* the word wrong [wrongly]. 私はその語のつづりを間違えた.

スペル

単語のスペル
○the **spelling** of the word
×the spell of the word
✪ spell には日本語の「スペル」のような「つづり」の意味の名詞用法はない.

❷ [受身なし] つづると(...)となる, つづって(...)と読む: P-e-a-c-e *spells* "peace." p, e, a, c, e とつづって peace という語になる[と読む]. ❸ (結果として)(...)を意味する, 招く [≒mean]: *spell* trouble やっかいなことになる.
— 自 文字をつづる, 正しく書く[読む].

spéll óut [動] 他 (1) (...)を詳しく説明する. (2) (...)のつづりを一字一字言う[書く]. (3) (...)を略さずに全部つづる.

spell[2]** /spél/ 名 (~s /~z/) ❶ Ⓒ **しばらくの間**; 一時, ひと続き: for a *spell* しばらく(の間) / We had a long ***spell of rainy weather last month. 先月は長雨が続いた / a cold *spell* 一時的な冷えこみ.

❷ C (短期間の)**仕事**, 活動; 順番, 交替: After a brief *spell* in advertising, she started her own business. 広告業界で短期間働いた後, 彼女は起業した / take a *spell* at the wheel (人に代わって)しばらく運転する. ❸ C 発作, (症状などの)ひとしきり: a dizzy *spell* (一時的な)目まい.
— 動 他 《米略式》 (人)と(しばらく)交替する, (人)に代わって働く: *Spell* me at the cash register, please. ちょっとレジを代わってください.

spell³ /spél/ 名 ❶ C 呪文(じゅもん), まじない: cast [put] a *spell on* [*over*] ... (人)に魔法をかける / break the *spell* 魔法を解く / be under a *spell* 魔法にかかっている. ❷ [単数形で] 魔力, 魅力: fall [come] under ...'s *spell* (人に)魅了される. 〘語源 元来は「話, ことば」の意〙

spell·bound /spélbàʊnd/ 形 叙述 魔法にかかった; 魅せられた, うっとりさせられた: hold ... *spellbound* (人)を魅了する.

spell·check /spéltʃèk/ 動 他 〔コンピュータ〕 (...)をスペルチェッカーにかける.

spell·checker /spéltʃèkɚ | -kə/ 名 C 〔コンピュータ〕 スペルチェッカー《文書ファイル中の単語のつづりを検査して誤りを指摘するプログラム》.

spell·er /spélɚ | -lə/ 名 ❶ C つづる人; [前に形容詞をつけて] つづるのが...な人: a *good speller* つづりを間違えない人. ❷ C 《米》 つづり字教本.

***spell·ing** /spélɪŋ/ 名 (~s /~z/) ❶ U **つづり字法**, 正書法; (正しく)**つづること**[**能力**]: English *spelling* 英語のつづり字法 / His *spelling* has improved. 彼はつづりの誤りが少なくなった.
❷ C (語の)**つづり**, スペリング (⇒ spell¹ 他 1 ⚡): Give me the ***spelling of*** "science." science のつづりを書いて[言って]ごらんなさい / 口 "May I have [What's] the *spelling*, please?" "Sure. S-T-E-P-H-E-N." 「つづりをおっしゃってください」「はい. S-T-E-P-H-E-N です」《相手の名前を聞いた後などで》.

spélling bèe 名 C 《主に米》 つづり字コンテスト.

spelt /spélt/ 動 《英》 spell¹ の過去形および過去分詞.

spe·lunk·ing /spɪlʌ́ŋkɪŋ/ 名 U 《米》 洞窟探検.

***spend** /spénd/

— 動 (spends /spéndz/; 過去・過分 spent /spént/; spend·ing) 他 ❶ (金)**を使う**, 費やす: She *spent* all the money. 彼女はその金をすっかり使ってしまった / He *spent* half his salary ***on*** clothes. V+O+*on*+名 彼は給料の半分を服に使った. 語法 《米》では前置詞に for を用いることもある: How much did you ***spend for*** the meeting? 会の準備にはいくらかけたのですか.
❷ (時間)を**過ごす**, 送る; (時間)を(...に)**費やす**: We *spent* a lot of time ***on*** this issue. V+O+*on*+名 我々はこの問題に多くの時間を費やした / She ***spent*** the afternoon play***ing*** tennis with her friends. 彼女は友だちとテニスをして午後を過ごした.

⚡ ...するのに(時間)を費やす
私はそれを作るのに多くの時間を費やした.
○I **spent** a lot of time mak**ing** it.
×I spent a lot of time to make it.

❸ (労力など)を**使う**, 費やす; 使い果たす [≒use up]: 言い換え She ***spent*** a lot of energy ***on*** (the preparations for) the party. V+O+*on*+名 = She ***spent*** a lot of energy prepar***ing*** for the party. 彼女はパーティー(の準備)に多くの精力をつぎこんだ.
— 自 金を使う.
〘⇒ depend キズナ〙

spend·er /spéndɚ | -də/ 名 C (金を)使う人; [前に形容詞をつけて] 金づかいが...の人: a *big spender* 金づかいの荒い人.

***spend·ing** /spéndɪŋ/ 名 U **支出**, 出費.

spénding mòney 名 U こづかい銭 [≒pocket money].

spend·thrift /spén(d)θrɪft/ 名 C 金づかいの荒い人; 浪費家.

***spent** /spént/

— 動 spend の過去形および過去分詞.
— 形 ❶ 使い果たした; 元の力を失った: That reform movement is now a *spent* force. あの改革運動はもう影響力を失っている. ❷ 《文語》 疲れきった.

+**sperm** /spɚ́ːm | spə́ːm/ 名 (複 ~, ~s /~z/) ❶ C 〔生理〕 **精子**, 精虫: a *sperm* count (子作りの能力の尺度となる精液中の)精子の数.
❷ U **精液** [≒semen].

sper·mat·o·zo·on /spɚːmæ̀təzóʊən | spə̀ːmə-/ 名 (複 sper·mat·o·zo·a /-zóʊə/) C 〔生物〕 精子.

spérm bànk 名 C 精子バンク.

spérm whàle 名 C まっこうくじら.

spew /spjúː/ 動 他 ❶ (...)を噴き出す; (怒りなど)をぶちまける (*out, forth*). ❷ 《略式》 (げろ)を吐く (*up*).
— 自 ❶ 噴き出す, 一度にどっと出る (*out*). ❷ 《略式》 げろを吐く (*up*).

SPF /éspìːéf/ 略 = Sun Protection Factor 日焼け防止指数.

+**sphere** /sfíɚ | sfíə/ 名 (~s /~z/) ❶ C **球**, 球体 [≒globe]; 球面; 天体; 地球儀: The earth isn't a perfect *sphere*. 地球は完全な球体ではない.
❷ C (活動・関心などの)**範囲** [≒range]; 分野, 領域: ...'s ***sphere of*** influence ...の勢力範囲 / She's active in many *spheres*. 彼女は多くの分野で活躍している. (形 sphérical)

spher·i·cal /sfí(ə)rɪk(ə)l, sfér-/ 形 球形の, 球状の, 丸い; 球(面)の; 天体の. (名 sphere)

sphe·roid /sfí(ə)rɔɪd/ 名 C 〔数学〕 回転楕円(だえん)体.

sphinc·ter /sfíŋ(k)tɚ | -tə/ 名 C 〔解剖〕 括約筋.

sphinx /sfíŋks/ 名 (複 ~·es, sphin·ges /sfíndʒiːz/) ❶ C スフィンクス《エジプトにある巨像; 頭は人間(または羊やたか)の形, 首から下はライオンが前足を伸ばして伏せた姿勢をしている》. ❷ [the S-] 〔ギリシャ神話〕 スフィンクス. 参考 女の顔とライオンの体をして, 翼を持った怪物; 前を通る人間に「朝は 4 本足, 昼は 2 本足, 夜は 3 本足は何か」というなぞをかけ, 解けない者を殺したといわれる (⇒ Oedipus 参考). ❸ C 不可解な人.

+**spice** /spáɪs/ 名 (spic·es/~ɪz/) ❶ U,C **香辛料**, スパイス, 薬味《cinnamon, ginger, nutmeg, pepper など》: mixed *spice*(*s*) 調合した香辛料. ❷ U または a ~] おもしろみ, ぴりっとしたところ, 趣(おもむき): add *spice* to a story 話におもしろみを添える / Variety is the *spice* of life. 《ことわざ》 人生は変化があってこそおもしろい. (形 spícy)
— 動 他 ❶ (...)に香(辛)料を加える, 味をつける (*up; with*): *spiced* tea 香辛料入りの紅茶. ❷ (...)におもしろみを加える, 興を添える (*up; with*).
〘語源 ラテン語で「(分類された)品物」の意で species と同語源〙

spick-and-span, spic-and-span /spík(ə)nspǽn←/ 形 [普通は 叙述] とてもきれいな, 整然とした.

*spic·y /spáɪsi/ 形 (spic·i·er; -i·est) ❶ **香辛料[スパイス]のきいた**, ぴりっとする, 辛(から)い. ❷ (話などが)おもしろい; きわどい. (名 spice)

+spi·der /spáɪḍɚ | -də/ 名 (~s /~z/) ❶ Ⓒ **くも**: *Spiders* spin webs. くもは巣を張る. ❷ Ⓒ 〔コンピュータ〕スパイダー《インターネットの自動検索プログラム》. (形 spídery)
〖語源 原義は「糸を紡ぐもの」; spin と同語源〗

spi·der·web /spáɪḍɚwèb | -də-/ 名 Ⓒ 《米》くもの巣 (web).

spi·der·y /spáɪḍəri/ 形 (筆跡などが)くもの脚のように細長い. (名 spíder)

spiel /spíːl/ 名 Ⓒ,Ⓤ 《略式》ぺらぺらと調子よく話すこと, 客寄せ口上.

Spiel·berg /spíːlbəːg | -bəːg/ 名 固 Steven ~ スピルバーグ (1947-)《米国の映画監督》.

+spies /spáɪz/ 名 spy **の複数形**.

spiff·y /spífi/ 形 (spiff·i·er; -i·est) 《米略式》かっこいい, おしゃれな.

spig·ot /spígət/ 名 ❶ Ⓒ (たるなどの)栓. ❷ Ⓒ 《米》(屋外の)蛇口.

+spike /spáɪk/ 名 (~s /~s/) ❶ Ⓒ **大くぎ**, 犬くぎ: *spikes* for railroad ties 枕木(まくらぎ)用の大くぎ.
❷ Ⓒ **急増**, 急騰: a *spike in* traffic 交通の急増. ❸ Ⓒ (靴底の)スパイク; [複数形で] (野球などの)スパイクシューズ. ❹ Ⓒ 〔バレーボール〕スパイク. (形 spíky)
— 動 他 ❶ (飲み物)にアルコール[麻薬]を加える (*with*). ❷ (...)を大くぎで打ちつける; (...)に大くぎを打ち込む; [普通は受身で] (靴など)にスパイクをつける. ❸ (スポーツで)(人)をスパイクで傷つける; (ボール)をスパイクする. — 自 急増[急騰]する.

spik·y /spáɪki/ 形 (spik·i·er; -i·est) ❶ くぎのような, 先端のとがった; とげだらけの. ❷ 《英略式》(人が)扱いにくい, 怒りっぽい. (名 spike)

*spill /spíl/ 動 (spills /~z/; 過去・過分 spilled /~d/, 《主に英》spilt /spílt/; spill·ing) 他 ❶ (液体・粉など)**をこぼす**: It's bad luck to *spill* the salt. 塩をこぼすのは縁起が悪い《西洋の迷信》/ I *spilled* some milk *on* my skirt. V+O+前+名 スカートに牛乳を少しこぼした / I *spilled* sauce all *over* my skirt. スカート一面にソースをこぼした. 語法 over を使うと大量の液体を一面にこぼしたことを表わす. ❷ 《文語》(血)を流す. ❸ 《略式》(秘密など)を漏らす.
— 自 **こぼれる**; [副詞(句)を伴って] (人・物が)あふれ出る: Milk *spilled from* [*out of*] the carton. V+前+名 パックから牛乳がこぼれた / The spectators *spilled out of* the stadium. スタジアムから観客がどっと出てきた / The demonstrators *spilled into* [*onto*] the streets. デモ隊は通りにあふれ出た.

spill óver [動] 自 (問題・状況などが)発展[影響]する (*into*).

— 名 ❶ Ⓒ,Ⓤ こぼれること; こぼしたもの, 流出量; (人口などの)流出: an oil *spill* 油の流出 / *spills* at the table 食べこぼし. ❷ Ⓒ (乗物などから)落ちること (*from*): take [have] a *spill* 落馬[転落]する.

spill·age /spílɪʤ/ 名 Ⓤ,Ⓒ こぼれること, 流出; Ⓒ こぼしたもの, 流出量.

spill·o·ver /spílòʊvɚ | -və/ 名 ❶ Ⓒ,Ⓤ あふれたもの. ❷ Ⓒ,Ⓤ 余波, 影響: a *spillover* effect 波及効果.

+spilt /spílt/ 動 《主に英》spill **の過去形および過去分詞**.

*spin /spín/ 動 (spins /~z/; 過去 spun /spʌ́n/; 過分 spun; spin·ning) 他 ❶ (こまなど)を**回す**, 回転させる; (...)の向きを変える (*around*, *round*)《⇒ turn 類義語, whirl 動 参考》: *spin* a top こまを回す / *spin* a coin (何かを表か裏で決めるために)コインを(指ではじいて)回転させる《⇒ toss a coin (coin 成句)》.
❷ (糸など)を**紡**(つむ)**ぐ**; (材料)を糸にする: She's *spinning* thread *from* [*out of*] cotton. V+O+前+名 彼女は綿から糸を紡いでいる / The girls *spun* the cotton *into* thread. 娘たちは綿を糸に紡いだ. ❸ (蚕・くもが)(糸)を出す, 吐く; (蚕が)(繭)を作る, (くもが)(巣)をかける: The spider is *spinning* a web. くもが巣をかけている. ❹ (話)を(紡ぐようにして)作り出す, でっち上げる: *spin* a story [tale] 作り話[ほら話]をする《⇒ spin a yarn (yarn 成句)》.
— 自 ❶ **(くるくる)回る**, 速く回転する; 向きを変える: The wheel *spun around* [*round*]. V+*around* [*round*] 車輪はくるくる回った. ❷ めまいがする: My head is *spinning*. めまいがする. ❸ [副詞(句)を伴って] (車が)速く走る, 飛ばす (*along*). ❹ 糸を紡ぐ; (蚕・くもが)糸を出す, 繭を作る, 巣をかける. ❺ 《英》(洗濯物)を脱水機にかける.

be spínning one's **whéels** [動] 自 《米略式》むだな努力をしている.

spín óff [動] 他 (会社の一部から)(新会社)を独立させる. — 自 新会社として独立する (*from*).

spín óut [動] 他 《英》(...)を引き延ばす; (わずかな金・食料など)を長持ちさせる. — 自 《米》(車が)スピンする.

— 名 ❶ Ⓤ,Ⓒ 回転(させること); [a ~] (航空機の)きりもみ降下: a *spin* of the wheel (ルーレットの)回転輪の一回転, ルーレット(の一勝負) / give the washing a *spin* 《英》洗濯物を脱水機にかける / put *spin* on the ball ボールにスピンをかける《テニスなどで》. ❷ [a ~] 《略式》(車などの)ひと乗り: go for *a spin* in a car ちょっとドライブに行く. ❸ [Ⓤ または a ~] 《略式》(有利に運ぶための)見方, 解釈: *spin* control 情報操作 / put a political *spin* on an event 事件に政治的解釈をほどこす.

in [into] a (flát) spín [形・副] うろたえて.

+spin·ach /spínɪʧ | -nɪʧ, -nɪʤ/ 発音 名 Ⓤ **ほうれんそう**: *spinach* soup ほうれんそうスープ. 参考 嫌いな子供が多いとされている.

spi·nal /spáɪn(ə)l/ 形 限定 背骨の, 脊柱(せきちゅう)の.

spínal còlumn 名 [the ~] 〔解剖〕脊柱 (spine).

spínal còrd 名 [the ~] 〔解剖〕脊髄(せきずい).

spin·dle /spíndl/ 名 ❶ Ⓒ 軸, 心棒. ❷ Ⓒ 紡錘(ぼうすい), つむ.

spin·dly /spíndli/ 形 (spin·dli·er; -dli·est) [しばしば軽蔑的] (足などが)ひょろ長い.

spín dòctor 名 Ⓒ 《略式》スピンドクター《情報操作のうまいスポークスマン》.

spin-dry /spíndràɪ/ 動 (-dries; -dried; -dry·ing) 他 《英》(洗濯物)を遠心分離脱水機にかける.

spín drýer 名 Ⓒ 《英》(洗濯物の)遠心分離脱水機.

+spine /spáɪn/ 名 (~s /~z/) ❶ Ⓒ **背骨**, 脊柱(せきちゅう) (spinal column). ❷ Ⓒ (さぼてん・やまあらしなどの)針, とげ. ❸ Ⓒ (本の)背. ❹ Ⓤ 勇気, 気骨.

spine-chill·ing /spáɪnʧɪlɪŋ/ 形 ぞっとする, 恐怖の.

spine·less /spáɪnləs/ 形 ❶ 意気地のない, 決断力のない. ❷ 無脊椎(せきつい)の, 背骨のない.

spin·na·ker /spínəkɚ | -kə/ 名 Ⓒ 〔船舶〕(レース用ヨットの)大三角帆.

spin·ner /spínɚ | -nə/ 名 ❶ Ⓒ 紡ぎ手, 紡績工. ❷ Ⓒ 回転式擬餌針.

spínning whèel 名 C 紡ぎ車, 糸車.

spin-off /spínɔ̀ːf | -ɔ̀f/ 名 (~s) ❶ C 副産物 (*from, of*); (ヒットしたテレビ番組・映画などの)派生的作品, 続編, スピンオフ; (映画などの)関連商品《CD・本・おもちゃなど》. ❷ C (分離・独立による)新会社(設立).

spin·ster /spínstə | -stə/ 名 C 《古風》[しばしば差別的] (婚期を過ぎた)独身女性, オールドミス [≒old maid]. 語法 日常語としては unmarried [single] woman が用いられる. 関連 bachelor 未婚[独身]の男性. 〖語源 元来は「糸を紡ぐ人」の意〗

spin·y /spáɪni/ 形 (spin·i·er; -i·est) ❶ (動植物が)とげの多い. ❷ (問題などが)困難な, やっかいな.

+**spi·ral** /spáɪ(ə)rəl/ 名 (~s /~z/) ❶ C **らせん**, らせん形の物; 巻き貝: The steps went up *in a spiral*. 階段はらせん状に上にのびていた. ❷ C らせん状の上昇[下降]《物価と賃金の悪循環など》: 「an upward [a downward] *spiral* 持続的な上昇[下降] / The *spiral of* rising prices is hitting people hard. 物価の連続的上昇が人々を直撃している.

— 形 限定 らせん状の, 渦巻きの: a *spiral* staircase らせん階段 / a *spiral* notebook らせんとじのノート.

— 動 (spi·rals; spi·raled, 《英》 spi·ralled; -ral·ing, 《英》 -ral·ling) 自 ❶ らせん形になる, 渦巻き形に進む (*to*); (飛行機が)きりもみで降下する (*down*). ❷ (状況が)持続的に悪化する; (価格などが)急上昇[下降]する.

spíral òut of contról [動] 自 (状況が)制御できなくなる, 収拾がつかなくなる.

spi·ral-bound /spáɪ(ə)rəlbàʊnd/ 形 (本・ノートが)らせんとじの.

spire /spáɪə | spáɪə/ 名 C 尖塔(せんとう)(の先): a church *spire* 教会の尖塔. 関連 tower 塔.

spir·it /spírɪt/ アク

— 名 (spir·its /-rɪts/)

意味のチャート
「命, 心, 精神」❶ から
→ (人の) → (精神状態) → 「気分」❷ / 「活気」❸
→ (人の) → (魂) → 「霊魂」❹
→ (時代の) → 「精神」❺
→ (物の) → (表現の精神) → 「真意」❻
→ (物の) → (物質の精) → 「アルコール」❼

❶ U,C **精神**, 霊, 心《⇒ mind 類義語》: the human *spirit* 人間の精神 / The *spirit* is willing (but the flesh is weak). 《ことわざ》[しばしばこっけいに] やる気はあるのだが(疲労[怠惰など]のために実行できない)《聖書のことばから》. 関連 body 肉体.

❷ [複数形で] **気分**, 機嫌 [≒mood]: ***in*** high [good] *spirits* 上機嫌で / *in* low *spirits* しょげて / ***raise*** [***lift***] ...'s ***spirits*** (人)の気分を上げる, ...を元気づける / ***keep*** ...'s ***spirits up*** ...を元気づけておく / Her ***spirits rose*** [***sank***] when she heard the news. その知らせを聞いて彼女は元気が出た[なくなった].

❸ U **活気**; 勇気, 気迫; 元気: fighting *spirit* 闘志, 闘魂 / answer ***with spirit*** 元気よく答える / That's the *spirit*! Ⓢ その調子[意気]だ《人を激励することば》.

❹ C **霊魂**; 幽霊 [≒ghost]; 悪魔; 《古風》妖精(ようせい): evil *spirits* 悪霊(あくりょう)ども / believe in *spirits* 幽霊を信じる / the (Holy) *Spirit* 聖霊.

❺ [単数形で] (時代・社会などの)**精神**, 気運; U (集団への)忠誠心: catch the *spirit* of the age [time] 時代精神を捕らえる / a *spirit* of cooperation 協力の精神 / enter [get] into the *spirit* of ... ...の雰囲気にひたる / public *spirit* 公共心. ❻ [the ~] (法文などの)趣旨, 真意; [単数形で] (形式に対して)精神, 気持ち: *the spirit* of the law 法の精神 / in a kind *spirit* 親切心から / She took my remarks 「in the wrong *spirit* [in the *spirit* in which they were meant]. 彼女は私のことばを悪く[意図された通りに]とった. 関連 letter 法文の字句. ❼ C [普通は複数形で] 《主に英》 蒸留酒, (強い)酒《ウイスキー・ジンなど》; U アルコール《工業・医療用》. ❽ C [前に形容詞をつけて] ...な人物: a *noble spirit* 高潔な人.

in spírit [副] (離れていても)心の中では, 気持ちの上では: I can't come to your wedding, but I'll be with you *in spirit*. あなたの結婚式には出席できませんが気持ちの上では出席しています.

when [if, as] the spírit móves one [副] (人が)気が向いたら: Roy washes his car *when* [*if, as*] *the spirit moves* him. ロイは気が向くと洗車をする.

(形 spíritual)

— 動 他 Ⓦ (...)をひそかに連れ[持ち]去る (*away, off*).

〖語源 ラテン語で「息」の意; inspire と同語源〗

spir·it·ed /spírɪṭɪd/ 形 ❶ [普通は 限定] 元気のよい, 活気のある, 血気にはやる, 勇気のある; 猛烈な: a *spirited* debate 活気のある討論. ❷ [合成語で] 気分[精神]が...な: high[low]-*spirited* 元気のいい[ない] / mean-*spirited* 卑劣な / public-*spirited* 公共心のある.

spir·it·less /spírɪtləs/ 形 熱意のない, 気力の欠けた; 元気のない, しょげた.

*__spir·i·tu·al__ /spírɪtʃuəl/ アク 形 ❶ 限定 **精神的な**, 霊的な, 心の [⇔ material]: *spiritual* life 精神生活 / *spiritual* love 精神的な愛 / ...'s *spiritual* home (人)の精神的な憩いの場[心の故郷]. ❷ 神聖な, 宗教的な [≒religious]. ❸ 限定 崇高な, 気高い: a *spiritual* mind 崇高な心. (名 spírit, spìrituálity)

— 名 C 黒人霊歌《米国の黒人の信仰歌》.

spir·i·tu·al·is·m /spírɪtʃuəlìzm/ 名 U 降神術, 降霊術, 神降ろし.

spir·i·tu·al·ist /spírɪtʃuəlɪst/ 名 C 降神術者.

spir·i·tu·al·i·ty /spìrɪtʃuǽləṭi/ 名 U 精神的であること, 霊性. (形 spíritual)

spir·i·tu·al·ly /spírɪtʃuəli/ 副 精神的に.

+**spit**[1] /spít/ 動 (spits /spíts/; 過去・過分 spit, spat /spǽt/; spit·ting /-ṭɪŋ/) 自 ❶ **つばを吐く**; つばを吐きかける《軽蔑・憎悪などを表わす》: Don't *spit*. つばを吐くな / He ***spit*** [***spat***] ***at*** [***on***] the man. V+前+名 彼はその男につばを吐きかけた. ❷ [it を主語として進行形で; ⇒ it[1] A 2] 《英》 (雨・雪などが)ぱらぱらと降る: ***It's*** still ***spitting*** (*with* rain). まだ雨がぱらぱら降っている. ❸ (怒った猫などが)ふぅーとうなる (*at*); (ろうそく・火などが)ぱちぱち音を立てる, (料理の油などが)じゅうじゅういう.

— 他 ❶ (血・食べ物など)を**吐く**: He ***spit*** [***spat***] ***out*** the grape seeds. V+*out*+O 彼はぶどうの種を吐き出した. ❷ (悪口など)を吐く: He *spat* (*out*) an insult *at* me. 彼は私に無礼なことばを吐いた / She *spit out* an angry reply. 彼女は怒って吐き出すように答えた.

spít it óut [動] 自 [普通は命令文で] Ⓢ はっきりと言う.

spít úp [動] 自 《米》 (赤ん坊などが)ミルク[食べ物]を戻す.

— 名 ❶ U 《略式》 つば. ❷ C [普通は単数形で] つ

ばを吐くこと.

spít and pólish [名]《略式》磨きあげること.

spit[2] /spít/ 名 ❶ C くし, 焼きぐし, 鉄ぐし. ❷ C (海などに突き出た)砂州, 岬.

spit·ball /spítbɔ̀ːl/ 名 ❶ C《米》紙つぶて. ❷ C〔野球〕スピットボール《ボールにつばをつける反則投球》.

*__spite__ /spáɪt/ 名 U **悪意**, 意地悪; 恨み: He did it ***out of spite***. 彼は悪意からそれをした.

in spíte of ... [前] (1) **...にもかかわらず**, ...をものともせずに: *In spite of* the doctors' efforts, the boy didn't recover. 医師団の努力にもかかわらず少年は回復しなかった / We climbed the mountain *in spite of* 「the snow [the fact that it was snowing]. 我々は雪をものともせずに山に登った. (2) ...に反して, ...とは逆に: *In spite of* its name, the tail of a comet sometimes precedes the head. 名前とは逆に, 彗星(すいせい)の尾は頭に先行することがある.

in spíte of onesèlf [副] 思わず, われ知らず.

(形 spíteful)

— 動 他 [to 不定詞の形で用いて] (人)に意地悪をする, (人)をいじめる: He did it just *to spite* you. 彼はただ君に意地悪をするためにそうしたのだ.

spite·ful /spáɪtf(ə)l/ 形 意地の悪い: It was *spiteful of* her to say that. そんなことを言うとは彼女も意地悪だった《⇒ of 12》. (名 spite)

-ful·ly /-fəli/ 副 意地悪く. **~·ness** 名 U 意地悪さ.

spit·fire /spítfàɪɚ | -fàɪə/ 名 C《略式》短気な人, かんしゃく持ち, がみがみ言う人《特に女性》.

spít·ting ímage /spítɪŋ-/ 名 C [the ~] (...の)生き写し (*of*).

spit·tle /spítl/ 名 U《古風》(吐き出された)つば.

spitz /spíts/ 名 C スピッツ《小型で口のとがった犬; ⇒ dog 挿絵》.

+**splash** /splǽʃ/ 動 (splash·es /~ɪz/; splashed /~t/; splash·ing) 自 [普通は副詞(句)を伴って] ❶ (水などが)**はねる**, はねかかる: The coffee ***splashed on*** my white shirt. V+前+名 コーヒーが私の白いシャツにはねた.

❷ **水をはね散らす**, 水しぶきを上げて動く[進む]: The boy ***splashed*** (***around*** [***about***]) ***in*** the river. V(+around [about])+前+名 少年は川の中で水をとび散らした.

— 他 ❶ (水・泥など)を**はね散らす**; (...)に(水・泥などを)はねかける; (水・泥などが)(...)にはねかかる: 言い換え The car ***splashed*** mud ***over*** me. V+O+前+名 = The car ***splashed*** me ***with*** mud. 車は私に泥をはねかけた. ❷《略式》(新聞などが)(記事・写真など)を大きく報ずる, 人目につくように出す, (...面に)でかでかと載せる (*across, on, over*). ❸ [普通は受身で] (物)に(...色の)散らし模様をつける (*with*). ❹《英略式》(...に)(金)を派手に使う (*out; on*).

splásh dówn [動] 自 (宇宙船が)着水する.

— 名 (~·es /~ɪz/) ❶ C (水などが)**はねる音**; はねかけること; はね散った水[泥]; しみ, 汚れ: He jumped into the river with a *splash*. 彼は川にざぶんと飛び込んだ / make a *splash* ざぶんと音を立てる. ❷ C (明るい色の)斑点(はんてん). ❸ [単数形で] 少量の液体 (*of*).

màke [creáte] (quìte) a splásh [動] 自《略式》世間をあっと言わせる, 大評判をとる.

splash·down /splǽʃdàʊn/ 名 C (宇宙船の)着水.

splásh guàrd 名 C《米》(車の)はねよけ, 泥よけ.

splash·y /splǽʃi/ 形 (splash·i·er; -i·est) はでな.

splat /splǽt/ 名 [a ~]《略式》ぴしゃっ[ぺちゃっ]という音. — 動 自 ぴしゃっと音を立てる.

splat·ter /splǽṭɚ | -tə/ 動 (-ter·ing /-ṭərɪŋ, -trɪŋ/) 自 ばちゃばちゃとはねる (*on, against*). — 他 (泥など)をはねかける (*on*); (...)にはねかかってよごす (*with*).

splay /spléɪ/ 動 他 (脚・指など)を広げる, (窓枠など)を外広がりにする (*out*): with *splayed* fingers 指を広げて / a *splayed* window 外広がりの窓. — 自 外へ斜めに広がる (*out*).

spleen /splíːn/ 名 ❶ C 脾臓(ひぞう). ❷ U《格式》怒り: vent one's *spleen* on ... (人)に当たり散らす.

+**splen·did** /spléndɪd/ 形 ❶《古風, 主に英》(行為などが)**輝かしい**, 華々しい, 立派な: a *splendid* achievement 輝かしい業績 / His deed was *splendid*. 彼の行為は立派なものだった.

❷《主に英》(建造物・光景などが)**壮麗な**, 華麗な, 見事な: a *splendid* hotel すばらしいホテル / The view was just *splendid*! 眺めはまったくすばらしかった. ❸ S《古風, 主に英》すばらしい, 申し分のない, 結構な: a *splendid* idea すばらしい考え / "Let's go camping." "*Splendid*!"「キャンプに行こう」「いいね」

(名 spléndor)

〖語源 ラテン語で「輝いている」の意〗

~·ly 副《古風, 主に英》立派に; 見事に, すばらしく.

splen·dor, 《英》**splen·dour** /spléndɚ | -də/ 名 ❶ U 輝き, 光彩 [≒brilliance]. ❷ U [ときに複数形で] 壮麗さ, 見事さ: the *splendor*(*s*) *of* the King's palace 王宮の壮麗さ. (形 spléndid)

splice /spláɪs/ 動 他 ❶ (ロープなどの端を解いて)(...)を組み[より]継ぎする (*together*). ❷ (フィルム・テープなど)を継ぐ; (材木など)を(重ね)継ぐ (*to, onto*). — 名 C より[添え, 重ね]継ぎ; 接合点.

splic·er /spláɪsɚ | -sə/ 名 C 継ぐ人[物]; スプライサー《フィルム・テープなどをつなぐ器具》.

splint /splínt/ 名 ❶ C (骨折部に当てる)添え木, 当て木. ❷ C (かごなどを編むのに使う)へぎ板.

splin·ter /splínṭɚ | -tə/ 名 C とげ, 砕片, 切れ端, こっぱ. — 動 (-ter·ing /-ṭərɪŋ, -trɪŋ/) 他 (...)を裂く, 割る (*into, to*). — 自 裂ける, 割れる (*into, to*); 分裂する (*off; into*).

splínter gròup 名 C (政治・宗教上の)分派.

*__split__ /splít/

— 動 (splits /splíts/; 過去・過分 split; split·ting /-ṭɪŋ/) 自 ❶ **分裂する**, 分かれる; (恋人などが)別れる: The party *split* (*up*) ***into*** three factions. V(+up)+into+名 その党は3派に分裂した.

❷ **割れる**, 裂ける, 破れる: This wood *splits* easily. この木は裂けやすい / The ship hit a rock and ***split in*** two [half]. V+in+名 船は岩に当たって2つ[半分]に割れた / The box fell and *split* open. V+C(形) 箱が落ちてぱっくりと開いた. ❸《古風, 略式》(さっさと)立ち去る.

— 他 ❶ (...)を**分裂させる**, 分離させる: The national defense issue *split* the party. 国防問題が党を分裂させた / The committee ***is split over*** [***on***] the human rights. V+O+over [on]+名の受身 委員会は人権問題のことで分裂している.

❷ (縦に)(...)を**割る**, 裂く, 破る: He *split* the logs. 彼は丸太を割った / I ***split*** a branch ***off*** the tree. V+O+前+名 私はその木から枝を折り取った / She ***split*** the cloth ***into*** three pieces. 彼女は布を3つに裂いた / He fell and *split* his lip. 彼は転んで唇を切ってしまった.

❸ (...)を分割する, 分配する, 分担する [≒divide]

(*with*, *between*, *among*)**:** Let's *split* the bill [check] three ways. 3 人で割り勘にしよう / I *split* the profits *with* him. 私は彼と利益を分けた.
splít óff [awáy] [動] 自 (...から)分離する (*from*). — 他 (...)を分離させる (*from*).
splít on ... [動] 他《英略式》...のことを告げ口[密告]する.
splít úp [動] 自 (1) (恋人・夫婦などが)別れる (*with*)**:** Bob and his wife *split up*. ボブは妻と別れた. (2) (小集団に)分かれる《⇒ 自 1》. — 他 (1) (...)を分割する**:** The teacher *split* the class *up into* groups for discussion. 先生は討論のためにクラスをグループに分けた. (2) (恋人など)を別れさせる.
— 名 (splits /splíts/) ❶ C **裂け目**, 割れ目, ひび割れ; 裂く[割る]こと, 裂ける[割れる]こと**:** No one noticed the ***split in*** my pants. ズボンの裂け目にだれも気づかなかった. ❷ C 仲間割れ, 不和; 分派; 相違, へだたり; (恋愛関係などの)破局**:** a *split in* [*within*] the Labour Party 労働党の分裂. ❸ C (金銭などの)分け前**:** a three-way *split* 3 等分の分け前. ❹ [the ~s; 《米》 a ~] 両脚を開いて一直線にする形[演技].
— 形 (縦に)割れた, 裂けた; 分裂した.

split-lev·el /splítlév(ə)l⁻/ 形 中 2 階式の.
splít personálity 名 C 二重人格.
splít scréen 名 C (テレビ・映画の)分割スクリーン(法); (コンピューターの)分割表示.
splít sécond 名 [a ~] ほんの一瞬.
split-sec·ond /splítsèkənd/ 形 限定 即座の.
split·ting /splíṭɪŋ/ 形 限定 割れる(ような)**:** a *splitting* headache 割れるような激しい頭痛.
splodge /splɑ́(ː)ʤ | splɔ́ʤ/ 名 C《英略式》= splotch.
splotch /splɑ́(ː)ʧ | splɔ́ʧ/ 名 C 斑点(はん), しみ.
splurge /splə́ːʤ | splə́ːʤ/ 動 自《略式》はでに金を使う (*on*). — 他《略式》(金)をはでに使う (*on*). — 名 C《略式》はでな金づかい, 大散財**:** have a *splurge on* ... ...にぱっと金を使う.
splut·ter /splʌ́ṭə | -tə/ 動 (-ter·ing /-ṭərɪŋ, -trɪŋ/) 自 ❶ せき込んで話す. ❷ ぱちぱち音を立てる. — 他 (...)を[と]早口に言う. — 名 C ぱちぱちいう音.

+**spoil** /spɔ́ɪl/

意味のチャート
(はぎ取る) → (害を加える) → 「**だめにする**」 動 他 ❶
(はぎ取る) → 「**強奪した物**」 名 ❶

— 動 (spoils /~z/; 過去・過分 spoiled /~d/, spoilt /spɔ́ɪlt/; spoil·ing) 他 ❶ (物事)を**だめにする**, 台なしにする, 腐らせる**:** She *spoiled* the meat by overcooking it. 彼女はその肉を煮[焼き]すぎてだめにした / The rain *spoiled* the picnic. 雨のおかげでピクニックは台なしになった / *spoil* one's appetite (間食などで)食欲をなくす.
❷ (子供など)を**甘やかしてだめにする**; (人)を過保護にする; (客など)を特別扱いする, (...)に特にサービスする; (人)にぜいたくをさせる**:** Go on, *spoil* yourself! Buy a new suit! さあぜいたくをして, 新しいスーツを買ったら.
❸ (投票(用紙))を(記入ミスにより)無効にする.
— 自 傷む, 悪くなる, 腐る, 台なしになる**:** Food *spoils* quickly in summer. 夏は食べ物がすぐ傷む.
be spóiling for ... [動] 自 (けんか・騒ぎなど)をしきりに求めている.
— 名 ❶ [複数形で]《格式》強奪[略奪]した物, 戦利品**:** the *spoils* of war 戦利品. ❷ [複数形で]《格式》役得, 利権.

spoil·age /spɔ́ɪlɪʤ/ 名 U《格式》(食物などの)損傷, 腐敗.
spoiled /spɔ́ɪld/ 形 (子供などが)甘やかされた**:** a *spoiled* child [brat] だだっ子.
spoil·er /spɔ́ɪlə | -lə/ 名 ❶ C (飛行機・自動車の)スポイラー《空気抵抗を増す装置》. ❷ C 成功をじゃまする人[もの]; 悪くする[腐らせる]もの; 甘やかす人. ❸ C《米》(スポーツで)番狂わせをする選手[チーム]; (有力候補者の票を食う)妨害候補者. ❹ C (小説・映画の)ネタばらしをするもの.
spoil·sport /spɔ́ɪlspɔ̀əːt | -spɔ̀ːt/ 名 C《略式》他人の楽しみを台なしにする人, しらけさせる人**:** Don't be a *spoilsport*. しらけさせるな.
+**spoilt** /spɔ́ɪlt/ 動 **spoil の過去形および過去分詞**.

*****spoke**[1] /spóʊk/ 動 **speak の過去形**.

spoke[2] /spóʊk/ 名 C (車輪の)スポーク, 輻(や)《⇒ bicycle 挿絵》. **pùt a spóke in ...'s whéel** [動]《英》(人)のじゃまをする, 計画を妨害する.

*****spo·ken** /spóʊk(ə)n/
— 動 **speak の過去分詞**.
— 形 ❶ 限定 **口語の**, 話しことばの**:** *spoken* language 話しことば / He writes well, but he has trouble with *spoken* English. 彼は文章はよく書けますが, 話しことばの英語に問題があります. 関連 written 書きことばの.
❷ 限定 **口頭の**, 口で言う [≒oral]**:** This computer can understand *spoken* instructions. このコンピューターは口頭で与えられた指示を理解することができる. 関連 written 筆記の.
be spóken fòr [動] 自 (物・座席などが)注文[予約]済みである; (人が)恋人がいる, 結婚している《⇒ speak for ... (speak 句動詞)》.

-spo·ken /spóʊk(ə)n/ 形 [副詞のつく合成語で] 話し方が...な**:** well-*spoken* ことばづかいが上品な.
spokes·man** /spóʊksmən/ 名 (-men /-mən/) C **スポークスマン, 代弁者**《⇒ -person 語法》**:** The ***spokesman for the Government [The Government *spokesman*] spoke of the progress of the negotiations. 政府のスポークスマンは交渉の進展状況を話した.
+**spokes·per·son** /spóʊkspə̀ːs(ə)n | -pə̀ː-/ 名 (-peo·ple /-pìːpl/) C **スポークスマン, 代弁者** (*for*)《⇒ -person 語法》.
+**spokes·wom·an** /spóʊkswʊ̀mən/ 名 (-wom·en /-wɪmən/) C **女性のスポークスマン**, 代弁者 (*for*)《⇒ -person 語法》.
+**sponge** /spʌ́nʤ/ ❗発音 名 (spong·es /~ɪz/) ❶ C,U **スポンジ**《⇒ bathroom 挿絵》; C (手術用の)吸収ガーゼ**:** wipe with a *sponge* スポンジでぬぐう / be like a *sponge* スポンジのように(知識などの)吸収が早い. ❷ C 海綿《動物》; 海綿状のもの**:** a vegetable *sponge* へちま. ❸ C [普通は a ~]《英》スポンジでぬぐうこと. ❹ C = sponger. ❺ C,U《英》= sponge cake.
thrów ín the spónge [動] 自 = throw in the towel《⇒ towel 成句》. (形 spóngy)
— 動 他 ❶ (スポンジ・海綿・ぬれた布などで)(...)の**よごれをぬぐう**, (...)をふく, きれいにする; (スポンジ・海綿などで)(液体)をぬぐい[吸い]取る**:** *sponge* oneself (*down*) スポンジ[ぬれタオル]で体を洗う / He tried to ***sponge*** the soy sauce ***off*** his tie with a wet cloth. V+O+*off*+名 彼はネクタイのしょうゆのしみをぬれた布でぬぐい取ろうとした. ❷《略式》[軽蔑的] (人から)(...)をせびり取る, せしめる (*off*, *from*). — 自《略式》[軽蔑的] (生活を

S

人に)頼る, たかる (*off, on*).

spónge càke 名 C,U スポンジケーキ.

spong·er /spʌ́nʤɚ | -ʤə/ 名 C [軽蔑的] 他人に寄食する人, 居候(いそうろう).

spong·y /spʌ́nʤi/ 形 (spong·i·er; -i·est) 海綿[スポンジ]状の; 小穴の多い; ふわふわした; 吸収性の. (名 sponge)

spon·sor** /spɑ́(ː)nsɚ | spɔ́nsə/ 名 (~s/~z/) ❶ C (商業放送・イベントなどの)**スポンサー**, 広告主, 後援者: A bank is the ***sponsor of this program. 銀行がこの番組のスポンサーです.
❷ C (活動の)**支援者[組織, 国]**; (慈善活動をしている人の)寄金提供者.
❸ C **保証人**, (人・物について)責任を持つ人; (法案などの)提案者: Bill needs a *sponsor* before he can get his work permit. ビルは労働許可証を得る前に保証人が必要だ. ❹ C 名づけ親.
— 動 (spon·sors /~z/; spon·sored /~d/; -sor·ing /-s(ə)rɪŋ/) 他 ❶ (商業放送・イベントなど)の**スポンサーになる**, 広告主となる, 後援する: This program ***is sponsored by*** an insurance company. V+O の受身 この番組は保険会社がスポンサーになっている.
❷ (...)を**支援する**, (慈善活動をする人)に寄金提供する; (...)の保証人となる; (法案など)の提案者となる; (交渉など)を仲介する.
〖語源 原義はラテン語で「約束する人」; respond と同語源〗

+**spon·sor·ship** /spɑ́(ː)nsɚʃɪp | spɔ́nsə-/ 名 (~s) ❶ U,C (スポンサーによる)**資金支援**, 後援: seek *sponsorship* for the concert コンサートのスポンサーを探す. ❷ U スポンサー[保証人]であること. ❸ U (法案の)起案, 支持.

spon·ta·ne·i·ty /spɑ̀(ː)ntənéɪəṭi, -níːə- | spɔ̀n-/ 名 U 自発性; 自然さ. (形 spontáneous)

+**spon·ta·ne·ous** /spɑ(ː)ntéɪniəs | spɔn-/ !発音 形 ❶ **自発的な**, 任意の; 無意識的な; (態度などが)自然な; [よい意味で] (人が)その場で進んで[さっと]する: He made a *spontaneous* offer of help. 彼は自発的に援助を申し出た. ❷ 自然発生的な: *spontaneous* combustion 自然発火. (名 spòntanéity)
~·ly 副 自発的に; 自然に.

spoof /spúːf/ 名 (~s) ❶ C ちゃかし, パロディー (*of, on*); (冗談に)だますこと, かつぐこと. ❷ [形容詞的に] もじりの: a *spoof* horror film ホラー映画のパロディー.
— 動 他 (...)をちゃかす; かつぐ.

spook /spúːk/ 名 ❶ C 《略式》 幽霊 [≒ghost]. ❷ C 《略式, 主に米》 スパイ. — 動 他 《略式, 主に米》 (人・馬など)をおびえさせる.

spook·y /spúːki/ 形 (spook·i·er; spook·i·est) 《略式》 幽霊の出そうな; 気味の悪い.

spool /spúːl/ 名 C (フィルムなどの)スプール, 巻軸; 《米》 糸巻き, 糸車 [《英》 reel].

+**spoon** /spúːn/ 名 (~s /~z/) ❶ C [しばしば合成語で] **スプーン**, さじ: (a) knife, fork, and *spoon* (ひと組の)ナイフとフォークとスプーン (⇒ and 1 語法 (1)) / eat soup with a *spoon* スプーンでスープを飲む (⇒ soup 日英 (1)).
❷ C **スプーン[さじ]1杯(の量)** (spoonful): a ***spoon of*** sugar スプーン1杯の砂糖.
be bórn with a sílver spóon in one's **mòuth** [動] 自 裕福な家に生まれる.
— 動 他 [副詞(句)を伴って] (...)をスプーンですくう: *spoon* (*out*) peas *onto* a plate グリンピースをスプーンで皿に取る.

spoon-feed /spúːnfiːd/ 動 (-feeds; 過去・過分 -fed /-fèd/; -feed·ing) 他 ❶ (子供)にスプーンで食べさせる. ❷ [軽蔑的] (...)を過保護にする; (自分で考えさせないで)(学生)に手とり足とり教える: She *spoon-fed* 「math *to* her students [her students (*with*) math]. 彼女は自分の学生に数学を手とり足とり教えた.

spoon·ful /spúːnfʊ̀l/ 名 (複 ~s, spoons·ful /spúːnz-/) C スプーン1杯(の量), ひとさじ分: two *spoonfuls of* sugar 砂糖ふたさじ分. 関連 tablespoonful 大さじ1杯 / teaspoonful 茶さじ1杯.

spo·rad·ic /spərǽdɪk/ 形 時々起こる, 散発的な; 散在する, まばらの. **-rad·i·cal·ly** /-kəli/ 副 時々, 散発的に; まばらに.

spore /spɔ́ɚ | spɔ́ː/ 名 C 〔生物〕 胞子, 芽胞.

*****sport** /spɔ́ɚt | spɔ́ːt/
— 名 (sports /spɔ́ɚʦ | spɔ́ːʦ/) ❶ C,U **スポーツ**, 競技, 運動. 参考 狩猟・釣り・競馬なども含む: Swimming is my favorite summer *sport*. 水泳は私の好きな夏のスポーツだ / Ice hockey is the national *sport* of Canada. アイスホッケーはカナダの国技だ / play [do] *sports* [《英・豪》 *sport*] スポーツをする / team *sports* 団体スポーツ / athletic *sports* 運動競技《ランニング・跳躍など》 / outdoor *sports* 野外スポーツ《狩猟・釣り・射撃・乗馬など》. 語法 スポーツ一般を指すとき, 《米》 では複数形, 《英》 では U が普通. ❷ C 《古風, 略式》 感じ[気前の]よい人; [前に形容詞をつけて] 負けっぷりの...な人; [男性への呼びかけに用いて] S 《米古風》 きみ, おい: He's such a (good) *sport*. 彼はとてもいい人だ / a *good sport* (負けっぷりのいい)潔い人 / a *bad* [*poor*] *sport* 負けっぷりの悪い人. ❸ U 《古風》 楽しみ, 娯楽; 冗談, 戯れ: *in* [*for*] *sport* ふざけて, おもしろ半分に.
màke spórt of ... [動] 他 《古風》 ...をからかう, ...をばかにする. (形 spórty)
— 形 [しばしば ~s] 限定 **スポーツ(用)の**, 運動用の: the *sports* news スポーツニュース / *sports* pages (新聞の)スポーツ欄 / *sports* medicine スポーツ医学 / a *sports* program on TV テレビのスポーツ番組.
— 動 他 [普通は進行形で] (...)を(身につけて)見せびらかす. — 自 《文語》 たわむれる.
〖⇒ export[1] キズナ〗

spórt còat 名 C 《米》 = sports jacket.

+**sport·ing** /spɔ́ɚṭɪŋ | spɔ́ːt-/ 形 ❶ 限定 **スポーツの**; 運動用の; 野外活動の: *sporting* events スポーツ行事. ❷ 《主に英》 スポーツマンらしい, 正々堂々とした, フェアな; 心の広い: a *sporting* gesture スポーツマンらしい身のこなし.

spórting chánce 名 [a ~] かなりの見込み[可能性] (*of*).

spórt jàcket 名 C 《米》 = sports jacket.

spórts càr /spɔ́ɚʦ- | spɔ́ːʦ-/ 名 C スポーツカー.

sports·cast /spɔ́ɚʦkæ̀st | spɔ́ːʦkɑ̀ːst/ 名 C 《米》 スポーツ放送, (ラジオ・テレビの)スポーツ番組.

sports·cast·er /spɔ́ɚʦkæ̀stɚ | spɔ́ːʦkɑ̀ːstə/ 名 C 《米》 スポーツキャスター.

spórts cènter 名 C スポーツセンター.

spórts còat 名 C = sports jacket.

spórts dày 名 C 《英》 (学校などの)運動会の日.

spórt shirt 名 C 《米》 = sports shirt.

spórts jàcket 名 C 男性用のカジュアルな上着.

sports·man /spɔ́ɚtsmən | spɔ́ːts-/ 名 (-men /-mən/) ❶ C 運動の得意な[好きな]人, プロの選手; 《米》 スポーツマン《狩猟・釣り・戸外運動などをする人》: I'm no *sportsman.* 私はスポーツはまったくだめです. ❷ C スポーツマンシップの持ち主, 正々堂々とやる人.

sports·man·like /spɔ́ɚtsmənlàɪk | spɔ́ːts-/ 形 スポーツマンらしい, 正々堂々とした.

sports·man·ship /spɔ́ɚtsmənʃɪp | spɔ́ːts-/ 名 U スポーツマン精神, スポーツマンシップ.

spórts shìrt 名 C スポーツシャツ, ポロシャツ.

sports·wear /spɔ́ɚtswèɚ | spɔ́ːtswèə/ 名 U 運動着, スポーツ着; 《主に米》 普段着, カジュアルウェア.

sports·wom·an /spɔ́ɚtswòmən | spɔ́ːts-/ 名 (-wom·en /-wìmən/) C スポーツウーマン.

sports·writ·er /spɔ́ɚtsràɪṭɚ | spɔ́ːtsràɪtə/ 名 C スポーツ記者.

spórt-utílity vèhicle 名 C 《主に米》 = SUV.

sport·y /spɔ́ɚṭi | spɔ́ː-/ 形 (sport·i·er; -i·est) ❶ (服装などが)はでな; (車が)軽快な. ❷ 《主に英》運動の好きな[得意な], スポーツマンの. (名 sport)

***spot** /spɑ́(ː)t | spɔ́t/

意味のチャート
「汚点, 汚名」の意から
→「しみ(をつける)」名 ❸; 動 他 ❷
→「斑点(をつける)」名 ❷; 動 他 ❷
→ (点) →「地点」名 ❶
→ (一点に絞る) →「突き止める, 見つける」動 他 ❶

— 名 (spots /spɑ́(ː)ts | spɔ́ts/) ❶ C (特定の) **地点**, 所, 場所《⇒ place 類義語》; 点, 個所; (ある)部分, 局面: a holiday *spot* 行楽地 / a popular beauty *spot* 観光の名所 / This is the (exact) *spot* where the accident occurred. ここが(ちょうど)事故の起こった現場だ / a sore *spot* (体の)痛い個所 / a weak *spot* 弱点 / There was (only) one bright *spot* in her miserable life. 彼女のみじめな生活にひとつ(だけ)明るい面があった. 関連 blind spot 盲点.

❷ C [普通は複数形で] **斑点**(はんてん), まだら: a black cat with white *spots* 白い斑点のある黒猫 / a white dress with blue *spots* 青の水玉模様の白いワンピース. 関連 sunspot 太陽の黒点.

❸ C **しみ**, よごれ, 汚点 (*of*): There's a *spot* on your tie. 君のネクタイにはしみがついているよ. ❹ C ほくろ; 発疹(ほっしん), できもの; 《英》 にきび. ❺ C (放送などの)出演, 出番; (番組の)特別コーナー; (番組間の)短い放送, スポット(広告): She got a guest *spot* on the program. 彼女はその番組にゲストでちょっと出演した. ❻ C 地位, 序列; (競技などの)出場資格; 職. ❼ C 《略式》 スポットライト (spotlight). ❽ [複数形で] 《英》 しずく, 水滴 (*of*).

a spót of ... [形] 《英略式》 少し[わずか]の....

chánge one's **spóts** [動] 自 [否定文で] 性格を変える《⇒ leopard 例文》.

hàve a sóft spòt for ... [動] 他 《略式》 ...が好きである, ...に甘い[弱い].

hít the spót [動] 自 《略式》 (飲食物などが)まさに必要を満たす, おあつらえ向きだ: This ice cream *hits the spot.* このアイスクリーム, おいしい!

in a (tíght) spót [形・副] 困って.

knóck spóts òff ... [動] 他 《英略式》 ...よりはるかに勝る.

on the spót [副] (1) **ただちに**, 即座に: The player was thrown out of the game *on the spot.* その選手はただちに退場を命じられた. (2) **その場で**, 現場で; 《英》 (移動せずに)その場所で: The murderer was arrested *on the spot.* 殺人犯はその場で逮捕された / run *on the spot* 《英》 その場で走る動作をする.

pút ... on the spót [動] 他 (人)にいやな[難しい]質問をして困らせる. (形 spótty)

— 動 (spots /spɑ́(ː)ts | spɔ́ts/; spot·ted /-ṭɪd/; spot·ting /-ṭɪŋ/) 他 ❶ [進行形なし] (人など)を**見つける**, 見分ける; (...)を(...と)見抜く; (場所など)を突き止める: I *spotted* Barbara's car *in* the parking lot. 私は駐車場でバーバラの車を見つけた / We *spotted* the thief jump*ing* out of the window. V+O+C (現分) 私たちはそのどろぼうが窓から飛び降りるところを目撃した / He *spotted that* the note was a fake. V+O (that 節) 彼はその札が偽であると見抜いた / I *spotted* at once *who* had done it. V+O (wh 節) 私はだれがそれをしたかすぐに分かった. ❷ [普通は受身で] (...)にしみ[斑点(はんてん)]をつける, (物)を(～で)よごす: That table *was spotted* all over *with* ink. あのテーブルは一面インクのしみがついていた. ❸ 《米》〔スポーツ〕(競争相手などに)(...)のハンディを与える; 〔アメフト〕(ボール)を置く; 《米略式》 (人に)(金)を貸す.

— 形 限定 (売買が)その場での: *spot* cash 即金.

spót chèck 名 C 抜き取り検査, 抽出検査 (*on*).

spot-check /spɑ́(ː)tʧèk | spɔ́t-/ 動 他 (...)を抜き取り検査して(～がないか)調べる (*for*).

spot·less /spɑ́(ː)tləs | spɔ́t-/ 形 しみ[よごれ]のない; 無傷の, 汚点のない: a *spotless* reputation 汚点のない評判.

+**spot·light** /spɑ́(ː)tlàɪt | spɔ́t-/ 名 (-lights /-làɪts/) ❶ C **スポットライト**《舞台上の一点に集中する照明》[《略式》 spot]; [the ～] スポットライトの当たる場所: A lot of *spotlights* are focused on the singer on the stage. 舞台の歌手にたくさんのスポットライトが当てられている. 関連 floodlight 広い範囲の照明. ❷ [the ～] (世間の)注目, 注視: be in [under] *the spotlight* 注目を集め(てい)る / put [turn, shine] *the spotlight* on ... ...にスポットライトを当てる, 注意を向ける.

— 動 (-lights; 過去・過分 -light·ed, -lit; -light·ing) 他 ❶ (問題など)を**大きく扱う**, **取り上げる**, ...に注目[関心]を集める: This article *spotlights* the problem of global warming. この記事は地球温暖化の問題にスポットを当てている.

❷ (...)に**スポットライトを当てる**.

spot·ted /spɑ́(ː)ṭɪd | spɔ́t-/ 形 斑点(はんてん)のある, まだらの, 水玉模様の; しみのついた.

spot·ter /spɑ́(ː)ṭɚ | spɔ́tə/ 名 C [しばしば合成語で] (仕事または趣味で)見張る[観察する]人, 監視人; (タレントなどの)スカウト; 〔スポーツ〕(体操・重量挙げなどの)補助員: a bird *spotter* バードウォッチャー.

spot·ty /spɑ́(ː)ṭi | spɔ́ti/ 形 (spot·ti·er; -ti·est) ❶ 斑点(はんてん)の多い, まだらな; しみだらけの. ❷ 《米》 (仕事などが)むらのある. ❸ 《英略式》 にきびのある. (名 spot)

spou·sal /spáʊz(ə)l/ 形 限定 《格式》 配偶者(として)の.

+**spouse** /spáʊs/ 名 (spous·es /～ɪz/) C 《格式》 **配偶者**《夫または妻》.

spout /spáʊt/ 名 C (やかん・ポットなどの)口; (液体などの)噴出, ほとばしり (*of*). 関連 waterspout 排水管

[□]. — 動 他 ❶ (液体・火など)を吹き出す, 噴出する (*from*). ❷《略式》(...)をべらべらとまくしたてる (*off*). — 自 ❶ [副詞(句)を伴って] 噴出する, ほとばしり出る (*out*; *from*); (噴水が)水を噴き上げる; (くじらが)潮を吹く. ❷《略式》べらべらまくしたてる (*off*; *about*).

sprain /spréɪn/ 動 他 (足首など)をくじく: *sprain* one's ankle 足首をねんざする. — 名 C 筋違い, ねんざ《strain よりも重いもの》.

***sprang** /spréŋ/ 動 **spring**[2] **の過去形.**

sprat /spræt/ 名 C スプラット《小型の食用魚》.

+**sprawl** /sprɔ́:l/ 動 (sprawls /~z/; sprawled /~d/; sprawl·ing) 自 [副詞(句)を伴って] ❶ **手足を伸ばす,** 大の字に寝そべる (*out*; *on*): send ... *sprawling* (人)を殴り倒す. ❷ (都市などが)無計画に広がる.
— 名 ❶ [U または a ~] 雑然と広がった場所[建物] (*of*); = urban sprawl. ❷ [U または a ~] 手足を伸ばすこと, 大の字に寝そべること: lie in a *sprawl* 大の字に寝そべる.

sprawled /sprɔ́:ld/ 形 叙述 手足を伸ばした, 寝そべった: lie *sprawled* (*out*) on the bed ベッドで大の字になる.

+**spray**[1] /spréɪ/ 動 (sprays /~z/; sprayed /~d/; spray·ing) 他 ❶ (霧状の液体)を(~に)**吹きかける;** (...)に(霧状の液体を)吹きかける; (...)に**薬剤を散布する:** 言い換え Kate ***sprayed*** her handkerchief ***with*** perfume. V+O+前+名 = Kate ***sprayed*** perfume ***on*** [***over***] her handkerchief. ケートはハンカチに香水をかけた / *spray* the fruit trees 果樹に薬剤を散布する. ❷ (敵など)に(銃弾などを)浴びせる (*with*). — 自 ❶ (液体がしぶきのように)飛び散る. ❷ (雄猫が)縄張りの印に小便をかける.
— 名 (~s /~z/) ❶ U,C [しばしば合成語で] **噴霧液,** 散布液; C **スプレー**(缶), 噴霧器, 霧[香水]吹き; スプレーを吹きかけること: a can of hair *spray* ヘアスプレー(缶) / insect *spray* スプレー式殺虫剤.
❷ U,C **しぶき,** 水煙 (*from*, *of*): sea *spray* 波しぶき. ❸ [a ~] 空中に飛び散るもの: *a spray of* bullets 銃弾の雨.

spray[2] /spréɪ/ 名 C 小枝《特に先が分かれて花や葉などのあるもの》; (切り花の)飾り, (宝石などの)花模様 (*of*).

spráy càn 名 C スプレー缶.

spray·er /spréɪɚ | spréɪə/ 名 ❶ C 噴霧器, 霧吹き; 吸入器. ❷ C 噴霧する人, 霧を吹く人.

spráy gùn 名 C (塗料などの)吹き付け[噴霧]器.

spráy pàint 名 U スプレー式のペンキ.

*****spread** /spréd/
— 動 (spreads /sprédz/; 過去・過分 spread; spread·ing /-dɪŋ/) 他

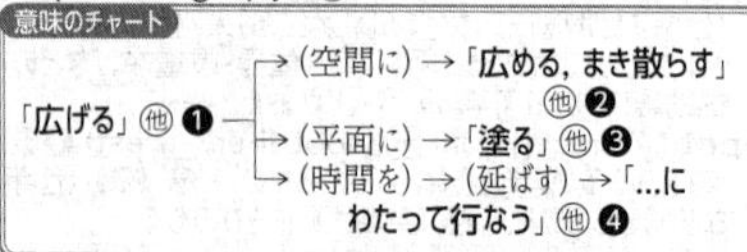

❶ (...)を広げる, 伸ばす, 開く [⇔ fold]; (...)を(場所に)**一面に広げる,** 敷く; (...)の上に(~を)広げる, (...)を(~で)おおう: The peacock *spread* its tail feathers (open). V+O(+C (形)) そのくじゃくは尾の羽を広げた / 言い換え She *spread* a cloth ***on*** [***over***] the table. V+O+前+名 = She *spread* the table ***with*** a cloth. 彼女はテーブルにクロスをかけた《✪ 前の文のほうが普通》/ Don't ***spread*** your legs (***apart***). V+O(+副) 両足を広げないで / He *spread* (*out*) his hands and shrugged. 彼は手を広げて肩をすくめた《⇒ spread one's hands (hand 名 成句), shrug 挿絵》.
❷ (知識・うわさなど)を(...に)**広める,** 流布する, (病気・感情など)を蔓延(まんえん)[伝染]させる; (...)をまき散らす, 散布する; [しばしば受身で] 分布させる: *spread* seeds [fertilizer] 種[肥料]をまく / The Romans ***spread*** their civilization ***throughout*** Europe. V+O+前+名 ローマ人たちはヨーロッパ中に文明を広めた.
❸ (...)を(~の表面などに)(広げて)**塗る,** おおうように塗る; (表面など)に(~を)塗りつける: ***Spread*** the paint evenly all ***over*** the wall. V+O+前+名 壁一面にペンキをむらなく塗ってくれ / 言い換え She ***spread*** some butter ***on*** the bread. = She ***spread*** the bread ***with*** some butter. 彼女はパンにバターを塗った《✪ 前の文のほうが普通》.
❹ (支払い・仕事)を(...に)**わたって行なう,** (...の)間続ける; (負担・富など)を分散させる: He ***spread*** the payments ***over*** a year. V+O+*over*+名 彼はその支払いを1年払い[12か月分割]にした / Her studies ***were spread*** (***out***) ***over*** four years. V+O(+*out*)+*over*+名の受身 彼女の研究は4年にわたった.
— 自 ❶ **広がる,** (広い範囲を)おおう, 伸びる, 及ぶ; (表情が顔に)広がる: The smog ***spread over*** the whole city. V+前+名 スモッグはその町全体を覆(おお)った / The fire ***spread to*** the neighboring houses. 火は隣家に広がった.
❷ (うわさ・知識などが)**広がる,** 流布する; (病気などが)蔓延する; [副詞(句)を伴って] 分布する; (時間などが)わたる: The news [disease] *spread* quickly. その知らせ[病気]は急速に広まった. ❸ (バターなどが)塗れる, 伸びる.

be spréad (tòo) thín [thínly] 動 自 (資金などが)分散しすぎて少なすぎる.

spréad onesèlf tòo thín 動 自 (仕事などの)手を広げすぎる, 多くのことに手を出しすぎる.

spréad óut 動 他 (...)を広げる《⇒ 他 1》; (...)を(ある期間に)わたって行なう《⇒ 他 4》; (人)を分散させる: *spread out* a map 地図を広げる / *spread out* one's arms 両手を広げる《歓迎・抱擁などのときのしぐさ》. — 自 広がる; (人が)分散する; 分布する.

— 名 (spreads /sprédz/) ❶ U **広がる[広げる]こと,** 拡大; 普及, 流布; (病気の)蔓延(まんえん): stop the *spread of* infection 感染症の拡大を止める. ❷ U,C パンなどに塗るもの《バターなど》; C 敷くもの《食卓掛け・シーツなど》. 関連 bedspread ベッドカバー. ❸ [単数形で] (空間の)広がり, (人・物の)範囲; U (手・翼などの)幅: a wide *spread of* ages 幅広い年齢層. ❹ C (新聞などの)数ページ[段]抜きの記事[広告]. ❺ [a ~]《略式》(食卓いっぱいの)ごちそう, 食事. ❻ [a ~]《米》大農場(の土地). ❼ [単数形で] 差, 開き.

spréad éagle 名 C 翼と脚(あし)を広げたわしの模様《米国の国章など》.

spread-ea·gle(d) /sprédi:gl(d)/ 形 (翼と脚を広げたわしのように)手足を広げた[て]; 大の字の[で]. 語法 -eagle は 限定, -eagled は 叙述.

spread·er /sprédɚ | -də/ 名 C 広げるもの[人]; 散布機.

spread·sheet /sprédʃi:t/ 名 C 〔コンピュータ〕 スプレッドシート, 表計算ソフト.

spree /sprí:/ 名 C ばか騒ぎ, 景気よく[派手に]やること;

酒宴: a shopping *spree* 派手な買物, 衝動買い / go on a drinking *spree* 飲んで騒ぐ.

sprig /spríg/ 名 C (葉や花のついた)小枝, 若枝 (*of*); 小枝形の飾り.

spright·ly /spráɪtli/ 形 (spright·li·er; -li·est) (特に高齢者が)元気な, 活発な.

*****spring**[1] /spríŋ/

— 名 (~s /~z/) ❶ U,C 春 (⇒ month 表): Many flowers come out *in* (*the*) *spring*. 春にはたくさんの花が咲く (✪ 特定の年の特定の季節を指すとき以外でも the をつけることがある) / *in* the *spring of* 2023 2023 年の春に / early [late] *spring* 早[晩]春.

> 語法 前置詞を省く場合
> しばしば前置詞を伴わずに副詞句を作る: Tom will graduate from college *this* [*next*] *spring*. トムは今年[来年]の春に大学を卒業する / We had a big flood *this* [*last*] *spring*. 今年[去年]の春に大洪水があった.

❷ [形容詞的に] **春の**, 春向きの: *spring* flowers 春の花 / *spring* wear 春もの衣類 / the *spring* semester 《米》 春学期.

〖語源 草木が芽を出す (⇒ spring[2] **意味のチャート**) 季節だから; ⇒ fall[1] 語源〗

***spring**[2] /spríŋ/

> 意味のチャート
> 「**跳ねる, 跳ね返る**」 動 自 ❶, ❷ → (跳(と)び出る)
> → 「**現われる**」 動 自 ❸ → (源を発する)
> → (発生) → 「**泉**」 名 ❷
> → (芽生え) → 「**春**」 (⇒ spring[1])
> → 「**跳躍**」 名 ❹ → 「**ばね**」 名 ❶

— 動 (springs /~z/; 過去 sprang /spræŋ/, 《米》 ではまた sprung /sprʌ́ŋ/; 過分 sprung; spring·ing) 自 ❶ [副詞(句)を伴って] (すばやく)**跳**(は)**ねる**, 跳(と)び上がる, 跳躍する (⇒ jump 類義語); 勢いよく[ぱっと]...する: 言い換え Liz *sprang out of* bed. V+前+名 = Liz *sprang from* the [her] bed. リズは寝床から跳び出した / He *sprang over* the stream. 彼は小川を跳び越えた / The dog *sprang at* the thief. 犬はどろぼうに飛びかかった / Jack *sprang to* the phone. ジャックはすばやく電話に出た.

❷ (ばね仕掛けのように)**跳**(は)**ね返る**, 跳ね返って...となる: The branch *sprang back* in my face. V+副 枝が跳ね返って私の顔にあたった / The lid of the box *sprang* open. V+C (形) 箱のふたがぱっと開いた. ❸ [副詞(句)を伴って] 急に現われる, 生じる, (心に)浮かぶ; (家柄が...の)出である: New towns *sprang up* all over the plains. ニュータウンがその平野一帯ににわかに出現した / A doubt *sprang to* (my) mind. ある疑念が突然私の心に浮かんだ / Fear always *springs from* ignorance. 《格式》 恐怖は常に無知から生じる (エマーソン (Emerson) のことば) / Where did you *spring from*? 《略式》 君は突然どこから現われたの (意外さを示す). ❹ [副詞(句)を伴って] 急に...になる: *spring into* existence [being] 出現する / *spring* to ...'s defense (人)を急きょ擁護する / The party *sprang to* life when the girls showed up. 女の子たちが来るとパーティーは急に活気づいた.

— 他 ❶ (話など)を急に持ち出す: *spring* a surprise *on* a person 人を驚かす / They *sprang* a new proposal *on* us. 彼らは我々に突然新しい提案をしてきた. ❷ 《略式》 (人)を脱獄させる (*from*).

spríng for ... [動] 他 《米略式》 ...をおごる.

spríng to one's **féet** [動] 自 **跳び起きる, 跳び上がる** (⇒ foot 成句の囲み).

— 名 (~s /~z/) ❶ C **ばね**, スプリング, ぜんまい: the *springs* of [in] a sofa ソファーのスプリング.

❷ C **泉**, 水源, 源泉; 本源, 根源: ⇒ hot spring.

❸ [U または a ~] (心身の)張り, 元気; しなやかさ, 柔軟性: She has *a spring* in her step today. きょうの彼女の歩き方ははつらつとしている. ❹ [a ~] 跳躍, 飛躍 [≒jump]: with *a spring* ひと跳びに / The dog *made a* sudden *spring at* us. 犬は突然我々に飛びかかった.

❺ U はじく力, 弾力, 弾性. (1 では 形 springy)

spring·board /spríŋbɔ̀ɚd | -bɔ̀ːd/ 名 ❶ C (飛躍のための)出発点; (討論などの)たたき台 (*for, to*). ❷ C 〘スポーツ〙 (飛び込み競技の)飛び板, (体操の)跳躍板.

spring·bok /spríŋbɑ̀(ː)k | -bɔ̀k/ 名 C スプリングボック (南アフリカ産のガゼル (gazelle) に似た動物).

spríng bréak 名 C 《米》 (大学などの)春休み (通常 1~2 週間).

spríng chícken 名 U [こっけいに] 若者, 小娘: She's *no spring chicken*. 彼女はもう若くはない.

spring-clean /spríŋklíːn/ 動 他 (家など)の大掃除をする (普通は春に行なう). — 自 大掃除をする.

— 名 [a ~] 《英》 = spring-cleaning.

spring-clean·ing /spríŋklíːnɪŋ/ 名 U 大掃除 (普通は春に行なう) [《英》 spring-clean]: do the *spring-cleaning* 大掃除する.

spríng féver 名 U (春先に感じる)突然の高揚感.

spríng ónion 名 C 《英》 = scallion.

spríng róll 名 C 春巻 [《米》 egg roll].

spríng tíde 名 C 大潮.

+spring·time /spríŋtàɪm/ 名 U [しばしば the ~] **春**, 春季.

spríng tráining 名 U 《米》 (プロ野球チームの)春季トレーニング.

spring·y /spríŋi/ 形 (spring·i·er; -i·est) 弾力性のある; ばねのような; (歩き方が)軽快な. (名 spring 1)

+sprin·kle /spríŋkl/ 動 (sprin·kles /~z/; sprin·kled /~d/; sprin·kling) 他 ❶ (場所に)(水など)をまく, (香辛料など)を振りかける (*onto*); (場所)に(水など)をまく: He's *sprinkling* water *on* the flowerbeds. V+O+前+名 彼は花壇に水をまいている / 言い換え He *sprinkled* salt *over* the icy road. = He *sprinkled* the icy road *with* salt. 彼は凍った道に塩をまいた (✪ 前者の文のほうが普通). ❷ [普通は受身で] (...)を(場所などに)点在[散在]させる; (場所など)に(...を)ちりばめる: a story *sprinkled with* humor ユーモアを交えた話. — 自 [it を主語として; ⇒ it[1] A 2] 《米》 雨がぱらつく.

— 名 ❶ [a ~] 少量 (*of*); [複数形で] 《米》 (ケーキなどに振りかける)粒状のトッピング. ❷ [a ~] 《米》 ぱらぱらと降る雨.

sprin·kler /spríŋklɚ | -lə/ 名 C (庭・天井の)スプリンクラー, 散水装置.

sprin·kling /spríŋklɪŋ/ 名 ❶ [a ~] 少量; (人などの)ちらほら, 少数 (*of*). ❷ [a ~] (雨・雪などの)小降り. ❸ U まき散らすこと, 散布.

+sprint /sprínt/ 名 (sprints /sprínts/) C [普通は単数形で] **短距離競走[競泳]**, スプリント; [a ~] 全力疾走, ラストスパート. 関連 dash 短距離競走 / run 長距離の競走. — 動 自 (短距離を)全速力で走る[泳ぐ, こ

S

ぐ].

sprint·er /spríntə | -tə/ 名 C 短距離走者[泳者], スプリンター.

sprite /spráɪt/ 名 C 妖精(ようせい), 小妖精.

spritz /spríts/ 動 他《米》(液体を)(...)にしゅっとふりかける (*with*).

sprock·et /sprá(ː)kɪt | sprɔ́k-/ 名 C (自転車・写真機などの)鎖歯車(の歯), スプロケット.

sprout /spráʊt/ 動 自 芽を出す; (ひげなどが)生え始める (*from*); (大)発生する (*up*). — 他 (芽)を出させる, 芽生えさせる (*up*); (ひげ)を生やす, (角)を出す. — 名 ❶ C 芽, 新芽 [≒shoot]; [複数形で]《米》もやし; アルファルファもやし. ❷ [複数形で]《主に英》= brussels sprouts.

spruce[1] /sprúːs/ 名 C とうひ; ドイツとうひ, おうしゅうとうひ《ヨーロッパ原産の常緑針葉樹; 幼木はクリスマスツリーにする》; U とうひ材.

spruce[2] /sprúːs/ 動 他 (...)をこぎれいにする: *spruce* oneself *up* = get *spruced up* めかしこむ. — 自 めかす (*up*). — 形 (spruc·er; spruc·est) (身なりが)ぱりっとした, きちんとした.

***sprung** /sprʌ́ŋ/ 動 spring[2] の過去形および過去分詞.
— 形 ばね[スプリング]の付いた.

spry /spráɪ/ 形 (spri·er, spry·er; spri·est, spry·est) (老人が)元気な, 活動的な; すばやい.

spud /spʌ́d/ 名 C《略式》じゃがいも.

***spun** /spʌ́n/ 動 spin の過去形および過去分詞.

spunk /spʌ́ŋk/ 名 ❶ U《略式》勇気, 気力. ❷ U《英卑語》精液.

spunk·y /spʌ́ŋki/ 形 (spunk·i·er; spunk·i·est)《略式》勇気のある, 元気な.

***spur** /spə́ː | spə́ː/ 名 (~s /~z/) ❶ C **拍車**《靴のかかとにつけて馬を刺激して速く走らせる金具》: He dug his *spurs* into the horse's sides. 彼は馬のわき腹に拍車を当てた.
❷ C [普通は単数形で] **刺激**, 行動に駆り立てるもの; 激励: The wage hike may act as a ***spur to*** investment. 賃上げが投資を刺激するかもしれない. ❸ C (山などの)突出部, 支脈; (鉄道の)引き込み線; 支線.
on the spúr of the móment [副] その時のはずみで, とっさに, 衝動的に.
wín [éarn] one's spúrs [動] 自 手柄を立てて認められる, 名をあげる.
— 動 (spurs /~z/; spurred /~d/; spur·ring /spə́ːrɪŋ | spə́ːr-/) 他 ❶ (人)を**駆り立てる**, 刺激する; 激励する [≒urge]: His resentment ***spurred*** him ***into*** action. V+O+*into*+名 彼は憤慨し行動に至った / Danger ***spurred*** her (***on***) ***to*** run faster. V+O(+*on*)+C (*to* 不定詞) 危険が迫って彼女はいっそう速く走った. ❷ (...)を促進する, 促す: *spur* economic growth 経済成長を促進する. ❸ (馬)に拍車を当てる. — 自 (馬に拍車を当てて)急ぐ.

spu·ri·ous /spjʊ́(ə)riəs/ 形 偽の, 偽造の; (推論などが)まことしやかな.

spurn /spə́ːn | spə́ːn/ 動 他《文語》(申し出・愛情など)をはねつける, 鼻であしらう; 追い払う.

spur-of-the-mo·ment /spə́ːəvðəmóʊmənt | spə́ː(r)-/ 形 限定 (決定などが)思いつきの, 即席の.

spurt /spə́ːt | spə́ːt/ 動 自 ❶ (液体などが)噴出する (*out*; *from*). ❷ スパートする《短時間に全速力で走る》; 全力を出す (*for*). — 他 (液体など)を噴出させる. — 名 ❶ C (液体などの)ほとばしり, 噴出; (感情などの)激発 (*of*). ❷ C 急成長(期); スパート, 全力投入; 力走, 力泳: a growth *spurt* (子どもの)急成長 / put on a *spurt* スパートをかける, 急ぐ. **in spúrts** [副] ほとばしって; 突発的に.

sput·ter /spʌ́ṭə | -tə/ 動 (-ter·ing /-ṭərɪŋ, -trɪŋ/) 自 (エンジン・炎などが)ぶつぶつ[ぱちぱち]音を立てる; ことばにつまりながらしゃべる. — 他 (...)を[と](興奮して)早口に言う, まくしたてる.

spu·tum /sp(j)úːṭəm | spjúː-/ 名 (複 **spu·ta** /sp(j)úːṭə | spjúː-/) U〘医学〙たん; 唾液(だえき).

+**spy** /spáɪ/ 名 (spies /~z/) C (外国や競争会社の)**スパイ**, 諜報(ちょうほう)部員: an industrial *spy* 産業スパイ. 関連 secret service《英》(政府の)諜報部 / espionage スパイ活動.
— 動 (spies; spied; spy·ing) 自 スパイを働く, ひそかに調べる; (...を)ひそかに見張る (*on*): He was accused of *spying for* a foreign government. 彼は外国政府のためにスパイをしていたと告発された.
— 他 ❶ (場所など)を探索する; ひそかに調べる (*out*). ❷《文語》(遠くの[隠れた]もの)を発見する.

spy·glass /spáɪglæ̀s | -glɑ̀ːs/ 名 C 小型望遠鏡.

spy·ware /spáɪwèə | -wèə/ 名 U スパイウェア《パソコンに侵入し, 個人情報などを収集するソフト》.

sq. 略〘数学〙2 乗(の), 平方(の) (square).

Sq. 略 = square 名 2.

squab·ble /skwá(ː)bl | skwɔ́bl/ 動 自 つまらないことでけんか[口論]する (*about*, *over*, *with*). — 名 C つまらないけんか, 口論 (*about*, *over*, *with*).

***squad** /skwá(ː)d | skwɔ́d/ 名 (squads /skwá(ː)dz | skwɔ́dz/) ❶ C [《英》単数形でもときに複数扱い] (小さな)団隊, 組; (警察の)課;〘スポーツ〙選手団, チーム: the drug(s) *squad* (警察の)麻薬捜査班 / the Olympic *squad* オリンピック出場選手団. ❷ C [《英》単数形でもときに複数扱い]〘陸軍〙分隊《小隊 (platoon) の下の区分》. ❸ C《米》(チアリーダーの)チーム.

squád càr 名 C パトカー [≒patrol car].

squad·ron /skwá(ː)drən | skwɔ́drən/ 名 C〘陸軍〙戦車大隊; 騎兵大隊《⇒ corps 参考》;〘海軍〙小艦隊《艦隊 (fleet) の一部》;〘空軍〙飛行大隊.

squal·id /skwá(ː)lɪd | skwɔ́l-/ 形 ❶ むさくるしい, (ほったらかしで)汚い. ❷ 卑劣な, あさましい.

squall[1] /skwɔ́ːl/ 名 C (しばしば雨・雪などを伴う)突風, スコール.

squall[2] /skwɔ́ːl/ 動 自 [普通は進行形で] (赤ん坊が)大声で泣く. — 名 C (赤ん坊の)大きな泣き声.

squal·or /skwá(ː)lə | skwɔ́lə/ 名 U 汚さ, むさ苦しさ.

squan·der /skwá(ː)ndə | skwɔ́ndə/ 動 (-der·ing /-dərɪŋ, -drɪŋ/) 他 (...)をむだづかい[浪費]する (*on*).

****square** /skwéə | skwéə/

意味のチャート
「正方形(の)」名 ❶, 形 ❶ の意味から →
→ (四角) → 「広場」名 ❷
　　　　　→ 「角ばった」形 ❷
→ (平方) → 「2 乗(の, する)」名 ❸, 形 ❸, 動 ❶
→ (きちっとした) → 「貸し借りのない」形 ❺ → 「清算する」動 ❸

— 名 (~s /~z/) ❶ C **正方形, 四角形**, 四角いもの《⇒ triangle》: draw a *square* 正方形[四角形]をかく / in a *square* 正方形に(なって), 四角に(なって) / a *square of* paper 四角い紙.

❷ Ⓒ (市内の四角い)**広場**《交差点や四方を建物・街路に囲まれた場所で小公園になっているのが普通; しばしば地名に用いられる; 略 Sq.; ⇒ park 参考》; 広場を取り巻く建物: Times *Square* (New York の)タイムズスクウェア / Trafalgar *Square* (London の)トラファルガー広場. 関連 circus 《英》円形広場. ❸ Ⓒ〔数学〕2 乗, 平方《略 sq.》: 9 is the *square of* 3. 9 は 3 の 2 乗である. 関連 power 乗 / cube 3 乗, 立方. ❹ Ⓒ (チェス盤などの)ます目. ❺ Ⓒ 直角定規《T 型や L 型の定規》. ❻ Ⓒ《古風, 略式》堅物, つまらない人.

báck to [at] squáre óne [副・形] 振り出しに戻って, 新規まき直しで. 由来 ゲームなどの第 1 の目に帰ることから.

— 形 (squar·er /skwé(ə)rə | -rə/; squar·est /skwé(ə)rɪst/) ❶ [比較なし] **正方形の; 四角な:** a *square* table 四角いテーブル. 関連 round 丸い.
❷ **直角の**; 角ばった; (体格などが)がっしりした: a *square* corner 直角の角(かど) / have *square* shoulders 怒り肩をしている.
❸ [比較なし]〔数学〕**2 乗の, 平方の**《略 sq.》: A room 8 feet *square* has an area of 64 *square* feet. 縦横 8 フィートの部屋の面積は 64 平方フィートである. 語法 8 feet *square* のように名詞の後につけると「一辺...の正方形の」,「...平方の」の意であり, 64 *square* feet の語順では「...平方フィート」の意 // *square* inch(es) 平方インチ / *square* yard(s) 平方ヤード / *square* mile(s) 平方マイル / *square* meter(s) [kilometer(s)] 平方メートル[キロメートル]. 関連 cubic 3 乗の. ❹ 叙述 水平な, 平行な: Place the piano *square with* the wall. ピアノは壁と平行においてください. ❺ 叙述 [しばしば all ~]《略式》貸し借りのない, 勘定[清算]済みの; 五分五分の, 対等の, 同点の: I'm finally *square with* the bank. とうとう銀行に借りを返した / We were *all square* at half time. 私たちはハーフタイムの時点では同点だった. ❻《略式》(人が堅すぎて)つまらない. ❼ 公正な, 正直な: a *square* deal (取り引きでの)公正な扱い.

a squáre méal [名] 十分な食事.

— 動 (squares /~z/; squared /~d/; squar·ing /skwé(ə)rɪŋ/) 他 ❶〔数学〕(...)を **2 乗する**, 平方する: 8 *squared* is 64. 8 の 2 乗は 64 / If you *square* 10, you get 100. 10 を 2 乗すると 100 になる. 語法 r^2 は r *squared* と読む. 関連 cube 3 乗する. ❷ (...)を正方形[四角]にする; 直角にする; 水平[平行]にする; (肩・ひじ)を張る, 怒らせる. ❸ (...)を清算する, 決済する [≒settle]: *square* accounts *with* the bank 銀行に支払いを済ませる. ❹《英》(試合)を同点にする.

squáre awáy [動] 他 [普通は受身で]《米》(...)を整える; (問題など)をうまく処理する.

squáre óff [動] 自《米》戦う身構えをする; 口論する; 争う (*against*). — 他 (...)を四角にする[切る].

squáre the círcle [動] 自 不可能なことをしようとする. 由来 与えられた円と同じ面積の正方形を作ることが不可能であることから.

squáre úp [動] 自 (1) (貸し借りの)けりをつける, 支払いを済ませる (*with*). (2) (相手に対して)戦う身構えをする (*to*). (3) (人・課題などに)正面から立ち向かう, 真剣に取り組む (*to*).

squáre with ... [動] 他 (事実・基準など)と一致する, 適合する.

squáre ... with ~ [動] 他 (...)を～と一致[適合]させる; (問題・計画など)を～に了解[同意]させる: Have you *squared* the plan *with* your boss? その計画を上司に認めてもらったんですか.

— 副 ❶ まともに, もろに: run *square* into a policeman 警官と真正面からぶつかる / He hit me *square* on the jaw. 彼は私のあごをまともに殴りつけた / She looked me *square* in the eye. 彼女は私の眼をまっすぐに見た. ❷ 直角に (*to*).

squáre brácket 名 Ⓒ [普通は複数形で]《英》角がっこ《[]》[《米》bracket].

squared /skwéəd | skwéəd/ 形 四角に区切った, ます目を書いた: *squared* paper 方眼紙.

squáre dànce 名 Ⓒ スクエアダンス《2 人 1 組が 4 組で踊る》.

square·ly /skwéəli | skwéə-/ 副 ❶ 真正面に[から], まともに: The boxer was hit *squarely* on *the* chin. そのボクサーはまともにあごに一発くらった《⇒ the[1] 2》. ❷ まさに; 全く, 完全に. ❸ 公正に; 正々堂々と, 正直に, (逃げずに)真正面から. ❹ 四角に; 直角に.

squáre róot 名 Ⓒ〔数学〕平方根《⇒ root[1] 名 6 参考》. 関連 cube root 立方根.

+**squash**[1] /skwɑ́(ː)ʃ | skwɔ́ʃ/ 動 (~·es /~ɪz/; ~ed /~t/; ~·ing) 他 ❶ (...)を**押しつぶす**, ぺちゃんこにする [≒crush]: ***squash*** a hat flat V+O+C (形) 帽子をぺちゃんこにつぶす. ❷ [しばしば受身で] (人)を(...に)詰め込む, 押し込める: During the rush hour, they *squash* too many people *into* the trains. ラッシュの時間は電車に人を詰め込みすぎる. ❸ (案・うわさなど)をつぶす; (気持ち)を押し殺す; (暴動など)を鎮圧する.
— 自 [副詞(句)を伴って] 割り込む, 押し合って[詰め合って]入る (*in*; *into*).

squásh úp [動] 自《英》詰め(込まれ)る (*against*). — 他 (...)を詰め込む, 押し込む (*against*).

— 名 ❶ Ⓤ スカッシュ《壁にはね返して相手に球を打つ球技; 2 人または 4 人で行なう》. ❷ [a ~] Ⓢ《英》ぎゅうぎゅう詰め(の状態): It's *a squash*. ぎゅうぎゅう詰めだ. ❸ Ⓤ,Ⓒ《英》スカッシュ《果汁に水などを加えた飲み物》: lemon *squash* レモンスカッシュ.

squash[2] /skwɑ́(ː)ʃ | skwɔ́ʃ/ 名 (複 ~·es, ~) Ⓒ,Ⓤ かぼちゃ《かぼちゃ・くりかぼちゃなど》. 語法 かぼちゃ 1 個, 2 個というときには a *squash*, two *squashes* とも a piece of *squash*, two pieces of *squash* ともいう.

squat /skwɑ́(ː)t | skwɔ́t/ 動 (squats; squat·ted, squat; squat·ting) 自 ❶ しゃがむ, うずくまる [≒crouch]: He *squatted down* to check the flat tire. 彼はしゃがみ込んでパンクしたタイヤを調べた. ❷ (公有地や建物に)無断で居座る (*in*, *on*). — 形 (squat·ter; squat·test) ずんぐりした, ぶかっこうな. — 名 ❶ [a ~] しゃがむこと, しゃがんだ姿勢. ❷ Ⓒ《英》無断居住された建物. ❸ Ⓤ [しばしば否定文で]《米俗》何も(...ない).

squat·ter /skwɑ́(ː)ṭə | skwɔ́tə/ 名 Ⓒ (公有地や建物の)無断居住者; (所有権獲得のための)公有地の定住者.

squaw /skwɔ́ː/ 名 Ⓒ《古風》[差別的] アメリカ先住民の女性[妻].

squawk /skwɔ́ːk/ 動 自 ❶ (あひる・からす・かもめなどが)があがあ鳴く. ❷ 大声で不平を言う. — 名 ❶ Ⓒ があがあ鳴く声. ❷ Ⓒ 不平.

squeak /skwíːk/ 動 自 ❶ (ちょうつがいや車輪などが)きしむ: a *squeaking* door (開け閉めに)きしむドア. ❷ (ねずみなどが)ちゅうちゅう鳴く《⇒ cry 表 mouse》; 金切り声を出す. ❸ [副詞(句)を伴って] かろうじて通り抜ける; なんとか成功する[合格する, 勝つ] (*by*,

S

through). — ㊀ (...)を[と]金切り声で言う (*out*). — 名 ❶ C きしむ音, きーきー. ❷ C ねずみの鳴き声, ちゅうちゅう; 金切り声.

squeak·y /skwíːki/ 形 (squeak·i·er; -i·est) ちゅうちゅう[きーきー]いう; きしむ. **squéaky cléan** [形] とてもきれいな, ぴかぴかに磨いた; 清廉潔白な, 欠点のない.

squeal /skwíːl/ 動 自 ❶ (タイヤなどが)きしむ; 悲鳴[歓声]を上げる (*with, in*); (豚などが)きーきーいう (⇒ cry 表 pig). ❷ 《略式》密告する, (仲間を)裏切る (*on; to*). — 他 (...)を[と]金切り声で言う (*out*); (タイヤ)をきしませる. — 名 C (子供・豚などの)悲鳴, 甲高い(歓)声; (ブレーキなどの)きしむ音, きーきー (squeak より長く高い) (*of*).

squea·mish /skwíːmɪʃ/ 形 神経質な, 潔癖すぎる (*about*); 吐き気を催しやすい, すぐ気持ちが悪くなる.

squee·gee /skwíːdʒiː/ 名 C (床・窓などの水をぬぐう)柄つきゴムぞうきん (柄の先が板状のゴムになったもの). — 動 他 (...)にゴムぞうきんをかける.

***squeeze** /skwíːz/ 動 (squeez·es /~ɪz/; squeezed /~d/; squeez·ing) 他 ❶ (...)を**強く押す**, 圧搾(あっさく)する; (そっと)握る, 抱き締める; (銃の引き金)を引く: He took her hands in his, and *squeezed* them. 彼は彼女の手をとって握りしめた / She *squeezed* the baby to her breast. 彼女は赤ん坊を胸に抱き締めた.

❷ (果物など)を**絞(しぼ)る**; (水分など)を絞り出す (*out*): I ***squeezed*** toothpaste ***out of*** the tube. V+O+前+名 チューブから歯みがきを絞り出した / I *squeezed* the sponge dry. V+O+C (形) スポンジを絞って水を切った.

❸ (...)を(...に)**詰め込む**, 無理やり押し込める; (予定などに)割り込ませる: I can't ***squeeze*** another thing ***into*** my suitcase. V+O+前+名 私のスーツケースにはもう何も詰め込めない / He tried to *squeeze* himself *into* the crowded train. 彼は無理やり満員列車に乗り込もうとした / The dentist said he'd try to ***squeeze*** me ***in*** at 2:15. V+O+*in* 歯医者は2時15分に(他の予約患者の間に)私を割り込ませてみると言った. ❹ (人から)(物)を搾(しぼ)り取る, 無理やり奪う; (情報など)を何とか聞き出す: The government *squeezed* more money ⌈*out of* [*from*] the public. 政府は大衆からさらに多くの金を搾り取った. ❺ (経済的に)(...)を圧迫する, 苦しめる.

— 自 ❶ 強く押す; [副詞(句)を伴って] 押し入る, 割り込む, 無理に通る: She tried to *squeeze in*. 彼女は割り込もうとした / He *squeezed through* [*past*] the crowd. 彼は人込みの中を強引に進んで行った. ❷ [副詞(句)を伴って] 何とか成功[合格, 勝利]する.

squéeze ín a rún [動] 自 〔野球〕スクイズで点を取る.

squéeze one's **wáy** [動] 自 (狭い場所を)押し分けて進む.

squéeze ... óut [動] 他 (...)を締め出す (*of*).

squéeze úp [動] 自 《英》(乗客などが)詰める.

— 名 (squeez·es /~ɪz/) ❶ C [普通は a ~] **絞(しぼ)ること**; (人の)手を握ること; (軽く)抱き締めること: John gave her *a squeeze*. ジョンは彼女を抱き締めた. ❷ [a ~] **ぎっしり詰まっていること**, 押し合い: *a* (tight) *squeeze* ぎゅうぎゅう詰め. ❸ C 絞ったもの, ひと絞りの分量 (*of*). ❹ C [普通は単数形で] (金融の)引き締め (*on*); (物資などの)不足; 困難な立場, 苦境: be in a tight *squeeze* 苦境に立つ. ❺ U [所有格の後で] 《略式, 主に米》恋人.

pút the squéeze on ... [動] 他 《略式》(~するように)...に圧力をかける, 強制する (*to* do).

squéeze bòttle 名 C (中身を絞(しぼ)り出せる)プラスチック容器.

squéeze plày 名 ❶ C 〔野球〕スクイズ. ❷ C (相手に譲歩させるための)圧力.

squeez·er /skwíːzə | -zə/ 名 C 圧搾(あっさく)器, 絞(しぼ)り器: a lemon *squeezer* レモン絞り器.

squelch /skwéltʃ/ 動 他 《米》(うわさなど)をつぶす, 抑え込む. — 自 ぐちゃぐちゃ音を立てて歩く. — 名 C ぐちゃぐちゃ, びちゃびちゃ(歩く音).

squib /skwíb/ 名 C 爆竹. **dámp squíb** [名] 《英略式》不発に終わった企て, 期待外れ.

squid /skwíd/ 名 (複 ~(s)) C いか; U いかの身 (特に, するめいか・じんどういかなど甲が薄く革質のもの; ⇒ cuttlefish).

squig·gle /skwígl/ 名 C (文字などの)くねった線; なぐり書き.

squig·gly /skwígli/ 形 (squig·gli·er; -gli·est) (線などが)くねった, くねくねした.

squint /skwínt/ 動 自 ❶ 目を細めて見る; (すき間などから)目を細めてのぞく (*through*): He *squinted* in the bright sunlight. 彼は明るい太陽の光に目を細めた / *squint at* the fine print 細かい活字を目を細めて見る. ❷ [進行形なし] 《英》斜視である. — 他 (目)を細めて見る. — 名 [a ~] 《英》斜視. **hàve [tàke] a squínt at ...** [動] 他 《英略式》...を(ちょっと)見る.

squire /skwáɪə | skwáɪə/ 名 ❶ C (中世の)騎士の従者. ❷ C 《英》(昔の)いなかの大地主.

squirm /skwə́ːm | skwə́ːm/ 動 自 のたくる, もがく; (不快・緊張などで)もじもじする, きまりわるがる.

squir·rel /skwə́ːrəl, skwə́ːl | skwírəl/ 名 C りす. — 動 [次の成句で] **squírrel awáy** [動] 他 (金など)をためる, 蓄える.

squir·rel·ly /skwə́ːrəli, skwə́ːli | skwírə-/ 形 《米略式》じっとしていない.

squirt /skwə́ːt | skwə́ːt/ 動 他 ❶ (...に[から])(液体など)を噴出させる, ぴゅーっと出す (*on, into, from*): Sam *squirted* water *at* her. サムは彼女をめがけて水を吹きかけた. ❷ (噴出させて)(...)に水[液体]を吹きかける, (液体などを)浴びせる (*with*). — 自 (液体が)噴出する, ぴゅーっと出る (*out of, from, into*). — 名 ❶ C 噴出, ほとばしり; 少量の噴出物 (*of*). ❷ C S [軽蔑的] ちび, 生意気な若造; 子供.

squírt gùn 名 C 《米》水鉄砲 (water pistol).

squish /skwíʃ/ 動 他 (柔らかい物)を押しつぶす; 詰め[押し]込む. — 自 ❶ つぶれる; 詰め込まれる. ❷ (泥の中を歩くなどして)ぴちゃぴちゃ[ぐちゃぐちゃ]音を立てる.

squish·y /skwíʃi/ 形 (squish·i·er; -i·est) 柔らかい, ぐにゃぐにゃの; ぴちゃぴちゃいう.

Sr. 略 = senior 形 1, sister 名 4.

Sri Lan·ka /srìːlάːŋkə, ʃrìː- | -lǽŋ-/ 名 固 スリランカ (インドの南方, Ceylon 島から成る共和国).

S.S. /ésés/ 略 [船名の前につけて] = steamship.

SSE 略 = south-southeast.

ssh /ʃː/ 間 = sh.

SST /ésèstíː/ 略 = supersonic transport (⇒ supersonic).

SSW 略 = south-southwest.

***St.**[1] 略 [通りの名の後につけて] **...通り** (Street).

St.[2] /seɪn(t) | s(ə)n(t)/ 略 = saint. *St.* George, *St.* Matthew のように聖人・聖者 (saint) や使徒の名の前につけ

る.《英》では St とピリオドなしで用いる.

St.³ 略 = strait.

-st 略 = first. 語法 1*st* (= fir*st*), 21*st* (= twenty-fir*st*)のように数字の 1 につけて序数を表わす《⇒ number 表》.

Sta. 略 [主に地図で] = station.

+**stab** /stǽb/ 動 (stabs /~z/; stabbed /~d/; stab·bing) 他 (刃物などで)(人など)を**ぐさり[ずぶり]と突く,** 刺す; (刃物・指など)を(...に)突き刺す[つける]: 言い換え He *stabbed* my arm. = He ***stabbed*** me ***in the*** arm. V+O+前+名 彼は私の腕を突き刺した《⇒ the¹ 2》/ 言い換え She ***stabbed*** the man ***with*** a knife. = She ***stabbed*** a knife ***into*** the man. 彼女はナイフでその男を刺した / *stab* ... to death ...を刺し殺す.

— 自 刺す, 突きかかる: *stab at* the air with one's finger (強調するために)指で突くしぐさをする.

stáb ... in the báck [動] 他 (人)をだまし討ちにする, 裏切る《⇒ a stab in the back (名 成句)》.

— 名 ❶ C 突き刺すこと; 刺された傷: a *stab* wound 刺し傷. ❷ C 突然の鋭い痛み; 刺すような心の痛み: a *stab of* pain in the stomach 胃の差し込み / a *stab of* guilt 罪責感. ❸ C《略式》試み [≒attempt]: have [make, take] a *stab at* ....をやってみる.

a stáb in the báck [名] 裏切り, だまし討ち《原義「背後からのひと突き」から》.

a stáb in the dárk [名] 当てずっぽう.

stab·bing /stǽbɪŋ/ 形 限定 (痛みが)刺すような. — 名 C 刺傷(事件).

+**sta·bil·i·ty** /stəbíləṭi/ 名 U **安定(性)**, 固定, 堅固なこと;〘化学〙(物質の)安定度 (*of*) [⇔ instability]: political [mental] *stability* 政治的な[精神的な]安定.
(形 stáble¹)

sta·bi·li·za·tion /stèɪbəlɪzéɪʃən | -laɪz-/ 名 U 安定化; 安定.
(動 stábilize)

+**sta·bi·lize** /stéɪbəlàɪz/ 動 (-bi·liz·es /~ɪz/; -bi·lized /~d/; -bi·liz·ing) 他 (...)を**安定させる**, 固定させる: *stabilize* oil prices 原油価格を安定させる.

— 自 **安定する**, 固定する: His condition has *stabilized*. 彼の容体は安定してきた.
(名 stàbilizátion, 形 stáble¹)

sta·bi·liz·er /stéɪbəlàɪzɚ | -zə/ 名 C (船・飛行機の)安定装置, (飛行機の)水平尾翼《⇒ airplane 挿絵》;〘化学〙安定剤; [複数形で]《英》= training wheels.

‡sta·ble¹ /stéɪbl/

— 形 (sta·bler, more ~; sta·blest, most ~) ❶ **安定した**, しっかりした, 強固な [≒firm, steady];〘医学〙(病状が)安定した [⇔ unstable]: a *stable* government 安定した政府 / Prices are fairly *stable* now. 今は物価がかなり安定している. ❷ (心の)しっかりした, 落ち着いた [≒steady] [⇔ unstable]: We need a *stable* person for this job. この仕事にはしっかりした人が必要だ. ❸〘化学〙(物質が)安定している.
(名 stabílity, 動 stábilìze)

〘⇒ stand キズナ〙

sta·ble² /stéɪbl/ 名 ❶ C 馬小屋; [しばしば複数形で] 厩舎(きゅうしゃ);《米》家畜小屋《⇒ stall 2》: lock [shut, close] the *stable* door after the horse has bolted《英》《ことわざ》馬が逃げてから馬小屋の戸に鍵(かぎ)をかける(どろぼうを捕らえて縄をなう). ❷ C〘競馬〙同じ厩舎の馬《全体》, (...の)持ち馬《全体》: own a racing *stable* 競走馬の持主である. ❸ C (一人の管理下にある人・物の)一群《ボクシングジム・相撲部屋など》; (共通の目的や興味で集まる)一団《大学の運動部・劇団など》. — 動 他 (...)を馬小屋に入れる[で飼う].

sta·ble·boy /stéɪblbɔ̀ɪ/ 名 C (若い男性の)馬丁.

sta·ble·mate /stéɪblmèɪt/ 名 C 同じ厩舎(きゅうしゃ)の馬; 同じクラブ[ジム]の選手; 同じ会社の人[製品].

stac·ca·to /stəkάːṭoʊ/ 副 形〘音楽〙スタッカートで[の], 断音で[の]; 切れ切れに[の] [⇔ legato].

+**stack** /stǽk/ 名 (~s /~s/) ❶ C (整然と)**積み重ねた山**, 堆積(たいせき)《⇒ pile¹ 表》: a ***stack of*** old newspapers 古新聞の山. ❷ C《略式》多量, 多数: I've got *stacks* [a *stack*] *of* work to do. 仕事がたくさんある. ❸ C (工場などの高い)煙突. 関連 smokestack (汽船・工場などの)煙突. ❹ [the ~s] (図書館の)書庫: open [closed] *stacks* 開[閉]架式書庫. ❺ C〘コンピュータ〙スタック《最後に入力した情報が最初に取り出せる記憶領域》. ❻ C 麦わらの山, 干し草の山 (haystack), 稲叢(いなむら).

— 動 他 ❶ (...)を積み重ねる[上げる] (*up*); (...)に(物を)積む (*with*). ❷ [受身で] (飛行機)を空中待機させる (*up*). — 自 ❶ (山のように)積み重なる (*up*). ❷ 空中待機する (*up*).

stáck úp [動] 自 (1)《略式》比べられる, 匹敵する (*against*). (2) (物が)たまる, (車が)渋滞する.

The cárds [ódds] are stácked agáinst .... (状況は)...に不利である.

sta·di·a /stéɪḍiə/ 名 stadium の複数形.

‡sta·di·um /stéɪḍiəm/ !発音

— 名 (~s, sta·di·a /-ḍiə/) C **スタジアム**, 競技場, 野球場.

‡staff¹ /stǽf | stάːf/

— 名 (~s /~s/) ❶ C,U [普通は単数形で;《英》単数形でもときに複数扱い] **職員**, スタッフ, 部[局]員, 社員《全体》: 言い換え We have a *staff* of twelve. = We have twelve *staff* (members). = We have twelve on our *staff*. うちには 12 人のスタッフがいる / We have a fine teaching *staff* at this school. 本校の教師陣はすばらしい / join the *staff* 職員になる / be ***on*** the sales ***staff*** 営業部員である / have her *on* [as a member of] our [the] *staff* 彼女を職員にむかえる / ***on staff***《米》スタッフ[職員]の[で, に]. 語法 staff はその職場で働く職員全体をいい, 個々の職員を指すときは a staff member,《英》a member of staff というのが普通. ❷ [形容詞的に] 職員の, 部員の: a *staff* meeting 職員会議 / a *staff* room《英》職員室. ❸ C [《英》単数形でもときに複数扱い]〘軍隊〙参謀, 幕僚: the general *staff* 参謀《全体》.

— 動 他 [しばしば受身で] (...)に職員を置く, (...)に部[局]員を配置する: This school *is staffed with* [*by*] excellent teachers. この学校にはいい先生がいる.

staff² /stǽf | stάːf/ 名 (複 ~s /~s/, staves /stéɪvz, stéɪvz | stéɪvz/) ❶ C《古風, 格式》つえ; (職権を示す)指揮棒, 権標. ❷ C《主に米》〘音楽〙譜表, 五線 [≒stave]. **the stáff of lífe** [名]《文語》命の糧《特にパン》.

staff·er /stǽfɚ | stάːfə/ 名 C《米》(組織[団体]の)職員[一員].

staff·ing /stǽfɪŋ | stάːf-/ 名 U 職員の配置.

stag /stǽg/ 名 (複 ~(s)) C 雄鹿(おじか). 関連 hind 雌鹿(めじか) / hart 5 歳以上の雄鹿. **gò stág** [動]《米略式》(男性が)女性の同伴なしで(パーティーに)行く.

*****stage** /stéɪʤ/

— 名 (stag·es /~ɪz/)

意味のチャート
原義は「立つ所」(⇒ stand キズナ).
→「段」→「舞台」❷ →「演劇」❸ / (活動の)「舞台」❹; →「段階」❶

❶ C (発達・発展の)**段階**, 時期: the early *stages of* development 発達の初期の段階 / the second *stage* = *stage* two 第 2 期 / ***at*** this *stage* 今の段階では / *at* some *stage* ある段階で / reach [enter] one's final *stage* 最終段階に到達する[入る] / What *stage* is your thesis *at*? 論文はどの段階にありますか / It's still ***in*** the testing ***stage***. それはまだ実験段階にある / go through a *stage* of ... (若者などが成長中に)...の時期[段階]を経る.

❷ C (劇場の)**舞台**, ステージ(⇒ theater 挿絵); 演壇; 劇場: act *on* (the) *stage* 舞台の上で演ずる / a *stage* actor [actress] 舞台俳優[女優].

❸ [the ~] **演劇**; 舞台活動, 俳優業; 劇文学: write for *the stage* 脚本[芝居]を書く / ***go on the stage*** 俳優[役者]になる.

❹ [単数形で, 普通は the ~] (活動の)**舞台**, (事件などの)起こった場所(⇒ center stage): *on the* world *stage* 世界(レベル)で / be at the center of *the* political *stage* 政治の舞台の中心にいる. ❺ C (多段式ロケットの)段.

in stáges [副] 段階的に, 次第に.

sét the stáge for ... [動] 他 **...のお膳立てをする; ...のきっかけとなる:** This disagreement *set the stage for* his removal as prime minister. この不一致が彼が首相を辞める契機となった.

— 動 (stag·es /~ɪz/; staged /~d/; stag·ing) 他 ❶ (...)を**上演する**, (試合など)を催す, 公開する: The show *was* beautifully *staged*. V+O の受身 ショーはすばらしいできだった. ❷ (...)を華々しく[はでに]行なう; 敢行する: *stage* a three-day strike 3 日間のストライキを敢行する. ❸ [動作を表わす名詞を目的語として] (...)をする: *stage* a comeback [recovery] カムバック[回復]する.

stage·coach /stéɪʤkòʊʧ/ 名 C 駅馬車(宿場(stage) ごとに馬を換えて旅客・郵便などを運んだ).

stáge dirèction 名 C (脚本の)ト書き.

stáge dóor 名 C 楽屋口.

stáge fright 名 U (聴衆・観客の前で)あがること: get *stage fright* あがる.

stage·hand /stéɪʤhæ̀nd/ 名 C 舞台係, 裏方.

stage-man·age /stéɪʤmæ̀nɪʤ/ 動 他 (...)の舞台監督をする; (...)を効果的に演出する.

stáge mànager 名 C 舞台監督.

stáge nàme 名 C (俳優の)舞台名, 芸名.

stage·struck /stéɪʤstrʌ̀k/ 形 俳優熱にうかされた, 舞台生活にあこがれた.

stáge whìsper 名 ❶ C (観客に聞こえるようにいう)声高のわきぜりふ. ❷ C 聞こえよがしの私語.

stag·fla·tion /stæ̀gfléɪʃən/ 名 U 〔経済〕スタグフレーション(不況下のインフレ).

stag·ger /stǽgə | -gə/ 動 (stag·gers; stag·gered; -ger·ing /-g(ə)rɪŋ/) 自 ❶ [副詞(句)を伴って] よろめく, ふらつく, よろよろ歩く: The drunk *staggered along* the road. 酔っぱらいは道路をよろよろ歩いて行った. ❷ (困難な状況に)揺れる, 何とか持ちこたえる (*on*); (自信・決心が)ぐらつく: The city was *staggering* under a heavy debt. 市は多額の借金にあえいでいた. — 他 ❶ [しばしば受身で] (人を)びっくりさせる, めんくらわせる: I *was staggered* 「*to* hear the news [*by* the news]. その知らせを聞いて愕然(がくぜん)とした. ❷ (...の時間)をずらす, 時差制にする; (レースで)(スタート地点など)をずらす; (物)を互い違いに置く: Our lunch hours have *been staggered* so that the cafeteria won't be overcrowded. 昼食の時間は食堂が込まないようにずらしてある. ❸ (人(の体))をよろめかす, ぐらつかせる.

stágger to one's **féet** [動] 自 よろよろと立ち上がる(⇒ foot 成句の囲み). — 名 C [普通は a ~] よろめき, ぐらつき.

+**stag·ger·ing** /stǽg(ə)rɪŋ/ 形 **びっくりするような, 驚くべき:** a *staggering* sum 腰を抜かすほどの額. C+1 数や量を強調する用法が多く,「a + staggering + 数詞 + 名詞」の形では, 複数名詞でも不定冠詞がつく: The athlete shattered the lap record by *a staggering* 5 seconds. その選手は一周あたりの記録を驚異的に 5 秒も縮めて破った. **~·ly** 副 びっくりするほど.

stag·ing /stéɪʤɪŋ/ 名 ❶ C,U (劇などの)演出, 上演 (*of*). ❷ U (建築現場などの)足場.

stáging pòst 名 C 途中着陸[寄港]地, 立ち寄り地.

stag·nant /stǽgnənt/ 形 ❶ (水・空気が)流れない, よどんだ. ❷ 停滞した, 不景気な, 不振の.

stag·nate /stǽgneɪt/ 動 自 ❶ 不活発になる, 停滞する. ❷ (液体が)流れない, よどむ, 腐る.

stag·na·tion /stægnéɪʃən/ 名 U 停滞, 不振, 不景気; よどみ, 沈滞.

stág pàrty [(英) **nìght**] 名 C (特に結婚直前の男性を囲む)男性だけのパーティー [(米) bachelor party]. 関連 hen party 女性だけのパーティー.

staid /stéɪd/ 形 (人・身なり・行動などが)地味な, 生まじめな; 古風な, 保守的な.

+**stain** /stéɪn/ 動 (stains /~z/; stained /~d/; stain·ing) 他 ❶ (物)を(...で)**よごす**, (...)にしみをつける, 変色させる: Ink *stained* his fingers. 彼の指はインクでよごれた / The murderer's coat *was **stained with*** blood. V+O+*with*+名の受身 殺人犯の上着には血のあとがついていた. ❷ (木材など)に着色する; 〔化学〕(標本)を染色する. ❸ (文語) (人格・名誉)を傷つける.

— 自 **よごれる**, 色がつく: White cloth *stains* easily. 白い布はすぐよごれる.

— 名 (~s /~z/) ❶ C **よごれ**, しみ: remove a *stain* しみを取る / wash a *stain* off one's collar by hand えりのしみを手洗いする / You have some grease *stains on* your skirt. スカートに脂のしみがついているよ. 関連 bloodstain 血痕(けっこん). ❷ U,C (木材などの)着色剤, 染料. ❸ [a ~] (人格・名誉に対する)汚点, 傷 (*on*).

stáined gláss /stéɪnd-/ 名 U ステンドグラス.

stain·less /stéɪnləs/ 形 ❶ さびない; ステンレス製の. ❷ (経歴などが)汚点のない, 潔白な.

stáinless stéel 名 U ステンレス(クロームを含んださびない鋼鉄).

****stair** /stéə | stéə/ (同音 stare)

— 名 (~s /~z/) ❶ [複数形で] (屋内の)**階段**, はしご段: go up and down the *stairs* 階段を上がったり降りたりする / run up [down] the *stairs* 階段を駆け上がる[降りる] / fall down the *stairs* 階段から落ちる / a [one] flight of *stairs* ひと登りの階段(⇒ flight[1] 挿絵) / emergency *stairs* 非常階段. 関連 downstairs

階下 / upstairs 階上.

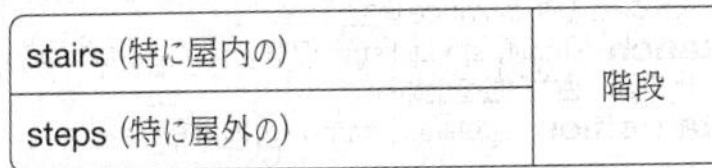

stairs (特に屋内の)	階段
steps (特に屋外の)	

❷ Ⓒ (階段の) 1 段 [≒step]: the top [bottom] *stair* いちばん上[下]の段. ❸ [単数形で]《文語》= staircase.
〖語源〗原義は「登るもの」〗

stair·case /stéəkèɪs | stéə-/ 名 Ⓒ 階段《手すりなども含むひと続きの階段 (flight); ⇒ flight¹ 挿絵》: a spiral [circular] *staircase* らせん階段.

stair·way /stéəwèɪ | stéə-/ 名 Ⓒ = staircase.

stair·well /stéəwèl | stéə-/ 名 Ⓒ 階段吹き抜け.

***stake** /stéɪk/ (同音 steak) 名 (~s /~s/)

意味のチャート
「くい」❹ → (罪人を縛り付ける柱) → 「火あぶりの刑」❺
→ (くいの上に置かれたもの?) → 「賭(か)け金」❷ → 「利害関係」❶

❶ [単数形で] **利害関係**; Ⓒ (事業への)**出資分**, 株: Many young people don't feel they ***have*** a personal ***stake in*** the nation's future. 多くの若い人は国家の将来に個人としてはかかわりがないと感じている. ❷ Ⓒ (競馬・トランプなどの)賭(か)け金, 賭けられたもの; [複数形で] 賞金: play cards for high *stakes* 高い賭け金でトランプをする. ❸ [the ~s] (一般に)競争とみなされるもの, ...レース; [Stakes として単数または複数扱い] 特別賞金競馬, ステークス《出場馬の馬主全員が賞金を出すレース; 特にレース名に用いる》. ❹ Ⓒ (標識・支えなどの)くい, 棒: drive a *stake* into the ground くいを地面に打ち込む. ❺ [the ~] 火あぶりの刑の柱: Joan of Arc was burned *at the stake*. ジャンヌダルクは火あぶりの刑に処せられた.

be at stáke [動] 自 危うくなっている; 賭(か)けられている: My honor *is at stake*. 私の名誉がかかっている(だから捨ててはおけない).

in the ... stàkes [副] ...の分野では, ...で比べると: The minister isn't too high *in the* popularity *stakes*. その大臣はあまり人気は高くない.

púll úp stákes [動] 自《米略式》転居[転職]する.

— 動 他 ❶ (賭け事・競争・政治などで)(金・生命・名誉など)を(...に)賭ける [≒risk]: He *staked* a small fortune *on* the Derby. 彼はダービーにかなりの金額を賭けた. ❷ (...)をくいに縛る; (植物など)を棒で支える (*up*). ❸ (くいを立てて)(...)を仕切る, 囲む (*off*).

I'd stáke my lífe on it. (それは)間違いない.

stáke (óut) one's **[a] cláim** [動] 自 (...に対する)権利を主張する (*to, for*).

stáke óut [動] 他 (1) (警察などが)(...)の張り込みをする. (2) (立場・範囲など)を明確にする. (3) くいを立てて(...)を仕切る.

stake·hold·er /stéɪkhòʊldə | -də/ 名 ❶ Ⓒ 出資者; 利害関係者 (*in*). ❷ Ⓒ 賭け金の保管人. ❸ Ⓒ〖法律〗係争物管理人《弁護士など》.

stake·out /stéɪkàʊt/ 名 Ⓒ (警察の)張り込み(場所): be on a *stakeout* 張り込む.

stale /stéɪl/ 形 (stal·er; stal·est) ❶ (食べ物などが)新鮮でない, 古くなった; (空気・煙などが)不快なにおいのする, むっとする [⇔ fresh]: *stale* bread 古くなったパン. ❷ (表現・人間関係などが)新鮮味のない, 古くさい, 陳腐な: a *stale* joke 月並みな冗談. ❸ (同じことをしすぎて)飽き飽きした, 生気がない.

stale·mate /stéɪlmèɪt/ 名 ❶ Ⓤ,Ⓒ 行き詰まり, 窮境, 膠(こう)着状態: end in (a) *stalemate* 行き詰まる / break a *stalemate* 行き詰まりを打開する. ❷ Ⓤ,Ⓒ〖チェス〗手詰まり, ステールメート《王以外のこまは動かせず, 王を動かせば王手になる場合のこと; 試合は引き分けになる》.

Sta·lin /stɑ́ːlɪn/ 名 固 Joseph ~ スターリン (1879–1953)《旧ソ連の政治家; 首相 (1941–53)》.

stalk¹ /stɔ́ːk/ 名 Ⓒ (植物の)茎, (葉・花の)柄《⇒ fruit 挿絵》; 茎状のもの; (動物の)茎状部.

+**stalk²** /stɔ́ːk/ 動 (~s /~s/; ~ed /~t/; ~·ing) 他 ❶ (ストーカーなどが)(人)の**跡をつけまわす**; (敵・獲物など)に忍び寄る. ❷《文語》(場所)を動き回る; (病気・災害などが)(ある地域)に広まる. — 自 [副詞(句)を伴って] (大またで)威張って[怒って]歩く (*away, out, off*).

stalk·er /stɔ́ːkə | -kə/ 名 ❶ Ⓒ ストーカー. ❷ Ⓒ 獲物に忍び寄る人《猟師など》.

stalk·ing /stɔ́ːkɪŋ/ 名 Ⓤ ストーカー行為.

+**stall** /stɔ́ːl/ 名 (~s /~z/) ❶ Ⓒ (駅・街頭・市場などの)**売店**, 屋台(店); 露店; 商品陳列台 [≒stand]: a fruit *stall* 果物売り場 / at a food *stall* 屋台で. 関連 bookstall《英》雑誌[新聞]売り場. ❷ Ⓒ 馬小屋[牛舎] (stable) のひと仕切り《1 頭分の場所》. ❸ Ⓒ《主に米》仕切られた小部屋 [≒cubicle]: a shower *stall* シャワー室. ❹ [単数形で] (車の)エンスト; (飛行機の)失速: go into a *stall* 失速する. 日英 日本語の「エンスト」は, engine stop を略してできた和製英語. ❺ [the ~s]《英》= orchestra 2. ❻ Ⓒ [普通は複数形で] 教会の聖職者[聖歌隊]席: choir *stalls* 聖歌隊席.

— 動 他 ❶ (エンジン・車)を止まらせる, エンストさせる; (飛行機)を失速させる. ❷ (人)に対し引き延ばしをする, (...)をうまくかわす. ❸ (事)を遅らせる.
— 自 ❶ エンストする; 失速する. ❷ 言い逃れする; 引き延ばす: *stall* for time 時間かせぎをする. ❸ (事が)進まなくなる, 遅れる.

stal·lion /stǽljən/ 名 Ⓒ 種馬. 関連 mare 雌馬.

stal·wart /stɔ́ːlwət | -wət/ 形 ❶《格式》節操の堅い, 忠実な. ❷《格式》体のがっしりした. — 名 Ⓒ 忠実な人 (*of*).

sta·men /stéɪmən/ 名 Ⓒ〖植物〗雄(ゆう)ずい, 雄しべ. 関連 pistil 雌(し)ずい.

stam·i·na /stǽmənə/ 名 Ⓤ 持久力, 体力, スタミナ; 根気: Sam has the *stamina to* finish a marathon. サムはマラソンを完走できる体力がある.

stam·mer /stǽmə | -mə/ 動 (stam·mers; stam·mered; -mer·ing /-m(ə)rɪŋ/) 自 口ごもる, どもる.
— 他 (...)を[と]口ごもりながら言う, どもりながら言う (*out*). — 名 [a ~] 口ごもること, どもること: have *a stammer* どもる.

類義語 **stammer, stutter** 両者は同じ意味に用いることも多いが, 前者は恐怖・当惑・興奮などのために一時的にどもることに, 後者は発話障害のために習慣的にどもることに使うことがある.

***stamp** /stǽmp/

意味のチャート
「踏みつける(こと)」名 ❺, 動 他 ❶
→ (強く跡を残す) → 「印(を押す)」名 ❷, 動 他 ❷
→ 「切手(をはる)」名 ❶, 動 他 ❹

— 名 (~s /~s/) ❶ Ⓒ **郵便切手** [《格式》 postage stamp]; 景品引換券; 《英》 印紙, 証紙: a sheet of a commemorative *stamp* 記念切手 1 シート / a revenue *stamp* 収入印紙 / This *stamp* has been canceled. この切手には消印が押してある / collect *stamps* 切手を収集する / issue a *stamp* 切手を発行する / put [stick] a *stamp* on ... ...に切手をはる.
❷ Ⓒ **スタンプ**《打印器》, 印章, 印鑑; (押された)**印**(いん), **判**, 検印, 消印, スタンプ《⇒ seal¹ 日英》: a date *stamp* (郵便物などの)日付打印器; 日付印 / The box bears the *stamp* of the maker. その箱には製造者の証印が押してある. ❸ [単数形で] 特徴, 特質; (消えない)痕跡(こんせき), 影響: have [bear] the *stamp of* truth (話などが)本当と思われる / Her face bears the *stamp of* worry. 彼女の顔には心労のあとが見える / The tragic accident put [left] its *stamp on* her mind. その悲惨な事故は彼女の心に消えない跡を残した. ❹ [単数形で] 《格式》 種類, 型: people *of* the same *stamp* 同じような人たち. ❺ [単数形で] 踏みつけること[音]; じだんだ.
gíve ... one's **stámp of appróval** [動] 自 (...を)正式に承認する, (...に)お墨付きを与える.
— 動 (stamps /~s/; stamped /~t/; stamp·ing) 他 ❶ (...)を**強く踏む**, 踏み鳴らす; 踏みしめる: He was *stamping* ⌜his feet [the ground] to keep warm. 彼は体が冷えないように足踏みをしていた.
❷ (物に)(...)の**印[判]を押す**; (物)に(...の)**印[判]を押す**, 検印を押す, 刻印をつける: 言い換え ***stamp*** the date ***on*** the papers V+O+前+名 = ***stamp*** the papers ***with*** the date 書類に日付の判を押す / The package *was stamped* "Fragile." V+O+C (形)の受身 その小包は「割れ物注意」の印が押されていた. ❸ [普通は受身で] (...)を(心に)深く印象づける (*on*); (人)に(感情などを)刻む (*with*): That incident remained *stamped on* my memory. その事件は私の記憶に深く刻み込まれていた. ❹ (...)に切手[印紙]をはる. ❺ (人)が(...であることを)明らかにする, (人)を(...と)特徴づける (*as*).
— 自 ❶ **踏みつける**; じだんだを踏む: I ***stamped on*** the cockroach. V+*on*+名 ごきぶりを踏みつけた. ❷ [副詞(句)を伴って] (立腹し)足を踏み鳴らして歩く (*in, out, around, off*).
stámp one's **fóot** [動] 自 足を強く踏む[踏み鳴らす]《怒りのしぐさ; ⇒ 他 1》.
stámp on ... [動] 他 ...を抑え込む, 押しつぶす.
stámp óut [動] 他 (1) (...)を根絶する; (火)を踏み消す. (2) (...)を型に合わせて切る[打ち抜く].

stámp collècting 名 Ⓤ 切手収集.

stámp collèctor 名 Ⓒ 切手収集家.

stamped /stǽmpt/ 形 [普通は 限定] 切手がはってある: a *stamped* envelope 切手をはった封筒.

stam·pede /stæmpíːd/ 名 ❶ Ⓒ (動物・人の群れが)驚いてどっと逃げ出すこと, 集団暴走. ❷ Ⓒ (人が)いっせいに同じことを(しようと)すること, 殺到 (*to* do).
— 動 自 驚いてどっと逃げ出す; わっと押し寄せる (*into*). — 他 (...)をどっと逃げ出させる; (人)を殺到させる: People were *stampeded into* buy*ing* gasoline. 人々はいっせいにガソリンを買いに殺到した.

stámp·ing gròund /stǽmpɪŋ-/ 名 Ⓒ [所有格の後で] 《略式》 (人の)行きつけの場所, たまり場.

+**stance** /stǽns/ 名 (stanc·es /~ɪz/) ❶ Ⓒ [普通は単数形で] (公にした)**立場**, 態度, 見解, スタンス: What's her ***stance on*** the arms issue? 軍備の問題に対して彼女はどんな立場ですか. ❷ Ⓒ [普通は単数形で] (立った)姿勢, 構え; 〔ゴルフ・野球〕 (打者の)足の位置, スタンス. 《⇒ distance キズナ》

stanch /stáːntʃ, stɔ́ːntʃ | stáːntʃ/ 動 他 《主に米》 (血)を止める; (傷)の血を止める.

stan·chion /stǽntʃən | stáːn-/ 名 Ⓒ 柱, 支柱.

***stand /stǽnd/

— 動 (stands /stǽndz/; 過去・過分 stood /stʊ́d/; stand·ing)

単語のエッセンス
基本的には「立つ」の意.
1) 立っている, (...に)ある　自 ❶, ❸
2) 立ち上がる; 立てる　自 ❷; 他 ❶
3) 立ち止まる　自 ❺
4) 我慢する　他 ❷

— 自 ❶ **立っている**, (...の状態で)立っている: Don't just *stand* there. Do something. ただそこにつっ立ってないで何かしなさい / The train was crowded, so we had to *stand* all the way. 列車が混んでいてずっと立っていなければならなかった / *Stand* still while I take your picture. V+C (形) 写真をとる間じっと立っていてください / We *stood* here talk*ing* for half an hour. V+C (現分) 私たちはここで 30 分立ち話をした / *Stand* clear of the doors! ドアから離れていてください《地下鉄などでのアナウンス》.

語法 stand と進行形
(1) 進行形は(一時的な)状態を表わす《⇒ stand up (句動詞) 語法》: Somebody *was standing* at the gate. だれかが門の所に立っていた.
(2) 進行形となるのは主語が人や動物のとき; ただし物でも移動できるものとか still を伴うときや, 一時的状態を強調するときには可能: The tower *was still standing* after the great earthquake. その塔は大地震の後も立っていた / I couldn't get through because your car *was standing* in the way. 君の車がじゃましていて通れなかった.

関連 sit 座っている.
❷ **立ち上がる**, 立つ《動作を表わす》: They *stood* (in order) to see better. 彼らはもっとよく見ようと立ち上がった / They *stood* (*up*) when the band started to play the national anthem. 楽団が国歌を演奏し始めると彼らは起立した. 語法 この意味ではしばしば up を伴う《⇒ stand up (句動詞)》. 関連 sit 座る.
❸ [普通は副詞(句)を伴って] (物が)(ある位置に)ある, 立っている, 置かれる: Where did the castle *stand*? その城はどこにありましたか / Our school ***stands on*** a hill. V+前+名 私たちの学校は丘の上にある / Warehouses ***stood along*** the river. 川に沿って倉庫が建っていた / Few houses were left *standing* after the explosion. 爆発の後には残っている住宅はほとんどなかった.
❹ (...の)**状態にある** [≒be]; (...の)立場[態度]をとる: The door *stood* open. V+C (形) ドアは開いていた / The factory *stands* empty. 工場は空いている / I'm happy with ***the way things stand*** now. 私は現状に満足している / ***Where*** [***How***] do you ***stand on*** this issue? この問題にどんな立場をとっていますか / I don't know ***where*** I ***stand with*** her. 彼女にどう思われているかわからない. ❺ 立ち止まる, 停止する; 動かずに[静止して]いる; (列車・車などが)一時停車[駐車]している;

(食材などが)寝かせてある; (水などが)たまる, よどむ: A taxi was *standing at* the front door. タクシーが正面玄関の所に止まっていた / NO STANDING 《米》路上停車禁止《掲示》/ Leave the mixture to *stand* overnight. 混ぜたものは一晩寝かせてください. ❻ [進行形なし]《格式》(人・建物・木などの高さが)...ある; (等級・席次・程度・数値が)...である: He *stands* six feet [foot] one (tall). 彼は(身長が)6 フィート 1 インチある / The governor *stood* high in the (public opinion) polls. その知事は世論調査では評判がよかった / The unemployment rate *stood at* 4%. 失業率は 4% だった / The score *stands at* 5 to 1. 得点は 5 対 1 だ. ❼ そのままである, 有効である: The rule still *stands*. その規則は今も有効だ / My offer still *stands*. 私の申し出はまだ生きていますよ. ❽《英》立候補する [≒run] (*for*).

— 他 ❶ (物)を(...に)**立てる**, 立てかける, 立てて置く; (人)を立たせる (*up*): He ***stood*** a ladder ***against*** the wall. [V+O+前+名] 彼はその塀にはしごをかけた / ***Stand*** the candle ***on*** this table. ろうそくをこのテーブルの上に立て(ておき)なさい.

❷ [普通は否定文・疑問文で can, could を伴って] (...)を**我慢する**, (...すること)に耐える《⇒ bear[1] 類義語; stand for ... (句動詞) 3 語法》: I *can't stand* her [jazz]. 私は彼女[ジャズ]が大嫌いだ / I *can't stand* the pain. この痛みには耐えられない / My wife ***can't stand*** me smok***ing***. [V+O (動名)] 妻は私がたばこを吸うのを我慢できない / [言い換え] I *can't* even ***stand to*** think about it. [V+O (to 不定詞)] = I *can't* even *stand* think*ing* about it. それについては考えたくもない. ❸ (物事が)(...)に耐えて持ちこたえる, (試練など)に耐える: I wonder if his tax returns will *stand* close examination. 彼の税金の申告は細かく調べられても大丈夫だろうか. ❹ [could を伴って] Ⓢ ...したほうがよい; ...が必要である: You *could stand to* go on a diet. 君はダイエットしたほうがよい. ❺《英》(人に)(飲み物など)をおごる: A friend of mine *stood* me a drink. 友人が私に 1 杯おごってくれた.

as it stánds = as thíngs stánd [副] (1) そのまま(の状態)で(は). (2) 現状では: *As* 「*it stands* [*things stand*], a higher unemployment rate is unlikely. 現状ではこれ以上失業率が上がることはないだろう.

(as) súre as I'm stánding hère [副]《米略式》確実に, 間違いなく.

from whère Í stànd [副] Ⓢ 私の考えでは, 私から見て.

stánd on one's **héad [hánds]** [動] 自 逆立ちする《head を用いるときは頭も床につけた逆立ちの意》.

stánd to dó [動] [lose, gain, win, make などを伴って] ...しそうである: Who *stands to gain* from this war? この戦争で得をしそうなのはだれか.

stand の句動詞

stánd agàinst ... 動 他 ❶ ...に立てかけられている. ❷ ...に対抗する, 抵抗する; ...に反対する. ❸ ...を背景にして立つ.

+**stánd aróund** 動 自 **ぼんやりと立っている**, 何もしないでいる: Don't just *stand around*! Get to work! つっ立ってないで仕事にかかりなさい.

stánd asíde 動 自 ❶ わきへ寄る: I *stood aside* to let them pass. 私はわきへ寄って彼らを通した. ❷ 傍観する. ❸ 仕事から身を引く.

+**stánd báck** 動 自 ❶ **後ろに下がる**[**下がっている**] (*from*): He *stood back* to let them pass. 彼は彼らが通れるように後ろに下がった. ❷ (家などが)(...から)引っ込んでいる (*from*). ❸ 距離を置いて冷静に考える.

stánd behìnd ... 動 他 ❶ ...の後ろに立つ. ❷ ...を支持する.

stánd betwèen ... and ~ 動 他 ❶ ...と～の間に立つ. ❷ (物事が)...と～の間に立ちはだかる, ...の～を妨害する: Nothing *stands between* you *and* success. 君の成功をはばむものは何もない.

+**stánd bý** 動 自 ❶ **何もしないで見ている**, 傍観する; そばに立つ, 近くにいる: He can never *stand by* when he sees the weak oppressed by the strong. 彼は弱者が強者にしいたげられているのを見ると黙っていられない《⇒ the[1] 3》. 関連 bystander 傍観者.

❷ (...に備えて)**待機する** (*to do*): They were *standing by for* the next order. 彼らは次の命令に備えて待機していた / We're experiencing technical difficulties. Please *stand by*. 技術上のトラブルが起きています. そのままお待ちください《テレビの放送の不具合などで》. (名 stándbỳ)

***stánd by ...** 動 他 ❶ (約束・方針など)**を堅く守る**. ❷ (人)**に味方する**, (人)**を支持する**, 助ける: He always *stood by* his employees in difficult times. 彼は従業員が困っているときはいつも力になってあげた. ❸ ...のそばに立つ.

stánd dówn 動 自 ❶ (役職などから)退く [≒step down] (*as*). ❷ (証人が)証人台から降りる.

***stánd for ...** 動 他 ❶ ...**を表わす**, ...の略語である; ...を象徴[代表]する: "BBC" *stands for* British Broadcasting Corporation. BBC というのは英国放送協会のことだ. ❷ ...を支持する, ...に味方する: *stand for* free trade 自由貿易に賛成する. ❸ [否定文で] ...を我慢する, 容認する: I *won't stand for* being spoken to like that. そんなふうに話しかけられるのは我慢がならない. 語法 stand 他 2 と比べて「(人の行動)を許容する」の意が強い; また won't の後にしばしば用いる. ❹《英》...に立候補する [≒run for ...].

stánd ín 動 自 (人の)代わりをする, 代理を務める (*for*). (名 stánd-ìn)

stánd óff 動 自 離れて立つ; 離れている; (...に)よそよそしくしている (*from*).

***stánd óut** 動 自 ❶ **目立つ**, 際立って見える; 抜きん出る, 頭角を現わす (*from*, *among*, *as*): The tower *stood out against* the blue sky. その塔は青空を背景にくっきりと見えていた / She *stood out in* a crowd because she was so tall. 彼女はとても背が高かったので人込みで目立った. ❷ (...から)突き[浮き]出る. ❸《英》(...に反対して)あくまでがんばる[抵抗する] (*against*).

stánd òver ... 動 他 ❶ (人)を監督する, (人)を見守る. ❷ ...を見下ろす(ようにして立つ).

**stánd úp

動 自 ❶ **立ち上がる**; 立っている: All the children *stood up* when the teacher came into the room. 先生が部屋に入ってくると子供たちはみんな起立した. 語法 進行形は「立っている」と「立ち上がろうとしている」の 2 通りの意味になり得る. ❷ [副詞(句)を伴って] 持ちこたえる, もつ: Our car has *stood up* well. うちの車はよくもった. ❸ 通用する, 有効である.

— 他 ❶《略式》(人)に待ちぼうけをくわせる: I was *stood up*. 私はすっぽかされた. ❷ (人・物)を立たせる.

stánd úp and be cóunted [動] ⓐ (結果を恐れずに)自分の考えを明確に(主張)する.
stánd úp for ... [動] ⓗ ...**のために立ち上がる, ...を支持する**, (権利など)を擁護する: He *stood up for* his friends. 彼は友人たちの味方をした.
stánd úp to ... [動] ⓗ (1) (人)**に勇敢に立ち向かう**, (人)に抵抗[対抗]する: She *stood up to* her boss. 彼女は上司に立ち向かった. (2) ...**に耐える**: These shoes will *stand up to* hard use. この靴はどんなに乱暴にはいても大丈夫だ.

— 名 (stands /stǽndz/)

意味のチャート
「立つ, (ある所に)いる」の意から
→(立つ所) →(比喩的に) →「**立場**」❶ →(立場の主張) →「**抵抗**」❷
→(いる所) →(物売りのいる所) →「**屋台店**」❹
　　　　　→(観客のいる所) →「**観覧席**」❺
→(立てる物) →「**...立て, 台**」❸

❶ Ⓒ [普通は単数形で] (はっきりした)**立場, 考え方**, 態度: take a firm ***stand on*** [***against***] ... ...についてはっきりした立場をとる[きっぱりと反対する] / Let me make *my stand on* this issue clear. この問題についての私の立場を明確にしましょう / What's *your stand on* this matter? この件に対するあなたの考えはどうですか.
❷ Ⓒ **抵抗**, 反抗; 抵抗の期間: They made a last ***stand against*** the enemy. 彼らは敵に対して最後の抵抗をした.
❸ Ⓒ (物をのせる)**台**, ...立て, ...掛け, ...入れ; 演壇: a music *stand* 譜面台 / Please put your umbrella in the *stand*. 傘はどうぞ傘立てに入れてください.
❹ Ⓒ **屋台**, 露店; (新聞・雑誌などの)**売店**, スタンド; 商品陳列台: a hot-dog [vegetable, fruit] *stand* ホットドッグ[野菜, 果物]を売っている屋台 / I always buy *The New York Times* at that *stand*. 私はいつもあのスタンドで『ニューヨークタイムズ』を買う. 関連 newsstand 新聞[雑誌]売り場. ❺ Ⓒ [普通は the ~s] 観覧席, スタンド: *the* left-field *stands* レフトスタンド / a roar of applause from *the stands* 観覧席からの拍手のあらし. 関連 grandstand 正面特別観覧席. ❻ [the ~] (法廷の)証人席 [《米》 witness stand, 《英》 witness box]: take *the stand* 証人台に立つ. ❼ Ⓒ (客待ちの)タクシー乗り場 (taxi stand). ❽ Ⓒ 《主に米》 (劇団などの)興行. ❾ Ⓒ (同種の樹木の)群生 (*of*).

単語のキズナ　STA／**立つ**=stand

stand	**立っている**		
stage	(立つ所)	→	**舞台**
station	((人が)立つ所)	→	**駅**
state	(立っている様子)	→	**状態**
status	(立っている様子)	→	**状況; 地位**
stable	(立っていられる)	→	**安定した**
statue	(立つもの)	→	**像**
establish	(しっかり立たせる)	→	**設立する**
obstacle	(...に対して立つもの)	→	**障害**

stand·a·lone /stǽndəlòʊn/ 形 ❶ 限定 〔コンピュータ〕 (パソコンが)ネットワークに接続されていない. ❷ 限定 (会社などが)独立した.

*****stan·dard** /stǽndəd | -dəd/ ❗アク

— 名 (stan·dards /-dədz | -dədz/)

意味のチャート
stand と関連して, 原義は「立脚点」.
→(軍隊の集合地点) →(その場所を示す)「**旗印**」❹
→(王の旗印) →(物事の基本となるもの) →「**基本単位**」❷ →「**標準**」❶

❶ C,U **標準**, 基準, 水準, 規格; [複数形で] (道徳的な)規範: a low ***standard of*** living 低い生活水準 / high moral *standards* 高い道徳規範 / ***set*** a ***standard*** 基準を定める / ***meet*** [***reach***] a ***standard*** 基準に達する / ***raise*** [***improve***] ***standards*** 水準を上げる / ***lower standards*** 水準を下げる / ***maintain standards*** 水準を維持する / be ***up to standard*** 標準に達している / ***below standard*** 標準以下で / You can't judge their works ***by*** our ***standards***. 彼らの作品を我々の基準では評価できない / ***by any standard***(*s*) どの点から判断しても, 誰が見ても. ❷ Ⓒ (度量衡の)基本単位. ❸ Ⓒ (ポピュラー曲の)標準的な演奏曲目, スタンダードナンバー. ❹ Ⓒ 旗, 軍旗.
— 形 ❶ **標準の**, 標準的な; 普通の: *standard* practice [procedure] 通常のやり方[手順] / a *standard* size 標準サイズ / *standard* English 標準英語. ❷ 限定 一流の, 権威のある: *standard* authors 一流の作家たち. (動 stándardìze)

stan·dard-bear·er /stǽndədbè(ə)rə | -dədbèərə/ 名 Ⓒ 《格式》 主唱[唱導]者; 〔軍隊〕 旗手.

stándard deviátion 名 Ⓒ 〔統計学〕 標準偏差.

stan·dard·i·za·tion /stæ̀ndədɪzéɪʃən | -dədaɪz-/ 名 Ⓤ 標準化, 規格化, 統一: International Organization for *Standardization* 国際標準化機構, ISO.

stan·dard·ize /stǽndədàɪz | -dəd-/ 動 ⓗ (...)を標準化する, 規格化する. (名 stándard)

stándard làmp 名 Ⓒ 《英》 = floor lamp.

stándard tìme 名 Ⓤ 標準時《グリニッジ標準時を基準にして一定の国・地域で公式に採用した時間》: Japan *Standard Time* 日本標準時《略 J.S.T.》. 関連 local time 現地時間 / time zone (同じ標準時を用いる)時間帯.

stand·by /stǽn(d)bàɪ/ 名 (~s) Ⓒ (いざという時に)代わり[頼り]になる物[人], 代役, 代替物. **on stánd-by** [形] 待機して; キャンセル待ちをして. (動 stánd bý)
— 形 限定 キャンセル待ちの; 待機をしている: a *stand-by* ticket キャンセル待ち割安切符.

stand·ee /stændíː/ 名 Ⓒ 《主に米》 立ち(席)客.

stand-in /stǽndìn/ 名 Ⓒ 代理, 替え玉; (映画・テレビ俳優の)代役, 吹き替え (*for*).

stand·ing /stǽndɪŋ/ 形 ❶ 限定 常置の, 常備の; いつも変わらない, 永続的な: a *standing* committee 常任委員会 / a *standing* joke いつもの冗談 / You have a *standing* invitation to join us. いつおいでになっても結構です. ❷ 限定 立っている; 立ったままの: The pianist got a *standing* ovation. ピアニストは満場総立ちのかっさいを受けた. ❸ 限定 動かない, 流れない: *standing* water よどんだ水.
— 名 ❶ Ⓤ 立場; 身分, 地位; 評判, 名声 (*in*): people of high *standing* 身分の高い人たち / social *standing* 社会的地位. ❷ Ⓤ 持続, 継続: a custom of long *standing* 長く続いている慣習 / a member of ten years' *standing* 10年継続会員. ❸ [複数形で] (競技の)順位表.

stánding órder 名 ❶ C,U 《英》 口座の自動振替[引き落とし]. ❷ C,U (変更がない限り続く)継続注文.

stánding ròom 名 U 立ち見席: STANDING ROOM ONLY 立ち見席のみ《掲示》.

stand·off /stǽndɔ̀:f | -ɔ̀f/ 名 (~s) C 行き詰まり; 同点: in a *standoff* 膠着(こうちゃく)状態で.

stand·off·ish /stæ̀ndɔ́:fɪʃ | -ɔ́f-⁻/ 形 よそよそしい, つんとした (*with*).

stand·out /stǽndàʊt/ 名 [単数形で] 《米》 目立つ人[もの], 抜きん出た人[もの] (*among, in*). — 形 限定 《米》 目立つ, 抜きん出た.

+**stand·point** /stǽn(d)pɔ̀ɪnt/ 名 (-points /-pɔ̀ɪnts/) C [普通は単数形で] **立場**, 見地, 観点, 論点, 見方: from a political *standpoint* 政治的観点[見地]から.

St. An·drew /seɪntǽndru: | s(ə)nt-/ 名 固 セントアンドルー《Scotland の守護聖人; ⇒ patron saint》.

stand·still /stǽn(d)stɪ̀l/ 名 [a ~] 停止; 行き詰まり: be at *a standstill* 停止している / bring ... to *a standstill* ...を止める / come to *a standstill* 止まる.

+**stand-up** /stǽndʌ̀p/ 形 ❶ 限定 (観客の前で)**1 人で立って演じる**, 漫談の: a *stand-up* comedy [comedian] スタンダップコメディ[コメディアン]. ❷ 限定 (食事などが)立食式の: a *stand-up* lunch 立食の昼食. ❸ 限定 《英》 (口論などが)激しくやり合う. ❹ 限定 (襟などが)立っている.
— 名 U スタンダップコメディ; C スタンダップコメディアン.

stank 動 stink の過去形.

stan·za /stǽnzə/ 名 C (詩の)節, 連《普通は韻を踏んだ詩句 4 行以上から成る; ⇒ rhyme 囲み》.

+**sta·ple¹** /stéɪpl/ 名 (~s /~z/) C **ホッチキスの針**, (製本用の)ステープル《⇒ needle 表》; **逆 U 字くぎ**《逆 U 字形の留め金》, かすがい.
— 動 他 (...)をホッチキスでとじる; 逆 U 字くぎで留める (*together; to*).

+**sta·ple²** /stéɪpl/ 名 (~s /~z/) ❶ C **主要[基本]食品**: People were running out of *staples* like flour and butter. 人々は小麦粉やバターのような主要食品に事欠いていた. ❷ C (ある地域の)主要産物, 重要商品. ❸ C 主な要素 (*of*).
— 形 ❶ 限定 **主要な**, 重要な: *staple* foods 主要食品《塩・砂糖・小麦粉など》/ a *staple* diet 主食; いつものもの, 定番. ❷ 限定 (口実などが)いつもの.

sta·pler /stéɪplɚ | -plə/ 名 C ホッチキス. 日英 「ホッチキス」は考案者の名の Hotchkiss に由来する商標名だが, 英語では用いない.

***star** /stάɚ | stά:/

— 名 (~s /~z/) ❶ C **星**; 天体: The *stars* were out [shining, twinkling] in the sky. 星が空に出て[輝いて, きらめいて]いた / a shooting [falling] *star* 流れ星 / the evening [morning] *star* 宵[明け]の明星《金星》. 関連 earth 地球 / sun 太陽 / moon 月. 語法 厳密には惑星 (planet), 衛星 (satellite), 彗星(すいせい) (comet), 流星 (meteor) 以外の恒星 (fixed star) だけを star と呼ぶ.

❷ C **スター, 人気俳優[歌手, 選手]**, 人気者, 花形; (映画・劇などの)**主役**: a pop *star* ポップスの有名歌手 / a big *star* 大物スター / a rising *star* 人気上昇中の人 / baseball *stars* 野球のスター選手たち / a TV *star* テレビタレント《⇒ talent 日英》 / *star* quality スター性 / the ***star of*** the TV series その連続ドラマの主役 // ⇒ movie star.

❸ C **星形のもの**, 星印《☆, * など; ⇒ asterisk》; 星章, 星形勲章; (ホテル・レストランなどの格付けを示す)星: The words marked with three *stars* in this dictionary are the most basic words. この辞書で 3 つ星印がついている語は最も基本的な語です / a three-*star* hotel [restaurant] 3 つ星のホテル[レストラン]. 関連 Stars and Stripes 星条旗.

❹ C [しばしば形容詞的に] (ある分野で)傑出した人, 第一人者: the *star* of the show 最も優れた俳優[演技者] / a *star* player 花形選手 / a *star* salesman トップセールスマン.

❺ [複数形で; 所有格または the とともに] 《英略式》 (新聞・雑誌などの)星占い(の欄): read *one's stars* 星占いを見る.

❻ C (運命を支配するといわれる)星, 運勢: She was born *under* 「a lucky [an unlucky] *star*. 彼女は幸運の[不幸な]星のもとで生まれた.

have stárs in one's **èyes** [動] 自 夢心地である.
réach for the stárs [動] 自 (大きな)夢を追う.
sée stárs [動] 自 (頭を強打して)目から火が出る.
ùnder the stárs [副] 夜に屋外で.
Yóu're a stár! Ⓢ 《英》 君はいい人だ《助けてくれた人に感謝して》. (形 stárry)

— 動 (stars; starred; star·ring /stά:rɪŋ/) 自 **主役を演じる**, 主演する: a *starring* role 主役 / Catherine ***starred as*** a doctor ***in*** that film. V+C (*as*+名)+*in*+名 キャサリンはその映画で医者の役で主演した / *star* with ... ...と共演する / *star* opposite ... ...の相手役を務める.
— 他 ❶ [受身なし] (...)を(映画・劇に)**主演させる**, 主役として迎える (*in, as*): This movie will *star* a famous actress. この映画には有名な女優が主演する. ❷ [普通は受身で] (...)に星印を付ける: the *starred* items on the list リストで星印付きの項目.

star·board /stάɚbəd | stά:bəd/ 名 U 右舷(うげん)《船首に向かって右側》; (航空機の機首に向かって)右側 [⇔ port]. — 形 右舷[右側]の.

starch /stάɚtʃ | stά:tʃ/ 名 U,C でんぷん; でんぷん質の食品; U (洗濯用の)のり. 関連 cornstarch 《米》 コーンスターチ. — 動 他 [普通は受身で] (衣類)にのりづけする.

starch·y /stάɚtʃi | stά:-/ 形 (starch·i·er; -i·est) ❶ でんぷん(質)の. ❷ 堅苦しい, 形式ばった.

star-crossed /stάɚkrɔ̀:st | stά:krɔ̀st/ 形 《文語》 星回りの悪い, 不運な.

star·dom /stάɚdəm | stά:-/ 名 U スターの地位.

star·dust /stάɚdʌ̀st | stά:-/ 名 U ロマンチックな感じ(を起こすもの), 夢心地.

stare** /stéɚ | stéə/ 発音 (同音 stair) 動 (stares /~z/; stared /~d/; star·ing /sté(ə)r-ɪŋ/) 自 **じっと見つめる**, 凝視する, じろじろ眺める; (目が)大きく開く: The boy ***stared at the stranger. V+*at*+名 少年はその見知らぬ人の顔をじっと見た / The old man was ***staring into*** space. V+*into*+名 老人は空(くう)を見つめていた.

stáre dówn [《英》 **óut**] [動] 他 (人)をじっと見つめて目をそらさせる.

stáre ... in the fáce [動] 他 (1) (人)の**顔をじっと見つめる**: He *stared* her *in the* face. 彼は彼女の顔をじっと見つめた. (2) [進行形で] (捜し物などが)(人)のすぐ目の前にある; (答えなどが)(人)に明白である. (3) [進行形で] (いやな事が)(人)の目前に迫る; (人が)(いやな事)を目前にする.

— 名 (~s /~z/) C **じっと見つめること**, 凝視: He gave me an icy *stare*. 彼は私を冷たく見つめた.

star·fish /stάɚfɪʃ | stά:-/ 名 (複 ~, ~·es) C ひとで《海産動物》.

star·gaz·er /stάɚgèɪzɚ | stά:gèɪzə/ 名 C 星を眺める人;《略式》天文学者, 占星家.

+**stark** /stάɚk | stά:k/ 形 (stark·er; stark·est) ❶ (景色などが)**荒涼とした**; 飾りのない, むき出しの: a play with a *stark* setting 舞台装置が全くない芝居. ❷ (描写・事実などが)**あからさまな**, 赤裸々な, (不快で)厳しい; (対照などが)きわだった: a *stark* reality 厳しい現実 / in *stark* contrast 鮮やかに対照をなして. ❸ 限定 正真正銘の, 全くの: *stark* terror 本物の恐怖.
— 副 [次の成句で] **stárk náked** [形] まっ裸で. **stárk ráving** [《英》 **stáring**] **mád** [形] すっかり狂って.

stark·ly /stάɚkli | stά:k-/ 副 あからさまに; 全く; きわだって; 荒涼として; むき出しで.

star·less /stάɚləs | stά:-/ 形 星(明かり)のない.

star·let /stάɚlət | stά:-/ 名 C 女優の卵.

star·light /stάɚlàɪt | stά:-/ 名 U 星明かり.

star·ling /stάɚlɪŋ | stά:-/ 名 C ほしむくどり《物まねがうまい鳥》.

star·lit /stάɚlìt | stά:-/ 形 限定《文語》星明かりの.

star·ry /stά:ri/ 形 (star·ri·er; -ri·est) ❶ (空が)星の多い, 星をちりばめた, 星明かりの. ❷ 星のような; (目が)星のように輝く. (名 star)

star·ry-eyed /stά:riάɪd←/ 形《略式》夢想的な, 空想的な, 非現実的な (*about*).

+**Stárs and Strípes** 名 固 [the ~ として単数扱い] **星条旗**《米国の国旗; the Star-Spangled Banner ともいう》. 参考 赤と白の 13 の筋 (stripes) と青地に 50 の星 (stars) から成る旗で, 独立時の州の数と現在の州の数を表わす.

stár sìgn 名 C = sign 6.

Stár-Span·gled Bánner /stάɚspæ̀ŋgld- | stά:-/ 名 固 ❶ [the ~]「星条旗」《米国の国歌; 1931 年に制定》. 参考 プロスポーツの試合開始時に歌われるのが典型的で, 人々は敬意を表わすために起立脱帽し右手を胸に当てる《⇒ God Bless America, God Save the Queen》 ❷ [the ~] = Stars and Stripes.

star·struck /stάɚstrʌ̀k | stά:-/ 形 スター(の世界)に魅せられた.

star-stud·ded /stάɚstʌ̀dɪd | stά:-/ 形 限定 スター総出演の: a *star-studded* cast オールスターキャスト.

***__start__** /stάɚt | stά:t/
— 動 (starts /stάɚts | stά:ts/; start·ed /-tɪd/; start·ing /-tɪŋ/) 自

意味のチャート
原義は「急に動く」.
→「動き始める」❸ ─┬→「始まる」❶
　　　　　　　　　└→「出発する」❷

❶ (事が)**始まる**, 生じる, 起こる; (人が)**始める**, (仕事などに)取りかかる《⇒ begin 類義語》: What time does your class *start*? 君の授業は何時に始まるの / The concert *starts* at six. コンサートは 6 時に始まる / The fire *started* in his office. 火事は彼の事務所で発生した / *Starting* (from) next month, the price of beef will be raised (by) 5%. 来月から牛肉の値段が 5% 上がる / His speech ***started with*** a joke. V+with+名 彼のスピーチは冗談で始まった 多用 / He has ***started on*** a new play. V+on+名 彼は新しい劇を書き始めた / We ***started*** (***off***) ***by*** introduc***ing*** ourselves. V(+off)+by+動名 私たちはまず自己紹介から始めた / She ***started as*** a salesclerk. V+C (as+名) 彼女は店員として最初の職についた / Dancers have to *start* young. V+C (形) ダンサーは幼いときに始める必要がある.

...から始まる
授業は午前 8 時 30 分から始まる.
○The class **starts at** 8:30 a.m.
×The class starts from 8:30 a.m.

❷ **出発する**, 出かける《⇒ leave[1] 類義語》;〔スポーツ〕スタートする: I want to *start* early tomorrow morning. あすの朝は早く出発したい / He ***started for*** work. V+前+名 彼は仕事に出かけた / John *started* well [badly]. V+副 ジョンはスタートがよかった[まずかった].
❸ (機械などが)**動き始める** [⇔ stop]: The engine *started* at last. やっとエンジンがかかった.
❹ [副詞(句)を伴って] (道・河川などが)(...を)起点とする; (尺度などのある点から)始まる: The Yukon *starts in* Canada. ユーコン川はカナダが源流である / Retail prices *start at* [*from*] $20. 小売価格は最低が 20 ドルである.
❺〔スポーツ〕(試合などに)先発メンバーとして出る (*for*): John *started at* third last night. 昨夜ジョンは三塁手で先発した.
❻ (驚いて)びくっとする, 飛び上がる; さっと動く, 飛び出す (*from*): I *started at* the strange sound. 私は妙な物音にびくっとした.
❼ (文句などを)言い出す: Don't (you) *start* (*with* me). Ⓢ (文句を言うのは)やめてよ.
— 他 ❶ (...)**を始める**; ...し始める《⇒ begin 類義語》; (物)を使い始める; (会社など)を起こす; (人)に(...を)始めさせる: *start* a discussion [fight] 討議[けんか]を始める / *start* the day with a cup of tea 一日を一杯の紅茶で始める / She *started* her business there. 彼女はそこで会社を始めた / Tom *started* school last month. トムは先月学校へ入った. 語法 start a school は「学校を創立する」の意 // Suddenly he ***started*** laugh***ing***. V+O (動名) 突然彼は笑いだした 多用 / Suddenly it ***started to*** rain. V+O (to 不定詞) 突然雨が降りだした 多用《⇒ it[1] A 2》/ I'm *starting to* miss you. あなたのことが恋しくなりだした / His joke ***started*** everybody laugh***ing***. V+O+C (現分) 彼の冗談でみんなが声を立てて笑いだした.

語法 **start+to *do***
(1) start で V+O (to 不定詞) の型が好まれる場合は begin 他 語法 で述べてあるものと同じである.
(2) V+O (to 不定詞) の型のとき, 不定詞の表わす動作が実際には行なわれなかったことを暗示することがある: He *started to* speak, but then thought better of it and didn't say anything. 彼は口に出しかけたが思い直して何も言わなかった.

❷ (機械など)**を始動させる** [⇔ stop]: He *started* the stopwatch. 彼はストップウォッチを押した / I couldn't ***start*** (***up***) the engine. V(+up)+O 私はエンジンをかけられなかった.
❸〔スポーツ〕(人)を先発させる; (選手が)(試合など)に先発する.

gèt stárted [動] 自 (事を)始める; (事が)始まる.
gét ... stárted [動] 他 (エンジンなど)を始動させる; (人)に(事を)始めさせる.
stárt sòmething [動] 自 騒ぎを起こす.

to stárt wìth [副] [つなぎ語] (1) [普通は文頭で] Ⓢ まず第一に (⇒ to² B 7): *To start with,* I'd like to remind you of the following facts. まず第一に次の事実を思い出していただきたい. (2) [文末・文頭で] Ⓢ 最初は, 初めは: I'll have some beer *to start with.* とりあえずビールをいただきます.

Yóu [Hé, Shé] stárted it! Ⓢ お前[彼, 彼女]が始めたんだ《けんか・口論などを》.

start の句動詞

stárt báck 動 自 戻り始める, 帰途につく.

stárt ín 動 自 ❶《米》(仕事などに)取りかかる; (...を)食べ始める (*on*). ❷《米》(人を)非難し始める (*on*).

stárt óff 動 自 ❶ 出発する; 動きだす (*to, toward, back*). ❷ (事を)始める (*with, by doing*) (⇒ 自 1). — 他 ❶ (...)を始める (*with, by doing*). ❷ (...)を引き起こす. ❸ (人)に(...を)始めさせる (*with, on*).

stárt ... óff dóing [動] 他 (人)に〜させる.

stárt on ... 動 他 ❶ ...に取りかかる (⇒ 自 1). ❷ [受身なし]《英略式》(人)を攻撃し始める, (人)に文句を言う.

stárt ón at ... 動 他《英略式》(人)を非難し始める.

stárt ... on 〜 動 他 (人)に(〜)を与え始める.

stárt óut 動 自 ❶ [補語を伴って] (...で[として])始める[始まる]: She *started out as* a substitute teacher. 彼女は初めは代用教員として職に就いた. ❷ (事を)始める, (...に)着手する (*in, on, with*); (...しようと)始める, (...する)つもりである (*to do*). ❸ 出発する, 出かける.

stárt óut dóing [動] ...し始める, ...に着手する.

+**stárt óver** 動 自《米》(最初から)**やり直す**; また始まる: Let's *start* (*all*) *over*. 出直すことにしよう.

stárt úp 動 自 ❶ 事業を始める. ❷ (エンジンなどが)始動する. ❸ 始まる, 生じる. — 他 ❶ (事業など)を始める. ❷ (エンジンなど)を始動させる (⇒ 他 2); 〘コンピュータ〙(コンピューター)を起動する.

— 名 (starts /stáəts | stá:ts/) ❶ Ⓒ [普通は単数形で] **始め**, 始まり [≒beginning]; (活動の)**開始**, 着手: *at the start of* the new season 新しい季節の始まりに / That film was boring (right) *from the start*. その映画は(一番)最初から退屈だった / *from start to finish* 始めから終わりまで, 終始一貫して / We made a *start on* the cleaning. 私たちは掃除に取りかかった / make a fresh [new] *start* 一からやり直す.

❷ Ⓒ **出発**; (競走の)スタート; [the 〜] (競走の)出発点: make an early *start* 朝早く出発する / The runner got (off to) a good *start*. その走者はいいスタートをした / They set off from a standing *start*. 彼らは立ったままのスタートで走り出した. [関連] false start フライング.

❸ [a 〜] (驚いて)はっと[びくっと]すること: wake up with *a start* はっとして目を覚ます / You really gave me *a start*! びっくりしたよ. ❹ Ⓒ [普通は単数形で] (スタート・着手を容易にする)機会, 援助: They gave their daughter a good *start* in life. 彼らは娘が幸先(さいさき)よく世に出られるようにした. ❺ Ⓒ [普通は単数形で]〘スポーツ〙先発権 (⇒ handicap 名 2); 有利な立場, 機先 (*on*): We gave him a 10 meters' (head) *start*. 彼に 10 メートル先から走らせた. ❻ Ⓒ [普通は複数形で] (出場した)レース; (試合への)先発出場.

for a stárt [副] [つなぎ語]《略式》まず第一に [≒to start with].

gèt óff to a góod [bád] stárt [動] 自 出だしがいい[悪い] (⇒ 2).

+**start·er** /stáəṭə | stá:tə/ 名 (〜s /〜z/) ❶ Ⓒ **競走に出る人**, 出走馬, 出場車. ❷ Ⓒ スタートの合図係. ❸ Ⓒ 先発選手[投手]. ❹ Ⓒ (エンジンなどの)始動機. ❺ Ⓒ《主に英》(フルコースの最初の)前菜 [《米》appetizer]. ❻ Ⓒ [前に形容詞をつけて] (動きだすのが)...な人: a *slow starter* 出だしの遅い人.

for stárters [副] [しばしば [つなぎ語]] Ⓢ《略式》手始めに, まず第一に [≒first of all].

stárter mòtor 名 Ⓒ = starter 4.

stárt·ing blòck /stáəṭɪŋ- | stá:t-/ 名 [複数形で] (短距離走用の)スターティングブロック; Ⓒ (水泳の)スタート台.

stárting gàte 名 Ⓒ (競馬などの)ゲート《出発門》.

stárting lìne 名 Ⓒ スタートライン. [日英] 「スタートライン」は和製英語.

stárting pòint 名 Ⓒ (...の)出発[開始]点 (*for*).

+**star·tle** /stáəṭl | stá:-/ 動 (star·tles /〜z/; star·tled /〜d/; star·tling) 他 [しばしば受身で] (...)を(驚いて)**飛び上がらせる**, びっくりさせる: His voice *startled* me. 彼の声に私はびっくりした.

+**start·led** /stáəṭld | stá:-/ 形 **びっくりした** (⇒ surprised [類義語]): a *startled* look 驚いた表情 / We *were startled by* the news. [+by+名] 私たちはその知らせにびっくりした / She *was startled to* hear that. [+to 不定詞] 彼女はそれを聞いて驚いた.

+**star·tling** /stáəṭlɪŋ | stá:-/ 形 **びっくりさせるような, 驚くべき** [≒surprising]: *startling* news びっくりするような知らせ. **〜·ly** 副 びっくりするほど; [文修飾] 驚いたことに(は).

start-up /stáəṭʌ̀p | stá:-/ 形 [限定] 操業開始(時)の, 創業用の: *start-up* costs 開業費用. — 名 Ⓒ (創業したての)新会社《特にコンピューターやインターネット関連の会社》.

stár túrn 名 Ⓒ (ショーなどの)呼び物, 主役; 輝かしい演技.

+**star·va·tion** /staəvéɪʃən | sta:-/ 名 Ⓤ **餓死**; **飢餓**; 窮乏: die of *starvation* 餓死する. (動 starve)

starvátion díet 名 Ⓒ《略式》断食療法.

starvátion wáges 名 複 生活できないほどの低賃金.

+**starve** /stáəv | stá:v/ 動 (starves /〜z/; starved /〜d/; starv·ing) 自 ❶ **餓死する**; 飢える: *starve* to death 餓死する / Millions of people are *starving*. 何百万という人が餓死しかけている. ❷ [進行形で]《略式》非常に腹が減る: I'm *starving*. Ⓢ 私は腹ぺこだ (⇒ 他 の最後の例文). ❸ [しばしば進行形で]《主に米》(愛情・知識などに)飢える, 渇望する (*for*).

— 他 (人・動物)を**飢えさせる**, 餓死させる; 飢えさせて...させる: *starve* ... to death ...を餓死させる / The enemy was *starved into* submission. [V+O+into+名の受身] 敵は兵糧(ひょうろう)攻めで降服した / I'm *starved*. [V+O の受身] Ⓢ《主に米》私は腹ぺこだ.

be stárved of [《米》for] ... [動] 他 ...が不足している, ...に欠けている; (愛情・知識)に飢えている.

stárve óut [動] 他 (人)を飢えさせて追い出す (*of*). (名 starvátion)

〘語源 元来は「死ぬ」の意〙

stash /stǽʃ/ 動 他《略式》(金など)を隠す, しまっておく (*away*). — 名 Ⓒ [普通は単数形で]《略式》(麻薬・金などの)隠匿(いんとく)品, 隠した物 (*of*); 隠し場所.

state /stéɪt/

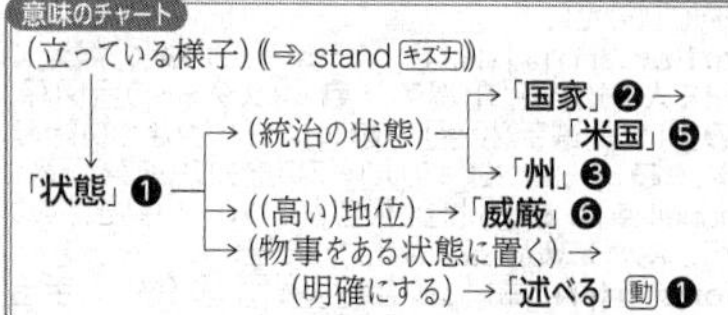

— 名 (states /stéɪts/) ❶ Ⓒ [普通は単数形で] **状態**, ありさま; 情勢 (⇒ 類義語): a *state of* war 戦争状態 / He's *in* a poor *state of* health. 彼は健康状態がよくない / Water *in* a solid *state* is called ice. 固体状態の水は氷と呼ばれる / You're 「*in no fit state* [*not in a fit state*] *to* work. 君はとても働ける状態ではない / The present *state of affairs* is dangerous. 現在の事態は危険だ.

❷ Ⓒ,Ⓤ [しばしば (the) S-] **国家, 国** (⇒ country 表): the Secretary of *State* 《米》 国務長官 (他国の外務大臣に当たる), 《英》 (国務)大臣 (⇒ secretary 成句) / a *state*-owned industry 国有事業 / a democratic *state* 民主主義国家 / discuss affairs [matters] of *state* 国務を論じる.

❸ Ⓒ [しばしば S-] (米国などの)**州**: There are fifty *states* in the United *States* of America. アメリカ合衆国には 50 の州がある.

❹ [形容詞的に; しばしば S-] **国家の**, 国有の; 《米》 **州の**, 州立の: *state* forests 国有林 / a *state* funeral 国葬 / *state* police 国家警察; 《米》 州警察 / the *State* bird [flower, song] 《米》 州鳥 [花, 歌] / a *state* university 《米》 州立大学. 関連 Federal 《米》 連邦政府の.

❺ [the States] Ⓢ 《略式》 **米国** (the United States). 語法 国外から米国を指すときに用いることが多い: We're going back to *the States* next week. 私たちは来週アメリカへ戻る / Which part of *the States* are you from? アメリカのどこの出身ですか / "Where are you going in *the States*?" "To California." 「アメリカのどちらへ行かれるのですか」「カリフォルニアです」 ❻ Ⓤ 威厳; 儀式; [形容詞的に] 儀式用の, 公式の: a *state* visit 公式訪問.

「be in [gét into] a státe [動] ⓐ (1) 《略式》 興奮している[する], 不安になっている[なる]. (2) 《略式》 散らかっている[散らかる].

in státe [副] (公式儀式として)威厳をもって: lie *in state* (要人の遺体が)公開で安置されている.

類義語 **state** 「状態」を意味するもっとも一般的な語で, あるがままの状態を表わす: the present *state* of the country その国の現状. **condition** 原因や周囲の状況との関係を考慮した特定の時期の状態を表わす: the *condition* of the engine エンジンの状態.

— 動 (states /stéɪts/; stat·ed /-ṭɪd/; stat·ing /-ṭɪŋ/) ⓗ ❶ (意見など)を(正式[公式]に)**述べる**, (ことばではっきり)言い表わす, 表明[言明, 陳述]する [≒ say]: He clearly **stated** his opinion *to* them. V+O+to+名 彼は自分の意見をはっきりと彼らに述べた / The witness **stated** positively [definitely] *that* he had seen the man enter the building. V+O (that 節) 証人はその男が建物に入るのを見たとはっきり陳述した 多用 / She didn't **state whether** she was married (or not). V+O (whether 節) 彼女は結婚しているかどうか言わなかった. ❷ [普通は受身で] (日時・価格など)を明記する.

(名 státement)

state·craft /stéɪtkræ̀ft | -krɑ̀:ft/ 名 Ⓤ 政治的手腕, 統治能力; 国政術.

stat·ed /stéɪṭɪd/ 形 限定 指定された, (はっきりと)決まった: by the *stated* date 指定の日までに / sell at a *stated* price 決められた値段で売る.

***Státe Depàrtment** 名 ⓖ [the ~] 《米》 **国務省** (他国の外務省に相当) (the Department of State).

state·hood /stéɪthʊ̀d/ 名 Ⓤ (独立した)国家[州]であること, 国家[州]の地位.

state·house /stéɪthàʊs/ 名 (-hous·es /-hàʊzɪz/) Ⓒ [普通は単数形で; しばしば S-] 《米》 州議事堂.

state·less /stéɪtləs/ 形 国籍のない, 無国籍の.

state·li·ness /stéɪtlinəs/ 名 Ⓤ 荘重, 威厳.

state·ly /stéɪtli/ 形 (state·li·er; -li·est) 堂々とした, 威厳のある, 荘厳な; (行進などが) 厳かな: *stately* buildings 堂々たる建物.

státely hóme 名 Ⓒ 《英》 (いなかの歴史的価値のある)大邸宅 (特に一般公開されているもの).

**state·ment /stéɪtmənt/

— 名 (state·ments /-mənts/) ❶ Ⓒ **陳述**, 述べたこと; 供述, 申し立て: Are the following *statements* true or false? 以下に述べたことは正しいか間違いか / give a correct [false] *statement to* the police 警察に正確な[虚偽の]供述をする / Do you believe his **statement that** he's innocent? +that 節 無実だという彼の申し立てを信じますか.

❷ Ⓒ (政府などの)**声明(書)**, ステートメント (*about, on*): issue [put out] a joint *statement* 共同声明を出す. ❸ Ⓒ (銀行などの)口座収支報告書, 計算書. ❹ Ⓤ 《格式》 述べ方, 陳述のしかた.

màke a státement [動] ⓐ (1) 声明を出す; 陳述する. (2) (服装・行動などで)立場[人柄]を示す, (自己)主張をする (*about*).

(動 state)

state-of-the-art /stéɪṭəvðiɑ́ət | -ɑ́:t/ 形 最新(式)の, 最先端技術を用いた.

state·room /stéɪtrù:m/ 名 ❶ Ⓒ (船・列車の)個室, 特等室. ❷ Ⓒ 《英》 (宮廷の)大広間, 国賓室.

státe schòol 名 ❶ Ⓒ 《英》 公立学校 [《米》 public school]. 関連 private school 私立学校. ❷ Ⓒ 《米略式》 州立大学.

state·side /stéɪtsàɪd/ [しばしば S-] 形 副 《米略式》 米本国の[で, へ]. 語法 米国本土外にいる人が本国に対して使う.

+**states·man** /stéɪtsmən/ 名 (-men /-mən/) Ⓒ [よい意味で] **政治家** (⇒ politician 類義語): a great *statesman* 偉大な政治家.

states·man·like /stéɪtsmənlàɪk/ 形 [よい意味で] (立派な)政治家らしい[にふさわしい].

states·man·ship /stéɪtsmənʃɪp/ 名 Ⓤ [よい意味で] 政治的手腕, 政治的な識見 (statecraft が性差のない語).

state·wide /stéɪtwàɪd/ 形 《米》 州全体の[にわたる]. — 副 《米》 州全体に(わたり).

stat·ic /stǽṭɪk/ 形 ❶ 静的な, 動き[変化]のない. 関連 dynamic 動的な. ❷ 限定 〔電気〕 静電気の; 〔物理〕 静止の: *static* electricity 静電気. — 名 ❶ Ⓤ 〔電気〕 (空電による)電波障害; 静電気. ❷ Ⓤ 《米略式》 抵抗, 反対, 批判.

stat·ics /stǽṭɪks/ 名 Ⓤ 〔物理〕 静力学.

***sta·tion /stéɪʃən/

— 名 (~s /~z/) ❶ Ⓒ (鉄道の)**駅** [《米》 railroad

station, 《英》 railway station]《略 Sta.》; 駅舎; (バスの)発着所 (bus station): Let's get off at the next *station*. 次の駅で降りよう / Is this our *station*? ここで降りるの / I'm at Tokyo *Station*. 今東京駅だ / 💬 "Excuse me. Could you tell me the way to the (train) *station*?" "Yes, just go straight along this street." 「すみません. 駅に行く道を教えていただけますか」「ええ. この通りをただ真っすぐ行ってください」 語法 (1) 駅名は普通は無冠詞. (2) 《米》 では小さな駅や停留所は depot ということが多い. (3) 終着(始発)駅は terminal ともいう. 関連 coach station 《英》 バスターミナル.

❷ C [普通は合成語で] 署, 局, 部; …**所**: a police *station* 警察署 / a fire *station* 消防署 / a gas *station* 《米》 = a petrol *station* 《英》 ガソリンスタンド / a research *station* 研究[観測]所.

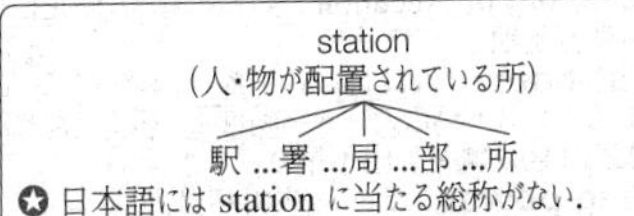

station
(人・物が配置されている所)
駅 ...署 ...局 ...部 ...所
✪ 日本語には station に当たる総称がない.

語法 前後の関係で明らかな場合には単に station だけで上の囲みのどれか 1 つを示すことが多い: We're about to run out of gas. Where's the nearest *station* (= service station)? ガソリンが切れかかっている. 最寄りのガソリンスタンドはどこだ / The angry mob set fire to the *station* (= police station). 怒った群衆は警察署に放火した / The fire engines have just left the *station* (= fire station). 消防車は消防署を出たところだ.

❸ C (テレビ・ラジオの)**放送局**; チャンネル, 周波数帯, 番組: a TV [radio] *station* テレビ[ラジオ]局 / We can only get three *stations* here. ここでは 3 つのチャンネルしか受信できない. ❹ C 《格式》 (個人の定められた)持ち場, 部署. ❺ C 《古風》 身分, 地位 [≒rank, status]. ❻ C (軍の)駐屯地. ❼ C 《豪》 大牧場.
— 動 他 [普通は受身で] (...)を(軍隊の)部署につかせる: Her son is *stationed* in Germany. 彼女の息子はドイツに配置されている.
〖⇒ stand キズナ〗

sta·tion·ar·y /stéɪʃənèri | -ʃ(ə)nəri/ 形 ❶ 動かない, 静止した: a *stationary* satellite 静止衛星. ❷ 変化のない. ❸ 据え付けの.

státion brèak 名 C 《米》〔ラジオ・テレビ〕 ステーションブレーク《番組間の小休止; 局名などを流す》.

sta·tion·er /stéɪʃ(ə)nɚ | -nə/ 名 C 文房具商《人・店》: a *stationer*'s (shop) 文房具店.

sta·tion·er·y /stéɪʃənèri | -ʃ(ə)nəri/ (同音 stationary) 名 ❶ U 便箋(びんせん)・封筒類: personalized *stationery* 個人名入り便箋[封筒]. ❷ U 筆記用具, 文房具《紙・インク・ペン・鉛筆など全体》. ✪ stationary (静止した)と混同しないこと.

státion hòuse 名 C 《古風, 米》 警察署 (police station); 消防署 (fire station)《建物を指す》.

sta·tion·mas·ter /stéɪʃənmæ̀stɚ | -mɑ̀:stə/ 名 C 駅長.

státion wàgon 名 C 《米》 ステーションワゴン《後部に折りたたみ式座席のついた大型の乗用車》 [《英》 estate car].

sta·tis·tic /stətístɪk/ 名 C ❶ (個々の)統計値[量]. ❷ [a ~] 《略式》 統計値としてしか認識されない人[こと]《事故の死亡者など》: become *a statistic* (統計値としての)死亡者の 1 人となる.

+**sta·tis·ti·cal** /stətístɪk(ə)l/ 形 [普通は 限定] **統計的な**, 統計上の; 統計学的な: *statistical* analysis 統計的な分析. (名 statístics)

-cal·ly /-kəli/ 副 統計的に.

stat·is·ti·cian /stæ̀ṭɪstíʃən/ 名 C 統計学者.

*__sta·tis·tics__ /stətístɪks/ ❗アク 名 ❶ [複数扱い] **統計**, 統計資料, 統計表: collect [gather] *statistics* 統計資料を集める / *Statistics* show [indicate] that women live longer than men. 統計によると女性は男性よりも寿命が長い. ✪ 無冠詞に注意. ❷ U 統計学. (形 statístical)

stát·ive vérb /stéɪṭɪv-/ 名 C 〔文法〕 状態動詞《⇒ dynamic verb, **巻末文法** 4 (4)》.

stats /stǽts/ 名 《略式》 = statistics.

stat·u·ar·y /stǽtʃuèri | -tʃuəri/ 名 U 《格式》 彫像, 彫刻物《全体》.

+**stat·ue** /stǽtʃu:/ ❗アク 名 (~s/~z/) C **像**, 彫像, 塑像(そぞう) (*of*)《特に人・動物をかたどった大きいもの》: 「put up [erect] a bronze [stone] *statue* 銅[石]像を立てる. 関連 sculpture 彫刻(作)品.

the Státue of Líberty [名] 自由の女神像《New York 港の入り口の Liberty Island にある》. (形 stàtuésque)
〖⇒ stand キズナ〗

stat·u·esque /stæ̀tʃuésk←/ 形 (特に女性が)(背が高く)すらりと均整のとれた; 彫像のような. (名 státue)

stat·u·ette /stæ̀tʃuét/ 名 C (飾り棚などに置く)小さな像.

stat·ure /stǽtʃɚ | -tʃə/ ❗発音 名 ❶ U 《格式》 (能力などの)水準, 高さ; 名声: a scholar of great *stature* 偉大な学者. ❷ U 《格式》 身長, 背の高さ [≒height]: be short in *stature* 背が低い.

*__sta·tus__ /stéɪṭəs, stǽṭ-/ 名 (~·es /~ɪz/) ❶ U,C **地位**, 身分; 資格: high-[low-]*status* jobs 高い[低い]地位の職 / the social ***status of*** women 女性の社会的地位 / legal *status* 法的資格 // ⇒ marital status. ❷ U (社会的)**信用**, 威信; 信望: lose one's social *status* 社会的信用を失う. ❸ [the ~] 状況, 現状: *the* current *status of* the Sino-Japanese trade talks 日中貿易交渉の現状.
〖⇒ stand キズナ〗

státus quó /-kwóʊ/ 名 [the ~] 現状.

státus sỳmbol 名 C 地位の象徴《所有者の社会的地位・豊かさなどを示すもの; 高級車・ヨットなど》.

stat·ute /stǽtʃu:t/ 名 C,U 成文法, 法令; 規則, 定款(ていかん): by *statute* 法令によって.

státute bòok 名 [the ~] 法令全書.

státute làw 名 U 制定法, 成文法. 関連 common law 慣習法, 判例法.

stat·u·to·ry /stǽtʃʊtɔ̀:ri | -təri, -tri/ 形 [普通は 限定] 《格式》 法定の, 法令による.

státutory rápe 名 U,C 《米》〔法律〕 法定強姦(罪)《法定承諾年齢未満の者との性交渉》.

staunch[1] /stɔ́:ntʃ, stɑ́:ntʃ | stɔ́:ntʃ/ 形 [普通は 限定] 忠実な, 信頼できる; 頼りになる, 頼もしい. **~·ly** 副 忠実に; 頼もしく.

staunch[2] /stɔ́:ntʃ, stɑ́:ntʃ | stɔ́:ntʃ/ 動 他 = stanch.

stave /stéɪv/ 名 ❶ C 〔音楽〕 譜表, 五線 [《米》 staff]. ❷ C おけ板, たる板; 棒. — 動 (staves; 過去・

[過分] staved, stove; stav·ing) [次の成句で] **stáve ín** [動] ⊕ (...)に穴をあける, (...)を壊す. **stáve óff** [動] ([過去]・[過分] staved) ⊕ (災難・危険など)を(一時的に)食い止める, 避ける.

staves /stǽvz, stéɪvz | stéɪvz/ [名] staff² の複数形.

***stay** /stéɪ/

— [動] (stays /~z/; stayed /~d/; stay·ing) ⊜ ❶ (ある場所・職務などに)とどまる, いる, 残っている [≒ remain]: *Stay* (right) here till I come back. 私が戻ってくるまでここにいなさい / I usually *stay home* [*at* home] on Sundays. [V+副 [at+名]] 私は日曜日はたいてい家にいる / She *stayed in* the house all day. [V+in+名] 彼女は一日中家にいた / Can you *stay for* [*to*] dinner? [V+for [to]+名] 晩ごはんを食べていきませんか《✪ 特に《米》では for が一般的》/ *Stay and* help me. Ⓢ ここに残って手伝ってよ《✪ stay *to* help ... の意; ⇒ and 5》.

❷ [普通は進行形なし] (...の状態の)ままでいる [≒ remain]: *stay* awake [V+C (形)] 起きている / *stay* the same 同じままである / We've *stayed* friends for ten years. [V+C (名)] 私たちの交友は 10 年続いている / *Stay* tuned. チャンネルはそのままで《テレビ・ラジオでコマーシャルの前などで》.

❸ [副詞(句)を伴って] 滞在する, 泊まる: We *stayed at* [*in*] a hotel. [V+at [in]+名] 私たちはホテルに泊まった / "Where are you going to *stay*?" "We'll *stay at* Mary's." 「どこに滞在されるのですか」「メアリーの家に泊まります」 [語法] 「どこに滞在していますか」は Where *are* you *staying*? と進行形で言い, ˣWhere do you stay? とは言わない // Mary is *staying with* her uncle [the Smiths]. [V+with+名] メアリーはおじ[スミスさん]のところに滞在している / We *stayed* there (*for*) two days. そこに 2 日間滞在した《⇒ for [前] A 5 [語法]》.

❹ [命令文で] 動くな《犬に対して》.

— ⊕ 〔法律〕 (判決など)を延期する, 猶予(ゆうよ)する: *stay* an execution 執行を猶予する.

be hére to stáy = have cóme to stáy [動] ⊜ (物事が)長続きする, 定着する.

stày pút [動] ⊜ Ⓢ そのままでいる, 動かないでいる: *Stay put* for a while. しばらくそこにいて.

stáy the níght [動] ⊜ 一晩泊る (*at, with*).

stay の句動詞

stáy aróund [動] ⊜ とどまる, そばにいる.

+**stáy awáy from ...** [動] ⊕ ❶ **...から離れている**, ...に近づかない, ...を避ける: *Stay away from* the fire. 火に近づかないように.
❷ (会合・学校など)**を欠席する**, 出ない: I'm going to *stay away from* school until my cold gets better. かぜがよくなるまで学校を休むつもりだ.

stáy behínd [動] ⊜ 居残る; 留守番をする.

+**stáy ín** [動] ⊜ (外に出ないで)**うちに[中に]いる**: The doctor told me to *stay in* for two or three days. 医者は私に 2, 3 日は外へ出ないようにと言った.

stáy óff ... [動] ⊕ ...に近づかない.

stáy ón [動] ⊜ ❶ 居続ける, 居残る; (職などに)留(とど)まる (*as*). ❷ (電灯・テレビなどが)ついたままである, (火が)燃えている.

+**stáy óut** [動] ⊜ ❶ **外にいる**, 帰らない: Little children shouldn't *stay out* after dark. 小さい子供たちは暗くなったら外にいてはいけません. ❷ [ときに stay out on strike として] ストライキを続ける.

stáy óut of ... [動] ⊕ ...にかかわらない: *Stay out of* my private life. 私のプライバシーに干渉するな.

stáy óver [動] ⊜ 一晩泊まる.

*__stáy úp__ [動] ⊜ ❶ (寝ないで)**起きている**; (人を)待って(遅くまで)起きている (*for*): I'll have to *stay up* all night to finish my homework. 宿題を終わらせるために徹夜しなければならない. ❷ 倒れない[落ちない]でいる, 掛かっている; (値段・温度などが)上がったままである.

*__stáy with ...__ [動] ⊕ ❶ **...の家に泊まる**, ...の家に滞在する《⇒ stay ⊜ 3》. ❷ (...)を(やめずに)続ける, そのまま使い続ける. ❸ (物事が)...の記憶[心]に残っている.

— [名] (~s /~z/) ❶ Ⓒ [普通は単数形で] **滞在(期間)**: I hope you enjoy your *stay in* Paris. パリでのご滞在をお楽しみください. ❷ [C,U] 〔法律〕 延期, 猶予(ゆうよ): (a) *stay* of execution 刑の執行猶予[停止], (一般の)執行延期.

stay-at-home /stéɪəthòʊm←/ [名] Ⓒ 《略式》 家にばかりいる人; 出不精の人. — [形] [限定] (子育てなどのために)家にいる; 《略式》 出不精の.

stáy·ing pòwer /stéɪɪŋ-/ [名] Ⓤ 持久力.

St. Bernard [名] Ⓒ = Saint Bernard.

STD /ésti:dí:/ [名] [C,U] 〔医学〕 性感染症《*s*exually *t*ransmitted *d*isease の略》.

stead /stéd/ [名] [次の成句で] **in ...'s stéad** [副] 《格式》 ...の代わりに [≒instead of ...]. **stánd ... in góod stéad** [動] ⊕ (経験・物などが)(将来[必要なときに])(...)の役に立つ. 〖[語源] 元来は「場所」の意〗

stead·fast /stédfæ̀st, -fəst | -fɑ̀:st, -fəst/ [形] 《文語》 [よい意味で] しっかりした, ぐらつかない, 不動の [≒ firm]: *steadfast* faith 確固たる信念 / He remained *steadfast in* his principles. 彼はぶれずに自分の主義を貫いた. 〖[語源] ⇒ stead, fast¹〗 **~·ly** [副] 断固として, ぐらつかずに, 一貫して.

+**stead·i·ly** /stédəli/ [副] **着実に**, しっかりと; 一定して, じっと: The patient is *steadily* recovering. 患者は着実に回復に向かっている / gaze *steadily* じっと見つめる.

stead·i·ness /stédinəs/ [名] Ⓤ 着実さ; 不変.

*__stead·y__ /stédi/ [形] (stead·i·er /-diə | -diə/; stead·i·est /-diɪst/)

意味のチャート
原義は「場所《⇒ stead》に固定された」→
「安定した」❶ →「一定の」❷,「堅実な」❸

❶ **安定した, しっかりした** [⇔ unsteady]: She handled the machine with a *steady* hand. 彼女はしっかりした手さばきで機械を操作した / Hold this ladder *steady*. このはしごをしっかりと押さえていてくれ / He's not *steady* on his legs. 彼は足もとが確かでない.
❷ (行動・状態が)**一定の**, むらのない, 着実な: walk at a *steady* pace 一定の歩調で歩く / Population growth has remained *steady* at about 3%. 人口の増加は 3% あたりで安定している / He's making *steady* progress in English. 彼の英語は着実に伸びている.
❸ (人が)堅実な, まじめな, 信頼できる: Mike is a *steady* worker. マイクはまじめに働く. ❹ [普通は [限定]] (仕事・収入などが)決まった; 固定の, 変わらない: a *steady* boyfriend 決まったボーイフレンド / get a *steady* job 定職につく.

(as) stéady as a róck [形] きわめて安定した; (人が)信頼できる, 忠実な.

— [副] = steadily.

gò stéady [動] ⓐ《古風, 略式》(いつも)決まった相手と付き合う (*with*)《今は go out (with)が普通》.
— 名 (stead·ies) Ⓒ《古風, 略式》決まった交際相手[恋人].
— 動 (stead·ies; stead·ied; -y·ing) ⓗ (...)を安定させる, ぐらつかないようにする[しておく]; (神経)を落ち着かせる. — ⓐ 安定する; 落ち着く.
stéady one**sèlf** [動] ⓐ 倒れないようにバランスをとる.
— 間 [ときに ~ on]《英略式》気をつけろ; 落ち着け.

+**steak** /stéɪk/ ❗発音 (同音 stake) 名 (~s /~s/) ❶ C,U **ステーキ**《普通は beefsteak の代わりにこの語を用いる》: "How would [How'd] you like your *steak*?" "*Rare*, please."「ステーキはどのように焼きましょうか」「レアにしてください」(⇒ How would you like ...? (like² 成句) (2)). 参考 焼き方には, rare (生焼けの), medium (中くらいの), well-done (よく焼いた)のような段階がある //⇒ sirloin steak.
❷ U,C (魚肉などの)**厚い切り身:** a salmon *steak* さけの切り身. ❸ U《英》こま切れの牛肉.

stéak hòuse 名 Ⓒ ステーキ専門レストラン.

⁑steal /stíːl/ (同音 steel)

— 動 (steals /~z/; 過去 stole /stóʊl/; 過分 sto·len /stóʊlən/; steal·ing) ⓗ ❶ (金・物)を(こっそり)**盗む, こっそり取る**(⇒ 類義語): They *stole* some money *from* the safe. V+O+*from*+名 彼らは金庫から金を盗んだ.

⚡ ...を盗まれる

私はスーツケースを盗まれた.
○I **had** my suitcase **stolen**.
○My suitcase **was stolen**.
×I was stolen my suitcase.

❷ (相手に気づかれずに)(無形のもの)を奪う, そっと[さっと]手に入れる; (事)をこっそり行なう: *steal* ...'s ideas ...の考えを盗む / He *stole* a kiss *from* her.《文語》彼は彼女に気づかれないうちにさっとキスした / She *stole* a glance at her boss. 彼女は上司をちらりと盗み見た.
❸〔野球〕(...)に盗塁する: *steal* third base 三盗する.
— ⓐ ❶ **盗む** (*from*): It's wrong to *steal*. 泥棒は悪いことだ. ❷ [副詞(句)を伴って] (気づかれずに)こっそり行く[来る], そっと入る[出る]: *steal into* [*out of*] the room そっと部屋へ忍び込む[を抜け出す]. ❸〔野球〕盗塁する. (名 stealth)

類義語 **steal** 他人の物や金をこっそり盗むこと: The money *was stolen* from his briefcase. その金は彼のかばんから盗まれた. **rob** 人または銀行や店などから物や金を力ずくで奪うこと: He *was robbed* of his watch. 彼は腕時計を奪われた. **lift, shoplift**《略式》店の品物を万引きすること.

— 名 ❶ [a ~]《略式》格安品, 掘り出し物. ❷ Ⓒ〔野球〕盗塁.

stealth /stélθ/ 名 Ⓤ こっそりと行動すること. **by stéalth** [副] こっそりと. (動 steal)

stéalth bòmber 名 Ⓒ ステルス爆撃機.

stealth·i·ly /stélθɪli/ 副 人目を忍んで, こっそり.

stealth·y /stélθi/ 形 (stealth·i·er; -i·est) 人目を盗んだ, ひそかな: *stealthy* footsteps 忍び足.

*__steam__ /stíːm/ 名 ❶ Ⓤ **水蒸気**, 蒸気, 湯気, スチーム; (湯気でできたガラスなどの)曇り: Water turns into *steam* when it's heated. 水は熱せられると蒸気になる / The windows were clouded with *steam*. 窓は湯気で曇っていた. 関連 vapor 大気中の蒸気.
❷ Ⓤ **蒸気力**, 蒸気熱: heat a house with *steam* スチームで家の暖房をする / This ship is driven by *steam*. この船は蒸気で動く.
blów òff stéam [動] ⓐ = let off steam.
fúll stéam ahéad [副] = full speed ahead (⇒ speed 成句).
gét [píck] ùp stéam [動] ⓐ (1) (蒸気機関が)蒸気を立てる, (車などが)徐々に速度を増す. (2)《略式》(計画などが)活発化する, 熱気を帯びる.
lét òff stéam [動] ⓐ《略式》うっぷんを晴らす; 精力を発散する.
lóse [rùn óut of] stéam [動] ⓐ《略式》精力を使い果たす.
ùnder one's **ówn stéam** [副]《略式》自力で.
(形 stéamy)
— 動 (steams /~z/; steamed /~d/; steam·ing) ⓐ ❶ **蒸気を出す**, 湯気を立てる: His coffee cup was still *steaming*. 彼のコーヒーカップはまだ湯気を立てていた. ❷ [副詞(句)を伴って] (蒸気の力で)進む, 動く.
— ⓗ (...)を**蒸す**, ふかす (⇒ cooking 囲み); (...)に蒸気を当てる: *steam* potatoes じゃがいもをふかす.
stéam óff [ópen] [動] ⓗ (切手・封など)を湯気に当ててはがす[開ける].
stéam úp [動] ⓐ 湯気で曇る. — ⓗ (...)を湯気で曇らせる.

steam·boat /stíːmbòʊt/ 名 Ⓒ 蒸気船, 汽船.

stéam èngine 名 Ⓒ 蒸気機関(車).

steam·er /stíːmɚ | -mə/ 名 ❶ Ⓒ 汽船 (steamship). ❷ Ⓒ 蒸し器《ごはん蒸し・せいろなど》.

steam·ing /stíːmɪŋ/ 形 ❶ 湯気を立てている, すごく熱い[暑い]. ❷《略式》怒った. — 副 湯気が立つほど: *steaming* hot すごく熱い[暑い].

stéam ìron 名 Ⓒ スチームアイロン.

stéam locomòtive 名 Ⓒ 蒸気機関車. 日英 SL は和製略語.

steam·roll /stíːmròʊl/ 動 ⓗ《米略式》(反対など)を強引に押し切る; (...)を押し進める, 押し通す; (競争相手)に圧勝する.

steam·roll·er /stíːmròʊlɚ | -lə/ 名 ❶ Ⓒ 蒸気ローラー《道路などを平らにする》. ❷ Ⓒ《略式》強引な手段(を取る人). — 動 ⓗ《略式》= steamroll.

steam·ship /stíːmʃɪp/ 名 Ⓒ 汽船 (⇒ ship 語法).
語法 船名の前では S.S. と略す: the *S.S.* Queen Mary クイーンメリー号.

stéam shòvel 名 Ⓒ《米》パワーショベル, 掘削機.

steam·y /stíːmi/ 形 (steam·i·er; -i·est) ❶ 蒸気の, 湯気でもうもうの; 湿気の多い, 蒸し暑い. ❷《略式》(本・場面などが)エロチックな, 官能的な. (名 steam)

⁑steel /stíːl/ (同音 steal)

— 名 (~s /~z/) ❶ Ⓤ **鋼鉄**, 鋼(はがね). 関連 stainless steel ステンレス / iron 鉄. ❷ Ⓤ 鉄鋼産業. ❸ Ⓒ 鋼砥(はがねと);《文語》刀剣. ❹ Ⓤ 鋼鉄のような強さ[堅さ, 冷たさ]: nerves *of steel* 鋼のように強靭な神経. (形 stéely)
— 動 ⓗ [~ oneself として] 覚悟を決める: Tom *steeled himself to* tell his wife that he lost his job. トムは妻に職を失ったことを伝えるべく覚悟を決めた.

stéel bánd 名 Ⓒ スチールバンド《ドラム缶などを使う西インド諸島の打楽器楽団》.

stéel guitár 名 Ⓒ スチールギター.

stéel wóol 名 Ⓤ スチールウール, 鋼綿《研磨・こすり落とし用》.

S

steel·work·er /stíːlwə̀ːkɚ | -wə̀ːkə/ 名 C 製鋼所工員.
steel·works /stíːlwə̀ːks | -wə̀ːks/ 名 (複 ～) C [単数でもときに複数扱い] 製鋼所.
steel·y /stíːli/ 形 (steel·i·er; -i·est) 鋼鉄の; 鋼(はがね)のような; 鋼色の; 堅固な. (名 steel)
+**steep**[1] /stíːp/ 形 (steep·er; steep·est) ❶ (勾配(こうばい)が)**急な**, 険しい; 急勾配の: a *steep* slope 急な坂. ❷ (変動などが)急激な: a *steep* increase [rise] in the cost [price] of gasoline ガソリン価格の急騰. ❸《略式》(価格・要求などが)法外な, 途方もない. (動 stéepen)
steep[2] /stíːp/ 動 他 (物)を(液体に)浸す, つける [≒ soak]: She *steeped* the onions *in* vinegar. 彼女は玉ねぎを酢につけた. — 自 液体に浸されている. **be stéeped in ...** [動] 自 ...で満ちている. **stéep onesèlf in ...** [動] 他 ...に没頭する.
steep·en /stíːp(ə)n/ 動 自 (坂などが)急になる. — 他 (坂など)を急勾配にする. (形 steep[1])
stee·ple /stíːpl/ 名 C (教会などの)尖塔(せんとう). 関連 tower 塔.
stee·ple·chase /stíːpltʃèɪs/ 名 ❶ C 障害物競馬. ❷ C 障害物競走.
S
steep·ly /stíːpli/ 副 険しく; 急に, 急激に.
steep·ness /stíːpnəs/ 名 U 険しさ, 急勾配; 急激さ.
+**steer**[1] /stíɚ | stíə/ 動 (steers /～z/; steered /～d/; steer·ing /stí(ə)rɪŋ/) 他 ❶ (車・船など)の**進行方向を操る, ハンドルを切る, かじをとる**: John carefully *steered* his car ***through*** the mud. V+O+前+名 ジョンは慎重に車のハンドルを切ってぬかるみを抜けた / The pilot *steered* the ship *toward* [*into*] the harbor. 水先案内人は船を港の方へ[の中へ]向けた.
❷ (...)を(ある方向に)**向ける**, 導く; (人)を案内する: He *steered* our efforts ***in*** the right direction. V+O+前+名 彼は我々の努力を正しい方向に導いた / *steer* the conversation *away from* politics 話を政治の話題からそらす. ❸ (ある進路)をとる: *steer* a middle course between the two strategies 2つの戦略の中道を行く.
— 自 ❶ **ハンドル[かじ]をとる**; (ある方向に)**進路をとる**, 向かう, 進む: They ***steered for*** the island. V+前+名 彼らは島へ向かった. ❷ [副詞(句)を伴って] (車などが)操縦できる; (船が)かじがきく: This car *steers* easily. この車は運転しやすい.
steer[2] /stíɚ | stíə/ 名 C 雄の子牛; (食用)去勢牛.
steer·age /stí(ə)rɪdʒ/ 名 U (昔の)三等船室.
steer·ing /stí(ə)rɪŋ/ 名 U 操縦[操舵(そうだ)]装置.
stéering commìttee 名 C [《英》単数形でもときに複数扱い] 運営委員会.
stéering whèel 名 ❶ C (自動車の)ハンドル (wheel) (⇒ car 挿絵). 日英 この意味で「ハンドル」というのは和製英語 (⇒ handle 日英): I turned the *steering wheel* to the left. 私はハンドルを左へ切った / Stella was *at* the *steering wheel* at the time. その時ステラが車を運転していた. ❷ C (船の)舵輪(だりん) (wheel).
Stel·la /stélə/ 名 固 ステラ《女性の名》.
stel·lar /stélɚ | -lə/ 形 ❶ 限定 〔天文〕 星の. ❷ 限定 (演技などが)すばらしい.
+**stem**[1] /stém/ 名 (～s /～z/) ❶ C (草の)**茎**; (木の)**幹**: Leaves grow ***on stems***. 葉は茎から生える. ❷ C 茎状のもの; (たばこの)パイプの柄; ワイングラスの脚(あし). ❸ C 〔文法〕 語幹《変化形の plays, playing や派生語の player などに対する play など》.
from stém to stérn [副] 船首から船尾まで; 至る所くまなく.
— 動 (～s /～z/; stemmed /～d/; stem·ming) 自 (...から)**生じる**, (...に)由来する: Crimes often ***stem from*** poverty. V+*from*+名 犯罪はしばしば貧困から起こる.
stem[2] /stém/ 動 (stems; stemmed; stem·ming) 他《格式》(...)(の流れ・拡大)を食い止める, せき止める: *stem* the bleeding 止血する.
stench /sténtʃ/ 名 C [普通は単数形で] いやなにおい, 悪臭; (悪い)気配 (*of*).
sten·cil /sténs(ə)l/ 名 ❶ C 刷り込み型, 型板, ステンシル; 謄写版の原紙. ❷ C 刷り込み模様[文字].
— 動 (sten·cils; sten·ciled, 《英》 sten·cilled; -cil·ing, 《英》 -cil·ling) 他 型板で(模様・文字など)を(...に)刷る (*on*); (表面)に(...を)刷り出す (*with*); (原紙を使って)謄写する.
ste·nog·ra·pher /stənɑ́(ː)grəfɚ | -nɔ́grəfə/ 名 C 《米》 速記者 [《英》 shorthand typist].
ste·nog·ra·phy /stənɑ́(ː)grəfi | -nɔ́g-/ 名 U 《米》 速記術 [≒ shorthand].
sten·to·ri·an /stentɔ́ːriən/ 形《文語》(声が)非常に大きい, 力強い.

***step** /stép/ (同音 steppe)
— 名 (～s /～s/)

意味のチャート
「歩み」❶ → 「歩きぶり」❼ → 「足音」❻
→ (歩く所) → 「段」❺ → 「階段」❹
→ 「1段階」❸ → 「階級」❽
→ (目的への歩み) → 「手段」❷

❶ C **歩み**, 歩(ほ); **1歩**; 歩幅, ひと足; わずかな距離: take a *step* forward [back] 1歩前へ進む[後ろへ下がる] / The baby took a *step*! 赤ちゃんが歩いた! / I'm so tired that I can't walk another *step*. とても疲れてもう1歩も歩けない / WATCH [《英》 MIND] YOUR STEP 足元注意《掲示》/ The station is just a few *steps* from here. 駅はここからすぐだ // ⇒ leap 名 2.
❷ C (ある目的のための)**手段**, 処置: We must ***take steps*** to prevent such terrible accidents. そのような恐ろしい事故を防ぐために何か手段をとらなければならない / a *step* in the right direction 正しい処置.
❸ C (過程・活動・発展などの)**1段階**, (成功などへの)一歩; 進歩: a first ***step toward*** peace 平和への第一歩 / move one *step* closer to success 成功へ一歩近づく / They supported us ***every step of the way***. 彼らは私たちを一貫して支持してくれた.
❹ [複数形で] (普通は屋外の)**階段, ステップ** (⇒ stair 表), はしご段; 《英》 脚立(きゃたつ), 段ばしご (stepladder): a flight of *steps* ひと登りの階段 (⇒ flight[1] 挿絵) / I stumbled and fell down the *steps*. つまずいて階段から転げ落ちてしまった.
❺ C (階段などの)**段**, 踏み段 (⇒ flight[1] 挿絵); (バス・列車などの)**昇降段**: sit on the top [bottom] *step* (階段の)いちばん上[下]の段に座る.
❻ C **足音** (footstep): I heard some *steps* approaching. 足音が近づいてくるのが聞こえた.
❼ C [普通は複数形で] (ダンスの)**ステップ**; [普通は単数形で] **歩きぶり**, 足どり, 歩調: walk with a light *step* 軽い足どりで歩く.
❽ C **階級**; 昇進(の1段階): two *steps* on the centigrade scale 摂氏目盛りで2度 / A major is a

step above a captain. 少佐は大尉より 1 階級上である. ❾ Ⓒ《米》〔音楽〕音程: a half *step* 半音 / a whole *step* 全音. ❿ Ⓤ ステップ運動《踏み台を昇降する》.

fáll into stép [動] ⓐ (人と)歩調を合わせる; (...に)同調する (*with*).

in stép [形・副] 歩調をそろえて; (...と)足並みをそろえて, 同調して (*with*) [⇔ out of step]: keep *in step with* ... ...に歩調を合わせる, ...についていく.

mínd one's **stép** [動] ⓐ《英》= watch one's step.

óne stép ahéad [形・副] 一歩先を行って; (...を)逃れて: She's always *one step ahead of* me. 彼女はいつも私より一歩先を行っている.

óne stép at a tíme [副] = step by step.

òut of stép [形・副] 歩調を乱して; (...と)足並みが合わずに, 同調しないで (*with*) [⇔ in step].

stép by stép [副] **一歩一歩**, 段階的に, 着実に: He studied English *step by step*. 彼は段階的に英語の勉強をした.

wátch one's **stép** [動] ⓐ (1) 足元に気をつける《⇒ 1》. (2) 言動に気をつける.

— 動 (steps /~s/; stepped /~t/; step·ping) ⓐ [副詞(句)を伴って] **足を上げて踏み出す**, (一歩一歩) **歩く**, 歩(ほ)を進める; (短い距離を)歩く, 進む: ***Step forward*** when I call your name. V+副 名前を呼ばれたら一歩前へ出なさい / Those boys ***stepped aside*** to let the car pass. 少年たちは車を通すためにわきへ寄った / I opened the door and ***stepped into*** the room. V+前+名 私はドアを開けて部屋の中に入った / He ***stepped onto*** the platform from the train. 彼は列車からプラットホームに降り立った / Please [Kindly] *step* ˹this way [over here]. 《丁寧》どうぞこちらへ.

step の句動詞

+**stép asíde** 動 ⓐ ❶ **わきへ寄る**《⇒ step ⓐ》. ❷ (地位・議席などを)**人に譲る** [≒step down]: The president ***stepped aside for*** [***in favor of***] his son. 社長は息子に地位を譲った.

stép báck 動 ⓐ ❶ 後ろに下がる. ❷ 一歩引いて見る[考える].

+**stép dówn** 動 ⓐ ❶ **辞任する**, 辞職する; (地位などを)人に譲る [≒step aside]: Mr. Green ***stepped down as*** chairman. グリーン氏は会長を辞任した《⇒ as 前 1 語法 (1)》. ❷ (高いところから)降りる (*from*).

stép fórward 動 ⓐ ❶ 前へ進む《⇒ step ⓐ》. ❷ (援助・情報提供などを)申し[名乗り]出る.

+**stép ín** 動 ⓐ ❶ **中へ入る**; (ちょっと)立ち寄る. ❷ (援助・調停のために)介入する, 乗り出す, 割り込む: The government will have to *step in* to help with the flood relief. 洪水の被災者への救済に政府が乗り出さなければならないだろう.

+**stép ìnto ...** 動 他 ❶ **...に入る**《⇒ step ⓐ》. ❷ (役職)につく, ...を引き受ける.

stép òff ... 動 他 (乗り物など)を降りる: *step off* the bus バスから降りる.

***stép on [upòn] ...** 動 他 **...を踏む**, ...を踏みつける: Sorry! Did I *step on* your foot? すみません. 足を踏みましたか / *Step on* no pets. ペットを踏まないで《回文; ⇒ palindrome》.

stép on it [《米》 **the gás**] [動] ⓐ Ⓢ 急ぐ, (車で)飛ばす.

stép óut 動 ⓐ《米》外へ出る; 座をはずす: Mr. Long has just *stepped out* for a moment. ロングさんはちょっと外に出かけたところだ.

+**stép úp** 動 他 (...)を**増進する**, 促進する; 増加させる [≒increase] V+up+名・代 / V+名+up: The government *stepped up* its efforts to prevent the drug pushing. 政府は麻薬の密売を防止する努力を強化した. — ⓐ 進み出る; 近づく (*to*).

step- /stép/ 接頭「まま..., 継(けい)...」の意.

step·broth·er /stépbrʌ̀ðɚ | -ðə/ 名 Ⓒ まま父 (stepfather) またはまま母 (stepmother) の(連れ子である)息子《⇒ half brother》.

step-by-step /stépbaɪstép/ 形 限定 段階的な.

step·child /stéptʃàɪld/ 名 (-chil·dren /-tʃìldrən/) Ⓒ まま子.

step·daugh·ter /stépdɔ̀ːtɚ | -tə/ 名 Ⓒ まま娘, (女の)まま子.

step·fa·ther /stépfɑ̀ːðɚ | -ðə/ 名 Ⓒ まま父.

Ste·phen /stíːv(ə)n/ 名 固 スティーブン《男性の名; 愛称は Steve》.

Ste·phen·son /stíːv(ə)ns(ə)n/ 名 固 George ~ スティーブンソン (1781-1848)《英国の技師; 蒸気機関車の完成者といわれる》.

step·lad·der /stéplæ̀dɚ | -də/ 名 Ⓒ 脚立(きゃたつ), 段ばしご [《英》 steps].

step·moth·er /stépmʌ̀ðɚ | -ðə/ 名 Ⓒ まま母.

step·par·ent /stéppè(ə)rənt/ 名 Ⓒ まま親《stepfather または stepmother》.

steppe /stép/ 名 Ⓒ,Ⓤ [しばしば the steppes] ステップ《シベリアなどの大草原地帯; ⇒ savanna 関連》.

stepped-up /stéptʌ̀p/ 形 限定 強化[増強]された.

step·ping-stone /stépɪŋstòʊn/ 名 ❶ Ⓒ (成功などへの)足がかり, 手段 (*to*). ❷ [複数形で] 踏み石, 飛び石.

step·sis·ter /stépsìstɚ | -tə/ 名 Ⓒ まま父 (stepfather) またはまま母 (stepmother) の(連れ子である)娘《⇒ half sister》.

step·son /stépsʌ̀n/ 名 Ⓒ まま息子, (男の)まま子.

+**ster·e·o** /stériòʊ/ 名 (~s /~z/) ❶ Ⓒ **ステレオ**(装置): listen to the Beatles *on* the car *stereo* カーステレオでビートルズの曲を聞く.
❷ Ⓤ **ステレオ録音方式**, ステレオ効果: record *in stereo* ステレオで録音する.
— 形 限定 **ステレオの**, 立体音響(効果)の《stereophonic を短縮した形》: a *stereo* recording ステレオ録音. 関連 mono モノラルの.

ster·e·o·phon·ic /stèriəfɑ́(ː)nɪk | -fɔ́n-⁻/ 形《格式》ステレオ(方式)の. 関連 monaural モノラルの.

ster·e·o·scop·ic /stèriəskɑ́(ː)pɪk | -skɔ́p-⁻/ 形 立体(写真)鏡の; (視覚的に)立体感を与える.

+**ster·e·o·type** /stériətàɪp/ 名 (~s /~s/) Ⓒ **固定観念**, 既成概念; 偏見; 型にはまった人[もの], 紋切り型: racial *stereotypes* 人種的偏見 / fit [conform to] the ***stereotype of*** the office worker お決まりのサラリーマン像に合致する.
— 動 他 [普通は受身で] (...)を一つの型にはめる; (人)を型にはめて見る.

ster·e·o·typed /stériətàɪpt/ 形 (イメージ・概念・特徴などが)型にはまった, 固定化した.

ster·e·o·typ·i·cal /stèriətípɪk(ə)l⁻/ 形 = stereotyped.

ster·e·o·typ·ing /stériətàɪpɪŋ/ 名 Ⓤ 固定観念化.

ster·ile /stérəl | -raɪl/ 形 ❶ (人・動物が)繁殖力のない, 不妊の; (土地が)やせた, 不毛の [≒barren] [⇔

fertile]. ❷ 殺菌した, 無菌の. ❸ [軽蔑的] (発想などが)内容の乏しい, 独創性のない; (建物・場所などが)殺風景な; (議論などが)無意味な, 不毛な.

ste·ril·i·ty /stəríləṭi/ 名 U 不妊(症); (土地の)不毛; 無菌状態; (発想などの)貧困 [⇔ fertility].

ster·il·i·za·tion /stèrəlɪzéɪʃən | -laɪz-/ 名 U,C 殺菌, 消毒; 不妊にすること, 避妊手術.

ster·il·ize /stérəlàɪz/ 動 他 (...)を殺菌する, 消毒する; 不妊にする.

ster·ling /stə́ːlɪŋ | stə́ː-/ 形 ❶ 《英格式》英貨の法定の純銀を含んだ《略 stg.; pound の後につける; ⇒ pound[1] 1 参考》: £500 *stg*. 英貨 500 ポンド《five hundred pounds sterling と読む》. ❷ 限定 法定純度の; スターリングシルバーの《純度 92.5%》. ❸ 限定 (仕事・性格などが)優れた: *sterling* character 立派な人柄. — 名 U (国際市場での)英貨; スターリングシルバー.

stérling sílver 名 U スターリングシルバー.

+**stern**[1] /stə́ːn | stə́ːn/ 形 (stern·er; stern·est) ❶ (人が)**厳格な**, (命令・扱いが)厳しい; 苛酷(かこく)な (⇒ strict 類義語): *stern* punishment 厳罰 / Mr. Smith was ***stern with*** his students. +with+名 スミス先生は生徒に厳しかった. ❷ (顔つきなどが)いかめしい, 怖い. ❸ 断固とした.

stern[2] /stə́ːn | stə́ːn/ 名 C 船尾 [⇔ bow].

stern·ly /stə́ːnli | stə́ːn-/ 副 厳しく, 厳格に.

stern·ness /stə́ːnnəs | stə́ːn-/ 名 U 厳しさ.

ste·roid /stérɔɪd, stí(ə)r-/ 名 C ステロイド(剤): *on steroids* ステロイドを服用[使用]して; 《米略式》巨大[強大]な.

steth·o·scope /stéθəskòʊp/ 名 C 聴診器.

stet·son /stéts(ə)n/ 名 C [しばしば S-] ステットソン帽《カウボーイの帽子; 元来は商標》.

Steve /stíːv/ 名 固 スティーブ《男性の名; Stephen または Steven の愛称》.

ste·ve·dore /stíːvədɔ̀ə | -dɔ̀ː/ 名 C 港湾労働者.

Ste·ven /stíːv(ə)n/ 名 固 スティーブン《男性の名; 愛称は Steve》.

Ste·ven·son /stíːv(ə)ns(ə)n/ 名 固 Robert Louis ~ スティーブンソン (1850–94)《Scotland の小説家・詩人》.

stew /st(j)úː | stjúː/ 発音 名 U,C シチュー: cook [make] a *stew* for supper 夕食にシチューを作る. **be in [gét ìnto] a stéw** [動] 自 《略式》やきもきしている[する] (*about*). — 動 他 (...)をとろ火で煮る, シチューにする《⇒ cooking 囲み》. — 自 ❶ とろ火で煮る, シチューになる. ❷ やきもきする. **lét ... stéw (in one's ówn júice)** [動] 他 《略式》(自業自得なので)(人)を助けないで放っておく.

+**stew·ard** /st(j)úːəd | stjúːəd/ 名 (~s /-ədz | -ədz/) ❶ C (旅客機・客船などの)**客室乗務員**, スチュワード《⇒ flight attendant》. ❷ C (財産などの)管理人; 執事, 家令《雇われて他人の邸宅・土地などを管理している人》. ❸ C 《主に英》(競馬・催し物・舞踏会などの)世話役, 幹事. ❹ C (大学などの)賄(まかな)い方; 用度係. ❺ C (労働組合の)職場代表.

stew·ard·ess /st(j)úːəḍəs | stjúː-/ 名 C 《古風》(旅客機・客船などの)スチュワーデス《⇒ flight attendant》.

stew·ard·ship /st(j)úːədʃɪp | stjúːəd-/ 名 U 管理, 運営; 管理人[世話役]の職[職務].

Stew·art /st(j)úːəṭ | stjúːət/ 名 固 スチュアート《男性の名》.

stewed /st(j)úːd | stjúːd/ 形 (茶が)濃く出すぎた.

St. Fran·cis /seɪn(t)frǽnsɪs | s(ə)n(t)fráːn-/ 名 固 聖フランチェスコ (1182–1226)《イタリアの修道僧》.

stg. 略 = sterling.

St. George /seɪn(t)ʤɔ́əʤ | s(ə)n(t)ʤɔ́ːʤ/ 名 固 セントジョージ《England の守護聖人; ⇒ patron saint》.

St. He·le·na /sèɪnṭəlíːnə | sèntɪ-/ 名 固 セントヘレナ《アフリカの南西海岸沖の英国領の島; ナポレオン (Napoleon) が流されて死んだ》.

***stick**[1] /stík/

— 動 (sticks /~s/; 過去・過分 stuck /stʌ́k/; stick·ing)

意味のチャート
「突き刺す, 刺さる」 他 ❷, 自 ❷
→「突っ込む, 差し込む」 他 ❹ → (狭い所に)「置く」 他 ❸
→ (ぴったりと)「くっつける, くっつく」 他 ❶, 自 ❶

— 他 ❶ (物)を(のりなどで...に)**くっつける**, **はる**, 留める, 固定する: He ***stuck*** the broken pieces (back) ***together***. V+O+together 彼は破片を(元のように)つなぎ合わせた / ***stick*** a stamp ***on*** the envelope V+O+前+名 封筒に切手をはる / ***stick*** clippings ***in*** [***into***] a scrapbook 切り抜きをスクラップブックにはる / She ***stuck*** the notice ***on*** [*to*] the board with tacks. 彼女はビラを掲示板にびょうで留めた.

❷ (先のとがった物)を(...に)**突き刺す**, 刺し通す (*in, into, through*); (...)を(とがった物で)突く, 刺す (*with*); (...)を(とがった物に)突き刺す (*on*): He ***stuck*** his fork ***into*** the meat. V+O+into+名 彼は肉にフォークを突き刺した / Be careful not to ***stick*** your finger ***with*** the needle. V+O+with+名 指を針で刺さないよう注意しなさい.

❸ [副詞(句)を伴って] 《略式》(...)を(無造作に)**置く**, 入れる [≒put]: He ***stuck*** the book ***in*** [***into***] his bag. V+O+前+名 彼は本をかばんに突っ込んだ.

❹ [副詞(句)を伴って] (手・指・頭など)を(...に)**突っ込む**, 差し込む, 差し入れる, (...から)突き出す: He ***stuck*** his hands ***in*** his pockets. V+O+前+名 彼は両手をポケットに突っ込んだ / The boy ***stuck*** his head ***through*** the window. 少年は窓から首を突き出した.

❺ [普通は否定文・疑問文で can を伴って] 《英略式》(...)に耐える, 我慢する. ❻ [普通は受身で] (人・車など)を動けなくする, 行き詰まらせる; 引き止める; 当惑させる《⇒ stuck 形》: They ***were stuck*** for hours in a traffic jam. 彼らは交通渋滞で何時間も立ち往生した《⇒ 自 3 語法》. ❼ [普通は受身で] (人)に(やっかいなことを)押しつける (*with*)《⇒ stuck 形》.

— 自 ❶ (...に)**くっつく**, くっついている; (ことばなどが心に)ついて離れない, (あだ名などが)定着する: This glue doesn't *stick* very well. こののりはあまりよくつかない / Two pages of the book ***stuck together***. V+together その本のページが 2 枚くっついていた / The shirt ***stuck to*** his sweaty body. V+前+名 シャツが彼の汗をかいた体にくっついた / That scene still ***sticks in*** my mind. その場面がいまだに私の心にこびりついている.

❷ [副詞(句)を伴って] **突き刺さる**, 刺さっている; 突き出る[当たる]: A nail ***stuck in*** the tire. V+前+名 くぎがタイヤに刺さった. ❸ はまり込む; 動かなくなる, 引っ掛かる: The car *stuck* (fast) *in* the mud. 車はぬかるみにはまって(全く)動かなくなった. 語法 be [get] stuck を用いることもできる《⇒ 他 6》: The car *was* [*got*] *stuck* in the mud. ❹ 〘トランプ〙カードをそれ以上取らない.

máke ... stíck [動] ⓐ《略式》(罪など)を立証する: *make* the charges *stick* 有罪を証明する. (形 stícky)

stick の句動詞

stíck aróund 動 ⓐ《略式》(待機して)そこら辺にいる, 近くで待つ.
stíck at ... 動 ⓐ《英》(仕事など)をこつこつやる.
stíck by ... 動 ⓐ (人)を見捨てない, (信念・約束など)に対して(あくまで)忠実である.
stíck ón 動 ⓐ (...)をはり付ける. — ⓐ (上に)くっついている, 留まっている.
*__stíck óut__ 動 ⓐ ❶ (体の一部)を**突き出す** V+名·代+out / V+out+名: The boy *stuck out* his tongue at us. 少年は私たちに向かって舌をぺろりと出した《侮蔑のしぐさ》. ❷ (いやな事態)を耐え抜く.
— ⓐ ❶ (...から) **突き出る**, 飛び出る (*of, from, through*): His front teeth *stick out* a little. 彼は前歯が少し出ている. ❷ 目立つ.
stíck it óut [動] ⓐ《略式》(最後まで)耐え[やり]抜く.
stíck óut for ... [動] ⓐ《略式》あくまで...を要求する.
+**stíck ... òut of ~** 動 ⓐ (...)**を~から突き出す**: He *stuck* his head *out of* the window. 彼は窓から顔を出していた《⇒ head 日英》.
*__stíck to ...__ 動 ⓐ ❶ **...にくっつく**《⇒ stick[1] ⓐ 1》. ❷ (信念・決定など)**に忠実である**, (約束など)を守る; (人)を見捨てない: Once you make a decision, you must *stick to* it. いったん決定したら, それを守り通すべきである. ❸ (所有物・慣習など)を保持する; (仕事など)をやり通す. ❹ (主題・論点など)からそれない. ❺ (人)にくっついている; (針路・道など)から離れない.
+**stíck togéther** 動 ⓐ ❶ **くっついている**《⇒ stick[1] ⓐ 1》. ❷《略式》(人々が)いっしょにいる, 団結[結束]する, 助け合う: Let's *stick together* in the crowd. 人込みでは離れずにいよう.
+**stíck úp** 動 ⓐ (上方へ)**突き出る**; (髪などが)突っ立つ.
— ⓐ ❶《略式》(強盗に襲われて)(手)を**頭上にあげる**; ピストルを使って(...)に強盗を働く V+名·代+up / V+up+名: *Stick* 'em *up*! Ⓢ《略式》手をあげろ. ❷ (...)を(上方へ)突き出す, 突き上げる: She *stuck up* her nose at the idea of going to the zoo. 彼女は動物園へ行こうという提案に鼻をつんと上げた《嫌悪のしぐさ》. ❸ (高い所に)(...)をはり付ける, (ピンなどで)留める.
stíck úp for ... [動] ⓐ《略式》...を(あくまで)弁護する[支持する, 守る]. (ⓐ 1 では 名 stíckùp)
+**stíck with ...** 動 ⓐ ❶《略式》(人)**にくっついている**: *Stick with* me or you might get lost. 私から離れないように, そうでないとはぐれるかもしれないよ. ❷《略式》(人・信念など)に忠実である [≒stick to ...]; ...に固執する; ...をやり通す. ❸《略式》(人)の記憶に残る.
stíck with it [動] ⓐ《略式》あくまでもやり通す, あきらめない.

*__stick__[2] /stík/ 名 (~s /~s/) ❶ Ⓒ **棒切れ**, 木ぎれ: collect *sticks* to start a fire 火をおこすために木ぎれを集める.
❷ Ⓒ《主に英》**ステッキ**, つえ (walking stick): walk with a *stick* つえをついて歩く.
❸ Ⓒ [しばしば合成語で] **棒状のもの**: two *sticks of* dynamite ダイナマイト 2 本 / a *stick of* celery = a celery *stick* セロリの茎(をスティック状に切ったもの) / a glue *stick* スティックのり / a selfie *stick* 自撮り棒. 関連 matchstick マッチ棒 / yardstick (木や金属製の)ヤード尺. ❹ Ⓒ スティック《ホッケーなどの打つ用具》; (スキーの)ストック. ❺ Ⓒ〔音楽〕指揮棒. ❻ [the ~s]《略式》いなか; 辺境, 奥地: live (out) in the *sticks* いなかに住む. ❼ Ⓒ《略式》= joystick; = stick shift. ❽ Ⓤ《英略式》非難, 批判: get *stick* 非難される.
gèt (hóld of) the wróng énd of the stíck [動] ⓐ《英略式》逆の意味にとる; 全く誤解する.

stick·er /stíkɚ | -kə/ 名 Ⓒ ステッカー《車の窓などにはる》, シール, のり付きラベル.
stícker prìce 名 Ⓒ [普通は単数形で]《米》(新車の)メーカー希望小売価格.
stick·i·ly /stíkɪli/ 副 べとべとに[で].
stick·i·ness /stíkinəs/ 名 Ⓤ 粘り, 粘着性.
stíck·ing plàster /stíkɪŋ-/ 名 Ⓤ,Ⓒ《英》ばんそうこう [≒plaster].
stícking pòint 名 Ⓒ 行き詰まり, 問題, 難点.
stíck ìnsect 名 Ⓒ ななふし《昆虫》.
stick-in-the-mud /stíkɪnðəmʌ̀d/ 名 Ⓒ 時代遅れの人, 保守的な人.
stick·ler /stíklɚ | -lə/ 名 Ⓒ (ある特質・行動などを)強く求める人, (...に)こだわる[うるさい]人 (*for*).
stick-on /stíkɑ̀(ː)n, -ɔ̀ːn | -ɔ̀n/ 形 限定 粘着剤付きの, ぺたっとはれる.
stick·pin /stíkpìn/ 名 Ⓒ《米》(装飾用の)ネクタイピン, 襟(えり)ピン.
stíck shìft 名 Ⓒ《米》(自動車の)変速レバー [≒gearshift]; マニュアル車.
stick-to-it·ive·ness /stìktúːɪṭɪvnəs/ 名 Ⓤ《米略式》がんばり, 粘り強さ.
stick·up /stíkʌ̀p/ 名 Ⓒ《略式, 主に米》ピストル強盗《事件・行為》. (動 stíck úp ⓐ 1)
+**stick·y** /stíki/ 形 (stick·i·er /-kiɚ | -kiə/; stick·i·est /-kiɪst/) ❶ **ねばねばする**, べとべとする; 粘着性の. ❷《略式》(情勢などが)難しい, やっかいな. ❸ (天候などが)蒸し暑い. ❹ (ウェブサイトが)見る人を引きつける. (動 stick[1])
stícky nòte 名 Ⓒ 付箋(ふせん)紙.
stícky tápe 名 Ⓤ《英・豪》セロハンテープ.
+**stiff** /stíf/ 形 (stiff·er; stiff·est) ❶ **堅い, こわばった**, 硬直した《⇒ hard 類義語》; (体の)**凝**(こ)**った**, (筋肉が)痛い: a sheet of *stiff* cardboard 1 枚の堅いボール紙 / 言い換え I have a *stiff* neck. = I feel *stiff* in the neck. 首が痛くて回らない《肩凝り・寝違えなどで》.
日英 英語では「肩が凝る」ことを「首が凝る」と表現する. ❷ 堅練りの, 粘りのある. ❸ (物事が)手ごわい, 難しい; (罰・競争などが)厳しい, 激しい; (風などが)強い: a *stiff* exam 難しい試験 / a *stiff* fine 高い罰金 / a *stiff* breeze 強い風. ❹ (動きが)なめらかでない: *stiff* hinges 堅いちょうつがい. ❺ 堅苦しい, よそよそしい, ぎこちない: make a *stiff* bow 堅苦しいおじぎをする / write in a *stiff* style 文体がぎこちない. ❻ 限定 (酒・薬などが)強い. (動 stíffen)
— 副《略式》ひどく: be bored [frozen] *stiff* ひどく退屈だ[寒い].
— 名 ❶ Ⓒ《略式》死体. ❷ Ⓒ《米略式》労働者 (working stiff). ❸ Ⓒ《略式》堅苦しい人.
— 動 ⓐ《米略式》(人)にチップ[金]をやらない.
stiff·en /stíf(ə)n/ 動 ⓐ ❶ (態度など)を硬化させる; (表情など)を硬くする; (決意など)を強くする. ❷ (襟など)を硬くする (*up*). — ⓐ ❶ (態度などが)硬化する; (表

情などが)硬くなる. ❷(体が)凝(こ)る(up). (形 stiff)
stiff·ly /stífli/ 副 堅く; 堅苦しく; ぎこちなく.
stiff·ness /stífnəs/ 名 U 堅さ; (体の)凝(こ)り; 堅苦しさ, 厳しさ.
sti·fle /stáɪfl/ 動 他 ❶(笑い・泣き声・あくびなど)を抑える; (不平・反乱など)を押さえつける. ❷(人)を窒息させる; 息苦しくさせる. — 自 窒息する; (暑さなどで)息苦しくなる[感じる].
sti·fling /stáɪflɪŋ/ 形 息が詰まる, 暑苦しい; (雰囲気などが)重苦しい, 窮屈な.
stig·ma /stígmə/ 名 ❶ U または a ～] 汚名, 恥辱. ❷ C 〖植物〗(花の)柱頭《めしべの頭》.
stig·ma·ta /stɪgmáːṭə, stígmə-/ 名 複 聖痕(こん)《聖人の体に現われると言われる, 十字架上のキリストの釘の跡に似た傷》.
stig·ma·tize /stígmətàɪz/ 動 他 [普通は受身で]《格式》(人)に汚名を着せる, 非難する(as).
stile /stáɪl/ 名 ❶ C 踏み越し段《垣・塀を人間だけ越せて家畜が通れないようにする仕掛け》. ❷ C = turnstile.
sti·let·to /stɪléṭoʊ/ 名 (～s, ～es) ❶ C スティレットヒール[ピンヒール](の靴). ❷ C 小剣, 短剣.

***still**[1] /stíl/

意味のチャート
still[2]「**静かな, 静止した**」から(状態が相変わらず)→(依然として)→「**今でもまだ**」❶となった.

— 副 ❶(今[その時]でも)まだ, **今も[その時も]なお, それでもなお**, 依然として: It's nearly noon and he's *still* in bed. 正午近いのに彼はまだ寝ている / He's *still* standing. 彼はまだ立っている《⇒ still[2] 形 1》/ Is it *still* raining? まだ雨が降っていますか / I *still* have a little fever. まだ少し熱がある / She *still* hated him, even after he died. 彼が死んでからもなお彼女は彼を憎んでいた.

語法 (1) **still の位置**
普通は一般動詞の前または be 動詞・助動詞の後に置く.
(2) **still と時制**
現在・過去時制, 進行形, 完了形, 未来表現のいずれとも用いる. ただし完了形の場合は主に否定文で用いる: People「have *still not* [*still* have *not*, *still* have*n't*] found peace. 人々はまだ平和を見出していない《✪ この場合 still はしばしば助動詞の前にくる; ⇒ 下の(4)》.
(3) **still の意味合い**
still は驚いた気持ちで物事の「(予期したより長い)継続」を意味する: He's *still* here. 彼はまだここにいる / Is he *still* here? 彼はまだここにいるのですか. ✪「もう…ではない」は not ... any longer [more] または no longer で表わす: 言い換え He does*n't* work here *any longer* [*more*]. = He *no longer* works here. 彼はもうここには勤めていない.
(4) **still と not の位置**
still は肯定文・疑問文・否定文のいずれにも用いる. ただし否定文では普通は否定語の前に置く. その場合しばしばいらだちなどの気持ちを表わす: He「*still* is*n't* [is *still not*] *here*. 彼ったら(とっくに来ているはずなのに)まだ来ていない《✪ 下の(5)の最初の例文とほぼ同じことを意味するが, 含みが異なる》/ I *still* have*n't* heard from her. 彼女からいまだ何の連絡もない / You mean you *still* have*n't* finished? (そんなに長くやっていて)まだ終わらないっていうの. ✪ 否定語の後に置いた場合は「『まだ…である』とは言えない」の意: He is*n't still* here, is he? 彼がまだここにいるわけではないですよね.
(5) **still not と not ... yet**
「まだ…し[で]ない」は not ... yet で表わす《⇒ yet 副 1》: He's *not* here *yet*. 彼はまだここに来ていない / I have*n't* heard from her *yet*. 彼女からまだ連絡がない. 肯定の「確定」を示す「すでに[もう]…だ」は平叙文では already, 疑問文では yet を用いて表わす《⇒ already 1; yet 副 2》: He's *already* here. 彼はもうここに来ている / Is he here *yet*? 彼はもうここに来ていますか.

❷ つなぎ語 **それでもなお**, それにもかかわらず《⇒ but 類義語》: I rarely listen to these CDs but *still* I don't want to throw them away. これらの CD はめったに聞かないが, それでもやはり捨てたくない / My wife treats me cruelly; *still* I can't leave her. 妻は私にひどい仕打ちをするが, それでも私は別れられない.
❸ [比較級を強めて] **なおいっそう**, さらに [≒even]: He is tall, but his brother is「*still* tall*er* [tall*er still*]. 彼は背が高いが, 彼の兄[弟]はさらに高い / We're likely to receive *still more* letters of complaint. さらに多くの苦情の手紙が来そうだ. ❹ [another, other を伴って] まだそのうえに, さらに: I have *still another* reason. まだ別の理由がある.
be stíll to dó [動] まだ…していない: The issue *is still to* be resolved. その問題はまだ未解決だ.
have stíll to dó [動] まだ…していない [≒have yet to do]: The murderer *has still to be* identified. 殺人犯はまだ特定されていない.
stìll léss [副] [否定文で]《格式》いわんや(…ない): The patient cannot stand, *still less* walk. その患者は立つことができない. まして歩くことはできない.
stìll móre [副] (さらに)なお《⇒ 3 例文》; [肯定文で]《まれ》なおさら(…だ).

still[2] /stíl/

— 形 (still·er; still·est) ❶ **じっとして動かない, 静止した**: a *still* picture スチール写真《映画に対して》/ keep [stay, hold] *still* じっとしている / He's standing *still*. 彼はじっと立っている《⇒ still[1] 1》.
❷ **音のしない, 静かな**, しんとした; 風[波]のない; 黙った《⇒ quiet 表, silent 類義語》: a *still* night 静かな夜 / As soon as the conductor stepped onto the podium, the audience became *still*. 指揮者が指揮台に立つと聴衆は静かになった / *Still* waters run deep.《ことわざ》流れの静かな川は深い. 参考「もの静かな態度の人には深い考えや豊かな感情がある」というよい意味にも, また「ずる賢さが隠されている」という悪い意味にも用いる // the *still* small voice (of conscience) (良心の)静かな細い声《良心による善悪の判断(力)を比喩的に言ったもの; 旧約聖書のことば》. ❸《英》(飲み物が)無炭酸の.
— 動 他《文語》(…)を静める; (疑い・恐怖など)を和らげる; (泣く子など)をなだめる. — 自《文語》静まる; 和らぐ.
— 名 C スチール写真《映画の宣伝用の場面写真》.
the stíll of the níght [名]《文語》夜のしじま.
still[3] /stíl/ 名 C (酒類の)蒸留器.
still·birth /stílbɜ̀ːθ | -bə̀ːθ/ 名 C,U 死産.

still·born /stílbɔ̀ən|-bɔ̀ːn/ 形 死産の; (計画などが)不成功の, 流れた.
stíll lífe 名 (複 still lifes) U 静物; C 静物画.
still·ness /stílnəs/ 名 U 静けさ; 静止.
stilt /stílt/ 名 C [普通は複数形で] (木製の)竹馬(の片方): walk *on stilts* 竹馬に乗る. 日英 欧米のものは体のわきに棒をつけるように乗る.
stilt·ed /stíltɪd/ 形 [軽蔑的] (文体・話し方・態度などが)大げさな, 堅苦しい.
stim·u·lant /stímjʊlənt/ 名 ❶ C 興奮剤, 刺激性の飲料《コーヒー・酒類など》; 覚醒剤. ❷ C (活動などへの)刺激(剤), 動機 (*to*).
stim·u·late** /stímjʊlèɪt/ 動 (-u·lates /-lèɪts/; -u·lat·ed /-ṭɪd/; -u·lat·ing /-ṭɪŋ/) 他 ❶ (感情など)を**刺激する**; **活気づける**, 激励する [≒encourage]: *stimulate* the economy 経済を活気づける / Praise ***stimulated Laura ***to*** work harder. [V+O+C (*to* 不定詞)] ほめられたのが励みとなってローラはさらに熱心に勉強した.
❷ (器官など)を**刺激する**, 興奮させる [≒excite]: Caffeine *stimulates* the nervous system. カフェインは神経系を刺激する. (名 stìmulátion, stímulus)
〖語源 ラテン語で「棒で突く」の意〗
stim·u·lat·ing /stímjʊlèɪṭɪŋ/ 形 刺激的な, 興奮させる; 励みとなる, 活気づける, 非常に面白い.
stim·u·la·tion /stìmjʊléɪʃən/ 名 U 刺激する[される]こと, 興奮; 激励: intellectual *stimulation* 知的な刺激. (動 stímulàte)
+**stim·u·li** /stímjʊlàɪ/ 名 **stimulus の複数形**.
+**stim·u·lus** /stímjʊləs/ 名 (複 stim·u·li /stímjʊlàɪ/) C,U (活動などの)**刺激(となるもの)**, 励みになるもの; 興奮剤: a ***stimulus to*** make greater efforts [+*to* 不定詞] = a ***stimulus to*** [*for*] greater efforts さらなる努力への意欲をかき立てるもの / visual *stimuli* 視覚刺激. (動 stímulàte)
+**sting** /stíŋ/ 動 (stings /~z/; 過去・過分 stung /stʌ́ŋ/; sting·ing) 他 ❶ (はちなどが)**針で刺す**, (植物が)とげで刺す《⇒ bite 動 他 2 語法》: A wasp ***stung*** the child ***on*** his cheek. [V+O+*on*+名] すずめばちがその子のほおを刺した.
❷ (体など)を**刺すように痛める**, ずきずき[ちくちく]させる: The smoke began to *sting* my eyes. 私は煙で目がひりひりし始めた.
❸ (人)の**心を痛ませる**, (人)を苦しませる; (人)を刺激する, 刺激して...させる: James was *stung* to the quick *by* her reply. [V+O の受身] 彼女の返答にジェームズの心はひどく痛んだ / The insult ***stung*** him ***into*** (tak***ing***) action. [V+O+*into*+動名[名]] 彼は侮辱されて行動に出た. ❹《略式》(人)に高値をふっかける (*for*).
— 自 ❶ **刺す**: Some bees don't *sting*. みつばちの中には(人を)刺さないものもいる.
❷ **ぴりっと痛む**, ひりひりする, しみる; (ことばなどが)心を傷つける: This medicine may *sting* a little. この薬は少ししみるかもしれない.
— 名 (~s /~z/) ❶ C **刺された傷**; 刺されたような痛み: I felt a sharp *sting* on my cheek. ほおに刺すような痛みを感じた.
❷ C《英》(はちなどの)**針**, 毒針《⇒ needle 表》; (蛇の)**毒牙**(どくが); (植物の)とげ.
❸ [単数形で] (心や体の)**痛み**; (刺すような)**苦しみ**; (ことばなどの)とげ, いやみ: the *sting* of rejection 拒絶された苦しみ. ❹ C おとり捜査.
sting·er /stíŋə|-ŋə/ 名 C《米》(はちなどの)針.
stin·gi·ness /stíndʒinəs/ 名 U《略式》けち(くささ).
sting·ray /stíŋrèɪ/ 名 C あかえい《尾に針がある》.
stin·gy /stíndʒi/ 形 (stin·gi·er; -gi·est)《略式》けちな, けちくさい, みみっちい; わずかな, 乏しい.
stink /stíŋk/ 動 (stinks; 過去 stank /stǽŋk/, stunk /stʌ́ŋk/; 過分 stunk; stink·ing) 自 ❶《略式》(強い)悪臭を放つ, いやなにおいがする: He always *stinks of* whiskey. 彼はいつもウイスキー臭い. ❷ S《略式》ひどい, 不愉快だ, いやだ. **stínk úp**《米》= **stínk óut**《英》[動] 他 (場所)を悪臭で満たす. — 名 ❶ C《略式》(強い)悪臭. ❷ [a ~]《略式》物議, 騒ぎ: make [cause, raise, kick up] *a stink* 騒ぎを起こす.
stink·er /stíŋkə|-kə/ 名 C《略式》いやなやつ[もの].
stink·ing /stíŋkɪŋ/ 形 ❶ (強い)悪臭のする, 臭い. ❷ 限定 S《略式, 主に英》ひどい, くそいまいましい.
— 副《略式》[軽蔑的] ひどく.
stint /stínt/ 名 C 勤務[活動]期間, 任期. — 動 他 [普通は否定文で] (金・食料など)を切り詰める. — 自 [普通は否定文で] 切り詰める, 出し惜しむ: Do*n't stint on* the butter. バターをけちるな. **stínt onesèlf** [動] 自 切り詰める.
sti·pend /stáɪpend/ 名 C《格式》(牧師・判事の)俸給.
stip·ple /stípl/ 動 他 [しばしば受身で] (...)を(線を用いず)点で描く, 点描[点刻, 点彩]する.
+**stip·u·late** /stípjʊlèɪt/ 動 (-u·lates /-lèɪts/; -u·lat·ed /-ṭɪd/; -u·lat·ing /-ṭɪŋ/) 他《格式》(契約書などが)(...)を**規定**[**明記**]**する**, (...)を契約[約定]の条件として要求する: It *was stipulated* that the work (must [should]) be finished within three days. 作業は 3 日以内に終了と明記されていた.
stip·u·la·tion /stìpjʊléɪʃən/ 名 C,U《格式》(契約書などの)規定, 条件; 契約, 約定: make a *stipulation* (that ...) (...と)規定する.
+**stir** /stə́ː|stə́ː/ 動 (stirs /~z/; stirred /~d/; stir·ring /stə́ːrɪŋ|stə́ːr-/) 他 ❶ (液体など)を**かき回す**, かき混ぜる; (...)を(液体などに)入れてかき混ぜる (*in*): He ***stirred*** his coffee ***with*** a spoon. [V+O+*with*+名] 彼はコーヒーをスプーンでかき混ぜた / Linda ***stirred*** the honey ***into*** her tea. [V+O+*into*+名] リンダは紅茶にはちみつを入れてかき混ぜた.
❷ (感情・想像)を**かき立てる**; (人)を奮い立たせる, 感動させる; (人)を駆り立てて...させる: His story *stirred* my curiosity. 彼の話は私の好奇心を呼び起こした / 言い換え The news ***stirred*** (***up***) the crowd ***to*** action. [V (+*up*) +O+*to*+名] = The news ***stirred*** (***up***) the crowd ***to*** take action. [V(+*up*)+O+C (*to* 不定詞)] その知らせに群衆は興奮して行動を起こした. ❸ W (風などが)(...)を(かすかに)動かす.
— 自 ❶ W **かすかに動く**, 身動きする, 動き出す; (起きて)活動する, 動き回る: Something *stirred* in the water. 水の中で何かが動いた / He hasn't ***stirred from*** his room all day. [V+*from*+名] 彼は 1 日中部屋から出なかった. ❷ (ある感情が)起こる.
stír úp [動] 他 (1) (騒ぎなど)を引き起こす. (2) (気持ち・人)を奮い立たせる, 駆り立てる. (3) (ほこりなど)を巻き上げる.
— 名 (~s /~z/) ❶ C [普通は単数形で] **混乱**, 騒ぎ; 興奮; 大評判 (*of*): News of Mr. Green's retirement caused [created] *a* big *stir*. グリーン氏が引退するというニュースで大騒ぎになった.
❷ C [普通は単数形で] **かき回す**[**混ぜる**]**こと**: give the stew a *stir* シチューをかき混ぜる. ❸ C [普通は単数形で] かすかな(心の)動き.

S

stir-fry /stə́ːfràɪ | stə́ː-/ 動 他 (肉・野菜など)を強火ですばやくいためる.

stir·ring /stə́ːrɪŋ | stə́ːr-/ 形 [普通は 限定] 感動[興奮]させる. — 名 C 芽生え, きざし (*of*).

stir·rup /stə́ːrəp | stír-/ 名 C (乗馬用の)あぶみ, あぶみがね.

+**stitch** /stíʧ/ 名 (~·es/~ɪz/) ❶ C **ひと針, ひと縫い**, ひとかがり, ひと編み; 針目, 縫い目; [普通は複数形で] (外科の縫合の)ひと針, 縫合用の糸: She put a *stitch* in her skirt. 彼女はスカートをひと針縫った / drop a *stitch* (編み物で)ひと目落とす / A *stitch* in time (saves nine). 《ことわざ》 Ⓢ 早めにひと針縫っておけばあとで 9 針の手間が省ける / I had six *stitches* in my arm. 私は腕を 6 針縫った.

❷ C,U **縫い方**, かがり方, 編み方, ステッチ: purl *stitch* 裏編み. 関連 chain stitch 鎖縫い. ❸ C [普通は単数形で] (走ったあとなどの)わき腹の激痛. ❹ [a ~ として否定文で] 《略式》 衣服, ほんの小さな布きれ; ほんの少し: He did*n't* do *a stitch* of work. 彼はいっこうに仕事をしなかった.

in stítches [形] 《略式》 笑いこけて: The joke had [kept] everyone *in stitches*. その冗談にみんな笑いが止まらなくなった.

nót hàve a stítch ón [動] 自 《略式》 一糸まとわぬ姿だ, 何も着ていない.

— 動 他 (...)を縫う, 縫いつける [≒sew]; (...)に縫い取りをする: Can you *stitch* my initials *onto* the sleeve? 私のイニシャルをそでに縫いつけてくれる?

stítch úp [動] 他 (1) (...)を縫う, 縫いつける. (2) 《略式》 (契約など)をまとめる.

〖語源 元来は「刺すこと」の意; stick[1] と同語源〗

stitch·ing /stíʧɪŋ/ 名 U 縫い目(の線); 縫うこと.

St. Jóhn 名 固 ヨハネ (⇒ John 3).

St. Law·rence /seɪntlɔ́ːrəns | s(ə)ntlɔ́r-/ 名 固 ❶ [the ~] セントローレンス川 (Ontario 湖に発し, St. Lawrence 湾に注ぐカナダの大河). ❷ the Gulf of ~ セントローレンス湾 (カナダ東部の大西洋の湾).

St. Lou·is /seɪntlúːɪs | s(ə)nt-/ 名 固 セントルイス (米国 Missouri 州東部の都市).

St. Lúke 名 固 ルカ (⇒ Luke 2).

St. Márk 名 固 マルコ (⇒ Mark 2).

St. Mátthew 名 固 マタイ (⇒ Matthew 2).

stoat /stóʊt/ 名 C おこじょ (いたちの一種; 特に夏季毛色が茶褐色のもの; ⇒ ermine).

***stock** /stɑ́(ː)k | stɔ́k/ 名 (~s /~s/)

意味のチャート
元来は「幹, 切り株」の意.
→「**台木**」❾
→(発生の元となるもの) →「**先祖**」,「**家系**」❻
→(基礎・根本)
↓
(資本) → 「**仕入れ品**」❶,「**貯蔵品**」❷
→(商品としての)「**家畜**」❺
→「**株式**」❸

❶ C,U **仕入れ品**, (商品の)**在庫**, ストック (全体): We have the largest *stock of* French wine in Japan. 当店には日本で最大のフランスワインの在庫がございます / We have lots of new hats *in stock*. 当店には新しい帽子の在庫がたくさんございます / This style is now *out of stock*. この型は今在庫切れです.

❷ C **貯蔵品** (全体); (知識などの)**蓄え**, 蓄積: Our *stock of* oil is low. 我々の石油の蓄えは少ない / He has a rich *stock of* interesting stories. 彼はおもしろい話をいろいろ知っている.

❸ C,U [普通は複数形で] (会社の)**株**; U 株式資本 (全体); U,C 《英》 公債, 国債: invest funds in *stocks* 資金を株に投資する / own *stock in* some companies いくつかの会社の株を所有する / *Stocks* are going up. 株が上がっている / buy and sell *stocks* and shares (国債や株式の)証券の売買をする. 語法 stock は会社の株全体を指し, share は個々の株を指す. ❹ U,C (スープなどの)だし汁: chicken *stock* 鶏がらのスープ. ❺ U [ときに複数扱い] 家畜類 (牛・馬・羊など) [≒livestock]. ❻ U 家系, 血統, 先祖; 種族. ❼ U 《格式》 (人の)評判, 評価, 株. ❽ C (銃の)支え, 握り, 柄. ❾ C 〔園芸〕 接ぎ木の台木. ❿ C,U ストック, あらせいとう (植物). ⓫ C = stock company 2.

on the stócks [形] (1) (船などが)建造中の. (2) (企画・事業などが)進行中の.

tàke stóck [動] 自 調査する; よく検討する (*of*).

— 動 (stocks /~s/; stocked /~t/; stock·ing) 他 ❶ [普通は進行形なし] (商品)を**店に置く**, (...)の在庫を置く; (...)を貯蔵する: This shop *stocks* fishing gear. この店は釣り具を置いている.

❷ (場所)に(...を)**備える**, 蓄える (*up*): This library *is* well *stocked with* reference works. V+O+*with*+名の受身 この図書館には参考図書がよくそろっている.

stóck úp [動] 自 (食糧・燃料などを)たっぷりと準備する, (...を)買いだめする (*on, with*).

— 形 ❶ 限定 (表現などが)ありふれた, お決まりの, 平凡な. ❷ 限定 在庫の, 持ち合わせの.

stock·ade /stɑ(ː)kéɪd | stɔk-/ 名 C 防御柵(さく).

stock·bro·ker /stɑ́(ː)kbròʊkə | stɔ́kbròʊkə/ 名 C 株式仲買人, 株屋.

stock·brok·ing /stɑ́(ː)kbròʊkɪŋ | stɔ́k-/ 名 U 株式仲買(業).

stóck càr 名 ❶ C ストックカー (普通乗用車を競走用に改造したもの). ❷ C 《米》 (鉄道の)家畜車.

stóck certìficate 名 C 《米》 株券.

stóck còmpany 名 ❶ C 《米》 株式会社 [《英》 joint-stock company]. ❷ C 《米》 (特定の劇場の)専属劇団.

***stóck exchànge** 名 C [普通は the ~] **証券取引所**; 証券取引(業).

+**stock·hold·er** /stɑ́(ː)khòʊldə | stɔ́khòʊldə/ 名 (~s /~z/) C 《主に米》 **株主** (shareholder).

Stock·holm /stɑ́(ː)khoʊ(l)m | stɔ́khoʊm/ 名 固 ストックホルム (スウェーデン東部にある同国の首都).

stock·ing /stɑ́(ː)kɪŋ | stɔ́k-/ 名 ❶ C [普通は複数形で] (女性用の長い)靴下, ストッキング (ひざの上まで達するもの; ⇒ pantyhose): a pair of nylon *stockings* ナイロンのストッキング 1 足. ❷ C = Christmas stocking. 関連 sock ひざまで達しない靴下. **in one's stócking [stóckinged** /~d/**] féet** [副] (靴を脱いで)靴下だけになって.

stock-in-trade /stɑ́(ː)kɪntréɪd | stɔ́k-/ 名 U 常套(じょうとう)手段, おはこ; 《文語》 商売道具.

stock·ist /stɑ́(ː)kɪst | stɔ́k-/ 名 C 《英》 (特定商品の)取り扱い店[業者].

stock·man /stɑ́(ː)kmən | stɔ́k-/ 名 (複 -men /-mən/) C 牧場使用人.

***stóck màrket** 名 C [普通は the ~] **株式市場**, 証券取引所 [≒stock exchange]; 株式相場, 株式取り引き: *stock market* prices 株式相場.

stóck òption 名 C 《米》 株式購入権, ストックオプション《自社株を一定値段で買い取る権利》.

stock·pile /stá(ː)kpàɪl | stɔ́k-/ 名 ❶ C 備蓄《不時の用または不足を見越して蓄えるもの》 (*of*). ❷ C (武器や弾薬の)貯蔵. — 動 他 (...)を蓄積する, 貯蔵する, 備蓄する.

stock·room /stá(ː)krùːm | stɔ́k-/ 名 C (物資・商品などの)貯蔵室, 倉庫.

stock-still /stá(ː)kstíl | stɔ́k-←/ 副 形 動かないで(いる), じっとして(いる).

stock·tak·ing /stá(ː)ktèɪkɪŋ | stɔ́k-/ 名 U 《主に英》 棚卸し, 在庫調査 [《米》 inventory]; 実績[現状]の検討.

stock·y /stá(ː)ki | stɔ́ki/ 形 (stock·i·er; -i·est) ずんぐりした, がっしりした.

stock·yard /stá(ː)kjàəd | stɔ́kjàːd/ 名 C 《主に米》 (市場へ送る前の)家畜置き場.

stodg·y /stá(ː)ʤi | stɔ́ʤi/ 形 (stodg·i·er; -i·est) (人・書物などが)退屈な, おもしろみのない; 《英》 (食べ物が)こってりした, 胃にもたれる.

sto·ic /stóʊɪk/ 名 C 《格式》 禁欲主義者, 克己主義者. — 形 《格式》 禁欲主義の, 克己主義の; 冷静な, 我慢強い (*about*).

sto·i·cal /stóʊɪk(ə)l/ 形 = stoic.

sto·i·cal·ly /stóʊɪkəli/ 副 《格式》 禁欲的に; 冷静に.

sto·i·cis·m /stóʊɪsìzm/ 名 U 《格式》 克己, 禁欲; 冷静, 平然.

stoke /stóʊk/ 動 他 (機関車・炉など)に火をたく, (火など)に燃料をくべる (*up*); (感情)をかき立てる.

stoked /stóʊkt/ 形 S 《米》 大喜びして, 興奮して.

***stole**[1] /stóʊl/ 動 steal の過去形.

stole[2] /stóʊl/ 名 C (女性用の)長い肩掛け, ストール.

***sto·len** /stóʊlən/ 動 steal の過去分詞.
— 形 限定 **盗まれた**, 盗んだ: *stolen* goods 盗品.

stol·id /stá(ː)lɪd | stɔ́l-/ 形 無神経な, 鈍感な. **~·ly** 副 感情を見せずに.

*****stom·ach** /stʌ́mək/ ❗発音
— 名 (~s /~s/) ❶ C **胃**: I have a pain in my *stomach*. 胃が痛い / My *stomach* growled. おなかが鳴った. 関連 bowels, intestines 腸.
❷ C 《略式》 **腹部**, 腹 (⇒ body 挿絵). 語法 厳密には「腹(部)」を意味する語は abdomen や《略式》の belly だが, 普通は stomach のほうが上品な語とされ, abdomen, belly の代わりに用いられる: the pit of the *stomach* みぞおち / lie on one's *stomach* うつぶせ[腹ばい]になる. ❸ U [普通は否定文で] 食欲; 望み (⇒ have no stomach for ... (成句)).
dón't hàve the stómach to dó [動] ...したくない.
hàve nó stómach for ... [動] 他 ...を食べたくない; ...に気が向かない.
on a fúll stómach [副] 満腹のときに.
on an émpty stómach [副] 空腹のときに.
túrn ...'s stómach = máke ...'s stómach túrn [動] ...に胸を悪くさせる, 吐き気を催させる.
— 動 他 [普通は否定文で can とともに] (侮辱など)を我慢する, 忍ぶ; (...)を食べる, 腹に納める.

stom·ach·ache /stʌ́məkèɪk/ 名 C,U 胃の痛み, 腹痛: I have a bad [slight] *stomachache*. 胃がひどく[少し]痛む / get a *stomachache* 腹痛をおこす. 関連 backache 背中[腰]の痛み / earache 耳の痛み / headache 頭痛 / toothache 歯痛.

stomp /stá(ː)mp | stɔ́mp/ 動 自 《略式》 足を踏み鳴らして動く[踊る], どしんどしんと歩く (*about*, *around*, *off*); 踏みつける (*on*).

stómp·ing gròund /stá(ː)mpɪŋ- | stɔ́mp-/ 名 C 《米》 = stamping ground.

*****stone** /stóʊn/
— 名 (~s /~z/) ❶ U [しばしば合成語で] (岩石を構成する)石, **石材**《建築などの材料》; [形容詞的に] **石の**, 石製の: This wall is (made of) *stone*. この壁は石造りだ / a *stone* bridge 石橋.
❷ C (個々の)石, **小石**; [普通は合成語で] (特定用途のための)切り石, 敷石 (⇒ 類義語): DON'T THROW STONES 投石禁止《掲示》 / You cannot get blood from a *stone*. 《ことわざ》 石から血はとれない(冷酷な人から同情や援助は得られない). 関連 gravestone, tombstone 墓石 / paving stone 敷石. ❸ C 宝石 (precious stone): a ring set with four *stones* 4 石入りの指輪. ❹ C 《英》 (果実の)核(さね), 種(たね)《さくらんぼ・桃などのように中心に 1 個あるもの; ⇒ pip'》 [《米》 pit]. ❺ C 結石: a kidney *stone* 腎臓(じんぞう)結石.
a stóne's thrów [名] 《略式》 石を投げれば届く距離, ごく近く: He lives only *a stone's throw* (away) from the school. 彼は学校のすぐ近くに住んでいる.
léave nó stóne untúrned [動] 自 あらゆる手段を尽くす, 八方手を尽くす (*to* do).
sét [cárved, étched] in stóne [形] [普通は否定文で] (考え・決定・計画などが)変えられない, 確定している. (形 stóny)
類義語 **stone** *rock* のかけらで大きくない石. 《米》 では *rock* もこの意味で用いられる. **rock** 地球表面を形成する大きな岩石. **gravel** *stone* より小さい石で道路に敷いたりする. **pebble** 水の作用で丸くなった小石で砂 (sand) より大きい.
— 動 他 ❶ (...)に石を投げつける; (...)を石打ちの刑にする. ❷ 《英》 (果物)の核(さね)をとる [《米》 pit].

Stóne Àge 名 [the ~] 石器時代《青銅器時代 (Bronze Age) に先立つ時代》.

stone-cold /stóʊnkóʊld←/ 形 ❶ 冷え切った. ❷ 《米》 (選手・チームが)得点できない.

stoned /stóʊnd/ 形 《略式》 (麻薬で)ぼおっとした, 恍惚(こうこつ)となった; 《古風》 (酒に)酔った.

stóne déad 形 完全に死んだ[破壊された].

stone-deaf /stóʊndéf←/ 形 全く耳の不自由な.

Stone·henge /stóʊnhènʤ | stòʊnhénʤ←/ 名 固 ストーンヘンジ《England 南部のソールズベリー平原にある巨石柱群; 古代先住民族の遺跡》.

stone·ma·son /stóʊnmèɪs(ə)n/ 名 C 石工, 石屋.

stone·wall /stóʊnwɔ̀ːl | stòʊnwɔ́ːl/ 動 自 じゃまをする; (議事の進行を)妨害する. — 他 (...)をじゃまする; (議事)を妨害する.

stone·ware /stóʊnwèə | -wèə/ 名 U 炻器(せっき)《陶磁器の一種》.

stone·work /stóʊnwə̀ːk | -wəːk/ 名 U 石造物, 石塀.

ston·y /stóʊni/ 形 (ston·i·er; -i·est) ❶ 石の多い, 石だらけの: *stony* ground 石の多い地面. ❷ 石のような; 冷たい, 冷酷な, 無情な: a *stony* heart (石のように)冷たい心 / He gave me a *stony* stare. 彼は無表情に私を見つめた. (名 stone)

*****stood** /stʊ́d/ 動 stand の過去形および過去分詞.

stooge /stúːʤ/ 名 ❶ C 《略式》 他人の言いなりになる人, 手先; (いやな仕事に使われる)下っぱ. ❷ C 喜劇

S

(役者)の引き立て役, ボケ.

stool /stúːl/ 名 ❶ C (背・ひじ掛けのない1人用の)腰掛け, 丸いす; 踏み台 (⇒ chair 表): a piano *stool* ピアノ用いす.

stools 1

❷ C [普通は複数形で]〔医学〕大便 (「便座」の意から): Do your *stools* tend to be loose? 便は緩(ゆる)くなりがちですか. **fáll betwèen twó stóols** [動] 自 《主に米》あぶはち取らずになる, 二兎(と)を追って一兎をも得ず.

stóol pìgeon 名 C 《米略式》(警察の)スパイ, 密告者.

+**stoop**[1] /stúːp/ 動 (stoops /~s/; stooped /~t/; stoop·ing) 自 ❶ **前かがみになる**, かがむ, 身をかがめる. 語法 bend と同義だがそれよりも改まった感じの語: He ***stooped down*** to pick up a pencil. V+*down* 彼はかがんで鉛筆を拾い上げた. ❷ 腰が曲がっている, 猫背である. ❸ 品位を落として[落ちぶれて]...する, 恥を忍んで...する: He'll never *stoop to* steal*ing*. 彼は落ちぶれて盗みまでするようなことは決してない.

stóop sò lów (as to dó ...**)** [動] Ⓦ (...するほど)品位を落とす, 身を落としてまで...する.

— 名 [a ~] かがむこと; 猫背: walk with *a stoop* 前かがみになって歩く.

stoop[2] /stúːp/ 名 C 《米》玄関の階段, ポーチ.

*****stop** /stá(ː)p | stɔ́p/

— 動 (stops /~s/; stopped /~t/; stop·ping)

単語のエッセンス
1) 止める; 止まる　他 ❶, ❷, ❸; 自 ❶, ❷
2) ふさぐ　他 ❺
3) 滞在する　自 ❹

— 他 ❶ (動いているもの)を**止める** (⇒ 類義語) [⇔ start]: He *stopped* the car near the park. 彼は車を公園の近くに止めた / *Stop* that boy! その子をつかまえて[止めて]くれ! / Do you know how to *stop* the CD? CD の止め方がわかりますか / Traffic *was stopped by* a cow that had wandered onto the road. V+O の受身 道にさまよい出た牛のため交通が止まった.

❷ (...)を**中止する**, やめる, 中断する: He *stopped* work. 彼は仕事をやめた / They *stopped* talk*ing*. V+O (動名) 彼らは話をやめた / *It* has *stopped* rain*ing*. 雨がやんだ (⇒ it[1] A 2) / *Stop* this nonsense! こんなばかなことを言う[する]のはやめてくれ / These cruelties must *be stopped* at once. V+O の受身 こういう残虐行為はすぐに中止しなければならない / ***Stop it*** [***that***]***!*** Ⓢ (そんなことは)やめろ!

語法 🔍 **stop+*doing* と stop+to *do***
stop の意味の違いで文型が異なることに注意: He *stopped* smok*ing*. V+O (動名) 彼はたばこを(吸うの を)やめた / He *stopped to* smoke. V+*to* 不定詞 彼はたばこを吸おうと立ち止まった[仕事の手を休めた] (⇒ 自 1, 2).

❸ (行為)をやめさせる, 止める, さえぎる; (...が~するの)を**妨げる**, 防ぐ [≒prevent]: I'll go there no matter what; 「nobody can [there's nothing to] *stop* me. 私はどんなことをしてもそこへ行くつもりだ. だれが何と言っても[何があろうと]引き止められないぞ / 言い換え Nobody can *stop* them *from* argu*ing*. V+O+*from*+動名 = Nobody can *stop* them argu*ing*. V+O (動名) だれも彼らのけんかをやめさせることができない (✪ from を省く形は《主に英》).

語法 **stop A (from) *do*ing**
(1) stop them from arguing は「けんかを起こさないようにする」の意になりやすいのに対し, from を省く形は「現実に進行中のけんかを止める」の意になりやすい. Nobody can *stop* their argument. は普通「進行中のけんかを止める」を意味する.
(2) 次の文は (1) のどちらの意味にもとれるが, 《格式》: Nobody can *stop their* argu*ing*. V+O (動名).

「やめて」の意のしぐさ

❹ (供給・支払いなど)を**停止する**, (小切手)の支払いを止める; (金額)を差し引く (*from*): *stop* (the) payment of a check 小切手の支払いを停止する / Pay the bill at once, or your electricity will *be stopped*. V+O の受身 すぐ料金を払いなさい, さもないと電気をとめられますよ. ❺ (穴など)をふさぐ, 埋める; (びんなど)にふたをする; (歯(の穴))に詰めものをする; (出るもの)を止める: She *stopped* her ears. 彼女は耳を手でふさいだ / She *stopped* the leak in the pipe. 彼女はパイプの水漏れをふさいで止めた.

— 自 ❶ (動いているものが)**止まる**, **停止する** (⇒ 類義語) [⇔ start]; 立ち止まる, 立ち止まって...する: *Stop*, thief! 待て泥棒 / The train has *stopped*. 列車は止まった / The train is *stopping*. 列車は止まろうとしている (⇒ 巻末文法 6.2 (1)) / Does this bus *stop at* (the) city hall? V+*at*+名 このバスは市役所に止まりますか / He ***stopped to*** watch the sunset. V+*to* 不定詞 彼は立ち止まって日没の光景を眺めた.

❷ **中断する**, (活動などが)やむ, 終わる; (仕事などを)中断して...する: The rain has *stopped*. 雨がやんだ / She began to speak but suddenly *stopped*. 彼女は話し始めたが急にやめた / He felt tired, so ***stopped to*** have a cup of coffee. V+*to* 不定詞 彼は疲れたので, 手を休めてコーヒーを1杯飲んだ (⇒ 他 2 語法) / *stop to* think じっくり考える / 言い換え Let's *stop to* have lunch. = Let's ***stop for*** lunch. V+*for*+名 一休みしてお昼にしよう (⇒ 自 3).

❸ **ちょっと立ち寄る**: She ***stopped at*** the store on her way home. V+前+名 彼女は帰りがけに店に寄った / Let's ***stop for*** lunch ***at*** [***in***] a café. 食堂に寄って昼食をとろう (⇒ 自 2).

❹ 《略式, 主に英》**滞在する**, とどまる, 泊まる [≒stay].

cánnot stóp dóing [動] ...しないわけにはいかない [≒cannot help doing]: I *couldn't stop* laugh*ing*. 私

は笑わずにはいられなかった.

stóp at nóthing [動] ⓐ 何でもやりかねない: He'll *stop at nothing to* get to the top. 彼はトップになるためならどんなことでもやりかねない.

stóp ... shórt [動] ⓣ (人(の話))を突然さえぎる.

stóp shórt of dóing ... [動] ...するのを思いとどまる: The boss criticized my work, but he *stopped short of* firing me. 社長は私の仕事に文句をつけたが, 首にはしなかった. (名 stóppage)

stop の句動詞

+**stóp bý** 動 ⓐ **立ち寄る:** Let's *stop by at* his place. 彼のところに立ち寄ろう.

+**stóp by ...** 動 ⓣ **...に立ち寄る:** I often *stop by* that bakery. 私はよくあのパン屋に寄る.

+**stóp ín** 動 ⓐ ❶《略式》**立ち寄る** [≒drop in]: He ***stopped in at*** the library on his way home. 彼は帰宅途中図書館に立ち寄った. ❷《英略式》家にいる.

+**stóp óff** 動 ⓐ **途中でちょっと立ち寄る**, 途中下車する: I'm going to ***stop off in*** Boston for a few days. 私は数日ボストンに立ち寄るつもりだ.

stóp óut 動 ⓐ《英略式》遅くまで外出する.

+**stóp óver** 動 ⓐ (乗り物を)**途中で降りる**, 途中下車[降機]する; (旅行の途中で)ちょっととどまる[泊まる]: She says she'll ***stop over in*** [***at***] Honolulu on her way to Japan. 彼女は日本へ来る途中ちょっとホノルルに立ち寄るつもりだと言っています (⇒ stopover 語法). (名 stópòver)

+**stóp úp** 動 ⓣ (穴など)を**ふさぐ**, 埋める, 詰める; (流れなど)をせき止める; (かぜをひいて)(鼻)を詰まらせる V+名·代+*up* / V+*up*+名: Something has *stopped up* the pipe. 何かがパイプに詰まった.
— ⓐ《英略式》寝ないで起きている [≒stay up].

類義語 **stop** ある動作·行動が停止すること: The car *stopped*. 車が止まった. **cease** *stop* より改まった感じの語で, ある状態·条件·存在などがやむこと. 従って The rain [noise, fighting] *ceased*. とは言えるが, The train *ceased*. や He *ceased* the car. などとは言わない: He *ceased* talking. 彼はしゃべるのをやめた / That newspaper has *ceased* publication. その新聞は発行を停止した. **halt** 格式ばった語で突然止まること. またしばしば権威者による命令で止められることを意味する: *Halt*. 止まれ《軍隊などの命令》. **discontinue** 長年あるいは定期的に行なってきたことをやめること: I *discontinued* my subscription to the newspaper. 私はその新聞の定期購読をやめた. **quit** 《略式》仕事·習慣などを意図的にやめること: He *quit* 「his job [smoking]. 彼は仕事[喫煙]をやめた.

— 名 (~s /~s/) ❶ Ⓒ **止まること**, 停止, 中止, 休止; **停車**, 着陸, 立ち寄り: The bus ***came to a*** sudden ***stop*** in the middle of the road. バスは道の真ん中で突然止まった / The war ***brought*** their research ***to a stop***. 戦争で彼らの研究はストップした / ***put a stop to*** ... ...をやめる, 終わらせる / This train goes from Tokyo to Osaka with only four *stops*. この列車は東京から大阪まで 4 回停車するだけで行きます / The sightseeing bus ***made*** a brief ***stop*** at a restaurant. 観光バスはレストランで短時間停車をした.

❷ Ⓒ (交通機関が)**止まる場所**, 駅, 停車場, 停留所: a bus *stop* バス停留所 / I'm going to get off at the next *stop*. 次の駅[停留所]で降ります / 💬 "How many *stops* 「is it [are there] from here to the city hall?" "Five (*stops*)." 「ここから市役所まで停留所はいくつですか」「5 つです」

❸ Ⓒ **滞在**; 滞在地: I want to make a week's *stop* in Paris. 私はパリに 1 週間滞在したい. ❹ Ⓒ (オルガンなどの)音栓, ストップ. ❺ Ⓒ〔音声〕閉鎖音. ❻ Ⓒ《英》= full stop.

púll óut áll the stóps = púll áll the stóps òut [動] ⓐ 最大限の努力をする. 由来 オルガンのすべての音栓をはずして演奏する, の意から.

stop·cock /stá(ː)pkà(ː)k | stɔ́pkɔ̀k/ 名 Ⓒ (水道管·ガス管などの)元栓, コック.

stop·gap /stá(ː)pgæ̀p | stɔ́p-/ 名 Ⓒ 間に合わせ(の人[物]), その場しのぎ: a *stopgap* measure 一時しのぎの措置.

stop·light /stá(ː)plàɪt | stɔ́p-/ 名 Ⓒ《米》(交通の)停止信号; = traffic light.

stop·o·ver /stá(ː)pòʊvɚ | stɔ́pòʊvə/ 名 Ⓒ (旅行の途中で)ちょっと滞在すること, 途中降機[下車]. 語法 途中で多少滞在するようなときには in, 単なる中継地点のときには at を使う傾向がある (⇒ at 1 語法): a three-week tour with a three-day *stopover in* Paris 途中パリに 3 日間滞在する 3 週間の旅行 / a flight to New York with a *stopover at* Chicago シカゴ経由のニューヨーク便. (動 stóp óver)

stop·page /stá(ː)pɪʤ | stɔ́p-/ 名 ❶ Ⓒ [しばしば複数形で] 休業, ストライキ. ❷ Ⓒ,Ⓤ《主に英》止めること, 中止. ❸ [複数形で]《英》差し引き[控除]額. ❹ Ⓒ,Ⓤ つまった状態[箇所], 閉塞, 遮断. (動 stop)

stop·per /stá(ː)pɚ | stɔ́pə/ 名 Ⓒ (びん·たるなどの)栓 [≒plug]: put a *stopper* on a bottle びんに栓をする.
— 動 (-per·ing /-p(ə)rɪŋ/) ⓣ (びん)に栓をする (*up*).

stop·ping /stá(ː)pɪŋ | stɔ́p-/ 形 限定《英》(列車が)各駅停車の.

stop·watch /stá(ː)pwà(ː)ʧ | stɔ́pwɔ̀ʧ/ 名 Ⓒ ストップウォッチ.

+**stor·age** /stɔ́ːrɪʤ/ 名 (stor·ag·es /~ɪz/) ❶ Ⓤ **貯蔵**, 保管, 格納 (*of*): grain *storage* 貯蔵した穀物 / a *storage* space 収納スペース. ❷ Ⓤ 貯蔵所, 倉庫. ❸ Ⓤ 保管料. ❹ Ⓤ,Ⓒ〔コンピュータ〕(データの)保存; 記憶装置: *storage* capacity 記憶容量.

in stórage [副·形] (倉庫などに)保管されて. (動 store)

***store /stɔ́ɚ | stɔ́ː/

— 名 (~s /~z/)

意味のチャート
「**蓄え**」❸ → (商品の在庫を持つところ) → 「**商店**」❶

❶ Ⓒ [しばしば合成語で]《主に米》**店**, **商店**, 小売店 [《英》shop]. 語法《米》では店の大小や扱う商品の種類を問わず, store を使うのが普通 (⇒ shop 語法): a grocery *store* 食料雑貨店 / go to the *store* 買い物に行く / I usually buy clothing ***at*** a local ***store***. 私は衣類はふだん地元の店で買う. 関連 chain store チェーン店 / convenience store コンビニエンスストア.

❷ Ⓒ《主に英》**大型店**, 百貨店, デパート (department store).

❸ Ⓒ (多量の)**蓄え**, 貯蔵; 蓄積 [≒stock]; [普通は単数形で] 多数, 多量: They have a good ***store of*** food for the winter. 彼らは冬に備えて食べ物を十分蓄えてある / He has an endless *store of* good jokes. 彼はおもしろい笑い話を無限に知っている. ❹ [複数形で] (陸軍·海軍などの)用品, 用具, 備品; 備品庫[部

屋]: military *stores* 軍需品 / ship's *stores* 船舶用品. ❺ Ⓒ 倉庫: a grain *store* 穀物倉庫.
in stóre [形・副] (1) 蓄えて, 用意して: We must keep some of these *in store for* next year. このうちいくらか来年のために取っておかねばならない. (2) (運命などが)(...を)待ち構えて: Who knows what the future has *in store for* us? 将来何が起こるかだれにもわからない.
sèt [pùt] stóre by [on] ... [動] ⊕ ...を重んじる, 重視する. 語法 store の前に量を表わす形容詞がつく: I *set great store by* Dr. Smith's predictions. 私はスミス博士の予測を重視している.
— 動 (stores /~z/; stored /~d/; stor·ing /stɔ́:rɪŋ/) ⊕ ❶ (...)を蓄える, 蓄積する; (将来に備えて)取っておく, しまっておく: Squirrels *store* (*up*) food *for* the winter. V(+up)+O+for+名 りすは冬に備えて食べ物を蓄える / I *stored* some canned food (*away*) *for* emergencies. V+O(+away)+for+名 私は非常時に備えて缶詰食品を蓄えた. ❷ (事実・知識・データなど)を(記憶などに)とどめる, 保存する (*away*); 〔コンピュータ〕(データなど)を(ディスクなどに)保存する (*on*). ❸ (問題など)をため込む (*up*). (名 stórage)
store-bought /stɔ́ɚbɔ̀:t | stɔ́:-/ 形 限定 《米》 店で買った, 既製の [⇔ homemade].
stóre brànd 名 Ⓒ 《米》 自社ブランド, ストアブランド《小売店自身のブランドで売られる商品》.
store·front /stɔ́ɚfrʌ̀nt | stɔ́:-/ 名 Ⓒ 《米》 店先, 店頭.
store·house /stɔ́ɚhàʊs | stɔ́:-/ 名 (-hous·es /-hàʊzɪz/) Ⓒ (知識などの)宝庫《人・図書館・書物など》: a *storehouse of* information 知識の宝庫.
store·keep·er /stɔ́ɚkì:pɚ | stɔ́:kì:pə/ 名 Ⓒ 《主に米》 店主, 小売商人 [《英》 shopkeeper] (⇒ merchant).
store·room /stɔ́ɚrù:m | stɔ́:-/ 名 Ⓒ 貯蔵室, 収納室, 納戸(なんど).
+**sto·rey** /stɔ́:ri/ 名 Ⓒ 《主に英》 = story².
sto·ried /stɔ́:rid/ 形 限定 (歴史に)名高い, 語りぐさになった.
-sto·ried, 《英》 **-sto·reyed** /stɔ́:rid/ 形 [合成語で] ...階建ての: a two-*storied* house 2 階建ての家.
stork /stɔ́ɚk | stɔ́:k/ 名 Ⓒ こうのとり《高い木や煙突に巣を作る》. 参考 欧米の家庭では以前は赤ん坊はこうのとりが運んでくるものと子供たちに言い聞かせることが多かった.

***storm /stɔ́ɚm | stɔ́:m/

— 名 (~s /~z/) ❶ Ⓒ あらし, 暴風雨; 〔気象〕 暴風: We were caught in a heavy [severe, violent] *storm*. 我々はひどいあらしにあった / The *storm* broke. 突然あらしになった / At last the *storm* has begun to subside. とうとうあらしもおさまり始めた. 参考 インド洋方面の大暴風雨を cyclone, メキシコ湾方面のを hurricane, 南シナ海方面のを typhoon という; また whirlwind (つむじ風)や tornado (竜巻)も storm の中に入る.
❷ Ⓒ [普通は単数形で] **あらしのようなもの**, (...の)あらし; 騒動, 波乱; (感情の)激発, 激高: a ***storm of*** anger [protest] 激しい怒り[抗議] / raise [stir up] a *storm* 騒ぎを起こす / a *storm of* applause あらしのような拍手.
a stórm in a téacup [名] 《英略式》 つまらぬことに大騒ぎすること, 「コップの中のあらし」 [《米》 a tempest in a teapot].
dánce [síng, tálk] úp a stórm [動] ⊜ 《略式》 精一杯踊る[歌う, 話す].
táke ... by stórm [動] ⊕ (1) (場所)で大成功する, (聴衆・観客など)をうっとりさせる. (2) 強襲して(...)を占領する.
wéather [ríde óut] the stórm [動] ⊜ 難局を切り抜ける. (形 stórmy)
— 動 (storms /~z/; stormed /~d/; storm·ing) ⊕ ❶ (あらしのように)(場所)を襲う, 襲撃する. ❷ 《文語》 (...)とどなる. — ⊜ ❶ [it を主語として; ⇒ it¹ A 2] あらしが吹く. ❷ [副詞(句)を伴って] (あらしのように)荒れる, 暴れる; 突進する: The angry people *stormed through* the streets. 怒った人たちは町中を暴れ回った / She *stormed out of* the room. 彼女はひどく怒って部屋を飛び出して行った. ❸ 《文語》 どなり散らす (*at*).
stórm clòud 名 ❶ Ⓒ あらし雲. ❷ Ⓒ [普通は複数形で] (動乱・戦争などの)前ぶれ, 前兆.
stórm dòor 名 Ⓒ 《主に米》 防風ドア《雪や寒風を防ぐためにドアの外側に取り付ける》.
stórm wìndow 名 Ⓒ 《主に米》 防風窓《雪や寒風を防ぐために普通の窓の外側に取り付ける》.
storm·y /stɔ́ɚmi | stɔ́:-/ 形 (storm·i·er; storm·i·est) ❶ あらしの, 暴風(雨)の: a *stormy* night あらしの夜 / The sea was *stormy*. 海は荒れていた. ❷ (あらしのように)荒れた, 激しい; 波乱の: a *stormy* discussion 激しい討論. (名 storm)

***sto·ry¹ /stɔ́:ri/

— 名 (sto·ries /~z/) ❶ Ⓒ (架空の)**物語**, 小説 (⇒ 類義語): the *story of* Snow White 白雪姫の物語 / Mark Twain's *story about* a boy's adventures 少年の冒険についてのマークトウェインの物語 / My grandmother told [read] me a sad *story*. 祖母は私に悲しい物語を語って[読んで]くれた.
❷ Ⓒ (事実を伝える)**話**; 新聞記事, (報道)記事: a true *story* 実話 / Tell me the *story*, please. 事の次第を話してください / run a *story* (新聞などが)記事を掲載する / NBC's Jimmy Smith has the *story*. NBC のジミー スミスがお伝えします《ニュースレポートの始めで》.
❸ Ⓒ (人・物に関する)言い伝え, うわさ; 歴史, 由来; (人の)経歴: Every piece of furniture in his room has a *story* behind it. 彼の部屋の家具はどれもみな由緒あるものだ / The *story* goes *that* a strange creature lives in the lake. その湖には不思議な生き物がいるというわさだ. ❹ Ⓒ (物語・劇などの)筋 [≒plot]. ❺ Ⓒ 言いわけ, 作り話; Ⓢ 《小児語》 うそ [≒lie].
be a dífferent stòry [動] ⊜ Ⓢ 事情は全く違う.
énd of stóry Ⓢ 話はこれでおしまい.
It's a lóng stóry. Ⓢ 話せば長くなります(ので詳しくはお話しできません).
Thàt's anóther stòry. Ⓢ それはまた別の話だ; それはまた別の機会に話そう.
Thàt's nót the whóle stóry. Ⓢ 話はそれだけじゃないんだ.
Thàt's the stóry of my lífe. Ⓢ いつもこうなんだ《いやな経験が過去にもあったというとき》.
the sáme (òld) stóry = the óld stóry [名] Ⓢ よくある話[言いわけ, トラブル]; 同じようなこと: "Bookstores are disappearing in my hometown." "It's *the same story* here." 「僕の生まれ故郷で書店がなくなりつつあるんだ」「ここも同じだよ」
to máke [《英》 cút] a lóng stòry shórt [副] 文修飾 Ⓢ 手短に言えば, 早い話が.

類義語 **story** 長短にかかわらず,「物語」の意味の最も一般的な語: a detective *story* 探偵小説. **novel** 近代の長編小説: a romantic *novel* 恋愛小説. **tale** 架空または伝説的な話: a fairy *tale* おとぎ話. **fiction** 事実の記述でなく, 想像力で作り出した架空物語の意で, *stories*, *novels* などの総称としても用いる: historical *fiction* 歴史小説.

〘語源 history と同語源で, 元来は意味の区別なく用いられた〙

+**sto·ry²**, 《英》 **sto·rey** /stɔ́:ri/ 名 (sto·ries, 《英》 sto·reys /~z/) C (建物の)**階** [≒floor]: a ten-*story* building 10 階建てのビル / His office is ***on*** the seventh ***story***. 彼の事務所は 7 階にあります《⇒ floor 語法》.

sto·ry·book /stɔ́:ribòk/ 名 C 童話の本. ― 形 限定 おとぎ話のよう(に幸せ)な.

stóry lìne 名 C (小説・劇などの)筋 [≒plot].

sto·ry·tell·er /stɔ́:ritèlə | -lə/ 名 C (子供に)お話を聞かせる人, 語り手; 物語作者.

sto·ry·tell·ing /stɔ́:ritèlɪŋ/ 名 U (子供に)お話を聞かせること; (おもしろく)話を聞かせる技術.

stout /stáʊt/ 形 ❶ [しばしば遠回しに] (中年の人が)肥えた, 太った《⇒ fat 類義語》. ❷《文語》 丈夫な: a *stout* ship 頑丈な船. ❸ 限定《文語》強い, 勇敢な [≒brave]. ― 名 U 強い黒ビール, スタウト.

stout·ly /stáʊtli/ 副 頑丈に; 《文語》 断固として.

stout·ness /stáʊtnəs/ 名 U 肥満.

+**stove¹** /stóʊv/ 名 (~s/~z/) C 《主に米》 (料理用の)**レンジ**, ガス台 [《米》 range, 《英》 cooker]《⇒ kitchen 挿絵》; (暖房用の)**ストーブ**: a kitchen *stove* 台所用のレンジ / a gas *stove* ガスレンジ / light the *stove* ストーブに火をつける. 参考 英語の stove は日本語の「ストーブ」と異なり, 大型で料理をはじめとして多目的に使われるものをいう. 暖房用の小型のものは heater と呼ばれる.

stove	heater
大型 固定されている 通気孔や煙突などがある 料理用をはじめ多目的	小型 移動可能 通気孔などはない 暖房用

〘語源 元来は「暖められた部屋」の意〙

stove² /stóʊv/ 動 stave の過去形および過去分詞.

stow /stóʊ/ 動 他 (...)をしまい込む, 収納する (*in*, *under*). **stów awáy** [動] 他 (...)をしまい込む. ― 自 密航する.

stow·age /stóʊɪʤ/ 名 U (船・飛行機などの)積み荷収容場所.

stow·a·way /stóʊəwèɪ/ 名 C 密航者; 無賃乗客.

St. Pat·rick /seɪn(t)pǽtrɪk | s(ə)n(t)-/ 名 固 セント パトリック《Ireland の守護聖者; ⇒ patron saint》.

St. Paul's /seɪn(t)pɔ́:lz | s(ə)n(t)-/ 名 固 セントポール大聖堂《London にある国教会の大聖堂》.

St. Pe·ter's /seɪn(t)pí:ṭəz | s(ə)n(t)pí:təz/ 名 固 サンピエトロ大聖堂《Vatican City にあるカトリック教会の総本山》.

St. Pe·ters·burg /seɪn(t)pí:ṭəzbə̀:g | s(ə)n(t)-pí:təzbə̀:g/ 名 固 サンクトペテルブルク《ロシア北西部の都市; 旧名 Leningrad》.

Str. 略 = strait.

strad·dle /strǽdḷ/ 動 他 ❶ (馬・塀など)にまたがる, またいで座る[立つ]. ❷ (道路・場所などが)(境界など)の両側に及ぶ. ❸ (異なる分野)にまたがる.

strafe /stréɪf | strá:f/ 動 他 (低空飛行で)(...)を機銃掃射する; 猛砲撃[爆撃]する.

strag·gle /strǽgl/ 動 自 ❶ [副詞(句)を伴って] (列などが)ばらばらになる; だらしなく広がる. ❷ 落後する (*behind*).

strag·gler /strǽglə | -lə/ 名 C はぐれた人[動物].

strag·gly /strǽgli/ 形 (strag·gli·er; -gli·est) ばらばらの; (髪が)ほつれた.

***straight** /stréɪt/ !発音 -ght で終わる語の gh は発音しない. (同音 strait)

― 形 (straight·er /-ṭə | -tə/; straight·est /-ṭɪst/)

意味のチャート

「ぴんと張られた」《⇒ 語源》から,「**真っすぐな**」❶
→「**直立した**」❷ →「**きちんとした**」❺ → (整然とした) →「**切れ目のない, 連続した**」❸
→ (人柄が) →「**真っすぐな, 正直な**」❹

❶ **真っすぐな**, 曲がっていない, 一直線の [⇔ curved]: *straight* hair (縮れ毛に対して)真っすぐな髪 / a *straight* road 真っすぐな道 / Sit with your back *straight*. 背筋を伸ばして座りなさい / The soldiers were marching in a *straight* line. 兵士は一直線になり行進していた.

❷ **直立した**, 垂直の, 傾いていない: Is the picture *straight*? 絵は(傾いていなくて)真っすぐか.

❸ 限定 **連続した**, 切れ目のない: get *straight* A's (成績で)すべて優を取る《⇒ a¹ 3》/ in ten *straight* games 10 試合連続で / We worked on this experiment for four *straight* days. この実験に 4 日連続で取り組んだ.

❹ (人柄・行ないが)**真っすぐな**, 正直な, 率直な, まじめな [≒honest]; (顔が)まじめくさった: He gave a *straight* answer to my question. 彼は私の質問に正直に答えた / He wasn't ***straight with*** me. +with+名 彼は私に素直でなかった / Let's have some *straight* talk. 腹を割って(正直に)話そう.

❺ [普通は 叙述] **きちんとした**, 整頓(せいとん)された: Put your room *straight* before you go to bed. 寝る前に部屋をきちんと片づけなさい. ❻ (水・炭酸水などで)割ってない, 混ぜ物のない, 生(き)の: *straight* whiskey ウイスキーのストレート. ❼ 限定 (演劇・役者などが)正統的な, 喜劇でない. ❽《略式》 (人が)まともで退屈な; 麻薬を常用していない; 同性愛ではない. ❾ (選択・勝負・交換などが)二者間の, 一対一の. ❿ 叙述 Ⓢ 金の貸し借りがなくて.

gét ... stráight [動] 他 Ⓢ ...を正しく理解する, ...をはっきりさせる.

kéep a stráight fáce [動] 自 真顔でいる, 笑いをこらえる.

sét [pút] ... stráight [動] 他 (...について)(人)の誤りを正す, (人)の迷いを解く (*about*, *on*). (動 stráighten)

― 副 ❶ **真っすぐに**, 曲がらずに, 一直線に: Keep *straight* on. 真っすぐに行きなさい / Look *straight* ahead. 真っすぐ前を見なさい.

❷ **直**(ただ)**ちに**, すぐに, 直行して: go *straight* home 真っすぐ家へ帰る / come home *straight* after work 仕事が終わったらすぐ家に帰る / This train goes *straight* through to London. この列車はロンドンに直行する / He came *straight* down to the point. 彼はすぐに要点に触れた.

❸ **直立して**, 垂直に, 傾かずに: stand (up) *straight* 直立する / sit (up) *straight* 姿勢を正して座る / Put the

S

pole up *straight*. 棒を真っすぐに立てなさい. ❹ 率直に, 正直に; あからさまに. ❺ 連続して, 立て続けに.
gò stráight [動] ⓐ 真っすぐに行く《⇒ 2》; 《略式》(更正して)まじめに暮らす.
sée stráight [動] ⓐ [否定文で] はっきり見える.
stráight awáy [óff] [副] 直ちに.
stráight óut [副] 率直に.
stráight úp [副] Ⓢ [質問・答えなどで] 本当に.
thínk stráight [動] ⓐ [否定文で] 理路整然と考える.
— 名 ❶ Ⓒ [普通は the ~] (競走路の)直線コース. ❷ Ⓒ 《略式》同性愛ではない人; まともな人.
the stráight and nárrow [名] (罪を犯さない)まじめな暮らし, まっとうな生き方.
〔語源 元来は stretch の過去分詞形〕

straight·a·way /stréɪṭəwéɪ←/ 副 直ちに [≒at once, right away]. — 名 Ⓒ [普通は the ~] 《米》(競走路の)直線コース.

+**straight·en** /stréɪtn/ 動 (straight・ens /~z/; straight·ened /~d/; -en·ing) ⓣ ❶ (...)を**真っすぐにする**: *Straighten* your back. 背筋を真っすぐに伸ばしなさい. ❷ (...)を整頓(せいとん)する.
— ⓐ 真っすぐになる, 姿勢を正す.
stráighten óut [動] ⓣ (1) (...)を真っすぐに伸ばす. (2) 《略式》(人)をまともな人間にする; (人)の誤解[混乱]を正す. (3) (紛争など)を解決する. — ⓐ 真っすぐになる; まともな人間になる.
stráighten úp [動] ⓣ (1) (...)をきちんとする, 整頓(せいとん)する; しっかりさせる. (2) [straighten oneself up として] 背筋を伸ばす. — ⓐ ❶ (姿勢などが)真っすぐになる. ❷ 《米》まじめになる. (形 straight)

+**straight·for·ward** /stréɪtfɔ́ɚwɚd | -fɔ́ːwəd←/ 形 ❶ **簡単な**, わかりやすい [≒simple]: The answer to the question seemed *straightforward*. その問題の答えは簡単そうに見えた.
❷ (人・態度などが)**率直な**, 正直な, 真っすぐな [≒honest]: a *straightforward* person 率直な人.
~·ly 副 明快に.

straight·jack·et /stréɪtʤæ̀kɪt/ 名 Ⓒ = straitjacket.

*__strain__[1] /stréɪn/ 名 (~s /~z/) ❶ C,U **過労**, ストレス; (無理な)負担: ease [bear] mental *strain* 精神的重圧を軽くする[に耐える] / ***under*** a lot of ***strain*** 大変なストレスがかかって / Increasing unemployment is putting a great ***strain on*** the welfare budget. 増え続ける失業が福祉予算に大きな負担をかけている. 関連 eyestrain 目の疲れ.
❷ C,U (関係・情勢などの)**緊張**, 切迫: Trade friction put a ***strain on*** the friendly relations between the two countries. 貿易摩擦が両国間の友好関係を緊張させた.
❸ C,U **張りつめること**, 緊張; 張力: The rope broke ***under the strain***. 綱は引っ張られた力で切れた / take the *strain* 引っ張る, 支える. ❹ C,U (筋肉などを)痛めること.
— 動 (strains /~z/; strained /~d/; strain·ing) ⓣ ❶ (使いすぎて)(...)を**痛める**, (無理をしすぎて)悪くする, 疲労させる: He *strained* his eyes by reading in poor [bad] light. 彼は暗い所で読書をして目を痛めた.
❷ (筋肉など)を**緊張させる**; (目)を見張る, (耳)を澄ます, (声)を張り上げる: She *strained* her eyes to see it better. 彼女はそれをもっとよく見ようとじっと目を凝らした / I *strained* my ears to hear the voices from the next room. となりの部屋の声を聞こうと耳を澄ました.
❸ (かすを取り除くために)(...)をこす (*off, out*). ❹ (...)を破綻(はたん)させる, 逼迫(ひっぱく)させる.
— ⓐ ❶ 精いっぱい努力する, 懸命に...する: The swimmers *strained to* reach the shore. 泳ぎ手たちは岸に着こうと懸命に泳いだ. ❷ 強く引っ張る; (...に対して)強い力をかける (*against*): We *strained at* the rope. 私たちはその綱を引っ張った.
stráin onesèlf [動] ⓐ 体に無理をする.

strain[2] /stréɪn/ 名 ❶ Ⓒ 品種 (*of*); 種族, 血統. ❷ Ⓒ [普通は a ~] 傾向; 素質, 気質 (*of*). ❸ [複数形で] (歌の)調べ, 旋律 (*of*).

strained /stréɪnd/ 形 ❶ 張りつめた, 緊張[緊迫]した; 疲れた. ❷ 不自然な, こじつけの.

strain·er /stréɪnɚ | -nə/ 名 Ⓒ こし器, ろ過器.

strait /stréɪt/ 名 ❶ Ⓒ [しばしば複数形で単数扱い; しばしば地名で S-] 海峡, 水路《略 St., Str.; ⇒ channel 表》: the *Strait* of Dover ドーバー海峡 / go through the *straits* 海峡を通過する. ❷ [複数形で] 困難, 窮境, 難局: Financially, they're in desperate [dire] *straits*. 財政的には彼らはどうにもならなくなっている.

strait·ened /stréɪtnd/ 形 [次の成句で] **in stráitened círcumstances** [副・形] 《格式》困窮して, 窮乏して.

strait·jack·et /stréɪtʤæ̀kɪt/ 名 ❶ Ⓒ (狂人・凶暴な囚人に着せる)拘束衣. ❷ Ⓒ (発展・成長・自由などを)妨げるもの, 束縛.

+**strand**[1] /strǽnd/ 名 (strands /strǽndz/) ❶ Ⓒ (糸・ロープなどを構成する)**単糸**, 子綱, より糸《より合わせて糸・ロープ・ワイヤーなどを作る》; (1 本の)**糸**; 1 本の髪の毛: a *strand* of pearls 糸でつなげた真珠. ❷ Ⓒ [普通は複数形で] (話などの)筋道.

strand[2] /strǽnd/ 動 ⓣ [普通は受身で] (...)を取り残す, 立ち往生させる; (船)を座礁させる. — 名 Ⓒ 《文語》岸, 浜辺.

***__strange__ /stréɪnʤ/
— 形 (strang·er; strang·est)

意味のチャート
ラテン語で「外の」の意. (外国の) → (未知の) → 「**見聞きしたことのない**」❷ → 「**奇妙な**」❶

❶ **奇妙な, 変な**, おかしい, 不思議な, 風変わりな《⇒ 類義語》: I heard a *strange* noise. 妙な物音が聞こえた / ***It's strange that*** he hasn't shown up. 彼がまだ現われないとはおかしい《多用; ⇒ that[2] A 2》/ ***It was strange*** ***to*** be [being] alone in a large house. 大きな家にひとりでいるのは妙な感じだった / ***It's strange how*** we took to each other at once. 互いにすぐ好きになったなんて不思議ね / That's *strange*. おかしいなあ / There's something *strange* about her. 彼女にはどこか変わったところがある / for some *strange* reason どういうわけか, なぜかわからないが / Truth [Fact] is *stranger* than fiction. 《ことわざ》事実は小説よりも奇なり.
❷ [比較なし] **見たことのない, 聞いたことのない**, 知らない, 初めての; 不案内な: a *strange* land 知らない国 / I saw a lot of *strange* faces at the party. 私はそのパーティーで知らない顔をたくさん見かけた / The place was ***strange to*** him. +to+名 その土地は彼にとっては初めてだった.
féel stránge [動] ⓐ (1) 妙な気持ちがする, 落ち着かない: I *feel strange* in [wearing] this dress. このドレスを着ると落ち着かない. (2) (人が)体の調子がおかし

い, 頭がふらふらする.

stránge to sáy [副] 文修飾 《英》 不思議なことに, 妙な話だが.

類義語 **strange** なじみがなく未知で不可解な奇妙さをいう: a *strange* vehicle 奇妙な乗り物. **peculiar** 他のものにない独特な奇妙さをいう: He has a *peculiar* habit. 彼は独特の奇妙な癖がある. **odd** あまり見当たらないような, または常識に反するような奇妙さ: an *odd* custom 奇妙な慣習. **bizarre** あまりに思いがけない, 並外れて風変わりなこと: I had a totally *bizarre* dream last night. 昨晩とても奇妙な夢をみた. **curious** 人の好奇心を引くような奇妙さや珍しさに用いる: It's *curious* that the twins both died on their birthday. その双子が二人とも誕生日に死んだのは奇妙だ.

+**strange·ly** /stréɪnʤli/ 副 ❶ 文修飾 **奇妙にも**, 不思議にも: ***Strangely*** (***enough***), he said nothing about it. 不思議なことだが彼はそのことについては何も言わなかった. ❷ 奇妙に, 変に, 妙に: a *strangely* calm voice 奇妙なほど落ち着いた声 / speak [act, behave] *strangely* 変な話し方[行動, ふるまい]をする.

strange·ness /stréɪnʤnəs/ 名 ❶ U 奇妙なこと, 不思議. ❷ U 見知らぬこと, 未知; 不慣れ.

+**strang·er** /stréɪnʤɚ | -ʤə/ 発音 名 (~s /~z/) ❶ C **知らない人**, よその人 [⇔ acquaintance]: He's a complete [perfect, total] *stranger to* me. 彼は赤の他人だ / Hello, *stranger*! Ⓢ やあ, 久しぶり / Don't be a *stranger*! Ⓢ また来て[連絡して]ね.

❷ C (ある場所に)**初めて来た人**, 不案内の人: I'm a *stranger* here myself. 私もここは初めてです / He was a *stranger* in London. 彼はロンドンは不案内だった.

be nó [a] stránger to ... [動] 他 《格式》 ...を経験している[していない], よく知っている[知らない].

stran·gle /strǽŋgl/ 動 他 ❶ (...)を絞め殺す, 窒息(死)させる. ❷ (...)の成長[発展]をはばむ, 妨げる.

stran·gle·hold /strǽŋglhòʊld/ 名 ❶ C (自由・発展などを)はばむもの, 抑圧, 完全支配 (*on*). ❷ C (レスリングなどの)首絞め《反則》.

stran·gu·la·tion /stræ̀ŋgjʊléɪʃən/ 名 U 絞殺; 妨害, 抑圧.

+**strap** /strǽp/ 名 (~s /~s/) ❶ C (革・布などの)**ひも**; (かばんなどの)(肩)ストラップ, (ドレスなどの)肩ひも: Tighten the *strap* around the suitcase. スーツケースをひもで縛りなさい.

❷ C **帯状のもの**《ベルト・包帯など》; (電車などの)つり革; (かみそりを研(と)ぐための)革砥(かわと): hold on to the *strap* つり革につかまる.

— 動 (straps /~s/; strapped /~t/; strap·ping) 他 ❶ (...)を**革ひもで縛る**, とめる, (シートベルトなどで動かない[ずり落ちない]ように)固定する: He ***strapped*** his pack ***on*** [***onto***] his back. V+O+前+名 彼は背中にリュック(サック)をせおった / *Are* you ***strapped in***? V+O+*in* の受身 シートベルトを締めましたか. ❷ [しばしば受身で] 《英》 (傷口)に包帯を巻く (*up*) [《米》 tape].

strap·less /strǽpləs/ 形 [普通は 限定] (女性服が)肩ひものない; 肩をはだけた.

strapped /strǽpt/ 形 叙述 《略式》 金(かね)に困った, 無一文で: *strapped for* cash 金に困って.

strap·ping /strǽpɪŋ/ 形 限定 《略式》 背が高くてがっしりした, 頑丈で元気な.

strata 名 stratum の複数形.

strat·a·gem /strǽṭəʤəm/ 名 C 《格式》 戦略, 軍略; 策略; 術策.

+**stra·te·gic** /strətíːʤɪk/, **-te·gi·cal** /-ʤɪk(ə)l/ 形 [普通は 限定] **戦略的な**, 戦略の; 戦略上[目的達成上]重要な: *strategic* decisions 戦略的な決定 / a *strategic* position 戦略上重要な位置 / *strategic* arms [weapons] 戦略兵器《敵国の戦争継続能力を失わせることを目的とする》. (名 strátegy)

-cal·ly /-kəli/ 副 戦略的に.

strat·e·gist /strǽṭəʤɪst/ 名 C 戦略家; 策士.

*__strat·e·gy__ /strǽṭəʤi/ 名 (-e·gies /~z/) ❶ C,U **戦略**, (長期的な)計画, 手段, 方法: a marketing [business] *strategy* マーケティング[経営]戦略 / adopt an effective ***strategy*** ┌***for*** control***ling*** [***to*** control] inflation +*for*+動名[*to* 不定詞] インフレを抑制するための有効な手段をとる.

❷ U,C 〔軍隊〕 **戦略**, (全体の)作戦計画; 兵法: (a) nuclear *strategy* 核戦略. 関連 tactics (個々の戦闘における)戦術. (形 stratégic)

Strat·ford-up·on-A·von /strǽtfɚdəpɑ̀(ː)néɪv(ə)n, -əpɔ̀ːn- | -fədəpɔ̀n-/ 名 固 ストラットフォードアポンエイボン《England 中南部の町; シェークスピア (Shakespeare) の生地》.

strat·i·fi·ca·tion /stræ̀ṭəfɪkéɪʃən/ 名 U 層状にする[なる]こと, 成層; U,C 〔社会〕 階層(化) (*of*); 〔地質〕 成層, 層理.

strat·i·fied /strǽṭəfàɪd/ 形 階層化した; 層状の.

strat·i·fy /strǽṭəfàɪ/ 動 他 [普通は受身で] (...)を層状にする; 階層に分ける.

strat·o·sphere /strǽṭəsfɪɚ | -sfɪə/ 名 [the ~] 成層圏《大気圏 (atmosphere) の一部; 地上約 10–60 キロメートルの間で温度の変化が少なく雲を生じない部分》.

stra·tum /stréɪṭəm, strǽṭ- | strɑ́ː-, stréɪ-/ 名 (複 stra·ta /-ṭə/, ~s) ❶ C 〔地質〕 地層; 層. ❷ C 層をなしているもの; 《格式》 (社会の)階層 (*of*).

+**straw** /strɔ́ː/ 名 (~s /~z/) ❶ U **わら**, 麦わら; C (1本の)わら: spread *straw* わらを敷く / a *straw* hat 麦わら帽子 / This hat is made of *straw*. この帽子はわらでできている / A *straw* shows which way the wind blows. 《ことわざ》 わら 1 本(の動き)でも風の吹く方向がわかる(わずかな兆候からでも大勢がわかる). ❷ C ストロー: drink lemonade through a *straw* ストローでレモネードを飲む.

a stráw in the wínd [名] 《主に英》 風向き[世論の動向]を示すもの《⇒ 1 の最後の例文》.

clútch [grásp] at stráws [動] 自 [進行形で] (困ったときに)わらにもすがろうとする.

dráw stráws [動] 自 くじを引く (*for*).

dráw the shórt stráw [動] 自 貧乏くじを引く.

+**straw·ber·ry** /strɔ́ːbèri, -b(ə)ri | -b(ə)ri/ 名 (-ber·ries) C **いちご**, いちごの実《⇒ berry》.

straw-col·ored /strɔ́ːkʌ̀lɚd | -ləd/ 形 麦わら色の, 淡黄色の.

stráw pòll [vòte] 名 C (投票前の)非公式の世論調査.

+**stray** /stréɪ/ 動 (strays /~z/; strayed /~d/; stray·ing) 自 ❶ [普通は副詞(句)を伴って] (仲間などから)**はぐれる**, 道に迷う; (視線が)それる: One hiker ***strayed from*** the group. V+*from*+名 1 人のハイカーがグループからはぐれた / The boy ***strayed off into*** the woods. V+副+前+名 その少年は森の中へ迷い込んだ. ❷ (話題などが本筋を)はずれる; (正道を)踏みはずす, 罪に陥る: He's *strayed from* the point. 彼の話は問題点からそれてしまった.

S

— 形 ❶ 限定 (動物などが)はぐれた, 道に迷った: *stray* cats and dogs 野良猫と野良犬. 語法 これと同じ意味の 叙述 の形容詞は astray. ❷ 限定 他から離れた; 時折の; 思いがけない, 偶然の: a few *stray* hairs 数本のほつれ毛 / a few *stray* instances 時たま見かける例 / a *stray* bullet 流れ弾.

— 名 ❶ C 迷った動物, 野良犬, 野良猫. ❷ C《略式》仲間からはぐれた人; 同類の物から離れた物.

+**streak** /stríːk/ 名 (~s /~s/) ❶ C **筋, しま**, 線, 層: a *streak of* lightning 一条の稲妻 / My father has *streaks of* gray in his hair. 父は少し白髪がある. ❷ [a ~] (人の) 傾向: He has「a violent *streak* [a *streak of* violence in him]. 彼には乱暴なところがある. ❸ C (スポーツ・ギャンブルなどで勝ち・負けなどの)連続, ひと続き: have a lucky *streak* 勝ち運がつく / The team is *on* a five-game winning [losing] *streak*. そのチームは5連勝[連敗]中だ. (形 stréaky)

— 動 他 [普通は受身で] (...)に筋をつける, しまにする: The water *was streaked with* the colors of the sunset. 水に夕日の色がしまのように映っていた.

— 自 ❶ [副詞(句)を伴って] 疾走する, さっと走り抜ける (*across*). ❷《略式》裸で駆け抜ける.

streak·y /stríːki/ 形 (streak·i·er; -i·est) ❶ 筋のついた, しまの入った. ❷《主に米》(選手・チームが)調子にむらのある. (名 streak)

*__stream__ /stríːm/ 名 (~s /~z/) ❶ C **小川**, 川, 流れ (⇒ river 類義語): cross a *stream* 流れを渡る / A small *stream* ran down among the rocks. 岩の間に小さな流れがあった.

❷ C (人・物の)**流れ**, 連続; 時の流れ, 風潮, 傾向: a *stream of* cars 車の流れ / *streams of* people in the street 通りの人の流れ / a steady *stream of* phone calls 次から次とかかってくる電話.

❸ C (液体・気体の)**流れ** (*of*). 関連 Black Stream 黒潮 / Gulf Stream メキシコ湾流 / jet stream ジェット気流. ❹ C《英》習熟度別学級.

gó with [agàinst] the stréam [動] 自 時勢に従う[逆らう].

on stréam [形・副]《主に英》(工場などが)操業[稼動]中で.

— 動 自 [副詞(句)を伴って] ❶ 流れる, 流れ出る; (顔・目などが)(汗・涙などを)流す (*with*): Tears *streamed down* her face. 涙が彼女の顔をつたって流れた. ❷ 流れるように動く; (風に)なびく, 翻(ひるがえ)る: The moonlight *streamed in through* the window. 月の光が流れるように窓から差し込んだ / People *streamed out of* the theater. 劇場から人がぞろぞろと出てきた. — 他 ❶ (...)を流す, 流出させる. ❷《英》(生徒)を習熟度別に分ける. ❸〔コンピュータ〕(音声・動画)をストリーミング再生する.

stream·er /stríːmə | -mə/ 名 C 吹き流し, 長旗; 飾りリボン; テープ.

stream·ing /stríːmɪŋ/ 名 U〔コンピュータ〕ストリーミング《インターネットでデータをダウンロードしながら音声・動画を再生する技術》.

stream·line /stríːmlàɪn/ 動 他 ❶ (...)を流線型にする. ❷ (...)を能率的にする, 合理化する.

stream·lined /stríːmlàɪnd/ 形 流線型の; 能率的な, 合理化された.

***street /stríːt/

— 名 (streets /stríːts/) ❶ C **通り, 街路**《片側または両側に建物の並んでいる都市や町の道路; 略 st.; ⇒ road 表》: I met her *on* [*in*] the *street*. 私は通りで彼女と会った《語法 この場合の前置詞は米国では on, 英国では in が普通》/ His house is *on* [《英》*in*] this *street*. 彼の家はこの通りにある / walk *down* [*along*] the *street* 通りを歩く / cross the *street* 通りを横切る / the main [《英》high] *street* (小都市の)大通り.

❷ /strìːt/ [S- として固有名詞の後につけて] **...通り, ...街**《略 St.》: 84 Acacia *Street* アカシア通り84番地 / "Where's the Empire State Building?" "At Fifth (Avenue) and 34th (*Street*)."「エンパイアステートビルはどこ」「5番街と34番通りの角だ」 ❸ [形容詞的に] 街路の[にある]; 通りで働く[行なわれる]: a *street* map 市街地図 / *street* vendors 露天商.

be (òut) on the stréets [動] 自 (1)《略式》路上で暮らす. (2) [遠回しに] 売春する.

be stréets ahéad of ... [動] 他《英略式》...よりずっと優れている.

(rìght) ùp ...'s stréet [形]《英略式》...にぴったりの[向いた].

〖語源 ラテン語で「舗装された(道)」の意〗

street·car /stríːtkàə | -kàː/ 名 C《米》路面電車, 市街電車 [《英》tram].

stréet créd /-kréd/ 名 U《略式》都会の若者の間での人気[信用].

stréet credibílity 名 U = street cred.

street·light /stríːtlàɪt/ 名 C 街灯.

street-smart /stríːtsmàət | -smàːt/ 形《略式, 主に米》= streetwise.

stréet smàrts 名 複《主に米》(特に大都会で)生きぬくための[世渡りの]知恵.

street·walk·er /stríːtwɔ̀ːkə | -kə/ 名 C《古風》売春婦.

street·wise /stríːtwàɪz/ 形 都会で賢く生き抜ける, 街の事情に通じた.

***strength /stréŋ(k)θ/

— 名 (~s /~s/) ❶ U **力, 強さ**; 体力, 元気; (精神的な)強さ; 強度 (⇒ power 類義語) [⇔ weakness]: I don't have the *strength to* lift this rock. +to 不定詞 この岩を持ち上げる力がない /「build up [regain] one's *strength* 体力をつける[回復する] / *strength* of mind [character] 強い精神力[性格] / the *strength* of a rope ロープの強度. ❷ U 威力, 勢力, 影響力; 兵力; 人数, 人手; 大勢: the military [economic, political] *strength of* the country その国の軍事[経済, 政治]力 / The police force has the *strength of* 500. (ここの)警察は500人の警官を擁する. ❸ C,U 力となるもの; 強み, 長所: the *strengths* and weaknesses of the plan その計画の長所と短所. ❹ U 効果; 説得力; (飲み物などの)濃さ, 濃度. ❺ U (通貨などの)価値の高さ, 強さ.

at fúll stréngth [形・副] 全員そろって.

Gíve me stréngth! S [いらだちを示して] いいかげんにしろ.

in stréngth [副] 大勢で, 大挙して.

on the stréngth of ... [前] ...を根拠[もと]にして, (助言など)によって. (形 strong)

*__strength·en__ /stréŋ(k)θ(ə)n/ 動 (strength·ens /~z/; strength·ened /~d/; -en·ing) 他 (...)を**強くする**, 強化する; (体など)を丈夫にする; (組織など)を増員する [⇔ weaken]: *strengthen* the Japanese economy 日本経済を強くする / That experience *strengthened* his resolve to work abroad. その経験

で彼は海外で働く決意を固めた.
— ㊀ **強くなる**; (関係・感情などが)強まる: The wind *strengthened.* 風が強まった. (㊄ strong)

stren·u·ous /strénjuəs/ ㊄ ❶ 断固[決然]とした; 精力的な: make *strenuous* efforts 奮闘する. ❷ (活動などが)力[努力]のいる, 骨が折れる, 激しい: *strenuous* exercise 激しい運動. **~·ly** ㊓ 断固として, 頑強に; 激しく: *strenuously* deny involvement 断固として関与を否定する.

strép thróat /strép-/ ㊔ Ⓤ 《米略式》 連鎖球菌咽頭炎.

**stress /strés/

— ㊔ (~·es /~ɪz/)

意味のチャート
元来は「苦しみ」の意から(圧迫感) →
「重圧」❷ ─┬→ (心理的重圧) →「ストレス」❶
　　　　　　└→ (物理的重圧) →「圧力」❹ →
　　　　　　　　(比喩的に)「強調」❸

❶ U,C (精神的な)ストレス, 緊張: diseases caused by *stress* ストレスで起こる病気 / feel *stress* 「on the job [at work] 仕事でストレスを感じる / He 「is *under* [suffers from] considerable *stress*. 彼はかなりのストレスにあえいでいる / His stomachache is due to *stress*. 彼の胃痛はストレスによるものだ / relieve [cope with] *stress* ストレスを解消する.
❷ U,C (周囲からの)**重圧**, 圧迫, 圧力: feel the *stresses* and strains of city life 都会生活のいろいろな重圧を感じる.
❸ Ⓤ **強調**, 重要性 [≒emphasis]: He *laid* [*put*] *stress on* punctuality. 彼は時間厳守を強調した.
❹ U,C (重い物の)**圧力**, 圧迫: the *stress* of snow *on* a roof 屋根にかかる雪の圧力 / put great *stress on* ... …に強い圧力をかける. ❺ U,C 〔音声〕 アクセント, ストレス, 強勢 (⇒ accent[1]); 〔音楽〕 アクセント, ビート. (㊄ stréssful)
— ㊒ (stress·es /~ɪz/; stressed /~t/; stress·ing) ㊀ ❶ (...)を**強調する**, (...)に重きを置く [≒emphasize]: He *stressed* the 「importance of [need for] regular exercise. 彼は定期的に運動をする重要[必要]性を強調した / She *stressed that* time is money. V+O (that 節) 彼女は時は金なりと力説した. ❷ (...)にアクセント[強勢]を置く.
stréss óut [動] ㊀ 《略式》 (人)を緊張させる. — ㊀ 《略式》 ストレスを感じる.

stressed /strést/ ㊄ ❶ 叙述 ストレスがたまって. ❷ 〔物理〕 圧力を加えられて. ❸ 〔音声〕 アクセント[強勢]のある. **stréssed óut** [形] 叙述 《略式》 ストレスがたまって.

stress·ful /strésf(ə)l/ ㊄ 緊張[ストレス]の多い, (心身に)ストレスを起こしやすい. (㊔ stress)

stréss màrk ㊔ Ⓒ アクセント記号, 強勢記号 (「´」や「`」; ⇒ **つづり字と発音解説** 86).

*__stretch__ /strétʃ/ ㊒ (stretch·es /~ɪz/; stretched /~t/; stretch·ing) ㊀ ❶ (...)を(引っ張って)**伸ばす**, **広げる**, 張る: They *stretched* a rope *between* the two trees. V+O+前+名 彼らはその 2 本の木の間にロープを張った.
❷ (手足など)を**伸ばす**, (手)を差し伸べる: The eagle *stretched* its wings. わしは翼を広げた / She *stretched out* her arm *for* a cup. V+out+O+前+名 彼女はカップをとろうと手を伸ばした. ❸ (金・食料などをやりくりする, 何とかもたせる; (能力・資力など)を最大限に働かせる, 使い切る, (人)の全精力[資力]を出させる: *stretch* the budgets 予算をやりくりする / Your new job doesn't *stretch* you. 新しい仕事では君の能力を十分発揮できない / be *stretched* to the limit (資金[精力]が)尽きている. ❹ (ことば・法律など)を無理に拡大解釈する; こじつける; 誇張する: *stretch* the rules 規則を曲げる / *stretch* the truth 事実を曲げる.
— ㊀ ❶ [進行形なし] (引っ張って)**伸びる**, 広がる: This sweater *stretched* when I washed it. このセーターは洗濯したら伸びてしまった.
❷ **手足を伸ばす**, 伸びをする: John yawned and *stretched* on the bed. ジョンはベッドの上であくびをしながら伸びをした.
❸ [副詞(句)を伴って; 進行形なし] (土地などが)**広がる**; (時などが)続く, わたる; (金・食料が)余裕がある, もつ: The lake *stretched away into* the distance. V+副+前+名 湖ははるかかなたまで広がっていた / The war *stretched over* five years. V+前+名 その戦争は 5 年にも及んだ.
strétch onesélf [動] ㊀ (1) 手足を伸ばす, 伸びをする. (2) 力を出しきる.
strétch onesèlf óut [動] ㊀ 長々と[大の字に]寝そべる.
strétch óut [動] ㊀ (...)を伸ばす (⇒ ㊀ 2). — ㊀ 《略式》 大の字に寝そべる.
— ㊔ (~·es /~ɪz/) ❶ Ⓒ (空間・時間の)**広がり**, ひと続き; 範囲, 限度: a *stretch of* farmland 広々とした農地 / a long *stretch of* dry weather 長い日照り続き. ❷ Ⓒ [普通は単数形で] (体を)**伸ばすこと**, **伸び**, ストレッチ: He gave [had] a good *stretch*. 彼は思いきり伸びをした. ❸ Ⓤ 伸縮性, 弾力: I like jeans with a little *stretch*. 私は少し伸び縮みするジーンズが好きだ. ❹ Ⓒ [普通は単数形で] (競技場などの)直線コース: come into the final [finishing] *stretch* 最後の直線コースに入る. 関連 backstretch バックストレッチ / homestretch 《米》 ホームストレッチ. ❺ Ⓒ 無理な使用; 乱用; 拡大解釈. ❻ Ⓒ [普通は単数形で] 《略式》 刑期.
at a strétch [副] 一気に, 休まずに.
at fúll strétch [形・副] (1) 《英》 全力を尽くして, 全力で. (2) 《英》 腕[体]をいっぱいに伸ばして.
「**nót (...) by ány [by nó] strétch of the imaginátion** [副] Ⓢ どう考えたって...でない.
— ㊄ 限定 (布が)伸縮性のある.

stretch·er /strétʃɚ | -tʃə/ ㊔ Ⓒ 担架: on a *stretcher* 担架に乗って[乗せて]. — ㊒ ㊀ [普通は受身で] 《英》 (人)を担架で運ぶ (*off*, *into*).

stretch·er-bear·er /strétʃɚbè(ə)rɚ | -tʃəbèərə/ ㊔ Ⓒ 担架兵; 担架を運ぶ人.

strétch màrks ㊔ 複 (経産婦の腹部の)妊娠線.

stretch·y /strétʃi/ ㊄ (stretch·i·er; -i·est) (生地が)伸縮性のある.

strew /strúː/ ㊒ (strews; 過去 strewed; 過分 strewed, strewn /strúːn/; strew·ing) ㊀ ❶ [普通は受身で] (物)を(...に)まき散らす, ふりまく [≒scatter] (*about*, *around*); (...)に(物・ことばなどを)まき散らす (*with*). ❷ 《文語》 (...)(の上)に散らばる.

strewn /strúːn/ ㊒ strew の過去分詞.

stri·at·ed /stráɪeɪtɪd | straɪéɪt-/ ㊄ 《格式》 筋のある, しまのある, 溝のある, 線状の.

strick·en /strík(ə)n/ ㊄ [しばしば合成語で] 《格式》 (災害などに)襲われた; (病気に)かかった, 苦しむ: the

S

stricken district 被災地域 / a person *stricken with* [*by*] polio 小児まひにかかった人 // ⇒ panic-stricken, poverty-stricken. 〖語源 元来は strike の過去分詞形〗

**strict /stríkt/

— 形 (strict·er; strict·est) ❶ **厳しい**, 厳格な; 厳格に規律[戒律]を守る《⇒ 類義語》: a *strict* teacher [rule] 厳しい先生[規則] / She's ***strict with*** her children. +with+名 彼女は子供たちに厳格だ / My father's not too ***strict about*** my manners. +about+名 父は私の行儀についてはあまりうるさくない.
❷ [普通は 限定] **厳密な**, 正確な, 精密な [≒exact]: in the *strict* sense of the word その語の厳密な意味で.
❸ 限定 全くの, 完全な: in *strict* secrecy = in the *strictest* confidence 極秘に.

類義語 **strict** 規律を厳守する厳しさをいう. **severe** 決められたことを厳格に守り妥協を許さない厳しさをいい, 多少とも冷酷さを含む. **rigorous** *severe* より強意で, はりつめたような厳しさをいう. **stern** 断固としていて情け容赦がなく, 恐れを感じさせるような厳しさをいう.

+**strict·ly** /strík(t)li/ 副 ❶ **厳しく**; 厳重に; 厳格に; 厳密に; 全く, 完全に, まさに: Taking photographs in the building is *strictly* forbidden. 建物の中での写真撮影は固く禁じられている. ❷ = strictly speaking (成句).

stríctly spéaking [副] 文修飾 **厳密に言うと**: *Strictly speaking*, that's illegal. 厳密に言うとそれは違法だ.

strict·ness /strík(t)nəs/ 名 U 厳格さ; 厳密さ.

stric·ture /stríkʧə | -ʧə/ 名 ❶ C 《格式》 拘束[制限]するもの (*on, against*). ❷ C [しばしば複数形で] 《格式》 非難, 酷評, 糾弾 (*on*).

+**strid·den** /strídn/ 動 **stride の過去分詞**.

+**stride** /stráɪd/ 動 (strides /stráɪdz/; 過去 strode /stróʊd/; 過分 strid·den /strídn/; strid·ing /-dɪŋ/) 自 [副詞(句)を伴って] ❶ **大またに歩く**: A suspicious-looking man ***strode away***. V+away 怪しい男が大またに歩いて立ち去った / He was ***striding*** confidently ***down*** the street. V+前+名 彼は通りを堂々と大またに歩いていた. ❷ **またいで越す**: *stride over* a ditch 溝をひとまたぎする.

— 名 (strides /stráɪdz/) ❶ C **大またの一歩**, ひとまたぎ; (大またの)歩き方: in one *stride* ひとまたぎで / walk with a brisk *stride* 元気よく急ぎ足で歩く. ❷ [複数形で] (大きな)進歩, 前進: make great [giant] *strides* (in...) (...において)急速な発達を遂(と)げる.

bréak (one's) stríde [動] 自 歩調をゆるめる; 中断する.

hít one's **stríde** 《米》 = 《英》 **gèt ìnto** one's **stríde** [動] 自 (仕事などで)持ち前の調子が出る, 本調子になる.

knóck [thrów] ... òff stríde 《米》 = 《英》 **pút ... òff** ...'s **stríde** [動] 他 (人)の調子を狂わせる.

táke ... in (《英》 one's) **stríde** [動] 他 (...)を苦もなくこなす; 難なく(困難など)を切り抜ける: She *took* all these misfortunes *in* (*her*) *stride*. 彼女はすべての不運をくじけることなく切り抜けた.

stri·dent /stráɪdnt/ 形 ❶ (非難・要求などが)執拗(しつよう)な. ❷ (音・声が)耳ざわりな, かん高い. **~·ly** 副 執拗に; やかましく.

strife /stráɪf/ 名 U 《格式》 争い, 闘争, 紛争《⇒ fight 類義語》: civil *strife* 国内紛争 / political *strife* 政治闘争.

**strike /stráɪk/

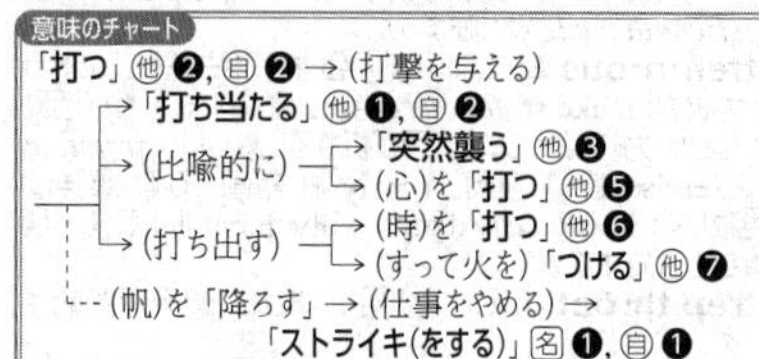

意味のチャート
「打つ」他 ❷, 自 ❷ →(打撃を与える)
→「打ち当たる」他 ❶, 自 ❷
→(比喩的に) →「突然襲う」他 ❸
→(心)を「打つ」他 ❺
→(打ち出す) →(時)を「打つ」他 ❻
→(すって火を)「つける」他 ❼
(帆)を「降ろす」→(仕事をやめる)→
「ストライキ(をする)」名 ❶, 自 ❶

— 動 (strikes /~s/; 過去・過分 struck /strʌ́k/; strik·ing) 他 ❶ 《格式》 (...)に**打ち当たる**, 突き当たる, 衝突する; (物)を(...に)ぶつける: The ship *struck* the rocks. 船は岩礁に乗り上げた / His car *was struck* from behind. V+O の受身 彼の車は追突された / I ***struck*** my head ***on*** [*against*] the wall. V+O+前+名 私は頭を壁にぶつけた.
❷ 《格式》 (...)を**打つ**, 殴る, たたく《⇒ 類義語》; (打撃)を加える: 言い換え He ***struck*** the table ***with*** his fist. V+O+前+名 = He ***struck*** his fist ***upon*** [*on*] the table. V+O+upon [on]+名 彼はこぶしでテーブルをたたいた. 語法 後者は「こぶしを(うっかり)テーブルにぶつけた」という 1 の意で解釈されやすい // Who *struck* (the) first blow? 誰が最初に殴ったのか / He *struck* the table a heavy blow with his fist. V+O+O 彼はこぶしでテーブルを強くたたいた.
❸ 《格式》 (地震・雷・あらし・病気などが)(...)を**突然襲う**: A powerful earthquake *struck* eastern Japan. 強い地震が東日本を襲った / A heart attack can *strike* anyone. 心臓発作はだれにでも起こりうる.
❹ [進行形なし] (考えが)(人)の**心に浮かぶ**, (人)に思い当たる: A good idea suddenly *struck* her. 急によい考えが彼女の心に浮かんだ / ***It struck*** me ***that*** he was telling a lie. 彼がうそをついているということに気づいた. 語法 it は that 以下を受ける形式主語; 動詞型は V+O.
❺ (人の心)を**打つ**, (人)に印象づける, 感銘を与える; (人)に(...という)感じを与える; (人の感覚)を打つ, (耳・目)に達する: I *was* deeply ***struck with*** [*by*] the beauty of the scenery. V+O の受身 私はその景色の美しさに深く心を打たれた / "How does his idea *strike* you?" "It ***strikes*** me ***as*** impractical." V+O+as+形 「彼の考えをどう思いますか」「非現実的に思えます」

語法 (1) as の後に現在分詞が来ることがある: He *strikes* me *as* (*being*) a brilliant strategist. 彼は戦略家として優れているように思われる.
(2) that 節を伴う次の形も可能《⇒ 4 語法》: *It strikes* me *that* he's a brilliant strategist. 彼は優れた戦略家だと思う.

❻ (時計が)(時)を打つ; (楽器・音)を鳴らす: The clock has just *struck* twelve. 時計がちょうど正午を打ったところだ《✪ strike twelve o'clock とは言わない》. ❼ (マッチ)をする, こすって(火・火花)をおこす, つける; (貨幣)を鋳造する: *strike* a match マッチをする / Coins *are struck* at the mint. 貨幣はその造幣局で鋳造される. ❽ (地下資源など)を掘り当てる, 見つける: *strike* oil [gold] 石油[金]を掘り当てる. ❾ 《格式》 (心配・恐怖・驚きなどが)(人)を圧倒する, ひどく悩ます; (恐怖心など)を(...に)うえつける: The gangster's look *struck* terror [fear] *into* the hearts of the children. ギャングの顔つきを見て子供たちはおびえた. ❿ [目的格補語を伴い普通は受身で] (ショックなどで)(人)を...にさせる, 一撃で[突然]...にする: The poor boy *was struck* dumb *with* astonishment. かわいそうにその子はびっくりして口もきけなかった. ⓫ (取り引き・契約など)を取り決める (*with*); (計算して)(...)に達する: *strike* a bargain [deal] 商談を取りまとめる. ⓬ (態度・姿勢)をとる: He *struck* a silly pose for the camera. 彼はカメラの前でばかげた格好をした.

— 自 ❶ **ストライキをする:** The flight attendants are planning to ***strike against*** the company ***for*** higher pay. V+*against*+名+*for*+名 客室乗務員は会社に賃上げを要求してストを計画中だ.

❷《格式》**打ち当たる**, ぶつかる (*against*); 打つ, 殴る; 攻撃する (*at*); (雷・あらし・災害・不幸などが) 襲う: I don't think the enemy will *strike* tonight. 敵が今夜攻撃してくるとは思わない / Lightning never *strikes* twice in the same place. 《ことわざ》雷は同じ場所に2回落ちることはない(同じ事は2度起こらない). ❸ (時計が)時を打つ; (時刻が)打ち鳴らされる: Six o'clock was just *striking* when I got home. 家に着いたらちょうど6時を打っていた. ❹ (マッチなどが)点火する.

be strúck by [with,《英》on] ... [動] 他 ...にひかれ(てい)る, ...がとても気に入っている《⇒ 他 5》.

(名 stroke¹)

strike の句動詞

stríke at ... 動 他 ...に殴りかかる; (...の核心)をつく, (根源)を絶(た)とうとする.

stríke báck 動 自 反撃する (*at*).

stríke dówn 動 他 ❶《主に米》(決定・判決など)を取り消す, 破棄する. ❷《格式》(人)を打ち倒す. ❸ [普通は受身で] (人)を殺す; (病気が)(人)を襲う.

stríke óff 動 自 (...へ)向かう (*for*). — 他 ❶ (枝など)を打ち落とす. ❷ (名前など)を削る; [普通は受身で]《英》(医師・弁護士など)を除名する.

stríke ... òff ~ 動 他 [しばしば受身で] (名前など)を～から消す, 削除する: He [His name] *was struck off* the list. 彼の名前はリストから削られた.

stríke on [upòn] ... 動 他 ❶《格式》(考え・計画など)を思いつく: Then I *struck upon* a good idea. そのときうまい考えを思いついた. ❷ (物が)...に当たる, ぶつかる.

stríke óut 動 自 ❶〘野球〙三振する《⇒ strikeout》: The batter *struck out* swinging [looking]. バッターは空振り[見逃し]の三振をした. ❷《米略式》失敗する. ❸ 激しく打つ; 立ち向かう, 攻撃[反論]する (*at*). ❹ [副詞(句)を伴って] (勢いよく)出発する, (懸命に)泳ぎ出す (*for, toward*). — 他 ❶〘野球〙(打者)を三振させる. ❷ (行・段落など)を削除する.

stríke óut on one's **ówn** [動] 自 自立する, 独立する.

stríke thróugh 動 他 (文字など)を線を引いて消す, 抹消する.

stríke úp 動 他 ❶ (会話・交際など)を始める: I *struck up* a friendship *with* him. 私は彼と(ひょんなことで)友人になった. ❷ (バンド・オーケストラなどが)(...)を演奏し始める. — 自 演奏を始める.

stríke upòn ... 動 他 = strike on ....

‖ 類義語 **strike** 打つ, たたくの意味の格式ばった語: She *struck* him. 彼女は彼をぶった. **hit** *strike* とほぼ同じ意味であるが, *hit* のほうがくだけた言い方で, ねらいをつけて打つ場合に用いるのが普通: He *hit* the ball with a bat. 彼はバットでボールを打った. **knock** こぶしやそのほか固い物でたくさんたたくこと: He *knocked* my head *against* the wall. 彼は私の頭を壁にごつんとぶつけた. **beat** 繰り返し続けざまにまたは拍子をとって打つ[たたく]場合に用いる: He's *beating* a drum. 彼はドラムをたたいている. **punch** げんこつで殴ること. **slap** 手のひらのような平らなもので打つ.

— 名 (～s /～s/) ❶ C,U **ストライキ**, スト: a ***strike for*** higher wages ***by*** bus drivers バス運転士による賃上げ(要求の)ストライキ / ***go on strike*** ストライキに入る / be (***out***) ***on strike*** ストライキをしている / ***call*** [***call off***] a ***strike*** ストを指令[中止]する. ❷ C (特に空からの)攻撃, 空襲 (*on, against*); 打つこと, 打撃, 殴打: launch a *strike* 空襲する. ❸ C〘野球〙ストライク《⇒ ball¹ 3》; 〘ボウリング〙ストライク: The count is three balls and two *strikes*. カウントはスリーボールツーストライクだ. ❹ C [普通は単数形で] (油田・金鉱などの)発見; (事業などの)大当たり: a lucky *strike* 幸運な発見, 大当たり.

hàve twó [thrée] stríkes agàinst ... [動] 自《米略式》不利な立場にある, 厳しい状況にある. 由来 野球でストライクを2[3]つとられる, の意から.

strike·bound /stráɪkbàʊnd/ 形 (工場などが)ストライキで仕事が止まった; ストで動きのとれない.

strike·break·er /stráɪkbrèɪkɚ | -kə/ 名 C スト破り《人》.

strike·break·ing /stráɪkbrèɪkɪŋ/ 名 U スト破り《行為》.

strike·out /stráɪkàʊt/ 名 C〘野球〙三振.

(動 stríke óut 1)

stríke pày 名 U ストライキ手当《スト中に労働組合から支払われる》.

+**strik·er** /stráɪkɚ | -kə/ 名 (～s /～z/) C **ストライキ参加者**; 〘サッカー〙センターフォワード; (球技の)打者.

***strik·ing** /stráɪkɪŋ/ 形 **目立つ**, 著しい, 強烈な; 印象的な, 人を引きつける: a *striking* dress 目立つ服 / a woman of *striking* beauty はっとするほど美しい女性 / There's a *striking* similarity [difference] between the two. 両者の間には著しい類似[相違]がある.

withìn stríking dìstance [副] (...の)至近距離に; (...まで)もう少しのところに (*of*).

strik·ing·ly /stráɪkɪŋli/ 副 目立って; 印象的に.

***string** /strín/ 名 (～s /～z/) ❶ C,U (細い)**ひも**, (太い)**糸**《⇒ 類義語》: a piece of *string* 1本の細ひも / tie up a parcel with *string* ひもで包みを縛る / cut [break] a *string* ひもを切る / a medal *on* a *string* ひもに通してあるメダル. 語法 ひも1本, 2本というときには a *string*, two *strings* とも a piece of *string*, two pieces of *string* ともいう.

❷ C **ひもでつないだもの**, じゅずつなぎ; 一列, 連続, 連発: a ***string of*** pearls ひとつなぎの真珠《首飾りなど》/ a *string of* lies 次から次へと重ねたうそ.

❸ C (楽器の)**弦**; (弓の)つる; (テニスラケットの)ガット: *Air on the G String* G線上のアリア《バッハ (Bach) の曲の名》. ❹ [(the) ～s] (オーケストラの)弦楽器部, 弦楽器奏者《全体》. ❺ C《米》(選手の)組, グループ《能力別の》: be on the first [second] *string* 一[二]軍の選手である. ❻ [複数形で] 付帯条件, 制約,「ひも」: with no *strings* attached 条件[制限]をつけずに. ❼ C〘コンピュータ〙文字[記号]列, ストリング.

hàve móre than óne stríng to one's **bów** [動] ⾃《英》別の手がある. 由来 弓のつるが切れてももう 1 本持っている, の意から.
háve ... on a stríng [動] ⑭《略式》(人)を思いのままに操る.
púll (the) stríngs [動] ⾃ (黒幕となって)陰で操る; 裏面工作をする, コネを使う (*for*). 由来 (人形劇で)糸を操ることから. (形 stríngy)

類義語 **string** 細ひも・太い糸などで, 主に物をしばるのに用いるもの. **thread** 繊維をより合わせた細い糸で, 縫い物や織物に用いる. **cord** 細い綱, 太いひも. **rope** 太い綱. 以上を太い順に並べると *rope, cord, string, thread* となる.

— 動 (strings; 過去・過分 strung /strʌ́ŋ/; string·ing) ⑭ ❶ (...)にひも[糸]を通す, (...)をひも[糸]でくくる[つなぐ, つるす]: They *strung up* some Chinese lanterns between the trees. 彼らは木の間にちょうちんをいくつかひもでつるした. ❷ (バイオリン・ラケットなど)に弦を張る.

string の句動詞
stríng alóng 動 ⑭《略式》(人)をだまし続ける.
stríng alóng with ... 動 ⑭《英略式》(人)についていく.
stríng óut 動 ⑭ ❶ [普通は受身で] (一列に)並べる. ❷《略式》(...)を引き伸ばす, 延長する.
stríng togéther 動 ⑭ (ことばなど)をつなぎ合わせる.
stríng úp 動 ⑭ ❶ (飾りなど)を高い所からつるす《⇒ string ⑭ 1》. ❷《略式》(人)を絞首刑にする.

stríng bèan 名 C さやのまま食べる豆(のさや); 《米》さやいんげん; 《英》= runner bean.
stringed ínstrument /stríŋd-/ 名 C 弦楽器.
strin·gen·cy /strínʤənsi/ 名 ❶ U,C 《格式》(規則・基準などの)厳重さ, 厳格. ❷ U,C 〔経済〕(金融などの)逼迫(ひっぱく), 金詰まり.
strin·gent /strínʤənt/ 形 ❶《格式》(規則・基準などが)厳重な, 厳しい. ❷〔経済〕(金融などが)逼迫した, 金詰まりの.
string·y /stríŋi/ 形 (string·i·er; -i·est) (髪が)よれよれの; 繊維質の, (肉などが)筋だらけの. (名 string)
***strip**[1] /stríp/ 名 (~s /~s/) ❶ C (紙・布などの)**細長い切れ**: a *strip* of paper 1 枚の細長い紙切れ. 関連 filmstrip 長巻きフィルム.
❷ C **細長い土地**: a *strip* of undeveloped land 細長い未開発の土地. ❸ C 《米》(店・レストランなどが並ぶ)通り. ❹ C [普通は単数形で]《英》(サッカー選手などの)ユニホーム. ❺ C = comic strip.
+**strip**[2] /stríp/ 動 (strips /~s/; stripped /~t/; strip·ping) ⑭ ❶ (人)から(衣類を)**はぎ取る**, (...)を**裸にする**; (衣服)を脱ぐ (*off*); (表面を覆うものなど)をはぐ, 取り去る (*away*); (...)から(表面を覆うものなどを)取り除く: The traveler *was stripped* naked. V+O+C (形)の受身 旅人は身ぐるみはがされた / *strip* a bed ベッドのシーツなどをはがす / 言い換え The birds have ***stripped*** the cherries ***from*** [***off***] the tree. V+O+*from* [*off*]+名 = The birds have ***stripped*** the tree ***of*** its cherries. V+O+*of*+名 鳥が木になったさくらんぼをみんな食べてしまった《⇒ of 14》. ❷ (人)から(財産・権利などを)奪う; (財産・権利など)を剥奪(はくだつ)する (*away*): Mr. Black *was stripped of* his rights. ブラック氏は権利を剥奪された. ❸ (建物・部屋など)から(備品などを)取り去る (*of*). ❹ (歯車・ねじ山など)をすり減らす. ❺ (エンジンなど)を分解する (*down*).
— ⾃ 衣服を脱ぐ, 裸になる (*off*); ストリップをする.
stríp cartóon 名 C 《英》= comic strip.
stríp clùb 名 C ストリップ小屋[劇場].
+**stripe** /stráɪp/ 名 (~s /~s/) ❶ C (地色と違う)**筋**; [複数形で] **しま(模様)**: a white tablecloth with red *stripes* 赤いしまの入った白いテーブルかけ / a tie with *stripes* しまのネクタイ. 関連 the Stars and Stripes 星条旗. ❷ C (軍人の)そで章, 階級章. ❸ C 《米》型, 種類.
striped /stráɪpt/ 形 しまのある, 筋の入った.
stríp jòint 名 C 《米略式》= strip club.
stríp màll 名 C 《米》ストリップモール《店が一列に並び, 前に駐車場があるショッピングセンター》.
strip·per /strípɚ | -pə/ 名 ❶ C ストリッパー. ❷ C,U (ペンキなどの)剝離(はくり)器[液].
stríp sèarch 名 C (麻薬捜査などで)裸にして所持品などを検査すること.
strip·tease /strípti:z/ 名 C,U ストリップショー.
+**strive** /stráɪv/ 動 (strives; 過去 strove /stróʊv/, strived; 過分 striv·en /strív(ə)n/, strived; striv·ing) ⾃《格式》(...を得ようと)**努める**, (真剣に)努力する [≒try]: Liz ***strove to*** overcome her handicap. V+*to* 不定詞 リズは不利な条件を克服しようとした / He is ***striving for*** [***after***] perfection. V+*for* [*after*]+名 彼は完ぺきをめざしている.
+**striv·en** /strív(ə)n/ 動 **strive の過去分詞**.
strobe /stróʊb/, **stróbe lìght** 名 C ストロボライト《ディスコなどの点滅照明灯》.
+**strode** /stróʊd/ 動 **stride の過去形**.
***stroke**[1] /stróʊk/ 名 (~s /~s/) ❶ C (病気の)**発作**; 脳卒中: My father had [suffered] a *stroke*. 父が卒中を起こした. 関連 sunstroke 日射病.
❷ C (規則的な反復運動の)**一動作**, (テニス・ゴルフなどの)ストローク; (水泳の)ひとかき, (オールの)ひとこぎ, (ピストンの)ストローク《1 回の上下の動き》: He swam with long, slow *strokes*. 彼は手を大きくゆっくり動かして泳いだ. 関連 backstroke 背泳ぎ / breaststroke 平泳ぎ.
❸ C **一筆**, 筆づかい, 筆法; (字の)一画(かく); 《英》斜線 [≒slash]: a thick *stroke* 肉太の書体 / He finished the picture with a few quick *strokes*. 彼はさっと何筆か加えてその絵を描きあげた.
❹ C **打つこと**, 打撃: ten *strokes* of the whip 10 回のむち打ち(の罰) / a *stroke of* lightning 落雷. ❺ C (時計・鐘の)打つ音, 鳴ること: We arrived on [at] the *stroke* of three. 私たちは 3 時を打ったときに着いた.
❻ [a ~] 思いがけないこと: *a stroke of* luck [fortune] 思いもかけない幸運. ❼ [a ~] 手際(てぎわ), 着想; ひと働き, ひとがんばり: *a stroke of* genius 天才的なひらめき. 関連 masterstroke 神業(かみわざ). ❽ C (ボートの)整調(手).
at a [óne] stróke [副] 一撃で; 一挙に. (動 strike)
— 動 ⑭ (ボール)を打つ.
+**stroke**[2] /stróʊk/ 動 (strokes /~s/; stroked /~t/; strok·ing) ⑭ ❶ (...)を**なでる**, なでつける, さする: She was *stroking* her baby's face. 母親は赤ん坊の顔をなでていた. ❷《略式, 主に米》(人)をおだてる.
— 名 C ひとなで, なでつけ, さすり: give a cat a *stroke* 猫をなでる.
+**stroll** /stróʊl/ 動 (strolls /~z/; strolled /~d/; stroll·ing) ⾃ (人が)**ぶらつく**, 散歩する: We *strolled*

around for an hour or so. 我々は1時間ぐらいあちこちをぶらついた.
— 名 C [普通は a ～] ぶらぶら歩き, 散歩: go for [take] *a stroll* 散歩に行く.

stroll·er /stróʊlɚ | -lə/ 名 ❶ C 《米》(腰掛け式の)ベビーカー [《英》pushchair, buggy]. 日英「ベビーカー」は和製英語. ❷ C ぶらぶら歩く人, 散歩する人.

***strong** /strɔ́ːŋ | strɔ́ŋ/
— 形 (strong·er /strɔ́ːŋgɚ | strɔ́ŋgə/; strong·est /strɔ́ːŋgɪst | strɔ́ŋ-/) ❶ (力・体などが)強い, 丈夫な, 強力な, たくましい, 元気な, 頑丈な [⇔ weak]: He's *strong enough to* lift that rock. 彼はその岩を持ち上げられるほど力が強い / *strong* muscles 強い筋肉 / *strong* cloth 丈夫な布地 / a *strong* wind 強風.
❷ (意志・性格などが)**強い** [⇔ weak]; (信念・意見などが)強固な; (人が)強い信念[意志]をもった, 熱心な; (手段などが)強硬な: a *strong* will 強い意志 / *strong* criticism [support] 強い批判[支持] / She has *strong* feelings about racial prejudice. 彼女は人種差別に対しては確固とした意見を持っている / a *strong* supporter of the political party その政党の熱心な支持者 / *strong* measures to fight inflation インフレを克服する強硬な措置(そち).
❸ (影響力などが)**強い**, 強大な: a *strong* impression 強い印象 / His wife seems to have a *strong* influence on his behavior. 彼の妻が彼の行動に強い影響を持っているらしい.
❹ (感情などが)**激しい**, 強い; (ことばなどが)乱暴な: *strong* emotions [hatred] 激しい感情[憎悪]. ❺ (論拠・証拠などが)有力な, 説得力のある; (可能性などが)高い; (候補者・競争者などが)有力な [⇔ weak]: He had a *strong* alibi. 彼には有力なアリバイがあった. ❻ (作用などの)強い, (飲み物が)濃い [⇔ weak]; (光・色・においが)強烈な; (食べ物が)におい[風味]の強い [⇔ mild]: *strong* liquor アルコール分の強い酒 / *strong* coffee 濃いコーヒー. ❼ (能力などが)優れた, (学科などが)得意の [⇔ weak]: one's *strong* point (人の)長所, 強み / English is her *strongest* subject. 英語は彼女の最も得意な科目だ / He's *strong in* mathematics. 彼は数学が得意だ. ❽ (関係・きずななどが)強い, 固い. ❾ 数が多い, 優勢な; [数詞の後に置いて] 人員[兵員]が…の: ten thousand-*strong* demonstrators 1万人のデモ参加者. ❿〔商業〕(市場・物価などが)強気の, 上昇気味の; (通貨が)強い [⇔ weak]: The yen is *strong* against the dollar now. 円は現在ドルに対して強い. ⓫ 目立つ, はっきりした: *strong* features はっきりした目鼻だち.
be (stíll) gòing stróng [動] 自 相変わらず元気[盛ん]である.
be stróng on ... [動] 他 (1) …が得意である. (2) …に対して熱を入れている, …の取締りに熱心である.
cóme ón stróng [動] 自 《略式》(異性などに)強引に迫る.
(名 strength, 動 stréngthen)

strong-arm /strɔ́ːŋáɚm | strɔ́ŋáːm←/ 形 限定 腕ずくの, 暴力による. — 動 他 (人)に暴力を用いる.

strong·box /strɔ́ːŋbɑ̀(ː)ks | strɔ́ŋbɔ̀ks/ 名 C 小型金庫.

stróng drínk 名 U,C (強い)アルコール飲料. 関連 soft drink ソフトドリンク.

strong·hold /strɔ́ːŋhòʊld | strɔ́ŋ-/ 名 ❶ C (思想などの)本拠, 拠点; (政党の)地盤. ❷ C とりで, 要塞(ようさい). ❸ C (希少動物の)生息地.

*__strong·ly__ /strɔ́ːŋli | strɔ́ŋ-/ 副 ❶ **強く**, 強硬に, 猛烈に, 熱心に: They *strongly* opposed the project. 彼らは計画に強く反対した / I feel *strongly* about this issue. この問題に関して私は強く思うところがある. ❷ (造り方など)丈夫に, 頑丈に, 強固に: *strongly*-built furniture 頑丈に作られた家具. ❸ (におい・光などが)強く.

strong·man /strɔ́ːŋmæ̀n | strɔ́ŋ-/ 名 (-men /-mèn/) ❶ C 力で支配する指導者, 独裁者. ❷ C (サーカスの)怪力男.

strong-mind·ed /strɔ́ːŋmáɪndɪd | strɔ́ŋ-/ 形 意志の強い; 勝ち気な.

stróng ròom 名 C (銀行などの)金庫室.

strong-willed /strɔ́ːŋwíld | strɔ́ŋ-←/ 形 意志の強い, 頑固な.

stron·ti·um /strɑ́(ː)nʃ(i)əm, -ṭiəm | strɔ́n-/ 名 U〔化学〕ストロンチウム《元素記号 Sr》.

+**strove** /stróʊv/ 動 **strive の過去形.**

***struck** /strʌ́k/ 動 **strike の過去形および過去分詞.**

+**struc·tur·al** /strʌ́ktʃ(ə)rəl/ 形 [普通は 限定] **構造(上)の**, 組織の: *structural* faults 構造上の欠陥.
(名 strúcture)
-tur·al·ly /strʌ́ktʃ(ə)rəli/ 副 構造的に, 構造上は.

***struc·ture** /strʌ́ktʃɚ | -tʃə/
— 名 (~s /~z/) ❶ U,C **構造, 構成**, 組み立て, 組織: the *structure* of the human body 人体の構造 / The social *structure* of the United States is complex. アメリカ合衆国の社会構造は複雑だ. 関連 infrastructure, substructure 下部構造 / superstructure 上部構造.
❷ C **建造物**《建物・橋など》[≒building]: The hall is a large stone *structure*. 会館は大きな石造建築だ.
❸ C 構造体, 組織体; 体系. (形 strúctural)
— 動 (struc·tur·ing /-tʃ(ə)rɪŋ/) 他 (組織・構造など)を構築する, 構成する, 体系化する.
〖語源 ラテン語で「構築されたもの」の意〗

単語のキズナ　STRUCT／築く＝build

structure	(構築されたもの)	→	構造
restructure	(再び構築すること)	→	再編成する
construct	(いっしょに築く, 積み重ねる)	→	建設する
destruction	(構造を解くこと)	→	破壊
obstruct	(…に対して築く)	→	妨害する
instruct	(中に築く)	→	教える
instrument	(築く手段)	→	道具

struc·tured /strʌ́ktʃɚd | -tʃəd/ 形 構造化[体系化]された, 念入りに作られた[計画された].

*__strug·gle__ /strʌ́gl/ 動 (strug·gles /~z/; strug·gled /~d/; strug·gling) 自 ❶ (…を得ようと)**奮闘する**, 悪戦苦闘する, 努力する, (難題に)取り組む; (…しようと)もがく; (…と)争う, 格闘する: She ***struggled to*** find employment. V+to 不定詞 彼女は就職先を見つけようと奮闘した 多用 / The government is likely to ***struggle with*** this problem for a long time. V+with+名 政府は長期間にわたりこの問題と戦うことになるだろう 多用 / Many people have to ***struggle for*** a living. V+for+名 生活のために奮闘しなければならない人が多い / They ***struggled against*** tyranny. V+

against＋名 彼らは圧制と戦った. ❷ [副詞(句)を伴って] 苦労して進む: ***struggle up*** the hill なんとかして山を登る. ❸ (チームなどが)苦戦する; 成績不振である.

strúggle ón [alóng] [動] ⓐ 何とか(進み)続ける; どうにか暮らしていく[やっていく].

— 名 (~s /~z/) ❶ C,U (必死の)**努力**, 苦闘; もがき, あがき; **闘争**, (激しい)競争; C 格闘, 取っ組み合い《⇒ fight 類義語》: a power *struggle* 権力闘争 / a [the] class *struggle* 階級闘争 / the [a] ***struggle for*** survival 生存競争 / an armed ***struggle to*** gain independence ＋to 不定詞 独立を求める武力闘争 / a ***struggle with*** nature 自然との戦い / wage [put up] a desperate ***struggle against*** poverty 貧苦と必死に戦う. ❷ [a ~] 困難なこと: It was *a struggle* walking in the heavy snow. 大雪の中を歩くのは大変だった.

strum /strʌ́m/ 動 (strums; strummed; strum·ming) ⓗ (弦楽器・曲など)を弾く, かき鳴らす. — ⓐ かき鳴らす (*on*).

strung /strʌ́ŋ/ 動 string の過去形および過去分詞.

strúng óut 形 叙述 ❶《略式》麻薬が効いて, 麻薬中毒にかかって (*on*). ❷ 一列に伸びて[並んで].

strut[1] /strʌ́t/ 動 (struts; strut·ted; strut·ting) ⓐ いばって歩く (*around, across*). **strút** one's **stúff** [動] ⓐ《略式》いいところを見せる, ひけらかす. — 名 [単数形で] 偉そうな歩き方.

strut[2] /strʌ́t/ 名 C (橋などの)支柱, 筋かい.

strych·nine /stríknaɪn, -niːn/ 名 U 〔薬学〕ストリキニーネ, ストリキニン《興奮剤; 毒物》.

Stu·art /st(j)úːət | stjúːət/ 名 固 ❶ スチュアート《男性の名》. ❷ the House of ~ スチュアート家《Scotland および England の王家 (1371–1649, 1660–1714)》.

stub /stʌ́b/ 名 ❶ C (鉛筆などの)使い残り; (たばこの)吸いがら (*of*). ❷ C (入場券などの)半券, (小切手帳などの)控え. — 動 (stubs; stubbed; stub·bing) ⓗ (つま先)をぶつける (*against, on*). **stúb óut** [動] ⓗ (たばこなど)をもみ消す.

stub·ble /stʌ́bl/ 名 ❶ U (麦の)刈り株. ❷ U 少し伸びたひげ.

stub·bly /stʌ́bli/ 形 (stub·bli·er, more ~; stub·bli·est, most ~) (ひげなどが)短くて固い, (あごなどが)無精ひげの生えた: a *stubbly* beard 無精ひげ.

+**stub·born** /stʌ́bən | -bən/ 形 ❶ **頑固な**, 強情な《⇒ 類義語》: a *stubborn* child 強情な子 / He has a *stubborn* streak. 彼には頑固なところがある / He's ***stubborn about*** do*ing* things (in) his own way. ＋about＋動名 彼は頑固に自己流を通そうとする. ❷ **断固とした**, 不屈の, 手ごわい: *stubborn* resistance [opposition] 頑強な抵抗[反対]. ❸ 手に負えない; 扱いにくい: a *stubborn* stain なかなか落ちない汚れ.

> 類義語 **stubborn** 性格として生来頑固なこと. **obstinate** 人の助言や忠告に耳を貸さず, たとえ間違っていても自分の考えを変えないこと.

~·ly 副 頑固に; 断固として; しつこく.

~·ness 名 U 頑固, 強情.

stub·by /stʌ́bi/ 形 (stub·bi·er; -bi·est) (指・脚などが)太くて短い.

stuc·co /stʌ́koʊ/ 名 U (壁などの)化粧しっくい.

***stuck /stʌ́k/

— 動 stick[1] の過去形および過去分詞.

— 形 ❶ 叙述 **動けなくて**, 動かなくて, 引っかかって; 行き詰まって, (問題が)解けなくて: The train got *stuck in* the snow. 列車は雪で動けなくなった / I got *stuck on* the first question. 第 1 問でつっかえてしまった / be *stuck for* words 言葉につまる. ❷ 叙述《略式》(困った状況・人から)逃げだせなくて, 離れられなくて; (いやなこと・人を)押しつけられて: I don't want to be *stuck at* home all day. 一日中家に閉じこもっていたくない / I was *stuck with* cleaning the room. 私は部屋の掃除を押しつけられた.

stuck-up /stʌ́kʌ́p←/ 形《略式》うぬぼれた, 高慢な.

stud[1] /stʌ́d/ 名 ❶ C びょう, 飾りびょう[くぎ]《装飾・路面用》; (タイヤ・靴の)スパイク. ❷ C (ピアス式の)宝石付きイヤリング; (カラーやカフスなどの)飾りボタン. ❸ C〔建築〕間柱(まばしら). — 動 (studs; stud·ded; stud·ding) ⓗ [普通は受身で] (...)に飾りびょうを打つ; 飾りボタンをつける; (...)に(~を)ちりばめる (*with*).

stud[2] /stʌ́d/ 名 ❶ C 繁殖用に飼われる馬[動物]《全体》; 種馬: a *stud* horse 種馬. ❷ C《略式》精力絶倫な男.

***stu·dent /st(j)úːdnt | stjúː-/

— 名 (stu·dents /-dnts/) ❶ C **学生**, **生徒**《⇒ 類義語》: a college [university] *student* 大学生 / a medical *student* 医学生 / a good [bad, poor, weak] *student* できのよい[悪い]学生 / foreign [overseas, international] *students* 留学生たち / a ***student at*** the University of Chicago シカゴ大学の学生 / a *student of* Dr. Lee('s) = Dr. Lee's *student* リー博士の学生[弟子] // ⇒ exchange student.

> **...の学生[生徒]だ**
> **彼女はうちの高校の生徒だ.**
> ○She's a **student at** our high school.
> ×She's a student of our high school.
> ✪ 所属をいうときには前置詞は at を用いる.

❷ C《格式》(学問などの)**研究者**, 学者, 学習者; [前に形容詞をつけて] 研究[勉強]するのが...の人: a passionate ***student of*** history 熱心な歴史研究者.

> 語法 an English *student* には 2 つの意味が考えられる.「イギリス人の学生」(student は 1 の意味)では an Énglish stúdent というアクセントをとり,「英語学習者」(= a person who studies English, student は 2 の意味)では an Énglish stùdent というアクセントをとる.

> 類義語 **student** 特に《米》では大学生ばかりでなく学校の生徒一般に用いる. **pupil** 一般に school《⇒ school[1] 表》で学ぶ生徒または個人指導を受けている者をいい,《米》では小学生を指し,《英》では小・中・高校生を指す. ただし《英》でも近年, 年少者を除いて《古風》となっていて代わりに (school) student を用いる傾向にある.

stúdent bódy 名 C《米》(1 つの高校・大学などの)全学生[生徒].

stúdent cóuncil [góvernment] 名 C,U 学生自治会[生徒会]執行部.

stúdent téacher 名 C 教育実習生.

stúdent [stú·dents' /st(j)úːdnt(s)- | stjúː-/] **únion** 名 ❶ C (大学の)学生会館. ❷ C《英》[単数形でもときに複数扱い] 学生自治会.

stud·ied /stʌ́did/ 形 限定 故意の, 不自然な: with *studied* politeness わざとらしく丁寧に.

*__stu·di·o__ /st(j)úːdiòʊ | stjúː-/ ❗発音 名 (~s /~z/) ❶

Ⓒ (放送局の)**放送室**, スタジオ, 録音室**:** a television [TV] *studio* テレビスタジオ.
❷ Ⓒ (画家・写真家などの)**仕事場**, 画室, 彫刻室; アトリエ**:** an art *studio* アトリエ.
❸ Ⓒ [しばしば複数形で] 映画撮影所, スタジオ; 映画会社. ❹ Ⓒ = studio apartment. ❺ Ⓒ (ダンスなどの)練習所.

stúdio apàrtment 名 Ⓒ《米》ワンルームマンション [《英》studio flat].

stúdio àudience 名 Ⓒ (ラジオ・テレビ放送で拍手したり笑い声を出したりする)番組参加者.

stúdio flàt 名 Ⓒ《英》= studio apartment.

stu·di·ous /st(j)ú:ḍiəs | stjú:-/ 形 よく勉強する. (名 stúdy)
〜·ly 副 故意に; 熱心に.

*****stud·y** /stʌ́ḍi/
— 動 (stud·ies /〜z/; stud·ied /〜d/; -y·ing /-ḍiɪŋ/) 他 ❶ (...)を**勉強する**; **研究する**《⇨ learn 類義語》**:** He is *studying* American history. 彼は米国の歴史を勉強している / What subjects are you *studying at* college? あなたはどんな科目を大学で勉強[研究]していますか.
❷ (...)を(詳しく)**調べる**, 調査する, (案など)を検討する; 観察する, よく見る**:** *study* a lot of catalogues たくさんのカタログを調べる / We are ***studying how*** stress affects human health. V+O (wh 句・節) 私たちはストレスが健康に与える影響を調査している / He carefully *studied* my face. 彼は私の顔をしげしげと見た.
— 自 **勉強する**, 学習する; 研究をする**:** I'm ***studying for*** my exams. V+for+名 私は試験勉強をしている / She is ***studying at*** London University. V+at+名 彼女はロンドン大学で学んでいる / 言い換え My sister is ***studying to*** be a lawyer. V+to 不定詞 = My sister is *studying for* the bar. 私の姉は弁護士になるために勉強している / He's ***studying under*** Dr. Lee. V+under+名 彼はリー博士の下で研究している.
— 名 (stud·ies /〜z/) ❶ Ⓤ **勉強**, 勉学, 学習**:** two hours of *study* a day 1日2時間の学習 / Tom likes play better than *study*. トムは勉強より遊びのほうが好きだ.
❷ Ⓒ,Ⓤ **研究**, 調査; 観察; Ⓤ 検討**:** do [carry out] the *study of* ancient history 古代史の研究をする / *Studies* have shown that there's a close link between smoking and lung cancer. 喫煙と肺癌(がん)の間に密接な関連があることが研究の結果でわかっている / He will continue his *studies* after graduation. 彼は卒業後も研究を続けるつもりだ / ***under study*** 検討中で[の].
❸ Ⓒ [しばしば複数形で] **研究科目**, 研究課題[対象], ...学, 学科; **研究論文**, 研究成果**:** social *studies* 社会科《小・中学校などの教科》/ a ***study on*** inflation インフレについての研究論文.
❹ Ⓒ **勉強部屋**, 書斎, 研究室**:** He was reading in his *study*. 彼は書斎で読書をしていた. ❺ Ⓒ 習作, 試作, スケッチ; 練習曲, エチュード**:** a *study of* apples リンゴのスケッチ. ❻ [単数形で] 研究[注目]に値するもの, 見もの; 見本, 典型 (*in*)**:** Ann's face was a *study*. アンの顔は見ものだった. ❼ [単数形で]《米》学ぶ[覚える]のが...な人**:** a quick [slow] *study* のみこみが早い[遅い]人. (形 stúdious)
〘語源 ラテン語で「熱心に求める」の意〙

stúdy hàll 名 Ⓤ《米》自習時間.

****stuff** /stʌ́f/
— 名 ❶ Ⓤ《略式》**物**, 物質; **材料**, 原料 [≒ substance, material]**:** There's some sticky *stuff* on the table. テーブルの上に何かねばねばした物がついている.
❷ Ⓤ《略式》**物, 物事**《名前のわからないもの, 特に言う必要のない場合などに用いる》**:** That's good [poor] *stuff*. あれは上物だ[くだらない] / There're all kinds of *stuff* in this store. この店にはなんでもある. ❸ Ⓤ《略式》装備, 器具; [所有格とともに] 持ち物, 所持品**:** camping *stuff* キャンプ用品 / Can I leave my *stuff* here for a while? 荷物をしばらくここに置いていっていいですか. ❹ Ⓤ《略式》食べ物, 飲み物; 酒; 薬**:** the hard *stuff* 強い酒《特にウイスキー》. ❺ Ⓤ《略式》(本などの)主題, 内容; 作品; 記事. ❻ Ⓤ《略式》やるべき事, 行動. ❼ [普通は the (very) 〜 として] 資質, 素質; (本質的な)要素, 神髄. ❽ Ⓤ〔野球〕制球力.
and stúff (lìke thát) Ⓢ《略式》そういった類のもの, ...など.
dó [shów] one's stúff [動] 自《略式》やるべきことをちゃんとやる, 本領を発揮する, 実力を示す.
knów one's stúff [動] 自《略式》万事心得ている, 抜かりがない.
— 動 (stuffs /〜s/; stuffed /〜t/; stuff·ing) 他 ❶ (容器など)に(...を)**ぎっしり詰める**, 詰め込む [≒ fill]; (物)を(...に)**押し込む**, しまい込む;〔料理〕(鳥など)に詰め物をする**:** 言い換え These jackets ***are stuffed with*** down. V+O+with+名の受身 = These jackets *are stuffed* full of down. これらのジャケットには羽毛がぎっしり詰まっている / He ***stuffed*** candies ***in(to)*** his pocket. V+O+in(to)+名 彼はキャンディーをポケットに押し込んだ / She *stuffed* the turkey. 彼女は七面鳥に詰め物をした. ❷ [普通は受身で] (鳥・動物など)を剥製(はくせい)にする. ❸《略式》(人)にたらふく食べさせる**:** *stuff* oneself *with* cake お菓子をたらふく食べる.

stuffed /stʌ́ft/ 形 ❶ 詰め物をした; 縫いぐるみの; 剥製(はくせい)の**:** a *stuffed* bird 剥製の鳥 / a *stuffed* animal《米》動物の縫いぐるみ. ❷ 叙述 腹一杯の**:** I'm *stuffed*. 満腹だ.

stúffed shírt 名 Ⓒ《略式》もったいぶった人, 気取り屋.

stuffed-up /stʌ́ftʌ́p/ 形 (鼻が)詰まった.

stuf·fi·ness /stʌ́finəs/ 名 Ⓤ (風通しが悪く)息がつまりそうでむっとすること;《略式》堅苦しさ.

stuff·ing /stʌ́fɪŋ/ 名 Ⓤ 詰め物; (ふとんなどに詰める)羽毛, 綿, わら; (鳥料理などの)詰め物. **knóck the stúffing òut of ...** [動] 他《略式》...の自信を喪失させる, ...を意気消沈させる.

stuff·y /stʌ́fi/ 形 (stuff·i·er; -i·est) ❶ (部屋などが)風通しの悪い, むっとする. ❷《略式》(人・考えなどが)堅苦しい, 古くさい. ❸《主に米》(鼻が)詰まった.

stul·ti·fy /stʌ́ltəfàɪ/ 動 他《格式》(人)をうんざりさせる; (事)をだめにする.

+stum·ble /stʌ́mbl/ 動 (stum·bles /〜z/; stum·bled /〜d/; stum·bling) 自 ❶ **つまずく, よろめく**; [副詞(句)を伴って] よろよろ進む[歩く] [≒ stagger]**:** The boy ***stumbled on*** [***over***] a stone and fell. V+on [over]+名 その少年は石につまずいて倒れた / ***stumble about*** [***around***] ***in*** the dark V+副+前+名 暗がりをよろよろ歩き回る. ❷ つかえながら言う**:** *stumble over* [*through*] a tongue twister 早口ことばにつかえる.

stúmble acròss [on, upòn] ... [動] ⑩ (人)に偶然出くわす, (物)を偶然見つける.
— [名] [C] つまずき, よろめき; しくじり, 過失.

stúm·bling blòck /stʌ́mblɪŋ-/ [名] [C] 障害, つまずかせるもの, じゃま物 (*to*).

+**stump** /stʌ́mp/ [名] (~s /~s/) ❶ [C] (木の)**切り株:** sit on a *stump* 木の切り株に腰を下ろす.
❷ [C] **切れ端,** 残りの部分《手・足の切断されたあと, 折れた歯の根, たばこの吸い残し・吸い殻, 鉛筆の使い残りなど》.
on the stúmp [形] 選挙運動中で, 遊説して. [由来] 木の切り株を演説の台に使ったことから.
— [動] ⑬ ❶ [副詞(句)を伴って] (義足をつけているように)重い足どりで歩く, とぼとぼと歩く. ❷ 《米》 遊説する. — ⑩ ❶ [普通は受身で] 《略式》 (難問などで)(人)を困らせる, 閉口させる: She was *stumped* [*for* an answer [*for* how to explain it]. 彼女は答え[その説明]に困った. ❷ 《米》 (選挙区など)を遊説して回る.
stúmp úp [動] ⑬ 《英略式》 (しぶしぶ)金を出す (*for*). — ⑩ 《英略式》 (金)をしぶしぶ払う (*for*).

stump·y /stʌ́mpi/ [形] (stump·i·er; -i·est) 《略式》 (指などが)太くて短い, (体が)ずんぐりした.

stun /stʌ́n/ [動] (stuns; stunned; stun·ning) ⑩ [進行形なし] ❶ [しばしば受身で] (人)をぼうっとさせる; (人)の肝をつぶす: He *was stunned by* the unexpected news. 彼は思いがけないその知らせに茫然(ぼうぜん)とした. ❷ (人・動物)を打って失神させる, (人・動物)にショックを与える.

+**stung** /stʌ́ŋ/ [動] sting の過去形および過去分詞.

stún gùn [名] [C] スタンガン《電気ショックを与える銃》.

stunk /stʌ́ŋk/ [動] stink の過去形および過去分詞.

stun·ner /stʌ́nɚ | -nə/ [名] [C] 《略式》 とびきりの美人; 目を見張らせる[驚くべき]もの.

+**stun·ning** /stʌ́nɪŋ/ [形] ❶ **非常に美しい**; すてきな, すばらしい: a *stunning* view 絶景. ❷ 驚くほどの, びっくりさせるような. **~·ly** [副] すばらしく; 驚くほどに.

stunt[1] /stʌ́nt/ [名] ❶ [C] 妙技, 離れ業, スタント; 高等[曲乗り]飛行: do [perform] a *stunt* 離れ業を演じる. ❷ [C] 人目を引く行動, 目立つ行為, 人気取り: a publicity *stunt* 人目を引く宣伝行為. **púll a stúnt** [動] ⑬ 愚かな[危険な]ことをする.

stunt[2] /stʌ́nt/ [動] ⑩ (...)の発育を妨げる; (発育・発展)を阻止する.

stunt·man /stʌ́ntmæ̀n/ [名] (-men /-mèn/) [C] 〔映画〕 スタントマン《危険な場面などで代役をする人》.

stunt·wom·an /stʌ́ntwʊ̀mən/ [名] (-wom·en /-wɪ̀mən/) [C] 〔映画〕 スタントマン《女性》.

stu·pe·fied /st(j)úːpəfàɪd | stjúː-/ [形] (人が)仰天した; ぼうっとした.

stu·pe·fy /st(j)úːpəfàɪ | stjúː-/ [動] (-pe·fies; -pe·fied; -fy·ing) ⑩ [しばしば受身で] (人)を仰天させる; 無感覚にする, ぼうっとさせる (*by*, *with*).

stu·pe·fy·ing /st(j)úːpəfàɪɪŋ | stjúː-/ [形] 仰天させるような, ぼうっとさせるような.

stu·pen·dous /st(j)uːpéndəs | stjuː-/ [形] 途方もない, 驚くほどの; 巨大な. **~·ly** [副] 途方もなく.

*__stu·pid__ /st(j)úːpɪd | stjúː-/ [形] (stu·pid·er /-dɚ | -də/, more ~; stu·pid·est /-dɪst/, most ~) ❶ **ばかな,** 愚かな; [軽蔑的] 頭の鈍い《⇒ foolish [類義語]》: a *stupid* mistake ばかな誤り / I was ***stupid*** (***enough***) ***to*** say such a thing. [+to 不定詞] そんなことを言って私もばかだった [多用] / ***It was stupid of*** me ***to*** believe it. それを信じるとは私もまぬけだった《⇒ of 12》 / Don't be *stupid.* ばかなこと[まね]はよせ, ばか言うな. ❷ [限定] Ⓢ [いらだちなどを表わして] くだらない, つまらない; いまいましい, 腹の立つ: I don't want to read that *stupid* book. そんなくだらない本なんか読みたくない. ❸ 頭がぼうっとして: ***stupid with*** sleep 眠くて頭が働かなくて.
([名] stupídity)

+**stu·pid·i·ty** /st(j)uːpídəṭi | stjuː-/ [名] (-i·ties /~z/) ❶ [U] **愚かさ,** ばか: I was surprised by his *stupidity*. 私は彼の愚かさに驚いた. ❷ [U,C] [普通は複数形で] 愚かな言動, 愚行.
([形] stúpid)

stu·pid·ly /st(j)úːpɪdli | stjúː-/ [副] [ときに [文修飾]] 愚かに(も); ばかみたいに.

stu·por /st(j)úːpɚ | stjúːpə/ [名] [U,C] 意識不明: in a drunken *stupor* 酔って意識朦朧(もうろう)として.

stur·dy /stɚ́ːḍi | stə́ː-/ [形] (stur·di·er; -di·est) ❶ (身体の)たくましい, 強健な; (物が)丈夫な, 頑丈な. ❷ しっかりとした, 断固とした; (抵抗などが)根強い, 不屈の.

stur·geon /stɚ́ːdʒən | stə́ː-/ [名] (複 ~(s)) [C,U] ちょうざめ《その卵の塩漬がキャビア (caviar)》.

stut·ter /stʌ́ṭɚ | -tə/ [動] (-ter·ing /-ṭərɪŋ, -trɪŋ/) ⑬ ❶ どもる, 口ごもる《⇒ stammer [類義語]》. ❷ (機械などが)断続的な音を発する, がたがた動く. — ⑩ (...)を[と]どもりながら言う. — [名] [C] [単数形で] どもること[癖]: have a *stutter* どもる.

St. Vál·en·tine's Dày /sèɪn(t)vǽləntàɪnz- | s(ə)n(t)-/ [名] [U] 聖バレンタインの祝日《2 月 14 日; 恋人や親しい人にカードや贈り物などを送る習わしがある; ⇒ valentine》.

sty[1] /stáɪ/ [名] (sties) [C] = pigsty.

sty[2], **stye** /stáɪ/ [名] (複 sties, ~es) [C] 〔医学〕 ものもらい, 麦粒腫(ばくりゅうしゅ).

***style** /stáɪl/ ([同音] stile)

— [名] (~s /~z/)

> **意味のチャート**
> ラテン語で「鉄筆」の意 → (書き方) →「**文体**」❹ →「**様式**」❷, 「**方式**」❶ → (流行の型) →「**流行**」❸ となった.

❶ [U,C] **やり方, 方式**; [所有格の後で] (...に特徴的な)やり方, 流儀, 好み: *styles of* living 生活様式 / There are several *styles of* swimming. 泳ぎ方には幾通りかある / I like *your style*. 君のやり方が好きだ / It's not *my style*. それは私のやり方ではない / Loud colors are more *my style*. 派手な色の方が私の好みだ. [関連] freestyle 〔水泳・レスリング〕 自由型 / lifestyle 生活様式.
❷ [U,C] (芸術などの)**様式,** 型, 風: a Gothic ***style of*** architecture ゴシック様式の建築 / ***in*** modern ***style*** 現代風に / ***in the style of*** Picasso ピカソ風に.
❸ [C,U] (衣服などの)**流行(の型), スタイル** [≒fashion]; (商品などの)型: the fall [spring] *styles* (衣服の)秋[春]物のデザイン / the latest ***styles in*** shoes 靴の最新流行型. [関連] hairstyle ヘアスタイル. [日英] style は「彼女はスタイルがよい」という場合のような体つきには用いない. 英語では She has a good figure. のようにいう.
❹ [U,C] (内容に対して)**表現のしかた, 文体,** 話し方, 語調: Hemingway's *style* ヘミングウェーの文体 / This book is written ***in*** a clear, easy ***style***. この本は明快でわかりやすい文体で書いてある.
❺ [U] (人・物の)**品[格好]のよさ,** 洗練; 豪華さ: She has (great) *style*. 彼女は(とても)気品がある / do it

with style 上品に[洗練されたやり方で]それをする.
in stýle [形] 流行して. —[副] (1) やり方[スタイル]が; 様式上で: be different *in style* 様式が異なる. (2) 優雅に; 豪華に, はでに.
òut of stýle [形] 流行遅れで, すたれて.
— 動 他 ❶ [しばしば受身で] (服など)をデザインする, (髪)を整える; (...)をある型に合わせて作る: These shoes *were styled for* comfort. この靴ははき心地を考慮に入れてデザインされている / She had her hair *styled* shorter. 彼女は短い髪型にしてもらった. ❷《格式》(...)を～と称する: He *styled* himself (to be) Emperor. 彼は自らを皇帝と称した.
styli 名 stylus の複数形.
+**styl·ish** /stáɪlɪʃ/ 形 **流行に合った**; おしゃれな [≒fashionable]: *stylish* clothes 流行の服.
～·ly 副 おしゃれに, エレガントに.
styl·ist /stáɪlɪst/ 名 ❶ Ⓒ (髪型・衣服・装飾などの)スタイリスト. ❷ Ⓒ 文章にこる人, 名文家.
sty·lis·tic /staɪlístɪk/ 形 [普通は 限定] 様式(上)の, 文体(論)の.
sty·lis·tics /staɪlístɪks/ 名 Ⓤ 文体論.
styl·ized /stáɪlaɪzd/ 形 型にはまった, 様式化した.
sty·lus /stáɪləs/ 名 (複 ～·es, sty·li /-laɪ/) ❶ Ⓒ レコード針. ❷ Ⓒ 〔コンピュータ〕 スタイラス, タッチペン《タブレットなどで使う入力用のペン》; 鉄筆.
sty·mie /stáɪmi/ 動 (sty·mies; sty·mied; -mie·ing) 他《略式》(人・企てなど)を妨害する.
Sty·ro·foam /stáɪrəfòʊm/ 名 Ⓤ《米》スタイロフォーム《発泡スチロール; 商標》.
suave /swɑ́ːv/ 形 (more ～, suav·er; most ～, suav·est) (特に男性が外面上は)温厚な, もの柔らかな, 人当たりのいい.
+**sub**[1] /sʌ́b/ 名 (～s /～z/) ❶ Ⓒ《略式》**潜水艦** (submarine). ❷ Ⓒ《米略式》= submarine 2.
+**sub**[2] /sʌ́b/ 名 (～s /～z/) Ⓒ《略式》**代わりの物[人]**, **補欠**, 代用品, 代理人 (substitute).
sub- /sʌb, sʌ̀b/ 接頭 「下; 下位, 副; 亜」などの意 [⇔ super-]: *sub*contract 下請け / *sub*division 細分化 / *sub*tropical 亜熱帯の.
sub·com·mit·tee /sʌ́bkəmɪ̀ṭi/ 名 Ⓒ [《英》単数形でもときに複数扱い] 分科委員会, 小委員会.
sub·com·pact /sʌ̀bkɑ́(ː)mpækt | -kɔ́m-/ 名 Ⓒ《米》小型自動車.
sub·con·scious /sʌ̀bkɑ́(ː)nʃəs | -kɔ́n-←/ 形 [普通は 限定] 潜在意識の, 意識下の《⇒ unconscious》. — 名 [the ～ または所有格の後で] 潜在意識. **～·ly** 副 潜在意識的に, 意識下で.
sub·con·ti·nent /sʌ̀bkɑ́(ː)nṭənənt | -kɔ́n-/ 名 Ⓒ 亜大陸《continent よりも小さいインド・グリーンランドなど》: the Indian *subcontinent* インド亜大陸.
sub·con·tract[1] /sʌ̀bkɑ́(ː)ntrækt | -kɔ́n-/ 名 Ⓒ 下請け(契約).
sub·con·tract[2] /sʌ̀bkɑ́(ː)ntrækt | -kəntrǽkt/ 動 他 (仕事)を(...へ)下請けに出す (*out*; *to*).
sub·con·trac·tor /sʌ̀bkɑ́(ː)ntræktɚ | -kəntrǽktə/ 名 Ⓒ 下請け人[会社].
sub·cul·ture /sʌ́bkʌ̀ltʃɚ | -tʃə/ 名 Ⓒ 下位文化, サブカルチャー《同一社会の中の特定の異文化集団》.
sub·cu·ta·ne·ous /sʌ̀bkjuːtéɪniəs←/ 形〔医学〕(注射・脂肪などが)皮下の.
sub·di·vide /sʌ̀bdɪváɪd/ 動 他 (...)を小分けする; 細分する (*into*). — 自 細分される.
sub·di·vi·sion /sʌ̀bdɪvíʒən/ 名 Ⓤ 細分化; 小分け; Ⓒ (細分された)一部, 一区分; 《米》分譲地.
sub·due /səbd(j)úː | -djúː/ 動 他 ❶ (暴徒など)を鎮圧する; 征服する, 服従させる. ❷《格式》(感情など)を抑える, 抑制する.
sub·dued /səbd(j)úːd | -djúːd/ 形 ❶ (色・光などが)抑えられた, 柔らかい; (音が)静かな: *subdued* lighting 柔らかい照明. ❷ (人・態度などが)(いつになく)控えめな, 静かな, 沈んだ. ❸ (市場などが)活気のない.
sub·ed·i·tor /sʌ̀bédɪṭɚ | -tə/ 名 ❶ Ⓒ《英》原稿整理係, 校閲者. ❷ Ⓒ 副主筆, 編集次長.
sub·group /sʌ́bgrùːp/ 名 Ⓒ 下位集団, 小グループ.
sub·hu·man /sʌ̀bhjúːmən←/ 形 (人・行為などが)人間以下の, 非人間的な; (状況などが)劣悪な.

***sub·ject**[1] /sʌ́bdʒɪkt/ アク

— 名 (sub·jects /-dʒɪkts/)

意味のチャート
(支配下にあるもの)
→(君主の支配を受ける者)「臣民」❼
→(思考の作用を受けるもの)「主題」❶ →「科目」❷ / →「主部」❹

❶ Ⓒ (話・議論・研究・論文などの)**主題**, **題目**, **テーマ**, **話題**《⇒ 類義語》: a *subject of* discussion 議題 / be a *subject* of [for] debate 議論のテーマとなる / I have nothing to say *on* this *subject*. この事に関して何も言うことはない / Don't bring up an unpleasant *subject*. いやな話を持ち出さないでくれ / change the *subject* 話題を変える / We're ***getting off the subject***. 話がそれてきている.
❷ Ⓒ (学校の)**科目**, 教科: 《米》required *subjects* = 《英》compulsory *subjects* 必修科目 / 《米》elective *subjects* = 《英》optional *subjects* 選択科目 / "What *subject* do you want to major in?" "Economics if possible." 「何の科目を専攻したいのですか」「できれば経済学です」 ❸ Ⓒ〔美術〕画題, 題材; 被写体; 〔音楽〕主題, テーマ. ❹ Ⓒ〔文法〕主部, 主語《略 S; ⇒ **巻末文法** 1.1 (1)》; 〔哲学〕主体, 主観. 関連 object 目的語. ❺ Ⓒ 被験者, 実験材料となる人[物]; 解剖死体. ❻ Ⓒ (批判・調査などの)対象, 的: a *subject of* complaint 苦情の対象. ❼ Ⓒ 臣民, 臣下, 家来; 国民. 語法 subject は帝国 (empire) や王国 (kingdom) の国民に用いられ, 共和国の国民には citizen が用いられる. (形 subjéctive)

類義語 **subject** 講演・研究・物語・芸術作品などのテーマ. **theme** 講演・論文・文学作品・音楽・美術作品などに一貫して流れている主張したい主題. **topic** 討論・随筆などで使われる比較的小さな話題を表わす語.

— 形 ❶ 叙述 (...に)**かかりやすい**, (...を)**受けやすい**; ...されることがある: I'm ***subject to*** headaches. +*to*+名 私は頭痛になりやすい / Japan is *subject to* severe earthquakes. 日本は大地震が起こりやすい / The prices are *subject to* change without notice. 価格は予告なしで変更されることがある.
❷ 叙述 (...を)**受ける必要がある**; (...を)条件とする, ...次第である: This plan is ***subject to*** the president's approval. +*to*+名 この計画は社長の承認を必要とする / Children under 16 can be vaccinated, *subject to* their parents' consent. 16 歳未満の子供は親の承諾がある場合に限りワクチン接種が受けられる. ❸ 叙述 (法律・規則などに)従うべきで; (罰金が)科せられる, (税金が)課せられる: We are all *subject to* the laws of

S

nature. 私たちは自然の法則に支配されている. ❹ 限定《格式》他の支配下にある, 従属する: *subject* peoples 被支配民族.
〖語源 原義はラテン語で「下に投げられたもの」; ⇒ reject[1] キズナ〗

sub·ject² /səbʤékt/ ❗アク 動 他 ❶ [しばしば受身で]《格式》(...)を(いやな目などに)あわせる; (...)に(~を)受けさせる, (...)を(~に)かける, さらす: I *was subjected to* severe criticism. 私は厳しい批判にさらされた. ❷《格式》(国・人など)を(権力などに)従属させる, (...の)支配下に置く: The king *subjected* the neighboring countries *to* his rule. その王は近隣の諸国を支配下に収めた. (名 subjéction)

sub·jec·tion /səbʤékʃən/ 名 ❶ U《格式》支配された状態, 服従, 従属: in complete *subjection* (*to* ...) (...に)完全に支配されて. ❷ U《格式》征服すること, 支配 (*of*). (動 subjéct²)

sub·jec·tive /səbʤéktɪv/ 形 ❶ 主観的な, 主観の; 個人的な, 想像上の [⇔ objective]: a *subjective* view 主観的な考え. ❷〔文法〕主題の, 主格の. (名 súbject¹, sùbjectívity)

sub·jec·tive·ly /səbʤéktɪvli/ 副 主観的に [⇔ objectively].

sub·jec·tiv·i·ty /sʌ̀bʤektívəṭi/ 名 U 主観的なこと, 主観性 [⇔ objectivity]. (形 subjéctive)

súbject màtter 名 U 主題, テーマ, 題材.

sub·ju·gate /sʌ́bʤʊgèɪt/ 動 他《格式》(...)を征服する; 服従させる, 従属させる (*to*).

sub·ju·ga·tion /sʌ̀bʤʊgéɪʃən/ 名 U《格式》征服(すること) (*of*); 支配された状態, 服従, 従属.

sub·junc·tive /səbʤʌ́ŋ(k)tɪv/ 名 C〔文法〕(動詞の)仮定法形; [the ~] 仮定法, 叙想法. — 形〔文法〕仮定法の. 関連 indicative 直説法の / imperative 命令法の.

sub·let¹ /sʌ̀blét/ 動 (-lets; 過去・過分 -let; -let·ting) 他 (人に)(部屋など)をまた貸しする (*to*). — 自 また貸しする.

sub·let² /sʌ́blèt/ 名 C また貸し[借り](住宅).

sub·lime /səbláɪm/ 形 (sub·lim·er; -lim·est) ❶ 荘厳な, 崇高な; 雄大な: *the sublime* 崇高なもの《⇒ the¹ 6》/ in a *sublime* spirit of sacrifice 崇高な犠牲的精神で. ❷ 最高の, すばらしい: a *sublime* dinner すばらしい食事. ❸ 限定 [しばしば軽蔑的] (行動・態度などが)とんでもない, ひどい, 極度の: *sublime* ignorance あきれた無知. **~·ly** 副 すばらしく; ひどく.

sub·lim·i·nal /sʌblímən(ə)l/ 形〔心理〕意識にのぼらない; 潜在意識に働きかける: *subliminal* advertising サブリミナル広告《画面に映像を瞬間的に挿入して潜在意識に働きかける》.

sub·ma·chíne gùn /sʌ̀bməʃíːn-/ 名 C 短機関銃.

+**sub·ma·rine** /sʌ́bmərìːn, sʌ̀bməríːn/ 名 (~s/~z/) ❶ C **潜水艦** [《略式》sub]: a nuclear [nuclear-powered] *submarine* 原子力潜水艦. ❷ C《米》サブマリン《細長いロールパンに肉や野菜をはさんだサンドイッチ》. — 形 限定 海底の, 海中の; 海底[海中]用の: a *submarine* cable 海底ケーブル / a *submarine* volcano 海底火山.
〖語源 ⇒ sub-, marine〗

sub·ma·rin·er /sʌ̀bməríːnə | sʌbmǽrɪnə/ 名 C 潜水艦乗組員.

sub·merge /səbmə́ːʤ | -mə́ːʤ/ 動 他 ❶ (...)を水中に入れる[沈める], 水浸しにする: This field *was submerged* during the flood. この畑は洪水中に冠水した. ❷ (感情など)を覆い隠す, 抑える. — 自 潜水する; 水没する. **submérge onesèlf in ...** [動] 他 (仕事など)に没頭する.

sub·merged /səbmə́ːʤd | -mə́ːʤd/ 形 水中に隠れた, 水面下の.

sub·mers·i·ble /səbmə́ːsəbl | -mə́ːs-/ 形 水中使用可能な, 潜水できる.

sub·mer·sion /səbmə́ːʒən | -mə́ːʃən/ 名 U 潜水; 浸水, 冠水; 沈没.

sub·mis·sion /səbmíʃən/ 名 ❶ U 服従; 屈服, 降服 (*to*): force a person into *submission* 人を力ずくで屈服させる / in *submission* 服従して. ❷ U.C (書類などの)提出, 提示 (*to*); (提出された)書類, 報告書. ❸ C〔法律〕(意見の)提起, 具申. (動 submít)

sub·mis·sive /səbmísɪv/ 形 服従する, 従順な, 言いなりになる (*to*). (動 submít)
~·ly 副 服従して, 従順に.

+**sub·mit** /səbmít/ 動 (sub·mits /-míts/; -mit·ted /-ṭɪd/; -mit·ting /-ṭɪŋ/) 他 ❶ (...)を**提出する**, 提示する《検討してもらうために》: *submit* a report on pollution 汚染に関する報告書を提出する / I *submitted* the application form *to* the office. V+O+to+名 私は申込用紙を役所に提出した.
❷ [受身なし]《格式》(...ではないかと)申し述べる, 提起する, 提議する (*that*).
— 自《格式》(...に)**服従する**, 屈する; 甘んじて(...を)受ける [≒give in]: The hijacker *submitted* without a fight. ハイジャック犯は戦わずに抵抗をやめた / Will you *submit to* their will? V+to+名 あなたは甘んじて彼らの意向に従うのですか.
submít onesèlf to ... [動] 他《格式》...に従う, ...を受ける. (名 submíssion, 形 submíssive)
〖⇒ permit¹ キズナ〗

sub·nor·mal /sʌ̀bnɔ́ːm(ə)l | -nɔ́ː-/ 形 (気温などが)通常[標準値]以下の; [軽蔑的] 知能の劣る.

+**sub·or·di·nate¹** /səbɔ́ːḍənət | -bɔ́ː-/ 形 ❶ **従属した**, 下位の; 重要性が劣る: In the army colonels are *subordinate to* major generals. +to+名 陸軍では大佐は少将の下位にある. ❷〔文法〕従属の, 従位の. 関連 coordinate 等位の.
— 名 C 従属するもの; 部下 (*of*).

sub·or·di·nate² /səbɔ́ːḍənèɪt | -bɔ́ː-/ 動 他 (...)を(~の)下位に置く, (~に)従属させる (*to*).

subórdinate cláuse 名 C〔文法〕従属節《⇒ 巻末文法 9.1 (2)》.

sub·ór·di·nat·ing conjúnction /səbɔ́ːḍə-nèɪṭɪŋ- | -bɔ́ː-/ 名 C〔文法〕従属接続詞, 従位接続詞《⇒ 巻末文法 9.1 (2)》.

sub·or·di·na·tion /səbɔ̀ːḍənéɪʃən | -bɔ̀ː-/ 名 U 下位に置くこと; 従属.

sub·poe·na /səpíːnə/ 名 C〔法律〕召喚状. — 動 他〔法律〕(人)を召喚する (*as*).

sub·rou·tine /sʌ́bruːtìːn | sʌ́bruːtìːn/ 名 C〔コンピュータ〕サブルーチン《コンピューターのプログラムの一部で, それだけで繰り返し使えるもの》.

sub·scribe /səbskráɪb/ 動 自 ❶ (新聞・雑誌などを)定期購読する, 予約する; (有料サービスなどに)加入する《普通は前金を払って》: I *subscribe to* two newspapers. 私は 2 つの新聞を定期購読している. ❷《英》(事業などに)寄付する, (会員として)支援する: *subscribe to* a charity 慈善団体に寄付をする. ❸ [しばしば否定文・疑問文で]《格式》(考えなどに)賛同する, 同意する (*to*). — 他 [普通は受身で] (...)の参加申し込みをする. **subscríbe for ...** [動] ㊀ (株などの)の購入申し込みをする. 〖語源 ラテン語で「(自分の名を)下に書く」の意; ⇒ describe キズナ〗

sub·scrib·er /səbskráɪbə | -bə/ 名 ❶ C 購読者, 予約者; (有料サービスの)加入者 (*to*). ❷ 《英》 C 寄付(申し込み)者, 会員 (*to*).

+**sub·scrip·tion** /səbskrípʃən/ 名 (～s /～z/) ❶ C **定期購読料金**; **予約金**, 会費; U,C **定期購読(期間)**, 予約申し込み: take out a *subscription* 定期購読をする / I canceled [renewed] my *subscription to* that magazine. その雑誌の定期購読をやめた[更新した]. ❷ C,U 《英》 寄付(金).

sub·sec·tion /sʌ́bsèkʃən/ 名 C (条文などの)下位区分, 小節, 細別.

*****sub·se·quent** /sʌ́bsɪkwənt/ 形 《格式》 (事件などの) **後の**, その後の; 続いて起こる: *Subsequent* events proved that he was right. その後の出来事で彼が正しいことが証明された / during the month ***subsequent to*** the conference +to+名 会議の後の 1 か月の間に. 〖語源 ラテン語で「すぐ後に続く」の意〗

+**sub·se·quent·ly** /sʌ́bsɪkwəntli/ 副 つなぎ語 《格式》 **それに続いて**; **その後** [≒afterward]: He was tried and *subsequently* found guilty. 彼は裁判にかけられその後有罪となった.

sub·ser·vi·ence /səbsə́ːviəns | -sə́ː-/ 名 U 言いなりになること, 卑屈.

sub·ser·vi·ent /səbsə́ːviənt | -sə́ː-/ 形 ❶ (...の)言いなりになる, 従属的な (*to*). ❷ 《格式》 (...よりも)重要度の低い (*to*).

sub·set /sʌ́bsèt/ 名 C 《格式》 (集団の中の)小集団 (*of*).

sub·side /səbsáɪd/ 動 ㊁ ❶ (痛み・あらし・熱情などが)静まる, やわらぐ. ❷ 《格式》 (土地・建物が)沈下する. ❸ (洪水の水などが)引く.

sub·si·dence /səbsáɪdns, sʌ́bsədns/ 名 U,C (土地・建物・道路などの)陥没, 沈下.

+**sub·sid·i·ar·y** /səbsídièri | -diəri/ 形 ❶ **子会社の**: a *subsidiary* company 子会社. ❷ 《格式》 補助の, 補足的な; 従属的な, 付随する (*to*): a *subsidiary* role 補助的な役割. — 名 (-ar·ies) C 子会社 (*of*).

sub·si·di·za·tion /sʌ̀bsədɪzéɪʃən | -daɪz-/ 名 U 助成, 助成金交付.

+**sub·si·dize** /sʌ́bsədàɪz/ 動 (～s /～ɪz/; ～d /～d/; -diz·ing) ㊀ (事業など)に**助成[補助, 奨励]金を支給する**: Farming ***is*** heavily ***subsidized by*** the government. V+O の受身 農業は政府から多額の助成を受けている.

sub·si·dized /sʌ́bsədàɪzd/ 形 限定 助成[補助](金)を受けている.

+**sub·si·dy** /sʌ́bsədi/ 名 (-si·dies) C (国家の)**助成金**, **補助金**, 奨励金.

sub·sist /səbsíst/ 動 ㊁ ❶ 《格式》 (...に頼って)生存する, (やっと)暮らしていく (*on*). ❷ 〔法律〕 存続する.

sub·sis·tence /səbsístəns/ 名 U (わずかな金・食物での)生活, 生存; (ぎりぎりの)生計(を立てること); [形容詞的に] (最低の)生活の; 生計を立てるための: at (the) *subsistence* level 最低生活で / a *subsistence* wage 最低生活賃金 / *subsistence* farming 自給農業 / a *subsistence* crop 自給用作物.

sub·son·ic /sʌ̀bsɑ́(ː)nɪk | -sɔ́n-/ 形 音速以下の, 亜音速の. 関連 supersonic 超音速の.

sub·spe·cies /sʌ́bspìːʃiːz, -siːz/ 名 (複 ～) C 〔生物〕 亜種(あしゅ).

*****sub·stance** /sʌ́bstəns/ 名 (sub·stanc·es /～ɪz/) ❶ C **物質**, 物 [≒material]: a solid [liquid, gaseous] *substance* 固形[液状, ガス状]物質 / Soil consists of various chemical *substances*. 土壌は種々の化学物質から成る / illegal *substances* 違法薬物.

❷ U 《格式》 **中身**, 実質, 内容; 重要性; [普通は否定文で] 真実, (裏づける)事実: matters [issues] of *substance* 重要な問題 / There is ***no substance to*** his argument. 彼の議論には裏づけがない.

❸ [the ～] 《格式》 **要旨**, 真意, 本質 [≒essence]: ***the substance of*** the letter 手紙の要旨. ❹ U 《文語》 資力, 財産: a person *of substance* 資産家, 権力者.

in súbstance [副] 《格式》 本質的には, 趣旨としては. (形 substántial, 動 substántiàte)

〖語源 原義はラテン語で「下に立っているもの」; ⇒ distance キズナ〗

súbstance abùse 名 U 《格式》 薬物乱用.

sub·stan·dard /sʌ̀bstǽndəd | -dəd←/ 形 (商品などが)標準以下の.

*****sub·stan·tial** /səbstǽnʃəl/ 形 ❶ 《格式》 (数量・程度などが)**かなりの**, 相当な [⇔ insubstantial]: a *substantial* sum of money かなりの金額 / show (a) *substantial* improvement 相当の進歩を示す / a *substantial* meal 量の多い食事. ❷ 限定 《格式》 しっかりした, 丈夫な [⇔ insubstantial]: *substantial* brick houses 頑丈なれんがの家 / a *substantial* piece of furniture しっかりとした家具. ❸ 《格式》 裕福な, 有力な. (名 súbstance)

+**sub·stan·tial·ly** /səbstǽnʃəli/ 副 ❶ **相当に**, 大いに, 非常に: Your advice contributed *substantially* to my success. あなたの助言は私の成功に大いに貢献しました. ❷ 本質的には [≒essentially]; おおむね: Their opinions aren't *substantially* different. 彼らの意見は本質的には違わない.

sub·stan·ti·ate /səbstǽnʃièɪt/ 動 ㊀ 《格式》 (主張など)を実証する, (...)を裏づける. (名 súbstance)

sub·stan·ti·a·tion /səbstæ̀nʃiéɪʃən/ 名 U 《格式》 実証, 裏づけ.

sub·stan·tive /sʌ́bstəntɪv/ 形 《格式》 実質的な, 重要な.

sub·sta·tion /sʌ́bstèɪʃən/ 名 C 変電所.

*****sub·sti·tute** /sʌ́bstət(j)ùːt | -tjùːt/ !アク 動 (-sti·tutes /-t(j)ùːts | -tjùːts/; -sti·tut·ed /-ṭɪd/; -sti·tut·ing /-ṭɪŋ/) ㊀ (...)を(～の)**代わりに使う**, 代用する; (人)に(...の)代理をさせる; (選手)を交替させる: You can ***substitute*** milk ***for*** cream. V+O+*for*+名 クリームの代わりに牛乳を使っても結構です. 語法 次の関係に注意: substitute A *for* B = replace B *with* [by] A BをAと代える. 特に受身では substitute を replace の意味で使う場合もある. — ㊁ (...の)代わりになる: He'll *substitute for* our regular teacher till she returns. 正規の先生が戻るまで彼が代わりをします. (名 sùbstitútion)

— 名 (-sti·tutes /-t(j)ùːts | -tjùːts/) C (...に)**代わる物[人]**, 代用品; 補欠: There's no ***substitute for*** hard work. 一生懸命に働く[勉強する]ことに代わる方法はない.

súbstitute téacher 名 C 《米》 代用教員 [《英》 supply teacher].

sub·sti·tu·tion /sʌ̀bstət(j)úːʃən | -tjúː-/ 名 U,C 代用, 代理, 置き換え, 取り替え, 交替; 代理の物[人]:

the *substitution* of machinery *for* manual labor 人手の代わりに機械を用いること. (動 súbstitùte)

sub·stra·tum /sʌ́bstrèɪṭəm | -strɑ̀ː-/ 名 (複 sub·stra·ta /-ṭə/) ❶ C 《格式》(地面の)下層 (*of*). ❷ C 《格式》(かくれた)土台, 根底, 根本 (*of*).

sub·struc·ture /sʌ́bstrʌ̀kʧɚ | -ʧə/ 名 C 下部構造 [⇔ superstructure]; 基礎(工事), 土台.

sub·ter·fuge /sʌ́btɚfjùːʤ | -tə-/ 名 U,C 《格式》策略; ごまかし, 言い逃れ.

sub·ter·ra·ne·an /sʌ̀btəréɪniən←/ 形 [普通は 限定] 《格式》地下[地中]の.

sub·ti·tle /sʌ́btàɪṭl/ 名 ❶ [複数形で] (映画・テレビの)字幕. ❷ C (本などの)サブタイトル, 副題. — 動 他 (...)に字幕[副題]をつける.

sub·titled /sʌ́btàɪṭld/ 形 ❶ 字幕つきの. ❷ (本などが)副題のついた.

+**sub·tle** /sʌ́ṭl/ !発音 形 (sub·tler /sʌ́tlɚ | -lə/; sub·tlest /sʌ́tlɪst/) ❶ **微妙な**, かすかな, 捕らえ難い; 難解な: a *subtle* flavor ほのかな香り / The difference is very *subtle*. その違いは非常に微妙だ / Mona Lisa's *subtle* smile モナリザのなぞめいた微笑. ❷ 巧妙な(やり方をする), 間接的で注意深い; (デザイン・議論などが)精巧な, 手の込んだ: Politicians must be *subtle in* their approach to this problem. 政治家はこの問題に巧妙に対処しなければならない. ❸ (感覚の)鋭い, 敏感な [≒sensitive]: *subtle* insight 鋭い洞察力 / a *subtle* thinker 緻密(ちみつ)にものを考える人. (名 súbtlety)
〖語源 ラテン語で「細かい」の意〗

sub·tle·ty /sʌ́ṭlti/ 名 (-tle·ties) ❶ U 微妙さ, 捕らえ難さ; 精妙さ; 巧妙さ, 精巧. ❷ C [普通は複数形で] (隠れた重要な)細部,微妙な点[ニュアンス]. (形 súbtle)

sub·tly /sʌ́tli/ 副 微妙に, かすかに; 巧妙に.

sub·tract /səbtrǽkt/ 動 他 (...)を(～から)引く [≒take]: *Subtract* 2 *from* 5, and you have [get] 3. 5 から 2 を引くと 3 になる. — 自 引き算をする. 関連 add 足す / multiply 掛ける / divide 割る. (名 subtráction)
〖⇒ attract キズナ〗

sub·trac·tion /səbtrǽkʃən/ 名 U,C 引くこと; 引き算, 減法: do *subtraction* 引き算をする. 関連 addition 足し算 / multiplication 掛け算 / division 割り算. (動 subtráct)

sub·trop·i·cal /sʌ̀btrɑ́(ː)pɪk(ə)l | -trɔ́p-←/ 形 限定 亜熱帯(性)の.

+**sub·urb** /sʌ́bəːb | -bəːb/ !アク 名 (～s /～z/) ❶ C (都市の)**近郊地区**, 郊外の地区: The family lives in a residential *suburb of* Toronto. その一家はトロント郊外の住宅地区に住んでいる / a bedroom *suburb* ベッドタウン. 関連 town 都心.
❷ [the ～s] **郊外** 《特に住宅地域を指す; ⇒ 類義語》: live *in the suburbs* 郊外に住む. (形 subúrban)

類義語 **suburbs** も **outskirts** も共に「郊外」を表わす語だが, 若干ニュアンスが異なる. *suburbs* は生活環境が町の中心よりも快適だ, という含みがあるのに対して, *outskirts* は町の中心からはずれている, という含みがある.

〖語源 原義はラテン語で「都市に準ずるもの」; ⇒ sub-, urban〗

+**sub·ur·ban** /səbə́ːb(ə)n | -bə́ː-/ 形 ❶ 限定 **郊外の**, 郊外に住む: *suburban* life 郊外の生活. ❷ [しばしば軽蔑的] 郊外生活特有の《特に退屈で平凡な感じ》. (名 súburb)

sub·ur·ban·ite /səbə́ːbənàɪt | -bə́ː-/ 名 C [しばしば軽蔑的] 郊外居住者.

sub·ur·bi·a /səbə́ːbiə | -bə́ː-/ 名 ❶ U [しばしば軽蔑的] (単調な)郊外(居住者)《全体》. ❷ U [しばしば軽蔑的] 郊外居住者の生活様式[物の考え方].

sub·ven·tion /səbvénʃən/ 名 C 《格式, 主に英》(特に政府の)補助金, 助成金.

sub·ver·sion /səbvə́ːʒən | -vəːʃən/ 名 U 《格式》(体制などを)覆(くつがえ)すこと, 転覆, 打破.

sub·ver·sive /səbvə́ːsɪv | -və́ː-/ 形 《格式》(体制などを)破壊しようとする, 転覆につながる, 滅亡させる: *subversive* activities 反体制活動. — 名 C 反体制活動家, 政治的危険分子.

sub·vert /səbvə́ːt | -və́ːt/ 動 他 ❶ 《格式》(国家・権威など)を覆(くつがえ)す, 打倒する. ❷ 《格式》(信念など)を失わせる, 弱める.

+**sub·way** /sʌ́bwèɪ/ 名 (～s /～z/) ❶ C 《米》**地下鉄** [《英》underground]: a *subway* station 地下鉄の駅 / take the *subway* 地下鉄に乗る[で行く] / I went *by subway*. 私は地下鉄で行った《⇒ by 前 2 語法》. 関連 railroad 《米》鉄道. ❷ C 《英》(横断用の)地下道 [≒underpass]: use a *subway* 地下道を渡る.

sub·ze·ro /sʌ̀bzíːroʊ, -zí(ə)roʊ | -zíəroʊ←/ 形 [普通は 限定] (温度が)零度以下の, 氷点下の.

***suc·ceed[1] /səksíːd/ !発音

— 動 (suc·ceeds /-síːdz/; -ceed·ed /-ḍɪd/; -ceed·ing /-ḍɪŋ/)

意味のチャート
「後に続く」《⇒ succeed[2]》→ (物事がうまく続く) → **「成功する」**

— 自 (...に)**成功する**, **うまくいく**, 首尾よく...する; (試験などに)**合格する**; (社会的に)成功を収める, 出世する [⇔ fail]: If you try hard, you'll *succeed*. 一生懸命やれば成功します / He'll never *succeed in* business. V+*in*+名 彼は決して事業に成功しないだろう 多用 / They *succeeded in* developing a new drug. V+*in*+動名 彼らは新薬の開発に成功した《✪ 🔍 ×succeed to develop は誤り》/ He *succeeded as* a dancer. V+C (*as*+名) 彼はダンサーとして成功した / Nothing *succeeds* like success. 《ことわざ》成功ほどうまくいくものはない(いったんうまくいくとますますうまくいく). (名 succéss, 形 succéssful)

+**suc·ceed**[2] /səksíːd/ 動 (suc·ceeds /-síːdz/; -ceed·ed /-ḍɪd/; -ceed·ing /-ḍɪŋ/) 他 ❶ (人)の**跡を継ぐ**, 後任[後継者]となる: Biden *succeeded* Trump *as* President. V+O+C (*as*+名) バイデンが大統領としてトランプの跡を継いだ. ❷ (...)の後に続く[来る] [⇔ precede]: A period of prosperity *is often succeeded by* a recession. V+O の受身 繁栄の時期の後にはしばしば景気の後退がくる.
— 自 (財産などを)相続する; (地位・事業などを)継ぐ: *succeed to* the throne 王位を継承する. (名 succéssion, 形 succéssive)
〖⇒ proceed キズナ〗

suc·ceed·ing /səksíːḍɪŋ/ 形 限定 続いて起こる, 続く, 次の [≒following] [⇔ preceding].

***suc·cess /səksés/ !アク !発音

— 名 (～·es /～ɪz/) ❶ U **成功**, (試験などの)**合格**; 出世 [⇔ failure]: He achieved great *success in* life. 彼は大変な出世をした / Did you have any *success in* convinc*ing* him of your innocence? あなたの身の潔白をうまく彼に納得させられましたか / I tried to persuade him, but ***without success***. 彼を説得しようとしたがうまくいかなかった / I wish you *success*. ご成功を祈ります / There's no hope of *success*. 成功の見込みはない.

❷ Ⓒ **成功したもの[こと]**; 成功者 [⇔ failure]**:** He was a ***success as*** a doctor. 彼は医者として成功した / The movie was a great *success*. 映画は大当たりだった / The orchestra scored several great *successes* in Europe. その管弦楽団はヨーロッパで何回か大成功を収めた / ***make a success of*** ... ...を成功させる.
(動 succéed[1], 形 succéssful)
〖語源 元来は「(成否に関係なく)結果」の意; ⇒ succeed[1] **意味のチャート**〗

‡suc·cess·ful /səksésf(ə)l/

— 形 **成功した, うまくいった;** (試験などに)**合格した,** (選挙で)当選した; 出世した; 大当たりの [⇔ unsuccessful]**:** a *successful* plan うまくいった計画 / a *successful* businessman 実業家として成功した男 / a *successful* candidate 合格した受験者, 当選した候補者 / He was ***successful in*** the examination. [+in+名] 彼は試験に合格した / She was ***successful in*** find*ing* a new position. [+in+動名] 彼女はうまく新しい職を見つけられた. (名 succéss, 動 succéed[1])

‡suc·cess·ful·ly /səksésfəli/

— 副 **首尾よく,** うまく, 見事に, 成功して**:** They *successfully* achieved their objectives. 彼らは首尾よく目的を達した. C+1 結果を意識した語であり, 過去形や過去完了の文で使われることが多い.

+suc·ces·sion /səkséʃən/ 名 (~s /~z/) ❶ Ⓒ [普通は a ~] **連続(するもの),** 続き [≒series]**:** ***a succession of*** misfortunes 不幸の連続 / ***a succession of*** fine days 晴天続き.
❷ Ⓤ (王位·財産などの)**継承(権),** 相続(権)**:** He claimed ***succession to*** the throne. 彼は王位の継承権を主張した / in *succession to* ... ...を継承[相続]して, ...の後任として.
in succéssion [副·形] **連続して[した],** 相次いで(の)**:** six times *in succession* 6 回連続で / Three accidents occurred *in* rapid [quick, close] *succession*. やつぎばやに 3 つの事故が起こった.
(動 succéed[2], 形 succéssive)

+suc·ces·sive /səksésɪv/ 形 限定 **続いての,** 連続する, 相次ぐ**:** *successive* murders 連続殺人(事件) / That player made three *successive* errors. その選手は続けて 3 回エラーをした / It rained (*for*) five *successive* days. 連続 5 日間雨が降った《⇒ for 前 A 5 語法 (1)》.
(名 succéssion, 動 succéed[2])
~·ly 副 引き続いて, 相次いで, 次々に.

+suc·ces·sor /səksésə | -sə/ 名 (~s /~z/) Ⓒ **後継者,** 後任, 相続者, 継承者 [⇔ predecessor]**:** the ***successor to*** the throne 王位継承者 / Hill's ***successor as*** president 社長としてのヒルの後任《⇒ as 前 1 語法 (1)》.

succéss stòry 名 ❶ Ⓒ 成功談, サクセスストーリー. ❷ Ⓒ 非常に成功した人[もの].

suc·cinct /sʌksíŋ(k)t/ 形 [よい意味で] (ことばが)簡潔な, 簡明な. **~·ly** 副 簡潔に.

suc·cor, 《英》 **suc·cour** /sʌ́kə | -kə/ 名 Ⓤ 《文語》 救助, 援助. — 動 (-cor·ing, 《英》 -cour·ing /-k(ə)rɪŋ/) 他 《文語》 (人)を救援する.

suc·cu·lence /sʌ́kjʊləns/ 名 ❶ Ⓤ 汁[水気]の多いこと; 美味. ❷ Ⓤ 〔植物〕 多肉多汁.

suc·cu·lent /sʌ́kjʊlənt/ 形 ❶ (果物·肉などが)汁の多い, 水分の多い; 美味な. ❷ 〔植物〕 多肉多汁の. — 名 Ⓒ 〔植物〕 多肉植物.

suc·cumb /səkʌ́m/ 動 自 ❶ 《格式》 屈服する, 負ける**:** *succumb to* temptation 誘惑に負ける. ❷ 《格式》 (...が原因で)重病になる; 死ぬ (*to*).

‡such /(強形) sʌ́tʃ; (弱形) sətʃ/

単語のエッセンス	
1) そのような	形 ❶, ❷
2) そんなに...な	副
3) そのようなもの[人]	代

— 形 ❶ 限定 (1) **そのような, そんな,** こんな, あんな; それと同じような**:** 「*Such a* view is [*Such* views are] common. そういった考えが多く聞かれます / 言い換え *Such* remarks shouldn't be made. = ***No such*** remarks should be made. そんなことを言うべきではない / There is no need to take *such* action. そのような行動をとる必要性はない / I've never heard of ***any such*** man. そんな男のことは聞いたことがない / We serve coffee, tea, fruit juice, and ***other such*** drinks, but no liquor. 私どもはコーヒー, お茶, フルーツジュースその他の飲み物は出しますがお酒は出しません / There's no *such* thing *as* a unicorn. 一角獣のようなものは実在しない《✪ such (...) as ~ の用法については ⇒ 成句》.

> 語法 (1) **such と語順**
> 不定冠詞 a, an の前につく. some, any, no, many, all などと用いる場合はその後につく.
> (2) the, these, his などと共には用いず, 次のようにいう**:** *such* (beautiful) flowers そのような[このような](美しい)花.

(2) [話しことばで意味を強めて] **それほどの,** こんなに[あんなに](よい, 悪い, ひどい), 大変な**:** She's *such* a beauty. 彼女はとても美人だ / He sang with *such* passion. 彼はすごく感情を込めて歌った.
(3) [程度形容詞+名詞の前で] **そんなに[こんなに, あんなに](...な), とても**(...な), 非常に(...な). 語法 (1) この用法は 形 を強める 副 とも見ることもできる. (2) 不定冠詞 a, an があるときはその前につく**:** I'm sorry you had *such* terrible weather! そんなにひどい天気にあったなんて大変でしたね / I've never seen ***such a*** tall building. こんな[あんな]高い建物は見たことがない / They're *such* nice people. 彼らは本当にいい人たちです.
❷ /sʌ́tʃ/ 叙述 《格式》 **そのようで,** そのような性質で, あの[この]ようで. 語法 文語的な言い方で, 前に述べたことの内容または形容詞(句)·副詞(句)などを指し, 文頭に置くことが多い**:** *Such* is life [the world]! 人生[世間]というのはそんなものだ / *Such* is the case. 事情は上に述べた[この]とおりです.

súch and sùch ... Ⓢ これこれの..., しかじかの...**:** She told me that she had met *such and such* a man at *such and such* a place. 彼女は私にどこそこでこれこれの男に会ったと告げた.

sùch (...) as ~ (1) [否定文で比較に用いて] **~ほど...:** 言い換え He's *not such* a hard worker *as* his

S

brother. (= He's *not as* hard a worker *as* his brother. = He does*n't* work *as* hard *as* his brother.) 彼は兄ほど勤勉でない / She shouldn't have given *such* a difficult assignment *as* this. 彼女はそもそもこんな難しい宿題を出すべきではなかった. (2) ～であるような(...): *Such* poets *as* Shakespeare and Milton are very rare. シェークスピアやミルトンのような詩人はめったにいない (✪《略式》では Poets *like* Shakespeare and Milton ...のほうが普通).

...(,) sùch as～ 例えば～のような..., ～のような...: We enjoy playing ball games, *such as* baseball, football and tennis. 私たちは球技, 例えば野球, フットボール, テニスなどを楽しみます / A plan *such as* you proposed might not work. あなたが提案したような計画はうまくいかないかもしれません.

sùch as「it ís [they áre] [副] こんな[そんな]程度のものだが, 大したものではないが (⇒ as [接] 4): The food, *such as it was*, satisfied our hunger. 食べ物は十分ではなかったが我々の空腹を満たしてくれた.

sùch as to dó 《格式》...するほどの, ...するようなもので: His illness was not *such as to* cause anxiety. 彼の病気は心配するほどのものではなかった.

sùch ... as to dó 《格式》～するほど..., ～するような... (⇒ so ... as to do (so¹ [副] 成句)): [言い換え] I'm not *such* a fool *as to* go there alone. (= I'm not *so* foolish *as to* go there alone.) 私はそこへ一人で行くほどばかではない. [語法] such のあとには名詞がくる.

súch that ... (1) 《格式》非常なものなので..., ...なほど大変で: Her astonishment was *such that* she nearly fell over. 彼女は大変驚いて倒れそうになった. [語法] such が強調されて文頭にくることもある: *Such* was my excitement *that* I was unable to sleep. あまりにも興奮していたので眠れなかった. (2) 《格式》...するようなもので; [副詞的に] ...するよう(なぐあい)に: His answer was *such that* it could hardly satisfy his mother. 彼の答えは母親を納得させることがほとんどできないものであった.

súch ... that ～ (1) **非常に[大変]...なので～, ～であるほど...** (⇒ so ... that ～ (so¹ [副] 成句), that² B 2): [言い換え] He was *such* a tall boy (*that*) everybody noticed him. (= He was *so* tall (a boy) *that* everybody noticed him.) 彼はとても背が高かったのでだれの目にも留まった / I had *such* a (great) fright *that* I screamed. 私はとてもびっくりしたので悲鳴をあげてしまった.

> [語法] (1) 《略式》では that が省略されることがある.
> (2) **such ... that ～ と so ... that ～**
> such のあとには形容詞(省略されることもある)だけでなく必ず名詞が続く. so ... that ～ の場合は so の直後に形容詞または副詞がくる. 名詞が続くのは格式ばった言い方.
> (3) ˣHe was a *very* tall boy *that* everybody noticed him. のように very と that を使った文は誤り.

(2) ～するような...: The present was hidden in *such* a way *that* the child couldn't find it. そのプレゼントは子供に見つからないように隠してあった.

— [副] [形容詞を強めて] **そんなに[こんなに, あんなに](...な), とても(...な)** (⇒ [形] 1 (3)).

— /sʌ́tʃ/ [代] 《不定代名詞》[単数または複数扱い] その[この]ようなもの[こと], その[この]ような人(たち).

... and sùch Ⓢ ...など [≒and so forth, and so on]: Scattered on the floor were dolls, books, toys *and such*. 床には人形や本やおもちゃなどが散らばっていた.

as sùch [副] (1) そういうものとして, それなりに: This is a private matter, and should be treated *as such*. これは個人的な事柄だから, そのように扱わなければいけない. (2) [普通は否定文で] Ⓢ それ自体で(は), 厳密な意味で(は): We *don't have* a secretary *as such*, but we do have a student who helps us. 私たちの所には秘書と呼べるような者はいませんが手伝ってくれる学生ならいます.

súch and sùch [名] Ⓢ これこれの事[人].

súch as ... [名] [単数または複数扱い] 《格式》...のような人たち[もの, こと]. [語法] as は関係代名詞: *Such as* live by the sword often perish by the sword. 剣で生きるような人はしばしば剣で滅びる (✪ Those (people) who live ... のほうが普通).

such·like /sʌ́tʃlàɪk/ [形] [限定] Ⓢ そのような, その種の. — [代] Ⓢ そのようなもの: gold, silver, and *suchlike* 金銀などなど.

+**suck** /sʌ́k/ [動] (sucks /～s/; sucked /～t/; suck·ing) [他] ❶ (液体)を**吸い込む**, すする; (口をつけて)(容器など)から**吸う**, (果物など)の汁を吸う: I ***sucked*** the juice ***from*** the orange. [V+O+前+名] 私はオレンジの汁を吸った / The baby was *sucking* its (feeding) bottle. 赤ん坊は哺乳びんを吸っていた.
❷ (あめ・指など)を**しゃぶる**, なめる: The child was *sucking* his thumb. その子は親指をしゃぶっていた.
❸ [副詞(句)を伴って] (ポンプ・掃除機などが)(液体・気体など)を吸い上げる, 吸い取る; (渦巻きなどが)(...)を巻き込む, のみ込む; [普通は受身で] (人)を(口論・事件などに)巻き込む: The boat *was sucked into* the whirlpool. ボートは渦巻きに巻き込まれた.
— [自] ❶ **吸う**; しゃぶる: He sat there ***sucking*** (*away*) ***at*** his pipe. [V(+副)+at+名] 彼はパイプを吸いながらそこに座っていた / The child was ***sucking on*** a piece of candy. [V+on+名] 子供はキャンディーをしゃぶっていた. ❷ Ⓢ 《卑語》(物が)どうしようもない, カスだ, 最低だ: That music *sucks*. あの音楽はクズだ.

súck ... drý [動] [他] (...)から(金などを)搾り取る.

súck ín [動] [他] (...)を吸い込む; (人)を(口論などに)引き込む.

súck úp [動] [自] 《略式》[軽蔑的] (...に)取り入る, ごまをする (*to*). ([名] súction)

— [名] Ⓒ [普通は a ～] 吸う[しゃぶる]こと; ひと吸い[なめ] (*at*, *on*).

suck·er /sʌ́kɚ | -kə/ [名] ❶ Ⓒ 《略式》だまされやすい人, いいカモ. ❷ [a ～] 《略式》(...に)夢中になる人, (...に)目がない人 (*for*). ❸ Ⓒ 《米略式》= lollipop. ❹ Ⓒ (動物の)吸盤; (ゴム製の)吸着盤; (植物の)吸枝, 吸根. ❺ Ⓒ 《略式, 主に米》(人・物をさして)やつ, こいつ, あれ.

suck·le /sʌ́kl/ [動] [他] (赤ん坊・子)に乳を飲ませる; 育てる. — [自] 乳を飲む.

su·crose /súːkroʊs | s(j)úː-/ [名] Ⓤ 〖化学〗 蔗糖(しょとう).

suc·tion /sʌ́kʃən/ [名] Ⓤ 吸うこと, 吸い上げ[込み]; 吸着; 吸引力. ([動] suck)

súction pùmp [名] Ⓒ 吸い上げポンプ.

Su·dan /suːdǽn/ [名] [固] [(the) ～] スーダン《アフリカ北東部の共和国》.

*__sud·den__ /sʌ́dn/ [形] **突然の**, 急な, 不意の: a *sudden* illness 急病 / There was a *sudden* change in the weather. 天候が急変した / The road takes a *sudden* turn to the left. その道路は急に左へ曲がっている / His death was all too *sudden*. 彼の死はあまりにも突然だった.

— 名 [次の成句で] **(áll) of a súdden** [副] **突然**, 不意に [≒suddenly]: *All of a sudden* the fire alarm went off. 突然火災報知機が鳴った.

súdden déath 名 ❶ U 〔スポーツ〕 サドンデス《先に得点した側が勝者となる方式[延長戦]》. ❷ U,C 急死.

súdden ìnfant déath sỳndrome 名 C 〔医学〕 乳児突然死症候群《略 SIDS; crib death の正式名》.

‡sud·den·ly /sʌ́dnli/

— 副 **突然, 急に**, 不意に, いきなり: The car *suddenly* stopped. 車は急に止まった / *Suddenly* the light went out. 突然明かりが消えた.

sud·den·ness /sʌ́dnnəs/ 名 U 突然, 不意.

su·do·ku /suːdóʊkuː/ ≪日本語から≫ 名 C,U 数独, ナンバープレース, ナンプレ《1-9 の数字を使うパズルの一種; 商標》.

suds /sʌ́dz/ 名 複 せっけんの泡 (soapsuds).

+**sue** /súː | s(j)úː/ 動 (sues /~z/; sued /~d/; su·ing) 他 (人)を**訴える**, (...)に対して訴訟を起こす: Mr. Smith ***sued*** them ***for*** damages [libel, a million dollars]. V+O+*for*+名 スミス氏は損害賠償を請求して[名誉毀(き)損で, 100 万ドルを請求して]彼らを訴えた.

— 自 ❶ **訴訟を起こす**: ***sue for*** divorce V+*for*+名 離婚訴訟を起こす. ❷ 《格式》 懇願する: *sue for* peace 和睦(わぼく)を求める. (名 suit 3)

〘語源 ラテン語で「後に続く, 追う」の意〙

Sue /súː | s(j)úː/ 名 固 スー《女性の名; Susan, Susanna, Susannah の愛称》.

suede /swéɪd/ 名 U スウェード革《なめしたやぎの革》.

su·et /súːɪt | s(j)úː-/ 名 U 牛[羊]の脂(あぶら)《料理・ろうそく製造用》.

Su·éz Canál /suːéz-, súːez- | súːɪz-/ 名 固 [the ~] スエズ運河《アジアとアフリカを結ぶスエズ地峡 (Isthmus of Suez) を縦断して地中海 (Mediterranean Sea) と紅海 (Red Sea) を結ぶ運河》.

‡suf·fer /sʌ́fɚ | -fə/ !アク

— 動 (suf·fers /~z/; suf·fered /~d/; -fer·ing /-f(ə)rɪŋ/) 他 ❶ (苦痛・傷など)を**受ける**: She has *suffered* a lot of pain. 彼女はこれまで多くの苦痛を受けた / *suffer* a heart attack 心臓発作に襲われる.

❷ (損害・敗北など)を**こうむる**, (苦しみなど)を経験する: *suffer* a setback (運動などが) 挫折する / The company *suffered* a 15% drop in sales. その会社は売り上げが 15 パーセント低下した / The enemy *suffered* heavy losses. 敵軍はおびただしい死傷者を出した.

— 自 ❶ **病気にかかる**, 患う: He ***suffers from*** insomnia. V+*from*+名 彼は不眠症で悩んでいる / My father *is suffering from* a bad cold now. 父は今ひどいかぜにかかっています. 語法 慢性的な病気の場合は単なる現在[過去]時制, 「かぜ」, 「頭痛」 のような一時的な病気の場合は進行形にするのが普通.

❷ **苦しむ**, 悩む: You needn't *suffer* in silence. 黙って悩んでいる必要はない《文句を言ってやりなさい》. ❸ 痛手[損害]を受ける, 損をする, 傷つく: It's always the consumers who *suffer*. 損をするのはいつも消費者だ / I'll *suffer for* it. このことで痛い目にあうだろう. ❹ 悪化する, 質が落ちる.

〘⇒ offer キズナ〙

suf·fer·ance /sʌ́f(ə)rəns/ 名 [次の成句で] **on súfferance** [副] 《格式》 黙認されて, 大目に見られて, お情けで.

+**suf·fer·er** /sʌ́fərɚ | -rə/ 名 (~s /~z/) C (病気などに)**苦しむ人, 患者**: asthma *sufferers* = *sufferers from* asthma ぜんそくの患者たち.

+**suf·fer·ing** /sʌ́f(ə)rɪŋ/ 名 (~s /~z/) ❶ U (体・心の) **苦しみ**: die without much *suffering* あまり苦しまずに死ぬ. ❷ [複数形で] 苦難, 難儀.

suf·fice /səfáɪs/ 動 自 [進行形なし] 《格式》 十分である, 足りる: One case of champagne will *suffice* (*for* the party). (パーティーには)シャンパンが 1 箱あれば十分だろう. **Suffíce (it) to sáy (that) ...** S 《格式》 ... と言えば十分であろう, ...とだけ言っておこう.

(形 sufficient)

suf·fi·cien·cy /səfíʃənsi/ 名 ❶ U 《格式》 十分, 足りること, 充足 [⇔ insufficiency]. ❷ [a ~] 《格式》 十分な量[資力]: *a sufficiency of* food [fuel] 十分な食べ物[燃料].

(形 sufficient)

*__suf·fi·cient__ /səfíʃənt/ !アク 形 《格式》 (ある目的に) **十分な**, (...に)足りる《⇒ enough 類義語》 [⇔ insufficient]: *sufficient* condition(s) 十分な条件 / This will be ***sufficient for*** our purposes. +*for*+名 これで十分私たちの目的に見合うだろう / His income was ***sufficient to*** support his family. +*to* 不定詞 彼の収入は家族を養うのにはどうにか足りた. 語法 ときに名詞的にも用いる: Have you had *sufficient*? (= Have you had enough?) もう十分に食べ[飲み]ましたか.

(動 suffíce, 名 suffíciency)

〘⇒ office キズナ〙

+**suf·fi·cient·ly** /səfíʃəntli/ 副 《格式》 **十分に**, (...するに) 足るだけ: His explanation was ***sufficiently*** reasonable ***to*** convince us all. 彼の説明は私たち全員を納得させるほど筋道が通っていた. 語法 この意味を enough を使って表わせば, ... was reasonable *enough to* convince us all. となる《⇒ enough 副 語法》.

suf·fix /sʌ́fɪks/ 名 C 〔文法〕 接尾辞. 関連 prefix 接頭辞.

suf·fo·cate /sʌ́fəkèɪt/ 動 他 (人)の息を詰まらせる; (人)を窒息(死)させる; (...)の発展を阻害する. — 自 [進行形で] 息が詰まる, むせる; 窒息(死)する.

suf·fo·ca·tion /sʌ̀fəkéɪʃən/ 名 U 窒息; 窒息(死)させること, 息の根を止めること.

suf·frage /sʌ́frɪʤ/ 名 U 選挙権, 参政権, 選挙: women's *suffrage* 女性参政権 / universal *suffrage* 普通選挙権.

suf·frag·ette /sʌ̀frəʤét/ 名 C (20 世紀初期の)女性参政権唱導者《女性》.

suf·fuse /səfjúːz/ 動 他 《文語》 (色・涙などが)(...)を覆う, いっぱいにする (*with*).

‡sug·ar /ʃʊ́gɚ | -gə/

— 名 (~s /~z/) ❶ U **砂糖**: Do you take *sugar* in your coffee? コーヒーに砂糖を入れますか / add *sugar* in ... ...に砂糖を加える. 関連 salt 塩. ❷ C 砂糖 1 個[ひとさじ]: One *sugar* in my coffee, please. コーヒーに砂糖ひとつお願いします. ❸ C 〔化学〕 糖. ❹ C S 《主に米》 かわいい人; お前, ねえ《男性が好きな女性などへの呼びかけに使う; ⇒ honey, darling》.

(形 súgary)

— 動 (sug·ar·ing /-g(ə)rɪŋ/) 他 (...)に砂糖を振りかける[まぶす, 入れる, 混ぜる], (砂糖で)甘くする.

súgar bèet 名 C,U ビート, 甜菜(てんさい), 砂糖大根.
sug·ar·cane /ʃógəkèɪn | -gə-/ 名 U さとうきび.
sug·ar·coat·ed /ʃógəkòoṭɪd | -gə-/ 形 ❶ 糖衣をかけた: *sugarcoated* pills 糖衣錠. ❷ [軽蔑的] (ことばなどが)美化された.
sug·ared /ʃógəd | -gəd/ 形 (砂糖で)甘味をつけた.
sug·ar·less /ʃógələs | -gə-/ 形 砂糖の入ってない, 無糖の.
súgar màple 名 C《主に米》さとうかえで《北米東部産の木; 樹液からメープルシロップを作る》.
sug·ar·y /ʃóg(ə)ri/ 形 ❶ 砂糖の(ような), 砂糖の入った; 甘い. ❷ [軽蔑的] (ことば·振舞いなどが)甘ったるい; べたべたした, お世辞の. (名 súgar)

***sug·gest** /sə(g)ʤést | səʤést/

— 動 (sug·gests /-ʤésts/; -gest·ed /~ɪd/; -gest·ing) 他 ❶ (控えめに)(...してはどうか)と**提案する**; (計画など)を**言い出す**, 提案する [≒propose]; (人·場所·方法など)を(...に適切だと)推薦する, 勧める [≒recommend]: I *suggested* (*that*) we (should) meet at the station. V+O ((that)節) 私は駅で待ち合わせようと提案した《多用; ⇒ should A 8》/ He *suggested* a new plan *to* the committee. V+O+to+名 彼は新計画を委員会に提案した / The chairperson *suggested* next Friday *for* the next meeting. V+O+for+名 議長は次回の会議は次の金曜日ではどうかと言った / *suggested* reading(s) 推薦図書 / Could you *suggest* any good restaurants? どこかよいレストランを教えていただけませんか / Who would you *suggest for* the job? その仕事に誰を推薦しますか / I *suggest* you take a taxi; it's raining. タクシーにお乗りになったほうがいいですよ. 雨が降っていますから《✪ 直接の提案の場合 ˣI suggest you *should* take a taxi. とは普通言わない》/ Could you *suggest where* this ought to go? V+O (wh句·節) これはどこに置いたらいいでしょうか.

> 語法 🔍 **suggest と間接話法**
> 間接話法的な言い方で伝達動詞として用いることがある《⇒ 巻末文法 14.2 (3)》: 言い換え He *suggested* a walk. = He *suggested* go*ing* for a walk. V+O (動名) = He *suggested* (*to* us) (*that*) we (*should*) *go* for a walk. V(+to)+O ((that)節)《間接話法》= "Let's go for a walk," he *suggested*. V+O (引用節) (= He said, "Let's go for a walk."《直接話法》) 彼は「散歩に行こう」と言い出した.

> ⚡ **人に...を提案する**
> **彼女は私に一人で行ってはどうかと言った.**
> ○She **suggested to** me that I (should) go alone.
> ˣShe suggested me that I (should) go alone.

> ♥ **...したほうがいいと思います** (助言するとき)
> **I suggest that you ...**
> **I suggest that you** follow her advice.
> 彼女の言うとおりにするのがいいと思います.
> ♥ やや控えめに勧めたり提案するときや, 専門的な知識の裏づけなしに個人的意見として助言をするときに使われる.

❷ (...)を**それとなく言う**, 示唆する, ほのめかす《⇒ hint 類義語》: I'm not *suggesting* (*that*) he's lying. V+O ((that)節) 彼がうそをついているとは言ってないよ.

❸ [進行形なし] (物事が)(...)を**暗示する**, 示唆する, それとなく示す [≒indicate]: 言い換え His tone *suggests* refusal. = His tone ***suggests*** (***that***) he'll refuse. V+O ((that)節) 彼の口ぶりでは断わるつもりらしい / His pale face *suggested* bad health. 彼の青白い顔は健康状態がよくないことを物語っていた. ❹ [進行形なし] 連想させる, 思いつかせる: Summer *suggests* swimming and the ocean. 夏といえば水泳や海が頭に浮かぶ / Does this name *suggest* anything *to* you? この名前で何か思い出しませんか.

suggést onesèlf [動] 自 (考えなどが)心に浮かぶ: A good solution *suggested itself* to me. よい解決策が頭に浮かんだ. (名 suggéstion, 形 suggéstive)
《語源 ラテン語で「下に運ぶ[置く]」の意》

sug·gest·i·ble /sə(g)ʤéstəbl | səʤést-/ 形 (人が)影響されやすい; 暗示にかかりやすい.

sug·ges·tion** /sə(g)ʤéstʃən | səʤés-/ ❗発音 名 (~s /~z/) ❶ C (具体的な)**提案**, 提議, 提言: Do you have any *suggestions*? 何か提案がありますか / Peggy didn't follow my ***suggestion that she (should) hire him. +that 節 ペギーは彼を雇うべきだという私の提案に従わなかった / have a ***suggestion for*** solv*ing* a problem 問題の解決案がある / make [offer] a new ***suggestion about*** [***on***] the matter その件について新しい提案をする / be open to *suggestions* 提案を聞き入れる用意がある.
❷ U **提案(すること)**, 発案; 勧めること: He decided to go ***at*** [***on***] my ***suggestion***. 彼は私の勧めで行く決心をした. ❸ U,C [普通は単数形で] (...を)示唆するもの, (...の)可能性 (*of*): There was *no suggestion that* he was doing anything illegal. 彼が非合法な事をしていると示唆するものはなかった. ❹ C [普通は単数形で] かすかなしるし, 気配, 様子: There's a *suggestion of* rain in the air. 雨が降りそうな気配だ. ❺ U (催眠術などの)暗示. ❻ U,C 思いつき, 連想(作用). (動 suggést)

sug·ges·tive /sə(g)ʤéstɪv | səʤés-/ 形 ❶ 暗示的な, 示唆に富む; (...を)思わせる (*of*). ❷ いやらしい, きわどい: a *suggestive* joke 卑猥(ひわい)な冗談. (動 suggést)
~·ly 副 思わせぶりに; 挑発的に.

su·i·cid·al /sù:əsáɪḍl←/ 形 ❶ 自殺の; 自殺しそうな; 自殺願望の: *suicidal* tendencies 自殺癖. ❷ (試みなどが)自滅[自殺行為]的な. (名 súicide)

***su·i·cide** /sú:əsàɪd/ 名 (-i·cides /-sàɪdz/) ❶ U **自殺**: attempt *suicide* 自殺を図る / commit *suicide* 自殺する. 語法 kill oneself のほうが普通 // a *suicide* note 遺書. ❷ C 自殺行為, 自殺事件: an attempted *suicide* 自殺未遂(事件). ❸ U 自殺的行為, 自滅: political [social] *suicide* 政治的[社会的]自滅. (形 sùicídal)

súicide bòmber 名 C 自爆テロ犯.

***suit** /sú:t/

> **意味のチャート**
> 「後に続く, 追う」の意《⇒ sue》から.
> → (後に続くもの) → 「**ひとそろい(の物)**」 名 ❶
> → 「**衣服**」 名 ❷
> → (追うこと) → (正義を追い求めること)
> → 「**訴訟**」 名 ❸
> → (合わせる) → 「**似合う**」 動 ❷ → 「**適する, 都合がよい**」 動 ❶

— 名 (suits /sú:ts/) ❶ C (衣服などの) **スーツ 1 着**,

ひとそろい.

> **参考** 男性用では同じ生地で背広の上着 (jacket) とズボン (trousers)《two-piece という》; しばしばそれにベスト (vest) も加わる《three-piece という》. また女性用では上着 (jacket) とスカート (skirt) またはズボン (trousers).

a *suit* (of clothes) 衣服ひとそろい[1 着] / have a new *suit* on = wear a new *suit* 新調のスーツを着ている / put on a *suit* スーツを着る《⇒ put on (put 句動詞)表, wear 表》. 関連 separates セパレーツ / coordinates コーディネイト.

❷ Ⓒ (ある目的のための)**衣服**, ...服, ...着: a diving *suit* 潜水服.

❸ Ⓒ,Ⓤ **訴訟**, 告訴 (lawsuit): a civil *suit* 民事訴訟 / He ***brought*** [***filed***] (a) ***suit against*** the railroad company for damages. 彼は鉄道会社相手に損害賠償の訴訟を起こした / She won [lost] her *suit*. 彼女は訴訟に勝った[負けた]. ❹ Ⓒ (トランプの)組, 組札《スペード (spades), ハート (hearts), ダイヤ (diamonds), クラブ (clubs) のうちの 1 組 13 枚》.

fóllow súit [動] 自 (1) 人のまねをする, 先例に従う. (2) 〔トランプ〕 直前に出された札と同じ組札を出す.
(3 では 動 sue)

— 動 (suits /súːts/; suit·ed /-ṭɪd/; suit·ing /-ṭɪŋ/) 他 ❶ [受身・進行形なし] (人・要求・好み・目的など)に**適する**, 合う; (...)に都合がよい, (人)の気に入る, (...)を満足させる: "Would seven o'clock *suit* you?" "Yes, it would *suit* me ***fine***." V+O+副 「7 時でご都合はよろしいですか」「結構です」《✪ 他動詞なので ˣsuit to [for] ... のように前置詞をつけない》/ A desk job wouldn't really *suit* him very well. 事務の仕事は彼にはあまり向かないだろう / I don't think country life *suits* young people. 若者にはいなかの生活は合わないと思う.

❷ [受身・進行形なし] (服・色などが)(...)に**似合う**: "Do you think this color *suits* me?" "Yes, it *suits* you very well." 「この色は私に似合うと思いますか」「ええ, とてもよく似合いますよ」 語法 suit は「(色・デザインが)似合う」, fit は「(型・サイズが)ぴったり合う」. ❸ (...)を(～に)合わせる, 一致させる: *suit* one's actions *to* one's words 言った[約束した]ことを守る[実行する].

súit yoursélf [しばしば命令文で] Ⓢ 好きにする.

suit·a·bil·i·ty /sùːṭəbíləṭi/ 名 Ⓤ 適当, 適合(性), ふさわしいこと (*for*). (形 súitable)

***suit·a·ble** /súːṭəbl/

— 形 (...に)**適当な**, 適した; (...に)ふさわしい, 向いた《⇒ proper 類義語》[⇔ unsuitable]: This book isn't ***suitable for*** children. +for+名 この本は子供向きではない 多用 / clothes *suitable for* winter 冬向きの衣服 / a *suitable* spot *for* a picnic ピクニックに適した場所 / ***It*** would ***be suitable to*** discuss the matter now. 今この件を議論するのが適切だろう. (名 sùitabílity)

suit·a·bly /súːṭəbli/ 副 適切に, ふさわしく; 予想どおりに, 当然のように: He was *suitably* impressed by the present. 彼は予想どおりプレゼントに感動した.

+**suit·case** /súːtkèɪs/ !アク 名 (-cas·es /～ɪz/) Ⓒ **スーツケース**, 旅行かばん: pack a *suitcase* スーツケースに物を詰める《⇒ pack 他 1 語法》.

+**suite** /swíːt/ !発音 名 (suites /swíːts/) ❶ Ⓒ **スイート(ルーム)**《ホテルなどのひと続きの部屋》; (オフィスビルなどの)ひと続きの部屋[オフィス]: a honeymoon *suite* 新婚用のスイート. 日英 「スイートルーム」は和製英語. ❷ Ⓒ ひと組[ひとそろい]の物, (家具などの)セット: a *suite of* rooms (ホテル・アパートなどの寝室・居間・浴室などの)ひとそろいの部屋 / a three-piece *suite* 《主に英》(ソファーとひじかけいす 2 脚とから成る)3 点セット. ❸ Ⓒ 〔コンピュータ〕 総合ソフトウェア. ❹ Ⓒ 〔音楽〕 組曲.

+**suit·ed** /súːṭɪd/ 形 叙述 (...に)**適した**, ふさわしい; (2 人が)気の合った: *Is* he well ***suited for*** [***to***] the post? +for [to]+名 彼はそのポストに適任ですか / She'*s* very well ***suited to*** be a teacher. +to 不定詞 彼女は教師にはうってつけ(の人材)だ / They're well *suited* (*to* each other.) 2 人は似合いの夫婦[カップル]だ.

suit·or /súːṭə | -tə/ 名 Ⓒ 《古風》 求婚者《男》.

sul·fate, 《英》 **sul·phate** /sʌ́lfeɪt/ 名 Ⓤ,Ⓒ 〔化学〕 硫酸塩.

sul·fide, 《英》 **sul·phide** /sʌ́lfaɪd/ 名 Ⓤ,Ⓒ 〔化学〕 硫化物.

sul·fur, 《英》 **sul·phur** /sʌ́lfɚ | -fə/ 名 Ⓤ 硫黄《元素記号 S》.

súlfur dióxide 名 Ⓤ 〔化学〕 亜硫酸ガス, 二酸化硫黄.

sul·fú·ric ácid /sʌlfjʊ́(ə)rɪk-/ 名 Ⓤ 硫酸.

sul·fu·rous, 《英》 **sul·phu·rous** /sʌ́lfərəs/ 形 〔化学〕 硫黄の(ような); 硫黄を含む.

sulk /sʌ́lk/ 動 自 (特に子供が)すねる. — 名 Ⓒ すねること.

sulk·i·ly /sʌ́lkɪli/ 副 すねて, 不機嫌そうに.

sulk·i·ness /sʌ́lkinəs/ 名 Ⓤ すね(てい)ること.

sulk·y /sʌ́lki/ 形 (sulk·i·er; -i·est) すねた, むっつりした; すぐに機嫌を悪くする.

sul·len /sʌ́lən/ 形 ❶ むっつりした, 不機嫌な: a *sullen* mood 不機嫌. ❷ 《文語》 (空・海・天気が)陰気な: a *sullen* sky 陰気な空. **～·ly** 副 不機嫌に, むっつりと. **～·ness** 名 Ⓤ 不機嫌.

sul·phate /sʌ́lfeɪt/ 名 Ⓤ,Ⓒ 《主に英》 = sulfate.

sul·phide /sʌ́lfaɪd/ 名 Ⓤ,Ⓒ 《主に英》 = sulfide.

sul·phur /sʌ́lfɚ | -fə/ 名 Ⓤ 《主に英》 = sulfur.

sul·phú·ric ácid /sʌlfjʊ́(ə)rɪk-/ 名 Ⓤ 《主に英》 = sulfuric acid.

sul·phu·rous /sʌ́lfərəs/ 形 《主に英》 = sulfurous.

sul·tan /sʌ́lt(ə)n/ 名 ❶ Ⓒ スルタン, サルタン《イスラム教国の君主》. ❷ [the S-] (昔の)トルコ皇帝.

sul·tan·a /sʌltǽnə | -tɑ́ːnə/ 名 ❶ Ⓒ スルタン (sultan) の妻[母, 娘, 姉妹]. ❷ Ⓒ 《主に英》 サルタナ《種なし干しぶどうの一種》.

sul·tan·ate /sʌ́ltənèɪt/ 名 Ⓒ スルタン領; スルタンの地位[治世期間].

sul·try /sʌ́ltri/ 形 (sul·tri·er; -tri·est) ❶ 蒸し暑い, 暑苦しい: a *sultry* day 蒸し暑い日. ❷ (女性・表情などが)官能的な, 煽情(せんじょう)的な.

sum** /sʌ́m/ (同音 ＃some) 名 (～s /～z/) ❶ Ⓒ (金の)**額**: a large [small] ***sum (***of*** money) 多額[少額]の金 / He paid me the *sum of* five hundred dollars for the machine. 彼はその機械に 500 ドルを払ってくれた.

❷ [the ～] **合計**, 総計, 総和 (sum total): ***the sum of*** the receipts 売り上げの総計 / ***The sum of*** four and six is ten. 4 と 6 の合計は 10 だ.

❸ [the ～] ((乏しい)知識などの)**全体**, **すべて**: This is ***the sum of*** my knowledge about it. それについて私が知っているのはこれだけだ. ❹ Ⓒ (算数の)計算; 算数問題: do *sums* 計算をする.

S

in súm [副] つなぎ語《格式》要するに, 要約すれば; 総じて(見れば).
— 動 (sums /~z/; summed /~d/; sum·ming) [次の成句で] **súm úp** [動] 他 (1) (...)を**まとめる**, 要約する, (...)の要点を述べる; (物事が)(...)を典型的に示す: *Sum up* the writer's argument. 筆者の論点をまとめなさい. (2) (人・情勢など)を(さっと)見定める, 判断する (*as*). — 自 要約する; (裁判官が閉廷前に)陪審に裁判の要点を説明する. **to súm úp** [副] つなぎ語 [文頭で] まとめて言えば, 要約すれば《⇒ to² B 7》: *To sum up,* we can say that his new novel is disappointing. 要するに彼の新しい小説は期待はずれと言える. (名 súmmary, summátion)
〘語源〙ラテン語で「いちばん上」の意; 古代ローマ人は計算の合計をいちばん上に書く習慣があったことから; summit と同語源〛

Su·ma·tra /somáːtrə/ 名 固 スマトラ《インドネシア西部の島》.

sum·ma cum laude /sómәkomláodeɪ | -mɑː-/ ≪ラテン語から≫ 副 形《米》(大学卒業成績が)最優等で[の]《3 段階の最高位; magna cum laude の上》.

sum·mar·i·ly /sʌmérəli | sʌ́m(ə)rəli/ 副《格式》即決で, きちんと手順を踏まずに; 即座に.

sum·ma·rize /sʌ́məràɪz/ 動 他 (...)を手短に述べる, 要約する. — 自 要約する. (名 súmmary)

sum·ma·ry** /sʌ́m(ə)ri/ 名 (-ma·ries /~z/) C **まとめ**, 要約, 概要: Give a ***summary of this chapter. この章の概要を述べよ.
in súmmary [副] つなぎ語《格式》要約すると, 要するに. (動 sum, súmmarìze)
— 形 限定 概略の, 手短な; 《格式》(処置などが)即決の, 簡略式の: *summary* justice 即決裁判.

sum·ma·tion /sʌméɪʃən/ 名 ❶ C《格式》要約, 摘要 (*of*). ❷ C《米》〔法律〕最終弁論. ❸ C《格式》合計, 和 (*of*). (動 sum)

*****sum·mer** /sʌ́mɚ | -mə/
— 名 (~s /~z/) ❶ U,C **夏**《⇒ month 表》: We often have thunderstorms ***in*** (***the***) ***summer***. 夏にはよく雷雨がある《✪ 特定の年の特定の季節を指すとき以外でも the をつけることがある》/ in the *summer* of 2023 2023 年の夏に / in early [high, late] *summer* 初夏[盛夏, 晩夏]に / We had a very hot [wet] *summer* this year. 今年の夏はとても暑かった[雨が多かった]. 関連 midsummer 夏至のころ.

> 語法 **前置詞を省く場合**
> しばしば前置詞を伴わずに副詞句を作る: Kate will be six *this* [*next*] *summer*. ケートは今年[来年]の夏で 6 歳になる / He traveled in China last summer. 彼は昨年の夏中国を旅した.

❷ [形容詞的に] **夏の**, 夏向きの: *summer* clothes 夏服 / a *summer* cottage 避暑用の別荘.

súmmer càmp 名 C,U《主に米》(児童の)夏季キャンプ, 林間[臨海]学校.

súmmer hólidays 名 複《英》夏休み, 夏季休暇《6–8 月頃》[《米》summer vacation].

sum·mer·house /sʌ́mɚhàʊs | -mə-/ 名 (-hous·es /-hàʊzɪz/) C《主に英》(公園・庭園の)あずまや.

súmmer hóuse 名 C《米》(避暑用の)小別荘.

súmmer schòol 名 C,U (特に大学で行なう)夏期講習[講座].

súmmer sólstice 名 [the ~] 夏至《6 月 21 日または 22 日》. 関連 winter solstice 冬至.

sum·mer·time /sʌ́mɚtàɪm | -mə-/ 名 U [しばしば the ~] 夏, 夏季: in (*the*) *summertime* 夏に.

súmmer tìme 名 U《英》夏時間《3 月末から 10 月末まで時計を 1 時間進めて日中を有効に利用する制度》[《米》daylight saving time]: British *Summer Time* 英国夏時間《略 BST》.

súmmer vacátion 名 C (大学などの)夏休み; 《米》(家から離れて過ごす)夏の休暇, 夏季休暇 [《英》summer holidays].

sum·mer·y /sʌ́m(ə)ri/ 形 夏の(ような), 夏らしい, 夏向きの.

sum·ming-up /sʌ́mɪŋʌ́p/ 名 (複 sum·mings-up) C 要約, 摘要, まとめ; 〔法律〕(判事による)審議概要説明.

*****sum·mit** /sʌ́mɪt/
— 名 (sum·mits /-mɪts/) ❶ C (先進国)**首脳会議**, サミット; [形容詞的に] (国家の)**首脳間の**: attend an economic *summit* of Western nations 西側諸国の経済サミットに出席する / hold a *summit* 首脳会談を開く / a *summit* meeting [conference] 首脳会談.
❷ C (山などの)**頂上**, 頂 [≒top] (*of*): We reached the *summit* at noon. 私たちは正午に頂上にたどり着いた. ❸ [the ~]《格式》絶頂, 頂点 (*of*).

+**sum·mon** /sʌ́mən/ 動 (sum·mons /~z/; sum·moned /~d/; -mon·ing) 他 ❶《格式》(人)を**呼び出す**, 召喚する; [しばしば受身で] (人)に(裁判所へ)出頭を命じる (*to*); (会議など)を召集する: He ***was summoned to*** appear in court. V+O+C (*to* 不定詞)の受身 彼は法廷への出頭を命じられた. ❷ (勇気・力など)を奮い起こす, 出す; (記憶など)を呼び起こす (*up*). ❸ (助けなど)を求める.

sum·mons /sʌ́mənz/ 名 (~·es) C 召喚, 呼び出し; (議会などへの)召集(状); 〔法律〕(裁判所への)出頭命令, 召喚状: issue a *summons* 召喚状を出す. — 動 他〔法律〕(人)を裁判所に召喚する.

su·mo /súːmoʊ/ ≪日本語から≫ 名 U 相撲(すもう).

sump·tu·ous /sʌ́m(p)ʧuəs/ 形 高価な; 豪華な; ぜいたくな. **~·ly** 副 豪華に; ぜいたくに.

súm tótal 名 [the ~] 合計, 総計; すべて (*of*).

*****sun** /sʌ́n/ (同音 son)
— 名 (~s /~z/) ❶ [単数形で, 普通は the ~ [S-]] **太陽**, 日《⇒ planet 挿絵》: *The sun* rises in the east. 太陽は東から昇る / *the* rising *sun* 朝日 / *the* setting *sun* 夕日. 語法 太陽のいろいろな状態をいうときには不定冠詞をつけることがある: *a* glaring summer *sun* 夏のぎらぎらした太陽. 日英 昼間の太陽の絵を描くのに日本の子供は赤を使うが, 英米ではオレンジ色または黄色を使うことが多い《⇒ moon 参考 (2)》. 関連 earth 地球 / moon 月 / star 星.
❷ U [普通は the ~] **日光**; ひなた: My room gets a lot of *sun* in winter. 私の部屋は冬にはよく日が当たる / sit ***in the sun*** ひなたに座る. ❸ C 恒星《惑星 (planet) を持つ天体》.
a pláce in the sún [名] (1) 日の当たる場所. (2) 恵まれた環境, 順境; 世間の注目を浴びる立場.
cátch the sún [動] 自《英》= get some sun.
gét some sún [動] 自《米》日焼けする.
ùnder the sún [副・形] [強調に用いて] この世で[の], 世界中で[の]: There is nothing new *under the sun*.

この世には新しいものはない《旧約聖書のことば》.
with the sún [副] 日の出に; 日の入りに: get up *with the sun* 早起きする. (形 súnny)
— 動 (suns; sunned; sun·ning) 自 日光浴をする.
— 他 (...)を日にさらす, 日に干す.
sún onesèlf [動] 自 日光浴をする.
+**Sun.** 略 **日曜日** (Sunday).
sun·baked /sʌ́nbèɪkt/ 形 ❶ (れんがが)天日で固めた, (土などが)日照りで固まった. ❷ 日の照りつける, 日ざしの強い.
sun·bathe /sʌ́nbèɪð/ 動 自 日光浴をする.
sun·bath·er /sʌ́nbèɪðɚ | -ðə/ 名 C 日光浴をする人.
sun·bath·ing /sʌ́nbèɪðɪŋ/ 名 U 日光浴.
sun·beam /sʌ́nbìːm/ 名 C 日光, 太陽光線.
Sun·belt /sʌ́nbèlt/ 名 [the ~] (米国の)陽光地帯, サンベルト《Virginia 州から California 州南部に至る温暖で雨の少ない地帯》.
sun·block /sʌ́nblɑ̀(ː)k | -blɔ̀k/ 名 U,C 日焼け止めクリーム.
sun·burn /sʌ́nbɚ̀ːn | -bə̀ːn/ 名 U,C (ひりひりして痛い)日焼けによる炎症 (burn); 日焼けした部分: get a *sunburn* 日焼けしてひりひり痛い. 関連 suntan 健康的な日焼け.
sun·burned /sʌ́nbɚ̀ːnd | -bə̀ːnd/, **sun·burnt** /sʌ́nbɚ̀ːnt | -bə̀ːnt/ 形 (ひりひりと)日焼けした: a *sunburned* face 日焼けしてひりひり痛む顔.
sun·dae /sʌ́ndi, -deɪ/ 名 C サンデー《アイスクリームの上にシロップをかけて果物·ナッツなどを添えたもの》.
日英 日本でいう「パフェ」はこれに近いが, フランス語 parfait に由来する.

***Sun·day** /sʌ́ndèɪ, -di/ (同音 #sundae)

— 名 (~s /~z/) ❶ C,U **日曜日**《一般に米国では週の最初の日と, また英国では週の最後の日とみなされる; 略 Sun.》: Today is *Sunday*. 今日は日曜日だ.

> 語法 Sunday など曜日の使い方
> (1) しばしば冠詞をつけない.
> (2) 前後の文脈でいつもの[たいていの]日曜日か, この前[次]の日曜日かを指す: We go to church ***on Sunday(s)***. (= We go to church *every Sunday*). 私たちは(毎週)日曜日に(は)教会へ行く《⇒ day 語法》/ I went to the museum *on Sunday*. 私は(この前の)日曜日に博物館へ行った / The ship will arrive *on Sunday*. 船は(この次の)日曜日に到着する.
> (3) last, next, this, every などを伴うときは前に on を付けない《⇒ 3》: I had my birthday party *last Sunday*. この前の[先週の]日曜に私の誕生日パーティーがあった《⇒ last[1] 形 2 語法》/ Where are you going *next Sunday*? 次の日曜日にはどこへ行くつもりですか《⇒ next 形 1 語法 (2)》.
> (4) 不特定のある日曜日を表わす場合は不定冠詞を伴う. また, 形容詞がつく場合にも不定冠詞を伴う: He went fishing *on* a sunny *Sunday* a few weeks ago. 彼は何週間か前のある晴れた日曜日に釣りに出かけた.
> (5) 定冠詞がつくときは「問題にしている週の[その]日曜日」の意で, 《主に英》.
> ✪ Monday, Tuesday などほかの曜日も同じ用法.

❷ [形容詞的に] **日曜日の**《⇒ 1 語法 (2)》: It snowed *on Sunday* morning. (この前の)日曜日の朝に雪が降った《⇒ on 前 2 語法》/ We'll visit Mr. Rich (*on*) *Sunday* evening. (この次の)日曜日の晩に私たちはリッチさんの家を訪れます. ✪ 次の文と比較: It was *an* enjoyable *Sunday* morning. それは(ある)楽しい日曜日の朝だった. ❸ [副詞的に] 《略式, 主に米》 (1) 日曜日に (on Sunday): 「They arrived [They'll arrive] *Sunday*. 彼らは日曜日に着いた[着くだろう]. (2) [Sundays として] (いつも[たいてい])日曜日に(は) (on Sundays, every Sunday): Closed *Sundays* and Holidays 日曜日と休日は閉店[閉館]《店などの掲示》. 〖語源 原義は「太陽 (sun) の日」〗
Súnday bést 名 [単数形で所有格の後で] 《古風》 晴れ着, よそ行きの服 (best).
Súnday schòol 名 C,U 日曜学校《宗教教育のために教会などで日曜日に開かれる》.
sun·der /sʌ́ndɚ | -də/ 動 (-der·ing /-dərɪŋ, -drɪŋ/) 他 《格式》 (...)を切り離す.
sun·di·al /sʌ́ndàɪəl/ 名 C 日時計.
sun·down /sʌ́ndàʊn/ 名 U 《主に米》 日の入り(の時刻), 日没.
sun·drenched /sʌ́ndrèntʃt/ 形 限定 [よい意味で] 日ざしの強い.
sun·dries /sʌ́ndriz/ 名 複 《格式》 雑貨, 雑品; 雑件.
sun·dry /sʌ́ndri/ 形 限定 《格式》 種々さまざまの, 雑多の. **áll and súndry** [代] [複数扱い] だれもかれも.
+**sun·flow·er** /sʌ́nflàʊɚ | -flàʊə/ 名 (~s /~z/) C **ひまわり**; [形容詞的に] ひまわりの: *sunflower* oil ひまわり油.

***sung** /sʌ́ŋ/ 動 sing の過去分詞.

+**sun·glass·es** /sʌ́nglæ̀sɪz | -glɑ̀ːs-/ 名 複 **サングラス**.
sún gòd 名 C 太陽神, 日神.

***sunk** /sʌ́ŋk/ 動 ❶ sink の過去分詞. ❷ 《米》 sink の過去形.

sunk·en /sʌ́ŋk(ə)n/ 形 ❶ 限定 (水中に)沈んだ, 水底の: a *sunken* ship 沈没船. ❷ (目などが)(やせて)くぼんだ: *sunken* cheeks こけたほお. ❸ 限定 (周囲より)一段低くなった: a *sunken* bath 床に埋め込まれて低くなっている浴槽. 〖語源 元来は sink の過去分詞形〗
sun·lamp /sʌ́nlæ̀mp/ 名 C 太陽灯《医療用》.
sun·less /sʌ́nləs/ 形 日の当たらない, 暗い.
+**sun·light** /sʌ́nlàɪt/ 名 U **日光** [≒sunshine]: direct *sunlight* 直射日光 / in the *sunlight* 日に当たって.
sun·lit /sʌ́nlìt/ 形 太陽で照らされた, 日が差す.
sún lòunge 名 C 《英》 = sunporch.
Sun·ni /sʊ́ni/ 名 (~s) C スンニ派イスラム教徒.

***sun·ny** /sʌ́ni/ (同音 sonny)

— 形 (sun·ni·er /-niɚ | -niə/; sun·ni·est /-niɪst/)
❶ **日が照って明るい**, 晴れた; 日当たりのよい [⇔ shady]: a *sunny* day よく晴れた日 / a *sunny* room 日当たりのよい部屋 / It's *sunny* today. 今日はいい天気だ.
❷ 《略式》 **陽気な**, 明るい [≒cheerful]: give a *sunny* smile 明るく笑う.
the súnny sìde [名] (1) 日当たりのよい側. (2) (物事の)明るい面 (*of*). (名 sun)
súnny-side úp /sʌ́nisàɪd-/ 形 叙述 《米》 (卵が)片面焼きの, 目玉焼き式の: I'd like two eggs, *sunny-side up*. 卵を 2 個, 片面焼きにしてください.
sun·porch /sʌ́npɔ̀ɚtʃ | -pɔ̀ːtʃ/ 名 C 《米》 サンルーム.
*__sun·rise__ /sʌ́nràɪz/ 名 (-ris·es /~ɪz/) ❶ U **日の出**(の時刻), 暁: get up before *sunrise* 日の出前に起きる /

The ship set sail *at sunrise*. 船は日の出に出帆した. 関連 sunset 日の入り. ❷ Ⓒ 朝焼け.

súnrise ìndustry 名 Ⓒ 成長産業《エレクトロニクス・コンピューターなど》.

sun·roof /sʌ́nrùːf, -rʊ̀f/ 名 Ⓒ サンルーフ《開閉できるようになっている自動車の屋根》.

sun·screen /sʌ́nskrìːn/ 名 Ⓤ,Ⓒ 日焼け止め剤.

+**sun·set** /sʌ́nsèt/ 名 (-sets /-sèts/) ❶ Ⓤ **日の入り**(の時刻), 日没: The wind began to blow *at sunset*. 日暮れとともに風が吹き始めた / They left after *sunset*. 彼らは日が沈んでから出発した. 関連 sunrise 日の出. ❷ Ⓒ 日没の光景; 夕焼け.

sun·shade /sʌ́nʃèɪd/ 名 ❶ Ⓒ 日傘. ❷ Ⓒ 《米》 日よけ《店先や窓に張り出しているもの》. 関連 umbrella 傘 / parasol 女性用日傘.

+**sun·shine** /sʌ́nʃàɪn/ 名 ❶ Ⓤ **日光**, 太陽の光線; ひなた; 晴天: We haven't had much *sunshine* this week. 今週はあまり日が照らなかった / Come out into the *sunshine*. ひなたへ出ておいでよ / After rain comes *sunshine*. 《ことわざ》 雨の後には晴れが来る (悪いことの後には良いことがある). ❷ Ⓤ 《略式》 陽気, 明るさ, 温かさ; 幸福[明るさ]を与えてくれるもの: the *sunshine* of her smile 彼女のほほえみの温かさ. ❸ Ⓤ Ⓢ 《英略式》 おい, よお《親しい, 時に威嚇的な呼びかけに用いる》.

S

sun·spot /sʌ́nspɑ̀(ː)t | -spɔ̀t/ 名 Ⓒ 〔天文〕 太陽の黒点.

sun·stroke /sʌ́nstròʊk/ 名 Ⓤ 日射病.

sun·tan /sʌ́ntæ̀n/ 名 Ⓒ [普通は a ~] (健康的な)日焼け (tan). 関連 sunburn ひりひり痛い日焼け.

sun·tanned /sʌ́ntæ̀nd/ 形 (健康的に)日焼けした.

sun·up /sʌ́nʌ̀p/ 名 Ⓤ 《主に米》 日の出(の時刻).

sún vìsor 名 Ⓒ = visor 2.

sún wòrshipper 名 ❶ Ⓒ 《略式》 日光浴好き《人》. ❷ Ⓒ 太陽崇拝をする人.

+**su·per** /súːpɚ | -pə/ 形 《略式, 古風》 **すばらしい**, 極上の, 飛び抜けた: *Super!* すばらしい! — 名 Ⓒ 《米略式》 (建物の) 管理人 (superintendent). — 副 Ⓢ 《米》 すごく.

su·per- /sùːpɚ | -pə/ 接頭 「上; 上位; 過度, 超越」 などの意 [⇔ sub-]: *super*impose (...の上に)のせる / *super*sonic 超音速の / *super*human 超人的な.

su·per·a·bun·dance /sùːpərəbʌ́ndəns/ 名 [Ⓤ または a ~] 《格式》 過多, 余分 (*of*).

su·per·a·bun·dant /sùːpərəbʌ́ndənt←/ 形 《格式》 多すぎる, あり余る.

su·per·an·nu·at·ed /sùːpərǽnjuèɪṭɪd/ 形 ❶ 《格式》 老年[病弱]で退職した. ❷ 《格式》 旧式の, 時代遅れの.

su·per·an·nu·a·tion /sùːpərӕ̀njuéɪʃən/ 名 Ⓤ 《英》 退職手当[年金].

***su·perb** /sʊpɚ́ːb, suː- | s(j)uːpə́ːb/ 形 [比較なし] **実に見事な**, すばらしい: He is a *superb* player. 彼はすばらしい選手だ / Her English is *superb*. 彼女の英語は実に見事だ. **~·ly** 副 実に見事に.

Súper Bòwl 名 [the ~] 《米》 スーパーボウル《プロフットボールの王座決定戦》.

su·per·charged /súːpɚtʃɑ̀ɚdʒd | -pətʃɑ̀ːdʒd/ 形 ❶ (エンジンが)燃料を過給された. ❷ 《略式》 (より)強力な, 激しい.

su·per·cil·i·ous /sùːpɚsíliəs | -pə-←/ 形 《格式》 [軽蔑的] 人を見下す, 傲慢(ごうまん)な, 横柄な. **~·ly** 副 《格式》 人を見下して.

su·per·com·put·er /súːpɚkəmpjùːṭɚ | -tə/ 名 Ⓒ スーパーコンピューター, 超高速電算機.

su·per·con·duc·tiv·i·ty /sùːpɚkɑ̀(ː)ndʌktívəṭi | -pəkɔ̀n-/ 名 Ⓤ 〔電子工学〕 超伝導(性).

su·per·con·duc·tor /súːpɚkəndʌ̀ktɚ | -pəkəndʌ̀ktə/ 名 Ⓒ 〔電子工学〕 超伝導体.

su·per-du·per /sùːpɚd(j)úːpɚ | -pədúːpə←/ 形 Ⓢ 《略式》 最高にすばらしい.

+**su·per·fi·cial** /sùːpɚfíʃəl | -pə-←/ 形 ❶ **表面的な**, 深みのない; 重要でない; [軽蔑的] 薄っぺらい, 浅薄な [≒ shallow]: *superficial* knowledge 表面的な知識 / a *superficial* person 薄っぺらい人. ❷ 表面の, 外面の; (類似性などが)見かけだけの: a *superficial* wound (軽い)外傷 / They seem similar at [on] a *superficial* level, but not at [on] a deeper level. これらは表面上は似ているようだが, 詳しく見てみるとそうではない. (名 sùperficiálity)

su·per·fi·ci·al·i·ty /sùːpɚfìʃiǽləṭi | -pə-/ 名 Ⓤ 表面的なこと; 浅薄(さ). (形 sùperfícial)

su·per·fi·cial·ly /sùːpɚfíʃəli | -pə-/ 副 ❶ 表面的に; 浅薄に. ❷ 文修飾 表面上は; 見かけは.

su·per·flu·i·ty /sùːpɚflúːəṭi | -pə-/ 名 [a ~ または Ⓤ] 《格式》 過分な量, 余分: *a superfluity of* food あり余る食べ物.

su·per·flu·ous /sʊpɚ́ːfluəs | -pə́ː-/ アク 形 《格式》 余分の, よけいな; 不必要な [≒unnecessary]. 《⇒ influence キズナ》

su·per·glue /súːpɚglùː | -pə-/ 名 Ⓤ [ときに S-] 強力接着剤《商標》.

su·per·he·ro /súːpɚhì(ə)roʊ | -pəhɪ̀ər-/ 名 (~es) Ⓒ スーパーヒーロー《漫画・アニメなどで悪と闘う超人的な力を持つキャラクター》.

su·per·high·way /sùːpɚháɪwèɪ | -pə-/ 名 Ⓒ 《米》 高速道路, ハイウェー [《英》 motorway] 《⇒ highway 日英, road 表》.

su·per·hu·man /sùːpɚhjúːmən | -pə-←/ 形 超人的な, 人間業(わざ)でない; 神業の.

su·per·im·pose /sùːp(ə)rɪmpóʊz/ 動 他 (物)を(...の上に)のせる, 重ねる; 二重焼き付けする; (考え方など)を結合させる (*on, onto*).

su·per·im·po·si·tion /sùːp(ə)rìmpəzíʃən/ 名 Ⓤ 重ねる[添える]こと, (画像などの)合成.

su·per·in·tend /sùːp(ə)rɪnténd/ 動 他 《格式》 (仕事・従業員・施設など)を監督する, 管理する.

su·per·in·ten·dence /sùːp(ə)rɪnténdəns/ 名 Ⓤ 《格式》 監督《行為》, 管理.

+**su·per·in·ten·dent** /sùːp(ə)rɪnténdənt/ 名 (-ten·dents /-dənts/) ❶ Ⓒ (仕事の)**監督(者)**, 《米》 (建物の)管理人; (公共機関の)長; 《米》 教育長. ❷ Ⓒ 《英》 警視, 《米》 警察署長.

***su·pe·ri·or** /sʊpí(ə)riɚ, sə- | suːpíəriə, sʊ-/ 発音 形

> 語法 (1) 「...よりも」 の意味では than でなく to を使う《⇒ to[1] 9》.
> (2) superior to ... を強めるには very でなく much, far などを用いる.

❶ **優れた**, 上等の, 優秀な [⇔ inferior]: very *superior* cloth とても上等な生地 / This brand of coffee is far [vastly] ***superior to*** that one. +to+名 この銘柄のコーヒーはあの銘柄よりずっと上等だ《⇒ one[2] 代 2》. ❷ 優勢な, 多数の: We are greatly *superior to* the enemy in numbers. 我々は数の上で

は敵にずっと勝っている. ❸ [軽蔑的] 優越感をもった, 傲慢(ごうまん)な, 人を見下すような: a *superior* smile 見下した笑い. ❹ 限定 上級[上位]の [≒higher] [⇔inferior]: a *superior* court 上級裁判所.
(名 supèriórity)

— 名 (~s /~z/) ❶ Ⓒ **上司:** He's my immediate *superior*. 彼は私の直属の上司だ. ❷ Ⓒ [しばしば所有格の後で] 《格式》より優れた人[物], うわて.
〖語源 ラテン語で「より高い」の意; ⇒ supreme 語源〗

Su·pe·ri·or /sʊpí(ə)riɚ | su:píəriə/ 名 固 Lake ~ スペリオル湖《米国とカナダとの国境にある湖; ⇒ Great Lakes》.

su·pe·ri·or·i·ty /sʊpì(ə)rió:rəti | su:pìərióŕ-/ 名 ❶ Ⓤ 優れていること, 優越; 優勢; 上位 [⇔inferiority]: *superiority in* numbers 数的優位 / the *superiority* of iron *over* [*to*] wood 鉄が木よりも優れていること / gain *superiority over* ... ...より優位に立つ. ❷ Ⓤ 優越感, 傲慢(ごうまん).
(形 supérior)

superiórity còmplex 名 Ⓒ 〘心理〙 優越コンプレックス[複合]; 優越感 [⇔inferiority complex].

su·per·la·tive /sʊpɚ́:lətɪv | su:pə́:-/ 形 ❶ 《格式》 最も優れた, 最上の, 最高の. ❷ 限定 〘文法〙 最上級の.
— 名 ❶ [the ~] 〘文法〙 最上級. ❷ Ⓒ [普通は複数形で] 最上級のほめことば, 誇張した表現. **~·ly** 副 最高に, この上なく.

su·per·man /sú:pɚmæ̀n | -pə-/ 名 (-men /-mèn/) ❶ [S-] スーパーマン. ❷ Ⓒ 超人的な能力のある人《男性》.

‡su·per·mar·ket /sú:pɚmɑ̀ɚkɪt | -pəmɑ̀:-/ ❗アク
— 名 (-mar·kets /-kɪts/) Ⓒ **スーパー(マーケット):** She went shopping at the local *supermarket*. 彼女は近所のスーパーへ買い物に行った.

su·per·mod·el /sú:pɚmɑ̀(:)dl | -pəmɔ̀dl/ 名 Ⓒ スーパーモデル《世界的に有名なファッションモデル》.

su·per·nat·u·ral /sù:pɚnǽtʃ(ə)rəl | -pə-ˊ/ 形 超自然の; 不可思議な: *supernatural* powers 神秘的な力.
— 名 [the ~] 超自然現象; 神秘.

su·per·no·va /sù:pɚnóʊvə | -pə-/ 名 (複 ~s, -vae /-vi:/) Ⓒ 〘天文〙 超新星 (⇒ nova).

+**su·per·pow·er** /sú:pɚpàʊɚ | -pəpàʊə/ 名 (~s /~z/) Ⓒ (軍事力・政治力を持つ)**超大国.**

su·per·sede /sù:pɚsí:d | -pə-/ 動 他 (古いもの)に取って代わる, (...)の地位を奪う.

su·per·son·ic /sù:pɚsɑ́(:)nɪk | -pəsɔ́n-ˊ/ 形 超音速の, 音速を超えた: a *supersonic* transport 超音速輸送旅客機(略 SST). 関連 sonic 音速の / subsonic 音速以下の.

su·per·star /sú:pɚstɑ̀ɚ | -pəstɑ̀:/ 名 Ⓒ (芸能・スポーツ界などの)スーパースター.

su·per·state /sú:pɚstèɪt | -pə-/ 名 Ⓒ 超国家.

su·per·sti·tion /sù:pɚstíʃən | -pə-/ 名 Ⓤ,Ⓒ 迷信; 迷信的な習慣[行為]: combat *superstition(s)* 迷信とたたかう / believe in the *superstition that* the number 13 brings bad luck 13 という数は不幸をもたらすという迷信を信じる.
(形 sùperstítious)

su·per·sti·tious /sù:pɚstíʃəs | -pə-ˊ/ 形 (人が)迷信深い (*about*); 限定 (考え・慣行などが)迷信的な.
(名 sùperstítion)

su·per·store /sú:pɚstɔ̀ɚ | -pəstɔ̀:/ 名 Ⓒ スーパーストア《食料雑貨・家具などの超大型店》.

su·per·struc·ture /sú:pɚstrʌ̀ktʃɚ | -pəstrʌ̀ktʃə/ 名 [Ⓤ または a ~] (建物・船などの)上部構造(物); 《格式》(社会・政治体制などの)上部構造 [⇔substructure].

su·per·tank·er /sú:pɚtæ̀ŋkɚ | -pətæ̀ŋkə/ 名 Ⓒ (石油輸送用)超大型タンカー.

su·per·vene /sù:pɚví:n | -pə-/ 動 自 《格式》(予想外の出来事が)起こる, 併発[突発]する.

+**su·per·vise** /sú:pɚvàɪz | -pə-/ ❗アク 動 (-per·vis·es /~ɪz/; -per·vised /~d/; -per·vis·ing) 他 (仕事・労働者など)を**監督する,** 指図[管理]する: He *supervised* the workers repairing the bridge. 彼は作業員が橋の修理をするのを監督した. — 自 監督[指

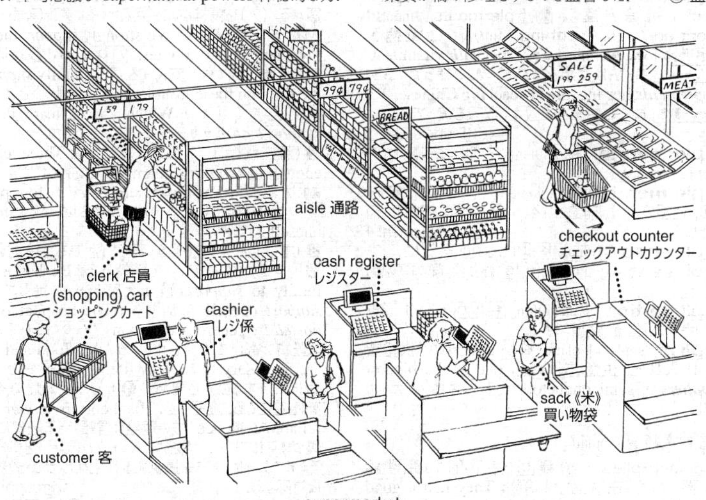

supermarket

S

図, 管理]する.〘⇒ visit キズナ〙

+**su·per·vi·sion** /sùːpəvíʒən | -pə-/ 名 U **監督**, 指図, 管理: This research was carried out ***under the supervision of*** Professor Long. この調査はロング教授の監督のもとで行なわれた.

+**su·per·vi·sor** /súːpəvàɪzə | -pəvàɪzə/ 名 (~s /~z/) C **監督者**, 管理者; 上司.

su·per·vi·so·ry /sùːpəváɪz(ə)ri | -pə-⁺/ 形 限定 監督(者)の, 管理(人)の.

su·per·wom·an /súːpəwòmən | -pə-/ 名 (-wom·en /-wìmən/) C スーパーウーマン《仕事と家庭を両立している女性》.

su·pine /suːpáɪn | súːpaɪn/ 形 ❶《格式》あおむけになった. 関連 prone うつぶせになった. ❷《格式》(人の)言いなりの, 無気力な.

***sup·per** /sʌ́pə | -pə/ 名 (~s /~z/) ❶ U,C **夕食**, **晩飯**《一日の最後の食事; ⇒ meal¹ 参考》;《主に英》(軽い)夜食: We had fish *for supper*. 私たちは夕食に魚を食べた / prepare *supper* 夕食のしたくをする / We had *a* light *supper* after the concert. 音楽会のあとで軽い夜食をとった. 語法 形容詞に修飾される場合を除き, 動詞の have, eat や前置詞の at, to, for などの後では普通は冠詞をつけない // ⇒ Last Supper. ❷ C《主に米》夕食会.

sup·plant /səplǽnt | -plάːnt/ 動 他 [しばしば受身で]《格式》(古い物・人)に取って代わる; (...)の地位を奪う, (...)を押しのける.

sup·ple /sʌ́pl/ 形 (sup·pler; sup·plest) ❶ (物・体などが)しなやかな, 柔軟な. ❷ (革・肌などが)柔らかい.

+**sup·ple·ment¹** /sʌ́pləmənt/ ✪ 動詞の supplement² と発音が違う. 名 (-ple·ments /-mənts/) ❶ C **補足**; **補助食品**, サプリメント; (巻末・別冊の)**付録**, 補遺: a Sunday *supplement* (新聞の)日曜版 / a ***supplement to*** the encyclopedia 百科事典の付録[補遺]. ❷ C《英》追加料金[手当].
(動 súpplemènt², 形 sùppleméntary)

+**sup·ple·ment²** /sʌ́pləmènt/ ✪ 名詞の supplement¹ と発音が違う. 動 (-ple·ments /-mènts/; -ment·ed /-ṭɪd/; -ment·ing /-ṭɪŋ/) 他 (...)を**補う**, 補足する: I ***supplemented*** my diet ***with*** vitamin A. V+O+with+名 私は食事をビタミン A で補った / She ***supplements*** her income ***by*** teach*ing* Chinese. V+O+by+動名 彼女は中国語を教えて収入を補っている.
(名 súpplement¹)

sup·ple·men·tal /sʌ̀pləménṭl⁺/ 形《主に米》= supplementary 1.

sup·ple·men·ta·ry /sʌ̀pləménṭəri, -tri⁺/ 形 ❶ 補足の, 追加の (*to*); 補遺となる. ❷〔数学〕補角の, 補角をなす. (名 súpplement¹)

sup·ple·ness /sʌ́plnəs/ 名 U しなやか[柔軟]さ.

sup·pli·cant /sʌ́plɪk(ə)nt/ 名 C《格式》嘆願[哀願]者.

sup·pli·ca·tion /sʌ̀pləkéɪʃən/ 名 U,C《格式》(神・権力者への)嘆願, 哀願; 懇望.

+**sup·pli·er** /səpláɪə | -pláɪə/ 名 (~s /~z/) C **供給業者**, 仕入れ先; 供給国[地域]: one of the biggest ***suppliers of*** semiconductors 大手半導体メーカーの一社.

****sup·ply** /səpláɪ/

— 名 (sup·plies /~z/) ❶ C (使用可能な)量, 供給量; 蓄(たくわ)え, 在庫品; 供給物: They had a good [plentiful] ***supply of*** food in the house. 彼らの家には食物の蓄えが十分あった.
❷ [複数形で] **生活必需品**; 必要品: The expedition requested additional medical *supplies*. 遠征隊は医療品の追加を要請した.
❸ U **供給**, 支給, 補給 [⇔ demand]: *supply* and demand 需要と供給. 日英 日本語と語順が逆 // electricity *supply* 電気の供給 / a contract for the ***supply of*** gas ガス供給の契約 / oil ***supply to*** the country その国への石油の供給.

be in shórt supplý [動] 自 (物資などが)不足している.

— 動 (sup·plies /~z/; sup·plied /~d/; -ply·ing) 他 ❶ (人・施設などに)(不足している物)を**供給する**, 与える, (...)に(物を)供給する《⇒ provide》: Cows *supply* milk. 雌牛は牛乳を供給する / 言い換え He has ***supplied*** me ***with*** the necessary information. V+O+with+名 = He has ***supplied*** the necessary information ***to*** me. V+O+to+名 彼は私に必要な情報を知らせてくれた. 語法《米》では次の文型を用いることもある: He has *supplied* me the necessary information. V+O+O. ❷ (必要)を満たす, (必要・要求)に応じる; (不足など)を補充する, 補う.
〘語源 ラテン語で「いっぱいに満たす」の意〙

supplý tèacher 名 C《英》= substitute teacher.

****sup·port** /səpɔ́ət | -pɔ́ːt/ ❗アク

意味のチャート
「下から運び上げる」の意《⇒ export¹ キズナ》から,「**支える**」動 ❷,「**支え**」名 ❷
→(物心両面で) →「**支持(する)**」動 ❶, 名 ❶
→「**扶養する**」動 ❸ →「**扶養**」名 ❹
→(比喩的に) → (支えとなる) →「**裏づけとなる**」動 ❹

— 動 (sup·ports /-pɔ́əts | -pɔ́ːts/; -port·ed /-ṭɪd/; -port·ing /-ṭɪŋ/) 他 ❶ (人・主義など)を**支持する**, 支援する; (人)を精神的に支える;《主に英》(スポーツチームなど)のファンである: We strongly ***support*** the new President ***in*** his policies. V+O+in+名 我々は新大統領を政策面で強く支持する / My family *supported* me through these troubles. こういう困ったときに家族が支えてくれた / Which soccer team do you *support*? どのサッカーチームのファンですか.
❷ (落ち[倒れ]ないように)(...)を**支える**: Three legs are enough to *support* a chair. いすを支えるには脚が 3 本あれば十分だ / The roof *is supported by* four pillars. V+O の受身 屋根は 4 本の柱で支えられている / *support* oneself (自分の)体を支える.
❸ (家族など)を**扶養する**, 養う; (活動など)を財政的に援助する; (生命など)を維持する: He has a large family to *support*. 彼は大家族を扶養している / *support* oneself 自活する / The hospital *is supported by* generous donations. V+O の受身 その病院は豊富な寄付で維持されている / Air, food and water are necessary to *support* life. 空気と食物と水は生命を保持するのに必要だ. ❹ (...)の裏づけとなる, (...)を証拠立てる, 立証する: His theory *is supported by* reliable evidence. 彼の理論は信頼できる証拠によって裏づけられている. ❺〔コンピュータ〕(製品)をサポートする《アフターサービスを提供する》; (プログラム・機器など)に対応する. (形 suppórtive)

— 名 (sup·ports /-pɔ́əts | -pɔ́ːts/) ❶ U **支持**, 援助,

賛助; 励まし, 擁護: He won public ***support for*** his program. 彼は計画に対する大衆の支持を得た / He spoke ***in support of*** our views. 彼は私たちの見解を支持する演説[発言]をした / give ... *support* ...を支持する / gain *support* 支持を得る.
❷ Ⓒ **支えとなるもの**, 支柱; 副木, サポーター; Ⓤ **支え(られ)ること**, 支え: The baby can't stand without *support*. その赤ちゃんは支えてあげないと立てない. ❸ Ⓤ 裏づけ, 立証. ❹ Ⓤ 財政的援助; (家族の)扶養; 生活[維持]費: They「are without [have no] (visible) means of *support*. 彼らには(金・仕事などの)(はっきりした)生活の手段がない. ❺ Ⓤ 〔コンピュータ〕技術サポート.

***sup·port·er** /səpɔ́ərṭə | -pɔ́:tə/
— 名 (~s /~z/) ❶ Ⓒ **支持者**, 援助者, 賛同者; 《主に英》(サッカーなどの)**サポーター**, ファン: They're strong [firm] ***supporters of*** the political reform. 彼らは政治改革を強く支持している. ❷ Ⓒ (運動用の)サポーター.

suppórt gròup 名 Ⓒ (共通の問題・経験を持ち)助け合う人々の集まり.

sup·port·ing /səpɔ́əṭɪŋ | -pɔ́:t-/ 形 ❶ 限定 助演の, わき役の: a *supporting* actor 助演者. ❷ 限定 (重さなどを)支える; (証拠などが)裏づけとなる.

sup·port·ive** /səpɔ́əṭɪv | -pɔ́:t-/ 形 **支えとなってくれる**, 支持[援助]してくれる; 協力的な, 理解がある: You've been very ***supportive of me during difficult period. +of+名 苦しい時あなたは私の大きな支えになってくれた. (名 suppórt)

***sup·pose** /səpóuz/
— 動 (sup·pos·es /~ɪz/; sup·posed /~d/; sup·pos·ing) 他 ❶ [普通は進行形なし] (...ではないか)と思う, 想像[推定]する《⇒ think 類義語》: I *suppose* (*that*) she'll be very late. V+O ((*that*)節) 彼女は相当遅くなるのではないかと思う《多用; that はしばしば省略される》/ Do you *suppose* it's possible? それはありうることだと思いますか / I don't *suppose* I'll see him this week. 今週は彼に会わないと思う /「There is [I see] no reason to *suppose* (*that*) they will lose the election. 彼らが選挙で敗北するとは考えられない / I *supposed* (*that*) it was expensive. それは高価なのではないかと思った. 語法 この文は I *supposed* it *to* be expensive. V+O+C (to 不定詞) とも言えるが《格式》で, あまり普通ではない // 🗨 "Can't we ask John to help?" "I *suppóse* sò."「ジョンに手伝ってくれと頼めないかな」「頼めるでしょうけど」《⇒ so[1] 副 4; 気の進まない同意; ⇒ 語法 (2)》/ "I'm afraid this car won't fit in our garage." "No, I *suppóse* nòt."「この車はうちの車庫には入らないんじゃないかな」「たぶんだめだろうね」《⇒ not (5)》. 語法 (1) ..., I suppòse のように文尾に用いることもある: Your mother is worried about you, *I suppòse*. お母さんはあなたのことを心配していると思うよ. (2) I suppose ...は上記のほか「(どうせ)...なんだろう(な)《怒り・懸念》」なども表わす.

♥ **...と思います** (意見を述べるとき)
I suppose ...

I suppose we need to get permission.
許可を得る必要があると思います.
♥ 意見を述べるときなどに主張の強さを和らげる緩和表現.
♥ I guess と同様, 十分に確信がない場合に用いる.
♥ やや改まった響きで主に《英》でよく使われる.

❷《格式》(事柄・説などが)(...)を前提条件としている, 想定している.
— 自 思う, 推定する.

be suppósed to dó [動] (1) /(子音の前では) s(ə)póʊstʊ, (母音の前では) -tu/ **...する予定[こと]になっている**, 当然...するはずになっている: I *was supposed to* meet him at five, but was made to wait an hour. 5時に彼に会う予定だったが1時間待たされた / Everybody *is supposed to* know the law, but few people really do. 皆が法律を知っていることになっているが, 実際に知っている人は少ない.

♥ **...できません** (禁止するとき)
You are not supposed to ...

You are not supposed to smoke in this building. **この建物内は禁煙になっています.**
♥「...してはいけないことになっている」という意味で禁止を表わす.
♥ 特に, 規則などに基づいて「...すべきではない」と述べる際に用いることが多い.

(2) (世間では)...と考えられている: He *is supposed to* be the best doctor in town. 彼は町一番の名医とされている.

I dòn't suppóse ... ...ではないですよね: *I don't suppose* you remember me? 私のこと覚えてないよね? / *I don't suppose* you could persuade her, could you? 彼女を説得していただくことはできませんよね?
♥「...とは思っていませんが」という悲観的な予測を述べることにより, 相手が No. と言う余地を与えた非常に遠慮がちで丁寧な質問の表現. 依頼の意味でも使われる.

Lèt us suppóse (that) ... Ⓢ ...だと仮定してみよう, 仮に...だとしよう: *Let us suppose* (*that*) the news is true. その報道が仮に真実だとしよう.

Suppóse (that) ... (1) Ⓢ **仮に...としよう**, 仮に[もし]...とすると: *Suppose* (*that*) you walk three miles an hour. How far can you go in five hours? 時速3マイルで歩くとすると, 5時間ではどのくらい行けるか / *Suppose* she refused to help you. What would you do then? 彼女が手伝うのをいやだと言ったら, どうしますか. 語法 🔍 (1) 実現性の低い場合には Suppose (that) に続く節で仮定法も用いられる. (2) しばしば後に疑問文がくる. (3) 文頭で接続詞としても用いる: *Suppose* (= If) it snows, what will you do? 雪になったらどうしますか? (2) Ⓢ **...してみるのはどうだろう**《控えめな提案》: *Suppose* we meet at the station at seven. 7時に駅で会うことにしてはどうでしょうか.

Whát's thát suppòsed to mèan? Ⓢ 一体それはどういうことだ《相手の発言に困惑して[怒って]言うことば》.

You dòn't suppóse ...? Ⓢ ...でしょうね《相手に念を押す言い方》: *You don't suppose* she'll miss the train, do you? 彼女はまさか列車に乗り遅れたりしないですよね. (名 sùppositíon)
〖⇒ propose キズナ〗

***sup·posed** /səpóʊzd/ 形 ❶ 限定 (...と)**思われて[疑われて]いる**, うわさの; 仮定の, 想定される: The *supposed* robber had an airtight alibi. 強盗だと思われていた人[強盗の容疑者]には完ぺきなアリバイがあった. ❷ ⇒ be supposed to do (suppose 成句).

+sup·pos·ed·ly /səpóʊzɪdli/ 副 文修飾 (推定では)**...と思われる**, ...とされている: Mr. Smith is *supposedly* a

S

wealthy businessman. スミス氏は裕福な実業家だと思われている / *Supposedly*, it'll take over a year to finish the work. その仕事を完成するには1年以上はかかるとされている. 語法 ときに「しかし必ずしもそうでもない」という含意がある.

+**sup·pos·ing** /səpóuzɪŋ/ 接 ❶ Ⓢ **もし...ならば:** *Supposing* (*that*) he can't come, who'll do the work? 彼が来られない場合はだれがその仕事をするのですか. 語法 (1) 確実性の低い場合は仮定法も用いられる. (2) しばしば主節部分は疑問文となる. ❷ [独立した文として] Ⓢ ...してみたらどうだろう [≒suppose]: "I can't find my key." "*Supposing* you have another look?" 「鍵が見つからない」「もう一度捜してみたら」

sup·po·si·tion /sʌ̀pəzíʃən/ 名 Ⓤ 推測; 想像; Ⓒ 仮定, 仮説: It's based on pure *supposition*. それは単なる推測にすぎない / on the *supposition* that... ...という仮定のもとに, ...と仮定して. (動 suppóse)

sup·pos·i·to·ry /səpɑ́(ː)zətɔ̀ːri | -pɔ́zɪtəri, -tri/ 名 (-to·ries) Ⓒ 座薬.

+**sup·press** /səprés/ 動 (-press·es /~ɪz/; sup·pressed /~t/; -press·ing) 他 ❶ (...)を**抑圧する,** 鎮圧する, 押さえつける, 鎮める: The revolt *was suppressed by* the army. V+O の受身 反乱は軍隊によって鎮圧された. ❷ (事実など)を押し隠す; (...)の出版[公表]を禁止する: *suppress* evidence 証拠を隠蔽(いんぺい)する. ❸ (感情など)を抑える, (笑い)をこらえる: *suppress* one's anger 怒りをこらえる / *suppress* a smile 笑いをかみ殺す. ❹ (作用・成長など)を止める, 妨げる, 抑制する. (名 suppréssion)
〘語源 原義はラテン語で「下に押しつける」; ⇒ press キズナ〙

sup·pres·sant /səprés(ə)nt/ 名 Ⓒ 抑制剤.

sup·pres·sion /səpréʃən/ 名 ❶ Ⓤ 抑圧, 鎮圧; (成長・発達などの)抑制 (*of*). ❷ Ⓤ (事実などを)隠すこと, 隠蔽; 発売禁止 (*of*). ❸ Ⓤ (感情などの)抑制 (*of*). (動 suppréss)

su·pra·na·tion·al /sùːprənǽʃ(ə)nəl/ 形 超国家的な.

su·prem·a·cist /sʊpréməsɪst, sə- | suː-, sʊ-/ 名 Ⓒ (特定の集団の)至上主義者: a white *supremacist* 白人至上主義者.

su·prem·a·cy /sʊpréməsi, sə- | suː-, sʊ-/ 名 ❶ Ⓤ 主権, 至上権; 支配権; 優位, 優勢 (*over*). ❷ Ⓤ 至高, 至上; 最高位 (*of*). (形 supréme)

***su·preme** /sʊpríːm, sə- | suː-, sʊ-/ 形 ❶ (権力・地位などが)**最高の,** 最も重要な: the *supreme* commander 最高司令官 / *supreme* power 至上権 / In a democracy, the people should be *supreme*. 民主国家では国民が主権者であるべきだ.
❷ 限定 (程度・質が)**最高の,** この上ない, 究極の: a *supreme* masterpiece 最高傑作 / a matter of *supreme* importance 極めて重要な問題 / make a *supreme* effort 最大限努力する. (名 suprémacy)
〘語源 ラテン語で「いちばん高い」の意; ⇒ superior 語源〙

Supréme Béing 名 [the ~] 《文語》 神.

Supréme Cóurt 名 [the ~] (国および各州の)最高裁判所.

su·preme·ly /sʊpríːmli/ 副 最高に, この上なく.

sur·charge /sə́ːtʃɑəʤ | sə́ːtʃɑːʤ/ 名 Ⓒ 追加料金, 追徴金 (*on, for*). — 動 他 (...)に追加料金[追徴金]を課する (*on, for*).

*****sure** /ʃʊ́ə, ʃə́ː | ʃɔ́ː, ʃʊ́ə/ (同音 #shore)
— 形 (sur·er /ʃʊ́(ə)rə | ʃɔ́ːrə, ʃʊ́ərə/; sur·est /ʃʊ́(ə)rɪst | ʃɔ́ːr-, ʃʊ́ər-/) ❶ 叙述 (人が)**確かに...だと思って,** (...を)確信して, 自信があって 《⇒ 類義語》 [⇔ unsure]: I think he's coming, but I'm not quite *sure*. 彼は来ると思うが, あまり確信はない / Are you *sure* (*that*) this is the right train? +(that)節 この列車で間違いないですか 《多用; ⇒ that² B 3》 / Are you ***sure about*** that? +about+名 あなたはそのことに確信がありますか / I'm (pretty) ***sure of*** his success. +of+名 私は彼がきっと成功する[した]と思う. 語法 この文は前後関係で I'm sure he *will* succeed. の意にも I'm sure he *has* succeed*ed*. の意にもなる // Are you *sure of* get*ting* the tickets? +of+動名 確実に切符を入手できますか / Don't be too *sure about* [*of*] your conclusion. 自分の結論に確信を持ちすぎてはいけない.

> 語法 **not sure+whether [if]節などの使い方**
> not sure や否定語 unsure の後にはしばしば whether [if]節, wh 節が続く: They were ***not sure whether*** they could come. +whether 節 彼らは来られるかどうかはっきりしなかった / I'm ***not sure if*** this is correct. +if 節 これが正しいかどうか自信がない / The doctor was ***not sure what*** the trouble was. +wh 節 どこが悪いのかその医者にははっきりわからなかった.

❷ 叙述 [比較なし] **きっと...して, 必ず...して:** 言い換え He's *sure to* forget it. +to 不定詞 彼はきっとそれを忘れる(= I'm *sure* he will forget it.) 《主語の he ではなく話し手の確信を表わす》. 語法 🔍certain とは異なり次の言い方は普通ではない 《⇒ certain 形 2; 類義語》: *It is sure that* he will forget it.
❸ **確かな,** 確実な; 信頼できる, 当てになる: a *sure* sign of snow 雪の降る確かな兆候 / This is the *surest* way to success. これが最も確実な成功への道だ / One thing is *sure* — we'll never finish this job. ひとつだけはっきりしている—我々はこの仕事を終えることはできない. ❹ しっかりした, 強い.

be súre and dó [動] [命令文で] Ⓢ 《略式》 きっと...する [≒be sure to do]: *Be sure and* remember what I told you. 私の言ったことを絶対に忘れるな.

be [féel] súre of onesèlf [動] 自 [ときに軽蔑的] 自信がある, 自信家である.

be súre to dó [動] [命令文で] Ⓢ **きっと...する,** 必ず...する: *Be sure to* close the door. 必ずドアを閉めてください 《平叙文の用法は ⇒ 2》.

for súre [副・形] [文中, 文尾で] (1) 《略式》 **確かに[で],** はっきりと: Martha will be here, *for sure*. マーサはきっと来るよ / He didn't say *for sure* that there's a position for you. 彼は君の仕事の口があるとはっきりとは言わなかった 《✪ 従属節の現在時制については ⇒ 巻末文法 14.2 (5)》 / She won't say yes, — that's *for sure*. Ⓢ 彼女はイエスと言わないさ, 間違いないよ. (2) [同意の返答として] Ⓢ 《米略式》 ええ, ぜひとも.

I'm súre 《略式》 **本当に** 《断言するときに文頭か文尾に置いて》: *I'm sure* Í don't know. = Í don't know, *I'm sure*. 本当に私は知らないんだ.

màke súre [動] 他 (1) (...)を**確かめる** [≒make certain]: I'll *make sure* how many books we need. 本が何冊必要か確かめてみます. (2) **確実に[間違いなく]...する** [≒make certain]: *Make sure* (*that*) you arrive at seven. 必ず 7 時に着くようにしてください. [語法] that 節には普通は現在時制を用いる. ― ⾃ (1) **確かめる**, 念を押す**:** You should *make sure of* the facts before you start blaming him. 彼を非難する前に事実を確かめなさい. (2) (...を)確保する, (...を)手に入れる (*of*).

súre thíng ⇒ sure thing の項目.

to be sùre [副] [文修飾] [普通は後に but が続いて] Ⓢ《格式》**確かに...だが**(しかし)**:** He's not bright, *to be sure, but* he's very kind. 確かに彼は頭はよくはないが, とても親切だ. (動 ensúre)

[類義語] **sure** 疑う余地がなくて「確かな」または「確信して」の意でごく一般的な語. **certain**「確かな」または「確信して」の意では *sure* と区別なしに用いることが多いが, 区別するときには *certain* は客観的事実や証拠に基づく場合, *sure* は話し手の主観的・直観的な判断による場合に用いる. なお, It is *certain that* ... の構文で *certain* の代わりに *sure* を用いるのは普通ではない. また, Tom is *sure* [*certain*] *that* he'll succeed. (トムは自分が必ず成功するものと思っている)では主語トムの判断を表わし, Tom is *sure* [*certain*] *to* succeed. = It is *certain that* Tom will succeed. (または I'm *sure* [*certain*] *that* Tom will succeed.) (トムはきっと成功する)では話し手の判断を表わす点に注意. [語法] *certain* が [限定] として用いられると「ある...」の意味になることがある (⇒ certain 3): a *certain* guide ある案内人 / a *sure* guide 信頼できる案内人.

― 副 ❶ Ⓢ [依頼や質問の受け答え・相づちとして] **いいですとも**, もちろん [≒certainly]; 《米》[お礼の返事として] どういたしまして**:** "May I sit here?" "*Sure.*"「ここに座ってもいいですか」「ええ, どうぞ」/ "Are you coming?" "*Sure!*"「あなたも行きますか」「ええ, もちろんです」/ "Excuse me." "*Sure.*"「ちょっと失礼します」「どうぞ」(⇒ Excuse me. (excuse[1] 成句) (1) [語法] (2)) / "Thanks a lot." "*Sure.*"「どうもありがとう」「いいんだよ」

❷ [文修飾]《米略式》**確かに**, 全く (⇒ surely [類義語])**:** It's *sure* nice to be back home. 帰ってみるとやっぱりわが家が最高だね / "It's cold today." "It *sure* is."「きょうは寒いね」「全くだね」 ❸ [文修飾] [普通は後に but が続いて] Ⓢ 確かに...(だが)**:** *Sure*, he's cute, *but* I'm not interested. 確かに彼はかっこいいけど, 私は興味ないわ.

sùre enóugh [副] [文頭, 文中で]《略式》**やっぱり**, 本当に, 果たして**:** I said you would come, and *sure enough*, here you are. 君は来るだろうと私は言ったけどやっぱり来たね.

〖語源 ラテン語で「心配のない」の意; secure と同語源〗

sure·fire /ʃʊ́əfàɪə | ʃɔ́ːfàɪə/ 形 [限定]《略式》絶対確実な, きっとうまくいく.

sure·foot·ed /ʃʊ́əfʊ́ṭɪd | ʃɔ́ː-←/ 形 ❶ 足元の確かな, 転ばない. ❷ 間違いない, 確かな.

****sure·ly** /ʃʊ́əli, ʃɔ́ə- | ʃɔ́ː-, ʃʊ́ə-/

― 副 ❶ [文修飾] [相手の同意を求めて] **確かに(...でしょうね)** (⇒ [類義語])**:** *Surely* you remember him? = You remember him, *surely*? 彼のことを覚えていますよね.

❷ [文修飾] [普通は否定文の文頭または文尾で; 相手の話・様子に対する驚き・疑いを表わして] **まさか**, よもや**:** *Surely* you are*n't* going alone![?] まさか一人で行くんじゃないだろうね / You did*n't* mean to insult him, *surely*! まさか彼を侮辱するつもりではなかっただろうね. [語法] この意味では certainly は用いられない. ❸ [文修飾]《格式》必ず, きっと**:** He will *surely* succeed [fail]. 彼はきっと成功する[失敗する]だろう. ❹ [依頼や質問の受け答えとして]《古風, 米略式》いいですとも, 承知しました; そうですとも [≒certainly]**:** "Will you come with us?" "*Surely.*"「いっしょに来ますか」「いいですとも」 ❺ (動作・進行などが)確実に, 着実に; 安全に**:** The work proceeded slowly but *surely*. 作業はゆっくりだが確実に進行した.

[類義語] **surely** *sure* より客観的な判断に使われたり, 相手の同意を求めようとするときに用いられることが多い. **sure** *surely* よりくだけた言い方で確信の度合いが強く, 相手も当然同意するはずだという感じを含むことが多い.

sure·ness /ʃʊ́ənəs, ʃɔ́ə- | ʃɔ́ː-, ʃʊ́ə-/ 名 Ⓤ 確かさ, 確実さ, 安全.

súre thíng 間 [返答に用いて] Ⓢ《米略式》(ああ)いいよ, もちろん (⇒ sure 副 1); 確かに**:** "Did you like it?" "*Sure thing.*"「気に入った?」「もちろん」 ― 名 [a ~] 確かなこと.

sur·e·ty /ʃʊ́(ə)rəṭi | ʃɔ́ːrə-, ʃʊ́ərə-/ 名 (-e·ties) ❶ Ⓒ〔法律〕保証人. ❷ Ⓤ,Ⓒ〔法律〕保証, 抵当; 保証金. **stánd súrety for ...** [動] 他〔法律〕...の保証人となる.

***surf** /sə́ːf | sə́ːf/ 動 (surfs /~s/; surfed /~t/; surf·ing) ⾃ **サーフィン[波乗り]をする:** go *surfing* サーフィンをしに行く. ― 他 (インターネット)を見て回る (⇒ net[1] 名 2, netsurfing). ― 名 Ⓤ 寄せ(て砕け)る波, 砕け波.

****sur·face** /sə́ːfəs | sə́ː-/ アク 発音

― 名 (sur·fac·es /~ɪz/) ❶ Ⓒ (物・液体の)**表面**, 外面, 表層; (立方体の)面; 作業台**:** on the *surface of* the earth [moon] 地球[月]の表面に / A few leaves floated on the *surface of* the water. 葉っぱが数枚水面に浮かんでいた / below [beneath] the *surface* 地面[水面]の下に.

❷ [単数形で, 普通は the ~] **うわべ**, 外観, 見せかけ**:** He looks only at *the surface of* things. 彼は物事のうわべだけしか見ない / A serious conflict exists ***below*** [***beneath***] ***the surface*** of the town. その町の見えない所では深刻な対立がある / come [rise] to *the surface* 表面化する.

on the súrface [副] [ときに [文修飾]] (物体の)外側で(は); (人・事の)表面上は, うわべだけは.

scrátch the súrface [動] ⾃ (...の)上っ面(だけ)を扱う[論じる] (*of*).

― 形 ❶ [限定] (内部に対して)表面の; (地中・空中に対して)地上の, (海中に対して)水面上の**:** *surface* fleet (潜水しない)海上艦隊. ❷ [限定] 表面[うわべ]だけの**:** *surface* politeness うわべだけの丁寧さ.

― 動 ⾃ ❶ (事件などが)表面化する, 明るみに出る; (隠れていた人・物が)姿を現わす. ❷ (表面に)浮かんでくる; (潜水艦・ダイバーが)浮上する. ❸《英略式》(遅く)起きる. ― 他 (...)の表面を仕上げる; (路面)を舗装する.

〖語源 原義はフランス語で「顔 (face) の上 (sur-)」〗

súrface àrea 名 Ⓒ 表面積.

súrface màil 名 Ⓤ (航空便に対して)陸上[船舶]輸送郵便 (鉄道便・船便など). [関連] airmail 航空便.

súrface ténsion 名 Ⓤ〔物理〕表面張力.

sur·face-to-air /sə́ːfəstuéə | sə́ːfəstuéə/ 形 [限定] (ミ

サイルが)地対空の: a *surface-to-air* missile 地対空ミサイル.

súrf and túrf 名 U 《米》 サーフアンドターフ《一皿に盛ったシーフード(通常ロブスター)とステーキ》.

surf·board /sə́ːfbɔ̀ɚd | sə́ːfbɔ̀ːd/ 名 C サーフボード, 波乗り板.

sur·feit /sə́ːfɪt | sə́ː-/ 名 [a ~] 《格式》 多すぎる量, 過多, 過度 [≒excess]; 食べ[飲み]すぎ; 食傷: *a surfeit of* advice うんざりするほどの忠告.

surf·er /sə́ːfɚ | sə́ːfə/ 名 ❶ C サーファー, サーフィンをする人. 関連 windsurfer ウィンドサーフィンをする人. ❷ C ネットサーフィンをする人.

surf·ing /sə́ːfɪŋ | sə́ːf-/ 名 ❶ U サーフィン, 波乗り. 関連 windsurfing ウィンドサーフィン. ❷ U ネットサーフィン.

surf'n'turf /sə́ːfəntə́ːf | sə́ːfəntə́ːf/ 名 U = surf and turf.

+**surge** /sə́ːʤ | sə́ːʤ/ 動 (surg·es /~ɪz/; surged /~d/; surg·ing) 自 ❶ [副詞(句)を伴って] (群衆などが)**波のように押し寄せる**; (海などが)波打つ, (波などが)打ち寄せる: The crowd ***surged toward*** the gate. 群衆が門へ押しかけた. ❷ (利益などが)急増[急騰]する: Stock prices *surged*. 株価が急騰した. ❸ [普通は副詞(句)を伴って] (感情などが)どっとわいてくる, 押し寄せる: Rage *surged up* in me. 怒りが私の胸に込み上げた.
— 名 (surg·es /~ɪz/) ❶ C [普通は単数形で] (感情・関心・投資などの)**急激な高まり**, 急増, 急騰: feel a ***surge of*** pity あわれみの念がわくのを感じる / an unprecedented ***surge in*** electricity demand かつてない電力需要の急増. ❷ C [普通は単数形で] (群衆などの)殺到; 大波, うねり (*of*).
〘語源 ラテン語で「上がる」の意; source と同語源〙

+**sur·geon** /sə́ːʤən | sə́ː-/ 名 (~s /~z/) C **外科医** 《⇒ doctor 1》: a plastic *surgeon* 形成外科医.

*__sur·ger·y__ /sə́ːʤ(ə)ri | sə́ː-/ 名 (-ger·ies /~z/) ❶ U **外科治療**, 手術《語法 《米》 では C となることもある》; U **外科**, 外科医学: My father underwent major ***surgery on*** his heart yesterday. きのう父は心臓の大手術を受けた / The patient is ***in surgery*** now. その患者は今手術中です / have cosmetic *surgery* 美容整形を受ける. 関連 medicine 内科. ❷ C 《主に米》 手術室; 《英》 診察室; 《英》 (歯科)医院. ❸ U 《英》 診察時間.

sur·gi·cal /sə́ːʤɪk(ə)l | sə́ː-/ 形 限定 外科の, 外科的な; 外科(治療)用の; (傷・発熱などが)外科手術によって起こる: a *surgical* ward 外科病棟. **-gi·cal·ly** /-kəli/ 副 手術によって, 外科的に.

sur·ly /sə́ːli | sə́ː-/ 形 (sur·li·er; -li·est) 不機嫌な; 無愛想な; ぶっきらぼうな.

sur·mise /sɚ(ː)máɪz | səː-/ 動 (sur·mis·es /~ɪz/; sur·mised /~d/; sur·mis·ing) 他 《格式》 (...)と推量[推測]する. — 名 U,C 《格式》 推量, 推測.

sur·mount /sɚmáʊnt | sə-/ 動 他 ❶ 《格式》 (困難・障害)を乗り越える, 克服する, 切り抜ける [≒overcome]: *surmount* difficulties 困難を乗り越える. ❷ [普通は受身で] 《格式》 (...)の上にある, (...)にのっている: The tower is *surmounted by* a clock. その塔の上には時計がのっている. 〘⇒ mount キズナ〙

sur·mount·a·ble /sɚmáʊnṭəbl | sə-/ 形 《格式》 乗り越えられる, 克服できる [⇔ insurmountable].

sur·name /sə́ːnèɪm | sə́ː-/ 名 C 姓, 名字《Charles Jones なら Jones; ⇒ name 参考》.

*__sur·pass__ /sɚpǽs | səpɑ́ːs/ 動 (-pass·es /~ɪz/; -passed /~t/; -pass·ing) 他 《格式》 (...)に**勝る**, (...)をしのぐ, 上回る; ...以上である: *surpass* (all) expectations 予想をはるかに上回る. **surpáss onesèlf** [動] 自 《格式》 それ以前[期待]よりもよい出来である. 〘語源 原義は「上を (sur-) 越える (pass)」; ⇒ pass キズナ〙

sur·pass·ing /sɚpǽsɪŋ | səpɑ́ːs-/ 形 限定 《文語》 ずばぬけた, この上ない.

sur·plice /sə́ːplɪs | sə́ː-/ 名 C サープリス《聖職者や聖歌隊員が儀式のときに着るその長い白衣》.

*__sur·plus__ /sə́ːpləs | sə́ː-/ 名 (~·es /~ɪz/) C,U **余剰, 余り**, 過剰; 剰余金; (財政・企業の)黒字 [⇔ deficit]: a ***surplus of*** exports over imports 輸入に対する輸出の超過 / a large trade *surplus* 大幅な貿易黒字 / a budget *surplus* 予算の余り. — 形 過剰の, (...より)余分な (*to*): *surplus* rice 余剰米.

be súrplus to requírements [動] 自 《英格式》 もう不要である.

***sur·prise /sɚpráɪz | sə-/

— 名 (sur·pris·es /~ɪz/) ❶ C **驚くべきこと**, 意外なこと; 思いがけない物《贈り物など》: What a *surprise* to see you here! 君にここで会うなんて驚いたな / The report was a complete ***surprise to*** them. その報告は彼らには寝耳に水だった / It ***came as no surprise*** to see her there. そこで彼女に会ったが意外ではなかった / Here's a big ***surprise for*** you. さあびっくりするものがあるよ《子供に物をあげるときなど》. C+1 程度を表わす形容詞のほか, pleasant のような感情を表わす形容詞が修飾することも多い: It was a ***pleasant surprise*** to find I would get a tax refund. 思いがけず税金の還付があるとわかってうれしかった.
❷ U [ときに a ~] **驚き**: with a look of *surprise* 驚いた表情で / He looked up ***in*** [***with***] ***surprise***. 彼ははっとして顔を上げた / She showed [expressed] genuine ***surprise at*** the wonderful present. 彼女はそのすてきな贈り物を見て本当に驚いた様子だった. ❸ [形容詞的に] 不意の: a *surprise* attack 奇襲攻撃 / a *surprise* party 不意打ちパーティー《当人に事前に知らせずに行なう》.

surpríse, surpríse 《略式》 [皮肉に] 思ったとおりだ, 案の定.

Surpríse(, surpríse)! Ⓢ ほらびっくりしたでしょう! 《人に物をあげながら, または人の前に突然現れたときなどに》

táke [cátch] ... by surpríse [動] 他 (1) (...)の**不意を打つ**; (...)を奇襲占領する (受身 be taken by surprise): We *took* the enemy *by surprise*. 我々は敵を不意打ちにした. (2) (...)を**驚かせる**: I was *taken by surprise* at the news of his resignation. 私は彼が辞めたという知らせを聞いてびっくりした.

to ...'s surpríse = to the surpríse of ... [副] 文修飾 **...の驚いたことには**《⇒ to[1] 12》: *To my surprise*, there was nobody in the house. 驚いたことにその家にはだれもいなかった.

— 動 (sur·pris·es /~ɪz/; sur·prised /~d/; sur·pris·ing) 他

> **意味のチャート**
> 原義は「上からつかまえる」→「**不意を打つ**」❷ →(不意に驚かす)→「**驚かす**」❶

❶ (...)を驚かす, びっくりさせる; (...)にひどいショックを与える《⇒ surprised》: The news greatly *surprised* us. その知らせは私たちをひどく驚かせた / You *surprise* me! びっくりするじゃないか / 言い換え It *surprised* us very much to hear the news. (= We *were* very much *surprised to* hear the news.) 私たちはその知らせを聞いてとてもびっくりした《⇒ to² B 2》.

🔍「感情動詞」のグループ
be＋動詞-ed ＜英語では ㊀ が基本: surprise (人を)驚かす → be surprised (人が)驚く
We *were* very ***surprised*** at the news. 私たちはその知らせにとてもびっくりした.

驚き	驚かせる	amaze shock	astonish surprise
恐怖	怖がらせる	frighten scare	horrify terrify
興味	興味を持たせる	interest	impress
興奮	興奮させる	excite	thrill
喜び	喜ばせる	delight	please
安心	ほっとさせる	relieve	
落胆	がっかりさせる	depress discourage	disappoint frustrate
困惑	困惑させる	confuse perplex upset	embarrass puzzle
満足	満足させる	content satisfy	please
苛立ち	いらいらさせる	annoy irritate offend	
退屈	退屈させる	bore	tire

❷ (...)の不意を打つ, (...)を奇襲する; (人)が(...しているところを)不意に見つける: *surprise* the enemy 敵に奇襲攻撃をかける / He *surprised* me *with* a visit. 彼が突然私を訪ねてきた / She *surprised* him read*ing* her diary. 彼女は自分の日記を彼が(こっそり)読んでいるところを見つけた.

****sur·prised** /səpráɪzd | sə-/
— 形 **驚いた**, **びっくりした**: He had a *surprised* look on his face. 彼は驚いた顔をしていた / They looked *surprised* to see me. 彼らは私を見てびっくりした様子だった / 言い換え We were very ***surprised at*** [*by*] the news. [+at [by]+名] = We were very ***surprised to*** hear the news. [+to 不定詞] 私たちはその知らせを聞いてとてもびっくりした《⇒ very¹ 1 語法》. 語法 by は事実関係を述べるだけで無色, at を用いると強いショックや感情的な反応[反発]のニュアンスが感じられることがある // I'm *surprised* (*that*) he *should* even have been suspected. [+(that)節] 彼が嫌疑を受けていたとは驚いた《⇒ should A 7; that² B 3》/ I was very pleasantly *surprised by* the answer. 私にはその答えはとてもうれしい驚きだった / I wouldn't be *surprised* if he refused. 彼が断わっても別に驚かない.

類義語 **surprised** 突然予期しないことが起こって驚くこと. **astonished** 信じ難いようなことが起こって非常にびっくりすること. **amazed** 非常にびっくりしてうろたえたりとまどったりすること. **startled** *amazed* よりもさらに強くて, 突然のことに飛び上がるほど仰天すること. **astounded** *startled* よりもさらに強くて, とうてい信じられないようなことが起こって, ショックを受けるほど仰天すること.

sur·pris·ing** /səpráɪzɪŋ | sə-/ 形 (物事が)**驚くべき**, **意外な**, **不思議な**: finish the work with *surprising* speed 驚くべきスピードで仕事を終える / ***It's hardly ***surprising that*** he said no. 彼が断わったのは意外とはいえない(予想どおりだ) / a *surprising* number of people 驚くほど多くの人たち / There's nothing *surprising* about that. それは何も驚くようなことではない《⇒ nothing 代 1 語法 (2)》.

+sur·pris·ing·ly /səpráɪzɪŋli | sə-/ 副 ❶ 文修飾 **驚いたことには**, 意外なことだが: *Surprisingly* (enough), she refused my offer of help. 驚いたことには彼女は私の援助の申し出を断わった. C+1 前に not を付けて文頭で使われることも多い: ***Not surprisingly***, her father was delighted by her promotion. 驚くようなことではないが[当然ながら]彼女の昇進に父親は喜んだ. ❷ 驚くほど, びっくりするくらい《⇒ very¹ 囲み》: The box was *surprisingly* heavy. その箱は驚くほど重かった.

sur·re·al /səríːəl | -ríəl/ 形 超現実的な, 現実にはありえないような.

sur·re·al·is·m /səríːəlìzm | -ríəl-/ 名 U 〔芸術〕 超現実主義, シュルレアリズム.

sur·re·al·ist /səríːəlɪst | -ríəl-/ 名 C 超現実主義[シュルレアリズム]の芸術家[作家].

sur·re·al·is·tic /səriːəlístɪk | -rìəl-⁻/ 形 ❶ = surreal. ❷〔芸術〕 超現実主義の, シュルレアリズムの.

sur·ren·der** /səréndə | -də/ 動 (**-ren·ders** /~z/; **-ren·dered** /~d/; **-der·ing** /-dərɪŋ, -drɪŋ/) 自 ❶ **降伏する**, 降参する; 自首する: They unconditionally ***surrendered to the enemy. [V+to+名] 彼らは敵に無条件降伏した. ❷《格式》(力などに)屈する; (激情・快楽などに)身を任せる, おぼれる: *surrender to* temptation 誘惑に負ける.
— 他《格式》(あきらめて)(...)を**放棄する**, 明け渡す, 引き渡す [≒give up] (*to*): *surrender* one's weapons 武器を引き渡す / In 1989, the Communists *surrendered* power in many Eastern European nations. 1989 年に多くの東欧の国々で共産主義者たちが政権を明け渡した.
surrénder onesèlf to ... [動] 他 (1) (敵・警察など)に降参[自首]する. (2)《格式》(習慣・感情など)に身を任せる, おぼれる.
— 名 [U または a ~] **降伏**, 降参; 明け渡し; 引き渡し; 自首; (権利などの)放棄; (感情・誘惑などに)身を任せること (*to*): (*an*) unconditional *surrender* 無条件降伏 / *a surrender of* territory 領土の明け渡し.

sur·rep·ti·tious /sə̀ːrəptíʃəs | sʌ̀r-⁻/ 形《格式》内密の, こっそり行なう. **~·ly** 副《格式》内密に.

sur·ro·gate /sə́ːrəgèɪt | sʌ́r-/ 形 限定《格式》代理(出産)の: a *surrogate* mother 代理母《不妊の女性の代わりに子供を妊娠する》. — 名 C《格式》代理人, 代わりの物 (*for*); 代理母.

****sur·round** /səráʊnd/
— 動 (**sur·rounds** /-ráʊndz/; **-round·ed** /~ɪd/; **-round·ing**) 他 ❶ [しばしば受身で] (...)を**囲む**, **取り巻く**; (...)を**包囲する**: The house ***is surrounded by*** [***with***] trees. [V+O の受身] その家は木々に囲まれている / He *was surrounded by* people who cared about him. 彼は大切に思ってくれる人たちに囲まれていた / The enemy *surrounded* us. 敵は我々を包囲した. ❷ (問題・危険などが)(...)につきまとう.
surróund onesèlf with ... [動] 他 自分の回りに(人・物)を(多数)置く.

S

— 名 C (窓・暖炉などの)縁飾り.

*sur·round·ing /səráʊndɪŋ/ 形 限定 **周囲の**, 付近の: the *surrounding* mountains 周囲の山々.

+sur·round·ings /səráʊndɪŋz/ 名 複 **環境**, 周囲の物事[状況]; (...の)周辺: Good work cannot be done *in* uncomfortable *surroundings*. 不快な環境ではよい仕事はできない / The villa blends in with its *surroundings*. その別荘は周囲に溶け込んでいる.

類義語 **surroundings** 人や場所を取り巻く地理的・物理的な環境をいう: She grew up in beautiful *surroundings*. 彼女は美しい環境で育った. **environment** 精神的・社会的・文化的に影響を及ぼす環境をいう: She grew up in a happy *environment*. 彼女は幸せな環境の中で育った. **circumstances** 人や行動に制約・影響を及ぼす(時に経済的な)環境をいう: Man is the creature of *circumstances*. 人間は環境に左右される動物だ.

sur·tax /sə́ːtæks | sə́ː-/ 名 U (所得税の)累進付加税.

+**sur·veil·lance** /səvéɪləns | sə-/ 名 U《格式》(囚人などの)**監視**, 見張り, 監督: The club was kept under constant *surveillance*. そのクラブは常時監視下にあった / a *surveillance* camera 監視カメラ.

‡sur·vey[1] /sə́ːveɪ, sə(ː)véɪ | sə́ːveɪ, səːvéɪ/ アク 動詞の survey[2] とアクセントの傾向が違う.

— 名 (~s /~z/) ❶ C (事情・世論などの)**調査**, 検討; (土地などの)測量(図); 《英》(建物などの)検分, 査定: conduct [carry out, do] a *survey of* marriage 結婚に関する調査を行なう / A recent *survey* showed [found, revealed] that young people spend less time watching TV. 最近の調査で若者がテレビを見なくなっているとわかった.

❷ C **概観**, 概説: a *survey of* Japanese literature 日本文学概説. (動 survéy[2])

+**sur·vey**[2] /sə(ː)véɪ, sə́ːveɪ | sə(ː)véɪ, sə́ːveɪ/ アク 名詞の survey[1] とアクセントの傾向が違う. 動 (sur·veys /~z/; sur·veyed /~d/; -vey·ing) 他 ❶ [しばしば受身で] (世論調査などで)(多数の人など)に**質問する, 調査する**: Nearly 60% of those *surveyed* supported the new government. 質問を受けた者の 60% 近くが新政府を支持した《⇒ those 代 3》. ❷ (物事)の全体を(よく)見る[調べる]; (...)を概観する, 概説する: His lecture *surveyed* the current economic situation. 彼の講演は現在の経済情勢を概説したものであった. ❸ (土地など)を測量する; 《英》(建物など)を検分[査定]する. (名 súrvey[1])

sur·vey·or /səvéɪə | səvéɪə/ 名 C 測量者[技師]; 《英》(不動産)鑑定人, (公共事業の)調査官.

*sur·viv·al /səváɪv(ə)l | sə-/ アク 名 (~s /~z/) ❶ U **生き残ること**, 生存; 残存: the *survival of* the fittest 適者生存 / fight *for survival* 生き残りをかけて闘う / The crew has [have] a slight chance of *survival*. 乗組員の生存の望みは少ない. ❷ C 生存者; 遺物, 遺風 (*from*). (動 survíve)

survíval kit 名 C 救急袋, サバイバルキット《非常食・医薬品など緊急の際に必要な物のセット》.

‡sur·vive /səváɪv | sə-/ アク

— 動 (sur·vives /~z/; sur·vived /~d/; sur·viv·ing) 自 **生き延びる**, 生き残る; 残存する; (難局を)切り抜ける, 何とかやっていく: Few villagers *survived*. 村人はほとんど生き残らなかった.

— 他 ❶ [受身・命令形なし] (...)の**後まで生き延びる**, (人が)(事故・災害など)を(切り抜けて)生き残る; (物が)(災害など)の後まで残る; (難局など)を切り抜ける: *survive* the accident 事故で死なずにすむ / Only a few houses *survived* the earthquake [flood, fire]. その地震[洪水, 火災]で無事だった家はほんの数軒だった. ❷ [しばしば受身で] (人)より長生きする, (人)に先立たれる: His wife *survived* him *by* ten years. 彼の妻は彼の死後なお 10 年間生きた / Dr. Hall *is survived by* his wife and three daughters. ホール博士の遺族は夫人と 3 人の令嬢である.

survíve on ... [動] 他 (少ない食料・給料など)で生きていく, どうにかやっていく. (名 survíval)

〖語源 原義はラテン語で「...を越えて生きる」; ⇒ vivid キズナ〗

+**sur·vi·vor** /səváɪvə | səváɪvə/ 名 (~s /~z/) C (危うく)**生き残った人**, (事故などの)**生存者**, 助かった人; 遺族; (逆境にめげず)たくましく生きる人; 残存[存続]しているもの: the sole [lone] ***survivor of*** the plane crash 飛行機事故の唯一の生存者.

Su·san /súːz(ə)n/ 名 固 スーザン《女性の名; 愛称は Sue, Susie》.

Su·san·na, Su·san·nah /suːzǽnə/ 名 固 スザンナ《女性の名; 愛称は Sue, Susie》.

sus·cep·ti·bil·i·ty /səsèptəbíləṭi/ 名 (-i·ties) ❶ U 感じやすさ, 感受性; 敏感; (病気の)かかりやすさ: *susceptibility to* disease 病気にかかりやすいこと. ❷ [複数形で]《格式》(傷つきやすい)感情.

sus·cep·ti·ble /səséptəbl/ 形 ❶ 叙述 (...を)受けやすい, (...に)影響されやすい; (病気に)かかりやすい (*to*). ❷ 限定 感受性の強い, 多感の: *susceptible* teenagers 感受性の強いティーンエイジャー. ❸ 叙述《格式》(...が)可能な, (...を)許す (*of*).

Su·sie /súːzi/ 名 固 スージー《女性の名; Susan, Susanna, Susannah の愛称》.

‡sus·pect[1] /səspékt/ アク 名詞の suspect[2] とアクセントが違う.

— 動 (sus·pects /-pékts/; -pect·ed /~ɪd/; -pect·ing) 他 [進行形・命令形なし] ❶ **どうも...らしいと思う**, たぶん...ではないかと思う; (不正・危険など)に感づく, 気づく: I strongly ***suspect*** (***that***) he's guilty. V+O ((*that*)節) 彼が有罪ではないかと強く疑っている / *suspect* murder 殺人があったのではないかと思う.

語法 (1) 普通はよくないことに用いる. (2) doubt との違いは ⇒ doubt 語法. suspect if [whether] ... の構文は用いない. (3) 単に「...と思う」(suppose)の意で用いるのは Ⓢ《略式》: "Is the boy correct?" "I *suspect* so [not]." 「その子は正しいことを言っているの」「そうだと[違うと]思う」.

❷ (人)を**怪しいと思う**, (人)に(犯罪などの)嫌疑をかける: I *suspect* that man. 私はあの男が怪しいと思う / The police ***suspect*** him ***of*** murder. V+O+*of*+名 警察は彼に殺人の疑いをかけている / He ***is suspected of*** accept***ing*** a bribe. V+O+*of*+動名の受身 彼はわいろを受け取った疑いが持たれている.

❸ (事柄・物)に**不信を抱く**, 怪しいと思う: I *suspect* his honesty. 彼の実直さは疑わしい / I *suspect* the truth of this report. この報告書はどの程度真実か怪しいと思う. (名 suspícion; 名, 形 súspect[2])

〖語源 ラテン語で「下から見る」の意; ⇒ prospect[1] キズナ〗

sus·pect[2] /sʌ́spekt/ アク 動詞の suspect[1] とアクセントが違う. 名 C 疑わしい[怪しい]人[もの], 容疑者, 被疑者 (*for, in*). 関連 criminal 犯罪者. — 形 疑わし

い, 怪しい: highly *suspect* evidence かなり怪しい証拠. (動 suspéct[1])

***sus·pend** /səspénd/ 動 (sus · pends /-péndz/; -pend·ed /-dɪd/; -pend·ing) 他

意味のチャート
「ぶら下げる」❸ →(不安定な状態にとどめる)
→「漂わせる」❹
→「一時停止する」❶

❶ (事業・活動)を**一時停止する**; 一時延期する, 保留する, 見合わせる, 猶予(ゆうよ)する: *suspend* judgment 判断を保留する / My driver's license *was suspended.* V+O の受身 私は免許停止になった.
❷ [普通は受身で] (...)を**停職にする**, 停学にする: The two girls have ***been suspended from*** school for a week. V+O+*from*+名の受身 その女子生徒 2 名は 1 週間停学になっている. ❸ [しばしば受身で]《格式》(...)をぶら下げる, つるす [≒hang]: Decorations *were suspended from* the streetlights. 街灯から飾りがぶら下がっていた. ❹ [普通は受身で]《格式》(空中・水中に)(...)を漂わせる (*in*). (名 suspénse, suspénsion)
〖⇒ depend キズナ〗

suspénded animátion 名 ❶ U 仮死(状態). ❷ U (計画・行動などの)停止状態.

suspénded séntence 名 C〔法律〕執行猶予(の判決).

sus·pend·er /səspéndɚ | -də/ 名 [複数形で]《米》サスペンダー, ズボンつり [《英》 braces]; C《英》= garter 2: a pair of *suspenders* サスペンダー 1 組.

suspénder bèlt 名 C《英》= garter belt.

sus·pense /səspéns/ ❗アク 名 U (結果がどうなるかわからないときの)はらはら[どきどき]した気持ち, 不安, 気がかり; 未定, あやふや: keep [hold] ... in *suspense* ...をはらはらさせる. (動 suspénd)

+sus·pen·sion /səspénʃən/ 名 ❶ U **中止, 停止**; 停職, 停学, 出場停止; 支払い停止; 保留: ***suspension of*** publication 発行停止. ❷ U,C (自動車などの)サスペンション. ❸ C,U〔化学〕懸濁液[物質]. (動 suspénd)

suspénsion brìdge 名 C つり橋.

sus·pi·cion** /səspíʃən/ 名 (~s /~z/) ❶ U,C **疑い**, 疑惑, 嫌疑; 不信(の念); C どうも...らしいと思うこと; 感づくこと: regard [look upon] ... with *suspicion* ...を疑いの目で見る / His strange behavior aroused my *suspicions*. 彼の奇妙な行動は私に疑念を抱かせた / 言い換え I have a ***suspicion [I have my ***suspicions***] (***that***) he's going to quit. +(*that*)節 (= I suspect (that) he's going to quit.) どうも彼はやめそうな気がする. ❷ [a ~]《格式》ごくわずか (*of*).

abòve [beyònd] suspícion [形] 疑いをかけられない(で), 公正で.

on suspícion of ... [前] ...の疑いで.

ùnder suspícion [形・副] 疑いをかけられた[て].

(動 suspéct[1], 形 suspícious)

+sus·pi·cious /səspíʃəs/ 形 ❶ **怪しいと思う**, 疑い深い, 疑いを持った: The neighbors were all ***suspicious of*** [***about***] him. +*of* [*about*]+名 近所の人たちはみな彼を疑っていた / She gave me a *suspicious* look. 彼女はうさんくさそうに私を見た.
❷ **疑いを起こさせる**, 怪しげな, 疑わしい: *suspicious* behavior 怪しげな行動 / a *suspicious* package 不審な小包 / die in *suspicious* circumstances 変死する / a *suspicious*(-looking) character うさんくさい人物. (名 suspícion)

sus·pi·cious·ly /səspíʃəsli/ 副 疑い深く; 怪しげに; 疑わしいほど, 妙に. **lóok [sóund] suspíciously lìke ...** [動] 他 まるで...のようである.

***sus·tain** /səstéɪn/ 動 (sus·tains /~z/; sus·tained /~d/; -tain·ing) 他 ❶ (...)を**維持する**, 持続させる [≒maintain]; (食物などが)(...)の生命[体力]を保つ; 《格式》(...)の気持ちを支える, 元気づける: *sustain* public interest 大衆の興味を持続させる / The land has become so poor that it can't *sustain* the local population. その土地はやせてしまって住民の生活を支えられない / Hope *sustained* him during his illness. 病気の間希望が彼を支えた. ❷《格式》(傷・損害など)を受ける, こうむる: *sustain* a serious injury 重傷を負う. ❸《格式》(重さなど)を支える, (...)に耐える [≒support, bear]: This shelf won't *sustain* the weight of all these books. この棚ではこれらの本全体の重みに耐えられないだろう. ❹《格式》(考え・議論など)を支持する, 裏づける;〔法律〕承認する: Objection *sustained*. 異議を認めます. (名 sústenance)
〖⇒ contain キズナ〗

sus·tain·a·bil·i·ty /səstèɪnəbíləṭi/ 名 U 持続可能性.

sus·tain·a·ble /səstéɪnəbl/ 形 環境を破壊しないで持続できる; 持続可能な: *sustainable* development 持続可能な開発.

sus·tained /səstéɪnd/ 形 長期間の, 持続した: *sustained* economic growth 持続的経済成長 / make a *sustained* effort たゆまず努力する.

sus·te·nance /sʌ́stənəns/ 名 ❶ U《格式》栄養(物); 食物. ❷ U《格式》維持, 持続. (動 sustáin)

su·ture /súːtʃɚ | -tʃə/ 名 U〔医学〕(傷口の)縫合(ほうごう); C 縫合用の糸. — 動 他 (傷口)を縫合する.

SUV /éssjùːvíː/ 名 C《主に米》スポーツ用多目的車《頑丈な四輪駆動車; *s*port-*u*tility *v*ehicle の略》.

svelte /svélt/ 形 (svelt·er; svelt·est) [よい意味で] (特に女性が)すらりとした.

+SW 略 ❶ **南西** (southwest). ❷ = southwestern. ❸ = shortwave.

Sw. 略 = Sweden, Swedish.

swab /swɑ́(ː)b | swɔ́b/ 名 C 消毒綿[布], 綿棒; スワッブ《綿棒で集めた細菌検査用分泌物》; スワッブ検査. — 動 (swabs; swabbed; swab·bing) 他 ❶ (床・甲板など)をモップでふく (*down*). ❷ (消毒綿などで)(患部)に手当てをする.

swad·dle /swɑ́(ː)dl | swɔ́dl/ 動 他《古風》(新生児など)を細長い布で包む[くるむ] (*in*).

swag /swǽg/ 名 ❶ U《古風, 俗》盗品. ❷ C (カーテンなどの)ひだ飾り.

swag·ger /swǽgɚ | -gə/ 動 (-ger·ing /-g(ə)rɪŋ/) 自 [副詞(句)を伴って] [普通は軽蔑的] ふんぞり返って歩く. — 名 [a ~ または U] [普通は軽蔑的] いばって歩くこと.

Swa·hi·li /swɑːhíːli/ 名 (複 ~(s)) ❶ C スワヒリ族の人《アフリカの Tanzania およびその付近に住む》. ❷ U スワヒリ語《中央アフリカ東部の共通語》.

+swal·low[1] /swɑ́(ː)loʊ | swɔ́l-/ ❗発音 動 (swal·lows /~z/; swal·lowed /~d/; -low·ing) 他 ❶ (飲食物・薬など)を**飲み込む**《⇒ drink 表》; 大急ぎで食べる: He hurriedly *swallowed* the rest of his coffee. 彼はあわてて残りのコーヒーを飲み込んだ / *swallow* ... whole ...を丸ごと飲み込む. ❷《略式》(人の話)をそのまま受け入れる, うのみにする; (感情)を抑える, 口に出

さずに我慢する; (無礼に)耐える: Her story was hard to *swallow*. 彼女の話は信じがたいものだった / *swallow* the story whole 話をうのみにする. ❸ (海などが)(...)をのみ込む, 包み込む (*up*).

— ⓐ 飲み込む; (緊張などで)つばをのむ: *swallow* hard ごくりとつばをのむ; 感情をぐっとこらえる.

swállow úp [動] ⓣ (1) (小企業など)を吸収する. (2) (...)をのみ込む, すっぽりと包み込む. (3) (計画・支出などが)(金)を吸い上げる.

— 名 C ひと飲み(の量); 飲み下すこと: in one *swallow* ぐいとひと飲みで.

swal·low² /swɑ́(ː)loʊ | swɔ́l-/ 名 C つばめ: One *swallow* does not make a summer. 《ことわざ》つばめ1羽では夏にはならない(早合点は禁物).

*__swam__ /swǽm/ 動 swim の過去形.

swa·mi /swɑ́ːmi/ 名 C スワーミー《ヒンズー教学者への尊称》.

+**swamp** /swɑ́(ː)mp | swɔ́mp/ 名 (~s /~s/) U,C **沼地, 湿地**: plants that grow in *swamps* 沼地に生える植物. — 動 ⓣ ❶ [普通は受身で] (仕事・人などが)(...)に(どっと)押し寄せる, 殺到する: I'*m swamped with* work. 私は仕事に忙殺されている. ❷ (...)を水浸しにする; 水浸しにして沈める. ❸ (感情が)(人)を圧倒する.

swamp·y /swɑ́(ː)mpi | swɔ́m-/ 形 (swamp·i·er; -i·est) 沼地の; じめじめした; 湿地のある.

swan /swɑ́(ː)n | swɔ́n/ 名 C 白鳥《⇨ goose 挿絵》: *Swan Lake*「白鳥の湖」《ロシアの作曲家チャイコフスキー (Tchaikovsky) 作のバレエ曲の名》. 関連 cygnet 白鳥のひな.

swank /swǽŋk/ 動 ⓐ《古風, 主に英》気どる, もったいぶる.

swank·y /swǽŋki/ 形 (swank·i·er; -i·est)《略式》しゃれた, 豪勢な; はでな, 豪華な.

swán sòng 名 C (詩人・作曲家などの)最後の作(品), 辞世, 絶筆; 最後の公演[試合]. 由来 白鳥が死ぬときに歌うと言い伝えられることから.

+**swap** /swɑ́(ː)p | swɔ́p/ 動 (swaps; swapped; swap·ping) ⓣ ❶ (...)を(人と)(物々)**交換する**, 取り替える; (話・意見など)を交わす, 語り合う: *swap* addresses *with* him V+O+*with*+名 彼と住所を教え合う / Will you *swap* (me) two old coins *for* four new ones? V(+O)+O+*for*+名 古いコイン2枚と新しいの4枚とを交換しないか / Do not *swap* horses when crossing a stream. 《ことわざ》流れを渡っている間に馬を取り替えるな(危険が去るまで現状を維持せよ). ❷ (仕事・役割など)を交替する; (...)(の位置など)を入れ替える (*over, around*).

— ⓐ ❶ (物々)交換する (*with*). ❷ (仕事などを)交替する (*over*).

— 名 ❶ [単数形で]《略式》(物々)交換; C (仕事の)交替: do a *swap* 交換する. ❷ C《略式》交換物. ❸ C《略式》= swap meet.

swáp mèet 名 C《米》古物[不用品]交換会.

swarm /swɔ́ɚm | swɔ́ːm/ 名 ❶ C (みつばち・虫などの)群れ《⇨ group 類義語》: a large *swarm of* bees みつばちの大群. ❷ C [しばしば複数形で] (人の)群れ, 群衆 [≒crowd]; 多数, 大勢: *swarms of* tourists 大勢の観光客 / come in *swarms* 群れを成してやって来る. — 動 ⓐ ❶ [副詞(句)を伴って] 群れをなして[大勢で]動く; 群がる, たかる, うようよする: The children *swarmed into* the room. 子供が大勢その部屋へ入ってきた. ❷ (場所が) (人・動物の群れで)いっぱいである: The beaches are *swarming with* people. 海岸はすごい人だ.

swar·thy /swɔ́ɚði | swɔ́ː-/ 形 (swar·thi·er; -thi·est) (顔が)浅黒い; 日に焼けた.

swas·ti·ka /swɑ́(ː)stɪkə | swɔ́s-/ 名 C まんじ《十字架の変形である 卍 などの紋形》; (ナチスの紋章として使われた 卐 の)かぎ十字.

swat /swɑ́(ː)t | swɔ́t/ 動 (swats; swat·ted; swat·ting) ⓣ (はえなど)をぴしゃりと打つ. — 名 C ぴしゃりと打つこと.

SWAT /swɑ́(ː)t | swɔ́t/ 名 固《主に米》(警察・軍隊の)特別機動隊, 特殊(狙撃(そげき))部隊《*S*pecial *W*eapons *a*nd *T*actics の略》.

swatch /swɑ́(ː)ʧ | swɔ́ʧ/ 名 C (布地などの)見本.

swath /swɑ́(ː)θ, swɔ́ːθ | swɔ́θ/ 名 ❶ C 帯状の土地[もの]; 大部分, 広い範囲 (*of*). ❷ C (草などの)1筋の刈り跡. **cút a swáth through ...** [動] ⓣ ...を大きく破壊する, ...につめ跡を残す.

swathe¹ /swéɪð/ 動 ⓣ [普通は受身で]《文語》(...)に包帯をする; (布などで)(...)を包む, 巻く (*in*).

swathe² /swɑ́(ː)θ, swéɪð | swɔ́θ/ 名 = swath.

+**sway** /swéɪ/ 動 (sways /~z/; swayed /~d/; sway·ing) ⓐ (ゆらゆら)**揺れる**, 揺れ動く: The branches were *swaying* in the wind. 枝が風に揺れていた.

— ⓣ ❶ [しばしば受身で] (人・意見・行動など)を**左右する**, (...)の心を動かす [≒influence]: Some people *are* easily *swayed* by offers of money. V+O 受身 金でたやすく動かされる人がいる. ❷ (...)を揺り動かす, 揺さぶる.

— 名 ❶ U 揺れること, 動揺. ❷ U《文語》(人の心などを)動かすこと; 影響力; 支配, 支配権: hold *sway* (over ...) (...を)支配する, (...に)影響力を持っている[持つ] / under the *sway* of ... ...の支配[影響]を受けて.

*__swear__ /swéɚ | swéə/ 動 (swears /~z/; 過去 swore /swɔ́ɚ | swɔ́ː/; 過分 sworn /swɔ́ɚn | swɔ́ːn/; swear·ing /swé(ə)rɪŋ/) ⓐ ❶ **ののしる, 口汚いののしりのことばを使う**, 毒づく. 語法「こん畜生!」などに相当する Jesus Christ!, Damn!, Go to hell! などのような悪口のことば (curse) を用いること: Stop *swearing*; it's a bad habit. 口汚くののしるのはやめなさい, 悪い癖ですよ / The drunk ***swore at*** the policeman. V+*at*+名 その酔っ払いは警官をののしった.

❷ **誓って言う**, 誓いを立てる, 誓う; 《略式》断言する: I *swear* (to God). (神に誓って)絶対に間違いありません.

— ⓣ ❶ [受身なし] (...)を**誓う**, 誓って(...)と言う, 宣誓する; 誓約する, 堅く約束する; 《略式》(...)と断言する: They *swore* eternal love. 二人は永遠の愛を誓い合った / 言い換え He ***swore*** (*that*) he would pay the money back soon. V+O ((*that*) 節) = He ***swore to*** pay the money back soon. V+O (*to* 不定詞) 彼はすぐに金を返すと堅く約束した / I *swear* (to God) I didn't mean it. 本当にそんなつもりではなかった / 言い換え I could have *sworn* (*that*) I had a key. (= I'm almost certain (that) I had a key.) たしか鍵を持ってきたはずなのに(ない). ❷ (誓い)を立てる; 宣誓して(告発など)をする: *swear* an oath (特に法廷で)宣誓する. ❸ (人)に(...を)誓わせる; (人)に誓わせて...させる: I *was sworn to* secrecy [silence]. 私は絶対に秘密を守ると宣誓させられた.

swéar ùp and dówn (that) ... 《米》 = **swéar blínd (that) ...** 《英》[動] ⓣ ...だと断言する, 言い張る.

swear の句動詞

swéar by ... 動 他 ❶《略式》(医者・療法など)を絶対に信頼している: The farmers around here all *swear by* that vet. この辺の農家はみなあの獣医を絶対に信頼している. ❷(神など)にかけて(...)と誓う.

swéar ín 動 他 ❶[普通は受身で](人)に就任の宣誓をさせる (*as*): The new President will *be sworn in* tomorrow morning. 新大統領は明朝宣誓式を行なって正式に就任する. ❷[普通は受身で](法廷で)(人)に宣誓させる.

swéar óff 動 他《略式》(酒・麻薬など)を誓って断つ: He has *sworn off* drinking [gambling]. 彼は酒[ギャンブル]をやめると誓った.

swéar to ... 動 他 [普通は否定文で]《略式》誓って...を断言する, ...を確信する: I believe that it's true, but I could*n't swear to* it. それは本当だと思いますが, 誓ってそうだとは言えません.

swear·word /swéəwə̀ːd | swéəwɜ̀ːd/ 名 C ののしりのことば, 悪態.

+**sweat** /swét/ ❗発音 名 ❶ U 汗《perspiration のほうが上品な格式語》; (ガラスの表面などの)水滴: He wiped the (beads of) *sweat* off [from] his face. 彼は顔の(玉の)汗をぬぐった. ❷ C [普通は a ~] 汗をかいた状態; 発汗, ひと汗かくこと: He「broke out in [broke into] *a sweat*. 彼は汗をかきはじめた / She worked up *a sweat* by jogging. 彼女はジョギングで汗をかいた. ❸ U《略式》激しい労働, 大変な努力. ❹[複数形で]《米略式》= sweat suit; sweatpants.

bréak a swéat《米》=《英》**bréak swéat** [動] 自 汗をかく, 奮闘する.

by the swéat of one's **brów** [副]《文語》額に汗して, せっせと働いて. 由来 旧約聖書のことばから.

in [into] a (cóld) swéat [形・副] 冷や汗をかいて; はらはらして (*about*).

nó swéat [間] Ⓢ《略式》[返答などで] 問題ないよ, どうってことないさ. (形 swéaty)

— 動 (sweats /swéts/; 過去・過分 sweat·ed /-t̬ɪd/, sweat; sweat·ing /-t̬ɪŋ/) 自 ❶ **汗をかく**, 汗ばむ《perspire のほうが上品な格式語》;《略式》ひどく不安である, やきもきする: *sweat* heavily ひどく汗をかく / The exercise made me *sweat*. 運動したので私は汗をかいた / He *sweated* with fear. 彼は恐ろしくて冷や汗が出た. ❷《略式》汗を流して働く, 精を出して働く, 苦労する: *sweat over* the essay レポートを苦労して書く. ❸(表面に)水滴がつく, 汗をかく. — 他 ❶(...)に汗をかかせる. ❷《英》(肉など)を煮込む.

Dòn't swéat it. Ⓢ《米》心配するな.

Dòn't swéat the smáll stùff. Ⓢ《米》つまらないことを気にするな.

swéat it óut [動] 自 (運動などで)ひと汗流す;《略式》はらはらして待つ.

swéat óff [動] 他 (体重)を運動をして減らす.

swéat óut [動] 他 (1)(かぜ・熱など)を汗を出して治す. (2)《米》(...)をがんばってやり抜く.

sweat·er /swét̬ə | -tə/ ❗発音

— 名 (~s /~z/) C **セーター**: wear a cashmere *sweater* カシミアのセーターを着ている / Try this *sweater* on. このセーターを試着してごらん / knit a *sweater* セーターを編む. 関連 jersey ジャージーのセーター / jumper《英》セーター / pullover 頭からかぶって着るセーター.

swéat glànd 名 C【解剖】汗腺(かんせん).

sweat·pants /swétpæ̀nts/ 名 複 スウェットパンツ, トレーニングパンツ《⇒ training pants》.

sweat·shirt /swétʃə̀ːt | -ʃɜ̀ːt/ 名 C スウェットシャツ, トレーナー《⇒ trainer》.

sweat·shop /swétʃɑ̀(ː)p | -ʃɔ̀p/ 名 C 搾取工場[作業所]《低賃金で長時間労働させる》.

swéat sùit 名 C《米》スウェットの上下《sweatshirt と sweatpants から成る》.

sweat·y /swét̬i/ ❗発音 形 (sweat·i·er; -i·est) ❶ 汗びっしょりの; 汗にまみれた, 汗臭い. ❷(暑さ・仕事などが)汗をかくほどの, 骨の折れる. (名 sweat)

Swed. 略 = Sweden, Swedish.

Swede /swíːd/ 名 C スウェーデン人《⇒ Sweden》.

Swe·den /swíːdn/ 名 固 スウェーデン《ヨーロッパ北部のスカンジナビア半島 (Scandinavian Peninsula) の王国; 首都 Stockholm; 略 Sw., Swed.》. 関連 Swede スウェーデン人 / Swedish スウェーデン語, スウェーデン(人・語)の.

Swe·dish /swíːdɪʃ/ 形 ❶ スウェーデンの; スウェーデン人の《⇒ Sweden》. ❷ スウェーデン語の《略 Sw., Swed.》. — 名 ❶ U スウェーデン語. ❷ [the ~ として複数扱い] スウェーデン人《全体》; スウェーデン国民《略 Sw., Swed.》.

S

sweep** /swíːp/ 動 (sweeps /~s/; 過去・過分 swept /swépt/; sweep·ing) 他 ❶(...)を**掃(は)く, 掃除する**: *sweep* the floor with a broom ほうきで床を掃く / She *swept* the room clean. V+O+C(形) 彼女は部屋をきれいに掃いた / The children ***swept the fallen leaves (*away*) ***from*** [*off*] the path. V+O(+副)+前+名 子供たちは道の落ち葉を掃いて取った.

❷[副詞(句)を伴って](掃くようにして)(...)を**運び去る**, 持っていく; 押し流す; 一掃する: Several houses ***were swept away by*** the flood. V+副+O の受身 洪水でいくつかの家が押し流された. ❸(風・火などが)(場所)をさっと通る, 襲う; (感情・思想・流行などが)(...)にぱっと広まる; (照明などが)さっと照らす; (視線が)さっと見渡す: A fire *swept* the shopping district. 火が商業地域を焼き尽くした. ❹(選挙・試合など)に圧勝する;《米》(同一カードで)(相手チーム)に連勝する, (連戦)を勝ち抜く: *sweep* a three-game series 3 連戦に全勝する. ❺[副詞(句)を伴って](手など)をさっと動かす. ❻(ドレスのすそなどが)(地面)を引きずる. ❼[副詞(句)を伴って](髪)をとかす, (あるスタイルに)まとめる.

— 自 ❶ **掃(は)く, 掃除する**: Pick up a broom and begin to *sweep*. ほうきを持って掃除を始めなさい.

❷[副詞(句)を伴って](風雨・火・群衆などが)**さっと通る**, 勢いよく進む[広がる], 襲う; (感情・思想・流行などが)ぱっと広まる; さっと見渡す; (人が)さっそうと進む, 決然と歩く: The crowd ***swept along*** the street. V+前+名 群衆が通りを一斉に通り過ぎた / Fear *swept over* her. 恐怖が彼女を襲った. ❸[副詞(句)を伴って](土地などが)ずっと広がっている, うねうねと続く.

swéep ... òff ...'s féet [動] 他 (人)を魅了する. 由来 足もとをさらう, という意から.

swéep ... ùnder the rúg [《英》**cárpet**] [動] 他 (不都合な事など)を隠す.

sweep の句動詞

swéep alóng 動 他 = sweep away 2.

swéep asíde 動 他 (反対・意見など)を一蹴する.

swéep awáy 動 他 ❶(...)を押し流す; 一掃する.

❷ [普通は受身で] (熱意などが)(人)を動かす, 夢中にさせる.
swéep óut 動 他 (部屋など)をきれいに掃除する.
swéep úp 動 他 ❶ (床・部屋など)を掃く; (ごみなど)を掃き集める. ❷ (子供など)をさっと抱き上げる. ― 自 (床・部屋などを)掃く.

― 名 ❶ C (手・オールなどを)勢いよくさっと動かすこと, ひと振り; なぎ倒し: with a *sweep of* one's arm 腕を大きくひと振りして. ❷ C [普通は a ～] 掃(は)くこと, 掃除: Give the room *a* good *sweep*. 部屋をよく掃除しなさい. ❸ C [普通は単数形で] (土地などの)広がり, 大きなカーブ, 湾曲: the long *sweep of* the bay 湾岸が描く大きなカーブ. ❹ [単数形で] (思想などの)広がり, 流れ, 範囲: the broad *sweep of* history 歴史の大きな流れ. ❺ C (ある地域の)捜索, 掃討. ❻ C = chimney sweep. ❼ C《米》(同一カードでの)連勝 (*of*). ❽ [the ～s]《米》(テレビ番組の)視聴率調査期間.
màke a cléan swéep of ... [動] 他 (1) (不要な物・人)を一掃する, 一新[刷新]する. (2) (トーナメントなど)に完勝する, (メダルなど)を全部勝ち取る.

sweep·er /swíːpɚ | -pə/ 名 ❶ C 掃除機; 掃除人. ❷ C《英》〔サッカー〕スイーパー.

sweep·ing /swíːpɪŋ/ 形 ❶ 限定 広範囲におよぶ, 大々的な, 全面的な; (勝利などが)完全な: *sweeping* reforms 全面的な改革 / a *sweeping* victory 圧勝. ❷ 限定 [悪い意味で] 大ざっぱな: *sweeping* generalizations 大ざっぱな一般論. ❸ 限定 さっと掃(は)くような, 大きな弧を描く; 大きく広がる, 広く見渡す: a *sweeping* curve 大きなカーブ / a *sweeping* glance ざっと全体を見渡すこと. ― 名 ❶ U,C 掃除; 一掃. ❷ [複数形で] 掃き寄せたもの, ごみくず.

****sweet** /swíːt/ (同音 suite)
― 形 (sweet·er /-ṭɚ | -tə/; sweet·est /-ṭɪst/) ❶ 甘い; 砂糖の入った [⇔ bitter, sour]; (ワインなどが)甘口の [⇔ dry]: This peach tastes *sweet*. この桃は甘い味がする / Do you like your tea *sweet*? 紅茶は砂糖入りが好きですか / *Sweet* wine or dry wine? ワインは甘口, 辛口どちら.
❷ (香り・音などが)**快い**, 美しい: *sweet* melodies 快い旋律 / Roses smell *sweet*. ばらはよい香りがする / She has a *sweet* voice. 彼女は美しい声をしている. ❸ 心地よい, 楽しい: *sweet* revenge 痛快な復讐 / the *sweet* smell of success 成功の快感. ❹《主に英》かわいい, すてきな: What a *sweet* little girl! 何てかわいい女の子でしょう. ❺ (空気・水などが)新鮮な, おいしい; 《主に米》(水・バターが)塩気のない [≒fresh]: *sweet* water 真水. ❻ 優しい, 親切な: 言い換え *It's so sweet of* you *to* ask me to come. = You're so *sweet* to ask me to come. お招きくださりありがとうございます(⇒ of 12). 語法 主に女性が使う言い方. ❼ [間投詞的に] Ⓢ《米略式》いいね, すばらしい.
be swéet on ... [動] 他《古風, 略式》(人)が好きである.
in one's **ówn swèet wáy [tíme]** [副] (他人を顧みず)自分の好きなように[好きなだけ時間をとって].
kéep ... swéet [動] 他《略式》(見返りを期待して)(...)に取り入る. (動 swéeten)
― 名 (sweets /swíːts/) ❶ C **甘い物**, スイーツ; 《英》砂糖菓子, キャンディー [《米》candy]: a box of *sweets* 菓子 1 箱.
❷ U,C《英》(食後のデザートとしての)**甘い食べ物** [≒ dessert]. ❸ U [(my) ～ として呼びかけで]《古風》いとしい人.

sweet-and-sour /swíːtənsáʊɚ | -sáʊə/ 形 限定 甘酸っぱい: *sweet-and-sour* pork 酢豚.

swéet còrn 名 U《英》スイートコーン [《米》corn].

sweet·en /swíːtn/ 動 他 ❶ (飲食物)を甘くする, 甘みを加える. ❷《略式》(人)のご機嫌をとる, (人)を買収する (*up*; *with*). ❸ (取引など)を魅力的にする. ❹《文語》(人)を温和にする. ― 自 (飲食物が)甘くなる, 甘みが加わる. (形 sweet)

sweet·en·er /swíːtnɚ | -nə/ 名 ❶ U,C (砂糖の代わりの)甘味料: artificial *sweeteners* 人工甘味料. ❷ C《略式》ご機嫌をとるためのもの, わいろ.

sweet·heart /swíːthàɚt | -hàːt/ 名 C [呼びかけ] 君, あなた, ねえ; 《古風》恋人.

sweet·ie /swíːṭi/ 名 ❶ C《略式》恋人; かわいいもの. 語法 主に女性が使う語. ❷ C ねえ君, あなた《特に女性に対する呼びかけ》. ❸ C《英小児語》甘いもの, お菓子. ❹ C 親切な[いい]人.

sweet·ish /swíːṭɪʃ/ 形 幾分甘い.

sweet·ly /swíːtli/ 副 ❶ 甘く; 心地よく, 調子よく. ❷ 愛らしく, 優しく.

sweet·ness /swíːtnəs/ 名 ❶ U 甘さ, 芳香. ❷ U 優しさ, 愛らしさ. ❸ U 快さ; 美しさ. **be (àll) swéetness and líght** [動] 自 (いやに)ご機嫌だ; (状況が)楽しい, 快適だ.

swéet pèa 名 C スイートピー(の花).

swéet pépper 名 C 甘とうがらし《ししとうがらし・ピーマンを含む》.

swéet potàto 名 C さつまいも(⇒ potato 語法).

swéet tàlk 名 U《略式》お世辞, おべっか.

sweet-talk /swíːttɔ̀ːk/ 動 他《略式》(...)にお世辞を言う, おべっかを使って...させる (*into*).

+swell /swél/ 動 (swells /～z/; 過去 swelled /～d/; 過分 swelled, swol·len /swóʊlən/; swell·ing) 自 ❶ **ふくれる**, (かさを増して)盛り上がる, (手足が)はれる (*up*); (帆などが)ふくらむ (*out*): The bee sting made my nose *swell*. はちに刺されて私の鼻ははれた. ❷ (強さ・量などが)増す; 《文語》(声・音などが)高まる, 激しくなる; (波が)うねる: The river has *swelled with* the rain. 雨で川が増水した / The angry crowd *swelled to* a thousand. 怒った群衆の数が千人までふくらんだ. ❸ (気持ちが)高まる, (胸が)いっぱいになる: Her heart *swelled with* pride. 彼女は誇らしさで胸がいっぱいになった.
― 他 ❶ (強さ・量など)を**増大させる**: We joined the party to *swell* the numbers. 私たちは数を増やすためにパーティーに加わった. ❷ (...)をふくらませる (*out*): The wind *swelled* the sails. 風が帆をふくらませた.
― 名 ❶ C [普通は単数形で] (波の)うねり; [単数形で] (胸などの)ふくらみ: a heavy *swell* 海の激しいうねり. ❷ [単数形で] 増大; 膨張, (感情などの)高まり (*of*): a *swell* in population 人口の増大. ❸ [単数形で] (音の)高まり; 〔音楽〕クレッシェンド. ❹ C《古風, 略式》名士.
― 形《古風, 米略式》すばらしい, すてきな.

swell·ing /swélɪŋ/ 名 C はれもの, こぶ; 隆起部; U はれ(上がり): The *swelling in* the neck has gone down. 首のはれがひいた.

swel·ter /swéltɚ | -tə/ 動 (-ter·ing /-tərɪŋ, -trɪŋ/) 自 暑さにうだる, 汗だくになる.

swel·ter·ing /swéltərɪŋ, -trɪŋ/ 形 うだるように暑い:

sweltering heat うだるような暑さ.

*swept /swépt/ 動 sweep の過去形および過去分詞.

swerve /swə́ːv | swə́ːv/ 動 自 ❶ (急に方向を)変える, それる; よける. ❷ [普通は否定文で]《格式》(目的・本務・正道などから)はずれる (*from*). — 名 C 急に方向を変えること, それること (*to*).

+**swift** /swíft/ 形 (swift·er; swift·est) ❶ (反応などが)**すばやい**, 早速の; 叙述 すぐに...する, ...しやすい: a *swift* reply 即答 / Her response was *swift*. 彼女の反応はすばやかった / The other candidates were ***swift to*** take advantage of Mr. Hill's mistake. +to 不定詞 他の候補者たちはすばやくヒル氏の過ちにつけ込んだ. ❷ 速い, 敏速な; つかの間の《⇒ fast[1] 表, 類義語》: a *swift* horse 足の速い馬 / the *swift* passage of time 速い時の流れ. ❸ [普通は否定文で] S《米略式》頭がいい. — 名 C あまつばめ《鳥》.

Swift /swíft/ 名 固 Jonathan ~ スウィフト (1667-1745)《Ireland 生まれの英国の作家; ⇒ Gulliver's Travels》.

swift·ly /swíftli/ 副 すばやく, 迅速に.

swift·ness /swíftnəs/ 名 U 速さ, 敏速.

swig /swíg/ 動 (swigs; swigged; swig·ging) 他《略式》(酒など)を一気に飲む (*down*). — 名 C《略式》がぶ飲み: take [have] a *swig* of beer ビールを一気に飲みほす.

swill /swíl/ 動 他 ❶《略式》(...)をがぶがぶ飲む (*down*). ❷《主に英》(...)をすすぐ, 洗い流す (*out, down*). ❸ (容器の中で)(液体)を揺らす, 動かす (*around*). — 自 (液体が)揺れる, 動く (*around*). — 名 U (豚などにやる)残飯.

**swim /swím/

— 動 (swims /~z/; 過去 swam /swǽm/; 過分 swum /swʌ́m/; swim·ming) 自 ❶ **泳ぐ**, **水泳をする**; (競泳に)出場する: He *swims* well. 彼は泳ぎがうまい / I ***swam in*** the sea [ocean] yesterday. V+前+名 きのう海で泳いだ / He ***swam across*** the river. 彼はその川を泳いで渡った / Children are having fun ***swimming around***. V+副 子供たちが泳ぎ回って遊んでいる / Susan *swam* for the United States in the eight-hundred-meter freestyle. スーザンは米国代表として 800 メートル自由形に出場した / I watched the ducks *swimming in* [*on*] the pond. あひるが池で泳いでいるのを見た. ❷ (物・部屋などが)回るように見える; (頭が)くらくらする, めまいがする: Everything around me *swam* before my eyes. 辺りのものがみな目の前で回るように見えた / My head is *swimming*. めまいがします. ❸ [進行形で] (食物などが液体に)つかる, 浸る: The potatoes *were swimming in* gravy. ジャガイモは肉汁につかっていた.

— 他 (...)を泳ぐ, 泳ぎ渡る; ...泳ぎをする: *swim* the Strait of Dover ドーバー海峡を泳いで渡る / *swim* the backstroke [breaststroke] 背泳ぎ[平泳ぎ]で泳ぐ.

gò swímming [動] 自 **泳ぎ[水泳]に行く**: Mary and I ***went swimming*** ⌈***in*** the river [***at*** the beach]. メアリーと私は川[海]へ泳ぎに行った. ⚡ ×to the river [beach] とはしない《⇒ go doing (go 動 成句) ⚡》.

— 名 [a ~] **泳ぐこと**, ひと泳ぎ; [形容詞的に]《主に米》水泳(用)の: have *a swim* ひと泳ぎする / go for *a swim* 泳ぎに行く / *swim* trunks 水泳パンツ.

be in the swím (of thìngs) [動] 自《略式》実情に明るい; 時流に乗っている.

*__swim·mer__ /swímə | -mə/ 名 (~s /~z/) C **泳ぐ人**, 泳者, 水泳選手; [前に形容詞をつけて] 泳ぎが...の人: I'm a *good* [*poor*] *swimmer*. 私は泳ぐのは得意[苦手]だ.

**swim·ming /swímɪŋ/

— 名 U **泳ぎ**, **水泳**: *Swimming* is good exercise. 水泳はよい運動だ / No *swimming*. = *Swimming* prohibited. 遊泳禁止 //⇒ synchronized swimming.

swímming còstume 名 C《英》= swimsuit.

swim·ming·ly /swímɪŋli/ 副《古風, 略式》すらすらと, 順調に: go *swimmingly* 順調に運ぶ.

+**swímming pòol** 名 (~s /~z/) C (水泳用の)**プール** [≒pool].

swímming trùnks 名 複 [しばしば a pair of ~] 水泳パンツ.

+**swim·suit** /swímsùːt/ 名 (-suits /-sùːts/) C (女性用の)**水着**.

swim·wear /swímwèə | -wèə/ 名 U 水着.

swin·dle /swíndl/ 動 他 (人)から(金などを)だまし取る; (金など)を(人から)詐取する [≒cheat]: They *swindled* Mr. Black *out of* a lot of money. 彼らはブラックさんから大金をだまし取った. — 名 C 詐取, 詐欺.

swin·dler /swíndlə | -lə/ 名 C 詐欺[ぺてん]師.

swine /swáɪn/ 名 ❶ C (複 ~)《古語》豚. ❷ C (複 ~(s))《略式》いやなやつ. **cást [thrów] péarls befòre swíne** [動] 自《文語》豚に真珠. 由来 値打ちのわからない者に高価なものを与えるという意. 新約聖書のことばから.

*__swing__ /swíŋ/ 動 (swings /~z/; 過去・過分 swung /swʌ́ŋ/; swing·ing) 自 ❶ (振り子のように)**揺れる**, 振れる, ぶらぶらする, ぶら下がる: let one's legs *swing* 脚をぶらぶらさせる / That sign is *swinging* in the wind. あの看板が風で揺れている / A basket of flowers is ***swinging from*** her arm. V+*from*+名 花の入ったかごが彼女の腕からぶら下がって揺れている.

❷ (すばやく弧を描いて)**動く**, **ぐるりと回る**; 向きを変える: The car ***swung around*** [***round***] the corner. V+*around* [*round*]+名 車が急カーブを描いて角を曲がった / The door *swung* open [shut]. V+C (形) ドアがさっと開いた[閉まった] / He ***swung around on*** his heel. V+*around*+前+名 彼はかかとでくるりと回った[振り向いた]. ❸ [副詞(句)を伴って] (一方から他方へ)空中を移動する: The monkey was *swinging from* branch *to* branch. 猿は枝から枝へと飛び移っていた. ❹ (意見・気分などが)揺れ動く: Her mood *swung between* joy and despair. 彼女の気分は喜びと絶望の間で大きく揺れ動いた. ❺ 大きく振って打つ, (野球・ゴルフで)スイングをする; なぐりかかる (*at*). ❻ ぶらんこに乗る. ❼ (音楽・演奏が)スイング調である.

— 他 ❶ (...)を**振る**, 振り動かす, 振り回す; (ぶらぶらと)つるす, ぶら下げる; さっと動かす; 振り回して打ちかかる: The player ***swung*** his bat ***at*** the ball. V+O+*at*+名 その選手はボールをねらってバットを振った.

❷ (...)を**ぐるりと回す**, 回転させる: He ***swung*** the hammer ***around*** and threw it. V+O+*around* 彼はハンマーをぐるぐると回転させて投げた / She ***swung*** her car ***into*** the vacant parking space. V+O+前+名 彼女はぐるっと車を回して空いている駐車場所に入れた / He *swung* the door shut. V+O+C (形) 彼はドアをさっと閉めた. ❸ (...)の意見[気分]を急に変えさせる: *swing* the vote 票の流れを変える. ❹ S《略式》(ときに不正な手段により)(事)をうまく運ぶ, 上手に処置す

S

る: if I can *swing* it なんとかうまくできれば.
swíng aróund [róund] [動] ⓐ 急に向き直る, 振り向く《⇒ ⓐ 2》; (風・世論・話などが)向きが変わる (*to*). — ⓗ (...)の向きを急に変える.
swíng bý [動] ⓐ《米略式》ちょっと立ち寄る. — ⓗ《米略式》(...)にちょっと立ち寄る.
— 名 (~s /~z/) ❶ Ⓒ **ぶらんこ**; ぶらんこ遊び: get [ride] *on* a *swing* ぶらんこに乗る / play *on* the *swings* ぶらんこで遊ぶ. 関連 seesaw シーソー.
❷ Ⓒ **振ること**, 振り方; (ゴルフなどの)スイング, 振り; (軽快な)揺れ; 振幅; (人を)殴ること: a batter with a powerful *swing* バットを力強く振る打者. ❸ Ⓒ (気分・世論などの)変動: a big *swing in* public opinion 世論の大きな変動 / The latest poll showed a 15% *swing to* the Democratic Party. 最新の世論調査では民主党の支持率が 15% 上がった. ❹ Ⓤ スイング《ジャズの一種》. ❺ [a ~]《米》(周遊の)小旅行, 遊説 (*through*).
be in fúll swíng [動] ⓐ 最高潮である, どんどん進行中である.
gét into the swíng (of ...) [動] ⓐ《略式》(仕事などの)調子をつかむ; リズムに乗ってくる.
gó with a swíng [動] ⓐ (1)《英略式》(会などが)調子よく運ぶ, 盛会である. (2) (音楽が)リズミカルな.
swinge·ing /swínʤɪŋ/ 形《英》(削減・増税などが)大幅な; (批判などが)痛烈な.
swing·ing /swíŋɪŋ/ 形 ❶ 前後に揺れる. ❷《古風, 略式》陽気で楽しい, 活発な.
swínging dóor 名 Ⓒ《米》自在ドア《前後いずれにも開き自然に閉まる》.
swipe /swáɪp/ 動 ⓗ ❶ (...)を強打する, ぶん殴る. ❷《略式》(...)を盗む, かっぱらう. ❸ (カード)を機械に通す. ❹〔コンピュータ〕(タッチスクリーン・指)をスワイプする (*across*, *on*). — ⓐ ❶ 強打する, 殴りかかる (*at*). ❷〔コンピュータ〕スワイプする. — 名 ❶ Ⓒ 強打: take a *swipe at* ... ...を強打する. ❷ Ⓒ 批判, 非難: take a *swipe at* ... ...を非難する.
swípe càrd 名 Ⓒ (読み取り機に通す)磁気カード.
swirl /swə́ːl | swə́ːl/ 動 ⓐ [副詞(句)を伴って] 渦を巻く [≒whirl], ぐるぐる回る; (うわさなどが)飛び交う. — ⓗ (...)を渦巻き状にする, ぐるぐる回す (*around*, *across*). — 名 ❶ Ⓒ 渦巻き状の動き, 旋回. ❷ Ⓒ 渦(巻き); 渦巻き形: *swirls of* dust 巻き上がるほこり.
swish /swíʃ/ 動 ⓐ ❶ [副詞(句)を伴って] (風を切って)ひゅうっ[びゅん]と音を立てて動く (*about*, *around*). ❷ (服などが)衣ずれの音を立てる. — ⓗ (...)をひゅうっ[びゅん]と振り回す. — 名 [単数形で] ひゅうっ[びゅん]と風を切る音. — 形《英略式》しゃれた, いきな.
+**Swiss** /swís/ 形 **スイスの**; **スイス人の**; スイス系の; スイス風の: a *Swiss* watch スイス製の時計.
(名 Swítzerland)
— 名 (複 ~) ❶ Ⓒ スイス人; スイス系人. ❷ [the ~ として複数扱い] スイス人《全体》, スイス国民《⇒ the¹ 5》. 参考 スイス語という言語はなく, スイスでは(スイスなまりの)ドイツ語・フランス語・イタリア語・ロマンシュ語が話されている.
Swíss róll 名 Ⓒ,Ⓤ《英》= jelly roll.

**switch /swítʃ/

— 名 (~·es /~ɪz/) ❶ Ⓒ (電気の)**スイッチ**; (ガスの)**栓**: flick the on *switch* オンのスイッチをぱちっと入れる / press the wrong *switch* 間違ったスイッチを押す / "Where's the light *switch*?" "On the right side of the door." 「電灯のスイッチはどこですか」「ドアの右側です」
❷ Ⓒ (急激な)**転換**, 切り替え: a ***switch in*** policy [attitude] 政策の転換[態度の変化] / Mr. Brown made the ***switch from*** Democrat ***to*** Republican. ブラウン氏は民主党から共和党へくら替えをした. ❸ Ⓒ しなやかな枝[むち]. ❹ [複数形で]《米》〔鉄道〕転轍(てんてつ)器, ポイント [《英》points].
— 動 (switch·es /~ɪz/; switched /~t/; switch·ing) ⓗ ❶ (...)を(急に)**変える**, (関心など)を移す: They ***switched*** the conversation ***to*** another subject. V+O+*to*+名 彼らは話を別の話題に変えた. ❷ (座席・物・役割など)を取り替える, 交換する; 《米》(仕事)を交替する: We *switched* seats. 私たちは席を交換した. 語法 この場合は目的語は複数形 // Will you *switch* shifts *with* me? 私とシフトを代わってくれますか. ❸ (電灯・器具)のスイッチを切り替える《⇒ 句動詞》.
— ⓐ ❶ **変更する**, 切り替える, 転換する: Which flight would you like to ***switch to***? V+*to*+名 どの便に変更をご希望でしょうか / We need to ***switch from*** fossil fuels ***to*** renewable energy. V+*from*+名+*to*+名 私たちは化石燃料から再生可能エネルギーに切り替える必要がある. ❷《米》仕事を交替する (*with*).

switch の句動詞

swítch aróund 動 ⓗ (...)(の配置)を入れ替える.
+**swítch óff** 動 ⓗ (電灯・テレビ・ラジオなど)を**消す**, (...)のスイッチを切る V+名・代+*off* / V+*off*+名: He *switched off* the light. 彼は電気を消した.
— ⓐ ❶ **スイッチを切る**: Please *switch off* when you've finished using the computer. コンピューターを使い終わったらスイッチを切ってください. ❷《略式》話を聞く気が失せる. ❸ 少しくつろぐ.
+**swítch ón** 動 ⓗ (電灯・テレビ・ラジオなど)を**つける**, (...)のスイッチを入れる V+名・代+*on* / V+*on*+名: He *switched* the television *on*. 彼はテレビをつけた / Don't leave the light *switched on*. 電気をつけっぱなしにしないで.
— ⓐ **スイッチが入る**: The air conditioner *switches on* automatically at 9 a.m. エアコンは午前 9 時に自動的にスイッチが入る.
swítch óver 動 ⓐ ❶ (一方から他方へ)転換する: We *switched over to* an electric car. 我々は電気自動車に切り替えた. ❷ テレビのチャンネルを替える (*to*). — ⓗ (テレビなど)を(別のチャンネルに)替える.
swítch róund 動 ⓗ = switch around.

switch·back /swítʃbæ̀k/ 名 Ⓒ ジグザグの山道; (山岳鉄道の)スイッチバック.
switch·blade /swítʃblèɪd/ 名 Ⓒ《主に米》飛び出しナイフ [《英》flick knife].
switch·board /swítʃbɔ̀ːəd | -bɔ̀ːd/ 名 Ⓒ (電話の)交換台; 交換手《全体》.
switch-hit·ter /swítʃhítə | -tə/ 名 Ⓒ〔野球〕スイッチヒッター《左右どちらでも打てる打者》.
Switz. 略 = Switzerland.
+**Swit·zer·land** /swítsələnd | -tsə-/ 名 固 **スイス**《西ヨーロッパ中部の共和国; 略 Switz., ⇒ Swiss 名 参考》.
(形 Swiss)
swiv·el /swív(ə)l/ 名 Ⓒ [しばしば合成語で] 回り継ぎ手, 自在軸受け; さるかん; (回転いすの)回転台.
— 動 (swiv·els; swiv·eled, 《英》swiv·elled;

-el·ing, 《英》 -el·ling) ⑮ (...)を回転させる, (...)の向きを変える (*around*, *round*). — ⑪ 回転する, くるりと向きを変える (*around*, *round*).

swível chàir 名 C 回転いす.

+**swol·len** /swóʊlən/ 動 **swell の過去分詞.**
— 形 ❶ はれ(上がっ)た; ふくれた; (川などが)増水した. ❷ おおげさな, うぬぼれた.

swoon /swúːn/ 動 ⑪ (人に)うっとりする (*over*); 《古風》 気絶[卒倒]する. — 名 [a 〜] 《古風》 気絶: fall into *a swoon* 気絶する.

swoop /swúːp/ 動 ⑪ (わし·たか·飛行機などが空から)急降下する, 飛びかかる, 襲う; (警察などが)急襲する (*on*): The eagle *swooped down on* its prey. わしは獲物を目がけてさっと舞い降りてきた. — 名 C (わし·たか·飛行機などの)急降下, 飛びかかること; (警察などの)急襲: make a (dawn) *swoop on* ... ...を(明け方)急襲する. **at [in] óne féll swóop** [副] 一挙に.

+**sword** /sɔ́ɚd | sɔ́ːd/ ‼発音 w は発音しない. 名 (swords /sɔ́ɚdz | sɔ́ːdz/) ❶ C **刀, 剣:** draw [sheathe] a *sword* 刀を抜く[納める].
❷ [the 〜] 武力: Those that live by *the sword* shall perish by *the sword*. 《ことわざ》 剣によって生きるものは剣によって滅びる.
cróss swórds with ... [動] ⑮ ...と剣を交える; ...と論争する, ...と渡り合う. **pút ... to the swórd** [動] ⑮ 《文語》 (人)を刀にかける, 切り殺す. **túrn [béat] swórds into plówshares** [動] ⑪ 《文語》 争いを止めて平和に暮らす.

swórd dànce 名 C つるぎの舞, 剣舞.

sword·fish /sɔ́ɚdfɪʃ | sɔ́ːd-/ 名 (複 〜, 〜·es) C めかじき; U めかじきの身.

sword·play /sɔ́ɚdplèɪ | sɔ́ːd-/ 名 U フェンシング, 剣術, 剣さばき.

swords·man /sɔ́ɚdzmən | sɔ́ːdz-/ 名 (-men /-mən/) C 剣客, 剣術家.

swords·man·ship /sɔ́ɚdzmənʃɪp | sɔ́ːdz-/ 名 U 剣術, 剣道.

***swore** /swɔ́ɚ | swɔ́ː/ 動 **swear の過去形.**

***sworn** /swɔ́ɚn | swɔ́ːn/ 動 **swear の過去分詞.**
— 形 限定 誓った, 契(ちぎ)った: *sworn* enemies 宿敵 / a *sworn* statement 宣誓したうえでの証言.

swot /swɑ́(ː)t | swɔ́t/ 動 (swots; swot·ted; swot·ting) ⑪ 《英略式》 ガリ勉する (*up*; *for*) [《米》 grind]. — 名 C 《英略式》 ガリ勉(屋).

****swum** /swʌ́m/ 動 **swim の過去分詞.**

***swung** /swʌ́ŋ/ 動 **swing の過去形および過去分詞.**

swúng dàsh 名 C スワングダッシュ《〜》.

> この辞書では見出し語と同じつづり字または発音を繰り返すとき 〜 で代用している. 例えば **cap** /kǽp/ の項で 〜s / 〜s/ とあれば, caps /kǽps/ を表わす.

syc·a·more /síkəmɔ̀ɚ | -mɔ̀ː/ 名 ❶ C 《主に米》 アメリカすずかけの木《plane tree の一種》. ❷ C 《主に英》 シカモア《ヨーロッパ原産の大かえで》. ❸ U アメリカすずかけの木材; シカモアの木材.

syc·o·phant /síkəf(ə)nt/ 名 C 《格式》 おべっか使い, ごますり, 追従(ついしょう)者.

syc·o·phan·tic /sìkəfǽntɪk←/ 形 《格式》 おべっかを使う, へつらう.

Syd·ney /sídni/ 名 固 シドニー《オーストラリア南東部の港市》.

syllabi 名 syllabus の複数形.

syl·lab·ic /sɪlǽbɪk/ 形 音節の; 〔音声〕 音節主音的な. — 名 C 〔音声〕 音節主音《⇒ **つづり字と発音解説** 63》.

syl·lab·i·ca·tion /sɪlæ̀bɪkéɪʃən/ 名 U (語を)音節に分けること, 分節法.

> この辞書では見出し語などにおいて語中で切ることのできる個所を **mes·sen·ger** のように(·)で示してある. **peace, war** のように(·)がない語は行を変えるときにハイフンで切ることはできない. また **a·bout, hap·py** のように小さな(·)で切ってある個所は実際の手紙·書類などでは行を変えるときに切らないほうがよい. これは un- などの接辞以外は, 1 字または 2 字を切り離して行を変えることは好ましくないからである. 従って **in·tel·lec·tu·al** は行末で intel-lectual または intellec-tual と切るのは差しつかえないが, in-tellectual または intellectu-al のようには切らないほうがよい. 同様に **sem·i·fi·nal** は行末で semi-final とは切れるが, sem-ifinal または semifi-nal とは切れない. この語は semi＋final だからである. なお人名を行末で切ることは好ましくないので, この辞書では **Lin·coln** のように小さな(·)で切ってある. ✪ ⇒「この辞書の使い方」(巻頭) 1.7-1.10

syl·la·ble /sɪ́ləbl/ 名 C 〔音声〕 音節, シラブル《⇒ **つづり字と発音解説** 62》: "About" is a word of two *syllables*. about は 2 音節の語である.

syl·la·bus /sɪ́ləbəs/ 名 (複 〜·es, syl·la·bi /-bàɪ/) C (講義の)摘要, 概要; 教授細目, シラバス.

syl·lo·gis·m /sɪ́lədʒɪzm/ 名 C 〔論理〕 三段論法.

sylph /sɪ́lf/ 名 ❶ C ほっそりとした優美な女性. ❷ C 空気の精.

syl·van /sɪ́lv(ə)n/ 形 《文語》 森林の(ある), 森の中の, 樹木の.

Syl·vi·a /sɪ́lviə/ 名 固 シルビア《女性の名》.

sym- /sɪm/ 接頭 = syn-《b-, f- (ph-), m-, p- の前の変形》: *sym*pathy 同情 / *sym*phony 交響曲.

sym·bi·o·sis /sìmbióʊsɪs/ 名 ❶ U 〔生物〕 (相利)共生, 共同生活. ❷ U 《格式》 (人·組織などの)相互協力.

sym·bi·ot·ic /sìmbiɑ́(ː)ṭɪk | -ɔ́t-←/ 形 [普通は 叙述] 〔生物〕 共生の; 《格式》 相互協力の.

****sym·bol** /símb(ə)l/ (同音 cymbal)
— 名 (〜s /〜z/) ❶ C **象徴:** The lion is a *symbol of* courage. ライオンは勇気の象徴である / The Emperor shall be the *symbol of* the State and the unity of the people. 天皇は日本国の象徴であり日本国民統合の象徴である《日本国憲法第 1 条の一節; ⇒ shall 4》. 日英 「シンボルマーク」は和製英語. 英語では単に symbol か mark または emblem という.
❷ C **記号,** 符号 [≒sign]: a chemical *symbol* 化学記号 / The sign ＋ is the ***symbol for*** addition. ＋の印は加法を示す記号である.
(形 symbólic, -bólical, 動 sýmbolìze)

+**sym·bol·ic** /sɪmbɑ́(ː)lɪk | -bɔ́l-/, **-bol·i·cal** /-lɪk(ə)l/ 形 ❶ **象徴的な,** (...を)表象する; (実質はともかく)象徴的な意味あいの: a *symbolic* gesture 象徴的なジェスチャー / The dove is ***symbolic of*** peace. ＋of＋名 ハトは平和を象徴する. ❷ 記号の, 記号的な.
(名 sýmbol)

-cal·ly /-kəli/ 副 象徴的に; 記号的に.

sym·bol·is·m /símbəlìzm/ 名 U 記号による表現; 象徴的意味; (文学・芸術・映画などの)象徴主義, 象徴派.

sym·bol·i·za·tion /sìmbəlɪzéɪʃən | -laɪz-/ 名 U 象徴化; 記号で表わすこと. (動 sýmbolìze)

+**sym·bol·ize** /símbəlàɪz/ 動 他 ❶ (物が)(...)を**象徴する**, (...)の象徴である, 表わす: A heart shape *symbolizes* love. ハート型は愛情を示す. ❷ (...)を記号[符号]で表わす; 象徴化する. (名 sýmbol, sỳmbolizátion)

sym·met·ri·cal /sɪmétrɪk(ə)l/, **-met·ric** /-trɪk/ 形 (左右が)対称の, 相称の; 均整のとれた. **-cal·ly** /-kəli/ 副 対称的に, 相称的に; つり合って.

sym·me·try /símətri/ 名 ❶ U (左右の)対称, 相称 (*of*). ❷ U つり合い, 均整(美) [≒balance].

+**sym·pa·thet·ic** /sìmpəθéṭɪk←/ アク 形 ❶ **同情的な**, 思いやりのある: Everybody felt *sympathetic to* [*toward*] the bereaved family. +to [toward]+名 みなその遺族に同情した / lend a *sympathetic* ear to him 彼の話を思いやりを持って聞く.
❷ (人・考え・行動などに)**共感して**, 共鳴した, 賛同する, 好意的な: He isn't *sympathetic to* [*toward*] environmental issues. +to [toward]+名 彼は環境問題には理解がない. ❸ (人が)好感の持てる, 好ましい. (名 sýmpathy)
-thet·i·cal·ly /-kəli/ 副 同情して; 好意的に.

+**sym·pa·thize** /símpəθàɪz/ アク 動 (-pa·thiz·es /~ɪz/; -pa·thized /~d/; -pa·thiz·ing) 自 ❶ (...に)**同情する**, (...と)同じ気持ちを分かち合う: We all *sympathized with* the child who had lost her parents. V+with+名 私たちはみな両親を失ったその子に同情した.
❷ (人・考え・行動などに)**共感する**, 共鳴する, 同意する, 賛成する: I don't *sympathize with* their cause. V+with+名 私は彼らの運動には賛成しない. (名 sýmpathy)

sym·pa·thiz·er /símpəθàɪzɚ | -zə/ 名 C 賛同者; 同調者, シンパ.

*__sym·pa·thy__ /símpəθi/ アク 名 (-pa·thies /~z/) ❶ [U または複数形で] **同情**, 思いやり; お悔やみ, お見舞いのことば(⇒ pity 類義語): He feels [has] no *sympathy for* the poor. 彼は貧者に全く同情しない / offer [express] (one's) *sympathy* 同情の気持ちを述べる / Don't play on her *sympathy*. 彼女の同情につけ入るな / out of *sympathy* (*for* ...) (...に対する)同情から / a letter of *sympathy* お悔やみの手紙 / You have my deep *sympathies*. お悔やみ申し上げます.
❷ [U または複数形で] **共感**, 共鳴, 同感, 賛同, 支持: We all cried *in sympathy*. 我々はみなもらい泣きした / I have some *sympathy with* [*for*] their ideas. 私はあの人たちの考え方にはある程度賛成できる. ❸ U (仲間で)気が合うこと: There was no *sympathy between* the two of them. 彼ら二人は全く気が合わなかった.
in sýmpathy [形・副] (...に)共鳴[賛成]して(⇒ 2); (...に)調和[連動]して (*with*).
(形 sỳmpathétic, 動 sýmpathìze)
〖語源 原義はギリシャ語で「感情を共に(⇒ sym-)すること」〗

sym·phon·ic /sɪmfá(ː)nɪk | -fɔ́n-/ 形 [普通は 限定] 交響曲の. (名 sýmphony)

+**sym·pho·ny** /símfəni/ 名 (-pho·nies /~z/) ❶ C **交響曲**, シンフォニー: Beethoven's *Symphony* No.9 ベートーヴェンの交響曲第 9 番. ❷ C 《米》 交響楽団. (形 symphónic)
〖語源 原義はギリシャ語で「音の一致(⇒ sym-)」〗

sýmphony òrchestra 名 C 交響楽団.

sym·po·si·um /sɪmpóʊziəm/ アク 名 (複 ~s, sym·po·si·a /-ziə/) C (ある問題に関する)討論会, シンポジウム; 論文集 (*on*).

*__symp·tom__ /sím(p)təm/ 名 (~s /~z/) ❶ C (病気などの)**徴候**, 症状: withdrawal *symptoms* (麻薬などの)禁断症状 / A cough is one *symptom of* the cold. せきはかぜの徴候のひとつである.
❷ C (悪い物事の)**きざし**, 前兆, 徴候: An increase in the prices of commodities is a *symptom of* inflation. 物価の上昇はインフレのきざしである. (形 sỳmptomátic)

symp·to·mat·ic /sìm(p)təmǽṭɪk←/ 形 《格式》 (悪い物事・病気)の徴候である (*of*). (名 sýmptom)

syn- /sɪn/ 接頭 「共に, 同時に」の意: *syn*chronize (数個の時計の)時間を合わせる. 語法 b-, f- (ph-), m-, p-で始まる語の前では sym- となる.

syn·a·gogue /sínəgɑ̀(ː)g | -gɔ̀g/ 名 C シナゴーグ《ユダヤ教徒の礼拝堂・集会堂》.

syn·apse /sínæps | sáɪ-/ 名 C 〔解剖〕 シナプス《神経細胞の接合部》.

sync /síŋk/ 名 U 《略式》〔映画・テレビ〕 同期《synchronization を短縮した形》. **in sýnc** [形] 《略式》 同期[調和]して (*with*). **òut of sýnc** [形] 《略式》 同期[調和]しないで (*with*). — 動 《略式》 = synchronize.

syn·chro·ni·za·tion /sìŋkrənɪzéɪʃən | -naɪz-/ 名 ❶ U 同時化; 同時性 (*of*). ❷ U 〔映画・テレビ〕 (映像と音声の)同期; 〔コンピュータ〕 (ファイルの)同期.

syn·chro·nize /síŋkrənàɪz/ 動 他 ❶ (ある行為)を(他の行為と)同時にする, (...)の時間を一致させる (*with*). ❷ (複数の時計)の時間を合わせる. ❸ 〔映画・テレビ〕 (音声)を(映像と)同期させる (*with*); 〔コンピュータ〕 (ファイル)を同期する. — 自 ❶ (2 つ以上のことが)同時に起こる[進行する] (*with*). ❷ 〔映画・テレビ〕 (映像と音声とが)同期する (*with*).

sýn·chro·nized swímming /síŋkrənàɪzd-/ 名 U シンクロナイズドスイミング《正式名称は artistic swimming》.

syn·chro·nous /síŋkrənəs/ 形 《格式》 同時に起こる[存在する], 同時(性)の.

syn·co·pated /síŋkəpèɪṭɪd/ 形 〔音楽〕 シンコペーションの, 切分した.

syn·co·pa·tion /sìŋkəpéɪʃən/ 名 U 〔音楽〕 切分, シンコペーション.

+**syn·di·cate**[1] /síndɪkət/ ✪ 動詞の syndicate[2] と発音が違う. 名 (-di·cates /-kəts/) ❶ C [《英》 単数形でもときに複数扱い] **シンジケート**, 企業組合[連合] (*of*). ❷ C 新聞・雑誌用記事配給会社《写真・漫画・特別記事などをマスメディアに売る》; 同一経営下の新聞. ❸ C 《米》 犯罪組織《マフィアなど》.

syn·di·cate[2] /síndəkèɪt/ ✪ 名詞の syndicate[1] と発音が違う. 動 他 ❶ (...)をシンジケート組織にする; 企業組合で経営する. ❷ [普通は受身で] (記事・番組など)を多くの新聞・雑誌・放送局に配給する.

+**syn·drome** /síndroʊm/ 名 (~s /~z/) ❶ C 〔医学〕 **症候群**: ⇒ Down('s) syndrome, AIDS. ❷ C シンドローム《関連した事柄などの一群; 社会現象などの定型》.

syn·er·gy /sínɚdʒi | -nə-/ 名 (-gies) U,C 相乗作用[効果], シナジー.

syn·od /sínəd/ 名 C 教会会議, 宗教会議.

syn·o·nym /sínənìm/ 名 C 類義語, 同義語, 同意語 (*of, for*)《「鋭い」の意の sharp と keen,「自由」の意の freedom と liberty など; ⇒ antonym》.

syn·on·y·mous /sɪnɑ́(:)nəməs | -nɔ́n-/ 形 ❶ 同じ意味の[で], 類義[同意]語の, 類義[同意]の (*with*). ❷ 叙述 密接に結びついて (*with*).

syn·op·sis /sɪnɑ́(:)psɪs | -nɔ́p-/ 名 (複 **syn·op·ses** /-si:z/) C 概要, 大意 [≒summary] (*of*).

syn·tac·tic /sɪntǽktɪk/ 形〔言語·コンピュータ〕統語論[シンタックス]の, 構文[統語]上の.

syn·tax /síntæks/ 名 ❶ U〔言語〕統語論[法], 構文法《文中の語順や配列を扱う分野》. 関連 morphology 形態論 / grammar 文法. ❷ U〔コンピュータ〕シンタックス《コンピューター言語の構文法》.

syn·the·sis /sínθəsɪs/ 名 (複 **syn·the·ses** /-sì:z/) ❶ U 総合, 統合, 組み立て; C 総合体, 統合体 (*of*). ❷ U〔化学〕合成. ❸ U (電子機器による音声·音楽などの)合成.

syn·the·size /sínθəsàɪz/ 動 他 (...)を総合する, 統合する;〔化学〕合成する; (音)を合成する.

syn·the·siz·er /sínθəsàɪzə | -zə/ 名 ❶ C シンセサイザー《楽器》. ❷ C 統合[総合]する人.

syn·thet·ic /sɪnθéṭɪk/ 形〔化学〕人造の, 合成の: *synthetic* fiber 合成繊維. — 名 [複数形で] 合成物質[繊維].

syph·i·lis /síf(ə)lɪs/ 名 U〔医学〕梅毒.

Syr·i·a /síriə/ 名 固 シリア《アジア南西部の地中海に臨む共和国; 首都 Damascus》.

Syr·i·an /síriən/ 形, 名 C シリアの; シリア人(の).

sy·ringe /sɪríndʒ, sírɪndʒ/ 名 C 注射器; 洗浄器, スポイト, 浣腸(かんちょう)器. — 動 他 (洗浄器で)(耳など)を洗浄する.

+**syr·up** /sírəp, sə́:rəp | sírəp/ 名 ❶ U **シロップ**. ❷ U 薬剤入りの糖液, シロップ剤.

syr·up·y /sírəpi, sə́:r- | sír-/ 形 ❶ シロップの(ような), シロップを含む. ❷ [悪い意味で] 感傷的な.

***sys·tem** /sístəm/
— 名 (~s /~z/)

> **意味のチャート**
> ギリシャ語で「ひとつにまとめられたもの」の意 →「**体系**」❶
> → (体系を成しているもの) →「**制度**」❸
> → (体系的なやり方) →「**方式**」❷

❶ C **体系, 組織, 系統**, ...系, ...網; (組み合わせ式の)装置;〔コンピュータ〕システム: the railway *system* 鉄道網 / an automatic sprinkler *system* 自動式スプリンクラー装置 / Something is wrong with the heating [air conditioning] *system*. 暖房[空調]装置がどこか具合が悪い // ⇒ solar system.

❷ C **方式**, (体系的な)**方法** [≒method]: a *system* of classification 分類方式 / We need an efficient *system for* gathering information [information-gathering *system*]. 情報を集めるための効率的な方法が必要だ / work *on* the [an] eight-hour *system* 8 時間制で働く // ⇒ metric system.

❸ C **制度, 体制**; (思想などの)体系, 学説: the education [educational] *system* 教育制度 / the legal *system* 法制度 / a *system of* government 政治体制 / The trial was conducted under the American judicial *system*. その審理は米国の裁判制度に基づいて行なわれた. 関連 Copernican system 地動説 / Ptolemaic system 天動説. ❹ [the ~ としてまたは所有格とともに] 人体, 体;〔生物〕系統, 器官: Smoking is bad for *the system*. 喫煙は体に悪い / *the* immune *system* 免疫系. ❺ [the ~]《略式》[軽蔑的] 現支配体制: beat *the system* 体制を打破する. ❻ U 秩序立ったやり方, 順序, 規則: *System* is the key to success in business. 組織立ったやり方が事業に成功する鍵である.

Áll sýstems (are) gó. 準備完了.

gét ... óut of one's **sýstem** [動] 他《略式》(うっぷん)を晴らす《好きなことを言ったりやったりして》.

(形 sỳstemátic, 動 sýstematìze)

+**sys·tem·at·ic** /sìstəmǽṭɪk←/ アク 形 **組織立った**, 組織的な, 体系的な, 系統的な, 秩序立った: a *systematic* survey 体系的な調査 / read books *in* a *systematic* way 系統立てて読書する / He's very ***systematic in*** his research work. +in+名 彼は研究のやり方が非常に秩序立っている. (名 sýstem)

-at·i·cal·ly /-kəli/ 副 組織的に, 系統的に; 秩序立って.

sys·tem·a·tize /sístəmətàɪz/ 動 他《格式》(...)を組織[体系]化する, 系統[順序]立てる. (名 sýstem)

+**sys·tem·ic** /sɪstémɪk/ 形《格式》**組織の**, 全体に影響する, 全体的な.

sýs·tems análysis /sístəmz-/ 名 U システム分析《業務手順のコンピューター分析》.

sýstems ánalyst 名 C (コンピューターの)システム分析者.

Tt

t, T /tíː/ 名 (複 t's, ts, T's, Ts /~z/) C,U ティー《英語アルファベットの第 20 文字》. **to a T** [副]《略式》正確に, ぴったりと.

t. 略 = temperature, time, ton(s), tonne(s), transitive.

ta /tάː/ 間《英略式》ありがとう (thank you).

TA /tíːéɪ/ 略 ❶《米》= teaching assistant. ❷《英》= Territorial Army.

tab /tǽb/ 名 ❶ C つまみ, 垂れ, タブ《物に付けつまんだりつるしたりする紙・布・ひもなどの小片》; (ファイル・カードなどの)つまみ, インデックス(タブ);〔コンピュータ〕(ブラウザなどの)タブ;《主に米》缶ビール[ジュース]の口金[《英》ring-pull]. ❷ C 付け札, はり札. ❸ C (レストランなどの)勘定(書き): Put it on my *tab*. それは私の勘定[つけ]にしておいて. ❹ C タブ《タブキーにより進められる一定の位置》; タブキー (tab key). ❺ C《略式》(麻薬の)錠剤. **kèep (clóse) tábs on ...** [動] 他《略式》...に(よく)注意する, ...を監視する. **píck úp the táb** [動] 自《略式》勘定[つけ]を払う.

Ta·bas·co /təbǽskoʊ/ 名 U [ときに t-] タバスコ《とうがらし入りのソース; 商標》.

tab·by /tǽbi/ 名 (tab·bies) C とら猫.

tab·er·na·cle /tǽbənæ̀kl | -bə-/ 名 ❶ C (非国教派やモルモン教の)礼拝堂, 会堂. ❷ [the ~] 幕屋《古代ユダヤ人が用いた移動式神殿》. ❸ C〔カトリック〕聖櫃(ひつ).

táb kèy 名 C (コンピューターなどの)タブキー.

T

*****ta·ble** /téɪbl/
名 (~s /~z/)

意味のチャート
ラテン語で「平たい板」の意《⇒ tablet 2》.
「板」→ (上部に板をはったもの) →「台」→「**食卓**」❶
「板」→ (板状のもの) →「**一覧表**」❷

❶ C **テーブル; 食卓**; 仕事台, 遊戯台, 手術台: on a *table* テーブルの上に / set the *table* 食卓の用意をする / clear the *table* 食卓を片づける / clean [wipe] the *table* 食卓をふく / 🗨 "Hello. A *table for* two?" "Yes. If possible, we'd like a *table* in a quiet corner."「いらっしゃいませ. 2 名さまですか」「はい. できればすみの方の静かな席がいいんですけど」《レストランなどで》/ I'd like to reserve [book] a *table for* six on [for] Sunday evening. 日曜の夜に 6 人分の席の予約をしたいのですが / a billiard *table* ビリヤード台. 関連 coffee table (ソファーなどの前に置く)低いテーブル / dressing table 化粧台.

❷ C **一覧表, 表** [≒list]; (スポーツなどの)順位表: a ***table of*** contents 内容の一覧表, 目次 / a conversion *table* 換算表 / Arrange the data in *tables*. 資料を表にしてください. 関連 timetable 時刻表. ❸ C [《英》単数形でもときに複数扱い; しばしば the ~] 1 つのテーブルを囲んでいる人々, 一座の人たち《全体》: His jokes amused *the* whole *table*. 彼の冗談は一座の人たちを楽しませた. ❹ [the ~] 会議[交渉]の席. ❺ C = multiplication table.

at the táble =《英》**at táble** [形・副]《格式》**食事中で[に]**: They were *at* (*the*) *table* when I came back. 私が帰ったとき彼らは食事中だった.

on the táble [形・副] (1) (議案などが)討議にかけられて, 上程されて. (2)《米》(議案などが)棚上げされて, 審議延期になって.

túrn the tábles [動] 自 (...と)形勢を逆転する (*on*).

ùnder the táble [副] (1)《略式》ひそかに, こっそり; わいろとして. (2)《略式》酔いつぶれて.

(2 では 形 tábular, 動 tábulàte)

— 動 他 ❶《米》(議案など)を棚上げにする, 審議を延期にする. ❷《英》(議案など)を討議にかける.

tab·leau /tǽbloʊ/ 名 (複 tab·leaux /tǽbloʊz/, ~s) ❶ C 絵のような場面; 劇的シーン. ❷ C 活人画《扮装した人々が静止した姿勢で歴史的場面などを再現するもの》; 絵画, 群像.

ta·ble·cloth /téɪblklɔ̀ːθ | -klɔ̀θ/ 名 (-cloths /-klɔ̀ːðz, -klɔ̀ːθs | -klɔ̀θs/) C テーブル掛け, テーブルクロス.

ta·ble d'hôte /tάːbldóʊt/ ≪フランス語から≫ 名 [the ~] (料理店などの)定食《⇒ à la carte》.

táble knìfe 名 C 食卓用ナイフ.

táble làmp 名 C 卓上スタンド《⇒ bedroom 挿絵》.

ta·ble·land /téɪbllæ̀nd/ 名 C 台地, 高原.

táble lìnen 名 U,C 食卓用白布《テーブル掛け・ナプキンなど》.

táble mànners 名 複 テーブルマナー.

táble màt 名 C《英》テーブルマット《熱い皿やなべの下敷きにするもの》.

táble sàlt 名 U 食(卓)塩 (salt).

+**ta·ble·spoon** /téɪblspùːn/ 名 (~s /~z/) ❶ C **大さじ**, 食卓さじ《スープ・野菜などを自分の皿に取るのに使う》; (計量用)大さじ. ❷ C 大さじ 1 杯分 (tablespoonful) (*of*)《略 tbs., tbsp.》.

ta·ble·spoon·ful /téɪblspuːnfʊ̀l/ 名 (複 ~s, ta·ble·spoons·ful /téɪblspuːnzfʊ̀l/) C 大さじ 1 杯分《略 tbs., tbsp.》: a *tablespoonful of* sugar 大さじ 1 杯の砂糖. 関連 teaspoonful 小さじ 1 杯分.

+**tab·let** /tǽblət/ 名 (tab·lets /-ləʦ/) ❶ C **錠剤**, (水溶性の)固形剤: take a sleeping *tablet* 睡眠薬を飲む. 関連 medicine (一般に)薬 / pill 丸薬. ❷ C タブレット型コンピューター. ❸ C (金属・石・木の)平たい板, 銘板, 刻板《記念碑などに用いる》. ❹ C《米》(はぎ取り式の)メモ帳, 便箋(せん).

táblet compúter 名 C タブレット型コンピューター.

táble tènnis 名 U 卓球《⇒ ping-pong》.

ta·ble·ware /téɪblwèə | -wèə/ 名 U 食器類《皿・スプーン・ナイフ・フォークなど》.

táble wìne 名 U テーブルワイン《日常の食事に気軽に飲めるような安価なワイン》.

+**tab·loid** /tǽblɔɪd/ 名 (tab·loids /-lɔɪʤ/) C **タブロイド版新聞**《普通の新聞の半分の大きさで, ゴシップ・絵・写真が多い; ⇒ broadsheet》.

— 形 限定 タブロイド版(新聞)の; 扇情的な, センセーショナルな: *tabloid* journalism どぎつい大衆向け新聞[報道].

ta·boo /təbúː/ ❗アク 名 (~s) C タブー《宗教上の理由などから近づくことを禁じられている人・動物など》; 禁じられている事物, 禁句; 禁制, ご法度(はっと) (*against*).
— 形 タブーの, 禁じられた.

tabóo wòrd 名 C タブー語, 禁忌(きんき)語《fuck や

shit のように人前で口にしてはいけないとされる語; この辞書では《卑語》と示している》.

tab·u·lar /tǽbjʊlɚ|-lə/ 形 限定 表(ひょう)にした, 表の: in *tabular* form 表にして. (名 táble 2)

tab·u·late /tǽbjʊlèɪt/ 動 他 (...)を一覧表にする, 表にする. (名 táble 2)

tab·u·la·tion /tæ̀bjʊléɪʃən/ 名 U,C 表の作成.

tach·o·graph /tǽkəgræ̀f|-grὰ:f/ 名 C (トラックなどの)記録式回転速度計, タコグラフ.

ta·chom·e·ter /tækɑ́(:)mət̬ɚ|-kɔ́mətə/ 名 C (エンジンなどの)回転速度計, タコメーター《⇒ motorcycle 挿絵, -meter》.

tac·it /tǽsɪt/ 形 限定 暗黙の; 無言の: *tacit* consent 暗黙の承諾. **~·ly** 副 暗黙のうちに; 黙って.

tac·i·turn /tǽsətɚ̀:n|-tə̀:n/ 形 《格式》 無口な, 口数の少ない.

tac·i·tur·ni·ty /tæ̀sətɚ́:nət̬i|-tə́:-/ 名 U 《格式》 無口.

+**tack** /tǽk/ 名 (~s /~s/) ❶ C **びょう**, 留め金; 《米》 画びょう (thumbtack): a carpet *tack* カーペット留め. ❷ U [ときに a ~] (以前と全く違う)方針, 方策; 施策; 政策: change *tack* 方針を変える / try *a* different *tack* 異なった方針を試みる. ❸ U,C 〔航海〕 開き《風向きに対する帆の位置》; 上手回し, 間切り《向かい風を斜めに受けて船をジグザグに進めること》. ❹ C 〔洋裁〕 タック, しつけ, 仮縫い.

— 動 他 (...)をびょうで留める, 取り付ける (*up*); 仮に縫い付ける[合わせる]: *tack* the picture *to* [*on*] the wall 絵を壁にびょうで留める. — 自 〔航海〕 間切る, (向かい風を斜めに受けて)ジグザグに進む.

táck ón [動] 他 《略式》 (...)を(~に)(余分に)付け加える.

tack·i·ness /tǽkinəs/ 名 U 《略式》 安っぽさ.

*__tack·le__ /tǽkl/ 動 (tack·les /~z/; tack·led /~d/; tack·ling) 他 ❶ (仕事など)に**取り組む**, (解決しようと)努力する; (問題などについて)(人)と直接話し合う, 渡り合う: *tackle* the problem of bullying いじめ問題に取り組む / I ***tackled*** him ***about*** our raise. V+O+about+名 賃上げについて彼と直接話し合った. ❷ 〔アメフト・ラグビー・サッカー・ホッケー〕 (...)にタックルする《⇒ 名 1》. ❸ (人)に組みつく, 襲いかかる. — 自 〔アメフト・ラグビー・サッカー・ホッケー〕 タックルする.

— 名 ❶ C 取っ組み合い, 格闘; 〔アメフト・ラグビー〕 タックル《敵に組みついて前進を妨げること》; 〔サッカー・ホッケー〕 タックル《ボールを奪おうとすること》; 〔アメフト〕 タックル《攻撃線の選手》: make a fearless *tackle* 果敢なタックルをする. ❷ U (仕事やスポーツのための)道具, 用具; = fishing tackle. ❸ C,U (滑車を使った)巻き揚げ装置.

tack·y /tǽki/ 形 (tack·i·er; -i·est) ❶ 《略式》 安っぽい; 悪趣味な. ❷ (ペンキなどが)べたつく, 生乾きの.

ta·co /tɑ́:koʊ/ 名 (~s) C タコス《とうもろこし粉で作ったトルティーヤ (tortilla) にひき肉などをのせて巻いたメキシコ料理》. 参考 日本語の「タコス」は複数形から.

tact /tǽkt/ 名 U 機転; 如才なさ: lack *tact* 気がきかない / use *tact* and diplomacy 機転と外交手腕を発揮する.

tact·ful /tǽktf(ə)l/ 形 機転のきく; 如才ない. **-ful·ly** /-fəli/ 副 機転をきかせて; 如才なく.

*__tac·tic__ /tǽktɪk/ 名 (~s /~s/) ❶ C [普通は複数形で] (目的達成の)**手段**, 方策, 戦術; 策略, 駆け引き: delaying *tactics* 引き延ばし作戦 / use aggressive *tactics* 強引な手段をとる. ❷ [複数形で] (個々の戦闘における)**戦術**: The general's *tactics* in the battle were brilliant. その戦闘における将軍の戦術は見事だった. 関連 strategy (全体的な)戦略. (形 táctical)

+**tac·ti·cal** /tǽktɪk(ə)l/ 形 ❶ **目標達成を狙った**, 駆け引きで行なう, 計算された: a *tactical* move 駆け引き. ❷ [普通は 限定] 戦術的な, 戦術上の. ❸ [普通は 限定] (兵器などが)近距離の敵に使用される: *tactical* nuclear weapons 戦術核兵器. (名 táctic(s))

-cal·ly /-kəli/ 副 戦術的に, 戦術上.

tac·ti·cian /tæktíʃən/ 名 C 戦術家; 策士.

tac·tile /tǽktl|-taɪl/ 形 《格式》 触覚の[を有する]; 人に触りたがる; 触り心地のよい.

tact·less /tǽktləs/ 形 気のきかない, 無神経な.

tad /tǽd/ 名 [a ~] S 少量, [副詞的に] 少し.

tad·pole /tǽdpoʊl/ 名 C おたまじゃくし.

tae kwon do /tàɪkwɑ́(:)ndoʊ|-kwɔ́ndoʊ/ 名 U テコンドー《空手に似た朝鮮の武術》.

taf·fe·ta /tǽfət̬ə/ 名 U タフタ, こはく織り《絹などの光沢のある平織り》.

taf·fy /tǽfi/ 名 (taf·fies) U,C 《米》 = toffee.

+**tag**[1] /tǽg/ 名 (~s /~z/) ❶ C **付け札**(ふだ); 付箋(せん); (電子)タグ, 識別票: a name *tag* 名札 / a price *tag* 値札 / a claim *tag* (荷物などの)預かり札 / The *tag* reads "Made in Japan." 札には「日本製」と書いてある. ❷ C 《略式》 レッテル, あだ名. ❸ C 〔文法〕 付加語句; 付加疑問. ❹ C 〔コンピュータ〕 標識, タグ. ❺ C (靴ひもなどの先の)小さな金具[プラスチック]. ❻ [複数形で] 《米略式》 ナンバープレート. ❼ C 《略式》 タグ《スプレーなどによる落書きのサインなど》.

— 動 (tags; tagged; tag·ging) 他 ❶ (...)に札[名札, 荷札など]をぶら下げる[つける]. ❷ (...)を~と評する, (...)に~というレッテルをはる (*as*). ❸ 〔コンピュータ〕 (...)にタグ付けをする. ❹ 《略式》 (スプレーなどで)(...)に落書きする. **tág alóng** [動] 自 《略式》 (用もなく人のあとに)ついて行く, つきまとう (*behind, with*). **tág ón** [動] 他 (...)を付け加える.

tag[2] /tǽg/ 名 ❶ U 鬼ごっこ: play *tag* 鬼ごっこをする. 関連 it 鬼ごっこの鬼. ❷ C 〔野球〕 タッチアウト. — 動 (tags; tagged; tag·ging) 他 ❶ (鬼が)(...)をつかまえる. ❷ 〔野球〕 (ランナー)をタッチアウトにする (*out*).

Ta·ga·log /təgɑ́:lɔ:g|-lɒg/ 名 (複 ~(s)) ❶ C タガログ人《フィリピン諸島の原住民》. ❷ U タガログ語《フィリピンの公用語》.

tág quèstion 名 C 〔文法〕 付加疑問《たとえば It's nice, isn't it? の付加された isn't it を指す場合と文全体を指す場合がある; 前者を question tag または単に tag ともいう; ⇒ **巻末文法** 1.5 (2) ④》.

Ta·hi·ti /təhí:t̬i/ 名 固 タヒチ《南太平洋のフランス領ソシエテ諸島の島》.

Ta·hi·tian /təhí:ʃən/ 形 タヒチの; タヒチ人[語]の. — 名 C タヒチ人; U タヒチ語.

tai chi /tàɪdʒí:, -tʃí:/ ≪中国語から≫ 名 U 太極拳.

*tail /téɪl/ (同音 tale)

— 名 (~s /~z/) ❶ C (動物の)**尾**, しっぽ: A dog is wagging its *tail*. 犬がしっぽを振っている. ❷ C **尾のようなもの**; (服の)すそ; 後部, 尾部; 終わり: the ***tail of*** a comet 彗星(すいせい)の尾 / the ***tail of*** a plane 飛行機の尾部 / the ***tail of*** a procession 行列の後部. ❸ [複数形で] 燕尾(えんび)服 (tailcoat). ❹ [複数形で単数扱い] (硬貨の)裏 [⇔ head] 《⇒ head 名 7》.

❺ Ⓒ《略式》(犯人などの)尾行者.
on ...'s táil [形・副]《略式》(前の車)にぴったりくっついて; (人)を尾行して.
the táil wágging the dóg [名] 主客転倒.
túrn táil [動] ⓐ 恐れをなして[背を向けて]逃げる.
with one's **táil betwèen** one's **légs** [副] (犬が)しっぽを巻いて; (人が)打ちのめされて.
— 動 ⓗ《略式》(...)を尾行する.
táil báck [動] ⓐ《英》(交通が)渋滞する.
táil óff [awáy] [動] ⓐ 次第に少なく[小さく]なる, 先細りになる (*to*).

tail·back /téɪlbæ̀k/ 名 ❶ Ⓒ《英》車の渋滞(の列). ❷ Ⓒ (アメフトの)テールバック, 後衛.
tail·bone /téɪlbòʊn/ 名 Ⓒ 尾骨.
tail·coat /téɪlkòʊt/ 名 Ⓒ 燕尾(えんび)服.
táil énd 名 [the ～] 終わりの部分, 末端, 最後尾 (*of*).
tail·gate /téɪlgèɪt/ 名 ❶ Ⓒ (トラックなどの)後部開閉板《荷物の積み降ろしに倒したり, 取りはずしできる》; (ハッチバック車・ステーションワゴンなどの)後部ドア. ❷ Ⓒ《米》= tailgate party. — 動 ⓐ ❶ 前の車にぴったりつけて運転する. ❷《米》テールゲートパーティーをする. — ⓗ (前の車)にぴったりつけて運転する.
táilgate pàrty 名 Ⓒ《米》テールゲートパーティー《アメフトの試合前などに駐車場で行なう食事会》.
tail·light /téɪllàɪt/ 名 Ⓒ (車などの赤い)テールライト, 尾灯 [⇔ headlight]《⇒ motorcycle 挿絵》.
+**tai·lor** /téɪlə | -lə/ 名 (～s/～z/) Ⓒ **洋服屋**, 仕立て屋, テーラー《特に男性服を注文で作る; 人・店両方を指すが, 店を指す時は tailor shop か tailor's (shop) の方が普通; ⇒ -'s[1] 1 語法》: a *tailor's* shop 紳士服店. 関連 dressmaker 婦人服の洋裁師.
— 動 (-lor·ing /-lərɪŋ/) ⓗ ❶ [普通は受身で] (服)を仕立てる. ❷ (...)を(目的・必要などに)合わせて作る, 合わせる (*to*, *for*).
〖語源 原義は「(布を)切る人」〗
tai·lored /téɪləd | -ləd/ 形 ❶ (服が)注文仕立ての. ❷ 目的[状況]に合った.
tai·lor·ing /téɪlərɪŋ/ 名 Ⓤ 仕立て業; 仕立て方.
tai·lor-made /téɪləméɪd | -lə-⁺/ 形 ❶ 注文仕立ての, (特別)あつらえの (*for*) [⇔ ready-made]. ❷ (人・目的など)にぴったり合って, あつらえ向きの (*for*).
tail·pipe /téɪlpàɪp/ 名 Ⓒ《主に米》= exhaust pipe.
tail·spin /téɪlspìn/ 名 ❶ Ⓒ〔航空〕きりもみ降下. ❷ [a ～] (経済などの)大混乱: go into *a tailspin* 大混乱になる / send ... into *a tailspin* ...を大混乱させる.
tail·wind /téɪlwìnd/ 名 Ⓒ 追い風 [⇔ headwind].
taint /téɪnt/ 動 ⓗ [しばしば受身で] ❶ (水・空気など)をよごす, 汚染する (*with*); (食べ物)を腐らす. ❷ (人・行為など)を堕落させる, (名声など)を汚(けが)す (*by*, *with*).
— 名 ❶ [単数形で] 汚点, 汚名, きず (*of*). ❷ [単数形で] 腐敗; (道徳的な)腐敗, 堕落.
taint·ed /téɪntɪd/ 形 ❶ (食べ物などが)汚染された. ❷ (名声などが)汚れた, (人が)堕落した.
Tai·peh, -pei /tàɪpéɪ/ 名 固 台北《台湾の首都》.
Tai·wan /tàɪwɑ́ːn/ 名 固 台湾.
Tai·wan·ese /tàɪwəníːz⁺/ 形 台湾の; 台湾人の.
— 名 (複 ～) Ⓒ 台湾人.
Taj Ma·hal /tɑ́ːdʒməhɑ́ːl/ 名 固 [the ～] タージマハル《インド中北部にある白亜の霊廟》.

***take** /téɪk/
— 動 (takes /～s/; 過去 took /tʊ́k/; 過分 tak·en /téɪk(ə)n/; tak·ing) ⓗ

単語のエッセンス
基本的には「(物を手に)取る, つかまえる」の意.
1) 持って[連れて]いく; 取り去る ❶; ❷
2) (手に)取る; 選びとる; 受け取る ❸; ❿, ⓯
3) (時間・費用)を必要とする, かかる ❹
4) 乗っていく; 利用する ❺; ❾
5) [動作名詞とともに] ...をする ❻
6) 占める ❼
7) (写真)をとる ❽
8) 食べる, 飲む ⓫
9) ...と受け取る; 受け入れる ⓬; ⓭
10) (手にとって)調べる ⓮

❶ (物)を(...に)**持っていく**; (人・動物)を(...に)**連れていく**《⇒ bring 1 語法 (1)》; (乗り物・道・仕事などが)(人)を(...に)運んでいく; (人・物事)を(...に)到達させる; (問題・仕事など)を(...に)持ち込む: 言い換え ***Take*** a cup of coffee ***to*** your father. V+O+*to*+名 = *Take* your father a cup of coffee. V+O+O お父さんにコーヒーを持っていって / ***Take*** an umbrella ***with*** you in case it rains. V+O+*with*+名 雨が降るといけないから傘を持っていきなさい / You can't *take* it *with* you.《ことわざ》お金はあの世へは持っていけない(生きているうちに使って楽しめ) / Can you *take* us *to* the British Museum? 大英博物館まで行ってくれますか《タクシーで》/ I'll *take* you *there*. V+O+副 あなたをそこへ連れていきましょう / I'll *take* you *home* in my car. 私の車であなたを家まで送ります / He *took* Bill swimming. 彼はビルを泳ぎに連れていった / She *took* her dog *for* a walk. 彼女は犬を散歩に連れていった / This bus [street] will *take* you *to* the station. このバスに乗れば[通りを行けば]駅に出る / His hard work *took* him *to* the top of the sales department. 彼はまじめに働き営業部のトップになった.

❷ (...)を(～から)**取り去る**, **取り除く**; (勝手に[間違って])(...)を**取っていく**, 盗む [≒steal]; (人の命)を奪う; [進行形なし] (引き算で)引く: The portrait *was taken from* the wall. V+O+*from*+名の受身 その肖像画は壁から取り去られた[盗まれた] / Who has *taken* my bag? だれが私のかばんを持っていったの? / If you *take* four *from* ten, you have six. 10 引く 4 は 6. 関連 add 足す / multiply 掛ける / divide 割る.

❸ (...)を(手に)**取る**, **持つ**, つかむ, 抱く; [普通は進行形なし] 捕らえる《⇒ 類義語》: 言い換え I *took* my sister's hand. = I *took* my sister *by the* hand. V+O+*by*+名 私は妹の手をとった《⇒ the[1] 2 語法》/ Let me *take* your coat, sir. コートをお預かりしましょう / The mother *took* her child「*in* her arms [*to* her breast]. V+O+*in* [*to*]+名 母親はわが子を両腕[胸]に抱き締めた.

❹ [受身なし] (時間・労力・金など)を**必要とする**, 取る, かける; [しばしば it を主語として] (人にとって...するのに)(時間など)が**かかる**: This job *took* (me) three hours. V(+O)+O この仕事は(私には)3 時間かかった / ***It takes*** only ten minutes ***to*** walk there. そこへは歩いて 10 分しかかからない.

語法 (1) 上の文の it は時間・環境などを表わす非人称の it《⇒ it[1] A 2》とも, 形式主語の it《⇒ it[1] A 4》とも考えることができる.
(2) 次の言い方に注意: 言い換え *It took* me two years *to* write the book. = *It took* two years *for* me *to* write the book. = The book *took* me two

years *to* write. = I *took* two years *to* write the book. その本を書くのに私は 2 年かかった.

It takes courage *to* admit one's mistakes. 過失を認めるには勇気がいる / He has what *it takes to* be a good teacher. 彼は良い教師になる素質を持っている.
❺ (乗り物)に**乗っていく**, 乗る, (交通手段として)(...)を利用する; (道・進路など)を取って[選んで]行く: Let's *take* a taxi [bus]. タクシー[バス]で行こう / Father *takes* the 7:00 train to work. 父は 7 時の電車で通勤している / *Take* the elevator to the fifth floor. 5 階へはエレベーターで行ってください / Let's *take* the road to [on] the right. この道を右へ行こう / *Take* a right at the next corner. 次の曲がり角で右に曲がってください.
❻ /téɪk/ [動作を表わす名詞を目的語として] (...)を**する**, (行動)をとる: *take* a walk 散歩をする.

「take＋動作名詞」のいろいろ
《⇒ have¹ ⑯ 5, make ⑯ 3》
tàke áction 行動をとる / **tàke a báth** 入浴する / **tàke a bíte** (**from** an ápple) (りんごを)かじる / **tàke cáre of ...** ...の面倒をみる / **tàke a glánce** (**at ...**) (...を)ちらりと見る / **tàke hóld** (**of ...**) (...を)つかむ / **tàke a lóok at ...** ...を見る / **tàke a náp** 昼寝する / **tàke nóte of ...** ...に注目する / **tàke nótice of ...** (警告・忠告など)に注意する / **tàke a rést** ひと休みする / **tàke a ríde** (**on ...**) (...に)乗る / **tàke a shówer** シャワーを浴びる / **tàke a síp** (**of ...**) (...を)ひと口飲む / **tàke a stép** (**fórward**) 一歩(前へ)進む

❼ (位置・地位)を**占める**, (...)につく: *Take* this seat, please. どうぞこの席にお座りください / *take* the position of general manager 総支配人の地位につく.
❽ (写真)を**とる**; (...)を書き取る[留める]: Would you mind *taking* a picture of us? 写真をとっていただけますか / He doesn't like having his picture *taken*. 彼は写真をとられるのが好きじゃない / I *took* his name and address. 私は彼の名前と住所を書き留めた.
❾ [受身・進行形なし] (...)を(選んで)**用いる**, 利用する; (機械などが)(...)を使用する; (人・意見・方法・手段など)を採用する; [普通は命令文で] (例として)取り上げる: I usually *take*「size eight (in) [an eight in] shoes. 普通私はサイズ 8 の靴をはいている / This remote control *takes* two AA-size batteries. このリモコンは単 3 電池を 2 個使用する / *Take* this case (for example). Ⓢ この場合を(例として)取り上げよう.
❿ (いくつかの中から)(...)を**選びとる**; (授業・科目)を**とる**; (試験)を**受ける**; (金を払うなどして)(...)を**自分のものにする**, (選んで)**買う**; (座席など)を予約する, (家など)を借りる; (新聞など)を定期購読する: I'm *taking* French next year. 来年私はフランス語をとります / I *take* an examination in history tomorrow. あす歴史の試験を受ける / Which will you *take*, this one↗ or that one?↘ これとあれのどちらにしますか《⇒ **巻末文法** 1.5 (2) ③》 / I'll *take*「this hat [these shoes, six], please. この帽子を[この靴を, 6 個]頂き[買い]ます《店頭で》 / I *took* a cottage for the summer. 夏の別荘を予約した.
⓫ (薬・栄養物など)を**とる**, **飲む**; (習慣として)食べる, 飲む《⇒ drink 表, eat 類義語》; (空気など)を吸う: ***Take*** this medicine ***for*** your cold three times a day. V+O+*for*+名 かぜにはこの薬を 1 日 3 回飲んでください / Do you *take* sugar in your tea? 紅茶に砂糖を入れますか / He *took* a deep breath. 彼は深呼吸をした.
⓬ [進行形なし] (行動・ことばなど)を**...と受け取る**, ...と解する, (...)に対してある反応をする; (意味など)を理解する: Don't *take* what I said *that way*. V+O+副 私の言ったことをそんなふうにはとらないでくれ / You don't need to *take* the matter so *seriously* [*hard*]. そのことをあまり深刻に考える必要はない / She *took* my hint and smiled. 彼女は私がそれとなく言った意味を悟ってほほえんだ.
⓭ [普通は進行形なし] (申し出など)を**受け入れる**, (...)に応じる; (職務・責任など)を**引き受ける**; 《英》(クラスなど)を受け持つ, (...)に(科目を)教える; (儀式など)を執り行なう; (非難・罰など)を我慢して[そのまま]受ける, (...)に耐える: *take* ...'s offer [advice] ...の申し出[忠告]を受け入れる / She *took* full responsibility for her actions. 彼女は自分の行動に全責任をとった / Do you know who *took* the (telephone) call? だれがその電話に出たか知っていますか / Ms. Smith *takes* us *for* English this year. 今年はスミス先生が私たちに英語を教える / *take* criticism 批判を受け入れる / I can't *take* any more of this stress. もうこれ以上このストレスには耐えられない / I find his manner a little hard to *take*. 彼の態度は少々腹にすえかねる.
⓮ (手に取るなどして)(...)を**調べる**, 測る, 確かめる: A nurse *took* my temperature [blood pressure]. 看護師が私の体温[血圧]を測った.
⓯ [普通は進行形なし] (与えられたもの)を**受け取る**, もらう, 取る: The doctor wouldn't ***take*** any fees ***from*** the poor. V+O+*from*+名 その医者は貧しい人々からは治療代を受け取ろうとしなかった / He *took* the blow on the head. 彼はその一撃を頭に受けた / What will you *take* for this chair? このいすはいくら出せば売ってくれますか. ⓰ [普通は進行形なし] (感情・意見など)を持つ, 抱く; (形・性質など)をとる: She *takes* pride in her work. 彼女は自分の仕事に誇りを持っている / *take* a hopeless view of life 人生を悲観する. ⓱ [普通は進行形なし] (...)を奪い取る, 占領する; 手に入れる, 勝ち取る, 獲得する, 取得する; 《英》(店などが)(ある金額)を稼ぐ: The army *took* the town. 軍隊はその町を占領した / She *took* (the) first prize in the race. 彼女はそのレースで 1 等賞を獲得した《⇒ prize¹ 語法》.
⓲ [普通は進行形なし] (ある出所・源から)(...)を取って[借りて]くる, 得ている: The novel *takes* its title *from* the Bible. その小説は聖書から題名を取っている. ⓳ [進行形・受身なし] (客・患者などとして)(人)を受け入れる, 引き取る, 引き受ける; (容器・乗り物が)収容する; (重さなど)を支える: This school *takes* 100 students a year. この学校は毎年 100 人の生徒を取る / The bus *takes* fifty people. バスには 50 人乗れる. ⓴ [進行形なし] (...)を(～と)考える, みなす, 思い込む《⇒ take ... for ～ (句動詞)》: We all *took* him *to* be a great scholar. 私たちはみな彼を立派な学者だと思った / He *took* her remarks *as* flattery. 彼は彼女のことばをお世辞ととった / *I take it* (*that*) you don't want to go. Ⓢ あなたは行きたくないんですね. 語法 I take it (that) ...は確認などに用いる; it は that 以下を受ける形式目的語; 動詞型は V+O. ㉑ (垣など)を飛び越える; (角など)を曲がる.
— ⓐ うまくいく, (薬などが)効く; (種子・植物が)生育し始める.
be táken with ... [動] ⑯ ...が気に入る.
táke ...「as it cómes [as they cóme] [動] ⑯

(...)をありのままに受け取る: *take* life *as it comes* 人生をありのままに受け入れる.

táke it [動] ⓐ [普通は can, could の後で] 《略式》 困難[攻撃など]に耐える, (罰などを)甘受する.

Táke it from mé. Ⓢ 私が言うんだから信じてよい, 本当だ.

táke it on [upòn] oneséIf to dó [動] (...することを)独断[無断]で引き受ける.

táke it or léave it [動] ⓐ (1) Ⓢ [命令文で, または you can の後で] (提示価格などを)受けるかどうか決める 《値引きする気がないときなどに用いる》: 100 dollars is my offer. *Take* [*You can take*] *it or leave it*. 100 ドルが売り値です. あとはお好きなように(いやなら結構). (2) Ⓢ [普通は I can の後で] (提示されたものに対して) 好きでも嫌いでもない, どちらでもよい.

take の句動詞

*__táke áfter ...__ 動 ⓣ ❶ [受身・進行形なし] (容姿・性質・行動などが)...**に似る.** 語法 目的語は親など年上の親族を表わす語: I don't think she *takes after* her mother. 彼女は母親に似ていないと思う. ❷ 《米》 ...を追跡する.

táke agáinst ... 動 ⓣ 《英》 (特に理由もなく)...が嫌いになる.

*__táke alóng__ 動 ⓣ (...)を**連れていく,** 持っていく V+名・代+*along* / V+*along*+名: *Take* me *along* with you. 私もいっしょに連れていって.

táke ... apárt 動 ⓣ ❶ (...)をわきへ連れていく. ❷ (機械など)を分解する, ばらばらにする. ❸ (...)を(さんざん)やっつける; 厳しく批判する.

táke aróund 動 ⓣ (人)を案内する; (いつも)連れていく, 連れ回す.

táke ... aròund ~ 動 ⓣ (人)を連れて~を案内する: My cousin *took* me *around* the town. いとこは私を町中案内してくれた.

*__táke awáy__ 動 ⓣ ❶ (...)を**持ち去る,** 運び去る, (人)を連れ去る V+名・代+*away* / V+*away*+名: Somebody *took away* my bag. だれかが私のかばんを持っていった.
❷ (...)を(~から)**取り去る,** 取り上げる; 取り除く, 奪う V+名・代+*away* / V+*away*+名: AI may *take* jobs *away from* people. AI は人から仕事を奪うのかもしれない.
❸ (...)を(大きな数から)**減じる,** 引く V+名・代+*away* / V+*away*+名: If you *take away* four *from* ten, that leaves six. 10 引く 4 は 6 である.
❹ 《英》 = take out 3.

táke awáy from ... [動] ⓣ ...の効果[価値]を減じる, 損なう.

*__táke báck__ 動 ⓣ ❶ (物)を**返す,** (元へ)戻す, 返品する; **取り戻す;** (売った側が)引き取る V+名・代+*back* / V+*back*+名: I have to *take* these books *back to* the library. 私はこの本を図書館に返却しなければならない / The clerk wouldn't *take back* the sweater because I didn't have the receipt. 私はレシートを持っていなかったので, 店員はセーターを引き取ろうとはしなかった.
❷ (人・動物)を**連れ戻す;** 送り返す; (家出人など)を再び迎え[受け]入れる V+名・代+*back* / V+*back*+名: He *took* us *back* (home) in his car. 彼は私たちを車で(家まで)送り返してくれた. ❸ (物事が)(人)を(過去に)連れ戻す, (人)に昔を思い出させる: The photo *takes* me *back to* my childhood days. その写真を見ると私は子供のころを思い出す. ❹ (前言を)取り消す: "Liar!" "I'm not a liar! You *take* that *back*!" 「うそつき!」「うそつきじゃないぞ! そのことば取り消せ!」

+**táke dówn** 動 ⓣ ❶ (...)を(取って)**降ろす,** 下げる; (...)を取りはずす V+名・代+*down* / V+*down*+名: He *took* the plates *down from* the cupboard. 彼は食器棚から皿を取り出した.
❷ (...)を**書き留める** [≒write down] V+名・代+*down* / V+*down*+名: Will you *take down* what I'm going to say? 私がこれから言うことを書き取ってください. ❸ (...)を分解[解体]する. ❹ (ズボンなど)をずり下げる.

+**táke ... for ~** 動 ⓣ ❶ [進行形なし] (...)を~**だと思う,** (...)を~とみなす: What do you *take* me *for*? Ⓢ あなたは私を何[だれ]だと思っているのか《私はそんなことはしない》.
❷ [進行形なし] **間違って(...)を~だと思い込む:** He *took* Connie *for* my sister. 彼はコニーを私の姉[妹]だと誤解した.

*__táke ín__ 動 ⓣ ❶ (...)を**理解する,** のみ込む [≒understand]; (ひと目で)見てとる, (すぐ)悟る; じっくり眺める V+名・代+*in* / V+*in*+名: She *took in* the situation at a glance. 彼女は事態をひと目で見てとった.
❷ [普通は受身で] (...)を**だます** V+名・代+*in* / V+*in*+名: I *was taken in* by Bob [what he said]. 私はボブに[彼のことばに]だまされた.
❸ (衣服など)の**幅を詰める** [⇔let out]; (帆)をたたむ V+名・代+*in* / V+*in*+名: She has to *take in* the waist of her pants a bit. 彼女はズボンのウエストを少し詰めなければならない. 関連 take up, shorten 丈を詰める.
❹ (水・空気など)を**吸収する** V+*in*+名: The boat began to *take in* water and soon sank. そのボートは浸水し始めてまもなく沈んだ.
❺ [受身なし] 《主に米》 (映画など)を**見に行く** V+*in*+名: *take in* a concert コンサートに行く.
❻ (...)を(内部に)**取り入れる;** (機器など)を(修理に)持ち込む; 連れて入る; (警察が)(...)を連行する V+名・代+*in* / V+*in*+名: She *took in* the washing when it began to rain. 彼女は雨が降りだすと洗濯物を取り込んだ.
❼ (...)を(家などに)**受け入れる,** 泊める; (下宿人)を置く V+名・代+*in* / V+*in*+名: We're to *take in* five students. 5 人の学生を下宿させる予定だ.
❽ [受身なし] (物事が)(...)を**含んでいる,** 取り入れている; (...)を訪問先に入れる V+*in*+名: This tour *takes in* each of the five main islands. この旅行には主な 5 つの島がどれも含まれている. ❾ 《主に米》 (金額など)を稼ぐ, もうける. ❿ (仕事)を自宅で引き受ける

**táke óff

動 ⓣ ❶ (身につけたもの)を**脱ぐ,** 取る, はずす [⇔put on] V+名・代+*off* / V+*off*+名: He *took off* his boots. 彼はブーツを脱いだ.

take off	(衣類・靴など)を脱ぐ
	(帽子など)を取る
	(めがね・指輪など)をはずす

❷ (...)を**割り引く,** まける: Can you *take* another 500 yen *off*? あと 500 円まけてくれませんか.
❸ [受身なし] (ある期間)を**仕事の休みとして取る** V+名+*off*: I'm *taking* tomorrow *off*. 私はあした仕事を休みます.
❹ (...)を**取り除く,** はずす; (髪)を切る, (手足など)を切

断する; (体重)を減らす [V+名·代+off / V+off+名]: Please help me *take* this lid *off*. このふたを取るのを手伝ってください. ❺ (...)を連れていく. ❻ 《英略式》 (...)の物まねをする. ❼ (劇·番組など)を打ち切る. ❽ (列車·バスなど)の運行をやめる. ❾ (人)を(試合·舞台などから)降ろす.

— 自 ❶ (飛行機が[で])**離陸する**, 出発する [⇔land]; (跳躍者が)踏み切る: Flight 002 *took off* at 9 o'clock *for* Los Angeles. 002 便は 9 時にロサンゼルスに向けて離陸した《002 は double o /óʊ/ two と読む》. ❷ 《略式》(急に...へ)行く, 出かける; 走り去る. ❸ 突然人気が出る[売れ出す].

táke oneself óff [動] 自 《略式》 (...へと)去る (*to*).

(自 1 では 名 tákeòff)

+**táke ... òff ~** 動 他 ❶ **~から(...)を取り除く[はずす, 離す]**; (人)を~からほかへ移す, (仕事など)からはずす; (人)を(難破船など)から救い出す: *Take* your hands *off* me. 手を離してくれ / She never *took* her eyes *off* her child. 彼女は子供から決して目を離さなかった. ❷ (値段など)から(...)を引く, まける: *take* ten dollars *off* the price 値段を 10 ドルまける.

*__táke ón__ 動 他 ❶ (仕事·責任など)を**引き受ける** [≒undertake] [V+名·代+on / V+on+名]: I don't want to *take on* any extra work. 余分な仕事は一切引き受けたくない. ❷ (争い·競技などで)(...)を相手にする; (...)に挑戦する: Bill will *take* you *on at* tennis. ビルがあなたのテニスの相手になります. ❸ (...)を雇う [≒employ]. ❹ [受身なし] (外観·意味·性質など)を持つようになる, 帯びる: His voice *took on* a serious tone. 彼の口調はだんだん真剣になった. ❺ (乗り物が)(...)を乗せる, 積み込む.

**táke óut

動 他 ❶ (...)を(外に)**取り出す**, 持ち出す; (...)を**取り除く**, 抜く; (本など)を借り出す; (金)を引き出す [V+名·代+out / V+out+名]: He *took out* his handkerchief. 彼はハンカチを取り出した / I've had a bad tooth *taken out*. 虫歯を抜い(てもらっ)た.

❷ (人)を**連れ出す**, (...に)連れていく [V+名·代+out / V+out+名]: He ***took*** Jane ***out for*** [*to*] dinner. 彼はジェーンを食事に連れ出した.

❸ 《米》(買った食べ物)を**持ち帰る** [《英》 take away]: I'd like two hamburgers to *take out*. 持ち帰り(用)のハンバーガーを 2 つください. ❹ (免許など)を取得する; (保険)をかける; (ローン)を組む; (広告)を出す: I've *taken out* insurance on my life [car]. 私は生命保険に入った[車に保険をかけた]. ❺ 《略式》 (...)を殺す; 破壊する. ❻ (召喚状など)を発行する (*against*).

táke ... óut on ~ [動] 他 (怒りなどを)晴らすために~に当たり散らす. (3 では 名 tákeòut)

*__táke ... òut of ~__ 動 他 ❶ (...)を**~から取り出す**, (...)を~から除く; (...)を~から連れ[運び]出す: He *took* something *out of* his pocket. 彼はポケットから何かを取り出した / I have to *take* some money *out of* the bank. 銀行から少し金を引き出さなければならない. ❷ (...)を(ある出所)から借りてくる, 引用する.

táke 「a lót [it] óut of ... [動] 他 (物事が)...をへとへとに疲れさせる.

táke ... óut of ...sèlf [動] 他 (物事が)(人)の気を紛(まぎ)れさせる.

*__táke óver__ 動 他 ❶ (仕事など)を(...から)**引き継ぐ** [V+名·代+over / V+over+名]: He ***took over*** the business (*from* his father). 彼は(父から)その事業を引き継いだ / Can you *take over* (the) driving for a while? しばらく運転を代わってくれないか.

❷ (...)を(近くの家などへ)**持って[連れて]いく**; (向こう側に)運ぶ, 渡す [V+名·代+over / V+over+名]: Please ***take*** this cake ***over to*** your mother's house. このお菓子をお母さんのところへ持っていって.

❸ (...)を**支配する**, (会社など)を乗っ取る; (場所)を**占拠する** [V+名·代+over / V+over+名]: The army *took over* the government. 軍が政府を乗っ取った / Tourists *take over* this island in the summer. 夏にはこの島は観光客に占領される.

— 自 (...から)引き継ぐ, (...と)交代する (*from*); (前のものに代わって)優勢[重要]になる, 支配する (*from*).

(名 tákeòver)

táke ... òver ~ 動 他 ❶ (人)に~を見せて回る, (...)を連れて~を案内する. ❷ ~に(時間)をかける.

táke róund 動 他 = take around.

táke ... ròund ~ 動 他 = take ... around ~.

táke ... thróugh ~ 動 他 (人)に~を順序立てて説明する.

+**táke to ...** 動 他 ❶ **...の癖がつく**; (習慣的に)...し始める, ...に熱中しだす: He has *taken to* getting up early. 彼は早起きの習慣がついた.

❷ (人·場所·考えなど)**が好きになる**, ...になつく; ...になじむ: Every child in the school *took to* the new teacher. その学校の児童はみんなその新しい先生になついた. ❸ (隠れ[避難, 休息]場所などを求めて)...へ行く, おもむく.

**táke úp

動 他 ❶ (...)を(**上方へ**)連れて[**持って**]いく [V+名·代+up / V+up+名]: This elevator will ***take*** you ***up to*** the tenth floor. このエレベーターで 10 階まで行けます.

❷ (時間·場所など)を**とる**, 占める [V+up+名]: I'm afraid this work will *take up* most of my time [energy]. この仕事に私の時間[エネルギー]の大半がとられてしまうだろう / The table *takes up* a lot of space in this room. この部屋ではテーブルが場所をたくさんとっている.

❸ (趣味·職業などとして)(...)に**着手する**, (...)の勉強[けいこ]を始める; (仕事など)につく [V+名·代+up / V+up+名·動名]: He *took up* golf [teach*ing*] this spring. 彼はこの春からゴルフ[教師]を始めた.

❹ (中断した話·授業など)を**また始める, 続ける** [V+名·代+up / V+up+名]: We're going to *take up* our lesson where we 「left off [finished] yesterday. 授業はきのうの最後のところから始めます.

❺ (問題など)を**取り上げる**, (人と)検討[相談]する [V+名·代+up / V+up+名]: I'll have to *take* this problem *up with* my boss. この問題は上司と相談しなければならない. ❻ (物)を取り上げる; 持ち上げる; (液体·ほこり)を吸い上げる[取る]. ❼ (衣服)の丈を縮める, 短くする [⇔let down]. 関連 take in 幅を詰める. ❽ (申し出·挑戦など)を受け入れる, (...)に応じる. ❾ (コーラスなど)に加わる, 唱和する.

— 自 (中断したことを)また始める, 続ける.

be tàken úp with ... [動] 他 心[注意]を(人·物)に奪われている, ...に没頭している: He's very [too (much)] *taken up with* build*ing* model airplanes. 彼は模型飛行機作りに夢中だ.

táke ... úp on ~ [動] 他 (1) (人)の(申し出·招待など)に応じる. (2) (人)に~のことで質問する[異議を唱える].

tàke úp with ... [動] 他 (特に好ましくない人)と付き合い出す.

類義語 **take** 最も一般的な語で,「取る」という動作を表わす場合は, 単に物を取ることを意味する: I *took* a book from the shelf. 私は棚から本を取った. **seize** いきなりつかみ取ること: The robber *seized* the bag from his hand. 強盗はかばんを彼の手から奪い取った. **grasp** しっかりと握ること: He tried to *grasp* the rail. 彼は手すりにつかまろうとした. **grab** 乱暴につかむこと: The child *grabbed* the candy. その子供は菓子をつかんだ. **snatch** 力ずくというよりも, すばやくつかんで持ち去る意味を強調する: The thief *snatched* the old man's wallet and ran. どろぼうは老人の財布をひったくって逃げた. ✪ ⇒ catch 類義語.

— 名 ❶ C (カメラを止めずにする)1 回分の撮影; 1 回分の録音, テイク. ❷ C [普通は単数形で]《略式》売り上げ高, 収益; 捕獲高, 漁獲高. ❸ C [しばしば所有格の後で] (...に対する)意見, 見解 (*on*).

be on the táke [動] 自《略式》わいろを受け取って[欲しがって]いる.

take·a·way /téɪkəwèɪ/ 形, 名 C《英》= takeout.

táke-hòme pày /téɪkhòʊm-/ 名 U (税などを差し引いた)手取りの給料.

*****tak·en** /téɪk(ə)n/ 動 take の過去分詞.

+**take·off** /téɪkɔ̀ːf | -ɔ̀f/ 名 (~s /~s/) ❶ U,C (飛行機の)**離陸**, 出発: Flight 171, ready for *takeoff*. 171 便離陸準備完了. ❷ C (跳躍などの)踏み切り(点). ❸ C 物まね; パロディー. (動 táke óff 自 1)

take·out /téɪkàʊt/ 名 C《米》持ち帰り食品; 持ち帰り食品店 [《英》takeaway]. (動 táke óut 他 3)

— 形 限定《米》(食べ物が)持ち帰り(用)の [《英》takeaway].

+**take·o·ver** /téɪkòʊvɚ | -və/ 名 ❶ C (会社などの)**乗っ取り**, 買収; (軍事的)支配, 占領: attempt a *takeover* of a company 会社の乗っ取りを企てる. ❷ C (事業などの)引き継ぎ. (動 táke óver)

tak·er /téɪkɚ | -kə/ 名 ❶ C [普通は複数形で] 申し出に応じる人 (*for*). ❷ C [しばしば合成語で] 取る人, 受ける人, 受取人; 買い手; 飲用者.

take-up /téɪkʌ̀p/ 名 [U または a ~]《英》受給[請求, 応募]率.

tak·ing /téɪkɪŋ/ 名 ❶ [複数形で] 所得, 収入; 売り上げ高. ❷ U 獲得; C 漁獲高.

talc /tǽlk/ 名 ❶ U = talcum powder. ❷ U〔鉱石〕滑石, タルク.

tálcum pòwder 名 U タルカムパウダー《入浴後などに肌につける粉》.

tale** /téɪl/ (同音 tail) 名 (~s /~z/) ❶ C (事実・伝説・仮定の)**話, 物語**《⇒ story¹ 類義語》: a fairy *tale* おとぎ話, 童話 / a ***tale of [***about***] a little girl and an old woman 少女とおばあさんのお話 / a *tale* based on American history アメリカの歴史に基づく物語. 関連 folktale 民話. ❷ C (誇張の含まれた)実話; 作り話, うそ: a *tale of* woe つらい身の上話; 不運, 不幸 / A *tale* never loses in the telling.《ことわざ》話は語っても全然減らない(話にはたいてい尾ひれがつく). ❸ C 悪口, 陰口; 告げ口.

líve [survíve] to téll the tále [動] 自 生き証人になる.

téll táles [動] 自 (1) 告げ口をする, 中傷する (*about*)《⇒ telltale》: Dead men *tell* no *tales*.《ことわざ》死人に口なし. (2) 作り話をする, うそをつく. (動 tell)

tal·ent** /tǽlənt/ ❗アク 名 (tal·ents /-lənts/) ❶ U,C (生まれつきの)**才能**, (特殊な)能力, 手腕《⇒ ability 類義語》: a person of「great *talent* [many *talents*] 有能[多才]な人 / develop [show] a *talent* 才能をのばす[あらわす] / He has a ***talent for music. 彼には音楽の才能がある.

❷ U [単数または複数扱い] **才能のある人たち**《全体》, 人材《特に文学者・芸術家・俳優たち》; C **才能のある人**: A lot of our scientific *talent* have emigrated. 多くの有能な科学者が海外へ流出してしまった.

日英 日本でいう「タレント」は「芸能人」の意味に用いるが, 英語の talent は「優れた能力(のある人たち)」を指す. またテレビなどの常連出演者を日本では「テレビタレント」と言うが, 英語では TV personality, 一流・人気の芸能人なら TV star, star on TV のように言う.

❸ U [単数または複数扱い]《英略式》性的魅力のある人たち《全体》.

〘語源 ギリシャ語で「はかり」の意〙

+**tal·ent·ed** /tǽləntɪd/ 形 **才能のある**, 有能な: a *talented* writer 有能な作家.

tálent scòut [《英》**spòtter**] 名 C スカウト《スポーツ・芸能界などの新人発掘を職業とする人》.

tal·is·man /tǽlɪsmən, -lɪz-/ 名 C お守り, 魔よけ; 不思議な力のあるもの.

*****talk** /tɔ́ːk/ (同音《英》torque)

— 動 (talks /~s/; talked /~t/; talk·ing) 自 ❶ **話をする, しゃべる**, 口をきく, 物を言う《⇒ speak 類義語》: Meg *talks* too much. メグはおしゃべりだ / Yesterday evening we heard the President *talk* on television. 昨晩大統領がテレビで話をするのを聞いた / The less people think, the more they *talk*. 考えることの少ない人ほど多くしゃべる / Our baby cannot *talk* yet. うちの子はまだ物が言えない.

❷ (人と)**話をする**, 語り合う, 会話する; **話し合う, 相談する**《⇒ talk about ..., talk to ..., talk with ... (句動詞)》: They were *talking* in French. 彼らはフランス語で会話していた / We need to *talk*. 私たちは話し合う必要がある. ❸ うわさ話をする; (秘密などを)しゃべってしまう, 口を割る: People will *talk*. 世間はうわさをするものだ / The suspect wouldn't *talk*. 容疑者はどうしても口を割ろうとしなかった. ❹ (身振りなどで)気持ち[意思]を表わす, 語る: *talk* in sign language 手話で話す. ❺ (物が)効力[威力]を発揮する: Experience *talks* in these cases. こういう場合には経験が物を言う / Money *talks*.《⇒ money 1》.

— 他 ❶ [受身なし] (...)の**ことを話す**, (...)を語る; (...)をことばで表わす; [進行形で] Ⓢ (...)のことを問題にしている, (...)が必要になる: *talk* politics 政治の話をする. 語法 talk about politics の方が普通 // We're *talking* serious money here. これは大金の(からむ)話なんだ. ❷ (外国語など)を話す, 使う. 語法 speak のほうが普通.

Lóok who's tálking! Ⓢ 君も人のことは言えないよ, よく言うよ, 君だって同じだ.

Nów you're tàlking. Ⓢ そいつは話せる, そうこなくちゃ, いいね, 賛成!

tálk onesèlf ... [動] しゃべりすぎて...になる: I *talked myself* hoarse. しゃべりすぎて声がかれた.

tálk tóugh [動] ⓐ《略式》強硬な発言をする, 強気に出る (*on*).
tálk one's **wày óut of ...** [動] ⓗ《略式》(困難など)をことばで切り抜ける, ...を口でうまく処理する.
tálking of [abòut] ... [前] Ⓢ ...の話と言えば.
Yóu can [càn't,《米》should] tàlk! = You're a fíne one to tàlk! Ⓢ = Look who's talking!

talk の句動詞

*tálk abòut ...

動 ⓗ ❶ ...について話す; 講演する (受身 be talked about): Let's *talk about* our school days. 学生時代のことを語り合おう / "If anything should happen to me ...." "What are you *talking about*?" 「私に万一のことがあったら」「何を言っているのですか(変なことを言わないでくださいよ)」 ❷ [しばしば受身で] ...のうわさをする. ❸ [命令文で] Ⓢ ...とはまさにこのことだ; ...とはとんでもない: *Talk about* rich! He's got a gorgeous mansion. 金持ちなのなんのって! 彼は豪邸持ちだよ.
tálk aróund ... 動 ⓗ ...のことを回りくどく[肝心なことに触れないであれこれと]論じる.
tálk ... aróund 動 ⓗ (人)を説き伏せる, 説得する: Let's *talk* him *around* *to* our plan [*to* buy*ing* a car]. 彼を説き伏せて私たちの計画に同調させよう[車を買わせよう].
tálk at ... 動 ⓗ ...に一方的にしゃべりまくる.
tálk awáy 動 ⓐ [しばしば進行形で] しゃべり続ける. — ⓗ (時など)を話をして過ごす; (恐怖など)をしゃべってまぎらす: We *talked* our time [fears] *away*. 話をして時間をつぶした[恐怖をまぎらせた].
+**tálk báck** 動 ⓐ **口答えをする**, 言い返す: Don't *talk back to* your parents. 両親に口答えをするな.
tálk dówn 動 ⓗ ❶ (飛行機)を無線誘導で着陸させる. ❷ (...)をけなす. ❸ (人)を言い負か(して黙ら)す. ❹ (人)を説得して価格を下げさせる.
tálk dówn to ... 動 ⓗ ...を見下してしゃべる; ...に合わせて話の程度を落とす.
+**tálk ... ìnto ~** 動 ⓗ **(...)を説き伏せて~させる[~にする]** [⇔talk ... out of ~]: He *talked* his father *into* buy*ing* another car. 彼は父親を説き伏せて車をもう 1 台買わせた.

> **「させる」の意を表わす動詞グループ: into 型**《⇒ ask グループ》
> **動詞+人+into *do*ing 人に~させる**
> She ***talked*** her father ***into*** buy***ing*** a computer. 彼女は父親を説得してコンピューターを買わせた.
> **persuade, talk** 説得して~させる
> **deceive, fool, mislead, trick** だまして~させる
> **cajole, lead, seduce, tempt** 誘惑して~させる
> **force, push** 無理やり~させる
> **frighten, intimidate, scare, terrify** 脅して~させる
> **provoke** 怒らせて~させる

tálk of ... 動 ⓗ ...について話す; ...のうわさをする《⇒ devil 1 例文》. 語法 この意味では talk about ... のほうが普通.
tálk of dóing [動] ...するつもりだと言う: He's *talking of* going to Spain this winter. 彼はこの冬はスペインへでも行こうかと言っている.
tálk on ... 動 ⓗ ...について話す[講演する].
tálk óut 動 ⓗ ❶《略式》(問題など)を徹底的に話し合う, 話し合って解決する. ❷《英》閉会時まで討議を引き延ばして(議案)を廃案にする.
tálk one**sèlf óut** [動] ⓐ 語り尽くす.
+**tálk ... óut of ~** 動 ⓗ **(...)を説き伏せて~を思いとどまらせる** [⇔talk ... into ~]: We must *talk* her *out of* (attempt*ing*) this foolish plan. 彼女を説得してこのばかげた計画を(試みるのを)思いとどまらせなければいけない.
*__tálk òver ...__ 動 ⓗ ❶ (くつろいで)...**のことを語り合う**; ...について相談する[話し合う] (*with*): *talk over* the plan その計画について話し合う. ❷ (電話など)で話をする: I *talked* with him about it *over* the telephone. 私はそのことで彼と電話で話をした《⇒ over 前 9》.
*__tálk ... óver__ 動 ⓗ ❶ (...)**を相談する**, (...)をじっくり話し合う (*with*): We *talked* the matter *over*. 我々はそのことを話し合った. ❷ = talk ... around.
tálk róund ... 動 ⓗ《主に英》= talk around ....
tálk ... róund 動 ⓗ《主に英》= talk ... around.
tálk thróugh 動 ⓗ (...)を徹底的に議論する: I *talked through* the problem *with* him. 私はその問題を彼と徹底的に議論した.
tálk ... thróugh ~ 動 ⓗ (...)に~を手順を追って説明する.

*tálk to ...

動 ⓗ ...**と話をする**; ...**と話し合う**, 相談する (受身 be talked to): I haven't *talked to* him since then. それ以来彼と話をしていない / ☐ "Hello. May I *talk to* Ms. White?" "Speaking." 「もしもし, ホワイトさんをお願いしたいのですが」「私です」《電話口で》/ I'll *talk to* the principal *about* it. それについて校長と話し合うつもりだ / I'm *talking to* you! Ⓢ ちゃんと話を聞きなさい《怒って》.
tálk to one**sèlf** [動] ⓐ ひとりごとを言う《⇒ say to oneself (say 成句)》.
tálk úp 動 ⓐ 大声で言う; はっきり[思い切って]言う. — ⓗ (...)をほめる, 熱心にすすめる.
+**tálk with ...** 動 ⓗ ...**と話をする**; ...**と相談する**: Who were you *talking with*? だれと話していたのですか. / We must *talk with* him *about* the matter. 私たちはそのことについて彼と話し合う必要がある.

— 名 (~s /~s/) ❶ Ⓒ **話**, 会話: We had a good ***talk about*** it. 私たちはそのことについてじっくりと話し合った / We had several ***talks with*** them ***about*** it. 私たちはそれについて彼らと数回話し合った / I had many ***talks*** with the doctor ***about*** my boy. 息子のことで医者と何度も相談した.
❷ Ⓒ (非公式の)**講話**, 談話《⇒ speech 類義語》: give a ***talk to*** the students ***on*** [***about***] reading 学生に読書について(簡単な)話をする.
❸ [複数形で] **会談**, 協議: peace *talks* = ***talks on*** peace 和平交渉 / summit *talks* 首脳会談.
❹ Ⓤ **話の種**, 話題; うわさの種; うわさ: He's [They're] the ***talk of*** the town. 彼[彼ら]は町中のうわさの的だ / 言い換え There's a lot of ***talk of*** her go***ing*** to France next month. +*of*+動名 = There's a lot of ***talk that*** she's going to France next month. +*that* 節 彼女が来月フランスへ行くというわさでもちきりだ.
❺ Ⓤ [普通は all [just] ~] Ⓢ 意味のない話, 口先だけのこと: That's *just* (a lot of) *talk*. それは単なる話の上のことにすぎない / She's *all talk* (and no action). Ⓢ 彼女は口先だけだ(行動が伴わない). ❻ Ⓤ [しばしば

合成語で] 話し方, 口調: sales *talk* 売り込みの話術.
tálk the tálk [動] ⓐ《略式》言うべきことを言う.
talk·a·tive /tɔ́:kəṭɪv/ 形 話好きな, おしゃべりな.
talk·er /tɔ́:kə | -kə/ 名 ❶ Ⓒ《略式》話す人; [前に形容詞をつけて] 話し方が...の人: a *nonstop talker* しゃべりだしたら止まらない人 / a *good* [*poor*] *talker* 話の上手な[下手な]人. ❷ Ⓒ《略式》口先だけで行動をとらない人.
talk·ie /tɔ́:ki/ 名 Ⓒ《古風》(無声映画に対して)発声映画, トーキー.
tálk·ing bóok /tɔ́:kɪŋ-/ 名 Ⓒ (視覚障害者用に CD などに録音した)音声本, 話す本.
tálking héad 名 Ⓒ《略式》(テレビで大写しになる)司会者, 解説者, 討論者.
tálking pòint 名 Ⓒ 話題; 論点, 論拠.
talk·ing-to /tɔ́:kɪŋtù:/ 名 [a ~]《略式》小言(こごと), お説教.
tálk shòw 名 Ⓒ (有名人との)インタビュー番組, トークショー [《英》chat show]; 討論番組.

tall /tɔ́:l/
— 形 (tall·er; tall·est) ❶ **背[丈]の高い**, (細くて)高い [⇔ short]《⇒ high 表, 類義語》: My brother is *tall* for his age. 弟は年齢の割に背が高い / a *tall* building 高い建物.
❷ 叙述 背の高さが…で: "How *tall* are you?" "I'm six feet [foot] (*tall*)." 「あなたの身長はどのくらいありますか」「6 フィートです」 ❸《略式》大げさな, 信じられない; 途方もない: a *tall* story [tale] とても信じられない話, ほら話 / a *tall* order 途方もない注文; 困難な仕事, できない相談.
tall·boy /tɔ́:lbɔ̀ɪ/ 名 Ⓒ《英》= highboy.
tall·ness /tɔ́:lnəs/ 名 Ⓤ 高いこと, 高さ.
tal·low /tǽloʊ/ 名 Ⓤ 獣脂《牛・羊などの脂; ろうそくなどの原料》.
táll shíp 名 Ⓒ (マストの高い)大型帆船.
tal·ly /tǽli/ 名 (tal·lies) ❶ Ⓒ 勘定, 計算; 記録; 得点: keep a *tally of* all the costs 全費用の記録をつける. ❷ Ⓒ 数を記録する印《挿絵のように書き, 日本の「正」に相当する》. ❸ Ⓒ 割り符, 合い札; 割り印.

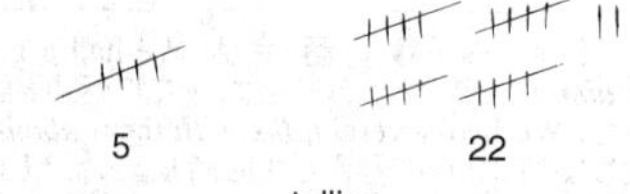

tallies

— 動 (tal·lies; tal·lied; -ly·ing) ⓣ (得点など)を集計する, 計算する (*up*). — ⓐ 符合する, 一致する (*with*).
Tal·mud /tɑ́:lmʊd | tǽl-/ 名 [the ~] タルムード《ユダヤ教の律法と注解を集大成した法典》.
tal·on /tǽlən/ 名 Ⓒ (わしのような猛鳥の)かぎづめ.
tam·bou·rine /tæ̀mbərí:n/ 名 Ⓒ タンバリン.
tame /téɪm/ 形 (tam·er; tam·est) ❶ (動物などが人に)飼いならされた, 人を恐れなくなった [⇔ wild]: a *tame* monkey 人に飼いならされた猿. ❷ 限定《略式》(人が)おとなしい, 人の言いなりになる, 柔順な; 意気地のない: the *tame* citizens of our modern society 現代社会の無気力な市民. ❸《略式》(物事が)単調な, 退屈な, つまらない: a *tame* party 退屈なパーティー.
— 動 ⓣ ❶ (野生の動物)を飼いならす. ❷ (...)をおとなしくさせる, 従わせる; (自然の力など)を制御する; (感情など)を抑える, くじく.
tame·ly /téɪmli/ 副 (よく)なれて; おとなしく.
Tam·il /tǽmɪl/ 名 ❶ Ⓒ タミール人《インド南部やセイロン島北部に住む人種》. ❷ Ⓤ タミール語.
tamp /tǽmp/ 動 ⓣ (土など)を軽くたたいて突き固める; (たばこなど)を詰める (*down*).
tam·per /tǽmpə | -pə/ 動 (-per·ing /-p(ə)rɪŋ/) [次の成句で] **támper with ...** [動] ⓣ ...を勝手にいじる[変更する]: The documents were *tampered with*. 書類は勝手にいじられた形跡があった.
tam·per·proof /tǽmpəprù:f/ 形 (容器・包みなどが)不正[いたずら]開封防止の.
tam·pon /tǽmpɑ(:)n | -pɔn/ 名 Ⓒ タンポン《生理用品》.
+**tan**[1] /tǽn/ 名 (~s /~z/) ❶ Ⓒ [普通は a ~] (健康的な)**日焼け** (suntan): get *a tan* 日焼けする. 関連 burn ひりひり痛い日焼け. ❷ Ⓤ 日焼けした色; 黄褐色.
— 動 (tans /~z/; tanned /~d/; tan·ning) ⓣ ❶ (肌)を**こんがりと焼く**, 日焼けさせる: I *tanned* myself on the beach. 私は浜辺で肌を焼いた. ❷ (革)をなめす: *tanned* leather なめし革.
— ⓐ (肌が)**日に焼ける**: I *tan* easily. 私は日焼けしやすい.
— 形 黄褐色の; 《米》日に焼けた.
tan[2] 略 = tangent.
tan·dem /tǽndəm/ 名 ❶ Ⓒ (2 人が縦に並んで乗る)タンデム自転車. ❷ Ⓒ《主に米》(息の合った)2 人組, 連携. **in tándem** [副] 縦列で; (...と)協力[連携]して, (...と)同時に (*with*). — 副 縦 1 列で[に]; (自転車などに)2 人で乗って.
tang /tǽŋ/ 名 [単数形で] ぴりっとする味, 特有の香り; (...の)風味 (*of*).
Tang /tɑ́:ŋ | tǽŋ/ 名 固 唐《中国の王朝 (618-907)》.
tan·gent /tǽnʤənt/ 名 Ⓒ〔数学〕接線; 正接, タンジェント《略 tan》. 関連 cosine コサイン / sine サイン.
gó [flý] óff on [《英》at] a tángent [動] ⓐ《略式》(人が)話題[考え, 方針]を突然変える, 急にわき道にそれる[脱線する].
tan·gen·tial /tænʤénʃəl/ 形 ❶《格式》わずかに触れる程度の, 付随的な; (本題から)それた (*to*). ❷〔数学〕接線[正接]の (*to*).
tan·ge·rine /tǽnʤərì:n, tæ̀nʤərí:n/ 名 ❶ Ⓒ タンジェリン《日本のみかんに似ていて, 米国で広く栽培される》. ❷ Ⓤ みかん色, 濃いオレンジ色.
tan·gi·bil·i·ty /tæ̀nʤəbíləṭi/ 名 ❶ Ⓤ 明白なこと, 確実. ❷ Ⓤ《格式》触れられること.
tan·gi·ble /tǽnʤəbl/ 形 ❶ [普通は 限定] 現実の; 実体のある, 有形の [⇔ intangible]: *tangible* benefits (会社などの)実質的な利益. ❷ [普通は 限定] (見たり触ったりして)明白な, 確実な [⇔ intangible]. ❸《格式》(物体などが)触れられる. **-gi·bly** /-ʤəbli/ 副 明白に; 触れてわかるほどに.
+**tan·gle** /tǽŋgl/ (tan·gles /~z/; tan·gled /~d/; tan·gling) 動 ⓣ (...)を**もつれさせる**, 絡(から)ませる (*up*) [⇔ untangle]: The baby *tangled* the ball of yarn. 赤ん坊が毛糸の玉をもつれさせた. — ⓐ ❶ もつれる, 絡(から)まる (*up*): This thread *tangles* easily. この糸はすぐもつれる. ❷ 口論[けんか]をする (*with*).
— 名 ❶ Ⓒ (髪・糸などの)もつれ; 混乱, ごたごた: unravel a *tangle of* thread 糸のもつれをほぐす. ❷ Ⓒ《略式》口論, けんか (*with*).
tan·gled /tǽŋgld/ 形 もつれた, 絡(から)まった; 混乱した, 錯綜(さくそう)した (*up*).

tan·go /tǽŋgoʊ/ 名 (~s) C [普通は the ~] タンゴ《南米の踊り》; U,C タンゴの曲[音楽]: do [dance] *the tango* タンゴを踊る. — 動 (tan·gos; tan·goed; -go·ing) 自 タンゴを踊る.
It tàkes twó to tángo. Ⓢ タンゴは一人じゃ踊れない, 両方に責任がある.

tang·y /tǽŋi/ 形 (tang·i·er; -i·est) (味が)ぴりっとする; 強いにおいのある, つーんとする.

tank /tǽŋk/
— 名 (~s /~s/) ❶ C (水·油などを入れる)**タンク**, 水槽, 油槽《⇒ bathroom 挿絵》; タンク1杯(の量) (*of*): a gas *tank* ガソリンタンク / store water [oil] in a *tank* タンクに水[油]を蓄える.
❷ C **戦車**, タンク. ❸ C 貯水池, ため池.
be [gó] in the tánk [動] 自《米略式》行き詰まっている[行き詰まる].
— 動 自《略式, 主に米》(事業などが)失敗する, (株価などが)暴落する. — 他《米》(試合)にわざと負ける.
be [gèt] tánked (úp) [動] 自《俗》酔っ払っている[酔っ払う].
tánk úp [動] 自 ⑴《略式, 主に米》車を(ガソリンで)満タンにする. ⑵《俗》(酒を)がぶ飲みする.

tan·kard /tǽŋkəd | -kəd/ 名 C タンカード《取っ手やふたのついた金属製のビール用大ジョッキ; ⇒ mug》; タンカード1杯の量 (*of*).

tank·er /tǽŋkə | -kə/ 名 C 油輸送船, タンカー; (油などを運ぶ)タンク車, タンクローリー; 給油飛行機 (oil tanker). 日英 日本でいう「タンカー」は船に限るが, 英語の tanker は石油などを輸送する交通機関すべてに用いる.

tánk tòp 名 ❶ C《米》タンクトップ《そでなしのTシャツ》. ❷ C《英》そでなしのセーター.

tanned /tǽnd/ 形 = suntanned.

tan·ner /tǽnə | -nə/ 名 C なめし革業者.

tan·ner·y /tǽn(ə)ri/ 名 (-ner·ies) C 製革場, なめし革工場.

tan·nin /tǽnɪn/ 名 U〘化学〙タンニン.

tan·ta·lize /tǽnṭəlàɪz/ 動 他 (期待を持たせておいて)(...)をじらす, じらして苦しめる.

tan·ta·liz·ing /tǽnṭəlàɪzɪŋ/ 形 じらすような, 欲をそそる. **~·ly** 副 じらすように.

Tan·ta·lus /tǽnṭələs/ 名 固〘ギリシャ神話〙タンタロス《ゼウス (Zeus) の息子; 神々の秘密を漏らしたために地獄の水にあごまでつけられ, 飲もうとすると水は退き, 頭上の果実を取ろうとするとそれも退いて苦しめられた》.

tan·ta·mount /tǽnṭəmàʊnt/ 形 叙述《格式》(特に好ましくないものと)同等で, (...も)同然で: His request was *tantamount to* a threat. 彼の要求は脅しに等しかった.

tan·trum /tǽntrəm/ 名 C (特に子どもの)不機嫌, かんしゃく: have [throw] a (temper) *tantrum* かんしゃくを起こす.

Tan·za·ni·a /tæ̀nzəníːə/ 名 固 タンザニア《アフリカ東部の共和国》.

Tao·is·m /táʊɪzm/ 名 U 道教《老子の教え》.

***tap**[1] /tǽp/ 動 (taps /~s/; tapped /~t/; tap·ping) 他 ❶ (...)を**軽くたたく**: He *tapped* me *on the* shoulder. V+O+*on*+名 彼は私の肩をぽんとたたいた《⇒ the[1] 2》/ She *tapped* the box with her forefinger. 彼女はその箱を人さし指でとんとんとたたいた.
❷ (手足·指·鉛筆など)を(物に)**こつこつと音を立てて打ちつける**, (...)で(物を)軽くたたく: Don't *tap* your pencil *on* the desk. V+O+*on*+名 鉛筆で机をこつこつたたくな. ❸《米》(人)を(ある役職に)選ぶ, 指名する.
— 自 **こつこつとたたく**, 軽くたたく: Someone is *tapping at* [*on*] the door. V+*at* [*on*]+名 だれかがドアをこつこつとたたいている.
táp ín [動] 他 (文字など)を入力する, 打ち込む.
táp óut [動] 他 ⑴ 軽くたたいて(リズムなど)を刻む. ⑵ (キーボードで)(文など)を入力する.
— 名 (~s /~s/) ❶ C **こつこつたたく音**; 軽くたたくこと, とんとん打つこと: There was a *tap at* the door. ドアをこつこつとたたく音がした / He gave me a gentle *tap on* the shoulder. 彼は私の肩を軽くたたいた. ❷ U タップダンス.

***tap**[2] /tǽp/ 名 (~s /~s/) ❶ C《主に英》**蛇口**, 栓, コック [《米》faucet]: turn the *tap* on [off] 蛇口を開ける[締める] // ⇒ tap water. ❷ C (たるの)飲み口, 栓. ❸ C 盗聴(器) (wiretap). **on táp** [形] ⑴ (たるが)飲み口がついて: beer *on tap* たる入り[生]ビール. ⑵《略式》準備ができて, すぐに使える. ⑶《米》予定[計画]されて.
— 動 (taps; tapped; tap·ping) 他 ❶ (資金·資源など)を利用する; (能力·知識·経験など)を活用する. ❷ (電話など)を盗聴する; (電話線)に盗聴器を取りつける (wiretap). ❸ (幹に刻み目をつけて)(...)の樹液を採る (*off*). ❹ (たる)に飲み口をつける, (たる)の口を開ける; (酒)をたるの飲み口から出す (*off*; *from*). ❺《略式》(人)に(金などを)せびる (*for*). **táp ínto ...** [動] 他 = 動 1.

táp dànce 名 U,C タップダンス: do a *tap dance* タップダンスを踊る.

tap-dance /tǽpdæ̀ns | -dɑ̀ːns/ 動 自 タップダンスを踊る.

táp dàncer 名 C タップダンサー.

táp dàncing 名 U タップダンス.

tape /téɪp/
— 名 (~s /~s/) ❶ U (録音·録画用の)(**磁気**)**テープ**; C **カセット[ビデオ]テープ**, 録音[録画]したテープ: The program was recorded *on tape*. その番組はテープに録画されていた / a blank *tape* 未使用のテープ. 関連 master tape 親テープ / videotape ビデオテープ.
❷ U **粘着テープ; セロテープ** [《米》Scotch tape, 《英》Sellotape]; ばんそうこう: seal an envelope with *tape* (セロ)テープで封筒に封をする / adhesive *tape* 粘着テープ.
❸ C,U **テープ**, (平たい)ひも《梱包用など》: The governor cut the *tape* and opened the new bridge. 知事は新しい橋のテープカットをした. ❹ [the ~] (レースの決勝地点の)テープ: break *the tape* ゴールのテープを切る, 1着でゴールインする. ❺ C = tape measure.
— 動 (tapes /~s/; taped /~t/; tap·ing) 他 ❶ (...)を**テープに録音[録画]する**, テープにとる (tape-record): *tape* a movie 映画をテープにとる.
❷ (...)を(**粘着**)**テープで貼りつける**: The photos *are taped on* the wall. V+O+前+名の受身 壁に写真が貼ってある. ❸ (...)をテープでくくる[縛る]; (...)にテープを巻く (*up*). ❹ [普通は受身で]《主に米》(...)に包帯を巻く (*up*) [《英》strap].

tápe dèck 名 C テープデッキ (deck)《アンプとスピーカーを内蔵していないテープレコーダー》.

tápe mèasure 名 C 巻き尺.

ta·per /téɪpə | -pə/ 動 (-per·ing /-p(ə)rɪŋ/) 自 ❶ 次第

T

に細くなる, 先細りになる (*to*). ❷ = taper off (成句). ― ㊀ (...)の先を次第に細くする. **táper óff** [動] ㊁ 次第に少なく[弱く]なる. ― ㊀ (...)を次第に少なく[弱く]する. ― 名 ❶ Ⓒ 細いろうそく. ❷ [単数形で] 先細りになること; 先細りのもの. ❸ Ⓒ ろう引きの灯心《昔ランプやろうそくに用いた》.

tape-re·cord /téɪprɪkɔ̀əd | -kɔ̀:d/ 動 ㊀ (...)をテープにとる, テープに録音[録画]する.

tápe recòrder 名 Ⓒ テープレコーダー.

tápe recòrding 名 ❶ Ⓤ テープ録音[録画]. ❷ Ⓒ 録音[録画]したテープ (*of*).

ta·pered /téɪpəd | -pəd/ 形 先が細くなった.

tap·es·try /tǽpɪstri/ 名 (-es·tries) Ⓒ,Ⓤ つづれ織り, タペストリー《壁掛けなどに用いる》.

tape·worm /téɪpwə̀:m | -wə̀:m/ 名 Ⓒ さなだむし.

tap·i·o·ca /tæ̀pióʊkə/ 名 Ⓤ タピオカ《cassava の根からとる食用でんぷん; 菓子などの材料》.

ta·pir /téɪpə | -pə/ 名 (複 ~(s)) Ⓒ ばく《動物》.

tap·root /tǽprù:t/ 名 Ⓒ 〔植物〕 主根, 直根.

táp wàter 名 Ⓤ (蛇口から出る)水道水.

tar /tάə | tá:/ 名 Ⓤ タール《石炭・木材を乾留して得る黒色の油状液》; (たばこの)やに: a low [high] *tar* cigarette タール分の少ない[多い]たばこ. 関連 coal tar コールタール. ― 動 (tars; tarred; tar·ring /tá:rɪŋ/) ㊀ (...)にタールを塗る. **tár and féather** [動] ㊀ (...)の体一面にタールを塗り羽毛をつける《昔の私刑の一種》. **tárred with the sáme brúsh (as ...)** [形] (...と)同罪[同類]と見なされて.

T

ta·ran·tu·la /tərǽntʃʊlə/ 名 Ⓒ タランチュラ《毒ぐもの一種》.

tar·di·ly /tάədəli | tá:-/ 副 《格式》 のろのろと.

tar·di·ness /tάədinəs | tá:-/ 名 Ⓤ 《格式》 遅いこと, 緩慢 (*in*); 遅刻.

tar·dy /tάədi | tá:-/ 形 (tar·di·er; -di·est) ❶ 《格式》 遅刻した, 遅れた [≒late]. ❷ 《格式》 のろい, ぐずぐずした [≒slow]: *tardy* progress 遅々とした進歩.

***tar·get** /tάəgɪt | tá:-/

― 名 (tar·gets /-gɪts/) ❶ Ⓒ (射撃・弓矢などの)**標的**, **的**(まと): *targets for* attack 攻撃目標 / aim [shoot] at a *target* 的をねらう[ねらって撃つ] / hit [miss] a *target* 的に当たる[をはずれる].

❷ Ⓒ (仕事・生産などの)(**達成**)**目標**, 目標額: reach [meet, hit, achieve] a *target* 目標に達する / set a sales *target* 販売目標を立てる.

❸ Ⓒ (批判・もの笑いの)**的**, 種, 標的; (調査などの)対象: an easy *target for* bullies いじめっ子たちの格好の標的 / a prime *target* 格好の標的 / *targets of* [*for*] investigation 調査の対象. ❹ [形容詞的に] 目標とする, 対象となる: a *target* audience 対象となる視聴者たち.

òff tárget [形・副] 的はずれな; 目標に届かなくて.

on tárget [形・副] 的確な; 目標を達成しそうで.

― 動 ㊀ (武器・資金・運動など)を(標的・目標に)向ける, (物)のねらい[対象]を(...に)定める (*at*, *on*).

+tar·iff /tǽrɪf/ 名 (~s) ❶ Ⓒ **関税**《⇒ tax 類義語》; 関税表: a protective *tariff* 保護関税 / a *tariff on* foreign watches 外国製の時計にかかる関税 / a *tariff* barrier 関税障壁. ❷ Ⓒ 《主に英》 (ホテル・レストランなどの)料金表; (携帯電話などの)料金プラン.

tar·mac /tάəmæk | tá:-/ 名 Ⓤ [ときに T-] 《英》 ターマック《舗装用の砕石入りアスファルト; 商標》; [the ~] ターマック舗装路《ターマックで舗装した道路・滑走路》.

tarn /tάən | tá:n/ 名 Ⓒ (山中の)小さい湖[池].

tar·nish /tάənɪʃ | tá:-/ 動 ㊀ ❶ (金属)の表面の光沢を曇らせる, (...)を変色[退色]させる. ❷ (名誉など)を汚(けが)す, 台なしにする. ― ㊁ 曇る, 色あせる. ― 名 [Ⓤ または a ~] 曇り, 変色; 汚点.

ta·ro /tá:roʊ/ 名 (~s) Ⓒ,Ⓤ タロいも《熱帯産のさといも》.

tar·ot /tǽroʊ/ ❗発音 ≪フランス語から≫ 名 Ⓤ [普通は the ~] タロットカード《78 枚ひと組で占い用》; タロット《タロットカードでする占い》.

tarp /tάəp | tá:p/ 名 Ⓒ,Ⓤ 《米略式》 = tarpaulin.

tar·pau·lin /tɑəpɔ́:lɪn | tɑ:-/ 名 Ⓒ,Ⓤ タール塗り防水布, シート.

tar·ra·gon /tǽrəgən/ 名 Ⓒ,Ⓤ タラゴン《よもぎの一種》; Ⓤ タラゴンの葉《香辛料》.

tar·ry[1] /tǽri/ 動 (tar·ries; tar·ried; -ry·ing) ㊁ ❶ [副詞(句)を伴って] 《文語》 長居する, とどまる. ❷ 《文語》 遅れる, 手間取る.

tar·ry[2] /tá:ri/ 形 (tar·ri·er; -ri·est) タールを塗った, タールでよごれた; タールのような.

tart[1] /tάət | tá:t/ 名 ❶ Ⓒ,Ⓤ タルト《果物・ジャムの入った小型のパイ》; (中身の見える)果物入りのパイ《⇒ pie 参考》 ❷ Ⓒ 《略式》 ふしだらな女; 売春婦.

― 動 [次の成句で] **tárt úp** [動] ㊀ 《略式》 (...)を安っぽく[けばけばしく]飾り立てる: *tart* oneself *up* (特に女性が)着飾る, めかしこむ.

tart[2] /tάət | tá:t/ 形 (tart·er; tart·est) ❶ 酸(す)っぱい, ぴりっとした. ❷ (発言などが)しんらつな, きつい.

tar·tan /tάətn | tá:-/ 名 Ⓤ タータン《Scotland 高地人の格子じまの毛織物》; Ⓒ 格子じま, タータンチェック. 日英 「タータンチェック」は和製英語.

tar·tar /tάəṭə | tá:tə/ 名 ❶ Ⓤ 歯石: remove the *tartar* off one's teeth 歯石を取る. ❷ Ⓤ (ワインのたるにつく)酒石(しゅせき).

tártar [tár·tare] sàuce /tάəṭə- | tá:tə-/ 名 Ⓤ タルタルソース《ピクルス・たまねぎ・パセリなどを刻んでマヨネーズに加えたもの》.

tart·ly /tάətli | tá:t-/ 副 酸っぱく; しんらつに.

tart·y /tάəṭi | tá:-/ 形 《略式》 [軽蔑的] (女性の服装が)挑発的な, 売春婦のような.

***task** /tǽsk | tá:sk/

― 名 (~s /~s/) Ⓒ (課せられたきつい[いやな])**仕事**, 作業課題, 務め《⇒ work 表および 類義語》; 勉強: routine *tasks* 毎日の仕事, 日課 / perform a difficult *task* 困難な仕事をなし遂げる / My first *task* was to gather information. 私の最初の務めは情報を集めることだった / He was 「given [set] the *task of* determin*ing* the cause. 原因を特定するという任務が彼に課された / This is no easy *task*. これは容易なことではない / a thankless *task* 報われない仕事.

táke ... to tásk [動] ㊀ (...)をしかる, 責める (*for*, *over*).

― 動 ㊀ [普通は受身で] 《格式》 (...)に(重い負担[仕事]を)課す (*with*).

〖語源 元来は「税金」の意から「税金の代わりに課せられた仕事」の意になった; tax と同語源〗

task·bar /tǽskbɑ̀ə | tá:skbɑ̀:/ 名 Ⓒ 〔コンピュータ〕 タスクバー《コンピューター画面の上部または下部にアイコンが帯状に並んだ領域》.

+tásk fòrce 名 [《英》 単数形でもときに複数扱い] ❶ Ⓒ (特殊任務をもつ)(軍隊の)**機動部隊**. ❷ Ⓒ 特別

作業班, 特別調査団, 対策本部 (*on*).
task·mas·ter /tǽskmæ̀stɚ | tɑ́:skmɑ̀:stə/ 名 C (従業員·生徒などに)困難な仕事[勉強]を課す人.
Tas·ma·ni·a /tæzméɪniə/ 名 固 タスマニア《オーストラリア南東方の島[州]》.
tas·sel /tǽs(ə)l/ 名 C 房(ふさ); 飾り房.
tas·seled, 《英》 **tas·selled** /tǽs(ə)ld/ 形 房のついた.

****taste** /téɪst/
— 名 (tastes /téɪsts/) ❶ C,U 味, 風味 (*of*): This fruit has a sweet *taste*. この果物は甘い味がする / This orange doesn't have much *taste*. このオレンジは風味が少ない. 関連 smell におい.
❷ U [しばしば the ~] **味覚:** A cold dulled his sense of *taste*. かぜで彼の味覚は鈍くなっていた / It's delightful to *the taste*. それは口当たりがいい. 関連 smell 嗅覚.
❸ C,U **趣味**, 好み [⇔ distaste]: have a ***taste for*** modern painting 現代絵画を好む / What's your ***taste in*** sports? どんなスポーツが好きですか / Modern jazz isn't ***to my taste***. モダンジャズは私の趣味に合わない / There's no accounting for *tastes*. Ⓢ《ことわざ》人の好みには一々説明がつけられない(蓼(たで)食う虫も好き好き)《普通は皮肉》/ It's a matter of *taste*. それは好みの問題だ.
❹ U **美的感覚**, 審美眼; センス; 見識, たしなみ: He is a man of *taste*. 彼には審美眼がある / have good ***taste in*** clothes 服装のセンス[趣味]がいい. ❺ C [普通は a ~] ひと口, ひとなめ; 試食, 試飲, 味見; 少量; ちょっとした経験: have *a taste of* brandy ブランデーを味見してみる / The people enjoyed *a taste of* freedom. 国民は(つかのまの)自由を味わった / *a taste of* things to come これから起こる一連の(同類の)出来事の兆し.
in góod [bád, póor] táste [形·副] 上品[下品]で, 趣味がよく[悪く]て.
léave a bád [bítter, násty] táste in ...'s [the] móuth [動] (飲食物が)あと味が悪い; (事件などが)...にとって悪い印象を残す.
to táste [副] 好みに応じて, 適宜(てきぎ)《料理法の説明などで用いる句》: Add salt and pepper *to taste*. お好みで塩とこしょうを加えてください. (形 tásteful, tásty)
— 動 (tastes /téɪsts/; tast·ed /~ɪd/; tast·ing) 自 [進行形なし] ❶ (物が...の)**味がする**, (...の)風味がある: This milk *tastes* sour. V+C(形) この牛乳はすっぱい味がする(腐っている) / This salad ***tastes of*** lemon. V+of+名 このサラダはレモンの風味がある / The fish ***tasted like*** salmon. V+like+名 その魚はさけのような味だった / 言い換え How does it *taste*? = What does it *taste like*? どんな味ですか. ❷ 味を感じる.
— 他 ❶ (飲食物)の**味見をする**, (...)を試食[試飲]する: She *tasted* the soup. 彼女はスープの味をみた / *Taste* this wine to see if you like it. このワインがお口にあうかどうか試しに飲んでみてください. ❷ [進行形なし; しばしば can とともに] (...)の味がわかる, (...)の味を感じ取る: I have a terrible cold, so I *can't* taste what I'm eating. かぜがひどくて食べているものの味がわからない. ❸ [進行形なし] (飲食物)を口にする, 食べる, 飲む: The victims of the hurricane haven't *tasted* food for three days. ハリケーンの被災者たちは 3 日間も食べ物を口にしていない. ❹ [進行形なし] (喜び·悲しみなど)を(多少)味わう[経験する] [≒experience]: *taste* the bitter things of life 人生の厳しさを知る.
táste bùd 名 C [普通は複数形で] 味蕾(みらい), 味覚芽《舌の上皮にある味覚器官》.
taste·ful /téɪstf(ə)l/ 形 趣味のよい, 上品な, 凝った, 渋い [⇔ tasteless]. (名 taste)
-ful·ly /-fəli/ 副 趣味よく, 上品に.
taste·less /téɪstləs/ 形 ❶ 味のない, まずい; 無味乾燥な. ❷ (人·服装·冗談などが)趣味の悪い, 下品な; 無風流な [⇔ tasteful].
tast·er /téɪstɚ | -tə/ 名 ❶ C 味見をする人, (味の)鑑定人. ❷ C 《英略式》見本, サンプル (*of*).
tast·ing /téɪstɪŋ/ 名 C 試食[試飲]会.
tast·y /téɪsti/ 形 (tast·i·er; -i·est) ❶ (特に塩味などで)味のよい, おいしい, 風味のきいた. ❷ 《略式》(話題などが)おもしろい; きわどい. ❸ 《英略式》[ときに差別的] (女性が)性的魅力のある. (名 taste)
tat /tǽt/ 名 C 軽打(⇒ tit for tat (tit[1] 成句)).
ta-ta /tætɑ́:/ 間 《英略式》バイバイ! [≒goodbye].
ta·ter /téɪṭɚ | -tə/ 名 ❶ C 《略式》= potato. ❷ C 《略式》〔野球〕= home run.
tat·tered /tǽṭɚd | -təd/ 形 ❶ (衣類などが)ぼろぼろの. ❷ (人が)ぼろを着た.
tat·ters /tǽṭɚz | -təz/ 名 複 (ぼろ)切れ; ぼろぼろの衣類. **in tátters** [形] ぼろぼろになって.
tat·tle /tǽṭl/ 動 自 ❶ 《主に米》(子供が)告げ口をする (*on*). ❷ 《古風》うわさ話[おしゃべり]をする.
tat·tle·tale /tǽṭltèɪl/ 名 C 《米略式》(特に子供の)告げ口屋 [《英》telltale].
tat·too[1] /tætú:/ 名 (~s) C 入れ墨(ずみ), タトゥー. — 動 他 (...)に入れ墨をする; (...)の入れ墨を彫る.
tat·too[2] /tætú:/ 名 (~s) ❶ [a ~] どんどん[コツコツ]たたく音, 連打音. ❷ C 《主に英》軍楽行進《普通は夜間に余興として行なう軍隊によるパレード》; [単数形で] 帰営太鼓[らっぱ].
tat·tooed /tætú:d/ 形 入れ墨をした.
tat·too·ist /tætú:ɪst/ 名 C 入れ墨師.
tat·ty /tǽṭi/ 形 (tat·ti·er; -ti·est) 《略式》(服などが)みすぼらしい, ぼろぼろの.
tau /táʊ/ 名 C タウ《ギリシャ語アルファベットの第 19 文字 τ, T; ⇒ Greek alphabet 表》.
*****taught** /tɔ́:t/ 発音 -ght で終わる語の gh は発音しない. (同音 taut) 動 teach の過去形および過去分詞.
taunt /tɔ́:nt/ 動 他 (...)をあざける: They *taunted* him *for* being fat. 彼らは彼をでぶだと言ってあざけった. — 名 C [しばしば複数形で] あざけり(のことば).
taunt·ing·ly /tɔ́:nṭɪŋli/ 副 あざけって.
taupe /tóʊp/ 名 U, 形 トープ(の)《茶色がかった灰色》.
Tau·rus /tɔ́:rəs/ 名 ❶ 固 牡牛(おうし)座《星座》; 金牛宮 (the Bull)《⇒ zodiac 挿絵》. ❷ C 牡牛座生まれの人.
taut /tɔ́:t/ 形 (taut·er; taut·est) ❶ (綱などが)ぴんと張った [≒tight] [⇔ slack]. ❷ (神経·表情などが)緊張した, こわばった; (筋肉などが)引き締まった. ❸ (文章·映画などが)むだのない, よくまとまった.
tau·ten /tɔ́:tn/ 動 自 (綱などが)ぴんと張る. — 他 (綱など)をぴんと張る.
taut·ly /tɔ́:tli/ 副 ぴんと張って; 緊張して.
tau·to·log·i·cal /tɔ̀:təlɑ́(:)ʤɪk(ə)l | -lɔ́ʤ-←/ 形 類語[同語]反復の; 冗長な.
tau·tol·o·gy /tɔ:tɑ́(:)ləʤi | -tɔ́l-/ 名 (-o·gies) U 〔修辞〕類語[同語]反復《an empty box with nothing in it (中に何も入っていない空き箱) の empty と with

nothing in it など》; Ⓒ 重複表現.

tav·ern /tǽvən|-vən/ 名 Ⓒ《古語》居酒屋; 宿屋.

taw·dry /tɔ́ːdri/ 形 (taw·dri·er; -dri·est) ❶ けばけばしい, 派手で安っぽい. ❷ 不道徳な, 下品な.

taw·ny /tɔ́ːni/ 形 (taw·ni·er; -ni·est) (毛皮などが)黄褐色の.

tax /tǽks/

— 名 (~·es /~ɪz/) ❶ C,U **税, 税金**《⇒ 類義語》; 《米》売上税 (sales tax): ***pay taxes*** 税金を払う / ***raise*** [***cut***] ***taxes*** 増税[減税]する / pay $100 in *taxes* 税金に 100 ドル払う / Does the price include *tax* and service charge? 税金とサービス料込みの値段ですか / There's a heavy *tax on* cigarettes. たばこには重い税金がかかっている / a *tax* increase 増税 / a *tax* cut 減税. ❷ [a ~]《格式》重い負担, 苛酷(かこく)な要求.

àfter [befòre] táx [副·形] 課税後[前]で(の), (収入が)手取り[税込み]で(の), (価格が)税込み[税抜き]で(の).

類義語 **tax** 税金を表わす最も一般的な語: income *tax* 所得税. **tariff** 輸入品·輸出品にかけられる関税を言う: *tariffs* on imports 輸入品にかかる関税. **duty** [duties] 物品·相続に課せられる税金: a *duty*-free shop 免税品店.

— 動 (tax·es /~ɪz/; taxed /~t/; tax·ing) 他 ❶ (人·物)に**税金をかける**, 課税する: All these goods ***are taxed at*** 10%. V+O+*at*+名の受身 これらの商品にはみな 10% の税金がかかっている.
❷ (物事が)(人·能力など)に**重い負担をかける**, (...)を酷使する: Driving a car *taxes* the eyes. 車の運転は目に負担をかける.

táx ... with ~ [動] 他《格式》~のことで(...)をとがめる, ~のかどで(...)を責める [≒accuse ... of ~].

(名 taxátion)

tax·a·ble /tǽksəbl/ 形 課税できる, 課税対象となる, 有税の: *taxable* income 課税所得.

+**tax·a·tion** /tækséɪʃən/ 名 ❶ Ⓤ **課税**, 徴税; 税制: direct [indirect] *taxation* 直接[間接]課税. ❷ Ⓤ (課された)税金, 税収, 租税収入: increase [reduce] *taxation* 増税[減税]する. (動 tax)

táx avòidance 名 Ⓤ 節税《合法的》.

táx bràcket 名 Ⓒ (所得の)税率区分.

táx brèak 名 Ⓒ 特別減税, (税制上の)優遇措置.

táx collèctor 名 Ⓒ 税務署員, 収税吏.

tax-de·duct·i·ble /tǽksdɪdʌ́ktəbl/ 形 (経費が)控除可能な, 課税控除対象の.

táx evàsion 名 Ⓤ 脱税《非合法的》.

tax-ex·empt /tǽksɪgzém(p)t⁻/ 形 免税の; 非課税の.

tax-free /tǽksfríː⁻/ 形 税金のかからない, 免税の; 非課税の: a *tax-free* shop 免税店.

táx hàven 名 Ⓒ 避税地, 税金逃れの場所《税金逃れに利用する税の安い国·地域》.

tax·i /tǽksi/

— 名 (~s, ~es /~z/) Ⓒ **タクシー**《taxicab を短縮した形》[≒cab]: He took a *taxi* to the hotel. 彼はタクシーでホテルへ行った / Could you call me a *taxi*? タクシーを呼んでいただけますか / get [catch] a *taxi* タクシーを拾う / hail a *taxi* タクシーを呼び止める / Let's go ***by taxi***. タクシーで行こう《⇒ by 前 2 語法》.

— 動 (tax·is, tax·ies; tax·ied; tax·i·ing, tax·y·ing) 自 (飛行機が離着陸の前後に誘導路[水上]を)滑走する, 移動する: The jet *taxied out on* the runway. ジェット機は滑走路へと移動して行った.

tax·i·cab /tǽksikæ̀b/ 名 Ⓒ タクシー.

tax·i·der·my /tǽksɪdə̀ːmi|-dəː-/ 名 Ⓤ 剝製(はくせい)術.

tax·i·me·ter /tǽksimìːtə|-tə/ 名 Ⓒ タクシーメーター, 自動料金表示器.

tax·ing /tǽksɪŋ/ 形 (仕事などが)疲れさせる, きつい, 困難な.

táx inspèctor 名 Ⓒ 課税査定官.

táxi rànk 名 Ⓒ《英》= taxi stand.

táxi stànd 名 Ⓒ《主に米》タクシー乗り場.

tax·i·way /tǽksiwèɪ/ 名 Ⓒ (空港の)誘導路.

tax·man /tǽksmən/ 名 (-men /-mən/) ❶ Ⓒ 税務署員 [≒tax collector]. ❷ [the ~]《略式》税務署.

tax·on·o·my /tæksɑ́(ː)nəmi|-sɔ́n-/ 名 Ⓤ (特に動植物の)分類学[法]; Ⓒ (個々の)分類(法).

+**tax·pay·er** /tǽkspèɪə|-pèɪə/ 名 (~s /~z/) Ⓒ **納税者**.

táx retùrn 名 Ⓒ 納税[所得]申告書.

táx shèlter 名 Ⓒ 税金逃れの手段, 節税法《合法的》.

táx yèar 名 Ⓒ 課税年度《米国では 1 月 1 日, 英国では 4 月 6 日から》.

TB /tíːbíː/ 略 = tailback 2, terabyte, tuberculosis.

TBA /tíːbìːéɪ/ 略 = to be announced (詳細)未定(につき追って発表).

TBC 略《英》= to be confirmed 詳細未定.

TBD 略《米》= to be determined 詳細未定.

T-bone (stéak) /tíːbòʊn-/ 名 U,C (T 字型の)骨付きステーキ.

tbs., tbsp. 略 = tablespoon(s), tablespoonful(s).

Tchai·kov·sky /ʧaɪkɔ́ːfski | -kɔ́f-/ 名 固 Pyotr /pjóʊtr(ə)/ **I·lyich** /ílɪʧ/ ~ チャイコフスキー (1840–93)《ロシアの作曲家》.

tea /tíː/ (同音 tee, ti)

— 名 (~s /~z/) ❶ Ⓤ **お茶, ティー**. 日英 英米では tea といえば black tea (紅茶)のこと; 緑茶は green tea という: strong [weak] *tea* 濃い[薄い]茶 / a cup [two cups] of *tea* お茶 1 杯[2 杯] / ice(d) *tea* アイスティー / drink *tea* お茶を飲む / make (the) *tea* 茶を入れる / *Tea* for two, please. お茶を 2 人分ください / 🗨 "How would you like your *tea*, ↘ with milk ↗ or with lemon? ↘" "With lemon, please."「紅茶はどのようにしましょうか, ミルクを入れますか, それともレモンを入れますか」「レモンにしてください」《⇒ or 1 発音》. 語法 種類をいうときには Ⓒ: Several *teas* are sold here. ここでは何種類かのお茶を売っている. 関連 coffee コーヒー / chocolate ココア.
❷ Ⓒ **1 杯のお茶**: Three *teas*, please. お茶を 3 つください《注文》. ❸ U,C《英》ティー, 午後のお茶(の時間)《午後 3 時から 5 時ごろにとる紅茶つきの軽い食事》; 早めの夕食, ハイティー: 🗨 "What would you like for *tea*?" "Scones and some *tea* with milk, please."「お茶の時間には何を召し上がりますか」「スコーンとミルクティーをお願いします」 ❹ Ⓒ = tea party. ❺ U,C (乾燥·加工した)茶の葉; 茶の木. ❻ U,C (茶に類した)飲み物, ...茶; (薬用の)煎じ汁, 薬用茶: mint *tea* ミントティー / beef *tea* (病弱者用の)濃い牛肉スープ.

for áll the téa in Chína [副] [否定文で]《古風, 略式》(どんな見返りがあっても)絶対に(...しない).

téa and sýmpathy [名]《古風, 主に英》(困っている人への)親切[同情].

〖語源 中国語福建方言の「茶」から〗

téa bàg 名 C ティーバッグ.

téa brèak 名 C《主に英》(仕事の)休憩, お茶の時間《⇒ coffee break》.

téa càddy 名 C 茶筒, 茶缶.

téa càke 名 C ティーケーキ《お茶といっしょに出す干しぶどうなどの入った平たい小さな菓子》.

téa cèremony 名 C (日本の)茶の湯, 茶道.

***teach /tíːʧ/

— 動 (teach·es /~ɪz/; 過去・過分 taught /tɔ́ːt/; teach·ing) 他 ❶ (学科など)を**教える**; (物事)を(人に)教える, 教授する《⇒ show 動 他 3 語法》[⇔ learn]: I *teach* English at this school. 私はこの学校で英語を教えている / What does Ms. Ford *teach*? フォードさんは何の先生ですか / 言い換え Mr. Long *teaches* us history. V+O+O = Mr. Long *teaches* history *to* us. V+O+*to*+名 ロング先生は私たちに歴史を教えている《⇒ to¹ 3 語法》/ He *taught* us *about* AIDS. V+O+*about*+名 彼は私たちにエイズのことを教えてくれた.

教える

駅へ行く道を教えてください.

○Could you **tell** me the way to the station?

×Could you teach me the way to the station?

✪ 単に情報を与える場合は tell を用い, teach は用いない.

teach / instruct	教える
tell	教える
show	教える / 案内する / 示す

❷ (...のしかた)を**教える**, (芸など)を仕込む: She *taught* children *to* swim. V+O+O (*to* 不定詞) 彼女は子供に泳ぎを教えた. 語法 She *taught* children *swimming*. V+O+O (動名) とすると「彼女は子供に(学科としての)水泳を教えた」の意になる // Parents must *teach* their children not *to* tell lies. 親は子供たちにうそをつかないように教えなければいけない / He is *teaching* his son *how to* read the English alphabet. V+O+O (*wh* 句) 彼は息子に英語のアルファベットの読み方を教えている.
❸ (人・宗教などが)**教えさとす**, 説く; (経験などが)**教える**, 悟らせる: The experience *taught* (me) *that* we all have something in common. V (+O)+O (*that* 節) その経験から私たちみんなには共通点があるということを学んだ. ❹ [受身なし]《略式》(...)に(~するとどうなるか)思い知らせる, 痛い目にあわせる: I'll *teach* you *to* talk back! Ⓢ 口答えしたら承知しないぞ / That'll *teach* him (a lesson)! Ⓢ それであいつも少しはこりるだろう.

— 自 **教える; 教師をする:** Where does he *teach*? 彼はどこの先生ですか / My mother *teaches at* a high school in Utah. V+*at*+名 母はユタ州で高校教師をしている.

téach schóol [動] 自《米》教師をしている.

〖語源 元来は「指し示す」の意〗

teach·a·ble /tíːʧəbl/ 形 ❶ (人が)よく教えを聞く, 素直でよく学ぶ. ❷ (学科などが)教えやすい, 教授可能な.

***teach·er /tíːʧɚ | -ʧə/

— 名 (~s /~z/) C **教師, 先生**; 教える人: "Who's your favorite *teacher*?" "Mr. Brown, our biology *teacher*."「どの先生がいちばん好きですか」「生物のブラウン先生です」/ a *teacher* of history 歴史の教師 / Fred is a *teacher* at Down High School. フレッドはダウン高校の先生だ. 関連 schoolteacher 学校の教師.

語法 (1) **代名詞は she**
特に米国の初等中等教育では女性の教師が多いので, 特定の人を指すのではなく一般的な言い方をするときにも she で受けることが多い.
(2) 次のようなアクセントの違いに注意: an Énglish [a Frénch] tèacher = a téacher of Énglish [Frénch] 英語[フランス語]の教師《English, French は名詞》/ an Énglish [a Frénch] téacher イギリス人[フランス人]の教師《English, French は形容詞》.

日英 🔍 **「先生」と呼びかけるとき**
「グリーン先生」と呼びかけるときには "Mr. [Mrs., Miss, Ms.] Green" と言い, "Teacher Green" とか "Green teacher" とは言わない. 日本語でただ「先生」と呼びかけるときも, 英語では Mr. [Mrs., Miss, Ms.] Green! のように名前で呼ぶ.

téach·ers cὸllege /tíːʧɚz- | -ʧəz-/ 名 C《米》教員養成大学 [《英》college of education].

téacher's pét 名 C《略式》先生のお気に入りの生徒《級友には嫌われる》.

teach-in /tíːʧɪn/ 名 C ティーチイン《大学の学生や教職員による政治・社会問題などの学内討論集会》.

***teach·ing** /tíːʧɪŋ/ 名 (~s /~z/) ❶ U **教えること**, 教授, 授業; 教職: English language *teaching*《英》英語教育[教授法]《略 ELT》/ Linda will go into *teaching*. リンダは教職につくだろう / student *teaching*《米》= *teaching* practice《英》教育実習.
❷ C [普通は複数形で] (偉人などの)**教え**, 教訓, 教義: the *teachings of* Christ キリストの教え.

téaching àid 名 C 教具, 補助教具[教材].

téaching assìstant 名 C《米》ティーチングアシスタント《大学で授業をしたり授業の補佐をする大学院生; 略 TA》;《英》教員助手.

téaching hòspital 名 C (医学生が実習を行なう)教育実習病院.

téa clòth 名 C《英》= dish towel.

téa còzy 名 C (ティーポットなどにかぶせる)保温カバー.

tea·cup /tíːkʌ̀p/ 名 C ティーカップ, (紅茶)茶わん: drink tea from a *teacup* ティーカップで紅茶を飲む.

téa gàrden 名 C 茶店のある公園; 茶畑.

tea·house /tíːhàʊs/ 名 (-hous·es /-hàʊzɪz/) C (日本・中国の)茶店, 喫茶店; (茶道の)茶室.

teak /tíːk/ 名 U チーク材《家具用》; C チークの木.

teal /tíːl/ 名 (複 ~(s)) ❶ C こがも《ヨーロッパ・北米の鳥》. ❷ U 濃い緑色がかった青.

téa lèaf 名 [複数形で] 茶がら, 茶かす.

T

team /tíːm/ (同音 teem[1, 2])

— 名 (~s /~z/)

意味のチャート
原義は「引くもの」で tow, tug と同語源.
「ひと組のけん引牛[馬]」❸ →「ひと組の人」❷ →「チーム」❶

❶ C (競技などの)**チーム**, (一方の)組: a baseball *team* 野球チーム / He's ***on*** [《英》***in***] our soccer *team*. 彼は私たちのサッカーチームにいる / She plays for the national *team*. 彼女は国の代表チームの選手だ / Which *team* do you support? どのチームを応援してるの / Sam ***made the*** school basketball ***team***. サムは学校のバスケットチームに入ることができた. 語法《英》ではチームの一人一人を指すときは単数形でも複数扱いとすることがある: The *team was* [*were*] at *its* [*their*] best then. チームはそのとき絶好調だった.

❷ C (いっしょに仕事をする)**ひと組の仲間**, 班 (*of*): a medical *team* 医療班 / work as a *team* チームで仕事をする / form a project *team* プロジェクトチームをつくる. ❸ C ひと組の牛[馬, 犬など]《車・そりなどを引くために 2 頭以上がつながれたもの》.

— 動 他 [しばしば受身で] (...)を(~と)組ませる (*with*).

téam úp [動] 自 (...と)チームを組む, 協同作業をする (*with*).

+**team·mate** /tíːmmèɪt/ 名 (-mates /-mèɪts/) C **チーム仲間, チームメイト.**

téam plàyer 名 C チームのことを優先する人, 協調性のある人.

téam spírit 名 U チームワークの精神, 共同精神, 団結心.

team·ster /tíːmstɚ|-stə/ 名 C《米》トラック運転手.

*__team·work__ /tíːmwɚ̀ːk|-wə̀ːk/ 名 U **チームワーク**, (統制のとれた)協同作業.

téa pàrty 名 C お茶の会, ティーパーティー《軽い食事を出す午後のパーティー》. **be nó téa pàrty** [動] 自《米略式》たやすい[楽しい]ことではない.

tea·pot /tíːpɑ̀(ː)t|-pɔ̀t/ 名 C ティーポット, きゅうす《⇒ pot 挿絵》.

tear[1] /tíɚ|tíə/ !発音 tear[2] と発音が違う. (同音 tier)

— 名 (~s /~z/) C [普通は複数形で] **涙**: She was ***in tears***. 彼女は泣いていた[涙を浮かべていた] / ***burst into tears*** わっと泣きだす / be ***close to tears*** 今にも泣きだしそうである / ***fight*** [***hold***] ***back tears*** 涙をこらえる / ***bring tears to ...'s eyes*** (物事が)...を泣かせる[涙ぐませる] / wipe (away) *tears* 涙をふく / ***tears of*** joy [regret] うれし[くやし]涙 / A *tear* rolled down her cheek. ひとしずくの涙が彼女のほおを伝って落ちた.

énd in téars [動] 自 S《主に英》(最後は)泣いて終わることになる.

(形 téarful)

tear[2] /téɚ|téə/ !発音 tear[1] と発音が違う.

— 動 (tears /~z/; 過去 tore /tɔ́ɚ|tɔ́ː/; 過分 torn /tɔ́ɚn|tɔ́ːn/; tear·ing /té(ə)rɪŋ/) 他 ❶ (...)を**裂く**, 破る, 裂いて[破って]...にする: He *tore* the cloth. 彼はその きれを裂いた / Who has *torn* the envelope open? V+O+C (形) 誰がこの封筒を破って開けたのか / He *tore* the newspaper ***in*** half [two]. V+O+*in*+名 彼は新聞を半分[2 つ]に裂いた.

❷ (...)を**無理に引きはがす**, 引きちぎる, もぎ[むしり]取る: The drunk ***tore*** the poster ***off*** the board. V+O+*off*+名 酔っ払いはポスターを掲示板からはがした / Someone has ***torn*** two pages ***from*** [***out of***] this book. V+O+*from*[*out of*]+名 誰かがこの本から 2 ページ破り取った / She tried to *tear* herself loose [free] (*from* his grip). 彼女は(彼の手から)強引に逃れようとした.

❸ **引き裂いて(...)に傷をつける**; (裂いて)(穴など)をあける: I've ***torn*** my coat ***on*** a nail. V+O+*on*+名 くぎにひっかけて上着を破ってしまった / She ***tore*** a hole ***in*** her blouse. V+O+*in*+名 彼女はブラウスに穴をあけた. ❹ (筋肉など)を傷める, 断裂する. ❺ [受身で] (人)を悩ます, かき乱す; (国など)を分裂[分断]させる: She *was torn between* divorced parents. 彼女は別れた両親の間で板ばさみになっていた.

— 自 ❶ **裂ける**, 破れる: This cloth *tears* easily. この布は破れやすい. ❷ [副詞(句)を伴って] 突進する, 猛スピードで移動する: He *tore along* [*down*] the street. 彼は通りを突っ走った.

téar ... to [ìnto] píeces [shréds] [動] 他 (...)を**ずたずたに引き裂く**; (...)を酷評する: Ann *tore* the picture *into* tiny *pieces*. アンはその写真をずたずたに引き裂いた. **Thát's tórn it!** S《英》(計画・望みなどが)すっかりだめになった.

tear の句動詞

téar apárt 動 他 ❶ (...)を(ずたずたに)引き裂く; ばらばらにする; (国家など)を分断する; (人など)をひどく苦しめる. ❷ (人・作品など)をけなす, 酷評する. ❸ (場所)をひっかき回す.

téar at ... 動 他 ...を引き裂こうとする, 引き[かき]むしる; (心など)を引き裂く.

téar awáy 動 他 (...)を引きはがす; 引き離す: She *tore away* the stickers *from* the window. 彼女は窓からステッカーを引きはがした / *tear* one's eyes [gaze] *away from* ... ...から目をそらす.

téar one**sèlf awáy from ...** [動] 他 (離れたくない場所・人)からいやいや去る, しぶしぶ離れる.

+**téar dówn** 動 他 (建物)を**取り壊す** V+名・代+*down* / V+*down*+名: The old houses were *torn down* to make room for a supermarket. スーパーの敷地をとるために古い家々は取り壊された.

téar ínto ... 動 他 [受身なし] ...を激しく攻撃[非難]する; ...を猛然と始める; (食物)にがつがつ食いつく.

+**téar óff** 動 他 (...)を**引きはがす**, 切り離す; (服)をぱっと脱ぐ V+名・代+*off* / V+*off*+名: The wind *tore off* the poster. 風でポスターがはがれた.

+**téar úp** 動 他 ❶ (紙など)を**細かく引き裂く**; 根こそぎにする; (道など)を掘り起こす V+名・代+*up* / V+*up*+名: The baby *tore up* a ten-dollar bill. 赤ちゃんが 10 ドル札をずたずたにしてしまった. ❷ (契約など)を破棄する. ❸ (人)に悲しい思いをさせる. ❹ (場所)をひっかき回す.

— 名 C 裂け目, 破れた個所, ほころび (*in*).

tear·a·way /té(ə)rəwèɪ/ 名《英略式》不良(少年).

tear·drop /tíɚdrɑ̀(ː)p|tíədrɔ̀p/ 名 C 涙のしずく; 涙の形のもの《イヤリングなど》.

tear·ful /tíɚf(ə)l|tíə-/ 形 ❶ 涙ぐんだ, 涙ながらの. ❷ (出来事・話などが)悲しい, 涙を誘う. (名 tear[1])

-ful·ly /-fəli/ 副 涙ぐんで, 涙ながらに.

téar gàs /tíɚ-|tíə-/ 名 U 催涙(さいるい)ガス.

tear·jerk·er /tíɚdʒɚ̀ːkɚ|tíədʒə̀ːkə/ 名 C《略式》お涙ちょうだいもの《映画・劇・小説など》.

tea·room /tíːrùːm/ 名 C 喫茶店, 軽食堂.

+**tease** /tíːz/ 動 (teas·es /~ɪz/; teased /~d/; teas·ing) 他 ❶ (人·動物)を**からかう**, 冷やかす; いじめる, 悩ます: They *teased* him *about* his characteristic accent. V+O+about+名 彼らは独特のなまりのことで彼をからかった. ❷ (人)を性的にじらす; (人)の欲望をそそる. ❸ 《米》 (髪)に逆毛(さかげ)を立てる [《英》 back-comb]. — 自 ❶ からかう; いじめる. ❷ 性的にじらす. **téase óut** [動] 他 (1) (人から)(情報など)を何とか聞き出す (*of*). (2) (髪など)をすく, とかす.
— 名 ❶ C からかう人; 人を悩ます者; (特に性的に)じらす人, 思わせぶりな態度をとる人. ❷ C からかい(のことば).

teas·er /tíːzɚ | -zə/ 名 ❶ C からかう人; 《略式》 じらすもの, ティーザー《人の好奇心をあおる広告など》. ❷ C 《英略式》 難問, 難題.

téa sèrvice [sèt] 名 C ティーセット, 茶器一式.

téa shòp 名 C 《英》 = tearoom.

+**tea·spoon** /tíːspùːn/ 名 (~s /~z/) ❶ C **茶さじ**; (計量用)小さじ. ❷ C 小さじ 1 杯(の量) 《略 tsp.》 (teaspoonful): a *teaspoon of* salt 小さじ 1 杯の塩.

tea·spoon·ful /tíːspuːnfòl/ 名 (複 ~s, tea·spoons·ful /tíːspuːnzfòl/) C 小さじ 1 杯分《大さじの約 ⅓; 略 tsp.》 (*of*). 関連 tablespoonful 大さじ 1 杯分.

téa stràiner 名 C 茶こし.

teat /tíːt/ 名 C (動物の)乳首; 《主に英》 (哺乳びんの)乳首 [《米》 nipple]. 関連 nipple 人の乳首.

tea·time /tíːtàɪm/ 名 U 《主に英》 (午後の)お茶の時間 《⇒ afternoon tea》.

téa tòwel 名 C 《英》 = dish towel.

téa tròlley 名 C 《主に英》 = tea wagon.

téa wàgon 名 C 《主に米》 ティーワゴン《茶道具や軽い飲食物を運ぶ》.

tech /ték/ 名 ❶ C [特に T- として大学名で] 《略式》 工科大学. ❷ C 《英略式》 = technical college. ❸ U,C 科学技術. ❹ C 《略式》 技術者.

tech·ie /téki/ 名 C 《略式》 (特にコンピューターの)技術者.

*__tech·ni·cal__ /téknɪk(ə)l/ アク 形 ❶ **専門の**, (ある学問·専門に)特殊の; (本などが)専門的な(知識を要する): *technical* knowledge 専門的知識 / *technical* terms 専門用語.
❷ [普通は 限定] (専門)**技術上の**, 技術的な; 工業[機械]技術の, 応用科学の: *technical* cooperation 技術提携 / *technical* difficulties 技術上の難点. ❸ 限定 規定上の[による]; 厳密な法解釈[規定]に従った(場合の). (名 tèchnicálity, techníque)

téchnical còllege 名 ❶ C 工科[工業]大学(校). ❷ C 《英》 実業専門学校《義務教育修了者に技術·商業·美術·農業などを教える》.

tech·ni·cal·i·ty /tèknɪkǽləṭi/ 名 (-i·ties) ❶ [複数形で] 専門的事項 (*of*). ❷ C (法律などの)細かな事項[規定]: on a *technicality* (細かな)規定に基づいて. (形 téchnical)

téchnical knóckout 名 C 〔ボクシング〕 テクニカルノックアウト (TKO).

tech·ni·cal·ly /téknɪkəli/ 副 ❶ [しばしば 文修飾] 規定[定義]上は, 厳密には, 建前では, 理論上は: *Technically*, he's still a student. 規定上は彼はまだ学生だ. ❷ 専門(技術)的に; 技術[技巧]的に: be *technically* impossible (科学)技術的に不可能である.

téchnical schòol 名 ❶ C 《米》 = technical college 2. ❷ C 《英》 テクニカルスクール, 技術中等学校《実業習得を目的とする者のための 5 年制中等学校; ⇒ school¹ 表》.

téchnical suppórt 名 ❶ U (コンピューター会社が利用者に行なう)技術サポート, テクニカルサポート. ❷ U [《英》 単数または複数扱い] 技術サポート部門.

+**tech·ni·cian** /teknɪ́ʃən/ 名 (~s /~z/) ❶ C **技術者**, 専門家: an electrical *technician* 電気技師. ❷ C (芸術·スポーツなどの)技巧家, テクニシャン.

Tech·ni·col·or /téknɪkʌ̀lɚ | -lə/ 名 ❶ U テクニカラー《カラー映画方式の一種; 商標》. ❷ U [t-; ときに形容詞的に] 鮮明な[はでな]色彩(の).

****tech·nique** /tekníːk/ アク
— 名 (~s /~s/) ❶ C (専門的な)**技術**, **技法**, 手法 《⇒ 類義語》: mining *techniques* 採鉱の技術 / *techniques for* painting = painting *techniques* 絵画の手法 / new *techniques in* surgery 外科(手術)の新しい技術.
❷ U (芸術·スポーツなどの)**技量**, 腕前, 技巧, テクニック: Her *technique* is superb, but she lacks expression. 彼女のテクニックはすばらしいが, 表現力に欠ける. (形 téchnical)

類義語 **technique** 特に実用にかかわる専門的技術: surgical *technique* 外科技術. **skill** 練習によって得られる特殊な技能: sales *skill* 販売術. **craft** 手で物を作る職業上の技術: wood *craft* 木工(術). **art** 物事を表現したり行なったりする「こつ」: the *art* of communication コミュニケーション術. **technology** 科学知識を実用化する技術: modern *technology* 最新技術.

tech·no /téknoʊ/ 名 U テクノ《電子楽器を用いたダンス音楽》.

tech·no- /téknoʊ/ 接頭 「(科学)技術」の意.

tech·noc·ra·cy /tekná(ː)krəsi | -nɔ́k-/ 名 (-ra·cies) U,C 技術者支配, 技術主義, テクノクラシー《専門技術者による産業·社会の支配》.

tech·no·crat /téknəkræ̀t/ 名 C 技術者支配主義者; 技術系出身の管理職[行政官].

tech·no·cratic /tèknəkrǽṭɪk←/ 形 テクノクラシーの; 技術者支配主義(者)の.

+**tech·no·log·i·cal** /tèknəlá(ː)ʤɪk(ə)l | -lɔ́ʤ-←/ 形 **科学技術の**, 技術的な; 工学(上)の; 技術革新による: a great *technological* revolution 科学技術上の大変革. (名 technólogy)
-cal·ly /-kəli/ 副 科学技術的に.

tech·nol·o·gist /tekná(ː)ləʤɪst | -nɔ́l-/ 名 C 科学技術者.

****tech·nol·o·gy** /tekná(ː)ləʤi | -nɔ́l-/ アク
— 名 (-nol·o·gies /~z/) U,C **科学技術**, テクノロジー《⇒ technique 類義語》; 応用科学, 工学: the latest digital *technology* 最新のデジタル技術 / advances in medical *technology* 医療技術の進歩. (形 tèchnológical)

Ted /téd/, **Ted·dy** /tédi/ 名 固 テッド, テディー《男性の名; Edward または Theodore の愛称》.

téddy bèar 名 C 縫いぐるみのくま, テディーベア.

te·di·ous /tíːdiəs/ 形 (長くて) 退屈な《⇒ boring 類義語》: a *tedious* lecture うんざりする講義. **~·ly** 副 退屈するほど; 長たらしく.

te·di·um /tíːdiəm/ 名 U 退屈, 単調 (*of*).

tee /tíː/ 名 C 〔ゴルフ〕 ティー, 球座《打つときにボールをのせる台; ⇒ golf 挿絵》; ティーグラウンド《各ホールの第一打を打つ場所》. **to a tée** [副] = to a T《⇒ T 成句》. ― 動 [次の成句で] **tée óff** [動] 自〔ゴルフ〕ティーからボールを打つ. ― 他《米略式》(人)を怒らせる. **tée úp** [動] 他〔ゴルフ〕(ボール)をティーにのせる. ― 自〔ゴルフ〕ボールをティーにのせる.

teem[1] /tíːm/ 動 [次の成句で] **téem with ...** [動] 他 [普通は進行形で] (場所などが)(人・動物)でいっぱいである: This lake *is teeming with* trout. この湖にはますがたくさんいる.

teem[2] /tíːm/ 動 自 [しばしば it を主語にして, 普通は進行形で]《英》(雨が)どしゃ降りに降る: 「It *was teeming* (*down*) *with* rain [The rain *was teeming down*] all day. 一日中どしゃ降りの雨だった.

teem·ing /tíːmɪŋ/ 形 (場所が)人[生き物]でいっぱいである, あふれ返る.

teen /tíːn/ 名 C《米略式》= teenager. ― 形 限定《略式》= teenage.

-teen /tíːn←/ 接尾「十 ...」の意で thir*teen* (13) から nine*teen* (19) までの数詞をつくる《⇒ teens》. 関連 -ty[2] ...十.

***teen·age** /tíːnèɪʤ/ 形 限定 **ティーンエイジャーの**《13–19 歳の; ⇒ -teen, teens》, 10 代の: *teenage* boys and girls 10 代の少年少女.

teen·aged /tíːnèɪʤd/ 形 限定 = teenage.

***teen·ag·er** /tíːnèɪʤɚ | -ʤə/ 名 (~s /~z/) C **ティーンエイジャー**《13–19 歳の少年[少女]; ⇒ -teen, teens》[《略式》teen].

+**teens** /tíːnz/ 名 複 **10 代**《13–19 歳の年齢》. **in** one's **téens** [形] 10 代で: They're *in their* early [late] *teens*. 彼らは 10 代の前半[後半]だ.

tee·ny /tíːni/ 形 (tee·ni·er; -ni·est) ❶《略式》ちっちゃい [≒tiny]. ❷《略式》= teenage.

tee·ny-wee·ny /tíːniwíːni←/ 形《略式》= teeny.

tée shìrt 名 C = T-shirt.

tee·ter /tíːṭɚ | -tə/ 動 (-ter·ing /-ṭərɪŋ, -trɪŋ/) 自 よろめく, ふらつく. **téeter on the brínk [édge] of ...** [動] 他 [進行形で] (危険など)に瀕する.

****teeth** /tíːθ/ 名 tooth の複数形.

teethe /tíːð/ 動 自 (赤ん坊が)歯が生える.

téething pròblems [tròubles] 名 複 (物事における)当初の困難[苦労].

tee·to·tal /tìːtóʊṭl←/ 形 絶対禁酒(主義)の.

tee·to·tal·er,《英》**-tal·ler** /tìːtóʊṭəlɚ | -lə/ 名 C 絶対禁酒(主義)者.

TEFL /téfl/ 名 U 外国語としての英語教育《*t*eaching *E*nglish as a *f*oreign *l*anguage の略》.

Tef·lon /téflɑ(ː)n | -lɔn/ 名 U テフロン《フライパンなどのこげつき防止用の耐熱性合成樹脂; 商標》.

Teh·ran, Te·he·ran /tèəræn | teərάːn/ 名 固 テヘラン《イラン北部にある同国の首都》.

tel. 略 = telephone (number).

Tel A·viv /tèləvíːv/ 名 固 テルアビブ《イスラエル第 2 の都市》.

tel·e- /télə/ 接頭 ❶「遠い」の意: *tele*phone 電話 / *tele*scope 望遠鏡. ❷「テレビ(用)の」の意: *tele*cast テレビ放送. ❸「電話による」の意: *tele*marketing テレマーケティング.

tel·e·cast /télɪkæ̀st | -kὰːst/ 名 C テレビ放送[放映](番組). ― 動 (-casts; 過去・過分 -cast; -cast·ing) 他 (...)をテレビ放送する. 〖語源 *tele*vision と broad*cast* の混成語; ⇒ blend 名 3〗

+**tel·e·com·mu·ni·ca·tions** /tèləkəmjùːnəkéɪʃənz/ 名 複 [ときに単数扱い] **電気通信**, 遠距離通信《電信・電話・電波などによる通信に関する科学技術》.

tel·e·com·mut·er /téləkəmjùːṭɚ | -tə/ 名 C (コンピューターなどを使った)在宅勤務者.

tel·e·com·mut·ing /tèləkəmjúːṭɪŋ/ 名 U (コンピューターなどを使った)在宅勤務.

tel·e·con·fer·ence /téləkὰ(ː)nf(ə)rəns | -kɔ̀n-/ 名 C (電話・テレビを利用した)遠隔会議. ― 動 自 遠隔会議を行なう.

tel·e·gram /téləgræ̀m/ 名 C 電報: a *telegram* of condolence(s) [congratulations] 弔電[祝電]. 〖語源 ⇒ tele- 1, -gram〗

tel·e·graph /téləgræ̀f | -grὰːf/ 名 U 電信, 電報: by *telegraph* 電報で. (形 tèlegráphic)

― 動 他 ❶ (物事)を電報で伝える: He *telegraphed* his congratulations *to* me. 彼は私に祝電を打ってきた. ❷ (意図など)を(仕草・表情などで)相手に読ませる[伝える]. ― 自 電報を打つ.

〖語源 ⇒ tele- 1; ⇒ graph キズナ〗

tel·e·graph·ic /tèləgræ̀fɪk←/ 形 電信の, 電報の. (名 télegràph)

télegraph pòle 名 C《英》= telephone pole.

tel·e·mar·ket·ing /tèləmάɚkɪṭɪŋ | -mάː-/ 名 U テレマーケティング《電話による商品販売》.

tel·e·path·ic /tèləpæ̀θɪk←/ 形 テレパシーの[による]; (人が)テレパシー(のような)能力がある.

te·lep·a·thy /təlépəθi/ 名 U〔心理〕テレパシー.

*****tel·e·phone** /téləfòʊn/

― 名 (~s /~z/) ❶ U [しばしば the ~] **電話**《略 tel.》(phone); [形容詞的に] 電話の[による]: I made a reservation ***by telephone***. 私は電話で予約した / I spoke to him about it ***on*** [*over*] ***the telephone***. 私はそのことについて彼と電話で話した / I called him *on the telephone*. 彼に電話をかけた / Do you ever get *telephone* calls from him? 彼から電話がかかってくることがありますか.

❷ C **電話(機)**; 受話器: a public [pay] *telephone* 公衆電話 / answer the *telephone* 電話に出る / “May I use your *telephone*?” “Sure. It's in the kitchen.”「電話をお借りしてもよろしいですか」「どうぞ. 台所にあります」《⇒ borrow ⚡》/ I called him ***to*** the ***telephone***. 彼を電話口に呼び出した. 語法 この文は電話の相手に彼を電話口まで呼び出してもらうか, すぐ近くにいる彼を自分で呼んで電話に出させる場合; 1 の *on* the *telephone* と比較. 関連 cellphone,《英》mobile phone 携帯電話.

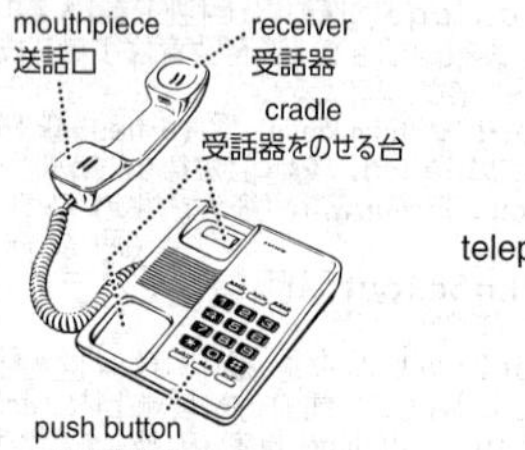

telephone 2

be on the télephone [動] 自 (1) 電話に出ている. (2)《主に英》電話を引いている.

T

— 動 (-e·phones /~z/; -e·phoned /~d/; -e·phon·ing) 他 《格式, 主に英》 (人・場所)に**電話をかける**; (事柄)を電話で伝える. 語法 普通は call, phone, 《主に英》 ring (up) を用いる: I'll *telephone* you this evening. 今夜電話します / She *telephoned* her husband to return home at once. 彼女は夫にすぐ帰るように電話した.

— 自 《格式, 主に英》 **電話をかける**, 電話で話す: We *telephoned* for a taxi. 電話をかけてタクシーを呼んだ / He *telephoned* to say that he'd be there by four. 彼は電話をかけてそこに4時までに行くと伝えた.

〖語源 ⇒ tele- 1, -phone〗

télephone bòok 名 C = phone book.

télephone bòoth 名 C = phone booth.

télephone bòx 名 C 《英》 = phone booth.

télephone dirèctory 名 C 電話帳.

télephone exchànge 名 C 電話交換局[室].

télephone nùmber 名 C 電話番号 《略 tel.》: "What's your *telephone number*?" "(It's) 03-3288-7711." 「あなたの電話番号は何番ですか」「03-3288-7711 です」. ✪ 電話番号の読み方については ⇒ phone number.

télephone pòle 名 C 《米》 電柱 [《英》 telegraph pole].

tél·e·pho·to léns /téləfòʊtoʊ-/ 名 C 望遠レンズ. 関連 wide-angle lens 広角レンズ.

tel·e·print·er /téləprìnṭɚ | -tə/ 名 C 《英》 = teletypewriter.

Tel·e·Promp·Ter /téləprɑ̀(:)m(p)tɚ | -prɔ̀m(p)tə/ 名 C テレプロンプター 《テレビ出演者に原稿・台本を拡大して写し出すもの; 商標》.

tel·e·sales /téləsèɪlz/ 名 U 《英》 = telemarketing.

+**tel·e·scope** /téləskòʊp/ 名 (~s /~s/) C **望遠鏡**: an astronomical *telescope* 天体望遠鏡 / I can't see that star through [with] my *telescope*. 私の望遠鏡ではその星は見えない // ⇒ radio telescope, reflecting telescope. 関連 binoculars 双眼鏡.

(形 tèlescópic)

— 動 他 ❶ (時間的に)(...)を圧縮する, つめ込む (*into*). ❷ (望遠鏡の筒のように)(...)をはめ込む; (アンテナなどの伸縮器具)を縮める, 納める, 押し込む.

— 自 (望遠鏡の筒のように)はまり込む; (アンテナなどが)縮まる, 短くなる, 伸び縮みできる.

〖語源 ⇒ tele- 1, -scope〗

tel·e·scop·ic /tèləskɑ́(:)pɪk | -skɔ́p-ˊ/ 形 ❶ 伸縮自在の, 入れ子式の: a *telescopic* antenna 伸縮のきくアンテナ. ❷ 望遠鏡の; (景色などが)望遠鏡で見た[見える]: *telescopic* stars 望遠鏡でしか[肉眼では]見えない星.

(名 télescòpe)

tel·e·thon /téləθɑ̀(:)n | -θɔ̀n/ 名 C テレソン《慈善など寄金集めのための長時間テレビ番組》.

Tel·e·type /télətàɪp/ 名 C = teletypewriter 《商標》.

tel·e·type·writ·er /tèlətáɪpràɪṭɚ | -tə/ 名 C 《米》 テレタイプ [《英》 teleprinter] 《タイプされた文字が信号となって送られ, 遠隔地で受信・印字される電信機》.

tel·e·vise /téləvàɪz/ 動 他 [普通は受身で] (...)をテレビで放送する: The game *was televised* live all over the world. その試合は世界中で生放送された.

‡tel·e·vi·sion /téləvìʒən/ !アク

— 名 (~s /~z/) ❶ C **テレビ(受像機)** (TV, 《格式》 television set) 《⇒ living room 挿絵》: ***turn*** the ***television on*** [***off***] テレビをつける[消す] / buy a *television* with a liquid crystal screen 液晶テレビを買う / The *television* was on when I entered the room. 部屋に入ったらテレビがついていた.

❷ U **テレビ(放送)**, テレビ番組 (TV): watch *television* テレビを見る / go on *television* テレビに出演する / 🗨 "What's ***on*** (the) ***television*** now?" "The weather report." 「今テレビでは何をやっていますか」「天気予報です」 ❸ U テレビ産業[業界]: go into *television* テレビ業界に入る / work in *television* テレビ関係の仕事をする. ❹ [形容詞的に] テレビ(放送)の: the *television* news テレビのニュース.

〖語源 ⇒ tele- 1, vision〗

télevision sèt 名 C 《格式》 = television 1.

tel·e·work·er /téləwɚ̀:kɚ | -wə̀:kə/ 名 C 《英》 = telecommuter.

tel·e·work·ing /téləwɚ̀:kɪŋ | -wə̀:k-/ 名 U 《英》 = telecommuting.

tel·ex /téleks/ 名 ❶ U テレックス《加入電信・電話で相手を呼び出し, テレタイプを用いて直接交信する印刷電信方式》. ❷ C テレックス通信文. ❸ C テレックス通信機. — 動 他 自 (...を)テレックスで送る.

‡tell /tél/

— 動 (tells /~z/; 過去・過分 told /tóʊld/; tell·ing) 他

意味のチャート

元来は「数える」の意 《⇒ teller》 から「順序立てて言う」→「話す」 ❶

→「告げる」 ❷ → (人以外のものが告げている) →「表わす」 ❹
　　　　　　　→ (区別などを告げることができる) →「知る」 ❺
→ (...せよと言う) →「命じる」 ❸

❶ (...)を(人に)**話す**, **言う**, **語る**, **述べる** 《⇒ say 類義語》: He *told* me (*that*) he wanted to see me. V+O+O ((*that*) 節) 彼は私に会いたいと言った / The boy ***told*** me ***what*** had happened. V+O+O (*wh* 句・節) その男の子は何が起こったか私に話した / 言い換え The teacher ***told*** the following story ***to*** the pupils. V+O+*to*+名 = The teacher *told* the pupils the following story. V+O+O 先生は生徒に次のような話をした 《⇒ to¹ 3 語法》.

> 語法 上の文を受身の文にすると次のようになる: The following story *was told* (*to*) the pupils *by* the teacher. (直接目的語を主語としたとき) / The pupils *were told* the following story *by* the teacher. (間接目的語を主語としたとき) 《⇒ be² A 2 語法 (1)》.

My uncle ***told*** us ***about*** [***of***] his experiences in Egypt. V+O+*about* [*of*]+名 おじは私たちにエジプトでの体験について話してくれた 《✪ of のほうが格式ばった言い方》 / "I feel sick," she *told* her teacher. V+O+O (引用節) 「気分が悪い」と彼女は先生に言った: Please *tell* the truth. どうか本当のことを話してください / ***I can't tell you how*** sorry I was to hear the news! Ⓢ その知らせを聞いて私がどんなに気の毒に思ったかとてもことばでは表わせない(ほどだ).

> 語法 **tell と間接話法 (1): 平叙文の場合**
> 次の例文のように間接話法の伝達動詞としても用い

られる: 言い換え Meg ***told*** me (***that***) she was going to visit me. 《間接話法》(= Meg said to me, "I'm going to visit you."《直接話法》) メグは僕のところを訪ねるつもりだと言った.

❷ (口頭または文書で)(人)に**告げる**; (人に)(...)を**知らせる**, 教える (⇒ 類義語; teach 表): If she asks, *tell* her. もし彼女が尋ねたら教えてあげなさい / Jim won't ***tell*** (us) ***where*** he hid the money. V(+O)+O (wh 節) ジムはどこに金を隠したか言おうとしない / The man *told* me ***how to*** get to the park. V+O+O (wh 句) その男性は私にどうやってその公園に行ったらよいのか教えてくれた / Could you *tell* me the way to the station? V+O+O 駅へ行く道を教えてくれませんか (⇒ show 他 3 語法) / Don't ***tell*** the news ***to*** anybody in our class. V+O+to+名 そのニュースをクラスのだれにも言わないで / He ***told*** me ***about*** the rumor. V+O+about+名 彼は私にそのうわさについて知らせてくれた / Tom ***tells*** me (***that***) you were ill. V+O+O ((that)節) Ⓢ トムから聞きましたが, ご病気だったそうですね.

❸ (人)に(〜せよと)**言う**, 命じる: Do as you *are told*. 言われたとおりにしなさい / I ***told*** him ***to*** go away. V+O+C (to 不定詞) 彼に立ち去れと言った.

語法 **tell と間接話法 (2): 命令文の場合**
次のように命令文を間接話法にするときの伝達動詞としても用いられ, ask や request より命令の感じが強い: 言い換え The mother ***told*** her son not ***to*** play with the boy. 《間接話法》(= The mother said to her son, "Don't play with the boy."《直接話法》) 母親は息子にその男の子とは遊ばないようにと言った.

❹ [進行形・受身なし] (物事が)(...)を**表わす**, 示す [≒ show]: This arrow ***tells*** you ***which*** side is up. V+O+O (wh 節) この矢印はどちら側が上かを示している / His face ***told*** us ***that*** he had undergone hardship. V+O+O (that 節) 彼の顔は(それまでの)苦労を物語っていた.

❺ [can 〜, be able to 〜 として] (...)を**知る**, (物事)が(...で)わかる [≒know] (*by*); (...)を(他と)**見分ける**: I *could* ***tell*** (***that***) you needed money. V+O ((that)節) 君がお金を必要としているのがわかった / Who *can* ***tell*** ***what*** will become of the poor little girl? V+O (wh 節) そのかわいそうな少女がどうなるのかだれにわかるだろうか(だれにもわかるまい) (⇒ 巻末文法 13.6) / He *can't* ***tell*** the true ***from*** the false. V+O+from+名 彼には本物と偽物との区別がつかない.

― 自 ❶ 《略式》(人に)**知らせる**, 口外する; 告げ口する: Will you promise not to *tell*? 口外しないと約束してくれますか.

❷ (効き目などが)表われる, 影響する: My age is beginning to *tell* (*on* me). 年には勝てなくなってきている. ❸ [can 〜, be able to 〜 として] わかる, 見分ける: How *can* I *tell* (*about* that)? (そのことが)どうして私にわかろうか(わかりようがない) / You néver *càn téll*. Ⓢ = You *can* néver *téll*. Ⓢ = Nobody *can tell*. = *Who can tell*? だれにもわからない (⇒ 巻末文法 13.6). ❹ 話す, 語る: He *told about* [《文語》*of*] the strange animal he had seen. 彼は目撃した不思議な動物について語った. 語法 He *told us about* [*of*] ...のように目的語を伴うほうが普通.

áll tóld [副] 全部で: We were fifteen *all told*. 私たちは全部で 15 人だった.

Dòn't téll me .... Ⓢ まさか...ではないでしょうね: *Don't tell me* you left the key in the car! まさか鍵を車の中に置き忘れたわけじゃないよね.

I (can) téll you = I'm télling you Ⓢ [挿入句的に] 本当に, 確かに: It won't be easy, *I can tell you*. 簡単にはいかないよ, 本当に.

I cóuldn't téll you. Ⓢ わかりません.

I'll téll you sòmething [óne thíng, anóther thìng]. Ⓢ (はっきり)言っとくけどね《意見を言うときなどの前置き》.

I tóld you (sò)! = Dídn't I téll you sò?[!] Ⓢ だから言ったでしょう, ほらごらん.

I'll [I] téll you whát. Ⓢ こうしたらどうだろう《提案などの前置き》; 《米》実のところ, 本当に.

I'm nót télling (you). Ⓢ 言わないよ, 教えないよ.

Lèt me téll you. = I (can) tell you.

Nów you tèll me! Ⓢ 今さら(あなたに)そんなこと言われてもね, もう遅いよ.

Sómething téllls me (that) ... 《略式》私には...のような気がする.

téll agàinst ... [動] 他 《英格式》...に不利に働く.

téll ... apárt [動] 他 [普通は can(not) とともに] (人・物)を見分ける. 語法 ...は普通は複数名詞.

téll it lìke it ís [動] 自 《米略式》ありのままを話す.

Téll me. Ⓢ ねえ(教えて)《質問の前置き》.

Téll me abòut it. Ⓢ そんなことは百も承知だ; 全くその通りだ.

Téll me anóther (one). Ⓢ それは信じられない, まさか.

téll óff [動] 他 (人)**をしかりつける**, (人)に小言を言う (⇒ scold 類義語): His teacher *told* Bill *off for* being late. 先生は遅刻してきたことでビルをしかった.

téll on ... [動] 他 (1) 《略式》...のことを告げ口する. 語法 主に子供が使う語. (2) (過労などが)(健康・体など)にこたえる (⇒ 自 2).

téll onesèlf 「(that) ... [to dó] [動] 他 ...だと[...するように]自分に言い聞かせる.

Téll you whát. = I'll [I] tell you what.

téll ... whère to 「gèt óff [gó] [動] 他 《略式》(人)にいいかげんにしろと言う.

Thát would be télling. Ⓢ (秘密なので)言えないよ.

There is nó télling ... ...はわからない (⇒ there is no doing (there¹ 成句)).

You're télling mé. Ⓢ そんなことは百も承知だ, そのとおりだ.

Whát did I téll you? Ⓢ ほら言ったとおりでしょう.

(名 tale)

類義語 **tell**「知らせる, 伝える」の意で最も普通の語. **inform**「知らせる, 通知する」の意で一般的な語だが, *tell* よりは改まった感じの語: Please *inform* me of your latest activities. 最近の活動についてお知らせください. **report** 自分が目撃したり調査したことなどを報告する: I *reported* the results of the election. 選挙結果を報告した.

tell·er /télə | -lə/ 名 ❶ C (銀行の)窓口係, 金銭出納(すいとう)係 (⇒ automated-teller machine). ❷ C 投票計算係. ❸ C [主に合成語で] 話し手, 語り手.

tell·ing /télɪŋ/ 形 ❶ 有効な, 手ごたえのある. ❷ (外見・態度が)雄弁に心の中を物語っている. **〜·ly** 副 有効に; 雄弁に物語るように.

tell·ing-off /télɪŋɔ́ːf | -ɔ́f/ 名 (複 tell·ings-off

/télɪŋz-/) Ⓒ《英》しかりつける[しかられる]こと, 小言.

tell·tale /téltèɪl/ 形 限定 秘密[実情]をはっきり示す, 隠そうとしても自然と現われる: a *telltale* sign of ... 紛れもない...のしるし / a *telltale* blush 思わず本音が出て顔を赤くすること. — 名 Ⓒ《英略式》= tattletale.

tel·ly /téli/ 名 Ⓤ《英略式》テレビ(放送).

tem·blor /témblɚ | -blə/ ≪スペイン語から≫ 名 Ⓒ《米格式》[主に新聞で] 地震 (earthquake).

te·mer·i·ty /təmérəṭi/ 名 Ⓤ《格式》向こう見ず; 無遠慮: He had the *temerity to* ask for more money. 彼は厚かましくもさらに金を要求した.

temp /témp/ 名 Ⓒ 臨時雇い《人》. — 動 自 臨時雇いとして働く.

temp. 略 = temperature.

+**tem·per** /témpɚ | -pə/ 名 (~s /~z/)

意味のチャート
原義は「調和」で temperature と同語源 →(心の調和)→「**気質**」❷ →(一時的な精神状態)→「**気分**」❸ →(特に悪い状態)→「**かんしゃく**」❶

❶ C,U [普通は a ~] **かんしゃく**, 短気; 怒り: He has quite *a temper*. 彼は大変なかんしゃく持ちだ / learn to control one's *temper* かんしゃくを起こさないようになる / be ***in a temper*** 怒っている / ***fly into a temper*** かっとなる / in a fit of *temper* かっとなって. ❷ Ⓒ [普通は単数形で] 気性, 気質《特に怒りっぽいかどうかという感情面の傾向》: have a quick [short, hot, fiery, violent] *temper* 怒りっぽい気性である. ❸ Ⓒ [普通は単数形で] 気分, 機嫌《⇒ mood' 類義語》: be *in* a good [bad, foul] *temper* 機嫌がいい[悪い]《✪ be in a good [bad, foul] mood のほうが普通》.

kéep one's **témper** [動] 自 怒らないでいる.

lóse one's **témper** [動] 自 かんしゃくを起こす.

Témper, témper. Ⓢ まあまあ, そう怒らないで.

— 動 (-per·ing /-p(ə)rɪŋ/) 他 ❶《格式》(...)を調節する, 加減する, 和らげる: Justice should *be tempered with* mercy. 正義にも慈悲の心を加味しなければだめだ. ❷ (鉄・鋼(はがね)など)を鍛える.

tem·per·a /témpərə/ 名 Ⓤ テンペラ絵の具《水彩顔料を卵黄などで溶いた絵の具》; テンペラ画法.

tem·per·a·ment /témp(ə)rəmənt/ 名 C,U 気質, 気性《特に考え方や行動を支配する; ⇒ character 類義語》: 言い換え He has a nervous *temperament*. = He is nervous *by temperament*. 彼は神経質だ.

tem·per·a·men·tal /tèmp(ə)rəménṭl←/ 形 ❶ 怒りっぽい, 気まぐれな; (機械などが)調子が一定でない: a *temperamental* person 気分屋. ❷ 気質上の, 性分による.

tem·per·ance /témp(ə)rəns/ 名 ❶ Ⓤ《格式》(言動・飲食などの)節制, 自制, 節度: *temperance in* eat*ing* and drink*ing* 飲食の節制. ❷ Ⓤ《古風》禁酒: a *temperance* society 禁酒の会.

tem·per·ate /témp(ə)rət/ 形 ❶ (気候・地域が)温暖な, 温和な: a *temperate* climate 温暖な気候. ❷《格式》(人・言動が)節度のある, 自制した; 穏健な [≒ moderate]: a *temperate* disposition 穏やかな性質 / He is *temperate in* eating and drink*ing*. 彼は飲食を節制している.

témperate zòne 名 [the ~, the T- Z-] 温帯《⇒ zone 挿絵》.

tem·per·a·ture /témp(ə)rəʧɚ, -ʧɚ | -ʧə/ アク — 名 (~s /~z/)

意味のチャート
temper と同語源で,「調和のある状態」→(寒暖の状態)→「**温度**」

❶ C,U **温度, 気温**《略 temp.》: ◯ "What's the *temperature* now?" "It's about 25 degrees."「今何度ですか」「25 度ぐらいです」/ a (sudden) change [rise, drop] in *temperature* 温度の(急激な)変化[上昇, 下降] / keep the room ***at a temperature*** of 15° 室温を 15 度に保つ《15° は fifteen degrees と読む》/ The *temperature* is rising. 気温が上がりつつある / The *temperature* will fall [drop] toward evening. 夕方頃には気温は下がるだろう// ⇒ room temperature. ❷ C,U **体温, 熱**《⇒ heat 表》: A nurse took his *temperature*. 看護師が彼の体温を測った / He has a *temperature* of 39℃. 彼は摂氏 39 度の熱がある《39℃ は thirty-nine degrees Celsius [centigrade] と読む》/ What's your *temperature* now? 今熱は何度あるの? ❸ Ⓒ 感情的高まり, 熱気.

hàve [be rúnning] a témperature [動] 自 熱がある《✪《米》では temperature の代わりに fever を用いるのが普通》: My son *had* [*was running*] *a temperature* for a week. 息子は 1 週間熱が続いた.

-tem·pered /témpɚd | -pəd/ 形 [形容詞がつく合成語で] 気性が...の: bad-*tempered* 機嫌の悪い / hot-*tempered* 短気な.

témper tántrum 名 Ⓒ = tantrum.

tem·pest /témpəst/ 名 ❶ Ⓒ《文語》大あらし, 暴風雨. ❷ Ⓒ 大騒ぎ, 騒動. **a témpest in a téapot** [名]《米》つまらぬことに大騒ぎすること,「コップの中のあらし」[《英》a storm in a teacup].

tem·pes·tu·ous /tempésʧuəs/ 形 ❶ (関係・時期などが)大荒れの, 激動の; (議論などが)激しい: a *tempestuous* marriage 波乱に富んだ結婚生活. ❷《文語》大あらしの, 大しけの.

tempi 名 tempo の複数形.

tem·plate /témplət/ 名 ❶ Ⓒ 型(取り)板; ひな型 (*for*). ❷ Ⓒ〘コンピュータ〙テンプレート《ソフトのサンプル用フォーム》.

***tem·ple**[1] /témpl/ 名 (~s /~z/) Ⓒ (キリスト教以外の宗教の)**神殿**; (仏教の)**寺院**, (日本の)寺: (the) Horyuji *Temple* 法隆寺 / a Greek *temple* ギリシャの神殿. 関連 shrine 聖堂, (日本の)神社.

+**tem·ple**[2] /témpl/ 名 (~s /~z/) Ⓒ [しばしば複数形で] **こめかみ**《額と耳の間の部分; ⇒ head 挿絵》.

tem·po /témpoʊ/ 名 (~s, 1 では また tem·pi /témpiː/) ❶ C,U〘音楽〙テンポ, 速度. ❷ Ⓒ (仕事・生活などの)速さ, テンポ, 調子.

tem·po·ral /témp(ə)rəl/ 形 ❶《格式》世俗の, 現世の. ❷《格式》時の, 時間の;〘文法〙時制の.

+**tem·po·rar·i·ly** /tèmpərérəli | témp(ə)rərəli/ 副 **一時的に, 仮に, 当面(は)** [⇔ permanently]: The theater was *temporarily* closed for repairs. 劇場は修理のため一時閉鎖された.

tem·po·rar·i·ness /témpərèri(ə)nəs | -p(ə)rəri-/ 名 Ⓤ 一時的なこと, 臨時.

***tem·po·rar·y** /témpərèri | -p(ə)rəri/ アク 形 **一時の**, しばらくの; 仮の; 臨時の [⇔ permanent]: *temporary* housing 仮の住居 / They're employed on a *temporary* basis. 彼らは臨時で雇われている.

tem·po·rize /témpəràɪz/ 動 自《格式》一時しのぎをする, その場をつくろう, (決定を遅らせて)時間を稼ぐ.

+**tempt** /tém(p)t/ 動 (tempts /tém(p)ts/; tempt·ed

/~ɪd/; tempt·ing) ⓗ ❶ (人)を**誘惑する**; (人)をそそのかして…させる: They *tempted* the clerk *with* money. V+O+*with*+名 彼らはその職員を金で誘惑した / What *tempted* the boy *to* steal? V+O+C (*to* 不定詞) 何がその少年に盗む気を起こさせたのか(どうしてその少年は盗みを働く気になったのか).

❷ (特に物事が)(人)を(ふと)…**する気にさせる**, 誘う; (人)の心をかき立てる, 食欲をそそる: The [A] gentle breeze *tempted* us *to* go out for a walk. V+O+C (*to* 不定詞) 心地よい風に誘われて我々は散歩に出かけた / Jenny's words *tempted* him *into* kiss*ing* her. V+O+*into*+動名 ジェニーのことばに誘われて彼は思わず彼女にキスをしてしまった / I *was* (sorely) *tempted to* read the book. V+O+C (*to* 不定詞)の受身 その本を(とても)読みたくなった.

témpt fáte [próvidence] [動] ⓐ 危険を冒(おか)す, 無茶をする. (名 temptátion)

〖語源 ラテン語で「試す」の意〗

+**temp·ta·tion** /tem(p)téɪʃən/ 名 (~s /~z/) ❶ C,U **誘惑**: fall into *temptation* 誘惑に陥る / 「give in [yield] to *temptation* 誘惑に負ける / Mary couldn't resist [overcome] the *temptation to* eat the cake. +*to* 不定詞 メアリーはケーキを食べたいという誘惑に勝てなかった.

❷ C **心を引き付けるもの**, 誘惑するもの: Big cities present a number of *temptations to* young people. 大都会には若い人たちの興味をそそるようなものが何かとある. (動 tempt)

tempt·ing /tém(p)tɪŋ/ 形 誘惑するような, 魅力的な; 心[味覚]をそそる. **~·ly** 副 誘惑するように; つい心が動くほど.

****ten** /tén/

— 代 《数詞》 [複数扱い] **10, 10 人, 10 個; 10 ドル[ポンド, セント, ペンスなど]** (⇒ number 表, -teen, -ty²): *Ten were* found. 10 人[10 個]が発見された. 関連 tenth 10 番目の.

tén to óne [副] 《略式》 **十中八九**, きっと, たぶん: *Ten to one* she'll forget it. きっと彼女はそれを忘れてしまうだろう.

— 名 (~s /~z/) ❶ C (数としての)**10**: Lesson *Ten* 第 10 課 / Two hundred (and) *ten* divided by *ten* equals twenty-one. 210 を 10 で割ると 21 (210÷10 = 21) / *Ten* times twenty is two hundred. 20 の 10 倍は 200 (10×20 = 200) (⇒ times 日英).

❷ U **10 時, 10 分; 10 歳**: a boy of *ten* 10 歳の少年 / at *ten* past *ten* 10 時 10 分過ぎに. ❸ C 10 の数字. ❹ C 10 ドル[ポンド]紙幣. ❺ C 10[10 人, 10 個]ひと組のもの. ❻ C 〖トランプ〗 10 の札.

téns of thóusands of … [形] 何万もの…; きわめて多数の.

— 形 ❶ 限定 10 の, 10 人の, 10 個の: *ten* pages 10 ページ. ❷ 叙述 10 歳で: Meg is *ten*. メグは 10 歳だ.

ten·a·ble /ténəbl/ 形 《格式》 (議論・立場などが)擁護[支持]できる, 筋の通った [⇔ untenable]: Neither position was *tenable*. どちらの立場も擁護できなかった.

te·na·cious /tənéɪʃəs/ 形 ❶ 粘り強い, 簡単にあきらめない: He's *tenacious in* defense of his rights. 彼は自分の権利を頑強に守る. ❷ (伝統・考えなどが)深く根づいた, 容易に変わらない; 強固な.

te·nac·i·ty /tənǽsəṭi/ 名 U 粘り強さ, 不屈.

ten·an·cy /ténənsi/ 名 (-an·cies) ❶ C,U (土地・家屋などの)借用(権). ❷ C 借用期間.

+**ten·ant** /ténənt/ 名 (ten·ants /-nənʦ/) C (土地・家屋などの)**賃借人**; 借家人, テナント: I don't have a house of my own; I'm a *tenant*. 私は持ち家はなく, 借りている. 関連 landlord 家主.

ténant fàrmer 名 C 小作人.

Tén Commándments 名 複 [the ~] 〖聖書〗 モーセの十戒 《エホバ (Jehovah) が Sinai 山の頂上でモーセ (Moses) を通じてイスラエル人に与えた 10 か条の戒律》.

****tend**[1] /ténd/

— 動 (tends /ténʣ/; tend·ed /~ɪd/; tend·ing) ⓐ ❶ **…の傾向がある, …しがちである**: I *tend to* put on weight these days. V+*to* 不定詞 私はこのところ太り気味だ 多用 / His opinions *tend toward* [*to*] anarchism. V+*toward* [*to*]+名 彼の考えは無政府主義の傾向がある. ❷ 《格式》 (…の方向へ)向かう: Prices are *tending upward*. 物価は上昇傾向にある. (名 téndency)

〖語源 ラテン語で「…の方へ広がる, 向かう」の意〗

単語のキズナ	TEND／広げる, 向ける＝stretch		
tend[1]	(…の方へ広がる, 向かう)	→	…の傾向がある
attend	(…に心を向ける)	→	注意する
intend	(…の方へ注意を向ける)	→	…しようと思う
extend	(外へ広げる)	→	拡張する; 広がる
contend	(共に張り出す)	→	競争する
pretend	(前に張り出す)	→	主張する; …のふりをする
tender[2]	差し出す		

tend[2] /ténd/ 動 ⓗ 《古風》 (…)の世話をする, 番をする [≒look after]. **ténd to …** [動] ⓗ 《古風》 …の世話をする.

***ten·den·cy** /téndənsi/ 名 (-den·cies /~z/) ❶ C **傾向**, 風潮, 趨勢(すうせい): Traffic accidents show a *tendency to* increase. +*to* 不定詞 交通事故は増加する傾向を示している / The *tendency* is *toward* [*to have*] higher prices. 物価は上昇傾向にある.

❷ C **癖**, 性質: a *tendency to* smoke too much +*to* 不定詞 たばこを吸いすぎる癖 / He has a strong *tendency toward* [*to*] violence. 彼はすぐに暴力に訴える癖がある. (動 tend[1], 形 tendéntious)

ten·den·tious /tendénʃəs/ 形 《格式》 [軽蔑的] (文書・発言などが)ある立場を強く支持する, 偏向した. (名 téndency)

+**ten·der**[1] /téndə | -də/ 形 (-der·er /-dərə, -drə | -dərə, -drə/, more ~; -der·est /-dərɪst, -drɪst/, most ~) ❶ (心の)**優しい**, 愛情のこもった, 思いやりのある, 親切な: *tender* loving care 優しい愛情のこもった世話.

❷ (肉などが)**柔らかい** [⇔ tough]: a *tender* steak 柔らかいステーキ. ❸ 触ると痛い; 感じやすい: a *tender* spot 痛いところ; 弱点. ❹ (植物などが)痛みやすい; 弱い. ❺ 限定 《文語》 まだ若い, 幼い, いたいけな: at the *tender* age of seven 7 歳という幼い時に.

ten·der[2] /téndə | -də/ 動 (-der·ing/-dərɪŋ, -drɪŋ/) ⓗ 《格式》 (…)を差し出す, 提出する, 申し出る [≒offer]: Mr. Long *tendered* his resignation *to* the chairperson. ロング氏は会長に辞表を提出した. — ⓐ 《英》

(工事などに)入札をする (*for*). — 名 C 《英》(工事などの)入札 [≒bid]. 〖⇒ tend¹ キズナ〗

tend·er³ /téndɚ | -də/ 名 ❶ C (親船の)付属船, はしけ. ❷ C 《古風》(機関車の)炭水車.

ten·der·foot /téndɚfòt | -də-/ 名 (複 ～s, -feet /-fìːt/) C 《米略式》新米, 初心者.

ten·der·heart·ed /téndɚháɚṭɪd | -dəháːt-⁻/ 形 心の優しい, 思いやり[同情心]のある.

ten·der·loin /téndɚlɔ̀ɪn | -də-/ 名 U 牛[豚]の腰部の柔らかい肉, テンダーロイン.

ten·der·ly /téndɚli | -də-/ 副 優しく, 愛情をこめて.

ten·der·ness /téndɚnəs | -də-/ 名 U 優しさ; (触れたときの)痛み.

ten·don /téndən/ 名 C 〔解剖〕腱(けん): an Achilles' *tendon* アキレス腱.

ten·dril /téndrəl/ 名 ❶ C 〔植物〕巻きひげ, つる. ❷ C 《文語》巻きひげ状のもの, 巻き毛.

ten·e·ment /ténəmənt/ 名 C 安アパート《特にスラム街の共同住宅》: a *tenement* house 安アパート.

ten·et /ténɪt/ 名 C 《格式》(宗教などの)原則, 教義.

tén-gal·lon hát /téngæ̀lən-/ 名 C 《米》テンガロンハット《つばの広いカウボーイの帽子》.

Tenn. 略 = Tennessee.

Ten·nes·see /tènəsíː⁻/ 名 固 ❶ テネシー《米国南東部の州; 略 Tenn., 〔郵便〕では TN》. ❷ [the ～] テネシー川《Tennessee, Alabama, Kentucky の各州を流れて Ohio 川に合流する》. 〖語源 現地の村の名から〗

**ten·nis /ténɪs/

— 名 U テニス, 庭球《⇒ love²》: a *tennis* player テニスの選手 / a *tennis* match テニスの試合《⇒ game¹ 3 参考》/ Let's play *tennis*. テニスしよう. 関連 table tennis 卓球.

ténnis còurt 名 C テニスコート.

ténnis èlbow 名 U テニスひじ《テニスなどによるひじの関節炎》.

ténnis shòe 名 C [普通は複数形で] テニスシューズ.

ten·on /ténən/ 名 C 〔木工〕ほぞ. 関連 mortise ほぞ穴.

ten·or¹ /ténɚ | -nə/ 名 ❶ C 〔音楽〕テノール(部), テナー《男声の最高音域》. ❷ C 〔音楽〕テノール歌手; テナー楽器. — 形 限定 テノールの: a *tenor* saxophone テナーサックス.

ten·or² /ténɚ | -nə/ 名 [the ～] 《格式》(演説などの)趣旨, 大意; 雰囲気 (*of*).

ten·pin /ténpɪn/ 名 ❶ [～s として単数扱い] 《米》テンピンズ, 十柱戯《10 本ピンで行なうボウリングの一種》. ❷ C テンピンズのピン.

+**tense¹** /téns/ 形 (tens·er; tens·est) ❶ (神経・感情などが)**緊張した**, 張りつめた; (事態などが)**緊迫した**: speak in a *tense* voice. 緊張した声で話す / The situation was *tense* in Egypt. エジプトでは情勢が緊迫していた. ❷ (筋肉などが)固く張った; (綱などが)ぴんと張った [⇔ loose]: *tense* muscles こわばった筋肉. (名 ténsion)

— 動 他 (筋肉など)を緊張させる (*up*).

— 自 (人などが)緊張する (*up*) [⇔ relax].

be [gèt] ténsed úp [動] 自 (心配などで)緊張している[する].

〖語源 tend¹ と同語源〗

tense² /téns/ 名 U,C 〔文法〕時制《⇒ 巻末文法 6》.

tense·ly /ténsli/ 副 緊張して; ぴんと張って.

tense·ness /ténsnəs/ 名 U 緊張; こわばり.

ten·sile /téns(ə)l | -saɪl/ 形 〔工学〕引き伸ばせる; 限定 張力の: *tensile* strength 張力の強度.

***ten·sion** /ténʃən/ 名 (～s /～z/) ❶ U (精神・神経などの)**緊張**: ease [heighten] *tension* 緊張を和らげる[高める] / nervous *tension* 心労.
❷ U,C (情勢・関係などの) **緊張状態**; (利害などの)対立, 拮抗: racial *tensions* 人種間の緊張状態 / John noticed the ***tension between*** the two groups. ジョンはその 2 つのグループの対立に気づいた. ❸ U 張っていること, 緊張: relax the *tension of* the muscles 筋肉の緊張をほぐす. ❹ U 〔物理〕張力; 電圧: Danger: High *tension* wires. 危険, 高圧線《掲示》 // ⇒ surface tension. (形 tense¹)

**tent /tént/

— 名 (tents /ténts/) C **テント, 天幕**: live in a *tent* テントで暮らす / pitch [put up] a *tent* テントを張る / take down a *tent* テントをたたむ.
〖語源 原義はラテン語で「ぴんと張られたもの」; tense¹ と同語源〗

ten·ta·cle /ténṭəkl/ 名 ❶ C 〔動物〕(たこなどの)触手, 触腕. ❷ [複数形で] [悪い意味で] (組織などの)影響力.

+**ten·ta·tive** /ténṭəṭɪv/ 形 ❶ **試験的な, 仮の**, 暫定的な, 一応の: a *tentative* plan 試案. ❷ (人・行動などが)自信なげな, 控えめな: a *tentative* smile ためらいがちなほほえみ.

ten·ta·tive·ly /ténṭəṭɪvli/ 副 ❶ 試験的に, 仮に, 一応: The government *tentatively* decided to acknowledge the report. 政府は一応その報告を認めることに決めた. ❷ 自信なげに, 控えめに.

**tenth /ténθ/

— 形 ❶ [普通は the ～; ⇒ the¹ 1 (4)] **10 番目の, 第 10 の**, 10 位の《10th とも書く; ⇒ number 表》: *the tenth* lesson 第 10 課 / the one hundred (and) *tenth* person 110 番目の人. ❷ 10 分の 1 の: a *tenth* part 10 分の 1 の部分.

— 名 (tenths /tén(θ)s/) ❶ [単数形で; 普通は the ～] **10 番目の人[もの]**, 10 位の人[もの], 第 10 号.
❷ [the ～] (月の)**10 日**(とおか)《10th とも書く》: on *the tenth* of May = on May *10* 5 月 10 日に《May 10 は May (*the*) *tenth* と読む; ⇒ date¹ 名 1 語法》.
❸ C **10 分の 1**, ⅒《⇒ **巻末文法** 16.11 (3)》: a [one] *tenth* ⅒ / nine *tenths* 9/10.

— 副 つなぎ語 10 番目に[として].

ten·u·ous /ténjuəs/ 形 ❶ (根拠・関係などが)不確実な, 薄弱な, わずかな. ❷ 《文語》ごく薄い[細い].

ten·ure /ténjɚ | -njə/ 名 ❶ U 在職期間, 任期; (大学教員の)終身身分保障(権): during his *tenure in* office 彼の在任中に. ❷ U 不動産保有権.

te·pee /tíːpiː/ 名 C (アメリカ先住民の)円錐(えんすい)形のテント小屋《⇒ wigwam》.

tep·id /tépɪd/ 形 ❶ (液体が)なまぬるい, 微温の [≒ lukewarm]: *tepid* water ぬるま湯. ❷ (態度などが)そっけない, 熱意のない.

te·qui·la /təkíːlə/ 名 U,C テキーラ《メキシコ産の強い酒》.

ter·a·byte /térəbàɪt/ 名 C 〔コンピュータ〕テラバイト《記憶容量単位; 約 1 兆バイト》.

Te·re·sa¹ /təríːsə | -zə/ 名 固 テレサ《女性の名; 愛称は Tess, Tessa》.

T

Te·re·sa² /təréɪzə|-ríːzə/ 名 固 Mother ～ マザーテレサ (1910-97)《北マケドニア出身のインドの修道女; 救貧活動でノーベル平和賞 (1979)》.

‡term /tə́ːm|tə́ːm/
— 名 (～s /～z/)

意味のチャート
「限界」
→ (時間的な限界) → 「期限」❷ → 「学期」❸ / 「期間, 任期」❷
→ (限定) → (限定するもの) → 「条件」❹
↓
(相互限定(の一方))「項」❻ → 「専門用語」❶ → 「ことばづかい」❶

❶ Ⓒ **専門用語**; [しばしば複数形で] **ことばづかい**, 言い回し: a technical *term* 術語 / medical [legal] *terms* 医学[法律]用語 / a *term* of abuse 悪口 / He talked of his marriage ***in*** vague ***terms***. 彼は結婚についてあいまいな発言をした.
❷ Ⓒ (一定の)**期間**, 期限 [≒period]; **任期**; (裁判所の)開廷期間, (議会の)会期; 刑期: the President's second *term* (*of* [*in*] office) 大統領の 2 回目の任期 / a ten-year prison *term* 10 年の刑期.
❸ Ⓒ 《主に米》 (2 学期制の)**学期** [≒semester]; Ⓒ,Ⓤ 《主に英》 (3 学期制の)学期: the spring [fall, autumn] *term* 春[秋]学期 / We'll have exams at the end of (the) *term*. 学期の終わりには試験がある.
❹ [複数形で] (協定・支払いなどの)**条件** [≒condition]; 要求額, 言い値, 料金: *terms* and conditions 契約条件 / on equal [the same, level] *terms* 同じ条件で / He inquired about the ***terms for*** stay*ing* at the hotel. 彼はそのホテルの宿泊料金を問い合わせた.
❺ [単数形で] 《格式》 期間の終わり; Ⓤ 妊娠期間の終わり, 出産予定日: The agreement reached its *term* last month. 協定は先月満期を迎えた / full *term* 臨月. ❻ Ⓒ 〔数学〕 項.
be on ... térms [動] 自 (人と)**...の間柄[関係]である:** My father *is on* good [bad] *terms with* my uncle. 父はおじとはよい関係である[仲が悪い]. 語法 ...には good, bad, friendly, nodding, speaking, visiting などの形容詞がくる(⇒ be not on speaking terms (speaking 成句)).
còme to térms with ... [動] 他 (人)と折り合いをつける; (病気など)を仕方なく受け入れる.
in nó uncértain térms [副] きっぱりと: I was told *in no uncertain terms* that I could not take a holiday. 私は休暇をとることはできないときっぱり言われてしまった.
in ... tèrms [副] [ときに 文修飾] **...な面で(は)**, ...の点から(見て): *in* economic [real, practical] *terms* 経済的[実質的, 実際]に(は).
in tèrms of ... [前] **...の立場から, ...の点から(見て)**; ...に関して: The paper discusses the problem *in terms of* economics. 論文はその問題を経済学の面から論じている.
in the lóng [shórt] tèrm [副] 文修飾 長[短]期的には, 長い[短い]目で見れば.
on one's **(ówn) térms** [副] 自分で決めた条件で, 思いどおりに.
— 動 (terms /～z/; termed /～d/; term·ing) 他 [しばしば受身で] 《格式》 (物)を(～と)名づける, 命名する, 呼ぶ [≒name]: This kind of an airplane *is termed* a biplane. この種の飛行機は複葉機と呼ばれる / This painting cannot *be termed* beautiful. この絵は美しいとは言えない.
〖語源 ラテン語で「限界, 終わり」の意〗

単語のキズナ　TERM／限界, 境界＝limit

term	(限界)	→	期限, 期間
terminal	(境界の)	→	終点(の)
terminate	(境界を定める)	→	終わらせる
determine	(境界を定める)	→	決定する
exterminate	(境界の外へ追い出す)	→	根絶する

+ter·mi·nal /tə́ːmən(ə)l|tə́ː-/ 形 ❶ (病状・病人が)**末期の**; 末期的な: *terminal* cancer 末期癌(がん) / a *terminal* patient 末期患者. ❷ 《略式》 ひどい, どうしようもない: *terminal* boredom どうしようもない退屈さ. ❸ 終点の, ターミナル駅の: a *terminal* station 終着駅. ❹ 限定 《略式》 末端の; 期末の.
— 名 (～s /～z/) ❶ Ⓒ (鉄道・バスなどの)**ターミナル**, 終着[始発]駅, 発着所; 終点: We got off the train ***at*** the ***terminal***. 私たちは終点で列車を降りた.
❷ Ⓒ (エア)**ターミナル**《空港内にあって旅客の出入り口となる建物》. ❸ Ⓒ 〔コンピュータ〕 端末(装置). ❹ Ⓒ 〔電気〕 電極, (電池の)端子. (動 términàte)
〖⇒ term キズナ〗
ter·mi·nal·ly /tə́ːmənəli|tə́ː-/ 副 末期的に; どうしようもなく: a hospice for the *terminally* ill 末期患者のためのホスピス.
+ter·mi·nate /tə́ːmənèɪt|tə́ː-/ 動 (-i·nates /-nèɪts/; -i·nat·ed /-ṭɪd/; -i·nat·ing /-ṭɪŋ/) 他 ❶ 《格式》 (...)を**終わらせる**, (契約など)を終了させる(⇒ end 類義語): They *terminated* their discussion. 彼らは話し合いをやめた. ❷ 《米格式》 (人)を解雇する. — 自 ❶ 《格式》 終わる, 終了する: This contract will *terminate in* June. この契約は 6 月で終了する. ❷ 《格式》 (列車・バスなどが)(...で)終点となる (*at, in*).
(形 términal, 名 tèrminátion)
〖⇒ term キズナ〗
ter·mi·na·tion /tə̀ːmənéɪʃən|tə̀ː-/ 名 ❶ Ⓤ,Ⓒ 《格式》 終わらせること, 終了 (*of*). ❷ Ⓒ,Ⓤ 〔医学〕 妊娠中絶《abortion のほうが普通》. (動 términàte)
termini 名 terminus の複数形.
ter·mi·nol·o·gy /tə̀ːmənɑ́(ː)ləʤi|tə̀ːmɪnɔ́l-/ 名 (-o·gies) Ⓤ,Ⓒ 術語, 専門用語《全体》.
ter·mi·nus /tə́ːmənəs|tə́ː-/ 名 (複 ter·mi·ni /-nàɪ/, ～·es) Ⓒ (鉄道・バスなどの)終点, 終着[折返し]駅.
ter·mite /tə́ːmaɪt|tə́ː-/ 名 Ⓒ 白あり.
térm páper 名 Ⓒ 《米》 学期ごとに提出する論文, 学期末レポート(⇒ paper 5 日英).
tern /tə́ːn|tə́ːn/ 名 Ⓒ あじさし《川岸・沼地・海岸などにすむ, 尾が二またに分かれたかもめ科の鳥》.
+ter·race /térəs/ 名 (ter·rac·es /～ɪz/) ❶ Ⓒ **テラス**《部屋から出られるようになっている石またはれんがを敷いた庭; 日光浴などに使う; ⇒ patio》: get some sun on the *terrace* テラスで日に当たる. ❷ Ⓒ 段丘; 台地, 高台; 段々畑. ❸ Ⓒ 《英》 長屋式住宅, 連続住宅《普通は 3-4 階建て》; [T-] (街路名として)テラス.
térraced hóuse 名 Ⓒ 《英》 = row house.
ter·ra·cot·ta /tèrəkɑ́(ː)ṭə|-kɔ́tə/ 名 ❶ Ⓤ テラコッタ《赤粘土の素焼きで陶器や建材に用いる》. ❷ Ⓤ 赤褐色.
ter·rain /təréɪn, te-/ 名 Ⓒ,Ⓤ 地形, 地勢.

ter·ra·pin /térəpɪn/ 名 (複 ~(s)) C テラピン《北米産の淡水に住む小型のかめ; 食用》.

ter·res·tri·al /təréstriəl/ 形 ❶ 限定《格式》地球(上)の; (放送などが衛星からでなく)地上波による. ❷ 限定〔生物〕陸(上)の, 陸生の. 関連 celestial 天の.

****ter·ri·ble** /térəbl/

— 形 ❶ ひどい, とてもいやな, すごい, すさまじい; ひどく悪い[下手な]: The heat was *terrible* last month. 先月の暑さはひどかった / The scene was *terrible to* see. +to 不定詞 その光景は目も当てられないほどひどいものだった / 言い換え I feel ***terrible about*** forgett*ing* your birthday. +前+動名 = I feel ***terrible that*** I forgot your birthday. +that 節 君の誕生日を忘れるとは本当に悪かったと思う.

❷ 恐ろしい, 怖い; 悲惨な: A *terrible* accident happened there. そこで恐ろしい事故が起こった. ❸ 叙述 気分が悪い. (名 térror)

***ter·ri·bly** /térəbli/ 副 ❶ **ひどく, すごく, 非常に**《⇒ very¹ 表》: I'm *terribly* busy today. きょうはめちゃくちゃ忙しい / I'm *terribly* sorry. 本当に申し訳ない / It wasn't a *terribly* good summer. あまりいい夏じゃなかった. ❷ ひどく悪く[下手に, 不快に]; 恐ろしく: He said he'd suffered *terribly* from a cold. 彼はかぜでひどい目にあったと言っていた.

ter·ri·er /tériə | -riə/ 名 C テリア《狩猟または愛玩(あいがん)用の犬》: a fox *terrier* フォックステリア《⇒ dog 挿絵》.

+ter·rif·ic /tərífɪk/ 形 ❶《略式》**すばらしい**, とてもよい[上手な]: do a *terrific* job すばらしい仕事をする / That party was *terrific*. そのパーティーはとてもよかった. ✪ terrible (ひどい)との混同に注意.

❷ ものすごい: at a *terrific* speed 猛烈なスピードで.

ter·rif·i·cal·ly /tərífɪkəli/ 副 ものすごく.

ter·ri·fied /térəfàɪd/ 形 怖がった, おびえた; (...しないかと)ひどく恐れて, 不安がって: You look *terrified*. あなたはおびえているようだ / He was *terrified of* being bitten by the dog. 彼はその犬にかまれはしないかとおびえていた / She was *terrified to* cross the bridge. 彼女は橋を渡るのを怖がった / They were *terrified* (*that*) the tower would collapse. 彼らは塔が倒れないかと恐れた.

+ter·ri·fy /térəfàɪ/ 動 (-ri·fies /~z/; -ri·fied /~d/; -fy·ing) 他 (人)を**恐れさせる**, 怖がらせる, おびえさせる《⇒ frighten 類義語》: The noise *terrified* her. 物音を聞いて彼女はおびえた. (名 térror)

ter·ri·fy·ing /térəfàɪɪŋ/ 形 ぞっとする, 恐ろしい.

ter·rine /terí:n/ 名 U,C テリーヌ《陶製の容器で作るパテ(料理)》.

+ter·ri·to·ri·al /tèrətɔ́:riəl←/ 形 ❶ [比較なし] **領土の**; 土地の: a *territorial* dispute 領土紛争. ❷ (動物などが)縄張り意識の強い. (名 térritòry)

Térritorial Ármy 名 [the ~]《英》国防義勇軍.

****ter·ri·to·ry** /térətɔ̀:ri | -təri, -tri/

— 名 (-to·ries /~z/) ❶ C,U **領土**, 領地: Japanese *territory* 日本の領土 // ⇒ trust territory.

❷ U,C (ある特色のある) **地域**, 地方 [≒region]: uninhabited *territories* 人の住んでいない地域.

❸ U (経験·知識などの) **領域**, 分野: unfamiliar *territory* 未知の領域.

❹ C,U **受け持ち地区**, (販売員などの)担当区域; 勢力範囲; (動物などの)縄張り: Most baseball teams play better on (their) home *territory*. たいていの野球チームはホームのほうがよい試合をする. ❺ C [T-] (カナダ·オーストラリアの)準州.

cóme [gó] with the térritory [動] 自 (立場上危険などが)避けられない, やむをえない. (形 tèrritórial)

〖語源 原義はラテン語で「町の周りの土地」〗

+ter·ror /térə | -rə/ 名 (~s /~z/) ❶ U (強い)**恐怖**, 怖さ《⇒ fear 類義語》: I was frozen with (sheer) *terror*. 私は(全くの)恐怖で身が凍った / She fled from the place ***in terror***. 彼女は恐ろしくてその場から逃げた / I live ***in terror of*** being fired. 私は首になるのではと絶えずおびえながら暮らしている / strike *terror* into ... ...を恐怖に陥れる.

❷ C **恐怖の種**, 恐ろしい人[物]; 恐ろしいこと, 恐ろしさ: That criminal was「a ***terror to*** [the ***terror of***] everyone in the town. その犯人は町中の人々の恐怖の種だった. ❸ U テロ行為 (terrorism). ❹ C《略式》手に負えない子供.

hóld nò térror(s) for ... [動] 他 ...にとって怖くない. (形 térrible, 動 térrifỳ, térrorìze)

+ter·ror·is·m /térərìzm/ 名 U **テロ行為**; 恐怖政治: fight [combat] *terrorism* テロと闘う.

***ter·ror·ist** /térərɪst/ 名 (-ror·ists /-rɪsts/) C **テロリスト**, (政治的な)暴力主義者: a *terrorist* attack [group] テロ攻撃[集団] / arrest armed *terrorists* 武装テロリストを逮捕する.

ter·ror·ize /térəràɪz/ 動 他 (人)を(脅迫·暴力などによって)脅(おど)す; 脅して(...)させる (*into*). (名 térror)

ter·ry /téri/, **ter·ry·cloth** /tériklɔ̀:θ | -klɔθ/ 名 U テリー布, タオル地《両面のけばを残した布地》.

terse /tə́:s | tə́:s/ 形 (ters·er; ters·est) (表現などが)簡潔でそっけない. **~·ly** 副 そっけなく.

ter·ti·ar·y /tə́:ʃièri | tə́:ʃ(i)əri/ 形《格式》第三(番)の, 第 3 位[次]の: *tertiary* industry 第三次産業. 関連 primary 第一(番)の / secondary 第二(番)の.

TESL /tésl/ 名 U 第二言語としての英語教授《*t*eaching *E*nglish as a *s*econd *l*anguage の略》.

TESOL /tí:sɔ:l | -sɔl/ 名 U 他言語話者への英語教育《*t*eaching *E*nglish to *s*peakers of *o*ther *l*anguages の略》.

Tess /tés/, **Tes·sa** /tésə/ 名 固 テス, テサ《女性の名; Teresa または Theresa の愛称》.

*****test** /tést/

— 名 (tests /tésts/) ❶ C (学力などの)**テスト**, **試験**, 検査《⇒ examination 表》: have a *test* テストがある / take [《英》do] a *test* テストを受ける / an English *test* 英語のテスト / an oral *test* 口述試験 / a written *test* 筆記試験, ペーパーテスト. 日英「ペーパーテスト」は和製英語 // He passed [failed]「the history *test* [the ***test in*** [***on***] history]. 彼は歴史の試験に合格した[落ちた] / "How did you do ***on*** [《英》***in***] the math *test*?" "I got 80%."「数学の出来はどうだった」「8 割できたよ」

❷ C (医療などでの)**検査**; 分析: a hearing *test* 聴力検査 / The doctor did [ran, carried out]「a ***test for*** AIDS [an AIDS *test*]. 医者はエイズ検査をした / *test* results 検査の結果.

❸ C (製品などの)**テスト**, 検査, 実験: do [carry out] an engine *test* エンジンのテストをする / a ***test on*** a new material 新素材の検査.

❹ C **試すための手段**, 試金石; 基準: Teaching is the best ***test of*** one's scholarship. 人にものを教えることが

自分の学力のいちばんの試金石となる.
pút ... to the tést [動] ⑯ (...)を試す, (...)の真価を問う.
stánd [withstánd] the tést of tíme [動] ⑥ 時の試練に耐える, 長く生き残る: This theory has *stood the test of time*. この理論は時の試練に耐えてきた.
— 動 (tests /tésts/; test·ed /~ɪd/; test·ing) ⑯ ❶ (人・能力など)を**テストする**, (...)の**試験をする**: The teacher ***tested*** us ***on*** [*in*] spelling. V+O+*on* [*in*]+名 先生は私たちにつづり字のテストをした.
❷ (体など)を**検査する**; (...)の**分析をする**: He *was* ***tested for*** the flu. V+O+*for*+名の受身 彼はインフルエンザの検査を受けた / I had my eyes *tested*. 私は検眼をしてもらった.
❸ (製品など)の**検査[実験]をする**; (考えなど)を(徹底的に)検証する, チェックする (*out*): *test* the engine エンジンをテストする / New drugs *are* often ***tested on*** animals. V+O+*on*+名の受身 新薬はしばしば動物実験にかけられる. ❹ (...)を試す, (...)の試練となる.
— ⑥ ❶ 検査[テスト]をする: 言い換え They *tested for* pollution in the water. (= They *tested* the water *for* pollution.) 彼らは水の汚れを検査した / *Testing*. One two three (four), *testing*. How am I coming through? ただ今マイクのテスト中. 声の通りはいかがですか《マイクのテストでは "One two three (four)." と言って音の具合を確認することが多い》. ❷ 検査結果が...となる: He *tested* positive [negative] *for* steroids. 彼はステロイド検査で陽性[陰性]が出た.

T

tes·ta·ment /téstəmənt/ 名 ❶ C,U 《格式》 証拠(になるもの) (*to*). ❷ C 《格式》 遺言《普通は one's last will and *testament* という》. ❸ [T-] 聖書: the New [Old] *Testament* 新[旧]約聖書.
tést bàn 名 C 核実験禁止(協定).
tést càse 名 C 〔法律〕 試訴; テストケース (*for*).
tést drìve 名 C (車の)試乗.
test-drive /téstdràɪv/ 動 (-drives; 過去 -drove /-dròʊv/; 過分 -driv·en /-drìv(ə)n/; -driv·ing) ⑯ (車)を試運転する.
test·er /téstə | -tə/ 名 ❶ C 試験者; 試験器[装置], テスター. ❷ C (香水などの)試用品, テスター.
testes 名 testis の複数形.
tes·ti·cle /téstɪkl/ 名 C 睾丸(こうがん).
+**tes·ti·fy** /téstəfàɪ/ 動 (-ti·fies /~z/; -ti·fied /~d/; -fy·ing) ⑥ ❶ **証言する**《特に法廷で》; 証明する: The neighbors ***testified against*** [*for*] me. V+*against* [*for*]+名 近所の人々は私に不利な[有利な]証言をした / The teacher ***testified to*** her ability. V+*to*+名 先生は彼女に能力があることを保証した. ❷ 《格式》 (物事が)(...の)証拠となる, 示す: The beauty of this garden *testifies to* the designer's love of nature. この庭園の美しさは設計者の自然への愛情を示すものである. ❸ 《米》 証(あかし)をする《神に救われた経験を人前で語る》.
— ⑯ ❶ (...)と**証言する**; (...であること)を証明する: The waitress ***testified*** (***that***) the man had paid the bill in cash. V+O ((*that*)節) ウェートレスはその男が現金で勘定を払ったと証言した. ❷ 《格式》 (物事が)(...だ)という証拠となる: Her behavior *testified that* she was anxious. 彼女の様子から, 彼女が不安な気持ちでいることがわかった. 語法 Her behavior *testified* her anxiety. とは言わない.
〖⇒ protest キズナ〗
tes·ti·ly /téstəli/ 副 いらだって, つっけんどんに.
tes·ti·mo·ni·al /tèstəmóʊniəl←/ 名 ❶ C (人物・資格などの)証明書, 推薦状[文]《⇒ reference 3 日英》; (顧客からの)推薦のことば, 称賛広告. ❷ C 感謝状, 表彰状, 賞状; 功労表彰(の贈り物).
+**tes·ti·mo·ny** /téstəmòʊni | -məni/ ❗アク 名 (-mo·nies /~z/) ❶ U,C (法廷で宣誓の上で行なう)**証言**, 陳述: He gave ***testimony that*** his wife had been at home all that day. +*that* 節 妻はその日一日中家にいたと彼は証言した / He gave ***testimony against*** [*for*] the defendant. 彼は被告に不利[有利]な証言をした.
❷ [U または a ~] (ある事の)証拠, 現われ: Her smile was (*a*) *testimony to* [*of*] her consent. 彼女のほほえみは同意の現われだった.
〖⇒ protest¹ キズナ〗
***test·ing** /téstɪŋ/ 形 **非常に難しい, つらい**, (状況が)能力を試されるような: This is a very *testing* time for the industry. 今は業界にとって試練の時だ.
— 名 U **テスト(すること)**; 試験, 検査, 実験: the ***testing of*** an engine エンジンのテスト.
tes·tis /téstɪs/ 名 (複 tes·tes /téstiːz/) C 〔解剖〕 睾丸(こうがん).
tes·tos·ter·one /testɑ́(ː)stəròʊn | -tɔ́s-/ 名 U 〔生化〕 テストステロン《男性ホルモン》.
tést pìlot 名 C テストパイロット.
tést tùbe 名 C 試験管.
tést-tube bàby /tés(t)t(j)ùːb- | -tjùːb-/ 名 C 試験管ベビー, 体外授精児.
tes·ty /tésti/ 形 (tes·ti·er; -ti·est) (人が)短気な, いらだった; (ことばが)つっけんどんな.
tet·a·nus /tét̬ənəs, tétnəs/ 名 U 〔医学〕 破傷風.
tetch·y /tétʃi/ 形 (tetch·i·er; -i·est) 《英略式》 怒りっぽい, 気難しい (*with*).
tête-à-tête /tèt̬ətét, tèɪt̬ətéɪt←/ ≪フランス語から≫ 名 C (二人だけの)内緒話, 密談.
teth·er /téðə | -ðə/ 名 C (牛・馬などをつなぐ)つなぎ縄[鎖]. **be at the énd of** one's **téther** [動] ⑥ (忍耐・能力・財力などの)限界にきている. — 動 ⑯ (牛・馬など)をつなぎ縄[鎖]でつなぐ.
Teu·ton /t(j)úːtn | tjúː-/ 名 C チュートン人; [the ~s] チュートン族《ゲルマン民族の一派; ドイツ・オランダ・スカンジナビアなどに住んでいた》.
Teu·ton·ic /t(j)uːtɑ́(ː)nɪk | tjuːtɔ́n-/ 形 ❶ チュートン人[族]の. ❷ ドイツ人特有の.
Tex. 略 = Texas.
Tex·as /téksəs/ 名 固 テキサス《米国南部の州; 略 Tex., 〔郵便〕 TX》. 〖語源 北米先住民のことばで「(Apache 族に対抗する)同盟者たち」の意〗
Tex-Mex /téksméks←/ 形 限定 《略式》 (音楽・料理などが)テキサスとメキシコの要素が入りまじった, テキサス風メキシカンの.

****text** /tékst/
— 名 (texts /téksts/) ❶ U **本文**《序文・注釈・解説などに対して》; 文書, テキスト《画像・音声に対して》: This book contains too much *text* and not enough pictures. この本は本文が多すぎて挿絵が十分にない.
❷ [the ~] (演説・記事などの)**原文**; C 原典《翻訳などに対して》; (校訂された)版本: *the* full [entire] *text of* the President's speech 大統領の演説の全文 / the original *text of* the Bible 聖書の原典. ❸ C (研究のための)文献, 指定図書. ❹ C 《米》 = textbook. ❺ C = text message. ❻ C (説教の題目などにする)聖書の引用句. (形 téxtual)
— 動 ⑯ (携帯電話で)(人)にメッセージ[メール]を送る,

(メール)を送る: He soon *texted* her back. 彼はすぐ彼女にメールを返信した. ― ⓐ (携帯電話で)メッセージ[メール]を送る.
〘語源 ラテン語で「織られたもの」の意; textile, texture, tissue と同語源〙

単語のキズナ TEXT／織られた＝woven

text	(織られたもの)	→	本文
textile	(織られた物)	→	織物
texture	(織られた結果)	→	手ざわり
context	(一緒に織られたもの)	→	背景; 脈絡
pretext	(前もって織られたもの)	→	口実

text·book /téks(t)bòk/

― 名 (~s /~s/) C **教科書**, テキスト: a history *textbook* 歴史の教科書 / Open your *textbooks* to [《英》 at] page ten. テキストの 10 ページを開きなさい. 日英 英語の text は普通は「本文」の意味で, 日本語の「テキスト」に当たるのは textbook. ただし text を「教科書」の意味で使うこともある.
― 形 限定 教科書的な, 模範的な; 典型的な: a *textbook* example [case] 典型的な例.

+**tex·tile** /tékstaɪl/ 名 (~s/~z/) ❶ C **織物** [≒cloth]; 繊維: woolen *textiles* 毛織物 / a *textile* factory 織物[繊維]工場. ❷ [複数形で] 織物[繊維]業.
〘⇒ text キズナ〙

text·ing /tékstɪŋ/ 名 U (携帯電話の)メール送信.

téxt mèssage 名 C (携帯電話の)メール(文).

téxt mèssaging 名 U = texting.

tex·tu·al /tékstʃuəl/ 形 [普通は 限定] 本文の; 原文(上)の, 原文どおりの. (名 text)

+**tex·ture** /tékstʃə | -tʃə/ 名 (~s/~z/) ❶ C,U (織物・木材・石などの)**手ざわり**, (織物の)織り具合; 生地; きめ: a smooth [rough] *texture* すべすべした[ざらざらした]手ざわり. ❷ C,U 食感, 口当たり. ❸ C,U (文学・芸術作品などの)特質, 質感.
〘⇒ text キズナ〙

tex·tured /tékstʃəd | -tʃəd/ 形 (表面が)ざらざらの.

-th /θ/ 接尾 ❶ four 以上の基数につけて序数をつくる《⇒ number 表》: four (4)→ four*th* (4 番目の) / eleven (11)→ eleven*th* (11 番目の). 語法 (1) 4*th* (= four*th*) のように数字にもつける. (2) -ty で終わる基数につくときは twenti*eth* のように(y を i に変えて) -eth になる. ❷ [形容詞・動詞につく抽象名詞語尾]「…の性質・状態・動作」の意: tru*th* 真実 / grow*th* 生長.

Thai /táɪ/ 形 タイの; タイ人の; タイ語の. ― 名 ❶ C タイ人. ❷ U タイ語.

Thai·land /táɪlænd/ 名 固 タイ《アジア南東部の王国; 旧称 Siam; 首都 Bangkok》.

Thames /témz/ 名 固 [the ~] テムズ川《英国 England 南部の川, London を流れて北海 (North Sea) に注ぐ》.

than /(弱形) ðən; (強形) ðǽn/

― 接 《従属接続詞》 ❶ [比較級の後に続けて] **…より**も, …に比べて《⇒ **巻末文法 12.3**》: Bill is old*er than* John (is). ビルはジョンより年上だ / This flower is *more* beautiful *than* that one (is). この花はあの花よりも美しい《⇒ one² 代 2》 / Jupiter is larg*er than* any other planet in the solar system. 木星は太陽系のどの惑星よりも大きい《⇒ **巻末文法 12.5**》 / He's *more* brave *than* wise. 彼は賢いというよりも勇敢である《⇒ more¹ 副 2 語法》.

> 語法 (1) **than＋主格の代名詞＋(助)動詞**
> 比較の従属節の動詞はよく省かれるが, than の後に人称代名詞がくる場合, 次のように be 動詞や助動詞などをつける形が好まれる《⇒ 前 1 語法》: He is five years old*er than* I *am*. 彼は私より 5 歳年上だ / He can run fast*er than* I *can*. 彼は私よりも足が速い.
> (2) **than 節中の省略**
> than 節中では, 動詞ばかりでなく文脈から明らかな要素が省略されることがある. 特に, *than* usual や *than* (ever) before などのように主語と動詞句が省略され, 成句のように使われるものもある: It is far hotter today *than* (it was) yesterday. 今日は昨日よりもずっと暑い / I went to bed later *than usual* (= I went to bed later *than* I usually do.) 私はふだんよりも遅く寝た.
> (3) **than＋(助)動詞＋主語**
> 《格式》では, 強調のために than 節中で倒置が起こることがある: Mary spoke more convincingly *than* did Géorge. メアリーはジョージよりも説得力のある話し方をした. ✪ ただし, than 節中の主語が代名詞の場合, 倒置は生じない.

❷ [other, more, else などの後に続けて] **…よりほかに[の]**, …以外に[の]: Do you have anything to drink *other than* milk? 牛乳以外に何か飲み物はありますか / He did nothing *more than* laugh. 彼はただ笑うばかりだった / I want nothing *else than* to be healthy. 健康でいること以外に望むことはない.
❸ [関係代名詞的に用いて] **…よりも**: My aunt gave me more *than* I wanted. おばは私が欲しかった以上のものをくれた / Her assistance was more valuable *than* had been expected. 彼女の助力は期待していた以上に貴重だった.

nò sòoner … than ～ ⇒ soon 成句.
nòne óther than … ⇒ none 代 成句.
ráther (…) than ～ ⇒ rather¹ 2.

― 前 ❶ [比較級の後に続けて] 《略式》 **…よりも**, …に比べて: He's five years old*er than* me. 彼は私よりも 5 歳年上だ / He can run fast*er than* me. 彼は私よりも足が速い.

> 語法 **than＋目的格の代名詞**
> (1) than に続く代名詞は後に動詞を伴わないとき, 特に《略式》では主格よりも目的格のほうが普通で, このときの than は 前《⇒ 接 1 語法 (1)》.
> (2) しかし次のように後に続く代名詞は主格と目的格とでは意味が違うことがあるので注意: He likes me *better than* she (does) (= *than she* likes me). 彼女(が私を好いている)よりも彼のほうが私を好いている / He likes me *better than* her (= *than* he likes *her*). 彼は彼女(を好いている)よりも私のほうを好いている《《略式》では than her の形で than she likes me の意味を表わすことも可能だが, その場合 than は 前》.

❷ [more, less, fewer などの後に続けて] (ある数量)**より(も)**: It cost me *more than* $200. それは 200 ドル以上かかった / It takes *less than* an hour to go there. そこへ行くのに 1 時間もかからない / There are *fewer than* 500 people living in this village. この村には 500 人も住んでいない.

⁑thank /θǽŋk/

— 動 (thanks /~s/; thanked /~t/; thank·ing) 他 (人)に(親切・好意などの)**礼を言う**, (人)に**感謝する:** I *thanked* my uncle *for* the present. V+O+*for*+名 私はおじにその贈り物のお礼を言った / She *thanked* me *for* coming. V+O+*for*+動名 彼女は私が来たことに感謝した / 言い換え I can't *thank* you enough. = I don't know how to *thank* you. Ⓢ お礼の申しようもありません《♥「感謝しきれないほどありがたく思っている」という強調表現で, 相手から大きな恩恵を受けたときに用いる》.

hàve (ònly) oneséif to thánk for ... [動] 他 [皮肉に] ...は自分の責任だ**:** You *have* (*only*) *yourself to thank for* the trouble. ごたごたは君の自業自得だ.

hàve ... to thánk for ~ [動] 他 [ときに皮肉に] ~は(人)のおかげ[責任]だ**:** You *have* Mary *to thank for* your success [failure]. あなたの成功[失敗]はメアリーのおかげ[せい]だ.

I'll thánk you for [to dó] ... Ⓢ《格式》...をお願いしたい; ...してもらいたい**:** *I'll thank you to* keep your opinions to yourself. あなたの意見は自分の胸に納めておいていただきたい. 語法 強制的な依頼を表わし, 傲慢(ごうまん)で横柄な響きを持つ.

Nó, thánk you. ⇒ Thank you. の項目の成句.

Thánk Gód! = Thánk góodness! = Thánk héaven(s)! [間] Ⓢ ありがたい, やれやれ助かった**:** *Thank God* it's Friday. ああうれしい, 金曜日だ《明日からは週末(の休み)だ》.

Thánk you. ⇒ Thank you. の項目.

wòn't thánk ... for dóing [動] 他 [皮肉に] (...)が~した[する]ことをよく思わないよ.

— 名 [複数形で] ⇒ thanks.

thank·ful /θǽŋkf(ə)l/ 形 [普通は 叙述] 感謝の気持ちでいっぱいの, ありがたく思う《⇒ grateful 類義語》**:** They were *thankful for* her hard work. 彼らは彼女の頑張りに感謝した / You should be *thankful* ⌈*that* you [*to*] have been rescued. 君は救助されたのを感謝しなければいけない. (名 thanks)

thank·ful·ly /θǽŋkf(ə)li/ 副 ❶ 文修飾 ありがたいことに, 幸いにも. ❷ 感謝して, ありがたく思って.

thank·ful·ness /θǽŋkf(ə)lnəs/ 名 U 謝意.

thank·less /θǽŋkləs/ 形 ❶ 限定 (仕事などが他人に)ありがたく思われない; 報われない**:** a *thankless* task 報われない仕事. ❷ (人が)恩知らずの.

⁎thanks /θǽŋks/

— 間 [Thanks. として]《略式》**ありがとう**《Thank you. よりくだけた言い方》**:** 言い換え *Thanks* very much. = *Thanks* a lot. = Many *thanks*. どうもありがとう. 語法 (1) Thanks a lot. は皮肉に用いることがある. (2) Many thanks. は商用文など主に書きことばで用いる // ***Thanks for*** the suggestion. 提案をありがとうございます / *Thanks for* lending me your dictionary. 辞書を貸してくれてありがとう / "*Thanks* a million. I owe you one." "Sure, no problem." 「本当にありがとう. 恩にきるよ」「たいしたことじゃないよ」

Nó, thànks. 《略式》**いや結構**《No, thank you. よりくだけた言い方》**:** 🗨 "Would you like another cup of coffee?" "*No, thanks.*" 「もう1杯コーヒーをいかがですか」「いやもういいです」

— 名 複 **感謝(の気持ち)**, 謝意; お礼**:** She returned the book with (a word of) *thanks*. 彼女はありがとうと言ってその本を返した / He expressed [extended, gave] his ***thanks to*** Ms. Lee ***for*** her guidance. 彼はリー先生の指導にお礼を述べた.

nó thánks to ... Ⓢ ...のおかげではないが**:** We solved the problem — *no thanks to* you. 問題は解決したよ. 君のおかげではないけどね.

thànks to ... [前] **...のおかげで**, ...のせいで [≒because of ...]**:** *Thanks to* her help, I was able to finish it in time. 彼女のおかげでそれを時間までに終えることができた. 語法 皮肉な意味にも用いる**:** We had to stay there for two days, *thanks to* the heavy rain. 大雨のおかげで2日もそこで足止めをくらった.

(形 thánkful)

+Thanks·giv·ing /θæ̀ŋksgívɪŋ←/ 名 ❶ U,C **感謝祭**《米国では11月第4木曜日, カナダでは10月第2月曜日の法定祝日 (legal holiday); ⇒ holiday 表》**:** eat turkey on *Thanksgiving* 感謝祭に七面鳥を食べる《⇒ turkey》. 参考 休日の木曜日を含めて4,5日間を指すこともある**:** Are you going home for *Thanksgiving*? 感謝祭(の休み)に帰省するの? ❷ [t-] U 神への感謝; C 感謝の祈り.

Thanksgíving Dày 名 U,C = Thanksgiving 1.

⁑Thank you. /θǽŋkjuː/

— 間 ❶ **ありがとう:** *Thank you* very [so] much. どうもありがとうございます. ✪ (1) so much は 特に女性がよく使う. (2) ×Thank you a lot. とは言わない《⇒ thanks 間》 // ***Thank you*** very much ***for*** inviting me. お招きいただいてどうもありがとうございます / *Thànk yóu.* こちらこそ(ありがたいと思っています)《相手が先に Thánk you. と言ったときの返答として, you に強勢を置いて言う》 / 🗨 "How are you today?" "I feel a little better, *thank you.*" 「きょうは具合はいかがですか」「おかげさまで少しよくなりました」 / (レストランで) "Here's your salad." "*Thank you.*" 「ご注文のサラダです」「どうも」《♥ 客側も店員に対してお礼を述べるのが普通》 / *Thank you* just [all] the same. = *Thank you* anyway. とにかくありがとう《自分の要求・希望が, 相手の努力にもかかわらずかなえられなかったときに言う》.

> **♥ ありがとう** (感謝を表わすとき)
> **Thank you.**
>
> **Thank you** for your help. Let me buy you lunch sometime. 手伝ってくれてありがとう. 今度ランチをおごらせてよ.
>
> Oh, that's not necessary. But let's do have lunch together sometime. そんな, いいよ. でも今度一緒にお昼食べに行こうね.
>
> ♥ 感謝の意を表わす最も一般的な表現.
>
> ♥ Thank you. の前後に相手(の厚意)に対する賛辞, 受けた親切や贈り物への満足, お返しの約束, 恩義を忘れないことなどを加えると, より心のこもった感謝になる. 特に大きな恩恵を受けたり, 相手に大きな時間的・経済的・労力的負担をかけた場合には, Thank you. だけでは失礼になるため, こうした表現を併用する必要がある.

❷ [文末・文頭で] せっかくですが, ありがたいのですが(結構です)《相手の申し出や誘いを断わるときに用いる》**:** I'll do it myself, *thank you* (very much). 自分でやりますので, ありがたいのですが結構です / *Thank you,* but ⌈not now [I'm fine]. せっかくですが, 今はいいです[大丈夫です]《♥ はっきり No と言うのを避けた, やわらかい

断わり方》.

♥ **せっかくですが…** (誘いを断わるとき)
Thank you, but ...

We're having a party this Sunday. Would you like to come?
日曜にパーティーを開くんだけど来ない?
Thank you for the invitation, **but** I'm going to a baseball game on Sunday. Maybe next time. 誘ってくれてありがとう. でも日曜は野球の試合を見に行く予定なんだ. また今度ぜひ.
♥ 断わるときに Thank you. を使って誘ってくれたことへの感謝を表わすと, 相手の気持ちに配慮した, より丁寧な断わりになる. ほかにも, 断わりの理由や事情を説明したり,「本当は行きたい, 次は行きたい」といった意思を伝えることが多い.

Nó, thánk you. 《丁寧》いいえ, 結構です: 🗨 "Won't you have another piece of cake?" "*No, thank you.* I've had enough." 「ケーキをもう 1 ついかがですか」「いいえ, もう結構です, たくさんいただきました」 [語法] No と thank you. の間を切らずに続けて発音する.

♥ **いえ, 結構です** (申し出を断わるとき)
No, thank you.

Let me carry your baggage, ma'am.
お荷物をお持ちします.
No, thank you. I can manage.
いえ, 結構です. 自分で持てますので.
♥ 飲食物の勧めや援助の申し出などを断わるときに使われる一般的な表現.

thank-you /θǽŋkjùː/ [形] [限定] 感謝の: a *thank-you* letter *for* a gift 贈り物に対する礼状. — [名] [C] 感謝のことば[行為] (*for*).

***that[1] /ðǽt/

単語のエッセンス
基本的には「それ」の意.
1) あれ, それ [代] ❶, ❷
2) あの, その [形] ❶, ❷
3) そんなに [副] ❶

— [代] 《指示代名詞》 (複 **those** /ðóʊz/) ❶ **あれ**, あの人, **それ**, その人《話し手から少し離れている物・人, 少し前に見た[聞いた]物・人, 少し前に述べたことなどを指す; ⇒ this [代]; it[1] A [日英]》: *That*'s my house. あれが私の家だ / I like this better than *that*. あれ[それ]よりもこっちのほうが好きだ / "What's *that* over there?" "It's a hospital." 「あそこのあれは何ですか」「病院です」/ "What was *that*?" "Oh, just a door banging, I think." 「あれは何の音だ」「ああ, ドアがばたんといっただけでしょう」/ "Who's *that* at the gate?" "*That*'s (= It's) Pat, I suppose." 「門の所にいるのはだれ?」「あれはパットだと思うよ」 [語法] [代] の that を人に用いるのは普通 be 動詞の主語のときに限られる; Look at *that* man over there. (あの男の人を見てごらん)とは言うが, 人を指して Look at *that* over there. とは言わない // "Who's *that*?" "It's (only) me." (物音をたてたりドアをノックしたのに対して)「そこにいるのはだれですか」「私です」/ I can't agree to *that*. 私はそれには同意できない / She became a famous actress, but before *that* she was just a salesperson. 彼女は有名な女優になったが, その前は店員にすぎなかった / Well, *that's* all for today. それではきょうはここまで / *That's* right. それでよし, そのとおり.

this (話し手の近くのもの)	これ, この (話し手の近くのもの)
that (話し手から離れたもの)	それ, その (話し手から離れているが相手の近くのもの)
	あれ, あの (話し手からも相手からも離れたもの)

✪ ⇒ there[2] 表.
❷ [同じ単数形の名詞を繰り返す代わりに用いて]《格式》(...の)**それ**《⇒ those [代] 2》. [語法] しばしば that of ...の形をとる: The *speed* of an airplane is greater than ***that*** (= the speed) ***of*** a car. 飛行機の速力は車のそれ(= 速力)よりも速い / The *climate* in my country is like *that* (= the climate) *of* Italy. 私の国の気候はイタリアのそれ(= 気候)と似ている.
❸ [関係代名詞 which の先行詞として]《格式》(...である)もの[こと], (...する)もの[こと]. [語法] 普通は that which の代わりに what を用いる: *That which* is most important in life is not money but love. 人生で最も大切なものは金ではなく愛である.

áll thát [代] そういうもの[こと]全部: I've already read *all that*. 私はそれをもう全部読んだ.
and (áll) thát Ⓢ《英》そのほかいろいろと.
and thát 《文語》しかも《前文を受け, それを強調する》: He'll give you nothing but advice, *and that* very seldom. 彼は助言しかしてくれない. それもごくまれに.
at thát [副] Ⓢ それも, そのうえ, しかも: He's bought a car, and a Cadillac *at that*. 彼は車を買った, それもなんとキャデラックを.
thàt ís [副] [つなぎ語] [普通は文頭・文中に用いて] (1) **つまり**, すなわち, 言い換えれば《前に述べたことをより明確に言い直すときに用いる; ⇒ i.e.》: It happened three years later, *that is* in 1985. それは 3 年後, すなわち 1985 年に起こった. (2) いやつまり, というか; 少なくとも《前言を訂正するときに用いる》: "Does she agree?" "Yes—*that is*, I think so." 「彼女は賛成なの?」「うん, というか, そうだと思うよ」
thàt is to sày [副] = that is.
Thàt's ... (for you). Ⓢ それが…というものです[...の困ったところです]: *That's* life *for you*. それが人生というものですよ.
Thàt's ít. Ⓢ (1) [終了を表わして] 以上です, これでおしまいだ. (2) [同調・激励を表わして] それです, それそれ; それでいい. (3) [いらだち・拒絶を表わして] もういい, たくさんだ. (4) [理由を表わして] そういうわけ[こと]だ.
thàt's thát Ⓢ [話し合いの終了や決意を表わして] そういうことだ, それで決まりだ: I'm not doing it, and *that's that*! 私はやらない, 以上だ.
with thát [副] そう言って; そこで, それから: "I must be going now." *With that* she left the room. 「もう行かなくちゃ」彼女はそう言って部屋を出て行った.

— [形] 《指示形容詞》 (複 **those** /ðóʊz/) ❶ **あの**, **その**《話し手から少し離れている物・人, 少し前に見た[聞いた]物・人, 少し前に述べたことなどを指す; ⇒ this [形]》

[日英] the よりも指し示す働きが強いので, 日本語の

「その」に相当するのは the よりも that であることがしばしばある《⇒ the¹ 1 日英》.

That car is mine. あの[その]車は私のだ / Shall we buy this book or *that* one? この本を買いましょうか, それともあの[その]本にしましょうか《⇒ one² 代 2》/ I don't want to hear *that* old excuse of Bill's! ビルのあのいつもの言いわけなんてもう聞きたくない.

語法 **that＋名詞＋of＋所有代名詞**
(1) that を所有格と並べて *that my* dog, *my that* dog などとすることはできず, ***that*** dog ***of mine*** [***yours***, ***ours***, ***his***, ***hers***, ***theirs***] のようにいう. 複数形の those も同じ《⇒ mine¹ 成句》.
(2) この言い方には軽蔑・怒りなどの感情が含まれることがある: I hate to see *that* long nose *of his*. あいつのあのでかい鼻は見るのもいやだ.

❷ [that ... which [who] ～ として関係代名詞の先行詞を修飾して]《格式》(～する)その(ような)..., (～である)その..., (～する)例の...: He ruled only *that* small part of France *which* is [was] called Normandy. 彼はフランスのうちでノルマンディーと呼ばれる小さな部分を支配しただけだった.

語法 **that＋名詞＋(which [who])**
(1) the よりも強意的だが, 指示的ではないので「あの」などと訳出しないことも多い.
(2) 関係代名詞が省略される場合もある: Who was *that* woman (who) you were talking with? あなたが話をしていた女性はだれですか.

― /ðǽt/ 副 ❶ [しばしば否定文・疑問文で] Ⓢ **そんなに**, あんなに, それほど, それくらい, その程度まで [≒so]《⇒ this 副》: I ca*n't* walk thàt fár. そんなに遠くへは歩けない / Actually the problem is *not* (all) *thàt* símple. 実際には問題はそれほど[あまり]単純ではない《⇒ not (...) all that ... (all 副 成句)》/ I have*n't* got (all) *that much* left to do. やるべきことはそれほど残っていない / Is the story *that* funny? その話はそんなにおかしいのか / It's about *that* big [long]. それはそれ[あれ]ぐらいの大きさ[長さ]です《しばしば身ぶりと共に用いる》.
❷ Ⓢ《英略式》とても...なので [≒so ... that]: I was *that* sleepy I couldn't read. 私はひどく眠くて本を読んでいられなかった.

***that²

/(弱形) ðət/ ✪ that¹ と違ってアクセントがない.

― 接《従属接続詞》 **A** [名詞節を導いて] (...である, ...する)**ということ**.

❶ [文中で他動詞の目的語となる名詞節を導く] (1): I believe (*that*) he'll win. 私は彼が勝つと信じている / I suspected (*that*) there had been an accident. 私は事故があったのではないかと思った. (2) [間接話法で] 語法 平叙文を間接話法で表わすときに用いられる: 言い換え John told me (*that*) he was going to visit me in a few days.《間接話法》(= John said to me, "I'm going to visit you in a few days."《直接話法》)ジョンは私を2, 3日中に訪問するつもりだと言った.

語法 (1) 🔍 **that の省略**
(i)《略式》では that はよく省略される. 特に話しことばでは think, suppose などの思考の動詞, say などの発話の動詞, know, see などの認識の動詞の場合に省略される.
(ii) 動詞と that が離れているときは普通 that は省略しない: Al *said* sadly *that* he was wrong. アルは自分が間違っていたと悲しそうに言った《×Al said sadly he was wrong とは言えない》.
(iii) that に導かれる名詞節が2つ以上並ぶときには2番目以下の that は文意を明瞭(めいりょう)にするため省略しないのが普通. 次例を比較: 言い換え Tom said (*that*) there was urgent business and *that* he had to talk to them. (= Tom said, "There is urgent business and I have to talk to them.") トムは急用があって彼らと話し合わなければならないと言った / Tom said (*that*) there was urgent business and he had to talk to them. トムは急用があると言ったが, 彼らと話し合わなければならなかったのだ.
(iv) 学術論文などの改まった文章では普通 that は省略しない.
(2) 形式目的語の it が他動詞の意味上の目的語として先に立つ場合がある《⇒ it¹ B 3》: I think *it* natural *that* he should say so. 彼がそう言うのはもっともだと私は思う.

❷ [文中で主語となる名詞節を導く]: *That* he once lived in Utah is true. 彼が昔ユタに住んでいたというのは事実だ. 語法 このように that を文中で主語となる名詞節を導くのに用いるのは格式ばった言い方であり, 普通は形式主語の it を先頭にする: *It*'s true *that* he once lived in Utah.

「It is＋形容詞＋that 節」型の形容詞のいろいろ
[例] ***It's*** almost ***certain that*** they will sign the contract. 彼らが契約にサインするのはほぼ確実だ.
clear (...であるのは)明白である / **important** (...することが)重要である / **likely** ...しそうである / **natural** (...することは)当然である / **necessary** (...することが)必要である / **obvious** (...であるのは)明らかである / **possible** (...ということは)起こりうる, ...かもしれない / **proper** (...するのは)妥当である / **sad** (...であるのは)悲しい / **strange** (...であるのは)奇妙である / **surprising** (...であるのは)驚くべきことである

❸ [文中で主格補語となる名詞節を導く]: The trouble is *that* we're short of money. 困ったことに金が足りない // ⇒ The fact is (that) ... (fact 成句).
❹ [名詞と同格になる節を導く]: The *news that* his son had been killed was a great shock to him. 息子が殺されたという知らせは彼には大きなショックだった / The actress hid the *fact that* she was married. その女優は結婚していることを隠していた.

🔍 **「名詞＋that 節」型の名詞のいろいろ**
[例] The ***report that*** a plane had crashed worried us. 飛行機が落ちたという報道で私たちは心配した.
feeling (...だという)感じ / **hope** (...する)望み / **idea** (...だという)考え / **information** (...だという)情報 / **opinion** (...だという)意見 / **promise** (...するという)約束 / **proposal** (...しようという)提案 / **rumor** (...だという)うわさ / **thought** (...だという)考え

❺ [except, in などの前置詞の目的語となる節を導く《⇒ in that ... (成句)》]: Her room is very nice *except that* it's rather too small. 彼女の部屋は少し狭すぎる点を除いてはとてもいい.

B [副詞節を導いて] ❶ [so that ... can [may, will] 〜, in order that ... may 〜 などとして目的を表わす] (...が)〜**できるように**, 〜するように, 〜するために: I must work hard (*so*) *that* I *can* pass the exam. 試験に受かるように一生懸命勉強しなければ / He hurried to the station *so that* he *would*n't miss the last train. 彼は終電を逃さないように駅へ急いだ. 語法 上の例文で so を省略するのは《格式》.《略式》では that のほうを略すことが多い《⇒ so that ... can do (so[1] 接 成句)》.

❷ [so ... that 〜, such ... that 〜 として結果を表わす] **(とても)...なので〜する[である]**; [程度を表わす] **〜なほど(とても)...である:** I'm *so* tired (*that*) I can't walk any further. 私はとても疲れたのでもうこれ以上歩けない. 語法 この表現の that を省略するのは主に《略式》// He was *so* moved by the lecture *that* he made up his mind to become a doctor. 彼はその話にとても感動して医者になろうと決心した / You aren't *so* sick *that* you can't go to school. あなたは学校に行けないほどの病気ではない / He was *such* a good boy *that* he was loved by everybody. 彼はとてもよい子だったから皆にかわいがられた. 語法 so の次には形容詞・副詞・過去分詞が来るだけだが, such のあとには形容詞だけでなく必ず名詞を伴う.

❸ [形容詞に続く節を導いて, 原因・理由などを表わす] (...である)**ことを**, (...である)ことについて, ...なので. 語法 この場合 that はしばしば省略される: I'm afraid (*that*) she'll not come. 彼女は来ないのではないかと思う / We're sorry (*that*) you can't stay here any longer. もっと長くここにいていただけないのは残念です / I'm happy (*that*) you have agreed to my proposal. 私の提案に同意してくれてうれしい.

> **「be＋形容詞＋that 節」型の形容詞のいろいろ**
> [例] ***Are*** you ***sure*** (*that*) you turned the gas off? ガスを消したのは確かですか.
> **aware** (...であることに)気づいている / **careful** (...するように)注意している / **certain** (...と)確信している / **confident** (...であると)確信している / **disappointed** (...であるので)がっかりしている / **glad** (...であるので)喜んでいる / **proud** (...であることを)誇りに思う / **sad** (...であるので)悲しい / **surprised** (...であるので)驚いている

❹ [it is [was] ... that 〜 で副詞(句)を強調する; ⇒ it[1] A 6, **巻末文法** 15.1 (1)]: *It was* on Friday *that* I bought the book. 私がその本を買ったのは金曜日だった《I bought the book on Friday. の on Friday を強調》.

❺ [判断の根拠となる節を導いて, 驚き・意外・怒り・残念などの気持ちを表わす] (...である, ...する)**とは:** Are you mad *that* you *should* say such a thing? そんなことを言うとはあなたは気でも狂ったのか《⇒ should A 7》.

❻ [否定語の後で] ...する限りでは [≒so far as]: He *never* came *that* I know of. 私の知る限り彼は来なかった《⇒ Not that I know of. (know 成句)》. ❼ [願い・祈りなどを表わす節を導いて]《文語》...だとよいのに.

in that ... [接] (1)《文語》...という点で: Humans differ from animals *in that* they can think and speak. 人はものを考えまた話すことができるという点で動物と違う. (2)《文語》...であるから [≒because].

nót that ... ⇒ not 成句.

****that**[3] /(弱形) ðət/ ✪ that[1] と違ってアクセントがない.

— 代《関係代名詞》❶

> 語法 🔍 **関係代名詞としての使い方**
> (1) 人および物・事柄を表わす語を受け, 制限用法だけに用いる. which よりはやや《略式》的な言い方《⇒ which[2] 1 語法》.
> (2) 先行詞に all, every, any, only, no または形容詞の最上級, 序数詞などがつくとき, また先行詞自体が all, 形容詞の最上級, 序数詞であるときは普通 that を用いる. ただし先行詞が人を表わす語であるときは who が普通《⇒ who[2] 1 (1) の最後の 2 つの例文および (3) の後の例文》.

(1) [関係詞節 (that に続く節) の中で主語となる] **...である〜, ...する〜:** *The hand that rocks* the cradle rules the world.《ことわざ》揺りかごを揺らす手は世界を支配する(母親の力は偉大である) [述語動詞は rocks] / *All the books that are* listed here can be obtained in this shop. ここに記載されている本はすべてこの店で買える[述語動詞は are] / This accident is *the first that has occurred* in this plant. この事故はこの工場で発生した最初のものだ [述語動詞は has occurred].

(2) [関係詞節の中で他動詞の目的語となる] **(...が)〜である..., (...が)〜する...:** This is *the picture* (*that*) Sue *painted*. これがスーがかいた絵だ [painted の目的語] / Kyoto is *the most beautiful city* (*that*) I have ever *visited*. 京都は私が訪れた中で最も美しい都市だ [visited の目的語]. 語法《略式》では that を省くことが多い《⇒ whom[2] 1 (1) 囲み》.

(3) [関係詞節の中で前置詞の目的語となる]: Is this *the house* (*that*) he lives *in*? ここは彼の住んでいる家ですか [in の目的語]. 語法 前置詞は関係詞節の最後に来る;《略式》では that を省くことが多い《⇒ whom[2] 1 (2) 囲み》.

(4) [関係詞節の中で補語となる]: Lynn is no longer the noisy child (*that*) she used to be. リンはもう前のような騒がしい子ではない. 語法 この場合先行詞が人を表わしても who を用いない.

(5) [it is [was] ... that 〜 で強調を表わす; ⇒ it[1] A 6; **巻末文法** 15. 1 (1)]: *It's yóur decision that* matters. 大切なのは君の決断だ / Older men declare war. But *it is youth that* must fight and die. 年寄りたちが宣戦布告をする. しかし戦って死ななければならないのは若者なのだ《米国第 31 代大統領フーヴァー (Herbert Hoover) のことば》.

> 語法 上の文はそれぞれ *Your decision* matters. および *Youth* must fight and die. を強調したもの. that に続く動詞の人称と数は直前の先行詞 (decision および youth) に一致する.

❷ [関係副詞のように用いて] **...する[である](ときの)〜, ...する[である](ところの)〜** (at [on, in] which, when): This is the first time *that* I've heard of it. それを聞くのはこれが初めてです.

> 語法 **関係副詞的な使い方**
> (1) 普通は時や方法を表わす語を受け, 関係詞節の中で副詞の働きをする. 制限用法だけに用いる.
> (2)《略式》では that を省くこともある: *The last time* (*that*) I saw her, she was quite well. 私がこの前会ったときは彼女は全く元気だった / I don't like *the*

way (that) he did it. 彼がそれをやったそのやり方が気に入らない.

thatch /θǽtʃ/ 名 ❶ U 屋根ふき材料《わら・かや・あしなど》. ❷ C わら[かや, 草]屋根. ❸ [単数形で] もじゃもじゃの頭髪. ― 動 他 (屋根)をわら[かや, 草]でふく.

thatched /θǽtʃt/ 形 (屋根が)わら[かや, 草]ぶきの: a *thatched* cottage わらぶき屋根のいなか家.

⁑that'd[1] /ðǽṭəd/ ❶《略式》that[1] would の短縮形: *That'd* take a long time. それには長い時間がかかるだろう.
❷《略式》that[1] had[2] の短縮形: Tom said *that'd* already ended. トムはそれはもう終わったと言った.

⁑that'd[2] /ðəṭəd/ ❶《略式》that[3] would の短縮形: Do you know of a book *that'd* be interesting to my daughter? 私の娘が面白がりそうな本を知りませんか.
❷《略式》that[3] had[2] の短縮形: She arrived on a plane *that'd* landed just a few minutes earlier. 彼女はほんの数分前に着陸した飛行機で到着した.

⁑that'll[1] /ðǽṭl/《略式》that[1] will[1] の短縮形: "How about ten o'clock?" "*That'll* be fine." 「10 時ではどうですか」「結構です」

***that'll**[2] /ðəṭl/《略式》that[3] will[1] の短縮形: Do you have anything *that'll* please my wife? 妻が喜ぶようなものがありますか.

⁑that's[1] /ðǽts/ ❶《略式》that[1] is の短縮形 (⇒ be 表): *That's* fine! それで結構です / *That's* burning, isn't it? あれは燃えていますね / *That's* called a sea gull. あれはかもめと呼ばれている.
❷《略式》that[1] has[2] の短縮形: *That's* already happened. それはもう起きてしまった.

⁑that's[2] /ðəts/ ❶《略式》that[3] is の短縮形: Take all *that's* necessary. 必要なものはすべて持って行って / This is all *that's* required by law. 法律に規定されているのはこれだけだ.
❷《略式》that[3] has[2] の短縮形: Have you seen the cat *that's* been prowling around here? このあたりをうろついていた猫を見ましたか.

thaw /θɔ́ː/ 動 自 ❶ (氷・雪などが) 解ける (⇒ melt 類義語); (冷凍品が)解けて戻る; (冷えた体が) 暖まる (*out*): The snow on the street began to *thaw*. 道路の雪が解け始めた. 関連 freeze 凍る. ❷ [it を主語として; ⇒ it[1] A 2] (雪・氷などが)解ける, 雪解けの陽気になる: *It* will be *thawing* next month. 来月には氷が解け始めるだろう. ❸ (態度・関係などが)和らぐ, (人が)打ち解ける: After a few drinks the guests began to *thaw* (*out*). 酒を少し飲むと来客も打ち解け始めた.
― 他 (雪・氷など)を解かす [≒melt]; (冷凍品)を解凍する; (冷えた体)を暖める: *Thaw* (*out*) the shrimps before cooking. 調理をする前にえびを解凍してください.
― 名 C [普通は単数形で] 雪解け(の季節), 解氷(期); (国際関係などの)緊張緩和 (*in*).

⁑the[1] /(弱形) (子音の前では) ðə, (母音の前では) ði; (強形) ðíː/ ✪ The United States のように /juː/ の前では /ði/ と発音されることもある. (同音 《英》 #there[1], 《英》 #their, 《英》 #they're)
《定冠詞》❶ **その**, あの, 例の.

> 日英 the は定冠詞で, 多くは単に前に出た物を受けるだけで, 指示形容詞の that や this のように人や物を指し示す働きはなく, 日本語に訳す必要のないことが多い. 日本語の「その...」に相当する語は英語では the ではなくて that であることがしばしばある (⇒ that[1] 形 日英).

(1) 前に出た名詞を繰り返すとき: He keeps a cat and a dog. *The* cat is black and *the* dog is white. 彼は猫と犬を飼っている. 猫は黒で犬は白だ / Once there lived a queen. *The* queen had three daughters, and a knight fell in love with one of *the* daughters. 昔女王がいた. 女王には 3 人の娘がいて, ある騎士がその娘の 1 人に恋をした.
(2) 初めての名詞でも文脈やその場の状況から指す物がはっきりわかるとき: Mr. Black bought a house. *The* garden is large and *the* rooms are comfortable. ブラックさんは家を買った. 庭は広くて部屋は住み心地がよい《買ったその家の庭や部屋》/ Mother went out to *the* station to meet Uncle John. お母さんはジョンおじさんを迎えに駅に出かけた《いつも利用している近くの駅》. 語法 定冠詞つきか無冠詞かで次のように違いが生じることがある: Someone stole *the* watches from the drawer. だれかが引出しから時計を(全部)盗んでいった《*all the* watches の意》/ Someone stole watches from the drawer. だれかが引出しから時計を(一部)盗んでいった《*some* watches の意》.
(3) 説明の語句がついて限定されている名詞: *the* day *before yesterday* おととい / *the* 9:15 (a.m.) train 午前 9 時 15 分発の列車《the nine fifteen (a.m.) train と読む》/ *the* topic *of conversation* 会話の話題 / *The* boy *I saw yesterday* wasn't wearing a coat. きのう私が会った少年はコートを着ていなかった / He is not *the* man *to betray a friend*. 彼は友人を裏切るような人ではない.
(4) 限定用法の形容詞の最上級や序数詞がついた名詞: Shakespeare is *the greatest* dramatist England has ever produced. シェークスピアは英国が生んだ最高の劇作家だ / What is *the fifth* letter of the English alphabet? 英語のアルファベットの 5 番目の文字は何ですか.

> 語法 (1) 🔍 同一のものの比較のときには形容詞の最上級に the をつけないのが普通だが, 《米》ではつけることもある: The view from here is (*the*) *most* beautiful at dawn. ここからの眺めは明け方がいちばん美しい.
> (2) 副詞の最上級の場合には the をつけることもつけないこともあるが, 「...の中で(いちばん)」という限定が続くときには the をつけることが多い: In our class John can jump (*the*) highest. うちのクラスではジョンがいちばん高く跳べる.

(5) 我々の周りにただ 1 つしかないと考えられる物の名につけて: *the* sky 空 / *the* world 世界 / *The* earth revolves around *the* sun, and *the* moon revolves around *the* earth. 地球は太陽の周りを回り, 月は地球の周りを回る. 語法 形容詞を伴うと不定冠詞がつくことがある: *a* full moon 満月 / *a* cloudy sky 曇り空.
(6) 普通名詞につけて, 話し手や聞き手にとって関係の深い特定の物を指し, その結果固有名詞のように取り扱う: *the* East 東洋; 《米》米国東部 / *the* Queen 現女王.
❷ [所有代名詞の代用] (特に直前の人・動物などの)身体の部分などを指す: He hit me on *the* head. 彼は私の

頭を殴(な)った / The police officer held him by *the* arm. 警官は彼の腕をつかまえた. 語法 この言い方はつかまえられた人に重点を置くもので, 従って親愛や憎悪などの感情を含むことがある. これに対して The police officer held *his* arm. はつかまえられた体の部分に重点を置く.

❸ [形容詞・過去分詞・現在分詞につけて] **...の人たち**《その形容詞・過去分詞・現在分詞の表わす性質をもつ人々全体を表わし複数名詞のように扱われる》: *the young* (= young people) 若い人たち / *the living* and *the dead* 生者と死者 / *the elderly* お年寄り / *The unemployed* are losing hope. 失業者たちは希望を失いかけている.

語法 (1) 対句では the を省略することがある: the gap between *(the) rich* and *(the) poor* 貧富の格差. (2) *the* accused (被告人)や *the* deceased (故人)のように単数扱いとなることもある.

❹ [数えられる名詞の単数形につけて] (一般に)...というもの《同類のもの全体を指すとき; ⇒ a[2] 3》: *The* owl has large eyes. ふくろうは大きな目をしている / *The* computer is changing our lives. コンピューターは私たちの生活を変えている.

> 語法 (1)「the＋単数形」はやや格式ばった言い方で, 次のように the をつけないで複数形を使うほうが普通: Owl*s* have large eyes. / Computers are changing our lives.
> (2)「...というもの」の意味を表わすときでも man と woman には the をつけない《⇒ man 1 語法, woman 1 語法》.

❺ [複数形の固有名詞および固有名詞から派生した語につけて一家・国民・種族など全体を表わす]: *the* Brown*s* ブラウン夫妻[一家]《⇒ 11 第 2 例文》/ *the* Italian*s* (= the Italian people) イタリア人《全体》/ *the* American*s* and *the* Japanese アメリカ国民と日本国民.

> 語法 (1) English, French, Dutch, Japanese のように元来は国名の形容詞が /ʃ/, /tʃ/, /z/ で終わるときにはそれに the をつけて複数扱いとして, 国民[種族]全体を表わす.
> (2) **the＋固有名詞**
> 固有名詞は普通は定冠詞を伴わないが, 上記のほかに次のような場合にも定冠詞がつく.
> (i) 山脈・諸島・連邦などの複数形の固有名詞: *the* Alps アルプス山脈 / *the* Philippines フィリピン諸島 / *the* United States of America アメリカ合衆国.
> (ii) 川・海・海峡・半島など水に関係ある固有名詞: *the* Mississippi ミシシッピー川 / *the* Atlantic (Ocean) 大西洋 / *the* Suez Canal スエズ運河 / *the* Balkan Peninsula バルカン半島. ✪ 砂漠も同様: *the* Sahara サハラ砂漠; ただし, 湾や湖には普通定冠詞はつかない.
> (iii) 船・列車・飛行機など乗り物の名: *the* Queen Elizabeth II クイーンエリザベス二世号《II は the second と読む》/ *the* Nozomi のぞみ号 / *the* Boeing 747 ボーイング 747《747 は seven four seven と読む》.
> (iv) 公共の建物・新聞などの名: *the* Lincoln Memorial リンカン記念堂 / *the* White Hòuse ホワイトハウス / *the* US Capitol アメリカ合衆国国会議事堂 / *the* New York Times ニューヨークタイムズ紙.
> (v) 固有名詞が修飾語(句)によって限定されているとき: *the* London of the 17th century 17 世紀のロンドン / *the* new China 新中国《古い中国と対比させるとき》.

❻ [形容詞・過去分詞につけて抽象名詞として単数扱い] ...のこと[もの]: *the known* and *the unknown* 既知のことと未知のこと / a lover of *the beautiful* (= beauty) 美を愛する人 / She is trying to do *the impossible*. 彼女は不可能なことをやろうとしているのだ.

❼ [単位を表わす語につけて] ...単位で《⇒ a[2] 4; by 前 12》: Butter is sold by *the* pound. バターはポンド単位で売られている / I rented this car by *the* day. 私はこの車を日極めで借りた.

❽ [演奏・好みなどの対象としての楽器名につけて]: He plays *the* guitar. 彼はギターを弾く. 語法 競技・勝負事などの名は無冠詞: He plays tennis. 彼はテニスをする.

❾ [単数形の普通名詞につけて, 比喩的・抽象的にその物の機能・属性などを表わす]: *The* pen is mightier than *the* sword. 《ことわざ》ペンは剣よりも強し(言論・文筆の力は武力に勝る).

❿ [年代などを示す twenties, thirties, forties などの複数形につけて]: In *the* sixties there was remarkable economic growth in Japan. 1960 年代に日本は著しく経済成長した.

⓫ /ðíː/ [次の名詞を強調して] Ⓢ 卓越した; 最も重要な, 真の; あの有名な: Napoleon was *the* general. ナポレオンこそは無二の将軍であった / They are *the* Kennedys. あの人たちがあの(有名な)ケネディ家の人たちだよ《⇒ 5 最初の例》. 参考 この用法の the は普通はイタリック体で表記される.

⓬ [主に否定文で; 抽象名詞につけて] (...に)十分な, 必要な: I do*n't* have *the* time to talk to you now. 今お話しする時間がありません.

〖語源 元来は指示代名詞の男性単数形 (中性形は that[1])〗

+**the[2]** /(弱形) (子音の前では) ðə, (母音の前では) ði/ (同音《英》#there[1], 《英》#their, 《英》#they're) 副 ❶ [比較級の前につけて] (1) [the＋比較級(...), the＋比較級(...)として] **...すれば[...であれば]それだけ～**, ...すればするほど[であればあるほど]ますます～: *The more* [*sooner*] *the better*. 多ければ多い[早ければ早い]ほどよい / *The more* I see of her, *the more* I like her. 私は彼女に会えば会うほど好きになる / *The more* you have, *the more* you want. 《ことわざ》手に入れれば入れるほどますます欲しくなる.

(2) [the＋比較級が単独で] **それだけ(いっそう)**: If you leave now, you'll be back all *the sooner*. 今出ればそれだけ早く帰れます / They didn't seem any *the happier for* the change. 彼らはその変更によって特に幸せそうには見えなかった. ✪ all the＋比較級, none the＋比較級 などについては ⇒ all 副 成句, none 副 成句.

❷ [副詞の最上級の前につけて]《⇒ the[1] 1 (4) 語法 (2)》: I like summer *the* best of all. 私は夏が一番好きだ.

*the・a・ter, 《英》the・a・tre

/θíːəṭɚ | θíətə, θiétə/

— 名 (～s /～z/) ❶ Ⓒ **劇場**. 語法《米》でも劇場名としては theatre のつづりが多い: go to the *theater* 芝居

を見に行く / a performance *at* the *theater* 劇場での公演.

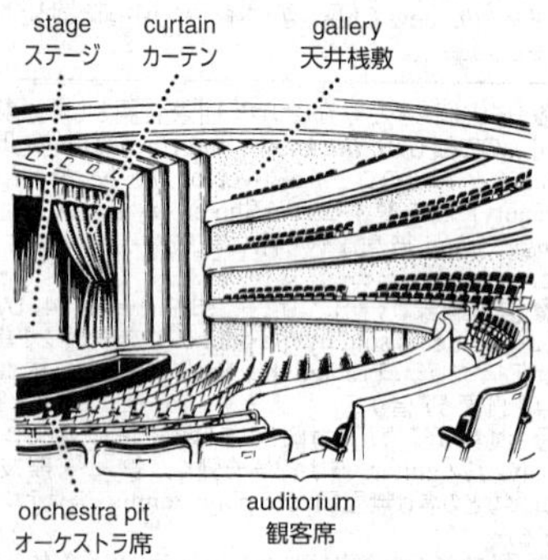

theater 1

❷ Ⓒ《米》映画館 (movie theater) [《英》 cinema]. ❸ Ⓤ [しばしば the ~] 劇, 演劇; 劇作品《全体》; [the ~] 演劇界: She went into *the theater* in her teens. 彼女は 10 代で舞台女優になった. ❹ Ⓒ (階段席のある)講堂, 階段教室; [ときに Ⓤ]《英》手術室 [《米》 operating room]: in *theatre* 手術室で. ❺ Ⓒ《格式》(事件の)舞台, 現場; 戦域: the *theater of* the fiercest battle in World War II 第二次世界大戦の最も激しい戦闘のあった所. (形 theátrical)
〖語源 ギリシャ語で「見る場所」の意〗

the·a·ter·go·er /θíːəṭəgòʊə | θíətəgòʊə/ 名 Ⓒ 芝居の常連, 芝居好きの人.

***the·a·tre** /θíːəṭə | θíətə, θiétə/ 名《英》= theater.

+the·at·ri·cal /θiǽtrɪk(ə)l/ 形 ❶ **劇場の**; 劇の, 演劇的な《⇒ production 日英》: a *theatrical* company 劇団 / *theatrical* costumes 劇の衣装. ❷ (態度などが)芝居じみた, 大仰な, わざとらしい: *theatrical* gestures 大げさな身ぶり. (名 théater)
— 名 [複数形で] (素人)芝居; 《英》= theatrics.

the·at·ri·cal·ly /θiǽtrɪkəli/ 副 演劇的に; 芝居がかって.

the·at·rics /θiǽtrɪks/ 名 複《主に米》芝居じみた[大げさな]言動 [《英》 theatricals].

Thebes /θíːbz/ 名 固 ❶ テーベ《古代エジプトの首都》. ❷ テーベ《古代ギリシャの都市国家》.

thee /(弱形) ði; (強形) ðíː/ 代《人称代名詞 thou の目的格》《古語》あなたを[に], なんじを[に].

+theft /θéft/ 名 (thefts /θéfts/) Ⓒ **盗み**, 窃盗; Ⓤ 窃盗罪 (*of*): commit *theft* 盗みを働く. 関連 thief どろぼう.

*****their** /(弱形) ðə | ðə; (強形) ðéə | ðéə/ (同音 there¹, #there², #they're, 《英》 #the¹·²)
— 代《人称代名詞 they の所有格; ⇒ one's 語法》. (1) [名詞の前につけて限定的に] **彼ら[彼女ら]の**, あの人たちの; **それらの**: Robert and Helen lost *their* (= Robert's and Helen's) mother(s). ロバートとヘレンは母親を失った / I memorized the names of the 50 states and *their* capitals. 私は 50 州とその州都の名前を覚えた. 関連 theirs 彼らのもの. 語法 特に《略式》では everybody, somebody, anybody などの不定代名詞や性別が不明の単数名詞を受けることがある: Has *anyone* here lost *their* umbrella? だれか傘をなくした人はいませんか.
(2) [動名詞の意味上の主語として]《格式》**彼らが**《⇒ 巻末文法 8.2 ①》: I'm in an embarrassing position because of *their* forget*ting* to pay. 私は彼らが支払いを忘れているので困った立場にある.

****theirs** /ðéəz | ðéəz/ (同音 #there's)
— 代《所有代名詞; ⇒ 巻末文法 3 (1)》**彼ら[彼女ら]のもの**, あの人たちのもの. 語法 指すものが単数ならば単数扱い, 複数ならば複数扱い: This book is *theirs*, not mine. この本は彼らの(もの)だ, 私の(もの)ではない / My car is old, but *theirs* (= their cars) are all new. 私の車は古いが彼らの(もの)はみんな新しい. 関連 their 彼らの. 語法 特に《略式》では, everybody, somebody, anybody などの不定代名詞や性別が不明の単数名詞を受けることがある: Nobody said that it was *theirs*. それが自分のものだと言った人はいなかった.
... of thèirs 彼らの...: He is no friend *of theirs*. 彼は彼らの友人などではない《⇒ mine¹ 成句 語法》.

*****them** /(弱形) ðəm; (強形) ðém/
— 代《人称代名詞 they の目的格》 ✪ (1) 詳しい用法については ⇒ they. (2) Ⓢ または《方言》ではときに代わりに 'em /əm/ を用いる.
❶ [目的語として] **彼ら[彼女ら]を[に]**, あの人たちを[に]; **それらを[に]**: He has two daughters and he loves *them* (= the daughters) very much. 彼には娘が 2 人いてその娘たちをとてもかわいがっている [他動詞の直接目的語] / Those questions may be very important ones, but he won't give *them* (= those questions) any consideration. それらの問題はとても重大かもしれないが, 彼はそれらを全く考慮もしないだろう [他動詞の間接目的語] / These little boxes are very rare old ones; take good care *of them*. この小箱はとても珍しい古いものです, 大切にしなさい [前置詞の目的語].
語法 (1) 特に《略式》では, everybody, somebody, anybody などの不定代名詞や性別が不明の単数名詞を受けることがある: If anyone calls, tell *them* I'm out. だれかから電話があったら, 不在だと言ってください. (2) 場所を表わす前置詞の目的語となる場合には themselves の意味になることがある: They looked *around them*. 彼らは周りを見回した.
❷ /ðém/ [主格補語として]《略式》彼ら[彼女ら](だ), あの人たち(だ): "It's *them*!" cried the man. 「やつらだ」とその男は叫んだ《⇒ me 2 語法 (2)》. ❸ /ðém/ [they の代わりとして] (1)《略式》[比較表現の (as ...) as, than の後で; ⇒ than 前 語法]: I ran faster *than them* (= they did). 私は彼らより速く走った. (2)《略式》[独立的に用いて]: "Who did it?" "*Them* (= They did (it))."「だれがやったのか」「彼らだ」 ❹ [動名詞の意味上の主語として, their の代わりに]《略式》: I'm annoyed about *them* forget*ting* to pay. 彼らが支払いを忘れているのに腹を立てている.

the·mat·ic /θɪmǽṭɪk/ 形 主題(別)の, テーマの.

theme** /θíːm/ 発音 名 (~s/~z/) ❶ Ⓒ **題目**, テーマ; 話題《⇒ subject¹ 類義語》: the (main [central]) ***theme of his book 彼の本の主題[テーマ] / Write an essay ***on the theme of*** friendship. 友情という題で作文を書きなさい. ❷ Ⓒ〘音楽〙主題, テーマ, 主旋律; = theme music. ❸ Ⓒ《古風, 米》(学校の)課題作文, 小論文 (*on*).

〘語源 原義はギリシャ語で「(論じる題目として)置かれたもの」〙

théme mùsic 名 U (映画・テレビ番組などの)テーマ音楽, 主題歌[曲].

théme pàrk 名 C テーマパーク.

théme sòng 名 C = theme music.

théme tùne 名 C = theme music.

‡them·selves /ðəmsélvz, ðem-/

— 代 《再帰代名詞》(単 him·self /(h)ɪmsélf/, her·self /(h)əsélf | (h)ə-/; it·self /ɪtsélf/) ❶ /ðəmsèlvz/ [再帰用法; 主語が they および複数の名詞のときに用いる] (彼ら[彼女ら]が)**自分たち自身を[に]**, (あの人たちが)自分たちを[に]; (それらが)**それら自体を[に]**: *The children* hid *themselves* behind the door. 子供たちはドアの陰に隠れた. 語法 特に《略式》では everybody, somebody, anybody などの不定代名詞や性別が不明の単数名詞を受けることがある: I'm sorry for *anyone* who finds *themselves* in this position. 私はこの立場にいる人には同情する.

❷ [強調用法; ⇒ **巻末文法** 15.1 (3)] (彼らが)**自分たち自身で**, (あの人たちが)自分たちで; 彼ら[彼女ら]自身を[に]: 言い換え The students *themselves* did the work. = The students did the work *themselves*. 生徒たちは自分たちでその仕事をした. ✪ 詳しい用法や by themselves, for themselves, to themselves などの成句については ⇒ oneself.

‡then /ðen, ðén/

単語のエッセンス
1) その時(の) 副 ❶; 形
2) それから 副 ❷
3) それなら 副 ❸

— 副 ❶ (1) **その[あの]時**, そのころ, 当時《過去にも未来にも用いる; ⇒ now 副 1》: I was still young back *then*. 当時私はまだ若かった / Just *then* I heard a strange noise. ちょうどそのとき妙な音がした / It'll be too late *then*. その時では遅すぎるでしょう.

(2) [前置詞の目的語に用いて, 名詞的に] **その[あの]時**: I haven't seen her *since then*. その時以来彼女には一度も会っていない / Don't worry — he will have retired *by then*. 心配するな. そのころまでには彼は引退しているよ / I waited for him *till* [*until*] *then*. 私はそれまで彼を待った / Friday would be all right, but could you have it ready *before then*? 金曜日でもいいのですがそれより前に用意できませんか / *From then on*, he has kept silent about it. それ以来彼はそのことについて黙っている.

❷ [順序を示して] **それから**, その次に [≒next]: First the bridge broke down and *then* the river flooded. まず橋が崩れ落ち, それから川がはんらんした / We arrived in New York, and *then* flew to Boston. 私たちはニューヨークに着き, それからボストンへ飛んだ.

❸ つなぎ語 S **それなら**, それでは《相手や自分が述べたことを受けて, それに基づいて推測したり, 新たに質問をするときに用いる》: "I left my bag here." "*Then*, it must still be here. (= It must still be here, *then*.)" 「私はここにかばんを置いていったんだ」「それなら今もここにあるはずだ」/ "I don't drink coffee." "What would you like *then*?" 「コーヒーは飲まないんです」「では何がいいですか」/ Until next week *then*, goodbye. じゃ来週までさようなら / *Then* Liz is not getting married, right? じゃあリズは結婚しないんだね.

❹ つなぎ語 [now [right, okay, well] then などとして文頭・文末に用いて] S **(それ)では**, じゃ《会話を終えたり, 話題を変えたりするのに用いる》: *OK then*, see you tomorrow. じゃまた明日 / *Right then*, where do you want to go? さあそれじゃ, どこへ行きたい?

❺ [if [when] 節や命令文などに続けて] **そうすれば**, その場合, その時には: *If* you go there, *then* I'll go, too. あなたがそこへ行くのなら(それなら)私も行く / Run as fast as you can; *then* you'll catch the train. 全速力で走れば電車に間に合うよ. ❻ つなぎ語 W だから, 従って [≒therefore]《自分が述べたことを受け, そこから導き出される結論を述べるときに用いる》: The best way to cope with stress, *then*, is to do what you like to do. だから, ストレスに対処するいちばんいい方法は自分の好きなことをすることだ. ❼ そのうえ, さらにまた: I have to finish reading this book today. And *then*, on top of that I have a term paper to hand in tomorrow. この本を今日読み終えなくてはならない. さらにそのうえ明日提出のレポートもある.

... and thén sòme ⇒ some 代 成句.

but thén (agáin) [副] (1) つなぎ語 S だがしかし, しかし, でも《直前に述べたことと少し矛盾することやそれが間違いかもしれないということを示すときに用いる》: John must have brought it yesterday. *But then* he wasn't here yesterday. ジョンが昨日持って来たに違いない. だがしかし, 彼は昨日はここに来てないぞ. (2) つなぎ語 S しかしまた, でも《直前に述べたことがそれほど驚くべきことではないという見解を付け加えるときに用いる》: She is so selfish. *But then*, who isn't? 彼女はとても身勝手だ. でも, そうでない人がいるだろうか(みんなそうだ).

thèn agáin [副] = but then (again).

thén and thére = thére and thén [副] その時その場で, 直ちに.

— 形 限定 [the ~] **その時の**, 当時の: *the then* President of the USA 米国の当時の大統領.

thence /ðéns/ 副 《格式》そこから.

the·oc·ra·cy /θiá(ː)krəsi | -ɔ́k-/ 名 (-ra·cies) ❶ U 神政《神託による政治》. ❷ C 神政国家.

The·o·dore /θíːədɔ̀ə | -ədɔ̀ː/ 名 固 セオドア《男性の名; 愛称は Ted, または Teddy》.

the·o·lo·gian /θìːəlóʊʤən/ 名 C 神学者.

the·o·log·i·cal /θìːəlá(ː)ʤɪk(ə)l | -lɔ́ʤ-←/ 形 神学(上)の.

the·o·log·i·cal·ly /θìːəlá(ː)ʤɪkəli | -lɔ́ʤ-/ 副 神学的に.

the·ol·o·gy /θiá(ː)ləʤi | -ɔ́l-/ 名 (-o·gies) ❶ U (特にキリスト教の)神学. ❷ C,U (ある宗教の)教義, 神学体系: Muslim *theology* イスラムの教義.

the·o·rem /θíːərəm | θíə-/ 名 ❶ C 〔数学〕定理. 関連 axiom 公理. ❷ C 一般原理, 法則.

+the·o·ret·i·cal /θìːərétɪk(ə)l | θìə-←/ 形 ❶ **理論的な**, 理論(上)の: *theoretical* sciences 理論科学 / There is a *theoretical* possibility of life on Mars. 火星に生物がいる理論的な可能性はある. 関連 practical 実際的な. ❷ 非実際的な; 理屈の上だけの.
(名 théory)

the·o·ret·i·cal·ly /θìːərétɪkəli | θìə-/ 副 ❶ 理論的に(は) [⇔ practically]. ❷ 文修飾 理論的に言うと, 理論上は, 理屈の上では.

the·o·re·ti·cian /θìːərətíʃən | θìə-/ 名 C = theorist.

the·o·rist /θíːərɪst | θíə-/ 名 C 理論家.

the·o·rize /θíːəràɪz | θíə-/ 動 自 理論づける, 理論化する (*about, on*); 理屈だけで考える. — 他 (理論的に)(...)と考える, 推論する (*that*). (名 théory)

‡the·o·ry /θíːəri, θí(ə)ri | θíəri/

— 名 (-o·ries /~z/) ❶ C **理論, 学説, ...説**; U 〖数学〗... 論: Newton's *theory* ニュートンの学説 / Einstein's *theory of* relativity アインシュタインの相対性理論 / the *theory of* the survival of the fittest 適者生存の理論 / set *theory* 集合論 / He advocated the *theory that* the universe began with an explosion. +that 節 彼は宇宙は爆発で始まったという説を唱えた.

❷ U,C **理論**; 理屈 [⇔ practice]: music(al) *theory* 音楽理論 / put *theory* into practice 理論を実践に移す. ❸ C 推論; 考え; (根拠のない)説: My *theory* is that he is guilty. 彼は有罪だというのが私の考えだ.

in théory [副] 文修飾 理論的には, 理屈の上では [⇔ in practice]: His plan looks promising *in theory*, but it won't work. 彼の計画は理屈の上では見込みがありそうだがうまく行かないだろう.

(形 thèorétical, 動 théorìze)

〖語源 ギリシャ語で「見ること」の意〗

ther·a·peu·tic /θèrəpjúːṭɪk←/ 形 ❶ 精神衛生によい, 気分をやわらげる. ❷ 治療(上)の, 治療法の: *therapeutic* exercises (手術後などの)健康[機能]回復訓練, リハビリ.

ther·a·pist /θérəpɪst/ 名 ❶ C 治療士, セラピスト. ❷ C 精神[心理]療法士 (psychotherapist).

***ther·a·py** /θérəpi/ 名 (-a·pies) ❶ U,C **療法**, 治療《特に薬や手術によらないもの》: He is having [undergoing] *therapy for* a neck injury. 彼は首のけがの治療を受けている. ❷ U 精神療法: be in *therapy* 精神治療を受けている.

‡there[1] /(強形) ðéə; (弱形) ðə | (強形) ðéə; (弱形) ðə/ (同音 their, #they're, 《英》 #the[1, 2])

— 副 ❶ [there+be 動詞+主語の順で; ⇒ be[1] A 2, there's 1] **...がある, ...がいる**《存在を表わす》: *There is* a book on the desk. 机の上に本が(1 冊)ある / *There was* someone there. そこにはだれかがいた《最後の there は ⇒ there[2]》/ *There has* never *been* a war between the two nations. これまでその 2 つの国の間で戦争があったことはない / *There* 「must *be* [seems to *be*] something wrong. どこかおかしいに違いない[ようだ].

> 語法 **there is 構文の疑問文**
> この構文の疑問の形は be 動詞+there+主語の順となる: 💬 "*Is there* a phone in the room?" "「Yes, there is [No, there isn't]." 「部屋に電話はありますか」「はい, あります[いいえ, ありません]」/ How many students *are there* in your class? あなたのクラスに生徒は何人いますか / *There is* nothing new in today's paper, *is there*? きょうの新聞には別に新しいことはないですね. ✪ ただし現在完了形では have [has] が there の前にくる: *Have there been* any complaints about it? その件で何か苦情が来ていませんか.

> 語法 **there is 構文の使い方**
> (1) この構文は不定のものの存在を示し, 特定のものの存在を示すときには用いない: ×*There* is my [that] book on the table. とは言わずに My [That] book is on the table. と言う. ただし「ほら...がある[いる]よ」のように相手がすでに知っている物や人に新たに注意を向けるときなどでは可能: And *there* are *the children* (to consider). それに(考えなければならないことに)子供のことがある / "Who can we ask for help?" "Well, *there's* always John." 「だれに助けを求めたらいいかな」「いつでもジョンがいるよ」
> (2) 不定詞の to be や動名詞・分詞の being の前に用いることもある: I don't want *there to be* any more mistakes. これ以上誤りがあってほしくない《⇒ for 前 B 2 番目の 語法》/ What's the chance of *there being* another earthquake? もう一度地震が起こる可能性はどれくらいか.
> (3) ときに there+be 動詞+主語の次に現在分詞・過去分詞・一時的状態を表わす形容詞がくる: *There is* someone *waiting* outside. 外で待っている人がいる / *There won't be* any stores *left* open. 開いている店はないだろう.

❷ [there+be 動詞以外の自動詞+主語の順で] 語法 普通この構文の自動詞は存在・生起・出現・到達などを表わし, やや《文語》的な言い方: *There* once *lived* a rich merchant in this town. 昔この町に金持ちの商人が住んでいた / *There will come* a time when we can travel to distant planets. 遠い惑星へ旅行できる時が来るだろう.

There is nó dóing Ⓢ **とても...することはできない**: *There is no* know*ing* [tell*ing*] what will take place. 何が起こるかわかったものではない.

‡there[2] /ðéə | ðéə/ (同音 #their) ✪ ere は例外的に /eə | eə/ と発音する.

— 副 ❶ [多少とも離れた場所を示して] **そこに, そこで, そこへ, あそこに, あそこで, あそこへ**《⇒ here》: Stay *there*. そこにいてください / There was nobody *there*. そこにはだれもいなかった / Do you see the white building over *there*? 向こうのあの白い建物が見えますか / up [down] *there* あそこの高い[低い]所に[で] / Hello, is John *there*? Ⓢ もしもしジョンはいる?《電話口で親しい人へ》/ Are you *there*, Tom? Ⓢ ねえ, トムいるの《隣や上[下]の部屋に向かって》.

here (話し手の近く)	ここ, こちら (話し手の近く)
there (話し手から離れて)	そこ, そちら (話し手から離れているが相手の近く)
	あそこ, あちら (話し手からも相手からも離れて)

✪ ⇒ that[1] 表.

> ⚡ **そこへ行く**
> **私たちは毎週そこへ行く.**
> ○We **go there** every week.
> ×We go to there every week.

❷ [文頭で相手の注意を促して] Ⓢ **ほらそこ[あそこ]に**; ほら, そら: Look! *There*'s John. ほら, ジョンだ / *There* it is; by the window. ほらあそこにある, 窓のそばに / *There* he goes! ほら彼があそこを行くよ / *There* goes

the whistle! ほらホイッスルが鳴った / *There*'s the school bell ringing. We have to run. ほら学校の鐘が鳴っている. 急がなきゃ. 語法 主語が代名詞のときは S+V であるが, 名詞のときは V+S の語順となる.
❸ [名詞の後につけて] **そこの**, あそこの**:** The man *there* is my uncle. あそこの男の人は私のおじです / Turn at that corner *there*. あそこの角を曲がってください. 語法 that＋名詞の後につけるのは《略式》. 形容詞的に名詞の前につけて that *there* corner のように用いるのは《非標準》.
❹ [問題点などを示して] **その点で(は)**, その点に; そこ(のところ)で; その時点で**:** I can't agree with you *there*. Ⓢ その点ではあなたに同意できない / He read the first chapter, and *there* he stopped. 彼は最初の章を読んで, そしてそこでやめた.
❺ [前置詞・他動詞の目的語として, 名詞的に] **そこ, あそこ:** Put it in *there*. それをその中に入れなさい / We returned from *there*. 私たちはそこから引き返した.
be thére [動] 自 (...のために) ある, いる**:** The opportunity *was there*, so I took it. チャンスがあったので, 利用した / These books *are there for* the students to read. これらの本は学生が読めるようにしてある本です / I'*m* always *there for* you. Ⓢ (困ったときは)いつでも力になるよ.
òut thére [副] (1) 向こうで. (2) 世間では.
thére and báck [副] 往復で, 往復して.
Thére gò [gòes] ... Ⓢ ほら, あそこを...が行くよ(⇒ 2); (ああ残念ながら)(チャンスなど)がなくなった.
Thére ... gó [góes] agáin. Ⓢ ほらまた(いつものことが)始まった.
Thére you áre. Ⓢ (1) こちらです, はいどうぞ《相手の欲しいものを手渡すとき》. (2) ほらごらん, だから言ったでしょう. (3) さあできた, これで終わりです《説明などの終わりに用いる》. (4) (事態を受け入れて)しかたがない.
Thére you gó. (1) = There you are. (2) Ⓢ そうそのとおり.
— 間 ❶ Ⓢ **ほら!**, それ!《激励・慰め・満足・失望・反抗などを表わす》; よしよし; やれやれ**:** *There, there*, don't cry. さあ, さあ, 泣かないで《子供に対して》/ *There*, I told you so. そら見ろ, 私の言ったとおりだ / Hello [Hi], *there*! やあ《親しい者どうしが出会ったときのあいさつ》. ❷ = There you go (副 成句).

there·a·bouts /ðèəəbáʊts | ðèərəbáʊts/, **there·a·bout** /ðèəəbáʊt | ðèərəbáʊt/ 副 ❶ [普通は or の後で] その時分に, そのころに; およそ**:** at 3 o'clock *or thereabouts* 3 時ごろ. ❷ [普通は or の後で] その辺に, 近所に**:** in Boston *or* (somewhere) *thereabouts* ボストンかどこかその辺りに.

+**there·af·ter** /ðèəǽftə | ðèə(r)ɑ́:ftə/ 副《格式》**その後は**, それ以来 [≒afterward]**:** Shortly *thereafter* we heard from him. その後まもなく彼から連絡があった.

+**there·by** /ðèəbáɪ | ðèə-/ 副《格式》**それによって:** I traveled at night, *thereby* avoiding much of the rush. 私は夜移動してラッシュを避けた.

+**there'd** /ðeəd, ðəd | ðeəd, ðəd/ ❶《略式》there[1] would **の短縮形:** He said *there'd* be a terrible row. 大騒ぎになるだろうと彼は言った.
❷《略式》there[1] had[2] **の短縮形:** She said *there'd* been a quarrel before I arrived. 私が着くまでにけんかがあった, と彼女は言った.

***there·fore /ðéəfɔə | ðéəfɔ:/

— 副 つなぎ語《格式》**それゆえに, 従って**, その結果; [論理的証明に用いて] ゆえに**:** Everyone disagreed with him, and *therefore* he gave up. だれも彼に同意しなかった. それで彼は断念した / It was a stormy day; *therefore* our party could not start. その日はあらしであった. それゆえ我々一行は出発できなかった / I think, *therefore* I am. 我思う, ゆえに我あり《フランスの哲学者デカルト (Descartes) のことば》.

there·in /ðèəín | ðèə(r)ín/ 副《格式》その中に, そこに; その点に[で]**:** ... *therein* lies the problem. ... (そして)そういうことに問題がある.

+**there'll** /ðeəl | ðeəl/《略式》there[1] will[1] **の短縮形:** I don't think *there'll* be much noise. 音はあまりしないと思う.

there·of /ðèəɑ́(:)v, -ʌ́v | ðèə(r)ɔ́v/ 副《格式》それ(について)の; それ[そこ]から**:** time, or the lack *thereof* 時間あるいは時間のなさ.

there·on /ðèəɑ́(:)n, -ɔ́:n | ðèə(r)ɔ́n/ 副 ❶《格式》その上に. ❷《格式》= thereupon.

*__there're__ /ðeərə, ðərə | -rə/《略式》there[1] are **の短縮形:** *There're* some children at the door. 玄関に何人か子供たちが来ている.

***there's /ðeəz, ðəz | ðeəz, ðəz/ (同音 #theirs)

❶《略式》there[1] is[1] **の短縮形:** *There's* a table in the room. 部屋にはテーブルが(1 つ)ある / Where *there's* a will, *there's* a way.《ことわざ》意志のある所には道がある. 語法《略式》では there's のあとに複数形の名詞が続くことがある**:** *There's* lots of *children* waiting for you. 大勢の子供たちがあなたを待っています.
❷《略式》there[1] has[2] **の短縮形:** *There's* been a lot of rain since May. 5 月以来雨が多い.

The·re·sa /tərí:sə | -zə/ 名 固 テレサ《女性の名; 愛称は Tess, Tessa》.

there·to /ðèətú: | ðèə-/ 副《格式》それに, そこへ.

there·un·der /ðèəʌ́ndə | ðèə(r)ʌ́ndə/ 副《格式》その下に; それに従って.

there·up·on /ðèəəpɑ́(:)n, -əpɔ́:n | ðèə(r)əpɔ́n/ 副 ❶《格式》そこでただちに; その結果, そこで. ❷《格式》それについて.

+**there've** /ðeəv, ðəv | ðeəv, ðəv/《略式》there[1] have[2] **の短縮形:** *There've* been a lot of problems since then. それ以来たくさんのいざこざがある.

ther·mal /θə́:m(ə)l | θə́:-/ 形 ❶ 限定〔物理〕熱の[による], 熱を出す**:** *thermal* energy 熱エネルギー. ❷ 限定 (下着が)保温性のよい**:** *thermal* underwear 防寒用下着. ❸ 限定 暖かい, 熱い**:** a *thermal* spring 温泉.
— 名 ❶ Ⓒ (グライダー滑空の)上昇暖気流. ❷ [複数形で]《英》防寒用下着.

ther·mo·dy·nam·ics /θə̀:moʊdaɪnǽmɪks | θə̀:-/ 名 Ⓤ 熱力学.

ther·mom·e·ter /θəmɑ́(:)məṭə | θəmɔ́mətə/ !アク 名 ❶ Ⓒ 温度計, 寒暖計**:** The *thermometer* reads 60°F. 温度計は華氏 60 度を指している《60°F は sixty degrees Fahrenheit と読む》/ The *thermometer* dropped below 10℃. 温度計は摂氏 10 度以下に下がった《10℃は ten degrees Celsius [centigrade] と読む》. ❷ Ⓒ 体温計 (clinical thermometer)**:** He took his temperature by putting the *thermometer* under his arm [tongue]. 彼は脇[舌]の下に体温計を入れて体温を計った.〖語源 原義はギリシャ語で「熱 (thermo-) を計るもの《⇒ -meter》」〗

ther·mo·nu·cle·ar /θə̀:moʊn(j)ú:kliə | θə̀:moʊnjú:kliə←/ 形〔物理〕熱核反応の**:** a *thermonuclear* bomb 水素爆弾.

T

Ther·mos /θə́ːməs | θə́ː-/ 名 C 魔法びん《商標; ⇒ jar[1] 日英》.

Thérmos bòttle [《英》 **flàsk**] 名 = Thermos.

ther·mo·stat /θə́ːməstæ̀t | θə́ː-/ 名 C サーモスタット, 自動調温装置.

the·sau·rus /θɪsɔ́ːrəs/ 名 (複 ～·es; the·sau·ri /θɪsɔ́ːraɪ/) C 分類語彙(ごい)辞典, シソーラス; (事項別)語彙集.

‡these /ðíːz/

— 代《this 代 の複数形》**これら, これ**《近くの 2 つ以上の物・人を指す; ⇒ those》: *These* are all my books. これはみんな私の本です / All (of) *these* are really sad stories. これはみんな本当に悲しい物語です / I prefer *these*. 私はこれらのほうがよい / *These* are my cousins, Liz and Joan. Ⓢ こちらは私のいとこのリズとジョーンです《⇒ this 代 1 語法》. 語法 次を比較: *This* is 「Mr. and Mrs. Lee [my mother and father]. こちらはリーさん夫妻[私の父と母]です.

— 形《this 形 の複数形》**これらの, この**《⇒ those》: *These* people are all my friends. この人たちはみんな私の友だちだ / Most of *these* traffic accidents were due to careless driving. これらの交通事故の大部分は不注意な運転が原因だった / I've been studying English literature *these* five years. 私はここ 5 年間ずっと英文学を勉強している. 語法 these five years はやや古風な言い方で, for the past [last] five years のほうが普通 // *These* shoes of yours are really nice. 君のこの靴はすごく素敵だね《⇒ this 形 1 語法》. 語法 間接話法では these が those に変わることがある《⇒ 巻末文法 14.2 (1)》.

thése dáys [副] ⇒ day 成句.

+these'll /ðíːzl/ 《略式》 **these will[1] の短縮形:** *These'll* suit you. これならあなたに似合うでしょう.

+the·sis /θíːsɪs/ 名 (複 **the·ses** /θíːsiːz/) ❶ C (長い)**論文**《学位論文・卒業論文など》: a master's *thesis* 修士論文 / a doctoral *thesis* 博士論文 / She wrote a ***thesis on*** [***about***] the eruption of Mt. Mihara. 彼女は三原山の噴火に関する論文を書いた. ❷ C 《格式》(論理的な)主張, 説, 見解; 論題; = thesis statement.

thésis státement 名 C 《米》(論文の)要点, 論旨.

the·ta /θéɪṭə | θíː-/ 名 C テータ, シータ《ギリシャ語アルファベットの第 8 文字 θ, Θ; ⇒ Greek alphabet 表》.

‡they /ðeɪ, ðéɪ/

— 代《人称代名詞; 三人称・複数・主格》(所有格 their /(弱形) ðə; (強形) ðeə, ðéə | (弱形) ðə; (強形) ðeə, ðéə/; 目的格 them /(弱形) ðəm; (強形) ðém/; 単 he /(弱形) (h)i; (強形) híː/; she /(弱形) ʃi, (強形) ʃíː/, it /ɪt, ít/). ❶ [複数の人・動植物・物・事柄を指して] (1) [主語として] **彼らは[が], 彼女らは[が]**, あの人たちは[が]; **それらは[が], それらのもの[こと]は[が]:** "Do your *brothers* like baseball?" "Yes, *they* (= my brothers) like it very much." 「あなたの兄弟は野球が好きですか」「はい, とても好きです」/ "Who are *they*?" "「*They* are [*They*'re] tourists from the US." 「あの人たちはだれですか」「米国からの観光客です」/ Once there lived a *boy* and a *wolf*. *They* (= the boy and the wolf) were friends. 昔少年とおおかみが住んでいました. その少年とおおかみは友だちでした / "Whose *shoes* are those?" "*They*'re mine." 「あれはだれの靴ですか」「私のです」

> 語法 **they が受ける不定代名詞と単数名詞**
> (1) 性差別を避けるため, 特に《略式》では everybody, somebody, anybody などの不定代名詞や性別が不明の単数名詞を受けることがある. また, 性別の明示を避ける場合にも使う《⇒ he[1] 2》: Ask *a doctor* what *they* think about his case. 彼の症状をどう思うか医者に尋ねてください.
> (2) 特に《英》で単数の集合名詞を受けることがある: The *government* has [have] become unpopular since *they* (= the government) were elected. 政府は選挙で政権に就いて以来人気が落ちてきた.

(2) /ðéɪ/ [主格補語として]《格式》**彼ら(だ), 彼女ら(だ)**, あの人たち(だ)《⇒ me 2 語法 (2)》.

❷ (1) [世の中の人たちを漠然と表わして] Ⓢ **人々は**, 世間の人たちは, みんなは《⇒ one[2] 代 4 語法 (1), say 他 4》: *They*'ll laugh at you if you say so. そんなことを言うとみんなが笑いますよ.

(2) [話し手や書き手を含まない, ある地域・場所にいる人たちを漠然と指して; ⇒ we 2 (2), you A 2 (2)] Ⓢ: What languages do *they* speak in Switzerland? スイスでは何語を話しますか / *They* sell things cheap at that store. あの店は品が安い. 語法 この意味の they が主語の文を受身に変えるときには by them を加える必要はない.

(3) [政府・権威者を指して] お上, 当局, その筋: *They*'re putting up oil prices again. 政府はまた原油価格を上げようとしている.

‡they'd /ðeɪd/ ❶《略式》**they would の短縮形:** Jo said *they'd* help you. ジョーはあの人たちは君の手伝いをする(だろう)と言った.

❷《略式》**they had[2] の短縮形:** *They'd* already gone abroad when I heard the news. 私がその知らせを聞いたときには彼らはもう外国へ行っていた.

‡they'll /ðeɪl/ 《略式》 **they will[1] の短縮形:** *They'll* help me. 彼らは私を助けてくれるだろう.

‡they're /ðə, ðeɪə | ðeɪə, ðə/ (同音 #their, #there[1], 《英》 #the[1,2]) 《略式》 **they are の短縮形**《⇒ be 表》: *They're* sailors. 彼らは船員です / *They're* talking with Bob. 彼らはボブと話している / *They're* quite surprised, aren't they? 彼らはとても驚いているね.

‡they've /ðeɪv/ 《略式》 **they have[2] の短縮形:** *They've* already started, haven't they? 彼らはもう出発してしまったんだね.

‡thick /θík/

— 形 (thick·er; thick·est)

> 意味のチャート
> 「厚い」❶ ─→ (厚みのある) → 「**太い**」❸
> 　　　　　└→ (物が間に詰まっている) → 「**密な**」, 「**濃い**」❹

❶ **厚い** [⇔ thin]: a *thick* board 厚い板 / a *thick* slice of bread 厚切りのパン / This coat is too *thick*. このコートは厚すぎる.

❷ **厚さが…で, …の厚さの:** "How *thick* was the steak?" "It seemed to be about an ínch *thick*." 「ステーキはどのくらい厚かった?」「1 インチもあるように見えた」

❸ **太い**; ずんぐりした [⇔ thin]: *thick* fingers 太い指 /

a tree with a *thick* trunk 太い幹の木.
❹ **密な**, (木などが)茂った; (液体・気体が)**濃い**, どろどろした [⇔ thin]: a *thick* wood 木が密生した森 / When he was young, he had *thick* hair. 彼は若いころは髪がふさふさしていた / *thick* soup 濃厚なスープ / *thick* clouds 厚い雲 / The fog is very *thick* here. ここは霧がとても濃い. ❺ [叙述] (...が)いっぱいの, ぎっしり詰まった, (いやなもので)覆(おお)われた: The air in the room was *thick with* smoke. 部屋は煙でいっぱいだった / The table was *thick with* dust. テーブルはほこりだらけだった. ❻ (なまりが)ひどい; (声・話が)不明瞭な, かすれた, だみ声の. ❼《略式》(人が)鈍い, ばかな [≒ stupid]. ❽ [叙述]《略式》親しい, 仲のよい (*with*).
([動] thícken)

— [名] [次の成句で] **in the thíck of ...** [前] ...のまっ最中に, ...のまっただ中に: *in the thick of* the fight 戦いのまっ最中に. **through thíck and thín** [副] 困難なときでも, 終始一貫して.

— [副] (thick·er; thick·est) 厚く, 濃く; 密に: Slice the bread *thick*. パンは厚く切ってください.
láy it ón thíck ⇒ lay on (lay² 句動詞) 成句.
thíck and fást [副] 次々と, ひっきりなしに.

thick·en /θík(ə)n/ [動] [自] 濃くなる; 密集する; 厚くなる, 太くなる [⇔ thin]: The mist *thickened* as we climbed. 登るにつれて霧は濃くなった. — [他] (...)を濃くする. ([形] thick)

thick·en·er /θík(ə)nə | -nə/ [名] [C,U] (液体を)濃厚にする[とろみをつける]もの.

thick·et /θíkɪt/ [名] [C] 茂み, やぶ, 雑木林: The hare hid in the *thicket*. 野うさぎは茂みに隠れた.

thick·head·ed /θíkhédɪd←/ [形]《略式》頭の鈍い, 愚鈍な.

thick·ly /θíkli/ [副] ❶ 厚く; 濃く; 密に; こんもりと. ❷ なまりがひどく; 不明瞭(ふめいりょう)に; だみ声で.

thick·ness /θíknəs/ [名] ❶ [U,C] 厚さ; 太さ: a board with a *thickness* of 2 centimeters 2 センチの厚さの板. ❷ [C] 重ね, 層: two *thicknesses of* cardboard 2 枚重ねたボール紙.

thick·set /θíksét←/ [形] (特に男性が)ずんぐりした; がっしりした.

thick-skinned /θíkskínd←/ [形] 面(つら)の皮の厚い, 無神経な [⇔ thin-skinned].

***thief** /θíːf/ [名] ([複] thieves /θíːvz/) [C] **どろぼう**, 盗人: a petty *thief* こそどろ / Stop, *thief*! どろぼう, 待て《追いかけるときの叫び声》/ Set a *thief* to catch a *thief*.《ことわざ》どろぼうはどろぼうに捕らえさせよ(蛇(じゃ)の道は蛇(へび)). [関連] theft 盗み. **(as) thíck as thíeves** [形] とても親密で, 大の仲よしで.

> [類義語] **thief** こっそり持ち去る泥棒. **burglar** 特に夜間の押し入り強盗. **robber** 暴力や脅しによる強盗. **pickpocket** すり. **shoplifter** 万引き犯.

thiev·er·y /θíːv(ə)ri/ [名] [U]《格式》窃盗.

+**thieves** /θíːvz/ [名] thief **の複数形**.

thiev·ing /θíːvɪŋ/ [形] [限定] どろぼうの(ような).

+**thigh** /θáɪ/ [名] (~s /~z/) ❶ [C] **太もも**《しり (hip) からひざ (knee) まで; ⇒ leg 挿絵》: [言い換え] Bob pinched me on *the thigh*. = Bob pinched my *thigh*. ボブは私の太ももをつねった《⇒ the¹ 2 [語法]》. ❷ [C] (鶏の)もも肉.

thigh·bone /θáɪbòʊn/ [名] [C] 大腿骨(だいたいこつ).

thim·ble /θímbl/ [名] [C] 指ぬき《裁縫用》.

**thin /θín/

— [形] (thin·ner; thin·nest) ❶ **薄い** [⇔ thick]: a *thin* board 薄手の板 / a *thin* slice of ham ハムの薄いひと切れ.
❷ **細い**, やせた《⇒ [類義語]》[⇔ thick, fat]: He is *thin* in the face. 彼は顔がほっそりしている / He has a long, *thin* body. 彼はひょろっとした体つきだ.
❸ **まばらな**; (気体が)希薄な; 乏しい [⇔ thick, dense]: a *thin* forest 木の少ない森 / a *thin* mist 薄いもや / His hair became *thinner*. 彼の髪は薄くなった.
❹ (液体・飲料などが)**薄い**, 水っぽい [⇔ thick]: *thin* milk 水っぽい牛乳 / This soup is a little too *thin*. このスープは少々薄すぎる. ❺ 浅薄な; 中味のない, 見え透(す)いた: a *thin* excuse 見え透いた言いわけ / a *thin* smile 薄笑い. ❻ (声・音などが)か細い.
be thín on the gróund [動] [自]《英》(人・物が)少ない, 乏しい.
hàve a thín tíme (of it) [動] [自]《英》(金銭的に)苦しむ, いやな思いをする.

> [類義語] **thin** 人が肉付きが少なくやせていることを表わす最も一般的な語だが, 過労や病気などで不健康にやせたことを意味することも多い: He looked *thin* after his illness. 彼は病気をしてからやせたようだった. **skinny** 極度にやせた状態: *skinny* models やせすぎなモデル. **lean** 筋肉質で引きしまったやせ形であることを意味する. **slim** ほっそりした, の意で *slender* と同じ意味で用いるが, *slim* は形のよさよりも弱さ, しなやかさなどに重きを置いて用いることがある: He is a very *slim* athlete. 彼はとてもほっそりした選手だ. **slender** 体つきが細くすらっとして上品で均整がとれていること: her *slender* figure 彼女のほっそりした体つき.

— [動] (thins; thinned; thin·ning) [他] ❶ (...)を薄くする; まばらにする; 細くする: *thin* the soup with water スープを水で薄める. ❷ (苗)を間引く (*out*). — [自] 薄くなる; まばらになる; 細くなる (*out*) [⇔ thicken].
thín dówn [動] [自] (人が)やせる. — [他] (液体など)を薄める (*with*).

— [副] (thin·ner; thin·nest) 薄く; 細く.

thine /ðáɪn/ [代]《古語》❶《所有代名詞; ⇒ **巻末文法** 3 (1)》あなたのもの, なんじのもの. ❷《人称代名詞 thou の所有格》[母音または h で始まる名詞の前につけて] あなたの, なんじの (thy).

***thing /θíŋ/

— [名] (~s /~z/) ❶ [C] **物**: This is a very useful *thing*. これはとても役に立つ物だ / There are a lot of *things* on the table. テーブルの上にはいろいろな物がある / Do you like sweet *things*? 甘い物が好きですか / What is that *thing* on the desk? 机の上のあれは何? / Turn that *thing* off. Ⓢ そのスイッチを切って.
❷ [C] 事, 事柄, 事項, 事件, 行為: do the right *thing* 正しい事をする / say the right [wrong] *thing* 当を得た[得ない]ことを言う / A strange *thing* happened last night. ゆうべ奇妙な事が起こった / It's a good *thing* to praise children when they do something good. 子供たちが何かよいことをしたときにはほめてあげるのはよいことだ / I've got a lot of *things* to do this week. 今週はしなければならないことでいっぱいだ.
❸ [複数形で] **持ち物**, 身の回りの物, 所持品, 所有物; 衣類; 道具: Where are *your things*? 持ち物はどこにあるの / My mother is washing the breakfast *things*. 母は朝食の後片づけをしている / I'll wear *my* best *things* to the party. パーティーにはいちばんいい服を着ていこう.

❹ [複数形で] (漠然と)**物事; 事情**, 事態, 状態; [形容詞を後に置いて]《格式》文物, 風物: Don't take *things* so seriously. あまり物事を難しく考えすぎないで / How are *things* (with you)? Ⓢ 最近どうですか / *Things* don't look good. 事態はよくないようだ / *Things* in the country have improved since then. その後その国の情勢は好転した / We want to change the way *things* are. 私たちは現状を変えたい / This film will help (to) introduce *things Japanese* to foreign countries. この映画は日本の文物を外国に紹介するのに役立つだろう.
❺ [a ～ または Ⓤ; 否定文で] **何も:** You *can't* get *a thing* to eat there. そこでは食べる物がひとつも手に入らない / There is *no* such *thing* as total freedom. 全くの自由などはない. ❻ /θìŋ/ Ⓒ [形容詞を伴って] 人, やつ《人・動物への親しみ・軽蔑を表わす》; 生き物, 動物: Poor *thing*! まあかわいそうな人だ. 語法 呼びかけのときには冠詞がつかない. ❼ [the ～; この場合の the はしばしば /ðíː/ と発音する] 必要な物, うってつけの物, **重要なこと:** A day off is just *the thing* for you. Ⓢ 一日の休みをとることが君に必要だ / *The thing* about him is his reliability. Ⓢ 彼について大事なことは信頼できるということだ / *The thing* is whether we can do it. Ⓢ 問題は我々にそれができるかどうかだ. ❽ [the ～]《略式》流行のもの. ❾ Ⓒ [所有格の後で] Ⓢ 好きなこと, 得意なこと: Cooking isn't *my thing*. 料理は得意ではない.

T

... and thìngs (lìke thát) Ⓢ ...など.
dó one's **(ówn) thíng** [動] 自《略式》(自分の)やりたいことをする, 気ままにふるまう.
for óne thìng [副] つなぎ語 一つには, まず一つ理由[根拠]をあげるならば. 語法 多くの場合 for another が続いて理由などの説明に用いる: *For one thing* I don't love her; *for another* she is the wrong age for me. 一つには私は彼女を愛していないし, もう一つは年齢も私には合わない.
hàve a [this] thíng abòut ... [動] 他 (1)《略式》...が大好きだ. (2)《略式》...が大嫌いだ.
It's (just) óne thíng àfter anóther. Ⓢ いやなことばかり起こる, ふんだりけったりだ.
(just) óne of those thíngs [名]《略式》仕方がないこと.
màke a (bíg) thíng of [abòut] ... [動] 他 ...を騒ぎ立てる, ...を問題にする.
sée [héar] thìngs [動] 自 [進行形で]《略式》実在しない[聞こえない]物を見る[聞く].
The thíng is, ... [前の文を受けて] Ⓢ その理由は, 実は; 問題は(⇒ 7): "Why didn't you do your homework?" "I was going to. *The thing is*, I had a terrible headache."「どうして宿題をしなかったの?」「するつもりだったんですが, 実は頭痛がひどかったんです」
(wéll,) of áll thíngs [副] こともあろうに, よりによって, [間投詞的に] なんとまあ(驚いた).
what with óne thìng and anóther [副] Ⓢ あれやこれやで.
〖語源 元来は「会議」の意; それから「(討議される)もの」の意味になった〗

thing·am·a·jig /θíŋəmədʒìg/ 名 Ⓒ Ⓢ 何とかさん, 何とかいう物《名前を知らなかったり, ど忘れしたときなど》.
thing·y /θíŋi/ 名 (-ies) Ⓒ = thingamajig.

*****think** /θíŋk/

— 動 (thinks /～s/; 過去・過分 thought /θɔ́ːt/; think·ing) 他

意味のチャート
「(心の中で)考える」
→「思う」❶, ❷ →「信じる」❶
　　　　　　　　　→「...しようと思う」❻
→(思い巡らす) →「よく考える」❸ →「わかる」❺
　　　　　　　　　　　　　　　　→「思い出す」❹

❶ [進行形まれ] (...)と思う, **考える**, 信じる(⇒ hope 囲み; 類義語)): I *think* (*that*) he's a doctor. V+O ((that)節) 彼は医者だと思う《多用; that はしばしば省略される》/ I *think* you're making a serious mistake. あなたは大きな間違いをしているようだ / Do you *think* he'll come to our party? 彼が私たちのパーティーに来ると思いますか / I do*n't think* she's a good singer. 彼女は歌がうまいとは思わない. 語法 この言い方のほうが I *think* she's *not* a good singer. より普通 // I do*n't think* you've been here before, *have you*? あなたは今までここに来たことはないですよね. 語法 付加疑問が haven't you? ではなく have you? になる点に注意 // ***"What do you think of*** [***about***] this book?" "In my opinion, it's not very interesting."「この本をどう思う?」「私としてはそれほどおもしろくないと思う」/ *It is* generally *thought that* Mr. Brown will accept the position. ブラウン氏はその職を引き受けるだろうと一般に思われている. ✪ it は that 以下を受ける形式主語; 動詞型は V+O (that 節)の受身 // "Isn't this box too small?" "I thínk sò."「この箱は少し小さすぎない?」「そう思います」(⇒ so[1] 副 4) / "Do you *think* it's going to rain tomorrow?" "I dòn't thínk sò." =《格式》"I thínk nòt."「あすは雨になるでしょうか」「ならないと思います」(⇒ not (5)). 語法 文の終わりや挿入語句としても用いる: It's góing to snów, *I thìnk*. 雪になりそうですね / This tráin, *I thìnk*, will be for Bóston. この列車はたぶんボストン行きです.

どう思いますか

これについてどう思いますか.
○What do you **think** about this?
×How do you think about this?

♥ **...と思います** (意見を述べるとき)
I think ...

I'm sorry, but **I think** you're mistaken.
言いにくいんだけど, 誤解してるんじゃないかな.
♥ 意見・意志を述べるときなどに主張の強さを和らげる緩和表現.
♥ I would think ... というと主張の度合いがより柔らかくなる.

♥ **...してもらえたらと思ったのですが** (依頼するとき)
I thought you could ...

I thought maybe **you could** give me some tips. 何かアドバイスをもらえたらと思ったんだけど.
♥ I thought は, could, should 等を用いた提案・誘い・依頼の文を控えめにする緩和表現. maybe を加えるとさらに控えめになる.
♥ 字義どおりには「過去にそう思った(＝今もそう思っているとは限らない)」という意味なので, 現在形 think を用いるよりも押しつけの度合いが弱くなる.

♥ …してもらうことはできますか （依頼するとき）
Do you think you could …?

Dad, **do you think you could** lend me some money? I'll pay you back next week.
お父さん, ちょっとお金を貸してもらうことはできないかな. 来週には返すから.
♥ 依頼の際に使う間接的な表現.
♥ 相手が応じるとは断定できないとき(負担の大きいこと・相手に義務のない事柄の場合, 相手が親しくない人である場合など)に用いることが多い. 《依頼の表現については ⇒ could B 1 (4)》

❷ [進行形なし] (…)を(〜だと)**思う**, 考える, みなす: 言い換え They all *thought* her *to* be a genius. V+O+C (to 不定詞) = They all *thought* (*that*) she was a genius. V+O ((that)節) 彼らはみな彼女は天才だと思った《(*that*)節を使うほうが普通》. 語法 V+O+C (to 不定詞) の場合は次のようにしばしば受身で用いる: She *was thought to* be a genius. 彼女は天才だと思われていた. これは次のようにも言える: *It was thought that* she was a genius. V+O (that 節)の受身 // I *think it* probable *that* he lied. たぶん彼はうそをついたのだと思う. ✪ it は that 以下を受ける形式目的語; 動詞型は V+O+C (形) // We *think* him one of the greatest political leaders of our country. V+O+C (名) 《格式》 私たちは彼をわが国の最も偉大な政治家の一人だと思っている. 語法 We *think* (*that*) he is one of the greatest … または We *think of* him *as* one of the greatest … という言い方のほうが普通.

❸ [受身なし; しばしば進行形で] (どうしようか)と**よく考える**, 思いめぐらす, 思案する; (…か)と考える. 語法 目的語として *wh* 句, *wh* 節または疑問文の引用節を伴う: 言い換え ***Think what to*** do next. V+O (wh 句) = ***Think what*** you should do next. V+O (wh 節) 次に何をすべきか考えなさい / She *was thinking how* happy married life would be. 彼女は結婚生活はどんなに楽しいことだろうと考えていた / I *thought* (to myself), "Can I do anything to help?" V+O (引用節) 私は「何か役に立つことができるだろうか」と思った. 語法 間接話法にすると wonder が用いられる: I *wondered* if I could do anything to help. ❹ (…)を思い出す; [普通は否定文・疑問文で, to 不定詞を伴って] (…すること)を思いつく, 覚えている [≒remember]: I can't *think* (now) *what* his name is. 彼の名前は何というのか(今は)思い出せない / He tried to *think how* long it was since he had last seen Jane. 彼はジェーンにこの前会ってからどれくらい経つか思い出そうとした / I'm sorry; I just did*n't think to* tell you. すみません, (うっかりして)あなたに話すことは思いつきませんでした. ❺ [受身なし] わかる, 考えつく [≒imagine]. 語法 しばしば目的語として *wh* 句または *wh* 節を伴う: You can't *think how* nasty Helen is. ヘレンがどんなに意地悪かわからないでしょう《✪ imagine のほうが普通》 / He couldn't *think where to* hide it. 彼はそれをどこに隠すべきか見当がつかなかった. ❻ (…しようと)思う, 思っている, (…する)つもりである [≒intend]. 語法 普通は目的語として (*that*)節内に will [would], be going to を用いる: I *think* I'll go skiing. スキーに行こうと思う / He *thought* (*that*) he would be home by six. 彼は6時までに家に帰るつもりだった. ❼ (…)を予期する, 予想する, 期待する [≒expect]: 「She never *thought* [Never did she *think*] *that* her father would get so angry with her. 彼女は父親が自分に対してそんなに腹を立てるとは夢にも思わなかった / Nobody *thought to* receive support from them. 《格式》 彼らから支持を受けるとはだれも思わなかった.

考えるしぐさ

— 自 ❶ **考える**, 思う; 想像する: *think* in English 英語で考える / I don't *think* in the same way as you (do). 私の考えはあなたと同じではありません / Just *think*! Ⓢ ちょっと考えてごらん.
❷ **よく考える**, 熟考する: Let me *think* (for) a moment. ちょっと考えさせてください / *Think* before you give an answer. 答える前に考えるように / I (just) wasn't *thinking*. Ⓢ よく考えていませんでした, 考えが足りませんでした《謝罪》.

do you thínk (1) [疑問詞の直後に挿入語句として] Ⓢ **…と思いますか**: *What do you think* has happened? 何が起こったと思いますか / *Who do you think* you are? 自分を何様だと思ってるんだ《怒りや驚きを含んだ言い方》. (2) [依頼の疑問文につけ, 遠慮がちに尋ねる] Ⓢ: Could I have my camera back, *do you think?* あの, カメラを返していただいてもいいですか.

dòn't you thínk …? [挿入語句として] …と思いませんか, …ではありませんか: It'll be better, *don't you think*, to stay here a little longer? もう少しここにいたほうがよくはありませんか.

…(,) I thínk (,) 〜 [関係詞の後に挿入して] (私が)〜と思う…《✪ I 以外の主語も可能》: I was introduced to a woman *who I thought* was her mother. 私は彼女の母親と思う人に紹介された.

I thóught as mùch. Ⓢ そう(いうこと)だろうと思った.

thínk a lót of … [動] 他 [進行形なし] …が大好きである, …を大いに重んじる.

thínk agáin [動] 自 考え直す, 考えを変える.

thínk alóud = thínk òut lóud [動] 自 考えごとをそのまま口に出す, 考えながらひとりごとを言う.

thínk bádly [íll] of … [動] 他 《格式》 …のことを悪く思う [⇔ think well of …].

thínk bétter of … [動] 他 (1) …を考え直す, (物事)をよく考えてやめる: I was going to ask him for help, but I *thought better of* it. 彼に手を貸してもらうつもりだったが, 思い直してやめた. (2) (人)をもっと高く評価する, 見直す; …をもっと分別ある者と思う.

thínk léss of … [動] 他 …のことを悪く思う, …の評価を下げる.

thínk líttle [póorly] of … [動] 他 [進行形なし] …を軽視する, 取るに足りないと思う; 好まない [⇔ think

T

much [highly] of ...].

thínk múch [híghly] of ... [動] ⓗ [進行形なし] ...**を重んじる**, 尊重する; ...を高く評価する [⇔ think little [poorly] of ...].

> 語法 (1) think much of ...は普通は否定文で用いる: I do*n't think much of* him. 私はあの男を偉いとは思っていない.
> (2) be thought much [highly] of または be highly thought of の形で受身にできる: Creativity *is not* 「*thought much* [*thought highly, highly thought*] *of* in this country. この国では創造性が重んじられていない.

thínk nóthing of ... [動] ⓗ [しばしば動名詞を伴って] ...**を何とも思わない**, ...に困難[心のとがめ]を感じない: He seems to *think nothing of* 「work*ing* all night [tell*ing* lies]. 彼は徹夜で働く[うそをつく]のを何とも思っていないようだ.

Thínk nóthing óf it. Ⓢ どういたしまして; 気にしないでください《相手のお礼・おわびへの丁寧な応答》.

thínk to onesèlf ... [動] ⓗ (心の中で)ひそかに...と考える.

thínk wéll of ... [動] ⓗ ...のことをよく思う, ...を尊重する [⇔ think badly [ill] of ...] (受身 be well thought of).

To thínk (that) ...! Ⓢ ...だと思うと, ...とは《驚いた[悲しい, 情けないなど]》.

Whò would have thóught (that) ...? Ⓢ ...なんてだれが考えただろう《驚きを表わす》: *Who would have thought* (*that*) he'd return in time? 彼が時間までに帰ってくるなんてだれが思っただろうか.

You would thínk [have thóught] (that) ... Ⓢ ...だと思う[思った]でしょうが(実はそうではない[なかった]のです)《驚きなどを表わす》: *You would think* they would have been happier in a different situation. 状況が違えば彼らは幸せになっただろうと思われるかもしれませんが. (名 thought²)

think の句動詞

*thínk abòut ...

動 ⓗ ❶ ...**のことを考える**; ...を思い起こす: When you phoned me yesterday, I *was* just *thinking about* you. 君がきのう電話してきた時ちょうど君のことを考えていたんだ.

❷ (決定を下す前に)...**についてよく考えてみる**, ...を検討する (受身 be thought about): We must *think about* the matter in a quieter room. 私たちはその問題をもっと静かな部屋でじっくり考えてみる必要がある / I'll *think about* it. 考えておきましょう《やんわりと断わるときに用いる》. ❸ = think of ... 2, 4.

thínk ahéad 動 ⓐ 先を読む (*to*).

thínk báck 動 ⓐ (過去のことを)思い出す (*to*).

***thínk of ...** 動 ⓗ ❶ ...**を考えつく**, 思いつく (受身 be thought of); [受身なし] ...を思い出す [≒remember]: I can't *think of* any good plan(s). いい案が全然思いつかない / I tried to *think of* her name, but I just couldn't. 彼女の名前を思い出そうとしたがどうしてもだめだった.

❷ [普通は進行形で, 動名詞を伴って] (...**しようかと)考える**: I'*m thinking of* buy*ing* a new car. 私は新車を買おうかと考えている.

❸ ...**のことを(よく)考える** (受身 be thought of): *Think of* what she has told you. 彼女があなたに言ったことをよく考えてみなさい.

❹ ...**を考慮に入れる**, 思いやる (受身 be thought of): She *thinks of* nobody but herself. 彼女は自分のことしか考えない. ❺ ...のことを想像する: Just *think of* the cost of sending a rocket to the moon. 月へロケットを飛ばす費用のことをちょっと想像してごらんなさい.

thínk of ... as 〜 [動] ⓗ ...(**のこと)を〜だと思う**, ...を〜とみなす: She *thinks of* him *as* wise [a friend]. 彼女は彼を賢い[友人だ]と思っている.

thínk óut 動 ⓗ (問題・案・策など)をよく考える, (細部にわたって)慎重[十分]に検討する: We have to *think out* what we are going to do. 私たちはやろうとしていることをよく検討しなければならない.

***thínk óver** 動 ⓗ (提案など)を**よく考えてみる**, 熟考する V+名・代+*over* / V+*over*+名: I'll *think over* your suggestions. あなたの提案をじっくり考えてみます / Please let me *think* it *over*. それについてはよく考えさせてください.

thínk thróugh 動 ⓗ (問題など)をよく考える.

thínk úp 動 ⓗ (口実・方法など)を考え出す, 考えつく, 思いつく: They *thought up* a clever method. 彼らはうまい方法を考え出した.

> 類義語 **think** 最も一般的な語で, 頭脳を働かせて考える意味を含む: I *think* it'll rain tomorrow. あすは雨が降ると思う. **suppose** 推測して思うことで, *think* よりも根拠が弱い場合が多く, 意味が軽い: I *suppose* he'll come. 私は彼は来ると思います. **guess** *suppose* とほぼ同じ意味だが《略式》的: I *guess* he can do it. 彼にはそれができると思います.

— 名 [a 〜] 《主に英》 (難題などについて)考えること, 一考, ひと思案: Let's have *a* good *think about* the plan. その計画についてはよく考えてみよう.

have (gòt) anóther thínk cóming [動] ⓐ Ⓢ 《主に英》(...と思うなら)大間違いだ.

think·a·ble /θíŋkəbl/ 形 叙述 [普通は否定語とともに] 考えられる, 想像がつく [⇔ unthinkable].

think·er /θíŋkɚ | -kə/ 名 Ⓒ 思想家, 思索家; [前に形容詞をつけて] 考えるのが...の人: a *great thinker* 偉大な思想家, 深くものを考える人 / an *original thinker* 独創的な考え方をする人.

***think·ing** /θíŋkɪŋ/ 名 ❶ Ⓤ **判断**, **意見**, 考え; 思想: That's good *thinking*. Ⓢ それはいい考えだ / I have a different way of *thinking about* this problem. 私はこの問題に対しては違った考えをしています.

❷ Ⓤ **思考**, 考えること; 思索: She did a lot of (hard) *thinking* about it. 彼女はそれについていろいろと(よく)考えた / This 「calls for [requires] some quick *thinking*. これは少々急いで考える必要がある.

to ...'s (wày of) thìnking [副] 文修飾 Ⓢ ...の考えでは: This drama is, *to mý* (*wày of*) *thìnking*, the best that has ever been written in English. 私の考えではこの戯曲は英語で書かれたものの最高傑作だ.

— 形 ❶ 限定 (明晰な)**思考力のある**; 思索する: Man is but a reed, the weakest in nature, but he is a *thinking* reed. 人間は1本の葦(あし)にすぎない. 自然の中でいちばん弱い. しかし人間は考える葦である《フランスの哲学者パスカル (Pascal) のことば》. ❷ 限定 思慮のある, 分別のある [⇔ unthinking]: the *thinking* people of the world 世の中の良識ある人々.

pùt ón one's **thínking càp** [動] ⓐ 《略式》 熟考す

る, じっくり考える.

thínk tànk 名 C [《英》単数形でもときに複数扱い] 頭脳集団, 政策研究機関, シンクタンク.

+**thin·ly** /θínli/ 副 **薄く**, 細く; 希薄に, まばらに: *thinly* sliced ham 薄く切ったハム.

thin·ner /θínɚ | -nə/ 名 U (液体を)薄くするもの, 希釈剤; シンナー.

thin·ning /θínɪŋ/ 形 (髪が)薄くなりかけている.

thin-skinned /θínskínd←/ 形 (批判などに)敏感な, 怒りっぽい [⇔ thick-skinned].

***third** /θɚ́:d | θə́:d/

— 形 ❶ [普通は the ~; ⇒ the¹ 1 (4)] **3 番目の, 第 3 の**, 3 位の《3rd とも書く; ⇒ number 表, three》: *the third* lesson 第 3 課 / *the third* floor 《米》3 階, 《英》4 階《⇒ floor 語法》/ the two hundred (and) *third* person 203 番目の人 / in *the third* place 第 3 に / *The third* month of the year is March. 1 年の 3 番目の月は 3 月だ / Liz was *third* in the contest. リズはコンクールで 3 位だった. ❷ 3 分の 1 の: a *third* part of the earth 地球の 3 分の 1 の部分.

— 名 (thirds /θɚ́:dz | θə́:dz/) ❶ [単数形で; 普通は the ~] **3 番目の人[もの]**, 3 位の人[もの], 第 3 号《⇒ former¹ 語法》: Henry *the Third* ヘンリー 3 世《Henry III と書く》/ He was ***the third to*** admit his involvement. +*to* 不定詞 (事件への)かかわり合いを認めたのは彼が 3 人目だった.

❷ [単数形で; 普通は the ~] (月の) **3 日**(みっか)《3rd とも書く》: The baby was born「on *the third* of February [on February 3]. その赤ちゃんは 2 月 3 日に生まれた《February 3 は February (*the*) *third* と読む; ⇒ date¹ 名 1 語法》.

❸ C **3 分の 1**, ⅓《⇒ **巻末文法** 16.11 (3)》: a [one] *third* ⅓ / two *thirds* of a liter ⅔ リットル. ❹ U 〔野球〕三塁 (third base). ❺ U (自動車のギアの)第 3 速, サード. ❻ C 《英》第 3 級(の優等学位)《大学卒業の優等 (honours) 試験で最下位の成績》: get a *third in* physics 物理学で(優等試験)3 級を取る.

— 副 ❶ 3 番目に, 3 位で: Tom started *third*. トムは 3 番目に出発した / Bill「came (in) [finished] *third* in a marathon. ビルはマラソンで 3 着に入った. ❷ つなぎ語 第 3 に, 3 番目に《理由などを列挙するときに用いる》. ❸ [最上級につけて] 3 番目に...: Chicago is *the third* larg*est* city in the United States. シカゴは米国第 3 位の大都市だ.

thírd báse 名 U 〔野球〕三塁《⇒ base¹ 4 語法, infield》.

thírd báseman 名 C 〔野球〕三塁手《⇒ infielder》.

thírd cláss 名 ❶ U 《米》第 3 種郵便物《定期刊行物を除く印刷物など》. ❷ U 三流[級].

third-class /θɚ́:dklǽs | θə́:dklá:s←/ 形 ❶ 三流[級]の. 関連 first-class 一流の / second-class 二流の. ❷ 《米》第 3 種(郵便)の. — 副 《米》第 3 種郵便で.

thírd degrée 名 [次の成句で] **gíve ... the thírd degrée** [動] 他 《略式》(人)を質問攻めにして[拷問にかけて]情報を得る.

third-de·gree /θɚ́:ddɪgrí: | θə́:d-←/ 形 ❶ 限定 《米》(犯罪が)第 3 級の《過失など比較的軽い》. ❷ 限定 第 3 度の: a *third-degree* burn 第 3 度熱傷《3 段階中最も重症のもの》.

third·ly /θɚ́:dli | θə́:d-/ 副 つなぎ語 第 3 に《理由などを挙げるときに用いる; ⇒ firstly 語法》.

thírd párty 名 [単数形で] (当事者でない)第三者.

thírd pérson 名 [the ~]〔文法〕(第)三人称《⇒ **巻末文法** 3 (1)》; (小説などの)三人称文体: a story told *in the third person* 三人称で語られた話.

third-rate /θɚ́:dréɪt | θə́:d-←/ 形 三流[級]の; 劣った, 劣等の. 関連 first-rate 一流の / second-rate 二流の.

+**Thírd Wórld** 名 [the ~] **第三世界**《アジア・アフリカ・南米などの発展途上諸国》; [形容詞的に] 第三世界の: *Third World* countries 第三世界の国々.

thirst /θɚ́:st | θə́:st/ 名 ❶ [U または a ~] のどの渇き, 渇(かつ); 脱水状態: die of *thirst* 脱水状態で死ぬ / satisfy [quench] one's *thirst* 渇きをいやす. 関連 hunger 飢え. ❷ [単数形で] 《文語》渇望, 激しい欲望 (*for*). — 動 [次の成句で] **thírst for [àfter] ...** [動] 自 《文語》...を渇望する, 熱望する.

thirst·i·ly /θɚ́:stəli | θə́:st-/ 副 のどが渇いて; 《文語》渇望して.

***thirst·y** /θɚ́:sti | θə́:s-/

— 形 (thirst·i·er; thirst·i·est) ❶ **のどが渇いた**: Oh, I'm *thirsty*. ああ, のどが渇いた / Do you feel *thirsty*? のどが渇きましたか. 関連 hungry 空腹の. ❷ 限定 (仕事・食べ物などが)のどを渇かせる: *thirsty* work のどの渇く仕事. ❸ 叙述 《文語》渇望している, 強く求めている (*for*).

***thir·teen** /θɚ̀:tí:n | θə̀:-←/

— 代 《数詞》[複数扱い] **13**, 13 人, 13 個; 13 ドル[ポンド, セント, ペンスなど]《⇒ number 表, -teen, teens》: Only *thirteen have been* made. 13 個しかできていない. 参考 欧米では一般に不吉な数字とされ, ホテル・病院などでは 13 号室がなかったり, 12 階から, 13 階をとばして 14 階とするところが多い.

— 名 (~s /~z/) ❶ C (数としての) **13**: Lesson *Thirteen* 13 課. ❷ U (24 時間制で)13 時, 13 分; 13 歳: a girl of *thirteen* 13 歳の少女. ❸ C 13 の数字[記号]. ❹ C 13[13 人, 13 個]ひと組のもの.

— 形 ❶ 限定 **13 の**, 13 人の, 13 個の. ❷ 叙述 13 歳で: "How old are you?" "I'm *thirteen*."「あなたは何歳ですか」「13 です」.

***thir·teenth** /θɚ̀:tí:nθ | θə̀:-←/

— 形 ❶ [普通は the ~; ⇒ the¹ 1 (4)] **13 番目の, 第 13 の**《13th とも書く; ⇒ number 表》: *the thirteenth* lesson 第 13 課. ❷ 13 分の 1 の.

— 名 (~s /~s/) ❶ [単数形で; 普通は the ~] **13 番目の人[もの]**; (月の)**13 日**《13th とも書く; ⇒ date¹ 名 1 語法, Friday 参考》. ❷ C 13 分の 1, $\frac{1}{13}$《⇒ **巻末文法** 16.11 (3)》.

***thir·ti·eth** /θɚ́:ṭiəθ | θə́:-/

— 形 ❶ [普通は the ~; ⇒ the¹ 1 (4)] **30 番目の, 第 30 の**《30th とも書く; ⇒ number 表》. ❷ 30 分の 1 の.

— 名 (~s /~s/) ❶ [単数形で; 普通は the ~] **30 番目の人[もの]**; (月の)**30 日**《30th とも書く》: on *the thirtieth* of April = on April 30 4 月 30 日に《April 30 は April (*the*) *thirtieth* と読む; ⇒ date¹ 名 1 語法 囲み》. ❷ C 30 分の 1, $\frac{1}{30}$《⇒ **巻末文法** 16.11 (3)》.

***thir·ty** /θɚ́:ṭi | θə́:-/

— 代《数詞》[複数扱い] **30**, 30 人, 30 個; 30 ドル[ポンド, セント, ペンスなど]《⇒ number 表, -ty[2]》.
— 名 (thir·ties /~z/) ❶ C (数としての) 30. ❷ U 30 分; 30 歳. ❸ [複数形で the または所有格の後で] 30 年代; 30 歳代; (速度·温度·点数などで)30 番台[度台, 点台]《しばしば the 30's [30s] と書く》: in *the* (nineteen) *thirties* [19*30's*, 19*30s*] 1930 年代に《⇒ **巻末文法** 16.1 (2)》/ in *one's* (early [mid, late]) *thirties* 30 歳代(前半[半ば, 後半])で. ❹ C 30 の数字. ❺ C 30 [30 人, 30 個]ひと組のもの. ❻ U 《テニス》サーティー,「30」《2 つ目のポイント》.
— 形 限定 **30 の**, 30 人[個]の; 叙述 30 歳で.

***this /ðís/

単語のエッセンス
1) これ 代 ❶
2) この 形 ❶
3) こんなに 副
4) 今; 現在の 代 ❸; 形 ❸

— 代《指示代名詞》(複 **these** /ðíːz/) ❶ Ⓢ **これ**, この人《話し手の近くの物·人·事柄を指す; ⇒ that[1] 代》: Who did *this*? だれがこれをしたのですか / It was something like *this*. それはこのようなものでした / *This* is for you. これをあなたに差し上げます / Mary, *this* is Ben [Mr. and Mrs. Baker]. メアリー, こちらはベンさん[ベーカー夫妻]です《人を紹介するときの言い方; ✪ 2 人以上にも this を用いる》. 語法 代 の this を人に用いる場合は普通 be 動詞の主語の時に限られる; Do you know *this* man [child]? (この男[子]を知っていますか)《⇒ 形 1》とは言うが人を指して Do you know *this?* とは言わない // *This* is Tom here [speaking]. Is *this* [《主に英》that] you, Mary? トムだけど, 君かい, メアリー?《電話口で; ✪ I'm Tom. とは普通は言わない》/ Who is *this* [《主に英》that], please? どちら様ですか《電話口で; ✪ Who are you? とは言わない》.

> **参考 電話口での答え方**
> "Is *this* [《主に英》that] Mr. Thomas Long?" "Yes, it is."「トマス ロングさんですか」「はい, そうです」(普通の言い方)
> "Yes, *this* is Thomas Long." (やや改まった言い方)
> "Yes, *this* is he." (かなり改まった言い方)
> "Is *this* [《主に英》that] Jane?" "「Yes, speaking [Speaking]."「ジェーン?」「うん, 私」(くだけた言い方)

❷ [発言の前後のことを指して] (1) **すぐ前で[今]述べたこと**, このこと, これ: He told me to call on Mr. Brown. I did *this* the next day. 彼にブラウンさんを訪問するようにと言われ, 私はこのことを翌日実行した / A human being is by nature a selfish animal; *this* will never change. 人間は本質的に身勝手な動物である. このことは決して変わらない.
(2) Ⓢ **これから[次に]述べること**, こういうこと: You might not believe *this*, but he doesn't drink at all. (これは)信じられないかもしれないが, 彼は全然酒を飲まないよ / *This* is how you solve the question. その問題はこうやれば解ける / The conclusion is *this*: Eternal love is not possible. 結論はこうだ. 不滅の愛などありえないのだ《✪ この意味では that は用いられない》/ *This* will be interesting. これは面白くなるぞ. ✪ すでに起こったことは that を用いる: *That* was interesting. あれは面白かった.
❸ **今**, この時; **きょう**, この日; このところ, **ここ**: I have heard of it before *this* (= before this time). 今までにそのことを耳にしたことがある / I'll be more careful after *this*. 今後はもっと注意します / What day of the week [month] is *this* (= it today)? きょうは何曜日[何日]ですか / *This* is the first time (that) I've heard him sing. 彼が歌うのを聞いたのはこれが初めてだ / *This* is where I live. ここが私の住んでいるところです.
thís and [or] thát = thís, thát(,) and the óther [代] Ⓢ **あれこれ**, あれやこれや: We all sat around the fireplace talking of *this and that*. 私たちは暖炉の周りに座っていろいろ話をした.
Thís is ít. (1) Ⓢ (待って[予想して]いたのは)これだ, ここだ, (さあ)今だ. (2) Ⓢ《英》その通りですね.
Whát's (àll) thís? Ⓢ これは一体どうしたんですか, これは何事ですか.
— 形《指示形容詞》(複 **these** /ðíːz/) ❶ **この**《話し手の近くにある物·人を指す; ⇒ that[1] 形》: *this* country この国 / *this* life この世界, 現世 / *This* book is mine. この本は私の物です.

> 語法 (1) this を所有格と並べて *this my* hat, *my this* hat などとすることはなく, *this* hat *of mine* [*yours, ours, his, hers, theirs*] のようにいう. 複数形の these も同じ《⇒ mine[1] 成句》.
> (2) 間接話法では this が that に変わることがある《⇒ **巻末文法** 14.2 (1)》.

❷ [発言の前後のことを指して] **今述べた**, この; Ⓢ **次に述べる**, こういう: That summer she took three weeks off work. At the beginning of *this* holiday she began to experience pain in her chest. その夏彼女は 3 週間の休みをとった. この休暇の始めには胸の痛みを感じ始めていた / Wait till you hear *this* story of what happened. 何が起こったか話してあげるから(まあ聞いてよ).
❸ /ðɪs/ (時間的に)**現在の**, 今(ᵹ)..., この《⇒ next 形 1, last[1] 形 2, have[2] 1 (1) 語法 (3)》: *this* week [month] 今週[月] / *this* (coming [past]) Wednesday 今週の(来たる[去る])水曜日(に) / *this* morning けさ / *this* time 今度, 今回 / *this* minute [second] 今すぐ / about *this* time yesterday きのうの今ごろ / by *this* time 今ごろまでに, もう / He'll be fifteen *this* year. 彼は今年 15 歳になる.
— /ðɪs/ 副 Ⓢ **こんなに**, これほど, これくらい, この程度まで《⇒ that[1] 副》: I didn't realize it was *thìs* láte (= as late as this). こんなに遅いとは知りませんでした / It's about *thìs* bíg. それはこれぐらいの大きさです《身ぶりと共に用いる》/ I know *thìs* múch. 私は(ほかはともかくとして)これくらいは知っている.

+**this'll** /ðísl/《略式》this will[1] **の短縮形**: *This'll* be enough for now. とりあえずこれで十分でしょう.

this·tle /θísl/ 名 C あざみ《Scotland の国花; ⇒ rose[2] 関連》.

thith·er /θíðɚ | ðíðə/ 副《古語》あちらへ, そちらへ [⇔ hither].

tho, tho' /ðoʊ, ðóʊ/ 接 副《略式》= though.

Thom·as /tá(ː)məs | tɔ́m-/ 名 固 トマス《男性の名; 愛称は Tom または Tommy》.

thong /θɔ́ːŋ | θɔ́ŋ/ 名 ❶ C T バック, ひも状の水着. ❷ C 革ひも《物を縛ったりむちにしたりする》. ❸ [複数形で]《米》サンダル, ゴムぞうり [《英》flip-flop].

Thor /θɔ́ə | θɔ́:/ [名] [固] 〔北欧神話〕 トール, 雷神《雷·戦争·農業の神》.

tho·rax /θɔ́:ræks/ [名] (複 ~·es, **tho·ra·ces** /θɔ́:rəsì:z/) [C] 〔解剖〕 胸郭, 胸部; (昆虫の)胸部.

thorn /θɔ́ən | θɔ́:n/ [名] ❶ [C] とげ, 針: remove [pull out] a *thorn* とげを抜く / Roses have *thorns*. = No rose without a *thorn*. 《ことわざ》 ばらにとげあり(楽あれば苦あり). ❷ [C,U] いばら; [普通は合成語で] とげのある植物; ⇒ hawthorn. **a thórn in ...'s síde [flésh]** [名] (人)の心配のもと, 苦労の種.

thorn·y /θɔ́əni | θɔ́:-/ [形] (thorn·i·er; -i·est) ❶ (問題などが)やっかいな: a *thorny* problem やっかいな問題. ❷ とげの多い, とげのような.

*__thor·ough__ /θə́:roʊ, -rə | θʌ́rə/ [!発音] [形] ❶ **徹底的な**; 完璧(かんぺき)な; (人が)きちょうめんな: a *thorough* inquiry 十分な調査 / a *thorough* analysis of the problem 問題の徹底的な分析 / He is ***thorough in*** his work. [+in+名] 彼は仕事がきちっとしている. ❷ [限定] 全くの, 完全な [≒complete]: a *thorough* fool 全くのばか者. 〘[語源] 元来は through の強調形〙

thor·ough·bred /θə́:rəbrèd | θʌ́rə-/ [名] [C] [T-] 純血種の馬, サラブレッド. — [形] (馬·犬などが)純血種の.

thor·ough·fare /θə́:rəfèə | θʌ́rəfèə/ [名] ❶ [C] (賑(にぎ)やかな)通り; 主要道路; 公道. ❷ [U] 《英》 通行: NO THOROUGHFARE 通行禁止《掲示》.

thor·ough·go·ing /θə́:rəgóʊɪŋ | θʌ́rə-ˊ/ [形] ❶ [限定] 徹底的な. ❷ [限定] 全くの.

+**thor·ough·ly** /θə́:roʊli, -rə- | θʌ́rəli/ [副] ❶ **徹底的に**, すっかり, 全く [≒completely]: carry out one's duties *thoroughly* 職務を完全に果たす / Did you examine it *thoroughly*? それを徹底的に調べましたか. ❷ [否定文で] 全く…であるというわけではない《部分否定を表わす》: We are *not thoroughly* prepared. 私たちは完全に準備ができているというわけではない.

thor·ough·ness /θə́:roʊnəs, -rə- | θʌ́rə-/ [名] [U] 徹底, 完全.

***__those__ /ðóʊz/

— [代] 《that¹ [代] の複数形》 ❶ **それら, それ; あれら, あれ**《⇒ these》: *Those* are all my books. それはみんな私の本です / All (of) *those* are sold. あれは全部売れた. ✪ those は複数形だが訳例のように「それ」「あれ」と訳すほうが自然.

❷ [先行する複数形の名詞を繰り返す代わりに用いて] 《格式》 (…の)**それ(ら)**《⇒ that¹ [代] 2》.

> [語法] しばしば those of ... の形をとる: Her *children* are all boys, while *those* (= the children) *of* her younger sister are all girls. 彼女の子供たちはみんな男の子だが彼女の妹の子供たちはみんな女の子だ.

❸ [普通は those who ...として] **(…である, …する)人たち**, …の人たちはだれも. [語法] これに対応する単数形は he who ..., one who ... であるが, ともに文語的: Heaven helps *those who* help themselves. 《ことわざ》 天は自ら助くる者を助く(天は自分で努力する者を助けてくれる).

— [形] 《that¹ [形] の複数形》 ❶ **それらの, その; あれらの, あの**《⇒ these》: *Those* apples are sweeter than these. あの[その]りんごのほうがこのりんごより甘い / Don't come into the house in *those* muddy shoes. そんな泥靴で家へ入っちゃだめ / Look at *those* long boots of hers! 彼女のあの長いブーツを見てよ!《⇒ that¹ [形] 1 [語法]》. ✪ those は複数形だが訳例のように「その」「あの」と訳すほうが自然.

❷ [those ... who [which] ~ として関係代名詞の先行詞を修飾して] (~である)**その…**, (~する)その…. [語法] the よりも指示の意味は強くなる: Only *those* people *who* know nothing about it talk about it. そのことについて何も知らない人たちだけがその話をしている.

thou /ðaʊ, ðáʊ/ [代] 《人称代名詞; 二人称·単数·主格》 《古語》 (所有格 thy /ðaɪ, ðáɪ/, [母音·h の前で] thine /ðaɪn, ðáɪn/; 目的格 thee /(弱形) ði; (強形) ðí:/; [複] ye /(弱形) ji; (強形) jí:/, you /(子音の前では) (弱形) jə; (強形) jú:/, (母音の前では) /(弱形) ju; (強形) jú:/) あなたは[が], なんじは[が].

***__though__ /ðoʊ, ðóʊ/ [!発音]

> **単語のエッセンス**
> 1) …だけれども [接] ❶
> 2) たとえ…でも [接] ❷
> 3) とは言っても…ではあるが [接] ❸
> 4) でも [副]

— [接] 《従属接続詞》 ❶ (実際に)**…だけれども, …であるが**《《略式》 では略して tho, tho' とも書く》: He didn't take off his jacket, *though* it was warm in the room. 室内は暖かかったが彼は上着を脱がなかった / *Though* he lived in France, he doesn't speak French well. 彼はフランスにいたのにフランス語がうまく話せない.

> [語法] **though の使い方**
> (1) although よりやや《略式》.
> (2) 上の例文(複文)を but を使って言い換えると次のような文(重文)になる: It was warm in the room, *but* he didn't take off his jacket. / He lived in France, *but* he doesn't speak French well.
> (3) **主語+be の省略**
> though の従属節内の主語が主節の主語と同じものをさすときは「代名詞の主語+be 動詞」がしばしば省かれる: *Though* (I was) invited, I didn't go. 私は招待されたが行かなかった.
> (4) [形] +though+ [形] や [副] +though+ [副] の場合の though は but や yet とほぼ同じ意味で用いる: He sat in an old *though* (= but) comfortable armchair. 彼は古いが座り心地がよいひじかけいすに座っていた.
> (5) 補語の形容詞·名詞, または副詞などが強調されて though の前に出ることがあるが, この用法は文語的《⇒ as [接] 4》: Child *though* he was (= *Though* he was a child), he showed great courage. 彼は子供だったが非常な勇気を示した《文頭の child の冠詞の省略に注意》.

❷ **たとえ…でも**, …であるかもしれないが [≒even if]: I must go, *though* I don't want to. 行きたくなくても私は行かなければならない / 「*Though* it may sound strange [Strange *though* it may sound], the story is true. 不思議に思われるかもしれないが, その話は本当なのだ《⇒ 1 [語法] (5)》. [語法] 1, 2 の意味の though で始まる従属節は主節の前でも後でもよいが, 前の方が《格式》的《⇒ although [語法]》.

❸ [追加·補足的に] **とは言っても…ではあるが**: She might be in time, *though* I doubt it. 彼女はもしかした

ら間に合うかもしれない. 怪しいと思うけど《⇒ 副 例文》. 語法 though の節にはしばしば否定の表現が用いられる.

as thòugh ⇒ as if (as 成句).

èven thòugh... [接] (1) ...であるのに, ...ではあるが: *Even though* I told her not to, she went alone anyway. やめろと言ったのにやっぱり彼女は1人で行ってしまった. (2) たとえ...であっても [≒even if]: I'm planning to go, *even though* it might rain. たとえ雨が降っても私は行くつもりだ. 語法 even if は仮定を表わすが, even though の後には事実を表わす内容がくる.

― /ðóʊ/ 副 つなぎ語 Ⓢ **でも,** けれども, しかしながら, もっとも [≒however]: She might be in time; I doubt it, *though.* 彼女はもしかしたら間に合うかもしれない, 怪しいとは思うけどね《⇒ 接 3 の例文》. 語法 (1) この though は文尾(ときに挿入的に文中)で用いられ, 普通は文頭には置かない. (2) 副 の though は although に代えることはできない.

***thought**[1] /θɔ́ːt/ 発音 動 think **の過去形および過去分詞.**

***thought**[2] /θɔ́ːt/ 発音 -ght で終わる語の gh は発音しない.

― 名 (thoughts /θɔ́ːts/) ❶ Ⓒ **考え,** 思い; 思いつき《⇒ idea 類義語; ⇒ that[2] A 4》; [普通は複数形で] **意見** [≒opinion]: have a *thought* 考えが浮かぶ / express one's *thoughts* 考えを述べる / Suddenly a *thought* came [occurred] to Lucy. 突然ルーシーにある考えが浮かんだ / The ***thought*** crossed my mind ***that*** he might not return the money. +that 節 彼は金を返さないかもしれないという考えが私の心をよぎった / The very ***thought of*** meet***ing*** his granddaughter made him happy. 孫娘に会えると思うと彼はうれしくなった《✪ thought to meet とするのは誤り》/ Share your ***thoughts on*** [***about***] the matter. この問題についてのあなたの考えを聞かせてください.

❷ Ⓤ **思考,** 考えること; 思案; 思考力: after much *thought* じっくり考えた末に / ***give*** some [no] ***thought to*** ... = ***give*** ... some [no] ***thought*** ...について考える[考えない] / She was ***lost*** [***deep***] ***in thought***. 彼女はじっともの思いにふけっていた.

❸ U,C [しばしば否定文・疑問文で] (...する)**考え,** 意向 [≒intention]: He had ***no thought***(***s***) ***of*** becom***ing*** a doctor. 彼には医者になる気など全くなかった / She gave up all *thought*(*s*) *of* marriage [gett*ing* married]. 彼女は結婚しようという考えをすっかり捨てた.

❹ U,C **思いやり,** 心づかい, 配慮, 注意: a car designed with no ***thought for*** safety 安全性に対する配慮なしに設計された車 / We should spare a *thought for* the victims. 被害者のことを思いやるべきだ / You are always *in* my *thoughts*. あなたのことは片時も忘れません / It's the *thought* that counts. Ⓢ 大事なのは(金額などより)その気持ちだ(気は心).

❺ Ⓤ (ある社会・人・時代などの)**思想,** 思潮: modern scientific *thought* 近代科学思想 / Greek *thought* ギリシャ思想.

Dón't gíve it anóther thóught. Ⓢ 気にしないでください《謝罪に対して》.

「**It's jùst [Jùst] a thóught.** Ⓢ ほんの思いつきですが《提案などで》.

Thát's a thóught! Ⓢ それはよい考えだ; うん, それはそうだね. (動 think, 形 thóughtful)

+**thought·ful** /θɔ́ːtf(ə)l/ 形 ❶ **考え込んでいる,** 思いにふけった: a *thoughtful* look 考え込んだ表情 / in *thoughtful* silence 沈思黙考して.

❷ **思いやりのある,** 親切な [≒kind] [⇔ thoughtless]; 親切にする: a *thoughtful* and caring man 思いやりのある面倒見のよい男性 / ***It's very thoughtful of*** you ***to*** say so. そうおっしゃってくださるのは本当にご親切なことです《⇒ of 12》.

❸ (人・本などが)**思慮深い** [⇔ thoughtless]; 思想のある: a *thoughtful* person 思慮深い人 / a *thoughtful* essay on religion 宗教を扱った思想豊かな随筆. (名 thought[2])

thought·ful·ly /θɔ́ːtfəli/ 副 ❶ 思いやりをこめて, 親切に: My husband *thoughtfully* offered to take the children to a movie. 夫は気を使って子供を映画に連れていこうと言ってくれた. ❷ 考え込んで. ❸ 思慮深く, じっくり.

thought·ful·ness /θɔ́ːtf(ə)lnəs/ 名 Ⓤ 思いやりのあること, 心づかい; 思慮深さ.

thought·less /θɔ́ːtləs/ 形 思慮のない, 軽率な, 不注意な; 思いやりのない [⇔ thoughtful]: *It's thoughtless of* him *to* say such things. そんなことを言うとは彼も思いやりのない人だ《⇒ of 12》. **~·ly** 副 軽率に; 不親切に. **~·ness** 名 Ⓤ 思慮のなさ.

thought-pro·vok·ing /θɔ́ːtprəvòʊkɪŋ/ 形 考えさせる, 示唆に富む.

***thou·sand** /θáʊz(ə)nd/

― 名 (1 では 複 ~, 2 では 複 **thousands** /-z(ə)ndz/)

❶ Ⓒ **千,** 千人, 千個; 千ドル[ポンド]《⇒ number 表》.

> 語法 **thousand の使い方**
> (1) 前に数詞または数量形容詞がくるときは複数語尾 -s をつけない: a [one] *thousand* 1 千 / two *thousand* 2 千 / several *thousand* of these people この人たちの中の数千人《⇒ 2》/ ten *thousand* 1 万 / fourteen *thousand* 1 万 4 千 / a [one] hundred *thousand* 10 万.
> (2) 1000 位と 100 位との間には and を入れない. ただし 100 位が欠けるときは 10 位または 1 位の前に and が入るが, 《米》では略されることが多い《⇒ hundred 語法 (2)》: a [one] *thousand* one hundred 1100《✪ a [one] thousand *a* hundred とは言わない》/ four *thousand* five hundred (and) twenty-one 4521《✪ forty-five hundred (and) twenty-one とも言う》/ eight hundred *thousand* (and) ten 800, 010.
> (3) 4 けたの年号は普通 2 けたずつ区切って読む《⇒ hundred 語法 (3)》. ただし 2000 年は two thousand と読む. 2001–2009 年は two thousand (and) one [two ...], 2010 年以降は 2 けたずつ twenty ten [eleven ...] と読むことが多い.

These T-shirts sell by the *thousand* [hundred *thousand*]. この種の T シャツは千[10 万]着単位で売られる. 関連 thousandth 千番目の.

❷ [~s] **何千,** 幾千, 多数; 何千人[個, ドル, ポンド]: *Thousands* [Several *thousands*] *of* people were killed in the earthquake. 何千という人がその地震で死んだ / *thousands of* times 何度も.

― 形 ❶ 限定 **千の,** 千人の, 千個の: a [one] *thousand* people 1 千人の人たち / three *thousand* years 3 千年 / There are a *thousand* meters in a kilometer. 1 キロは千メートルである.

❷ 限定 **無数の**, 多数の: A *thousand* thanks [pities]. 本当にありがとう[残念です].

Thóusand and Óne Níghts 名 固 [The ~] = Arabian Nights' Entertainments.

thou·sandth /θáoz(ə)n(t)θ/ 形 ❶ [普通は the ~; ⇒ the¹ 1 (4)] 千番目の(⇒ number 表). ❷ 千分の 1 の. — 名 ❶ [単数形で; 普通は the ~] 千番目の人[物]. ❷ C 千分の 1.

thrall /θrɔ́:l/ 名 [次の成句で] **in ...'s thráll = in thráll to ...** [副] ((文語)) ...にとらわれて, ...のとりこになって.

thrash /θrǽʃ/ 動 他 ❶ (特に罰として)(棒・むちなどで)(...)を打ちのめす, むち打つ. ❷ ((略式)) (競技で)(相手)を打ち負かす, こてんぱんにやっつける. ❸ (体の一部)を激しく動かす. — 自 [副詞(句)を伴って] 転げ回る, のたうち回る (*about, around*); 激しく動く[打つ].
thrásh óut [動] 他 (問題など)を徹底的に議論[検討]する; (計画などを)練り上げる. — 名 U 〔音楽〕 スラッシュメタル((激しいロックの一種)).

thrash·ing /θrǽʃɪŋ/ 名 C 打ちのめすこと, むち打ち; ((略式)) ボロ勝ち[負け].

+**thread** /θréd/ 名 (threads /θrédz/) ❶ U,C **糸**, 縫い糸((裁縫用; ⇒ string 類義語)): a *thread* of silk 絹糸 1 本 / a spool of *thread* ((米)) 糸ひと巻き / a needle and *thread* 糸を通した針((単数扱い; ⇒ and 1 語法 (1))). 関連 yarn 織物・編み物用の糸.
❷ C (話などの)**筋**, 筋道; 一貫した特徴: lose the ***thread of*** the argument 議論の筋がわからなくなる / a common *thread* 共通の特徴. ❸ C 糸のように細いもの, (色・光などの)線: a *thread of* smoke ひと筋の煙. ❹ C ねじ山, ねじの溝. ❺ C 〔コンピュータ〕 スレッド.
píck úp the thréad(s) [動] 自 (長い中断の後で)(生活・関係などを)再開する, 再び続ける, やり直す (*of*).
— 動 (threads /θrédz/; thread·ed /-ḍɪd/; thread·ing /-dɪŋ/) 他 ❶ (針など)に**糸を通す**; (数珠(じゅず)玉など)を糸に通してつなぐ: ***Thread*** this needle (***with*** black thread). V+O(+with+名) この針に(黒い)糸を通してください / I ***threaded*** the beads *together* [***on*** a string]. V+O+副 [on+名] 私はビーズに糸を通してつないだ. ❷ (糸など)を(...に)通す; (フィルム・録音テープなど)を入れる: *thread* a wire *through* the hole 穴に針金を通す / *thread* a film *into* the camera カメラにフィルムを入れる.
thréad one's **wáy through ...** [動] 他 ...の間を縫うようにして進む((⇒ way¹ 成句の囲み)).

thread·bare /θrédbèə | -bèə/ 形 ❶ すり切れた; 着古した. ❷ (人が)ぼろを着た, みすぼらしい. ❸ (議論・冗談などが)古くさい, 陳腐な.

*__threat__ /θrét/ 名 (threats /θréts/) ❶ C,U **脅迫**, **脅**(おど)し (*of*): an empty *threat* こけおどし / receive a bomb *threat* 爆破するという脅迫を受ける / make ***threats against*** ... ...を脅す / The man carried out his ***threat to*** kill the hostage. +to 不定詞 男は人質を殺すという脅しを実行した.
❷ C [普通は単数形で] **脅威**, おびやかすもの[人]: The new law can be [pose] a serious ***threat to*** democracy. この新法は民主主義にとって重大な脅威となり得る.
❸ C [普通は単数形で] (悪いことの)**前兆**, 兆し, おそれ: There was a ***threat of*** another heavy rain in the air. また大雨になる気配が感じられた.
ùnder thréat of ... [前] ...の脅しを受けて; ...の恐れがあって. (動 thréaten)

**threat·en /θrétn/

— 動 (threatens /~z/; threat·ened /~d/; -en·ing /-tnɪŋ/) 他 ❶ (人が)(...)を**脅迫する**, **脅**(おど)**す**; (...するぞ)と脅迫する: He took out a gun and *threatened* me. 彼は銃を出して私を脅した / *threaten* a strike ストライキをすると脅す / They ***threatened to*** shoot him. V+O (to 不定詞) 彼らは彼を撃つぞと言って脅した 多用 / They ***threatened*** him ***with*** death. V+O+with+名 彼らは彼を殺すぞと言って脅した / He ***threatened that*** he would fire her. V+O (that 節) 彼は彼女を首にすると言って脅した.
❷ (物事が)(...)を**おびやかす**, (...)に脅威を与える: 言い換え The drought *threatened* the farmers' crops. = The drought ***threatened to*** ruin the farmer's crops. V+O (to 不定詞) 干ばつで農民たちの作物はだめになりそうだった / That bird ***is threatened with*** extinction. V+O+with+名の受身 その鳥は絶滅の危機に瀕(ひん)している.
❸ (物が)(...)の**恐れがある**, (...)の兆候を示す: The sky *threatened* rain. 雨になりそうな空模様だった.
— 自 ❶ (危険・嫌なことが)**迫ってくる**, **...しそうである**: A storm *threatened*. あらしが近い感じだった / It's ***threatening to*** snow. V+C (to 不定詞) 雪が降りそうだ.
❷ 脅迫する, 脅す: It's no use *threatening*. 脅しはきかないよ. (名 threat)

*__threat·en·ing__ /θrétnɪŋ/ 形 ❶ **脅迫する**, 脅(おど)す: a *threatening* call [letter] 脅迫電話[状].
❷ (天気などが)**険悪な**, 荒れ模様の: The sky looks *threatening*. 空模様が怪しい.
~·ly 副 脅して, 脅迫的に; (天気などが)険悪に, 荒れ模様で.

**three /θríː/

— 代 ((数詞)) [複数扱い] **3 つ**, 3 人, 3 個; 3 ドル[ポンド, セント, ペンスなど]((⇒ number 表)): We want only *three*. 私たちは 3 つ[3 人, 3 個]だけでよい / *Three* of our class *were* absent. クラスの 3 人が欠席でした. 関連 third 3 番目の.
— 名 (~s /~z/) ❶ C (数としての)**3**: Book *Three*, Chapter *Three* 第 3 巻, 第 3 章 / *Three* and *three* is [makes, equals, are, make] six. 3 と 3 では 6(3+3 = 6) / *Three* from seven is [leaves] four. 7 から 3 を引くと 4(7−3 = 4).
❷ U **3 時**, 3 分; **3 歳**: The game began at *three*. 試合は 3 時に始まった / a boy of only *three* まだ 3 歳の男の子. ❸ C 3 の数字. ❹ C 3 つ[3 人, 3 個]ひと組のもの. ❺ C 〔トランプ〕 3 の札.
in thrées [副] 3 人[3 つ](ひと組)で.
— 形 ❶ 限定 **3 つの**, 3 人の, 3 個の: *three* times 3 回, 3 倍 / *three* sisters 3 人姉妹. ❷ 叙述 **3 歳で**: When will your daughter be *three*? お嬢さんはいつ 3 つになりますか.

thrée-base hít /θríːbèɪs-/ 名 C 〔野球〕 三塁打.

three-cor·nered /θríːkɔ́ənəd | -kɔ́ːnəd←/ 形 [普通は 限定] ❶ 三角の. ❷ 三つどもえの, 三者の.

three-D, 3-D /θríːdíː/ 名 U 3 次元(の形), 立体: watch a film in *3-D* 3-D[立体]映画を見る. — 形 = three-dimensional 1.

three-di·men·sion·al /θríːdɪménʃ(ə)nəl←/ 形 ❶ 3 次元の; (写真・映画などが)立体の. ❷ (描写などが)真に迫った, リアルな.

three·fold /θríːfòold/ 形, 副 3 倍[重]の[に].

thrée-lèg·ged ráce /θríːlèg(ɪ)d-/ 名 C 二人三脚(競走).

three-piece /θríːpíːs←/ 形 限定 三つぞろいの; (家具などが)3点セットの: a *three-piece* suit 三つぞろいの紳士服《⇒ suit 参考》. 関連 two-piece ツーピースの.

three-ply /θríːplàɪ/ 形 3重の, 三重織りの, 3枚張りの.

thrée-pòint túrn /θríːpɔ̀ɪnt-/ 名 C (自動車の)3点方向転換《狭い場所での前進・後退・前進のターン》.

three-quar·ter /θríːkwɔ́ɚṭɚ | -kwɔ́ːtə←/ 形 限定 4分の3の.

+**three-quarters** /θríːkwɔ́ɚṭɚz | -kwɔ́ːtəz←/, **thrée quárters** 名 複 (全体の)**4分の3**: *three-quarters of* the students 4分の3の学生 / *three-quarters of* an hour 45分. 語法 of の後に単数形の名詞が来れば単数扱い, 複数形の名詞が来れば複数扱い.

thrée-rìng círcus /θríːrìŋ-/ 名 ❶ C《米略式》騒々しい[めまぐるしい]もの. ❷ C 3つのリングで同時に演技するサーカス.

thrée Ŕ's 名 [the ~] ⇒ R¹ 成句.

three·some /θríːsəm/ 名 C [普通は単数形で] 3人組《特にゲーム・競技などの》; 3個1組. 関連 twosome 2人組 / foursome 4人組.

three-star /θríːstɑ̀ɚ | -stɑ̀ː/ 形 限定 (ホテル・レストランなどが)3つ星の, 一流の.

thresh /θréʃ, θrǽʃ | θréʃ/ 動 他 (穀物)を脱穀する; 繰り返したたく. — 自 脱穀する.

thresh·er /θréʃɚ, θrǽʃɚ | -ʃə/ 名 C 脱穀機.

+**thresh·old** /θréʃ(h)òʊld/ 名 (thresh·olds /-(h)òʊldz/) ❶ C **敷居**; 入り口: on the *threshold* 戸口で / cross the *threshold* 敷居をまたぐ, 家に入る. ❷ C 始め, 発端: You are *on* the *threshold of* a new life. 皆さんは新しい人生の入口に立っています. ❸ C 〔心理・生理〕閾(いき)《刺激が反応を起こす限界点》; (それを越えるとある事が起こる)限界, レベル: have a high [low] pain *threshold* 痛みを感じにくい[すぐ痛がる].

***threw** /θrúː/ 発音 (同音 through) 動 throw の**過去形**.

thrice /θráɪs/ 副《古語》3度[回, 倍].

+**thrift** /θríft/ 名 U《古風》[よい意味で] **倹約**, 節倹: practice *thrift* 倹約を実行する. (形 thrifty)

thríft shòp [stòre] 名 C《米》中古品店《慈善目的で中古衣料を売る》[《英》charity shop].

thrift·y /θrífti/ 形 (thrift·i·er; -i·est) 倹約な, つましい [≒economical] (*in*). (名 thrift)

+**thrill** /θríl/ 名 (~s /~z/) C (快感・興奮などで)**ぞくぞく[わくわく]する感じ**, スリル, 身震い: the ***thrill of*** driv*ing* at high speed 高速運転のスリル / I got a ***thrill from*** [***out of***] the movie. その映画を見て感動した / give everyone a *thrill* 皆をぞくっとさせる[感動させる] / A *thrill* of fear ran down his back. ぞっとする恐怖が彼の背筋を走った / It was a *thrill* seeing [to see] her again. 彼女に再び会えるなんて本当にうれしいことだった.

— 動 (thrills /~z/; thrilled /~d/; thrill·ing) 他 (快感・興奮などで)(人)を**ぞくぞくさせる**, わくわくさせる, 感動させる《⇒ thrilled》: His home run *thrilled* the crowd. 彼のホームランで観客は熱狂した.

— 自《格式》(快感・興奮などで)ぞくぞくする, わくわくする, 感動する: *thrill with* horror ぞっとする / The children *thrilled to* his tales. 子供たちは彼の話に心をときめかせた.

〖語源 元来は「突き刺す」の意〗

+**thrilled** /θríld/ 形 (快感・興奮などで)**ぞくぞくした**, わくわくした, 感動した: 言い換え She was ***thrilled at*** the news. +at+名 = She was ***thrilled to*** hear the news. +to 不定詞 彼女はそのニュースを聞いてわくわくした / She wasn't ***thrilled with*** the results. +with+名 彼女は結果に満足していなかった / I'm ***thrilled*** (***that***) you are visiting us. +(that)節 あなたが私たちを訪ねてくれるのがとても楽しみです.

+**thrill·er** /θrílɚ | -lə/ 名 (~s /~z/) C **スリルに富む映画[劇, 小説]**: a *thriller* writer スリラー作家.

thrill·ing /θrílɪŋ/ 形 ぞくぞく[わくわく]させる, スリル満点の. **~·ly** 副 わくわくするほど, スリル満点に.

+**thrive** /θráɪv/ 動 (thrives /~z/; 過去 thrived /~d/, throve /θróʊv/; 過分 thrived, thriv·en /θrív(ə)n/; thriv·ing) 自 ❶《格式》**栄える**, 繁栄する, 成功する: Industry is now *thriving* in this country. この国では今産業が発展している.

❷《格式》(動物・植物が)**育つ**, 生い茂る, 成長する: This plant can *thrive in* dry conditions. この植物は乾燥していても育つ.

thríve on ... [動] 他《格式》...で育つ, 栄える; (悪い条件)をばねにする: He seems to *thrive on* hard work. 彼は仕事がつらいとかえって頑張るようだ.

+**thriv·en** /θrív(ə)n/ 動 **thrive の過去分詞**.

thriv·ing /θráɪvɪŋ/ 形 繁栄[繁盛]している.

***throat** /θróʊt/ 名 (throats /θróʊts/) ❶ C **のど**, のどくび《首の前の部分; ⇒ neck 挿絵》: The collar is too tight around my *throat*. カラーがのどにきつすぎる. 参考 のどを切るしぐさ《⇒ 挿絵》は,「おまえはもう終わりだ」と相手を脅すときなどに使われる.

❷ C **咽喉**(いんこう)《口から胃または肺へ通じる通路》, のど: Your *throat* is a little red. のどが少し赤いですね / I have a sore *throat*. のどが痛い //⇒ a lump in one's throat (lump 名 成句). ❸ C (のどのように)狭い道; (びんなどの)狭い口.

be at èach òther's thróats [動] 自 激しく争っている, ひどくいがみあっている.

cléar one's **thróat** [動] 自 せき払いをする.

clútch one's **thróat** [動] 自 首に手をあてて息をのみ込む《女性の驚きのしぐさ》.

cút one's **ówn thróat** [動] 自 自滅する, 墓穴を掘る.

fórce [rám] ... dòwn ...'s thróat [動] 他《略式》(意見・考えなどを)(人)に無理やり押しつける.

júmp dòwn ...'s thróat [動]《略式》突然(人)をどなりつける.

stíck in ...'s thróat [動] (1) (骨などが)のどにひっかかる. (2)《略式》(ことばなどが)なかなか出ない; (提案などが)受け入れがたい, のみ込めない.

throat·y /θróʊṭi/ 形 (throat·i·er; -i·est) (声などが)低い, のどの奥から出た; (人が)しわがれ声の.

throb /θrɑ́(ː)b | θrɔ́b/ 動 (throbs; throbbed; throb·bing) 自 (心臓が)鼓動する; (脈が)どきどき打つ; どきどきする; ずきずきする; ぴくぴくする; (機械などが)振動す

る: a *throbbing* headache ずきずきする頭痛 / Bob's heart was *throbbing with* expectation. ボブの心は期待に高鳴っていた. ― 名 C 動悸(どうき), 鼓動; (機械などの)振動: a *throb* of the heart 心臓の動悸 / the *throb* of an engine エンジンの振動.

throes /θróʊz/ 名 [次の成句で] **in the thróes of ...** [前]《格式》...で苦闘中の[で].

throm·bo·sis /θrɑ(ː)mbóʊsɪs | θrɔm-/ 名 (throm·bo·ses /-siːz/) C,U 〘医学〙血栓症.

+**throne** /θróʊn/ (同音 thrown) 名 (~s /~z/) ❶ C 王座, 玉座《儀式用の座席》.
❷ [the ~] **王位**, 帝位, 王権; 帝王, 君主: be on *the throne* 王位についている / ascend [come to] *the throne* 王位につく.

throng /θrɔ́ːŋ | θrɔ́ŋ/ 名 C 群衆, 人だかり; 一群, 多数: *throngs of* shoppers ごった返している買い物客. ― 動 自 [副詞(句)を伴って] 群がる, (...に)殺到する: The passengers *thronged toward* the doors. 乗客は戸口へと殺到した / Fans *thronged around* the singer. ファンがその歌手の周りにわっと集まった. ― 他 (人が)(場所や物)に群がる, 殺到する; [普通は受身で] (人だかりで)(...)を満たす, ごった返させる: The entrance *was thronged with* newspaper reporters. 入り口は新聞記者でごった返していた.

throt·tle /θrɑ́(ː)ṭl | θrɔ́tl/ 名 C スロットル, 絞り弁《エンジンへの燃料流入量調節装置; ⇒ motorcycle 挿絵》. **at fúll thróttle** [副] 全速力で. ― 動 他 (人)ののどを絞める, 窒息させる; (自由など)を抑圧する. **thrót·tle báck [dówn]** [動] 他 (燃料の流れを弱くして)(エンジン)を減速させる. ― 自 エンジンを減速させる.

***through** /θruː, θrúː/ 発音 (同音 threw)

(《米略式》では thru ともつづる)

> **単語のエッセンス**
> 基本的には「通して, 貫いて」の意.
> 1) (...を)**通して**: The river flows *through* our city. その川は私たちの町を流れている ⇒ 前 ❶ / They didn't let us *through*. 彼らは私たちを通してくれなかった ⇒ 副 ❶
> 2) (...の)**初め[始め]から終わりまで**: He will stay here (all) *through* the summer. 彼は夏中(ずっと)ここにいるだろう ⇒ 前 ❷ / Please hear me *through*. 私の言うことを最後まで聞いてください ⇒ 副 ❷
> 3) ...**まで**: We go to school (from) Monday *through* Friday. 学校へは月曜から金曜まで行く ⇒ 前 ❸
> 4) ...**によって**, ...**のために**: The business failed *through* his idleness. その事業は彼が怠けたために失敗した ⇒ 前 ❹
> 5) (...を)**終わって**: She was just *through* high school when her father died. 彼女が高校を卒業したばかりのときに父親が亡くなった ⇒ 前 ❺ / Are you *through*? もう済みましたか ⇒ 形 ❶
> 6) **すっかり**: He was soaked *through* by the rain. 彼は雨でずぶぬれになった ⇒ 副 ❸

― 前 ❶ [場所を示して] ...**を通して**, ...を突き抜けて; (戸口・経路など)を通って, ...から; ...の端から端まで; ...の間を(通り抜けて); ...**の至る所に[を]**, ...中(に); ...の間を(あちこち): The river flows *through* our city. その川は私たちの町を流れている / He made a hole *through* the board. 彼はその板に穴をあけた / He came in *through* that door. 彼はあのドアから入ってきた / I traveled *through* Europe. 私はヨーロッパ中をあちこち旅行した.
❷ [期間・過程を示して] ...**の初めから終わりまで**, ...中. 語法 意味を強めるために all through ということがある: He will stay here (*all*) *through* the summer. 彼は夏中(ずっと)ここにいるだろう / The search continued (*all*) *through* the night. 捜索は夜通し続けられた / The children couldn't sit *through* the concert. 子供たちはコンサートを最後までじっとして聞けなかった.
❸ [期間・範囲の終わりを示して]《米》(起点から)...**まで** [⇔ from]《through の後の語まで含む; ⇒ to¹ 5 語法》: We go to school (*from*) Monday *through* Friday. 学校へは月曜から金曜まで行く.
❹ [手段・原因などを示して] ...**によって**; ...**のために**, ...のおかげで: I heard of you *through* Mr. White. あなたのことはホワイトさんを通して聞いています / The business failed *through* his idleness. その事業は彼が怠けたために失敗した.
❺ [経験・合格・完了・認可を示して] ...**を経て**; ...を首尾よく通って, 切り抜けて; ...**を終えて**: We don't want to go *through* that again. 私たちはあんなことを2度と経験したくない / She was just *through* high school when her father died. 彼女が高校を卒業したばかりのときに父親が亡くなった / get a bill *through* Congress 議案を国会で通過させる. ❻ (信号など)を突破[無視]して, ...で止まらずに; ...(の音)を突き通して, (騒音など)にかき消されないで: She drove (straight) *through* a red light. 彼女は赤信号を無視して(そのまま)車で走り抜けた.

― /θrúː/ 副 ❶ **通して**, 貫いて; 端から端まで; (目的地まで)**ずっと通しで**: They didn't let us *through*. 彼らは私たちを通してくれなかった / This log measures 80 centimeters *through*. この丸太は差し渡しが80センチある / This train goes (right [straight]) *through to* Paris. この列車はパリまで直通だ.
❷ **始めから終わりまで**, 最後まで: I read the book (all (the way)) *through*. その本は始めから終わりまで(全部)読んだ / Please hear me *through*. 私の言うことを最後まで聞いてください.
❸ [形容詞の後で] **すっかり**, 全く, 徹底的に [≒ completely]: He was soaked *through* by the rain. 彼は雨でずぶぬれになった. ❹ 首尾よく通って[終えて]《⇒ get through (...) (get 句動詞)》. ❺ (信号などを)突破して, 規制を受けずに: The light was red but he drove (straight) *through*. 信号は赤だったが彼はそのまま走り抜けた. ❻ (通話相手と)つながって: Can you put me *through to* Mr. Green? 電話をグリーンさんにつないでください.

thróugh and thróugh [副] 全く; 徹底的に.

― /θrúː/ 形 ❶ 叙述 **終わって**; 《米》(通話が)終わって; 関係が終わって; 見込みがなくなって: Are you *through*? もう済みましたか. 語法 「(通話相手と)つながりましたか」の意にもなる《⇒ 3, 副 6》 // "Have you finished your homework?" "I'm almost [halfway, two thirds] *through*." 「宿題は終わった?」「ほとんど[半分, 3分の2]終わった」/ Are you **through with** your work? +with+名 仕事は終わりましたか / I'm *through with* her. 彼女とは別れた. ❷ 限定 通しの, 直通の, 通過の; (道路が)通り抜けられる: a *through* ticket 通し切符 / a *through* train 直通列車 / NO THROUGH ROAD (行き止まりで)通り抜けできません《掲示》. ❸ (通話相手と)つながって《⇒ 1, 副 6》.

***through·out** /θruːáʊt/

T

— 前 ❶ ...の隅から隅まで, ...の至る所に[で]: The pianist is famous *throughout* the world. そのピアニストは世界中で有名です.
❷ ...中(ずっと), ...の間中(ずっと)《⇒ during 1 語法》: He lived here *throughout* his school days. 彼は学生時代ずっとここに住んでいた.
— 副 [普通は文尾に置く] ❶ **どこもかしこも**; あらゆる点で, すっかり: The house was dusty *throughout*. その家は至る所ほこりだらけだった / He followed my plan *throughout*. 彼は何もかも私の計画に従ってくれた. ❷ 始めから終わりまで, ずっと, 終始.

through·put /θrúːpòt/ 名 U (一定時間内の)処理量, 仕事量.

through·way /θrúːwèɪ/ 名 C《米》= thruway.

+**throve** /θróʊv/ 動《古風》thrive の過去形.

***throw** /θróʊ/ ⚠発音

— 動 (throws /~z/; 過去 threw /θrúː/; 過分 thrown /θróʊn/; throw·ing) 他

意味のチャート
「投げる」❶,「投げとばす」❸
→(素早い動作をする) →「さっと着る[脱ぐ]」❷
　　　　　　　　　　→「さっと動かす」❹
→(投げるように送る) →「投げかける」❻
→(投げ入れる) →「投入する」❼,「陥らせる」❺

❶ (...)を**投げる**, ほうる, (物)を(...に)投げつける《⇒ 類義語》: She ***threw*** the dirty towel ***into*** [*in*] the trash can. V+O+前+名 彼女はよごれたタオルをごみ箱に投げ入れた / 言い換え He ***threw*** an apple ***to*** me. = He *threw* me an apple. V+O+O 彼は私にりんごを投げてよこした《⇒ to¹ 3 語法》/ The boy ***threw*** a stone ***at*** the window. その少年は窓を目がけて石を投げつけた《⇒ at 3 語法》/ A rope ***was thrown to*** the drowning girl. V+O+前+名の受身 1 本の綱がおぼれかかっている少女に投げられた.
❷ [副詞(句)を伴って] (...)を(無造作に)**置く**, のせる, 入れる; (服など)を**さっと着る[脱ぐ]**《⇒ throw off 1, throw on (句動詞)》: Helen ***threw*** a shawl ***over*** her shoulders. V+O+前+名 ヘレンは肩にショールをさっとひっかけた.
❸ (...)を**投げとばす**, 投げ出す[倒す]; (馬が)(人)を振り落とす: The boy wrestled with his older brother and ***threw*** him (***down***). V+O(+副) その少年は兄と相撲をとって投げ倒した / He ***threw*** the thief ***to*** the ground. V+O+前+名 彼はどろぼうを地面に投げとばした / I ***was thrown from*** my seat when the bus stopped suddenly. V+O+前+名の受身 バスが急停車して私は座席から投げ出された.
❹ [副詞(句)を伴って] (手足・体など)を**さっと動かす**, 急に向ける: Hearing a strange sound above him, he ***threw*** his head ***back*** to see what it was. V+O+副 上で変な音がしたので, 彼は頭をそらせて何だろうと思って見た / The girl ***threw*** her arms ***around*** her mother's neck. V+O+前+名 娘は母の首に抱きついた.
❺ [しばしば受身で] (...)を(突然ある状態に)**陥らせる**, (...)を(~に)する: They decided to ***throw*** him ***in*** jail [prison]. V+O+前+名 彼らは彼を投獄することに決めた / The meeting ***was thrown into*** confusion. V+O+前+名の受身 会は混乱に陥った / Bob ***was thrown out of*** work. ボブは失業した.
❻ (光・影・視線など)を**投げかける**; (質問・悪口・非難など)を浴びせる; (疑い)をかける; (人に)(打撃など)を加える: The trees *threw* long shadows in the moonlight. 木々は月の光を受けて長い影を落としていた / 言い換え He ***threw*** a threatening look ***at*** me. V+O+前+名 = He *threw* me a threatening look. V+O+O 彼は私を脅すように見た / He *threw* a punch *at* me. 彼は私をなぐった.
❼ (金・精力など)を(...に)**投入する**: Do they think they can solve that problem just by ***throwing*** money ***at*** it? V+O+前+名 彼らはお金をつぎ込むだけでその問題が解決できると考えているのだろうか. ❽ (人)を当惑させる. ❾ (パーティー・晩餐会など)を催す, 開く. ❿ (大きなスイッチ・レバーなど)を動かす《入れたり切ったりするため》. ⓫ (さいころ)を振る; (さいころを振って)(ある数・目)を出す. ⓬ (試合)にわざと負ける.
— 自 投げる, ほうる, 投球する: Can you *throw* as far as he can? あなたは彼ほど遠くへ投げられますか.

thrów onesèlf [動] 自 [副詞(句)を伴って] (...に)身を投げ出す.

thrów onesèlf at ... [動] 他《略式》(女性が)あからさまに...の気を引こうとする.

thrów onesèlf ìnto ... [動] 他 (仕事など)に**打ち込む**: He *threw himself into* his work. 彼は仕事に打ち込んだ.

thrów ópen [動] 他 ⇒ open 形 成句.

throw の句動詞

***thrów awáy** 動 他 ❶ (...)を**捨て去る**, 捨ててしまう V+名・代+*away* / V+*away*+名: I must *throw* all this rubbish *away*. このがらくたはみんな捨ててしまわなければならない. ❷ (金など)を浪費する, むだに使う. ❸ (機会など)をむだにする, 活用しない.

+**thrów báck** 動 他 (...)を**投げ返す**; (光)を反射する V+名・代+*back* / V+*back*+名: I *threw* the ball *back to* the boy. 私はボールをその少年に投げ返した.

thrów ... báck on [upòn] ~ [動] 他 [普通は受身で] (物事が)(人)をやむなく~に頼らせる.

thrów dówn 動 他 ❶ (...)を投げ降ろす; 投げ倒す《⇒ 他 3》. ❷ (挑戦など)を突きつける.

thrów ín 動 他 ❶ (売り物などに)(物)をおまけ[付属品]として添える. ❷ (ことば)を差し挟(はさ)む. ❸ (...)を投げ入れる, 投げ込む.

thrów óff 動 他 ❶ (...)を(さっと)脱ぎ捨てる, はずす: He *threw off* his suit. 彼は背広をさっと脱いだ. ❷ (束縛していたもの)を捨てる, (...)から抜け出す: It's time to *throw off* your illusions and face the truth. 幻想を捨てて真実を直視する時だ. ❸ (かぜ・頭痛など)を治す. ❹ (やっかいな人・追っ手など)を振り捨てる, まく. ❺ (人)を混乱[失敗]させる, 間違わせる. ❻ (熱・光など)を放つ, 発する.

thrów ón 動 他 (...)をさっと身につける, はおる.

***thrów óut** 動 他 ❶ (...)を**外へ投げ出す**; (不要なもの)を捨てる V+名・代+*out* / V+*out*+名: She *threw out* all the bad apples. 彼女は傷(いた)んだりんごをみな捨てた. ❷ (人)をほうり出す, 追い出す. ❸ (申し出・提案など)をはねつける, 拒否する. ❹ (提案・考えなど)を投げかける, (それとなく)言う. ❺〔野球〕(送球して)(走者)をアウトにする. ❻ (光・煙・熱など)を放つ, 発する.

+**thrów ... òut of ~** 動 他 (人)を~**からほうり出す**, 追い出す: The drunk was *thrown out of* the pub. その酔っ払いはパブから追い出された.

thrów togéther 動 他 ❶ (...)を急いでかき集める[まとめる], (料理など)をさっと作る. ❷ (2 人(以上))を偶然に出会わせる.

+**thrów úp** 動 他 ❶ (...)を**投げ上げる**; さっと[急に]上げる V+名·代 +up / V+up+名: The boy stood *throwing up* a ball and catching it again. その少年は立ったままボールを投げ上げては受けていた.
❷ (胃の中の物)を**吐く**, 戻す [≒vomit] V+名·代+up / V+up+名: He *threw up* his breakfast. 彼は朝食を戻した. ❸ (ほこりなど)を舞い上げる. ❹ (...)を急いで作る[建てる]. ❺《略式, 主に英》(職など)をやめる. ❻《英》(結果など)をもたらす, (事実など)を明らかにする.
— 自 **食物を吐く**: I'm going to *throw up*. 吐きそうです.

類義語 **throw** 最も一般的な語で, 腕と手を使って投げること: Don't *throw* stones. 石を投げてはいけない. **fling** 力を入れていきなり乱暴に投げつけること: He *flung* his coat off. 彼はコートをぱっと脱ぎ捨てた. **toss** 上方に向けて, 軽く無造作に投げること: He *tossed* the ball into the air. 彼はボールを投げ上げた. **chuck** 無造作に放り投げること: Somebody *chucked* an empty can from the window. 誰かが窓から空き缶を放り投げた. **hurl** かなり乱暴に遠くまで投げること: He *hurled* stones at the dog. 彼は犬に石を投げつけた. **pitch** ある目標に向かって投げること: John *pitched* a fastball. ジョンは速球を投げ込んだ.

— 名 (~s /~z/) ❶ C **投げること**; 〔球技〕投球: an overhand [underhand] *throw* 上手[下手]投げ / the discus [hammer, javelin] *throw* 円盤[ハンマー, やり]投げ / The catcher made a bad ***throw to*** second. 捕手は二塁へ悪送球をした. ❷ C 投げて届く[射程]距離: achieve a ***throw of*** seventy meters 70 メートル投げる //⇒ a stone's throw (stone 成句). ❸ C さいころを振ること[振り出した結果]. ❹ C (ソファーなどの)上掛け, カバー.

throw·a·way /θróʊəwèɪ/ 形 ❶ 限定 使い捨ての: a *throwaway* paper cup 使い捨ての紙コップ / our *throwaway* society 今日の使い捨て社会. ❷ 限定 (ことばなどが)ふと出た.

throw·back /θróʊbæ̀k/ 名 C [普通は単数形で] (過去への)後戻り; 再来; 先祖返り (*to*).

throw·er /θróʊɚ | θróʊə/ 名 C 投げる人[物]: a discus [hammer, javelin] *thrower* 円盤[ハンマー, やり]投げ選手.

throw-in /θróʊìn/ 名 C 〔球技〕スローイン.

***thrown** /θróʊn/ (同音 throne) 動 throw の過去分詞.

thru /θruː, θrúː/ 前 副 形《米略式》= through.

thrum /θrʌ́m/ 動 (thrums; thrummed; thrum·ming) 自 (エンジンなどが)低い音を立てる. — 名 [単数形で] 低い単調な音.

thrush /θrʌ́ʃ/ 名 C つぐみ《鳴き声の美しいつぐみ科の各種の鳥》.

+**thrust** /θrʌ́st/ 動 (thrusts /θrʌ́sts/; 過去・過分 thrust; thrust·ing) 他 ❶ (...)を**強く押す**, 突っ込む; 押しつける: The boy ***thrust*** his hands ***into*** his pocket. V+O+前+名 その少年は手をポケットの中へ突っ込んだ. ❷ (...)を突き刺す, 刺す; 突きつける[出す]: *thrust* a knife *into* [*at*] ... ...にナイフを突き刺す[突きつける]. ❸ (人に)(人·仕事·考えなど)を無理に押しつける (*on, upon*). ❹ (枝など)を伸ばす.
— 自 ❶ 強く押す, 突っ込む; 突く, 刺す: He *thrust at* me with a knife. 彼はナイフで私を突こうとした《⇒ at 3 語法》. ❷ [副詞(句)を伴って] 突進する, 押し分けて進む (*through*).

thrúst asíde [動] 他 (1) (人)をわきへ押しのける. (2) (異論など)を退ける, 無視する.

thrúst ... ìnto ~ [動] 他 (...)を(ある状態·行動)に追い込む[やる].

thrúst one's **wáy** [動] 自 (かき分けて)無理やり通る《⇒ way¹ 成句の囲み》.

— 名 (thrusts /θrʌ́sts/) ❶ C **押し**, 突き: She gave me a *thrust* with her elbow. 彼女はひじで私をぐいと押した.
❷ [the ~] **大事な点**, 主旨, 要点: the (main) ***thrust of*** ...'s argument (人)の議論の要点. ❸ U (ジェット機などの)推進力.

thru·way /θrúːwèɪ/ 名 C《米》高速道路《⇒ highway 日英》.

thud /θʌ́d/ 名 C どしん[どさっ, どたん, ばたん]という音《重い物が落ちたときなどの鈍い音》: with a *thud* どしんと音を立てて. — 動 (thuds; thud·ded; thud·ding) 自 ❶ [副詞(句)を伴って] どさっと落ちる, どしんと鳴る[当たる]. ❷ (心臓が)どきどきする.

thug /θʌ́g/ 名 C 暴漢, 殺し屋.

***thumb** /θʌ́m/ ❗発音 -mb で終わる語の b は発音しない. 名 (~s /~z/) C (手の)**親指**《⇒ finger 表, 日英, hand 挿絵》; (手袋などの)親指の部分.

(a) rúle of thúmb [名] 大ざっぱなやり方; 経験による方法; 概算.

be áll thúmbs《米》=《英》**be áll fíngers and thúmbs** [動] 自 指が思うように動かない; 全く無器用である: I'*m all thumbs* today. きょうは私の指はみな親指だ(思うように動かない).

ráise one's **thúmb(s)** [動] 自 親指を立てる《勝利·成功·是認などのしぐさ》.

stíck óut lìke a sóre thúmb [動] 自《略式》場違い[ぶざま]だ, 人目につく.

thúmbs dówn [名] [単数形で] 拒絶, 不賛成: get the *thumbs down* (提案などが)受け入れられない. — [間] [Thumbs down!] だめだ!《不同意·不賛成·不満足を表わす》.

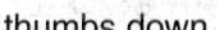
thumbs down

thumbs up

thúmbs úp [名] [単数形で] 承認, 賛成: give ... the *thumbs up* (sign) ...に賛成(の合図を)する. — [間] [Thumbs up!] いいぞ!, がんばれ!《同意·賛成·満足を表わす; ⇒ raise one's thumb(s)》.

ùnder ...'s **thúmb** [形·副] (人)の言いなりになって.

— 動 他 ❶ 親指で扱う; (ページなど)を親指でめくる[汚す]. ❷《略式》(ヒッチハイカーが親指を立てて合図して)(車への便乗)を頼む: *thumb* a ride [《英》lift] 車に便乗を頼む, ヒッチハイクする. — 自《略式》ヒッチハイクする.

thúmb one's **nóse at ...** [動] 他 ...をあざける, せせら笑う《親指を鼻先に立て, 他の指を広げるしぐさから; ⇒ snook 挿絵》.

thúmb thròugh ... [動] ⓗ (本など)にざっと目を通す.

thúmb ìndex 名 C 爪掛け《辞書などで見出し語の検索用に入っているページ側面の切り込み》.

thumb·nail /θʌ́mnèɪl/ 名 ❶ C 親指のつめ. ❷ C 〔コンピュータ〕サムネイル《プレビュー用の縮小画像》. ― 形 限定 短い, (描写などが)簡略な: a *thumbnail* sketch 概略.

thumb·tack /θʌ́mtæ̀k/ 名 C 《米》画びょう [《英》drawing pin].

thump /θʌ́mp/ 動 ⓗ ❶ (表面に)(...)を(鈍い音を立てて)ぶつける; (表面)を打ちつける; (物)をどさっと置く (*on*). ❷ (こぶしなどで)(...)をごつん[どん]と打つ; 《略式》(...)を(げんこつで)なぐる: He *thumped* the table *with* his fist. 彼はこぶしでテーブルをどんとたたいた. ― ⓐ ❶ [副詞(句)を伴って] ごつん[どん, ばしっ]と打ち当たる, ぶつかる (*against*, *into*); どんと打つ[打ち当てる] (*on*). ❷ (心臓・脈が)どきんどきん打つ. ❸ どしんどしんと歩く[進む]. ― 名 C ごつん[どん](と打つこと); 強打 (*on*).

thump·ing /θʌ́mpɪŋ/ 形 ❶ どしんと打つ. ❷ 限定 《英略式》巨大な, 途方もない: a *thumping* headache ひどい頭痛. ― 副 《英略式》途方もなく, すごく.

+**thun·der** /θʌ́ndɚ|-də/ 名 (~s /~z/) ❶ U 雷鳴, 雷: a crash [clap, peal, roll] of *thunder* 雷鳴 / *thunder* and lightning 雷鳴と稲妻《✪ この語順で用いる》.

thunderbolt	thunder	雷鳴	雷
	lightning	稲妻	

❷ [U または a ~] 雷のような音[声, とどろき]: *a thunder of* applause 万雷の拍手.

a fáce lìke thúnder [名] 《英》かんかんに怒った顔.

stéal ...'s thúnder [動] (人)の手柄を横取りして出し抜く. (形 thúnderous, thúndery)

― 動 (thun·ders /~z/; thun·dered /~d/; -der·ing /-dərɪŋ, -drɪŋ/) ⓐ ❶ [it を主語として; ⇒ it¹ A 2] **雷が鳴る:** *It was thundering* and lightening. 雷が鳴り稲光が光っていた. ❷ (雷のような)大きな音を立てる[出す], がんがん響く; [副詞(句)を伴って] 轟音(ごうおん)を立てて走る: His loud voice *thundered* in my ears. 彼の大声は私の耳にがんがん響いた. ❸ (人に)どなる (*at*); (事柄を)非難する (*against*).
― ⓗ (...)を[と]大声で言う, どなる (*out*): He *thundered* his reply. 彼は大声で返事した.

thun·der·bolt /θʌ́ndɚbòʊlt|-də-/ 名 ❶ C 雷電, 落雷《thunder (雷鳴)と lightning (稲妻)が同時に起こるもの; ⇒ thunder 表》. ❷ C (事件などの)(全く)思いがけないこと, 青天の霹靂(へきれき): The news hit me like a *thunderbolt*. そのニュースは寝耳に水だった.

thun·der·clap /θʌ́ndɚklæ̀p|-də-/ 名 C 雷鳴.

thun·der·cloud /θʌ́ndɚklàʊd|-də-/ 名 C 雷雲.

thun·der·ous /θʌ́ndərəs, -drəs/ 形 (雷のように)とどろき渡る: *thunderous* applause 万雷の拍手. (名 thúnder)
~·ly 副 雷のように.

thun·der·storm /θʌ́ndɚstɔ̀ɚm|-dəstɔ̀:m/ 名 C (激しい)雷雨, (雷を伴った)あらし.

thun·der·struck /θʌ́ndɚstrʌ̀k|-də-/ 形 叙述 びっくり仰天した (*at*, *by*).

thun·der·y /θʌ́ndəri, -dri/ 形 (空模様・天候などが)雷が来そうな; 険悪な. (名 thúnder)

Thur. 略 = Thursday.

+**Thurs.** 略 **木曜日** (Thursday).

***Thurs·day** /θɚ́:zdèɪ, -di|θə́:z-/
― 名 (~s /~z/) ✪ 詳しい説明は ⇒ Sunday. ❶ C,U **木曜日**《略 Thurs., Thur.》: Today is *Thursday*. 今日は木曜日です / It was a hot *Thursday* in July. それは 7 月の(ある)暑い木曜日だった / ***on Thursday*** (いつも[たいてい])木曜日に(は); (この前[次]の)木曜日に / *on Thursdays* = every *Thursday* いつも木曜日に / last [next] *Thursday* この前[次]の木曜日に.
❷ [形容詞的に] **木曜日の:** *on Thursday* morning (この前[次]の)木曜日の朝に《⇒ on 前 2 語法》. ❸ [副詞的に] 《略式, 主に米》木曜日に (on Thursday); [Thursdays として] (いつも)木曜日に(は) (every Thursday).
〘語源 原義は「北欧神話の雷神 Thor の日」〙

*__thus__ /ðʌ́s/ 副 ❶ つなぎ語 《格式》 **従って, こうして,** そのようなわけで: *Thus*, he lost all the money that he had earned. こうして彼はもうけた金を全部失ってしまった.
❷ 《格式》 **このように,** こんなふうに [≒in this way]: He spoke *thus* before the audience. 彼は聴衆を前にしてこういうふうに話した. ❸ 例えば.
thùs fár [副] ⇒ far 成句.

thwack /θwæ̃k/ 名 C ぴしゃり[ばしっ]と打つこと[音]. ― 動 ⓗ (...)をぴしゃり[ばしっ]と打つ.

thwart /θwɔ́ɚt|θwɔ́:t/ 動 ⓗ 《格式》(計画・目的・意志など)を妨げる, (人)の(計画の)じゃまをする, 裏をかく: They have *thwarted* (him *in*) all his plans. 彼らは彼の計画をすっかりだめにした.

THX 略 [E メールなどで] = thanks (ありがとう).

thy /ðaɪ, ðáɪ/ 代 《人称代名詞 thou の所有格》[名詞の前につけて限定的に] 《古語》あなたの, なんじの.

thyme /táɪm/ 名 U たちじゃこうそう《しそ科の植物》; (香料の)タイム.

thy·roid /θáɪrɔɪd/ 名 C 〔解剖〕甲状腺.

thýroid glànd 名 C 〔解剖〕甲状腺.

thy·self /ðaɪsélf/ 代 《再帰代名詞》(複 **your·selves** /jɚsélvz, jʊɚ-|jɔ:-/) 《古語》 ❶ /ðaɪsèlf/ [再帰用法] (あなたが, なんじが)自分自身を[に]. ❷ [強調用法] (あなたが, なんじが)自分自身で.

ti /tí:/ 名 [単数形で] 〔音楽〕シ《全音階の第 7 音》.

ti·ar·a /tiǽrə|-ɑ́:rə/ 名 C (宝石をちりばめた女性用の)頭飾り, ティアラ.

Ti·bet /tɪbét/ 名 固 チベット《中国南西部の自治区》.

Ti·bet·an /tɪbétn/ 形 チベットの; チベット人の; チベット語の. ― 名 C チベット人; U チベット語.

tic /tík/ 名 C 顔面けいれん.

+**tick**¹ /tík/ 名 (~s /~s/) ❶ C 《主に英》 **照合の印,** チェック印《注意を引いたり照合などに用いる ✓ の記号》[《米》check]: put a *tick* ✓ の印をつける. 関連 cross ×や＋などの印. ❷ C (時計などの)かちかちという音. ❸ C S 《主に英》瞬間, 短い時間: in a *tick* すぐに.
― 動 ⓗ 《主に英》(...)に照合の印《✓》をつける, (...)をチェックする [《米》check]. ― ⓐ ❶ (時計などが)かちかちいう. ❷ 《英》(機械などが)動く.
màke ... tíck [動] ⓗ 《略式》(人)の気持ちを動かす: What *makes* Sue *tick*? スーはどういう考え[動機]で(今のように)行動しているのだろうか.
tíck awáy [by, past] [動] ⓐ (時が)過ぎていく.
tíck óff [動] ⓗ (1) 《主に英》(...)に照合済みの印をつ

ける, チェックする [≒check off]. (2)《米略式》(人)を怒らせる. (3)《英略式》(人)をしかりつける. (4)《米》(指で数えながら(...)を列挙する.
tíck óver [動] ⊜《英》(エンジンなどが)アイドリングをする; (仕事などが)(停滞しない程度に)ぼちぼち続く[進む].

tick² /tík/ 名 C まだに, だに《人・家畜に寄生する》.

tìcked óff 形 叙述《米略式》怒った, 立腹した.

tick·er /tíkə|-kə/ 名 ❶ C《米》受信印字機, チッカー《株式市況・ニュースを自動的に表示する》. ❷ C《略式》心臓.

tícker tàpe 名 ❶ U チッカー受信情報印字テープ. ❷ U《米》(歓迎のために投げる)テープ: a *ticker-tape* parade 歓迎パレード.

‡tick·et /tíkɪt/ !アク

— 名 (tick·ets /-kɪts/) ❶ C **切符, チケット**, 入場券, 乗車券: a train *ticket* 電車の切符 / a theater *ticket* 演劇のチケット / a ***ticket to*** Disneyland ディズニーランドのチケット / reserve ***tickets for*** the concert コンサートのチケットを予約する / May I see your *ticket*, please? = *Ticket* please. 切符[チケット]を拝見いたします / 口 "A *ticket to* [*for*] Boston, please." "One-way or round-trip?" ボストンまで切符を1枚ください」「片道ですか往復ですか」/ ADMISSION BY TICKET ONLY 入場はチケットをお持ちの方のみ《掲示; ⇒ by 前 2 語法》.
❷ C (商品の値段・サイズなどを示す)**札**, タグ, 付け札 [≒tag]; 宝くじの券. ❸ C 交通違反の切符: I got a parking [speeding] *ticket*. 駐車[スピード]違反の切符を渡された. ❹ C [普通は単数形で]《主に米》(政党の)公認候補者のリスト[名簿]: on the *ticket* 公認候補に指名されて. ❺ (成功・名声などへの)手段, 切符 (*to*).
— 動 他 ❶ (...)に切符[チケット]を発行する. ❷《主に米》(交通違反者)に切符を切る. ❸ [普通は受身で]《主に米》(...)を(～用に)指定する (*for*).
〖語源 原義は「付け札」で, etiquette と同語源〗

tícket àgency 名 C (乗り物や劇場などの)切符[チケット]取次販売所, プレイガイド. 日英「プレイガイド」は和製英語.

tick·et·ing /tíkɪṭɪŋ/ 名 U チケット発行, 券売.

tícket òffice 名 C《主に米》切符売り場.

tick·le /tíkl/ 動 他 ❶ (人)をくすぐる; むずがゆくさせる: She *tickled* her baby's toes. 彼女は赤ん坊の足の指をくすぐった / This feather boa *tickles* my neck. この羽毛のボアは首がちくちくする. ❷ (人)を喜ばせる; おもしろがらせる; (想像・虚栄心など)を刺激する, くすぐる.
— ⊜ ❶ くすぐったく感じる, むずむずする: My nose *tickles*. 鼻がむずむずする. ❷ (物が)むずがゆい. **be tíckled pínk** [動] ⊜ 大喜びしている; とてもおもしろがっている (*at, with*). — 名 C くすぐり; くすぐったい感じ; (のどなどの)むずがゆさ: give ... a *tickle* ...をくすぐる. (形 tícklish)

tick·lish /tíklɪʃ/ 形 ❶ [普通は 叙述] くすぐったがる, くすぐったい. ❷ [普通は 限定]《略式》(問題・事態などが)扱いにくい, 微妙な. (名 tíckle)

tic(k)-tac(k)-toe /tìktæktóʊ/ 名 U《米》三目並べ《9つの升目に○[×]を3つ続くように並べ合うゲーム》[《英》noughts and crosses].

tick·tock /tíktɑ̀(ː)k|-tɔ̀k/ 名 C [単数形で] (大きな時計の)かちかち, チックタック.

tid·al /táɪḍl/ 形 [普通は 限定] 潮の; 潮の差す, 潮の影響を受ける: a *tidal* current 潮流. (名 tide)

tídal wàve 名 ❶ C (地震などによる)高波; 津波. ❷ C (世論などの)大きな動き, 潮流 (*of*).

tid·bit /tídbɪ̀t/ 名 ❶ C《米》(少量の)おいしい食べ物, ひと口 [《英》titbit]. ❷ C《米》ちょっとした興味を引くニュース[情報] (*of*) [《英》titbit].

tid·dler /tídlə|-lə/ 名 C《英略式》ちっちゃな魚; 小さな子; ささいなもの.

tid·dly·winks /tídliwɪ̀ŋk/ 名 U 小円盤飛ばし《おはじきのような小円盤を大きな円盤ではね上げてカップに入れるゲーム》.

***tide** /táɪd/ 名 (tides /táɪdz/)

> 意味のチャート
> 元来は「**時**」❸ の意. 「(海の潮)時」から「**潮**」❶ の意となった.

❶ C,U [しばしば the ～] **潮**, 潮の満ち干; 潮流: the turn of *the tide* 潮(流)の変わり目 / at high [low] *tide* 満[干]潮時に / *The tide* is「coming in [going out]. 潮が満ち[引き]始めている.
❷ C [普通は単数形で] (世間などの)**風潮**, 傾向, 形勢; 勢い, 大量: the ***tide of*** international affairs 国際情勢 / a (rising) *tide of* protest (高まる)抗議の波 / The *tide* turned against me. 形勢は私に不利になった.
❸ U [普通は合成語で]《古語》時, 季節: Christmas*tide* クリスマスの季節 / Time and *tide* wait for no man. 《ことわざ》歳月人を待たず.
gó [swím] with [agàinst] the tíde [動] ⊜ 時勢に順応する[逆らう]. (形 tídal)
— 動 [次の成句で] **tíde ... óver (～)** [動] 他 (人)に(困難を)乗り切らせる: This money will *tide* me *over* for a month. この金で1か月は乗り切れるだろう.

tide·mark /táɪdmɑ̀ək|-mɑ̀ːk/ 名 C (海岸の)潮位線.

tide·wa·ter /táɪdwɔ̀ːṭə|-tə/ 名 ❶ U 潮水《海岸などに差す水》; (潮の影響を受ける)河口の水. ❷ C《米》海岸地方.

ti·di·ly /táɪḍəli/ 副 きちんと, こぎれいに.

ti·di·ness /táɪḍinəs/ 名 U こぎれいさ.

tid·ings /táɪdɪŋz/ 名 複《古風》知らせ, 便り.

***ti·dy** /táɪdi/ 形 (ti·di·er /-ḍiə|-diə/; ti·di·est /-ḍiɪst/) ❶ (場所が)**きちんと片づいた**, 整頓(せいとん)された, (行動などが)整然とした; (人が)きれい好きな [⇔ untidy]: a *tidy* room きちんとした部屋 / a *tidy* woman きれい好きな女性 / She always keeps her office *tidy*. 彼女はいつも仕事場をきちんとしている. ❷ 限定《略式》(量などが)かなりの: a *tidy* sum [profit] 相当の金額[利益].
— 動 (ti·dies; ti·died; -dy·ing) 他 (...)をきちんとする, 片づける (*up*). — ⊜ 片づける (*up*).
tídy awáy [動] 他《英》(出した物)を片づける.
— 名 (ti·dies) C《英》(流しの)三角コーナー; 小物入れ: a desk *tidy* 机上用具入れ.
〖語源 tide と同語源; 原義「時にかなった」から「好ましい」→「きちんとした」となった〗

‡tie /táɪ/ !発音 (同音 Thai)

> 意味のチャート
> 「**結ぶもの, 結ぶ**」動 他 ❶, 名 ❻
> → (ひも) →「**ネクタイ**」名 ❶
> → (結び付き) →「**きずな**」名 ❷
> →「**束縛(する)**」動 他 ❹, 名 ❹
> → (対等の結び付き)
> →「**同点(になる)**」動 他 ❷, 名 ❸

T

— 動 (ties /~z/; tied /~d/; ty·ing /táɪɪŋ/) 他 ❶ (ひもなどで)(物)を縛(しば)る, くく(りつけ)る, つなぐ(⇒ 類義語); (ひも・ネクタイなど)を結ぶ, (靴など)のひもを結ぶ, (結び目)を作る: I *tied* the box *on* the car *with* a rope. V+O+前+名 私はロープで車に箱を縛りつけた / *Tie* your dog *to* the tree. 犬を木につなぎなさい / She *tied* her hair *back*. V+O+副 彼女は髪を後ろで束ねた / She *tied* a pretty ribbon *around* [*round*] the package. 彼女は包みにきれいなリボンを結んだ / *tie* a knot 結び目を作る.
❷ [普通は受身で] (競技などで)(...)とタイになる, 同点[同記録]になる; (試合・競技)を同点にする[で終える], 引き分ける: Waseda *was tied with* Keio in the sixth inning. V+O の受身 6 回には早稲田は慶応と同点になった. ❸ [普通は受身で] (...)を(~に)依存させる, 連関[関係]させる: Our salary scale *is tied to* that of civil servants. 我々の給与体系は公務員に準拠している(⇒ that[1] 代 2). ❹ [普通は受身で] (用事などが)(人など)を束縛する, (人)を(仕事・場所などに)拘束する: I've *been tied to* my desk all day. 私は一日机に釘づけだった.
— 自 ❶ 結べる; (服などが)(ひもなどで)結べる, 締まる: Her dress *ties* at the back. 彼女のドレスは後ろで(結んで)締める(ようになっている).
❷ (競技などで)タイになる, 同点になる: In the competition Meg *tied with* Sue *for* 「second place [the lead]. V+with+名+for+名 競技会でメグとスーは同点で2位[首位]だった.

tie の句動詞

tíe dówn 動 他 ❶ (人)を束縛[拘束]する; (人)を(責任・仕事などに)縛りつける, 従わせる (*to*). ❷ (...)を縛って下へ押さえつける[縛りつける].
tíe ín 動 自 (考え・事実などが) (別の事実などと)結びつく, 一致する; (...と)関連する; (...と)同時に起こる (*with*). — 他 (...)を(~と)関連させる (*with*).
+**tíe úp** 動 他 ❶ (...)をしっかり縛る; (人)を縛り上げる; (動物)をつなぐ; (船)を係留する V+名・代+up / V+up+名: Shall I *tie up* these books in a bundle? これらの本を縛ってひとまとめにしましょうか / The dog *was tied up to* the tree. 犬は木につながれていた.
❷ [普通は受身で] (時間的に)(人)を拘束する, 忙しくさせる, 身動きのとれない状態にする: I'*m tied up* (*with* other things) and can't go tomorrow. 私は(ほかのことで)予定が詰まっていてあすは行けない / He got *tied up* at the office. 彼は会社で忙しくて動きがとれなかった. ❸ 《米》(...)を妨げる, 使えなくする; (交通など)を不通にする; (裁判など)を停滞させる: The traffic around the airport *was* all *tied up*. 空港周辺の交通は全面的に不通だった. ❹ [普通は受身で] (資金など)を(~に投資して)固定する, 流用できないようにする (*in*). ❺ [普通は受身で] (...)を(~と)結びつける, 関連させる (*with*). ❻ (計画・取引など)をまとめ上げる.
tíe úp with ... 動 他 ❶ ...と結びつく, 関連する. ❷ ...と提携する, ...とタイアップする(⇒ tie-up 1).

類義語 tie と *bind* はほぼ同じ意味に用いられることも多いが, *tie* はしばしばひもやロープなどを使って, 固定した物に縛りつけること: He *tied* one end of the rope to the tree. 彼はロープの一方の端を木に結びつけた. **bind** はひもや布きれなどでぐるぐる巻きに縛ること: *Bind* the papers into a bundle. 書類を縛って束にしてくれ. **fasten** ひも・くぎ・のりなどいろいろな手段を用いて固定すること: He *fastened* the sign to the wall. 彼は看板を壁に取り付けた.

— 名 (~s /~z/) ❶ C ネクタイ [《米》 necktie]: 「put on [wear] a *tie* ネクタイを締める[している] / 「take off [loosen] one's *tie* ネクタイをはずす[ゆるめる] / choose a *tie* that goes with one's suit スーツに合うネクタイを選ぶ.
❷ C [普通は複数形で] きずな, つながり: family *ties* 家族のきずな / the *ties of* friendship 友情のきずな / establish closer *ties with* other nations 他の国とより密接な関係を打ち立てる / The *ties between* our two countries became stronger. 我々 2 国間の結びつきは強まった.
❸ C (競技などの)同点, 互角; 引き分け(試合) [《英》 draw]; 《英》 勝ち抜き戦: end in a *tie* 引き分けに終わる / break the *tie* 均衡(きんこう)を破る // ⇒ cup tie. ❹ C 自由を束縛する物, やっかい物, 足手まとい: When you travel, pets can be a *tie*. 旅行をする時ペットは足手まといになることがある. ❺ C 《米》 (鉄道の)まくら木 [《英》 sleeper]. ❻ C 結ぶもの, ひも.

tie·break(·er) /táɪbrèɪk(ə) | -k(ə)/ 名 C 〘スポーツ〙 同点決勝[延長]戦; 〘テニス〙 タイブレーク; (クイズなどの)決勝問題.
tie-dye /táɪdàɪ/ 動 (-dyes; -dyed; -dye·ing) 他 (布など)をしぼり染めにする.
tie-in /táɪɪn/ 名 C (映画・本などの)関連商品.
tie·pin /táɪpìn/ 名 C ネクタイピン[留め]. 日英 「ネクタイピン」は和製英語.
tier /tíə | tíə/ 名 C (階段式観覧席などの)階段, 層; (組織などの)階層 (*of*): in *tiers* 段々になって.
tiered /tíəd | tíəd/ 形 [普通は合成語で] 段になった; ...層の: a three-*tiered* cake 3 段重ねのケーキ.
tie-up /táɪʌ̀p/ 名 ❶ C 《略式》 提携, タイアップ (*with*); 《英》 つながり, 関係 (*between*). ❷ C 《米》 (一時的)活動停止, 行き詰まり; 交通渋滞.
tiff /tíf/ 名 (~s) C (恋人・友人間などの)ちょっとしたけんか, いさかい: have a *tiff with* ... (人)とけんかをする.
ti·ger /táɪgə | -gə/ 名 C とら, 雄のとら. ✪ 鳴き声については ⇒ cry 表. 関連 tigress 雌のとら.
tight** /táɪt/ 発音 -ght で終わる語の gh は発音しない. 形 (tight·er /-ṭə | -tə/; tight·est /-ṭɪst/) ❶ (衣服などが)ぴったりした, きつい, 窮屈な [⇔ loose]; (胸・胃などが)締めつけられるような: *tight* socks きつい靴下 / My shirt is a little (too) *tight*. 私のシャツは少し窮屈すぎる / These pants are ***a tight fit. このズボンはきつい.
❷ ぴんと張った, 張り切った: a *tight* wire [rope] ぴんと張った針金[ロープ] / Pull the thread till it's *tight*. ぴんと張るまで糸を引っ張って.
❸ しっかり締まった, 堅い, きっちりした, しっかりした [⇔ loose]: a *tight* knot 堅い結び目 / The door was shut *tight*. 戸はきちっと閉まっていた / This cap is too *tight*. このふたはきつ(くて開かな)い / She kept a *tight* grip on the rope. 彼女はロープをしっかり握っていた.
❹ (統制・規則などが)厳重な; (態度・ことばが)厳しい, 厳格な: *tight* discipline 厳しい訓練 / There was *tight* security at the airport. 空港は警備が厳重だった. ❺ (金が)不足した, 逼迫(ひっぱく)して: Money is *tight* now. 今は資金不足だ. ❻ (時間などが)余裕のない, (日程が)ぎっしりと詰まった: a *tight* schedule ぎっしり詰まったスケジュール. ❼ すき間のない, 目の詰まった; (スペースが)きちきちの; 漏らない; [合成語で] ...の通らない, 防...: a *tight* roof 雨の漏らない屋根 / water*tight* 防水の. ❽ (集団などが)結びつきの強い, 親密な.

❾ (表情などが)こわばった: a *tight* smile 引きつった笑み. ❿ (カーブなどが)急な, きつい. ⓫ 難しい, 困難な: She was in a *tight* corner [spot]. 彼女は窮地に陥っていた. ⓬ 限定 (試合が)互角の, 接戦の. ⓭ 《略式》(金などに)けちな, しまり屋の (*with*). (動 tíghten)
— 副 (tight·er; tight·est) しっかりと, きつく; ぴんと; ぎっしりと: hold *tight* しっかりつかまる / Pull it *tighter*. もう少しぴんと引っ張れ. 語法 この意味では過去分詞の前には tightly を用いる. 次を比較: The cap was *tightly screwed* on. = The cap was screwed on *tight* [*tightly*]. ふたはきつく締まっていた.
sít tíght [動] 自 (1) [しばしば命令文で] じっとして動かない. (2) じっと待つ, 静観する.

+**tight·en** /táɪtn/ 動 (tight·ens /~z/; tight·ened /~d/; -en·ing) 他 ❶ (ねじなど)を**しっかりと締める**, 堅くする; (綱など)をぴんと張る; (筋肉など)を引き締める [⇔ loosen]: *Tighten* (*up*) the bolt. ボルトをしっかりと締めろ / He *tightened* his grip [hold] on the steering wheel. 彼はハンドルをさらにしっかり握った. ❷ (規制・法律など)を強化する (*up*).
— 自 **しっかりと締まる**, 堅くなる; ぴんと張る; こわばる: The skin *tightened* as it dried. 皮は乾くにつれて堅くなった.
tíghten úp [動] 自 (規制などを)厳しくする (*on*); (違反などを)厳しく取り締まる. (形 tight)

tight·fist·ed /táɪtfístɪd←/ 形 けちな, しまり屋の.

tight-fit·ting /táɪtfítɪŋ/ 形 (服などが)体にぴったりした, きつい.

tight-knit /táɪtnít←/ 形 限定 (家族・地域社会などが)緊密な, 結びつきの強い.

tight-lipped /táɪtlípt←/ 形 [普通は 叙述] 口を堅く閉じた《決意・怒りなどを表わす》; 黙秘した.

+**tight·ly** /táɪtli/ 副 **しっかりと**, きつくぴんと; ぎっしりと: Shut the door *tightly*. ドアをちゃんと閉めて.

tight·ness /táɪtnəs/ 名 U 堅固; 緊張; 窮屈.

tight·rope /táɪtròʊp/ 名 C (綱渡りの)張り綱. **tréad [wálk] a tíghtrope** [動] 自 綱渡りをする; 綱渡り的な[きわどい]ことをする (*between*).

tights /táɪts/ 名 複 ❶ タイツ《ダンサーなどがはく》. ❷ 《英》パンティーストッキング [《米》 panty hose].

ti·gress /táɪgrəs/ 名 C 雌のとら.

Ti·gris /táɪgrɪs/ 名 固 [the ~] チグリス川《トルコとイラクを流れる川; Euphrates 川と合流してペルシャ湾に注ぐ; その流域は古代文明の発祥の地》.

+**tile** /táɪl/ 名 (~s /~z/) ❶ C **かわら; タイル**: cover a roof with *tiles* 屋根にかわらをのせる. ❷ C (ゲームで使う)こま[札], (マージャンなどの)牌(パイ).
(óut) on the tíles [形・副] 《英略式》夜遊びして.
— 動 他 (屋根など)をかわらでふく; (床など)にタイルを張る.

*****till**[1] /(弱形) t(ɪ)l; (強形) tíl/
✪ until との比較については ⇒ until 最初の 語法.

単語のエッセンス	
1) (...)まで	前 ❶; 接 ❶
2) [否定文の後で] ...まで(~しない)	前 ❷, 接 ❸
3) とうとう	接 ❷

— 前 ❶ [時間の終わりを示して] **...まで(ずっと)** [⇔ from]. 語法 普通は stay, wait, walk のようにそれ自体で動作の継続を表わす動詞とともに用いる; by「...までに」との違いについては ⇒ by 前 6 語法: *till* now 今まで / Goodbye *till* tomorrow. ではまたあした / He studies「from morning *till* evening [from nine *till* five]. 彼は朝から晩まで[9 時から 5 時まで]勉強する.

> 語法 (1) **from ... till ~ と from ... to ~**
> 上の最後の例文は from morning *to* evening, from nine *to* five ともいえる. ただし from ... の部分がない場合, 普通は till [until] しか用いない: He studies *till* [*until*] evening [five].
> (2) **till＋副詞的な語句**
> 本来副詞的な語句が目的語になることがある: My uncle was here *till* (quite) *recently*. おじさんは(ごく)最近までここにいた / She was busy *till after* her exams. 彼女は試験が終わるまで忙しかった / *Till when* are you going to stay here? ここにいつまで滞在しますか.

CLOSED TILL MONDAY《掲示》日曜日まで閉店《月曜開店》. 日英 (1) 日本語の「まで」と違いその日を含まない《⇒ to[1] 5 語法 (1)》. (2) 場所の「...まで」は as far as《⇒ far 成句》または to[1] で表わす.
❷ [否定文で] **...まで(~しない)**, (...になって)初めて(~する[である]). 語法 begin, come, go, return, stop のような, ある時に 1 度だけ起こる出来事を表わす動詞とともに用いる: She did *not* return [come back] *till* six. 彼女は 6 時まで帰ってこなかった(6 時になってやっと帰ってきた)《⇒ before 前 1 語法》/ He did*n't* tell his parents *till* after that. 彼は後になるまで親に話さなかった(その後になって初めて話した)《⇒ 1 語法 (2)》.
— 接 ❶ (...するとき) **まで, ...までずっと**. 語法 普通は主節の動詞が動作や状態の継続を表わす場合に用いる: Walk on *till* you come to a bridge. 橋に行き着くまで歩き続けてください《✪ 未来を表わす will を用いて will come とは言わない》/ She stayed there *till* she was called for. 彼女は呼ばれるまでずっとそこにいた.
❷ (...して)**とうとう**, (...して)ついに[やがて]. 語法 🔍 この意味では主節を先に訳すほうがわかりやすい. till の前にコンマが用いられることが多い: He ran and ran(,) *till* he could run no more. 彼は走りに走ってついにもうそれ以上は走れなくなった / The noise grew fainter and fainter, *till* (at last) it was heard no more. その音はだんだんかすかになって(とうとう)もはや聞こえなくなった.
❸ [否定文の主節の後で] **...まで(~しない)**, (...して)初めて(~する[である]): People do *not* know the value of health *till* they lose it. 人々は健康を失うまでその価値がわからない(健康を失って初めてその価値がわかる) / He (had) *never* thought of his future career *till* he went to college. 彼は大学へ行くまでは将来の職業を考えたことがなかった(大学へ行って初めて将来の職業のことを考えた).
It is nòt till ... that ~. ...になって[...して]やっと[初めて]~する[~である]: *It was not till* yesterday *that* I got the news. きのうになって初めてその知らせを受けた. 語法 🔍 I did *not* get the news *till* yesterday. を強調した文《⇒ it[1] A 6》.

till[2] /tíl/ 名 ❶ C 《米》(商店・銀行などの)現金入れ[レジ]の引き出し. ❷ C 《英》金銭登録器, レジ (cash register). **hàve [pùt] one's fíngers in the tíll** [動] 自 勤め先の金に手をつける.

till[3] /tíl/ 動 他 (土地)を耕す.

til·ler /tílə | -lə/ 名 C 舵柄(だへい)《かじの柄》.

+**tilt** /tílt/ 動 (tilts /tílts/; tilt·ed /~ɪd/; tilt·ing) 他 ❶ (いす・頭など)を**傾ける**, かしげる: She *tilted* the chair *backward*. V+O+副 彼女はいすを後ろに傾けた. ❷

(意見など)を(一方に)傾かせる.
— 自 ❶ **傾く**, かしぐ: The pillar ***tilted to*** the right and toppled over. V+前+名 柱は右へ傾いて倒れた. ❷《英》(人を)非難[攻撃]する (*at*); やりでつきかかる (*at*). ❸ (意見・情勢などが)傾く (*toward*).
— 名 ❶ C,U 傾き, かしぎ. ❷ C 非難, 攻撃; やりの突き;《英》挑戦 (*at*). ❸ C (意見などの)偏り, 偏向 (*toward*). **(at) fúll tílt** [副] 全速力で; 全力を出して.

Tim /tím/ 名 固 ティム《男性の名; Timothy の愛称》.

+**tim·ber** /tímbɚ | -bə/ (同音 #timbre) 名 (~s /~z/) ❶ U (用材としての)**樹木**, 立ち木: grow *timber* 木を育てる / 「cut down [fell] *timber* 立ち木を伐採する. ❷ U《主に英》(製材した)材木, 木材 [《米》lumber]: deal in *timber* 材木商を営む. ❸ C 横木, 梁(はり).

tim·ber·land /tímbɚlæ̀nd | -bə-/ 名 U,C《米》森林地.

tim·ber·line /tímbɚlàɪn | -bə-/ 名 [the ~] 樹木限界線, 森林限界《高地・極地などの》.

tímber yàrd 名 C《英》材木置き場 [《米》lumberyard].

tim·bre /tǽmbɚ, tím- | -bə/ 名 C,U《格式》音色, 音質 (*of*).

***time** /táɪm/ (同音 thyme)

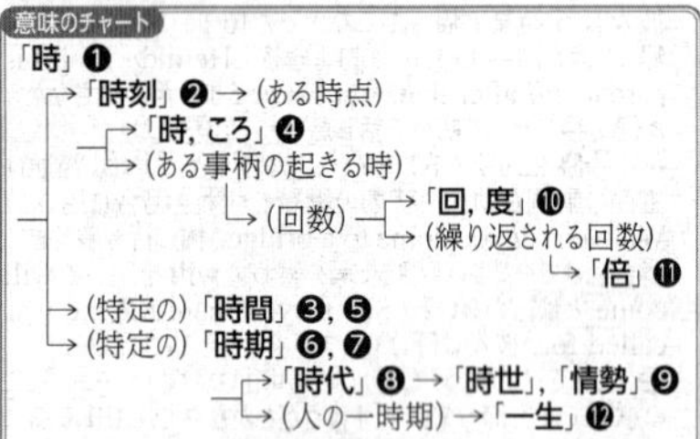

意味のチャート
「時」❶
→「時刻」❷ → (ある時点)
→「時, ころ」❹
→ (ある事柄の起きる時)
→ (回数) → 「回, 度」❿
→ (繰り返される回数)
→「倍」⓫
→ (特定の)「時間」❸, ❺
→ (特定の)「時期」❻, ❼
→「時代」❽ → 「時世」, 「情勢」❾
→ (人の一時期) → 「一生」⓬

— 名 (~s /~z/) ❶ U **時**, 時間; 時の経過, 歳月: *time* and space 時間と空間 / a long period of *time* 長い期間 / Things will change as *time* passes [goes by]. 物事は時がたつにつれて変わるものだ / 「*Time* alone [Only *time*] will tell which is right. 時がたてばどちらが正しいかわかるだろう / *Time* flies.《ことわざ》時は飛ぶように過ぎ去って行く(光陰矢のごとし) / *Time* is money.《ことわざ》時は金なり.

❷ U,C **時刻**; (時計の)時間; [しばしば合成語で] (計時法上の)...時間; 標準時: 🗨 "What *time* is it?" = "What's the *time*?" =《米》"What *time* do you have?" =《主に米》"Do you have the *time*?"《⇒ 3 語法》=《英》"Have you got the *time* (on you)?" "It's ten thirty by my watch."「今何時ですか」「私の時計で 10 時半です」/ What *time* will this bus leave? このバスは何時に出ますか / The *time* of the traffic accident was 7:30 p.m. その交通事故の発生時刻は午後 7 時半だった / There is nine hours' 「difference in *time* [*time* difference] between Tokyo and London. 東京とロンドンの間には 9 時間の時差がある. 関連 local time 現地時間 / standard time 標準時 /《米》daylight saving time,《英》summer time 夏時間.

❸ U (...するための)**時間**, 期限; (自由にできる)時間, 暇, (時間の)余裕: free [spare] *time* あき時間 / Do we have ***time to*** catch the last train? +to 不定詞 終電に間に合うだろうか / There's no *time to* lose. 一刻の猶予(ゆうよ)もない / We have no more *time for* questions. もう質問の時間はありません / The *time for* pay*ing* the debt is almost up. 借金の支払い期限が迫ってきた / "Do you have (the [any]) *time*?" "I'm sorry, but I'm a little too busy now. Can I talk to you later?"「今お時間はありますか」「すみませんが, 今忙しいので, 後でもいいですか」 語法 have (got) the time には「(...する)時間がある」と「(正しい)時刻を知っている」の二つの意味がある. 2 の Do you have *the time*? と比較 // waste *time* 時間をむだにする / spend *time* 時間を過ごす[費やす] / This machine will save you a lot of *time*. この機械を使うとうんと時間の節約になる / Can you spare me a little *time*? 少しお時間をいただけますか / *Time* is up. Ⓢ 時間ですよ, はいそこまで.

❹ [the ~] (...する[した])**時**, **ころ**, **折**: It was *the* only *time* (that) I ever visited Spain. 私がスペインを訪ねたのはその時だけだった.

> 語法 **time の接続詞的な使い方**
> 前に at, by, last, next, only などを伴い, 後に節が続いて接続詞的に用いることが多い: *At the time* he called on me, I was just taking a shower. 彼が訪ねてきた時, 私はちょうどシャワーを浴びていた / *By the time* you arrive, I will have finished it. あなたが着くころには私はそれを終えているだろう《✪🔍未来を表わす will を用いて will arrive とは言わない》/ She was looking much better (*the*) *last time* I saw her. この前会ったとき彼女は大分よくなったようだった《✪ 冠詞が省略されることがある》/ Do you remember *the time* I rescued your kitten? 私があなたの子猫を助けたときのことを覚えていますか.

❺ [a (...) ~ または U] (ある長さの)**時間**, 期間; (個人の特定の)時期, 時, 体験, 経験: I've known him for *a* long *time*. 彼とは長い付き合いだ / I'll be back in *a* short *time*. 少ししたら戻ります / in 「*an* hour's [*a* day's] *time* 1 時間[1 日]で[したら] / This all happened 「some *time* [*a* long *time*, *a* short *time*, quite some *time*] ago. これはすべてしばらく[ずっと, 少し, かなり]前に起こった / Have *a* nice [wonderful] *time*. 楽しんできてください, いってらっしゃい《遊びに出かける人などに》/ I've had *a* good *time* this evening. 今晩はとても楽しかった / We had *a* hard *time* finding his house. 彼の家を見つけるのに苦労した.

❻ U,C (特定の)**時期**; 時節, 季節: This *time* last year I was in Paris. 去年の今ごろ私はパリにいた / At this *time* of (the) year the cold north wind blows down across the lake. 毎年この季節には冷たい北風が湖を吹き渡ってくる / The ***time*** will soon come ***when*** we('ll) have a world without war. +wh 節 戦争のない世界がそのうち来るだろう.

❼ U,C (...すべき)**時**, (...するのに適した)時期, 時機, 好機: at lunch *time* 昼食時に / at a good [bad] *time* 都合のよい[悪い]時に / Now is the (right) ***time to*** act. +to 不定詞 今こそ行動すべき時だ / It's ***time for*** breakfast. 朝食の時間だ / It's (about) ***time*** (***for*** you) ***to*** go to school. (+for+名)+to 不定詞 もう(あなたは)(そろそろ)学校へ行く時間です《⇒ for 前 B》/ There's a ***time*** (and a place) ***for*** everything.《ことわざ》何事にも潮時(しおどき)というものがある《時と場所をわきまえよ》/ There's no *time* like the present.《ことわ

ざ》(思い立った)今ほどよい時はない(今しなさい) / 言い換え It's *time for* us *to* make a decision. = It's *time* we *made* a decision. 私たちが決断すべきときだ. 語法 従属節の時制は直説法過去時制: It's about [high] *time* I *was* leaving. Ⓢ そろそろ[もう]おいとましないと(とっくにそうすべきだったのに) / It's *time* (that) you *were* in bed. もう寝る時間ですよ《古めかしい表現》.

❽ Ⓒ [しばしば複数形で] (...の)**時代**: in ancient [medieval, modern] *times* 古代[中世, 近代]に / in the *time* of Queen Victoria ビクトリア女王時代に / the good old *times* 古きよき時代 / a hero of our *time(s)* 現代の英雄.

❾ Ⓒ [しばしば複数形で] (世の中の)**情勢**, 時世, 時勢; 景気 (*of*): *Times* have changed. 時代が変わった / In [During] hard *times* people find it difficult to make a living. 不景気の時は暮らしにくい.

❿ /tàɪm/ Ⓒ ...**回**, ...度《⇒ twice 語法》; ...回目: this *time* 今回[今度]は / next *time* 次回は, 今度 / I tried many *times*, but wasn't successful. 何度も試したがうまくいかなかった / several *times* 何回[何度]か / She used to write to me three *times* a month. 彼女は以前は月に 3 回私に手紙をくれたものだ / Third *time*'s the charm. 《ことわざ》 3 度目の正直 / "Is this the first *time* you've been here?" "No, I've been here once before." 「ここは初めてですか」「いいえ, 前に一度来たことがあります」 関連 once 1 回 / twice 2 回.

⓫ [複数形で] /tàɪmz/ ...**倍**《⇒ times; twice 語法》: This box is three *times* 「heavier than [as heavy as] that one. この箱はそれより 3 倍重い / She has about five *times* as many jewels as I do [have]. 彼女は私の約 5 倍の宝石を持っている / "How many *times* larger 「than Japan is China [is China than Japan]?" "It's 26 *times* larger." 「中国は日本の何倍の大きさですか」「26 倍です」 関連 twice 2 倍. ⓬ Ⓤ [普通は所有格の後で] (...の)一生, 生涯; (...の)若いころ; 死期; 兵役; 《略式》 刑期: *Her time* is drawing near. 彼女の死期は近づいている / do *time* 《⇒ 成句》. ⓭ Ⓤ,Ⓒ 【スポーツ】 所要時間, タイム: The winner's *time* was 8 minutes 35 seconds. 優勝タイムは 8 分 35 秒だった. ⓮ Ⓤ 労働[勤務]時間. ⓯ Ⓤ (音楽などの)拍子, 調子; 速度, テンポ. ⓰ Ⓤ = time-out 1.

agàinst tíme [副] 時間と競争で, 大急ぎで: work *against time* 時間に追われて働く.

ahéad of one's **tíme** [形] 時代の先を行って.

ahéad of tìme [副] (規定の)**時間よりも早く**; 前もって [⇔ behind time]: The building was completed *ahead of time*. 建物は予定よりも早く完成した.

áll in góod tíme [副] ちょうどよい時に, いずれそのうちに《しばしば要求などに対して辛抱を求めるときに用いる》.

áll the tíme [副] ⑴ **いつも**, 常に [≒always]: Mom complains about Dad's late hours *all the time*. ママはパパの帰りが遅いといつもこぼしている. ⑵ **その間ずっと**: He kept silent *all the time*. 彼はその間ずっと黙ったままだった.

Ány tíme. 《略式》 どういたしまして《お礼のことばに対して》.

at a tíme [副] **一度に**, 続けて: He went up the steps two *at a time*. 彼は階段を 2 段ずつ上った / for several weeks *at a time* 数週間連続で.

at áll tímes [副] **いつでも**, いつも [≒always]: No man is wise *at all times*. 《ことわざ》 人はだれも常に賢明であるとは限らない.

(at) àny tíme [副] ⑴ **いつ(で)も**: You can use my car (*at*) *any time*. 私の車はいつでも使ってください. ⑵ いつなんどき, すぐにでも: That patient may die (*at*) *any time* (now). その患者はいつ死んでもおかしくない.

at nó tíme [副] [否定を強めて] 決して...ない: *At no time* did I lie to you. あなたにうそをついたことは 1 度もない《✪ 普通は倒置が起こる》.

at óne tìme [副] **かつては**, 昔は: *At one time* women didn't have the right to vote. かつては女性には選挙権がなかった.

(at) óther tìmes [副] [しばしば sometimes (あるときには...)と相関的に用いて] (また)ほかの時に(は).

at thát tíme = at the tíme [副] **その時(には)**, そのころ [≒then]: There were no railroads in Japan *at that* [*the*] *time*. 当時は日本には鉄道がなかった.

at the sáme tíme ⇒ same 成句.

at the tíme ... [接] **...のころには, ...の時には**《⇒ 4 語法》.

at tímes [副] 時折, たまに.

béat tíme [動] ⓐ (たたいたり指揮棒を振って)拍子をとる (*to*).

befòre one's **tíme** [副] 時[寿命, 出産日]が来ないうちに, 普通より早く: die *before one's time* 早死にする.

befòre ...'s tíme [副] 生まれる前に, (ある場所に)来る前に.

behìnd the tímes [形] **時代遅れで**; 時勢に遅れて: get *behind the times* 時勢に遅れる.

behìnd tíme [形・副] (規定の)時間に遅れて [⇔ ahead of time]《✪ late や behind schedule のほうが普通》.

búy tíme [動] ⓐ 時間を稼ぐ《✪ buy ... time ((事が)人に時間を稼がせる)の形も可能》.

by the tíme ... [接] **...する時までに**《⇒ 4 語法》.

dó tíme [動] ⓐ 《略式》 刑期を務める.

éach [évery] tíme (that) ... [接] **...するたび(ごと)に**: *Each* [*Every*] *time* he comes to see me, he complains about something or other. 彼は訪ねてくるといつも何か不平を漏(も)らす.

for a [sóme] tíme [副] **しばらくの間**: There was dead silence *for a* [*some*] *time*. しばらくの間しんと静まり返っていた. 語法 かなり長い期間にも短い期間にも用いる.

for the tíme béing [副] **当分の間**, 差し当たり: *For the time being* you'll have to come to (the) hospital every week. 当分の間は毎週通院する必要があります.

from tíme to tíme [副] **時折**, 時々: I visited him *from time to time*. 私は時々彼を訪ねた.

gáin tíme [動] ⓐ 時間を稼ぐ《わざとぐずぐずしたりして》.

gíve ... a hárd tíme [動] ⓣ 《略式》 (人を)つらい目にあわせる; (人を)非難する; (人を)からかう.

hálf the tíme [名] その半分の時間; (かなり)長い時間. ―[副] その間半分くらい(も); たいてい, よく.

hàve a hárd [róugh, bád, dífficult] tíme (of it) [動] ⓐ ひどい[つらい]目にあう.

hàve a lót of tíme for ... [動] ⓣ 《略式》 ...が好きだ, ...に熱中している.

hàve an éasy tíme (of it) [動] ⓐ 苦労なく過ごす, 楽な仕事[生活]をする.

hàve nó tíme for ... [動] ⓣ 《略式》 ...にかかわっている時間がない; ...を軽視する, 嫌う.

hàve the tíme of one's **lífe** [動] ⓐ すてきな経験を

する, とても楽しむ.
in góod tíme [副] (1) (決められた時間よりも)早めに, 余裕をもって. (2) = all in good time.
in nó tìme (at áll) = in léss than nó tìme = in néxt to nó tìme [副] たちまち, あっという間に, すぐに.
in one's **ówn (gòod) tíme** [副] 《略式》 都合のよい時に.
in ...'s tìme [副] **...の一生に(は)**, ...の生きているうちに(は); ...のいたころには: There were no jet planes *in* my *grandfather's time*. 私の祖父の(生きている)時代にはジェット機はなかった.
in tíme [副·形] (1) **間に合って:** I was just *in time for* the last train. 私は終電にぎりぎり間に合った / He turned the wheel just *in time to* avoid an accident. 彼はぎりぎりでハンドルを切って何とか事故を回避することができた. (2) **そのうちに,** やがては: You'll succeed *in time*. あなたはそのうち成功するだろう. (3) (音楽などに)テンポ[リズム]を合わせて (*to, with*) [⇔ out of time].
It's hígh tíme ... ⇒ 7.
kèep góod tíme [動] 自 (時計がいつも)**時間が正確である:** My watch *keeps good time*. 私の腕時計は正確だ. 語法 good の代わりに perfect, excellent なども用いられる.
kèep tíme [動] 自 (1) 拍子をとる, テンポを合わせる. (2) 時間を記録する《⇒ timekeeper》.
「**kèep úp [móve] with the tímes** [動] 自 時代の流れについていく, 時代[流行]とともに進む.
kíll tíme [動] 自 暇をつぶす.
lóse nò tíme (in) **dóing** [動] 自 すぐに...する.
lóse tíme [動] 自 時間をむだにする, 遅れる.
màke góod [éxcellent] tíme [動] 自 (旅行で)(移動などが)意外に早く済む.
màke tíme [動] 自 (...のために)時間を割く[作る] (*for*): You should *make time to* talk to your children. 子供と話す時間を作るべきです.
mány a tíme [副] 《文語》 何度も, しばしば.
márk tíme [動] 自 (1) [進行形で] 時機を待つ. (2) 〔軍隊〕(兵士が)足踏みする.
móst of the tìme [名] そのほとんどの時間. ―[副] その間ほとんどずっと.
néxt tíme ... [接] = the next time ....
of áll tíme [副] 今までで: the greatest composer *of all time* 今までで最も偉大な作曲家.
on tíme [副·形] **時間どおりに, 定刻に:** The train arrived *on time*. 列車は定刻に着いた.
òut of tíme [副·形] (1) テンポがずれて [⇔ in time]. (2) もう時間がなくて.
òver tíme [副] 時がたつにつれて.
páss the tíme of dáy [動] 自 (...と)ちょっとことばを交わす (*with*).
pláy for tíme [動] 自 時間稼ぎをする.
tàke one's **tíme** [動] 自 ゆっくり[のんびり]とやる (*over; to* do; *doing*): I can wait. *Take your time*. 待てますので, あせらずにやってください.
tàke tíme [動] 自 (1) (物事が)**時間がかかる:** I'm afraid this task will *take time*. この仕事は時間がかかりそうだ. (2) (人がわざわざ)(...に)時間を費やす[取る] (*to* do). 語法 次の形もある: She *took the time to* explain it to me. 彼女は時間を割いて私にそれを説明してくれた.
téll tíme 《米》 **= téll the tíme** 《英》 [動] 自 (子供が)**時刻を言う**, 時計を読む: Have you learned how to *tell* (*the*) *time* in English? 英語での時刻の言い方を習いましたか.
the néxt tíme ... = néxt tíme ... [接] **今度...するときに(は):** I'll tell her *the next time* I see her. 今度彼女に会うときに伝えておくね《✪ 未来を表わす will を用いて will see とは言わない; ⇒ 4 語法》.
the whóle tíme [副] = all the time.
tíme àfter tíme = tíme and (tìme) agáin [副] (いやというほど)何度も何度も.
whèn the tíme cómes [副] いざとなったら.
with tíme [副] 時がたつにつれて, やがて.
― 動 (times /~z/; timed /~d/; tim·ing) 他 ❶ [しばしば受身で] (...)の**時機を選ぶ**, (...)によいころあいを見計る; (...)の時間を(~に)定める[調節する] (*for*): Her remarks *were* well [badly] *timed*. V+O+副の受身 彼女の発言のタイミングはよかった[悪かった] / The bomb *was timed to* go off at 4:30 p.m. V+O+C (*to* 不定詞)の受身 爆弾は午後 4 時半に爆発するようセットされていた. ❷ (...)の速度[タイム]を計る: Can you *time* me [the race]? 私[レース]のタイムを計ってくれる? / *Time how long* it takes me to swim across the river. 川を泳いで渡るのにどのくらいかかるか計って / She *was timed at* 17 seconds for the 100 meters. 彼女は 100 メートルでのタイムは 17 秒だった. ❸ 〔スポーツ〕(シュートなど)をタイミングよく打つ.

Time /táɪm/ 名 固 『タイム』《米国のニュース週刊誌》.
tíme and a hálf 名 U 5 割増の時間給《残業手当など》.
tíme bòmb 名 ❶ C 時限爆弾. ❷ C 大問題になりかねない事態.
tíme càpsule 名 C タイムカプセル《時代を代表する文書·物品を入れて地中などに埋める容器》.
tíme càrd 名 C タイムカード, 勤務時間記録票.
tíme clòck 名 C タイムレコーダー《出勤時·退出時を記録する記録時計》.
time-con·sum·ing /táɪmkənsùːmɪŋ | -s(j)ùːm-/ 形 多くの時間がかかる; 時間浪費の.
tíme dìfference 名 C 時差.
tíme fràme 名 C 時間枠, 期間.
time-hon·ored /táɪmɑ̀(ː)nəd | -ɔ̀nəd/ 形 限定 昔ながらの, 由緒ある.
time·keep·er /táɪmkìːpɚ | -pə/ 名 ❶ C (競技·作業などの)時間記録係, 計時係; 時間記録器. ❷ C [前に形容詞をつけて] 《英》 時間を守るのが...の人: a *good* [*bad*] *timekeeper* 時間を守る人[守らない人]; 正確[不正確]な時計.
time·keep·ing /táɪmkìːpɪŋ/ 名 U 時間の記録, 計時.
tíme làg [làpse] 名 C 時間差; ずれ.
time-lapse /táɪmlæ̀ps/ 形 限定 低速度撮影の, こま抜きの.
time·less /táɪmləs/ 形 (価値などが)不変の; 《文語》 永久の, 無限の. **~·ly** 副 時に影響されずに, 永久に.
tíme lìmit 名 C 時間制限, 期限, タイムリミット (*for, on*).
time·line /táɪmlàɪn/ 名 ❶ C 予定表, スケジュール表. ❷ C (ある時代の)歴史年表.
time·li·ness /táɪmlinəs/ 名 U 時宜(じぎ)を得たこと, 好時機, ちょうどよいこと.
time·ly /táɪmli/ 形 (time·li·er; -li·est) 時機がちょうどいい, タイムリーな, タイミングのいい [⇔ untimely].
tíme machìne 名 C タイムマシーン.
tíme óff 名 U (職場·学校などの) 休暇, 休み: take

[have, get] *time off* 休暇をとる.

time-out, time out /táımáʊt/ 名 ❶ C,U 〔スポーツ〕タイムアウト《選手交代や作戦会議のための休止時間》(time). ❷ U 休憩; 休暇: take *time-out* 休憩する[休暇をとる]. ❸ C 〔コンピュータ〕タイムアウト《一定時間入力がないとプログラムを停止させる》.

tim·er /táımə|-mə/ 名 ❶ C タイマー: an egg *timer* ゆで卵タイマー. ❷ C (競技などの)計時係.

times /táımz/ 前 ...倍, ...掛ける《⇒ time 名 11》: Four *times* eight is [makes, equals] thirty-two. 8 の 4 倍は 32(4×8 = 32).

> **日英 ... times と「...倍」のとらえ方**
> times は「...倍」の意味だが日本語の場合と比べると使い方が違うので注意が必要.「1 個 15 セントのりんごを 6 個買うと全部でいくらか」という算数の問題について式を立てると, 英語では 6×15 となり six *times* fifteen と読む. つまり英語では 6×15 は「15 が 6 だけ集まった場合」を指す. 日本語では 6×15 は「6 が 15 だけ集まった場合」を指すから, 式に表わしたときの考え方が逆である. 上の例で, four *times* eight に対して( )内に示した 4×8 はこの英語に対応する立式である. 一方, 訳文の「8 の 4 倍」というのはそれに対する日本語式の考え方を当てたものである.《⇒ plus, minus, multiply 動 他 1》.

Times /táımz/ 名 固 [The ~]『タイムズ』《London で発行される権威のある新聞》.

time-sav·ing /táımsèıvıŋ/ 形 時間節約の.

time·serv·er /táımsə̀ːvə|-sə̀ːvə/ 名 C 《略式》(仕事を怠けて)勤務年限を消化するだけの人.

time·share /táımʃèə|-ʃèə/ 名 C 共同所有の別荘; U 共同所有.

time-shar·ing /táımʃè(ə)rıŋ/ 名 ❶ U (別荘の)共同所有. ❷ U タイムシェアリング《1 台のコンピューターを同時に複数の利用者が使うこと》.

tíme shèet 名 C = time card.

tíme sìgnal 名 C (ラジオ・テレビの)時報.

tíme sìgnature 名 C 〔音楽〕拍子記号.

Times Square /táımzskwéə|-skwéə/ 名 固 タイムズスクウェア《米国 New York 市の中央部の広場; 付近には劇場が多い》.

tíme swìtch 名 C タイムスイッチ《設定した時刻に自動的に働く》.

+**time·ta·ble** /táımtèıbl/ 名 (~s /~z/) ❶ C **予定(表)**, 計画(表) [≒schedule]: The authorities have decided on a *timetable* for the reform. 当局は改革の予定を定めた.
❷ C 《英》(乗り物の)**時刻表** [《米》 schedule]: read a *timetable* 時刻表を見る. ❸ C 《英》(学校の)時間割 [《米》 schedule].
— 動 他 [普通は受身で]《主に英》(会合など)を(...の時刻に)予定する (*for*), (人など)が(...するように)予定表を作る (*to* do); 予定表通りに(事)を手配する.

tíme wàrp 名 C (SF での)時間のゆがみ, タイムスリップ: be (caught) in a *time warp* 昔のままである.

time·worn /táımwɔ̀ən|-wɔ̀ːn/ 形 古くなった, (方法などが)使い古した; 陳腐な.

tíme zòne 名 C 時間帯《同じ標準時を用いる地帯; ⇒ standard time》.

tim·id /tímıd/ 形 おくびょうな, 小心の; おずおずした《⇒ shy 類義語》: a *timid* young girl 内気な少女.
(名 timídity)

ti·mid·i·ty /təmídəṭi/ 名 U おくびょう, 小心; 内気.
(形 tímid)

tim·id·ly /tímıdli/ 副 おずおずと, びくびくしながら.

+**tim·ing** /táımıŋ/ 名 ❶ U **タイミング**(のとり方[よさ]): bad [good, perfect] *timing* まずい[よい, 完璧な]タイミング. ❷ U,C 日時の選択; 調整された日時 (*of*).

tim·or·ous /tím(ə)rəs/ 形 《格式》おくびょうな, 気の弱い. **~·ly** 副 びくびくして.

Tim·o·thy /tíməθi/ 名 固 ティモシー《男性の名; 愛称は Tim》.

tim·pa·ni /tímpəni/ ≪イタリア語から≫ 名 [U または複数扱い] ティンパニ《打楽器; 数個の kettledrum から成る》.

tim·pa·nist /tímpənıst/ 名 C ティンパニ奏者.

+**tin** /tín/ 名 (~s /~z/) ❶ U **すず**《元素記号 Sn》.
❷ U **ブリキ**.
❸ C 《英》(缶詰の)**缶**, **缶詰**(一缶分) [≒can]: a *tin of* beans 豆の缶詰 / open a *tin* 缶詰を開ける. ❹ C すず[ブリキ]製品; 《英》すず[ブリキ]製の入れ物[焼き型].
(形 tínny)

Ti·na /tíːnə/ 名 固 ティーナ《女性の名; Christina の愛称》.

tín cán 名 C (缶詰の)缶; ブリキ缶, 空き缶.

tinc·ture /tíŋ(k)ʧə|-ʧə/ 名 U,C 〔化学〕チンキ: *tincture of* iodine ヨードチンキ.

tin·der /tíndə|-də/ 名 U 火口(ほくち)《火打ち石の火花から火を取るのに使う燃えやすい物》; たき付け.

tin·der·box /tíndəbɑ̀(ː)ks|-dəbɔ̀ks/ 名 ❶ C (紛争などの起こりやすい)危険な場所[状況]. ❷ C 火口(ほくち)箱《昔火をおこすのに使った》.

tine /táın/ 名 C (フォークなどの)歯; (しかの)角の枝.

tin·foil /tínfɔ̀ıl/ 名 C すずはく; (アルミ)ホイル.

ting /tíŋ/ 名 C ちーん[ちりん]という音. — 動 自 ちーん[ちりん]と鳴る. — 他 (...)をちーん[ちりん]と鳴らす.

tinge /tínʤ/ 名 ❶ [a ~] 色合い《⇒ color 類義語》: There's *a tinge of* red in the sky. 空が赤みを帯びている. ❷ [a ~] (...の)感じ, 調子 (*of*). — 動 (ting·es; tinged; ting(e)·ing) 他 ❶ (...)に薄く色を着ける; (...)を(~に)染める《⇒ tinged》. ❷ (...)に(~の)感じを添える《⇒ tinged》.

tinged /tínʤd/ 形 (色・感じの)混じった: Her cheeks were *tinged with* pink. 彼女のほおは薄く桃色に染まっていた / remarks *tinged with* irony 皮肉混じりの発言.

tin·gle /tíŋgl/ 動 自 ❶ (体が)ひりひりする, ちくちく痛む, うずく (*with*). ❷ (興奮などで)ぞくぞくする, うずうずする (*with*). — 名 [a ~] ひりひりする痛み, うずき, ほてり; ぞくぞくする感じ (*of*).

tin·ker /tíŋkə|-kə/ 動 (-ker·ing /-k(ə)rıŋ/) 自 [副詞(句)を伴って] 調整する, 手を加える, (下手に)いじくり回す (*with*). — 名 C (昔の旅回りの)鋳(い)掛け屋, よろず屋.

tin·kle /tíŋkl/ 名 ❶ C [普通は単数形で] ちりんちりん《音》; 《古風, 英略式》電話: I'll give you a *tinkle* tonight. 今夜電話をします. ❷ [a ~] S 《小児語》おしっこ. — 動 自 ❶ (鈴などが)ちりんちりんと鳴る. ❷ S 《小児語》おしっこをする. — 他 (...)をちりんちりんと鳴らす.

tinned /tínd/ 形 《英》缶詰にした [≒canned].

tin·ny /tíni/ 形 (tin·ni·er; -ni·est) ❶ すずの(ような); すずを含む. ❷ [軽蔑的] ブリキをたたいたような(音のする); 粗悪な; 安っぽい.
(名 tin)

tín òpener 名 C 《英》= can opener.

tin·plate /tínplèɪt/ 名 U ブリキ.
tin-pot /tínpὰ(ː)t | -pɔ̀t/ 形 限定 [軽蔑的] (独裁者などが)偉そうだがお粗末な, 大したことのない.
tin·sel /tíns(ə)l/ 名 U ぴかぴか光る金属片, 金銀糸《クリスマスの装飾用など》; 安ぴか物.
tint /tínt/ 名 ❶ C 色合い; ほのかな色《⇒ color 類義語》. ❷ C 色彩の配合, 濃淡: in all *tints of* red 濃淡さまざまな赤で. ❸ C (淡い)毛髪用染料(で染めること).
— 動 他 (髪の毛など)に(薄く)色をつける; (...)に陰影をつける.

***ti·ny** /táɪni/
— 形 (ti·ni·er /-niə | -niə/; ti·ni·est /-niɪst/) **ちっちゃな, ちっぽけな; ごくわずかな** [⇔ huge]《⇒ small 類義語》: a *tiny* little boy ちっちゃな坊や / a *tiny* minority ごくわずかの少数派 / The amount was *tiny*. 量はごくわずかだった.

-tion /ʃən; /s/ の後では tʃən/ 接尾 [動詞につく名詞語尾]「動作・状態・結果」などを示す: corréc*tion* 訂正 / revolú*tion* 革命 / suggés*tion* 提案. 発音 直前の音節に第一アクセントがくる.

***tip**[1] /típ/
— 名 (~s /~s/) ❶ C (とがった)**先**, 先端 [≒end]: the *tip of* the finger [nose, tongue] 指[鼻, 舌]の先 / There are two houses on [at] the southern *tip of* the island. その島の南端に家が 2 軒ある. 関連 fingertip 指先. ❷ C 先端につけるもの《傘・つえの石突き・靴の先革など》: the *tip of* a hose ホースの口金.
— 動 (tips; tipped; tip·ping) 他 [普通は受身で] (...)に先端をつける; (物)の先端に(...を)つける《⇒ -tipped》: This cane *is tipped with* rubber. このステッキは先端にゴムがついている.

***tip**[2] /típ/
— 名 (~s /~s/) ❶ C **チップ**, 祝儀, 心付け: "How much *tip* should I leave in London?" "About fifteen percent of the bill."「ロンドンではチップはどのくらい出すべきですか」「勘定の約 15% です」/ give ... a good [generous] *tip* ... にチップをはずむ / a 10-percent *tip* 1 割のチップ / Here's a *tip for* you. これはチップです《相手に渡すときのことば》/ NO TIPS ACCEPTED チップお断わり《掲示》. ❷ C (有益な)助言, こつ, 秘訣; 《略式》(内々の)情報《特に競馬・株相場などの》; 密告: I gave her a *tip on* how to do it. 私は彼女にそのやり方のヒント[こつ]を教えた / Take a *tip* from me. 私の言うとおりにするといいよ / a hot *tip* 耳よりな情報.
— 動 (tips /~s/; tipped /~t/; tip·ping) 他 ❶ (人)に(...だけの)**チップをやる**, (人に)(ある額)をチップとして渡す: You don't have to *tip* the waiter here. ここでは給仕にチップを渡す必要はありません / He *tipped* me a dollar. V+O+O 彼は私に 1 ドルのチップをくれた. ❷《主に英》[普通は受身で] (...)を(勝者・候補などとして)挙げる, (人)が...すると予想する: She *is* widely *tipped* 「*as* Mr. Lee's successor [*to* succeed Mr. Lee]. 彼女はリー氏の後継者と広く目されている.
— 自 チップを払う.
típ óff [動] 他 (...)に密告[警告]する (*about*).

tip[3] /típ/ 動 (tips; tipped; tip·ping) 他 ❶ (物)を傾ける; ひっくり返す, 倒す (*over, up*): She *tipped* the cup *to* her lips. 彼女はカップを傾けて口をつけた. ❷ [副詞(句)を伴って] (入れ物を傾けて)(中身)を空ける, 外に出す; 《英》(ごみ)を捨てる: No *tipping*. = No rubbish to be *tipped*. ごみ捨て禁止《掲示》. — 自 傾く; ひっくり返る, 倒れる (*over, up*). **típ** one's **hát** ⇒ hat 成句. — 名 ❶ C 傾く[傾ける]こと. ❷ C 《英》ごみ捨て場 [≒dump].

tip[4] /típ/ 名 C 軽くたたくこと, 軽打; 〔野球〕チップ: a foul *tip* ファウルチップ. — 動 (tips; tipped; tip·ping) 他 (...)を軽くたたく, (...)に軽く触る; 〔野球〕チップする.

ti·pi /tíːpiː/ 名 C = tepee.
tip-off[1] /típɔ̀ːf | -ɔ̀f/ 名 ❶ C 《略式》たれこみ, 密告. ❷ C 《米略式》手がかり, (...の)あらわれ.
tip-off[2] /típɔ̀ːf | -ɔ̀f/ 名 C 〔バスケ〕ティップオフ《ジャンプボールで試合を開始すること》.
-tipped /tɪpt/ 形 [合成語で] 先端が...の《⇒ tip[1] 動》: a rubber-*tipped* cane 先端がゴムのステッキ.
tip·ple /típl/ 名 C [普通は単数形で]《略式》酒. — 動 自《略式》酒びたりになる.
tip·pler /típlə | -lə/ 名 C《略式》酒飲み《人》.
tip·ster /típstə | -tə/ 名 C (競馬の)予想屋; 《主に米》密告[内報]者.
tip·sy /típsi/ 形 (tip·si·er; -si·est)《略式》ほろ酔いの.
tip·toe /típtòʊ/ 名 [次の成句で] **on típtoe(s)** [副・形] つま先で; そっと: stand *on tiptoe* つま先で立つ.
— 動 自 つま先でそっと歩く.
tip-top /típtά(ː)p | -tɔ́p←/ 形 限定《略式》とびきり上等の, 極上の.
ti·rade /taɪréɪd/ 名 C 長い攻撃演説 (*against*).

+tire[1], 《英》**tyre** /táɪə | táɪə/ 名 (~s /~z/) C **タイヤ**《⇒ car 挿絵, bicycle 挿絵, motorcycle 挿絵》; (車輪の)輪金: *tire* pressure タイヤの空気圧 / put a spare *tire* on the wheel 車輪にスペアタイヤを取り付ける / 「pump up [inflate] a *tire* タイヤに空気を入れる / The front *tire* blew out. 前のタイヤがパンクした // ⇒ flat tire.

+tire[2] /táɪə | táɪə/ 動 (tires /~z/; tired /~d/; tir·ing /táɪ(ə)rɪŋ/) 他 ❶ (...)を**疲れさせる**, くたびれさせる《⇒ tired》: The long talk *tired* me. 長話で私は疲れた.
❷ (...)を**あきあき[うんざり]させる**: His stories always *tire* me. 彼の話を聞くといつもうんざりする.
— 自 ❶ **疲れる**, くたびれる: He *tired* and gave up the race. 彼は疲れてレースを棄権した. 語法 get [be] tired の方が普通.
❷ **飽きる**, 退屈する: He never *tires of* talk*ing* about baseball. V+*of*+動名 彼は野球の話なら(周囲がうんざりするほどに) いくらでもする / She never *tires of* gossip. V+*of*+名 彼女はとてもゴシップ好きだ.
tíre óut [動] 他 (...)をへとへとに疲れさせる.
(形 tíresome)

***tired** /táɪəd | táɪəd/
— 形 (more ~, tired·er /-ḍə | -də/; most ~, tired·est /-ḍɪst/) ❶ **疲れた**, くたびれた《⇒ 類義語》: I feel too *tired* to walk. 疲れて歩けません / She sat down with a *tired* look. 彼女は疲れた様子で座っていた / The walk made me *tired*. 歩いたので疲れた / They're ***tired from*** work*ing* all day. +*from*+動名 彼らは 1 日中働いたので疲れている.
❷ 叙述 (...に)**飽きた**, (...に)うんざりした: I'm ***tired of*** 「read*ing* books [all the arguments]. +*of*+動名[名] 私は本を読むのが[議論するのがすっかり]いやになった / You make me *tired*. 君にはうんざりだ. ❸ 限定 ありふれた, 陳腐な, お決まりの.

tíred óut [形] (...で)すっかり疲れて: He looks *tired out*. 彼は疲れきっている様子だ.
～·ly 副 疲れて; あきあきして.
～·ness 名 U 疲れ, 疲労; 飽き, 嫌気(いやけ).
類義語 **tired** 最も一般的な語で, 疲れの程度の大小にかかわらず用いられる. **weary** 長時間続く労働などで非常に疲れること. **exhausted** それ以上何もできないほどに疲れ果てること. **fatigued** 病気や過労による精神的な疲れを強調する改まった感じの語. **worn-out** *exhausted* とほぼ同じ意味を持つややくだけた言い方.

tire·less /táɪələs | táɪə-/ 形 ❶ (人が)疲れを知らない; 精力的な. ❷ (努力などが)疲れの見えない, たゆまぬ, 不断の. **～·ly** 副 疲れずに; 飽くことなく.

tire·some /táɪəsəm | táɪə-/ 形 ❶ (人·物事が)やっかいな, 面倒な [≒annoying]: a *tiresome* person 面倒な人. ❷ (物事が)あきあきする, うんざりする: a *tiresome* game 退屈な試合. (動 tire[2])
～·ly 副 うんざりするほど.

tir·ing /táɪ(ə)rɪŋ/ 形 (仕事などが)しんどい, 骨の折れる: a *tiring* day 疲れる 1 日.

Tir·ol /tɪróʊl/ 名 固 [the ～] チロル《オーストリア西部とイタリア北部のアルプス山脈地方》.

Ti·ro·le·an /tɪróʊliən/ 形, 名 C チロルの(人).

'tis /tíz/ 《詩語》 it[1] is の短縮形.

***tis·sue** /tíʃuː/ 名 (～s /～z/) ❶ C **ティッシュペーパー**, ちり紙, 鼻紙 (⇒ tissue paper): a box of *tissues* ティッシュペーパーひと箱.
❷ U,C (筋肉などの)**組織**: nervous *tissue* 神経組織.
❸ U = tissue paper. ❹ U,C (薄い)織物; 薄絹.
❺ C (うそなどの)織り交ぜ, 連続: a *tissue of* lies うそのかたまり. 〖語源 text と同語源〗

tíssue pàper 名 U 薄葉紙(うすようし)《包装用など》.
日英 日本語の「ティッシュペーパー」に相当するのは tissue. また商標名の Kleenex もよく用いる.

tit[1] /tít/ 名 [次の成句で] **(a) tít for tát** [名] 《略式》仕返し, しっぺ返し.

tit[2] /tít/ 名 C [普通は複数形で] 《卑語》 おっぱい; 乳首.

tit[3] /tít/ 名 C しじゅうから科の小鳥《しじゅうから·あおがらなど》.

Ti·tan /táɪtn/ 名 ❶ C 〖ギリシャ神話〗 ティターン《Olympus の神々以前に世界を支配した巨人族の 1 人》. ❷ C [ときに t-] 巨人; 大物, 傑物.

ti·tan·ic /taɪtǽnɪk/ 形 巨大な, 怪力の.

Ti·tan·ic /taɪtǽnɪk/ 名 固 [the ～] タイタニック号《1912 年処女航海中北大西洋で氷山と衝突して沈没した英国の豪華客船》.

ti·ta·ni·um /taɪtéɪniəm, tɪ-/ 名 U チタン《元素記号 Ti》.

tit·bit /títbɪt/ 名 C 《英》 = tidbit.

tithe /táɪð/ 名 ❶ C (教会への)献金, 寄進. ❷ C 十分の一税《昔収入の十分の一を教会に納めた》.

tit·il·late /títəlèɪt/ 動 他 (...)を(特に性的に)刺激する; くすぐる.

tit·il·la·tion /tìṭəléɪʃən/ 名 U (性的)刺激.

ti·tle /táɪṭl/ (※※)
— 名 (～s /～z/) ❶ C **題名**, 表題, 題目; 本, 出版物: the *title* of a book 本の題名 / a drama with the *title* "A Passionate Woman" 「情熱的な女性」という題のドラマ / new *titles* 新刊書.
❷ C **肩書き**, 称号, 敬称; 爵位: the *title* of professor [colonel] 教授[大佐]という肩書き.
❸ [U または a ～] 〖法律〗 (...に対する)権利, 資格 [≒right]; 財産所有権: Japan holds [claims] *title to* these islands. 日本はこれらの島の領有権を持って[主張して]いる.
❹ C 〖スポーツ〗 選手権 [≒championship]: She won [lost] the skiing *title*. 彼女はスキーの選手権を取った[失った]. (形 títular)
— 動 他 (書物·映画など)に表題をつける.

+**ti·tled** /táɪṭld/ 形 ❶ **爵位のある**: a *titled* lady 貴族の女性. ❷ ...という題名の: a movie *titled* "Titanic" 「タイタニック」という題名の映画.

títle dèed 名 C 不動産権利証書.

ti·tle·hold·er /táɪṭlhòʊldə | -də/ 名 C 〖スポーツ〗 選手権保持者[チーム].

títle pàge 名 C (書物の)扉, タイトルページ.

títle ròle 名 C (題名の人物を演じる)主役.

+**títle tràck** 名 C (アルバム曲集などの)**タイトル曲**.

tit·ter /títə | -tə/ 動 (-ter·ing /-ṭərɪŋ, -trɪŋ/) 自 (神経質に)くすくす笑う, 忍び笑いをする. — 名 C くすくす笑い, 忍び笑い.

tit·tle-tat·tle /títltæ̀tl/ 名 U おしゃべり, うわさ話.

tit·u·lar /títʃʊlə | -lə/ 形 限定 《格式》 (元首などが)名ばかりの, 有名無実の. (名 títle)

tiz·zy /tízi/ 名 [次の成句で] **in a tízzy** [副·形] 《略式》 うろたえて, 取り乱して.

T-junc·tion /tíːdʒʌ̀ŋ(k)ʃən/ 名 C 《英》 T 字型三差路; T 字型パイプ接合部.

TKO /tíːkèɪóʊ/ 名 (複 TKOs) C = technical knockout.

TLC /tíːèlsíː/ 名 U 《略式》 優しい世話[心づかい] (*ten*der *l*oving *c*are の略).

TM 略 = trademark 1.

TN 〔米郵便〕 = Tennessee.

TNT /tíːèntíː/ 略 = trinitrotoluene.

to[1] (※※※) /(弱形) (子音の前) tʊ, tə, (母音の前) tu, (文や節の終わり) tuː; (強形) túː/ (同音 #too[1,2], #two)
— 前

単語のエッセンス
基本的には「...の方へ」の意.
1) [方向を示して] **...の方へ, ...へ** ❶
2) [到達点·結果を示して] **...へ, ...(になる)まで; ...したことには** ❷, ❺, ❽, ⓫, ⓬
3) [対象·対比を示して] **...に, ...に対して** ❸, ❹, ❾, ❿
4) [接触·所属を示して] **...に; ...に(付)属して, ...の** ❻; ❼
5) [目的を示して] **...のために** ⓭
6) [一致を示して] **...に合わせて** ⓮

❶ [方向·方角·傾向を示して] **...の方へ, ...へ; ...の方[方向]に(向かって)**: He threw the ball *to* first (base). 彼は一塁へ球を投げた (⇒ at 3 語法) / The teacher pointed *to* the blackboard. 先生は黒板を指さした / He stood with his back *to* the wall. 彼は壁に背を向けて立っていた / I'm prone [liable] *to* colds even in summer. 私は夏でもかぜをひきやすい / France is [lies] *to* the south of England. フランスはイングランドの南(の方)にある.

語法 **to と方角**
(1) 「...の東[西, 南, 北]に隣接している」という場合も用いる: Canada is [lies] *to* the north of the United States. カナダは米国の北隣りにある. この場合 A is *on* the north of B. のように on を用いることは普通しない. ただし A が B に付属しているようなときは可能: The annex is *on* the north of the main building. 別館は本館の北側にある.
(2) to the north [south, east, west] では to the がしばしば省かれる: Canada is [lies] *north* of the United States. 《この場合の north は副詞》.

❷ [運動などの到着点を示して] ...へ, ...に; ...まで [⇔ from] 《⇒ for 前 A8 語法; toward 1 語法》: I walk *to* school every day. 私は毎日歩いて学校へ行く / A dry leaf fell *to* the ground. 1 枚の枯れ葉が地面に落ちた / We flew from London *to* New York. 私たちはロンドンからニューヨークまで飛行機で行った / It's fifty kilometers (from here) *to* Paris. (ここから)パリまで 50 キロです.
❸ [行為などの対象・相手を示して] ...に, ...へ; ...に対して[対する]; ...のために[の]: Listen *to* me carefully. 私の言うことをよく聞いて / *To* your health [success]! あなたの健康[成功]を祝して《乾杯のかけ声; ⇒ toast[2] 名 1 (参考)》 / She gave some money *to* me. 彼女は私にお金をくれた / I lent my notes *to* him 私は彼にノートを貸してあげた.

語法 to＋名・代 と間接目的語
上の 2 つの文は V+O+*to*+名・代 の文型であるが, 間接目的語を用いて言い換えると次のようになる: She gave *me* some money. V+O+O / I lent *him* my notes. V+O+O 《⇒ **巻末文法** 1.2 (4), for 前 A 1 語法》.

❹ [適用・反応・関連などを示して] **...に対して[対する]**, ...に; ...にとって(の), ...には: There must be a solution *to* this problem. この問題には解決策があるに違いない / *To* me a few words of explanation seemed necessary. 私には少し説明の必要があるように思えた / His death is a great loss *to* our country. 彼の死はわが国にとって大きな損失だ.
❺ [時間・範囲の終点を示して] **...まで** [⇔ from]: He worked ***from*** morning ***to*** night. 彼は朝から晩まで働いた《✪ from morning *till* [*until*] night ともいう; ⇒ till[1] 前 1 語法 囲み (1)》 / *from* beginning *to* end 始めから終わりまで / How long is it *to* (= till) dinner? 夕食までどれくらいですか / It's (a) quarter *to* eight. 8 時 15 分前[7 時 45 分]です.

語法 from ... to ～
(1) I'll be here *from* Monday *to* Thursday. (月曜から木曜までここにいる)のような言い方では to の後の Thursday が含まれるか否かあいまいだが, to Thursday inclusive と言えば含まれることがはっきりする. また《米》では from Monday *through* Thursday という言い方があり, この場合は Thursday が含まれる.
(2) from ... to ～「(ある数)から(ある数)まで(の間)」から from が略された形もある: Normal human body temperature is 35 *to* 37 degrees. 人の平熱は 35 度から 37 度の間である.

❻ [接触・付加・付着などを示して] **...に, ...へ**: The woman pressed the baby *to* her. その女性は赤ちゃんを抱きしめた / He added a little sugar *to* the coffee. 彼はコーヒーに少し砂糖を加えた.
❼ [所属・付属・関与などを示して] **...に(付)属して**, ...の, ...に: She's a secretary *to* Mr. Smith. 彼女はスミス氏の秘書だ / There's more *to* his talk than that. 彼の話はそれだけにとどまらない / That's all there is *to* it. ただそれだけのことだ.
❽ [到達した結果・状態・数量などを示して] **...になるまで**, ...に, ...ほど: be frozen *to* death 凍死する / I read my son *to* sleep. 私は本を読んであげて息子を寝かしつけた / What's the world coming *to* /túː/? 世の中はいったいどうなっていくのだ.
❾ [対比・比例・比較を示して] **...に対して**; ...に比べると: 2 is *to* 6 as 5 is *to* 15. 2 対 6 は 5 対 15《2:6 = 5:15 と書く; ⇒ as 接 6》 / It's 100 *to* 1 he'll lose. 九分九厘彼の負けだ / He is four years senior [junior] *to* me. 彼は私よりも 4 歳年上[年下]です. ❿ [対応・割合を示して] [主に Ⓢ] ...に対応して; ...につき [≒per]: There are 100 cents *to* the dollar. 100 セントで 1 ドルになる / There are about sixty people *to* the square kilometer in this region. この地方は 1 平方キロにつき人口約 60 人である. ⓫ [及ぶ範囲・程度を示して] ...(に至る)まで, ...の(及ぶ)限り: *to* a certain extent ある程度(まで) / *to* (the best of) my knowledge 私の知る限り. ⓬ [喜怒哀楽などを示す語とともに] ...したことに(は): *To* my *surprise*, Tom failed the entrance exam. トムが入学試験に落ちて私は驚いた. ⓭ [目的を示して] ...のために: *to* this end この目的のために / We sat down *to* dinner. 私たちはディナーのため着席した / They went *to* her rescue. 彼らは彼女の救助に向かった. ⓮ [随伴・一致・適合などを示して] ...に合わせて, ...に合って: We danced *to* the music. 私たちは音楽に合わせて踊った / The dress is not *to* my taste. そのドレスは私の好みに合わない.

***to[2]

/(弱形) (子音の前) tʊ, tə, (母音の前) tu/ [to 不定詞で]

語法 to 不定詞
(1) to 不定詞 は動詞の原形の前に to をつけてつくる. 助動詞 can, may, must, will などにはつけられない.
(2) to 不定詞は次の表のような形をとる.
(3) 否定形は to の直前に否定を表わす語 not, never などをつける: *not to* do / *never to* be done.

	能動	受身
単純形	to do	to be done
*完了形	to have done	to have been done
進行形	to be doing	†to be being done
完了進行形	to have been doing	†to have been being done

*完了不定詞《⇒ G》と呼ばれる. †あまり用いない.

単語のエッセンス
1) [名詞用法] ...すること　A, F
2) [副詞用法] ...するために　B
3) [形容詞用法] ...するための　C
4) [V＋to 不定詞で]　E
5) [to＋have＋過去分詞で]　G

A [名詞的に用いて]

❶ [他動詞の目的語として; V+O (to 不定詞) の動詞型で] **...することを**, ...するのを, ...であることを, ...であるのを: John likes *to play* baseball. ジョンは野球をするのが好きだ / I want *to have* a cup of coffee. 私はコーヒーを1杯飲みたい / I prefer *not to ask* him. 私は彼に頼まないほうがいいと思う / I didn't expect *to be invited*. 私は招待されるとは思っていなかった.

> 語法 (1) **〈to+do〉の do の省略**
> 同じ動詞を繰り返さず to だけにすることがある《⇒ **巻末文法** 15.4 (1)》: You can *speak* if you want *to* (*speak*). 話したければ話してもいいよ. 《この場合の to の発音は /tuː/》.
> (2) 「動詞+名詞」で他動詞のように働き to 不定詞を目的語とすることがある: 言い換え He made up his mind *to leave* her. (= He *decided* to leave her.) 彼は彼女と別れる決心をした.
> (3) 間接目的語を伴う用法については ⇒ F.

❷ [形式目的語の it の後で] **...することを**: I felt *it* difficult *to sit* up late that night. その夜は遅くまで起きているのは困難だと思った / You'll find *it* impossible *to beat* him. 彼を負かすのは無理だとわかるでしょう.

❸ [形式主語の it の後で] **...することは**, ...であることは: *It* is impossible *to love* and *to be* wise. 恋をしてしかも賢いということは不可能である《恋をすれば誰でも多少はばかな事をしてしまう》/ *It* was decided *to set* up a new committee. 新しい委員会を設置することが決められた / *It*'s dishonorable *not to keep* your word. 約束を守らないのは恥だ.

❹ [主語として] **...することは**, ...するのは, ...であることは: *To play* the part of Juliet was her ambition. ジュリエットの役を演じることが彼女の大望だった / *Not to speak* Japanese was the rule. 日本語を使わないことが決まりだった.

❺ [主格補語として; V+C (to 不定詞) の動詞型で] (...は) **~することで(ある)**, (...は) ~であることで(ある): To see her is *to love* her. 彼女を見ることは彼女を愛することだ《彼女を見ればだれでも彼女を愛してしまう》/ He seems *to be* ill. 彼は病気らしい《⇒ E, G 1》/ The most important thing in the Olympic Games is *not to win* but *to take* part. オリンピック競技で最も大切なのは勝つことではなく参加することだ / All you have to do is *to open* the door. ドアを開けさえすればよいのだ. 語法 特に《略式》では All you have to do is *open* the door. のように to を用いないことが多い《⇒ do¹ [代動詞] 6》.

❻ [疑問詞や whether に続けて; ⇒ F (2)]: I don't know *what to do* now. 今何をしていいかわからない[他動詞 know の目的語; ⇒ A 1]. 語法 同じ動詞以下を繰り返さず疑問詞+to だけにすることがある: I want to make it but I don't know *how to*. それを作りたいけど作り方がわからない // It was hard to decide *whether to take* the job or not. その仕事を引き受けるかどうか決めるのは大変だった [他動詞 decide の目的語] / *How to persuade* the students is the question. いかにして学生たちを説得するかが問題だ [主語; ⇒ A 6]. 語法 「for [of]+名詞・代名詞+to 不定詞」の語順で for [of] に続く語が不定詞の表わす行為や状態の主体を表わすことがある; ⇒ for 前 B, of 12, **巻末文法** 8.1 (1).

B [副詞的に用いて]

❶ [目的を表わして] **...するために**, ...するように, ...であるため[よう]に; ...しようと, ...であろうと《⇒ in order to do (order 名 成句), so as to do (so¹ 接 成句)》: I came here *to see* you. 私はあなたに会いに来ました / We eat *to live*; we don't live *to eat*. 我々は生きるために食べるのだ. 食べるために生きるのではない.

❷ [原因・理由・判断の根拠などを表わして] **...して**; **...する[である]とは**: I'm very glad *to see* you again. またお会いできてうれしい / I'm surprised *to hear* of his failure. 私は彼が失敗したと聞いて驚いている / I was foolish [a fool] *to spend* so much. そんなに金を使うなんて私は愚かだった. 語法 この文は次のようにも言える《⇒ of 12》: It was foolish *of* me *to spend* so much.

❸ [条件を表わして] **...するとすれば**, ...であるとすれば, ...した[だった]とすれば《⇒ **巻末文法** 11.2》: He'd be glad *to hear* that. 彼はそれを聞けば喜ぶだろう / He'd be stupid *not to accept* this offer. この提案を受け入れないとしたら彼はどうかしている.

❹ [結果を表わして] (そして)**...となる**, (それから)**...する**: The rocket went up into space, *never to return*. 《格式》ロケットは宇宙空間へ行ったきり二度と帰らなかった / She lived *to be* eighty. 彼女は80歳まで生きた // ⇒ only to do (2) (only 副 成句).

❺ [形容詞・副詞を修飾して] **...するほど**, ...であるほど; **...するには**, ...であるには: I was too busy *to attend* the meeting. とても忙しくて会議に出席できなかった《⇒ too ... to do (too² 成句)》/ He isn't famous enough *to be* invited to this party. 彼はこの会に招かれるほど有名ではない.

❻ [形容詞(+名詞)に続いて; ⇒ B 2] **...するのに(~で)**: 「That question is easy [That's an easy question] *to answer*. その質問は答えるのが簡単だ / She's hard *to please*. 彼女は気難しい.

> 語法 **〈easy [difficult] to do〉型**
> (1) 🔍 上の文の to 不定詞の動詞は他動詞で前の名詞や代名詞はその意味上の目的語になり, それぞれ It is easy to answer that question. / It is hard to please her. という文と同じような意味を持つ《⇒ A 3》.
> (2) 名詞に続くこともある: Sue is fun [a pleasure] *to be* with. (= It is fun [a pleasure] to be with Sue.) スーはいっしょにいると面白い[楽しい].

Bob is slow *to react*. ボブは反応が遅い. 語法 この文は次のようにも言える: Bob is slow in reacting. // I'm eager [reluctant] *to meet* her. 私は彼女に会いたい[会いたくない].

❼ [独立用法] **...すれば**, ...すると. 語法 to 不定詞が文中の他の要素と直接には文法上の関係がなく, 文全体を修飾するような用法で, 普通は決まった言い方に限られる: *to begin* with まず第一に / *to make* a long story short かいつまんで言えば / *To tell* the truth, she was a disappointment to me. 実を言うと私は彼女にはがっかりした.

C [形容詞的に, 限定的に用いて] **...するための**, ...すべき[するような].

(1) [to 不定詞が他動詞の場合]

> 語法 🔍 **〈something to do〉型**
> 名詞または代名詞がそれに続く to 不定詞の意味上の目的語の関係にある: I want something *to eat*. 何

T

か食べるものが欲しい / He has a large family *to support*. 彼には養うべき大家族がある / There's nothing *to discuss* at today's meeting. きょうの会議では何も討議することはない.

(2) [自動詞の to 不定詞＋前置詞, または前置詞を伴う 3 語以上から成る句動詞の to 不定詞の場合]

語法 **〈a house to live in〉型**
名詞または代名詞は後の前置詞の目的語の関係になる: a house *to live in* 住む家 / There's nothing *to be afraid of*. 何も恐れることはない / I have no friends *to talk with*. 私には共に語り合う友はいない.

(3) [to 不定詞が自動詞であるかまたは他動詞の受身の場合]

語法 **〈the first person to come〉型**
名詞または代名詞がそれに続く to 不定詞の意味上の主語の関係にある: the days *to come* 来たるべき時代, 将来 / the first man *to go* out 最初に立ち去る男 / the next thing *to be considered* 次に考慮されるべき事柄.

(4) [その他の場合]: They failed in their attempt *to climb* the mountain. 彼らはその登山に失敗した / It's time *to go* to bed. 寝る時間だ / I have no words *to express* my gratitude. 何ともお礼のことばもございません.

T

「名詞＋to 不定詞」型の名詞のいろいろ
[例] He had a ***chance to*** see the painting. 彼はその絵を見る機会があった. **decision** (...する)決定 / **effort** (...する)努力 / **need** (...する)必要 / **offer** (...するという)申し出 / **opportunity** (...する)機会 / **plan** (...する)計画 / **promise** (...するという)約束 / **wish** (...したいという)願い

D (1) [going の後で] ⇒ going to の項目. (2) [have または have got の後で] ⇒ have to の項目; have got to の項目. (3) [ought の後で] ⇒ ought. (4) [used の後で] ⇒ used to[1] の項目.

E [V+C (*to* 不定詞)] の動詞型で; ⇒ A 5, 動詞型解説 II 2. 6 (巻末)] 語法 動詞(V)が be, seem, appear のような不完全自動詞または受身の場合. なお V が be の場合については ⇒ be to の項目. ...**することになって**, ...のようで, ...であって: The house is *to rent*. この家は貸し家だ / The meeting is *to be held* next Tuesday. 会議は次の火曜日に開かれる / She seemed *to be surprised* at the news. 彼女はその知らせにびっくりしたようだった / She was seen *to go* out of the room with him. 彼女はその部屋から彼といっしょに出ていくところを見られた《⇒ see ㊀ 1 の 2 番目の 語法》.

F (1) [V+O+O (*to* 不定詞)], [V+O+C (*to* 不定詞)] の動詞型で; ⇒ 動詞型解説 II 4. 2 および II 5. 7 (巻末)] (...に)〜**することを**, (...に)〜であることを; (...が)〜する[である]ことを: I promised my friend *to keep* it secret. 私はそれを秘密にしておくことを友人に約束した / The police ordered the crowd *not to stay* there. 警察は群衆にそこに立ち止まらないように命じた / I believe this *to be* a mistake. これは間違いだと思う / The rumor was found *to be* true. そのうわさは事実だと判明した. (2) [V+O+O (*wh* 句)] の動詞型で; ⇒ A 6; 動詞型解説 II 4.4 (巻末)]: Could you tell me *how to* get to the station? 駅へどう行けばよいか教えてくれませんか.

G [to＋have＋過去分詞で完了不定詞をつくる]

語法 単純形の不定詞は「時」については特に何も表わさないか, または述語動詞と同じ「時」を表わすのに対して, 完了形の不定詞は述語動詞の示す時より「以前の時」におけることや, その時までに完了したことを示す.

❶ **...であった**, ...であったようで: 言い換え He *seems to have been* ill. (= It *seems* that he *was* [*has been*] ill.) 彼は病気だったようだ / 言い換え He *seemed to have been* ill. (= It *seemed* that he *had been* ill.) 彼は(その時まで[その時以前に])病気だったようだった / I'*m* sorry *to have troubled* you. ご迷惑をおかけして申しわけありませんでした.

語法 🔍 以上の文を, 単純形の不定詞を用いた以下の文と比較: 言い換え He *seems to be* ill. (= It *seems* that he *is* ill.) 彼は病気のようだ / 言い換え He *seemed to be* ill. (= It *seemed* that he *was* ill.) 彼は(その時)病気のようだった / I'*m* sorry *to trouble* you. ご迷惑をおかけして申しわけありません《これから物を頼むとき》.

言い換え He *was believed to have taken* part in the fighting. (= It *was believed* that he *had taken* part in the fighting.) 彼はその戦いに加わっていたと思われていた.

❷ [意図・期待を表わす(過去形の)動詞の目的語として実現されなかったことを表わす]: I meant *to have finished* it by last week. 私はそれを先週までに終えるつもりだった(が, できなかった). 語法 この完了不定詞の用法は使用頻度が低く, 誤りとする見方もある. 次の形のほうが普通: I (had) meant to finish it by last week.

❸ (1) [ought の後で] ⇒ ought 2 (2) (2) [was または were の後で] ⇒ 項目 be to の 7.

to[3] /túː/ 副 ❶ 正常の状態へ; 意識を取り戻して《⇒ bring to (bring 句動詞), come to (come 句動詞)》. ❷《主に英》(ドアなどが)閉まった状態に, 停止の状態に, ぴったりと: Pull the door *to*. ドアをきちんと引いて(閉めて)おいて. **tó and fró** ⇒ fro.

toad /tóʊd/ 名 C ひきがえる. 関連 frog (一般に)かえる.

toad·stool /tóʊdstùːl/ 名 C きのこ; 毒きのこ.

toad·y /tóʊḍi/ 名 (toad·ies) C ごまをする人. — 動 (toad·ies; toad·ied; -y·ing) 自 ごまをする (*to*).

to-and-fro /túːənfróʊ/ 形 限定 あちこちに動く, 行ったりきたりの. — 名 U [しばしば the 〜]《略式》あちこちに動くこと, 往来, 行きかい (*of*).

+**toast**[1] /tóʊst/ 名 U **トースト**《⇒ bread 表》: two pieces [slices] of *toast* トースト 2 枚 / buttered [dry] *toast* バターをつけた[つけない]トースト / make *toast* トースターでパンを焼く.

(as) wárm as tóast [形]《英》(人(の体)・部屋などが)暖かい, 心地よく[ぽかぽかと]暖かい.

— 動 (toasts /tóʊsts/; toast·ed /〜ɪd/; toast·ing) 他 ❶ (...)を**こんがり焼く**; 火であぶる《⇒ roast 表》: *Toast* two slices (of bread), please. パンを 2 枚焼いてください. ❷ (体・足など)を火でよく温める.

toast[2] /tóʊst/ 名 ❶ C 乾杯: We drank a *toast to* the bride and groom. 私たちは新郎新婦のために乾杯した

/ I'd like to propose a *toast to* our success. 私たちの成功を祝って[祈って]乾杯したいと思います. 参考 「乾杯!」の発声には "Cheers!" のほかに "To your health!" "To our happiness!" などがある. ❷ [the ~] (地域の)賞賛の的になる人[物]; 人気の的 (*of*).
— 動 他 (...)のために祝杯をあげる, 乾杯する: *toast* the new couple 新婚夫婦のために乾杯する / We *toasted* his health *with* [*in*] wine. 彼の健康を祝してワインで乾杯した.〖語源 祝杯に toast[1] のかけらを入れたことから〗

toast·er /tóʊstɚ | -tə/ 名 C トースター (⇒ kitchen 挿絵).

toast·mas·ter /tóʊstmæ̀stɚ | -mɑ̀:stə/ 名 C 乾杯の音頭をとる人; (宴会の)司会者.

toast·y /tóʊsti/ 形《略式》暖かくて心地よい.

+**to·bac·co** /təbǽkoʊ/ ❗アク 名 (~s /~z/) U (**刻み**)**たばこ**《特にパイプ・きせるに詰める刻みたばこ; たばこ製品の総称としても用いる》: a pipe full of *tobacco* たばこのつまったパイプ. 語法 種類をいうときには C: This is a special blend of the finest *tobaccos*. これは最良のたばこを特別な方法で混ぜたものだ.

to·bac·co·nist /təbǽkənɪst/ 名 C たばこ屋《人》; [ときに tobacconist's として] たばこ店.

-to-be /təbí:/ [名詞の後に置いて] これから...となる(人): his bride-*to-be* 彼の将来の花嫁 / the world-*to-be* 来たるべき世界.

to·bog·gan /təbɑ́(:)gən | -bɔ́g-/ 名 C トボガン, リュージュ《小型のそり》. — 動 自 トボガンで滑り降りる.

To·by /tóʊbi/ 名 固 トービー《男性[犬]の名》.

toc·ca·ta /təkɑ́:ṭə/ 名 C〘音楽〙トッカータ《鍵盤楽器のための技巧的な曲》.

***to·day** /tədéɪ, tə-/

— 副 ❶ **きょう(は)**, 本日(は), きょう中に: I'm busy *today*. 私はきょうは忙しい / I've been busy *today*. きょうは忙しかった (⇒ have[2] 1 (1) 語法 (3)) / I met Mr. Black *today*. きょうブラックさんに会った / I'll do it *today*. それはきょうしよう. 語法 間接話法では today が that day などに変わることがある (⇒ **巻末文法** 14.2 (1)). 関連 yesterday きのう / tomorrow あす.
❷ **今日**(こんにち)**では**, 現在では [≒nowadays]; [名詞の後で形容詞的に用いて] 現在の, 最近の: Traveling by plane is quite commonplace *today*. 飛行機の旅は今ではごく一般的だ / Young people *today* think differently. 最近の若者は考え方が違う.
— 名 ❶ U **きょう**, 本日: *Today* is Sunday. きょうは日曜日だ / I read it in *today's* newspaper. それはきょうの新聞で読んだ.
❷ U **今日**(こんにち), 現代, 現在: today's world 今日の世界 / the students *of today* 現代の学生たち.
〖語源 ⇒ to[1], day〗

tod·dle /tɑ́(:)ḍl | tɔ́dl/ 動 自 ❶ (赤ん坊が)よちよち歩く. ❷ [副詞(句)を伴って]《略式, 主に英》(ぶらっと)歩いて出かける.

tod·dler /tɑ́(:)dlɚ | tɔ́dlə/ 名 C 歩き始めの幼児.

tod·dy /tɑ́(:)ḍi | tɔ́di/ 名 (tod·dies) U,C トディー《ウイスキーなどに湯・砂糖(・香料)を加えた飲み物》.

to-do /tədú:/ 名 [単数形で]《略式》大騒ぎ.

+**toe** /tóʊ/ ❗発音 (同音 tow) 名 (~s /~z/) ❶ C **足の指**(の1本) (⇒ leg 挿絵; finger 表), つま先: the big *toe* 足の親指 / the third [little] *toe* 足の中[小]指 / The boy stood ***on*** his ***toes*** to look out of the window. その少年はつま先で立って窓の外を見た // ⇒ tiptoe. ❷ C (靴・靴下の)足指に当たる部分, つま先.

díp a [one's] **tóe ìnto** [**in**] **the wáter(s)** [動] 他《略式》新しいことを(試しにちょっと)やってみる. 語法 the water(s) の代わりに具体的な名詞がくることもある.

kéep ... on ...'s tóes [動] 他 (人)に(いつでも対応できるように)準備させておく, 油断させない: He sometimes gives a test without warning and that *keeps* his students *on their toes*. 彼は時々抜き打ちでテストをするので学生は気が抜けない.

stép [**tréad**] **on ...'s tóes** [動] (口出しをして)...の感情[気分]を害する.

— 動 (toes; toed; toe·ing) [次の成句で] **tóe the líne** [動] 自 規則[命令]に従う.

TOEFL /tóʊfl/ 名 固 トーフル《主に米国への留学を希望する外国人対象の英語学力テスト; 商標; *T*est *o*f *E*nglish as a *F*oreign *L*anguage の略》.

toe·hold /tóʊhòʊld/ 名 ❶ C [普通は単数形で] 足がかり, よりどころ (⇒ foothold): gain [get] *a toehold in* the market 市場に足場を得る. ❷ C〘登山〙足指がかり.

TOEIC /tóʊɪk/ 名 固 トーイック《英語によるコミュニケーション能力を測る学力テスト; 商標; *T*est *o*f *E*nglish for *I*nternational *C*ommunication の略》.

toe·nail /tóʊnèɪl/ 名 C 足の指のつめ.

toe-to-toe /tóʊtətóʊ←/ 副 形 限定《略式》(戦い・議論などで)一歩も引かず[ない].

tof·fee /tɔ́:fi | tɔ́fi/ 名 U,C トフィー《砂糖とバターを煮つめて中に落花生などを入れた菓子》.

tóffee àpple 名 C《英》= candy apple.

to·fu /tóʊfu:/ ≪日本語から≫ 名 U 豆腐 [≒bean curd].

tog /tɑ́(:)g, tɔ́:g | tɔ́g/ 名 ❶ [複数形で]《古風, 略式》衣服. ❷ C《英》トグ《布の暖かさの単位》.

to·ga /tóʊgə/ 名 C トーガ《古代ローマ市民が着た緩(ゆる)やかな外衣》.

***to·geth·er** /tʊgéðɚ, tə- | -ðə/

— 副 ❶ **いっしょに**, 共に, 一か所に: Shall we have dinner *together* tomorrow? あす夕食をごいっしょしませんか. / live *together* いっしょに暮らす / keep the documents *together* 書類を一か所にまとめておく.
❷ **合わせて**, いっしょにして; 互いに: add the numbers *together* 数字を合計する / Tie the ends of the rope *together* and make a loop. このロープの両端をつないで輪を作ってください / How much is it all *together*? 全部でいくらですか / This is more valuable than all the others (put) *together*. これは他のもの全部を合わせたよりも価値がある / taken *together* 合わせて考えてみると.
❸ **同時に**, いっせいに: They cried out *together*. 彼らはいっせいに大声をあげた / Misfortunes will happen *together*. 不幸は一時に起こるものだ. ❹ 協力[一致]して: We stand *together* 「in abolishing the law [on this issue]. 私たちはその法律を廃止する点で[この問題について]一致している. ❺ まとまって, 緊密に: He can't even put a simple sentence *together*. 彼は簡単な文章ひとつ満足に書けない. ❻ 結婚して, 恋愛関係を持って.

togéther with ... [前] ...と共に, ...に加えて; ...もまた: A textbook, *together with* a workbook, was given to each one of us. ワークブックと教科書が私たち一人一人に与えられた.

— 形 S (人が)しっかりした, 落ちついた.

to·geth·er·ness /təgéðənəs, tə-|-ðə-/ 名 U 連帯感, 一体感, 親しみ.

tog·gle /tá(ː)gl|tɔ́gl/ 名 ❶ C トグル《ボタンの代わりに衣服の合わせ目を留める留め木》. ❷ C 〔コンピュータ〕トグル《同一の操作で 2 つの状態を交互に切り替えるキー》. ― 動〔コンピュータ〕自 (トグルで)切り替える. ― 他 (トグルで)(...)を切り替える.

toil /tɔ́ɪl/ 動 自 ❶《格式》骨を折って働く, 一生懸命に仕事をする [≒labor]: She *toiled away* all morning *at* her homework. 彼女は午前中ずっと宿題に精を出した. ❷ [副詞(句)を伴って]《格式》苦労して進む: *toil up* a hill 苦労して坂道を登る. ― 名 U《格式》苦労; つらい仕事, 疲れる仕事《⇒ work 類義語》.

****toi·let** /tɔ́ɪlət/ 名 (toi·lets /-ləts/) ❶ C 便器《⇒ bathroom 挿絵》: I flushed the *toilet.* 私はトイレの水を流した.
❷ C《主に英》トイレ, 洗面所 [《米》bathroom]《⇒ bathroom 語法》. 参考 米国では toilet は直接的な表現なので, 個人の家のものには bathroom, 公共の場のものには restroom, men's room, washroom, women's [ladies'] room などを用いるのが一般的. ❸ U《古風》身だしなみ; 化粧: *toilet* articles 化粧用品《ヘアブラシ·くし·鏡など》.

tóilet pàper 名 U トイレットペーパー, ちり紙《⇒ bathroom 挿絵》.

toi·let·ries /tɔ́ɪlətriz/ 名 複 (歯みがき·せっけんなどの)洗面用品.

tóilet ròll 名 C《主に英》トイレットペーパーのひと巻き《⇒ bathroom 挿絵》.

toi·let-train /tɔ́ɪləttrèɪn/ 動 他 (幼児)にトイレのしつけをする.

toi·let-trained /tɔ́ɪləttrèɪnd/ 形 (幼児が)トイレのしつけができた.

tóilet tràining 名 U (幼児への)トイレのしつけ. 関連 training pants トイレのしつけ用パンツ.

tóilet wàter 名 U (香りが薄めの)香水.

+**to·ken** /tóʊk(ə)n/ 名 (~s /~z/) ❶ C 代用硬貨《メダル状のバス·地下鉄などの乗車券, ゲーム機のメダル·チップなど》: insert a *token* into the slot machine スロットマシーンにメダルを 1 枚入れる.
❷ C《格式》印(しるし), 証拠, 象徴; 記念[印]の品物《⇒ sign 類義語》: They wore black ribbons as a ***token of*** mourning. 彼らは喪[お悔やみ]の印として黒いリボンをつけた / a love *token* 愛の印《贈り物など》. ❸ C《英》商品券 [《米》gift certificate].
by the sáme tóken [副] つなぎ語 [前に述べたことを受けて] (それと)同様の理由[論法]で, 同様に.
― 形 限定 [軽蔑的] 名目[形]だけの; ささやかな: the *token* woman on the committee (性差別がないように見せるための)名目だけの女性委員.

to·ken·i·sm /tóʊkənɪ̀zm/ 名 U (公正に見せかけるための)表面的な対策, 名ばかりの人種[性]差別撤廃.

*****told** /tóʊld/ 動 tell の過去形および過去分詞.

tol·er·a·ble /tá(ː)l(ə)rəbl|tɔ́l-/ 形 ❶《格式》悪くはない, まあまあの: *tolerable* weather まずまずの天気 / Meg has a *tolerable* knowledge of Japanese literature. メグは日本文学について一応の知識を持っている. ❷ 我慢できる, 許容できる [⇔ intolerable]: Do you feel this much noise is *tolerable*? これぐらいの騒音なら我慢できると思いますか.

tol·er·a·bl·y /tá(ː)l(ə)rəbli|tɔ́l-/ 副 我慢できるほどに; 一応, まあまあ [≒fairly].

+**tol·er·ance** /tá(ː)l(ə)rəns | tɔ́l-/ 名 (-er·anc·es /~ɪz/) ❶ U (他人の意見·行動に対する)寛容, 寛大さ (*for, of, toward*) [⇔ intolerance]: religious *tolerance* 宗教的寛容さ / have *tolerance* 寛容である. ❷ C,U (苦痛·苦難などに対する)我慢(強さ), 忍耐力 (*for, of, to*). ❸ C,U〔医学〕(薬·毒物などに対する)耐性, 許容度 (*for, of, to*). ❹ C,U〔機械〕公差, 許容誤差. (動 tóleràte)

tol·er·ant /tá(ː)l(ə)rənt|tɔ́l-/ 形 (他人の意見や行動に対して)寛容な, 寛大な; (動植物が)耐性がある [⇔ intolerant]: He was *tolerant of* the faults of others. 彼は他人の欠点について寛容だった. (動 tóleràte)
~·ly 副 寛容に, 寛大に.

+**tol·er·ate** /tá(ː)lərèɪt|tɔ́l-/ 動 (-er·ates /-rèɪts/; -er·at·ed /-ṭɪd/; -er·at·ing /-ṭɪŋ/) 他 ❶ (異なる意見·嫌いなものなど)を大目に見る, 許容する, 寛大に取り扱う: 言い換え I can't *tolerate* your carelessness. = I can't ***tolerate*** your be***ing*** careless. V+O (動名) 私は君の不注意を許容できない.
❷ (...)を我慢する, (...)に我慢してつき合う: The people could no longer *tolerate* the dictator. 国民はもうその独裁者に我慢がならなくなった.
(名 tòlerátion, tólerance, 形 tólerant)

tol·er·a·tion /tà(ː)ləréɪʃən|tɔ̀l-/ 名 U 大目に見ること, 許容, 寛容; 我慢すること. (動 tóleràte)

+**toll**[1] /tóʊl/ 名 (~s/~z/) ❶ C [普通は単数形で] 死傷者数, 犠牲者数; 犠牲, 代価, 損害: The death *toll* in the accident was fifty. その事故の死者数は 50 人だった. ❷ C (道路·橋などの)通行料金;《主に米》長距離電話料: pay a *toll* to cross the bridge その橋を渡るために料金を払う.
táke its [their] tóll = táke a (héavy) tóll [動] 自 (物事が長期間にわたって)悪影響[被害]をもたらす, (人命などを)大量に奪う: The stressful job *took its toll on* his health. ストレスの多い仕事で彼は健康を害した.
〖語源 ギリシャ語で「税金」の意〗

toll[2] /tóʊl/ 動 他 ❶ (晩鐘·弔(とむら)いの鐘など)をゆっくり一定の調子でつく, 鳴らす (*for*). ❷ (鐘·時計が)(時刻)を打つ, 告げる; (人の死など)を鐘で報じる. ― 自 (鐘が)ゆっくり一定の調子で鳴る (*for*). ― 名 [単数形で] (ゆっくり間をおいて鳴る)鐘の音.

toll·booth /tóʊlbùːθ/ 名 C 料金(徴収)所《有料の道路·橋などで徴収員のいるボックス》: TOLLBOOTH AHEAD この先料金所《標識》.

tóll brìdge 名 C 通行料を取る[有料の]橋.

toll-free /tóʊlfríː⁻/ 形《米》(電話が)料金不要の, 無料の: a *toll-free* number フリーダイヤル(の電話番号). ― 副《米》(電話が)料金不要で, 無料で. 日英 「フリーダイヤル」は和製英語.

toll·gate /tóʊlgèɪt/ 名 C (有料道路などの)料金所.

tóll ròad 名 C 有料道路.

Tol·stoy /tá(ː)lstɔɪ, tóʊl-|tɔ́l-/ 名 固 Le·o /líːoʊ/ ~ トルストイ (1828–1910)《ロシアの作家》.

Tom /tá(ː)m|tɔ́m/ 名 固 トム《男性の名; Thomas の愛称》.

tom·a·hawk /tá(ː)məhɔ̀ːk|tɔ́m-/ 名 C (アメリカ先住民の)戦(いくさ)おの, まさかり.

+**to·ma·to** /təméɪṭoʊ | -máː-/ ❗アク 名 (~es /~z/) C,U トマト, トマトの実.

tomáto jùice 名 U トマトジュース《⇒ juice 日英》.

tomb /túːm/ ❗発音 -mb で終わる語の b は発音しない. 名 C 墓《普通は墓石のある大きなもの; ⇒ grave[1] 表》,

墓穴; 納骨堂: visit the president's *tomb* 大統領の墓に詣でる.

tom·boy /tá(ː)mbɔ̀ɪ|tɔ́m-/ 名 C おてんば娘.

tomb·stone /túːmstòʊn/ 名 C 墓石, 墓碑.

tom·cat /tá(ː)mkæ̀t|tɔ́m-/ 名 C 雄猫.

tome /tóʊm/ 名 C 《格式》大きな本, 大冊.

tom·fool·er·y /tà(ː)mfúːl(ə)ri|tɔ̀m-/ 名 U 《古風》愚行.

Tom·my /tá(ː)mi|tɔ́mi/ 名 固 トミー《男性の名; Thomas の愛称》.

⁑to·mor·row /təmá(ː)roʊ, tə-, -mɔ́ːr-|-mɔ́r-/

— 副 **あす(は), 明日(は):** I'll be free *tomorrow*. あすは暇です / We're going to leave *tomorrow*. 私たちはあす出発するつもりだ. 語法 間接話法では tomorrow が the day after, the next [following] day などに変わることがある《⇒ **巻末文法** 14.2 (1)》. 関連 today きょう / yesterday きのう.

tomórrow wéek ⇒ week 成句.

— 名 ❶ U **あす, 明日:** *Tomorrow* is Monday. あすは月曜日だ / Don't put it off till *tomorrow*. それはあすまで延ばすな / *Tomorrow* never comes. 《ことわざ》あすは決して来ない(きょうすべきことはきょうのうちにせよ) / *Tomorrow* is another day. 《ことわざ》あすという日もある(明日は明日の風が吹く, だから希望を捨てるな) / You'll read the news in *tomorrow's* paper. それはあすの新聞に出るだろう.

❷ [形容詞的に] **あすの,** 明日の: Our ship will set sail *tomorrow* morning [afternoon, evening, night] from San Francisco. 私たちの船はあすの朝[午後, 晩, 夜]サンフランシスコを出帆する. ❸ U,C (近い)将来, 未来: a bright [rosy] *tomorrow* 明るい将来[ばら色の未来] / the Japan *of tomorrow* = *tomorrow's* Japan 将来[明日]の日本.

lìke there is nó tomórrow [副] (出費などで先のことなど考えもせずに)ぱっぱと, やみくもに.

the dáy àfter tomórrow [副·名] **あさって, 明後日:** School begins [will begin] *the day after tomorrow*. 学校はあさってから始まる. 語法 副詞的に用いるときは《米》では the を省略することがある.

〖語源 元来は「朝に」の意で,「翌朝」から「翌日」となった; ⇒ to¹, morrow〗

Tom Saw·yer /tá(ː)msɔ́ːjə|tɔ́msɔ́ːjə/ 名 固 トム ソーヤー《マーク トウェイン (Mark Twain) の小説に登場する正義感の強いいたずらっ子》.

tom-tom /tá(ː)mtà(ː)m|tɔ́mtɔ̀m/ 名 C トムトム《アメリカ先住民やインド·アフリカの先住民が使う平手で打つ胴長の太鼓》.

⁑ton /tʌ́n/ (同音 tonne)

— 名 (~s /~z/, ~) ❶ C **トン**《重量の単位, 20 ハンドレッドウェート (hundredweight); 米国では約 907 キログラム (short ton), 英国では約 1016 キログラム (long ton); 略 t.; ⇒ pound¹ 表》: 言い換え The elephant weighs about a *ton*. = The elephant is about a *ton* in weight. その象は約 1 トンの重さがある. ❷ C (メートル)トン (metric ton)《1000 キログラム》. ❸ C トン《船の大きさ·積載量を示す; 100 立方フィート》. ❹ [a ~ または ~s]《略式》大変な重さ; たくさん; [副詞的に] とても, かなり: weigh *a ton* ひどく重い / I have *tons of* homework. 宿題が山ほどある.

ton·al /tóʊn(ə)l/ 形 音調の; 色調の. (名 tone)

to·nal·i·ty /toʊnǽləṭi/ 名 (-i·ties) U,C 〔音楽〕調性; (長短の)調《イ長調など》.

***tone** /tóʊn/ 名 (~s /~z/) ❶ C **口調**, 語気; (演説などの)格調; (新聞などの)論調: speak in a commanding *tone* 命令口調で話す / I could tell from his *tone* of voice that he didn't like me. 彼の口調から私は彼に嫌われているとわかった / The *tone* of the press was favorable to the new policy. 新聞の論調は新政策に好意的だった.

❷ C,U (音·声·楽器の)**調子**, 音色, 音質: She spoke in a low *tone*. 彼女は低い調子で話した / I like the clear *tones* of a violin. 私はバイオリンの澄んだ音色が好きだ. ❸ [単数形で] (一般的な)傾向, 風潮, 気風; (全体の)雰囲気; 品位, 気品: lower the *tone of* the conversation 会話の品位を落とす / The *tone of* the conference was positive. 会議は前向きな雰囲気だった / The first song set the *tone for* the rest of the concert. 最初の曲がコンサートの雰囲気を作り上げた. ❹ C 色調, 色合い, 濃淡《⇒ color 類義語》: a light *tone* of pink ピンクの薄い色 / a picture in warm *tones* 暖かい色調の絵. ❺ U 〔生理〕(体の)正常な状態; (筋肉などの)しまり具合: good muscle *tone* 筋肉がよく引き締まっていること. ❻ C 〔音楽〕楽音; 《主に英》全音《⇒ step 名 9》. ❼ C (電話などの)合図の音《ツー, ピーといった音》: Please leave a message after the *tone*. ピーという音に続いてメッセージをお願いします. 関連 dial tone 《米》電話の発信音. ❽ C 〔音声〕音の高低; 声調, 音調. (形 tónal)

— 動 他 (筋肉·肌など)を引き締める (*up*).

— 自 (色彩などが)調和する (*with*).

tóne dówn [動] 他 (ことば)の調子を抑える; (色調)を控えめにする.

tóne ín [動] 自《英》(色などが)(...と)調和する (*with*).

tone-deaf /tóʊndéf←/ 形 音痴の.

tone·less /tóʊnləs/ 形 抑揚のない; 単調な; 生気のない.

ton·er /tóʊnɚ|-nə/ 名 ❶ U (コピー機などの)トナー. ❷ U,C 化粧水.

Ton·ga /tá(ː)ŋgə|tɔ́ŋ-/ 名 固 トンガ《南太平洋にある諸島·王国》.

tongs /tá(ː)ŋz, tɔ́ːŋz|tɔ́ŋz/ 名 複 物をつまむ[つまみ上げる]道具《やっとこ·火ばし·砂糖ばさみなど》, トング; ...ばさみ: a pair of *tongs* 火ばし 1 丁 / ice [sugar] *tongs* 氷[角砂糖]ばさみ.

+tongue /tʌ́ŋ/ ❗発音 名 (~s /~z/) ❶ C **舌:** the tip of the *tongue* 舌先 / click one's *tongue* 舌打ちする / I burned my *tongue* badly. 舌をひどくやけどした. ❷ C 《文語》言語 [≒language]: His native *tongue* is English. 彼の母語は英語だ. 関連 mother tongue 母語. ❸ C ことば; ことばづかい; 話しぶり: She has a sharp *tongue*. 彼女は毒舌家だ. ❹ C 舌の形をした物《炎など》; (靴の)舌革: a *tongue* of land 細長く突き出た陸地, 岬. ❺ U,C 〔料理〕タン《牛·羊などの舌の肉》: *tongue* stew タンシチュー.

a slíp of the tóngue [名] 言い間違い, 失言.

bíte one's **tóngue** [動] 自 本音を控える.

fínd one's **tóngue** [動] 自《略式》(驚いたりした後で)やっと口がきけるようになる.

hóld one's **tóngue** [動] 自 Ⓢ《古風》黙っている, 口を慎む.

on the típ of one's **tóngue** [形·副] (人の名前などが)口先まで出かかって(いるのに出ない).

stíck one's **tóngue òut** [動] (...に向かって)舌を出

す (*at*)《軽蔑のしぐさ》; 舌を見せる《診察のときなど》.

with one's **tóngue in** one's **chéek = (with) tóngue in chéek** [副] 本気ではなく; 冗談で.

tongue-in-cheek /tʌ́ŋɪntʃíːk←/ 形 本気ではない, 冗談の, ふざけた. — 副 冗談で, ふざけて.

tongue-tied /tʌ́ŋtàɪd/ 形 口がきけない, 物も言えない《当惑·はにかみなどで》.

tóngue twìster 名 C 早口ことば, 舌をかみそうな語句《Peter Piper /páɪpɚ | -pə/ picked a peck of pickled pepper. (ピーターパイパーは漬物のとうがらしを1ペック取った) / She sells seashells on the seashore. (彼女は海辺で貝殻を売っている), など》.

ton·ic /tɑ́(ː)nɪk | tɔ́n-/ 名 ❶ U,C = tonic water. ❷ C 強壮剤; C,U ヘアトニック; 化粧水. ❸ C [普通は単数形で] 元気の源. ❹ C 〔音楽〕主音.

tónic wàter 名 U,C トニックウォーター, (炭酸)キニーネ水, 炭酸飲料《ジン (gin) などを割る》.

T

*****to·night** /tənáɪt, tə-/ ✪ -ght で終わる語の gh は発音しない.

— 副 **今夜(は), 今晩(は)**: I'm [I'll be] free *tonight*. 今夜は暇だ[になる] / What's on *tonight*? 今晩(テレビで)何やってる? 語法 間接話法では tonight が that night などに変わることがある(⇒ **巻末文法 14.2 (1)**).

— 名 U **今夜, 今晩**: Do you have any plans for *tonight*? 今晩何か予定ある? / *tonight's* TV programs 今夜のテレビ番組.

〖語源 ⇒ to¹, night〗

ton·nage /tʌ́nɪdʒ/ 名 U,C (船の)トン数; (積み荷などの)トン数.

tonne /tʌ́n/ (同音 ton) 名 (複 ~(s)) C メートルトン《1000 キログラム》.

ton·sil /tɑ́(ː)ns(ə)l | tɔ́n-/ 名 C [普通は複数形で] へんとうせん.

ton·sil·li·tis /tɑ̀(ː)nsəláɪṭɪs | tɔ̀n-/ 名 U へんとうせん炎.

ton·sure /tɑ́(ː)nʃɚ | tɔ́nʃə/ 名 C 剃髪(ていはつ)部.

ton·y /tóʊni/ 形 (ton·i·er; -i·est)《米略式》高級な, しゃれた.

To·ny /tóʊni/ 名 固 ❶ トニー《男性の名; Anthony または Antony の愛称》. ❷ (複 ~s) トニー賞《米国で毎年演劇界の優れた業績に対して与えられる》.

*****too¹** /túː/ (同音 to³, two, #to¹)

— 副 ❶ (...も)また [≒also]: Are yóu going, *tóo*? あなたも行きますか / "I'm hungry." "Í'm hungry, *tóo*." 「おなかすいたな」「私もすいた」(✪《略式》では Me(,) too. ともよく言う; ⇒ me 成句) / She sings, and dánces, *tóo*. 彼女は歌を歌うし踊りも踊る.

> 語法 (1) also と同じ意味だが too のほうがくだけた感じの語. too とともに「...もまた」の意味がかかる語が強く発音される.
> (2) **too の位置**
> too は普通は文尾に置くが, 意味があいまいにならないよう修飾する語の直後に置くこともある: Í like singing, *tóo*. =《格式》Í(,) *too*(,) like singing. 私も歌を歌うのは好きだ / I like sínging, *tóo*. 私は歌を歌うのも好きだ.
> (3) **否定文での表現**
> 否定文に続く否定文では too や also の代わりに not ... either または neither を用いる: He did*n't* go to China, and Í did*n't* go, éither. = He did*n't* go to China, and *néither* did Í. 彼は中国へ行かなかった. 私もまた行かなかった.

❷ しかも, おまけに《驚き·憤りなどを表わす》: Ben called me up late at night. And he was drunk *tóo*! ベンが真夜中に電話をかけてきた. しかも酔っぱらって. ❸ [相手の否定を受けて]《略式, 主に米》(それどころか)本当[実際]は...だ: "I didn't promise to help you!" "You díd *tóo*!" 「私はあなたを手伝う約束なんてしなかった」「いや確かにしましたよ」

*****too²** /túː/ (同音 to³, two, #to¹)

— 副 [形容詞·副詞を強めて] ❶ (...には)**あまりにも, ...すぎる**. 語法「あまりに...なのでよくない, 役に立たない」などを意味することが多い: The box is *too* small. その箱は小さすぎる / This hat is much [far] ***too*** large ***for*** me. この帽子は私にはあまりに大きすぎる《much [far] は too を修飾する》/ He was (a little [bit]) *too* old *for* hunting. 彼は狩りをするには少し年を取りすぎていた / There are *too* many mistakes in your essay. あなたの作文には間違いが多すぎる / He had one drink *too* many. 彼はお酒を 1 杯多く飲みすぎた / It's *too* difficult a book *for* beginners. それは初心者には難しすぎる本だ(⇒ a² 最初の 語法 (2)).

> 語法 (1) **動詞を強める too much**
> 動詞を強めて「...しすぎる」の意を表わすには too much を用いる: You're worrying *too much*. あなたは心配のしすぎだ.
> (2) It's *too much of* a nuisance for us. (それは私たちにはやっかいすぎる)は普通の表現だが, It's *too hot* a day for tennis. (テニスには暑すぎる日だ)の代わりに It's *too hot of* a day for tennis. のように形容詞の後に of を入れるのは《米俗》で, やや非標準的.

❷ **非常に**, とても, すごく [≒very]; [否定文で] あまり(...ではない)《しばしば反対の意味を表わす控えめな表現として》: It's *too* kind *of* you. (= You are *too* kind.) (本当に)ご親切にありがとうございます(⇒ of 12) / I'm *not too* glad about this. 私はこのことをあまりうれしく思っていない(少々不満だ) / The book was *none too* easy. その本は少しも簡単ではなかった(⇒ none too ... (none 副 成句)) / This painting is *not too* bad. この絵は悪くない(なかなかのものだ) / "You look pale, Bob." "I'm not (feeling) *too* well today." 「ボブ, 顔色が悪いね」「きょうは気分があまりよくないんだ(実はかなり気分が悪い)」

áll tòo ... [副] (残念ながら)あまりにも...で《時間などについていう》: The party ended *all too* soon. パーティーはあっけなく終わってしまった.

be tóo múch ⇒ much 形 代 成句.

cánnot dó tòo ~ ⇒ can¹ 成句.

nóne tòo ... ⇒ none 副 成句.

ònly tóo ... ⇒ only 副 成句.

tòo ... for ～ to dó ～が―するには…すぎる, あまりにも…なので～は―できない: 言い換え This skirt is *too* small *for* me *to* wear.(= This skirt is *so* small *that* I *cannot* wear *it*.) このスカートは私がはくには小さすぎる(小さすぎて私にははけない). 語法 too ... to 構文では to 不定詞の目的語と文の主語が同一なら, 普通は目的語は省かれるが, so that の構文では省けないことに注意 // 言い換え It's *too* cold *for* me *to* go out. (= It's *so* cold *that* I *can't* go out.) 寒すぎてとても私には外出できない.

tóo ... nót to dó ～しないには…すぎる, …なので～できないことはない: He's *too* wise *not to* understand her motives. 彼は彼女の動機がわからないほどばかではない[賢いので動機がわからないはずはない].

tóo ... to dó ～するには…すぎる, あまりにも…なので～できない: 言い換え This rock is *too* heavy *to* move. (= This rock is *so* heavy *that* I *cannot* move it.) この石は重すぎて動かせない(⇒ too ... for ～ to do 語法) / 言い換え He was *too* tired *to* eat. (= He was *so* tired *that* he *could not* eat.) 彼はひどく疲れていて何も食べられなかった.

****took** /tók/ 動 take の過去形.

***tool** /tú:l/

― 名 (～s /～z/) ❶ C **道具**, 工具(⇒ 類義語): carpenter's *tools* 大工道具 / garden *tools* 園芸用具(シャベル・くま手など). ❷ C 仕事上の必要なもの; 手段: These books are the *tools* of my trade. これらの本が私の商売道具だ / The Internet can be a useful *tool for* learning. インターネットは知識を得る有効な手段になり得る. ❸ C (悪者などの)手先, お先棒 (*of*). ❹ C《卑語》ペニス.

類義語 **tool** 仕事を容易にするために手に持って使う小さい道具. 普通は台所用具には用いない. **instrument** 細かい正確な仕事をするための精巧な機具: optical *instruments* 光学機器. **implement** 簡単な道具, 特に農耕具や園芸用品: agricultural *implements* 農具. **utensil** 持ち運びできる家庭用品, 特に台所用具: kitchen *utensils* 台所道具. **device** 特定の目的に使われる小さな装置: an explosive *device* 爆破装置. **gadget** 特殊な用途の小道具: an electronic *gadget* 電子機器.

― 動 自《米略式》ドライブする (*along, around*).

tóol úp [動] 他 (工場など)に機械[工具]を備え付ける.

tool·box /tú:lbὰ(:)ks | -bɔ̀ks/ 名 C 道具箱.

tóol kìt 名 C 工具一式.

toot /tú:t/ 動 他 (車の警笛・笛など)を(短く)鳴らす, 吹く. ― 自 (警笛などが)(短く)鳴る. ― 名 C (警笛などの)短い音.

***tooth** /tú:θ/

― 名 (複 **teeth** /tí:θ/) ❶ C **歯**: a front [back] *tooth* 前[奥]歯 / a bad [decayed] *tooth* 虫歯 / false *teeth* 入れ歯 / Brush [《英》Clean] your *teeth* and wash your face. 歯を磨いて顔を洗いなさい(寝る前のしつけ) / I had a *tooth* ˹pulled (out) [《英》out]. 歯を 1 本抜いてもらった / The baby is cutting a *tooth*. 赤ちゃんは歯がはえはじめている / sink one's *teeth* into ... …にかみつく. ❷ C 歯の形をした[歯の働きをする]物(歯車・くし・くま手・のこぎりの歯など). ❸ C (食べ物の)好み, 嗜好(しこう): have a sweet *tooth* 甘いものが好き[甘党]だ. ❹ [複数形で] 威力, 強制力: have *teeth* (法律・組織などが)強制力をもつ.

báre one's **téeth** [動] 自 (怒って)歯をむき出す.

clénch [grít] one's **téeth** [動] 自 歯を食いしばる《怒りや苦痛を抑えるしぐさ》.

gét [sínk] one's **téeth ìnto ...** [動] 他《略式》(やりがいのあること)に精力的に取り組む.

in the téeth of ... [前] …にもかかわらず; …に面と向かって.

sét ...'s téeth on édge [動] (いやな音などが)不快感を与える; …をいらだたせる.

to the téeth [副] 寸分のすきもなく, 完全に.

tooth·ache /tú:θèɪk/ 名 C,U 歯の痛み, 歯痛: I have a bad *toothache*. ひどく歯が痛い. 関連 backache 背中[腰]の痛み / earache 耳の痛み / headache 頭痛 / stomachache 胃痛.

tooth·brush /tú:θbrʌ̀ʃ/ 名 C 歯ブラシ.

tooth·less /tú:θləs/ 形 ❶ 歯のない. ❷ (組織・法律などが)無力な, 骨抜きの.

tooth·paste /tú:θpèɪst/ 名 U 練り歯磨き.

tooth·pick /tú:θpɪ̀k/ 名 C つまようじ.

tóoth pòwder 名 U,C 歯磨き粉.

tooth·some /tú:θsəm/ 形 おいしい.

tooth·y /tú:θi/ 形 (tooth·i·er; -i·est) (笑い方などが)歯を見せた.

too·tle /tú:ṭl/ 動 自 ❶《英略式》[副詞(句)を伴って] のんびりドライブする. ❷《英略式》(笛などを)緩やかに吹く(*on*).

toot·sie, toot·sy /tótsi/ 名 (toot·sies) [複数形で]《小児語》あんよ, 足.

****top**[1] /tá(:)p | tɔ́p/

― 名 (～s /～s/) ❶ C [普通は the ～] (物の)**最上部**, 頂上, 上段; **先端部**; (ページ・地図などの)上部 [⇔ bottom]: We stood ***on the top of*** the mountain. 私たちは山頂に立った / Your name is ***at the top of*** the list. あなたの名前は名簿のいちばん上にある / The tree was so high that we couldn't get to ***the top of*** it. 木は高いので上までは行けなかった. 関連 mountaintop 山頂.

❷ C [普通は the ～] (テーブルなどの)**上面**, 表面; 表層(部); 《米》(自動車・ベビーカーなどの)屋根, ほろ: *the top of* a table テーブルの上面 / We put the skis ***on the top of*** our car. 私たちはスキーを車の屋根の上にのせた.

❸ C [普通は the ～] **最高位**(の人), (地位などの)頂点; (クラスなどの)首位, トップ [⇔ bottom]: This decision came from *the top*. これはトップの決定事項だ / Helen is always (***at the***) ***top of*** her class. ヘレンはいつもクラスの首席だ. 日英 日本語では競走などの一番も「トップ」というが, 英語では first という. ❹ C (びんなどの)ふた, キャップ, 栓: loosen the *top of* the Thermos bottle ポットの栓をゆるめる. ❺ C 上半身に着る衣服, トップス(シャツ・ブラウスなど); ツーピースの上の部分 [⇔ bottom]. ❻ C [普通は複数形で] (かぶ・にんじんなどの)葉の部分. ❼ C〘野球〙(回の)表(おもて) [⇔ bottom]: the *top of* the sixth inning 6 回の表. ❽ [the ～] (通りなどの)向こうの端 (*of*). ❾ [(the) ～s]《古風, 略式》最高の人[物], 最上のもの.

at the tóp of one's **vóice [lúngs]** [副] 声を限りに: The boys were shouting *at the top of their voices* [*lungs*]. 少年たちはありったけの声を張り上げて叫んでいた.

blów one's **tóp** [動] 自《略式》かんかんに怒る.

còme óut on tóp [動] ⓐ 勝利を収める.
from tóp to bóttom [副] (場所・組織などの)上から下まで, 徹底的に.
from tóp to tóe [副] 頭の先から足の先まで.
gèt on tóp of ... [動] ⓣ (1) (仕事・問題などが)(人)の手に負えない. (2) (人が)...をうまくさばく.
òff the tóp of one's **héad** [副] 《略式》 (事実を確認せず)その場の思いつきで, 即座に.
on tóp [副] (1) 上に. (2) 成功して, 他に抜きん出て; 支配して; 主導権を握って. (3) それに加えて.
on tóp of ... [前] (1) ...の上(部)に: She started piling the books *on top of* each other. 彼女は本を次々に積み上げ始めた. (2) ...に加えて; (悪いことが)おまけに: *On top of* her other talents, she sings well, too. ほかの才能に加えて, 彼女は歌もうまい. (3) ...を管理して, うまくさばいて: He's *on top of* his work. 彼は自分の仕事をやりこなしている. (4) (危険などが)...に迫って.
on tóp of the wórld [形] 《略式》 最高に幸せで, 有頂天で.
— 形 [普通は 限定] ❶ いちばん上の [⇔ bottom]: the *top* floor 最上階 / *top* left 左上. ❷ 最高の, (最)上位の, トップの [⇔ bottom]: This song ˹is in [has made] the *top* ten. この曲は(売り上げ)上位 10 位に入っている / at *top* speed 全速力で.
— 動 (tops /~s/; topped /~t/; top·ping) ⓣ ❶ (...)より**優れる**; (...)を越える, 上回る: He ***topped*** all the others ***in*** mathematics. V+O+*in*+名 数学ではだれも彼にかなわなかった.
❷ [普通は受身で] (...)の**頂上を覆う**; (...)の上に振りかける: The mountain ***is topped with*** [***by***] snow. V+Oの受身 山は雪をいただいている.
❸ (リスト・ヒットチャートなど)の**トップとなる**: The presidential election *tops* today's news. 大統領選挙がきょうのトップニュースだ. ❹ 《文語》 (...)の頂上に達する; (...)の頂にある.
to tóp it (áll) óff 《米》 = **to tóp it áll** 《主に英》 [副] つなぎ語 Ⓢ あげくのはてに, その上.
tóp óff [動] ⓣ (1) (...)を(~で)仕上げる, 首尾よく終える (*with*). (2) 《米》 (容器など)をいっぱいにする.
tóp óut [動] ⓐ (数量的に)最高点に達する, 頭打ちになる (*at*).
tóp úp [動] ⓣ (1) 《主に英》 (...)を(上まで)いっぱいに満たす; (人)のグラスに(飲み物を)なみなみと注ぐ. (2) 《主に英》 (必要なだけ)(...)を追加[補てん]する.

top² /tá(ː)p | tɔ́p/ 名 Ⓒ こま: spin a *top* こまを回す.
to·paz /tóʊpæz/ 名 Ⓤ,Ⓒ トパーズ, 黄玉(おうぎょく).
tóp bràss 名 [the ~; 単数または複数扱い] 《略式》 高級将校; 高官 《全体》.
top·coat /tá(ː)pkòʊt | tɔ́p-/ 名 ❶ Ⓒ,Ⓤ (仕上げの)上塗り. 関連 undercoat 下塗り. ❷ Ⓒ 《古風》 オーバー(コート).
tóp dóg 名 Ⓒ [普通は単数形で] 《略式》 実力者, リーダー, 勝者 《人・社会・国など》.
top-down /tá(ː)pdáʊn | tɔ́p-ˊ/ 形 ❶ 限定 上意下達式の, トップダウンの. ❷ 限定 全体から細部にいたる [⇔ bottom-up].
to·pee /toʊpíː | tóʊpiː/ 名 Ⓒ (熱帯地用の)日よけ帽, 防熱ヘルメット.
top-flight /tá(ː)pfláɪt | tɔ́p-ˊ/ 形 限定 一流の.
tóp géar 名 Ⓤ 《英》 (車の)最高速ギア [《米》 high gear].
tóp gún 名 Ⓒ 《米略式》 有力者.
tóp hàt 名 Ⓒ シルクハット.
top-heav·y /tá(ː)phévi | tɔ́p-ˊ/ 形 ❶ 頭でっかちの; 不安定な. ❷ (組織が)管理職が多すぎる.
to·pi /toʊpíː | tóʊpiː/ 名 Ⓒ = topee.
***top·ic** /tá(ː)pɪk | tɔ́p-/ 名 (~s /~s/) Ⓒ **話題**, 論題, トピック (⇒ subject¹ 類義語): Politics was the main *topic of* their conversation. 政治が彼らの会話の主な話題だった / the *topic for* class discussion クラスでの討論会の題目. (形 tópical)
+**top·i·cal** /tá(ː)pɪk(ə)l | tɔ́p-/ 形 **いま話題の**, 問題[注目]の: *topical* issues 時事問題. (名 tópic)
top·i·cal·i·ty /tà(ː)pɪkǽləṭi | tɔ̀p-/ 名 Ⓤ 話題性.
top·knot /tá(ː)pnà(ː)t | tɔ́pnɔ̀t/ 名 Ⓒ (頭の頂の)毛の房, 束; (鳥の)冠毛; (人の)まげ; (女性の頭の)ちょう結びのリボン.
top·less /tá(ː)pləs | tɔ́p-/ 形 (女性(の水着・衣服)が)胸を露出した, トップレスの.
top-lev·el /tá(ː)plév(ə)l | tɔ́p-ˊ/ 形 限定 首脳の, トップレベルの.
top·most /tá(ː)pmòʊst | tɔ́p-/ 形 限定 (位置・地位などが)いちばん上の, 最上の, 最高の.
top-notch /tá(ː)pná(ː)ʧ | tɔ́pnɔ́ʧˊ/ 形 《略式》 第一級の, 最上の, トップクラスの.
to·pog·ra·pher /təpá(ː)grəfɚ | -pɔ́grəfə/ 名 Ⓒ 地形学者; 地誌作者.
to·po·graph·i·cal /tà(ː)pəgrǽfɪk(ə)l | tɔ̀p-ˊ/ 形 地形(学)上の.
to·pog·ra·phy /təpá(ː)grəfi | -pɔ́g-/ 名 Ⓤ 地勢 (*of*); 地形学.
top·per /tá(ː)pɚ | tɔ́pə/ 名 Ⓒ 《略式》 = top hat.
top·ping /tá(ː)pɪŋ | tɔ́p-/ 名 Ⓤ,Ⓒ (食べ物の上に)かける[のせる]もの, トッピング.
top·ple /tá(ː)pl | tɔ́pl/ 動 ⓐ ぐらつく; 倒れる (*over*). — ⓣ ❶ (...)をぐらつかせる. ❷ (政府など)を倒す.
top-rank·ing /tá(ː)prǽŋkɪŋ | tɔ́p-ˊ/ 形 限定 最高位の, 一流の.
tops /tá(ː)ps | tɔ́ps/ 副 Ⓢ 最高で, せいぜい.
tóp-sécret 形 (情報・活動が)極秘の.
top·soil /tá(ː)psɔ̀ɪl | tɔ́p-/ 名 Ⓤ 表土 《土壌の表面または上部》.
top·sy-tur·vy /tá(ː)psitɚ́ːvi | tɔ́psitə́ːviˊ/ 形 《略式》 めちゃくちゃの; 逆さまの.
+**torch** /tɔ́ɚʧ | tɔ́ːʧ/ 名 (~·es /~ɪz/) ❶ Ⓒ 《英》 **懐中電灯** [《米》 flashlight]: turn on a *torch* 懐中電灯をつける.
❷ Ⓒ **トーチ**, 聖火; たいまつ: carry the Olympic *torch* オリンピックの聖火を持ち運ぶ / kindle a *torch* トーチに火をつける. ❸ Ⓒ (知識・文化の)光: the *torch of* learning 学問の光. ❹ Ⓒ 《米》 = blowtorch.
cárry a tórch for ... [動] ⓣ 《古風》 ...に片思いしている.
cárry the tórch [動] ⓐ (主義・運動などを)擁護する (*for*, *of*).
— 動 ⓣ 《略式》 (建物・車など)に放火する.
〖語源 原義は「ねじったもの」; torment, torture と同語源〗
torch·light /tɔ́ɚʧlàɪt | tɔ́ːʧ-/ 名 Ⓤ たいまつ [《英》 懐中電灯]の明かり.
‡tore /tɔ́ɚ | tɔ́ː/ 動 tear² の過去形.
tor·e·a·dor /tɔ́ːriədɔ̀ɚ | tɔ́riədɔ̀ː/ ≪スペイン語から≫ 名 Ⓒ (特に馬に乗る)闘牛士.

tor·ment[1] /tɔ́ɚment | tɔ́:-/ ✪ 動詞の torment[2] とアクセントが違う. 名 (tor·ments /-ments/) ❶ [U または複数形で] (激しい精神的または肉体的)苦痛, 苦悩: suffer mental *torment* 精神的な苦痛をこうむる. ❷ C 苦痛の種, やっかい者: Bob is a *torment to* his parents. ボブは両親の苦労の種だ.

tor·ment[2] /tɔɚmént | tɔ:-/ ✪ 名詞の torment[1] とアクセントが違う. 動 他 ❶ (...)を激しく苦しめる, 悩ます: She *was tormented by* [*with*] jealousy. 彼女はしっと心にさいなまれた. ❷ (...)をいじめる: Stop *tormenting* your little brother. 弟をいじめるのはやめなさい.

tor·men·tor /tɔɚméntɚ | tɔ:méntə/ 名 C 苦しめる人; 悩ます物.

torn /tɔ́ɚn | tɔ́:n/ 動 **tear**[2] **の過去分詞.**

+**tor·na·do** /tɔɚnéɪdoʊ | tɔ:-/ 名 (~(e)s) C **大竜巻**《特に米国中部に起こるもの》; 暴風.

To·ron·to /tərɑ́(:)ntoʊ | -rɔ́n-/ 名 固 トロント《カナダ Ontario 州の州都》.

tor·pe·do /tɔɚpí:doʊ | tɔ:-/ 名 (~es) C 水雷, 魚雷, 機雷. — 動 (-does; -doed; -do·ing) 他 ❶ 水[魚]雷で(...)を攻撃[破壊]する; (...)に水雷を発射する. ❷ (計画など)を挫折(ざせつ)させる, 台なしにする.

tor·pid /tɔ́ɚpɪd | tɔ́:-/ 形《格式》不活発な, 無気力な; (動きが)鈍い.

tor·por /tɔ́ɚpɚ | tɔ́:pə/ 名 [U または a ~]《格式》不活発, 無気力; 遅鈍; 無感覚.

torque /tɔ́ɚk | tɔ́:k/ 名 U〔物理〕トルク, 回転力.

tor·rent /tɔ́:rənt | tɔ́r-/ 名 (tor·rents /-rənts/) ❶ C 急流, 激流; [複数形で] どしゃ降り: a raging *torrent* 激しい流れ / The rain is falling *in torrents*. 雨は滝のように降っている. ❷ C (ことばなどの)連発, (感情などの)ほとばしり: a *torrent of* abuse 次々と出る悪口.

tor·ren·tial /tɔ:rénʃəl | tər-/ 形 急流[激流]のような; 猛烈な, 激しい: *torrential* rain 豪雨.

tor·rid /tɔ́:rɪd | tɔ́r-/ 形 ❶《文語》(焼けるように)暑い, 酷暑の. ❷ (情事などが)熱烈な, 官能的な.

tórrid zòne 名 [the ~] 熱帯《⇒ zone 挿絵》.

tor·sion /tɔ́ɚʃən | tɔ́:-/ 名 U〔機械〕ねじり, ねじれ; ねじり力, トーション.

tor·so /tɔ́ɚsoʊ | tɔ́:-/ 名 (~s) ❶ C (人の)胴体. ❷ C トルソー《頭や手足のない裸身の彫像》.

tort /tɔ́ɚt | tɔ́:t/ 名 C,U〔法律〕(民事訴訟の対象になる)不正行為.

tor·ti·lla /tɔɚtí:jə | tɔ:-/ 名 C トルティーヤ《薄くて丸いとうもろこしパン; メキシコ人の主食》.

tor·toise /tɔ́ɚtəs | tɔ́:-/ 発音 名 C かめ《特に陸生[淡水]のもの; ⇒ turtle》〔⇒ torture キズナ〕

tor·toise·shell /tɔ́ɚtə(s)ʃèl | tɔ́:-/ 名 ❶ U べっこう. ❷ U べっこう色. ❸ C 三毛猫.

tor·tu·ous /tɔ́ɚtʃuəs | tɔ́:-/ 形 ❶ (道・流れなどが)曲がりくねった. ❷ [普通は軽蔑的] 率直でない; (議論・政策などが)回りくどい, 手の込んだ. **~·ly** 副 曲がりくねって; 回りくどく.

***tor·ture** /tɔ́ɚtʃɚ | tɔ́:tʃə/ 名 (~s/~z/) ❶ U,C **拷問**(の方法): The prisoner was put to *torture*. その囚人は拷問にかけられた / He confessed under *torture*. 彼は拷問にかけられて自白した.

❷ U,C **ひどい苦しみ**, 苦痛, 苦悩: This work was *torture* for all of us. この仕事は私たちすべてにとって大変つらいものだった.

— 動 (tor·tures /~z/; tor·tured /~d/; tor·tur·ing /-tʃ(ə)rɪŋ/) 他 (感情などが)(人)を(ひどく)**苦しめる**, (人)を(...で)さいなむ (*by*, *with*); 拷問にかける: The problem *tortured* the chief. その問題は主任をひどく苦しめた / Some prisoners ***were tortured*** ⌈***to*** death [***into*** confession]. V+O+*to* [*into*]+名の受身 拷問にあって死んだ[自白した]捕虜もいた.

〘語源 ラテン語で「ねじること」の意; torch, torment と同語源〙

単語のキズナ TORT／ねじる=twist

torture	(ねじること)	→	**拷問**
tortoise	(ねじれた足)	→	**亀**(かめ)
distort	(ねじって別の形にする)	→	**ゆがめる**
retort	(ねじり返す)	→	**言い返す**

tor·tur·er /tɔ́ɚtʃərɚ | tɔ́:tʃərə/ 名 C ひどい苦しみを与える人; 拷問にかける人.

+**To·ry** /tɔ́:ri/ 名 (To·ries) C (現在の)**英国の保守党員**;〔英国史〕トーリー党員, 王党員; [the Tories] トーリー党, 王党《⇒ Whig》.

+**toss** /tɔ́:s | tɔ́s/ 動 (toss·es /~ɪz/; tossed /~t/; toss·ing) 他 ❶ (...)を(軽く)**投げ上げる**, ひょいと投げる《上または横に軽く投げる; ⇒ throw 類義語》: *toss* the crumpled paper *into* the wastebasket 丸めた紙をくずかごに投げ入れる / 言い換え Tom ***tossed*** a ball ***to*** his dog. V+O+*to*+名 = Tom *tossed* his dog a ball. V+O+O トムは犬にボールをぽいと投げてやった《⇒ to[1] 3 語法》.

❷ (...)を**上下**[**左右**, **前後**]**に揺する**, 激しく揺する: The boat *was tossed up and down by* the waves. V+O+副の受身 船は波にもみくちゃにされた. ❸ (コイン)を投げ(て決め)る; (...を)どちらが取るか(人)とコインを投げて決める (*for*)《表か裏かで物事を決める; ⇒ 自 3, head 名 7》. ❹〔球技〕(...)をトスする. ❺ (食材)を軽くかき混ぜる;《英》(ホットケーキ)を(フライパンで)裏返す: *toss* a salad (*in* dressing) サラダを(ドレッシングがよく混ざるように)かき混ぜる. ❻ (頭)を急に起こす; (髪)を振り払う: Helen *tossed* her head (back) and walked off. ヘレンは頭をぐいと後ろへそらして出ていった《敵意・怒りなどのしぐさ》. ❼ (不要なもの)を捨てる.

— 自 ❶ **上下**[**左右**, **前後**]**に揺れる**, 動揺する: We saw the boat *tossing* on the stormy sea. その船が荒れた海で揺れているのが見えた. ❷ 転げ回る, 寝返りを打つ, のたうち回る: The patient was *tossing about* in his sleep. 病人は就寝中盛んに寝返りを打った. ❸ コイン投げで決める: There was only one ticket left, so they *tossed* (*up*) *for* it. 券は 1 枚しか残っていなかったので, 彼らはコイン投げでだれがとるか決めた.

tóss and túrn [動] 自 寝返りを打つ.

tóss óff [動] 他 (1) (...)をさっと書き上げる. (2) Ⓦ (...)を一気に飲み干す.

tóss óut [動] 他 (不要なもの)を捨てる; (人)を追い出す.

— 名 (~·es /~ɪz/) ❶ [the ~] コインを投げて決めること: decide by *the toss of* a coin コインを投げて決める / We won [lost] *the toss*. コイントスの賭(か)けに勝った[負けた]. ❷ C [普通は単数形で] ほうり上げること; 揺れ, 動揺; (頭などを)ぐいと後ろへそらすこと: with a *toss of* the head 頭をさっとそらして.

árgue the tóss [動] 自《英略式》決着がついたことに文句をつける.

toss-up /tɔ́:sʌ̀p | tɔ́s-/ 名 ❶ [a ~] Ⓢ どちらにするか迷う選択, どちらともいえない情勢; 五分五分, 互角の勝負[形勢] (*between*). ❷ C [普通は単数形で]《英》

コイン投げで決めること.

tot[1] /tá(ː)t | tɔ́t/ 名 ❶ C 《略式》 小児: a tiny *tot* ちびっ子. ❷ C 《主に英》 (特に酒の)1 杯, ひと口 (*of*).

tot[2] /tá(ː)t | tɔ́t/ 動 (tots; tot·ted; tot·ting) [次の成句で] **tót úp** [動] 他 《英略式》 (...)を合計する.

***to·tal** /tóʊṭl/

— 形 ❶ 限定 全体の, 総計の, 総...(⇒ whole 類義語): the *total* cost 総生産原価 / Our *total* sales for this year are up twenty percent from [over] last year. 今年の総売上は昨年より 20 パーセント増だ. 関連 sum total 合計.

❷ 限定 **全くの**, 完全な [≒complete]: *total* darkness 真っ暗やみ / a *total* failure 完全な失敗 / The man was a *total* stranger. その男は赤の他人だった. (名 totálity)

— 名 (~s /~z/) C **総計**, 合計; 総額: The *total* of the dead and the missing is seventy. 死者と行方不明者の合計は 70 名だ (⇒ the[1] 3) / They offered to pay half, but I paid the *total*. 彼らは半分払うと言ったが, 私が全部払った / ***A total of*** 500,000 people are expected to visit the fair. 合計 50 万人がその博覧会を訪れると予想されている.

in tótal [副] 全部で, 合計で: *In total*, 118 people attended the meeting. 集会への参加者は合計 118 名だった.

— 動 (to·tals /~z/; to·taled, 《英》 to·talled /~d/; -tal·ing, 《英》 -tal·ling) 他 ❶ **合計**(...)と**なる**: Losses *totaled* 230 soldiers. 死傷した兵は合計 230 名となった.

❷ (...)を**合計する**: He ***totaled*** (***up***) all the expenses. V(+up)+O 彼はすべての費用を合計した. ❸ 《略式, 主に米》 (車など)をめちゃめちゃにこわす.

— 自 合計...となる, 総計...となる: The cost *totaled* up to a month's salary. 費用は 1 か月の給料分にまで達した.

to·tal·i·tar·i·an /toʊtæ̀lətéː(ə)riən⁻/ 形 全体主義の: a *totalitarian* state 全体主義国家.

to·tal·i·tar·i·an·is·m /toʊtæ̀lətéː(ə)riənìzm/ 名 U 全体主義.

to·tal·i·ty /toʊtǽləṭi/ 名 (-i·ties) ❶ U 《格式》 全体(であること): accept a plan in its *totality* 案を全面的に受け入れる. ❷ U [しばしば the ~] 《格式》 総計, 総額 (*of*). (形 tótal)

***to·tal·ly** /tóʊṭəli/ 副 ❶ **全く**, 完全に [≒completely] (⇒ very[1] 表): We were *totally* defeated. 私たちは完敗した / His behavior was *totally* unacceptable. 彼のふるまいは全く容認できないものだった. ❷ [否定文で] 全く...であるというわけではない (部分否定を表わす): My aunt is *not totally* blind. 私のおばは全く目が見えないというわけではない. ❸ S 《主に米》 全く(同感)だ, そのとおり: "That's cool." "*Totally*." 「かっこいいね」「マジで」

tote /tóʊt/ 動 他 《略式, 主に米》 (...)を持ち運ぶ[歩く], 背負う (*around*); (銃など)を携行する. — 名 C 《主に米》 = tote bag.

tóte bàg 名 C 《主に米》 大型(手さげ)バッグ, トートバッグ.

to·tem /tóʊṭəm/ 名 ❶ C 〔文化人類学〕 トーテム《主に北米の氏族の守護神として世襲的に礼拝する自然物や動物》. ❷ C トーテム像.

tótem pòle 名 C トーテムポール.

tot·ter /tá(ː)ṭɚ | tɔ́tə/ 動 (-ter·ing /-ṭərɪŋ, -trɪŋ/) 自 ❶ [副詞(句)を伴って] よろめく, よちよち歩く. ❷ (建物・組織・経済などが)ぐらつく.

***touch** /tʌ́tʃ/ ❗発音

— 動 (touch·es /~ɪz/; touched /~t/; touch·ing) 他

意味のチャート
「軽くたたく」 ❷
→ (軽く触れる) → 「触れる」 ❶ / 「手をつける」 ❺
→ (届く) → 「達する」 ❼
→ (触れて影響を及ぼす) → 「動かす」 ❸ / 「気持ちを動かす」 ❹

❶ (...)を触(さわ)る, (...)に触(ふ)れる, 接触させる[する]: I *touched* his hand. 私は彼の手に触った / Do not *touch* the exhibits. 展示品に手を触れないでください 《展示会などの注意書き》 / 言い換え Jane ***touched*** me ***on the*** shoulder. V+O+on+名 = Jane *touched* my shoulder. ジェーンは私の肩に軽く触れた (⇒ the[1] 2 語法) / The boy ***touched*** the bug ***with*** the tip of his pencil. V+O+with+名 少年は鉛筆の先でその虫に触れた.

❷ (...)を**軽くたたく**; 軽く押す; 軽い筆づかいで描く: She *touched* the power button. 彼女は電源ボタンを軽く押した.

❸ [しばしば否定文で] (...)を**動かす**, いじる; (...)に害を及ぼす, (...)を傷(いた)める; (...)に影響を及ぼす, かかわる: Do*n't touch* my smartphone. 私のスマホをいじらないで / This tax increase wo*n't touch* the rich. この増税は金持ちには影響しないだろう (⇒ the[1] 3).

❹ (...)の**気持ちを動かす**, 感動させる, 心を痛める: His sad story *touched* her heart. 彼の悲しい話は彼女の心を動かした / We *were* greatly *touched by* his words. V+O の受身 私たちは彼のことばに非常に感動した.

❺ [普通は否定文で] (飲食物・金など)に**手をつける**, 手を出す, 使う: I *never touch* beer. 私はビールは全然飲まない / She felt so sad that she did*n't touch* her supper. 彼女はひどく悲しんで夕食に手をつけなかった.

❻ [しばしば否定文で] (仕事)に手をつける; (難しい問題・人など)に手を出す, 関係する, かかわる: It's better *not* to *touch* this difficult issue. この難しい問題には手をつけないほうがよい. ❼ 《主に英》 (ある水準・数値など)に達する, 届く; [普通は否定文・疑問文で] (...)に匹敵する, かなう: The tower seems to *touch* the clouds. その塔は雲に届くかと思われるほどだ / *No* one can *touch* her for [in] elegance. 優雅さで彼女にかなうものはいない. ❽ (表情が)(顔)に浮かぶ.

— 自 **触れる**, 触る, 接触する; 境を接する: Please don't *touch*. 触れないでください (注意書きなど) / Be careful that these two wires don't *touch*. この 2 本の電線が接触しないように注意してください.

touch の句動詞

tóuch dówn 動 自 ❶ (飛行機・宇宙船が)着陸する. ❷ 〔アメフト・ラグビー〕 タッチダウンする (⇒ touchdown).

+**tóuch óff** 動 他 (大きな事件など)を**引き起こす**: A small incident can *touch off* a war. 小さな事件が戦争を誘発することがある.

+**tóuch on [upòn]...** 動 他 (ことばで)...に(簡単に)

触れる, 言及する (受身 be touched on [upon]): Incidentally, I'd like to *touch on* [*upon*] the problem of world peace. ついでながら世界平和の問題にちょっと触れてみたいと思う.
tóuch úp 動 他 (絵・写真・化粧など)を修正する, 直す, (作品など)に手を加えて仕上げる.

— 名 (~·es /~ɪz/) ❶ [U または a ~] **手触り**, 感触; 触覚: the sense of *touch* 触覚 / the smooth *touch* of leather 革の滑らかな手触り.
❷ C [普通は単数形で] **触れること**, 接触; 軽くたたく[押す]こと: I felt a light *touch* on my shoulder. だれかが私の肩にちょっと触ったのを感じた / at the *touch* of a button ボタンを押すだけで(簡単に).
❸ [単数形で] (物事の)**やり方**, 流儀; 筆法, 筆致; 演奏ぶり, (楽器の)タッチ; 能力, 腕前: a personal *touch* その人らしさ, 個性, 人間味 / This painting really shows the *touch* of a master. この絵には本当に巨匠の筆づかいが見える / The pianist has an excellent *touch*. そのピアニストのタッチは見事だ.
❹ C **ちょっと手を加えること**, 工夫; (追加・仕上げなどの)一筆, 加筆: He's put [added] the final [finishing] *touch(es)* to his work. 彼は作品に最後の仕上げをした / This book needs a few more humorous *touches*. この本にはもう少しユーモアが必要だ.
❺ [a ~] **ごく少量**(の...), (...の)気配; (病気の)軽い発病, 症状: This salad needs ***a touch of*** pepper. このサラダはちょっとこしょうが足りない / I have *a touch of* a cold. かぜぎみだ. ❻ [a ~] [形容詞・副詞の前で副詞的に用いて] 少し, ちょっと. ❼ U 〔ラグビー・サッカー〕タッチ.
be in tóuch [動] 自 (メール・電話などで)(...に)**連絡する**, (...と)連絡をとっている; (...と)付き合いがある; (...の)**事情に通じている**: I must be going now. I'll *be in touch*. もう行かなくちゃ. また連絡するね / They *are* not *in touch with* public opinion. 彼らは世論の動向を知らない.
be òut of tóuch [動] 自 (...の)**事情に通じていない**; (...と)接触[連絡]しないでいる: The government *was out of touch with* popular sentiment. 政府は国民感情に疎(うと)くなっていた.
gèt in tóuch [動] 自 (メール・電話などで)(...に)**連絡する**, (...と)連絡をとる: 言い換え I'll *get in touch with* you by phone. (= I'll contact you by phone.) 君に電話で連絡するよ.
kéep [stáy] in tóuch [動] 自 (メール・電話・訪問などで)(...と)**接触[連絡]を保つ**; (...の)事情に通じている: She *keeps in touch with* her parents in the country by phone. 彼女は電話でいなかの両親と連絡をとりあっている.
lóse tóuch [動] 自 (...との)連絡が途切れる; (...の)事情に疎(うと)くなる (*with*).
lóse one's **tóuch** [動] 自 腕が落ちる, へたになる.
to the tóuch [副] 触ってみると: be painful *to the touch* 触ると痛い / This cloth is soft *to the touch*. この布は手触りが柔らかい.

touch-and-go /tʌ́tʃəngóʊ←/ 形 《略式》 不確かな, 不安定な; 予断を許さない, きわどい: a *touch-and-go* situation 予断を許さない情況.

+**touch·down** /tʌ́tʃdàʊn/ 名 (~s /~z/) ❶ C (飛行機・宇宙船の)**着陸**. ❷ C 〔アメフト〕タッチダウン《ボールキャリアーが敵陣のゴールラインを越えること; 6点の得点となる》; 〔ラグビー〕タッチダウン.

touché /tuːʃéɪ | túːʃeɪ/ ≪フランス語から≫ 間 (議論で)その通り, 参った.

touched /tʌ́tʃt/ 形 感動した, うれしい.

touch·ing /tʌ́tʃɪŋ/ 形 感動的な, 痛ましい, いじらしい. — 前 《格式》...に関する. **~·ly** 副 感動的に, いじらしく.

touch·line /tʌ́tʃlàɪn/ 名 C (サッカーなどの)タッチライン, 側線《⇒ goal line》.

touch·pad /tʌ́tʃpæ̀d/ 名 C 〔コンピュータ〕タッチパッド《指で触れてポインターを動かすなどの操作ができる平板状センサー》.

tóuch scrèen 名 C 〔コンピュータ〕タッチスクリーン《指で触れて操作する表示画面》.

touch·stone /tʌ́tʃstòʊn/ 名 C 《格式》基準, 尺度, (人や物の)真価を試す試金石 (*of, for*).

Tóuch-Tòne Phóne /tʌ́tʃtòʊn-/ 名 C プッシュホン(式電話)《数字ごとに違った音を出す; 商標》.

touch-type /tʌ́tʃtàɪp/ 動 自 キーを見ないで[ブラインドタッチで]文字(など)を打つ.

touch·y /tʌ́tʃi/ 形 (touch·i·er; -i·est) ❶ 怒りっぽい, 短気な; 神経過敏な: She's *touchy about* her appearance. 彼女は容姿のことを気にしすぎる. ❷ (事態が)微妙な, 慎重な扱いを要する.

**tough /tʌ́f/ 発音

— 形 (tough·er; tough·est)

意味のチャート
「(中身が詰まって)堅い」❹ → (心が堅い) → 「頑固な」❷
→ (苦難に耐えられる) → 「たくましい, 強い」❷
→ (手ごわい) → 「困難な, 難しい」❶

❶ **困難な, 難しい**, 骨の折れる《⇒ difficult 類義語》: a *tough* problem 難しい問題 / a *tough* job 苦しい仕事 / We've had a *tough* time. 私たちはつらい思いをしてきた / The competition was *tougher* than we (had) expected. 予想していたより競争は厳しかった / He's ***tough to*** work with. +to 不定詞 彼といっしょに仕事をするのは骨が折れる.
❷ **たくましい, 強い**, 頑丈な; **頑固な, 不屈の** [≒ strong]: *tough* guys たくましい男たち / a *tough* enemy 強敵 / a *tough* rival 手ごわい競走相手 / *tough* shoes 丈夫な靴 / *tough* leather 丈夫な革.
❸ **厳しい**, 厳格な [≒strict]: a *tough* foreign policy 厳しい対外政策 / His father was ***tough on*** him when he was a child. +on+名 子供の時彼の父は彼に手厳しかった / We should get ***tough with*** offenders. +with+名 違反者に対して厳しくすべきだ.
❹ (肉などが)**堅い** [⇔ tender]: *tough* meat 堅い肉.
❺ Ⓢ ひどい; 不運な (*on*): *Tough!* = That's *tough*. = *Tough* luck! [ときに皮肉に] 運が悪いね, ついてないね. ❻ (人が)乱暴な, 粗暴な; (地域が)物騒な.
(動 tóughen)

— 動 [次の成句で] **tóugh óut** [動] 他 [しばしば tough it out として] (強い意志で)(困難)を耐え抜く.

tough·en /tʌ́f(ə)n/ 動 他 (...)を強く[堅く, 厳しく]する; きたえる (*up*); 困難にする. — 自 強く[堅く]なる (*up*); 困難になる. (形 tough)

tough·ly /tʌ́fli/ 副 堅く, 強く, 頑丈に; 厳しく.

tough-mind·ed /tʌ́fmáɪndɪd/ 形 (考え方・気質などが)現実的な, 感情に流されない; 意志の強い.

tough·ness /tʌ́fnəs/ 名 U 強さ, 堅さ; 難しさ.

tou·pee /tuːpéɪ/ 名 C (はげを隠す)男性用かつら.

****tour** /tóə | tóə/ **!**発音

— 名 (~s /~z/) ❶ C **旅行**, 周遊旅行, ツアー《⇒ travel 表》; 一巡, 一周; [形容詞的に] 旅行の: a ***tour of*** the islands 島巡り / go on a (round-the-) world *tour* 世界一周旅行に行く / a walking *tour* 徒歩旅行.

❷ C (ひと回り見て歩く)**見物**, 見学: take a guided ***tour of*** the castle ガイドの案内付きで城を見学する / a *tour* guide 見学のガイド. ❸ C (劇団などの)巡業; (スポーツチームの)遠征(旅行), 転戦; (プロゴルフなどの)ツアー: be *on tour* 巡業に出ている.

— 動 (tours /~z/; toured /~d/; tour·ing /tó(ə)rɪŋ/) 他 ❶ (...)を(**観光**)**旅行する**, 周遊する: They must be *touring* China now. 彼らは今ごろは中国を旅行しているだろう. ❷ (ひと回り)(...)を見て歩く, 見学する. ❸ (劇団・芝居が)(...)を巡業する.

— 自 ❶ [副詞(句)を伴って] (観光)旅行する, 周遊する: *tour around* [*round*] the world 世界中を旅行する / *tour in* [*through*] Spain スペインを旅行する. ❷ (劇団などが)巡業する.

〖語源 元来は「回転」の意; turn と同語源〗

tour de force /tóədəfóəs | tóədəfɔ́:s/ ≪フランス語から≫ 名 [a ~] 離れ業(わざ); 力作.

+tour·is·m /tó(ə)rɪzm/ 名 U **観光**(事業), 旅行業: *Tourism* is Nikko's major industry. 観光が日光の主要な産業だ / medical *tourism* 医療観光.

T

****tour·ist** /tó(ə)rɪst/

— 名 (tour·ists /-rɪsts/) ❶ C **観光旅行者**, 観光客, 旅行家; [形容詞的に] 観光客用[向け]の: Many *tourists* visit Paris from every part of the world. 世界各地からたくさんの観光客がパリを訪れる / a *tourist* attraction 観光名所 / a *tourist* destination 観光地. ❷ C《英》遠征中のスポーツ選手.

tóurist clàss 名 U (旅客機の)普通席, エコノミークラス; (船の)3 等. 関連 first class 1 等 / cabin class 2 等.

tour·ist·y /tó(ə)rɪsti/ 形《略式》[軽蔑的] 観光客に人気の, 観光客向けの.

***tour·na·ment** /tə́:nəmənt, tóə- | tóə-, tɔ́:-/

— 名 (-na·ments /-mənts/) ❶ C **トーナメント**, 選手権争奪戦; (ゴルフなどの)試合: hold a tennis [chess] *tournament* テニス[チェス]のトーナメントを行なう / in the first round of the *tournament* トーナメントの第 1 回戦で / win a golf *tournament* ゴルフのトーナメントに勝つ. ❷ C 馬上試合《昔騎士たちが行なった》.

tour·ni·quet /tə́:nɪkɪt | tóənɪkèɪ/ 名 (-ni·quets /-kɪts | -kèɪz/) C 止血帯.

tou·sle /táʊzl/ 動 他 (髪)を乱す, くしゃくしゃにする.

tou·sled /táʊzld/ 形 (髪が)乱れた.

tout /táʊt/ 動 他 ❶ (...)をほめちぎる, 盛んに宣伝する: She's *touted as* the next star golfer. 彼女は次なるゴルフ界のスターともてはやされている. ❷《主に英》(商品など)をしつこく勧める; (人)をうるさく勧誘する. ❸《英》= scalp 1. — 自《主に英》押し売りする, うるさく勧誘する (*for*). — 名 C《英》ダフ屋 [《米》 scalper].

+tow /tóʊ/ (同音 toe) 動 (tows /~z/; towed /~d/; tow·ing) 他 (船・車など)を(綱やロープで)**引く**; (駐車違反車)をレッカー移動する; 牽引(けんいん)する (*away*)《⇒ pull 類義語》.

— 名 C [普通は単数形で] 綱[ロープ]で引くこと; 牽引(撤去): TOW AWAY ZONE 駐車禁止(区域)《交通標識; 違反車はレッカー移動される》.

in tów [形・副] (1)《略式》引き連れて. (2) 牽引されて: take ... *in tow* (船など)を引いて行く.

****to·ward** /t(w)ɔ́əd, təwɔ́əd | təwɔ́:d, tɔ́:d/ 前

単語のエッセンス
基本的には「...の方へ」の意《⇒ 語源》.
1) [方向] ...の方へ ❶
2) [傾向・目的・寄与] ...に向かって(の) ❷
3) [行為・感情の対象] ...に対して(の) ❸
4) [時間・数量・場所] ...に近く ❹

❶ [方向を示して] **...の方へ**[に], **...に向かって**, ...を指して. 語法 to は到着することを示すが toward は到着するしないに関係なく単に方向を示す: go *toward* the door ドアの方へ行く / Our plane is flying *toward* the south. この飛行機は南に向かって飛んでいる / His back was (turned) *toward* me. 彼は私の方に背を向けていた.

toward　to

❷ [傾向・目的・寄与などを示して] **...に向かって(の)**; ...のために[の], ...の助け[足し]に: the first step *toward* recovery 回復へ向けての第一歩 / a tendency *toward* democracy 民主主義への傾向 / They have made much progress *toward* end*ing* the dispute. 彼らは紛争の終結に向かって大きく前進した.

❸ [行為・感情の対象を示して] **...に対して(の)**, ...について(の): a positive attitude *toward* life 人生に対する前向きな態度 / He was very friendly *toward* me. 彼は私に対してとても好意的だった.

❹ [時間・数量に関して] **...に近く**, ...のころ(に); [場所に関して] ...の近くに: *toward* midnight 夜 12 時近く(に) / It occurred *toward* the end of the war. それは戦争も終わりに近いころ起こった.

〖語源 ⇒ to¹, -ward〗

****to·wards** /t(w)ɔ́ədz, təwɔ́ədz | təwɔ́:dz, tɔ́:dz/ 前《主に英》= toward.

***tow·el** /táʊ(ə)l/ **!**発音

— 名 (~s /~z/) C [しばしば合成語で] **タオル**; 手ぬぐい, (布・紙などの)手ふき: a bath *towel* バスタオル / a hand *towel* ハンドタオル《手ぬぐい大のタオル》/ Paul dried ⌈his face [himself] *with* a *towel*. ポールはタオルで顔[体]をふいた // ⇒ dish towel.

thrów ín the tówel [動] 自〘ボクシング〙タオルを投げ入れる; 《略式》敗北を認める.

— 動 (tow·els; tow·eled, 《英》 tow·elled; -el·ing, 《英》 -el·ling) 他 (人・動物など)をタオルでふく (*down*, *off*).

tow·el·ing,《英》**-el·ling** /táʊ(ə)lɪŋ/ 名 U タオル地.

tówel ràck 名 C《主に米》(浴室の)タオル掛け; (台所の)タオル掛け《⇒ kitchen 挿絵》.

tówel ràil 名 C《英》= towel rack.

****tow·er** /táʊə | táʊə/ **!**発音

— 名 (~s /~z/) ❶ C **塔**, やぐら: a church *tower* 教

会の塔 / a bell *tower* 鐘楼 / a radio *tower* 電波塔 / the *Tower* of London ロンドン塔《Thames 川の岸辺にある建物; 古くは宮殿・監獄として使われていたが現在は博物館》. 関連 steeple 尖塔. ❷ Ⓒ 背の高い家具: a CD *tower* (縦型の)CD ラック.

a tówer of stréngth [名] 頼りになる人.

— 動 (tow·ers /~z/; tow·ered /~d/; -er·ing /táʊ(ə)rɪŋ/) 自 ❶ [副詞(句)を伴って] **高くそびえ立つ:** The building *towers over* [*above*] our town. その建物は私たちの町に高くそびえ立っている. ❷ (才能などが)抜きん出ている (*above, over*).

tówer blòck 名 Ⓒ《英》高層建築.

tow·er·ing /táʊ(ə)rɪŋ/ 形 ❶ 限定 高くそびえる. ❷ 限定 傑出した, 抜きん出た: *towering* intellects 傑出した知識人たち. ❸ 限定 (怒りなどが) 激しい: in a *towering* rage 激怒して.

⁂town /táʊn/

— 名 (~s /~z/) ❶ Ⓒ **町, 市:** I live in a nearby small *town*. 私は近くの小さな町に住んでいます / an industrial *town* 産業[工業]の町.

> 日英 village よりは大きいが city の資格のないものをいう.《略式》ではしばしば city の資格があっても town というので, 日本語の「市」に相当することも多い《⇒ city 参考》.

❷ Ⓤ《主に米》**町**《特に今住んでいる町や名前を言わなくてもわかる町などを指す》: I'm leaving *town* next week. 私は来週町を出ます / He is in [out of] *town* now. 彼は今町にいる[いない] / I'm from out of *town*. 私は他の町の出身です. ❸ Ⓤ 町の中心部, 商業地区, 市街: She went to *town* to do some shopping. 彼女は買い物のために町に行った / He has his office in *town*. 彼は町の中心部に事務所を持っている. 関連 suburb 郊外. ❹ [the ~] 町民, 市民《全体》: *The* whole *town* knows about it. 町の人はみなそのことを知っている. ❺ [the ~]《主に英》(いなかに対して)都会 (生活): Do you live in *the town* or in the country? あなたは都会にお住まいですかそれともいなかにお住まいですか.

gò to tówn [動] 自 (1) 町(の中心部)へ行く《⇒ 3》. (2)《略式》(...に)大金を使う (*on*); (...を)徹底してやる, てきぱきとやる (*on*).

(òut) on the tówn [形・副]《略式》(夜の)町に出かけて《レストラン・劇場などで楽しんで》.

〚語源 元来は「囲い地」の意〛

tówn céntre 名 Ⓒ《英》町の中心部, 街中, 繁華街 [《米》downtown].

tówn council 名 Ⓒ《英》町[市]議会.

tówn cóuncillor 名 Ⓒ《英》町[市]議会議員.

tówn háll 名 Ⓒ 市庁舎, 市役所, 町役場; 公会堂.

tówn hòuse 名 ❶ Ⓒ《米》タウン[テラス]ハウス《二階建て長屋式の集合住宅》. ❷ Ⓒ (いなかに本邸のある人の)都会の別邸.

tówn mèeting 名 Ⓒ 町民大会《町政に関する投票権を持つ者の集会》.

tówn plánning 名 Ⓤ《英》= city planning.

town·scape /táʊnskèɪp/ 名 Ⓒ 都市の風景.

towns·folk /táʊnzfòʊk/ 名 複 = townspeople.

town·ship /táʊnʃɪp/ 名 Ⓒ《米・カナダ》郡区《郡 (county) の下の行政区分》; タウンシップ《6 マイル平方の広さの土地》.

towns·peo·ple /táʊnzpìːpl/ 名 複 ❶ [the ~] (ある特定の町の)町民, 市民. ❷ 都会人(たち).

tow·rope /tóʊròʊp/ 名 Ⓒ (船や自動車の)引き綱.

tów trùck 名 Ⓒ《米》レッカー車 (wrecker).

+**tox·ic** /tá(ː)ksɪk | tɔ́k-/ 形 **有毒な** [≒poisonous]; 毒(素)の[による], 中毒性の; 有害な: *toxic* waste(s) 有毒廃棄物.

tox·ic·i·ty /tɑ(ː)ksísəṭi | tɔk-/ 名 Ⓤ 毒性(の強さ).

tox·i·col·o·gy /tɑ̀(ː)ksəkɑ́(ː)ləʤi | tɔ̀ksɪkɔ́l-/ 名 Ⓤ 毒物学.

tox·in /tá(ː)ksɪn | tɔ́k-/ 名 Ⓒ 毒素.

⁂toy /tɔ́ɪ/

— 名 (~s /~z/) ❶ Ⓒ **おもちゃ**, 玩具(がんぐ): play with *toys* おもちゃで遊ぶ. ❷ Ⓒ おもちゃのようなもの, 慰みもの, 遊び道具. ❸ [形容詞的に] おもちゃの(ような); (犬などが)愛玩用[小型]の: a *toy* car おもちゃの車.

— 動 [次の成句で] **tóy with ...** [動] 他 (1) (考えなど)を軽い気持ちで抱く, ...でもしようかと思う. (2) ...をいじくる, おもちゃにする, (感情など)をもてあそぶ: *toy with* a pencil 鉛筆をいじくる.

*__trace__ /tréɪs/ 動 (trac·es /~ɪz/; traced /~t/; trac·ing) 他 ❶ (...)の**跡をたどる**, 捜し出す; (由来・原因など)を突き止める, (...まで)さかのぼって調べる (*back*); (...)の発展[歴史]をたどる[描く]: They ***traced*** the river ***to*** its source. V+O+*to*+名 彼らはその川をさかのぼってその水源地を突き止めた.

❷ (線・地図・輪郭など)を**描く**, 引く (*out*): *trace* a rough map *on* a sheet of paper 紙に略(地)図を描く. ❸ (図など)を写す, 透写[複写]する; (文字など)をていねいに書く. ❹ (電話など)を逆探知する.

— 自 (...に)さかのぼる, (...に)由来する (*back*; *to*).

— 名 (trac·es /~ɪz/) ❶ C,U (人・動物・車などの通過した)**跡**, 足跡: The thief fled without leaving any *traces*. どろぼうは何の跡も残さずに逃げた.

❷ C,U **形跡**; 名残(なごり); (後に残っている)影響, 結果: We couldn't find any ***trace of*** the king's tomb. その王の墓は跡形もなかった / disappear [vanish] ***without*** (*a*) ***trace*** 跡形もなく消える. ❸ Ⓒ ほんの少し, わずか: It contains *traces of* poison. それにはごくわずかに毒が入っている / She showed not a *trace of* fear. 彼女は恐怖の色は少しも見せなかった. ❹ Ⓒ (心電図などの)記録, 波形. ❺ Ⓒ (電話の)逆探知 (*on*).

trace·a·ble /tréɪsəbl/ 形 跡をたどることのできる, 由来のわかる; (...に)起因する (*to*).

trac·er /tréɪsɚ | -sə/ 名 ❶ Ⓒ 曳光(えいこう)弾. ❷ Ⓒ〘医学〙トレーサー, 追跡子《体内での物質の動きを知るために使う放射性元素》.

trac·er·y /tréɪs(ə)ri/ 名 (-er·ies) U,C〘建築〙はざま飾り《ゴシック式窓上方の装飾的骨組み》;《文語》網目模様.

tra·che·a /tréɪkiə | trəkíːə/ 名 (複 ~s, tra·che·ae /tréɪkiiː | trəkíːiː/) Ⓒ〘解剖〙気管.

trac·ing /tréɪsɪŋ/ 名 Ⓤ 透写, 複写; Ⓒ 透写図.

trácing pàper 名 Ⓤ トレーシングペーパー.

⁂track /trǽk/

— 名 (~s /~s/)

> 意味のチャート
> 「通った跡」❹
> →「小道」❶ →「通路」❶ →「軌道」❸ / →「トラック」❷

❶ Ⓒ **小道**, **通路**, でこぼこ[けもの]道**:** a narrow *track* through the fields 野原の細い道.
❷ Ⓒ (競技場の)**トラック**; (競輪・競馬などの)競走路 (racetrack); Ⓤ《米》陸上競技; [形容詞的に] トラックの**:** a four hundred meter *track* 400 メートルのトラック / *track* racing トラックレース. 関連 field フィールド / track and field 陸上競技.
❸ Ⓒ **軌道**, 鉄道線路; 《米》番線**:** a single [double] *track* 単[複]線 / railroad *tracks* 鉄道線路 / jump [leave] the *tracks* 脱線する / The train leaves from *track* 3. その列車は 3 番線から発車する.
❹ Ⓒ [普通は複数形で] (動物・車などの)**通った跡**; 足跡; 航跡; 形跡; 手がかり**:** follow the *tracks* of a fox きつねの足跡をたどる. ❺ Ⓒ (CD などの)(収録)曲; 録音帯. ❻ Ⓒ 進路, コース; (物事の)道筋. ❼ Ⓒ (ブルドーザーなどの)無限軌道, キャタピラー.

cóver [híde] one's trácks [動] ⓐ 足跡をくらます; 自分の行動を隠す, 証拠を隠す[消す].

in one's trácks [副]《略式》(驚きなどで)突然, その場で**:** stop (dead) *in one's tracks* 突然立ち止まる.

kèep tráck of ... [動] ⓗ ...の跡をたどる, ...と接触を保っている**:** I *kept* close *track of* expenses. 私は出費を丹念に記録した.

lóse tráck of ... [動] ⓗ ...の跡を見失う, ...を忘れる, ...との接触を絶つ**:** *lose* (all) *track of* time 時間が経つのを忘れる.

màke trácks [動] ⓐ《略式》急ぐ, (去りがたいのに)急いで立ち去る (*for*).

òff (the) tráck [形] 目標からそれて; 本題からそれて.

on the ríght tráck [形・副] 正しい道筋をたどって.

on the tráck of ... [形] ...を追跡して.

on the wróng tráck [形・副] 間違った道筋をたどって.

òn tráck [形] 順調で, 達成しそうで; 本題からそれずに.

the wróng sìde of the trácks [名]《米》(都市などの)貧民地区.

— 動 ⓗ ❶ (人・動物)を追跡する; 突き止める; (発展の跡など)をたどる; (カメラ・レーダーなどで)(飛行機・船など)を追跡する**:** The hunters *tracked* the bear *to* its den. ハンターたちはくまの跡をつけて巣穴まで行った. ❷《米》(...)を習熟度[能力]別学級に分ける [《英》stream]. ❸《米》(泥など)を足につけて持ち込む.
— ⓐ〘映画・テレビ〙(カメラが)移動撮影する.

tráck dówn [動] ⓗ (...)を追い詰める (*to*); 捜し出す, 突き止める.

tráck and fíeld 名 Ⓤ《主に米》陸上競技.

track·ball /trǽkbɔ̀ːl/ 名 Ⓒ〘コンピュータ〙トラックボール《マウスの代わりにカーソルを移動させる小球》.

track·er /trǽkə | -kə/ 名 Ⓒ (犯人・獲物などを)追跡する人[動物]; 動き・発展の跡などを記録する機械[人].

tráck evènt 名 Ⓒ〘スポーツ〙トラック種目《競走》. 関連 field event フィールド種目.

tráck mèet 名 Ⓒ《米》陸上競技大会 [《英》athletics].

tráck rècord 名 Ⓒ (人・企業などの)実績, 業績.

track·suit /trǽksùːt/ 名 Ⓒ《主に英》= sweat suit.

tract /trǽkt/ 名 ❶ Ⓒ〘解剖〙管, ...系**:** the digestive *tract* 消化管. ❷ Ⓒ (土地・海などの)広がり; 広い面積; 地域, 区域**:** large *tracts of* desert in Africa アフリカの広大な砂漠.

trac·ta·ble /trǽktəbl/ 形 ❶《格式》(問題などが)扱いやすい. ❷《格式》(人が)従順な, 素直な.

trac·tion /trǽkʃən/ 名 ❶ Ⓤ 牽引(けんいん), 牽引力; 〘医学〙(骨折治療のための)牽引. ❷ Ⓤ (タイヤ・車輪などの)静止摩擦, 路面への食いつき.

trac·tor /trǽktə | -tə/ 名 ❶ Ⓒ トラクター**:** drive a *tractor* トラクターを運転する. ❷ Ⓒ《米》(運転席部分だけで荷台[荷物部]のない)トレーラー, 牽引車. 〖⇒ attract キズナ〗

trac·tor-trail·er /trǽktətrèɪlə | -tətrèɪlə/ 名 Ⓒ《米》トレーラートラック.

trad /trǽd/ 略《主に英》= traditional — 名 Ⓤ《略式》トラッド(ジャズ)《1920 年代のニューオーリンズに端を発するジャズのスタイル》.

***trade /tréɪd/

— 名 (trades /tréɪdz/)

> 意味のチャート
> tread と同語源で原義「(踏み固められた)道」→(手慣れたもの)の意味から,
> 「職業」❸ →「商業」❶ →「商う」動 ⓐ ❶ / →「交換する」動 ⓗ ❶

❶ Ⓤ **商業**, **貿易**; 取り引き, 商売; 小売業; 売上(高)**:** foreign *trade* 外国貿易 / promote international *trade* 国際貿易を促進する / the arms *trade* = *trade in* arms 武器の売買 / Japan is doing a great deal of *trade with* European countries. 日本はヨーロッパ諸国と多くの取り引きをしている / the Board of *Trade* 商工会議所.
❷ [the ~; 複合語で] **... 業:** He's ***in the*** tóurist ***tràde***. 彼の仕事は観光業だ.
❸ Ⓒ,Ⓤ **職業**, 職《特に商業, または手を用いる技術的な職業を指す; ⇒ occupation 類義語》**:** the tools of one's *trade* 商売道具《大工道具など》/ He's a carpenter ***by trade***. 彼の職業は大工だ / What's your *trade*? あなたはどんな仕事をしているのですか. 語法 これは昔 carpenter や mason など手を用いる技術的な職業の人に対して尋ねる質問で, 一般的に職業を聞く場合には What do you do? を用いるのが普通. ❹ Ⓒ 交換 [≒exchange]; 〘野球〙(プロ選手の)トレード**:** make a *trade* 交換する. ❺ [the ~; 単数または複数扱い] 同業者仲間, 業界.

dò a róaring tráde [動] ⓐ《英略式》商売が大繁盛する.

— 動 (trades /tréɪdz/; trad·ed /-ḍɪd/; trad·ing /-ḍɪŋ/) ⓐ ❶ (...を)**商う**, (商品を)売買する, 取り引きする; **貿易をする**; 《英》商売[営業]をしている**:** He ***trades in*** building materials. V+*in*+名 彼は建築材料を売買している / Japan ***trades with*** nearly every country in the world. V+*with*+名 日本は世界中のほとんどの国と貿易をしている / cease *trading* 商売をやめる. ❷ (人と)交換する (*with*).
— ⓗ ❶ (人と)(物)を**交換する**, 取り替える [≒exchange]**:** I ***traded*** seats ***with*** him. V+O+*with*+名 私は彼と席を交換した / I'll ***trade*** (you) my sandwich ***for*** your hot dog. V(+O)+O+*for*+名 このサンドイッチと君のホットドッグを交換しよう. ❷ (...)を売買[取り引き, 貿易]する. ❸ (...)を交わし合う**:** *trade* insults [blows] ののしり[なぐり]合う.

tráde dówn [動] ⓐ (安い物に)買いかえる (*to*).

tráde ín [動] ⓗ (...)を下取りしてもらう**:** She *traded in* her car *for* a new one. 彼女は車を下取りに出して新車を買った. 関連 trade-in 下取り品.

tráde óff [動] ⓗ (妥協として)(...)を(他と)交換する,

(他と交換に)捨てる (*against*, *for*); (より望ましい結果を得るために)(...)を(他と)釣り合わせる, バランスをとる (*against*).
tráde on [upòn] ... [動] ⊕ ...につけ込む.
tráde úp [動] ⓐ (高価な物に)買いかえる (*to*).
tráde dèficit 名 C 貿易赤字.
tráde fàir 名 C 産業[貿易]見本市.
+**trade-in** /tréɪdìn/ 名 (~s /~z/) C 《米》 **下取り(品):** the *trade-in* value 下取り価格.
trade·mark /tréɪdmàɚk | -mà:k/ 名 ❶ C トレードマーク, 商標(《略》TM). ❷ C (人・言動の)特徴.
tráde nàme 名 ❶ C 商品名; 商標名 [≒brand name]. ❷ C 商号, 屋号.
trade-off /tréɪdɔ̀:f | -ɔ̀f/ 名 C (同時に達成できない目標の間の)妥協, 調整 (*between*).
*trad·er /tréɪdɚ | -də/ 名 (~s /~z/) C **貿易業者,** 商人: a ***trader in*** grain 穀物の貿易業者.
tráde schòol 名 C 《主に米》 実業学校.
tráde sécret 名 C 企業秘密.
trades·man /tréɪdzmən/ 名 (-men /-mən/) C 《英》 (小売)商人; (商店の)御用聞き; 《米》 職人.
trades·peo·ple /tréɪdzpì:pl/ 名 複 《英》 (小売)商人(たち); 《米》 職人(たち).
trádes únion /tréɪdz-/ 名 C 《英》 = trade union.
tráde sùrplus 名 C 貿易黒字.
tráde únion 名 C 《英》 労働組合 [《米》 labor union].
tráde wìnd /-wìnd/ 名 C 貿易風《赤道に向かっていつも吹く北東[南東]の風》.
*trad·ing /tréɪdɪŋ/ 名 U **商い,** 売買.
tráding còmpany 名 C 商事[貿易]会社.

⁂tra·di·tion /trədíʃən/

— 名 (~s /~z/) ❶ U,C **伝統;** 慣例, しきたり: We have the ***tradition of*** exchanging New Year's cards at New Year. 私たちは新年に年賀状をとりかわす習慣がある / family *traditions* 家のしきたり / maintain [break with] old *traditions* 古い伝統を守る[破る] / ***by tradition*** 慣例で[に従って] / His novels are ***in the tradition of*** Edgar Allan Poe. 彼の小説はエドガー・アラン・ポーの作風を受け継いでいる. ❷ C,U 伝説, 伝承: popular *traditions* 民間伝承.
(形 tradítional)
〘語源〙 ラテン語で「引き渡すこと」の意〛

⁂tra·di·tion·al /trədíʃ(ə)nəl/

— 形 ❶ **伝統的な,** 慣例となった, 従来の; 型にはまった, 古くさい: one of the *traditional* festivals of Kyoto 京都の伝統的な祭りのひとつ / It is *traditional* to wear black to a funeral. 葬式には黒い服を着て行くのが慣例だ / a *traditional* view on marriage 結婚に対する従来の考え方. ❷ 伝説の, 伝承による, 言い伝えの: *traditional* folk songs 民謡. (名 tradítion)
tra·di·tion·al·is·m /trədíʃ(ə)nəlìzm/ 名 U 伝統主義.
tra·di·tion·al·ist /trədíʃ(ə)nəlɪst/ 名 C 伝統主義者.
+**tra·di·tion·al·ly** /trədíʃ(ə)nəli/ 副 ❶ [ときに 文修飾] **伝統的に:** *Traditionally*, the markets here are run by women. 伝統的にここの市場は女性が経営する. ❷ 伝承によって.
Tra·fal·gar /trəfǽlgɚ | -gə/ 名 固 トラファルガル《スペイン南西端の岬; ⇒ Nelson》.
Trafálgar Squáre 名 固 トラファルガー広場《London の中心にある広場; Nelson の像がある》.

⁂traf·fic /trǽfɪk/

— 名 ❶ U (車・鉄道・航空機などの)**交通, 往来,** 通行; 交通[輸送]量: control *traffic* at a corner 街角で交通整理をする / *Traffic* is heavy [light] on this street. この通りは交通量が多い[少ない] / The *traffic* stopped moving. 車の流れが止まった / a *traffic* accident 交通事故. ❷ U 《格式》 運輸, 輸送: passenger *traffic* 旅客輸送. ❸ U (不正な)取り引き (*in*). ❹ U 〘コンピュータ〙 (データの)通信(量).
— 動 (traf·fics; traf·ficked; traf·fick·ing) ⓐ (特に麻薬などを)売買[取り引き]する (*in*).
tráffic cìrcle 名 C 《米》 円形の交差点, ロータリー [≒rotary; 《英》 roundabout].
tráffic còp 名 C 《略式》 交通巡査.
tráffic ìsland 名 C (街路の中央にある)安全地帯 [《米》 safety island].
tráffic jàm 名 C 交通渋滞: be stuck in a *traffic jam* 交通渋滞に巻き込まれる.
traf·fick·er /trǽfɪkɚ | -kə/ 名 C (麻薬・武器の)密輸[売]人.
traf·fick·ing /trǽfɪkɪŋ/ 名 U 不正な取り引き: drug [arms] *trafficking* 麻薬[武器]の密売[買].
tráffic lìght 名 C 交通信号(灯)《赤 (red), 黄 (yellow [orange, 《英》 amber]), 青 (green) の 3 種》: a set of *traffic lights* 1 組の交通信号灯. 語法 普通は《米》では単数形で, 《英》では複数形で用いる: The traffic is controlled by 「《米》 a *traffic light* [《英》 (*traffic*) *lights*]. 交通は信号灯で規制されている.
tráffic sìgnal 名 C = traffic light.
tráffic wàrden 名 C 《英》 駐車違反取締官.
tra·ge·di·an /trəʤí:diən/ 名 C 《格式》 悲劇作家; 悲劇役者.
*trag·e·dy /trǽʤədi/ 名 (-e·dies /~z/) ❶ C,U **悲しい[悲惨な, 不幸な]出来事,** 惨事; 《略式》 非常に残念なこと: Suddenly *tragedy* struck his family. 突然悲劇が彼の家族を襲った.
❷ C **悲劇**《作品》; U **悲劇**《演劇の部門》 [⇔ comedy]: *Hamlet* is a famous *tragedy*. 「ハムレット」は有名な悲劇だ / Greek *tragedy* ギリシャ悲劇.
(形 trágic)
+**trag·ic** /trǽʤɪk/ 形 ❶ **悲痛な;** 悲惨な, 痛ましい: a *tragic* accident 悲惨な事故.
❷ 限定 [比較なし] **悲劇の,** 悲劇的な [⇔ comic]: a *tragic* actor 悲劇俳優 / a *tragic* flaw 悲劇的欠点《悲劇の主人公の破滅のもとになる性格的欠陥》.
(名 trágedy)
trag·i·cal·ly /trǽʤɪkəli/ 副 ❶ 悲劇的に, 悲惨に. ❷ 文修飾 悲劇的にも, 悲惨なことに: *Tragically*, many people were killed in the accident. 痛ましいことに大勢の人たちがその事故で死亡した.
trag·i·com·e·dy /træ̀ʤɪká(:)mədi | -kɔ́m-/ 名 (-e·dies) C,U 悲喜劇; 悲喜劇的な出来事[状況].
trag·i·com·ic /træ̀ʤɪká(:)mɪk | -kɔ́m-ˊ/ 形 悲喜劇的な.
*trail /tréɪl/ 名 (~s /~z/) ❶ C (踏みならされてできた)**道;** (山などの)小道 [≒path]: a winding forest *trail* まがりくねった森の小道 // ⇒ nature trail.
❷ C **引きずった跡;** 引きずっているもの; 一筋になって続いているもの《流星の尾・衣服のすそなど》; (物事の)な

ごり, 余波: rocket *trails* ロケットの航跡 / a ***trail of*** smoke ひとすじの煙 / The typhoon left a *trail of* destruction (behind it). 台風は破壊のつめ跡を残していった.

❸ Ⓒ (人・動物の)**跡**, におい《狩りなどで獲物を追跡する手がかりとなる》; 手がかり: leave a ***trail of*** blood 血痕を残す / follow [lose] the *trail of* an animal 動物の跡を追う[見失う]. ❹ Ⓒ (選挙運動・観光などの)行程.

be on the tráil of ... = be on ...'s tráil [動] ⑩ ...を追跡して[探して]いる.

hít the tráil [動] ⓐ《略式》旅に出る.

hót on the tráil of ... = hót on ...'s tráil [形・副] (追跡中の人など)にあと 1 歩のところまで迫って.

— 動 (trails /~z/; trailed /~d/; trail·ing) ⑩ ❶ (...)を**引きずる**, 引きずっていく, 引き連れていく: He walked away ***trailing*** a fishing rod ***after*** him. [V+O+前+名] 彼は釣りざおを引きずって歩いていった / She *trailed* her long skirt *along* the floor. 彼女は長いスカートのすそを床に引きずって歩いた.

❷ (...)の**後をつける**, (...)を追跡する: A detective ***trailed*** the suspect ***to*** this hotel. [V+O+*to*+名] ひとりの刑事が容疑者をこのホテルまで尾行した. ❸ [普通は進行形で] (競争相手)に(...だけ)遅れをとる, リードされる (*by*).

— ⓐ ❶ (衣服のすそなどが)**引きずられる**; たれ下がる, (つる草などが)はう; 尾を引く, (煙などが)たなびく: The bride's long skirt ***trailed along*** behind her. [V+副] 花嫁の長いスカートはすそを引きずっていた. ❷ [副詞(句)を伴って] (疲れて)足を引きずって歩く; (後について)のろのろと歩く. ❸ [普通は進行形で] (競争相手に...だけ)遅れをとる (*by*).

tráil óff [awáy] [動] ⓐ (声が)次第に弱くな(って消え)る.

trail·blaz·er /tréɪlblèɪzɚ | -zə/ 名 Ⓒ《略式》草分け, 先駆者.

+**trail·er** /tréɪlɚ | -lə/ 名 (~s /~z/) ❶ Ⓒ **トレーラー**, (ボート・荷物などを運ぶ自動車などの)付随車. ❷ Ⓒ《米》**移動住宅**, **トレーラーハウス**《車で引いて移動できる住宅; 旅行や行楽用》[《英》caravan]. ❸ Ⓒ (映画・テレビの)予告編.

tráiler pàrk 名 Ⓒ《米》(森林公園などの)トレーラーハウスの指定駐車区域 [《英》caravan site].

trail·ing /tréɪlɪŋ/ 形 [限定] (植物が)つる性の.

***train[1] /tréɪn/

— 名 (~s /~z/)

意味のチャート
原義は「引きずられるもの」.
「引き続くもの」→「列を成して続くもの」→「列車」❶ / →「列」❷ / →「つながり」❸

❶ Ⓒ **列車**; (何台も連なった)電車, 汽車.

> 語法 何台か連なった電車や汽車全体をさす. 列車を構成する一台一台の車両は《米》では car, 《英》では carriage または coach と言う.

I went to Boston ***by train***. 私はボストンへは列車で行った (⇒ by 前 2 語法). 語法 by train は by plane, by car, by bus などに対して用いられる言い方で, 普通は take a train to Boston などと言う // go home ***on*** the 7:30 ***train*** 7 時半の列車で家へ帰る / I'm *on* the wrong *train*. 電車を乗り間違えた / ***take*** [***get***] a ***train*** (to ...) (...まで)列車で行く / ***catch*** [***miss***] a ***train*** 列車に間に合う[乗りそこなう] / ***get on*** a ***train*** = ***board*** a ***train*** 列車に乗り込む / ***get off*** a ***train*** 列車から降りる / a passenger *train* 旅客列車 / a freight [《英》goods] *train* 貨物列車 / a commuter *train* 通勤列車 / an express *train* 急行列車.

❷ Ⓒ (移動している人・動物・車・物などの)**列**: a long ***train of*** cars heading south 南に向かう車の長い列 / a funeral *train* 葬式の列.

❸ Ⓒ [普通は単数形で] (考えなどの)**つながり**, (関連したものの)連続 [≒series]: a ***train of*** events 一連の出来事 / I've lost my *train of* thought. 何を考えていたのかわからなくなった. ❹ Ⓒ 後に尾のように引きずる物《ドレスのすそなど》.

sét ... in tráin [動] ⑩《英格式》...を(計画通りに)始める, ...の手はずを整える.

***train[2] /tréɪn/

— 動 (trains /~z/; trained /~d/; train·ing) ⑩ ❶ (人・動物)を**訓練[教育]する**, **鍛える**, 仕込む, 養成[トレーニング]する: We ***train*** our students ***to*** be good engineers. [V+O+C (*to* 不定詞)] 当校では学生が立派な技術者になるよう訓練する / Jane ***was trained as*** a nurse at this school. [V+O+C (*as*+名)の受身] ジェーンはこの学校で看護師として養成された / Parents should ***train*** their children ***in*** table manners. [V+O+*in*+名] 親は子供にテーブルマナーを教育しなければならない / He ***trained*** lions ***for*** a circus. [V+O+*for*+名] 彼はライオンをサーカス用に調教した. ❷ (カメラ・銃など)を(...に)向ける, 照準する [≒aim] (*on*, *upon*, *at*). ❸ 〔園芸〕(枝ぶりなど)を好みの形に仕立てる.

— ⓐ ❶ 訓練[教育]を受ける (*as*, *in*): I *trained to* be a doctor. 私は医者となる教育を受けた. ❷ (運動選手などが)トレーニング[練習]する (*for*).

〖語源 元来は「引きずる」の意 (⇒ train[1] **意味のチャート**); 後に「従わせる, しつける」の意となった〗

trained /tréɪnd/ 形 訓練を受けた, 熟練した: a *trained* nurse 熟練の看護師.

+**train·ee** /trèɪníː/ 名 (~s /~z/) Ⓒ **訓練を受ける人**; 実習生.

+**train·er** /tréɪnɚ | -nə/ 名 (~s /~z/) ❶ Ⓒ **訓練する人**, トレーナー, コーチ, (動物の)調教師. 日英 日本語の「(衣服の)トレーナー」にあたるのは sweatshirt. ❷ Ⓒ [普通は複数形で]《英》= sneaker.

***train·ing /tréɪnɪŋ/

— 名 [Ⓤ または a ~] **訓練**, トレーニング, 研修; 養成, 練習 (*in*) (⇒ practice 類義語): receive *training* 訓練を受ける / on-the-job *training* 実地訓練 / The players went into *training*. 選手たちはトレーニングに入った / They're ***in training for*** the game. 彼らはその試合に向けて練習している.

tráining cóllege 名 Ⓒ,Ⓤ《英》専門家養成学校[大学].

tráining pànts 名 複 トイレのしつけ用パンツ《おむつが取れたばかりの幼児にはかせる》. 関連 toilet training トイレのしつけ. 日英 日本語の「(運動用の)トレーニングパンツ」に相当するのは sweatpants.

tráining whèels 名 複《米》(自転車の)補助輪 [《英》stabilizers].

traipse /tréɪps/ 動 ⓐ《略式》ぶらぶら歩く.

trait /tréɪt/ 名 C《格式》(性格・習慣などの)特性, 特色, 特徴: national *traits* 国民性.

trai·tor /tréɪṭə | -tə/ 名 C 反逆者, 裏切り者: He was a *traitor to* his country. 彼は自分の国を裏切った / The soldiers turned *traitor*. その兵士たちは裏切った (⇒ turn 自 5 語法).

trai·tor·ous /tréɪṭərəs, -trəs/ 形《文語》反逆の, 裏切りの; 不実な. **~·ly** 副 反逆して, 裏切って.

tra·jec·to·ry /trəʤéktəri, -tri/ 名 (-to·ries) C (弾丸などの)弾道, 軌道[跡]; 過程, 道筋.

tram /trǽm/ 名 C《主に英》路面電車, 市街電車 [《米》streetcar, trolley]: get on [off] a *tram* 路面電車に乗る[から降りる] / go *by tram* 路面電車で行く (⇒ by 前 2 語法).

tram·car /trǽmkɑ̀ə | -kɑ̀ː/ 名 C《主に英》= tram.

tram·mel /trǽm(ə)l/ 動 (trammels; trammeled, 《英》trammelled; -mel·ing, 《英》-mel·ling) 他《格式》(...)の自由を制限する, (...)を拘束[束縛]する.

tramp /trǽmp/ 動 自 ❶ どしんどしんと[重い足取りで]歩く; 踏みつける: He *tramped along* the corridor. 彼は廊下をどしんどしんと歩いた / Don't *tramp down on* the grass. 芝生を踏みつけてはいけない. ❷ てくてくと[とぼとぼと]歩く; 徒歩で旅をする: He spent his holiday *tramping in* the woods. 彼は森を歩き回って休みを過ごした. — 他 ❶ (...)をてくてくと歩く; (...)を徒歩で行く[旅する]. ❷ (...)を踏みつける (*down*). — 名 ❶ C 浮浪者, 放浪者. ❷ [the ~] 重い足音, どしんどしんと歩く音: *the tramp of* boots 重い靴音. ❸ C 長距離の歩行, 徒歩旅行 [≒trek].

tram·ple /trǽmpl/ 動 他 ❶ (...)を踏みつける, 踏みつぶす: The children *trampled* the flowers underfoot. 子供たちが花を踏みつけた / *trample* ... to death ...を踏み殺す. ❷ (権利・感情など)を踏みにじる, 無視する (*down*). — 自 ❶ どしんどしんと歩く: I heard someone *trampling* around upstairs. だれかが 2 階でどしんどしんと歩いているのが聞こえた. ❷ 踏みつける; (人の感情などを)踏みにじる: Don't *trample on* her feelings like that. そんなふうに彼女の気持ちを踏みにじるな.

tram·po·line /trǽmpəlìːn, trӕ̀mpəlíːn/ 名 C トランポリン《運動用具》.

tram·way /trǽmwèɪ/ 名 C《英》市街電車の軌道, (鉱山などの)トロッコ用軌道, 市街鉄道; 《米》ロープウェー.

trance /trǽns | trɑ́ːns/ 名 ❶ C 失神, 昏睡(こんすい)状態; 催眠状態: fall [go] into a *trance* 失神する. ❷ C 恍惚(こうこつ), 夢中, 茫然(ぼうぜん)自失: in a *trance* ぼうっとして. ❸ U〔音楽〕トランス《ダンス音楽》.

tran·quil /trǽŋkwəl/ 形 穏やかな, 静かな, 平穏な, 落ち着いた: a *tranquil* village 静かな村.

tran·quil·(l)i·ty /trænkwíləṭi/ 名 U 静穏; 落ち着き.

tran·quil·(l)ize /trǽŋkwəlàɪz/ 動 他 (特に薬で)(...)を静める, (心)を落ち着かせる.

tran·quil·(l)iz·er /trǽŋkwəlàɪzə | -zə/ 名 C 精神安定剤, 鎮静剤, トランキライザー.

tran·quil·ly /trǽŋkwəli/ 副 静かに, 落ち着いて.

trans- /træns, trænz/ 接頭「...を横切って, ...を越えて; 貫き通して; 別の場所[状態]へ」などの意: *trans*continental 大陸横断の / *trans*parent 透明な / *trans*form 一変させる.

trans·act /trænzǽkt, -sǽkt/ 動 他《格式》(...と)(商取り引き・業務など)を行なう (*with*). — 自《格式》商取り引き[業務]を行なう.

+**trans·ac·tion** /trænzǽkʃən, -sǽk-/ 名 (~s /~z/) ❶ U《格式》(業務の)**処理**, 取り扱い: the ***transaction of*** business 商取り引き. ❷ C (個々の)**業務**; 取り引き, 売買: stock *transactions* 証券取引.

trans·at·lan·tic /trӕ̀nsətlǽnṭɪk, trӕ̀nz-ˊ/ 形 ❶ 限定 大西洋横断の. ❷ 限定 大西洋の向こう側の; ヨーロッパの《アメリカ側から見て》; アメリカの《ヨーロッパ側から見て》. ❸ 限定 大西洋沿岸諸国の.

trans·cei·ver /trænsíːvə | -və/ 名 C トランシーバー, 無線送受信機.

tran·scend /trænsénd/ 動 他 ❶《格式》(経験・理解力の範囲)を越える, 超越する: Love can *transcend* (the boundaries of) language and nationality. 愛はことばや国(の壁)を越える. ❷《格式》(強さ・大きさ・質などで)(...)をしのぐ, (...)より勝る.

tran·scen·dence /trænséndəns/ 名 U《格式》超越, 卓越, 優越.

tran·scen·dent /trænséndənt/ 形《格式》(才能などが)卓絶した, 抜群の, 並はずれた.

tran·scen·den·tal /trӕ̀nsendénṭlˊ/ 形 (考えなどが)超越的な, 先験的な.

trans·con·ti·nen·tal /trӕ̀nskɑ̀(ː)nṭənénṭl | -kɔ̀n-ˊ/ 形 限定 大陸横断の.

tran·scribe /trænskráɪb/ 動 他 ❶《格式》(...)を書き写す, 複写[謄写]する; (録音・速記など)を文字に起こす. ❷《格式》(...)を発音記号で表記する; (...)を他の文字[言語など]に書き換える, 転写する (*into*). ❸〔音楽〕(...)を(他の楽器用に)編曲する (*for*). ❹《格式》(録音・録画など)を(他の媒体に)移し替える, コピーする. ❺〔放送〕(番組など)を録音[録画]する. (1 では 名 tránscript)

+**tran·script** /trǽnskrɪpt/ 名 (-scripts /-skrɪpts/) ❶ C (録音・発言などからの)**書き起こし**; 写し, 複写, 転写: a ***transcript of*** the President's speech 大統領演説の書き起こし. ❷ C《主に米》(学校の)成績証明書. (1 では 動 transcríbe) 〘⇒ describe キズナ〙

tran·scrip·tion /trænskrípʃən/ 名 ❶ U 書き写す[起こす]こと; 筆写; 転写; C 書き起こしたもの [≒transcript]: phonetic *transcriptions* 発音表記《発音記号に書き換えたもの》. ❷ U,C〔音楽〕編曲;〔放送〕録音[録画](放送).

tran·sept /trǽnsept/ 名 C〔建築〕(十字形教会堂の左右の)翼廊.

trans·fer[1] /trænsfə́ː | -fə́ː/ アク 名詞の transfer[2] とアクセントが違う.
— 動 (trans·fers /~z/; trans·ferred /~d/; -fer·ring /-fə́ːrɪŋ | -fə́ːr-/) 他 ❶ (物・人)を(...から他へ)**移す, 移動する**; 転任[異動, 転校]させる; (乗客などを)乗り換えさせる; (電話)を転送する; (プロ選手)を移籍させる; (金)を振り込む; (愛情・忠誠など)を他に移す: She has ***been transferred from*** the Chicago branch ***to*** the main office in New York. V+O+*from*+名+*to*+名の受身 彼女はシカゴ支社からニューヨーク本社へ異動になった.
❷〔法律〕(権利など)を**譲る**, 譲渡する; (権限など)を移す: He refused to ***transfer*** his property ***to*** his son. V+O+*to*+名 彼は財産を息子に譲るのを拒んだ. ❸ (録音・データなど)を(他の媒体に)移し替える, コピーする, 転送する. ❹ (技術・考えなど)を(新しい状況に)通用させる, 取り入れる (*to*).
— 自 ❶ (所属などが)**移る**, 転校[転任]する: She

transferred from a public school *to* a private one. V+from+名+to+名 彼女は公立の学校から私立へ移った《⇒ one[2] 代 2》.
❷ (乗り物を)**乗り換える** [≒change]: Take this bus and *transfer to* the subway at Piccadilly Circus. V+to+名 このバスに乗ってピカデリーサーカスで地下鉄に乗り換えてください / *Transfer* here *for* Cambridge. V+副+for+名 ケンブリッジ行きは当駅で乗り換え《掲示》. ❸ (技術・考えなどが)(新しい状況に)通用する (*to*). (名 tránsfer[2], transférence)
〖⇒ offer キズナ〗

***trans·fer**[2] /trǽnsfəː | -fəː/ !アク 動詞の transfer[1] とアクセントが違う.
— 名 (~s /~z/) ❶ U,C **移動**, 移転; **異動**, 転任(地), 転校; 振り替え; (データの)転送: He arranged my *transfer to* this department. 彼は私のこの課への異動を取り決めた / a personnel *transfer* 人事異動 / bank *transfer* 銀行振込.
❷ C,U (交通機関の)**乗り換え**(地点): a *transfer from* a train *to* a bus 列車からバスへの乗り換え / a *transfer* passenger 乗り継ぎ客.
❸ C 《主に米》乗り換え切符《路線を変えても使える》.
❹ U,C (権利などの)移転, 譲渡: the *transfer of* power 権力の委譲.
❺ C 移る人[物]; 転校生, 転任者. ❻ C 《主に英》= decal. (動 transfér[1])

trans·fer·a·ble /trænsfə́ːrəbl | -fə́ːr-/ 形 移すこと[譲渡, 貸し借り]のできる; 転写できる.

trans·fer·ence /trænsfə́ːrəns | trǽnsf(ə)r-/ 名 ❶ U 《格式》移転, 移動; 転任, 転勤; 譲渡, 売り渡し. ❷ U 〔心理〕感情転移《過去にある人に抱いた感情と同じ感情を別の人に向けること》. (動 transfér[1])

trans·fig·u·ra·tion /trænsfìgjʊréɪʃən | -gər-/ 名 U,C 《文語》変形, 変身; 変貌(へんぼう).

trans·fig·ure /trænsfígjə | -gə/ 動 (-fig·ur·ing /-gjərɪŋ | -gərɪŋ/) 他 《文語》(特に美しくするために)(...)の外観[表情]を変える, 変貌(へんぼう)させる.

trans·fix /trænsfíks/ 動 他 ❶ [普通は受身で] (恐怖などが)(人)を立ちすくませる. ❷ 《文語》(...)を突き刺す.

***trans·form** /trænsfɔ́ːm | -fɔ́ːm/ 動 (trans·forms /~z/; trans·formed /~d/; -form·ing) 他 (...の外見・性質など)を**一変させる**, (...から~へと)大きく変化させる; 変形[変身]させる《⇒ change 類義語》: The discovery of hot springs *transformed* this place *from* a fishing village *to* [*into*] a tourist resort. V+O+from+名+to [into]+名 温泉の発見は当地を漁村から観光地へと変えた. — 自 大きく変化する, 変形[変身]する (*from, into*). (名 trànsformátion)
〖語源 ⇒ trans-, form; ⇒ form キズナ〗

trans·for·ma·tion /trænsfəméɪʃən | -fə-/ 名 U,C (大きな)変化, 変形, 変質, 変身. (動 transfórm)

trans·form·er /trænsfɔ́ːmə | -fɔ́ːmə/ 名 C 〔電気〕変圧器, トランス.

trans·fuse /trænsfjúːz/ 動 他 (血液)を輸血する.

trans·fu·sion /trænsfjúːʒən/ 名 U,C 輸血 (blood transfusion); 緊急融資.

trans·gen·der /trænsʤéndə, trænz- | -də/ 形 トランスジェンダー[性別違和]の《身体的な性と自己意識としての性が異なる》.

trans·gress /trænsgrés/ 動 他 《格式》(制限・範囲)を逸脱する; (法律・規範など)を破る. — 自 《格式》違反をする; (宗教・道徳的に)罪を犯す.

trans·gres·sion /trænsgréʃən/ 名 U,C 《格式》違反, 犯罪 (*of*); (宗教・道徳上の)罪.

trans·gres·sor /trænsgrésə | -sə/ 名 C 《格式》違反者; (宗教・道徳上の)罪人.

tran·sience /trǽnʃəns | -ziəns/ 名 U 《格式》一時的なこと; はかなさ.

tran·sient /trǽnʃənt | -ziənt/ 形 《格式》一時の, つかの間の; はかない, 無常の; 短期滞在[宿泊]の. — 名 C 《主に米》短期滞在者[宿泊客]; 放浪者.

tran·sis·tor /trænzístə, -sís- | -tə/ 名 C トランジスター; = transistor radio.

transístor rádio 名 C 《古風》トランジスターラジオ.

+tran·sit /trǽnsɪt, -zɪt/ 名 ❶ U (人・物資の)**輸送**, 運送: My baggage was lost *in transit*. 私の荷物は輸送中に紛失した. ❷ U 通過, 通行; 乗り継ぎ. ❸ U 《米》輸送[交通]機関: Japan's mass *transit* system 日本の大量輸送機関.

***tran·si·tion** /trænzíʃən, -síʃən/ 名 (~s /~z/) U,C 《格式》**移行**, 移り変わり, 変遷, **変化**: a peaceful *transition from* military *to* civilian government 軍政から民政への平和的な移行 / a *transition* period 過渡期 / the Japanese economy *in transition* 過渡期にある日本経済. (形 transítional)

tran·si·tion·al /trænzíʃ(ə)nəl, -síʃ-/ 形 《格式》[普通は 限定] 移り変わる; 過渡的な; 過渡期の: a *transitional* government 暫定政権. (名 transítion)
-al·ly /-ʃ(ə)nəli/ 副 過渡的に.

tran·si·tive /trǽnsəṭɪv/ 形 〔文法〕他動詞の《略 t.》.

tránsitive vérb 名 C 〔文法〕他動詞《略 v.t.; ⇒ 巻末文法 4 (2)》.

tran·si·to·ry /trǽnsətɔ̀ːri | -təri, -tri/ 形 一時的な, つかの間の; はかない, 無常の.

tránsit vìsa 名 C 通過ビザ《滞在はできない》.

trans·lat·a·ble /trænsléɪṭəbl, trænz-/ 形 訳すことができる, 翻訳可能な.

+trans·late /trænsléɪt, trænz-/ 動 (trans·lates /-léɪts/; trans·lat·ed /-ṭɪd/; trans·lat·ing /-ṭɪŋ/) 他 ❶ (...)を**訳す**, (...語から~語へと)翻訳する: She *translated* the poem (*from* English) *into* Japanese. V+O(+from+名)+into+名 彼女はその詩を(英語から)日本語に訳した. 関連 interpret 通訳する. ❷ (ことば・行動)を解釈[説明, 理解]する [≒interpret] (*as*). ❸ (考え・感情など)を(別の形に)移す, 変える (*into*).
— 自 ❶ 翻訳[通訳]する: She *translates* for *The New York Times*. 彼女はニューヨークタイムズ社で翻訳をしている. ❷ (ことば・詩などが)訳せる; (...という)意味である, (...と)解釈される (*as*): This phrase does not *translate* well. この句はうまく訳せない. ❸ 形を変える, (...に)至る, つながる (*into*). (名 translátion)
〖語源 ラテン語で「移された」の意; 元来は transfer[1] の過去分詞形〗

+trans·la·tion /trænsléɪʃən, trænz-/ 名 (~s /~z/) ❶ U **翻訳(すること)**: free *translation* 自由訳, 意訳 / mistakes [errors] in *translation* 誤訳.
❷ C,U **翻訳(したもの)**, 訳: a rough *translation* 大ざっぱな訳, 粗訳 / an English *translation of* Natsume Soseki's *I Am a Cat* 夏目漱石の「吾輩(わがはい)は猫である」の英訳 / I read Shakespeare *in translation*. 翻訳でシェークスピアを読んだ. ❸ U 《格式》(考えなどを別の形に)移すこと, 転換. (動 transláte)

+trans·la·tor /trænsléɪṭə, trænz- | -tə/ 名 (~s /~z/) C **訳者**, 翻訳家; 通訳: say through a *translator* 通

訳を介して言う.

trans·lu·cence /trænslúːs(ə)ns, trænz-/, **-lu·cen·cy** /-s(ə)nsi/ 名 U 半透明.

trans·lu·cent /trænslúːs(ə)nt, trænz-/ 形 (ガラスなどが)半透明の; (肌が)透き通るような.

trans·mi·gra·tion /trænsmaɪgréɪʃən, trænz-/ 名 U (仏教などの)転生, 輪廻(りんね).

+**trans·mis·sion** /trænsmíʃən, trænz-/ 名 (~s /~z/) ❶ U《格式》**伝達**, 伝送; 伝染, 感染: the ***transmission of*** information 情報の伝達 / the *transmission of* a disease 病気の伝染. ❷ U **放送**, 送信, 送電: the live *transmission* of a TV program テレビ番組の生放送. ❸ C《格式》放送されたもの《画面・番組など》. ❹ C,U (自動車の)トランスミッション, 伝動装置; 変速装置[ギア]: (an) automatic *transmission* 自動変速装置, オートマ(チック). (動 transmít)

+**trans·mit** /trænsmít, trænz-/ 動 (**trans·mits**/-míts/; **-mit·ted** /-tɪd/; **-mit·ting** /-tɪŋ/) 他 ❶ [普通は受身で] (...)を(電波で)**送信する**, 放送する; (病気など)を伝染させる; (知識・情報など)を伝える (*from*, *to*): This game is *being* ***transmitted*** live ***to*** over sixty countries. V+O+副+前+名の受身 この試合は 60 以上の国々に生放送されている. ❷《格式》(熱・光・電流など)を伝導する.
— 自 (テレビ局などが)送信する. (名 transmíssion)
〘⇒ permit[1] キズナ〙

trans·mit·ter /trænsmítə, trænz-|-tə/ 名 C 伝達する人[物]; 送信器, (電話の)送話器; (病気の)感染源, 媒介者.

trans·mu·ta·tion /trænsmjuːtéɪʃən, trænz-/ 名 U,C《格式》変化, 変形, 変質, 変性.

trans·mute /trænsmjúːt, trænz-/ 動 他《格式》(より優れたものに)(...)を変える, 変質させる (*into*).

tran·som /trǽnsəm/ 名 ❶ C《主に米》明かり取り窓《ドアの上部などの》[《英》fanlight]. ❷ C 窓の仕切りの横棒; 無目(むめ)《ドアと明かり窓の間の横木》.

trans·pa·cif·ic /trænspəsífɪk←/ 形 [普通は 限定] 太平洋横断の; 太平洋の向こう側の.

+**trans·par·en·cy** /trænspǽrənsi, -pé(ə)r-/ 名 (**-en·cies**) ❶ C **スライド**; OHP シート. ❷ U 透明(さ), 透明度. ❸ U (状況などの)透明性, 明白さ.

trans·par·ent /trænspǽrənt, -pé(ə)r-/ 形 ❶ 透(す)き通っている, 透明な [⇔ opaque]: *transparent* glass 透明なガラス. ❷《格式》(ことば・情報などが)わかりやすい; 透明性のある [≒ clear]. ❸ (言動が)見え透(す)いた: a *transparent* lie 見え透いたうそ. 〘語源 原義はラテン語で「通して (trans-) 見える」; ⇒ appear 語源.〙
~·ly 副 透き通って, 透明に.

tran·spire /trænspáɪə|-spáɪə/ 動 (**tran·spir·ing** /-spáɪ(ə)rɪŋ/) 自 ❶ [普通は進行形なし]《格式》(秘密などが)漏れる, (事件などが)明るみに出る: *It transpired that* he had taken bribes. 彼がわいろをとっていたことが明るみに出た. ❷《格式》起こる, 生ずる. ❸ (植物の体表から水分などが)発散する, 蒸発する. — 他 (植物が)(水分など)を発散させる, 蒸発させる.

+**trans·plant**[1] /trǽnsplænt | -plɑ̀ːnt/ ✪ 動詞の transplant[2] とアクセントが違う. 名 (~s /-plænts | -plɑ̀ːnts/) ❶ U,C (臓器などの)**移植**: hair *transplant* 植毛 / have a kidney *transplant* 腎臓の移植(手術)を受ける. ❷ C 移植されるもの《臓器・皮膚など》: His body rejected the heart *transplant*. 彼の体は移植された心臓に拒否反応を示した. ❸ [形容詞的に] 移植の: a *transplant* operation 移植手術. (動 transplánt[2])

trans·plant[2] /trænsplǽnt | -plɑ́ːnt/ ✪ 名詞の transplant[1] とアクセントが違う. 動 (~s /-plǽnts | -plɑ́ːnts/; ~·**ed** /~ɪd/; ~·**ing**) 他 ❶ (臓器など)を移植する (*from*, *to*, *into*); (植物など)を移植する (*in*, *into*). ❷《格式》(文化・制度)をよそへ持って行く; (人)を移住させる. (名 tránsplànt[1], trànsplantátion)

trans·plan·ta·tion /trænsplæntéɪʃən | -plɑːn-/ 名 U 移植; 移住, 移民. (動 transplánt[2])

*__trans·port__[1] /trǽnspɔət | -pɔːt/ ✪ 動詞の transport[2] とアクセントが違う. 名 (**trans·ports**/-pɔəts | -pɔːts/) ❶ U《主に英》**輸送**, 運送; **輸送[交通]機関**; 交通手段, 乗り物(の便)《自分で利用できる車などを指す》[≒ transportation]: public *transport* 公共交通機関 / the ***transport of*** oil by large tankers 大型タンカーによる石油輸送. ❷ C 輸送船; 輸送機《特に軍用》. ❸ C《文語》有頂天, 夢中: in a *transport* of joy 喜びで我を忘れて. (動 transpórt[2] 1)
〘⇒ export[1] キズナ〙

+**trans·port**[2] /trænspɔ́ət | -pɔ́ːt/ ✪ 名詞の transport[1] とアクセントが違う. 動 (**trans·ports**/-pɔ́əts | -pɔ́ːts/; **-port·ed** /-tɪd/; **-port·ing** /-tɪŋ/) 他 ❶ (...)を**輸送する**, 運送する, 運ぶ: A large amount of building material ***is transported to*** the site ***by*** truck. V+O+*to*+名の受身 莫大(ばくだい)な量の建材がトラックで現場へ輸送される. ❷ (人)に(別の時・所にいるように)錯覚させる. ❸ [普通は受身で]《文語》(人)を興奮させる, 夢中にさせる. ❹ (罪人)を流刑にする《昔の刑罰》. (名 1 では tránsport[1], trànsportátion)
〘語源 ⇒ trans-; ⇒ export[1] キズナ〙

trans·port·a·ble /trænspɔ́əṭəbl | -pɔ́ːt-/ 形 輸送できる, 運送可能な.

**trans·por·ta·tion

/trænspətéɪʃən | -pɔː-/
— 名 U《主に米》**輸送**, 運送; **輸送機関**; 交通手段, 乗り物(の便): the ***transportation of*** furniture 家具の運送 / railroad *transportation* 鉄道輸送 / the Department [Secretary] of *Transportation*《米》運輸省[長官]《⇒ department 表》. (動 transpórt[2] 1)

tránsport ca·fè /-kæfèɪ | -kǽfeɪ/ 名 C《英》= truck stop.

trans·port·er /trænspɔ́əṭə | -pɔ́ːtə/ 名 C 陸送車《自動車運搬用の大型トラック》; 大型輸送機.

trans·pose /trænspóʊz/ 動 他 ❶《格式》(...)を置き[入れ]換える. ❷〔音楽〕(...)を移調する.

trans·po·si·tion /trænspəzíʃən/ 名 U,C《格式》置き換え, 転位;〔音楽〕移調.

trans·sex·u·al /træn(s)sékʃuəl/ 名 C 性転換者.

trans·verse /trænsvə́ːs, trænz- | -vɜ́ːs/ 形 [普通は 限定]《格式》(真)横の; 横断する.

trans·ves·tis·m /trænsvéstɪzm/ 名 U 服装倒錯《異性の服装をすること, したいという欲望》.

trans·ves·tite /trænsvéstaɪt/ 名 C 服装倒錯者.

*__trap__ /trǽp/ 名 (~s /~s/) ❶ C (獲物を取る)**わな**, 落とし穴: set [lay] a ***trap for*** the fox きつねにわなを仕掛ける / A rat was caught in a *trap*. ねずみが 1 匹わなにかかった. 関連 mousetrap ねずみ取り / radar trap (レーダーによる)速度違反車監視装置.
❷ C **計略**, 策略, わな; (のがれがたい)困難な状況: The enemy ***fell*** [***walked***] ***into*** our ***trap***. 敵軍は私たちの計略にひっかかった. ❸ C《俗》□: Shut your

trap. 黙れ. ❹ Ⓒ (ドッグレースの)飛び出し口.

— 動 (traps /~s/; trapped /~t/; trap·ping) ⑩ ❶ (人)を**出られなくする**, 閉じ込める; (人)を(窮地などから)抜け出せなくする; (獲物)を**わなで捕らえる**, (犯人など)を(追いつめて)捕らえる《⇒ catch 類義語》: They *were trapped* in the cave. V+O の受身 彼らはほら穴に閉じ込められた / She felt *trapped* in an unhappy marriage. 彼女は不幸な結婚生活から抜け出せない気がした / *trap* a fox きつねをわなで捕らえる. ❷ (人)を計略にかける, だまして...させる (*into*). ❸《英》(体の一部など)をはさむ. ❹ (ガス・水・熱など)を閉じ込める.

trap·door /trǽpdɔ̀ɚ|-dɔ́ː/ 名 Ⓒ (天井などの)跳ね上げ戸; (床・舞台などの)上げぶた (*into*).

tra·peze /træpíːz|trə-/ 名 Ⓒ (曲芸・体操用)ぶらんこ: a *trapeze* artist 空中ぶらんこ乗り《人》.

tra·pe·zi·um /trəpíːziəm/ 名 (複 ~s, tra·pe·zi·a /trəpíːziə/) Ⓒ《米》不等辺4辺形;《英》台形.

trap·e·zoid /trǽpəzɔ̀ɪd/ 名 Ⓒ《米》台形;《英》不等辺4辺形.

trap·per /trǽpɚ|-pə/ 名 Ⓒ (毛皮を取るために)わなで鳥獣を捕らえる猟師.

trap·pings /trǽpɪŋz/ 名 複 (権力・富などの)象徴 (*of*); (官位などを示す)衣装, 飾り; 虚飾.

trash /trǽʃ/ (**)

— 名 ❶ Ⓤ《米》**ごみ**, くず, 廃物 [≒garbage;《英》rubbish]: take out the *trash* (収集日に)ごみを出す / I picked up the *trash* in the backyard. 私は裏庭のごみを拾った. ❷ Ⓤ《略式》つまらないもの, 駄作. ❸ Ⓤ [ときに複数扱い]《主に米略式》くだらない人間(ども), 能なし(たち).

— 動 ⑩ ❶《略式》(建物・車など)をぶちこわす. ❷《略式, 主に米》(人・考えなど)をこきおろす.

trásh càn 名 Ⓒ《米》(屋外の)ごみ入れ [《英》dustbin, litter bin].

trásh com·pàc·tor /-kəmpæ̀ktɚ|-tə/ 名 Ⓒ《米》ごみ圧縮機.

trásh tàlk(ing) 名 Ⓤ《米略式》(スポーツで相手を威嚇(いかく)するための)挑発的[侮辱的]なことば.

trash·y /trǽʃi/ 形 (trash·i·er; -i·est)《略式》(小説・番組などが)くだらない, くずのような.

+**trau·ma** /tráʊmə, trɔ́ː-/ 名 (複 ~s, trau·ma·ta /trɔ́ːmətə, tráʊ-/) ❶ Ⓤ〔心理〕**精神的外傷**, 心の傷, トラウマ《精神に永続的な影響を与えるもの》; Ⓒ《略式》つらい経験, ショック: He experienced the *trauma* of being abused when little. 彼は幼いころ虐待され心に傷を受けた. ❷ Ⓤ,Ⓒ〔医学〕外傷.

trau·mat·ic /trɔːmǽtɪk, traʊ-/ 形 ❶〔心理〕精神的外傷[心の傷]となるような; (経験が)悲惨な, とても嫌な. ❷〔医学〕外傷(性)の.

trau·ma·tize /trɔ́ːmətàɪz, tráʊ-/ 動 ⑩ [普通は受身で] (...)に精神的外傷[トラウマ]を与える.

tra·vail /trəvéɪl/ 名 Ⓤ または複数形で] Ⓦ 骨折り, 労苦; 苦痛.

trav·el /trǽv(ə)l/ (***)

— 動 (trav·els /~z/; trav·eled,《英》trav·elled /~d/; -el·ing,《英》-el·ling) ⓐ ❶ (特に遠方へ)**旅行する**, 旅をする: He *traveled in* many countries. V+前+名 彼は多くの国を旅行した / They *traveled around* [*round*] the world. 彼らは世界一周旅行をした / *travel* by train 列車で旅行する / He *travels* fastest who *travels* alone.《ことわざ》ひとり旅がいちばん速い(成功しようと思えば単独行動をとれ).
❷ [副詞(句)を伴って] **進む**, 動いていく; 移動する; (光・音などが)伝わる; (情報が)伝わる: Sound *travels through* the air at about 330 meters per second. V+前+名 音は空中を毎秒約 330 メートルの速さで伝わる / Bad news *travels* fast. V+副《ことわざ》悪いうわさは伝わるのが速い(悪事千里を走る). ❸ [well を伴って] (食品などが)輸送に耐える, 送っても傷(いた)まない. ❹《略式》速く進む[走る]. ❺〔バスケ〕トラベリングする. — ⑩ (...)を旅行する; (...)を移動する: *travel* the world 世界の各地を旅行する / Such a rough road shouldn't *be traveled* at night. こんなひどい道路は夜通るべきではない.

trável líght [動] ⓐ 身軽に旅行する.

— 名 (~s /~z/) ❶ Ⓤ **旅行**, 旅: *travel* by air = air *travel* 空の旅 / space *travel* 宇宙旅行 / ***travel to*** a distant country 遠く離れた国への旅.
❷ [複数形で; 普通は所有格の後で] **長い旅行**, 外国[海外]旅行: Did you enjoy *your travels* in Europe? ヨーロッパ旅行は楽しかったですか / We met a lot of nice people ***on our travels***. 私たちは旅行中にいい人とたくさん出会った.

travel (特に遠方への旅行)	旅行
journey (目的地までの比較的長い旅行)	
trip (比較的短い観光・業務のための旅行)	
tour (観光や視察などの周遊旅行)	
excursion (短期間の団体観光旅行)	

〖語源 travail と同語源で, 原義は「苦しんで旅をする」〗

trável àgency 名 Ⓒ 旅行代理店, 旅行会社.

trável àgent 名 Ⓒ 旅行業者; 旅行代理店員.

trável bùreau 名 Ⓒ = travel agency.

trav·eled,《英》**trav·elled** /trǽv(ə)ld/ 形 [普通は much [well] などを伴って] ❶ (人が)広く旅をした; (旅行して)見聞の広い. ❷ (場所などが)旅行者[交通量]の多い.

***trav·el·er,**《英》**-el·ler** /trǽv(ə)lɚ|-lə/ 名 (~s /~z/) Ⓒ **旅行者**, 旅人; よく旅行する人: a *traveler's* tale 旅行者談《しばしばほら話の意味に用いられる》/ My father is a great *traveler*. 私の父は大の旅行好きです.

tráv·el·er's chèck /trǽv(ə)lɚz-|-ləz-/ 名 Ⓒ 旅行者用小切手, トラベラーズチェック: cash a *traveler's check* トラベラーズチェックを現金に換える.

trav·el·ing,《英》**-el·ling** /trǽv(ə)lɪŋ/ 名 Ⓤ 旅行: do a lot of *traveling* 方々へ旅行する. — 形 限定 旅行[巡業]する; 旅行(用)の: a *traveling* salesman 巡回販売員.

***trav·el·ler** /trǽv(ə)lɚ/ 名 Ⓒ《英》= traveler.

trav·el·ogue, -el·og /trǽvəlɔ̀ːg|-lɔ̀g/ 名 Ⓒ (映画などを用いてする)旅行談; 紀行映画.

trável sìckness 名 Ⓤ《英》乗り物酔い.

tra·verse[1] /trəvə́ːs|-və́ːs/ 動 ⑩《格式》(人・乗り物などが)(...)を横断する, 渡る; (川・道などが)(...)を横切る.

trav·erse[2] /trǽvə(ː)s|-və(ː)s/ 名 Ⓒ〔登山〕トラバース《急斜面を横に移動すること》.

trav·es·ty /trǽvəsti/ 名 (-es·ties) ❶ Ⓒ にせ物, と

ても(...とは)言えないもの: a *travesty of* justice とても正義とは言えないもの. ❷ Ⓒ (まじめな作品を)茶化したもの, パロディー.

trawl /trɔ́:l/ 動 他 (ある海域)をトロール網でさらう; (情報を求めて)(記録など)を調べる (*for*). ― 自 トロール漁業をする; (...の中を)(徹底的に)捜す (*through*). ― 名 Ⓒ トロール網, 底引き網; (記録などの)調査.

trawl·er /trɔ́:lɚ | -lə/ 名 Ⓒ トロール船.

+**tray** /tréɪ/ 名 (~s /~z/) ❶ Ⓒ **盆**, (食べ物などの)盛り皿; 盆[盛り皿]1 杯分: a ***tray of*** sandwiches ひと皿のサンドイッチ / put a cake on a *tray* 菓子を皿の上にのせる / a tea *tray* 茶盆. 関連 ashtray 灰皿. ❷ Ⓒ 浅皿(状の容器), トレー; 整理箱《机の上で書類などを入れる》.

treach·er·ous /trétʃ(ə)rəs/ 形 ❶ 裏切る(ような), 不実な: He's *treacherous to* his friends. 彼は友人には不実な男だ. ❷ (道などが安全なように見えて実は)危険な, 油断できない. ~·**ly** 副 裏切って, 不実に.

treach·er·y /trétʃ(ə)ri/ 名 (-er·ies) ❶ Ⓤ 裏切り; 反逆. ❷ Ⓒ [普通は複数形で] 背信[裏切り]行為, 違約. 〖語源 原義は「だますこと」; trick と同語源〗

trea·cle /trí:kl/ 名 Ⓤ 《英》 = molasses.

+**tread** /tréd/ ❗発音 動 (treads; 過去 trod /trá(:)d | trɔ́d/; 過分 trod·den /trá(:)dn | trɔ́dn/, trod; tread·ing /-dɪŋ/) 自 ❶ 《主に英》 **踏む**, 踏みつける; (上に)のる; (足が)踏みおろされる: Don't ***tread on*** my toes. V+*on*+名 足を踏まないで. ❷ 《文語》 歩く, 行く: *tread* carefully [softly] そっと歩く. ❸ [副詞を伴って] (事を)進める, ふるまう: *tread* carefully [warily] 慎重にふるまう.

― 他 ❶ (...)を踏む, 踏みつぶす; 踏んで(床などに)(泥など)の足跡をつける; (道など)を踏んで作る: *tread* grapes ぶどうを踏みつける《ワインを作るため》. ❷ 《文語》 (...)の上を歩く, (...)を行く: This forest has never *been trodden by* human feet. この森はまだ人間がだれも通ったことがない.

tréad the bóards [動] 自 (役者として)舞台を踏む.

tréad wáter [動] 自 立ち泳ぎする; (進まずに)足踏みする.

― 名 ❶ Ⓒ,Ⓤ (タイヤ・靴底などの)トレッド, 接地面; タイヤ跡. ❷ [単数形で] 歩き方; 足音: a heavy *tread*. 重い足音. ❸ Ⓒ (階段などの)踏み板《⇒ flight[1] 挿絵》.

trea·dle /trédḷ/ 名 Ⓒ ペダル《旋盤・ミシン・といし車などの》, 踏み板.

tread·mill /trédmɪ̀l/ 名 ❶ Ⓒ トレッドミル《ランニングマシーンの一種》. ❷ [単数形で] (踏み車のように)単調な仕事[暮らし]. ❸ Ⓒ 踏み車《平らに置いた円盤の周囲を人や牛馬に踏ませ, これを回転させる装置; 昔は獄舎内で懲罰用としても用いた》.

trea·son /trí:z(ə)n/ 名 Ⓤ 反逆, 謀反(むほん): He committed *treason against* the state. 彼は国家に対する反逆罪を犯した // ⇒ high treason.

trea·son·a·ble /trí:z(ə)nəbl/ 形 反逆の, 謀反の.

+**trea·sure** /tréʒɚ | -ʒə/ ❗発音 名 (~s /~z/) ❶ Ⓤ **宝物**, 財宝: hidden *treasure* 隠された宝.

❷ Ⓒ [普通は複数形で] **貴重品**, 重要品: national *treasures* 国宝 / art *treasures* 貴重な美術品. ❸ Ⓒ [普通は単数形で] 重宝な人; 大切な人.

― 動 (trea·sur·ing /-ʒ(ə)rɪŋ/) 他 ❶ (...)を宝として蓄える; (品物)を大切にする, 秘蔵する: Thank you for the wonderful present. I'll *treasure* it. すばらしい贈り物をありがとうございます. 大切にします. ❷ (思い出など)を心に銘記する.

tréasure chèst 名 Ⓒ 宝箱.

trea·sure-house /tréʒɚhàʊs | -ʒə-/ 名 (-hous·es /-hàʊzɪz/) Ⓒ 宝庫, 宝物庫.

tréasure hùnt 名 Ⓒ 宝さがしゲーム; 宝さがし.

trea·sur·er /tréʒ(ə)rɚ | -rə/ 名 Ⓒ 会計係, 出納[財務]官, 収入役.

tréasure tròve /-tròʊv/ 名 ❶ Ⓒ (知識・貴重品などの)宝庫 (*of*). ❷ Ⓤ,Ⓒ (所有者不明の)埋蔵物[金].

***trea·sur·y** /tréʒ(ə)ri/ 名 (-sur·ies /~z/) ❶ [the T-としてときに複数扱い] 《米》 **財務省**《正式名は the Department of the Treasury; ⇒ department 表》; 《英》 財務省: the Secretary of *the Treasury* 《米》 財務長官《⇒ secretary 2》.

❷ Ⓒ (公共団体の)**公庫**, 国庫; 資金, 基金. ❸ Ⓒ (城・宮殿などの)宝物庫; (知識などの)宝庫.

***treat /trí:t/ ❗発音

― 動 (treats /trí:ts/; treat·ed /-t̬ɪd/; treat·ing /-t̬ɪŋ/) 他

意味のチャート
ラテン語で「引く」の意. 「取り引きする」→「交渉する」→ (話し合いをする) →「**論ずる**」❹ → (対象として取り上げる) →「**扱う**」❶
(取り扱う) ─┬→「**治療する**」❸
　　　　　　└→ (親切に取り扱う) →「**おごる**」❺

❶ (...の仕方で)(人・動物)を**扱う**, (物)を取り扱う, (人)を(...の地位・身分として)待遇する: You should *treat* the girl ***kindly***. V+O+副 その少女を優しく扱ってあげなさい / 言い換え He ***treated*** me ***like*** [*as*] his own son. V+O+C (*like* [*as*]+名) = He *treated* me as if I were his own son. 彼は私を実の息子のように扱ってくれた / ***Treat*** it ***with*** care. V+O+*with*+名 注意して扱ってください.

❷ (物事)を(...として)**扱う**, (...と)見なす [≒consider]: He *treated* my protest *as* a joke. V+O+C (*as*+名) 彼は私の抗議を冗談扱いした / Don't *treat* this *as* unimportant. V+O+C (*as*+形) このことを取るに足らないと考えるな.

❸ (病気・病人など)を**治療する**, 手当てをする: 言い換え Dr. Smith ***treated*** my father ***for*** cancer. V+O+*for*+名 = Dr. Smith *treated* my father's cancer. スミス先生が父の癌(がん)を治療した / They ***treated*** the disease ***with*** a new drug. V+O+*with*+名 彼らはその病気を新しい薬で治療した. 語法 cure と違って必ずしも病気が治ったことを意味しない.

❹ (問題など)を**論ずる**, 述べる, 扱う: This problem has *been* ***treated lightly by*** many economists. V+O+副の受身 この問題は多くの経済学者により軽く扱われてきた.

❺ (人)に(飲食物・娯楽などを)**おごる**, (人)に(...を)ごちそうする: I'll *treat* you. おごってあげるよ / John ***treated*** me ***to*** a good dinner. V+O+*to*+名 ジョンは私に豪華な食事をおごってくれた / He *treated* himself *to* a new car. 彼は奮発して新車を買った. ❻ (化学薬品などで)(...)を処理する (*with*): How much waste can you *treat* here a day? ここでは 1 日にどのくらいの下水を浄化できるのですか.

tréat ... lìke dírt [a dóg] [動] 他 《略式》 (人)を粗末に扱う.

(名 tréatment)

― 名 (treats /trí:ts/) ❶ [a ~] (思いがけない) **楽しいこと**, うれしいこと; Ⓒ ごちそう: I've got *a treat* for

T

you. We're going on a trip. 皆さんにうれしいお知らせがあります. 旅行に出かけるんですよ.
❷ Ⓒ Ⓢ **おごり**; おごる番: 🗨 "This is *my treat*." "Thank you very much. I'll treat you next time." 「これは私のおごりです」「どうもありがとう. 次は僕がおごります」 ❸ [a ～ として副詞的に]《英略式》うまく, 申し分なく: work *a treat* うまくいく.

treat·a·ble /tríːṭəbl/ 形 治療[処理]できる.

trea·tise /tríːṭɪs, -ṭɪz/ 名 Ⓒ (学術)論文 (*on*).

**treat·ment /tríːtmənt/

— 名 (treat·ments /-mənts/) ❶ U,C **治療**, 治療法, 処置: medical *treatment* 治療 / try a new *treatment for* cancer 癌(がん)に対する新しい治療法を試みる / My wife is receiving *treatment* in (the) hospital. 私の妻は入院して治療中です.
❷ Ⓤ (人に対する)**取り扱い**, 待遇 (*of*): receive preferential [special] *treatment* 特別待遇を受ける.
❸ U,C (問題の)**論じ方**, 扱い方, 取り上げ方; 論述: scientific *treatment* of the data 資料を科学的に取り上げること / The problem requires more detailed *treatment*. その問題はもっと詳しく論じなければいけない. ❹ U,C (保護・浄化などの)処理 (*of*).
(動 treat)

**trea·ty /tríːṭi/

— 名 (trea·ties /～z/) Ⓒ **条約**, 協定: a peace *treaty* 平和条約 / America concluded a commercial *treaty with* Japan in 1858. アメリカは 1858 年に日本と通商条約を結んだ.

tre·ble /trébl/ 形 ❶ 限定 3 倍の(⇒ triple); 3 重の: She earns *treble* my salary. 彼女は私の給料の 3 倍稼ぐ. ❷〔音楽〕高音部の: a *treble* clef ト音[高音部]記号. — 名 Ⓤ〔音楽〕最高音部; (オーディオの)高音; Ⓒ 高音部の声[歌手, 楽器]; ボーイソプラノ. — 動 他 (...)を 3 倍にする. — 自 3 倍になる.

***tree /tríː/

— 名 (～s /～z/) ❶ Ⓒ **木**, 樹木, 高木《地面から多少離れた所で 1 本の幹から枝が出ているもの; ただしバナナややしのような枝のないものも tree と呼ぶ》: climb (up) a *tree* 木に登る / cut [chop] down a *tree* 木を切り倒す / Pears grow on *trees*. なしは木になる. 関連 bush, shrub 低木.

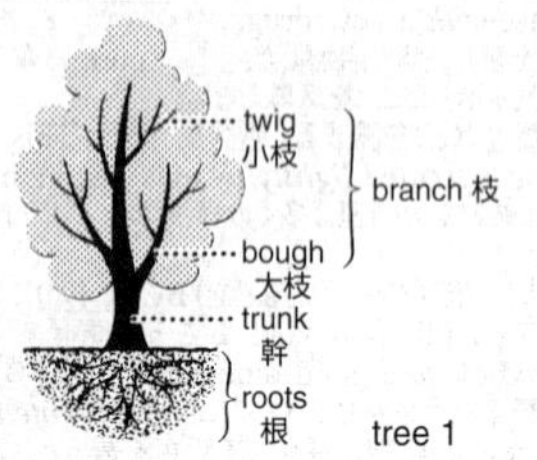

tree 1

tree (樹木)	木
wood (木材)	

❷ Ⓒ 木の枝状のもの; 樹形図, 系統図, 家系図 (family tree).

grów on trées [動] 自 [否定文で] Ⓢ 簡単に手に入る; いくらでもある: Money does*n't grow on trees*.《ことわざ》金のなる木はない.

tree·less /tríːləs/ 形 (場所が)樹木のない.

tree·top /tríːtɑ̀(ː)p | -tɔ̀p/ 名 Ⓒ [普通は複数形で] こずえ.

tre·foil /tríːfɔɪl/ 名 ❶ Ⓒ 三つ葉を持つ植物《しゃじくそう, クローバーなど》. ❷ Ⓒ〔建築〕三つ葉飾り.

trek /trék/ 動 (treks; trekked; trek·king) 自 [副詞(句)を伴って] (徒歩で)(長く骨の折れる)旅行[移動]をする; 山歩き[トレッキング]をする: go *trekking* トレッキングに行く.
— 名 ❶ Ⓒ (徒歩による)(骨の折れる)長い旅行[移動], トレッキング: go on [for] a *trek* トレッキングに行く. ❷ Ⓒ《略式》(歩いていく)長い道のり.

trel·lis /trélɪs/ 名 C,U (つる植物をはわせる)格子棚.

+trem·ble /trémbl/ 動 (trem·bles /～z/; trem·bled /～d/; trem·bling) 自 ❶ (特に恐怖・怒り・寒さ・病気などで)(体・声などが)**震える**, 身震いする(⇒ shake 類義語): Her hands were *trembling with* cold [anger]. V+with+名 彼女の手は寒さ[怒り]でぶるぶる震えていた.
❷ **揺れる**, 震動する; (木の葉などが)そよぐ: The tower *trembled* but didn't fall. その塔は揺れたが倒れはしなかった. ❸ 心配する, 気をもむ: I *tremble to* think of it. そのことを考えると心配だ / I *tremble at* the thought of seeing him again. 彼に再び会うと考えただけでぞっとする.
— 名 [単数形で] **震え**, 身震い; 振動, 揺れ: There was a *tremble in* her voice. 彼女の声は震えていた.

***tre·men·dous** /trɪméndəs/ 形 ❶ [普通は 限定] **巨大な**, ばかでかい(⇒ huge 類義語); 途方もない, ものすごい: a *tremendous* watermelon ばかでかいすいか / a *tremendous* talker すごくおしゃべりな人.
❷ **すばらしい**, すごい: a *tremendous* performance すばらしい演奏[演技].
～·ly 副 非常に, 大変; 途方もなく.

trem·o·lo /tréməlòʊ/ 名 (～s) Ⓒ〔音楽〕トレモロ.

trem·or /trémə | -mə/ 名 ❶ Ⓒ (小さな)地震; 微震; 余震. ❷ Ⓒ (恐怖・快感・興奮による)ぞくぞくする思い, 身震い. ❸ Ⓒ 震え, 震動, 声の震え (*in*).

trem·u·lous /trémjʊləs/ 形《文語》震える, 震えおののく; そわそわ[びくびく]した, 臆病な. **～·ly** 副 震えて; 恐れおののいて.

trench /tréntʃ/ 名 ❶ Ⓒ (深い)溝(みぞ), 堀, 掘り割り, 壕(ごう);〔海洋〕海溝: dig a *trench* 溝を掘る. ❷ Ⓒ [しばしば複数形で] ざんごう; 現場: in the *trenches* (困難な仕事の)現場で, 最前線で.

tren·chant /tréntʃənt/ 形 Ⓦ (批評・発言などが)鋭い, しんらつな.

trénch còat 名 Ⓒ トレンチコート.

**trend /trénd/

— 名 (trends /tréndz/) ❶ Ⓒ **傾向**, 成り行き; 大勢, 趨勢(すうせい): a *trend toward* union 統一へと向かう傾向 / modern *trends in* psychology 心理学の最近の諸傾向 / Prices are following [on] an upward *trend*. 物価は上昇傾向にある / reverse a *trend* 流れを逆転させる / set the [a] *trend* 方向性を生み出す. ❷ Ⓒ はやり, 流行.

trend·i·ness /tréndinəs/ 名 Ⓤ《略式》流行の先端を行くこと.

trend·set·ter /tréndsèṭə | -tə/ 名 Ⓒ 流行を作る[はや

らせる]人.

trend·y /tréndi/ 形 (trend·i·er; -i·est) [普通は限定] 流行の先端を行く, はやりの: a *trendy* dress 最新流行の服. ― 名 (trend·ies) C《英略式》[普通は軽蔑的] 流行を追う人.

trep·i·da·tion /trèpədéɪʃən/ 名 U《格式》おののき, 恐怖; ろうばい.

+**tres·pass**[1] /tréspæs, -pəs | -pəs/ 動 (-pass·es /~ɪz/; tres·passed /~t/; -pass·ing) 自 (他人の土地・家に)**侵入する** (*on*): NO TRESPASSING 立入禁止《掲示》.

tréspass on [upòn] ... [動] 他《格式》(権利)を侵害する; (人の時間)をとる; (人の好意など)に甘える: *trespass on* [*upon*] others' privacy 他人のプライバシーを侵害する.

〖語源 原義は「越えて通る」; ⇒ pass キズナ〗

tres·pass[2] /tréspəs/ 名 U,C 不法侵入[侵害].

tres·pass·er /tréspæsə, -pə- | -pəsə/ 名 C 不法侵入[侵害]者.

tress·es /trésɪz/ 名 複《文語》(女性の)ふさふさした長髪.

tres·tle /trésl/ 名 C うま, 架台《A の形をした枠組み; 2 つ並べて板をのせテーブルなどにする》; 構脚橋.

tréstle tàble 名 C 架台テーブル.

tri- /tràɪ, tráɪ/ 接頭 [名詞・形容詞につけて]「3, 3 重」の意《⇒ mono-》: *tri*angle 三角形 / *tri*pod 三脚台 / *tri*lingual 3 言語の.

tri·age /tríːɑːʒ/ 名 U (病人・負傷者の)治療優先順位づけ, トリアージ《緊急時など》.

*tri·al /tráɪəl/

― 名 (~s /~z/) ❶ U,C **裁判**, 審理, 公判 (*for*): a fair *trial* 公正な裁判 / a criminal *trial* 刑事裁判 / hold a murder *trial* 殺人事件の審理をする / stand *trial* 裁判を受ける / be brought to *trial* (人が)裁判にかけられる.

❷ C,U **試験**, 試み《実際に使う前の》; 試用期間: a clinical *trial* 臨床試験 / We should perform more *trials* on the brake system. ブレーキ装置をもっとテストしたほうがよい.

❸ [形容詞的に] **試みの**, 試験的な: a *trial* flight 試験飛行 / on a *trial* basis 試験的に // ⇒ trial run.

❹ C,U **試練**, 苦難: *trials* and tribulations 試練, 苦難 / This is a time of *trial* for me. 今が私の試練の時だ. ❺ [a ~] (...にとっての)頭痛の種 (*to*, *for*). ❻ C [普通は複数形で] (陸上などの)予選[選抜]試合, 選手選考会.

on tríal [副・形] (1) (...で)**審理中で**, 公判中で: The man is *on trial for* murder. その男は殺人罪で裁判にかけられている / He went *on trial for* robbery. 彼は強盗のかどで裁判にかかった. (2) 試されて, 試験的に; 試験の結果: take [have] the machine *on trial* その機械を試用する.

tríal and érror [名] 試行錯誤: find an answer by [through] *trial and error* 試行錯誤で答えを見つける. (動 try)

tríal rún 名 C ためし, 実験.

+**tri·an·gle** /tráɪæŋgl/ 名 (~s /~z/) ❶ C **三角形**: one side of a *triangle* 三角形の 1 辺 / a right *triangle* 直角三角形. 関連 square 四角形 / pentagon 五角形 / hexagon 六角形 / heptagon 七角形 / octagon 八角形. ❷ C 三角形をしたもの (*of*). ❸ C トライアングル《打楽器》. ❹ C《米》三角定規 [《英》setsquare]. ❺ C (恋愛の)三角関係. (形 triángular)

〖語源 ⇒ tri-, angle[1]〗

tri·an·gu·lar /traɪǽŋgjʊlə | -lə/ 形 ❶ 三角の; 三角形の. ❷ 三者(間)の; 三角関係の. (名 tríàngle)

tri·ath·lon /traɪǽθlən/ 名 C トライアスロン《遠泳・自転車・マラソンの 3 種目を連続して行なう競技》.

+**trib·al** /tráɪb(ə)l/ 形 [主に 限定] **部族[種族]の**; 仲間の: *tribal* loyalty 仲間への忠誠心. (名 tribe)

trib·al·is·m /tráɪbəlìzm/ 名 ❶ U 部族[種族]の構成. ❷ U 部族[種族]意識, 同族[仲間]意識.

+**tribe** /tráɪb/ 名 (~s /~z/) ❶ C [《英》単数形でもときに複数扱い] **部族, 種族**《⇒ race[2] 類義語》; (動植物の)族, 類: Native American *tribes* アメリカ先住民の諸部族. ❷ C [普通は軽蔑的] ...連中, ...仲間 (*of*). (形 tríbal)

〖語源 原義はラテン語で「(ローマ人を分けた)3 つの《⇒ tri-》部族」〗

tribes·man /tráɪbzmən/ 名 (-men /-mən/) C 種族の一員, 部族民《男性》.

tribes·wom·an /tráɪbzwʊ̀mən/ 名 (-wom·en /-wɪ̀mən/) C 種族の一員, 部族民《女性》.

trib·u·la·tion /trɪ̀bjʊléɪʃən/ 名 C,U《格式》苦難, 困難, 試練(の原因): trials and *tribulations* 試練.

+**tri·bu·nal** /traɪbjúːn(ə)l/ 名 (~s /~z/) C [《英》単数形でもときに複数扱い] **裁判所**, 法廷: an international *tribunal* 国際裁判所.

trib·une /tríbjuːn/ 名 ❶ C〔ローマ史〕護民官. ❷ C 人権擁護者《しばしば T- で新聞名》.

trib·u·tar·y /tríbjʊtèri | -təri, -tri/ 名 (-tar·ies) C (川の)支流 (*of*).

+**trib·ute** /tríbjuːt/ 名 (trib·utes /tríbjuːts/) ❶ C,U **尊敬[賞賛]のことば**, 賛辞, 謝辞; (感謝の)贈り物: a floral *tribute* 花の贈り物, 献花 / pay *tribute to* ... ...に敬意を表する / We bowed our heads in silent ***tribute to*** her memory. 私たちは静かに彼女の冥福(めいふく)を祈って頭を下げた. ❷ U,C 貢(みつ)ぎ物. ❸ [a ~] (...の)名誉となるもの; (優れた性質・値打ちなどの)表われ, あかし (*to*).

〖語源 原義はラテン語で「(部族《⇒ tribe 語源》に)割り当てられたもの」〗

trice /tráɪs/ 名 [次の成句で] **in a tríce** [副]《古風, 主に英》またたく間に.

tri·ceps /tráɪseps/ 名 (複 ~, ~·es) C 三頭筋.

*trick /trík/

― 名 (~s /~s/)

意味のチャート
原義は「だますこと」《⇒ treachery 語源》から
「たくらみ」❶ → 「いたずら」❷
「たくらみ」❶ → 「早業」→ 「こつ」❺
「早業」→ 「手品」❹

❶ C **たくらみ**, 策略; ごまかし, いんちき, 卑劣な行為; トリック, からくり: catch by a *trick* 策略を使ってつかまえる / None of your dirty [mean, nasty, rotten] *tricks*! 汚ない手を使うのはやめろ.

❷ C **いたずら**, 悪ふざけ: John ***played a trick on*** Meg. ジョンはメグにいたずらをした / The letter was a ***trick to*** surprise the teacher. +to 不定詞 その手紙は先生を驚かせるためのいたずらだった.

❸ C **錯覚**, 思い違い: Memory can ***play tricks on*** you. 記憶は錯覚を起こすことがある / a *trick* of the light 光による錯覚.

❹ Ⓒ **手品, 芸当**; 早業: a magic *trick* 手品 / card *tricks* トランプ手品 / You can't teach an old dog new *tricks*. 《ことわざ》 年取った犬に新しい芸は仕込めない(老人に改革は無理).

❺ Ⓒ **こつ**, 要領, 秘訣(ひけつ): learn the ***tricks of*** the trade 商売[仕事]のこつを覚える / There's a ***trick to*** opening this box. この箱には開けるこつがある.

be ùp to one's **(óld) trícks** [動] 自 《略式》 (いつも[かつて]のように)悪いことをしている.

dò the tríck [動] 自 《略式》 Ⓢ 目的にかなう, うまく行く; (薬などが)効く.

évery tríck in the bóok [名] ありとあらゆる手.

Hòw's trícks? Ⓢ 《古風》 どうだい調子は.

Trìck or tréat! Ⓢ 《主に米》 お菓子をくれないといたずらするぞ《Halloween で子供たちが家々の玄関先で言うことば; ⇒ trick-or-treat》. (形 trícky)

― 動 (tricks /~s/; tricked /~t/; trick·ing) 他 (...)を(策略で)**だます**, かつぐ, だまして...させる《⇒ cheat 類義語》: The man ***tricked*** me ***into*** consent***ing*** [consent]. V+O+*into*+動名[名] その男はまんまと私をだまして承知させた / He ***tricked*** me ***out of*** my money. V+O+*out of*+名 彼は私をだましてお金を巻き上げた.

trick óut [動] 他 [普通は受身で] 《文語》 (人・物)を(...で)飾り立てる (*in, with*). (名 tríckery)

― 形 ❶ 限定 (撮影などが)トリックを使う; 奇術の, 手品の. ❷ 限定 (問題などが)意外に手ごわい: a *trick* question 落とし穴のある質問. ❸ 限定 《米》 (体の関節・骨などが)あまり当てにならない《突然動かなくなるなど》: a *trick* knee がくっとなるひざ.

trick·er·y /trík(ə)ri/ 名 Ⓤ ぺてん, 詐欺. (動 trick)

trick·le /tríkl/ 動 自 ❶ [副詞(句)を伴って] したたる, ぽたぽた落ちる; ちょろちょろ流れる: Tears *trickled* down her cheeks. 涙が彼女のほおからしたたり落ちた. ❷ (人や車が)ぽつぽつ来る[行く]. **tríckle dówn** [動] 自 (金が)上の階層から下へ徐々に流れる; 徐々に影響を与える (*to*). ― 名 Ⓒ [普通は a ~] したたり, しずく; まばらな往来 (*of*).

tríck·le-down effèct /tríkldaʊn-/ 名 [単数形で] 〘経済〙 トリクルダウン効果《大企業が利益を上げれば徐々に末端に浸透し景気を浮揚させるという説》.

trick-or-treat /tríkətríːt | -ə-/ 動 [次の成句で] **gò tríck-or-tréating** [動] 自 《米》 (Halloween で) "Trick or treat!" と言って歩く《⇒ Trick or treat! (trick 名 成句)》.

trick·ster /tríkstə | -stə/ 名 Ⓒ 詐欺師, ぺてん師.

+**trick·y** /tríki/ 形 (trick·i·er; trick·i·est) ❶ (仕事・問題などが)**慎重な扱いを要する**, 扱いにくい: a *tricky* situation 微妙な事態. ❷ (人・行動が)こうかつな; 油断のならない 《⇒ sly 類義語》. (名 trick)

tri·col·or, 《英》 **tri·col·our** /tráɪkʌ̀lə | trík(ə)lə/ 名 Ⓒ 三色旗; [the T-] フランス国旗.

tri·cy·cle /tráɪsɪkl/ 名 Ⓒ (子供の)三輪車 [《略式》 trike]: on a *tricycle* 三輪車に乗って.

tri·dent /tráɪdnt/ 名 Ⓒ (魚を突く)三つ又のやす.

***tried** /tráɪd/

― 動 try の過去形および過去分詞.

― 形 限定 試験済みの [⇔ untried]; (友達などが)当てになる: a *tried* and true friend 信頼のおける友達 / a *tried* and tested method 確実な方法.

tri·en·ni·al /traɪéniəl/ 形 3 年に 1 回の, 3 年ごとの.

tri·er /tráɪə | tráɪə/ 名 Ⓒ 努力者, がんばり屋.

***tries** /tráɪz/ 動 try の三人称単数現在形. ― 名 try の複数形.

tri·fle /tráɪfl/ 名 ❶ Ⓒ 《古風》 つまらない物, くだらない物, ささいなこと: I have no time for *trifles*. くだらないことに時間はさけない. ❷ Ⓒ 《格式》 少量; 少しの金額. ❸ Ⓒ,Ⓤ 《英》 トライフル《デザートの一種》. **a trífle** [副] 《格式》 少し, やや: I was *a trifle* annoyed by [at] her manner. 私は彼女の態度を少しばかり不愉快に感じた. ― 動 自 《格式》 もてあそぶ; いいかげんに扱う, 軽くあしらう: Don't *trifle with* her feelings. 彼女の気持ちをもてあそんではいけない.

tri·fling /tráɪflɪŋ/ 形 限定 《格式》 くだらない, 取るに足らない, わずかな, ささいな: a *trifling* error [matter] 取るに足らない誤り[事柄].

***trig·ger** /trígə | -gə/ 名 (~s /~z/) ❶ Ⓒ (銃砲の)**引き金**: pull [squeeze] the *trigger* 引き金を引く. ❷ Ⓒ (ある事件などの起こる)きっかけ (*for*).

― 動 (trig·gers /~z/; trig·gered /~d/; -ger·ing /-g(ə)rɪŋ/) 他 (小さな事が)(大きな[一連の]事柄)の**きっかけとなる**, (...)を誘発する (*off*); (爆弾など)を作動させる: This wage hike will *trigger* inflation. この賃上げはインフレの引き金になるだろう.

trig·ger-hap·py /trígəhæ̀pi | -gə-/ 形 《略式》 [軽蔑的] やたらとピストル[銃]を撃ちたがる; 好戦的な.

trig·o·nom·e·try /trìgənɑ́(ː)mətri | -nɔ́m-/ 名 Ⓤ 〘数学〙 三角法.

trike /tráɪk/ 名 Ⓒ 《略式》 = tricycle.

tri·lat·er·al /tràɪlǽṭərəl, -trəl←/ 形 限定 3 者[国]間の.

tri·lin·gual /tràɪlíŋgwəl←/ 形 3 言語を話す[用いた]. 関連 monolingual 1 言語を話す / bilingual 2 言語を話す / multilingual 数種の言語を話す.

trill /tríl/ 動 自 震え声[ビブラート]で歌う[発音する]; トリルで演奏する; (鳥が)さえずる. ― 他 (...)を声を震わせて歌う[発音する], (...)をトリルで演奏する. ― 名 ❶ Ⓒ 震え声; 〘音楽〙 トリル, ビブラート. ❷ Ⓒ (鳥の)さえずり.

+**tril·lion** /tríljən/ 名 (複 ~ (s)) ❶ Ⓒ **兆**《10^{12}》《⇒ number 囲み(数字の読み方)》; 《英》 百京(けい)《10^{18}》. 関連 million 100 万 / billion 10 億. ❷ [~s] 《略式》 無数 (*of*). ― 形 《米》 兆の; 《英》 百京の.

tril·o·gy /trílədʒi/ 名 (-o·gies /~z/) Ⓒ 3 部作《劇・小説・オペラなどの》.

+**trim** /trím/ 動 (trims /~z/; trimmed /~d/; trim·ming) 他 ❶ (...)を**刈り込む**, 切って整える, 手入れする: *trim* the hedge(s) 生け垣の手入れをする / I'd like to have my hair *trimmed*. 髪を切って整えてほしいのですが.

❷ (余分なもの)を**切り取る**; (費用など)を削減する: She ***trimmed*** the dead leaves ***off***. V+O+*off* 彼女は枯れた葉を刈り込んだ / ***trim*** the fat ***off*** the meat V+O+*off*+名 肉から脂身を取る / *trim* the budget 予算を削減する.

❸ [普通は受身で] (衣類など)に**縁飾りをつける**, (...)の(縁に)飾り付けをする [≒decorate]: Nancy ***trimmed*** the sleeve ***with*** lace. V+O+*with*+名 ナンシーは袖(そで)の縁をレースで飾った. ❹ (帆)を調節する; (船・飛行機)のつり合いをとる.

― 形 (trim·mer; trim·mest) ❶ **きちんとした**, 手入れのよい [≒neat]: a *trim* garden きちんと手入れした庭園. ❷ (人が)ほっそりした.

― 名 ❶ Ⓒ [普通は a ~] 刈り込み, 手入れ; 調髪. ❷ Ⓤ 整頓(せいとん), きちんとした状態; (心身の良好な)状態: in (good) *trim* 調子がよい. ❸ [U または a ~] 装飾, 飾り.

tri·mes·ter /traɪméstɚ | -tə/ 名 C 《米》(3 学期制の)学期; (妊娠中の)3 か月(の期間).

trim·mer /trímɚ | -mə/ 名 ❶ C 刈り込み[切り取り]用具. ❷ C 整頓[手入れ, 装飾など]する人.

trim·ming /trímɪŋ/ 名 ❶ C [普通は all the ~s として] (料理の)付け合わせ. ❷ [複数形で] 切り取られた部分, 切りくず. ❸ [複数形で] (服の)縁飾り, 装飾.

tri·ni·tro·tol·u·ene /tràɪnaɪtroʊtά(ː)ljuìːn | -tɔ́l-/ 名 U 〔化学〕トリニトロトルエン《爆薬; 略 TNT》.

trin·i·ty /trínəṭi/ 名 (-i·ties) ❶ [the T-] 〔キリスト教〕三位一体《父なる神, その子キリスト, 聖霊を一体と見る》. ❷ C 《文語》三部[三人]から成るもの, 三つぞろい.

trin·ket /tríŋkɪt/ 名 C 小さな[安物の]装身具.

+**tri·o** /tríːoʊ/ 名 (~s /~z/) ❶ C [《英》単数形でもときに複数扱い] **三人組**, トリオ; 三つぞろい (*of*). ❷ C 〔音楽〕**三重奏[唱]曲**; [《英》単数形でもときに複数扱い] 三重奏[唱]者: a string *trio* 弦楽三重奏団[曲].

***trip** /tríp/

— 名 (~s /~s/) ❶ C **旅行, 旅**《⇒ travel 表》: take [go on] a *trip to* France (観光で)フランスへ出かける / make a business *trip to* Europe ヨーロッパへ出張する / a day *trip* 日帰り旅行 / Have a nice [pleasant] *trip.* どうぞ楽しいご旅行を, いってらっしゃい《旅行に出かける人を送ることば》. ❷ C (用事のため)出向くこと, 通うこと: the daily *trip* to work 職場への毎日の通勤. ❸ C 踏みはずし, つまずき. ❹ C 《俗》(幻覚剤服用後の)幻覚体験[期間]; 《米》(一般に)刺激的な経験[人].

— 動 (trips; tripped; trip·ping) 自 ❶ つまずく, つまずいて倒れそうになる; 踏みはずす: The child *tripped on* the flagstone. その子は敷石につまずいた / The old man *tripped over* his own feet. その老人は足がもつれてよろけた. ❷ 過ちをする, 間違える (*up*). ❸ [副詞(句)を伴って] 《文語》軽い足どりで歩く[走る, 踊る]. ❹ 《俗》(LSD などで)幻覚体験をする (*out*).

— 他 ❶ (...)をつまずかせる: He got *tripped up* by the rope. 彼はロープでつまずいた. ❷ (人)を失敗させる, (人)の揚げ足をとる (*up*). ❸ (機械など)を誤って作動させる. 〖語源 原義は「軽く踏む」〗

tri·par·tite /tràɪpάɚtaɪt | -pάː-/ 形 [普通は 限定] 《格式》3 部(分)から成る, (協定などが)3 者間の.

tripe /tráɪp/ 名 ❶ U 牛[豚]の胃の食用となる部分. ❷ U 《略式》つまらないもの; たわごと; 駄作(ださく).

+**tri·ple** /trípl/ 形 ❶ 限定 **3 重の**, 3 者間の; 3 成分から成る; ...の 3 倍ある: a *triple* mirror 三面鏡. 関連 single 単式の / double 2 重の. ❷ 限定 3 倍の. 関連 double 2 倍の / quadruple 4 倍の.

— 名 U 3 倍(の量[数]); C 〔野球〕三塁打. 関連 single 単打 / double 二塁打.

— 動 他 (...)を 3 倍にする. — 自 ❶ 3 倍になる. ❷ 〔野球〕三塁打を打つ.

〖⇒ simple キズナ〗

tríple júmp 名 [the ~] 〔スポーツ〕三段跳び.

tríple pláy 名 C 〔野球〕三重殺, トリプルプレー.

trip·let /tríplət/ 名 ❶ [複数形で] 三つ子《全体》; [a ~] 三つ子の 1 人《⇒ twin》. ❷ C 三つ組, 三つぞろい.

trip·lex /trípleks/ 名 C 《米》3 戸 1 棟建ての家《3 軒が壁を共有する》.

trip·li·cate /tríplәkәt/ 名 C 3 つ組の 1 つ, (正副)3 通文書の 1 通. **in tríplicate** [副·形] (正副)3 通に(作成された).

tri·pod /tráɪpα(ː)d | -pɔd/ 名 ❶ C 〔写真〕三脚. ❷ C 三脚台.

trip·tych /tríptɪk/ 名 C (祭壇などの)3 枚続きの絵.

tri·te /tráɪt/ 形 (trit·er; trit·est) (ことば·考えなどが)陳腐な, 使い古された.

*__tri·umph__ /tráɪәmf/ アク 名 (~s /~s/) ❶ C (**大**)**勝利**, 大成功, 大手柄 (*for*): win [score] a ***triumph over*** the enemy 敵に勝利する. ❷ U 勝利感, 得意, 歓喜: a cry of *triumph* 勝利の叫び / There was *triumph* on her face. 彼女の顔には得意げな様子が見えた / in *triumph* 勝ち誇って, 意気揚々と. ❸ [a ~] (...の)極致 (*of*). (形 triúmphal, triúmphant)

— 動 (~s /~s/; ~ed /~t/; ~ing) 自 《格式》(長い戦いの末)**勝利を収める**, 成功する; 打ち負かす: ***triumph over*** evil V+over+名 悪に打ち勝つ.

tri·um·phal /traɪʌ́mf(ә)l/ 形 [普通は 限定] (門などが)凱旋(がいせん)の; (笑みなどが)勝利の. (名 tríumph)

tri·um·phal·is·m /traɪʌ́mf(ә)lìzm/ 名 U [軽蔑的] 勝ち誇ること.

tri·um·phant /traɪʌ́mf(ә)nt/ アク 形 ❶ 勝利を得た; 成功した. ❷ 勝ち誇った, 意気揚々とした. (名 tríumph)

~·**ly** 副 勝ち誇って, 意気揚々と.

tri·um·vi·rate /traɪʌ́mvәrәt/ 名 ❶ C [単数形でもときに複数扱い] (古代ローマの)三頭政治, 三人執政. ❷ C 《格式》(権力のある)三人組.

triv·i·a /tríviә/ 名 U または 複 ささいなこと, くだらないこと[情報], つまらないこと; 雑学的知識.

triv·i·al /tríviәl/ 形 ささいな, くだらない, つまらない: *trivial* matters [mistakes] ささいな事柄[誤り].

triv·i·al·i·ty /trìviǽlәṭi/ 名 (-i·ties) ❶ U つまらないこと, 平凡. ❷ C つまらないもの[考え, 作品].

triv·i·al·ize /tríviәlàɪz/ 動 他 (...の重要性)を軽く見る, 軽んじる.

trod /trά(ː)d | trɔ́d/ 動 tread の過去形および過去分詞.

trod·den /trά(ː)dn | trɔ́dn/ 動 tread の過去分詞.

troi·ka /trɔ́ɪkә/ 名 ❶ C トロイカ《ロシアの 3 頭立ての馬ぞり》. ❷ C [《英》単数形でもときに複数扱い] (集団指導体制をとる)三人組, 三頭体制.

Tro·jan /tróʊʤәn/ 形 トロイ (Troy) の; トロイ人の. — 名 C トロイ人. **wórk lìke a Trójan** [動] 自 《古風, 主に英》一生懸命働く.

Trójan hórse 名 ❶ [the ~] トロイの木馬《トロイ戦争でギリシャ軍がトロイ人をあざむくために用いたもの》; C (外部から潜入した)破壊工作員[団]. ❷ C 〔コンピュータ〕トロイの木馬《システムに不正に侵入するプログラム》.

Trójan Wár 名 [the ~] 〔ギリシャ伝説〕トロイ戦争《Troy を舞台とするギリシャ人とトロイ人の戦争》.

troll[1] /tróʊl/ 名 C トロール《古代北欧伝説に登場する巨人または小人》.

troll[2] /tróʊl/ 動 自 流し釣りをする; 探し回る[求める] (*for*). — 他 (...)で流し釣りをする; (...)を探し回る.

trol·ley /trά(ː)li | trɔ́li/ 名 (~s, trol·lies) ❶ C 《米》路面電車, 市街電車 (trolley car, streetcar); トロリーバス (trolleybus). ❷ C 《主に英》手押し車; (お茶·軽食などを運ぶ)ワゴン [《米》cart].

trol·ley·bus /trά(ː)libʌ̀s | trɔ́li-/ 名 C トロリーバス.

trólley càr 名 C 《米》(路面)電車 [《英》tram].

trom·bone /trɑ(ː)mbóʊn | trɔm-/ 名 C トロンボーン《大型の金管楽器》.

trom·bon·ist /trɑ(ː)mbóʊnɪst | trɔm-/ 名 C トロンボーン奏者.

tromp /trá(ː)mp | trɔ́mp/ 動 自 他《略式》= tramp.

***troop** /trúːp/ (同音 troupe) 名 (～s /～z/) ❶ [複数形で] **軍隊**, 軍勢; 兵隊たち, 兵士 [≒soldiers]: regular *troops* 常備軍 / 5000 *troops* 5千人の軍隊 / victorious *troops* 勝利軍 / *troop* movements 軍隊の移動.
❷ C [《英》単数形でもときに複数扱い] **群れ**《移動している人・動物などの》, 一群[団, 隊]; (鳥などの)大群: a *troop of* demonstrators デモ隊 / a *troop of* rats 一群れのねずみ. ❸ C [《英》単数形でもときに複数扱い] (ボーイスカウトなどの)隊《約 32 名からなる》. ❹ C [《英》単数形でもときに複数扱い]〘軍隊〙騎兵[装甲, 砲兵]中隊.
— 動 自 [副詞(句)を伴って]《略式》(人々が)集まる, 群がる, 群がって行く[動く].

tróop càrrier 名 C 兵員輸送機[船, 車].

troop·er /trúːpɚ | -pə/ 名 ❶ C《米》州警察の警官; 騎馬巡査. ❷ C 騎兵, 戦車兵.

troop·ship /trúːpʃɪp/ 名 C (軍隊の)輸送船.

trope /tróʊp/ 名 C《格式》ことばの比喩的用法; ことばのあや (figure of speech).

+**tro·phy** /tróʊfi/ 発音 名 (tro·phies) ❶ C **トロフィー**《旗・カップ・盾(たて)など》, **記念品, 賞品**: a golf *trophy* ゴルフの賞品 / win a *trophy* トロフィーを獲得する, 優勝する. ❷ C 戦利品; 戦勝[成功]記念物《敵の連隊旗・しかの角・獣の頭など》.

tróphy wìfe 名 C《略式》[軽蔑的] 年配の男性が地位や財力で手に入れた魅力的な若妻.

trop·ic /trá(ː)pɪk | trɔ́p-/ 名 ❶ C [普通は単数形で]〘天文・地理〙回帰線. ❷ [the ～s] 熱帯地方. **the Trópic of Cáncer [Cápricorn]** [名] 北[南]回帰線《⇒ zone 挿絵》. (形 trópical)

+**trop·i·cal** /trá(ː)pɪk(ə)l | trɔ́p-/ 形 **熱帯の**, 熱帯地方の《⇒ subtropical》: *tropical* plants [fish] 熱帯植物[魚] / *tropical* medicine 熱帯医学《熱帯地方の病気の研究をする》/ *tropical* rain forests 熱帯雨林 / a *tropical* climate 熱帯性気候. (名 trópic)

trot /trá(ː)t | trɔ́t/ 動 (trots; trot·ted; trot·ting) 自 ❶ (馬などが)早足[だく足]で進む. ❷ [副詞(句)を伴って] (人が)小走りで行く (*along*);《略式》(急いで)歩く, 行く. — 他 (...)を早足で駆けさせる[行かせる]. **trót óut** [動] 他《略式》(同じ言いわけなど)を繰り返す.
— 名 ❶ [a ～] (馬などの)早足, だく足. ❷ [a ～] (人の)急ぎ足, 小走り; 早足の散歩: at *a trot* 早足で. ❸ C《米略式》とらの巻, カンニングペーパー [≒crib]. ❹ [the ～s]《略式》下痢: have [get] *the trots* 腹が下っている[下る].

trot·ter /trá(ː)ṭɚ | trɔ́tə/ 名 ❶ C 早足の調教を受けた馬. ❷ C (豚などの食用の)足.

trou·ba·dour /trúːbədɔ̀ɚ | -dɔ̀ː/ ≪フランス語から≫ 名 C トルバドゥール《11-13 世紀ごろ南欧で活躍した叙情詩人》.

*****trou·ble** /trʌ́bl/
— 名 (～s /～z/) ❶ U **困難**; **苦労**, 骨折り: We had a lot of ***trouble with*** these girls. この女の子たちにはずいぶん手こずった / He ***has*** little [a little] ***trouble*** read***ing*** English. 彼は英語を読むのにあまり苦労しない[少し苦労する] / She was able to solve the problem without any *trouble*. 彼女はその問題を楽々と解くことができた.
❷ U,C **心配(事)**, 悩み(事); 苦労[悩み]の種, やっかい[面倒]なこと; 困った状況, 災難; しかられる[罰せられる]ような状況: Tell me all your *troubles*. 悩みがあったら全部私に打ち明けて / There was a look of *trouble* on his face. 彼の顔には心配そうな表情が浮かんでいた / cause [make] *trouble* 困らせる, 面倒をかける / She doesn't have the money to pay back the loan. She's ***in*** (serious [deep, big]) ***trouble***. 彼女はローンの返済をする金がなくて(大変)困っている / He's ***in trouble with*** the police. 彼は警察ざたを起こしている / You'll get ***into trouble*** if Dad learns the truth. お父さんが本当のことを知ったら大変なことになるよ / I don't want to get him *into trouble*. 彼を面倒なことに巻き込みたくない / stay [keep] ***out of trouble*** 面倒を起こさない / A *trouble* shared is a *trouble* halved.《ことわざ》心配事は人と共にすれば半分に減る.
❸ [単数形で; 普通は the ～ または所有格の後で] S **困った点**, 欠点: ***The trouble is*** (***that***) there's no suitable place for the experiment. 問題は実験に都合のよい場所がないことだ /「*The* ***trouble with*** Bob [*Bob's trouble*] is that he has never known the hardships of life. ボブの欠点は人生の苦労を知らないことだ / You never listen to anybody. ***That's the*** [***your***] ***trouble***. 君は人の話を聞かない. それが問題だよ.
❹ U **迷惑**, **手数**: I'm sorry I've given you so much *trouble*. 大変ご迷惑をおかけしてすみません / I don't want to be any *trouble* to him. 彼に負担をかけたくありません / He took the ***trouble to*** show me around town. +to 不定詞 彼はわざわざ私に町を案内してくれた / "How about some tea or coffee?" "Oh, no! Please don't go to any *trouble*."「お茶かコーヒーなどいかがですか」「いや, どうぞおかまいなく」/ She went to the ***trouble of*** buy***ing*** a new one. 彼女はわざわざ新しいのを買った / This machine will save us the ***trouble of*** hir***ing*** more people. この機械があれば私たちは人手を増やす手間が省ける / "Thanks for your *trouble*." "***No trouble at all***."「お手数をおかけし恐縮です」「いえいえ, たいしたことではありません」

> ♥ **ご迷惑でなければ** (依頼するとき)
> **If it's not too much trouble**
>
> **If it's not too much trouble**, could you send me a copy? もしご迷惑でなければ, コピーをお送りいただけますでしょうか.
> No problem.
> もちろんです.
> ♥ 依頼したり許可を求める際に, 押しつけを弱めるために使われる前置き表現.
> ♥ 自分のお願いが相手に迷惑になるかもしれないと表現することで, 相手に気づかいを示すことができる.

❺ [U または複数形で] **争い**, もめごと, いざこざ, 紛争, トラブル: labor *trouble* 労働争議 / There has been a lot of *trouble* in the Middle East since that war. あの戦争以来中東ではひんぱんに紛争が起きている.
❻ U (機械などの)**故障**: We're having ***trouble with*** the air conditioner. エアコンが故障している / My car developed engine *trouble*. 車のエンジンが故障した.
❼ U **病気**, ...病, 不調 (*with*): heart [liver] *trouble* 心臓[肝臓]病. 語法 普通は修飾語を伴う.

ásk for tróuble [動] 自 [進行形で]《略式》自分で

災難を招くような無謀[軽はずみ]なことをする.
be mòre tróuble than「it is [they are] wórth [動] ⓐ 利益をもたらすよりもやっかい[手間]のほうが大きい: Chickens *are more trouble than they're worth.* 鶏(を飼う)なんて手間ばかりで何の得にもならない.
lóok for tróuble [動] ⓐ《略式》もめごとを起こすような行動をする.
tàke tróuble òver [abòut, with, to dó, dóing] ... [動] ...(すること)で骨を折る: She *took* a lot of *trouble over* [writ*ing*] her report. 彼女は報告書(を書くの)にとても手間をかけた. (形 tróublesome)
— 動 (trou·bles /~z/; trou·bled /~d/; trou·bling) ⓣ ❶ (人)を心配させる; (心)を悩ます, (心配などで)(人)を苦しめる: Her sad look *troubled* her mother. 彼女の悲しそうな様子を見て母親は心配した / He *was* deeply ***troubled by*** [***about***] the rumor. V+Oの受身 彼はそのうわさでとても心配した.
❷ Ⓢ《格式》(人)に迷惑[面倒, 手数]をかける [≒ bother]: Don't *trouble* me *with* any more questions. V+O+with+名 これ以上私に質問をしないでください / May [Could] I *trouble* you *for* the salt? V+O+for+名 その塩を取っていただけますか《食卓でのことば》/ May I *trouble* you *to* move? V+O+C (to 不定詞) ちょっと移動して[通して]いただけますか / Please ***don't trouble yourself.*** どうぞおかまいなく.

♥ **お手数をおかけして申しわけありません** (謝罪するとき)
I'm sorry for troubling you.

Thank you. **I'm sorry for troubling you.**
ありがとうございます. お手数をおかけして申しわけありませんでした.
No problem.
いえ, どういたしまして.
♥ 相手に迷惑をかけたことを謝罪する表現.

♥ **お手数をおかけしてすみませんが** (依頼するとき)
I'm sorry to trouble you, but ...

I'm sorry to trouble you, but could you give me a hand?
面倒をかけて悪いんだけど, 手伝ってもらえるかな.
Sure, of course.
うん, もちろん.
♥ 依頼の前置きとしてこのような緩和表現が用いられる.
♥ 依頼によって相手に面倒をかけてしまうことを申しわけなく思う気持ちが伝わり, 押しつけを弱める働きがある.

❸ (病気・痛みが)(人)を苦しめる, 悩ます: He's *been troubled* by a bad headache. 彼はひどい頭痛に悩まされてきた / What's *troubling* you? どこが悪いのですか《医者などのことば》.
〖語源 ラテン語で「かき回す」の意〗

+**trou·bled** /trʌ́bld/ 形 ❶ (表情などが)困った(ような): a *troubled* look 困ったような顔つき. ❷ (時代・事態などが)問題の多い, 騒然とした: *troubled* times 大変な時代 / *troubled* waters 混乱状態.

trou·ble·mak·er /trʌ́blmèɪkɚ | -kə/ 名 Ⓒ いざこざ[悶着(もんちゃく)]を起こす人.

trou·ble·shoot·er /trʌ́blʃùːṭɚ | -tə/ 名 ❶ Ⓒ 紛争解決者; 調停者. ❷ Ⓒ〔コンピュータ〕トラブルシューター.

trou·ble·shoot·ing /trʌ́blʃùːṭɪŋ/ 名 ❶ Ⓤ 紛争解決; 調停; (機械の)修理. ❷ Ⓤ〔コンピュータ〕トラブルシューティング.

trou·ble·some /trʌ́blsəm/ 形 ❶ やっかいな, 困難な, 面倒な: a *troublesome* job [problem] やっかいな仕事[問題]. ❷ 迷惑な, わずらわしい: a *troublesome* backache いやな腰の痛み. (名 tróuble)

tróuble spòt 名 Ⓒ 紛争多発地域[国].

trou·bling /trʌ́blɪŋ/ 形 困難な, 悩ましい.

trough /trɔ́ːf | trɔ́f/ 名 ❶ Ⓒ かいばおけ. ❷ Ⓒ (波・山あいの)谷の部分; (景気などの)谷;〔気象〕気圧の谷: peaks and *troughs* (景気の)山と谷.

trounce /tráʊns/ 動 ⓣ (...)を完全に負かす.

troupe /trúːp/ 名 Ⓒ (俳優などの)一座, 一団.

troup·er /trúːpɚ | -pə/ 名 Ⓒ《略式》頼りになる仲間; ベテラン俳優[芸人].

trou·ser /tráʊzɚ | -zə/ 形 限定 ズボンの(⇒ trousers): a *trouser* leg ズボンの脚の部分.

tróuser prèss 名 Ⓒ《英》ズボンプレッサー.

*__trou·sers__ /tráʊzɚz | -zəz/ ❗発音 名 複《主に英》**ズボン** [《米》pants](⇒ suit 参考). 語法 数えるときは a pair of *trousers*, two pairs of *trousers* のようにいう: put on [wear] *trousers* ズボンをはく[はいている](⇒ put on (put 句動詞)表, wear 表) / Your *trousers* are unzipped. ズボンのジッパーが開いているよ. 関連 slacks スラックス / jeans ジーンズ.
cátch ... with ...'s tróusers dòwn [動] ⓣ《英略式》= catch ... with ...'s pants down(⇒ pants 成句).
wéar the tróusers [動] ⓐ《英》= wear the pants(⇒ pants 成句).

tróuser sùit 名 Ⓒ《英》= pantsuit.

trous·seau /trúːsoʊ/ 名 (複 trous·seaux /trúːsoʊz/, ~s) Ⓒ《古風》嫁入り道具[衣装].

trout /tráʊt/ 名 (複 ~(s)) ❶ Ⓒ ます《特ににじます属の各種の魚で, 主に淡水に住む》. ❷ Ⓤ ますの肉.

trove /tróʊv/ 名 Ⓒ [普通は単数形で] = treasure trove.

trow·el /tráʊ(ə)l/ 名 Ⓒ (左官の使う)こて; 移植ごて.

Troy /trɔ́ɪ/ 名 固 トロイ(ア)《小アジア (Asia Minor) 北西部の古都; トロイ戦争 (Trojan War) の舞台》.

tru·an·cy /trúːənsi/ 名 Ⓤ 無断欠席, サボり.

tru·ant /trúːənt/ 名 Ⓒ 無断欠席者. **pláy trúant** [動] ⓐ《英》学校を無断で休む, サボる [《米》play hooky]. — 形 無断で休む. — 動 ⓐ 学校を無断で休む, サボる.

+**truce** /trúːs/ 名 (truc·es /~ɪz/) Ⓒ,Ⓤ **休戦**, 休戦協定[期間]: call [declare] a *truce* 休戦する.

truck[1] /trʌ́k/

— 名 (~s /~s/) ❶ Ⓒ **トラック**(⇒ car 類義語): a *truck* driver トラック運転手 / drive a *truck* トラックを運転する / transport goods ***by truck*** トラックで荷物を輸送する(⇒ by 前 2 語法) / He loaded the boxes on (to) his *truck.* 彼は箱をトラックに積んだ // ⇒ dump truck, garbage truck, pickup truck. 関連 van[1] 有蓋(ゆうがい)トラック. ❷ Ⓒ《英》無蓋貨車 [《米》freight car]. ❸ Ⓒ 運搬車; 手押し車, トロッコ.
— 動 ⓣ《米》(...)をトラックで運ぶ (*in*). — ⓐ《米略式》行く, 進む: get *trucking* 立ち去る.
〖語源 ギリシャ語で「車輪」の意〗

truck[2] /trʌ́k/ 名 [次の成句で] **hàve [hòld, wànt] nó trúck with ...** [動] ⓣ ...と何の関係[取り引き]もない.

truck·er /trʌ́kɚ | -kə/ 名 Ⓒ《米》トラック運転手.

trúck fàrm 名 C 《米》 市場向け野菜園 [《英》 market garden].
truck·ing /trʌ́kɪŋ/ 名 U 《米》 トラック輸送(業).
truck·load /trʌ́klòʊd/ 名 C トラック 1 台分(の荷).
trúck stòp 名 C 《米》 ドライブイン《トラックの運転手などが利用する; ⇒ drive-in 日英》.
truc·u·lence /trʌ́kjʊləns/ 名 U 《格式》 好戦性, けんか腰.
truc·u·lent /trʌ́kjʊlənt/ 形 《格式》 攻撃的な, けんかっぱやい. **～·ly** 副 戦闘的に, 狂暴に.
trudge /trʌ́ʤ/ 動 自 [副詞(句)を伴って] 重い足取りで歩く (*up, down*). ― 名 [単数形で] 長く苦しい歩行.

***true** /trú:/

― 形 (tru·er; tru·est) ❶ **本当の**, 事実どおりの, 正しい [⇔ false, untrue]: a *true* story 実話 / ***It's true** that* he is a friend of mine. 彼が私の友人だというのは本当です / That's very *true*. 全くそのとおりだ《相づちを打つときなど》/ How *true*! まさに / It's *true*. 確かにそうだが《しばしば上昇調で話される; ⇒ **つづり字と発音解説** 94; It's true (that) ..., but ～ (成句)》.
❷ 限定 **本物の**, 正真正銘の, 正当な; 純粋な; 〔生物〕純種の, 典型的な; 実際の, 本当の《⇒ real 類義語》: *true* friendship 真の友情 / *true* love 真の愛 / the *true* heir 正当な後継者 / What were his *true* motives in [for] inviting me? 私を招いた彼の本当の動機は何だったか.
❸ 叙述 (事実・議論・規則などが)(...に)**当てはまって**, 妥当で: The same is ***true of*** [***for***] whales. +*of* [*for*]+名 同じことが鯨にも当てはまる / This explanation does not ***hold true*** in [for] every case. この説明はすべての場合に当てはまるわけではない.
❹ 叙述 **忠実な**, 誠実な [≒faithful]: be ***true to*** one's principles +*to*+名 自分の主義主張に忠実である / You should be *true to* your word. 自分の約束は誠意をもって守らなければならない.
❺ **正確な**, 間違いのない: a *true* copy 正確な写し, 正本 / The machine is *truer* than the hand. 機械は手よりも正確だ / Her aim was *true*. 彼女のねらいは正確だった. ❻ 叙述 (物が)適合して, あるべき状態にある; (道具などが)狂っていない: Make sure the wheel is *true*. 車輪がちゃんと合っているか確かめて.
còme trúe [動] 自 (希望・夢などが)**実現する**, 本当になる: Marrying her is like a dream (that has) *come true*. 彼女と結婚するなんてまさに夢見ていたとおりだ.
語法 ×become true とは言わない.
It is trúe (that) ..., but ～. = Trúe, ..., but ～. Ⓢ **確かに...だがしかし～**: *It's true* (*that*) he's clever, *but* he lacks dedication. 確かに彼は利口だ, しかし奉仕の精神に欠けている.
trúe to fórm [形・副] (特によくない行動などについて) よくあるような[に], 予想されるような[に]: *True to form*, she arrived late. いつものとおり彼女は遅れてきた.
trúe to lífe [形] (物語などが)真に迫って[た].
(名 truth)
― 副 (tru·er; tru·est) ❶ 正確に, ぴったりと: The ball flew straight and *true*. 球は真っすぐ正確に飛んだ. ❷〔生物〕(雑種でなく)純粋に.
― 名 U 正確さ, 正位置.
òut of trúe [形・副] (位置・形などが)ずれて, 狂って.
true-blue /trú:blú:←/ 形 《米》 (主義などに)忠実な; 《英略式》 忠実な保守派の.
true-life /trú:láɪf←/ 形 限定 事実に基づいた.
truf·fle /trʌ́fl/ 名 ❶ C トリュフ, フランスしょうろ《地中に生じる風味のよい食用きのこ》. ❷ C トリュフ《ココアをまぶしたチョコレート菓子》.
tru·is·m /trú:ɪzm/ 名 C わかりきったこと.
***tru·ly** /trú:li/ 副 ❶ **(真実に)偽りなく**: speak *truly* 真実を語る / It's *truly* said that honesty is the best policy. 正直こそ最善の策と言われるが本当にそのとおりだ.
❷ **本当に**, 全く, 実に [≒really]: Are you *truly* happy with her? 彼女といっしょにいて本当に幸福ですか / *Truly*, what's your opinion? 本当のところ, あなたの意見はどうなの. ❸ 心から: I'm *truly* sorry for my mistake. ミスをしてしまい誠に申しわけありません. ❹ 正確に, 精密に.
yóurs trúly [名] [こっけいに] 私自身, 小生.
Yóurs trúly, 敬具《格式ばった手紙の結び》.
trump /trʌ́mp/ 名 C 〔トランプ〕 切り札 (trump card); [しばしば ～s] [複数形でもときに単数扱い] 切り札の組. 日英 日本語の「トランプ」に当たる英語は cards. **tùrn [còme] úp trúmps** [動] 自 《英略式》 思いがけずよい結果になる[を出す].
― 動 他 ❶ (...という切り札で)(場札)を取る (*with*). ❷ (...)を負かす, (...)に勝る. **trúmp úp** [動] 他 (人を陥れるために)(話など)をでっちあげる.
Trump /trʌ́mp/ 名 固 Donald ～ トランプ (1946-) 《米国の実業家・政治家; 第 45 代大統領 (2017-21)》.
trúmp càrd 名 ❶ C 切り札 (trump). ❷ C 奥の手: have [hold] a *trump card* 切り札をもっている, 明らかに優位な立場にある.
trumped-up /trʌ́mptʌ́p←/ 形 [普通は 限定] (罪・証拠などが)でっちあげられた, 事実無根の.
+**trum·pet** /trʌ́mpɪt/ 名 (trum·pets /-pɪts/) ❶ C **トランペット**, らっぱ: blow [sound] a *trumpet* トランペットを鳴らす. ❷ C らっぱ状の物. ❸ C 象の大きな鳴き声.
blów one's **ówn trúmpet** [動] 自 《英略式》 = blow one's own horn《horn 成句》.
― 動 自 (象などが)大きな鳴き声を出す《⇒ cry 表 elephant》. ― 他 (...)を大声で言いふらす, 吹聴する.
trum·pet·er /trʌ́mpɪṭɚ | -tə/ 名 C トランペット奏者; らっぱ手.
trun·cate /trʌ́ŋkeɪt/ 動 他 《格式》 (樹木・円錐(えんすい)など)の頭[端]を切る; (長文など)を切り詰める, 短くする.
trun·cat·ed /trʌ́ŋkeɪṭɪd/ 形 《格式》 頭[端]を切った; 切り詰められた.
trun·dle /trʌ́ndl/ 動 他 (脚輪付きの台・荷車など)をころがす, 押して[引いて]行く. ― 自 [副詞(句)を伴って] (荷車などが)ゆっくり動く[ころがる].
+**trunk** /trʌ́ŋk/ 名 (～s /～s/)

意味のチャート
「(枝をとり払った木の)**幹**」❶
→ (木製の箱) → 「**トランク**」❸ → 「**荷物入れ**」❷
→ (幹の姿の連想から) → 「**象の鼻**」❹
→ 「**胴体**」❻ → (その一部を覆う物) → 「**パンツ**」❺

❶ C (木の)**幹**《⇒ tree 挿絵》: the *trunk* of a tree 木の幹.
❷ C 《米》 (乗用車の)**荷物入れ**, トランク [《英》 boot] 《⇒ car 挿絵》: I put my suitcase in the *trunk*. 私はスーツケースをトランクのなかに入れた. ❸ C (大型)トランク《へり・角を金属などで補強してある大型の衣装箱で長距離・長期間の旅行用; 1 人では運べない》. ❹

Ⓒ 象の鼻《⇒ nose 名 1 関連》. ❺ [複数形で] 水泳パンツ, トランクス (swimming trunks): a pair of *trunks* 水泳パンツ 1 枚. ❻ Ⓒ [普通は単数形で] (人間の)胴体《頭や手足を除いた》.

trúnk ròad 名 Ⓒ《英》幹線道路.

truss /trʌ́s/ 名 ❶ Ⓒ〔医学〕脱腸帯. ❷ Ⓒ〔建築〕トラス《三角形を単位とした構造; 橋などを支える》.
— 動 他 ❶ (ひもなどで)(...)を縛る (*up*; *with*). ❷ (調理の前に)(鳥)の手羽[足]を胴体に縛り[くくり]つける (*up*).

*trust /trʌ́st/

— 名 (trusts /trʌ́sts/) ❶ Ⓤ **信頼**, 信用; 確信《⇒ 類義語》 [⇔ distrust]: Her ***trust in*** me is absolute. 彼女の私に対する信頼は絶対的なものだ / I don't put any *trust in* her promises. 私は彼女の約束など全然信用しない / She betrayed his *trust*. 彼女は彼の信頼を裏切った / a lack of *trust* 信頼の欠如 / He's a man worthy of *trust*. 彼は信頼するに足る人物だ.
❷ Ⓤ〔法律〕**信託**; Ⓒ 信託財産, 信託物件: The estate is to be ***held in trust for*** his daughter. 資産は彼の娘のために信託されるものとする.
❸ Ⓤ **委託**, 保管; 保護, 世話: The baby was left ***in*** the ***trust*** of her aunt. 赤ちゃんはおばに預けられた.
❹ Ⓤ (信頼・委託にこたえる)**責任**, 責務: a position of great *trust* 非常に責任の重い立場. ❺ Ⓒ [普通は単数形で] 受託団体[財団]. ❻ Ⓒ《主に米》トラスト, 企業合同: anti-*trust* laws 独占禁止法. ❼ Ⓒ 保存団体, 保護団体《史跡の保存や文化活動の奨励のために資金を提供[確保]する》.

táke ... on trúst [動] 他 (人のことばなど)をそのまま信用する: I *took* whatever he said *on trust*. 私は彼の言ったことは何でもうのみにした.

> 類義語 **trust** 直感的・本能的な全幅の信頼. **faith** 根拠があるとは限らない心情的な信頼. **confidence** 確実な証拠やもっともな理由に基づいた信頼.

— 動 (trusts /trʌ́sts/; trust·ed /~ɪd/; trust·ing) 他 ❶ (...)を**信頼する**, **信用する** [⇔ distrust]: I completely ***trust*** him [***what*** he says]. 彼の言うことは全面的に信用している. ✪ trust what he says の動詞型は V+O (wh 節) // I couldn't *trust* my judgment. 私は自分の判断が正しいとは思えなかった.
❷ (...)を**信頼[信用]して〜させる**, (...)に自由に[安心して]〜させておく; (...)が〜するのをあてにする: I cannot ***trust*** Meg ***to*** travel alone. V+O+C (to 不定詞) メグを一人で旅行に行かせることはできない / She may ***be trusted to*** take my place. V+O+C (to 不定詞)の受身 彼女は私の代わりができるだろう / I was so upset that I didn't *trust* myself *to* speak. 私は動揺のあまりまともに話せる気がしなかった. ❸ Ⓢ《格式》(当然のこととして)(...)と期待する, 確信する [≒hope]: I *trust that* you will understand. ご理解いただけると思います / He can do it, I *trust*. 彼にはきっとそれができる. ❹ (人)を信頼して(...を)預ける, (人)に安心して(...を)任せる; (品物など)を(人に)預ける, 委託する: I can't *trust* him *with* this assignment. 彼にはこの任務を任せられない.
— 自《格式》**信頼する**, 信用する: ***In*** God we ***trust***. V+*in*+名 我々は神を信じる《1956 年から米国の貨幣の多くに刻まれている標語》.

+**trust·ee** /trʌstíː/ 名 (~s /~z/) ❶ Ⓒ **受託者**《他人の財産・事業の管理などを委託された人》, 保管[管財]人. ❷ Ⓒ (大学などの)評議員, 理事.

trust·ee·ship /trʌstíːʃɪp/ 名 ❶ U,C 受託者[評議員]の職[地位]. ❷ Ⓤ (国連の)信託統治. ❸ Ⓒ (国連の)信託統治領.

trúst fùnd 名 Ⓒ 信託基金.

trust·ing /trʌ́stɪŋ/ 形 ❶ (人をすぐ)信用する (*of*). ❷ 信頼に裏付けられた.

trúst tèrritory 名 Ⓒ (国連の)信託統治領.

trust·wor·thi·ness /trʌ́stwə̀ːðinəs | -wə̀ː-/ 名 Ⓤ 信頼できること; 頼もしさ.

trust·wor·thy /trʌ́stwə̀ːði | -wə̀ː-/ 形 信頼[信用]できる, 当てになる.

trust·y /trʌ́sti/ 形 (trust·i·er; -i·est) 限定《古風》[しばしばこっけいに] (道具などが)信頼できる, 当てになる.
— 名 (trust·ies) Ⓒ 模範囚.

*truth /trúːθ/ 発音

— 名 (truths /trúːðz, trúːθs/) ❶ [the ~] **真実**, **本当のこと**, 事実, 真相 [⇔ lie, untruth]: ***the truth about*** that rumor そのうわさの真相 / *the* whole *truth* 一切の真実 / He doesn't always tell *the truth*. 彼は必ず本当のことを言うとは限らない / ***The truth is*** (***that***) we cannot afford to buy a new car. 実を言うと新車は買えないんだ.
❷ Ⓤ **真実性**: There's some [little] ***truth in*** what they say. 彼らの言うことはある程度は本当だ[ほとんど間違いだ] / I doubt the ***truth of*** his report. 彼の報告の真偽のほどは疑わしいと思う.
❸ Ⓒ [普通は複数形で]《格式》真理とされるもの, 立証された事実[原理]; Ⓤ 真理 [⇔ falsehood]: scientific *truths* 科学上の真理 / a lover of *truth* 真理を愛する人 / It's the duty of scholars to seek (the) *truth*. 真理を探究するのが学者の義務だ.

in trúth [副] 文修飾 本当に; 実は [≒actually].

Nóthing could be fúrther from the trúth. (それは)全くの誤り[見当違い]だ.

to téll (you) the trúth [副] 文修飾 Ⓢ **実はね**, 実を言うと. 語法 言いにくいことを述べる場合などに文頭・文尾に用いる《⇒ to² B 7》: Well, *to tell the truth*, I don't quite understand what you mean. 実は君の言おうとしていることがよくわからないんだ.

(形 true, trúthful)

truth·ful /trúːθf(ə)l/ 形 ❶ (人が)うそを言わない, 正直な. ❷ (話などが)真実の, 事実に即した, 本当の.

(名 truth)

truth·ful·ly /trúːθfəli/ 副 ❶ 正直に, 誠実に. ❷ 文修飾 真に, 正しく; 正直なところ: *Truthfully*, I don't know anything about him. 正直言って, 彼のことは何も知らない.

*try /tráɪ/

— 動 (tries /~z/; tried /~d/; try·ing) 他

単語のエッセンス	
1) 努める	❶
2) 試す	❷
3) 審理する	❸

❶ (...しようと) **努める**, **試みる**, ...しようとする《⇒ 類義語》: I ***tried to*** be honest. V+O (to 不定詞) 私は正直であろうと努めた《⇒ try and do (成句) 語法》/ ***Try*** not ***to*** be late next time. 今度は遅れないようにしなさい / ***Try your best*** [***hardest***] in everything. 何事も全力を尽くしてみなさい. 語法 try to do は「...しようとする」という意味で, try doing は「実際に...してみる」の意味で使われる《⇒ 他 2》. しかし try doing が try to

do の意味で使われることもある.
❷ (...)を試す, **やってみる**; 試しに...してみる; 使ってみる [≒test]; 食べてみる; (場所)に行ってみる; (戸・窓など)を開けようとする: ***try*** one's own strength 自分の力を試す / ***Try*** read*ing* that book. V+O(動名) その本を読んでみて / Have you *tried* that store? あの店は行ってみましたか / *try* something new 新しいことをやってみる / She *tried* the door, but it was firmly locked. 彼女はドアが開かないか試してみたが, しっかりと鍵がかかっていた.
❸ [普通は受身で] (事件)を**審理する**; (人)を**裁く**, 公判に付する: *try* the case その事件を審理する / He's going to *be tried for* theft. V+O+*for*+名の受身 彼は窃盗(せっとう)罪で裁判にかけられるところだ. ❹ (神経など)を悩ます, 苦しめる: Don't *try* my patience. 私をあまりいらいらさせないで.
— 自 **やってみる**; 努める, 努力する: *Try.* It's fun. やってみて. おもしろいよ / "I'm afraid he is not available." "Okay, I'll *try* again later." 「すみませんが, 彼は今電話に出ることができません」「わかりました. あとでかけ直します」/ You never know (what you can do) till you *try*. 《ことわざ》 やってみるまでは(できるかどうか)わからない / He failed the exam, but ***it wasn't for want*** [*lack*] ***of trying***. 彼は試験には落ちたが, やるだけのことはやったのだ / I ***couldn't*** do it ***if I tried***. どうがんばっても私にはできない //⇒ good luck (日英).
trý and dó [動] Ⓢ **...するように努める** [≒try to do] 《⇒ and 5》: I'll *try and* answer your questions. できるだけご質問にお答えします.

> 語法 (1) 《略式》 では *try to* do というよりも普通の言い方. また命令文では *Try and* do ... のようにいうのが *Try to* do ... というよりも普通.
> (2) try は原形で用い, 過去形や進行形は用いない.

(名 tríal)

> **try の句動詞**
> **trý for ...** 動 他 = try out for ....
> ***trý ón** 動 他 (衣服・靴・帽子・めがね・指輪など)を**試着してみる**《⇒ put on 表》 V+名・代+*on* / V+*on*+名: Would you like to *try* it *on?* 試着してみますか / Can I *try on* this skirt? このスカートをはいてみていいですか.
> +**trý óut** 動 他 (効果をみるため)(...)を**実際に使ってみる**, (~に対して)試してみる (*on*) V+名・代+*out* / V+*out*+名: I think this idea will work. Let's *try* it *out*. このアイディアはうまくいくと思う. やってみよう.
> **trý óut for ...** [動] 他 《米》 (地位・賞・役など)を獲得しようとする, ...を目ざして(テスト・オーディションなどで)競う: *try out for* the team [leading role] チームの選抜試験[主役のオーディション]を受ける.

> 類義語 **try**「試みる」という意味では最も普通の語で, 成功を目ざしていろいろと努力してやってみること: I'll *try* to finish the work by next week. 来週までにその仕事を終えるようにやってみるつもりだ. **attempt** *try* とほぼ同じ意味の改まった語. 努力よりもあることをやってみようとすることに重点が置かれ, しばしば失敗や未遂に終わったことを暗示する: They *attempted* to assassinate the President. 彼らは大統領を暗殺しようとした. **endeavor** 大いに努力してやってみることを意味する格式語: We always *endeavor* to meet the needs of our customers. 私共は常にお客様の要求を満たすべく努力しております.

— 名 (tries /~z/) ❶ Ⓒ [普通は a ~] **試み**; 努力: have another *try* もう一度やってみる / It's ***worth a try***. 試す価値はある / I've never skied before, but I want to ***give*** it ***a try***. スキーはしたことがないけど, 一度やってみたい / ***have*** [《米》 ***make***] ***a try at*** getting new information 新しい情報を得ようと努める. ❷ Ⓒ 〔ラグビー〕 トライ.

try·ing /tráɪɪŋ/ 形 つらい, 骨の折れる; しゃくにさわる, 腹が立つ: a *trying* time つらい時.

try·out /tráɪàʊt/ 名 ❶ Ⓒ 予行, テスト; [普通は複数形で] 《米》 (チーム選抜などのための)入団テスト, オーディション. ❷ Ⓒ 《米》 (芝居などの)試験的興行; 《英》 (製品などの)試用(期間).

tsar /záə | zá:/ 名 Ⓒ = czar.

tsa·ri·na /zɑːríːnə/ 名 Ⓒ = czarina.

+**T-shirt** /tíːʃə̀ːt | -ʃə̀ːt/ 名 (-shirts /-ʃə̀ːts | -ʃə̀ːts/) Ⓒ **T シャツ** (tee shirt).

tsk tsk 発音 舌先を /t/ のように歯茎につけ, 口から息を吸いこむときこの舌先を急速に離して出す音. 単語としてこの語を読むときには /tísk/ と発音する. 間 チッ《舌打ちの音; 不満を表わす》.

tsp. 略 = teaspoon(s), teaspoonful.

T-square /tíːskwèə | -skwèə/ 名 Ⓒ (製図用の) T 定規.

tsu·na·mi /tsʊnáːmi, sʊ-/ ≪日本語から≫ 名 (~s) Ⓒ 津波《⇒ tidal wave 1》.

tub /tʌ́b/ 名 ❶ Ⓒ [しばしば合成語で] おけ, たらい《洗濯・貯水用》; (植木用の)おけ, 大鉢; (アイスクリームなどの)丸いふた付きの容器: wash clothes in a *tub* おけで衣服を洗濯する. 関連 washtub 洗濯だらい. ❷ Ⓒ 《米》 浴槽(よくそう), 湯ぶね (bathtub) [《英》 bath]: soak in a *tub* 湯ぶねにつかる. ❸ Ⓒ おけ[たらいなど]1 杯の量: a *tub of* water おけ 1 杯の水.

tu·ba /t(j)úːbə | tjúː-/ 名 Ⓒ チューバ《低音の金管楽器》.

tub·by /tʌ́bi/ 形 (tub·bi·er; -bi·est) 《略式》 (人などが)ずんぐりした, (小柄で)ぽっちゃりした.

***tube** /t(j)úːb | tjúːb/ 名 (~s /~z/) ❶ Ⓒ (金属・ガラス・ゴムなどの)**管**, 筒《⇒ pipe 類義語》: a glass *tube* ガラス管 / insert a *tube* in [into] a patient's nose 患者の鼻に管を通す.
❷ Ⓒ (絵の具・歯磨きなどの)**チューブ**: a *tube of* paint [toothpaste] 絵の具[歯磨き粉]のチューブ.
❸ Ⓒ [普通は複数形で] 〔生物〕 **管状の器官**: bronchial *tubes* 気管支.
❹ [the ~] 《米略式》 **テレビ**; Ⓒ (テレビの)**ブラウン管**.
❺ [the ~; ときに T-] 《英》 (London の)地下鉄: take *the tube* to Piccadilly ピカデリーへ地下鉄で行く / go *by tube* 地下鉄で行く《⇒ by 前 2 語法》. ❻ Ⓒ (タイヤの)チューブ.
gò dówn the túbes [動] 自 《略式》 だめになる, むだになる.
(形 túbular)

tu·ber /t(j)úːbə | tjúːbə/ 名 Ⓒ (じゃがいもなどの)塊茎.

tu·ber·cu·lo·sis /t(j)ʊbə̀ːkjʊlóʊsɪs | tjuːbə̀ː-/ 名 Ⓤ 結核; 肺結核《略 TB》.

túbe tòp 名 Ⓒ 《米》 チューブトップ《女性用の胸周りを覆う筒状の衣服》.

tub·ing /t(j)úːbɪŋ | tjúːb-/ 名 ❶ Ⓤ 管材料; 管類. ❷ Ⓤ チュービング《タイヤチューブで川下りを楽しむ遊び》.

tu·bu·lar /t(j)úːbjʊlə | tjúːbjʊlə/ 形 限定 管状の; 管式の.
(名 tube)

+**tuck** /tʌ́k/ 動 (tucks /~s/; tucked /~t/; tuck·ing) 他 ❶ (衣服・シーツなど)の**端をきちんと入れ込む**, (...)を

たくし込む, (そでなど)をまくり上げる; (服)に縫いひだをつける: She *tucked* her blouse *in*. V+O+*in* 彼女はブラウスをスカートの中に入れた / She *tucked up* her sleeves. V+*up*+O 彼女はそでをまくり上げた.
❷ (...)をはさみ込む, 押し込む; (脚など)を(折り曲げて)引っ込める: Tess *tucked* the key *into* her purse. V+O+*into*+名 テスは鍵をハンドバッグの中へ入れた / She sat with her legs *tucked* (*up*) *under* her. V+O(+*up*)+*under*+名の受身 彼女は脚を折り曲げて座っていた《横座りなどの場合》. ❸ (寝具などで)(...)をくるむ; (脚・ひざなどのまわりに)(毛布など)をぴったり巻きつける, 掛ける (*around, round*): She *tucked* the baby *into* bed. 彼女は赤ん坊を寝具でくるんで寝かせた.
túck awáy [動] 他 (1) [普通は受身で] (安全な場所に)(...)をしまい込む; 隠す. (2) 《英略式》 (...)を夢中で食べる.
túck ín [動] 自 《英略式》 夢中で[がつがつ] 食べる.
― 他 (毛布などに)(子供など)をくるむ.
túck ínto ... [動] 他 《英略式》 ...を夢中で食べる.
túck úp [動] 他 《英》 (子供など)に毛布をかけてやる.
― 名 ❶ C 縫い上げ; (すそなどの)ひだ, タック. ❷ C (顔・腹などの)脂肪除去手術.

tuck·er /tʌ́kɚ | -kə/ 動 他 《米略式》 (人)を疲れさせる (*out*).

-tude /t(j)ùːd | tjùːd/ 接尾 [名詞語尾]「性質」,「状態」を示す: ál**ti***tùde* 高度 / mágni*tùde* 大きさ. 発音 2つ前の音節に第一アクセントがくる.

Tu·dor /t(j)úːdɚ | tjúːdə/ 形 チューダー朝時代の (1485–1603), チューダー様式の.

Tue. 略 = Tuesday.

+**Tues.** 略 火曜日 (Tuesday).

*****Tues·day** /t(j)úːzdèɪ, -di | tjúːz-/
― 名 (~s /~z/) ✪ 詳しい説明は ⇒ Sunday. ❶ C,U 火曜日《略 Tues., Tue.》: Today is *Tuesday*. 今日は火曜日です / It was a warm *Tuesday* in May. それは5月の(ある)暖かい火曜日だった / ***on Tuesday*** (いつも[大抵])火曜日に(は); (この前[次]の)火曜日に / *on Tuesdays* = every *Tuesday* 毎週火曜日に / last [next] *Tuesday* この前[次]の火曜日に.
❷ [形容詞的に] 火曜日の: *on Tuesday* morning (この前[次]の)火曜日の朝に《⇒ on 前 2 語法》. ❸ [副詞的に] 《略式, 主に米》 火曜日に (on Tuesday); [Tuesdays として] (いつも)火曜日に(は) (every Tuesday). 〖語源 原義は「ゲルマン神話の軍神 Tiu の日」〗

tuft /tʌ́ft/ 名 ❶ C 房《髪・糸・羽毛などの》 (*of*). ❷ C やぶ, 茂み.

tuft·ed /tʌ́ftɪd/ 形 房をつけた; 房状の.

tug /tʌ́g/ 動 (tugs; tugged; tug·ging) 他 (...)を(強く)引く, ぐいと引っ張る《⇒ pull 類義語》; 引っ張って行く: I *tugged* the rope to see if anyone was on the other end. 私はロープをぐいと引いてもう一方の端にだれかいないか確かめた. ― 自 (強く)引く, ぐいと引く: Tom *tugged at* [*on*] his mother's sleeve. トムは母親のそでをぐいと引っ張った.
― 名 ❶ C [普通は a ~] 強く引くこと: 言い換え She gave *a tug* at her sister's hair. = She gave her sister's hair *a tug*. 彼女は妹の髪の毛を引っ張った. ❷ C = tugboat. ❸ C [普通は a ~] 突然の感情の高まり (*of*).

tug·boat /tʌ́gbòʊt/ 名 C 引き船, タグボート (tug).

tug-of-war /tʌ́gəvwɔ́ɚ | -wɔ́ː/ 名 [単数形で] 綱引き; 主導権争い.

tu·i·tion /t(j)uíʃən | tju-/ 名 U (特に大学の)授業料; 《格式》(個人)指導, 授業 (*in*).

tu·lip /t(j)úːlɪp | tjúː-/ 名 C チューリップ(の花). 〖語源 トルコ語で「ターバン」(turban) の意; 形が似ていることから〗

tulle /túːl | tjúːl/ 名 U チュール《ベールなどに用いる薄い網状の絹・ナイロン》.

+**tum·ble** /tʌ́mbl/ 動 (tum·bles /~z/; tum·bled /~d/; tum·bling) 自 ❶ [副詞(句)を伴って] (特に突然または激しく)倒れる, 転ぶ; 転落する; 崩れる [≒fall]: The drunk *tumbled over* and didn't move. V+副 酔っぱらいは転がって動かなくなった / The man *tumbled down* the stairs. V+前+名 男性は階段から転げ落ちた / She *tumbled off* her bicycle. 彼女は自転車から転げ落ちた. ❷ [副詞(句)を伴って] 転がるように[ぶざまに]動く[出る, 入る], 転げ回る: *tumble out of* bed ベッドから転がり出る / The hurricane caused all the cars to *tumble about* like toys. ハリケーンで車は全部おもちゃのように転がった. ❸ (価格などが)急落する. ❹ (建物などが)崩れ落ちる (*down*). ❺ 《米》 宙返りをする.
― 他 (...)をひっくり返す (*over*); 投げ倒す: The flood waters *tumbled* my house *into* the river. 洪水が私の家を川に押し流した.
― 名 (~s /~z/) ❶ C [普通は単数形で] 転倒, 転落 [≒fall]; (株価などの) 暴落: have [take] a (nasty) *tumble* (ひどく) 転ぶ. ❷ [a ~] 混乱: (all) in *a tumble* 混乱して.

tum·ble·down /tʌ́mbldàʊn/ 形 限定 (建物が)今にも倒れそうな, 荒れ果てた.

túmble drýer [dríer] 名 C 《英》 回転式乾燥機 (dryer).

tum·bler /tʌ́mblɚ | -blə/ 名 C タンブラー《脚や取っ手のない平底の大型コップ》.

tum·my /tʌ́mi/ 名 (tum·mies) C 《主に小児語》 おなか, ぽんぽん.

+**tu·mor,** 《英》 **tu·mour** /t(j)úːmɚ | tjúːmə/ 名 (~s /~z/) C 腫瘍(しゅよう), できもの: a brain *tumor* 脳腫瘍.

tu·mult /t(j)úːmʌlt | tjúː-/ 名 U,C 《格式》 騒ぎ, がやがや; 騒動; (心の)混乱[興奮]状態 (*of*).

tu·mul·tu·ous /t(j)uːmʌ́ltʃuəs | tjuː-/ 形 [普通は 限定] 《格式》 騒がしい; 混乱した; 熱狂的な.

tu·na /t(j)úːnə/ 名 (複 ~(s)) ❶ C まぐろ. ❷ U まぐろの肉, ツナ: a can of *tuna* ツナの缶詰 1 個.

tuna fish 名 U = tuna 2.

tun·dra /tʌ́ndrə/ 名 U,C ツンドラ, 凍土帯.

***tune** /t(j)úːn | tjúːn/ 名 (~s/~z/) C,U 曲; 旋律, 節(ふし), メロディー: a catchy theme *tune* 覚えやすい主題曲 / play a sweet *tune* on the piano ピアノで快い曲を弾く / hum a *tune* メロディーを口ずさむ / carry a *tune* 調子[音程]をはずさずに歌う.
cáll the túne [動] 自 《略式》 音頭をとる, 仕切る(立場にある).
chánge one's **túne** [動] 自 がらりと意見[態度]を変える.
in túne [形・副] (1) (...と)調和して, (気持ちが)一致して, 共鳴して: His views aren't *in tune with* the times. 彼の意見は時勢に合っていない. (2) 調子[音程]が合って.
òut of túne [形・副] (1) (...と)調和しないで, 合わないで (*with*). (2) 調子[音程]がはずれて.
síng a dífferent túne [動] 自 態度[意見]が変わる.
to the túne of ... [前] (1) 《略式》 ...もの金額で: I

was fined *to the tune of* £2000. 2000 ポンドも罰金を取られた. (2) ...の曲に合わせて. (形 túneful)
— 動 (tunes /~z/; tuned /~d/; tun·ing) 他 ❶ (楽器)の**音程を合わせる**, **調律[調弦]する**; (エンジンなど)を調整する: *tune* a piano ピアノを調律する.
❷ (テレビ·ラジオなど)を(局や番組に)**合わせる**: ***Tune*** the TV ***to*** Channel 3. V+O+*to*+名 テレビを 3 チャンネルに合わせて. ❸ (...)を(~に)適合[調和]させる (*to*).
stáy túned [動] 自 (番組などを)見[聞き]続ける; 注目し続ける: *Stay tuned to* AFN. このまま AFN の番組をお聞きください.

tune の句動詞
túne ín 動 自 ❶ (ラジオなどの)波長[ダイヤル]を合わせる: Will you *tune in to* a music program? 音楽番組にダイヤルを合わせてくれますか. ❷ (人の考え·状況などが)わかる (*to*). — 他 (...に)(ラジオなど)の波長[ダイヤル]を合わせる (*to*).
be túned ín [動] 自 (人の考え·状況などが)わかっている (*to*).
túne óut 動 他 《略式》(助言など)に耳を傾けない, (...)を無視する.
túne úp 動 他 (楽器)の音程を合わせる; (機械·エンジンなど)の調子を整える.

〖語源 tone の変形〗
tune·ful /t(j)ú:nf(ə)l | tjú:n-/ 形 美しい調べの, 音楽的な. (名 tune)
-ful·ly /-fəli/ 副 美しい調べで.
tune·less /t(j)ú:nləs | tjú:n-/ 形 調子はずれの.
tun·er /t(j)ú:nə | tjú:nə/ 名 ❶ C (ラジオ·テレビの)チューナー, 同調器. ❷ C [主に合成語で] 調律師.
tune-up /t(j)ú:nʌ̀p | tjú:n-/ 名 ❶ C (エンジンの)調整. ❷ C 準備練習.
tung·sten /tʌ́ŋstən/ 名 U タングステン《元素記号 W》.
tu·nic /t(j)ú:nɪk | tjú:n-/ 名 ❶ C (古代ギリシャ·ローマ人の)半そでの上衣. ❷ C チュニック《長めの女性用上着》. ❸ C 短い上着《警官·軍人の制服など》.
tún·ing fòrk /t(j)ú:nɪŋ- | tjú:n-/ 名 C 音叉(おんさ).
Tu·ni·si·a /t(j)u:ní:ʒ(i)ə | tju:nízia/ 名 固 チュニジア《アフリカ北部の共和国》.

***tun·nel** /tʌ́n(ə)l/ 発音
— 名 (~s /~z/) C **トンネル**, 地下道; 坑道; (動物が掘った)穴: dig a *tunnel through* a mountain 山にトンネルを掘る.
— 動 (tun·nels; tun·neled, 《英》 tun·nelled; -nel·ing, 《英》 -nel·ling) 他 (...)にトンネルを掘る; 掘って(...)を作る. — 自 トンネルを掘る[掘って進む] (*under*, *into*, *through*).
túnnel vísion 名 ❶ U 考えの狭いこと, 狭量. ❷ U 〔医学〕視野狭窄(きょうさく)症.
tun·ny /tʌ́ni/ 名 (複 tun·nies, ~) C 《英》 = tuna 1.
Tup·per·ware /tʌ́pəwèə | -pəwèə/ 名 U タッパーウェア《合成樹脂の食品保存容器; 商標》.
tur·ban /tə́:b(ə)n | tə́:-/ 名 ❶ C ターバン《中近東·南アジアなどの男性が頭に巻く布》. ❷ C (婦人の)ターバン風の帽子.
tur·bid /tə́:bɪd | tə́:-/ 形 《格式》(液体などが)濁った, 汚い.
+**tur·bine** /tə́:bɪn, -baɪn | tə́:-/ 名 C **タービン**《空気·水·蒸気などで回す原動機の一種》.
tur·bot /tə́:bət | tə́:-/ 名 (複 ~, ~s) ❶ C ターボット《ヨーロッパ産のひらめ》. ❷ U ターボットの肉.
tur·bu·lence /tə́:bjʊləns | tə́:-/ 名 ❶ U 大荒れ; (社会的な)不穏, 混乱. ❷ U 乱気流.
tur·bu·lent /tə́:bjʊlənt | tə́:-/ 形 ❶ (風·波などが)荒れ狂う; (感情などが)かき乱された. ❷ 騒々しい, 動乱の; (群衆が)不穏な.
turd /tə́:d | tə́:d/ 名 ❶ C 《略式》 糞(ふん). ❷ C 《卑語》 くそ野郎.
tu·reen /tərí:n/ 名 C ふた付きの深皿《そこからスープなどを各自の皿にとる》.
turf /tə́:f | tə́:f/ 名 (複 ~s, turves /tə́:vz | tə́:vz/) ❶ U 芝生, 芝地《草と根とそれについた土からなる層》; 人工芝. ❷ C 《英》 切り芝 [《米》 sod]《移植用に四角に切り取った芝生》. ❸ [the ~] 競馬場; 競馬(界). ❹ U 《略式》 縄張り, 敷地. — 動 他 (...)を芝で覆(おお)う, (...)に芝を張る.
tur·gid /tə́:ʤɪd | tə́:-/ 形 ❶ 《格式》 [軽蔑的] (ことば·文体などが)もったいぶった, 難解な; 退屈な. ❷ 《格式》 はれ上がった, ふくれた [≒swollen].
Turk /tə́:k | tə́:k/ 名 C トルコ人. (形 Túrkish)
Turk. 略 = Turkey, Turkish.
tur·key /tə́:ki | tə́:-/ 名 ❶ C 七面鳥: *Turkeys* are raised for their meat. 七面鳥は肉を取るために飼われる. ❷ U 七面鳥の肉. 参考 特にクリスマスや感謝祭の料理として食べる. ❸ C 《米略式》 失敗(作); だめな奴, まぬけ. **tálk túrkey** [動] 自 《略式, 主に米》 (商談などで)率直[ざっくばらん]に話す. 〖語源 元来はトルコ (Turkey) から輸入されたほろほろちょうを指したが, 後に混同して七面鳥を指すようになった〗
Tur·key /tə́:ki | tə́:-/ 名 固 トルコ《小アジア (Asia Minor) から Balkan 半島東部を占める共和国; 首都 Ankara; 略 Turk.》. (形 Túrkish)
Turk·ish /tə́:kɪʃ | tə́:-/ 形 トルコの; トルコ人の; トルコ語の; トルコ風の(略 Turk.). (名 Túrkey, Turk)
— 名 ❶ U トルコ語(略 Turk.). ❷ [the ~として複数扱い] トルコ人《全体》; トルコ国民; トルコ軍《⇒ the' 5 語法》.
Túrkish báth 名 C 蒸しぶろ, トルコぶろ.
Túrkish cóffee 名 C,U トルココーヒー《砂糖を加えて煮立てた濃いコーヒー》.
tur·me·ric /tə́:mərɪk | tə́:-/ 名 U 〔植物〕 うこん《根の粉末はカレー香辛料に用いる》.
tur·moil /tə́:mɔɪl | tə́:-/ 名 [U または a ~] 騒ぎ, 騒動, 混乱: in (*a*) *turmoil* 大騒ぎで.

***turn** /tə́:n | tə́:n/
— 動 (turns /~z/; turned /~d/; turn·ing)

単語のエッセンス
基本的には「回す, 回る」の意.

1) 回す; 回る	他 ❶; 自 ❶
2) ひっくり返す	他 ❷
3) 向きを変える; 曲がる	他 ❸, ❹; 自 ❷
4) (注意などを)向ける; 向かう	他 ❺; 自 ❸
5) 変える; 変わる, ...になる	他 ❻; 自 ❹, ❺

— 他 ❶ (...)を**回す**, 回転させる, ひねる《⇒ 類義語》: ***Turn*** the wheel *slowly* [***to*** the right]. V+O+副 [*to*+名] ハンドルをゆっくり[右へ]回してください / A windmill ***is turned by*** the wind. V+O の受身 風車は風で回る / She *turned* the washer *to* WASH. 彼女は洗濯機のダイヤルを「洗濯」に合わせた.

❷ (...)を**ひっくり返す**, 逆さにする, 裏返す; (ページ)を**めくる**; 折り返す, 曲げる; (土地)をすき返す: *turn* a steak (over) ステーキを裏返す / *turn* the shirt inside out シャツを裏返す《⇒ turn ... inside out (inside 名 成句)》 / *turn* the cup upside down カップをひっくり返す[上下逆にする]《⇒ upside down》 / He *turned* the trunk on its side. 彼はトランクを横にした / *turn* the pages of a book 本のページをめくる.
❸ (...)を(～の方へ)**向ける**, (...)の向き[進路]を変える, (顔など)を(～から)そらす: He *turned* his head to see who called him. 彼はだれが自分を呼んだのかと振り向いた / She ***turned*** her face ***from*** the sight. V+O+前+名 彼女はその光景から顔をそむけた / The firefighter ***turned*** the hose ***on*** the fire. 消防士は火にホースを向けた / He ***turned*** the car ***into*** a side street. 彼はわき道に車を入れた.
❹ (角など)を**曲がる**, 回る; 迂回(うかい)する: The car was just *turning* the corner. 車はちょうど角を曲がろうとしていた.
❺ (注意・思考・話題など)を(...に)**向ける**, (...から)そらす; (試合など)の流れ[形勢]を変える; (物)を(...の用途に)向ける: Let's ***turn*** our attention ***to*** another aspect. V+O+to+名 別の側面に注意を向けてみましょう / Nothing could ***turn*** her ***from*** her purpose. V+O+from+名 どうしても彼女の意思を変えさせることはできないだろう.
❻ (性質・状態・形などの点で)(物)を(...に)**変える**, 変質させる, (...に)する: The hot weather *turned* the milk (sour). V+O(+C (形)) 暑い天気で牛乳が腐っ(てすっぱくなっ)た / The bitter north wind has *turned* the leaves red. V+O+C (形) 冷たい北風が木の葉を赤く色づけた. ❼ [進行形なし] (年齢・時刻・額など)を越す, 過ぎる; (...)に達する, なる: It's just *turned* five (o'clock). 5 時を回った[になった]ところだ. 語法「...になる」の意では 自 と見ることもできる《⇒ 自 5》: The twins will *turn* six on their next birthday. その双子は次の誕生日が来ると 6 歳になる. ❽ (胃)をむかつかせる, (頭)をくらくらさせる; (足首)をねじる, くじく [≒ sprain]: The sight of the auto accident *turned* my stomach. その自動車事故のありさまを見て胸が悪くなった. ❾ [受身なし] (回転運動など)を行なう: *turn* a somersault とんぼ返りをする. ❿ (...)をろくろ[旋盤]で(丸い形に)作る[削る]. ⓫ (ことばなど)を巧みに飾る, うまく表現する. ⓬ (利益)を上げる.

— 自 ❶ **回る**, 回転する《⇒ 類義語》: The wheel [faucet] did not *turn* easily. 車輪[栓]はなかなか回らなかった.
❷ **向きを変える**, **振り向く**, (...の方を)向く; **進路を変える**, 曲がる; (道・川などが)向きを変える: She *turned* (to look back at me) when I called her. 私が呼ぶと彼女は振り返っ(て私を見)た / He ***turned toward*** the window. V+前+名 彼は窓の方に体を向けた / She *turned* on her heel and walked away. 彼女は突然背を向けて歩き去った / My son often tosses and *turns* in his sleep. 息子はよく寝返りを打つ / The boat *turned* and headed back to port. 船は向きを変えて港に向かって引き返した / The car ***turned into*** [***onto***] the highway. 車は向きを変えて幹線道路に入った / *Turn* right at the next corner. 次の角を右へ曲がってください / The road *turns* sharply just beyond the church. 道路は教会の先で急に曲がっている.
❸ (風向き・流れなどが)**変わる**; (思考・話題・関心などが)向かう: The wind [tide] has *turned*. 風向き[潮の流れ]が変わった / Fortune *turned* 「***against***」 me [in my favor]. V+前+名 運命が私に背を向けた[ほほえんだ].
❹ (性質・状態・形などが)**変わる**: Traffic lights ***turn from*** green ***to*** yellow and then ***to*** red. V+from+名+to+名 交通信号は青から黄, そして赤に変わる.
❺ [補語を伴って] (変わって)...**になる** [≒become]《⇒ 他 7》: Her face *turned* pale at the news. V+C (形) その知らせを聞いて彼女の顔は真っ青になった / She *turned* pro at eighteen. V+C (名) 彼女は 18 歳でプロ選手になった.

> 語法 **turn (...になる) の使い方**
> (1) しばしば nasty, mean, violent など悪い状態になるときに用いる.
> (2) 補語として職業・政治・宗教に関する人を表わす名詞を用いるときは C でも冠詞をつけず, また複数形にもしない.
> (3)「turned (＝過去分詞)＋補語(＝無冠詞の名詞)」の形で前の名詞を修飾することがある: He's a model *turned* actor. 彼はモデルから俳優になった人だ. C+1 a model-turned-actor のようにハイフンをつけて合成語で用いることも多い.

❻ (牛乳などが)腐る; (木の葉などが)変色する. ❼ (胃が)むかつく; (頭が)くらくらする, 目が回る.

turn の句動詞

túrn abóut 動 自《主に英》ぐるっと向きを変える, 回れ右をする. — 他 (...)をぐるっと回す; 回れ右[方向転換]させる.
túrn agàinst ... 動 他 (今までと態度を変えて)...に敵対する, 背く; ...を攻撃する.
túrn ... agàinst～ 動 他 (人)を～に反抗させる, (人)に～を嫌いにさせる; (議論)を～にはね返す.
***túrn aróund** 動 自 ❶ **くるっと向きを変える**; 振り向く: He *turned around* and went back home. 彼はくるりと向き直って家へ戻った.
❷ **回転する**, 回る. ❸ (状況・事業・経済などが)好転する.
— 他 ❶ (...)の**向きを変える**; (...)を振り向かせる; (...)の考えを変えさせる: I cannot *turn* my car *around* in [on] this narrow road. この狭い道では車の向きを変えることはできない. ❷ (状況・事業・経済など)を好転させる. ❸ (考え方・意見・質問など)を変える, 別の角度から見る. ❹ (作業など)を完了させる.
túrn aróund and dó [動] Ⓢ 驚いた[あきれた]ことに...する, 不意に...する.
+**túrn aròund ...** 動 他 ...**の周**(まわ)**りを回る**; (角など)を曲がる: The earth *turns around* the sun and the moon *turns around* the earth. 地球は太陽の周りを回り, 月は地球の周りを回る.
túrn awáy 動 自 ❶ (...から)顔をそむける (*from*): Joan *turned away* and wept. ジョーンは顔をそむけて泣いた. ❷ (...から)離れる, (...を)見捨てる: You shouldn't *turn away from* your old friends. 古い友だちを捨てるべきじゃない.
— 他 ❶ (顔など)をそむける, (視線など)をそらす: He *turned* his gaze *away from* me. 彼は私から視線をそらした. ❷ (人)を(～から)追い払う; (～へ)入らせない (*from*); (客・応募者など)を断わる. ❸ (人)に対して支援を拒む.
+**túrn báck** 動 自 **引き返す**; (元のやり方に)戻る [≒

return]: He *turned back* at the gate and went home. 彼は門のところで引き返して家に帰った / There's no *turning back*. もう後には引けない.

— ⑯ ❶ (人)を追い返す, 退却させる. ❷ (時計)の針を逆戻りさせる. ❸ (紙・布など)を折り返す.

*****túrn dówn** 動 他 ❶ (栓を回してガス・オーブンなど)を**弱くする**; (テレビ・ラジオなど)の**音を小さくする**; (明かり)を薄暗くする [V+名・代+down / V+down+名] [⇔turn up]: *turn down* the TV テレビの音を小さくする. ❷ (提案・候補者など)を**断わる**, 拒否する, はねつける [V+名・代+down / V+down+名]: She *turned down* every man who proposed to her. 彼女は求婚してきた男をすべてはねつけた. ❸ (紙・布など)を折り返す.

*****túrn ín** 動 他 ❶《主に米》(書類・宿題)を**提出する**; (不要物・借りた物)を**返却する**; (落とし物など)を届ける [V+名・代+in / V+in+名]: ***Turn in*** your papers ***to*** the committee on Monday. 書類を月曜日に委員会に提出してください. ❷ (犯人)を(警察などに)引き渡す; (犯人(の居場所))を密告する (*to*): *turn* oneself *in* 自首する. ❸ (利益)を生み出す, (好成績)を挙げる.

— ⑯ ❶ (向きを変えて)中へ入る, 立ち寄る: ***turn in at*** a filling station ガソリンスタンドに立ち寄る. ❷ ベッドに入る, 眠る.

túrn ín on oneсélf [動] ⑯ 内向的になる.

*****túrn ìnto ...** 動 他 (変化して)...**になる**《⇒ turn to ... 4 [語法]》: Water *turns into* steam when (it's) boiled. 水は煮沸すると蒸気になる.

+**túrn ... ìnto ~** 動 他 (...)を~**に変える**: Heat *turns* ice *into* water. 熱は氷を水に変える / It's harder to *turn* words *into* deeds than deeds *into* words. 行動をことばにするよりもことばを行動にするほうが難しい.

*túrn óff

動 他 ❶ (栓をひねって)(ガス・水など)を**止める**, (スイッチを押して)(明かり・テレビ・ラジオ)を**消す**; (栓・スイッチなど)を止める[消す]ためにひねる, しめる [V+名・代+off / V+off+名] [⇔turn on]: *Turn off* the lights before you go to bed. 寝る前に明かりを消しなさい / The kettle boiled and I *turned off* the stove. やかんにお湯がわいたのでコンロの火を消した / *turn off* an alarm clock 目覚まし時計を止める. ❷《略式》(事・人が)(人)の興味を失わせる, うんざりさせる; (人)に性的関心をなくさせる: His long, boring talk *turned* me *off*. 彼のつまらない長話に私はいや気がさした.

— ⑯ ❶ (わき道などへ)**それる**, 方向を変える; (道が)分かれる: We ***turned off*** ⌈***at*** exit 5 [***on*** [***onto***] a side road, ***for*** Sydney]. 私たちは(車でそれまで走っていた道からそれて)5 番出口から[わき道へ, シドニーへ向かう道へ]出た. ❷《略式》興味を失う.

túrn òff ... 動 他 (幹線など)からわき道へそれる.

*túrn ón

動 他 ❶ (栓をひねって)(ガス・水など)を**出す**, (スイッチを押して)(明かり・テレビ・ラジオ)を**つける**; (栓・スイッチなど)をひねる, ゆるめる [V+名・代+on / V+on+名] [⇔turn off]: Now that the pipe is fixed, we can *turn* the water *on*. もう水道管が直ったので水が出せますよ / Do you know how to *turn on* the shower? シャワーの出し方はわかりますか / *turn* the TV *on to* Channel 4 テレビをつけて 4 チャンネルにする. ❷ (態度・表情など)を急に見せる: *turn on* the charm 急に愛想よくする. ❸《略式》(人)に(~に対する)興味を起こさせる[持たせる] (*to*); (人)を(性的に)興奮させる.

+**túrn on [upòn] ...** 動 他 ❶ (急に)...**を襲う**, 攻撃する; (怒りを見せて)...の方に向き直る; ...に敵対する ([受身] be turned on [upon]): The dog may *turn on* [*upon*] you. その犬は襲いかかってくるかもしれないよ. ❷ ...を軸[中心]として回転する. ❸ ...次第である, ...にかかっている [≒depend on ...]: Success *turns on* how hard you work. 成功はどれだけがんばるかにかかっている. ❹ (話などが)...を主題とする: Our talk *turned* mainly *on* [*upon*] the recent nuclear accident. 話は主として最近の原子力事故をめぐって展開した.

túrn ... on [upòn] ~ 動 他 (...)を~に向ける: She *turned* her angry eyes *on* [*upon*] me. 彼女は私に怒りの目を向けた.

*túrn óut

動 他 ❶ (明かりなど)を**消す** [V+名・代+out / V+out+名]: *Turn out* the lights before you go to bed. 寝る前に明かりを消しなさい.
❷ (...)を(大量に)**作り出す**; (人)を養成する [≒produce] [V+out+名]: The factory *turns out* 350 cars a day. その工場は 1 日に 350 台の車を製造する.
❸ (...)を**外へ出す**, 追い払う [V+名・代+out / V+out+名]: If you don't pay the rent, you'll be ***turned out*** (***from*** your room). 部屋代を払わないと(部屋から)追い出されますよ. ❹ [普通は受身で] (...)に服を着せる [≒dress]: be well [badly] *turned out* いい[ひどい]身なりをしている. ❺ (容器など)を空にする, (中身)を(全部)出す.

— ⑯ ❶ [to 不定詞・that 節・補語・副詞を伴って] (物事が結局)...**であることがわかる**, 判明する; (結局)...となる: [言い換え] The rumor ***turned out to*** be true. = *It* ***turned out*** (***that***) the rumor was true. = *As it turned out*, the rumor was true. そのうわさは結局事実だった《⇒ it¹ A 5》/ "How did your experiment *turn out?*" "Oh, it *turned out* pretty well." 「実験の結果はどうだった?」「ああ, なかなかうまくいったよ」 ❷ (人々がある目的で外に)出かける, 集まってくる: A large crowd *turned out for* [*to* watch] the game. 大勢の人が試合を見に集まった.

túrn ... òut of ~ [動] 他 (...)を~から追い出す[除名する]. (⑯ 2 では [名] túrnòut)

*****túrn óver** 動 他 ❶ (...)を**ひっくり返す**, 裏返す; 《英》(ページ)を**めくる** [V+名・代+over / V+over+名]: *Turn* the card *over*, please. カードを裏返してください / *turn over* the pages of a book 本のページをめくる. ❷ (...)をあれこれ[じっくり]考える: He *turned* the problem *over* in his mind. 彼はその問題をよく考えてみた. ❸《英》(捜し物をして)(ある場所)をひっかき回す; 《英俗》(場所)に盗みに入る. ❹ (ある金額)の売り上げがある. ❺ (人)を(警察などに)引き渡す (*to*); (仕事・責任など)を(人に)引き継ぐ, 譲る (*to*). ❻ (土地など)を(別の用途に)向ける (*to*). ❼ (エンジン)を始動させる. ❽ (店が)(仕入品)をさばく, 回転させる.

— ⑯ ❶ **ひっくり返る**, 寝返りを打つ: His car *turned over* in the crash. 彼の車はその衝突で転がった / He ***turned over on*** his back. 彼は寝返りを打ってあおむけになった. ❷《英》(紙を)裏返す, ページをめくる. ❸ (エンジンが)始動する. ❹《英》チャンネルを変える.

*****túrn róund** 動 = turn around.

+**túrn ròund ...** 動 = turn around....

+**túrn to ...** 動 他 ❶ **...の方へ向く**, ...に向かう; (本の中のあるページ)を開ける: She *turned to* her husband and smiled. 彼女は夫の方を向いてほほえんだ. ❷ (関

心などが)...に向く; (新しいこと)を始める, ...を使い始める: Now let's *turn to* our work. さあ仕事にかかろう. ❸ (助けなどを求めて)...を頼っていく; (辞書など)を参照する: *Turn to* me *for* help if you have any difficulties. 困ったら私に助けを求めてね / He *turned to* his smartphone to figure (out) the price. 彼は値段を計算するのにスマホを使った. ❹ ...に変わる. 語法 turn into ... は「変化した結果...になる」と結果に重きを置くが, turn to ...にはそのような含みはない: The weather looks as though it may *turn to* rain before long. 天候はまもなく雨になりそうだ.

túrn ... to ～ 動 他 (...)を～に変える.

***túrn úp** 動 他 ❶ (栓を回して)(ガスなど)を**強くする**; (テレビ・ラジオなど)の音を大きくする V+名・代+*up* / V+*up*+名 [⇔turn down]: *Turn up* the TV. I can't hear what they're saying. テレビの音を大きくして. 言っていることがよく聞こえない. ❷ (...)を上に向ける; (上へ)折り返す; 《英》(衣服)を折り返して短くする. ❸ (...)をひっくり返す《表を上にする》; 掘り返す[起こす]. ❹ (...)を発掘する; (物・事実)を発見する, 見つける.
— 自 ❶ (なくした物などが)**ひょっこり現われる**, 見つかる; (珍しい人が)**やって来る:** Only ten people *turned up at* the party. パーティーに姿を見せたのは 10 人だけだった. ❷ (予想外の事が)起こる, (機会などが)到来する.

túrn upòn ... 《格式》 ⇒ turn on ....

類義語 **turn** ぐるぐる回るという意味では最も一般的な語で, 1 回または半回だけ回転することも何回も回転することも意味する: The wheel is *turning*. 輪がぐるぐる回っている / *Turn* left. 左へ曲がれ. **rotate** 軸を中心としてぐるぐる回転すること. **revolve** *rotate* と同義の場合もあるが, 特に中心点の周りの軌道を回ること: The earth *rotates* on its axis and *revolves* around the sun. 地球は地軸を中心に自転し, 太陽の周りを回る. **spin** 軸を中心に高速で回転すること: *spin* a top こまを回す.

— 名 (～s /～z/)

意味のチャート
「**回ること**」❶
→「**方向を変えること**」❷ →「**曲がり角**」❸ / →「**変化**」❺
→(巡ること) → (巡ってくるもの) →「**順番**」❹

❶ C **回ること, 回すこと**, 回転, ひねり: A *turn* of the knob opened the door. 取っ手を回すとドアは開いた / He gave the screw a few more *turns* to the right. 彼はねじを右へさらに数回回した.
❷ C **方向を変えること**, 方向転換; 転回, 旋回; 折り返し, ターン: The car made a left *turn* at the corner. 車は角を左へ曲がった / NO LEFT [RIGHT] TURN 左折[右折]禁止《道路標識》/ The skater made many beautiful *turns* around the rink. そのスケート選手はリンクで何度もきれいなターンをした. 関連 U-turn Uターン.
❸ C **曲がり角**, 曲がり目; (トラックなどの)コーナー《⇒ corner 1 日英》: a *turn* in a river 川の屈曲部 / Take the second *turn* on the right. 右側の 2 番目の曲がり角を曲がってください.
❹ C [しばしば所有格とともに] **順番**, 番; (交替の)勤務時間: It's *my turn*. = *Mý tùrn* now. 今度は私の番だ / Now it's *yóur tùrn* to sing. さあ今度はあなたが歌う番です / *Mý turn* will come. (そのうち)私の番になる《ときに「私が成功[仕返し]する時が来る」などの意味になる》/ He waited [missed] *his turn*. 彼は自分の順番を待った[逃した] / Each of them took a *turn* of three hours on guard. 彼らは一人一人が交替で 3 時間ずつ見張りをした.
❺ C (情勢の)**変化**, 展開; 動向, 傾向; [しばしば the ～] 変わり目; (人生などの)転機, 曲がり角: a ***turn of*** events 事態の展開 / at the *turn of* the century [year] 世紀[年]の変わり目に / The political situation took a serious *turn*. 政局に重大な転換が起こった. ❻ [a ～] 《古風》 散歩: take *a turn* around ... (場所)をちょっと歩く. ❼ C [前に形容詞をつけて] 行為, 仕打ち: do ... a *good* [*bad*] *turn* (人)に親切にする[ひどい仕打ちをする] / One *good turn* deserves another. 《ことわざ》 親切を施せば親切を受けるに値する(情けは人のためならず). ❽ [a ～] 《文語》 (目立つ)性向, 性質; 能力; 特徴; 言い回し: a person with *a* practical *turn* of mind 実際的な性質の人 / *a* happy *turn* of phrase うまい言い回し(の才能). ❾ [a ～] 《古風》 驚き; 《古風, 英》 (病気などの)発作.

at èvery túrn [副] いつも, 何度も; 至る所で.

by túrns [副] (1) **代わる代わる**, 交替で: They drove the car *by turns*. 彼らは交替で車を運転した. (2) ...であったり～であったり, 次々に: The story is *by turns* funny, serious, and moving. 物語は時におかしく時にまじめで, また感動的でもある.

in ...'s túrn [副] (1) **...の順番になって:** Each of us *in our turn* expressed some opinion. 私たちの一人一人が順番に何らかの意見を述べた. (2) 今度は自分が, 自分もまた: The boy stared at Dolly, and she stared back *in her turn*. 少年がドリーを見つめると次は彼女が彼を見つめ(返し)た.

in túrn [副] (1) **順々に**, 代わる代わる: I listened to each of the girls sing *in turn*. 私は少女たちが一人ずつ順に歌うのに耳を傾けた. (2) (代わりに)今度は(...が); その結果.

òut of túrn [副] **順番が来ないのに**, 順番を狂わせて; 不適切なときに: I'm sorry for speaking [talking] *out of turn*. 不適切な発言をして申しわけありません.

tàke a túrn for the bétter [wórse] [動] 自 好転[悪化]する.

tàke túrns [動] 自 **交替でする**, 交替して(...の仕事を)引き受ける: The children *took turns* on the swing. 子供たちは交替でぶらんこに乗った / We ***took turns*** (***at*** [***in***]) wash***ing*** the dishes. 私たちは交替で皿洗いをした.

to a túrn [副] 《英》 (料理が)ほどよく: be done [cooked] *to a turn* ほどよく焼けている.

turn·a·bout /tə́ːnəbàʊt | tə́ːn-/ 名 C (意見・方針などの)転換, 転向, 変節. **Túrnabout is fàir pláy.** 《米》 仕返しは正当だ.

turn·a·round /tə́ːnəràʊnd | tə́ːn-/ 名 ❶ C [普通は単数形で] 好転, 回復; (方針などの)転換. ❷ C (飛行機・船の)折返し準備《乗降・積み降ろし・整備など》; 折返し準備の時間, 注文品が届くまでの時間.

turn·coat /tə́ːnkòʊt | tə́ːn-/ 名 C 裏切り者, 変節者.

Tur·ner /tə́ːnə | tə́ːnə/ 名 固 Joseph Mal·lord /mǽləd | -ləd/ William ～ ターナー (1775-1851)《英国の風景画家》.

turn·ing /tə́ːnɪŋ | tə́ːn-/ 名 ❶ C 《英》 曲がり角[目]; 転換点: Take the second *turning* on the left. 左側の 2 番目の曲がり角を曲がってください. ❷ U 方向転換; 旋回, 回転: the slow *turning* of a wheel 車輪の

ゆっくりとした回転.

túrning pòint 名 C 転換地点; 転換期, 転機, 変わり目: the major *turning points in* American history アメリカの歴史の大きな曲り角.

tur·nip /tə́ːnɪp | tə́ː-/ 名 C,U かぶ《野菜》.

turn·key /tə́ːnkìː | tə́ːn-/ 形 限定 すぐに使用できる準備ができている.

turn·off, turn-off /tə́ːnɔ̀ːf | tə́ːnɔ̀f/ 名 (〜s) ❶ C (幹線道路からの)分岐点; わき道. ❷ C [普通は a 〜]《略式》(特に性的に)興味を失わせるもの [⇔ turn-on].

turn-on /tə́ːnɑ̀(ː)n, -ɔ̀ːn | tə́ːnɔ̀n/ 名 C [普通は a 〜]《略式》(特に性的に)興奮させるもの [⇔ turnoff].

turn·out /tə́ːnàʊt | tə́ːn-/ 名 ❶ C [普通は単数形で] 人出; (集会の)参加者《全体》, 投票者総数: a good *turnout* (有権者などの)よい出足 / a high [low] *turnout* 高い[低い]投票率. ❷ C《米》(狭い道路上の)待避所. (動 túrn óut 自 2)

+**turn·o·ver** /tə́ːnòʊvɚ | tə́ːnòʊvə/ 名 (〜s /〜z/) ❶ C [普通は単数形で] (一定期間の)**取り引き高**, 総売り上げ[収入]. ❷ C (労働者の)転[離]職率; (商品の)回転率. ❸ C 折り重ねパイ《中にジャムなどが入っている》.

turn·pike /tə́ːnpàɪk | tə́ːn-/ 名 C《米》高速有料道路, ハイウェー (⇒ highway 日英): drive along a *turnpike* ハイウェーを走る.

turn·round /tə́ːnràʊnd | tə́ːn-/ 名 C《英》= turnaround.

túrn sìgnal 名 C《米》(車の)ウィンカー.

turn·stile /tə́ːnstàɪl | tə́ːn-/ 名 C 回転木戸, (地下鉄などの)回転式改札 (stile).

turn·ta·ble /tə́ːntèɪbl | tə́ːn-/ 名 C (レコードプレーヤーの)ターンテーブル; 転車台《機関車などの方向を変える》.

turn-up /tə́ːnʌ̀p | tə́ːn-/ 名 C [しばしば複数形で]《英》(ズボンなどの)折り返し [《米》cuff].

tur·pen·tine /tə́ːpəntàɪn | tə́ː-/ 名 U テレピン(油)《松やになどから採れるペンキなどの溶剤》.

tur·pi·tude /tə́ːpət(j)ùːd | tə́ːpɪtjùːd/ 名 U《格式》卑劣, 堕落.

tur·quoise /tə́ːk(w)ɔɪz | tə́ːkwɔɪz/ 名 ❶ U,C トルコ石《青緑色の宝石》. ❷ U 青緑色. — 形 青緑色の.

tur·ret /tə́ːrɪt | tʌ́r-/ 名 ❶ C (戦車・軍艦などの)砲塔. ❷ C (城壁の)小塔; (とりでの角の)やぐら.

tur·tle /tə́ːṭl | tə́ː-/ 名 C《主に米》かめ;《主に英》海がめ (⇒ tortoise). **túrn túrtle** [動] 自 (船などが)転覆する.

tur·tle·dove /tə́ːṭldʌ̀v | tə́ː-/ 名 C こきじばと《ヨーロッパ・北アフリカ産の小型のきじばと; 雌雄互いにむつまじいことで知られる》.

tur·tle·neck /tə́ːṭlnèk | tə́ː-/ 名 C《米》タートルネック; タートルネックのセーター[シャツ] [《英》polo neck].

turves 名 turf の複数形.

tush /tʊ́ʃ/ 名 C《米略式》しり.

tusk /tʌ́sk/ 名 C きば《象などの長くて曲がったもの》. 関連 fang 肉食獣の鋭いきば.

tus·sle /tʌ́sl/ 名 C 取っ組み合い; 論争, 闘い. — 動 自 (...を奪おうとして)争う (*for*); 取っ組み合いをする (*with*); 言い争う, もめる.

tus·sock /tʌ́sək/ 名 C《文語》草むら, 茂み.

tut 発音 舌先を /t/ のように歯茎につけ, 口から息を吸い込むときこの舌先を急速に離して出す音. 単語としてこの語を読むときには /tʌ́t/ と発音する. 間 ちぇっ!《あせり・軽蔑・非難・困惑・不満などを表わす舌打ちの音; 普通は Tut, tut! と 2 つ重ねる》. — /tʌ́t/ 動 (tuts; tut·ted; tut·ting) 自 舌打ちをする, ちぇっと言う (tut-tut).

Tut·ankh·a·men /tùːtəŋkɑ́ːmən/ 名 固 ツタンカーメン《紀元前 14 世紀のエジプト王》.

tu·te·lage /t(j)úːṭəlɪʤ | tjúː-/ 名 U《格式》指導, 保護, 監督; 保護責任; 後見.

+**tu·tor** /t(j)úːṭɚ | tjúːtə/ 名 (〜s /〜z/) ❶ C **家庭教師**. ❷ C《米》(大学の)講師《instructor の下》;《英》(大学の)個別指導教員, 指導教授. (形 tutórial) — 動 (-tor·ing /-ṭərɪŋ/) 他 (家庭教師として)(人)に教える, 個人的に指導する (*in*). — 自 家庭教師[個人指導]をする.
〖語源 ラテン語で「保護者」の意〗

tu·to·ri·al /t(j)uːtɔ́ːriəl | tjuː-/ 名 ❶ C〔コンピュータ〕(ソフトウェアの)説明プログラム, 説明書. ❷ C (特に英国の大学の)指導教官による個別指導(時間). — 形 個人指導の; 家庭教師の. (名 tútor)

tut-tut /tʌ̀ttʌ́t/ 間 動 ⇒ tut.

tu·tu /túːtuː/ 名 C チュチュ《バレエ用の短いスカート》.

tux /tʌ́ks/ 名 C《米略式》= tuxedo.

tux·e·do /tʌksíːḍoʊ/ 名 (〜s) C《米》タキシード《男性用の略式夜会服一式またはその上着》[《米略式》tux,《英》dinner jacket].

TV /tíːvíː←/
— 名 (〜s /〜z/) ❶ U **テレビ(放送)**《television の略》: watch *TV* テレビを見る / I watched the football game *on TV*. テレビでサッカーの試合を見た / a star *on TV* テレビタレント (⇒ talent 日英). 関連 cable TV ケーブルテレビ.
❷ C **テレビ(受像機)**: buy a *TV* テレビを買う / turn on [off] the *TV* テレビをつける[消す].
❸ [形容詞的に] **テレビの**: a *TV* set テレビ受像機 / a *TV* program テレビ番組 / a *TV* station テレビ局.

TV dínner /tíːvìː-/ 名 C インスタント料理《アルミフォイルの皿に食事一式をのせた冷凍食品; テレビを見ながらでも作ったり食べたりできることから; 商標》.

twad·dle /twɑ́(ː)ḍl | twɔ́dl/ 名 U《古風, 略式》くだらない話[書き物], たわごと.

Twain 名 固 ⇒ Mark Twain.

twang /twǽŋ/ 名 ❶ C [普通は単数形で] 鼻声, 鼻にかかる音. ❷ C (楽器・弓などの弦が)ぶーんと鳴る音. — 動 自 (楽器・弓などの弦が)ぶーんと鳴る. — 他 (...)をぶーんと鳴らす.

'twas /(弱) twəz; (強) twʌ́z, twɑ́(ː)z | twɔ́z/《文語》it was の短縮形.

tweak /twíːk/ 動 他 ❶ (...)をひねる, つねる, つまむ; ぐいと引く. ❷ (...)を少し手直しする. — 名 C ひねり, つねり; 引っ張り.

tweed /twíːd/ 名 ❶ U〔織物〕ツイード; [形容詞的に] ツイードの: a *tweed* coat ツイードの上着. ❷ [複数形で] ツイード地の服.

tweet /twíːt/ 動 自 ❶ (小鳥が)ちゅっちゅと鳴く, さえずる. ❷ Twitter に投稿する, ツイートする. — 名 ❶ C ちゅっちゅ《小鳥のさえずり》. ❷ C ツイート《Twitter に投稿するメッセージ》.

tweet·er /twíːṭɚ | -tə/ 名 C 高音用(小)スピーカー (⇒ woofer).

twee·zers /twíːzɚz | -zəz/ 名 複 ピンセット, 毛抜き: a pair of *tweezers* ピンセット 1 丁.

twelfth /twélfθ/

― 形 ❶ [普通は the ~; ⇒ the¹ 1 (4)] **12 番目の, 第 12 の**《12th とも書く; ⇒ number 表, twelve》: *the twelfth* lesson 第 12 課 / *the* four hundred (and) *twelfth* person 412 番目の人 / *The twelfth* month of the year is December. 1 年の 12 番目の月は 12 月だ. ❷ 12 分の 1 の.

― 名 (~s /~z/) ❶ [単数形で; 普通は the ~] **12 番目の人[もの]; (月の) 12 日**《12th とも書く》: on *the twelfth* of March = on March 12 3 月 12 日に《March 12 は March (*the*) *twelfth* と読む; ⇒ date¹ 名 1 語法》.
❷ C **12 分の 1**, 1/12: seven *twelfths* 7/12《⇒ **巻末文法** 16.11 (3)》.

***twelve** /twélv/

― 代《数詞》[複数扱い] **12**, 12 人, 12 個; 12 ドル[ポンド, セント, ペンスなど]《⇒ number 表》: *Twelve were* present. 12 人が出席していた. 関連 twelfth 12 番目の.

― 名 (~s /~z/) ❶ C (数としての) **12**: Lesson *Twelve* 第 12 課 / Sixty divided by *twelve* equals five. 60 を 12 で割ると 5 (60÷12 = 5) / *Twelve* times ten is one hundred (and) twenty. 10 の 12 倍は 120 (12×10 = 120)《⇒ times 日英》.
❷ U **12 時**, 12 分; **12 歳**: a boy of *twelve* 12 歳の少年 / The game will begin *at twelve*. 試合は 12 時に始まる. 語法 昼の 12 時と夜の 12 時を区別するときにはそれぞれ twelve noon, twelve midnight と言う. ただし《略式》では夜の 12 時は twelve o'clock at night と言う. ❸ C 12 の数字. ❹ C 12[12 人, 12 個]ひと組のもの.

― 形 ❶ 限定 **12 の**, 12 人の, 12 個の: *Twelve* pieces make (up) a dozen. 12 個で 1 ダースになる. ❷ 叙述 12 歳で: My sister is *twelve*. 妹は 12 歳だ.
〖語源 原義は「(指で 10 数えて) 残り 2」; ⇒ eleven 語源〗

***twen·ti·eth** /twéntiəθ/

― 形 ❶ [普通は the ~; ⇒ the¹ 1 (4)] **20 番目の, 第 20 の**《20th とも書く; ⇒ number 表》: *the twentieth* lesson 第 20 課. ❷ 20 分の 1 の.

― 名 (~s /~s/) ❶ [単数形で; 普通は the ~] **20 番目の人[もの]; (月の) 20 日**, 二十日(はつか)《20th とも書く》: on *the twentieth* of June = on June *20* 6 月 20 日に《June 20 は June (*the*) *twentieth* と読む; ⇒ date¹ 名 1 語法》.
❷ C **20 分の 1**, 1/20《⇒ **巻末文法** 16.11 (3)》.

***twen·ty** /twénti/ 発音《米略式》では /twéni/.

― 代《数詞》[複数扱い] **20**, 20 人, 20 個; 20 ドル[ポンド, セント, ペンスなど]《⇒ number 表, -ty²》: *Twenty were* found. 20 人[20 個]が見つかった.

― 名 (twen·ties /~z/) ❶ C (数としての) **20**. ❷ U 20 分, (24 時間制で) 20 時; **20 歳**: a man [woman] of *twenty* 20 歳の男性[女性]. ❸ [複数形で the または所有格の後で] 20 年代; 20 歳代; (速度・温度・点数などの) 20 番台[度台, 点台]《しばしば the 20's [20s] とも書く》: in *the* nineteen-*twenties* [1920's, 1920s] 1920 年代に《⇒ **巻末文法** 16.1 (2)》/ in *one's* (*early* [*mid*, *late*]) *twenties* 20 歳代(前半[半ば, 後半])で. ❹ C 20 の数字. ❺ C 20[20 人, 20 個]ひと組のもの. ❻ C 20 ドル[ポンド]紙幣.

― 形 ❶ 限定 **20 の**, 20 人の, 20 個の: It cost *twenty* dollars. それは 20 ドルした. ❷ 叙述 20 歳で: He's *twenty*. 彼は 20 歳だ.

twen·ty-four-sev·en /twéntifɔ̀ːsév(ə)n | -fɔ̀ː-/ 副《略式》いつも, 終始《普通は 24-7, 24/7 と書く》.

twen·ty-one /twéntiwʌ́n/ 名 U《米》トウェンティーワン《トランプのゲーム; またエースと絵札 1 枚ずつの組み合わせの 21 点》[blackjack].

twén·ty-twen·ty [20/20] vísion /twénti-twènti-/ 名 U 正常視力《20 フィート離れて物がよく見えることから》.

twerp /twə́ːp | twə́ːp/ 名 C《古風, 略式》ばか者; いやなやつ.

***twice** /twáɪs/

― 副 ❶ **2 度, 2 回**: I have visited Kyoto *twice*. 京都へは 2 回行ったことがある / He attends the meetings *twice* a month. 彼は月に 2 回会議に出席する / Opportunity seldom knocks *twice*.《ことわざ》好機というものは 2 度訪れてくることはめったにない. 関連 once 1 度, 1 回.
❷ [他の語(句)の前に用いて] (...の) **2 倍**: *Twice* three is [makes, equals, are, make] six. 3 の 2 倍は 6 (2×3 = 6)《⇒ times 日英》/ The new tunnel is *twice* as long as the old one. 新トンネルは旧トンネルの 2 倍の長さがある.

> 語法 (1) **twice＋the＋名詞**
> 定冠詞や所有格があるときには twice はその前に置かれる《⇒ double 形 2; half 形 1》: The jet can fly at about *twice* the speed of sound. ジェット機は音速の約 2 倍の速さで飛べる / She's *twice my* age. 彼女は私の倍の年齢です.
> (2) 3 度[3 回, 3 倍]以上は three times, four times のように言う《⇒ time 10, 11》. ただし 3 度, 4 度などの他の回数と対比して使われるときには two times と言うこともある.

thínk twíce [動] 自 (ある行動をする前に)もう一度よく考える (*about*).
twíce óver [副] 1 度ならず[繰り返し]2 度も.
〖語源 元来は two の所有格の副詞的用法; ⇒ once 語源〗

twid·dle /twídl/ 動 他 (...)をひねり回す; いじる, もてあそぶ. ― 自 いじり回す, もてあそぶ (*with*). ― 名 C ひねり(回すこと).

twig /twíg/ 名 C (木の)小枝, 細枝《⇒ tree 挿絵》.

twig·gy /twígi/ 形 (twig·gi·er; -gi·est) 小枝のような; ほっそりした; 小枝の多い.

twi·light /twáɪlàɪt/ 名 ❶ U (日没後[ときに日の出前]の)薄明かり; たそがれ(時), 薄暮(時): at *twilight* たそがれ時に / in the *twilight* 夕やみの中で / a *twilight* game 薄暮試合. 関連 dusk 夕やみ / dawn 夜明け. ❷ U [普通は the ~] (最盛期の後の)下り坂, 晩年, 終末: the [one's] *twilight* years 晩年.〖語源 原義は「中間の《⇒ between》光」〗

twill /twíl/ 名 U あや織り(の布地).

***twin** /twín/ 名 (~s/~z/) ❶ [複数形で] **双生児**, 双子《全体》; [a ~] 双子のうちの 1 人: identical *twins* 一卵性双生児 / George is one of the *twins*. ジョージは双子だ. 関連 triplet 三つ子 / quadruplet 四つ子 / quintuplet 五つ子. ❷ C 対になったものの 1 つ; (互いに)似た人[物]; [複数形で] 対. ❸ [the Twins] ふたご座《星座》(Gemini).

T

— 形 ❶ 限定 双子の: *twin* sisters 双子の姉妹 / his *twin* brother 彼の双子の兄[弟]. ❷ 限定 対になった, 1 対を成す; (問題などが)相関した; 相似の, 全くよく似た: *twin* volumes 上下 2 巻本.
— 動 (twins; twinned; twin·ning) 他 [普通は受身で] (人·物)を(...と)対にする, 関連づける (*with*); 《英》(都市)を(...と)姉妹関係にする (*with*).
〖語源 two と同語源〗

twín béd 名 ❶ C ツインベッドの片方; 《米》一人用ベッド. ❷ [複数形で] ツインベッド《同じ型のシングルベッドが対になったもの》.

twin-bed·ded /twínbédɪd/ 形 限定 《英》(ホテルの部屋が)ツインの.

twine /twáɪn/ 動 他 ❶ (糸)をよる, より合わせて...にする: *twine* strings *into* a rope ひもをより合わせてロープを作る. ❷ [副詞(句)を伴って] W (...)をからませる, 巻きつける: Liz *twined* her arms *around* [*round*] Bob's neck. リズはボブの首に抱きついた. — 自 [副詞(句)を伴って] W (植物が)巻きつく, からまる (*around*). — 名 U より糸; 麻糸《包装用など》, 麻ひも.

twin-en·gined /twínénʤɪnd←/ 形 [普通は 限定] (飛行機が)双発の.

twinge /twínʤ/ 名 C 刺すような痛み; (しっと·罪悪感などの)うずき: feel a *twinge of* toothache [jealousy] 歯の痛みを覚える[しっとにかられる].

twin·kle /twíŋkl/ 動 自 ❶ (星·光などが)ぴかぴか光る, きらめく, 輝く (⇒ shine 類義語): Stars *twinkled* in the sky. 空に星が輝いていた // ⇒ rhyme 囲み. ❷ (目が喜びなどで)きらりと光る, 輝く: Her eyes *twinkled with* curiosity. 彼女の目は好奇心で輝いていた. — 名 ❶ [単数形で] きらめき, ひらめき, 輝き: the *twinkle* of the stars 星のきらめき / a *twinkle* of light 灯火の輝き. ❷ C [普通は単数形で] (目の)きらめき, 目の輝き.

twin·kling /twíŋklɪŋ/ 名 [次の成句で] **in the twínkling of an éye = in a twínkling** 副 《古風》またたく間に, 一瞬のうちに.

twin·set /twínsèt/ 名 C (女性用の)ツインセット《セーターとカーディガンの組み合わせ》.

twín tówn 名 C 《英》 = sister city.

twirl /twə́ːl | twə́ːl/ 動 他 ❶ (...)をくるくる回す. ❷ ひねり回す. — 自 くるくる回る. — 名 C 回転, ひねり回すこと: do a *twirl* (1, 2 度)くるっと回転する.

*__twist__ /twíst/ 動 (twists /twísts/; twist·ed /~ɪd/; twist·ing) 他 ❶ (...)を**ねじる**, ひねる, (糸など)をよる, ねじって...にする: *twist* one's hair *into* a knot V+O+*into*+名 髪をねじっておだんごにする / *twist* some threads *together* to make a string V+O+*together* 何本かの糸をより合わせてひもを作る.
❷ (...)を(無理に)**ねじる**, ねじ曲げる; (顔など)をゆがめる: *twist* ...'s arm (人)の腕をねじ上げる (⇒ arm¹ 成句).
❸ (...)を**巻く**, 巻きつける, からませる: He *twisted* a cord *around* [*round*] the package. V+O+前+名 彼は包みにひもを巻きつけた. ❹ (...)をひねって回す: *twist* a cap *off* キャップを回してはずす. ❺ (体の一部)をひねる, 向きを変える; (身)をよじる; (手足など)をくじく, ねんざする: *twist* one's head *around* 頭の向きを変える / *twist* one's ankle 足首をねんざする. ❻ (ことば·意味など)を曲げる, 曲解する, こじつける; (事実など)をゆがめる.
— 自 ❶ **よれる**, ねじれる, ねじ曲がる, ゆがむ. ❷ 体をひねる; 身をよじる (*around*, *round*). ❸ (道·川などが)曲がりくねる, 蛇行する; 縫うようにして進む: The road *twists* sharply there. 道路はそこで急に曲がっている. ❹ 巻きつく, からみつく (*around*, *round*). ❺ ツイストを踊る.
twíst ... aròund [ròund] one's **líttle fínger** 動 他 《略式》(人)を意のままに繰(あや)る, 甘言でだます.
— 名 (twists /twísts/) ❶ C **ねじり**, ひねり: The policeman gave a *twist* to the thief's arm. 警官はどろぼうの腕をねじり上げた. ❷ C (道·川などの)曲がり, カーブ [≒bend]: The road has a lot of *twists*. その道はカーブが多い. ❸ C 意外な展開[成り行き]; 新機軸, 新たな工夫: by a *twist* of fate 運命の巡り合わせで. ❹ C よったもの《より糸·ねじりパン·パスタなど》. ❺ [the ~] ツイスト《体を激しくひねるダンス》.
twísts and túrns [名] 曲がりくねり; 紆余(う)曲折.

twist·ed /twístɪd/ 形 ❶ ねじれた, よじれた, ゆがんだ: His face *was twisted* with anger. 彼の顔は怒りでゆがんでいた. ❷ (心が)ゆがんだ, (性格が)ひねくれた.

twist·er /twístɚ | -tə/ 名 C 《米略式》旋風, つむじ風, 竜巻 [≒tornado, whirlwind].

twist·y /twísti/ 形 (twist·i·er; -i·est) (道·川などが)曲がりくねった.

twit /twít/ 名 C 《略式》ばか, まぬけ.

twitch /twítʃ/ 動 他 ❶ (...)をぴくぴく動かす. ❷ (...)をぐいと引く, ぐいと引っ張る. — 自 ❶ ぴくぴく動く, 引きつる. ❷ ぐいと引く. — 名 C (筋肉などの)引きつり, けいれん.

twit·ter /twíṭɚ | -tə/ 名 ❶ U (小鳥の)さえずり: the *twitter* of sparrows すずめのさえずり. ❷ [a ~] 《略式》興奮, 身震い: He was (*all*) in *a twitter*. 彼は(全く)そわそわ[どきどき]していた. — 動 (-ter·ing /-ṭərɪŋ, -trɪŋ/) 自 ❶ (小鳥などが)さえずる (⇒ cry 表 bird および small bird). ❷ (興奮したりして)ぺちゃくちゃしゃべる (*on*, *about*).

Twit·ter /twíṭɚ | -tə/ 名 固 ツイッター《インターネットに短い文を投稿して共有するサービス; 商標; のち X に名称変更》.

***__two__ /túː/ (同音 to³, too¹·², #to¹)
— 代 《数詞》 [複数扱い] 2 つ, 2 人, 2 個; 2 ドル[ポンド, セント, ペンスなど] (⇒ number 表): *Two are* not enough. 2 つ[2 人, 2 個]では足りない / *Two* of a trade never agree. 《ことわざ》同じ職業の 2 人は仲が悪いものだ. 関連 second 2 番目の.
a ... or twò 1, 2 の; わずかの: I'll be ready「in *a* day *or two* [in *a* week *or two*]. 一両日中に[1, 2 週間のうちに]準備ができます.
in twó 副 2 つに: cut the apple *in two* りんごを 2 つに切る.
It tàkes twó to dó 《ことわざ》(けんか·結婚·休戦などを)するにはひとりではできない(双方が係わる) (⇒ quarrel 名 1 の例文).
Thát màkes twó of us. S 私もそうです, 私も同じ考えです.
Twó can pláy at thát gàme. S そっちがその気ならこっちにも考えがある.
— 名 (~s /~z/) ❶ C (数としての)2: Book *Two* 第 2 巻 / Lesson *Two* 第 2 課 / *Two* and *two* is [makes, equals, are, make] four. 2 足す 2 は 4 (2 + 2 = 4) / *Two* from twelve is [leaves] ten. 12 から 2 を引くと 10 (12 − 2 = 10).
❷ U 2 時, 2 分; 2 歳: I'll be back *at two*. 2 時に戻ります / It's *two* to [before] *two*. 2 時 2 分前だ / a baby of *two* 2 歳の赤ん坊. ❸ C 2 の数字. ❹ C 2 つ[2

人, 2 個]ひと組のもの, 対. ❺ Ⓒ〘トランプ〙2 の札.
by [in] twós and thrées [副] 2 人 3 人と, 三々五々, ちらほら. **pùt twó and twó togéther (and gèt four [fíve])** [動] ⓐ 見聞きしたことから(正しい[誤った])推測をする, 考え合わせてみる.
— [形] ❶ [限定] 2 つの, 2 人の, 2 個の: It'll be ready in *two* days. それは 2 日で準備できます. ❷ [叙述] 2 歳で.
óne or twó ... ⇒ one[1] [形] 成句.

twó-base hít /túːbèɪs-/ [名] Ⓒ〘野球〙二塁打 [≒ double].

two-bit /túːbít←/ [形] [限定]《略式, 主に米》安物の, くだらない, 二流の. [由来] 25 セントで買える, の意.

two-by-four /túːbaɪfɔ́ɚ | -fɔ́ː←/ [名] Ⓒ〘建築〙ツーバイフォー材《厚さ 2 インチ, 幅 4 インチの規格木材》.

two-di·men·sion·al /túːdɪménʃ(ə)nəl/ [形] ❶ 二次元の, 平らな. ❷ (登場人物が)現実味がない.

two-edged /túːéʤd←/ [形] ❶ (刃物が)両刃の. ❷ (相反する)二つの面[意味, 効果]をもつ, (議論などが)有利とも不利とも思える.

two-faced /túːféɪst←/ [形] ❶ 二面のある, 両面の. ❷《略式》裏表[二心]のある, 偽善的な.

two·fold /túːfòʊld/ [形] ❶ 2 倍の, 2 重の. ❷ 二つの部分[面]を有する. — [副] 2 倍に, 2 重に.

two-hand·ed /túːhǽndɪd←/ [形] (刀・ラケットなどが)両手で扱う; (のこぎりなどが)2 人用の.

two·pence /tʌ́p(ə)ns, túːpéns/ [名] ❶ Ⓤ《英》2 ペンス(の価)《⇒ p²》; Ⓒ《英》2 ペンス貨. ❷ Ⓤ《英》少し, わずか: not care [give] *twopence* 少しも気にしない.

two-piece /túːpìːs/ [形] [限定] ツーピースの, 上下そろいの: a *two-piece* suit 上下そろいの服《⇒ suit [参考]》. [関連] three-piece 三つぞろいの. — [名] (-piec·es) Ⓒ ツーピース(の服・水着).

two-seat·er /túːsíːṭɚ | -tə/ [名] Ⓒ 2 人乗り自動車[飛行機など]; 2 人用ソファー.

two·some /túːsəm/ [名] Ⓒ [普通は単数形で] 2 人組《特にゲーム・競技などの》; 2 人 1 組でするゲーム, 2 人競技;〘ゴルフ〙2 人で(ラウンド)する試合. [関連] threesome 3 人組 / foursome 4 人組.

two-step /túːstèp/ [名] [the ~] ツーステップ《社交ダンスの一種》; Ⓒ ツーステップの舞曲.

two-time /túːtàɪm/ [動] ⓗ《略式》(恋人・夫・妻など)を裏切る [≒cheat on].

two-tone /túːtóʊn←/ [形] [限定] ツートンカラーの, 2 色の; (警笛などが)2 音から成る.

two-way /túːwéɪ←/ [形] ❶ (道路が)両方向通行の, 対面通行の. [関連] one-way 一方通行の. ❷ (ラジオなどが)送信受信両用の. ❸ 2 者間の, 相互の. ❹ (スポーツ選手が)二刀流の.

twó-wày mírror /túːwèɪ-/ [名] Ⓒ マジックミラー.

twó-wày stréet /túːweɪ-/ [名] [a ~]《略式》相互の問題.

TX〘米郵便〙= Texas.

-ty¹ /ti/ [接尾] [形容詞につく抽象名詞語尾]「状態・性質」を示す: cruel*ty* 残酷さ / safe*ty* 安全.

-ty² /ti/ [接尾]「...十」の意で twenty (20) から ninety (90) までの数詞をつくる. [関連] -teen 十....

ty·coon /taɪkúːn/ [名] Ⓒ (実業界の)巨頭, 実力者. 〘[語源] 日本語の「大君」から〙

***ty·ing** /táɪɪŋ/ [動] tie の現在分詞および動名詞.

tyke /táɪk/ [名] Ⓒ《略式》小さい子供; Ⓢ《英》悪がき.

tym·pa·num /tímpənəm/ [名] (複 tym·pa·na /-nə/, ~s) Ⓒ〘解剖〙中耳; 鼓膜.

***type** /táɪp/
— [名] (~s /~s/) ❶ Ⓒ 型, 型式, タイプ, 種類, 様式《⇒ sort [語法] および [類義語]》: this *type of* car = a car *of* this *type* この型の車. [語法] type of に続く名詞は無冠詞が普通 // a new *type of* automobile engine 新型の自動車エンジン《✪《米略式》では of が省略されることがある; ⇒ 4》/ This is just the *type of* house I want. これはちょうど私の欲しい型の家だ.
❷ [単数形で] **...のタイプの人**: the artistic *type* 芸術家肌の人 / He's ***not the type to*** deceive people. [+to 不定詞] 彼は人をだますようなタイプの人ではない / He's ***not my type***. 彼は私の好みのタイプじゃない.
❸ Ⓤ **活字**《全体》; 字体; Ⓒ (個々の)活字: wooden *type* 木版 / printed *in* small *type* 細かい活字で印刷された / *in* italic *type* イタリック体の[で]. ❹ [形容詞的に] ...タイプの: a new *type* car 新しいタイプの車 / Italian-*type* beef stew イタリア風ビーフシチュー.
([形] týpical, [動] týpifỳ)
— [動] (types /~s/; typed /~t/; typ·ing) ⓗ ❶ **(...)をパソコン[キーボード]で打つ**, タイプする; (語句など)を(コンピューターに)打ち込む: I *typed* the letter. 私は手紙をタイプした / *type* the information 情報を入力する. ❷ (...)を(型別に)分類する.
— ⓐ パソコン[キーボード]を打つ, タイプする.
týpe ín [動] ⓗ (...)をキーボードで入力する.
týpe óut [動] ⓗ (...)をパソコンで打ち出す.
týpe úp [動] ⓗ (メモ・手書きのものなど)をパソコンで打って仕上げる[清書する].
〘[語源] ギリシャ語で「押印」の意〙

type·cast /táɪpkæ̀st | -kàːst/ [動] (-casts; [過去]・[過分] -cast; -cast·ing) ⓗ (俳優)に合った役を割り振る; (人)にその人に合う仕事を与える.

type·face /táɪpfèɪs/ [名] Ⓒ (活字の)字面(じづら), (印刷)字体.

type·script /táɪpskrìpt/ [名] Ⓒ,Ⓤ タイプライター[パソコン]で打った原稿; タイプライター印刷物.

type·set·ter /táɪpsèṭɚ | -tə/ [名] Ⓒ 植字工 (setter); 植字機.

+type·writ·er /táɪpràɪṭɚ | -tə/ [名] (~s /~z/) Ⓒ **タイプライター**: write [do] a letter *on* a *typewriter* タイプライターで手紙を書く.

type·writ·ing /táɪpràɪṭɪŋ/ [名] Ⓤ タイプライターで打つこと; タイプライター技術; タイプライター印刷物.

type·writ·ten /táɪprìtn/ [形] タイプライター[パソコン]で打った.

tý·phoid (féver) /táɪfɔɪd-/ [名] Ⓤ 腸チフス.

ty·phoon /taɪfúːn/ [名] Ⓒ 台風《特に南シナ海方面のものにいう; ⇒ storm [参考]》: the eye of a *typhoon* 台風の目 / A *typhoon* hit [struck] our town. 台風は私たちの町を襲った.

ty·phus /táɪfəs/ [名] Ⓤ 発疹(はっしん)チフス.

typ·i·cal** /típɪk(ə)l/ [!発音] [形] ❶ **典型的な**, 代表的な; (...を)代表する, 象徴する; 通常の, 普通の [⇔ atypical]: a *typical* Japanese dish 代表的な日本料理 / This kind of response ***is typical of many teenagers. [+of+名] こういった反応は 10 代の若者の多くに典型的だ / On a *typical* day we have about ten visitors from abroad. 普通の日で外国から 10 人ぐらいの人が訪れる. ❷ (...に)特有の, 独特の; (...の)特徴をよく示す, いかにもそれらしい; [軽蔑的] (困ったことに...の)やりそうな[...にありがちな]ことで: ...'s *typical* way of speaking いかにも...らしいしゃべり方 / ***It was typical***

of him *to do* that. そんなことをするとはいかにも彼らしかった《⇒ of 12》/ "Sorry I'm late." "*Typical*!" = "That's *typical*!" = "How *typical*!"「遅れてごめん」「君はいつもそうだ[例によって例のごとくだ]」 (名 type)

+**typ·i·cal·ly** /típɪkəli/ 副 ❶ 文修飾 **一般的に(言って)**, 概して; 例によって**:** *Typically*, winter in Japan is mild. 一般に日本の冬は温暖だ / *Typically*, he forgot his umbrella again. 例によって彼はまた傘を忘れた. ❷ **典型的に**; 特徴的に**:** a *typically* American restaurant いかにもアメリカ風のレストラン.

typ·i·fy /típəfàɪ/ 動 (-i·fies; -i·fied; -fy·ing) 他 ❶ (...)を代表する, (...)の典型[手本]となる**:** Lincoln *typifies* a great statesman. リンカンは偉大な政治家の典型だ. ❷ (性質などが)(...)の特徴を表わす; 象徴する. (名 type)

typ·ing /táɪpɪŋ/ 名 ❶ U = typewriting. ❷ U 分類.

typ·ist /táɪpɪst/ 名 C タイピスト; タイプ[パソコン]を打つ人; [前に形容詞をつけて] タイプを打つのが...の人**:** She's a *good* [*poor*] *typist*. 彼女はタイプがうまい[下手だ].

ty·po /táɪpoʊ/ 名 (~s) C 《略式》 = typographical error.

ty·pog·ra·pher /taɪpɑ́(ː)grəfɚ|-pɔ́grəfə/ 名 C 印刷工, 活版[印刷]技術者; 植字工.

ty·po·graph·ic /tàɪpəgrǽfɪk←/, **-graph·i·cal** /-fɪk(ə)l←/ 形 印刷上の.

týpographical érror 名 C タイプミス, ミスプリント, 誤植 [《略式》 typo].

ty·pog·ra·phy /taɪpɑ́(ː)grəfi|-pɔ́g-/ 名 U 活版印刷(術); 印刷の体裁, 印刷の具合.

ty·ran·ni·cal /tɪrǽnɪk(ə)l/ 形 専制君主的な, 暴君のような; 圧制的な; 非道な.

tyr·an·nize /tírənàɪz/ 動 他 (...)に対して権力をほしいままにする, しいたげる. — 自 権力をほしいままにする (*over*).

ty·ran·no·saur /tərǽnəsɔ̀ɚ|-sɔ̀ː/, **ty·ran·no·sau·rus** /tərǽnəsɔ́ːrəs/ 名 C ティラノサウルス《肉食恐竜》.

tyr·an·nous /tírənəs/ 形 《古風》 圧制的な, 非道な, 暴虐的な. (名 týranny)

tyr·an·ny /tírəni/ ❗発音 名 (-an·nies) ❶ U [ときに a ~] 専制政治; 圧制**:** live under (*a*) *tyranny* 圧制の下(もと)で暮らす. ❷ C [しばしば複数形で] (権力者による)暴虐行為. ❸ U 束縛. (形 týrannous)

ty·rant /táɪ(ə)rənt/ ❗発音 名 C 専制君主; 圧制者; 暴君.

+**tyre** /táɪɚ|táɪə/ 名 (~s /~z/) C 《英》 = tire¹.

Tyr·ol /tɪróʊl/ 名 固 [the ~] = Tirol.

tzar /zɑ́ɚ|zɑ́ː/ 名 C = czar.

tza·ri·na /zɑːríːnə, tsɑː-/ 名 C = czarina.

T

Uu

u, U[1] /júː/ 名 (複 u's, us, U's, Us /〜z/) C,U ユー《英語アルファベットの第 21 文字》.
U[2] /júː/ 略 [E メールで用いて] = you.
U. 略 = university.
U.A.E. /júːèíː/ 略 = United Arab Emirates.
u·biq·ui·tous /juːbíkwəṭəs/ 形 [主に 限定]《格式》[ときにこっけいに] 同時に至る所に存在する[起こる], 遍在する; どこにでもある: *ubiquitous* computing ユビキタスコンピューティング《人間の活動のあらゆる場所・領域でコンピューターを使用すること》.
u·biq·ui·ty /juːbíkwəṭi/ 名 U《格式》至る所に存在すること, 遍在.
UCLA /júːsìːèléɪ/ 略 = University of California at Los Angeles カリフォルニア大学ロサンゼルス校.
ud·der /ʌ́ḍɚ | ʌ́də/ 名 C (牛・羊・やぎなどの)乳房.
UFO /júːèfóʊ, júːfoʊ/ 名 (複 〜's, 〜s) C ユーフォー, 未確認飛行物体《空飛ぶ円盤など; *u*nidentified *f*lying *o*bject の略》.
U·gan·da /(j)uːgǽndə | juː-/ 名 固 ウガンダ《アフリカ中東部の共和国》.
ugh /úh, ʌ́h, ʌ́g/ 間 うげっ!, うっ!, うえっ!《身震いするほどのいやな気持ち・軽蔑・恐怖などを表わす》.
ug·li·ness /ʌ́glinəs/ 名 U 醜い[見苦しい]こと.
*__ug·ly__ /ʌ́gli/ 形 (ug·li·er /-liɚ | -liə/; ug·li·est /-liɪst/) ❶ (外見が)**醜い** [⇔ beautiful]; 見苦しい: an *ugly* car ぶかっこうな車 / A smiling face is never *ugly*. 笑顔が醜いということはありえない. 語法 普通は女性については遠回しに plain や《米》homely を用いる. ❷ (物事・行為などが) 不快な, (暴力的で)醜悪な: an *ugly* rumor いやなうわさ / an *ugly* temper いやな性格 / an *ugly* scene おぞましい場面. ❸ (事態などが)物騒な, 険悪な; (天候などが)荒れ模様の: The game turned *ugly*. 試合は険悪なムードになった.
(as) úgly as sín [形]《略式》ひどく醜い.
〘語源 元来は「恐ろしい」の意〙
úgly dúckling 名 C 醜いあひるの子《醜い[無能]と思われているが, のちに美しく[優秀に]なる子供; アンデルセン (Andersen) の童話から》.
+**uh** /ə, ʌ/ 間 ❶ **えー, あー**《何を言おうか考えたりしているときの無意味な発声》: "What's your student number?" "*Uh*, I can't remember."「あなたの学生番号は何番ですか」「えーと, 思い出せません」 ❷ = huh.
UHF /júːèɪtʃéf/ 略 = ultrahigh frequency.
uh-huh /mhm, əhʌ́ (鼻にかけて発音し, 前が低く後が高い)/ 間《略式》うんうん《相づち・肯定・賛成・満足などを表わす》.
uh-oh /ʌ́òu/ 間《略式》しまった, まずいぞ!
uh-uh /ʌ́ʌ́ (鼻にかけて発音し, 前が高く後が低い)/ 間《略式》ううん《否定・不賛成などを表わす》.
__UK, U.K.__ /júːkéɪ/ 略 [the 〜] **連合王国, 英国 (the United Kingdom)《特にあて名に用いる》.
U·kraine /juːkréɪn/ 名 固 [(the) 〜] ウクライナ《ロシア南西部に隣接する共和国》.
U·krai·ni·an /juːkréɪniən/ 形 ウクライナ(人[語])の. — 名 C ウクライナ人; U ウクライナ語.
u·ku·le·le /jùːkəléɪli/ 名 C ウクレレ.
ul·cer /ʌ́lsɚ | -sə/ 名 C〘医学〙潰瘍(かいよう): a stomach *ulcer* 胃潰瘍.
ul·cer·ate /ʌ́lsərèɪt/ 動 他 [普通は受身で] (...)に潰瘍(かいよう)を生じさせる. — 自 潰瘍が生じる.
Ul·ster /ʌ́lstɚ | -stə/ 名 固 ❶ アルスター地方《アイルランド島北部; 英国領の北アイルランドとアイルランド領にまたがる》. ❷ アルスター《英国領北アイルランドの別称》.
ul·te·ri·or /ʌltí(ə)riɚ | -riə/ 形 限定《格式》(気持ち・目的などが)(特によくない理由で)隠れた, 表にあらわれない: an *ulterior* motive 隠れた動機.
ultimata 名 ultimatum の複数形.
*__ul·ti·mate__ /ʌ́ltəmət/ ❗アク 形 ❶ 限定 [比較なし] **究極の, 最後の, 最終の** [≒last, final]: Complete disarmament is our *ultimate* goal. 完全な軍備縮小が私たちの最終目標だ. ❷ 限定 最大(限)の, この上ない, 最良[最悪]の. ❸ 限定 根本的な, 根源的な: the *ultimate* cause of the trouble 争いの根本原因.
— 名 [the 〜] 最大[最高]のもの, 究極: *the ultimate in* luxury ぜいたくの極み.
*__ul·ti·mate·ly__ /ʌ́ltəmətli/ 副 文修飾 **最終的に(は)**, 結局は; 究極[根本]的には: *Ultimately*, the President will have to decide. 最終的には大統領が決断しなければなるまい.
ul·ti·ma·tum /ʌ̀ltəméɪṭəm/ 名 (複 〜s, ul·ti·ma·ta /ʌ̀ltəméɪṭə/) C 最後通牒(つうちょう): give [issue, deliver] an *ultimatum* 最後通牒を出す.
ul·tra- /ʌ́ltrə/ 接頭「超 ..., 過 ...; 極端に ...」の意: *ultra*violet 紫外線の / *ultra*sonic 超音波の.
últra·high fréquency /ʌ́ltrəhàɪ-/ 名 U〘無線〙極超短波《周波数 300–3000 メガヘルツ; 短距離通信・テレビ・レーダー用; 略 UHF》.
ul·tra·ma·rine /ʌ̀ltrəmərí:n←/ 形 ウルトラマリンの, 群青(ぐんじょう)色の. — 名 U ウルトラマリン, 群青色.
ul·tra·son·ic /ʌ̀ltrəsɑ́(ː)nɪk | -sɔ́n-←/ 形 超音波の.
ul·tra·sound /ʌ́ltrəsàʊnd/ 名 U 超音波; U,C 超音波診断.
ul·tra·vi·o·let /ʌ̀ltrəváɪələt←/ 形 [普通は 限定] 紫外線の《略 UV; ⇒ infrared》: *ultraviolet* rays 紫外線.
U·lys·ses /juːlísiːz/ 名 固〘ギリシャ伝説〙ユリシーズ《Odysseus のラテン語名; ⇒ Odysseus》.
um /ʌm, əm/ 間 えー, あー, うーんと《次に何を言うかちゅうちょしているときなどの発声》.
um·ber /ʌ́mbɚ | -bə/ 名 U, 形 こげ茶色(の).
um·bíl·i·cal còrd /ʌmbílɪk(ə)l-/ 名 C〘解剖〙臍帯(さいたい), へその緒(お).
um·brage /ʌ́mbrɪdʒ/ 名 [次の成句で] **tàke úmbrage** [動] 自《格式》(...に)立腹する (*at*).
+**um·brel·la** /ʌmbrélə/ ❗アク 名 (〜s/〜z/) ❶ C **傘**, 雨傘, 日傘: open [put up] an *umbrella* 傘を開く[さす] / a folding [collapsible] *umbrella* 折りたたみ傘 / a beach *umbrella* ビーチパラソル / I held an *umbrella* over my brother. 私は弟を傘に入れた / 🗨 "You'd better take an *umbrella* with you. It looks like rain." "OK, I will."「傘を持っていきなさい. 雨が降りそうだから」「わかった, そうする」 関連 sunshade, parasol 日傘. ❷ C (政治的・軍事的な)保護: under the US nuclear *umbrella* 米国の核の傘に入って. ❸ [形容詞的に] 総括的な, 包括的な: an *umbrella*

organization 総括的組織 / an *umbrella term* 包括的用語, 総称.
〖語源 原義はラテン語で「小さな陰」〗

ump /ʌ́mp/ 名 動 《米略式》 = umpire.

um·pire /ʌ́mpaɪɚ | -paɪə/ アク 名 C 〔スポーツ〕アンパイア, 審判員《野球・クリケット・テニス・バドミントン・卓球などの; ⇒ judge 表》: the chief *umpire* 主審.
— 動 (um·pir·ing /-paɪ(ə)rɪŋ/) 他 (...)の審判をする.
— 自 審判をする (*for*).
〖語源 原義は「同等でない者」〗

ump·teen /ʌ̀m(p)tíːn←/ 形 限定 《略式》(数えきれないほど)たくさんの. — 代 《略式》多数(の人・物).

ump·teenth /ʌ̀m(p)tíːnθ←/ 形 限定 [普通は the ~] 《略式》何度目かわからないほどの: I've begged my husband not to smoke for *the umpteenth* time. 私は夫にたばこを吸わないように何度となく頼んだ.

****UN, U.N.** /júːén/ 略 [the ~] 国連《the United Nations の略》.

***un-** /ʌn/ 接頭 ❶ [形容詞・副詞・名詞につく]「...ではない(否定)」の意: *un*certain 確信のない / *un*happy 不幸な // *un*willingly いやいやながら / *un*fortunately 不運にも // *un*truth 偽り / *un*rest 不穏. ❷ [動詞につく]「反対の動作をする, 元へ戻す」の意: *un*fold 広げる. ❸ [名詞につく]「取り去る, 奪う」の意の動詞を作る: *un*mask ...の仮面をはぐ.

> 発音 否定または反対の意味の un- の語を肯定的な意味の語と対照させて用いるときには un- のほうを強く発音するのが普通: We are never so háppy or so *ún*hàppy as we think. 私たちは自分で思っているほど幸福でも, また不幸でもないのです《フランスの作家モーパッサン (Maupassant) のことば》.

un·a·bashed /ʌ̀nəbǽʃt←/ 形 W 恥じ入らない, 厚かましい, 平気な.

un·a·bat·ed /ʌ̀nəbéɪṭɪd←/ 形 (力などが)衰えない, 弱らない: The snowstorm continued *unabated* throughout the night. 一晩中吹雪が衰えを見せなかった.

****un·a·ble** /ʌ̀néɪbl/
— 形 [主に次の成句で] **be unáble to** dó [動詞の原形の前につけて助動詞のように用いる]《やや格式》...することができない [≒cannot] [⇔ be able to]: 言い換え She *was unable to* finish the paper by the deadline. (= She could not finish the paper by the deadline.) 彼女は締め切りまでに論文を書き終えることができなかった / You may *be unable to* persuade him. あなたは彼を説得できないかもしれない / I've *been unable to* attend school because of illness. 私は病気のため登校できないでいる. 語法 be 以外の動詞を伴うこともある: He *seems unable to* walk yet. 彼はまだ歩けないようである.

un·a·bridged /ʌ̀nəbrídʒd←/ 形 (本・記事・話などが)省略[縮約]していない, 抜粋でない, 完全な; (辞書が)簡略化されていない, 親版の.

+un·ac·cept·a·ble /ʌ̀nəkséptəbl, -æk-←/ 形 **受け入れられない**; 認められない: Such behavior is totally *unacceptable to* most people. たいていの人にはそのような行為はとうてい容認できない.
-a·bly /-əbli/ 副 容認できないほどに.

un·ac·com·pa·nied /ʌ̀nəkʌ́mp(ə)nid←/ 形 ❶《格式》同伴者のいない, (...に)伴われない (*by*); (荷物などが)持ち主が携行しない, 別送の. ❷〔音楽〕無伴奏の.

un·ac·count·a·ble /ʌ̀nəkáunṭəbl←/ 形 ❶《格式》説明のできない; わけのわからない, 不思議な. ❷《格式》(説明)責任のない, 責任を負わない (*to*).

un·ac·count·a·bly /ʌ̀nəkáunṭəbli/ 副 [しばしば 文修飾]《格式》説明しがたいこと[ほど]に, 奇妙なこと[ほど]に: *Unaccountably*, he didn't say anything about it. 奇妙なことに彼はそれについては何も言わなかった.

un·ac·count·ed /ʌ̀nəkáunṭɪd/ 形 [次の成句で] **be unaccóunted fòr** [動] 自 (金などが)計算[勘定]に含まれていない, 使途不明だ; (人が)行方不明だ; (出来事などが)説明されていない, 原因不明だ.

un·ac·cus·tomed /ʌ̀nəkʌ́stəmd/ 形 ❶ 叙述《格式》慣れていない: He is *unaccustomed to* speak*ing* in public. 彼は人前で話すことに慣れていない. ❷ 限定《格式》普通でない, 異常な; 奇妙な.

un·ac·knowl·edged /ʌ̀nəknɑ́(ː)lɪdʒd | -nɔ́l-←/ 形 ❶ 無視された, 気づかれていない. ❷ (一般に[正式に])認められていない, 評価されていない.

un·a·dorned /ʌ̀nədɔ́ɚnd | -dɔ́ːnd←/ 形 飾りのない, 簡素な.

un·a·dul·ter·at·ed /ʌ̀nədʌ́ltərèɪṭɪd←/ 形 ❶ 限定 完全な, 全くの [≒utter]. ❷ (食物が)混ぜ物のない, 純粋な.

un·af·fect·ed /ʌ̀nəféktɪd←/ 形 ❶ 影響を受けない: The city remained *unaffected by* the bombing. その都市は爆撃の被害にあわなかった. ❷ [よい意味で] ありのままの, 気取らない; 心からの.

un·aid·ed /ʌ̀néɪḍɪd←/ 形 副 援助なしの[で], 独力の[で]: with the *unaided* eye 肉眼で.

un·al·loyed /ʌ̀nəlɔ́ɪd←/ 形《文語》(感情などが)純粋の, まじりけのない.

un·al·ter·a·ble /ʌ̀nɔ́ːltərəbl, -trə-←/ 形《格式》変更できない. **-a·bly** /-bli/ 副《格式》変更できないで[ほどに], 不変に.

un·am·big·u·ous /ʌ̀næmbígjuəs←/ 形 明瞭な, あいまいでない. **~·ly** 副 明瞭に.

un-A·mer·i·can /ʌ̀nəmérɪk(ə)n←/ 形 (習慣・主義など)米国風でない, 非アメリカ的な; 反米的な.

u·na·nim·i·ty /jùːnənímәṭi/ 名 U《格式》全員異議のないこと: with *unanimity* 満場一致で.

u·nan·i·mous /juːnǽnəməs/ 形 発音 アク (決定・賛成などが)満場一致の; (人々・委員会などが)(全員が)同意見で, 異議のない: a *unanimous* decision [verdict] 満場一致の決定[評決] / They were *unanimous in* demand*ing* his resignation. 彼らは全会一致で彼の辞職を要求した / We were *unanimous that* the man should be released. その男が放免されるべきだとの意見が一致した.〖⇒ unite キズナ〗

u·nan·i·mous·ly /juːnǽnəməsli/ 副 満場一致で, (全員が)異議なく: He was elected chairman *unanimously*. 彼は満場一致で議長に選出された.

un·an·nounced /ʌ̀nənáunst←/ 形 副 予告[前ぶれ]なしの[に], 突然[不意]の[に].

un·an·swer·a·ble /ʌ̀nǽns(ə)rəbl | -ɑ́ːn-←/ 形 答えられない; 反論[反駁(はんばく)]できない.

un·an·swered /ʌ̀nǽnsɚd | -ɑ́ːn-←/ 形 (手紙・電話などが)返事のない; (問題が)未回答の.

un·ap·peal·ing /ʌ̀nəpíːlɪŋ←/ 形 魅力のない.

un·ap·proach·a·ble /ʌ̀nəpróutʃəbl←/ 形 (人が)近寄りがたい.

un·armed /ʌ̀nɑ́ɚmd | -ɑ́ːmd←/ 形 非武装の, 武器を持たない, 無防備の: an *unarmed* country 非武装国家 /

unarmed neutrality 非武装中立.

un·a·shamed /ʌ̀nəʃéɪmd/ 形 恥じない, あからさまの, 平気な.

un·a·sham·ed·ly /ʌ̀nəʃéɪmɪdli/ 副 恥ずかしげもなく, 平気で.

un·asked /ʌ̀nǽskt | -ɑ́:skt←/ 形 ❶ (質問が)問われない(で). ❷ 叙述 [しばしば副詞的に] (...するよう)頼まれない(で), 誘われない(で): He helped her *unasked*. 彼は頼まれもしないのに彼女の手伝いをした. ❸ 要求されない, 求められない (*for*).

un·as·sail·a·ble /ʌ̀nəséɪləbl←/ 形 《格式》 攻撃できない, 難攻不落の; 議論の余地のない, 論破できない.

un·as·sum·ing /ʌ̀nəsú:mɪŋ | -əs(j)ú:m-←/ 形 [よい意味で] でしゃばらない, 気取らない, 謙虚な.

un·at·tached /ʌ̀nətǽtʃt←/ 形 結婚していない, 恋人のいない; (組織などに)所属していない (*to*).

un·at·tain·a·ble /ʌ̀nətéɪnəbl←/ 形 達成できない.

un·at·tend·ed /ʌ̀nəténdɪd←/ 形 ❶ 付き添いのない. ❷ 持ち主のいない, 放置された, 世話[注意]されていない: Don't leave your luggage *unattended*. 荷物から目を離さないでください.

un·at·trac·tive /ʌ̀nətrǽktɪv←/ 形 魅力のない, 人目を引かない, パッとしない; 好ましくない.

un·au·tho·rized /ʌ̀nɔ́:θəràɪzd/ 形 無許可の, 非公認の.

un·a·vail·a·ble /ʌ̀nəvéɪləbl←/ 形 入手[利用]できない (*to*); (人が)面会できない, 手が空いていない: be *unavailable for* comment コメントに応じられない.

un·a·vail·ing /ʌ̀nəvéɪlɪŋ←/ 形 《格式》 むだな, かいのない.

un·a·void·a·ble /ʌ̀nəvɔ́ɪdəbl←/ 形 避けられない, やむをえない. **-a·bly** /-əbli/ 副 不可避的に, やむをえず.

+**un·a·ware** /ʌ̀nəwéə | -əwéə/ 形 叙述 (...を)**知らないで**, (...に)気がつかないで: 言い換え He was ***totally unaware of*** his mother's illness. +*of*+名 = He was ***totally unaware that*** his mother was ill. +*that* 節 彼は母が病気であると全く知らなかった. C+1 totally などの意味を強める副詞のほか, blissfully が修飾することも多い: The children were ***blissfully unaware of*** what was going on. 何が起こっているか知らずに子供たちはかえって幸せだった.

un·a·wares /ʌ̀nəwéəz | -əwéəz/ 副 《格式》 気づかずに, うっかり; 思いがけず. **táke [cátch] ... unawáres** [動] 他 (...)に不意打ちを食わせる.

un·bal·ance /ʌ̀nbǽləns/ 動 他 (...)の均衡[バランス]を失わせる; (...)を錯乱させる. 日英 日本語の「アンバランス」に相当する語は imbalance.

un·bal·anced /ʌ̀nbǽlənst/ 形 ❶ [普通は 叙述] (心の)平衡[落ち着き]を失った, 錯乱した. ❷ [普通は 限定] (意見・報道などが)偏(かたよ)った. ❸ 釣り合いの取れていない, 不均衡な.

un·bear·a·ble /ʌ̀nbé(ə)rəbl←/ 形 我慢できない[耐えられない]ほどひどい [≒intolerable]. **-a·bly** /-əbli/ 副 我慢できないほど(に), 耐えられないほどひどく.

un·beat·a·ble /ʌ̀nbí:ṭəbl←/ 形 抜群の; 無敵の.

un·beat·en /ʌ̀nbí:tn←/ 形 無敗の, 負け知らずの: His world record remained *unbeaten* for ten years. 彼の世界記録は10年間破られなかった.

un·be·com·ing /ʌ̀nbɪkʌ́mɪŋ←/ 形 ❶ 《格式》 (言動などが)(...に)ふさわしくない, 不適切な (*to*, *of*). ❷ 《古風》 (服などが)似合わない.

un·be·lief /ʌ̀nbəlí:f, -bɪ-/ 名 U 《格式》 不信仰, 不信心.

+**un·be·liev·a·ble** /ʌ̀nbəlí:vəbl, -bɪ-←/ 形 (考え・ことばなどが)**信じられない**; (物事が)信じがたい(ほどすばらしい[ひどい]), 驚くべき, 途方もない [≒incredible]: That's *unbelievable*! うそー, 信じられない! **-a·bly** /-əbli/ 副 信じられないほど(に); 文修飾 信じがたいことに.

un·be·liev·er /ʌ̀nbəlí:və, -bɪ- | -və/ 名 C 不信仰[不信心]者, 異教徒.

un·bend /ʌ̀nbénd/ 動 (un·bends; 過去・過分 un·bent /-bént/; -bend·ing) 自 ❶ (曲がったものが)真っすぐになる. ❷ くつろぐ, 打ち解ける. ― 他 (曲がったもの)を真っすぐにする.

un·bend·ing /ʌ̀nbéndɪŋ←/ 形 [しばしば軽蔑的] (人が)考えを変えない, 強情な; (考えなどが)強硬な [≒inflexible].

unbent 動 unbend の過去形および過去分詞.

un·bi·ased, un·bi·assed /ʌ̀nbáɪəst←/ 形 偏見のない, 先入観を持たない, 公平な [≒impartial].

un·bid·den /ʌ̀nbídn←/ 形 副 《文語》 求められない(で), 自発的な[に]; 招待されない(で).

un·blem·ished /ʌ̀nblémɪʃt←/ 形 傷[欠点, 汚点]のない.

un·born /ʌ̀nbɔ́ən | -bɔ́:n←/ 形 [普通は 限定] まだ生まれない; これから現われる, 将来の.

un·bound·ed /ʌ̀nbáʊndɪd←/ 形 《格式》 限界のない, 無限の; 際限のない.

un·break·a·ble /ʌ̀nbréɪkəbl←/ 形 破る[折る, 壊す]ことのできない, 頑丈な; 不屈の.

un·bri·dled /ʌ̀nbráɪdld←/ 形 [普通は 限定] 《文語》 抑制されない, 無制限の; (感情が)激しい.

un·bro·ken /ʌ̀nbróʊk(ə)n←/ 形 ❶ とぎれない, 引き続く. ❷ (記録などが)破られない; (物が)壊れていない.

un·buck·le /ʌ̀nbʌ́kl/ 動 他 (...)のバックル[締め金]を(ゆるめて)はずす.

un·bur·den /ʌ̀nbə́:dn | -bə́:-/ 動 他 ❶ 《格式》 (心)の重荷を降ろす, (本心など)を打ち明ける: He *unburdened* his heart *to* his friend. 彼は友人に気持ちを打ち明けた. ❷ (...)から(重荷などを)取り除く (*of*). **unbúrden onesèlf** [動] 自 《格式》 (人に)心の中を打ち明ける (*to*). **unbúrden onesèlf of ...** [動] 他 《格式》 ...を打ち明ける.

un·but·ton /ʌ̀nbʌ́tn/ 動 他 (服)のボタンをはずす.

un·called-for /ʌ̀nkɔ́:ldfɔ̀ə | -fɔ̀:←/ 形 (言動などが)不必要な, 不適切な; いわれのない. 語法 叙述 では uncalled for とつづる.

un·can·ni·ly /ʌ̀nkǽnəli/ 副 薄気味悪く[悪いほど].

un·can·ny /ʌ̀nkǽni/ 形 (-can·ni·er; -ni·est) 薄気味悪い, 不気味な; 神秘的な, 驚異的な.

un·cared-for /ʌ̀nkéədfɔ̀ə | -kéədfɔ̀:←/ 形 面倒を見てもらえない, ほったらかしの. 語法 叙述 では uncared for とつづる.

un·ceas·ing /ʌ̀nsí:sɪŋ←/ 形 《格式》 絶え間のない, ひたすら続く, 不断の. **~·ly** 副 絶え間なく.

un·cer·e·mo·ni·ous /ʌ̀nsèrəmóʊniəs←/ 形 《格式》 突然の, 無造作な, ぞんざいな. **~·ly** 副 無造作に, ぞんざいに.

+**un·cer·tain** /ʌ̀nsə́:tn | -sə́:-/ 形 ❶ 叙述 (人が)**確信のない**, 断言できない: He is [feels] ***uncertain about*** [***of***] his prospects. +*about* [*of*]+名 彼は自分の前途について自信がない / I'm ***uncertain whether*** [***if***] she'll be present. +*if·wh* 節 私は彼女が出席するかどうかはっきりわからない / He was ***uncertain what to*** do next.

+wh 句 彼は次に何をすればよいのかわからなかった.
❷ (物が)**不確実な**, 不確定の, 不定の; 未知の: an *uncertain* future 不確実な将来 / an *uncertain* quantity 不定量 / The date of their departure is *uncertain*. 彼らの出発の日取りは不確定だ.
❸ **不安定な**, 変わりやすい; 当てにならない: *uncertain* weather 変わりやすい天気 / He took one *uncertain* step forward. 彼はおぼつかない足どりで一歩前へ進んだ. (名 ùncértainty)
〜·ly 副 確信なく; ためらいがちに, あやふやに.

+**un·cer·tain·ty** /ʌ̀nsə́ːtnti | -sə́ː-/ 名 (-tain·ties /〜z/) ❶ U **不確実(性)**, 不確定, 不安定; 当てにならないこと: The trip was postponed due to the *uncertainty* of the weather. 天気がはっきりしないのでその旅行は延期された / There is still some ***uncertainty about*** [***as to***] what happened. 何が起こったかについてはまだ不明な点がある.
❷ C [普通は複数形で] **不確実なこと**, 不安定な状態: There are many *uncertainties* in life. 人生には不確実なことが多い. (形 ùncértain)

un·chal·lenged /ʌ̀ntʃǽlɪndʒd←/ 形 ❶ 異議[疑問]の出ない. ❷ 検閲を受けずに. ❸ 対抗者のいない.

un·change·a·ble /ʌ̀ntʃéɪndʒəbl←/ 形 変えられない, 不変の.

+**un·changed** /ʌ̀ntʃéɪndʒd←/ 形 **変わらない**, 変化していない, 不変の: an *unchanged* plural 〔文法〕不変化複数形 《deer, sheep など》 / The price of eggs has remained *unchanged* for a long time. 卵の値段は長い間変わっていない.

un·chang·ing /ʌ̀ntʃéɪndʒɪŋ←/ 形 変わらない, 不変の, 常に一定した, 揺るぎない.

un·char·ac·ter·is·tic /ʌ̀nkæ̀rəktərístɪk←/ 形 特徴を示していない, (...)らしくない (*of*). **-is·ti·cal·ly** /-kəli/ 副 特徴を示さずに, (...)らしくなく.

un·char·i·ta·ble /ʌ̀ntʃǽrəṭəbl←/ 形 無慈悲な, 情け容赦のない, 厳しい.

un·chart·ed /ʌ̀ntʃɑ́ɚṭɪd | -tʃɑ́ːt-/ 形 [普通は 限定] (場所が)地図に載っていない; 未踏の, 未知の: *uncharted* waters [territory] 未知の水域[領域].

un·checked /ʌ̀ntʃékt←/ 形 ❶ 食い止められない; 野放しの: go *unchecked* 野放しになる. ❷ 照合していない; 未点検の, 未検査の.

un·civ·il /ʌ̀nsív(ə)l←/ 形 《格式》 無礼な, 不作法な.

un·civ·i·lized /ʌ̀nsívəlàɪzd/ 形 不作法な; 野蛮な; 未開の, 文明的でない.

un·claimed /ʌ̀nkléɪmd←/ 形 (物が)自分の物だと主張する人のない, 持ち主不明の.

*un·cle /ʌ́ŋkl/

— 名 (〜s /〜z/) ❶ C [しばしば U-] **おじ** (伯父, 叔父) 《⇒ family tree 図》: He has three *uncles* on his mother's side. 彼には母方のおじが 3 人いる / I'm going to stay at my *uncle's*. おじの家に泊まるつもりだ / How are you, *Uncle* John? ジョンおじさん, お元気ですか. ❷ C 《略式》 (よその)おじさん《年輩の男の人に用いる》.
sày [crỳ] úncle [動] 自 S 《米》 参ったと言う.

un·clean /ʌ̀nklíːn←/ 形 ❶ (道徳的に)汚(けが)れた, 汚らわしい. ❷ (宗教的に)不浄の; (食物が)(宗教上)食べられない. ❸ 汚れた, 不潔な.

+**un·clear** /ʌ̀nklíɚ | -klíə/ 形 ❶ 叙述 (物事が)**不確かな**, はっきりしない, 不明瞭な.
❷ 叙述 (人が)**確信がない** (*about*, *as to*).

Úncle Sám 名 固 《略式》 米国(政府); 米国人《全体》. 参考 アメリカ合衆国の略語の US をもじったもので, 漫画などでは星の模様のついたシルクハットをかぶり燕尾(えんび)服を着て, 赤と白のしまのズボンをはいた白いあごひげのやせた長身の男として描かれる; ⇒ John Bull.

Úncle Tóm 名 C 《米》 [軽蔑的] 白人に迎合する黒人《H.B. Stowe 作の小説 *Uncle Tom's Cabin* の主人公の黒人より》.

un·clothed /ʌ̀nklóʊðd/ 形 《格式》 衣服を脱いだ, 裸の.

un·coil /ʌ̀nkɔ́ɪl/ 動 他 (巻いた物)を伸ばす, 解く. — 自 解ける, 伸びる; (蛇が)とぐろを解く.

un·col·ored, 《英》 **un·col·oured** /ʌ̀nkʌ́lɚd | -ləd←/ 形 色のついていない.

+**un·com·fort·a·ble** /ʌ̀nkʌ́mfɚṭəbl | -fət-←/ 形 ❶ (物が)**心地のよくない**: an *uncomfortable* chair 座り心地のよくないいす / I found the shoes *uncomfortable*. その靴ははき心地がよくなかった.
❷ (人が)**気持ちの落ち着かない**, 不安な [≒uneasy]; 窮屈な思いの: I felt *uncomfortable* in front of the teacher. 私は先生の前でどうも気詰まりだった.
-a·bly /-əbli/ 副 心地悪く; 落ち着かずに, 気詰まりで.

un·com·mit·ted /ʌ̀nkəmíṭɪd←/ 形 態度[支持]を明らかにしていない, 立場を決めていない, 中立的な (*to*): *uncommitted* voters 無党派層.

un·com·mon /ʌ̀nkɑ́(ː)mən | -kɔ́m-←/ 形 ❶ 珍しい, まれな: In Europe it is not *uncommon* to find people who speak several languages. ヨーロッパでは数か国語を話す人に会うのは珍しくはない. ❷ 《格式》 異常な; 著しい: *uncommon* ability 非凡な才能.

un·com·mon·ly /ʌ̀nkɑ́(ː)mənli | -kɔ́m-/ 副 《古風》 並はずれて, 非常に [≒very].

un·com·mu·ni·ca·tive /ʌ̀nkəmjúːnəkèɪṭɪv, -kəṭ-/ 形 (人が)話したがらない, 無口な, 打ち解けない.

un·com·pli·cat·ed /ʌ̀nkɑ́(ː)mpləkèɪṭɪd | -kɔ́m-/ 形 複雑でない, わかりやすい, 単純な.

un·com·pre·hend·ing /ʌ̀nkɑ̀(ː)mprɪhéndɪŋ | -kɔ̀m-←/ 形 《格式》 理解していない, 当惑した.

un·com·pro·mis·ing /ʌ̀nkɑ́(ː)mprəmàɪzɪŋ | -kɔ́m-←/ 形 妥協[譲歩]しない, 断固とした, 頑固な.
〜·ly 副 妥協しないで, 断固として, 頑固に.

un·con·cern /ʌ̀nkənsə́ːn | -sə́ːn/ 名 U 《格式》 無関心, むとんちゃく (*about*, *for*) [≒indifference].

un·con·cerned /ʌ̀nkənsə́ːnd | -sə́ːnd←/ 形 ❶ 気にしない, 平気な, むとんちゃくな (*about*, *by*). ❷ 関心を示さない, 興味を持たない (*with*).

+**un·con·di·tion·al** /ʌ̀nkəndíʃ(ə)nəl←/ 形 限定 **無条件の**; **無制限の**; **絶対的な**: (an) *unconditional* surrender 無条件降伏.
-al·ly /-əli/ 副 無条件で; 無制限に.

un·con·di·tioned /ʌ̀nkəndíʃənd←/ 形 無条件の: an *unconditioned* reflex 〔心理〕無条件反射.

+**un·con·firmed** /ʌ̀nkənfə́ːmd | -fə́ːmd←/ 形 **未確認の**: an *unconfirmed* report of a nuclear test 核実験の未確認情報.

un·con·nect·ed /ʌ̀nkənéktɪd←/ 形 関係のない, 無関係の (*with*, *to*).

un·con·scio·na·ble /ʌ̀nkɑ́(ː)nʃ(ə)nəbl | -kɔ́n-←/ 形 《格式》 不合理な, 法外な, 途方もない.

+**un·con·scious** /ʌ̀nkɑ́(ː)nʃəs | -kɔ́n-←/ 形 ❶ [比較なし] **意識を失った**, 意識不明の: He was *unconscious* for several days. 彼は数日間意識不明だった.

❷ [比較なし] 叙述 (...に)**気づかない**, (...を)意識していない: He was quite *unconscious of* the danger. + of+名 彼は危険に全く気づいていなかった / Peggy is *unconscious of* hav*ing* done something wrong. + of+動名 ペギーは自分が間違ったことをしたという意識がない. ❸ 無意識の, 自覚しない; 何気ない: *unconscious* desires 無意識の欲望 / an *unconscious* habit 無意識にする癖.

― 名 [the ~ または所有格とともに]〔心理〕無意識. 関連 subconscious 潜在意識.

+**un·con·scious·ly** /ʌnká(ː)nʃəsli | -kɔ́n-/ 副 **無意識に**, 知らず知らずに.

un·con·scious·ness /ʌnká(ː)nʃəsnəs | -kɔ́n-/ 名 U 無意識; 意識不明.

un·con·sid·ered /ʌ̀nkənsídəd | -dəd←/ 形 ❶《格式》(言動などが)思慮に欠けた: *unconsidered* remarks 軽率な発言. ❷《格式》考慮され(てい)ない, 無視された.

un·con·sti·tu·tion·al /ʌ̀nkɑ̀(ː)nstət(j)úːʃ(ə)nəl | -kɔ̀nstɪtjúː-←/ 形 憲法違反の, 違憲の.

un·con·trol·la·ble /ʌ̀nkəntróʊləbl←/ 形 制御できない, 手に負えない.

un·con·trolled /ʌ̀nkəntróʊld←/ 形 (感情・行動などが)制御されていない; (法的)規制のない, 野放しの.

un·con·ven·tion·al /ʌ̀nkənvénʃ(ə)nəl←/ 形 慣例に従わない; 型にはまらない.

un·con·vinced /ʌ̀nkənvínst/ 形 叙述 納得していない, 確信が持てない (*of, by; that*).

un·con·vinc·ing /ʌ̀nkənvínsɪŋ←/ 形 納得のいかない, 説得力のない: an *unconvincing* explanation 納得のいかない説明. **~·ly** 副 説得力なく.

un·cooked /ʌ̀nkʊ́kt←/ 形 (熱を用いて)料理していない, 生(なま)の.

un·cool /ʌ̀nkúːl←/ 形《略式》かっこ悪い, さえない.

un·co·op·er·a·tive /ʌ̀nkoʊɑ́(ː)p(ə)rəṭɪv | -ɔ́p-←/ 形 非協力的な.

un·cork /ʌ̀nkɔ́ək | -kɔ́ːk/ 動 他 (...)のコルク栓を抜く.

un·count·a·ble /ʌ̀nkáʊnṭəbl←/ 形 数えられない; 数えきれない(ほど多い): an *uncountable* noun〔文法〕不加算名詞. ― 名 C〔文法〕数えられない[不可算]名詞 (⇒ **巻末文法** 2.1 (2)).

un·couth /ʌ̀nkúːθ/ 形 (人・言動などが)粗野な, 不作法な.

+**un·cov·er** /ʌ̀nkʌ́və | -və/ 動 (~s /~z/; ~ed /~d/; -er·ing /-v(ə)rɪŋ/) 他 ❶ (陰謀・秘密など)を**暴露する**, 明らかにする; (...)を発見する: The plot *was uncovered by* the press. V+O の受身 その陰謀は新聞によって暴露された. ❷ (容器など)のふた[覆い]を取る: *Uncover* the pan and cook for another 5 minutes. なべのふたを取ってさらに 5 分間加熱してください.

un·crit·i·cal /ʌ̀nkríṭɪk(ə)l←/ 形 [普通は軽蔑的] 批判的でない, 無批判の (*of*); 批判力のない. **-cal·ly** /-kəli/ 副 無批判に.

un·crowned /ʌ̀nkráʊnd←/ 形 (王・女王が)まだ王冠をいただかない; 無冠の: the *uncrowned* king [queen] (of ...) (...の)無冠の帝王[女王] (実質的には最高の実力者と見なされている人).

unc·tu·ous /ʌ́ŋ(k)ʧuəs/ 形 ❶《格式》[軽蔑的] こびるような, うわべだけ愛想のいい. ❷《格式》油っぽい, なめらかな.

un·curl /ʌ̀nkə́ːl | -kə́ːl/ 動 自 (巻いたものなどが)解ける, 真っすぐになる. ― 他 (巻き毛・巻いたものなど)を真っすぐにする, 伸ばす.

un·cut /ʌ̀nkʌ́t←/ 形 ❶ (物語・映画などが)ノーカットの, 無削除の. ❷ (宝石などが)原石のままの, カット加工し(てい)ない. ❸ (草木などが)切られて[刈られて]いない.

un·dat·ed /ʌ̀ndéɪṭɪd←/ 形 日付のない.

un·daunt·ed /ʌ̀ndɔ́ːnṭɪd/ 形 [普通は 叙述]《格式》(困難や危険などに)ひるまない, 恐れない (*by*).

un·de·cid·ed /ʌ̀ndɪsáɪḍɪd/ 形 [普通は 叙述] ❶ (人が)決心のついていない (*about, as to*). ❷ (物事が)決定されていない; (勝負などが)未決着の.

un·de·clared /ʌ̀ndɪkléəd | -kléəd←/ 形 ❶ (品物が)税関に申告していない; (収入が)無申告の. ❷ 宣言[公表, 布告]されていない.

un·dem·o·crat·ic /ʌ̀ndèməkrǽṭɪk←/ 形 民主的でない, 非民主的な.

un·de·mon·stra·tive /ʌ̀ndɪmɑ́(ː)nstrəṭɪv | -mɔ́n-←/ 形 感情を表わさ[示さ]ない; 控えめな.

un·de·ni·a·ble /ʌ̀ndɪnáɪəbl←/ 形 否定できない, 紛れもない, 明白な.

un·de·ni·a·bly /ʌ̀ndɪnáɪəbli/ 副 紛れもなく; 文修飾 明白なことだが, 確かに.

***un·der /ʌ́ndə | -də/

単語のエッセンス

基本的には「...に覆われて下に」の意.

1) ...の下に; ...に覆われて; ...の下を通って; 下へ[に]	前 ❶, ❷; 副 ❶
2) ...未満で	前 ❸; 副 ❷
3) ...の支配を受けて; ...を受けて; ...中で; ...に従って	前 ❹, ❺, ❻, ❼
4) ...のもとに, ...に所属して	前 ❽, ❾

― /ʌ̀ndə | -də/ 前 ❶ [位置を示して] (1) ...の(**真**)**下に**, ...の下の方に [⇔ over]: a cat *under* the table テーブルの下の猫 / It was cool *under* the bridge. 橋の下は涼しかった. 語法 below は位置が低いことを示すだけで, 真下とは限らない; *below* the bridge といえば「橋の下流」の意味にもなる (⇒ below 前 2) // Come and stand *under* my umbrella. さあ私の傘(の下)に入って / A rat ran out *from under* the desk. 机の下からねずみが 1 匹走り出た (⇒ from 1 語法 (2)).

(2) ...に覆(おお)われて, ...の中に [⇔ over]: The new car was *under* a cover. 新車には覆いがしてあった / What do you have *under* your arm? わきに抱えているのは何ですか / You'd better wear a sweater *under* your jacket. 上着の下にセーターを着たほうがいい / The part of an iceberg *under* the water is much larger than what is above the water. 氷山の水に隠されている部分は水面上に現われている部分よりもはるかに大きい.

> 語法 **under と接触**
> under は over に対する語で, 上から覆いかぶせられている感じを表わす最も一般的な語. 上のものと接触していないことも, 接触していることもある (⇒ over 前 1 語法 (1); underneath 前 語法 (1); below については ⇒ (1) 語法).

❷ [動作を示して] **...の下を**(**通って**), ...をくぐって [⇔ over]: Our boat passed *under* several bridges. 私たちの船は橋をいくつかくぐった / The cat crawled *under* the fence. 猫は垣根の下をくぐり抜けた.

❸ (年齢・時間・距離・数量などが) **...未満で** [≒less than] [⇔ over]: He's still *under* twenty. 彼はまだ 20 歳にならない / Children *under* five (years of age) are

U

not admitted to this swimming pool. このプールには5歳未満の子供は入場を許されていない. 語法 5歳は含まない; 5歳を含めた「5歳以下」の場合は five and [or] under と言う《⇒ 副 2》 // It was priced *under* 1,000 yen. それは千円未満だった.

❹ (支配・従属・監督・保護など)**の下で, ...の支配を受けて**, ...に監督されて, ...に指揮[指導]されて [⇔ over]**:** the men *under* Colonel King キング大佐の部下. 語法 a man *below* me は単に「地位が自分より下の男性」, a man *under* me は「自分の下役で自分が監督または指揮[指導]している男性」を示す《⇒ over 前 4 語法》 // We cannot bear being *under* the rule of a dictator. 我々は独裁者の支配には耐えられない / She's studying medicine *under* Dr. White. 彼女はホワイト博士のもとで医学を勉強している.

❺ (圧迫・苦しみ・影響など)**を受けて**, (重荷)を負って, ...のために**:** He's *under* sentence of death. 彼は死刑の宣告を受けている / This nation is *under* the economic influence of the U.S. この国は米国の経済的影響を受けている / walk *under* a heavy load 重荷を負って歩く / The chair broke *under* his weight. 彼の体重でいすがこわれた.

❻ **...中で(ある)**, ...されていて《種々の状態・状況の下にあることを表わす》**:** the issue *under* discussion 審議中の問題 / The road is *under* repair [construction]. その道路は修理[建設]中だ. 語法 「under＋(動詞派生の)抽象名詞」は受身の意味; ... is *under* repair [construction] は ... is being repaired [constructed] と言い換え可能.

❼ (規則・規定など)**に従って**, ...に基づいて**:** *Under* the rules, you must pay a fine. 規則に従って罰金を払わなくてはならない.

❽ (分類・所属など)**のもとに(属して)**, ...の項目下に**:** In this dictionary, the phrase "make up one's mind" is listed *under* "mind," not *under* "make." この辞書では成句 make up one's mind は make ではなく mind の項に載っている.

❾ **...のもとに**, ...に託して, ...に隠れて**:** *under* a false name 偽名で //⇒ under cover of ... (cover 名 成句).

❿ (畑などが)...が植えられて**:** That field is *under* wheat. あの畑には小麦が植えられている.

— 副 ❶ 下へ[に]; 水中へ[に]**:** The ship went *under*. 船は沈んだ.

❷ 未満に[で]**:** Children of 10 (years) and [or] *under* must be accompanied by their parents. 10歳以下の子供は親の付き添いが必要である. ❸ (麻酔などで)無意識状態に[で].

— 形 限定 下の(部分)の [≒lower]; 下位の.

un·der- /ʌ̀ndɚ, ʌ́ndɚ | -də/ 接頭 ❶「不足して, 少なすぎて」の意 [⇔ over-]**:** *under*estimate 安く見積もる / *under*weight 重量不足の. ❷ [名詞について]「下方の[に, から], 下部の[に, から], 下位の」の意 [⇔ over-]**:** *under*ground 地下の / *under*line 下に線を引く / *under*secretary 次官.

un·der·a·chieve /ʌ̀ndɚətʃíːv | -də(r)ə-/ 動 自 (やればできるのに)期待[能力]以下の成績[成果]を収める.

un·der·a·chieve·ment /ʌ̀ndɚətʃíːvmənt | -də(r)ə-/ 名 U 成績不振.

un·der·a·chiev·er /ʌ̀ndɚətʃíːvɚ | -də(r)ətʃíːvə/ 名 C 成績不振者.

un·der·age /ʌ̀ndɚéɪʤ | -də(r)éɪʤ/ 形 限定 (法的に)未成年の**:** *underage* drinking 未成年者の飲酒.

un·der·arm¹ /ʌ́ndɚὰɚm | -də(r)ὰːm/ 形 ❶ 限定 わきの下 (armpit) (用)の. ❷《英》＝ underhand 形 1.

un·der·arm² /ʌ̀ndɚάɚm | -də(r)άːm/ 副《英》＝ underhand 副.

un·der·bel·ly /ʌ́ndɚbèli | -də-/ 名 ❶ [単数形で] 下腹部; 下部. ❷ [単数形で] 弱点, 急所; 暗部 (*of*).

un·der·brush /ʌ́ndɚbrʌ̀ʃ | -də-/ 名 U《主に米》＝ undergrowth.

un·der·car·riage /ʌ́ndɚkæ̀rɪʤ | -də-/ 名 C (飛行機の)着陸装置《車輪と車軸》.

un·der·charge /ʌ̀ndɚtʃάɚʤ | -dətʃάːʤ/ 動 他 (人)に(間違って)代価以下の請求をする [⇔ overcharge]**:** They *undercharged* him *for* the book *by* ten cents. 彼らは彼に本代を10セント少なく請求してしまった. — 自 代価以下の請求をする (*for*).

un·der·class /ʌ́ndɚklæ̀s | -dəklὰːs/ 名 [単数形で] 社会の下層階級.

un·der·class·man /ʌ̀ndɚklǽsmən | -dəklάːs-/ 名 (複 -men /-mən/) C《米》(大学・高校の)下級生《1, 2年生を指す; ⇒ upperclassman》.

un·der·clothes /ʌ́ndɚklòʊ(ð)z | -də-/ 名 複《格式》下着, 肌着 [≒underwear].

un·der·cloth·ing /ʌ́ndɚklòʊðɪŋ | -də-/ 名 U《格式》肌着(類), 下着(類).

un·der·coat /ʌ́ndɚkòʊt | -də-/ 名 C,U (仕上げ前の)下塗り. 関連 topcoat 上塗り.

un·der·cov·er /ʌ̀ndɚkʌ́vɚ | -dəkʌ́və←/ 形 [普通は 限定] 内密の, (スパイ活動などで)秘密に行なわれる[行動する]. — 副 内密に.

un·der·cur·rent /ʌ́ndɚkɚ̀ːrənt | -dəkʌ̀r-/ 名 C (水面下の)下層流, 底流; (意見・感情などの)底流 (*of*).

un·der·cut /ʌ̀ndɚkʌ́t | -də-/ 動 (-der·cuts; 過去・過分 -cut; -cut·ting) 他 ❶ (競争相手)より安い値段で売る[賃金で働く]. ❷ (...)の力[効果]を弱める [≒undermine].

un·der·de·vel·oped /ʌ̀ndɚdɪvéləpt | -də-←/ 形 ❶ (国・地域などが)低開発の《この意味では developing を用いることが多い》**:** *underdeveloped* countries 低開発国. ❷ 発育不全の.

un·der·dog /ʌ́ndɚdɔ̀ːg | -dədɔ̀g/ 名 C [しばしば the ~] 勝ち目のない[負けそうな]選手[チーム]; (社会的な)弱者, 敗北者, 負け犬.

un·der·done /ʌ̀ndɚdʌ́n | -də-←/ 形 (肉などが)生焼けの, 生煮えの [≒rare] [⇔ overdone].

un·der·em·ployed /ʌ̀ndɚɪmplɔ́ɪd, -em- | -də-←/ 形 常時雇用でない, 能力が十分活かされていない.

+**un·der·es·ti·mate¹** /ʌ̀ndɚéstəmèɪt | -də(r)és-/ ✪ 名詞の underestimate² と発音が違う. 動 (-ti·mates /-mèɪts/; -ti·mat·ed /-ṭɪd/; -ti·mat·ing /-ṭɪŋ/) 他 (...)を**安く[低く]見積もる**; (...)を過小評価する, 見くびる [⇔ overestimate]**:** He *underestimated* the construction cost and ran out of money. 彼は建築費を安く見積もり過ぎて資金不足となった. — 自 安く[低く]見積もる.

un·der·es·ti·mate² /ʌ̀ndɚéstəmət | -də(r)és-/ ✪ 動詞の underestimate¹ と発音が違う. 名 C 安すぎる[低すぎる]見積もり; 過小評価; 軽視 [⇔ overestimate].

un·der·ex·pose /ʌ̀ndɚɪkspóʊz | -də(r)ɪks-/ 動 他 [普通は受身で] (写真)を露出不足にする [⇔ overexpose].

un·der·floor /ʌ̀ndɚflɔ́ɚ | -dəflɔ́ː←/ 形 限定 (暖房が)床下式の**:** *underfloor* heating 床下暖房.

un·der·foot /ʌ̀ndɚfʊ́t | -də-/ 副 ❶ 足の下に[は], 足

元に; 踏みつけ(られ)て, 地面に[で]. ❷ (足元で)じゃまになって.

+**un·der·go** /ʌ̀ndəɡóʊ | -də-/ アク 動 (-der·goes /~z/; 過去 -der·went /-wént/; 過分 -der·gone /-ɡɔ́:n | -ɡɔ́n/; -go·ing) 他 ❶ (苦しいこと・変化など)を**経験する** [≒experience]; (...)の目にあう**:** *undergo* a rapid change 急激な変化を経験する / We have *undergone* many hardships since the war. 私たちは戦後多くの困難を経てきた.
❷ (試験・検査・手術など)を**受ける:** The new engine *underwent* all the necessary tests. 新しいエンジンは必要なテストをすべて受けた / He *underwent* an operation for a stomach ulcer last week. 彼は先週胃潰瘍(かいよう)の手術を受けた.

+**un·der·gone** /ʌ̀ndəɡɔ́:n | -dəɡɔ́n/ 動 **undergo の過去分詞.**

un·der·grad·u·ate /ʌ̀ndəɡrǽdʒuət | -də-/ 名 ❶ C 学部学生《大学院学生・研究員などと区別していう》**:** a lecture for *undergraduates* 学部学生のための講義. ❷ [形容詞的に] 学部(生)の**:** an *undergraduate* student 学部の学生. 関連 《米》 graduate[1], 《英》 postgraduate 大学院の.

*__un·der·ground__[1] /ʌ́ndəɡràʊnd | -də-/ ✪ 副詞の underground[2] とアクセントが違う. 形 ❶ [比較なし] **地下の**, 地下にある**:** an *underground* passage 地下の通路 / an *underground* railway 《英》 地下鉄. ❷ 限定 公認[認可]されていない, 秘密の [≒secret]; 反体制の; 前衛的な, アングラの**:** an *underground* movement [organization] 秘密運動[地下組織].
— 名 ❶ [単数形で] 《英》 **地下鉄** [《米》 subway, 《英略式》 tube]; [the U-] ロンドンの地下鉄**:** by [on the] *underground* 地下鉄で (⇒ by 前 2 語法).
❷ [the ~; 《英》 単数または複数扱い] 地下組織[運動]; (特に 1960-70 年代の)前衛組織, アングラグループ.

*__un·der·ground__[2] /ʌ̀ndəɡráʊnd | -də-/ ✪ 形容詞・名詞の underground[1] とアクセントが違う. 副 ❶ **地下に[で]**; 地下にもぐって**:** deep *underground* 地中深くに. ❷ 秘密に, 隠れて**:** go *underground* 地下にもぐる, 潜伏する, 秘密活動を始める.

un·der·growth /ʌ́ndəɡròʊθ | -də-/ 名 U 下生え, やぶ《全体》 [《米》 underbrush].

un·der·hand /ʌ́ndəhæ̀nd | -də-/ 形 ❶ 《米》〔球技〕下手投げの, アンダースローの [《英》 underarm] [⇔ overhand]**:** an *underhand* throw 下手投げ, アンダースロー. ❷ [軽蔑的] = underhanded. — 副 《米》 下手投げで, アンダースローで [《英》 underarm] [⇔ overhand]**:** pitch *underhand* 〔野球〕(投手が)アンダースローで投球する.

un·der·hand·ed /ʌ̀ndəhǽndɪd | -də-ˊ/ 形 [軽蔑的] 内密の, 不正の.

un·der·lain /ʌ̀ndəléɪn | -də-/ 動 underlie の過去分詞.

un·der·lay[1] /ʌ̀ndəléɪ | -də-/ 動 underlie の過去形.

un·der·lay[2] /ʌ́ndəlèɪ | -də-/ 名 U,C (じゅうたんなどの)下敷き.

+**un·der·lie** /ʌ̀ndəlάɪ | -də-/ 動 (-der·lies /~z/; 過去 -der·lay /-léɪ/; 過分 -der·lain /-léɪn/; -der·ly·ing /-lάɪɪŋ/) 他 ❶ [受身なし] 《格式》 (理論・行動など)の**基礎となる**, 根底にある, 裏にある**:** Unemployment and poverty *underlie* much of the crime in today's big cities. 現在の大都市犯罪の多くは失業と貧困が根本原因となっている. ❷ 《格式》 (物)の下にある[横たわる].

+**un·der·line**[1] /ʌ́ndəlàɪn, ʌ̀ndəlάɪn | ʌ̀ndəlάɪn/ ✪ 名詞の underline[2] とアクセントが違うことがある. 動 (-der·lines /~z/; -der·lined /~d/; -der·lin·ing) 他 ❶ (語など)の**下に線を引く**, (...)に下線を施す [《米》 underscore]**:** *Underline* the right words. 正しい語の下に線を引け / Translate the *underlined* part into Japanese. 下線部を日本語に訳せ. ❷ (...)の重要性を示す, (...)を強調する [≒emphasize, highlight].
(名 únderlìne[2])

+**un·der·line**[2] /ʌ́ndəlàɪn | -də-/ ✪ 動詞の underline[1] とアクセントが違うことがある. 名 (~s /~z/) C **アンダーライン**, 下線.
(動 únderlìne[1])

un·der·ling /ʌ́ndəlɪŋ | -də-/ 名 C [軽蔑的] 下っぱ, 下役.

+**un·der·ly·ing** /ʌ̀ndəlάɪɪŋ | -də-ˊ/ 形 ❶ 限定 **基礎を成す**, 根底にある, 裏にある**:** the *underlying* principles 基礎となる原則 / the *underlying* motive for the murder 殺人の基になった動機. ❷ 限定 (物の)下にある.

un·der·manned /ʌ̀ndəmǽnd | -də-ˊ/ 形 (工場などが)人手不足の [≒understaffed] [⇔ overmanned].

*__un·der·mine__ /ʌ̀ndəmάɪn | -də-/ 動 (-der·mines /~z/; -der·mined /~d/; -der·min·ing) 他 ❶ (...)の力[効果]を**徐々に弱める**, (じわじわ)むしばむ**:** *undermine* efforts for a peaceful solution 平和的解決の努力を無にする / Poor food was *undermining* his health. 粗末な食物が彼の健康をむしばんでいた. ❷ (...)の土台を侵食する; (...)の下を掘る, (...)の下に坑道を掘る.

+**un·der·neath** /ʌ̀ndəní:θ | -də-/ 前 **...の(すぐ)下に[へ]**; ...の下面に**:** I found this important letter *underneath* a pile of newspapers. 私はこの重要な手紙を新聞の山の下から見つけた.

> 語法 (1) **underneath と under**
> underneath は under の代わりになる語であるが, 挿絵(A)のほかに, 特に挿絵(B)のように上から覆いかぶさるものとの接触を強調するときに用いる. beneath も under と同様に用いるが, これは《格式》である.
> (2) underneath は文末で目的語が省かれることがある (⇒ 副)**:** I wore a blue coat with a pink dress *underneath*. 私はブルーのコートを着て, 下にはピンクの服を着ていた.
>
> 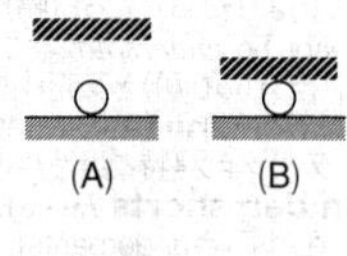
>

underneath it àll [副] (表面上はともあれ)実際は, 根は.
— 副 (すぐ)下に[へ]; 下面は; (表面はともあれ)根は**:** He may look hard-hearted, but he's very kind *underneath*. 彼は冷酷に見えるかもしれないが根はとてもやさしい.
— 名 [the ~] 《英》 下部, 底面, 底.

un·der·nour·ished /ʌ̀ndənə́:rɪʃt | -dənʌ́r-ˊ/ 形 栄養不良の.

un·der·nour·ish·ment /ʌ̀ndənə́:rɪʃmənt | -dənʌ́r-/ 名 U 栄養不良.

un·der·paid /ʌ̀ndəpéɪd | -də-/ 動 underpay の過去形および過去分詞. — 形 十分な賃金が支払われていない, 薄給の.

+**un·der·pants** /ʌ́ndəpæ̀nts | -də-/ 名 複 **パンツ**, ショーツ《下着; 《米》 では男女両方, 《英》 では普通は男性

用》[《英》pants].

un·der·pass /ʌ́ndəpæ̀s | -dəpɑ̀ːs/ 名 C (立体交差の)下の道路, 陸橋[ガード]下の道路 [⇔《米》overpass,《英》flyover]; (横断用の)地下道 [《英》subway].

un·der·pay /ʌ̀ndəpéɪ | -də-/ 動 (-der·pays; 過去・過分 -der·paid /-péɪd/; -pay·ing) 他 [普通は受身で] (...)に給料[賃金]を十分に支払わない [⇔ overpay]: He *underpaid* me *for* the job. その仕事に対して彼は私に十分な支払いをしてくれなかった.

un·der·pin /ʌ̀ndəpín | -də-/ 動 (-der·pins; -der·pinned; -pin·ning) 他 (壁など)を下から支える; (議論など)を支持する.

un·der·play /ʌ̀ndəpléɪ | -də-/ 動 他 (物事)を小さく[重要でないように]見せる; (役など)を控えめに[抑えて]演じる [⇔ overplay].

un·der·pop·u·lat·ed /ʌ̀ndəpɑ́(ː)pjʊlèɪṭɪd | -dəpɔ́p-←/ 形 人口が少ない, 過疎の [⇔ overpopulated].

un·der·priv·i·leged /ʌ̀ndəprív(ə)lɪʤd | -də-←/ 形 [普通は 限定] 社会的・経済的に恵まれていない: *the underprivileged* 恵まれない人たち《複数名詞のように扱われる; ⇒ the¹ 3》. 語法 しばしば「貧しい」の意味で遠回しに用いる.

un·der·rate /ʌ̀ndəréɪt | -də-/ 動 他 (人·能力など)を低く評価する, 見くびる [⇔ overrate].

un·der·rat·ed /ʌ̀ndəréɪṭɪd | -də-←/ 形 過小評価された [⇔ overrated].

+**un·der·score** /ʌ̀ndəskɔ́ə | -dəskɔ́ː/ 動 (-der·scores /~z/; -der·scored /~d/; -der·scor·ing /-skɔ́ːrɪŋ/) 他 ❶《主に米》(...)を**強調する**. ❷《主に米》(...)に**下線を引く** [≒underline].

un·der·sea /ʌ̀ndəsíː | -də-←/ 形 限定 海底の, 海中の: an *undersea* cable 海底ケーブル.

un·der·sec·re·tar·y /ʌ̀ndəsékrətèri | -dəsékrətri/ 名 (-tar·ies) C [しばしば U-] 次官: a parliamentary [permanent] *undersecretary*《英》政務[事務]次官.

un·der·sell /ʌ̀ndəsél | -də-/ 動 (-der·sells; 過去・過分 -der·sold /-sóʊld/; -sell·ing) 他 ❶ (競争相手)より安値で売る; (物)を他より安値で売る: We will not be *undersold.* うちの値段がどこよりも安い. ❷ (自分(のもの))を安売りする, 控えめに売り込む.

un·der·shirt /ʌ́ndəʃə̀ːt | -dəʃə̀ːt/ 名 C《米》(アンダー)シャツ《特に男性用の肌着》[《英》vest].

un·der·shorts /ʌ́ndəʃɔ̀əts | -dəʃɔ̀ːts/ 名 複 パンツ《男性用》[≒underpants].

un·der·side /ʌ́ndəsàɪd | -də-/ 名 [単数形で普通は the ~] 下側, 底面 (*of*).

un·der·signed /ʌ́ndəsàɪnd | -də-/ 名 [the ~ として単数または複数扱い]《格式》(下記の)署名人: I, *the undersigned* 私儀, 署名者(は)《誓約書などで》.

un·der·sized /ʌ̀ndəsáɪzd | -də-←/ 形 普通より小さい, 小型の.

un·der·skirt /ʌ́ndəskə̀ːt | -dəskə̀ːt/ 名 C アンダースカート《ペチコートなど》.

un·der·sold /ʌ̀ndəsóʊld | -də-/ 動 undersell の過去形および過去分詞.

un·der·staffed /ʌ̀ndəstǽft | -dəstɑ́ːft←/ 形 (病院·会社などが)職員[人手]不足の [⇔ overstaffed].

*****un·der·stand** /ʌ̀ndəstǽnd | -də-/ ❗アク

— 動 (-der·stands /-stǽnʤ/; 過去・過分 -der·stood /-stʊ́d/; -stand·ing) 他 [普通は進行形なし]

> 単語のエッセンス
> 1) 理解する ❶
> 2) (...)と推察する ❷
> 3) 聞いて知っている ❸

❶ (人·物事)を**理解する**, (人)の言うこと[気持ち, 考え]を理解する; (ことばなど)が**わかる**, 了解する; (事柄)の重要性[意義]を認識する《⇒ know 類義語》: I can't [don't] *understand* you. あなたの言うことがわからない / I just can't *understand* modern music. 私には現代音楽はまったくわからない / I ***understand how*** you feel. V+O (*wh* 節) お気持ちはよくわかります / We ***understand how to*** drive a car. V+O (*wh* 句) 私たちは車の運転のしかたを(頭では)わかっている / I can't ***understand*** him [his] behav*ing* like that. V+O (動名) 彼がなぜそのようにふるまったのかわからない.

❷《格式》(...)と**推察する**, 思う [≒think, believe]; (物)を(...と)解する, 解釈する; [普通は受身で] (...)を当然のことと解する, (...)と了解する: I ***understand*** (*that*) you have no objection. V+O ((*that*)節) あなたには異議がないと私は理解しています. 語法 しばしば文の終わりで, または挿入語句として用いる: Your application, *I understand,* is still current. あなたの申し込みはまだ有効なわけですね // Am I to *understand that* you intend to refuse? 君は断わるつもりだと考えていいんだね / His silence *was* ***understood to*** mean yes. V+O+C (*to* 不定詞)の受身 彼の沈黙は承諾を意味すると解された / In the library *it is understood that* loud talking is not permissible. 図書館では大声で話してはいけないことになっている.

❸《格式·丁寧》(...)を**聞いて知っている**, 聞き及ぶ [≒know]: We ***understand*** (*that*) she is returning next month. V+O ((*that*)節) 私たちは彼女が来月帰ってくると聞いている / I *understand* your country is very beautiful. あなたのお国は大変美しいそうですね / You have three children, *I understand.* お子さんは3人でしたね《⇒ 2 語法》/ He ***is understood to*** be in favor of the idea. V+O+C (*to* 不定詞)の受身 彼はその計画に賛成だと聞いている. ❹ [普通は受身で] (...)を省略する《文法の説明などに使われる》: In this case the object of the verb *is understood.* この場合は動詞の目的語が省略されている.

— 自 **理解する, わかる**, 了解する: "Do you *understand?*" "No, I don't (*understand*)."「わかりましたか」「いいえ, わかりません」/ Now, I *understand!* ああわかったよ.

Do you understánd (me)? Ⓢ わかった? いいね《忠告·警告などの後に用いられ, しばしば怒りを表わす》.

gíve ... to understánd (that) ~ [動] 他 [しばしば受身で]《格式》(...)にそれとなく~をわからせる; ~と理解させる: We *were given to understand* (*that*) he would start on June 5. 私たちは彼が6月5日に出発するものと思っていた.

Is that understóod? Ⓢ = Do you understand (me)?

màke oneself understóod [動] 自 (外国語などで)**自分の意思を伝える**, こちらの気持ちをわからせる: I'm afraid I can't *make myself understood in* English. 私は英語では自分の意思を伝えることができないのではないかと思う.

Sò I understánd. そのように聞いている: 🗨 "He's going to study in Canada." "*So I understand.*"「彼

はカナダに留学するんだ」「そうらしいね」

+**un·der·stand·a·ble** /ʌ̀ndəstǽndəbl | -də-ˊ/ 形 **もっともな; 理解できる**, 納得できる: It's *understandable* that the parents are angry. 親が怒るのももっともだ / His attitude is perfectly *understandable*. 彼の態度はよくわかる.

un·der·stand·a·bly /ʌ̀ndəstǽndəbli | -də-/ 副 文修飾 理解できることに[だが], ...はもっともと思われる: *Understandably* (enough), he was shocked. 彼がショックを受けたのも(全く)無理はない.

un·der·stand·ing /ʌ̀ndəstǽndɪŋ | -də-/

— 名 (～s /～z/) ❶ [U または an ～] **理解**, 会得, わかること; [普通は所有格の後で] (個人的な)解釈: I don't have *a* clear ***understanding of*** the causes. 私はその原因についてははっきりわからない / According to *my understanding of* the letter, he is not angry with us. その手紙を私なりに解釈すると, 彼は私たちには怒っていないと思う / *My* [*Our*] *understanding* is that... 《格式》私[私たち]は...と理解している.

❷ C [普通は単数形で] (非公式な)**取り決め**, 内諾, (暗黙の)了解; 申し合わせ: an *understanding* between the two nations 2 国間の申し合わせ / They 「***came to*** [***reached***] a tacit ***understanding with*** us ***about*** the issue. 彼らはその問題について私たちと暗黙の了解に達した / There is an ***understanding that*** we don't use this hall after nine at night. +*that* 節 このホールは夜 9 時以降は使用しないという申し合わせがある. ❸ [U または an ～] (相手の気持ち・考え方などに対する)理解, 察し; 共感: mutual *understanding* between nations 各国間の相互理解. ❹ U 理解力, 知力; 分別: It's beyond a child's *understanding*. それは子供の理解力を超えている.

on the understánding that ... [接] 《格式》...という条件で.

— 形 もののわかる; 思いやりのある, 話せる: an *understanding* person ものわかりのいい人.

un·der·state /ʌ̀ndəstéɪt | -də-/ 動 他 (...)を控えめに言う; (数量など)を(実際より)少なく言う [⇔ overstate].

un·der·stat·ed /ʌ̀ndəstéɪṭɪd | -də-/ 形 限定 [よい意味で] (表現・装飾などが)控えめな, 地味な.

un·der·state·ment /ʌ̀ndəstéɪtmənt | -də-/ 名 U 控えめに言うこと; C 控えめなことば[表現]《very good の代わりに not bad, tolerable を用いるなど》 [⇔ overstatement].

un·der·stood /ʌ̀ndəstʊ́d | -də-/

— 動 understand の**過去形および過去分詞**.

un·der·stud·y /ʌ́ndəstʌ̀di | -də-/ 名 (-stud·ies) C (俳優の)代役 (*to*). — 動 (-stud·ies; -stud·ied; -y·ing) 他 (役)の代役のけいこをする; (俳優)の代役をする.

+**un·der·take** /ʌ̀ndətéɪk | -də-/ !アク 動 (-der·takes /～s/; 過去 -der·took /-tʊ́k/; 過分 -der·tak·en /-téɪk(ə)n/; -der·tak·ing) 他 《格式》(難しい仕事・役目など)を**引き受ける**, 請け負う, (...すること)を約束する; (重責)を担う: Did he *undertake* the mission? 彼はその役目を引き受けましたか / Nobody would ***undertake to*** discuss debts with the company president. V+O (*to* 不定詞) 負債について社長と話し合おうとするものはだれもいなかった.

+**un·der·tak·en** /ʌ̀ndətéɪk(ə)n | -də-/ 動 undertake の**過去分詞**.

un·der·tak·er /ʌ́ndətèɪkə | -dətèɪkə/ 名 C 葬儀屋 [≒funeral director].

un·der·tak·ing[1] /ʌ̀ndətéɪkɪŋ | -də-/ 名 ❶ C [普通は単数形で] 企業, 事業; 引き受けた仕事[計画]: a Government *undertaking* 国営事業 / enter a joint *undertaking* 合弁事業を始める. ❷ C 《格式》約束, 保証, 請け合い: 言い換え She gave an *undertaking to* follow his instructions. = She gave an *undertaking that* she would follow his instructions. 彼女は彼の指示に従うと約束した.

un·der·tak·ing[2] /ʌ́ndətèɪkɪŋ | -də-/ 名 U 葬儀業.

un·der·tone /ʌ́ndətòʊn | -də-/ 名 ❶ C (感情などの)底流, 潜在的要素: There was an *undertone of* hostility in his letter. 彼の手紙にはどことなく敵意が感じられた. ❷ C 低音, 小声: speak in 「an *undertone* [*undertones*] 小声で話す.

+**un·der·took** /ʌ̀ndətʊ́k | -də-/ 動 undertake の**過去形**.

un·der·tow /ʌ́ndətòʊ | -də-/ 名 C [普通は単数形で] (岸から返す)引き波; (感情などの)底流 (*of*).

un·der·used /ʌ̀ndəjúːzd | -də-ˊ/ 形 十分に利用[活用]されてない.

un·der·val·ue /ʌ̀ndəvǽljuː | -də-/ 動 他 (...)を過小評価する, 軽視する; (...)の値を安く踏む [⇔ overvalue].

un·der·wa·ter /ʌ̀ndəwɔ́ːṭə | -dəwɔ́ːtə-ˊ/ 形 限定, 副 水面下の[で], 水中の[で].

un·der·wear /ʌ́ndəwèə | -dəwèə/ 名 U 下着(類), 肌着《⇨ undies》: change one's *underwear* 下着を替える.

un·der·weight /ʌ̀ndəwéɪt | -də-ˊ/ 形 (人が)標準体重に達しない, (基準より)重量不足の [⇔ overweight]: You're two kilos *underweight*. あなたは(標準[基準]より)2 キロ少ない.

+**un·der·went** /ʌ̀ndəwént | -də-/ 動 undergo の**過去形**.

un·der·world /ʌ́ndəwə̀ːld | -dəwə̀ːld/ 名 ❶ C [普通は the ～] 犯罪社会, 暗黒街, 犯罪者[悪]の世界: *the* Paris *underworld* パリの暗黒街. ❷ [the ～] (ギリシャ・ローマ神話の)下界, あの世, 黄泉(よみ)の国.

un·der·write /ʌ̀ndəráɪt | -də-/ 動 (-der·writes; 過去 -der·wrote /-róʊt/; 過分 -der·writ·ten /-rítn/; -der·writ·ing /-ráɪṭɪŋ/) 他 ❶《格式》(事業・出費など)を(資金などで)支援[負担]する (*with*); (株式・社債)を(一括して)引き受ける: *underwrite* a bond issue 社債[公債]の発行を引き受ける. ❷〘商業〙(保険業者が)(...)の保険を引き受ける.

un·der·writ·er /ʌ́ndəràɪṭə | -dəràɪtə/ 名 C (海上)保険業者; (株式などの)引受業者.

un·der·writ·ten /ʌ̀ndərítn | -də-/ 動 underwrite の過去分詞.

un·der·wrote /ʌ̀ndəróʊt | -də-/ 動 underwrite の過去形.

un·de·served /ʌ̀ndɪzə́ːvd | -zə́ːvd-ˊ/ 形 受けるに値しない, 不相応な, 不当な.

un·de·sir·a·ble /ʌ̀ndɪzáɪ(ə)rəbl-ˊ/ 形《格式》望ましく[好ましく]ない. — 名 C [普通は複数形で] (社会にとって)好ましくない人物.

un·de·tect·ed /ʌ̀ndɪtéktɪd-ˊ/ 形 気づかれていない, 検知[検出]されていない.

un·de·ter·mined /ʌ̀ndɪtə́ːmɪnd | -tə́ː-ˊ/ 形 未決定の, はっきりしない.

un·de·vel·oped /ʌ̀ndɪvéləpt←/ 形 (土地が)未開発の; (国などが)未発展の; 未発達の.
un·did /ʌ̀ndíd/ 動 undo の過去形.
un·dies /ʌ́ndiz/ 名 複 《略式》(特に女性の)下着(類)(⇒ underwear).
un·dis·ci·plined /ʌ̀ndísəplɪnd←/ 形 規律のない, しつけの悪い.
un·dis·closed /ʌ̀ndɪsklóʊzd←/ 形 未公表の.
un·dis·guised /ʌ̀ndɪsgáɪzd←/ 形 [普通は 限定] (感情などが)隠されていない, あからさまな.
un·dis·put·ed /ʌ̀ndɪspjú:ṭɪd←/ 形 ❶ 異議のない, 明白な. ❷ (勝者などが)文句なしの.
un·dis·tin·guished /ʌ̀ndɪstíŋgwɪʃt←/ 形 目立たない, 平凡な.
un·dis·turbed /ʌ̀ndɪstə́:bd | -tə́:bd←/ 形 ❶ [普通は 叙述] 触られていない, 手つかずの. ❷ じゃまの入らない, 乱されない. ❸ [普通は 叙述] 悩まされない.
un·di·vid·ed /ʌ̀ndɪváɪḍɪd←/ 形 ❶ [普通は 限定] 完全な, わき目もふらない: give the job one's *undivided* attention ひたすら仕事にはげむ. ❷ 分割されていない.
un·do /ʌ̀ndú:/ 動 (三単現 un·does /-dʌ́z/; 過去 un·did /-díd/; 過分 un·done /-dʌ́n/; -do·ing) 他 ❶ (包み・ひもなど)をほどく, ゆるめる, (ボタン)をはずす, (衣服)を脱ぐ, (封筒など)を開く: *undo* a package 包みを解く. ❷ (...)を元の状態に返す[戻す], 元どおりにする; (努力など)の結果をむだにする, 取り消す: What's done cannot *be undone*. 《ことわざ》 一度したことは元に戻せない / *undo* years of hard work 長年の努力をむだにする / *undo* the damage 損害の埋め合わせをする. ❸ 〖コンピュータ〗 (...)を取り消す, 元に戻す《直前の操作をキャンセルする》. ❹ [普通は受身で] 《格式》 (人)を破滅させる.
un·does /ʌ̀ndʌ́z/ 動 undo の三人称単数現在形.
un·do·ing /ʌ̀ndú:ɪŋ/ 名 U [所有格とともに] 破滅(の原因), 没落: Heavy drinking was *his undoing*. 酒の飲みすぎで彼は身をもちくずした.
un·done[1] /ʌ̀ndʌ́n←/ 動 undo の過去分詞. ― 形 叙述 解いた, ほどいた, はずれた, ゆるめた: One of my buttons has come *undone*. ボタンがひとつはずれてしまった.
un·done[2] /ʌ̀ndʌ́n/ 形 叙述 (仕事が)なされていない, でき上がらない, 未完成の. **léave ... undóne** [動] 他 (...)を未完成にしておく, (...)を途中でやめる.
+**un·doubt·ed** /ʌ̀ndáʊṭɪd←/ 形 限定 **疑う余地のない**; 本物の, 確実な: an *undoubted* talent for music まぎれもない音楽的才能.
+**un·doubt·ed·ly** /ʌ̀ndáʊṭɪdli/ 副 文修飾 **疑う余地なく**, 確かに (⇒ without (a) doubt (doubt 名 成句) 語法): She is *undoubtedly* an able student. 彼女は確かによくできる学生だ.
un·dreamed-of /ʌ̀ndrí:mdɑ̀(:)v, -drémt-, -ʌ̀v | -ɔ̀v/ 形 夢にも思わない, 全く意外な; 思いもかけぬほどよい.
un·dreamt-of /ʌ̀ndrémtɑ̀(:)v, -ʌ̀v | -ɔ̀v/ 形 = undreamed-of.
un·dress /ʌ̀ndrés/ 動 他 (...)の服を脱がせる. ― 自 服を脱ぐ. 語法 get undressed のほうが普通. ― 名 U 《格式》 裸(の状態): in a state of *undress* 裸(同然の身なり)で.
un·dressed /ʌ̀ndrést/ 形 ❶ 叙述 服を脱いだ, 裸の: get *undressed* 服を脱ぐ. ❷ (傷が)包帯をしていない.
un·due /ʌ̀nd(j)ú: | -djú:←/ 形 ❶ 限定 《格式》 過度の, 非常な: *undue* expenses 過度の支出 / without *undue* delay あまり遅れないで. ❷ 限定 《格式》 不当な, 不適当な: exert *undue* influence 不当な影響力を行使する.
un·du·late /ʌ́nʤʊlèɪt | -djʊ-/ 動 自 《格式》 (地表・土地が)起伏している; うねるように動く: *undulating* hills ゆるやかに起伏する丘.
un·du·la·tion /ʌ̀nʤʊléɪʃən | -djʊ-/ 名 U 《格式》 波立ち, 波動; 起伏, うねり; C 起伏個所.
un·du·ly /ʌ̀nd(j)ú:li | -djú:-/ 副 《格式》 過度に, はなはだしく.
un·dy·ing /ʌ̀ndáɪɪŋ←/ 形 限定 (名声・感情などが)不滅の, 不朽の; 絶えない, 尽きない.
un·earned /ʌ̀nə́:nd | -ə́:nd←/ 形 (所得などが)労せずして得た: *unearned* income 不労所得.
un·earth /ʌ̀nə́:θ | -ə́:θ/ 動 他 ❶ (...)を掘り出す, 発掘する. ❷ (事実など)を発見する, 明るみに出す.
un·earth·ly /ʌ̀nə́:θli | -ə́:θ-←/ 形 ❶ この世の物とも思われない; 気味の悪い. ❷ 限定 《略式》 (時間が)とんでもない《非常識に早すぎるか遅すぎるかして》: at an *unearthly* hour とんでもない時間に.
un·ease /ʌ̀ní:z/ 名 U 不安, 心配.
un·eas·i·ly /ʌ̀ní:zəli/ 副 不安そうに, 心配して; 不安定に, 心もとなく.
un·eas·i·ness /ʌ̀ní:zinəs/ 名 U 不安, 心配.
+**un·eas·y** /ʌ̀ní:zi←/ 形 (-eas·i·er /-ziə | -ziə/; -eas·i·est /-ziɪst/) ❶ **不安な**, 心配な, 気にかかる [≒ worried]: pass an *uneasy* night 不安な一夜を過ごす / She felt ***uneasy about*** her future. +about+名 彼女は将来が不安だった. 語法 🔍easy 1(易しい)の反対の意味ではない. ❷ (状態・関係などが)不安定な, 心もとない: an *uneasy* truce 不安定な休戦. ❸ 心地のよくない, 窮屈な, 堅苦しい [≒uncomfortable]; ぎこちない, 落ち着かない: an *uneasy* sleep 心地よくない眠り / I felt *uneasy* in my formal clothes. 私は正装で窮屈だった / He gave an *uneasy* laugh. 彼はぎこちなく笑った.
un·ec·o·nom·i·cal /ʌ̀nèkənɑ́(:)mɪk(ə)l, -ì:k- | -nɔ́m-←/ 形 (方法などが)不経済な, むだの多い.
un·ed·u·cat·ed /ʌ̀néʤʊkèɪṭɪd←/ 形 教育を受けていない, 無学の.
un·e·mo·tion·al /ʌ̀nɪmóʊʃ(ə)nəl←/ 形 感情を表わさない.
+**un·em·ployed** /ʌ̀nɪmplɔ́ɪd, -em-←/ 形 **失業した**, 仕事のない: *the* (long-term) *unemployed* (長期)失業者たち《複数名詞のように扱われる; ⇒ the[1] 3》 / create jobs for *unemployed* young people 仕事のない若者たちのために雇用を創出する.
*__un·em·ploy·ment__ /ʌ̀nɪmplɔ́ɪmənt, -em-/ 名 ❶ U **失業率**, 失業者数: high [low] *unemployment* 高[低]失業率.
❷ U **失業**; 失業状態: the *unemployment* problem 失業問題 / A construction slump caused mass *unemployment*. 建設業界の不振が大量失業を招いた. ❸ U 《米》 = unemployment benefits.
unemplóyment bènefits [《英》 **bènefit**] 名 U 失業手当: be on *unemployment benefits* 失業手当を受けている.
unemplóyment compensàtion 名 U 《米》 失業手当.
un·end·ing /ʌ̀néndɪŋ←/ 形 (よくないことが)終わることのない, いつまでも続く: I'm tired of her *unending* complaints. 彼女の毎度のぐちにはうんざりだ.
un·en·vi·a·ble /ʌ̀nénviəbl←/ 形 (仕事・状況などが)嫌な, やっかいな.

+**un·e·qual** /ʌ̀níːkwəl←/ 形 ❶ **不平等な**, 不つり合いな, 一方的な; ふぞろいの, 一様でない: *unequal* pay 格差のある賃金 / an *unequal* contest 一方的な対戦. ❷ (数・量・価値などが)等しくない, 同等でない: These ropes are *unequal in* length. これらのロープは長さが同じではない. ❸ 叙述 《格式》(人が仕事などに)適さない, (...に)耐えられない: Meg is *unequal to* the task. メグにはその仕事はこなせない.

un·e·qualed, 《英》 **un·e·qualled** /ʌ̀níːkwəld←/ 形 匹敵するもののない, 無敵の, 無比の.

un·e·qual·ly /ʌ̀níːkwəli/ 副 不平等に; 不均一で.

un·e·quiv·o·cal /ʌ̀nɪkwívək(ə)l←/ 形 《格式》あいまいでない, 紛らわしくない; 明白な. **-cal·ly** /-kəli/ 副 あいまいでなく, はっきりと.

un·err·ing /ʌ̀nə́ːrɪŋ, ʌ̀né(ə)r- | -ə́ːr-←/ 形 誤らない, 間違わない, (判断などが)的確な. **~·ly** 副 間違わずに; 的確に.

UNESCO /juːnéskoʊ/ 名 固 ユネスコ, 国際連合教育科学文化機関《the *U*nited *N*ations *E*ducational, *S*cientific, and *C*ultural *O*rganization の略》.

un·eth·i·cal /ʌ̀néθɪk(ə)l←/ 形 (職業などの)倫理[道義]に反する, (やり方が)きたない.

un·e·ven /ʌ̀níːv(ə)n←/ 形 ❶ 平らでない, でこぼこの: *uneven* ground でこぼこの地面. ❷ (質・量が)一様でない, むらのある; 不規則な. ❸ (試合などが)互角でない, 一方的な. ❹ 不均衡な, 不平等な. ❺ 奇数の [≒odd]. **~·ly** 副 でこぼこに; 一様でなく; 平等[互角]でなく.

un·e·vent·ful /ʌ̀nɪvéntf(ə)l←/ 形 (年・生涯などが)平穏無事な, 波乱のない, 事件のない.

un·ex·cep·tion·a·ble /ʌ̀nɪksépʃ(ə)nəbl, -ek-←/ 形 《格式》非難[反対]を受けそうにない; 《略式》平凡な.

un·ex·cused /ʌ̀nɪkskjúːzd, -eks-/ 形 許されていない: an *unexcused* absence 無断欠席.

***un·ex·pect·ed** /ʌ̀nɪkspéktɪd, -eks-←/ 形 ❶ **予期しない**, 思いがけない, 意外な: an *unexpected* event 予期せぬ出来事 / an *unexpected* shower 突然の雨 / That's totally *unexpected*. それは全く意外だ. ❷ [the ~ として名詞的に; 単数扱い] 予期せぬこと.
~·ly 副 思いがけなく, 予想外に, 意外に(も); 不意に, 突然.

un·ex·plained /ʌ̀nɪkspléɪnd, -eks-←/ 形 説明[解明]されていない, なぞの.

un·ex·plored /ʌ̀nɪksplɔ́ɚd, -eks- | -plɔ́ːd←/ 形 ❶ (場所が)探検[調査]されていない. ❷ (考えなどが)検討[吟味]されていない.

un·fail·ing /ʌ̀nféɪlɪŋ←/ 形 [よい意味で] (支援などが)尽きることのない, 絶えない; [普通は 限定] 確かな, 信頼できる. **~·ly** 副 常に, 絶える[変わる]ことなく.

un·fair** /ʌ̀nféɚ | -féə←/ 形 (-fair·er /-fé(ə)rə | -rə/; -fair·est /-fé(ə)rɪst/) ❶ **不公平な**, 公正でない; 不当な: an *unfair* judgment 不公平な判決 / *unfair* tax systems 不公平税制 / The new company rule was ***unfair to [*on*] older workers. +to [on]+名 新しい社則は年配の労働者たちには不公平だった / ***It's unfair to*** blame him for this failure. この失敗を彼のせいにするのは不当だ. ❷ 不正な, ずるい: He got it by *unfair* means. 彼はそれを不正な手段で得た.
~·ly 副 不公平に, 公正でなく; 不当に.
~·ness 名 U 不公平さ; 不当さ.

un·faith·ful /ʌ̀nféɪθf(ə)l←/ 形 ❶ (夫・妻・恋人に)不貞な (*to*). ❷ 忠実[誠実]でない.

un·fa·mil·iar /ʌ̀nfəmíljɚ | -liə←/ 形 ❶ (物事が人に)よく知られていない, なじみのない: The voice on the phone was *unfamiliar to* me. 電話の声は私には聞き覚えのないものだった. ❷ 叙述 (人が...を)よく知らない, (...に)なじみがない: I'm *unfamiliar with* this issue. この問題はよく知らない.

un·fa·mil·i·ar·i·ty /ʌ̀nfəmìliǽrəṭi/ 名 U よく知ら(れてい)ないこと (*to*); 不案内.

un·fash·ion·a·ble /ʌ̀nfǽʃ(ə)nəbl←/ 形 流行遅れの, はやらない.

un·fas·ten /ʌ̀nfǽsn | -fáːsn/ 動 他 (...)をほどく, はずす, ゆるめる.

un·fath·om·a·ble /ʌ̀nfǽðəməbl←/ 形 《文語》不可解な, 解決できない.

un·fa·vor·a·ble, 《英》 **-fa·vour·a·ble** /ʌ̀nféɪv(ə)rəbl←/ 形 ❶ (...にとって)都合の悪い (*to*, *for*); 不運な, 不利な, 逆の: *unfavorable* weather あいにくの天気 / an *unfavorable* wind 逆風. ❷ 好意的でない, 否定的な. **-a·bly** /-əbli/ 副 都合悪く, 不利に; 好意的でなく.

un·feel·ing /ʌ̀nfíːlɪŋ←/ 形 冷酷な, 無情の: cold and *unfeeling* 冷酷無情な.

un·fet·tered /ʌ̀nféṭɚd | -təd←/ 形 《格式》制限[規制]されていない, 自由な.

un·fin·ished /ʌ̀nfínɪʃt←/ 形 でき上がらない, 未完成の: *unfinished* business 未解決[手つかず]の事柄.

un·fit /ʌ̀nfít←/ 形 (-fit·ter; -fit·test) ❶ (人・物が)不適当な, 不適格な, 不向きな; (...の)能力[適性]に欠ける: land *unfit for* farming 耕作に適さない土地 / He's *unfit to* be a teacher. 彼は(人間的に)教師の資格がない. ❷ 体調の不十分な.

un·flag·ging /ʌ̀nflǽgɪŋ←/ 形 [普通は 限定] 衰えることのない, 疲れを知らぬ.

un·flat·ter·ing /ʌ̀nflǽṭərɪŋ, -trɪŋ←/ 形 実物以下に見せる; 好意的でない.

un·flinch·ing /ʌ̀nflínʧɪŋ←/ 形 限定 ひるまない, 屈しない; 断固たる.

un·fo·cused, un·fo·cussed /ʌ̀nfóʊkəst←/ 形 ❶ 目標の定まっていない. ❷ 焦点が合っていない.

+**un·fold** /ʌ̀nfóʊld/ 動 (~s /~z/; ~·ed /~ɪd/; ~·ing) 他 ❶ (折りたたんだもの)を**広げる**, 開く [≒open]: I *unfolded* the map on the desk. 私は机の上に地図を広げた / The man was fólding and *únfolding* his arms. その男は腕を組んだりほどいたりしていた (⇒ un- 発音). ❷ (物語・計画など)を語る, 明らかにする.
— 自 ❶ (物語などが)語られる, 明らかになる; (事態などが)展開する: As the story *unfolded*, the children got more excited. 物語が展開するにつれて子供たちはますます興奮した. ❷ (折りたたんだものなどが)開く, 広がる.

un·fore·seen /ʌ̀nfɔɚsíːn | -fɔː-←/ 形 予期せぬ, 思いがけない: due to *unforeseen* circumstances 不測の事態により.

un·for·get·ta·ble /ʌ̀nfɚgéṭəbl | -fə-←/ 形 [普通はよい意味で] 忘れられない, いつまでも記憶に残る.

un·for·giv·a·ble /ʌ̀nfɚgívəbl | -fə-←/ 形 許されない.

un·for·giv·ing /ʌ̀nfɚgívɪŋ | -fə-←/ 形 ❶ (人が)容赦しない. ❷ (状況・場所などが)厳しい, 過酷な.

un·formed /ʌ̀nfɔ́ɚmd | -fɔ́ːmd←/ 形 《格式》まだ形を成していない, 未成熟の.

+**un·for·tu·nate** /ʌ̀nfɔ́ɚʧ(ʊ)nət | -fɔ́ː-←/ 形 ❶ **不運な**, 不幸な, 不幸せな: an *unfortunate* accident 不運な事故 / *unfortunate* lovers 不幸な恋人たち / *the* fórtunate and *the* *únfortunate* 幸せな人たちと不幸な

U

人たち《複数名詞のように扱われる; ⇒ the[1] 3; un- 発音》 / 言い換え He was ***unfortunate*** (enough) ***to*** get involved in the incident. +to 不定詞 = It was *unfortunate* for him that he got involved in the incident. 彼は不運にもその事件に巻き込まれた. 語法 (1) unlucky よりも格式ばった語. (2) unlucky よりも偶然性が薄く重大な結果を表わすことがある. ❷《格式》遺憾な, 残念な: It is most *unfortunate* that you behaved like that. あなたがそんなふるまいをしたのはとても残念だ. ❸《格式》不適当な, 無礼な: an *unfortunate* choice of words 不適当なことばの選択. (名 misfórtune)

— 名 C 《文語》不運な[恵まれない]人, 不幸な人.

****un·for·tu·nate·ly** /ʌ̀nfɔ́əʧ(ʊ)nətli | -fɔ́ː-/ — 副 文修飾 不運にも, 不幸にも, あいにく: *Unfortunately*, I was not there. あいにく私はそこにいなかった / *Unfortunately for* us, it began to rain. 我々にとって運の悪いことに雨が降りだした / I can't see you, *unfortunately*. 残念ですが会えません.

un·found·ed /ʌ̀nfáʊndɪd←/ 形 根拠のない, 事実無根の, 理由のない: *unfounded* rumors 事実無根のうわさ.

un·freeze /ʌ̀nfríːz/ 動 (un·freez·es; 過去 un·froze /ʌ̀nfróʊz/; 過分 un·fro·zen /ʌ̀nfróʊzn/; un·freez·ing) 他 ❶ (雪·氷など)を解かす; (冷凍した物)を解凍する. ❷ (予算·資産など)の凍結を解除する. — 自 (雪·氷などが)解ける.

***un·friend·ly** /ʌ̀nfréndli←/ 形 (-friend·li·er /-liə | -liə/; -li·est /-liɪst/) **不親切な**, 冷たい, 敵意のある (*to, toward*); 都合の悪い (*to*).

un·ful·filled /ʌ̀nfʊlfíld←/ 形 ❶ (願い·約束などが)果たされていない. ❷ (人が)(仕事や人生について)満足していない.

un·furl /ʌ̀nfə́ːl | -fə́ːl/ 動 他 (帆·旗など)を広げる. — 自 (帆·旗などが)広がる; (花が)開く.

un·fur·nished /ʌ̀nfə́ːnɪʃt | -fə́ː-←/ 形 (部屋などが)家具を備えてない, 備品[造作]のない.

un·gain·ly /ʌ̀ngéɪnli←/ 形 不格好な, 見苦しい.

un·god·ly /ʌ̀ngɑ́(ː)dli | -gɔ́d-←/ 形 (-god·li·er; -li·est) ❶ 限定 《略式》とんでもない, ひどい, むちゃ[非常識]な: at an *ungodly* hour とんでもない時間に. ❷《文語》神を敬わない, 不信心の.

un·gov·ern·a·ble /ʌ̀ngʌ́vənəbl | -vən-←/ 形 ❶ (国·国民などが)統治できない. ❷《格式》(感情などが)制御できない, 手に負えない.

un·gra·cious /ʌ̀ngréɪʃəs←/ 形《格式》礼儀知らずの.

un·gram·mat·i·cal /ʌ̀ngrəmǽtɪk(ə)l←/ 形 文法にかなっていない, 文法的に正しくない, 非文法的な.

un·grate·ful /ʌ̀ngréɪtf(ə)l←/ 形 感謝をしていない, 恩知らずの (*to*): The child was *ungrateful for* my help. その子は私が助けたのに感謝しなかった.

-ful·ly /-fəli/ 副 ありがたいとも思わずに, 恩知らずにも.

un·guard·ed /ʌ̀ngɑ́əḍɪd | -gɑ́ːd-←/ 形 (ことばなどが)不用意な, 気を緩(ゆる)めた; 無防備の. **in an unguárded móment** [副] ついうっかりして.

un·hap·pi·ly /ʌ̀nhǽpɪli/ 副 ❶ 不幸に, 不運に, みじめに; 悲しげに. ❷ 文修飾 《古風》運悪く, 不幸にも, あいにく. 語法 この意味では unfortunately のほうが普通.

un·hap·pi·ness /ʌ̀nhǽpinəs/ 名 U 不幸, 不運; 不満.

***un·hap·py** /ʌ̀nhǽpi←/ 形 (-hap·pi·er /-piə | -piə/; -hap·pi·est /-piɪst/) ❶ **不幸な**, 不運な, 悲しい, みじめな: live an *unhappy* life 不幸な生活を送る / Both háppy and únhàppy people gathered at the church. 幸せな人たちも不幸せな人たちも教会に集まった《⇒ un- 発音》.
❷ **不満な**, 不満に思って, おもしろくない: The pitchers are ***unhappy about*** [***at, with***] the way the manager uses them. +about [at, with]+名 投手たちは監督の自分たちの使い方が不満だ. ❸ 運の悪い, あいにくの; 不吉な: By *unhappy* chance she had gotten the last seat on the plane that crashed. 不運なことに彼女は墜落した飛行機の最後の座席を買っていた. ❹ [普通は 限定] 《格式》(ことばなどが)適切でない, まずい: an *unhappy* remark まずい発言.

un·harmed /ʌ̀nhɑ́əmd | -hɑ́ːmd←/ 形 叙述 傷を受けていない, 無事な: The hostages were released *unharmed*. 人質たちは無事に解放された.

un·health·i·ly /ʌ̀nhélθɪli/ 副 不健康に; 不健全に.

***un·health·y** /ʌ̀nhélθi←/ 形 (-health·i·er /-θiə | -θiə/; -i·est /-θiɪst/) ❶ (環境·食べ物などが)**健康に悪い**.
❷ (人·動物が)**不健康な**, 病身の; (顔色·皮膚などが)不健康そうな. ❸ (道徳的·精神的に)不健全な.

un·heard /ʌ̀nhə́ːd | -hə́ːd/ 形 叙述 聞こえない; 聞いてもらえない. **gò unhéard** [動] 自 無視される, 聞き流される.

un·heard-of /ʌ̀nhə́ːdɑ̀(ː)v, -ʌ̀v | -hə́ːdɔ̀v←/ 形 前例のない, 前代未聞の.

un·help·ful /ʌ̀nhélpf(ə)l←/ 形 役に立たない, 助けにならない.

un·hinge /ʌ̀nhínʤ/ 動 他 [普通は受身で] (人·精神)を狂わせる.

un·ho·ly /ʌ̀nhóʊli←/ 形 (-ho·li·er; -li·est) ❶ 限定 神聖でない, 不浄な; 不信心な, 邪悪な: an *unholy* alliance (よからぬ目的のための)いかがわしい結託. ❷ 限定 《略式》ひどい, とんでもない: make an *unholy* row どんちゃん騒ぎをする.

un·hook /ʌ̀nhʊ́k/ 動 他 (...)をかぎからはずす; (衣服など)のホックをはずす.

un·hoped-for /ʌ̀nhóʊptfɔ̀ə | -fɔ̀ː←/ 形 思いがけない, 望外の: *unhoped-for* success 望外の成功.

un·hur·ried /ʌ̀nhə́ːrid | -hʌ́r-←/ 形 急がない, ゆったりとした.

un·hurt /ʌ̀nhə́ːt | -hə́ːt/ 形 叙述 無傷で.

un·hy·gien·ic /ʌ̀nhaɪʤíːnɪk/ 形 非衛生的な.

u·ni- /júːnɪ/ 接頭「1, 単」の意: *uni*cycle 一輪車 / *uni*form 制服.

u·ni·cam·er·al /jùːnɪkǽm(ə)rəl←/ 形 (議会が)一院(制)の. 関連 bicameral 二院(制)の.

UNICEF /júːnəsèf/ 名 固 ユニセフ, 国連児童基金《*U*nited *N*ations *I*nternational *C*hildren's *E*mergency *F*und の略; 現在の名称は United Nations Children's Fund》.

u·ni·corn /júːnəkɔ̀ən | -kɔ̀ːn/ 名 C 一角獣《頭に角がある馬に似た想像上の動物》.

u·ni·cy·cle /júːnɪsàɪkl/ 名 C 一輪車《曲芸用》.

***un·i·den·ti·fied** /ʌ̀naɪdénṭəfàɪd/ 形 **身元不明の**, 国籍[正体]不明の; 未確認の: Four bodies were *unidentified*. 4 遺体が身元不明だった / an *unidentified* flying object 未確認飛行物体《⇒ UFO》.

+u·ni·fi·ca·tion /jùːnəfɪkéɪʃən/ 名 U **統一**, 単一化: the *unification* of Germany (東西)ドイツ統一《1990 年》. (動 únifỳ)

u·ni·fied /júːnəfàɪd/ 形 統一[統合]された; 一様の.

*__u·ni·form__ /júːnəfɔ̀ɚm | -fɔ̀ːm/ 【!アク】 名 (~s /~z/) C,U **制服**, ユニフォーム; 軍服: (a) school *uniform* 学校の制服 / (a) combat *uniform* 戦闘服 / wear (a) *uniform* 制服を着る.

in úniform [形・副] **制服を着た[て]**; 軍服を着た[て]; 軍隊に所属して: a policeman *in uniform* 制服を着た警察官.

— 形 [比較なし] ❶ **一様な**, 一定の, 不変の: keep a room at a *uniform* temperature 室内を一定の温度に保つ / turn at a *uniform* rate 一定の速度で回転する. ❷ **同一の**, 同形の; 均一の, むらのない: buildings of [in] a *uniform* style 同一様式の建物 / 【言い換え】 These sticks are ***uniform in*** length. 【+in+名】 = These sticks are of *uniform* length. これらの棒はみな同じ長さだ. (名 ùnifórmity)

〘語源 ラテン語で「1 つの (uni-) 形 (form) の」の意; ⇒ form 【キズナ】〙

u·ni·formed /júːnəfɔ̀ɚmd | -fɔ̀ːmd/ 形 制服を着た.

u·ni·form·i·ty /jùːnəfɔ́ɚməṭi | -fɔ́ː-/ 名 U または a ~] 一様; 均一, 一律 (*in*). (形 úniform)

u·ni·form·ly /júːnəfɔ̀ɚmli | -fɔ̀ː-/ 副 一様に, 一定して; 一律に, 均等に.

+**u·ni·fy** /júːnəfàɪ/ 動 (u·ni·fies /~z/; u·ni·fied /~d/; -fy·ing) 他 (…)を**統一する**, 統合する, 一つにする: East and West Germany *were unified* in 1990. 【V+O の受身】 東西両ドイツは 1990 年に統一された / The king *unified* the area(s) into a kingdom. 王はその地域を統一して 1 つの王国にした.

— 自 一つになる (*with*). (名 ùnificátion)

〘⇒ unite 【キズナ】〙

u·ni·lat·er·al /jùːnɪlǽṭərəl, -trəl⁻/ 形 [普通は 【限定】] 《格式》 一方的な, 片側のみの: *unilateral* disarmament 一方的軍縮. 【関連】 bilateral 2 国[2 者]間の / multilateral 多国[多者]間の.

un·i·mag·in·a·ble /ʌ̀nɪmǽʤ(ə)nəbl⁻/ 形 想像を絶する; 思いもつかない. **-a·bly** /-əbli/ 副 想像を絶するほど; 思いもつかないほど.

un·i·mag·i·na·tive /ʌ̀nɪmǽʤ(ə)nəṭɪv⁻/ 形 (人が)想像力のない; (物・事が)つまらない, 平凡な.

un·im·paired /ʌ̀nɪmpéɚd | -péəd⁻/ 形 損なわれていない.

un·im·peach·a·ble /ʌ̀nɪmpíːʧəbl⁻/ 形 《格式》 非の打ちどころのない, 申し分のない; 信頼できる.

un·im·por·tant /ʌ̀nɪmpɔ́ɚtnt | -pɔ́ː-⁻/ 形 重要でない, ささいな, つまらない.

un·im·pressed /ʌ̀nɪmprést/ 形 【叙述】 (人が)感銘を受け(てい)ない (*by, with*).

un·im·pres·sive /ʌ̀nɪmprésɪv⁻/ 形 印象的でない, 平凡な.

un·in·formed /ʌ̀nɪnfɔ́ɚmd | -fɔ́ːmd⁻/ 形 情報を受けていない, 事情を知らされていない; 無知な, 無学な (*about*).

un·in·hab·it·a·ble /ʌ̀nɪnhǽbəṭəbl⁻/ 形 居住に適さない, 人が住めない.

un·in·hab·it·ed /ʌ̀nɪnhǽbɪṭɪd⁻/ 形 人の住まない, 住民のいない, (島などが)無人の.

un·in·hib·it·ed /ʌ̀nɪnhíbɪṭɪd⁻/ 形 抑制[束縛]されていない; 人の目を気にしない, 遠慮のない.

un·i·ni·ti·at·ed /ʌ̀nɪníʃièɪṭɪd⁻/ 名 [the ~; 複数扱い] 未経験者, 初心者. — 形 未経験の.

un·in·jured /ʌ̀níndʒɚd | -dʒəd⁻/ 形 無傷で.

un·in·spired /ʌ̀nɪnspáɪɚd | -spáɪəd⁻/ 形 ひらめきのない; 平凡な.

un·in·spir·ing /ʌ̀nɪnspáɪ(ə)rɪŋ⁻/ 形 興味を起こさない, つまらない.

un·in·stall /ʌ̀nɪnstɔ́ːl/ 動 他 〘コンピュータ〙 (ソフトウェア)をアンインストールする.

un·in·sured /ʌ̀nɪnʃʊ́ɚd | -ʃʊ́əd, -ʃɔ́ːd⁻/ 形 保険をかけていない.

un·in·tel·li·gi·ble /ʌ̀nɪntéləʤəbl⁻/ 形 理解できない, わかりにくい (*to*).

un·in·tend·ed /ʌ̀nɪnténdɪd⁻/ 形 意図しない.

un·in·ten·tion·al /ʌ̀nɪnténʃ(ə)nəl⁻/ 形 故意でない, 何気(なにげ)なくやった. **-al·ly** /-əli/ 副 故意でなく, 何気なく.

un·in·ter·est·ed /ʌ̀níntrɪstɪd, -ṭərèst-⁻/ 形 無関心な; 興味のない (*in*).

un·in·ter·est·ing /ʌ̀níntrɪstɪŋ, -ṭərèst-⁻/ 形 おもしろくない, つまらない.

un·in·ter·rupt·ed /ʌ̀nɪnṭərʌ́ptɪd⁻/ 形 とぎれない, 連続した; じゃまの入らない.

un·in·vit·ed /ʌ̀nɪnváɪṭɪd⁻/ 形 招かれない, 押しかけの; 差し出がましい, よけいな.

*__u·nion__ /júːnjən/ 名 (~s /~z/) ❶ C [しばしば U-] **組合**, 労働組合 [《米》 labor union, 《英》 trade(s) union]; 同盟, 連合; 協会: join the *union* 組合に加入する.

❷ U または a ~] 《格式》 **結合**, 合同, 合併, 統一; **団結**: the *union* of two elements 2 つの元素の結合 / The ***union of*** Scotland ***and*** [***with***] England took place in 1707. スコットランドとイングランドの統一は 1707 年に行なわれた.

❸ U または a ~] [しばしば U-] **連合したもの**; 連邦, 連合国家: The little countries formed a more solid *union* against the foreign powers. 小国群は外国の勢力に対してより強い連合国家を形成した. ❹ [the U-] 《米》 アメリカ合衆国; (南北戦争時の)北軍: the state of *the Union* 合衆国の現況. ❺ C,U 《格式》 結婚 [≒marriage]. ❻ C,U 《格式》 性行為. (動 uníte)

〘語源 ラテン語で「1 つであること」の意; ⇒ uni-〙

u·nion·is·m /júːnjənìzm/ 名 ❶ U 労働組合主義. ❷ U [U-] 〘米国史〙 連邦主義 《南北戦争当時に南北分離に反対した》; 《英》 統一主義 《北アイルランドが英国に留まることを主張する立場》.

u·nion·ist /júːnjənɪst/ 名 ❶ C 労働組合主義者; 組合員. ❷ C [U-] 〘米国史〙 (南北戦争で分離に反対した)連邦主義者; 《英》 (英国と北アイルランドの統一を支持する)統一主義者, 統一主義政党員.

u·nion·i·za·tion /jùːnjənɪzéɪʃən | -naɪz-/ 名 U 労働組合化, 労働組合の結成.

u·nion·ize /júːnjənàɪz/ 動 他 (…)を労働組合に加入させる. — 自 労働組合に加入する.

u·nion·ized /júːnjənàɪzd/ 形 (労働)組合員の.

Únion Jáck 名 固 [the ~] ユニオンジャック 《英国の国旗》.

> 参考 船に付けた小さな国旗 (jack) を組み合わせて作った旗という意味で, 1801 年にイングランドの St. George's cross, スコットランドの St. Andrew's cross, アイルランドの St. Patrick's cross の 3 つの十字架を合わせてできた.

Únion of Sóviet Sócialist Repúblics 名 固 [the ~] ソビエト社会主義共和国連邦 《ヨーロッパ北東

部からアジア北部にわたる15の社会主義共和国より成っていた旧ソ連邦の正式名; 1991年崩壊; ⇒ Commonwealth of Independent States》.

únion shòp 名 C ユニオンショップ《従業員が採用後一定期間内に労働組合に加入することが義務化されている事業所; ⇒ open shop, closed shop》.

‡u·nique /juːníːk/ !アク

— 形 ❶《略式》めったにない, **珍しい**, 特別の, すばらしい: I had a *unique* opportunity to see the interior of the palace. 私は宮殿の内部を見るというめったにない機会に恵まれた.

❷ **ほかにない**, 唯一の; **独特の**, ユニークな: a *unique* event 他に例を見ない出来事 / This problem is ***unique to*** Japan. +to+名 この問題は日本独特のものである. 語法 この意味では[比較なし]であり, absolutely, almost, quite, totally などの副詞とともに用いることができる.《略式》では比較級・最上級も使われ, また fairly, rather, somewhat, very などで修飾することもあるが, 誤りとする人もいる.

〖⇒ unite キズナ〗

~·ly 副 独特に; 特別に, 比類なく.

~·ness 名 U 独特さ; 無類.

u·ni·sex /júːnəsèks/ 形 限定 (服装・仕事・世代などが)男女差のない, 男女両用の; (店などが)男女両用のものを扱う, 男女共用の.

u·ni·son /júːnəs(ə)n, -z(ə)n/ 名 [次の成句で] **in únison** [副・形] (1) 声をそろえて; 一斉に. (2) (...と)協力して (*with*). (3)〔音楽〕(一つの旋律を)同音で, 斉唱[斉奏]で, ユニゾンで.

u·nit** /júːnɪt/ 名 (u·nits/-nɪts/) ❶ C (**構成)単位**; 1つ, 1個, 1人; [《英》単数形でもときに複数扱い] (ある目的で協同する)集団; (病院の)部門, 病棟; (軍隊などの)**部隊**: the ***units of a sentence 文の構成単位 / A textbook consists of *units* called lessons. 教科書は課という単位からなっている.

❷ C (度量衡などの)**単位**: a monetary *unit* 通貨単位 / A foot is a ***unit of*** length. フィートは長さの単位だ / The dollar is the *unit of* American currency. ドルはアメリカの通貨の単位だ. ❸ C (学習内容の)単元; 《米》〔教育〕(学科目の)単位. ❹ C (器具などの)ひとそろい, (設備の)一式; (そろいの器具の特定の働きをする)一部, 部品, (ユニット家具などの)一点; (一点の)製品; 《米》(集合住宅の)一戸: a kitchen *unit* キッチンユニット / the basic *units* of a stereo set ステレオの基本的な部品. ❺ C〔数学〕1の数; 1の位の数.

(形 únitàry)

〖⇒ unite キズナ〗

U·ni·tar·i·an /jùːnətéəriən/ 名 C ユニテリアン派(キリスト教プロテスタントの一派)の人. — 形 ユニテリアンの.

u·ni·tar·y /júːnətèri | -təri, -tri/ 形《格式》単一の, まとまった. (名 únit)

‡u·nite /juːnáɪt/ !発音

— 動 (u·nites /-náɪts/; u·nit·ed /-ṭɪd/, u·nit·ing /-ṭɪŋ/) 他 ❶ (...)を**団結させる**, 結集する: Common interests *united* all the opposition parties. 共通の利害が全野党を結集させた / We should ***be united in*** our efforts. V+O+in+名の受身 我々は一致団結して努力すべきだ.

❷ (2つ以上の物)を**結合する**, 合体[合併]させる《⇒ join 類義語》: The treaty *united* all the nations in Southeast Asia. その条約は東南アジアのすべての国を結び付けた / This town ***was united with*** the neighboring larger town. V+O+with+名の受身 この町は隣の大きい町に合併された / England and Scotland were *united* into one kingdom in 1707. イングランドとスコットランドは1707年に合併され1つの王国になった. ❸ [受身で]《格式》(結婚によって)(...)を結ぶ, 結婚させる: They were *united* in church. 彼らは教会で結ばれた. ❹ (性質)を併(あわ)せ持つ, 兼備している: He *unites* tenderness and [*with*] severity. 彼は優しいながらも厳しさがある.

— 自 ❶ **団結する**, 結束する, 一致協力する: Let us ***unite in*** creat*ing* a new world. V+in+動名 力を合わせて新しい世界を作ろう 多用 / The opposing factions ***united behind*** the new leader. V+behind+名 対抗している派閥が新しいリーダーのもとに一致協力した / The local people ***united against*** plans for an air base. V+against+名 現地の人たちは空軍基地の計画に反対し団結した.

❷ **結合する**, 一つになる, 合併する; 合体して...となる: The two nations *united* in the seventeenth century. その2つの国は17世紀に合併した / The two clubs ***united to*** form an association. V+to 不定詞 2つのクラブは合併して1つの協会となった. (名 únion)

〖語源 ラテン語で「1つにする」の意〗

単語のキズナ			UNI／1つ＝one
unite	(1つにする)	→	結合する
unique	(1つの, 唯一の)	→	独特の
unit	(1つのもの)	→	(構成)単位
unity	(1つであること)	→	単一性
unify	(1つにする)	→	統一する
university	(1つにまとまった社会)	→	総合大学
universe	(1つにまとまったもの)	→	宇宙
unanimous	(1つの心の)	→	満場一致の

+u·nit·ed /juːnáɪṭɪd/ 形 ❶ **団結した**, 結束した, 一致協力した (*in*); 和合した: *united* efforts 共同の努力 / present a *united* front against the terrorism テロリズムに対し共同戦線をはる / We should be ***united in*** our opposition to the plan. +in+名 我々は一致団結してその計画に反対すべきだ.

❷ [比較なし] (特に政治的目的で)**連合した**, 統合した: *united* forces 連合軍. ❸ [U-] [社名や《英》ではサッカーのチーム名に用いて] ...ユナイテッド.

Uníted Árab Émirates 名 固 [the ~] アラブ首長国連邦《ペルシャ湾 (Persian Gulf) に臨む7つの首長国から成る連邦; 略 U.A.E.》.

***U·nit·ed King·dom** /juːnáɪṭɪdkíŋdəm/ 名 固 [the ~] **連合王国, 英国**《Great Britain 島の England, Wales, Scotland と Ireland 北部の Northern Ireland および付近の島々から成る王国; 英連邦 (the Commonwealth) の中心を成す; 首都 London; 略 UK, U.K.》. 参考 正式名は the United Kingdom of Great Britain and Northern Ireland (グレートブリテンおよび北アイルランド連合王国)という.

‡U·nit·ed Na·tions /juːnáɪṭɪd-néɪʃənz/

— 名 [the ~ として単数扱い] 国際連合, **国連**《略 UN, U.N.》: *United Nations* Headquarters 国連本部《ニューヨーク市にある》/ Japan became a member of *the United Nations* in 1956. 日本は1956年に国連の一員となった[国連に加入した].

U·nit·ed States /juːnáɪṭɪdstéɪts/
— 名 ❶ 固 [the ～ として単数扱い] **アメリカ合衆国, 米国**《正式には the United States of America という; 略 US, U.S.》.
❷ [形容詞的に] **アメリカ合衆国の, 米国の**《略 US, U.S.》: the *United States* Army [Navy, Air Force] 米国陸軍[海軍, 空軍]《それぞれ 略 USA, USN, USAF》/ a *United States* ship 米国船《略 USS》.

U·nit·ed States of A·mer·i·ca /juːnáɪṭɪdstéɪtsəvəmérɪkə/
— 名 固 [the ～ として単数扱い] **アメリカ合衆国, 米国**《北米の合衆国; 50 の州と首都 Washington, D.C. から成る; 米国人は単に the United States, the U.S. または情感をこめて America ともいう; 略 USA, U.S.A.》.

únit prìce 名 C 〔商業〕単位価格.

únit trúst 名 C《英》ユニットトラスト《オープンエンド型投資信託》.

u·ni·ty** /júːnəṭi/ 名 (u·ni·ties/～z/) ❶ U **協調**, 一致; (行動や目的の)一貫性: ***unity of purpose 同じ目的の下での一致団結.
❷ U **単一性; 統一(性)**, 調和, まとまり: the ethnic ***unity of*** a race 民族的統一. ❸ C《格式》個体, 単一体, 統一体. 〘⇒ unite キズナ〙

Univ. 略 = university.

***u·ni·ver·sal** /jùːnəvə́ːs(ə)l | -vəː-ˊ/ 形 [比較なし] ❶ **全世界の**; 人類に共通の; 全員の, すべての人々の: *universal* peace 世界平和 / Music is the *universal* language of mankind. 音楽は人類の共通のことばである《Longfellow のことば》/ *universal* suffrage 普通選挙権《全成年男女が持つ》/ His book was received with *universal* favor. 彼の本は世間一般に好意的に受け入れられた.
❷ **普遍的な**, 全般的な, 一般的な [≒general]: a *universal* truth 普遍的真理 / *universal* gravitation 万有引力. (名 únivèrse)

u·ni·ver·sal·i·ty /jùːnəvəːsǽləṭi | -vəː-/ 名 U 普遍性, 一般性; (知識·能力などの)多方面なこと.

úniversal jóint 名 C 〔機械〕自在継ぎ手.

u·ni·ver·sal·ly /jùːnəvə́ːsəli | -vəː-/ 副 全世界に, すべての人に; 例外なく; 至る所で, 普遍的に.

***u·ni·verse** /júːnəvə̀ːs | -vəːs/ !アク 名 (-vers·es /～ɪz/) ❶ [the ～, the U-] (天体を含む)**宇宙**(全体); 天地万物, 森羅万象《⇒ space 表》. ❷ C [しばしば所有格とともに用いて] 世界; 領域, 分野.
the cénter of ...'s úniverse [名] ...にとって最も大切な人[物]. (形 ùnivérsal)
〘⇒ unite キズナ〙

u·ni·ver·si·ty /jùːnəvə́ːsəṭi | -vəː-ˊ/ !アク
— 名 (-si·ties /～z/) ❶ C,U **大学**, 総合大学《特に大学院課程を持つ大学; 略 U., Univ.; ⇒ college 1 語法 (1)》: My brother is studying physics *at* Harvard ***University***. 私の兄はハーバード大学で物理を勉強している / be at (the [a]) *university* 大学に在学している《✪ 冠詞を略すのは《英》》/ the struggle to get into a good *university* よい大学に入るための努力 / 💬 "What [Which] *university* do you want to apply to?" "The *University of* Chicago." 「あなたはどこの大学を志望していますか」「シカゴ大学です」 語法 「大学へ行く」は一般に《米》では go to *the* [*a*] *university*, 《英》では go to (*a*) *university* という. ただし特定の大学を指すときには《米》でも《英》でも the をつける.

university (特に大学院を持つ総合大学)	大学
college (《米》(一般に)大学; 単科大学)	
institute (理工科系の大学)	

❷ [形容詞的に] **大学の**, 大学に関係のある: a *university* student [professor] 大学生[教授].
〘⇒ unite キズナ〙

+**un·just** /ʌ̀nʤʌ́st-ˊ/ 形 (more ～; most ～)《格式》**不公平な**, 不当な: an *unjust* judge 不公平な裁判官 / a decision *unjust to* us 我々にとって不公平な決定. (名 injústice)

un·jus·ti·fi·a·ble /ʌ̀nʤʌ́stəfàɪəbl-ˊ/ 形 正当化できない, 道理に合わない, 弁解できない.

un·jus·ti·fied /ʌ̀nʤʌ́stəfàɪd/ 形 不当な.

un·just·ly /ʌ̀nʤʌ́stli/ 副《格式》不公平[不当]に.

un·kempt /ʌ̀nkém(p)t-ˊ/ 形 (髪が)くしを入れてない, もじゃもじゃの; (庭などが)手入れのされていない.

+**un·kind** /ʌ̀nkáɪnd-ˊ/ 形 **不親切な**, 意地の悪い; (天候などが)厳しい: He was ***unkind to*** the old woman. +to+名 彼はそのおばあさんに不親切だった 多用 / ***It's*** very ***unkind of*** you ***to*** say that. あなたがそんなことを言うとはあまりにもひどい《⇒ of 12》/ Some people were kínd and others were únkìnd. 親切な人もいたし不親切な人もいた《⇒ un- 発音》.

un·kind·ly /ʌ̀nkáɪndli/ 副 [ときに 文修飾] 不親切(なこと)に, 意地悪に(も): I didn't mean it *unkindly*. 私は悪気があって[意地悪で]そうしたわけではなかった.

un·kind·ness /ʌ̀nkáɪn(d)nəs/ 名 U 不親切, 意地悪.

un·know·ing /ʌ̀nnóʊɪŋ-ˊ/ 形 限定《格式》知らない, 気がつかない.

un·know·ing·ly /ʌ̀nnóʊɪŋli/ 副《格式》知らずに, 気がつかずに.

un·known** /ʌ̀nnóʊn-ˊ/ 形 [比較なし] **知られていない**, 未知の, 不明の; 無名の: an *unknown* place 未知の場所 / for some *unknown* reason よくわからない理由で / His purpose remained ***unknown to us. +to+名 彼の目的は我々にはわからないままだった.
unknówn to ... [副] (人)に知られずに: *Unknown to* my wife, I had already repaid the money. 妻の知らないうちに私はすでに金を返済していた.
— 名 ❶ C 知られていない人, 未知の人; 無名の人. ❷ C 知られていないこと; [the ～] 未知のもの[世界, 場所]. ❸ C 〔数学〕未知数.

únknown quántity 名 [an ～] (能力などが)未知数の人, (性能などが)未知の物.

Únknown Sóldier 名 [the ～]《米》無名戦士《戦没した無名の兵士の代表として葬られた者; ⇒ Arlington》[《英》Unknown Warrior].

Únknown Wárrior 名 [the ～]《英》無名戦士 [《米》Unknown Soldier].

un·lace /ʌ̀nléɪs/ 動 他 (靴)のひもを解く[ゆるめる].

un·law·ful /ʌ̀nlɔ́ːf(ə)l-ˊ/ 形 〔法律〕不法な, 非合法の [≒illegal]: *unlawful* arrest 違法逮捕. **-ful·ly** /-fəli/ 副 不法に, 非合法に.

un·lead·ed /ʌ̀nléḍɪd/ 形 (ガソリンが)無鉛の. — 名 U 無鉛ガソリン.

un·learn /ʌnlɚ́ːn | -lə́ːn/ 動 (un·learns; 過去・過分 un·learned /-lɚ́ːnd, -lɚ́ːnt | -lə́ːnd, -lə́ːnt/, 《英》ではまた un·learnt /-lɚ́ːnt | -lə́ːnt/; -learn·ing) 他《略式》(学んだこと)を忘れようとする; (今までの考え・習慣など)を捨てる.

+**un·leash** /ʌnlíːʃ/ 動 (~·es /~ɪz/; ~ed /~t/; ~·ing) 他 ❶ (破壊力・感情など)を(一気に)**解き放つ**, 爆発させる: The principal's remarks *unleashed* a storm of protest from parents. 校長の発言は親たちからの抗議のあらしを巻き起こした / He ***unleashed*** his ***anger on*** [***upon***] me. V+O+*on* [*upon*]+名 彼は怒りを私にぶちまけた. ❷ (犬など)の革ひもをはずす.

un·leav·ened /ʌnlév(ə)nd⁻/ 形 パン種(だね)を入れていない.

***un·less** /ənlés/ アク

— 接 ❶ **...でない限り, ...しない限り**; もし...でなければ, もし...しなければ [≒if ... not]: I'll go there tomorrow *unless* it rains. 雨が降らない限り明日そこへ行きます《✪🔍未来を表わす will を用いて ×will rain とは言わない》/ *Unless* she is too busy, she will accept the offer. 彼女はあまり忙しくなければその申し出を受け入れるだろう / You must not leave the room *unless* (you are) instructed to do so. 指示がない限り部屋を出るな / "Can I call you at the office?" "***Not unless*** it is absolutely necessary." 「会社に電話してもいいですか」「どうしてもやむをえない時だけにしてください」

> 語法 **unless と if ... not の使い分け**
> (1) 🔍 unless は「...しない場合にのみ」(only if ... not) という除外の唯一の条件を強調する. これに対し, I will (certainly) go *if* it does *not* rain. (雨が降らなければ(もちろん)行きます)では雨が降っても行く可能性もある.
> (2) 🔍 主節が否定を表わすときは仮定法でも用いる: I would *not* have come *unless* I loved you. (=...*if* I did *not* love you.) もし私があなたを愛していなければ来なかったでしょう. しかしそれ以外の場合, 特に事実に反する仮定を表わす仮定法では普通は用いない: I would have gone *if* I had *not* been so sick. (私はあんなに具合が悪くなければ行ったでしょう)で if ... not の代わりに ... *unless* I had been so sick. とは言えない.
> (3) be amazed [angry, glad, pleased, surprised, upset] など感情を表わす語の後に if ... not が続くときは普通 unless を代わりに用いない: I'm *sorry if* you can*not* tell the difference. 君にその違いがわからないなら残念だ.

❷ [主節の後で追加表現として] ただし[もっとも]...でなければということだが: He doesn't have any specialties — *unless* you call having a good sleep in any place a specialty. 彼には特技がない—もっともどこででもよく眠れるのを特技と言わなければの話だが[特技と言うなら話は別だが]. 語法 この場合 if ... not は用いない.

un·li·censed /ʌnláɪs(ə)nst⁻/ 形 無免許の, 無許可の.

***un·like**[1] /ʌnláɪk/

— 前 ❶ **...に似ていない(で)**, ...とは違う[違って] [⇔ like]: He is quite *unlike* his brothers in many ways. 彼はいろいろな点で兄弟とは全然違う / He is, *unlike* other old people, very sensitive to changes in fashion. 彼は他の老人とは違って流行の変化に非常に敏感だ / She bought a sweater ***not unlike*** the one she had lost before. 彼女は前になくしたのと同じようなセーターを買った. 語法 unlike で始まる句は, 否定文では否定語よりも前に置く: *Unlike* his mother, Jim can't speak Japanese. 母親と違ってジムは日本語を話せない.

❷ **...にふさわしくない**, ...に似つかわしくない [⇔ like]: It is quite [altogether] *unlike* her to say so. そんなことを言うなんて全く彼女らしくない.

— /ʌnláɪk⁻/ 形 [普通は 叙述]《文語》**似ていない**, 違った [⇔ like]: The two sisters are quite [completely] *unlike*. その 2 人の姉妹は全く似ていない.

un·like[2] /ʌnláɪk/ 動 他《略式》(Facebook で)(投稿・コメント)の「いいね」を取り消す.

un·like·li·hood /ʌ̀nláɪklihʊ̀d/ 名 U ありそうにないこと, 見込みのなさ.

***un·like·ly** /ʌnláɪkli/

— 形 (more ~, un·like·li·er /-liɚ | -liə/; most ~, un·like·li·est /-liɪst/) ❶ 叙述 **ありそうにない**, ...しそうにない: 言い換え Meg is ***unlikely to*** succeed. +*to* 不定詞 = ***It is unlikely*** (***that***) Meg will succeed. メグは成功しそうもない《✪ ×*It is unlikely for* Meg *to* succeed. とは言わない》.

❷ **考えられない**, 予想もしない: in the *unlikely* event of a fire 万一火事の場合には / The jewel was found in an *unlikely* place. その宝石は思いがけない場所で見つかった.

un·lim·it·ed /ʌnlímɪṭɪd⁻/ 形 限りのない, 無制限の: *unlimited* freedom 無制限の自由.

un·list·ed /ʌnlístɪd⁻/ 形 ❶《米》(電話番号が所有者の要求により)電話帳に載っていない. ❷ (株式が)上場されていない.

un·lit /ʌnlít⁻/ 形 明かり[火]のついていない.

un·load /ʌnlóʊd/ 動 他 ❶ (車・船など)の荷を降ろす; (荷)を降ろす; (乗り物が)(客)を降ろす: The ship *was unloaded* at the port. 船の荷は港で降ろされた / They *unloaded* the cargo *from* the ship. 彼らは船から荷を降ろした / The bus is *unloading* its passengers. バスが乗客を降ろしている. ❷《略式》(負担になる物[人])を片づける, やっかい払いをする, (他人に)押しつける; (商品・株など)を(大量に)処分する, 売り払う (*on, onto*). ❸ (悩みなど)を打ち明ける; (怒りなど)をぶちまける (*on*). ❹ (銃)から弾丸を抜く, (カメラ)からフィルムを出す. — 自 ❶ (車・船が)荷降ろしをする: NÓ LÓADING OR ÚNLÒADING 荷物の積み込み積み降ろし禁止《掲示; ⇒ un- 発音》. ❷ (悩みなどを)打ち明ける; (人に)どなる (*on*). ❸ (銃から)弾丸を抜く; (カメラから)フィルムを出す.

un·lock /ʌnlɑ́(ː)k | -lɔ́k/ 動 他 ❶ (戸・箱など)の錠(じょう)[鍵(かぎ)]をあける: She *unlocked* the door and opened it. 彼女は錠をあけてドアを開いた. ❷ (なぞなど)を解き明かす.

un·looked-for /ʌnlʊ́ktfɔ̀ɚ | -fɔ̀ː⁻/ 形《格式》予期しない, 思いがけない, 意外な.

un·loved /ʌnlʌ́vd⁻/ 形 愛されていない.

un·luck·i·ly /ʌnlʌ́kɪli/ 副 文修飾 不運にも, あいにく [≒unfortunately].

un·luck·y /ʌnlʌ́ki⁻/ 形 (-luck·i·er; -luck·i·est) ❶ 運の悪い, 不運な; あいにくの《⇒ unfortunate 語法》: an *unlucky* accident 不運な事故 / He was *unlucky to* lose the game. 彼は不運によってその試合に負けて

しまった / *It was unlucky* (*for* them) *that* the accident happened on the very day of their concert. コンサートのまさにその日に事故が起きるとは彼らは不運だった / We were *unlucky with* the weather this summer. 今年の夏は天気が悪くてついていなかった / She was *unlucky in* love. 彼女は恋愛運がなかった. ❷ 不吉な, 縁起の悪い: 13 is said to be an *unlucky* number. 13 は縁起の悪い数だと言われている.

un·made /ʌ̀nméɪd←/ 形 ❶ (ベッドが)整えられていない. ❷《英》(道路が)舗装されていない.

un·man·age·a·ble /ʌ̀nmǽnɪʤəbl←/ 形 手に負えない, 扱いにくい.

un·man·ly /ʌ̀nmǽnli←/ 形 (-man·li·er; -li·est) (行動が)男らしくない, おくびょうな.

un·manned /ʌ̀nmǽnd←/ 形 乗組員のいない, 無人の: an *unmanned* spacecraft 無人宇宙船.

un·marked /ʌ̀nmɑ́ɚkt | -mɑ́:kt←/ 形 印[標示]のない: an *unmarked* police car 覆面パトカー.

un·mar·ried /ʌ̀nmǽrid←/ 形 未婚の, 独身の: an *unmarried* mother 未婚の母.

un·mask /ʌ̀nmǽsk | -mɑ́:sk/ 動 他 (...)の仮面をはぐ; (...)の正体を暴露する.

un·matched /ʌ̀nmǽʧt←/ 形《文語》匹敵するものがない, 無比の.

un·men·tion·a·ble /ʌ̀nménʃ(ə)nəbl←/ 形 口にすべきでない, (あまりにひどくて)口に出せない.

un·met /ʌ̀nmét←/ 形 (要求などが)満たされていない.

un·mind·ful /ʌ̀nmáɪn(d)f(ə)l/ 形 叙述《格式》心に留めない, 気にかけない, むとんちゃくな (*of*).

un·mis·tak·a·ble /ʌ̀nmɪstéɪkəbl←/ 形 間違えようのない, 紛(まぎ)れのない, 明白な. **-a·bly** /-əbli/ 副 紛れもなく, 明らかに.

un·mit·i·gat·ed /ʌ̀nmíṭəgèɪṭɪd/ 形 限定 (災難などが)ひどい, 全くの: an *unmitigated* disaster 全くの災難.

un·moved /ʌ̀nmú:vd←/ 形 叙述 心を動かされない, 哀れと感じない (*by*); 冷徹な.

un·named /ʌ̀nnéɪmd←/ 形 名前を伏せた; 無名の.

un·nat·u·ral /ʌ̀nnǽʧ(ə)rəl←/ 形 ❶ 不自然な; 異常な: an *unnatural* desire for money 異常な金銭欲 / die an *unnatural* death 変死する / *It is* not *unnatural that* you should feel anxious about your first flight. 初めて飛行機に乗ることを不安に思うのは不自然ではない《⇒ should A 7》. ❷ わざとらしい, 気取った; 人為的な: an *unnatural* way of speaking わざとらしい話し方. ❸ (性欲などが)異常な, 変態の.

un·nat·u·ral·ly /ʌ̀nnǽʧ(ə)rəli/ 副 不自然に; 異常に: an *unnaturally* large hand 異常に大きな手. **nót unnáturally** [副] 文修飾 無理もないことだが, 当然のことだが.

un·nec·es·sar·i·ly /ʌ̀nnèsəsérəli | ʌ̀nnésəs(ə)rəli/ 副 不必要に, むだに.

+**un·nec·es·sar·y** /ʌ̀nnésəsèri | -s(ə)ri←/ 形 **不必要な**, 無用の, よけいな, (発言などが)その場にふさわしくない: *unnecessary* expenses よけいな支出 / an *unnecessary* remark よけいな一言 / *It is unnecessary for* you *to* join us. 君が加わる必要はない.

un·nerve /ʌ̀nnɚ́:v | -nə́:v←/ 動 他 (...)の気力を奪う, (...)をおじけづかせる, 不安にさせる.

un·nerv·ing /ʌ̀nnɚ́:vɪŋ | -nə́:v-←/ 形 不気味な, 不安にさせるような.

un·no·ticed /ʌ̀nnóʊṭɪst←/ 形 注意を引かない(で), 人目につかない(で): go [pass] *unnoticed* 見落とされる.

un·num·bered /ʌ̀nnʌ́mbɚd | -bəd←/ 形 ❶ 番号のついていない. ❷《文語》数えきれない.

un·ob·served /ʌ̀nəbzɚ́:vd | -zə́:vd←/ 形 副 気づかれない(で), 観察されない(で).

un·ob·tain·a·ble /ʌ̀nəbtéɪnəbl←/ 形 手に入らない.

un·ob·tru·sive /ʌ̀nəbtrú:sɪv←/ 形《格式》[しばしばよい意味で] でしゃばらない, 目立たない.

un·oc·cu·pied /ʌ̀nɑ́(:)kjʊpàɪd | -ɔ́k-←/ 形 (家・土地などが)占有されていない, 人の住んでいない [≒vacant]; (国・領土などが)占領されていない.

+**un·of·fi·cial** /ʌ̀nəfíʃəl←/ 形 **非公式な**, 私的な; 非公認の: an *unofficial* visit 非公式な訪問.
-cial·ly /-ʃəli/ 副 非公式に(は); 非公認で.

un·o·pened /ʌ̀nóʊp(ə)nd←/ 形 未開封の.

un·op·posed /ʌ̀nəpóʊzd←/ 形 反対[対抗]する者がいない, 対立候補がいない.

un·or·ga·nized /ʌ̀nɔ́ɚgənàɪzd | -ɔ́:-←/ 形 ❶ 秩序立っていない, 整理されていない. ❷ 組織(化)されていない; 労働組合に加入していない.

un·or·tho·dox /ʌ̀nɔ́ɚθədɑ̀(:)ks | -ɔ́:θədɔ̀ks←/ 形 正統的でない, 伝統的でない.

un·pack /ʌ̀npǽk/ 動 他 ❶ (包み・荷)を解いて中身を出す; (中身)を(包み・荷などから)取り出す: *unpack* a suitcase スーツケースをあけて中身を出す / *unpack* the shopping *from* a bag バッグから買った物を出す. ❷ (語句・概念など)を解明[分析]する. ― 自 包み[荷]を解く.

un·paid /ʌ̀npéɪd←/ 形 ❶ 未払いの: an *unpaid* bill 未払いの請求書. ❷ (人・仕事などが)無給の, 無報酬の: *unpaid* leave 無給休暇.

un·pal·at·a·ble /ʌ̀npǽləṭəbl←/ 形 ❶ (事実・考えなどが)いやな, 受け入れがたい (*to*). ❷ (食物が)まずい.

un·par·al·leled /ʌ̀npǽrəlèld←/ 形《格式》並ぶものがない, 無比の.

un·par·don·a·ble /ʌ̀npɑ́ɚdnəbl | -pɑ́:-←/ 形《格式》許しがたい.

un·pat·ri·ot·ic /ʌ̀npèɪtriɑ́(:)ṭɪk | -pæ̀triɔ́t-, -pèɪtri-←/ 形 愛国心のない.

un·paved /ʌ̀npéɪvd←/ 形 舗装されていない.

un·per·turbed /ʌ̀npɚtɚ́:bd | -pətə́:bd←/ 形 心を乱されない, 平静な, 落ち着いた.

un·pick /ʌ̀npík/ 動 他 (縫い目など)をほどく; (...)の縫い目をほどく.

un·placed /ʌ̀npléɪst←/ 形《英》(競技などで)(3 位までに)入賞しない, 等外の.

un·planned /ʌ̀nplǽnd←/ 形 計画していない, 予定外の.

un·play·a·ble /ʌ̀npléɪəbl←/ 形 ❶ (ボールが)打ち返せない; (競技場が)競技できない; (相手選手・チームが)強くて歯が立たない. ❷ (楽器・曲が)演奏不可能な.

+**un·pleas·ant** /ʌ̀npléz(ə)nt←/ 形 ❶ (物・事柄などが) **不愉快な**, いやな, 気に入らない: *unpleasant* noises 不愉快な騒音 / an *unpleasant* experience いやな経験. ❷ (人・ことばなどが)感じの悪い, 不親切な: Mrs. Jones is often *unpleasant to* her husband's secretary over the phone. ジョーンズ夫人は電話口でよく夫の秘書につっけんどんになる.
~·ly 副 不愉快に, いやになるほど, 感じが悪く.

un·pleas·ant·ness /ʌ̀npléz(ə)ntnəs/ 名 ❶ U 不愉快; 感じの悪さ. ❷ U 争い, もめごと.

un·plug /ʌ̀nplʌ́g/ 動 (un·plugs; un·plugged; -plug·ging) 他 (...)のプラグを抜く.

un·plugged /ʌ̀nplʌ́gd←/ 形 (演奏などが)電気楽器を

使わない, 生(なま)楽器を使った, アンプラグドの.

+**un·pop·u·lar** /ʌ̀npɑ́(ː)pjʊlɚ | -pɔ́pjʊlə←/ 形 **人気のない**, 評判の悪い, はやらない: The tax reform was deeply ***unpopular with*** [***among***] the people. +with [among]+名 税制改革は国民に大変不評だった.

un·pop·u·lar·i·ty /ʌ̀npɑ̀(ː)pjʊlǽrəṭi | -pɔ̀p-/ 名 U 人望のないこと, 不評, 不人気.

+**un·prec·e·dent·ed** /ʌ̀nprésədènṭɪd/ 形 **前例[先例]のない**, 空前の. C+1 よい意味にも悪い意味にも用いる. 数量·程度などを表わす用法が多く, また後に序数を伴うこともよくある: an *unprecedented* number of new products これまでに例を見ない数の新製品 / an *unprecedented* increase in the crime rate 空前の犯罪発生率の増加 / an *unprecedented* fourth straight victory 史上空前の4連覇.

+**un·pre·dict·a·ble** /ʌ̀nprɪdíktəbl←/ 形 ❶ **予言[予想]できない**: *unpredictable* weather 予想できない天気 / The influence of this accident is *unpredictable*. この事件の影響は予測不可能だ. ❷ (人が)お天気屋の, 気まぐれな.

un·prej·u·diced /ʌ̀npréʤʊdɪst←/ 形 偏見のない, 先入観を持たない; 公平な.

un·pre·med·i·tat·ed /ʌ̀npriːméḍətèɪṭɪd←/ 形 《格式》(犯罪などが)前もって計画したのではない; 意図的でない.

un·pre·pared /ʌ̀nprɪpéɚd | -péəd←/ 形 ❶ 準備[覚悟]のできていない (*for*). ❷ 《格式》(...することに)気が進まない (to *do*).

un·pre·pos·sess·ing /ʌ̀nprìːpəzésɪŋ←/ 形 《格式》(外見が)魅力のない, 見栄えのしない.

un·pre·ten·tious /ʌ̀nprɪténʃəs←/ 形 [よい意味で] 見えを張らない, 気取らない, 控えめの.

un·prin·ci·pled /ʌ̀nprínsəpld←/ 形 《格式》 節操のない, 破廉恥(はれんち)な, 不道徳な.

un·print·a·ble /ʌ̀nprínṭəbl←/ 形 (わいせつなどのため)印刷するに適さない, 印刷をはばかる.

un·pro·duc·tive /ʌ̀nprədʌ́ktɪv←/ 形 非生産的な, 成果をあげない.

un·pro·fes·sion·al /ʌ̀nprəféʃ(ə)nəl←/ 形 (行為などがその人の)職業にふさわしくない, 職業倫理に反する; (仕事などが)専門家らしくない, 素人の.

un·prof·it·a·ble /ʌ̀nprɑ́(ː)fɪṭəbl | -prɔ́f-←/ 形 ❶ (会社·製品などが)利益のない, もうからない. ❷ 《格式》 無益な, むだな.

un·prom·is·ing /ʌ̀nprɑ́(ː)mɪsɪŋ | -prɔ́m-←/ 形 うまくいきそうにない, (前途)有望でない.

un·pro·nounce·a·ble /ʌ̀nprənáʊnsəbl←/ 形 (単語や名前が)発音しにくい.

un·pro·tect·ed /ʌ̀nprətéktɪd←/ 形 保護されていない, 無防備の; (機械などが)覆われていない, むき出しの: *unprotected* sex コンドームをつけない性交.

un·prov·en /ʌ̀nprúːv(ə)n←/ 形 証明されていない.

un·pro·voked /ʌ̀nprəvóʊkt←/ 形 (怒り·攻撃などが)挑発によるものでない, 正当な理由のない.

un·pub·lished /ʌ̀npʌ́blɪʃt←/ 形 未刊の, 未出版の.

un·pun·ished /ʌ̀npʌ́nɪʃt←/ 形 罰せられないで: go *unpunished* (人·犯罪などが)処罰なしである.

un·qual·i·fied /ʌ̀nkwɑ́(ː)ləfàɪd | -kwɔ́l-←/ 形 ❶ 資格のない; 適任でない (*for*): I am quite *unqualified to* teach them. 私には彼らを教える資格など全くありません. ❷ [普通は 限定] 限りない, 無条件の, 全くの: an *unqualified* success 文句なしの大成功.

un·quench·a·ble /ʌ̀nkwénʧəbl←/ 形 《格式》(欲求が)飽くことのない, 抑えられない.

un·ques·tion·a·ble /ʌ̀nkwésʧ(ə)nəbl/ 形 疑いのない; 議論の余地のない, 確かな.

un·ques·tion·a·bly /ʌ̀nkwésʧ(ə)nəbli/ 副 文修飾 疑いなく, 確かに.

un·ques·tioned /ʌ̀nkwésʧənd←/ 形 疑われない; だれもが認める.

un·ques·tion·ing /ʌ̀nkwésʧ(ə)nɪŋ←/ 形 (服従などが)疑問を持たない; 無条件の.

un·quote /ʌ̀nkwóʊt/ 動 自 S 引用(文)を終わる. 語法 quote と対で用いる《⇒ quote 動 成句》: They said *quote* 'We will never surrender' *unquote*. 彼らは「我々は決して降伏しない」と語った.

un·rav·el /ʌ̀nrǽv(ə)l/ 動 (-rav·els; -rav·eled, 《英》 -rav·elled; -el·ing, 《英》 -el·ling) 他 ❶ (なぞなど)を解明する, 解く. ❷ (もつれた糸など)を解く, ほぐす. — 自 ❶ (もつれた糸などが)ほどける, ほぐれる. ❷ (計画·関係などが)だめになる, 破綻する.

un·read /ʌ̀nréd←/ 形 読まれ(てい)ない.

un·read·a·ble /ʌ̀nríːḍəbl←/ 形 ❶ (人の表情などが)感情[考え]が読み取れない. ❷ (本などが)読んで退屈[難解]な. ❸ (筆跡などが)判読できない.

un·re·al /ʌ̀nríː(ə)l, -ríəl | -ríəl, -ríː(ə)l←/ 形 ❶ 実在しない; 現実とは思えないような, 非現実的な. ❷ S (信じられないほど)すばらしい, 驚くべき [≒excellent].

un·re·al·is·tic /ʌ̀nrìːəlístɪk | -rìə-←/ 形 非現実的な: It's *unrealistic to* do such a thing. そんなことをするのはとても無理だ.

un·rea·son·a·ble /ʌ̀nríːz(ə)nəbl←/ 形 ❶ 道理に合わない, 筋の通らない, 不合理な; 分別を欠く: Don't be *unreasonable*. 無茶なことを言わないの《子供に向かって》 / It's *unreasonable to* expect a child to be punctual. 子供に時間厳守を求めるのは無理な注文だ. ❷ (値段·料金などが)不当な, 法外な: an *unreasonable* sum of money 途方もない金額. **-a·bly** /-əbli/ 副 不合理に, 無分別に(も); 不当に, とんでもなく.

un·rea·son·ing /ʌ̀nríːz(ə)nɪŋ←/ 形 《格式》 理性に基づかない, 理不尽な.

un·rec·og·niz·a·ble /ʌ̀nrékəgnàɪzəbl/ 形 (変わってしまって)見分けのつかない.

un·rec·og·nized /ʌ̀nrékəgnàɪzd/ 形 (十分に)評価されない; 気づかれない: go *unrecognized* 気づかれない, 看過される.

un·re·con·struct·ed /ʌ̀nrìːkənstrʌ́ktɪd←/ 形 古い考え方にこだわる.

un·re·cord·ed /ʌ̀nrɪkɔ́ɚḍɪd | -kɔ́ːd-←/ 形 記録[登録]されていない.

un·re·fined /ʌ̀nrɪfáɪnd←/ 形 ❶ 精製されていない. ❷ 《格式》 洗練されていない, 上品でない.

un·reg·is·tered /ʌ̀nréʤɪstɚd | -təd←/ 形 登録されていない.

un·reg·u·lat·ed /ʌ̀nrégjʊlèɪṭɪd/ 形 規制されていない.

un·re·lat·ed /ʌ̀nrɪléɪṭɪd←/ 形 ❶ 関係のない, 関連しない (*to*). ❷ 親類でない, 縁故でない.

un·re·lent·ing /ʌ̀nrɪlénṭɪŋ←/ 形 《格式》 (力·勢いなどが)ゆるむことのない; (人が)容赦しない, きびしい.

un·re·li·a·ble /ʌ̀nrɪláɪəbl←/ 形 頼りにならない, 当てにならない; 不確かな.

un·re·lieved /ʌ̀nrɪlíːvd←/ 形 (よくないことが)いつまでも続く, 相変わらずの.

un·re·mark·a·ble /ʌ̀nrɪmɑ́ɚkəbl | -mɑ́ːk-←/ 形 平

凡な.

un·re·mit·ting /ʌ̀nrɪmíṭɪŋ←/ 形《格式》絶え間のない, 不断の.

un·re·pre·sen·ta·tive /ʌ̀nrèprɪzénṭəṭɪv←/ 形 (...を)代表していない, 典型的でない (*of*).

un·re·quit·ed /ʌ̀nrɪkwáɪṭɪd←/ 形《格式》(愛が)報われない: *unrequited* love 片思い.

un·re·served /ʌ̀nrɪzə́ːvd | -zə́ːvd←/ 形 ❶ (部屋·座席·切符などが)予約され(てい)ない. ❷《格式》限りない, 無条件の, 全くの.

un·re·serv·ed·ly /ʌ̀nrɪzə́ːvɪdli | -zə́ːv-/ 副《格式》全面的に, 無条件に, 完全に.

un·re·solved /ʌ̀nrɪzɑ́(ː)lvd | -zɔ́lvd←/ 形《格式》(問題·疑問などが)未解決の.

un·re·spon·sive /ʌ̀nrɪspɑ́(ː)nsɪv | -spɔ́n-←/ 形《格式》反応しない, 反応の鈍い; (病気が)治療[薬]に対して反応しない (*to*).

+**un·rest** /ʌ̀nrést/ 名 U (社会的な)**不穏**, 不安, 騒乱: political [social] *unrest* 政情[社会]不安 / growing civil *unrest* 増大する市民の騒乱.

un·re·strained /ʌ̀nrɪstréɪnd←/ 形 抑制されない; 遠慮のない.

un·re·strict·ed /ʌ̀nrɪstríktɪd←/ 形 制限されていない.

un·re·ward·ed /ʌ̀nrɪwɔ́əḍɪd | -wɔ́ːd-←/ 形 報われない.

un·ripe /ʌ̀nráɪp←/ 形 (un·rip·er; -rip·est) (果物などが)熟していない.

un·ri·valed, 《英》 **un·ri·valled** /ʌ̀nráɪv(ə)ld/ 形《格式》無比の, 抜群の (*in*).

un·roll /ʌ̀nróʊl/ 動 他 (巻いた物)を開く, 広げる. — 自 (巻いた物が)開く, 広がる.

un·ruf·fled /ʌ̀nrʌ́fld←/ 形 [よい意味で] 騒ぎたてない; 静かな, 冷静な.

un·rul·y /ʌ̀nrúːli←/ 形 (un·rul·i·er, more ～; un·rul·i·est, most ～) ❶ 言うことをきかない, 手に負えない. ❷ (髪が)まとまりにくい.

un·safe /ʌ̀nséɪf←/ 形 (un·saf·er; -saf·est) 安全でない, 危険な, 物騒な: *unsafe* sex (コンドームを使わない)危険な性行為.

un·said /ʌ̀nséd/ 形 叙述 口に出さない: It's better left *unsaid*. それは言わずにおくほうがいい(言わぬが花).

un·san·i·tar·y /ʌ̀nsǽnətèri | -təri, -tri/ 形《主に米》不衛生な, 不潔な.

un·sat·is·fac·to·ry /ʌ̀nsæ̀ṭɪsfǽktəri, -tri←/ 形 不満足な, 不十分な: His answer was very *unsatisfactory to* all concerned. 彼の回答は関係者全員に非常に不満足なものだった.

un·sat·is·fied /ʌ̀nsǽṭɪsfàɪd/ 形 (需要などが)満たされていない; 満足していない (*with*).

un·sat·u·rat·ed /ʌ̀nsǽtʃorèɪṭɪd/ 形〘化学〙(有機化合物が)不飽和の: *unsaturated* fat 不飽和脂肪.

un·sa·vor·y, 《英》 **un·sa·vour·y** /ʌ̀nséɪv(ə)ri←/ 形 不快な, いやな; いかがわしい: an *unsavory* character 性格のよくない人, いかがわしい人.

un·scathed /ʌ̀nskéɪðd←/ 形 叙述 無傷の.

un·sched·uled /ʌ̀nskédʒuːld | -ʃédjuːld←/ 形 予定外の, 臨時の.

un·sci·en·tif·ic /ʌ̀nsàɪəntífɪk←/ 形 非科学的な; 系統立っていない.

un·scram·ble /ʌ̀nskrǽmbl/ 動 他 ❶ (暗号·信号など)を解読する. ❷ (混乱した状況·考えなど)を整理する.

un·screw /ʌ̀nskrúː/ 動 他 (...)を回してはずす; (...)のねじをはずす.

un·script·ed /ʌ̀nskríptɪd←/ 形 (放送·談話などが)台本なしの, 原稿なしの.

un·scru·pu·lous /ʌ̀nskrúːpjʊləs←/ 形 平気で悪事をする, 非良心的な; 恥知らずな. **～·ly** 副 良心のとがめなしに, 恥知らずにも.

un·seal /ʌ̀nsíːl/ 動 他 (...)を開封する.

un·sea·son·a·ble /ʌ̀nsíːz(ə)nəbl/ 形 季節はずれの, 不順な.

un·sea·son·a·bly /ʌ̀nsíːz(ə)nəbli/ 副 季節はずれに: *unseasonably* cold 季節はずれに寒い.

un·seat /ʌ̀nsíːt/ 動 他 ❶ (人)を失脚させる, (議員)の議席を奪う. ❷ (馬が)(人)を振り落とす.

un·seed·ed /ʌ̀nsíːḍɪd/ 形 (トーナメントで)ノーシードの.

un·seem·ly /ʌ̀nsíːmli←/ 形《格式》(行動が)不適切な, 場所柄をわきまえない.

un·seen /ʌ̀nsíːn←/ 形《格式》見えない, 気づかれない; 予見できない.

un·self·ish /ʌ̀nsélfɪʃ←/ 形 利他的な. **～·ly** 副 利他的に. **～·ness** 名 U 利他的なこと, 無私.

un·set·tle /ʌ̀nséṭl/ 動 他 (...)の落ち着きを失わせる, 不安にする, 動揺させる.

un·set·tled /ʌ̀nséṭld←/ 形 ❶ 未解決の, 決定[決着]していない; 未払いの: *unsettled* questions 未解決の諸問題. ❷ (物事が)落ち着いていない, 不安定な, (人·心が)動揺した; (天候などが)定まらない: *unsettled* weather 変わりやすい天候. ❸ (胃が)調子が悪い. ❹ (土地が)人が住んでいない.

un·set·tling /ʌ̀nsétlɪŋ←/ 形 (人·心などを)動揺させる, 不安にさせる.

un·shak·a·ble, un·shake·a·ble /ʌ̀nʃéɪkəbl←/ 形 (信念などが)揺るぎない, 堅固な.

un·shak·en /ʌ̀nʃéɪk(ə)n/ 形 揺るぎない, 不動の, 確固とした.

un·shav·en /ʌ̀nʃéɪv(ə)n←/ 形 ひげをそっていない.

un·sight·ly /ʌ̀nsáɪtli←/ 形 (more ～, un·sight·li·er; most ～, un·sight·li·est) 見苦しい, 不体裁な, 目ざわりな, 醜い.

un·skilled /ʌ̀nskíld←/ 形 熟練していない; (専門的)熟練を要しない.

un·so·cia·ble /ʌ̀nsóʊʃəbl←/ 形 交際嫌いの, 非社交的な; 内気な.

un·so·cial /ʌ̀nsóʊʃəl←/ 形《英》(勤務が)一般的な時間帯でない: work *unsocial* hours 真夜中[早朝]に働く.

un·so·lic·i·ted /ʌ̀nsəlísɪṭɪd←/ 形 (助言·手紙などが)求めないのに与えられる[送られてくる], おせっかいな.

un·solved /ʌ̀nsɑ́(ː)lvd | -sɔ́lvd←/ 形 未解決の.

un·so·phis·ti·cat·ed /ʌ̀nsəfístəkèɪṭɪd←/ 形 ❶ (知的に)洗練されていない, 世慣れていない; 世間ずれしていない, 素朴な《よい意味にも悪い意味にも用いる》. ❷ (道具·機械·方式などが)単純な.

un·sound /ʌ̀nsáʊnd←/ 形 (-sound·er; -sound·est) ❶ (学説などが)根拠の薄弱な, 不合理な, 欠陥のある. ❷ (建物などが)しっかり造られていない, ぐらぐらした. ❸《格式》(心身が)健全でない, 不健康な.

un·spar·ing /ʌ̀nspé(ə)rɪŋ/ 形《格式》容赦しない, きびしい (*in*). **～·ly** 副《格式》容赦なく.

un·speak·a·ble /ʌ̀nspíːkəbl←/ 形 ❶ お話にならない, ひどく悪い. ❷《文語》言語に絶する. **-a·bly** /-əbli/ 副 口に出せないほど; ひどく.

un·spec·i·fied /ʌ̀nspésəfàɪd/ 形 明示していない, 不

特定の.

un·spoiled /ʌ̀nspɔ́ɪld←/ 形 ❶ (場所が)自然のままの, 損なわれていない. ❷ (人が)甘やかされて[増長して]いない.

un·spo·ken /ʌ̀nspóʊk(ə)n←/ 形 (了解などが)暗黙の; (感情・考えなどが)口[ことば]にされない: an *unspoken* agreement 暗黙の了解.

un·sports·man·like /ʌ̀nspɔ́ətsmənlàɪk | -spɔ́:ts-/ 形 スポーツマン精神に反する.

un·sta·ble /ʌ̀nstéɪbl←/ 形 ❶ 不安定な, すわりの悪い; 変わりやすい. ❷ 情緒不安定な.

un·stat·ed /ʌ̀nstéɪṭɪd←/ 形 述べられていない, 暗黙の.

un·stead·i·ly /ʌ̀nstéḍəli/ 副 不安定に, ぐらついて; 一定しないで.

un·stead·y /ʌ̀nstéḍi←/ 形 (-stead·i·er; -i·est) ❶ 不安定な, おぼつかない, ぐらつく. ❷ 変わりやすい, 定まらない.

un·stint·ing /ʌ̀nstínṭɪŋ←/ 形 《格式》 惜しみない.

un·stop·pa·ble /ʌ̀nstá(:)pəbl | -stɔ́p-←/ 形 止められない, 制止できない.

un·stressed /ʌ̀nstrést←/ 形 〔音声〕アクセント[強勢]のない.

un·stuck /ʌ̀nstʌ́k←/ 形 叙述 くっついていない, 留められていない, はずれた. **còme unstúck** [動] 自 (1) (ついていたものが)とれる, はがれる. (2) 《英略式》(人・計画などが)失敗する, だめになる.

+**un·suc·cess·ful** /ʌ̀nsəksésf(ə)l←/ 形 **不成功に終わった**, 失敗した, 不出来な (*in* (*doing*)): an *unsuccessful* attempt 成功しなかった試み.

un·suc·cess·ful·ly /ʌ̀nsəksésfəli/ 副 成功せずに, むなしく: She tried *unsuccessfully* to make him change his mind. 彼女は彼に考えを変えさせようとしたがうまくいかなかった.

un·suit·a·ble /ʌ̀nsú:ṭəbl | -s(j)ú:t-←/ 形 不適当な, 不適任な, 不似合いの: This movie is *unsuitable for* children. この映画は子供向きではない.

un·sung /ʌ̀nsʌ́ŋ←/ 形 《格式》 詩歌に歌われていない; 世人に称賛されない: an *unsung* hero 無名の英雄, 陰の功労者.

un·sure /ʌ̀nʃʊ́ə, -ʃɔ́ə | -ʃɔ́:, -ʃʊ́ə←/ 形 ❶ 叙述 確信のない (*about*, *of*): He was *unsure whether* to stay or not. 彼はとどまるべきかどうか確信が持てなかった. ❷ 叙述 自信のない: *unsure of* oneself 自信がない.

un·sur·passed /ʌ̀nsəpǽst | -səpá:st←/ 形 上回るものがない, 卓越した, 無比の.

un·sus·pect·ed /ʌ̀nsəspéktɪd←/ 形 疑われていない; 思いもよらない, 予期しない.

un·sus·pect·ing /ʌ̀nsəspéktɪŋ←/ 形 疑わない, 怪しまない; (危険などに)気がつかない.

un·sus·tain·a·ble /ʌ̀nsəstéɪnəbl←/ 形 持続可能でない, 環境を破壊する.

un·swerv·ing /ʌ̀nswə́:vɪŋ | -swə́:v-←/ 形 (信念・決心などが)ぐらつかない, 確固とした.

un·sym·pa·thet·ic /ʌ̀nsɪ̀mpəθéṭɪk←/ 形 ❶ 思いやりのない (*to*, *toward*). ❷ 共感[共鳴]しない (*to*, *toward*). ❸ 感じの悪い, 好かれない.

un·taint·ed /ʌ̀ntéɪnṭɪd←/ 形 《格式》 汚されていない (*by*).

un·tamed /ʌ̀ntéɪmd←/ 形 ❶ (土地が)自然のままの. ❷ (動物が)飼いならされていない.

un·tan·gle /ʌ̀ntǽŋgl/ 動 他 ❶ (もつれたもの)を解く, ほどく. ❷ (問題)を解明する.

un·tapped /ʌ̀ntǽpt←/ 形 (資源・才能などが)未利用の, 未開発の.

un·ten·a·ble /ʌ̀nténəbl←/ 形 《格式》 (理論・立場などが)攻撃[批判]に耐えられない.

un·test·ed /ʌ̀ntéstɪd/ 形 試されていない; (薬品などが)試験されていない.

un·think·a·ble /ʌ̀nθíŋkəbl←/ 形 想像もできない, 考えられない, とんでもない; [the ~; 名詞的に] 思いもよらないこと: *It is unthinkable that* he would resign. 彼が辞職するなんて考えられない / *It* would *be unthinkable for* us not *to* help her. 私たちが彼女を助けないなんてことはありえない / do *the unthinkable* 思いもよらないことをする.

un·think·ing /ʌ̀nθíŋkɪŋ←/ 形 《格式》 考え[思慮]のない, 軽率な. **~·ly** 副 《格式》 軽率に.

un·ti·dy /ʌ̀ntáɪḍi←/ 形 (un·ti·di·er; un·ti·di·est) (人・服装が)だらしのない; (部屋などが)散らかった, 乱雑な [≒messy]: an *untidy* appearance [room] だらしのない身なり[乱雑な部屋].

un·tie /ʌ̀ntáɪ/ 動 (un·ties; un·tied; un·ty·ing) 他 ❶ (...)を解く, ほどく: *untie* one's shoelaces 靴ひもを解く. ❷ (...)を放す, 解放する.

*****un·til** /əntíl/

> 語法 till と until は同じ意味であるが, until のほうが一般的でやや改まった感じである. 特に「文」の初めや長い「節」の前では until が好まれる.

単語のエッセンス

1) (...)まで	前 ❶, 接 ❶
2) [否定文で] ...まで(~しない)	前 ❷, 接 ❸
3) とうとう	接 ❷

— 前 ❶ [時間の終わりを示して] ...まで(ずっと) [⇔ from]: *Until* my marriage, I lived in the country. 結婚するまでは私は(ずっと)いなかで暮らしていた / He will wait for you *until* five o'clock. 彼は 5 時まで(ずっと)あなたを待っているだろう //⇒ up until (up 副 成句).

> 語法 (1) **until と継続の意味を表わす動詞**
> 普通は stay, wait, walk のようにそれ自身で動作の継続を表わす動詞とともに用いる; by「...までに」との違いに注意 (⇒ by 前 6 語法).
> (2) **until＋副詞的な語句**
> 名詞だけでなく副詞的な語句を目的語にすることもある (⇒ till¹ 前 1 語法 (2)): *Until* 'what time [when] will the meeting last? 会議は何時まで続くのだろう / *Until* now [recently] she has always been very nice to me. 今[最近]まで彼女はいつも私にとてもよくしてくれた / He wasn't free *until* after his exams. 彼は試験が終わるまで暇ではなかった.

❷ [否定文で] ...まで(~しない), (...になって)初めて~する[である]: He did *not* start *until* one o'clock. 彼は 1 時まで出発しなかった(1 時になってやっと出発した) (⇒ before 前 1 語法) / The show does *not* begin *until* six. そのショーは 6 時まで始まらない(6 時になれば始まる) / The cherry blossoms on the Potomac will *not* be in full bloom *until* about the beginning of April. ポトマック河畔の桜は 4 月の初めごろまでは満開にならないだろう(4 月の初めごろになって初めて満開になるだろう). 語法 come, go, begin, stop, return のような, ある時に 1 度だけ起こる出来事を表わす動詞とともに用い

ることが多い. ❸ [到着点を示して] ...(に着く)まで: Keep going straight *until* the next intersection. 次の交差点まで真っすぐ進んでください. 語法 この意味では移動を時間的にとらえている; 「...まで歩く」のような単なる空間的移動の場合は as far as, up to, to などを用いる: Let's walk *as far as* the next intersection. 次の交差点まで歩こう.

— 接 ❶ (...**するとき**)**まで**, ...までずっと: Let's stay here *until* it stops raining. 雨がやむまで(ずっと)ここにいよう《✪🔍未来を表わす will を用いて ×will stop とは言わない》/ Go straight along [down] this street *until* you come to a crossing. 交差点までこの道を真っすぐ行ってください.

> 語法 (1) 普通は主節の動詞がそれ自身で動作の継続を表わす場合に用いる.
> (2) until 節内の代名詞主語と be 動詞を省略することがある: Leave the meat in the oven *until* (*it is*) thoroughly cooked. 完全に火が通るまでオーブンから肉を取り出さないように.

❷ (...**して**)**とうとう**, (...して)ついに[やがて]. 語法 この意味では主節を先に訳すほうがわかりやすい; until の前にコンマが置かれることが多い: He beat on the door again and again, *until* finally she opened a window and told him to go away. 彼は何度もドアをどんどんたたき, ついに彼女は窓を開けて彼に立ち去るように言った. ❸ [主節が否定文のときに] ...**まで**(～**しない**), (...して)初めて～する[である]: She did *not* arrive *until* the concert was over. 彼女は音楽会が終わるまでやって来なかった(音楽会が終わってからやって来た). 語法《文語》で Not until を文頭に用いて主節を倒置することがある: 言い換え *Not until* the concert was over *did she* arrive. (= It was *not until* the concert was over that she arrived.) // Do *not* stop *until* (you are) told to do so. 指示があるまでやめるな《⇒ 接 1 語法 (2)》/ *Until* he comes, I can*not* go away. 彼が来るまで私は行けない / It was *not until* she finished reading the book that she noticed who had written it. 彼女はその本を読み終わって初めてだれが書いたのか気がついた.

un·time·ly /ʌ̀ntáɪmli←/ 形 (-time·li·er; -li·est) ❶《格式》早すぎた, 時期尚早の: an *untimely* death 早すぎる死. ❷《格式》時宜を得ない, 折の悪い.

un·tir·ing /ʌ̀ntáɪ(ə)rɪŋ←/ 形 [よい意味で] 飽きることのない, たゆまない; 不屈の.

un·ti·tled /ʌ̀ntáɪtld←/ 形 題名のない, 無題の.

un·to /(子音の前では) ʌ́ntʊ, (母音の前では) -tu, (文の終わりでは) -tu:/ 前《古語》...に; ...まで [≒to].

un·told /ʌ̀ntóʊld←/ 形 ❶ 話されていない. ❷ 限定 数えきれないほどの; 多大な; ひどい: *untold* riches 莫大な富 / *untold* damage 甚大な損害.

un·touch·a·ble /ʌ̀ntʌ́ʧəbl←/ 形 ❶ 手出しができない, 攻撃[非難, 処罰]できない. ❷ (インドの)不可触賤民の. — 名 C (インドの)不可触賤民.

un·touched /ʌ̀ntʌ́ʧt←/ 形 ❶ 手をつけていない, 元のままの: She left her lunch *untouched*. 彼女は昼食に手をつけなかった. ❷ 叙述 影響[被害]を受けていない; 心を動かされない: People were *untouched by* the appeal of the victims. 人々は被害者の訴えに心を動かさなかった.

un·to·ward /ʌ̀ntóʊəd | -əd←/ 形《格式》好ましくない, 不都合な, 不測の: Nothing *untoward* happened. 不都合なことは何も起こらなかった.

un·trained /ʌ̀ntréɪnd←/ 形 訓練を受けていない.

un·treat·ed /ʌ̀ntríːṭɪd←/ 形 ❶ 治療を受けていない. ❷ (汚水などが)未処理の. ❸ (木材などが)防腐[防虫]加工されていない, 未加工の.

un·tried /ʌ̀ntráɪd←/ 形 試されていない, 確かめられていない; 未経験の.

un·true /ʌ̀ntrúː←/ 形 ❶ 真実でない, 虚偽の. ❷《文語》忠実[誠実]でない (*to*).

un·trust·wor·thy /ʌ̀ntrʌ́stwə̀ːði | -wə̀ː-/ 形 (人が)信用のおけない.

un·truth /ʌ̀ntrúːθ/ 名 (un·truths /-trúːðz, -trúːθs/) ❶ C《格式》[遠回しに] 偽り, うそ [≒lie]: tell an *untruth* うそをつく. ❷ U 虚偽.

un·truth·ful /ʌ̀ntrúːθf(ə)l←/ 形 (人が)(いつも)うそを言う; (発言などが)本当でない, うその.

un·tu·tored /ʌ̀nt(j)úːṭəd | -tjúːtəd←/ 形《格式》教育[訓練]を受けていない.

un·ty·ing 動 untie の現在分詞および動名詞.

un·used /ʌ̀njúːzd←/ 形 利用されていない; 用いられたことのない, 未使用の.

un·used to /(子音の前では) ʌ̀njúːstʊ, (母音の前では) -tu/ 形 叙述 ...に慣れていない: I'm *unused to* 「foreign travel [travel*ing* to foreign countries]. 私は外国旅行に慣れていない.

***un·u·su·al** /ʌ̀njúːʒuəl, -ʒəl←/

— 形 ❶ **普通でない**, 異常な; まれな, 珍しい: *unusual* circumstances 普通でない状況 / ***It is*** not ***unusual for*** him ***to*** be late for school. 彼が学校に遅刻するのは珍しいことではない / There was nothing *unusual* about him this morning. 今朝の彼の様子にはいつもと変わったところはなかった. ❷ 並はずれた; (変わっていて)目立つ[おもしろい], 独特の: a person of *unusual* ability 並はずれた才能の持ち主 / an *unusual* building [painting] 一風変わった建物[絵].

un·u·su·al·ly** /ʌ̀njúːʒuəli, -ʒəli/ 副 ❶ **異常に**, めったにないほど; 一風変わって; 文修飾 珍しいことに, いつもと違って: It was an *unusually* warm night for the fall. 秋としてはめったにないくらい暖かい夜だった / ***Unusually (***for*** her), she was late. 彼女は珍しく遅刻した. ❷ 非常に, ひどく.

un·ut·ter·a·ble /ʌ̀nʌ́ṭərəbl, -trə-←/ 形 限定《格式》(感情などが)言いようのない(ほど強い[大きい]); 全くの, ひどい. **-a·bly** /-əbli/ 副 言いようなく, ひどく.

un·var·nished /ʌ̀nváənɪʃt | -váː-←/ 形 限定 飾りのない; ありのままの; ニスを塗っていない: the *unvarnished* truth ありのままの真実.

+un·veil /ʌ̀nvéɪl/ 動 (un·veils /～z/; un·veiled /～d/; -veil·ing) 他 ❶ (秘密など)を**明かす**; (新製品など)を**初公開**[**発表**]**する**: The new facts of the war *were unveiled*. V+O の受身 戦争に関する新事実が明かされた. ❷ (...)のベール[覆い]を取る; (...)の除幕式を行なう.

un·voiced /ʌ̀nvɔ́ɪst←/ 形 (考え・感情などが)口に[声に]出さない, 表現されない.

un·waged /ʌ̀nwéɪʤd←/ 形《英》賃金収入のない; 賃金を支払われない: the *unwaged* [遠回しに] 失業者たち.

+un·want·ed /ʌ̀nwɑ́(ː)nṭɪd, -wɔ́ːnṭ- | -wɔ́nt-←/ 形 **望まれていない**, 求められていない; 不要な: an *unwanted* pregnancy 望まない妊娠.

un·war·rant·ed /ʌ̀nwɔ́ːrənṭɪd | -wɔ́r-←/ 形《格式》正しいと認められない, 是認されない, 不当な.

U

un·war·y /ʌ̀nwé(ə)ri⁻/ 形 用心していない, 不注意な, 油断した: the *unwary* 不注意な人々.

un·washed /ʌ̀nwɑ́(ː)ʃt, -wɔ́ːʃt | -wɔ́ːʃt⁻/ 形 洗っていない, 汚(きたな)れた. **the (gréat) unwáshed** [名] [こっけいに] 下層民たち.

un·wa·ver·ing /ʌ̀nwéɪv(ə)rɪŋ/ 形 揺るぎない, 確固とした.

un·wel·come /ʌ̀nwélkəm⁻/ 形 歓迎されない; うれしくない, ありがたくない: an *unwelcome* news うれしくない知らせ / feel *unwelcome* 疎外感を感じる.

un·well /ʌ̀nwél/ 形 叙述 《格式》 (一時的に)具合が悪い, 気分がすぐれない.

un·whole·some /ʌ̀nhóʊlsəm⁻/ 形 健康に悪い; (顔色などが)不健康そうな; (精神的・道徳的に)不健全な.

un·wield·y /ʌ̀nwíːldi⁻/ 形 ❶ (形・大きさ・重さなどの点で)扱いにくい, かさばった; 重すぎる. ❷ (組織などが)うまく機能しない.

+**un·will·ing** /ʌ̀nwílɪŋ⁻/ 形 **いやいやながらの**, しぶしぶの; (...するのは)気が進まない [≒reluctant]: *unwilling* consent しぶしぶの承諾 / *unwilling* participants いやいや参加する人たち / He was ***unwilling to*** go. +to 不定詞 彼は行きたくなかった / Was he wílling ↗ or *únwìlling*? ↘ 彼は乗り気だった?乗り気じゃなかった? 《⇒ un- 発音, or 発音, **つづり字と発音解説** 97》.

～·ly 副 いやいや(ながら), しぶしぶ.

～·ness 名 U 気乗り薄 (*to* do).

un·wind /ʌ̀nwáɪnd/ 動 (un·winds; 過去・過分 un·wound /-wáʊnd/; -wind·ing) 他 (巻いた物)を解く, ほどく. ― 自 ❶ (巻いた物が)解ける, ほどける. ❷ くつろぐ [≒relax].

un·wise /ʌ̀nwáɪz⁻/ 形 (un·wis·er; -wis·est) 思慮のない, 分別の足りない, 愚かな: It was *unwise* (*of* you) *to* believe her. 彼女のことばを信じたのは(君が)あさはかだった《⇒ of 12》.

un·wit·ting /ʌ̀nwíṭɪŋ⁻/ 形 限定 意識しない, 気づかない; 意図しない, 知らず知らずの.

un·wit·ting·ly /ʌ̀nwíṭɪŋli/ 副 意識[意図]しないで, うかつにも.

un·wont·ed /ʌ̀nwɔ́ːnṭɪd, -wóʊnṭ- | -wóʊnt-⁻/ 形 限定 《格式》 いつもと違う.

un·work·a·ble /ʌ̀nwə́ːkəbl | -wə́ːk-⁻/ 形 実用的でない, 実行不可能な.

un·world·ly /ʌ̀nwə́ːldli | -wə́ːld-⁻/ 形 ❶ 超俗の, 浮き世離れした. ❷ 世慣れない, うぶな. ❸ この世のものと思えない.

un·wor·thy /ʌ̀nwə́ːði | -wə́ː-⁻/ 形 (-wor·thi·er; -thi·est) ❶ 叙述 《格式》 (...に)値しない: conduct *unworthy of* praise 称賛に値しない行為. ❷ 叙述 《格式》 (人などに)ふさわしくない, (...として)不適切な: Such conduct is *unworthy of* a teacher. そのような行為は教師にあるまじきものだ. ❸ 限定 《格式》 価値のない, 尊敬に値しない.

un·wound /ʌ̀nwáʊnd/ 動 unwind の過去形および過去分詞.

un·wrap /ʌ̀nrǽp/ 動 (un·wraps; un·wrapped; -wrap·ping) 他 (包みなど)をあける, (...)の包装を解く: *unwrap* a gift 贈り物をあける.

un·writ·ten /ʌ̀nrítn⁻/ 形 書かれていない, 成文化してない, 暗黙の: an *unwritten* law [rule] 不文律.

un·yield·ing /ʌ̀njíːldɪŋ⁻/ 形 ❶ 譲らない, 頑固な, 断固とした. ❷ 曲がらない, 堅い.

un·zip /ʌ̀nzíp/ 動 (un·zips; un·zipped; -zip·ping) 他 ❶ (...)のジッパー[ファスナー]をあける. ❷ 〖コンピュータ〗 (圧縮されたファイル)を解凍する.

***up** /ʌ́p/

> **単語のエッセンス**
> 基本的には「高い方へ」の意.
> 1) **高い方へ[に], (...を)上って; 上(流)へ[に]:** go *up* to the top of the hill 山の頂上まで登る ⇒ 副 ❶ / live five floors *up* 5 階上に住む ⇒ 副 ❷ / The current grew swifter and we coudn't go *up* any further. 流れが急になってもうそれ以上は上流に行けなかった ⇒ 副 ❸ / live *up* north 北の方に住む ⇒ 副 ❹ / go *up* a mountain 山を登る ⇒ 前 ❶ / He lives *up* the road from me. 私より(坂)道の上の方に住んでいる ⇒ 前 ❷ / The sun is already *up*. 日はすでに高く昇っている ⇒ 形 ❶ / an *up* slope 上り坂 ⇒ 形 ❷
> 2) **近くへ, 話し手の方へ, 中心へ:** He came right *up* (to me). (私の方へ)やって来た ⇒ 副 ❺ / They walked *up* the road. 彼らはその道を(こちらへ)ずっと歩いてきた ⇒ 前 ❸
> 3) **大きい[多い]方へ:** Prices are going *up*. 物価が上がっている ⇒ 副 ❻
> 4) **活気づいて:** The campfire flared *up*. キャンプファイアーが燃え上がった ⇒ 副 ❼
> 5) **すっかり; すっかり終わって:** The pond dried *up*. 池が干上がってしまった ⇒ 副 ❽ / Time's *up*. 時間です ⇒ 形 ❸

― 副 [比較なし] ❶ (低い所から)**高い方へ, 上(の方)へ,** 登って; (座っているもの・横になっているものを)立てて, 起こして《移動や運動を表わす》 [⇔ down]: We went *up* to the top of the hill. 私たちは山の頂上まで登った / Can we climb *up* any higher? もっと上に登れますか / Some sparks flew *up*. 火花が飛び散った / He jumped *up* from the chair. 彼はいすから跳ねるようにして立ち上がった / *Up* you come. Ⓢ 高い, 高い《子供をだっこする時に》.

❷ **高い所に[で],** 上方に《位置を表わす; ⇒ 形 1》; (ある面を)上向きに(して) [⇔ down]: She lives five floors *up*. 彼女は 5 階上に住んでいる / What can you see *up* there? あの高い所に何が見えますか / We're spending the summer *up* in the mountains. 私たちは夏を山で過ごす予定だ / Put the cards face *up* on the desk. カードを机の上に表を上にして置いてください.

❸ (流れの)**上流へ[に],** 上手(かみて)へ[に]; (過去へ)さかのぼって [⇔ down]: The current grew swifter and we couldn't go *up* any further. 流れが急になってもうそれ以上は上流に行けなかった.

❹ (南から)**北へ, 北に[で]** [⇔ down]: They live *up* north. 彼らは北の方に住んでいる / The party explored as far *up* as Alaska. 一行は北はアラスカまで探検した.

❺ (遠くから)**近くへ; 話し手の方へ,** 話し手が注意を向けている方へ; **中心へ;** 《主に英》 (いなかから)都会[ロンドン]へ[に], (特にオックスフォード・ケンブリッジ)大学へ[に] [⇔ down]: He came right *up* (*to* me) and held out his hand. 彼はいきなり(私の方へ)やって来て握手を求めた / Dr. Long drove *up*. ロング先生が車で(私たちの家へ)やって来た / I'll meet you *up at* the station in an hour. 1 時間したら駅で会いましょう《⇒ down¹ 副 5 最後の例文》.

❻ (数量・重要度などが)**大きい[多い]方へ, 上がって** [⇔ down]: My daughter can count ***up to*** thirty. 私の娘は 30 まで数えられます / Prices are going *up*. 物

価が上がっている.
❼ **活気づいて**; (力が)強く, (勢いが)盛んで; (発達などが)進んで [⇔ down]**:** The campfire flared *up* and the kids cheered. キャンプファイアーが燃え上がって子供たちは歓声を上げた / Speak *up*! 大きな声で言ってくれ.
❽ **すっかり**, 完全に; ...し尽くして, ...し終わって; しっかりと, 密集するように; ばらばらに(なるように)**:** The pond dried *up*. 池が干上がってしまった / He tied *up* the parcel. 彼は包みをしっかり縛った. 語法 しばしば強意のために用いるが, ほとんど意味のない付加語になっている場合もある**:** The party ended *up* with a song. パーティーは歌を歌って終わった.

「動詞＋up」のいろいろ
(1) [up を 7 の意味で用いて] **bráce úp** 元気を出す / **chéer úp** 元気を出す / **gáther úp** (力)を奮い起こす / **héat úp** 熱する / **húrry úp** 急ぐ / **kèep úp** (活動など)を続ける / **pláy úp** 強調する / **síng úp** 《英》 声を大きくして歌う / **spéed úp** スピードを上げる / **túrn úp** 音を大きくする / **wárm úp** 活気づく / **wórk úp** 興奮させる
(2) [up を 8 の意味で用いて] **ádd úp** 合計する / **bréak úp** ばらばらにする / **búy úp** 買い占める / **cléan úp** きれいに片づける / **cléar úp** 晴れ上がる / **cóver úp** すっかり覆う / **drínk úp** 飲み干す / **fínish úp** 仕上げる / **fóllow úp** 最後まで追求する / **lóck úp** 閉じ込める / **míx úp** よく混ぜ合わせる / **páck úp** 荷物をまとめる / **pólish úp** 磨き上げる / **swállow úp** 吸い込む / **téar úp** 細かく引き裂く / **úse úp** 使い尽くす / **wríte úp** 詳しく書く

❾ (議論・更新などの)対象になって, 話題にのぼって**:** The proposal came *up* last week. その提案は先週持ち出された. ❿ 起きて, 目ざめて**:** The smell of coffee woke me *up*. コーヒーの香りで目がさめた. ⓫ (数量などが)それ以上に[で]**:** Boys *from* ⌈ten years [the fourth grade] *up* gathered there. 10 歳[4 年生]以上の男の子がそこに集まった / people of sixty-five *and up* 65 歳以上の人.
úp agàinst ... [前] (1) (物)に接して, ...にぶつかって**:** stand *up against* the wall 壁にもたれて立つ. (2) 《略式》(困難など)にぶつかって, 直面して**:** be *up against* it 苦労する.
úp and dówn [副] (1) **上がったり下がったり:** Many guests went *up and down* in the elevators. 多くの宿泊客がエレベーターで昇降した. (2) **行ったり来たり**, あちらこちらと**:** She was strolling *up and down* in the large garden. 彼女はその広い庭園をあちらこちらとぶらついた.
ùp befòre ... [前] (裁判・審議などのために)...の前に(出て), (法廷など)に出頭して.
úp to ⇒ up to の項目.
ùp untìl [till] [前] 《略式》(時間的に)...まで [≒up to].
— /ʌ́p/ 前 ❶ **...を上って, ...の上(の方)へ**, ...を登って, ...の上流へ《移動や運動を表わす》 [⇔ down]**:** go *up* a mountain 山を登る / We sailed *up* the river in a small boat. 私たちは小舟で川をさかのぼった.
❷ **...の上(の方)に**, ...の上手(かみて)に《状態を表わす》 [⇔ down]**:** He lives *up* the road from me. 彼は私より(坂)道の上の方に住んでいる《✪ 3 の意味で「この道の先に住んでいる」ともとれる》/ A castle stands a little way(s) *up* the hill. 丘の少し上の方に城がある.
❸ (道など)**に沿って**, ...を(通って); ...を行った所に [⇔ down]**:** They walked *up* the road. 彼らはその道をずっと歩いてきた《高低差とは関係ない》.
úp and dówn ... [前] (1) **...を上り下り:** We had to go *up and down* the slope. 我々はその坂道を上り下りしなければならなかった. (2) **...を行ったり来たり**, ...をあちらこちらと**:** He was walking *up and down* the station platform. 彼はプラットホームを行ったり来たりしていた.
— 形 [比較なし] ❶ 叙述 **高い所で[に]**, **上(の方)に**, 登って; **起きて** [⇔ down]**:** The sun is already *up*. 日はすでに高く昇っている / I was *up* late last night. 私は昨夜遅くまで起きていた.
❷ 限定 **上方への**, 上向きの, 上り坂の [⇔ down]**:** an *up* elevator 上りのエレベーター / an *up* slope 上り坂.
❸ 叙述 **終わって**, (時間が)尽きて**:** Time's [The time is] *up*. 時間です《割り当ての時間が終わったことを告げる言い方》. ❹ 限定 《米》 (交通機関が)北行きの; 住宅地域行きの; 《英》 上りの**:** the *up* train 《米》 北行きの列車, 《英》 上り列車. ❺ 叙述 (数量・程度が)上がって, (状態が)よくなって**:** The price of vegetables is *up*. 野菜の値段が上がった / The temperature is *up* five degrees. 温度が 5 度上がった. ❻ 叙述 《略式》 士気さかんで, 気合が入って. ❼ (試合で)(...点)リードして**:** The home run put the Yankees two runs *up*. そのホームランでヤンキースは 2 点リードした. ❽ 叙述 (コンピューター・システムが)作動[稼働]して. ❾ 叙述 Ⓢ (悪いことなどが)起こって (*with*); (事が)計画されて**:** I thought something was *up* from his looks. 彼の顔つきで何か(問題・計画などが)あるなと思った. ❿ 叙述 〘野球〙 (打者が)打席に立って; (チームが)攻撃中で.
be ùp for ... [動] 他 (1) ...の対象となっている, ...が考慮されている**:** The house *is up for* sale. 家は売りに出ている. (2) (容疑など)で出廷している. (3) Ⓢ ...する気がある, ...に乗り気である.
be (wéll) úp on [in] ... [動] 他 Ⓢ 《略式》 ...についてよく知っている, 詳しい.
It's áll úp (with ...) 《略式》 (...は)もうだめだ, (...は)万事休すだ.
úp and abóut [aróund] [形] Ⓢ 《略式》 (病人が元気になって)起きて歩き回って(いる).
úp and dówn [形] (事態などが)良かったり悪かったりの, 浮き沈みのある.
úp and rúnning [形] (機械・装置などが)作動[稼動, 機能]して(いる).
What's úp? ⇒ what¹ 代 成句.
— 動 (ups; upped; up·ping) 他 (値段・要求など)を**上げる**, アップする**:** *up* the rent 賃貸料を上げる.
úp and dó 《略式》 いきなり[突然]...する**:** She *upped and* left the room. 彼女はいきなり部屋を出ていってしまった.
— 名 ❶ Ⓒ (道などの)上り, 上り坂; 高台; 上昇, 向上. ❷ [複数形で] 幸運, 出世. ❸ [the ~] (ボールがバウンドして)はね上がっているところ.
be on the úp and úp [動] 自 (1) Ⓢ 《米略式》 正直である; 信頼できる. (2) 《英略式》 うまくいっている.
úps and dówns [名] (1) (道などの)**上り下り**, 起伏**:** a road full of *ups and downs* 起伏の多い道. (2) 《略式》 (人生の)浮き沈み; (上下の)変動**:** I have gone through the *ups and downs* of life. 私は人生の浮き沈みを経験してきた.
up-and-com·ing /ʌ́pənkʌ́mɪŋ←/ 形 限定 将来性の

ある, 前途有望な: an *up-and-coming* young scholar 前途有望な若い学者.

up·beat /ʌ́pbìːt/ 形《略式》陽気な, 楽天的な [⇔ downbeat]. ― 名 C〔音楽〕アップビート, 上拍《特に小節の最終のアクセントのないビート; それを示す指揮棒の振り上げ; ⇒ downbeat》.

up·braid /ʌ̀pbréɪd/ 動 他《格式》(人)をきびしくしかる, とがめる (*for*).

up·bring·ing /ʌ́pbrìŋɪŋ/ 名 [U または an ~] (親から受ける)教育, しつけ(方), 養育: have a strict *upbringing* 厳しいしつけを受ける.

up·chuck /ʌ́ptʃʌ̀k/ 動 自《米略式》げろを吐く.

+**up·com·ing** /ʌ́pkʌ̀mɪŋ/ 形 限定《主に米》**近いうちに起こる**, まもなくやって来る.

up-coun·try /ʌ́pkʌ́ntri←/ 形 限定《古風》内陸(から)の; 奥地の. ― 副《古風》内陸(の方)へ, 奥地に.

+**up·date**[1] /ʌ̀pdéɪt/ ✪ 名詞の update[2] とアクセントが違う. 動 (up·dates /-déɪts/; up·dat·ed /-ṭɪd/; up·dat·ing /-ṭɪŋ/) 他 ❶ (...)を**最新のものにする**, 改訂する;〔コンピュータ〕(ソフトウェアなど)を更新する: The law needs *updating* [to be *updated*]. その法律は新しくする必要がある.
❷ (...)に**最新情報を与える**: We'll ***update*** you ***on*** today's news. V+O+*on*+名 きょうのニュースをお伝えします.

up·date[2] /ʌ́pdèɪt/ ✪ 動詞の update[1] とアクセントが違う. 名 ❶ C 最新情報; 改訂: give an *update on* ... …について最新情報を提供する. ❷ C〔コンピュータ〕更新プログラム.

up·end /ʌ̀pénd/ 動 他 (...)を上下逆さまにする; (人)を倒す.

up·front /ʌ̀pfrʌ́nt←/ 形 ❶ 叙述 率直で, 開けっぴろげで (*about*). ❷ 限定 前払いの. ― 副 前金で.

+**up·grade**[1] /ʌ́pgrèɪd, ʌ̀pgréɪd/ ✪ 名詞の upgrade[2] とアクセントの傾向が違う. 動 (up·grades /-grèɪdz, -gréɪdz/; up·grad·ed /-ḍɪd/; up·grad·ing /-ḍɪŋ/) 他 ❶ (...)の**性能[質]を高める**, (ソフト)をアップグレード[バージョンアップ]する; 改善する, 向上させる: *upgrade* the software *from* version 2.1 *to* 2.2 ソフトを2.1から2.2にアップグレードする / *upgrade* one's skills スキルアップする. 日英 「バージョンアップ」「スキルアップ」は和製英語. ❷ (人)に(飛行機・ホテルで)料金より上の座席[部屋]を提供する (*to*). ❸ (...)を格上げする, 昇格させる (*to*) [⇔ downgrade].
― 自 性能[質]を高める, アップグレードする.

up·grade[2] /ʌ́pgrèɪd/ ✪ 動詞の upgrade[1] とアクセントの傾向が違う. 名 ❶ C 向上, 改良; (ソフト・座席などの)アップグレード. ❷ C 上り坂.

up·heav·al /ʌ̀phíːv(ə)l/ 名 ❶ C,U 大変動, 激変, 動乱; 大騒動. ❷ C,U〔地質〕隆起.

+**up·held** /ʌ̀phéld/ 動 **uphold の過去形および過去分詞**.

up·hill /ʌ̀phíl←/ 副 坂の上へ, 上って [⇔ downhill]: I walked *uphill*. 私は坂を上っていった. ― 形 ❶ 上り(坂)の [⇔ downhill]. ❷ 限定 骨の折れる, 困難な [⇔ downhill]: an *uphill* battle [task, struggle] 苦労, 大変な仕事.

+**up·hold** /ʌ̀phóʊld/ 動 (up·holds /-hóʊldz/; 過去・過分 up·held /-héld/; -hold·ing) 他 (判決)を**支持する**; (法律・制度など)を擁護(ようご)する: The court *upheld* their right to merge. 法廷は彼らが合併する権利を支持した.

up·hold·er /ʌ̀phóʊldə | -də/ 名 C 支持者, 擁護者 (*of*).

up·hol·ster /ʌphóʊlstə | -stə/ 動 (-ster·ing /-stərɪŋ, -strɪŋ/) 他 (いすなど)を布[革]張りにする.

up·hol·stered /ʌphóʊlstəd | -stəd/ 形 (いすなどが)布[革]張りの.

up·hol·ster·er /ʌphóʊlstərə | -stərə/ 名 C いす張り職人, 家具装飾人.

up·hol·ster·y /ʌphóʊlstəri, -stri/ 名 ❶ U いすをふんわりとさせるための材料《詰め物・スプリング・布など》. ❷ U (いすなどの)布[革]張り.

UPI /júːpìːáɪ/ 名 固 UPI 通信《米国の通信社; *U*nited *P*ress *I*nternational の略》.

up·keep /ʌ́pkìːp/ 名 U (土地・家屋などの)維持, 保存; 維持費, 養育費: the *upkeep of* a car 車の維持.

up·land /ʌ́plənd/ 名 [普通は複数形で] 高地, 高台; 高原(地方).

up·lift[1] /ʌ̀plíft/ 動 他 ❶《格式》(...)の気分を高揚させる, 幸せにする. ❷《格式》持ち上げる.

up·lift[2] /ʌ́plìft/ 名 ❶ [U または an ~] 精神的高揚. ❷ [U または an ~] [主に新聞で] (価格などの)上昇 (*in*). ❸ [U または an ~] 持ち上げること.

up·lift·ing /ʌ̀plíftɪŋ←/ 形 気分を高揚させる.

up·load /ʌ̀plòʊd/ 動 他〔コンピュータ〕(プログラム・データなど)をアップロードする《自分のコンピューターからネットワークサーバーに移す》. ― 自 アップロードされる. ― 名 C アップロード(した情報・プログラム).

up·mar·ket /ʌ̀pmáəkɪt | -máː-←/ 形《英》= upscale.

***up·on** /əpá(ː)n, əpɔ́ːn | əpɔ́n/
― 前 = on.

> 語法 **on と upon**
> on と upon は意味がほぼ同じでどちらも使える場合が多い: The building is built *on* [*upon*] firm ground. その建物はしっかりした地盤の上に建てられている. ただし, upon のほうが《格式》で, 普通は on を用いる. また, 慣用で on か upon を使う傾向が決まっている場合もある: *on* foot 歩いて / *on* demand 要求のあり次第 / not *on* your [my] life 決して...でない, 絶対に...しない / once *upon* a time 昔々《物語の始めで》/ The New Year is almost *upon* us. お正月はもうすぐそこだ.

***up·per** /ʌ́pə | ʌ́pə/
― 形 [比較なし] ❶ 限定 (位置が)**上の方の**, 高い所にある, 高地の; (川の)上流の; 奥地の; 北部の [⇔ lower]: the *upper* arm 上腕《肩からひじまでの間; ⇒ body 挿絵》/ the *upper* lip 上唇 / an *upper* limit 上限 / the *upper* reaches of Mississippi ミシシッピー川の上流地域 / *upper* Manhattan マンハッタン北部《⇒ lower[1] 形 2》.
❷ 限定 **上級の**, 上位の, 高等な [⇔ lower]: the *upper* echelons 上層部. 関連 higher 高等な.
― 名 ❶ C 靴の甲革《靴の底革から上の部分》. ❷ [複数形で]《略式》覚醒剤《⇒ downer》.
〖語源 元来は up の比較級〗

up·per·case /ʌ́pəkéɪs | ʌ́pə-/ 名 U〔印刷〕大文字(活字).

úpper cláss 名 [the ~,《英》単数または複数扱い; ときに the ~es] 上流階級.

up·per-class /ʌ́pəklǽs | ʌ́pəkláːs←/ 形 限定 上流階

級の. 関連 middle-class 中流階級の / lower-class 下層階級の.

up·per·class·man /ʌ́pɚklǽsmən | ʌ́pəklɑ́ːs-/ 名 (-men /-mən/) C 《米》(高校・大学の)上級生《4 年制の場合は senior および junior を指す; ⇒ underclassman》.

úpper crúst 名 [the ~; 《英》単数または複数扱い]《略式》上流階級(の人々), 貴族階級.

up·per·cut /ʌ́pɚkʌ̀t | ʌ́pə-/ 名 C 〔ボクシング〕アッパーカット.

úpper hánd 名 [the ~] 優位, 支配: have [gain, get] *the upper hand* over ... ...より優位に立つ, ...を支配する.

Úpper Hóuse 名 [the ~] 上院《正式には米国では the Senate, 英国では the House of Lords という; ⇒ congress 表》[⇔ Lower House].

up·per·most /ʌ́pɚmòʊst | ʌ́pə-/ 形《格式》いちばん上の; 最高の, 最高位の; 最も重要な, 目立った: the *uppermost* position 最高の地位 / be *uppermost* in ...'s mind ...にとって真っ先に思い浮かぶ大切なことである. ― 副《格式》いちばん上に; 最高位に; 真っ先に.

úpper schòol 名 C (中等学校の)上級学年; 《英》上級学校(クラス)《14 歳から 18 歳までが通う》.

up·pi·ty /ʌ́pəṭi/ 形《古風, 略式》思い上がった, 生意気な, でしゃばった.

up·raised /ʌ̀préɪzd/ 形 高く上げた.

+**up·right** /ʌ́pràɪt/ 形 ❶ (背筋を伸ばして)**真っすぐに立っている[座っている]**, 姿勢のよい; (柱・家具などが)直立の, 垂直の: Keep the pole *upright*. その棒は真っすぐに立てておきなさい / an *upright* vacuum cleaner たて型の掃除機. ❷ 正直な; 高潔な; 公正な: an *upright* citizen 真っ正直な市民.

― 副 真っすぐに, 直立して: He sat (bolt) *upright* in bed. 彼はベッドで背筋を(ぴんと)のばして座った / pull [draw] oneself *upright* 背すじをぴんと伸ばして立つ.

― 名 ❶ C 真っすぐな物; 支柱, (サッカーなどの)ゴールポスト. ❷ C = upright piano.

úpright piáno 名 C アップライトピアノ, たて型ピアノ. 関連 grand piano グランドピアノ.

up·ris·ing /ʌ́pràɪzɪŋ/ 名 C 反乱, 暴動 (*against*): an armed *uprising* 武装蜂起 / a popular *uprising* 民衆蜂起.

up·riv·er /ʌ̀prívɚ | -və⁻/ 副 川を上って, 川上に, 上流に向かって.

up·roar /ʌ́prɔ̀ɚ | -rɔ̀ː/ 名 [U または an ~] 騒ぎ, 騒動; 抗議 (*over*): in (*an*) *uproar* 大騒ぎで.

up·roar·i·ous /ʌprɔ́ːriəs/ 形 [普通は 限定] (人・笑い声・歓迎などが)騒々しい, 騒がしい, にぎやかな; すごくおかしい: an *uproarious* joke 大笑いしてしまうような冗談. ~·**ly** 副 騒々しく; すごく.

up·root /ʌ̀prúːt/ 動 他 ❶ (木など)を根こそぎにする; (因習など)を根絶する. ❷ (住み慣れたところから)(...)を立ち退かせる.

up·scale /ʌ́pskèɪl/ 形《米》上流階級向けの, 高級な [《英》upmarket].

*__up·set__[1] /ʌ̀psét/ **!**アク 名詞の upset[2] とアクセントが違う. 動 (up·sets /-séts/; 過去・過分 -set /-sét/; -set·ting /-ṭɪŋ/) 他 ❶ (人)を**動揺させる**, あわてさせる; 悩ませる, 悲しませる, 怒らせる《⇒ 形 1》: The news *upset* her. 彼女はその知らせで取り乱した.

❷ (計画など)を**だめにする**, 台なしにする: Our plans *were upset by* her sudden visit. V+O の受身 我々の計画は彼女の突然の訪問でだめになった.

❸ (...)を**ひっくり返す**, ぶつかってこぼす, 転覆させる: The boy *upset* a cup. その少年はカップをひっくり返した / The boat *was upset by* the huge waves. V+O の受身 ボートは大波で転覆した. ❹ (胃など)の具合を悪くする: The raw egg *upset* his stomach. あの生卵で彼の胃の調子がおかしくなった. ❺ (競技などで)(...)を番狂わせで破る. (名 úpset[2])

― /ʌ̀psét⁻/ 形 ❶ 叙述 **動揺した, 悩んだ, 悲しんだ, 怒った:** They were *upset by* the accident. +by+名 彼らはその事故で動揺した / Ann was *upset about* her mistake. +about+名 アンはミスをしたことでくよくよしていた / He's really *upset that* she's left him. +that 節 彼は彼女に捨てられてひどく落ち込んでいる / Don't be so *upset with* me. +with+名 そんなに私に腹を立てないで. ❷ 限定 (胃などが)具合が悪い: have an *upset* stomach 胃の調子が悪い.

+**up·set**[2] /ʌ́psèt/ **!**アク 動詞の upset[1] とアクセントが違う. 名 (up·sets /-sèts/) ❶ C (競技などでの)**予想外の敗北[勝利]**: the biggest *upset* in boxing history ボクシング史上最大の番狂わせ / Our team scored an *upset over* the champions. 我がチームは前回優勝チームに番狂わせで勝った.

❷ C,U (心・計画などの)**混乱**; 動揺: His sudden death caused a serious *upset* in the office. 彼の急死で社内は大騒ぎになった. ❸ C,U (胃などの)不調: (a) stomach *upset* 胃の不調. (動 ùpsét[1])

up·set·ting /ʌ̀pséṭɪŋ⁻/ 形 動揺させるような.

up·shot /ʌ́pʃɑ̀(ː)t | -ʃɔ̀t/ 名 [the ~] (最後の)結果, 結論: *The upshot of* it all was that we lost. 挙句の果てに我々は負けた.

up·side /ʌ́psàɪd/ 名 [the ~] (物事の)よい[明るい]面, プラス面 [⇔ downside]. ― 前《米略式》...の側面に[を]: hit ... *upside* the head ...の頭をたたく.

úpside dówn 副 逆さまに, 転倒して, ひっくり返って: I turned the table *upside down* to fix it. 私はテーブルを修理するために逆さまにした. **túrn ... úpside dówn** [動] 他 (1) (場所)をめちゃくちゃにする, ひっかき回す. (2) (人生・事態など)を激変させる.

up·side-down /ʌ́psàɪddáʊn/ 形 限定 逆さまの, ひっくり返った; 混乱した, めちゃくちゃの. 語法 叙述 では upside down とつづるのが原則.

up·si·lon /(j)úːpsəlɑ̀(ː)n | juːpsáɪlən/ 名 C ユプシロン《ギリシャ語アルファベットの第 20 文字 υ Y; ⇒ Greek alphabet 表》.

up·stage[1] /ʌ̀pstéɪdʒ/ 動 他 (人)の人気をさらう.

up·stage[2] /ʌ́pstéɪdʒ⁻/ 副 舞台後方へ. ― 形 舞台後方の [⇔ downstage].

up·stairs /ʌ́pstéɚz | -stéəz⁻/

― 副 **上の階へ[に, で]** [⇔ downstairs]: She went *upstairs* 「to bed [to her bedroom]. 彼女は(1 階から)2 階へ寝に行った《副詞なので前置詞をつけて ×go to upstairs とは言わない; ⇒ bedroom 参考》/ My room is *upstairs*. 私の部屋は上にある / the man *upstairs* Ⓢ 神様.

kíck ... upstáirs [動] 他《略式》(人)を閑職に祭り上げる, 窓際に追いやる.

― 形 限定 上の階の: the *upstairs* rooms 上の階の部屋. ― 名 [the ~ として単数扱い] 上の階.

up·stand·ing /ʌ̀pstǽndɪŋ⁻/ 形 ❶ 限定《格式》(人物が)立派な, 正直な. ❷ 限定《格式》直立した.

up·start /ʌ́pstɑ̀ɚt | -stɑ̀ːt/ 名 C [軽蔑的] 成り上がり者; [形容詞的に] 成り上がりの.

up·state /ʌ́pstèɪt/ 形 限定, 副 《米》 州の北部の[に, へ] [⇔ downstate]; いなかの[で].
up·stream /ʌ́pstríːm←/ 副 形 上流に[の]; 流れを上って[さかのぼる] [⇔ downstream].
up·surge /ʌ́psəːʤ | -səːʤ/ 名 ❶ [単数形で] 急騰, 急増 (*in*). ❷ [単数形で] (感情などの)高まり, わき上がり (*of*).
up·swing /ʌ́pswìŋ/ 名 C (景気などの)上昇, 拡大; 躍進 (*in*): on the *upswing* 上昇[発展]して.
up·take /ʌ́ptèɪk/ 名 U,C 〔生物〕(生体への)摂取, 吸収 (*of*). **be quíck [slów] on the úptake** [動] 自 《略式》 のみ込み[頭の回転]が速い[遅い].
up-tem·po /ʌ́ptémpoʊ/ 形 副 速いテンポの[で].
up·tight /ʌ̀ptáɪt←/ 形 ❶ 《略式》 緊張した, 気が立った, いらだった (*about*): get *uptight* いらだつ. ❷ 《略式》 保守的な, 堅苦しい.

‡up to /(子音の前では) ʌ́ptʊ, -tə, (母音の前では) -tu/ 前 ❶ (上方・地点・上限・水準)...**のところまで**, ...**に達するまで** 《⇒ up 副 1, 5, 6》: He stood *up to* his knees in the water. 彼はひざまで水につかっ(てい)た / I read *up to* page 120 last night. 昨夜 120 ページまで読んだ.
❷ (時間的に)...**まで**, ...に至るまで [≒until]: It's the best score *up to* now. それが今までで最高のスコアだ / We are all geniuses *up to* the age of ten. 我々は 10 歳になるまではみな天才だ《英国の作家 Huxley /hʌ́ksli/ のことば》.
be úp to ... [動] 他 (1) Ⓢ ...がすべきことだ; ...の責任である: It's *up to* you to tell him. 彼に話すのは君の役だ / That decision *is up to* the President. その決断は大統領次第だ. (2) Ⓢ (よくないことを)している最中である, ...を計画している: I'm sure he *is up to* no good. きっと彼は何かよからぬことを企んでいるんだ / What have you *been up to* recently? 最近[今は]何をやってるの. (3) ...に匹敵している, ...に近似している: This new play *is* not *up to* his earlier standards. この新しい劇は彼の以前の水準には及ばない. (4) [普通は疑問文・否定文で] ...の任に耐えられる, ...ができる: *Are* they *up to* this challenge? 彼らはこの難局に対処できるだろうか / My English *is not up to* translat*ing* your essay. 私の英語力はあなたの論文を翻訳できるほどではない.

+up-to-date /ʌ̀ptədéɪt←/ 形 限定 **最新(式)の**, 最新流行の; 最新情報を載せた [⇔ out-of-date]: an *up-to-date* method 最新式の方法 / *up-to-date* information 最新情報. 語法 叙述 では up to date とつづるのが原則《⇒ date¹ 成句》.
up-to-the-min·ute /ʌ́ptəðəmínɪt←/ 形 限定 最新の, 最新流行の; 最新情報を載せた. 語法 叙述 では up to the minute とつづるのが原則《⇒ minute¹ 成句》.
up·town /ʌ́ptáʊn←/ 副, 形 限定 《米》 町の周辺部へ[の], (北部の高級)住宅地区へ[の] [⇔ downtown]: go *uptown* 住宅地区の方へ行く. — 名 C,U 《米》 町の周辺地, 住宅地区, 山の手 [⇔ downtown].
up·turn /ʌ́ptə̀ːn | -tə̀ːn/ 名 C [普通は単数形で] (売り上げなどの)上昇; (景気などの)好転 [⇔ downturn]: expect a sharp *upturn in* the economy 経済の急な好転を予想する.
up·turned /ʌ̀ptə́ːnd | -tə́ːnd←/ 形 ❶ (先が)上を向いた. ❷ ひっくり返された.
+up·ward /ʌ́pwəd | -wəd/ 副 ❶ **上の方へ**, 上向きに; 高い水準へ, 上昇して [⇔ downward]: look *upward* to the sky 空を見上げる. ❷ ...以上; (時間的に)後年へ, ...以後 [⇔ downward]: prices *from* $50 *upward* 50 ドル以上の値段 / children of ten years *and upward* 10 歳以上の子供たち.
úpward of ... [前] ...を超える: *upward of* one thousand refugees 千人以上の難民.
— 形 限定 [比較なし] **上方への**, 上向きの; 上昇する [⇔ downward]: an *upward* slope 上り坂 / an *upward* glance 上目づかい / He is taking an *upward* course in life. 彼は出世しつつある.
úp·ward·ly móbile /ʌ́pwədli- | -wəd-/ 形 (社会的地位の)上層へのし上がる(力のある), 上昇志向の.
+up·wards /ʌ́pwədz | -wədz/ 副 《英》 = upward.
up·wind /ʌ̀pwínd/ 形 副 風上の[に, へ] (*of*).
U·ral /jʊ́(ə)rəl/ 名 固 ❶ [the ~] ウラル川《カスピ海に注ぐ》. ❷ [the ~s] = Ural Mountains.
Úral Móuntains 名 固 [the ~] ウラル山脈《ヨーロッパとアジアの境を成す山脈》.
+u·ra·ni·um /jʊ(ə)réɪniəm/ 名 U **ウラン**《元素記号 U; 放射性元素で, 原子力に利用される》: enriched *uranium* 濃縮ウラン.
U·ra·nus /jʊ́(ə)rənəs/ 名 固 天王星《⇒ planet 挿絵》.
***ur·ban** /ə́ːb(ə)n | ə́ː-/ 形 限定 **都市の**, 都市特有の; 都会にある[住む] [⇔ rural, rustic]: *urban* life 都会の生活 / *urban* problems 都市問題.
ur·bane /əːbéɪn | əː-/ 形 あか抜けた, 洗練された; 礼儀正しい. **~·ly** 副 都会風に; あか抜けて, 洗練されて.
ur·ban·i·ty /əːbǽnəṭi | əː-/ 名 U 都会風; あか抜け, 洗練.
ur·ban·i·za·tion /ə̀ːbənɪzéɪʃən | ə̀ːbənaɪz-/ 名 U 都市化, 都会化.
ur·ban·ized /ə́ːbənàɪzd | ə́ː-/ 形 (社会・地域が)都市化した.
úrban mýth [légend] 名 C 都市伝説《現代の都会生活に関連して語り伝えられる不思議な話》.
úrban renéwal 名 U,C 都市再開発.
úrban spráwl 名 U 都市の膨張, スプロール現象《(都市周辺への)無秩序な発展》.
ur·chin /ə́ːʧɪn | ə́ː-/ 名 ❶ C 《古風》 宿無し子, 浮浪児. ❷ C = sea urchin.
Ur·du /ʊ́ədu: | ʊ́ə-/ 名 U ウルドゥー語《パキスタンの公用語》.
u·re·thra /jʊ(ə)ríːθrə/ 名 (複 ~s, **u·re·thrae** /jʊ(ə)ríːθriː/) C 〔解剖〕尿道.
urge** /ə́ːʤ | ə́ːʤ/ 動 (urg·es /~ɪz/; urged /~d/; urg·ing) 他 ❶ (人)に(~するように)**しきりに勧める[促す]**, 迫る, 催促する: He ***urged me ***to*** stop thinking about it. V+O+C (*to* 不定詞) 彼は私にそのことは考えるなとしきりに言った / All members *are* ***urged to*** attend the meeting. V+O+C (*to* 不定詞)の受身 会員は全員ぜひその会に出席していただきたい.
❷ (...)を[と]**強く唱える**, 主張する; (人に)(重要性など)を力説する: *urge* caution 警戒を強く促す / They keep trying to ***urge*** this plan of theirs ***on*** [*upon*] us. V+O+*on* [*upon*]+名 彼らは自分たちのこの計画を我々に実行させようと懸命だ / The committee ***urged that*** something (*should*) *be* done to stop air pollution. V+O (*that* 節) 委員会は大気汚染を抑止するため何らかの処置をとる必要があると主張した《⇒ should A 8》. ❸ 《格式》 (...)をせきたてる, 駆り立てる: He *urged* his horse *on* [*forward*]. 彼は馬を駆り立てた / Their cheers *urged* her (*on*) *to* greater efforts. 彼らの声援を受けて彼女はいっそうがんばった.
— 名 (urg·es /~ɪz/) C (...したい)**強い衝動**, 欲望:

Tom had an *urge to* see Meg. [+to 不定詞] トムはメグに無性に会いたかった.

ur·gen·cy /ə́ːʤənsi | ə́ː-/ 名 ❶ U 緊急(性); 切迫. ❷ U《格式》しつこさ, 強要; 力説. (形 úrgent)

*__ur·gent__ /ə́ːʤənt | ə́ː-/ 形 ❶ **緊急の**, 差し迫った, 切迫した: in *urgent* need of ... ...を緊急に必要として / an *urgent* message 緊急の伝言 / He went up to London on *urgent* business. 彼は急用でロンドンへ行った / *It is* very *urgent that* we (*should*) *send* food to the starving people. まず飢えている人々に食べ物を送ることが第一だ《⇒ should A 8》. ❷《格式》せきたてるような: an *urgent* whisper せきたてるようなささやき声. (名 úrgency)
〖語源 ラテン語で「せきたてている」の意; urge と同語源〗

ur·gent·ly /ə́ːʤəntli | ə́ː-/ 副 差し迫って, 緊急に, 急いで; せきたてるように: He was *urgently* called into the room. 彼は緊急に部屋に呼ばれた.

u·ri·nal /jʊ́(ə)rən(ə)l/ 名 C (男性用の)小便所[器].

u·ri·nar·y /jʊ́(ə)rənèri | -n(ə)ri/ 形 [普通は 限定]〔医学〕泌尿器の.

u·ri·nate /jʊ́(ə)rənèɪt/ 動 自〔医学〕排尿する.

u·rine /jʊ́(ə)rɪn/ 名 U 尿, 小便.

URL /júːàːəél | -àː(r)-/ 略〔コンピュータ〕= Uniform Resource Locator《インターネット上で情報の場所を指定する書式》.

urn /ə́ːn | ə́ːn/ 名 ❶ C (骨)つぼ, かめ. ❷ C (大型)コーヒー[紅茶]沸かし.

Úr·sa Májor /ə́ːsə- | ə́ː-/ 名 固〔天文〕大ぐま座 (Great Bear).

Úrsa Mínor 名 固〔天文〕小ぐま座 (Little Bear).

U·ru·guay /(j)ʊ́(ə)rəgwàɪ/ 名 固 ウルグアイ《南米南東部の共和国》.

***us /(弱形) əs; (強形) ʌ́s/

— 代《人称代名詞 we の目的格》 ✪ let us ..., let's ... については ⇒ let's, let[1] 1 語法. ❶ [目的語として] **我々を[に]**, **私たちを[に]**: We love her, and she loves *us*, too. 私たちは彼女が大好きだが, 彼女も私たちが大好きだ [他動詞の直接目的語] / She gave *us* cookies. 彼女は私たちにクッキーをくれた [他動詞の間接目的語] / Stay here *with us*. 我々といっしょにここにいなさい [前置詞の目的語]. 語法 場所を表わす前置詞の目的語となる場合には ourselves の意味となることがある: We looked *about us*. 我々は(自分たちの)周りを見回した.
❷ /ʌ́s/ [主格補語として]《略式》**我々(だ, です)**, 私たち(だ, です): It wasn't *us* who dumped garbage into the river. ごみを川に捨てたのは私たちではなかった《⇒ me 2 語法 (3)》. ❸ /ʌ́s/ [we の代わりとして] (1)《略式》[独立的に用いて]: "Who won the game?" "*Us* (= We did)." 「試合に勝ったのはだれ?」「ぼくたちだよ」 (2)《略式》[比較表現の (as ...) as, than の後で]: They had started earlier *than us* (= we did). 彼らは私たちより先に出発していた. ❹ [動名詞の意味上の主語として, our の代わりに]《略式》: He insisted on *us going*. 彼は私たちが行くように強く言った. ❺ [主に間接目的語として] Ⓢ《英略式》= me: Give *us* a kiss. キスして.

***US, U.S. /júːés/

— 名 固 [the ~] **アメリカ合衆国**, **米国**; [形容詞的に] **アメリカ合衆国の**, **米国の**《*U*nited *S*tates の略》.

***USA[1], U.S.A. /júːèséɪ/

— 名 固 [the ~] **アメリカ合衆国**, **米国**《*U*nited *S*tates of *A*merica の略》.

USA[2] /júːèséɪ/ 略 = United States Army《⇒ United States 2》.

+**us·a·ble** /júːzəbl/ 形 **使用可能な**; 使用に適した: This alarm clock is old but still *usable*. この目覚まし時計は古いがまだ使える.

USAF /júːèsèiéf/ 略 = United States Air Force《⇒ United States 2》.

+**us·age** /júːsɪʤ, júːz-/ 名 (us·ag·es /~ɪz/) ❶ U,C **語法**, (ことばの)慣用法: According to American *usage*, the expression is acceptable. アメリカ語法によればその言い方は認められる. ❷ U 使用法[量]; 使用 [≒use]: This machine can stand rough *usage*. この機械は乱暴に扱っても平気だ. (動 use[1])

USB /júːèsbíː/ 名 C〔コンピュータ〕USB《パソコンと周辺機器をつなぐバス規格; *u*niversal *s*erial *b*us の略》.

ÚSB̀ drìve 名 C〔コンピュータ〕USB メモリー.

***use[1] /júːz/ ❗発音 名詞の use[2] と発音が違う.

— 動 (us·es /~ɪz/; used /~d/; us·ing) 他 ❶ (道具など)を**使う**, 用いる; 利用する, 活用する《⇒ borrow 表, ⚡》: The baby can't *use* a spoon yet. 赤ん坊はまだスプーンが使えない / May I *use* your phone? 電話をお借りしてもよろしいですか / This *is used for* grill*ing* fish. [V+O+*for*+動名の受身] これは魚を焼くのに使う / He *used* the knife to open the bottle. 彼はびんをあけるのにナイフを使った / She *uses* plants *as* indoor decorations. [V+O+C (*as*+名)] 彼女は植物を室内装飾として使う.
❷ (頭・能力など)を**働かせる**: *Use* your brains [head] before you ask me. 私に尋ねる前に自分の頭をよく働かせなさい / He *used* all his strength to crawl out of the wrecked car. 彼は全力をふりしぼってつぶれた車からはい出した.
❸ (食物など)を消費する, 使う, 消耗する: You *use* too much salt in your cooking. あなたは料理に塩を使い過ぎる. ❹ (人・立場)を利用する: She's just *using* you *for* her own ends. 彼女はあなたを自分の目的のために利用しているだけだ. ❺ (ことば・表現)を用いる: This word shouldn't *be used* in formal situations. この語は改まった状況では使ってはならない. ❻ (麻薬など)を常用する.
— 自 麻薬を常用する.
could úse ... [動] 他 Ⓢ (...)が欲しい, (...)があるといい: I *could use* a cup of coffee right now! ああ今コーヒーが 1 杯飲みたい.
Úse by ... [食品の包装などに記されて] 賞味[使用]期限は(...で)《⇒ best before (best 形 成句), use-by date》: *Use by* Mar. 5, '25. 賞味[使用]期限: 2025 年 3 月 5 日.
úse úp [動] 他 (...)を**使い尽くす** [V+名·代+*up* / V+*up*+名]: They soon *used up* their food supplies. 彼らは買っておいた食料品をまもなく使い果たしてしまった. (名 use[2], úsage)

**use[2] /júːs/ ❗発音 動詞の use[1] と発音が違う.

— 名 (us·es /~ɪz/) ❶ U [ときに a ~] **使用**, **利用**, 使うこと: The *use of* guns is not allowed in this country. 銃の使用はこの国では許されていない / Muscles develop through *use*. 筋肉は使えば発達す

る / This library is ***for the use of*** children only. この図書館は子供専用です.

❷ [C,U] **用途**, 使用目的; 使い方, 使いみち: for official *use* only 公用のためだけに / a tool with many *uses* 使いみちの多い道具 / This machine has several *uses*. この機械はいろいろなことに使える / Can you find any ***use for*** this old camera? この古いカメラにまだ使いみちがあるの.

❸ [U] **効用**, 役に立つこと, 利益: What is the ***use of*** a book without pictures or conversations? Ⓢ 絵も会話もない本なんてなんの役に立つのかしら《ルイス キャロル (Lewis Carroll) の *Alice's Adventures in Wonderland*「不思議の国のアリス」の中のことば》《⇒ **巻末文法** 13.6》.

❹ [U] **使用の自由**, 使用権; 使用の機会; 使用する能力: He gave me the ***use of*** his car whenever I wanted it. 彼はいつでも私の望むときに車を使わせてくれた / She offered me the *use of* the boat for the summer. 彼女は夏の間ボートをお使いくださいと私に言った / The man regained the *use of* his left arm. その男性は左の腕が再び動くようになった. ❺ [C] (語の)用法, 語法: a new *use* of the word その単語の新しい使い方.

be nó úse [動] ⓐ (人にとって)役に立たない (*to*).

còme ìnto úse [動] ⓐ 使用され始める.

gò òut of úse [動] ⓐ **使用されなくなる**, 廃(すた)れる: This word has *gone out of use*. この単語は今では使われない.

hàve nó [líttle] úse for ... [動] ⓣ (1) ...の必要がない. (2) (人)には我慢がならない, ...が大嫌いだ: I *have no use for* people who are not motivated. 目的意識のない人には用がない.

hàve one's **úses** Ⓢ [しばしばこっけいに] それなりの利用[存在]価値がある.

in úse [形] **用いられて**; 行なわれて: This technique is still *in use* today. この技術は今日でも用いられている.

It's nó úse! Ⓢ (やっても)むだ[だめ]だ, もうやめた.

It's nó úse dóing Ⓢ = **It's nó úse to** dó = **There's nó úse (in)** dóing ...してもむだである《⇒ it[1] A 4》: *It's no use* crying over spilled [spilt] milk. 《ことわざ》こぼれた牛乳を嘆いてもしかたがない(覆水盆に返らず) / *There's no use* (*in*) complaining. ぶつぶつ言ったってなんにもならないよ. [語法]《略式》では in が省略されることがある // [言い換え] *It's no use* (your [you]) trying to deny it. = *It's no use* (for you) *to* try to deny it. = *There's no use* (*in*) (your) trying to deny it. あなたがそれを否定しようとしてもむだですよ. [語法] 主語をはっきりさせたいときには( )の中のように入れる.

màke úse of ... [動] ⓣ **...を利用する**, ...を使用する: Try to *make* good [the best] *use of* your time. 時間をうまく[最大限]利用するようにしなさい / People *make use of* iron in various ways. 人は鉄をいろいろな方面に利用する. [語法] ... is made use of の形で受身になることもある.

of úse [形]《格式》**役に立って**, 利用価値のある: things *of* no [little] practical *use* 実用性のない物 / It is *of* great [no] *use*. それは大いに役に立つ[全然役に立たない] / Is this magazine *of* any *use to* you? この雑誌は何か君の役に立つのか.

òut of úse [形] **用いられていない**, 廃(すた)れている: The method is long *out of use*. その方法はもうだいぶ前から用いられなくなっている.

pút ... to úse [動] ⓣ (...)を**使う**, 利用する ([受身] be put to use): He *put* his knowledge *to* good *use*. 彼は自分の知識を十分に使った. ([動] use[1], [形] úseful)

úse-by dáte /júːzbàɪ-/ [名] [C] (食品の)賞味期限《⇒ Use by (use[1] 成句)》.

**used /júːzd/ [!発音]

— [形] [限定] **使った**, 使用済みの; 中古の [≒second-hand] [⇔ unused, new]: a *used* stamp 使用済みの切手 / a *used* car [book] 中古車[古本].

used·n't /júːs(ə)n(t)/ ✪ d は発音しない.《英》used not の短縮形《⇒ used to[1] 1 [語法] (1); not (1) (i) [語法]》.

**used to[1] /(子音の前では) júːstʊ, -tə, (母音の前では) -tu/ [!発音] d は発音しない.

— [助] ❶ [過去の習慣的行動を表わして] (今はしないが)**以前[昔]はよく...した**: I *used to swim* in this river. この川でよく泳いだものだ(今は泳がない) / I *used to drink* coffee, but I don't like it any more. 私は昔はコーヒーをよく飲んだが今はもう好きではない / He ˈdid*n't use to* [never *used to*] drink. 彼は以前は酒を飲まなかった(今は飲む)《⇒ [語法] (1)》.

> [語法] (1) **疑問文や否定文での used to の形**
> 普通は一般動詞的に扱い, 過去形の did と共に用いる. その場合 use to の形が正しいとされる(ただし used to と書かれることもある).
> 否定文: You *didn't use to* ... (...していなかった)
> 疑問文: *Did* you *use to* ...? (...していたの?)
> 否定疑問文: *Didn't* you *use to* ...? (...していなかったの?)
> このほかに《英》では, 否定で used not to, usedn't to の形, 疑問で used を文頭に持ってくる形もある. いずれも《格式》または《古風》な表現であまり一般的でない.
> (2) **used to の意味と期間を表わす語句**
> 普通は期間を表わす副詞句とは用いない. 次を比較: I *used to* live there. 私はそこに以前住んでいた / I lived there *for five years*. 私はそこに5年間住んでいた.
> (3) **used to と would**
> (i) used to は現在と比較して「以前は...した」と過去の事実を客観的に述べるのに対して, would は主語の意志や関心, 昔を回想する気持ちが強く, 過去の状態を表わす場合には用いない: She *used to* live in Boston. 彼女は以前はボストンに住んでいた《✪ ×would live ... とは言わない》.
> (ii) used to が過去の相当の期間の常習的行為や状態を表わすのに対して, would は過去の不規則な反復行為または主語の特徴や性格を示すような行動を表わす.
> (iii) would はやや文語的な言い方. ただし物語の始めでは would ではなく used to を用いる.

❷ [過去の状態・事実を表わして] (今はそうではないが) **以前[昔]は...であった**: John *used to be* a nice boy. ジョンは前はいい子だった(今は違う) / You're much taller than you *used to be*. 以前よりずっと背が高くなったね / There *used to be* a church over there. 昔はあそこに教会があった(今はない) / "I like cooking." "Really? You never *used to* (*like* it)."「私は料理が好きです」「本当? 前は好きじゃなかったのに」/ You *used to* love your wife, *didn't* you? 君は以前は奥さんを愛していたじゃないか.

U

語法 上の例文の used to ... を単なる過去形にしても意味はほぼ同じだが, used to ... の方が「現在と違って以前は...だった」という気持ちが強い.

used to[2] /(子音の前では) júːstʊ, -tə, (母音の前では) -tu/ 発音 d は発音しない.
— 形 叙述 ...に慣れている [⇔ unused to]: She isn't *used to* hard work. 彼女はきつい仕事には慣れていない / He is *used to* driv*ing* a car. 彼は車の運転には慣れている.

以前はよく...した/...に慣れている
彼女は以前はよく残業していた.
She **used to work** late.
彼女は残業に慣れている.
She is **used to working** late.
「...に慣れている」という意味の used to は後に(代)名詞や動名詞が来ることに注意.

gèt úsed to ... [動] 他 ...に慣れる: Didn't you *get used to* American food? あなたはアメリカの食べ物に慣れなかったの.

use·ful /júːsf(ə)l/
— 形 ❶ 役に立つ, 便利な, 有用な, 有益な [⇔ useless]: a *useful* tool 便利な道具 / This guidebook is very *useful* ⌈*for* train travel [*to* tourists]. +for [to]+名 この案内書は列車での旅行[観光客]に大変役に立つ / Brainstorming is *useful for* [*in*] gather*ing* ideas. +for [in]+動名 ブレインストーミングはアイデアを集めるのに役立つ / *It's useful to* know a little of the language of a foreign country. 外国のことばをちょっと知っているのは有益だ / prove *useful* 役に立つ(ことがわかる). ❷《英略式》有能な, りっぱな: a *useful* player 力のある選手.
còme ín úseful [動] 自 (必要なときには)役に立つ, 便利である.
máke onesèlf úseful [動] 自 S 人の役に立つ, 手伝う. (名 use[2])

use·ful·ly /júːsfəli/ 副 役に立つように, 有効に.

use·ful·ness /júːsf(ə)lnəs/ 名 U 役に立つこと, 有用性, 有効性 (*of*). **outlíve** one's **úsefulness** [動] 自 (物・人が)役に立たなくなってもまだ残って[生きて]いる.

+**use·less** /júːsləs/ 形 ❶ (物・人が)**役に立たない**, 無用な [⇔ useful]: This machine is completely [totally] *useless to* me. +to+名 この機械は私には全く役に立たない.
❷ **無益な**, むだな: 言い換え *It's useless to* try again. = *It's useless* try*ing* again. もう一度やってもむだだ / My advice will be *useless*. 私が言ってもむだだろう. ❸《略式》無能な, 何もできない: a *useless* player 力のない選手 / He's absolutely *useless at* math. 彼は数学が全くだめだ.
~·ly 副 無益に, むだに; いたずらに.
~·ness 名 U 役に立たないこと, 無用; 無益.

us·er /júːzə | -zə/
— 名 (~s /~z/) ❶ C **使用者**, 利用者, ユーザー (*of*): a road *user* 道路使用者. ❷ C《略式》麻薬常用者.

us·er-friend·ly /júːzəfréndli | -zə-/ 形 (器具などが)使いやすい, 使い勝手のよい; 使用者に親切な: a *user-friendly* computer 使いやすいコンピューター / We have made this dictionary as *user-friendly* as possible. 私たちはこの辞書をできるだけ使いやすいものにした.

us·er·name, user name /júːzənèɪm | -zə-/ 名 C 〔コンピュータ〕ユーザー名.

use to /(子音の前では) júːstʊ, -tə, (母音の前では) -tu/ ⇒ used to[1] 1 語法 (1).

ush·er /ʌ́ʃə | ʌ́ʃə/ 名 ❶ C (劇場・教会などの)案内係. ❷ C《英》(法廷の)廷吏 [《米》bailiff]. — 動 (-er·ing /-ʃ(ə)rɪŋ/) 他 (人)を案内する, 先導する: I was *ushered* ⌈*into* the room [*to* my seat]. 私は部屋[席]まで案内してもらった. **úsher ín** [動] 他 (人)を案内して通す; 《格式》(...)の先駆けとなる.

USN /júːèsén/ 略 = United States Navy (⇒ United States 2).

USS /júːèsés/ 略 = United States ship (⇒ United States 2).

u·su·al /júːʒuəl, -ʒəl/ 発音
— 形 ❶ **いつもの**, **通常の**, **普通の** (⇒ common 類義語) [⇔ unusual]: the *usual* supper いつもの夕食 / He sat in his *usual* chair. 彼はいつもの椅子に座った / 言い換え *It's usual for* her *to* be late. (= She is usually late.) 彼女が遅れるのはいつものことだ (×*It's usual that* she is late. の形では用いない) / He is not his *usual* self today. 今日の彼はいつもの彼ではない. ❷ [the ~ または所有格の後で名詞的に] S《略式》いつものもの[こと], お決まり: I'll have *the* [*my*] *usual*, please. いつものやつを下さい (いつも注文する飲みものなど).
as is úsual with ... [副] **...にはいつものことだが**, ...は決まってそうであるが: *As is usual with* her, Mrs. White didn't arrive on time. いつものことだがホワイト夫人は時間どおりに来なかった.
as úsual [副] **いつものように**, 例によって: He got up early *as usual*. 彼はいつものように早起きをした / *As usual*, she watched television for an hour after supper. いつものように彼女は夕食後 1 時間ほどテレビを見た. as usually とは言わない.
... than úsual [副] [比較級の後で] **いつもより...**: I went to bed lat*er than usual*. 私はふだんより遅く床についた.
〖語源 原義は「通常用いられている」; ⇒ use[2]〗

u·su·al·ly /júːʒuəli, -ʒəli/
— 副 ❶ **普通は**, いつもは, 通常, 一般に (⇒ always 囲み) [⇔ unusually]: I *usually* go to bed at ten. 私は普通は 10 時に寝る. ❷ [事例を表わして] たいてい: Children *usually* like chocolate. 子供はたいていチョコレートが好きだ.

u·su·rer /júːʒ(ə)rə | -rə/ 名 C《古風》[軽蔑的] 高利貸し.

u·su·ri·ous /juːʒʊ́(ə)riəs/ 形《格式》[軽蔑的] (利率が)高利の; (価格が)暴利の.

u·surp /juːsə́ːp | -zə́ːp/ 動 他《格式》(権力・地位など)を(不当に)奪う, 奪い取る.

u·sur·pa·tion /jùːsəpéɪʃən | -zəː-/ 名 U,C《格式》(権利などの)侵害, (地位などの)簒奪(さんだつ).

u·surp·er /juːsə́ːpə | -zə́ːpə/ 名 C《格式》(権利などの)侵害者, (地位などの)簒奪(さんだつ)者.

u·su·ry /júːʒ(ə)ri/ 名 U《古風》[軽蔑的] 高利貸し業.

UT 〔米郵便〕 = Utah.

Ut. 略 = Utah.

U·tah /júːtɔː, -tɑː/ 名 固 ユタ《米国西部の州; 略 Ut., 〔郵便〕では UT》.〖語源 北米先住民のことばで「山の住民」を意味する部族の名から〗

u·ten·sil /juːténs(ə)l/ 名 C 用具, 道具《日常家の中で使うもの; ⇒ tool 類義語》: kitchen *utensils* 台所用品 / cooking *utensils* 料理道具.

u·ter·ine /júːṭəràɪn/ 形〔解剖〕子宮の.

u·ter·us /júːṭərəs, -trəs/ 名 (複 **u·ter·i** /júːṭəràɪ/, ～·es) C〔解剖〕子宮 [≒womb].

u·ti·lise /júːṭəlàɪz/ 動《英》= utilize.

u·til·i·tar·i·an /juːtìlətéː(ə)riən⁻/ 形 ❶《格式》実利的な, 実用(主義)の. ❷〔哲学〕功利主義(者)の.

u·til·i·tar·i·an·is·m /juːtìlətéː(ə)riənìzm/ 名 ❶ U〔哲学〕功利主義. ❷ U 実利尊重, 功利性.

+**u·til·i·ty** /juːtíləṭi/ 名 (-i·ties /～z/) ❶ C [普通は複数形で] (家庭などに提供される)**公共サービス**《水道·ガス·電気·電話など》; 公共施設, 公共事業(体) (public utility): *utility* rates [charges] 公共料金 / You have to pay for *utilities*. 公共サービスの費用は払っていただきます《貸家の条件などで》.
❷ U《格式》**有用性**, 役に立つこと, 実用性: the *utility* of cars 車の実用性 / of no *utility* 役に立たない. ❸ [形容詞的に] 実用的な; 多目的に使える: *utility* furniture 実用本位の家具 / a *utility* knife 万能ナイフ. ❹ C〔コンピュータ〕ユーティリティープログラム《ファイルの圧縮など特定の作業を行なうプログラム》.
(動 útilìze)

utílity pòle 名 C《米》電柱.

utílity ròom 名 C ユーティリティールーム《暖房器具·掃除機·洗濯機などを入れておく部屋》.

u·ti·li·za·tion /jùːṭəlɪzéɪʃən | -laɪz-/ 名 U《格式》利用, 活用 (*of*).

+**u·ti·lize** /júːṭəlàɪz/ アク 動 (u·ti·liz·es /～ɪz/; u·ti·lized /～d/; u·ti·liz·ing) 他《格式》(...)を**利用する**, 活用する [≒make use of]: The new technology should *be utilized for* the benefit of humankind. V+O+*for*+名の受身 その新しい技術は人類の益のために利用されるべきだ.
(名 utílity)

ut·most /ʌ́tmòʊst/ 形 限定 (程度が)最大の, 最高の, 極度の, 極限の [≒extreme]: the *utmost* secrecy 最高の秘密 / a matter of the *utmost* importance 最重要課題 / I will handle it with the *utmost* care. それはできるだけ注意して扱います.
― 名 [the ～ または所有格とともに] 最大限度: They require *the utmost in* comfort. 彼らは最大限の快適さを必要としている.
dó [trý] one's útmost [動] 自 全力を尽くす: She *did her utmost to* succeed. 彼女は成功すべく全力を尽くした. **to the útmost** [副] 最大限に, 極限まで.

u·to·pi·a /juːtóʊpiə/ 名 ❶ C,U [ときに U-] 理想郷, 理想社会. ❷ U [U-] ユートピア《トマス モア (Thomas More /mɔ́ɚ | mɔ́ː/) が描いた理想の国》.〖語源 原義はギリシャ語で「どこにもない場所」〗

u·to·pi·an /juːtóʊpiən/ 形 [ときに U-] [しばしば軽蔑的] ユートピアの, 理想郷の; 夢想的な.

u·to·pi·an·is·m /juːtóʊpiənìzm/ 名 U [ときに U-] ユートピア的理想主義; 空想的(社会)改良策.

+**ut·ter**[1] /ʌ́ṭɚ | ʌ́tə/ 形 限定 **全くの**, 完全な [≒complete]. 語法 普通はよくない意味の語を強調する: *utter* darkness 真っ暗やみ / an *utter* impossibility 全く不可能なこと / in *utter* despair 全く絶望して / It's ***complete and utter*** nonsense. それは全くもってナンセンスだ.

+**ut·ter**[2] /ʌ́ṭɚ | ʌ́tə/ 動 (ut·ters /～z/; ut·tered /～d/; -ter·ing /-ṭərɪŋ, -trɪŋ/) 他《格式》(声·ことばなど)を**口から出す**, 発する; 述べる: He could not *utter* a word. 彼はひと言も口がきけなかった / She *uttered* a scream of terror. 彼女は恐怖の叫び声を上げた.
(名 útterance)

ut·ter·ance /ʌ́ṭərəns, -trəns/ 名 ❶ C《格式》発言, ことば《話されたまたは書かれた》; 〔言語〕発話: give *utterance* to... ...をことばに表わす. ❷ U《格式》口に出すこと, 発声.
(動 útter[2])

+**ut·ter·ly** /ʌ́ṭəli | ʌ́tə-/ 副 **全く**, 全然, すっかり《⇒ very[1] 表》: He was *utterly* perplexed. 彼はすっかりまごついてしまった / It is *utterly* impossible for me to be there before 6. 私が 6 時前にそこに行くのは全く不可能だ. 語法 しばしば否定的意味合いの形容詞·副詞を修飾する.

ut·ter·most /ʌ́ṭəmòʊst | ʌ́tə-/ 形 名《文語》= utmost.

U-turn /júːtɚ̀ːn | -tə̀ːn/ 名 ❶ C U ターン: NO U-TURN U ターン禁止《道路標識》/ make [do] a quick *U-turn* すばやく U ターンする. ❷ C《略式》(政策などの)大転換: make [do] a *U-turn on* economic policy 経済政策を180 度転換する.

UV /júːvíː/ 略 = ultraviolet.

u·vu·la /júːvjələ/ 名 (複 ～s, **u·vu·lae** /júːvjəlìː/) C〔解剖〕口蓋(こうがい)垂, のどびこ.

Vv

v[1], **V**[1] /víː/ 名 (複 v's, V's, Vs /~z/) ❶ C,U ヴィー《英語アルファベットの第 22 文字》. ❷〔ローマ数字〕5《⇒ number 表》. ❸ C V 字型のもの.
v[2] 略 = volt.
V[2] 略 = verb, volt(s).
v.[1] 略 = verb.
v.[2] /víː, vɚ́ːsəs | víː, vɚ́ː-/ 略 = versus.
VA〔米郵便〕= Virginia[1].
Va. 略 = Virginia[1].
+**va·can·cy** /véɪk(ə)nsi/ 名 (-can·cies) ❶ C **空き部屋**, 空いた所: 🗨 "Are there any *vacancies* in this hotel?" "No, none right now."「このホテルには空室はありますか」「今はありません」/ NO VACANCIES 満室《掲示》.
❷ C (職・地位などの)**空席**, 欠員: fill ***vacancies in*** teaching positions 教職の欠員を補充する / There are more applicants than ***vacancies for*** the position. その職には欠員よりも応募者の方が多い. ❸ U Ⓦ うわの空, 放心(状態); ぼんやりしていること. (形 vácant)
va·cant /véɪk(ə)nt/ 形 ❶ [比較なし] (家・部屋などが)空いている, からの, 人が使っていない《⇒ empty 類義語》: a *vacant* seat 空席 / a *vacant* lot 空き地 / VACANT 空き, 空室《部屋・トイレなどの表示》[⇔《米》occupied,《英》engaged]. ❷《格式》(職・地位などが)空席の, 欠員の: fill *vacant* positions 欠員を補充する. ❸ Ⓦ (表情などが)ぼんやりした, うつろな: a *vacant* look ぽかんとした顔つき. (名 vácancy)
〔語源 vacation と同語源〕 **~·ly** 副 うわの空で, 放心して; ぼんやりと.
va·cate /véɪkeɪt | vəkéɪt/ 動 他《格式》(部屋・席など)を空ける, 引き払う; (職・位など)を空位にする, 退く.
va·ca·tion /veɪkéɪʃən, və- | və-/
— 名 (~s /~z/) ❶ C,U《主に米》(職場などの, 何日か続く)**休暇**, 休み [《英》holiday(s)]《⇒ holiday 類義語》; (休暇をとってする)旅行: take a two-week [late summer] *vacation* 2 週間[夏の終わり]の休暇をとる / Have a nice *vacation*. よい休日を / (a) paid *vacation* 有給休暇.
❷ C (大学・学校などの長期の)**休み**《語法《米》では小・中・高等学校の休みにも用いるが,《英》では大学の休みに用いる》; (法廷の)休廷期: a summer *vacation* 夏休み / the Christmas *vacation* クリスマス休み.
on vacátion [形・副]《米》**休みをとって**, 休暇中で [《英》on holiday]: I'm *on vacation*. 今休暇中です / He's gone to Hawaii *on vacation*. 彼は休みをとってハワイに行っている.
— 動 自《米》休暇をとる, (...で)休暇を過ごす (*at, in*) [《英》holiday].
〔語源 原義はラテン語で「空いていること」; vacant, vacuum と同語源〕
va·ca·tion·er /veɪkéɪʃ(ə)nɚ, və- | vəkéɪʃ(ə)nə/ 名 C《米》休日の行楽客, 休暇を楽しむ人, 避暑[寒]客 [《英》holidaymaker].
vac·ci·nate /vǽksənèɪt/ 動 他 (人・動物)に(...の)ワクチン[予防]接種をする (*against*).
vac·ci·na·tion /vǽksənéɪʃən/ 名 U,C ワクチン[予防]接種 (*against*).
+**vac·cine** /væksíːn | vǽksiːn/ 名 (~s /~z/) U,C **ワクチン**, 予防液.
vac·il·late /vǽsəlèɪt/ 動 自《格式》考えがぐらつく, 気持ちが揺れ動く, ためらう (*between*).
vac·il·la·tion /vǽsəléɪʃən/ 名 U,C《格式》動揺, ためらい, 優柔不断.
va·cu·i·ty /vækjúːəṭi/ 名 U《格式》愚かさ; 無意味さ.
vac·u·ous /vǽkjuəs/ 形《格式》(表情などが)うつろな, ぼんやりした; 愚かな; 無意味な.
+**vac·uum** /vǽkjʊm, -kjuəm/ 名 (~s /~z/)

> 意味のチャート
> ラテン語で「空いていること」の意《⇒ vacation 語源》. →「**空虚**」❸ →「**真空**」❶ →「(真空)**掃除機**」❷ となった.

❶ C **真空**(状態): a perfect *vacuum* 完全な真空 / Does sound travel in a *vacuum*? 音は真空中で伝わるか. ❷ C = vacuum cleaner. ❸ [単数形で] 空虚, 空白, 欠如: His wife's death created [left] *a vacuum* in his life. 奥さんが亡くなり彼の人生には空白ができた / a power [political] *vacuum* 権力の[政治的]空白. **in a vácuum** [副・形] (周りから)孤立して[した], 外界と絶縁して[した].
— 動 他 (部屋など)を掃除機で掃除する.
— 自 掃除機で掃除する.
vácuum bòttle 名 C《米》= Thermos.
vácuum clèaner 名 C 電気掃除機 (cleaner).
vácuum flàsk 名 C《英》= Thermos.
vac·uum-packed /vǽkjʊmpǽkt, -kjuəm-←/ 形 (食品が)真空パックの.
vácuum tùbe 名 C《米》真空管 [《英》valve].
vag·a·bond /vǽgəbὰ(ː)nd | -bɔ̀nd/ 名 C《文語》浮浪者, 放浪者.
va·ga·ries /véɪg(ə)riz/ 名 複《格式》気まぐれ, むら気, とっぴな行ない: the *vagaries of* the weather 天候の変わりやすさ.
va·gi·na /vəʤáɪnə/ 名 (複 ~s, va·gi·nae /vəʤáɪmiː/) C〔解剖〕膣(ちつ), ワギナ; 女性器.
vag·i·nal /vǽʤən(ə)l | vəʤáɪ-/ 形 限定〔解剖〕膣の.
va·gran·cy /véɪgrənsi/ 名 U 放浪; 放浪罪.
va·grant /véɪgrənt/ 名 C《格式》(物ごいをする)浮浪者, 放浪者.
+**vague** /véɪg/ !発音 形 (vagu·er; vagu·est) ❶ (考え・ことば・合図などが)**はっきりしない**, あいまいな, 漠然とした, つかみどころのない; (表情・態度・人などが)ぼんやりとした, うつろな《⇒ obscure 類義語》: I had only a *vague* idea where the place was. その場所がどこだか漠然としかわからなかった / a *vague* sense [feeling] of uneasiness 漠然とした不安感 / Don't leave the promise *vague*. その約束はうやむやにしておいてはいけない. ❷ (人が)はっきりしない[言わない, わからない], ことばをにごした: He was *vague about* what had happened. 彼は何が起きたのかをはっきり言わなかった. ❸ (形・色などが)ぼんやりとした, ぼやけた; (感じ・痛みなどが)漠然とした, かすかな: a *vague* outline ぼんやりとした輪郭.

〖語源 ラテン語で「さまよえる」の意〗

+**vague·ly** /véɪgli/ 副 **ぼんやりと**, 漠然と, あいまいに; うつろに; 何となく, かすかに: the *vaguely* worded statement あいまいに表現された声明 / I *vaguely* remember how the accident happened. 事故がどのように起こったのかぼんやりと覚えている. C+1 familiar, aware のような形容詞を修飾することが多い: There was something *vaguely familiar* about the dress. そのドレスにはかすかに見覚えがあった / I was *vaguely aware* of my name being called. 私の名前が呼ばれるのをぼんやり意識していた.

vague·ness /véɪgnəs/ 名 U あいまいさ, 漠然.

+**vain** /véɪn/ (同音 vane, vein) 形 (vain·er; vain·est)
❶ **虚栄心の強い**, うぬぼれの強い; (...を)ひどく得意がる: a *vain* actor 虚栄心の強い俳優 / He's ***vain about*** his knowledge. +about+名 彼は自分の知識を鼻にかけている.
❷ 限定 **むだな**, 無益な, 骨折り損の: I made several *vain* attempts to persuade her. 彼女を説得しようと数回試みたがむだだった.
in váin [副·形] **むだに**, 無益に, むなしく: He protested(, but) *in vain*. 彼は抗議したがむだだった / I tried *in vain* to open the door. ドアを開けようとしたがだめだった / All our efforts were *in vain*. 我々の努力はすべて水泡に帰した. (名 vánity)

vain·ly /véɪnli/ 副 むだに, 無益に, むなしく [≒in vain]: I tried *vainly* to reconcile myself with him. 彼と和解しようとしたがむだだった.

val·ance /vǽləns/ 名 ❶ C 《主に米》(窓のカーテンの)上飾り, 金具覆(おお)い [《英》 pelmet]. ❷ C 垂れ飾り 《窓の上部·棚·ベッドの周囲などにある短いもの》.

vale /véɪl/ 名 C 《文語》 谷 [≒valley].

val·e·dic·tion /vǽlədíkʃən/ 名 U 《格式》 別れ, 告別; C 《格式》 別れのことば, 告別の辞.

val·e·dic·to·ri·an /vǽlədɪktɔ́ːriən/ 名 C 《米》(告別演説をする)卒業生総代.

val·e·dic·to·ry /vǽlədíktəri, -tri/ 形 [普通は 限定] 《格式》 別れの, 告別の. — 名 (-to·ries) C 《格式》 告別演説.

va·lence /véɪləns/ 名 C,U 〔化学〕 原子価.

va·len·cy /véɪlənsi/ 名 (-len·cies) C,U = valence.

val·en·tine /vǽləntàɪn/ 名 ❶ C バレンタインカード 《聖バレンタインの祝日 (St. Valentine's Day) に恋人や親しい人にしばしば匿名で送るカード》. ❷ C バレンタインカードを送る相手, バレンタインデーの恋人: Be My *Valentine*! 私のバレンタイン[恋人]になって《バレンタインカードの文句》.

Valentine 名 ⇒ St. Valentine's Day.

val·et /vǽlət, vǽleɪ/ 名 ❶ C 《米》(ホテル·レストランの)駐車係; 《英》(ホテルの)衣服のクリーニング係. ❷ C (主人の身の回りを世話する男の)従者, 付き人.

val·iant /vǽljənt/ 形 [普通は 限定] 《格式》 雄々しい, 勇敢な [≒brave]: make a *valiant* effort 勇敢な行動をとる.

+**val·id** /vǽlɪd/ 形 ❶ (書類などが)**有効な**; (契約などが)法的に効力のある, 合法的な; 〔コンピュータ〕(パスワードなどが)有効な [⇔ invalid]: a *valid* passport 有効なパスポート / This ticket is *valid* for seven days. この切符は7日間有効だ.
❷ (理由·議論などが)**妥当な**, 確実[正当]な根拠のある [⇔ invalid]: a *valid* objection もっともな反対. (名 valídity, 動 válidàte)

〖語源 ラテン語で「強い」の意; value と同語源〗

val·i·date /vǽlədèɪt/ 動 他 《格式》(...)の正当性を立証する, 批准する; (...)を法的に有効とする [⇔ invalidate]. (形 válid)

+**va·lid·i·ty** /vəlídəṭi/ 名 ❶ U (議論などの)**正当(性)**, 妥当(性) (*of*): There's no *validity* in what he says. 彼の言うことには正当性がない. ❷ U 〔法律〕 効力, 合法性, 有効性. (形 válid)

*__val·ley__ /vǽli/ 名 (~s /~z/) ❶ C **谷**, 谷間, 渓谷 《⇒ 類義語》: A river flows through the *valley*. 谷間には川が流れている.
❷ C (大河の)**流域**; (流域の)盆地[平野]: the Mississippi *Valley* ミシシッピー流域.

> 類義語 **valley** 両側を山に囲まれた比較的なだらかで広い平地. **gorge, ravine** *valley* よりも深くて狭く両側が絶壁となったもの. その大きなものは **canyon**, 小さなものは **gully** という.

val·or, 《英》 **val·our** /vǽlɚ | -lə/ 名 U 《文語》(戦闘での)勇気, 武勇, 剛勇.

*__val·u·a·ble__ /vǽljuəbl, -ljʊbl/ !アク 形 ❶ (品物が)**高価な**, 値打ちのある [⇔ valueless, worthless]: a *valuable* jewel 高価な宝石 / a *valuable* collection of paintings 高価な絵画のコレクション.
❷ **価値のある**, 貴重な, 大切な; 有益な [⇔ valueless]: ***valuable*** information ***to*** [***for***] me 私にとって有益な情報 / *valuable* time 貴重な時間 / It's a *valuable* experience to work in this country. この国で働くのは価値ある経験だ. (名 válue)

> 類義語 **valuable** 品物に用いる場合には金額に換算すれば高価であることを表わす. また品物以外に用いる場合にはその有用性·効果などの点で価値が高いことをいう: *valuable* antiques 高価な骨董品 / a *valuable* suggestion 貴重な提案. **precious** 金銭では計れない貴重さを表わす: Health is the most *precious* thing we have. 健康は我々が持っている最も大切なものだ. **priceless** valuable より意味が強く, 本来なら金銭に換算できるはずのものについて用いる: a *priceless* jewel 非常に高価な宝石. **invaluable** 物事の質を表わし, 「大変有益な」の意味: Your help has been *invaluable*. 君の援助はとても有益だった《⇒ expensive 語法》.

— 名 [複数形で] 貴重品: Put your *valuables* in the safe. 貴重品は金庫にしまってください.

val·u·a·tion /vǽljuéɪʃən/ 名 U,C 評価, 査定; C 評価額, 見積もり[査定]価格 (*on*): make a *valuation of* the land 土地の価値評価をする.

***__val·ue__ /vǽljuː/

— 名 (~s /~z/) ❶ U,C (金銭的な)**価値**, 価格, 値段《⇒ 類義語》: What would the ***value of*** this book be on the secondhand market? この本は古本市場でいくらくらいになるだろうか / the *value of* the dollar [pound] ドル[ポンド]の価値 / a house with a *value of* £10,000 1万ポンドの価格の家 / go up [down] in *value* 価値が上がる[下がる].
❷ U,C (値段に相当する)**値打ち**: You always get ***value for*** (your) money at that store. あの店では払った金に見あうだけのものが買える(お買い得だ) / be (a) good [poor] *value* (*for* money) 値段に相当する価値が十分ある[ない].
❸ [U または a ~] (物·人の)**価値**, 重要性: the ***value of*** sunlight ***to*** young children 幼い子供にとっての日光の重要性 / This book has literary *value*. この本は文学的価値がある / This watch has sentimental

value for me. この時計は私にとって大切な思い出の品だ / novelty *value* 目新しさ / place [put] a high *value* on education 教育を重視する / This data is ***of*** great [little] ***value to*** our research. このデータは我々の研究にとって非常に価値がある[ほとんど価値がない]. ❹ [複数形で] (個人・社会などが持つ)価値観: traditional *values* 伝統的価値観. ❺ Ⓒ〔数学〕値(あたい), 数値. (形 váluable, 動 eváluàte)

類義語 **value, worth** ともに「金銭に換算できる価値」という意味を表わせるが, *value* を用いるほうがより一般的: the *value* [*worth*] of the land その土地の価値. また *value* はどの程度役に立つのか, 重要性があるのかなどの点から見た相対的価値をいうことが多いのに対し, *worth* はそのもの自体の知的, 精神的, 道徳的価値をいう: The true *worth* of Shakespeare's plays cannot be measured by their *value* to the commercial theater. シェークスピア劇の真価はその商業演劇に対する[興行的な]価値では計れない.

— 動 他 ❶ [進行形なし] (...)を尊重する, 大切にする; (...)の価値を認める: I *value* your friendship more than anything. 私には何より君の友情が大切だ / The product is *valued for* its quality. その商品は品質において高く評価されている. ❷ [普通は受身で] (金銭的に)(...)を評価する, (...)の値段を見積もる: The land *was valued at* $30,000. その土地は 3 万ドルと評価された.
〖語源 valid と同語源〗

vál·ue-àdd·ed tàx /væljuːǽdɪd-/ 名 Ⓤ = VAT.

val·ued /væljuːd/ 形 尊重されている, 貴重な: a *valued* friend 大切な友達.

válue jùdgment 名 Ⓒ (主観的な)価値判断.

val·ue·less /væljuːləs/ 形 価値のない, 値打ちのない [≒worthless] [⇔ valuable]. 語法 priceless (非常に価値のある)との違いに注意.

val·u·er /væljuɚ | -ljuə/ 名 Ⓒ《英》(不動産などの)鑑定士[人], 価格査定官.

+**valve** /vælv/ 名 (~s /~z/) ❶ Ⓒ (機械・管楽器などの)**弁, バルブ**: a safety *valve* 安全弁 / shut the *valve* バルブを閉める / keep the *valve* open バルブを開けておく. ❷ Ⓒ (血管・心臓などの)弁, 弁膜. ❸ Ⓒ《英》= vacuum tube.

vam·pire /væmpaɪɚ | -paɪə/ 名 Ⓒ 吸血鬼. 参考 死体からよみがえって夜間眠っている人を襲い, 生き血を吸う. 十字架とにんにくを恐れるといわれる.

vámpire bàt 名 Ⓒ 吸血[血吸(ちすい)]こうもり《南米の熱帯地方産》.

*__van__[1] /væn/ 名 (~s/~z/) ❶ Ⓒ **有蓋(ゆうがい)トラック, バン**《貨物などの運搬用》; 《米》ワゴン《乗用車》: a police *van* 囚人護送車, 警官輸送車 / a delivery *van* 配達用バン / drive a moving *van* 引っ越し用トラックを運転する. 関連 truck[1] トラック. ❷ Ⓒ《英》= boxcar. 〖語源 caravan の短縮形〗

van[2] /væn/ 名 [the ~]《英》= vanguard.

Van·cou·ver /vænkúːvɚ | -və/ 名 固 バンクーバー《カナダ南西部の港市》.

van·dal /vændl/ 名 Ⓒ (公共物・建物などの)心ない破壊者, 野蛮人.

van·dal·is·m /vændəlìzm/ 名 Ⓤ (公共物・建物などの)心ない破壊, 汚損; 蛮行.

van·dal·ize /vændəlàɪz/ 動 他 [普通は受身で] (公共物・建物など)を破壊する, 汚損する.

Van Dyck, Van·dyke /vændáɪk/ 名 固 Sir Anthony ~ バン ダイク (1599-1641)《英国で活躍したフランドル (Flanders) 生まれの肖像画家》.

vane /véɪn/ 名 Ⓒ (風車・プロペラ・タービンなどの)翼, 翼板, 羽根: ⇒ weather vane.

van Gogh /vængóʊ | -gɔ́f/ 名 固 Vincent ~ (バン) ゴッホ (1853-90)《オランダの画家》.

van·guard /vǽngɑ̀ɚd | -gɑ̀ːd/ 名 ❶ [the ~] (社会運動・芸術などの)先駆者たち, 前衛: in [at] *the vanguard* of ... ...の先頭に立って, ...の先駆として. ❷ [the ~]〔軍隊〕前衛, 先陣 [⇔ rear guard].

+**va·nil·la** /vənílə/ 名 Ⓤ **バニラ**(エッセンス)《バニラの実からとった香料》: *vanilla* ice cream バニラアイス.

+**van·ish** /vǽnɪʃ/ 動 (-ish·es /~ɪz/; van·ished /~t/; -ish·ing) 自 ❶ (突然)**消える**, 見えなくなる《⇒ disappear 類義語》: *vanish* without (a) trace 跡形もなく消える / The child ***vanished from*** sight. V+前+名 その子は突然見えなくなった.
❷ **消滅する**, なくなる: Many kinds of animals have ***vanished off*** [***from***] the face of the earth. V+前+名 いろいろな動物が地球上から姿を消した / All her hopes have *vanished*. 彼女の希望はすべて消えた.

vánishing pòint 名 Ⓒ [普通は単数形で]〔美術〕(透視画法の)消点; 消滅点.

van·i·ty /vǽnəṭi/ 名 (-i·ties) ❶ Ⓤ,Ⓒ 虚栄心, うぬぼれ: tickle a person's *vanity* 人の虚栄心をくすぐる. ❷ [the ~]《文語》むなしさ, はかなさ, つまらなさ; 無益. (形 vain)

vánity tàble 名 Ⓒ《米》鏡台.

van·quish /vǽŋkwɪʃ/ 動 他《文語》(敵・相手など)を征服する, 破る, 負かす (*in*, *at*).

ván·tage pòint /vǽnṭɪʤ- | vɑ́ːn-/ 名 ❶ Ⓒ 見晴らしのきく地点. ❷ Ⓒ 見解, 立場.

vap·id /vǽpɪd/ 形《格式》活気のない, つまらない.

va·por, 《英》**va·pour** /véɪpɚ | -pə/ 名 Ⓤ,Ⓒ 蒸気《大気中の湯気・霧・かすみ・煙霧など》; 水蒸気 (water vapor); 気体: 「turn into [become] *vapor* 蒸気になる. 関連 steam 水蒸気.

va·por·ize /véɪpəràɪz/ 動 他 (...)を蒸発させる, 気化させる. — 自 気化する, 蒸発する.

vápor tràil 名 Ⓒ 飛行機雲.

va·pour /véɪpɚ | -pə/ 名《英》= vapor.

var·i·a·bil·i·ty /vè(ə)riəbíləṭi/ 名 Ⓤ 変わりやすさ, 変動[異]性, 可変性.

+**var·i·a·ble** /vé(ə)riəbl/ 形 ❶ **変わりやすい**, 変化しやすい; 定まらない, むらのある [⇔ constant, invariable]: highly *variable* weather とても変わりやすい天候 / Her working hours are *variable*. 彼女の勤務時間は一定していない / The products are ***variable in*** size. +in+名 その製品にはいろいろな大きさがある.
❷ **変えられる**, 変更[調整]できる; 変動しうる, 可変(性)の [⇔ invariable]: The machine has a *variable* speed adjustment. この機械には速度調整装置がついている. (動 váry)
— 名 ❶ Ⓒ 変化する[変わりやすい]もの[条件], 不確定要素. ❷ Ⓒ〔数学〕変数. 関連 constant 定数.

var·i·a·bly /vé(ə)riəbli/ 副 変わりやすく, 不定に; さまざまに [⇔ invariably].

var·i·ance /vé(ə)riəns/ 名 Ⓤ,Ⓒ《格式》相違. **be at váriance** [動] 自《格式》対立している; (意見などが)食い違う, 矛盾している (*with*).

var·i·ant /vé(ə)riənt/ 名 Ⓒ 変異体, 変種, 変形;〔言語〕(発音・つづり字などの)異形 (*of*, *on*). — 形 限定 異なる, 相違した: *variant* spellings (同じ語の)異なったつづり《honor と honour など》. (動 váry)

V

+**var·i·a·tion** /vè(ə)riéɪʃən/ 名 (~s /~z/) ❶ U,C **変化**, 変動, 変異; 変化量, 変化の度合い (*of*): a *variation in* temperature 気温の変動 / The prices of vegetables are subject to *variation*. 野菜の値段は変動しやすい. ❷ C 変化を加えたもの; 変種 (*on*, *of*); 〔音楽〕変奏曲 (*on*). (動 váry)

vár·i·cose véins /vǽrəkòʊs-/ 名 複〔医学〕(脚の)静脈瘤.

+**var·ied** /vé(ə)rid/ 形 **さまざまな**, 種々の; 変化に富んだ: a *varied* menu 品数の多いメニュー / a full and *varied* life 波乱に富んだ人生.

var·i·e·gat·ed /vé(ə)riəgèɪṭɪd, -rɪg-/ 形〔植物〕(花・葉などが)さまざまな色の, まだらの; 《格式》多様な.

va·ri·e·ty /vəráɪəṭi/ アク

— 名 (-e·ties /~z/) ❶ [a ~] **多種多様**, さまざま(な物), いろいろ: for *a* (whole) *variety of* reasons (全く)いろいろな理由から / A nurse has *a* wide *variety of* duties. 看護師はさまざまな仕事をこなさねばならない.
❷ U **変化に富むこと**; 多様性: a life full of *variety* 変化に富んだ人生 / I'm tired of a job that lacks *variety*. 変化の乏しい仕事にあきた / They ***added variety to*** the program. 彼らはその番組に変化をつけ(てよりおもしろくし)た / *Variety* is the spice of life. 《ことわざ》変化があってこそ人生はおもしろい. ❸ C 種類 [≒kind]; 〔生物〕品種; 変種: a new *variety of* tulip チューリップの新種. 語法 of の後の名詞は単数形でも無冠詞. ❹ U 《英》= vaudeville. (形 várious)

varíety shòw 名 C バラエティーショー《歌・踊り・曲芸・寸劇などを出し物にする演芸・番組》.

varíety stòre 名 C 《米》雑貨店.

var·i·ous /vé(ə)riəs/ 発音

— 形 ❶ [普通は 限定] **いろいろな, さまざまな**, 種々の; 多彩な: A rainbow has *various* colors. にじにはいろいろな色がある / Opinions on this issue are ***many and various***. この問題についての見解は種々さまざまである. 語法 ある程度は似ているか同じような種類のなかでいろいろと違っていることを表わし, 複数名詞を伴う.
❷ 限定 (不定数を示して)いくつかの; 多くの: I couldn't attend the meeting for *various* reasons. 私はいろいろな理由でその会に出席できなかった. (動 váry, 名 varíety)

var·i·ous·ly /vé(ə)riəsli/ 副 いろいろに, さまざまに, 種々に.

var·nish /vάəᵊnɪʃ | vάː-/ 名 ❶ U ニス, ワニス: put *varnish* on the floor = apply *varnish* to the floor 床にニスを塗る. 語法 種類をいうときには C: mix several *varnishes* 何種類かのニスを混ぜる. ❷ [the ~] ワニス塗りの表面[光沢面]. ❸ U,C 《主に英》= nail polish. — 動 他 (...)にニスを塗る; 《主に英》(つめ)にマニキュア[ペディキュア]をする.

var·si·ty /vάəsəṭi, -sti | vάːsə-/ 名 (-si·ties) ❶ C 《米》(大学などのスポーツの)代表チーム. ❷ C 《古風, 英》大学 (university)《特に Oxford, Cambridge 両大学を指す》.

*__var·y__ /vé(ə)ri/ (同音 #very[1,2]) 動 (var·ies /~z/; var·ied /~d/; -y·ing) 自 ❶ (それぞれに)**異なる**, 違う: Marriage customs ***vary from*** country ***to*** country. V+from+名+to+名 結婚の慣習は国によって違う《多用; ⇒ from 1 語法 (3)》/ The leaves of the tree ***vary in*** color *from* green *to* yellow. V+in+名 その木の葉の色は緑から黄色までさまざまだ / The prices of these bags ***vary with*** the size. V+with+名 このバッグの値段はサイズによって違う. 語法 differ は本質的に違うこと, vary は同じ種類のものが部分的に違うことを表わす.
❷ (いろいろに)**変わる**, 変化する, 変動する《⇒ change 類義語》: "What time do you get up?" "It *varies*." 「朝は何時に起きますか」「特に決まっていません」/ The temperature *varies* according to the weather. 温度は天候により変動する.
— 他 (...)に**変化をつける**, (...)を多種多様にする《⇒ change 類義語》: The patients' diet can *be varied*. V+O の受身 患者の食事はいろいろに変えられる.
(形 várious, váriable, váriant, 名 vàriátion)

var·y·ing /vé(ə)riɪŋ/ 形 限定 さまざまな: *varying* levels of experience さまざまなレベルの経験.

Vásco da Gáma 名 固 ⇒ Gama.

vas·cu·lar /vǽskjʊlə | -lə/ 形 限定〔解剖・生物〕(血液・樹液などを導く)管の, 導管の.

*__vase__ /véɪs, véɪz | vάːz/ 名 (vas·es /~ɪz/) C **花びん**; (装飾用の)びん, つぼ《陶磁器・ガラス・金属製》: She put some roses in a *vase*. 彼女は花びんにばらを差した. 〖語源 ラテン語で「容器」の意; vessel と同語源〗

va·sec·to·my /vəséktəmi/ 名 (複 -to·mies) C,U 〔医学〕精管切除(手術), パイプカット.

Vas·e·line /vǽsəlìːn/ 名 U ワセリン《商標》.

vas·sal /vǽs(ə)l/ 名 C (封建時代の)家臣, 臣下.

*__vast__ /vǽst | vάːst/ 形 (vast·er; vast·est) ❶ **広大な**, 巨大な, 果てしなく広い《⇒ huge 類義語》: a *vast* expanse of ocean [desert] 果てしなく広い海[砂漠] / Texas is a *vast* state. テキサスは広大な州だ.
❷ (数・量が)**非常に大きい**; 膨大な, 莫大(ばく)な; (程度が)非常な, 多大な: in *vast* numbers おびただしい数で / *vast* sums of money 巨額の金 / a *vast* improvement 大幅な改善 / the *vast* majority of people 大多数の人々.

vast·ly /vǽstli | vάːst-/ 副 非常に, 大いに: The situation has been *vastly* improved. 事態は大いに改善された.

vast·ness /vǽstnəs | vάːst-/ 名 U 巨大さ, 広大さ; 膨大, 莫大.

vat /vǽt/ 名 C (醸造用・染物用などの)大おけ.

VAT /víːèɪtíː, vǽt/ 名 U (EU の)付加価値税《*v*alue-*a*dded *t*ax の略》.

+**Vat·i·can** /vǽṭɪk(ə)n/ 名 固 ❶ [the ~] **バチカン宮殿**. ❷ [the ~] [《英》単数または複数扱い] **ローマ法王庁**, 教皇庁.

Vátican Cíty 名 固 [the ~] バチカン市国《イタリアの Rome 市内にあるローマ法王支配下の独立国》.

vaude·ville /vɔ́ːdvɪl, vάːd- | vɔ́ːdəvɪl/ 名 U 《米》バラエティーショー, ボードビル《歌・踊り・寸劇・アクロバットなどの特に昔の演芸》[《英》variety, music hall].

vault[1] /vɔ́ːlt/ 名 ❶ C (銀行などの)金庫室; (教会・墓地などの)地下納体堂[納骨所]; 地下貯蔵室《食料品・酒類などを蓄える》. ❷ C (石・れんがなどで築いた教会の)アーチ形の天井, 丸天井, 丸屋根.

vault[2] /vɔ́ːlt/ 動 自 (手・棒などを使って)跳ぶ, 跳躍する (*over*)《⇒ jump 類義語》; 飛躍する, 一気に到達する (*to*, *into*). — 他 (手・棒などを使って)(...)を跳び越す. — 名 C 跳び越え, 跳躍: ⇒ pole vault.

vault·ed /vɔ́ːltɪd/ 形 限定 (屋根・天井が)アーチ形の.

váulting hòrse 名 C 〔体操〕跳馬 (horse).

V́-chìp /víː-/ 名 C V チップ《子供に見せたくないテレビ番組の受信を防止する装置》.

VCR /víːsìːάɚ | -άː/ 名 C ビデオ(録画装置)《videocassette recorder の略》[《英》video].

VD /víːdíː/ 名 C,U 《古風》性病《venereal disease の略》.

VDT /víːdìːtíː/ 名 C 《米》画像端末表示装置, モニター, ディスプレイ《video display terminal の略》.

VDU /víːdìːjúː/ 名 C 《英》= VDT《visual display unit の略》.

****-'ve** /v/ 《略式》have² **の短縮形**. ✪ 've got については ⇒ have got の項目 語法 (2).

veal /víːl/ 名 U 子牛の肉《子牛 (calf) の肉》.

vec·tor /véktɚ | -tə/ 名 ❶ C 〔数学〕ベクトル, 方向量. ❷ C 〔航空〕(航空機などの)進路, 方向. ❸ 〔生物〕病原媒介物《はえ・蚊など》.

veep /víːp/ 名 C 《米略式》(米国の)副大統領 (vice president).

veer /víɚ | víə/ 動 (veer·ing /ví(ə)rɪŋ/) 自 ❶ [副詞(句)を伴って] (乗り物などが急に)向き[進路]を変える; (道路が)方向が変わる: *veer to* the right 急に右に方向を変える / The ship *veered off* course. 船は針路からそれた. ❷ [副詞(句)を伴って] (意見・話題などが)変わる, 転向する: The topic *veered away from* politics *to* health. 話題は政治のことから健康の話になった.

veg /védʒ/ 名 (複 ~) C,U 《英略式》野菜, 野菜料理: *veg* soup 野菜スープ. ― 動 [次の成句で] **vég óut** 自 《略式》= vegetate.

Ve·ga /víːgə/ 名 固 〔天文〕ベガ, 織女《琴座の 1 等星》. 関連 Altair 牽牛.

ve·gan /víːgən/ 名 C 完全菜食主義者, ビーガン《牛乳・チーズ・卵も食べない; ⇒ vegetarian》.

****vege·ta·ble** /védʒtəbl, -dʒəṭə-/
― 名 (~s /~z/) ❶ C **野菜**, 青物《キャベツ・レタス・豆類・じゃがいもなど》: green *vegetables* 青野菜類 / organic *vegetables* 有機栽培[無農薬]の野菜 / live on *vegetables* 菜食する. ❷ C [差別的] (意識を失った)植物人間. ❸ C 単調な暮らしをしている人.
― 形 限定 《格式》**植物の, 植物性の; 野菜の:** *vegetable* life 植物《全体》/ *vegetable* oils 植物(性)油 / *vegetable* soup 野菜スープ. 関連 animal 動物性の / mineral 鉱物性の.
〖語源 ラテン語で「活気づける」の意〗

+veg·e·tar·i·an /vèdʒəté(ə)riən⁻/ 名 (~s /~z/) C **菜食主義者**, ベジタリアン《牛乳・チーズ・卵は食べる人もいる; ⇒ vegan》.
― 形 菜食(主義)の; (食事が)野菜だけの: a *vegetarian* diet 菜食[精進]料理.

veg·e·tar·i·an·is·m /vèdʒəté(ə)riənìzm/ 名 U 菜食(主義).

veg·e·tate /védʒətèɪt/ 動 自 無為に[ぼんやりと]過ごす.

veg·e·ta·tion /vèdʒətéɪʃən/ 名 U 《格式》草木《全体》; 一地方(特有)の植物, 植生: tropical *vegetation* 熱帯植物.

veg·e·ta·tive /védʒətèɪṭɪv/ 形 [普通は 限定] ❶《格式》植物の[に関する]. ❷ (意識を失い)植物状態の: be in a *vegetative* state 植物状態である.

veg·gie /védʒi/ 名 ❶ C 《米略式》野菜, 青物. ❷ C 《英略式》= vegetarian. ― 形 《略式》(ハンバーガー・サンドイッチなどが)野菜を使った.

ve·he·mence /víːəməns/ 名 U 熱烈さ, 激情.

ve·he·ment /víːəmənt/ 形 (感情・態度が)激しい, 熱烈な, 激烈な: a *vehement* denial 猛烈な否定 / They were *vehement in* their criticism of the new policy. 彼らは新政策を激しく批判した. **~·ly** 副 激しく, 猛烈に.

****ve·hi·cle** /víː(h)ɪkl, víːəkl | víːɪkl/ ❗発音
― 名 (~s /~z/) ❶ C 《格式》(特に車輪のある陸上の)**乗り物, 車**《⇒ car 類義語》: NO THOROUGHFARE FOR VEHICLES 車両通行禁止《掲示》/ a space *vehicle* 宇宙船. 語法 広くは car, bus, truck, wagon, bicycle, cart, train, airplane, ship, rocket, spacecraft, sled などすべて vehicle に入る. 関連 aircraft 航空機. ❷ C 《格式》(思想・感情などの)表現手段, 伝達の手段[方法], 媒体 [≒medium]; 見せ場: The Internet is an important *vehicle for* advertising. インターネットは重要な広告手段である / a movie created as a star *vehicle* 俳優をスターにするために作られた映画. (形 vehícular)
〖語源 ラテン語で「運ぶもの」の意〗

ve·hic·u·lar /viːhíkjʊlɚ | -lə/ 形 《格式》(陸上の)乗り物の, 乗り物に関する[よる]. (名 véhicle)

veil /véɪl/ 名 ❶ C (女性の)ベール, かぶり物: a bridal *veil* 花嫁のかぶり物 / Her face was covered with a *veil*. 彼女の顔はベールで覆われていた. ❷ C 《格式》覆(おお)い, 覆って隠す[見えなくする]もの: The facts are hidden behind [under] a *veil of* secrecy. 事実は秘密のベールに包まれている. **dráw a véil òver ...** [動] 他 《格式》(不都合なこと)について言及しないようにする.
― 動 他 ❶ (...)にベールをかける, ベールで覆(おお)う: *veil* one's face ベールをかぶる. ❷ [普通は受身で]《格式》(...)を覆う, 隠す [≒conceal] [⇔ unveil]: Her past *was veiled in* secrecy. 彼女の過去は秘密に包まれていた.

veiled /véɪld/ 形 ❶ 間接的に示された, それとなくわかる: a thinly *veiled* threat それとなくわかる脅迫 / a *veiled* criticism 間接的な批判. ❷ ベールをまとった, ベールをかぶった.

+vein /véɪn/ (同音 vain, vane) 名 (~s /~z/) ❶ C **静脈**; 血管: Blood flows through the *veins* to the heart. 血液は静脈を通って心臓へ行く. 関連 artery 動脈. ❷ C (植物の)葉脈; (昆虫の)翅脈(しみゃく); 鉱脈 (*of*); 筋, 木目, 石目. ❸ [単数形で] 調子; 気分, 気持ち: *in* ⌈this [the same, a similar] *vein* この[同じ, 同じような]調子で / *in* a serious *vein* まじめな調子で. ❹ [a ~] 性質, 傾向: There was always *a vein of* madness in his writings. 彼の書き物にはいつも狂気を思わせるものがあった. (形 vénous)

veined /véɪnd/ 形 線[筋, しま]のある; 静脈の浮き出た.

Vel·cro /vélkroʊ/ 名 U ベルクロ《衣類などをとめるためのマジックテープ; 商標》.

vel·lum /véləm/ 名 U (子牛・子羊などの皮で作った)上質皮紙; 模造皮紙.

ve·loc·i·ty /vəlά(ː)səṭi | -lɔ́s-/ 名 (-i·ties) U,C 〔物理〕速度 [≒speed]; 《格式》高速(度): the *velocity* of light 光の速度 / at a *velocity* of 100 kilometers an hour 時速 100 キロで.

ve·lour /vəlʊ́ɚ | -lʊ́ə/ 名 U ベロア《けば立った生地でソファー・帽子用など》.

+vel·vet /vélvɪt/ 名 U **ビロード**, ベルベット: a dress made of *velvet* ビロード製の服 / a *velvet* carpet ベルベットのじゅうたん.
(as) sóft [smóoth] as vélvet [形] ビロードのように柔らかい[なめらかな].

vel·vet·y /vélvəṭi/ 形 (vel·vet·i·er; -i·est) ビロード

V

のような; 手触りの滑らかな, 柔らかい; (ワインが)口当たりのよい.

ve·nal /víːn(ə)l/ 形 ❶《格式》(人が)金で動く, 買収できる. ❷《格式》(行為·動機が)金銭ずくの, 打算的な.

ve·nal·i·ty /vɪnǽləṭi/ 名 U《格式》金で買収されること; 金銭ずくで動くこと.

vend /vénd/ 動 他《格式》(小さな商品)を売り歩く, 行商する.

ven·det·ta /vendéṭə/ 名 ❶ C 長年の確執[反目] (*against*). ❷ C 執ようないやがらせ.

vénd·ing machìne /véndɪŋ-/ 名 C 自動販売機 [《英》slot machine].

ven·dor /véndɚ | -də/ 名 C (通りの)物売り《人》; 販売者; 〔法律〕(土地·家屋などの)売り主: software *vendors* ソフトウェア販売業者.

ve·neer /vənɪ́ɚ | -nɪ́ə/ 名 ❶ U,C 化粧張り; (ベニヤ板を作るための)薄板. 日英 ベニヤ板のいちばん表に張る上質の薄板; 日本語の「ベニヤ板」は plywood という. ❷ [単数形で]《格式》うわべの飾り, 見せかけ (*of*). ― 動 (-neer·ing /-nɪ́(ə)rɪŋ/) 他 (...)に薄板を張る, 化粧張りをする (*with, in*).

ven·er·a·ble /vén(ə)rəbl/ 形 ❶ [普通は 限定]《格式》(年齢·人格などから)尊敬に値する, 敬うべき, 尊い. ❷ 限定 [V-]〔イングランド国教会〕...師《大執事 (archdeacon) の尊称》; 〔カトリック〕尊者.

ven·er·ate /vénərèɪt/ 動 他《格式》(年齢·人格などから)(...)を尊ぶ, 崇拝[敬慕]する (*as*) [≒respect].

ven·er·a·tion /vènəréɪʃən/ 名 U《格式》尊敬, 崇拝 (*for*) [≒respect].

ve·né·re·al disèase /vəní(ə)riəl-/ 名 C,U《古風》= VD.

ve·né·tian blínd /vəníːʃən-/ 名 C [しばしば V-] ベネチアンブラインド《プラスチック·金属などの薄い板をつないだ日よけ》.

Ven·e·zue·la /vènəzwéɪlə/ 名 固 ベネズエラ《南米北部の共和国》.

ven·geance /vénʤəns/ 名 [U または a ~] 復讐(ふくしゅう): Hamlet swore *vengeance on* his uncle *for* the murder of his father. ハムレットは父を殺したおじに復讐することを誓った / take *vengeance on* ... ...に復讐する. **with a véngeance** [副] 徹底的に, 猛烈に: It snowed *with a vengeance*. ひどい雪だった. (動 avénge)

venge·ful /vénʤf(ə)l/ 形《文語》復讐心のある, 恨みを持った; 執念深い.

ve·ni·al /víːniəl/ 形 [普通は 限定]《格式》(過失などが)許される, 許すべき, 軽い, ささいな.

Ven·ice /vénɪs/ 名 固 ベネチア, ベニス《イタリア北東部の都市》.

ven·i·son /vénəs(ə)n, -z(ə)n/ 名 U 鹿(しか) (deer) の肉.

ven·om /vénəm/ 名 ❶ U (毒蛇·さそり·はちなどの)毒液. ❷ U 悪意, 憎悪.

ven·om·ous /vénəməs/ 形 ❶ 毒液を分泌する, 有毒な. ❷ 悪意[憎悪]に満ちた: a *venomous* attack 悪意に満ちた攻撃.

ve·nous /víːnəs/ 形 限定〔医学〕静脈の. (名 vein)

vent /vént/ 名 ❶ C (空気·液体などの)はけ口, 穴; 通気孔; (煙突の)煙道: an air *vent* 通気孔. ❷ C ベンツ, スリット《上着·スカートのすその切れ目》. ❸ C 〔生物〕(鳥·魚·爬虫(はちゅう)類などの)肛門(こうもん). **gìve vént to ...** [動] 他《格式》(感情など)にはけ口を与える, ...をぶちまける. ― 動 他 (感情など)を発散させる, ぶちまける: He *vented* his anger *on* the young man. 彼は腹を立ててその若者に当たり散らした. ― 自 (感情などを)発散する, ぶちまける.

ven·ti·late /vénṭəlèɪt/ 動 他 ❶ (部屋·建物など)に空気[風]を通す, (...)を換気する. ❷《格式》(感情)を表に出す, (問題など)を自由に議論する.

ven·ti·lat·ed /vénṭəlèɪṭɪd/ 形 (部屋などが)空気[風]を通した: a well-[poorly-]*ventilated* kitchen 換気のいい[悪い]台所.

ven·ti·la·tion /vènṭəléɪʃən/ 名 U 風通し, 空気の流通, 換気.

ven·ti·la·tor /vénṭəlèɪṭɚ | -tə/ 名 ❶ C 通風[換気]装置; 通風孔[管]; 換気窓. ❷ C 人工呼吸器.

ven·tri·cle /véntrɪkl/ 名 C〔解剖〕(心臓の)心室.

ven·tril·o·quis·m /ventrɪ́ləkwɪ̀zm/ 名 U 腹話術.

ven·tril·o·quist /ventrɪ́ləkwɪst/ 名 C 腹話術師.

+**ven·ture** /vénʧɚ | -ʧə/ 名 (~s/~z/) C (冒険的な)**事業**, 新興企業, ベンチャービジネス: a joint *venture* 合弁事業. (形 vénturesome)
― 動 (ven·tures /~z/; ven·tured /~d/; ven·tur·ing /-ʧ(ə)rɪŋ/) 自 [副詞(句)を伴って] **危険を冒(おか)して行く[進む]**; 思い切ってする, 挑戦する; (新事業などに)参入する: The boy ***ventured*** deep ***into*** the jungle. V+前+名 少年は無鉄砲にもジャングルの奥深くへ入っていった / They ***ventured on*** [***upon***] a voyage. 彼らは思い切って船出した.
― 他 ❶ (...)を[と]**思い切って言う**, (危険を冒(おか)して)(...)をする: If I may *venture* an opinion, we should leave right away. あえて言わせてもらえば, すぐ出発した方がよいでしょう / May I *venture to* ask why? V+O (to 不定詞) 失礼ですが理由を伺ってもよろしいですか / Nothing *ventured*, nothing gained. 《ことわざ》危険を冒さなければ何ものも得られない(虎穴(こけつ)に入らずんば虎児を得ず). ❷ (財産など)を危険にさらす, 賭(か)ける (*on*).
〖語源 adventure の語頭音が落ちたもの; ⇒ event キズナ〗

vénture càpital 名 U ベンチャーキャピタル《ベンチャー企業に投下される資本》.

ven·ture·some /vénʧɚsəm | -ʧə-/ 形《格式》冒険好きな, 向こう見ずな; 大胆な; 危険を伴う. (名 vénture)

+**ven·ue** /vénjuː/ 名 (~s/~z/) C (競技·会議·演奏会などの)**開催地**, 会場 (*for*); 《米》〔法律〕裁判地: change the *venue* (秩序維持などのために)裁判地を変える.

Ve·nus /víːnəs/ 名 ❶ 固 金星《⇒ planet 挿絵, evening star, morning star》. ❷ 固〔ローマ神話〕ヴィーナス《愛と美の女神; ⇒ goddess 表》: *The Birth of Venus*「ヴィーナスの誕生」《イタリアの画家ボッティチェリ (Botticelli) の絵の題名》.

ve·rac·i·ty /vərǽsəṭi/ 名 U《格式》真実(性), 正確さ; 確実, 正直 (*of*).

ve·ran·da, ve·ran·dah /vərǽndə/ ❗アク 名 C ベランダ, 縁側 [《米》porch].

verb /vɚ́ːb | vəːb/ 名 C〔文法〕動詞《略 v., V》. (形 vérbal 3)
〖語源 ラテン語で「ことば」の意; word と同語源〗

+**ver·bal** /vɚ́ːb(ə)l | vəː-/ 形 ❶ **口頭の** [≒spoken, oral]: a *verbal* promise 口約束 / a *verbal* message 伝言. 関連 written 書面の. ❷ 限定 ことばの, ことばによる [⇔ nonverbal]: *verbal* mistakes ことばの誤り. ❸〔文法〕動詞の, 動詞の働

きをする, 動詞的な. (3 では 名 verb)
— 名 C 〔文法〕 準動詞.

ver·bal·ize /vɚ́:bəlàɪz | vɜ́:-/ 動 他 《格式》 (考えなど)をことばで表現する. — 自 《格式》 ことばで表現する.

ver·bal·ly /vɚ́:bəli | vɜ́:-/ 副 口頭で; ことばで.

ver·ba·tim /vɚ:béɪṭɪm | vɜ:-/ 副 《格式》 一言一句そのままに, 逐語的に [≒word for word]. — 形 限定 《格式》 逐語的な.

ver·bose /vɚ:bóʊs | vɜ:-/ 形 《格式》 口数の多い, くどい; 冗長な, 冗漫な.

ver·bos·i·ty /vɚ:bɑ́(:)səṭi | vɜ:bɔ́s-/ 名 U 《格式》 口数の多いこと, くどいこと; 冗長.

ver·dant /vɚ́:dnt | vɜ́:-/ 形 《文語》 (草木・野原などが)青々とした, 新緑の, 緑に覆われた.

ver·dict** /vɚ́:dɪkt | vɜ́:-/ 名 (ver·dicts /-dɪkts/) ❶ C 〔法律〕 (陪審の)**評決**, 裁断, 答申: ***reach a ***verdict*** 評決に達する / The jury ***returned*** a ***verdict*** of guilty [not guilty] 陪審は有罪[無罪]の評決を下した. ❷ C 判断, 意見: the popular *verdict on* brain death 脳死に対する世間の判断.
〘⇒ dictionary キズナ〙

ver·dure /vɚ́:ʤɚ | vɜ́:ʤə/ 名 U 《文語》 (草木の)新緑, 新緑の若葉.

verge /vɚ́:ʤ | vɜ́:ʤ/ 名 ❶ [the ~] (...の)間際, 瀬戸際; 限界: She was *on the verge of* tears [*crying*]. 彼女は今にも泣き出しそうだった / He was driven *to the verge of* despair. 彼は絶望の瀬戸際まで追い詰められた. ❷ C 《英》 (道などの)草[芝生]の生えたみどり縁, 草縁(ふち); 路肩 [《米》 shoulder]. — 動 [次の成句で] **vérge on [upòn]** ... [動] 他 ...に接する; ...に近い; 今にも...になろうとする: *verge on* madness 狂気に近い.

ver·i·fi·a·ble /vérəfàɪəbl/ 形 《格式》 確認できる; 証明できる.

ver·i·fi·ca·tion /vèrəfɪkéɪʃən/ 名 U 《格式》 確認, 照合; 立証, 検証, 証明.

ver·i·fy /vérəfàɪ/ 動 (-i·fies; -i·fied; -fy·ing) 他 ❶ 《格式》 (事実)を確認する, 検証する: *verify* the date of his death 彼の死亡日を確認する / My calculations *verify that* the comet will hit the Earth. 私の計算では, この彗星(すいせい)は地球に衝突することが確認できる. ❷ [進行形なし] 《格式》 (人・事実などが)(...(の正しさ))を実証[立証]する, 裏付ける: Further research has *verified* his assertion. さらなる研究により彼の主張の正しさが立証された.

ver·i·ta·ble /vérəṭəbl/ 形 限定 《格式》 本当の, 真実の; 全くの, まぎれもない: a *veritable* banquet まさに本物の宴会 / a *veritable* army of supporters 実に大勢の支持者.

ver·i·ty /vérəṭi/ 名 (-i·ties) C [普通は複数形で] 《格式》 真実なるもの, 真理.

ver·mi·cel·li /vɚ̀:məʧéli, -séli | vɜ̀:-/ ≪イタリア語から≫ 名 U バーミチェリ《スパゲッティより細いパスタ》.

ver·mil·ion /vɚmíljən | və-/ 形 朱の, 朱色の. — 名 U 朱(色).

ver·min /vɚ́:mɪn | vɜ́:-/ 名 ❶ [複数扱い] 害獣《きつね・いたち・ねずみ・もぐらなど》, 害鳥, 害虫. 語法 普通は数詞はつけない. ❷ [複数扱い] 《略式》 社会の害虫, 人間のくず.

ver·min·ous /vɚ́:mənəs | vɜ́:-/ 形 《格式》 のみやしらみなどのたかった.

Ver·mont /vɚmɑ́(:)nt | vəmɔ́nt/ 名 固 バーモント《米国 New England 地方の州; 略 Vt., 〔郵便〕では VT》.
〘語源 フランス語で「緑の山々」の意〙

ver·mouth /vɚmú:θ | vɜ́:məθ/ 名 U ベルモット《ハーブなどで味をつけたワイン》.

ver·nac·u·lar /vɚnǽkjʊlɚ | vənǽkjʊlə/ 名 C [普通は the ~] (話しことばとしての)自国語; 土地のことば, 方言, 日常語: in *the vernacular* お国ことばで.
— 形 自国語の; (建築様式などが)その土地固有の.

ver·nal /vɚ́:n(ə)l | vɜ́:-/ 形 限定 《文語》 春の, 春らしい: the *vernal* equinox 春分. 関連 autumnal 秋の.

versa ⇒ vice versa.

Ver·sailles /vɚ(:)sáɪ, veə- | veə-/ 名 固 ベルサイユ《フランス北部, Paris 南西方の都市》.

+**ver·sa·tile** /vɚ́:səṭl | vɜ́:sətàɪl/ 形 **多才な**; (物が)用途の広い: He's *versatile* at sports. 彼はスポーツ万能だ.
(名 vèrsatílity)

ver·sa·til·i·ty /vɚ̀:sətíləṭi | vɜ̀:-/ 名 U 多才, 多芸, 万能; 用途の広さ. (形 vérsatile)

+**verse** /vɚ́:s | vɜ́:s/ 名 (vers·es /~ɪz/) ❶ U **韻文**《韻(rhyme) や一定の韻律 (meter) をもつ詩文》; 詩歌, 詩; [複数形で] 《古風》 詩: The work is written ***in verse***. 作品は韻文で書かれている / lyrical *verse* 叙情詩. 関連 prose 散文 / poetry 詩. ❷ C 詩節, (詩の)連 [≒stanza]; (歌の)節. ❸ C (聖書などの)節: Matthew, Chapter 5, *Verse* 9 マタイ伝 5 章 9 節.
〘語源 ラテン語で「列, 行」の意〙

versed /vɚ́:st | vɜ́:st/ 形 [次の成句で] **vérsed in ...** [形] 《格式》 ...に熟達[精通]して: He is *well versed in* Chinese literature. 彼は中国文学に精通している.

****ver·sion** /vɚ́:ʒən | vɜ́:ʃən/
— 名 (~s /~z/) ❶ C ...**版**, ...**型**; (原作に対する)改作, (原型に対して)改造型; (ソフトウェアの)バージョン: release a new ***version of*** this software このソフトの新しいバージョンを出す / an upgraded *version* バージョンアップ版《日英 version は名詞なので「バージョンアップする」の意で version up という表現はない; 代わりに upgrade を使う》.
❷ C (物事に対する)**説明**, 見解, 意見, 解釈《ある特定の立場からの》: The police gave a different ***version of*** that incident. 警察はその事件について違った説明をした.
❸ C **翻訳書**, 訳書; 訳文; [V-] (聖書の)...訳, ...版: compare the original Japanese text with the English *version* 日本語の原文と英訳を比較する // ⇒ Authorized Version.
〘⇒ reverse キズナ〙

+**ver·sus** /vɚ́:səs | vɜ́:-/ 前 ❶ (訴訟・競技などで)...**対**～《略 v., vs.》: A *versus* B A 対 B / Smith *versus* Brown 〔法律〕スミス(原告)対ブラウン(被告)の訴訟事件 / the England *versus* Wales rugby match ラグビーのイングランド対ウェールズ戦. ❷ (二者択一で)...に対(比)して: a question of quality *versus* quantity 質か量かという問題.

ver·te·bra /vɚ́:ṭəbrə | vɜ́:-/ 名 (複 ver·te·brae /vɚ́:ṭəbrì: | vɜ́:-/, ~s) C 〔解剖〕 脊椎(せきつい)骨; [複数形で] 脊椎, 背骨.

ver·te·bral /vɚ:tí:brəl | vɜ́:tɪ-/ 形 限定 〔解剖〕 脊椎の; 脊椎骨から成る: the *vertebral* column 脊柱.

ver·te·brate /vɚ́:ṭəbrət | vɜ́:-/ 名 C 〔動物〕 脊椎動物. 関連 invertebrate 無脊椎動物. — 形 〔動物〕 脊椎のある: a *vertebrate* animal 脊椎動物.

ver·tex /vɚ́:teks | vɜ́:-/ 名 (複 ~·es, ver·ti·ces /vɚ́:ṭəsì:z | vɜ́:-/) C 〔幾何〕 頂点, 角頂; 《格式》 最高

点, 頂上 (*of*).

+**ver·ti·cal** /vɚ́ːṭɪk(ə)l | vɜ́ː-/ 形 ❶ **垂直の**, 縦の: a *vertical* line 垂直線 / a *vertical* section 縦断面 / a *vertical* takeoff aircraft 垂直離陸機. 関連 horizontal 水平な / diagonal 斜めの. ❷ (身分関係などが)縦の: *vertical* relationships (身分の)上下関係 / a *vertical* society 縦割り社会.
— 名 C [普通は the ~] 垂直線; 垂直面.

ver·ti·cal·ly /vɚ́ːṭɪkəli | vɜ́ː-/ 副 垂直に, 縦に.

vertices 名 vertex の複数形.

ver·ti·go /vɚ́ːṭɪgòʊ | vɜ́ː-/ 名 U (高所などでの)めまい [≒dizziness].

verve /vɚ́ːv | vɜ́ːv/ 名 U 《文語》 気迫《特に芸術作品の》, 熱情; 活気, 気力, 熱意: with great *verve* とても情熱的に.

***ver·y**[1] /véri/ (同音 《米》 #vary)
— 副 ❶ [形容詞·副詞を強めて] **非常に, とても**, 大変: a *very* hot day とても暑い日 / Your story is *very* interesting (*indeed*). あなたの話は(本当に)大変おもしろい / I'm *very* glad to see you. お目にかかれてとてもうれしいです / It's *very* kind of you to do so. ご親切にそうしていただいてどうもありがとうございました《⇒ of 12》 / The wind blew *very* hard. 風がとても強く吹いた / Thank you *very* much. どうもありがとうございます.

語法 (1) **very と very much**
very は形容詞·副詞·現在分詞に由来する形容詞の意味を強めるが, very much は動詞の意味を強める: 言い換え I'm *very* fond of it. = I like it *very much*. 私はそれがとても好きだ / a *very* funny story とてもおかしい話 / *very* easily とてもたやすく.
(2) **過去分詞と (very) much**
過去分詞を強めるには (very) much を用いるのが原則. ただし, 特に《略式》では, amused, excited, interested, pleased, surprised, worried のように感情や心理状態を表わして, しばしば受身で用いる過去分詞は形容詞になったと感じられ, very を用いることが多いが, 好ましくないとする人もいる: I was *very* (*much*) *interested* [*surprised*]. 私はとても興味を持った[驚いた].
(3) complicated, crowded, tired のように純粋に形容詞となったと考えられるものには, very を用いる: I'm *very tired* now. 今とても疲れている.

🔍 番号の順序で意味が強くなる.
1. fairly, quite, rather, pretty (まあまあ, かなり)
2. very (非常に)
3. amazingly, remarkably, surprisingly (びっくりするほど, 驚くほど)
4. awfully, extremely, terribly (ひどく)
5. completely, absolutely, entirely, totally, utterly (全く, すっかり)
なお, 形容詞·副詞とその意味を強める副詞には組み合わせの相性があり, それぞれの語によってよくいっしょに使われる副詞が異なる. very は程度を示す形容詞·副詞であれば基本的にどの語ともいっしょに使うことができる. ただし, excellent や terrible のようなそれ自体が very の意味をもつ語では very は使えず, 代わりに absolutely や really などを使って意味を強める.

❷ [否定文で] (1) **あまり…ではない**, それほど…ではない: It's *not very* hot today. 今日はそれほど暑くはない / He's *not* a *very* good swimmer. 彼は泳ぎはあまりうまくない / "Are you busy?" "*Not very*." 「忙しい?」「それほどでもないよ」 (2) 少しも…(で)ない《逆の意味を控えめに表わす》: His wife was *not very* pleased (= was angry) when she discovered the secret. 彼の妻は秘密を知ったとき不愉快に思った.
❸ [形容詞の最上級や own, same などを強めて] **全く**, 本当に: my *very own* car = a car of my *very own* まさに私の車 / His was the *very best* speech of all the ones I heard. 私が聴いた中では彼のスピーチが最高だった《⇒ one[2] 代 2》 / He'd be the *very last* man to do such a thing. 彼は絶対にそんなことはしない人だ / He's the *very same* man I saw yesterday. 彼は私がきのう見かけた人と全く同じ人だ.

語法 🔍 **very と最上級**
形容詞·副詞の比較級は much か far で強める. 形容詞の最上級は by far か very で強める《⇒ much 副 2, far 副 2 語法 (1)》: This book is *much better* than that. この本はあの本よりもずっとよい / He drove (his car) *much more carefully* than before. 彼は前よりもずっと慎重に車を運転した / This is「*by far the best* [*the very best*] of all. これがすべてのうちでずばぬけてよい《by far と very の位置の違いに注意》.

vèry góod [間] (1) S とてもよい; よくできた, でかした. (2) S 《格式》 結構です, かしこまりました《同意·承諾などを表わす》 [≒certainly].

vèry wéll [間] S 《古風》 いいです(よ), わかりました《しぶしぶ同意[承諾]するとき》: "You'd better give up smoking." "Oh, *very well*, doctor, if you say so." 「たばこはやめなさい」「わかりましたよ, 先生, そうおっしゃるならやめます」

***ver·y**[2] /véri/ (同音 《米》 #vary)
— 形 ❶ 限定 [比較なし] [the, this, that などとともに用いて] **まさにその**, まさしくその, …そのもの [≒exact]; 全く同じ…: at *this very* moment ちょうど今 / This is *the very* thing I've been looking for. これこそ私が探していた物だ.
❷ 限定 ただ…だけで [≒mere]; …でさえ, …ですら: She began to weep at the *very* mention of his name. 彼女は彼の名を出しただけで泣きだした.
❸ 限定 全くの, (位置などが)最も…の [≒extreme]: at the *very* beginning [end] of … …のいちばん最初[最後]に.

véry hìgh fréquency 名 U 〔無線〕 超短波《周波数 30–300 メガヘルツ; 短距離通信·テレビ·レーダー用; 略 VHF》.

ves·pers /véspɚz | -pəz/ 名 U [しばしば V-] 夕べの祈り(の時刻).

Ves·puc·ci /vespúːtʃi/ 名 固 **A·me·ri·go** /àːmərí:goʊ/ ~ ヴェスプッチ (1454–1512)《イタリアの航海家》. 参考 America という名は彼の名 Amerigo のラテン語式の名 Americus にちなむもの.

*__ves·sel__ /vés(ə)l/ 名 (~s /~z/) ❶ C 《格式》 **船**《普通は小型のこぐ船や帆船を除く》: a fleet of twelve *vessels* 12 隻より成る船隊[艦隊] / launch a *vessel* 船を進水させる. ❷ C 〔解剖〕 導管, 脈管, 管: ⇒ blood vessel. ❸ C 《古風》 (液体を入れる)容器, う

V

つわ.
〚語源 ラテン語で「小さな容器」の意; vase と同語源〛

*vest[1] /vést/ 名 (vests /vésts/) ❶ C 《米》 **ベスト**, チョッキ [《英》 waistcoat]: jacket, *vest* and trousers 三つぞろい《上衣・ベスト・ズボン; ⇒ suit 参考》/「put on [take off] a *vest* ベストを着る[脱ぐ].
❷ C 《英》 **シャツ**, アンダーシャツ《肌着》[《米》 undershirt]. ❸ C (防護用の)上半身に付ける衣服: a bulletproof *vest* 防弾チョッキ.

vest[2] /vést/ 動 [次の成句で] **be vésted with ...** [動] 他 《格式》 (権限・権利)を与えられている. **vést ... in ~** [動] 他 [普通は受身で] 《格式》 (権利・財産など)を~に授ける, 与える.

vest·ed /véstɪd/ 形 〔法律〕所有の確定した; 既得の.

vésted ínterest 名 C 既得権利, 利権; 利害関係 (*in*).

ves·ti·bule /véstəbjùːl/ 名 ❶ C 《格式》 (公共の建物などの)玄関, 入り口ホール. ❷ C 《米》 (客車の前後にある)連絡通路, デッキ.

ves·tige /véstɪʤ/ 名 ❶ C 《格式》 (消滅したものの)跡, 痕跡(こんせき), 名残(なごり): the last *vestiges of* the old tax system 古い税制の最後の痕跡. ❷ [a ~ として, 普通は否定語とともに] 《格式》 ほんの少し, ごくわずか: His testimony contains *not a vestige of* truth. 彼の証言には真実のひとかけらもなかった.

ves·ti·gi·al /vestíʤiəl/ 形 ❶ 〔生物〕退化した. ❷ 限定 《格式》 痕跡の, 名残の, わずかに残った.

vest·ment /vés(t)mənt/ 名 C [普通は複数形で] 衣服, 衣装《特に聖職者が礼拝の際に着る法衣・祭服など》.

ves·try /véstri/ 名 (ves·tries) C (教会の)祭服室, 聖具室.

+**vet**[1] /vét/ 名 (vets /véts/) C **獣医** [《米》 veterinarian, 《英格式》 veterinary surgeon].
— 動 (vets; vet·ted; vet·ting) 他 (人)を(経歴・身元などについて)詳しく調べる; (...)を審査する, 点検[検討]する.

vet[2] /vét/ 名 C 《米略式》 = veteran 1.

*****vet·er·an** /véṭərən, -trən/ ❗アク 名 (~s /~z/) ❶ C **退役[復員]軍人**, 元軍人 [《英》 ex-serviceman]: He's a ***veteran of*** the Gulf War. 彼は湾岸戦争に従軍していた. ❷ C (ある特定の活動分野の)経験豊かな人, ベテラン (*of*). 日英 日本語の「ベテラン」は軍隊とは無関係に一般にその道の熟練者を指すが, 英語の veteran は 形 1 のように何か名詞を修飾して用いるのが一般的. 日本語の「ベテラン」に当たるのは expert や experienced person [doctor, teacher] など.
— 形 ❶ 限定 熟練の, ベテランの: a *veteran* golfer [politician] 老練なゴルファー[政治家]. ❷ 限定 (長年の)実戦経験のある, 歴戦の.

Vét·er·ans Dày /véṭərənz-, -trənz-/ 名 U,C 《米》 復員軍人の日, 終戦記念日《11 月 11 日; 法定祝日 (legal holiday); 元来は第一次世界大戦の終結を記念; ⇒ holiday 表》.

vet·er·i·nar·i·an /vèṭərəné(ə)riən, -trə-/ 名 C 《米》 獣医 [≒vet, 《英格式》 veterinary surgeon].

vet·er·i·nar·y /véṭərənèri, -trə- | -n(ə)ri/ 形 限定 〔獣医〕家畜病治療の, 獣医の: a *veterinary* hospital 家畜[犬猫]病院.

véterinary súrgeon 名 C 《英格式》 = veterinarian.

+**ve·to** /víːṭoʊ/ 名 (~es) C,U **拒否権**《君主・大統領・知事・上院などが議案などに対して有する権限》 (*over, of*); 拒否権の行使 (*on*): The President exercised his *veto*. 大統領は拒否権を行使した.
— 動 (ve·toes; ve·toed; -to·ing) 他 (議案など)を**拒否する**, (...)に拒否権を行使する; (提案など)を却下する: The president *vetoed* the bill. 大統領はその法案を拒否した.

vex /véks/ 動 他 《古風》 (人)をいらだたせる, 怒らせる; 悩ます.

vex·a·tion /vekséɪʃən/ 名 ❶ U 《古風》 心痛, いらだち. ❷ C 《古風》 悩みの種, 腹の立つこと.

vexed /vékst/ 形 ❶ 限定 (問題などが)やっかいな, 困った. ❷ 《古風》 (人が)悩んで (*at, with*).

VHF /víːèɪʧéf/ 略 = very high frequency.

VHS /víːèɪʧés/ 略 = video home system《家庭用ビデオシステム; 商標》.

v.i. 略 = intransitive verb.

+**vi·a** /váɪə, víːə/ 前 ❶ **...経由で**, ...を経て: I went to London *via* Paris. パリ経由でロンドンへ行った.
❷ **...によって**; ...を通して: *via* airmail 航空便で.
〚語源 ラテン語で「道」の意〛

vi·a·bil·i·ty /vàɪəbíləṭi/ 名 U 実行[実現]可能性.

+**vi·a·ble** /váɪəbl/ 形 ❶ (計画などが)**実行[実現]可能な**, 成功の見込みがある: economically *viable* 経済的に実現可能で / a *viable* alternative 実行可能な代替案 / The plan doesn't seem *viable*. その計画は実行可能とは思えない. ❷ 〔生物〕生存[生育]できる.

vi·a·duct /váɪədʌ̀kt/ 名 C (谷などにかかった)大陸橋, 高架橋.

vi·al /váɪəl/ 名 C 《格式》 小型のガラスびん, 香水[薬]びん.

vibes /váɪbz/ 名 複 《略式》 = vibration 2; vibraphone.

vi·brant /váɪbrənt/ 形 活気のある, 生き生きとした; (色・光が)鮮やかな; (音・声が)響き渡る, よく通る.

vi·bra·phone /váɪbrəfòʊn/ 名 C ビブラホン《電気共鳴装置つきの鉄琴楽器》 [《略式》 vibes].

vi·brate /váɪbreɪt | vaɪbréɪt/ 動 自 ❶ 振動する, 揺れ動く: The whole house *vibrated with* [*to*] each passing truck. トラックが通るたびに家中が振動した. ❷ (声などが)震える: Her voice *vibrated with* emotion. 彼女の声は強い感情で震えていた. — 他 (...)を振動させる, 揺り動かす.

vi·bra·tion /vaɪbréɪʃən/ 名 ❶ C,U 振動; 震動; C 〔物理〕振動. ❷ [複数形で] (人・物などから受ける)感じ, 雰囲気.

vi·bra·to /vɪbráːṭoʊ/ 名 (~s) U,C 〔音楽〕ビブラート《音・声を細かく震わすこと》.

vi·bra·tor /váɪbreɪṭə | vaɪbréɪtə/ 名 C 電気マッサージ器, (性具の)バイブレーター.

Vic /vík/ 名 固 ビック《男性の名; Victor の愛称》.

+**vic·ar** /víkə | -kə/ 名 (~s /~z/) C 〔イングランド国教会〕**教区牧師**《教区 (parish) を受け持ち, 俸給のみを受ける; ⇒ rector, curate》; 《米》 (聖公会の)**会堂牧師**, 伝道牧師.

vic·ar·age /vík(ə)rɪʤ/ 名 C 教区牧師の住宅.

vi·car·i·ous /vaɪké(ə)riəs, vɪ-/ 形 限定 代理経験の, (想像によって)自分も同じ経験をしているような, 他者の身になって感じる: He got a *vicarious* thrill from the movie. 彼はその映画を見て登場人物になったようなスリルを感じた.

*****vice**[1] /váɪs/ (同音 vise) 名 (vic·es /~ɪz/) ❶ U **非行**, 犯罪(行為)《麻薬・売春・ギャンブルなど》: a campaign against *vice* 非行防止運動.

❷ Ⓒ **悪習**, 悪徳[堕落]行為 [⇔ virtue]; 悪癖, (習慣面の)欠点: the *vice* of smoking 喫煙の悪習.
❸ U,C **悪**, 悪徳, 不道徳 [⇔ virtue]: a life of *vice* 悪に染まった生活 / virtue and *vice* 美徳と悪徳.
(形 vícious)

vice² /váɪs/ 名 《英》 = vise.

vice- /váɪs/ 接頭 「副..., ...代理」の意: *vice*-chairperson 副議長.

vice-ad·mi·ral /váɪsǽdm(ə)rəl/ 名 〔海軍〕 中将.

vice-chan·cel·lor /váɪstʃǽns(ə)lə | -tʃɑ́:ns(ə)lə/ 名 ❶ Ⓒ 《英》 大学副総長《英国では chancellor は名誉職なので, 副総長が実質上の学長》. ❷ Ⓒ 《米》 大学副学長《学長に次ぐ地位》.

+**více président** 名 ❶ Ⓒ **副大統領** [《米略式》 veep] (《略》 VP). ❷ Ⓒ 《米》 副総裁, 副会長[社長]; 副学長. ❸ Ⓒ 《米》 (会社の)担当重役, 部長.

vice·roy /váɪsrɔɪ/ 名 Ⓒ 総督, 太守《国王の代理として植民地を統治する》.

více squàd 名 Ⓒ (警察の)風俗犯罪取締班.

vi·ce ver·sa /váɪs(i)vɚ́:sə | -və́:-/ 副 逆もまた同じ: She dislikes me, *and vice versa* (= I dislike her). 彼女は僕を嫌いだし僕も彼女が嫌いだ. 語法 前に and や (but) not がくることが多い.

vi·cin·i·ty /vəsínəṭi/ 名 ❶ U [しばしば the ~] 《格式》 近所, 付近 [≒neighborhood]: There is no hospital 「in this *vicinity* [in *the vicinity of* my house]. この近く[私の家の近く]には病院がありません. ❷ U 《格式》 近いこと, 近接 (*of, to*). **in the vicínity of ...** [前] (1) 《格式》 ...の付近に(⇒ 1). (2) 《格式》 おおよそ..., 約...: He's somewhere *in the vicinity of* forty. 彼は 40 歳前後というところだ.

+**vi·cious** /víʃəs/ 形 ❶ **狂暴な**, 残忍な; 危険な; (動物などが)どう猛な: a *vicious* killer [attack] 残忍な殺人者[攻撃].
❷ **悪意のある**, 意地の悪い: a *vicious* rumor 悪意のあるうわさ / a *vicious* look 憎々しげな目つき / ***It was vicious of*** him ***to*** make such remarks. そんなことを言ったとは彼は意地が悪い(⇒ of 12). ❸ 《略式》 ひどい: a *vicious* headache ひどい頭痛. (名 vice¹)

vícious círcle [cýcle] 名 [単数形で] 悪循環.

vi·cious·ly /víʃəsli/ 副 意地悪そうに, 邪険に.

vi·cious·ness /víʃəsnəs/ 名 U 狂暴さ; 意地悪さ.

vi·cis·si·tudes /vɪsísəṭ(j)ù:dz, və- | -tjù:dz/ 名 複 《格式》 (人生などの)浮き沈み, 栄枯盛衰: the *vicissitudes of* life 人生の浮き沈み.

Vick·ie, Vick·y /víki/ 名 固 ビッキー《女性の名; Victoria の愛称》.

＊vic·tim /víktɪm/

— 名 (~s /~z/) ❶ Ⓒ **犠牲者, 被災者**, 被害者; (難病などの)患者: ***victims of*** war 戦争の犠牲者 / a *victim of* circumstance 境遇の犠牲者, 運命にもてあそばれた人 / earthquake *victims* 地震の被災者たち / an AIDS *victim* エイズ患者. ❷ Ⓒ (宗教上の)いけにえ, 犠牲.

becòme [be] a víctim of one's **ówn succéss** [動] 自 成功があだとなる, 成功によりかえって悪い目にあう.

fàll víctim to ... [動] 他 W ...の犠牲になる: Many people *fell victim to* the disease. 多くの人がその病気の犠牲となった. (動 víctimìze)

＊**vic·tim·ize** /víktəmàɪz/ 動 (-tim·iz·es /~ɪz/; ~d /~d/; -iz·ing) 他 [しばしば受身で] (...)を**不当に苦しめる**, いじめる; 犠牲にする: He felt that he was *victimized* by the media. V+O の受身 彼はマスコミから不当な扱いを受けていると感じた. (名 víctim)

vic·tor /víktɚ | -tə/ 名 Ⓒ 《格式》 (戦争などの)勝利者, 征服者; (競技などの)優勝者 [≒winner]: a *victor* in a battle 戦いの勝者.

Vic·tor /víktɚ | -tə/ 名 固 ビクター《男性の名; 愛称は Vic》.

Vic·to·ri·a /vɪktɔ́:riə/ 名 固 ❶ ヴィクトリア《女性の名; 愛称は Vickie または Vicky》. ❷ Queen ~ ヴィクトリア女王 (1819–1901)《英国女王 (1837–1901)》.

Victória Cróss 名 [the ~] 《英》 ヴィクトリア十字勲章《英国の軍人に与えられる最高の勲章》.

Vic·to·ri·an /vɪktɔ́:riən/ 形 ❶ ヴィクトリア朝[女王時代]の. ❷ (考え方などが)(ヴィクトリア朝の人々のように)堅苦しい, お上品ぶった. — 名 Ⓒ ヴィクトリア時代の人.

vic·to·ri·ous /vɪktɔ́:riəs/ 形 (戦いに)勝利を得た, 勝った: He emerged *victorious in* the competition. 結局彼が競技会で勝利を得た. (名 víctory)

~·ly 副 勝利を得て.

＊vic·to·ry /víktəri, -tri/

— 名 (-to·ries /~z/) ❶ C,U **勝利, 戦勝** [⇔ defeat, loss]: 「an easy [a narrow] *victory* 楽勝[辛勝]. C+1 「大差での[楽な]勝利」を表わす修飾語はほかに overwhelming, resounding, sweeping (圧倒的な, 完全な) / landslide ((選挙での)圧倒的な) / comfortable (大差の) / decisive, emphatic (はっきりした) など // He ***won*** [***scored***] a ***victory over*** [***against***] his opponent ***in*** the boxing match. 彼はボクシングの試合で相手に勝った / The decision was a ***victory for*** freedom of speech. その判決は言論の自由の勝利であった / The Lions had a string of *victories* last week. ライオンズは先週連戦連勝だった / She led her team to *victory*. 彼女がチームを勝利に導いた. ❷ [形容詞的に] 勝利の: a *victory* parade 勝利のパレード.

a víctory for cómmon sénse [名] 良識の勝利, 理にかなったもの, 賢明な解決策. **swéep to víctory** [動] 自 楽勝[圧勝]する. (形 victórious)

vict·uals /víṭlz/ 名 複 《古語》 飲食物.

＊vid·e·o /víḍiòʊ/

— 名 (~s /~z/) ❶ U,C **ビデオ(映像)**; 〔コンピュータ〕 動画; Ⓒ ビデオテープ (videotape): watch a *video* ビデオを見る / make a *video* ビデオを撮る / rent a *video* ビデオを借りる / I recorded the play ***on video***. 私はその芝居をビデオに録画した / Is that film ***on video***? その映画はビデオになっていますか / a blank *video* 録画されていないビデオテープ. ❷ Ⓒ 《英》 ビデオ(録画装置), ビデオデッキ (VCR): set the *video* to record at ten p.m. 午後 10 時に録画するようにビデオをセットする. ❸ U 映像, 画像《audio (音声部分)に対して》.

— 形 ❶ 限定 **ビデオの**; ビデオ(テープ)を用いた: a *video* shop ビデオショップ / a *video* recording ビデオ録画. ❷ 限定 テレビの; 映像の《audio (音声の)に対して》: a *video* drama テレビドラマ.

— 動 (-e·os; -e·oed; -o·ing) 他 《英》 (...)をビデオに録画する [≒videotape].

〖語源 ラテン語で「(私は)見る」の意〗

vídeo arcàde 名 Ⓒ 《米》 (テレビゲーム中心の)ゲームセンター.

vídeo càmera 名 C ビデオカメラ.
vídeo càrd 名 C 〔コンピュータ〕 ビデオカード《動画処理用拡張カード》.
vid·e·o·cas·sette /vìḍioʊkəsét, -kæ-/ 名 C,U ビデオ(テープ).
videocassétte recòrder 名 C = VCR.
vid·e·o·con·fer·enc·ing /víḍioʊkɑ̀(:)nf(ə)rənsɪŋ | -kɔ̀n-/ 名 U テレビ会議(システム).
vid·e·o·disc, vid·e·o·disk /víḍioʊdìsk/ 名 C ビデオディスク《テレビで画像·音声を再生する円盤; DVD, Blu-ray など》.
vídeo gàme 名 C テレビゲーム, コンピューターゲーム: play a *video game* テレビゲームをする.
vid·e·og·ra·pher /vìḍiá(:)grəfɚ | -ɔ́grəfə/ 名 C 《米》 ビデオ撮影家.
vid·e·o·phone /víḍioʊfòʊn/ 名 C テレビ電話.
vídeo recòrder 名 C = video 2.
vid·e·o·tape /víḍioʊtèɪp/ 名 ❶ U,C ビデオ(録画): record a program *on videotape* 番組をビデオに録画する. ❷ C ビデオテープ.
— 動 他 (...)をビデオ録画する.
vie /váɪ/ 動 (vies; vied; vy·ing) 自 競う, 競争する, 張り合う: Ten teams *vied with* one another *for* [*to* win] the championship. 10 チームが互いに選手権を目ざして競い合った.
Vi·en·na /viénə/ 名 固 ウィーン《オーストリアの首都》.
Viénna sáusage 名 C,U ウインナソーセージ.
Vi·en·nese /vì:əní:z←/ 形 ウィーンの; ウィーン市民の; ウィーン風の: a *Viennese* waltz ウィーン(風)のワルツ.
— 名 (複 ~) C ウィーン市民.
Vi·et·nam /vìetnɑ́:m | vì:etnǽm←/ 名 固 ベトナム《Indochina 東部の共和国; 首都 Hanoi》.
Vi·et·nam·ese /vìetnəmí:z, vjèt-←/ 形 ベトナムの; ベトナム人[語]の. — 名 (複 ~) C ベトナム人; [the ~ として複数扱い] ベトナム人《全体》, ベトナム国民[民族]《⇒ the¹ 5》; U ベトナム語.

***view /vjú:/

— 名 (~s /~z/)

意味のチャート
語源はラテン語で「見る」の意から《⇒ visit 語源》
「見ること」❻ → 「意見」❶, 「見方」❷
「見えるもの」 → 「眺め」→「景色」❹, 「視界」❸

❶ C [しばしば複数形で] (個人的な)**意見**, 考え, 見解 [≒opinion]: I have no clear ***views on*** [***about***] the matter. 私はその件に関してはっきりとした意見を持っていない / express a *view* 意見を表明する / Do you take [share] the ***view that*** the death penalty should be abolished? +*that* 節 あなたは[も]死刑は廃止すべきだというご意見ですか / My *view* is that ... ...というのが私の意見だ / a frank exchange of *views* 率直な意見交換.
❷ C [普通は単数形で] **見方**, 解釈, 理解(のしかた), 考え方, 感じ方; 印象: a general *view of* the problem その問題の概観 / have an optimistic ***view of*** life 人生を楽観的に見る.
❸ [U または a ~] **見えること**; 視界, 視野 [≒sight]: As we climbed up the mountain, a wide plain ***came into view*** below. 山に登るにつれて, 広い平原が見えてきた / The rocket ***disappeared from view***. ロケットは視界から消えた / Not a person was ***in view***. 人っこひとり見えなかった / There wasn't any house ***within view***. 見渡す限り家は一軒もなかった / The building blocked our *view*. そのビルは私たちの視野をさえぎった / I had a good ***view of*** the stage. 私は舞台がよく見えた.
❹ C (よい)**眺め**, 眺望, 見晴らし, 景色《⇒ 類義語》: a distant *view* 遠景 / The room commands a fine *view of* the sea. その部屋からは海がよく見える / There's a nice ***view from*** here. ここからだとよい眺めだ / I'd like to reserve a room with a (good) *view*. 眺めのよい部屋を予約したいのですが / The building has spoiled the ***view of*** the ancient city. そのビルが古都の景観をそこねている.
❺ C 風景写真[画]; 展望図: scenic *views of* the Alps (絵はがきなどの)アルプスの美しい風景 / a back [front] *view* 背[正]面図 // ⇒ bird's-eye view.
❻ [単数形で] 見ること, 眺めること; 視察, 見物; 検分: have a private *view of* the exhibition 展示を内覧する.
❼ C (動画サイトの)視聴回数.
a póint of víew [名] ⇒ point of view の項目.
in fúll víew of ... [前] **...から丸見えの所で:** They kissed *in full view of* the crowd. 彼らは公衆の面前でキスをした.
in ...'s vìew [副] 文修飾 ...の考えでは: *In my view* this plan won't work well. 私の考えではこの計画はうまくいかないだろう.
in víew [形·副] (1) **見える所に**《⇒ 3》. (2) 《格式》 考慮に入れて, 意図して [≒in mind]; 予期して: I didn't know what he had *in view*. 彼が何を意図しているのかわからなかった.
in víew of ... [前] 《格式》 **...を考慮して**, ...の点から見て: *In view of* the circumstances, it is best to wait until next month. 諸般の事情から考えて来月まで待つのがいちばんいい.
on víew [形] 展示して, 公開中で.
tàke a dím [póor] víew of ... [動] 他 ...を悪く考える, よく思わない.
tàke the lóng víew [動] 自 長期的な見方をする, 先の事まで考える (*of*).
with a víew to dóing [副] 《格式》 ...するつもりで, ...する目的で; ...を期待して: He has started to save money *with a view to* buy*ing* a house. 彼は家を買うつもりで貯金を始めた. 語法 to の後に名詞が続くこともある.

類義語 **view** 一定の場所で目に入る眺め·景色·光景などを表わす最も一般的な語: the *view* from the bridge 橋からの眺め. **sight** 視覚によって見えたそのままの光景をいう: It was a cheerful *sight*. それは楽しい光景だった. **scene** ある特定の場所から見える限られた範囲の景色で, 特に美しい眺めなどに用いることが多い: country *scenes* 田園の風景. **scenery** 一地方の自然の風景全体を指す《⇒ -ery 1》: mountain *scenery* 山の風景 / the *scenery* of the Lake District 湖水地方の景色.

— 動 他 ❶ (ある見方で)(...)を考える, 見る [≒consider]: We *view* this *as* a serious matter. この件は重大だと考えます / People *viewed* the newcomer *with* suspicion. 人々はその新参者を疑いの目で見た.
❷ 《格式》 (...)を眺める, (注意深く)見る; (家など)を検分する, 詳しく調べる: *view* a house for sale 売り物の家を下見する. ❸ 《格式》 (テレビなど)を視聴する, 見る《✪ watch のほうが普通》.

V

+**view·er** /vjúːɚ | vjúːə/ 名 (~s /~z/) ❶ C (テレビなどの)**視聴者**: She's a regular *viewer* of the show. 彼女はその番組をいつも見ている. 関連 listener ラジオの聴取者. ❷ C 見る人, 見物人. ❸ C (スライドの)ビューアー.

view·find·er /vjúːfàɪndɚ | -də/ 名 C (カメラ・望遠鏡などの)ファインダー (finder).

+**view·point** /vjúːpɔ̀ɪnt/ 名 (-points /-pɔ̀ɪnts/) ❶ C **観点**, 見地, 見解 [≒point of view]: ***From*** the 「consumers' ***viewpoint*** [*viewpoint* of consumers], this system should be changed. 消費者の立場から言えばこの仕組みは変更すべきだ / He expressed the ***viewpoint that*** taxes were too heavy. +that 節 彼は税金が重すぎるという見解を表明した. ❷ C (風景などが)見える地点, 展望台.

vig·il /víʤəl/ 名 ❶ C,U 寝ずの番, 徹夜《特に看病・祈りのための》: keep an all-night *vigil* over a sick child 病気の子供を徹夜で看病する. ❷ C,U (特に夜間の)無言の抗議活動: hold a candlelight *vigil* ろうそくをともして徹夜の座り込みをする.

vig·i·lance /víʤələns/ 名 U 警戒.

vig·i·lant /víʤələnt/ 形 警戒している, 油断のない, 用心深い: remain *vigilant* 警戒を怠らない.

vig·i·lan·te /vìʤəlǽnṭi/ 名 C [ときに軽蔑的] (非公認の)自警団員.

vi·gnette /vɪnjét/ ≪フランス語から≫ 名 ❶ C《格式》短い描写文, 小品. ❷ C《格式》(書物の扉・章頭・章末などの)小さな飾り模様[カット].

vig·or, 《英》 **vig·our** /vígɚ | -gə/ 名 U 活力, 精力, 元気, 気力 [≒energy]; 体力: a man of *vigor* 精力旺盛な男 / She does her work *with* great *vigor*. 彼女は非常に精力的に仕事をする. (形 vígorous)

+**vig·or·ous** /víg(ə)rəs/ 形 ❶ **活発な**, 勢いのある, 強硬な: a *vigorous* protest 強硬な抗議 / We had a very *vigorous* argument about the matter. 私たちはその問題について活発に議論し合った.
❷ **精力旺盛な**, 活気に満ちた: a *vigorous* youth 元気はつらつとした若者 / My grandmother is still *vigorous* both *in* body and *in* mind. 祖母はまだ心身ともに壮健だ. (名 vígor)
~·ly 副 精力的に, 活発に, (力)強く.

vig·our /vígə | -gə/ 名《英》= vigor.

Vi·king /váɪkɪŋ/ 名 C ヴァイキング《8–11 世紀に欧州北岸および西岸を略奪したり, 交易を営んだ北欧人》. 日英 料理の「バイキング」は和製英語で, これに相当する英語は buffet か smorgasbord.

vile /váɪl/ 形 (vil·er; vil·est) ❶《略式》ひどい, いやな [≒horrible]: What 「*vile* behavior [a *vile* smell]! ひどいことをする[においだ]なあ! / This coffee tastes *vile*! ひどい味だな, このコーヒー. ❷ 下劣な, 邪悪な [≒evil]; 不道徳な: *vile* language 下品なことば / the *vile* practice of bribery 贈収賄という不道徳な慣習.

vil·i·fy /víləfàɪ/ 動 (-i·fies; -i·fied; -fy·ing) 他《格式》(...)をけなす, そしる, 中傷する (*for*).

+**vil·la** /vílə/ 名 (~s /~z/) C **いなかの大邸宅**; (休暇用の)**別荘**: a *villa* in Spain スペインの別荘.

vil·lage /vílɪʤ/

— 名 (vil·lag·es /~ɪz/) ❶ C 村, 村落《hamlet より大きく town よりは小さい; 普通は教会と学校がある》; 《米》(自治体としての)村: a fishing *village* 漁村.
❷ [形容詞的に] **村の**: the *village* school 村の学校.
❸ [the ~] 村人たち《全体》: *The* whole *village* was in church. 村中の人たちが礼拝中だった.
〖語源 ラテン語で「いなかの大邸宅 (villa) に属する」の意〗

+**vil·lag·er** /vílɪʤɚ | -ʤə/ 名 (~s /~z/) C **村人**.

vil·lain /vílən/ 名 ❶ C (映画・演劇・小説の)悪役, かたき役. ❷ C《略式》悪者, 悪漢; 犯罪者. **the víllain of the píece** [名] [しばしばこっけいに] (ごたごたの)張本人, 元凶. 〖語源 原義はラテン語で「いなかの大邸宅 (villa) の使用人」〗

vil·lain·ous /vílənəs/ 形《文語》悪人のような, 悪らつな.

vil·lain·y /víləni/ 名 (-lain·ies) U《文語》極悪(非道); C 悪事, 悪行.

vim /vím/ 名 U [しばしば vim and vigor として] 《古風》精力, 気力, 活気.

vin·ai·grette /vìnɪgrét/ ≪フランス語から≫ 名 U,C ビネグレットソース《酢・油などで作ったドレッシング》.

Vin·cent /víns(ə)nt/ 名 固 ビンセント《男性の名》.

Vinci 名 固 ⇒ Leonardo da Vinci.

vin·di·cate /víndəkèɪt/ 動 他 ❶《格式》(人)の嫌疑を晴らす, (人)の潔白を証明する. ❷《格式》(...)の正しさ[正当性]を立証する [≒justify].

vin·di·ca·tion /vìndəkéɪʃən/ 名 [U または a ~]《格式》嫌疑が晴れること; 弁明; (正しさの)証明 (*of*).

vin·dic·tive /vɪndíktɪv/ 形 復讐(ふくしゅう)心の強い, 執念深い.

+**vine** /váɪn/ 名 (~s /~z/) ❶ C **ぶどうの木[つる]** (grapevine): a field of *vines* ぶどう畑.
❷ C **つる性植物**; つる: cucumber *vines* きゅうりのつる.
〖語源 ラテン語で「ぶどう酒の」の意; wine と同語源〗

+**vin·e·gar** /vínɪgɚ | -gə/ 名 U **酢**.
〖語源 原義は「酸っぱいぶどう酒」; vine と同語源〗

vin·e·gar·y /vínɪg(ə)ri/ 形 酢の(ような), 酸っぱい.

+**vine·yard** /vínjɚd | -jəd/ 発音 名 (~s /~dz/) C **ぶどう園[畑]**.

vi·no /víːnoʊ/ ≪スペイン語・イタリア語から≫ 名 (~s) U,C《略式》ワイン (wine).

+**vin·tage** /víntɪʤ/ 形 ❶ 限定 (ワインが)**上等の**, 年代物の, 銘柄の: *vintage* wine 銘柄ワイン《当たり年のぶどうで作った優良ワイン》. ❷ 限定 (車が)製造年代は古いが高品質の: a *vintage* car ビンテージカー《《英》では 1919–30 年に製造のものを指す》. ❸ 限定 (文芸活動などが)最盛期の, 黄金時代の; [固有詞の前につけて] (作品などが)代表的な: This opera is *vintage* Mozart. このオペラはモーツァルトの最高傑作だ.
— 名 (-tag·es /~ɪz/) ❶ C,U (ある年に作られた)ワイン; (ワインの作られた)年: a claret of a rare *vintage* 貴重な年代もののクラレット / the 1997 *vintage* 1997 年もののワイン. ❷ U 生産された時期: a car of 1930 *vintage* 1930 年型の車.

víntage yéar 名 C ワインの秀作年[当たり年]; 大当たりの年 (*for*).

vint·ner /víntnɚ | -nə/ 名 C《格式》ワイン商人.

vi·nyl /váɪn(ə)l/ 発音 名 ❶ U【化学】ビニール《⇒ plastic 日英》: a *vinyl* chair ビニール張りのいす. ❷ U レコード《CD に対して》.

vi·o·la[1] /vióʊlə/ ≪イタリア語から≫ 名 C ビオラ《弦楽器》.

vi·o·la[2] /vaɪóʊlə | váɪələ/ 名 C すみれ(属の植物).

*__vi·o·late__ /váɪəlèɪt/ 動 (-o·lates /-lèɪts/; -o·lat·ed /-ṭɪd/; -o·lat·ing /-ṭɪŋ/) 他 ❶《格式》(誓い・条約・法律など)を**破る**, 犯す, 無視する [≒break]; (良心など)

に背(そむ)く: Both countries *violated* the treaty [agreement]. 両国ともその条約[協定]を破った.
❷《格式》(権利・プライバシーなど)を**侵害する:** This law will *violate* the right of free speech. この法律は言論の自由を侵すであろう. ❸《格式》(…の神聖)を汚(けが)す, (神聖な場所)を冒涜(ぼうとく)する. ❹《文語》(女性)を犯す, 暴行する [≒rape].
(名 violátion, 形 víolent)

vi·o·la·tion /vàɪəléɪʃən/ 名 ❶ U,C (法律・約束などの)違反, 無視: a *violation of* the law 法律違反 / *violations of* traffic regulations 交通違反 / *in violation of* … …に違反して. ❷ U,C《格式》(権利などの)侵害; 冒涜(ぼうとく): human rights *violations* 人権侵害. (動 víolàte)

vi·o·la·tor /váɪəlèɪṭɚ | -tə/ 名 C 違反者; 侵害者.

*__vi·o·lence__ /váɪələns/ 名 ❶ U **暴力**, 乱暴, 暴行: an act of *violence* 暴力行為 / domestic *violence* 家庭内暴力 / ***violence against*** women 女性に対する暴力 / a TV program with too much *violence* 暴力(場面)の多すぎるテレビ番組 / use [resort to] *violence* 暴力を用いる[に訴える].
❷ U (現象・感情などの)**激しさ**, すさまじさ: the *violence* of a storm あらしの猛威.
dò víolence to … [動] 他《格式》…に暴行を加える; …に被害を与える; …を損なう. (形 víolent)

*__vi·o·lent__ /váɪələnt/ アク 形 ❶ **乱暴な**, 暴力的な; 乱暴にふるまう; (映画・テレビ番組などが)暴力(場面)の多い: resort to *violent* means 暴力的な手段に訴える / an increase in *violent* crime 暴力犯罪の増加 / turn *violent* 突然暴れだす.
❷ **激しい**, 猛烈な, 激烈な: a *violent* earthquake [headache] 激しい地震[頭痛] / *violent* winds 猛烈な風 / The storm became more and more *violent*. あらしはだんだん激しくなった.
❸ (感情・ことばなどが)**激しい**, 激した, 激情的な: *violent* language [abuse] 激しいことば[悪口] / He has a *violent* temper. 彼は気性が激しい. ❹ [普通は 限定] (死が)暴力による: He died a *violent* death. 彼は(人手にかかって)非業の死をとげた. ❺ (色が)どぎつい, 派手な. (名 víolence, 動 víolàte)

vi·o·lent·ly /váɪələntli/ 副 ❶ 激しく, 猛烈に: The wind was blowing *violently*. 風は激しく吹いていた. ❷ (感情などが)激しく, 激情的に. ❸ 暴力によって, 乱暴に.

vi·o·let /váɪələt/ 名 ❶ C すみれ; すみれの花. ❷ U すみれ色, 紫色《⇒ purple 表》. — 形 すみれ色の.

Vi·o·let /váɪələt/ 名 固 バイオレット《女性の名》.

*__vi·o·lin__ /vàɪəlín/ アク 名 (~s/~z/) C **バイオリン:** play *the violin* バイオリンを弾く《⇒ play 動 他 2 の 語法》. 【語源 イタリア語で「小さなビオラ (viola)」の意】

vi·o·lin·ist /vàɪəlínɪst/ 名 C バイオリニスト, バイオリン奏者.

vi·o·lon·cel·lo /vàɪələnʧéloʊ/ ≪イタリア語から≫ 名 (~s) C《格式》= cello.

VIP /víːàɪpíː/ 名 C 重要人物, 要人《*v*ery *i*mportant *p*erson の略; ⇒ important 2》: get (the) *VIP* treatment 要人待遇を受ける.

vi·per /váɪpɚ | -pə/ 名 ❶ C くさりへび科の各種の毒へび《くさりへび・まむし・がらがらへびなど》. ❷ C《文語》意地の悪い[腹黒い]人.

vi·ral /váɪ(ə)rəl/ 形 ❶ ウィルス(性)の, ウィルスによって起こる: a *viral* infection ウィルス感染(症). ❷ (インターネット上で)急速に広まる: go *viral* (画像などが)急速に広まる, 拡散する.

víral màrketing 名 U《商業》バイラルマーケティング《インターネット上の口コミを利用した広告戦略》.

+**vir·gin** /vɚ́ːʤɪn | vә́ː-/ 名 (~s /~z/) ❶ C **処女**, 乙女, 童貞. ❷ [the V-] 聖母マリア (the Virgin Mary). ❸ C 未経験者, 初心者. ❹ [the V-] 乙女座《星座》(Virgo). (形 vírginal)
— 形 ❶ 限定 元の状態の, 未使用の; 未踏破の; (経験などが)初めての: a *virgin* peak 処女峰 / a *virgin* forest 原生林 / *virgin* territory 未知の領域. ❷ 限定 処女の; 乙女らしい, 純潔な: *virgin* modesty 乙女らしい慎み. ❸ (オリーブ油が)一番搾りで上質の.

vir·gin·al /vɚ́ːʤɪn(ə)l | vә́ː-/ 形 処女の, 乙女らしい; 純潔な, 清純な; 元の状態の. (名 vírgin)

Vir·gin·ia[1] /vɚʤínjə | və-/ 名 ❶ 固 バージニア《米国南東部の州; 略 Va.,《郵便》では VA; 州名は Virgin Queen (処女王) と呼ばれたエリザベス 1 世にちなむ》. ❷ U バージニアたばこ.

Vir·gin·ia[2] /vɚʤínjə | və-/ 名 固 バージニア《女性の名》.

Virgínia créeper 名 U,C アメリカづた [《米》 woodbine].

vir·gin·i·ty /vɚ(ː)ʤínəṭi | və-/ 名 U 処女であること, 処女性, 純潔; 童貞: lose one's *virginity* 処女[童貞]を失う.

Vírgin Máry 名 [the ~] 聖母[処女]マリア (Blessed Virgin, Mary)《キリストの母》.

Vir·go /vɚ́ːgoʊ | vә́ː-/ 名 (~s) ❶ 固 乙女座《星座》; 処女宮 (the Virgin)《⇒ zodiac 挿絵》. ❷ C 乙女座生まれの人.

vir·ile /vírəl | -raɪl/ 形 [よい意味で] 男性的な, 男らしい; (男性が)性的に能力のある[強壮な].

vi·ril·i·ty /vəríləṭi/ 名 ❶ U 男らしさ; 力強さ. ❷ U (男性の強壮な)性的能力.

vi·rol·o·gy /vaɪrɑ́(ː)ləʤi | -rɔ́-/ 名 U ウイルス学.

+**vir·tu·al** /vɚ́ːʧuəl, -ʧəl | vә́ː-/ 形 ❶ 限定 (名目はともかく)**実質上の, 事実上の**, 実際(上)の: He's the *virtual* president of the company. 彼はその会社の実質上の社長だ. ❷ 限定《コンピュータ》(コンピューターによって作り出された)仮想の, ネット[コンピューター]上の, バーチャルな: *virtual* space 仮想空間.

*__vir·tu·al·ly__ /vɚ́ːʧuəli, -ʧəli | vә́ː-/ 副 ❶ 文修飾 (名目はともかく)**実質的には, 事実上は**; ほとんど…といってよい: That company is *virtually* bankrupt. その会社は事実上は倒産している / *Virtually all* Americans have seen this commercial. ほとんどすべてのアメリカ人がこのコマーシャルを見たことがある. ❷《コンピュータ》コンピューター上で, 仮想的に.

vírtual reálity 名 U 仮想現実, バーチャルリアリティ《コンピューターの映像・音などによって実際に体験しているかのように感じる世界》.

+**vir·tue** /vɚ́ːʧuː | vә́ː-/ 名 (~s/~z/) ❶ U《格式》**徳**, 善, 美徳 [⇔ vice]: *Virtue* is its own reward.《ことわざ》徳はそれ自体が報いである(徳はそれを行なうことで得られる満足感で十分報いられる).
❷ C (個々の)**徳**, 徳目, 美徳, 徳行 [⇔ vice]: Are modesty and patience *virtues*? 謙譲と忍耐は美徳なのだろうか.
❸ C,U **長所**, 利点 [≒advantage]: He has ***the virtue of*** knowing his weaknesses. 彼には自分の欠点を認識できる長所がある.
by [in] vírtue of … [前]《格式》…の力[おかげ]で.
màke a vírtue of … [動] 他 (やっかいな事態)を逆手

V

にとる[有効に活用する].

màke a vírtue of necéssity [動] ⓐ やむをえない事態を有効に活用する; やむをえずにすることを自発的にやっているような振りをする. (形 vírtuous)

〖語源 ラテン語で「男らしさ」の意〗

virtuosi 名 virtuoso の複数形.

vir·tu·os·i·ty /vɚːtʃuá(ː)səṭi | vəːtʃuɔ́s-/ 名 U《格式》芸術上の妙技, (特に音楽演奏上の)技巧.

vir·tu·o·so /vɚːtʃuóʊsoʊ | vəː-⁻/ ≪イタリア語から≫ 名 (複 ～s, **vir·tu·o·si** /vɚːtʃuóʊsiː | vəː-/) C (芸術の)大家, 巨匠; 名演奏家, 名手; [形容詞的に] 巨匠(風)の, 名手の: a piano *virtuoso* = a *virtuoso* pianist ピアノの巨匠.

vir·tu·ous /vɚ́ːtʃuəs | vɔ́ː-/ 形 ❶《格式》徳の高い, 高潔な, 立派な行ないの: lead a *virtuous* life 高潔な生活を送る. ❷《古風》貞淑な. (名 vírtue)

vir·u·lence /vírʊləns/ 名 U 毒性, 悪性;《格式》悪意, 憎悪.

vir·u·lent /vírʊlənt/ 形 ❶ 毒性の強い; (病気が)悪性の. ❷《格式》敵意[悪意]に満ちた.

***vi·rus** /váɪ(ə)rəs/ ❗発音 名 (～·es /～ɪz/) ❶ C **ウイルス**《⇒ HIV》: the influenza [AIDS] *virus* インフルエンザ[エイズ]ウイルス. ❷ C ウイルス性の病気. ❸ C = computer virus.

+**vi·sa** /víːzə/ 名 (～s/～z/) C **ビザ**, 査証, 入国許可証(明)《普通は旅券に記載する》: a tourist [work] *visa* 観光[就労]ビザ / I applied for a ***visa to*** Russia. 私はロシアのビザを申請した.

〖⇒ visit キズナ〗

vis·age /vízɪdʒ/ 名 C《文語》容貌(ようぼう), 顔つき.

vis-à-vis /vìːzəvíː⁻/ ≪フランス語から≫ 前《格式》…に関して; …と比べて.

vis·cer·a /vísərə/ 名 複〔医学〕内臓.

vis·cer·al /vís(ə)rəl/ 形 ❶《文語》(感情などが)直感的な, 本能的な. ❷〔医学〕内臓の.

V

vis·count /váɪkàʊnt/ 名 C 子爵《男性》《⇒ peerage 表》.

vis·count·ess /váɪkàʊnṭəs | vàɪkaʊntés/ 名 C 子爵夫人; 子爵《女性》《⇒ peerage 表》.

vis·cous /vískəs/ 形 (液体が)粘性のある, 粘着性の.

vise, 《英》**vice²** /váɪs/ 名 C〔機械〕万力(まんりき).

vis·i·bil·i·ty /vìzəbíləṭi/ 名 ❶ U (場所・窓からの)見渡せる範囲, 見晴らし, 視界; (大気の)可視度, 視界: poor *visibility* 視界の悪さ. ❷ U (世間からの)注目度, 認知度. ❸ U 目に見えること [⇔ invisibility]. (形 vísible)

vis·i·ble** /vízəbl/ 形 ❶ **目に見える**, 肉眼で見える [⇔ invisible]: a clearly *visible* stain はっきり目に見えるしみ / Mars is ***visible to the naked eye. +前+名 火星は肉眼で見える / The lake is ***visible from*** her window. 湖は彼女の部屋の窓から見える. ❷ 明らかな, 明白な [≒obvious]: a *visible* change in his attitude 彼の態度の明らかな変化. ❸ (テレビ・新聞などで)いつも目に入る, 目立つ: a highly *visible* politician よく目立つ政治家. (名 vìsibílity)

〖⇒ visit キズナ〗

vis·i·bly /vízəbli/ 副 目に見えて; ありありと, 明らかに: be *visibly* upset 明らかに動揺している.

***vi·sion** /víʒən/ 名 (～s/～z/) ❶ U **視力**, 視覚; 視野 [≒sight]: have good [poor] *vision* 視力がいい[悪い] / My *vision* is blurred. 私は目がかすんでいる / The car was outside my field [line] of *vision*. 車は私の視界の外だった // ⇒ twenty-twenty vision.

❷ U (未来を)**見通す力**, 展望, ビジョン; (芸術家などの)想像力: a statesman with *vision* 先見の明のある政治家 / His broad *vision* made this project possible. 彼の広い識見がこの計画を可能にした.

❸ C **理想像** (*for*); (宗教的体験としての)幻影, 幻; 心に描く像, 幻想: a bright ***vision of*** the future 明るい未来像 / see Christ in a *vision* キリストの幻影を見る / He had *visions* of missing the flight. 飛行機に乗り遅れる光景が彼の頭に浮かんだ. ❹ C [普通は単数形で]《文語》(美などの)権化(ごんげ): a *vision* of beauty (この世のものと思えぬほどの)美人. ❺ U (テレビ・映画の)映像, 画像. (形 vísionàry)

〖⇒ visit キズナ〗

vi·sion·ar·y /víʒənèri | -ʒən(ə)ri/ 形 ❶ (人が)想像力のある, 先を見通す力がある: a *visionary* leader 先見の明がある指導者. ❷ 非現実的な, 空想的な. ❸ 幻の(ような): the *visionary* world 幻の世界. (名 vísion)

— 名 (-ar·ies) ❶ C 先見の明のある人. ❷ C 空想家; 幻を見る人.

***vis·it /vízɪt/

— 動 (vis·its /-zɪts/; -it·ed /-ṭɪd/; -it·ing /-ṭɪŋ/) 他

❶ (人)に**会いに行く**, (人)を**訪問する**, 見舞う; (…)の家に滞在する: I *visited* my friend Tom yesterday. 私はきのう友人のトムに会いに行った / He came to *visit* me while I was in (the) hospital. 彼は私の入院中に見舞いに来てくれた / She *visited* her aunt in Atlanta for a week. 彼女は1週間アトランタのおばのところへ行っていた.

❷ (場所)を**訪れる**, 見物に行く;〔コンピュータ〕(ウェブサイト)を訪れる, アクセスする: Have you ever *visited* the British Museum? 大英博物館に行ったことがありますか / For more information, please *visit* our Website. 詳細はウェブサイトをごらんください. ❸ (…)を視察する, (仕事で)見に行く, (医者が)(患者)を往診する;《格式》(患者・依頼人が)(医者・弁護士など)に相談に行く, かかる.

— ⓐ 訪問する, 見物する;《主に米》滞在する (*in*).

vísit ... on ～ [動] 他《古語》〔聖書〕(怒り・罰など)を～に向ける.

visit with ... [動] 他 (1)《米》…を訪れる. (2)《米》…と雑談する. (名 visitátion)

— 名 (vis·its /-zɪts/) ❶ C **訪問**, 見舞い; (客としての)**滞在**: a ***visit to*** a friend 友人宅の訪問 / I received [had] a ***visit from*** my students. 私は生徒たちの訪問を受けた / The premier ***paid*** [***made***] an official ***visit to*** the White House. 首相はホワイトハウスを公式訪問した / I promised to ***pay*** him a ***visit***. 私は彼を訪問する約束をした / I'm here ***on*** a short ***visit***. ここにちょっとの間いるだけです / during a *visit to* my uncle's おじの家に滞在中に / Why don't you come for a *visit*? ちょっと遊びに来ませんか.

❷ C (場所を)**訪れること**, 見物, 観光; (ウェブサイトへの)アクセス: This is my first ***visit to*** Paris. パリに来たのはこれが初めてです / What's the purpose of your *visit*? 入国の目的は何ですか《入国審査などで》.

❸ C (弁護士などへの)相談, (医者への)受診; (医者の)往診; 視察, 巡視: make a home *visit to* ... …を往診する.

❹ C《米》雑談, おしゃべり (*with*).

〖語源 ラテン語で「しばしば見に行く」の意; view と同語源〗

単語のキズナ　VIS／見る＝see

visit	(見に行く) →	会いに行く; 訪問
visible	目に見える	
vision	(見ること) →	視力
visual	視覚による	
visa	(見られた → 検査済み) →	ビザ, 査証
revise	(再び見る, 見直す) →	改訂する
supervise	(上から見る) →	監督する
advise	(...を見る → 意見を持つ) →	忠告する

vis·i·ta·tion /vìzətéɪʃən/ 名 ❶ C《格式》(監督官の)公式視察, 巡視; (司教の)管轄区巡察; (牧師の)信徒訪問. ❷ U,C = visitation rights. ❸ C 神[霊]の訪れ;《格式》天罰; 災禍, 災い(の訪れ). (動 vísit)

visitátion rìghts 名 複〔米法律〕訪問権《離婚・別居後に自分の子供に会う権利》.

vis·it·ing /vízɪṭɪŋ/ 形 限定 訪問の, 来訪中の;〔スポーツ〕遠征(中)の [⇔ home]: the *visiting* team ビジター, 遠征チーム. **be on vísiting tèrms with ...** [動] 他 ...とは行き来する仲である.

vísiting càrd 名 C《英》(訪問用の)名刺 (card) [《米》calling card]《⇒ business card》.

vísiting hòurs 名 複 (病院などの)面会時間.

vísiting núrse 名 C《米》訪問[巡回]看護師.

vísiting proféssor 名 C 客員教授.

vísiting téacher 名 C《米》家庭訪問教員《登校できない生徒の家庭を訪れて授業をする》.

⁑vis·i·tor /vízɪṭə | -tə/

— 名 (~s /~z/) ❶ C **訪問者**, 来客, 見舞い客: We had *visitors from* Canada last week. 先週はカナダからのお客があった / NO VISITORS 面会謝絶《病室などで》.

visitor (社交・商用・観光などで訪れる客. 一般的な語)	訪問客	客
guest (招待客)		
caller (短時間の訪問客・見舞客)		
customer (商店などの客)	職業上の客	
client (弁護士など専門家の客)		
guest (ホテルなどの客)		
passenger (乗り物の乗客)		
shopper (買い物客)		

❷ C **観光客**, 参観者: *visitors to* Rome *from* Japan 日本からローマへやって来た観光客. ❸ C 滞在客, 泊まり客: winter *visitors at* a hotel (避寒地などの)ホテルの冬期滞在客. ❹ C (ウェブサイトの)訪問者. ❺ [複数形で]〔スポーツ〕遠征チーム, ビジター. ❻ C 渡り鳥.

vís·i·tors' bòok /vízɪṭəz- | -təz-/ 名 C 来客名簿; 宿泊者名簿.

vi·sor /váɪzə | -zə/ 名 ❶ C バイザー《ヘルメットの顔面を保護する部分》;《米》(帽子の)つば [《英》peak]; (つばだけの)サンバイザー. ❷ C (自動車の)日よけ板, サンバイザー (sun visor)《⇒ car 挿絵》.

vis·ta /vístə/ 名 ❶ C《文語》(美しい)眺め, 眺望 (*of*). ❷ C《格式》(未来への)展望.

vi·su·al /víʒuəl, -ʒəl/ 形 [普通は 限定] 視覚による, 視覚に訴える; 視覚の; 目に見える: the *visual* arts 視覚芸術《絵画・彫刻・映画・演劇など》/ have a good *visual* memory 見たものをよく覚えている / It produced strange *visual* effects. それは奇妙な視覚効果を産み出した. — 名 C [普通は複数形で] 視覚に訴えるもの, 映像.〘⇒ visit キズナ〙

vísual áid 名 C 視覚資料[教材].

vísual dísplay ùnit 名 C = VDU.

+**vi·su·al·ize** /víʒuəlàɪz/ 動 (-al·iz·es /~ɪz/; -al·ized /~d/; -iz·ing) 他 (...)を**心に描く**, 具体的に思い浮かべる (*as*) [≒imagine]; (...)のありさまを想像する: I just can't *visualize* (myself) studying in a foreign university. 外国の大学で勉強している自分の姿なんてとても思い描けない / It's hard to *visualize* what the total effect will be. 全体的な効果がどんなものになるか思い浮かべるのは難しい.

vi·su·al·ly /víʒuəli, -ʒəli/ 副 ❶ 文修飾 視覚的に(は), 見た目には, 外見は. ❷ 視覚(の点)で; 視覚によって, 目に訴えて: *visually* impaired people 目の不自由な人たち.

*__vi·tal__ /váɪṭl/ 形 ❶ **きわめて重大な**, 不可欠な [≒crucial]: play a *vital* role きわめて重要な役割を果たす / Practical knowledge of English is ***vital to*** the job. +to+名 実用的な英語力がその仕事には絶対に必要だ 多用 / Your support is ***vital for*** our success. +for+名 私たちが成功するためにはあなたの支援が欠かせない / 言い換え ***It's vital that*** you get moderate exercise. = ***It's vital*** (***for*** you) ***to*** get moderate exercise. あなたは適度な運動をすることが大切だ.
❷ 限定 **生命の**, 生命に関する, 生命の維持に必要な: *vital* energy [power] 活力 / *vital* organs 生命の維持に欠かせない器官《心臓・肺・脳など》/ *vital* signs 生命徴候《脈拍・呼吸・体温など》. ❸ 活力に満ちた, 活気のある [≒lively]: The writer is known for his *vital* style. その作家は力強い文体で知られている.
(名 vitálity, 動 vítalìze)

+**vi·tal·i·ty** /vaɪtǽləṭi/ 名 ❶ U **活気**, 生気, 元気, バイタリティー: Despite his age, he's full of *vitality*. 年齢にもかかわらず, 彼は元気いっぱいだ.
❷ U **生命力**; (組織などの)存続力. (形 vítal)

vi·tal·ize /váɪṭəlàɪz/ 動 他《主に米》(...)に活力を与える, (...)を活性化する. (形 vítal)

vi·tal·ly /váɪṭəli/ 副 きわめて, 非常に.

vítal statístics 名 複 人口動態統計《出生・死亡・結婚・保健・病気の統計》.

*__vi·ta·min__ /váɪṭəmɪn | vít-, váɪt-/ 発音 名 (~s /~z/) C **ビタミン**; ビタミン剤: *vitamin* A [B, C] ビタミン A [B, C] / *vitamin* pills [tablets] ビタミン剤《錠剤》/ Eggs are rich in *vitamins*. 卵はビタミンが豊富だ.
〘語源 vital と同語源〙

vi·ti·ate /víʃièɪt/ 動 他《格式》(...)の価値[質]を損なう; (...(の力))を弱める, (...)を無効にする.

vit·re·ous /vítriəs/ 形 限定 (焼き物などが)ガラスの(ような), ガラス質[状]の; ガラス製の.

vit·ri·ol /vítriəl/ 名 U《格式》しんらつなことば[批評], 痛烈な皮肉.

vit·ri·ol·ic /vìtriá(ː)lɪk | -ɔ́l-⁻/ 形《格式》(ことばなどが)しんらつ[痛烈]な.

vi·tu·per·a·tion /vaɪt(j)ù:pəréɪʃən | vɪtjù:-/ 名 U 《格式》ののしり, 罵倒(ばとう); 毒舌.

vi·tu·per·a·tive /vaɪt(j)ú:pərəṭɪv | vɪtjú:-/ 形 《格式》(ことば・人などが)ののしる, 罵倒する; 毒舌の.

vi·va[1] /ví:və, -vɑ:/ ≪イタリア語・スペイン語から≫ 間 ...万歳!

vi·va[2] /váɪvə/ 名 C 《英》 = viva voce.

vi·va·ce /vɪvá:tʃeɪ, -tʃi/ ≪イタリア語から≫ 副 形 〔音楽〕ビバーチェで[の], 活発に[な], 速く[速い].

vi·va·cious /vɪvéɪʃəs/ 形 (特に女性が)元気のある, はつらつとした. **～·ly** 副 元気に.

vi·vac·i·ty /vɪvǽsəṭi/ 名 U 元気, 活発, 陽気.

vi·va vo·ce /váɪvəvóʊsi, -tʃi/ ≪ラテン語から≫ 名 C 《英》(大学の)口頭[口述]試験.

Viv·i·an /víviən/ 名 固 ビビアン《男性または女性の名》.

+**viv·id** /vívɪd/ 形 ❶ (描写が)**生き生きとした**, 真に迫った; (印象・記憶などが)**生々しい**, 鮮烈な; (想像力などが)旺盛な, 活発な: a *vivid* description of the battle 真に迫った戦闘描写 / a *vivid* impression 鮮烈な印象 / a *vivid* imagination 豊かな想像力 / The event still remains *vivid* in my memory. その出来事は今でも鮮明に記憶に残っている.
❷ (色・光などが)**鮮やかな**, 鮮明な: Her dress was *vivid* scarlet. 彼女の服は鮮やかな緋(ひ)色だった.

単語のキズナ		VIV／生きる＝live
survive (...を越えて生きる)	→	後まで生き残る
revive (再び生きる)	→	生き返る
vivid (生きている)	→	生き生きとした

～·ly 副 生き生きと; 鮮やかに. **～·ness** 名 U 生き生きとしていること; 生々しさ, 迫真性; 鮮明さ.

viv·i·sec·tion /vìvəsékʃən/ 名 U (動物実験のための)生体解剖[手術].

vix·en /víks(ə)n/ 名 ❶ C 雌ぎつね. 関連 fox きつね. ❷ C 《文語》やかましい女, いやな女.

viz. /néɪmli, víz/ ≪ラテン語から≫ 副 Ⓦ 《格式》すなわち, 換言すれば [≒namely]《公文書や学術書などで用いられる》.

Vlad·i·vos·tok /vlæ̀dɪvəstá(:)k | -vɔ́stɔk/ 名 固 ウラジオストック《ロシア東部の日本海に臨む海港》.

V́ nèck 名 C V字形の襟, Vネック.

VOA /ví:òʊéɪ/ 略 = Voice of America.

vo·cab·u·lar·y /voʊkǽbjʊlèri | -ləri/ 発音 名 (-lar·ies) ❶ C,U 語彙(ごい), 用語数, 用語範囲《ある言語・個人・書物・階層・専門分野などにおいて使用される語の総数; 1つ1つの語 (word) ではない》: the basic *vocabulary* of English 英語の基本語彙 / an active *vocabulary* 表現[発信]語彙 / a passive *vocabulary* 理解[受容]語彙 / develop [expand, increase] one's *vocabulary* 語彙を増やす / He has a large [wide] *vocabulary*. 彼は語彙が豊富だ / The word "impossible" isn't in my *vocabulary*. 「不可能」という語は私の辞書にはない. ❷ C 《古風》単語表[一覧]. ❸ C,U (芸術などの)表現技法 (*of*).

+**vo·cal** /vóʊk(ə)l/ 形 ❶ **口やかましい**, (遠慮なく)思うことを口にする [≒outspoken]: a *vocal* critic 口やかましい批評家 / The inhabitants were *vocal in* their opposition to the plan. 住民はその案にはっきりと反対した. ❷ 限定 声の, 音声の; 〔音楽〕声楽の: the *vocal* organs 発声器官 / *vocal* music 声楽.
(名 voice[1])
— 名 C [普通は複数形で] (ポップスなどの)歌の部分, ボーカル(のパート): be *on vocals* ボーカルの担当である.

vócal còrds [chòrds] 名 複 [the ～] 声帯.

vo·cal·ist /vóʊkəlɪst/ 名 C (ポップスなどの)歌手, ボーカル《特にバンドで歌う歌手》.

vo·cal·ize /vóʊkəlàɪz/ 動 他 《格式》(考え・感情など)をことばで表わす; (音・語など)を声に出す, 歌う.

vo·cal·ly /vóʊkəli/ 副 声で, 声に出して; 声高に.

vo·ca·tion /voʊkéɪʃən/ 名 ❶ C 天職(意識), 使命(感); 職業, 仕事《⇒ occupation 類義語》: a nurse with a strong sense of *vocation* 使命感の強い看護師 / find [miss] one's *vocation* 天職を見つける[職業の選択を誤る]. ❷ C,U 適性, 素質, 才能: have a *vocation for* teaching 教職に向いている. ❸ C,U (宗教・信仰生活への)神のお召し.

vo·ca·tion·al /voʊkéɪʃ(ə)nəl/ 形 職業(上)の; 職業指導の: *vocational* education 職業教育 / *vocational* training 職業訓練.

vocátional schòol 名 C 職業訓練学校.

vo·cif·er·ous /voʊsíf(ə)rəs/ 形 《格式》大声で叫ぶ; うるさく言い立てる (*in*); (要求などが)声高になされる, うるさい. **～·ly** 副 やかましく, うるさく.

vod·ka /vá(:)dkə | vɔ́d-/ ≪ロシア語から≫ 名 U ウオッカ《ロシアの強い酒》; C 1杯のウオッカ.

+**vogue** /vóʊg/ 名 U,C [普通は単数形で] (一時的な)**流行**, はやり [≒fashion]: 言い換え Miniskirts are in *vogue* again. = Miniskirts are again the *vogue*. = There's a ***vogue for*** miniskirts again. ミニスカートが再び流行している / come into *vogue* 流行する, はやりだす.

*****voice**[1] /vɔ́ɪs/

— 名 (voic·es /～ɪz/) ❶ C,U (人の)**声**, **音声**: I heard a *voice* calling me. 私を呼ぶ声が聞こえた / I recognized your *voice* right away. すぐにあなたの声だとわかった / He spoke in a deep [loud, rough] *voice*. 彼は低く響く[大きな, 荒々しい]声で話した / raise one's *voice* 声を大きくする[荒げる] / lower one's *voice* 声を小さくする / Keep your *voice* down. 声を小さくしてください / The boy's *voice* is beginning to break [change]. その少年は声変わりし始めている.
❷ U **声を出す力**, 物を言う力: He had a bad cold and ***lost*** his ***voice***. 彼はひどいかぜをひいて声が出なくなった. ❸ C,U (声楽の)声, 声部: a male *voice* 男声 / be in good *voice* (歌手が)声がよく出ている / He has a fine bass *voice*. 彼はすばらしいバスの声をしている.
❹ [a ～ または U] 発言権, 投票権: Do you have *a voice in* the matter? あなたはその件について発言権がありますか. ❺ C (主義・主張などを)訴える声, (理性などの)呼びかける声; (表明された)意見; [単数形で] (意見などの)代弁[表明]者, 表明手段: the *voice for* peace 平和を求める声 / the *voice* of reason 理性の声 / listen to one's inner *voice* 自分の内なる声に耳を傾ける / the *voice* of the majority [minority] 大多数[少数]の意見 / make one's *voice* heard 自分の意見を聞いてもらう / The *voice* of the people is the *voice* of God. 《ことわざ》民の声は神の声(政治家は国民の意思を尊重せよ)《⇒ vox populi 成句》.

at the tóp of one's **vóice** [副] 声を限りに, 声を張り上げて.

fínd one's **vóice** [動] 自 (気を取り直して)口がきけるようになる; (作家が)自分らしく表現できるようになる.

gìve vóice to ... [動] 他 (感情など)を口に出す, 漏ら

す, 表わす [≒express].
with óne vóice [副] 異口同音に, 満場一致で. (形 vócal)
— 動 他 (考えなど)をことばに表わす, 表明する: The bankers *voiced* their support of Mr. Lee. 銀行経営者たちはリー氏の支持を表明した.

voice² /vɔ́ɪs/ 名 C [普通は the ~] 〔文法〕 態 (⇒ 巻末文法 7).

vóice bòx 名 C 喉頭(こうとう) [≒larynx].

voiced /vɔ́ɪst/ 形 〔音声〕 有声の, 声の [⇔ voiceless].

voice·less /vɔ́ɪsləs/ 形 ❶ 〔音声〕 無声の [⇔ voiced]. ❷ 発言力[権]のない.

vóice màil 名 U ボイスメール (コンピューターを使って送信する音声伝言システム); 留守番電話.

Vóice of América 名 固 [the ~] ボイスオブアメリカ (米国政府の海外向けラジオ放送局; 略 VOA).

voice-o·ver /vɔ́ɪsòʊvɚ | -və/ 名 C 〔映画・テレビ〕 ナレーション, 解説音声.

void /vɔ́ɪd/ 名 ❶ C [普通は単数形で] (大切な人[物]を失った)喪失感, (心の中の)空虚感, むなしさ: fill the *void* 空虚感を埋める. ❷ C [普通は単数形で] (文語) 何もない空間; すき間. — 形 ❶ 叙述 (格式) (...を)欠いている, (...が)ない [≒lacking, devoid]: He is *void of* imagination. 彼には想像力がない. ❷ 〔法律〕 無効の [≒invalid]: be declared *void* 無効を宣言される (⇒ null 成句). — 動 他 ❶ 〔法律〕 (...)を無効にする. ❷ 〔医学〕 (...)を排泄(はいせつ)する.

voi·là, voi·la /vwɑːlɑ́ː | vwælɑ́ː/ ≪フランス語から≫ 間 ほら, 見てごらん; どうです!

*__vol.__ 略 = volume 3: *vol.* 3 第 3 巻.

+__vol·a·tile__ /vɑ́(ː)lətl | vɔ́lətàɪl/ 形 ❶ (情勢などが)**不安定な**, 危険[不穏]な. ❷ (人が)感情の起伏が激しい, 情緒不安定な. ❸ 揮発性の. (名 vòlatílity)

vol·a·til·i·ty /vɑ̀(ː)lətíləṭi | vɔ̀l-/ 名 U 不安定; 揮発性. (形 vólatile)

vol·can·ic /vɑ(ː)lkǽnɪk | vɔl-/ 形 火山の, 火山性の: *volcanic* activity 火山活動 / *volcanic* ash [rocks] 火山灰[岩] / a *volcanic* eruption 火山噴火. (名 volcáno)

+__vol·ca·no__ /vɑ(ː)lkéɪnoʊ | vɔl-/ 名 (~es, ~s/~z/) C **火山**: an active *volcano* 活火山 / a dormant *volcano* 休火山 / an extinct *volcano* 死火山. (形 volcánic)
〖語源〗 ローマ神話の火の神 Vulcan から〗

vole /vóʊl/ 名 C はたねずみ (尾が短く体が丸い).

Vol·ga /vɑ́(ː)lgə | vɔ́l-/ 名 固 [the ~] ボルガ川 (ロシア西部を流れカスピ海 (Caspian Sea) に注ぐ川).

vo·li·tion /voʊlíʃən, və-/ 名 U (格式) 意志(の力), 決断力: of one's own *volition* 自分の意志で, 自発的に.

Volks·wag·en /fɔ́ːlksvɑ̀ːgən | fɔ́lks-/ 名 C フォルクスワーゲン (ドイツ製の大衆車; 商標).

vol·ley /vɑ́(ː)li | vɔ́li/ 名 ❶ C 一斉射撃 (*of*). ❷ C (質問・悪口などの)連発: a *volley of* questions 質問のあらし. ❸ C 〔球技〕 ボレー (ボールが地面につかないうちに打ち[けり]返すこと). — 動 他 〔球技〕 (球)をボレーで返す; 〔テニス〕 (相手)にボレーをする. — 自 (銃が)一斉射撃される; 〔球技〕 ボレーをする.

*__vol·ley·ball__ /vɑ́(ː)libɔ̀ːl | vɔ́li-/ アク 名 (~s/~z/) ❶ U **バレーボール**: a *volleyball* game バレーボールの試合 (⇒ game¹ 語法) / play *volleyball* バレーボールをする. ❷ C バレーボール用ボール.

vols. 略 = volumes (⇒ volume 3).

volt /vóʊlt/ 名 C 〔電気〕 ボルト (電圧の単位; 略 v, V). 関連 ampere アンペア / watt ワット.

volt·age /vóʊltɪʤ/ 名 U,C 電圧, ボルト数.

Vol·taire /vɑ(ː)ltéɚ | vɔltéə/ 名 固 ヴォルテール (1694–1778) (フランスの啓蒙思想家・哲学者).

volte-face /vɔ́ːltfǽs | vɔ́lt-/ ≪フランス語から≫ 名 C [普通は単数形で] (格式) (意見・方針・態度などの)急変, 豹変(ひょうへん).

vol·u·ble /vɑ́(ː)ljʊbl | vɔ́l-/ 形 (格式) (話し方などが)多弁な; (言いわけ・抗議などが)よどみのない, 早口でまくしたてる. **-u·bly** /-bli/ 副 能弁に, ぺらぺらと.

*__vol·ume__ /vɑ́(ː)ljəm, -ljuːm | vɔ́l-/ アク 名 (~s/~z/)

> 意味のチャート
> ラテン語で「巻物」の意. 「書物(の大きさ)」→「(物の)**大きさ, 体積, 量**」❷ →「**音量**」❶

❶ U **音量**, ボリューム; C 音量調整つまみ: turn up [down] the *volume* on the TV テレビの音量を上げる[下げる] / play music ***at*** full ***volume*** 最大音量で音楽をかける.
❷ U,C **量**, 額 [≒amount]; **体積**, **容積**, かさ; 容量; [複数形で] 大量: sales *volumes* 販売額 / the ***volume of*** traffic 交通量 / the *volume of* a bucket バケツの容積.
❸ C [しばしば V-] (2 巻以上から成る著作・刊行物などの)**巻**, **冊** (略 vol., 複数形は vols.; ⇒ book 名 3 語法); (格式) 本, 書物 [≒book]: a dictionary ***in*** [***of***] 3 ***volumes*** 3 巻から成る辞書.
spéak vólumes [動] 自 (...を)雄弁に物語る (*for*, *about*). (形 volúminous)

vo·lu·mi·nous /vəlúːmənəs/ 形 ❶ (格式) 巻数の多い, 大部の; (文書などが)長(たらし)い. ❷ (格式) (容器などが)大きい, 物がたくさん入る; (衣服などが)ゆったりした, たっぷりした. (名 vólume)

vol·un·tar·i·ly /vɑ̀(ː)ləntérəli | vɔ́ləntərəli, -trə-/ 副 ❶ 自由意志で, 自発[自主]的に, 自分から進んで [⇔ involuntarily]. ❷ 無報酬で, 無給で.

*__vol·un·tar·y__ /vɑ́(ː)lənteri | vɔ́ləntəri, -tri/ アク 形 ❶ **自由意志による**, 自発的な, 志願の, 任意の [⇔ compulsory, involuntary]: *voluntary* restraint of automobile exports 自動車輸出の自主規制.
❷ 限定 **ボランティアの**, 善意による, 無報酬の: *voluntary* work ボランティア活動 / work on a *voluntary* basis ボランティアとして働く / *voluntary* helpers ボランティアの援助者. ❸ 限定 (組織が)任意の寄付によって維持される, 任意寄付制の: a *voluntary* organization ボランティア団体. ❹ 〔生理〕 随意の [⇔ involuntary]: *voluntary* muscles 随意筋. (名 vòluntéer)
— 名 (-tar·ies) C (普通はオルガンによる)独奏(曲) (教会で礼拝前後や途中に演奏されるもの).

‡**vol·un·teer** /vɑ̀(ː)ləntíɚ | vɔ̀ləntíə/ アク
— 名 (~s/~z/) ❶ C **ボランティア** (自発的に無報酬で働く人); **志願者**, 有志: invite [collect] *volunteers* 志願者を募る[集める] / There were no ***volunteers for*** [***to*** do] the job. その仕事を進んで引き受けてくれる人はいなかった / "I need someone to write on the blackboard. Any *volunteers*?" "Me." 「だれか, 黒板に書いてくれる人はいますか」「私がやります」
❷ [形容詞的に] **ボランティアの**, 無報酬の; **有志の**, 志願の, 自発的な: a *volunteer* worker ボランティア活動をする人. ❸ C 志願兵, 義勇兵. (形 vóluntàry)
— 動 (-un·teers /~z/; -un·teered /~d/; -teer·ing /-tí(ə)rɪŋ/) 自 ❶ **進んで事に当たる**, 志願する:

V

Who will *volunteer*? だれかやってくれる人はいませんか / He ***volunteered for*** the night shift. V+*for*+名 彼は進んで夜勤に回ってくれた / She ***volunteered as*** an interpreter. V+*as*+名 彼女は通訳をしようと申し出た. ❷ (軍隊に)志願する (*for*).

— 他 ❶ (...)を**自発的に申し出る;** (情報など)を進んで提供する**:** He *volunteered* his services. 彼は進んで奉仕してくれた / She ***volunteered to*** do the job. V+O (*to* 不定詞) 彼女はその仕事をしようと自ら申し出た. ❷ (人)を(仕事などに)勝手に推薦する**:** He *volunteered* me *for* clean*ing* the room! あいつが勝手に僕の名前を出して部屋掃除を押しつけたんだよ.

vol·un·teer·is·m /vὰ(ː)ləntí(ə)rɪzm | vɔ̀l-/ 名 U ボランティア活動[精神].

vo·lup·tu·ar·y /vəlʌ́pʧuèri | -ʧuəri/ 名 (-ar·ies) C《文語》快楽にふける人, 享楽的な人.

vo·lup·tu·ous /vəlʌ́pʧuəs/ 形 ❶ (女性が)豊満な, 色っぽい. ❷《文語》心地よい; 魅惑的な.

+**vom·it** /vá(ː)mɪt | vɔ́m-/ 動 (vom·its /-mɪts/; -it·ed /-ṭɪd/; -it·ing /-ṭɪŋ/) 他 (食べた物など)を**吐く**, 戻す (*up*) [≒throw up]. 関連 retch 吐き気を催す. — 自 吐く, 戻す. — 名 U 吐いた物, げろ.

voo·doo /vúːduː/ 名 U ブードゥー教《西インド諸島や米国南部の黒人間で行なわれる魔術的信仰》.

vo·ra·cious /vɔːréɪʃəs | və-/ 形 食欲の旺盛な, 大食いの; 知識欲の旺盛な**:** have a *voracious* appetite 食欲が旺盛だ / a *voracious* reader of novels 小説を貪(むさぼ)り読む人. **~·ly** 副 食欲旺盛に; 貪欲に.

vo·rac·i·ty /vɔːrǽsəṭi | və-/ 名 U 食欲旺盛, 大食; 知識欲旺盛.

vor·tex /vɔ́ətèks | vɔ́ː-/ 名 (複 **vor·ti·ces** /vɔ́əṭəsìːz | vɔ́ː-/, **~·es**) ❶ C 渦, 渦巻き; 旋風. ❷ [普通は単数形で] W (感情などの)渦, あらし.

vo·ta·ry /vóʊṭəri/ 名 (-ta·ries) C《古風》信心家; (理想・主義などの)信奉者 (*of*).

V

*__vote__ /vóʊt/ 動 (votes /vóʊts/; vot·ed /-ṭɪd/; vot·ing /-ṭɪŋ/) 自 **投票する**, 票決する**:** They ***voted on*** the question. V+*on*+名 彼らはその問題について投票[票決]した / We ***voted for*** [***against***] the bill. V+*for* [*against*]+名 私たちはその議案に賛成投票した[反対投票した] / get the right to *vote* 投票権を得る.

— 他 ❶ (...)を**投票して決める**, 票決する; (権限・資金など)を票決で認める[与える]**:** We ***voted to*** postpone the meeting. V+O (*to* 不定詞) 我々は投票で会議の延期を決定した / The Diet *voted* funding for the project. 国会はその計画への財政支援を議決した. ❷ (...)に投票する, (...)を投票で選ぶ**:** *Vote* Brown! ブラウンに 1 票を / *vote* Democrat 民主党員に投票する / He *was voted* MVP of the game. V+O+C (名)の受身 彼はその試合で MVP に選ばれた. ❸ [普通は受身で]《英》(皆が)...と認める, ...とみなす**:** The party *was voted* a great success. パーティーは大成功だとされた. ❹ S (...)を提案する, (...)をしましょう**:** I *vote* (*that*) we (*should*) go to see a night game this evening. 今夜ナイターを見に行こうよ《⇒ should A 8》.

vóte dówn [動] 他 (...)を否決する.

vóte ín [動] 他 選挙で(人)を当選させる, (役職などに)つかせる.

vóte ... ínto [ónto] ~ [動] 他 投票で(人)を(委員などに)選出する.

vóte óut [動] 他 選挙で(人)を落選させる, (役職などから)追放する.

vóte ... óut of ~ [動] 他 選挙で(人)を(役職などから)追放する.

vóte thróugh [動] 他《英》(...)を投票で可決する.

— 名 (votes /vóʊts/) ❶ C **投票**, 票決《挙手・発言・投票用紙などによる》; **票**, 投票札[用紙]《⇒ 類義語》**:** He cast his ***vote against*** [***for***, ***in favor of***] the proposal. 彼はその案に反対[賛成]の票を投じた / win *votes* 票を獲得する / count the *votes* 票を数える / take [have] a *vote* (on...) (...について)決を採る / put ... to the [a] *vote* ...を票決に付す / an open *vote* 記名投票 / a secret *vote* 無記名投票 / a *vote* by raising hands 挙手による採決. ❷ [the ~] 投票総数, 得票数; (特定集団の)票; [単数形で] 投票結果**:** get [win] 9 percent of *the vote* 投票総数の 9 パーセントを得る / *the* African-American *vote* アフリカ系米国人票 / The bill passed *by a vote of* 95 *to* 20. 法案は 95 対 20 という結果で通過した. ❸ [the ~] 投票権, 選挙権.

a vóte of cónfidence [名] 信任投票, 信任決議(案); 信任の表明 (*in*).

a vóte of nó cónfidence [名] 不信任投票, 不信任決議(案); 不信任の表明 (*in*).

a vóte of thánks [名] 感謝決議[表明]**:** propose *a vote of thanks* (to...) (公式の場で)(人に)感謝を述べる《他の人に拍手を促す》.

> 類義語 **vote** 一般に, ある集団の人々の意見を挙手・起立・投票などで決定することで選挙の投票についても用いる. **poll** 特に選挙の投票, あるいは世論調査 (opinion poll) などの投票(数)をいう. **ballot** 無記名投票などの秘密投票, または投票用紙.

〘語源 ラテン語で「誓約」の意; vow と同語源〙

*__vot·er__ /vóʊṭə | -tə/ 名 (~s /~z/) C **投票人**, 投票者; 有権者**:** absentee *voters* 不在投票者 / floating *voters* 浮動投票者.

vót·ing bòoth /vóʊṭɪŋ-/ 名 C《主に米》投票用紙記入所 [《英》polling booth].

vóting machìne 名 C 投票機.

vo·tive /vóʊṭɪv/ 形 限定《格式》奉納した, 願掛けの**:** a *votive* candle 奉納ろうそく, 灯明(とうみょう).

vouch /váʊʧ/ 動 [次の成句で] **vóuch for ...** [動] 他 (人柄など)を保証する, 請け合う.

+**vouch·er** /váʊʧə | -ʧə/ 名 (~s /~z/) ❶ C (食事・買い物などの)**引換券**, クーポン, 割引券 (*for*)**:** a luncheon *voucher* 昼食(引換)券.
❷ C **領収証**, 受領書;〘法律〙証拠書類.

vouch·safe /vaʊʧséɪf/ 動 他《古風, 格式》(特別に)(...)を与える, 授ける.

+**vow** /váʊ/ 名 (~s/~z/) C (特に宗教的性格の)**誓い**, 誓約, 誓願**:** marriage *vows* 結婚の誓約 / ***make*** a ***vow*** 誓いを立てる / ***take*** a ***vow of*** poverty (修道士などが)清貧の誓いを立てる / ***keep*** [***break***] a ***vow*** 誓いを守る[破る].

— 動 (~s /~z/; ~ed /~d/; ~·ing) 他《格式》(...)を**誓う**, 誓約する; 誓って...すると言う [≒promise]**:** He ***vowed to*** [(***that***) he would] tell the truth. V+O (*to* 不定詞 [(*that*) 節]) 彼は真実を語ると誓った.

〘語源 vote と同語源〙

vow·el /váʊəl/ 名 ❶ C〘音声〙母音《⇒ **つづり字と発音解説** 3》. ❷ C = vowel letter.

vówel létter 名 C 母音字《a, e, i, o および u, ときには y も含む; ⇒ **つづり字と発音解説** 1》.

vox po·pu·li /vá(ː)kspá(ː)pjʊlàɪ | vɔ́kspɔ́p-/ 名 [the ~]《格式》民衆の声, 世論. **Vóx pópuli, vóx Dé·i** /-díːaɪ/. 民の声は神の声《ラテン語で The voice of the people is the voice of God. の意; ⇒ voice[1] 名 5 の最後の例文》.

+**voy·age** /vɔ́ɪɪʤ/ 名 (voy·ag·es /~ɪz/) C **航海**, 船の旅; 空の旅, 宇宙旅行《船・航空機などによる比較的長い旅行》: a ***voyage to*** the moon 月旅行 / She made [went on] a ***voyage across*** the Atlantic Ocean. 彼女は大西洋の船旅をした / Have a nice [pleasant] *voyage*. どうぞ楽しい航海を, いってらっしゃい《船旅に出る人を送ることば》 / a *voyage* of self-discovery 自己発見の旅.
— 動 自《文語》航海する, 船[空]の旅をする.

voy·ag·er /vɔ́ɪɪʤɚ | -ʤə/ 名 C《文語》(昔の)冒険的な航海者.

voy·eur /vɔɪjɚ́ː | -jə́ː/ ≪フランス語から≫ 名 C (特に性的な)のぞき趣味の人.

voy·eur·is·m /vɔɪjɚ́ːrɪzm | -jə́ː-/ 名 U のぞき趣味.

voy·eur·is·tic /vɔɪjɚːrístɪk | -jəː-⁺/ 形 のぞき趣味の.

VP 略 = vice president.

vroom /vrúːm, vrʊ́m/ 名 C《略式》ブルーン, ブルルン《高速で走る車のエンジン音》.

+**vs.** 略《主に米》= versus.

V́ sìgn 名 C V サイン《勝利・平和を示す指印; 手のひらを外へ向け中指と人さし指とで V (victory の頭文字)の形をつくる; 手のひらを内に向けると怒りを示す下品なしぐさとなる; ⇒ put two fingers at ... (finger 成句)》.

勝利を表わすしぐさ

VSO /víːèsóʊ/ 名 固 (青年)海外奉仕協力隊《発展途上国支援のために青年を派遣する英国の制度[組織]; *V*oluntary *S*ervice *O*verseas の略》.

VT 〔米郵便〕= Vermont.

Vt. 略 = Vermont.

v.t. 略 = transitive verb.

Vul·can /vʌ́lk(ə)n/ 名 固〔ローマ神話〕バルカン《火と鍛冶(かじ)の神; ⇒ god 表》.

vul·gar /vʌ́lgɚ | -gə/ 形 (vul·gar·er /-gərɚ | -rə/; -gar·est /-g(ə)rɪst/) 卑猥(ひわい)な, 下品な; 低俗な, 悪趣味の; 無作法な, 粗野な: a *vulgar* joke 卑猥な冗談 / *vulgar* TV programs 低俗なテレビ番組. 〘語源 ラテン語で「民衆の」の意味〙

vul·gar·i·ty /vʌlgǽrəṭi/ 名 (-i·ties) ❶ U 低俗さ, 下品さ, 野卑. ❷ C [しばしば複数形で] 下品なことば[行為]; 卑猥なもの[写真など].

vul·gar·ize /vʌ́lgəràɪz/ 動 他《格式》(...)を低俗[下品]にする; 通俗化する.

vul·ner·a·bil·i·ty /vʌ̀ln(ə)rəbíləṭi/ 名 U (人・感情などの)傷つきやすさ; 弱み(のあること); (被害の)受けやすさ, 脆弱(ぜいじゃく)性 (*to*). (形 vúlnerable)

*****vul·ner·a·ble** /vʌ́ln(ə)rəbl/ 形 (人・感情が)**傷つきやすい**; (非難・攻撃などに対して)**弱みのある**; (...の)害を受けやすい, (病気などに)かかりやすい [⇔ invulnerable]: *vulnerable* young girls 傷つきやすい少女たち / Our position is ***vulnerable to*** an enemy attack. [+*to*+名] 我々の陣地は敵の攻撃を受けやすい. (名 vùlnerabílity)

vul·pine /vʌ́lpaɪn/ 形《格式》きつねの(ような); ずるい, こうかつな.

vul·ture /vʌ́lʧɚ | -ʧə/ 名 ❶ C コンドル (condor), はげたか, はげわし. ❷ C 人を食い物にする悪人.

vul·va /vʌ́lvə/ 名 (複 vul·vae /vʌ́lviː/, ~s) C〔解剖〕(女性の)陰門, 外陰.

vy·ing /váɪɪŋ/ 動 vie の現在分詞および動名詞.

Ww

w, W¹ /dʌ́blju:/ 名 (複 w's, ws, W's, Ws /~z/) C,U ダブリュー《英語アルファベットの第 23 文字》.

***W²** 略 ❶ 西 (west). ❷ = watt(s), western.

WA 〔米郵便〕 = Washington².

wack·o /wǽkoʊ/ 名 (~s) C 《略式》 奇人, 変人.

wack·y /wǽki/ 形 (wack·i·er; -i·est) 《略式》 (人・言動が)狂気じみた; おどけた.

wad /wá(:)d | wɔ́d/ 名 ❶ C (紙幣・書類などの)束: a *wad of* bills 札束. ❷ C (紙・綿・ぼろきれなどを丸めた)固まり; 詰め物[綿] (*of*). — 動 (wads; wad·ded; wad·ding) 他 《米》 (紙など)を丸める (*up*).

wad·dle /wá(:)dl | wɔ́dl/ 動 自 (あひる・足の短い太った人などが)よたよた[よちよち]歩く (*along*). — 名 [a ~] よたよた[よちよち]歩き.

wade /wéɪd/ 動 自 (川・ぬかるみなどを)歩いて進む[渡る], 苦労して歩く: *wade across* a stream 流れを歩いて渡る. — 他 (川など)を歩いて渡る. **wáde ín** [動] 自 《略式》 勢いよく始める; 激しく攻撃する. **wáde ínto ...** [動] 他 《略式》 ...を勢いよく始める; ...を激しく攻撃する. **wáde thróugh ...** [動] 他 (退屈な文章・書類など)を苦労して読み通す, 処理する.

wad·er /wéɪḍə | -də/ 名 ❶ C (川などを)歩いて渡る人. ❷ C 渉禽(しょうきん)類の鳥《つる・さぎなど》. ❸ [複数形で] (釣り人などがはく)防水長靴.

wád·ing pòol /wéɪḍɪŋ-/ 名 C 《米》 (公園などの)水遊び場, ジャブ池 [《英》 paddling pool].

wa·fer /wéɪfə | -fə/ 名 ❶ C ウェファース《薄い軽焼きの菓子》. ❷ C 聖餅(へい)《聖餐(せいさん)用の薄い丸パン》.

waf·fle¹ /wá(:)fl | wɔ́fl/ 名 C ワッフル《小麦粉・牛乳・卵などを混ぜ合わせて焼いた表面に格子模様のある菓子; しばしば朝食用》. 日英 日本でいう「ワッフル」は中にクリームやジャムを詰めた柔らかいケーキが多いが, 英語の waffle は生地だけを焼いたぱりぱりしたもの.

waf·fle² /wá(:)fl | wɔ́fl/ 動 自 ❶ 《米略式》 あいまいな[どっちつかずの]態度を取る (*on, over*). ❷ 《英略式》 むだ口をきく (*on*). — 名 U 《英略式》 むだ口.

waft /wá:ft, wǽft | wɔ́ft, wá:ft/ 動 自 [副詞(句)を伴って] ふわふわと飛ぶ, (におい・音などが)漂う, 流れてくる (*up, through, over*). — 他 (風などが)(物・におい・音など)をふわりと運ぶ, (空中に)漂わせる.

wag /wǽg/ 動 (wags; wagged; wag·ging) 他 (指・頭・尾など)を振る, 振り動かす: The dog was *wagging* its tail. 犬は尾を振っていた / She *wagged* her finger at me. 彼女は私に向けて(人さし)指を左右に振った《非難・注意などのしぐさ》. — 自 (尾などが)振れる. — 名 C 振ること, 揺り動かす[揺れ動く]こと.

***wage¹** /wéɪʤ/ 名 (wag·es /~ɪz/) C [しばしば複数形で] (特に肉体労働による)**賃金**, 給料《時給・日給・週給などとして支払われるもの; ⇒ pay 類義語》; [形容詞的に] 賃金の: ⌜an hourly [a daily, a weekly] *wage* 時給[日給, 週給] / high [low] *wages* 高[低]賃金 《✪ many [few] wages とは言わない》 / a minimum *wage* 最低賃金 / a *wage* increase [《英》 rise] of 5% 5% の賃上げ / earn *wages* 賃金を稼ぐ / pay *wages* 賃金を払う.

wage² /wéɪʤ/ 動 他 (戦いなど)を遂行する, 行なう: *wage* (a) war *against* [*on*] ... ...と戦う / *wage* a campaign キャンペーンを行なう.

wáge èarner 名 C 賃金労働者; 一家の稼ぎ手.

wáge frèeze 名 C (政府の)賃金凍結(政策).

wa·ger /wéɪʤə | -ʤə/ 名 C 《古風》 賭(か)け, 賭け事 [≒bet]. — 動 (-ger·ing /-ʤ(ə)rɪŋ/) 他 《古風》 (...)を賭ける [≒bet]: *wager* ten dollars *on* a race レースに 10 ドル賭ける.

wag·gle /wǽgl/ 動 他 《略式》 (...)を振る, 振り動かす [≒wag]. — 自 《略式》 振れる, 揺れ動く. — 名 [単数形で] 振り, 揺り動かす[揺れ動く]こと.

+**wag·gon** /wǽgən/ 名 C 《英》 = wagon.

Wag·ner /vá:gnə | -nə/ 名 固 Wil·helm /vílhelm/ Rich·ard /ríkaət | -ka:t/ ~ ワグナー (1813-83)《ドイツの作曲家》.

+**wag·on** /wǽgən/ 名 (~s /~z/) ❶ C 《米》 (4 輪の)**運搬車**, ワゴン, カート [≒cart]《特に子供のおもちゃ》: ⇒ tea wagon. ❷ C 荷馬車《4 輪で普通 2 頭以上の馬が引く》: ⇒ covered wagon. 関連 cart 2 輪または 4 輪の荷馬車. ❸ C 《英》 (鉄道の)貨車, 無蓋(がい)貨車 [《米》 freight car]. ❹ C 《米略式》 = station wagon.

be [gó] on the wágon [動] 自 《略式》 禁酒している[する].

fáll óff the wágon [動] 自 《略式》 (やめた)酒をまた飲むようになる.

wágon tràin 名 C 《米》 (西部開拓時代の)ほろ馬車隊.

wag·tail /wǽgtèɪl/ 名 C せきれい《鳥》.

waif /wéɪf/ 名 (~s) C 宿なし, 浮浪児(のようにやせて顔色の悪い子).

Wai·ki·ki /wàɪkɪkí:/ 名 固 ワイキキ《米国 Hawaii 州 Oahu 島の海浜地帯》.

wail /wéɪl/ 動 自 ❶ 声を上げて泣く; 嘆き悲しむ. ❷ (風・サイレンなどが)悲しげな[かん高い]音を立てる. — 他 (...)を嘆き悲しむ; (...)とぐちをこぼす. — 名 ❶ C 嘆き悲しむこと; 泣き叫ぶ声. ❷ C (風・サイレンなどの)泣き叫ぶような音.

+**waist** /wéɪst/ (同音 waste) 名 (waists /wéɪsts/) ❶ C **ウエスト**, **腰**: Mary has ⌜a slender [no] *waist*. メアリーはほっそりしたウエストをしている[ずん胴だ] / Tom put his arm around Meg's *waist*. トムは腕をメグの腰に回した / stripped ⌜from the *waist* up [to the *waist*] 上半身裸で / paralyzed ⌜from the *waist* down [below the *waist*] 下半身がまひして.

waist (胴のくびれた部分)	腰
hip(s) (左右に張り出した部分)	
lower back (背中の下の部分)	

《⇒ back 名 1 語法 および挿絵》

❷ C (服の)胴部, ウエスト: This skirt is too big in the *waist*. このスカートはウエストが大きすぎる.

〖語源 原義は「成長」で, wax² と同語源〗

waist·band /wéɪs(t)bæ̀nd/ 名 C ウエストバンド《スカート・ズボンなどの》, 腰帯, 腰ひも.

waist·coat /wéskət, wéɪs(t)kòʊt | wéɪs(t)kòʊt/ 名 C 《英》 ベスト, チョッキ [《米》 vest].

waist-deep /wéɪstdíːp←/ 形 副 腰までの深さの[に], 腰までつかった[て].
waist-high /wéɪsthάɪ←/ 形 副 腰までの高さの[に].
waist·line /wéɪstlὰɪn/ 名 ❶ [単数形で] (体の)ウエストの寸法. ❷ C (衣服の)胴回り, ウエストライン.

***wait** /wéɪt/ (同音 weight)

— 動 (waits /wéɪts/; wait·ed /-ṭɪd/; wait·ing /-ṭɪŋ/) 自 ❶ **待つ:** Thank you for *waiting*. お待たせしました / All right. I'll be *waiting for* you, then. V+for+名 わかりました. それではお待ちしています. 語法「予定の時間には間に合わない」という連絡に対する返答.「明日2時にお待ちしています」と言うときには wait を使わずに I'll be expecting you at two tomorrow. と言う // I'm *waiting for* my sister *to* come home. V+for+名+to 不定詞 私は姉が帰ってくるのを待っているのです / I **waited** (**for**) two hours. 私は2時間待った《⇒ for 前 A 5 語法 (1)》 / Let's **wait until** [**till**] the rain stops. 雨がやむまで待ちましょう / I'm sorry to have ***kept*** you ***waiting***. お待たせしてすみませんでした / *Wait* a minute [second, moment]. Ⓢ [相手を引き止めたり話をさえぎったりして] ちょっと待って; [突然何かを思い出したりして] (いや)待てよ.
❷ [普通は進行形で] **待ち受ける**, 待ち望む, 期待する: The farmers are ***waiting for*** rain. V+for+名 農家の人たちは雨が降るのを待ち受けている / I'm ***waiting to*** hear your opinion. V+to 不定詞 ご意見をお待ちしています. ❸ [普通は can, cannot とともに; 進行形なし] Ⓢ (物事が)延ばせる, 延期できる: The meeting *can wait till* tomorrow. 会議はあしたまで延ばせます. ❹ [進行形で] (物事が)用意ができている; …しそうである: Supper *is waiting* (*for* you). 夕食のしたくができています / a disaster just *waiting to* happen いつ起きてもおかしくないような災害.
— 他 (順番など)を待つ: He *waited* his turn at the ticket office. 彼は切符売り場で順番を待った.
be (wéll) wórth wáiting fòr [動] 自 Ⓢ (物事が)待つだけの(十分な)価値がある.
cánnot [can hárdly] wáit (「to dó [for ...]) [動] Ⓢ (人が)(…が)待ちきれない, 待ち遠しい.
Jùst (you) wáit. (1) Ⓢ 今に見てろよ! 覚えていろ!《脅し》. (2) Ⓢ 今に(私が正しいと)わかるさ.
wáit and sée [動] 自 (1) 成り行きを見守る, 静観する. (2) [命令文で] Ⓢ すぐにわかるよ.
Wáit for it. Ⓢ《英》まあ聞いて《何か意外なことなどを言うときに用いる》; ちょっと待って.
wáit tábles [動] 自《米》給仕をする.
wáit untìl [till] ... (1) Ⓢ [命令文で] まあ…するのを(楽しみに)待っててよ《相手が感心しそうなことについて言う》: *Wait till* you see my report card. 僕の成績表を見て驚くなよ. (2) Ⓢ 今に見てろ…だからな.
Whát are we wáiting fòr? Ⓢ ぐずぐずしている場合じゃないよ, さっさとやろう.
Whát are you wáiting fòr? Ⓢ 何をぐずぐずしているの, さっさとやったら.

wait の句動詞

wáit aróund [《英》**abóut**] 動 自 ぶらぶらして待つ (*for*).
*__wáit on ...__ 動 他 ❶ (特にレストランで) (客)**の給仕をする:** Are you being *waited on*? だれかがご用を伺っているでしょうか《店員が客に向かって》. ❷《略式》(行動・決断の前に) (情報など)を待つ [≒wait for].
wáit on ... hánd and fóot [動] 他 [軽蔑的] (やたらに)あれこれと…の身の回りの世話を焼く.
wáit óut 動 他 (あらしなど)が終わるまで待つ.
+**wáit úp** 動 自 ❶ **寝ないで待つ:** Don't *wait up for* me; I'll be late. 起きていないでいいよ. 遅くなるから. ❷ [普通は命令文で]《米略式》(後の人が)追いつくまで待つ (*for*).

— 名 C [普通は単数形で] **待つこと**, 待つ時間 (*for*): We had *a* long *wait* before the airplane took off. 私たちは飛行機が離陸するまで長いこと待った.
líe in wáit [動] 自 (…を)待ち伏せする (*for*).
+**wait·er** /wéɪṭɚ | -tə/ 名 (~s /~z/) C (レストランの)**ウエーター**, 給仕, ボーイ: call the *waiter* ウエーターを呼ぶ / Jim got a job as a *waiter*. ジムはウエーターの仕事にありついた.
wait·ing /wéɪṭɪŋ/ 名 ❶ U 待つこと; 待ち時間. ❷ U 給仕すること, 仕えること.
wáiting lìst 名 C 順番[欠員, キャンセル]待ち名簿; (病院の)受付名簿 (*for*; *to* do).
wáiting ròom 名 C (駅・病院などの)待合室.
wait·list /wéɪtlɪ̀st/ 名 C《米》= waiting list.
+**wait·ress** /wéɪtrəs/ 名 (~·es /~ɪz/) C (レストランの)**ウエートレス**, 給仕《女性》. 語法 性差のない server などを代わりに使うこともある.
wait·staff /wéɪtstæ̀f | -stὰːf/ 名 U [ときに複数扱い]《米》(レストランの)給仕スタッフ《全体》.
waive /wéɪv/ 動 他《格式》(権利・主張など)を放棄する, 撤回する; (要求など)を控える, 免除する.
waiv·er /wéɪvɚ | -və/ 名 C〔法律〕(権利・主張などの)放棄, 棄権; 免除; 棄権証書. **on wáivers** [形・副]〔野球〕ウエーバーにかけられて[た]《選手が除籍され他チームに公開移籍可能な状態》.

***wake**[1] /wéɪk/

— 動 (wakes /~s/; 過去 woke /wóʊk/, waked /~t/; 過分 wo·ken /wóʊk(ə)n/, waked, woke; wak·ing) 自 **目がさめる**, 起きる《⇒ 類義語》: My grandmother ***wakes*** (***up***) early. V(+up) 祖母は朝早く目がさめる / I ***woke to*** birdsong. V+to+名 私は小鳥の鳴き声で目がさめた / She *woke* suddenly from a deep sleep. 彼女は深い眠りから突然目ざめた / I *woke* to find that it was snowing. 起きたら雪が降っていた.

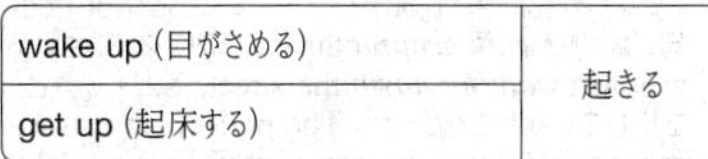

wake up (目がさめる)	起きる
get up (起床する)	

— 他 (人)の**目をさまさせる**, 起こす《⇒ 類義語》: Please *wake* me at six. 6時に起こしてください / I'm sorry to have ***waked*** [***woken***] you ***up***. V+O+up 起こしてしまってすみません / The noise *woke* me from [out of] my afternoon nap. 物音で私は昼寝からさめた.
wáke úp [動] 自 (精神的に)目ざめる, 気づく; 奮起する: At his words I *woke up to* the importance of the situation. 彼のことばを聞いて私は事態の重大性を悟った / *Wake up*! よく聞け, 気をつけて! — 他《格式》(精神的に)(…)を目ざめさせる, 気づかせる; 奮起させる; よみがえらせる: The incident *woke* him *up to* the value of true friendship. その事件によって彼は真の友情の価値を悟った. (形 wákeful)
類義語 **wake, waken, awake, awaken** はいずれも「目をさます」,「目をさまさせる」という共通の意味を

W

持っているが, *wake* と *waken* は文字どおり睡眠の状態からさめる[さます]という意味に多く用いられるのに対して, *awake, awaken* は比喩的に目ざめる[目ざめさせる], 奮起する[奮起させる]という意味に用いられることが多い: What time do you usually *wake* (*up*)? あなたはいつも何時に目をさましますか / She was *wakened* by a knocking sound. 彼女はノックの音で目がさめた / At last they *awoke* to their danger. やっと彼らは自分たちの危険に気づいた / The event *awakened* a sense of sin in him. その事件によって彼は罪の意識に目ざめた.

— 名 C 通夜.
〘語源 watch[1] と同語源〙

wake² /wéɪk/ 名 C 船の通った跡, 航跡. **in the wáke of ... = in ...'s wáke** [前] (1) ...の跡を追って, ...に引き続いて. (2) ...の結果として.

wake·ful /wéɪkf(ə)l/ 形《文語》(人·夜などが)眠れない, 目ざめがちな; 目ざめている. (動 wake[1])
～·ness 名 眠れないこと; 目ざめた状態.

wak·en /wéɪk(ə)n/ 動 (wak·ens /~z/; wak·ened /~d/; -en·ing /-k(ə)nɪŋ/) 他《文語》(人)の目をさまさせる, 起こす (*up*)(⇒ wake[1] 類義語): We *were wakened* by noises outside. 私たちは外の物音で起こされた. — 自《文語》目をさます, 起きる.

wáke-up càll /wéɪkʌ̀p-/ 名 ❶ C モーニングコール《ホテルで客を起こすために早朝にかける電話》: ask for a six o'clock *wake-up call* 6 時のモーニングコールを頼む. 日英「モーニングコール」のことを英語で morning call とは普通言わない. ❷ C (問題や危険に気づかせるような)警告, 警鐘.

wak·ing /wéɪkɪŋ/ 形 限定 W 目ざめて(いる): one's *waking* hours 目ざめている間.

Wales /wéɪlz/ 名 固 ウェールズ《Great Britain 島南西部の地方》. (形 Welsh)

***walk /wɔ́ːk/

— 動 (walks /~s/; walked /~t/; walk·ing) 自 ❶ 歩く; 歩いていく; 散歩をする, 徒歩旅行する: *walk* slowly ゆっくり歩く / *walk* home 歩いて家に帰る / He *walked away* [*off*], saying, "So long." V+副 彼は「さよなら」と言いながら立ち去った / They *walked* (*for*) ten miles. 彼らは 10 マイル歩いた (⇒ for 前 A 5 語法 (1)) / Tom usually ***walks to*** school. V+前+名 トムはいつもは歩いて通学している (⇒ on foot (foot 成句) 語法) / ***walk around*** the city 町中を歩きまわる / I was just ***walking down*** the street. 私はちょうど通りを歩いているところだった / The policeman was ***walking up and down*** the street. 警官はその通りを行ったり来たりしていた. 関連 run 走る. ❷〔野球〕歩く《四球で一塁に進むこと》. ❸《英略式》(物が)なくなる. ❹《略式》= walk free (⇒ 動 成句).

— 他 ❶ (道など)を歩く, 歩いていく: I *walked* the beach alone for hours. 私は何時間もひとりで海辺を歩いていった.

❷ (人)を連れて歩く, (人)に付き添っていく: I'll ***walk*** her ***home***. V+O+副 私が彼女を家まで送ります / We'll ***walk*** you ***to*** the station. V+O+前+名 駅までお供しましょう. ❸ (犬など)を散歩させる. ❹〔野球〕(打者)を四球で歩かせる.

wálk befòre one **can rún** [動] 自 難しいことに取り組む前に基礎的なことを学ぶ.

wálk frée [動] 自《略式》(裁判所で)嫌疑が晴れる, 無罪放免になる.

wálk it [動] 自 (1) S 歩いていく. (2) S《英》簡単に成功する, 楽勝する.

wálk ... óff ...'s féet [動] 他《英略式》= walk ...'s legs off.

wálk ...'s légs òff [動]《米略式》...を足が棒になるほど歩かせる.

wálk táll [動] 自 自分に自信[誇り]をもつ.

walk の句動詞

+**wálk awáy** 動 自 ❶ 歩いて立ち去る (⇒ 自 1); (問題·責任などから)逃れる (*from*).
❷ (事故を)(ほとんど)無傷で切り抜ける: Mike *walked away* (*from* the accident) without a scratch. マイクは(事故にあったが)かすり傷ひとつ負わずに助かった.

wálk awáy with ... 動 他《略式》(賞など)をさらっていく, (試合など)に楽に勝つ.

*****wálk ín** 動 自 入る [≒enter]: *Walk* right *in*. どうぞお入りください.

wálk ín on ... 動 他 (間の悪い時に)(部屋などに)突然入って...のじゃまをする.

+**wálk ínto ...** 動 他 ❶ ...に入る [≒enter]: The manager *walked into* the office. 支配人は事務室に入ってきた. ❷ ...にぶつかる. ❸ (いやなことなど)に巻き込まれる; (わななど)にうっかり陥る: *walk* right *into* that one まんまと引っかかる. ❹《英》(仕事など)をまんまと手に入れる.

+**wálk óff** 動 自 (怒って)歩いて立ち去る (⇒ 自 1): Mrs. Hill *walked off* angrily. ヒル夫人は怒って出ていった. — 他 (不快感など)を歩いて取り除く: *walk off* dinner 食事の後に腹ごなしに散歩する.

wálk óff the [one's] jób [動] 自《米略式》(仕事を放棄して)ストライキをする.

wálk óff with ... 動 他 ❶ ...といっしょに歩いて立ち去る. ❷《略式》(間違えて)...を持っていってしまう; ...を盗む. ❸《略式》[新聞で] (賞など)をさらっていく, (試合など)に楽に勝つ: He *walked off with* the first prize. 彼は 1 等賞をさらっていった.

+**wálk óut** 動 自 ❶ 立ち去る, (不満で)出て行く. ❷ (人を)見捨てる: His wife *walked out* (*on* him). 彼の妻は(彼を見捨てて)出ていった. ❸ (仕事·責任などを)放棄する (*on*). ❹ ストライキをする.

+**wálk óut of ...** 動 他 ...から立ち去る, (不満で)...から出ていく: He *walked out of* the meeting in a fit of anger. 彼はかっとなって会議の席を立った.

wálk óver ... 動 他《略式》(人)をしいたげる, こき使う. 語法 しばしば walk all over ... の形で用いる: Don't let them *walk all over* you. 彼らにいいように利用されないように.

wálk ... through ～ 動 他《米》(人)に～を順々に教える, ～の手ほどきをする.

wálk úp to ... 動 他 ...に歩いて近寄る.

— 名 (~s /~s/) ❶ C 散歩; 徒歩旅行; 歩行, 歩み: ***go for*** [***on***] a ***walk*** 散歩に出かける / My father ***takes*** [《英》***has***] a ***walk*** every morning. 私の父は毎朝散歩をする / Every evening I ***take*** my dog ***for*** a ***walk***. 毎日夕方には犬を散歩に連れ出します / a short ***walk through*** the forest 森の中の短い散歩 / He passed us at ***a*** brisk [leisurely] ***walk***. 彼は足早に[ゆっくりと]歩いて我々を追い越していった.
❷ [単数形で] (歩いて行く)道のり, 歩く距離[時間]: It's a ten-minute ***walk from*** here ***to*** the station. ここから駅までは歩いて 10 分です / The school is a half-

mile [short] *walk from* my house. その学校は私の家から半マイル[少し]歩いた所にあります. 関連 drive 車に乗って行く道のり / ride 馬・自転車・バス・列車などの乗り物に乗って行く道のり.
❸ Ⓒ **歩道**; (公園などの)散歩道, 遊歩道; 歩く道筋: a graveled *walk* in a garden 庭園の砂利道. 関連 crosswalk《米》横断歩道 / sidewalk《米》歩道.
❹ [単数形で] **歩き方**, 歩きぶり; 並足: His *walk* is just like his father's. 彼の歩き方はお父さんとそっくりだ.
❺ Ⓒ〔野球〕四球による出塁: an intentional *walk* 敬遠の四球. 日英「フォアボール」は和製英語.
a wálk in the párk [名]《米略式》楽なこと.
a wálk of lífe [名] 社会的地位, 階層, 職業: people from ⌈all *walks* [every *walk*] *of life* あらゆる分野の人々.
tàke a wálk [動] ⓐ (1) 散歩をする (⇒ 1). (2) [命令文で] 立ち去る.
wálk the wálk [動] ⓐ《略式》人々が(必要と)期待することをする, やるべきことをする.

walk·a·way /wɔ́ːkəwèɪ/ 名 Ⓒ《米略式》楽勝.

walk·er /wɔ́ːkə | -kə/ 名 ❶ Ⓒ 歩く人; 散歩好きな人: a fast [slow] *walker* 歩くのが速い[遅い]人. ❷ Ⓒ《主に米》(幼児または病人・老人用の)歩行器.

walk·ie-talk·ie /wɔ́ːkitɔ́ːki/ 名 Ⓒ 携帯用無線電話器, トランシーバー《送信受信両用》.

walk-in /wɔ́ːkìn/ 形 ❶ 限定 (押し入れなどが)人が立って入れるほど大きい, ウォークインの. ❷ 限定 (医院などが)予約不要の; (面会などが)予約なしの.

+**walk·ing** /wɔ́ːkɪŋ/ 名 Ⓤ **歩くこと**, 歩行; 散歩; 競歩.
— 形 ❶ 限定 歩く, 歩行する; 歩行用の; 歩いて行ける. ❷ 限定 生きている, 人間の: a *walking* dictionary [encyclopedia] 生き字引.

wálking pàpers 名 複《米略式》退去[解雇]通告 [《英》marching orders].

wálking stìck 名 ❶ Ⓒ つえ, ステッキ (stick). ❷ Ⓒ《米》ななふし《昆虫》.

Walk·man /wɔ́ːkmən/ 名 Ⓒ ウォークマン, 携行用のオーディオプレーヤー《商標; ⇒ personal stereo》.

walk-on /wɔ́ːkà(ː)n, -ɔ̀ːn | -ɔ̀n/ 名 ❶ Ⓒ (せりふのない)端役, 通行人役; 端役の俳優. ❷ Ⓒ《米》(奨学金などのない)大学の一般スポーツ選手.

walk·out /wɔ́ːkàʊt/ 名 Ⓒ (抗議・不満を示す)退場, 退席; ストライキ: stage a *walkout* 退席する; ストを行なう.

walk·o·ver /wɔ́ːkòʊvə | -və/ 名 Ⓒ《略式》楽勝.

walkthrough /wɔ́ːkθrùː/ 名 Ⓒ (コンピューターゲームなどの)攻略ガイド[ヒント] (*for*).

walk-up /wɔ́ːkʌ̀p/ 名 Ⓒ《米略式》エレベーターのないアパート[建物](の一室).

walk·way /wɔ́ːkwèɪ/ 名 Ⓒ 歩道; (高い階で建物をつなぐ)通路.

*****wall** /wɔ́ːl/
— 名 (~s /~z/) ❶ Ⓒ (石・れんが・板などの)塀; 防壁, 城壁: surround a house with a *wall* 家に塀を巡らす / I leaned a ladder against the *wall*. 私は塀にはしごをかけた // ⇒ Great Wall of China.
❷ Ⓒ (部屋などの)壁: hang a picture *on* the *wall* 壁に絵をかける / *Walls* have ears.《ことわざ》壁に耳あり. ❸ Ⓒ (器官・容器などの)内壁, 内側: the *wall* of the stomach 胃の内壁. ❹ Ⓒ 壁に似た物; 障壁: a *wall of* water 壁のように盛り上がった水 / a *wall* of silence 沈黙の壁 / break down the *wall of* prejudice 偏見という障壁を壊す.
báng one's **héad agàinst a (brick) wáll** [動] ⓐ《略式》成功の見込みのないことを試みる.
be clímbing [cráwling] (up) the wálls [動] ⓐ《略式》大変いらいら[そわそわ]している.
be [còme] úp agàinst a (brick) wáll [動] ⓐ 壁にぶち当たる.
dríve ... úp the wáll [動] ⓣ Ⓢ (人)をひどく怒らせる, たまらないほどうんざりさせる.
gó to the wáll [動] ⓐ (1)《米略式》どんなことでもする. (2)《英略式》(企業などが)失敗する, 倒産する.
gò úp the wáll [動] ⓐ Ⓢ《英》腹を立てる, 頭にくる (*about*).
òff the wáll [形]《略式》風変わりな.
— 動 [次の成句で]
wáll ín [動] ⓣ (...)を壁[塀]で囲う.
wáll óff [動] ⓣ (...)を壁で隔てる (*from*).
wáll úp [動] ⓣ (1) (...)を(れんがなどで)ふさぐ. (2) (人)を(刑務所などに)閉じ込める.
〖語源 ラテン語で「柵(さく)」の意〗

wal·la·by /wá(ː)ləbi | wɔ́l-/ 名 (複 -la·bies, ~) Ⓒ ワラビー《小型のカンガルー》.

Wal·lace /wá(ː)ləs | wɔ́l-/ 名 固 ウォレス《男性の名; 愛称は Wally》.

+**wal·let** /wá(ː)lɪt | wɔ́l-/ 名 (wal·lets /-lɪts/) Ⓒ **財布**, 札(さつ)入れ《主に男性用; 《米》では小銭を入れる部分がついているものにも用いる; ⇒ purse 表》[《米》billfold, pocketbook]: I had my *wallet* stolen. 私は札入れを盗まれた / WATCH YOUR WALLET 財布に注意《すり防止の注意書き》.

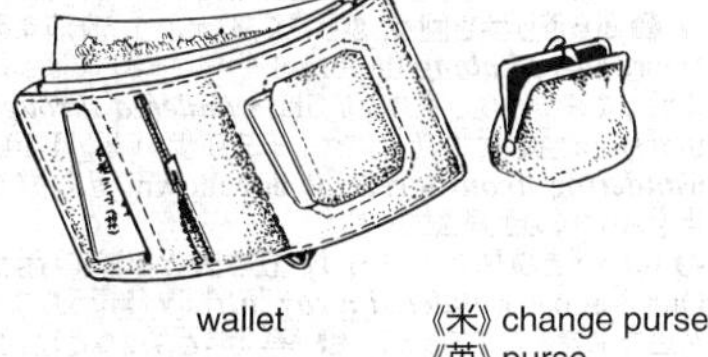

wallet　《米》change purse 《英》purse

wall·flow·er /wɔ́ːlflàʊə | -flàʊə/ 名 ❶ Ⓒ《略式》壁の花《舞踏会で相手のない女性》. ❷ Ⓒ においあらせいとう《植物》.

wall-mount·ed /wɔ́ːlmáʊnṭɪd/ 形 壁に取り付けられた, 壁掛け式の.

wal·lop /wá(ː)ləp | wɔ́l-/ 動 ⓣ《略式》(...)をぶんなぐる.
— 名 [単数形で]《略式》強打(力).

wal·low /wá(ː)loʊ | wɔ́l-/ 動 ⓐ ❶ ((好ましくない)感情・快楽などに)ふける, おぼれる: He's *wallowing in* self-pity. 彼は自己憐憫(れんびん)にひたっている. ❷ (泥・水の中で)(楽しんで)転げ回る, 寝そべる (*in*). — 名 Ⓒ 転げ回ること.

wáll pàinting 名 Ⓒ 壁画.

+**wall·pa·per** /wɔ́ːlpèɪpə | -pə/ 名 (~s /~z/) Ⓤ,Ⓒ **壁紙**; 〔コンピュータ〕(ディスプレー画面に背景として置く)壁紙: hang *wallpaper* 壁紙を貼る.
— 動 (-per·ing /-p(ə)rɪŋ/) ⓣ (...)に壁紙をはる.

***Wall Street** /wɔ́ːlstrìːt/ 名 ❶ 固 **ウォール街**《New York 市南部の米国金融市場の中心; ⇒ Lombard Street》. ❷ Ⓤ 米国金融市場, 米国金融界: on *Wall Street* 米国金融界で.

wall-to-wall /wɔ́ːltəwɔ́ːl⁻/ 形 ❶ 限定 (敷物が)(壁から壁まで)床一面にしきつめられた. ❷ 限定《略式》(空間的・時間的に)びっしりの, ひっきりなしの; 全面的な.

Wal·ly /wɑ́(ː)li | wɔ́li/ 名 固 ウォリー《男性の名; Wallace, Walter の愛称》.

wal·nut /wɔ́ːlnʌ̀t/ 名 ❶ C くるみ(の実); くるみの木. ❷ U くるみ材《家具を作るのに用いられる》.

wálnut trèe 名 C くるみの木.

wal·rus /wɔ́ːlrəs/ 名 (複 ～·es, ～) C せいうち《海獣》.

Walt /wɔ́ːlt | wɔ́lt/ 名 固 ウォールト《男性の名; Walter の愛称》.

Wal·ter /wɔ́ːltɚ | wɔ́ltə/ 名 固 ウォールター《男性の名; 愛称は Wally, Walt, Wat》.

waltz /wɔ́ːlts, wɔ́lts, wɔ́ːls/ 名 ❶ [単数形で] ワルツ《2人で踊る3拍子の舞踊》: I danced a *waltz* with John. 私はジョンとワルツを踊った. ❷ C ワルツ曲, 円舞曲.

— 動 自 ❶ ワルツを踊る. ❷ [副詞(句)を伴って]《略式》軽やかな足どりで[すいすいと]歩く; 厚かましい態度で歩く. ❸《略式》楽にやってのける (*through*).

wáltz óff with ... [動] 他《略式》= walk off with ... 2, 3 (⇒ walk 句動詞).

wan /wɑ́(ː)n | wɔ́n/ 形 (wan·ner; wan·nest)《文語》(病気・心配などで)血の気のない, 青ざめた; 病弱な, やつれた, 力のない: a *wan* smile 力ない笑み.

wand /wɑ́(ː)nd | wɔ́nd/ 名 ❶ C 魔法のつえ (magic wand)《魔法使いや手品師が使う》. ❷ C 細くて棒状の道具《マスカラのブラシなど》.

+**wan·der** /wɑ́(ː)ndɚ | wɔ́ndə/ !発音 動 (wan·ders /～z/; wan·dered /～d/; -der·ing /-dərɪŋ, -drɪŋ/) 自 ❶ **ぶらぶら歩き回る**, ぶらつく, さまよう, 放浪する: He ***wandered along*** the brook. V+前+名 彼は小川に沿ってぶらぶらと歩いた / She ***wandered through*** the store. 彼女は店内をぶらぶら歩いた / I like ***wandering about*** [***around***] downtown. 私は繁華街をぶらつくのが好きだ.

❷ (いるべき場所から)**ふらりと立ち去る**; (道に)**迷う**: Our dog has ***wandered away*** [***off***]. V+副 うちの犬が迷子になってしまった. ❸ (考えなどが...へと)及ぶ; (話・論点などが)横道へそれる: The speaker often *wandered from* [*off*] the subject. その講演者はしばしば話が横道へそれた. ❹ (考えなどが)集中できなくなる, とりとめがなくなる: His mind is *wandering*. (特に年のせいで)彼は明晰(めいせき)に考えられなくなっている. ❺ [普通は副詞(句)を伴って] (目・視線が)とりとめなく動く. ❻ (川や道が)曲がりくねる.

— 他 (場所)を歩き回る; さまよう, 放浪する.

— 名 [a ～]《主に英》ぶらぶら歩くこと: 「go for [take, have] *a wander* ぶらつく.

wan·der·er /wɑ́(ː)ndərə | wɔ́ndərə/ 名 C さまよう人, 放浪者, さすらい人.

wan·der·ings /wɑ́(ː)ndərɪŋz, -drɪŋz | wɔ́n-/ 名 複《文語》放浪の旅.

wan·der·lust /wɑ́(ː)ndɚlʌ̀st | wɔ́ndə-/ ≪ドイツ語から≫ 名 [U または a ～] 旅心, 旅行熱, 放浪癖.

wane /wéɪn/ 動 自 ❶ (力・人気などが)弱くなる, 衰える. ❷ (月が)欠ける (⇒ phase 挿絵) [⇔ wax²].

— 名 [次の成句で] **on the wáne** [形] 衰えかけて, 落ち目になって.

wan·gle /wǽŋgl/ 動 他《略式》(策略などで)(...)をうまく手に入れる, (人から)(金品)をだまし取る (*out of*).

wángle (「one's **wáy** [one**sèlf**]) **ìnto** [**òut of**] ... [動] 他《略式》...にうまく入り込む[...をうまく切り抜ける].

wan·na /wɑ̀(ː)nə, wɔ̀ːnə | wɔ̀nə/ ❶ Ⓢ《略式》= want to (⇒ want 動 他 2). ❷ Ⓢ《略式》= want a.

wan·na·be /wɑ́(ː)nəbi | wɔ́n-/ 名 C《略式》[軽蔑的] (有名人・アイドルをまねる)熱狂的ファン.

***
want /wɑ́(ː)nt, wɔ́ːnt | wɔ́nt/ (同音《米》#wont)

意味のチャート

「...を欠いている」動 ❼,「欠乏」名 ❶
→「...が必要である」動 ❺,「必要」名 ❷
→(生活物資の欠乏)→「困窮」名 ❸
→「欲する」動 ❶ →「...したい」動 ❷
→「(人に)...してもらいたい」動 ❸ →「用がある」動 ❹

— 動 (wants /wɑ́(ː)nts, wɔ́ːnts | wɔ́nts/; want·ed /-ṭɪd/; want·ing /-ṭɪŋ/) 他 [普通は進行形なし] ❶ (...)が**欲しい**, (欠けているもの)を**欲する**, 望む, 欲しがる: I *want* a doll *for* my birthday. 誕生日にはお人形が欲しい. 語法 want は何かを手に入れたいという直接的な欲求を表わす動詞なので, より控えめな言い方として would like が好まれる: I *would like* a doll for my birthday. 誕生日にはお人形が欲しいんだけど // What do they *want from* [*of*] me? 彼らは私に何を(してほしいと)望んでいるのですか / What do you *want with* this tool? この道具をどうする[何にする]つもりなの / All I *want* is the proof. 私はただ証拠が欲しいだけだ / ***What do you want***? Ⓢ 何が欲しいの; 何の用だ《ぶっきらぼうな言い方》.

♥ **...はいかがですか** (勧めるとき)
Do you want ...?

Do you want some tea?
お茶いる?
♥ 物を勧める際などに使われる.
♥ Would you like ...? と同様, 相手の意向を尋ねる表現なので押しつけはそれほど強くないが, よりくだけた言い方.

❷ [to 不定詞を伴って] **...したい**, **...したがる** (⇒ 類義語): I *want to* go home. V+O (to 不定詞) 私は家へ帰りたい / What do you *want to* buy? 何を買いたいのですか / Drop in on me whenever you *want* (*to*). 気が向いたらいつでも私の家に寄ってください (⇒ to² A 1 語法 (1)).

語法 (1) その場の一時的な欲求や必要を表わす時や表現を和らげる時, 例外的に進行形を使うことがある: I've *been wanting* to talk to you. かねがねお話ししたく思っていました / What *were* you *wanting*, sir? 何をお求めでいらっしゃいましたか.
(2) 過去形を用いると控えめな響きになる: I just *wanted to* make sure. ちょっと確かめたかっただけです / "Chris, *did* you *want to* say something?" "Yes, I'm still worried about the cost. Could you give us a printed estimate?"「クリスさん, 何か言いたいことなどありましたか」「はい, 費用面が気になっているのですが. 見積もり書をいただけますか」 発音 くだけた会話では want to ... の /t/ が1つ落ちて /wɑ̀(ː)nṭə, wɔ̀ːnṭə | wɔ̀ntə/ となり,《米》ではさらにその /t/ も落ちて /wɑ̀(ː)nə, wɔ̀ːnə/ となることが多い (⇒ wanna).

♥ ...しませんか (誘うとき)
Do you want to ...?

Are you hungry? **Do you want to** get some lunch? おなかすいてる? お昼食べに行こうか.
Sure. Let's go.
うん, 行こう.

♥ このように相手の意向を尋ねることで, 誘いや勧め, 申し出等の意味を表わす.
♥ 類義表現の Would you like to ...? よりもくだけた言い方.

❸ (人)が...**することを望む**, (人・物)が...であって欲しい(と思う), (人)に...させたい: I *want* you *to* do your best. V+O+C (*to* 不定詞) あなたにはベストを尽くしてもらいたい 語法 (1) ときに《米略式》では I *want for* you *to* do your best. とも言う. (2) ×I want that you do your best. とは言わない // 言い換え I don't *want* it *to* be done so carelessly. = I don't *want* it *done* so carelessly. V+O+C (過分) それをそんなにいいかげんにやってもらいたくない / I *want* everything (*to* be) *ready* by seven. V+O+C ((*to* 不定詞+)形) 何もかも 7 時までに用意してもらいたい《♥ 強制度の高い指示の表現》/ I ***don't want*** you visit*ing* her so often. V+O+C (現分) そんなにしょっちゅう彼女に会いに行ってほしくない / "Do you *want* me *to* bring a bottle of wine? I have a good one." "Oh, that'd be great."「ワイン持ってこようか. うちにいいのがあるんだ」「いいね」《♥ 助力を申し出るときなどに使われる》.
❹ [しばしば受身で] (人)に**用がある**, (用事があって)(人)を呼ぶ; (人)にいてほしいと望む; [普通は受身で] (警察が)(...)を捜している; 《略式》(人)を(性的に)求める: I'll come if you *want* me. ご用があればお伺いします / He ***is wanted by*** the police *for* murder. V+O の受身 彼は殺人で警察のお尋ね者になっている《⇒ wanted》/ You *are wanted* on the phone. あなたにお電話です. / 言い換え *Wanted*: a typist. = Typist *wanted*. タイピスト求む《求人広告文; A typist is *wanted*. の省略表現》/ SITUATIONS WANTED 求職《新聞広告欄の1つ》.
❺《略式, 主に英》(...)が必要である, (...)が要る [≒ need]: Children *want* plenty of sleep. 子供には十分な睡眠が必要である / His hair *wants* cut*ting*. 彼は髪を切る必要がある. 語法 目的語が動名詞のときには受身の意味になる.
❻ [2・3 人称で *to* 不定詞を伴って] Ⓢ ...しなければならない, ...したほうがよい [≒should]: "You've made lots of careless mistakes lately. You *want to* be more careful." "You're right. I will."「最近単純なミスが多いね. もっと注意深くしないと」「そうだね. 気をつけるよ」《直接的な助言》.
❼《格式》(...)を欠いている, (...)が欠けている, 足りない [≒lack]; (...)に満たない: In many poor countries, people still *want* basic food. 多くの貧しい国々ではまだ基本的な食糧が不足している.
— 自 [普通は否定文で]《格式》事欠く, 不自由する: 言い換え He *wants for nothing*. = He *never wants for* anything. 彼は何一つ不自由しない / Waste not, *want not*.《⇒ waste 動 自》.
if you wánt (1) Ⓢ もしよかったら: I can pick you up, *if you want*. よかったら迎えに行きますよ. (2) Ⓢ (私はそれほどでもないが)あなたがお望みなら.
wánt ín [動] 自《略式, 主に米》入りたがる; (企てなどに)かかわりたがる (*on*).
wánt óut [動] 自《略式, 主に米》出たがる; (企てなどから)手を引きたがる (*of*).

類義語 **want**「...したい(と思う)」という意味の語の中では, 最も一般的で《略式》的な語: I *want* to be a teacher. 私は教師になりたい. **hope** 可能性のあることを望む場合に用いる: She *hopes* to become a nurse. 彼女は看護師になることを望んでいる. **wish** 基本的にしばしば実現しそうもないことを願う気持ちを表わし, want よりも《丁寧》または《格式》: I *wish* to express my deepest gratitude to my colleagues. 同僚たちに深く感謝の意を表します.

— 名 (wants /wá(ː)nts, wɔ́ːnts | wɔ́nts/) ❶ Ⓤ または a ~]《格式》**欠けていること**, 欠乏, 不足: suffer from ***want of*** water 水不足に苦しむ. ❷ Ⓤ 必要, 入用 [≒need]: I feel the *want of* a good friend to advise me. 私に忠告をしてくれるようなよい友人が欲しい(と痛切に思う). ❸ Ⓤ《格式》困窮, 貧困: people living *in want* 貧しい暮らしの人たち. ❹ Ⓒ [普通は複数形で] 必要な物[人], 欲しい物; 欲望: cater to the *wants* and needs of ... ...の欲しい物を調達する.
be in wánt of ... [動] 他《格式》...が必要である.
for (the) wánt of ... [前] ...の不足のために, ...がなくて: die *for want of* medicine 薬不足で死ぬ / I'll take this hat *for want of* a better (one). ほかにいいのがないからこの帽子を買うとしよう.
nót for (the) wánt of dóing [副] ...するのが足りなかったからではない.

wánt àd 名 Ⓒ《米》= classified ad.

want·ed /wá(ː)ntɪd, wɔ́ːnt- | wɔ́nt-/ 形 (警察から)容疑をかけられている, お尋ね者の; (子どもなどが)愛されている《⇒ want 動 他 4》: WANTED FOR MURDER 指名手配の殺人犯《警察の掲示など》.

want·ing /wá(ː)ntɪŋ, wɔ́ːnt- | wɔ́nt-/ 形 叙述 [比較なし]《格式》(...が)欠けている, 足りない, ない; (目標・標準・必要などに)達しない: A few pages are *wanting*. 2, 3 ページ落丁がある / She is *wanting in* courtesy. 彼女は礼儀に欠けている / This facility was found *wanting*. この施設は十分でないと判明した.

wan·ton /wá(ː)ntn | wɔ́ntən/ 形 ❶ 限定《格式》正当な理由[いわれ]のない, 不当な; 悪意のある. ❷《格式》抑制のない; (雑草などが)伸びほうだいの. ❸《古風》(特に女性が)みだらな; 浮気な.

***war** /wɔ́ə | wɔ́ː/ (同音 wore)
— 名 (~s /~z/) ❶ U,C **戦争**, 戦争状態《⇒ 類義語》[⇔ peace]: a nuclear *war* 核戦争 / a ***war between*** Ukraine and Russia ウクライナとロシアの戦争 / fight a *war* 戦争をする / win [lose] a *war* 戦争に勝つ[負ける] / declare *war* on ... ...に宣戦布告する / Japan once made [waged] ***war against*** [*on*] China. 日本はかつて中国と戦争をした / A *war* broke out between the two nations. その 2 国の間に戦争が起こった / At that time the United States was ***at war with*** Mexico. 当時米国はメキシコと戦争をしていた / The Japanese people forever renounce *war* as a sovereign right of the nation. 日本国民は国権の発動たる戦争は, 永久にこれを放棄する《日本国憲法第 9 条の一部》// ⇒ world war. 関連 the Revolutionary War 米国独立戦争 / the Civil War 南北戦争. ❷ U,C 戦い, 争い, 闘争: a trade *war* 商戦, 貿易戦争 / a *war of* nerves 神経戦 / a *war of* words 舌戦, 論争 / the *war on* [*against*] drugs 麻薬との戦い.
gò to wár [動] 自 (国が)戦争を始める; (人が)戦場に

行く, 出征する.

Thís mèans wár! Ⓢ [こっけいに] こうなったら戦うぞ.

[類義語] **war** 国家間の大規模な戦争をいう. **battle** ある特定の地域での戦闘を意味する: France has lost the *battle* but she has not lost the *war*. フランスは戦闘には負けたが戦争には負けていない《フランスの将軍ドゴール (de Gaulle) のことば》. **warfare** 戦争をすること, 戦闘の意味であるが, 特に特定の戦争様式を示す形容詞・名詞を伴うことが多い: germ *warfare* 細菌戦.

war·ble /wɔ́ɚbl | wɔ́:-/ [動] ⓐ (鳥が)さえずる《⇒ cry 表 lark》; [こっけいに] (高く声を震わせて)歌う. — ⓗ [こっけいに] (高く声を震わせて)(...)を歌う. — [名] [単数形で] (鳥の)さえずり; 歌.

war·bler /wɔ́ɚblɚ | wɔ́:blə/ [名] Ⓒ さえずる鳥, 鳴き声の美しい鳥《特にうぐいす科の小鳥; うぐいす・むしくい・よしきりなど》.

wár chèst [名] Ⓒ《略式》戦費; 運動資金, 軍資金.

wár crìme [名] Ⓒ [普通は複数形で] 戦争犯罪《虐殺など》: a *war crimes* tribunal 戦争犯罪法廷.

wár crìminal [名] Ⓒ 戦争犯罪人, 戦犯.

wár crỳ [名] Ⓒ ときの声《戦闘開始の合図》.

+**ward** /wɔ́ɚd | wɔ́:d/ [名] (wards /wɔ́ɚdz | wɔ́:dz/) ❶ Ⓒ (特定患者を収容する)**病棟**; (大部屋の)病室: a maternity *ward* 産科病棟 / She works as a nurse ***on*** [*in*] ***the*** children's ***ward***. 彼女は小児病棟で看護師をしている. ❷ Ⓒ 区《都市や町の下位区画》. ❸ Ⓒ〔法律〕被後見人, 被保護者: a *ward* of the court《米》=《英》a *ward* of court 法廷被後見人. [関連] guardian 後見人.

— [動] [次の成句で] **wárd óff** [動] ⓗ (...)を撃退する; 防ぐ, 避ける.

〔[語源] 原義は「見張ること」で, guard と同語源〕

-ward /wɚd | wəd/ [接尾] [副詞・形容詞語尾]「...の方へ; ...の方に向かう」の意: back*ward* 後方に / north*ward* 北の方へ. [語法] 副詞の場合は《英》では -wards のつづりが普通.

wár dànce [名] Ⓒ 出陣[戦勝]の踊り.

war·den /wɔ́ɚdn | wɔ́:-/ [名] ❶ Ⓒ《米》刑務所長. ❷ Ⓒ 番人, 監視員;《英》(老人ホームなどの)管理人. ❸ Ⓒ《英》(カレッジの)学長.

ward·er /wɔ́ɚdɚ | wɔ́:də/ [名] Ⓒ《英》(刑務所の)看守.

+**ward·robe** /wɔ́ɚdròʊb | wɔ́:-/ [名] (~s /~z/) ❶ Ⓒ《主に英》**洋服だんす**, 衣装だんす《⇒ bedroom 挿絵》. ❷ Ⓒ [普通は単数形で] 衣類, 持ち衣装. ❸ [単数形で] (劇場・テレビ局などの)衣装部.

-wards /wɚdz | wədz/ [接尾] [副詞語尾]《英》= -ward.

ware /wéɚ | wéə/ [名] ❶ Ⓤ [普通は合成語で] 製品, 用品; (食)器: glass*ware* ガラス製品類 / kitchen*ware* 台所用品. ❷ [複数形で]《古風》(行商人などの)商品, 売り物.

+**ware·house** /wéɚhàʊs | wéə-/ [名] (-hous·es /-hàʊzɪz/) Ⓒ **倉庫**, 貯蔵所.

wárehouse stòre [名] Ⓒ 卸売型大店舗.

+**war·fare** /wɔ́ɚfèɚ | wɔ́:fèə/ [名] ❶ Ⓤ **戦争**, 戦闘(行為)《戦争様式を表わす語とともに》《⇒ war [類義語]》: nuclear *warfare* 核戦争 / guerrilla *warfare* ゲリラ戦 / psychological *warfare* 心理戦争. ❷ Ⓤ 闘争, 争い.

wár gàme [名] Ⓒ (地図の上で行なう)机上作戦(演習); 戦争ゲーム.

war·head /wɔ́ɚhèd | wɔ́:-/ [名] Ⓒ (魚雷・ミサイルなどの)弾頭.

war·horse /wɔ́ɚhɔ̀ɚs | wɔ́:hɔ̀:s/ [名] ❶ Ⓒ《略式》古つわもの, (政界などの)老練な人, 古だぬき. ❷ Ⓒ (昔の)軍馬.

war·i·ly /wé(ə)rəli/ [副] 用心深く.

war·i·ness /wé(ə)rinəs/ [名] Ⓤ 用心深さ.

war·like /wɔ́ɚlàɪk | wɔ́:-/ [形] ❶ 好戦[挑戦]的な. ❷ 戦争のための, 軍事の, 戦争をにらんだ.

war·lock /wɔ́ɚlɑ̀(:)k | wɔ́:lɔ̀k/ [名] Ⓒ 魔法使い, 魔術師《男性; ⇒ witch》.

war·lord /wɔ́ɚlɔ̀ɚd | wɔ́:lɔ̀:d/ [名] Ⓒ 軍事的指導者, 指揮官《反政府的な非公認のリーダー》.

***warm /wɔ́ɚm | wɔ́:m/ [発音]

— [形] (warm·er; warm·est) ❶ **暖かい**, (物が)温かい; **やや暑い**《cool と hot の中間; ⇒ hot 表》; (人が)暖かく感じる, 寒さ[冷たさ]を感じない: *warm* weather 暖かい気候 / *warm* milk 温かい牛乳 / I found the room very *warm*. その部屋はとても暖かかった / After walking (for) thirty minutes, he felt *warm*. 30 分歩いた後で彼は暑くなった. / You ought to wear *warmer* clothes. もっと暖かい服を着たら / The baby must be kept *warm*. 赤ちゃんは暖かくしておきなさい.

❷ (人・態度が)**温かい**, 思いやりのある; 心からの [⇔ cold, cool]: We should have *warm* hearts but cool heads. 我々は温かい心を持ちながらも頭脳は冷徹でなければならない / They gave me a *warm* welcome. 彼らは私を心から歓迎してくれた. ❸ [限定] (色が)暖かい, 暖色の; (音色が)豊かな [⇔ cool]: *warm* colors 暖色《赤・オレンジ・黄など》. ❹ [叙述] (正解・目標に)近づいている, 近い《クイズ・捜し物などで》: Am I getting *warmer*? 正解に近づいてきていますか. ([名] warmth)

— [動] (warms /~z/; warmed /~d/; warm·ing) ⓗ (...)を**暖める**, 温める, 暖かくする [⇔ cool]: The sun *warms* the earth. 太陽は地球を暖める / I *warmed* my hands at [by] the fire. 私は火にあたって手を暖めた.

— ⓐ **暖まる**, 温まる, 暖かくなる: The soup is *warming* on the stove. レンジにかけたスープが温まってきた.

wárm one's **héart** [動] ⓐ 心を温める, 温かい[やさしい]気持ちにさせる: *It warms* my heart *to* hear a story like this. こういうお話を聞くとほのぼのと心が温まります.

wárm one**sèlf** [動] ⓐ 体を暖める: He *warmed himself* in the sunshine. 彼はひなたぼっこをして体を暖めた.

warm の句動詞

wárm to [towàrd] ... [動] ⓗ ❶ (人)に好意を持つ. ❷ ...に(もっと)熱心になる, 興味を持つ.

***wárm úp** [動] ⓐ ❶ (人・物が)**暖まる**: The room [engine] has *warmed up*. 部屋[エンジン]が暖まった. ❷ (競技・演技の前に)ウォームアップする, 準備運動をする: Let's *warm up* before the game. 試合の前に準備運動をしよう. ❸ 熱中してくる, 興奮してくる; 活気づく, 盛り上がる. ❹ 好意を持つ (*to*).

— ⓗ ❶ (...)を**暖める**; (身体の一部)をウォームアップする [V+名・代+*up* / V+*up*+名]: The sun *warmed up* the veranda comfortably. 太陽がベランダを気持ちよく暖めた.

❷ (料理など)を**温め直す** [V+名・代+*up* / V+*up*+名]: *Warm up* the soup before you serve it. スープを出す

前に温め直してね.
❸ (エンジン・機械など)を**暖める**, 暖機運転をする [V+名・代+up / V+up+名]: I had to *warm up* the engine before the car would go. 車を出す前にエンジンを暖めなければならなかった. ❹ (人)を熱中[興奮]させる; (...)を活気づける.

— 名 [the ~] 《英》 暖かい場所.

warm-blood·ed /wɔ́ɚmblʌ́dɪd | wɔ́:m-/ 形 〔動物〕 温血の, 定温の [⇔ cold-blooded].

warmed-o·ver /wɔ́ɚmdóʊvɚ | wɔ́:mdóʊvə/ 形 [普通は 限定] 《米》 (料理が)温め直した; [軽蔑的] (意見などが)焼き直しの, 二番せんじの.

wárm frònt 名 C 〔気象〕 温暖前線 (⇒ weather map 挿絵).

warm-heart·ed /wɔ́ɚmhάɚṭɪd | wɔ́:mhά:t-/ 形 心の温かい, 思いやりのある, 親切な [⇔ cold-hearted].

warm·ly /wɔ́ɚmli | wɔ́:m-/ 副 ❶ 暖かく, 暖かに: The children are *warmly* dressed. 子供たちは暖かい服を着ている. ❷ 心をこめて, 温かく, 心から [⇔ coldly, coolly]: be *warmly* welcomed 温かく迎えられる. ❸ 熱心に, 好意的に.

war·mon·ger /wɔ́ɚmʌ̀ŋgɚ | wɔ́:mʌ̀ŋgə/ 名 C [軽蔑的] 戦争挑発者, 戦争屋.

+**warmth** /wɔ́ɚmθ | wɔ́:mθ/ 名 ❶ U **暖かさ**: The *warmth of* the room made me sleepy. 部屋が暖かかったので私は眠くなった.
❷ U (心の)**温かさ**, 温情, 思いやり, 親切 (*of*): These orphans deserve *warmth* and affection. これらの孤児たちは温かく愛情をもって扱わなければならない.
(形 warm)

warm-up /wɔ́ɚmʌ̀p | wɔ́:m-/ 名 ❶ C (競技などの)準備運動, ウォーミングアップ; (本番の前の)小手調べ. ❷ [複数形で] 《米略式》 (準備運動のときに着る)トレーニングウェア.

****warn** /wɔ́ɚn | wɔ́:n/ (同音 worn)

— 動 (warns /~z/; warned /~d/; warn·ing) 他
❶ (人)に(...について)**警告する**, 注意する; 戒める: He *warned* me *about* [*of, against*] their terrible plot. [V+O+about [of, against]+名] 彼らには恐ろしいたくらみがあることを彼は私に知らせてくれた / 言い換え They *were warned* not *to* cross the old bridge. [V+O+C (to 不定詞)の受身] = They *were warned against* cross*ing* the old bridge. [V+O+against+動名の受身] 彼らはその古い橋を渡らないように警告を受けた / I *warn* (you) (*that*) the road is icy. [V(+O)+O ((that)節)] 道路は凍結しているから気をつけて / He *warned* (them), "Don't do that." [V(+O)+O (引用節)] 「そんなことするな」と彼は(彼らに)注意した / I'm *warning* you for the last time. いいか, これが最後の警告だぞ (⇒ be² A 1 (1) 語法).
❷ (人など)に(...と)**前もって知らせる**, 予告[通告]する: I *warn* you (*that*) I cannot offer you much help. [V+O+O ((that)節)] 断わっておきますがあまり力にはなれません / The whistle *warned* the passengers *that* the ship was ready to sail. 汽笛が旅客に船が出帆することを告げた.
— 自 (...について)警告する, 注意を促す: Some scientists *warned of* the possible dangers of nuclear power. 一部の科学者は原子力の危険性を警告した / He *warned against* walking alone at night. 彼は夜 1 人歩きをしないように警告した.

wárn awáy [動] 他 (人)に警告して近づかせない.
wárn ... óff (~) [動] 他 (人)に警告して(~から)去らせる, (~に)近寄らないように警告する: Children should be *warned off* the river. 子供たちにその川に近づかないよう警告すべきだ.

warn·ing** /wɔ́ɚnɪŋ | wɔ́:n-/ 名 (~s /~z/) ❶ U,C **警告**, 警報, 注意報; 戒め(のことば); 予告: a ***warning of floods 洪水警報 / a ***warning against*** smoking 喫煙に対する警告 / ***without warning*** 警告なしに, 予告なしに / ***give*** ... (a) ***warning*** ...に警告[予告]する / You see on every pack of cigarettes sold here a ***warning that*** smoking may damage your health. [+that 節] ここで売られるたばこの箱にはすべて喫煙は健康に害になる恐れがあるという注意書きがある / You should have listened to my ***warning*** not ***to*** go there. [+to 不定詞] あなたはそこに行くなという私の警告に耳を傾けるべきでした. ❷ C 警告となるもの, 戒めとなるもの: Let this accident be a *warning to* you. この事故を戒めとしなさい.
— 形 限定 警告する, 警戒の: a *warning* sign (病気などの)徴候 / He gave me a *warning* gesture. 彼は私に気をつけろ[待て]というしぐさをした.

warp /wɔ́ɚp | wɔ́:p/ 動 他 ❶ (板など)を反(そ)らせる, ねじる; ゆがめる. ❷ (心・判断など)をゆがめる, ひがませる.
— 自 反る, ゆがむ. — 名 ❶ [the ~] 〔織物〕 (織物の)縦糸 (⇒ weft). ❷ [a ~] (材木などの)反り, ゆがみ, ねじれ (*in*) (⇒ time warp).

wár pàint 名 ❶ U (北米先住民の)出陣のときに顔や手に塗る絵の具. ❷ U 《略式》 [こっけいに] 化粧.

war·path /wɔ́ɚpæ̀θ | wɔ́:pὰ:θ/ 名 [次の成句で]. **on the wárpath** [形] 《略式》 気負い立って; けんか腰で.

warped /wɔ́ɚpt | wɔ́:pt/ 形 ❶ (心が)ゆがんだ, ひがんだ: a *warped* sense of humor ゆがんだユーモアのセンス. ❷ (板が)そった, (物が)ゆがんだ.

+**war·rant** /wɔ́:rənt | wɔ́r-/ 名 (war·rants /-ənts/) ❶ C (逮捕・差し押さえなどの)**令状**: take out a search *warrant* 家宅捜索令状を出してもらう / They issued a ***warrant for*** his arrest. 彼に逮捕状が出た. ❷ C 保証書, 証明書, 証書. ❸ U [普通は否定文で] 《格式》 正当な理由, 根拠; 権限 (*for*).
— 動 (war·rants /-rənts/; -rant·ed /-ṭɪd/; -rant·ing /-ṭɪŋ/) 他 ❶ (...)を正当とする, 是認する [≒ justify]: Nothing can *warrant* such behavior. そんな行動は何としても許せない / What he did was wrong, but I don't think it *warranted* his be*ing* fired. 彼がしたことは間違っていたが, だからといって首になったのは行き過ぎだと思う. ❷ (...)を[と]保証する (*that*).
(名 wárranty)
〖語源 guarantee と同語源〗

wárrant òfficer 名 C 〔陸軍〕 准尉, 〔海軍・空軍〕 兵曹長.

war·ran·ty /wɔ́:rənṭi | wɔ́r-/ 名 (-ran·ties) C,U 〔商業〕 保証, 保証書; (製品の)アフターサービス. 日英 「アフターサービス」は和製英語. **ùnder wárranty** [形] 保証付きで, 保証期間中で. (動 wárrant)

war·ren /wɔ́:rən | wɔ́r-/ 名 C うさぎの群生地; ごみごみした地域[建物], 迷路のような通路[街路].

war·ring /wɔ́:rɪŋ/ 形 限定 (互いに)戦争している; 敵対する; 相容れない: *warring* factions 抗争する派閥 / *warring* countries 交戦国.

+**war·ri·or** /wɔ́:riɚ | wɔ́riə/ 名 (~s /~z/) C 《文語》 (昔の) **戦士**, 武士, 武人; 軍人 [≒ soldier]: ⇒ Unknown Warrior.

W

War·saw /wɔ́ɚsɔː | wɔ́ː-/ 名 固 ワルシャワ《ポーランド中部の都市; 同国の首都》.

war·ship /wɔ́ɚʃɪp | wɔ́ː-/ 名 C 軍艦.

wart /wɔ́ɚt | wɔ́ːt/ 名 C いぼ, こぶ. **wárts and áll** [副]《略式》良い所も悪い所もすべて.

wart·hog /wɔ́ɚthɔ̀ːg, -hɑ̀(ː)g | wɔ́ːthɔ̀g/ 名 C いぼいのしし《アフリカ産の動物》.

+**war·time** /wɔ́ɚtàɪm | wɔ́ː-/ 名 ❶ U **戦時:** Luxury goods are hard to obtain ***in wartime***. 戦時中はぜいたく品は手に入りにくい. ❷ [形容詞的に] 戦時(中)の: *wartime* experiences 戦争経験. 関連 peacetime 平時(の).

+**war·y** /wé(ə)ri/ 形 (war·i·er; more ～;《まれ》war·i·est, most ～) **用心深い**, 油断のない; 慎重な (*about*)《⇒ careful 類義語》[⇔ unwary]: Be ***wary of*** strangers. +of+名 見知らぬ人には用心しなさい / You should be ***wary of*** invest*ing* in stocks. +of+動名 株への投資には慎重になった方がいい.

***was** /(弱形) wəz; (強形) wɑ́(ː)z, wʌ́z | wɔ́z/

✪ (1) 意味・用法について詳しくは ⇒ be[1, 2]. (2) 対応する現在形は一人称では am, 三人称では is.

— 動 自 **be[1] の一人称・三人称単数過去形 ❶ …であった, …だった:** I *was* a high school student at that time. V+C (名) そのころ私は高校生だった / It *was* stormy yesterday. V+C (形) きのうはあらしだった / The game *was* over about five. 試合は 5 時ごろに終わった / "*Was* he very tired?" "Yes, he *was* /wɑ́(ː)z | wɔ́z/." 「彼はとても疲れていましたか」「ええ, そうでした」

❷ **(物・事が…に) あった, (人・動物が…に) いた, 存在した**《⇒ there[1]》: There *was* a small village *on* the lake. 湖畔には小さな村があった / "*Where was* the book?" "It *was under* the desk." 「本はどこにあったの」「机の下にありました」

❸ [主語が一人称の単数および三人称の単数のとき be の仮定法過去形 were の代わりに用いることがある; ⇒ **巻末文法** 11.2]: *If* I [he] *was* a millionaire, I [he] would buy the house. もし私[彼]が百万長者ならその家を買うだろうに.

— 助 **be[2] の一人称・三人称単数過去形 ❶** [was＋-ing 形で過去進行形 (past progressive form) を表わす] **…していたところだ, …していた最中だ**《過去のある時の動作の進行・継続または未完了を表わす》; (もうすぐ)**…するはずだった**《過去のある時から見た近い将来の予定を表わす》: It *was* snow*ing* heavily when he got up. 彼が起きたとき雪は激しく降っていた / My uncle *was* leav*ing* for Hawaii the next [following] week. 私のおじは翌週ハワイへ行くことになっていた.

❷ [was＋他動詞の過去分詞で受身を表わす] **…された; …されていた:** I *was* prais*ed by* the principal. 私は校長先生にほめられました.

❸ [was＋to 不定詞で] **…することになっていた; …すべきであった; …できた**《⇒ be to の項目》: I *was to* visit Mr. Black the next day. 私は翌日ブラックさんを訪ねることになっていた / He *was to* blame. 彼が悪かったのだ. ✪ was＋完了不定詞については ⇒ be to の項目 7.

❹ [主語が一人称の単数および三人称の単数のとき be の仮定法過去形 were の代わりに用いられることがある; ⇒ **巻末文法** 11.2]: She looks *as though* she *was* asleep. 彼女はまるで眠っているように見える.

if … was to dó《略式》仮に…が～するとしたら《⇒ if … were to do (were 助 成句) 語法》: *If* he *was to* do business, I'd be ready to help him. もし彼が商売をするとしたら私は喜んで手助けする.

***wash** /wɑ́(ː)ʃ, wɔ́ːʃ | wɔ́ʃ/

— 動 (wash·es /～ɪz/; washed /～t/; wash·ing) 他 ❶ (…)**を洗う**, (衣服など)**を洗濯する**, 洗ってきれいにする; (よごれなど)を洗い落とす: *Wash* your hands before you eat. 食べる前に手を洗いなさい / He usually helps his wife (*to*) *wash* the dishes. 彼はたいてい妻が食器を洗うのを手伝う《⇒ help 動 他 1 語法 (1)》/ My handkerchief *was washed* clean. V+O+C (形)の受身 私のハンカチは洗ってきれいになった / The graffiti have [has] ***been washed off*** the wall. V+O+off+名の受身 落書きが塀から洗い落とされた. 関連 rinse すすぐ / wipe ふく.

❷ [副詞(句)を伴って] (流れなどが)(…)**を押し流す**, 流す, さらってゆく: 言い換え The storm ***washed*** the yacht ***onto*** the shore. V+O+onto+名 ＝ The storm ***washed*** the yacht ***ashore***. V+O+副 あらしでヨットは岸へ打ち上げられた / The sailors ***were washed overboard*** by a huge wave. V+O+副の受身 船員たちは大波で海中へさらわれた.

— 自 ❶ **体[手, 顔など]を洗う:** I don't like to *wash* in cold water. 私は冷たい水で(手や顔などを)洗うのはいやだ. ❷ [副詞(句)を伴って] (波などが)洗う, 打ち寄せる (*over, against*); (物が)押し流される. ❸ [進行形なし; 普通は否定文で] Ⓢ 受け入れられる, 通用する: Your explanation does*n't wash* (*with* me). あなたの説明は(私には)通用しない. ❹ [副詞を伴って] (生地・色などが)洗濯がきく, 洗濯してももつ; (洗剤などが)よごれを落とす: Do these curtains *wash well*? このカーテンはよくて洗濯がききますか.

wásh onesèlf [動] 自 体[手, 顔など]を洗う.

wash の句動詞

+**wásh awáy** 動 他 ❶ (波などが)(…)**を押し流す**, さらってゆく V+名・代+away / V+away+名: The high waves *washed away* part of the road. 高波が道路の一部を押し流してしまった. ❷ (いやなこと)を取り除く.

wásh dówn 動 他 ❶ (車・壁など)を(大量の水で)きれいに洗う, 洗い流す. ❷ (水などを飲んで)(食物)をのどへ流し込む (*with*).

+**wásh óff** 動 他 (ほこりなど)を**洗い落とす** V+名・代+off / V+off+名: The rain *washed* the dust *off*. 雨がほこりを流してくれた. — 自 (色などが) (洗って)落ちる, 取れる.

+**wásh óut** 動 他 ❶ (よごれなど)を**洗い落とす**; (容器)の内部をきれいに洗う V+名・代+out / V+out+名: She tried to ***wash out*** the stain in the tablecloth ***with*** detergent. 彼女は洗剤でテーブルクロスのしみを洗い落とそうとした.

❷ [普通は受身で] (雨・あらしが)(計画・試合など)を**だめにする** V+名・代+out / V+out+名: The game was *washed out* by (the) rain. ゲームは雨で流れた.

— 自 ❶ (よごれ・しみなどが)洗って取れる: Will this ink stain *wash out*? このインクのしみは落ちますか. ❷《米略式》落第する, 脱落する.

wásh … òut of ～ 動 他 (よごれ・しみなど)を洗って～から取る: Can you *wash* the dirt *out of* these socks *with* that detergent? その洗剤でこの靴下からよごれを取れますか.

wásh óver 動 他 ❶《文語》(感情などが)(人)に浮かぶ, 押し寄せる. ❷ (非難などが)(人)の気にならな

W

い; (会話などが)(人)を素通りする.
wásh úp 動 自 ❶《米》体[手, 顔など]を洗う[《英》have a wash]. ❷《主に英》(食器を洗って)後片づけをする. — 他 ❶《主に英》(食器類)を洗って片づける. ❷ [普通は受身で] (波などが)(漂流物など)を打ち上げる (*on*).

— 名 (~·es /~ɪz/) ❶ Ⓒ [普通は a ~] **洗うこと, 洗浄: This dog needs *a* good *wash.* この犬はよく洗わなければいけません / I want to ***have a wash*** in hot water.《英》お湯でざぶっと体を洗いたいな(《英》の have a wash に対応する《米》は wash up) // She gave the blouse *a* quick *wash.* 彼女はそのブラウスをすばやく洗った.
❷ [単数形で; しばしば the ~] **洗濯物** (⇒ laundry): a week's *wash* 1 週間分の洗濯物 / I have a big *wash* today. きょうは洗濯物がたくさんある / Will you hang out *the wash*? 洗濯物を外に干してくれない? / do *the* [*a*] *wash* 洗濯をする / Your shirt is ***in the wash.*** 君のシャツは洗濯中だよ. ❸ [the ~] (船のあとの)白波, 航跡. ❹ [the ~] (波などが)打ち寄せること[音]; 水の流れ, 打ち寄せる波. ❺ Ⓒ,Ⓤ [しばしば合成語で] 洗浄剤; 化粧水. ❻ Ⓒ 水彩絵具の薄い塗り; (光・色などの)薄い層 (*of*). ❼ [a ~]《米略式》損得なしの状態: It's *a wash.* 損でも得でもない, おあいこだ.
It will (áll) còme óut in the wásh. (1) Ⓢ (最終的には)うまくいくだろう, なんとかなる. (2) Ⓢ (恥ずかしいことが)知れ渡ることになるだろう, ばれるだろう.

Wash. 略 = Washington² 1.
wash·a·ble /wá(ː)ʃəbl, wɔ́ːʃ- | wɔ́ʃ-/ 形 洗濯のきく, 洗える: machine *washable* 洗濯機洗い可.
wash·ba·sin /wá(ː)ʃbèɪs(ə)n, wɔ́ːʃ- | wɔ́ʃ-/ 名 Ⓒ 洗面台 [≒sink].
wash·cloth /wáːʃklɔ̀ːθ, wɔ́ʃ- | wɔ́ʃklɔ̀θ/ 名 (-cloths /-klɔ̀ːðz, -klɔ̀ːθs | -klɔ̀θs/) Ⓒ《米》洗面用[浴用]タオル《小型で顔・手などを洗うのに用いる》[《英》facecloth, flannel].
washed-out /wá(ː)ʃtáʊt, wɔ́ːʃt- | wɔ́ʃt-/ 形 ❶ 洗いざらしの, (洗いざらして)色のあせた. ❷ 叙述 (人が)疲れきった, 元気のない [≒exhausted].
washed-up /wá(ː)ʃtʌ́p, wɔ́ːʃt- | wɔ́ʃt-/ 形 (人・組織などが)完全に失敗した, だめになった.
wash·er /wá(ː)ʃɚ, wɔ́ːʃɚ | wɔ́ʃə/ 名 ❶ Ⓒ ワッシャー《ボルトやナットの間に入れる座金; ⇒ bolt 2 挿絵》. ❷ Ⓒ《略式》= washing machine.

*wash·ing /wáːʃɪŋ, wɔ́ʃ- | wɔ́ʃ-/

— 名 ❶ Ⓤ **洗うこと, 洗濯: do the *washing* 洗濯をする. ❷ Ⓤ [しばしば the ~]《英》洗濯物 [≒wash]: put [hang] *the washing* out 洗濯物を干す.
wáshing machìne 名 Ⓒ 洗濯機 (⇒ kitchen 挿絵): load a *washing machine* 洗濯機に洗濯物を入れる.
wáshing pòwder 名 Ⓤ《英》粉末洗剤, 粉石けん.
Wash·ing·ton¹ /wá(ː)ʃɪŋtən, wɔ́ːʃ- | wɔ́ʃ-/ 名 固 George ~ ワシントン (1732–99)《米国独立戦争 (American Revolution) 当時の総司令官; 米国の初代大統領 (1789–97)》.
Wash·ing·ton² /wá(ː)ʃɪŋtən, wɔ́ːʃ- | wɔ́ʃ-/ 名 固 ❶ ワシントン《米国太平洋岸最北部の州; 略 Wash.,〔郵便〕では WA; 州名は米国の初代大統領ワシントンの名にちなむ》. ❷ = Washington, D.C. ❸ 米国政府.

+**Wash·ing·ton, D.C.** /wá(ː)ʃɪŋtəndìːsíː, wɔ́ːʃ- | wɔ́ʃ-/ 名 固 **ワシントン**《米国の首都; ⇒ District of Columbia》.
Wáshington Mónument 名 固 [the ~] ワシントン記念塔《Washington, D.C. にある George Washington を記念する巨大な石碑》.
Wáshington Póst 名 固 [the ~]『ワシントンポスト』《米国の有力日刊新聞》.
Wásh·ing·ton's Bírthday /wá(ː)ʃɪŋtənz-, wɔ́ːʃ- | wɔ́ʃ-/ 名 Ⓤ《米》ワシントン誕生日《2 月の第 3 月曜日(元来は 2 月 22 日); 法定祝日 (legal holiday); ⇒ Presidents' day, holiday 表》.
wash·ing-up /wá(ː)ʃɪŋʌ́p, wɔ́ːʃ- | wɔ́ʃ-/ 名 Ⓤ《英》食後の食器洗い, 食事の後片づけ; よごれた食器(類): do the *washing-up* 食器洗いをする.
wáshing-úp lìquid 名 Ⓤ《英》= dishwashing liquid.
wash·out /wá(ː)ʃàʊt, wɔ́ːʃ- | wɔ́ʃ-/ 名 ❶ Ⓒ《略式》(行事などの)大失敗. ❷ Ⓒ《略式》(雨による)行事[試合]の中止.
wash·room /wá(ː)ʃrùːm, -rʊ̀m, wɔ́ːʃ- | wɔ́ʃ-/ 名 Ⓒ《古風, 主に米》(駅・ホテルなどの)洗面所; 手洗い, 化粧室 (⇒ toilet 参考).
wash·stand /wá(ː)ʃstæ̀nd, wɔ́ːʃ- | wɔ́ʃ-/ 名 Ⓒ 洗面台《昔寝室に置いた》.
wash·tub /wá(ː)ʃtʌ̀b, wɔ́ːʃ- | wɔ́ʃ-/ 名 Ⓒ 洗濯だらい.

***was·n't

/wá(ː)znt, wʌ́z- | wɔ́z-/《略式》**was not の短縮形:** It *wasn't* cool last night. ゆうべは涼しくなかった / *Wasn't* it driven by an engine? それはエンジンで動くのではなかったのですか.
wasp /wá(ː)sp | wɔ́sp/ 名 Ⓒ はち, すずめばち, じがばち《すずめばち科・じがばち科のはち》.
WASP, Wasp /wá(ː)sp | wɔ́sp/ 名 Ⓒ《米》[普通は軽蔑的] ワスプ《米国社会のアングロサクソン系でプロテスタントの白人, 支配層としての特権階級的白人を批判的に呼ぶときに用いられる; White Anglo-Saxon Protestant の略; ⇒ acronym》.
wasp·ish /wá(ː)spɪʃ | wɔ́sp-/ 形 (人・ことばなどが)辛らつな, 意地の悪い, 怒りっぽい.
wast·age /wéɪstɪdʒ/ 名 Ⓤ《格式》消耗, 損耗; 消耗量[高] (*of*).

***waste /wéɪst/ (同音 waist)

— 名 (wastes /wéɪsts/) ❶ Ⓤ または a ~] **むだ, 浪費**, 空費; 消耗: It's *a waste of* time [money]. それは時間[金]の浪費だ / What *a waste*! 何てもったいない / Both candidates promised to crack down on *waste in* government spending. 両候補とも政府の支出のむだを厳しく取り締まると公約した. 関連 economy 節約.
❷ Ⓤ,Ⓒ **くず, 廃棄物**, ごみ, 廃液; 下水; くず綿[布]; Ⓤ 排泄(はいせつ)物: household *waste* 家庭ごみ / industrial *waste* 産業廃棄物 / toxic *wastes* 有毒廃棄物 / dispose of nuclear *waste* 核廃棄物を処理する. ❸ [複数形で]《文語》荒地, 荒野, 荒涼とした原野 (*of*).
(形 wásteful)
a wáste of spáce [名] Ⓢ 役立たずの人.
gó to wáste [動] 自 むだになる.
— 動 (wastes /wéɪsts/; wast·ed /~ɪd/; wast·ing) 他 ❶ (...)を**むだに使う, 浪費する**, むだにする: *waste* money [time] 金[時間]をむだにする / Don't *waste* your energy ***on*** [***upon***] minor details. V+O+*on* [*upon*]+名 ささいなことに精力を浪費しないようにしなさ

い / All his advice *was wasted on* her. V+O+*on*+名の受身 彼女に対する彼の助言はすべてむだだった. 関連 save[1] 節約する. ❷ (人・能力など)を十分に活用しない: *waste* an opportunity 好機をのがす / You are *wasted* as a teacher. あなたの才能は教師では生かされていない. ❸《俗, 主に米》(人)を殺す, 消す.

— 自 むだづかいする, 浪費する: *Waste* not, want not. Ⓢ《ことわざ》むだをしなければ不足もしない.

wáste awáy [動] 自 (やせ)衰える.

wáste one's **bréath** [動] 自 Ⓢ 言ってもむだである.

wáste nó tíme (in) dóing [動] 自 すぐに...する: She *wasted no time* (*in*) email*ing* him. 彼女は彼にすぐEメールした.

— 形 ❶ 限定 [比較なし] **廃物の**, くずの, 排泄された; 不用の; 廃物処理用の: utilize *waste* materials 廃物を利用する / a *waste* pipe 排水管.

❷ [普通は 限定] [比較なし] (土地が)**荒れ果てた**; 不毛の; 人の住まない, 耕されていない: *waste* ground (荒れた)空き地.

láy wáste (to) ... [動] 他 (土地など)を荒廃させる, 破壊する.

waste·bas·ket /wéɪs(t)bæ̀skɪt | -bɑ̀ːs-/ 名 Ⓒ《主に米》(紙)くずかご [《英》wastepaper basket].

wast·ed /wéɪstɪd/ 形 ❶ 限定 むだな, 役に立たない. ❷ (人が)衰弱した, やせ衰えた. ❸《略式》麻薬中毒の; 酔った.

wáste dispòsal 名 ❶ Ⓤ 廃棄物の処理. ❷ Ⓒ《英》生ごみ処理機 [《米》(garbage) disposal].

waste·ful /wéɪstf(ə)l/ 形 むだづかいする, 浪費的な, 不経済な, むだな: a *wasteful* person むだづかいをする人 / How *wasteful*! まあもったいない / We're very *wasteful of* fuel. 我々は燃料をとてもむだにする.
(名 waste)

-ful·ly /-fəli/ 副 むだに, 不経済に. **~·ness** 名 Ⓤ むだ, 不経済.

waste·land /wéɪstlæ̀nd/ 名 ❶ Ⓒ,Ⓤ 荒地; 荒廃した土地: an industrial *wasteland* 産業荒廃地. ❷ Ⓤ,Ⓒ 不毛の状況[時代], 荒れたところ.

wáste páper 名 Ⓤ 紙くず.

wáste·pa·per bàsket /wéɪs(t)pèɪpɚ- | -pə-/ 名 Ⓒ《英》= wastebasket.

wáste pròduct 名 Ⓒ 廃棄物, 老廃物.

wast·er /wéɪstɚ | -tə/ 名 ❶ Ⓒ [しばしば合成語で] (時間などを)むだに使う人[もの]. ❷ Ⓒ《英略式》怠け者, 役立たず.

wast·ing /wéɪstɪŋ/ 形 限定 (病気が)消耗性の.

Wat /wɑ́(ː)t | wɔ́t/ 名 固 ワット《男性の名; Walter の愛称》

***watch**[1] /wɑ́(ː)tʃ, wɔ́ːtʃ | wɔ́tʃ/

— 動 (watch·es /~ɪz/; watched /~t/; watch·ing) 他 ❶ [普通は受身なし] (...)の**動きをじっと見る**, (...)を**見守る**, 注意して見る, 注視する(⇒ see 類義語); 見物する: *Watch* that fish. あの魚をよく見てごらん / I like *watching* television [baseball games]. 私はテレビ[野球]を見るのが好きです / We were *watching* the procession *go* [*going*] by. V+O+C (原形[現分]) 私たちは行列が通り過ぎていくのを見物していた / Please *watch what* I do. V+O (*wh* 節) 私がすることをよく見てください.

❷ (...)に**注意する**; (...)を**見張る**, 監視する; 看護する, (...)の世話をする: WATCH YOUR HEAD [STEP] 頭上[足もと]に注意《掲示など》/ I have to *watch* my weight. (太らないように)体重に気をつけないといけない / *Watch that* the water doesn't boil over. V+O (*that* 節) お湯が吹きこぼれないよう見ていてください / She felt she was *being watched*. V+O の受身 彼女は監視されているような気がした / Please *watch* the baby while I'm out shopping. 買い物に行く間赤ん坊を見ていてください.

監視していることを表わすしぐさ

— 自 ❶ **じっと見る**, 見守る; 見物する: *Watch* closely while I repair it. 私が直している間よく見ていなさい / I *watched* to see what she would do. 私は彼女が何をするのかじっと見ていた. ❷ 待ち構える, 期待する: We *watched for* an opportunity. 我々はチャンスを待った / They were *watching for* the signal to start. 彼らは出発の合図を待っていた.

Wátch it! Ⓢ 気をつけろ, 気をつけて!

wátch óut [動] 自 [普通は命令文で] Ⓢ 注意する: *Watch out!* There's a car coming. 注意して, 車が来るよ.

wátch óut for ... [動] 他 ...を見張る, 警戒する; ...に用心する; ...を守るために警戒する.

wátch óver ... [動] 他《格式》(危険がないように)...を見守る; ...の世話をする.

Wátch yoursèlf! Ⓢ (言動に)気をつけなさい.

You [Just] wátch. Ⓢ 言った通りだから見ててごらん.

— 名 (~·es /~ɪz/) ❶ Ⓤ または a ~] **警戒**, 用心, 注意; 見張り, 監視: ***keep watch*** (***on*** [***over***] ...) (...の)見張りをする / ***keep*** (***a***) ***close watch on*** the situation 状況を注意深く監視する / stand *watch* 見張りに立つ / the night *watch* 夜警. ❷ [単数形で] (ひと組の)番人, 監視人; (昔の)夜警(団). ❸ Ⓒ【航海】(4 時間か 2 時間交替の)当直(時間); 夜警(交代)時間.

be on the wátch for ... [動] 他 (1) ...を警戒している, ...に注意を怠らない. (2) (望んでいることなど)を待ち構えている.

kéep a wátch òut for ... [動] 他 = be on the watch for ... (1).

on wátch [形] 見張り番で[の], 当直で[の].
(形 wátchful)

〖語源 元来は「目を覚ましている」の意で, wake[1] と同語源〗

***watch**[2] /wɑ́(ː)tʃ, wɔ́ːtʃ | wɔ́tʃ/ 名 (~·es /~ɪz/) Ⓒ **腕時計** [≒wristwatch]; 懐中時計《携帯用》: My *watch* is slow [fast]. 私の時計は遅れて[進んで]いる / look at one's *watch* 腕時計を見る / wear a *watch* 腕時計をしている(⇒ wear 表) / put a *watch* back [forward] 時計の時刻を遅らせる[進める] / I set my *watch* by the radio. 私は時計をラジオで合わせた / What time is it by your *watch*? あなたの時計では今何時ですか. 関連 stopwatch ストップウォッチ.

watch (腕時計や懐中時計のように携帯用のもの)	時計
clock (掛け時計や置き時計のように携帯用でないもの)	

watch·a·ble /wá(:)ʧəbl, wɔ́:ʧ- | wɔ́ʧ-/ 形《略式》楽しく見られる.

watch·band /wá(:)ʧbæ̀nd, wɔ́:ʧ- | wɔ́ʧ-/ 名 C《米》腕時計のバンド [《英》watchstrap].

watch·dog /wá(:)ʧdɔ̀:g, wɔ́:ʧ- | wɔ́ʧdɔ̀g/ 名 C 見張り役, 監視人 (*on*); [形容詞的に] 監視の: a *watchdog* committee 監視委員会.

watch·er /wá(:)ʧɚ, wɔ́:ʧɚ | wɔ́ʧə/ 名 C (テレビなどを)見る人; 観察者: ⇒ bird-watcher.

watch·ful /wá(:)ʧf(ə)l, wɔ́:ʧ- | wɔ́ʧ-/ 形 用心深い, 警戒する, 油断のない: under the *watchful* eye of... ...が注意深く見守る中で. (名 watch[1])

-ful·ly /-fəli/ 副 用心深く, 警戒して, 油断なく.

～·ness 名 U 用心深さ, 油断のないこと.

watch·mak·er /wá(:)ʧmèɪkɚ, wɔ́:ʧ- | wɔ́ʧmèɪkə/ 名 C 時計屋《製造や修理をする人》.

watch·man /wá(:)ʧmən, wɔ́:ʧ- | wɔ́ʧ-/ 名 (-men /-mən/) C《古風》(建物などの)警備員, 夜警.

watch·strap /wá(:)ʧstræ̀p, wɔ́:ʧ- | wɔ́ʧ-/ 名 C《英》= watchband.

watch·tow·er /wá(:)ʧtàʊɚ, wɔ́:ʧ- | wɔ́ʧtàʊə/ 名 C 監視塔, 物見やぐら, 望楼.

watch·word /wá(:)ʧwɚ̀:d, wɔ́:ʧ- | wɔ́ʧwə̀:d/ 名 [単数形で] 標語, スローガン; 合いことば.

***wa·ter** /wɔ́:ṭɚ, wá(:)ṭɚ | wɔ́:tə/ (同音《米》#what're)

— 名 (～s /～z/) ❶ U 水.

> **日英** 日本語の「水」と違って必ずしも「冷たい」という意味合いを持たない. 従って「冷たい水」は cold water,「湯」は hot water というが, 場合によっては water だけで湯を意味することもある.

two glasses of *water* コップ 2 杯の水 / running *water* 水道水; 流水 / boiling *water* 熱湯 / fresh *water* 真水 / I want a drink of *water*. 水が 1 杯飲みたい / turn on [off] the *water* (栓をひねって)水を出す[止める] / There's not much *water* in the river. その川にはあまり水がない / Fish live in (the) *water*. 魚は水中に住む / 💬 "Excuse me. Can I have another glass of *water*, please?" "Yes, sir, at once."「すみません. 水をもう一杯もらえますか」「はい, ただ今」

❷ U (海·川·湖などの)**水**; 海, 川, 湖: Keep the *water* clean. 川[湖]を汚さないようにしましょう / They shouted, "*Water!*" 彼らは「海[川, 湖]だ」と叫んだ.

❸ U **水面, 水中:** float on [in] the *water* 水面[水]に浮かぶ / jump in [into] the *water* 水中に飛び込む / A drowning boy was pulled out of the *water*. おぼれかかっていた少年が水中から引き上げられた. ❹ [複数形で] (特定の川·湖などの)水; 領海, 近海, 海域: the *waters* of the Nile ナイル川の流れ / A submarine of unknown nationality invaded British *waters*. 国籍不明の潜水艦が英国の領海を侵犯した. ❺ U 潮位, 水位: (at) high [low] *water* 満潮[干潮](で). ❻ [複数形で]《格式》状況, 領域: uncharted *waters* 未知の領域.

blów ... òut of the wáter [動] 他《略式》(...)をやすやすと打ち負かす.

by wáter [副] 船で, 水路[海路]で.

hóld wáter [動] 自 (1) (容器が)水を漏らさない. (2) [否定文で]《略式》(議論が)正しい, (説明などが)つじつまが合う: Your explanation *doesn't hold water*. あなたの説明はつじつまが合わない.

lìke wáter [副] [軽蔑的] (金などの使い方が)湯水のように.

on the wáter [副·形] 水上で[に]; 船に乗って.

páss [màke] wáter [動] 自《格式》小便をする.

thrów [póur] cóld wáter on [òver] ... [動] 他 (計画など)に水を差す, ...にけちをつける.

ùnder wáter [副·形] 水中に; 浸水[水没]して.

...'s wáter brèaks 《米》=《英》 **...'s wáters brèak** (妊婦が)破水する.

wáter ùnder the brídge [名] [しばしば it's all の後で] S (今さらどうしようもない)過ぎてしまったこと. (形 wátery)

— 動 (wa·ters /～z/; wa·tered /～d/; -ter·ing /-ṭərɪŋ/) 他 ❶ (地面など)に**水をかける**, 水をまく: Betty is *watering* the lawn [flowers]. ベティーは芝生に水をまいて[花に水をやって]います. ❷ (動物)に水を飲ませる. ❸ [普通は受身で]《格式》(川が)(土地)に水を供給する: New England *is* well *watered by* river and brooks. ニューイングランドにはたくさんの川や小川があり水が豊富だ. ❹ (...)を水で薄める[割る].

— 自 涙が出る; よだれがたれる: It makes my mouth *water*. (おいしそうで)よだれが出ます.

wáter dówn [動] 他 (1) (...)を水で薄める, 水で割る: The soup has been *watered down* and tastes bad. このスープは水で薄められていてまずい. (2) [普通は受身で] (発言·文書など)の表現を和らげる, 効果を弱める, (...)を手かげんする.

Wáter Bèarer 名 [the ～] 水がめ座《星座》(Aquarius).

wa·ter·bed /wɔ́:ṭɚbèd | -tə-/ 名 C ウォーターベッド《マットレスの中に水を入れたベッド》.

wa·ter·bird /wɔ́:ṭɚbɚ̀:d | wɔ́:təbə̀:d/ 名 C 水鳥.

wa·ter·borne /wɔ́:ṭɚbɔ̀ɚn | wɔ́:təbɔ̀:n/ 形 ❶ 限定 (伝染病が)飲料水で伝染する. ❷ 限定 水上輸送の.

wáter bùffalo 名 C 水牛 (buffalo).

wáter bùg 名 C《米略式》水辺の昆虫.

wáter cànnon 名 C 放水砲《デモ隊などの鎮圧用》.

wáter chèstnut 名 C ひし; ひしの実《食用》.

wáter clòset 名 C《古風》(水洗)便所《略 WC》.

wa·ter·col·or, 《英》 **wat·er·col·our** /wɔ́:ṭɚkʌ̀lɚ | -təkʌ̀lə/ 名 ❶ [U または複数形で] 水彩絵の具. 関連 oil color 油絵の具. ❷ C 水彩画.

wáter còoler 名 ❶ C (オフィスなどの)冷水器. ❷ [単数形で] (おしゃべりの場としての)水飲み場: *water cooler* gossip 水飲み場でのうわさ話, 井戸端会議.

wa·ter·course /wɔ́:ṭɚkɔ̀ɚs | -təkɔ̀:s/ 名 C 水流, 川; 水路, 運河.

wa·ter·cress /wɔ́:ṭɚkrès | -tə-/ 名 U オランダがらし, クレソン.

wa·tered-down /wɔ:ṭɚddaʊn | -təd-/ 形 (報告·批判などが)効果を弱められた, 骨抜きにされた.

wa·ter·fall /wɔ́:ṭɚfɔ̀:l | -tə-/ 名 C 滝, 瀑布(ばくふ)(⇒ fall[2] 名 5).

wáter fòuntain 名 C = drinking fountain.

wa·ter·fowl /wɔ́:ṭɚfàʊl | -tə-/ 名 (複 ～) C [普通は複数形で] 水鳥; (猟鳥としての)水鳥《全体》.

wa·ter·front /wɔ́:ṭəfrʌ̀nt | -tə-/ 名 C [普通は単数形で] 海岸[臨海]地区, ウォーターフロント; 水辺(地), 河岸(かし).
wa·ter·hole /wɔ́:ṭəhòʊl | -tə-/ 名 C (特に乾燥地の)水たまり《動物が水を飲みに来る》.
wá·ter·ing càn /wɔ́:ṭərɪŋ-/ 名 C じょうろ.
wátering hòle 名 ❶ C = waterhole. ❷ C 《略式》(酒を出す)社公場, ナイトクラブ.
wáter lèvel 名 C [しばしば the ~] 水位.
wáter lìly 名 C すいれん.
wa·ter·line /wɔ́:ṭəlàɪn | -tə-/ 名 [the ~] (喫)水線《船側と水面とが相接する線》.
wa·ter·logged /wɔ́:ṭəlɔ̀:gd | -təlɔ̀gd/ 形 (船·土地が)浸水した.
Wa·ter·loo /wɔ̀:ṭəlú: | -tə-/ 名 ❶ 固 ワーテルロー《ベルギーの Brussels 南方の村; 1815 年ナポレオン (Napoleon) がウェリントン (Wellington) 指揮下の連合軍に大敗した戦場》. ❷ [単数形で] (大勝利の後の)惨敗. **méet** one's **Waterlóo** [動] 自 (勝利の後で)大敗北を喫する.
wáter màin 名 C 給水[水道]本管.
wa·ter·mark /wɔ́:ṭəmɑ̀ək | -təmɑ̀:k/ 名 ❶ C (紙·カードなどの)すかし(模様): an electronic *watermark* 電子すかし《偽造·複製防止用の暗号情報》. ❷ C 水位標.
wa·ter·mel·on /wɔ́:ṭəmèlən | -tə-/ 名 C,U すいか.
wáter mèter 名 C 水道メーター.
wáter mìll 名 C (粉をひく)水車小屋 (mill).
wáter pìpe 名 ❶ C 送水管, 水道管. ❷ C 水ぎせる《たばこの煙を水にくぐらせて吸う》.
wáter pìstol 名 C 水鉄砲.
wáter pòlo 名 U 水球《1 チーム 7 人の水中球技》.
wáter pòwer 名 U 水力.
wa·ter·proof /wɔ́:ṭəprù:f, wɑ́(:)ṭə- | wɔ́:tə-/ 形 [比較なし] (衣服などが)防水の, 水を通さない; 耐水性の: a *waterproof* coat 防水加工のコート.
— 名 (~s) C [普通は複数形で] 《主に英》防水服; レインコート.
— 動 他 (...)に防水加工[処理]をする.
wa·ter-re·sis·tant /wɔ́:ṭərɪzìstənt | -tə-/ 形 (完全防水ではないが)水の浸透を防ぐ; 耐水性の.
wa·ter·shed /wɔ́:ṭəʃèd | -tə-/ 名 ❶ C (重大な)分岐点; 転機 (*in*). ❷ C 分水線, 分水界.
wa·ter·side /wɔ́:ṭəsàɪd | -tə-/ 名 [the ~] (川·海·湖の)水辺. — 形 水辺の.
wáter skì 名 C 水上スキー用の板《⇒ ski 日英》.
wa·ter-ski /wɔ́:ṭəskì: | -tə-/ 動 自 水上スキーをする.
wa·ter-ski·er /wɔ́:ṭəskì:ə | -təskì:ə/ 名 C 水上スキーヤー.
wa·ter·ski·ing /wɔ́:ṭəskì:ɪŋ | -tə-/ 名 U 水上スキー《競技》.
wáter sòftener 名 U,C 硬水軟化装置[剤].
wáter spòrts 名 複 ウォータースポーツ《水上スキー·サーフィンなど》.
wa·ter·spout /wɔ́:ṭəspàʊt | -tə-/ 名 ❶ C (海上の)竜巻. ❷ C 《古風》(縦の)雨どい.
wáter supplỳ 名 C,U 給水(組織); 水道(水).
wáter tàble 名 C 〔地学〕地下水面.
wa·ter·tight /wɔ́:ṭətàɪt | -tə-/ 形 ❶ 水を通さない, 防水の, 耐水の. ❷ (議論·計画などが)すきのない, 完ぺきな.
wáter tòwer 名 C 給水塔.
wáter vàpor 名 U 水蒸気 (vapor).
wa·ter·way /wɔ́:ṭəwèɪ | -tə-/ 名 C 水路, 航路; 運河: inland *waterways* 内陸水路.
wa·ter·wheel /wɔ́:ṭə(h)wì:l | -tə-/ 名 C 水車.
wa·ter·works /wɔ́:ṭəwə̀:ks | -təwə̀:ks/ 名 (複 ~) C [単数でもときに複数扱い] 上水道, 給水設備; 給水所, 浄水所.
wa·ter·y /wɔ́:ṭəri | wɔ́:-/ 形 ❶ 水を(過度に)含んだ, 水っぽい; (土地などが)しめっぽい: *watery* wine 水っぽいワイン. ❷ 涙ぐんだ. ❸ (光などが)薄い, 淡い, 青白い; (表情などが)弱々しい. (名 wáter)
watt /wɑ́(:)t | wɔ́t/ 名 C ワット《電力の単位; 略 W》. 関連 ampere アンペア / volt ボルト.
Watt /wɑ́(:)t | wɔ́t/ 名 固 James ~ ワット (1736–1819)《英国 Scotland の技師; 蒸気機関を完成》.
watt·age /wɑ́(:)ṭɪʤ | wɔ́t-/ 名 U または a ~] 〔電気〕ワット数《ワットで表わした電力の量》.
wat·tle /wɑ́(:)ṭl | wɔ́tl/ 名 ❶ U 編み枝(細工); 編み垣. ❷ C (にわとり·七面鳥の)肉垂(にくすい).

wave /wéɪv/ (同音 waive)

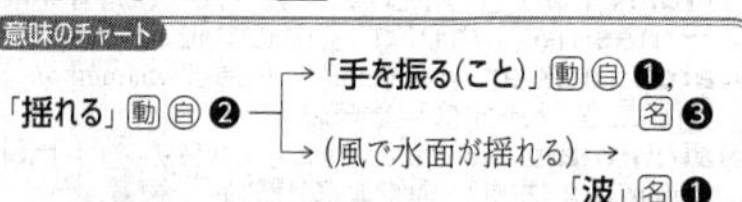

— 名 (~s /~z/) ❶ C 波, 波浪; [the ~s] 《文語》海: The *waves* are high. 波が高い / The *waves* are breaking on the shore. 波が海岸で砕けている. 関連 tidal wave 津波, 高波.
❷ C (行動·感情などの)波, 高まり; 急増; 押し寄せる人[もの]の波: a ***wave of*** opposition 高まる反対 / a crime *wave* 犯罪の急増 / a *wave of* immigrants 押し寄せる移民の波 / *wave after wave of* enemy soldiers 次々と続く敵兵の波 / The pain keeps coming ***in waves***. 痛みが波のように何度も襲ってくる. ❸ C [普通は単数形で] (手などを)振ること《合図やあいさつなどで》: He disappeared with a *wave* of his hand. 彼は手を振って姿を消した. ❹ C 〔物理〕(熱·光·音·電気などの)波: sound *waves* 音波. ❺ C 波動, 起伏, うねり; [しばしば複数形で] (頭髪の)ウエーブ: amber *waves of* grain 穀物の黄金色の波. ❻ [the ~] 《米》(スポーツ観客などの)ウエーブ [《英》Mexican wave].
màke wáves [動] 自 《略式》波風を立てる, 問題を起こす. (形 wávy)
— 動 (waves /~z/; waved /~d/; wav·ing) 自 ❶ 手[旗]を振る《あいさつや合図として》: When she saw me, she *waved to* [*at*] me. V+to [at]+名 彼女は私を見ると私に手を振った / She continued to *wave to* him until the train disappeared. 列車が見えなくなるまで彼女は彼に向かって手を振り続けた.
❷ 揺れる; 翻(ひるがえ)る; 波立つ, 波動する: The flags *waved* in the wind [breeze]. 旗が風[そよ風]に翻っていた. ❸ (髪が)ウエーブしている.
— 他 ❶ (手·旗など)を振る《あいさつや合図として》; (...)を揺り動かす, 振り回す, 翻(ひるがえ)す: She ***waved*** her hand ***at*** us. V+O+at+名 彼女は私たちに手を振った《拒絶·否定·別れなどのしぐさ》/ They *waved* hats and handkerchiefs to welcome the returning hero. 彼らは帽子やハンカチを振って凱旋(がいせん)してきた英雄を歓迎した.
❷ (人に)手[旗など]を振って(...)の合図[あいさつ, 指示]をする; (人)に手を振って合図する: 言い換え He *waved*

goodbye *to* us. V+O (名) +*to*+名 = He *waved* us goodbye. V+O+O (名) 彼は手を振って我々に別れを告げた《⇒ to[1] 3 語法》/ The third-base coach *waved* the runner home. V+O+副 三塁コーチは手を振って走者にホームをつかせた. ❸ (髪)にウエーブをかける.

wáve asíde [動] 他 (1) (...)に手を振って脇へ寄るように合図する. (2) (異論・提案など)を退ける, 一蹴(いっしゅう)する.

wáve awáy [動] 他 (1) (手を振って)(...)を追い払う. (2) (異論・提案など)を拒む.

wáve dówn [動] 他 手を振って(車など)を止める.

wáve óff [動] 他 (1) = wave away. (2) 手を振って(...)を見送る.

wáve thróugh [動] 他 (人)に合図して中に通す.

wáve bànd 名 C (テレビ・ラジオの)周波数帯 (band).

wave·length /wéɪvlèŋ(k)θ/ 名 C 〔物理〕 波長; (ラジオの)周波数. **be on 「the sáme [a dífferent] wávelength** [動] 自 《略式》 波長が合う[合わない], 考え方が同じである[違っている].

wa·ver /wéɪvɚ | -və/ 動 (-ver·ing /-v(ə)rɪŋ/) 自 ❶ 動揺する, 不安定である; (声などが)震える: My attention didn't *waver* during the lecture. 講義中は集中力が切れなかった. ❷ (決心・判断などに)迷う, ためらう: He never *wavered in* his judgment. 彼は決して判断に迷わなかった / We *wavered between* going and stay*ing*. 我々は行こうかとどまろうかと迷った. ❸ (光などが)揺らめく, 揺れる.

wav·y /wéɪvi/ 形 (wav·i·er; -i·est) (髪が)ウエーブをかけた; うねっている, 波状の: *wavy* hair ウエーブのかかった髪 / a *wavy* line 波線. (名 wave)

+**wax[1]** /wǽks/ 名 ❶ U **ろう**; みつろう (beeswax): a *wax* doll ろう人形 / shape various figures in *wax* ろうでいろいろな像を作る. ❷ U ろう状の物; ワックス《磨き剤・滑り剤など》. ❸ U 耳垢(みみあか).

— 動 他 ❶ (...)をワックス[ろう]で磨く; (...)にろう[ワックス]を塗る: *Wax* the floor. 床にワックスをかけなさい. ❷ (腕・脚など)をワックスで除毛する.

wax[2] /wǽks/ 動 自 ❶ (月が)満ちる《⇒ phase 挿絵》 [⇔ wane]. ❷ 《文語》 大きくなる. ❸ [形容詞を伴って] 《文語》 (人が)...になる: *wax* eloquent [romantic] 雄弁に[ロマンチックに]語る[なる]. **wáx and wáne** [動] 自 《文語》 (物事が)強くなったり弱くなったりする.

wáxed páper /wǽkst-/ 名 U = wax paper.

wax·en /wǽks(ə)n/ 形 《文語》 (顔などが)青白い; ろうでできた.

wáx musèum 名 C ろう人形館.

wáx pàper 名 U 《米》 ろう(びき)紙, パラフィン紙.

wax·work /wǽkswə̀ːk | -wə̀ːk/ 名 C ろう人形; 《英》 [～s として単数または複数扱い] = wax museum.

wax·y /wǽksi/ 形 (wax·i·er; -i·est) ろうの(ような); ろうでできた.

⁑**way[1]** /wéɪ/ (同音 weigh, #whey)

— 名 (～s /～z/)

意味のチャート

「道」─┬→「...へ行く道」❷ ─┬→「道のり」❹
　　　│　　　　　　　　　　└→「方向」❸
　　　└→「手段」─┬→「方法」❶
　　　　　　　　　└→(定まったやり方)→「習慣」❺

❶ C [修飾語句を伴って] **方法**, やり方, 手段《⇒ method 類義語》: 言い換え Please tell me the *best way to* do it. +*to* 不定詞 = Please tell me the *best way of* doing it. +*of*+動名 それをする最もよいやり方を教えてください / Let's do it *my way*. それは私のやり方でやりましょう / Do it ***in*** the *same way* as Tom did. トムがしたのと同じようにやってごらん / You should do it (*in*) *this wày*. それはこんなふうにしたほうがよい / I never imagined you thought *that way*. 私はあなたがそんなふうに思っているとは考えもしなかった.

> 語法 (1) **in a ... way ＝...ly**
> in a＋形＋way はしばしば -ly 付きの副詞に当たる: 言い換え I answered *in a polite way*. (= I answered *politely*.) 私は丁寧に答えた.
> (2) **the way＋主語＋動詞**
> (a) the way が節を導いて「...のしかた」という内容を表わすことがある. これは the way の後に in which または関係副詞の that が省略されたもの《⇒ how[2] 1》: That's not *the way* we do it. それはそういうふうにはしない.
> (b) 特にくだけた言い方では the way を接続詞的にも用いる: Dance *the way* (= as) I do. 私が踊るように踊りなさい.

❷ C [普通は単数形で] (...へ)**行く道**, **道筋**; 通り道; (...のための)**道**: Please tell me the ***way to*** the airport from here. ここから空港へ行く道を教えてください / "Is this the right *way to* the station?" "Yes. It'll take about five minutes." 「駅へはこの道を行けばよいのですか」「ええ, 5 分ほどです」 / Would you show me the ***way out of*** this parking lot? この駐車場から出る道を教えてくださいませんか / The longest *way* round is the shortest *way* home. 《ことわざ》 いちばん遠い回り道がいちばん近い道(急がば回れ).

❸ C **方向**, 方角 [≒ direction]. 語法 修飾語句を伴い副詞的に用いる: 🗨 "Excuse me. *Which way* is the exit?" "I'm going *that way*, too. Why don't you come with me?" 「すみません. 出口はどちらですか」「私もそっちへ行くところです. いっしょに行きましょう」 / 言い換え Come *this wày*, please. = *This wày*, please. どうぞこちらへおいでください / He went *the other way*. 彼は反対方向へ行った / Look *both ways* before you cross. 横断する前に左右を見よ《横断注意》 / this *way* and that あちこちと / A straw shows *which way* the wind blows. 《ことわざ》 わら 1 本(の動き)でも風向きがわかる(わずかな兆候からでも大勢がわかる).

❹ [単数形で修飾語句を伴って] **道のり**, 距離 [≒ distance]; (時間の)隔たり: My house is a *long way* from here. 私の家はここからずっと遠い / It's only a *little way* to the church. 教会まではわずかな道のりだ / be a *long way* off [away] 遠く離れている; 遠い先のことだ / That's a *long way* from what I wanted. それは私の希望とは大違いだ. 語法 《米略式》 では a long *ways* のように ways を単数扱いすることもある.

❺ C (人の)**習慣**, 癖; 様式, 流儀; [複数形で] 行ない: He has a strange *way of* thinking. 彼は変わった考え方をする / It's his *way* to speak before he thinks. 彼はよく考えないで物を言う男だ / change [mend] one's *ways* 行ないを改める.

❻ /wèɪ/ C **点**, 面, 方面, 範囲: He's great ***in*** many ***ways***. 彼は多くの点で偉大だ ∥⇒ in a [one] way (成句). ❼ [a ～] 状態, (体の)具合: be *in a* bad *way* 具合[状況]が悪い; 《略式》 悪酔いしている. ❽ [W- とし

W

て固有名詞の後につけて] ...通り, ...街: live *on* Melville *Way* メルビル通りに住む.

a (lóng) wáy to gó [名] (進まなければならない)長い道のり; やらなければならない多くのこと: 「There's [We have] *a long way to go* before we succeed. 成功するまでの道のりはまだ長い.

áll the wáy [副] (1) (途中[最後まで])**ずっと:** The train was so crowded that I had to stand ***all the way through*** (*to* Tokyo). 列車はとても込んでいたので(東京まで)ずっと立ち通しだった. (2) (遠くから)**はるばる:** When I was in the hospital, my aunt came ***all the way from*** Utah to see me. 私の入院中おばがユタからはるばる見舞いに来てくれた. (3) Ⓢ 完全に: I'm with you *all the way*. まったく賛成です.

alòng the wáy [副] 途中(で); ずっとこれまで.

be ùnder wáy [動] ⓐ (1) (計画などが)進行中である**:** Preparations for the opening ceremony *are* well *under way*. 開会式の準備はだいぶ進んでいる. (2) (乗り物が)動き出している.

be (wéll) on the wáy to ... [動] ⓗ (状態など)に向かって(だいぶ)進んでいる.

by the wáy [副] つなぎ語 Ⓢ **ところで;** ついでながら, それはそうと. 語法 話題を切り替えたり, さりげなく重要な話を切り出すときなどに用いる: "*By the way*, are you free tonight?" "No, sorry, I'm busy." 「それはそうと今晩お暇ですか」「それがあいにく忙しいんです」

by wày of ... [前] (1) **...を通って,** ...経由で [≒via]: His father traveled from Paris to New York *by way of* London. 彼の父はロンドン経由でパリからニューヨークへ行った. (2) ...のつもりで, ...として: I'd like to say a few words *by way of* explanation. 説明として 2, 3 述べてみたいと思います. (3) ...するために, ...として(は).

cléar the wáy [動] ⓐ (進行上)じゃまなものを取り除く; (事が)(...への)道を開く (*for*).

cóme a lóng wáy [動] ⓐ [完了形で] 大きく進歩[出世]する.

cóme ...'s wáy [動] (事件が)(偶然)(人)の身に起こる; (人)の手に入る.

évery whích wày [副] 《略式》 四方八方に[から]; 散らばって.

gèt ìnto [òut of] the wáy of dóing [動] ...する癖がつく[抜ける].

gét one's **(ówn) wáy** [動] ⓐ = have one's (own) way.

gèt ùnder wáy [動] ⓐ (1) (計画などが)行なわれ始める: Construction of the road has just *gotten under way*. その道路の建設がちょうど始まったところだ. (2) (乗り物が)出発する, (船が)出港する: Ladies and gentlemen, we'll be *getting under way* in just a few minutes. みなさま, この飛行機[列車, バス]はまもなく出発いたします. ― ⓗ (計画など)を実際に行なう; (乗り物)を出発[出港]させる.

gìve wáy [動] ⓐ (1) 《格式》 (力・主張などに)**屈する;** 譲歩する; (心が)くじける; (誘惑などに)負ける, (感情などを)抑え切れない: ***give way to*** tears こらえきれずに泣き出す. (2) 壊れる, 崩れる; (健康・勢力などが)衰える: The ice *gave way* under his weight. 彼の重みで氷が割れた. (3) 《英》 (...に)道を譲る (*to*) [《米》 yield].

gìve wáy to ... [動] ⓗ **...に取って代わられる:** Streetcars *gave way to* buses long ago. 路面電車はずっと以前にバスに取って代わられた.

gó a lóng wáy [動] ⓐ (1) (金・食料などが)長くもつ 《⇒ go far (go 成句) (2)》. (2) (...に)大いに効果がある (*toward, to*): A little exercise every day *goes a long way*. 毎日少しの運動がとても役立ちます. 語法 go a *little* [*some*] way (少し効果がある)のように変化することがある.

gó áll the wáy [動] ⓐ (1) ずっと遠くまで行く: The ball's *gone all the way*! It's a home run! 球ははるか遠くへ飛びました. ホームランです《実況放送》. (2) Ⓢ (...と)肉体関係になる (*with*).

gó one's **(ówn) wáy** [動] ⓐ (人が)自分の思いどおりにする, わが道を行く.

gò óut of one's **[the] wáy** [動] ⓐ わざわざ[故意に] ...をする: They *went out of their way to* help us. 彼らはわざわざ私たちの手助けをしてくれた.

gó ...'s wáy [動] ⓐ (1) ...と同じ方向に行く. (2) (物事が)...に都合よく運ぶ.

hàve a wáy of dóing [動] Ⓢ ...しがちである, ...するのが普通である.

make one's **way とその変形**

màke one's **wáy (進む, 前進する)**という句は, どのような進み方をするかをはっきり表わすために, 以下のように make の代わりにさまざまな動詞を用いることがある. なお, しばしば後に across..., into..., out of..., through..., to... のような場所・運動・方向を示す副詞句が続く.

cút one's **wáy** (水などを)切って進む; (障害などを)切り抜けて進む; (群衆を)かき分けて進む: They *cut their way through* the jungle. 彼らはジャングルを切り開いて進んだ.

édge one's **wáy** 体を斜めにして少しずつ進む: He *edged his way through* the crowd. 彼は体を斜めにして群衆の中をかき分けていった.

élbow one's **wáy ひじで押しのけて進む:** The policemen *elbowed their way through* the crowd. 警官たちは群衆を押しのけて進んだ.

féel one's **wáy** (1) 手探りで進む: I *felt my way out of* the room. 私は手探りで部屋から出た. (2) 用心して行動する[ふるまう].

fíght one's **wáy** 戦いながら前進する, 奮闘して進む: We *fought our way to* the hut *through* the blinding snow. 我々は先が見えないくらい降る雪の中を小屋まで苦労して進んだ.

fínd one's **wáy 何とかして行く,** 努力して進む, たどり着く: Having arrived from the country, he *found his way to* our office. 彼はいなかから出てきて我々の事務所にやっとのことでたどり着いた.

fórce one's **wáy** 無理やり進む, (...に)押し入る (*into*).

háck one's **wáy** 道を切り開いて進む (*through, into*).

páy one's **wáy** 自分の生活費[費用]を自分で払う[稼ぐ] (*through*).

píck one's **wáy** 道を選びながら進む, 道を拾って行く: I *picked my way* cautiously *across* the icy slopes. 私は凍った斜面を道を選びながら注意して横断した.

hàve a wáy with ... [動] ㊀ (人・動物など)を扱うのがうまい; ...が得意である.

hàve it [thìngs] bóth wáys [動] ㊁ [普通は you can't を伴って] Ⓢ (両立しない)2 つのことを同時に(しようと)する, ふたまたをかける.

háve one's **(ówn) wáy** [動] ㊁ 思いどおりにする, 我を通す: He always *has his* (*own*) *way.* 彼はいつもわがままを通す.

in a bíg wáy [副] 大規模に; はでに.

in a smáll wáy [副] 小規模に; ささやかに.

in a [óne] wáy [副] 文修飾 **ある点では,** ある意味では; ある程度は, いくぶん: We must admit that her accusation is right *in a way.* 彼女の非難はある意味では正しいことは認めざるをえない.

in áll wáys = in évery wáy [副] あらゆる点で.

in móre wáys than óne [副] いろいろな意味で.

in nó wáy [副] 決して...でない.

in óne wày or anóther [副] = one way or another.

in one's **(ówn) wáy** [副] (1) (...は)...なりに, (...は)...として: The girl helped *in her own way.* 少女は彼女なりの手伝いをした. (2) 自己流に: He likes to do everything *in his own way.* 彼は何でも自己流にやりたがる.

in sóme wáys [副] = in a [one] way.

in the sáme wáy [副] **同じように** (⇒ 1); つなぎ語 同様に.

in the [...'s] wáy [副・形] (...の)**じゃまになって:** The taxi driver couldn't see the child because there was a bus *in the way.* タクシーの運転手はバスがじゃまになってその子供が見えなかった / Am I *in your way*? おじゃまですか / There were many difficulties *in the way of* his success. 彼が成功するのにはいろいろな困難が障害になっていた / Why are you always getting *in my way*? どうしていつも私のじゃまばかりするの / If you want to leave home, I won't stand *in your way.* もし家を出たいのなら私は止めない.

in the wáy of ... [前] ...の点で(は), ...として(は): What do we have *in the way of* food? 食糧としては何がありますか.

knów one's **wáy aróund [abóut] (...)** [動] (...の)地理に明るい; (...に)精通している.

léad the wáy [動] ㊁ (1) **先頭に立っていく;** 道案内をする (*to*): He said, "Come along with me!" and *led the way.* 彼は「僕について来い」と言って先導した. (2) **指導的地位に立つ,** リードする: Japan is ***leading the way in*** electronics. 日本はエレクトロニクスの分野では先頭に立っている.

lóse one's **wáy** [動] ㊁ **道に迷う;** 目的を忘れる; 自信を失う: The little girl *lost her way* in the woods. その少女は森の中で道に迷った.

màke one's **wáy** [動] ㊁ (苦労して)**進む, 前進する** (⇒ 下の囲み): As we ***made our way toward*** the town, the church tower came into view. 我々が町に向かって進むにつれ教会の塔が見えてきた.

máke one's **wáy in lífe [in the wórld]** [動] ㊁ (自分の努力によって)出世する, 成功する.

màke wáy for ... [動] ㊀ ...に道をあける[譲る].

Nó wáy! [間] Ⓢ (1) とんでもない, だめだ; 無理だ: "Can you lend me $10?" "*No way!*" 「10 ドル貸してくれないか」「だめだよ」 (2) 《主に米》 まさか, うそでしょ?

on one's **wáy** [副・形] **途中(で);** 出発して; 近づいて, 現われかけて. 語法 後に home, from ..., to ... のような副詞(句)が続くことが多い: Can you mail this letter ***on your way to*** school? 学校へ行く途中でこの手紙を出しておいてくれる? / *On my way home* I saw Tom talking with a tall girl. 家へ帰る途中私はトムが背の高い女の子と話をしているところを見かけた / *on* one's *way back* (*to...*) (...へ)戻る途中で / His house is *on my way.* 彼の家は途中にある / Well, I guess I'd better be *on my way.* Ⓢ では, そろそろ失礼します.

on the wáy [形・副] (1) = on one's way. (2) (赤ん坊が)お腹(なか)にいて.

óne wày or anóther [副] 何らかの方法で[形で], 何とかして.

óne wày or the óther [副] どちらかで[に]; いずれにしても, どのみち.

òut of the wáy [副・形] (1) **じゃまにならない所に:** Please get [keep] *out of the way.* どいて[離れていて]

púsh one's **wáy 押しのけて進む:** She *pushed her way through* the audience *to* the platform. 彼女は聴衆を押し分けて演壇に進んだ / Mr. Smith *pushed his way to* the top and became president. スミス氏はのし上がってきて社長になった.

shóulder one's **wáy** 肩で押しのけて進む: We had to *shoulder our way through* the crowd *to* the exit. 私たちは群衆を押しのけて出口まで行かなければならなかった.

thréad one's **wáy** 縫うようにして通る[進む]: Our taxi *threaded its way through* the narrow streets. 私たちのタクシーは狭い通りを縫うようにして進んだ.

thrúst one's **wáy** (かき分けて)無理やり通る.

wéave one's **wáy** (人波の間などを)縫うようにして進む: The fullback *weaved his way through* the defensive line and scored a touchdown. フルバックはディフェンスラインの間を縫うようにして進み得点した.

wín one's **wáy** (試合などに)勝ち進む.

wínd one's **wáy** くねくねと曲がりながら進む: The river *winds its way through* our town. 川は私たちの町をくねくねと曲がりながら流れていく.

wórk one's **wáy** (1) (人・物が)苦労して[徐々に]進む; (努力して...を)やり通す: He *worked his way up from* a mechanic *to* the presidency of a large firm. 彼は一機械工からたたき上げて大会社の社長になった / We *worked our way through* all the documents. 我々は書類を全部見通した. (2) (働いて)稼ぎながら進む: He *worked his way through* college. 彼は働きながら大学を卒業した.

wórm one's **wáy** (はうように)のろのろ進む: He *wormed his way into* the hole. 彼ははうように体を動かして穴にもぐり込んだ.

W

ください / Keep *out of the way of* the procession. 行列から離れていてください. (2) へんぴな所に《⇒ out-of-the-way》. (3) [否定文で] 異常な, 普通でない [≒ unusual]. (4) 済んで, 処理されて.

òut of ...'s wáy [副・形] (1) **...のじゃまにならないで:** Get *out of my way*. じゃまだからどいて. (2) 通る道筋からはずれて.

sée one's **wáy (cléar) to** **dó** **[to dóing]** [動] ...する見通しがつく; ...できそうに思う**:** I couldn't *see my way* (*clear*) *to* employ [*to* employ*ing*] another man. 私にはもう一人採用するめどが立たなかった.

shów the wáy [動] 自 手本を示す.

thát wày [副] そういうふうに《⇒ 1》; そうすれば; そちらへ《⇒ 3》**:** Always be honest in your business. *That way* you'll win people's trust. 常に仕事をまじめにしなさい. そうすればみんなに信用されます.

Thát's the wày. Ⓢ その調子だ.

the óther wày aròund [róund, abóut] ⇒ other 形 成句.

the ríght [wróng] wày aròund [róund, úp] [副・名] 正しい[逆の]向き(に).

the wáy(s) of the wórld [名] 世間の習わし, しきたり.

thís wày [副] こういうふうに《⇒ 1》; こうすれば; こちらへ《⇒ 3》; この点では.

ùnder wáy [副・形] ⇒ be under way, get under way.

wáy of lífe [名] Ⓒ **生活様式**, 暮らし(方); 生活の一部, (欠かせない)習慣.

wáys and méans [名] 複 (1) **方法**, 手段; 要領**:** They discussed ***ways and means of*** handl***ing*** the crisis. 彼らはその危機に対処する手段について討論した. (2) (資金などの)調達方法; (政府やクラブなどの)歳入の道, 財源**:** the *Ways and Means* Committee 歳入委員会.

Wáy to gó! Ⓢ 《米》 いいぞ, その調子だ《激励》.

+**way²** /wéɪ/ 副 ❶ [副詞・前置詞・比較級を強めて] 《略式》 **ずっと**, はるかに**:** *way ahead* (of...) (...の)ずっと前方に / *way down* the river 川をずっと下って / *way out* in the country 遠くのいなかで / *way back* in the Middle Ages はるか昔の中世では / *way* heavier ずっと重い. ❷ 《米略式》 とても, すごく [≒very].

way·far·er /wéɪfè(ə)rə | -rə/ 名 Ⓒ 《文語》 (徒歩)旅行者.

way·lay /wéɪlèɪ | wèɪléɪ/ 動 (-lays; 過去・過分 -laid /wéɪlèɪd | wèɪléɪd/; -lay·ing) 他 (...)を待ち伏せする; 途中で(人)を呼び止める.

+**wáy óut** 名 (複 ways out) ❶ Ⓒ **出口** [≒exit]. ❷ Ⓒ 解決策, 打開策 (*of*).

on the [one's] **wáy óut** [副・形] (1) 出る途中で. (2) すたれかかって, 消滅しかかって.

tàke the éasy wày óut [動] 自 (困難な状況を)無難に乗りきる, 安易な解決策をとる.

way-out /wéɪáʊt⁻/ 形 限定 《略式》 斬新(ざん)な, 前衛的な.

-ways /wèɪz/ 接尾 [副詞語尾] 「...の方へ, ...向きに」の意**:** side*ways* 横に.

way·side /wéɪsàɪd/ 名 [the ~] 《文語》 路傍. **fáll [gó] by the wáyside** [動] 自 中途で脱落する[だめになる].

wáy stàtion 名 Ⓒ 《米》 中間駅; 中継点.

way·ward /wéɪwəd | -wəd/ 形 強情な, わがままな; むら気な. **~·ness** 名 Ⓤ 強情.

wa·zoo /wɑːzúː/ 名 Ⓒ 《米俗》 (人の)しり. **òut [ùp] the wazóo** [副] 《米略式》 大量に, たっぷりと.

WC /dʌ́bljuːsíː/ 略 [標識・宣伝文などで] 《英》 = water closet.

***we** /(弱形) wi; (強形) wíː/ (同音 #wee)

— 代 《人称代名詞; 一人称・複数・主格》 (所有格 our /(弱形) ɑə | ɑː; (強形) áʊə, ɑ́ə | áʊə, ɑ́ː/; 目的格 us /(弱形) əs; (強形) ʌ́s/; 単数 I /aɪ, áɪ/)

❶ [話し手・書き手を含んだ仲間またはその周囲のものを表わす] (1) [主語として] **私たちは[が]**, **我々は[が]:** 「*We* are [*We*'re] all students at this school. 私たちはみんなこの学校の生徒です / *We* love each other. 私たちはお互いに愛し合っている / Shall *we* start now, Bill? ビル, さあ出発しようか / *We*'ve enjoyed meeting you. 私たちはあなた(がた)にお会いして楽しかった《夫妻が客に言うことば》.

(2) /wíː/ [主格補語として] 《格式》 **私たち** (です, である), 我々(です, である)**:** It is not *we* who are to blame. 悪いのは私たちではありません《⇒ me 2 語法 (2)》.

> 語法 **you を含むか含まないか**
> we は I の単なる複数ではない. つまり I+I+...ということでなく, その場の状況によって I+you (単数・複数), I+he[she, they], I+you+he[she, they] など I を含むさまざまなものを表わす.

❷ (1) [自分を含めて一般の人々を表わす] (一般に)**人は**, 我々はみな《⇒ one² 代 4 語法 (1)》**:** *We* must love *our* neighbors. (私たちは)みな隣人と仲よくやってゆかなければなりません.

(2) [自分を含めて, ある地域・場所・店・会社などにいる人たちを漠然と指して; ⇒ you A 2 (2), they 2 (2)]**:** *We* had a lot of snow last year. 去年は雪が多かった / *We*'re closed from 3 to 5 p.m. 午後 3 時から 5 時まで閉店いたします.

❸ [相手に親しみ・同情などを示して you の代わりに用いる] 語法 特に医者や看護師が患者に, 教師が生徒に, 親が子供に対して用いるが, 対等な相手に対しては避けたほうがよい**:** How are *we* (= you) (feeling) this morning, my boy? ぼうや, けさは気分はどう. ❹ [論説・講演などで用いて] 我々, 私たち**:** *We* noticed earlier, on page 50, that .... 我々はすでに 50 ページで ...ということに気づいた. ❺ [君主が公式に自分のことを指して] 《格式》 私は[が], 余は[が].

***weak** /wíːk/ (同音 week)

— 形 (weak·er; weak·est) ❶ (人・体・器官などが) **弱い**, 虚弱な; (影響力・指導力が)弱い, 無力な; こわれやすい, もろい [⇔ strong]**:** a *weak* person [leg] 弱い人[足] / a *weak* team 弱いチーム / a *weak* leader 統率力の弱い指導者 / protect *the weak* 弱者を守る《複数名詞のように扱われる; ⇒ the¹ 3》 / I feel *weak* today. きょうは体に力が入らない / He has 「a *weak* heart [*weak* eyes]. 彼は心臓[視力]が弱い / She spoke in a *weak* voice. 彼女は弱々しい声で話した / He's *weak* in the legs. 彼は脚(あし)が弱い / I was ***weak from*** [***with***] hunger. +from [with]+名 私は空腹で倒れそうだった.

❷ (性格・意志などが)**弱い**, 薄弱な; 弱気になって [⇔ strong]**:** a person of *weak* character 意志薄弱な人 / a *weak* smile 弱々しい笑顔 / a *weak* chin [jaw] 気の

弱そうなあご《⇨ chin (参考)》/ That student is getting *weak* under pressure. その学生はプレッシャーで弱気になっている.

❸ (能力などが)**劣った**, (学課などが)不得意の [⇔ strong]: a *weak* point [spot] 弱点 / This book is ***weak on*** modern history. [+*on*+名] この本は現代史の扱いが弱い / I'm ***weak in*** [*at*] French. [+*in* [*at*]+名] 私はフランス語が苦手です. ❹ (論拠などが)不十分な, 説得力に乏しい [⇔ strong]: *weak* evidence 不十分な証拠 / a *weak* argument 説得力に乏しい議論. ❺ (アルコール分などが)弱い; (飲み物が)薄い, 水っぽい [⇔ strong]: *weak* beer 弱いビール / *weak* tea 薄いお茶. ❻ 〔商業〕(通貨・株式などが)弱い, 弱含みの [⇔ strong].

wéak at [in] the knées [形] 腰を抜かして, 力が抜けて, へなへなになって. (動 wéaken)

weak·en** /wíːk(ə)n/ 動 (weak·ens /~z/; weak·ened /~d/; -en·ing) 他 ❶ (...)を**弱くする**, 弱める [⇔ strengthen]: He has ***been weakened by a long illness. [V+O の受身] 長患いで彼は体が弱くなった. ❷ (考え・決心など)をぐらつかせる. ❸ (通貨など)の価値を下げる.

— 自 ❶ 弱くなる. ❷ 弱気になる, (決心などが)ぐらつく. ❸ (通貨などの価値が)下落する. (形 weak)

weak-kneed /wíːkníːd←/ 形《略式》弱腰の, 意気地(いくじ)のない, 決断力に欠ける.

weak·ling /wíːklɪŋ/ 名 C [軽蔑的] 虚弱な人; 弱虫.

weak·ly /wíːkli/ (weak·li·er; -li·est) 副 ❶ 弱く, 弱々しく. ❷ 優柔不断に, 意気地なく.

***weak·ness** /wíːknəs/ 名 (~·es /~ɪz/) ❶ C **弱点**, 欠点 (*in*, *of*); 弱み [⇔ strength]: We all have little *weaknesses*. だれしも小さな欠点を持っている.

❷ U (体・性格などの)**弱さ**, 弱いこと; 薄弱; 弱体: *weakness* of leadership 統率力の弱さ / the *weakness* of our national defense わが国の国防の弱さ.

❸ U **病弱**, 衰弱: His physical *weakness* was the result of old age. 彼の体が弱ったのは老齢のためであった. ❹ U (通貨などの)弱さ.

hàve a wéakness for ... [動] 他 ...が大好物である, ...には目がない.

weal /wíːl/ 名 C むちの跡, みみずばれ.

wealth** /wélθ/ 名 ❶ U **富**, (大きな)財産; (貴重な)産物, 資源: a person of *wealth* 財産家 / He acquired great *wealth*. 彼は大きな財産を得た / mineral *wealth* 鉱物資源. ❷ [a ~] 豊富; 多数, 多量: ***a wealth of examples 多数の例 / He has accumulated ***a wealth of*** information about orchids. 彼はらんの花に関して豊富な知識を持っている. (形 wéalthy)
〖語源 元来は well[1] の名詞形〗

+**wealth·y** /wélθi/ 形 (wealth·i·er /-θiə | -θiə/; wealth·i·est /-θiɪst/) ❶ (人・国などが)**富んだ**, 裕福な, 金持ちの《rich よりも改まった語; ⇨ rich 類義語》: Many *wealthy* people live in this area. この地域には裕福な人が多く住んでいる / *the wealthy* 金持ち(の人々), 富裕層《複数名詞のように扱われる; ⇨ the[1] 3》. ❷ 豊富な, たくさんある: a region ***wealthy in*** oil 石油の豊富な地域. (名 wealth)

wean /wíːn/ 動 他 ❶ (幼児や幼獣)を離乳させる (*off*): Has your baby been ***weaned onto*** solid foods? 赤ちゃんは離乳して固形食になりましたか. ❷ (人)を(悪い仲間などから)引き離す, (人)に(よくない習慣などを)捨てさせる (*off*): She tried to ***wean*** her husband (*away*) ***from*** gambling. 彼女は夫にギャンブルをやめさせようとした. **wéan ... on ~** [動] 他 [普通は受身で] (幼いころから) (人)を~の影響下で育てる: Children are ***being weaned on*** video games. 子供たちは今やテレビゲーム漬けで育っている.

weap·on** /wép(ə)n/ 発音 名 (~s /~z/) ❶ C **武器**, 兵器, 凶器: fight with a *weapon* 武器を取って戦う / offensive [defensive] *weapons* 攻撃[防御]用兵器 / conventional *weapons* 通常兵器 / nuclear *weapons* 核兵器 / *weapons* of mass destruction 大量破壊兵器《略 WMD》. ❷ C 対抗手段, 強み; 効き目のあるもの: Can this drug be a ***weapon against cancer? この薬は癌(がん)に有効だろうか.

weap·on·ry /wép(ə)nri/ 名 U 武器(類), 兵器(類)《全体》: nuclear *weaponry* 核兵器.

*****wear** /wéə | wéə/ 発音 (同音 ware, [#]where[1, 2])

— 動 (wears /~z/; 過去 wore /wɔ́ə | wɔ́ː/; 過分 worn /wɔ́ən | wɔ́ːn/; wear·ing /wé(ə)rɪŋ/)

意味のチャート
「身につけている」他 ❶
→ (衣服を着古す) → 「すり減らす」他 ❹, 「すり切れる」自 ❷ → (もちこたえる) → 「使用に耐える」自 ❶
→ (ひげを) 「生やしておく」他 ❷
→ (表情を) 「表わす」他 ❸

— 他 ❶ (...)を**身につけている**; (...)を身につけて(~へ)行く: She usually *wears* a green coat. 彼女はふだんは緑色のコートを着ている / *wear* glasses めがねをかけている / *wear* makeup 化粧をしている / She *wore* a ring on her right middle finger. 彼女は右手の中指に指輪をはめていた / Most American policemen *wear* a gun. たいていのアメリカの警察官はピストルを(腰に)携えている / This shirt is no longer fit to *be worn*. [V+O の受身] このワイシャツはもう着られない / Do you ***wear*** a uniform ***to*** school? [V+O+*to*+名] 学校には制服を着て行くのですか.

wear (身につけている)	(服・シャツなどを)着ている
	(ズボン・スカート・靴などを)はいている
	(帽子・ヘルメット・かつらなどを)かぶっている
	(めがねなどを)かけている
	(マフラー・ネクタイ・手袋・指輪・腕時計・化粧などを)している
	(リボン・香水などを)つけている

語法 wear と put on
put on が「身につける」という動作を表わすのに対して, wear は「身につけている」という状態を表わす《⇨ put on (put 句動詞)表》. 一時的な状態を表わすときには be wearing を使う: He's *wearing* black shoes today. 彼はきょうは黒い靴をはいている.

❷ (髪・ひげ)を**生(は)やしている**: She *wears* her hair short. [V+O+C (形)] 彼女は髪を短くしている / The ballerina *wore* her hair in a bun. そのバレリーナは髪

W

をおだんごに結っていた.
❸ (態度・表情など)を**表わす**, 示す, 帯びる; (心に)抱いている: *wear* a smile ほほえみを浮かべている / He was *wearing* a troubled look when I called on him. 私が訪ねていったら彼は困った顔をしていた.
❹ (...)を**すり減らす**, すり減らして...にする; 使い古す: His gloves *are worn* thin at the fingertips. [V+O+C (形)の受身] 彼の手袋は指先がすり切れて薄くなっている.
❺ (すり減らして)(穴・溝など)を作る, 穿(うが)つ; (土地)を浸食する: I've *worn* a hole in my socks. 靴下をはきすぎて穴があいてしまった / The rocks were *worn* by the waves. 岩は波で浸食されていた.
— ⓐ ❶ [副詞(句)を伴って] (磨滅などしないで)**使用に耐える**, 使える, もつ; (年寄りが)若さを保つ: Shirts of this sort *wear* well. この種のワイシャツは長もちする.
❷ **すり切れる**, すり減る; すり減って...になる: The carpet in this room has *worn* badly. この部屋のじゅうたんはひどくすり切れてしまった.
wéar thín [動] ⓐ ⑴ すり減って薄くなる《⇒ ⓣ 4》. ⑵ (忍耐・気力などが)つきてくる; (冗談・ことばなどが)新鮮味を失う.

wear の句動詞

+**wéar awáy** 動 ⓣ ❶ (...)を**すり減らす** [V+名・代+away / V+away+名]: Constant dripping *wears away* a stone. 《ことわざ》 雨だれは石をも穿(うが)つ(あせらず繰り返せば所期の目的を達することができる). ❷ (...)をだんだんなくす[薄れさせる].
— ⓐ すり減る, すり切れる; だんだんなくなる.
+**wéar dówn** 動 ⓣ ❶ (...)を**疲れさせる**; 参らせる; (抵抗など)を弱らせる [V+名・代+*down* / V+*down*+名]: This work will *wear* him *down*. この仕事には彼も参るだろう. ❷ (...)をすり減らす. — ⓐ すり減る.
+**wéar óff** 動 ⓐ ❶ (感覚・効果・感情などが)**消滅する**, 消える: The pain will soon *wear off*. 痛みはじきになくなります. ❷ すり減る, すり切れる.
wéar ón 動 ⓐ (時が)ゆっくり過ぎてゆく: As the night *wore on*, she grew more and more uneasy. 夜が更けるにつれて彼女はますます不安になった.

***wéar óut** 動 ⓣ ❶ (...)を**すり減らす**; (もう使えないほど)使い古す, だめにする [V+名・代+*out* / V+*out*+名]: I walk so much that I *wear out* shoes quickly. 私はよく歩くのですぐ靴がすり減る.
❷ [しばしば受身で] (...)を(すっかり)**疲れさせる**, 参らせる [V+名・代+*out* / V+*out*+名]: The children *were worn out* after a long walk. 子供たちは長い間歩いて疲れ切っていた. ❸ (...)を(徐々に)なくす.
— ⓐ ❶ (徐々に)**なくなる**, 尽きる: Her patience *wore out* at last. 彼女はとうとう我慢しきれなくなった. ❷ すり減る, (もう使えないほど)だめになる: It is better to *wear out* than to rust out. 《ことわざ》 (何もしないで)さびついてしまうより(全力で働いて)燃えつきてしまうほうがました.

— 名 ❶ Ⓤ (衣類などを)**身につけること**, 着用: clothes [shoes] for everyday *wear* ふだん着[ばき] / a dress for summer *wear* 夏向きのドレス / The coat still looked nice after years of hard *wear*. そのコートは何年も着古した後でもすてきに見えた.
❷ Ⓤ [普通は合成語で] **衣服**; (ある目的のための)衣類, ...着: We don't sell men's [ladies'] *wear*. 当店では紳士[婦人]服は扱っておりません. ❸ Ⓤ すり切れ, 着古した状態, 磨滅: My gloves are showing (signs of) *wear*. 私の手袋もくたびれてきた. ❹ Ⓤ 使用に耐えること, 耐久性: You'll get a lot of *wear out of* this shirt. このシャツはまだ長もちするでしょう.
the wórse for (the) wéar [形] 《略式》 (長く使って)傷(いた)んで; (仕事などの後で)疲れて; 《英》 酒に酔って.
wéar and téar /téə | téə/ [名] Ⓤ (ふだん使うことによる)すり切れ, 傷み, 磨滅; (心身の)消耗.

wear·a·ble /wé(ə)rəbl/ 形 身につけられる.
wea·ri·ly /wí(ə)rəli/ 副 疲れて; 飽き飽きして.
wea·ri·ness /wí(ə)rinəs/ 名 Ⓤ 疲労; 飽き.
wear·ing /wé(ə)rɪŋ/ 形 (仕事などが)疲れさせる, 消耗させる.
wea·ri·some /wí(ə)risəm/ 形 ❶ 《格式》 疲労させる: a *wearisome* task 疲れる仕事. ❷ 《格式》 退屈な. (動 wéary)
+**wea·ry** /wí(ə)ri/ 発音 形 (wea·ri·er /-riə | -riə/; wea·ri·est /-riɪst/) ❶ (非常に)**疲れた**, 疲れ果てた 《tired より改まった語; ⇒ tired 類義語》: a *weary* look 疲れた表情 / He was *weary* in mind and body. 彼は心身ともに疲弊(ひへい)していた.
❷ 叙述 **飽き飽きして**, うんざりして: She has grown *weary of* his grumbl*ing*. [+*of*+動名] 彼女は彼のぐちにはうんざりしている. ❸ 限定 《文語》 退屈な, 飽きさせる; 疲れさせる: a *weary* task 退屈で疲れる仕事.
— 動 (wea·ries /~z/; wea·ried /~d/; -ry·ing /-riɪŋ/) ⓣ ❶ 《格式》 (人)を**疲れさせる**: The long hours of driving have *wearied* me. 長時間運転したので私は疲れた. ❷ 《格式》 (人)をうんざりさせる (*with*).
— ⓐ ❶ 《格式》 疲れる: He's well now, but he still *wearies* easily. 彼は今では元気になったがまだ疲れやすい. ❷ 《格式》 退屈する, 飽きる (*of*). (形 wéarisome)
wea·ry·ing /wí(ə)riɪŋ/ 形 疲れさせる; うんざりさせる.
wea·sel /wí:z(ə)l/ 名 ❶ Ⓒ いたち. ❷ Ⓒ 《略式》 ずるい人. — 動 (wea·sels; wea·seled, 《英》 wea·selled; -sel·ing, 《英》 -sel·ling) [次の成句で]
wéasel óut of ... [動] ⓣ 《略式》 (義務・責任など)から免れる, 逃げる.
wéasel wòrd 名 Ⓒ 《略式》 ごまかしことば, 逃げ口上.

****weath·er** /wéðə | -ðə/ (同音 #whether)
— 名 ❶ Ⓤ [しばしば the ~] **天気**, **天候**; 気象; [the ~] 天気予報 《⇒ 類義語》: good [bad] *weather* 好天[悪天候] / *The weather* was cold. 天気は寒かった / "What was *the weather* like?" = "How was *the weather*?" "We were lucky to have good *weather*." 「天気はどうでしたか」「よい天気に恵まれました」 / "It's dreadful *weather*!" "Isn't it!" 「ひどい天気ですね」「ほんとに」 / I hope *the weather* doesn't turn nasty tomorrow. あすは天気が崩れないといいけれど / I wonder if *the weather* will break [hold]. 天気が崩れる[もつ]だろうか. ❷ Ⓤ 荒れ模様, 荒天: be exposed to the *weather* 風雨にさらされる.
be ùnder the wéather [動] ⓐ 《略式》 元気がない, 気分がすぐれない.
in áll wéathers [副] 《英》 どんな天候でも.
kéep a wéather èye [動] ⓐ (状況・人などを)絶えず警戒している (*on*).
màke héavy wéather of ... [動] ⓣ 《英》 (事)を必要以上に難しくとらえる.

wéather permítting [副] 文修飾 天気が許せば[よければ]: The rocket will be launched tomorrow, *weather permitting*. 天気がよければロケットは明日打ち上げられる《⇒ **巻末文法 8.4**》.

類義語 **weather** 限られた地域の一時的な気象状況, つまり天候: The *weather* was fine last Sunday. この前の日曜日は天気がよかった. **climate** ある地域のかなり長期にわたって総合した気象状況, つまり気候: The *climate* of Japan is moderate. 日本の気候は温和である.

— 動 (-er·ing /-ð(ə)rɪŋ/) 他 ❶ (あらし・困難など)を切り抜ける: *weather* the storm あらし[難局]を乗り切る. ❷ (...)を風雨[外気]にさらして変化させる, (岩石)を風化させる.

— 自 風雨[外気]にさらされて変化する, (岩石が)風化する.

weath·er-beat·en /wéðəbìːtn | -ðə-/ 形 風雨にさらされた; (顔や肌が)日に焼けた.

weath·er·board /wéðəbɔ̀əd | -ðəbɔ̀ːd/ 名 U《英》= clapboard.

weath·er·cock /wéðəkɑ̀(ː)k | -ðəkɔ̀k/ 名 C 風見鶏(かざみどり), 風向計. 関連 weather vane 風見.

wéather fòrecast 名 C 天気予報: give the *weather forecast* 天気予報を出す / listen to the *weather forecast* on television [the radio] テレビ[ラジオ]で天気予報を聞く / What's the *weather forecast for* tomorrow? あしたの天気予報はどうですか.

wéather fòrecaster 名 C お天気キャスター, 気象予報士.

weath·er·man /wéðəmæ̀n | -ðə-/ 名 (-men /-mèn/) C (男性の)お天気キャスター, 気象予報士.

wéather màp 名 C 天気図.

weath·er·proof /wéðəprùːf | -ðə-/ 形 風雨に耐える. — 動 他 (...)を風雨に耐えるようにする.

wéather repòrt 名 C 天気予報, 気象情報: The *weather report* says tomorrow will be cloudy. 天気予報によればあしたは曇りだ.

wéather sàtellite 名 C 気象衛星.

wéather stàtion 名 C 測候所.

wéather vàne 名 C 風見, 風向計《weathercock (風見鶏)と違い鶏の形をしていない》.

+**weave** /wíːv/ (同音 we've) 動 (weaves /~z/; 過去 wove /wóʊv/; 過分 wo·ven /wóʊv(ə)n/; weav·ing) 他 ❶ (布など)を**織る**; (かごなど)を**編む**; (糸・枝など)を織って[編んで](...を)作る; (くもが)(巣)を張る: *weave* a rug じゅうたんを織る / My mother *wove* a basket for me. 母が私にかごを編んでくれた / Let's ***weave*** the ribbons ***together***. V+O+together リボンを編み合わせましょう / 言い換え They ***wove*** a garland ***from*** [***out of***] primroses. V+O+from [out of]+名 = They ***wove*** primroses ***into*** a garland. V+O+into+名 彼らはさくらそうで花輪を編んだ / The woolen yarn *was woven into* a sweater. V+O+into+名の受身 その毛糸はセーターに編みあがった. 関連 knit 編む / sew 縫う. ❷ (物語など)を組み立てる; (事実など)をまとめて[織り込んで](...を)作る (*into*): The novelist *wove* this story *out of* his own experiences. その小説家は自分の経験からこの物語を作り上げた. ❸ (過去・過分 weaved) [副

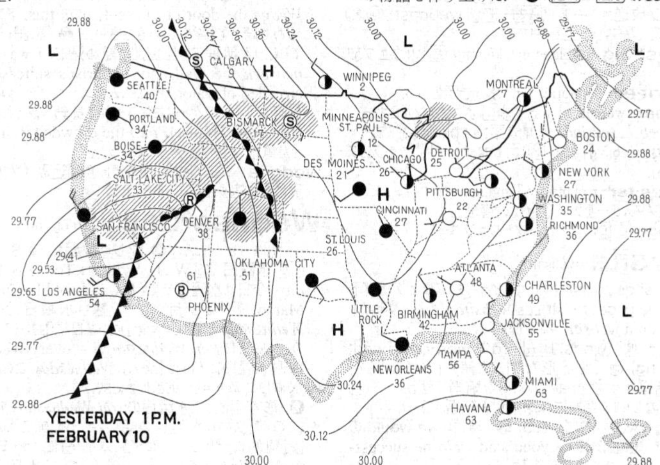

○Clear 晴れ ◑Partly Cloudy 所により曇り ●Cloudy 曇り Ⓣ Thunderstorms 激しい雷雨 Ⓕ Fog 霧
Ⓡ Rain 雨 Ⓢ Snow 雪 Ⓩ Freezing Rain 着氷性の雨 Hurricane 大暴風 Wind Scale 風力階級
H High (Atmospheric) Pressure 高気圧 Cold Front 寒冷前線
L Low (Atmospheric) Pressure 低気圧 Warm Front 温暖前線
Calm 1-4 5-8 9-14 15-20 21-25
miles per hour 時速...マイル

都市名の下の数字は華氏 (Fahrenheit) で表わされた気温 (temperature) を示し, 等圧線 (isobar) の数字はインチ (inch) を単位とした気圧 (atmospheric pressure) を示す.

weather map

詞(句)を伴って] (...)を縫うように進める.
— 自 ❶ 織物を織る, 機(はた)を織る. ❷ (過去・過分 weaved) [副詞(句)を伴って] 縫うように進む; (道が)縫うように続く: *weave in and out of* ... ...を縫うように進む.
wéave one's **wáy** [動] (過去・過分 weaved) 自 (人波を)縫うようにして進む (*through*) (⇒ way¹ 成句の囲み). (名 web)
— 名 C 織り(方), 編み(方); 織り[編み]模様: a close [coarse] *weave* 目の詰んだ[粗い]織り方.

weav·er /wíːvə | -və/ 名 C 織り[編み]手, 織工.

****web** /wéb/
— 名 (~s /~z/) ❶ [the Web] (インターネットの)ウェブ (⇒ World Wide Web).
❷ C **くもの巣**: Spiders spin *webs*. くもは巣を張る.
❸ C **くもの巣のようなもの**, ...網; 入り組んだもの, 仕掛け, わな: a ***web of*** subway lines 地下鉄網 / The official was caught in his own *web of* lies. その役人は自分がついたうそのために自縄(じじょう)自縛となった.
❹ C (水鳥・かえるなどの)水かき. (動 weave)

webbed /wébd/ 形 水かきのある.

web·bing /wébɪŋ/ 名 U 帯ひも (いすのスプリングの支え用などの織ったひも).

wéb brὸwser 名 C 〔コンピュータ〕 ウェブブラウザ, (インターネットの)閲覧ソフト.

web·cam /wébkæ̀m/ 名 C 〔コンピュータ〕 ウェブカム (インターネット上の生放送用のビデオカメラ).

web·cast /wébkæ̀st | -kὰːst/ 名 C (インターネットでの)ウェブ放送. — 動 (過去・過分 webcast) 他 自 (事を)インターネット上で生中継する.

web·cast·ing /wébkæ̀stɪŋ | -kὰːstɪŋ/ 名 U ウェブ放送.

web-foot·ed /wébfóṭɪd⁻/ 形 水かき足のある.

web·i·nar /wébənὰə | -nὰː/ 名 C オンラインセミナー. 〚語源 *web* と semi*nar* の混成語; ⇒ blend 名 3〛

web·log /wéblɔ̀ːg | -lɔ̀g/ 名 C 〔コンピュータ〕 ウェブログ [≒blog].

web·mas·ter /wébmæ̀stə | -mὰːstə/ 名 C 〔コンピュータ〕 ウェブマスター (ウェブサイトの管理者).

wéb pàge 名 C 〔コンピュータ〕 ウェブページ.

****web·site** /wébsàɪt/
— 名 (-sites /-sàɪts/) C 〔コンピュータ〕 **(ウェブ)サイト** (⇒ home page): visit ...'s *website* ...のウェブサイトを見る / on a *website* ウェブサイトに.

wed /wéd/ 動 (weds; 過去・過分 wed·ded, wed; wed·ding) 他 [進行形なし] 《文語》 [主に新聞で] (...)と結婚する [≒marry]; (...)を結婚させる. — 自 [進行形なし] 《文語》 [主に新聞で] 結婚する.

****we'd** /wiːd/ (同音 weed) ❶ 《略式》 we would の**短縮形**: Everyone said *we'd* be successful. だれもが私たちは成功するだろうと言った.
❷ 《略式》 we had² の**短縮形**: *We'd* slept only two hours the night before. その前の晩は我々は 2 時間しか眠っていなかった.

+Wed. 略 **水曜日** (Wednesday).

wed·ded /wédɪd/ 形 限定 《格式》 結婚している; 結婚の: one's (lawful) *wedded* husband [wife] (法的に)正式な夫[妻]. **be wédded to ...** [動] 他 (考えなど)に固執[傾倒]している.

***wed·ding** /wédɪŋ/ 名 (~s /~z/) C **結婚式**, 婚礼. 参考 特に教会で誓いを済ませた後に食事かパーティーを伴うものをいう: attend a *wedding* 結婚式に出席する / The couple invited their friends to their *wedding*. 二人は結婚式に友達を招待した / a *wedding* present 結婚祝いの贈り物 / a *wedding* reception 結婚披露宴. 日英 欧米では結婚式の費用は花嫁側が持つのが慣習. 関連 marriage 結婚.
héar wédding bèlls [動] 自 S 二人は間もなく結婚しそうだと思う.

wédding annivèrsary 名 C 結婚記念日, ...婚式: a diamond *wedding anniversary* ダイヤモンド婚式 (結婚 60 周年記念) / a golden [silver] *wedding anniversary* 金[銀]婚式 (結婚 50[25]周年記念).

wédding brèakfast 名 C,U 《英》 結婚披露宴(での食事) (結婚式後の会食).

wédding càke 名 C,U ウェディングケーキ.

wédding drèss 名 C (花嫁の)ウェディングドレス.

wédding rìng 名 C 結婚指輪. 関連 engagement ring 婚約指輪.

+wedge /wédʒ/ 名 (~s /~ɪz/) ❶ C (木製・金属製の) **くさび**: He drove a *wedge* into the log. 彼は丸太にくさびを打ち込んだ. ❷ C くさび[V 字]形の物: a *wedge of* cake [cheese] V 字形に切ったケーキ[チーズ] / seats arranged in a V-shaped *wedge* V 字形に並んだ座席.
dríve a wédge betwèen ... and ~ [動] 他 ...と~を離反させる.
the thín énd of the wédge [名] S 《英》 よくないことの前ぶれ.
— 動 他 ❶ (...)を(くさびなどで)留める, 固定する: *Wedge* the door open [shut] *with* this. ドアをこれで留めて開けて[閉めて]おきなさい. ❷ [副詞(句)を伴って] (...)を無理に押し込む, 詰め込む: I was *wedged between* the wall and a tourist's suitcase in the crowded elevator. 私は込んだエレベーターの中で壁と旅行者のスーツケースにはさまれて身動きがとれなかった / He *wedged* himself *into* the crowded train. 彼は込んだ電車の中へ割り込んでいった.

wedg·ie /wédʒi/ 名 C 《略式》 食い込みパンツ (下着を尻に食い込ませるいたずら).

*****Wednes·day** /wénzdèɪ, -di/
— 名 (~s /~z/) ✪ 詳しい説明は ⇒ Sunday. ❶ C,U **水曜日** (略 Wed., Weds.): Today is *Wednesday*. 今日は水曜日です / It was a cold *Wednesday* in March. それは 3 月の(ある)寒い水曜日だった / ***on Wednesday*** (いつも[大抵])水曜日に(は); (この前[次]の)水曜日に / *on Wednesdays* = every *Wednesday* 毎週水曜日に / last [next] *Wednesday* この前[次]の水曜日に // ⇒ Ash Wednesday.
❷ [形容詞的に] **水曜日の**: *on Wednesday* morning (この前[次]の)水曜日の朝に (⇒ on 前 2 語法). ❸ [副詞的に] 《略式, 主に米》 水曜日に (on Wednesday); [Wednesdays として] (いつも)水曜日に(は) (every Wednesday).
〚語源 原義は「ゲルマン神話の主神 Woden の日」〛

Weds. 略 水曜日 (Wednesday).

+wee /wíː/ (同音 #we) 形 (we·er; we·est) ❶ 限定 《略式, 主にスコットランド》 **とても小さい**: a *wee* child ちっちゃな子.
❷ 限定 《米》 (時刻が)**早い**: in the *wee* hours of morning 真夜中に (1 時から 3 時ごろまで).
a wée bit [副] 《略式》 ちょっと, 少し.

+weed /wíːd/ (同音 we'd) 名 (weeds /wíːdz/) ❶ C 雑

草; Ⓤ 水草, 藻; 海草: pull *weeds* 雑草を取る / The flower bed is overgrown with *weeds*. 花壇には雑草がはびこっている. 関連 seaweed 海草. ❷ Ⓤ《略式》大麻. ❸ [the ~]《略式》たばこ.

lìke wéeds [副] (雑草のように)たくさん.

(形 wéedy)

— 動 他 (...)の雑草を除く[抜く]: *weed* a garden 庭の草むしりをする. — 自 雑草を除く[抜く].

wéed óut [動] 他 (無用な物や人・有害物など)を取り除く.

weed·kill·er /wíːdkìlɚ | -lə/ 名 C,U 除草剤.

weed·y /wíːḍi/ 形 (weed·i·er; -i·est) ❶ 雑草の多い. ❷《英略式》(人が)ひょろひょろした; ひ弱(そう)な.

(名 weed)

⁑week /wíːk/ (同音 weak)

— 名 (~s /~s/) ❶ C 週《略 wk., 複数形は wks.》: There're seven days in a *week*. 1 週は 7 日ある.

> 語法 (1) **週の始まりは?**
> 普通は日曜日から土曜日までとされるが, 月曜日から日曜日までと考える人もいる. 日記・暦では月曜日から始めるものも多い. 一般に the beginning of next week は next Monday の意味.
> (2) **前置詞を省く場合**
> 前置詞を伴わずに this, last, next, every などとともに副詞句を作る《⇒ last¹ 形 2 語法, next 形 1 語法》: I've had a cold *this week*. 今週はかぜをひいていた / We had a heavy snow *last week*. 先週はひどく雪が降った / The summer vacation begins *next week*. 夏休みは来週から始まる / We play a baseball game *every week*. 我々は毎週野球の試合をする.

She teaches math twice *a week*. 彼女は週に 2 度数学を教えている《⇒ a² 4》/ He'll leave *in* the first *week* of May. 彼は 5 月の第 1 週に出発するだろう. 語法「...週に」の場合には前置詞は in を用いる // 🗨 "What day (of the *week*) is it today?" "It's Wednesday."「きょうは何曜日ですか」「水曜日です」《会話では What day is today? の方が普通; ⇒ day 1 🗨 の 語法》.

❷ C **1 週(間)**《7 日》: It'll take me two *weeks* to do it. それをするには 2 週間かかります / I've been in bed ***for*** a ***week***. 私は 1 週間(病気で)寝ています / There has been no rain ***for weeks***. 何週間も雨が降らない / ***in*** a ***week*** or two 1, 2 週間のうちに / This baby is three *weeks* old. この赤ちゃんは生後 3 週間だ. ❸ [the ~] (日曜日(および土曜日)を除いた)週日, 平日: I get up at six during *the week*. 私は平日 6 時に起きる. ❹ C [普通は単数形で] = workweek.

a wéek agò (this) Mónday =《英》**a wéek (this [on]) Mónday** =《英》**(on) Mónday wéek** [副・名] (この)月曜日(など)から 1 週間前(の月曜日(など))(に), その前の月曜日(など)(に). 語法 (1) last Monday (今週[先週]の月曜日)と同じとは限らない《⇒ last¹ 形 2 語法 (1)》. (2) Monday の部分に他の曜日や last Monday などの形が入りうる. (3) a week の部分が *two weeks* (ago) last Tuesday (先の火曜日から 2 週間前(の火曜日)(に))のように代わることもある. (4)《英》の言い方は「1 週間後の月曜日」の意に用いることが多い《⇒ a week from (this) Monday》.

a wéek agò todáy =《英》**a wéek todáy** [副・名] **先週のきょう:** I arrived here *a week ago today*. 私は先週のきょうここに着いた.

a wéek agò tomórrow =《英》**a wéek tomórrow** [副・名] 先週のあす.

a wéek agò yésterday =《英》**a wéek yésterday** =《英》**yésterday wéek** [副・名] 先週のきのう《8 日前》.

a wéek from (this) Mónday =《英》**a wéek (this [on]) Mónday** =**(on) Mónday wéek** [副・名] (この)月曜日(など)から 1 週間後(の月曜日(など))(に), その次の月曜日(など)(に). 語法 (1) Monday の部分に他の曜日や next Monday などの形が入りうる. (2) Monday week はこの意味では《米》でも用いる《⇒ a week ago (this) Monday 語法 (4)》.

a wéek from todáy [nów] =《英》**a wéek todáy** =《英》**todáy wéek** [副・名] **来週のきょう:** Christmas is *a week from today*. クリスマスは来週のきょうだ.

a wéek from tomórrow =《英》**a wéek tomórrow** =《英》**tomórrow wéek** [副・名] 来週のあす《8 日後》.

by the wéek [副] **週ぎめで**, 1 週いくらで《⇒ the¹ 7》: We're employed *by the week*. 私たちは週ぎめで雇われている.

èvery óther [sécond] wéek [副] 1 週おきに.

the wéek àfter néxt [副・名] 再来週(に).

the wéek befòre lást [副・名] 先々週(に).

wéek àfter wéek = **wèek ín(,) wèek óut** [副] **毎週毎週**《うんざりした気持ちを表わす》: He was pursued by his creditors「*week after week* [*week in, week out*]. 彼は毎週借金取りに追いかけられた.

(形 wéekly)

+**week·day** /wíːkdèɪ/ 名 (~s /~z/) C **平日**, 週日, ウィークデー《日曜日(と土曜日)以外の日》: We work on *weekdays*. 私たちは平日に働く. 関連 weekend 週末.

week·days /wíːkdèɪz/ 副《米》平日に(は).

⁑week·end /wíːkènd | wìːkénd/

— 名 (-ends /-èndz/) ❶ C **週末**《土曜日(または金曜日の夜)から日曜日の夜まで》; 週末休み: I'm going home next *weekend*. 来週の週末は家に帰る予定だ / We're going to stay there ***over*** [***during***, ***for***,《米》***on***,《英》***at***] the ***weekend***. 私たちは週末はそこにいる予定だ / *on weekends* = every *weekend* (毎)週末に / I spent the *weekend* with my friends. 私は友達と週末を過ごした / a long *weekend* 長い週末《土・日に金曜や月曜も合わせた 3 [4] 連休》/ Have a nice *weekend*! よい週末を《金曜日に同僚などと別れる際の

weeks

日	月	火	水	木	金	土	日	月	火	水	木	金	土	日	月	火	水	木	金	土
							this week													
last week										today				next week						
			this past [last] week								this next [coming] week									

あいさつ; 月曜日に会ったら How was your *weekend*? (週末はどうだった)のように会話を始めることが多い》/ 🗨"Do you have any plans for the *weekend*?" "Yes, I'm going on a hike in the mountains."「週末になにか予定がありますか」「ええ, 山にハイキングに行きます」 関連 weekday 平日.
❷ [形容詞的に] **週末の**, 週末用の: a *weekend* trip 週末旅行.
— 動 自 [副詞(句)を伴って] 週末を過ごす.

week·end·er /wíːkèndɚ | -də/ 名 C 週末旅行者[行楽客]; (ホテルなどの)週末の泊まり客.

week·ends /wíːkèndz/ 副《米》週末に(は): My uncle goes to his cottage *weekends*. 私のおじは(いつも)週末には別荘へ行く.

wéekend wàrrior 名 ❶ C 週末戦士《週末のみスポーツなどをする人》. ❷ C 予備役兵, 州兵.

week·long /wíːklɔ̀ːŋ | -lɔ̀ŋ/ 形 限定 一週間の.

*__week·ly__ /wíːkli/ (同音 weakly) 形 [比較なし] ❶ 限定 **毎週の**, 週 1 回の; 週刊の: *weekly* visits 毎週の訪問 / a *weekly* magazine 週刊誌 / twice-*weekly* flights to Madrid マドリードへの週 2 回の飛行機便.
❷ 限定 **1 週間の**, 1 週分の: *weekly* wages 週給.
(名 week)
— 副 **毎週**, 週 1 回: I receive my pay *weekly*. 私は給料を週給でもらう / This magazine is published *weekly*. この雑誌は毎週発行される.
— 名 (week·lies /~z/) C **週刊誌[新聞]**, 週 1 回の刊行物: Several *weeklies* are sold at the stand. その売店では何種類かの週刊誌が売られている.

week·night /wíːknàɪt/ 名 C 平日の夜.

ween·ie /wíːni/ 名 ❶ C《米略式》ウインナソーセージ [≒wiener]. ❷ C《米略式》弱虫, ばか.

wee·ny /wíːni/ 形《略式》とても小さい, ちっぽけな. 語法 しばしば tiny [teeny] weeny の形で用いる.

+**weep** /wíːp/ 動 (weeps /~s/; 過去・過分 wept /wépt/; weep·ing) 自 ❶《格式》(涙を流して)**泣く**《⇒ cry 1 表》, 悲しむ, 嘆く: She *wept at* the news. V+前+名 彼女はその知らせを聞いて泣いた / They *wept for* [*with*] joy. 彼らはうれし泣きした / He *wept over* his misfortunes. 彼はわが身の不幸を嘆いて泣いた / He *wept to* see the castle in its ruined state. V+*to* 不定詞 彼は荒廃した城を見て涙を流した. ❷ (傷口などが)液体をしみ出す, じくじくする.
— 他《格式》(涙)を流す: *weep* bitter tears くやし涙を流す.
— 名 [a ~] 泣くこと, ひと泣き.

weep·ie /wíːpi/ 名 C《略式》お涙ちょうだいの物語[映画].

wéep·ing wíllow /wíːpɪŋ-/ 名 C しだれやなぎ.

weep·y /wíːpi/ 形 (weep·i·er; -i·est)《略式》すぐに泣く, 涙もろい. — 名 (weep·ies) C = weepie.

wee·vil /wíːv(ə)l/ 名 C ぞうむし《穀物などを食べる小型甲虫》.

wee-wee /wíːwìː/ 動 自 S《小児語》おしっこをする.
— 名 U ときに a ~] S《小児語》おしっこ.

weft /wéft/ 名 [the ~] (織物の)横糸《⇒ warp》.

*__weigh__ /wéɪ/ ❗発音 -gh で終わる語の gh は発音しない. (同音 way[1,2], #whey) 動 (weighs /~z/; weighed /~d/; weigh·ing) 他 ❶ (...)の**重さを量る**; (手などにのせて)(...)の重さをみる: *weigh* a package 包みの重さを量る / I *weighed* myself on the bathroom scales. 私はヘルスメーターで自分の体重を量った. ❷ (...)を(比べて)よく考える, 熟考する: *Weigh* your chances of success before you decide. 決める前に成功の見込みをよく考えなさい / Mr. Smith *weighed* the advantages of joining them *against* those of going alone. スミス氏は彼らに加わることと 1 人でいることの利害得失をはかりにかけて考えた《⇒ those 代 2》. ❸〔航海〕(いかり)をあげる《⇒ anchor 名 1 例文》.
— 自 ❶ [進行形なし] **重さが...である**, 目方が...だけある: "How much do you *weigh*?" "(I *weigh*) 50 kilos." V+C(名)「あなたの体重はどのくらいですか」「50 キロあります」/ He *weighs* more [less] than he used to. 彼は以前より体重が増えた[減った]. ❷ [副詞(句)を伴って]《格式》重きをなす, 重要視される; 強い影響を与える: Your excuses don't *weigh with* me. あなたの言いわけなど私にとってはどうでもいい / The new evidence *weighed* (heavily) 「*in* her *favor* [*against* her]. 新証拠は彼女に(非常に)有利[不利]に働いた.
(名 weight)

weigh の句動詞

+**wéigh dówn** 動 他 ❶ [しばしば受身で] (...)を**重みで押し下げる[つぶす]**, (枝など)をたわませる: Some of the branches *were* ***weighed down with*** ripe fruit. 果物が実って垂れ下がった枝もあった. ❷ [しばしば受身で] (問題などが)(人)の気を重くさせる (*with*, *by*).

wéigh ín 動 自 ❶ (ボクサー・騎手などが)試合[レース]前に体重測定を受ける. ❷《略式》(意見・資料などを持ち出して)議論に加わる (*with*).

+**wéigh on ...** 動 他 **...の重荷となる**, ...の心を圧迫する: The problem *weighs* heavily *on* his mind. その問題は彼の心に重くのしかかっている.

wéigh óut 動 他 (一定量)を量る; 量り分ける.

wéigh úp 動 他 ❶ (...)を比べてよく考える, 検討する. ❷ (人)の評価をする, (人)を値ぶみする.

〖語源 元来は「運ぶ」の意〗

weigh-in /wéɪɪn/ 名 C (ボクサーや騎手などの)体重測定, 計量.

weight /wéɪt/ ❗発音 -ght で終わる語の gh は発音しない. (同音 wait)
— 名 (weights /wéɪts/) ❶ U,C **重さ, 重量; 体重**; 〔物理〕重力《略 wt.》: It's five pounds ***in weight***. それは重さ 5 ポンドだ / Meat is sold ***by weight***. 肉は量り売りです / These pillars cannot support the ***weight of*** the roof. これらの柱では屋根の重みを支えられない / break under the ***weight of*** the snow 雪の重みで折れる / What's your *weight*? 体重はどのくらいですか. 語法 How much is your weight? とは言わない // gain [put on] *weight* 体重が増える, 太る / lose [take off] *weight* 体重が減る, やせる / watch one's *weight* (太らないように)体重に気をつける. 関連 overweight 重量超過の / underweight 重量不足の.
❷ [単数形で] **重荷**, 重圧; 責任, 負担: the ***weight of*** care [responsibility] 心配[責任]の重荷 / Her illness has been a ***weight on*** my mind. 彼女の病気が私の気がかりとなっている / That's a real ***weight off*** my mind. それで私も本当に肩の荷が下りた / Meg has taken a *weight off* my mind. メグのおかげで私はほっとした / under the *weight of* ... ...の重圧で. ❸ U 重み, 重要性, 影響力. 語法 他のものと比較した相対的な重要性を示す: ideas of considerable *weight* かなり説得力のある考え / His opinion *carries* [*has*] great [little] *weight with* me. 彼の意見は私にとって重大である[取るに足らない] / *give* [*add*] *weight to* ... ...を(よ

り)重要と思わせる, 裏づける. ❹ Ⓒ 分銅, おもり; おもし, 文鎮. ❺ Ⓒ 重い物; [複数形で] (重量挙げ・トレーニング用の)ウェート. ❻ Ⓤ 度量衡(制度); Ⓒ 重量の単位.

púll one's **wéight** [動] ⓐ 自分の役割[職分]を果たす.

thrów one's **wéight aròund** [《英》 **abòut**] [動] ⓐ 《略式》 いばる, 偉そうに指図する.

thrów [pút] one's **wéight behìnd ...** [動] ⓗ (自分の影響力を使って)...を支持する.

(動 weigh, 形 wéighty)

— 動 ⓗ (...)に重みを加える, (...)を重くする (*with*); (...)をおもりでおさえる (*down*; *with*): *Weight* the fishing line. 釣り糸におもりをつけろ.

weight·ed /wéɪṭɪd/ 形 叙述 (...に有利[不利]になるように)偏って, 操作されて (*toward*): The tax laws are *weighted against* [*in favor of*] the poor. 税法は貧しい人に不利[有利]になっている.

weight·ing /wéɪṭɪŋ/ 名 Ⓤ 《英》 (生活費が高い都市などの勤労者に支給される)地域手当.

weight·less /wéɪtləs/ 形 重量のない; 無重力の. **~·ness** 名 Ⓤ 無重力状態.

wéight lìfter 名 Ⓒ 重量挙げ選手.

wéight lìfting 名 Ⓤ 重量挙げ.

wéight tràining 名 Ⓤ ウェートトレーニング.

weight·y /wéɪṭi/ 形 (weight·i·er; -i·est) ❶ (問題などが)重要な, 重大な; 有力な. ❷ 《文語》 重い [≒ heavy]. (名 weight)

weir /wíə | wíə/ 名 Ⓒ (川の)せき, ダム; (魚をとるための)やな.

+**weird** /wíəd | wíəd/ 形 (weird·er; weird·est) 《略式》 **奇妙な**, 異様な, 変な; 気味の悪い: a *weird* sound 異様な物音 / The *weird* thing is that she didn't say a word at the party. 妙なことに彼女はパーティーで一言も話さなかった.

— 動 [次の成句で]

wéird óut [動] ⓗ 《略式》 (人)を妙な気分にさせる, 不安にする.

weird·ly /wíədli | wíəd-/ 副 異様に, 気味悪く.

weird·ness /wíədnəs | wíəd-/ 名 Ⓤ 異様さ.

weird·o /wíəḍoʊ | wíəd-/ 名 (~s) Ⓒ 《略式》 変な人, 変人.

***wel·come /wélkəm/

— 間 **ようこそ, 歓迎!**: *Welcome!* ようこそ / ***Welcome back*** [***home***]! お帰りなさい《長く留守をしていた人などに》 / ***Welcome to*** Hawaii! ようこそハワイへ / *Welcome* aboard! ご乗車[ご乗船]ありがとうございます.

— 動 (wel·comes /~z/; wel·comed /~d/; wel·com·ing) ⓗ ❶ (人)を**歓迎する**, **喜んで迎える**, 歓待する; (...)に歓迎のあいさつをする: The family *welcomed* the guest. 一家はその客を喜んで迎えた[その客に歓迎のあいさつを述べた] / We *were* warmly ***welcomed by*** our host. V+O の受身 私たちは(パーティーの)主催者に心から歓迎された / They ***welcomed*** me ***to*** their home. V+O+*to*+名 彼らは私を家に愛想よく迎えてくれた / Jim ***welcomed*** me ***with open arms***. ジムは大変喜んで私を迎えてくれた. ❷ (意見など)を喜んで受け入れる: We'll *welcome* any advice [criticism]. 我々はいかなる助言[批判]でも喜んで受け入れる. ❸ (ある態度で)(物事)に反応する, 迎える: *welcome* a proposal *with* amazement 提案を驚きをもって迎える.

— 形 ❶ (人・意見・物事などが)**歓迎される**, **喜んで迎えられる** [⇔ unwelcome]: a *welcome* guest 喜んで迎えられる客 / Visitors are always *welcome*. 訪問者はいつでも歓迎だ / Advice is seldom *welcome*. 忠告はめったに歓迎されない / ***make ... welcome*** (人)を温かく迎える.

❷ (物事が)**喜ばしい**, うれしい, 好ましい [⇔ unwelcome]: A holiday will be very *welcome*. 休みなら大歓迎だ / That's *welcome* news. それは吉報だ. ❸ 叙述 Ⓢ 自由に ...してよい, ...を取る[使う]ことを自由にできる; [皮肉に] (話し手のしたくないことを)勝手に...するがよい[...をとるがよい]: You're *welcome to* pick the flowers. ご自由に花をお摘みください / You're *welcome to* the telephone. 自由に電話を使ってください.

Yòu're wélcome. (1) Ⓢ 《丁寧》 **どういたしまして** 《お礼のことばに対する答え》: 🗨 "It's very kind of you. Thank you very much." "*You're* (quite) *welcome.*" 「ご親切さま. どうもありがとうございます」「いいえ, どういたしまして」 (2) よくいらっしゃいました.

— 名 (~s /~z/) ❶ Ⓒ **歓迎**, 歓待, もてなし; 歓迎のあいさつ: The star received [was given] a warm [hearty] *welcome* when she visited Japan. そのスターは日本訪問に際して温かく迎えられた / The Crown Prince gave a *welcome* to the President. 皇太子は大統領に歓迎のあいさつを述べた / ***in welcome*** 歓迎(の意を表わ)して. ❷ Ⓒ 反応, 受け止め方: give a cautious *welcome* 慎重な受け止め方をする.

outstáy [overstáy, wéar óut] one's **wélcome** [動] ⓐ 長居し(すぎ)て嫌われる.

〖語源 原義は「歓迎される客」; ⇒ will², come〗

wel·com·ing /wélkəmɪŋ/ 形 歓迎する, 友好的な.

weld /wéld/ 動 ⓗ ❶ (...)を溶接する (*together*; *to*, *onto*); 溶接して作る. ❷ (人々・物事)をまとめる, 結合する (*together*; *into*). — ⓐ 溶接される. — 名 Ⓒ 溶接部, 溶接点.

weld·er /wéldə | -də/ 名 Ⓒ 溶接工.

wel·fare** /wélfèə | -fèə/ 名 ❶ Ⓤ **幸福**, 繁栄《快適な生活・健康など》; 福祉: public *welfare* 公共の福祉 / We must work for the ***welfare of our nation. 我々は国民の幸福のために働かなければならない. ❷ Ⓤ 《米》 社会福祉手当; 生活保護 [《英》 social security, benefit]: be [live] *on welfare* 生活保護を受けている. ❸ Ⓤ 福祉事業, 厚生事業.

〖語源 ⇒ well¹, fare; ⇒ farewell 語源〗

wélfare stàte 名 ❶ [the ~] [しばしば W- S-] 社会保障制度. ❷ Ⓒ 福祉国家.

***well¹ /wél/

単語のエッセンス

1) 上手に; 適切に	副 ❶
2) 健康で	形 ❶
3) 十分に; かなり	副 ❷, 副 ❸
4) そうですね; ところで	間 ❶

— 副 (比 bet·ter /béṭə | -tə/; 最 best /bést/) ✪ better, best についてはそれぞれの項を参照. ❶ **上手に**, うまく, 適切に [⇔ badly]: Judy can dance *well*, but Sue dances (even) *better*. ジュディはダンスがうまいが, スーは(さらに)もっとうまい / It is *well* said that honesty is the best policy. 正直は最上の策とはうまく言ったものだ.

❷ **十分に**, **よく**; たっぷりと: I slept *well* last night. ゆうべはよく眠れた / I know him *well*. 私は彼をよく知っ

W

ている / If you don't knead the dough *well*, you can't make good bread. 粉をよくこねないといいパンはできない / She was *well* trained by her coach. 彼女はコーチに十分鍛えられた.
❸ [副詞(句)などの前で] (程度などが)**かなり**, 相当(に); **はるかに**, 優に: He must be *well* over [past] sixty. 彼は60歳をとうに過ぎているにちがいない / I can't reach the lamp; it's *well* above my head. 明かりに手が届かない. ずっと上の方にある. ❹ [able, aware, worth などの 叙述 用法の形容詞の前で] かなり, 十分に: The place is *well worth* a visit. そこは一度行ってみる価値が十分にある. ❺ [can, could, may, might の後で] 正当に, もっともで; おそらく《⇒ may (very) well do (成句)》: He *could* [*might*] *well* be shamming illness as an excuse. 彼は多分口実として仮病をつかっている.
... as wéll [副] (1) **そのうえ...も**, ...もまた [≒too]: She speaks English, and French *as well*. 彼女は英語を話すがフランス語も話す. 語法 as well とともに「...もまた」の意味がかかる語が強く発音される. (2) (...と)同様によく[上手に].
as wéll as ... [副] ...と同じくらいうまく, ...に劣らず上手に: Linda can dance *as well as* Meg. リンダはメグと同じくらい上手に踊れる.
... as wèll as ~ ~はもちろん...も, ~に加えて...も: 言い換え He gave us clothes *as well as* food. (= He gave us food, and clothes as well.) 彼は私たちに食べ物はもちろん着る物もくれた.

> 語法 **as well as の使い方**
> (1) A as well as B では一般に A が強調されるが《⇒ not only ... but (also) ~ (only 成句)》,「A のほかに B も」を意味するときもある.
> (2) A as well as B が主語の場合, 述語動詞の人称・数は A に呼応する.
> (3) as well as のあとに動詞が来る場合, 動名詞の形にするのが普通: 言い換え He's young and handsome *as well as* being rich. = *As well as* being rich, he's young and handsome. 彼は金持ちであるだけでなく若くてハンサムである.

W

be wéll óff ⇒ well-off.
be wéll óut of ... [動] 他 Ⓢ《英》(いやな関係など)からうまく逃れている.
be wéll úp in [on] ... [動] 他《略式, 主に英》...についてよく知っている.
dò wéll [動] 自 (1) **うまくやる**, 立派にやる: Roy has *done well* at school this term. ロイは今学期は成績優秀だった. (2) (仕事などが)**うまくいく**, 成功する: The business is *doing well*. 商売は順調だ. (3) [進行形で] (手術後などの)経過がよい.
dò wéll by ... [動] 他 (人)によくする.
dò wéll to dó [動] [しばしば would を伴って] ...するのがよい: You *would do well to* stay here. ここにいたほうがいいだろう.
jùst as wéll [副] [返答で] それも結構《⇒ 形 成句 be just as well 語法》.
ˈmày júst [máy] as wèll dó [助]《略式》...**しても悪くない**; ...してもよかろう, ...したほうがよい; ...しても同じようなものだ: You *may as well* know the truth. 真相を知っておくのもいいだろう / You *may as well* go at once. あなたはすぐ行ってもいい(どうせ同じだから). 語法「...してもしない場合と同程度によい」が元の意味. had better と異なり強く勧める意味合いはない.
ˈmày júst [máy] as wèll ... as ~ ~するなら...するのも同じである, ~するくらいなら...したほうがよい: You *may as well* kill me *as* leave me here without water! ここに私を水なしでおいていくのは殺すも同然だ.
mày (véry) wéll dó [助] (1) **多分...だろう**, ...かもしれない: It *may well* snow tonight. 今夜は多分雪だろう / It *may well* be that he's ill. 彼は病気かもしれない. (2) ...するのももっともである: He's a very bright boy, and his parents *may well* be proud of him. その子はとても頭がよいので, 両親が自慢に思うのも無理はない / "Why was he absent from school yesterday?" "Why indeed? You *may well* ask."「彼はどうしてきのう学校を休んだの」「どうしてかな. こっちも聞きたいところだ」
ˈmìght júst [míght] as wèll dó [助] =「may just [may] as well do《might の方が may よりも控え目な言い方になる》.
ˈmìght júst [míght] as wèll ... as ~ =「may just [may] as well ... as ~《might の方が may よりも控え目な言い方になる》.
mìght wéll dó [助] = may (very) well do.
stánd wéll with ... [動] 他 (人)に受けがよい.
wéll and trúly [副] 全く, すっかり.
Wéll dóne [pláyed]! Ⓢ よくできた, よくやった; (うまくいって)おめでとう.
wéll enóugh [副] かなり, まずまず: She sings *well enough*, ↘ but she could sing even better if she took lessons. 彼女はかなり上手に歌うが, 練習すればさらにうまく歌えるだろう. 語法 まだ不十分という気持ちを表わすことがあり, その場合は下降上昇調のイントネーションが使われる《⇒ **つづり字と発音解説** 95》.
— 形 (比 **bet·ter** /bétə | -tə/; 最 **best** /bést/) ✪ better, best についてはそれぞれの項を参照. ❶ 叙述 **健康で**, **丈夫で**; 元気になって《⇒ healthy 類義語》 [⇔ ill, sick, unwell]: You don't look *well*. 具合が悪そうだね. / I hear Mr. Long hasn't been *well* recently. ロングさんは最近具合がよくないそうだ / Get *well* soon! 早くよくなってね《get-well card (見舞いカード)のことば》/ 🗨 "How are you?" "Very *well* [I'm very *well*], thank you."「いかがですか」「おかげさまで元気です」 語法 この意味では最上級を用いるのはまれ. a *well* man (健康な人)のように原級だけは 限定 として用いることがある. ただし, a healthy [fit] man のほうが普通.
❷ 叙述 申し分ない, 満足な: All's *well* that ends well.《ことわざ》終わりよければすべてよし.
❸ 叙述《文語》適切な; 望ましい: It would be *well* to tell him about it. 彼にそのことを教えたほうがよいだろう.
áll is wéll [nòt wéll]《格式》(...にとって)万事うまくいっている[いるわけではない] (*with*).
(áll) wéll and góod [形] Ⓢ (それは)まあいい(が)《ほかに不満があるときに用いる》.
be jùst as wéll [動] 自 Ⓢ (それは)幸運である, よいこと[好都合]である; 賢明である: It's *just as well* (*that*) you missed the program; it was very boring. その番組を見そこなったのはよかった, とても退屈だったから. 語法 just as well を返答に用いることもある: "I missed the program." "*Just as well*; it was very boring."「その番組見そこなったよ」「それでよかったよ, とても退屈だったから」
It's [That's] áll vèry wéll, (but ...) Ⓢ それはまことに結構だ(が...)《不満・不賛成を述べようとするときのことば》.

It is [would be, mìght be] (jùst) as wéll to dó Ⓢ ...したほうがよい.

— 間 ❶ **そうですね, ええと**; そして, それで; **ところで**, さて, では; つまりその, それはですね; まあまあ: *Well*, this young man called me the next day. そして, この青年が翌日電話をしてきてね / *Well*, what do you want? ところで何の用だい / *Well*, let's start our work. さて, 仕事を始めようか / It's just that — *well*, I'm not your servant, you know. ただ...つまりその, 私はあなたの使用人じゃないんだから / *Well* then, why don't you ask him yourself? ねえそれだったら, 彼に自分で聞いてみたら / *Well*, don't look so glum. まあまあ, そんな浮かぬ顔をしなさんな / 💬 "How was the play?" "*Well*, it was so-so." 「芝居はどうでした」「ええと, まあまあでしたよ」 / "How many people were there at the meeting?" "*Well* (now), let me see, one, two, three, four ... there were ten people in all." 「会合には何人いましたか」「ええと, そうですね, 1 人, 2 人, 3 人, 4 人と..., 全部で 10 人でした」

> 語法 **well の使い方**
> 主に会話で軽いつなぎのことばとして用いる. それ自体に特定の意味はないが, 先行する話とのつながりを示したり, 間をもたせる, ためらい·思案を表わす, 提案や批判のあたりをやわらげるなどの働きをする. 特に, (1) 質問に対し, 期待と異なる返事や間接的な返答をするとき, (2) 前の話題に戻ったり, 新たな話題に移るとき, 会話を終わりにしようとするとき, (3) 自分がすぐ前で述べたことを説明·証明·訂正するとき, (4) 提案·批判をしたり, 相手が言ったことを修正するとき, によく用いる.

❷ [驚き·疑問·怒りなどの気持ちを表わして] まあ, おや, えっ; まさか, 一体全体; まったくもって: *Well*! It's you, John. おやまあ, あんただったの, ジョン / *Well, well* (, *well*)! So there you are, Miss White. はは あ, そうですかホワイトさん / *Well*. I just don't believe you any more. まったく. もう君の言うことは信じられないよ. ❸ [安心·あきらめ·譲歩·同意などの気持ちを表わして] おやおや, さてさて, まあ; まあいいでしょう: *Well*, it's all over. やれやれ, 全部済んだ / *Well*, we can't help it. まあしかたがないさ / *Well*, you may be right. まああなたのおっしゃるとおりかもしれません. ❹ [相手が思っていることや言おうとしていることを話すよう軽くうながして] それで, なにか. 語法 単独で上昇調で用いる: "*Well*?" "Very strange." 「それで(どうなんだよ)」「ひどく変なんだ」

Óh wéll! [間] しかたがない, まあいいさ《何かよくないことがあったときに》.

vèry wéll [間] ⇒ very¹ 成句.

+**well²** /wél/ 名 (~s /~z/) ❶ Ⓒ **井戸**: draw [pump] water from a *well* 井戸から水をくむ[ポンプで水をくむ] / dig [drill, sink] a *well* 井戸を掘る / *well* water 井戸水. ❷ Ⓒ 油井(ゆせい), 油田 (oil well); 天然ガス井[田]. ❸ Ⓒ (エレベーターの)縦穴; (階段の)吹き抜け.

— 動 自 《文語》わき出る; (涙が)あふれる (*up*; *in*); (感情が)込み上げる (*up*).

*****we'll** /wi:l/ (同音 #wheel) 《略式》 we will¹ **の短縮形**: *We'll* have a lot of snow this winter. 今年の冬は雪が多いだろう. 語法《英略式》では we shall の意味にも代用される.

well-a·djust·ed /wéləʤʌ́stɪd←/ 形 精神的に安定した《⇒ maladjusted》.

well-ad·vised /wélədváɪzd/ 形 賢明な: You would be *well-advised to* do ... ...したほうがよい.

well-ap·point·ed /wéləpɔ́ɪntɪd←/ 形《格式》(部屋·ホテルなどが)設備の整った.

well-bal·anced /wélbǽlənst←/ 形 ❶ (食事·記事·チームなどが)バランスのとれた: a *well-balanced* diet [meal] バランスのとれた食事. ❷ (人·性格が)分別のある, 常識のある.

well-be·haved /wélbɪhéɪvd←/ 形 行儀のよい.

+**well-be·ing** /wélbí:ɪŋ/ 名 Ⓤ **幸福**, 福利《健康や快適な生活による》: a sense of *well-being* 幸福感 / the *well-being of* the nation 国民の健康[福利].

well·born /wélbɔ́ən|-bɔ́:n←/ 形《格式》生まれのよい.

well-bred /wélbréd←/ 形《古風》育ちのよい.

well-brought-up /wélbrɔ̀:tʌ́p/ 形 (子供が)しつけ[行儀]のよい.

well-built /wélbílt←/ 形 ❶ (人が)体格のよい. ❷ (建物·機械が)しっかりした造りの.

well-con·nect·ed /wélkənéktɪd←/ 形 身内[友人]に有力者のいる, よい縁故関係のある.

well-de·fined /wéldɪfáɪnd←/ 形 形のはっきりした; 明確な, はっきりと示された.

well-de·vel·oped /wéldɪvéləpt/ 形 よく発達した; (案などが)十分に練られた.

well-dis·posed /wéldɪspóʊzd←/ 形 叙述《格式》(...に)好意的で (*to, toward*).

well-done /wéldʌ́n←/ 形 (肉などが)よく火の通った[焼いた]《⇒ steak 参考》.

well-dressed /wéldrést←/ 形 身なりのよい.

well-earned /wéló:nd|-ɔ́:nd←/ 形 十分受けるに値する, 得て当然の.

well-fed /wélféd←/ 形 栄養十分な, 太った.

well-found·ed /wélfáʊndɪd←/ 形 (信念·感情などが)根拠の十分な, 正当な理由のある.

well-groomed /wélgrú:md←/ 形 身だしなみのよい; (芝生などが)手入れの行き届いた.

well-ground·ed /wélgráʊndɪd←/ 形 ❶ 教育[訓練]を十分受けた (*in*). ❷ = well-founded.

well-heeled /wélhí:ld←/ 形《略式》金持ちの.

wel·lie /wéli/ 名 Ⓒ《英略式》= Wellington³.

well-in·formed /wélɪnfɔ́əmd|-fɔ́:md←/ 形 確かな情報に基づいた; 十分な情報をもった, (人が)博識の, (...を)よく知っている (*on*): *well-informed* sources (ニュースなどの)消息筋 / He's *well-informed about* current affairs. 彼は時事問題に詳しい.

Wel·ling·ton¹ /wélɪŋtən/ 名 固 ウェリントン《ニュージーランドの北島 (North Island) にある同国の首都》.

Wel·ling·ton² /wélɪŋtən/ 名 固 the Duke of ~ ウェリントン公 (1769-1852)《英国の将軍·政治家; ⇒ Waterloo》.

Wel·ling·ton³ /wélɪŋtən/ 名 Ⓒ [普通は複数形で]《英》ゴム長靴 [《米》rubber boot].

well-in·ten·tioned /wélɪnténʃənd←/ 形 = well-meaning.

well-kept /wélképt←/ 形 ❶ (建物·庭が)手入れの行き届いた. ❷ (秘密が)よく守られた.

*****well-known** /wélnóʊn←/ 形 (比 bet·ter-known /bétə-|-tə-/; 最 best-known /bést-/) **よく知られている, 有名な, 知名度の高い, 周知の**《⇒ famous 類義語》: a *well-known* fact 周知の事実 / a name ***well-known to*** the general public +to+名 一般大衆によく知られている名前 / She became ***better-known as*** a

W

writer. +as+名 彼女は作家としてより知られるようになった. 語法 be 動詞などの後に来る 叙述 用法では well known とつづるのが原則: This restaurant is *well known for* its good wine. +for+名 このレストランはワインがよいのでよく知られている / *It's well known that* smoking is bad for the health. 喫煙が健康に悪いのは周知のことだ.

well-man·nered /wélmǽnəd | -nəd←/ 形 (子供などが)行儀のよい, 礼儀正しい.

well-mean·ing /wélmíːnɪŋ←/ 形 (人・行為などが)善意のある, (結果はともかく)善意から出た.

well-meant /wélmént←/ 形 (言動が)(結果はともかく)善意から出た.

well·ness /wélnəs/ 名 U 《米》 健康.

well-nigh /wélnáɪ←/ 副 《格式》 ほとんど [≒almost].

well-off, well off /wélɔ́ːf | -ɔ́f←/ 形 (比 bet·ter-off, bet·ter off /bétəɔ́ːf | -tə(r)ɔ́f/; 最 best-off, best off /bést-/) ❶ 富んで, 富裕で [⇔ badly off] (⇒ rich 類義語): He's *better off* now than before. 彼は以前より今のほうがずっと金回りがよい / *the well-off* 金持ちたち《複数名詞のように扱われる; ⇒ the[1] 3》. ❷ 叙述 順境で: You don't know when you're *well-off*. うまくいっているときは気づかないものだ.

well-oiled /wélɔ́ɪld←/ 形 (組織・制度などが)順調に機能している.

well-paid /wélpéɪd←/ 形 (仕事が)給料のいい; (人が)高給取りの.

well-pre·served /wélprɪzə́ːvd | -zə́ːvd←/ 形 よく保存された; 年より若く見える.

well-read /wélréd←/ 形 多読の; 博識の (*in*).

well-round·ed /wélráʊndɪd←/ 形 ❶ (人が)多才な, 経験豊かな. ❷ (知識・経験などが)多方面にわたる, 幅の広い. ❸ (女性が)ふくよかで均整のとれた.

well-run /wélrʌ́n←/ 形 うまく経営[運営]されている.

well-spo·ken /wélspóʊk(ə)n←/ 形 ❶ ことばづかいが上品な[洗練された]. ❷ (表現が)適切な.

well·spring /wélsprɪ̀ŋ/ 名 C 《文語》 源泉; (知識などの)泉 (*of*).

well-thought-of, well thought of /wélθɔ́ːtʌ̀v, -ɑ̀(ː)v | -ɔ̀v←/ 形 (人などが)評判のよい.

well-thought-out /wélθɔ̀ːtáʊt/ 形 十分検討された, よく考え抜いた.

well-timed /wéltáɪmd←/ 形 時宜(じぎ)を得た, タイミングのいい [≒timely].

well-to-do /wéltədúː←/ 形 裕福な (⇒ rich 類義語): *the well-to-do* 富裕階級(の人たち)《複数名詞のように扱われる; ⇒ the[1] 3》.

well-tried /wéltráɪd←/ 形 限定 十分に実証[実験, テスト]済みの.

well-trod·den /wéltrɑ́(ː)dn | -trɔ́dn/ 形 ❶ (道が)踏みならされた. ❷ (考え・行動などが)何度も試みられた: a *well-trodden* path 常道.

well-turned /wéltə́ːnd | -tə́ːnd←/ 形 (ことばが)うまく表現された.

well-wish·er /wélwɪ̀ʃə | -ʃə/ 名 C 人の幸福を祈る人, 好意を寄せる人; 支持者, 応援者.

well-worn /wélwɔ́ən | -wɔ́ːn←/ 形 ❶ 使い古した. ❷ (表現が)使い古した; 陳腐な, 月並みの.

welsh /wélʃ/ 動 自 約束を破る; (借金を)踏み倒す (*on*).

Welsh /wélʃ/ 形 ウェールズの; ウェールズ人[語]の. (名 Wales)
— 名 ❶ [the ～ として複数扱い] ウェールズ人《全体》. 関連 English イングランド人 / Scots スコットランド人 / Irish アイルランド人. ❷ U ウェールズ語.

Wélsh drésser 名 C 《英》 ウェルシュドレッサー《上が戸棚, 下が引き出しの食器戸棚》.

Welsh·man /wélʃmən/ 名 (-men /-mən/) C ウェールズ人《男性》. 関連 Englishman イングランド人 / Scotsman スコットランド人 / Irishman アイルランド人.

Wélsh rábbit [rárebit] 名 C,U チーズトースト《溶かしたチーズを味つけしトーストの上にかけたもの》.

Wélsh·wòm·an 名 (-wom·en /-wɪ̀mən/) C ウェールズ人《女性》.

welt /wélt/ 名 C むち打ちの跡, みみずばれ.

wel·ter /wéltə | -tə/ 名 [a ～] ごった返し (*of*).

wel·ter·weight /wéltəwèɪt | -tə-/ 名 C (ボクシングなどの)ウェルター級の選手.

wend /wénd/ 動 [次の成句で] **wénd** one's **wáy** [動] 自 《文語》 (ゆっくりと)行く, 進む. 参考 go の過去形 went は元来はこの語の古い過去形を代用したもの.

Wen·dy /wéndi/ 名 固 ウェンディー《女性の名》.

wéndy hòuse 名 C 《英》 = playhouse 2.

***went** /wént/ 動 go の過去形 (⇒ wend 参考).

*__wept__ /wépt/ 動 weep の過去形および過去分詞.

***were** /(弱形) wə | wə; (強形) wə́ː | wə́ː/ (同音 #whir) ✪ 意味・用法について詳しくは ⇒ be[1, 2].

— 動 自 **A** be[1] の二人称単数過去形, 一人称・二人称・三人称複数の直説法過去形 (✪ 対応する現在形は are[1]). ❶ ...であった, ...だった: You *were* a little child then. V+C(名) そのときあなたは小さな子供だった / We *were* very hungry when we got there. V+C(形) そこへ着いたときには私たちはとてもおなかが減っていた / "*Were* the movies interesting?" "Yes, they *were* /wə́ː | wə́ː/." 「映画はおもしろかった?」「うん, おもしろかった」

❷ (物・事が...に)あった, (人・動物が...に)いた, 存在した (⇒ there[1]): There *were* many swans on the lake. 湖にはたくさんの白鳥がいた / The children *were at* Mrs. White's. V+前+名 子供たちはホワイト夫人の家にいた.

B be[1] の仮定法過去形 (✪ 対応する現在形は be[1]).

> 語法 **仮定法での were と was**
> (1) 現在の事実と反対の仮定を表わす副詞節や as if ..., as though ..., I wish ... などにおいてすべての人称に用いる (⇒ if[1] 2).
> (2) 主語が一人称および三人称単数の場合には, 《略式》では was を用いることがある (⇒ was 動 3, time 名 7 語法, wish 動 他 1 (1) 語法 (3)).

❶ (事実はそうではないのだが) (仮に)...**であるとしたら**, (もしも)...だとしたら: *If* I *were* you, I wouldn't go to such a place all by myself. V+C(名) もし僕が君だったらそんな場所に一人きりで行ったりはしない / She talks *as if* [*though*] she *were* the boss. 彼女はまるで自分が一番偉いような口をきく / *I wish* my father *were* alive. 父が生きていてくれたらなあ.

❷ (仮に)**いる[ある]としたら**, (もしも)存在するとしたら: *If* we ***were*** now ***on*** the moon, how would we feel? V+前+名 今私たちが月面にいるとしたらどんな気分だろうか.

as it wére [副] 文修飾 [挿入語句として] **いわば**, まる

で [≒so to speak]: Mr. Brown is, *as it were*, a walking encyclopedia. ブラウンさんはいわば生き字引きみたいなものだ.

wère it nót for ... 《文語》 = if it were not for ... (⇒ if[1] 成句).

— 助 A be[2] の二人称単数過去形, 一人称・二人称・三人称複数の直説法過去形 (✪ 対応する現在形は are[1]). ❶ [were＋-ing 形で過去進行形 (past progressive form) を表わす] ...**していたところだ**, ...**していた最中だ** (過去のある時の動作の進行・継続または未完了を表わす); (もうすぐ)...**するはずだった** (過去のある時から見た近い将来の予定を表わす): While we *were* talk*ing*, Miss Smith came in. 私たちがおしゃべりをしていたところへスミス先生が入ってきた / When they were caught, they *were* leav*ing* for Chicago, *were*n't they? 彼らは捕まったときシカゴへ行こうとしていたのだろうね.

❷ [were＋他動詞の過去分詞で受身を表わす] ...**された**; ...**されていた**: We *were* lov*ed by* our teacher. 私たちは先生にかわいがられていた / When the enemy invaded the town, all the windows *were shut*. 敵軍が町に侵入したとき町中の窓はみな閉じられていた.

❸ [were＋to 不定詞で] ...**することになっていた**; ...**すべきであった**; ...**できた** (⇒ be to の項目): We *were to* call on Mr. White the following week. 私たちは次の週にホワイトさんをたずねることになっていた / No trees *were to* be seen on the island. 島には木が一本も見えなかった. ✪ were＋完了不定詞については ⇒ be to の項目 7.

B be[2] の仮定法過去形 (⇒ 動 B 語法, was 助 4; 対応する現在形は be[2]): *If* it *were* blow*ing* any harder, the trains would probably not be running. もし風がもっと強く吹いていたら, 列車は運行できないだろう / I wish I *were* employ*ed* by that bank. あの銀行に就職していればなあ.

ìf ... wère to dó = 《文語》 **wère ... to dó** **仮に...が〜するとしたら** (⇒ if[1] 4 語法): 「*If* we *were to* go [*Were* we *to* go] to the moon, we could enjoy looking at the earth. もし仮に我々が月に行けるとしたら地球を眺めて楽しめるのだが. 語法 主語が一人称および三人称単数の場合には 《略式》 では was も用いられる (⇒ was 助 成句).

*****we're** /wíːə | wíːə/ 《略式》 we are の**短縮形** (⇒ be[1] 表): *We're* here. 私たちはここだ / *We're* now studying French. 私たちは今フランス語を習っている / *We're* invited to the party. 私たちはパーティーに招待されている.

*****weren't** /wɚ́ːnt | wə́ːnt/ 《略式》 were not の**短縮形**. ❶ [直説法過去形; ⇒ were 動 A, 助 A]: We *weren't* at home when he came. 彼が来た時私たちは家にいなかった / They *weren't* walking; they were running. 彼らは歩いてはいなかった. 走っていた.

❷ [仮定法過去形; ⇒ were 動 B, 助 B]: *If* I *weren't* so busy, I would take a trip. もし私がこんなに忙しくなかったなら旅行に行くのだが / *If* I *weren't* studying English, I wouldn't be able to understand this book. もし私が英語を勉強しているのでなかったなら, この本は理解できないだろう.

were·wolf /wéɚwʊ̀lf | wéə-/ 名 (-wolves /-wʊ̀lvz/) C (伝説上の)おおかみ人間.

*****west** /wést/

— 名 ❶ [the 〜 または U; しばしば W-] **西**, **西部**, 西方 (略 W; ⇒ north 日英): The sun sets in *the west*. 太陽は西に沈む / The wind was blowing from *the west*. 風は西から吹いていた / On a map, *west* is on the left. 地図の上では西は左だ / Ireland lies *to the west of* England. アイルランドはイングランドの西にある (⇒ to[1] 1 語法) / in *the west* of ... ...の西部に. 関連 north 北 / south 南 / east 東.

❷ [the W-] **西洋**; 西欧, 欧米; 旧西側(陣営) (自由主義諸国); 《米》 米国西部 (現在ではミシシッピー川以西). 関連 Middle West 米国中西部.

(形 wéstern)

— 形 限定 [比較なし] [ときに W-] **西の**, 西部の, 西方の; (風が)西からの (⇒ north 形 語法): on the *west* coast [side] 西海岸[西側]に / a *west* wind 西風 (英国では春をもたらす暖かい風).

— 副 [しばしば W-] **西に**, **西へ**, 西方へ: sail *west* 西方へ航海する / My house faces *west*. 私の家は西向きだ / Sado is [lies] *west* of Niigata. 佐渡は新潟の西にある.

gò wést [動] 自 (1) 西[西部]へ行く. (2) 《古風, 英》 [こっけいに] 死ぬ; (物事が)だめになる.

òut wést [副] 《米略式》 西で[に], 西の方で[に].

west·bound /wés(t)bàʊnd/ 形 限定 (乗り物などが)西へ向かっている, 西回りの.

Wést Cóast 名 固 [the 〜] (米国の)西海岸 (太平洋岸の California, Oregon, Washington 州; ⇒ East Coast).

Wést Énd 名 固 [the 〜] ウェストエンド (London 中央部西寄りの高級ホテルや一流商店や劇場の多い地区; ⇒ East End).

west·er·ly /wéstəli | -tə-/ 形 ❶ 限定 西の, 西寄りの. ❷ (風が)西からの.

****west·ern** /wéstən | -tən/

— 形 ❶ 限定 [しばしば W-] **西の**; 西からの; 西向きの; 西への (略 W; ⇒ north 形 語法): the *western* sky 西の空 / on the *western* side 西側に. 関連 northern 北の / southern 南の / eastern 東の.

❷ [普通は 限定] [W-] **西洋の**, 欧米の; 西側の: *Western* civilization [culture] 西洋文明[文化]. 関連 Eastern 東洋の. ❸ 限定 [W-] 《米》 西部の: the *Western* States 西部諸州. (名 west, 動 wésternìze)

— 名 C [しばしば W-] 西部劇, ウェスタン (米国開拓時代のカウボーイなどの活躍する映画など).

West·ern·er, west·ern·er /wéstənɚ | -tənə/ 名 ❶ C 《米》 西部の人. ❷ C 西欧人.

Wéstern Éurope 名 固 西ヨーロッパ.

Wéstern Hémisphere 名 [the 〜] 西半球.

west·ern·i·za·tion /wèstənɪzéɪʃən | -tənaɪz-/ 名 U 西洋化, 欧米化.

west·ern·ize /wéstənàɪz | -tə-/ 動 他 (...)を西洋化する, 欧米化する. (形 wéstern)

west·ern·ized /wéstənàɪzd | -tə-/ 形 西洋[欧米]化した.

wéstern médicine 名 U 西洋医学.

west·ern·most /wéstənmòʊst | -tə-/ 形 限定 最西の, 最西端の.

Wéstern Róman Émpire 名 固 [the 〜] 西ローマ帝国 (ローマ帝国が 395 年東西に分裂して Rome を首都として成立した帝国; 476 年滅亡した; ⇒ history 参考).

Wéstern Samóa 名 固 西サモア (南太平洋のサモア

独立国の通称》.

Wést Índian 形 西インド諸島の. ― 名 C 西インド諸島の人.

Wést Ín·dies /-índiz/ 名 固 複 [the ~] 西インド諸島《米国の Florida 半島南方から南米のベネズエラとの間にある諸島》.

West·min·ster /wés(t)mìnstɚ | -stə/ 名 固 ウェストミンスター《London 中央部の自治区; 国会議事堂 (the Houses of Parliament) やバッキンガム宮殿 (Buckingham Palace) がある》; 英国議会. 関連 Capitol Hill 米国議会.

Wéstminster Ábbey 名 固 ウェストミンスター寺院《London の国会議事堂近くの大聖堂》.

west-north·west /wéstnɔ̀ɚθwést | -nɔ̀:θ-/ 名 [the ~] 西北西《略 WNW》. ― 形 西北西の.

west-south·west /wéstsàʊθwést/ 名 [the ~] 西南西《略 WSW》. ― 形 西南西の.

Wést Virgínia 名 固 ウェストバージニア《米国中東部の州; 略 W. Va.,《郵便》では WV》.

west·ward /wéstwɚd | -wəd/ 副 西の方へ, 西に向かって, 西向きに [⇔ eastward]: turn *westward* 西へ転じる. ― 形 限定 西の方への, 西に向かう, 西向きの.

west·wards /wéstwɚdz | -wədz/ 副《英》= westward.

****wet** /wét/ (同音 #whet)

― 形 (wet·ter /-ṭɚ | -tə/; wet·test /-ṭɪst/) ❶ ぬれた, 湿った [⇔ dry]《⇒ 類義語》: a *wet* towel ぬれたタオル / I got my clothes *wet*. 私は服をぬらしてしまった / Her cheeks were ***wet with*** tears. +with+名 彼女のほおは涙でぬれていた / ***wet through*** ずぶぬれになって / ***soaking*** [***dripping, sopping***] ***wet*** びしょぬれになって. ❷ **雨降りの**, 雨の多い [≒rainy] [⇔ dry]: *wet* weather 雨模様の天気 / *wet* days 雨降りの日 / the *wet* season 雨期. ❸ (ペンキなどが)乾いていない: WET PAINT ペンキ塗りたて《掲示》. ❹ (子供・おむつが)おもらしした. ❺《米略式》(州などが)飲酒を禁じていない [⇔ dry]. ❻《英略式》いくじのない, 弱虫の; まぬけな. 日英 wet には日本語の「ウェット」のように「情にもろい, 感傷的な」という意味はない. これに相当する英語は sentimental, soft-hearted など《⇒ dry 形 日英》.

áll wét [形]《米略式》完全に間違って.

be (stìll) wét behìnd the éars [動] 自《略式》[軽蔑的] 未熟である, くちばしが黄色い.

類義語 **wet** 最も一般的な語で水などの液体でぬれていること: I got *wet* with rain. 雨で体がぬれた. **damp** じめじめした状態で, 普通はその湿りが不快な場合に用いる: My shoes are *damp*. 私の靴は湿っている. **moist** *damp* より湿り気が少なく, またその湿りが望ましい場合に用いる: The grass was *moist* with dew. 芝生は露にぬれていた. **humid** 天候に関して, 空気の不快な湿気を意味する: *humid* air 湿度の高い空気.

― 動 (wets /wéts/; 過去・過分 wet, wet·ted /-ṭɪd/; wet·ting /-ṭɪŋ/) 他 ❶ (...)を**ぬらす**, 湿らせる [⇔ dry]: He *wetted* the towel *with* water. 彼はタオルを水で湿らせた. ❷ (ベッド・衣服など)に小便をもらす: *wet* the [one's] bed 寝小便をする / *wet* oneself [one's pants] おもらしをする.

― 名 ❶ [the ~] 雨降り, 雨天. ❷ C《英略式》[軽蔑的] (保守党の)穏健な政治家; 弱気な人.

wét blánket 名 C《略式》座をしらけさす人.

wet·land /wétlæ̀nd/ 名 C,U [しばしば複数形で] 沼地, 湿地.

wet·ness /wétnəs/ 名 U ぬれていること, 湿気.

wét sùit 名 C ウェットスーツ《潜水やサーフィン用》.

****we've** /wi:v/ (同音 weave)《略式》we have[2] の**短縮形**: *We've* just finished it. 私たちはちょうどそれを終えたところだ.

whack /(h)wǽk | wǽk/ 動 他《略式》(つえなどで)強く打つ, ぴしゃりと打つ (*with*). ― 名 ❶ C S《略式》ぴしゃりと打つこと[音], 強打: give a boy a *whack* across the ear 少年の横面をひっぱたく. ❷ C [普通は単数形で]《英略式》分け前; 負担(分): get [have] one's (fair) *whack* 分け前をもらう / (the) full *whack* 全部, 全額. **hàve [tàke] a whack at ...** [動] 他 ...に一撃を加える; S《略式》...を試みる. **in óne whack** [副]《米略式》一度に. **òut of whack** [形] S《米略式》調子が悪い.

whacked /(h)wǽkt | wǽkt/ 形 ❶ 叙述《英略式》疲れきった (*out*). ❷ (状況などが) 変な (*out*). **whácked óut** [形]《米略式》(酒・麻薬などで)ふらふらした, 様子のおかしい.

whack·ing /(h)wǽkɪŋ | wǽk-/ 形 限定《英略式》すごく大きな: a *whacking* lie 真っ赤なうそ. ― 副 [普通は ~ great の形で] S《英略式》すごく.

+whale[1] /(h)wéɪl | wéɪl/ (同音 #wail) 名 (複 ~s /~z/, ~) C **鯨**《英米では食用にしない; ⇒ bull[1] 2, cow[1] 2》: *whale* watching ホエールウォッチング(ツアー).

a whále of a ... [名]《略式》大きな..., すばらしい...: *a whale of a* time すばらしいひととき.

whale[2] /(h)wéɪl | wéɪl/ 動 [次の成句で] **whále on [into] ...** [動] 他《米》...をむち打つ, 強打する.

whale·bone /(h)wéɪlbòʊn | wéɪl-/ 名 U 鯨のひげ.

whal·er /(h)wéɪlɚ | wéɪlə/ 名 C 捕鯨者[船].

whal·ing /(h)wéɪlɪŋ | wéɪl-/ 名 U 捕鯨.

wham /(h)wǽm | wǽm/ 名 C《略式》どかーんと打つ音; 強い衝撃. ― 間 どかーん, がーん.

wham·my /(h)wǽmi | wǽmi/ 名 (wham·mies) C《略式》縁起の悪いもの; 致命的な打撃[災難]: ⇒ double whammy.

+wharf /(h)wɔ́ɚf | wɔ́:f/ 名 (複 **wharves** /(h)wɔ́ɚvz | wɔ́:vz/, ~s) C **波止場**, 埠頭(ふとう).

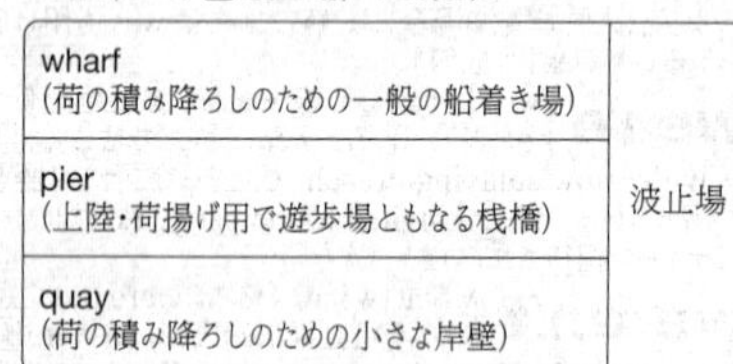

wharf (荷の積み降ろしのための一般の船着き場)	波止場
pier (上陸・荷揚げ用で遊歩場ともなる桟橋)	
quay (荷の積み降ろしのための小さな岸壁)	

*****what[1]** /(h)wɑ́(:)t, (h)wʌ́t | wɔ́t/ (同音 #watt, #Watt)

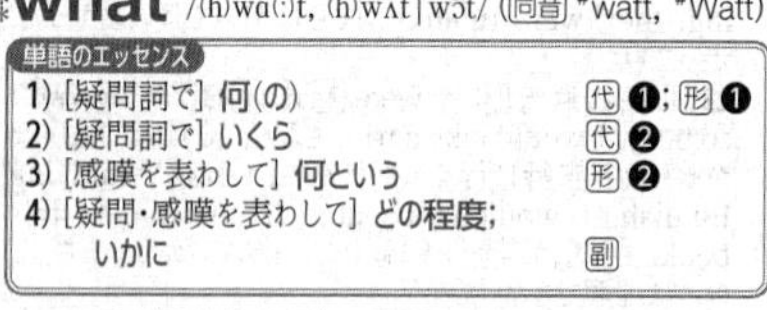

単語のエッセンス

1) [疑問詞で] 何(の)	代 ❶; 形 ❶
2) [疑問詞で] いくら	代 ❷
3) [感嘆を表わして] 何という	形 ❷
4) [疑問・感嘆を表わして] どの程度; いかに	副

― 代《疑問代名詞》 語法 原則として文や節の初めにくる.

❶ **何**, **どんなもの[こと]**; **何をする人**, どんな[どこの]人.

(1) [主格補語として]: *What* is that? それ[あれ]は何です

か / *What* is your name? あなたの名前は何というのですか《⇒ name 名 1 語法》/ *What* is the Japanese for "house"? 日本語で house を何と言いますか / *What* do you want to be when you grow up? 大きくなったら何になりたいですか / I don't know *what* the truth is. 私には真相が何だかわかりません [名詞節を導く] / 🗨 "*What* is he?" "He's an engineer."「彼は何をしている人ですか」「彼は技師です」 語法 🔍 職業・地位などを聞く場合に用いる. ただし直接相手に聞く場合は *What* are you? はぞんざいな聞き方になるので, *What* (kind of work) do you do? のように言う《⇒ who¹ 1 (1) の最後の 語法》.

(2) [主語として] 語法 疑問文でも主語と述語動詞の語順は平叙文と同じで, 助動詞の do は用いない《⇒ do¹ 2 (1) 語法》: *What* makes you think so? 何があなたをそう考えさせるのか(あなたはなぜそう考えるのか) / *What* will become of the world? 世界はどうなるのだろう / Tell me *what* caused the trouble. その紛争の原因は何なのか教えてください [名詞節を導く] / "*What* happened?" "Tom got injured in a traffic accident."「何があったの?」「トムが交通事故でけがをしたんだ」

(3) [他動詞の目的語として]: *What* did you have for lunch? あなたは昼食に何を食べましたか / *What* in the world does she mean? 一体彼女はどういうつもりなのか / *What* do you think he said to me? 彼が私に何と言ったと思いますか / 言い換え Tell us *what* we should do next. [名詞節を導く] = Tell us *what to* do next. [名詞句を導く; ⇒ to² A 6] 次に何をしたらよいか教えてください / 🗨 "*What* do you do (for a living)?" "I'm an English teacher."「お仕事は何ですか」「英語の教師です」《⇒ 1 (1) 語法》.

(4) [前置詞の目的語として]: *What* are you talking *about*? 何の話をしているのですか / *What* was Mary looking *for* in the closet? メアリーは押入れで何を探していたの / "He's going to write a story." "*What about*?"「彼は記事を書こうとしている」「何についてですか」《*What* is he going to write *about*? の省略した言い方》.

❷ (金額などが)**いくら, どのくらい**: *What* did you pay for it? それにいくら払いましたか / *What* are the prices of these books? これらの本の値段はいくらですか / *What* is the population of Japan? 日本の人口はどのくらいですか.

❸ [相手のことばが聞き取れなかったり, 意外であるときに聞き返して] 何(が[を])ですって. 発音 上昇調で発音される《⇒ **つづり字と発音解説 94**》: 🗨 "He's a skydiver." "He's (a) *what*?"「彼はスカイダイバーだ」「彼は何をする人ですって」/ "He broke his leg." "He did *what*?"「彼は足を折った」「彼が何をしたって」

... and whát nòt [háve you]. Ⓢ《略式》...そしてその他いろいろ, ...など: They sell candy, cookies *and what not* [*have you*]. その店ではキャンディーやクッキーやら何やらを売っている.

... or whát? [疑問文の末尾で用いて] Ⓢ それとも(他に)何か; そうでないとでも言うのかね.

Sò whát? ⇒ so¹ 接 成句.

Whát? [間] (1) Ⓢ **えっ, なに**《相手の言ったことが聞き取れなかったとき; Pardon [Excuse me, Sorry]? よりもぞんざいな言い方》: 🗨 "Turn down the TV." "*What?*"「テレビの音量下げてよ」「えっなに」 (2) Ⓢ **なに, 何ですか**《人に話しかけられたとき》: 🗨 "Tom!" "*What?*" "Do you hear that strange sound?"「トム」「なに」「あの変な音が聞こえる?」 (3) Ⓢ《略式》**何だって**《驚いたり憤慨したりしたとき》: 🗨 "They rejected your proposal." "*What?*"「彼らは君の提案を断わった」「何だって」

Whát abòut ...? (1) Ⓢ **...はどう(なの)ですか**: 🗨 "I'm going to Spain next month." "*What about* your business?"「私は来月スペインに行くつもりです」「お仕事はどうするのですか」 (2) [提案・勧めなどを表わして] Ⓢ **...はいかがですか** [≒How about ...?]: *What about* another drink? もう一杯どうですか / "Let's eat out tonight." "Good idea! *What about* that new Italian place?"「今夜は外食しよう」「いいね. 新しくできたイタリアンのお店はどう?」

Whát abòut dóing? ...するのはどうですか, ...しませんか: *What about going* to a baseball game? 野球の試合を見に行くのはどうですか《提案》.

Whàt fór? Ⓢ 何のために, 何の目的で; なぜ.

Whát ... fòr? Ⓢ **何のために**; なぜ [≒why]: *What* do you go to school *for*? あなたは何のために学校に行っているのですか / *What*'s this bell on the gate *for*? 門についているこのベルは何(のためのもの)ですか. 語法 ×For what ... ? とは言わない.

Whát if ...? (1) Ⓢ **(もし)...だったらどうなるだろう[どうしよう]**: *What if* they should come late? 万一彼らが遅れてきたらどうしようか. (2) Ⓢ [軽く提案して] ...してみたらどうだろう. (3) ...であってもかまうものか: *What if* I fail? 失敗してもかまうもんか.

whát is ... líke? ⇒ like¹ 前 成句.

Whát of ...? (1) Ⓢ ...がどうだというのだ, ...などかまわないではないか: Well, *whàt óf* it? で, それがどうしたというのだ(かまわないではないか) / *What of* the rain? 雨がなんだ. (2) ...はどうするのか; ...はどうしたのか.

Whát's it to yóu? Ⓢ それがどうしたというんだ, 君には関係ない.

Whát's úp? (1) Ⓢ《略式》どうしたの, 何事だ: *What's up with* this printer? このプリンターはどうしたんだ. (2) Ⓢ《略式》[あいさつ代わりに] どうしてる?《Nothing much. (別に)などと答える》.

whát's whát Ⓢ 真相, 実情: know *what's what* 真相を知っている, 万事心得ている.

Whát's with ...? Ⓢ《米》(人)はどう(か)したのか; (物事)はどういうわけか.

whát's-his [her, their]-nàme [名] Ⓢ あのなんとかいう人(たち), 例のあの人(たち)《名前を思い出せない人を指す》.

whát's-its-nàme [名] Ⓢ あのなんとかいう物, 例のあれ《名を思い出せない物を指す》.

You whát? (1) Ⓢ《英》[ぞんざいに聞き返して] 何だって. (2) Ⓢ [相手の発言に驚いて] 何だって.

— 形《疑問形容詞》❶ **何の, 何という, どんな**; どれほどの: *What* flower(s) do you like (the) best? あなたは何の花がいちばん好きですか / *What* date is it? きょうは何日ですか / Please tell us *what* book we should read first. 最初にどういう本を読んだらいいか教えてください [名詞節を導く] / By *what* means did he get it? どんな手段で彼はそれを手に入れたのか.

❷ /(h)wɑ́(ː)t | wɔ́t/ [感嘆を表わして] Ⓢ (まあ)**何という ..., 何と...**: *What* a cute baby he is! 何てかわいい赤ん坊だろう / *What* an idea! 何とすばらしい[ばかばかしい]考えだろう / *What* beautiful weather! 何てよい天気なのだろう / I'll never forget *what* a good time I had at your party. あなたのパーティーでとても楽しかったことを忘れません [名詞節を導く]. 語法 感嘆を表わす what

W

の次には名詞(普通は形容詞に伴う)が続き, how の次には形容詞または副詞が来る《⇒ how[1] 副 4》.

— 副 [疑問・感嘆を表わす文で] **どの程度**, どれほど, いかに [≒how]: *What* does it matter? それがどうしたというのだ / *What* he suffered! どれほど彼は苦しんだことか. 語法 疑問文で使われると反語的な言い方になる《⇒ **巻末文法 13.6**》.

whát with ... (and ~) Ⓢ ...(や~)のため: *What with* his cold *and* lack of practice, he won't be able to play very well today. かぜやら練習不足やらで彼はきょうは満足にプレーできまい.

****what**[2] /(h)wɑ(ː)t, (h)wʌt | wɔt/ (同音 #watt, #Watt)

— 代 《関係代名詞》 語法 物や事柄を表わす語を受け, 先行詞をその中に含む. ❶ (1) [関係詞節 (what に続く節) の中で主語として] **...であるもの[こと], ...するもの[こと]**: *What is* important to you *is* also important to me. あなたにとって重要なことは私にとっても重要だ[関係詞節の中では is の主語; また全体の文ではこの関係詞節は主語でその述語動詞は 2 番目の is] / *What* really *matters is* the children. 本当に大事なのは子供たちだ[関係詞節の中では matters の主語; また全体の文ではこの関係詞節は主語でその述語動詞は is]. 語法 この場合動詞を複数形にすることもある: *What* really *matter are* the children. // The travelers see only *what interests* them. 旅行者は自分に興味のあるものしか見ない[関係詞節の中では interests の主語; また全体の文ではこの関係詞節は他動詞 see の目的語] / We were indifferent *to what was happening* in Moscow at that time. その時モスクワで起きていたことに私たちは無関心だった[関係詞節の中では was happening の主語; また全体の文ではこの関係詞節は前置詞 to の目的語] / Education *is what remains* when we forget all that we have been taught. 教育とは我々が教わったことをすべて忘れてしまった後に残るものである[関係詞節の中では remains の主語; また全体の文ではこの関係詞節は is の主格補語].

(2) [関係詞節の中で他動詞の目的語として] (人・物が) **...するもの[こと]**, ...であるもの[こと]: *What* he *says is* not true. 彼の言っていることはうそだ[関係詞節の中では says の目的語; また全体の文ではこの関係詞節は主語でその述語動詞は is] / *What* Galileo *had claimed proved* to be true. ガリレオが主張したことは真実であることがわかった[関係詞節の中では claimed の目的語; また全体の文ではこの関係詞節は主語でその述語動詞は proved] / I don't *like what* he *says*. 私はあの男の言うことが気に食わない[関係詞節の中では says の目的語; また全体の文ではこの関係詞節は他動詞 like の目的語] / They *did what* they could to save her. 彼らは彼女を救うためにできるだけのことをした[関係詞節の中では could (do) の目的語だが, この do は普通は省かれる; また全体の文ではこの関係詞節は他動詞 did の目的語] / Please listen *to what* I'm going to *say*. 私がこれから話すことをよく聞いてください[関係詞節の中では say の目的語; また全体の文ではこの関係詞節は前置詞 to の目的語] / That'*s* not *what* you *said* before. それは君が以前言ったことと違う[関係詞節の中では said の目的語; また全体の文ではこの関係詞節は is の主格補語].

(3) [関係詞節の中で前置詞の目的語として]: *What* she is worried *about is* his health. 彼女が心配しているのは彼の健康のことだ[関係詞節の中では about の目的語; また全体の文ではこの関係詞節は主語でその述語動詞は 2 番目の is] / They *received what* they paid *for*. 彼らは払った代金に見合うものを受け取った[関係詞節の中では for の目的語; また全体の文ではこの関係詞節は他動詞 received の目的語]. 語法 この場合 ×They received *for what* they paid. と前置詞を what の前に移すことはできない.

(4) [関係詞節の中で主格補語として] 語法 この場合には人にも用いられる. (人・物が)**...であること[状態]**; (...の)人となり, 人柄: Japan *is* not *what* she [it] *was* thirty years ago. 今の日本は 30 年前の日本ではない[関係詞節の中では was の主格補語; また全体の文ではこの関係詞節は is の主格補語] / My mother *made* me *what* I *am* today. 私が現在のようになった[今日ある]のは母のおかげだ[関係詞節の中では am の主格補語; 全体の文ではこの関係詞節は made の目的格補語] / People's worth lies not in what they have but *in what* they *are*. 人間の価値はその人の持っているもの[財産]にあるのではなくその人柄にある[関係詞節の中では are の主格補語; また全体の文ではこの関係詞節は前置詞 in の目的語].

❷ [挿入語句を導いて] ...なことには. 語法 この場合関係詞節は副詞節となる: It was getting dark, and, *what* made matters worse, it began to rain. 暗くなってきたし, そのうえ悪いことには, 雨が降りだした / He said it, and *what* was more surprising, he did it himself. 彼はそう言ったが, さらに驚いたことには, 自分自身でそれを実行したのだ.

Á is to B́ what Ć is to D́. A の B に対する関係は C の D に対する関係と同じである: The sound of TV *is to* my grandmother *what* a lullaby *is to* a baby. うちのおばあさんにとってテレビの音は赤ちゃんにとっての子守歌のようなものだ. 語法 数学的な言い方では what の代わりに as を使うのが普通《⇒ as 接 6》.

hàve (gót) whát it tákes 動 自 (...する)才能[資質]がある (*to* do).

whàt is càlled ..., whàt we [you, they] càll ... ⇒ call 動 成句.

— 形 《関係形容詞》 ...する[...である]その~; ...する[...である]どんな(ものでも); ...する[...である](もの全部). 語法 数えられる名詞のときには複数形をとる: I read *what* books are available. 私は手に入る本ならなんでも読む / Lend me *what* money you can. あなたが貸せるだけの金を私に貸してください.

what·cha·ma·call·it /(h)wɑ́(ː)ʧəməkɔ̀ːlɪt | wɔ́ʧ-/ 名 C Ⓢ あのなんとかいう物, 例のあれ《ちょっとした物の名前が思い出せないときに用いる; what you may call it がつまってできた語》.

*****what·ev·er**[1] /(h)wɑ̀(ː)ṭévɚ, (h)wʌ̀ṭ- | wɔ̀tévə/ ❗アク

— 代 ❶ 《関係代名詞》 語法 先行詞をその中に含む; ⇒ what[2]. **...するもの[こと]は何でも**, ...であるもの[こと]は何でも (anything that): *Whatever* she says carries weight. 彼女の言うことは何でも重みがある / Please help yourself to *whatever* you like. どうぞお好きなものを何でも召し上がれ.

❷ [譲歩の副詞節を導いて] **たとえ何が...でも**, 何を...でも [≒no matter what]: *Whatever* happens, I'll do it. たとえ何が起ころうと私はそれをやる / *Whatever* he may say, don't worry about it. 彼が何と言おうと気にするな. ❸ [返答に用いて] Ⓢ 何でもいいよ: "Would you like coffee, tea, coke ...?" "*Whatever.*" 「コーヒーがいい, それとも紅茶, コーラ...」「何でもいいよ」

... or whatéver Ⓢ ...とか何かそんなもの[人], ...など:

He can run, ski, swim *or whatever*. 彼はランニングでもスキーでも水泳でも何であれできる。

whatéver you dò [副] Ⓢ 何があっても, 絶対に: *Whatever you do*, don't talk about this to anyone. 絶対にこのことは誰にも話すなよ.

whatéver you sáy [thínk, wánt] [副] Ⓢ (内心は反対でも)あなたの言う[思う, やりたい]とおりにしましょう.

— 形 ❶《関係形容詞》...する[...である]のはどんな～でも: I'll buy you *whatever* book (= any book that) you like. 好きな本を何でも買ってあげよう / I'll help you in *whatever* way (= in any way that) I can. 私にできる限りのあらゆる方法で君を助けてあげよう.

❷ [譲歩の副詞節を導いて] **たとえどんな...でも** [≒no matter what ...]: *Whatever* book says that, it's not true. どの本にそう書いてあるにせよ, それは本当ではない.

❸ [no または any に伴う名詞の後につけて] 少しの...も; 少しでも [≒at all]: There's *no* doubt *whatever* about it. それは何の疑いもない.

+**what ev·er, what·ev·er²** /(h)wɑ̀(ː)ṭévɚ, (h)wʌ̀ṭ- | wɔ̀tévə/ アク 代 [疑問代名詞 what の強意] **一体何が[を]**《⇒ ever 5 語法》: 「*What ever* [*Whatever*] has happened? 一体何が起こったのだ / 「*What ever* [*Whatever*] do you mean by that? それは一体全体何のことだね.

what'll¹ /(h)wɑ́(ː)ṭl, (h)wʌ́ṭl | wɔ́tl/ (同音 #wattle) 《略式》 what¹ will¹ の短縮形: *What'll* be next? 次は何だろう.

***what'll²** /(h)wɑ(ː)ṭl, (h)wʌṭl | wɔtl/ (同音 #wattle) 《略式》 what² will¹ の短縮形: He buys only *what'll* be useful for him. 彼は役立ちそうなものしか買わない.

what·not /(h)wɑ́(ː)tnɑ̀(ː)t, (h)wʌ́t- | wɔ́tnɔ̀t/ 名 Ⓤ [and ～ として] Ⓢ 何やかや, いろんなもの.

***what're¹** /(h)wɑ́(ː)ṭɚ, (h)wʌ́ṭɚ | wɔ́tə/ (同音《米》 #water) 《略式》 what¹ are の短縮形: *What're* their names? 彼らの名前は何というの / *What're* you going to buy? 何を買うつもりですか.

what're² /(h)wɑ(ː)ṭɚ, (h)wʌṭɚ | wɔtə/ 《略式》 what² are の短縮形. ✪ 普通は what's (= what is) を使う.

what's¹ /(h)wɑ́(ː)ts, (h)wʌ́ts | wɔ́ts/ ❶《略式》 what¹ is の短縮形: *What's* your name? 名前は何ていうの《⇒ name 名 1 語法》 / *What's* making that noise? あれは何の音だ / *What's* it made of? それは何でできているの.

❷《略式》 what¹ has² の短縮形: *What's* happened? 何が起きたの.

***what's²** /(h)wɑ(ː)ts, (h)wʌts | wɔts/ ❶《略式》 what² is の短縮形: Tell me *what's* most important. いちばん大事なことを言ってくれ / *What's* done cannot be undone. 《ことわざ》 一度したことは元に戻せない(覆水盆にかえらず). ❷《略式》 what² has² の短縮形.

whát's-his [her, their, its]-nàme ⇒ what¹ 代 成句.

what·sit /(h)wɑ́(ː)tsɪt, (h)wʌ́ts- | wɔ́ts-/ 名 Ⓒ Ⓢ あのなんとかいう物, 例のあれ.

+**what·so·ev·er** /(h)wɑ̀(ː)tsoʊévɚ, (h)wʌ̀t- | wɔ̀tsoʊévə/ 代 形 [強意] = whatever¹. 語法 whatever¹ 形 3 に相当する用法以外は《格式》.

+**wheat** /(h)wíːt | wíːt/ 名 Ⓤ **小麦**, 小麦の実: Bread is made from *wheat*. パンは小麦から作られる. 関連 flour 小麦粉.

séparate the whéat from the cháff [動] 自 = separate the sheep from the goats《⇒ sheep 成句》.

whéat gèrm 名 Ⓤ 小麦の胚芽(はいが).

whee·dle /(h)wíːdl | wíː-/ 動 他 ❶ (...)を甘いことばで誘う[だます]. ❷ (...)にうまいことを言って...させる (*into*). — 自 甘いことばで誘う[だます]. **whéedle ...「òut of [from] ～** [動] 他 うまいことばで～から(...)を巻き上げる.

***wheel** /(h)wíːl | wíːl/ (同音 #we'll) 名 (～s /～z/) ❶ Ⓒ **車輪**《⇒ car 挿絵》: front [rear] *wheels* 前[後]輪 / the *wheels* of a bicycle 自転車の車輪 / The squeaking *wheel* gets the grease. 《ことわざ》 車のきしむ車輪がグリスをもらう(文句を言う者ほど欲しいものを得る).

❷ [the ～] (自動車の)**ハンドル**, (船の)舵輪(だりん) (steering wheel)《⇒ handle 日英》: *take the wheel* (人に代わって)運転する; かじを取る. ❸ Ⓒ 回転盤, (機械の部品としての)輪; (製陶用の)ろくろ (potter's wheel). ❹ [複数形または a set of ～s で] Ⓢ 自動車. ❺ Ⓒ [普通は複数形で] (組織などの)原動力, 推進力; 機構: the *wheels of* government 政治機構.

at [behìnd] the whéel [形] 運転して; 支配力を持って: the man *at* [*behind*] *the wheel* ハンドルを握っている人, (船の)舵手(だしゅ); (物事の)責任者.

gréase [《英》 óil] the whéels [動] 自 事を円滑に進める.

reinvént the whéel [動] 自《略式》 完成品を作り直す, むだな改良を試みる.

sét the whéels「in mòtion [tùrning] [動] 自 事を実行に移す.

whéels withìn whéels [名] Ⓢ 複雑な事情.

— 動 (wheels /～z/; wheeled /～d/; wheel·ing) 自 **くるりと向きを変える**; (鳥などが)旋回する: He ***wheeled around*** [***round, about***] and looked at me. V+副 彼はぐるりと向きを変えて私を見た / A hawk was ***wheeling above*** the top of the tallest tree. V+前+名 1 羽のたかがいちばん高い木の上を旋回していた.

— 他 ❶ (車輪のついたもの)**を動かす**, 押し[引き]動かす: He ***wheeled*** his bicycle ***up*** the hill. V+O+前+名 彼はその坂道を自転車を押して上った. ❷ (...)を(車輪のついたものにのせて)運ぶ.

whéel and déal [動] 自 (ビジネス・政治などで)策を弄(ろう)する, 手練手管(てれんてくだ)を使う, 画策する.

wheel·bar·row /(h)wíːlbæ̀roʊ | wíːl-/ 名 Ⓒ (手押しの)一輪車 (barrow)《特に土砂を運ぶ》.

wheel·base /(h)wíːlbèɪs | wíːl-/ 名 Ⓒ (自動車の)ホイールベース, 軸距《前後の車輪間の距離》.

+**wheel·chair** /(h)wíːltʃèɚ | wíːltʃèə/ 名 (～s /～z/) Ⓒ **車いす**: go out in a *wheelchair* 車いすで外出する.

whéel clàmp 名 Ⓒ《英》 車輪止め《駐車違反車両を動けなくする》.

wheel·er-deal·er /(h)wíːlɚdíːlɚ | wíːlədíːlə/ 名 Ⓒ《略式》 (政治などで)策を弄(ろう)する人, やり手.

wheel·ie /(h)wíːli | wíːli/ 名 Ⓒ《略式》 (自転車・オートバイなどの)後輪走行, ウィリー.

wheel·wright /(h)wíːlràɪt | wíːl-/ 名 Ⓒ 車大工, 車輪製造[修理]業者.

wheeze /(h)wíːz | wíːz/ 動 自 ぜいぜい息を切らす; ぜいぜいいう音を出す. — 名 Ⓒ ぜいぜいいうこと[音].

wheez·y /(h)wíːzi | wíː-/ 形 (wheez·i·er; -i·est) ぜいぜいいう.

whelk /(h)wélk | wélk/ 名 Ⓒ ヨーロッパばい《食用貝》.

whelp /(h)wélp | wélp/ 名 Ⓒ 子犬; (ライオンなどの)子. — 動 自《古風》 (犬などが)子を産む.

‡when[1] /(h)wén | wén/

— 副《疑問副詞》いつ: *When* did they get married? 二人はいつ結婚したの / *When* was the baby born? 赤ちゃんはいつ生まれたの / *When* will Flight 710 arrive? 710 便はいつ到着するのですか《710 は seven ten と読む》. 語法 when で始まる疑問文では現在完了形は用いない. ただし特に修辞疑問文として「いつ...したことがあるか」と経験を問うときには用いることがある: *When* have I ever attacked you? (一体)いつ君を攻撃したことがあるかい(一度だってないよ)《⇒ Since when ...? (since 前 成句)》 // I don't know *when* she'll get back. 彼女がいつ帰ってくるのかわからない[名詞節を導く; ⇒ when[2] 1 (1) 語法 (1)] / 言い換え Tell us *when* we should start. [名詞節を導く] = Tell us *when* to start. [名詞句を導く; ⇒ to[2] A 6] いつ出発したらよいか教えてください.

— 代《疑問代名詞》いつ《前置詞の目的語となる》: *Until* [*Till*] *when* are you going to stay here? いつまでここにいる予定ですか / *Since when* has she been ill? いつから彼女は病気なの. 語法 since when の形はしばしば尋ねる側の不信を含意するので, 普通は次のように言う: *How long* has she been ill? // *When* do you need this *by*? いつまでにこれが必要ですか.

— 名 [the ~] 時; 場合.

Sày whén. ⓢ いい分量になったら言ってね《人に飲み物をついだり食べ物をよそうときに》. 語法 答えは That's enough (, thank you). または [こっけいに] When.

‡when[2] /(h)wen | wen/

— 接《従属接続詞》❶ (1) ...するとき, **...であるとき**; ...のときはすぐに: *When* it rains, I usually stay at home. 雨が降ると私はたいていうちにいる / It was past midnight *when* we arrived in Beijing. 私たちが北京に着いたときにはもう 0 時過ぎだった / The phone rang just *when* I was getting into bed. ちょうどベッドに入ろうとしている時に電話が鳴った.

> 語法 (1) **when 副詞節内の時制**
> 接続詞 when が「未来の時」を表わす副詞節を導く場合, 普通は現在時制を用いる《⇒ **巻末文法** 6.1 (1) ③; if[1] 1 語法 (1)》: She'll be happy *when* she *finds* a job. 彼女は仕事が見つかれば喜ぶだろう. 次の例と比較: I don't know *when* she *will* find a job. 彼女にいつ仕事が見つかるかはわからない[この when は疑問詞で when 以下は名詞節; ⇒ when[1] 副].
> (2) **when 副詞節内の省略**
> when が導く副詞節の主語と主節の主語が同じものを指し, かつ副詞節の述語動詞が be 動詞の場合には, 次のように省略されることがある《⇒ while 接 1 語法, **巻末文法** 15.4 (2)》: *When* (*you are*) angry, count ten before you speak. 腹が立ったときにはしゃべる前に 10 数えなさい.

(2) [主節に続いて] (...した[...しようとした])**ちょうどそのときに**, (...していると)そのとき. ✪ 主節の方から訳すことが可能《⇒ when[3] 副 2》:「I *had just gone* [I *was about to* go] to bed *when* the telephone rang. ベッドに入ったと思ったら[入ろうとしていたら]電話が鳴った / We *were* all *singing when* he came in. 私たちが皆で歌っていたところへ彼が入ってきた. 語法 主節は過去完了形, 進行形か, just, be about to ..., begin to ... を含む形が普通.

❷ **...する[...である]ときはいつも** [≒whenever]: He calls on me *when* he comes to London. 彼はロンドンに来るといつも私に会いに来る. ❸ ...する[である]ならば [≒if]; ...だとしても: *When* all else is lost, the future still remains. ほかのものがすべて失われたとしても, 未来がまだ残っている. ❹ ...を考えると, ...だから; ...にもかかわらず, ...なのに: I can't go *when* I haven't been invited. 私は招かれていないのだから行くわけにはいかない / How can he buy a car *when* he has no money? 金もないのにどうして彼は車を買えるんだろう.

hárdly ... when ~ ⇒ hardly 成句.

scárcely ... when ~ ⇒ scarcely 成句.

***when**[3] /(h)wen | wen/ 副《関係副詞》 語法 普通は時を表わす語を受け, 関係詞節の中で副詞の働きをする.
❶ [制限用法] **...である(ときの)~, ...する(ときの)~**: Monday is *the day when* (= on which) I have the most work to do. 月曜日はいちばん仕事の多い日だ / They lived in *an age when* (= in which) there were no trains. 彼らは電車がない時代に生きていた / Will *the day* ever come *when* there is no war? 戦争のない時代がはたして来るだろうか. 語法 day などの時を表わす先行詞を用いない場合は下の 3 の用法となる.
❷ [非制限用法] するとそのとき, そしてそれから (and then): I hadn't been sleeping long, *when* a strange noise woke me up. あまり長く眠らないうちに変な物音で目が覚めた / The party climbed to within 300 feet of the peak, *when* they paused for a rest. 一行は頂上から 300 フィート以内のところまで登ったが, そこで止まって休息した. ❸ [先行詞を含んで] ...であるとき, ...するとき《⇒ 1 の 語法》: Monday is *when* I'm busiest. 月曜日は私がいちばん忙しいときだ / Fall is *when* children go back to school. 秋は子供たちが学校へ戻るときだ.

— 代《関係代名詞》そのとき《非制限用法で前置詞の目的語となる》: He came home at three, *since when* he has been studying. 彼は 3 時に帰ったが, そのときから勉強している.

whence /(h)wéns | wéns/ 副 ❶《疑問副詞》《古語》どこから《⇒ whither》: *Whence* comes this foul smell? この悪臭はどこからくるのか. ❷《関係副詞》《古語》そこから...する(ところの): The refugees returned to the country *whence* they had come. 難民たちはもといた国に戻った. 語法 先行詞を含んで「そこから...する所へ」の意でも用いることがある: The refugees returned *whence* they had come. 難民たちはもといた所へ戻った.

‡when·ev·er[1] /(h)wènévɚ | wènévə/ アク

— 接《従属接続詞》❶ **...する[...である]ときはいつでも**: I'll see you *whenever* you want. いつでもあなたが望むときに会いましょう / *Whenever* he goes out for a walk, he takes his dog with him. 彼は散歩に出かけるときはいつでも犬を連れていく.
❷ **たとえいつ...でも**: *Whenever* you (may) come, I'll be ready. いついらしても用意ができています.

— 副 ⓢ いつでも(構わない): You can come tomorrow, or *whenever*. 明日か, その後いつ来てもいいよ.

+when ev·er, when·ev·er[2] /(h)wènévɚ | wènévə/ アク 副 [疑問副詞 when の強意] **一体いつ**《⇒ ever 5 語法》:「*When ever* [*Whenever*] will he return? 彼は一体いつ戻るのかしら.

+when'll /(h)wén(ə)l | wén(ə)l/《略式》when[1] will[1] の短

縮形: *When'll* the dry cleaning be ready? ドライクリーニングはいつできあがるのかな.

+**when's** /(h)wénz | wénz/ ❶《略式》**when**[1] **is の短縮形:** *When's* he arriving? 彼はいつ着くのか.
❷《略式》**when**[1] **has**[2] **の短縮形:** *When's* he ever done anything to help? 一体いつ彼が役立つことをしてくれたっていうんだ.

‡**where**[1] /(h)wéə | wéə/ (同音 #ware, #wear)
— 副《疑問副詞》**どこに, どこで, どこへ; どこから:** *Where* is my hat? 私の帽子はどこにありますか / *Where* are you going? どちらへお出かけですか. 日英 日本人は気軽に「どちらへ」と尋ねるが, 欧米ではこういう質問を親しい人以外にすると失礼になることがある // *Where* did you get that skirt? そのスカートどこで買ったの / 💬 "Excuse me, but *where* is the restroom?" "On the first floor."「すみません. お手洗いはどこですか」「1 階です」/ *Where* am I? ここはどこですか《地図などを前にして; ⇒ here ⚡》/ Now *where* was I? Oh, yes, I was telling you about my accident. (話が中断した後で)ところでどこまで話しましたっけ. そう, 私の事故の話をしていましたね / Do you know *where* she lives? 彼女がどこに住んでいるか知ってますか [名詞節を導く] / 言い換え Since I have too many things to do, I don't know *where* I should begin. [名詞節を導く] = Since I have too many things to do, I don't know *where to* begin. [名詞句を導く; ⇒ to[2] A 6] することがありすぎて, どこから手をつけたらいいかわからない.
— 代《疑問代名詞》どこ《前置詞の目的語となる》**:** *Where* are you *from?* お国[出身地]はどちらですか / *Where* are you going *to?* あなたはどこへ行くところですか (= Where are you going?《⇒ 副》)《✪ ×To *where* are you going? とは言わない》. 語法 相手のことばに応じて簡略ないい方で尋ねることがある: "I'm going now." "*Where* (*to*)?"「今から出かけます」「どちらへ」/ "The plane has just arrived." "*Where from*?"「飛行機が到着したところだ」「どこから」

‡**where**[2] /(h)weə | weə/ (同音 #ware, wear)
— 副《関係副詞》 語法 普通は場所, ときには状況などを表わす語を受け, 関係詞節の中で副詞の働きをする.
❶ [制限用法] **...である(ところの)～, ...する(ところの)～:** Is this *the room where* (= in which) the king stayed overnight? ここが王さまが一泊した部屋ですか / There're some *cases where* (= in which) this rule doesn't apply. この規則が当てはまらない場合もいくつかある.

> 語法 (1) **where の省略**
> この用法の where は, 文の意味があいまいにならない限り《略式》では省略することもある: This is *the place* (*where*) Lincoln was born. ここがリンカンが生まれた所です.
> (2) **先行詞を伴わない場合**
> place などの先行詞は《略式》では用いないことが多い. その場合は where は下の 2 の用法となる.

❷ [先行詞を含んで] **...である所, ...する所[点]:** This is *where* we keep towels. タオルはここにしまってあります / I'll never forget *where* I first met you. 私は初めてあなたに会った所を決して忘れません / We came to *where* there was a mill. 私たちは水車小屋のある所へやって来た / I can see the tower from *where* I stand. 私の立っている所からその塔が見える / That's *where* you're wrong. そこが君の間違っている点だ. ❸ [非制限用法] そしてそこで[に], するとそこで[に] (and there)**:** They arrived in Seattle, *where* they stayed for a week. 彼らはシアトルに着き, そこで 1 週間滞在した / I went into the room, *where* I found a man sleeping on the sofa. 私が部屋に入ると, そこには 1 人の男がソファーで寝ていた.
— 接《従属接続詞》❶ **...である[する]所に, ...である[する]所へ(向かって); ...である[する]場合に(は):** Stay *where* you are. そのままそこにいてください / I'll go *where* you go. 私はあなたの行く所へ行きます. ❷ **...する所はどこでも** [≒wherever]**:** Sit *where* you like. どこでも好きなところへ座ってください. ❸ [対照を表わして] ...であるのに対して [≒whereas].

where·a·bouts /(h)wéəəbàuts | wéə(r)əb-/ 副《疑問詞》Ⓢ どの辺に[で, へ], どこに[で, へ]**:** *Whereabouts* did you meet Meg? メグとどこのあたりで会ったの.
— 名 Ⓤ [単数または複数扱い] 所在, 行方, ありか (*of*).

***where·as** /(h)wèəǽz | wèə(r)ǽz/ ❗アク 接 ❶《格式》**ところが..., 一方では..., ...であるのに対して** [≒while]**:** She likes coffee, *whereas* her husband likes tea. 彼女はコーヒーが好きだが, 彼女の夫は紅茶が好きだ. ❷〘法律〙...であるがゆえに《公式文書などで文頭で用いて》.

+**where·by** /(h)wèəbáɪ | wèə-/ 副《関係副詞》《格式》**それによって(人・物が)...する[である]** (by which)**:** He invented a device *whereby* engines could be tested. 彼はエンジンをテストできる装置を考案した.

+**where'd** /(h)wéəd | wéəd/ ❶《略式》**where**[1] **would の短縮形:** *Where'd* you go if you had the money? その金があったらどこへ行く?
❷《略式》**where**[1] **had**[2] **の短縮形:** *Where'd* you *gone?* どこへ行っていたの?
❸《略式》**where**[1] **did**[1] の短縮形.

+**where ev·er, wher·ev·er** /(h)wèəévə | wèə(r)-évə/ 副 [疑問副詞 where の強意] Ⓢ **一体どこに[へ, で]**《⇒ ever 5 語法》**:**「*Where ever* [*Wherever*] are you going? 一体どこへ行くのだ.

where·fore /(h)wéəfɔə | wéəfɔ:/ 副《疑問詞》《古語》どんな理由で, なぜ. — 接《古語》それが故に, それで. — 名 [the ～(s)] 理由, わけ《⇒ why[1] 名》.

where·in /(h)wèəín | wèə(r)ín/ 副 ❶《疑問詞》《格式》どの点で[に], どこに. ❷《関係副詞》《格式》そこで(人・物が)...する[である].

+**where'll** /wéəl | wéəl/《略式》**where**[1] **will**[1] **の短縮形:** *Where'll* the wedding take place? 結婚式はどこで挙げるのですか.

where·of /(h)wèəʌ́v, -ɑ́(:)v | wèə(r)ɔ́v/ 副 ❶《疑問詞》《古語》何について (of what). ❷《関係副詞》《古語》それについて(人・物が)...する[である] (of which).

‡**where's** /(h)wéəz | wéəz/ ❶《略式》**where**[1] **is の短縮形:** *Where's* your school? あなたの学校はどこですか / *Where's* Tom staying? トムはどこに滞在していますか.
❷《略式》**where**[1] **has**[2] **の短縮形:** *Where's* his father gone? 彼の父親はどこへ行ってしまったの.

where·so·ev·er /(h)wéəsouèvə | wèəsouévə/ 接 [強意]《文語》= wherever[1].

where·up·on /(h)wéəəpɑ̀(:)n, -əpɔ̀:n | wèə(r)əpɔ́n/ 接《格式》その(すぐ)後で, そこで.

W

where've /(h)wéɚv | wéəv/ 《略式》 where¹ have² の短縮形: *Where've* the children gone? 子供たちはどこへ行ってしまったのだろう.

*__wher·ev·er¹__ /(h)wèɚévɚ | wèə(r)évə/ アク 接 《従属接続詞》 ❶ **...する[...である]所はどこでも, ...する[...である]所はどこへでも:** Sit *wherever* you like. どこでも好きな所に座ってください. ❷ たとえどこへ[どこに]...でも [≒no matter where]: *Wherever* you (may) go, I'll follow you. あなたがどこに行こうと私はついて行きます.

wherèver póssible [副] できる限り.

wherèver thát 「may bè [ìs] [副] それがどこか知らないが.

— 副 どこでも(構わない): ... or *wherever* ...でもどこでも.

wher·ev·er² /(h)wèɚévɚ | wèə(r)évə/ 副 = where ever.

where·with·al /(h)wéɚwɪðɔ̀ːl | wéə-/ 名 [the ~] (...するのに)必要な資金[手段, 才覚] (*to* do).

whet /(h)wét | wét/ 動 (whets; whet·ted; whet·ting) 他 ❶ (食欲・興味など)を刺激する. ❷ 《文語》(刃物)を研(と)ぐ.

***__wheth·er__ /(h)wéðɚ | wéðə/ (同音 #weather)

単語のエッセンス
1) ...かどうか ❶
2) ...であろうとなかろうと ❷

— 接 《従属接続詞》 ❶ **...かどうか.**

(1) [文中で他動詞の目的語となる名詞節を導く]: I don't know ***whether*** she can come with us (***or not***). 彼女がいっしょに行けるかどうかわからない / 言い換え Please advise us *whether* we should agree to their proposal (*or not*). = Please advise us *whether to* agree to their proposal (*or not*). [名詞句を導く; ⇒ to² A 6] 彼らの提案に同意すべきか否か私たちに教えてください / I wonder *whether* John got married (*or not*). ジョンは結婚したのだろうか / We should find out *whether* the tickets are still available. まだ切符が手に入るかどうか調べてみなくては.

語法 **whether と if**
(1) whether は if で置き換えられることが多いが, if の場合は直後に or not を続けることはできない. 従って I wonder ***whether or not*** John got married. と言えるが I wonder *if or not* John got married. とは言えない. また次のような場合には if 以下は 2 通りに解釈できる: Tell me *if* you're coming. (i) あなたが来るかどうか教えて下さい[名詞節で, whether を用いたときと同じ意味]. (ii) あなたが来るなら教えて下さい[条件を表わす副詞節で, 意味が異なる].
(2) 前置詞の後には whether 節は続くことができるが, if 節は来ない: Everything depends on *whether* it is fine tomorrow. すべては明日晴れるかどうかにかかっている.
(3) whether 節は文の主語や主格補語になることができるが, if 節はなれない: *Whether* he is rich *or not* doesn't matter. 彼が金持ちかどうかは問題ではない.
(4) whether に to 不定詞が続くことがあるが, この場合は if に置き換えられない: I'm not certain *whether to* stay or leave. とどまるべきか去るべきかよくわかりません.

(2) [間接話法で] 語法 疑問詞で始まらない疑問文を間接話法で表わすときには接続詞として whether か if が用いられるが, if のほうが好まれる (⇒ if¹ 6 語法): 言い換え He asked me *whether* I was okay. 《間接話法》 (= He said to me, "Are you okay?" 《直接話法》) 彼は私に大丈夫かと尋ねた / 言い換え I asked the police officer *whether* the road led to the station. 《間接話法》 (= I said to the police officer, "Does this road lead to the station?" 《直接話法》) 私は警官にこの道を行けば駅に行きますかと聞いた.

(3) [文中で主語または主格補語となる名詞節を導く] 語法 この場合は if は用いない: *Whether* it's a good idea (*or not*) is a matter for discussion. それがよい考えかどうかは議論の余地がある / The question is *whether* the man can be trusted (*or not*). 問題はその男が信用できるかどうかということだ / *It* will be very important *whether* we win the battle (*or not*). 我々がその戦いに勝つか否かはきわめて重要であろう.

(4) [前置詞の目的語として] 語法 この場合は if は用いない: It depends *on whether* she's interested (*or not*). それは彼女が興味を持っているかどうかによる / We're still doubtful *as to whether* he's really the murderer. 我々は今でも彼が真の殺人犯かどうかは疑問に思っている. 語法 as to は省略することがある.

(5) [名詞の同格として] 語法 この場合は if は用いない: The *question* (of) *whether* she knew may never be answered. 彼女が知っていたかどうかという問題には答えが出ないかもしれない.

❷ [or ... と共に譲歩の副詞節を導いて] **...であろうとなかろうと, ...であろうと〜であろうと:** *whether* you like it *or* not 好むと好まざるとにかかわらず / Sally is always intense, *whether* (she's) working *or* playing. サリーは勉強でも遊びでも常に真剣である.

語法 (1) **whether or not ...の使い方**
1 (1) (3) (4) および 2 の場合, 特に whether の導く節の構造が長いときには or not が whether の直後に置かれることもある: We couldn't ascertain *whether or not* his statement was true. 我々は彼の述べたことが事実かどうか確かめられなかった / *Whether or not* they were married, I had good reason to believe the closeness of their relationship. 彼らが夫婦であったかどうかは知らないが, ともかく二人の関係が親密であると思える十分な理由があった.
(2) **whether の代用形**
2 の場合 whether の代わりに no matter whether, または it doesn't matter whether を用いることがある: *No* [*It doesn't*] *matter whether* he finds a job, he's getting married. 仕事が見つかろうと見つかるまいと彼は結婚する.

〖語源 元来は「2 つのうちのどちらか」の意; either と同語源〗

whet·stone /(h)wétstòʊn | wét-/ 名 C 砥石(といし).

whew /(h)wúː, hjúː | fjúː/ 間 ひゃあ!, へえっ! 《驚き・失望・暑さ・疲れなどを表わす》; ふうっ, ほっ 《安心などを表わす》 [≒phew]. 参考 実際の会話では口笛のような音を出す.

whey /(h)wéɪ | wéɪ/ 名 U 乳漿(にゅうしょう), 乳清.

***__which¹__ /(h)wítʃ | wítʃ/ (同音 #witch)

— 代 《疑問代名詞》 語法 (3) (4) の場合を除き文や節の始めにくる. **どちら, どれ;** どの人. ✪ ある決まった数の物[人]のどれかを尋ねるときに用いる. 不特定の物や人には what や who を使う.

(1) [主語として] 語法 この場合は疑問文であっても主語と述語動詞の語順は平叙文と同じで, 助動詞の do は用いない《⇒ do¹ 2 (1) 語法》: *Which* is larger, the earth ↗ or the moon?↘ 地球と月ではどちらが大きいでしょうか《⇒ **巻末文法** 1.5 (2) ③, or 1 発音 (1)》/ ***Which of*** the boys runs (the) fastest? その少年たちのうちだれがいちばん速く走るのですか《この意味では who of the boys とは言わない》/ Tell me *which of* the two cameras is the better one. その2台のカメラのうちどちらがよいほうなのか教えてください [名詞節を導く].

(2) [他動詞の目的語として]: *Which* do you like better, apples ↗ or pears?↘ りんごとなしではどちらが好きですか《⇒ **つづり字と発音解説** 97》/ 言い換え Please advise me *which* I should choose. [名詞節を導く] = Please advise me *which to* choose. [名詞句を導く; ⇒ to² A 6] どちらを選んだらよいか教えてください / *Which* of these cookies would you like? どのクッキーがいいですか.

(3) [前置詞の目的語として]: ***Which of*** the men was Liz talking ***to***? どちらの男性とリズは話していたのですか / We have three kinds of computers here. ***On which*** would you prefer to work? ここには3種類のコンピューターがあります. どれをお使いになりますか.

(4) [主格補語として]: In this photo, *which* are your children? この写真の中であなたのお子さんはどの子ですか.

whích is whích どちらがどちらか, どう違うのか: The twins look so (much) alike that I can't tell *which is which*. その双子はそっくりなのでどっちがどっちだか区別がつかない.

― 形 《疑問形容詞》**どちらの, どの**: *Which* TV program do you want to watch tonight? 今晩どの番組を見たい? / Tell me *which* computer 「I should [to] buy. どのコンピューターを買ったらよいか教えてください《✪ which は選択できる範囲が限定されていることを表わす; what computer とすると「どんなコンピューターを」の意味になる》.

**which² /(h)wɪtʃ | wɪtʃ/ (同音 #witch)

― 代 《関係代名詞》 語法 (1) 物や事柄および動物を表わす語を受ける《⇒ **巻末文法** 9.3 (1)》. (2) 所有格として用いることがある whose については ⇒ whose² 1 語法, 2 語法 囲み.

❶ [制限用法] 語法 (1) 《略式》では制限用法には that のほうを多く用いる. (2) 先行詞に対する限定が強いときには定冠詞が用いられる.

(1) [関係詞節 (which に続く節) の中で主語となる] ...である～, ...する～: Did you go to *the supermarket which opened* last week? 先週開店したスーパーに行った? [述語動詞は opened] / These are the bones of *an animal which lived* thousands of years ago. これは何千年も前に生きていた動物の骨だ [述語動詞は lived] / This is *a project which must be completed* within two years. これは2年以内に完成させなければならない計画だ [述語動詞は must be completed].

(2) [関係詞節の中で他動詞の目的語となる] (人・物が) ...する～, (人・物が)...である～ 語法 この場合《略式》では which を省略することが多い: This is *the cat* (*which*) she *gave* me. これは彼女が私にくれた猫だ [gave の目的語] / *The language* (*which*) we *speak* is made up of words from various languages. 私たちが話す言語はいろいろな言語から入った語でできている [speak の目的語].

(3) [関係詞節の中で前置詞の目的語となる]: That's *the house* ***in which*** they lived. あれが彼らが住んでいた家です [in の目的語]. 語法 《略式》では前置詞が後に置かれ which を省略することが多い: That's *the house* (*which*) they lived *in*. // *The cause **for which*** we fought was democracy. 我々が戦った大義名分は民主主義であった [for の目的語].

> 語法 🔍 **格式度の異なる関係詞節: 前置詞を含む場合**
> 次の文では下のものほど格式ばった言い方になる《⇒ whom² 1 (2) 語法》.
> That is *the house* I spoke *of* the other day. あれが私が先日お話しした家です
> That is *the house that* I spoke *of* the other day.
> That is *the house which* I spoke *of* the other day.
> That is *the house of which* I spoke the other day.

❷ [非制限用法] 語法 主に書きことばで用い, 普通は前にコンマを置く. (1) [which に続く節の中で主語として] そして[すると]それは[が]; しかしそれは[が]; (ところで)それは...なのだが[なので]: *This novel, which* was written about a century ago, is still widely read. この小説はおよそ100年ほど前に書かれたものだが, 今も多くの人たちに読まれている. (2) [which に続く節の中で他動詞または前置詞の目的語として] そして[すると]それを[に]; しかしそれを[に]; (ところで)それを...するのだが[するので]: *These machines, which* we bought ten years ago, are now old-fashioned. これらの機械は我々が10年前に購入したもので, 今では旧式である / He made some proposals, *which* all the members rejected. 彼はいくつかの提案をしたのだが, 委員たちはみなそれを退けた / This is *a new type of personal computer*, ***about which*** there has been much publicity. これは新型のパソコンで, その宣伝が盛んに行なわれている. (3) [of ～ として]《格式》その...が～である[する]: The impressive mountain, the peak ***of which*** was covered with snow, was Mt. McKinley. その見事な山は, 頂上が雪で覆われていたが, マッキンリー山だった / The new project, the details *of which* have not been disclosed, was begun two years ago. 新計画―その細部は明らかにされていないが―は2年前に開始されたのである.

> 語法 (1) 🔍 **of which と whose**
> 同様の意味を whose でも表わせる: The impressive mountain, *whose* peak was covered with snow, was Mt. McKinley. 《⇒ whose² 2 囲み》.
> (2)「不定代名詞・数詞など＋of which」の場合には whose は用いない: He had about 3000 stamps, 「*some of which* [*of which* some] were very valuable. 彼は約3000枚の切手を集めていたが, そのいくつかはとても貴重だった.

(4) [which に続く節の中で主格補語として]: They accused him of being *a traitor, which* he was. 彼らは彼を裏切り者だと責めたが, 実際そうであった / If that's *true* ― *which* it is ― what could have been the motive? それが本当だとすると―実際本当なのだが―動機は何だったんだろう. 語法 この場合先行詞は名

W

詞または形容詞で, 先行詞が人を表わす名詞であっても who を用いない. (5) [前に出た句・節・文または内容を受けて] それは, そのことは: She said she was thirty years old, *which* wasn't true. 彼女は自分が 30 歳だと言ったが, それは本当ではなかった / He was rather drunk, *which* naturally made a bad impression on the police officer. 彼はかなり酔っていた. そのため当然警官に悪い印象を与えた. 語法《略式》ではときに関係詞節を独立させることがある: Dinner was over at a quarter to one. *Which* means that you were in the locker room for half an hour. 食事は 1 時 15 分前に終わっている. ということは君はロッカールームに 30 分間いたことになる.

— /(h)wítʃ | wítʃ/ 形《関係形容詞》[非制限用法]《格式》そしてその..., だがその...: We traveled together as far as Sendai, at *which* station we parted. 私たちは仙台までいっしょに旅行したが, その駅で別れた / The train might be late, *in which case* you may take a taxi. 列車は遅れるかもしれない. その場合はタクシーを使ってよい.

which·ev·er[1] /(h)wɪtʃévɚ | wɪtʃévə/ アク 代 ❶《関係代名詞》語法 先行詞をその中に含む. ...する[...である]ものはどちらでも, どれでも: You may take *whichever* you like. どちらでもあなたの好きなほうを取ってよい / *Whichever* of you finishes first will receive a prize. 君たちのうちだれでも 1 着になった人に賞品をあげます. ❷ [譲歩の副詞節を導く] たとえどちらが[を, に]...でも [≒no matter which]: *Whichever* (of them) you choose, you'll be satisfied. そのうちのどれを選んでもあなたは満足するだろう. — 形 ❶《関係形容詞》...する[...である]ものはどちらの〜でも, どの〜でも: You may take *whichever* book you like. どちらでもあなたの好きな本を取ってよい. ❷ [譲歩の副詞節を導く] たとえどちらの[どの]...でも [≒no matter which ...]: *Whichever* side wins, it won't concern me. どちらの側が勝っても私には関係のないことだ.

which ev·er, which·ev·er[2] /(h)wɪtʃévɚ | wɪtʃévə/ アク 代 [疑問代名詞 which の強意] 一体どちらが[を]《⇒ ever 5 語法》:「*Which ever* [*Whichever*] is in the wrong? 一体どっちが間違っているのか /「*Which ever* [*Whichever*] do you like? 一体どっちが好きなんだ.

whiff /(h)wíf | wíf/ 名 ❶ [a 〜] かすかな香り, ぷんとくるにおい: catch [get] *a whiff of* perfume かすかな香水のにおいに気づく. ❷ [a 〜] 気配, 形跡: *a whiff of* danger 危険のきざし.

Whig /(h)wíg | wíg/ 名 ❶ C〔英国史〕ホイッグ党員, 民権党員; [the 〜s] ホイッグ党, 民権党《⇒ Tory》. ❷ C〔米国史〕(独立戦争当時の)独立派.

***while** /(h)wáɪl | wáɪl/

単語のエッセンス
1) ...する間に ❶
2) 一方では... ❷
3) ...であるが ❸

— 接《従属接続詞》/(h)wàɪl | wàɪl/ ❶ ...する[...である]間に, ...するうちに; ...である限り(は): *While* we were speaking, he said nothing. 私たちが話している間, 彼は何も言わなかった. 語法 while の導く節の中ではしばしば進行形が用いられる // I'll be very lonely *while* you're away. あなたがいないととても寂しくなります《✪ 未来を表わす will を用いて ×while you'll be away とは言わない》/ I'm sorry you called *while* I was out. お電話をいただいたのに留守ですみませんでした / *While* there is life, there is hope.《ことわざ》命がある限りは望みがある(命あっての物種).

語法 while が導く副詞節の主語と主節の主語が同じものを指し, かつ副詞節の述語動詞が be 動詞の場合には, 次のように省略されることがある《⇒ when[2] 接 1 (1) 語法 (2)》: *While* (she was) in Paris she studied painting. パリに滞在中彼女は絵を勉強した.

❷ [しばしば主文の後で] **一方では...**, ...であるのに対し [≒whereas]: Some are rich, *while* others are poor. That's the way things are. 金持ちがいるかと思えば一方では貧乏人がいる. それが現状だ / The floor was painted green, *while* the walls were painted yellow. 床は緑色に塗られ, 一方壁は黄色だった.
❸ [文頭で] **...であるが** [≒although]: *While* this is true in some cases, it is not true in all. これはある場合には真であるが, すべてに真とは限らない.

— 名 [単数形で; 普通は a 〜] **しばらくの間; (ある)時間**: He went out *a* short *while* ago. 彼はちょっと前に外出した / It's been quite *a while* since we met. ずいぶん久しぶりですね / Be patient ***for a while***. しばらくの間辛抱してくれ. 語法 for を用いないで副詞的に用いることもある: He kept us waiting (*for*) *a* long *while*. 彼は私たちを長いこと待たせた // I'll be back ***in a*** little ***while***. じきに戻ります / ***After a while***, my father came back. しばらくたって父は帰ってきた.

áll the [this] whíle [副] **その[この]間ずっと**: The baby had been screaming *all the while*. 赤ん坊はその間ずっと泣き叫んでいた.

(èvery) ónce in a whíle ⇒ once 副 成句.

wórth whíle ⇒ worth 成句.

— 動 [次の成句で] **whíle awáy** [動] 他 (時)をぶらぶら(気ままに)過ごす.

whilst /(h)wàɪlst | wàɪlst/ 接《英格式》...する[...である]間に [≒while].

whim /(h)wím | wím/ 名 C 気まぐれ, でき心: on a *whim* ふとした気まぐれで.

whim·per /(h)wímpɚ | wímpə/ 動 (-per·ing /-p(ə)rɪŋ/) 自 ❶ (子供などが)(恐怖や痛みで)しくしく泣く; (犬などが)くんくん鳴く. ❷ 泣き声を出す, 泣きそうな声で言う. — 他 (...)と[を]泣き声で言う. — 名 C すすり泣き, くんくん鳴く音.

whim·si·cal /(h)wímzɪk(ə)l | wím-/ 形 Ⓦ 奇抜な, とっぴな, 奇妙な: a *whimsical* design 奇抜なデザイン.

whim·sy /(h)wímzi | wím-/ 名 (whim·sies) U 奇抜(であること); C 奇抜な考え[行動].

whine /(h)wáɪn | wáɪn/ 動 自 ❶ 哀れっぽく泣く; (犬などが)鼻を鳴らす《⇒ cry 表 dog》; (機械などが)金属音を出す. ❷ (つまらぬことに)ぐちを言う (*about*). — 他 (...)と哀れな声で言う. — 名 C [普通は単数形で] (犬などの)鼻を鳴らす声; すすり泣きの声; ぐち, 泣き言(ごと); (機械などの)かん高い音.

whin·ny /(h)wíni | wíni/ 動 (whin·nies; whin·nied; -ny·ing) 自 (馬が)静かにいななく《⇒ cry 表 horse》. — 名 (whin·nies) C (馬の)いななき.

***whip** /(h)wíp | wíp/ 名 (〜s /〜s/) ❶ C **むち**: crack a *whip* むちをぴしっと当てる. ❷ U,C ホイップ《果物などと卵やクリームをかき混ぜて泡立たせたデザート》: strawberry *whip* いちご入りホイップ. ❸ C (米国・英国の)院内幹事《議員の出席督励などに当たる》;《英》

(議員への)登院命令書. **háve [hóld] the whíp hànd** [動] 支配する, 優位に立つ (*over*).

— 動 (whips /~s/; whipped /~t/; whip·ping) 他 ❶ (...)を**むちで打つ**, (...)にむちを当てる: The officer *whipped* the soldier's back. 将校は兵士の背中をむちで打った / The driver *whipped* the horse *on*. 御者はむちを当てて馬を走らせた. ❷《文語》(雨などが)(...)を激しく打つ, (...)に強く当たる; (風が)(旗・髪など)をはため[なび]かせる. ❸ [副詞(句)を伴って] (...)をさっと動かす: *whip off* a jacket 上着をさっと脱ぐ / *whip out* a knife ナイフをさっと取り出す. ❹ (卵やクリーム)を泡立てる, ホイップする: *whipped* cream ホイップクリーム《泡立てた生クリーム》. 日英 whip cream とは言わない. ❺《略式》(...)を打ち負かす, (...)に勝つ.

— 自 ❶ [副詞(句)を伴って] 急に動く, 突進する: *whip* around the corner さっと角を曲がる. ❷ (雨などが) 激しく当たる; (旗などが)はためく.

whíp ... ìnto ~ [動] 他 (人)をあおって興奮状態(など)にさせる: The agitator *whipped* the mob *into* a frenzy. その扇動者は群衆をあおり立てて熱狂させた.

whíp thróugh ... [動] 他《略式》(仕事)をさっさと片づける.

whíp úp [動] 他 (1) (感情など)をかき立てる; (人)を興奮させる. (2)《略式》(料理など)を手早く作る.

whip·cord /(h)wípkɔ̀ɚd | wípkɔ̀:d/ 名 ❶ U むち縄《むちの先の固く編んだひも》. ❷ U あやうね織物.

whíp·lash (ìnjury) /(h)wíplæʃ- | wíp-/ 名 C,U むち打ち症.

whip·ping /(h)wípɪŋ | wíp-/ 名 C [普通は単数形で] むちで打つこと; むち打ちの刑.

whípping bòy 名 C (他人の失敗などの責任を背負う)身代わり [≒scapegoat].

whípping créam 名 U 泡立て用の生クリーム.

whip-round /(h)wípràʊnd | wíp-/ 名 C《英略式》(仲間内の)募金, カンパ.

whir, whirr /(h)wɚ́: | wə́:/ 動 (whirs, whirrs; whirred; whir·ring /(h)wɚ́:rɪŋ | wə́:r-/) 自 ひゅーと飛ぶ, ぶんぶん回る. — 名 C [普通は単数形で] ひゅーという音, ぶんぶん回る音.

whirl /(h)wɚ́:l | wə́:l/ 動 自 ❶ ぐるぐる回る, 渦巻く; くるりと向きを変える: Snow was *whirling down* in the wind. 雪が風に舞って降っていた / She *whirled around* and ran into the room. 彼女はくるりと向きを変えて部屋に駆け込んだ. 参考 whirl→ spin→ turn の順に回転速度が遅くなる. ❷ (頭が)くらくらする; (考えなどが)駆けめぐる, 混乱する. — 他 (...)をぐるぐる回す, 渦巻かせる: The wind *whirled* the snowflakes *around* [*about*]. 風に雪片が渦巻いていた. — 名 ❶ [単数形で] 回転, 旋回; 渦巻き: a *whirl of* wind [smoke] 風[煙]の渦. ❷ [単数形で] (出来事・会合などの)めまぐるしい連続: The next week passed in a *whirl of* activity. 次の週はせわしく過ぎた. **be in a whírl** [動] 自 (頭・心などが)混乱[興奮]している. **gíve ... a whírl** [動] 他《略式》(物事)を試してみる.

whirl·i·gig /(h)wɚ́:lɪgɪ̀g | wə́:l-/ 名 C 回転するおもちゃ《こま・風車(かざぐるま)など》;《古風》回転木馬.

whirl·pool /(h)wɚ́:lpù:l | wə́:l-/ 名 ❶ C (水の)渦, 渦巻き. ❷ C 渦巻きぶろ, 気泡ぶろ. ❸ C 混乱, 騒ぎ (*of*).

whirl·wind /(h)wɚ́:lwɪ̀nd | wə́:l-/ 名 ❶ C つむじ風, 旋風. ❷ C 旋風のようなもの; 目まぐるしさ; (感情などの)あらし, 混乱 (*of*). ❸ [形容詞的に] (感情・行動などが)急激な, 性急な: a *whirlwind* visit 慌ただしい訪問旅行.

whirr /(h)wɚ́: | wə́:/ 動 名 = whir.

+**whisk** /(h)wísk | wísk/ 動 (whisks /~s/; whisked /~t/; whisk·ing) 他 ❶ (卵・クリームなど)を**かき回す**, 泡立てる. ❷ (...)を急に持ち[連れ]去る; 軽々と運び去る (*away, off*). ❸ (ちり・はえなど)を払う, 払いのける, はたく (*away*).

— 名 (~s /~s/) ❶ C **泡立て器**. ❷ C [普通は単数形で] はたくこと; (尾などでの)ひと払い (*of*).

whísk bròom 名 C《米》(柄の短い)ブラシ, 小ぼうき《衣服のちりを払う》.

whis·ker /(h)wískɚ | wískə/ 名 ❶ [複数形で] ほおひげ (⇒ beard 挿絵; sideburns): wear *whiskers* ほおひげを生やしている. ❷ C (猫・ねずみなどの)ひげ. **by a whísker** [副] (勝敗などが)わずかの差で. **cóme withìn a whísker of (dóing) ...** [動] もう少しで...するところである.

whis·kered /(h)wískɚd | wískəd/ 形 ほおひげの生えた.

*__whis·key, whis·ky__ /(h)wíski | wís-/ 名 (whis·keys, whis·kies /~z/) ❶ U **ウイスキー**: *whiskey* and water ウイスキーの水割り / *whiskey* and soda ハイボール. 語法 (1) 米国やアイルランドでは whiskey, 英国やカナダでは whisky のつづりを用いることが多い. (2) 種類をいうときには C: sell several *whiskeys* [*whiskies*] 数種類のウイスキーを売る. ❷ C ウイスキー 1 杯: Three *whiskeys*, please. ウイスキーを 3 つください. 〖語源 原義は「命の水」〗

*__whis·per__ /(h)wíspɚ | wíspə/ 動 (whis·pers /~z/; whis·pered /~d/; -per·ing /-p(ə)rɪŋ/) 自 ❶ **ささやく**, そっと話す: 言い換え She ***whispered to*** John. V+to+名 = She ***whispered in*** John's ear. V+in+名 彼女はジョンに耳打ちした. ❷ こっそり話す, うわさする: People were *whispering about* the scandal involving the mayor. 世間では市長に関するスキャンダルをひそかにうわさしていた. ❸《文語》(風・流れ・木の葉などが)さらさら鳴る.

— 他 ❶ (...)を[と]**ささやく**, 小声で言う: Meg ***whispered*** a word or two ***to*** me. V+O+to+名 メグは私に向かって一言二言ささやいた / 言い換え He ***whispered*** (***to*** me) ***that*** he was hungry. V+(to+名+) O (that 節) = He *whispered*, "I'm hungry." V+O (引用節) 彼は(私に)腹が減ったと小声で言った. ❷ [しばしば受身で] (...)をこっそり話す, うわさする: *It's being whispered that* the mayor is involved in the scandal. 市長がそのスキャンダルに関与しているといううわさだ. 語法 it は that 以下を受ける形式主語; 動詞型は V+O (that 節)の受身.

— 名 (~s /~z/) ❶ C **ささやき**, 低い声, 小声: talk *in whispers* [*a whisper*] ひそひそ声で話す / Conscience is the soft *whisper* of God in human beings. 良心とは人間の中にある神の静かなささやき声である. ❷ C [普通は単数形で]《文語》(風・木の葉などの)さらさら[さわさわ]という音 (*of*). ❸ C うわさ, 風説 [≒rumor]: *Whispers* are going around *that* his business is failing. 彼の事業はうまくいっていないといううわさが流れている.

whís·per·ing campàign /(h)wísp(ə)rɪŋ- | wís-/ 名 C (選挙などでの)中傷[デマ]作戦.

whist /(h)wíst | wíst/ 名 U ホイスト《2 人ずつ組んで 4 人で行なうトランプゲーム》.

+**whis·tle** /(h)wísl | wísl/ 動 (whis·tles /~z/; whis·tled /~d/; whis·tling) 自 ❶ **口笛を吹く**; (鳥が)さえずる: He ***whistled to*** [***at***] me. V+to [at]+名 彼は私に

W

口笛を吹いて(合図して)きた / *whistle for* a dog 口笛を吹いて犬を呼ぶ.
❷ **汽笛[警笛]を鳴らす**; 笛[ホイッスル]を鳴らして合図する**:** The train *whistled* before entering the tunnel. 列車はトンネルに入る前に警笛を鳴らした / The police officer *whistled for* [*to*] the car *to* stop. 警官は笛を鳴らしてその車に止まるように命じた / The referee *whistled for* a foul. 審判が反則のホイッスルを鳴らした. ❸ [副詞(句)を伴って] (風などが)ぴゅーっと鳴る; (弾丸などが)ぴゅーっと(うなって)飛ぶ**:** The wind *whistled through* the crack in the wall. 風が壁の裂け目からぴゅーっと吹き込んだ / A bullet *whistled past* his ear. 弾丸がひゅーっと彼の耳元をかすめていった / A kettle was *whistling* on the stove. レンジでやかんがひゅうひゅう鳴っていた.
— ㊀ (曲など)を**口笛で吹く:** He was *whistling* a popular tune by the window. 彼は窓際で流行の曲を口笛で吹いていた.
can whístle for ... [動] ㊀ Ⓢ《英》(人が)...を求めても[望んでも]むだだ.
whistle in the dárk [動] ㊁ 強がって見せる《暗がりで口笛を吹いて恐怖心を紛らすことから》.
— 名 (~s /~z/) ❶ Ⓒ **汽笛, 警笛**; 笛, ホイッスル**:** the referee's *whistle* 審判のホイッスル / blow a *whistle* 笛[警笛]を鳴らす.
❷ Ⓒ **口笛:** He gave a *whistle* of admiration when he saw her. 彼は彼女を見たとき感嘆して口笛を吹いた《下品な行為とみられる; ⇒ wolf whistle》. ❸ Ⓒ ぴゅーぴゅーという音; (もずなどの)鋭い鳴き声.
(as) cléan as a whístle [形]《略式》非常に清潔で; 全く潔白で.
blów the whístle on ... [動] ㊀《略式》...を内部告発する, 密告する.

whis·tle-blow·er /(h)wíslblòʊɚ | wíslblòʊə/ 名 Ⓒ (内部)告発者, 密告者.

whis·tle-stop /(h)wíslstɑ̀(ː)p | wíslstɔ̀p/ 形 限定《米》(短時間で)多くの場所を訪れる**:** a *whistle-stop* tour (政治家の)地方遊説.

whit /(h)wít | wít/ 名 [a [one] ~ として普通は否定文で]《古風》(ほんの)わずか, 少し**:** There's *not a whit* of truth in it. それは全くでたらめだ.

W

***white** /(h)wáɪt | wáɪt/

— 形 (whit·er /-ṭɚ | -tə/; whit·est /-ṭɪst/) ❶ **白い, 白色の**; 白髪の**:** *white* clouds in the sky 空に浮かぶ白い雲 / His hair turned *white*. 彼は白髪になった // ⇒ black-and-white. 関連 milk-white 乳白色の / snow-white 雪のように白い.
❷ **青白い**, 血の気のない [≒pale]**:** Her lips were *white* with fear. 彼女の唇は恐怖で血の気がうせていた / Her face turned *white* at the sight. その光景を見て彼女は真っ青になった.
❸ [比較なし] (皮膚の)**白い**, 白人の; 白色人種の**:** the *white* race 白色人種 / Some say that the nineteenth century was the age of *white* man's civilization. 19世紀は白人文明の時代だったと言う人もいる. 関連 yellow 黄色人種の / black 黒人の. ❹ **雪の積もった:** a *white* Christmas 雪のあるクリスマス. 関連 green 雪の降らない. ❺《英》(コーヒー・紅茶が)ミルク[クリーム]入りの. 関連 black ミルクもクリームも入れない.
(動 whíten)
— 名 (whites /(h)wáɪts/) ❶ Ⓤ **白**, **白色:** The French national flag has three colors: blue, *white*, and red. フランスの国旗には3色—青, 白, 赤—が使ってある.
❷ Ⓒ [しばしば W-] [普通は複数形で] **白人:** There were no *whites* living in that town. その町には白人は住んでいなかった. ❸ Ⓤ 白衣, 白い服[布]; [複数形で] 白布の洗濯物; 白の運動着. ❹ Ⓤ,Ⓒ 白ワイン. ❺ Ⓤ 白の絵の具[顔料, 染料]. ❻ Ⓒ,Ⓤ (卵の)白身. ❼ Ⓒ (目の)白目.

white blóod cèll 名 Ⓒ 白血球.

white·board /(h)wáɪtbɔ̀ɚd | wáɪtbɔ̀ːd/ 名 Ⓒ 白板, ホワイトボード.

white bréad 名 Ⓤ 精白パン.

white-bread /(h)wáɪtbrèd | wáɪt-/ 形 限定《米略式》普通の, 常識的な, 平凡な.

white-col·lar /(h)wáɪtkɑ́(ː)lɚ | wáɪtkɔ́lə←/ 形 [普通は 限定] 頭脳労働者の, ホワイトカラーの**:** a *white-collar* worker (オフィスで働く)サラリーマン《⇒ salaryman 日英》. 関連 blue-collar 肉体労働(者)の.

white dwárf 名 Ⓒ〔天文〕白色矮星(わいせい).

white élephant 名 Ⓒ 金がかかりすぎるやっかい物; 無用の長物(ちょうぶつ). 由来 白象はタイで神聖視され飼うのに非常に金がかかったため, 王が臣下を失脚させるためにわざと白象を与えたといわれることから.

white flág 名 Ⓒ 白旗《敗北・降伏などを示す》.
wáve [ráise, shów] the white flág [動] ㊁ 白旗を掲げる; 降伏する.

white gòods 名 複《英》(白色の)大型家電《冷蔵庫など》.

White·hall /(h)wáɪthɔ̀ːl | wáɪt-/ 名 固 ホワイトホール《London の諸官庁所在地域》;《英》官庁(政治); 英国政府(の政策).

white héat 名 Ⓤ 白熱《金属が白くなる高温度》.

white-hot /(h)wáɪthɑ́(ː)t | wáɪthɔ́t←/ 形 (金属が)白熱の; 熱烈な, 最高潮の.

***White House** /(h)wáɪthàʊs | wáɪt-/ 名 固 [the ~] **ホワイトハウス**《Washington, D.C. にある大統領官邸 (the Executive Mansion) の通称》; 米国政府**:** *White House* officials 米国政府高官.

white knight 名 Ⓒ (乗っ取られそうな会社を救う)資金提供者, 友好的買収企業.

white-knuckle /(h)wáɪtnʌ́kl | wáɪt-/ 形 限定 (乗り物・旅などが)スリル満点の, 手に汗握る.

white líe 名 Ⓒ《略式》罪[悪意]のないうそ.

white mágic 名 Ⓤ 白魔術《よい目的のために行なう; まじない・祈禱(きとう)など; ⇒ black magic》.

white méat 名 Ⓤ 白身の肉《鶏の胸肉など》; 淡い色の肉《子牛・豚などの肉; ⇒ red meat》.

whit·en /(h)wáɪtn | wáɪtn/ 動 ㊀ (...)を白くする, 白く塗る; 漂白する. — ㊁ 白くなる. (形 white)

white·ness /(h)wáɪtnəs | wáɪt-/ 名 Ⓤ 白さ, 純白.

white nóise 名 Ⓤ 白色雑音, ホワイトノイズ《すべての周波数で等しい強度になる雑音》.

white·out /(h)wáɪtàʊt | wáɪt-/ 名 Ⓒ ホワイトアウト《猛吹雪によって視界が悪くなる現象》.

white pàges 名 複 [the ~; しばしば the W- P-] 加入者[個人名]別電話帳《⇒ yellow pages》.

white páper 名 Ⓒ [しばしば W- P-] 白書《特に英国政府の報告書》**:** a *white paper on* the environment 環境白書.

white pépper 名 Ⓤ 白こしょう. 関連 black pepper 黒こしょう.

white potàto 名 Ⓒ,Ⓤ《米》じゃがいも《⇒ potato 語法》.

whíte sàuce 名 U,C ホワイトソース《小麦粉・バター・牛乳などを原料としたソース》.
whíte suprémacy 名 U 白人至上主義.
white-tie /(h)wáɪttáɪ | wáɪt-/ 形 限定 (会などが)正式の, 正装が必要な《白のちょうネクタイをつける》.
whíte trásh 名 U 《米略式》 [差別的] 貧しい白人.
white·wash /(h)wáɪtwɔ̀ːʃ | wáɪtwɔ̀ʃ/ 名 ❶ U 水性白色[石灰]塗料《壁などの上塗りに用いる》. ❷ U,C うわべのごまかし, 事実の隠ぺい. ❸ C (スポーツで)完封, 零封. — 動 他 ❶ (...)に水性白色[石灰]塗料を塗る. ❷ (...)のうわべをごまかす, (事実)を隠ぺいする. ❸ (スポーツで)(...)を零敗させる, 完封する.
whíte wáter 名 U (泡立つ)急流, 早瀬.
whíte wíne 名 U,C 白ワイン《⇒ wine 参考》.
whith·er /(h)wíðɚ | wíðə/ 副 ❶ [疑問詞] 《格式》 いずこへ《⇒ whence》: *Whither* China? 中国の将来は? 《新聞などの見出し》. ❷ [関係詞] 《古語》 そこへ...する(ところの) [≒where].
whit·ing /(h)wáɪṭɪŋ | wáɪt-/ 名 (複 ~(s)) C,U (北米産の)にべ《食用魚》.
whit·ish /(h)wáɪṭɪʃ | wáɪt-/ 形 やや白い, 白っぽい.
Whit·man /(h)wítmən | wít-/ 名 固 Walt ~ ホイットマン (1819-92)《米国の詩人》.
Whit·sun /(h)wíts(ə)n | wíts-/ 名 = Whitsunday.
Whit·sun·day /(h)wítsʌ́ndeɪ, -di/ 名 U,C 《英》 聖霊降臨祭《復活祭 (Easter) 後の第 7 番目の日曜日》.
whit·tle /(h)wíṭl | wítl/ 動 他 ❶ (木など)を少しずつ削る; 削って(...)を作る. ❷ (...)を(徐々に)小さくする, 減らす (*down, away*). — 自 (木などを)少しずつ削る.
whíttle awáy at ... [動] 他 (...)の価値(など)を徐々に減らす.
whiz, 《英》 **whizz** /(h)wíz | wíz/ 動 (whiz·zes; whizzed; whiz·zing) 自 《略式》 [副詞(句)を伴って] ぴゅーっと飛ぶ, 風を切って進む; 時がたちまち過ぎ去る (*by, past*); (仕事を)さっと片づける (*through*). — 名 ❶ [単数形で] ぴゅーと鳴る音. ❷ C [普通は単数形で] 《略式》 名人, 天才 (*at*).
whíz(z) kìd 名 C 《略式》 (事業などの)やり手の若者, 風雲児, 神童.

***who**[1] /húː/

— 代 《疑問代名詞; 主格》 (所有格 whose /húːz/; 目的格 who, 《格式》 whom /húːm/)

> 語法 (1) 文や節の初めにくる.
> (2) 所有格および目的格の用法については ⇒ whose[1], whom[1].
> (3) 《略式》 では前置詞の直後にくるとき以外は目的格として whom の代わりに who を用いることが多い《⇒ 2》.

❶ 《主格》 (1) [主格補語として] だれ: *Who* are you? 君[お前]はだれだ. 語法 失礼な聞き方で, 会話では普通は用いない《⇒ name 名 1 語法》 / *Who* is he to tell you what to do? Ⓢ あなたに指図するなんて彼は何様のつもりだ / *Who* do you think you are? 自分をだれだと思っているのか(自分の立場を考えなさい) / I don't know *who* she is. あの女性がだれだか知りません[名詞節を導く]. 語法 普通は名前や身分を尋ねるのに用いる《⇒ what[1] 代 1 (1) 語法》 // 💬 "*Who* is it [that]?" "It's me." 「だあれ」「私」《ドアのノックの返事など; ⇒ it[1] A 1 (1) 語法》.
(2) [主語として] だれが.

> 語法 (1) **主語のときの語順**
> この場合は疑問文であっても主語と述語動詞の語順は平叙文と同じで, 助動詞の do は用いない《⇒ do[1] 2 (1) 語法》: *Who* said so? だれがそう言ったのですか.
> (2) **who の数**
> 複数の答えを予想するときでも普通は単数扱いであるが複数扱いのときもある: "*Who is* coming today?" "John *is*." ["John and Ann *are*."] 「今日だれが来るの」「ジョン[ジョンとアン]だよ」

Who is the taller, Sarah or Liz? サラとリズとではどちらが背が高いの. 語法 この場合 which も使えるが who のほうが普通 // *Who else* do you think sang the song? ほかにだれがその歌を歌ったと思いますか / *Who* wants to come second? 誰が 2 位になんかなりたいものか《⇒ **巻末文法 13.6**》 / *Who Has Seen the Wind?* 「だれが風を見たでしょう」《英国の女流詩人 C. ロセッティ (C. Rossetti) の詩》 / 💬 "Hello, is Jim there?" "*Who*'s calling [speaking]?" "This is [It's] John." 「もしもし, ジムはいますか」「どちらさまですか」「ジョンです」《電話口で》.
❷ 《目的格》 (1) [他動詞の目的語として] だれを, だれに: *Who* do you mean? だれのことを言っているのですか / *Who* do you want to see? あなたはだれに会いたいのですか / *Who* do you think I met there? 私がそこでだれに会ったと思いますか / 言い換え I didn't know *who* I should ask. [名詞節を導く] = I didn't know *who to* ask. [名詞句を導く; ⇒ to[2] A 6] だれに尋ねればいいかわからなかった. 語法 《格式》 では whom を用いる《⇒ whom[1] (1)》.
(2) [前置詞の目的語として] だれ: *Who* am I speaking *to*, please? どちらさまでしょうか《電話口で》 / *Who* did he go to the theater *with?* 彼はだれといっしょに芝居を見に行ったのですか / *Who* are you looking *for?* あなたはだれを探しているのですか / 💬 "*Who* would you like to speak *to?*" "I'd like to speak to Mr. Tanaka in the personnel department." 「どなたをお呼びですか」「人事課の田中さんをお願いします」《電話口で》.
語法 (1) 前置詞は who の前へは置けず, 文の終わりにくる. (2) 《格式》 では whom を用いる《⇒ whom[1] (2) 語法》.
knów [léarn, fínd óut] whò's whó [動] 自 だれがだれだか(名前・職業・地位などについて)知っている[知る].

***who**[2] /huː/ ✪ who[1] と違ってアクセントがない.

— 代 《関係代名詞; 主格》 (所有格 whose /huːz/; 目的格 who, 《格式》 whom /huːm/)

> 語法 **who[2] の使い方**
> (1) 人を表わす語を受ける《⇒ **巻末文法 9.3 (1)**》.
> (2) 関係詞節 (who に続く節) の中で主語になる.
> (3) 関係詞節の中で目的語になるときには 《略式》 では whom の代わりに who を用いることが多い《⇒ 1 (2) (3)》.
> (4) 所有格および目的格の用法については ⇒ whose[2], whom[2].

❶ [制限用法] (1) [関係詞節 (who に続く節) の中で主語として] ...する~, ...である~: Do you know *the girl who is singing* now? あなたは今歌っている女の子を知っていますか[述語動詞は is singing] / Dr. Green

W

is *the engineer who designed* this engine. グリーン博士はこのエンジンを設計した技師だ [述語動詞は designed] / Would you please recommend *a college student who can teach* my daughter French? 娘にフランス語を教えてくださるような大学生をご推薦願えないでしょうか [述語動詞は can teach] / *All the people who attended* the meeting were teachers. その会合に集まった人は皆教師だった [述語動詞は attended] (⇒ that³ 1 語法 (2)) / You're *the only person who can help* her. 彼女を助けられるのは君だけだ [述語動詞は can help] (⇒ that³ 1 語法 (2)).

> 語法 (1) 🔍 **強調構文の who**
> It is [was] ... who ～ で強調を表わすことがある (⇒ it¹ A 6; **巻末文法** 15.1 (1)): *It was* these sailors *who* were sent to Norway. ノルウェーに送られたのはこの船員たちだった. ✪ These sailors were sent to Norway. の強調. who に続く動詞の人称・数は先行詞 (sailors) に一致.
> (2) **主格の who の省略**
> 《略式》では There is ... の後では who を用いないことがある: *There's* somebody (*who*) wants to see you. あなたにお会いしたいという人が来ています.

(2) [関係詞節の中で他動詞の目的語として] (**人が**)...**する～**, (**人が**)...**である～**: This is *the man who* I *met* yesterday. この方がきのうお会いした人です [met の目的語] / *The woman who* John is going to *marry* is a teacher. ジョンが結婚する女性は教師をしている [marry の目的語].
(3) [関係詞節の中で前置詞の目的語として]: Is that *the man who* you were talking *about*? あの人があなたが話題にしていた男の人ですか [about の目的語] / Mr. Long is *the only man who* I relied *upon*. ロング氏は私が信頼していたたったひとりの人だ [upon の目的語] (⇒ that³ 1 語法 (2)). 語法 (2), (3) の用法の who は省略されることが多い. また《格式》では whom を用いる (⇒ whom² 1 (1) 語法, (2) 語法).
❷ [非制限用法] 語法 主に書きことばで用い, 普通は前にコンマを置く. (1) [関係詞節の中で主語として] **そして[すると]その人(たち)は[が]**; しかしその人(たち)は[が]; ところでその人(たち)は...なのだが: *My father, who* is seventy years old, sometimes plays tennis with my son. 私の父は 70 歳だが時々私の息子とテニスをする / I sent the papers to *Tom, who* (= and *he*) passed them to Ann. 私はその書類をトムに送った. すると彼はそれをアンに回した.

> 語法 🔍 制限用法との比較: Mr. Smith had *three sons who* became engineers. スミス氏には技師になった息子が 3 人いた(この 3 人以外にほかの職業についた息子もいたかもしれない) [制限用法] / Mr. Smith had *three sons, who* became engineers. スミス氏には息子が 3 人いたが, 3 人とも技師になった [非制限用法].

(2) [関係詞節の中で他動詞の目的語として] そして[しかし]その人(たち)を[に]: I went to the movie with *Betty, who* I think you once *met*. ベティーと映画に行ったんだけど, 彼女には一度会ったよね [met の目的語]. (3) [関係詞節の中で前置詞の目的語として]: *Pat, who* I told you *about*, has just walked in. パットのことは君に話しておいたが, いまちょうど入って来たよ [about の目的語].

WHO /dʌ́blju:èɪtʃóʊ, hú:/ 略 = World Health Organization 世界保健機関.

whoa /(h)wóʊ, hóʊ | wóʊ/ 間 ❶ どうどう!《馬などを止める掛け声》. ❷《略式》(人に向かって)待ってくれ, そこまで《相手に話をやめさせたりするかけ声》. ❸ わあーすごい, たまげた.

who'd¹ /hú:d/ ❶《略式》**who¹ would の短縮形**: *Who'd* marry a man like John? ジョンのような男とだれが結婚するだろうか (⇒ **巻末文法** 13. 6).
❷《略式》**who¹ had² の短縮形**: *Who'd* come into the room before him? 彼より前にだれがその部屋に入ってきたか / He asked *who'd* been there. 彼はだれがそこにいたか尋ねた. ❸《略式》who¹ did¹ の短縮形.

***who'd²** /hu:d/ ❶《略式》**who² would の短縮形**: He asked if I knew any boy *who'd* help. 手伝ってくれそうな男の子を知っているかと彼は私に尋ねた.
❷《略式》**who² had² の短縮形**: I met a friend of mine *who'd* just come from England. 私はちょうど英国からやって来たばかりの友人に会った.

who·dun·it, who·dun·nit /hù:dʌ́nɪt/ 名 C《略式》推理小説[映画, 劇].〖語源 Who done (= did) it? (犯人はだれだ)〗

***who·ev·er¹** /hù:évɚ | -və/ 代 (所有格 **whos·ev·er** /hù:zévɚ | -və/; 目的格 **who·ev·er**, 《格式》**whom·ev·er** /hù:mévɚ | -və/) ❶《関係代名詞》 語法 先行詞をその中に含む. ...**する[...である]人は[を]だれでも**: *Whoever* comes will be welcome. 来る方はどなたでも歓迎します / Invite *whoever* you like. だれでも招待したい人を招待しなさい / Give it to *whoever* wants it. だれでも欲しい人にそれをあげなさい.
❷ [譲歩の副詞節を導いて] **たとえだれが[を]...でも** [≒ no matter who]: *Whoever* says [may say] so, I still can't believe it. たとえだれがそう言おうとも, やはり信じられない / *Whoever* you (may) quote, I won't change my mind. どんな人のことばを引用しようとも, 考えを変えるつもりはない.
... or whoèver Ⓢ ...とかいった人, ...かだれか.

***who·ev·er², who ev·er** /hù:évɚ | -və/ 代 [疑問代名詞 who の強意] **一体だれが** (⇒ ever 5 語法): *Whoever* [*Who ever*] did it? 一体だれがそれをやったのだ.

whole /hóʊl/ ❗発音 (同音 hole)
— 形 ❶ 限定 [比較なし] [普通は定冠詞や所有格の後で] **全体の**, ...**全部**, 全... (⇒ all 形 語法 (1)): *the whole* world 全世界(の人々) / tell *the whole* truth [story] 事実をすべて話す / watch TV *the whole* time ずっとテレビを見る / *The whole* thing disgusts me. その件のすべてのことにむかつく / She read *the whole* book. 彼女はその本を全部読んだ / *The whole* classroom was silent for a moment. しばらく教室全体が静まりかえっていた / He spent *his whole* life in Vienna. 彼は一生をウィーンで過ごした / He drank a *whole* bottle [two *whole* bottles] of milk. 彼は 1 本分のミルク[2 本分のミルク]を全部飲んだ. 語法 物質名詞とは用いず, 「パンを全部食べた」は He ate *all the* bread. であって He ate *the whole* bread. とは言わない // It rained for three *whole* days. 雨がまる 3 日間降り続いた. 語法 「all＋複数名詞」と「whole＋複数名詞」では意味が異なる: *All* rivers in this region are polluted. この地域の川はどれも汚染されている /

Whole rivers in this region are polluted. この地域の川は川全体が汚染されている.
❷ [比較なし] (欠けたり, 割れたりしないで)**完全な**, まるごとの, そっくりそのままの, 無傷の: I want to buy a *whole* cake. ケーキを 1 個まるごと買いたい. ❸ [a ~] 大量の, たくさんの《多数・多種類などの意を強調》: *a whole* variety of reasons ありとあらゆる理由.
a whóle lót [副]《略式》大いに, ずっと.
a whóle lót of ... [形]《略式》とてもたくさんの...《a lot of ...の強調形》.
the whóle póint [名] 肝心な点, 主な目的[理由] (*of*).
類義語 **whole** 部分的に欠けたところのない全体を強調する. **entire** *whole* とほとんど同じ意味で用いられることが多いが, 欠けたものがなく, 付け加えるものもないという完全性を強調し, *whole* よりも意味が強い: His *entire* [*whole*] life was centered on his job. 彼の全生涯は仕事を中心に動いていた. **total** 個々のものを結合した結果としての全体を表わす: the *total* output of the factory this year 今年度の工場の全生産高.
— 名 ❶ [the ~] (...の)**全体, 全部**: *the whole of* Japan 日本全体 / It rained (for) *the whole of* June. 6 月はずっと雨だった. 語法 物質名詞とは用いない《⇒ 形 1 最初の 語法》.
❷ Ⓒ [普通は単数形で] (部分から成る)**全体**; 統一体: A *whole* is made up of parts. 全体は部分より成っている. 関連 part 部分.
as a whóle [副・形] **全体として(の)**, 一般に[の]: The project is going forward smoothly *as a whole*. 計画は全体としては順調に進行している.
on the whóle [副] **概して**, 大体において《すべて考慮して》: Your paper is *on the whole* satisfactory. あなたの論文は大体において満足できるものだ.
— 副 ❶ [new, different などの形容詞を修飾して] まったく: a *whole new* way of doing things まったく新しいやり方. ❷ まるごと: swallow ... *whole* ...をまるごと飲みこむ.
〖語源〗元来は「健康な」の意; ⇒ wholesome; heal, health と同語源〗

whole·food /hóʊlfùːd/ 名 Ⓤ,Ⓒ 自然食品, 無添加食品.
whole·heart·ed /hóʊlháːɚṭɪd | -háːt-⁻/ 形 心からの, 誠心誠意の: give one's *wholehearted* support 心から支持する. **~·ly** 副 心を込めて.
whole·meal /hóʊlmìːl/ 形《英》= whole wheat.
whóle mílk 名 Ⓤ 全乳《脂肪分を除いていない》.
whole·ness /hóʊlnəs/ 名 Ⓤ 全体(性); 完全さ.
whóle nòte 名 Ⓒ《米》〔音楽〕全音符 [《英》semibreve].
whóle númber 名 Ⓒ〔数学〕整数.
+**whole·sale** /hóʊlsèɪl/ 形 ❶ 限定 [比較なし] **卸(おろ)し売りの**, 卸の: a *wholesale* price 卸し値. 関連 retail 小売りの. ❷ 限定 (悪いことが)大規模な, 大量の: *wholesale* layoffs 大量解雇.
— 副 ❶ **卸し売りで**: buy goods *wholesale* 商品を卸し売りで買う. ❷ 大規模に, 大量に.
— 名 Ⓤ **卸し売り**, 卸. 関連 retail 小売り.
— 動 他 (...)を卸し売りする. — 自 (商品が)卸し売りされる. 関連 retail 小売りする.
whole·sal·er /hóʊlsèɪlɚ | -lə/ 名 Ⓒ 卸し売り業者. 関連 retailer 小売り業者.
whole·some /hóʊlsəm/ 形 ❶ 健康によい《⇒ healthy 類義語》 [⇔ unwholesome]: *wholesome* exercise [food] 体によい運動[食べ物]. ❷ 健全な, 有益な: *wholesome* books 健全な本. **~·ness** 名 Ⓤ 健康によいこと; 健全さ.
whóle whéat 形 限定《米》(ふすま付きの)全粒小麦粉の, 全粒粉で作った [《英》wholemeal].

****who'll**[1] /húːl/《略式》who[1] will[1] の短縮形: *Who'll* ask her? だれが彼女に尋ねてくれますか.
***who'll**[2] /huːl/《略式》who[2] will[1] **の短縮形**: We need a student *who'll* tutor our son every day. うちの息子の勉強を毎日見てくれる学生が必要だ.
+**whol·ly** /hóʊ(l)li/ (同音 #holy) 副 ❶《格式》**すっかり**, 全く, 完全に [⇔ partly]: He has *wholly* recovered from his illness. 彼は完全に病気が回復した / She devoted herself *wholly* to music. 彼女は一心に音楽に打ち込んだ. ❷ [否定文で]《格式》全く...というわけではない《部分否定を表わす》: I do*n't wholly* agree. 私は全面的には同意しない.

****whom**[1] /húːm/
— 代《疑問代名詞; who[1] の目的格》 語法 (2) の場合を除き文や節の初めにくる.《格式》(1) [他動詞の目的語として] **だれを, だれに**: *Whom* did the committee elect as chairperson? 委員会はだれを委員長に選んだのか / *Whom* do you think he met there? 彼がそこでだれに会ったと思いますか / 言い換え We don't know *whom* we should ask for advice. [名詞節を導く] = We don't know *whom to* ask for advice. [名詞句を導く; ⇒ to[2] A 6] 私たちはだれに助言を求めたらよいのかわからない.

> 語法 🔍 **whom と who**
> whom は格式ばった言い方で, 普通は who を用いる: 《格式》*Whom* did you meet yesterday? = *Who* did you meet yesterday? きのうだれに会ったのですか.

(2) [前置詞の目的語として] **だれ**: *To whom* did you give the book? あなたはだれにその本をあげたのですか / *For whom* are you looking? あなたはだれを探しているのですか / 言い換え She told him *whom* he should talk *to*. [名詞節を導く] = She told him *whom to* talk *to*. [名詞句を導く] 彼女はだれに相談したらよいのか彼に教えてやった.

> 語法 🔍 **格式度の異なる疑問文**
> whom は格式ばった言い方で, 普通は who を用いる《その場合は前置詞は文の終わりにくる》. 次の文では下のものほど格式ばった言い方になる.
> *Who* were you speaking *with*? あなたはだれと話していたのですか.
> *Whom* were you speaking *with*?
> *With whom* were you speaking?

***whom**[2] /huːm/ ✪ whom[1] と違ってアクセントがない.
代《関係代名詞; who[2] の目的格》 語法 (1) 人を表わす語を受ける《⇒ **巻末文法** 9.3 (1)》. (2) 関係詞節 (whom に続く節) の中で他動詞または前置詞の目的語になる.
❶ [制限用法]《格式》(1) [他動詞の目的語として] **(人が) ... する ~**: This is *the man whom* she *met* yesterday. 彼女がきのう会ったのはこの人だ [met の目的語] / *The woman whom* John is going to *marry*

W

teaches at this school. ジョンが結婚する女性はこの学校の先生だ [marry の目的語].

> 語法 格式度の異なる関係詞節
> whom は格式ばった語で, 普通は関係代名詞を省略するか, who か that を用いる. 次の文では下のものほど格式ばった言い方.
> Mr. White is the man you must ask. ホワイト先生こそあなたが尋ねるべき方です.
> Mr. White is the man *that* you must ask.
> Mr. White is the man *who* you must ask.
> Mr. White is the man *whom* you must ask.

(2) [前置詞の目的語として]: Is that *the man* 「*whom* you spoke *of* [*of whom* you spoke]? あの人があなたが話題にしていた男の人ですか [of の目的語] / A weather forecaster is the one *with whom* the weather doesn't always agree. 気象予報士というのはお天気のほうで必ずしも同意しない[必ずしもその人の予報通りにはならない]人のことだ《⇒ one[2] 代 2》[with の目的語] / Mr. Long was *the only man whom* she relied *upon*. ロング氏は彼女が信頼していたたったひとりの人だった [upon の目的語]《⇒ that[3] 1 語法 (2)》.

> 語法 格式度の異なる関係詞節: 前置詞を含む場合
> whom を用いるのは《格式》. whom の前に前置詞を置くのはさらに格式ばった言い方. 普通は関係代名詞を省略するか, who か that を用いる. 次の文では下のものほど格式ばった言い方《⇒ which[2] 代 1 (3) 語法 囲み》.
> Do you know *the girl* Dick spoke *to*? ディックが話しかけた少女を知っていますか.
> Do you know *the girl that* Dick spoke *to*?
> Do you know *the girl who* Dick spoke *to*?
> Do you know *the girl whom* Dick spoke *to*?
> Do you know *the girl to whom* Dick spoke?

❷ [非制限用法] [他動詞または前置詞の目的語として] 語法 主に書きことばで用い, 普通は前にコンマを置く.《格式》**そして[すると]その人(たち)を[に]**; しかしその人(たち)を[に]; ところでその人(たち)を...するのだが: I went to see *a friend of mine, whom* I found (= and I found *him* [*her*]) sick in bed. 私は友達に会いに行ったが, その友達は病気で寝ていた / The king had *a beautiful wife, whom* the people didn't speak well of (= but the people didn't speak well of *her*). 王には美しいきさきがいたが, そのきさきは国民の評判がよくなかった.

whom·ev·er /hùːmévɚ | -və/ 代《whoever[1] の目的格》《格式》(人・物が)...する人は[を]だれでも [≒whoever].

whoop /húːp, wúːp/ 名 C (喜び・興奮などの)おうっ[うわっ]という叫び声. — 動 自 (喜びなどの)大声を上げる. **whóop it úp** [動] 自《略式》(大勢で)はしゃぐ.

whóop·ing còugh /húːpɪŋ-/ 名 U 百日ぜき.

whoops /(w)óps/ 間 = oops.

whoosh /(h)wúːʃ | wóʃ/ 名 C [普通は単数形で]《略式》ひゅー[しゅー]という音. — 動 自 [副詞(句)を伴って]《略式》ひゅー[しゅー]と音をたてて動く.

whop /(h)wá(ː)p | wɔ́p/ 動 (whops; whopped; whop·ping) 他 S《略式》(...)を殴る, たたきのめす; (試合などで)(相手)をやっつける.

whop·per /(h)wá(ː)pɚ | wɔ́pə/ 名 C《略式》[こっけいに] 途方もない物; でっかい物; とてつもない大ぼら.

whop·ping /(h)wá(ː)pɪŋ | wɔ́p-/ 形 限定《略式》途方もなく大きな, とてつもない.

whore /hɔ́ɚ | hɔ́ː/ 名 C《古風》売春婦;《卑語》ふしだらな女.

who're[1] /húːɚ | húːə/《略式》who[1] are **の短縮形**: *Who're* those gentlemen? あの方たちはどなたですか / *Who're* dancing? だれが踊っているのですか.

who're[2] /huːɚ | huːə/《略式》**who[2] are の短縮形**: I enjoy talking to people *who're* from abroad. 私は外国からきた人たちと話をするのが好きだ / Yesterday I met two Americans *who're* bicycling through Japan. きのう私は日本中をサイクリング旅行している 2 人のアメリカ人に出会った.

whorl /(h)wɚ́ːl, (h)wɔ́ɚl | wɜ́ːl/ 名 ❶ C (指紋や巻き貝の)渦巻き. ❷ C〔植物〕輪生《茎の節に輪状に巻きついた葉や花》.

who's[1] /húːz/ (同音 whose[1]) ❶《略式》who[1] is **の短縮形**: *Who's* that woman? あの女の人はだれですか / *Who's* calling, please? どちらさまですか《電話口で》/ *Who's* suspected? だれが疑われているの.
❷《略式》**who[1] has[2] の短縮形**: *Who's* had lunch? 昼食を食べ終わったのはだれですか.

who's[2] /huːz/ ❶《略式》who[2] is の短縮形: Do you know the girl *who's* in green? 緑の服を着ているあの少女を知っていますか / You can ask the child *who's* playing over there. あそこで遊んでいる子供に聞いてごらん. ❷《略式》who[2] has[2] の短縮形.

whose[1] /húːz/ (同音 who's[1])
— 代《疑問代名詞; who[1] の所有格》❶ [名詞の前につけて形容詞的に] **だれの**: *Whose* hat is this? これはだれの帽子? / In *whose* room was it found? それはだれの部屋で見つかったの / I don't know *whose* book it is. それはだれの本か知りません[名詞節を導く] / 言い換え Tell me *whose* novel I should read. [名詞節を導く] = Tell me *whose* novel *to* read. [名詞句を導く; ⇒ to[2] A 6] だれの小説を読むべきか教えて.
❷ [独立して用いて] **だれのもの**: *Whose* is this hat? この帽子はだれのですか. 語法 (1) 単数の主語に合わせて動詞も単数形. (2) Whose hat is this? のほうが普通《⇒ 1 の最初の例文》// Here's an umbrella, but I can't tell *whose* it is. ここに傘が 1 本あるがだれのだかわからない[名詞節を導く].

whose[2] /huːz/ (同音 who's[2]) ✪ whose[1] と違ってアクセントがない. 代《関係代名詞; who[2] の所有格》語法 (1) 人以外のものを表わす語も受ける《⇒ **巻末文法** 9.3 (1)》. (2) whose が受ける語と whose の次の語の関係は所有格で表わされる.
❶ [制限用法] **その...が～する[である]**: This is *the girl whose* mother came here yesterday. この少女です, きのうお母さんがここへ来たのは《This is the girl. と The *girl's* mother came here yesterday. とを結ぶ》/ I know *a woman whose* diamond ring cost $9000. 9 千ドルもするダイヤモンドの指輪をしていた女の人を私は知っている《I know a woman. と The *woman's* diamond ring cost .... とを結ぶ》.

> 語法 (1) **whose と of which**
> 制限用法では物・事柄を表わすとき格式ばった of

which の代わりに whose を用いることが多い《⇒ which² 代 2 (3) 語法》: What is *that building whose* roof is painted blue? 屋根が青いあの建物は何ですか / This is *a sentence whose* grammatical subject is "it." これは文法的な主語が "it" の文である.
(2) 上の文よりも What is that building *with* the blue roof? / This is a sentence *with* the grammatical subject "it." のような言い方のほうが普通.

❷ [非制限用法] 語法 主に書きことばで用い, 普通は前にコンマを置く. そしてその人の...は[が, を, に] ~; しかしその人の...は[が, を, に] ~; ところでその人の...は~だが: A man, *whose* name I have forgotten, came to see you this morning. 名前は忘れてしまいましたが, ある男性が今朝あなたに会いに来ました / At the church I saw a woman, *whose* beauty made a lasting impression on me. 私は教会である女性に会いましたが, その人の美しさはいつまでも印象に残っています.

語法 🔍 **whose と of which: 格式度の違い**
非制限用法では, 物・事柄を表わす格式ばった of which の代わりに whose を用いることがある. 次の文では下のものほど格式ばった言い方になる.
Among the trees was *a church*, *with its* tower standing out against the blue sky. 木々の間に教会が見えたが, その塔は青空を背景にそびえ立っていた.
Among the trees was *a church*, *whose* tower stood out against the blue sky.
Among the trees was *a church*, 「the tower *of which* [*of which* the tower] stood out against the blue sky.

who's who, Who's Who /húːzhúː/ 名 [a ~, the ~] (各界の)名士録, 紳士録 (*of*).

***who've¹** /húːv/ 《略式》 **who¹ have² の短縮形:** *Who've* found jobs? 就職したのはだれですか.

***who've²** /huːv/ 《略式》 **who² have² の短縮形:** I don't know the people *who've* just arrived. 私は今着いた人たちを知りません.

***why¹** /(h)wáɪ | wáɪ/

— 副 《疑問副詞》なぜ, どうして《理由・原因などを尋ねる; ⇒ How come ...? (how¹ 成句), What for? (what¹ 代 成句)》: *Why* were you late? どうして遅れたのですか / *Why* does fire burn? 火はなぜ燃えるのですか / *Why* didn't I study harder? なぜもっと勉強しなかったのだろう《自問》/ *Why* can't you say you're sorry? どうしてごめんなさいって言えないの《非難の気持ちを表わす》/ *Why* are there no classes today? きょうはどうして授業がないの / *Why* is it that there're so many earthquakes in Japan? 日本に地震が多いのはどうしてですか《Why are there so many earthquakes in Japan? を強調した言い方》/ *Why* (should we) bother locking the door? We'll come back soon. なぜわざわざドアに鍵をかけるの. すぐ戻ってくるのに《⇒ 語法 (2)》/ Tell me *why* I should go there. なぜ私がそこへ行かなければならないのか教えてください[名詞節を導く]. ✪ ×Tell me *why to* go there. とは言えない / I wonder *why* the sky is blue. なぜ空は青いのだろうか.

語法 (1) **Why ...? に対する答え方**
(a) Why ...? が原因・理由を尋ねるときは原則として because を使って答える: "*Why* did you give up smoking?" "*Because* I realized it was bad for my health." 「どうして禁煙したのですか」「体に悪いことがわかったからです」
(b) 目的を答える場合は, to 不定詞を用いることが多い: "*Why* do you get up so early every morning?" "*To walk* my dog." 「なぜ毎朝そんなに早く起きるのですか」「犬を散歩させるためです」
(2) **Why＋原形**
動詞の原形を直接伴う形は否定命令に近い意味をもつ: *Why* wait? なぜ待つの(待つ必要はない).

Whý ...? Ⓢ よりによってどうして(人)が: *Why me?* Why don't you do it? どうしてぼくが. 君がやればいいだろう.

Whỳ dòn't we dó? Ⓢ いっしょに...しませんか, ...しようよ: "*Why don't we* play one more match?" "Well, I'm tired. Let's play again tomorrow." 「もう一試合やらない?」「えー, 疲れたよ. 明日またやろう」

♥ **...しましょうか** (提案するとき)
Why don't we ...?
I'm sorry, I have to go now.
すみません, もう行かないと.
OK, then **why don't we** discuss it tomorrow?
わかりました, では明日話し合いましょうか.
Fine.
そうしましょう.
♥ やや控えめな提案・誘いの表現.
♥ 相手が応じる可能性が高いかどうかはっきりしない場合に用いることが多い. 《誘いの表現については ⇒ let's》

Whỳ dòn't you dó? = Whỳ nòt dó? Ⓢ ...したらどうですか, ...しませんか, ...しなよ: 🗨 "*Why don't you* come over next Sunday?" "Sure, Thanks!" 「今度の日曜日にうちに遊びに来ない?」「うん, ありがとう」《誘い》/ *Why don't you* tell us what you think? ご意見を聞かせてもらえますか《依頼》/ *Why don't you* just shut up? 黙っててくれない?《非難をこめた命令を表わす》/ "*Why not* talk to him directly?" "No! There's no way I can do that!" 「彼と直接話してみたら?」「そんなことできるわけないよ」《提案》. 語法 時に命令文に添え, 口調を和らげる: Join us, *why don't you*? ぜひ一緒に加わってくださいよ《誘い》.

♥ **...したらどうですか** (勧めるとき)
Why don't you ...?
Why don't you try it on?
試着してみたら?
♥ 「どうしてあなたは...しないのか」が文字どおりの意味だが, 助言や提案, 勧め等, 相手にある行為を積極的に促す意味で使われる.
♥ やや直接的な表現なので, 相手が応じる可能性が高い場合(状況的に妥当な提案の場合や, 相手が親しい人である場合など)に使われることが多い. 《助言の表現については ⇒ should A 1 (1)》

Whỳ nót? (1) Ⓢ どうしてそうしないの, どうしていけないの. 語法 相手のことばが否定文の場合にその理由をたずねる際, *Why not?* と聞き返す: 🗨 "I'm *not* going to the dance." "*Why not?*" "Because I feel sick." 「私

W

はそのダンスパーティーには行きません」「どうして(行かないの)」「体調がよくないので」/ "Maybe you shouldn't wear that dress." "*Why not?*"「その服を着るのはやめたほうがいいんじゃない」「なぜだめなの」/ "「Let's *not* [《略式》*Don't* let's] discuss it any more." "*Why not?*"「これ以上それを議論するのはよそう」「どうしてですか(したっていいじゃありませんか)」 (2) Ⓢ **はい, ぜひ,** そうしよう《提案・誘いなどに対する同意》; **もちろんです**《質問に対する肯定の返事》: 🗨 "Shall we go?" "*Why not?*"「行こうか」「うんそうしよう」/ "Let's try that new restaurant." "*Why not?*"「その新しいレストランに行ってみよう」「いいね」/ "Are you serious?" "Yeah, *why not?*"「本気?」「ああ, もちろん」

Whý(,) òh whý ...? [後悔・怒りを表わして] まったくどうして: *Why oh why* did I make such a stupid mistake? なんでまたあんなばかな間違いをしてしまったんだろう.

— 名 [the ~(s)] 理由, 原因, わけ [≒reason]: *the whys* and (the) wherefores of the incident その事件の原因.

*__why__² /(h)waɪ | waɪ/ 副 《関係副詞》 語法 普通は reason のように理由や原因などを表わす語を受け (⇒ **巻末文法** 9.3 (2)), 関係詞節の中で副詞の働きをする.

❶ **...である(理由[わけ]), ...する(理由[わけ])**: There's no *reason why* you should apologize to them. あなたが彼らに謝るべき理由はない / That's *the reason why* France was defeated in the war. それがフランスが戦争に負けた原因だ. 語法 reason などの先行詞は特に《略式》では用いないことが多い. その場合は why は下の 2 の用法となる.

❷ [先行詞を含んで] **...である理由[わけ], ...する理由[わけ]**: This is *why* I'm angry with her. これが私が彼女に怒っている理由です(こういうわけで私は彼女のことを怒っているのです) / Is that *why* you were late for school? それがあなたが学校に遅れた理由ですか(それで学校に遅れたのですか).

Thát's whỳ. Ⓢ だからさ, そういうわけさ; なるほど, そうだったんだ: "Why can't we eat out tonight?" "I'm exhausted. *That's why.*"「今晩はどうして外食できないの」「へとへとに疲れているからだよ」/ "Why is he leaving Japan?" "He's been scared by another big earthquake. *That's why.*"「どうして彼は日本を去るの」「また大地震があるかと怖がってるんだ. だからだよ」

W

+**why**³ /waɪ/ 間 Ⓢ 《主に米》 **おや!, まあ!, あら!, あれっ!; でも, だって; そうだなあ,** えーっと, さあ; もちろん. 語法 言い始めのきっかけ・応答・驚き・いらだちなどの気持ちを表わす; 《英》では《古風》で現在では小説以外では用いない: *Why* Mr. Jones — how nice to finally meet you! あらジョーンズさん. やっとお会いできてうれしいです / *Why*, it's quite easy! なあに, それはとても簡単(だ)よ.

+**why'd** /(h)wáɪd | wáɪd/ (同音 #wide) 《略式》 why¹ would **の短縮形**: *Why'd* any girl want to go out with Tom? どうしてどの女の子もトムとデートしたがるのだろう.

+**why ev·er** /(h)wàɪévə | wàɪévə/ 副 [疑問副詞 why の強意] **一体なぜ[どうして]** (⇒ ever 5 語法; why on earth のほうが普通): *Why ever* did she do such a thing? 一体どうして彼女はそんなことをしたのだろう.

why's /(h)wáɪz | wáɪz/ 《略式》 why¹ is の短縮形.

WI 〔米郵便〕 = Wisconsin.

Wich·i·ta /wíʧɪtɔ̀ː/ 名 固 ウィチタ《米国 Kansas 州の Arkansas 川に臨む都市》.

wick /wík/ 名 C ろうそくのしん (candlewick); (石油ストーブ・ランプなどの)しん. **gèt on ...'s wíck** [動] 《英略式》...をいらいらさせる.

+**wick·ed** /wíkɪd/ !発音 形 (wick·ed·er /-ḍə | -də/, more ~; wick·ed·est /-ḍɪst/, most ~) ❶ (人・行為などが道徳的に)**悪い**, 不正な; 邪悪な, よこしまな (⇒ bad 類義語). 語法 人に用いる場合は evil のほうがより一般的: a *wicked* stepmother (童話などに現われる)意地悪なまま母 / a *wicked* tongue 毒舌 / There's no rest for *the wicked.* 《ことわざ》[普通はこっけいに] 悪人に休息なし (⇒ the¹ 3). ❷《略式》いたずらな, ちゃめっけのある: a *wicked* grin いたずらっぽい笑い / a *wicked* sense of humor ちゃめっけのあるユーモア感覚. ❸ 有害な, 危険な; ひどい. ❹《俗》すばらしい, すごい《主に若者が用いる》: a *wicked* song すげえいい歌.

~·ly 副 不正に, 意地悪く; いたずらっぽく.

~·ness 名 U 不正, 邪悪さ; 意地悪.

wick·er /wíkə | -kə/ 名 U 小枝(編み)細工(品); [形容詞的に] 小枝細工の: a *wicker* basket 枝編みのかご.

wick·er·work /wíkəwə̀ːk | -kəwə̀ːk/ 名 U = wicker.

wick·et /wíkɪt/ 名 C 〔クリケット〕三柱門(間).

***
wide /wáɪd/ (同音 #why'd)

— 形 (wid·er /wáɪḍə | -də/; wid·est /wáɪḍɪst/)

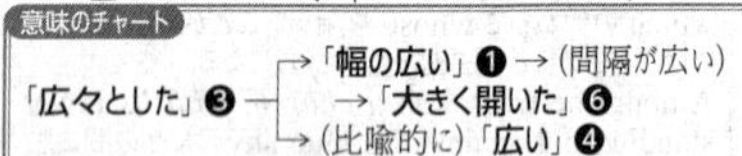

❶ **幅の広い** (⇒ 類義語) [⇔ narrow]: a *wide* street [gate] 広い道[門] / The table is too *wide* to fit through the door. そのテーブルは幅が広すぎて戸口を通れない / What's the *widest* river in the United States? 米国でいちばん幅の広い川は何ですか. 関連 long 長い / high 高い.

wide (幅の広い)	広い (⇒narrow 表)
large, big (面積の広い)	

広い

広い部屋

○a **large** [**big**] room

×a wide room (「間口の広い部屋」の意味になる)

✪ wide は端から端までの距離があることを表わし, 面積が広いというときは large, big を用いる.

❷ **幅が...で[の], 広さが...で**: a ten-meter-*wide* river 幅 10 メートルの川 / "How *wide* is this bookcase?" "It's 32 inches."「この本箱の幅はどのくらいありますか」「32 インチあります」 語法 普通は幅を表わす語の後につける. 関連 long 長さが...で / high 高さが...で.

❸ **広々とした**, 広大な: the *wide* sea 広々とした海 / the (big) *wide* world [主に Ⓢ] この広い世界, (外の)実社会.

❹ [普通は 限定] (範囲・知識などが)**広い**, 幅広い; [普通は比較・最上級で] (見方などが)偏(かたよ)らない [⇔ narrow]: a *wide* range of subjects 幅広いテーマ / a *wide* audience 幅広い聴衆 / a person of *wide* experience いろいろな経験をしている人 / see it in a *wider* context それをもっと広い背景の中で見る. ❺ (差異などが)大きい, かけ離れた; (的などから)遠く離れて; 見当違いで (*of*): a *wide* difference [gap] 大きな

相違[差]. ❻《文語》(目·戸などが)大きく開いた, いっぱいに開けた: a *wide* grin 満面の笑い / The boy stared with *wide* eyes. 少年は目を丸くして見つめた.
(動 wíden, 名 width)

類義語 wide と broad は同じ意味に用いることもあるが, *wide* は端から端までの距離に意味の重点が置かれ, *broad* は広々とした広がりを強調する: a *wide* [*broad*] street 広い通り / The river is 300 meters *wide*. その川は 300 メートルの幅がある / a *broad* ocean 広々とした大洋.

— 副 (wid·er /wáɪḍɚ | -də/; wid·est /wáɪḍɪst/) ❶ **広く**; (目·戸などを)**大きく開いて**, いっぱいに(開けて); 十分に: Open (your mouth) *wide*. (口を)大きく開けて《歯医者などのことば》/ She was *wide* awake when the burglar broke in. 強盗が侵入してきた時彼女はすっかり目がさめていた / The competition is *wide* open. そのコンペにはだれもが参加できる. ❷ (的から)はずれて, 遠くに; 見当違いに: The ball went *wide of* the catcher. 投球はキャッチャー(の構えた所)から遠くそれた.

-wide /wáɪd←/ 形 副 [合成語で] ...にわたる[わたって]: a city*wide* problem 市全体の問題 // ⇒ nationwide, worldwide.

wíde-an·gle léns /wáɪdæ̀ŋgl-/ 名 C 広角レンズ. 関連 telephoto lens 望遠レンズ.

wide-eyed /wáɪdáɪd←/ 形 ❶ 目を大きく見開いた; びっくりした. ❷ 純真な, 素朴な, 世間知らずの [≒ naive].

wide·ly /wáɪdli/

— 副 ❶ **広く**, 広範囲に: be *widely* available あちこちで入手できる / a *widely* accepted idea 広く認められている考え / be *widely* read (本などが)広く読まれている; (人が)多読している / He's traveled *widely*. 彼は広く方々を旅行してきた.

❷ **大いに**, 非常に, 甚だしく: be *widely* different = differ [vary] *widely* 大いに異なる.

+**wid·en** /wáɪdn/ 動 (wid·ens /~z/; wid·ened /~d/; -en·ing) 他 (...)を**広くする**; 広げる [⇔ narrow]: The city decided to *widen* this road. 市はこの道路を広くすることを決めた / *widen* the discussion 議論(の範囲)を広げる.

— 自 **広くなる**; 広がる; (目が)大きく見開かれる: The river *widens* as it flows toward the sea. その川は海の方へ流れてゆくにつれて広くなる. 関連 lengthen 長くする[なる].
(形 wide)

wide-rang·ing /wáɪdrèɪnʤɪŋ/ 形 広範囲にわたる: a *wide-ranging* discussion 広範囲な議論.

+**wide·spread** /wáɪdspréd←/ 形 **広く行き渡った**; はびこった; 普及した: *widespread* support 広範囲にわたる支持 / This superstition is *widespread* among the people. この迷信は人々の間に広くはびこっている.

wid·get /wíʤɪt/ 名 ❶ C S (名前の分からない)何とかいう部品[装置]. ❷ C《略式》(ある会社の)製品《仮定の話をするときなどに》. ❸ C〔コンピュータ〕ウィジェット《デスクトップやスマートフォンのホーム画面などで動作する簡易アプリ》.

+**wid·ow** /wíḍoʊ/ 名 (~s /~z/) ❶ C **未亡人**, やもめ, 寡婦(かふ): Mary remained a *widow* after her husband's death. 夫の死後, メアリーはずっと未亡人で通した. ❷ C [合成語で] [こっけいに] ...ウィドー《夫が趣味などに夢中で相手にしてもらえない妻》: a golf *widow* ゴルフウィドー.

wid·owed /wíḍoʊd/ 形 夫[妻]をなくした.

wid·ow·er /wíḍoʊɚ | -doʊə/ 名 C 男やもめ.

wid·ow·hood /wíḍoʊhʊ̀d/ 名 U やもめ暮らし, 未亡人の状態.

width /wítθ, wídθ/ ❗発音 実際の発音は「ウィッツ」のように聞こえる. 名 ❶ U,C 幅, 広さ《⇒ length 挿絵》; (建物などの)間口; U 幅が広いこと: a river of great *width* 非常に幅の広い川 / What's the *width of* the door? 戸口の幅はどのくらいですか / The road is twenty feet *in width*. その道路は幅が 20 フィートある. 関連 depth 奥行き. ❷ C プールの横幅. ❸ C 一定の幅をもつもの, ひと幅の布地.
(形 wide)

wield /wíːld/ 動 他 ❶ (権力·武力·影響力など)を振るう, 行使する. ❷ (武器·道具)を用いる, 使う.

wie·ner /wíːnɚ | -nə/ 名 ❶ C《米》ウインナソーセージ. ❷ C《米》S まぬけ. ❸ C《米》S《小児語》おちんちん.

wife /wáɪf/ ❗発音

— 名 (複 wives /wáɪvz/) C **妻**, **奥さん**: my *wife* and I 妻と私, 私たち夫婦《⇒ I² 語法》/ Mr. Hill and his *wife* ヒル氏夫妻 / There, he met his future *wife*, Jenny. そこで彼は未来の妻となる女性, ジェニーと出会った / He had a son by [with] his first *wife*. 彼には先妻との間に息子が 1 人いた. 関連 husband 夫.
〖語源 元来は「女」の意〗

wife·ly /wáɪfli/ 形 (wife·li·er; -li·est)《古風》[ときにこっけいに] 妻らしい, 妻にふさわしい.

Wi-Fi, wi-fi /wáɪfàɪ/ 名 U〔コンピュータ〕ワイファイ《無線 LAN の規格; *wi*reless *fi*delity の略; 商標》.

+**wig** /wíg/ 名 (~s /~z/) C **かつら**, ウィッグ《はげ隠し用·舞台用·女性のおしゃれ用など》: wear a *wig* かつらをつけ(てい)る. 参考 17–18 世紀にヨーロッパで流行し, 現在は英国で裁判官や弁護士が法廷でつける.

wig·gle /wígl/ 動 他 (...)をぴくぴく動かす; 小刻みに揺する. — 自 ぴくぴく動く, 小刻みに動く. — 名 C ぴくぴく動くこと, 小刻みな動き.

wig·wam /wígwɑ(ː)m | -wæm/ 名 C (特に昔の)アメリカ先住民の小屋[テント]《獣皮などを張った円形; ⇒ tepee》.

wi·ki /wíki/ 名 C,U ウィキ《利用者が自由に書き込み·編集などを行なえるウェブサイト》.

wild /wáɪld/ (同音 Wilde)

— 形 (wild·er; wild·est)

意味のチャート
「野生の」❶
→ (自然のままの) → 「荒れ果てた」❷
→ (節度のない) → 「荒れた」❼
→ 「乱暴な」❹
→ 「狂気じみた」❸

❶ [比較なし] (動植物が) **野生の**; (鳥獣が)人なれしない [⇔ domestic, tame]: a *wild* animal 野生動物, 野獣 / *wild* birds 野鳥 / The plants grow *wild* in the forest. その植物は森に自生している.
❷ **自然のままの**, 荒れ果てた; 人の住まない: a *wild* jungle 自然のままの密林, 原生林.
❸ **狂気じみた**, 激情的な; 熱狂的な, 興奮した; 激怒した: He had a *wild* look (in his eyes). 彼は狂ったような(目の)表情をしていた / She was ***wild with*** joy [excitement]. +with+名 彼女は狂喜していた[興奮していた] / People ***went wild***. 人々はわきかえった.

W

❹ (人·動物·ふるまいなどが)**乱暴な**, 無法な, 手に負えない, わがままな; 乱暴にふるまう; (動作などが)荒々しい: *wild* boys 乱暴な子供たち / a *wild* party (飲めや歌えの)大騒ぎの宴会 / He was very *wild* in his youth. 彼は若いころは実に手に負えなかった. ❺ 叙述《略式》(...に)夢中になって, 熱中して: The girls are *wild about* the film star. 少女たちはその映画スターに夢中になっている. ❻ 限定 とっぴな, 無謀な, 大それた; 大ざっぱな, 見当違いの: a *wild* plan 無謀な計画 / make [take] a *wild* guess あてずっぽうを言う. ❼ (風などが)荒れた, 激しい; 騒々しい: a *wild* night あらしの一夜. ❽《略式》わくわくさせる, すばらしい. ❾〔トランプ〕(カードが)どの札にも使える.

rùn wíld [動] 自 (1) (子供·動物が)勝手気ままにふるまう. (2) (植物が)野放しになる, やたらにはびこる. (3) (想像力が)自由に働く.

— 名 ❶ [the ～s] 荒野, 荒れ地; 未開地 (*of*). ❷ [the ～] 野生(の状態): in *the wild* 野生で.

wíld bóar 名 C いのしし (boar).

wíld càrd 名 ❶ C〔コンピュータ〕総称文字, ワイルドカード《* など》. ❷ C〔トランプ〕万能札《joker など》. ❸ C〔スポーツ〕ワイルドカード(によって出場権を得たチーム). ❹ C 予測不可能な人[もの], 未知の要因.

wild·cat /wáɪldkæ̀t/ 名 C 山猫. — 形 限定 (計画などが)無謀な, 向こう見ずな, 危険な. — 動 自《米》(石油を求めて)試掘する.

wíldcat stríke 名 C 山猫スト《組合本部の指令なしに行なうストライキ》.

Wilde /wáɪld/ 名 固 Oscar ～ ワイルド (1854–1900)《Ireland 生まれの英国の作家》.

wil·de·beest /wíldəbìːst/ 名 (複 ～(s)) C うしれいよう, ヌー (gnu).

+**wil·der·ness** /wíldənəs | -də-/ ❗発音 名 ❶ C [普通は単数形で] **未開地**; 荒野, 荒れ地; 果てしない広がり: the Alaskan *wilderness* アラスカの荒野. ❷ C [普通は単数形で] 荒廃地, 無秩序な場所 (*of*).

in the wílderness [副·形] (政治家などが)活動の中心から離れて(いる), 野党になって(いる).

wílderness àrea 名 C《米》自然保護地域.

wild·fire /wáɪldfàɪə | -fàɪə/ 名 U,C 野火 (のび).

spréad lìke wíldfire [動] 自 (うわさなどが)すごい勢いで広がる.

wild·flow·er /wáɪldflàʊə | -flàʊə/ 名 C 野生の草花, 野の花.

wild·fowl /wáɪldfàʊl/ 名 複 猟鳥《かもなど》.

wíld-góose chàse /wáɪldgúːs-/ 名 C 当てのない探索, むだ足. 由来 野生のがんをつかまえるのは難しいことから.

+**wild·life** /wáɪldlàɪf/ 名 U **野生生物[動物, 植物]**《全体》: a *wildlife* sanctuary 野生生物保護区.

+**wild·ly** /wáɪldli/ 副 ❶ **狂ったように**, 熱狂的に; 乱暴に: They were cheering *wildly*. 彼らは気が狂ったように声援していた. ❷ きわめて, ひどく: *wildly* inaccurate ひどく不正確な / This movie is *wildly* popular. この映画はすごく人気がある.

wild·ness /wáɪldnəs/ 名 U 自然のまま; 荒々しさ; 乱暴; 無謀; 狂気; 荒廃.

wíld pítch 名 C〔野球〕暴投.

Wíld Wést 名 [the ～] 米国開拓時代の西部.

wiles /wáɪlz/ 名 複 たくらみ, 策略.

wil·ful /wílf(ə)l/ 形《英》= willful.

wil·i·ness /wáɪlinəs/ 名 U ずるさ, こうかつ.

W

*****will**[1] /(弱形) (w)əl, l; (強形) wíl/

— 助 (過去 would /(弱形) (w)əd, d; (強形) wʊ́d/; ⇒ -'ll) ✪ 過去形の用法については ⇒ would.

> 単語のエッセンス
> 1) [単なる未来] ...でしょう ❶
> 2) [意志] ...するつもりである ❷
> 3) [主張] どうしても...しようとする ❸
> 4) [習慣] よく...する ❹
> 5) [推量] ...だろう ❺

❶ [単に未来を表わす] ...でしょう, **...だろう**, ...するでしょう, ...するだろう, ...となるでしょう[だろう].

(1) [一人称の代名詞とともに平叙文で]: 「*I will* [*I'll*] be sixteen (years old) this month. 今月で 16 歳になる /「*We will* [*We'll*] be in New York next month. 私たちは来月はニューヨークにいる / *I* 「*will* not [*won't*] be able to see her again. 二度と彼女には会えまい《⇒ can[1] 1 語法 (1)》/ *We'll* have to walk to the station if we can't find a taxi. もしタクシーが拾えなかったら駅まで歩かねばならないだろう《⇒ 項目 have to 1 語法 (1)》.

> 語法 (1) **I'll の形**
> 会話では I will の代わりに I'll を多く用いる.
> (2)《英》では will の代わりに shall も用いるが, 今では will, 'll を用いる傾向が強い.

(2) [一人称の代名詞とともに疑問文で]: When *will we* arrive in Rome? ローマにはいつ着くでしょうか.

(3) [二人称の代名詞とともに平叙文で]: Don't worry. *You'll* be fine. 心配しないで. 大丈夫だよ / *You won't* believe me, but that's the truth. 信じてもらえないでしょうが, 事実なんです / Keep walking that way, and *you'll* find the entrance straight ahead. まっすぐ行けば入り口が見つかりますよ / *You won't* pass the exam unless you study harder. もっと一生懸命勉強しなかったら, 試験に合格しませんよ《忠告》.

(4) [二人称の代名詞とともに疑問文で]: *Will you* be at home this evening? 今晩は家にいる? / *Will you* be okay on your own? 一人で大丈夫? / *Will you* have to leave tonight? あなたは今夜出発しなければならないんですか / *Will you* be disappointed if I say no? 私がノーと言ったらがっかりする?

(5) [名詞あるいは三人称の代名詞とともに平叙文で]: 「*She will* [*She'll*] be twenty years old next month. 彼女は来月で 20 歳になる / *He* 「will not [*won't*] be surprised at the news. 彼はその知らせを聞いても驚かないだろう.

(6) [名詞あるいは三人称の代名詞とともに疑問文で]: *Will the weather* be good tomorrow? あすは天気がいいでしょうか.

(7) [will be＋-ing 形で未来進行形を表わす]: ⇒ be[2] A 1 (4).

(8) [will have＋過去分詞の形で未来完了形を表わす]: ⇒ have[2] 3.

❷ [意志を表わす; ⇒ shall 3 語法] **...するつもりである, ...しよう(と思う)**.

(1) [一人称の代名詞とともに]: *I'll* do anything I can for him. 私は彼のためにできることは何でもするつもりだ / *I won't* see her any more. もう彼女とは会うつもりはない / "*I'll* see you at 8 on Wednesday, then." "All right. See you then." 「じゃあ, 水曜日の 8 時に会おう」「オーケー. じゃあね」《♥ 約束や申し出をするときの

表現》 語法 前々から決めてある意図・計画には be going to ... を用いるのが普通: *I'm going to* do it myself. 私はそれを自分でやるつもりでいる.

♥ もう...しません （謝罪するとき）
I won't ...

I'm sorry. **I won't** let it happen again.
ごめんなさい. 二度とないように気をつけます.
♥ 話し手の意志を表わす I will ... の否定形である I won't ... は「二度と同じ過ちを繰り返さない」と約束する文として謝罪の際に用いられる.

(2) [二人称の代名詞とともに疑問文で] ...しますか, ...するつもりですか《相手の意向・意志を尋ねる》; ...してくれますか《依頼を表わす》; [二人称の代名詞とともに平叙文で] ...しなさい《命令を表わす》: *Will* [*Won't*] *you* have some tea? お茶を飲みますか《相手の意向を問う勧めの表現》 / Where *will you* go? どこに行くつもりなの? / *You won't* tell her, *will you*? 彼女には言わないですよね / *Will you* promise me? 約束してくれる? / *Will you* go to the meeting? 会議に出ますか. ✪ 場合によっては, 意志を尋ねる意味ではなく「...してくれますか」という依頼の意味に解釈されることもあるので, 誤解を避けるためには Are you going to ...? を使うほうがよい.

語法 (1) will に強勢を置き, 文を下降調で発音すると, 強い命令口調になる. 書くときはしばしば感嘆符をつける: *Will you* be quiet!↘ 静かにしてくれよ.
(2) 次のような付加疑問文も下降調で言うといらいらした命令口調に聞こえてしまうので注意: Come and sit here, *will you?*↗ ここへ来て座りませんか / Come and sit here, *will you?*↘ ここへ来て座りなさい《⇒ **巻末文法** 1.5 (2) ③》.

♥ ...してもらえますか （依頼するとき）
Will you ...?

Will you let me know when you're done with it? それを使い終わったら知らせてもらえますか.
♥ 直接的な依頼の表現として使われる.
♥ 相手が応じると予測できる場合(職務上の指示や親しい人に軽い頼み事をする場合など)に用いることが多い. 《依頼の表現については ⇒ could B 1 (4)》
♥ 否定形の Won't you ...? は「...してはもらえないんですか」のような相手を非難するニュアンスを持つことがあるので注意.

♥ ...してくれる? （依頼するとき）
..., will you?

Let me keep it till tomorrow, **will you?**
これ明日まで貸しといてくれる?
Sure, no problem. See you in the morning.
いいよ. じゃ, また明日の朝に.
♥ 命令文+will you? は直接的な依頼として使われる.
♥ 親しい相手に軽い頼み事をする場合などに用いることが多い.
♥ 下降調で言うといらいらした命令口調に聞こえてしまうので注意.

♥ ...しなさい （命令するとき）
You will ...

You will do your homework before watching TV. テレビを見る前に宿題をしなさい.
But my favorite show is about to start.
でも, 僕の大好きな番組が始まっちゃうよ.
♥ 命令の表現.
♥ 高圧的な響きがあるため, 親が子供に対してするような有無を言わさぬ命令や指図に使われる.

(3) [名詞か三人称の代名詞とともに]: *Bill will* help you. ビルが君を助けてくれるよ / *Who'll* have some coffee? コーヒーを飲む人は(だれ)? 語法 まれに三人称主語で命令を表わすこともある: The last person to leave *will* please [kindly] turn off the lights. 最後に退室する人は電気を消してください.
(4) [条件を表わす副詞節の中で]: I'll be very glad to stay here, *if* you'*ll* stay with me. もしあなたが私といっしょに残ってくださるなら, 私は喜んでここにおります. 語法 この言い方は相手の好意を期待するときに用いる. ... if you stay with me. ならば単に条件を表わすだけ.

❸ [強い主張・拒絶などを表わす; ⇒ would A 5] **どうしても...しようとする**, ...すると言ってきかない, どうしても...である; [否定文で] どうしても...しようとしない. 語法 主張は will /wíl/, 拒絶は will not /wìlná(ː)t|-nɔ́t/ または won't /wóʊnt/ と発音される: He *wíll* have his own way. 彼は我(ガ)を張ってきかない / This door「*wìll nót* [*wón't*] open. この戸はどうしても開かない《主語の this door が擬人化されている》.

❹ (1) [平叙文で現在の習慣・習性などを表わす; ⇒ would A 2] **よく...する**, ...なことがよくある:「He *will* [He'*ll*] talk for hours, if you let him. 彼はしゃべらせておくと何時間でもしゃべる / Oil *will* float on water. 油は水に浮くものだ.
(2) [特性・必然などを表わす] ...するものである: Accidents *will* happen. 《ことわざ》 事故は起こるもの(なかなか防げない) / Boys *will* be boys. 《ことわざ》 やはり男の子は男の子だ(いたずらはしかたがない).
(3) [無生物を主語として適性・能力などを表わす] ...できる: His car *will* hold six people. 彼の車には 6 人が乗れる.

❺ [推量を表わす; ⇒ would B 2 (1)] **...だろう**, ...であろう:「That *will* [That'*ll*] be the mailman at the door. 玄関にいるのは郵便配達の人だろう《ベルなどを聞いて》 / It'*ll* be snowing in Boston now. 今ごろボストンでは雪が降っているだろう / He'*ll* have reached Tokyo by now. 彼はもう東京に着いているだろう《完了の推量》.

❻ [目的を表わす副詞節で] **...するために**, ...することができるように《⇒ so that ... will do (so[1] 接 成句)》: I've switched on the heater *so that* the room *will* be warm when he returns. 彼が戻ったとき部屋が暖まっているようにヒーターをつけた.
〚語源 元来は「望む」という意の動詞で will[2] と同語源〛

**will[2] /wíl/

— 名 (〜s /〜z/) ❶ U,C 意志; 意欲, 意図, 意思: a strong *will* 強い意志 / She seems to have lost her *will to* live. +to 不定詞 彼女は生きる意欲を失ってしまったように思われる / Where there's a *will*, there's a way. 《ことわざ》 Ⓢ 意志のある所には道がある(精神一到何事か成らざらん) // ⇒ free will. 関連 goodwill 好意.
❷ C **遺言**; 遺言状《⇒ testament 2》: make one's *will* 遺言状を作成する / My father left me nothing in his *will*. 父は遺言で私に何も残してくれなかった.
❸ [単数形で, しばしば所有格とともに] (...の)意向, 望

み, 願い (of): *against* one's *will* 意に反して / I don't want to go against my father'*s will*. 私は父の意にそむくことをしたくない / impose one's *will* on ... ...に自分の意向を押しつける.

at wíll [副] 意のままに, 好き勝手に.

of one's **ówn (frée) wíll** [副] 自由意志で.

with a wíll [副] Ⓦ 身を入れて, 本気で: work *with a will* 本腰を入れて仕事をする.

with the bést wíll in the wórld [副] 《英》精いっぱい頑張っても.

— 動 他 ❶ (人)に意志の力で...させる[させようとする]: He *willed* himself not *to* panic. 彼は努めてパニックにならないようにした. ❷〔法律〕(...)を遺言で与える, 遺贈する (*to*). ❸《古語》(...)を望む.

if you wíll [副] (1)《格式》(...と言った方が)お気に召すならば. (2) [命令文で] Ⓢ《格式》どうか(...してください[...を考えてみてください]).

Will /wíl/ 名 固 ウィル《男性の名; William の愛称》.

-willed /wíld←/ 形 [合成語で] 意志が...の, ...の意志を持った: strong-*willed* 意志の強い.

will·ful /wílf(ə)l/ 形 ❶ [軽蔑的] わがままな, 強情な, 頑固な. ❷ 限定 故意の, わざとした. **-ful·ly** /-fəli/ 副 故意に, わざと.

Wil·liam /wíljəm/ 名 固 ❶ ウィリアム《男性の名; 愛称は Bill, Billie, Billy, Will, Willie または Willy》. ❷ ～ I /-ðəfə́ːst | -fə́ːst/ ウィリアム一世 (1027?–87)《ノルマンディー公 (Duke of Normandy); England を征服し, 王となった (1066–87); William the Conqueror (ウィリアム征服王)とも呼ばれる; ⇒ Norman Conquest》.

Wil·lie /wíli/ 名 固 ウィリー《男性の名; William の愛称》.

***will·ing** /wílɪŋ/

— 形 ❶ 叙述 **...するのをいとわない, ...してもかまわない**, ...する用意がある [⇔ unwilling]. 語法 be ready to ... ほど積極的な気持ちはない: If you'd like me to go with you, I'm quite *willing*. もしいっしょに行ってほしいのならお供してもいいですよ / We were disappointed by the outcome of the election, but we're *willing to* accept it. +to 不定詞 我々は選挙の結果に失望したがそれを受け入れる気だ.

❷ 限定 **自発的な**, 進んでする; 心からの: a *willing* helper 自発的な援助者 / *willing* support 心からの支援.

will·ing·ly /wílɪŋli/ 副 いとわずに, 快く; 進んで [⇔ unwillingly]: He would *willingly* lend me the money. 彼なら快くお金を貸してくれるだろう / "Will you come with me?" "Yes, *willingly*." 「いっしょに来ますか」「はい, 喜んで」

will·ing·ness /wílɪŋnəs/ 名 U [ときに a ～] (いとわずに[進んで])する用意のあること; やる気 [⇔ unwillingness]: He expressed his *willingness to* accept any criticism. 彼はいかなる批判も受け入れる用意があると言った.

wil·low /wíloʊ/ 名 ❶ C 柳: ⇒ pussy [weeping] willow. ❷ U 柳材《かごなどを作る》.

wil·low·y /wíloʊi/ 形 (人が)すらっとした.

will·pow·er /wílpàʊɚ | -pàʊə/ 名 U 意志の力, 自制心: have the *willpower to* diet ダイエットする意志の強さがある.

Wil·ly /wíli/ 名 固 ウィリー《男性の名; William の愛称》.

wil·ly-nil·ly /wíliníli←/ 副 ❶ いやおうなしに. ❷ 無計画に, 無造作に.

wilt /wílt/ 動 自 ❶ (植物が)しおれる; しぼむ. ❷ (人が暑さなどで)ぐったりする; くじける. — 他 (植物)をしおれさせる.

wil·y /wáɪli/ 形 (wil·i·er; -i·est) ずるい, こうかつな.

Wim·ble·don /wímbldən/ 名 固 ウィンブルドン《英国 London の郊外地区; 国際的なテニスの選手権試合が行なわれる》.

wimp /wímp/ 名 C《略式》いくじなし, 弱虫. — 動 [次の成句で] **wímp óut** 自 Ⓢ《略式》しりごみする, おじけづく (*of*).

wimp·ish /wímpɪʃ/ 形 = wimpy.

wim·ple /wímpl/ 名 C (修道女の)ずきん, ベール《中世には一般婦人も外出時に着用した》.

wímp·y /wímpi/ 形《略式》いくじなしの, 弱虫の.

*****win** /wín/

— 動 (wins /～z/; 過去・過分 won /wʌ́n/; win·ning) 他 ❶ (戦い・勝負など)に**勝つ** [⇔ lose]: Our school *won* the game 4–0 (= four (to) nothing). わが校はその試合に 4 対 0 で勝った《⇒ zero 語法 (2)》 / Which party will *win* the election? どっちの党が選挙に勝つだろうか / A nuclear war cannot *be won*. V+O の受身 核戦争に勝者はない.

win (戦い・勝負などに)	勝つ
beat, defeat (相手・敵などに)	

❷ (勝利)を**勝ち取る**, (賞・賞品・議席など)を**獲得する**; (くじなど)を当てる; (物・事が)(人に)(賞など)を獲得させる: We *won* the victory [gold medal]. 我々は勝利[金メダル]を勝ち取った / Jane *won* first prize in the speech contest. ジェーンはスピーチコンテストで 1 等賞を取った《⇒ prize[1] 語法》 / *win* a seat 議席を得る / *win* a lottery 宝くじに当たる / Her constant practice *won* her the championship. V+O+O 彼女はたゆまぬ練習によってチャンピオンの座を勝ち取った.

❸ (努力して)(信頼・支持など)を**得る**; (物・事が)(人に)(名声・信頼・賞賛など)を得させる: *win* a contract 契約を勝ち得る / He *won* the respect of his colleagues. 彼は同僚から尊敬を得た / Mary's kind nature quickly *won* her the friendship of her classmates. V+O+O メアリーは持ち前の優しい性質からすぐに級友たちに親しまれた. ❹ (人の心・愛情)をつかむ: *win* her heart 彼女の心を射止める.

— 自 **勝つ**, 勝利を得る [⇔ lose]: Which side *won*? どっちが勝ったのか / We *won* 5–2 (= five (to) two). 私たちは 5 対 2 で勝った / John *won at* cards. V+at+名 ジョンがトランプで勝った / We *won by* 2 points. 私たちは 2 点差で勝った / OK, you *win*. Ⓢ わかったよ, 君の勝ちだ[言うとおりだ]《軽い議論などの後で言うことば》 / "Who's *winning*?" "The Giants — two to one." 「どっちが勝ってる」「ジャイアンツだ, 2 対 1 で」

wín or lóse [副] 勝っても負けても.

wín one's **wáy** [動] 自 (試合などを)勝ち進む《⇒ way[1] 成句の囲み》.

You [One] cán't wín. 《略式》どうやってもうまくいかないよ, むだだよ.

You cán't wín them áll. = You wín sòme, you lóse sòme. Ⓢ (失敗した人を慰めて)うまくいかない時もあるさ.

win の句動詞

+**wín báck** 動 他 (失ったもの・人)を**取り戻す:** How can I *win back* Mary's trust? どうしたらメアリーの信頼を取り戻せるだろうか.

wín óut 動 自 (最後には)勝利を得る, 成功する, やり抜く; (相手に)勝つ (*over*).

+**wín óver** [《英》 **róund**] 動 他 (人)を(味方に)**引き入れる**; (人)を説得する, 説得して...の考えにさせる**:** I couldn't *win* her ***over to*** our side. 私は彼女を説得して味方につけることができなかった.

wín thróugh 動 自 《主に英》 = win out.

— 名 (～s /～z/) C (競技などで)**勝つこと**, 勝利, 成功 [⇔ loss]**:** a big *win* 圧勝 / a narrow *win* きわどい勝利 / ten *wins* and three losses 10 勝 3 敗 / The Lions had an easy ***win over*** the Hawks. ライオンズはホークスに楽勝した.

〖語源 元来は「戦う」の意〗

wince /wíns/ 動 自 (痛さなどで)顔をしかめる; (不快さに)いやな顔をする**:** He *winced* when he hit his shin. 彼は向こうずねを打ったとき顔をしかめた. — 名 C [普通は a ～] しかめっ面.

winch /wíntʃ/ 名 C ウインチ, 巻き上げ機. — 動 他 (...)をウインチで巻き[引き]上げる (*up*).

****wind**[1] /wínd/ ！発音 wind[2] と発音が違う.

— 名 (winds /wíndz/) ❶ U,C (強い)**風**. 語法 風の程度をいうときは U, 種類をいうときは C であるが, 単に「風」というときは普通は the wind という**:** a cold [chill] *wind* 冷たい風 / a biting [bitter] *wind* 身を切るような風 / a north *wind* 北風 / a gust [blast] of *wind* 一陣の風 / There's a strong [high] *wind* blowing. 強い風が吹いている / *The wind* is picking [getting] up. 風が出てきた / *The wind* has dropped [died down]. 風が静まってきた / It's an ill *wind* that blows no [nobody any] good. 《ことわざ》 S だれにも益をもたらさない風はよくない風である(実際にはそんな風はなく, 世の中は損をする人もいれば得をする人もいる, 甲の得は乙の損). 関連 whirlwind つむじ風. ❷ U 息, 呼吸 [≒breath]**:** Stop for a minute and let me get my *wind* (back). ちょっと止まって私に一息つかせてくれ / knock the *wind* out of ... (みぞおちを打って)(人)に一瞬息をできなくさせる. ❸ [the ～(s); 単数形でもときに複数扱い] (オーケストラなどの)管楽器部; 管楽器奏者《全体》; [形容詞的に] 管楽器の**:** the *wind* section (オーケストラの)管楽(器)部門 // ⇒ wind instrument. ❹ U 《英》 = gas[1] 5. ❺ U 《略式》 むだ話, たわごと.

bréak wínd [動] 自 おならをする《fart の遠回しな言い方》.

gét [háve] the wínd ùp [動] 自 《英略式》 ぎょっとする, 怖がる (*about*).

gèt [hàve] wínd of ... [動] 他 《略式》 (うわさ・秘密など)をかぎつける, ...に気づく.

in the wínd [形] (陰で何かが)起ころうとして, 計画されて**:** There's something *in the wind*. 何かが起こりそうだ.

lìke the wínd [副] 風のように, すばやく.

pùt the wínd ùp ... [動] 他 《英略式》 (人)をぎょっとさせる, 怖がらせる.

tàke the wínd òut of ...'s sáils [動] 《略式》 (相手の予期せぬ言動・手段で)(人)を出し抜く, ...をめんくらわせる.

「**whích wày [hów] the wínd blòws [is blòwing]** [名] 風向き; 世論[世の中]の動向**:** We'll have to 「wait and see [find out] *which way the wind is blowing* before taking action. 行動を起こす前に形勢を見据える必要がある. (形 wíndy)

— 動 他 (人)を息切れさせる; (人)に息をできなくさせる**:** I *was* really *winded* after the race. レースの後はすっかり息が切れた.

****wind**[2] /wáınd/ ！発音 wind[1] と発音が違う.

— 動 (winds /wáındz/; 過去・過分 wound /wáʊnd/; wind·ing) 他 ❶ (毛糸など)を**巻く**, (包帯・スカーフなど)を巻きつける; (腕・体など)を包帯などで巻く, (...)を(布などで)包む [⇔ unwind]**:** She ***wound*** the thread ***into*** a ball. V+O+前+名 彼女は糸を巻いて球状にした / 言い換え She ***wound*** a shawl ***around*** [***round***] her baby. = She ***wound*** her baby ***in*** a shawl. 彼女は赤ん坊をショールにくるんだ / His arm ***is wound up in*** a bandage. 彼の腕は包帯で巻かれている.
❷ (ねじ・ぜんまいなど)を**巻く**, 巻き取る[戻す]; (取っ手など)を**回す:** Don't forget to *wind* the clock. 時計のねじを巻くのを忘れないように. ❸ (テープ・フィルム)を巻く (*back, forward*).

— 自 ❶ [副詞(句)を伴って] (川・道などが)**曲がりくねる**, うねる [≒bend]**:** The road ***winds up*** [***down***] the hill. V+前+名 道はくねくねと山腹を上って[下って]いく / The brook ***winds toward*** the lake. その小川は曲がりくねって湖に流れ込む. ❷ (つるなどが)(...に)巻きつく, からみつく (*around*).

wínd one's **wáy** [動] 自 (川・道などが)くねくねと曲がりながら進む (*along, through*) 《⇒ way[1] 成句の囲み》.

wind の句動詞

wínd dówn 動 自 ❶ (仕事や興奮のあとで)落ち着く, くつろぐ. ❷ 徐々に縮小する[終わる].
— 他 ❶ (事業など)を徐々に縮小する[終わらせる]. ❷ 《英》 (車の窓など)を下ろす.

***wínd úp** 動 他 ❶ (話・会合など)を**終える**; (議論など)に**けりをつける** V+名・代+*up* / V+*up*+名**:** I hope that'll *wind* things *up*. それで決着がつくと思う. ❷ (店・会社など)をたたむ, 解散する. ❸ 《英略式》 (わざと)(人)をいらだたせる, 怒らせる; かつぐ. ❹ (時計)のねじを巻く. ❺ 《英》 (車の窓など)を上げる.
— 自 ❶ 終わる, 終了する**:** The meeting is going to *wind up* quite soon. 会議はじきに終了の予定だ. ❷ 《略式》 結局...(する)というはめになる**:** Too much hard work caused him to *wind up* in (the) hospital. 過労がたたって彼は入院するはめになった / I *wound up* clean*ing* it myself. 結局自分で片づけるはめになった.

— 名 C 巻く[回す]こと.

wind·bag /wín(d)bæ̀g/ 名 C 《略式》 [軽蔑的に] (つまらないことばかり言う)おしゃべりな人.

wind·break /wín(d)brèık/ 名 C 防風林; 風よけ.

wind·break·er /wín(d)brèıkə | -kə/ 名 C 《米》 ウインドブレーカー《スポーツ用ジャケット; 元来は商標》.

wínd·chill fàctor /wín(d)tʃıl-/ 名 U 風速冷却指数《風速で寒く感じる影響を考慮した気温の尺度》; 体感温度.

wind·ed /wíndıd/ 形 息が切れた; 息が詰まった.

wind·fall /wín(d)fɔ̀ːl/ 名 C (遺産などの)思いがけなく入手した金; 風で落ちた果物《特にりんご》**:** *windfall*

W

profits [gains] 思いがけない大もうけ.
wínd gàuge /wín(d)-/ 名 C 風力計, 風速計.
wind·ing /wáɪndɪŋ/ 形 限定 (川・道などが)曲がりくねった; (階段が)らせん状の.
wínd ìnstrument /wínd-/ 名 C 管楽器, 吹奏楽器.
wind·lass /wíndləs/ 名 C = winch.
wind·less /wíndləs/ 形 《格式》 風のない, 穏やかな.
wind·mill /wín(d)mìl/ 名 ❶ C 風車(ふうしゃ)(小屋). ❷ C = wind turbine. ❸ C 《英》 (おもちゃの)風車(かざぐるま) [《米》 pinwheel]. **tílt at wíndmills** 動 自 実在しない敵と戦う; 無駄な努力をする. 由来 ドンキホーテ (Don Quixote) が風車を敵と思い込んで, 立ち向かっていった話から.

***win·dow** /wíndoʊ/

— 名 (~s /~z/) ❶ C (ガラスの)窓, 窓枠: ***open*** [***close***, ***shut***] a ***window*** 窓を開ける[閉める] / She looked 「***out of*** [《略式, 主に米》 ***out***] the ***window***. 彼女は窓から外を眺めた / He saw his face in the *window*. 彼は窓に映った自分の顔を見た / stand at [by] the *window* 窓辺に立つ / The rain is beating against [on, 《格式》 upon] the *window*. 雨が窓に強く当たっている.

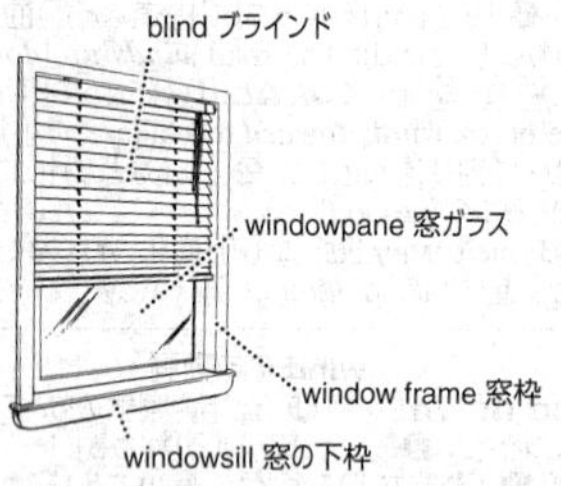

window 1

❷ C **窓ガラス** (windowpane): Who broke the *window*? 窓ガラスを割ったのはだれだ. ❸ C ショーウインドー, 陳列窓. ❹ C 〔コンピュータ〕 ウインドー, 表示窓《ディスプレー画面上の区画》. ❺ C (切符売り場・銀行などの)窓口. ❻ C 窓状のもの; (中のあて名が見える封筒の)窓あき, あて名窓. ❼ [a ~] (...について)知る[学ぶ]手段, (...の)窓: The Internet is a (useful) *window on* [*to*] the world. インターネットは世界を知る(有用な)手段だ. ❽ C [普通は単数形で] 活動(など)が可能な限られた時間: a *window* of opportunity 絶好の機会.
gó [flý] óut (of) the wíndow 動 自 《略式》 (まともな思考などが)消えてなくなる: Reason *went out the window* after a drink. 一杯飲むと理性はどこかへ行ってしまった.
〘語源 原義は「風の目」, つまり「部屋に風を入れる穴」の意〙
wíndow bòx 名 C (出窓の台に置く横長の)植木箱, プランター.
wíndow drèssing 名 U (ショーウインドーの)飾りつけ; [悪い意味で] 体裁づくり, 粉飾.
wíndow fràme 名 C 窓枠《⇒ window 挿絵》.
win·dow·pane /wíndoʊpèɪn/ 名 C 窓ガラス (pane) 《⇒ window 挿絵》.
Win·dows /wíndoʊz/ 名 U ウィンドウズ《Microsoft 社のオペレーティングシステム; 商標》.
wíndow sèat 名 ❶ C (乗り物の)窓側の座席. 関連 aisle seat 通路側の座席. ❷ C 窓腰掛け《室内の窓下に作り付けにした腰掛け》.
wíndow shàde 名 C 《米》 ブラインド, 日よけ (shade) [≒blind].
win·dow-shop /wíndoʊʃɑ̀(ː)p | -ʃɔ̀p/ 動 (-shops; -shopped; -shop·ping) 自 ウインドーショッピングをする: go *window-shopping* ウインドーショッピングに行く.
win·dow-shop·per /wíndoʊʃɑ̀(ː)pɚ | -ʃɔ̀pə/ 名 C ウインドーショッピングをする人.
win·dow-shop·ping /wíndoʊʃɑ̀(ː)pɪŋ | -ʃɔ̀p-/ 名 U ウインドーショッピング《品物を買わずにショーウインドーをのぞいて歩くこと》.
win·dow·sill /wíndoʊsìl/ 名 C 窓の下枠, 窓敷居 (sill) 《⇒ window 挿絵》.
wind·pipe /wín(d)pàɪp/ 名 C 気管 [≒trachea].
wind·screen /wín(d)skrìːn/ 名 C 《英》 = windshield.
wíndscreen wìper 名 C 《英》 = windshield wiper.
wind·shield /wín(d)ʃìːld/ 名 ❶ C 《米》 (車の)フロントガラス《⇒ car 挿絵》 [《英》 windscreen]. 日英 「フロントガラス」は和製英語. ❷ C (オートバイの)風防ガラス.
wíndshield wìper 名 C 《米》 (車の)ワイパー.
wind·sock /wín(d)sɑ̀(ː)k | -sɔ̀k/ 名 C (空港などの)風向表示用吹き流し.
Wind·sor[1] /wínzɚ | -zə/ 名 固 ウィンザー《英国 London 西方の Thames 河畔の都市; 王家の居城であるウィンザー城がある》.
Wind·sor[2] /wínzɚ | -zə/ 名 固 the House of ~ ウィンザー家《英国の現王家 (1917-)》.
wind·storm /wín(d)stɔ̀ɚm | -stɔ̀ːm/ 名 C (雨・雪の少ない)暴風.
wind·surf /wín(d)sɚ̀ːf | -sə̀ːf/ 動 自 ウインドサーフィンをする: go *windsurfing* ウインドサーフィンをしに行く.
wind·surf·er /wín(d)sɚ̀ːfɚ | -sə̀ːfə/ 名 ❶ C ウインドサーフィンをする人. ❷ C ウインドサーファー《帆の付いたウインドサーフィン用ボード; 元来は商標》.
wind·surf·ing /wín(d)sɚ̀ːfɪŋ | -sə̀ːf-/ 名 U ウインドサーフィン《帆を備えたサーフボードで帆走する》.
wind·swept /wín(d)swèpt/ 形 ❶ (場所が)風にさらされた, 吹きさらしの. ❷ (髪・服が)風で乱れた.
wínd tùrbine /wínd-/ 名 C 発電用の風車, 風力タービン.
wind·up /wáɪndʌ̀p/ 名 ❶ [単数形で] (活動などの)締めくくり, 終結, 結末. ❷ C 〔野球〕 (投手の)ワインドアップ. ❸ C 《英略式》 挑発, からかい.
wind·ward /wíndwɚd | -wəd/ 形 限定, 副 風上の[へ] [⇔ leeward]. — 名 U 風上.
wind·y /wíndi/ 形 (wind·i·er; -i·est) ❶ 風の吹く, 風の強い; 風の当たる, 吹きさらしの: a *windy* day [hill] 風の強い日[丘] / *windy* weather 風の吹く天気. ❷ (ことばが)中身のない, 口先だけの.

*wine /wáɪn/ (同音 #whine)

— 名 (~s /~z/) ❶ U **ワイン, ぶどう酒**: a bottle [glass] of dry [sweet] *wine* 辛口[甘口]のワインひとびん[1 杯] / pour *wine* into a glass ワインをグラスに注ぐ / *Wine* is made from grapes. ワインはぶどうから作る. 語法 種類をいうときは C: French *wines* フランスのワイ

ン各種. 参考 red wine はぶどうを皮ごと醸造したもの; white wine は皮を除いて醸造したもの; rosé は薄赤色がついたところで皮を除いたもの. ❷ U,C (果実)酒《ぶどう以外の果物などで作った酒》: apple *wine* りんご酒 / rice *wine* 日本酒. ❸ U ワインカラー, ワインレッド, 暗赤色: a *wine* evening dress ワインカラーの夜会服.

pùt néw wíne in óld bóttles [動] 旧来の方式に無理に新しい考えを取り入れる. 由来 新約聖書のことばから.

— 動 [次の成句で]

wíne and díne [動] 他 (人)を(レストランなどで豪華に)もてなす. — 自 (レストランなどで豪華な)酒食を取る.

wíne cèllar 名 ❶ C (地下の)ワイン貯蔵室. ❷ U (地下の貯蔵室に)貯蔵されたワイン《全体》.

wine·glass /wáɪnglæ̀s | -glɑ̀:s/ 名 C ワイングラス; ワイングラス 1 杯(の量).

win·er·y /wáɪn(ə)ri/ 名 (-er·ies) C ワイン醸造所, ワイナリー.

***wing** /wíŋ/

— 名 (~s /~z/) ❶ C (鳥などの)**翼**; (昆虫などの)**羽**; 翼状のもの《植物の種の翼・翼弁など》: fly with *wings* 翼[羽]で飛ぶ.

❷ C (飛行機の)**翼**《⇒ airplane 挿絵》: the *wings* of an airplane 飛行機の翼.

❸ C (建物などの)**翼**(よく), ウイング: the south *wing* of the airport 空港の南ウイング. ❹ C 〔政治〕 派, ...翼《⇒ left[1] 名 参考》: the right *wing* 右翼[派] / belong to the left *wing* of the Socialist Party 社会党左派に属す. ❺ C 〔スポーツ〕 (サッカー・ホッケーなどの)ウイング; ウイングの選手: ⇒ left wing 2, right wing 2. ❻ C 《英》 (自動車の)フェンダー, (車輪の)泥よけ [《米》 fender] 《⇒ car 挿絵》: ⇒ wing mirror. ❼ [the ~s] 〔演劇〕 舞台のそで, 舞台わき.

clíp ...'s wíngs [動] ...の自由[影響力]を抑える.

gét one's **wíngs** [動] 自 パイロットの資格を取る.

in the wíngs [副] 舞台のそでに(控えて), 待機して; (特に後継者として)後ろに控えて: wait *in the wings* 出番を待つ.

on a wíng and a práyer [副] わずかな可能性にかけて.

on the wíng [形] 《文語》 (鳥などが)飛んで.

spréad [trý] one's **wíngs** [動] 自 新しい仕事[生活]に踏み出す, 活動の幅を広げる, 一人立ちする.

táke ... ùnder one's **wíng** [動] 他 (新人や年下の者)の面倒をみる, ...をかばう, ...を保護する.

tàke wíng [動] 自 《文語》 飛び立つ; 去る.

— 動 自 [副詞(句)を伴って] 《文語》 飛んで行く.

wíng it [動] 自 《略式》 出たとこ勝負でやる.

wíng one's **wáy** [動] 自 (1) 《文語》 飛んで[飛行機で]行く. (2) 急いで届く[送られる].

wíng chàir 名 C そでいす《すきま風よけに高い背もたれの両側から突き出たそでがついているいす》.

winged /wíŋd/ 形 翼[羽]のある.

wing·er /wíŋə | -ŋə/ 名 C = wing 名 5.

wing·less /wíŋləs/ 形 (昆虫が)羽[翼]のない.

wíng mìrror 名 C 《英》 (自動車の)サイドミラー [《米》 side-view mirror].

wíng nùt 名 C ちょうナット《2 枚の耳形のつまみのついたもの; ⇒ bolt 2 挿絵右端のもの》.

wing·span /wíŋspæ̀n/ 名 C (航空機・鳥・昆虫の)翼幅《両翼の端から端までの長さ》.

wing·tip /wíŋtìp/ 名 ❶ C (鳥・飛行機の)翼の端. ❷ C [普通は複数形で] 《米》 ウイングチップ《つま先に飾り穴模様のある男性用靴》.

wink /wíŋk/ 動 自 ❶ ウィンクする, 目くばせする; まばたきする: He *winked at* me. 彼は私にウィンク[目くばせ]した《何かの合図または冗談だという気持ちなどを表わす; ⇒ 成句》.

wink (意識的に)	まばたきする
blink (無意識的に)	

❷ (明かり・車のライトなどが)点滅する. — 他 (目)をまばたきさせる. **wínk at ...** [動] 他 (不正・違法行為など)を見て見ぬふりをする, 黙認する: *wink at* illegal parking 違法駐車を黙認する.

— 名 ❶ C ウィンク, 目くばせ; まばたき: She gave me a knowing [meaningful] *wink*. 彼女は私に向かって心得顔[意味ありげ]にウィンクした. ❷ [a ~ として普通は否定文で] ひとまばたきの時間, 一瞬時: 言い換え She did*n't* sleep *a wink* last night. = She did*n't* get [have] *a wink* of sleep last night. 昨夜彼女は一睡もしなかった.

win·kle /wíŋkl/ 名 C 《英》 たまきび (periwinkle)《小型の巻き貝; ヨーロッパでは食用》. — 動 [次の成句で] **wínkle óut** [動] 他 《英略式》 (情報など)を何とか引き出す; (人)を引っぱり出す (*of*).

***win·ner** /wínə | -nə/

— 名 (~s /~z/) ❶ C **勝つ[勝った]人**, 勝者 [⇔ loser]; 勝ち馬: the *winner of* the race 競走で勝った者, 競馬で勝った馬.

❷ C **受賞者**, 入賞者: Nobel prize *winners* ノーベル賞の受賞者たち. ❸ C 《略式》 うまくいった[いきそうな]もの[人], 成功者, ヒット商品. ❹ [the ~] 〔スポーツ〕 決勝点. ❺ C 得をする人.

Win·nie-the-Pooh /wíniðəpú:/ 名 固 くまのプーさん《A.A. Milne /míl(n)/ 作の童話に登場するぬいぐるみのくま》.

+win·ning /wínɪŋ/ 形 ❶ 限定 **勝者である**, 勝利を得た, 当選[受賞]した: the *winning* team 勝ったチーム / the *winning* pitcher 勝ち投手 / a *winning* streak 連勝. ❷ 限定 **勝利を決める**: the *winning* goal 決勝[勝ち越し]のゴール. ❸ 限定 (態度などが)人を引き付ける, 愛嬌(あいきょう)のある: a *winning* smile 魅力的な微笑.

— 名 ❶ U 勝利, 成功. ❷ [複数形で] 賞金, 勝利金.

win·now /wínoʊ/ 動 他 ❶ (穀物)のもみ殻を吹きとばす. ❷ (...)を削減する, 絞る (*down*; *to*). **wínnow óut** [動] 他 (...)を選別する (*of*).

win·o /wáɪnoʊ/ 名 (~s) C 《略式》 [軽蔑的] ホームレスの飲んだくれ.

win·some /wínsəm/ 形 《文語》 (人・態度・表情などが)愛嬌のある, 魅力のある.

***win·ter** /wíntə | -tə/

— 名 (~s /~z/) ❶ U,C 冬《⇒ month 表》: We've had a mild [cold, severe, hard] *winter* this year. 今年の冬は穏やかだった[寒かった] / My family usually goes to Hawaii *in* (*the*) *winter*. 私の家族は冬にはたいていハワイへ行く《✪ 特定の年の特定の季節を指すとき以外でも the をつけることがある》 / There was a

W

coup d'état in Tokyo *in* the *winter* of 1936. 1936年の冬に東京でクーデターがあった《2.26 事件》/ in early [late] *winter* 初冬[晩冬]に.

> 語法 前置詞を省く場合
> しばしば前置詞を伴わずに副詞句を作る: We're going to Hawaii *this* [*next*] *winter*. 私たちは今年[来年]の冬にハワイへ行くつもりだ / That department store closed *last winter*. あのデパートは去年の冬に閉店した.

❷ [形容詞的に] **冬の**, 冬期の; 冬用[冬向き]の: *winter* clothing 冬着 / *winter* sports ウインタースポーツ. (形 wíntry)

— 動 (-ter·ing /-ṭərɪŋ, -trɪŋ/) 自 [副詞(句)を伴って] 冬を過ごす, 避寒する: *winter in* a warm area 暖地で冬を過ごす.

wínter sólstice 名 [the ~] 冬至《12 月 21 [22] 日》. 関連 summer solstice 夏至.

win·ter·time /wíntəṭàɪm | -tə-/ 名 U [しばしば the ~] 冬, 冬季: in (*the*) *wintertime* 冬に.

win·try /wíntri/ 形 (win·tri·er; -tri·est) ❶ [普通は 限定] 冬の, 冬らしい; 寒い. ❷《文語》(表情などが)冷淡な, 冷ややかな. (名 wínter)

win-win /wínwín/ 形 限定 関係者双方が満足のいく: a *win-win* situation 双方うまくおさまる状況.

wipe** /wáɪp/ 動 (wipes /~s/; wiped /~t/; wip·ing) 他 ❶ (...の表面など)を**ふく**, ふいて...にする; (よごれなど)を**ふき取る**, ぬぐう; (食器)をふく [≒dry]: *wipe* the floor 床をふく / He ***wiped his hands ***with*** [***on***] a handkerchief. V+O+*with* [*on*]+名 彼はハンカチで手をふいた. 語法 手が汚れていることを含意する; 「手を洗った後にふく」というときは普通 dry を用いる // I *wiped* the table clean. V+O+C (形) 私はテーブルをふいてきれいにした / It's so hot that it's no use ***wiping*** (the sweat ***from***) my forehead. V(+O+*from*)+名 暑くていくら額(の汗)をぬぐっても追いつかない. 関連 wash 洗う / rinse すすぐ. ❷ (テープ・ディスクなど)の録画[録音]を消す; (情報)を消去する. ❸ (いやなことなど)を(記憶から)消す: *wipe* ... out of [from] one's mind [memory] ...を記憶から消す. — 自 (食器を)ふく.

wípe ... 「**òff the fáce of the éarth** [**òff the máp**] [動] 他 (...)を全滅させる, 抹殺する.

> **wipe の句動詞**
>
> +**wípe awáy** 動 他 ❶ (...)を**ふき取る**, ぬぐい去る V+名·代+*away* / V+*away*+名: I *wiped away* the tears with my hanky. ハンカチで涙をぬぐった. ❷ (...)を消し去る.
>
> **wípe dówn** 動 他 ((ぬれた)布で)(テーブル・車・壁など)をきれいにする[ふく].
>
> ***wípe óff** 動 他 ❶ (...)を**ふき取る**, ぬぐい取る, 消し去る V+名·代+*off* / V+*off*+名: *Wipe off* the graffiti *from* this wall. この壁の落書きを消しなさい. ❷ (録音・録画)を消す.
>
> ***wípe ... òff ~** 動 他 ❶ (...)を~**からふき[ぬぐい]取る**: *Wipe* the mud *off* your shoes before you enter the house. 家に上がる前に靴の泥をふき取ってください. ❷ (録音・録画)を~から消去する. ❸《英》(ある金額)を(株価など)から減じる.
>
> +**wípe óut** 動 他 ❶ [しばしば受身で] (...)を**全滅させる**, 一掃する V+名·代 +*out* / V+*out*+名: *wipe out* cancer 癌(がん)を撲滅する. ❷ (...)の中をふく[掃除する]. ❸《略式》(人)をへとへとに疲れさせる.
> — 自《米略式》(自転車・スキーなどで)転倒する, 衝突する.
>
> +**wípe úp** 動 他 (液体など)を(布で)**ふき取る** V+名·代+*up* / V+*up*+名: *Wipe up* the milk you spilled! こぼした牛乳をふき取って.

— 名 (~s /~s/) ❶ C **ふくこと**, ぬぐうこと, ぬぐい取ること: ***Give*** this table a ***wipe***, please. テーブルをふいてください. ❷ C ウェットティッシュ.

wip·er /wáɪpə | -pə/ 名 C (自動車の)ワイパー (windshield wiper)《⇒ car 挿絵》.

***wire** /wáɪə | wáɪə/

> 意味のチャート
> 「**針金**」名 ❶ → 「**電線**」名 ❷ → 「**電報**」名 ❹ → 「**電報を打つ**」動 ❹

— 名 (~s /~z/) ❶ C,U **針金**. 語法 針金 1 本, 2 本というときには a *wire*, two *wires* とも a piece of *wire*, two pieces of *wire* ともいう: copper *wire* 銅線 / barbed *wire* 有刺鉄線.
❷ C,U **電線**: telephone *wires* 電話線. ❸ C《米》隠しマイク, 盗聴器. ❹ C《略式, 主に米》電報 [≒telegram]; U 電信: over the *wire* 電信で. ❺ [the ~] 鉄条網.

gèt one's **wíres cròssed** [動] 自《略式》(互いに)誤解する, 発言[意図]を取り違える.

púll wíres [動] 自《米略式》裏工作をする, 陰で糸を引く.

(ríght) dówn to the wíre [副]《略式, 主に米》最後の最後まで.

ùnder the wíre [副]《主に米》時間ぎりぎりで. (形 wíry)

— 動 (wires; wired; wir·ing /wáɪ(ə)rɪŋ/) 他 ❶ (...)に電線[ケーブル]を引く[つなぐ], (...)に配線(工事を)する (*up*; *to*). ❷ (...)を針金で縛って止める[結び付ける]. ❸ (...)に隠しマイク[盗聴器]を取りつける. ❹ 電信(為替)で(人に)(金)を送る; 《米》(人)に電報を打つ, (事)を電報で知らせる: He *wired* 「the money *to* me [me the money]. 彼は私に金を電信送金してくれた《⇒ to[1] 3 語法》.

wíre cùtters 名 複 針金切り, ペンチ.

wired /wáɪəd | wáɪəd/ 形 ❶ 有線の; 《略式》インターネットに接続した. ❷ 針金で補強した; ワイヤー入りの. ❸《略式》ひどく興奮[緊張]した; ハイになった.

wire·less /wáɪələs | wáɪə-/ 形 限定 無線の. — 名 ❶ U 無線電信. ❷ C,U《古風, 主に英》ラジオ(放送) [≒radio].

wíre nétting 名 U (柵などに用いる)金網.

wire·tap /wáɪətæ̀p | wáɪə-/ 動 (-taps; -tapped; -tap·ping) 他 (電話など)を盗聴する. — 名 C (電話などの)盗聴; 盗聴器.

wire·tap·ping /wáɪətæ̀pɪŋ | wáɪə-/ 名 U 盗聴.

wíre wóol 名 U《英》= steel wool.

wir·ing /wáɪ(ə)rɪŋ/ 名 U (電気の)配線; 電線.

wir·y /wáɪ(ə)ri/ 形 (wir·i·er; -i·est) ❶ (人・体などが)引き締まった, (細身で)筋肉質の, 屈強な. ❷ 針金のような, (毛などが)堅い. (名 wire)

Wis., Wisc. 略 = Wisconsin.

Wis·con·sin /wɪskɑ́(ː)nsɪn | -kɔ́n-/ 名 固 ウィスコンシン《米国中北部の州; 略 Wis., Wisc., 〖郵便〗では WI》. 〖語源 現地の川の名から〗

+**wis·dom** /wízdəm/ 名 ❶ U **賢いこと**, 賢明, 知恵;

分別 [⇔ folly]: words [pearls] of *wisdom* 賢明な助言[珠玉の名言] / He had the ***wisdom to*** refuse the bribe. [+to 不定詞] 彼はそのわいろを断わるだけの分別があった. ❷ [U] (賢明な)知識: (the) conventional [received, traditional, popular] *wisdom* 一般に受け入れられている見方, 社会通念.

in ...'s (ínfinite) wísdom [副] [皮肉に] 賢明にも, 最善と考えて, 何を考えたか.

quéstion [dóubt] the wísdom of ... [動] ⓗ ...が妥当かどうか疑問に思う (do*ing*). (〔形〕wise)

〚語源 ⇒ wise, -dom〛

wísdom tòoth [名] [C] 親知らず, 知恵歯.

wise** /wáɪz/ ([同音] #why's) [形] (wis·er; wis·est) ❶ **賢い, 賢明な**, 思慮[分別]のある; 賢明にも...する《⇒ intelligent [類義語]》[⇔ foolish, unwise]: a *wise* man 賢人 / a *wise* decision 賢明な判断 / [言い換え] You were ***wise to accept his offer. [+to 不定詞] = ***It was wise of*** you ***to*** accept his offer. あなたが彼の申し出を受け入れたのは賢明だった《⇒ of 12》. ❷ 物をよく知っている, 博識の: You'll understand the reason when you're older and *wiser*. もっと大きくなって物がわかるようになればその理由がわかる / He's *wise in* the ways of the world. 彼は世事に通じている / She's *wise* beyond her years. 彼女は同年代の子たちより物わかりがいい.

be wíse àfter the evént [動] ⓐ 後になって理解する[悟る].

be [gèt] wíse to ... [動] ⓗ《略式》(人・やり口・不正・秘密など)に気づいている[気づく].

nòne the wíser = nót àny the wíser (1) (...があっても)相変わらず何もわからずに《⇒ none the＋比較級 (none [副] 成句)》: We were *none the wiser for* her explanation. 私たちは彼女の説明を聞いてもやはりわからなかった. (2) 悪事に気づかないで.

pút [máke] ... wíse to ～ [動] ⓗ《略式》(人)に～を知らせる: He secretly *put* me *wise to* their tricks. 彼は私に彼らのたくらみをこっそり教えてくれた. (〔名〕wísdom)

— [動] [次の成句で] **wíse úp** [動] ⓐ《略式》(いやなことに)気づく, 知る (*to*).

〚語源 原義は「知る」; wit と同語源〛

-wise /wàɪz/ [接尾] [副詞・形容詞語尾] ❶《略式》...に関しては, ...の点については: weather*wise* 天気に関しては / price-*wise* 価格の点では. ❷「...のように; ...の方向に[の]」の意: like*wise* 同じように / clock*wise* 時計回りに[の] / cross*wise* 斜めに.

wise·crack /wáɪzkræ̀k/ [名] [C] 警句, 気のきいたことば[返事]; 皮肉, いやみ: make a *wisecrack about* ... ...についてあてつけを言う. — [動] ⓐ 気のきいたこと[いやみ]を言う.

wíse gùy [名] ❶ [C]《略式, 主に米》知ったかぶりをする人, 生意気な(ことを言う[する])やつ. ❷ [C] [ときに wiseguy]《米略式》マフィアの一員.

+**wise·ly** /wáɪzli/ [副] ❶ **賢明に**, 思慮深く, 抜け目なく [⇔ foolishly]: You have to use the money *wisely*. その金は賢明な使い方をしなければならない.
❷ [文修飾] **賢明にも**, ...することは賢明である [⇔ foolishly]: 「*Wisely*, Linda [Linda *wisely*] declined his proposal. リンダは賢明にも彼のプロポーズを断わった(リンダが彼のプロポーズを断わったのは賢明だった).

⁂wish /wíʃ/

— [動] (wish·es /～ɪz/; wished /～t/; wish·ing) ⓗ

単語のエッセンス
1) ...であればよいのにと思う ❶
2) ...したい; ...してほしい ❷; ❹
3) 祈る, 願う ❸

[語法] (1) 1, 2 の意味では普通は進行形で用いない. (2) 2, 4 の意味では want, would like が普通.

❶ [名詞節を伴って願望を表わす; 文型は [V+O (節)]]
(1) **...であればよいのにと思う.**

> [語法] **wish＋主語＋過去形**
> (1) 🔍 名詞節内には仮定法過去を用い, 現在の事実とは反対の, または実現不可能なことを表わす《⇒ **巻末文法** 11.5 (1); hope [動] ⓗ [語法]》.
> (2) 名詞節を導く that は普通省略する.
> (3) 特に《略式》では名詞節内の主語が単数のとき were の代わりに was も用いる.

I *wish* I *were* [《略式》*was*] taller. もっと背が高かったらいいのに(実際はそうでなくて残念) / I *wish* I *could* buy that car. あの車が買えたらいいのになあ / I *wished* I *could* sink [drop] through the floor. (恥ずかしくて)床の下に沈んでしまいたい[穴があったら入りたい]ほどだった《wish が過去でも名詞節内の動詞の時制の一致は普通は起こらない; ⇒ **巻末文法** 14.2 (5)》.

> ♥ **そうしたいんだけど** (誘いを断わるとき)
> **I wish I could, but ...**
> How about going on a ski trip with us this weekend? 今週末一緒にスキー旅行に行かない?
> **I wish I could, but** I already have other plans. 行きたいんだけど, もう予定が入っちゃってるんだ.
> ♥ 依頼や誘い等に対してはっきり no と言わずにやんわりと断わるときに使われる.
> ♥「できるものならそうしたい」という気持ちを表わすため, 単に (I'm afraid) I can't. などと述べるだけといった直接的な断わりよりも相手に配慮した言い方になる.

(2) **...であったらよかったのにと思う.**

> [語法] 🔍 **wish＋主語＋had＋過去分詞**
> 名詞節内には仮定法過去完了を用い, 過去の事実とは反対の, または実現不可能であったことへの願望や後悔の気持ちを表わす《⇒ **巻末文法** 11.5 (1)》.

I *wish* you *had been* here yesterday. 君がきのうここに来ていたらなあ(実際はいなかったので残念) / I *wish* I *had* [*could have*] *told* her, but I didn't [couldn't]. 彼女に話していたら[話すことができたら]よかったのだが, しなかった[できなかった].

(3) **...してくれればよいと思う.**

> [語法] **wish＋主語＋would＋原形**
> (1) 名詞節内には 主語＋would＋原形を用い, 主語の意志などで実現も可能なことを表わす.
> (2) 名詞節内の主語は話し手以外の人・物事が来て, 話し手の依頼・不満・いらだちなどを表わす.

I *wish* you *would* come tomorrow afternoon. あす午後来ていただけるといいのですが《依頼の気持ちを表わす》/ I *wish* it *would* stop raining. 雨がやんでくれるといいんだけど / I *wish* my son *would* study a little harder. 息子がもう少し熱心に勉強してくれるとよいのですが / I *wish* you'*d* shut up. 静かにしてほしいんだけど.

W

❷《格式》...したい(と思う)(⇒ want 類義語): She *wishes to* visit Paris some day. V+O (to 不定詞) 彼女はいつかパリに行ってみたいと思っている / I don't *wish to* interrupt, but there's a phone call for you. お話し中恐れ入りますがお電話です.

❸ (人のために) (...)を祈る, (人に) (...がありますように)と願う; (人に)(新年・クリスマスなど)の祝いを述べる, (人に)(あいさつ・別れのことば)を言う: I *wish* you「good luck [every happiness]! V+O+O ご幸運[ご多幸]をお祈りいたします(⇒ good luck 成句) / I *wish* you「a Happy New Year [a Merry Christmas]. よい新年[クリスマス]をお迎えください.

> 語法 **wish と間接話法**
> 次の例は一種の間接話法的な言い方(⇒ **巻末文法** 14.2): The children *wished* their father a good night's sleep. V+O+O (= The children said to their father, "Have a good night's sleep!"《直接話法》) 子供たちは父親に「おやすみなさい」と言った.

❹《格式》(...)に～してほしい(と思う); (...)が～であればいいと思う: I *wished* her *to* stay longer. 彼女にはもっと長くいてほしいと思った / She sincerely *wished* him happiness. 彼女は心の底から彼の幸せを願った.

— 自 願う;《格式》望む, 欲する: *wish on* [《格式》*upon*] a star 星に願いをかける / She closed her eyes and *wished*. 彼女は目を閉じて願いごとをした.

Hów I wísh .... (本当に)...**であればよいのだが**《事実とは反対の, またはとても実現できそうにもない願いや望みを表わす; 仮定法過去とともに用いるのが普通》: *How I wish* I could live my life again! もう一度人生をやり直せたらどんなにいいだろう.

I wísh! = Dòn't I wísh! Ⓢ そうだったらいいんだけど.

if you wísh [副] 文修飾《格式》お望みなら: "*If you wish,* we can pick you up at the airport." "No, it's all right. I'll rent a car when I arrive. Thanks anyway."「もしよろしければ, 空港までお迎えにあがります」「いいえ, 結構です. 到着したらレンタカーを借りますので. でもありがとうございます」♥ 提案や申し出をするときに if you wish を加えると,「相手が望む場合には」という条件をつけることになり, 押しつけを弱めることができる. if you like よりも改まった言い方.

(Jùst) as you wísh. Ⓢ《格式》(どうぞ)ご希望どおりに, おっしゃるように.

wísh ... wéll [動] 他 (人)の幸運[成功]を祈る.

You wísh! = Dòn't you wísh! Ⓢ それはありえないよ, そう思ってるのは君だけだよ.

> **wish の句動詞**
>
> **wísh awáy** 動 他 (いやなこと)が消えてなくなるように願う.
>
> ***wísh for ...** 動 他 ...**を望む**, ...を欲しがる (受身 be wished for). 語法 容易には得られないようなものについて用いることが多い: *wish for* permanent world peace 恒久的な世界平和を願う / The dinner was the best I could have *wished for*. = I couldn't have *wished for* a better dinner. そのディナーは全く申し分がなかった / Be careful what you *wish for*(, it might come true). 願い事は慎重に(それがかなっても幸せになるとは限らない).
>
> **wísh ... on [upòn] ～** 動 他 [否定文で] Ⓢ (いやな物[人])を～に押しつける, (...)で～を苦しめる: I would*n't wish* that job *on* anybody [my worst enemy]. あの仕事にはうんざりだ(だれにも[最大の敵にさえ]押しつけたくないほどいやな仕事だ).

— 名 (～·es /～ɪz/) ❶ Ⓒ **願い, 望み**, 願望: I have a strong *wish to* travel around the world. +to 不定詞 私は世界一周旅行をしたいという強い望みを持っている (⇒ to² C (4) 囲み) / The people's *wish for* peace was ignored. 人々の平和への願いは無視された / The committee expressed the *wish that* Mr. Smith (*should*) resign. +that 節 委員会はスミス氏が辞職すべきとの意向を表明した (⇒ should A 8).

❷ Ⓒ **望みのもの**, 願いごと: make a *wish* 願いごとをする / She has gotten all her *wishes*. 彼女は自分の望みをすべてかなえた / respect the *wishes* of parents 親の意向を尊重する / against ...'s *wishes* ...の意向に反して / His *wish* didn't come true. 彼の願いはかなわなかった / If *wishes* were horses, beggars would ride.《ことわざ》もしも願いごとが馬だったなら, こじきだって乗っていけるのに(願っただけで望みがかなうなら苦労はない).

Bést wíshes, = With best wishes,

gíve [sénd] ...'s bést [góod] wíshes to ～ [動] 他 ...**からよろしくと～に伝える**: Please *give my best wishes to* your parents. どうぞご両親によろしくお伝えください.

hàve nó wísh to dó《格式》...する気はない, ...したくない.

With bést wíshes, ご多幸を祈ります《手紙の結び文句》.

Your wísh is my commánd. Ⓢ [こっけいに] お望みとあらば何でも. (形 wíshful)

wish·bone /wíʃbòʊn/ 名 Ⓒ (鶏の胸の)叉骨(さこつ)《食後に 2 人で引っ張り合って長いほうを取ると願いごとがかなうという》.

wish·ful /wíʃf(ə)l/ 形 (現実ではなく)希望[願望]に基づいた. (名 wish)

wíshful thínking 名 Ⓤ 希望的観測, 甘い考え.

wísh lìst 名 Ⓒ《略式》願いごと[欲しいもの]リスト.

wish·y-wash·y /wíʃiwɑ̀(ː)ʃi, -wɔ̀ːʃi | -wɔ̀ʃi/ 形 (-wash·i·er; -i·est)《略式》[軽蔑的] (人・考えなどが)優柔不断の, はっきりしない; (色が)薄い, ぼんやりした.

wisp /wísp/ 名 ❶ Ⓒ (わらなどの)小さい束; (毛髪などの)房 (*of*). ❷ Ⓒ 断片, (煙・雲などの)一筋 (*of*).

wisp·y /wíspi/ 形 (wisp·i·er; -i·est) 薄い, か細い, ほんの少しの.

wis·te·ri·a /wɪstí(ə)riə/ 名 Ⓤ,Ⓒ ふじ《植物》.

wist·ful /wístf(ə)l/ 形 (欲しいものが得られなくて)残念そうな, せつない; (昔を思って)やるせない, 懐かしそうな.

-ful·ly /-fəli/ 副 やるせなさそうに.

+**wit** /wít/ (同音 #whit) 名 (wits/wíts/) ❶ [Ⓤ または複数形で] **機知**, ウイット, とんち, 機転 (⇒ 類義語): a speech full of *wit* and humor ウイットとユーモアにあふれた演説.

❷ [Ⓤ または複数形で] **知力**, 理知, 理解力, 判断力, 理性: have quick *wits* わかりが早い, 機転がきく / gather [collect] one's *wits* (取り乱した後で)理性を取り戻す / He doesn't have「the *wit* [*wit* enough] *to* realize the difference between the two of them. + to 不定詞 彼にはその 2 つの違いがわかるほどの知恵がない.

❸ Ⓒ 機知に富んだ人, 才人.

at one's **wíts' [wít's] énd** [形] (万策尽きて)途方に

W

暮れて, どうしてよいかわからずに.
háve [kéep] one's wíts abòut one [動] 自 冷静さを保つ; (困難な状況で)ぬかりなくやる.
òut of one's wíts [形] 正気を失って; (あわてて)度を失って. (形 witty)
類義語 **wit** 機転をきかせ気のきいたことを言うような理知的なおかしみ. **humor** 人をなごませるような情的なおかしみ.
〖語源 wise と同語源〗
+**witch** /wítʃ/ 名 (~·es /~ɪz/) ❶ C **魔女**, 女の魔法使い《ほうきの柄 (broomstick) に乗って空を飛ぶと信じられていた》. 関連 wizard 男の魔法使い. ❷ C《略式》[軽蔑的] 醜い女[老婆].
witch·craft /wítʃkræ̀ft | -krɑ̀:ft/ 名 U 魔法, 妖術.
wítch dòctor 名 C (未開社会の)祈禱(きとう)師《魔術で病気を治したりする; ⇒ medicine man》.
witch-hunt /wítʃhʌ̀nt/ 名 C (中世の)魔女狩り; [軽蔑的] (現代の)魔女狩り《不当な理由で政敵・反体制派などを迫害・弾圧すること》.

***with** /(弱形) wɪð, wɪθ; (強形) wíð, wíθ/
— 前

単語のエッセンス
基本的には「...とともに」の意.
1) [同伴] **...といっしょに:** *with* my dog 犬を連れて ⇒ ❶
2) [所有・付属] **...を持っている:** a girl *with* blond hair 金髪の娘 ⇒ ❷
3) [道具・材料] **...を使って; ...で:** write *with* a pen ペンで書く ⇒ ❸ / *with* butter バターで(作る) ⇒ ❹
4) [交渉・対象] **...を相手に; ...に(対して):** discuss the matter *with* him そのことを彼と話し合う ⇒ ❺ / be angry *with* the children 子供たちに腹を立てている ⇒ ❻
5) [様態] **...をもって:** *with* ease やすやすと(= easily) ⇒ ❼
6) [付帯状況] **...を[が]~しながら:** *with* your mouth full 食べ物をほおばったままで ⇒ ❽
7) [原因] **...のために:** be in bed *with* a cold かぜをひいて寝込んでいる ⇒ ❾
8) [同時] **...と同時に:** *with* the approach of fall 秋が近づくと ⇒ ❿

❶ [同伴・同居・包含などを示して] **...といっしょに, ...とともに** [⇔ without]; ...のところ[家]に[で]; ...の一員として, ...に勤めて; ...を含んで**:** I went for a walk *with* my dog. 犬を連れて散歩に出かけた / I usually have bread and butter *with* coffee for breakfast. 私は朝食にはたいていコーヒーといっしょにバターを塗ったパンを食べる / A woman *with* a baby was shopping. 赤ちゃんを連れた女性が買い物をしていた //⇒ stay with ... (stay 句動詞), be with ... (成句) (1).
❷ (1) [付属・所有などを示して] **...を持っている, ...**がついている, ...のある [⇔ without]**:** an overcoat *with* large pockets 大きなポケットのあるコート / a girl *with* blond hair 金髪の娘.

語法 **with ... = 関係代名詞+have**
この用法の with は「関係代名詞+have」で表わす内容に相当することが多い《⇒ whose² 1 語法》**:** a room *with* a large window = a room *that* [*which*] *has* a large window 大きな窓のある部屋 / a person *with* good sense = a person *who has* good sense 良識のある人.

(2) [携帯を示して] **...を持って; 身につけて:** Bill came *with* a letter in his hand. ビルは手紙を手にしてやって来た / 「I don't have [I haven't got] any money *with* me. 私は今金の持ち合わせがない / You'd better take an umbrella *with* you. 傘を持っていきなさい.
❸ [手段・道具を示して] **...を使って, ...で** [⇔ without]**:** Please write *with* a pen. ペンで書いてください / Carry the vase *with* both hands. その花びんは両手で運んでください.

語法 **with と by**
手段を示す by が「...によって」というように行為・動作の主体に重点を置くのに対して, with は「...を使って」のように行為・動作の手段や道具に重点が置かれる**:** The rat was killed *by* a stick. そのねずみは棒で[落ちてきた棒に当たるなどして]死んだ / The rat was killed *with* a stick. そのねずみは(だれかが)棒で[棒を使って]殺した.

❹ [材料・内容・供給物などを示して] **...で** (作る, いっぱいにする, 覆うなど), **...を**(供給する, 提供するなど)**:** I made this cake *with* butter, eggs, and flour. 私はこのケーキをバター・卵・小麦粉で作った / Fill the glass *with* water. そのコップに水をいっぱいに入れなさい / He provided us *with* the funds. 彼が資金を提供してくれた.
❺ [交渉・対抗・敵対などを示して] **...を相手に, ...と; ...と**(敵対して) [≒against]**:** I wanted to discuss the matter *with* him. 私はそのことを彼と話し合いたいと思った / Bill's always fighting *with* other boys. ビルはいつも他の少年とけんかしている. 語法 fight with ... には「...に味方して戦う」の意味もある《⇒ fight 動 自 1 語法》.
❻ [感情などの対象や関係・立場を示して] **...に(対して); ...に関して, ...について; ...にとって, ...の場合は:** He's angry *with* the children because they make so much noise. 子供たちがひどくうるさいので彼は彼らに腹を立てている / He was careful *with* his camera. 彼はカメラを注意深く扱った / What do you want *with* me? 私に何か用ですか / What's wrong *with* him? 彼はどうしたんだ.
❼ [様態・しかたを示して] **...をもって, ...を示して** [⇔ without]**:** *with* pleasure 喜んで / He obtained it *with* ease. 彼はそれをやすやすと手に入れた / Handle it *with* great care. 十分注意してそれを扱ってください / She greeted me *with* a smile. 彼女は微笑しながら私にあいさつした / He went home *with* heavy steps. 彼は重い足どりで帰っていった. 語法 この用法の with が抽象名詞を目的語とする場合, 同じような意味を副詞で表わした場合に相当することが多い**:** *with* ease = easily / *with* (great) care = (very) carefully.
❽ [付帯的な状況を示して] **...を[が]~しながら, ~して, ~したままで; ...が~しているので:** Don't speak *with* your mouth *full*. 食べ物をほおばったままで物を言ってはいけない / He sat reading, *with* his wife knit*ting* in her chair. 妻がいすにすわって編み物をするかたわらで彼は読書をしていた / *With* the exams com*ing* next week, students were studying hard. 来週試験があるので生徒たちは一生懸命勉強していた / She spoke *with* tears *in* her eyes. 彼女は目に涙を浮かべて語った / She glanced at me *with* an uneasy look *on* her

W

face. 彼女は不安の表情を浮かべて私をちらっと見た / He entered the room *with* his overcoat [shoes] *on*. 彼はコートを着た[靴をはいた]まま部屋に入った.

> 語法 付帯状況を表わす with 構文の使い方
> (1) 普通は with＋目的語＋形容詞[分詞, 前置詞句, 副詞] という構文をとる.
> (2) He spoke *with* his eyes closed. (彼は目を閉じて話した)が目を閉じている状態を表わすのに対して, *Closing* [*Having closed*] his eyes, he spoke. (彼は目を閉じて(から)話した)では目を閉じる動作に重点が置かれる.
> (3) with はしばしば省略され, 冠詞や代名詞なども省略されることがある: She sat down, 「pencil in hand [*with* a pencil in her hand]. 彼女は鉛筆を持ち腰を下ろした.

❾ [原因を示して] **...のために**, ...で: She's in bed *with* a cold. 彼女はかぜをひいて寝込んでいる / He was beside himself *with* joy. 彼はうれしくて我を忘れた. ❿ [同時・経過・対応を示して] **...と同時に**, ...とともに; ...につれて, ...に応じて: Every year, *with* the approach of fall, I feel a strong desire to go on a trip. 毎年秋が近づくと旅に出たくてたまらなくなる / The volume of air increases *with* temperature. 空気の体積は温度が上がるにつれ増加する. ⓫ [調和・一致・同調を示して] ...と(合って); ...に(同意して), ...の味方で: The color of this curtain goes well *with* the color of the walls. このカーテンの色は壁の色と合う / We had Tom *with* us in the fight. けんかでトムが私たちに味方した // ⇒ be with ... (成句) (2). ⓬ [比較・同等を示して] ...と: Nothing can compare *with* wool for warmth. 暖かさの点ではウールに匹敵するものはない. ⓭ [同方向・同様を示して] ...と同じ方向に; ...と同様に: The canoe drifted *with* the wind. カヌーは風の吹くままに漂った. ⓮ [委託・管理・責任を示して] ...の手元に, ...のところに: She left her baby *with* a sitter. 彼女は赤ん坊をベビーシッターに預けた. ⓯ [分離を示して] ...と, ...から: I'll never part *with* the mother's ring. 母の指輪は絶対に手放せない. ⓰ [接触・結合・混合を示して] ...と(合わせて): Oil doesn't mix *with* water. 油は水とは混ざらない. ⓱ [譲歩または理由を示して] ...があるのに, ...にもかかわらず; ...があるので: *With* so many difficulties lying ahead, he still believes that his plan can be accomplished quite easily. 前途には数多くの困難があるのだが, 彼は計画はごくたやすく達成できると信じている // ⇒ with all ... (成句). ⓲ [条件・前提を出して] (もし)...があるならば, ...があったならば: *With* a milder climate, people in this country *would* live longer. もっと気候が温和ならこの国の人々はもっと長生きするだろう (⇒ without 5 (2) 語法). ⓳ [手紙の結びのあいさつ (close) で感謝・親愛の情を示すことばを導いて]: *With* many thanks for your kindness, Love, Ann ご親切に深く感謝しつつ, アンより.

be with ... [動] 他 (1) **...といっしょである**; ...のところにいる; ...に勤めている: *Were* you *with* Kate when you met him? あなたは彼に会ったときケートといっしょでしたか / He*'s with* a trading company. 彼は貿易会社に勤めている. (2) (...について)(人)を支持している, (人)に賛成している, (人)と同意見である (*on*): I*'m with* her in what she says. 私は彼女の意見に賛成です. (3) Ⓢ (人)の言うことを(聞いて)理解している, (人)についてきている: *Are* you (still) *with* me? (引き続き)私の言っていることがわかりますか.

be with it [動] 自 《略式》(1) (流行などの)最先端である. (2) [普通は否定文で] 頭が働いている.

with áll ... [前] **...があるのに(もかかわらず)**; ...があるので: *With all* his faults, he's a great scholar. 欠点はあるが彼は偉大な学者だ / *With all* his debts Tom can't buy a new house. あれだけ借金を抱えているのでトムは新しい家が買えない.

with thát [副] そう言う[する]とすぐに: He gave a smile, and *with that* he left. 彼は笑顔を見せるとすぐさま立ち去った.

**with·draw /wɪðdrɔ́ː, wɪθ-/

— 動 (with·draws /~z/; 過去 with·drew /-drúː/; 過分 with·drawn /-drɔ́ːn/; -draw·ing) 他 ❶ (預金など)を**引き出す**, **下ろす** [⇔ deposit]: I ***withdrew*** $500 ***from*** my bank account. V+O+*from*+名 銀行口座から 500 ドルを引き出した.
❷ (特に公的に決めて)(支援・資金提供など)を**取りやめる**, 打ち切る; (商品など)を回収する: That party decided to *withdraw* support for the government. その政党は政府への支持を取りやめる決定をした.
❸ 《格式》(申し出・陳述など)を**撤回する**; (訴訟)を取り下げる: You should *withdraw* your offer. あなたは申し出を撤回すべきだ.
❹ (...)を**退**(しりぞ)**かせる**; (軍を)撤退させる: His parents ***withdrew*** him ***from*** school. V+O+*from*+名 両親は彼を退学させた / The allies *withdrew* their troops. 連合国は軍隊を撤退させた. ❺ (...)を引っ込める: *withdraw* one's hands *from* the fire 火から手を引っ込める. ❻ 《格式》(...)を取り出す: *withdraw* a document *from* the envelope 書類を封筒から取り出す.
— 自 ❶ (活動・組織から)**身を引く**, 脱退する; 引きこもる: He ***withdrew from*** politics. V+*from*+名 彼は政界から引退した. ❷ 《格式》引き下がる, 退出する, 引っ込む; (軍隊が)撤退する, 立ち去る: *withdraw to* one's room 自室へ下がる. (名 withdráwal)

with·draw·al** /wɪðdrɔ́ːəl, wɪθ-/ 名 (~s /~z/) ❶ U,C (預金などの)**引き出し** (*from*); 引き出した金額: *make* a cash ***withdrawal 現金を引き出す.
❷ U,C **取りやめ**, 中止; 回収: ***withdrawal of*** government aid 政府補助金の廃止.
❸ U,C **撤退**, 撤兵; U 参加の取りやめ, 退会, 脱退: the total ***withdrawal of*** US forces ***from*** the region その地域からの米軍の完全撤退. ❹ U,C 撤回, 取り消し; (訴訟の)取り下げ (*of*). ❺ U,C 引きこもること: show signs of *withdrawal* (人と付き合わず)閉じこもりがちになる. ❻ U (麻薬・たばこなどの)使用をやめること (*from*): *withdrawal* symptoms 禁断症状. (動 withdráw)

**with·drawn /wɪðdrɔ́ːn, wɪθ-/

— 動 withdraw の過去分詞.
— 形 (人が)引っ込みがちの, 内向的な.

**with·drew /wɪðdrúː, wɪθ-/

— 動 withdraw の過去形.

with·er /wíðɚ | -ðə/ 動 (-er·ing /-ð(ə)rɪŋ/) 自 ❶ (植物が)しぼむ, しなびる, 枯れる (*away*): The grass *withered* after the long drought. 長い日照り続きで草が枯れた. ❷ (人・物事が)弱る, 衰える (*away*).
— 他 (...)をしぼませる, 枯らす.

W

with·ered /wíðəd | -ðəd/ 形 ❶ (植物が)しぼんだ, 枯れた. ❷ (人などが)弱った, 衰えた; しなびた.

with·er·ing /wíð(ə)rɪŋ/ 形 限定 (ことば・視線などが人を)ひるませる, どぎまぎ[たじたじ]させるような.

+**with·held** /wɪθhéld, wɪð-/ 動 **withhold の過去形および過去分詞.**

+**with·hold** /wɪθhóʊld, wɪð-/ 動 (with·holds /-hóʊldz/; 過去・過分 with·held /-héld/; -hold·ing) 他 (許可・承諾など)を**保留する**, (情報・権利など)を与えないでおく: *withhold* one's consent 承認を保留する / She tried to ***withhold*** the information ***from*** the police. V+O+*from*+名 彼女は警察に情報を隠そうとした.

with·hóld·ing tàx /wɪθhóʊldɪŋ-, wɪð-/ 名 U,C 《米》源泉徴収税.

⁑**with·in** /wɪðín, wɪθ-/

— 前 /wɪðɪn/ ❶ (距離・時間・程度などが) **...以内で**, ...の範囲内で, ...を越えずに [⇔ outside]: They live ***within*** two miles ***of*** my house. 彼らは私の家から 2 マイル以内に住んでいる / The store is *within* a ten-minute walk *of* the station. その店は駅から歩いて 10 分以内だ《⇒ of 14; of の代わりに from を用いることもあるが誤りとされる》/ He'll come back *within*「a week [the week]. 彼は 1 週間以内[その週のうち]に帰ってきます《⇒ in¹ 前 4》. C+1「within＋時間表現＋of＋名詞・動名詞」の形で「〜して...以内に」を表現できる: They separated *within* a year *of* their marriage. 彼らは結婚後 1 年もしないうちに別居した / *within* 3 months *of* becom*ing* president 大統領に就任してから 3 か月以内に // *within* the space of a year 1 年のうちに / You should live *within* your income. 収入の範囲内で暮らすべきです. ❷ ...の内部に[で]《inside より改まった表現》: *within* the department 部署内で / A wave of rage rose *within* him. 怒りの感情が彼の胸に込み上げた.

— 副 《格式》中に[で], 内部に[で]: Inquire *within*. (詳細は)中でお尋ねください《店などの掲示》.

— 名 [次の成句で] **from withín** [副] 内部から; 心の内から: reform the party *from within* 内部から党を改革する.

⁑**with·out** /wɪðáʊt/

単語のエッセンス	
1) ...を持たない[連れない]で	❶
2) ...のない	❷
3) ...しないで	❸

— 前 /wɪðàʊt/ ❶ **...を持たない[連れない]で**, ...なしで; ...を使わないで; ...の助力なしに [⇔ with]: He went to the party *without* her. 彼は彼女を連れずにパーティーに行った / I usually drink coffee *without* cream. 私は普通クリームを入れずにコーヒーを飲む / You'll be able to do it *without* difficulty. あなたは難なくそれができるだろう.

❷ **...のない**, ...がついていない, ...の欠けた [⇔ with]: a world *without* war 戦争のない世界 / I mean the man *without* a hat. 私が言っているのは帽子をかぶってない男のことだ / He was *without* friends. 彼には友達がいなかった / The report was completely *without* foundation. その報道には全く根拠がなかった.

❸ [動名詞を目的語として] **...しないで**, ...せずに: leave the restaurant *without* pay*ing* for the meal 食事代を払わずに食堂を出る / I walked out *without* be*ing* noticed. 私は気づかれずに外へ出た / You can never succeed *without* do*ing* your best. 最善を尽くさなければ決して成功はできない / You should offer to help *without* me [my] hav*ing* to ask. 私がお願いしなくとも手伝いましょうかと言ってくれなくては. 語法 me または my は having to ... の意味上の主語. なお with は without とは違い動名詞を伴う用法はない《⇒ with 8; without 4》// *Without* want*ing* [wish*ing*] to sound rude, I must say you are to blame. 不作法だとは思われたくないが, あなたに責任があると言わざるをえない.

❹ [付帯的な状況を示して] **...を[が]〜しない(まま)で**, ...が〜しないので《⇒ with 8》. 語法 普通は without＋目的語＋形容詞[分詞, 前置詞句] という構文をとる: They walked around *without* shoes *on*. 彼らは靴もはかずに歩きまわった.

❺ [否定の条件を示して] (1) ...がなくて(は), ...なしで(は), ...のないときには. 語法 単なる仮定を表わす: We cannot live *without* water. 我々は水がなくては生きてゆけない / I can't carry this big box *without* your help. あなたに助けてもらわないとこの大きな箱は運べない.

(2) (仮に)...がないとしたならば, ...がなかったならば《⇒ with 18》: *Without* water, we *would* soon die. 水がなかったならば我々はすぐ死んでしまうだろう / I *could* hardly *have* succeed*ed without* his help. 彼の助けがなかったらとても私はうまくいかなかっただろう.

> 語法 **without と事実に反する仮定**
> 現在の事実に反する仮定や条件を表わす場合は, 結論を示す節に would, should など助動詞の過去形を用い, 過去の事実に反する仮定や条件を表わす場合には, 結論を示す節に would, should, etc. ＋ have＋過去分詞の構文を用いるのが普通《⇒ **巻末文法** 11.2, 11.3》.

nót withòut ... [前] 《格式》...がないわけではない, ...がかなりある: His argument is *not without* foundation. 彼の議論に根拠がないわけではない《たくさんあることを控え目に言う表現》.

nót [néver] dó withòut dóing 〜しないで...することはない, ...すれば必ず〜する: They *never* meet *without* quarrel*ing*. 彼らは会えば必ず口論する.

withòut so mùch as ... ⇒ much 形 成句.

— 副 なしで, 欠いた(ままで): If there's no cream, we'll have to drink our coffee *without* (＝ without any cream). クリームがなければそれなしでコーヒーを飲むほかない / manage *without* なしで済ませる. 語法 前 1, 2 の目的語が省略された用法に当たる.

with·stand /wɪθstǽnd, wɪð-/ 動 (with·stands; 過去・過分 with·stood /-stʊ́d/; -stand·ing) 他 (...)に抵抗する, 逆らう; (...)によく耐える《⇒ oppose 類義語》: *withstand* the enemy's attack 敵の攻撃に耐える.

wit·less /wítləs/ 形 無分別な, 愚かな. **scáre ... wítless** [動] (人)をぎょっとさせる.

wit·ness** /wítnəs/ 名 (〜·es /〜ɪz/) ❶ C (犯罪・事故などの)**目撃者**, 証人 (eyewitness): Tom was a ***witness to [***of***] the accident. トムはその事故の目撃者だった.

❷ C **証人**, 参考人; (文書の)連署人, 立会人 (*to*): a key [star] *witness* 重要証人 / I was called as a ***witness for*** the prosecution [defense]. 私は検察[弁

W

護]側の証人として喚問された / No person shall be compelled in any criminal case to be a *witness against* himself. いかなる人も刑事事件で自分に不利に証言を強いられることはない. ❸ Ⓤ《格式》証言; (...の)証拠 (*to*). ❹ Ⓤ《米》(キリスト教の)信仰告白; Ⓒ 信仰告白をする人.

be (a) wítness to ... [動] ⑩《格式》...を目撃する.
bèar [gìve] wítness [動] ⓐ《格式》(...を)立証[証言]する; (...の)証人[証拠]となる: His fingerprints *bore witness to* his guilt. 彼の指紋が有罪の証拠となった / *bear* [*give*] false *witness* 偽証する.

— 動 (-ness·es /~ɪz/; wit·nessed /~t/; -ness·ing) ⑩ ❶ (犯罪・事故など)を**目撃する**; (変化など)を経験する: Did you *witness* the accident? あなたはその事故を目撃したのですか. ❷ (ある時代・場所などが)(出来事など)の舞台となる. ❸ (証人として)(...)に署名する; (...)に立ち会う. ❹ (物事が)(...)を立証する, ...の証拠となる. — ⓐ ❶《格式》(...を)証言する; (...の)証明[証拠]となる (*to*). ❷《主に米》(キリスト教の)信仰を公に告白する.
〖語源 元来は「知識」の意; wise, wit と同語源〗

wítness bòx 名 [the ~]《英》= witness stand.

wítness stànd 名 [the ~]《米》(法廷の)証人席.

wit·ti·cis·m /wítəsìzm/ 名 Ⓒ 気の利いたことば, 警句, しゃれ.

+**wit·ty** /wíṭi/ 形 (wit·ti·er; -ti·est) ウイット[機知]に富んだ, 気の利いた, 才気のある: make a *witty* remark 気の利いたことを言う. (名 wit)

*****wives** /wáɪvz/ 名 wife の複数形.

wiz·ard /wízəd | -zəd/ 名 ❶ Ⓒ (物語に出る)男の魔法使い. 関連 witch 魔女. ❷ Ⓒ 天才, 名人 (*at*): a computer *wizard* コンピューターの天才. ❸ Ⓒ〖コンピュータ〗ウィザード《アプリケーションの設定・操作などを対話形式で簡単に行なう機能》.

wiz·ard·ry /wízədri | -zədri/ 名 ❶ Ⓤ 魔法, 魔術. ❷ Ⓤ 非凡な才能, 高度な技術.

wiz·ened /wíz(ə)nd/ 形 (人・顔などが)しわくちゃな; (果物などが)しなびた.

wk. 略 = week, work.

wks. 略 = weeks《⇒ week 1》, works《⇒ work 名 7》.

WMD /dʌ́blju:èmdí:/ 略 = weapons of mass destruction《⇒ weapon 1 例文》.

WNW 略 = west-northwest.

wob·ble /wá(:)bl | wɔ́bl/ 動 ⓐ ❶ よろめく, ぐらぐらする; (声が)震える. ❷ [副詞(句)を伴って] よろよろ進む. ❸ (人(の考え)が)ぐらつく. — ⑩ (...)をぐらつかせる. — 名 ❶ Ⓒ [普通は単数形で] よろめき, ぐらつき. ❷ Ⓒ 動揺.

wob·bly /wá(:)bli | wɔ́b-/ 形 (wob·bli·er; -bli·est) ❶ ぐらぐらする, 不安定な. ❷ (人・足が)ふらふらした; (声が)震えた. ❸ 不確かな, 心もとない.
— 名 [次の成句で] **thrów a wóbbly** [動] ⓐ《英略式》突然怒り出す[怖がる].

Wo·den /wóʊdn/ 名 固 ウォードン《アングロサクソン族の主神》.

woe /wóʊ/ 名 ❶ [複数形で]《格式》災難, 災い; 悩み, 苦難. ❷ Ⓤ《文語》深い悲しみ, 悲哀. **Wóe is mé!** [間] Ⓢ [こっけいに] ああ悲しや. **Wóe to ...!** = Woe betide ...!《⇒ betide 成句》.

woe·be·gone /wóʊbɪgɔ̀:n | -gɔ̀n/ 形《文語》悲しみに沈んだ; 憂いに満ちた.

woe·ful /wóʊf(ə)l/ 形 ❶ 限定 ひどい, 深刻な, 嘆かわしいほどの. ❷《文語》悲しい; 悲惨な. **-ful·ly** /-fəli/ 副 ひどく, 悲惨なくらい; 悲しげに: *woefully* inadequate ひどく不十分な.

wok /wá(:)k | wɔ́k/ 名 Ⓒ 中華鍋.

***woke** /wóʊk/ 動 **wake**[1] **の過去形および過去分詞.**

***wo·ken** /wóʊk(ə)n/ 動 **wake**[1] **の過去分詞.**

+**wolf** /wólf/ ❗発音 名 (複 wolves /wólvz/) Ⓒ **おおかみ**: a pack of *wolves* おおかみの群れ. ✪ 鳴き声については ⇒ cry 表. **a wólf in shéep's clóthing** [名]〔聖書〕羊の皮をかぶったおおかみ, 偽善者《見かけはおとなしいが実は危険な人物》. **crý wólf** [動] ⓐ うそを言って人を騒がす. 由来 「おおかみだ!」と叫んで村人をだました「イソップ物語」(Aesop's Fables) の少年の話から. **kèep the wólf from the dóor** [動] ⓐ どうにか暮らしていけるだけの収入を得る. (形 wólfish)
— 動 ⑩《略式》(...)をがつがつ食べる (*down*).

wolf·ish /wólfɪʃ/ 形 おおかみのような; 意地悪そうな; (笑いなどが)いやらしい. (名 wolf)

wólf whìstle 名 Ⓒ 街頭で魅力的な女性を見たときに男性が鳴らす口笛.

wol·ver·ine /wòlvərí:n | wólvəri:n/ 名 Ⓒ くずり《北米産のいたち科の動物》.

wolves /wólvz/ 名 wolf の複数形.

*****wom·an** /wómən/

— 名 (複 wom·en /wímən/) ❶ Ⓒ (大人の)**女性, 女**, 婦人《⇒ 類義語》: a grown *woman* 大人の女性 / a single [married] *woman* 独身[既婚]の女性 / Two *women* and three girls joined our party. 2 人の女性と 3 人の少女が私たちのパーティーに加わった.

> 語法 男性に対して,「女というもの, 女性全体」を表わす場合は冠詞をつけずに単数形にすることもある.《⇒ a[2] 3 語法 (1), the[1] 4 語法 (2)》: How does (a) *woman* differ from (a) man? 女は男とどう違うか.

関連 man 大人の男性 / girl 女の子. ❷ [形容詞的に] 女性の, 女の《⇒ lady 3 語法》: a *woman* doctor 女医 / a *woman* writer 女流作家. 語法 複数形は *women* [*woman*] doctors, *women* [*woman*] writers. ❸ Ⓒ Ⓢ《略式》[ときに差別的] 女房; 彼女; 愛人: have another *woman* ほかの女[愛人]がいる. ❹ Ⓒ 家政婦, お手伝い. ❺ [怒ったときなどに女性への呼びかけに用いて] Ⓢ《古風》[差別的] おい, お前. ❻ [the ~] 女らしさ; めめしさ; 女らしい感情, 母性: There was little of *the woman* in Kate. ケートには女らしいところがほとんどなかった.

be one's **ówn wóman** [動] ⓐ 確固たる自分の考えを持つ, 何事にも拘束されない. (形 wómanly)

> 類義語 **woman** *man* (成人の男性)に対して, 成人した女性を意味する無色の語: men and *women* 男女. **lady** 従来, 女性に対する丁寧語として, 特に目の前の女性や, 話し相手に関係ある女性にはこの語を用いてきたが, 最近は古風と感じる人もいる: Who's that elderly *lady*? あそこの年輩の女性はどなたですか. **female** 性の区別に重点をおいた語で, 動物に用い, 人間に用いると失礼になることがある.「女性」という意味で形容詞としても用いる: a *female* elephant 雌の象.

-wom·an /wòmən/ 接尾 [名詞語尾] (複 -wom·en /wìmən/) ❶「...に住む女性, ...人(の女性)」の意: an

W

Irish*woman* アイルランドの女性. ❷「...に従事[関係]する女性」の意: a chair*woman* (女性の)議長 / a police*woman* 女性の警官《⇒ -person 語法》.

wom·an·hood /wʊ́mənhʊ̀d/ 名 ❶ U (女性の)成人時代, 成年期; (成人した)女であること. 関連 manhood 男性の成人時代 / childhood 子供時代 / boyhood 少年時代 / girlhood 少女時代. ❷ U《格式》女性《全体》.

wom·an·ish /wʊ́mənɪʃ/ 形 [軽蔑的] (男が)女のような, めめしい; 女向きの《⇒ womanly 類義語》.

wom·an·ize /wʊ́mənàɪz/ 動 自 [軽蔑的] 女遊びをする.

wom·an·iz·er /wʊ́mənàɪzɚ | -zə/ 名 C [軽蔑的] 女遊びにふける男, 女たらし, プレーボーイ.

wom·an·kind /wʊ́mənkàɪnd/ 名 U 女性《全体》.

wom·an·ly /wʊ́mənli/ 形 [よい意味で] 女性らしい, 女性的な; 女性にふさわしい. (名 wóman)

類義語 **womanly** 女らしい優しさ, しとやかさがあることを強調し, よい意味で用いられる. **womanish** 男が女のようにめめしく意気地がないことを強調し, 軽蔑的に用いられる.

womb /wúːm/ ✪ -mb で終わる語の b は発音しない. 名 C 子宮 [≒uterus].

wom·bat /wɑ́(ː)mbæt | wɔ́m-/ 名 C ウォンバット《オーストラリア産のふくろぐま; 雌(めす)は子供を腹のふくろに入れて育てる》.

*****wom·en** /wímən/ !発音 名 woman の複数形.

wom·en·folk /wímənfòʊk/ 名 複《古風》(一家·一族の)女性《全体》, 女たち.

wóm·en's líb /wímənz-/ 名 U《古風》= women's liberation.

wómen's líb·ber /-líbɚ | -bə/ 名 C《古風》女性解放運動家.

wómen's liberátion 名 U [しばしば W- L-]《古風》ウーマンリブ, 女性解放運動《1970 年代に米国で始まった運動》.

wómen's mòvement 名 [the ～] 女性(解放)運動; 女性(解放)運動参加[支持]者《全体》.

+**wom·en's room** /wímənzrùːm, -rʊ̀m/ 名 (～s /～z/) C [しばしば the ～]《米》**女性用洗面所[トイレ]** [《英》ladies]《⇒ toilet 参考》. 関連 men's room 男性用洗面所.

wómen's stùdies 名 複 女性学.

*****won** /wʌ́n/ (同音 one[1, 2]) 動 win の過去形および過去分詞.

*****won·der** /wʌ́ndɚ | -də/ !発音

— 動 (won·ders /～z/; won·dered /～d/; -der·ing /-dərɪŋ, -drɪŋ/) 他 ❶ **...かな[...かしら]と思う, ...かどうか知りたいと思う**; ...か(どうか)疑問に思う. 語法 目的語として疑問詞または if, whether に導かれる名詞節または名詞句を伴う: I ***wonder who*** that man was. V+O (wh 節) あの人はだれでしたっけ / I ***wonder what*** happened. 何が起こったのかな / I ***wonder why*** he refused. なぜ彼は断わったんだろう / 言い換え I'm just ***wondering where*** I should go on my vacation. V+O (wh 節) = I'm just ***wondering where to*** go on my vacation. V+O (wh 句) 休暇にどこに行こうか考えているところです《⇒ be[2] A 1 (1) 語法》/ I ***wonder if*** [***whether***] she's married. V+O (if·whether 節) 彼女は結婚しているのかな. 語法 疑問文の後に付け足して用いることがある: Is he to be trusted, *I wonder*? 一体彼は信用できるだろうか.

❷ [進行形なし] (...)を不思議に思う, (...)に驚く: I *wonder* (*that*) she wasn't hurt. 彼女にけががなかったのは不思議だ / I don't *wonder* you're surprised. S《英》あなたが驚くのも当然です. 語法 that は省略されるのが普通.

— 自 ❶ (...について)知りたい[どうだろうか]と思う; 疑わしいと思う, 疑問に思う: I've been *wondering about* the meaning of his words. 彼のことばがどういう意味だったのかずっと気になっている / I *wonder about* his sanity. 彼が正気かどうか怪しいものだ. ❷ [進行形なし] 不思議に思う, 驚く: I *wonder at* you. あなたには驚いた(あきれた人だ) / I don't *wonder at* his anger. 彼が怒るのも不思議ではない.

I shòuldn't wónder (if ...) S《英》(...としても)驚きはしない, (...でも)当然だ.

I wónder if [whèther] ... (1) S《丁寧》...していただけるでしょうか《依頼》; ...してもよろしいでしょうか《許可を求める》: We couldn't catch a taxi.「*I was* just *wondering* [*I wondered*] *if* you *could* give us a lift. タクシーが拾えません. 乗せていっていただけないでしょうか《⇒ be[2] A 1 (1) 語法》.

♥ **...していただけたらと思ったのですが** (依頼するとき)
I was wondering if you could ...

I was just **wondering if you could** possibly change the date of our appointment? もし可能でしたら約束の日にちを変更していただけないかと思ったのですが.

Okay. When would be convenient for you? いいですよ. いつがご都合よろしいですか.

♥ 依頼の際に使う間接的で丁寧な表現.
♥ wonder を進行形や過去形にすることでさらに間接的になり, 過去進行形の I was wondering if... が最も控えめな言い方.
♥ 相手が断わる可能性が高いような場合(相手に大きな負担·迷惑がかかりそうな事柄の場合や, 相手が親しくない人である場合など)に用いることが多い.
♥「相手が応じるのは当然」という態度を避けた, 押しつけを弱めた表現《依頼の表現については ⇒ could B 1 (4)》

(2) S《丁寧》...しませんか《誘い》: *I was wondering if* you'd like to come over tomorrow. 明日うちにいらっしゃいませんか. ♥ 控えめに相手の意向を問う表現で, 相手がその誘い·勧めを受けるかどうかわからない場合に使われる《誘いの表現については ⇒ let's》.

— 名 (～s /～z/) ❶ U **驚き**, 驚嘆, 驚異(の念); 不思議: a look of *wonder* 驚いた顔つき / He was filled with *wonder*. 彼は驚異の念でいっぱいだった / in *wonder* 驚嘆して. ❷ C 不思議な[すばらしい]物[出来事], 驚くべき物[こと]; (自然界などの)奇観; 奇跡; [a ～] 驚くべき人, 天才: What a *wonder*! 何て不思議なことだろう / the Seven *Wonders* of the World 世界の七不思議《エジプトのピラミッドなど》. ❸ [形容詞的に] すばらしい, 驚異的な; 効果のある: a *wonder* drug 特効薬.

a níne dáys' wónder [名] 一時は騒がれてもすぐに忘れられてしまう事. 由来 A wonder lasts but nine days. (不思議なことも 9 日しか続かない(人のうわさも七十五日))ということわざから.

dò wónders [動] 自 = work wonders.

It's a wónder (that) ... [主に S] ...とは不思議なことだ: *It's a wonder that* nobody was injured in the

W

accident. その事故でだれもけがをしなかったのは不思議なくらいだ.

It's nó wónder ... = Nó wónder ... = It's smáll [líttle] wónder ... = Smáll [Líttle] wónder ... [主に ⓢ] ...であるのは少しも不思議ではない, ...なのは無理もない: *No wonder* he didn't want to go. 彼が行きたがらなかったのは無理もない.

Wónders will néver céase. ⓢ [こっけいに] 不思議なことが起こるものだね.

wórk wónders [動] ㊊ 奇跡的なことをする; (...に)すばらしい効果を上げる (*for*, *in*).

(形 wónderful, wóndrous)

‡won·der·ful /wʌ́ndəf(ə)l | -də-/

— 形 ❶ すばらしい, すてきな: We had a *wonderful* time. 私たちはすてきなひとときを過ごした / a *wonderful* cook すばらしく腕のいい料理人 / It's *wonderful* to see you here. ここで君に会えるなんてすばらしい / "I passed the entrance exam!" "Really? That's *wonderful*."「入試に合格しました」「本当? それはすばらしい」(✪ 喜びや感激を表わす).

❷ **驚異的な**, 不思議な, 驚くべき [≒amazing]: It's *wonderful* what modern telescopes can tell us about the universe. 現代の望遠鏡が宇宙について教えてくれることは驚異的である. (名 wónder)

~·ly /-fəli/ 副 すばらしく; 驚くほど.

won·der·ing·ly /wʌ́ndərɪŋli, -drɪŋ-/ 副 感嘆[驚嘆]して; 不思議そうに.

won·der·land /wʌ́ndəlæ̀nd | -də-/ 名 ❶ Ⓤ 不思議の国, おとぎの国: *Alice's Adventures in Wonderland*『不思議の国のアリス』(英国の童話作家キャロル (Carroll) の童話の題名). ❷ Ⓒ [普通は単数形で] (美観・楽しみなどに富む)すばらしい所[国].

won·der·ment /wʌ́ndəmənt | -də-/ 名 Ⓤ 《文語》驚嘆, 驚異(の念).

won·drous /wʌ́ndrəs/ 形 《文語》驚くべき; 見事な. (名 wónder)

wonk /wɑ́(ː)ŋk | wɔ́ŋk/ 名 Ⓒ 〔略式, 主に米〕[ときに軽蔑的] 仕事人間, がり勉(人); おたく.

won·ky /wɑ́(ː)ŋki | wɔ́ŋ-/ 形 (won·ki·er; -ki·est) ❶ 《米略式》[ときに軽蔑的] 詳細にこだわる, おたくっぽい; 退屈な. ❷ 《英略式》ぐらつく, 不安定な.

wont /wɔ́ːnt, wóʊnt | wóʊnt/ 名 [次の成句で] **às is one's wónt** [副] 《古風》いつものように. — 形 叙述 《格式》...しがちで (*to do*).

‡won't /wóʊnt/ !発音 (同音 #wont) 《略式》will' not の短縮形: You *won't* catch the train if you don't hurry. 急がないと電車に間に合いませんよ / I *won't* wait here any longer. 私はこれ以上ここで待ちません. ✪ Won't you...? や ..., won't you? については ⇒ will' 2 (2).

+woo /wúː/ 動 (~s /~z/; ~ed /~d/; ~·ing) ㊍ ❶ (...)の**支持を求める**; (客など)を得ようと努める: The candidate is *wooing* the voters. あの候補者は有権者の支持を求めている. ❷ 《古風》(女性)に言い寄る, 求愛する.

‡wood /wʊ́d/ !発音 (同音 #would)

— 名 (woods /wʊ́dz/) ❶ Ⓤ **木材, 材木** (⇒ tree 表): a box *made of wood* 木箱. 語法 種類をいうときには Ⓒ: Various *woods* were used to build this shrine. この神社を建てるのにいろいろな種類の材木が使われた.

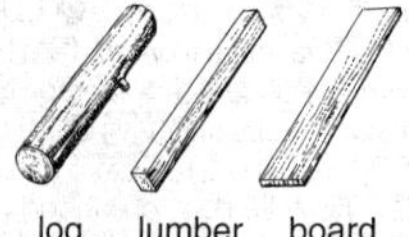

❷ Ⓒ [しばしば the ~s で] **森, 林** (⇒ forest 表): Various animals live in *the wood(s)*. 森にはいろいろな動物が住んでいる. 語法 《米》では *a* nearby wood*s* (近くの森)のように複数形でしばしば単数扱い.

❸ Ⓤ **まき**, 薪(たきぎ) (firewood): chop [gather, collect] *wood* まきを割る[集める]. ❹ [形容詞的に] 木の, 木製の; 木工用の: *wood* floors 板張りの床. ❺ Ⓒ 〔ゴルフ〕ウッド (ヘッドが木製のクラブ). 関連 iron アイアン.

cánnot sée the wóod for the trées [動] ㊊ 《英》木を見て森を見ず; 細部にとらわれて大局を見失う [《米》cannot see the forest for the trees].

knóck (on) wóod = 《英》 tóuch wóod [動] ㊊ ⓢ この運が続きますように!, くわばらくわばら! (文字どおりには「木製品をたたく[触る]」の意). 語法 間投詞的に用いる. 自らの幸運について話した後に言うおまじない.

òut of the wóod(s) [形] [普通は否定文で] 《略式》危機[危険]を脱して. (形 wóoden, wóody)

wóod blòck 名 ❶ Ⓒ 版木, 木版(画). ❷ Ⓒ 床用の木れんが.

wood·carv·ing /wʊ́dkɑ̀əvɪŋ | -kɑ̀ːv-/ 名 Ⓤ 木彫り(術); Ⓒ 木彫品.

wood·chuck /wʊ́dʧʌ̀k/ 名 Ⓒ ウッドチャック (北米産のリス科の動物でマーモットの一種).

wood·cock /wʊ́dkɑ̀(ː)k | -kɔ̀k/ 名 (複 ~(s)) Ⓒ やましぎ (山林の湿地に住む猟鳥).

wood·cut /wʊ́dkʌ̀t/ 名 Ⓒ 木版画; 版木.

wood·cut·ter /wʊ́dkʌ̀ṭə | -tə/ 名 Ⓒ 《古風》きこり.

wood·ed /wʊ́ḍɪd/ 形 木で覆われた, 森のある.

***wood·en** /wʊ́dn/ !発音 形 ❶ 限定 **木製の**, 木でできた: a *wooden* box [house] 木の箱[家]. ❷ 無表情な, (動作などが)ぎこちない, 堅苦しい. (名 wood)

wóoden spóon 名 ❶ Ⓒ (料理用の)木製スプーン. ❷ [the ~] 《英略式》びり, 最下位: get [take, win, collect] *the wooden spoon* びりになる.

+wood·land /wʊ́dlənd/ 名 (wood·lands /-ləndz/) [Ⓤ または複数形で] **森林地(帯)**: live in the *woodland(s)* 森林地帯に住む.

wóod lòuse 名 (複 wood lice) Ⓒ わらじ虫, だんご虫.

wood·peck·er /wʊ́dpèkə | -kə/ 名 Ⓒ きつつき.

wóod pùlp 名 Ⓤ 木材のパルプ (pulp) (紙の原料).

wood·shed /wʊ́dʃèd/ 名 Ⓒ まき小屋.

woods·man /wʊ́dzmən/ 名 (-men /-mən/) Ⓒ きこり; 森で働く人, 森林管理者.

wood·wind /wʊ́dwɪnd/ 名 Ⓒ 木管楽器; [the ~(s); 《英》単数形でもときに複数扱い] (オーケストラの)木管楽器部[奏者たち] (全体).

wood·work /wʊ́dwə̀ːk | -wə̀ːk/ 名 ❶ Ⓤ (建物内部の)木造部 (ドア・階段・窓枠など). ❷ Ⓤ 《英》= woodworking. **còme [cráwl] óut of the wóodwork** [動] ㊊ (要求・主張などをするために)いきなり(ぞろぞろ)出てくる.

wood·work·ing /wʊ́dwə̀ːkɪŋ | -wə̀ːk-/ 名 Ⓤ 《米》

木工技術[細工] [《英》 woodwork].

wood·y /wúdi/ 形 (wood·i·er; -i·est) 木質の; 木のような; 樹木[森]の多い. (名 wood)

woof[1] /wúf/ 間 名 C うー《犬のうなり声》. — 動 自 (犬が)うーとうなる.

woof[2] /wúf, wú:f | wú:f/ 名 = weft.

woof·er /wúfɚ | wú:fə/ 名 C ウーファー, 低音用(大)スピーカー《⇒ tweeter》.

+**wool** /wúl/ 発音 名 ❶ U 羊毛《やぎなどの毛にもいう》: cloth made of *wool* 羊毛製の生地 / *Wool* dyes nicely. 羊毛は染め上がりがきれいだ.
❷ U 毛糸 [≒yarn]: wind up knitting *wool* 毛糸を巻く.
❸ U 毛織物, ウール; 毛織り製品: wear *wool* ウールの服を着る / a *wool* scarf ウールのマフラー.
púll the wóol òver ...'s **éyes** [動] (嘘(うそ)を言って)...をだます. 由来 顔の前に羊毛(髪の毛)を引っぱり下ろし前を見えなくする, の意. (形 wóolen, wóolly)

wool·en, 《英》 **wool·len** /wúlən/ 形 限定 羊毛製の, 毛織りの, ウールの: *woolen* blankets ウールの毛布 / *woolen* goods 羊毛製品. (名 wool)
— 名 [複数形で] 羊毛製品; 毛織りの衣類.

wool·li·ness /wúlinəs/ 名 U 不明確さ.

wool·ly, 《米》 **wool·y** /wúli/ 形 (wool · li · er, wool·i·er; wool·li·est, wool·i·est) ❶ 羊毛のような, 毛でおおわれた; 《略式, 主に英》 羊毛製の: *woolly* hair もじゃもじゃの頭髪. ❷ (考えなどが)混乱した, はっきりしない. **wíld and wóolly** [形] 波乱の多い, はらはらする; 粗暴な. (名 wool)
— 名 C 《英略式》 毛織りの衣類[ニット].

woo·zy /wú:zi/ 形 (woo·zi·er; -zi·est) 《略式》 ふらふらする, めまいがする [≒dizzy]; 《米略式》 吐きそうな.

Wórces·ter sàuce /wústɚ- | -tə-/ 名 = Worcestershire sauce.

Wórces·ter·shire sàuce /wústɚʃɪɚ- | -təʃə-/ ✪ 例外的発音. 名 U ウスターソース《しょうゆ・酢などが原料; 日本で普通にいうソース》.

***word /wɚ́:d | wə́:d/

— 名 (words /wɚ́:dz | wə́:dz/) ❶ C 語, 単語《⇒ sentence 関連》: an English *word* 英単語 / Write 「a 500-*word* essay [an essay of 500 *words*] about your hobby. あなたの趣味について 500 語の作文を書きなさい / What's the French ***word for*** "table"? table にあたるフランス語の単語は何ですか / I couldn't catch a single *word*. 一語も聞き取れなかった.
❷ C (短い)ことば, 文句; 話, 談話: a ***word of*** warning [thanks] 警告[感謝]のことば[ひと言] / a harsh [kind] *word* 厳しい[親切な]ことば / in one's (own) *words* 自分(自身)のことばで / I'd like to ***have a word with*** you. ちょっとお話ししたいことがあるのですが / I'd like to say a few *words* (*of* welcome). ひと言(歓迎のことばを)申し上げます / a person of few *words* 口数の少ない人 / I don't believe a (single) *word* of it. 私はそれを全く信じない / *Words* without actions are of little use. 実行の伴わないことばは役に立たない.
❸ U 知らせ, 便り, 消息, 情報; 伝言; うわさ: He sent ***word that*** he'd be late. +that 節 彼は遅れそうだと伝えてきた / *Word* got out [around] *that* the mayor would resign. 市長が辞めるという話が広まった. 語法 「うわさ」の意ではしばしば the をつける: 「*The word* is [*Word* has it] that he has left town. うわさでは彼は町を去ったということだ / spread [pass] *the word* about ... ...についてうわさを広める.
❹ [所有格とともに単数形で] 約束, 誓言 [≒promise]: ***keep*** [***break, go back on***] one's ***word*** 約束を守る[破る] / a man [woman] of *his* [*her*] *word* 約束を守る男[女] / 「I ***give you my word*** [You ***have my word*** (***for*** it)] ***that*** he'll come on time. +that 節 彼が時間どおりに来ることは保証するよ: You may ***take my word for*** it. それについては私のことばを信じてください.
❺ [複数形で] 歌詞《⇒ tune》.
❻ [単数形で; しばしば the ~] 指図, 命令: ⇒ say the word (成句).
❼ [複数形で] 口論, 論争: ⇒ have [exchange] words (成句).
❽ [the W-] 神のことば; 聖書, 福音: *the Word* of God = God's *Word* 聖書, 福音.

be as góod as one's **wórd** [動] 自 約束をはたす, 言行が一致する.

be nòt the wórd [動] 自 S (...を)言い表わすのに適当な[当を得た]表現ではない: Cold *wasn't the word* (*for* it). It was freezing. 寒いなんてもんじゃなかった. 凍ってしまいそうだった.

by wórd of móuth [副] 口伝えで, 口コミで.

éat one's **wórds** [動] 他 前言を撤回する.

exchánge wórds [動] 自 = have words.

gíve the wórd [動] 自 = say the word.

hàve nó wórds to dó [動] ...することばもない: I *have no words to* express my gratitude. お礼の申し上げようもありません.

hàve the fínal [lást] wórd [動] 自 最終決定権を持つ (*on*); 結論[締めくくりのことば]を述べる《⇒ last word》.

hàve wórds [動] 自 [遠回しに] (...と)口論する (*with*; *about*); (...と)ちょっと話をする.

in a wórd [副] つなぎ語 ひと言で言えば, 要するに: He is, *in a word*, a utopian. 彼はひと言で言えば夢想家だ.

in óther wòrds [副] つなぎ語 **言いかえれば**; つまり《自分や相手が述べたことをより簡潔に要約したり, 相手の発言から推論されることを述べるときに用いる》: "I'm not sure if he can be trusted to keep our secret." "*In other words*, you don't want to let him in on our plan." 「彼がちゃんと秘密を守るかわからない」「つまり彼をこの計画には入れたくないんだね」

in sò [as] màny wórds [副] [普通は否定文で] そのとおりのことばで; 露骨に, はっきりと.

pùt ín a (góod) wórd for ... [動] 他 (人)のために口添えをする.

(ríght) from the wórd gó [副] S 最初から.

sáy the wórd [動] 自 (...しろ[...だ])と言う: If you don't like this, just *say the word*. もしこれが気に入らなければそう言ってください.

táke ... at ...'s wórd [動] 他 (...)の言うことをことばどおり信じる: We can't *take her at her word*. 彼女のことばは額面どおりに受け取れない.

táke the wórds (rìght) òut of ...'s móuth [動] S ...が言おうとしていたことを先に言ってしまう.

tòo ... for wórds S [too の後に形容詞を伴って] ことばでは言い表わせないほど: I'm *too* angry *for words*. 私の怒りは言いようのないほどだ.

wéigh one's **wórds** [動] 自 よく考えて物を言う, 慎重に発言する.

wórd by wórd [副] = word for word (1).

wórd for wórd [副] (1) 一語一語; 逐語(ちくご)的に:

translate *word for word* 一語一語訳す. (2) そっくり(同じことばで), 少しも変えずに.

— 動 他 (...)をことばで表わす: He *worded* his ideas clearly. 彼は自分の考えをはっきりとことばに表現した. 〖語源 verb と同語源〗

Word /wə́ːd | wə́ːd/ 名 固 ワード《米国 Microsoft 社製のワープロソフト; 商標》.

+**word·ing** /wə́ːdɪŋ | wə́ːd-/ 名 [U または a ~] **ことばづかい**, 語法; 言い回し, 表現 (*of*).

word·less /wə́ːdləs | wə́ːd-/ 形 (祈りなどが)口[ことば]には出さない, 無言の; (人が)何も言わない.

wórd òrder 名 U 〔文法〕 語順.

word-per·fect /wə́ːdpə́ːfɪkt | wə́ːdpə́ː-/ 形 [普通は 叙述] 《英》 ことば[せりふ]を正確に覚えている.

word·play /wə́ːdplèɪ | wə́ːd-/ 名 U ことばの戯れ, あや; しゃれ.

wórd pròcessing 名 U ワードプロセシング《ワープロによる文書作成と編集》.

wórd pròcessor 名 C ワープロ(ソフト).

Words·worth /wə́ːdzwə(ː)θ | wə́ːdzwə(ː)θ/ 名 固 William ~ ワーズワース (1770–1850)《英国の詩人》.

word·y /wə́ːdi | wə́ː-/ 形 (word·i·er; -i·est) 冗長な, 冗漫な: a *wordy* description 長たらしい描写.

wore /wɔ́ə | wɔ́ː/ (同音 war) 動 wear の過去形.

work /wə́ːk | wə́ːk/

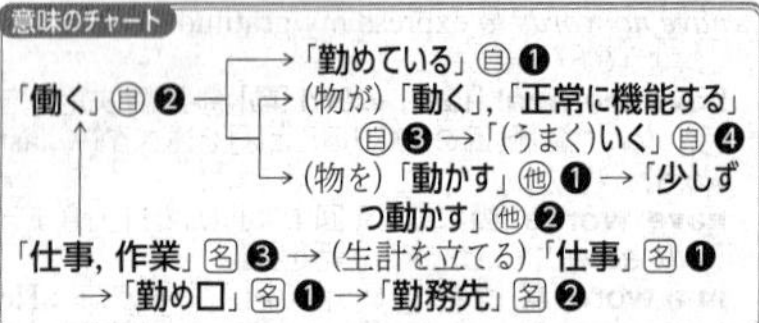

— 動 (works /~s/; 過去・過分 worked /~t/; work·ing) 自 ❶ 勤めている, 職についている: She used to *work as* a nurse. V+*as*+名 彼女は以前看護師をしていた / Do you *work* full-time or part-time? あなたはフルタイム勤務ですか, パートですか // ⇒ work at ..., work for ..., work in ..., work with ... (句動詞).

❷ **働く**, **仕事[作業]をする**; **勉強する**; 努力する, 取り組む [⇔ play]: She *works* hard. 彼女はよく働く[勉強する] / He's *working* in the garden. 彼は庭で作業をしている / We're allowed to ***work from home***. 私たちは在宅勤務が認められている / I don't like to *work* late. 残業するのは好きじゃない / PEOPLE WORKING 工事中《道路・建物などの掲示》/ *work* together to win the prize 賞をとるために共に取り組む.

❸ (機械などが)**動く**, 正常に機能する; (頭が)働く: This elevator isn't *working*. このエレベーターは動いていない / How does this copier *work*? このコピー機はどう操作するのですか / get the engine *working* again エンジンを再び動かす.

❹ (計画などが)**(うまく)いく**, 間に合う; (薬などが)**効果がある**, 作用する: Are you sure this method will *work* (well)? この方法は本当にうまくいくのですか / The medicine *worked* like a magic [a charm, a dream]. その薬はすばらしくよく効いた. ❺ [副詞(句)を伴って] 徐々に進む[動く]; [形容詞を伴って] (少しずつ動いて)次第に...になる: The rain *worked through* the roof. 雨が屋根から漏ってきた / The screws *worked loose*. ねじがゆるんだ. ❻ (顔・口などが)ぴくぴく動く, 引きつる.

— 他 ❶ (機械など)を**動かす**, 運転する; (指・キーボードなど)を動かす, 使用する: Could you show me how to *work* this machine? この機械の動かし方を教えてください / The pump ***is worked by*** electricity. V+O の受身 ポンプは電動だ.

❷ [副詞(句)を伴って] (...)を(苦労して)**少しずつ進ませる[動かす]**; [形容詞を伴って] (...)を動かして次第に~にする: I ***worked*** my foot ***into*** the boot. 私は徐々に長靴に足を入れた / *work* oneself free 徐々に体が自由になる.

❸ (仕事)をする, (ある仕事)に携わる; (ある地区)を回って働く, 受け持つ; (事業など)を経営する; (土地)を耕作する; (鉱山など)を採掘する: My mother *works* two jobs to support my family. 母は家族を養うため仕事を掛け持ちしている / This salesman *works* the west side of town. このセールスマンは町の西側を担当している / *work* the door (劇場などの)入口でチケットのもぎりをする. ❹ (...)を細工する, 加工する; (練り粉・粘土など)を練る; (労力を用いて)造る, 造り出す (*into*). ❺ (人)を(ひどく)働かせる, こき使う; 厳しくしごく: Don't *work* your employees too *hard*. 従業員をこき使ってはいけない. ❻ (筋肉・体)を鍛える; (顔など)を引きつらせる. ❼ (歌手・政治家などが)(人の心)を動かす, 引き付ける: *work* a crowd 群衆を引き付ける. ❽ (変化・影響・効果など)をもたらす, 引き起こす, 与える: ⇒ work wonders (wonder 名 成句). ❾ (問題など)を解く, 計算する.

wórk in ...'s **fávor** [動] (物事が)...に有利になる.

wórk it [thìngs] sò (that) ... [動] Ⓢ ...できるよう何とかする, 取り計らう.

wórk one's **wáy** [動] 自 (1) (人・物が)**苦労して[徐々に]進む**; (努力して...を)やり通す: *work one's way to* the top 徐々にトップにのぼりつめる. (2) **(働いて)稼ぎながら進む**《⇒ way¹ 成句の囲み》: *work one's way through* college 自分で学費を稼いで大学を出る.

work の句動詞

+**wórk agáinst ...** 動 他 ❶ (物事が)...**に不利になる**: This will *work against* you when your case goes to court. あなたの事件が裁判になればこの事はあなたには不利だろう. ❷ ...に反対する.

wórk aróund [《英》 róund] ... 動 他 (何とかして問題など)に対処しようとする, 手を回す.

wórk aróund [《英》 róund] to ... 動 他 (話題などを)次第に...へ変える.

+**wórk at ...** 動 他 ❶ ...**で働く**: Meg *works at* a department store. メグはデパートで働いている.

❷ (課題など)**に(懸命に)取り組む** (受身 be worked at): He's *working at* his English. 彼は英語の勉強をしている.

*****wórk for ...** 動 他 ❶ (会社など)**に勤めている**, (人)のところで働いている: 🗨 "Who do you *work for*?" "I *work for* BBC." 「どちらの会社にお勤めですか」「BBC に勤めています」

❷ (目的)**のために働く**; ...を得るために働く[勉強する]: They're *working* hard *for* world peace. 彼らは世界平和のために懸命に働いている. ❸ Ⓢ ...に都合がよい: "How about meeting at 10:00?" "*Works for* me." 「10 時に会うのはどう」「いいね」

+**wórk ín** 動 他 ❶ (文・冗談など)を**上手に挟(はさ)む**, うまく折りこむ, 含める V+名・代+*in* / V+*in*+名; Ⓢ 《米》

(...)を(予定などの中に)**都合をつけて入れる** V+名·代+in: I rewrote my essay and *worked in* a few quotations. 私は作文を書き直して少し引用を差し挟んだ. ❷ (材料など)を混ぜ合わせる; (クリームなど)をすり込む. — ⓐ (徐々に)入り込む.

wórk in ... 動 ⑩ ❶ (ある業界など)で働く. ❷ (材料など)を使って仕事[細工]する.

wórk ... ìnto ~ 動 ⑩ (...)を~に(徐々に)入れる[混ぜる, すり込む]; (冗談など)を~に盛り込む.

wórk óff 動 ⑩ ❶ (体重など)を(運動して)取り除く, 減らす. ❷ (怒り·不満など)を解消する, 発散させる. ❸ (借金·借り)を働いて返す.

*__wórk on ...__ 動 ⑩ ❶ ...(の制作)**に従事する**, ...に取りかかる, 取り組む (受身 be worked on): The writer is *working on* another novel. その作家は別の小説に取り組んでいる / She's *working on* recovering her confidence. 彼女は懸命に自信を取り戻そうとしている. ❷ (人·感情など)に働きかける, ...を説得する; ...に影響を与える, 効く: I *worked on* [*upon*] him to consent to my proposal. 私は彼を説得して私の提案に同意させた.

*__wórk óut__ 動 ⑩ ❶ (計画·案など)を**考え出す**, 練り上げる; (答など)を見つける V+名·代+out / V+out+名: Have you *worked out* a good plan? いい案を考えつきましたか / We have to *work out* how we'll do it. どうやってそれをするかを考えなければならない.
❷ (問題など)を**解く**; (事態)を解決する V+名·代+out / V+out+名: I can't *work* this puzzle *out*. 私にはこのパズルは解けない / Things will *work* themselves *out*. 物事は自然にうまくいくものだ《困っている人への慰めのことば》. ❸ [しばしば cannot の後で] 《英》 (...)を理解する: I *can't work* Bill *out*. 私にはビルのことがよくわからない. ❹ (合計·金額など)を算定する. ❺ [普通は受身で] (鉱山など)を掘り尽くす.
— ⓐ ❶ (物事などが)**うまくいく**, 間に合う, 長続きする; [副詞を伴って] 結果が...になる: How did your plan *work out*? 計画はどうなりましたか / Don't worry. Things will *work out* (well) somehow. 心配しないで. 何とかなるよ. ❷ 運動する, 体を鍛える. ❸ (合計·金額が)出る: *work out* (to be) cheap 安くつく / *work out at* [*to*] over $100 計算では 100 ドルを超える.

wórk óver 動 ⑩ ❶ 《略式》 (...)をなぐりつける. ❷ (...)を繰り返す; (...)に手を加える.

wórk róund ... 動 ⑩ 《英》 = work around ....

wórk róund to ... 動 ⑩ 《英》 = work around to ....

wórk to ... 動 ⑩ (予定など)に従って仕事する.

wórk thróugh 動 ⑩ (問題など)に対処する, (感情など)を克服する.

wórk towàrd [《英》 **towàrds**] **...** 動 ⑩ (目標など)をめざして努力[前進]する.

+**wórk úp** 動 ⑩ ❶ (熱意·興味·勇気など)を**かき立てる, 奮い起こす** V+名·代+up / V+up+名; (活力·食欲など)を起こさせる, 感じるようにする; (人)を(徐々に)興奮させる, (ある状態へ)あおり立てる: *work* an audience *up* 聴衆を興奮させる / She *worked* herself *up into* a state of excitement. 彼女は次第に興奮状態になった. ❷ (...)を仕上げる, (考え·メモなど)をまとめ上げる (*into*); (計画·方法など)を練り上げる. ❸ (だんだんと)(事業など)を築き上げる, 作り上げる.

gèt wórked úp [動] ⓐ 《略式》 興奮する, 気が立つ (*about*).

wórk úp to ... [動] ⑩ 徐々に...へ進む[向かう]; 徐々に...できるようになる, ...しようと心の準備をする.

wórk upòn ... 動 ⑩ = work on ... 2.

+**wórk with ...** 動 ⑩ ❶ (人)**といっしょに働く**: I *work with* him. 彼といっしょに仕事をしている[彼は私の同僚だ]. ❷ ...を相手に働く: *work with* the disabled 障害者のために働く. ❸ (材料など)を使って仕事[細工]する: a sculptor who *works* largely *with* wood 主に木を使って制作する彫刻家.

— 名 (~s /~s/) ❶ Ⓤ (生計を立てる)**仕事, 勤め口**; 職業, 商売; 事業 (⇒ occupation 類義語): find *work* 職を見つける / I hear he's looking for *work*. 彼は仕事を探しているそうだ / "What line of *work* are you in?" "I'm in the banking business." 「どういう方面の仕事をしているのですか」「銀行関係です」/ His *work* is selling automobiles. 彼の商売は自動車販売だ / 「go back [return] to *work* 復職する / part-time *work* パートの職.
❷ Ⓤ **勤務先**, 会社, 職場: arrive at *work* at 9 in the morning 午前 9 時に会社に着く / leave *work* at 5 5 時に退社する / go to *work* by bus バスで職場へ行く / He got home from *work* late at night. 彼は勤めから夜遅く帰った / He was late for *work* this morning. 彼はけさ会社に遅れて来た.
❸ Ⓤ **仕事**, 作業, 労働; **勉強**, 研究 (*on, in*) [⇔ play] (略 wk.; ⇒ 類義語): hard *work* つらい仕事 / ***before*** [***after***] ***work*** 勤務時間前[後]に / start [finish, stop] *work* 仕事を始める[終える, 中断する] / He did the *work* of a day in an hour. 彼は 1 時間で 1 日分の仕事をした / 「I have a lot of *work* to do [There's a lot of *work* to be done] today. きょうはやるべき仕事がたくさんある / The writer will ***set*** [***get*** (***down***)] ***to work on*** (writ***ing***) another novel next month. その作家は来月別の小説に取りかかる / The students in that class don't do much *work*. あのクラスの生徒はあまり勉強しない / ...'s life's *work* 人が一生をささげる仕事[事業] / Nice [Good] *work*! Ⓢ すばらしい出来だ《相手のやったことをほめるときなど》.

work Ⓤ (肉体的·精神的な)	仕事 (⇒類義語)
job Ⓒ (収入を伴う具体的な)	
task Ⓒ (課せられた任務としての)	

❹ Ⓤ (やっている)**仕事**《会社の仕事·針仕事など》; 仕事道具一式: I'll have to take this *work* home and finish it tonight. 私はこの仕事を家に持ち帰って今晩仕上げなければならない.
❺ Ⓤ **仕事[努力, 勉強]の結果**, 作品, 成績; [しばしば合成語で] **細工**, 製作; (手仕事などで)**作り出したもの**, 製品, 細工物《全体》: Some of our best *work* is on display. 私たちの作品のうち最もすぐれたものがいくつか展示されている / These pictures are all my own *work*. これらの絵は皆私自身が描いたものだ. 語法 一つ一つのものを示すときは a piece of をつける: This doll is *a* beautiful *piece of work*. この人形は見事な作品だ.
❻ Ⓒ (芸術などの)**作品**《本·絵·楽曲など》; 著作, 著述: art *works* 美術[芸術]品 / a *work* of art (一点の)美術[芸術]品; [しばしばこっけいに] 傑作 / the complete *works* of Shakespeare シェークスピア全集 / a

work in progress 製作中の作品. ❼ [複数形で; しばしば合成語で; 1 つの工場の場合は単数扱い] 工場, 製作所《略 wks.》: an iron*works* 製鉄工場. ❽ Ⓤ または複数形で] (土木)工事, 事業: ⇒ public works, roadwork. ❾ [the ~s] (機械類の)動く部分, 仕掛け: There's something wrong with *the works* of this camera. このカメラはどこか故障している. 関連 clockwork 時計仕掛け. ❿ [the (whole) ~s] Ⓢ (関係する)何もかも, 一式: a hot dog with *the works* (具材・調味料などが)いろいろ入っているホットドッグ. ⓫ Ⓤ 作用, 働き; 〔物理〕作用, 仕事, 仕事量: The wine has begun its *work* on me. ワインが効き始めた. ⓬ [形容詞的に] 仕事の, 仕事に関する: *work* clothes 仕事着. ⓭ Ⓤ,Ⓒ (仕事の)やり方, 手際; (...の)やったこと, しわざ (*of*); [複数形で] (道徳的・宗教的)行為, 功徳: skillful *work* うまい手並み / do good *works* 善行をほどこす. 関連 teamwork チームワーク.

áll in a [the] dáy's wórk 形 Ⓢ 全く日常[当たり前]のことで, 特に労力を要することでない.

at wórk 形・副 (1) **勤め先[会社]に[で]**; 仕事[勤め]に出かけていて: My father is *at work* by eight o'clock in the morning. 父は朝 8 時までに会社に出ている. (2) **働いて**; 仕事中で[の]: DANGER! PEOPLE AT WORK 危険! 工事中《掲示》/ She was (hard) ***at work on*** a painting when the visitors arrived. 彼女はお客さんが来たとき(熱心に)絵の制作中だった. (3) (影響が)働いて, 作用して. (4) (機械などが)動いて; 活動中で.

gíve ... the (whóle [fúll]) wórks 動 他《略式》(人に)何もかも話す; (...に)対して十分な扱いをする.

hàve one's **wórk cùt óut (for** one) 動 自《略式》難題を抱えている, (...するのに)苦労する (*to* do, do*ing*).

in the wórks 形《略式》準備中[進行中]で.

in wórk 形《英》定職について, 就業して [⇔ out of work].

màke hárd [héavy] wórk of ... 動 他 ...に苦労する; ...を難しく見せる.

màke líght wórk of ... 動 他 (難しい仕事)を難なくこなす.

màke shórt [quíck] wórk of ... 動 他 ...を手早くやり終える, ...をさっさと片づける.

òut of wórk 形 **失業して** [⇔ in work]: I'm *out of work* now. 私は今失業中だ.

pút ... to wórk 動 他 = set ... to work.

sét ... to wórk 動 他 (...)に仕事を始めさせる.

> 類義語 work *play* (遊び)に対して, 肉体的・精神的な仕事を意味する最も普通の語. 語法 仕事の意では *work* は *job* や *task* などと異なり, 数えられない名詞 Ⓤ である. **job** 日常的なくだけた感じの語で, 収入を伴う仕事の意に用いることが多い. **task** 人に課せられた, なすべき仕事の意. *work* や *job* ほど一般的ではない. **labor** しばしば人から低く見られる, つらい肉体的な仕事. **toil**《格式》で, 長く続く肉体的または精神的に疲れる仕事.

work·a·ble /wə́ːkəbl | wə́ːk-/ 形 ❶ (計画などが)実行可能な [⇔ unworkable]. ❷ (材料などが)細工[加工]できる. ❸ (鉱山などが)採掘できる.

work·a·day /wə́ːkədèɪ | wə́ːk-/ 形 限定 平凡な, つまらない, ありきたりの.

work·a·hol·ic /wə̀ːkəhɔ́ːlɪk | wə̀ːkəhɔ́l-ˊ/ 名 Ⓒ《略式》仕事中毒の人, 仕事の虫.〖語源 *work* と alco*holic* の混成語; ⇒ blend 名 3〗

work·bench /wə́ːkbèntʃ | wə́ːk-/ 名 Ⓒ (大工・職工などの)仕事台, 作業台, 細工台.

work·book /wə́ːkbʊ̀k | wə́ːk-/ 名 Ⓒ (学習用の)練習問題集, ワークブック.

work·day /wə́ːkdèɪ | wə́ːk-/ 名 Ⓒ《米》勤務日, 平日 [⇔ day off]; 一日の労働[就業]時間 [《英》working day].

***work·er /wə́ːkə | wə́ːkə/

— 名 (~s /~z/) ❶ Ⓒ [しばしば合成語で] **労働者, 従業員**; [複数形で] 労働者階級の人; 職工, 職人; 作業員: office *workers* 会社[役所]で働く人, サラリーマン / factory *workers* 工場労働者. 関連 wage-worker《米》賃金労働者.

❷ Ⓒ **働く人**, 働き手; [前に形容詞をつけて] 働く[勉強する]のが...の人: Tom is a *good worker*. トムはよく働く[勉強する] / You're really a *hard worker*. 君はよくがんばるね. ❸ Ⓒ 働きあり; 働きばち.

wórk èthic 名 [単数形で] 労働観, (特に)労働を善とする倫理観.

+**work·force** /wə́ːkfɔ̀əs | wə́ːkfɔ̀ːs/ 名 (-forc·es /~ɪz/) [単数形で;《英》単数形でもときに複数扱い] **労働力**; 労働人口: The female *workforce* is growing. 女性労働人口が増大している.

work·horse /wə́ːkhɔ̀əs | wə́ːkhɔ̀ːs/ 名 Ⓒ (つらい仕事をこなす)働き者; 役に立つ機械[乗り物].

**work·ing /wə́ːkɪŋ | wə́ːk-/

— 形 ❶ 限定 **働いている, 労働に従事している**; 肉体労働の; 労働上の; 作業用の: a *working* mother 仕事を持っている母親 / a *working* couple 共働きの夫婦 / a *working* man 肉体労働者 / a *working* breakfast [lunch] (ビジネス上の)打ち合わせを伴う朝食[昼食]会 / poor *working* conditions 悪い労働条件 / have a good *working* relationship with the company その会社と仕事上でのよい関係を持つ / *working* clothes 作業服.

❷ 限定 [比較なし] **実際に役立つ**, (考えなどが)実用的な: a *working* majority (議案の可決などに)十分な多数 / a practical *working* knowledge of photography 実際に役立つ写真の知識. ❸ 限定 仮の, 当座の: a *working* theory 仮説. ❹ 限定 (部品などが)動く, 機能する: a *working* model 実動模型.

— 名 (~s /~z/) ❶ Ⓤ **仕事, 労働**: farm *working* 農場労働. ❷ Ⓒ [普通は複数形で] 働き, 作用; 仕組み, 機能; (機械・機構の)動き方, 動かし方: the *workings* of nature 自然の営み. ❸ [複数形で] (鉱山などの)作業場, 現場, 採掘場.

wórking càpital 名 Ⓤ 運転[営業]資本.

+**wórking cláss** 名 [the ~,《英》単数または複数扱い; ときに the ~es] **労働者階級**, 勤労階級.

work·ing-class /wə́ːkɪŋklǽs | wə́ːkɪŋklɑ́ːsˊ/ 形 限定 労働者[勤労]階級の.

wórking dày 名 Ⓒ《主に英》= workday.

wórking gròup 名 Ⓒ 作業部会, 検討委員会.

wórking hòurs 名 複 労働[勤務]時間.

wórking òrder 名 Ⓤ (機械などが)正常に動く状態: in (good [perfect, full]) *working order* 正常に動いて, 順調で.

wórking pàrty 名 Ⓒ《英》= working group.

wórking póor 名 [the ~, 複数扱い] 低賃金労働者(層).

wórking stìff 名 Ⓒ《米略式》一般労働者.

wórking wèek 名 Ⓒ《英》= workweek.

wórk-life bálance /wə́ːklàɪf- | wə́ːk-/ 名 [単数形で] ワークライフバランス《仕事と家庭生活の調和を取ること》.

work·load /wə́ːklòʊd | wə́ːk-/ 名 C (人や機械の)仕事量: take on a heavy *workload* 過重な仕事を引き受ける.

work·man /wə́ːkmən | wə́ːk-/ 名 (-men /-mən/) ❶ C (肉体)労働者; 職人. ❷ C [形容詞を伴って] 仕事が...な人: A bad *workman* blames his tools. 《ことわざ》 下手な職人はいつも道具に難癖をつける《「弘法筆を選ばず」の逆》.

work·man·like /wə́ːkmənlàɪk | wə́ːk-/ 形 職人らしい; 上手な, 巧みな.

work·man·ship /wə́ːkmənʃɪp | wə́ːk-/ 名 U 技量, 手際; (物の)できばえ, 仕上がり.

+**work·out** /wə́ːkàʊt | wə́ːk-/ 名 (-outs /-àʊts/) C (**筋力)トレーニング**, (スポーツなどの)練習(期間).

+**work·place** /wə́ːkplèɪs | wə́ːk-/ 名 (-plac·es /～ɪz/) C [しばしば the ～] **仕事場**: Smoking is prohibited in *the workplace*. 職場内は禁煙だ.

work·room /wə́ːkrùːm, -ròm | wə́ːk-/ 名 C 仕事部屋, 作業室.

work·sheet /wə́ːkʃìːt | wə́ːk-/ 名 C 練習問題用紙; 作業表.

+**work·shop** /wə́ːkʃɑ̀(ː)p | wə́ːkʃɔ̀p/ 名 (～s /～s/) ❶ C **作業場**, 仕事場, 修理場; (手工業の)工場 (shop). ❷ C 研修[研究]会, ワークショップ.

work-shy /wə́ːkʃàɪ | wə́ːk-/ 形 《英》 仕事嫌いの.

work·sta·tion /wə́ːkstèɪʃən | wə́ːk-/ 名 C 〘コンピュータ〙 ワークステーション《中央コンピューター情報システムに接続している端末機(のある個人の仕事場)》.

work·top /wə́ːktɑ̀(ː)p | wə́ːktɔ̀p/ 名 C 《英》 作業台, (台所の)調理台.

work-to-rule /wə́ːktərúːl | wə́ːk-/ 名 [単数形で] 順法闘争.

work·week /wə́ːkwìːk | wə́ːk-/ 名 C 《米》 週労働時間[日数] (week) [《英》 working week]: a five-day *workweek* 週 5 日制.

⁂**world** /wə́ːld | wə́ːld/

— 名 (worlds /wə́ːldz | wə́ːldz/) ❶ [the ～] **世界**, 地球《⇒ 類義語》; C [普通は単数形で] (特定の地域・時代の)世界: all the countries ***in the world*** 世界中の国々 / My dream is to travel ***around*** [***round***] ***the world***. 私の夢は世界一周旅行をすることだ / athletes from ***all over*** [***around***] ***the world*** 世界中から来た運動選手 / ***throughout the world*** 世界中で / French is spoken in many parts of *the world*. フランス語は世界の多くの地域で話されている / *the* industrialized [developing] *world* 工業化された[発展途上の]世界 / the modern *world* 現代世界. C+1 所有格の the world's の後に最上級やそれに相当する表現を伴うと「世界一...な」を表わす: ***the world's tallest*** tower 世界一高いタワー. 関連 the New World 新世界, アメリカ大陸 / the Old World 旧世界.

❷ [the ～ として単数扱い] **世界中の人たち**《全体》, 人類, 人間: News of the earthquake shocked *the* whole [entire] *world*. その地震のニュースは全世界の人々にショックを与えた.

❸ [形容詞的に] **世界の**; 世界的な: *world* peace 世界の平和 / the *world* economy 世界経済 / the *world* champion 世界チャンピオン / a *world* leader 世界的な指導者 ⇒ world record.

❹ [単数形で; 普通は the ～] **世の中**, (俗)世間; 世間の人; (この[あの])世: change *the world* 世の中を変える / in *the* real *world* 実社会で / *the* outside *world* (ある場所・集団とは別の)世間, 外の世界 / a man [woman] of *the world* 世間慣れした男[女] / (It's a) small *world*! 世間は狭い, 奇遇だね《思いがけぬところで知人に会ったりした時に》 / this *world* 《文語》 この世, 現世 / *the* next [other] *world* = *the world* to come 《文語》 あの世. ❺ C [普通は the ～] ...界, ...(の)世界, ...(の)社会《共通の興味や目的を持つ人の集まり》: *the* business *world* = *the world* of business 実業界 / *the* vegetable [animal, mineral] *world* 植物[動物, 鉱物]界 / *the* fashionable *world* 社交界 / *the* natural *world* 自然界. ❻ C (個人の見る[経験する, 想像する])世界, 領分; (...の住む)世界: I felt *my world* had changed when I read the book. その本を読んだときまるで私の世界が変わったような気がした / virtual *worlds* 仮想世界 / in 「an ideal [a perfect] *world* 理想の世界では, 理想的には. ❼ C (地球以外の)世界; 宇宙: people from another *world* 別の天体の(宇宙)人たち / Is there any life on other *worlds*? 地球以外の世界に生物がいるだろうか. ❽ [a ～ of ..., the ～ of ... として] 《略式》 多量の..., 多数の...: That trip did me *a* [*the*] *world of* good. その旅行はとてもためになりました / It makes *a world of* difference to us. それは私たちには大違いだ. 語法 ...が C のときは複数形.

be áll the wórld to ... [動] 他 ...にとってかけがえのないものだ.

be wórlds [a wórld] apàrt = be a wórld awày [動] 自 全くかけ離れている.

bríng ... ìnto the [this] wórld [動] 他 《文語》 (子供)を産む; (医師が)(子供)を分娩させる.

còme ìnto the [this] wórld [動] 自 《文語》 生まれる, この世に生を受ける.

for (áll) the wórld [副] [否定語とともに] どんなことがあっても(...しない, ...でない): I would *not* leave you *for all the world*. どんなことがあってもあなたから離れません.

for áll the wórld lìke ... = for áll the wórld as ìf [thòugh] ... [前] 《文語》 まるで[どう見ても]...のようで.

hàve the bést of 「bóth wórlds [áll (póssible) wórlds] [動] 自 両方[すべて]の利点に恵まれている.

in a wórld of one's **ówn = in** óne's **ówn (lìttle) wórld** [副] 自分自身の世界にこもって.

in the wórld [副] (1) [最上級を強めて] **世界中で**: He's one of *the greatest* men *in the world*. 彼は世界で最も偉大な人の一人だ. (2) [疑問詞を強めて] 一体《驚きや非難の気持ちを表わす》: "*What in the world* did you do?" "I argued with the boss and he got furious." 「一体君は何をしたの?」「上司と言い合ったら, 彼はかっとなったんだ」 (3) [否定を強めて] 全然, ちっとも: *No* one *in the world* wants another war. だれ一人としてもう一度戦争を望む人はいない.

méan the wórld to ... [動] 他 = be all the world to ....

òut of this wórld [形] 《略式》 とびきり上等で, すばらしい.

sét the wórld 「on fíre [《主に英》 alìght] [動] 自 [普通は否定文で] S 世間をあっといわせる, 評判をとる.

the (whóle) wórld óver [副] 世界中(で), いたる所で.

W

the wórld and his wífe [名] [複数扱い]《英略式》[こっけいに] 大勢の人々, だれもかれも.
thínk the wórld of ... [動] ㊀ ...を非常に大切に思う[愛する, 尊敬する].
wátch the wórld gò bý [動] ㊁ 人々の動きを眺める.
would gíve the wórld 「to dó [for ...] [動] ...する[...の]ためなら何でもやる. (形 wórldly)
[類義語] **world** が人類の住む場所としての地球という点に重点が置かれるのに対して, **earth** は惑星の一つである地球という点に重点が置かれ, 太陽・月・星などに対して用いられることが多い. また特に「丸い」ということを強調する場合には **globe** が用いられることがある.

Wórld Bánk 名 [the ~] 世界銀行《正式名は国際復興開発銀行 (the International Bank for Reconstruction and Development)》.

world-class /wə́:ldklǽs | wə́:ldklɑ́:s←/ 形 世界で一流の, 国際的な.

Wórld Cúp 名 [the ~] ワールドカップ《各種スポーツの世界選手権大会; 特に 1930 年以来 4 年ごとに開催されているサッカーの大会》.

world-fa·mous /wə́:ldféɪməs | wə́:ld-←/ 形 世界的に有名な, 国際的な.

world·li·ness /wə́:ldlinəs | wə́:ld-/ 名 U 世俗的なこと, 俗っぽさ.

world·ly /wə́:ldli | wə́:ld-/ 形 (world·li·er; -li·est) ❶ [限定]《文語》世の中の, (俗)世間の, 世俗的な: *worldly* affairs 俗事 / one's *worldly* goods 財産 / *worldly* pleasures 浮き世の楽しみ / *worldly* life 世俗的生活. ❷ 世慣れた [⇔ unworldly]: *worldly* people 俗物たち. (名 world)

world·ly-wise /wə́:ldliwáɪz | wə́:ld-←/ 形 世才のある, 世渡りのうまい, 世慣れた.

wórld músic 名 U ワールドミュージック《世界各地の伝統音楽を取り入れたポピュラー音楽》.

wórld pówer 名 C 世界的強国.

wórld récord 名 C 世界記録: set a new *world record* 世界新記録を出す / the *world record* holder 世界記録保持者.

world-rec·ord /wə́:ldrékəd | wə́:ldrékɔ:d/ 形 [限定] 世界記録の.

Wórld Séries 名 [the ~]《米》ワールドシリーズ《プロ野球の選手権試合; American League と National League の優勝チームが戦う》.

Wórld Tráde Cènter 名 固 [the ~] 世界貿易センター《New York 市 Manhattan にあった一対の高層ビル; 2001 年 9 月 11 日テロにより倒壊; 跡地は Ground Zero と呼ばれる》.

world·view /wə́:ldvjù: | wə́:ld-/ 名 C 世界観.

*__world war__ /wə́:ldwɔ́ə | wə́:ldwɔ́:/ 名 (~s /~z/) C **世界大戦.**
Wórld Wàr I /-wʌ́n/ = **the Fírst Wòrld Wár** [名] 第一次世界大戦《1914-18》.
Wórld Wàr II /-tú:/ = **the Sécond Wòrld Wár** [名] 第二次世界大戦《1939-45》.

world-wea·ry /wə́:ldwí(ə)ri | wə́:ld-←/ 形 世の中がいやになった, 厭世(えんせい)的な.

*__world·wide__ /wə́:ldwáɪd | wə́:ld-←/ 形 [比較なし] **世界中に広まった[見られる]**, 世界的な, 世界中の: his *worldwide* fame 彼の世界的名声 / The Bible is a *worldwide* bestseller. 聖書は世界的なベストセラーだ. [語法] しばしば名詞の後に用いる: Delegations are sent from nations *worldwide*. 代表団は世界の国々から派遣されている.
— 副 [比較なし] **世界中に**, 世界的に: spread *worldwide* 世界中に広まる.

Wórld Wìde Wéb 名 [the ~]《コンピュータ》ワールドワイドウェブ (the Web)《Internet 上の情報を一つのプログラムで呼び出す検索システム; [略] WWW》.

+**worm** /wə́:m | wə́:m/ [!発音] 名 (~s /~z/) ❶ C (足のない) **虫**《みみず・ひる・うじなど; ⇒ insect 表》; 幼虫; [複数形で] (腸内の)寄生虫: The *worm* turns [will turn]. 《ことわざ》虫でさえもはむかう(一寸の虫にも五分の魂) / The dog has *worms*. その犬には寄生虫がわいている. ❷ C [普通は単数形で]《略式》虫けら同様の人間, いやなやつ. ❸ C《コンピュータ》ワーム《コンピューターウイルスの一種》.
— 動 ㊀ (動物)に寄生虫の駆除の薬を投与する.
wórm ... òut of ~ [動] ㊀ (情報など)を~から巧みに引き出す: I *wormed* the secret *out of* him. 彼からうまく秘密を聞き出した.
wórm one's **wáy** [動] ㊁ (はうように)のろのろ進む (*into*, *through*)《⇒ way¹ 成句の囲み》.
wórm one's **wáy [oneself] ìnto ...** [動] ㊀ (人に)うまく取り入って(...)を得る: I *wormed myself into* his confidence. 私は彼に取り入って信頼を得た.
wórm one's **wáy òut of (dóing) ...** [動] ㊀ うまくごまかして...(すること)を逃れる.

worm·hole /wə́:mhòol | wə́:m-/ 名 ❶ C 虫の食った穴; (木材などにできた)虫の穴. ❷ C《物理》ワームホール《時空の離れた 2 点を結ぶとされる連絡路》.

worm·wood /wə́:mwòd | wə́:m-/ 名 U にがよもぎ《植物》.

*****worn** /wɔ́ən | wɔ́:n/ (同音 warn)
— 動 wear の過去分詞.
— 形 ❶ [普通は [限定]] 着古した, すり切れた; (物が)使い古した. ❷ [普通は [叙述]] (人や顔が)疲れきった, やつれた.

worn-out /wɔ́ənáot | wɔ́:n-←/ 形 ❶ 使い古した. ❷ [普通は [叙述]; しばしば worn out として] 疲れ果てた《⇒ tired [類義語]》.

*****wor·ried** /wə́:rid | wʌ́rid/
— 形 **心配して(いる)**; 心配そうな: a *worried* look 心配そうな顔 / He seemed ***worried about*** his health. [+about+名] 彼は体を心配しているようだった / He was ***worried by*** her absence. [+by+名] 彼は彼女が来ないので気がもめた / We were ***worried*** (*that*) we might miss the train. [+(that)節] 電車に遅れないかと心配だった / ***You had me worried*** for a moment. Ⓢ ちょっと心配したじゃないか!
be wórried síck [動] ㊁ (...のことを)とても心配している (*about*).
[類義語] **worried**「心配して, 不安に思って」に当たる最も一般的な語. **anxious** 悪い事が起こる[起こった]のではないかと心配すること: She was *anxious* about her children's safety when they were away. 彼女は子供たちが外出中安全だろうかと心配した. **concerned** 特に社会や他人のことについて現在の事態を気にすること: He is *concerned* about her bad cough. 彼は彼女のひどいせきを気づかっている. **nervous** 出来事の前や最中に不安になって緊張すること: She was *nervous* about the surgery. 彼女は手術のことでびくびくしていた.

wor·ri·er /wə́:riə | wʌ́riə/ 名 C 心配症の人.

W

wor·ri·some /wə́ːrisəm | wʌ́ri-/ 形《主に米》気がかりな, 気になる; やっかいな. (名 wórry)

***wor·ry** /wə́ːri | wʌ́ri/ 発音

— 動 (wor·ries /~z/; wor·ried /~d/; -ry·ing /-riɪŋ/)

意味のチャート
元来は「絞め殺す」の意. →(苦痛を与える)→「うるさがらせる」他 ❷ →「気をもませる」他 ❶ →(自らの気をもませる)→「悩む」自

— 自 悩む, くよくよする, 心配する: My mother *worried* too much *about* [*over*] my health. V+about [over]+名 母は私の体を心配しすぎた / You don't have to *worry about* finish*ing* the work today. V+about+動名 仕事を今日中に仕上げることを気にしなくてもいい / I *worried about whether* you could arrive on time or not. V+about+wh 節 君が時間通りに来れるかどうか心配だった / He *worried that* he might make a mistake. V+that 節 彼はミスをするのではないかと心配した / Stop *worrying*. 心配しないで / There's [You have] *nothing to worry about*. Ⓢ ご心配なく / 💬 "I feel nervous." "Don't *worry*. You'll be fine." 「緊張するなあ」「心配ないよ. 大丈夫だよ」/ "I'm sorry [Excuse me]." "Don't *worry about* it." 「ごめんなさい」「気にしないで」

— 他 ❶ (人)の**気をもませる**, (人)をくよくよさせる, 心配させる, 苦労させる《⇒ 類義語, worried》: What's *worrying* you? 何をくよくよしているの / *It worries* me *that* they're late. 彼らが遅いのが心配だ. 語法 it は that 節以下を受ける形式主語; 動詞型は V+O (名). ❷ (人)をうるさがらせる, 悩ませる, いらいらさせる: Don't *worry* me *with* such foolish questions. 私にそんなくだらない質問をしてうるさくしないでくれ. ❸ (犬が)(羊など)を追い回す.

Nót to wórry. Ⓢ《英》ご心配なく.

wórry at ... [動] (1) 他 (解けるまで)(問題など)に挑戦する. (2) (犬などが)(骨など)をくわえて振り回す.

wórry onesèlf [動] 自 心配する, 気をもむ: She *worried herself* sick about the exam result. 彼女は試験の結果についてとても心配した.

類義語 **worry** 心配・気苦労・不安などを感じさせて悩ますこと: His debts always *worry* him. 借金がいつも彼を悩ませている. **annoy** いらいらさせたり腹を立てさせたりする: His behavior *annoyed* me. 彼の行ないは私をいらいらさせた. **bother** 忙しい時のじゃまになったりして気を散らさせたりいらいらさせる: He's always *bothering* me. 彼はいつも私に迷惑をかける.

— 名 (wor·ries /~z/) ❶ Ⓒ **心配事**; 苦労の種《⇒ 類義語》: The cost was a constant *worry for* [*to*] them. 経費のことがいつも彼らの悩みの種だった / Our biggest *worry* is that my father will lose his job. 父が失業することが私たちの最大の心配事だ / Life is full of *worries*. 人生には苦労が多い.

❷ Ⓤ **心配**, (精神的な)苦労, 取り越し苦労: be *sick* [*frantic*] *with worry* ひどく心配している.

Nó wórries. Ⓢ《主に英》いい(です)よ《承諾の返事》[≒No problem.]; 大丈夫ですよ. (形 wórrisome)

類義語 **worry** ある問題についての心配: household *worries* 家庭の心配事. **concern** 多くの人が関心を持っている人・物事に対する心配: The minister expressed his *concern* about students' declining academic ability. 大臣は学生の学力低下に対する懸念を表明した. **anxiety** 将来起こりそうな不安・不幸などに対する心配: There's growing *anxiety* about losing jobs. 失業の不安が増している.

*__wor·ry·ing__ /wə́ːriɪŋ | wʌ́ri-/ 形 (事態などが)**気をもませる**, 気がかりな.

***worse** /wə́ːs | wə́ːs/

— 形 [bad, ill の比較級; ⇒ worst 形] ❶ **さらに悪い**, もっと悪い[ひどい]; 叙述 (病状などが)もっと悪い, 悪化して [⇔ better]: Tom is a bad boy, but Bill is (even) *worse*. トムは悪い子だがビルは(さらに)もっと悪い / Nothing could [can] be *worse than* this. これ以上悪いものはないだろう(これは本当に最悪だ) / The weather was ***getting worse and worse***. 天気はますます悪くなっていた《⇒ 巻末文法 12.3 (3)》/ Some claimed that the new virus was ***no worse than*** the flu. 新型ウイルスはインフルエンザと大して変わらないと主張する人もいた / ***make matters*** [***things***] ***worse*** 事態をいっそう悪くする / It ***could be worse***. まだましなほうだ(もっと悪い事態もありえる) / The patient is ***much worse*** this morning (*than* yesterday). 患者はけさは(きのうより)ずっと具合が悪い / He is *worse* than ever. 彼はこれまでになく体調が悪い. ❷ もっと下手[苦手]で: I'm *worse at* tennis *than* Tom. 私はトムよりテニスが下手[苦手]だ.

nòne the wórse (for ...) (...にもかかわらず)少しも変わらない.

There's nóthing wórse than (dóing) ... ...(する の)は最悪だ.

to màke mátters [thìngs] wórse = whàt [《格式》whìch] is [was] wórse [副] つなぎ語 **なお悪い[困った]ことには**: We were very tired, and *what was worse*, it began to rain. 私たちはとても疲れていた. そしてなお悪いことに雨が降りだした. (動 wórsen)

— 副 [badly の比較級; ⇒ worst 副] ❶ **もっと悪く**; もっと下手に [⇔ better]: I did *worse than* I (had) expected in the math test. 私の数学のテストの出来は予想より悪かった. ❷ もっとひどく, いっそう激しく: It's raining *worse than* ever. 雨はこれまでよりも激しく降っている.

could [can] dò wórse than ... [動] Ⓢ ...するのも悪くない.

èven wórse = wórse stíll [yét] [副] つなぎ語 [しばしば and, or の後で] さらに悪いこと(に)は, もっとまずいのは: It rained all day last Sunday, *and worse still*, our television wasn't working. この前の日曜日は1日雨で, そのうえ悪いことにテレビが故障していた.

— 名 Ⓤ さらに悪いこと[もの]: I have *worse* to tell. (それだけでなく)もっと悪い話があるのです / *Worse* was to follow. さらに悪い事態になった.

for the wórse [副] 悪い方向に: It looks like the weather is changing *for the worse*. 天気が悪くなりそうだ.

gó from bád to wórse ⇒ bad 成句.

+**wors·en** /wə́ːs(ə)n | wə́ːs(ə)n/ 動 (~s /~z/; ~ed /~d/; ~·ing) 自 **さらに[いっそう]悪くなる**, 悪化する: The economic situation has recently been *worsening*. 経済状態は近年悪化してきている.

— 他 (...)を**さらに悪くする**, 悪化させる [⇔ improve]: Worries about his son *worsened* his illness. 息子への気苦労で彼の病気は悪化した. (形 worse)

wórse óff 形 badly off の比較級.

+**wor·ship** /wə́ːʃɪp | wə́ː-/ 名 ❶ Ⓤ (神・先祖への)**崇拝**;

(優れた人などへの)尊敬, 賛美: the *worship* of God 神への崇拝 / bow one's head *in worship* 神をあがめて頭を垂れる.
❷ Ⓤ 礼拝, 参拝; 礼拝式: a house [place] of *worship* 礼拝所, 教会. ❸ Ⓒ [W-]《英格式》閣下《市長・高官などに対する敬称》: His *Worship* 閣下《間接に指すときに用いる》/ Your *Worship* 閣下《直接呼びかけるときに用いる》. ✪ 用法については ⇒ majesty 語法. (形 wórshipful)
— 動 (wor·ships /~s/; wor·shiped, 《英》wor·shipped /~t/; -ship·ing, 《英》-ship·ping) 他 ❶ (神)を礼拝する, 拝む; (...)を崇拝する, あがめる: A miser *worships* money. 守銭奴は金銭を崇拝する. ❷ (...)を賛美[熱愛]する [≒admire].
— 自 崇拝する; 礼拝する, 礼拝式に出席する.
〘語源 原義は「価値のある (worth) 状態 (-ship)」〙

wor·ship·er /wɚ́ːʃɪpɚ | wə́ːʃɪpə/ 名 Ⓒ 崇拝者; 礼拝者; 参拝者[客].

wor·ship·ful /wɚ́ːʃɪpf(ə)l | wə́ː-/ 形 ❶ 限定《格式》崇拝する. ❷ [the W-] 限定《英》...殿, ...閣下. (名 wórship)

wor·ship·per /wɚ́ːʃɪpɚ | wə́ːʃɪpə/ 名 Ⓒ《英》= worshiper.

⁑worst /wɚ́ːst | wə́ːst/

— 形 [bad, ill の最上級; ⇒ worse 形] 最も悪い, 最悪の, 一番ひどい; 最も下手な [⇔ best]: It was *the worst* earthquake in [for] a hundred years. この100年間で最悪の地震だった / This is (by far) *the worst* headache I've ever had. こんなにひどい頭痛ははじめてだ《⇒ the[1] 1 (4)》/ His speech was (*the*) *worst*. 彼のスピーチがいちばん下手だった.
— 副 [badly の最上級; ⇒ worse 副] ❶ 最も悪く; 最も下手に [⇔ best]: Tom played (*the*) *worst* of all the boys. 男子全員のうちでトムがいちばん下手だった《⇒ the[1] 1 (4) 語法 (2)》. ❷ 最もひどく: It snowed *worst* last night. 昨夜はいちばんひどく雪が降った.

wórst of áll [副] つなぎ語 何よりも悪いことには, いちばん困ったのは.

— 名 [the ~] 最も悪いこと[もの, 人], 最悪 [⇔ best]: fear [expect] *the worst* 最悪の事態を恐れる[予期する] / prepare for *the worst* 最悪の事態に備える / *the worst* that can happen 起こりうる最悪の事態 / *The worst of* the snowstorm seems to be over. 吹雪も峠を越したようだ.

at (the) wórst [副] 最悪の場合には[でも]: He'll be fined a pound *at* (*the*) *worst*. 最悪の場合には[でも]彼は1ポンドの罰金だろう.
at one's **wórst** [形・副] 最悪の状態の[で].
brìng óut the wórst in ... [動] 他 ...の最も悪い面を引き出す..
dó one's **wórst** [動] 自 悪いことをしたいだけする.
gét [háve] the wórst of it [動] 自 Ⓢ (けんか・議論に)負ける.
if (the) wórst còmes to (the) wórst [副] いよいよ困った場合には, 最悪[万一]の場合には.
The wórst (of it) is (that) .... いちばん悪い[困った]ことは...である.

wor·sted /wʊ́stɪd/ ✪ 例外的な発音. 名 Ⓤ 梳毛糸(そもうし); 毛織物, ウーステッド.

⁑worth /wɚ́ːθ | wə́ːθ/ ❗発音

— 形 叙述 語法 worth は目的語をとる; このため 前 と見ることも可能《⇒ 巻末文法 1.1 (3)》. ❶ (金銭的に)...の価値のある, (...だけ払う)値打ちのある: This commemorative stamp is well *worth* £40. この記念切手は40ポンドを払う値打ちが十分ある / How much is it *worth*? それはどれくらいの値打ちがあるんですか / be *worth* nothing 全く価値がない / be *worth* a fortune 大変価値がある.
❷ ...に値する, ...の値打ちがある; [動名詞とともに] (物事が)(...するに)値する, 足る: You needn't read the book; it is not *worth* the effort [trouble]. その本は読む必要はない. そんな手間をかけるほどの値打ちはない / A bird in the hand is *worth* two in the bush. 《⇒ bird 1 例文》/ Rome is (well) *worth* a visit. ローマは訪れてみる価値が(十分)ある.

> 語法 🔍 worth が動名詞とともに用いられるときにはその主語は動名詞の意味上の目的語となる: Rome is *worth* visit*ing*. +動名 ローマは訪れてみる価値がある《Rome は visiting の意味上の目的語》/ Whatever is *worth* do*ing* at all is *worth* do*ing* well. 《ことわざ》行なうに値する事なら立派にやるだけの価値がある《whatever は doing の意味上の目的語》.

❸ (人が)...だけの財産がある, 財産が...で: What is he *worth*? 彼はどのくらいの財産を持っていますか / be *worth* a fortune 大金持ちである.

be wórth it [動] 自《略式》それだけの(金や手間をかける)価値がある.
for áll one **is wórth** [副] 全力を尽くして; 最大限に.
for whàt it's wórth [副] Ⓢ どれだけ役に立つかわからないが一応(言っておくと).
It is (wéll) wórth dóing ... するだけの価値が(十分)ある, ...したほうがよい: *It* isn't *worth* repair*ing* this car. この車は修理するだけの値打ちはない.
nòt wórth the páper it is wrítten [prínted] òn [形] (契約書などが)何の価値もない.
wórth one's **wéight in góld** [形] 非常に役に立つ, とても貴重な.
wórth ...'s whíle [形] ...が手間をかけるだけの価値のある, ...にとって利益[興味]のある: *It* would *be worth your while to* see the museum. その博物館はあなたが見学するだけの価値はあるでしょう / If you'll help, I promise to ***make it worth your while***. Ⓢ もしご助力いただけるならば相応のお礼はします.
wórth whíle [形] (時間や手間をかけるだけの)価値のある. 語法 1語のつづりが今では普通《⇒ worthwhile 語法》: This book is *worth while*. この本は読むだけの価値がある / *It's*「*worth while* [*worthwhile*] visit*ing* [*to* visit] the town. その町は訪れてみるだけの価値がある. 語法 上の例文と同じ意味内容を The town is *worth* visit*ing*. と言える. また The town is *worth while* visit*ing*. とも言うが, この形を好ましくないとする人もいる.

— 名 ❶ Ⓤ 価値, 真価《⇒ value 類義語》: paintings *of* great [little] ***worth*** 非常に価値がある[ほとんど価値のない]絵 / net *worth* 純資産. ❷ Ⓤ ...だけの分量: an hour's *worth of* work 1時間分の仕事 / Five dollars' *worth of* gas, please. 5ドル分のガソリンをお願いします. (形 wórthy)

wor·thi·ly /wɚ́ːðɪli | wə́ː-/ 副 立派に, 相応に.

wor·thi·ness /wɚ́ːðinəs | wə́ː-/ 名 Ⓤ 価値(のあること), ふさわしさ; 立派さ.

worth·less /wɚ́ːθləs | wə́ːθ-/ 形 ❶ 価値のない, 役に

立たない [⇔ valuable, worthy]**:** Such knowledge is *worthless to* them. そんな知識は彼らには何の役にも立たない. ❷ (人が)取り柄のない, 無能な. **～·ness** 名 U 無価値, 役立たずなこと.

+**worth·while** /wə́ːθ(h)wáɪl | wə́ːθwáɪl←/ 形 **やりがいのある**, 骨折りがいのある, 時間[金]をかけるだけの価値がある**:** This is a *worthwhile* book. これは一読に値する本だ / 言い換え It would be *worthwhile* [*worth while*] for you to see the movie. (= It would be *worth* your *while* to see the movie.) その映画はあなたが見るだけの価値はあるでしょう / It doesn't seem *worthwhile* fixing my car. 私の車は修理するだけの価値がないようだ. 語法 叙述 に用いるときには worth while と離して書くことがある《⇒ worth 成句》.

+**wor·thy** /wə́ːði | wə́ː-/ !発音 形 (**wor·thi·er** /-ðiə | -ðiə/; **wor·thi·est** /-ðiɪst/) ❶ 叙述《格式》(...に)**値する**; ...するに足る [⇔ unworthy]**:** a leader ***worthy of*** respect [attention] 尊敬[注目]に値する指導者 / He is not *worthy of* the name "artist." 彼は芸術家と呼ぶに値しない男だ / He's not *worthy of* you. 彼は君にはふさわしくない. ❷ [普通は 限定]《格式》尊敬[賞賛]すべき, 立派な; 価値のある; 立派だがおもしろみのない [⇔ worthless]**:** a *worthy* cause 立派な目的. ❸ 叙述 (...に)ふさわしい; (...に)典型的な, ...らしい**:** in words *worthy of* the occasion その場にふさわしいことばで. (名 worth)

— 名 (**wor·thies**) C お偉方; (地元の)名士.

*****would** /(弱形) (w)əd, d; (強形) wʊ́d/ (同音 #wood, #had[2])

— 助 will[1] の過去形《⇒ -'d[1]》.

単語のエッセンス

1) [従属節で] ...でしょう A❶(1)
2) [従属節で] ...するつもりである A❶(2)
3) [主節で; 否定文で] どうしても...しようとしなかった A❺
4) [主節で] ...だろうに; ...であったろうに B❶
5) [主節で] たぶん...だろう; ...したいと思う B❷
6) [従属節で] ...してくれれば B❸
7) [従属節で] もし...するつもりなら B❹

A [直説法過去形]

❶ 語法 主節の述語動詞が過去時制のとき, 従属節において用いる《⇒ **巻末文法** 14.2 (4)》.

(1) [単なる未来を表わす will《⇒ will[1] 1》の過去形] **...でしょう, ...だろう:** I *thought* (that) you *would* come. 私はあなたが来るだろうと思った / 言い換え He *said* (that) he *would* be sixteen that summer. (= He said, "I *will* be sixteen this summer.") 彼はこの夏で16歳になると言った / 言い換え Mr. Smith *said* (that) their plan「*would* not [*would*n't] fail. (= Mr. Smith said, "Our plan「*will* not [*won't*] fail.") スミス氏は計画は失敗しないと言った.

(2) [意志を表わす will《⇒ will[1] 2》の過去形] **...するつもりである, ...しよう:** 言い換え I said I *would* help her. (= I said, "I *will* help her.") 彼女を助けてあげようと私は言った / 言い換え He said (that) he *would* go instead of his father. (= He said, "I *will* go instead of my father.") 父の代わりに自分が行くと彼は言った.

❷ [過去の習慣·習性などを表わす; ⇒ will[1] 4]《文語》**よく...した**(ものだった), **...したことがあった:** We *would often* have coffee together after the lecture. 講義のあとはよく2人でコーヒーを飲んだものだ. 語法 (1) often または usually とともに用いるのが普通. (2) used to との違いについては ⇒ used to[1] 1 語法 (3).

❸ [目的を表わす副詞節で] **...するために**《⇒ will[1] 6》**:** I wrote the number down *so that* I *would* not forget it. 私は番号を忘れないように書き留めた. ❹ /wʊ́d/ [好ましくない習慣や行動に対するいらだちを表わす] Ⓢ 決まって[いつも]...する**:** He *would* call me when I'm busy. 忙しいときに限って彼は電話をかけてくるんだから.

❺ /wʊ́d/ [否定文で強い主張·拒絶などを表わす; ⇒ will[1] 3] **どうしても...しようとしなかった:** The patient just *wouldn't* take any medicine. その患者はどうしても薬を飲もうとしなかった / The door *wouldn't* open. そのドアはどうしても開かなかった. 語法 (1) しばしば好ましくない結果となることを暗示する. (2) 下降上昇調のイントネーション《⇒ **つづり字と発音解説** 95》を用いる.

B [仮定法過去形]

❶《仮定·条件·譲歩などに伴う結果を示す節で》

(1) [if+仮定法過去で表わされる条件の結果を表わす; ⇒ should A 4 (1)] ((事実はそうではないのだが)仮に...ならば[だとすれば]) **...だろう(に), ...する(のだが)**《⇒ if[1] 2》**:** How *would* you feel *if* that *happened* to you? もしあなたにそんなことが起きたらどう思いますか / *If* you *asked* her, she *would*n't deny it. もしあなたが彼女に尋ねたら, 彼女は否定しないだろう / I *would* stay and help you *if* I *could*. できることなら私がとどまってお手伝いするのですが. ✪ 仮定を表わす語句が省略されている場合については ⇒ B 2.

♥ **私だったら...すると思います** (助言するとき)
If I were you, I would ...

Have you talked to her since then?
あれから彼女と話したの?
No.
いや.
Well, **if I were you, I would** call her and tell her you're sorry.
私だったら彼女に電話して謝ると思うけどな.

♥「もし私があなたの立場だったら...するだろう」という意味で, 助言や忠告をするときに使われる.
♥ 必ずしも経験や知識に基づいたアドバイスとしてでなく, 個人的·主観的な意見として述べる場合にも用いる. 《助言の表現については ⇒ should A 1 (1)》
♥ 目上の相手に対しては「私があなたの立場だったら」と想定すること自体が失礼になりうるので, 対等な相手や目下の人に対して使われるのが普通.

(2) [would have+過去分詞の形で if+仮定法過去完了で表わされる条件の結果を表わす] ((事実はそうではなかったのだが)仮に(あのとき)...だったとしたならば) **...であったろうに, ...したであろうに**《⇒ if[1] 3》**:** *If* I *had been* on the train, I *would have been* killed in the accident. もしも私がその列車に乗っていたら事故で死んでいただろう / *If* she *had* really *loved* John, she *would* not *have said* that. もし彼女が本当にジョンを愛していたのなら, そんなことは言わなかったろうに. ✪ 仮定を表わす語句が省略されている場合については ⇒ B 2.

(3) [if ... should ～ などで表わされる仮定の結果を表わす; ⇒ if[1] 4] (万一...だったら)...だろう(に)**:**「*If* he *should* [*Should* he] ask, she *would* give it to him. もし彼が頼めば彼女はそれを彼に渡すだろうに.

(4) [without ..., but for ... などのような条件·仮定を表わす句とともに] (...がない[なかった]ならば)...であろう[あったろう](に)《⇒ **巻末文法** 11.2》**:** *Without* your help this plan *would* be impossible. あなたの協力がなければこの計画は不可能でしょう.

❷《仮定·条件などを示す節や句を伴わない文で》 語法 この would は, もしそれが許されるとすれば, 仮にそのような事情になれば[であったら], といったような仮定の気持ちが含まれているので, 丁寧で控えめな意向や推量を表わすことが多い.

⑴ [弱い推量·不確実] たぶん...だろう, 恐らく...であろう; [would have＋過去分詞の形で] たぶん...だっただろう: That *would* be fine. それで大丈夫だと思います / How much *would* it cost? 費用はどのくらいかかるでしょうか / *Would* that be okay? (それで)大丈夫かな《♥ 現在形 is を使うよりも柔らかく丁寧な響きになる》/ That *would*n't be the house we're looking for, surely. まさかあれが私たちの探している家じゃないだろうね / You *would*n't happen to remember his name, *would* you? 彼の名前を覚えてたりしないよね? / Who *would have thought* so? だれがそう思っただろうか(そう思った人はいないと私は思うのだが).

⑵ [一人称の代名詞とともに; 意向·願望を表わす] (仮に...ならば)...するのだが; (できれば)...したいと思う: 「*I would* [*I'd*] keep quiet about it. 私ならそれを内緒にします《相手への助言》/「*I would* [*I'd*] be more than happy to help you. (もしよろしければ)喜んでお手伝いします.

⑶ [二人称の代名詞とともに疑問文で] ...しますか《相手の意向を尋ねる》; ...していただけますか《依頼を表わす》: What *would you* do? あなたならどうしますか / *Would you* please open the window? 窓を開けていただけますか.

♥ **...してもらえますか** (依頼するとき)
Would you ...?

Ken, **would you** answer the phone?
ケン, 電話に出てくれる?

♥ やや直接的な依頼の表現.
♥「もし仮に頼んだとしたら...する意向があるか」という仮定の含みを持つため, Will you ...? よりも柔らかく丁寧な口調になる.
♥ 相手が応じることが予測できる場合(職務上の指示や客から店員への依頼のように相手が当然するべきことを頼む場合や, 負担の小さいことを頼む場合など)に用いることが多い.《依頼の表現については ⇒ could B 1 (4)》

♥ **...してくれる?** (依頼するとき)
..., would you?

Oh, Noah. Good timing. Give me a hand, **would you?** あ, ノア. いいところに来てくれた. ちょっと手を貸してくれる?

Yeah, sure.
ああ, いいよ.

♥ 命令文+would you? は直接的な依頼として使われる.
♥ 親しい相手に軽い頼み事をする場合などに用いるのが一般的.
♥ 仮定法を使っているため, 命令文+will you ? よりも多少柔らかい口調になる.

⑷ [think, say, imagine, guess, hope などの動詞を一人称とともに用いて] Ⓢ (私(ども)としては)...なのですが《⇒ should A 3》: "It's a reasonable price, isn't it? What do you think?" "*I would say* it's rather expensive."「手ごろな値段じゃない? どう思う?」「ちょっと高いかと思うんだけど」 ♥「もしもそういう考え[言い方, 想像, 推量]が許されれば」といった仮定の気持ちが含まれるため, 主張が控えめな口調になる.

⑸ [know, guess などの動詞を二人称とともに用いて; 否定文で] たぶん...だろう: You*'d never know* he had been seriously ill. 彼が重体だったとは思えないでしょう.

❸ [I wish に続く名詞節で; ⇒ wish ⊕ 1 (3)] **...してくれれば(よいのだが): *I wish*** he *would* text me more often. 彼がもっとメールをくれればいいのだが.

❹ [条件を示す副詞節の中で] **もし...するつもりなら:** He could help us *if* only he *would*! その気さえあれば彼は私たちを助けられるのに / *If* you *would* only try, you could succeed. もし君にやってみる気さえあれば成功するだろうに.

I would lìke ... ⇒ like² 2 (3).
I would lìke to dó ⇒ like² 2 (1).
would ràther dó ⇒ rather¹ 2 (2)
wóuld that ... [仮定法とともに]《文語》...であったらよかったのに [≒if only]: *Would that* my father *had lived* longer. 父がもっと長生きしていたらなあ.
Wòuld you líke ...?, Wòuld you líke to dó?, Wòuld you líke ... to dó**?** ⇒ like² 2.
Wòuld you mínd ...? ⇒ mind 動 ⊕ 2, ⊜.

*__would-be__ /wódbìː/ 形 限定 **...志望の,** ...になるつもりの(人); 自称...: a *would-be* author 作家志望者.

***__would·n't__ /wódnt/《略式》would not の短縮形.
A [直説法過去形]《⇒ would A》: Mary said she *wouldn't* be present at the party. メアリーはパーティーには出席しないと言った.
B [仮定法過去形]《⇒ would B》: *Wouldn't* it be possible to persuade them? 彼らを説得することは可能ではないでしょうか.

would've /wóḍəv/《略式》would have² の短縮形: I *would've* been killed in the accident if I had been on the train. もし私がその列車に乗っていたら事故で死んでいただろう.

***__wound__¹ /wáond/ ❗発音 wound² と発音が違う. 動 wind² の過去形および過去分詞.

***__wound__² /wúːnd/ ❗発音 wound¹ と発音が違う.
— 名 (wounds /wúːndz/) ❶ Ⓒ (武器·凶器による)傷, 負傷, けが; 傷口 (*in*)《⇒ injury 表》: a minor *wound* 軽傷 / suffer [receive] a fatal *wound* 致命傷を負う / It took several months for his head *wound* to heal. 彼の頭部の傷が治るのに数か月かかった. ❷ Ⓒ (感情などを)傷つけるもの, 心の傷: That comment was a *wound to* her pride. そのことばは彼女の自尊心を傷つけた.
líck one's **wóunds** [動] ⊜ (敗北·失意のあとで)立ち直る.
ópen [reópen] óld wóunds [動] ⊜ 古傷に触れる, いやな出来事を思い出させる.
— 動 (wounds /wúːndz/; wound·ed /~ɪd/; wound·ing) ⊕ ❶ (武器·凶器で)(...)を**負傷させる, 傷つける**《⇒ injure 類義語》: Seven soldiers were killed and twenty (*were*) *wounded*. V+O の受身 7 人の兵士が死に 20 人が負傷した《⇒ 巻末文法 15.4 (1)》/ He *was seriously* ***wounded in*** *the* head. V+O+*in*+名の受身 彼は頭に重傷を負った《⇒ the¹ 2》.
❷ (人の感情など)を**傷つける,** 害する: His cruel words *wounded* Meg. 彼の心ないことばはメグを傷つけた.

wound·ed /wúːndɪd/ 形 負傷した; (感情などが)傷つけられた: *the wounded* 負傷者たち《複数名詞のように扱

われる; ⇒ the¹ 3》/ *wounded* pride 傷つけられた自尊心.

wound up /wáʊndʌ́p/ 形 叙述 興奮[緊張]した.

+**wove** /wóʊv/ 動 weave の過去形.

+**wo·ven** /wóʊv(ə)n/ 動 weave の過去分詞.

wow /wáʊ/ 間《略式》うわー!《驚き・感嘆の叫び》: *Wow!* You sure have a lot of money. うわー, 本当にたくさんお金を持っているんだね. — 動 他《略式》(観客など)を熱狂させる, (人)に大受けする (*with*). — 名 [単数形で]《略式》大成功, 大当り (*with*).

wpm 略 [数字の後に用いて] = words per minute 毎分…語《タイプ・速記の速さを示す; ⇒ per》.

wraith /réɪθ/ 名 C《文語》幽霊 [≒ghost].

wran·gle /rǽŋgl/ 動 自 (長期間にわたり)口論[論争]する, 言い争う (*with*; *about*, *over*). — 他 ❶《米》(放牧地で牛・馬など)の世話をする. ❷《米略式》(…)をうまく手に入れる. — 名 C (長期間の)口論, 論争 (*with*; *over*).

wran·gler /rǽŋglə | -glə/ 名 C《米》カウボーイ.

***wrap** /rǽp/ (同音 rap) 動 (wraps /~s/; 過去・過分 wrapped /~t/; wrap·ping) 他 ❶ (人・物)を(…で)**包む**, くるむ [⇔ unwrap]: She *wrapped* her child *in* a blanket. V+O+*in*+名 彼女は子供を毛布にくるんだ / He *wrapped* himself *in* his overcoat. 彼はコートにくるまった. ❷ (…)を(～の周りに)まとう, 巻きつける: She *wrapped* a blanket *around* her child. 彼女は子供に毛布を巻きつけた / I *wrapped* my hands *around* my coffee mug. 私はマグカップを両手で包むようにして持った.

> **wrap の句動詞**
>
> ***wráp úp** 動 他 ❶ (紙などで)(…)を**包む**; くるむ V+名・代+*up* / V+*up*+名: He ***wrapped up*** the book ***in*** paper. 彼はその本を紙に包んだ. ❷《略式》(仕事など)を終える; (商談など)をまとめる.
> — 自 (暖かい服に)**くるまる**: You should *wrap up* warm [warmly, well]; it's cold outside. 暖かくして行かないと, 外は寒いよ.
>
> **be wrápped úp in ...** [動] 他 (1) …にすっかりくるまっている: The baby *was wrapped up in* a towel. 赤ん坊はすっぽりタオルにくるまっていた. (2) …に夢中になっている, 熱中している: He's completely *wrapped up in* that project. 彼はその企画に没頭している.

— 名 ❶ U (食品などの)ラップ, 包装, 包み《⇒ plastic wrap, Saran Wrap》. ❷ C 体[肩など]をおおう衣類《ショール・スカーフなど》. ❸ C ラップ(サンド)《肉・野菜などを薄いパンやトルティーヤでくるんだサンドイッチ》. ❹ [a ~] 1日の撮影の終了: It's [That's] *a wrap*. (撮影は)これで終わり.

kéep ... ùnder wráps [動] 他《略式》(…)を秘密にしておく, 公にしないでおく.

wrap·per /rǽpə | -pə/ 名 C 包み(紙), 包装紙.

wrap·ping /rǽpɪŋ/ 名 [U または複数形で] 包装材料; 覆い, 包み, 包装紙[布].

wrápping pàper 名 U 包み紙, 包装紙.

wrap-up /rǽpʌ̀p/ 名 C《米略式》(ニュースなどの)要約, まとめ; 最終結果.

wrath /rǽθ | rɔ́θ/ 名 U《格式》怒り, 激怒, 憤り.

wrath·ful /rǽθf(ə)l | rɔ́θ-/ 形《格式》怒った, 激怒した.

wreak /ríːk/ 動 (wreaks /~s/; 過去・過分 wreaked /~t/, wrought /rɔ́ːt/; wreak·ing) 他《格式》(破壊・損害など)をもたらす; (復讐)をする: *wreak* havoc on ... …に大損害を与える.

wreath /ríːθ/ 名 (wreaths /ríːðz/) ❶ C 花輪, 花の冠, リース《クリスマスの飾り付けや, 勝利・栄誉をたたえたり, 墓に供(そな)えるためのもの》: a *wreath of* flowers 花輪 / a Christmas *wreath* クリスマスのリース《玄関のドアや窓に飾る》/ put [lay] a *wreath* on his grave 彼の墓に花輪を供(そな)える. ❷ C《文語》(煙・雲などの)輪, 渦巻き (*of*).

wreathe /ríːð/ 動 他 [普通は受身で]《文語》(…)を包む, 取り巻く (*in*). — 自《文語》(煙・霧などが)輪になる, 渦巻いて上がる. **be wréathed in smíles** [動] 自《文語》(人・顔が)うれしそうににこにこしている.

+**wreck** /rék/ 動 (wrecks /~s/; wrecked /~t/; wreck·ing) 他 ❶ (車・建物など)を**大破させる**, 破壊する《⇒ destroy 類義語》: The building *was **wrecked by*** the explosion. V+O の受身 建物は爆発でめちゃめちゃに壊れた. ❷ (計画・関係など)をだめにする, ぶち壊す. ❸ [普通は受身で] (船)を難破させる: The ship ran on a rock and *was wrecked*. 船は暗礁に乗り上げて難破した.

— 名 (~s /~s/) ❶ C **残骸**(ざんがい)《衝突した車・墜落した飛行機などの》; 難破船(の残骸); 破壊された物;《略式》ぼろい車[建物], ポンコツ: the *wreck* of a jet plane ジェット機の残骸 / The bus was a *wreck* after the collision. 衝突のあとバスはめちゃくちゃになっていた. 関連 shipwreck 難破船. ❷ C《米》(車などの)衝突; 衝突事故 [≒crash]. ❸ C [普通は a ~]《略式》(病気などで)弱りきっている人, 打ちひしがれた人: a nervous *wreck* 神経が参っている人.

wreck·age /rékɪʤ/ 名 ❶ U 残骸(ざんがい), 破片《全体》; 破壊されたもの. ❷ U (計画・関係などの)破綻(はたん), 破綻したもの(の名残り) (*of*).

wreck·er /rékə | -kə/ 名 ❶ C《米》レッカー車《事故車や違法駐車の車を牽引(けんいん)していくトラック》[《英》breakdown truck]. ❷ C (物事を)ぶちこわす人: a marriage *wrecker* 結婚生活を壊す人.

wren /rén/ 名 C みそさざい《全身が茶色の小鳥》.

wrench /réntʃ/ 動 他 ❶ (…)をねじる, ひねる; ねじり取る, もぎ取る; ねじって…にする; (人)を引き離す: *wrench* the lid *off* the box 箱のふたをもぎ取る / She *wrenched* the letter *from* my hand. 彼女はその手紙を私の手からもぎ取った / He managed to *wrench* himself *away* [free] from her. 彼は何とか彼女から身を振りほどいた / He *wrenched* the door open. 彼は戸をねじ開けた. ❷ (…)をねんざする, (…)の筋を違える [≒sprain].

— 名 ❶ C《米》レンチ, スパナ [《英》spanner]: ⇒ monkey wrench. ❷ C [普通は単数形で] ねじり, ひねり; ねんざ, 筋違い. ❸ [単数形で] (別れの)悲しみ, 悲痛, 苦痛: Selling that guitar was *a* terrible *wrench for* Jim. そのギターを売るのはジムにとっては大変つらいことだった.

wrench·ing /réntʃɪŋ/ 形 悲痛な, 痛ましい; つらい.

wrest /rést/ 動 他 ❶《格式》(権力・影響力など)を奪取する: *wrest* control of the town *from* the guerrillas ゲリラから町の統制権を奪い取る. ❷《格式》(…)をもぎ取る: *wrest* the gun away *from* the burglar 強盗から銃をもぎ取る.

+**wres·tle** /résl/ 動 (wres·tles /~z/; wres·tled /~d/; wres·tling) 自 ❶ **レスリングをする**, 取っ組み合う (*with*). ❷ (重い物などを)格闘するようにして動かす (*with*). ❸ (問題などに)取り組む: *wrestle with* a

W

difficult problem 難問に取り組む. ― ⊛ (...)とレスリングをする; (...)を組み伏せる; (重い物など)を格闘するようにして動かす.

wres·tler /réslə | -lə/ 名 C レスリング選手: a sumo *wrestler* 相撲取り, 力士.

wres·tling /réslɪŋ/ 名 U 〔スポーツ〕 レスリング; 格闘: arm *wrestling* 腕相撲.

wretch /rétʃ/ 名 ❶ C 哀れな人, みじめな人. ❷ C 卑劣な人; ひどいやつ.

wretch·ed /rétʃɪd/ ❗発音 形 (wretch·ed·er, more ～; wretch·ed·est, most ～) ❶ みじめな, 悲惨な, 哀れな [≒miserable]; (病気で)気分が悪い [≒ill]: a *wretched* life みじめな生活 / feel *wretched* 情けない思いをする. ❷ 限定 《略式》 不愉快な, 全くいやな; 実にひどい; いまいましい《いらだちを表わす》: I've lost my *wretched* keys! くそ, 鍵をなくしてしまった. ❸ 劣悪な; みすぼらしい, 粗末な: a *wretched* house みすぼらしい家. **～·ly** 副 悲惨に, みじめに; 情けないほど; ひどく. **～·ness** 名 U 悲惨, みじめさ.

wrig·gle /rígl/ 動 自 (みみずなどが)のたくる, にょろにょろはう; (人が)身をよじる (*about*, *around*); [副詞(句)を伴って] 体をくねらせて進む: *wriggle through* a narrow opening 体をくねらせて狭いすき間を通り抜ける. ― ⊛ (足の指など)をくねらす. **wriggle óut of ...** [動] ⊛ 《略式》 (ずるい手段によって)(いやな仕事など)を何とか逃れる; (服)を身をよじって脱ぐ: How did you *wriggle out of* washing the dishes? どうやってうまく皿洗いを逃れたの. ― 名 C のたくり, のたうち.

Wright /ráɪt/ 名 固 Or·ville /ɔ́əvɪl | ɔ́:-/ ～ (1871–1948), Wil·bur /wílbə | -bə/ ～ (1867–1912) ライト《1903 年人類初の動力飛行に成功した米国人兄弟; the Wright brothers (ライト兄弟)と呼ばれる》.

wring /ríŋ/ 動 (wrings; 過去・過分 wrung /rʌ́ŋ/; wring·ing) ⊛ ❶ (ぬれた布など)を絞(しぼ)る; 絞って...にする; (水分)を絞り出す: *wring* (*out*) the towel タオルを絞る / I *wrung* the water *out of* my hair. 私は髪の毛の水気を取った. ❷ (金など)を搾(しぼ)り取る; (無理に)(承諾など)を得る, (真相など)を聞き出す: *wring* money *from* [*out of*] ... ...からお金を搾り取る. ❸ (殺すために)(鳥の首など)をひねる, ねじる; (手)を堅く握る: *wring* a chicken's neck 鶏の首をひねって殺す / He *wrung* his old friend's hand. 彼は(親愛の情をこめて)旧友の手を握りしめた《⇒ wring one's hands (hand 成句)》.

wring·er /ríŋə | -ŋə/ 名 C (洗濯物などの)水絞り機. **gó through the wrínger** [動] 自 《略式》 つらい目にあう[経験をする].

wrin·kle /ríŋkl/ 名 C [普通は複数形で] (顔·布などの)しわ: fine *wrinkles* around his eyes 彼の目もとの小じわ / She ironed out the *wrinkles* in her dress. 彼女はドレスのしわをアイロンで伸ばした. **íron óut the wrínkles** [動] 自 《略式》 (...の)ちょっとした問題点を解決する (*in*).

― 動 ⊛ (...)にしわを寄せる: He *wrinkled* (*up*) his forehead. (当惑して)彼は額にしわを寄せた / Age *wrinkled* his face. 年のせいで彼の顔にはしわが寄った. ― 自 しわが寄る: This skirt *wrinkles* easily. このスカートはすぐしわになる.

wrin·kled /ríŋkld/ 形 しわの寄った[多い].

wrin·kly /ríŋkli/ 形 (wrin·kli·er; -kli·est) しわの寄った[多い]; しわになりやすい.

+**wrist** /ríst/ 名 (wrists /rísts/) C **手首**《腕 (arm) と手 (hand) との間の関節の部分; ⇒ body 挿絵》: She wore a bracelet on her *wrist*. 彼女は手首にブレスレットをしていた / He seized me by *the wrist*. 彼は私の手首をつかんだ《⇒ the[1] 2》.

wrist·band /rís(t)bænd/ 名 C (汗止め用)リストバンド; (病院などでの)個人識別用腕輪.

wrist·watch /rístwɑ̀(:)tʃ, -wɔ̀:tʃ | -wɔ̀tʃ/ 名 C 腕時計 (watch).

writ /rít/ 名 C 〔法律〕 令状: issue a *writ against ... for* ～ ...に対して～のことで令状を出す.

***write** /ráɪt/ (同音 right[1,2], rite, Wright)

― 動 (writes /ráɪts/; 過去 wrote /róʊt/; 過分 writ·ten /rítn/, writ·ing /-ṭɪŋ/) ⊛ ❶ (本·文章など)を書く, 執筆する, (詩など)を作る, 作曲する: Ms. Brown *wrote* a book on politics. ブラウンさんは政治についての本を書いた / a poem *written* by Wordsworth ワーズワースの書いた詩 / He *wrote* nine symphonies. 彼は 9 つの交響曲を作曲した.

❷ (人に)(手紙·メール)を書く, (人)に**手紙[メール]を出す**; (...)と手紙[メール]で知らせる: 言い換え She *wrote* a long letter *to* me. V+O+*to*+名 = She *wrote* me a long letter. V+O+O 彼女は私に長い手紙を書いてきた《⇒ to[1] 3 語法》 / She *writes* me often. 彼女はよく私に手紙[メール]をくれる. 語法 この言い方は特に《米》に多く, 《英》では She *writes to* me often. が普通《⇒ 自 2》 // 言い換え Tom ***wrote*** (me) ***that*** he was going to Paris the next week. V+(O+)O (*that* 節) = Tom ***wrote*** (***to*** me) ***that*** he was going to Paris the next week. V+(*to*+名+) O (*that* 節) トムは(私に)手紙[メール]で翌週パリへ行くと知らせてきた.

❸ (文字など)を**書く**; (文書など)を作成する: *Write* your name and address here, please. ここに住所氏名をご記入ください / He *wrote* me a check for $50. V+O+O (名) 彼は私に 50 ドルの小切手を書いた. ❹ [普通は進行形なし] (文章の中で)(...)と書く, 述べている: In the paper he *wrote that* he owed much to Professor White. その論文の中で彼はホワイト教授に負うところが大きいと述べていた. ❺ 〔コンピュータ〕 (コンピューターで)(データ)を(...に)書き込む (*to*, *onto*); (プログラム)を書く[作る].

― 自 ❶ **文章を書く**; 小説[詩など]を創作する; 曲(など)を作る: She ***wrote about*** [***on***] pollution in her book. V+*about* [*on*]+名 著書の中で彼女は公害のことを書いた / He ***writes for*** the magazine. V+*for*+名 彼はその雑誌に寄稿している.

❷ (...に)**手紙[メール]を書く**, (手紙·メールなどで)連絡する: My parents ***write to*** me often. V+*to*+名 両親はよく私に手紙[メール]をくれる《多用; ⇒ ⊛ 2 語法》 / 言い換え He ***wrote to*** tell us that he (had) got married. V+*to* 不定詞 = He ***wrote*** tell***ing*** us that he (had) got married. V+現分 彼は手紙[メール]で結婚したと知らせてきた / I'm *writing to* inquire about your programs for foreign students. 外国人学生向けのプログラムについてお尋ねしたくて(この手紙[メール]を)書いています.

❸ **文字**(など)**を書く**: learn to read and *write* 読み書きを学ぶ / Tom *writes* very badly. トムはひどい字を書く / May I ***write*** 「***with*** a pencil [***in*** pencil]? V+*with* [*in*]+名 鉛筆で書いていいですか《✪ in のときは無冠詞》 / *write in* ink インクで書く / You can *write* either *in* English or *in* Japanese. 書くのは英語でも日本語でもいいです. ❹ 〔コンピュータ〕 データを(...に)書き込む (*to*, *onto*). ❺ (ペンなどが)書ける.

W

be wrítten àll óver one's **fáce** [動] ⑯ (感情・事実などが)顔に(書いたようにはっきり)表われている: Guilt *is written all over her face.* 罪悪感が彼女の顔にはっきり表われている.
hàve ... wrítten àll óver it [one] [動] ⑯ (物・人が)...であることはすぐ見てとれる.
That's áll she wróte. Ⓢ《米》それですべて終わりだ, それだけ.

write の句動詞

+**wríte awáy** 動 自 **手紙で(...を)求める**, 注文する [≒write off]: He *wrote away* (*to* the publisher) *for* a catalog of new books. 彼は(出版社に)新刊書のカタログを請求した.
+**wríte báck** 動 自 (手紙・メールで)**返事を出す**: I *wrote back to* my parents tell*ing* [*to* tell] them when I was returning home. 私は両親にいつ家に帰るか返信で知らせた. — ⑯ (人)に返信する.
***wríte dówn** 動 ⑯ ❶ (...)を**書き留める**, 記録する V+名・代+*down* / V+*down*+名: I *wrote down* his name and address. 私は彼の名前と住所を書き留めた. 語法 単に write というより「書いて記録に留める」という感じが強い. ❷ (在庫品など)の帳簿価格を下げる.
+**wríte ín** 動 自 (会社・新聞社などに)**手紙を書き送る**, 手紙で(...を)申し込む[求める]: I'm going to *write in* (*to* the newspaper) *for* further information. 私は(新聞社に)手紙を出してより詳しい情報を求めるつもりだ.
— ⑯ ❶ (文書に)(...)を**書き入れる** V+名・代+*in* / V+*in*+名: *Write in* the date yourself. 日付は自分で記入してください. ❷《米》(投票用紙の候補者一覧に)(名前)を書き加えて投票する《正式な候補者でない場合に行なう》. (名 wríte-ìn)
wríte ... ìnto ~ 動 ⑯ (条項など)を(協定・契約など)に加える.
+**wríte óff** 動 自 **手紙で(...を)求める**, 注文する: I *wrote off* (*to* the university) *for* an application form. 私は(大学あてに)手紙で願書を請求した.
— ⑯ ❶ (負債)を**帳消しにする**; (...)を清算する V+名・代+*off* / V+*off*+名: We had to *write off* the debt. 負債は帳消しにするしかなかった.
❷ (...)に**見切りをつける**, (...)をだめなもの[失敗]とあきらめる V+名・代+*off* / V+*off*+名: He *wrote off* the project because no one would help him. だれも手を貸してくれようとしなかったので彼はその計画はだめだとあきらめた.
wríte ... óff as ~ [動] ⑯ (...)を~としてだめだとみる; (...)を(失敗など)とみなす. (名 wríte-òff)
***wríte óut** 動 ⑯ ❶ (...)を**きちんと[正確に, 漏れなく]書く**, 清書する; 書き写す; (小切手・領収書など)を書く V+名・代+*out* / V+*out*+名: *Write out* your name in full, please. 名前を略さずに書いてください. ❷ (連続ドラマなどの脚本から)(登場人物)を降ろす (*of*).
+**wríte úp** 動 ⑯ ❶ (報告書など)を**書き上げる**, 仕上げる; (出来事など)についてまとめる V+名・代+*up* / V+*up*+名: *write up* an article 記事を仕上げる / *write up* the results 結果をまとめる. ❷ [しばしば受身で] (劇・商品・新刊書など)の批評を書く. (名 wríte-ùp)

〖語源 原義は「ひっかく」; 樹皮などにひっかいて書いたことから; 日本語「掻(か)く」→「書く」と比較〗

write-in /ráɪṭìn/ 名 Ⓒ《米》リストに名前のない候補者名を書き込む投票. (動 wríte ín ⑯ 2)
write-off /ráɪṭɔ̀:f | -ɔ̀f/ 名 (~s) ❶ Ⓒ (負債などの)取り消し, 帳消し. ❷ [単数形で] 徒労, (時間の)むだ. ❸ Ⓒ《英》修理のきかない車, ポンコツ. (動 wríte óff ⑯)

*****writ·er** /ráɪṭɚ | -tə/
— 名 (~s /~z/) ❶ Ⓒ **作家**, 著述家; **記者**: a popular *writer* 流行作家 / a mystery *writer* 推理作家.
❷ Ⓒ **筆者**, **書いた人**; 作者, 書く人; [前に形容詞をつけて] 書くのが[文章が]...の人: the *writer of* this letter この手紙を書いた人 / the present *writer* (自分のことを指して)筆者. 語法 (1) 三人称扱い. (2) 今は普通 we や I を用いる // a software *writer* コンピュータープログラマー / He's a *good writer*. 彼は文章がうまい.
wrít·er's blòck /ráɪṭɚz- | -təz-/ 名 Ⓤ (作家などの)創作中断, スランプ《一時的に書けなくなること》.
wríter's cràmp 名 Ⓤ 書痙(しょけい)《物を書くときに起こる指のけいれん》.
write-up /ráɪṭʌ̀p/ 名 Ⓒ (劇・商品・新刊書などの)批評; (説明)記事. (動 wríte úp 2)
writhe /ráɪð/ 動 自 (苦痛などで)身もだえする, のたうち回る; (蛇などが)のたくる (*about, around*): He was *writhing in* pain. 彼は苦痛に身もだえしていた.
***writ·ing** /ráɪṭɪŋ/ 名 (~s /~z/) ❶ Ⓤ **書き物**《手紙・原稿・書類など》, (書いた)作品; 書いて[印刷して]あることば, 文字: a piece of *writing* 1 編の作品《短編・作文・詩など》.
❷ Ⓤ **書くこと**, 執筆; 著述業: creative *writing* 創作 / He's busy with his *writing*. 彼は執筆で忙しい.
❸ Ⓤ **筆跡**, 書法; 習字, 書き方《⇒ R' 成句》: His *writing* is hard to read. 彼の筆跡は読みにくい / Your *writing* is very neat. 君の字はとてもきれいだ.
❹ [複数形で] (文学などの)**著作**, 作品《全体》: the *writings of* Adam Smith アダム スミスの著作.
in wríting [副] 書面で, (文書に)書いて: You should put your ideas *in writing*. 考えを書き留めておいたほうがいい.
the wríting is on the wáll = sée [réad] the wríting on the wáll (人が失敗[物が消滅]する)不吉な前兆が見られる (*for*).
wríting dèsk 名 Ⓒ 書き物机.
wríting matèrials 名 複 文房具, 筆記用具.
wríting pàper 名 Ⓤ (上質の)便箋.

*****writ·ten** /rítn/
— 動 write の過去分詞.
— 形 ❶ 限定 **書いた**, **筆記の**, 書面の [⇔ unwritten]: a *written* test [exam] 筆記試験. 関連 oral, spoken, verbal 口頭の.
❷ 限定 **書き物に用いられる**, **書きことばの**: *written* language 書きことば. 関連 spoken 話しことばの.
the wrítten wórd [名]《格式》書きことば, 文章.

*****wrong** /rɔ́:ŋ | rɔ́ŋ/
— 形 (more ~, wrong·er /rɔ́:ŋgɚ | rɔ́ŋgə/; most ~, wrong·est /rɔ́:ŋgɪst | rɔ́ŋg-/)

意味のチャート
元来は「ねじ曲がった」の意. → (曲がった) → (正しいことからはずれた)
→「不正な」,「悪い」❷
→「適切でない」❹ → 「間違った」❶ / 「具合が悪い」❸

W

❶ (答えなどが)**間違った**, 誤りの; 叙述 (人が)誤って [⇔ right, correct]: He gave three *wrong* answers. 彼は答えを3つ間違えた / I've taken the *wrong* train. 私は行き先の違う電車に乗ってしまった / I'm afraid you have the *wrong* number. 番号が違うようです《電話で》/ I'm afraid you are ***wrong about*** that. +about+名 それについては君の間違いだと思う / She's ***wrong in*** think*ing* that he lied. +in+動名 彼がうそをついたと考えるのは彼女の誤解だ.
❷ 叙述 (道徳的に)**正しくない**, 悪い, 不正な《⇒ bad 類義語》[⇔ right]: ***It's wrong to*** lie. うそをつくことは悪い 多用 / I didn't do anything *wrong*. 私は何も悪い事はしていない / 言い換え You were ***wrong to*** do such a thing. +to 不定詞 = *It was wrong of* [*for*] you *to* do such a thing. そんなことをしたのはあなたが悪かった《⇒ of 12, for 前 B》.
❸ 叙述 **具合が悪い**, (機械などが)故障で: I'm afraid there's *something* ***wrong with*** him [my camera]. 彼[私のカメラ]はどこか具合が悪いのではないかと思う.

語法 疑問文では anything wrong, 否定文には nothing wrong を用いる《⇒ something 代 1 語法, anything 代 1 語法, nothing 代 1 語法》: "Is *anything wrong with* the engine?" "No, *nothing* is *wrong with* it."「エンジンにはどこかおかしなところがありますか」「いや, おかしいところはない」/ I hope there's *nothing wrong with* her. 彼女がなんともなければいいんだけど.

The clock is *wrong*. その時計は狂っている // ⇒ What's wrong? (成句).
❹ **不適当な**, 不適切な, ふさわしくない [⇔ right]: Isn't this the ***wrong*** time ***to*** visit him? +to 不定詞 今は彼を訪ねるにはまずい時間ではないですか / the ***wrong*** clothes ***for*** the occasion. その場にふさわしくない服 / Mrs. Long is the *wrong* person *for* the job. ロングさんはその仕事には向いていない. ❺ 裏側の, (方向が)逆の.
be in the wróng pláce at the wróng tíme [動] 自 Ⓢ 巻き添えになる, とばっちりを受ける.
Whàt's wróng? (1) Ⓢ (...は)どう(か)したの: *What's wrong* (*with* you)*?* You look pale. どうしたの, 顔色が悪いよ《Is (there) anything wrong with you? よりも直接的; ⇒ 3》. 語法 with you がつくと非難する気持ちが含まれることが多い. (2) Ⓢ (...の)どこが悪いと言うのか(いいじゃないか): *What's wrong with* mak*ing* a profit? もうけて何が悪いのか《⇒ 巻末文法 13.6》.
— 副 ❶ **間違って**, 誤って [⇔ right]: He answered *wrong*. 彼は間違った答えをした / think *wrong* 勘違いをする / My name was spelt *wrong*. 私の名前のつづりが違っていた / I realized that I had ***done it all wrong***. 私はとんでもない間違いをしてしまったことに気づいた.
❷ **悪く**, 不正に; 不当に [⇔ right]: We have to put right what we have done *wrong*. 私たちは自分の犯した過ちを正さなければならない.
gét ... wróng [動] 他 (1) (...)を誤解する: Don't *get* me *wrong*; I'm not criticizing you. 誤解しないで, 君を非難しているんじゃないんだ. (2) (計算・名前など)を間違える: I think I've *got* the answer *wrong*. 私は答えを間違えたと思う.
gò wróng [動] 自 (1) (計画・人間関係などが)**失敗する**, うまくいかない; (人が)ミスをする: Our plans *went* horribly *wrong*. 私たちの計画は大失敗した / Where did I *go wrong*? 私はどこで間違えたのだろう / You ***can't go wrong with*** this camera. Ⓢ このカメラなら間違いない. (2) (機械などが)故障する: The computer has *gone wrong* again. コンピューターがまたおかしくなった.
— 名 (~s /~z/) ❶ Ⓤ **悪**, 不正, 悪いこと [⇔ right]: He doesn't know right from *wrong*. 彼は善と悪の区別がわからない / ***do wrong*** 悪を行なう《⇒ wrongdoer》. ❷ Ⓒ 悪い行ない, 悪事, 非行; (人に対する)不当な行為, 虐待: right the *wrongs* in the past 過去の不正を正す / Two *wrongs* do not make a right. Ⓢ《ことわざ》悪事を2つにしても善事にはならない(人の悪事を引き合いに出して自分の悪事を正当化することはできない).
be in the wróng [動] 自 (人が)(行動などに関して)**正しくない**; 間違っている [⇔ be in the right]: I think you'*re in the wrong*. 君が間違っていると思うよ.
can dó nò wróng [動] 自 (人が)悪いことをするはずがない, (...の目には)完璧である.
dó ... wróng = dò wróng to ... [動] 他 [こっけいに] (人)**に悪いことをする**, (人)を不当に扱う; (人)を誤解する: They *did* me a great *wrong*. 彼らは私を不当に扱った / You *do* me *wrong*. それは私に対する誤解ですよ. (形 wróngful)
— 動 他 [普通は受身で]《格式》(...)に対して不当な扱いをする; (...)を誤解する: He felt deeply *wronged* by her statement. 彼は彼女の発言によってひどく不当な扱いをされたと感じた.
wrong·do·er /rɔ́ːŋdùːə | rɔ́ŋdùːə/ 名 Ⓒ《格式》悪事を働く者, 非行者, 犯罪者.
wrong·do·ing /rɔ́ːŋdùːɪŋ | rɔ́ŋ-/ 名 Ⓤ,Ⓒ《格式》悪事を働くこと, 非行, 犯罪, 罪, 犯行.
wrong·ful /rɔ́ːŋf(ə)l | rɔ́ŋ-/ 形 限定〔主に法律〕不法な; 不当な. (名 wrong)
-ful·ly /-fəli/ 副 不法に; 不当に.
wrong·head·ed /rɔ́ːŋhédɪd | rɔ́ŋ-←/ 形 考え違いをした, 頑迷な; (考えなどが)間違った.
wrong·ly /rɔ́ːŋli | rɔ́ŋ-/ 副 ❶ [普通は過去分詞の前で] 間違って, 不適切に; 不法に, 不当に: The letter was *wrongly* addressed. その手紙はあて名が違っていた / He was *wrongly* arrested. 彼は不当にも逮捕された. ❷ 文修飾 誤って, ...するのは間違っている: *Wrongly*, we believed that he was an honest man. 私たちは彼が正直な人だと信じていたが間違っていた.
***wrote** /róʊt/ (同音 rote) 動 write の過去形.
wrought /rɔ́ːt/ 動 wreak の過去形および過去分詞.
wróught íron 名 Ⓤ 錬鉄, ロートアイアン.
wrought-up /rɔ́ːtʌ́p←/ 形 (神経が)興奮した, 気の立った, いらいらした (*over*).
WRT 略 = with regard to (...に関しては)《E メールやチャットで用いられる》.
wrung /rʌ́ŋ/ 動 wring の過去形および過去分詞.
wry /ráɪ/ 形 (wry·er, wri·er; wry·est, wri·est) ❶ 限定 (表情などが)複雑[微妙]な, ゆがんだ, 苦々しい; しかめた: a *wry* smile 苦笑 / make a *wry* face 渋い顔をする. ❷ (ユーモアなどが)皮肉っぽい, ひとひねりした.
~·ly 副 (顔などを)しかめて; 皮肉っぽく.
WSW 略 = west-southwest.
wt. 略 = weight.
WTO /dʌ́bljuːtìːóʊ/ 名 固 世界貿易機関《*W*orld *T*rade *O*rganization の略; 1995 年 GATT を引き継いだ》.
wuss /wʊ́s/ 名 Ⓒ Ⓢ 弱虫, 意気地なし.

W

WV〔米郵便〕= West Virginia.
W. Va. 略 = West Virginia.
WWW /dʌ́blju:dʌ̀blju:dʌ́blju:/ 略 = World Wide Web.
WY〔米郵便〕= Wyoming.
Wy. 略 = Wyoming.
Wyo. 略 = Wyoming.
Wy·o·ming /waɪóʊmɪŋ/ 名 固 ワイオミング《米国西部の州; 略 Wyo., Wy.,〔郵便〕では WY》.〖語源 北米先住民のことばで「大きな川沿いの低地」を意味する現地の谷の名から〗
WYSIWYG, wysiwyg /wíziwìg/ 名 U〔コンピュータ〕ウィジウィグ《画面の表示通りにプリントアウトされること; *W*hat *Y*ou *S*ee *I*s *W*hat *Y*ou *G*et の略》.

Xx

x, X /éks/ 名 (複 x's, xs, X's, Xs /~ɪz/) ❶ C,U エックス《英語アルファベットの第 24 文字》. ❷〔ローマ数字〕10《⇒ number 表》. ❸ U〔数学〕未知数; 未知の人[もの]: Mr. *X* 某氏《裁判などで名前を伏せる場合》. ❹ C キスの印《手紙の終わりの署名の後に XXX と書く》. ❺ C X 字形のもの, X 印《投票する候補者, 地図などで特定の地点, 《英》試験の採点・校正などで誤りを示す》.

Xa·vi·er /zéɪviɚ | -viə/ 名 固 Saint Francis ~ ザビエル (1506-52)《スペインのイエズス (Jesuit) 会の宣教師; インド・日本などで布教活動をした》.

X́ chròmosome 名 C〔生物〕X 染色体.

xen·o·pho·bi·a /zènəfóʊbiə/ 名 U 外国(人)嫌い.

xen·o·pho·bic /zènəfóʊbɪk⁻/ 形 外国(人)嫌いの.

xen·o·trans·plant /zénətrænsplænt | -plɑːnt/ 名 C,U 異種間移植. ― 動 他 (...)を異種間移植する.

Xe·rox /zí(ə)rɑ(ː)ks | zíərɔks/ ❗発音 名 C [しばしば x-] ゼロックス《複写機の一種; 商標》; (複写機による)コピー. ― 動 他 [しばしば x-] (...)を複写機でコピーする.

xi /záɪ | sáɪ/ 名 C クシー《ギリシャ語アルファベットの第 14 文字 ξ, Ξ; ⇒ Greek alphabet 表》.

XL /éksél/ 略 = extra large (特に衣類の)特大サイズ.

Xmas /krísməs, éksməs/ 名 C,U《略式》クリスマス (Christmas). 語法 X'mas とアポストロフィを入れて書くのは誤り.〖語源 X は Christ に当たるギリシャ語の最初の文字 *X* (= chi)から〗

XML /éksèmél/ 略〔コンピュータ〕= Extensible Markup Language《コンピューター言語の一つ》.

X-rat·ed /éksrèɪṭɪd/ 形 (映画などが)成人向けの《18 歳未満鑑賞禁止の》; (冗談などが)わいせつな.

+**X-ray** /éksrèɪ/ 名 (~s/~z/) ❶ C [普通は複数形で] **エックス線**, レントゲン線.
❷ [形容詞的に] **エックス線[レントゲン]の**. ❸ C エックス線[レントゲン]写真: I had an *X-ray* taken. 私はレントゲン写真を撮ってもらった. ❹ C エックス線検査: go for an *X-ray* エックス線検査を受けに行く.
― 動 他 (...)のエックス線写真を撮る; (...)をエックス線で調べる.
〖語源 原義は「正体不明《⇒ x 3》の光線」〗

xy·lo·phone /záɪləfòʊn/ 名 C 木琴, シロホン《⇒ marimba》.

Yy

y, Y¹ /wáɪ/ 名 (複 y's, ys, Y's, Ys /~z/) ❶ C,U ワイ《英語アルファベットの第 25 文字》. ❷ U〔数学〕未知数; (x, X に対して)第 2 の未知の人[もの].

+**-y¹** /i/ 接尾 [名詞につく形容詞語尾]「**...の, ...に似た, ...の傾向がある**」などの意: cloudy 曇った / hairy 毛深い. 語法 -y で終わる形容詞から副詞をつくるときは -*i*ly /ɪli/, /t/, /d/, /n/, /s/, /z/, /r/ の後では /əli/ となる. 名詞をつくるときは -*i*ness /inəs/ となる.

-y² /i/ 接尾 [名詞につき, 親愛の気持ちを表わす名詞語尾]《略式》《-ie とも書く》: aunty おばちゃん / Johnny ジョニー.

-y³ /i/ 接尾 [形容詞につく抽象名詞語尾]「状態・性質」を示す: honesty 正直 / jealousy 嫉妬.

-y⁴ /i/ 接尾 [動詞につく抽象名詞語尾]「動作・過程」を示す: delivery 配達 / entreaty 折り入っての願い.

*__Y²__, **¥** /jén/ 略 **円** (yen): ¥900《nine hundred yen と読む》.

Y³ 略 (複 Y's) [the ~]《米略式》= Young Men's [Women's] Christian Association.

ya /jə/ 代 S《略式》= you.

*__yacht__ /jɑ́(ː)t | jɔ́t/ ❗発音 名 (yachts /jɑ́ts | jɔ́ts/) C **ヨット**《へさきがあって形の美しいレジャーまたはレース用の船》: sail *on* a *yacht* ヨット乗りをする. 日英 日本でいう, 小型のレース用の「ヨット」は普通 dinghy か, 《米》sailboat, 《英》sailing boat という. 英語の yacht には宿泊設備を備え, エンジンで動く豪華船も入る.

yacht·ing /jɑ́(ː)ṭɪŋ | jɔ́t-/ 名 U ヨット遊び, ヨットレース; ヨット航海; ヨット操縦.

yachts·man /jɑ́(ː)tsmən | jɔ́ts-/ 名 (-men /-mən/) C ヨット操縦者.

yachts·wom·an /jɑ́(ː)tswʊ̀mən | jɔ́ts-/ 名 (-wom·en /-wìmən/) C 女性ヨット操縦者.

ya·da ya·da ya·da, yad·da yad·da yad·da /jǽḍəjǽḍəjǽḍə/ 名 U S《米略式》だらだら続くつまらない話. ― 間 S《米略式》とか何とか, とかそんな感じ.

ya·hoo¹ /jɑːhúː/ 間 やったあ《喜び・興奮を表わす》.

yahoo² /jéɪhuː, jɑ́ː- | jɑːhúː/ 名 C《略式》粗野[無作法]な人.

Ya·hoo! /jɑːhúː/ 名 固 ヤフー《インターネットのポータルサイト; 商標》.

yak¹ /jǽk/ 名 C ヤク《中央アジア産の毛の長い牛》.

yak² /jǽk/ 動 (yaks; yakked; yak·king) 自《略式》だらだらしゃべる, ぺちゃくちゃおしゃべりする.

Yále Univérsity /jéɪl-/ 名 固 イェール大学《米国 Connecticut 州の New Haven にある名門私立大学》.

y'all /jɔ́ːl/ 代 S《主に米南部, 略式》君ら(みんな) (you-all).

yam /jǽm/ 名 ❶ C ヤムいも《熱帯で食用に栽培される》. ❷ C《米》さつまいも (sweet potato).

yam·mer /jǽmɚ | -mə/ 動 自《略式》ぶつぶつ不平を言う.

Yan·gon /jɑːngóʊn | jæŋgɔ́n/ 名 固 ヤンゴン《ミャンマー南部の都市; 旧首都》.

Yang·tze /jæŋsíː | jǽŋtsi/ 名 固 [the ~] 長江, 揚子江(ようすこう)《中国中部を流れる同国最大の川》.

yank /jǽŋk/ 動 他《略式》(...)をぐいと引っ張る, 引っ張り出す (*out*). ― 自《略式》ぐいと引く[引っ張る] (*on, at*). ― 名 C《略式》ぐいと引くこと.

Yank /jǽŋk/ 名 C《略式》= Yankee 1.

Yan·kee /jǽŋki/ 名 ❶ C《略式》[ときに軽蔑的] ヤンキー《米国内では北部, 特に New England 人を指し, 米国外では一般にアメリカ人の俗称として用いる》. ❷

Ⓒ (米国南北戦争時の)北軍の兵士.

yap /jǽp/ 動 (yaps; yapped; yap·ping) 自 ❶ (小犬が)きゃんきゃんほえたてる (*at*). ❷《略式》ぺちゃくちゃしゃべる. ― 名 Ⓒ (きゃんきゃんいう)ほえ声.

yard[1] /jáəd | já:d/

― 名 (yards /jáədz | já:dz/) ❶ Ⓒ (建物に付属した)庭《裏庭を backyard, 前庭を front yard と区別することもある; ⇒ garden 類義語》: We sometimes have lunch in the *yard* on a nice day. 天気がいい日には私たちは時々庭で昼食をとる. 語法《米》では家の周りの芝生や植え込みがある庭をいうのに対して,《英》では家の裏手の舗装された土地をいう.

❷ Ⓒ (学校・刑務所の)**構内**; 校庭, 運動場 (schoolyard): play in the *yard* 校庭で遊ぶ. ❸ Ⓒ [普通は合成語で] ...製造場, 仕事場, (材木などの)置き場: ⇒ shipyard, lumberyard.

〖語源 garden と同語源〗

yard[2] /jáəd | já:d/

― 名 (yards /jáədz | já:dz/) Ⓒ ヤード《長さの単位; 3 フィート, 約 91.4 センチ; 略 yd, yd., 複数形は yd, yds》; ヤール《布地の長さの単位》: The wall is thirty *yards* long. その壁は長さ 30 ヤードだ / buy cloth by the *yard* 布地を 1 ヤール単位で買う《⇒ the[1] 7》.

英米の長さの単位

1 mile	=	1760 yards	(約 1.6km)
1 yard	=	3 feet	(約 91.4cm)
1 foot	=	12 inches	(約 30cm)
1 inch			(約 2.54cm)

the whóle níne yárds [名]《米略式》全部.

〖語源 元来は「さお」の意〗

yard·age /jáədɪdʒ | já:-/ 名 ❶ Ⓒ,Ⓤ ヤードで測った長さ[量]. ❷ Ⓤ〖アメフト〗チーム・選手が前進した距離.

yárd sàle 名 Ⓒ《米》中古[不用]品セール《自宅の庭先で行なう; ⇒ garage sale》.

yard·stick /jáədstɪ̀k | já:d-/ 名 ❶ Ⓒ (判断・比較の)基準, 尺度, 物差し (*of*). ❷ Ⓒ ヤードさお尺.

yar·mulke /jáəmə(l)kə | jʌ́məl-/ 名 Ⓒ ヤムルカ《ユダヤ人男性用の縁なし帽》.

yarn /jáən | já:n/ 名 ❶ Ⓤ (織物・編み物用の)糸, 毛糸, 撚糸(ねんし): twisted *yarn* より糸, 撚糸 / spin *yarn* 糸を紡(つむ)ぐ. 関連 thread 裁縫用の縫い糸. ❷ Ⓒ《略式》(あまり信用できない)冒険談; 作り話. **spín a yárn** [動] 自《略式》(次から次へと)長話[作り話]をする (*about*).

yaw /jɔ́:/ 動 自 (船が針路からそれて)左右に揺れながら進む; (航空機が)偏(かた)揺れする《⇒ pitch[1] 動 自 2》. ― 名 Ⓒ,Ⓤ 偏走; 偏揺れ; 偏揺れ角度.

yawn /jɔ́:n/ 動 自 ❶ あくびをする: He stretched and *yawned*. 彼は伸びをしてあくびをした. ❷ (ふち・割れ目などが)大きく開く. ― 名 ❶ Ⓒ あくび: with a *yawn* あくびをしながら / give [stifle, suppress] a *yawn* あくびをする[こらえる]. ❷ Ⓒ [普通は単数形で]《略式》退屈な物[人].

yawn·ing /jɔ́:nɪŋ/ 形 限定 (隔たりなどが)大きい: a *yawning* gap between the rich and the poor 貧富の大きな差.

Ý chròmosome 名 Ⓒ〖生物〗Y 染色体.

yd, yd. 略 = yard(s)《⇒ yard[2]》.

yds 略 = yards《⇒ yard[2]》.

ye /(弱形) ji; (強形) jí:/ 代《人称代名詞; 二人称・複数・主格; ⇒ you 語源》(単 thou /ðaʊ, ðáʊ/)《古語》(1) [主語として] あなたたちは[が], なんじらは[が]. (2) /jí:/ [命令文で]. (3) /jí:/ [呼びかけとして]. (4) /jí:/ [主格補語として] あなたたち(だ, です), なんじら(である).

yea /jéɪ/ 名 Ⓒ 肯定[賛成]の返事; 賛成投票; 賛成投票者 [⇔ nay]: The *yeas* have it! 賛成多数《議長などのことば》. ― 副《古語》さよう, しかり [⇔ nay]. 語法 口頭の採決などで, ときに yes の代わりに用いる.

yeah /jéə, jǽə | jéə/

― 副 Ⓢ《略式》ええ, そう, ああ, うん《肯定・同意・賛成などを表わす》: "Are you cold?" "*Yeah*." 「寒いの」「うん」/ "Is it still raining?" "*Yeah*." 「まだ雨が降ってるの」「ああ」 語法 yes よりくだけた, またはぞんざいな語. 目上の人には用いない方がよい.

Òh yéah? Ⓢ 本当?, そうなの?《驚き・不同意を表わす》.

Yéah, ríght! Ⓢ へえそう, まさか《不信・拒絶を表わす》.

year /jíə | jíə, jə́:/

― 名 (~s /~z/) ❶ Ⓒ 年, (暦の上の)年《⇒ calendar year》; (12 か月から成る)**1 年(間)**《略 yr., 複数形は yr., yrs.》: August is the hottest month of the *year* in Japan. 日本では 8 月が 1 年でいちばん暑い月だ.

> 語法 🔍 **前置詞を省く場合**
> 前置詞を伴わずに this, last, next, every などとともに副詞句を作る: We had a good crop of rice *this year*. 今年は米が豊作だった. / The store opened *last year*. その店は去年開店した / I'm going to Canada *next year*. 私は来年カナダへ行く予定だ / My family goes to Italy *every year*. 私の家族は毎年イタリアに行く.

The French Revolution took place ***in*** the ***year*** 1789. フランス革命は 1789 年に起こった. 語法 (1) 年号の読み方については ⇒ hundred 語法 (3), thousand 語法 (3). (2)「...年に」の場合には前置詞は in を用いる // She goes abroad four times *a year*. 彼女は 1 年に 4 回は外国へ行く《⇒ a[2] 4》/「It's been [It's] just a *year* since we got married. 私たちが結婚してからちょうど 1 年になる / We moved here two *years* ago. 私たちは 2 年前にここに引っ越してきた / It took me three *years* to complete this work. この仕事を完成するのに 3 年かかった. 関連 leap year うるう年 / new year 新年.

❷ Ⓒ [数詞の後で] **...歳, ...年**; [複数形で] 年齢: The baby is just「a *year* [two *years*] old. その赤ちゃんはちょうど 1 歳[2 歳]だ / a two-*year*-old baby 2 歳の赤ちゃん / This building is fifty *years* old. この建物は建ってから 50 年になる / children under six *years* of age 6 歳未満の子供たち / He died in 2005 in his ninetieth *year*.《やや格式》彼は 2005 年に 90 歳で死んだ / She looks young ***for*** her ***years***. 彼女は年の割に若く見える.

...歳の

10 歳の少女

○a **ten-year-old** girl

×a ten-years-old girl

✪ ハイフンを付けて形容詞的に用いるときは year は複数形にはならない.
❸ Ⓒ **学年**; (1 年の)年期, 年度: a first-*year* [second-*year*] student 1 年[2 年]生 / He took French in his first *year* at college. 彼は大学 1 年のときフランス語をとった. 参考 学年は英米では 9 月に始まるのが普通. 関連 academic year, school year 学年 / 《米》 fiscal year, 《英》 financial year 会計年度.
❹ [複数形で] 《略式》 何年もの間, 長年: 「It's been [It's] *years* since we last met! ずいぶん久しぶりですね / The Foxes have lived here *for years*. フォックスさん一家はもう何年もここに住んでいる / I haven't seen her *in years*. 彼女には何年も会っていない. ❺ [複数形で] 年齢, (特に)老齢: A boy of his *years* should know better. あの子ぐらいの年だったらもっと分別があってもいいはずだ. ❻ [複数形で] 時代; (人生におけるある)時期: the *years* of Queen Elizabeth I エリザベス一世の時代 / during the war *years* 戦時中に.

a yéar agò (this) Máy =《英》 **a yéar (this [in])** Máy [副・名] 1 年前の 5 月(など)(に). 語法 May の部分に他の月などが入りうる《⇒ a week ago (this) Monday (week 成句) 語法》.
a yéar agò today [副・名] 昨年のきょう.
a yéar agò yésterday [副・名] 去年のきのう.
a yéar from (this) Máy =《英》 **a yéar (this [in])** Máy [副・名] 1 年後の 5 月(など)(に)《⇒ a year ago (this) May 語法》. 語法 May の部分に他の月などが入りうる《⇒ a week from (this) Monday (week 成句) 語法》.
a yéar from todáy =《英》 **a yéar todáy** [副・名] 来年のきょう.
a yéar from tomórrow =《英》 **a yéar tomórrow** [副・名] 来年のあす.
áll yéar róund [副] **一年中**: The city is popular with tourists 「*all year round* [《主に英》 *all the year round*]. その街は一年中観光客に人気がある.
by the yéar [副] **年ぎめで**, 1 年いくらで《⇒ the[1] 7》: We rented the house *by the year*. 私たちはその家を 1 年いくらでという条件で借りた.
èvery óther [sécond] yéar [副] 1 年おきに.
from yéar to yéar [副] 毎年毎年, 年々.
nót [néver] ... in a míllion yéars Ⓢ 決して...しない.
... of the yéar [形] 年間最優秀の....
pùt yéars on ... [動] 他 (物事が)(人)をふけこませる.
tàke yéars òff ... [動] 他 (物事が)(人)を若返らせる.
the yéar àfter néxt [副・名] 再来年, 明後年.
the yéar befòre lást [副・名] おととし.
yéar àfter yéar [副] 来る年も来る年も, 毎年.
yéar by yéar [副] 年ごとに, 年々.
yèar ín, yèar óut [副] 毎年毎年; 年がら年中.
yéar on yéar [副] (物価・統計などが)年ごとに, 前年と比べて. (形 yéarly)

year·book /jíəbòk | jíə-, jə́ː-/ 名 ❶ Ⓒ 年鑑, 年報. ❷ Ⓒ 《米》 (ある年度の)卒業記念アルバム.
year·ling /jíəlɪŋ | jíə-, jə́ː-/ 名 Ⓒ 生まれて 1 年から 2 年目になる動物; 〔競馬〕 (明け)2 歳馬.
year-long /jíəlɔ́ːŋ | jìəlɔ́ŋ←/ 形 限定 1 年間続く.
year·ly /jíəli | jíə-, jə́ː-/ 形 ❶ 限定 毎年の; 年 1 回の: a *yearly* event 例年の行事. ❷ 限定 1 年間の, 1 年分の, 1 年続く: my *yearly* income 私の年収. (名 year)
— 副 毎年; 年 1 回.
yearn /jə́ːn | jə́ːn/ 動 自 《文語》 切に...したがる, 切望する, あこがれる (*for*): She *yearned to* study abroad. 彼女は外国に留学することを切望していた.
yearn·ing /jə́ːnɪŋ | jə́ːn-/ 名 C,U 《文語》 熱望, あこがれ (*for*): The old woman has a strong [deep] *yearning to* return to her hometown. 老女はしきりに故郷へ帰りたがっている.
year-round /jíəráʊnd | jíə-←/ 形 限定 年間を通じての.
yeast /jíːst/ 名 U,C 酵母(菌), イースト.
yeast·y /jíːsti/ 形 (yeast·i·er, more ~; yeast·i·est, most ~) 酵母の(ような).
+**yell** /jél/ 動 (yells /~z/; yelled /~d/; yell·ing) 自 **大声を上げる**, 叫ぶ, どなる (*out*)《⇒ shout 類義語》: He always ***yells at*** me when he is angry. V+前+名 彼は怒るといつも私に向かってどなる / The boy ***yelled for*** help. 少年は叫んで助けを求めた / The crowd *yelled* with delight. 群衆はうれしさのあまり歓声を上げた.
— 他 (...)を[と]叫んで[大声で]言う, どなる: *yell out* an order 大声を上げて命令する.
— 名 (~s /~z/) ❶ Ⓒ (苦痛・恐怖などの)**叫び声**, わめき: give [let out] a *yell* 叫び声を上げる. ❷ Ⓒ 《米》 エール《対抗試合などで選手を応援する歓声》.

**yel·low /jéloʊ/

— 形 (more ~, yel·low·er; most ~, yel·low·est) ❶ **黄色い, 黄色の**: a *yellow* flower [flag] 黄色い花[旗] / The leaves of the trees turn *yellow* in (the) fall. 木の葉は秋には黄色になる. ❷ [差別的] (皮膚の色が)黄色い, 黄色の; 黄色人種の: the *yellow* races 黄色人種《モンゴル人・中国人・日本人など》. 関連 white 白人の / black 黒人の. ❸ 《略式》 [軽蔑的] 臆病な.
— 名 (~s /~z/) ❶ U,C **黄色, 黄**《語法 種類をいうときは Ⓒ》; 《米》 (交通信号の)**黄色** [《英》 amber]: deep [light] *yellow* 濃い[薄い]黄色. 関連 primary color 原色. ❷ Ⓤ 黄色の服[布]. ❸ Ⓤ 黄色の絵の具[塗料, 染料].
— 動 他 (...)を黄色にする. — 自 黄色くなる, 黄ばむ.

yéllow cárd 名 Ⓒ イエローカード《サッカーなどで審判が選手に警告を与える時に示す; ⇒ red card》.
yéllow féver 名 Ⓤ 黄(おう)熱病.
yel·low·ish /jéloʊɪʃ/ 形 黄色がかった.
yéllow líght 名 Ⓒ 黄の信号灯, 注意信号. 関連 green light 青信号 / red light 赤信号.
yéllow pàges 名 複 [the ~; しばしば the Y- P-] 職業別電話帳, (電話帳の)職業別記載欄《商標; ⇒ white pages》.
Yel·low·stone /jéloʊstòʊn, -lə-/ 名 固 [the ~] イエローストーン川《米国 Wyoming 州および Montana 州を流れる川; 川沿いの渓谷一帯にイエローストーン国立公園がある》.
yelp /jélp/ 動 自 叫び声[悲鳴]を上げる; (犬が)きゃんきゃん鳴く《⇒ cry 表 dog, fox, puppy》. — 名 Ⓒ (短く鋭い)叫び声, 悲鳴; (犬の)きゃんきゃん鳴く声: give a *yelp* 叫び声をあげる; きゃんと鳴く.
Ye·men /jémən/ 名 固 イエメン《Arabia 半島南西端の共和国; 首都 Sanaa /sænɑ́ː/》.

**yen[1] /jén/

— 名 (複 ~) ❶ Ⓒ 円《日本の通貨単位; 略 Y, ¥》: This book costs 3,000 *yen*. この本は 3 千円する / I'd like to change some *yen* into dollars. 円をドルに替えたいのですが.
❷ [the ~] **円相場**: *The yen* has strengthened

[weakened] against the dollar. 円がドルに対して強く[弱く]なった(円高[円安]になった).

yen² /jén/ 名 C [普通は a ~] (...への)熱望, あこがれ (*for*): He had *a yen to* be a lawyer. 彼は弁護士になりたいと願っていた.

yeo·man /jóʊmən/ 名 (-men /-mən/) ❶ C 〔英国史〕独立自由農民, 郷士, ヨーマン. ❷ C 〔米海軍〕事務将校. **Yéoman of the Guárd** [名] 英国王護衛兵; ロンドン塔守衛.

yep /jép/ 副 S 《略式》 = yes. 語法 最後の /p/ は唇を閉じたままで開かない《⇒ nope》.

***yes /jés/

— 副 ❶ (1) **はい, そうです**《相手の問いやことばに対して肯定・同意・賛成・承諾などを表わす》 [⇔ no]: "Are you a student here?" "*Yes*(, *I am*)." 「あなたはここの生徒ですか」「はい(, そうです)」/ "Don't you remember?" "*Yes*, I do." 「覚えていないんですか」「いいえ, 覚えています」/ "You don't have to go, do you?" "*Yes*, I have to." 「あなたは行かなくてもいいのでしょう」「いいえ, 行かなくてはならないのです」《⇒ **巻末文法** 1.5 (2) ③》/ "Tom is very kind." "*Yes*, he is." 「トムは本当に親切ですね」「ほんとですね」/ "Let's go swimming." "*Yes*, sure." 「泳ぎに行こう」「うん, そうしよう」/ Do you want to go, *yes* or no? 行きたいのか, 行きたくないのか, どっちなの / "I didn't say that." "Oh *yes*, you did." 「そんなこと言ってませんよ」「いやいや, 言ってましたよ」《反論のとき》.

> 語法 **Yes/No 対「はい」/「いいえ」**
> 相手のことばが肯定文であろうと否定文であろうと, 答えの内容が肯定ならば yes を, 否定ならば no を用いる. つまり問いが Do you like it? でも Don't you like it? でも, 「好き」ならば Yes. 「好きでない」ならば No. となる: "Isn't her name Meg?" "*Yes*, it is." 「彼女の名前はメグじゃないよね」「いや, メグだよ」/ "Don't tell her yet." "*No*, I won't." 「彼女にはまだ話さないで」「うん, わかった」

(2) **はい**《呼ばれたときの返事として》: "Ted!" "*Yes*, sir [ma'am]." 「テッド君」「はい」 (3) [興奮して] やった(ね); [思い出して] (ああ)そうだ: *Yes*! We've won. やった, ぼくたちの勝ちだ / Oh, *yes*, I remember now. ああそうだ, 思い出した.

❷ [上昇調で発音して; ⇒ **つづり字と発音解説** 94] (1) **何ですか**, え?; **なるほど**, **それで**?《相手のことばを促したり, 疑いの気持ちがあることを表わす》: "I'm a very good cook." "*Yes?*" 「私は料理が得意なの」「それで?」 (2) (はい)何ですか《相手の用件を尋ねるとき》: "Hey, John!" "*Yes?*" 「ねえジョン」「何?」/ "*Yes?*" "Two tickets to Boston, please." 「ご用件は?」「ボストンまで切符を2枚ください」

❸ はい[ええ](そうですが), それはその通りですが《♥ 相手に反論する際に, いきなり別の意見を述べるのではなく, まず yes と言って同調することで, 相手の面子に配慮することができる》: "We have to fire him, because he isn't suited to the post." "*Yes*, that's true, *but*..." 「彼はその職にふさわしくないのでやめさせなければなりません」「確かにそうですが, しかし...」

Yés and nó. [副] イエスでもありノーでもある, どちらとも言える.

Yés, pléase. はい, いただきます, お願いします《♥ 相手の申し出を感謝して受け入れるときのことば; Yes, thank you. ともいう》: 💬 "Would you like a cup of tea?" "*Yes, please*." 「お茶を1杯いかがですか」「はい, いただきます」

yés, yés はいはい, わかってるよ《いらいらして》.

— 名 (yes·(s)es) C イエスという返事, 肯定, 承諾; 賛成投票(者) [⇔ no]: say *yes* イエスと言う, 承諾する / give a *yes* 承諾の返事をする.

yes-man /jésmæ̀n/ 名 (yes-men /-mèn/) C [軽蔑的] イエスマン《上司などの言いなりになる人》.

***yes·ter·day /jéstədèɪ, -di | -tə-/

— 副 ❶ **きのう(は), 昨日(は)**: It rained *yesterday*. きのうは雨だった / John was absent from school *yesterday*. ジョンはきのう学校を休んだ. 語法 間接話法では yesterday が the day before (その前日)などに変わることがある《⇒ **巻末文法** 14.2 (1)》. 関連 today きょう / tomorrow あす. ❷ 近ごろ, ついこの間(まで).

I wásn't bórn yésterday. ⇒ born 成句.

— 名 (~s /~z/) ❶ U **きのう, 昨日**: *Yesterday* was Saturday [Washington's Birthday]. きのうは土曜[ワシントン誕生日]だった / Where is *yesterday's* newspaper? きのうの新聞はどこ?

❷ [形容詞的に] **きのうの, 昨日の**: He left *yesterday* morning. 彼はきのうの朝に出発した. ❸ U,C [しばしば複数形で] (遠くない)過去.

the dáy befòre yésterday [副・名] **おととい, 一昨日**: It has been snowing since *the day before yesterday*. 一昨日から雪が降っている / He was hurt in a traffic accident (*the*) *day before yesterday*. 彼はおととい交通事故でけがをした. 語法 副詞的に用いられるときは《米》では the が省略されることがある.

***yet /jét/

単語のエッセンス
1) [否定文で] まだ(...しない) 副 ❶
2) [疑問文で] すでに 副 ❷
3) さらに, いっそう 副 ❸
4) それにもかかわらず 接

— 副 ❶ [否定文で] **まだ(...しない), 今までのところは(...でない)**: Fred is already back, but Bill has *not* returned *yet*. フレッドはもう戻っているがビルは(今のところ)まだ帰っていない《⇒ have² 1 (1) 語法 (2)》/ We've had *no* news from them *yet*. まだ彼らから便りがない / It was*n't* dark *yet* when we arrived. 私たちが着いたときまだ暗くなかった / Do*n't* tell her *yet*. 彼女にはまだ話さないで / "Have you finished it?" "No, *not yet*. (= No, I have*n't* finished it *yet*.)" 「もう終わりましたか」「いいえ, まだです」

> 語法 (1) **肯定文には用いない**
> 肯定文で「もう...だ」は already を, 「まだ...だ」は still を用いる《⇒ already 1; still¹ 1》.
> (2) **not ... yet**
> 否定語の直後に用いることもあるが, 文末に置くことが多い: He ca*n't* 「walk *yet* [*yet* walk]. 彼はまだ歩けない.
> (3) **否定疑問文での意味合い**
> 否定の疑問文では普通は驚きやもどかしさの気持ちを表わす: Are*n't* you ready *yet*? まだ用意できてないの(遅いね).

❷ [肯定の疑問文で] **すでに, もう**《⇒ already 1 語法

(3))**:** Do you know the results *yet*? もう結果をご存じなのですか / Is the news on *yet*? (テレビの)ニュースはもう始まっていますか / "Has he returned *yet*?" "No, not *yet*. (= No, he hasn't returned *yet*.)"「彼はもう帰ってきましたか」「いいえ, まだです」《答えの yet は 1 の意》.

> 語法 (1) 間接疑問を導く if·whether 節でも用いる**:** I doubt *if* she has written the paper *yet*. 彼女がもう論文を書いたかどうか怪しいと思う.
> (2) 1, 2 で動作を表わす動詞に過去形を用いるのは《米》**:** I「*haven't written* [《米》 *did*n't *write*] a letter to him *yet*. 私はまだ彼に手紙を書いていない /「*Have* you *written* [《米》 *Did* you *write*] a letter to him *yet*? もう彼に手紙を書きましたか.

❸ [比較級や another, again などを強めて] さらに, いっそう [≒still, even]《⇒ yet again (成句)》**:** a *yet more* difficult task なおいっそう難しい仕事 / He spoke *yet more* harshly. 彼はさらにいっそう激しい口調で語った / That's *yet another* reason why I don't want to meet her. それが彼女に会いたくないさらにもうひとつの理由です. ❹ [最上級の後に用いて] これ[それ]までで(最も…な)**:** Brown's latest novel is her *best yet*. ブラウンの小説の最新作は今までで最高のものだ. ❺ [may, will などの助動詞とともに]《格式》(今まではともかく)やがては, いずれは**:** They *may yet* be happy. 彼らもいつか幸福になる日もあろう / I'*ll* do it *yet*! 今にやってみせるぞ, 今に見ていろ. ❻ [時間を示す語とともに] さらに**:** It'll be years *yet* before he's back. 彼が戻ってくるまでにさらに何年かかかるだろう.

and yèt [接] **しかもなお**, それでも**:** a humble *and yet* comfortable room 質素だが住み心地のよい部屋 / I offered him money, *and yet* he wasn't satisfied. 私は彼に金を出すと言ったがそれでも彼は満足しなかった.

—[副] つなぎ語 [文頭で] **しかし(それにもかかわらず):** The people in the town were friendly. *And yet* there were times when she felt very lonely. 町の人々は親切だった. それでも彼女はとても寂しいときがあった.

as yèt = as of yèt [副] [否定的な構文で]《格式》(これから先はともかく)**今までのところでは**, まだ**:** an *as yet* unused computer まだ未使用のコンピューター / The engine has given us *no* trouble *as yet*. 今のところエンジンには故障はない.

be yèt to dó [動] まだ…していない**:** The time *is yet to* come. まだその時は来ていない.

have yét to dó [動]《格式》まだ…していない**:** The site of the accident *has yet to* be located. 事故の現場はまだ特定されていない.

yèt agáin [副] もう一度, またしても [≒once more]《強めた言い方》.

— 接 **それにもかかわらず**, しかしそれでも《⇒ but 類義語》**:** a strange *yet* true story 奇妙だが本当の話 / He took great care, *yet* he made a mistake. 彼は細心の注意を払ったが, それでも間違えた.

yet·i /jéṭi/ 名 C (ヒマラヤに住むといわれる)雪男.

yew /júː/ 名 ❶ C (西洋)いちい《しばしば墓地に植える常緑樹》. ❷ U いちい材《家具材料》.

Yid·dish /jídɪʃ/ 名 U イディッシュ語《ドイツ語にスラブ語·ヘブライ語を交えた言語で, ヘブライ文字で書く; 東欧や北米などのユダヤ人の間で用いられる》. — 形 イディッシュ語の.

Y

***yield** /jíːld/ 動 (yields /jíːldz/; yield·ed /~ɪd/; yield·ing)

> 意味のチャート
> 「与える」 → (もたらす) → 「**産する**」 他 ❶
> 　　　　　→ (相手に譲る) → 「**負ける**」 自 ❶

— 他 ❶ (…)を**産する, 生じる**; (投資·研究などが)(利益·結果など)をもたらす [≒produce]**:** Rich soil *yields* good crops. 肥沃(ひょく)な土壌は豊かな作物を産する / This bond *yields* three percent interest annually. この債券は年 3 パーセントの利子を生む.
❷《格式》(…)を(譲歩して)**与える**, 譲る; (圧迫されて)譲渡する, 明け渡す**:** They ***yielded*** (*up*) the fortress ***to*** the enemy. V(+*up*)+O+*to*+名 彼らは要塞(ようさい)を敵に明け渡した.

— 自 ❶《格式》**負ける**, 屈服する, 降参する; (要求などに)応じる, 従う [≒give in, surrender]**:** We will never ***yield to*** force [violence]. V+*to*+名 我々は決して暴力には屈しない / We *yield to* nobody in our love of freedom. 我々は自由を愛する点では誰にも負けない. ❷ (圧力のために)曲がる, たわむ, 折れる, 動く**:** The door *yielded to* a strong push. 強く押すと扉は開いた. ❸ 譲る, 明け渡す;《米》道を譲る (*to*) [《英》 give way]**:** YIELD 道を譲ること《交差道路などの指示》. ❹《格式》(…に)取って代わられる (*to*).

yíeld úp [動] 他《文語》(隠れていた姿など)を表わす, 明らかにする**:** Mars is gradually *yielding up* its secrets to scientists. 火星は少しずつその秘密を科学者たちに見せ始めている.

— 名 (yields /jíːldz/) C,U **産出(高)**, 収穫(量); 作物; 収益, 利回り**:** a good *yield* of fruit 果実の豊作 / They obtained a *yield* of 8 percent on [from] their investment. 彼らは投資から 8 パーセントの利益を得た.

yield·ing /jíːldɪŋ/ 形 ❶ 曲がりやすい, 柔軟な [⇔ unyielding]**:** a *yielding* cushion 柔らかいクッション. ❷ 従順な**:** in a *yielding* mood 従順な気持ちで. ❸ [複合語で] 生産量が…の**:** high-[low-]*yielding* crops 生産性の高い[低い]作物.

yikes /jáɪks/ 間《略式》わっ, きゃっ, ぎゃー《驚き·恐怖》.

yin and yang /jínənjáːŋ/ 名 U (中国哲学の)陰陽.

yip·pee /jípi | jɪpíː/ 間《略式》わあ, わーい《喜びや興奮の叫び》.

YMCA /wáɪèmsìːéɪ/ 略 [the ~] = Young Men's Christian Association.

yo /jóʊ/ 間《米略式》よう, やあ, おっす, おい; うん, ああ《くだけたあいさつ, 呼びかけ》.

yo·del /jóʊdl/ 名 C ヨーデル《スイスやチロル (Tirol) の山間部の民謡で, 裏声を挟みながら歌う》. — 動 (yo·dels; yo·deled,《英》 yo·delled; -del·ing,《英》 -del·ling) 自 ヨーデルを歌う. — 他 (…)をヨーデルで歌う.

+**yo·ga** /jóʊgə/ 名 ❶ U **ヨガ**《ヨガの修行法を取り入れた心身を健康にする体操の一種》. ❷ U〔ヒンズー教〕ヨガ《心身の統一によって物質の束縛からのがれ神と一体になろうとする哲学》.

yo·ghurt /jóʊgət | jɔ́gət/ 名 = yogurt.

yo·gi /jóʊgi/ 名 C ヨガ行者.

+**yo·gurt** /jóʊgət | jɔ́gət/ 名 (yo·gurts /-gəts | -gəts/) ❶ U **ヨーグルト:** frozen *yogurt* フローズンヨーグルト《凍らせたヨーグルト》/ a carton of *yogurt* ヨーグルト 1 カートン. ❷ C 1 カートンのヨーグルト.

yoke /jóʊk/ 名 ❶ C くびき《2 頭の牛を首の所でつなぐ

器具》: put a *yoke* on oxen 牛をくびきでつなぐ. ❷ [the ~]《文語》束縛; (暴君などの)支配. ❸ Ⓒ くびき状の物; てんびん棒. ❹ Ⓒ (衣服の)ヨーク《スカートに入れる当て布》. — 動 他 ❶ (...)にくびきをかける, (...)をくびきでつなぐ (*to*). ❷《格式》(...)をつなぎ合わせる, 結びつける [≒unite] (*together*; *to*, *with*).

yo·kel /jóʊk(ə)l/ 名 Ⓒ [こっけいに] いなか者.

yolk /jóʊk/ 名 Ⓤ,Ⓒ (卵の)黄身, 卵黄.

yon /já(ː)n | jɔ́n/ 形 副 = yonder.

yon·der /já(ː)ndə | jɔ́ndə/ 形 限定 [冠詞をつけずに]《古語》あそこの, 向こうの: on *yonder* hill あそこの丘の上に. — 副《古語》向こうに [≒over there].

York /jɔ́ək | jɔ́ːk/ 名 固 ❶ = Yorkshire. ❷ ヨーク《英国 England 北東部の都市》.

York·shire /jɔ́əkʃɪə | jɔ́ːkʃə/ 名 固 ヨークシャー《英国 England 北東部の旧州》.

Yórkshire púdding 名 Ⓤ,Ⓒ ヨークシャープディング《小麦粉・卵・牛乳をこねて焼き肉の脂肪や汁につけて焼いたもの; ローストビーフに添える》.

Yórkshire térrier 名 Ⓒ ヨークシャーテリア《毛の長い小型犬; ⇒ dog 挿絵》.

Yo·sem·i·te /joʊséməṭi/ 名 固 ヨセミテ《米国 California 州東部の Sierra Nevada 山脈中の渓谷; 国立公園 (Yosemite National Park) に指定されている》.

***you** /(弱形) jʊ; (強形) júː/ (同音 #ewe, #yew)

— 代《人称代名詞; 二人称・単数および複数・主格および目的格》(所有格 your /(弱形) jə | jə; (強形) jóə | jɔ́ː/) **A**《主格》❶ [話しかける相手(1 人または複数)を表わす] (1) [主語として] **あなた(がた)は[が], 君(たち)は[が]:** *You* look nice in that dress. 君はその服を着るとすてきだね / 「*You* are [*You*'re] all friends of hers, aren't *you*? 皆さんは彼女の友達ですよね / Are *you* there? もしもし(聞いてる?)《電話で》. (2) /júː/ [命令文で]: *You*↘ come here! 君, ここへ来なさい / *You*,↘ be quiet! 皆さん, 静かに. (3) /júː/ [呼びかけとして]: *You* there, what's your name? おい, そこの人, 名前は何ていうんだ? 語法 怒った口調で, 特に名詞の前につけて用いることが多い: *You* liar! このうそつきめ.
(4) /júː/ [主格補語として] **あなた(がた)(だ, です):** It is *you* young people who will decide the future of Japan. 日本の将来を決めるのはあなたがた若い人たちなのだ.

> 語法 (1) **you の複数の意味**
> 複数形の you は you＋you＋you ... だけでなくその場の状況に応じて you＋he, you＋she, you＋they など単数の you を含むさまざまな人を表わす.
> (2) **語順**
> 他の人称代名詞と並ぶときの語順については ⇒ I² 語法.

❷ (1) [相手や話し手を含めて一般の人々を表わす] (一般に)**人は,** 人はだれでも《日本語に訳さないことが多い》. 語法 この意味では特に会話でよく用いる《⇒ one² 代 4 語法 (1)》: *You* never know what may happen in the future. 将来どんなことが起こるかだれにも予測できないものだ. (2) [相手を含めて, ある地域・場所にいる人々を漠然と指して; ⇒ we 2 (2), they 2 (2)]: Do *you* speak English in the Philippines? フィリピンでは英語を話しますか. **B**《目的格》(1) [目的語として] **あなた(がた)を[に], 君(たち)を[に]:** I love *you*. あなたが大好きだ / He wants *you* all [both] to come with him. 彼はあなたがたみんな[2 人]に同行してもらいたがっている [以上, 他動詞の直接目的語] / I'll give *you* anything. 何でもあなた(がた)にあげよう [他動詞の間接目的語] / I'll come *with you*. あなたといっしょに行きます / Both *of you* are to blame. 君たち 2 人とも悪い [以上, 前置詞の目的語]. 語法 特に場所を表わす前置詞の目的語となる場合には yourself または yourselves の意味になることがある: Don't forget to shut the door *behind you*. 入ったら[出たら]ドアを閉めるのを忘れないように. (2) [動名詞の意味上の主語として]《略式》= your 1 (2).
〖語源 元来は ye の目的格〗

you-all /juɔ́ːl/ 代 Ⓢ《主に米南部, 略式》[呼びかけで] あなたたち, 君ら(y'all)《2 人以上の相手に対して》.

***you'd** /juːd/

❶《略式》**you would の短縮形:** I thought *you'd* go. 私はあなたが行くだろうと思った.
❷《略式》**you had² の短縮形:** *You'd* left for Tokyo when I called. 私が電話したとき既にあなたは東京に向けて出発していました.

***you'll** /juːl/

《略式》**you will¹ の短縮形:** *You'll* soon be well. じきによくなりますよ.

***young** /jʌ́ŋ/

— 形 (young·er /jʌ́ŋgə | -gə/; young·est /jʌ́ŋgɪst/; 発音 比較級・最上級では ng は /ŋg/ と発音する) ✪ younger, youngest についてはそれぞれの項目を参照. ❶ **若い, 幼い, 青年の; 若々しい** [⇔ old]: a *young* child 幼い子供 / 「When she was *young* [In her *young(er)* days] she was a famous singer. 彼女は若いころは有名な歌手だった / He looks *young* for his age. 彼は年の割には若く見える / I'm not as *young* as I 「(once) was [used to be]. 私も昔のように若くはない / He is quite *young* 「at heart [in spirit]. 彼は全く気が若い / You're only *young* once.《ことわざ》若い時は 2 度とない(楽しむべきだ).
❷ **年下の, 年少の** [⇔ old]: 言い換え He is three years *younger* than me [I (am)]. = He is *younger* than me [I] by three years. 彼は私より 3 つ年下だ《⇒ than 前 語法》/ The *youngest* teacher at our school is not so young. 私たちの学校のいちばん年下の先生でもそれほど若くはない《最後の young は 1 の意味; ⇒ **巻末文法** 12.4 最初の ✪》. 語法 同名・同姓の人・父子・兄弟などの若いほうを指すのに用いることがあるが《やや古風, 略式》: *Young* Jones 息子[若いほう]のジョーンズ / *Young* Mrs. Brown ブラウンさんの若奥さま. ❸ **新興の, 新しい; 新鮮な; (時期が)早い, 浅い:** *young* countries 新興国家 / a *young* company 新しい会社 / The night is still *young*. まだ夜になったばかりだ. ❹ **未熟な, 経験のない, 不慣れな:** a *young* wine 熟していないワイン / He is adult in years but *young in* the ways of the world. 彼は年齢上は大人だが世の中のことには不慣れだ. ❺ **若者向けの:** This dress is too *young* for me. このドレスは私には若向きすぎる. ❻ [young man [lady] などとして呼びかけで] Ⓢ お若い...《怒り・いらだちを表わす》: Now, listen to me, *young man*! さあ, 私の言うことを聞きなさい, お若い人. (名 youth)

— 名 ❶ [the ~ として複数扱い] **若い人たち:** books for *the young* of today 今日の若者向きの本. ❷ [複数扱い] (動物・鳥の)子, ひな: The mother cat fought fiercely to protect her *young*. 母猫は子猫を守るために激しく戦った.

yóung and óld (alíke) [名] 若い者も年取った者も, 老いも若きも.

*__young·er__ /jʌ́ŋgɚ | -gə/ [発音] ng は /ŋg/ と発音する. [形]《young の比較級》❶ **いっそう年の若い**, 年下の《⇒ young 2》.
❷ (兄弟・姉妹の関係で)(...より)**年下の**, 年下のほうの [⇔ older, elder]: my *younger* brother [sister] 私の弟[妹]《⇒ brother [日英], sister [日英]》. ❸ [the ~]《格式》(同名・同姓の人・父子・兄弟などで)年下の, 若いほうの [⇔ elder]: *the younger* Jones = Jones *the younger* 息子[弟]の(ほうの)ジョーンズ.

*__young·est__ /jʌ́ŋgɪst/ [発音] ng は /ŋg/ と発音する. [形]《young の最上級》❶ **いちばん年の若い**, いちばん年下の《⇒ young 2》.
❷ (兄弟・姉妹の関係で)**いちばん年下の**, 末の [⇔ oldest, eldest]: my *youngest* brother [sister] 私のいちばん下の弟[妹].

young·ish /jʌ́ŋɪʃ/ [形] やや若い, どことなく若い.

Yóung Mén's Chrístian Associàtion [名] [固] [the ~] キリスト教青年会《主に青少年のための教育・奉仕活動を行なう; [略] the YMCA》[《米略式》the Y].

*__young·ster__ /jʌ́ŋstɚ | -stə/ [名] (~s /~z/) [C]《古風》**若者**, 子供: a lively *youngster* 元気な子供.

Yóung Wómen's Chrístian Associàtion [名] [固] [the ~] キリスト教女子青年会《主に若い女性のための教育・奉仕活動を行なう; [略] the YWCA》[《米略式》the Y].

***your
/(弱形) jɚ | jɔː, jə; (強形) jʊ́ɚ, jɔ́ɚ | jɔ́ː, jʊ́ə/ ([同音] #you're)

— [代]《人称代名詞 you の所有格; ⇒ one's [語法]》❶ (1) [名詞の前につけて限定的に] **あなた(がた)の**, 君(たち)の《[略] yr.》: Is this *your* book? これはあなたの本ですか / Where is *your* school? あなた(がた)の学校はどこにありますか.
(2) [動名詞の意味上の主語として]《やや格式》**あなた(がた)が**《⇒ 巻末文法 8.2 ③》: I appreciate *your* help*ing* me. 私はあなた(がた)に助けていただいて感謝しております. ❷ (1) (一般に)人の《普通は日本語に訳さない; ⇒ you 2 (1)》: Walking is good for *your* health. ウォーキングは健康にいい. (2)《略式》(君(たち)のいう)例の, いわゆる, ありふれた《普通は軽蔑・皮肉などの気持ちを込めて言う》: He's not *your* ordinary doting parent. 彼はいわゆるただの親ばかではない.

*you're
/jʊɚ, jɚ | jɔː, jʊə/ ([同音] #your)《略式》you are の短縮形《⇒ be 表》: *You're* a friend of Tom's. 君はトムの友人だね / Now *you're* flying over the Alps. 今皆さまはアルプスの上空を飛んでいるところです / *You're* respected by everybody. あなた(がた)はみんなに尊敬されている.

***yours
/jʊ́ɚz, jɔ́ɚz | jɔ́ːz, jʊ́əz/

— [代]《所有代名詞; ⇒ **巻末文法** 3 (1)》❶ **あなた(がた)のもの**, 君(たち)のもの. [語法] 指すものが単数ならば単数扱い, 複数ならば複数扱い: Is this book *yours*? この本はあなたの(もの)ですか / These shoes are mine and those are *yours* (= your shoes). この靴は私ので, あれがあなたの靴ですよ. ❷ (あなたの)家族; (あなたの)手紙: My best wishes to you and *yours*. (ご家族の)皆さまにもどうぞよろしく《手紙などで》.
... of yòurs あなた(がた)の..., 君(たち)の...: a friend *of yours* 君(たち)のある友人 / these dictionaries *of yours* あなた(がた)のこれらの辞書《⇒ mine¹ 成句 [語法]》.
Yóurs, 親愛なる...より《友人への手紙の結びのあいさつ》. ✪ Yours ever [faithfully, sincerely, truly] などについてはそれぞれの副詞の項目を参照.

***your·self
/jɚsélf, jʊɚ- | jɔː-, jʊə-/

— [代]《再帰代名詞》([複] **your·selves** /jɚsélvz, jʊɚ- | jɔː-, jʊə-/) ❶ /jɚsèlf, jʊɚ- | jɔː-, jʊə-/ [再帰用法; 主語が単数の you のときに用いる] (あなたが)**自分自身を[に]**, (君が)自分を[に]; 自分の体[顔, 手など]を: How did *you* hurt *yourself*? どうしてけがしたの / Be careful not to cut *yourself* with the knife. ナイフで手を切らないように注意してね.
❷ [強調用法; ⇒ **巻末文法** 15.1 (3)] (あなたが)**自分で**, (君)自身で; あなた本人を[に]: *You yourself* told me so. = *You* told me so *yourself*. あなた自身が私にそう言ったんですよ. ✪ 詳しい用法および be yourself, by yourself, for yourself などの成句については ⇒ oneself.

***your·selves
/jɚsélvz, jʊɚ- | jɔː-, jʊə-/

— [代]《再帰代名詞; yourself の複数形》❶ /jʊɚsèlvz, jɚ- | jɔː-, jʊə-/ [再帰用法; 主語が複数の you のときに用いる] (あなたがたが)**自分自身を[に]**, (君たちが)自分を[に], 自分の体[顔, 手など]を: Have *you* two introduced *yourselves*? 君たち 2 人はお互い自己紹介しましたか.
❷ [強調用法; ⇒ **巻末文法** 15.1 (3)] (あなたがたが)**自分たちで**, (君たちが)自分自身で; あなたがた本人を[に]: You are all honest men, so I believe that what *you yourselves* said must be true. あなたがたはみな正直な人だから, あなたがた自身が言ったことはきっと本当のことだと信じています. ✪ 詳しい用法および by yourselves, for yourselves などの成句については ⇒ oneself.

*__youth__ /júːθ/ [発音] [名] (youths /júːðz, júːθs/) ❶ [U] **青年時代, 青春(期)**; 初期: the friends of my *youth* 私の青年時代の友人たち / In *youth* the days are short and the years are long; in old age the years are short and the days long. 若いころは一日が短くて一年が長い. 年を取ると一年が短くて一日が長い / He used to play the violin *in* his *youth*. 彼は若いころバイオリンを弾いていた.
❷ [C] [しばしば軽蔑的] **若者**, 青年《普通は男性》: A group of *youths* attacked the old man. 若者のグループがその老人を襲った.
❸ [(the) ~ として《英》単数または複数扱い] **若い人たち**, 青年男女《全体》: *the youth of* our nation わが国の若者たち / He likes to be surrounded by *youth*. 彼は若い人たちに囲まれているのが好きだ.
❹ [形容詞的に] **若者の**: *youth* culture 若者文化.
❺ [U] **若さ**, 若々しさ, 元気, 血気: She still keeps her *youth* very well. 彼女はまだ若さを十分に保っている / He still has plenty of *youth* in him. 彼にはまだ十分若さ[元気]がある. ([形] young, yóuthful)

youth·ful /júːθf(ə)l/ [形] ❶ 若々しい, 元気な, はつらつとした: *youthful* mothers 若々しい母親たち. ❷ 若者の, 若者らしい; 少壮の; 早い, 初期の: *youthful* ambition 青年らしい野心. ([名] youth)
-ful·ly /-fəli/ [副] 若々しく. **~·ness** [名] [U] 若者らしさ.

yóuth hòstel [名] [C] ユースホステル (hostel)《若者・学生のための会員制の格安な宿泊施設》.

You·Tube /júːt(j)ùːb | -tjùːb/ [名] [U] ユーチューブ《2005

Y

年に米国で創設された動画投稿サイト; 商標》.
You·Tub·er /júːt(j)ùːbɚ | -tjùːbə/ 名 C ユーチューバー《YouTube で自分の制作した動画を投稿する人》.
***you've** /juːv/ 《略式》 you have² の短縮形: *You've* finished your work. あなた(が)は仕事が済んだ.
yowl /jáʊl/ 動 自 (犬·猫などが)(苦痛などで)長く鳴く. — 名 C 長いほえ[うなり]声.
yo-yo /jóʊjòʊ/ 名 (～s) C ヨーヨー《おもちゃ》.
yr. 略 = year(s), your.
yrs. 略 = years《⇒ year 1》.
yu·an /júːən, juáːn/ 名 (複 ～) C 元(げん)《中華人民共和国の通貨単位》.
Yu·ca·tán /jùːkətǽn/ 名 固 [the ～] ユカタン半島《メキシコ南東部の半島》.
yuc·ca /jʌ́kə/ 名 C ユッカ, いとらん《観葉植物》.
yuck /jʌ́k/ 間 《略式》 げっ, おえっ《強い嫌悪》.
yuck·y /jʌ́ki/ 形 《略式》 とてもいやな, すごくまずい.
yuk /jʌ́k/ 間 = yuck.
Yu·go·slav /jùːgoʊsláːv/ 形 ユーゴスラビアの; ユーゴスラビア人の. — 名 C ユーゴスラビア人.
Yu·go·sla·vi·a /jùːgoʊsláːviə/ 名 固 ユーゴスラビア《現在の Serbia, Croatia, Bosnia などから成っていた Balkan Peninsula の旧連邦共和国》.
Yu·kon /júːkɑ(ː)n | -kɔn/ 名 固 ❶ ユーコン《カナダ北西部の準州; 正式には Yukon Territory》. ❷ [the ～] ユーコン川《Yukon 地方に源を発してアラスカ中央部を経て Bering Sea に注ぐ川》.
Yule /júːl/ 名 C,U 《古語》 クリスマス.
Yule·tide /júːltàɪd/ 名 U,C 《文語》 クリスマス(の季節).
yum /jʌ́m/ 間 《略式》 おいしい!
yum·my /jʌ́mi/ 形 (yum·mi·er; yum·mi·est) ❶ 《略式》 おいしい. ❷ 《略式》 性的に魅力のある.
yup·pie /jʌ́pi/ 名 C 《略式》 [しばしば軽蔑的] ヤッピー《上流指向の都会の若手エリート》.
YWCA /wáɪdʌ̀bljuːsìːéɪ/ 略 [the ～] = Young Women's Christian Association.

Zz

z, Z /zíː | zéd/ 名 (複 z's, zs, Z's, Zs /～z | zédz/) ❶ C,U ズィー, ゼッド《英語アルファベットの第 26 文字》. ❷ [複数形で] 《米略式》 眠り: catch [get] some *Z's* ぐーぐー眠る.
Za·ire /zɑːíɚ | -íə/ 名 固 ザイール《⇒ Congo 2》.
Zam·bi·a /zǽmbiə/ 名 固 ザンビア《アフリカ中南部の共和国》.
za·ny /zéɪni/ 形 (za·ni·er; -ni·est) 《略式》 おどけた, ひょうきんな; ばかげた, いかれた.
zap /zǽp/ 動 (zaps; zapped; zap·ping) 他 ❶ 《略式》 (...)をやっつける, 殺す; 襲う. ❷ 《略式》 (...)を素早く動かす; (コンピューターで)(情報)を送信する; (リモコンで)(テレビのチャンネル)を切り替える. ❸ 《略式》 (...)を電子レンジで調理する. — 自 [副詞(句)を伴って] 《略式》 素早く動く; (リモコンで)テレビのチャンネルを切り替える; (仕事などを)さっと片付ける (*through*).
zap·per /zǽpɚ | -pə/ 名 ❶ C 《略式》 マイクロ波害虫駆除装置. ❷ C 《略式》 (テレビの)リモコン.
zeal /zíːl/ 名 U 熱心さ, 熱中; 熱意 (*to* do): He did it with great *zeal*. 彼はとても熱心にそれをやった / She shows [feels] no *zeal for* her work. 彼女は自分の仕事に全然熱意を示さない.
zeal·ot /zélət/ 名 C [しばしば軽蔑的] 熱狂者.
zeal·ous /zéləs/ 発音 形 熱心な, 熱狂的な; (...を)熱望している (*for*); (...に)熱中している (*about*): a *zealous* preacher 熱心な伝道師 / He was *zealous in* satisfy*ing* his employer. 彼は努めて雇い主を満足させようとした. **～·ly** 副 熱心に; 熱望して. **～·ness** 名 U 熱心さ; 熱望.
ze·bra /zíːbrə | zéb-, zíːb-/ 名 (複 ～s, ～) C しまうま, ゼブラ《アフリカ産》.
zébra cróssing 名 C 《英》 (しま模様の)横断歩道.
Zen /zén/ ≪日本語から≫ 名 U 禅.
Zén Búddhism 名 U = Zen.
ze·nith /zíːnɪθ | zén-/ 名 ❶ C 《格式》 (権勢などの)絶頂, 頂点 (*of*). ❷ [the ～] 〔天文〕 天頂 [⇔ nadir].
zeph·yr /zéfɚ | -fə/ 名 C 《文語》 そよ風.
zep·pe·lin /zépəlɪn/ 名 C ツェッペリン飛行船.
+ze·ro /zí(ə)roʊ, zíːr- | zíər-/ 発音 名 (～s, ～es/～z/) ❶ C ゼロ, 零; 0 の数字《⇒ number 表》: How many *zeros* are there in one million? 100 万にはゼロがいくつありますか.

> 語法 (1) **数字としての 0 の読み方**
> 電話·部屋·建物などの番号の場合, 普通は o(h) /óʊ/ と読む. ただし《米》では正式な場合には zero と読む. また《英》では nought /nɔ́ːt/ (特に小数点の後で)または nil /níl/ とも読む: 3.04 = three point *0* /óʊ/ four / 920-1526 = nine two *0* /óʊ/, one five two six.
> (2) **競技の点数での読み方**
> 《米》 nothing, 《英》 nil が普通《⇒ love²》: Our team won the game 5-*0* (=《米》 five (to) *nothing*, 《英》 five *nil*).
> (3) 🔍 **年号での読み方**
> 1904 は nineteen (*0*) four と o(h) /óʊ/ を入れて読むことが多い. 1600 や 2000 のようにきっかり百代の年号の読み方については ⇒ hundred 語法 (3), thousand 語法 (3).

❷ U (温度計などの)**零度**, 零点: The thermometer fell to *zero* [10 (degrees) below *zero*]. 温度計は零度[零下 10 度]に下がった / The temperature in the gym was 5 degrees (above *zero*). 体育館の温度は(プラス)5 度だった. ❸ U 無, 少しもないこと; 最下点, どん底.
— 形 限定 零の, 皆無の《しばしば 0 と表記》: From 2020 to 2021 the city experienced *zero* population growth. 2020 年から 2021 年の間その都市は人口ゼロ成長を経験した. 語法 🔍 可算名詞が修飾される場合はしばしば複数形になる: *zero* degree*s* 零度.
— 動 (ze·ros, ze·roes; ze·roed; -ro·ing) [次の成句で] **zéro ín on ...** [動] 他 (1) (銃などで)...にねらいを定める. (2) ...に注意 [神経]を集中する.
〘語源 アラビア語で「無」の意; cipher と同語源〙
ze·ro-car·bon /zí(ə)roʊkáɚb(ə)n | zíəroʊkáː-/ 形 二酸化炭素の排出ゼロの《二酸化炭素排出量と吸収量を均衡させて実質ゼロにする》.

zéro grávity 名 U 〔物理〕 無重力(状態).
zéro hòur 名 U 〔軍隊〕 ゼロ時, 予定行動[作戦]開始時刻; (ロケットなどの)発射時刻.
zéro-sùm gáme /zí(ə)roʊsʌ̀m- | zíər-/ 名 [単数形で] ゼロサムゲーム《一方の利益と他方の損失の総和がゼロになる状況》.
zéro tòlerance 名 U ゼロ容認《法律・罰則を厳しく適用して小さな違反も許容しない方針》.
zest /zést/ 名 ❶ [U または a ～] 熱心, 熱情, 強い興味: *a zest for* life 生きる意欲 / with *zest* 熱心に. ❷ [U または a ～] 刺激, 趣, おもしろみ. ❸ U 風味を添えるもの《レモンやオレンジの皮など》.
zest·ful /zéstf(ə)l/ 形 ❶ 熱心な. ❷ 刺激[趣]のある.
ze·ta /zéɪṭə, zíː- | zíː-/ 名 C ゼータ《ギリシャ語アルファベット第 6 文字 ζ, Z; ⇒ Greek alphabet 表》.
Zeus /zúːs | z(j)úːs/ 名 固 〔ギリシャ神話〕 ゼウス《Olympus 山の主神; ⇒ god 表》.
zig·zag /zígzæ̀g/ 名 C ジグザグ, Z 字形, 稲妻形; ジグザグ形の物《線・電光・道路など》: go in a *zigzag* ジグザグに進む / a *zigzag* path ジグザグの道. — 動 (zig·zags; zig·zagged; -zag·ging) 自 ジグザグ形に進む, (稲妻・道・川などが)Z 字形に走る.
zilch /zíltʃ/ 名 U 《略式》 無, 何もないこと, ゼロ.
zil·lion /zíljən/ 名 C 《略式》 莫大(ばくだい)な数 (*of*).
+**zinc** /zíŋk/ 名 U 〔化学〕 **亜鉛**《元素記号 Zn》.
zing /zíŋ/ 名 U 《略式》 元気, 活力. — 動 自 《略式》 ひゅーと音をたてて進む[飛ぶ] (*past, off*).
zing·er /zíŋɚ | -ŋə/ 名 C 《米略式》 当意即妙なことば.
Zi·on /záɪən/ 名 ❶ 固 シオン《イスラエルの Jerusalem にある丘; ここにダビデ (David) とその子孫が王宮を建てた》. ❷ U 神の都; 天国. ❸ U イスラエル人《全体》.
Zi·on·is·m /záɪənɪ̀zm/ 名 U シオニズム《国家的統一のためにユダヤ人を Palestine に復帰させようとするユダヤ民族運動》.
Zi·on·ist /záɪənɪst/ 名 C シオニスト.
zip /zíp/ 名 ❶ C 《英》 ジッパー, ファスナー, チャック [《米》 zipper]. ❷ U 《略式》 元気, 活力; スピード. ❸ U 《米略式》 (得点などの)ゼロ; 何も...ない [≒ nothing]. ❹ C 《米略式》 = zip code.
— 動 (zips; zipped; zip·ping) 自 ❶ [副詞(句)を伴って] 《略式》 勢いよく進む, 疾走する: The bullet train *zipped* along [past]. 超特急がびゅーんと通り過ぎた. ❷ ジッパーで締まる; (ジッパーが)締まる. — 他 ❶ (...)をジッパーで締める[開ける] [⇔ unzip]: He *zipped* his bag open [shut, closed]. 彼はバッグのジッパーを開けた[締めた]. ❷ 〔コンピュータ〕 (ファイル)を(ZIP 形式で)圧縮する.
zip úp [動] 他 (...)のジッパーを締める: Would you *zip* ⌈my dress [me] *up*? ドレスのジッパーを締めてくれますか. — 自 ジッパーで締まる.
zíp còde, ZÍP còde /zíp-/ 名 C 《米》 郵便番号《州名のあとにつける 5 けたないし 9 けたの数字; zip は zone *i*mprovement *p*lan の略; ⇒ letter 図》 [《英》 postcode].
zíp fástener 名 C 《英》 = zip 1.
zíp fìle 名 C 〔コンピュータ〕 ZIP ファイル《圧縮ファイル》.
zip·per /zípɚ | -pə/ 名 C 《主に米》 ジッパー, ファスナー, チャック [《英》 zip]: This *zipper* doesn't zip smoothly. このジッパーは締まりにくい / Do up your *zipper*. ジッパーを締めなさい.
zit /zít/ 名 C 《略式》 にきび [≒ pimple].

zith·er /zíðɚ | -ðə/ 名 C ツィター《チロル (Tirol) 地方の弦楽器》.
zo·di·ac /zóʊḍiæ̀k/ 名 ❶ [the ～] 黄道帯. ❷ C 十二宮一覧図《黄道帯に 12 の星座を配した図; ⇒ sign 6》. 関連 horoscope 天宮図.

zodiac 2

zom·bie /zɑ́(ː)mbi | zɔ́m-/ 名 ❶ C 《略式》 活気のない人, ふぬけ. ❷ C 魔術で生き返った死体, ゾンビ.
zon·al /zóʊn(ə)l/ 形 帯状の; 帯状に区画[配列]された. (名 zone)
***zone** /zóʊn/ 名 (～s/～z/) ❶ C **地帯**, 地域, 区域《⇒ region 類義語》: a *zone* of 200 nautical miles 200 海里水域 / a danger *zone* 危険地帯 / a war [battle, combat] *zone* 交戦地帯 / a nuclear-free *zone* 非核地域.
❷ C **帯**(たい)《地球を緯度と気温で 5 分した地帯》: ⇒ frigid zone, temperate zone, torrid zone.

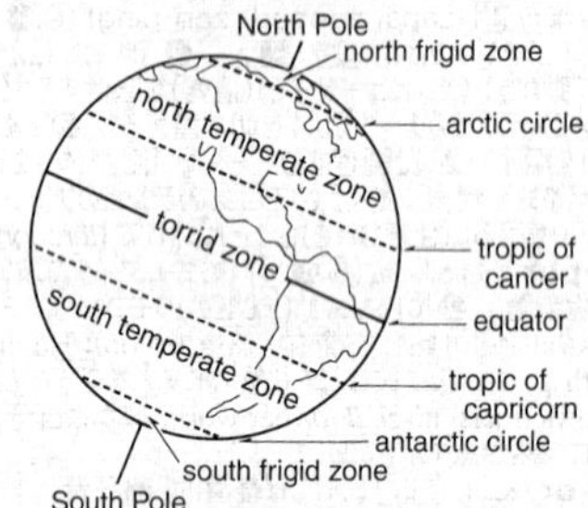

zones 2

❸ C (郵便・電話・交通機関などの)同一料金区域.
be in the zóne [動] 自 《略式》 (スポーツで)集中していいプレーをしている, ゾーンに入っている. (形 zónal)
— 動 他 [普通は受身で] (ある目的のために) (...)を地区に分ける; 特定の地域に指定する: This section of the city *is zoned* ⌈*for* industry [*as* a residential area]. 市のこの部分は産業地区[住宅地区]になっている. — 自 《米略式》 (疲れ・退屈・麻薬などで)ぼんやりする (*out*).
〖語源 ギリシャ語で「帯, ベルト」の意〗
zon·ing /zóʊnɪŋ/ 名 U 地区制, 地域制《都市計画などのための》.
+**zoo** /zúː/ 名 (～s/～z/) C **動物園**: He often takes his children to the *zoo*. 彼はよく子供たちを動物園に連れ

て行く.

zoo·keep·er /zúːkìːpɚ | -pə/ 名 C (動物園の)飼育係.

zo·o·log·i·cal /zòʊəlɑ́(ː)ʤɪk(ə)l | -lɔ́ʤ-←/ 形 動物学(上)の; 動物に関する.

zóological gárden 名 C [しばしば複数形で]《格式》動物園. 関連 botanical garden 植物園.

zo·ol·o·gist /zoʊɑ́(ː)ləʤɪst | -ɔ́l-/ 名 C 動物学者.

zo·ol·o·gy /zoʊɑ́(ː)ləʤi | -ɔ́l-/ 名 U 動物学.

+**zoom** /zúːm/ 動 (~s /~z/; ~ed /~d/; ~·ing) 自 ❶ [副詞(句)を伴って]《略式》(飛行機・車などが)(大きな音を立てて)**猛スピードで進む**; (仕事などを)急いで仕上げる: The car ***zoomed past*** (us). V+副[前+名] 車は(私たちの)そばをブオーンと通り過ぎていった / We ***zoomed through*** the gallery [job]. 私たちは急いで美術館を見て回った[その仕事を仕上げた].
❷ (カメラが)**ズームレンズで画像を徐々に拡大する** (*in*); 画像を徐々に縮小する (*out*): The camera ***zoomed in on*** the strange fish. V+*in*+*on*+名 カメラがその奇妙な魚をクローズアップして写した. ❸《略式》(物価などが)急上昇する (*up*).
— 名 [単数形で]《略式》急上昇[疾走]のぶーんという音.

zóom lèns 名 C〔写真〕ズームレンズ《写角が自由に調節できるレンズ》.

Zo·ro·as·ter /zɔ́ːroʊæstɚ | zɔ̀roʊǽstə/ 名 固 ゾロアスター《古代ペルシャのゾロアスター教教祖》.

Zo·ro·as·tri·an·is·m /zɔ̀ːroʊǽstriənìzm | zɔ̀r-/ 名 U ゾロアスター教, 拝火教《古代ペルシャの民族宗教》.

zuc·chi·ni /zʊkíːni/ 名 (~, ~s) C《米》ズッキーニ《暗緑色のかぼちゃの一種》[《英》courgette].

Zu·rich, Zü·rich /zʊ́(ə)rɪk | z(j)ʊ́ər-/ 名 固 チューリッヒ《スイス北東部の都市; 銀行業で有名》.

ZZZ, Zzz, zzz /zː/ 間 ぐーぐー《漫画などでいびきの音を表わす》.

付　録

つづり字と発音解説

1～98 の番号は，音声データのトラック番号に対応．例として挙げられている語や文の発音と，発音に関する説明を聞くことができる．データは研究社ホームページよりダウンロードできる（手順の詳細は本項の末尾を参照）．

1 米国発音（American pronunciation）と英国発音（British pronunciation）

この辞書では代表的な米国の発音と英国の発音とを示してある．代表的な米国の発音というのは下の図のように米国本土の，東部や南部地方を除いた広範囲の中西部地方で話されているアメリカ英語の発音で，以下ではこれを《米》で表わす．一方，代表的な英国の発音というのはロンドンを中心としたイングランドの南部地方で教養のある人たちが用いるもので，以下ではこれを《英》で表わす．実際には《米》《英》ともにテレビのアナウンサーが話すことばを標準的とみなせばよい．米国の発音と英国の発音とが違うときには，この辞書では **plant** /plǽnt | plɑ́ːnt/（植物）のように間を | で区切って示す．

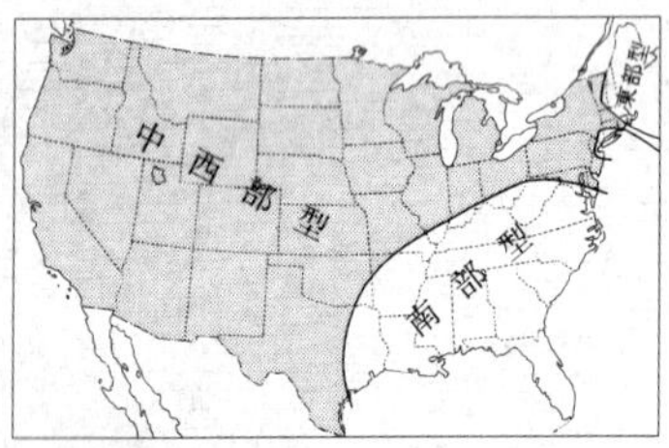

母音と子音，母音字と子音字

日本語の「ア・イ・ウ・エ・オ」の音(おん)のように，肺から出る空気が舌や歯や唇などにじゃまされずに自由に口から出る音を母音(ぼいん)という．これに対して子音(しいん)というのはのどから出る息や声が，途中でいろいろとじゃまされて口や鼻から出る音である．

英語のアルファベット 26 文字のうち，母音を表わす **a, e, i, o, u** を母音字 (vowel letter)，その他の子音を表わす文字を子音字 (consonant letter) と呼ぶ．**y** は母音字となることも子音字となることもある．

2 母音字の読み方

(1) 母音字には規則的に次のように「短音」と「長音」とがある．「短音」は母音字の上に (˘)，「長音」は (¯) をつけて示す．

「短音」

(ă)	/æ/	m*a*d /mǽd/ 気が狂った
(ĕ)	/e/	p*e*t /pét/ ペット
(ĭ)	/ɪ/	b*i*t /bít/ 小片
(ŏ)	/ɑ(ː) | ɔ/	h*o*p /hɑ́(ː)p | hɔ́p/ 片足で跳ぶ
(ŭ)	/ʌ/	c*u*t /kʌ́t/ 切る
(y̆)	/ɪ/	g*y*m /ʤím/ 体育館

「長音」

(ā)	/eɪ/	m*a*de /méɪd/ 作った
(ē)	/iː/	P*e*te /píːt/ 男性の名
(ī)	/aɪ/	b*i*te /báɪt/ かむ
(ō)	/oʊ/	h*o*pe /hóʊp/ 希望
(ū)	/juː/	c*u*te /kjúːt/ かわいい
(ȳ)	/aɪ/	st*y*le /stáɪl/ やり方

このように単語の終わりで母音字に子音字が続けばその母音字は「短音」，子音字の後にさらに発音しない **e** が続けば「長音」となる．

参考 (1)「短音」，「長音」というのは母音字の読み方の区別のことで，次に扱う，母音を長さで分類する短母音や長母音とははっきり区別しなければならない．
(2) **y** の読み方は「短音」，「長音」ともに **i** と同じ．
(3) **y** を除いては「長音」の読み方はそれぞれの文字の名前と同じである．

(2) 母音字はさらに次のように発音されることがある．

(ä)	f*a*ther	/fɑ́ːðɚ | -ðə/ 父
(ȧ)	d*a*nce	/dǽns | dɑ́ːns/ 踊り
(ï)	pol*i*ce	/pəlíːs/ 警察
(ȯ)	c*o*st	/kɔ́ːst | kɔ́st/ 代価
(u̇)	p*u*sh	/púʃ/ 押す
(ü)	r*u*le	/rúːl/ 規則

二重母音字の読み方

次のように 2 つの母音字が 1 つの母音を表わすことがある．これを二重母音字という．このときには **y, w** は母音字の扱いとなる．また **ea, oo** には「短音」と「長音」とがある．**ow** にも 2 通りの発音があり，以下では (ow)，(ōw) と区別してある．

(ĕa) = (ĕ) /e/		br*ea*d /bréd/ パン
(ēa) (ee)	= (ē) /iː/	t*ea* /tíː/ 茶 gr*ee*n /gríːn/ 緑の
(ei) (ey)	= (ā) /eɪ/	r*ei*n /réɪn/ 手綱 th*ey* /ðéɪ/ 彼らは
(eu) (ew)	= (ū) /juː/	f*eu*d /fjúːd/ 不和 f*ew* /fjúː/ ほとんどない
(ie)	語中 = (ē) /iː/ 語末 = (ī) /aɪ/	f*ie*ld /fíːld/ 野原 d*ie* /dáɪ/ 死ぬ
(oa) (ōw)	= (ō) /oʊ/	b*oa*t /bóʊt/ ボート sn*ow* /snóʊ/ 雪
(oi) (oy)	/ɔɪ/	b*oi*l /bɔ́ɪl/ 沸く t*oy* /tɔ́ɪ/ おもちゃ
(ŏŏ) /ʊ/		b*oo*k /búk/ 本
(ōō) /uː/		p*oo*l /púːl/ プール
(ou) (ow)	/aʊ/	s*ou*nd /sáʊnd/ 音 c*ow* /káʊ/ 雌牛
(ui) = (ōō) /uː/		fr*ui*t /frúːt/ くだもの

3 母音（vowel）

母音には **強母音と弱母音** とがある．前者は普通は第一アクセントか第二アクセント《⇒86》を受けて多少とも強く発音され，弱母音は弱アクセントを受けて弱く発音される．強母音はまた短母音，長母音，二重母音，三重母音に分かれる．英語の母音は無声子音の前では短く，有声子音の前，および語末では長くなる．

短母音 (short vowel)

4 /ɪ/

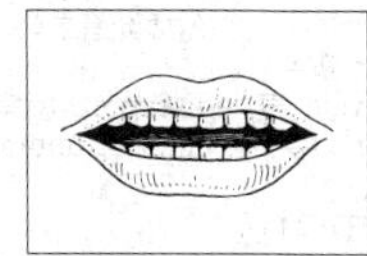

「イ」と「エ」の中間の母音.
・規則的なつづり字
(ĭ): s*i*ck /sík/ 病気の, l*i*ve /lív/ 住む
(y̆): g*y*m /ʤím/ 体育館, s*y*mbol /símbəl/ 象徴

5 /e/

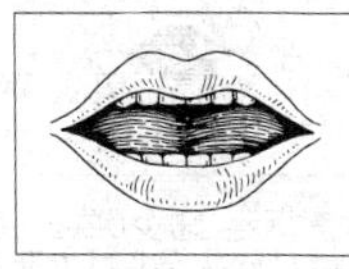

日本語の「エ」よりも少し口が開く.
・規則的なつづり字
(ĕ): p*e*g /pég/ くぎ, f*e*tch /féʧ/ 行って取ってくる
・注意すべきつづり字
(ĕa): br*ea*d /bréd/ パン, h*ea*lth /hélθ/ 健康

6 /æ/

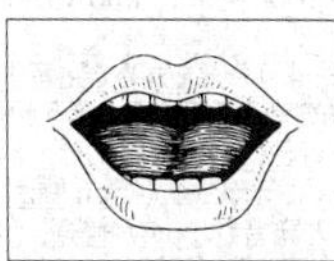

/e/ よりも少し大きく口を開け, 唇を左右に引き, のどの奥の方を緊張させて「エ」を出すつもりで「ア」と発音する. /æ/ はかなり長めに発音されることがある. また《米》では /eə/ と発音されることがしばしばある.
・規則的なつづり字
(ă): b*a*ck /bǽk/ 背中, b*a*g /bǽg/ 袋

7 /ɑ(:) | ɔ/

《米》では 11 の /ɑ:/ か, それよりやや短めの母音 /ɑ/ が, 《英》ではこれより唇が少し丸まった短めの /ɔ/ が用いられる.
・規則的なつづり字
(ŏ): h*o*t /hɑ́(:)t | hɔ́t/ 暑い, g*o*d /gɑ́(:)d | gɔ́d/ 神
・注意すべきつづり字
a (＝ŏ): w*a*nt /wɑ́(:)nt | wɔ́nt/ 欲する, wh*a*t /(h)wɑ́(:)t | (h)wɔ́t/ 何, qu*a*lity /kwɑ́(:)ləṭi | kwɔ́l-/ 質

8 /ʌ/

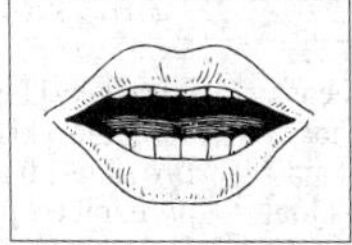

《米》では口をあまり開けずにやや奥の方で「ア」と発音する. 《英》では舌の位置がこれより前寄りで, 日本語の「ア」でよい.
・規則的なつづり字
(ŭ): b*u*s /bʌ́s/ バス, b*u*zz /bʌ́z/ ぶんぶんいう
・注意すべきつづり字
o (＝ŭ): c*o*me /kʌ́m/ 来る, l*o*ve /lʌ́v/ 愛する
ou (＝ŭ): d*ou*ble /dʌ́bl/ 二重の, t*ou*ch /tʌ́ʧ/ 触ってみる

9 /ʊ/

唇をわずかに丸めて, 奥の方から発音する.
・注意すべきつづり字
(o͝o): b*oo*k /búk/ 書物, h*oo*d /húd/ ずきん
(u̇): f*u*ll /fúl/ いっぱいの, p*u*t /pút/ 置く

長母音 (long vowel)

10 /iː/

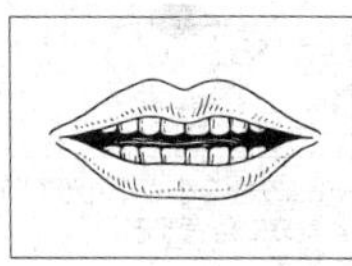

日本語の「イー」でよい.
・規則的なつづり字
(ē): *e*ve /íːv/ (祭日などの)前夜, th*e*se /ðíːz/ これら(の)
(ee): b*ee* /bíː/ みつばち, tr*ee* /tríː/ 木
(ēa): s*ea*t /síːt/ 座席, r*ea*d /ríːd/ 読む
(ie): f*ie*ld /fíːld/ 野原, n*ie*ce /níːs/ めい
・注意すべきつづり字
(ï): mach*i*ne /məʃíːn/ 機械, pol*i*ce /pəlíːs/ 警察
ei (＝ē): rec*ei*ve /rɪsíːv/ 受け取る, s*ei*ze /síːz/ つかむ

11 /ɑː/

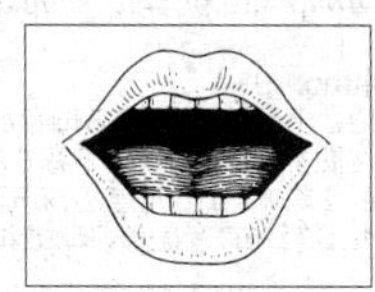

「ア」よりも大きく口を開けて口の奥の方から長めに「アー」と発音する.
・注意すべきつづり字
(ä): sp*a* /spɑ́ː/ 鉱泉, f*a*ther /fɑ́ːðɚ | -ðə/ 父
(äl): c*al*m /kɑ́ːm/ 静かな, p*al*m /pɑ́ːm/ 手のひら

12 /æ | ɑː/

《米》では 6 の /æ/ と発音され, 《英》では上の 11 の /ɑː/ と発音されることを表わす.
・注意すべきつづり字
(ȧ): *a*sk /ǽsk | ɑ́ːsk/ 尋ねる, m*a*ster /mǽstɚ | mɑ́ːstə/ 主人

13 /ɔː/

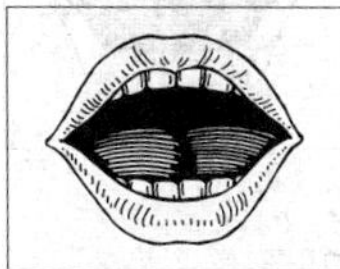

《英》では「オー」に近いが, 《米》では口がかなり開いて舌

も低く，唇の丸め方も弱く，「ア」に近く聞こえることがあり，さらに進んで 11 /ɑ:/ と全く同じに発音する人が増えている．
・規則的なつづり字
(au): s*au*ce /sɔ́:s/ ソース，c*au*se /kɔ́:z/ 原因
(aw): dr*aw* /drɔ́:/ 引く，l*aw* /lɔ́:/ 法律
・注意すべきつづり字
a (l の前) (＝au): *a*ll /ɔ́:l/ 全部，s*a*lt /sɔ́:lt/ 塩

14 /ɔ: | ɔ/
《米》では上の 13 と同じ長めの /ɔ:/,《英》では 7 と同じ /ɔ/ と発音される．
・注意すべきつづり字
(ŏ̈): *o*ff /ɔ́:f | ɔ́f/ 離れて，cl*o*th /klɔ́:θ | klɔ́θ/ 布，t*o*ss /tɔ́:s | tɔ́s/ 投げ上げる，d*o*g /dɔ́:g | dɔ́g/ 犬，l*o*ng /lɔ́:ŋ | lɔ́ŋ/ 長い

15 /u:/

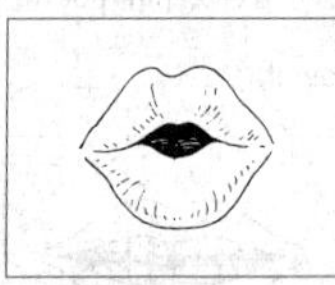

日本語の「ウー」より唇を小さく丸めて前に突き出すようにして「ウー」と長めに発音する．
・規則的なつづり字
(o͞o): b*oo*t /bú:t/ 長靴，f*oo*d /fú:d/ 食物
s, ch, j, l, r の後で
(ü): s*u*per /sú:pɚ | -pə/ すばらしい，J*u*ne /dʒú:n/ 6 月，bl*ue* /blú:/ 青い，r*u*le /rú:l/ 規則
ew (＝ü): ch*ew* /ʧú:/ よくかむ，J*ew* /dʒú:/ ユダヤ人，bl*ew* /blú:/ blow の過去形，cr*ew* /krú:/ 乗組員
・注意すべきつづり字
(ui): s*ui*t /sú:t/ (衣服の)ひとそろい，j*ui*ce /dʒú:s/ 汁，fr*ui*t /frú:t/ 果物
ou (＝o͞o): gr*ou*p /grú:p/ 群れ，s*ou*p /sú:p/ スープ

二重母音 (diphthong)

16 二重母音とは 1 音節の中である母音から出発し他の母音に向かって間をおかずに移動する音である．英語の二重母音は /ju:/ を除いては出発点となる母音が強くはっきりと発音され，終わりの音は弱くぼかされる．

17 /eɪ/
日本語の「エ」より少し舌を緊張させて「エイ」と発音する．
・規則的なつづり字
(ā): c*a*ke /kéɪk/ 菓子，p*a*ge /péɪdʒ/ ページ
(ai): p*ai*n /péɪn/ 痛み，w*ai*t /wéɪt/ 待つ
(ay): d*ay* /déɪ/ 日，aw*ay* /əwéɪ/ あちらへ
(ei): r*ei*n /réɪn/ 手綱，v*ei*l /véɪl/ ベール
(ey): pr*ey* /préɪ/ えじき，th*ey* /ðéɪ/ 彼らは

18 /aɪ/

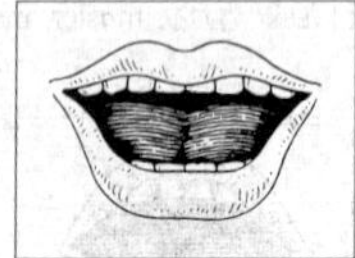

日本語の「アイ」でよい．
・規則的なつづり字
(ī): *i*ce /áɪs/ 氷，r*i*se /ráɪz/ 起きる
(ȳ): cr*y* /kráɪ/ 大声を上げる，fl*y* /fláɪ/ 飛ぶ

19 /ɔɪ/
少し口を開きめにして「オイ」と発音する．
・規則的なつづり字
(oi): v*oi*ce /vɔ́ɪs/ 声，n*oi*se /nɔ́ɪz/ 騒音
(oy): t*oy* /tɔ́ɪ/ おもちゃ，empl*oy* /ɪmplɔ́ɪ/ 雇う

20 /aʊ/
日本語の「アウ」でよい．
・規則的なつづり字
(ou): *ou*t /áʊt/ 外へ，l*ou*d /láʊd/ 大声の
(ow): c*ow* /káʊ/ 牛，t*ow*n /táʊn/ 町

21 /oʊ/

《米》では日本語の「オ」より少し口を丸めて「オウ」と発音される．《英》では /ə:/ と同じような母音で始まり /əʊ/ となることが多い．
・規則的なつづり字
(ō): h*o*pe /hóʊp/ 希望，r*o*be /róʊb/ 礼服
(oa): b*oa*t /bóʊt/ ボート，r*oa*d /róʊd/ 道路
・注意すべきつづり字
(ōw): gr*ow* /gróʊ/ 生える，kn*ow* /nóʊ/ 知っている

22 /ju:/
日本語の「ユー」よりも唇を丸めて発音する．他の二重母音と違って初めの音より後の音のほうが強い．✪ /ju:/ の初めの /j/ は子音として扱われるので，その前には不定冠詞は an がつかずに a がつく (⇨an 語法 (3))．また定冠詞 the は /ðə/ と発音されるのが普通．《米》では /t/, /d/, /n/ の後では /ju:/ の /j/ が落ちて /u:/ となることが多い．そのようなときは /(j)u:/ と示す．
・規則的なつづり字
(ū): c*u*te /kjú:t/ かわいい，c*u*be /kjú:b/ 立方体
(eu): n*eu*tral /n(j)ú:trəl | njú:-/ 中立の
(ew): f*ew* /fjú:/ わずかな，n*ew* /n(j)ú: | njú:/ 新しい

23 母音字＋r の「短音」と「長音」

母音字＋r にも次のように「短音」と「長音」とがある．「短音」は母音字＋r の上に (˘)，「長音」は (¯) をつけて示す．単語が **r** で終わるかその後に子音字が続けば「短音」，**r** のあとに発音しない **e** が続けば「長音」となる．次を比較．

「短音」
(ăr)* /ɑɚ | ɑ:/ c*ar* /kɑ́ɚ | kɑ́:/ 車
(ĕr) (ĭr) (ŭr) /ɚ: | ə:/ h*er*s /hɚ́:z | hə́:z/ 彼女のもの；f*ir* /fɚ́: | fə́:/ もみの木；p*ur*se /pɚ́:s | pə́:s/ (女性用の)ハンドバッグ

「長音」
(āre) /eɚ | eə/ c*are* /kéɚ | kéə/ 世話
(ēre) /ɪɚ | ɪə/ h*ere* /híɚ | híə/ ここに
(īre) /aɪɚ | aɪə/ f*ire* /fáɪɚ | fáɪə/ 火
(ūre) /jʊ́ɚ | jʊ́ə/ p*ure* /pjʊ́ɚ | pjʊ́ə/ 純粋な

参考 (1) (or) には「短音」と「長音」の区別がない．(ŏr), (ōre)* /ɔɚ | ɔ:/ f*or*ce /fɔ́ɚs | fɔ́:s/ 暴力；m*ore* /mɔ́ɚ | mɔ́:/ より多くの，t*ore* /tɔ́ɚ | tɔ́:/ 裂いた
(2) * 印をつけた母音字は《英》では長母音．
(3) (īre) /aɪɚ | aɪə/ は三重母音として扱われる

ことがある.

(4) (u̅r̅e) /jʊɚ | jʊə/ は三重母音である.

24 二重母音字＋r の読み方

(ea͡r) ＝(e͡r) /ɚː | əː/ *ear*th /ɚ́ːθ | ə́ːθ/ 地球

(e̅a̅r̅)
(eer)
(ier) } ＝(e̅r̅) /ɪɚ | ɪə/ { d*ear* /díɚ | díə/ 親愛な
d*eer* /díɚ | díə/ 鹿
p*ier* /píɚ | píə/ 埠頭(ふとう)

(air) ＝(a̅r̅) /eɚ | eə/ f*air* /féɚ | féə/ 公正な

(oar) ＝(o̅r̅) /ɔɚ | ɔː/ *oar* /ɔ́ɚ | ɔ́ː/ オール

(oor) /ʊɚ | ʊə/ m*oor* /mʊ́ɚ | mʊ́ə/ 荒れ野

(our)
(ower) } /aʊɚ | aʊə/ { h*our* /áʊɚ | áʊə/ 時間
p*ower* /páʊɚ | páʊə/ 権力

参考 (1) (our), (ower) /aʊɚ | aʊə/ は三重母音として扱われることがある.

(2) 《英》では (oor) /ʊə/ は /ɔː/ に取って代わられつつある (⇒30).

R の母音

次の母音のようにつづり字に **r** を含むものを「R の母音」と呼ぶ.

25 /ɚː | əː/

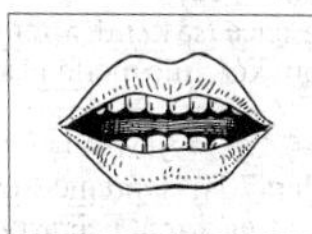

《米》の /ɚː/ は 59 の /r/ と舌の形が同じで, 舌の中央をもりあげる (a) 型と舌の先を反り返らせる (b) 型とがあり, (a) 型の方が多いが, 聞いた感じは両者とも同じような音色である. 口をあまり開かずに唇を少し丸めて発音する「アー」と「ウー」の中間のようなあいまいな母音. これを弱くしたものが 38 の /ɚ/ である. 《英》の /əː/ は舌の表面は平らで口をあまり開けずに「アー」といい, これを弱くしたものが 37 の /ə/ である. 《米》, 《英》ともに長母音である.

・規則的なつづり字

(e͡r): s*er*ve /sɚ́ːv | sə́ːv/ (飲食物を)出す, t*er*m /tɚ́ːm | tə́ːm/ 学期

(i͡r): f*ir*st /fɚ́ːst | fə́ːst/ 1 番目の, b*ir*d /bɚ́ːd | bə́ːd/ 鳥

(u͡r): h*ur*t /hɚ́ːt | hə́ːt/ 傷つける, t*ur*n /tɚ́ːn | tə́ːn/ 回す

(ea͡r): *ear*th /ɚ́ːθ | ə́ːθ/ 地球, l*ear*n /lɚ́ːn | lə́ːn/ 習い学ぶ

・注意すべきつづり字

or (w の後) (＝u͡r): w*or*d /wɚ́ːd | wə́ːd/ 語, w*or*k /wɚ́ːk | wə́ːk/ 仕事

参考 《米》の /ɚː/ に対して /əːr/ の記号を使用している辞書などもあるが, 実際にはこれは途中で口の形を変えずに発音する, 1 つの母音である.

26 /ɪɚ | ɪə/

4 の /ɪ/ の後に軽く《米》では 38 の弱母音 /ɚ/, 《英》では 37 /ə/ が続く. 《米》, 《英》ともに二重母音.

・規則的なつづり字

(eer): ch*eer* /ʧíɚ | ʧíə/ 元気づける, engin*eer* /ènʤəníɚ | -níə/ 技師

(e̅a̅r̅): h*ear* /híɚ | híə/ 聞こえる, b*ear*d /bíɚd | bíəd/ あごひげ

(e̅r̅): h*ere* /híɚ | híə/ ここに, m*ere* /míɚ | míə/ ほんの

(ier): p*ier* /píɚ | píə/ 埠頭, f*ier*ce /fíɚs | fíəs/ どうもうな

27 /eɚ | eə/

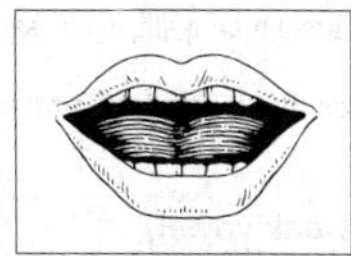

少し大きく口を開いて「エ」といった後に, 軽く《米》では /ɚ/, 《英》では /ə/ が続く.

・規則的なつづり字

(air): *air* /éɚ | éə/ 空気, h*air* /héɚ | héə/ 髪の毛

(a̅r̅e): c*are* /kéɚ | kéə/ 世話, r*are* /réɚ | réə/ まれな

・注意すべきつづり字

eir (＝a̅r̅e): h*eir* /éɚ | éə/ 相続人, th*eir* /ðéɚ | ðéə/ 彼らの

ear (＝a̅r̅e): b*ear* /béɚ | béə/ くま, w*ear* /wéɚ | wéə/ 着る

28 /ɑɚ | ɑː/

《米》では 7 の /ɑ/ の後に軽く /ɚ/ が続く二重母音だが, 子音の前では /ɚ/ が聞こえないことがある. 《英》では 11 と同じ長母音 /ɑː/ となる.

・規則的なつづり字

(a͡r): c*ar*d /kɑ́ɚd | kɑ́ːd/ カード, st*ar* /stɑ́ɚ | stɑ́ː/ 星

29 /ɔɚ | ɔː/

《米》では 13 をやや短くした /ɔ/ の後に軽く /ɚ/ をつける二重母音. 一方, 《英》では 13 と同じ長母音 /ɔː/ となる.

・規則的なつづり字

(o͡r): c*or*d /kɔ́ɚd | kɔ́ːd/ ひも, p*or*k /pɔ́ɚk | pɔ́ːk/ 豚肉

(o̅r̅e): m*ore* /mɔ́ɚ | mɔ́ː/ より多くの, s*ore* /sɔ́ɚ | sɔ́ː/ 痛い

(oar): b*oar*d /bɔ́ɚd | bɔ́ːd/ 板, s*oar* /sɔ́ɚ | sɔ́ː/ 舞い上がる

・注意すべきつづり字

our (＝o͡r): f*our* /fɔ́ɚ | fɔ́ː/ 4, p*our* /pɔ́ɚ | pɔ́ː/ 注ぐ

oor (＝o͡r): d*oor* /dɔ́ɚ | dɔ́ː/ ドア, fl*oor* /flɔ́ɚ | flɔ́ː/ 床

(ar) (w の後) (＝o͡r): w*ar* /wɔ́ɚ | wɔ́ː/ 戦争, w*ar*m /wɔ́ɚm | wɔ́ːm/ 暖かい

30 /ʊɚ | ʊə/

9 の /ʊ/ の後に軽く《米》では /ɚ/, 《英》では /ə/ が続く. 《米》, 《英》ともに二重母音. ただし, 《英》では語によっては /ʊə/ の代わりに 13 /ɔː/ が使われるようになってきている. その場合は《英》では長母音.

・規則的なつづり字

(oor): m*oor* /mʊ́ɚ | mʊ́ə, または mɔ́ː/ 荒れ野

・注意すべきつづり字

our (＝oor): t*our* /tʊ́ɚ | tʊ́ə/ 周遊旅行

31 /jʊɚ | jʊə/

/j/ の後に上の /ʊɚ | ʊə/ がついた三重母音.

・規則的なつづり字

(u̅r̅e): c*ure* /kjʊ́ɚ | kjʊ́ə/ 治療する, p*ure* /pjʊ́ɚ | pjʊ́ə/ 純粋な

32 /aɪɚ | aɪə/

18 の /aɪ/ の後に《米》では /ɚ/, 《英》では /ə/ が続いたもの.

・規則的なつづり字

(īre): fire /fáɪɚ | fáɪə/ 火, tire /táɪɚ | táɪə/ タイヤ

33 **/aʊɚ | aʊə/**

20 の /aʊ/ の後に《米》では /ɚ/,《英》では /ə/ が続いたもの.

・規則的なつづり字

(our): h*our* /áʊɚ | áʊə/ 時間, s*our* /sáʊɚ | sáʊə/ 酸っぱい

(ower): fl*ower* /fláʊɚ | fláʊə/ 花, t*ower* /táʊɚ | táʊə/ 塔

34 弱母音 (weak vowel)

アクセントの弱い音節《⇒62》には次の 6 種類の弱母音が現われる.

✪ 以下では弱母音に対応する母音字は（　）のなかに斜字体で示す.

35 **/ɪ/**

4 の /ɪ/ が弱くあいまいになったもので, つづり字が **e, a** だといっそう「エ」に近く聞こえ, **i** の場合には「イ」と「ウ」の中間のような響きになることがある.

(*i*): *i*nvent /ɪnvént/ 発明する, art*i*st /ɑ́ɚṭɪst | ɑ́:-/ 芸術家

(*ė*): *e*vent /ɪvént/ 出来事, r*e*peat /rɪpí:t/ 繰り返す

(*ȧ*): mess*a*ge /mésɪdʒ/ 言づけ, vill*a*ge /vílɪdʒ/ 村

(*ẏ*): m*y*sterious /mɪstí(ə)riəs/ 神秘的な, s*y*mbolic /sɪmbɑ́(:)lɪk | -bɔ́l-/ 象徴的な

36 **/i/**

語の終わりまたは母音の前に現われる.

(1) 語の終わりでは長めで弱い「イー」.

(*y*), (*ie*): cit*y* /síṭi/, cit*ies* /síṭiz/ 都市; stud*y* /stʌ́ḍi/, stud*ied* /stʌ́ḍid/ 勉強する[した]

(*ey*): monk*ey* /mʌ́ŋki/ 猿, turk*ey* /tɚ́:ki | tə́:-/ 七面鳥

(2) 母音の前では短い「イ」でよい.

(*i*): champ*i*on /ʧǽmpiən/ 優勝者, Ind*i*a /índiə/ インド

37 **/ə/**

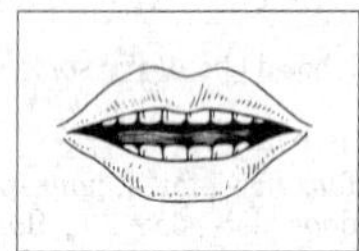

25 の《英》の /ə:/ が弱く短くなったもので, 口をあまり開けず, 常に弱くあいまいに発音する. この母音はつづり字などによって音色に多少の変動がある. つづり字が **a** の場合は弱い「ア」に聞こえるが, 語中で他の文字のときには弱い「ウ」か「ア」のように聞こえる. またつづり字が **i** のときはわずかに「イ」のような響きが感じられることがある.

(*a*): *A*meric*a* /əmérɪkə/ アメリカ, b*a*nan*a* /bənǽnə | -nɑ́:nə/ バナナ

(*u*): alb*u*m /ǽlbəm/ アルバム, chor*u*s /kɔ́:rəs/ コーラス

(*o*): lem*o*n /lémən/ レモン, *o*ppose /əpóʊz/ 反対する

(*e*): elem*e*nt /éləmənt/ 要素, tel*e*phone /téləfòʊn/ 電話

(*i*): an*i*mal /ǽnəməl/ 動物, Apr*i*l /éɪprəl/ 4 月

(*ai*): barg*ai*n /bɑ́ɚgən | bɑ́:-/ 安い買い物, capt*ai*n /kǽptən/ 船長

(*y*): anal*y*sis /ənǽləsɪs/ 分析

(*ou*): danger*ou*s /déɪndʒ(ə)rəs/ 危険な, fam*ou*s /féɪməs/ 有名な

参考 本辞典で s*e*rious /sí(ə)riəs/ 重大な, v*a*ry /vé(ə)ri/ 変わる, ass*u*rance /əʃʊ́(ə)rəns/ 保証, c*u*rious /kjʊ́(ə)riəs/ 好奇心の強い, f*ie*ry /fáɪ(ə)ri/ 火のような, fl*ow*ery /fláʊ(ə)ri/ 花の多い, のように /ɪ/, /e/, /ʊ/, /jʊ/, /aɪ/, /aʊ/ の後で /(ə)r/ となっているときには《英》では /r/ の前で /ə/ がはっきり発音されるが,《米》では /ɚ/ または /ə/ が弱く発音されることを示す.

38 **/ɚ | ə/**

25 の母音が弱く短くなったもの. ただし語の終わりでは長めとなる.《英》では /ɚ/ がないので上の 37 /ə/ と同じ音になる.

(*er*): butt*er* /bʌ́ṭɚ | -tə/ バター, conc*er*t /kɑ́(:)nsɚt | kɔ́nsət/ コンサート

✪ 語の終わりでは《米》-er,《英》-re とつづる語がある:《米》cent*er* /sénṭɚ/,《英》cent*re* /-tə/ 中心,《米》met*er* /mí:ṭɚ/,《英》met*re* /-tə/ メートル

(*ar*): calend*ar* /kǽləndɚ | -də/ カレンダー, p*ar*ticul*ar* /pɚtíkjʊlɚ | pətíkjʊlə/ 特定の

(*or*): doct*or* /dɑ́(:)ktɚ | dɔ́ktə/ 医者, f*or*get /fɚgét | fə-/ 忘れる

✪ 語の終わりでは《米》-or,《英》-our とつづる語がある:《米》col*or* /kʌ́lɚ/,《英》col*our* /-lə/ 色,《米》hon*or* /ɑ́(:)nɚ/,《英》hon*our* /ɔ́nə/ 名誉

(*ur*): p*ur*sue /pɚsú: | pəs(j)ú:/ 追跡する, Sat*ur*day /sǽṭɚdèɪ | -tə-/ 土曜日

(*ir*): c*ir*cumference /sɚkʌ́mf(ə)rəns | sə-/ 円周, conf*ir*mation /kɑ̀(:)nfɚméɪʃən | kɔ̀nfə-/ 確認

39 **/ʊ/**

9 の /ʊ/ が弱く短くなったもので弱い「ウ」でよい.

(*u̇*): J*u*ly /dʒʊláɪ/ 7 月, s*u*preme /sʊprí:m/ 最高の

✪ 母音の前では /u/ となる: Febr*u*ary /fébruèri | -əri/ 2 月

40 **/jʊ/**

22 の /ju:/ が弱く短くなったもので「ユ」.

(*ū*): occ*u*pation /ɑ̀(:)kjʊpéɪʃən | ɔ̀k-/ 職業, pop*u*lar /pɑ́(:)pjʊlɚ | pɔ́pjʊlə/ 人気のある

✪ 母音の前では /ju/ となる: man*u*al /mǽnjuəl/ 説明書

41 子音字の読み方

(1) 子音字の **b, d, f, h, j, k, l, m, n, p, r, s, t, v, w, x, y, z** は規則的な発音を表わす. このうち **b, d, f, h, k, l, m, n, p, r**（母音字の前）, **s**（語頭）, **t, v, w**（母音字の前）, **z** の子音字の発音は発音記号と同じ. 次の子音字も規則的.

j /dʒ/　*j*am /dʒǽm/ ジャム

x /ks/　si*x* /síks/ 6

y（母音字の前）/j/　*y*es /jés/ はい

(2) 次の二重子音字または三重子音字も規則的に発音する.

ch /ʧ/　*ch*ur*ch* /ʧɚ́:ʧ | ʧə́:ʧ/ 教会

ck /k/　ba*ck* /bǽk/ 背中

dġ /dʒ/　bri*dg*e /brídʒ/ 橋

dj /dʒ/　a*dj*ust /ədʒʌ́st/ 調整する

n͡g（語末）/ŋ/　si*ng* /síŋ/ 歌う

✪ 1 つの音であることを示すため上に（⌒）をつける.

ph /f/　*ph*oto /fóʊṭoʊ/ 写真

qu /kw/　*qu*een /kwí:n/ 女王

✪ この場合は u は子音字

sh /ʃ/　*sh*ip /ʃíp/ 船

tch /ʧ/　ca*tch* /kǽʧ/ 捕らえる

th /θ/　too*th* /tú:θ/ 歯

wh /(h)w/　*wh*ale /(h)wéɪl/ 鯨

(3) 子音字 **c, g** は母音字 **a, o, u** の前と子音字の前，および語の終わりでは (**k**) /k/ および (**g**) /g/ と発音し，母音字 **e, i, y** の前では (**s**) /s/ および (**j**) /dʒ/ と発音する．(**k**), (**g**) と発音する **c, g** を「硬音の **c**」(hard "c"),「硬音の **g**」(hard "g") と呼び，(**s**), (**j**) と発音する **c, g** を「軟音の **c**」(soft "c"),「軟音の **g**」(soft "g") と呼ぶ．

「硬音の c」: *c*ap /kǽp/ 帽子, *c*old /kóuld/ 冷たい, *c*ut /kʌ́t/ 切る, *c*ry /kráɪ/ 泣く, musi*c* /mjúːzɪk/ 音楽

「硬音の g」: *g*as /gǽs/ 気体, *g*o /góu/ 行く, *g*un /gʌ́n/ 鉄砲, *g*reen /gríːn/ 緑の, le*g* /lég/ 脚

「軟音の c」: *c*ent /sént/ セント, pea*c*e /píːs/ 平和, *c*ity /síṭi/ 都市, *c*ycle /sáɪkl/ 周期

「軟音の g」: *g*entle /dʒénṭl/ 穏やかな, *g*iant /dʒáɪənt/ 巨人, *g*ym /dʒím/ 体育館

参考 **g** の場合には次のような例外が多い: *g*et /gét/ 得る, *g*ive /gív/ 与える, *g*irl /gɚ́ːl | gə́ːl/ 女の子.

42 子音 (consonant)

43 /**p**/ (無声)
/**b**/ (有声)

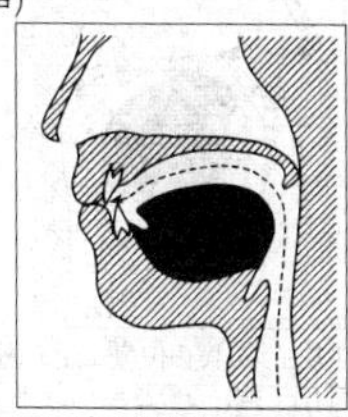

/p/ は唇を閉じて，息をせき止め，急に「プッ」と息で唇を破裂させて出す音．このとき息でなく「ブッ」と声を出せば /b/ の音になる．つまり /p/ は無声音，/b/ は有声音である．日本語の「パ行」と「バ行」の子音である．

・規則的なつづり字

/p/ (p): *p*en /pén/ ペン, cu*p* /kʌ́p/ 茶わん
(pp): ha*pp*en /hǽpən/ 起こる

/b/ (b): *b*ig /bíg/ 大きい, *b*ul*b* /bʌ́lb/ 電球
(bb): ru*bb*er /rʌ́bɚ | -bə/ ゴム

44 /**t**/ (無声)
/**d**/ (有声)

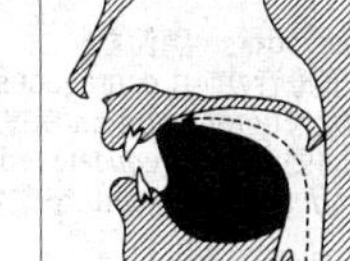

/t/ は舌の先を，上の歯の内側と歯茎のあたりにつけて息をせき止め，急に息で「トゥ」と強く破裂するように出す音．このとき「ドゥ」と声を出せば /d/ の音になる．つまり /t/ は無声音，/d/ は有声音である (⇒ 注意).

・規則的なつづり字

/t/ (t): *t*ea /tíː/ 茶, mee*t* /míːt/ 会う, ci*t*y /síṭi/ 都市
(tt): bu*tt*er /bʌ́ṭɚ | -tə/ バター

/d/ (d): *d*ay /déɪ/ 日, sa*d* /sǽd/ 悲しい
(dd): la*dd*er /lǽḍɚ | -də/ はしご

注意 ci*t*y /síṭi/ (都市), la*dd*er /lǽḍɚ/ (はしご) のように下に点の付いた /ṭ/, /ḍ/ となっているときには米音では「ラ行」の音のように発音されることを示す．例えば ci*t*y は「スィリー」, la*dd*er は「ララー」のように聞こえることがある (⇒67).

45 /**k**/ (無声)
/**g**/ (有声)

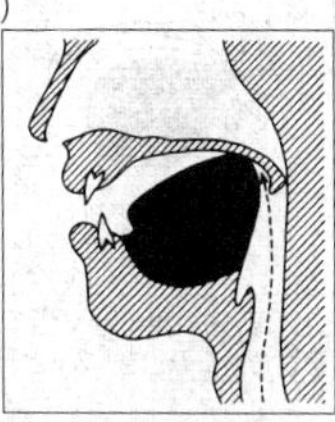

舌の後部を上げ，上あごの奥につけて息をせき止め，急に舌を離して「クッ」と息を破裂させれば /k/,「グッ」と声を出せば /g/ の音が出る．日本語の「カ行」と「ガ行」の子音．

・規則的なつづり字

/k/ (k): *k*ing /kíŋ/ 王, ta*k*e /téɪk/ 取る
(c) (語末および子音字, a, o, u の前; ⇒41 (3)): pic*n*i*c* /píknɪk/ ピクニック, *c*at /kǽt/ 猫, *c*old /kóuld/ 寒い, *c*ut /kʌ́t/ 切る
(ck): pi*ck* /pík/ 摘む, sto*ck*ing /stɑ́(ː)kɪŋ | stɔ́k-/ 靴下

・注意すべきつづり字

(ch): s*ch*ool /skúːl/ 学校, stoma*ch* /stʌ́mək/ 胃

・規則的なつづり字

/ks/ (x): si*x* /síks/ 6, e*x*plain /ɪkspléɪn/ 説明する

/kw/ (qu): *qu*een /kwíːn/ 女王, *qu*estion /kwéstʃən/ 質問

/g/ (g) (語末および子音字, a, o, u の前; ⇒41 (3)): *g*ate /géɪt/ 門, *g*old /góuld/ 金, *g*un /gʌ́n/ 銃, se*g*ment /ségmənt/ 区分
(gg): be*gg*ar /bégɚ | -gə/ 乞食

46 次の 47 から 51 までは，口の一部を狭めてそこから息を出すように発音する．

47 /**f**/ (無声)
/**v**/ (有声)

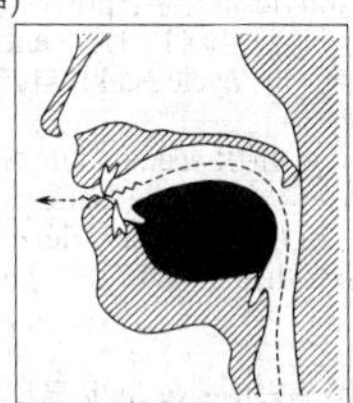

/f/ は下唇を上の歯の内側に当て，そのすき間から強く「フ」と息を出す音．このとき息でなく「ヴ」と声を出せば /v/ の音になる．

・規則的なつづり字

/f/ (f): *f*ace /féɪs/ 顔, lea*f* /líːf/ 葉
(ff): cli*ff* /klíf/ がけ, e*ff*ect /ɪfékt/ 結果
(ph): *ph*oto /fóuṭou/ 写真, gra*ph* /grǽf | grɑ́ːf/ グラフ

・注意すべきつづり字

(gh) (語末): lau*gh* /lǽf | lɑ́ːf/ 笑う, tou*gh* /tʌ́f/ 堅い

・規則的なつづり字

/v/ (v): *v*ote /vóut/ 投票する, cur*v*e /kɚ́ːv | kə́ːv/ 曲線, hea*v*y /hévi/ 重い

48 /**θ**/ (無声)
/**ð**/ (有声)

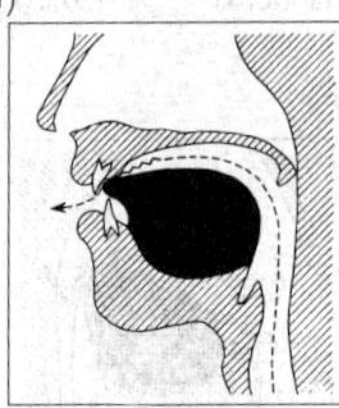

/θ/ は舌の先を上の前歯の裏に軽く当て，そのすき間から「ス」と息を出す音で，このとき「ズ」と声を出せば /ð/ の音になる．
・規則的なつづり字
/θ/ (th): *th*ree /θríː/ 3, mou*th* /máʊθ/ 口, no*th*ing /nʌ́θɪŋ/ 何もない
・注意すべきつづり字
/ð/ (ẗh): *th*is /ðís/ これ, brea*th*e /bríːð/ 呼吸する, lea*th*er /léðɚ | -ðə/ なめし革

49 /**s**/ (無声)
/**z**/ (有声)

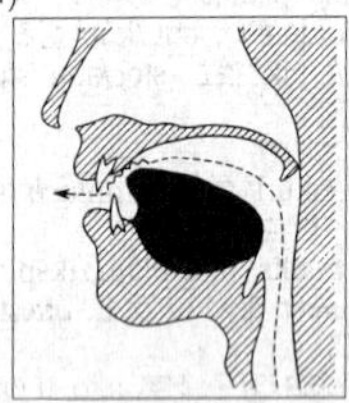

/s/ は舌の先を上の歯茎に近づけ，そのすき間から「ス」と息を出すときの音．このとき「ズ」と声を出せば /z/ の音になる．
・規則的なつづり字
/s/ (s): *s*ee /síː/ 見る, bu*s* /bʌ́s/ バス, ba*s*e /béɪs/ 土台
(ss): le*ss*on /lésn/ 学課, pre*ss* /prés/ 押す
(c) (e, i, y の前; ⇒41 (3)): *c*ent /sént/ セント, *c*ity /síṭi/ 市, *c*ycle /sáɪkl/ 自転車, fa*c*e /féɪs/ 顔
(sc) (e, i, y の前): *sc*ene /síːn/ 景色, *sc*ience /sáɪəns/ 科学, *sc*ythe /sáɪð/ 大がま
/z/ (z): *z*oo /zúː/ 動物園, la*z*y /léɪzi/ 怠惰な
(zz): di*zz*y /dízi/ 目まいがして, bu*zz* /bʌ́z/ ぶんぶんいう音
・注意すべきつづり字
(s̈) (語中・語末): ea*s*y /íːzi/ 易しい, hi*s* /híz/ 彼のもの

50 /**ʃ**/ (無声)
/**ʒ**/ (有声)

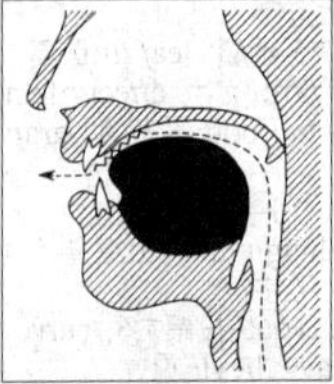

/ʃ/ は舌の先を歯茎につけないで，舌と歯茎の間から「シ」と息で動物を追うようなつもりで出す音．このとき「ジ」と声を出せば /ʒ/ の音になる．本来の英語の単語では /ʒ/ で始まったり終わったりする語はない．
・規則的なつづり字
/ʃ/ (sh): *sh*ip /ʃíp/ 船, di*sh* /díʃ/ 皿
(ti, ce, ci, si) (弱母音の前): sta*ti*on /stéɪʃən/ 駅, o*ce*an /óʊʃən/ 大洋, so*ci*al /sóʊʃəl/ 社会の
/ʃu/ (sù) (弱音節で): sen*su*al /sénʃuəl/ 官能的な
/ʒ/ (s̈i) (弱母音の前): televi*si*on /téləvìʒən/ テレビジョン
/ʒu/ (s̈ù) (弱音節で): ca*su*al /kǽʒuəl/ 偶然の

51 /**h**/ (無声)
後に続く母音と同じ口のかまえで出す息の音．この音は英語では語の終わりには来ない．
・規則的なつづり字
/h/ (h): *h*at /hǽt/ 帽子, be*h*ind /bəháɪnd/ 後ろに

52 /**ʧ**/ (無声)
/**ʤ**/ (有声)

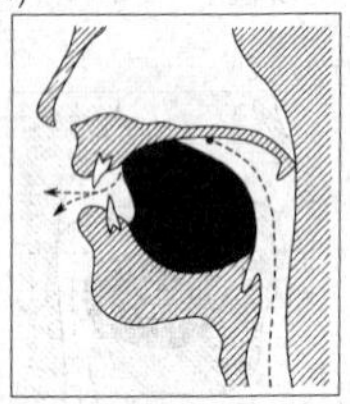

/ʧ/ は舌が /t/ よりも少し奥の位置で上の歯茎に触れ，「チ」に近い音を息で出す音．このとき「ヂ」と声を出せば /ʤ/ の音になる．記号は 2 字だが，1 音と考えてよい．
・規則的なつづり字
/ʧ/ (ch): *ch*eap /ʧíːp/ 安い, tou*ch* /tʌ́ʧ/ 触ってみる
(tch): ma*tch* /mǽʧ/ 試合, ca*tch*er /kǽʧɚ | -ʧə/ 捕手
/ʧʊ, ʧu/ (tù) (弱音節で): for*tu*ne /fɔ́ɚʧʊn | fɔ́ː-/ 幸運, ac*tu*al /ǽkʧuəl/ 現実の
/ʤ/ (ġ) (e, i, y の前; ⇒41 (3)): *g*em /ʤém/ 宝石, *g*iant /ʤáɪənt/ 巨人, *g*ym /ʤím/ 体育館
(j): *j*oy /ʤɔ́ɪ/ 喜び, re*j*ect /rɪʤékt/ 拒絶する
(dġ): bri*dge* /bríʤ/ 橋, lo*dge* /lɑ́(ː)ʤ | lɔ́ʤ/ 山荘
(dj): a*dj*ust /əʤʌ́st/ 調節する
(ġe, ġi) (弱母音の前): coura*ge*ous /kəréɪʤəs/ 勇気ある, reli*gi*on /rɪlíʤən/ 宗教
/ʤʊ, ʤu/ (dù) (弱音節で): e*du*cate /éʤʊkèɪt/ 教育する, gra*du*ate /grǽʤuèɪt/ 卒業する

53 /**ʦ**/ (無声)
/**ʣ**/ (有声)

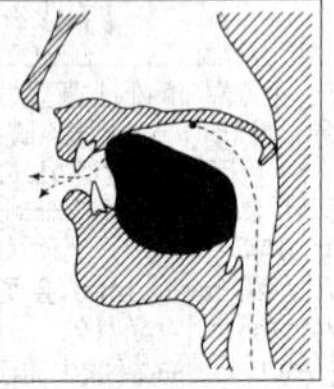

/ʦ/ は舌先をほぼ /t/ の位置につけ，「ツ」の音を息で出す音．このとき「ヅ」と声を出せば /ʣ/ の音となる．記号は 2 字だが，1 つの音だと考えてよい．/ʦ/ も /ʣ/ も語のはじ

めには来ない.
・規則的なつづり字
/ʦ/ (ts): ca*ts* /kǽʦ/ 猫, ea*ts* /íːʦ/ 食べる
/ʣ/ (dš): bir*ds* /bɚ́ːʣ | bə́ːʣ/ 鳥, sen*ds* /sénʣ/ 送る

54 /**tr**/ (無声)
/**dr**/ (有声)

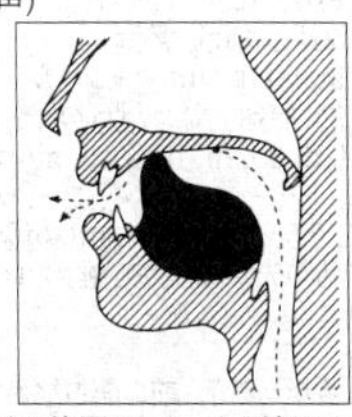

/tr/ は舌を /t/ の位置につけ, すぐ続けて /r/ の音を息で出す音. このとき最初から声を出せば /dr/ の音となる. /t/ と /r/ および /d/ と /r/ とを離さずに 1 つの音のつもりで出す. /tr/ も /dr/ も語末には来ない.
・規則的なつづり字
/tr/ (tr): *tr*ee /tríː/ 木, *tr*y /tráɪ/ 試みる, pa*tr*ol /pətróʊl/ 巡回する
/dr/ (dr): *dr*ink /dríŋk/ 飲む, *dr*aw /dróː/ 引く

55 /**m**/ (有声)

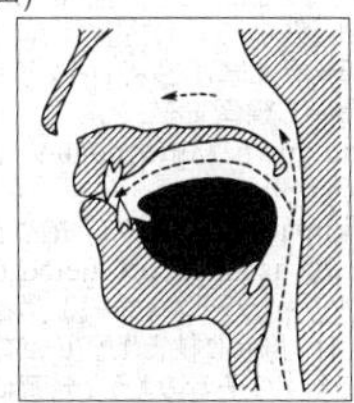

/p/ や /b/ と同様に, 唇を閉じて「ム」という声を鼻から出す音である.
・規則的なつづり字
/m/ (m): *m*an /mǽn/ 男, na*m*e /néɪm/ 名前
(mm): co*mm*and /kəmǽnd | -mάːnd/ 指揮する, su*mm*er /sʌ́mɚ | -mə/ 夏

56 /**n**/ (有声)

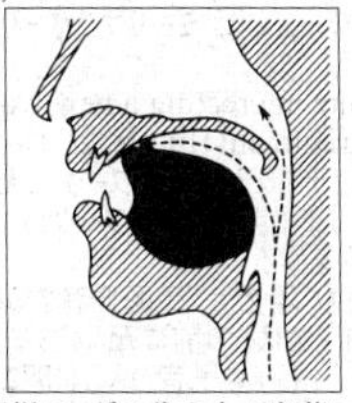

/t/ や /d/ と同様に, 舌の先を上の歯茎につけて「ヌ」という声を鼻から出す音. 単語の最後では「ン」とせず軽く「ヌ」と言うつもりで発音する.
・規則的なつづり字
/n/ (n): *n*ight /náɪt/ 夜, ru*n* /rʌ́n/ 走る
(nn): a*nn*ounce /ənáʊns/ 知らせる, ma*nn*er /mǽnɚ | -nə/ 態度

57 /**ŋ**/ (有声)

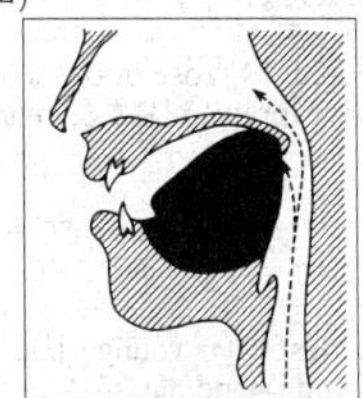

/k/ や /g/ と同様に, 舌の後部を上あごの奥につけて声が口へ出ないようにし, 鼻の方へ声を通して発音する. この音は語のはじめには来ない.
・規則的なつづり字
/ŋ/ (n͡g): ki*ng* /kíŋ/ 王, lo*ng* /lɔ́ːŋ | lɔ́ŋ/ 長い, si*ng*er /síŋɚ | -ŋə/ 歌手
・注意すべきつづり字
/ŋ/ (n) (/k/, /g/ と発音する文字の前): i*n*k /íŋk/ インク, u*n*cle /ʌ́ŋkl/ おじ, a*n*chor /ǽŋkɚ | -kə/ いかり, fi*n*ger /fíŋgɚ | -gə/ 指, sphi*n*x /sfíŋks/ スフィンクス

58 /**l**/ (有声)

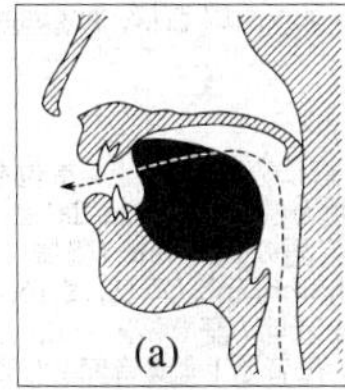
(a)

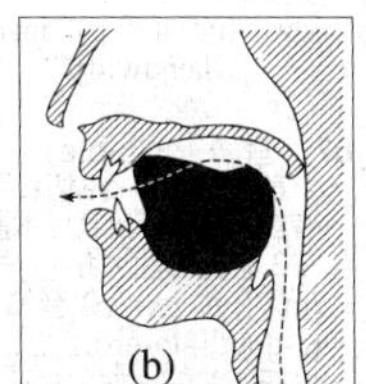
(b)

母音の前では (a) のように舌の先を上の歯茎につけて, 舌の両側から「ウ」と「ル」を同時に出すような音. 次の /r/ とはっきり区別する必要がある. 母音の後の /l/ は (b) のような舌の形をとり,「ウ」のような音色となる (⇒63 参考).
・規則的なつづり字
/l/ 図 (a) の舌の形で
(l): *l*i*l*y /líli/ ユリ
(ll): co*ll*ect /kəlékt/ 集める
図 (b) の舌の形で (l): gir*l* /gɚ́ːl | gə́ːl/ 少女
(ll): wa*ll* /wɔ́ːl/ 壁

59 /**r**/ (有声)

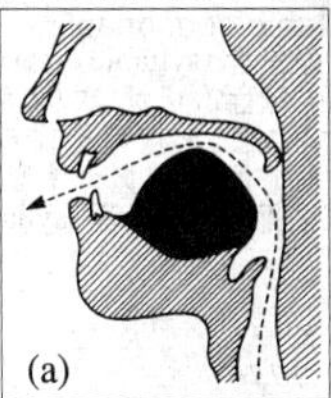
(a)

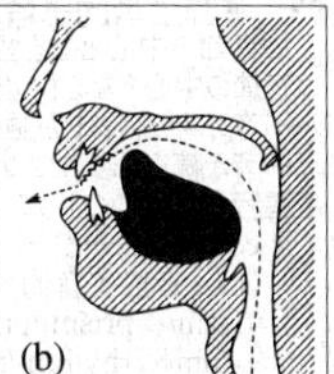
(b)

《米》では (a) 型と (b) 型の 2 種があり, (a) 型の発音をする人のほうが多いが, 聞いた感じは両者とも同じような音色である. (a) 型では舌の中央をもりあげながらわずかに唇を丸めて,「ル」のような声を出してすぐ次の母音に移る. (b) 型では舌の先を反り返るように丸めて, 歯茎の後ろのほうに近づける. 《英》の /r/ は (b) 型に近い. /r/

は語の終わりには来ない.
・規則的なつづり字
/r/　(r): *r*ed /réd/ 赤, *r*ose /róʊz/ ばら
(rr): a*rr*ive /əráɪv/ 到着する, ma*rr*y /mǽri/ 結婚する

60　/**j**/ (有声)
/i/ の音からすぐに次の母音へ移るときの音. この音は語の終わりには来ない.
・規則的なつづり字
/j/　(y): *y*es /jés/ はい, *y*oung /jʌ́ŋ/ 若い, be*y*ond /bɪjɑ́(ː)nd | -jɔ́nd/ 向こうに
・注意すべきつづり字
/j/　(i) (母音字の前): famil*i*ar /fəmíljɚ | -jə/ よく知られている, opin*i*on /əpínjən/ 意見

61　/**w**/ (有声)
/u/ の音からすぐに次の母音へ移るときの音. 唇をよく丸める必要がある. この音は語の終わりには来ない.
・規則的なつづり字
/w/　(w): *w*ay /wéɪ/ (…へ)行く道, *w*ork /wɚ́ːk | wəːk/ 仕事, a*w*ay /əwéɪ/ あちらへ
/kw/　(qu): *qu*ick /kwík/ 速い, *qu*arter /kwɔ́ɚṭɚ | kwɔ́ːtə/ 4 分の 1
・注意すべきつづり字
/gw/　(gu) (語中): an*gu*ish /ǽŋgwɪʃ/ 苦悩, lan*gu*age /lǽŋgwɪdʒ/ ことば

62　音節 (syllable)

前後に多少とも切れ目が感じられる発音上の単位を音節という. 例えば日本語の「からだ」は /ka-ra-da/ という 3 音節の語であり, また英語の machine (機械) は /mə-ʃíːn/ という 2 音節, photograph (写真) は /fóʊ-ṭə-grǽf | -tə-grɑ̀ːf/ という 3 音節の語である. なお, 日本語では, 基本的には子音＋母音で 1 個の音節を形成し,「ん」や「っ」を除くと音節とひらがなやカタカナ 1 文字の単位とは大体一致しているが, 英語の場合は音節が子音 1 つと母音 1 つとは限らない. cat /kǽt/ のように子音＋母音＋子音や, graph /grǽf | grɑ́ːf/ のように 子音＋子音＋母音＋子音でも音節は 1 つである.

英語の音節はすべて第一アクセント (primary accent), 第二アクセント (secondary accent) または弱アクセント (weak accent) のどれかを受ける. 一つひとつの音節がほとんど同じ強さと長さで発音される日本語と異なり, 英語では第一アクセントと第二アクセントを受けた音節は強いだけでなく, はっきりと長めに発音され, 弱アクセントを受けた音節は弱く, あいまいで短めに発音される.

63　音節主音的子音 (syllabic consonant)

音節の中心となる音を音節主音 (syllabic) という. 音節の中心となるものは普通は母音であるが, 次のような子音の組み合わせが語の終わりに来るか, その後にさらに子音が続くときには, /m/, /n/, /l/ は子音であっても音節主音となる. このような子音を音節主音的子音 (syllabic consonant) という.

(1)　音節主音的 /m/
/zm/　prism /prízm/ プリズム
/ðm/　rhythm /ríðm/ リズム
(2)　音節主音的 /n/
/tn/　button /bʌ́tn/ ボタン
/dn/　sudden /sʌ́dn/ 突然の
/sn/　lesson /lésn/ 学課
/zn/　season /síːzn/ 季節
(3)　音節主音的 /l/
/pl/　people /píːpl/ 人々
/bl/　table /téɪbl/ テーブル
/tl/　bottle /bɑ́(ː)ṭl | bɔ́tl/ びん
/dl/　idle /áɪḍl/ 仕事をしていない
/kl/　circle /sɚ́ːkl | sə́ː-/ 円
/gl/　eagle /íːgl/ わし
/fl/　shuffle /ʃʌ́fl/ (トランプの札を)切る
/sl/　wrestle /résl/ つかみ合う
/zl/　drizzle /drízl/ 霧雨
/nl/　channel /ʧǽnl/ チャンネル

参考 (1) 音節主音的 /l/ は「ウ」のように聞こえる. 従って /pl, bl, tl, dl, kl, gl, fl, sl, zl, nl/ はそれぞれ「プー, ブー, トゥー, ドゥー, クー, グー, フー, スー, ズー, ヌー」のように聞こえる. (2) /tl, dl, nl/ の場合には /t, d, n/ から /l/ まで舌の先が歯茎から離れない.

64　音の連続

単語が切れ目なく続き, 前の語の終わりが子音で, 次の語のはじめが母音のときは, その子音と母音は間を空けずに続けて (　) のなかのカナで表わしたような感じで発音される.

Ta*ke*‿*it*‿*ou*t. /téɪkɪṭáʊt/ (テイキ**タ**ウト) それを取り出せ.

特に前の語の終わりが /n/ のときには「ナ行」の音のように聞こえる.

a*n*‿*a*pple /ənǽpl/ (ア**ナ**プー) 1 個のりんご.

続けて発音することによって, 例えば first of all (第一に) が festival (祭り)のように聞こえることがある.
以下, 65～85 の例に挙げたいろいろな子音のつなげ方を, 音声データを聞いて練習すること.

65　/**p**/: up and down /ʌ́p(ə)ndáʊn/ (**ア**ップン**ダ**ウヌ) 上がったり下がったり
keep out /kìːpáʊt/ (キー**パ**ウト) 締め出す

66　/**b**/: get a job as an escort /gèṭədʒɑ́(ː)bəzə-néskɔɚt/ (ゲタ**ジャ**ッバザ**ネ**スコート) 護衛の仕事を得る

67　/**t**/: 《米》では, 母音に挟まれた /t/ が有声の /t/ となって日本語の「ラ行」の子音のような発音になることがあるが, 単語間でも同じように有声の /t/ となる《⇒44 注意》
set up /sèṭʌ́p/ (セ**タ**ップ, 《米》セ**ラ**ップ) 据え付ける
get off /gèṭɔ́ːf/ (ゲ**ト**ーフ, 《米》ゲ**ロ**ーフ) 降りる
It's great of you to help us. /ɪtsgréɪṭəvjuːṭəhélpəs/ (イツグ**レ**イタヴュートゥ**ヘ**ウパス, 《米》イツグ**レ**イラヴュール**ヘ**ウパス) 手伝ってくれてありがとう
meet him at a party /míːṭɪməṭəpɑ́ɚṭi/ (**ミ**ーティマタ**パ**ーティー, 《米》**ミ**ーリマラ**パ**ーリー) パーティーで彼と会う
Let us unite in creating a new world. /lèṭəsjuː-náɪṭɪnkriéɪṭɪŋən(j)úːwɚ́ːld/ (レタスュー**ナ**イティンクリ**エ**イティンカ゚**ニュ**ー**ワ**ーウド, 《米》レラスュー**ナ**イリンクリ**エ**イリンカ゚**ヌ**ー**ワ**ーウド) 力を合わせて新しい世界を作ろう

/t/ が 2 つ続く場合は, 2 回発音するのではなく, 1 つは落ちる. 《米》ではその前に /n/ があると, さらに /n/ と /t/ をつなげて「ナ行」の子音のように聞こえることがある.
What do you want to buy? /(h)wɑ́(ː)(t)dəjəwɑ̀-nəbáɪ/ (ホ**ワ**ッドュユワナ**バ**イ) 何を買いたいのですか

68　/**d**/: good old days /gʊ́dòʊl(d)déɪz/ (**グ**ッドーウ**デ**イズ) 懐かしいよき昔
He should have accepted it. /hiːʃədəvəkséptɪḍɪt/ (ヒーシュダヴァク**セ**プテディト) 彼はそれを受け入れるべきであった
She would excuse you. /ʃiː(w)əḍɪkskjúːzjuː/ (シー(ウ)ドデクス**キュ**ーズュー) 彼女はあなたを許すでしょう

/d/ の後に /j/ の音が続くと,「ジュ」のように発音されることがある.

I need you. /aɪníːḍjuː/ (アイニーデュー, アイニージュー) 私にはあなたが必要だ

また, and の /d/ は, 次に子音が続いたときは落ちるのが普通.

come and see /kʌ́mənsíː/ (カマンスィー) 遊びに来る

69 /k/: in a week or two /ɪnəwíːkətúː/ (イナウィーカトゥー) 1, 2 週間のうちに

check in /ʧékín/ (チェッキヌ) チェックインする

check out /ʧékáʊt/ (チェッカウト) チェックアウトする

70 /g/: big apple /bígǽpl/ (ビッガプー) 大きなりんご

big error /bígérɚ/ (ビッゲラー) 重大な間違い

71 /f/: life and death /láɪfəndéθ/ (ライフンデス) 死活問題

half an hour /hǽfənáʊɚ/ (ハーファナウア) 30 分

72 /v/: give up /gɪ̀vʌ́p/ (ギヴァップ) 断念する

Have a nice evening. /hæ̀vənáɪsíːvnɪŋ/ (ハヴァナイスィーヴニンク゜) どうぞよい夕べを

73 /θ/: North America /nɔ́ɚθəmérɪkə/ (ノーサメリカ) 北米

north of Asia /nɔ́ɚθəvéɪʒə/ (ノーサヴェイジャ) アジアの北

74 /ð/: a woman with a baby /əwʊ́mənwɪðəbéɪbi/ (アウォマヌウィザベイビー) 赤ん坊を連れた女性

He did it with ease. /hiːdíḍɪtwɪðíːz/ (ヒーディディトウィズィーズ) 彼はそれを簡単にやってのけた

75 /s/: I'll introduce Anne to you. /aɪlìntrəd(j)úːsǽnṭəjuː/ (アイリンツラドュー [《米》ドゥー]サントゥユー) 私があなたにアンを紹介しましょう

76 /z/: Excuse us. /ɪkskjúːzəs/ (エクスキューザス) 失礼します

77 /ʃ/: push aside /pʊ́ʃəsáɪd/ (プッシャサイド) 押しのける

push it up /pʊ́ʃɪṭʌ́p/ (プッシタ[《米》ラ]ップ) 押し上げる

78 /ʧ/: love each other /lʌ́viːʧʌ́ðɚ/ (ラヴィーチャザー) 互いに愛し合う

as much as you /əzmʌ́ʧəzjúː/ (アズマッチャズユー) あなたと同じほど

teach English /tíːʧíŋglɪʃ/ (ティーチングリシュ) 英語を教える

teach at a high school /tíːʧəṭəháɪskuːl/ (ティーチャタ[《米》ティーチャラ]ハイスクーウ) 高校で教える

79 /ʤ/: a large income /əlάɚʤínkəm/ (アラージンカム) 高収入

a large amount of ice /əlάɚʤəmàʊnṭəváɪs/ (アラージャマウンタ[《米》ラ]ヴァイス) 大量の氷

80 /m/: I want some eggs. /aɪwά(ː)nts(ə)mégz/ (アイワントスメッグズ) 卵がほしい

81 /n/: in April /ɪnéɪprəl/ (イネイプラウ) 4 月に

on a table /ɑ(ː)nətéɪbl/ (アナテイボー) テーブルの上に

one o'clock /wʌ́nəklά(ː)k/ (ワノクラック) 1 時

thirteen eggs /θɚ́ːtiːnégz/ (サーティーネッグズ) 13 個の卵

heavier than it is /héviəðənɪṭíz/ (ヘヴィアザネティズ) 実際より重い

then again /ðènəgén/ (ゼナゲンヌ) さらにまた

depend upon it /dɪpéndəpɑ̀(ː)nɪt/ (ディペンダパニットト) だいじょうぶだ

when it rained /(h)wènɪtréɪnd/ (ホウェニットレインド) 雨が降ったとき

within an hour /wɪðìnənáʊɚ/ (ウィズィナナワー) 1 時間以内に

Japan is an island nation. /ʤəpǽnɪzənáɪlən(d)néɪʃən/ (ジャパニザナイランドネイシュヌ) 日本は島国です

learn English /lɚ́ːníŋglɪʃ/ (ラーニングリシュ) 英語を学ぶ

help one another /hélpwʌ̀nənʌ́ðɚ/ (ヘウプワナナザー) 互いに助け合う

turn off the lights /tɚ́ːnɔ́ːfðəláɪts/ (ターノーフザライツ) 明りを消す

注意 /n/ の後に母音が続くと日本語の「ナ行」の音のように聞こえる.

82 /ŋ/: nothing else /nʌ́θɪŋéls/ (ナスィンゲ゜ウス) ほかには何もない

注意 本辞典では, この音をカタカナで表わすとき,「カ゜キ゜ク゜ケ゜コ゜」のように書いている.

bring in /bríŋín/ (ブリンキ゜ヌ) 持ち込む

bring up /bríŋʌ́p/ (ブリンカ゜ップ) 育てる

83 /l/: all or nothing /ɔ́ːlɚnʌ́θɪŋ/ (オーラナスィンク゜) 全部か無か

an example of adventures /ənɪgzǽmpləvədvénʧɚz/ (アネグザンプラヴァドヴェンチャーズ) 冒険の一例

84 /r/: his other uncle /hɪzʌ́ðɚʌ́ŋkl/ (ヒザザランクー) 彼のもう一人の叔父

bite another apple /báɪṭənʌ́ðɚǽpl/ (バイタナザラプー, 《米》バイラナザラプー) 別のりんごをかじる

85 また語中や語と語の間で子音が 3 つ以上連続するときは中間の子音が落ちて発音されないことがある. 特に /t/ と /d/ が多い. 脱落する可能性のある音を本辞典では ( ) に入れて示す.

exac*t*ly /ɪgzǽk(t)li/ 正確には, han*d*bag /hǽn(d)bæ̀g/ ハンドバッグ, a dum*p* truck /ədʌ́m(p)trʌ̀k/ ダンプトラック, sen*d* back /sèn(d)bǽk/ 送り返す, I don'*t* know /aɪdòʊn(t)nóʊ/ 私は知らない.

アクセント (accent)

86 語アクセント

単語のなかの各音節が発音されるときに受ける強さの度合いをいう. 英語のアクセントには 3 段階があり, 強いほうから第一アクセント (primary accent), 次に第二アクセント (secondary accent), そして弱アクセント (weak accent) という. 例えば educate (教育する)は /éʤʊkèɪt/ と発音されるが, 最初の音節がいちばん強く発音され, 最後の音節が次に強く発音され, まん中の音節がいちばん弱く発音される. このようなとき最初の音節には第一アクセント (/ ́/ で表わす) があり, 最後の音節には第二アクセント (/ ̀/ で表わす) があり, まん中の音節には弱アクセントがあるという. 弱アクセントには普通は記号をつけない. 1 音節の語, 例えば cat や desk などが単独に発音されたときには /kǽt/ や /désk/ のように常に第一アクセントを受ける.

87 句アクセント

単語の場合と同様に, 句の場合にもある語は強く, ある語は弱く発音される. 例えば at áll evènts (とにかく) では all が最も強く, events はそれよりやや弱く, at が最も弱く発音される.

88 句動詞のアクセント

普通は次のとおりである.

(1) 自動詞のときは動詞・副詞ともに第一アクセント. ただし, 第一アクセントが 2 つ並んだ場合は 2 つめの強いアクセントのある音節で声の高さが急に変化し, それによってその音節を含む語のほうがより「強く」感じられる**:** He *wálked* **awáy**. 彼は歩き去った.

(2) 他動詞のときは次のように変化する.

a. 目的語が人称代名詞のときには動詞・副詞ともに第一アクセントで, 目的語の人称代名詞は弱アクセント**:** I'll *cárry* them **óut** for you. 私が運び出してあげましょう.

b. 目的語が名詞で句動詞の後にあれば, 動詞・副詞・目的語の名詞ともに第一アクセント. ただし最後の目的語の名詞がやや強い**:** I *cárried óut* the **bág**. 私はかばんを運び出した.

c. 目的語が名詞で句動詞の間に割り込めば, 動詞と名詞が第一アクセント(ただし後にくる名詞のほうがやや強い)で, 副詞が第二アクセント**:** I *cárried* the **bág** *òut*. 私はかばんを運び出した.

✪ ただし動詞が come や get のように意味が弱く漠然としているときには第二アクセントとなることが多い.

89 アクセントの移動

fifteen や Japanese などは単独に発音するときには fiftéen, Jàpanése というアクセントであるが, fiftéen mén, Jàpanése bóys のように第一アクセントどうしが接近すると fíftèen mén, Jápanèse bóys のように第一アクセントがその前の第二アクセントがある音節へ移動することがある. また fúll-grówn (十分に成長した)のように両方に第一アクセントがある語も, 直後に第一アクセントが続くと a fúll-gròwn líon のように後ろの第一アクセントが弱くなることがある. このような語のとき本辞典ではそれぞれ /fìftíːn←/, /ʤæ̀pəníːz←/, /fúlgróʊn←/ のように /←/ を用いて示している.

90 文アクセント (sentence accent)

We asked where they came from. (私たちは彼らがどこから来たのかと尋ねた) という英文を構成する一つひとつの単語は, 単独ではそれぞれ we /wíː/, asked /ǽskt/, where /(h)wéɚ/, they /ðéɪ/, came /kéɪm/, from /frɑ́(ː)m/ と発音される. ところが実際の英語では上の文全体は /wíː ǽskt (h)wéɚ ðéɪ kéɪm frɑ́(ː)m/ とは発音されないで, /wiǽskt(h)wèɚðeɪkéɪmfrɑ̀(ː)m/ と発音される. つまり英語では文中の単語はすべて同じ強さのアクセントを受けるのではなくて, ある語は強いアクセント(第一アクセント)を受け, ある語は弱く発音され, またある語は中間の強さのアクセント(第二アクセント)を受ける. 文中のある語が受けるアクセントを文アクセント (sentence accent) と呼ぶ. 文アクセントを受ける語は意味のはっきりした重要な語で, 文アクセントを受けない語は日本語の「てにをは」のように, それ自身の意味があいまいで, 文中では比較的重要でない語である.

(a) 文アクセントを受ける語	(b) 文アクセントを受けない語
名詞	冠詞
形容詞	人称代名詞
数詞	再帰用法の再帰代名詞
指示代名詞	不定代名詞
疑問代名詞	関係代名詞
強調用法の再帰代名詞	関係副詞
疑問副詞	助動詞
動詞	前置詞
副詞	接続詞
感嘆詞	

91 強形 (strong form) と弱形 (weak form)

文中では普通は文アクセントを受けないで弱く発音される語, つまり冠詞, 人称代名詞, 不定代名詞, 関係代名詞, 関係副詞, 助動詞, 前置詞, 接続詞などでは, 強く発音された場合と弱く発音された場合とでは母音(および子音)が違うことがある. そのようなとき, 前者の形を強形 (strong form) と呼び, 後者の形を弱形 (weak form) と呼ぶ.

I was át /ǽt/ the door. 私はちゃんとドアのところにいました (強形).

I waited at /ət/ the door. 私はドアのところで待っていました (弱形).

強形と弱形とはこの辞典では at /(弱) ət; (強) ǽt/ のように示す.

イントネーション (intonation)

92 イントネーションの核 (nucleus)

ことばを話すときの声の高さの変化をイントネーションという. イントネーションは文中のある音節で急に上がったり下がったりするが, この部分をイントネーションの核 (nucleus) と呼び, 以下の例文では太字で示す. 普通は第一アクセントを受ける最後の音節が核となるが, それまでの話の流れで既出の語や, 話者と聞き手双方にとって旧情報である部分は核を含むことなく, 新情報に核が置かれる. 例えば初めて発せられた I bought the book. では最後の第一アクセントを受ける音節は book であり, 核となるが, すでにその本が話題となっていて新情報が「(その本は)買ったのだ」である場合, 核は bought に置かれる. 次の 2 つの会話を比較**:**

*Mary***:** Hi, Steve! Guess what? I bought that **book**. スティーブ, こんにちは. あのね, 例の本を買ったのよ.

*Steve***:** Oh, did you? I hope it's interesting! ほんと? 面白いといいね.

……………………………

*Mary***:** The book was very boring. あの本, とてもつまらなかった.

*Steve***:** So have you returned it to the library? じゃあ, 図書館に返したの?

*Mary***:** No! I **bought** that book. I didn't **borrow** it! まさか! あの本は買ったのよ. 借りたのではないのだから.

本来は文アクセントを受けず, 従って核となりえない語でも, 話者がその語を強調したい場合は核を置くことができる**:** **I** bought the book. その本を買ったのはこの私です.

核のところで急激に声が下がる場合を下降調, 反対にそこから徐々に高くなるものを上昇調という.

93 下降調 (falling intonation) の用法

下降調は「完結」が基調で, 平叙文, 命令文, 感嘆文のほか疑問詞で始まる疑問文にも用い, 主として断定的な気持ちを表わす.

(1) 平叙文**:** The wéather was **fíne**.↘ 天気はすばらしかった / There's nóthing to be **dóne**↘ abòut it. それについてはどうしようもない.

(2) 命令文**:** Shút the **dóor**.↘ ドアを閉めなさい /

Bríng me my **ó**vercoat.↘ 私のオーバーを持ってきてくれ.

(3) 感嘆文: Whát a cóld **dáy**!↘ 何て寒い日なのだろう / Hów fást that cár **rúns**!↘ あの車は何て速く走るのだろう.

(4) 疑問詞で始まる疑問文: Whó cáme **yés**terday?↘ きのうはだれが来たのか / Whát can I **dó**↘ for you? 何かご用でしょうか.

94 上昇調 (rising intonation) の用法

上昇調は情報が「未完結」であるというのが基調で, 文の途中でよく使われるほか, 情報を完結させるために相手に yes か no の返答を求める疑問文で使われる. また,「不確実」や自信のない気持ちも表わし, それによって聞き手に柔らかな印象を与えるため, 依頼するときや呼びかけでも使われる.

(1) yes か no の答えを求める疑問文: Do you knów Mìss **Bláck**?↗ あなたはブラックさんをご存じですか / Is it **ín**teresting?↗ おもしろいですか.

(2) 丁寧なまたは柔らかい感じの依頼や勧誘: May I pléase úse your **phóne**?↗ 電話をお借りできますでしょうか / Wòn't you háve some móre **cóf**fee?↗ コーヒーをもう少々いかがですか / Will you ópen the **wín**dow?↗ 窓を開けてくれませんか.

(3) 形は平叙文だが内容的には疑問文のとき: You are **tíred**?↗ 疲れたのですか / Nó one knóws the **réa**son?↗ だれも理由はわからないのですか.

(4) 断定的でなく柔らかな口調の平叙文: This is **míne**.↗ これは私のですけど / I'd líke my cóffee **hót**.↗ 私はコーヒーは熱いのがいいのですが.

(5) 呼びかけの語で: Are you **cóm**ing, **Dád**?↗ お父さん, 来るの / Wòn't you **hélp**, **óf**ficer?↗ お巡りさん, 手を貸してくれませんか.

95 下降上昇調 (falling-rising intonation) の用法

下降上昇調は下降調の「完結, 断定」の意味と上昇調の「不確実」な気持ちの両方の性格を持ち, 強い断定を避けたり, いたわり·激励·警告などや, 言外の含みを持った気持ちを表わすときに多く用いられる. 文の最後の強いアクセントの語が ↘↗ と発音される場合と, 下降 ↘ から離れて上昇 ↗ が起こる場合とがある: It ísn't **bád**.↘↗ 悪くはないけど(決してよくもないね) / It dóesn't surpríse **mé**.↘↗ 私は驚きませんよ(他の人は知らないけど) / He dòesn't lénd móney to just **án**ybody.↘↗ 彼はだれにでも金を貸すというわけではない / I can cóme on **Món**day.↘↗ 月曜日なら来られるのですが(他の日はだめです) / We did **nót**↘ stáy at hóme becàuse it was cóld out**dóors**.↗ 我々は戸外が寒かったから屋内にいたというわけではない (⇒because 2 語法).

96 注意すべきイントネーション

97 選択疑問文

「A か B か」というような問いの文では次のようなイントネーションとなる.

Wòuld you líke **cóf**fee↗ or **téa**?↘ コーヒーとお茶とどちらがよいですか.

(最後の語だけに核が置かれる, 次の文と比較: Wòuld you líke cóffee or **téa**?↗ コーヒーや紅茶などの飲み物を何か飲みますか ?)

which で始まる文も同様.

Whích is lárger, the **éarth**↗ or the **móon**?↘ 地球と月とどちらが大きいか.

98 付加疑問文

例えば, You can drive a car, *can't you*? の文尾の can't you? は, 意味によって次のように上昇調にも下降調にもなる.

(1) Yóu can dríve a **cár**,↘ **cán't**↗ you? あなたは車の運転ができるのですか [質問調].

(2) Yóu can dríve a **cár**,↗ **cán't**↘ you? あなたは車の運転ができますね [当然 "yes" の答えを予期するとき].

(1) の上昇調は疑問文に近いことを示し, (2) の下降調は確認を表わす.

音声ダウンロードの手順

① 研究社ホームページ (https://www.kenkyusha.co.jp/) のトップページから「音声·各種資料ダウンロード」にアクセスし, 書籍一覧から『ライトハウス英和辞典』を探してください.

②「ダウンロード」ボタンをクリックすると, ユーザー名とパスワードの入力が求められます. ユーザー名とパスワードは以下のように入力してください.

ユーザー名: guest
パスワード: LH2023

③ ユーザー名とパスワードが正しく入力されると, ファイルのダウンロードが始まります. ダウンロード完了後, 解凍してご利用ください.

文法解説

目　次

1. 文型と文の種類 …… 1680
1 文の要素
2 基本 5 文型
3 品詞
4 句と節
5 文の種類

2. 名詞と冠詞 …… 1682
1 名詞の種類
(1) 可算名詞
(2) 不可算名詞
2 冠詞と数
(1) 不定冠詞
(2) 定冠詞
(3) 無冠詞

3. 代名詞 …… 1683
(1) 人称代名詞
(2) 指示代名詞
(3) 不定代名詞
(4) 関係代名詞
(5) 疑問代名詞

4. 動詞 …… 1684
(1) 自動詞
(2) 他動詞
(3) 動作動詞
(4) 状態動詞
(5) 句動詞

5. 形容詞と副詞 …… 1684
1 形容詞
(1) 限定用法
(2) 叙述用法
2 副詞

6. 時制 …… 1685
1 基本時制
(1) 現在時制
(2) 過去時制
(3) 未来時制
2 進行形
(1) 現在進行形
(2) 過去進行形
(3) 未来進行形
3 完了形
(1) 現在完了形
(2) 過去完了形
(3) 未来完了形
4 完了進行形

7. 態 …… 1687
1 能動態
2 受動態
(1) 受動態の作り方
(2) 受動態を用いる場合
(3) 受動態についての注意点

8. 準動詞 …… 1688
1 不定詞
(1) 不定詞の意味関係について
① 意味上の主語
② 不定詞が表わす「時」について
③ 不定詞の否定
(2) 名詞用法
(3) 形容詞用法
(4) 副詞用法
(5) 原形不定詞
2 動名詞
動名詞の意味関係について
① 意味上の主語
② 動名詞が表わす「時」について
③ 動名詞の否定
3 分詞
(1) 現在分詞
(2) 過去分詞
(3) 分詞が表わす意味関係について
① 意味上の主語
② 分詞の否定
4 分詞構文
(1) 分詞構文の用法
(2) 分詞構文が表わす意味関係について
① 意味上の主語
② 分詞構文の時制
③ 分詞構文の否定

9. 節 …… 1691
1 接続詞（等位接続詞と従属接続詞）
(1) 等位接続詞
(2) 従属接続詞
2 名詞節
(1) 名詞節を導く従属接続詞
(2) 名詞節を導く疑問詞
(3) 名詞節を導く関係詞
3 形容詞節
(1) 関係代名詞
① 関係代名詞の種類
② 関係代名詞の用法
③ 前置詞＋関係代名詞
(2) 関係副詞
① 関係副詞の種類

② 関係副詞の用法
(3) 制限用法
(4) 非制限用法
(5) その他の関係詞
4 副詞節

10. 助動詞 …… 1693
1 助動詞の用法
2 助動詞の過去形
3 助動詞＋完了形

11. 仮定法 …… 1694
1 法
2 仮定法過去
3 仮定法過去完了
4 仮定法現在
5 仮定法の慣用表現

12. 比較 …… 1696
1 比較変化
2 原級を用いた比較 (同等比較)
3 比較級を用いた比較
4 最上級を用いた比較
5 最上級相当表現

13. 否定 …… 1698
1 語否定と文否定
2 部分否定
3 全体否定
4 二重否定
5 否定語を用いない否定
6 修辞疑問

14. 話法 …… 1699
1 直接話法
2 間接話法
(1) 平叙文の話法の転換
(2) 疑問文の話法の転換
(3) 命令文の話法の転換
(4) 時制の一致
(5) 時制の一致の例外
3 描出話法 (中間話法)

15. 特殊構文 …… 1701
1 強調
(1) 強調構文 (分裂文)
(2) 擬似分裂文
(3) 強調のための語句をつける
(4) 同じ語句を繰り返す
(5) 倒置
(6) 話しことばや印刷物の場合
2 倒置
(1) 疑問文の語順になる場合
(2) 文要素の倒置
(3) その他の慣用的な倒置
3 挿入
4 省略
(1) 重複を避けるための省略
(2) 従属節中の S＋be 動詞の省略
(3) 慣用的な省略
(4) 省略に関する記号

16. 句読点など …… 1704
1 アポストロフィ
2 コロン
3 セミコロン
4 コンマ
5 ダッシュ
6 感嘆符
7 疑問符
8 ハイフン
9 引用符
10 ピリオド (終止符)
11 数詞

1. 文型と文の種類

1.1 文の要素

英文をつくる基本的な要素で，以下の 5 つがある．

(1) 主　語 (subject 表記: **S**)
・文の主題を表わす部分で，日本語の「～が」「～は」に相当する．
・主語になる品詞は，原則として文の最初に現れる名詞 (⇒ 2)・代名詞 (⇒ 3)である．

例 **Tom** is a good boy.
「トムはよい少年だ」

例 **What he said** is true.
「彼の言ったことは本当だ」

例 **The book on the table** is mine.
「机の上の本は私のです」

✪ 厳密に言うと，主題を表わすカタマリ全体を主部と呼び，主部のうちで中心になる語を主語と呼ぶ．例えば，上の例では Tom, book が厳密に言えば主語．2 例目では中心になる語はないので，what he said 全体が主部であり主語でもある．

(2) 動　詞 (verb 表記: **V**)
・主語が行う動作や主語の状態を述べる部分であり，正式には述語動詞 (predicate verb) という．
・動詞になる品詞は動詞 (⇒ 4) である．動詞の前に助動詞 (⇒ 10) がつくこともある．

例 Our team **won** the game.
「われわれのチームは試合に勝った」

例 Camels **can go** for days without water.
「らくだは水がなくても何日も過ごせる」

例 I **have been waiting** for you for hours.
「あなたを何時間も待っていました」

(3) 目的語 (object 表記: **O**)
・動作の対象となる人や物のことをいう．日本語の「～を」「～に」などに相当する．
・動詞および前置詞 (⇒ 1. 3 (6)) が目的語をとる．
・目的語になる品詞は名詞 (⇒ 2)・代名詞 (⇒ 3) である．

例 I bought **a camera**.
「私はカメラを買った」
→ 名詞が動詞の目的語になっている

例 I like **him** very much.
「私は彼を大変気に入っている」
→ 代名詞が動詞の目的語になっている

例 I want **to stay here**.
「私はここにいたい」
→ 不定詞 (⇒ 8. 1) が動詞の目的語になっている

例 Do you know **that Mr. Smith is sick in bed**?
「あなたはスミス先生が病気で寝こんでいることを知っていますか」
→ 節 (⇒ 1. 4, 9) が動詞の目的語になっている

例 It depends on **what you choose as your subject**.
「それは君が何を主題に選ぶかによる」
→ 節が前置詞の目的語になっている

(4) 補　語 (complement 表記: **C**)
・主語 (S) や目的語 (O) の説明をする部分である．
・補語になる品詞は(代)名詞か形容詞である．
・主語を説明する補語のことを主格補語といい，<S=C> の関係が成り立つ．

例 Tom is **a student**.
「トムは学生だ」(トム＝学生)

例 It proved **to be very useful**.
「それは大変役立つことがわかった」

・目的語を説明する補語のことを目的格補語と呼ぶ．目的語と目的格補語の間には，意味的に主語・述語の関係がある．

例 We called him **Baron**.
「われわれは彼を「男爵」と呼んだ」
※ him (O) と Baron (C) の間には “he is Baron” という意味関係がある．

例 I found the book **interesting**.
「その本は読んでみたらおもしろかった」
※ O と C の間には “the book is interesting” という意味関係がある．

(5) 修飾語 (modifier)
・S, V, O, C といった文の要素や文全体にかかり，文の意味をより詳しくする部分のことをいう．
・修飾語になる品詞は，形容詞と副詞である．

1.2 基本 5 文型

英語の文は，文の要素 (⇒ 1. 1) が組み合わさった結果，以下の 5 つのいずれかの文型になる．それぞれの文型ごとに特徴的な意味があり，動詞の意味は，たとえ同じ動詞であっても，文型によって変わるので，その都度英文の文型を判断した上で，辞書でその文型に応じた意味を確認することが望ましい (以下の各文型における get の用例参照)．なおこの辞書で示した動詞型については ⇒ 動詞型解説 (巻末)．

(1) ［第 1 文型］ S＋V
「S は V する」という意味で，この文型をとる動詞は，存在・往来・発着・出現・消滅を表わすものが多い．

例 We got home at six.
S V
「私たちは 6 時に家に帰った」

(2) ［第 2 文型］ S＋V＋C
「S は C だ」という意味で，この文型で用いる C は主語の説明をすることから，主格補語 (subjective complement) という．この文型では，S＝C の関係が成り立つ．

例 They soon got married.
S V C
「彼らはまもなく結婚した」

(3) ［第 3 文型］ S＋V＋O
「S は O を V する」という意味で，第 2 文型とは違って S と O にイコールの関係はない．

例 He got first prize in the race.
S V O
「彼はそのレースで 1 等賞を得た」

(4) ［第 4 文型］ S＋V＋IO＋DO
間接目的語 (indirect object 表記: **IO**) と直接目的語 (direct object 表記: **DO**) という 2 つの目的語をとる文型で，「S は IO に DO を V する」という意味になる．IO には人が，DO には物がくるのが普通である．この文型をとる動詞は授与動詞 (dative verb) といって give に代表されるように「与える」というニュアンスを含む．この文型をとる動詞は，前置詞を用いて S＋V＋DO＋**to**＋IO (⇒ to[1] 3

[語法]》や S＋V＋DO＋**for**＋IO《⇒ for [前] A1 [語法]》に言い換えられるものが多いので，その都度辞書で確認するとよい（ただし cost, envy, save, spare などは言い換え不可）．

[例] Get me a chair.
　V IO DO
「いすを持ってきてください」
（＝Get a chair **for** me.）

(5) ［第 5 文型］S＋V＋O＋C

「S は O を C に V する」という意味で，この文型で用いる C は目的語の説明をすることから，目的格補語（objective complement）という．この文型では O＝C の関係が成り立つ．

[例] She is getting breakfast ready.
　S V O C
「彼女は朝食のしたくをしています」

1．3 品詞

単語を文の中での働き・意味によって分類したものを品詞（part of speech）という．同じ語であっても，いくつかの品詞の用法を持つものが多いので，その都度文の中での働きからその語の品詞を確認して辞書で調べるようにしたい（[例] book [名]「本」[動]「予約する」）．

英語の品詞には以下の 8 種類がある．

(1) **名　詞**（noun [表記]: [名]）
・人・動物・事物の名前を表わす語のことである．名詞には数えられる名詞（可算名詞）（countable [表記]: [C]）と数えられない名詞（不可算名詞）（uncountable [表記]: [U]）があり，名詞の前には冠詞（article）がつくことがある《⇒ 2》．
・文の中での働きは，S, O, C, 前置詞の目的語のいずれかになる．

(2) **代名詞**（pronoun [表記]: [代]）
・名詞の代わりをする語．名詞と同様に，文の中では S, O, C, 前置詞の目的語のいずれかの働きをする《⇒ 3》．

(3) **動　詞**（verb [表記]: [動]）
・主語が行う動作や状態を表わす語で，目的語を必要としない自動詞（intransitive verb [表記]: [自]）と目的語を必要とする他動詞（transitive verb [表記]: [他]）がある《⇒ 4》．
・文の中では，V の働きをする．

(4) **形容詞**（adjective [表記]: [形]）
・名詞を説明する語《⇒ 5》．
・文の中では，名詞を修飾するか，C として用いる．

(5) **副　詞**（adverb [表記]: [副]）
・原則として，名詞以外（動詞・形容詞・他の副詞・文全体）を修飾する語《⇒ 5》．

(6) **前置詞**（preposition [表記]: [前]）
・名詞の前に置き，前置詞＋名詞のセットで，形容詞か副詞と同じ働き（形容詞句・副詞句）をする《⇒ 1. 4》．

(7) **接続詞**（conjunction [表記]: [接]）
・文の要素同士をつなぐ働きをする語のことで，等位接続詞と従属接続詞がある《⇒ 9. 1》．

(8) **間投詞**（**感嘆詞**）（interjection [表記]: [間]）
・喜びや驚き，悲しみ，苦しみなどの感情を表わす語．
・他の品詞とは異なり，文の要素にならない．

1．4 句と節

(1) **句**（phrase）
・2 語以上の語が全体で 1 つの単語（名詞・形容詞・副詞）と同じ働きをするもののことを句という．節とは違って，句は，S＋V を含まないカタマリである．
・句として働くものには，不定詞《⇒ 8. 1》・動名詞《⇒ 8. 2》・分詞《⇒ 8. 3》・前置詞句《⇒ 1. 3 (6)》がある．

(2) **節**（clause）《⇒ 9》
・句とは違って，S＋V を含むカタマリのことを節という．
・節には，等位接続詞《⇒ 9. 1》によって導かれる等位節と従属接続詞《⇒ 9. 1》や関係詞《⇒ 9. 3》，疑問詞《⇒ 9. 2》によって導かれる従属節がある．

1．5 文の種類

(1) **平叙文**（declarative sentence）
・事実や考えを述べる文で，S＋V の語順をとり，文末にはピリオド（.）をつける．
・文の終わりは下降調で発音する．

[例] The weather was fine.
「天気はよかった」

[例] I don't like cats.
「私は猫が好きではない」

(2) **疑問文**（interrogative sentence）
・相手に質問したり疑問を表わす文で，文末には疑問符（?）をつける．
・原則として，疑問文の語順は ＜助動詞＋S＋V＞ になる（一般動詞の場合は ＜助動詞 do＋S＋V＞，be 動詞の場合は，＜be 動詞＋S＞ の語順にする）．
・疑問文は大きく分けて以下の 4 種類がある．

① **一般疑問文**（general question）
平叙文を ＜助動詞＋S＋V＞ の語順に変えることで作る疑問文で，原則として Yes/No 相当表現で答える．文の終わりは上昇調で発音する．

[例] Does John love Mary?↗
「ジョンはメアリーを愛していますか」

[例] Is that your school?↗
「あれはあなたの学校ですか」

② **wh 疑問文**（wh-question）
特殊疑問文とも呼ぶ．文頭に疑問詞を置き，その後は ＜助動詞＋S＋V＞ の語順にする．文の終わりは下降調で発音する．疑問詞には疑問代名詞（who, whom, whose, what, which）と疑問副詞（how, when, where, why）がある．

[例] **What** did he write?↘
「彼は何を書いたのですか」

[例] **When** did he come here?↘
「いつ彼はここに来たのですか」

✪ 主語が疑問詞となる時は語順は平叙文と同じにする．

[例] **Who** lives here?
　S V
「誰がここに住んでいるのですか」

③ **選択疑問文**（alternative question）
A or B という形を用いて A か B かどちらかを尋ねる疑問文《⇒ or》．Yes/No では答えられない．A の後で上昇調，B の後で下降調で発音する．

[例] Which do you find more difficult↘, physics↗

or English?⤵
「物理と英語ではどちらが難しいと思いますか」

④ **付加疑問文** (tag question)
相手の同意を求めたり，念押しする時に用いる疑問文で，平叙文の後に <助動詞＋S?> をつけて作る．肯定文には否定の付加疑問を，否定文には肯定の付加疑問をつける．

例 It's very hot, **isn't it?**
「とても暑いですね」
例 Henry won't be here for long, **will he?**
「ヘンリーはここには長くはいないんですよね」

(3) **命令文** (imperative sentence)
命令を表わす文で，肯定の命令文は動詞の原形から，否定の命令文は Don't＋動詞の原形から書き始める．命令文は文の終わりを下降調にする．
例 **Shut** the door.「ドアを閉めなさい」
例 **Don't talk** like that.「そんな口をきくな」

(4) **感嘆文** (exclamatory sentence)
驚き・喜び・悲しみなどの感情を表わす文で，文末に感嘆符 (!) をつける．文頭には疑問詞 what または how を置くが，語順は平叙文と同じ語順にする《⇒ what[1] 形 2 語法, how[1] 副 4 語法》.
例 **What** a lovely girl she is!
「何てあの子はかわいいんでしょう」
例 **How** fast that car goes!
「あの車は何て速く走るのだろう」

2. 名詞と冠詞

2. 1 名詞の種類

名詞 (noun 表記: 名 ⇒ 1. 3 (1)) には数えられる名詞 (可算名詞) と数えられない名詞 (不可算名詞) があり，それぞれの名詞の種類・意味に応じて冠詞《⇒ 2. 2》をつけることができる．同じ名詞であっても具体的な事実を述べるときは可算名詞，抽象的な意味を表わすときは不可算名詞として扱われることがあるので，その都度辞書で確認することが重要である ([例] kindness「親切」(不可算名詞)，「親切な行為」(可算名詞)).

(1) **可算名詞** (countable 表記: Ⓒ)
1 つ 2 つと数えることができる名詞で，1 つであれば a(n)＋単数形，2 つ以上であれば複数形で用いるものである．可算名詞には以下の 2 種類がある．

❶ 普通名詞 (common noun)	
具体的な姿・形をもつものを表わす．	例 There is **a book** on the desk. 「机の上に(1 冊の)本がある」 例 How many **books** are there on the **bookshelf**? 「本棚に何冊の本がありますか」
❷ 集合名詞 (collective noun)	
いくつもの人・物の集合体を表わす名詞.	(a) 集合体全体で 1 つのまとまりと考えられる場合＝単数扱い
	例 This **class** is for foreign students. 「このクラスは外国人の学生のためのものです」
	(b) 集合体の構成員 1 つ 1 つに重点＝複数扱い (主に《英》の用法)
	例 The whole **class** were deeply impressed by his speech. 「クラスの全員は彼の演説に深く感動した」 ✪《米》では，この場合 The whole class **was** .... と単数扱いにするのが普通である．
	(c) つねに複数扱い
	例 The **police** are investigating the case. 「警察はその事件を捜査している」 例 There were several **people** on the street. 「路上には数人の人がいた」

複数形の作り方
規則的な複数形の作り方は原則として以下の通り(この辞書では不規則な複数形はすべて見出し語の後に記してある).
(1) 原則として単数形の語尾に -s または -es をつける
① 語尾の音が有声音《⇒ つづり字と発音解説 42》の /b, d, g, v, ð, m, n, ŋ, l/ や母音で終わる語の場合
→ -s /z/ をつける
例 bed → beds /bédz/
tree → trees /tríːz/
② 語尾の音が無声音《⇒ つづり字と発音解説 42》の /p, t, k, f, θ/ で終わる語の場合
→ -s /s/ をつける
例 rope → ropes /róʊps/
death → deaths /déθs/
③ 語尾が /s, z, ʃ, ʒ, ʧ, ʤ/ で終わる語の場合
→ -es /ɪz/ をつける
例 fox → foxes /fɑ́(ː)ksɪz | fɔ́ks-/
dish → dishes /díʃɪz/
✪語尾に発音しない e があればそれを取って -es をつける (e は発音されるようになる).
例 rose /róʊz/ → roses /róʊzɪz/
(2) “子音＋o” で終わる語
→ -es をつける語と -s をつける語と，-es/s どちらでもよい語がある
例 hero → heroes
photo → photos
mosquito → mosquito(e)s
(3) “子音＋y” で終わる語
→ y を ie に変えて，語尾に -s /z/ をつける
例 baby → babies
✪ ただし，“母音＋y” で終わる語の場合は，そのまま -s をつける．
例 boy → boys /bɔ́ɪz/
(4) -f/-fe で終わる語
→ f /f/ を v /v/ に変えて -es をつける語がある
→ fe を ve に変えて -s をつける語がある
例 knife /náɪf/ → knives /náɪvz/
leaf /líːf/ → leaves /líːvz/

(2) **不可算名詞** (uncountable 表記: Ⓤ)
1 つ 2 つと数えることができない名詞で，不定冠詞 a, an をつけることができず，複数形もない名詞．不可算名詞には以

下のものがある.

❶ 物質名詞 (material noun)	
液体・気体・固体などの一定の形をもたない物質を表わす.	例 wine, rain, sugar など ✪ 物質名詞を数える場合, 容器や単位を表わす名詞を前に置く. 例 a cup of **coffee** a piece of **chalk**
❷ 抽象名詞 (abstract noun)	
動作・性質・状態などの抽象的な概念を表わす.	例 freedom, license, health, wealth, kindness, advice など ✪ 抽象名詞は動詞や形容詞の名詞形であることが多い. 例 freedom ← free 形 kindness ← kind 形 advice ← advise 動
❸ 固有名詞 (proper noun 表記: 固)	
特定の人物・動物・事物・場所などの名前.	例 John, Smith, England など ✪ 固有名詞はつねに大文字で書き始める. ✪ 固有名詞の中には冠詞をつけるものがある. (⇒ a² 5, 6, the¹ 5)

表記: 可算名詞・不可算名詞両方に用いられる名詞については, この辞書では C,U および U,C で示してある.

2. 2 冠詞と数

名詞はその種類に応じて, 以下のように冠詞 (article) と数 (number) を組み合わせることができる.

	可算名詞 (単数形)	可算名詞 (複数形)	不可算名詞
不定冠詞 (a, an)	○	×	×
定冠詞 (the)	○	○	○
無冠詞	×	○	○

(1) **不定冠詞** (indefinite article)
不定冠詞 (a, an) は, 可算名詞の単数形の前に置くことができ, その名詞の意味が不特定である (文脈上同じ種類の名詞が他にもある) ことを示す. 子音で始まる語の前には a, 母音で始まる語の前には an を置く (⇒ a², an).

(2) **定冠詞** (definite article)
定冠詞 (the) は, 可算名詞 (単数形・複数形) にも不可算名詞にもつけることができ, その名詞が特定のもの (文脈上同じ種類の名詞はほかにはない, 唯一) であることを示す (⇒ the¹).

例 Book me **a room** at **the hotel**.
「そのホテルに部屋を予約してください」
→ ホテルは文脈上特定のホテルを表わすから the, 部屋はどれとは特定されていない, 同じ種類の部屋はホテルに他にもあるので a がつく.

(3) **無冠詞**
可算名詞の複数形や, 不可算名詞が, ものごとの一般的な性質を表わす場合は, a も the もつけない.

例 **Water** boils at 100 degrees centigrade.
「水は摂氏 100 度で沸騰する」
→ 水というものの一般的性質を述べている文なので無冠詞.

3. 代名詞

代名詞 (pronoun 表記: 代 ⇒ 1. 3 (2)) には, 以下の種類がある.

(1) **人称代名詞** (personal pronoun)
話し手 (一人称), 聞き手 (二人称), 話題になっている人・物 (三人称) を表わす代名詞. 人称代名詞は文の中での働きによって格が変化する.

人称代名詞					所有代名詞	再帰代名詞
		主格	所有格	目的格		
単数	一人称	I	my	me	mine	myself
	二人称	you	your	you	yours	yourself
	三人称	he	his	him	his	himself
		she	her	her	hers	herself
		it	its	it		itself
複数	一人称	we	our	us	ours	ourselves
	二人称	you	your	you	yours	yourselves
	三人称	they	their	them	theirs	themselves

・主格: 主語か主格補語になるときの語形.
・所有格: 日本語の「～の」に相当する. 普通の名詞の所有格は語尾に 's をつける (⇒ 16. 1 (1)).
表記: この辞書で成句に所有格が用いられる場合, one's, ...'s という形を用いている (⇒ one's 語法).
・目的格: 他動詞や前置詞などの目的語になるときの語形.
・所有代名詞: 日本語の「～のもの」に相当し, 所有格＋名詞に対応する.

例 my book「私の本」→ mine「私のもの」

✪ 普通の名詞の場合は, 所有格の形だけで「～のもの」の意味を表わす (独立所有格).

例 Meg is staying at *her uncle's*.
「メグはおじの家に滞在しています」

・再帰代名詞の用法については ⇒ oneself 2 語法.

✪ **非人称の it** (impersonal 'it')
人称代名詞の it が天候・時間・距離・明暗などを表わす文の主語として用いられたり, seem, appear, happen などの主語として用いられたりする場合をいう.

例 **It** was fine yesterday.
「きのうは天気がよかった」【天候】
例 **It**'s getting dark outside.
「外は暗くなりかけている」【明暗】
例 **It** is five o'clock.
「今 5 時です」【時間】
例 How far is **it** from here to the station?
「ここから駅までどのくらいありますか」【距離】
(以上 ⇒ it¹ A2)
例 **It seems** [**appears**] **that** he was ill.
「彼は病気だったらしい」《⇒ it¹ A5》

(2) **指示代名詞** (demonstrative pronoun)
人や物を指したり，前出の語・句・節を指す代名詞.

	近くのものを指す	遠くのものを指す
単数	this 「これ」⇒ this	that 「あれ」⇒ that¹
複数	these 「これら」	those 「あれら」

(3) **不定代名詞** (indefinite pronoun)
漠然と人や物を指す代名詞. 用法については，辞書本文の各項目参照: all, another, any, anybody, anyone, anything, both, each, each other, either, enough, everybody, everyone, everything, few, good deal, great deal, least, less, little, many, more, most, much, neither, nobody, no one, none, nothing, one, one another, other, same, several, some, somebody, someone, something, such.

(4) **関係代名詞** (relative pronoun) 《⇒ 9. 3》

(5) **疑問代名詞** (interrogative pronoun)
《⇒ 1. 5 (2) ②, 9. 2》

4. 動詞

・動詞 (verb 表記: 動) 《⇒ 1. 3 (3)》は，主語の人称・数や時制《⇒ 6》によって語形 (活用) を変える.
・動詞は文の中での働きによって，自動詞と他動詞の 2 種類に分類される. また，意味的に，動作動詞と状態動詞の 2 種類に分類される.

(1) **自動詞** (intransitive verb 表記: 自)
目的語をとらない動詞を，自動詞という. 自動詞によって導かれる文型は以下の 2 通り.

自動詞の種類	文型《⇒ 1. 2》
完全自動詞 (主格補語をとらない)	S+V
不完全自動詞 (主格補語をとる)	S+V+C

(2) **他動詞** (transitive verb 表記: 他)
目的語をとる動詞を，他動詞という. 他動詞によって導かれる文型は以下の 3 通り.

他動詞の種類	文型《⇒ 1. 2》
完全他動詞 (目的格補語をとらない)	S+V+O S+V+IO+DO
不完全他動詞 (目的格補語をとる)	S+V+O+C

✪ 多くの動詞が自動詞・他動詞の用法があるので，その都度文型を判断して辞書で意味を確認することが望ましい. また，必ずしも他動詞が日本語の「～をする」という動詞に対応するとは限らないので注意が必要である.
例 He **ran** for five miles.
S V
「彼は 5 マイル**走った**」
→ この場合 run は自動詞
例 He **runs** a hotel.
S V O
「彼はホテルを**経営している**」
→ この場合 run は他動詞

(3) **動作動詞** (dynamic verb)
意志で制御できる動作を表わす動詞. 動作動詞は，進行形《⇒ 6. 2》にすることができるのと，命令文《⇒ 1. 5 (3)》にすることができるのがその特徴である.

(4) **状態動詞** (stative verb)
意志では制御できない状態や関係を表わす動詞. 状態動詞は原則として進行形《⇒ 6. 2》や命令文《⇒ 1. 5 (3)》にできないのが特徴である.
✪ 同じ動詞であっても，意味の違いによって，動作動詞・状態動詞両方の用法があるものもあるので注意.
例 She was **look**ing at herself in the mirror.
「彼女は鏡で自分の姿を見ていた」
→ look (at ～)「～をよく見る」は動作動詞
例 Mary **looks** happy.「メアリーは楽しそうだ」
→ look「～に見える」は状態動詞

(5) **句動詞** (phrasal verb)
look at ～「～をよく見る」や listen to ～「～に耳を傾ける」のように，動詞＋前置詞や動詞＋副詞が 2 つ(以上)で 1 つの動詞のように働くものである. この辞書では，重要な句動詞は動詞の項目の後で囲みとして扱い，動 と表示して詳しく意味を説明している.

5. 形容詞と副詞

5. 1 形容詞

形容詞 (adjective 表記: 形) は，名詞の説明をする語で，その働き・意味の違いから以下の 2 用法に分類される.

(1) **限定用法** (attributive use 表記: 限定)
名詞の前に置き，後の名詞を修飾する形容詞. 限定用法で用いる形容詞は，一般的・永続的性質のものが多い.

(2) **叙述用法** (predicative use 表記: 叙述)
後から前の名詞を修飾したり，補語として前の名詞を説明する形容詞. 叙述用法で用いる形容詞は，一時的性質を表わすものが多い.
✪ 形容詞によって，限定用法でしか用いないもの，叙述用法でしか用いないもの，限定・叙述用法によって意味が変わるものがあるので，その都度辞書で確認することが望ましい．

例 the **present** government「現在の政府」
→ present の限定用法は「現在の」の意味
All the students are **present**.
「生徒は全員出席している」
→ present の叙述用法は「出席して」の意味

5. 2 副詞

副詞 (adverb 表記: 副) は，原則として名詞以外 (動詞･形容詞･他の副詞･文全体) を修飾し，程度や頻度，様態，場所･時間など文の背景を表わす語である．用法については以下の ①～③ を参照．

① 文全体を修飾する副詞は，文頭に置くことが多く，話者の気持ちを表わしたり，前の文との関係を表わす (表記: 文修飾)．

② 語尾が -ly で終わるものが多い．

✪ ただし friendly 形「友好的な」のように，語尾が -ly で終わっていても副詞ではないものもあるので，その都度辞書で品詞を確認するのが望ましい．

③ 副詞の位置についてはある程度決まっている．

(a) 動詞を修飾する場合

文末に置くのが普通．動詞の前に置くこともある．

例 It's raining **hard**.
「雨がざあざあ降っている」

例 The policeman examined the car **carefully**.
「警官はその車を入念に調べた」
＝The policeman **carefully** examined the car.

(b) 頻度を表わす副詞の場合

動詞の前(助動詞があればその後)に置くのが原則．be 動詞の場合は，be 動詞の後に置く．

例 She **often** comes to see me.
「彼女はよく私を訪ねてくる」

例 He is **always** busy.
「彼はいつも忙しくしている」

(c) 形容詞･副詞を修飾する場合

修飾する形容詞･副詞の前に置く．ただし enough は修飾する語の後に置く．

例 You are **exactly** right.
「まさにあなたの言うとおり」

例 This room is large **enough**.
「この部屋は十分な広さがある」

(d) 文全体を修飾する場合

文頭に置くのが普通．

例 **Happily**, he did not die.
「幸いにも，彼は死ななかった」
※ He did not die **happily**. だと「彼は幸福な死に方をしなかった」の意味になる．

6. 時制

「時制」(tense) とは，時間を示すための動詞の語形変化のことである．時制には，現在時制･過去時制･未来時制があり，それぞれに進行形･完了形･完了進行形がある．

	基本時制	進行形	完了形	完了進行形
現在	現在時制	現在進行形	現在完了形	現在完了進行形
	He **writes**.	He **is writing**.	He **has written**.	He **has been writing**.
過去	過去時制	過去進行形	過去完了形	過去完了進行形
	He **wrote**.	He **was writing**.	He **had written**.	He **had been writing**.
未来	未来時制	未来進行形	未来完了形	未来完了進行形
	He **will write**.	He **will be writing**.	He **will have written**.	He **will have been writing**.

6. 1 基本時制

(1) 現在時制 (present tense)

昔も今も，そして未来も変わらない現実を表わすのが現在時制の本質である．今現在だけしている最中の事柄は現在進行形 (⇒ 6. 2 (1)) を用いる．

動詞は現在形にする (原則は原形と同じで，主語が三人称単数の時は語尾に -s か -es をつける．be 動詞は ⇒ be 表参照)．

三人称単数現在形

規則的な三人称単数現在形は，動詞の原形の語尾に -s または -es をつける(発音上の規則は名詞の複数形の場合と同じである)．

例 kiss → kiss**es** /kísɪz/
spend → spend**s** /spéndz/

✪ "子音＋y" で終わる語は y を i に変えて -es をつける．

例 study → stud**ies** /stʌ́diz/

現在時制の用法は，以下の ①～⑤ である．

① **昔も今も変わらない現実** (事実･習慣･真理)

例 Tom **goes** to college.
「トムは大学生だ」
cf.「トムが大学に通学している最中だ」という意味は，Tom **is going** to college. という形にする．

② **確定的な未来**

スケジュールなど確定的予定．未来を表わす語句を伴うのが普通．

例 Tomorrow **is** my birthday.
「明日は私の誕生日だ」

③ **条件節の中**

時や条件を表わす副詞節 (⇒ 9. 4) の中では未来のことでも現在時制で表わす．

例 We will not go on a picnic next Sunday **if it rains**.
「もし雨が降ったら次の日曜日はピクニックに行かない」

④ **歴史的現在** (historic present)

過去の事実を生き生きと語るために現在形を用いることがある．

例 Brown **passes** the ball to White, and White **shoots**!
「ブラウンはボールをホワイトにパス，ホワイトがシュート (実況放送より)」

⑤ **現在進行形の代用**

今している最中のことは現在進行形を用いるのが普通だが，現在形で表わすこともある．

例 Here **comes** the bus.「ほらバスが来た」

(2) **過去時制** (past tense)
過去の事実を述べるのに用いる．動詞は過去形を用いる（普通の動詞は語尾に -ed をつける．不規則な活用の動詞については ⇒ 不規則動詞活用表（巻末））．

[例] He **died** in 1920.
「彼は 1920 年に死んだ」

[例] I **went** to church every Sunday when I **was** a boy.
「少年の頃私は毎週日曜に教会に行っていた」

規則活用
過去形・過去分詞形が ＜動詞の原形＋-ed＞ になる活用を規則活用という．規則活用をする動詞を規則動詞 (regular verb) という．
(1) つづりについて
① 発音しない -e で終わる語 → -d だけつける
[例] hope → hope**d**
② "子音＋y" で終わる語
→ y を i に変えて -ed をつける
[例] cry → cr**ied**
③ "アクセントのある 1 字の短母音＋1 字の子音" で終わる語
→ 語尾の子音を重ねて -ed をつける
[例] beg → beg**ged**
④ -c で終わる語
→ 語尾に k を加えて -ed をつける
[例] picnic → picnic**ked**.
(2) 発音について
① /t/, /d/ で終わる動詞
→ -ed を /ɪd/ と発音する
[例] count → count**ed** /káʊnṭɪd/
② /t/ 以外の無声子音 /p, k, f, θ, s, ʃ, ʧ/ で終わる動詞
→ -ed を /t/ と発音する
[例] hope → hope**d** /hóʊpt/
③ /d/ 以外の子音 /b, g, v, ð, z, ʤ, m, n, ŋ, l/ および母音で終わる動詞
→ -ed を /d/ と発音する
[例] sob → sob**bed** /sɑ́(ː)bd | sɔ́bd/

(3) **未来時制** (future tense)
未来のことを表わす場合は will＋動詞の原形 (⇒ will[1] 1, 2) で表わすことが多いが，他にも現在形 (⇒ 6. 1 (1)) や現在進行形 (⇒ 6. 2 (1))，be going to do (⇒ going to), be about to do (⇒ about [形]), be to do (⇒ be to) などで未来を表わすことがある（それぞれニュアンスが違うので各項目の説明を参照）．

6. 2 進行形

進行形 (progressive form) とは，現在・過去・未来のそれぞれの時点において，している最中の事柄を表わす時制である．進行形は ＜be 動詞＋動詞の -ing 形（現在分詞）＞ という形で表わす．

進行形は，その時点でしている最中のことを表わすので，昔も今も変わらない事柄（主に状態動詞 ⇒ 4. (4)）は進行形にできない．

(1) **現在進行形** (present progressive form)
現在している最中の事柄を表わし，am [are, is]＋-ing という形をとる．
現在進行形の用法は，以下の ①～③ である．

① **現在している最中の事柄**
[例] Father **is watching** television now.
「父は今テレビを見ています」

✪ 状態動詞であっても，一時的な状態を強調したり，話し手の強い感情や感心を示す場合は現在進行形で表わす（意志で制御できない状態は進行形にできない）．
[例] Mary **is being** very kind this morning.
「メアリーは今朝はずいぶん優しい」
※普段は親切ではない

② **近い将来の予定**
準備が現在進行中の近い予定を表わす．未来を表わす語句を伴うのが普通．
[例] They **are leaving** Washington tomorrow.
「彼らはあすワシントンを発(た)ちます」

③ **現在の反復的な行為**
always や constantly などの副詞を伴い，批判的な気持ちを含む (⇒ be[2] A1 (3) [語法])．
[例] You **are always doubting** my words.
「あなたはいつも私のことばを疑ってばかりいますね」

(2) **過去進行形** (past progressive form)
過去にしていた最中であった事柄を表し，was [were]＋-ing の形をとる．
① **過去の一時点でしていた事柄**
[例] When I called on her, she **was taking** a bath.
「私が訪問した時には彼女は入浴中だった」
② **過去における近い未来**
[例] I **was leaving** town the next day.
「私は翌日町を出発する予定だった」
③ **過去における反復的行為** (⇒ be[2] A 1(3) [語法])
[例] He **was always quarreling** with his brother.
「彼はいつも兄と口論していた」

(3) **未来進行形** (future progressive form)
未来の一時点でしている最中の事柄を表わし，will be＋-ing の形をとる．
[例] We **will be flying** over the Pacific at this time tomorrow.
「明日のこの時間には私たちは太平洋上を飛んでいるだろう」

✪ 未来進行形は，未来時制よりも親しみや丁寧さを表わすことがある．
[例] (親しみ) **I'll be seeing** you.
「では，また会いましょう」
(丁 寧) When **will** you **be visiting** us?
「いついらっしゃいますか」

6. 3 完了形

完了形 (perfect form) とは現在・過去・未来のそれぞれの時点までに動作・状態が何らかの形でそれ以前からつながっている様子を表わす時制である（その時点までに完了したことや，継続したこと，経験したことを表わす）．完了形は ＜助動詞 have＋過去分詞＞ の形で表わす (⇒ have[2] 1)．

また ＜be＋運動・変化を表わす自動詞の過去分詞＞ も完了形を表わすことがある (⇒ be[2] A 4)．

(1) **現在完了形** (present perfect form)
・何らかの形で過去から現在につながっている事柄を表わし，＜助動詞 have [has]＋過去分詞＞ という形をとる．

・現在完了形は，過去の1時点を明らかに示すような副詞(句)と一緒に用いることはできないので注意《⇒ yesterday, ～ ago, last, just now, When ～? など》.

・日本語では現在完了は「～した，～してしまった」と過去形と同じように訳すことが多いが，過去形は過去の一時点しか表わさないので現在との関わりがないのに対し，現在完了形は現在との関わりがある.

例「私は傘をなくしてしまった」
I **have lost** my umbrella. ※今もない
I **lost** my umbrella. ※今もないか不明
現在完了形の用法は以下の ①～⑤ である.

① **【完了】過去に始めた動作が現在までに完了**
例 He **has** just **come** here.
「彼はちょうど帰宅したところだ」
✪ この用法は《米》では過去時制で表わすことがある.
例 He just **came** home. 《⇒ just[1] 副 2 (1) 語法》

② **【継続】過去に始めた動作が現在まで継続**
例 We **have known** each other for years.
「私たちは長年の知り合いです」

③ **【結果】過去の動作の影響が現在まで継続**
例 Spring **has come**.
「春が来た」(→ その結果今春だ)

④ **【経験】現在までに経験**
例 **Have** you ever **climbed** Mt. Fuji?
「富士山に登ったことがありますか」

⑤ **条件節の中**
時や条件を表わす副詞節《⇒ 9. 4》の中では未来完了の代わりに現在完了形を用いる.
例 How about going out for dinner **when we have finished our work**?
「仕事が終わったら食事に出かけませんか」
✪ ただし，現在形で表わすことも多い.

(2) **過去完了形** (past perfect form)
＜助動詞 had＋過去分詞＞ の形をとる. 過去完了形は「過去よりさらに前」が明示された文脈でしか使えないので，原則として文中に他に過去時制の動詞がなければ使うことができない (各例文の～～部に注意).
過去完了形には以下の ①～⑤ の用法がある《⇒ had[2] A》.

① **【完了】過去の一時点までに完了**
例 I **had written** the letter when he **came**.
「彼が来たときには私はその手紙を書き終えていた」

② **【継続】過去の一時点まで継続**
例 We **had lived** in Osaka for ten years before we **came** to Tokyo.
「私たちは上京する以前は大阪に10年住んでいた」

③ **【結果】過去の一時点まで動作の影響が継続**
例 I **noticed** that I **had lost** my camera.
「私はカメラをなくしたことに気づいた」

④ **【経験】過去の一時点までに経験**
例 He **had** never **seen** such a beautiful lady before **he met** Miss White.
「ホワイト嬢に会うまでは彼はそんなに美しい女の人を見たことがなかった」

⑤ **【大過去】過去よりさらに前の事柄を表わす**
主節の動詞が過去時制で，従属節《⇒ 9》がそれ以前 (大過去) の場合，過去完了形で表わす.
例 He **told** me that he **had met** the girl the day before.
「彼は前日にその女の子に会ったと言った」

(3) **未来完了形** (future perfect form)
未来の一時点までつながる事柄を表わす. 未来完了形は ＜will＋have＋過去分詞＞ の形をとり，以下の ①～③ の用法がある.

① **【完了】未来の一時点までに完了**
例 I **will have finished** the work by eight o'clock this evening.
「今晩8時までに仕事を終えているでしょう」

② **【継続】未来の一時点まで継続**
例 He **will have lived** here for ten years by the end of next month.
「彼は来月末でここに10年住むことになる」

③ **【結果・経験】未来の一時点までの結果・経験**
例 If I visit the place once more, I **will have been** there five times.「もう1度そこに行けば私はそこに5回行ったことになる」

6. 4 完了進行形

完了進行形 (perfect progressive form) とは完了形《⇒ 6. 3》の用法のうち，継続の用法を強調したもので，ある時点まで動作が継続することに重点がある. 今後も継続することが含意されることもあれば，現在完了とほとんど意味が変わらない場合もある.

完了進行形は，＜助動詞 have＋been＋-ing＞ の形をとり，現在完了進行形は ＜have [has] been＋-ing＞，過去完了進行形は ＜had been＋-ing＞，未来完了進行形は ＜will have been＋-ing＞ で表わす.

進行形にできない動詞《⇒ 6. 2》は完了進行形にすることはできないので注意.
✪ 用法については ⇒ been[2] 1 (1) (2) (3) 参照.

7. 態

主語と動詞の関係を表した動詞の形のことを態 (voice) と呼ぶ.「S が V する」という意味関係を能動態，「S が V される」という意味関係を受動態，または受身と呼ぶ.

7. 1 能動態

文の主語 (S) は，文の話題や主題を表わす. 動作や行為を「する側」を S にして，それについて述べる文の動詞の形を能動態 (active voice) という.「S が V する」と訳すことが多い.

例 Tom **loves** Mary.
S V O
「トムはメアリーを愛している」
例 Mr. Smith **wrote** the book.
S V O
「スミス氏はその本を書いた」
✪ 動作や行為を「される側」について述べる場合は受動態を用いる《⇒ 7. 2》.

7. 2 受動態

動作や行為を「される側」を S にして，それについて述べる文の動詞の形を受動態または受身 (passive voice) という.

(1) **受動態の作り方**
受動態は，能動態を以下の ❶～❸ の手順で変形することで作る.

能動態: John loves Mary.
S V O

❸ ❷ ❶

受動態: Mary is loved by John.
S V

《手順》
❶ 能動態の目的語を主語の位置に移動する
❷ 動詞の形を ＜be＋過去分詞＞ にする《⇒ be² A 2, 完了形の受動態は been² 2》
❸ 能動態の主語を ＜by＋名詞＞ にして文末に置く (✪＜at＋名詞＞ や ＜with＋名詞＞ などで表わす動詞もある《⇒ cover ㊙ 2 など》)

✪ 第4文型《⇒ 1. 2 (4)》は, 受動態にする場合, 以下のように変形する. IO を主語にする文と, DO を主語にする文の2通りが可能.

能動態: My uncle gave me a camera as a birthday present.
S V IO DO
「おじは誕生日のプレゼントとして私にカメラをくれた」
→ 受動態1: I was given a camera as a birthday present by my uncle.
S V DO
→ 受動態2: A camera was given (to) me by my uncle as a birthday present.
S V IO
※このタイプの受動態の場合 IO の前に前置詞 to を入れることが多い (My uncle gave a camera to me as a birthday present. を受動態にした形).
《⇒ give ㊙ 1 語法》

✪ 第5文型《⇒ 1. 2 (5)》は, 以下のように変形する

能動態: He made his mother happy.
S V O C
「彼は母親を幸福にした」
→ 受動態: His mother was made happy by him.
S V C

(2) 受動態を用いる場合

以下のような場合に, 受動態を用いる.
① 動作や行為を「される側」を主題として文を述べたい場合
② 動作や行為を「する側」を書かない場合
✪ 動作や行為を「する側」が世間一般の人々 (we, you, they) である場合, ＜by＋名詞＞ は書かない.

例 **They** speak Spanish in Mexico.
→ Spanish is spoken in Mexico (×by them).
「メキシコではスペイン語を話す」

✪ 動作や行為を「する側」を述べる必要がない, もしくはわからない場合も, 受動態にして ＜by＋名詞＞ を書かない.

例 He was killed in World War II.
「彼は第二次世界大戦で戦死した」

(3) 受動態についての注意点

① 受動態にできるのは原則として他動詞のみ
→ ただし ＜自動詞＋前置詞＞ や ＜他動詞＋名詞＋前置詞＞ が熟語として用いられて1つの他動詞と同じように扱える場合は, 受動態にできる.

例 [能動態] Everybody **laughed at** him.
S V O
「皆が彼を笑った」
→ [受動態] He was **laughed at** by everybody.
S V

例 [能動態] He **took care of** the dog.
S V O
「彼は犬の世話をした」
→ [受動態] The dog was **taken care of** by him.
S V

② 受動態の意味
→「受身の動作 (～される)」を表わす場合《⇒ be² A2 (1)》と,「動作の結果 (受身の状態: ～されている)」を表わす場合《⇒ be² A2 (2)》がある
✪ 受身の「動作」をはっきり示すために ＜be＋過去分詞＞ の代わりに, ＜get＋過去分詞＞ や ＜become＋過去分詞＞ を用いることがある《⇒ get ㊂ 3, become ㊂》.

8. 準動詞

動詞が to＋動詞の原形, -ing 形, 過去分詞の形をとって, 名詞句・形容詞句・副詞句《⇒ 1. 4 (1)》を導く場合, これを準動詞 (verbal) と呼ぶ. 時制や主語の人称によって形の変わる普通の動詞とは違って, 主語の人称・数・時制によって形が変わることがない. 準動詞には, 不定詞・動名詞・分詞・分詞構文がある (以下の表参照).

	to＋動詞の原形	-ing 形	過去分詞
名詞句	名詞用法	動名詞	
形容詞句	形容詞用法	分詞	分詞
副詞句	副詞用法	分詞構文	分詞構文

8. 1 不定詞

不定詞 (infinitive) は, ＜to＋動詞の原形＞ で句を導く. 不定詞は, 句の中は動詞の性質が残っているが, 句全体では名詞・形容詞・副詞のいずれかの働きをする (以下の例とその解説参照).

例 **To find** a true friend is difficult.
S V C
「真の友人を見つけることは難しい」
※この例文において, 不定詞の中は, find (＝V) a true friend (＝O)「真の友人を見つける」と, find が普通の動詞と同じように目的語をとっている (ただし find に対して主語がないので普通の文とは異なる). しかし, to find a true friend という不定詞句全体では, is に対する主語 (名詞句) になっている.

(1) 不定詞の意味関係について

① 意味上の主語 (sense subject)
不定詞はあくまでも句なので主語はとらないが, to＋動詞の原形で表わしている行為を「だれ[何]がするのか」を表わしている部分のことを意味上の主語という. 意味上の主語は原則として次のように表わす.
(a) 不定詞の前に名詞がない場合
→ 意味上の主語＝文全体の主語 または 一般の人

例 I am glad **to see** you.
「あなたに会えてうれしい」
※意味上の主語＝I

例 It is wrong **to tell** lies.
「うそをつくのは悪い」

※意味上の主語＝一般の人

(b) ＜for 名詞＋to＋動詞の原形＞ となっている場合

→ 意味上の主語＝直前の名詞 (⇒ for 前 B)

例 It is natural **for him to say** so.
「彼がそう言うのは当然だ」
※意味上の主語＝him

(c) ＜名詞＋to＋動詞の原形＞ となっている場合

→ 意味上の主語＝直前の名詞

例 I want **you to do** your best.
「あなたにベストを尽くしてもらいたい」
※意味上の主語＝you

例 He was **the first to arrive** there.
「彼がそこに着いた最初の人だった」
※意味上の主語＝the first

② 不定詞が表わす「時」について

(a) to＋動詞の原形

→ 不定詞は，主節の動詞と同じ時制

例 He seems **to be** ill.
「彼は病気のようだ」
(＝It seems that he **is** ill.)

(b) to have 過去分詞 (完了不定詞)

→ 不定詞は，主節の動詞より 1 つ前の時制

例 He seems **to have been** ill.
「彼は病気だったようだ」
(＝It seems that he **was** ill.)

③ 不定詞の否定

不定詞の否定は ＜not＋to＋動詞の原形＞ の形をとる (⇒ not (3))．

(2) 名詞用法

＜to＋動詞の原形＞ 全体が，名詞句になり，文中で S・O・C のいずれかの働きをする (⇒ to² A)．

(3) 形容詞用法

＜to＋動詞の原形＞ 全体が，形容詞句になり，前にある名詞を修飾する (⇒ to² C)．

(4) 副詞用法

＜to＋動詞の原形＞ 全体が副詞句になり，名詞以外の語句 (動詞・形容詞・副詞) を修飾する (⇒ to² B)．

(5) 原形不定詞 (bare infinitive)

普通の不定詞とは違って，to がつかず，動詞の原形だけで用いられるものを原形不定詞と呼ぶ．原形不定詞は主に以下の ①～③ の場合に用いる．

① 助動詞 (⇒ 10) の後

例 Tom can **swim** very fast.
「トムはとても速く泳げる」

② 使役動詞＋O＋原形不定詞

使役動詞とは「O に C をさせる」という意味の動詞のうち，C に原形不定詞をとる動詞のことを言うのが普通．make/have/let の 3 つがある．bid は古い表現で今では使わない．(⇒ make 他 6, have¹ 他 6, let¹ 他 2)

例 He made me **bring** a chair for the lady.
S V O C
「彼は私にその女性の座るいすを持ってこさせた」

③ 知覚動詞＋O＋原形不定詞

知覚動詞とは「見る (see, look at, watch)・聞く (hear, listen to)・感じる (feel)」を表わす動詞が，特に ＜知覚動詞＋O＋原形不定詞 /-ing 形 / 過去分詞形＞ の形で用いる場合のことを指すのが普通．

例 I saw him **go out**.
S V O C
「私は彼が外へ出るのを見た」

8. 2 動名詞

動名詞 (gerund) は，-ing の形で名詞句を導く．不定詞同様に句の中は動詞の性質が残っているが，句全体では名詞の働き (S, O, C, 前置詞の目的語のいずれか) をする．「～すること」と訳す．

例 **Taking** a walk every morning is good for your health.
S V C
「毎朝散歩することは健康にいい」
※この例文において，動名詞の中は，take (＝V) a walk (＝O) every morning「毎朝散歩する」と，take が普通の動詞と同じように目的語や修飾語をとっている (ただし take に対して主語がないので普通の文とは異なる)．しかし，taking a walk every morning という動名詞句全体では，is に対する主語 (名詞句) になっている．

動名詞の意味関係について

① 意味上の主語 (sense subject)

不定詞同様，動名詞はあくまでも句なので主語はとらないが，-ing 形で表わしている行為を「だれ[何]がするのか」を表わしている部分のことを意味上の主語という．意味上の主語は原則として次のように表わす．

(a) 動名詞の前に名詞がない場合

→ 意味上の主語＝文全体の主語 または 一般の人

例 **Going** on a picnic is fun.
「ピクニックに行くのは楽しい」
※意味上の主語＝一般の人

例 I remember **seeing** him somewhere.
「私は彼をどこかで見た覚えがある」
※意味上の主語＝I

(b) ＜所有格または目的格＋-ing 形＞ の場合

→ 意味上の主語＝直前の所有格または目的格

例 We are confident of **his** [**him**] **being** elected chairman.
「我々は彼が議長に選ばれると確信している」
※意味上の主語＝his [him]

✪ (略式) では目的格の方が普通．

② 動名詞が表わす「時」について

(a) 動詞の -ing 形 (→ (b) の場合と比較せよ)

→ 動名詞は原則として，主節の動詞と同じ時制

例 I enjoyed **being** with you.
「あなたといっしょにいて楽しかった」
※いっしょにいるのは「過去」

✪ 主節の動詞より「以前」の時を表わしたり，「未来」を示すこともある．

例 I remember **seeing** her once.【過去】
「私は彼女に一度会ったことを覚えている」

例 Dan suggested **going** by bus.【未来】
「ダンはバスで行こうと言った」

(b) having＋過去分詞 (完了動名詞)

→ 動名詞が主節の動詞より 1 つ前の時制であることを明示する (⇒ having² 2)

例 I am ashamed of **having behaved** so badly.
「私は大変行儀が悪かったことを恥じている」
(＝I am ashamed that I **behaved** so badly.)

③ 動名詞の否定

動名詞の否定は ＜not＋-ing＞ の形をとる (⇒ not (3))．

8. 3 分詞

分詞 (participle) には，現在分詞 (-ing 形) と過去分詞があり，形容詞句を導く．不定詞・動名詞同様，句の中には動詞の性質が残っているが，句全体では形容詞の働き (名詞を修飾する，C になる) をする．

(1) **現在分詞** (present participle)
現在分詞は，以下の ① ② の働きをして，「～している」と訳す．
① **名詞を修飾する**
(a) 名詞の前に置く
→ 原則として 1 語のみの場合．この場合，他の名詞との対比・分類を含意する．
例 a **running** horse「走っている馬」
※「走っていない他の馬」との対比・分類を含意する．
(b) 名詞の後に置く
→ 原則として 2 語以上の場合
例 The boy **reading a book over there** is my son.
「あそこで本を読んでいる少年は私の息子です」
※この例文において，分詞の中は read (＝V) a book (＝O) over there「あそこで本を読んでいる」と，read が普通の動詞と同じように目的語や修飾語をとっているが，reading a book over there 全体は，直前の名詞 boy を修飾する形容詞句である．
② **C (補語) になる**
例 The child kept **crying**.
「その子供は泣き続けた」
→ 主格補語として用いられている例
例 I heard someone **calling me**.
「誰かが私を呼んでいるのが聞こえた」
→ 目的格補語として用いられている例

(2) **過去分詞** (past participle)
過去分詞は，以下の ① ② の働きをして，原則として「～される」と訳す．
① **名詞を修飾する**
(a) 名詞の前に置く
→ 原則として 1 語のみの場合．この場合，他の名詞との対比・分類を含意する．
例 Throw away this **broken** plate.
「この割れた皿を捨てなさい」
※「割れていない皿」との対比・分類を含意する．
(b) 名詞の後に置く
→ 原則として 2 語以上の場合
例 This is a picture **painted by a famous painter**.
「これは有名な画家によって描かれた絵です」
※この例文において，分詞の中は painted (過去分詞) by a famous painter「有名な画家によって描かれる」と，painted が普通の受動態 be painted と同じような意味関係をとっているが，painted by a famous painter 全体では直前の名詞 picture を修飾する形容詞句である．
② **補語になる**
例 He felt **cheated**.
「彼はだまされたような気がした」
→ 主格補語になる例
例 I had my camera **stolen**.
「カメラを盗まれた」
→ 目的格補語になる例

(3) **分詞が表わす意味関係について**
① **意味上の主語** (sense subject)
不定詞や動名詞同様，分詞はあくまでも句なので主語はとらないが，-ing 形や過去分詞で表わしている行為を「だれ[何]がするのか」を表わしている部分のことを意味上の主語という．意味上の主語は原則として次のように表わす．
(a) **分詞の前に名詞がない場合**
→ 意味上の主語＝文全体の主語
例 We got **scolded**.
「私たちはしかられた」
※意味上の主語＝We
(b) **分詞の前に名詞がある場合**
→ 意味上の主語＝直前の名詞 または
修飾している名詞
例 An **increasing** number of people are buying cars.
「車を買う人の数がますます増えている」
※意味上の主語＝number (修飾する名詞)
例 I heard someone **calling** my name.
「だれかが私の名前を呼んでいるのが聞こえた」
※意味上の主語＝someone
② **分詞の否定**
分詞の否定は ＜not＋分詞＞ の形をとる《⇒ not (3)》．

8. 4 分詞構文

分詞構文 (participial construction) とは，分詞 (現在分詞・過去分詞) が副詞句の働きをする場合のことを呼ぶ．不定詞・動名詞・分詞同様，句の中には動詞の性質が残っているが，句全体では副詞の働き (文全体を修飾する) をする．意味的には，現在分詞は「～する」という能動の関係，過去分詞は「～される」という受動の関係で訳し，主節との関係から，(1) に示すような意味関係になる．ただし，時・理由などといった意味関係があいまいになることを避けるために，分詞構文の直前に接続詞を補うことがある《⇒ 15. 4 (2)》．
例 **Though living** near the sea, he has never learned to swim.
「海の近くに住んでいるが，彼は少しも泳ぎができない」
分詞構文は，内容的に副詞節が示す意味関係に似ているが，分詞構文を用いるほうが簡潔で主節とのつながりも密接になる．ただし，格式ばった書き方であり，《略式》ではあまり用いられない．

(1) **分詞構文の用法**
① **時を表わす**
例 **Looking** into the room, I found nobody there.
「部屋をのぞいてみたら，誰もいなかった」
(＝When I looked into the room, ...)
② **理由を表わす**
例 **Living** near the school, I usually walk there.
「学校の近くに住んでいるので私はいつも歩いて行く」
(＝Because I live near the school, ...)
例 **Overcome [Being overcome]** with grief, she did not know what to do.
「悲しみに打ちひしがれて彼女はどうしてよいかわからなかった」
(＝Because she was overcome with grief, ...)
✪ 上の例のように，受身の分詞構文では being が省略されるのが普通．
③ **条件を表わす**
例 **Turning** to the right, you will see a post office.
「右へ曲がると郵便局が見えるでしょう」
(＝If you turn to the right, ...)
④ **譲歩を表わす**

例 **Living** next door, I rarely see the family.
「隣に住んではいるのだが，私はその家族にめったに会ったことがない」
(＝Though I live next door, …)

⑤ **付帯状況を表わす**
→「～しながら」と訳すことが多く，これに対応する副詞節はない．ただし，等位接続詞 and《⇒ 9. 1 (1)》を使って置き換えることができる場合もある．

例 He was sitting in a chair, **reading** a book.
「彼は本を読みながらいすに座っていた」

例 **Taking** out a pipe, he stuffed the bowl with tobacco.
「彼はパイプを取り出して，火皿にタバコを詰めた」
(＝He took out a pipe and …)

(2) **分詞構文が表わす意味関係について**

① **意味上の主語** (sense subject)
不定詞・動名詞・分詞同様，分詞構文はあくまで句なので主語はとらないが，-ing 形で表わしている行為を「だれ[何]がするのか」を表わしている部分のことを意味上の主語という．意味上の主語は原則として次のように表わす．

(a) **分詞構文の前に名詞がない場合**
→ 意味上の主語＝文全体の主語

例 **Walking** along the street, I met an old friend of mine.
「通りを歩いていると旧友に出会った」
※意味上の主語＝I

(b) <**名詞＋-ing 形**> **の場合**
→ 意味上の主語＝直前の名詞
✪ この形の場合，「独立分詞構文」と呼ぶ．

例 Dinner **being** over, we played a game.
「食事が終わってから私たちはゲームをした」
※意味上の主語＝Dinner
(＝After dinner was over, we played ….)

② **分詞構文の時制**

(a) **動詞の -ing 形** (→ (b) の場合と比較せよ)
→ 分詞構文は原則として主節の動詞と同じ時制

例 **Being** young, he was very active.
「若かったので，彼はとても活動的であった」
※主節の動詞 (was) が過去形であることから，若かったのも過去の話．

(b) **having＋過去分詞** (完了分詞)
→ 分詞構文が主節の動詞より 1 つ前の時制である，もしくはそのときまでに完了したことを明示する《⇒ having² 1》

例 **Having been** deceived so often, he is now on his guard.
「ずいぶんだまされてきたので，彼は今では用心している」
(＝As he has been deceived so often, …)

例 **Having prepared** for my lesson, I watched television.
「予習を済ませたので，私はテレビを見た」
(＝After I had prepared for my lesson, …)

③ **分詞構文の否定**
分詞構文の否定は <not＋-ing> の形をとる《⇒ not (3)》．

9. 節

節 (clause)《⇒ 1. 4 (2)》とは，S＋V を含む意味のカタマリのことである．節には，等位接続詞《⇒ 9. 1 (1)》によって導かれる等位節と，従属接続詞《⇒ 9. 1 (2)》や関係詞《⇒ 9. 3》，疑問詞《⇒ 9. 2》によって導かれる従属節がある．従属節は，文の中で名詞《名詞節 ⇒ 9. 2》，形容詞《形容詞節 ⇒ 9. 3》，副詞《副詞節 ⇒ 9. 4》の働きをする．

9. 1 接続詞 (等位接続詞と従属接続詞)

(1) **等位接続詞** (coordinating conjunction)
文法上等しい関係 (＝品詞が同じ) にある，語・句・節を結びつける接続詞のことを等位接続詞という．等位接続詞によって結ばれたものは，文の中で対等な働きをする．等位接続詞には and, but, for, or, nor などがある．等位接続詞によって文と文が結ばれる場合，等位節 (coordinate clause) という．

① **語と語をつないでいる例**

例 Jack **and** Dick are my brothers.
「ジャックとディックは私の兄弟です」
※等位接続詞 and が前後の名詞を結んでいる．いずれも，are に対して主語の働きをしている．

例 We sang **and** danced.
「私たちは歌ったり踊ったりした」
※等位接続詞 and が前後の動詞を結んでいる．

② **句と句をつないでいる例**

例 My father is in his study **or** in the garden.
「父は書斎か庭にいます」
※等位接続詞 or が前後の前置詞句を結んでいる．

例 They learned how to read **and** write.
「彼らは読み書きを習った」
※等位接続詞 and が前後の不定詞を結んでいる．以下のように考えると理解しやすい．ここでは and によって並べられた不定詞は，それぞれ how to read, how to write と解釈することになる．

They learned how to ── read
and
write.

③ **文と文をつないでいる例** (等位節)

例 He looked into the telescope **but** he could find nothing.
「彼は望遠鏡をのぞき込んだが，何も見えなかった」
※等位接続詞 but が前後の文と文を結んでいる．

(2) **従属接続詞** (subordinating conjunction)
従属接続詞(従位接続詞)は，直後に文を 1 つ伴い，<従属接続詞＋文> 全体で 1 つの意味のカタマリになる．これを従属節 (subordinate clause) という．
従属節は，文の中で名詞や形容詞，副詞と同じ働きをする．これらを名詞節《⇒ 9. 2》，形容詞節《⇒ 9. 3》，副詞節《⇒ 9. 4》と呼ぶ．なお，従属節を導く表現は，従属接続詞の他に，関係詞と疑問詞がある．
なお，従属節に対して，従属節が組み込まれる文のことを主節 (main clause) と呼ぶ．

例 Do you know **that** George is married?
主節 従属節
「あなたは，ジョージが結婚しているということを知っていますか」
※従属接続詞 that が，直後の文とセットになり，全体で know に対する目的語の働きをする名詞節になっている．

例 This is the camera **which** I bought in Germany.
「これは私がドイツで買ったカメラです」
※関係代名詞 which が直後の文とセットになり，直前の the camera を修飾する形容詞節になっている．

例 **If** I were you, I wouldn't do it.
「もし私があなただったら，それはしないだろう」
※従属接続詞 if が，副詞節を導いている．

なお，同じ表現であっても，文の中での使い方によって，節の種類が変わる．以下の 3 例を比較してみるとよい．

例 Tell us **when** we should start.
「いつ出発したらよいか教えてください」
※ when は名詞節《⇒ 9. 2》を導く疑問副詞

例 Monday is the day **when** I have the most work to do.
「月曜日はいちばん仕事のある日だ」
※ when は形容詞節《⇒ 9. 3》を導く関係副詞

例 **When** it rains, I usually stay at home.
「雨が降ると私はたいていうちにいる」
※ when は副詞節《⇒ 9. 4》を導く接続詞

このように，見た目が同じ節であっても，文の位置によって意味が大きく異なる．したがって，普段から文型を把握し，その節が何節であるのかを判断した上で，節を導く表現が接続詞・関係詞・疑問詞のどれなのかを判断し，その都度辞書で意味を確認することが大切である．

9. 2 名詞節

名詞《⇒ 1. 3 (1)》同様に，文中で主語・目的語・補語の働きをする節である．名詞節を導く表現は，以下の従属接続詞，疑問詞，関係詞の 3 種類がある．

(1) 名詞節を導く従属接続詞

名詞節を導く従属接続詞は that「… ということ」《⇒ that² A》と，whether, if「… かどうか」《⇒ whether 1, if¹ 6》がある．

例 **That** she was here is true.
S V C
「彼女がここに来たことは本当だ」

例 I know **that** you don't like him.
S V O
「あなたが彼を嫌いなことは知っています」

例 He asked me **if** it was true.
S V IO DO
「彼は私にそれが本当かと尋ねた」

(2) 名詞節を導く疑問詞

名詞節を導く疑問詞には疑問代名詞（who, whom, whose, what, which）と疑問副詞（how, when, where, why）がある．名詞節が疑問詞に導かれる場合，節の中の語順は平叙文と変わらないので注意．それぞれの用法については ⇒ who¹, whom¹, whose¹, what¹, which¹, how¹, when¹, where¹, why¹ 参照．

例 She did not know **who** the kind man was.
S V O
「彼女はその親切な男がだれだかわからなかった」

例 He asked me **where** I lived.
S V IO DO
「彼は私がどこに住んでいるかと聞いた」

(3) 名詞節を導く関係詞

関係詞《⇒ 9. 3 (1) (2)》のうち，先行詞を含んだ関係代名詞 what（＝the thing which）と関係副詞 how（＝the way that）は名詞節を導く．それぞれの用法については ⇒ what², how² 1 参照．

例 **What** I need is your help.
S V C
「私が必要としているものは，あなたの助力です」
（＝The thing which I need is your help.）

9. 3 形容詞節

形容詞《⇒ 1. 3 (4)》同様に，名詞を修飾する働きをする節である．形容詞節によって修飾される名詞のことを，先行詞（antecedent）と呼ぶ．形容詞節を導くのは関係詞（関係代名詞と関係副詞）である．

(1) 関係代名詞（relative pronoun）

関係代名詞とは，1 語で接続詞と代名詞両方の働きを兼ねる語である．

① 関係代名詞の種類

関係代名詞は，先行詞（前の名詞）の種類と，節の中での働き（格）によって，以下のように使い分ける．

先行詞＼格	主格	所有格	目的格
人	who	whose	whom, who
人以外	which	whose	which
人＋人以外	that	なし	that

目的格の関係代名詞については，省略することもできる．それぞれの用法については，⇒ who², whose², whom², which², that³ 参照．

✪《略式》では There is … の後では主格の who を省略することがある．
例 There is a man below (who) wants to speak to you.
「あなたと話したいという人が下に来ています」
✪ 書きことばではこの who は省略不可．

② 関係代名詞の用法

関係代名詞は，「接続詞」の働きとしては節を導き，「代名詞」の働きとしては，前の名詞（先行詞）を指すと同時に節の中で名詞の働き（S, O, C, 前置詞の目的語になる）をする．例えば，

Do you know the man **who** came here yesterday?
「あなたはきのうここへ来た男を知っていますか」
(cf. Do you know the man. ＋He came here yesterday.)

という文では，who は ＜接続詞＋he＞ の働きをしている．who そのものに接続詞の働きがあることから，who～yesterday が節になる（全体で man を修飾する形容詞節）．そして，who 自体が，直前の名詞 the man を指し，かつ節の中で came に対する主語の働きをしている．

③ 前置詞＋関係代名詞

関係代名詞に導かれる節の文末が前置詞で終わる場合，前置詞を節の頭（関係代名詞の直前）に置くこともできる《⇒ whom² 1 (2) 語法, which² 1 (3) 語法》．以下の文では後になるほど格式ばった言い方になる．なお，人を表わす目的格は whom の代わりに who を使うことが多いが，前置詞がつく場合は whom になるので注意．

例 This is the man I spoke **of** yesterday.
「こちらが昨日お話した人です」
＝This is the man **that** I spoke **of** yesterday.
＝This is the man **who** I spoke **of** yesterday.
＝This is the man **of whom** I spoke yesterday.

例 Do you remember the address you sent the letter **to**?
「あなたは手紙を送ったあて先を覚えていますか」

=Do you remember the address **that** you sent the letter **to**?
=Do you remember the address **which** you sent the letter **to**?
=Do you remember the address **to which** you sent the letter?

(2) **関係副詞** (relative adverb)
関係副詞とは，接続詞と副詞の働きを兼ねる語である．
① **関係副詞の種類**
関係副詞は，先行詞の種類に応じて使い分ける．

先行詞	関係副詞
時	when
場所	where
理由	why

✪ 上記の関係副詞の代わりに that が用いられることもある《⇒ that³ 2》．
② **関係副詞の用法**
関係副詞は全体で先行詞を修飾する形容詞節を導くが，先行詞が省略されたり，関係副詞が省略されることもある．
[例] This is the reason **why** I can't go.
「それが私の行けない理由です」
=This is **why** I can't go.
=This is the reason I can't go.

(3) **制限用法** (restrictive use)
関係代名詞，関係副詞が形容詞節を導き，直前の名詞（先行詞）を直接修飾することで，他の名詞との対比・分類を表わす用法である（(1) (2) で紹介した関係代名詞・関係副詞の例はすべて制限用法）．
[例] This is the dog **which** bit me.
「これが私をかんだ犬です」
※「私をかんでいない他の犬」との対比・分類を含意する
[例] This is the house **where** the poet was brought up.
「これがその詩人が育てられた家です」
※他の家との対比・分類を含意する

(4) **非制限用法** (nonrestrictive use)
関係代名詞や関係副詞のうち，who, which, when, where が導く節が，先行詞の意味を限定するのではなく，先行詞に対する補足説明をする場合の用法である．なお，制限用法と非制限用法による意味の相違については ⇒ who² 2 [語法] 囲み．
非制限用法は，書く場合には関係詞の前にコンマが置かれ，読む場合には休止 (pause) をして，上昇調のイントネーションが用いられる．
非制限用法は，以下の 2 通りの使い方をする．
① **文末におく場合**
この場合，関係詞を ＜接続詞＋人称代名詞＞ に言いなおせる．この場合を，継続用法 (continuative use) と呼ぶこともある．
[例] I couldn't solve the problem, **which** was very difficult.
「私はその問題が解けなかった．とても難しかったから」
(=I couldn't solve the problem, **because it** was very difficult.)
[例] At last we got to the village, **where** we took a rest.
「やっとその村にたどり着き，私たちはそこで一休みした」
(=At last we got to the village, **and there** we took a rest.)
② **文中に挿入される場合**
節の前後にコンマを打つ．
[例] The man, **who** took off his hat when he saw me, said nothing, but his wife began to speak to me.
「男のほうは，私を見て帽子を取ったが，別に何も言わなかった．しかし彼の妻が話しかけてきた」

(5) **その他の関係詞**
上記の関係詞のほかに，節の中で形容詞的に働く関係形容詞《⇒ what², which²》や，関係詞に -ever のついた複合関係代名詞《⇒ whatever¹, whichever¹, whoever¹, whomever》，複合関係副詞《⇒ whenever¹, wherever¹, however¹》，複合関係形容詞《⇒ whatever¹, whichever¹》がある．用法についてはそれぞれの項を参照．

9. 4 副詞節

副詞《⇒ 1. 3 (5)》同様に，文の中で動詞・形容詞・副詞・文全体などを修飾して，時・場所・比較《⇒ 12》・条件・譲歩・理由・結果・目的などを表わす．
[例] **When** winter comes, the birds fly away.
「冬が来ると鳥は飛び去る」【時】
[例] Please write to me **as soon as** you arrive in London.
「ロンドンに着いたらすぐに手紙をください」【時】
[例] You can go **where** you like.
「好きなところへ行っていい」【場所】
[例] I'll stay at home **if** it rains.
「雨が降ったら家にいます」【条件】
[例] **Though** you do your best, you will not be able to catch up with him.
「あなたが全力を尽くしても彼には追いつけないでしょう」【譲歩】
[例] I don't like him, **because** he is haughty.
「彼はいばっているから僕は好かない」【理由】
[例] The book was so interesting **that** I read it over and over again.
「その本は大変おもしろかったので私は何度も何度も読み直した」【結果】
[例] You must work hard **so that** you can succeed in life.
「出世できるように一生懸命働かなくてはなりません」【目的】

10. 助動詞

助動詞 (auxiliary verb) には，本動詞としても用いられる be, have, dare, do, need と，常に助動詞として用いられる can, may, must, ought, shall, will があり，後者の方を法助動詞 (modal (auxiliary) verb) と呼ぶ．この節では，法助動詞のことを単に助動詞と呼ぶことにする．
本動詞としても用いられるものについては ⇒ be², have², dare², do¹, need.

10. 1 助動詞の用法

法助動詞（以下，助動詞）とは，＜助動詞＋動詞の原形＞ の形で用いることで，動詞に対して話者の気持ちや態度を付け加える働きをするものである．法助動詞には，will, would, shall, should, can, could, may, might, must, ought などがある（詳しくは各項目を参照）．

助動詞は，文の種類に応じて表わし方が決まっている．

① **肯定文**: 助動詞＋動詞の原形
例 He **will** arrive tomorrow.
「彼は明日到着します」

② **否定文**: 助動詞＋not＋動詞の原形
例 He **will** not arrive tomorrow.
「彼は明日到着しません」

③ **疑問文**: 助動詞＋主語＋動詞の原形
例 **Will** he arrive tomorrow?
「彼は明日到着しますか」

10. 2 助動詞の過去形

助動詞 will, can, may には，過去形 would, could, might があるが，これらは原則として過去時制を表わすわけではない（ただし，時制の一致《⇒ 14. 2 (4)》を受ける場合は過去時制を表わす）．助動詞の過去形は，あくまで現在の丁寧・婉曲（控えめな言い方）・仮定《⇒ 11. 仮定法》を表わすために使うのである．

(1) 時制の一致を受ける場合
文中に他に過去時制の動詞があったり，あるいは文脈によって過去であることが示されている場合は，＜助動詞過去形＋動詞の原形＞ は過去の事柄を表わす．

例 My grandmother **could** stand by herself last year, but she can't now.
「祖母は昨年はひとりで立てたのですが今では立てません」
※ last year「昨年」という記述があるので，could stand は過去の意味で解釈できる．

例 He told me that I **might** go wherever I liked.
「彼は私にどこでも好きな所へ行ってよろしいと言った」
※主節に過去形 told があることから，might go は過去の意味で解釈できる．

(2) 現在における丁寧・控えめな言い方を表わす場合
現在の文脈で ＜助動詞過去形＋動詞の原形＞ を用いると，助動詞の現在形（will, can, may）で表わすよりも丁寧な言い方になったり，控えめな言い方になる．

例 **Could** you tell me how to get to the station?
「駅へ行く道を教えていただけませんか」
※ Can you tell me how to get to the station? よりも丁寧な言い方である．

(3) 仮定法《⇒ 11》

10. 3 助動詞＋完了形

10. 2 でも見たとおり，助動詞の過去形そのものは過去の事柄を表わすわけではない．助動詞が現在形であっても過去形であっても，表わしているのは「現在の話者の気持ち」である．助動詞が表わす時間は，以下の 2 通りである．

(1) 助動詞＋動詞の原形
助動詞の後が動詞の原形の場合は，あくまで現在の事柄に対する「現在の話者の気持ち」を表わす．助動詞が過去形の場合は，あくまで現在における丁寧，婉曲（控えめな言い方），現在における仮定《仮定法過去 ⇒ 11. 2》を表わすだけである．《⇒ 10. 2》

(2) 助動詞＋have＋過去分詞
助動詞の後には動詞の過去形を置くことができないため，過去の事柄を表わしたい場合は，助動詞の後に完了形（have＋過去分詞）を置くと，過去の事柄に対する「現在の話者の気持ち」を表わす（助動詞そのものは現在の気持ちを表わすことに注意）．
この形は，以下の 3 通りの意味がある．

① **過去の推量**
過去の事柄に対して，今現在の推量を表わす．
例 He **cannot** have done such a stupid thing.
「あの男がそんなばかなことをしたはずはない」
※ have done「した」という過去のことに対して cannot「～のはずはない」と現在の推量を表わしている．

例 You **might** have dropped it somewhere.
「ひょっとしたらどこかに落としたのかもしれない」
※ have dropped「落とした」という過去のことに対して might「～かもしれない」と現在の推量を表わしている．

② **過去の後悔・懺悔**
過去の事柄に対して，今現在の後悔の気持ちを表わす．
例 I **should** have studied harder.
「もっと勉強しておけばよかった(のにしなかった)」
※ have studied「勉強した」という過去のことに対して should「すべきだったのに(実際はしなかった)」と現在の後悔を表わしている．

③ **過去の仮定**（仮定法過去完了 ⇒ 11. 3）

11. 仮定法

11. 1 法

法（mood）とは，話し手の心的態度を表わす動詞の語形のことである．法には直説法・命令法・仮定法の 3 つがある．

(1) 直説法（indicative mood）
話し手が，その文を事実として述べる場合の動詞の語形を言う．直説法で現在の事実を述べる場合は現在時制，過去の事実を述べる場合は過去時制を用い，また動詞は主語の人称・数によって変化する．

(2) 命令法（imperative mood）
話し手の命令・依頼・要求・禁止などを表わす言い方で，命令文《⇒ 1. 5 (3)》の形をとる．

(3) 仮定法（subjunctive mood）
話し手の心の中での仮定・想像・願望を表わす場合の動詞の語形を言う．仮定法には仮定法過去・仮定法過去完了・仮定法現在の 3 つがある．

11. 2 仮定法過去

現在の事実に反する仮定，あるいは，実現する可能性がほとんどない仮定を表わす文のことを，仮定法過去（subjunctive past）という．見た目の時制は過去形だが，実際の意味は現在のことであるので注意．

仮定法は，慣用表現《⇒ 11. 5》を除けば，「もし～ならば … だろうに」という形をとるのが普通で，以下のような形で使う．

条件 「もし～ならば」	帰結 「… だろうに」
If S＋V 過去形	S＋助動詞過去形＋V 原形

例 If I **had** more money, I **could buy** the book.
「もし私にもっとお金があれば，その本が買えるのに」(実際にはお金がないから買えない)

例 If I **traveled** in space, what **would** it **be** like?
「もし私が宇宙旅行をするとすればどんなふうだろう」(実現の可能性がほとんどない仮定)

✪ 注意点

❶ 仮定法では，be 動詞の過去形は原則としてすべて were を用いる．ただし《略式》では 1 人称単数･3 人称単数では was になることもある《⇒ was 動 3, was 助 4》.

❷ If 節があっても，動詞の時制が現在形であれば，仮定法ではなく，ただ単に実現する可能性がある条件を表わした文であるので注意.

例 If I **travel** in India, what **will** it **be** like?
「もし私がインドを旅行するとすれば，どんなふうになるだろう」(実現の可能性あり)

❸ 仮定法では，必ずしも条件節は If S＋V で表わすとは限らない．句で条件を表わすこともある《⇒ would B 1 (4), would B 2 語法, could B 1 (3), might[1] B 5 (2), should A 3 語法》．ただし，あくまで帰結の表わし方は変わらないので，＜助動詞過去形＋動詞の原形＞ の形を見たら，仮定法の可能性を考えるべきである《⇒ 10. 2》.

例 Without your love I **would not be** able to go on.
「あなたの愛情がなければ私はやっていけないでしょう」
※ Without ～「もし～がなければ」が条件

例 It **would be** splendid to live in a palace.
「宮殿に住むとしたらすばらしいだろうな」
※不定詞 to live ～が条件

例 I **would not do** that.
「私ならそんなことはしませんよ」
※主語 I が条件 (If I were you のような意味)

例 A Japanese **would not use** such an expression.
「日本人ならこんな表現は使わないだろう」
※主語 A Japanese が条件 (if s/he were a Japanese のような意味)

❹ 仮定法は時制の一致をうけない.

例 He said that if he were in my place, he would do the same thing.
「彼はもしも彼が私の立場にあったら同じことをするだろうと言った」
(＝He said, “If I were in your place, I would do the same thing.”)

❺ 仮定法の条件節で，接続詞の if が省略され，節の中の SV が倒置 (疑問の語順になる) されることがある《⇒ 15. 2 (1); if[1] 4 語法》.

11. 3 仮定法過去完了

過去の事実に反する仮定を表わす文のことを，仮定法過去完了 (subjunctive past perfect) という．見た目の時制は過去完了形だが，実際の意味は過去のことであるので注意.

仮定法過去完了は以下の形をとる.

条件 「もし～だったならば」	帰結 「… だったろうに」
If S＋had＋過去分詞	S＋助動詞過去形＋have＋過去分詞

例 If I **had taken** that plane, I **would have been** killed in the crash.
「もし私があの飛行機に乗っていたら墜落事故で死んでいただろう」(実際には乗らなかったから死ななかった)

例 If you **had tried** a little harder, you **might have succeeded**.
「もう少し努力していたらあなたは成功したかもしれないのに」(実際には努力しなかったから成功しなかった)

✪ 仮定法過去完了の使い方についても，仮定法過去《⇒ 11. 2》の 注意点 に準じる.

11. 4 仮定法現在

仮定法現在 (subjunctive present) とは，以下に示す慣用的な言い方で用いる動詞の形で，人称･数･時制に関係なく動詞の原形で表わす．現代英語では (1) の用法以外は，次第に使われなくなりつつある.

(1) 命令的内容を表わす

要求･主張･提案･命令など命令的な内容を表わす語句 (動詞･名詞･形容詞) の後に続く that 節では，動詞の原形を用いる.

✪《英》では，以下の例文の (　　) 内に示したように仮定法現在を用いる代わりに，should＋動詞の原形で表わすことがある《⇒ should A 8》.

例 I suggest that she **stay** here for a while.
「私は彼女がしばらくここにとどまってはどうかと思う」
(＝I suggest that she **should stay** here for a while.)
※彼女に対して「滞在せよ」という命令的内容を含んでいる.

例 It is desired that he **come** immediately.
「彼がすぐに来ることが望まれる」
(＝It is desired that he **should come** immediately.)
※彼に対して「すぐ来い」という命令的内容を含んでいる.

✪ that 節の中が命令的内容ではない場合は直説法を用いるので注意.

例 He insisted that he **had paid** the money.
「彼はお金を払ったと言い張った」
cf. He insisted that we **pay** the money.
「彼は私たちに金を払えと主張した」
※「金を払え」という命令的内容を含む後者の文に対して，前者の文には命令的内容は含まれないので，直説法で表わす.

(2) 仮定･条件を表わす if 節の中で

例《古語》If there **be** any way to help you, I shall be glad to.
「もしあなたの力になれることがあれば，喜んでお助けしましょう」

✪ 現代英語では直説法で If there **is** … とする.

(3) **譲歩を表わす節の中で**

例 Though the sore **be** healed, yet may a scar remain.
《ことわざ》「傷は治っても傷跡は残る」
(＝Though the sore **may be** healed, …)

(4) **願望・祈願を表わす文で**

God **Save** the King.
God **save** our gracious King!
Long **live** our noble King!
God **save** the King!
Send him victorious,
Happy and glorious,
Long to reign over us,
God **save** the King!
神よ国王を守りたまえ《英国国歌》
神よわれらが恵み深き国王を守りたまえ！
われらが気高き国王よ万歳なれ！
神よわれらが国王を守りたまえ！
国王を勝利者とし幸深くまた栄あらしめたまえ,
とこしえに世をしろしめすべく,
神よ国王を守りたまえ！

11.5 仮定法の慣用表現

仮定法には, 以下の (1)～(4) のような慣用的な表現がある.

(1) **願望を表わす文**

実現できない願望を表わす言い方. I wish《⇒ wish ㊀ 1 語法》や If only《⇒ if only (only 副 成句)》に続く節で用いる.

例 I wish you **were** here.
「あなたがここにいればよいのだが」

例 I wish I **had known** the truth at that time.
「あのとき真相を知っていたらよかったのだが」

例 If only I **were** wealthier.
「私がもっと裕福でありさえすればよいのに」

(2) **比喩を表わす文**

as if S＋V や as though S＋V は「まるで SV かのように」という比喩を表わす意味で, 節の中は仮定法で表わす.

例 He speaks **as if** [**as though**] he knew everything.
「彼はまるで何でも知っているかのような口ぶりだ」
(話しているのは現在の事実だから speak は現在時制, 実際には知らないから as if 節の中は仮定法過去で表わす)

例 He laughed **as if** [**as though**] nothing had happened.
「彼は何事も起こらなかったかのように笑った」
(彼が笑ったのは過去の事実なので直説法過去 laughed で表わす. 実際には何かが起こったのだから, as if 節の中は仮定法過去完了で表わす)

(3) **仮定法未来**

実現する可能性が極めて低い未来の仮定を表わす言い方. 仮定法未来は, 以下の形で表わす.

✪ 条件節で should を用いる場合は, were to を用いる場合に比べて実現度が高いため, 帰結節に直説法の will V や命令文が現われることもある.

条件 「万一[仮に]～ならば」	帰結 「… だろう」
If S＋should＋V 原形	① S＋will＋V ② 命令文 ③ S＋助動詞過去形＋V
If S＋were to＋V 原形	S＋助動詞過去形＋V

例 Even if I **should fail**, I would [will] try again.
「たとえ失敗しても, もう一度やるつもりです」

例 If we **were to go** to the moon, we could enjoy looking at the earth.「もし仮に我々が月に行けたなら地球を眺めて楽しめるのに」

(4) **その他の慣用表現**

例 He is, **as it were**, a walking encyclopedia.
「彼はいわば生き字引だ」

例 **I'd rather** he **came** tomorrow.
「彼には明日来てもらいたいのだが」

12. 比較

比較 (comparison) とは, 形容詞や副詞の程度を比べる場合に, 形容詞・副詞がとる語形変化のことをいう. 比較には, 原級・比較級・最上級の 3 つの形がある《⇒ 12. 1》.

12.1 比較変化

2 つのものを比べる際に, その程度の差がどうであるかに応じて, 形容詞・副詞の形を変える. 2 つのものを比べてその程度が同じ場合は, 形容詞・副詞は原級 (positive degree) で表わす《⇒ 12. 2》. 2 つのものを比べて, 一方のほうが他方より程度が上の場合は比較級 (comparative degree) で表わす《⇒ 12. 3》. 3 つ以上のものを比べて, その程度が最も高いものは, 最上級 (superlative degree) で表わす《⇒ 12. 4》.

(1) **原級**

形容詞・副詞は, そのままの形で用いる.

(2) **比較級と最上級**

比較級と最上級は以下の 4 種類がある.

原級	比較級	最上級
fast 速い, 速く	fast**er**	fast**est**
big 大きい	big**ger**	big**gest**
✪ big のように "短母音＋子音字" で終わる語は, 子音字を重ねて -er, -est をつける.		
early 早い, 早く	earl**ier**	earl**iest**
✪ early のように "子音＋y" で終わる語は y を i に変えて -er, -est をつける.		
able 有能な	abl**er**	abl**est**
✪ able のように発音されない -e で終わる語は, -e をとって -er, -est をつける.		

① **規則比較変化** (regular comparison)

1 音節語と, 2 音節語の一部は, 単語の語形を変化させる. 比較級の場合は, -er, 最上級の場合は -est を語尾につける.

② **不規則比較変化** (irregular comparison)

原級	比較級	最上級
good よい	**better**	**best**
well よく		
bad 悪い	**worse**	**worst**
ill 病気で, 悪く		
many (数が)多い	**more**	**most**
much (量が)多い		

✪ 意味の違いによって異なる比較変化をする語もある.

原級		比較級	最上級
far	(距離)	**farther**	**farthest**
	(程度・距離)	**further**	**furthest**

③ **more, most を用いるもの**

• -ful, -less, -ous, -ing, -ish などで終わる 2 音節の語
• 3 音節以上の語
• 形容詞 ＋ly で終わる副詞

以上は, 比較級は more＋原級, 最上級は most＋原級の形を用いる.

原級	比較級	最上級
useful 有用な	**more** useful	**most** useful
precious 貴重な	**more** precious	**most** precious

✪ 1 音節の語で, right などは -er, -est をつけることもあるが, more right, most right とするほうが一般的な語もある.

④ **劣等比較**

程度が劣っていることを表わす比較では, 比較級は less＋原級, 最上級は least＋原級の形にする.

例 He was **less** wise than his brother.
「彼は兄ほど賢くなかった」

例 He was the **least** wise of all the kings.
「彼はすべての王のうちで最も愚かであった」

表記: この辞書では, 規則比較変化 (-er, -est をつけるもの) については, 形容詞および副詞の品詞名の後に記してある. more, most をつけるものに関しては特にそれを断っていない.

12. 2 原級を用いた比較 (同等比較)

2 つのものを比べる際に, その程度が同じくらいである場合は, 原級を用いた比較を用いる.

(1) **A … as 原級 as B「A は B と同じぐらい～だ」**

A と B の 2 つを比べる際に, その程度が同じ場合, 程度を表わす形容詞・副詞を, <as 原級 as> の形にする.

例 Her skin is **as** white **as** snow.
「彼女の肌は雪と同じぐらい白い」

例 Can you run **as** fast **as** he does?
「あなたは彼と同じぐらい速く走れますか」

(2) **A … not as 原級 as B「A は B ほど～ではない」**

not so ～ as … という形を用いることもあるが, not as ～ as … を用いるほうが普通である. A より B のほうが上であることを示すので, 比較級を用いてほぼ同じ内容を表わすこともできる.

例 Aoki is **not as** old **as** Tanaka.
「青木さんは田中さんほど年をとっていない」
(＝Tanaka is **older than** Aoki.
＝Aoki is **younger than** Tanaka.)

(3) **X times as ～ as …「… の X 倍～だ」**

2 倍の場合は, two times の代わりに twice を用い, 3 倍以上は three times, four times… とする.
また, X times の部分に分数を置くこともできる.

例 She has about **five times as many jewels as** I (do).
「彼女は私の約 5 倍の宝石を持っている」

例 We have only **half as many sheep as** Mr. Black (does).
「私たちはブラックさんの半分の羊しか持っていない」

✪ その他の原級を用いた表現は ⇒ as 成句参照.

12. 3 比較級を用いた比較

比較級 (comparative degree) を用いた表現には以下のようなものがある.

(1) **A … 比較級 than B「A は B より～だ」**

A と B の 2 つを比べる際に, A の程度の方が上回る場合, 程度を表わす形容詞・副詞を, 比較級 than の形にする.

例 John is **wiser than** Bill.
「ジョンはビルより賢い」

例 This book is **more interesting than** that.
「この本はあの本よりもおもしろい」

例 John did it **more carefully than** Bill.
「ジョンはビルよりも注意深くそれをした」

(2) **同一人[物]内の比較**

同一人[物]の性質を比べて,「A よりむしろ B だ」という意味を表わす場合, not so much A as B＝less A than B＝more B than A＝B rather than A といった表現で表わす.

例「彼女は冷たいというよりむしろ内気だ」
She is **not so much** cold **as** shy.
＝She is **less** cold **than** shy.
＝She is **more** shy **than** cold.
＝She is shy **rather than** cold.

✪ shy は普通は -er をつけて比較変化をするものだが, 同一人[物]内の比較の場合は, 普通は規則比較変化をするものも, more＋原級にするので注意.

(3) **比較級 and 比較級「ますます～」**

程度が次第に増加することを表わす (⇒ and 7).

例 It is getting **colder and colder**.
「ますます寒くなっていく」

例 The wind blew **harder and harder**.
「風はますます激しく吹いた」

例 He spoke on **more and more eloquently**.
「彼はますます雄弁に話し続けた」

(4) **The＋比較級～, the＋比較級…**

「～すればするほどそれだけ…」という意味を表わす (⇒ the²).

例 **The sooner**, **the better**.
「早ければ早いほどよい」
例 **The larger** the garden is, **the more difficult** it is to look after it.
「庭は大きければ大きいほど手入れがしにくい」

(5) all the 比較級, none the 比較級
⇒ all 副 成句, none 副 成句

12. 4 最上級を用いた比較

3つ以上のものを比べて, 最もその程度が高いものを表わす場合, <the＋最上級> の形にする. ただし, 副詞の最上級は the をつけなくてもよい (⇒ the[1] 1 (4) 語法).

例 John is **the brightest** (**boy**) in the class.
「ジョンはクラスの中では一番頭がいい」
例 Buenos Aires is **the most beautiful city** that I have ever visited.
「私が訪れた中ではブエノスアイレスが最も美しい都市だ」
例 John ran (**the**) **fastest**.
「ジョンが一番速く走った」

✪ 最上級が「～でさえ」(even) の意味を含めて用いられることがある.
例 **The longest day** must have an end.
「どんな長い日でも終わりがあるはずだ(つらいことばかりではない)」《ことわざ》

✪ 同一人[物]内の比較の場合は, 叙述用法の形容詞の最上級は普通 the をつけない.
例 This pool is **deepest** here.
「このプールはここが一番深い」
cf. This pool is **the deepest** (**pool**) in Japan.
「このプールは日本で一番深いプールだ」

12. 5 最上級相当表現

原級や比較級の表現を用いて, 最上級とほぼ同じ意味を表わすことができる.

例「東京は世界のいかなる都市よりも大きい」
Tokyo is **the largest city** in the world.
≒Tokyo is **as large as any other city** in the world.
※「他のどの都市と比べても同じぐらい大きい」ということで,「東京はどの都市にも劣らず大きい」という意味になる.
≒Tokyo is **larger than any other city** in the world.
≒**No other city** in the world is **as large as** Tokyo.
≒**No other city** in the world is **larger than** Tokyo.
※東京と同じ大きさの都市がある場合も使える.

13. 否定

not やこれに類する語を用いて,「… ではない」と打ち消す表現のことを否定 (negation) という. 否定には, 語否定と文否定がある.

13. 1 語否定と文否定

(1) 語否定
文中の語句を否定する場合のことをいう. 語否定には次の2通りある.
① 否定の接頭辞・接尾辞をつける
(a) 否定の接頭辞: dis-, un-, in-
(b) 否定の接尾辞: -less
例 **dis**appear「見えなくなる」
unhappy「不幸な」
inactive「不活発な」
cloud**less**「雲のない」
② no, not を語の前に置く
例 He is **no** scholar.
「彼が学者だなんてとんでもない」
例 **Not** many people live in this part of the country.
「この地域にはあまり人は住んでいない」

(2) 文否定 (否定文)
述語動詞に否定語をつけて文全体の内容 (主語・述語の関係) を否定する場合のことをいう.
① not を用いる場合
<助動詞＋not＋V> または <be 動詞＋not> の形にする (⇒ not).
② 否定語を用いる場合
no, nobody, no one, none, nothing, nowhere, neither, never, nor など, 文の構造は肯定文と同じである.
例 **Nobody** knows her secret.
「だれも彼女の秘密を知らない」
例 I have **no** money.
「私にはお金がない」
✪ 詳しくはそれぞれの語の項を参照.
③ 準否定語を用いる場合
hardly, seldom, scarcely, rarely, little, few などの語を用いて, 肯定文の形をとりながら, 意味は否定を表わす.
例 I **hardly** think he will go.
「彼は行くとはまず考えられない」
例 I **scarcely** know him.
「あの人のことはほとんど知らない」
例 Very **little** is known about him.
「彼についてはほとんど知られていない」
例 **Few** will believe his story.
「彼の話を信じる人はほとんどいない」
✪ 詳しくはそれぞれの語の項を参照.

13. 2 部分否定

「全て」という意味を含む語を否定すると,「全てが～とは限らない」(～することもあればしないこともある) という意味になり, 物事の部分的な否定になる. 部分否定は以下の3通りに分類できる.

(1) 二者の部分否定
not both「両方が～とは限らない」
例 I have**n't** read **both** of these books.
「私はこれらの本を両方とも読んだわけではない」
(一方しか読まなかった)

(2) 三者以上の部分否定
not all, not every「全てが～とは限らない」
例 **Not everybody** was present.
「全員が出席していたわけではない」

(3) 副詞を用いた部分否定
always, completely, entirely, necessarily, quite などを not で否定する.
例 Clever people do **not always** succeed.
「利口な人が必ずしも成功するとは限らない」

13. 3 全体否定

no＋名詞や not any＋名詞などの表現を用いると,「全てが～でない」と全体を打ち消す否定表現になる.

(1) 二者の全体否定
not either＝neither「いずれも～ない」
例 I've read **neither** of these books.
＝I have**n't** read **either** of these books.
「私はこれらの本を両方とも読んでいない」

(2) 三者以上の全体否定
no＋名詞, not any＋名詞, nobody, nothing, none など.
例 **Nobody** was present.
「誰も出席していなかった」
✪ all を not で否定する場合, all… not という語順で否定すると, 以下の 2 通りの意味にとれる.
例 **All** cats do **not** like water.
❶ 猫はみな水を好まない
(＝**No** cats like water.) [全体否定]
❷ 猫はみな水が好きだというわけではない
(＝**Not all** cats like water.) [部分否定]
このようにあいまいな言い方になってしまうので, はっきりと部分否定であることを伝えるには ❷ で示した言い換えのように not all として all を直接打ち消す必要がある.

13. 4 二重否定

文中に否定を表わす表現が 2 つ現れると, マイナス×マイナス＝プラスになるように, 肯定になる. ただし, 純粋な肯定と全く同じ意味になるとは限らない.

(1) 語否定
純粋な肯定文に比べると控えめな言い方になる.
例 Their plan was **not un**successful.
「彼らの計画は不成功だったわけではない」
(Their plan was successful.「彼らの計画は成功だった」ほど積極的な肯定ではない)
例 I do**n't deny** it.
「私はそれを否定はしない」
(積極的に肯定するわけでもない)

(2) 文否定
肯定の意味になる. 純粋な肯定文よりも強い意味になることもある.
例 There was **nobody** present who did**n't** know it.
「居合わせた人の中でもそれを知らないものはいなかった」(→ 居合わせた人はみんな知っていた)
例 You can **never** succeed **without** doing your best.
「最善を尽くさなければ決して成功できない」
(→ 成功するには最善を尽くす必要がある)

13. 5 否定語を用いない否定

否定語や準否定語を用いないで否定の意味を表わす特有の表現がある.
例 You were **the last** person I had expected to see.
「あなたに会うとは思わなかった」
(→ あなたは私が一番会うことを予期していなかった人でした)
(＝I never expected to see you.)
例 I'm **too** tired **to** walk.
「あまりに疲れすぎていて歩けない」
(→ 歩くには疲れすぎている)
(＝I am so tired that I can't walk.)
例 He is **above** telling lies.
「彼はうそをつくような人ではない」
(→ うそをつくことを超越している)
(＝He does not tell lies.)

13. 6 修辞疑問

形は疑問文だが, 内容的には否定文に等しく, 自分の考えを反語的に述べる言い方を修辞疑問 (rhetorical question) という. 普通は下降調のイントネーション《⇒ **つづり字と発音解説** 93》が用いられる.
例 How can I leave her?
「どうして私に彼女を見捨てることができるだろうか(できはしない)」
(＝I cannot leave her.)
例 What's the use of doing it?
「それをして何の役に立つだろうか(何の役にも立ちはしない)」
✪ ただし修辞疑問であるか普通の疑問であるかは文脈によって決まる.

14. 話法

発話の内容を第三者に伝える方法を話法 (narration, speech) という. 話法には, 直接話法《⇒ 14. 1》, 間接話法《⇒ 14. 2》, 描出話法《⇒ 14. 3》の 3 種類がある.

14. 1 直接話法

話されたことばのまま伝える言い方を直接話法 (direct speech) という. 直接話法では, 誰が発言したかを示す伝達節 (reporting clause) と, 引用される発言を示す被伝達部 (reported speech) の 2 つの部分からなる. 伝達節では, say のような伝達動詞 (reporting verb) を用いる. 被伝達部は, 引用符 (quotation marks (“　” または ‘　’)) を用い, 引用する言葉の前はコンマで区切り, 引用の始めは大文字で始める.

例 伝達節	被伝達部
He often says,	“I am busy.”
彼はよく「忙しい」と言っている.	

14. 2 間接話法

話された内容を伝達者自身のことばに直して伝える言い方を間接話法 (indirect speech) という.
直接話法を間接話法に, また間接話法を直接話法に直すことを話法の転換という.

(1) 平叙文の話法の転換
平叙文は, 以下の ❶～❹ の手順で直接話法から間接話法に転換する.
❶ コンマや引用符をはずし, 伝達節と被伝達部を接続詞 that でつなぐ (ただしこの that は省略可能).
❷ 直接話法で say to 人, “…” のように話し相手が明示されている場合は, 間接話法では tell＋人＋that … とする.

❸ 被伝達部の動詞の時制を, 時制の一致の法則に従って変える (⇒ 14. 2 (4)).
❹ 代名詞や場所・時を表わす副詞を適当に変える.

直接話法	間接話法
this	that
these	those
here	there
now	then
today	that day
yesterday	the day before the previous day
tomorrow	(the) next day
last night	the night before the previous night
ago	before

もちろん状況によってはこの通りに転換するわけではない. 例えば, その日のうちに伝達している場合は yesterday はそのままで the previous day に変える必要はないし, また伝達している場所が発言と同じ場所であれば here を there に変える必要はない.

	伝達節	被伝達部
例 1「彼はしばしば忙しいと言う」		
直接話法	He often **says,**	**"I am** busy."
間接話法	He often **says**	(**that**) **he is** busy.
例 2「彼はしばしば忙しいと言った」		
直接話法	He often **said,**	**"I am** busy."
間接話法	He often **said**	(**that**) **he was** busy.
例 3「彼は私にちょっと話があると言った」		
直接話法	He **said to** me,	**"I have** something to tell **you."**
間接話法	He **told** me	(**that**) **he had** something to tell **me.**
例 4「彼女はそのパーティーには行かないつもりだと私に言った」		
直接話法	She **said to** me,	**"I won't** go to the party."
間接話法	She **told** me	(**that**) **she wouldn't** go to the party.
例 5「彼は前日にその女の子に会ったと言った」		
直接話法	He **said,**	**"I met** the girl **yesterday."**
間接話法	He **said**	(**that**) **he had met** the girl **the previous day** [**the day before**].
例 6「彼はそこに何度か行ったことがあると言った」		
直接話法	He **said,**	**"I've been here** several times."
間接話法	He **said**	(**that**) **he had been there** several times.

(2) **疑問文の話法の転換**

① **wh 疑問文**

疑問詞を含む wh 疑問文 (⇒ 1. 5 (2) ②) では, 以下の ❶～❺ の手順で直接話法から間接話法に転換する.

❶ 伝達節と被伝達部を疑問詞でつなぐ.
❷ 伝達動詞は ask に変える.
❸ 被伝達部の主語と動詞の語順を平叙文の語順になおす.
❹ 疑問符を取り, ピリオドにする.
❺ その他のことは平叙文の話法の転換に準じる.

	伝達節	被伝達部
例 1「彼は私にどこに行くのかと尋ねた」		
直接話法	He **said to** me,	**"Where are you** going?"
間接話法	He **asked** me	**where I was** going.
例 2「彼女は私に何歳かと尋ねた」		
直接話法	She **said to** me,	**"How** old **are you?"**
間接話法	She **asked** me	**how** old **I was.**
例 3「彼は彼女に何が起こったのかを尋ねた」		
直接話法	He **said to** her,	**"What happened?"**
間接話法	He **asked** her	**what had happened.**

② **一般疑問文**

疑問詞を含まない一般疑問文 (⇒ 1. 5 (2) ①) は, 以下の ❶～❺ の手順で直接話法から間接話法に転換する.

❶ 伝達節と被伝達部を接続詞 if または whether でつなぐ (⇒ if[1] 6 語法).
❷ 伝達動詞は ask に変える.
❸ 被伝達部の主語と動詞の語順を平叙文の語順になおす.
❹ 疑問符を取り, ピリオドにする.
❺ その他のことは平叙文の話法の転換に準じる.

	伝達節	被伝達部
例 1「彼は私におなかがすいたかと尋ねた」		
直接話法	He **said to** me,	**"Are you** hungry?"
間接話法	He **asked** me	**if** [**whether**] **I was** hungry.
例 2「彼女は私が彼女の弟に会ったかどうか尋ねた」		
直接話法	She **said to** me,	**"Did you meet** my brother?"
間接話法	She **asked** me	**if** [**whether**] **I had met** her brother.

(3) **命令文の話法の転換**

命令文は, 以下の ❶～❹ の手順で直接話法から間接話法に転換する.

❶ 伝達動詞を被伝達部の内容に応じて tell, ask, order, request, beg, advise, suggest, propose などに変える.
❷ 被伝達部は to 不定詞で始める.
❸ 否定の命令は not＋to 不定詞にする.
❹ その他のことは平叙文の話法の転換に準じる.

	伝達節	被伝達部
例 1「彼は私に戻れと言った」		
直接話法	He **said to** me,	**"Come back!"**
間接話法	He **told** [**ordered**] me	**to come back.**
例 2「彼女は私にどうかお待ちくださいと言った」		
直接話法	She **said to** me,	**"Please wait."**
間接話法	She **asked** me	**to wait.**
例 3「彼は我々に騒ぐなと言った」		
直接話法	He **said to** us,	**"Don't be noisy."**
間接話法	He **told** us	**not to be noisy.**
例 4「彼は行こうよと言った」		
直接話法	He **said,**	**"Let's go."**
間接話法	He **proposed** [**suggested**]	**going** [**that we go**].

(4) **時制の一致** (sequence of tenses)
複文 (従属節を含む文) で, 主節の動詞が過去時制の場合は, 従属節の動詞もそれに合わせて時制を変えなければならない. 時制の一致は以下の原則にあてはめる.

	元の時制	時制の一致
従属節の時制	現在時制 未来時制	過去時制
	現在完了形 過去時制	過去完了形*

* 時制の一致によって過去完了形になる場合を, 大過去 (pluperfect) と呼ぶことがある.

例 I **think** it is true.
「私はそれが本当だと思う」
→ I **thought** it was ture.
「私はそれが本当だと思った」

例 I **think** he will come.
「私は彼が来るだろうと思う」
→ I **thought** he would come.
「私は彼が来るだろうと思った」

例 I **think** he has already come back.
「私は彼がすでに戻っていると思う」
→ I **thought** he had already come back.
「私は彼がすでに戻っていると思った」

例 I **think** it was a mistake.
「私はそれが間違いだったと思う」
→ I **thought** it had been a mistake.
「私はそれが間違いだったと思った」

(5) **時制の一致の例外**
以下の場合, 主節の動詞が過去時制であっても, 時制の一致が起こらないことがある.

① **従属節が不変の真理の場合**
従属節の内容が, 昔も今も変わらない事柄や, 今現在も事実であることを表わす場合は, たとえ主節が過去時制であっても, 現在時制で表わす(過去に一致させてもよい).

例 We **learned** that three times three is nine.
「私たちは 3×3 は 9 だということを学んだ」

例 He **said** Mary is going to get married next month.
「彼はメアリーが来月結婚することになっていると言った」
※今も結婚する予定のまま.

② **従属節が歴史上の事実**
従属節の内容が歴史上の事実の場合は, つねに過去形で表わす (過去完了にしない).

例 I **didn't know** that World War II was over in 1945.
「第二次世界大戦が 1945 年に終わったのを私は知らなかった」

③ **従属節の動詞が仮定法**
仮定法は時制の一致を受けない.

例 He **said** that if he were in my place, he would do the same thing.
「彼はもしも彼が私の立場にあったら同じことをするだろうと言った」

14. 3 描出話法 (中間話法)

描出話法 (represented speech) とは, 小説などで作者が登場人物の心理を代弁するときに用いる話法である.

伝達部がなく, 引用符もつけない. 人称や, 動詞の時制は間接話法と同じように用い, 語順 (疑問文の語順) や疑問符などは直接話法と同じように用いる. 直接話法と間接話法の中間的な存在といえるので, 中間話法と呼ぶこともある.

例 [描出話法] My mother told me not to slam the door again when I went out. But *how could I help it with both hands full?*
「外へ出て行くとき二度と戸をばたんと閉めてはいけない, と母は私に言った. しかし, 両手がふさがっていればどうしようもないではないか」

cf. [直接話法] I said to myself, "*How can I help it with both hands full?*"
[間接話法] I thought *how I could help it with both hands full*.

15. 特殊構文

15. 1 強調

強調とは, 文中のある語句の意味を特に強調したり, 他の語句との対比を示したりすることである. 以下のような方法がある.

(1) **強調構文 (分裂文)** (cleft sentence)
強調構文とは, 文の中で強調したい語句を It is と that ではさんだ文である (⇒ it[1] A 6). 強調構文にすることで, 以下のようにその文の意味役割が明示される.

It is	**A** (強調)	**that** [**who/which**]	**B** (前提)

✪ **注意点**
❶ A の部分に置けるのは, 名詞・副詞相当表現に限る.
❷ A にあたる部分は「他でもない A だ」という文脈上, 強調というより, 他の要素との対比の意味を含む. 話しことばでは, A の部分を強く読む.
❸ A にあたる語が「人」の場合は that の代わりに who を, 「人以外」の場合は which を用いることがある.

❹ 過去の話をする場合は，It is を It was にすることが多い．
❺ 訳すときは，「B なのは(他でもない) A だ」と訳すと，上記の意味関係が明らかになる．

例 John bought a car yesterday.
S V O
「ジョンは昨日車を買った」
→ **It was** a car **that** John bought yesterday.
O S V
強調 **前提**
「ジョンが昨日買ったのは車だった」
※この文では，「ジョンが昨日買い物をした」という前提がすでにあり，何を買ったかというと「(バイクや自転車などの)他でもない，車だ」と，他の要素との対比を示すことになる．

例 **It is** you **who** [**that**] are in the wrong.
「間違っているのはあなたですよ」
※「間違っている」という前提に対して，「他のメンバーではなくあなたが間違っている」という対比を示している．

例 **It was** last Sunday **that** I saw her in front of the church.
「彼女に教会の前で会ったのはこの前の日曜日だった」
※「彼女に教会の前で会った」という前提に対して，「他のいつでもない日曜日だ」という対比を示している．

(2) **擬似分裂文** (pseudo-cleft sentence)
強調構文と同じような意味関係を関係代名詞の what《⇒ 9. 2 (3)》を用いて表わすことができる《⇒ do¹ 6》．

What … (前提)	is	C (強調)

例 **What** John bought yesterday was a car.
「ジョンが昨日買ったのは車だった」
cf. John bought a car yesterday.
「ジョンは昨日車を買った」
例 **What** Bill did last week was (to) paint the fence.
「ビルが先週したのは塀にペンキを塗ることだった」
cf. Bill painted the fence last week.
「ビルは先週塀にペンキを塗った」

(3) **強調のための語句をつける**
① **名詞・代名詞の強調**
(a) **主格・目的格の強調**
文末か強調する語の直後に再帰代名詞 (oneself) を置く．
例 I did it **myself**.
「僕はそれを自分でやったのだ」
例 She is kindness **itself**.
「彼女は親切そのものだ」
(b) **所有格の強調**
“所有格＋own＋名詞” の形にする《⇒ own 形 2》．
例 I have **my own way** of solving it.
「私にはそれを解決する独自の方法がある」
② **動詞の強調**
一般動詞を強調する場合は，一般動詞の前に助動詞 do, does, did を置く《⇒ do¹ 3》．
例 I **did see** a bear in the mountains.
「僕は本当に山でくまを見たんだ」
例 **Do sit** down.
「さあ，どうぞお座りください」

③ **形容詞・副詞の強調**
形容詞や副詞を強調する場合は，その形容詞や副詞の前に very や much などの副詞を置く《⇒ very¹ 副 1 語法, much 副 1 語法》．
④ **比較級・最上級の強調**《⇒ 12》
(a) **比較級の強調**
比較級の直前に much, far, still, even, a lot などを置く(詳しくは各項目参照)．
(b) **最上級の強調**
・much＋the＋最上級《⇒ much 副 2》
・by far＋the＋最上級《⇒ far; by far》
・the very＋最上級《⇒ very¹ 3 語法》
のいずれかの形を用いる．
⑤ **疑問詞の強調**
疑問詞を強調する場合，疑問詞の直後に on earth や in the world などを置く《⇒ earth; on earth, world; in the world (2)》．
⑥ **否定の強調**
否定語を強調して「決して〜ない」という意味を出すには，以下のような方法がある．
(a) not 〜 at all / by any means / in the least
(b) by no means / in no way / under no circumstances
(c) really / simply / just＋not 〜
⇒ 詳しくは各項目を参照．

(4) **同じ語句を繰り返す**
等位接続詞 and《⇒ and 7》を用いて同じ語句を繰り返すと，その語句の強調を表わす．
例 He **ran** and **ran**.
「彼は走りに走った」
例 She waited for **hours** and **hours**.
「彼女は何時間も何時間も待った」

(5) **倒置**《⇒ 15. 2》

(6) **話しことばや印刷物の場合**
話しことばの場合は，強調したい語を特に強く発音する．印刷物の表記ではイタリック体の活字 (italics) を用いる．
例 *John* went to London.
「(Tom や Jim ではなく)ジョンがロンドンへ行ったのだ」
※話しことばであれば John の部分を強く発音する．

15. 2 倒置

英語の語順は基本 5 文型《⇒ 1. 2》で見たように，S＋V という語順が決まっているのが普通だが，何らかの理由でその語順が崩れる場合がある．これを倒置 (inversion) と呼ぶ．倒置には以下のようなパターンがある．

(1) **疑問文の語順になる場合**
以下のような場合は，平叙文であるにもかかわらず，疑問文の語順 (助動詞＋S＋V) になる．
① **文頭に否定を表わす副詞が来る場合**
否定を表わす副詞や only＋副詞(句・節)が文頭に来ると，主語・動詞が疑問文の語順になる．
例 **Never** did he return to his village.
「彼は二度と村に帰らなかった」
(普通の語順: He never returned to his village.)
例 **Little** did I dream of my success in this project.
「この企画で私が成功することは夢にも思わなかった」
(普通の語順: I little dreamed of my success in

this project.)

例 **Only then** did I realize what had happened.
「その時になってはじめて，私は何があったのかわかった」

✪ また，否定語が語否定をしていて，その要素を強調する場合，要素ごと文頭に移動して，主語・動詞が疑問文の語順に倒置することがある．

例 **Not** a single sound could I hear.
O　助 S V
「私には物音一つ聞こえなかった」

② 仮定法の条件節で
仮定法《⇒ 11. 2, 11. 3》の条件節の中では，接続詞の if を省略すると，節の中の主語・動詞が疑問文の語順になる《⇒ if¹ 4 語法》．ただしこれは文語的な言い方である．

例 **Had I not spoken in his behalf**, he would have lost his position.
「私が彼のために発言をしてあげなかったら，彼は地位を失っていただろう」
(普通の語順: If I had not spoken in his behalf, he would have lost his position.)

(2) 文要素の倒置
英語では，書き手や読み手がすでに了解している旧情報から文を始めて，徐々に新しい情報を加えるという形で文を書くのが自然である．主語に旧情報がきて，動詞の後に新情報を書くのが普通であるが，英語は語順がかなり固定されている言語なので，必ずしも主語が旧情報で動詞の後に新情報が来るとは限らない．そこで，前の文とのつながりをよくしたり，ある語を強調したりする場合，＜SVO＞ が ＜OSV＞ になったりと，文の要素が倒置することがある (ただし ＜助動詞＋S＋V＞ という疑問文の語順になるわけではないので注意)．
文要素の倒置には，主に以下のようなパターンがある．

① ＜SV＞ → ＜VS＞

(a) 文頭に場所や方向を表わす副詞(句)が来る場合
例 **Down** came the rain in torrents.
V　S
「どしゃぶりの雨が降ってきた」

(b) 文頭に here が来る場合
例 **Here**'s your money.
V　S
「どうぞ，これはあなたのお金です」

✪ Here we are「さあ着きましたよ」などのように主語が代名詞の場合は普通の語順になる《⇒ here 副 2 語法》．

(c) 文頭に there が来る場合《⇒ there² 副 2 語法》
例 **There** are several books on the desk.
V　S
「机の上に本が何冊かある」

(d) 直接話法《⇒ 14. 1》の伝達部で
例 "What are you looking for?" asked Bill.
O　V　S
「何を探しているのですか」とビルは言った．

✪ 主語が人称代名詞(＝旧情報)の場合，伝達部は倒置しないのが普通．

例 "What are you looking for?" he asked.
O　S　V

② ＜SVC＞ → ＜CVS＞
例 Very important is your advice about buying a car.
C　V　S
「車の購入についてあなたの助言が非常に重要です」

③ ＜SVO＞ → ＜OSV＞
例 That I know.
O S V
「それは知っている」

(3) その他の慣用的な倒置
「～も…する[である]」の意味の so，および「…もまた～でない」の neither が文頭に来る場合は，語順を倒置する《⇒ so¹ 副 7, neither 副》．

例 I am from New York.—**So** is Mr. Lee.
V　S
「私はニューヨーク出身だ—リーさんもそうですよ」

例 I don't know her.—**Neither** do I.
V S
「私は彼女を知りません—私もです」

15. 3 挿入

コンマ (,) やダッシュ (—) で区切って語・句・節を入れることで，その文に対する説明や注釈を加えることを挿入 (parenthesis) という．挿入された要素は，文の要素にはならない．

例 If you are wrong—**and I am sure you are in the wrong**—you must apologize.
「もしあなたが間違っていたら—私はきっとあなたが間違っていると思うのだが—あなたは謝らなければならない」

例 He is, **so to say**, an all-rounder.
「彼はいわば万能選手です」

✪ なお，関係代名詞の非制限用法《⇒ 9. 3 (4)》も，この挿入的表現として用いられることがある．

例 I regard marriage as sacred, and when, **which God forbid**, it proves unsacred, it is horrible.
「私は結婚を神聖だと思う．だからもし，そんなことがないと願うのだが，それが神聖でないということにでもなればとんでもないことだ」

15. 4 省略

英語の文の中で，語(句)が省略 (ellipsis) されることがある．省略には以下のパターンがある．

(1) 重複を避けるための省略
英語では，前後に同じ語句が連続して現れる場合は，2 回目以降を省略する傾向がある．ただし省略が起こるのは，省略した語句を読み手・聞き手が復元できる場合に限る．

① 動詞句の省略
同じ文の中で同じ動詞句が繰り返される場合は，2 回目以降を省略する．

例 You can **stay** here if you want to (**stay here**).
「もしここにいたければいてもよい」

例 Taro **cleaned** his room, Jiro (**cleaned**) the living room, and Hanako (**cleaned**) the dining room.
「太郎は自分の部屋を，二郎は居間を，そして花子は食堂を掃除した」

② 比較表現での省略
比較《⇒ 12》の表現は，原則として共通点同士を比べるものなので，必然的に同じ表現が繰り返され，省略が起こりやすい．

例 I am not so **young** as I was (**young**).
「私はかつてほど若くない」

例 **Run** as fast as you can (**run**).
「できるだけ速く走りなさい」

例 **Hanako loves** you much more than (**she loves**) Jiro.

「花子は次郎よりもあなたをもっと愛しています」

③ **その他の要素の省略**

他にも，前後で同じ要素が繰り返される場合には省略が起こる.

例 Are you **a student**?—Yes, I am (**a student**).
「あなたは学生ですか—はい，そうです」
→ 前と同じ名詞が省略されている例

例 This is **good**.—Is it (**good**)?
「これはいい—ああそうですか」
→ 前と同じ形容詞が省略されている例

(2) 従属節中の S＋be 動詞の省略

副詞節を導く従属接続詞の後の ＜S＋be 動詞＞ が省略されることがある. この時省略される S は主節の S と同じものである. これは分詞構文《⇒ 8. 4》の一種で，分詞構文では時・理由・付帯状況などの意味関係があいまいになりがちなので，分詞構文の直前に従属接続詞を残した形と考えるとよい.

例 **When** (you are) in a library, you should be quiet.
「図書館では，静かにしなさい」

例 **While** (he was) still a student, he started to work to support his family.
「彼はまだ学生だった頃，家族を養うために働き始めた」

例 **Though** (she was) poor, she lived happily.
「彼女は貧しかったが，幸せに暮らしていた」

(3) 慣用的な省略

前と同じ語句が反復されているわけではないが，口語的な文で以下のような省略が起こる場合がある.

例 I stayed at my uncle's (house).
「私はおじさんの家に泊まった」

例 The pencil is John's (pencil).
「この鉛筆はジョンのだ」
※この場合は pencil を省略して，John's を独立所有格《⇒ 3 (1)》として用いるのが普通.

例 I must work (for) a few more years.
「私はもう 2, 3 年働かなければならない」
《⇒ for 前 A 5 語法》

例 Do you know (that) he is in (the) hospital now?
「あなたは彼が今入院しているのを知っていますか」
《⇒ that² A 1 語法》

例 How are you?—(I am) Fine, thank you.
「お元気ですか—ありがとう，元気です」

例 (Are you) Going shopping?
「お買い物ですか」

例 Do you know him?—No(, I don't know him).
「彼をご存知ですか—いいえ」

(4) 省略に関する記号

発言を途中で止めたり，引用をする時に必要な部分だけ引用してそれ以外の部分を省略する場合，次のようなルールで表わす.

① **平叙文における省略**

文の途中を省略する場合は，ピリオドを 3 つ置く.
文の末尾を省略する場合は，ピリオドを 3 つ置き，文末のピリオドを含めると，4 つになる.

例 "Excuse me, but …", I said, "Could you tell me the way to the station?"
「『すみませんが…駅へ行く道を教えてくださいませんか』と私は言った」

例 Excuse me, but ….
「すみませんが…」

② **疑問文における省略**

ピリオド 3 つと疑問符 (…?) で表わす.

16. 句読点など

句読点 (punctuation mark) とは，語句や文の区切りを表わしたり，疑問文・感嘆文などの文の種類を示すために用いる記号である. ここではその主なものを紹介する.

16. 1 アポストロフィ (apostrophe)《'》

(1) 名詞の所有格をつくる

名詞の語尾に 's をつける.

例 boy's / people's

✪ -s がついた複数形の場合には ' だけをつける.

例 boys' / students'

(2) 複数形をつくる

文字・略字・数字・記号などを表わす語には 's をつけて，複数形を表わす.

例 two a's「a の文字が 2 つ」
例 three 7's「7 の数字が 3 つ」
例 three R's「読み，書き，そろばん」

✪ このアポストロフィは省略することも多い.

例 in the 1920's [1920s]「1920 年代に」

(3) 短縮形

例 he's (＝he is, he has)
例 doesn't (＝does not)

(4) 文字や数字の省略

例 '90 (＝1990)《年号》

16. 2 コロン (colon)《:》

コロンには以下のような用法がある.

(1) 直前の節の言い換え，詳しい説明を表わす

例 The aim of this survey is (as follows): …
「この調査の目的は次の通りである. すなわち…」

(2) 格式ばった文で，長めの引用の前に置く

例 The prime minister told the news conference: "We are not considering the dissolution of the Diet. However, …."
「首相は記者会見で次のように語った.「我々は国会の解散は考えていない. しかし …」」

(3) 《米》で時刻を表わす場合

例 10:25 a.m.

✪《英》では 10.25 a.m. のようにピリオド《⇒ 16. 10》を用いる.

(4) 著者名に続いて書名をあげる場合

例 Thornton Wilder: Our Town, 1938

✪ コロンの代わりにセミコロン《⇒ 16. 3》やコンマ《⇒ 16. 4》も用いられる.

16. 3 セミコロン (semicolon)《;》

コンマ (,) より大きく，ピリオド (.) より小さな区切りを表わす (両者の中間的な記号である)．以下のような働きがある．

(1) 前後の節の間の論理関係を表わす

例 The powerful are always right; the weak always wrong.
「強者は常に正しく，弱者は常に悪者にされる」
※ここでは前後の節が対比関係にあることを示している．

(2) 中にコンマを含む句を区切る

例 These are my favorite flowers: roses, for their color; and buttercups, for their cheerfulness.
「私の好きな花は次のようなものだ．すなわち，色のよさから言えばバラ，そしてその明るさから言えばキンボウゲ」

16. 4 コンマ (comma)《,》

コンマは文中で何らかの区切れを表わす記号で，以下のような用法がある．

(1) 等位接続詞で 3 つ以上のものを並べる場合

例 a **nice, clean**(,) **and comfortable** room
「すてきで，清潔で，居心地のよい部屋」
✪ and の直前のコンマはなくてもよいが，入れたほうが格式ばった言い方になる．

(2) 副詞句[節]と主節の区切れ目を表わす

例 **If I had taken that plane**, I would have been involved in the accident.
「もし私がその飛行機に乗っていたら事故にあっていたでしょう」

(3) 挿入《⇒ 15. 3》の前後に用いる

例 He is, **as it were**, a walking dictionary.
「彼はいわば生き字引きみたいなものだ」

(4) 非制限用法の関係詞《⇒ 9. 3 (4)》の前に用いる

例 I sent the papers to Mr. Suzuki, **who passed them on to Mr. Watanabe**.
「私はその書類を鈴木氏に送り，彼はそれを渡辺氏に回した」

(5) 同格 (apposition) であることを示す場合

直前の名詞を説明する句や節を置く場合，両者の間にコンマを置く．

例 This is Tanaka, **a very good friend of mine**.
「こちらは私の親友の田中君です」
✪ 逆に，同格として，語を置く場合は，コンマはつけないので注意．
例 **my friend** Tanaka「私の友人の田中君」

(6) 直接話法《⇒ 14. 1》で伝達部と被伝達部の間に

例 He said, "I'm starving."
「彼は「もうおなかぺこぺこだ」と言った」

(7) Yes, No / 呼びかけ / 間投詞[感嘆詞]の次に

例 "Is this your bag?" "**Yes**, it is."
「これはあなたのバッグですか」「はい，そうです」
例 Hello, **Yoshiko**.
「よしこさん，こんにちは」
例 **Oh**, I see.「ああ，わかりました」

(8) その他の慣用的用法

① 住所を示すとき

例 1-6-2 Sakura-machi, Chiyoda-ku
Tokyo 100-0071, Japan.
✪ 数字の次には用いない．また改行する時は行末にコンマを打たない．

② 手紙の書き出しの後に

例 Dear Tom,

③ 数字で，桁を表わすとき

英語では 3 桁ごとにコンマを打つ．
例 3,561,234
※ three million, five hundred sixty-one thousand, two hundred (and) thirty-four と読む．

16. 5 ダッシュ (dash)《—》

ハイフン (-) より長めの線である．ダッシュには以下の用法があるが，本質はコンマと似ている．

(1) 挿入語句を示す

コンマ同様に，2 つのダッシュの間に挿入語句を入れる．
例 She was—as many of us were—very shy in her childhood.
「彼女は，私たちもそうだったが，子供の時とても恥ずかしがり屋だった」

(2) 直前で述べたことをまとめる

例 Apples, oranges, bananas, strawberries—all these are fruits I like very much.
「りんご，オレンジ，バナナ，いちご，これらはみんな私の大好きな果物です」

(3) ためらい，口ごもり，話の中断を表わす

例 Thank you, Mr— excuse me, but I have forgotten your name.
「ありがとうございました，ええと，すみませんがお名前を忘れました」
例 You should see her right away. She's—
「あなたはすぐあの娘に会ってやらなければ．あの子は—」

16. 6 感嘆符 (exclamation point [mark])《!》

感嘆を表わす記号．

(1) 感嘆文《⇒ 1. 5 (4)》の文末に用いる

例 How tall he is!
「彼は何て背が高いのでしょう」
例 What a brave man he is!
「何て彼は勇敢な人でしょう」

(2) 間投詞 (感嘆詞)《⇒ 1. 3 (8)》と共に

例 Oh!「おお」
例 Oh, dear!「おやおや」
例 Bravo!「うまいぞ」

(3) 命令文やその他の文で意味を強めるために

例 Get out!「出て行け」
例 It's good!「とてもいい」

16. 7 疑問符 (question mark) 《?》

疑問文の末尾につける.

例 Who is he?
「あの人はだれですか」
例 Are you American?
「あなたはアメリカ人ですか」
例 You're American, aren't you?
「あなたはアメリカ人ですよね」

✪ 形は平叙文でも, 内容が疑問の場合は文末に疑問符をつける (これは会話体に多い). この場合は上昇調で発音される 《⇒ **つづり字と発音解説** 94》.

例 You are American?↗ (=Are you American?)

16. 8 ハイフン (hyphen) 《-》

(1) **合成語を作る**
2 つ以上の語をハイフン (-) でつなぐことで, 1 語の単語にする働きがある.

例 looker-on「見物人」
son-in-law「娘の夫」
forget-me-not「忘れな草」

✪ ハイフンの用い方は英米の差や個人差によって異なるが, 一般的には 2 語の関係が密接になるとハイフンを取り除いて, gaslight「ガス灯」, mailbox「郵便箱」のように直接つなげるようになる. この傾向は特に《米》で強い.

(2) **2 語以上の語を形容詞として用いる場合**
2 語以上の語をつなげて形容詞として用いる場合, ハイフンでつなぐ. ただし 1 語で複数形のものも単数形にするので注意.

例 **eight-hour** labor「8 時間労働」
cf. eight hours

(3) **1 語が 2 行にわたる場合**
Chinese は, Chi-nese のように, 音節にあたる部分で切り, 行末にハイフンをつける.

表記: この辞書では, 音節 (行末で切る部分) を **mes·sen·ger** のように (·) で切って示してある. **peace, war** のように切れ目を示していない語は行末で分けることはできない.

16. 9 引用符 (quotation marks) 《" "/' '》

引用符には " " (二重引用符, double quotes) と, ' ' (単純引用符, single quotes) がある.

(1) **直接話法** 《⇒ 14. 1》 **で**

例 He said, "I am going abroad next year."
「彼は「私は来年外国に行くことになっている」と言った」

(2) **引用文中の引用文**
この場合は単純引用符 (' ') を用いる.

例 Mrs. White said, "I heard my servant say, **'Good morning, Mr. Smith,'** as I awoke."
「ホワイト夫人は「私が目を覚ましたとき召し使いが『スミスさま, おはようございます』と言うのを聞きました」と言った」

16. 10 ピリオド (終止符) (period) 《.》

(1) **文末の区切り**
平叙文·命令文の終わりに置く.

(2) **略語に**

例 U.S.「米国」
Apr.「4 月」

✪ 《英》では 11.40 a.m.「午前 11 時 40 分」のように時刻を示すときにも用いる.

16. 11 数詞 (numeral)

(1) **基数詞** (cardinal number [numeral])
数詞のうち, 1 つ, 2 つ, 3 つと数えるときに用いるもののことを言う 《⇒ number 表》.

(2) **序数詞** (ordinal number [numeral])
数詞のうち, 第 1 の, 第 2 の, 第 3 のと順序を表わすときに用いるもののことをいう 《⇒ number 表》. 序数詞は first (第 1 の), second (第 2 の), third (第 3 の) 以外は基数詞に -th をつけるのが原則.

(3) **注意すべき数字の読み方**

① **分数の読み方**

- 分子を基数詞で読んでから分母を序数詞で読む.
- 分子が 2 以上の時は分母を複数形にする.

例 1/2 (a half)
2/3 (two thirds)

② **少数の読み方**
数字を棒読みし, 小数点は point と読む.

例 4.75 (four point seven five)
0.314 (0 /óʊ/ point three one four)

✪ 《略式》では 0 は読まず, 0.67 を point six seven とも読む.

動詞型・形容詞型・名詞型の解説

I 記述上の方針

この辞書では学習辞典としての効果をいっそう高めるため，基本語（‡, ⁑, *, ⁺ のついている見出し語）の動詞・形容詞・名詞について，動詞・形容詞・名詞を中心とする動詞型・形容詞型・名詞型を示した．

(1) 動詞型はすべてわが国の中学校における英語教育で一般的に用いられているいわゆる基本五文型，つまり次の5つを基礎とした．

1	S+V	主語＋述語動詞
2	S+V+C	主語＋述語動詞＋補語
3	S+V+O	主語＋述語動詞＋目的語
4	S+V+O+O	主語＋述語動詞＋(間接)目的語＋(直接)目的語
5	S+V+O+C	主語＋述語動詞＋目的語＋補語

なお動詞型を記述するのはその動詞が述語動詞として用いられる場合を原則としたが，例文によっては意味上の不自然さを生ずるなどの理由で述語動詞として用いにくい場合もあり，修飾語句の中に用いられた動詞などに動詞型を示したものもある．

(2) 次のような略号・略記を用いる．

V＝その見出し語の動詞 / **O**＝目的語 / **C**＝補語．

名＝名詞 / **代**＝代名詞 / **名・代**＝名詞または代名詞 / **前**＝前置詞 / **副**＝副詞 / **形**＝形容詞 / **動名**＝動名詞 / **現分**＝現在分詞 / **過分**＝過去分詞 / **原形**＝原形不定詞 / ***to* 不定詞**＝to 不定詞 / ***that* 節**＝that に導かれる名詞節 / **(*that*) 節**＝that を省略できる名詞節 / **節**＝接続詞なしの名詞節 / ***if*・*whether* 節**＝if または whether に導かれる節《ただし，if と併用できない場合には（*whether* 節）のように示した．また whether については，whether to … という句が可能であるので，（*whether* 句・節）または（*whether* 句）のように示してある場合がある．なお if については，句としての用法はない》/ ***wh* 句・節**＝wh-語，つまり who, what, which, where, when, why および how などに導かれる句または節《ただし，いずれか一方しか可能でない場合または句と節の例文が連続して掲げてある場合には，その例文に応じて（*wh* 句）あるいは（*wh* 節）のように示してある》/ **引用節**＝引用符（“　”）に囲まれた節．

なお例文および動詞型・形容詞型のなかで動詞・形容詞・名詞との結びつきのうえで特に注意を要する次のようなものは斜体字(特に重要なものには太字の斜体字)を用いてある．

前置詞，接続詞，in, on, down, away など位置・状態・方向などを示す基本的な副詞，現在分詞・動名詞の接辞 -ing，過去分詞の接辞 -ed など．

(3) 動詞型の理解・記憶・応用のために．

I heard my name called. において，これを [V+名+過分] のように表示せず，必ず [V+O+C(過分)] のように五文型の要素をその骨組みとして記述してある《S は自明なので省略し，目的語が名詞または代名詞のときは単に O とした》．これは，現在の学校文法に従えば，英語の動詞型は究極的には五文型に集約されるのであり，あとはその変形文にすぎないので常に五文型に密着しながら，さらに細かい動詞型を学習していくことが学習者の理解・記憶・応用の力を促進すると信ずるからである．言い換えれば，五文型の記述は文構造の説明の役を果たしているのである．例えば，

a) Why didn't they make Jean chairperson?（なぜジーンを議長にしなかったのか）

b) My father made me a chair.（父は私にいすを作ってくれた）

という 2 文は，いずれも [V+名+名] という点で表面の構造は同じであるが，内容的には異なっており，a) では Jean＝chairperson という関係が成り立つ場合，chairperson の位置に来る語は目的格補語と呼ばれ，この辞書では単に C で表わしている．これに対して b) では，me は間接目的語，a chair は直接目的語と呼ばれ，この辞書ではいずれも単に O で表わしている．従って a) の動詞型を [V+O+C(名)]，b) の動詞型を [V+O+O] と五文型の要素を骨組みとして記述することによって，文構造の把握がきわめて容易になるのである．

同様なことは，

c) The doctor pronounced the patient out of danger.（患者は危険を脱したと医者は断言した）

d) We make a great many things out of paper.（私たちは紙からいろいろなものを作る）

の相違についても言えることであって，前述の場合と同じく，この 2 つの文の動詞型をいずれも [V+名+前+名] と記したのでは意味がないであろう．　従ってこの辞書では c) の場合には [V+O+C(前+名)]，d) の場合には [V+O+*out of*+名] のように記述されている．

✪ 文の要素のうち，修飾語句 (modifier) には M などの記号を用いていない．従って，V, O, C の記号が示されていない部分はすべて修飾語句と考えてよい．

(4) この辞書では特殊な場合を除いて，動詞型の表示は各例文ごとに行なった．従って文の要素として代入可能な品詞類，およびその下位区分は，その特定の例文に用いられるものだけを記述することにして，いくつかを並列して記述することをしない．例えば，stop（やめる）という項の例文の，

They *stopped* talk*ing*.（彼らは話をやめた）

では，talking の位置には動名詞のほかに，名詞・代名詞が代入されても，S+V+O という五文型上の変化がない《ただし，to 不定詞が代入されれば動詞型は S+V となる》．しかしこの辞書においては，この場合 [V+O(動名)] という動詞型だけを示して [V+O(動名・名)] のように並列する形はとらなかった．このような場合には原則として代入可能な要素の数に等しいだけの数の例文を示すことにしてある．従って上の場合には He *stopped* work.（彼は仕事をやめた）という例文《この文の動詞型は [V+O(名)] であるが，あとで述べるように，この動詞型と [V]，[V+副] という動詞型にかぎり示さない》と，They *stopped* talk*ing*. [V+O(動名)] という例文とが，それぞれ異なった動詞型とともに掲げられることになる．ただし，名詞と代名詞(不定代名詞を含む)，wh 句と wh 節，if 節と whether 節については特別の場合を除き区別する必要が少ないので，多くの場合（名），（*wh* 句・節），（*if*・*whether* 節）という記述でひとまとめにして扱うことにした．以上のような方針の

結果，動詞の各見出し語および各語義については，以下の動詞型一覧表に掲げる動詞型のうち，使用可能なもののほとんどすべてについて，主語・述語を備えた完全な文の形で例文が掲げられることになり，学習上の便宜は非常に増すものと考えられる．

(5) 疑問文・否定文などの，いわゆる変形の施されている文の文型はすべて，基本文の動詞型を示した．ただし受動態に限り，それが受動態であることを [...の受身] という形で記述した．これは受動態が例文中に多数用いられているということ，および受動態は学習者にとって，もとの動詞型が比較的わかりにくいという事実を考慮したためである．

(6) 語義のうえから見て，例えば受動態だけにしか用いられなかったり，[V+O] の動詞型で必ず再帰代名詞を伴うような場合には，[主に受身で]，[～ oneself として] のような文法指示を語義の欄に掲げ，動詞型は示さない．基本文型の把握とその応用を助けるために動詞型を示すのであるから，語法上ある特定の表現に限られる例文に動詞型を示す意義が少ないからである．

(7) take off, put on, give up などのように動詞と基本的な副詞または前置詞との結びつきが固定化して，1 つの動詞のようになったいわゆる句動詞については，その重要性を考慮してなるべくこれらをそれぞれの動詞の項の末尾の句動詞欄で囲みとして扱うかまたは成句の欄に掲げることにし，普通は特に動詞型を表示することをしない《目的語の関係で副詞の位置が固定したものの表示については ⇨ III》．また，動詞と副詞または前置詞との結びつきがかなり自由で，成句というほどのものでない場合でも，各語義について結びつく in, on, down, away, together などの副詞または前置詞が普通 2 つ以内であるような場合には，

He *stuck* the broken pieces (back) *together*. [V+O+*together*] (彼は破片を(元のように)つなぎ合わせた)

I *received* a gift *from* him. [V+O+*from*+名] (私は彼から贈り物をもらった)

のように具体的にその副詞または前置詞を動詞型の中に組み込んである．その他，動詞型を示す意味のあまりない場合，語法上および文法上の特殊な事情から動詞型を示すことが困難な場合には，特に示さず，代わりに [語法] として注意を添えた．

II 基本的な動詞型

1. [V]

この動詞は完全自動詞で，後ろに目的語や補語をとらない．

下の表 1. 1 の [V] には動詞だけの場合のほかに，以下で扱う以外の修飾語句が加わる場合も含まれるが，特に動詞型は示さない．

1. 2 は，in, on, up, down, away などの位置・状態・距離・方向・程度などを示す副詞と結びつく動詞型であるが動詞型は表示しない．ただし，1. 3 も含めて語法指示で［副詞(句)を伴って］と訳語の前に記述されることもある．また 1. 2 に該当するものをこの辞書では動詞の項の末尾の句動詞欄で囲みとして示すかまたは動詞の成句欄に示す場合も多い．また動詞型の「副」は，原則として -ly のつかない *up*, *down* などの副詞を意味し，斜字体で表わしてある．ただし，[V+副] の場合には原則として動詞型を表示していないので，「副」があらわれるのは「副」以外の他の要素（例えば 1. 4 の「前＋名」など）が動詞型に加わっているときである．

1. 3 の「前＋名」の部分は，おおまかに分類すると，(i) 動作の行なわれる様態や，状態の続いている場所・期間などを表わす場合と，(ii) いろいろの関係を示す場合とがある．前者の場合には，前置詞は内容に応じてかなり自由に入れ替えて用いられるが，後者の場合には動詞の各語義に応じて前置詞の決まっている場合が多い．学習上特に重要な動詞型は後者の場合であるが，前者と後者の間の境界をはっきりと定めることはできないし，また前者の場合でも前置詞の選択がある程度動詞の意味内容に支

基本文型	動詞型	例文
[V]	1. 1 [V]	Time *flies*. / I'll *come* tomorrow afternoon.
	1. 2 [V+副]	I *returned* home at nine yesterday. / She *works* hard.
	1. 3 [V+前+名]	Please *sit in* [*on*] that chair. / Tom usually *walks to* school. / I *was in* the garden.
	1. 4 [V+副+前+名]	The boy *strayed off into* the woods.
	1. 5 [V+前+名+前+名]	The colors *shade from* yellow *into* green.
	1. 6 [V+前+動名]	She *insisted on* staying alone in the house.
	1. 7 [V+前+*wh* 句・節]	Everything *depends on* [*upon*] *what* he does.
	1. 8 [V+前+*whether* 節]	Our success *depends on whether* he'll help us or not.
	1. 9 [V+*wh* 句・節]	I don't *care who* she marries.
	1. 10 [V+現分]	She *came running* into my room.
	1. 11 [V+*to* 不定詞]	I'm *longing to* see you. / If you have any questions, don't *hesitate to* contact me. / I *tend to* put on weight these days.
	1. 12 [V+*that* 節]	He *worried that* he might make a mistake.
	1. 13 [V+*as if* 節]	This room *smells as if* nobody has opened a window for weeks.
	1. 14 [V+前+名+*to* 不定詞]	I *beg of* you not *to* leave me alone. / You can *depend on* [*upon*] me *to* do it.

配される場合が多いので，そのようなものすべてに動詞型を示した．しかし，前者に属するもので，動詞との結びつきが緩やかと思われるものについては動詞型を示していない．以上のことは，以下の「前」を含む動詞型すべてについても当てはまる．

1. 5 は，動詞と 2 つの前置詞句が密接に結びついている場合である．

1. 6 は，動名詞が前置詞の目的語になっている場合であるが，動名詞の意味上の主語として名詞・代名詞の所有格の代わりに目的格が用いられることもある．なお，この型は，動名詞の代わりに名詞または代名詞も代入できるが，I (4) で述べたように，動詞型にはそのような記述はしない．

1. 7, 1. 8, 1. 9 は本質的には同じものであって，1. 9 は wh 句・節の前の前置詞が省略された動詞型と見ることができる《この場合，動詞に直接続く句または節が目的語の働きをする V+O の構造をとらえて 3. 7 または 3. 8 に含めることも可能である》．

1. 10 は 2. 3, 2. 5 および 3. 4 の動詞型と表面は同じであるが，2. 3 の -ing 形は現在分詞で主格補語の役目を果たしており，また 2. 5，3. 4 の -ing 形は動名詞で，2. 5 では主格補語，3. 4 では目的語の役目を果たしているのに対して，1. 10 の現在分詞は「... して」「... しながら」のように動詞の内容と同時的な動作を表わす修飾語的な働きをしている．

1. 11 は，2. 6 および 3. 2 の動詞型と表面の形は同じであるが，to 不定詞は目的語あるいは補語ではなく副詞的修飾語の働きをしている．

1. 12 は，that 節が原因・理由を表わす副詞節である場合．この動詞型は 3. 5 の動詞型とみなすこともできる．

1. 13 は，as if 節が副詞節である場合．

1. 14 は限られた動詞型で，前置詞句にある「名」が to 不定詞の意味上の主語になっていると考えられる．

2. V+C

この動詞は不完全自動詞で，後ろに主格補語をとる．

主格補語とは，主語と内容の一致するものか，または主語についての叙述をするものをいい，典型的なものは下の表 2. 1, 2. 2 におけるように名詞・代名詞または形容詞である．be 動詞などに伴う一部の副詞も 2. 7 のように補語と見ることができる．

2. 4 については受身の形との区別が問題になるが，この辞書では「be＋過去分詞」の形で表わされる典型的な受身の文については，常に「... の受身」のような形で動詞型に組み込んである．その他 get, become などを用いた動作の受身の文や，さらに過去分詞か形容詞かの区別のまぎらわしい場合などについてはそのたびに，語法または《　》による解説，または［　］による文法・語法指示を加えてある．

2. 3, 2. 5 は 1. 10, 3. 4 と，2. 6 は 1. 11, 3. 2 と，それぞれ表面の形が同じであるが，2. 3, 2. 5, 2. 6 の動詞型では現在分詞，動名詞，to 不定詞はいずれも主格補語として用いられている場合だけを記述してある．

2. 8 は 1. 3 と表面の形は同じであるが，「前＋名」がまとまって形容詞的な働きをし，主格補語になっている場合である．

2. 9 は 3. 5 と表面の形は同じであるが，この動詞型では that 節が主格補語として用いられる場合だけを記述してある．

2. 11 は as に導かれる句が主格補語になる場合である．これを修飾語句と見る考え方も成り立つであろうが，as の句の場合は他の前置詞句の場合と異なり，主語と同格的な叙述語としての性格が強いので，この辞書ではこれを主格補語とみなすことにした．

3. V+O

この動詞は完全他動詞で，目的語を 1 つとる．また普通は目的語を主語の位置に置いて受身の文をつくることができる．例文が受身の文である場合には動詞型に ...の受身 と記述した．

この動詞型による文は英文のなかでは最も典型的なものであって用いられる回数も多い．

次ページの表 3. 1 は文構造の把握にはあまり困難がな

基本文型	動詞型	例文
V+C	2. 1 V+C(名)	He *is* an American.
	2. 2 V+C(形)	They *appeared* disappointed. / He *seems* honest.
	2. 3 V+C(現分)	We *stood* here talk*ing* for half an hour. / The baby *kept* cry*ing* all night.
	2. 4 V+C(過分)	At last the truth *became known* to us all.
	2. 5 V+C(動名)	Seeing *is* believ*ing*.
	2. 6 V+C(*to* 不定詞)	I *happened to* meet an old friend of mine. / He *seems to* be honest. / To be right *is to* be strong. / She *appears to* be rich.
	2. 7 V+C(副)	My room *is upstairs*.
	2. 8 V+C(前+名)	This package'*s for* you. / This book *is of* great interest to us.
	2. 9 V+C(*that* 節)	The reason (why) she didn't go *was that* she didn't like him.
	2. 10 V+C(*wh* 句・節)	The question *is* not *how to* speak, but *what to* say. / All I want to know *is what* he is going to do next.
	2. 11 V+C(*as*+名)	This'll *do* nicely *as* a chair.

基本文型	動詞型	例文
V+O	3.1 V+O	Don't *cut* yourself. / What are you *doing* now?
	3.2 V+O(to 不定詞)	I *want to* go home. / Don't *forget to* turn out the light. / I *hope to* see you again.
	3.3 V+O(原形)	He *helped cook* lunch.
	3.4 V+O(動名)	They *stopped* talk*ing*. / I haven't *finished* read*ing* this book. / Do you *like* driv*ing* cars?
	3.5 V+O(that 節) V+O((that)節) V+O(節)	The letter *says that* he is doing well. / I *hope* (*that*) I'll see you again. / Do you *think* he'll come to our party? / He *insisted* (*that*) he was innocent.
	3.6 V+O(引用節)	He *said*, "I'm hungry."
	3.7 V+O(wh 句・節)	Do you *know how to* drive? / I *wonder what* happened.
	3.8 V+O(if・whether 節)	I *wonder if* [*whether*] she's married.
	3.9 V+O+前+名	The boy *touched* the bug *with* the tip of his pencil. / My aunt *gave* the doll *to* me. / I *bought* a hat *for* her.
	3.10 V+O+前+wh 句・節	She *informed* me *about where to* go.
	3.11 V+O+前+動名	Nobody can *stop* them *from* argu*ing*. / She *thanked* me *for* com*ing*.
	3.12 V+O(動名)+前+動名	I *prefer* fly*ing to* go*ing* by train.
	3.13 V+O+前+名+前+名	Can you *change* the color *from* green *to* blue?
	3.14 V+O+副 V+副+O	*Bring* him *home*. / That new nation will soon *send* a special envoy *abroad*.
	3.15 V+O+副+前+名 V+副+O+前+名	She *stretched out* her arm *for* a cup.
	3.16 V+前+名+O(that 節)	She *complained to* her mother *that* the soup was cold.
	3.17 V+前+名+O(引用節)	He *said to* me, " I'm going to the movies this evening.
	3.18 V+前+名+O(wh 句・節)	The government *announced to* the press *when* the President would visit Japan.

いと思われるので，この辞書では特に動詞型は示さない．(ただし関係代名詞 what に導かれる節の場合はその旨注記し，受身の文の場合には V+O の受身 のように指示する．)

3.2 は 1.11, 2.6 と，3.4 は 1.10, 2.3, 2.5 と，3.5 は 2.9 と，3.7 は 1.9, 2.10 とそれぞれ表面的には同じ形であるが，この動詞型では動詞に続く句や節が目的語の働きをしている構造だけが対象となる．

3.3 は help その他少数の動詞に限られる．will, shall, may などの法助動詞はこの動詞型に属するが，この辞書では助動詞には動詞型を示さない．

3.4 で動名詞の意味上の主語が加わるとき，名詞・代名詞の所有格の他に目的格が使われることも多い．後者では -ing 形を現在分詞として扱い，動詞型を V+O+C(現分) とみなすこともできる．

3.5 で that をつけるかつけないかは，もっぱら文体的な理由(つけないほうが《略式》)によるもので，いずれでも動詞型そのものの本質的相違はないので，例文に合わせて 3 つの形を使い分けることにした．

insist, complain など少数の動詞の場合，それに続く that 節の前で前置詞が省略されている，と見てこれらの動詞を自動詞とする考え方もある《that 節を名詞・代名詞，動名詞などに置き替えた場合には，それぞれ，1.3 または 1.6 の動詞型となる》．

3.7 と 3.8 はともに疑問文が名詞節に変形して動詞の目的語の働きをしている《これを従属[間接]疑問と称する》と言える点で共通することが多い．ただし，if および whether は疑問詞にならないという点において，wh- 語と働きが異なっている．これが，wh 句・節と if・whether 節によって動詞型を区別した理由であって，この点については，他の動詞型についても同様である．

3.9 は，「前＋名」の部分が状態・場所・期間などやいろいろの関係を示す場合と，「前」が to または for に限られていて，4.1 の動詞型，すなわち V+O+O の文型で目的語を 2 つとる文の変形と考えられる場合との両方がある．後者の場合には，前置詞が to になる動詞と for になる動詞とを分けることができる．to をとる動詞のほうが一般的で，bring, give, lend, pass, pay, promise, read, sell, send, show, write などがある．for をとる動詞の主なものは，buy, choose, cook, fetch, get, leave, make, order, save などである．なお ask は of, choose は as もとるなど，他の前置詞をとる動詞も少数ある．この点については，3.18 も同様である．

3.14 には，Bring him *here*. のような文のほかに他動詞に in, up, off, down, away などの副詞が結合したもの，例えば He *took off* his coat. V+副+O ＝He *took* his coat *off*. V+O+副 のような文を作る結合も含まれるが，これらはこの辞書では多くの場合動詞の項の末尾の句動詞欄または成句欄に句動詞または成句として示してある《⇒III》．この点については，3.15 の場合も同様である．

4. V+O+O

この動詞は目的語を 2 つとるもので,「…を」に当たる直接目的語のほかに「…に」に当たる間接目的語をとる動詞である. これらの動詞を授与動詞という. 目的語の語順は「間接目的語＋直接目的語」という順になる.

3. 9 で述べたように, 間接目的語に to または for をつけて, 直接目的語のあとに回すことができる. その場合には動詞型は 3. 9 になる. to をつけるか for をつけるかは動詞によって異なるが, この点については ⇒3. 9, 巻末文法 1. 2 (4).

下の表 4. 1 については, 特に間接目的語に to をつけて言い換えられる授与動詞の場合には普通は間接目的語, 直接目的語のいずれをも主語の位置に置いて, 2 通りの受身の文をつくることができる. ただし, 動詞によっては一方の受動態しかできないものもあるので, そのような場合には 語法 などで注意を添えた.

4. 2 はあまり受身の文として用いないが, 受身の文になるときは間接目的語を主語にする. 4. 3 は間接目的語を主語にした受身の文は普通であるが, that 節を主語にする場合には形式上の主語としての it を用いるのが普通である.

4. 4 は間接目的語を主語にした受身の文だけで, wh 句・節を主語にした受身の文はあまり普通ではない.

4. 5 においては, if・whether 節は受身の文の主語にすることはできない.

4. 1 と 5. 2, および 4. 2 と 5. 7 との相違については ⇒5.

5. V+O+C

この動詞は不完全他動詞で, 目的語の後ろに目的格補語をとる. 目的格補語は, 目的語について叙述し, 動詞の表わす動作・状態の意味を補う働きをする. 目的格補語は目的語について叙述するのであるから, 目的語と内容的に一致する. 言い換えれば, 目的語と補語の間に,「主語＋述語」の関係があるといってよい. この点において, 4. 1, 4. 2 などの動詞型が 下の表 5. 2, 5. 7 と表面上似ていても, 構造上全く異なっているということができる《これについては, I (3) にあげた例も参照》.

III 句動詞とその型

英語には get up, take off, look for … のように基本的な動詞と単純な副詞または前置詞とが結びついて 1 語の動詞と同じような働きをするものが多数あるが, これを句動詞と呼ぶ. 句動詞は特に日常的な表現でよく用いるので学習上大変重要である. その点を考慮してこの辞書では句動詞を構成する基本動詞の項の末尾に句動詞のための特別の欄を設けて囲みとして扱うか, または動詞の成句として成句欄に記述してある.

2 語以上の結合から成る句動詞は, その内部構成に従うと次のような型に分類できる.

A「動詞＋副詞(＋前置詞)」の型

1. ＜自動詞＋副＞ 例: come out (咲く)

基本文型	動詞型	例文
V+O+O	4. 1 V+O+O	My aunt *gave* me the doll. / I *bought* her a hat.
	4. 2 V+O+O(*to* 不定詞)	She *taught* children *to* swim.
	4. 3 V+O+O(*that* 節)	He *told* me *that* he wanted to see me.
	4. 4 V+O+O(*wh* 句・節)	I'll *show* you *how* absurd that plan is. / Please *show* me *what to* do next.
	4. 5 V+O+O(*if・whether* 節)	I *asked* Ann *if* [*whether*] she knew the truth.
	4. 6 V+O+O(引用節)	"I feel sick," she *told* her teacher.

基本文型	動詞型	例文
V+O+C	5. 1 V+O+C(形)	He *painted* the gate blue. / I *found* the book easy. / The teacher *marked* the three pupils absent.
	5. 2 V+O+C(名)	Why didn't they *make* Jean chairperson? / They *appointed* him manager. / The couple *named* their baby Thomas.
	5. 3 V+O+C(前+名)	*Keep* your head and hands *inside* the window.
	5. 4 V+O+C(過分)	I *heard* my name call*ed*.
	5. 5 V+O+C(現分)	We *saw* her walk*ing* alone along the street.
	5. 6 V+O+C(原形)	I'll *make* him *do* his job at once. / He *helped* her *carry* the parcels. / I *saw* Bob *enter* the building.
	5. 7 V+O+C(*to* 不定詞)	I *want* you *to* do your best. / The doctor *ordered* her *to* take a rest. / They *believe* her *to* be honest.
	5. 8 V+O+C(*as*+名)	We all *regarded* her *as* a genius.
	5. 9 V+O+C(*as*+現分)	She was *quoted as* say*ing* she would resign.
	5. 10 V+O+C(*as*+形)	Don't *treat* this *as* unimportant.
	5. 11 V+O+C(*as*+過分)	They *regarded* the key *as lost*.

2. ＜他動詞＋副＞ 例: take off ((…)を脱ぐ)
3. ＜自動詞＋副＋前＞ 例: put up with… (…を我慢する)

B「動詞＋前置詞」の型

4. ＜自動詞＋前＞ 例: look for… (…を探す)
5. ＜他動詞＋前＞ 例: take … for ~ ((…)を~だと思う)

(1) 句動詞として特に重要で詳しい扱いを必要とするものは A の型に多い. この辞書で特別の句動詞欄に準見出し語にして意味・用法を記述するのは主に次に示す動詞と副詞の結合である.

(動詞) break, bring, call, carry, come, cut, do, draw, fall, find, fix, get, give, go, hand, have, hold, keep, knock, lay, leave, let, look, make, move, pass, pay, pick, play, pull, push, put, run, see, send, set, shut, sit, stand, stick, take, think, throw, turn, work, write

(副詞) about, across, along, apart, around, aside, away, back, behind, by, down, forth, forward, in, off, on, out, over, round, through, together, under, up

これらの結合で用法上特に注意すべきものは上記 A 2 の場合であって, 普通は He *took off* his coat. [V+副+O] =He *took* his coat *off*. [V+O+副] (彼は上着を脱いだ) のように off, on, in, up などの副詞を目的語の前後いずれにも置くことができる《ただし, 目的語が me, you, him, her, it, us, them の人称代名詞などのように情報価値が低いときは [V+O+副] の語順しかとらない, という原則がある》. しかし中には,

a) *Get* your wet clothes *off*. [V+O+副] (ぬれた服を脱げ)

のように副詞が目的語の「後」に固定されている場合, 逆に,

b) They didn't *give up* hope. [V+副+O] (彼らは望みを捨てなかった)

のように副詞の位置が目的語の「前」に決まっている場合もある. こうした語順の制限は意味と関連するので, この辞書では重要語義について位置の固定しているものに限り a) の場合は [V+名+*off*], b) の場合は [V+*up*+名] 《この場合でも目的語が代名詞なら原則どおり [V+O+副] の語順となる》のような表示を訳語の次に付記している.

(2) 動詞と結合する前置詞には after, at, for, into, with のようにもっぱら前置詞としてのみ使われるものもあるが, across, along, around, by, in, on, over, through などのように前置詞にも副詞にもなりうるものもかなりある. 例えば She looked after him [his father]. (彼女は彼 [彼の父] の世話をした) の look after… のように前置詞で終わる句動詞では after と目的語の位置は常に変わらない. 従って動詞と結合する語が前置詞か副詞かを見分けることが大切になる. この辞書では前置詞の場合には見出しに after… のように…を加えてそれのない副詞と明確に区別している.

前置詞を伴う場合に注意すべきことは構成要素の動詞が自動詞であっても, 結合全体としては目的語をとっているために他動詞と見なされるということで, 上記の A 3 と B 4 は ㊐ と表示されている. しかしこの場合は 1 語の他動詞と異なり受身の文に用いることは普通ではないので, His father *was* well *looked after* at the home. のように特に受身の文で用いられるものに限って該当する重要語義の後に ([受身] be looked after) という表示で受身の可能性とその形を示すことにしている.

IV 基本的な形容詞型

下の表 1. 1 から 1. 4 までの型の形容詞は多くは叙述形容詞 (⇒巻末文法 5. 1 (2)) で, 前置詞は主に about, at, for, from, of, on, to, with であるが, 形容詞 (の語義) との関係で前置詞が決まっているのが普通である. 例: absent (from), conscious (of), content (with), dependent (on), famous (for), interested (in), subject (to). また angry に見られるようにいくつかの前置詞の間で使い分けがある場合には [語法] で注意してある. 形が定まっている時は be fed up with … のように成句として掲げることもある.

1. 2 は形容詞と 2 つの前置詞句が密接に結びついている場合で, 後の前置詞の目的語が動名詞のこともある.

1. 3 は前置詞の目的語が動名詞 (時に完了動名詞) である場合である. 動名詞の代わりに名詞または代名詞も代入できるが, 型の表示では区別してある.

1. 4, 1. 5 は本質的には同じものであって, wh 句・節の前置詞が省略された形容詞型と見ることができる.

形容詞型		例文
1. 1	[+前+名]	He was *angry with* [*at*] himself.
1. 2	[+前+名+前+名] [+前+名+前+動名]	She was *angry with* Tom *for* his rudeness. She was *angry with* Tom *for* being rude.
1. 3	[+前+動名]	I am *afraid of* dying. / He is very (much) *ashamed of* having behaved so badly. / Be *careful* (*in*) crossing the street. 《⇒ 下記 1.6 の解説》
1. 4	[+前+*wh* 句・節]	He's *doubtful about what to* do for her. / I wasn't *aware of how* deeply she loved me.
1. 5	[+*wh* 句・節] [+*whether* 節]	The doctor was not *sure what* the trouble was. They were not *sure whether* they could come..
1. 6	[+現分]	He is *busy* getting ready for the journey. / Be *careful* crossing the street.
2	[+*to* 不定詞]	Are you *ready* to order? / We're *sorry to* have kept you waiting. / You were *wise to* accept his offer. / He is *likely to* do well. / This book is *easy* to read.
3	[+*that* 節] [+(*that*) 節]	I was *aware that* he was there. / They're *determined* (*that*) the party will be a success. / I'm *happy* (*that*) you recovered so quickly.

1.6 に該当する形容詞は多くない. busy が代表例. この型は元来 1.3 の前置詞を省いたもので, -ing 形は動名詞に由来すると見ることもある.

2 のように後に to 不定詞(時に完了不定詞)を伴う形容詞も多い. 形容詞と不定詞との関係によっていくつかの下位区分をすることも可能であるが, 最も基本的には不定詞の意味上の主語が文の主語と同じであるかどうかを区別することが大事である.

ready, sorry と同じ用い方をするものに afraid, anxious, ashamed, careful, curious, delighted, determined, disappointed, eager, glad, happy, keen, pleased, quick, reluctant, slow, thankful, willing などがあるが, 人の意欲・感情を示す形容詞が多くみられる. 特に感情に関わる場合, We are *happy to* have you here. ＝We are *happy* (*that*) you are here. のように 3 の型でしばしば言い換えられる.

You were *wise to* accept his offer. は *It was wise of* you *to* accept his offer. とも言い換えられる. 後者のように形式主語の it で始まる文型は形容詞型としては扱わないが, 原則として太字の斜体字にして注意を喚起し, 前置詞 of 12 の「形容詞＋*of*＋名詞＋*to* 不定詞」を参照するように注意を与えている.

He is *likely to* do well. は *It is likely that* he will do well. とも言い換えられる. certain などにも同じ用法がある.

This book is *easy to* read. では文の主語が to 不定詞の意味上の目的語になっている. easy と同じ用い方をするものに難易・快適・安全に関する difficult, hard, impossible, pleasant, safe などがある. この場合, to 不定詞の意味上の主語が次のように for 句が付いて明示されることもある: This book is *easy* for me *to* read. またこれは *It is easy* (*for* me) *to* read this book. とも言い換えられる.

3 の型は既述のように 2 の型で言い換えられるものが多い: We were *proud* (*that*) we worked with Dr. Hill. ＝We were *proud to* work with Dr. Hill. また She was *afraid* (*that*) she might wake her baby. ＝She was *afraid of* *waking* her baby. のように 1. 3 の型で言い表わすことのできるものもある. なお that をつけるかつけないかについては, 動詞型の 3. 5 について述べたことが当てはまるとみてよい.

V 基本的な名詞型

この辞書で扱う名詞型は, いずれも名詞の後に続く要素が前の名詞をなんらかの意味で修飾, 限定している場合といえる.

下の表 1. 1, 1. 2, 1. 3 は後ろの要素として前置詞で始まる形容詞句が続く場合である. この型は, 特に名詞型としては示さないが, 主要な名詞においては, 重要な語義と結びつく前置詞を斜字体(特に重要なものは太字の斜字体)にして注意を喚起してある. このうち 1. 2 は前置詞の目的語として動名詞が用いられている場合で, この時は, -ing 形の部分をも斜字体(特に重要なものは太字の斜字体)で表わす.

1. 3 は前置詞の目的語として wh 節をとる型であるが, 該当する名詞は多くない.

1. 4 は 1. 3 と本質的には同じもので, wh 句・節の前置詞が省略された型と見ることができる.

2. 1 と 2. 2 は後続要素に to 不定詞が来る場合である. この型をとる名詞の多くは, 派生関係にある動詞や形容詞においても, しばしば to 不定詞を伴う. attempt, wish, decision (←decide); ability (←able), curiosity (←curious) などがその例であるが, 本文の to² C (4) の囲み [「名詞＋to 不定詞」型の名詞のいろいろ] にもいくつか挙げられている.

2. 2 は to 不定詞自体の意味上の主語が「for＋名詞・代名詞」の形で明示されている場合である (⇒for 前 B). これは文の内容に応じて現れるものなので, 特に独立した型としては扱っていない.

3 では名詞に後続する that 節は, 名詞の内容を説明するもので, 同格節と呼ばれる. これを次のような that で導かれる関係詞節と区別することが大事である.

The news (*that*) Bill brought was a great shock to us.
(ビルのもたらした知らせは我々にとって大きなショックだった)

関係代名詞の that と違って, この接続詞の that は普通は省かれることがないが, 例に示したような場合には省略されることもある. この型をとる名詞のいくつかは本文の that² A 4 の囲み [「名詞＋ *that* 節」型の名詞のいろいろ] にも示されている.

名詞型		例文
1. 1	＋前＋名	There's an urgent *need for* more teachers.
1. 2	＋前＋動名	We have a good *chance of* winning.
1. 3	＋前＋*wh* 句・節	Do you have any *idea of where* he went?
1. 4	＋*wh* 句・節	Do you have any i*dea where* he went?
	＋*whether* 節	There's some *doubt whethe*r she'll come.
2. 1	＋*to* 不定詞	She has the *ability to* run a business.
2. 2	＋*for*＋名＋*to* 不定詞	It's *time for* you *to* go to school.
3	＋*that* 節	She expressed the *desire that* her husband (should) come back soon. / Everyone welcomed the *news that* he had been elected chairman.
	＋(*that*)節	I have an *idea* (*that*) something will happen today.

基本会話表現

GREETINGS あいさつ

"Hello, Mrs. Kind. Is Rick home?"
"Hi, Kenji. Yes, here he comes."
"Hi, Rick!"
「こんにちは, カインドさん. リックいますか?」
「あら, 研二. ええ, ほら来たわ」
「やあリック!」
《Hello. は一般的であらたまった感じも出せ, 目上の人にも使える. Hi. はカジュアルで親しさが出せる. いずれも一日中いつでも使える.》

"Hi [《略式》 Hey], Lisa. How are you doing?"
"(I'm) good, thanks. How are you?"
「リサ, 元気?」
「元気だよ, ありがとう. 元気?」

How's everything? / 《略式》 How's it going? / How are things? どうですか[どうしてますか]?
Couldn't be better. 絶好調です.
Great. とても元気です.
Just fine. / Pretty good. 元気です.
Not bad. 悪くないですよ.

What で尋ねるあいさつと返答

What's new? / 《略式》 What's up? / 《略式》 What's happening? 変わったことは?
Not much. あまり.
Nothing. 別に.
Nothing much. 特別にはなにも.

別れるとき

"Have a nice day!"
"You too."
「いい一日を」
「あなたも」

Goodbye. / 《略式》 Bye. さよなら.
Good night. (夜別れるときの)さようなら.
See you later. / 《略式》 See you. じゃあまた.

SHORT RESPONSES 相づち

驚きをこめて

Really? 本当?
What? 何だって?
You're joking [kidding]. 冗談でしょう.
Are you serious? 本気なの?
No! まさか.
Is that so? 《格式》 そうなのですか.
Hmm. 《略式》 ふーむ.
Uh-huh 《略式》 うん.

同意する

That's right. そうです.
I know. (そう)ですよね.
I see. (説明を受けて)なるほど.
I agree. 同感です.
How true! 《格式》 まさに.

ADVICE アドバイス

アドバイスするとき

Maybe「you should [it would be better to] leave a message.
伝言を残しておいたほうがいいかもしれません.
Wouldn't it be better to take the child with you? 子供を一緒に連れていったほうがいいのではありませんか.
If I were you, I would go and see a doctor.
もし私だったら医者に行きますが.

アドバイスを求めるとき

I'd like your advice about the new product.
新製品についてご意見をうかがいたいのですが.
Do you think I should take him to the vet?
その子を獣医に見せるべきでしょうか?

アドバイスに対するお礼

Thank you for your advice.
アドバイスをありがとうございました.

OPINION 意見

意見を求める一般的な表現

「What do you think [How do you feel] about it? それについてどう思いますか?
How was the movie? 映画はどうでした?
How do you like your new car?
新車はいかがですか?
How does this place look to you?
この場所(家など)いかがですか?

フォーマルな表現

What is your opinion on this issue?
この争点についてのご意見は?
What are your thoughts on this project?
この企画に対するお考えは?
What are your feelings about this trend?
この傾向に関してお感じのことは?
What are your comments on the ruling?
判決に対してコメントは?

自分の意見を述べる

I think [feel] (that) it is not right.
正しくないと思う[感じる].
My opinion is that the time is now.
今がその時というのが私の意見です.
In my opinion, she should have stayed.
私の意見では彼女は留まるべきだった.
As I see it, we have only two choices.
私の見るところ選択肢は二つだけです.
My view is that the economy is going downhill.
私の見方では経済は下降線を辿っています.

CELEBRATING 祝う

✪ 祝祭のあいさつには Happy をよく用いる.

Happy Halloween [Valentine's Day]!
ハロウィーン[バレンタインデー]おめでとう!
Happy Holidays! ハッピーホリデー! 《Merry Christmas! のあいさつを他宗教の人々に押しつけないようにとの配慮から生まれた替わりのあいさ

っ》

その他

Congratulations! You passed the test! おめでとうございます! テストに受かったのですね!
Congratulations on passing the test!
テストの合格, おめでとうございます!

フォーマルな表現

I must congratulate you on your success!
ご成功を祝福しなくては!
I'd like to congratulate you on your graduation! ご卒業を祝福したく思います!

そのあとに次のようなことばを続ける

You must be proud. 誇らしい気持ちでしょうね.
You must be really happy. 大満足でしょうね.

返答例

Thank you. (I'm really happy.)
ありがとう. (本当にうれしいです.)

REQUESTS お願い・頼みごと

Can I have some water? 水を少しもらえますか?
Can you ship to Japan? 日本に発送できますか?
Will you please be quiet? ちょっと静かにしてくれませんか?《やや強い言い方》
Will you marry me? 結婚してくれませんか?《直接的なプロポーズのことばで, 最も一般的》

丁寧な表現

Could you break a 20-dollar bill?
20ドル札を崩していただけますか?
Would you mind moving a bit? ほんのすこし空けて[詰めて, 移動して]もらえませんか?
Could I ask you to come to my office tomorrow morning?
明日の朝, 事務所に来ていただけますか?
I'd appreciate it if you could send me the brochure.
案内書を送ってくださるとありがたいのですが.

頼みがあることを告げる

I need a favor. 頼みがあるんだけど.
Can you do me a big [small] favor?
大きな[小さな]お願いをしていい?
Could you do me a favor?
お願いしてかまいませんか?

CERTAINTY 確信

確信が強いとき

I'm 100% sure. 100パーセント確かです.
He did it. There's no question about it.
彼がやった. それは疑問の余地もない.
I'm quite certain he's the mastermind.
彼が黒幕なのはまず間違いない.
She's arguably the best painter in Japan. 彼女が日本最高の画家であることはほぼ間違いない.
Now I'm convinced that this method works.
このやり方でいいことを確信するに至りました.
Very likely. 十中八九. / Probably. おそらく.

確信が弱いとき

Maybe he loves me, maybe not. 彼は私を好きかもしれないしそうでないかもしれない.
It's hard to say. はっきり言えません.
I wish I could tell you.
はっきりお伝えできればいいのですが.
I'm not so sure about it. それはどうかな.
You don't sound so sure.
あまり確信がなさそうですね.

GRATITUDE 感謝

丁寧な表現

Thank you for your hospitality.
おもてなしありがとうございました.
That's very kind of you. それはご親切にどうも.
We appreciate your help. Thank you.
お手伝いありがたいです. ありがとう.
It was nice of you to treat us to dinner. ディナーをご馳走していただきありがとうございました.

カジュアルな表現

Thanks a million! / Thanks a bunch! ありがとう!

相手の感謝に対して

"Thank you so much for everything you've done for us."
"You're quite welcome. It was our pleasure."
「いろいろ本当にありがとうございました」
「いやどういたしまして. こちらこそどうも」

I'm glad you like it. 気に入ってくれてよかった.
My pleasure. こちらこそ.
No sweat.《略式》たいしたことじゃないよ《相手の感謝が長い時に言う》.

EXPECTATIONS 期待

I hope this movie has a happy ending.
この映画はハッピーエンドだと願いたい.
That sounds promising. それは期待できそうだ.
I'm counting on him to do it.
彼がそれをやってくれると期待している.
I'll keep my fingers crossed (for you).
成功を祈っています.
I hope so. そう願いたい.
I expect so. そう見込んでいる.

仮定的期待―実現不能

I wish I could make it. 行ければいいのですが.
If only I could turn back the time.
時間を戻すことさえできたらなあ.

期待薄の場合

Don't expect too much. 期待しすぎないように.
Don't get your hopes up too high.
あまり期待しすぎないように.
We're hoping against hope we'll make it.
やれるぞという希望をかすかに抱いています.
That's wishful thinking.
それはないものねだりでしょう.
That's asking too much. それは無理な注文です.

IN A CLASSROOM 教室で

授業開始

"Takada?"
"Here. / Present. / Yes."
「高田」
「はい」《出席の返事》

Let's start where we left off. 前回の続きです.
Let's go over page 5. 5ページを復習します.
I'm passing out handouts. プリントを配ります.

Pass them on to the next person.
それを回してください.
Get into pairs. / Pair up. ペアになって.
Any volunteers? やってみようという人は?
Any feedback? 意見[感想]は?

テスト

I stayed up all night studying. 徹夜で勉強した.
You have 10 minutes to finish.
終了まであと 10 分.
Please remain in your seat. 席を立たないで.
It's time. 時間です.
Hand in the tests. 試験を提出して.
I aced [blew] it. 出来は完璧[最悪]だ.
I got an 80 「on my math exam [in math].
数学の試験で 80 点を取った.
I got an A [F] in history. 歴史は優[不可]だった.

宿題

Hand in your essays by Friday.
小論文は金曜までに提出するように.
It's due on the 25th. 25 日締め切りです.

PERMISSION 許可

一般的な表現

Do you mind if I turn off the TV?
テレビを消してもかまいませんか?
Is it all right to leave our baggage here?
ここに荷物を置いておいてもいいですか?

丁寧な表現

May I ask you a question?
質問してもよろしいですか?
Would it be all right if I didn't come?
行かなくてもよろしいでしょうか?

公共の場などでの事務的な表現

Is smoking allowed [permitted] here?
ここでの喫煙は許されていますか?
Are we allowed to take pictures here?
ここで写真を撮るのは許されていますか?
Is it possible to stay longer than six months?
6 か月以上の滞在は可能ですか?

返答例

Yes, go (right) ahead. はい, どうぞ.
Sure. ええ.
Of course. / Certainly. 《丁寧》 もちろんです.
I'd rather you didn't.
そうしていただきたくはないのですが.
I don't think so. それはどうも(いけません).
No, you can't [may not].
それは無理です[いけません].

AT THE AIRPORT 空港で

IMMIGRATION & CUSTOMS 入国管理・税関

"What is the purpose of your visit?"
"I'm here to study English."
"How long are you going to stay here?"
"Six weeks."
"Where are you staying?"
"With a friend in Kona."
「訪問の目的は?」
「英語の勉強に来ました」
「滞在期間は?」
「6 週間です」
「滞在先は?」
「コナの友人宅です」

Do you have a return ticket? 帰路の航空券は?
Please press your index finger here.
人差し指をここに押しつけてください.
Do you have anything to declare? 申告する物は?

CHECKING IN チェックイン

Could I have your ticket and passport, please?
航空券とパスポートを拝見できますか?
Would you like a window or an aisle seat?
窓側と通路側どちらがよろしいですか?
Here is your boarding pass. こちらが搭乗券です.
Where is the gate? 搭乗ゲートはどこですか?
Follow the signs. 標示に沿って進んでください.

SECURITY CHECK セキュリティーチェック

Place your electronic devices in a tray.
電子機器はトレーに入れてください.
May I see the contents of your bag(s)?
バッグの中身を拝見できますか?
You can't carry on this item.
この品物は持ち込めません.
Step over this way. こちらへどうぞ.
Please remove your shoes. 靴を脱いでください.

WARNING 警告する

とっさの警告

Fire! 火事だ!
Thief! 泥棒だ!
Watch [Look] out (for the car)! (車,)危ない!
Behind you! 後ろ!
Hit the ground [deck]! 伏せろ!
Duck! よけろ!
Run for your life! 逃げろ!
Watch your head [step]. 頭[足元]に気をつけて.
「Watch out [Careful]. Wet paint.
気をつけて. ペンキ塗り立てだよ.
Keep your eyes on the road.
しっかり前を見て運転して.

問題のある人への注意

I'm warning you. No playing with fire.
警告しておくよ. 火で遊んではダメ.
If you do that again, no TV.
もう一度それをやったらテレビは見せないよ.
Don't come any closer, or I'll scream.
それ以上近づくと大声を出すわよ.
Stop bothering me, or I'll call the police.
これ以上私にかまうと警察を呼ぶぞ.

REFUSAL 断わる

きっぱりと断わる

「I'm afraid [I'm sorry, but] I can't do that.
《丁寧》 申しわけないけどそれはできません.
Why should I? 《略式》 どうして私がそんなことをしなければならないのですか.
Never! 絶対いやだ.
No way! 《略式》 とんでもない!

丁寧に断わる

I wish I could. そうできればいいのですが.
I'm afraid I can't make it that day.
その日は無理なんですよ.

I'm sorry, but I have other plans.
ごめんなさい，他の予定があります.
I'd like to, but I have a previous engagement.
そうしたいのですが，先約があるんです.

その他

Can I take a rain check on that?
次回ということでいいですか?《雨天順延の切符をもらう，の意から》
I'll have to pass on that.
それはパスしなければなりません.

INVITATION 誘う

一般的な誘いの表現

Want to come along?《略式》来る?
Do you want to come with us? 一緒にどう?
How about joining us? どうです，一緒に?
Why don't you come along? 一緒に来ない?

丁寧な表現

Would you care to go to the lecture with us?
私たちと一緒に講演にいらっしゃいませんか?
Would you be interested in going to the show? ショーに行くというのはいかがですか?
We're dying to have you.
ぜひ来てください《強調》.
I'd really like you to come.
ぜひ来て欲しいのですよ《強調》.

返答例

Yes, I'd love to. ええ，ぜひとも.
That would be very nice. いいですねえ.
「I'm afraid [I'm sorry] I can't. I have other plans. 残念ながら無理です. 他に予定があるので.
I wish I could join you, but I'm busy that day.
ご一緒したいけれどその日は忙しいのです.
✪ その他の断わり方の例については ⇒REFUSALS 断わる

VOLITION ～したい

I'd like to speak to the manager.
責任者と話がしたいのです.
I want my son to stay with me.
私は息子に一緒にいてほしい.
I'm dying to see that movie.
その映画をどうしても見たいと思っています.
I want to take this opportunity to express my thanks to the members of the board.
この場を借り役員の皆様に感謝したく存じます.
I have to ask you this.
ぜひ聞いておきたいのですが.

したくないとき

I don't feel like working today.
今日は仕事をしたい気分ではない.
I wouldn't touch it with a ten-foot pole.
そんなことには一切関係したくない.
That's the last thing I want to do.
それだけは絶対にやりたくない.
I'm not ready for that. まだそれはしたくない.
I'd rather not go into it now.
今はそれには触れないでおきたい.

ASKING QUESTIONS 質問する

"Excuse me, Mr. Gibbs. May I ask you a question?"
"Sure. Go ahead."
「すみません，ギブズさん. 質問してよろしいですか?」
「はい. どうぞ」

前置きの必要があるとき

Can I ask you something [a question]?
尋ねて[質問して]もいい?
I have a question for you. 質問があるんだけれど.
I have a quick question.
ちょっとだけ質問があるんだけれど.
This may be a dumb question.
ばかな質問かもしれませんが.
May I ask you a personal question?
立ち入ったことを伺ってもいいですか?

返答例

Go right ahead. はい，もちろんどうぞ.
Sure. はい.
Sure thing.《略式》もちろん.
(Okay,) Shoot.《略式》(いいよ,)ズバッとどうぞ.
That depends. 内容によりますが.

質問を長くすると丁寧なニュアンスに

Does he like Thai food?
彼はタイ料理が好きですか?
Do you know if he likes Thai food?
彼がタイ料理が好きかどうか知っていますか?
Why isn't she here? なぜ彼女は来ていないの?
Can you tell me why she isn't here?
なぜ彼女が来ていないか教えてもらえますか?

APOLOGY 謝罪

I'm sorry I'm late. I missed the bus.
遅れてすみません. バスに乗り遅れてしまって.
Please forgive me for what「I did [I've done].
私のしたことを許してください.
I can't tell you how sorry I am about what I said to you last night.
昨夜はあなたに悪いことを言ってしまったと，本当に申しわけなく思っています.
I apologize for the trouble I caused you.
ご迷惑をおかけして申しわけありません.

謝っている相手に対して

That's [It's] all right. / That's okay.
いいんですよ.
Don't worry about it. 心配しないでください.
Forget it.《略式》気にしないで.

非を認める

It's (entirely) my fault. (すべて)私のせいです.
My bad.〔スポーツ〕悪い[ごめん]《バスケットボールから普及した表現》.
I have to apologize. I lost your dictionary.
謝らないといけないのですが，あなたの辞書をなくしたんです.

INTRODUCTION 紹介

一対一で

"Hello. I'm Ron."
"I'm Hana. Nice to meet you."
"(Nice to meet) You, too."
「こんにちは. ロンです」
「ハナです」
「初めまして」
「初めまして」

初対面の別れに
(It was) Nice to meet you. / 《米》(It was) Nice meeting you. / 《格式》(It's) Nice to have met you.
お会いできてうれしかったです.

人前で手短に自己紹介する
Hello everyone. My name is Miyo Doi. I'm from Osaka, Japan. It's really nice to be here.
皆さんこんにちは. 土井美代と申します. 日本の大阪から来ました. ここに来られてとてもうれしいです.
I'm looking forward to meeting you all. 皆さんと知り合いになれるのを楽しみにしています.
I'm looking forward to working with you.
一緒に仕事をするのを楽しみにしています.

誰かを紹介する
John, meet Mari. Mari, this is John.
ジョン, こちらマリ. マリ, こちらジョン《まず女性を男性に紹介》.
Dr. Cane, I'd like you to meet my mother. Mother, this is Dr. Cane. ケイン先生, 私の母をご紹介します. お母さん, こちらケイン先生です.

NOT KNOWING 知らない・わからない

"Do you know where she is now?"
"I have no idea."
「彼女の居場所わかりますか?」
「まるでわかりません」

No(, I don't). わかりません《Do you know ... の質問に対し》.
I don't know. わかりません《wh 疑問文に対し》.
I wish I knew. わかればいいんですが.
I haven't got the faintest idea.
まるっきりわかりません《強調》.
Beats me. 《略式》まるで(わからない).
How should I know?
私にわかるわけがないでしょう? 《強調》
I'm afraid I don't know.
残念ながらわかりません.

尋ねた方の返答
That's all right. わかりました.
Thanks anyway. とにかくありがとう.

情報源を教える
Why don't you go online? ネットで見たら?
Ask Yoko. She may know.
陽子にきいたら? 知っているかもしれない.
You might want to try the library.
図書室に行くといいかもしれません.

LIKES & DISLIKES 好き・嫌い

質問する
How do [did] you like Rome?
ローマはいかがです[でした]か?
What did you like best about your trip?
旅行で一番気に入ったこと[場所]は?

好きであることを言う
My parents like him a lot.
両親は彼のことをとても気に入っています.
I love it!とてもいい(楽しい[おいしい])!
I have a weakness for chocolate.
チョコレートに弱いんです.

嫌いであることをマナーに注意して言う
Actually, I don't care for chicken.
実はチキンは好みではないんです《鶏料理を勧められ I don't like chicken. と答えるのは失礼になるので care for を使う》.
Golf isn't my cup of tea.
ゴルフはどうも苦手です.
That's not my favorite music.
その音楽は特別好きではありません.

嫌いであることを大変強く言う
I hate carrots. にんじんは大嫌い.
I can't stand that song. あの歌は我慢できない.

CHOOSING 選択する

自由に選ぶ
Choose anything you want.
どれでもお好きなものを選んでください.
Choose whatever you like.
気に入ったものを選んで.
You can write on a topic of your own choice.
自分で選んだテーマで書いていいですよ.

選択を行う
I'll take this one. 私はこれにする.
We have a few choices. いくつか選択肢がある.
We have very little choice. / There's not much choice. ほとんど選択の余地がありません.
Shall we toss [flip] a coin?
コインをトスしましょうか?
Heads or tails? 表か裏か?
Let's draw straws. くじ引きにしよう《実際にはマッチなどを使うが straws と言う》.
Let's vote on it. 決をとろう.

よくされる質問
Do you have a preference? お好みは?
What choices are there?
どんな選択肢がありますか?
Is there an alternative? 代替案[候補]は?

SUGGESTIONS 提案

カジュアルな提案
How about a cup of coffee? コーヒーでもどう?
What do you say to going to Dan's?
ダンの家に行くのはどう?
Why not [don't you] take the subway instead?
代わりに地下鉄にしたら?

率直な提案
I suggest you leave right now.
今すぐ発つことを勧めます.
Let's play tennis. テニスをしよう.
Do you want me to get it for you?
私が取ってきてあげましょうか?
Shall we invite the Smiths to the party?
スミス夫妻をパーティーに呼びましょうか?

婉曲な提案
Maybe you could try again?
もう一度やってみるというのは?
Perhaps we could go early.
早めに出てもいいかもしれない.
It might be a good idea to stay home tonight.
今夜は家にいるのがいいかもしれない.

返答例
Yes, let's do that. そうしましょう.

On second thought, let's not.
いややっぱりやめましょう.
I don't think it's a good idea.
あまりいい考えではないと思います.
I don't know about that. それはどうでしょうか.
✪ その他の返答例については ⇒AGREEING & DISAGREEING 同意する・同意しない

TELEPHONE 電話

個人的な電話

Is this the Smiths' home?
スミスさんのお宅ですか?
Is Peter in? ピーターさんいますか?
Is this a good time to call? 今よろしいですか?
I'm tied up right now. Can I call you back? 今手が離せなくて. こちらからかけ直していいですか?

ビジネスの電話

May I ask who's calling, please?
どちら様でしょうか?
Hold the line, please. そのままお待ちください.
He's not in at the moment.
ただ今席を外しております.
She's already left the office.
(本日は)もう退社しました.

一般的な表現

Speaking. / This is she [he]. 私ですが.
Would you like him to call you back?
彼に折り返し電話をさせましょうか?
I'm afraid you have the wrong number.
番号をお間違えのようですよ.
I'm sorry we were cut off earlier.
さきほどは切れてしまい申しわけありません.

AGREEING & DISAGREEING 同意する・同意しない

"It looks like rain, doesn't it?"
"It sure does."
「雨来そうじゃない?」
「ほんとうだね」

You said it. 《略式》言えてる.
I'm with you (on that). 《略式》(その点)同感.
I'm for the plan.プランに賛成です.
You can say that again.
《略式》まさにそういうこと.
You are right. そのとおり.
Absolutely. 絶対に.
I couldn't agree (with you) more.
まったくそのとおりだと思います.
I know. わかりますよ.

賛成かどうか尋ねられて同意する

Fine with me. 私はいいですよ.
I'll go along with that. それでいいですよ.
I agree. 賛成です.

同意しないことを穏やかに伝える

I don't know about that. それはどうでしょう.
I'm not so sure. そこまでは.
Do you think so? そうでしょうか?

同意しないことをよりはっきり伝える

I'm afraid I don't agree with you.
《丁寧》残念ながら賛成できません.
I don't feel that way. / I don't think so.
そうは思いません.
I don't agree. 賛成できません.
I can't agree to that. それには賛成できかねます.

SYMPATHIZING 同情する

お悔やみのことば

"I'm sorry about your father. He'll be missed."
"Thank you."
「お父様のこと, 残念なことでした. 寂しくなります」
「(お気遣い)ありがとうございます」

I'm sorry for your loss. お悔やみ申し上げます.
I'm sorry to hear of John's passing. ジョンさんのご逝去を聞きお悔やみ申し上げます.

返答例

He lived a full life. 大往生でした.
She'll be dearly missed.
彼女が逝って本当に寂しくなります.

一般的な同情の表現

"It's a tough time for the travel industry."
"I can imagine."
「旅行業界にはつらい時期です」
「でしょうね」

"Jill is too busy to go see the show."
"That's too bad!"
「ジルは多忙でショーに行けないんです」
「あいにくですね(かわいそうに)!」

"The wedding was called off."
"I'm sorry to hear that."
「結婚式は中止です」
「それは残念ですね」

It must be rough on you. つらいことでしょうね.
I know how you must feel.
お気持ちわかりますよ.

TRANSPORTATION 乗り物

タクシー

Where can I catch [get] a taxi?
タクシーはどこで拾えますか?
Is there a taxi stand near here?
この辺りにタクシー乗り場はありますか?
Where to? どちらまで?
Please take me to the Grand Hotel.
グランドホテルまでお願いします.
Let me off at that corner.
あの角で降ろしてください.
Can you wait here? ここで待っててくれますか?
How much do I owe you? いくらですか?
Keep the change. お釣りはいいですよ.

バス・電車

A「one way [round] trip to Chicago, please.
シカゴまで片道[往復]一枚ください.
How long is this ticket good for?
この切符の有効期限は?
What time is the next bus [train] for Newton?
次のニュートン行きのバス[列車]は何時ですか?
When does it arrive at Leeds?
リーズには何時に着きますか?

Where can I get a route map?
路線地図はどこでもらえますか?
Does this bus go to City Hall?
このバスは市役所に行きますか?
Which track does it leave from?
何番線から発車しますか?

AT A PARTY パーティーで

Jim is throwing a housewarming party.
ジムが新居祝いのパーティーをします.
It's an informal get-together to welcome Mr. Roth.
ロスさんのための形式ばらない歓迎会です.
It's a black tie affair. 正装のパーティーです.
Thank you for having me.
誘っていただきありがとうございます.
Did you have trouble finding this place?
ここはすぐ見つかりましたか?
It's a nice place you have here. いいお宅ですね.
What a nice location! いい所にありますね!
Are you having fun? 楽しんでいますか?
I'll join you later. あとで話に加わりますね.
What do you do, Rick?
リックさん, お仕事は何を?

辞するとき

"I had a great time. Thank you for inviting me."
"Leaving so soon? "
"I'm afraid so. I've got a big day tomorrow."
「楽しかったです. ご招待どうも」
「もうお帰りですか?」
「すみません. ちょっと明日があるもので」

ON THE AIRPLANE 飛行機で

着席まで

Where is my seat? 私の席は?
I think you are sitting in my seat.
そこは私の席だと思いますが.
Can I 「move to that seat [change my seat]?
席を替えてもいいですか?

時間など

How much longer before we land?
着陸まであとどのくらいですか?
Will we be arriving on time?
時間通りの到着ですか?
What's the local time? 現地時間は?
I'm in transit to Phoenix.
フェニックスへ乗り継ぎです.

アナウンスや注意

Please put your bag under the seat in front of you. 荷物は前の座席の下にお願いします.
We'll be taking off shortly. 間もなく離陸します.
We are expecting turbulence for the next 10 minutes. これから10分間, 揺れが予想されます.
Passengers please return to your seats and fasten your seat belts. 乗客の皆さま, 席に戻りシートベルトをお締めください.
Please return your seat to the upright position. シートを元の位置にお戻しください.
Please turn off all the electronic devices. 電子機器のスイッチをすべてオフにしてください.

REPROACH 非難

You should've been here two days ago; what were you doing? あと2日早く来るべきだったのに, 何をしていたのですか.
How dare you say that!
《格式》よくもそんなことが言えますね.
How could [can] you say a thing like that?
どうしてあんなこと言ったの.

遠回しな表現

You could've been more careful.
もっと注意深くできたのでは.
I wish you hadn't told them that.
それを彼らに言ってほしくなかった.

反駁(はんばく)の表現

I think there's a misunderstanding.
誤解があると思います.
It's not my fault. 私のせいではありません.

AT A HOSPITAL 病院で

けがの説明

This part hurts. ここが痛みます.
I have a pain in my back. 背中に痛みがあります.
I think I've broken my finger.
指を折ったみたいなんです.
I walked into a glass door.
ガラスのドアにそのままぶつかりました.
I caught my hand in the door.
ドアに手を挟まれました.
I cut my thumb on some glass.
ガラスで親指を切りました.
I fell and hit my elbow. 倒れてひじを打ちました.
I got hit by a car. 車にぶつけられました.

他の症状

I have a high fever. 熱が高いです.
My stool is black. 便が黒いです.
I have (bad) diarrhea. (ひどい)下痢です.
I am constipated. 便秘です.
I haven't had any major illnesses.
今まで大病をしたことはありません.
I have high [low] blood pressure.
高血圧[低血圧]です.
I'm allergic to dairy products.
乳製品アレルギーです.

AT A HOTEL ホテルで

到着・フロントで

I'd like to check in.
チェックインしたいのですが.
I have a reservation under (the name of) Yamada. ヤマダの名で予約しています.
Can I get a room for tonight?
一泊したいのですが部屋はありますか?
Do you have a room with Internet access?
インターネットの使える部屋はありますか?
Do you have weekly rates? 週極め料金は?
Can we get an extra (card) key?
(カード)キーをもうひとつもらえますか?

トラブルのとき

I locked myself out.
キーを部屋に置いて出てしまいました.
The toilet [heater] doesn't work.

トイレ[暖房]が故障です.
I'd like to change my room.
部屋を替えて欲しいのですが.
Do you have a quieter room?
もっと静かな部屋はありますか?

出発するとき
We need a taxi to the airport.
タクシーで空港まで行きたいのですが.
Can you keep my baggage until three?
3時まで私の荷物を預かってもらえますか?

PRAISING ほめる

評価する表現
You deserve the recognition [credit].
評価は当然です[業績はあなたのものです].
You've earned it. あなたの努力のたまものです.

かけ声
Way to go, John! やったね, ジョン!
Good job! よくやった!
Good going! よくやった! (その調子!)《これに Mr. / Ms. ~ を加えると上司, 教師などにも使える》
Congratulations on「a job well done [getting in UH]! 仕事がうまくいって[ハワイ大学合格]おめでとう(ございます)!

自分・家族をほめる
Our son is our pride and joy.
息子は私たちの自慢の種です.
I'm proud of what I've accomplished.
私は自分の成し遂げたことを誇りに思います.

料理・衣服などをほめる
「This is [That was] a great meal.
食事, とてもおいしい[おいしかった]です.
That's a nice hairstyle. その髪型すてきですね.

AT A STORE 店で

店に関して
Where can I get that tea?
そのお茶はどこで買えますか?
Is it far from here? そこは遠いですか?
What time do you open [close]?
開[閉]店時間は何時ですか?
How late are you open?
夜は何時までやっていますか?
Where are you located? 場所はどこですか?

商品
Do you carry [have] locks? 錠は扱っていますか?
Can I see that ring? その指輪を見せてくれる?
Do you have it in a large? Lサイズありますか?
Can I try it on? 試着できますか?
Where's the dressing room? 試着室は?

購入
I'd like five of these. これを5つください.
Can I have a bag for each one?
一つずつ袋をくれますか?
Do you take VIMEX?
VIMEX (カード)は使えますか?
I have a discount coupon. 割引券があります.
Can you have it delivered to the hotel?
ホテルまで届けてくれますか?
Do you ship to Japan?
日本まで発送していますか?
I'd like to return this.
これを返品したいのですが.

ASKING & TELLING THE WAY 道順を尋ねる, 教える

尋ね方
Do you know where the nearest hospital is?
一番近い病院をご存じですか?
Could you tell me the way to Iris?
アイリスまでの行き方を教えていただけますか?
How do I get to the Grand Hotel? グランドホテルへはどうやって行きますか?《How do I go to ...? は道順でなく手段を尋ねる言い方》

教え方
Go that [this] way.
あっち[こっち]へ行ってください.
Go down this street and turn right at the first light.
この道を進んで最初の信号を右に曲がります.
Go to that intersection and turn left.
あの交差点まで行って左へ曲がってください.
Take the second right.
二つ目の角を右に曲がってください.
You'll come to a fork. Bear left.
分かれ道に来るので左へ進んでください.
The store is on your left. 店は左手です.
It's in plain sight. すぐ目に付きますよ.

OFFERS 申し出る

助けが要るかどうかの確認
Do you need help? 助けが必要ですか?
Do you need a hand? 手を貸しましょうか?
Is there anything I can do for you?
お手伝いできることはありますか?

申し出る
Here, let me carry that for you.
さあ, それを持ってあげましょう.
Do you want me to call the police?
警察を呼んであげましょうか?
Shall I call an ambulance?
救急車を呼びましょうか?

返答例
Oh, thank you. You're so kind.
ああ, どうも. ご親切に.
Really? That would be nice.
本当ですか? それはありがたいです.
No thanks.「It's not heavy [I'll be all right].
結構です. 重くない[大丈夫]ですから.
I can manage, thanks.
自分でできますから, ありがとう.

PROMISE 約束

✪ 約束には普通 I will ... / I won't ... のパターンを用いる.
I'll send it to you first thing in the morning.
朝一番に送ります.
I'll definitely be there. 必ず行きます.
I won't give away the ending.
結末はばらしません.
Cross my heart (and hope to die).
誓うよ! (うそじゃないよ!)《特に子供が用いるが, 大人が冗談めかして用いることもある》

約束させるための確認の表現
Are you sure you can do it by Monday?
月曜までに確実にできますか?
Can you give me your word? 確約できますか?

返答例
Absolutely. 間違いありません.
I give you my word. 約束します.
You can rest assured.
大船に乗った気持ちでいてください.
You can count on me. 私を信用してください.
Consider it done.
もうできた[遂行された]も同然です.

強調
I promise I'll do better next term.
次の学期はもっと頑張ると約束します.
I swear I'll never do it again.
二度とそれをすることはないと誓います.
I guarantee you won't regret it.
決して後悔はさせませんから《ビジネスで》.

PLANS & INTENTIONS 予定・心づもり

一般的な表現
I'm meeting with Jim at 2:00 to discuss that.
それを検討するため2時にジムと会います.
I'm going to stay in Rome for a week.
ローマに一週間滞在するつもりです.
I'm planning to go to China this summer.
この夏は中国に行く予定でいます.
I'm thinking of buying a new car.
新しい車を買おうかと思っています.
I think I'll cook something. 何か料理でもしよう.

事務的・フォーマルな表現
I plan to install this software next.
次はこのソフトをインストールする予定です.
My plan is to get my work done by noon and relax. 私のプランは仕事を昼までに終わらせ休養することです.
My intention is to build a better high school.
私の狙い[目標]はよりよい高校を作ることです.
I'm willing to pay for the expense.
費用は喜んでお支払いする用意があります.
I'll do everything in my power to help you out.
できる限りお助けするつもりです.

予定を尋ねる
What are your plans for tomorrow?
明日の予定は?
I don't have any plans. 予定はありません.
My schedule is wide open.
スケジュールはまるまる空いています.

CHECKING UNDERSTANDING 理解度確認

I beg your pardon? / Pardon (me)?
《丁寧》何ですか? もう一度言ってください.
Would you mind repeating that?《丁寧》/ Could you repeat that? / Could you say that again?
もう一度言ってもらえますか?
I'm sorry, I didn't catch what you said.
すみません, 聞きとれませんでした.
Could you repeat that more slowly, please?
それをもう一度ゆっくり言ってください.
Could you speak in a louder voice?
もっと大きな声で話していただけますか?
Could you go over that one more time?
もう一度お願いできますか?《説明などに対し》
I'm sorry, but could you speak up? We can't hear you in the back.
すみませんが, 大きな声でお願いできますか? 後ろの私たちには聞こえません.
Could you turn up the volume, please?
マイクの音量を上げていただけますか?

スペルや意味を知りたいとき
How do you spell that word? / How's it spelled? その単語のつづりを言ってください.
What do you mean by that?
それはどういうことですか?
What does "RAM" mean?
「ラム」とはどういう意味ですか?
What does "e.g." stand for?
e.g. は何の略ですか?
What is NBA short for?
NBA は何の略ですか?
What's the word for 'library' in Japanese? / How do you say 'library' in Japanese?
library は, 日本語では何と言うのですか?

AT A RESTAURANT レストランで

入口で
Do you have a reservation? ご予約は?
How many in your party? 何名様ですか?
Do you have a table for four?
4人の席はありますか?

テーブルまで
Take any table. どの席でもどうぞ.
Follow me this way, please. どうぞこちらへ.

注文のとき
May I take your order? ご注文はお決まりですか?
What do you recommend? お勧めは何ですか?
I'll have your special. スペシャルをください.
I'd like to change orders.
注文の変更をお願いしたいのですが.
We're still waiting for the salad.
まだサラダが来ていませんが.

食事中
Is everything all right? 他に何かございますか?
Could we have more water?
もっと水をいただけますか?
Can I see the menu?
メニューを見せてもらえますか.

支払いのとき
Can I get the check [bill]?
お勘定をお願いします.
Can I pay here? ここで払えますか?
Can we get a doggy bag?
残りを持って帰りたいのですが.

和 英 小 辞 典

この和英小辞典には, 約 1 万 2 千語の基本的な語を収録し, 日常的な表現の用例も付けました. 本体「英和辞典」収録の語については, 本体で具体的な使い方を確認してください.

あ

ああ Oh!, Ah!; (返事) yes
アーケード arcade
アーチ arch
アーチェリー archery
アーティスト artist
アーモンド almond
あい¹ 愛(する) love
あい² 藍(色) indigo
あいかぎ 合い鍵 (複製した) duplicate key
あいかわらず 相変わらず as usual; as ... as ever
あいきょう 愛敬のある charming; attractive
あいこくしゃ 愛国者 patriot **愛国心** patriotism
アイコン icon
あいさつ 挨拶 greeting ～する greet ～**状** greeting card
アイシャドウ eye shadow
あいじょう 愛情 affection
あいじん 愛人 lover; one's man [woman]
あいず 合図(する) signal
アイスクリーム ice cream
アイスコーヒー iced coffee
アイススケート ice skating
アイスティー ice(d) tea
アイスホッケー ice hockey
あいそ 愛想: ～のよい friendly; (社交的な) sociable; affable; amiable (⇒ぶあいそう) / ～が尽きる be disgusted [sick]
あいだ (...の)間(に) for, during; between, among; while
あいて¹ 相手 partner, companion; (競技の) opponent
あいて² (開いて) open; (空いて) vacant; empty; (暇で) free
アイデア idea
あいどくしょ 愛読書 one's favorite book
アイドル idol
あいにく 生憎 unfortunately
アイバンク eye bank
あいま 合間 interval
あいまい 曖昧な vague; (2 つの意味にとれて) ambiguous ～に vaguely
あいらしい 愛らしい lovely
アイルランド Ireland ～の Irish ～**人** Irish(wo)man
アイロン(をかける) iron
あう¹ (事故などに) meet
あう² 会う meet; see; (思いがけなく) run into
あう³ 合う fit; agree; (正しい) be correct
アウェー away; visiting
アウト out
アウトプット output
あえぐ 喘ぐ pant; gasp
あえて(...する) dare to do; pretend; venture
あお 青 blue **青い** blue; (信号などが) green; (顔色が) pale
あおぐ 扇ぐ (扇などで) fan
あおじろい 青白い (顔色が) pale
あおむけ 仰向けに on one's back
あか¹ 赤 red **赤い** red **(顔が)赤くなる** flush
あか² 垢 dirt; grime; (耳垢) wax
アカウント account
あかじ 赤字で in the red
あかちゃん 赤ちゃん baby
あがめる 崇める respect; worship

トピック別 論述フレーズ ❶

高校生のアルバイト

アルバイトをする　have a part-time job
コンビニでアルバイトをする　work part-time at a convenience store
時給 1,000 円もらう　get paid ¥1,000 an hour
新聞配達をして小遣いを稼ぐ　earn (one's) pocket money by delivering newspapers
塾[予備校]に通う　go to a cram(ming) school
部活　club activities

😊👍
- **社会勉強**になる　You can **learn about society**.
- **職業体験**ができる　You can **gain workplace experience**.
- **社会に出る準備**ができる　You can **prepare yourself for life in the real [adult] world**.
- お金[親]**のありがたみがわかる**　You get to **know the value of** money. / You **find out how much your parents do for you**.
- **責任感**が身につく　You can develop a **sense of responsibility**.

☹👎
- 学生は勉強**に時間を使う**べき　Students should **spend** their **time** study**ing**.
- 勉強を**おろそかにする**かもしれない　You may **neglect** your studies.
- **学業とアルバイトを両立する**のは容易でない　It is not easy to **study while working part-time**.

あかり 明かり light; lamp
あがる 上がる go up; rise; (緊張する) get nervous
あかるい 明るい light, bright; (陽気) cheerful **明るくなる** light up **明るさ** lightness
あかんぼう 赤ん坊 baby
あき[1] 空き opening; vacancy; space **～地** vacant lot **～びん** empty bottle
あき[2] 秋 fall; autumn
あきらか 明らかな clear ～に obviously
あきらめる 諦める give up
あきる 飽きる be tired
あきれる 呆れる be astonished; be disgusted
あく[1] (開く) open; (空く) become vacant
あく[2] 悪 evil; wrong
あくい 悪意 ill will
あくしゅ (...と)握手する shake hands (with)
あくしゅう 悪臭 bad smell
あくじゅんかん 悪循環 vicious circle
アクション action
あくせい 悪性の bad; malignant
アクセサリー accessories
アクセス(する) access
アクセル accelerator
アクセント accent
あくび 欠伸(をする) yawn
あくま 悪魔 devil
あくむ 悪夢 bad dream; nightmare
あぐら 胡座をかく sit cross-legged
アクロバット acrobatics
あけがた 明け方 dawn
あける[1] (開く) open; (空にする) empty; (包みを) open (up) **開け放しにする** leave (a door) open
あける[2] 明ける (夜が) break **明けましておめでとう** Happy New Year.
あげる[1] 上げる raise; (やる) give
あげる[2] 揚げる deep-fry; (たこを) fly
あご 顎 jaw; (先端) chin
アコーディオン accordion
あこがれる 憧れる yearn for
あさ[1] 朝 morning
あさ[2] 麻 hemp
あざ 痣 (打ち身) bruise; (生来の) birthmark; mole
あさい 浅い shallow; (眠りが) light
あさがお 朝顔 morning glory
あさせ 浅瀬 ford; shallows; shoal
あさって 明後日 the day after tomorrow
あさねぼう 朝寝坊 ⇒ねぼう
あさひ 朝日 the morning [rising] sun
あさめし 朝飯 breakfast: そんなことは～前だ It's only child's play.
あざやか 鮮やかな vivid; bright
あざらし 海豹 seal
あし[1] 足 foot; (脚) leg; (犬・猫の) paw **足の指** toe **足の裏** sole
あし[2] 葦 reed
あじ 味 taste **(...の)味がする** taste **味をつける** season
アジア Asia ～の[人] Asian
あしあと 足跡 footprint
あしおと 足音 footstep
あしか sea lion
あしくび 足首 ankle
あじさい 紫陽花 hydrangea
アシスタント assistant
あした 明日 tomorrow
あしどり 足どり step: ～も軽く with a light step
あしもと 足もと step: ～に注意 Watch your step.
あじわう 味わう taste; enjoy
あす 明日(は) tomorrow
あずかる 預かる keep
あずき 小豆 red bean
あずける (～に...を)預ける give ... to～; leave ～ with ...
アスパラガス asparagus
アスファルト asphalt
アスレチック athletic
あせ 汗 sweat

トピック別 論述フレーズ ❷

学校の制服

制服を着る　wear a school uniform
私服　one's own clothes
校則　school rules
男女で違ったデザインである　be designed differently for females and males
ジェンダーレス制服を導入する　introduce genderless uniforms
ズボンかスカートを選ぶ　choose pants or a skirt
着心地がいい[悪い]　be comfortable [uncomfortable] to wear

- 毎朝服装に悩まなくていい　You don't have to worry about **what to put on** every morning.
- **公私のけじめがつく**　You can **keep your private and school life separate.**
- 長い目で見て**経済的**　It is **economical** in the long run.
- 学生らしく見えたほうがいい　I want to look like a student.
- **帰属感**を味わえる　You can experience a **sense of belonging**.
- **冠婚葬祭**で着られる　You can wear it **on ceremonial occasions**.

- 制服は**ださい**と思う学生もいる　Some students think their uniforms are **uncool**.
- 制服は夏は暑く冬は寒い　Uniforms are hot in summer and cold in winter.
- **性差**に縛られるかもしれない　You may be restricted by **gender differences**.
- スカートを履きたくない女子生徒がいる　Some female students do not want to wear a skirt.
- **自分らしさ**を出したい　I want to express my **individuality**.

あせる[1] 焦る get impatient
あせる[2] 褪せる (色が) fade
あそこに over there; there
あそび 遊び play: ～にいらっしゃい Come and see me. **～時間** playtime; recess **～友達** playmate **(...で[と])遊ぶ** play (with ...)
あたい (...に)値する worth (doing)
あたえる 与える give
あたかも as if
あたたかい 暖[温]かい warm; (心が) warm-hearted
あたたかさ 暖[温]かさ warmth
あたたまる 暖[温]まる warm (up); warm oneself
あたためる 暖[温]める warm; heat; (エンジンなどを) warm up
アタック attack
アタッシュケース attaché case
あだな 綽名 nickname
あたふたと in a hurry
あたま 頭 head **頭の切れる** sharp **頭を下げる** bow
あたまきん 頭金 deposit; down payment
あたらしい 新しい new; fresh; (ニュースなどが) hot
あたり[1] 当たり (成功) hit; success
あたり[2] 辺りに[で] around
...あたり ...当たり a ...; per ...
あたりまえ 当たり前の natural: ...を～のことと考える take ...「as a matter of course [for granted]
あたる 当たる hit; (予想が) come true; (かち合う) fall on
アダルト adult
あちこちに[で, を] here and there
あっ Oh!; Ah! **あっという間に** in a moment
あつい[1] 厚い thick
あつい[2] 熱[暑]い hot
あつかう 扱う (品物を) handle; (人・問題を) treat
あつかましい 厚かましい cheeky; pushy
あつくるしい 暑苦しい sultry
あつさ[1] 厚さ thickness **～が...で** ... thick
あつさ[2] 熱[暑]さ heat
あっさり easily; simply; frankly **～した** (食べ物が) plain
あっしゅく 圧縮する condense
あっち (over) there
あっとう 圧倒する overwhelm **圧倒的な** overwhelming
アットマーク @ (at sign)
あっぱく 圧迫 pressure
アップ up; (クローズアップ) close-up **～する** (上がる) rise; (上げる) raise
アップグレード **～する** upgrade

トピック別 論述フレーズ ③

オンライン授業

オンライン学習　online learning
対面学習　face-to-face learning
ハイブリッド型授業　hybrid classes
オンライン授業をする[受ける]　give [take] an online class [lesson]
対面授業　a face-to-face class [lesson]
タブレット PC　a tablet
通信環境　a communication environment
インターネットに接続する　access the Internet
通学する　commute (to school)
質問する　ask a question
勉強に集中する　concentrate on studying
同じ部屋でクラスメートと一緒に学ぶ　learn with one's classmates in the same room

- **自分のペースで**勉強できる　You can study **at your own pace.**
- 必要なら授業のビデオを**見直せる**　You can **watch** the classes on video **again** if necessary.
- 授業は必要なときにいつでもどこでも**利用可能**　Each lesson is **available** when and where you need it.
- **自主的に学習**できるようになる　You can become a more **autonomous learner.**
- **交通費**を節約できる　You can save on **transportation costs.**
- オンライン学習は**時間管理スキルを身につける**のに役立つ　Online learning will help you **gain time-management skills.**

- **技術的な問題**が起こるかもしれない　**Technical problems** may arise.
- 一日中画面[モニター]を見ていると**目に負担がかかる**　Looking at a screen [monitor] all day is「**hard on** [**bad for**] one's **eyes.**
- オンライン学習は**時間管理スキル**が必要　Online learning requires good **time-management skills.**
- **授業をさぼる**学生もいるかもしれない　Some students may **cut class.**
- **孤独**かもしれない　You may **feel isolated.**
- **生徒同士で交流**しにくい　It is difficult to **interact with other students.**
- **積極的に学ぶ**必要がある　You have to be an **active learner.**

アップデート ～する update
あつまり 集まり meeting; gathering
あつまる 集まる gather; collect; (人が) get together
あつめる 集める gather; collect
あつらえる 誂える order
あつりょく 圧力 pressure
～**を加える** press
あて 当てにする count upon; depend on; 当てもなく aimlessly
…あて …宛ての for …
あてさき 宛先 address
あてな 宛名 address
あてはまる (…に)当てはまる apply to
あてはめる (…を～に)当てはめる apply … to ～
あてる 当てる put, hit; (推測) guess
あと[1] 跡 track; mark
(…に)**跡を残す** mark
(…の)**跡をたどる** trace
あと[2] 後で later; afterward(s)
…**の後に** after …
あとかたづけ 後片付けをする clear (the table); (整頓) put … in order
アドバイス advice
～**をする** advise … (to do)
アドバルーン (advertising) balloon
アトリエ studio
アドリブ ad lib
アドレス address
あな 穴 hole
アナウンサー announcer
アナウンス announcement
あなた (呼びかけ) dear; darling
あなた(がた) you ～**は[が]** you ～**の** your ～**に[を]** you ～**のもの** yours ～**自身** yourselves
アナログ analog(ue)
あに 兄 (big) brother
アニメ(ーション) animation
あね 姉 (big) sister
あの that; those
～**ころ** in those days
～**時** at that time
あのね Well, …; Listen.
アパート apartment (house)
あばく 暴く disclose
アバター avatar
あばら(ぼね) 肋(骨) rib
あばれる 暴れる act violently
アピール appeal
あひる 家鴨 duck
あびる 浴びる (水を) pour over oneself; (シャワーを) take
アフガニスタン Afghanistan
～**人[の]** Afghan
アフターケア aftercare
アフターサービス service
あぶない 危ない dangerous: 危ない! Look out!
あぶら 油 oil; (料理用の) fat
油でいためる[揚げる] fry
あぶらえ 油絵 oil painting
～**をかく** paint in oils
あぶらみ 脂身 fat
あぶらむし 油虫 cockroach
アフリカ Africa ～**の** African
アプリケーション application
あぶる 炙る roast; broil; grill
あふれる 溢れる overflow; run over; (人・希望で) be full of
あま 尼 nun
あまい 甘い sweet; (考えが) naive; (人に対して) indulgent, soft, lenient
あまえる 甘える behave like a spoiled child; (べたべたする) cling, flirt; (好意などに) impose

トピック別 論述フレーズ ❹

ファストフード

外食をする eat out
自炊する cook for oneself
ファストフード fast food
ジャンクフード junk food
健康にいい be good for one's health
健康に悪い be bad for one's health
カロリーが高い[低い] contain「a lot of [few] calories
肥満になる get fat

😀👍

- 多くのファストフード店が**便利なデリバリーサービス**を行っている Many fast-food restaurants **provide convenient delivery service.**
- 美味しい食事が**手ごろな値段で**手に入る You can get tasty food **at a reasonable price.**
- 料理する**時間がない**人もいる Some people do **not have enough time to** cook.
- **時間節約のために**ファストフード店を利用する会社員もいる Some office workers go to fast-food restaurants **to save time.**

☹👎

- ファストフード店で**バランスの取れた食事**を取るのは難しい It is hard to get a **balanced meal** at a fast-food restaurant.
- ファストフード店では野菜料理はあまり提供されない Fast-food restaurants do not offer many vegetable dishes.
- ファストフードは**脂肪分が多すぎる**傾向がある Fast food tends to be **too high in fat.**
- ファストフードには必要以上に**塩分が含まれている** Fast food **contains** more **salt** than is good for us.
- ファストフードの多くは**ミネラルが少ない** Many fast foods are **low in minerals.**
- ファストフードは**食品[人工]添加物**を含む Fast food contains **food [artificial] additives.**

(on); take advantage (of); be too dependent
あまぐつ 雨靴 rain shoes
あまだれ 雨だれ raindrop
アマチュア amateur
あまのがわ 天の川 the Milky Way
あまやかす 甘やかす spoil
あまやどり 雨宿りする take shelter from the rain
あまり[1] 余りに too; very
～…ではない not very
あまり[2] 余り the rest
…あまり over ...; more than ...
あまる 余る remain **手に～**(子供が) be beyond control; (問題が) be beyond ...'s ability
あみ 網 net **網で捕らえる** net
あみだな 網棚 rack
あみど 網戸 screen door; window screen
あむ 編む knit; braid
あめ[1] 飴 candy
あめ[2] 雨 rain **雨が降る** It rains.
雨降りの rainy; wet
アメーバ amoeba, 《米》ameba
アメリカ America; (米国) the United States (of America)
～人[の] American
アメリカンフットボール (American) football
あやうく 危うく almost; nearly
あやしい 怪しい doubtful; strange **怪しむ** suspect; doubt
あやつる 操る manipulate; handle
あやとり 綾取り cat's cradle
あやまち 過ち fault
あやまり 誤り mistake; error
あやまる[1] 誤る mistake
誤って by mistake
あやまる[2] (...に～のことを)謝る apologize (to ... for ～)
あやめ 菖蒲 (Japanese) iris
あら[1] Oh!
あら[2] **～捜しする** find fault; criticize; pick on...
あらい 粗い coarse; (手触りが) rough
あらいぐま 洗い熊 raccoon
あらう 洗う wash
あらし 嵐 storm
あらす 荒らす ruin; devastate; damage; (略奪する) rob, loot
アラスカ Alaska
あらすじ outline
あらそい 争い conflict
あらそう 争う fight; (言い争う) quarrel; (競争) compete
あらた 新たな new; fresh
新たに newly
あらためる 改める change; reform **改めて** again; anew; later
あらっぽい 荒っぽい violent; rough
アラビア Arabia **～人** Arab
～の Arabian **～数字** Arabic numerals
あらゆる all; every
あられ 霰 hail
～が降る It hails.
あらわす 表わす express; show; stand for ...
あらわれる 現われる appear; show
あり 蟻 ant
ありありと clearly; vividly
ありがたい 有り難い grateful; Thank God!
～ことに luckily
ありがたく思う appreciate
ありがとう 有り難う Thank you.; Thanks.
ありくい 蟻食い anteater
ありそうな likely; probable
アリバイ alibi
ありふれた common (place); everyday; ordinary; usual
ある (...が)有る there is [are]; be; (持つ) have; (会などが) be held
ある… one; some; a certain
あるいは 或いは or; perhaps
アルカリ alkali
あるく 歩く walk
アルコール alcohol
アルツハイマーびょう アルツハイマー病 Alzheimer's disease
アルト alto
アルバイト part-time job
アルバム album
アルファベット alphabet
～順に in alphabetical order; alphabetically
アルミ aluminum
あれ that; those
あれから since then
あれこれ this and [or] that
あれる 荒れる be stormy [rough]; (人が) be wild

トピック別 論述フレーズ ⑤

運動と健康

運動　exercise
ジョギング　jogging
ジョギングする　jog
ウォーキング　walking
ヨガをする　do yoga
ジムに通う　go to a gym

- 適度な運動で**ストレスを減らす**ことができる　You can **lower your stress** by exercising moderately.
- 適度な運動は**健康によい**　Moderate exercise is **good for the health**.
- 散歩は**気分を変える**のにいい方法だ　Going for a walk is a good way to **change one's mood**.
- **健康を保つ**ために軽い運動をする　I get a little exercise to **maintain my health**.
- 持続的な運動によって**体力をつける**ことができる　Continued exercise will help **develop your strength**.
- 運動で**健康寿命**を延ばすことができる　Your **healthy life expectancy** can be extended by exercise.
- 運動で**うつを予防する**ことができる　Exercise can **prevent depression**.

アレルギー allergy: 何か薬に対する〜がありますか Are you allergic to any drugs? 〜**性の** allergic
アロエ aloe
アロマセラピー[テラピー] aromatherapy
あわ 泡 bubble; foam
あわせる 合わせる put together; (時計を) set; (予定を) fit; 合わせて all together
あわただしい 慌ただしい busy
あわてる 慌てる hurry; be confused **慌てて** confusedly; in a hurry
あわれ 哀れな poor; miserable
あわれみ 哀れみ pity
あわれむ 哀れむ (take) pity ; have mercy
あん 案 idea; plan
あんい 安易な easy
アンカー anchor
あんがい 案外 unexpectedly
あんき 暗記する learn ... by heart; memorize
アンケート questionnaire
あんごう 暗号 code; cipher
アンコール encore
あんさつ 暗殺 assassination 〜**する** assassinate
あんざん 暗算する make a mental arithmetic [calculation]; do sums in one's head
あんじ 暗示する suggest
あんしつ 暗室 darkroom
あんしょう[1] 暗唱する recite
あんしょう[2] 暗礁 (hidden) rock; (行き詰まり) dead end, deadlock, snag
あんじる 案じる worry
あんしん 安心する feel relieved
あんず 杏 apricot
あんせい 安静 rest
あんぜん 安全 safety 〜**な** safe; secure 〜**地帯** (街路の) island 〜**ピン** safety pin
アンダーライン underline
あんてい 安定した stable; steady
アンテナ antenna
あんな such; ...like that
あんない 案内 guidance 〜**する** show; guide 〜**所** information (desk [office])
アンパイア umpire
アンバランス imbalance
アンプ amplifier
アンモニア ammonia
あんらくいす 安楽椅子 easy chair
あんらくし 安楽死 euthanasia; mercy killing: 〜させる put... out of ...'s misery; put ... to sleep

い

い 胃 stomach: 胃が痛い have a stomachache
いあわせる 居合わせる (たまたま) happen to be
いい good; nice; fine **いいよ** (承諾) Sure, Certainly; ⇒けっこう **...してもいい** may [can] do **...しなくてもいい** do not have to do **(〜より) ...のほうがいい** like ... better (than 〜); prefer ... (to 〜) **...したほうがいい** It would better (for you) to do; You should [had better] do
いいあらそう 言い争う quarrel
いいあらわす 言い表わす express
いいえ no
いいかえす 言い返す retort; talk [answer] back
いいかえる 言い換えると in other words
いいかげん いい加減な irresponsible
いいつける 言いつける (...に〜のことを) tell ... on 〜
いいつたえ 言い伝え legend; tradition; (folk) tale; story
いいはる 言い張る insist
いいまわし 言い回し expression
イー[E]メール e(-)mail
いいわけ 言い訳 excuse
いいん 委員 member of a committee; (class) monitor 〜**会** committee; board 〜**長** chairperson
いう 言う say; speak; tell 〜**までもなく** needless to say; of course; to say nothing of
いえ 家 house; home
いえで 家出する run away (from home), leave home: 〜人 runaway
イエローカード yellow card
いおう 硫黄 sulfur
いか 烏賊 cuttlefish; squid

トピック別 論述フレーズ ⑥

田舎生活と都会生活

田舎の生活　rural life
都会の生活　city life
ライフスタイル　lifestyle
スローライフを送る　live a slow life

田舎生活

- **満員電車で通勤**しなくてよい　You don't have to **commute in an overcrowded train**.
- **住居費**が比較的安い　The **cost of housing** is relatively low.
- 田舎は都会より生活費がかからない　Living in the country is less expensive than in the city.
- 田舎は一般に物価が安い　Prices are generally lower in rural areas.

都会生活

- 様々な**文化施設**がある　Cities usually have various **cultural facilities**.
- **医療機関**が多い　Cities tend to have more **medical facilities** than rural areas.
- 職業の選択肢が多い　You will have a greater range of job options.
- 電車やバスの本数が多い　Trains and buses in cities tend to run more frequently than those in rural areas.
- **交通の便がいい**　Cities **have easy access to transportation**.

…いか …以下 less than …; under …
いがい 意外な unexpected ～に unexpectedly
…いがい …以外に[は] except; ⇒ほか
いかが how …?; how about …?: (ご気分は) ～ですか How do you feel now? / お母さんは～ですか How's your mother? / お茶を1杯～ですか How about a cup of tea?
いがく 医学 medicine
いかさま cheat; fraud; fix; trick: ～する cheat; fix; rig; trick; ⇒だます
いかす 生かす (殺さない) let … live, spare, keep … alive; (活用する) use, make use [the most] of …, take advantage of…
いかだ 筏 raft
いかり[1] 錨 anchor
いかり[2] 怒り anger
いかる 怒る ⇒おこる[2]
いき 息 breath **息が切れる** be out of breath **息をする[吸う]** breathe **息を引き取る** breathe one's last
…いき …行き(の) for …
いぎ[1] 意義 meaning; significance ～**深い** significant
いぎ[2] 異議 objection: ～あり! Objection! ～**を唱える** challenge
いきいき 生き生きした lively; fresh; vivid
いきおい 勢い power; energy; force
いきかえる 生き返る come back to life; revive
いきづまる 息詰まるような thrilling
いきどまり 行き止まり dead end
いきなり suddenly
いきのこる 生き残る survive

✏トピック別 論述フレーズ ⑦

インターネット・SNS・スマホ

SNS　social media
「いいね」ボタンをクリックする　click [hit] the "Like" button (on a site [product page])
「いいね」をたくさんもらう　get lots of likes
世界中がインターネットでつながっている　The whole world is linked by the Internet.
ネット中毒　Internet addiction
プライバシーの侵害　an invasion of privacy
ソーシャルゲーム[ソシャゲ]　a social-network game
課金　charging a fee
インフルエンサー　a social media influencer
フィルタリングを設定する　set up ｢Web filtering [content filtering]
フィルタリング・サービスを提供する　offer a filtering service

😀👍

- 友達や家族と**連絡をとる**ことができる　You can **keep in touch with** your friends and family members.
- SNS で友達の**近況を知る**ことができる　You can **keep up with** your friends through social media.
- **インターネットで情報を得る**ことができる　You can **get information on the Internet**.
- どこでもスマホで調べられる　You can look up information on a smartphone no matter where you are.
- **最新情報**を簡単に得ることができる　You can easily find **the latest information**.
- SNS で世界中の人と**繋がる**ことができる　You can **connect with** people around the world through social media.
- SNS で人と親しくなることができる　You can make friends with people on social media.
- スマホアプリで勉強できる　You can study using smartphone apps.
- 役立つスマホアプリがたくさんある　There are many useful smartphone apps.

😞👎

- **スマホ中毒になる**子供もいる　Some children **develop a smartphone addiction**. / Some children **get addicted to smartphones**.
- スマホを見ながら歩くのは危険だ　Walking while using a smartphone is dangerous.
- 歩きながらスマホを使う人もいる　Some people use their smartphones while walking.
- 最近は**ネットいじめ**が広がっている　**Cyberbullying** has recently become widespread.
- ネット上でいじめにあうかもしれない　You may get bullied online.
- フェイクニュースを**拡散する**人もいる　Some people **spread** fake news.
- デマは急速に広まる　False [Groundless] rumors spread quickly.
- ネット上の情報が全て正しいとはかぎらない　Information on the Internet is not always true.
- **ネット犯罪に巻き込まれる**かもしれない　You may **get involved in cybercrime**.
- **個人情報**漏洩のリスクがある　There is a risk of your **personal information** leaking out.
- スマホの**使いすぎ**は頭痛の原因になる　**Overuse of** smartphones can cause headaches.

いきもの 生き物 living thing; creature
イギリス the United Kingdom; (Great) Britain: 彼は～人だ He is British.
いきる 生きる live
生きている living; alive
いく 行く go; (相手の方へ) come
行ってきます Goodbye.
イグアナ iguana
いくじ 育児 child care; parenting; ⇒そだてる
いくじなし 意気地なしの cowardly; gutless; spineless; fainthearted
いくつ how many; (年齢) how old
いくつか(の) some; several
いくぶん 幾分 somewhat
いくら how much: ～ですか How much is it?; How much does it cost?
～…でも[しても] however …
いくらか some; any; a little
いけ 池 pond
いけがき 生け垣 hedge
いけどる 生け捕る catch alive
いけない (悪い) bad **…しては～** Don't do; must not do **…すると～から** in case …
いけにえ 生け贄 sacrifice
いけばな 生け花 flower arrangement
いける 生ける arrange
いけん 意見 opinion
～が一致する agree
～が合わない disagree
いげん 威厳 dignity; majesty
いご 以後 after; since; (今後) in (the) future; from now on
いこう 意向 intention
イコール equal
いこく 異国 foreign country [land]
いごこち 居心地がよい comfortable; at ease 居心地が悪い uncomfortable; ill at ease
いさかい 諍い conflict; quarrel
いさましい 勇ましい brave
いさん 遺産 inheritance; (文化的な) heritage
いし[1] 石 stone; rock
いし[2] 意志 will; intention
いし[3] 医師 doctor
いじ[1] 維持 maintenance
～する maintain
いじ[2] 意地 (自尊心) pride: ～でもやる be determined to do; will do at any cost; never give up / 意地っ張りな obstinate; stubborn / ～汚い greedy; ⇒いじわる
いしき 意識 consciousness: ～を失う pass out
～のある conscious
～不明の unconscious
いじめっこ いじめっ子 bully
いじめる 苛める bully
いしゃ 医者 doctor
いじゅう 移住する (国外へ) emigrate; (国外から) immigrate
いしょ 遺書 will
いしょう 衣装 clothes; costume
いじょう[1] 異状 something wrong: ～なし (Everything is) OK.
いじょう[2] 異常な unusual; extraordinary
…いじょう …以上 more than …; over …

✏トピック別 論述フレーズ ⑧

ネットショッピング

キャッシュレス社会　**a cashless society**
クレジットカードで払う　**pay by credit card**
現金で払う　**pay in cash**
電子マネーで払う　**pay with electronic money**
支払い　**payment**
支払う　**pay (for)**
オンライン決済する　**pay online**
ネットスーパー　**an online [Internet] supermarket**
配達日指定　**designation of the delivery date**

😊👍
- いつでもどこでも買い物ができる　You can buy things anywhere at any time.
- **実店舗**に行かなくてよい　You don't have to go to a **brick-and-mortar store**.
- オンラインショップには実に様々な商品が揃っている　Online shops offer a great variety of products.
- 店よりネットで買う方が安いことが多い　It is often cheaper to buy online than at a store.
- 買ったものを家まで届けてもらえる　You can have your purchases delivered to your home.
- 価格を簡単に比較できる　You can compare prices easily.
- **製品レビュー**を確認することができる　You can check the **product reviews**.

☹👎
- **衝動買いをする**かもしれない　You may **buy** things **on impulse**.
- **送料**がかかる　You have to pay for **shipping**.
- **実物**を確認できない　You cannot check the **samples**.
- 服や靴の**試着**ができない　You cannot **try** clothing or shoes **on**.
- 個人情報が**漏洩する**可能性がある　Your personal information may **leak out**.
- ネット上で**詐欺に遭う**危険性がある　There is a risk of **being swindled** on the Internet.
- **オンライン決済詐欺**の危険がある　There is a risk of **online payment fraud**.

いしょく[1] 異色の unique
いしょく[2] 移植(する) transplant
いしょくじゅう 衣食住 food, clothing and shelter
いじわる 意地悪な nasty; mean
いす 椅子 chair
いずみ 泉 spring
イスラエル Israel: ～人[の] Israeli
イスラムきょう イスラム教 Islam ～**徒** Muslim
いずれか either ... or ～
いせい[1] 異性 the opposite sex
いせい[2] 威勢がいい lively
いせいあい 異性愛 heterosexuality ～**者** heterosexual
いせき 遺跡 ruins
いぜん[1] 以前 before; once ～**の** former ～**は** formerly ～**はよく...した** used to do
いぜん[2] 依然(として) still
いそ 磯 (浜辺) beach; (海岸) seashore
いそがしい 忙しい busy
いそぎんちゃく 磯巾着 (sea) anemone
いそぐ 急ぐ hurry: 急ぎますか Is there any hurry? / 急ぐ必要はない There's no hurry.
急いで in a hurry
いぞん[1] 異存 objection
いぞん[2] 依存 dependence ～**する** depend (on) ～**症** addiction
いた 板 board; plate
いたい[1] 痛い sore; hurt: 痛い! Ouch! / のどが～ I have a sore throat. / 背中が～ I have a pain in my back. / 足のここが～ My leg hurts here.
いたい[2] 遺体 (dead) body; remains; corpse
いだい 偉大な great
いたいたしい 痛々しい pitiful
いたく 委託(する) trust
いだく 抱く hold
いたずら 悪戯 mischief; trick ～**な** mischievous
いただき 頂 mountaintop; top
いただく 頂く: (...して)いただけませんか Would you please ...?
いたち weasel
いたで 痛手 damage; blow
いたみ 痛み pain; (鈍い) ache
いたむ 痛[傷]む ache; hurt; (傷つく) be damaged [injured]; (腐る) go bad, spoil, rot
いためる[1] 炒める fry
いためる[2] 傷める hurt; injure
イタリア Italy ～**の** Italian ～**人[語]** Italian
イタリック italics
いたる 至る (着く) get (to); reach; (導く) lead (to)
いたるところ 至る所で everywhere
いたわる 労わる take good care (of ...); nurse; be kind [considerate] to...
いち[1] 一, 1 one **1番目の** first
いち[2] 位置 position; place: ～について, 用意, どん! On your mark(s), get set, go!; Ready, get set, go!
いち[3] 市 market; fair
いちがつ 一月 January
いちご 苺 strawberry
いちじ[1] 一次(の) primary
いちじ[2] 一時 (かつて) once; (しばらく) for a while ～**的な** temporary ～**しのぎ** ⇒きゅうばしの

✏トピック別 論述フレーズ ⑨

ゴミを減らすためにできること

環境問題を引き起こす　cause an environmental problem
環境破壊を防ぐ　prevent environmental destruction
大量消費　mass consumption
ごみを処分する　dispose of trash [garbage]
使い捨ての　throwaway; disposable
プラスチック製品　plastic products
レジ袋　a plastic checkout bag
リサイクルする　recycle
分別　classification

😊**私たちにできること**👍
- **エコバッグ**を持参しよう　Bring **reusable shopping bags**.
- **ビニール袋**の使用をやめよう　Stop using **plastic bags**.
- 企業は**過剰包装**を避けるべきだ　Companies should avoid **excessive packaging**.
- **割り箸**の使用を減らそう　Reduce the use of **throwaway chopsticks**.
- **プラスチックごみ**を減らすためにマイボトルを持ち運ぼう　Bring your own bottles to reduce **plastic waste**.
- **使い捨て製品**を再利用可能なものに変えよう　Change from **single-use items** to reusable ones.
- **環境にやさしい**製品を選ぼう　Choose **eco-friendly** [**environmentally-friendly**] products.
- ごみを**分別収集**しよう　**Sort** your trash **according to type**.
- ゴミをリサイクルできるものとできないものに**分別**しよう　**Separate** recyclable waste from non-recyclable waste.
- 古新聞を**リサイクルに出そう**　**Put** your old newspapers **out for recycling**.
- 資源のリサイクルを促進しよう　Promote the recycling of resources.
- 紙の使用を減らそう　Cut down on the use of paper.
- **食品ロス**を減らそう　Reduce **food waste**.
- 必要な物だけ購入しよう　Buy only what you need.

ぎ
いちじかん 一時間 an hour
いちじく 無花果 fig
いちじるしい 著しい remarkable **著しく** remarkably
いちど 一度 once **~に** at a time; at once **~も…ない** never
いちにち 一日 a day **一日一日(と)** day by day **一日中** all day (long)
いちねん 一年 a year **~中** all (the) year round **~生** first-year student [pupil] **~生の** (植物が) annual
いちば 市場 market
いちばん 一番 first; top; best; most
いちぶ 一部 part; a copy **~は** partly
いちべつ 一瞥 glance; glimpse **~する** take a glance at; catch a glimpse of **~して** at a glance
いちまい 一枚 a sheet (of); a slice (of)
いちめん 一面に all over
いちょう 銀杏 ginkgo
いちらんひょう 一覧表 list; table
いちりつ 一律に equally; evenly; each; indiscriminately
いちりゅう 一流の first-class
いちりんしゃ 一輪車 unicycle
いちるい 一塁 first base **~手** first baseman
いちれん 一連の a chain [series] of...; serial
いつ 何時 when **~から[まで]** how long ... **~の間にか** before one knows it **~までも** forever **~でも** always; at any time
いつか[1] some day
いつか[2] 五日 (月の) fifth
いっかい[1] 一回 once
いっかい[2] 一階 the first floor
いっけん 一見 seemingly; apparently
いっこ 一個 one; a piece
いっこう 一行 party
いっさい 一切 everything; all: それについて~知りません I don't know anything about it.
いっさくじつ 一昨日 the day before yesterday
いっさんかたんそ 一酸化炭素 carbon monoxide
いっしゅ 一種(の) a kind of ...
いっしゅう 一周 lap (...を)**~する** go around
いっしゅうかん 一週間 a week; for a week
いっしゅん 一瞬 a moment
いっしょ 一緒に together ...と**~に** with
いっしょう 一生 one's life
いっしょうけんめい 一生懸命(に) hard
いっせい 一斉に at the same time; (all) at once; all together
いっそう[1] 一層 more than ever; more and more; all the more; still; even more
いっそう[2] 一掃する sweep; clear (away); wipe out
いっそく 一足 a pair (of shoes)
いったい 一体(全体) on earth
いったん 一旦(...すれば) once
いっち 一致 (意見の) agreement **~する** agree; correspond
いつつ 五つ five
いっつい 一対 a pair
いってい 一定の a certain; definite; regular; uniform; fixed
いっとうしょう 一等賞 (the) first prize
いっぱい[1] 一杯 a cup [glass] (of)
いっぱい[2] (...で) **~の[で]** full (of) (...で) **~にする** fill (with)
いっぱく 一泊する stay overnight [for a night]
いっぱん 一般の general **~(的)に** generally **~的に言って** generally speaking
いっぺん 一遍 ⇒いちど
いっぽ 一歩 a step
いっぽう[1] 一方 one side

トピック別 論述フレーズ ⑩

節電のためにできること

発電のため化石燃料を燃やす　burn fossil fuels to generate electricity
大気中の二酸化炭素の削減　the reduction of carbon dioxide in the atmosphere
温室効果ガス　greenhouse gas
地球温暖化　global warming
平均気温の上昇　rise in the average temperature
異常気象　abnormal weather
海面上昇　rise in the sea level
電力を消費する　consume [use] electricity
電力供給のひっ迫に備える　prepare for a tight power supply
電気を節約する　economize on electricity; use less electricity
脱炭素社会　a decarbonized society

私たちにできること

- 夏は**エアコンの設定温度**を低くしすぎないようにしよう　Try not to **set the air conditioner** too low in the summer.
- **省エネ家電**を買おう　Buy **energy-saving home appliances.**
- 照明は小まめに消そう　Be (more) careful to (always) turn off the lights.
- 冷蔵庫を使ったらドアをすぐ閉めよう　After using the refrigerator, close the door right away.
- 熱い食べ物は冷蔵庫に入れる前に室温に冷まそう　Cool hot food to room temperature before placing it in the refrigerator.
- 蛍光灯や白熱電球を**LED 照明**に替えよう　Replace fluorescent lights and incandescent lights with **LED lighting.**

～通行 One Way
～的な one-sided
～では on the one hand
...の～で meanwhile; while
いっぽう[2] 一報する let ... know; inform ... (of)
いつも always ～の usual
いつわり 偽りの false
いつわる 偽る lie; fake; pretend; counterfeit
イディオム idiom
いてざ 射手座 the Archer; Sagittarius
いてつく 凍てつく freeze: ～ように寒い It's freezing.
いてん 移転する move
いでん 遺伝 heredity
～子 gene
いと[1] 意図 intention
いと[2] 糸 thread
いど[1] 井戸 well
いど[2] 緯度 latitude
いどう 移動 transfer
～する move
いとこ 従兄弟・従姉妹 cousin
いとしい 愛しい dear
いとなむ 営む run; keep
いどむ 挑む challenge; try
...いない ...以内に[で] within
いなか 田舎 the country
～の country; rural
いなご 蝗 locust
いなずま 稲妻 lightning
イニシャル initial
いにん 委任する leave ... (to)
イニング inning
いぬ 犬 dog **犬小屋** doghouse
イヌイット Inuit
いね 稲 rice
いねむり 居眠りする doze; nod
いのしし 猪 wild boar
いのち 命 life: 命からがら逃げる run for one's life
いのる 祈る (神に) pray; (願う) wish, hope: 幸運を～ Good luck! **祈り** prayer
いばる 威張る be proud [bossy]
いはん 違反 violation
～する violate
...に～して in violation of
いびき 鼾(をかく) snore
いふく 衣服 clothes
イベント event
いほう 違法な illegal; unlawful
いま[1] 居間 living room
いま[2] 今 now: 今行きます I'm coming. **今ごろ** about this time **今し方** a moment ago; just now **今すぐ** right now [away] **今まで** till now: 今までどこにいたの Where have you been all this while?
いまだ 未だ yet; as yet
いみ 意味 meaning ～する mean
イミテーション imitation
いみん 移民 (他国からの) immigrant; (他国への) emigrant
イメージ image ～アップ[ダウン]になる improve [damage] the image (of)
いも 芋 potato; (さつまいも) sweet potato
いもうと 妹 (younger) sister
いもむし 芋虫 caterpillar
いもり newt
いや 嫌な unpleasant
...が～になる be [get] tired of
...するのが～だ hate to do; hate doing
～結構(です) No, thank you.
嫌々 reluctantly
いやがらせ harassment
いやくひん 医薬品 medicine; medical supplies
いやし 癒し healing; cure; comfort
いやしい 卑しい humble; low; vulgar; base
イヤホーン earphones
いやらしい dirty; nasty; obscene
イヤリング earring

トピック別 論述フレーズ ⑪

海外旅行

海外旅行 a trip abroad
国内旅行 a domestic trip
個人旅行 traveling on one's own
パッケージツアー a package tour
世界遺産登録地 a World Heritage Site
歴史的建造物 a historic building
郷土料理 local dishes (characteristic of a region)
物価が高い[安い] Prices are high [low].
円安[円高] a weak [strong] yen
犯罪率 a crime rate
治安がいい[悪い]国 a safe [dangerous] country

😊👍
- **視野**が広がる Your **horizons** will be broadened.
- **国際的視野で**物事を見られる You will learn to see things **from an international perspective.**
- **異文化**に触れられる You can experience **different cultures.**
- 自国の良さを**再発見**できる You can **rediscover** the good points of your own country.

😟👎
- 旅費が高すぎる Traveling abroad is too expensive.
- 国内旅行より時間がかかる Traveling abroad tends to take more time than domestic trips.
- 異国で**トラブル対応**ができるか心配 Many Japanese worry that they would not be able to **cope with problems** that might occur in a foreign country.

いよいよ at last
いよう 異様な strange; eccentric
いよく 意欲 will; eagerness; motivation; ambition **～的な** ambitious; motivated; (熱心な) eager
いらい 依頼(する) request
～人 client
…いらい …以来 since …
いらいらする be nervous
イラスト illustration
イラストレーター illustrator
いらっしゃい Welcome!
いらっしゃいませ (店員が) May [Can] I help you?
いりえ 入り江 inlet
いりぐち 入り口 entrance; door
いりくんだ 入り組んだ complex; complicated
いる¹ be; there is [are]; (兄弟などが) have; (滞在) stay
いる² 射る shoot
いる³ 要る need; want
いるい 衣類 clothing
いるか 海豚 dolphin
イルミネーション illumination
いれい 異例の exceptional
いれかえる 入れ替える replace … (with)
いれば 入れ歯 false teeth; dentures
いれる 入れる put (in [into]); (人を部屋などへ) let in
入れもの container; case
いろ 色 color
色鉛筆 colored pencil
いろいろ 色々な various; different; many kinds of …
いろじろ 色白の fair
いろん 異論 different opinion; objection
いわ 岩 rock
いわう 祝う celebrate
いわし 鰯 sardine
いわば 言わば so to speak
いわゆる what is called; what you call
いんき 陰気な gloomy
インク ink
イングランド England
～の English
いんこ parakeet
いんさつ 印刷 printing
～する print
いんしゅ 飲酒 drinking **～運転** 《米》 drunk driving; 《英》 drink driving
いんしょう 印象 impression
～を与える impress
いんしょくてん 飲食店 restaurant
インスタントの instant
インストールする install
インストラクター instructor
インスピレーション inspiration
いんせき 隕石 meteor(ite)
インターチェンジ interchange
インターネット the Internet; the Net
インターバル interval
インターフェース interface
インターホン intercom
いんたい 引退する retire
インタビュー(する) interview
インチ inch
いんちょう 院長 director; president
インテリ intellectual
インテリア interior design
インド India **～の[人]** Indian
イントネーション intonation
イントラネット intranet
インフォームドコンセント informed consent
インプット input
インフルエンザ influenza; flu
インフルエンサー influencer
インフレ inflation
いんぼう 陰謀 plot; scheme
いんよう 引用 quotation
～する quote; cite
いんりょうすい 飲料水 drinking water
いんりょく 引力 gravitation

う

ウィークエンド weekend
ウィークデー weekday
ウィークポイント weak point; weakness
ういういしい 初々しい innocent; fresh
ウイスキー whiskey
ウィット wit **～に富んだ** witty
ウイルス virus
ウィンカー 《米》 turn signal; 《英》 indicator
ウィンク(する) wink
ウィンタースポーツ winter sports
ウィンドー window **～ショッピング** window-shopping

トピック別 論述フレーズ ⑫

防災のためにできること

地震は火事や津波や土砂崩れを引き起こす　Earthquakes can cause fires, tsunamis and landslides.
余震に気をつける　be careful of aftershocks
停電になる　have a blackout
防災を考える　think about how to survive a disaster / think about how to lessen the damage from a disaster
防災意識を高める　raise [increase] awareness of disaster prevention

私たちにできること

- **避難訓練**を行う　have an **evacuation drill**
- 最寄りの**避難所**に避難する　seek refuge at the nearest **evacuation site**
- 事前に**避難経路**を決めておく　plan your **evacuation route** in advance
- 最低 3 日分の水と食料を蓄える　store water and food for a minimum of three days
- 家具を壁にしっかり固定する　fix furniture securely to a wall
- 廊下や出入り口付近の**通路を確保する**　**keep a clear path** in hallways and near entrances and exits
- ブロック塀の強度を確認する　check the strength of your concrete block walls

ウィンドブレーカー windbreaker
ウインナー wiener
ウール wool
うえ[1] 飢え hunger
うえ[2] 上 top **…の上に[へ]** on; above; over; up
ウェーター server
ウェーブ wave
ウェールズ Wales
〜の Welsh
うえき 植木 garden plant [tree]
〜ばち flowerpot **〜屋** gardener
ウエスト waist
ウェディング wedding
〜ケーキ wedding cake
〜ドレス wedding dress
〜マーチ wedding march
ウェハース wafer
ウェブ Web **〜サイト** website, Web site **〜ブラウザ** web browser
うえる[1] 飢える starve
飢えた hungry
うえる[2] 植える plant
うお 魚 fish **〜座** the Fishes; Pisces
ウォーミングアップ warm-up **〜する** warm up
ウォールがい ウォール街 Wall Street
うがい(する) gargle
うかがう 伺う (訪問する) visit, call; (質問する) ask
うかぶ 浮かぶ float; (考えが) occur **浮かべる** float
うかる 受かる pass (an exam)
うき 浮き float
うきうき 浮き浮きして cheerfully
うきわ 浮き輪 (救命用) life buoy; float; (タイヤチューブを代用した) inner tube
うく 浮く float
うぐいす 鴬 Japanese bush warbler
うけあう 請け合う guarantee; assure
うけいれる 受け入れる accept
うけつぐ 受け継ぐ inherit; succeed (to)
うけつけ 受付 reception desk
〜係 receptionist
うけとり 受取 receipt
うけとる 受け取る receive
うけもつ 受け持つ be in charge of
うける 受ける receive; get; (球を) catch; (試験を) take
うごかす 動かす move; (機械を) operate; work
うごく 動く move; (機械が) work
動き motion
うさぎ 兎 rabbit; hare
うし 牛 (雌牛) cow; (雄牛) bull; ox; (総称) cattle
うしなう 失う lose
うしろ 後ろ(の, へ) back **…の〜に** behind **〜へ下がる** get back
〜足 hind leg
うず 渦(巻く) whirl; (水の) whirlpool
うすい 薄い thin; (コーヒーが) weak; (色などが) light
薄く切る slice **薄々** slightly; vaguely **薄める** dilute; thin; (水で) water down
うずうずする (…したくて) long to do
うずくまる crouch; squat; hunker
うすぐらい 薄暗い dim
うずら 鶉 quail
うすれる 薄れる fade

トピック別 論述フレーズ ⑬

AI と人間

AI[人工知能] AI [artificial intelligence]
生成 AI generative AI
音声アシスタントソフト a voice assistant
自動運転車 a self-driving car
機械翻訳 machine translation
少子高齢化社会 an aging society with a low birth rate
AI に取って代わられる be replaced by AI
AI に仕事を奪われる lose one's job to AI

- **生産性**を高める increase **productivity**
- 業務の**効率化**を図る try to **improve** business **efficiency**
- **人件費**を抑える cut down on **labor costs**
- AI を使うと**人為的ミス**を減らせる You can reduce the amount of **human error** with AI.
- AI は**反復作業**で役立つ AI can help us by doing **repetitive tasks**.
- AI は**人手不足**問題の解消に役立つ AI can help with **labor shortage** issues.
- AI は**大量のデータ**を分析して未来の結果を予測するのが得意 AI is good at analyzing **huge amounts of data** and predicting future outcomes.

- AI は人間から**仕事を奪う**かもしれない AI may **take away jobs from** human beings.
- 宿題で生成 AI を不正使用する学生がいるかもしれない Students may use generative AI to cheat on homework.
- 生成 AI のせいでイラストレーターやライターがクリエイティブな仕事を失うだろう Illustrators and writers will lose their creative jobs due to generative AI.
- 生成 AI の学習に使われるネット上のデータには著作権の問題があるかもしれない There may be copyright problems with the Internet data used for training generative AI.

うせつ 右折する turn (to the) right
うそ 嘘 lie: ～(でしょ)! You're kidding!　**～をつく** lie; tell a lie　**～つき** liar
うた 歌 song　**歌う** sing
うたがう 疑う (信じない) doubt; (嫌疑をかける) suspect　**疑い** doubt; suspicion　**疑い深い** suspicious　**疑わしい** doubtful; suspicious
うたたね うたた寝(する) snooze; doze; nap
うち¹ home
うち² 内 inside　**...の～(で)** between; among; (out) of　**...の～から** out of　**...のうちに** in; within; during　**...する～に** while　**...しない～に** before
うちあける 打ち明ける tell; confide
うちあげる 打ち上げる set off; launch
うちあわせ 打ち合わせ arrangement
うちかつ 打ち勝つ overcome; get over
うちがわ 内側 the inside　**...の～に[へ, で]** inside
うちき 内気な shy; bashful; timid
うちとける 打ち解ける (心を開く) open up; (親しくなる) get friendly, make friends with
うちゅう 宇宙 universe; space　**～ステーション** space station　**～船** spaceship　**～飛行士** astronaut　**～服** space suit
うちょうてん 有頂天 rapture; ecstasy　**～の** ecstatic; rapturous; overjoyed
うちよせる 打ち寄せる lap; wash
うちわ 団扇 fan
うつ¹ 打つ hit; strike
うつ² 撃つ shoot; (銃を) fire
うっかりして carelessly
うつくしい 美しい beautiful
うつし 写し copy
うつす¹ 移す (病気を) infect; (物や人を) transfer; (物を) move
うつす² 映す project; reflect
うつす³ 写す copy; (写真を) take
うったえ 訴え appeal
うったえる 訴える appeal; complain; sue
うっとうしい gloomy; depressing; oppressive; (気にさわる) annoying
うっとりする be fascinated　**うっとりさせる** (美しさで) charm
うつぶせ 俯せに on one's face
うつむく 俯く look down
うつりかわり 移り変わり changes
うつる¹ 移る (移動) move; (病気が) infect
うつる² 映る be reflected
うつろ 虚ろな hollow
うつわ 器 (容器) container, receptacle; (能力・器量) ability, capacity, caliber, talent
うで 腕 arm; (能力) skill, technique, ability　**腕を組んで** arm in arm; (腕組みして) with folded arms　**腕ずもう** arm wrestling　**腕立て伏せ** 《米》 push-up; 《英》 press-up　**腕時計** watch　**腕輪** bracelet
うてん 雨天 rainy [wet] weather
うながす 促す urge; promote; press; demand
うなぎ 鰻 eel
うなずく 頷く nod
うなる 唸る growl; (風が) howl
うに (sea) urchin
うぬぼれ 自惚れ pride

トピック別 論述フレーズ ⑭

会社員の副業

会社　a company
会社員　an office worker
就業規則　office regulations
副業を持つ　have a second job
本業に励む　work hard at one's main [regular] job
健全なワークライフバランス　a healthy work-life balance
収入を増やす　increase one's income
クラウドソーシング　crowdsourcing
在宅勤務[テレワーク]する　work from home

😀👍
- 収入の**足しになる**　You can **supplement** your income.
- 空き時間を**有効活用**できる　You can **make effective use of** your spare time.
- **スキルアップ**できる　You can **improve your skills**.
- 新しい**キャリア**を試せる　You can try out a new **career**.
- 副業は本業の**リスクヘッジになる**　A second job **acts as security** in case you lose your main job.

☹👎
- 副業が関連分野の場合, **情報漏洩のリスク**がある　There is a **risk of information leakage** if the second job is in a related area.
- **心身ともに**疲弊する　You will be exhausted **both mentally and physically**.
- 2 つの仕事をするということは長時間働くということだ　Doing two jobs means that you will be working long hours.
- 多くの人は副業に挑戦するだけの時間がない　Many people don't have enough time to try a second job.

うぬぼれた proud
うねる (波などが) roll
うのみにする swallow; believe blindly; take... at face value
うば 乳母 nurse
うばう (...から〜を)奪う rob ... of 〜; deprive ... of 〜
うばぐるま 乳母車 《米》 baby carriage; 《英》 pram
うぶ 初な innocent
うま 馬 horse
うまい (上手) good; skillful; (巧妙) clever; (おいしい) good; delicious; nice
うまく well 〜いく work out; succeed
うまる 埋まる be buried
うまれ 生まれ birth
うまれる 生まれる be born **生まれつき** by nature
うみ 海 the sea; ocean
うみがめ 海亀 turtle
うみだす 産み出す produce
うみべ 海辺 beach; seaside
うむ 産む give birth to ...; (卵を) lay; (利子を) bear; bring in
うめ 梅 Japanese apricot
うめあわせる 埋め合わせる make up (for)
うめく 呻く moan; groan
うめたてる 埋め立てる (海を) reclaim; (池などを) fill in **〜地** reclaimed land
うめる 埋める bury
うやまう 敬う respect
うよく 右翼 the right (wing); (個人) rightist, right-winger
うら 裏 the back; the reverse: (野球で) 7 回の裏 the bottom (half) of the seventh inning **...の裏に** behind; at the back of
うらがえす 裏返す turn over **裏返しに** inside out
うらぎる 裏切る betray **...の期待を〜** let down
うらぐち 裏口 back door
うらなう 占う tell one's fortune **占い** fortune-telling
うらにわ 裏庭 backyard
うらみ 恨み grudge **〜を晴らす** revenge

✏トピック別 論述フレーズ ⑮

ジェンダークオータ制の導入

クオータ制 a quota system
アファーマティブ·アクション 《主に米》 affirmative action; 《英》 positive discrimination
ジェンダーギャップ指数 the Gender Gap Index
ジェンダー平等を実現する realize gender equality
数値目標を設定する set a numerical target
意思決定 decision-making
政治参加 political participation
職場のジェンダーバイアスをなくす eliminate gender bias in the workplace
ジェンダー規範に基づいた固定観念 stereotypes based on gender norms
無意識の偏見 unconscious biases
女性はしばしばキャリアを中断する Women often interrupt their careers.
家庭の事情で for family reasons
一年の育児休暇を取る take a year's parental [childcare] leave
時短勤務をする work shorter hours
育児 childcare
ケア労働 care work
年取った親を介護する take care of an elderly parent
家事に追われる be busy with (the) housework

😀👍
- 企業の運営に**多様な価値観や視点**が反映される **Diverse values and viewpoints** will be reflected in the management of the company.
- 女性が**指導的役割**を担っている企業はよりよい雇い主と見なされる Companies with women in **leadership roles** are often perceived as better employers.
- 女性は**見過ごされてきた問題**に注意を向けるかもしれない Women may draw our attention to **overlooked issues.**
- **抜本的な対策**を講じなければ何も変わらない We need **radical measures** or nothing will ever change.
- **外からの圧力がなければ**ジェンダー平等の達成には何十年もかかるだろう Achieving gender equality is likely to take decades **without outside pressure**.

☹👎
- 男性に対する**逆差別**になるかもしれない It might be **reverse discrimination** against men.
- そのような対策は**不公平感**がある Such measures often cause a **sense of unfairness**.
- 女性リーダーは**能力のみで選ぶべき** We should choose women leaders **based only on their ability**.
- 女性が**管理職**になりたいとは限らない Not all women want to be **executives**.
- 小さな企業には**負担が大きい** It will **put too heavy a burden on** small companies.

うらやましい 羨ましい be envious; envy
ウラン uranium
うり 瓜 melon: うりふたつで like two peas in a pod
うりあげ 売上 sales; turnover
うりこむ 売り込む sell; promote; advertise; campaign
うりょう 雨量 rainfall
うる 売る sell
売り切れる be sold out
うるうどし 閏年 leap year
うるさい noisy; annoying
うるし 漆 japan; Japanese lacquer
うれしい 嬉しい glad; delighted; happy
うれゆき 売れ行き sales; (発行部数) circulation: ～がいい sell well
うれる 売れる sell
うろこ 鱗 scale
うろたえる panic; be upset
うろつく wander; prowl; loiter; hang around [about]
うわき 浮気する (...に隠れて) cheat on...; (...と) play [mess] around with...
うわぎ 上着 coat; jacket
うわさ 噂 rumor
うわばき 上履き slippers; indoor shoes
うわべ 上辺 surface
～は on surface
うん 運 fortune; luck; chance
運のいい fortunate; lucky
運の悪い unlucky
うんえい 運営 management
～する manage
うんが 運河 canal
うんきゅう 運休する be suspended [canceled]
うんこ poop; shit
うんざりする be sick [disgusted]
うんせい 運勢 fortune; destiny
うんそう 運送 transportation
～会社 《米》 hauler; 《英》 haulier
うんちん 運賃 fare
うんてん 運転 (機械の) operation; (車の) driving **～する** (機械を) operate; (車を) drive
～手 driver **～免許証** driver's license
うんどう 運動 exercise; (社会的・政治的な) movement; campaign; (物体の) motion; movement **～する** take [do, get] exercise **～靴** sports shoes; sneakers **～会(の日)** 《米》 field [《英》 sports] day **～場** playground
うんめい 運命 fortune; fate; destiny

え

え[1] 絵 picture; drawing; painting **絵をかく** draw; paint
絵かき painter
絵はがき (picture) postcard
え[2] 柄 handle
エアコン air conditioner
エアメール airmail
エアロビクス aerobics
えい 鱏 (sting) ray
えいえん 永遠に forever; eternally
えいが 映画 《米》 movie; 《英》 film **～館** movie theater
えいかいわ 英会話 English conversation
えいきゅう 永久に forever
えいきょう 影響(する) influence; affect
えいぎょう 営業 business
～中の open **～時間** business hours **～所** office
えいご 英語 English
えいこう 栄光 glory
えいこく 英国 the United Kingdom; (Great) Britain; England
えいさくぶん 英作文 English composition
えいしゃ 映写する project
～機 projector
エイズ AIDS **～ウイルス** HIV
えいせい 衛星 satellite
～都市 satellite city **～放送** satellite broadcasting
えいせいてき 衛生的な sanitary
えいぞう 映像 picture
えいぞくてき 永続的な everlasting
えいびん 鋭敏な sharp; keen
えいぶんぽう 英文法 English grammar
えいやく 英訳する translate [put] ... into English
えいゆう 英雄 hero; (女性) heroine
えいよ 栄誉 honor
えいよう 栄養 nourishment
～士 dietician **～のある** nutritious
えいわじてん 英和辞典 English-Japanese dictionary
ええ yes; yeah
～どうぞ Sure.; Certainly.; By all means.
エース ace
ええと Let me see.; Let's see.; Well ...
エープリルフール April Fool's Day
えがお 笑顔 smile
えがく 描く paint; draw
えき 駅 station
駅員 station staff (member)
駅長 stationmaster
エキサイトする be excited
えきしょう 液晶 liquid crystal
～ディスプレイ liquid crystal display; LCD **～テレビ** LCD television
エキストラ extra
エキスパート expert
エキゾチックな exotic
えきたい 液体 liquid
えくぼ 靨 dimple
エゴ ego **～イズム** ego(t)ism; selfishness **～イスト** ego(t)ist, selfish person
えこひいき 依怙贔屓する favor
エコロジー ecology
えさ 餌(をやる) feed
えじき 餌食 prey; victim
エジプト Egypt **～人[の]** Egyptian
えしゃく 会釈する nod
エスエヌエス social media
エスカレーター escalator
エスカレートする escalate
エスニックな ethnic
えだ 枝 branch; (大枝) bough; (小枝) twig
エチケット etiquette
えっきょう 越境する cross the border
エックスせん エックス線 X-rays
エッセー essay
エッチ sex; 《卑》 fuck **～な** dirty; obscene
えつらん 閲覧する read **～室** reading room
エナメル enamel **～革** patent leather
エネルギー energy
えのぐ 絵の具 paint; color
えはがき 絵葉書 picture postcard
えび 海老 lobster; prawn; shrimp
エピソード episode; anecdote
えふで 絵筆 brush
エプロン apron
エベレストさん エベレスト山 Mt. Everest
えほん 絵本 picture book
エメラルド emerald
えもの 獲物 (狩猟の) game; (釣りの) catch; (動物の捕らえる) prey
エラー error
えらい 偉い important; big
えらぶ 選ぶ choose; select; (選挙で) elect
えり 襟 collar

エリート the elite
えりぬきの えり抜きの select(ed); best; choice; elite
える 得る get
エルニーニョ El Niño
エレキ(ギター) electric guitar
エレクトロニクス electronics
エレベーター 《米》 elevator; 《英》 lift
エロ(チック) erotic; dirty; pornographic
えん[1] 円 circle; (通貨) yen
えん[2] 縁 (関係) relation; connection
えんかい 宴会 (dinner) party; reception; banquet; feast
えんかつ 円滑な smooth
えんがん 沿岸 coast
えんき 延期する put off
えんぎ[1] 演技 performance
えんぎ[2] 縁起のいい lucky; 縁起の悪い unlucky
えんきょく 婉曲な indirect; euphemistic
えんげい[1] 園芸 gardening
 ～植物 garden plants
えんげい[2] 演芸 entertainment
えんげき 演劇 play; drama
えんこ 縁故 connection
えんし 遠視 farsightedness
 ～の farsighted
エンジニア engineer
えんしゅう[1] 円周 circumference **～率** pi
えんしゅう[2] 演習 seminar; (軍隊の) maneuvers; (予行演習) rehearsal
えんじゅく 円熟した mature
えんしゅつ 演出する direct
 ～家 director
えんじょ 援助(する) help; aid
えんじょう 炎上する (人が) be [get] flamed
えんじる 演じる play
エンジン engine: ～をかける start the engine
えんすい 円錐 cone **～形の** conical
エンスト stall
えんせい 遠征 expedition; (スポーツの) tour **～チーム** visiting team; visitor
えんぜつ 演説 speech
 ～する speak **～者** speaker
えんそ 塩素 chlorine
えんそう 演奏する play; perform
 ～会 concert; recital
えんそく 遠足 excursion
えんだん 演壇 platform; (説教壇) pulpit
えんちゅう 円柱 column
えんちょう 延長する extend; prolong
えんとう 円筒 cylinder
えんどう 豌豆 pea
えんとつ 煙突 chimney
えんばん 円盤 disk
 ～投げ the discus (throw)
えんぴつ 鉛筆 pencil
 ～入れ pencil case
 ～けずり pencil sharpener
えんぶん 塩分 salt
えんまん 円満な peaceful; amicable; friendly
えんりょ 遠慮(する) reserve; hesitate

お

お 尾 tail
オアシス oasis
おい 甥 nephew
おい! Hey!
おいおい 追々 gradually
おいかける 追い掛ける run after; chase
おいこす 追い越す pass
 追い越し禁止 No Passing
おいしい 美味しい delicious; good
おいしげる 生い茂る grow thick
おいだす 追い出す get out; put out
おいつく 追いつく catch up (with)
おいていく 置いていく leave
おいはらう 追い払う drive away
おいる 老いる get old; age
オイル oil
おいわい 御祝い celebration
おう[1] 王 king
おう[2] 追う run after; chase; follow
おう[3] 負う (背負う) ⇒おんぶする; (責任を) take (responsibility), be in charge; (恩恵を) owe; (傷を) be wounded [injured]
おうえん 応援する cheer
 ～団 cheering party
 ～団員 cheerleader
おうかくまく 横隔膜 diaphragm
おうかん 王冠 crown
おうぎ 扇 fan
おうきゅう 応急の first-aid
おうこく 王国 kingdom
おうごん 黄金(の) gold
おうじ 王子 prince
おうしざ 牡牛座 the Bull; Taurus
おうしつ 王室 royal family
おうしゅう 欧州 Europe
おうじょ 王女 princess
おうじる 応じる answer; accept
 (…に)**応じて** according to
おうしん 往診 house call
おうせつしつ 応接室 reception [living] room
おうだん 横断する cross
 ～禁止 No Crossing
 ～歩道 《米》 crosswalk; 《英》 pedestrian crossing
おうちゃく 横着な lazy
おうとう 応答 answer; response **～する** reply
おうひ 王妃 queen
おうふく 往復する go and return
 ～切符 《米》 round-trip ticket; 《英》 return ticket **～葉書** return postal card
おうへい 横柄な arrogant; haughty; insolent; bossy
おうべい 欧米 Europe and America; (西洋) the West
おうぼ 応募する apply for
 ～者 applicant
おうむ 鸚鵡 parrot
おうよう 応用 application
 ～する apply (to) **～問題** applied question; exercise
おうらい 往来 traffic
おうりょう 横領する embezzle
おうレンズ 凹レンズ concave lens
おえる 終える finish; end; (話などを) close
おおい[1] 多い many; much; a lot of ...
おおい[2] 覆い cover
おおいそぎ 大急ぎで in a great hurry
おおいに 大いに very; greatly; much; widely
おおう 覆う cover; (すっかり) cover up
おおがかり 大掛かりな large-scale
おおがた 大型(の) large; big
おおかみ 狼 wolf
おおきい 大きい large; big; great
 大きさ size
おおく 多くの many; much; a lot of ...
オーク oak
オークション auction
オーケー OK; okay
おおげさ 大袈裟な exaggerated
オーケストラ orchestra
おおごえ 大声で in a loud voice
おおざっぱな 大ざっぱな rough; broad; general
オーストラリア Australia
 ～の[人] Australian
おおぜい 大勢 (large) crowd
 ～で in great numbers; in crowds **～の** a great number of; a crowd of
オーダー(する) order **オーダーメードの** custom-made

オーディオ audio
オーディション audition
おおどおり 大通り main street
オートバイ motorcycle
オードブル hors d'oeuvre
オートマチックの automatic
オートメーション automation
オーナー owner
オーバーな exaggerated
オービー (OB) graduate
オーブン oven
オープンする open
オーボエ oboe
おおまか 大まかな rough **～に言って** roughly speaking
おおみそか 大晦日 New Year's Eve
おおむぎ 大麦 barley
おおめ 大目に見る overlook
おおもじ 大文字 capital letter
おおもの 大物 number one ; VIP; big name; (獲物) big game
おおや 大家 (男性の) landlord; (女性の) landlady
おおやけ 公の public; official
オーライ all right; OK
おおらか 大らかな broad-minded; generous; easygoing
オール oar
オールナイトの all-night
オーロラ aurora
おか 丘 hill
おかあさん お母さん mother; mom
おかえり お帰りなさい Hi!; Welcome home.
おかげ (...の)お陰で thanks to
おかしい funny; (奇妙) strange
おかす¹ 犯す (罪を) commit
おかす² 冒す (危険を) run
おかす³ 侵す (権利を) violate
おかっぱ bob
おがむ 拝む worship
オカルト occult
おがわ 小川 stream
おかわり お代わり second helping
おき 沖 offing **...沖に** off (the coast of) ...: 沖合いの offshore
おきあがる 起き上がる get up
おきざり 置き去りにする leave behind
オキシダント oxidant
おきて 掟 rule
おきどけい 置き時計 clock
おぎなう 補う make up for
...おきに every...: 1日～ every other day / 10分～ every ten minutes
おきにいり お気に入り pet **～の** favorite
おきる 起きる get up; (目ざめる) wake up
おきわすれる 置き忘れる leave
おく¹ 億 hundred million **十億** billion
おく² 置く put; (きちんと) set; (下に) put down; (受話器を) hang up **...にして～** keep; leave
おく³ 奥 back; recess; depth; interior **奥の** inner(most)
おくがい 屋外(の) outdoor; open-air **～で[へ]** outdoors
おくさん 奥さん (...'s) wife
おくじょう 屋上 roof
おくない 屋内(の) indoor **～で[へ]** indoors
おくびょうな 臆病な timid; cowardly; fainthearted **臆病者** coward
おくやみ 御悔やみ condolence(s); sympathy
おくゆき 奥行き depth
おくる¹ 送る send; (見送る) see off; (家まで) see [take] ... home; (車で) drive ... home
おくる² 贈る give; present **贈り物** present; gift
おくれ 遅れ delay
おくれる 遅れる be late; (時計が) lose **...より遅れて** behind
おけ 桶 (手桶) pail, bucket; (風呂桶) (bath)tub
おこす 起こす wake; call; (事故を) cause
おごそかな 厳かな solemn; grave; awe-inspiring; stately
おこたる 怠る neglect
おこない 行ない behavior; conduct
おこなう 行なう perform; hold
おこりうる 起こりうる possible
おこる¹ 起こる happen
おこる² 怒る get angry **怒った** angry **怒らせる** make ... angry; offend **怒りっぽい** short-tempered
おごる treat; buy: 昼食をおごってあげよう I'll treat you to lunch. **おごり** treat: これは僕のおごりだ This is my treat.
おさえる 押さえる hold
おさえる 抑える control; check; restrain
おさげ お下げ braid
おさない 幼い (very) young **～ころに** when young; as a child
おさまる 治[収]まる abate, subside; (風などが) die down, calm, stop; (痛みなどが) ease (away), go away; (騒動が) settle down; (場所に) fit (into ...)
おさめる¹ 治める govern; rule
おさめる² 納める (支払う) pay
おし 推し one's fave **～メン** one's fave member
おじ 伯父, 叔父 uncle
おしあける 押し開ける push ... open
おしあげる 押し上げる push [press] up
おしあてる 押し当てる press ... (against [to])
おしい 惜しい regrettable; It's a pity ...
おじいさん お爺さん grandfather; (老人) old man
おしいれ 押し入れ closet
おしえご 教え子 pupil
おしえる 教える teach; (道などを) show; tell
おじぎ お辞儀(する) bow
おしつける 押しつける press; impose; force
おしっこ pee; piss
おしつぶす 押し潰す press; squash
おしとどめる 押し止める hold back
おしばな 押し花 pressed flower
おしボタン 押しボタン button; push button
おしまい end
おしむ 惜しむ spare
おしめ diaper
おしゃべり chat; (人) chatterbox **～する** chat; talk **～な** talkative
おしゃれな fashionable
おしょく 汚職 corruption; scandal
おす¹ 押す push
おす² 雄(の) male
おせじ お世辞を言う flatter
おせっかい お節介を焼く meddle; poke [stick] one's nose (into [in] ...)
おせん 汚染 pollution
おそい 遅い (時刻が) late; (速度・動作が) slow **遅くとも** at the latest
おそう 襲う attack
おそらく 恐らく perhaps; maybe
おそれいる 恐れ入る: 恐れ入りますが... Excuse me, but ...
おそれる 恐れる be afraid of ...; fear **恐れ** fear **恐ろしい** horrible; terrible
おそわる 教わる be taught; learn
オゾン ozone **～層** ozone layer **～ホール** ozone hole
おたがい お互い(に) each other
おだてる flatter; please
おたふくかぜ お多福風邪 mumps

おたまじゃくし tadpole
おだやか 穏やかな calm; gentle
おち 落ち omission; (冗談の) punch line
おちあう 落ち合う meet
おちいる 陥る fall [go, sink] into ...
おちこぼれる 落ちこぼれる drop out
おちこむ 落ち込む be depressed
おちついた 落ち着いた calm
おちつき 落ち着き calmness
 〜のない restless
 落ち着く calm (down)
おちば 落ち葉 fallen leaves
おちゃ お茶 tea
おちる 落ちる fall; go down; drop; (階段などから) fall down ...; (試験に) fail
おっと 夫 husband
おっとせい fur seal
おっぱい (母乳) mother's [breast] milk; (乳房) breast
おつり change
おてあらい お手洗い (家庭の) bathroom; (公共の) restroom, men's [women's] room
おでき boil
おでこ forehead
おてんば お転婆 tomboy
おと 音 sound; (騒音) noise
おとうさん お父さん father; dad; daddy
おとうと 弟 (younger) brother
おどおどした timid; shy
おどかす 脅かす frighten
おとぎばなし お伽話 fairy tale
おとこ 男 man **男の** male **男の子** boy **男らしい** manly
おどし 脅し threat
おとす 落とす drop; (科目などを) fail; (失くす) lose
おどす 脅す threaten
おとずれる 訪れる visit **(...の)訪れ** coming (of)
おととい 一昨日 the day before yesterday
おととし 一昨年 the year before last
おとな 大人 grown-up; adult
 〜になる grow up
おとなしい quiet; good
おとめざ 乙女座 Virgo; the Virgin
おどり 踊り(を踊る) dance
おとる 劣る be inferior (to)
おとろえる 衰える become weak; weaken
おどろかす 驚かす surprise; (ひどく) astonish
おどろき 驚き surprise
おどろく 驚く be surprised
 〜べき surprising
おなか stomach: **〜がすく** be hungry / **〜が痛い** have a stomachache
おなじ 同じ the same
 〜くらい... as ... as
おならをする break wind
おに 鬼 ogre; (鬼ごっこの) it
 鬼ごっこ tag
おにいさん お兄さん ⇒あに
おねえさん お姉さん ⇒あね
おの 斧 ax(e); hatchet
おば 伯母, 叔母 aunt
おばあさん お婆さん grandmother; (老女) old woman [lady]
おばけ お化け bogeyman; ghost
 〜屋敷 haunted house
おはよう お早う(ございます) Good morning.
おび 帯 belt; (waist) band; sash
おびえる 怯える be scared [frightened, afraid]
おひつじざ 牡羊座 Aries; the Ram
おひとよし お人好し dupe; sucker; soft touch
おびやかす 脅かす threaten
オフィス office
オフライン offline
オフレコ off the record
オフロード off-road
オペラ opera
オペレーター operator
おぼえる 覚える learn; memorize
 覚えている remember
おぼれる 溺れる drown
おまけ (景品) giveaway; freebie
 〜する throw in **〜に** besides; furthermore; too; in addition
おまもり お守り charm
おまわりさん お巡りさん police officer
おむつ diaper
オムレツ omelet
おめでたい happy; (愚かな) foolish, stupid, naive
おめでとう(ございます) Congratulations!
おもい[1] 重い heavy; (病気などが) serious **重そうに** heavily
おもい[2] 思い thought
おもいがけない 思いがけない unexpected
 思いがけなく unexpectedly
おもいきって 思い切って...する dare to do
おもいきり 思い切り to the full; to one's heart's content: **〜殴る** hit ... as hard as one can
おもいだす 思い出す remember
おもいちがい 思い違いをする be mistaken
おもいつき 思いつき idea; (気まぐれ) fancy, whim
 思いつく think of
おもいで 思い出 memories
おもいやり 思いやり sympathy
 〜のある sympathetic; thoughtful
おもう 思う think; (...ではないかと) suppose; (感じとして...と) feel
 ...かなと〜 I wonder **...ならよいのにと〜** I wish
おもくるしい 重苦しい heavy
おもさ 重さ weight
 〜が...である weigh
おもしろい 面白い interesting; (おかしい) funny; amusing
おもちゃ toy; plaything
おもて 表 the face: (野球で) 3回の表 the top (half) of the third inning
おもな 主な chief; main
 主に mainly
おもに 重荷 burden
おもり 重り weight; (釣り糸の) sinker
おもわず 思わず in spite of oneself
おもんじる 重んじる (pay) respect; think much [highly] of; esteem; value
おや 親 parent
おやすみ お休み(なさい) Good night.
おやつ snack
おやゆび 親指 thumb; (足の) big toe
およぐ 泳ぐ swim
およそ 凡そ about; roughly
および 及び and
およぶ 及ぶ extend; go; reach; spread: 及ばない (かなわない) be not equal to..., be no match for...; (必要ない) not have [need] to do
オランウータン orangutan
オランダ the Netherlands; Holland **〜の** Dutch
 〜人 Dutch(wo)man
おり 檻 cage
おりあう 折り合う agree; compromise; get along
オリーブ olive **〜油** olive oil
オリエンテーション orientation
オリエンテーリング orienteering
おりかえす 折り返す turn around
オリジナルな original
おりたたむ 折り畳む fold
 折り畳み(の) folding
おりまげる 折り曲げる bend
おりめ 折り目 fold
おりる[1] 下りる come down; go down; fall
おりる[2] 降りる (乗用車から) get

out of; (列車・バス・旅客機・船から) get off
オリンピック the Olympic Games
おる[1] 折る break; (たたむ) fold
おる[2] 織る weave
オルガン (reed) organ
オルゴール music box
おれる 折れる break
オレンジ orange
おろか 愚かな foolish; stupid; silly　~者 fool
おろしうり 卸売り wholesale
おろす 降ろす bring [take, get] down
おわび お詫び ⇒わび
おわり 終わり end; close
おわる 終わる end; be over; ⇒おえる
おん 恩 kindness; favor; obligation; debt: 恩返しする repay / 恩知らずの ungrateful / 恩をあだで返す bite the hand that feeds one; return evil for good
おんがく 音楽 music　**~家** musician　**~会** concert
おんけい 恩恵 benefit
おんけん 穏健な moderate
おんこう 温厚な gentle
おんしつ 温室 greenhouse
おんせい 音声 sound　**~学** phonetics
おんせつ 音節 syllable
おんせん 温泉 hot spring
おんたい 温帯 the Temperate Zone
おんだん 温暖な warm; mild
おんち 音痴の tone-deaf
おんど 温度 temperature　**~計** thermometer
おんどり 雄鶏 cock
おんな 女 woman　**女の** female　**女らしい** womanly　**女の子** girl
おんぱ 音波 sound wave
おんぷ 音符 note
おんぶする carry ... on one's back; carry ... piggyback
おんぼろの worn-out
オンライン online
おんりょう 音量 volume
おんわ 穏和な mild

か

か[1] 蚊 mosquito
か[2] 科 course; (生物学で) family
か[3] 課 lesson; section
...か~(か) (either) ... or
...するかどうか if; whether
が 蛾 moth
カーキ (色) khaki
ガーゼ gauze
カーソル cursor
カーディガン cardigan
ガーデニング gardening
カーテン curtain
カード card
ガード guard　**~マン** guard　**~レール** guardrail
カートリッジ cartridge
カーニバル carnival
カーネーション carnation
カーブ curve
カーペット carpet
カール curl
ガールスカウト Girl Scout
ガールフレンド girlfriend
かい[1] 会 meeting; club, society
かい[2] 階 (建物の) floor; story
かい[3] 貝 shell; shellfish
...かい ...回 time; (野球) inning
がい 害 harm　**害する** harm; (人の感情を) hurt
かいいん 会員 member
かいおうせい 海王星 Neptune
かいが 絵画 picture
かいかい 開会する open　**~式** opening ceremony
かいがい 海外に[へ] abroad; overseas　**~の** foreign
かいかく 改革(する) reform
がいかく 外角 outside　**~球** outside ball
かいがら 貝殻 shell
かいかん 会館 hall
かいがん 海岸 seashore; coast
がいかん 外観 appearance
かいき 会期 session
かいぎ 会議 meeting; conference
かいきゅう 階級 class; rank
かいきょう 海峡 strait; channel
かいぎょう 開業する[している] practice　**~医** practitioner
かいぐん 海軍 navy
かいけい 会計 accounting:　**~係[士]** accountant
かいけつ 解決 solution; settlement　**~する** solve; settle
かいけん 会見 interview
がいけん 外見 appearance
かいげんれい 戒厳令 martial law
かいこ[1] 蚕 silkworm
かいこ[2] 解雇する dismiss
かいご 介護 care; nursing　**~する** (take) care; look after; attend
かいごう 会合 meeting
がいこう 外交 diplomacy　**~員** (販売の) salesperson　**~官** diplomat　**~辞令** diplomatic language
がいこうてき 外向的な extroverted
がいこく 外国 foreign country　**~の** foreign　**~へ** abroad　**~語** foreign language　**~人** foreigner
がいこつ 骸骨 skeleton
かいさい 開催する hold
かいさつぐち 改札口 gate
かいさん 解散する break up; (議会が) dissolve　**解散!** (号令) Dismiss!
かいさんぶつ 海産物 seafood
かいし 開始 start; opening　**~する** start; begin; open
がいして 概して generally
かいしめ 買い占め corner　**買い占める** buy up; corner
かいしゃ 会社 company; office　**~員** office worker
がいしゃ 外車 imported [foreign] car
かいしゃく 解釈 interpretation　**~する** interpret
かいしゅう[1] 回収する collect; (欠陥商品を) call in
かいしゅう[2] 改修する repair
かいしゅう[3] 改宗する convert
かいじゅう 怪獣 monster
がいしゅつ 外出する go [be] out
かいしょう 解消する dissolve; cancel; break up; disappear; heal
かいじょう[1] 海上で[に] on the sea　**~の** marine
かいじょう[2] 会場 (concert [assembly]) hall; ground
がいしょく 外食する eat out
かいしん 改心する[させる] reform
がいじん 外人 foreigner
かいず 海図 chart
かいすい 海水 seawater
かいすいよく 海水浴 sea bathing　**~に行く** go swimming in the sea
かいすうけん 回数券 coupon ticket
かいせい[1] 快晴の clear
かいせい[2] 改正する revise; (法律を) amend
かいせつ 解説(する) comment　**~者** commentator
かいせん 回線 circuit
かいぜん 改善 improvement　**~する** improve
かいそう[1] 回想 recollection　**~する** look back (on)
かいそう[2] 海草 seaweed
かいそう[3] 階層 stratum; class; rank
かいそう[4] 改装する remodel
かいそう[5] 回送 (行先表示で) not in service　**~する** forward
かいぞう 改造する adapt; remodel
かいぞうど 解像度 resolution
かいぞく 海賊 pirate

かいたく 開拓する reclaim; break; (植民地を) colonize; (資源を) exploit ～**者** pioneer
かいだん[1] 怪談 ghost story
かいだん[2] 階段 stairs; (屋外の) steps
かいだん[3] 会談 talks
ガイダンス guidance; (入学時の) orientation
かいちく 改築する rebuild; remodel
がいちゅう 害虫 harmful insect
かいちゅうでんとう 懐中電灯 flashlight; 《英》 torch
かいちょう 会長 president; chairperson
かいて 買い手 buyer
かいてい[1] 海底 the bottom of the sea ～**の** submarine
かいてい[2] 改訂する revise ～**版** revised edition
かいてき 快適な comfortable
かいてん[1] 回転 revolution ～**する** turn (around); revolve ～**競技** (スキーの) slalom ～**ドア** revolving door
かいてん[2] 開店する open
ガイド guide
かいとう[1] 解答[回答](する) answer
かいとう[2] 解凍する thaw; defrost; (データを) decompress
かいどう 街道 highway
がいとう 街灯 streetlight
ガイドブック guidebook; guide
かいならす 飼いならす tame
かいにゅう 介入 intervention ～**する** intervene
かいぬし 飼い主 master
がいねん 概念 idea; concept
がいはく 外泊する stay overnight
かいはつ 開発 development ～**する** develop ～**途上国** developing country
かいばつ 海抜 above sea level
かいひ[1] 会費 membership fee
かいひ[2] 回避する avoid
かいひょう 開票する count the ballots [votes]
がいぶ 外部 the outside [exterior] ～**の** outside
かいふく 回復 recovery ～**する** recover; get well
かいぶつ 怪物 monster
かいほう[1] 開放する open; throw open ～**的な** expansive; free; open
かいほう[2] 介抱する nurse; attend; take care of [look after] ...
かいほう[3] 解放する set free
かいぼう 解剖する dissect
かいまく 開幕する open
がいむしょう 外務省 Ministry of Foreign Affairs
かいめん 海綿 sponge
かいもの 買い物 shopping ～**をする** shop ～**に行く** go shopping
がいや 外野 the outfield; (選手) outfielder
がいらいご 外来語 loanword; word of foreign origin
かいらく 快楽 pleasure; fun
がいりゃく 概略 outline
かいりゅう 海流 ocean current
かいりょう 改良 improvement ～**する** improve
かいろ 回路 circuit
がいろ 街路 street ～**樹** street tree
かいわ 会話 conversation
かいん 下院 (米国) the House of Representatives; (英国) the House of Commons ～**議員** (米国) representative; (英国) Member of Parliament
かう[1] 飼う have; keep; (家畜を) raise
かう[2] 買う buy
カウボーイ cowboy
ガウン gown
カウンセラー counselor
カウンセリング counseling
カウンター counter
カウント count ～**ダウン** countdown
かえす 返す return; take back; (元の所へ) put back; (持ち主に) give back; (借金を) pay back
かえって on the contrary; in fact; after all; actually
かえで 楓 maple
かえる[1] 蛙 frog; toad
かえる[2] 孵る (卵が) hatch
かえる[3] 帰る go back [home]; come back [home]; (元の場所へ) return: 帰り(道)に on one's [the] way home
かえる[4] 変[換, 替]える change; turn (into); exchange; replace
かえる[5] 返る return
かえん 火炎 flame; fire; blaze ～**瓶** Molotov cocktail ～**放射器** flamethrower
かお 顔 face: 窓から顔を出す put one's head out of the window / 顔色が悪い[いい] look pale [well]
かおり 香り smell; aroma
がか 画家 painter; artist
かがい 課外の extracurricular
かかえる 抱える hold
カカオ cacao
かかく 価格 price
かがく 化学 chemistry ～**の** chemical ～**者** chemist
かがく 科学 science ～**の** scientific ～**技術** technology ～**者** scientist
かかし 案山子 scarecrow
かかと 踵 heel
かがみ 鏡 mirror
かがむ 屈む stoop
かがやく 輝く shine; twinkle
かかる[1] (病気に) have; get; catch
かかる[2] (時間・金が) take; cost
かかる[3] 掛かる hang; lock
かかわらず ...にも拘わらず in spite of ...; though
かかわる 関わる concern; get involved
かき[1] 牡蛎 oyster
かき[2] 柿 persimmon
かぎ 鍵 key; (錠) lock **鍵をかける** lock **鍵穴** keyhole
かききず 掻き傷 scratch
かきこむ 書き込む write in; (書類に) fill in
かきたてる かき立てる (感情を) stir
かきとめ 書留 registered mail
かきとめる 書き留める write down
かきとり 書き取り dictation
かきなおす 書き直す rewrite
かきね 垣根 fence; hedge
かきまわす 掻き回す stir
かきみだす 掻き乱す disturb
かきゅう 下級の lower
かぎり 限り limit ～**ない** limitless; infinite
…かぎり (...する)限り as far as ... できる～ as ... as possible
かぎる 限る limit; (...とは)限らない not all ...; not always
かく[1] 掻く (つめで) scratch
かく[2] 書く write
かく[3] 書く, 描く (絵の具で) paint; (鉛筆・クレヨンで) draw
かく[4] 核(の) nuclear **核家族** nuclear family **核実験** nuclear test **核兵器** nuclear weapon
かく[5] 角 angle
かく[6] 欠く lack ～**ことのできない** essential
かく[7] 各 each; every; all
かぐ[1] 嗅ぐ smell
かぐ[2] 家具 furniture
がく 額 frame; (金額) sum; amount
がくい 学位 degree
かくう 架空の imaginary
かくえきていしゃ 各駅停車の local
かくげん 格言 proverb; saying;

maxim; aphorism
かくご 覚悟する be ready [prepared]
かくざとう 角砂糖 sugar cube; (sugar) lump
かくさん 拡散する (インターネット経由で急速に広まる) go viral
かくじ 各自の each; every; respective
かくしきばった 格式張った formal
かくじつ 確実な certain; sure
がくしゃ 学者 scholar
かくしゅ 各種の various; kinds of...; diverse
がくしゅう 学習 learning
　～する learn
　機械～ machine learning
かくしん[1] 革新 innovation
　～的な innovative
かくしん[2] 確信する be sure [certain]
かくす 隠す hide; (涙を) hold back　**隠された** hidden
がくせい 学生 student
　～**時代** one's school days
かくせいき 拡声器 loudspeaker
がくせつ 学説 theory
かくだい 拡大する expand; magnify　～**鏡** magnifying glass
がくだん 楽団 band
かくちょう 拡張する expand; extend
がくちょう 学長 president
かくづけ 格付けする rank
カクテル cocktail
かくど 角度 angle
かくとう 格闘する fight
かくとく 獲得する get; obtain; (賞品などを) win
かくにん 確認 confirmation
　～する confirm
がくねん 学年 grade
かくばった 角ばった square
がくひ 学費 school expenses
がくふ 楽譜 music; score
がくぶ 学部 department; faculty; school
かくほ 確保する secure; make sure of
かくめい 革命 revolution
がくもん 学問 learning
　～的な academic
かくりつ 確立する establish
がくりょく 学力 achievement; academic ability
がくれき 学歴 academic [educational] background [record]
かくれる 隠れる hide
かくれんぼ hide-and-seek
かけ 賭け bet; (賭け事) gambling
かげ[1] 陰 shade
かげ[2] 影 shadow
がけ 崖 cliff
かけい[1] 家計 household economy; family budget
かけい[2] 家系 ancestry; descent; genealogy; pedigree; roots
　～**図** family tree
かげえ 影絵 silhouette
かげき[1] 歌劇 opera
かげき[2] 過激な extreme
かげぐち 陰口 backbiting; gossip　～**をたたく** speak ill of... behind ...'s back
かけざん 掛け算 multiplication
かけつ 可決する approve; pass
かけっこ 駆けっこ race
かけら 欠片 broken piece
かける[1] (覆う) cover; (電話を) call; (かぎを) lock; (レコードなどを) play; (座る) sit down
かける[2] 欠ける lack
かける[3] 掛ける hang; (掛け算) multiply
かける[4] 駆ける run
かける[5] 賭ける bet; (命を) risk
かこ 過去 the past
かご 篭 basket; (鳥かご) cage
かこい 囲い fence
かこう[1] 火口 crater
かこう[2] 河口 mouth
かこう[3] 加工する process
かごう 化合する combine
　～**物** compound
かこむ 囲む surround; circle
かさ 傘 umbrella
　傘立て umbrella stand
かさい 火災 fire
　～**報知機** fire alarm
かさなる 重なる be piled up; (事が) happen at the same time
かさばる be bulky [unwieldy, hulky]
かざみどり 風見鶏 weathercock
かざり 飾り decoration
かざる 飾る decorate
かざん 火山 volcano: 活[休, 死]～ active [dormant, extinct] volcano
かし[1] 樫(の木) oak
かし[2] 歌詞 the words (of a song); lyrics
かし[3] 菓子 cake; candy
かし[4] 華氏 Fahrenheit
かじ[1] 舵 (船の) steering wheel
かじ[2] 火事 fire
かじ[3] 家事 housework
がし 餓死 starvation
　～**する** starve
かじかんだ 悴んだ numb
かしきり 貸し切り(の) chartered
かしこい 賢い clever; wise
かしだす 貸し出す lend out
かしつ 過失 mistake; error; fault; slip; lapse
かじつ 果実 fruit
カシミヤ (織物) cashmere
かしや 貸家 house for rent
かしゃ 貨車 《米》 freight car; 《英》 goods wagon
かしゅ 歌手 singer
カジュアル casual: ～な服を着る dress down
かじゅう 果汁 fruit juice
かじゅえん 果樹園 orchard
かじょう 過剰の excessive
かじょうがき 個条書きにする list; itemize
かしょくしょう 過食症 bulimia
...かしら I wonder ...
かしらもじ 頭文字 initial
かじる bite
かす[1] 貸す lend; (有料で) rent
かす[2] 滓 dregs; the lees; (コーヒーなどの) grounds
かず 数 number
　数に入れる count
ガス gas　**ガスレンジ** gas range
かすかな 幽かな, 微かな faint
カスタネット castanets
カスタマー (顧客) customer
カスタマイズ customize
カステラ sponge cake
かすむ blur; mist
かすめる graze; glance off; skim; sweep
かぜ[1] 風邪 cold
　～**をひく** catch (a) cold
かぜ[2] 風 wind
かせい[1] 火星 Mars
かせい[2] 家政 housekeeping
　～**婦** housekeeper
かぜい 課税する tax
かせき 化石 fossil
かせぐ 稼ぐ earn
かせつ[1] 仮説 hypothesis
かせつ[2] 仮設の temporary
　～**住宅** temporary housing; barracks
かせん 下線(を引く) underline
かそ 過疎 depopulation　～**の** depopulated; underpopulated
がぞう 画像 image; graphics
かそうぎょうれつ 仮装行列 《米》 masquerade parade; 《英》 fancy dress parade
かそうげんじつ 仮想現実 virtual reality
かぞえる 数える count
かそく 加速(度) acceleration
　～**する** accelerate; speed up; step on the gas
かぞく 家族 family
ガソリン gasoline; gas

～スタンド gas station
かた¹ 肩 shoulder **肩をすくめる** shrug one's shoulders
かた² 型 pattern; model
…かた …方 c/o
かたい¹ 堅い firm; (肉などが) tough
かたい² 硬い (物体が) hard
かだい¹ 課題 assignment
かだい² 過大な excessive
～評価する overestimate
かたおもい 片思い unrequited love
かたがき 肩書き title
かたき (敵) foe; enemy: ～をうつ[とる] avenge; revenge
かたく 堅く fast, tight, tightly; strongly, firm
かたくるしい 堅苦しい formal
かたち 形 form; shape
かたづける 片付ける put ... in order; finish (off)
かたつむり 蝸牛 snail
かたな 刀 sword
かたほう 片方 (二つのうちの) one: もう～ the other (one) / この靴のもう～ the mate to this shoe
～だけの odd
かたまり 塊 lump; mass
かたまる 固まる harden; become solid; bind; set
かたみ¹ 形見 keepsake; memento; remembrance
かたみ² 肩身が狭い feel small [ashamed]
かたみちきっぷ 片道切符 one-way ticket
かたむく 傾く lean
傾ける lean; (努力を) put in
かたよる 偏る be partial [prejudiced]
かたる 語る talk; tell; narrate
カタログ catalog
かだん 花壇 flower bed
かち 価値 value; worth
～のある valuable: 読む～がある be worth reading
かちく 家畜 domestic animal
がちょう 鵞鳥 goose
かつ 勝つ win; (人に) beat
かつお 鰹 bonito
がっか 学科 subject
がっかりする be disappointed
かっき 活気のある lively
がっき¹ 学期 term
がっき² 楽器 (musical) instrument
かっきてき 画期的な epoch-making
がっきゅう 学級 class
～委員 class monitor
かつぐ 担ぐ carry ... on one's shoulder [back]
がっく 学区 school district
かっこ 括弧 parenthesis; bracket
かっこう¹ 格好 appearance; shape; form; style **かっこいい** smart; cool **かっこ悪い** ugly; unfashionable
かっこう² 郭公 cuckoo
がっこう 学校 school
かっさい 喝采(する) cheer
かつじ 活字 print; type
かっしゃ 滑車 pulley
がっしゅく 合宿する lodge together; have a training camp
がっしょう 合唱 chorus
～する sing in chorus
～隊 chorus; choir
かっしょく 褐色(の) brown
がっしりした strong and firm; solid
がっそう 合奏 ensemble
かっそうろ 滑走路 runway
カッター cutter
がったい 合体する incorporate; unite; combine; merge
ガッツ courage; guts
かつて once
かって 勝手な selfish
カット cut
かつどう 活動 activity
～的な active
かっとなる get angry; lose one's temper
かっぱつ 活発な active
カップ cup
カップル couple
がっぺい 合併 merger
～する merge
かつやく 活躍する be active
かつよう 活用する make use of
かつら wig; (部分の) hairpiece
かつりょく 活力 energy; vitality; life
かてい¹ 家庭 home **～科** domestic science **～教師** tutor
～的な domestic
かてい² 過程 process
かてい³ 課程 course
かてい⁴ 仮定する suppose
かど 角 corner
かとう 下等な lower
カドミウム cadmium
カトリックの Catholic
…かな I wonder ...
かなう¹ 敵う match; be equal
かなう² 適う suit; meet
かなう³ 叶う (夢などが) come true **かなえる** fulfill; realize
かなきりごえ 金切り声(を上げる) scream
かなしい 悲しい sad **悲しみ** sorrow **悲しむ** grieve; regret
カナダ Canada
～の[人] Canadian
かなづち 金槌 hammer
かならず 必ず certainly, sure; always **必ずしも(…で)ない** not necessarily
かなり considerably; fairly; rather **～の** considerable; fair
カナリア canary
かに 蟹 crab **蟹座** Cancer
かにゅう 加入 entry
～する enter
カヌー canoe
かね¹ 金 money
かね² 鐘 bell
かねもち 金持ちの rich
かのう 可能な possible
～性 possibility
かのじょ 彼女 she **～は[が]** she
～の[を, に] her **～のもの** hers
～自身 herself
かば 河馬 hippo(potamus)
カバー cover; (本の) jacket
かばう protect; defend
かばん 鞄 bag
かはんすう 過半数 majority
かび 黴 mildew; mold
がびょう 画鋲 《米》 thumb tack; 《英》 drawing pin
かびん¹ 花瓶 vase
かびん² 過敏な oversensitive; hypersensitive
かぶ¹ 株 (会社の) share; stock; (切り株) stump
かぶ² 蕪 turnip
カフェ café
カフェテリア cafeteria
カプセル capsule
かぶと 兜 helmet **～虫** beetle
かぶる 被る put on; wear
かふん 花粉 pollen
～症 pollen allergy
かべ 壁 wall **壁紙** wallpaper
かへい 貨幣 money
かぼちゃ 南瓜 pumpkin
かま 鎌 sickle
かまう 構う mind; care
かまきり 蟷螂 mantis
がまん 我慢する put up with; endure **～強い** patient
かみ¹ 紙 paper
かみ² 神 god
かみ³ 髪(の毛) hair
かみきず 咬み[噛み]傷 bite
かみそり 剃刀 razor
かみつく 噛み付く bite
かみなり 雷 (雷鳴) thunder; (稲妻) lightning
かむ¹ 噛む, 咬む bite; chew
かむ² (鼻を) blow
ガム (chewing) gum
かめ 亀 tortoise; (海がめ) turtle
カメラ camera **～マン** photographer; camera(wo)man

カメレオン chameleon
かめん 仮面 mask
がめん 画面 (テレビの) screen; (映画・テレビの) picture
かも 鴨 (wild) duck
かもく 科目 subject
…かもしれない may
かもつ 貨物 freight
 ～船 freighter
 ～列車 freight train
かものはし 鴨嘴 (duckbilled) platypus
かもめ 鴎 (sea) gull
かやく 火薬 gunpowder
かゆい 痒い itch
かよう 通う go to ...
かようきょく 歌謡曲 popular song
がようし 画用紙 drawing paper
かようび 火曜日 Tuesday
から[1] 殻 shell; (穀物の) hull
から[2] 空の[にする] empty
…から from; (中から) out of; (以来) since; after
カラー (襟) collar
カラーの color
からい 辛い hot; (塩辛い) salty
カラオケ karaoke
からかう make fun of
がらがらへび がらがら蛇 rattlesnake
からし 辛子 mustard
からす 鴉, 烏 crow
ガラス glass
からだ 体 body; (健康) health: 体に毒だ It is harmful to the health.
カラット (金の) karat; (宝石の) carat
からまる 絡まる twist; twine; catch
かり[1] 借り debt **～がある** owe
かり[2] 狩り(をする) hunt
かり[3] 仮の temporary
 仮に (even) if
カリウム potassium
カリキュラム curriculum
カリフォルニア California
カリフラワー cauliflower
かりゅう 下流の[に] downstream; below
かりる 借りる borrow; (電話・トイレを) use
かる 刈る mow; cut
かるい 軽い light; (痛みなどが) slight
カルシウム calcium
かれ 彼 he **彼は[が]** he **彼を[に]** him **彼の(もの)** his **彼自身** himself
かれい 鰈 flounder
カレー curry
ガレージ garage
カレーライス curry and rice
かれら 彼ら they **～は[が]** they **～の** their **～を[に]** them **～のもの** theirs **～自身** themselves
かれる[1] 嗄れる (声が) get husky
かれる[2] 枯れる die
 枯れた dead
カレンダー calendar
かろう 過労 strain; overwork
かろうじて barely; with difficulty
カロリー calorie
かわ[1] 川 river
かわ[2] 皮 skin; (果物の) peel
かわ[3] 革 leather
がわ 側 side
かわいい 可愛(らし)い pretty; lovely
かわいがる 可愛がる love
かわいそう 可哀想な poor; pitiful
かわうそ otter
かわかす, かわく 乾かす[乾く] dry; ⇒のど
かわせ 為替 exchange
かわった 変わった strange
かわら 瓦 tile
かわり (…の)代わりに instead (of); for
かわる[1] 代わる take the place of
 代わる代わる by turns
かわる[2] 変わる change; turn; (いろいろに) vary
かん[1] 巻 volume; book
かん[2] 管 pipe; (金属・ガラス・ゴムなどの) tube
かん[3] 缶 can: 缶ビール canned beer
かん[4] 勘 hunch; intuition; sixth sense
がん 癌 cancer
かんおけ 棺桶 coffin
がんか 眼科 ophthalmology
かんがい 灌漑する irrigate
かんがえ 考え idea; opinion; thinking; thought
かんがえる 考える think **…のことを～** think about ... **…しようかと～** think of ... **よく～** consider; think over **考え出す** work out **考えつく** think of ... **考えられない** unlikely
かんかく[1] 感覚 sense
かんかく[2] 間隔 interval
かんがっき 管楽器 wind instrument
カンガルー kangaroo
かんき 換気 ventilation
 ～扇 ventilator
かんきつるい 柑橘類 citrus
かんきゃく 観客 audience; spectator **～席** seat; the stands
かんきょう 環境 environment; surroundings
 ～汚染[保護] environmental pollution [protection]
かんきり 缶切り can opener
かんけい 関係 relation
かんげい 歓迎(する) welcome
 ～会 welcome party; reception
かんげき 感激する be moved
かんけつ 完結する conclude; complete; end: (次号)～ (to be) concluded
かんげんがく 管弦楽 orchestral music **～団** orchestra
かんご 看護 care; nursing
 ～師 nurse **～する** (take) care; look after; nurse; attend
がんこ 頑固な stubborn
かんこう 観光 sightseeing
 ～旅行する tour **～客** tourist
かんこく[1] 勧告 advice; recommendation
 ～する advise; recommend
かんこく[2] 韓国 South Korea
 ～の[人] South Korean **～語** Korean
かんさつ 観察 observation
 ～する observe
かんし[1] 冠詞 article
かんし[2] 監視する watch
かんじ[1] 感じ feeling; (印象) impression **～のいい** pleasant
かんじ[2] 漢字 Chinese character
がんじつ 元日 New Year's Day
かんしゃ 感謝する thank; be grateful
かんじゃ 患者 patient
かんしゃく 癇癪 (short) temper; (子供の) tantrum: ～を起こす lose one's temper; have [throw] a (temper) tantrum
 ～持ちの hot-[ill-, short-, quick-]tempered; irritable
 ～玉 firecracker
かんしゅう 慣習 custom
かんじゅせい 感受性 sensibility; susceptibility: ～の強い sensitive; susceptible
がんしょ 願書 application (form)
かんしょう[1] 干渉 interference
 ～する interfere
かんしょう[2] 感傷 sentiment
かんしょう[3] 鑑賞する appreciate
かんじょう[1] 感情 feelings; emotion
かんじょう[2] 勘定 check: お～お願いします Check, please.
 ～に入れる count
がんじょう 頑丈な strong; tough; sturdy
かんしょく[1] 感触 sense; feel; touch; texture; (印象) impres-

sion, feeling, atmosphere
かんしょく[2] 間食する eat between meals
かんじる 感じる feel
感じやすい sensitive
かんしん[1] (…に)関心がある be interested in
かんしん[2] 感心する admire
かんせい[1] 完成 completion
～する complete
かんせい[2] 歓声を上げる cheer
かんぜい 関税 customs; tariff
がんせき 岩石 rock
かんせつ[1] 関節 joint
かんせつ[2] 間接の indirect
かんせん 感染 (空気・水による感染) infection; (接触感染) contagion **～症** infectious [contagious] disease **～者** infected person; (保菌者) carrier
～する (病気・病原体が) infect; (病気をもらう) catch; (病気をうつす) give
かんぜん 完全な perfect; complete; whole
かんそ 簡素な simple; plain
かんそう[1] 感想 impression
かんそう[2] 乾燥した dry
かんぞう 肝臓 liver
かんそく 観測する observe
かんたい 艦隊 fleet; (小艦隊) squadron
かんだい 寛大な generous
かんだかい 甲高い shrill; piping: ～声 shriek; squeal
かんたく 干拓する reclaim
かんたん[1] 簡単な easy; simple; light; brief
かんたん[2] 感嘆 **～符** exclamation point [mark] **～文** exclamatory sentence **～詞** interjection; expletive **～する** admire; be impressed
がんたん 元旦 New Year's Day
かんだんけい 寒暖計 thermometer
かんちがい 勘違い misunderstanding; mistake; illusion
～する misunderstand; be mistaken [wrong]
がんちく 含蓄 implication; connotation; overtone
かんちょう[1] 官庁 government office
かんちょう[2] 干潮 low tide
かんつう 貫通する penetrate; go through; pierce
かんづめ 缶詰(にする) can: さけの～ canned salmon
かんてい 鑑定 judg(e)ment; examination; appraisal **～家** judge; connoisseur **～する** judge; examine; appraise
かんてん 観点 point of view; viewpoint
かんでん 感電 electric shock; (電気椅子による感電死) electrocution
かんでんち 乾電池 dry cell; dry battery
かんどう 感動する be moved
～的な moving
かんとうし 間投詞 interjection
かんとく 監督 coach; manager; (映画などの) director
～する coach; direct
かんな plane
カンニング(する) cheat
カンニングペーパー crib sheet [note]; cheat sheet; trot
かんぬき 閂 bar
かんねん 観念 concept; idea; notion; sense **～的な** ideal; ideological; (抽象的な) abstract **～する** give up; resign oneself; surrender
かんぱ 寒波 cold wave
カンパ fund-raising; collection
～する pass the hat; donate; contribute
かんぱい 乾杯 toast
カンバス canvas
かんばつ 旱[干]魃 drought
がんばる 頑張る try hard **がんばれ!** Come on!; Hold out!
かんばん 看板 signboard
かんぱん 甲板 deck
かんびょう 看病する nurse
かんぺき 完璧な perfect
かんべん 勘弁する forgive
がんぼう 願望 desire; wish
かんむり 冠 crown
かんめい 感銘 impression, admiration
かんゆう 勧誘する invite; induce; recruit
かんよう[1] 寛容な tolerant; generous; open-minded
かんよう[2] 慣用 (語法の) usage; ⇒かんれい **～句** idiom; phrase
がんらい 元来 originally
かんらく 陥落(する) fall
かんり 管理 administration
～する manage
～人 janitor; caretaker
かんりょう[1] 完了する complete; finish; accomplish; perfect
～形 perfect (form)
かんりょう[2] 官僚 bureaucrat; government official
かんれい 慣例 practice; custom; convention; tradition
かんれいぜんせん 寒冷前線 cold front
かんれん 関連 relation(ship); connection **～する** have relation to; be connected with
～した relevant
かんわ 緩和 modification
～する modify

き

き[1] 木 tree
き[2] 気 mind; mood; feeling
...したい気がする feel like doing
気がつく become aware; realize; (見て) notice **気が強い** strong-minded **気が狂った** mad **気が小さい** timid **気が短い** short-tempered **気が長い** patient **気にする** care; mind **気に入る** like **気をつける** be careful; watch; look out ⇒きのどく, きてん
ギア gear
きあつ 気圧 atmospheric pressure **～計** barometer
ぎあん 議案 bill
キー key
キーパー keeper
キーボード keyboard
キーホルダー key ring
きいろ 黄色(い) yellow
キーワード keyword
ぎいん 議員 member of parliament [assembly, the Diet], MP, assembly(wo)man; (米国下院の) congress(wo)man; (上院の) senator
キウイ kiwi (fruit)
きえる 消える disappear; (明かりが) go out
きおく 記憶 memory **～する** memorize **～力** memory
きおん 気温 temperature
ぎおんご 擬音語 onomatopoeia
きか[1] 気化する evaporate; vaporize
きか[2] 帰化する be naturalized
きが 飢餓 hunger
きかい[1] 機会 chance; opportunity
きかい[2] 機械 machine; (総称) machinery; 器械 instrument
きがい 危害 harm
～を加える do harm (to)
ぎかい 議会 assembly; (日本の) Diet; (米国の) Congress; (英国の) Parliament
きがえる 着替える change (one's clothes)
きかがく 幾何学 geometry
きかく[1] 規格 standard
きかく[2] 企画 plan(ning); project; proposition; idea
きがく 器楽 instrumental music
きがる 気軽に freely; readily: お

～に...して下さい please don't hesitate [please feel free] to do...
きかん¹ 器官 organ
きかん² 期間 period
きかん³ 機関 engine; (政府などの) agency　**～車** locomotive　**～銃** machine gun
きかん⁴ 季刊(の) quarterly
きかん⁵ 気管 windpipe; trachea　**～支** bronchial tubes　**～支炎** bronchitis
きき 危機 crisis: ～を脱している be out of danger
ききとる 聞き取る get; catch; follow; hear; ⇒ヒアリング
ききめ 効き目 effect
ききゅう 気球 balloon
きぎょう 企業 business; enterprise
ぎきょく 戯曲 drama
ききん¹ 基金 fund
ききん² 飢饉 famine
ききんぞく 貴金属 precious metal; (宝石類) jewelry
きく¹ 聞く hear; listen; ask
きく² 効く be effective; work
きく³ 菊 chrysanthemum
きぐ 器具 appliance; apparatus; tool; instrument; tackle
きぐらい 気位 pride: ～が高い proud; grand; vain
きげき 喜劇 comedy
きけん¹ 危険 danger; risk　**～な** dangerous
きけん² 棄権 abstention　**～する** abstain (from voting)
きげん¹ 期限 time limit; (締め切り) deadline
きげん² 機嫌 mood　**～がいい[悪い]** be in a good [bad] mood
きげん³ 起源 origin
きこう¹ 気候 climate
きこう² 寄稿する contribute (to)
きこう³ 機構 institution; organization; system
きごう 記号 sign
ぎこう 技巧 technique; art; skill
きこえる 聞こえる (人が音を感じる) hear; (音が感じられる) be audible: ...のように～ sound ...
きこく 帰国する return to one's country; come [go] home　**～子女** returnee
ぎこちない awkward; clumsy; stiff; uneasy; wooden
きざ 気障な affected; conceited
きざむ 刻む chop; carve
きし¹ 岸 bank; (海岸) shore
きし² 騎士 knight　**～道** chivalry
きじ¹ 雉 pheasant
きじ² 記事 article
きじ³ 生地 cloth
ぎし 技師 engineer
ぎじ 議事 ⇒ぎだい　**～録** proceedings; minutes　**～日程** agenda　**～堂** ⇒こっかい
ぎしき 儀式 ceremony
きじつ 期日 date
きしゃ¹ 記者 writer; reporter; journalist　**～会見** press conference　**～団** press
きしゃ² 汽車 train; (蒸気機関車) steam locomotive
きしゅ¹ 機首 nose
きしゅ² 騎手 horseman; jockey
きしゅう 奇襲 surprise attack　**～する** (take ... by) surprise
きしゅく 寄宿　**～学校** boarding school　**～舎** dormitory; hall (of residence)
きじゅつ¹ 奇術 magic
きじゅつ² 記述 description; account　**～する** describe; portray
ぎじゅつ 技術 technique　**～者** engineer
きじゅん 基準 standard
きしょう¹ 気象 weather　**～衛星** weather satellite　**～台** weather station
きしょう² 起床する get up
キス(をする) kiss
きず 傷 wound; injury; hurt　**傷つける** wound; injure; hurt
きずあと 傷跡 scar
きすう 奇数 odd number
きずく 築く build; construct
きずな 絆 bond; ties
きせい¹ 規制 regulation　**～する** regulate
きせい² 帰省する go [come] home
きせい³ 既製の ready-made
きせい⁴ 既成の established; existing; present
ぎせい 犠牲(にする) sacrifice　**～者** victim
ぎせいご 擬声語 onomatopoeia
きせいちゅう 寄生虫 parasite
きせき 奇跡 miracle
きせつ 季節 season
きぜつ 気絶する faint; pass out
きせる 着せる dress; clothe
きせん 汽船 steamer; steamship
ぎぜん 偽善 hypocrisy
きそ¹ 基礎 base; basis; (建物の) foundation　**...に～の基礎を置く** base ～ on ...　**～の** basic; fundamental　**～的な** fundamental; elementary
きそ² 起訴する prosecute; indict
ぎぞう 偽造する forge; counterfeit; fabricate
きそく 規則 rule; regulation　**～的な** regular
きぞく 貴族 noble(wo)man; (総称) the nobility
きた 北 north　**北の** north(ern)
ギター guitar
きたい¹ 期待 expectation　**～する** expect
きたい² 気体 gas
ぎだい 議題 issue; topic; question
きたえる 鍛える train; (体を) build up
きたく 帰宅する go [come] home
きたちょうせん 北朝鮮 North Korea
きだて 気立てのよい good-natured; kind(hearted)
きたない 汚い dirty
きち 基地 base
きちょう¹ 貴重な valuable; precious　**～品** valuables
きちょう² 機長 captain
ぎちょう 議長 chairperson
きちょうめん 几帳面な exact; precise
きちんと neatly　**きちんとした** neat; straight
きつい (辛い) hard; (窮屈) tight
きつえん 喫煙 smoking　**～室** smoking room　**～車** smoking car
きづかう 気遣う care; be anxious; worry
きっかけ chance; cause; trigger; cue; occasion
きっかり flat
きづく 気付く notice; become aware; realize
キックオフ kickoff
きっさてん 喫茶店 tearoom
ぎっしり　**～詰まった** compact; jammed; packed; crammed; stuffed; full; close; dense; thick; tight
キッチン kitchen
きつつき 啄木鳥 woodpecker
きって 切手 stamp
きっと certainly; sure
きつね 狐 fox
きっぱり completely; flatly; decisively; positively; firmly; once and for all
きっぷ 切符 ticket　**～売場** ticket office
きてい 規定 regulation; provision; prescription; rule
ぎていしょ 議定書 protocol
きてん 気[機]転 wit; tact: ～のきく quick-witted; tactful: ～のきかない tactless

きどう[1] 軌道 orbit
きどう[2] 起動する start; boot
きどうたい 機動隊 riot police
きとく 危篤の critical
きどった 気取った affected
きにゅう 記入する write in; fill in [out]; book; enter
きぬ 絹 silk
きねん 記念 commemoration ～**写真** souvenir picture ～**碑** monument ～**日** memorial day; anniversary ～**品** souvenir; memento
きのう[1] 昨日(は) yesterday: ～の夜 last night
きのう[2] 機能(する) function
ぎのう 技能 skill
きのこ 茸 mushroom
きのどく 気の毒な poor: お～です I'm sorry ...
きば 牙 fang; (象の) tusk
きばつ 奇抜な novel; eccentric; fanciful; original
きはつせい 揮発性の volatile
きばらし 気晴らし pastime; recreation; diversion
きびきびした brisk
きびしい 厳しい strict; severe
きふ 寄付する contribute
ギプス, ギブス (plaster) cast
きぶん 気分 mood **...したい～だ** be in the mood to do
きぼ 規模 scale
きぼう 希望(する) hope
きほん 基本 basis ～**的な** basic; fundamental
きまえ 気前のよい generous; liberal
きまぐれ 気紛れな capricious; changeable
きまつしけん 期末試験 term-end exam(ination)
きまり 決まり rule ～**文句** set phrase
きみ 黄身 yolk
きみつ 機密 secret ～**情報** confidential [classified] information
きみょう 奇妙な strange
ぎむ 義務 duty ～**教育** compulsory education
きむずかしい 気難しい difficult; hard to please; particular; fastidious
きめ ～の粗い coarse; ～の細かい fine
ぎめい 偽名 false name; alias
きめる 決める decide; fix
きもち 気持ち feeling ～**のよい** pleasant; comfortable
きもの 着物 clothes; kimono
ぎもん 疑問 question
ギヤ gear
きゃく 客 guest; (旅館の) visitor; (商店の) customer; (乗り物の) passenger **客車[船]** passenger car [boat]
ぎゃく 逆の opposite; reverse
ギャグ gag
ぎゃくさつ 虐殺 massacre; slaughter; carnage
ぎゃくせつ 逆説 paradox ～**的な** paradoxical
ぎゃくたい 虐待 abuse; ill-treatment; battering; cruelties ～**する** abuse; ill-treat
きゃくほん 脚本 scenario ～**家** playwright
ギャザー gathers
きゃしゃ 華奢な delicate
キャスター (ニュース解説者) newscaster, broadcaster; (脚輪) caster
キャスト cast
きゃっかんてき 客観的な objective
キャッシュ cash ～**カード** 《米》 ATM card; 《英》 cash card; bankcard
キャッチボール ～をする play catch
キャッチャー catcher
キャップ (鉛筆・ペンの) cap
ギャップ gap
キャビア caviar
キャビネット cabinet
キャプテン captain
キャベツ cabbage
キャラクター character
キャラメル caramel
ギャラリー gallery
キャリア career; (経験) experience ～**ウーマン** career woman
ギャング gangster
キャンセル cancel
キャンデー candy
キャンバス canvas
キャンパス campus
キャンピングカー camper
キャンプ(する) camp ～**場** campsite ～**ファイア** campfire
ギャンブル gamble; gambling
キャンペーン campaign
きゅう[1] 九, 9 nine **9番目の** ninth **9分の1** ninth
きゅう[2] 急な (突然の) sudden; (登りが) steep; (カーブが) sharp; (流れが) rapid **急に** suddenly
きゅう[3] 級 class; grade; level; rank
きゅうえん 救援 relief
きゅうか 休暇 vacation
きゅうかく 嗅覚 smell
きゅうぎ 球技 ball game
きゅうきゅうしゃ 救急車 ambulance
きゅうきゅうばこ 救急箱 first-aid kit
きゅうぎょう 休業する close: 本日～ Closed (today).
きゅうきょく 究極の extreme; ultimate; final
きゅうくつ 窮屈な tight
きゅうけい 休憩 rest; (短い) break ～**する** take a rest; take [have] a break
きゅうけつ 吸血 ～**動物** bloodsucker ～**鬼** vampire ～**こうもり** vampire bat
きゅうこう[1] 急行 (列車) express (train)
きゅうこう[2] 休校する close the school
きゅうこうか 急降下する dive
きゅうこん 球根 bulb
きゅうさい 救済 relief
きゅうし[1] 急死 sudden death ～**する** die suddenly
きゅうし[2] 休止(する) pause; rest
きゅうしき 旧式の old-fashioned
きゅうじつ 休日 holiday
きゅうしゅう 吸収 absorption ～**する** absorb
きゅうじゅう 九十, 90 ninety **90番目の, 90分の1** ninetieth
きゅうしゅつ 救出(する), **きゅうじょ** 救助(する) rescue
きゅうじょう 球場 ballpark; stadium
きゅうしょく 給食 school lunch
きゅうせい[1] 旧姓 maiden name: 旧姓... née...
きゅうせい[2] 急性の acute
きゅうせん 休戦 armistice; truce; cease-fire
きゅうそく[1] 休息(する) rest
きゅうそく[2] 急速な rapid; fast ～**に** fast
きゅうち 窮地 fix; (tight) corner; difficult situation, difficulty; extremity
きゅうてい 宮廷 court; palace
きゅうでん 宮殿 palace
ぎゅうにく 牛肉 beef
ぎゅうにゅう 牛乳 milk ～**配達人** milkman
きゅうばしのぎ 急場凌ぎの stopgap; makeshift
きゅうめい 救命 lifesaving ～**胴衣** life jacket ～**ボート** lifeboat
きゅうゆ 給油する fill up; refuel ～**所** gas [filling] station
きゅうゆう[1] 級友 classmate
きゅうゆう[2] 旧友 old friend
きゅうよう[1] 休養(する) rest
きゅうよう[2] 急用 urgent busi-

ness
きゅうり 胡瓜 cucumber
きゅうりょう[1] 丘陵 hill
きゅうりょう[2] 給料 pay; salary
~日 payday
きよう 器用な skillful
きょう 今日(は) today: ~の午後 this afternoon
ぎょう 行 line
きょうい[1] 脅威 threat
きょうい[2] 驚異 marvel; wonder; miracle **~的な** marvelous; wonderful; amazing; phenomenal
きょうい[3] 胸囲 chest size; (バスト) bust
きょういく 教育 education
~する educate
~的な educational
きょういん 教員 teacher
きょうか[1] 強化する reinforce
きょうか[2] 教科 subject
きょうかい[1] 協会 association; society
きょうかい[2] 境界 border; boundary
きょうかい[3] 教会 church
きょうがく 共学 coeducation
きょうかしょ 教科書 textbook
きょうかん 共感 sympathy
~する sympathize
きょうき[1] 狂気 madness; insanity; lunacy
きょうき[2] 凶器 (lethal) weapon
きょうぎ[1] 競技 event; game
~場 stadium; field
きょうぎ[2] 協議 conference; deliberations; consultation
ぎょうぎ 行儀 manners
~よくする (子供が) behave
きょうきゅう 供給(する) supply
きょうぎゅうびょう 狂牛病 BSE; mad cow disease
きょうぐう 境遇 circumstances; situation
きょうくん 教訓 lesson
きょうけんびょう 狂犬病 rabies
きょうこう[1] 恐慌 panic; (不況) depression
きょうこう[2] 強硬な firm; strong
きょうこう[3] 強行する (en)force; resort to force **~軍** forced march
きょうこく 峡谷 canyon; gorge; ravine
きょうざい 教材 teaching material
きょうさんしゅぎ 共産主義 communism **~者** communist **共産党** the Communist Party
きょうし 教師 teacher
ぎょうじ 行事 event
きょうしつ 教室 classroom
きょうじゅ 教授 professor
きょうしゅうじょ 教習所 school **自動車~** driving school
きょうしゅく 恐縮する (感謝して) be grateful [thankful]; (反省して) be ashamed [sorry]
きょうせい[1] 教生 student teacher
きょうせい[2] 強制する force; compel
きょうせい[3] 矯正(する) remedy; correct; (歯を) straighten
ぎょうせい 行政 administration
ぎょうせき 業績 achievement
きょうそう[1] 競争 competition; race **~する** compete
きょうそう[2] 競走(する) race
きょうぞう 胸像 bust
きょうそうきょく 協奏曲 concerto
きょうぞん 共存 coexistence
~する coexist
きょうだい 兄弟 brothers
きょうだん 教壇 platform
きょうちょう[1] 強調 emphasis; stress **~する** emphasize
きょうちょう[2] 協調(性) cooperation; harmony; team spirit
~する cooperate
きょうつう 共通の common
きょうてい 協定 agreement; convention; treaty
きょうとう 教頭 head teacher
きょうどう 共同の joint; common; mutual **~組合** cooperative **~墓地** cemetery **~体** community
きょうはく 脅迫 threat **~する** threaten
きょうはん 共犯 complicity
~者 accomplice; accessory
きょうふ 恐怖 terror; fear
きょうみ 興味 interest
...に~がある be interested in
~深い interesting
ぎょうむ 業務 service; business
きょうゆう 共有(する) share; have in common
きょうよう 教養 culture
きょうりゅう 恐竜 dinosaur
きょうりょく[1] 協力 cooperation **~する** cooperate
きょうりょく[2] 強力な strong; powerful
きょうれつ 強烈な intense
ぎょうれつ 行列 line; procession; parade
きょうわこく 共和国 republic
きょうわとう 共和党 (米国の) the Republican Party
きょえいしん 虚栄心 vanity: ~の強い vain
きょか 許可 permission
~する permit
ぎょぎょう 漁業 fishery
きょく[1] 曲 tune
きょく[2] 局 (官庁の) bureau; (放送局) station
きょく[3] 極 pole
きょくせん 曲線 curve
きょくたん 極端な extreme
きょくとう 極東 the Far East
きょくぶ 局部的な local
きょくめん 局面 phase; aspect; situation
きょじゅう 居住 residence
~者 resident; dweller
きょしょくしょう 拒食症 anorexia
きょじん 巨人 giant
きょぜつ 拒絶 refusal
~する refuse
ぎょせん 漁船 fishing boat
きょだい 巨大な huge; enormous; gigantic; tremendous
ぎょっとする be startled
きょねん 去年 last year
きょひ 拒否する refuse; reject
きよらか 清らかな clean; pure; innocent
きょり 距離 distance
きらう 嫌う dislike; hate
きらく 気楽な easy; comfortable; careless
きらす 切らす run short of
きり[1] 錐 drill
きり[2] 霧 fog
ぎり 義理の... ...-in-law
きりかぶ 切り株 stump
きりきず 切り傷 cut
きりぎりす grasshopper
きりさめ 霧雨 drizzle
~が降る It drizzles.
ギリシャ Greece **~の** Greek
~人[語] Greek
キリスト Jesus Christ **~教** Christianity **~教の** Christian
~教徒 Christian
きりたおす 切り倒す cut down
きりたった 切り立った sheer
きりつ[1] 規律 discipline
きりつ[2] 起立する stand up
きりつめる 切り詰める cut down
きりとる 切り取る cut (off)
きりぬき 切り抜き clipping; 《英》 cutting
きりぬく 切り抜く cut out; clip
きりはなす 切り離す separate
きりみ 切り身 (肉の) cut
きりゅう 気流 air current
きりょく 気力 spirit; willpower; energy
きりん 麒麟 giraffe
きる[1] 切る cut; (薄く) slice; (のこ

で) saw; (電源を) switch [turn] off; (トランプを) shuffle
きる² 着る put on; wear
キルト quilt
きれ 布 cloth
…きれ …切れ piece; slice
きれあじ 切れ味がよい[悪い] be sharp [dull]
きれい 綺麗な beautiful; pretty; (清潔な) clean
~にする clean
きれる 切れる break; (be) cut; (期限などが) run out
キロ (キロメートル) kilometer; (キログラム) kilogram
きろく 記録(する) record
キロバイト kilobyte
ぎろん 議論 argument; discussion　**~する** argue; discuss
ぎわく 疑惑 suspicion; doubt
きわどい 際どい narrow; close
きわめて 極めて extremely
きん 金(の) gold　**金色の** golden
金髪 golden [blond] hair
ぎん 銀(の) silver
きんえん 禁煙 No Smoking
~する give up smoking
ぎんが 銀河 the Milky Way; the Galaxy
きんがく 金額 sum of money
きんがん 近眼の nearsighted
きんきゅう 緊急の urgent
~事態 emergency
きんぎょ 金魚 goldfish
きんこ 金庫 safe
きんこう 均衡 balance
ぎんこう 銀行 bank
~員 bank clerk
きんし¹ 禁止する prohibit
きんし² 近視の nearsighted
きんじょ 近所 neighborhood
~の人 neighbor
きんずる 禁ずる forbid
きんせい 金星 Venus
きんせん 金銭 money
きんぞく 金属 metal
きんだい 近代の[的な] modern
きんちょう 緊張する feel nervous; (情勢などの) tension
きんトレ 筋トレ muscle building [training]
ぎんなん 銀杏 ginkgo nut
きんにく 筋肉 muscle
きんぱつ 金髪 ⇒きん
きんべん 勤勉な diligent
きんむ 勤務 duty
きんゆう 金融 finance　**~市場** money market
きんようび 金曜日 Friday

く

く¹ 区 ward
く² 句 phrase
ぐあい 具合 condition; state: ~が悪い don't feel well; There's something wrong with ...
くい 杭 stake; post; pile; pilings
くいき 区域 area
くいしんぼう 食いしん坊 big [heavy] eater; glutton
クイズ quiz　**~番組** quiz show
くう 食う eat
くうかん 空間 space
くうき 空気 air　**~銃** air gun
くうぐん 空軍 air force
くうこう 空港 airport
ぐうすう 偶数 even number
くうせき 空席 vacant seat
ぐうぜん 偶然 chance　**~…する** happen to do　**~(に)** by chance; by accident
くうそう 空想(する) fancy
ぐうぞう 偶像 idol
くうちゅう 空中に in the air
クーデター coup (d'état)
くうはく 空白 blank
くうふく 空腹の hungry
クーポン coupon
クーラー air conditioner
くうらん 空欄 blank
ぐうわ 寓話 fable
クォーツ quartz
くがつ 九月 September
くき 茎 stem
くぎ 釘 nail
くぎる 区切る divide
くぐる go under [through] ...
くさ 草 grass
くさい 臭い smell (bad)
くさり 鎖 chain
くさる 腐る go bad
腐った rotten; bad
くし¹ 櫛 comb
くし² 串 skewer; spit
くじ 籤 lot　**~を引く** draw lots
~(引き)で決める decide by lot
くじく 挫く (手足を) sprain, twist; (希望などを)crush; damp(en); defeat; discourage
くじゃく 孔雀 peacock; (雌) peahen
くしゃみ(をする) sneeze
くじょう 苦情 complaint
~を言う complain
くじら 鯨 whale
くしん 苦心する take pains
くず 屑 waste
くずかご 屑籠 wastebasket
ぐずぐずする delay
くすくす笑う chuckle
くすぐる tickle
くずす destroy; (金を) break; change
くすり 薬 medicine
くすりゆび 薬指 third finger
くずれる 崩れる (建物などが) fall down
くせ 癖 habit
くそ 糞 shit; crap: くそっ! Shit!
くだ 管 tube; pipe
ぐたいてき 具体的な concrete
くだく 砕く break
ください (…して)下さい please
くたびれる be tired
くだもの 果物 fruit
くだらない worthless; useless
くだらん! Nonsense!
くだる 下る go down; descend
くち 口 mouth　**口をきく** talk; speak　**口をそろえて** in chorus
ぐち 愚痴 complaint; grumble; beef; whine
くちげんか 口喧嘩 quarrel
くちごたえ 口答えする talk [answer] back (to)
くちばし 嘴 beak; bill
くちひげ 口髭 mustache
くちびる 唇 lip
くちぶえ 口笛(を吹く) whistle
くちべに 口紅 lipstick
~をつける wear lipstick
くちょう 口調 tone
くつ 靴 shoes; (長靴) boots; (運動靴) sneakers　**靴墨** shoe polish　**靴ひも** shoelace　**靴べら** shoehorn　**靴屋** shoe store; (人) shoemaker
くつう 苦痛 pain
クッキー cookie; biscuit
くっきりと sharply
くつした 靴下 (短い) socks; (女性用の長い) stockings
クッション cushion
グッズ goods
ぐっすりと ~眠(ってい)る be fast [sound] asleep; sleep well
くっする 屈する give (in); yield; submit; surrender
くっつく[つける] stick (to)
くつろぐ relax; make oneself at home
くとうてん 句読点 punctuation (mark)
くに 国 country; nation
くばる 配る hand out; distribute
くび 首 neck　**首にする** fire
くびかざり 首飾り necklace
くびわ 首輪 collar
くふう 工夫 device; idea; ingenuity　**~する** devise; think out [up]; invent; contrive
くべつ 区別 distinction　**~する** distinguish
くぼんだ 窪んだ hollow
くま 熊 bear
くまで 熊手 rake; fork
くみ 組 class; group; (1 そろい)

set; (1 対) pair
くみあい 組合 union
くみあわせ 組み合わせ combination
くみたてる 組み立てる assemble; put together
くむ[1] (水を)汲む draw **汲み出す** bail out
くむ[2] 組む (手・足を) cross; (腕を) fold; (人と) pair
くも[1] 蜘蛛 spider
~の巣 (cob)web
くも[2] 雲 cloud
くもり 曇りの, 曇った cloudy **曇る** become cloudy; fog
くやくしょ 区役所 ward office
くやしい 悔しい frustrated; mortified
くやむ 悔む regret; be sorry
くよくよする worry
くらい 暗い dark; gloomy; dim
…くらい about...
グライダー glider
クラウド the cloud
クラウドファンディング crowdfunding
グラウンド ground; playground
くらがり 暗がり dark
クラクション horn
くらげ jellyfish
くらし 暮らし life; living
クラシック classical music
クラス class **~会** class reunion **~メート** classmate
くらす 暮らす live; get along
グラス glass
グラタン gratin
クラッカー cracker
ぐらつく totter; shake
クラッシュ crash
クラブ club
グラフ graph: 棒~ bar graph / 円~ pie chart
グラブ glove
くらべる 比べる compare
くらむ 眩む be dazzled [blinded]
グラム gram
くらやみ 暗闇 the dark
クラリネット clarinet
グランプリ ⇒いっとうしょう
くり 栗 chestnut
クリーニング cleaning
~屋 laundry
クリーム cream
グリーン green
くりかえす 繰り返す repeat
クリケット cricket
クリスチャン Christian
クリスマス Christmas
クリックする click
クリップ clip
クリニック clinic
くる 来る come
くるう 狂う go mad; (計画などが) go wrong
グループ group
くるくる, ぐるぐる **~巻く** coil; bind **~回る** turn (a) round; whirl; spin; twirl
くるしい 苦しい hard; painful **苦しむ** suffer; feel [be in] pain
くるぶし 踝 ankle
くるま 車 (乗用車) car; (総称) vehicle **車椅子** wheelchair
くるみ 胡桃 walnut
くるむ cover [wrap] up
グルメ gourmet
ぐるりと (回って) around
グレー gray
クレープ crepe
グレープフルーツ grapefruit
クレーム complaint **~をつける** complain
クレーン crane
クレジット credit
クレジットカード credit card
クレヨン crayon
くれる[1] give **…してくれませんか** Will [Would] you please ...?
くれる[2] 暮れる : 日が暮れてきた It's getting dark. / 日が暮れる前に before dark
クレンジングクリーム cleansing cream
くろ 黒(い) black: 目が黒い have dark eyes
くろう 苦労 trouble; difficulty
くろうと 玄人 professional; expert
クローク cloakroom; 《米》 checkroom
クローゼット closet
クローバー clover
グローブ glove
クロール the crawl
クローン clone
くろじ 黒字である be in the black
クロスカントリー cross-country (race)
クロスワード crossword (puzzle)
グロテスクな bizarre; grotesque; weird
クロワッサン croissant
くわ 鍬 hoe
くわ 桑 mulberry
くわえる[1] 加える add (to)
くわえる[2] 咥える (口に) hold [have] ... in one's mouth [between one's teeth]
くわしい 詳しい detailed **詳しく** in detail
くわだて 企て(る) attempt
くわわる 加わる join
ぐん 郡 county
ぐんかん 軍艦 warship
ぐんじ 軍事の military; martial
~演習 drill; exercise
~行動 campaign
~政権 military [martial] regime; (政変後の) junta
~大国 military power
~力 armament; force
くんしゅ 君主 lord; monarch; sovereign **~政治** monarchy
ぐんしゅう 群衆 crowd
ぐんしゅく 軍縮 disarmament
くんしょう 勲章 decoration; order; medal; (リボン状の) ribbon; (十字型の) cross
ぐんじん 軍人 soldier; service(wo)man; warrior; (海軍の) sailor; (空軍の) air(wo)man
ぐんそう 軍曹 sergeant
ぐんたい 軍隊 army
ぐんだん 軍団 (army の下位区分) corps
ぐんび 軍備 armament **~縮小** disarmament
くんれん 訓練 training; (防災訓練) drill **~する** train; drill

け

け 毛 hair
げい 芸 trick
ゲイ gay
けいえい 経営 management
~する (会社を) manage; (店を) keep; run
~者 executive; manager
けいか 経過する pass; go on
けいかい[1] 軽快な light
けいかい[2] 警戒する be cautious of; look [watch] out
けいかく 計画 plan; program; project; scheme **~する** plan; (悪だくみを) scheme
けいかん 警官 police officer
けいき 景気 business
けいき 計器 instrument; meter
けいぐ 敬具 Sincerely yours,
けいけん 経験 experience **~する** experience; go through
けいげん 軽減する reduce
けいこ 稽古(する) practice
けいこう 傾向 tendency; trend
…する~がある tend [be inclined] to do
けいこうとう 蛍光灯 fluorescent lamp
けいこく 警告する warn
けいざい 経済 economy **~上の** economic **~的な** economical **~学** economics
~成長 economic growth
けいさつ 警察 police **~官** police officer; officer **~署** po-

lice station
けいさん 計算 calculation
~**する** calculate
~**機** calculator
けいじ[1] 刑事 detective ~**上の** criminal
けいじ[2] 掲示 notice
~**板** bulletin board
けいしき 形式 form
けいしゃ 傾斜(する) slant; slope; incline
げいじゅつ 芸術 art
~**家** artist
けいしょく 軽食 snack
けいせい 形勢 situation; state; things
けいせき 形跡 trace; sign
けいせん 罫線 ruled line
けいぞく 継続する continue
けいそつ 軽率な careless; rash
けいたい 形態 form
けいたい 携帯する carry
~**電話** cellular [mobile] phone
~**用の** portable
けいてき 警笛 horn
けいと 毛糸 wool
けいど 経度 longitude
けいとう 系統 system
げいとう 芸当 trick
げいにん 芸人 (お笑いの) comedian
げいのう 芸能 entertainment
~**界** show business ~**人** entertainer, (テレビタレント) TV personality [star]
けいば 競馬 horse racing
~**場** 《米》racetrack; 《英》race course
けいばつ 刑罰 penalty; punishment
けいひ 経費 expenses
けいび 警備する, 警備員 guard
けいひん 景品 giveaway
けいべつ 軽蔑する look down on ...; despise
けいほう[1] 警報 alarm; warning: ~を鳴らす sound the alarm
けいほう[2] 刑法 criminal law
けいむしょ 刑務所 prison
げいめい 芸名 stage name
けいやく 契約(する) contract
けいゆ (...を)経由して via ...
けいようし 形容詞 adjective
けいり 経理 accounting; ⇒かいけい
けいりゃく 計略 trap; trick; strategy; plan
けいれき 経歴 career; record
けいれん 痙攣 cramp
ケーキ cake
ケース case **ケースバイケースで** on a case-by-case basis
ケースワーカー caseworker
ゲート gate
ケーブルカー cable car
ゲーム game ~**クリエイター** game developer ~**センター** (amusement) arcade
けが 怪我 injury; hurt; wound
~**をする** be injured [hurt, wounded]
げか 外科 surgery
~**医** surgeon
けがす 汚す (神聖を) blaspheme, violate; (名誉を) (bring) disgrace, dishonor
けがらわしい 汚らわしい dirty; filthy; disgusting; (不浄な) unclean, unholy, sacrilegious, blasphemous
けがわ 毛皮 fur
げき 劇 play; drama **劇的な** dramatic **劇作家** playwright
げきじょう[1] 劇場 theater
げきじょう[2] 激情 passion
げきど 激怒(する) rage
げきれい 激励(する) encourage; stimulate; cheer up; pep talk
げこう 下校する leave school
けさ 今朝 this morning
けし 芥子 poppy
げし 夏至 summer solstice
けしいん 消印 postmark; stamp: ~を押す cancel
けしき 景色 scene; scenery
けしゴム 消しゴム eraser
げしゃ 下車する get off
げしゅく 下宿する room; board
けしょう 化粧 makeup ~**する** make up ~**品** cosmetics
けす 消す (明かりなどを) turn off; (火を) put off; (消しゴムで) erase
げすい 下水 sewage
ゲスト guest
けずる 削る (鉛筆を) sharpen; (横線や×などで) cross out
~**から...を削る** cross ... off ~
けだかい 気高い noble
けだもの 獣 beast
けち miser **けちな** stingy
ケチャップ ketchup
けつあつ 血圧 blood pressure
けつい 決意 resolution
けつえき 血液 blood
~**型** blood group [type]
~**銀行** blood bank
けっか 結果 result; consequence; outcome
けっかい 決壊する burst
けっかん[1] 欠陥 defect
~**車** defective car
けっかん[2] 血管 blood vessel
げっかんし 月刊誌 monthly
けつぎ 決議 resolution
~**する** resolve
げっきゅう 月給 monthly salary
けっきょく 結局 after all; finally
げっけいじゅ 月桂樹 laurel
けっこう 結構です (賛成) All right.; I agree.; (断わり) No, thank you.; No, thanks.
けつごう 結合する combine; unite
けっこん 結婚 marriage **...と~する** marry; get married to ~**を申し込む** propose
~**式** wedding
けっさく 傑作 masterpiece
けっして 決して...ない never
けっしょう 結晶 crystal
けっしょうせん 決勝戦 final
げっしょく 月食 lunar eclipse
けっしん 決心 determination
~**する** decide (to do); make up one's mind; determine
けっせい 結成する form; organize
けっせき 欠席 absence
~**する** be absent (from)
けっちゃく 決着をつける settle; decide; (勝負などの) play off [out]
けってい 決定 decision
~**する** decide
けってん 欠点 fault
げっぷ(をする) belch
けつぼう 欠乏 want; lack; shortage ~**する** lack; run short (of)
けつまつ 結末 end
げつまつ 月末 the end of the month
げつようび 月曜日 Monday
けつろん 結論 conclusion
~**を下す** conclude
けなす put down
けばけばしい gaudy
げひん 下品な vulgar
けぶかい 毛深い hairy
けむし 毛虫 caterpillar
けむり 煙(を出す) smoke
けもの 獣 beast
げり 下痢 diarrhea
ゲリラ guer(r)illa
ける 蹴る kick
けれども but; however **...だけれども** though; although
ゲレンデ slope
けわしい 険しい steep
けん[1] 券 ticket
けん[2] 県 prefecture
県立の prefectural
けん[3] 剣 sword
げん 弦 (楽器の) string
けんい 権威 authority
~**主義的な** authoritarian
げんいん 原因(となる) cause: ~と結果 cause and effect

けんえき 検疫 quarantine
けんお 嫌悪(感) abhorrence; disgust; hatred ～**する** abhor; hate; dislike
けんか 喧嘩 (口論) quarrel; (取っ組み合い) fight
げんか 原価 cost (price)
げんかい 限界 limit
けんがく 見学する visit
げんかく[1] 幻覚 illusion; hallucination
げんかく[2] 厳格な austere; severe; stern; strict
げんかん 玄関 the front door; entrance; hall
けんぎ 嫌疑 suspicion: ～をかける suspect
げんき 元気 vigor ～**いっぱいな** vigorous ～**な** fine; well ～**のよい** lively ～**づける** cheer
けんきゅう 研究 research; study ～**する** study
げんきゅう 言及する refer
けんきょ 謙虚な modest; humble
げんきん 現金 cash: ～ですかカードですか Will that be cash or charge?
げんけい 原型[形] original; pattern; model; (動詞の原形) root
けんげん 権限 authority; power; (選挙で委任された) mandate: ～を与える authorize; empower
げんご 言語 language ～**学** linguistics
けんこう 健康 health ～**な** healthy ～**食品** health food ～**診断** physical [medical] checkup [examination]
げんこう 原稿 manuscript
げんこく 原告 plaintiff; accuser
げんこつ 拳骨 fist
けんさ 検査 examination ～**する** examine; test
げんざい 現在 the present; now
けんさく 検索(する) retrieval, retrieve; search ～**エンジン** search engine
げんさく 原作 original
けんじ 検事 prosecutor
げんし 原子 atom ～**爆弾** atomic bomb ～**力** nuclear [atomic] energy ～**力空母** nuclear carrier ～**力発電所** nuclear power plant [station] ～**炉** (nuclear) reactor
けんじつ 堅実な steady
げんじつ 現実 reality ～**の** actual ～**的な** practical
げんしてき 原始的な primitive
けんじゅう 拳銃 gun
げんじゅう 厳重な strict; severe; tight
げんじゅうみん 原住民 native
げんしゅく 厳粛な grave; solemn
けんしょう[1] 憲章 charter
けんしょう[2] 懸賞(金) prize (money)
げんしょう[1] 減少する decrease
げんしょう[2] 現象 phenomenon
げんじょう 現状 present [current] conditions [state, situation]; the status quo
けんしん 献身 dedication; devotion ～**的な** dedicated; devoted; committed
けんすい 懸垂《米》chin-up; pull-up
げんせい 厳正な fair; impartial; just; lawful
げんぜい 減税 tax reduction [cut]: ～する cut [lower, reduce] taxes
けんせつ 建設 construction **建設する** construct; build
けんぜん 健全な healthy
げんそ 元素 element
げんそう 幻想 illusion
げんぞう 現像 development ～**する** develop
げんそく 原則 principle
けんそん 謙遜する be modest ～した (態度が) modest
げんぞん 現存の existent; in existence; present
げんだい 現代 the present day; modern times ～**の** contemporary; modern
けんち 見地 viewpoint; standpoint
けんちく 建築 architecture ～**家** architect
けんちょ 顕著な conspicuous; noticeable; remarkable; striking
けんてい 検定 authorization; licensing; certification; qualification
げんてい 限定する limit; confine; restrict
げんてん 減点する subtract
げんど 限度 limit(ation); bound; end
けんとう[1] 検討 examination; consideration ～**する** consider; examine; study
けんとう[2] 見当(をつける) guess: ～もつかない not have the slightest idea
げんば 現場 scene
げんばく 原爆 atom(ic) bomb
けんびきょう 顕微鏡 microscope
けんぶつ 見物 sightseeing
げんぶつしきゅう 現物支給 payment in kind
げんぶん 原文 text
けんぽう 憲法 constitution
げんみつ 厳密な strict; exact
けんめい 賢明な wise
げんめつ 幻滅する be disillusioned [disappointed]
げんや 原野 wilderness; moor
けんやく 倹約 thrift
げんゆ 原油 crude oil
けんり 権利 right
げんり 原理 principle
げんりょう 原料 raw materials
けんりょく 権力 power
げんろん 言論 speech: ～の自由 freedom of speech

こ

こ 子 child
こ… 故… late ...
ご[1] 五, 5 five **5番目の, 5分の1** fifth
ご[2] 語 word
…ご …後 after; since; in
コアラ koala
こい[1] 鯉 carp
こい[2] 濃い (霧などが) thick; (お茶が) strong; (色が) dark; deep
こい[3] 恋(する) love: **恋人** girlfriend; boyfriend **恋しい** be homesick; miss; long
こい[4] 故意に intentionally; on purpose
ごい 語彙 vocabulary
こいし 小石 stone; pebble
こいぬ 小犬・子犬 puppy
コイル coil
コイン coin ～**ランドリー** Laundromat ～**ロッカー** coin(-operated) locker; locker
こうあつ 高圧の (気体などが) high-pressure; (電気が) high-voltage ～**的な** overbearing; authoritative
こうあん 考案する contrive; invent; devise
こうい[1] 好意 goodwill; favor ～**的な** friendly; (意見が) favorable
こうい[2] 行為 act; action
ごうい 合意する consent (to)
こういしつ 更衣室 locker room
ごういん 強引な pushy; insistent; forcible; aggressive ～**に** by force; one's own way
こううん 幸運 good luck ～**な** fortunate; lucky ～**にも** fortunately
こうえい 光栄 honor
こうえん[1] 後援する back up
こうえん[2] 公園 park
こうえん[3] 公演 performance

こうえん[4] 講演 lecture; speech
こうか[1] 効果 effect　**～的な** effective
こうか[2] 校歌 school song
こうか[3] 硬貨 coin
こうか[4] 高価な expensive
ごうか 豪華な gorgeous
こうかい[1] 航海 voyage
～する sail
こうかい[2] 後悔する regret; be sorry
こうかい[3] 公開する open　～の open　**(大学の)～講座** extension courses
こうがい[1] 公害 pollution; public nuisance
こうがい[2] 郊外 the suburbs
こうかいどう 公会堂 public hall
こうかがくスモッグ 光化学スモッグ photochemical smog
こうがく[1] 工学 engineering
こうがく[2] 光学 optics
ごうかく 合格する pass
こうかん[1] 交換(する) exchange
こうかん[2] 好感 good impression [feeling]: ～を持つ favor
こうき[1] 好機 opportunity
こうき[2] 校旗 school flag
こうき[3] 高貴な noble
こうぎ[1] 講義 lecture
こうぎ[2] 抗議(する) protest
～して in protest
こうきあつ 高気圧 high (atmospheric) pressure
こうきしん 好奇心 curiosity
～の強い curious
こうきゅう 高級な high-class
こうきょう 公共の public
こうぎょう 工業 industry
こうきょうきょく 交響曲 symphony
ごうきん 合金 alloy
こうくう 航空　**～会社** airlines
～機 airplane; aircraft　**～(郵)便** airmail
こうけい 光景 scene; sight
ごうけい 合計 total; sum
～する total; sum up
こうけいしゃ 後継者 successor
こうげき 攻撃(する) attack
こうけつあつ 高血圧 high blood pressure; hypertension
こうけん 貢献 contribution
～する contribute (to)
こうげん 高原 highlands
ごうけん 合憲の constitutional
こうご[1] 口語 spoken language
こうご[2] 交互に one after the other; alternately; in turn; by turns
こうこう 高校 (senior) high school　**～生** (senior) high school student
こうごう 皇后 empress
こうこがく 考古学 archaeology
こうこく 広告 ad(vertisement)
こうさ 交差する cross
～点 crossing; crossroads
こうざ[1] 口座 (bank) account
こうざ[2] 講座 course
こうさい 交際 association
～する associate
こうさく 工作 handicrafts
こうさん 降参する give in; surrender
こうざん[1] 高山 high mountain
～植物 alpine plants
こうざん[2] 鉱山 mine
こうし[1] 講師 lecturer
こうし[2] 公使 minister
こうし[3] 格子 lattice; (格子縞) check
こうし[4] 子牛 calf; (子牛肉) veal
こうし[5] 孔子 Confucius
こうじ 工事 construction: ～中で under construction
こうしき 公式 (数学) formula
～の official　～に officially
こうじつ 口実 excuse; pretext
こうしゃ[1] 後者 the latter
こうしゃ[2] 校舎 school building
こうしゃく[1] 公爵 duke; (英国以外の) prince　**～夫人, 女～** duchess; princess
こうしゃく[2] 侯爵 (英国の) marquess; (英国以外の) marquis
～夫人, 女～ marchioness; marquise
こうしゅう[1] 公衆 public
こうしゅう[2] 講習 course
こうしゅけい 絞首刑 (death by) hanging: ～にする hang
こうじゅつ 口述 dictation
～試験 oral exam(ination)
～する dictate
こうしょう 交渉 negotiation
～する negotiate
こうじょう[1] 工場 factory
こうじょう[2] 向上 improvement
～する improve
ごうじょう 強情な stubborn
こうしん[1] 行進(する) march; parade　**～曲** march
こうしん[2] 更新 renewal
～する renew
こうしんりょう 香辛料 spice
こうすい[1] 香水 perfume
こうすい[2] 降水(量) (降雨) rainfall; (雪も含めた) precipitation
こうずい 洪水 flood
こうせい[1] 公正な fair; just
こうせい[2] 構成する compose; make up
こうせい[3] 更生 rehabilitation
～する be rehabilitated; reform; go straight
こうせい[4] 校正する proofread
ごうせい 合成する synthesize; compound
こうせいぶっしつ 抗生物質 antibiotic
こうせいろうどうしょう 厚生労働省 Ministry of Health, Labour and Welfare
こうせき[1] 功績 achievement; merit
こうせき[2] 鉱石 ore; mineral
こうせん 光線 ray
こうぜん 公然の open; public
～と openly; in public
こうそ 控訴(する) appeal
こうそう[1] 高層の high-rise
こうそう[2] 構想 plan; idea
こうぞう 構造 structure
こうそく 校則 school rules [regulations]
こうそくどうろ 高速道路 expressway
こうたい[1] 交替[代] (勤務の) shift
...と～する take ...'s place　～で by turns
こうたい[2] 後退する retreat
こうたい[3] 抗体 antibody
こうだい 広大な vast
こうたいし(ひ) 皇太子(妃) (英国以外の) Crown Prince(ss); (英国の) the Prince(ss) of Wales
こうたく 光沢 luster; gloss; shine
こうちゃ 紅茶 tea
こうちょう 校長 principal
こうちょうかい 公聴会 public hearing
こうつう 交通 traffic
～渋滞 traffic jam
こうつごう 好都合な favorable; convenient
こうてい[1] 校庭 schoolyard; playground
こうてい[2] 皇帝 emperor
こうてい[3] 肯定する affirm
こうてき 公的な public; official
こうてつ 鋼鉄 steel
こうど 高度 altitude; height
～に highly
こうとう[1] 高等な higher　**～学校** high school
こうとう[2] 口頭の oral
こうどう[1] 行動 action; behavior
～する act　**～的な** active
こうどう[2] 講堂 auditorium
ごうとう 強盗 robber; burglar; (行為) robbery; burglary
ごうどう 合同の joint; combined
こうどく 購読する subscribe
こうない 構内 (大学の) campus; premises; precinct
こうにゅう 購入(する) purchase

こうにん 公認の official
こうねん 光年 light-year
こうねんき 更年期 menopause
こうのとり stork
こうはい[1] 後輩 one's junior
こうはい[2] 荒廃(する) waste; (go to) ruin; devastation ~した derelict; dilapidated; ruined
こうばい 勾配 slope; grade
こうばいすう 公倍数 common multiple
こうはん 後半 the latter half
こうばん 交番 police box
こうひょう[1] 公表する announce; publish
こうひょう[2] 好評の popular
こうふく[1] 幸福 happiness ~な happy ~に happily
こうふく[2] 降伏(する) surrender
こうぶつ[1] 好物 one's favorite food
こうぶつ[2] 鉱物 mineral; ore
こうふん 興奮 excitement ~する get excited
こうへい 公平な fair; just
こうほ 候補(者) candidate
こうほう 広報 public relations; PR; publicity
ごうほうてき 合法的な legal
こうま 子馬 (雄) colt; (雌) filly
ごうまん 傲慢な haughty
こうみょう 巧妙な clever; cunning; smart; skillful
こうみん 公民 citizen ~**権** civil rights
こうむいん 公務員 public servant
こうむる 被る suffer
こうもく 項目 item
こうもり 蝙蝠 bat
こうもん 肛門 anus
ごうもん 拷問 torture
こうや 荒野 wilderness; the wilds; wasteland
こうやくすう 公約数 common divisor
こうよう[1] 公用 public service; official business: ~語 official language
こうよう[2] 紅葉 red leaves; autumn colors [tints] ~**する** turn red
こうら 甲羅 shell
こうらくち 行楽地 resort
こうり 小売り retail
こうりつ 公立の public
ごうりてき 合理的な rational
ごうりゅう 合流する join
こうりょ 考慮 consideration ~する consider
こうれい 高齢の advanced; aged; elder ; senior: ~化 aging
ごうれい 号令 order; command: ~をかける give an order
こうろん 口論 argument; quarrel ~する argue; quarrel
こえ 声 voice
声をそろえて in chorus
ごえい 護衛 (body)guard; escort
こえだ 小枝 twig
こえる 越える go [be] over ... **...を越えて** over; (程度が) beyond
ゴーグル goggles
ゴーサイン the green light; the all clear; permission
コース course
コーチ(する) coach
コート[1] (服) coat
コート[2] (テニスの) court
コード[1] (電気の) cord
コード[2] (符号) code
コード[3] (和音) chord
コーナー corner; (部門) department; section
コーヒー coffee
コーラ Coca-Cola; Coke
コーラス chorus
こおり 氷 ice
こおる 凍(らせ)る freeze
ゴール (競走の) finish; (球技などの) goal ~**インする** reach [cross] the finish line; finish
ゴールデンアワー prime time
コールドゲーム called game
こおろぎ cricket
コーンフレーク cornflakes
こがい 戸外で outdoors; in the open (air)
ごかい 誤解 misunderstanding ~**する** misunderstand
ごかく 互角の equal
ごがく 語学 language study [learning]; (言語学) linguistics
こがす 焦がす burn
こがた 小型の small
ごがつ 五月 May
こぎって 小切手 check
ごきぶり cockroach
こきゅう 呼吸する breathe
こきょう 故郷 home
こぐ 漕ぐ row
こくがい 国外へ abroad; overseas
こくさいてき 国際的な international **国際連合** the United Nations; UN
こくさん 国産の domestic
こくし 酷使する overwork; drive ... hard; abuse; (体を) strain, tax
こくじん 黒人 black
こくせいちょうさ 国勢調査 census
こくせき 国籍 nationality
こくそ 告訴する charge; accuse; sue
こくど 国土 country; land; soil ~**交通省** Ministry of Land, Infrastructure and Transport
こくどう 国道 national highway
こくない 国内の domestic
こくはく 告白 confession ~する confess
こくはつ 告発する charge
こくばん 黒板 blackboard ~ふき eraser
ごくひ 極秘(の) top-secret; classified; confidential
こくふく 克服する overcome
こくべつしき 告別式 funeral
こくみん 国民 people; citizen
こくもつ 穀物 grain
こくりつ 国立の national
こくれん 国連 the United Nations; UN
こけ 苔 moss
コケコッコー cock-a-doodle-doo
こげる 焦げる burn
ごげん 語源(学) etymology
ここ[1] here **ここに[へ]** here
ここ[2] 個々の individual
ごご 午後 afternoon
ココア cocoa; chocolate
こごえる 凍える freeze
凍え死ぬ freeze to death
ここちよい 心地よい comfortable
ココナッツ coconut
ここのか (月の) ninth
ここのつ 九つ nine
こころ 心 heart; mind **心ゆくまで** to one's heart's content
こころざす 志す intend; plan; aim; be ambitious
こころみ 試み trial; try
こころみる 試みる try
こころよい 快い pleasant **快く** readily; willingly
こさめ 小雨 light rain
こし 腰 waist; hip; back: 腰を下ろす sit (down)
こじ 孤児 orphan
こじき 乞食 beggar
ごじゅう 五十, 50 fifty
50 番目の, 50 分の 1 fiftieth
こしょう[1] 胡椒 pepper
こしょう[2] 故障 trouble ~**する** break (down); be out of order
ごしょく 誤植 misprint; typo
こじん[1] 個人 individual ~**の** individual; personal; private
こじん[2] 故人 the deceased [departed]
こじんまりした small

こす[1] 越す・超す ⇒こえる
こす[2] 濾す filter; strain
コスモス cosmos
こする 擦る rub
こせい 個性 personality
こぜに 小銭 (small) change
 ～**入れ** purse
ごぜん 午前 morning
 ～(**中**)**に** in the morning
こたい 固体 solid
こだい 古代の ancient
ごだいこ 五大湖 (米国の) the Great Lakes
こたえ 答え answer
こたえる[1] 応える(要求に) meet; (期待に) meet [come up to] (...'s expectations)
こたえる[2] 答える answer
こだま(する) echo
ごちそう 御馳走 wonderful meal; banquet; feast; delicacy ～**する** treat
こちょう 誇張する exaggerate
こちら here; this: ～へどうぞ This way, please.
こつ (商売・芸・技術などの) trick; knack
こっか[1] 国家 nation; state
 ～**間の** international
こっか[2] 国歌 national anthem
こっかい 国会 (米国の) Congress; (日本の) the Diet
 ～**議員** member of the Diet
 ～**議事堂** (米国の) the Capitol; (日本の) the Diet Building; (英国の) Houses of Parliament
こづかい 小遣い pocket money; (月々の) allowance
こっかく 骨格 skeleton; frame (work)
こっき 国旗 national flag
こっきょう 国境 border; frontier
コック cook ～**長** chef
こっくりする nod
こっけい 滑稽な funny
こっこう 国交 diplomatic relations
こっせつ 骨折(する) break; fracture
こっそり secretly
こづつみ 小包 parcel; package
こっている (...に)凝っている be crazy about...
こっとうひん 骨董品 curiosity; antique
コップ glass
こてい 固定する fix
 ～**観念** fixed idea
こてん 古典 classic
...ごと ...毎に every ...
こどう 鼓動 beat; pulse
こと(がら) 事(柄) thing; matter; affair; fact: ...という～を知る know (that) ...
こどく 孤独な lonely
ことし 今年 this year
ことづけ 言づけ message
ことなる 異なる differ; (それぞれに) vary
ことば 言葉 (単語) word; (言語) language
こども 子供 child; kid
ことわざ 諺 proverb
ことわる 断わる refuse; (丁重に) decline
こな 粉 powder
 粉せっけん soap powder
 粉ミルク powdered milk
こなごな 粉々に into pieces
 ～**にする** break up
コネ connections
こねこ 子猫 kitten
こねる 捏ねる knead
この this; these ～**あたりに** around here ～**ごろ** these days ～**まま** as it is; as they are ～**間[前]** recently; the other day ～**前の** last
このみ[1] 好み taste
このみ[2] 木の実 nut
このむ 好む like; (大いに) love
こばむ 拒む refuse; decline
ごはん 御飯 rice; (食事) meal
コピー(を取る) copy
こひつじ 子羊 lamb
こびと 小人 dwarf
こぶ 瘤 bump
こふう 古風な old; (表現などが) old-fashioned; out-of-date
こぶし 拳 fist
コブラ cobra
こぼす, こぼれる spill
こま[1] 独楽 top: ～を回す spin a top
こま[2] 駒 (ゲームの) piece, (chess)man; (映画・漫画の) frame
ごま 胡麻 sesame
コマーシャル commercial
こまかい 細かい small; fine
ごまかす cheat
こまく 鼓膜 eardrum
こまどり 駒鳥 robin
こまる 困る have difficulty; be at a loss; be in trouble
ごみ garbage; 《米》trash; 《英》rubbish ～**箱** 《米》trash can; 《英》dustbin
こみち 小道 path
コミュニケーション communication
こむ 込む be crowded; be jammed
ゴム rubber
こむぎ 小麦 wheat ～**粉** flour
こめ 米 rice
こめかみ temple
コメディアン comedian
コメディー comedy
ごめんなさい I'm sorry.; Excuse me.
こもじ 小文字 small letter
こもり 子守 babysitter ～**をする** baby-sit ～**歌** lullaby
こもん 顧問 consultant; adviser
こや 小屋 hut; cabin
こやぎ 子山羊 kid
こゆう 固有の proper ; peculiar
 ～**名詞** proper noun
こゆび 小指 little finger
こよう 雇用する employ; hire
こよみ 暦 calendar
ごらく 娯楽 recreation; entertainment
コラム column
こりつ 孤立させる isolate
ゴリラ gorilla
こる (肩が)凝る be stiff
コルク cork
ゴルフ golf ～**場** golf course
これ this; these
 ～**から(は)** from now (on)
 ～**まで(は)** so far
コレクション collection
コレクトコール collect call
 ～**する** call collect
コレステロール cholesterol
コレラ cholera
ころ (...する)頃 while; when
ゴロ grounder
...ごろ ...頃 around; toward
ころがる 転がる, 転がす roll
ころす 殺す kill; (人を計画的に) murder
コロッケ croquette
ころぶ 転ぶ fall down
コロン colon
こわい (...が)怖い be scared [afraid] (of) **恐がる** fear
こわす 壊す break; (建物を) pull down
こわれる 壊れる break (down); be out of order **壊れやすい** fragile; delicate
こん 紺 dark blue
こんき 根気 endurance; patience; perseverance
こんきょ 根拠 ground
 ～**のない** groundless
コンクール contest
コンクリート(の) concrete
こんげつ 今月 this month
こんご 今後 from now on
こんごう 混合する mix
コンサート concert
こんざつ 混雑 crowd; (交通の) (traffic) jam; rush
コンサルタント consultant
こんしゅう 今週 this week

こんじょう 根性 push; (fighting) spirit; guts
コンセンサス consensus
コンセント outlet
コンソメ consommé
コンタクトレンズ contact lens
こんだて 献立 menu
こんちゅう 昆虫 insect
コンテスト contest
コンテナ container
コンデンスミルク condensed milk
コンテンツ content(s)
こんど 今度 (この度) now; (この次) next time
こんどう 混同する confuse; mix up
コンドーム condom
ゴンドラ gondola; car
コントラバス (double) bass
コンドル condor
コントロール control; manipulation
こんな such; this ～**風に** (in) this way; like this
こんなん 困難 difficulty; trouble ～な difficult
こんにち 今日 today
こんにちは Good morning [afternoon].; Hello.
コンパクト compact ～**ディスク** compact disc
コンパス (pair of) compasses
こんばん 今晩 this evening
こんばんは Good evening.
コンビーフ corned beef
コンビニ convenience store
コンピューター computer
コンプレックス inferiority complex
こんぼう 棍棒 club
こんぽん 根本 root; basis; foundation ～**的な** fundamental; basic
コンマ comma
こんや 今夜(は) tonight
こんやく 婚約 engagement ～する get engaged ～**者** fiancé(e)
こんらん 混乱する be confused
こんわく 困惑 confusion ～させる confuse

さ

さ 差 difference
さあ Come on!; Now ...; (考えて) Well ...
サーカス circus
サークル circle
サーチ ～**エンジン** search engine ～**ライト** searchlight
サード third base; (選手) third baseman
サーバー server
サービス service
サーブ(する) serve
サーファー surfer
サーフィン surfing ～をする surf
サーフボード surfboard
さい 犀 rhinoceros; rhino
…さい ...歳 ... years old
さいあく 最悪の worst
さいえん 菜園 (家庭の) garden
さいかい[1] 再会する meet again
さいかい[2] 再開する reopen
さいがい 災害 disaster
さいきどう 再起動する reboot
さいきん[1] 最近 recently; lately
さいきん[2] 細菌 bacteria
さいく 細工(する) work; (小細工する) manipulate, doctor, cook, tamper [fiddle] with...
サイクリング cycling
さいけつ 採決する vote
さいけん[1] 再建 reconstruction ～する reconstruct
さいけん[2] 債券 bond
さいげん[1] 再現する reproduce; reenact; reconstruct; re-create
さいげん[2] 際限 limit ～**がない** boundless; endless
ざいげん 財源 finance; funds; revenue; ways and means
さいご 最後の last
ざいこ(ひん) 在庫(品) stock
さいこう[1] 再考する think ... over again
さいこう[2] 最高の the highest; the best; wonderful
さいこうさい 最高裁 the Supreme Court
さいころ 賽子 dice
ざいさん 財産 fortune; property
さいじつ 祭日 holiday
さいしゅう[1] 最終の last
さいしゅう[2] 採集する collect
さいしょ 最初の first まず～に first of all
さいしょう 最小の minimum; smallest
さいじょう 最上の best ～**級** (形容詞の) the superlative (degree); ⇒じょうきゅう, こうきゅう
ざいしょく 在職する hold office; be in office
さいしょくしゅぎしゃ 菜食主義者 vegetarian; vegan
さいしん[1] 最新の latest
さいしん[2] 再審 review; retrial
サイズ size
さいせい 再生する (音・画像などを) reproduce; replay ～**可能エネルギー** renewable energy
ざいせい 財政 finance
ざいせき 在籍する be registered [enrolled]
さいぜん 最善の best
さいそく 催促する urge
サイダー soda pop
さいだい 最大の maximum; biggest; greatest
ざいたく 在宅している be at home; be in ～**勤務者** telecommuter ～**勤務する** work from home; ⇒SOHO (本文)
ざいだん 財団 foundation
さいちゅう (...の)最中に in the middle of
さいてい 最低の lowest; minimum
さいてき 最適の the only; best; fit; perfect; appropriate; suitable
さいてん 採点する mark; grade
サイト (web)site
さいど 再度 again
サイドテーブル side table
サイドボード sideboard
サイドミラー side(view) mirror
さいなん 災難 misfortune
さいにゅう 歳入 revenue; ways and means
さいのう 才能 talent; (天賦の) gift
サイバースペース cyberspace
さいばい 栽培する grow; raise
さいばん 裁判 trial ～**官** judge ～**所** court
さいふ 財布 wallet
さいぶ 細部 detail
さいほう 裁縫 sewing
さいぼう 細胞 cell
さいまつ 歳末の year-end
さいみんじゅつ 催眠術 hypnotism
ざいむしょう 財務省 Ministry of Finance
ざいもく 材木 《米》 lumber; 《英》 timber
さいよう 採用する (案を) adopt; (雇う) employ
さいりょう 最良の best
ざいりょう 材料 material
サイレン siren
さいわい 幸い(に) luckily
サイン signature; (俳優などの) autograph ～**する** sign
サインペン felt pen
サウスポー southpaw
サウナ sauna
…さえ even ... ...しさえすれば if only ...
さえぎる 遮る (話を) interrupt; (遮断) shut out; (人目から) screen
さえずる sing; chirp; twitter;

warble
さお 竿 pole; rod
さか 坂 slope; hill
さかい 境 border; boundary; frontier
さかえる 栄える prosper; flourish
さかさま 逆さまに upside down
さがす[1] 捜す search
さがす[2] 探す look for ...; seek
さかだち 逆立ち handstand
さかな 魚 fish
さかのぼる 遡る (起源が...に) date (from)
さからう 逆らう resist; disobey: 時流に逆らう swim against the tide **...に逆らって** against
さかり 盛り height; peak; prime
さがる 下がる go down; fall; (後ろへ) step back
さかんな 盛んな popular
さき 先 end; point; (将来) future **先に** (まず) first; (空間的) ahead: お先にどうぞ After you.
さぎ[1] 鷺 heron
さぎ[2] 詐欺 swindle; fraud; confidence game **〜師** swindler
さきだつ 先立つ precede; (先立たれる) survive: ...に先立って in advance of; before
さきゅう 砂丘 (sand) dune
さぎょう 作業 work; operation **〜服** working clothes
さく[1] 割く (時間を) spare
さく[2] 咲く come out; bloom
さく[3] 裂く split; tear
さく[4] 柵 fence
さくいん 索引 index
さくげん 削減する cut down
さくし 作詞する write the lyrics (for a song) **〜家** lyricist; (作詞作曲家) songwriter
さくじつ 昨日(は) yesterday
さくしゃ 作者 writer; author
さくじょ 削除する cut
さくせい 作成する make
さくせん 作戦 operations
さくねん 昨年 last year
さくばん 昨晩 last night
さくひん 作品 work
さくぶん 作文 composition
さくもつ 作物 crop
さくや 昨夜 last night
さくら 桜(んぼ) cherry
さぐる 探る fumble; feel; grope; investigate
ざくろ 石榴 pomegranate
さけ[1] 鮭 salmon
さけ[2] 酒 sake; drink; alcohol **酒を飲む** drink
さけぶ 叫ぶ cry; shout
さける[1] 避ける avoid
さける[2] 裂ける tear **裂け目** break; gap; split
さげる 下げる (ぶら下げる) hang; (値段などを) lower
ささい 些細な trivial; trifling; small; minor
ささえる 支える support
ささげる 捧げる devote (to)
さざなみ さざ波(を立てる) ripple
ささやく 囁く whisper
さじ 匙 spoon **〜を投げる** give up
さしあたり 差し当たり for the present [moment]; for the time being
さしえ 挿絵 illustration
さしかえる 差し替える replace ... (with 〜)
さしこむ 差し込む put in (to)
さししめす 指し示す point out; indicate
さしず 指図 directions; instructions **〜する** direct
さしせまった 差し迫った pressing; urgent
さしだしにん 差し出し人 sender
さしだす 差し出す hold out
さしつかえない (...しても)差し支えない safe
さしはさむ 差し挟む (ことばを) put in
さす[1] (かさを) put up
さす[2] (日が) shine
さす[3] 刺す stab; prick; (はちが) sting; (かが) bite
さす[4] 指す point
さずける 授ける award; give; grant; confer
サスペンス suspense
ざせき 座席 seat
させつ 左折する turn (to the) left
させる (...に〜を) make; (させてやる) let **...に〜をさせないようにする** restrain ... from 〜
さぞ very surely
さそう 誘う invite; ask; (誘惑) tempt **誘い** invitation
さそり 蠍 scorpion **〜座** Scorpio; the Scorpion
さだめる 定める fix; set; decide; determine; appoint
ざだんかい 座談会 symposium
さつ 札 bill
さつえい 撮影する take a picture; shoot
ざつおん 雑音 noise
さっか 作家 writer
サッカー soccer; football
さつがい 殺害する murder
さっかく 錯覚 illusion
さっき some time ago; a short while ago
さっきょく 作曲 composition **〜する** compose **〜家** composer
さっさと quickly
ざっし 雑誌 magazine
ざっしゅ 雑種 (犬) mongrel; hybrid
さつじん 殺人 murder
ざっそう 雑草 weed
さっそく 早速 at once; immediately; right away
ざつだん 雑談 chat **〜する** chat; have a chat
さっちゅうざい 殺虫剤 insecticide
さっとう 殺到する rush; flood
さっぱり **〜した** refreshed; neat; frank; (味が) plain; ⇨まったく
さつまいも ⇨いも
さて Well ...; Now ...
さてい 査定する assess; value; estimate
さとう 砂糖 sugar **〜きび** sugarcane
さどう[1] 作動する function; start; operate; work
さどう[2] 茶道 tea ceremony
さとる 悟る realize
サドル saddle
さなぎ 蛹 chrysalis; pupa
さば 鯖 mackerel
サバイバル survival
さばき 裁き judgment
さばく[1] 裁く judge
さばく[2] 砂漠 desert
サバンナ savanna(h)
さび 錆 rust **さびる** rust
さびしい 寂しい lonely **...がいないので寂しく思う** miss
サファイア sapphire
サファリ safari
サブスク(リプション) subscription
さべつ 差別 discrimination **〜する** discriminate
さほう 作法 manners
サポーター supporter; fan
サボテン cactus
サボる (授業を) cut (a class); play truant
さまざまな 様々な various
さます[1] 覚ます wake up
さます[2] 冷ます cool
さまたげ 妨げ obstruction
さまたげる 妨げる disturb; prevent; obstruct
さまよう wander
サミット summit
さむい 寒い cold
さむけ 寒気 chill: 少し〜がする I have a slight chill.
さむさ 寒さ cold
さめ 鮫 shark
さめる[1] 覚める wake up

さめる[2] 冷める get cold

さもないと or; otherwise

さゆう 左右に right and left ～する influence

ざゆうのめい 座右の銘 motto

さよう 作用 action ～する act

さようなら Goodbye.; Bye-bye.; See you.

さよく 左翼 the left (wing); (個人) leftist

さら 皿 (取り皿) plate; (盛り皿) dish; (受け皿) saucer

さらいげつ 再来月 the month after next

さらいしゅう 再来週 the week after next

さらいねん 再来年 the year after next

ざらざらした coarse; rough; ragged; textured

さらす 曝す (日光などに) expose

サラダ salad

さらに besides; still; more

サラブレッド thoroughbred

サラリー salary

サラリーマン office worker

ざりがに crayfish

さる[1] 猿 monkey; ape

さる[2] 去る leave

さわがしい 騒がしい noisy

さわぐ 騒ぐ make a noise; (大騒ぎ) make a fuss

さわやか 爽やかな fresh; refreshing

さわる 触る touch; feel

さん[1] 三, 3 three **3番目の** third **3分の1** third

さん[2] 酸 acid

…さん (男性) Mr.; (未婚女性) Miss; (既婚女性) Mrs.; (女性) Ms.

さんか[1] 参加する take part; join

さんか[2] 酸化する oxidize

さんかくけい 三角形 triangle

さんがつ 三月 March

さんぎいん 参議院 the House of Councilors

さんぎょう 産業 industry

ざんぎょう 残業する work overtime ～**手当** overtime (pay)

サングラス sunglasses

ざんげ 懺悔 confession

さんご 珊瑚 coral ～**礁** coral reef

さんこう 参考にする refer to; consult ご～**までに** for your information ～**書** reference book; study aid

ざんこく 残酷な cruel

さんざし hawthorn

さんじゅう 三十, 30 thirty **30番目の, 30分の1** thirtieth: 2時30分 half past two; two thirty

さんしょう 参照 reference ～**する** refer

さんしょううお 山椒魚 salamander

さんしん 三振 strikeout ～**する** strike out

さんすう 算数 arithmetic

さんせい[1] 賛成する agree: 彼の提案に(大)～です I'm (all) for his proposal.

さんせい[2] 酸性(の) acid ～**雨** acid rain

さんせいけん 参政権 franchise; suffrage; (投票権) the vote

さんそ 酸素 oxygen

サンタクロース Santa Claus

サンダル sandals

さんだん 散弾 shot ～**銃** shotgun

さんだんとび 三段跳び the triple jump; the hop, step [skip], and jump

さんちょう 山頂 summit; (先のとがった) peak

サンドイッチ sandwich

ざんねん 残念で sorry ～**に思う** regret

サンバ samba

さんばし 桟橋 pier; wharf

さんぱつ 散髪 haircut: ～してもらう have [get] a haircut; have [get] one's hair cut

さんびか 賛美歌 hymn

さんぷ 散布する spray; spread; sprinkle; dust

さんぷく 山腹 (mountain)side; hillside

さんぶつ 産物 product

サンフランシスコ San Francisco

サンプル sample

さんぶん 散文 prose

さんぽ 散歩 walk ～**する** take a walk

さんみゃく 山脈 range **…山脈** … Mountains

さんりんしゃ 三輪車 tricycle

さんるい 三塁 third base ～**手** third baseman ～**打** triple; three-base hit

さんれつ 参列する attend (the ceremony) ～**者** attendant

し

し[1] 四, 4 four

し[2] 市 city; ⇒しえい

し[3] 死 death

し[4] 詩 (1編の) poem; (総称) poetry

じ[1] 字 character; letter; (手書きの文字) handwriting

じ[2] 地 (模様の) background

…じ …時 … o'clock

しあい 試合 match; game: サッカーの～をする play a football game [《英》match]

しあげる 仕上げる finish

しあわせ 幸せな happy ～**に暮らす** live happily **どうかお～に** I wish you every happiness.

しいく 飼育する raise

シーズン season ～**オフ** off-season

シーソー seesaw

シーツ sheet

シート (座席) seat; (カバー) cover; (切手など) sheet

シードこう シード校 seeded school; seed

シートベルト seat belt

ジーパン jeans

シーフード seafood

シーラカンス coelacanth

しいる 強いる force; compel

シール seal; sticker

しいれる 仕入れる stock

しいん 子音 consonant

シーン scene

じいん 寺院 temple; abbey; ⇒モスク

ジーンズ jeans

シェア シェア(する) share

シェアウェア shareware

しえい 市営の city; municipal

じえい 自衛 self-defense ～**隊** (Japan) Self-Defense Forces

ジェスチャー gesture ～**ゲーム** charades

ジェットき ジェット機 jet (plane)

ジェットコースター roller coaster

しえん 支援 support ～**する** back up; support

ジェンダー gender

しお[1] 塩 salt

しお[2] 潮 tide **潮が満ちて[引いて]きた** The tide is coming in [going out].

しおからい 塩辛い salty

しおひがり 潮干狩に行く go to gather shellfish

しおり 栞 bookmark; guide

しおれる 萎れる wither

しか[1] 鹿 deer

しか[2] 歯科 dentistry ～**医** dentist

…しか (…ない) only

じか 直に directly; firsthand; personally

じが 自我 ego; self

しかい[1] 視界 sight

しかい[2] 司会をする take the chair ～**者** chairperson; master of

ceremonies
しがい[1] 死骸 (dead) body; carcass
しがい[2] 市外 ～**局番** area code; 《英》 dialling code ～**電話** long-distance call
じかい 次回(に)は next time
しがいせん 紫外線 ultraviolet rays
しかえし 仕返しをする (侮辱などの) revenge; (人に...の) pay (him) back (for ...)
しかく[1] 四角 square; rectangle
しかく[2] 資格 qualification
～**のある** qualified
しかく[3] 視覚 (eye)sight; vision
じかく 自覚する be conscious (of); be aware (of); awake to ...; realize
しかけ 仕掛け device: 時計～ clockwork ...**しかけ(てい)る** be going [about] to do; begin [start] doing
シカゴ Chicago
しかし but; however
しかた 仕方 way; how to do
～**がない** It can't be helped.
...**しがちである** tend to do; be apt to do
しがつ 四月 April
じかつ 自活した independent
しがみつく cling (to)
しかめる 顔を～ frown
しかも and that
しかる 叱る scold
しかん 士官 officer
しがん 志願する volunteer
～**者** volunteer
じかん 時間 hour; time; (授業の) period ～**を守る** punctual ～**割** (class) schedule
しき[1] 式 ceremony
しき[2] 四季 the four seasons
しき[3] 指揮する (楽団を) conduct; (軍を) command ～**官** commander; commandant
～**者** conductor
じき[1] 時期 time
じき[2] 磁気 magnetism
～**の** magnetic
じき[3] 次期の next
じき[4] 磁器 porcelain; china
しきい 敷居 threshold
しききん 敷金 deposit
しきさい 色彩 color
～**豊かな** colorful
しきたり convention; habit; custom
しきち 敷地 grounds; lot; site
しきちょう 色調 tone
しきてん 式典 ceremony
じきに soon
しきもの 敷物 carpet
しきゅう[1] 至急 immediately
しきゅう[2] 四球 walk; a base on balls
しきゅう[3] 死球 ⇒デッドボール
しきゅう[4] 支給する issue; supply
しきゅう[5] 子宮 womb; uterus
じぎょう 事業 business
しきり 仕切り (部屋の) partition; screen
しきる 仕切る (区画する) divide, partition; (取り仕切る) manage, organize, control, be in charge (of)
しきん 資金 fund; finance; capital; money
しきんきょり 至近距離で at close range; point-blank
しく 敷く lay
じく 軸 axis; (車軸) axle
しぐさ 仕種, 仕草 gesture
ジグザグ zigzag
しくじる fail
ジグソーパズル jigsaw puzzle
しくみ 仕組み mechanism; structure; (仕掛け) device; (原理) principle
しくむ 仕組む scheme; plot; contrive; frame
シクラメン cyclamen
しけい 死刑 death penalty: ～を言い渡す sentence ... to death
しげき 刺激する stimulate; provoke; excite
しげみ 茂み thicket; bush
しげる 茂る grow thick
しけん 試験 examination; exam; test; (簡単な) quiz: ～を受ける take an examination (in history) / ～に受かる[落ちる] pass [fail] the examination
～**をする** test
しげん 資源 resources
じけん 事件 (大きな) event; (付随した) incident; affair; (犯罪などの) case
じげん[1] 時限 (授業の) period
～**爆弾** time bomb
じげん[2] 次元 dimension
じこ[1] 事故 accident
じこ[2] 自己 self ～**紹介をする** introduce oneself
しこう 思考 thinking; thought
じこく 時刻 time; hour ～**表** time schedule; timetable
じごく 地獄 hell
しごと 仕事 work; job
～**で** on business
しさ 示唆 suggestion
～**する** suggest
じさ 時差 time difference
～**ぼけ** jet lag
しさつ 視察 inspection
～**する** inspect
じさつ 自殺 suicide ～**する** commit suicide; kill oneself
しさん 資産 property; wealth
じさん 持参する bring
しし 獅子 lion ～**座** Leo; the Lion
しじ[1] 指示 directions
～**する** direct
しじ[2] 支持する support; back; stand by ...
じじ 時事の current
じじつ 事実 fact: ～は小説よりも奇なり Truth [Fact] is stranger than fiction.
ししゃ[1] 支社 branch office
ししゃ[2] 死者 dead person
ししゃ[3] 試写(会) preview
ししゃ[4] 使者 messenger
ししゃく 子爵 viscount
～**夫人** viscountess
じしゃく 磁石 magnet
じしゅ 自主 ～**的な** free; voluntary; independent; autonomous ～**規制** voluntary restraint
ししゅう 刺繍 embroidery
～**をする** embroider
しじゅう[1] 四十, 40 forty
しじゅう[2] 始終 always
じしゅう 自習する study by oneself
ししゅつ 支出 expense
ししゅんき 思春期 puberty
じしょ 辞書 dictionary
しじょう 市場 market
～**調査** market research
じじょう 事情 circumstances; things
ししょうしゃ 死傷者 casualties
じしょく 辞職 resignation
～**する** resign
ししん 指針 guide
しじん 詩人 poet
じしん[1] 自信 confidence
じしん[2] 地震 earthquake
しずかな 静かな silent; quiet; still
静かに quietly
しずく 滴, 雫 drop
しずけさ 静けさ silence
システムエンジニア systems engineer
しずむ 沈む sink; go down; (太陽が) set
しずめる[1] 静める calm
しずめる[2] 沈める sink
しせい 姿勢 posture; (心構え) attitude
じせい[1] 時制 tense
じせい[2] 自制する control [restrain] oneself; bear ～**心** self-control; self-restraint
じせき 自責(の念) bad [guilty] conscience; guilt ～**点**

earned run
しせつ[1] 施設 institution; facilities
しせつ[2] 使節 envoy; delegate **～団** mission; delegation
しぜん 自然 nature **～の** natural **～に** naturally; (ひとりでに) by itself **～科学** (natural) science
じぜん 慈善 charity
しそう 思想 thought; idea
…しそうである be likely [going] to do ⇒…そう
じそく 時速 speed [miles, kilometers] per hour: ～50 マイル [キロ] 50 mph [kph]
じぞく 持続する last **～可能な** sustainable
しそこなう し損なう fail to do
しそん 子孫 descendant
じそんしん 自尊心 pride
した[1] 舌 tongue
した[2] 下: (…の)下に under; below; down
したい 死体 (dead) body; corpse; remains; (動物の) carcass
…したい want [would like] to do
しだい 次第に gradually
…しだい …次第である depend on
じたい[1] 事態 situation
じたい[2] 辞退する decline
じたい[3] (それ)自体では in oneself
じだい 時代 age; (the) times; period
したがう 従う follow; (服従) obey
したがき 下書き (rough) draft, rough copy; (絵の) sketch
したがって 従って therefore **…に～** according to
…したがる want to do
したぎ 下着 underwear
したく 支度 preparations: ～はできましたか Are you ready? **～をする** prepare (for); (食事などの) fix
じたく 自宅 one's house [home]
したしい 親しい friendly; close
したたる 滴る drop
しち 七, 7 seven **7番目の** seventh **7分の1の** seventh
じち 自治 self-government
しちがつ 七月 July
しちじゅう 七十, 70 seventy
しちめんちょう 七面鳥 turkey
しちゃく 試着する try on
シチュー stew
しちょう 市長 mayor
しちょうかく 視聴覚の audiovisual
しちょうしゃ 視聴者 (TV) viewer **視聴率** rating
しつ 質 quality
じつ 実に very; really **実は** in fact; to tell the truth
じつえん 実演 demonstration
しっかり(と) tightly **しっかりした** firm **しっかりしろ** Cheer up!
しつぎょう 失業 unemployment **～する** lose one's job **～中で** out of work
じっきょう 実況(の) running commentary; live
じつぎょうか 実業家 business person
じっくり carefully; without haste: ～考える consider; contemplate; deliberate; meditate; think over
しっけ 湿気 humidity; damp **～の多い** humid
しつけ(る) 躾(る) discipline
じっけん 実験(する) experiment **～的な** experimental **～室** laboratory
じつげん 実現する (夢を) realize; (夢が) come true
しつこい persistent; (食べ物が) heavy
じっこう 実行する carry out
じっさい 実際の actual; true; real **～に** actually
じつざい 実在の real
しっさく 失策 error; mistake
じっし 実施する carry out; execute; conduct; enforce; bring [put] ... into effect
じっしつ 実質 substance **～的な[上の]** virtual
じっしゅう 実習(する) practice **～生** trainee; (教育実習生) student teacher
しっしん[1] 失神(する) faint; black out
しっしん[2] 湿疹 eczema
じっせん 実践 practice
しっそ 質素な simple; plain; frugal; humble
じったい 実体 substance; reality
しっている 知っている know
しっと 嫉妬 jealousy; envy **～深い** jealous; envious
しつど 湿度 humidity
じっと still; patiently **～見つめる** stare (at)
しつない 室内の indoor **～競技** indoor games **～楽** chamber music
しっぱい 失敗 failure **～する** fail
しっぴつ 執筆する write
じつぶつ 実物 real thing; (絵に対し) life; (見本) sample, demonstrator: ～大 life [actual] size
しっぽ 尻尾 tail
しつぼう 失望 disappointment **～する** be disappointed
しつめい 失明する lose one's sight; become blind
しつもん 質問(する) question
しつよう 執拗な obstinate; persistent; tenacious
じつようてき 実用的な practical
じつりょく 実力のある able; capable **～テスト** achievement test
しつれい 失礼な impolite: そろそろ～します I must be going [leaving] now. / ちょっと～ Excuse me.
じつれい 実例 example
しつれん 失恋する be disappointed in love
じつわ 実話 true story
…して …している be doing
してい 指定する appoint **～席** reserved seat
してき[1] 指摘する point out
してき[2] 私的な private; personal
してつ 私鉄 private railroad
してん[1] 支店 branch (office)
してん[2] 視点 point of view; viewpoint
じてん[1] 辞典 dictionary; (百科) 事典 encyclopedia
じてん[2] 自転 rotation
じでん 自伝 autobiography
じてんしゃ 自転車 bicycle; bike
しどう[1] 指導 guidance **～する** guide; direct **～者** leader
しどう[2] 始動する[させる] start
じどう[1] 児童 child
じどう[2] 自動的な automatic **～的に** automatically **～販売機** vending machine
じどうしゃ 自動車 car
…しない do not do **…しないうちに** before ... **…しない(か)?** Why not [don't you] do ...?; Won't you do ...? **…しなければならない** must do; have to do
しなもの 品物 article; goods
しなやかな flexible; elastic; supple
シナリオ scenario
しぬ (病気などで)死ぬ die (of [from] ...); (事故・戦争で) be killed **死にかかっている** dying **死んだ** dead
じぬし 地主 landlord; landowner
しのぐ 凌ぐ (勝る) exceed; surpass; (耐える) endure, bear; (雨を) shelter (from the rain)

しのびこむ 忍び込む steal into
しば 芝 (芝生) lawn; (芝生用の) turf **~刈り機** lawn mower
しはい 支配(する) rule
~者 ruler **~人** manager
しばい 芝居 play
じはく 自白 confession
~する confess
じばくてろ 自爆テロ[テロ犯] suicide bombing [bomber]
しばしば often; frequently
じはつてき 自発的な voluntary
しばふ 芝生 lawn; grass
しはらい 支払い payment
(...の)**~をする, 支払う** pay (for)
しばらく for a while **~ぶりだね** Long time no see!
しばる 縛る bind
じばん 地盤 ground
じひ 慈悲 mercy
しびれる 痺れる be numb; (足が) be asleep
しぶ 支部 branch
しぶい 渋い sharp and stinging; astringent
しぶき 飛沫 spray; splash
ジプシー gypsy
しぶしぶ reluctantly
ジフテリア diphtheria
じぶん 自分の one's (own)
~自身 self; oneself
しへい 紙幣 paper money; bill
しぼう[1] 死亡 death **~する** die
~率 death rate
しぼう[2] 脂肪 fat
じほう 時報 time signal; chime
しぼむ 萎む wither
しぼる 絞る squeeze; (布を) wring; (乳を) milk
しほん 資本 capital
~家 capitalist; (総称) capital
~主義 capitalism
しま[1] 縞 stripe
しま[2] 島 island **島国** island country **島の住民** islander
しまい 姉妹 sisters
しまう put away **しまっておく** hold back
しまうま 縞馬 zebra
しまぐに 島国 island nation
しまつ (後)始末する manage; dispose of; settle; take care of
しまった! oops; uh-oh
しまり 締まりのない loose
しまる 閉まる close; shut
じまん 自慢 pride (...を)**~する** be proud (of); boast
しみ 染み stain; spot
じみ 地味な plain
しみこむ 染み込む soak; sink
シミュレーション simulation
しみん 市民 citizen
じむ 事務 office work
~員 clerk **~所[室]** office
ジム gym
しめい[1] 指名する nominate
しめい[2] 氏名 name
しめい[3] 使命 mission
しめきり 締め切り deadline
じめじめした damp
しめす 示す show
しめだす 締め出す shut out
じめつ 自滅する destroy oneself
しめった 湿った wet; moist
しめる[1] 占める occupy
しめる[2] 締める fasten
しめる[3] 閉める close; shut
じめん 地面 ground
しも 霜 frost
霜焼けになる be frostbitten
じもと 地元の local
しもん 指紋 fingerprint
しや 視野 field of view
ジャー Thermos
じゃあく 邪悪な evil
ジャージー jersey
ジャーナリスト journalist
ジャーナリズム journalism
シャープ sharp **~ペンシル** mechanical pencil
シャーベット sherbet
しゃいん 社員 employee
ジャガー jaguar
しゃかい 社会 society
~の social **~学** sociology
~主義 socialism
じゃがいも potato
しゃがむ crouch
しゃく 癪に障る be annoyed [irritated]
しやくしょ 市役所 city hall
じゃぐち 蛇口 faucet
じゃくてん 弱点 weak point; weakness
しゃくど 尺度 measure
しゃくほう 釈放(する) release
しゃくめい 釈明 explanation
~する explain
しゃくよう 借用する borrow
しゃげき 射撃 shoot; shooting; shot
ジャケット jacket
しゃこ 車庫 garage
しゃこうてき 社交的な sociable
しゃざい 謝罪 apology
~する apologize
しゃじつ 写実 **~的な** realistic
しゃしょう 車掌 conductor
しゃしん 写真 photo(graph); picture
ジャズ jazz
ジャスミン jasmine
しゃせい 写生する sketch
しゃせつ 社説 editorial
しゃちょう 社長 president
シャツ undershirt; (ワイシャツ) shirt
ジャッカル jackal
じゃっかん 若干(の) some; a little
しゃっきん 借金 debt
しゃっくり(する) hiccup
シャッター shutter: シャッターを切る[押す] press the shutter
シャットアウト shutout
しゃてい 射程 range
しゃどう 車道 road(way)
しゃぶる suck
しゃべる 喋る talk; (ある言語を) speak
シャベル shovel
シャボンだま シャボン玉 soap bubbles
じゃま 邪魔 disturbance; interference **~する** disturb; interrupt; interfere
ジャム jam
しゃめん 斜面 slope
じゃり 砂利 gravel
しゃりょう 車輛 (車) vehicle; (鉄道の) car
しゃりん 車輪 wheel
しゃれ 洒落 joke; (だじゃれ) pun
~を言う[飛ばす] crack a joke
しゃれい 謝礼 reward
シャワー shower: シャワーを浴びる take a shower
ジャングル the jungle
ジャングルジム jungle gym
シャンデリア chandelier
ジャンパー windbreaker
ジャンプ(する) jump
シャンプー(する) shampoo
シャンペン champagne
ジャンボ(ジェット) jumbo (jet)
しゅ 種 species
しゅい 首位 first place
しゆう 私有の private
しゅう[1] 州 state
しゅう[2] 週 week
じゆう 自由 freedom; liberty
~な free
じゅう[1] 十, 10 ten **10番目の, 10分の1** tenth
じゅう[2] 銃 gun
...じゅう ...中 throughout ...; all over ...: そこら中 all around; all over
じゅうあつ 重圧 pressure
しゅうい 周囲 circumference
じゅうい 獣医 veterinarian
じゅういち 十一, 11 eleven
11番目の, 11分の1 eleventh
十一月 November
しゅうえき 収益 earnings; proceeds; profit
しゅうかい 集会 meeting; (ある目的のための) assembly
しゅうかく 収穫(する) harvest

〜高 crop; harvest
じゅうがつ 十月 October
しゅうかん 習慣 habit; custom
しゅうかんし 週刊誌 weekly
しゅうき 周期 cycle; period
しゅうぎいん 衆議院 the House of Representatives
じゅうきょ 住居 dwelling; house; residence
しゅうきょう 宗教 religion
じゅうぎょういん 従業員 employee; worker
しゅうぎょうしき 終業式 closing ceremony
しゅうきん 集金する collect (money)
じゅうく 十九, 19 nineteen **19 番目の, 19 分の 1** nineteenth
ジュークボックス jukebox
シュークリーム cream puff
しゅうげき 襲撃(する) attack
じゅうご 十五, 15 fifteen
15 番目の, 15 分の 1 fifteenth
15 分(間) quarter
しゅうごう 集合する gather
ジューサー juicer
しゅうさい 秀才 bright [brilliant] student
じゅうさん 十三, 13 thirteen
13 番目の, 13 分の 1 thirteenth
しゅうし 修士 master
しゅうじ 習字 penmanship; calligraphy
しゅうじ 修辞 **〜学** rhetoric
〜疑問 rhetorical question
じゅうし[1] 十四, 14 fourteen
じゅうし[2] 重視する make much of; attach importance to; lay emphasis on
じゅうじ 従事する engage; follow; occupy
じゅうじか 十字架 cross
じゅうしち 十七, 17 seventeen
17 番目の, 17 分の 1 seventeenth
しゅうじつ[1] 終日 all day
しゅうじつ[2] 週日 weekday
じゅうじつ 充実した fruitful; rich; substantial
しゅうしふ 終止符 period
しゅうしゅう 収集する collect
じゅうじゅん 柔順な obedient
じゅうしょ 住所 address
じゅうしょう 重傷で seriously injured [wounded, hurt]
しゅうしょく[1] 就職する get a job
しゅうしょく[2] 修飾する modify
じゅうじろ 十字路 crossroads
しゅうじん 囚人 prisoner
じゅうしん 重心 center of gravity
しゅうしんけい 終身刑 life imprisonment [sentence]
シューズ shoes
ジュース juice; (スポーツ) deuce
しゅうせい[1] 修正 amendment
〜する amend
しゅうせい[2] 習性 habit
じゅうぞく 従属した subject; subordinate **〜節** subordinate clause
じゅうたい[1] 渋滞 traffic jam
じゅうたい[2] 重体[重態]である be seriously ill
じゅうだい 重大な important
〜さ importance
じゅうたく 住宅 house
しゅうだん 集団 group
じゅうたん 絨毯 carpet
しゅうちゅう 集中 concentration
〜する concentrate (on)
しゅうてん 終点 terminal
じゅうてん 重点 accent; emphasis; stress
じゅうでん 充電する charge
しゅうと 舅 father-in-law
シュート shot **〜する** shoot
しゅうどういん 修道院 monastery; convent
しゅうとく 習得する learn; acquire
しゅうとめ 姑 mother-in-law
じゅうなな 十七, 17 seventeen
17 番目の, 17 分の 1 seventeenth
じゅうなん 柔軟な flexible; supple; soft
じゅうに 十二, 12 twelve
12 番目の, 12 分の 1 twelfth
十二月 December
しゅうにゅう 収入 income
しゅうにん 就任(式) inauguration **〜する** take office; be inaugurated as...; (宣誓して) be sworn in
じゅうにん 住人 inhabitant
しゅうねんぶかい 執念深い revengeful
しゅうはすう 周波数 frequency; wavelength
じゅうはち 十八, 18 eighteen
18 番目の, 18 分の 1 eighteenth
しゅうふく 修復 restoration
〜する restore
しゅうぶん 秋分 autumnal equinox
じゅうぶん 十分(な) enough
〜に well; fully
しゅうまつ 週末 weekend
じゅうみん 住民 inhabitant
じゅうやく 重役 executive; director
しゅうよう 収容する contain; accommodate **〜力** capacity
じゅうよう 重要な important; significant **〜性** importance
じゅうよん 十四, 14 fourteen
14 番目の, 14 分の 1 fourteenth
じゅうらい 従来(は) till now; hitherto; in the past; conventionally; traditionally: 〜の traditional; present; existing
しゅうり 修理 repair
〜する repair; mend
しゅうりょう 終[修]了する end; complete
じゅうりょう 重量 weight
〜挙げ weight lifting
じゅうりょく 重力 gravity
しゅうろく 収録する record
じゅうろく 十六, 16 sixteen
16 番目の, 16 分の 1 sixteenth
しゅえい 守衛 guard
しゅえん 主演 the leading actor [actress] **〜する** star; play the lead; top the bill
しゅかんてき 主観的な subjective
しゅぎ 主義 principle
じゅきょう 儒教 Confucianism
じゅぎょう 授業 class; lesson
〜料 school fees
じゅくご 熟語 idiom
しゅくじ 祝辞 congratulations
じゅくした 熟した ripe; mature
しゅくじつ 祝日 holiday
しゅくしょう 縮小する cut down; reduce
しゅくだい 宿題 homework; assignment
しゅくてん 祝典 celebration
しゅくはく 宿泊する stay
しゅくふく 祝福する bless
しゅくめい 宿命 destiny
じゅくれん 熟練 skill
〜した skilled **〜者** expert
しゅげい 手芸 handicraft
じゅけん 受験する take an (entrance) examination
〜生 examinee
しゅご 主語 subject
しゅさい 主催する sponsor
しゅじゅつ 手術 operation
〜をする operate
しゅしょう[1] 主将 captain
しゅしょう[2] 首相 prime minister
じゅしょう 受賞する be awarded **〜者** winner
しゅしょく 主食 the staple diet
...を〜とする live on ...
しゅじん 主人 master; (夫) one's husband
じゅしん 受信 reception **〜する** receive **〜機** receiver
しゅじんこう 主人公 hero; (女性) heroine
じゅせい (受精) fertilization; (授

精) insemination **人工授精** artificial insemination **受精卵** fertile egg
しゅぞく 種族 tribe
しゅだい 主題 subject
しゅだん 手段 means **～を選ばず** by fair means or foul
しゅちょう 主張する insist; claim
しゅつえん 出演する appear
しゅつがん 出願 application
～する apply
しゅっきん 出勤する go [come] to work [the office]
しゅっけつ 出血する bleed
しゅつげん 出現する appear; come into being
じゅつご 述語 predicate
しゅっさん 出産 birth
～する give birth to
しゅっしょ 出所 (情報などの) source
しゅつじょう 出場する take part in; enter
しゅっしん (...の)出身である be [come] from: 出身はどちらですか Where are you from?; Where do you come from?
じゅっしんほう 十進法 decimal system
しゅっせ 出世する succeed in life; be promoted
しゅっせい 出生 birth
しゅっせき 出席する attend
～をとる call the roll **～簿** roll (book)
しゅっちょう 出張する go on business
しゅっとう 出頭する report (to the police)
しゅっぱつ 出発 departure; start **～する** start; leave; depart; (旅行に) set off
しゅっぱん 出版する publish
～社 publishing company; publisher
しゅっぴ 出費 expense
しゅつぼつ 出没する haunt; infest
しゅと 首都 capital
しゅどうけん 主導権 the initiative
じゅどうたい 受動態 passive voice
しゅとして 主として chiefly; mainly
しゅび 守備 defense
しゅびよく 首尾よく successfully
しゅふ 主婦 housewife
しゅほう 手法 touch; technique; method
しゅみ 趣味 hobby; (関心事) interest
じゅみょう 寿命 life
しゅもく 種目 event
じゅもく 樹木 trees
じゅもん 呪文 spell
しゅやく 主役 leading role
しゅよう 主要な chief; main; primary
じゅよう 需要 demand
しゅりょう 狩猟 hunting; shooting
しゅるい 種類 kind; sort
シュレッダー shredder
しゅわ 手話 sign language
じゅわき 受話器 receiver
じゅん 順 order: 年齢順に in order of age / 順を追って in order
じゅんい 順位 place
じゅんかい 巡回 patrol; round
しゅんかん 瞬間 moment
じゅんかん 循環 circulation
～する circulate
じゅんきょうしゃ 殉教者 martyr
じゅんきょうじゅ (准教授) associate professor; (日本の准教授) assistant professor
じゅんけっしょう 準決勝 semifinal: **準々決勝** quarterfinal
じゅんさ 巡査 police officer
じゅんじょ 順序 order
～よく in order
じゅんしん 純真な naive
じゅんすい 純粋な pure
じゅんちょう 順調な satisfactory
～に satisfactorily; smoothly
じゅんのう 順応 adjustment
...に～する adjust (oneself) to
じゅんぱく 純白の snow-white
じゅんばん 順番 turn
～に in turn
じゅんび 準備 preparation
～する prepare (for) **～運動[体操]** warm-up
しゅんぶん 春分 vernal equinox
じゅんれい 巡礼 pilgrim(age)
しよう 使用(する) use
～中の occupied
...しよう Let's do ...; How about ...?
しょう¹ 省 ministry; (米国の) department
しょう² 章 chapter
しょう³ 賞 prize
じょう¹ 錠(をかける) lock
じょう² ...乗(数の) power
じょういん 上院 (米国) Senate; (英国) House of Lords
～議員 (米国) senator; (英国) peer(ess)
じょうえい 上映する show; play
じょうえん 上演する stage; present
しょうか¹ 消化 digestion **～する** digest **～のよい** digestible
しょうか² 消火する put out the fire **～器** fire extinguisher
～栓 hydrant
しょうが 生姜 ginger
しょうかい 紹介 introduction
～する introduce
しょうがい¹ 生涯 life
しょうがい² 傷害 injury
しょうがい³ 障害 bar; block; obstacle; barrier; hindrance; (身体上の) disability; (精神の) mental disorder **～者** disabled person
しょうがくきん 奨学金 scholarship
しょうがくせい 小学生 school child
しょうがつ 正月 the New Year
しょうがっこう 小学校 elementary school
しょうき 正気 sanity; sense; (right) mind: ～でない crazy; mad; insane; out of one's mind; of unsound mind **～の** sane; rational; of sound mind
じょうき¹ 蒸気 steam **～機関車** steam locomotive
じょうき² 上記の above; abovementioned
じょうぎ 定規 ruler
じょうきゃく 乗客 passenger
しょうきゅう 昇給 raise
じょうきゅう 上級の advanced; upper
～生 senior student
しょうぎょう 商業 commerce; business
じょうきょう 状況 circumstances; situation
しょうきょくてき 消極的な passive; negative
しょうきん 賞金 prize money
しょうぐん 将軍 general; (江戸時代までの) shogun
じょうげ 上下に up and down
しょうげき 衝撃 shock
～的な shocking
しょうけん 証券 securities; bond
しょうげん 証言 testimony
～する testify
じょうけん 条件 condition
～反射 conditioned reflex
しょうこ 証拠 evidence; (確実な) proof
しょうご 正午 noon
しょうごう¹ 照合(する) check
しょうごう² 称号 title
じょうこう 条項 article
しょうさい 詳細 details; partic-

ulars ～な detailed ～に in detail
じょうざい 錠剤 tablet
しょうさん 称賛する praise
じょうし 上司 boss; superior
じょうじ 情事 (love) affair
しょうしか 少子化 declining birth rate **少子高齢化社会** aging [graying] society with a low birth rate
しょうじき 正直 honesty ～な honest ～に honestly ～なところ honestly; to be honest (with you)
じょうしき 常識 common sense; common knowledge
しょうしつ[1] 焼失する burn down
しょうしつ[2] 消失する disappear; vanish
じょうしつ 上質の quality
しょうしゃ[1] 勝者 winner
しょうしゃ[2] 商社 business; trading company [firm]
じょうしゃ 乗車する get on ～**券** ticket
しょうしゅう 招集する call; summon; convene
じょうしゅう 常習 ～**的な** frequent; habitual; chronic; confirmed; inveterate
しょうじょ 少女 girl
しょうしょう 少々 a little
しょうじょう 症状 symptom
じょうしょう 上昇 rise ～する go up; rise
しょうしん 昇進 promotion ～する be promoted
しょうしんしょうめい 正真正銘の genuine
じょうず 上手な good; skilled; skillful ～に well
しょうすう 小数 decimal ～**点** decimal point
しょうすう(は) 少数(派) minority ～の a few ～**民族** minority
じょうせい 情勢 situation
しょうせつ 小説 novel; story ～**家** novelist
しょうぞう(が) 肖像(画) portrait
じょうぞう 醸造する brew
しょうたい[1] 招待 invitation ～する invite ～**状** invitation (card)
しょうたい[2] 正体: ～を現わす show one's true colors / ～を暴く unmask / ～不明の unidentified
じょうたい 状態 condition; state
しょうだく 承諾 consent; agreement; assent; permission; approval
じょうたつ 上達する improve
じょうだん 冗談 joke: ～でしょ You're kidding.
しょうち 承知する consent ～した Sure.; Okay.
しょうちょう[1] 象徴 symbol
しょうちょう[2] 小腸 small intestine
しょうてん[1] 商店 store
しょうてん[2] 焦点 focus **…に～を合わせる** bring … into focus
しょうどう 衝動 impulse ～**的な** impulsive
じょうとう 上等な excellent
しょうどく 消毒する disinfect; sterilize
しょうとつ 衝突(する) crash; (意見・利害の) conflict
しょうにか 小児科 pediatrics
しようにん 使用人 servant; employee
しょうにん[1] 承認 recognition ～する recognize
しょうにん[2] 商人 storekeeper; merchant
しょうにん[3] 証人 witness
じょうねつ 情熱 passion ～**的な** passionate
しょうねん 少年 boy
じょうば 乗馬 (horse) riding
しょうばい 商売 business
じょうはつ 蒸発する evaporate
しょうひ 消費 consumption ～する consume ～**者** consumer
しょうひん[1] 商品 goods
しょうひん[2] 賞品 prize
じょうひん 上品な elegant
しょうぶ 勝負 game; bout; match
じょうぶ 丈夫な (体が) healthy; (物が) strong
しょうべん 小便する urinate; pass water; piss
じょうほ 譲歩する concede; compromise; give way
じょうほう 情報 information ～**検索** information retrieval; ⇒けんさく
しょうぼうし 消防士 firefighter **消防車** fire engine **消防署** fire station
じょうみゃく 静脈 vein
じょうむいん 乗務員 crew **客室～** cabin crew; flight attendant
しょうめい[1] 照明 lighting
しょうめい[2] 証明 proof ～する prove ～**書** certificate
しょうめつ 消滅する vanish; disappear
しょうめん 正面 the front
しょうもう 消耗する exhaust
じょうやく 条約 treaty
しょうゆ 醤油 soy (sauce)
しょうらい 将来 the future: 近い～(に) in the near future ～**性のある** promising
しょうり 勝利 victory ～する win ～**者** victor
じょうりく 上陸する land
しょうりゃく 省略 omission; (短縮) abbreviation ～する omit; abbreviate
じょうりゅう[1] (…の)上流に[へ] above; up ～**階級** the upper class; (high) society
じょうりゅう[2] 蒸留する distill
しょうりょう 少量(の) a little
じょうりょくじゅ 常緑樹[の] evergreen
しょうれい 奨励 encouragement ～する encourage
じょうろ 如雨露 watering can
ショー show **ショーウインドー** (show) window ～**ルーム** showroom
じょおう 女王 queen ～**あり[ばち]** queen ant [bee]
ジョーカー joker
ジョーク joke
ショーツ shorts
ショート (野球) shortstop; (回路の) short (circuit) ～**ケーキ** shortcake ～**ヘア** bob ～**パンツ** shorts
じょがい 除外する omit; exclude; except; set aside
しょき[1] 書記 clerk
しょき[2] 初期の[に] early
しょきか 初期化する format
しょきゅう 初級の elementary; primary ～**者** beginner
じょきょ 除去する remove; omit
じょきょうじゅ 助教授 assistant professor; ⇒じゅんきょうじゅ
ジョギング jogging ～をする jog
しょく 職 job; work
しょくいん 職員 staff ～**室** teachers' room
しょくえん 食塩 salt
しょくぎょう 職業 occupation
しょくじ 食事 meal ～**をする** eat (a meal); have a meal
しょくたく 食卓 table
しょくちゅうどく 食中毒 food poisoning
しょくどう 食堂 dining room; (店) restaurant
しょくにん 職人 crafts(wo)man
しょくひ 食費 food expenses
しょくひん 食品 food ～**添加物** food additive

～ロス food waste
しょくぶつ 植物 plant
～園 botanical garden
～性の vegetable
しょくみん 植民する settle
～地 colony
しょくむ 職務 duty
しょくもつ 食物 food
～連鎖 food chain
しょくよう 食用の edible
しょくよく 食欲 appetite
しょくりょう 食料(品) food
～品店 grocery (store)
しょけい 処刑する execute
しょけん 所見 opinion
じょげん 助言 advice
～する advise
じょこう 徐行する go slow(ly); slow down
しょさい 書斎 study
じょさんし[ぷ] 助産師[婦] midwife
じょし 女子 girl
～大学 women's college
じょしゅ 助手 assistant
しょじょ 処女 virgin
じょじょ 徐々に gradually
しょしんしゃ 初心者 beginner
じょせい 女性 woman
しょせき 書籍 book
しょぞく 所属する belong (to)
しょち 処置 disposition; step; measure; treatment ～する treat 応急～ first aid (treatment)
しょっき 食器 dishes
～棚 cupboard
ジョッキ mug
ショッキングな shocking
ショック(を与える) shock
しょっぱい salty
ショッピング shopping
ショッピングセンター shopping center ; (shopping) mall
しょてん 書店 bookstore
しょどう 書道 calligraphy
じょどうし 助動詞 auxiliary verb
しょとく 所得 earnings; income
しょぶん 処分する do with; dispose of
じょぶん 序文 preface; foreword
しょほ 初歩の elementary
しょほうせん 処方箋 prescription
しょみん 庶民 (ordinary [common]) people; commoner
しょめい 署名 signature
～する sign
しょゆう 所有する own; possess
～者 owner ～格 the possessive (case)
じょゆう 女優 actress

しょり 処理 disposal
～する deal (with)
しょるい 書類 papers
～かばん briefcase
ショルダーバッグ shoulder bag
じらい 地雷 (land) mine
しらが 白髪 gray hair
しらける 白ける be chilled
しらせる 知らせる tell; let ... know 知らせ news
しらべる 調べる examine; check; (参考書などを) consult; (辞書などで) look up
...を詳細に～ go through
しらみ 虱 louse
しり 尻 buttocks
しりあい 知り合い acquaintance
...と～である be acquainted with
知り合う get to know
シリアル cereal
シリーズ series
しりごみ ～する hesitate; recoil
しりつ[1] 市立の municipal
しりつ[2] 私立の private
じりつ 自立 independence
しりゅう 支流 branch; offshoot; tributary
しりょ 思慮 thought
～深い thoughtful
～にかける thoughtless
しりょう 資料 data
しりょく 視力 eyesight; sight
しる[1] 知る know; learn
しる[2] 汁 juice
シルエット silhouette
シルク silk
しるし 印(をつける) mark
しれい 指令(する) order; command 司令官 commander
司令部 headquarters
じれったい (じらすような) irritating, tantalizing; (じらされて) impatient
しれん 試練 trial
ジレンマ dilemma
しろ[1] 城 castle
しろ[2] 白(い) white
しろあり 白蟻 white ant; termite
しろうと amateur
しろくま 白熊 polar bear
じろじろ ～見る stare; gaze
シロップ syrup
しろみ 白身 (卵白) (egg) white ; (肉) white meat
しわ 皺 wrinkle
しん 芯 (果物の) core; (鉛筆の) lead; (ろうそくの) wick
しんあい 親愛な dear
しんか 進化 evolution
～する evolve
しんがい 侵害 violation; breach; infringement

しんがく[1] 進学する go on to
しんがく[2] 神学 theology
じんかく 人格 character
シンガポール Singapore
しんぎ 審議する deliberate; discuss
しんきゅう 進級 promotion
～させる promote
しんきろう 蜃気楼 mirage
しんくう 真空 vacuum
シングルス singles
シングルの single
シンクロ synchronized swimming
しんけい 神経 nerve: あいつは～が図太い He has a nerve.
～質な nervous
しんけん 真剣な serious
～に seriously
じんけん 人権 human rights
しんげんち 震源地 focus; epicenter
しんこう[1] 信仰 faith; belief
しんこう[2] 進行 progress
しんごう 信号 signal; traffic light
じんこう[1] 人口 population
じんこう[2] 人工の artificial
～衛星 artificial satellite
～呼吸 artificial respiration
しんこきゅう 深呼吸 deep breath ～をする take [draw] a deep breath
しんこく[1] 申告 declaration
～する declare
しんこく[2] 深刻な serious
しんこん 新婚の newly married
～旅行 honeymoon
しんさ 審査する examine
しんさつ 診察する examine; see
しんし 紳士 gentleman
しんしつ 寝室 bedroom
しんじつ 真実 truth ～の true
しんじゃ 信者 believer
じんじゃ 神社 (Shinto) shrine
しんじゅ 真珠(の) pearl
じんしゅ 人種 race
しんしゅつ 進出する advance
しんしょう 心証 impression
しんじょう 心情 feelings
しんしょく 侵[浸]食する erode; eat away
しんじる 信じる believe; trust
しんじん 新人 newcomer; rookie
しんじんぶかい 信心深い religious
しんすい[1] 浸水する be flooded
しんすい[2] 進水する be launched
しんずい 神髄 essence
しんせい 神聖な sacred; holy
じんせい 人生 life
しんせき 親戚 relative
シンセサイザー synthesizer

しんせつ 親切 kindness ～な kind; nice ～に(も) kindly
しんせん 新鮮な fresh
しんぜん 親善 friendship
しんそう 真相 the truth
しんぞう 心臓 heart
～まひ heart attack
じんぞう 腎臓 kidney
しんぞく 親族 kin; relative
しんたい 身体 body ～**検査** checkup, physical (examination); (ボディチェック) security check, body search
しんだい 寝台 bed
～車 sleeping car
しんだん 診断する diagnose
しんちゅう 真鍮 brass
しんちょう[1] 身長 height: 身長は170 センチです I'm 170 centimeters tall.
しんちょう[2] 慎重な careful
しんちんたいしゃ 新陳代謝 metabolism
しんてん 進展 development
しんでん 神殿 temple
しんどう 振動 vibration
～する vibrate
じんどうてき 人道的な humanitarian
シンナー thinner; ～遊び glue sniffing
しんにゅう 侵入する invade; break into ...
しんにゅうしゃいん 新入社員 recruit; ⇒しんじん **新入生** freshman
しんねん[1] 信念 belief
しんねん[2] 新年 new year **新年おめでとう** Happy New Year.
しんの 真の true
しんぱい 心配 anxiety; worry; fear; care ～**事** trouble ～して afraid; anxious ～**そうな** worried
シンバル cymbals
しんぱん 審判(員) umpire; referee; judge
しんぴ 神秘 mystery
～的な mysterious
しんぴん 新品の (brand-)new
しんぷ[1] 新婦 bride
しんぷ[2] 神父 father; priest
じんぶつ 人物 person; character; figure
しんぶん 新聞 (news)paper
しんぽ 進歩(する) progress; advance
しんぼう 辛抱する be patient
シンボル symbol
しんみつ 親密な close
じんみん 人民 people
じんめい 人命 (human) life; ⇒きゅうめい
じんもん 尋問 interrogation; questioning; (法廷での) examination
しんや 深夜 (at) midnight
しんゆう 親友 good [best, close] friend
しんよう 信用(する) credit; trust
しんらい 信頼(する) trust; rely on
しんらつ 辛らつな severe; bitter; pungent
しんり[1] 心理(学) psychology
～**的な** psychological
しんり[2] 真理 truth
しんり[3] 審理する try
しんりゃく 侵略 invasion
～する invade
しんりょうじょ 診療所 clinic
しんりん 森林 forest
しんるい 親類 relative
じんるい 人類 humankind
しんろ 進路 way; course; direction
しんろう 新郎 bridegroom
しんわ 神話 myth; (総称) mythology

す

す[1] 巣 nest
す[2] 酢 vinegar
ず 図 figure **図案** design
スイートピー sweet pea
すいえい 水泳 swimming
すいか 西瓜 watermelon
すいがい 水害 flood
すいぎゅう 水牛 (water) buffalo
すいぎん 水銀 mercury
すいげん 水源(地) source; (川の) head
すいこう 遂行する do; perform; carry out; execute
すいこむ 吸い込む (息を) breathe in; (液体を) suck; (吸収する) absorb
すいさい 水彩 watercolor
すいさいが 水彩画 watercolor
すいさつ 推察(する) guess
すいし 水死する drown
すいじ 炊事する cook
すいしゃ 水車 waterwheel
～**小屋** water mill
すいじゃく 衰弱する weaken
～した weak; feeble; infirm
すいじゅん 水準 level
すいしょう 水晶 crystal
すいじょうき 水蒸気 steam; vapor
すいじょうスキー 水上スキー waterskiing
すいしん 推進する promote; propel
スイス Switzerland
～の[人] Swiss
すいせい[1] 彗星 comet
すいせい[2] 水星 Mercury
すいせん[1] 推薦(状・文) recommendation
～する recommend
すいせん[2] 水仙 narcissus; (らっぱすいせん) daffodil
すいそ 水素 hydrogen
すいそう 水槽 (貯水用の) tank; (魚の) aquarium
すいそく 推測(する) guess
すいぞくかん 水族館 aquarium
すいたい 衰退する decline; decay
すいちゅう 水中に[の] under [in] water; underwater, aquatic
～**眼鏡** goggles
すいちょく 垂直な vertical
スイッチ switch ～**を入れる[切る]** switch on [off]
すいてい 推定する presume; assume; suppose
すいでん 水田 (rice) paddy; paddy field
すいとう 水筒 canteen
すいどう 水道 water supply; (水道水) tap water
～**を出す[止める]** turn on [off] the water
ずいひつ 随筆 essay
すいぶん 水分 water; moisture
ずいぶん 随分 very; much
すいへい[1] 水兵 sailor
すいへい[2] 水平な level
～**線** the horizon
すいみん 睡眠 sleep
すいようび 水曜日 Wednesday
すいり 推理する guess ～**小説** mystery; detective story
すいりょく 水力 waterpower
～**発電所** waterpower plant; hydroelectric power station
すいれん 睡蓮 water lily
すいろ 水路 channel
スイング swing
すう 吸う (たばこを) smoke; (息を) breathe; (液体を) suck
すうがく 数学 math(ematics)
すうじ 数字 figure
ずうずうしい impudent; shameless
スーツ suit ～**ケース** suitcase
スーパー(マーケット) supermarket
スーパーマン superman
すうはい 崇拝(する) worship
スープ soup
すうりょう 数量 quantity
すえ 末 (終わり) end: ...の末に after...
すえる 据える set
スカート skirt
スカーフ scarf

ずかい 図解 diagram; illustration
ずがいこつ 頭蓋骨 skull; cranium
スカイダイビング skydiving
スカウト scout
すがすがしい 清々しい refreshing
すがた 姿 figure
姿を消す disappear
姿を現わす show up; appear
スカッシュ squash
すがりつく 縋り付く cling
スカンク skunk
すき[1] 好き(である) like; be fond of; love ～**な** favorite
すき[2] 鋤 spade; plow
すぎ 杉 Japanese cedar
…すぎ …過ぎ past, after; over
スキー skiing ～**をする** ski ～**に行く** go skiing ～**靴** ski boots ～**場** ski ground
すきとおった 透き通った clear; transparent
すきま 隙間 opening; gap ～**風** draft
スキャナー scanner
スキャンダル scandal
スキューバ(ダイビング) scuba (diving)
すぎる 過ぎる pass; be over; ⇒たべすぎる **(…に)過ぎない** only **過ぎ去る** pass by; (時が) go by
すく 空く (腹が) be hungry; (場所が) be not crowded
すぐ 直ぐ at once; right away; soon; immediately; (簡単に) easily
スクイズ squeeze (play)
すくう[1] 救う save
すくう[2] 掬う scoop; ladle; spoon
スクーター scooter
スクールバス school bus
すくない 少ない (数が) few; (量が) little; small
少なくとも at least
すくめる (肩を) shrug
スクラップ (不用品) scrap; (切り抜き) clipping ～**ブック** scrapbook
スクラム scrum
スクリーン screen ～**セーバー** screen saver
スクリュー screw; propeller
すぐれた 優れた excellent
スクロールする scroll
ずけい 図形 figure
スケート skating ～**をする** skate ～**靴** skates ～**リンク** skating rink
スケートボード skateboard
スケール scale
スケジュール schedule
スケッチ sketch ～**ブック** sketchbook
スコア score ～**ボード** scoreboard
すごい 凄い wonderful; terrific
スコール squall
すこし 少し (数) a few; (量) a little ～**も…でない** not … at all
すごす 過ごす spend
スコットランド Scotland ～**の** Scottish
スコップ shovel; trowel
すこやか 健やかな healthy
すさまじい fearful
すし 寿司 sushi
すじ 筋 (小説・劇の) plot; (線) line
すす 煤 soot
すず[1] 錫 tin
すず[2] 鈴 bell
すすぐ 濯ぐ rinse
すずしい 涼しい cool
すすむ 進む go forward, advance; (時計が) gain
進んで be ready to do
すずめ sparrow
すずめばち 雀蜂 hornet; wasp
すすめる[1] 進める go ahead [along] with; further; promote
すすめる[2] 勧める advise; recommend **勧め** advice; recommendation
すずらん lily of the valley
すすりなく すすり泣く sob
すそ 裾 hem
スター star
スタート(する) start ～**ライン** starting line
スタイリスト stylist
スタイル figure; style: ～がいい have a good figure
スタジアム stadium
スタジオ studio
スタッフ staff
スタミナ stamina
すたれた 廃れた out of use [fashion]; obsolete
スタンディングオベーション standing ovation
スタンド stand ～**プレー** grandstanding
スタンバイする stand by
スタンプ stamp
スチーム steam
…ずつ by **１つ～** one by one
ずつう 頭痛 headache: ～がする have a headache
すっかり quite
ずっと all the time; all the way; (はるかに) much ～**…している** keep on doing
すっぱい 酸っぱい sour
ステーキ steak
ステージ stage
すてき 素敵な nice; wonderful; splendid
ステッカー sticker
すでに 既に already; (疑問文で) yet
すてる 捨てる throw away
ステレオ stereo
ステンドグラス stained glass
ステンレス stainless steel
スト(ライキ) strike ～**をする** (go on) strike ～**中で** on strike
ストーカー stalker
ストーブ heater
ストッキング stockings
ストック stock
ストップ(ウォッチ) stop (watch)
ストライク strike
ストレートの straight
ストレス stress
ストロー straw
すな 砂 sand **砂時計** hourglass **砂浜** sands
すなお 素直な gentle; obedient
スナック snack; (店) snack bar
スナップ (写真) snapshot
すなわち 即ち that is (to say)
スニーカー sneakers
すね 臑 shin
すねる become sulky
ずのう 頭脳 head; brain
スノーボード snowboard
スノーモービル snowmobile
スパイ spy
スパイク spike
スパイス spice
スパゲッティ spaghetti
すばやい 素早い quick **素早く** swiftly; quickly
すばらしい 素晴らしい wonderful; splendid; beautiful; excellent
スピーカー (loud)speaker
スピーチ speech
スピード speed ～**を上げる[落とす]** speed up [down] ～**違反** speeding
ずひょう 図表 chart
スフィンクス sphinx
スプーン spoon
ずぶぬれになる get wet to the skin
スプレー spray
スペア spare ～**リブ** spareribs
スペイン Spain ～**の[語]** Spanish ～**人** Spaniard
スペース space; (余地) room ～**シャトル** space shuttle
…すべき ought (to do); should (do)

スペシャリスト specialist
すべて 全て all; everything
～の all; every
すべる 滑る, 滑らす slip; slide
滑り込む slide (into) **滑り台** slide **滑りやすい** slippery
スペル spelling
スポーツ sports **～ウェア** sportswear **～マン** athlete
～マン精神 sportsmanship
ズボン pants; trousers
スポンサー sponsor
スポンジ sponge
スマートな slim; smart
すます 済ます finish
...なしで済ませる do without
スマッシュ smash
スマホ, スマートフォン smartphone
すみ[1] 隅 corner
...の隅から隅まで throughout
すみ[2] 炭 charcoal
すみ[3] 墨 (India) ink
すみこむ 住み込む live in: 住み込みの live-in; resident
すみません I'm sorry.; Excuse me, but ...; (感謝) Thank you.
すみやか 速やかに quickly
すみれ 菫 violet
すむ[1] 住む live
すむ[2] 澄む (become) clear
すむ[3] 済む be over [finished]
スムーズな smooth
ずめん 図面 plan
すもう 相撲 sumo
～取り sumo wrestler
スモッグ smog: 光化学～ photochemical smog
スライド slide
ずらす move; shift
すらすら(と) (簡単に) easily; (滑らかに) smoothly; (流ちょうに) fluently
スラム slum
スランプ slump
すり pickpocket
すりきれる 擦り切れる wear away [off] **擦り切れた** threadbare; worn
すりこむ 擦り込む rub
スリッパ scuffs; slippers
スリップ (下着) slip
スリップ(する) skid
すりへらす 摩り減らす wear (off)
すりむく skin; chafe
スリラー thriller
スリル thrill
する[1] do **...することになっている** be to do **...すると** when ...; if ... (まさに)**...するところだ** be going [about] to do **...するな** Don't do ...
する[2] 擦る (マッチを) strike
する[3] 刷る print
する[4] 掏る pick ...'s pocket
ずる(がしこ)い 狡(賢)い, 猾(賢)い cunning; sly
するどい 鋭い sharp
すれちがう 擦れ違う pass (each other)
スローイン throw-in
スローガン slogan
スローモーション slow motion
すわる 座る sit down
すんぽう 寸法 measurement; size

せ

せ 背 back; (身長) height
背の高い tall **背の低い** short
背の高さが...で ... tall
せい[1] 性 sex; (社会的・文化的に見た) gender **性の** sexual
～自認 gender identity
～同一性障害 gender identity disorder
せい[2] 姓 family name
せい... 聖... saint
...せい ...製の made in [of]
(...の) せい(過失) fault
～で because of
...の～にする blame
ぜい 税 tax; duty
せいい 誠意 sincerity
せいいっぱい 精一杯 as hard as possible
せいえん 声援する cheer
せいか[1] 成果 outcome; result
せいか[2] 聖火 the Olympic Flame; (ランナーが運ぶ) Olympic torch
せいか[3] 聖歌 hymn
～隊 choir
せいかい 正解 correct answer
～です Correct.; Right.
せいかく[1] 性格 character
せいかく[2] 正確な correct; exact; accurate
せいかつ 生活 life **～する** live
ぜいかん 税関 (the) Customs
せいき[1] 世紀 century
せいき[2] 正規の regular
せいき[3] 性器 sex organ; (生殖器) genitals
せいぎ 正義 justice
せいきゅう 請求する charge
～書 bill
せいぎょ 制御(する) control
せいきょう 生協 co-op; cooperative
ぜいきん 税金 tax; duty
せいけい[1] 生計 livelihood; a [one's] living
せいけい[2] 整形 **～外科** orthopedics **美容～手術** cosmetic [plastic] surgery; (顔の) face-lift
せいけつ 清潔な clean
せいけん 政権 (政府) government **～の座につく** come to power
せいげん 制限 limit; restriction
～する limit; restrict
せいこう[1] 成功 success
～した successful
～する succeed; be successful
せいこう[2] 性交 sex; (sexual) intercourse
せいこう[3] 精巧な delicate; elaborate; sophisticated
せいさ 性差 (性別による差) difference between the sexes; (男女の区別) sexual distinction; (社会的・文化的男女差) gender gap
せいざ 星座 constellation
せいさい 制裁 sanction; punishment
せいさく[1] 政策 policy
せいさく[2] 製作する make; (劇・映画を) produce
せいさん[1] 生産 production
～する produce
せいさん[2] 清算する settle; (運賃精算) fare adjustment
せいし[1] 制止 restraint
せいし[2] 静止する rest
～した still; stationary
～衛星 stationary satellite
せいし[3] 精子 sperm
せいじ 政治 politics; government **～の** political
～家 politician
せいしき 正式の formal
せいしつ 性質 nature
せいじつ 誠実な sincere; true
せいじゃく 静寂 silence
せいじゅく 成熟する mature
せいしゅん 青春 youth
せいじゅん 清純な pure; innocent
せいしょ 聖書 the Bible
せいじょう 正常な normal
～に normally
せいしん 精神 spirit
せいじん[1] 成人 grown-up; adult
～映画 adult movie **～する** come of age
せいじん[2] 聖人 saint
せいず 製図 drawing
せいせい 精製する refine
せいぜい at most; at best
せいせいどうどう 正々堂々と fair (and square)
せいせき 成績 results; grade; record
せいぜん 整然と regularly; systematically

せいそう[1] 正装 full dress
せいそう[2] 清掃する clean
せいぞう 製造(する) manufacture **～業者** manufacturer
せいそく 生息する live; inhabit **～地** habitat; home
せいぞん 生存 existence **～する** live; exist
せいたい 生態(学) ecology
せいだい 盛大な grand
ぜいたく 贅沢(品) luxury **～な** luxurious
せいちょう 成長 growth **～する** grow (up)
せいつう 精通している be familiar; be at home
せいてい 制定する enact; establish; institute; legislate; make (a law)
せいてき 性的(な) sexual **～いやがらせ** sexual harassment **～指向** sexual orientation
せいてん 晴天 fine [fair] weather; (sun)shine
せいてんのへきれき 青天の霹靂 a bolt from [out of] the blue; thunderbolt
せいと 生徒 student; pupil
せいど 制度 system
せいとう[1] 政党 party
せいとう[2] 正当な right; just; fair; valid; legal; lawful; legitimate **～化する** justify **～防衛** self-defense
せいどう 青銅 bronze
せいとん 整頓する keep ... tidy
せいねん 青年 young (wo)man
せいねんがっぴ 生年月日 the date of one's birth
せいのう 性能 performance
せいひん 製品 product
せいふ 政府 government; administration
せいぶ 西部の west(ern) **～劇** western
せいふく[1] 征服 conquest **～する** conquer
せいふく[2] 制服 uniform
せいぶつ[1] 生物 living thing **～学** biology
せいぶつ[2] 静物 still life
せいぶん 成分 ingredient; element
せいほうけい 正方形 square
せいみつ 精密な precise
ぜいむしょ 税務署 tax office
せいめい[1] 生命 life
せいめい[2] 姓名 one's full name
せいめい[3] 声明 statement; communiqué; proclamation
せいもん 正門 the front gate
せいやく 制約 restriction
せいよう[1] 静養(する) rest
せいよう[2] 西洋(の) West(ern)
せいよく 性欲 sexual desire
せいり[1] 生理 (menstrual) period
せいり[2] 整理する put ... in order
せいりょういんりょう 清涼飲料 soft drink
せいりょく[1] 勢力 power; influence
せいりょく[2] 精力 energy **～的な** energetic
せいれき 西暦 Christian era; A. D.
せいれつ 整列する line up
セーター sweater
セーフ safe
セーブ(する) save
セーフティーバント drag bunt
セール sale **セールスポイント** selling point **セールスマン** salesperson
せおう 背負う carry ... on one's back
せおよぎ 背泳ぎ backstroke
せかい 世界 the world
セカンド second base; (選手) second baseman **～オピニオン** second opinion
せき[1] 咳(をする) cough
せき[2] 席 seat **席につく** take one's seat **席を立つ** leave one's seat
せきがいせん 赤外線 infrared rays
せきずい 脊髄 spinal cord
せきたてる 急き立てる rush; urge
せきたん 石炭 coal
せきついどうぶつ 脊椎動物 vertebrate
せきどう 赤道 the equator
せきにん 責任 responsibility **～について...に責任がある** be responsible to ... for ～
せきゆ 石油 oil; petroleum
セキュリティ security
セクシーな sexy; hot
セクシャルハラスメント，セクハラ sexual harassment
せけん 世間 the world
せこう 施行する[される] enforce; execute; come into effect
...せざるをえない cannot help doing
せたい 世帯 household
せだい 世代 generation **～の断絶** generation gap
せつ[1] 節 (書物の) section
せつ[2] 説 opinion; theory; hypothesis
せっかい 石灰 lime
せっかちな impatient
せっきょう 説教 sermon **～する** preach
せっきょくてき 積極的な active; positive; aggressive **～に** actively; aggressively
せっきん 接近(する) approach
セックス sex **～する** have sex; make love; 《卑》 fuck
せっけい 設計(する) design **～図** plan
せっけっきゅう 赤血球 red blood cell; red corpuscle
せっけん 石鹸 soap
せっこう 石膏 plaster (of Paris)
ぜっこう 絶交する break off relations with ...
ぜっこう 絶好の best; perfect; ideal
せっし 摂氏 centigrade; Celsius
せっしょく 接触(する) contact
せっする 接する border; touch
せっせと hard
せつぞく 接続 connection **～する** connect
せつぞくし 接続詞 conjunction
ぜったい 絶対(に) absolutely **～に...ない** never
せつだん 切断する cut
せっち 設置する establish; set up; fit; install
せっちゃくざい 接着剤 glue; adhesive
ぜっちょう 絶頂 climax; height; peak; prime; summit; top
セット(する) set
せっとう 窃盗 theft
せっとうじ 接頭辞 prefix
せっとく 説得 persuasion **～する** persuade
せっぱくした 切迫した urgent
せつび 設備 equipment
せつびじ 接尾辞 suffix
ぜっぺき 絶壁 cliff; precipice
ぜつぼう 絶望(する) despair **～して** in despair **～的な** hopeless
せつめい 説明 account; explanation **～する** explain **～書** manual; instruction
ぜつめつ 絶滅する die out **～した** extinct
せつやく 節約 economy **～する** save
せつりつ 設立 establishment; foundation **～する** establish; set up; (基金を出して) found
せなか 背中 back
ぜひ 是非(とも) at any cost
せびろ 背広 suit
せぼね 背骨 backbone
せまい 狭い narrow; (部屋が) small
せまる 迫る be near; press
せみ 蝉 cicada

ゼミ seminar
せめて at least
せめる[1] 攻める attack
せめる[2] 責める blame (for); accuse (of)
セメント cement
ゼリー jelly
せりふ 台詞, 科白 lines
セル cell
セルフサービス self-service
セルフレジ self-checkout
セルライト cellulite
セレブ celebrity
ゼロ zero; nothing
セロテープ (Scotch) tape
セロリ celery
せろん 世論 public opinion; ⇒よろん
せわ 世話 care **...の〜をする** look after; take care of **〜の焼ける** troublesome
せわしい 忙しい busy
せん[1] 千 thousand
せん[2] 線 line; track
せん[3] 栓 stopper; cap
ぜん 善 good
せんい 繊維 fiber
ぜんい 善意 good will
せんいん 船員 sailor
ぜんいん 全員 ⇒みんな
ぜんえい 前衛 avant-garde; vanguard; (球技の) forward
ぜんか 前科 police [criminal] record
せんきょ[1] 選挙 election
〜する elect
〜に行く go to vote
〜権 suffrage; right to vote
せんきょ[2] 占拠する take over
せんくしゃ 先駆者 pioneer; forerunner
せんげつ 先月 last month
せんげん 宣言 declaration
〜する declare
せんけんのめい 先見の明 foresight: 〜がある farsighted; visionary
せんご 戦後の postwar
ぜんご 前後に (動作が) back and forth; (位置が) in front and behind
せんこう[1] 専攻(科目) major
...を〜する major in
せんこう[2] 選考する select; choose
せんこう[3] 先行する precede; lead; (試合で) be ahead
〜詞 antecedent
せんこく 宣告 (刑の) sentence
ぜんこく 全国に all over the country
センサー sensor
せんさい 繊細な delicate
せんざい[1] 洗剤 detergent
せんざい[2] 潜在 **〜意識** the [one's] subconscious **〜的な(能力)** potential
せんし 戦死する be killed in action [battle]
せんじつ 先日 the other day
ぜんじつ (...の)前日 the day before
せんしゃ 戦車 tank
ぜんしゃ 前者 the former
せんしゅ 選手 player
〜権 championship
せんしゅう 先週 last week
ぜんしゅう 全集 complete works
せんじゅつ 戦術 tactics; strategy
せんじょう 戦場 (battle) field
せんしょくたい 染色体 chromosome
ぜんしん 前進(する) advance; progress
ぜんしん 全身 whole body; (体中が) all over, from head to foot; (全身像の) full-length
〜麻酔 general anesthetic
せんしんこく 先進国 advanced country
センス sense; taste
せんすい 潜水する dive
〜艦 submarine
せんせい[1] 先生 teacher
せんせい[2] 宣誓 oath
〜する take the oath
せんせいじゅつ 占星術 astrology
せんせいせいじ 専制政治 tyranny; autocracy; despotism
センセーショナルな sensational
センセーション sensation
せんぜん 戦前の prewar
ぜんせん 前線 front
ぜんぜん 全然...ない not ... at all
せんぞ 先祖 ancestor
せんそう 戦争 war
ぜんそく 喘息 asthma
ぜんそくりょく 全速力で at full speed [throttle]; as fast as ... can
センター center (field); (選手) center fielder
ぜんたい 全体 the whole
せんたく[1] 選択 choice; selection **〜する** choose; select
せんたく[2] 洗濯する wash **〜機** washing machine **〜物** the wash **〜屋** laundry
せんたん 先端 point; tip; top; nose; head; (学問の) the frontiers **〜技術** high technology **最〜の** at [on] the cutting edge; in [at] the forefront; trendy; fashionable; state-of-the-art
ぜんちし 前置詞 preposition
センチ(メートル) centimeter
センチメンタルな sentimental
せんちょう 船長 captain
ぜんちょう 前兆 sign; omen
〜となる signal; indicate
ぜんてい 前提 premise; precondition; postulate
せんでん 宣伝 advertisement
〜する advertise
セント cent
ぜんと 前途 future; outlook; prospect: 〜有望な promising; with a future
せんとう[1] 先頭 (競走の) the lead; (行列の) the front
...の〜に立つ lead; head
せんとう[2] 戦闘 battle
せんどう[1] 先導する lead
せんどう[2] 扇動する agitate; instigate; incite
せんにん 専任の full-time
〜講師 instructor
せんぬき 栓抜き bottle opener; (コルク用の) corkscrew
ぜんのう 全能の almighty
せんばい 専売(権) monopoly
〜特許(品) patent
せんぱい 先輩 one's senior
せんぱつ 先発 **〜投手** starting pitcher **〜メンバー** starting lineup; starter
ぜんはん 前半 the first half
ぜんぶ 全部 all
〜で in all; altogether
せんぷうき 扇風機 (electric) fan
せんぼう 羨望(の的) envy
ぜんぽう 前方に ahead
〜へ forward
ぜんまい spring **〜仕掛** clockwork
せんめい 鮮明な clear; vivid
ぜんめつ 全滅させる[する] annihilate; wipe out; exterminate; die out; perish
せんめんき 洗面器 basin **洗面所** bathroom **洗面台** sink
せんもんか 専門家 expert **専門学校** professional school; college **専門用語** (technical) term
せんよう ...専用の for the exclusive use of ...; of one's own
せんりつ 旋律 melody
せんりゃく 戦略 strategy; plan
せんりょう 占領 occupation
〜する occupy
ぜんりょう 善良な good(-natured)
ぜんりょく 全力を尽くす do

one's best
せんれい 洗礼 baptism
せんれん 洗練された refined
せんろ 線路 (railroad) track

そ

そあく 粗悪な poor
そう[1] so ～です yes; (That's) Right. ～ですね well ... ～でなければ otherwise
そう[2] 僧 priest
そう[3] 相 aspect
そう[4] 層 layer; bed; stratum
…そう(だ) look; appear …だそうだ「I hear [They say] ...
ぞう[1] 象 elephant
ぞう[2] 像 statue; image
そうい 相違 difference
ぞうお 憎悪 hatred; abhorrence; detestation
そうおん 騒音 noise
ぞうか[1] 増加(する) increase
ぞうか[2] 造花 artificial flower
そうかい 総会 general assembly
そうがく 総額 the sum (total)
そうがんきょう 双眼鏡 binoculars
そうぎ[1] 争議 dispute
そうぎ[2] 葬儀 funeral
ぞうき 臓器 organ
ぞうきん 雑巾 duster
ぞうげ 象牙 ivory
そうけい 総計 total
そうげん 草原 grasslands
そうこ 倉庫 warehouse
そうご 相互の mutual
そうごう 総合する put ... together; synthesize
～的な synthetic; general
そうさ[1] 捜査 investigation
～する investigate
そうさ[2] 操作 operation
～する operate
そうさい 総裁 president
そうさく[1] 捜索(する) search
そうさく[2] 創作する create
そうじ 掃除する clean; sweep
～機 (vacuum) cleaner
そうしき 葬式 funeral
そうしつ 喪失 loss ～する lose
そうしゃ 走者 runner
そうじゅう 操縦する (飛行機を) fly; (機械を) operate
～士 pilot
ぞうしょ 蔵書 library
そうしょく 装飾する decorate
～品 ornament
そうせつ 創設する found
ぞうせん 造船 shipbuilding
～所 shipyard
そうせんきょ 総選挙 general election
そうぞう[1] 想像 imagination ～する imagine ～上の imaginary ～力 imagination
そうぞう[2] 創造 creation ～する create ～的な creative
そうぞうしい 騒々しい noisy
そうぞく 相続する inherit
～人 heir(ess)
そうそふ[そぼ] 曽祖父[曽祖母] great-grandfather [great-grandmother]
そうたい 早退する leave work [school] early
そうだい 壮大な grand
ぞうだい 増大する gather; swell; increase
そうたいてき 相対的な relative
～に relatively
そうだん 相談する consult; talk
そうち 装置 device
そうてい 想定 assumption
～する assume; suppose; anticipate
そうとう 相当に considerably
そうとく 総督 governor
そうなん 遭難する meet with an accident
そうにゅう 挿入する insert
そうべつかい 送別会 farewell party
そうほう 双方 both
そうむしょう 総務省 Ministry of Internal Affairs and Communications
そうりだいじん 総理大臣 prime minister
そうりつ 創立 foundation
～者 founder
そうりょう 送料 postage
ソウル (韓国の首都) Seoul
ソウルミュージック soul (music)
そえる 添える attach ... (to)
ソース (Worcestershire) sauce
ソーセージ sausage
ソーダすい ソーダ水 soda water
ソーラーハウス solar house
ゾーン zone; area
そがい 疎外する alienate
ぞくご 俗語 slang
そくざ 即座に immediately
そくし 即死する be killed instantly [outright]
そくしん 促進する promote
ぞくする 属する belong (to)
そくせき 即席の instant
そくたつ 速達 special delivery
そくてい 測定する measure
そくど 速度 speed
～計 speedometer
そくばく 束縛 bond
～する bind; (自由などを) tie
そくりょう 測量(する) survey
そこ 底 bottom; (靴の) sole
そこく 祖国 one's country
そこで[に, へ] there
そこなう 損なう spoil; ⇒しそこなう
そし 阻止する check
そしき 組織 organization; system; (筋肉などの) tissue
～する organize
そしつ 素質 the makings
そして and; and then
そしょう 訴訟 (law)suit; action
そせん 祖先 ancestor
そそぐ 注ぐ pour
そそっかしい careless
そそのかす 唆す egg; entice; instigate; tempt
そだつ 育つ grow **育てる** grow; raise; (子供を) bring up
そち 措置 measure
そちらに[で] there
そっき 速記 stenography; shorthand
そつぎょう 卒業 graduation
～する graduate; leave **～式** graduation **～証書** diploma
～生 graduate
ソックス socks
そっくり (全部) whole; all
…に～だ be (just) like ...
ぞっこう 続行する continue
そっちょく 率直な frank; open
そって (…に)沿って along
そっと quietly; gently
そで 袖 sleeve
そと 外(側) the outside; the open air **…の外に[へ, で]** outside **外を見る** look out **外へ出る** go out
そなえる 備える provide (against); prepare (for)
その that; the; its; those
～間に meanwhile
～上 besides; moreover
～うち soon; some day
～くらい so many
～後 after that; later
～ころ at that time
～他 the others
～通り That's right.
～時 then
～辺 around there
そば[1] 蕎麦 buckwheat; (めん) buckwheat noodles
そば[2] (…の) 側に by; beside; near
そびえる 聳える rise
そふ 祖父 grandfather
ソファー sofa
ソフト(ウェア) software **ソフトクリーム** soft ice cream **ソフトボール** softball
そふぼ 祖父母 grandparents

ソプラノ soprano
そぼ 祖母 grandmother
そぼく 素朴な simple
そまつ 粗末な poor
～**にする** waste; neglect
そむく 背く disobey
そめる 染める dye
そや 粗野な coarse; crude; gross; rough; rude; vulgar
そよかぜ そよ風 breeze
そら 空 the sky; (空中) the air
そらいろ 空色 sky blue
そらす 逸らす avert; divert; distract; deflect; evade; lean back; (話を) sidetrack: 目を～ turn one's gaze away, look the other way
そり 橇 sled; sleigh
そる[1] 剃る shave
そる[2] 反る warp
それ that; it ～**は[が, を]** it ～**の** its ～**自身** itself ～**以来** since (then)
それから then; after that
それぞれ each; respectively ～**の** each
それで then; and; (and) so: それでいい That will do.; That's OK.
それでも still; and yet
それとなく indirectly ～**言う** suggest; hint; allude
それとも or
それなら then
それに besides
それほど so ～**...でない** not very [so] ...
それら those; they ～**は[が]** they ～**の** their; those ～**に[を]** them ～**自身** themselves
それる 逸れる (わき道などへ) turn off
ソロ solo
そろう 揃う gather; be complete **そろえる** arrange
そろそろ soon: ～失礼します I must be going [leaving] now.
そわそわする be restless; be nervous
そん 損 loss **損をする** lose
そんがい 損害 damage; loss
そんけい 尊敬(する) respect
そんざい 存在 being; existence ～**する** exist
そんしつ 損失 loss
そんぞく 存続する continue; endure
そんちょう 尊重する respect; value
そんな such; ... like that
そんなに so; that

た

た 田 rice field
ダース dozen
ダーツ darts
ダービー the Derby
ターミナル terminal
たい 隊 party
タイ (になる) tie
...たい ...対～ to; versus: 5 対 3 five to three / フランス対ドイツ France versus Germany
だい[1] 題 title; subject
だい[2] 台 stand; rest
たいいく 体育 physical education; PE ～**館** gym(nasium)
だいいち 第一に first (of all)
ダイエット diet ～**する[している]** go [be] on a diet
たいおう 対応する correspond
ダイオキシン dioxin
たいおん 体温 temperature
たいか 退化する[させる] degenerate; degrade ～**した** degenerate; vestigial
たいかい 大会 (mass) meeting; meet
たいがい 大概 mostly; generally; in general ～**の** most
たいかく 体格 build
たいがく 退学する leave school
だいがく 大学 university; (単科) college ～**生** college [university] student ～**院** graduate school
たいかくせん 対角線 diagonal
たいき 大気 atmosphere ～**汚染** air pollution
だいきぼ 大規模な large-scale; extensive; big; mass
たいきゃく 退却(する) retreat
だいく 大工 carpenter
たいぐう 待遇 treatment
たいくつ 退屈する be bored ～**な** boring; dull
たいぐん 大群 cloud; host; troop; army; group
たいけい 体系 system
たいけん 体験(する) experience
たいこ 太鼓 drum
たいこう 対抗する match
だいこん 大根 Japanese radish
たいざい 滞在(する) stay
たいさく 対策 measures
たいし 大使 ambassador ～**館** embassy
たいじ 退治する get rid of
だいじ 大事な important ～**にする** treasure; cherish; prize **お～に(なさってください)** Please take care of yourself.
ダイジェスト digest
たいしつ 体質 constitution
たいして[1] (...に)対して against; for; to
たいして[2] 大して...ない not very ...
たいしゅう 大衆 the public; the masses
たいじゅう 体重 weight ～**計** scales
たいしょう[1] 対照 contrast
たいしょう[2] 対称 symmetry
たいしょう[3] 対象 object; (非難の) target
たいしょう[4] 大将 general; (海軍) admiral
だいじょうぶ 大丈夫で all right; safe
たいしょく 退職する retire
だいじん 大臣 minister
だいず 大豆 soybean
だいすう 代数(学) algebra
たいせいよう 大西洋 the Atlantic (Ocean)
たいせき[1] 体積 volume
たいせき[2] 退席する leave one's seat
たいせつ 大切な important; valuable; dear ～**に** carefully ～**にする** ⇒だいじ
たいせん 対戦する play (against); fight
たいそう 体操 gymnastics; (運動) exercise
だいそう 代走 pinch runner
だいだ 代打 pinch hitter
だいたい 大体 about; on the whole
だいだい 橙色(の) orange
だいたすう 大多数 majority
たいだん 対談 conversation; talk
だいたん 大胆な bold
だいち[1] 大地 earth
だいち[2] 台地 terrace; plateau
たいちょう[1] 体調 condition: ～がよい[悪い] be in good [poor] condition; be in [out of] shape [condition]; be fit [unfit]
たいちょう[2] 隊長 captain; leader
だいちょう 大腸 large intestine
たいてい 大抵(は) usually ～**の** most
たいど 態度 attitude; manner
たいとう[1] 台頭 rise
たいとう[2] 対等な equal
だいとうりょう 大統領 president
だいどころ 台所 kitchen
タイトル title
だいなし 台なしにする[なる] spoil
ダイナマイト dynamite
だいのう 大脳 cerebrum
たいばつ 体罰 corporal punishment
たいはん 大半 majority; most; almost all

だいひょう 代表 representative; delegate **～する** represent
～団 delegation
ダイビング diving
タイプ type: 彼は私の好みの～じゃない He is not my type.
～する type
だいぶ 大分 very; pretty; much
たいふう 台風 typhoon
だいぶぶん 大部分の most
～は mostly
たいへいよう 太平洋 the Pacific (Ocean)
たいへん 大変 very; good deal; great deal
～な serious; terrible
だいべん 大便 stools; feces; 《卑》 shit
たいほ 逮捕(する) arrest
たいほう 大砲 cannon; gun
タイマー timer
たいまつ 松明 torch
たいまん 怠慢 neglect: 職務～ neglect of duty
タイミング timing
タイミングのいい timely
タイム time
タイムリーな timely
だいめい 題名 title
だいめいし 代名詞 pronoun
タイヤ tire
ダイヤ (列車の) train schedule; timetable
ダイヤ(モンド) diamond
ダイヤル(する) dial
たいよう 太陽 the sun
～系 the solar system
～電池 solar cell
だいよう 代用する substitute
たいらな 平らな flat; level
だいり 代理(人) deputy; agent
…の**～を務める** act for …; act as …'s deputy **～店** agency
だいリーグ 大リーグ the Major Leagues; MLB
たいりく 大陸 continent
だいりせき 大理石 marble
たいりつ 対立 opposition
～する be opposed
たいりょう 大量の a lot of …
～に in large quantities
たいりょく 体力 (physical) strength
タイル tile
ダイレクトメール direct mail
だいろっかん 第六感 sixth sense
たいわ 対話 dialogue
たいわん 台湾 Taiwan
～の[人] Taiwanese
ダウンロード download
だえき 唾液 saliva
たえず 絶えず always; constantly; continually; continuously; without a break
たえる[1] 耐える stand; bear; endure
たえる[2] 絶える become extinct
だえん 楕円 ellipse
たおす 倒す knock down; (木を) bring down
タオル towel **～掛け** towel rack
たおれる 倒れる fall (down)
たか 鷹 hawk; falcon
だが but; though
たかい 高い high; (背が) tall; (値段が) expensive **高くする** raise **高くなる** go up
たがい 互いに each other; one another
たがく 多額の a large amount of
たかさ 高さ height
～が…で[の] … high
たかとび 高跳び high jump
たかまる 高まる rise
たがやす 耕す plow; cultivate
たから 宝 treasure **宝くじ** lottery
…だから because; since
たかる (はえなどが) swarm
たき 滝 waterfall
タキシード tuxedo
たきび 焚き火 fire
だきょう 妥協(する) compromise
たく[1] 焚く (火を) make (a fire)
たく[2] 炊く (ごはんを) cook (rice)
タグ tag
だく 抱く hug; hold; carry
たくえつ 卓越した excellent
たくさん 沢山(の) a lot (of); many; much
タクシー taxi; cab
たくじしょ 託児所 《米》 day-care center; 《英》 day nursery
タクト baton
たくましい 逞しい tough; strong; robust; sturdy; muscular
たくみ 巧みな skillful; clever; sophisticated
たくらむ 企む plot; conspire
たくわえ 蓄え stock; store
たくわえる store; (お金を) save
たけ 竹 bamboo **竹の子** bamboo shoot **竹馬** stilts
…だけ only; by
だげき 打撃 batting; blow
たこ[1] 蛸 (軟体動物) octopus
たこ[2] 凧 kite
たこくせき 多国籍の multinational
ださん 打算 calculation **～的な** calculating
たしか 確かな sure; certain
～に certainly; surely **確かめる** make sure
たしざん 足し算 addition
～をする add
だしぬく 出し抜く outwit
だしゃ 打者 batter; hitter
たしょう 多少 some; a little
たす 足す add (to)
だす 出す take out; (手紙を) mail; (提出する) hand in; (栓をひねってガス・水を) turn on; (飲食物を) serve; (宣言・命令などを) issue
たすう 多数(の) a large number (of) **～決** majority decision [rule]: ～で決める vote
たすけ 助け(る) help
たずねる[1] 尋ねる ask
たずねる[2] 訪ねる call on [at]; visit
たそがれ 黄昏 dusk; twilight
ただ (無料の) free
～…だけ only
たたえる 称える praise
たたかい 戦い fight; struggle
たたかう 戦う fight; struggle
たたく 叩く strike; (棒などで) beat; (手を) clap; (こぶしで戸などを) knock (on); (平手で) slap
ただし 但し but
ただしい 正しい right; correct
ただち 直ちに at once; immediately
たたむ 畳む fold
ただよう 漂う drift
たたり 祟り curse
たち 質 nature
～の悪い bad; nasty; vicious
たちあがる 立ち上がる stand up
たちいりきんし 立ち入り禁止 (掲示) Keep Out [Off]; No Trespassing **～の** off-limits
たちぎき 立ち聞きする (偶然) overhear; (故意に) eavesdrop
たちさる 立ち去る go away; move away; leave
たちどまる 立ち止まる stop
たちなおる 立ち直る recover
たちば 立場 position; situation; stand(point)
たちまち 忽ち in a moment; at once
たちむかう 立ち向かう confront; meet
だちょう 駝鳥 ostrich
たちよみ 立ち読みする browse
たちよる 立ち寄る drop in; (人を呼びに) call for …
たつ[1] 経つ (時が) pass; go by
たつ[2] 立つ stand
たつ[3] 断つ cut off
たつ[4] 発つ leave
たつ[5] 建つ be built
たっきゅう 卓球 ping-pong;

table tennis
だっきゅう 脱臼する dislocate
ダックスフント dachshund
タックル(する) tackle
ダッシュ(する) dash
だっしゅつ 脱出する escape
たつじん 達人 expert
たっする 達する reach; come to; get to
たっせい 達成する achieve
だつぜい 脱税 tax evasion [fraud] **～する** evade [dodge] taxes
だっせん 脱線する (列車が) jump [leave] the tracks, be derailed; (話が) digress, get sidetracked
だっそう 脱走する desert; escape; break out
たった only **～今** just now
タッチ(する) touch; (野球) tag
たづな 手綱 rein
たつのおとしご 竜の落とし子 sea horse
だっぴ 脱皮する shed; cast
たっぷり plenty
たつまき 竜巻 tornado
たて[1] 縦 length
たて[2] 盾 shield
たてつづけ 立て続けに continuously
たてもの 建物 building
たてる[1] 立てる stand; (くい・棒・像を) set up
たてる[2] 建てる build; put up
だとう[1] 打倒(する) overthrow
だとう[2] 妥当な appropriate
たとえ (...しても) even if ...
たとえば 例えば for example
たとえる 例える compare (to)
たとえ話 fable; parable
たどる 辿る (道を) follow; (跡を) trace
たな 棚 shelf
たに 谷 valley
だに mite; tick
たにん 他人 others
たぬき 狸 raccoon dog
たね 種(をまく) seed
たの 他の other; else
たのしい 楽しい happy; pleasant **楽しむ** enjoy **楽しませる** entertain **楽しみ** pleasure **...が楽しみだ** look forward to
たのむ 頼む ask **...に～を[～してくれと]頼む** ask ... 「for ～ [to do] **頼み** favor: 頼みがある I have a favor to ask (of) you.
たば 束 bundle; bunch
たばこ 煙草 cigarette; (葉巻き) cigar; (パイプ用) tobacco **～を吸う** smoke (cigarettes)
たび[1] 旅 trip; journey; travel
たび[2] (...する)度に every time ...
たびたび 度々 frequently; often
ダビングする dub
タブー taboo
だぶだぶの too large; baggy; loose
タフな tough
ダブル double **～クリック** double click
タブレット tablet
たぶん 多分 probably; perhaps; maybe
たべすぎる 食べ過ぎる eat too much **食べ過ぎ** overeating
たべもの 食べ物 food
たべる 食べる eat; have
だぼく 打撲 bruise
たま[1] 球 ball
たま[2] 弾 bullet
たまご 卵 egg
たましい 魂 soul
だます 騙す deceive; cheat; take in
たまたま 偶々 by chance [accident]
たまに 偶に once in a while
たまねぎ 玉葱 onion
たまる accumulate; collect
だまる 黙る become [keep, be] silent; shut up
黙って in silence
ダム dam
ため ...のため (目的・利益) for ...; (理由・原因) because (of) ...
...する～に (in order) to do
(体・健康の)～になる be good (for)
だめ (...しても)駄目である It is no good [use] doing. **...しては～だ** mustn't [can't] do
～にする spoil
ためいき 溜息(をつく) sigh
ためし 試し try: ...を試しに着てみる try ... on / 試してみよう I'll give it a try. **試す** try
ためらう hesitate
ためる 貯める save
たもつ 保つ keep
たよう 多様な various **～性** diversity
たより 頼りになる dependable; reliable **頼る** depend; rely
たら 鱈 cod
...たら (...の場合は) if; (...した時は) when
だらく 堕落 corruption
...だらけである be 「full of [covered with] ...
だらしない sloppy; untidy; lax; (いくじない) spineless
たらす 垂らす drip
ダリア dahlia
だりつ 打率 batting average
たりょう 多量 ⇒たいりょう
たりる 足りる be enough
足りない lack; be lacking in
たる 樽 barrel; (小さい) keg
だるい feel tired
だれ 誰 who: ～ですか Who is it? **～の** whose **～も...ない** nobody; none; no one
だれか 誰か someone; anyone; somebody; anybody
だれでも 誰でも anyone; anybody; everyone; everybody
たれる 垂れる (幕が) hang; (ぽたぽたと) drip
タレント (TV) personality
タワー tower
だん[1] 団 group
だん[2] 段 step
だん[3] 壇 platform
だんあつ 弾圧する suppress; oppress
たんい 単位 unit; (学科の) credit
たんか 担架 stretcher
タンカー tanker
だんかい 段階 stage
～的に in stages
だんがい 断崖 cliff; precipice
たんがん 嘆願する beg
だんがん 弾丸 bullet; shot
弾丸を込める load (a gun)
たんき[1] 短気な short-tempered
たんき[2] 短期の short-term
～大学 junior college
たんきゅう 探究する pursue
タンク tank
ダンクシュート dunk (shot)
タンクローリー tanker
だんけつ 団結 union
～する unite
たんけん 探検 exploration
～する explore
だんげん 断言する assure; assert
たんご 単語 word
タンゴ tango
ダンサー dancer
たんさん 炭酸 **～飲料** carbonated drinks; soda pop **～ガス** carbon dioxide
だんし 男子 boy; man
～生徒 schoolboy
だんじき 断食 fast
たんしゅく 短縮する shorten; (語を) abbreviate
たんじゅん 単純な simple
たんしょ 短所 weak point; fault
たんじょう 誕生 birth; arrival
～する be born; come into existence [being]; be created [established] **～会** birthday party **～石** birthstone
たんじょうび 誕生日 birthday
～おめでとう Happy birthday (to

you)!
たんす 箪笥 wardrobe; chest (of drawers)
ダンス(をする) dance
～パーティー dance
たんすい 淡水 fresh water
～魚 freshwater fish
たんすいかぶつ 炭水化物 carbohydrate
たんすう 単数 singular
だんせい 男性 man; male
たんそ 炭素 carbon
だんぞくてき 断続的な continual; intermittent
たんだい 短大 junior college
だんたい 団体 group ～旅行 group tour; package tour
だんだん(と) gradually
だんち 団地 housing development
たんちょう[1] 単調な monotonous
たんちょう[2] 短調 minor
だんちょう 団長 the head
たんてい 探偵 detective
たんとう 担当する be in charge of
たんどく 単独で alone
たんなる 単なる mere
単に only; merely; simply
たんにん (...の)担任である be in charge of
だんねん 断念する give up
たんぱ 短波 shortwave
たんぱく 淡白な plain
たんぱくしつ 蛋白質 protein
ダンプカー dump truck
たんぺん 短編 short story
だんぺん 断片 scrap; fragment; piece ～的な fragmentary; patchy
たんぼ 田んぼ (rice) paddy
たんぽ 担保 guarantee; security
だんぼう 暖房 heating
～器具 heater
だんボール 段ボール(箱) (corrugated) cardboard (box)
たんぽぽ 蒲公英 dandelion
たんまつ 端末 terminal
たんまり(と) in plenty
だんめん 断面 (cross) section
だんらく 段落 paragraph
だんりょく 弾力 elasticity: ～のある elastic; resilient; bouncy
だんろ 暖炉 fireplace

ち

ち 血 blood
チアリーダー cheerleader
ちあん 治安 peace
ちい 地位 post
ちいき 地域 area
～の regional; local
ちいさい 小さい small; little
チーズ cheese
チーター cheetah
チーフ chief
チーム team
～ワーク teamwork
ちえ 知恵 wisdom
チェーン chain
～店 chain store
チェス chess
チェックする check
チェックアウト[イン]する check out [in]
チェロ cello
ちか[1] 地下の underground
ちか[2] 地価 land price
ちかい[1] 近い near
ちかい[2] 誓い oath
ちかう 誓う swear
ちがう 違う be different; (誤る) be wrong 違った different
違い difference ...に違いない must 違います No.
ちかく 近くの nearby ～に in the neighborhood of; near
ちがく 地学 earth science; (地質学) geology
ちかごろ 近頃 recently
ちかしつ 地下室 basement; (貯蔵用) cellar
ちかづく 近づく approach; draw near
ちかてつ 地下鉄《米》subway; 《英》underground
ちかどう 地下道《米》underpass; 《英》subway
ちかみち 近道 shortcut
ちから 力 power; force; strength; (能力) ability
ちかん 痴漢 molester; (変質者) pervert
ちきゅう 地球 the earth
～儀 globe
ちぎる tear
チキン chicken
ちく 地区 area; district
ちくせき 蓄積する accumulate; store
チケット ticket
ちこく 遅刻する be late
ちじ 知事 governor
ちしき 知識 knowledge
ちしつがく 地質学 geology
ちじょう 地上の on the ground; earthly; terrestrial; surface
ちじん 知人 acquaintance
ちず 地図 map ～帳 atlas
ちせい 知性 intellect
ちそう 地層 stratum; layer
ちたい 地帯 zone
ちち[1] 乳(を絞る) milk
ちち[2] 父(親) father
ちぢむ 縮む shrink
ちぢめる 縮める shorten
ちちゅうかい 地中海 the Mediterranean (Sea)
ちぢれる 縮れる wave; curl
ちつじょ 秩序 order
ちっそ 窒素 nitrogen
ちっそく 窒息する be suffocated [choked]
ちっとも(...ない) (not) at all
チップ tip
ちてき 知的な intellectual
ちてん 地点 point; (特定の) spot
ちのう 知能 intelligence
～指数 intelligence quotient
ちぶさ 乳房 (人の) breast; (牛などの) udder
ちへいせん 地平線 the horizon
ちほう 地方 district; region
～の local
ちめいてき 致命的な fatal; mortal
ちゃ 茶 tea 茶わん bowl; cup
チャーターする charter
チャーミングな charming
チャイム chimes
ちゃいろ 茶色(の) brown
ちゃくじつ 着実な steady
ちゃくしょく 着色する color; stain ～料 color(ing)
ちゃくすい 着水する land
ちゃくせき 着席する sit down; take a seat
ちゃくりく 着陸する land
チャック zipper
チャット(する) chat ～ルーム chat room
チャットボット chatbot
チャペル chapel
チャレンジ challenge
チャンス chance; opportunity
ちゃんと tidily; neatly
チャンネル channel
チャンピオン champion
ちゅう 注 note
...ちゅう ...中(に) in; during; within; under
ちゅうい 注意 caution; care; warning; (注目) attention ...に～する caution; warn; (注目) note; notice; pay attention to
～深い careful
チューインガム (chewing) gum
ちゅうおう 中央 the center
ちゅうがく 中学(校) junior high school ～生 junior high school student
ちゅうかりょうり 中華料理 Chinese food [dishes]
ちゅうかん 中間 the middle
～の middle; halfway ～試験 midterm exam(ination)
ちゅうくらい 中くらいの medium

ちゅうけい 中継(する) relay; (生放送の) live broadcast
ちゅうこ 中古の used
〜**車** used car
ちゅうこく 忠告 advice
〜する advise
ちゅうごく 中国 China
〜の[人, 語] Chinese
ちゅうさい 仲裁 intervention; arbitration; mediation
ちゅうし 中止する stop (**試合などが**)〜になる be canceled
ちゅうじつ 忠実な faithful
ちゅうしゃ[1] 注射 injection
〜する inject
ちゅうしゃ[2] 駐車する park
〜**禁止** (掲示) No Parking
〜**場** parking lot
ちゅうしょう 抽象的な abstract
〜**画** abstract painting
ちゅうしょく 昼食 lunch
〜**会** luncheon
ちゅうしん 中心 center
ちゅうせい[1] 中世 the Middle Ages 〜の medieval
ちゅうせい[2] 忠誠 loyalty; allegiance
ちゅうせい[3] 中性の neutral
ちゅうぜつ 中絶 abortion
ちゅうせん 抽選 lot: 〜で賞金を当てる draw a prize
ちゅうだん 中断 interruption
〜する interrupt
ちゅうちょ 躊躇する hesitate
ちゅうとう 中東 Middle East
ちゅうどく 中毒 poisoning; (常習癖) addiction
ちゅうとはんぱ 中途半端な halfway
ちゅうねん 中年の middle-aged 〜**太り** middle-age(d) spread
チューブ tube
ちゅうもく 注目 attention
〜する pay attention to
〜すべき remarkable
ちゅうもん 注文(する) order
ちゅうりつ 中立の neutral
ちゅうりゅう 中流(階級) the middle class
チューリップ tulip
ちょう[1] 蝶 butterfly
ちょう[2] 兆 trillion
ちょう[3] 腸 intestines
ちょういん 調印する sign
ちょうおんぱ 超音波 ultrasound
ちょうか 超過 excess
〜する exceed
ちょうかん[1] 朝刊 morning paper
ちょうかん[2] 長官 secretary
ちょうき 長期の long-term; long-range
ちょうきょり 長距離の long-distance
ちょうこく 彫刻 sculpture
〜**家** sculptor
ちょうさ 調査 investigation; research
〜する investigate; research
ちょうし 調子 condition; (音・声の) tone
ちょうしゅう[1] 徴収 collection
〜する collect
ちょうしゅう[2] 聴衆 audience
ちょうしょ 長所 strong point; merit
ちょうじょう 頂上 top; summit
ちょうしょく 朝食 breakfast
ちょうしんき 聴診器 stethoscope
ちょうせい 調整する adjust
ちょうせつ 調節する control; adjust
ちょうせん[1] 挑戦(する) challenge 〜**者** challenger
ちょうせん[2] 朝鮮 Korea
〜の[語] Korean
ちょうちょう[1] 町長 mayor
ちょうちょう[2] 長調 major
ちょうつがい 蝶番 hinge
ちょうてん 頂点 top; peak; climax
ちょうど 丁度 just
ちょうのうりょく 超能力 psychic powers; ESP
ちょうへい 徴兵 draft; conscription
ちょうほう 重宝な useful
ちょうほうけい 長方形 rectangle
ちょうみりょう 調味料 seasoning
ちょうやく 跳躍(する) jump; leap
ちょうり 調理 cooking
ちょうわ 調和 harmony
〜する harmonize
〜のとれた harmonious
チョーク chalk
ちょきん 貯金 savings
〜する save (money)
〜**箱** piggy bank
ちょくげき 直撃する hit
ちょくせつ 直接の direct; immediate 〜に directly
ちょくせん 直線 straight line
ちょくつう 直通の through; nonstop
ちょくめん 直面する face
ちょくりつ 直立した erect; straight; upright
チョコレート chocolate
ちょさく 著作 writings
ちょさくけん 著作権 copyright
〜**侵害** infringement of copyright; piracy
ちょしゃ 著者 author
ちょすいち 貯水池 reservoir
ちょぞう 貯蔵する store
ちょちく 貯蓄 ⇒ちょきん
ちょっかく 直角 right angle
〜**三角形** right triangle
ちょっかん 直観 intuition
チョッキ vest
ちょっけい 直径 diameter
ちょっと just a minute; a little; (呼びかけ) Say [Hey]!
ちらかす 散らかす scatter
ちらし (hand)bill; flier; leaflet; (折込みの) insert(ion)
ちらっと見る glance
ちり[1] 塵 dust
〜**紙** tissue 〜**取り** dustpan
ちり[2] 地理 geography
ちりぢり 散り散りになる scatter
ちりょう 治療 treatment
〜する treat 〜**法** cure
ちる 散る (花が) fall; scatter
...で**気が**〜 ... distract one's attention
チワワ chihuahua
ちんあつ 鎮圧する suppress; put down
ちんか 沈下する sink; subside; sag
ちんぎん 賃金 wage
ちんじょう 陳情(する) petition; representations; lobby
ちんたい 賃貸の rental; for rent
チンパンジー chimpanzee
ちんぴら hoodlum; punk
ちんぼつ 沈没する sink
ちんもく 沈黙 silence
ちんれつ 陳列する exhibit; set out

つ

ツアー tour
つい[1] only; just; (うっかり) carelessly
つい[2] 対 pair; couple
ついか 追加する add 〜の additional 〜**料金** additional charge; extra
ついきゅう 追求 pursuit
〜する pursue
ついげき 追撃する chase
ついしん 追伸 postscript; P.S.
ついせき 追跡する pursue
ついたち 一日 (月の) first
...ついて (...に) about; of; on
ついていく follow
ついている be lucky; have good luck
ついでに on one's [the] way
ついとつ 追突する strike ... from

behind
ついに 遂に at last; finally
ついほう 追放する expel; exile; banish
ついやす 費やす spend (on)
ついらく 墜落(する) crash
ツインの twin
ツインベッド twin bed
つうか[1] 通貨 money; currency
つうか[2] 通過する pass
つうがく 通学する go to school
つうきん 通勤する commute
つうこう 通行 passage; traffic **～人** passer-by **～料金** toll
つうこく 通告 notice
つうじょう 通常 usually
つうじる (...へ)通じる lead to **...を通じて** through; via
つうしん 通信 correspondence; communication
つうせつ 痛切な poignant; bitter **～に** poignantly; (close to) home
つうち 通知 notice **～表** report card
つうちょう 通帳 bankbook; passbook
つうふう 痛風 gout
つうふうこう 通風孔 vent(ilator)
つうやく 通訳 interpretation; (人) interpreter: 同時～ simultaneous interpretation **～する** interpret
つうよう 通用する be accepted [used, spoken]
ツール tool
つうれつ 痛烈な bitter; sharp; poignant
つうろ 通路 aisle; passage
つえ 杖 stick
つかい 使い errand **～にやる[よこす]** send
つがい 番 pair
つかう 使う use; (金・時間を) spend **使い果たす** exhaust **使い捨ての** throwaway; disposable
つかえる[1] (ひっかかる) get stuck; block
つかえる[2] 仕える attend; serve; wait on
つかまえる 捕まえる catch; (逮捕する) arrest
つかまる (物に) hold (on to); (捕まえられる) be arrested [caught]
つかむ 摑む catch; take; seize
つかる 浸かる be flooded; dip
つかれる 疲れる be tired **疲れ** fatigue; tiredness **疲れた** tired; exhausted
つき[1] (幸運) luck
つき[2] 月 the moon; (暦の) month
...つき[1] (...に)つき a; per: 1 つにつき each
...つき[2] ...付きの with ...; to ...
つぎ[1] 継ぎ patch
つぎ[2] 次の next; coming; following **次に** next
つきあう 付き合う associate (with); go out
つきさす 突き刺す stick (into)
つきそう 付き添う attend; escort; accompany
つきづき 月々 every month
つぎつぎ 次々に one after another
つきとめる 突き止める find out; locate; trace
つきなみ 月並みな commonplace
つきひ 月日 time
つぎめ 継ぎ目 joint
つきる 尽きる run out (of)
つく[1] 点く (電灯・テレビなどが) come on; (明かりが) go on
つく[2] 付く (のりで) stick
つく[3] 点く (火が) catch (fire)
つく[4] 着く arrive; come to ...; get to ...
つく[5] 突く poke; prick; stab
つぐ[1] 継ぐ succeed to...; come after ...; (引き継ぐ) take over
つぐ[2] 注ぐ pour
つくえ 机 desk
つぐなう 償う compensate (for); make up (for)
つくりばなし 作り話 fiction
つくる 作る make; create; produce; manufacture; (料理を) prepare; cook; (栽培する) raise; grow; (建てる) build; (組織を) organize
つくろう 繕う mend
つげぐち 告げ口する report; tell tales; tell (on...)
つけくわえる 付け加える add
つけね 付け根 root
つけもの 漬け物 pickle(s)
つける[1] 点ける (明かり・テレビを) turn on; (火を) light
つける[2] 着ける (身に) put on; (着けている) wear; have on
つける[3] (パンにジャムなどを) spread; (薬などを) apply (to); put (on); (あとを) follow
つける[4] 漬ける soak; dip
つげる 告げる tell
つごう 都合のよい convenient **～の悪い** inconvenient
つた 蔦 ivy
つたえる 伝える (話を) tell; (伝導する) conduct
つたわる 伝わる (光などが) travel; (伝説などが...に) come down (to); (性質などが) descend
つち 土 earth; soil
つつ 筒 pipe; tube
つっきる 突っ切る break through
つつく poke; (鳥が) peck
つづく 続く continue; (後に) follow; (天候などが) last
つづける 続ける continue; go on with **...し～** go on doing; keep doing
つっこむ 突っ込む(突進する) dash; (物を) stick; plunge; thrust
つつじ azalea
つつしみ 慎み modesty **～深い** modest
つつしむ 慎む refrain [abstain] (from...)
つつみ 包み package; parcel **～紙** wrapper
つつむ 包む wrap
つづり 綴り spelling
つづる 綴る spell
つとめ 務め duty
つとめる[1] 勤める (会社に) work for ...; (任期を) serve **勤め口** job **勤め先** office
つとめる[2] 努める try
つとめる[3] 務める act (as)
つな 綱 rope
つながり 繋がり relation
つながる 繋がる connect
つなぐ 繋ぐ join; (電話を) connect
つなひき 綱引き tug-of-war
つなみ 津波 tidal wave; tsunami
つね 常に always
つねる 抓る pinch
つの 角 horn
つば 唾(を吐く) spit
つばき 椿 camellia
つばさ 翼 wing
つばめ 燕 swallow
つぶ 粒 grain
つぶす 潰す crush; squash; (時間を) kill **潰れる** be crushed
つぶやく murmur
つぶる (目を) close
ツベルクリン tuberculin
つぼ 壺 pot
つぼみ 蕾 bud
つま 妻 wife
つまさき 爪先 tiptoe
つまずく 躓く stumble
つまむ 摘む pick **摘み上げる** pick up [out]
つまようじ 爪楊枝 (tooth)pick
つまらない dull: ～ことでけんかをする quarrel over trifles
つまり that is (to say); in short
つまる 詰まる (管などが) be

stopped [blocked, clogged] (up); (一杯だ) be filled [full]
つみ 罪 crime; (道徳·宗教上の) sin
つみき 積み木 building blocks
つみたてる 積み立てる save
つむ[1] 積む pile; (荷を) load
積み上げる heap; pile
積み重ねる pile
つむ[2] 摘む pick
つむぐ 紡ぐ spin
つめ 爪 nail; (動物の) claw
～切り nail clippers
つめあわせ 詰め合わせの assorted; mixed
つめたい 冷たい cold: ...を冷たくあしらう give ... the cold shoulder
つめる 詰める (詰め込む) pack; stuff; cram; (衣服などの幅を) take in; (席を) move over
つもり (...する)つもりである be going to do
つもる 積もる lie (deep)
つや gloss; polish; shine
つゆ[1] 梅雨 the rainy season
つゆ[2] 露 dew
つよい 強い strong; powerful
強く strongly **強さ** strength
つらい 辛い hard; painful
つらぬく 貫く run through
つらら 氷柱 icicle
つり[1] (金銭の) change
つり[2] 釣り fishing **～に行く** go fishing (in ...)
つりあい 釣り合い balance
つりあう 釣り合う match; go together; (平衡) balance
つりかわ 吊革 strap
つりせん 釣り銭 change
つりばし 吊橋 suspension bridge
つる[1] 鶴 crane
つる[2] 釣る fish
つる[3] 蔓 vine
つるす 吊るす hang
つれこむ 連れ込む bring in
つれさる 連れ去る take away
つれだす 連れ出す take out
つれだって (...と)連れだって with
つれて (...に) as ...
つれていく 連れて行く take; (相手の所へ) bring
つれてくる 連れて来る bring
つれもどす 連れ戻す take back
ツンドラ tundra

て

て 手 hand **手を振る** wave
手に入れる get; have
...で in; at; by; with; on; of; from
であう 出会う meet; come across ...; (思いがけなく) run into ...
てあし 手足 limb
てあたりしだい 手当たり次第の random
てあて 手当て treatment; (お金) allowance
ていあん 提案 proposal; suggestion
～する propose; suggest
ティーシャツ T-shirt
ていいん 定員 capacity
ティーンエージャー (13～19歳の) teenager
ていえん 庭園 garden
ていか[1] 定価 price
ていか[2] 低下する fall off
ていがく 停学 suspension
ていき 定期(券) 《米》 commuter pass; 《英》 season ticket **～的な** regular
ていぎ 定義 definition
～する define
ていきあつ 低気圧 low (atmospheric) pressure
ていきょう 提供する present; offer; (臓器を) donate
ていけい 提携 cooperation
ていけつ 締結する conclude
ていけつあつ 低血圧 low blood pressure
ていこう 抵抗 resistance
～する resist
ていこく[1] 帝国 empire
ていこく[2] 定刻に on time
ていさい 体裁 appearance; (本などの) format **～のよい** presentable; respectable
ていし 停止(する) stop
ていしゃ 停車(する) stop
ていじゅう 定住する settle (down)
ていしゅつ 提出する hand in
ディスカウント(ストア) discount (store [shop])
ディスク disk, disc
～ジョッキー disk jockey; DJ
～ドライブ disk drive
ディスプレー display
ていせい 訂正 correction
～する correct
ていせん 停戦 cease-fire; truce; armistice
ていたい 停滞する be delayed
ていちゃく 定着する take root; be here [have come] to stay; be settled [established]
ティッシュ(ペーパー) tissue
ていでん 停電 power failure; blackout
ていど 程度 degree; level: ある～ to some extent [degree]
ディナー dinner
ていねい 丁寧な polite
ていねん 定年退職する retire
ディベート debate
ていぼう 堤防 bank
でいりぐち 出入り口 door
ていりゅうじょ 停留所 stop
ていれ 手入れする take care of; repair; maintain
ディレクター director
ディレクトリー directory
データ data **～処理** data processing **～ベース** data base
デート(する) date
テープ tape
テーブル table
テーマ theme; subject
てがかり 手掛り clue; key
てがき 手書きの handwritten
てがける 手掛ける deal with
でかける 出掛ける go [be] out
てがた 手形 bill; note; draft
てがみ 手紙 letter
てがら 手柄 credit
てがる 手軽な light; simple; handy
てき 敵 enemy **敵意** hostility; hatred; malice: 敵意ある hostile; unfriendly; malicious
できあがる ⇒できる
てきおう 適応する adapt
できごと 出来事 happening; event
できし 溺死する drown
テキスト textbook
てきする 適する be suitable for
てきせい 適性 aptitude; competence
てきせつ 適切な proper
～に properly
できたて でき立ての fresh
てきど 適度の moderate
てきとう 適当な suitable
てきぱきした businesslike; speedy
てきよう 適用 application
～する apply
できる (仕上がる) be finished; (家が) be built (...することが)～ can [be able to] do (...で)**できている** be made from [of] **～だけ** as ... as possible **できれば** if possible
でぐち 出口 exit
テクニック technique
テクノロジー technology
てくび 手首 wrist
てこずる 手こずる have trouble with
でこぼこ 凸凹の rough
デコレーションケーキ fancy cake
てごろ 手頃な reasonable; handy

デザート dessert
デザイン(する) design
てざわり 手触り touch
でし 弟子 pupil
デジタル digital ～**カメラ** digital camera
てじな 手品 magic; trick ～**師** magician
でしゃばる intrude; poke [stick] one's nose
てじゅん 手順 arrangements
てじょう 手錠 handcuff
てすう 手数 trouble ～**料** (service) charge; commission
デスクトップ(の) desktop
テスト test ～(を)**する** test
てすり 手摺 handrail
てせい 手製の handmade
てそう 手相を見る read ...'s palm
てだすけ 手助け(する) help
でたらめ nonsense; lie ～**な** random; far from truth
てぢか 手近の[に] at hand
てちがい 手違い mistake
てちょう 手帳 notebook
てつ 鉄 iron
てっかい 撤回する withdraw; retract; (発言を) take back
てつがく 哲学 philosophy
デッキ (船の) deck
てっきょう 鉄橋 railroad bridge
てっきん 鉄筋コンクリート reinforced concrete
てづくり 手作りの homemade
デッサン sketch
てったい 撤退する withdraw; retreat
てつだう 手伝う help; assist
でっちあげ fiction; frame-up
でっちあげる make up; invent; fake; cook [trump] up
てつづき 手続き procedure
てっていてき 徹底的な thorough ～**に** thoroughly
てつどう 鉄道 railroad
デッドボール ～**を受ける** be hit by a pitch ～**を与える** hit with a pitch
てつぼう 鉄棒 iron bar; (体操の) horizontal bar
てつや 徹夜する stay up all night
テナント tenant
テニス tennis
てにもつ 手荷物 baggage; luggage
テノール tenor
てのひら 手のひら palm
デパート department store
てはい 手配 arrangements
てはず 手筈を決める arrange
てばなす 手放す part with; give up; sell (off)
てびき 手引き guide
デビュー debut
デフォルト default
てぶくろ 手袋 glove; (二またの) mitten
デフレ deflation
てほん 手本 model; example
てま 手間 trouble
デマ false [groundless] rumor
てまねき 手招きする beckon
でむかえる 出迎える meet
デモ demonstration; demo ～**をする** demonstrate
…でも even ...; even if ...
デュエット duet
てら 寺 temple
てらす 照らす light
テラス terrace
デラックスな deluxe
デリケートな (肌が) sensitive; (問題が) delicate
てる 照る shine
でる 出る (外へ) go out; (場所を) leave; (現われる) appear; (出席する) attend; (芽が) come out
テレパシー telepathy
テレビ television; TV ～**局** TV station
てれる 照れる be shy
てれくさい embarrassed
テレワーク telecommuting; teleworking
テロ(リスト) terror(ist)
てわたす 手渡す hand (over)
てん[1] 天 the sky
てん[2] 点 dot; point; (成績) grade, mark
でんあつ 電圧 voltage
てんいん 店員 (sales)clerk
てんか[1] 点火する ignite; light; fire
てんか[2] 転嫁: 責任を～する shift [lay] the blame; pass the buck
てんか[3] 添加する add ～**物**[**剤**] additive
てんかん[1] 転換する convert; change; divert; switch
方向～ U-turn; turning
てんかん[2] 癲癇 epilepsy
てんき 天気 weather ～**図** weather map ～**予報** weather forecast [report]
でんき[1] 伝記 biography ～**作者** biographer
でんき[2] 電気 electricity; (明かり) light
テンキー keypad
でんきゅう 電球 (light) bulb
てんきょ 転居(する) move (away): ～先の住所 new [forwarding] address
てんきん 転勤する be transferred
てんけいてき 典型的な typical
てんけん 点検する check
でんげん 電源 power supply ～**を入れる[切る]** turn [switch] on [off]
てんこ 点呼 roll call
てんこう[1] 天候 weather
てんこう[2] 転校する transfer
てんごく 天国 heaven; paradise
でんごん 伝言 message: 伝言をお願いできますか May I leave a message?
てんさい[1] 天才 genius
てんさい[2] 天災 natural disaster
てんさく 添削する correct
てんし 天使 angel
てんじ[1] 展示 display ～**する** exhibit; display; show
てんじ[2] 点字 braille
でんし 電子 electron ～**レンジ** microwave oven
でんしこうがく 電子工学 electronics
でんしマネー 電子マネー electronic money
でんしゃ 電車 train
てんじょう 天井 ceiling
てんじょういん 添乗員 tour guide
でんしん 電信 telegraph
てんすう 点数 mark
てんせい 天性 nature
でんせつ 伝説 legend
てんせん 点線 dotted line
でんせん[1] 電線 electric wire
でんせん[2] 伝染する infect ～**病** epidemic; infectious disease
てんそう 転送する forward
てんたい 天体 heavenly [celestial] body; star ～**望遠鏡** astronomical telescope
でんたく 電卓 (pocket) calculator
でんたつ 伝達 communication ～**する** communicate
でんち 電池 cell; battery
でんちゅう 電柱 telephone [utility] pole
テント tent
てんとう 転倒(する) fall
でんとう[1] 伝統 tradition ～**的な** traditional
でんとう[2] 電灯 (electric) light
てんとうむし 天道虫 ladybug
てんねん 天然の natural
てんのう 天皇 emperor
てんのうせい 天王星 Uranus
でんぱ 電波 radio wave; (放送・通信の) airwaves, signal
でんぴょう 伝票 (勘定書) check; (売り上げの) (sales) slip
てんびん 天秤 scale; balance ～**座** Libra; the Balance

[Scales]
てんぷ 添付する attach ～**ファイル** attachment; attached file
てんぷく 転覆する[させる] overturn; upset; overthrow
でんぷん 澱粉 starch
テンポ tempo
てんぼう 展望 view; prospects
でんぽう 電報 telegram
てんめつ 点滅する flash ; blink; wink
てんもんがく 天文学 astronomy ～(**上**)**の** astronomical **天文台** observatory
てんらく 転落する fall
てんらんかい 展覧会 exhibition
でんりゅう 電流 electric current
でんりょく 電力 electric power
でんわ 電話 (tele)phone; call: 電話ですよ You are wanted on the phone.; Telephone! ～**する** call ～**帳**[**ボックス**] phone book [booth]

と

と 戸 door
…と with; against
…と～ and
…ど …度 degree; (回) time
ドア door
とい 問い question
といあわせる 問い合わせる ask; inquire **問い合わせ** inquiry; reference
ドイツ Germany ～**の** German ～**人**[**語**] German
トイレ toilet; bathroom
トイレットペーパー toilet paper
とう¹ 塔 tower
とう² 党 party
どう¹ how …?; what …?; how about …?: 日本の印象は～ですか How do you find Japan? / このセーターは～ How about this sweater?
～**したのですか** What's wrong [the matter] with you?
～**いうわけか** somehow
～**いたしまして** You're welcome.; That's all right.
～**しようもない** hopeless
どう² 銅 copper **銅メダル** bronze medal
とうあん 答案 paper
どうい 同意する agree
とういつ 統一 unity
どういつ 同一の the same
どうか please
どうが 動画 video ～**配信** video distribution
とうがらし 唐辛子 red pepper
とうき 陶器 china
とうぎ 討議 discussion …**について～する** discuss
どうき¹ 動機 motive
どうき² 動悸 beat
どうぎ 道義 morality
どうぎご 同義語 synonym
とうきゅう 等級 grade; rate; class; rank
とうぎゅう 闘牛 bullfight(ing) ～**士** bullfighter; matador
どうきゅうせい 同級生 classmate
どうきょ (…と)同居する live with …
とうきょく 当局 authorities
どうぐ 道具 tool
どうくつ 洞窟 cave
とうげ 峠 pass
とうけい 統計 statistics
とうげい 陶芸 ceramic art
とうけつ 凍結する freeze
とうこう¹ 登校する go to school
とうこう² 投稿(する) (メッセージをネットワーク上に) post
とうごう 統合する unite ～**失調症** schizophrenia
どうこうかい 同好会 club
とうごく 投獄する imprison; put … in prison [jail]
どうさ 動作 movement
とうさん 倒産する go bankrupt
とうし¹ 投資 investment ～**する** invest
とうし² 闘志 fight; fighting spirit
とうし³ 凍死する「be frozen [freeze] to death
とうじ¹ 当時(は) then; in those days
とうじ² 冬至 winter solstice
どうし 動詞 verb
どうじ 同時に at the same time
どうして why; (どうやって) how
とうしゅ¹ 投手 pitcher
とうしゅ² 党首 leader of a political party
とうしょ 当初(は) at first
とうじょう 登場する appear ～**人物** character
どうじょう 同情 sympathy
とうせい 統制(する) control
どうせい¹ 同棲する cohabit; live together
どうせい² 同性の of the same sex ～**カップル** same-sex couple ～**婚** same-sex marriage
どうせいあい 同性愛 homosexuality ～**者** homosexual; gay
とうせん 当選する be elected
とうぜん 当然 naturally ～**の** natural
どうぞ Please.; Sure.; Certainly.
とうそう¹ 逃走する run away
とうそう² 闘争する fight
どうぞう 銅像 bronze statue
どうそうかい 同窓会 class reunion; alumni association
とうだい 灯台 lighthouse
どうたい 胴体 body
とうたつ 到達する come to
とうち 統治する rule
とうちゃく 到着 arrival ～**する** arrive
とうちょう 盗聴する (wire)tap; listen in on…
～**機** bug; (wire)tap
とうてい 到底 possibly
どうてん 同点 tie
とうとい 尊い precious
とうとう at last; after all
どうどう 堂々と boldly; fearlessly; ⇒せいせいどうどう
どうとく 道徳 morals
とうなん 盗難 theft
とうなんアジア 東南アジア Southeast Asia
どうにか…する manage to do; ⇒かろうじて
とうにゅう 豆乳 soybean milk
どうにゅう 導入する introduce
とうにょうびょう 糖尿病 diabetes
とうばん 当番 turn
とうひ 逃避する escape
とうひょう 投票(する) vote
とうふ 豆腐 tofu; bean curd
とうぶ 東部の east(ern)
どうふう 同封する enclose
どうぶつ 動物 animal ～**園** zoo
とうぶん 当分 for the time being; for now [the present]; (連絡あるまで) until further notice
とうぼう 逃亡 ～**者** fugitive ～**する** escape; run away; flee
どうみゃく 動脈 artery
とうみん 冬眠 hibernation ～**する** hibernate
とうめい 透明な transparent; (透き通った) clear
どうめい 同盟 alliance
どうめいし 動名詞 gerund
どうもう 獰猛な fierce; savage; ferocious
とうもろこし corn
どうやって how
どうやら(**…らしい**) likely
とうゆ 灯油 kerosene, paraffin
とうよう 東洋 East; Orient ～**の** Eastern; Oriental
どうよう¹ 童謡 nursery rhyme
どうよう² 動揺する be shaken
どうよう³ 同様の similar

どうり 道理 reason
～に合った reasonable
どうりょう 同僚 colleague
とうるい 盗塁(する) steal
どうろ 道路 road; street
とうろく 登録する register
とうろん 討論 discussion
～する discuss
どうわ 童話 fairy tale
とうわく 当惑する be embarrassed [perplexed, puzzled]
とお 十, 10 ten
とおい 遠い a long way; far; distant
とおか 十日 (月の) tenth
とおく 遠くの distant; faraway
～に in the distance; far
とおざかる 遠ざかる go away
とおす 通す let pass: 通してください Let me pass, please.
トースター toaster
トースト toast
ドーナツ doughnut
トーナメント tournament
とおぼえ 遠吠え(する) howl
ドーム dome
とおり 通り street **通り道** passage
とおる 通る pass **通り過ぎる** pass; go by **通り抜ける** go through
トーン tone
とかい 都会 city
とかげ 蜥蜴 lizard
とかす[1] (髪を) comb
とかす[2] 溶かす melt
とがった 尖った sharp; pointed
とき 時 time **(...する)とき** when ... **時々** sometimes; occasionally
どきどきする (心臓が) beat (fast)
ときふせる 説き伏せる persuade
ドキュメンタリー documentary
どきょう 度胸 courage
とぎれる 途切れる break
とく[1] 解く untie; (問題などを) solve; work out
とく[2] 説く persuade
とく[3] 得 profit
とぐ 研ぐ sharpen; whet
どく[1] 退く get out (of ...'s way)
どく[2] 毒 poison; ⇒からだ
とくい[1] (...が)得意な good at ...; (自慢) proud of ...
とくい[2] 特異な unusual
どくさいしゃ 独裁者 dictator
とくさん 特産 special product
どくじ 独自の one's own; original; unique
とくしつ 特質 characteristic
どくしゃ 読者 reader
とくしゅ 特殊な special
とくしゅう 特集 special issue
どくしょ 読書 reading
～する read
とくしょく 特色 characteristic
どくしん 独身の single
どくせん 独占する monopolize
どくそう 独奏 solo
どくそうてき 独創的な original
どくだん 独断 **～的な** dogmatic; arbitrary
とくちょう 特徴 characteristic; (著しい) feature
とくてい 特定の specific
とくてん 得点 score; mark; (野球) run; (ゴールに入れた) goal
どくとく 独特の peculiar; unique
とくに 特に especially; particularly
とくばい 特売 sale
～品 bargain
とくはいん 特派員 correspondent
とくべつ 特別の special
どくぼう 独房 (刑務所の) cell
とくめい 匿名の anonymous
どくりつ 独立 independence
～の independent
とげ 棘 (ばらの) thorn; (木の) splinter
とけい 時計 watch; clock
とける[1] 解ける be solved
とける[2] 溶ける dissolve; melt
とげる 遂げる accomplish
どける 退ける remove
どこ where **～かに** somewhere
～(に)でも anywhere; everywhere **～にも...ない** nowhere
～まで how far
とこや 床屋 barbershop; (人) barber: ～へ行く go to the barber's
ところ 所 place: ちょうど...した～だ have just done
...である[する]～に where
ところが but; however
...どころか far from ...
ところで「By the way [Well]...
とざす 閉ざす shut
とざん 登山 climbing
とし[1] 年 year; (年齢) age
年を取った old **年上の** older
年下の younger **年月** years
とし[2] 都市 city
とじこめる 閉じ込める shut up
...として(は) as (for)
どじな stupid
とじまり 戸締まりをする lock
どしゃくずれ 土砂崩れ landslide
どしゃぶり 土砂降り downpour
としょかん 図書館 library
としより 年寄り old man [woman]
とじる[1] 綴じる file
とじる[2] 閉じる close; shut; (すっかり) shut up
トス(する) toss
どせい 土星 Saturn
どだい 土台 base
とだな 戸棚 cupboard
とたん (...した)途端に as soon as; the (very) moment; just then
どたんば 土壇場で at the last moment; (土壇場の) last-minute, last-ditch
とち 土地 land; ground
どちゃく 土着の native
とちゅう 途中で on one's [the] way **～下車する** stop off
どちら which **～か** either **～かと言えば** rather (than) **～にしても** either way **～も** both
とっきゅう 特急 limited express (train)
とっきょ 特許 patent
ドック dock
とっくに long ago; already
とつげき 突撃する charge
とっけん 特権 privilege
ドッジボール dodgeball
とっしん 突進する dash; charge; dart
とつぜん 突然 suddenly: ～...しだす break into ...
～の sudden
とって[1] (...に)とって for
とって[2] 取っ手 handle
とっておく 取っておく (人や将来のために) keep; (使わずに) reserve
とってくる 取ってくる fetch
とっぱ 突破する break through
トップ top
とつレンズ 凸レンズ convex lens
どて 土手 bank
とても very; much
とどく 届く reach; be delivered
とどける 届け(出)る deliver; send; (警察などに) report (to)
ととのえる 整える arrange
とどまる 留まる stay
とどろく 轟く roar; rumble; thunder
ドナー donor
となかい reindeer
どなた who
となり 隣の next **...の隣に[の]** next (door) to ...
どなる 怒鳴る shout
とにかく anyway
どの which **どの...(で)も** all, every; any **～くらい** how
とはいえ but
とばす 飛ばす fly

とび 鳶 kite
とびあがる 跳び上がる jump (up)
とびうお 飛び魚 flying fish
とびおきる 跳び起きる jump「out of the bed [to one's feet]
とびおりる 飛び下りる jump down
とびこえる 跳び越える jump over ...
とびこむ 飛び込む jump [dive] into ...
とびさる 飛び去る fly away
とびだす 飛び出す jump [run] out
とびつく 飛びつく jump at ...
トピック topic
とびら 扉 door
とぶ (跳ぶ) jump; spring; (飛ぶ) fly
とほ 徒歩で on foot
とほう 途方 ~に暮れる don't know what to do / ~もない extraordinary; absurd
どぼく 土木工事 (civil) engineering
とぼしい 乏しい poor (in)
トマト tomato
とまりぎ 止まり木 perch
とまる[1] 止まる stop; (水道・電気などが) shut off
とまる[2] 泊まる stay
とみ 富 wealth; fortune
とむ 富む be rich in ...
とめる[1] 止める stop; (車を) park; (水・ガスなどを) turn off
とめる[2] 泊める put up; take in
とめる[3] 留める pin; fasten
とも(だち) 友, 友達 friend
ともなう 伴う (人を) take ...に~ accompany
ともに (...と) with ...
どもる stammer; stutter
どようび 土曜日 Saturday
とら 虎 tiger
トライ try
ドライアイス dry ice
ドライな businesslike
ドライバー driver; (大工道具) screwdriver
ドライブ drive ~**スルー** drive-in [-through] ~**する** drive; take a drive
ドライヤー dryer
とらえる 捕える catch; (逮捕) arrest
トラクター tractor
トラック (車) truck; (競技場の) track
ドラッグ[1] (薬) drug ~**ストア** drugstore
ドラッグ[2] (マウスを)~**する** drag
トラックボール trackball
ドラフト draft
トラブル trouble
ドラマ drama
ドラマチックな dramatic
ドラム drum
トランク suitcase; trunk
トランジスター transistor
トランスジェンダー transgender
トランプ cards
トランペット trumpet
とり 鳥 bird ~**インフルエンザ** bird flu
とりあえず right away
とりあげる 取り上げる (問題を) take up; (奪う) take away
とりあつかう 取り扱う handle; treat **取り扱い** (対人的) treatment: 取り扱い注意 Handle with care.
とりいれ 取り入れ harvest
とりいれる 取り入れる take in
とりえ 取り柄 merit
トリオ trio
とりかえす 取り返す get back
とりかえる 取り替える change; exchange
とりかかる 取りかかる begin
とりかご 鳥篭 cage
とりかこむ 取り囲む surround
とりきめ 取り決め agreement
とりきめる 取り決める arrange; (会合などを) fix
とりくむ 取り組む tackle
とりけす 取り消す cancel; (約束・命令を) call off
とりこわす 取り壊す pull down
とりざら 取り皿 plate
とりさる 取り去る remove; (危険物などを) take away (from)
とりしまる 取り締まる control; regulate; police
とりしらべ 取り調べ investigation
とりそろえる 取り揃える provide
とりだす 取り出す take out
とりつく 取り付く possess; haunt
トリック trick
とりつける 取り付ける (器具などを) fit; (設備などを) install; (大きいものに小さいものを) attach
とりで 砦 fort
とりにがす 取り逃がす miss
とりにく 鶏肉 chicken
とりのぞく 取り除く take off; take out
とりはからう 取り計らう arrange; see to it that ...
とりひき 取引 business
ドリブル(する) dribble
とりぶん 取り分 share
とりまく 取り巻く surround
とりもどす 取り戻す get back; regain; get back; (物を) take back; (失ったものを) recover
とりやめる 取り止める cancel
どりょく 努力 effort ~**する** make efforts [an effort]
とりよせる 取り寄せる order; send for ...
ドリル drill
とりわけ especially
とる take (off); get; (写真を) take; (食事を) have; (時間・場所を) take up; (盗む) steal **取ろうとする** (手を伸ばして...を) reach for ...
ドル dollar
どれ which ~**でも** any; every, all
どれい 奴隷 slave
トレード trade
トレーナー sweatshirt
トレーニング training ~パンツ sweatpants
トレーラー trailer
ドレス dress
ドレッシング dressing
とれる (ボタンなどが) come off; (抜ける) come out; (捕まる) be caught;
どろ 泥 dirt; mud
トロフィー trophy
どろぼう 泥棒 thief
トロンボーン trombone
トン ton
どんかん 鈍感な dull
どんぐり acorn
どんこう 鈍行 local train
とんでもない terrible; outrageous; (否定して) Of course not!
どんどん (速く) fast; (着々と) steadily; on and on; one after another
どんな what (kind of ...) ~...も any ~**風に** how
トンネル tunnel
とんぼ 蜻蛉 dragonfly
とんや 問屋 wholesaler
どんよく 貪欲な greedy
どんよりした cloudy; dull; heavy

な

な 名 name: ...の名をあげる[出す] mention
ない (...が)be not, there is [are] no ...; do not have; (危険・じゃまなどが) free (from); (...のない, ...なしで) without; ⇒...しない **なくてはならない** necessary
ナイアガラ Niagara (Falls)
ないか 内科 (internal) medicine ~**医** doctor; physician

ないかく 内閣 cabinet
ないしゅっけつ 内出血 internal bleeding
ないしょ 内緒の secret
ないしょく 内職 sideline; side job
ないせん[1] 内線 extension
ないせん[2] 内戦 civil war
ないぞう 内臓 internal organs
ナイター night game
ナイフ knife
ないぶ 内部 the inside [interior]
ないみつ 内密の confidential; secret
ないや 内野 the infield
~**手** infielder
ないよう 内容 content
ないりく 内陸(の) inland
ナイロン nylon
なえ 苗 young plant
なお (いっそう) still
なおさら all the more
なおす[1] 治[直]す cure; heal
なおす[2] 直す mend, repair; (訂正) correct
なおる[1] 治[直]る recover; heal; get better [well]
なおる[2] 直る be mended [repaired]; (訂正) be corrected
なか[1] 中 the inside
…の中から out of
…の中で[に, へ, を] in; into; inside; among; through; of
中へ入る go in
なか[2] 仲 terms; relation(ship); ⇒なかたがい, なかよく
ながい 長い long
長く long; for a long time
ながぐつ 長靴 boots
ながさ 長さ length
長さが…で[の] … long
ながし 流し (kitchen) sink
ながす 流す wash away; (涙を) shed
なかたがい 仲違い quarrel
なかなおり 仲直りする make friends again (with); make up
なかなか pretty
なかにわ 中庭 court
ながねん 長年 for years
なかば 半ば half; partly
ながびく 長引く drag (on); linger
なかま 仲間 friend; fellows; circle
なかみ 中身 contents
ながめ 眺め view
ながめる 眺める look at
ながもち 長持ちする last (for a long time)
なかゆび 中指 middle finger
なかよく 仲良くやっていく get along
なかよし 仲良し good friend
(…し)ながら as …
ながらく 長らく for a long time
ながれ 流れ stream
ながれる 流れる flow
流れ星 shooting star
なきごえ[1] 泣き声 cry
なきごえ[2] 鳴き声 cry; song
なきごと 泣き言 complaint
なきむし 泣き虫 crybaby
なく[1] 泣く cry
なく[2] 鳴く (鳥が) sing; (動物が) cry; (猫が) mew; (虫が) chirp
なぐさめる 慰め(る) comfort
なくす lose
なくなく 泣く泣く reluctantly
なくなる be gone; (在庫品などが) run out (of); (痛みなどが) go away; (人が) pass away
なぐる 殴る hit; strike **殴り合う** fight
なげく 嘆く grieve
嘆かわしい regrettable
なげる 投げる throw **投げ上げる** throw up; (軽く) toss (~に) **投げ入れる** throw … into ~
なこうど 仲人 matchmaker
なごやか 和やかな friendly
なさけ 情け sympathy; mercy
~**深い** kindhearted; merciful
~**ない** shameful; miserable; deplorable
なし 梨 pear
なしとげる 成し遂げる accomplish; achieve
なじみ 馴染みの familiar
なじる 詰る blame
なす 茄子 eggplant
なぜ why ~**なら…** because
なぞ 謎 riddle; mystery
~**めいた** mysterious
なだかい 名高い famous
なだめる soothe; quiet
なだれ 雪崩 snowslide
なつ 夏 summer
夏休み summer vacation
なづける 名付ける name; call
ナッツ nut
なっとく 納得させる convince
なでる 撫でる stroke
…など and so on; etc.
なな 七(つ), 7 seven **7番目の** seventh **7分の1** seventh
ななじゅう 七十, 70 seventy **70番目の, 70分の1** seventieth
ななめ 斜めの diagonal; oblique; on a slant
なに 何 what **何か** something; anything **何気ない** casual **何とぞ** please **何も…ない** nothing; not anything; none
なのか 七日 (月の) seventh
…なので because (of)
ナノテクノロジー nanotechnology
…なのに though; in spite of
なびかせる 靡かせる stream
なびく 靡く wave
ナプキン napkin
なふだ 名札 name tag
なべ 鍋 pan; saucepan; pot
なま 生の raw; fresh; (演奏が) live
なまいき 生意気な cheeky; saucy: ~にも…する have the cheek to do / ~言うな None of your cheek!
なまえ 名前 name
なまけもの 怠け者 lazybones; lazy person; (動物) sloth
なまける 怠ける be lazy
なまず 鯰 catfish
なまなましい 生々しい vivid
なまぬるい 生温い lukewarm; tepid
なまり[1] 訛り accent
なまり[2] 鉛 lead
なみ[1] 波 wave
なみ[2] 並の average
なみき 並木 row [line] of trees
~**道** avenue
なみだ 涙 tear
なめくじ slug
なめしがわ なめし革 leather
なめらか 滑らかな smooth; (話し方が) fluent
なめる 舐める lick
なや 納屋 barn
なやます 悩ます bother
なやみ 悩み worry; trouble
なやむ 悩む worry; trouble
なよなよした effeminate
…なら if
ならう[1] 習う learn
ならう[2] 倣う follow
ならす[1] 馴らす (動物を) tame
ならす[2] 慣らす accustom
ならす[3] 鳴らす ring; sound
(…しなければ)ならない must [have to] do
ならぶ 並ぶ stand in a line
ならべる 並べる place in a line
ならわし 習わし custom
なりたち 成り立ち origin
なる[1] (ある状態に) come; get; go; fall **…に~** become; (変化して) turn into … **…するように~** come [get] to do
なる[2] 生る (実が) bear (fruit)
なる[3] (…から)成る consist (of)
なる[4] 鳴る (ベル・鈴・鐘などが) ring; (汽笛や管楽器などが) blow; sound
なるべく (できるだけ) as … as possible; (できるなら) if possible

なるほど indeed
ナレーション narration
ナレーター narrator
なれる 慣れる get used [accustomed] (to)
…に慣れている be used [accustomed] to
馴れている (動物が) be tame
なわ 縄 rope
～跳び(をする) jump rope
なんか 軟化する soften
なんかい 何回 how many times
なんきょく 南極 the Antarctic; (南極点) the South Pole
なんじ 何時 what time: 今～ですか What time is it now?
なんせい 南西 southwest
ナンセンス nonsense
なんですって 何ですって I beg your pardon?; Pardon (me)?
なんでも 何でも anything; everything: ～ないよ It's nothing. / Forget it. **…するもの[こと]は～** whatever
なんど 何度 how many times
なんとう 南東 southeast
なんとか 何とか somehow
なんぱ 難破する be wrecked
ナンバープレート license plate
なんみん 難民 refugee

に

に[1] 二, 2 two **2番目の** second **2分の1** half
に[2] 荷 pack; load
荷を積む load
…に at; in; on; to; for; with; by
にあい 似合いの人[物] match
にあう 似合う become; suit
にえる 煮える boil
におい 臭い, 匂い(をかぐ) smell: いい～がする It smells good.; (食べ物が) It smells delicious. / どんな～ですか What does it smell like?
におう 臭う, 匂う smell
にかい[1] 2回 twice
にかい[2] 2階(へ, に, で) upstairs
にがい 苦い bitter
にがす 逃がす (set) free; miss
にがつ 2月 February
にがて (…が)苦手だ be「weak in [poor at]
にかよった 似通った similar
にきび pimple
にぎやか 賑やかな (場所が) busy; crowded; (人が) lively, cheerful
にぎる 握る hold; grasp; (ぎゅっと) grip
にぎわう 賑わう be crowded [bustling]

にく 肉 meat; flesh
肉屋 butcher('s)
にくい 憎い hateful
…にくい …(し)難い be hard to do
にくがん 肉眼 naked eye
にくしみ 憎しみ hatred
にくしん 肉親 relative
にくたい 肉体 body
にくむ 憎む hate
にぐるま 荷車 cart
にげる 逃げる run away; get away
にごった 濁った muddy
にこにこする smile
にし 西 west **西の** west(ern)
にじ 虹 rainbow
にじてき 二次的な secondary
…にしては for
にじむ 滲む run; smudge; blur
にじゅう 二十, 20 twenty **20番目の, 20分の1** twentieth
にじゅう 二重の double
にじょう 2乗 square
にしん 鰊 herring
にしんほう 二進法 binary system
ニス varnish
にせ 偽の false
偽物 imitation
にせる 似せる imitate
にだい 荷台 carrier
にたつ 煮立つ boil (up)
にちじょう 日常の everyday
にちぼつ 日没 sunset
にちようび 日曜日 Sunday
日曜大工 do-it-yourself
にちようひん 日用品 daily necessaries
にっかんし 日刊紙 daily
にっき 日記 diary: ～をつける keep a diary
ニックネーム nickname
にづくり 荷造りをする pack
ニッケル nickel
にっこう 日光 sunshine; sunlight **日光浴をする** bathe in the sun; sunbathe
にっこりする smile
にっしょく 日食 solar eclipse
にっちゅう 日中 during the day
にってい 日程 schedule
にっぽん 日本 Japan
にている 似ている be like …; resemble
にど 2度 twice
…にとって to … for …
ニトログリセリン nitroglycerin(e)
にばい 二倍 double; twice: ～にする[なる] double
にぶい 鈍い (刃・感覚が) dull; (刃が) blunt

にほん 日本 Japan
～の[人, 語] Japanese
にもつ 荷物 load; (手荷物) baggage
ニュアンス nuance
にゅういん 入院する go to (the) hospital
にゅうかい 入会(する) admission; entrance; enrollment; join **～金** admission [entrance] fee
にゅうがく 入学 entrance
～する enter a school
～試験 entrance examination
にゅうぎゅう 乳牛 cow
にゅうし 入試 entrance exam (ination)
ニュージーランド New Zealand **～人** New Zealander
にゅうしょう 入賞する win a prize
にゅうじょう 入場 entrance; admission **～料** admission
ニュース news **～キャスター** newscaster **～速報** flash
にゅうもん 入門(書) introduction; guide (book)
ニューヨーク New York
にゅうよく 入浴する bathe; take a bath
にゅうりょく 入力(する) input
にらむ 睨む glare
にりゅう 二流の second-rate
にる[1] 煮る boil
にる[2] 似る resemble
にるい 二塁(手) second base (man) **～打** double
にれ 楡 elm
にわ 庭 garden; yard
庭師 gardener
にわかあめ 俄雨 shower
にわかに suddenly
にわとり 鶏 chicken
にんい 任意の any; arbitrary; random; (自発的な) spontaneous, voluntary
にんか 認可 permission
にんき 人気のある popular
～者 favorite
にんぎょ 人魚 mermaid
にんぎょう 人形 doll; puppet
にんげん 人間 human (being)
にんしき 認識 recognition; perception
にんしん 妊娠する be pregnant
にんじん 人参 carrot
にんたい 忍耐 patience
～強い patient
にんにく 大蒜 garlic
にんむ 任務 duty
にんめい 任命 appointment
～する appoint

ぬ

ぬいぐるみ 縫いぐるみの stuffed: 動物の～ stuffed animal
ぬう 縫う sew **縫い目** seam **縫い物** needlework
ヌード nude
ヌードル noodles
ぬかす 抜かす omit; skip; leave out
ぬかるみ mud
ぬきうち 抜き打ちの[で] sudden; surprise; without warning ～**テスト** pop quiz
ぬく 抜く pull out; (追い越す) outstrip **抜き出す** draw out **抜き取る** pull out
ぬぐ 脱ぐ take off **脱ぎ捨てる** take off
ぬぐう 拭う wipe
ぬけめ 抜け目が[の]ない shrewd
ぬける 抜ける come out; (通り抜ける) go through
ぬすむ 盗む steal; rob **盗み** theft
ぬの 布 cloth
ぬま 沼 marsh
ぬらす 濡らす wet
ぬる 塗る (ジャムを) spread; (薬を) put; (ペンキを) paint; (色を) color
ぬるい 温い lukewarm **ぬるま湯** lukewarm water
ぬるぬるの slippery; slimy
ぬれる 濡れる get wet

ね

ね[1] 根 root
ね[2] 値 price
ねあげ 値上げする raise prices
ねいろ 音色 tone
ねうち 値打ち price; value ～**のある** valuable; worth
ネオン neon (sign)
ねがい 願い, 願う wish
ねがえり 寝返りをうつ toss (and turn); turn [roll] over
ねぎ 葱 leek
ネクタイ tie
ネグリジェ nightdress, nightgown
ねこ 猫 cat
ねこむ 寝込む be sick (in bed)
ねさげ 値下げ price cut [reduction]
ねじ screw ～**回し** screwdriver
ねじる 捻る twist
ねすごす 寝過ごす oversleep
ねずみ 鼠 mouse; rat ～**取り** mousetrap ～**色(の)** gray
ねそべる 寝そべる lie down
ねたきり 寝たきりの bedridden
ねたましい 妬ましい envious (of) ねたむ envy
ねだる ask; beg; coax; bother
ねだん 値段 price
ねつ 熱 heat; (病気の) fever: 熱が高い have a high fever / 熱を測る take ...'s temperature **熱する** heat
ねつい 熱意 zeal; enthusiasm
ねっきょう 熱狂する get excited ～**的な** enthusiastic
ネックレス necklace
ねっしん 熱心な earnest; eager
ねったい 熱帯 torrid zone; tropics
ねっちゅう (...に)熱中している be absorbed (in); be crazy (about)
ねっちゅうしょう 熱中症 heatstroke
ねっとう 熱湯 boiling water
ねっぱ 熱波 heat wave
ねつれつ 熱烈な enthusiastic
...ねばならない must
ねばる 粘る (物が) be sticky; (人が) persist **粘り強い** persistent
ねびき 値引き(する) discount
ねぶくろ 寝袋 sleeping bag
ねぼう 寝坊する oversleep **朝**～ late riser
ねまき 寝巻き nightclothes; nightgown; pajamas
ねむる 眠る sleep; ⇒ぐっすりと **眠り** sleep
ねもと 根元 root
ねらう 狙う, 狙い aim (at)
ねる[1] 寝る go to bed; sleep
ねる[2] 練る knead
...ねん ...年 year; ⇒いちねん
ねんいり 念入りな careful; elaborate
ねんかん 年鑑 yearbook; almanac
ねんがん 念願 dream; wish
ねんきん 年金 pension
ねんげつ 年月 time
ねんざ 捻挫(する) sprain; twist; wrench
ねんしゅう 年収 annual [yearly] income
ねんじゅう 年中 all (the) year round ～**無休** (掲示) Always Open
...ねんせい ...年生 ... grader
ねんだい 年代 era; date; period: 50～ the fifties, the 50's ～**物(の)** vintage
ねんど 粘土 clay
ねんぱい 年配の elderly
ねんまつ 年末 the end of the year
ねんりょう 燃料 fuel: ～が切れる run out of fuel [(車の) gas]
ねんりん 年輪 (annual) ring
ねんれい 年齢 age ～**制限** age limit

の

の 野 field
...の of; at; on; in; by
ノイローゼ neurosis; nervous breakdown
のう 脳 brain **脳死** brain death **脳波** brain waves
のうえん 農園 farm
のうか 農家 farmhouse
のうぎょう 農業 agriculture
のうこう 濃厚な thick
のうさくぶつ 農作物 crop
のうしゅく 濃縮する condense; concentrate
のうじょう 農場 farm
のうそん 農村 farm village
のうどうたい 能動態 active voice
ノウハウ know-how
のうみん 農民 farmer; (小作) peasant
のうやく 農薬 agricultural chemicals
のうりつ 能率 efficiency ～**的な** efficient
のうりょく 能力 ability; capacity
のうりんすいさんしょう 農林水産省 Ministry of Agriculture, Forestry, and Fisheries
ノート notebook **...の～をとる** make [take] a note of ～**パソコン** notebook; laptop
ノーベルしょう ノーベル賞 Nobel prize
のがす 逃す miss
のがれる 逃れる escape
のこぎり 鋸 saw
のこり 残り the rest; (食べ残り) leftover **残る** be left; remain; stay **残す** leave
ノズル nozzle
のせる[1] 乗せる (車に) drive
のせる[2] 載せる put (on); (記事を) carry
のぞく[1] 覗く look in [into]; peep
のぞく[2] 除く remove **(...を)除いて** except ...
のぞむ 望む want; hope **望ましい** desirable **望み** wish; hope
のち 後に later; afterward
ノック knock **(戸を)～する** knock (on the door)
ノックアウト knockout ～**する** knock out
のっとる 乗っ取る take over; (ハイジャックする) hijack

…ので because (of)
のど 喉, 咽 throat: ~が痛い have a sore throat / ~が渇く be thirsty
のどかな calm
…のに in spite of; though
ののしる swear; curse; abuse; call ... names
のばす[1] 延ばす put off; postpone
のばす[2] 伸ばす lengthen; (引っ張って) stretch; (才能を) develop
のはら 野原 field
のび 伸び (成長) growth ~をする stretch; give [have] a stretch
のびる[1] 延びる be put off
のびる[2] 伸びる lengthen; grow; (引っ張って) stretch
のべる 述べる state; say
のぼり 上りの uphill; up
のぼる[1] 上る (太陽・月が) rise; climb; go up; (話題・審議に) come up
のぼる[2] 登る climb; go up
のみ (虫) flea; (工具) chisel
…のみ only; alone **…ならず** not only ... but (also)
のみこみ のみ込みがいい[速い] be quick of understanding **~が悪い[遅い]** be slow of understanding
のみこむ 飲み込む swallow
のみもの 飲み物 drink
のむ 飲む drink; (お茶を) have; (薬を) take
のり[1] 糊 paste
のり[2] 海苔 seaweed
のりおくれる 乗り遅れる miss
のりかえ 乗り換え(る) transfer; change (trains)
のりきる 乗り切る survive; get through; make it (through...); ride out; tide oneself over
のりくみいん 乗組員 crew
のりこえる 乗り越える get over
のりこむ 乗り込む get on
のりもの 乗り物 vehicle
のる[1] 乗る (乗用車・タクシーに) get in; (列車・バス・旅客機・船に) get on; (馬に) ride; (交通機関を利用する) take
のる[2] 載る (本に) appear
のろう 呪う curse
のろまな, のろい dull; slow
のんきな easygoing
ノンストップの nonstop
のんびりした peaceful; leisurely
ノンフィクション nonfiction

は

は[1] 刃 edge
は[2] 葉 leaf
は[3] 歯 tooth
…は …派 (…を好む人) person: 猫派 (猫好きな人) a cat person
ば 場 spot; scene; (劇の) scene
バー bar
ばあい 場合 occasion; case
はあく 把握する grasp
バーゲンセール sale
バーコード bar code
バージョン version
パーセント percent
バーチャルリアリティー virtual reality
パーティー party
ハート heart
ハードウェア hardware
ハードスケジュール full [tight, heavy] schedule
パート(タイム)の part-time: パートで働く work part-time (at) パートタイマー part-timer
ハードディスク hard disk
パートナー partner
ハードル hurdle
ハープ harp
バーベキュー barbecue; BBQ
パーマ permanent (wave) **~をかける** perm
ハーモニー harmony
ハーモニカ harmonica
はい[1] yes; (出席の返事) here; present **~どうぞ** (手渡すときに) Here you are [it is].
はい[2] 灰 ash
はい[3] 肺 lung
…ばい …倍 … times **倍の** double; twice as ... as
パイ pie
はいいろ 灰色(の) gray
ハイウェー expressway; superhighway
ハイエナ hyena
はいえん 肺炎 pneumonia
バイオテクノロジー biotechnology
パイオニア pioneer
バイオリン violin
はいきガス 排気ガス exhaust (gas)
はいきぶつ 廃棄物 waste(s)
はいきょ 廃墟 ruin
ばいきん 黴菌 germ
ハイキング hiking; hike **~に行く** go hiking; go on a hike
バイキング (料理) smorgasbord, buffet; (歴史上の) Viking
バイク motorbike
はいぐうしゃ 配偶者 spouse; (夫) one's husband; (妻) one's wife
はいけい[1] 拝啓 dear
はいけい[2] 背景 background
はいざら 灰皿 ashtray
はいし 廃止 abolition **~する** abolish
はいしゃ 歯医者 dentist
ハイジャック hijacking **~する** hijack
ばいしゅう 買収する (わいろで) bribe; (買い取る) buy; purchase; acquire
はいしゅつ 排出する discharge; emit
ばいしゅん 売春 prostitution
ばいしょう 賠償する compensate **~金** compensation; damages
はいしん 配信 distribution **~する** distribute
ばいしん 陪審 jury **~員** juror
はいすい 排水 **~管** drainpipe **~する** drain
バイセクシュアル bisexual
はいせん[1] 敗戦 defeat; loss
はいせん[2] 配線 wiring; line
はいた 歯痛 toothache
はいたつ 配達 delivery **~する** deliver
はいたてき 排他的な exclusive
バイタリティー vitality
はいち 配置 layout
ハイテク high tech(nology)
ばいてん 売店 stand; kiosk
バイト part-time job: ~をする work part-time; moonlight
はいとう 配当(金) dividend
パイナップル pineapple
ハイパーリンク hyperlink
ばいばい 売買(する) trade; deal (in...)
バイバイ bye-bye
バイパス bypass
ハイヒール high heels
ハイビジョンテレビ high-definition television; HDTV
ハイビスカス hibiscus
はいふ 配布する hand out
パイプ pipe
パイプオルガン (pipe) organ
バイブル Bible
ハイフン hyphen
はいぶん 配分する distribute; divide; allocate
はいぼく 敗北 defeat
はいやく 配役 casting
はいゆう 俳優 actor; (女優) actress
はいりょ 配慮する consider
バイリンガルの bilingual
はいれつ 配列 arrangement
はいる 入る enter; come in; (押し入る) break in [into]; (加わる) join: この瓶は2リットル~ This

bottle holds two liters.
パイロット pilot
はう 這う crawl
バウンド(する) bounce
はえ 蝿 fly
はえる 生える grow; (歯が) cut
はか 墓 grave
ばか 馬鹿 fool **～げた** silly **～な** stupid; foolish; silly: **～な!** Nonsense!
はかい 破壊 destruction **～する** destroy
はかいし 墓石 gravestone
はがき 葉書 postcard; (postal) card
はがす 剥がす tear (off)
はかせ 博士 doctor
はかどる 捗る get along with
はかない transient; short-lived; vain; empty
はがね 鋼 steel
ばかばかしい foolish; silly
はかり 秤 scales
…ばかり just; always; only
はかる 計る (温度を) take; (時間を) time; (寸法を測[計]る) measure; (重さを量る) weigh
はがれる 剥がれる come off; peel (off)
はきけ 吐き気がする be [feel] sick
はぎとる 剥ぎ取る tear off
はく[1] 掃く sweep
はく[2] 吐く throw up; vomit
はく[2] 履く put on; wear
はぐ 剥ぐ tear
バグ bug
はくがい 迫害する persecute
はぐき 歯茎 gums
はぐくむ 育む bring up
ばくげき 爆撃する bomb
はくし[1] 博士 doctor
はくし[2] 白紙 blank paper
はくしゃ 拍車(をかける) spur
はくしゅ 拍手する clap (one's hands)
はくじょう[1] 白状する confess
はくじょう[2] 薄情な cold-hearted
はくしょん ahchoo
はくじん 白人 white
ばくぜん 漠然とした vague
ばくだい 莫大な vast; great
ばくだん 爆弾 bomb
はくちょう 白鳥 swan
バクテリア bacteria
ばくは 爆破する blow
ばくはつ 爆発 explosion **～する** explode
はくぶつかん 博物館 museum
はくらんかい 博覧会 exposition; fair
はぐるま 歯車 gear; cogwheel
はぐれる get lost
ばくろ 暴露する expose
はけ 刷毛 brush
はげあたま 禿頭 bald head
はけぐち はけ口 vent; outlet
はげしい 激しい violent; (痛みなどが) severe; (ことば・痛みなどが) sharp; (風雨・力・程度などが) heavy
はげたか 禿げ鷹 vulture
バケツ bucket
はげます 励ます encourage; cheer up **励み** encouragement **励む** work hard
ばけもの 化け物 monster
はげる 禿げる, 剥げる become bald; (ペンキが) come off; peel **はげた** bald
はけん 派遣する send (away); dispatch
はこ 箱 box; case
はこぶ 運ぶ carry
バザー bazaar
はさみ 鋏 scissors; (大きな) shears; (かになどの) claw
はさむ 挟む put between; (口を) put in **挟まる** get between; get caught in
はさん 破産 bankruptcy **～する** go bankrupt
はし[1] 箸 chopsticks
はし[2] 橋 bridge
はし[3] 端 edge; end
はじ 恥 shame **恥知らずな** shameless **恥じる** be ashamed
はしか 麻疹 measles
はしがき 端書き preface
はじく 弾く(指で) flip, toss; (水などを) repel
はしご 梯子 ladder
はじまる 始まる begin; start; (戦争などが) break out **始まり** beginning
はじめ 初め beginning **～は** at first **初めて** for the first time **初めまして** How do you do?; Nice to meet you.
はじめる 始める begin; start
ばしゃ 馬車 carriage
はしゃぐ frolic; romp; play around [about]; get excited; be overjoyed; have fun
パジャマ pajamas
ばしょ 場所 place; (空間) room
はしら 柱 post **柱時計** wall clock
はしる 走る run **走り出る** run out (of) **走り寄る** run up **走り高跳び** high jump **走り幅跳び** long [broad] jump
はす 蓮 lotus
はず (...する)筈である be to do; ought to do
...する～はない cannot do
バス bus **バス停** bus stop
パス(する) pass
はずかしい 恥ずかしい embarrassed; ashamed; shameful; shy
バスケット(ボール) basketball
はずす 外す take off; undo; (的を) miss
パスタ pasta
バスタオル bath towel
パステル pastel
バスト bust
パスポート passport
はずむ 弾む bounce
パズル puzzle
はずれる 外れる come off; (壊れて) break off; (的から) miss
バスローブ (bath)robe
パスワード password
パセリ parsley
パソコン personal computer
はそん 破損する break
はた 旗 flag
はだ 肌 skin
バター butter
パターン pattern
はだか 裸の naked; nude
はだぎ 肌着 underwear
はたけ 畑 field
はだざわり 肌触り touch
はだし 裸足で barefoot
はたして 果たして really
はたす 果たす (義務を) fulfill; (役割を) play; (任務・義務を) do
はたち 二十歳 twenty (years old)
バタフライ butterfly (stroke)
はたらく 働く work
はち[1] 八, 8 eight **8番目の** eighth **8分の1** eighth
はち[2] 蜂 bee; hornet; wasp
はち[3] 鉢 bowl
はちがつ 八月 August
はちきれる burst
はちじゅう 八十, 80 eighty **80番目の, 80分の1** eightieth
はちどり 蜂鳥 hummingbird
はちみつ 蜂蜜 honey
はちゅうるい 爬虫類 reptile
ばつ 罰 punishment; penalty
はつあん 発案 idea
はついく 発育 growth
はつおん 発音 pronunciation **～する** pronounce
はつか 二十日 (月の) twentieth
はっか peppermint
ハッカー hacker; cracker
はっかく 発覚する be found out
はっき 発揮する exhibit; show
はっきょう 発狂する go mad
はっきりした clear; (違いが) distinct **はっきりと** clearly

ばっきん 罰金 fine; penalty
バック (背景) background ~**する** back ~**ナンバー** back issue ~**ネット** backstop ~**ミラー** rearview mirror
バッグ bag
バックアップ backup ~**する** back up
パックする pack
はっくつ 発掘する excavate; dig (up)
バックル buckle
ばつぐん 抜群の outstanding
パッケージ package
はっけっきゅう 白血球 white blood cell ; white corpuscle; leukocyte
はっけつびょう 白血病 leukemia
はっけん 発見 discovery ~**する** discover
はつげん 発言する speak
はつこい 初恋 one's first love
はっこう 発行する publish; (切手·通貨を) issue
はっさん 発散する work off; vent; let off steam; ⇒はっする
バッジ badge
はっしゃ[1] 発射する (打ち上げる) launch; (銃を) fire
はっしゃ[2] 発車する depart; leave
ばっすい 抜粋 excerpt; extract; abstract
はっする 発する give (off); send (out); emit; exude; (声を) utter
ばっする 罰する punish
はっせい 発生する occur; break out
はっそう[1] 発想 idea; way of thinking
はっそう[2] 発送する send
ばった grasshopper
バッター batter **バッターボックス** the batter's box
はったつ 発達 development; growth ~**する** develop
バッティング batting
ばってき 抜擢する select
バッテリー battery
はってん 発展 development ~**する** develop ~**途上国** developing country
はつでん 発電する generate electricity ~**機** generator ~**所** power plant
バット bat
ハットトリック hat trick
はっぱ 発破をかける spur; pep up
はつばい 発売する sell; put ... on sale; (新発売する) launch, bring ... to market
ハッピーエンド happy ending
はっぴょう 発表 announcement ~**する** announce
はっぽう 発砲する fire
はっぽうスチロール 発泡スチロール (商標名) Styrofoam
はつめい 発明 invention ~**する** invent
はつらつ 溌剌とした lively
はて 果て end ~**しない** endless
はで 派手な showy; gaudy
ばてる be tired out
はと 鳩 pigeon; dove
パトカー patrol [squad] car
バドミントン badminton
パトロール patrol
バトン baton: ~タッチをする pass the baton ~**トワラー** baton twirler
はな[1] 花 flower; (果樹の) blossom **花が咲く** bloom
はな[2] 鼻 nose: 鼻(水) が出る have a running nose / 鼻をかむ blow one's nose
はなうた 鼻歌 hum(ming): ~を歌う hum
はなし 話 talk; chat; conversation; speech; story **...について話をする** speak about [of]; talk about **...と話をする** talk to [with]
はなしあい 話し合い talks
はなしあう 話し合う talk (about, over); discuss
はなしかける 話しかける speak to; talk to
はなす[1] 話す speak; talk; tell
はなす[2] 放す let go; set free
はなす[3] 離す part; separate
はなたば 花束 bouquet
はなぢ 鼻血 nosebleed
バナナ banana
はなび 花火 fireworks
はなびら 花弁 petal
はなむこ 花婿 bridegroom
はなやかな 華やかな bright
はなよめ 花嫁 bride
はなれる 離れる leave **...と離れて暮らす** live separate from
はなわ 花輪 wreath; garland; lei
はにかんだ shy
パニック panic ~**状態になる** (get into a) panic
バニラ vanilla
はね 羽 feather; (翼) wing; (バドミントンの羽根) shuttlecock
ばね spring
はねつける (提案などを) turn down
ハネムーン honeymoon
はねる[1] (車が人を) knock down
はねる[2] 跳ねる jump
パネル panel
パノラマ panorama
はは 母(親) mother
はば 幅 width **幅が...で[の]** ... wide **幅が狭い** narrow **幅の広い** broad; wide
パパ dad; daddy
パパイア papaya
はばたき 羽ばたき flap
はばつ 派閥 faction
はばむ 阻む keep ... from ~
パフェ parfait
パフォーマンス performance; (見せかけ) act, pose
はぶく 省く (省略する) omit; (節約する) save
ハプニング happening
はブラシ 歯ブラシ toothbrush
はへん 破片 piece
はまき 葉巻き cigar
はまぐり 蛤 clam
はまべ 浜辺 beach
はまる fit in; fall into
はみがき 歯みがき toothpaste ~**をする** brush one's teeth
ハム ham ~**エッグ** ham and eggs
ハムスター hamster
はめつ 破滅する be ruined
はめる fit (in); (手袋·指輪を) put on; wear
ばめん 場面 scene
はやい[1] 早い early: ~ほどよい The sooner the better. **早く** early; soon
はやい[2] 速い fast; quick; rapid **速く** fast; quickly; quick; rapidly **速さ** speed
はやおき 早起きする get up early
はやくちことば 早口言葉 tongue twister
はやし 林 woods
はやす 生やす (ひげを) wear; grow
はやまる 早まる (予定が) be advanced, be brought [put] forward; (あわてる) rush, be rash, haste
はやめ 早めに early
はやり fashion
はやる be popular; be in fashion; (病気が) be prevalent
はら 腹 stomach; belly: 腹がへる be hungry / 腹が立つ be angry **腹いっぱいの** full
ばら 薔薇 rose
バラード ballad
はらう 払う pay **払い戻す** pay back; ⇒しはらい **払い戻し** refund
バラエティー variety
パラグラフ paragraph
パラシュート parachute
はらす 晴らす (疑いを) clear
ばらす (分解する) take ... apart
パラソル parasol

ビーチ～ beach umbrella
パラダイス paradise
はらだち 腹立ち anger
～まぎれに in a fit of anger
はらばい 腹這いになる lie on
ばらばらに apart; to pieces; separately: ～なる[する] take [tear] apart; break up; fragment
ばらまく scatter
パラリンピック Paralympics
バランス balance
はり¹ 針 needle; (釣り針) hook; (はちの) sting; (時計の) hand
はり² 梁 beam
パリ Paris
はりあう 張り合う compete
はりあげる (声を)張り上げる raise
バリアフリーの barrier-free
バリエーション variation
はりがね 針金 wire
バリケード barricade
ハリケーン hurricane
はりだす 張り出す put up
はりねずみ 針鼠 hedgehog
はる¹ 春 spring
はる² 張る stretch; (テントを) pitch
はる³ 貼る stick (on); (ビラを) post
はるか 遥かに (by) far; much
バルコニー balcony
はるばる 遥々 all the way
バレエ ballet
バレー(ボール) volleyball
パレード parade
はれた 晴れた clear; fair; fine
はれつ 破裂(する) burst
パレット palette
バレリーナ ballerina
はれる¹ 腫れる swell (up)
はれる² 晴れる clear
ばれる come out; leak out; be found out; (ばらす) betray, expose
バレンタインデー St. Valentine's Day
ハロウィーン Halloween
バロック baroque
パロディー parody
ハワイ Hawaii　～**の** Hawaiian
はん¹ 判 seal; stamp
はん² 半 (時刻の) half
はん³ 版 (本の) edition
はん⁴ 班 group
ばん¹ 晩 evening; night
ばん² 番 turn: 番をする keep (a) watch
…ばん …番 number…
バン van
パン bread
～**屋** bakery; (人) baker: ～屋へ行く go to the baker's
はんい 範囲 range
はんいご 反意語 antonym
はんえい¹ 繁栄 prosperity
～**する** prosper
はんえい² 反映 reflection
～**する** reflect
はんが 版画 print, engraving; (銅版画) etching; (石版画) lithograph; (木版画) wood block, woodcut
ハンガー hanger
ハンガーストライキ hunger strike
はんかがい 繁華街 downtown; busy street
ハンカチ handkerchief
はんかん 反感 antipathy; hostility
はんぎゃく 反逆 treason; rebellion　～**する** rebel; revolt　～**者** rebel; traitor
はんきょう 反響 echo; response
パンクする go flat: 車がパンクした I've had a flat tire.
ばんぐみ 番組 program; show
パンクロック punk rock
はんけい 半径 radius
はんげき 反撃する fight back; counterattack
はんけつ 判決 judgment: …に～を下す sentence
ばんけん 番犬 watchdog
はんこ 判子 seal; stamp
はんこう¹ 犯行 crime
はんこう² 反抗 resistance
～**する** resist
ばんごう 番号 number
ばんごはん 晩御飯 supper; dinner
はんざい 犯罪 crime
ばんざい 万歳! hurray
～**三唱する** give three cheers
ハンサムな handsome
ばんさん 晩餐 dinner
はんじ 判事 judge
パンジー pansy
バンジージャンプ bungee jumping
はんしゃ 反射 reflection
～**する** reflect
はんじょう 繁盛する flourish; thrive; prosper
はんしょく 繁殖する breed; multiply
ハンスト hunger strike
パンスト pantyhose
はんズボン 半ズボン shorts
はんせい 反省する reflect on
はんせん 帆船 sail (boat)
はんそう 帆走する sail
ばんそう 伴奏 accompaniment
～**する** accompany
ばんそうこう 絆創膏 (adhesive) bandage [tape]
はんそく 反則 foul
はんそで 半袖の short-sleeved
パンダ panda
はんたい 反対 opposition, objection; opposite: ～ですか Are you against it?　～**の** contrary; opposite; the other　～**する** oppose; object　～**語** antonym
はんだん 判断(力) judgment
～**する** judge
パンチ punch
はんちゅう 範疇 category
パンツ briefs; shorts; trunks
ハンデ handicap
パンティー panties
～ストッキング pantyhose
ハンディキャップ handicap
はんてん¹ 斑点 spot
はんてん² 反転する turn over
バント bunt
バンド (楽団) band; (ベルト) belt
はんとう 半島 peninsula
はんどう 反動 reaction
はんどうたい 半導体 semiconductor
ハンドバッグ handbag; purse
ハンドボール (team) handball
ハンドル (車の) steering wheel; (自転車・オートバイの) handlebars　～**を切る** steer (a car)
はんにん 犯人 criminal
ばんにん 番人 guard
はんのう 反応 reaction; response　～**する** react
ばんのう 万能の almighty; all-around
はんぱ 半端な odd
ハンバーガー hamburger
ハンバーグ hamburger
はんばい 販売 sale　～**する** sell
～**員** salesclerk
はんぷく 反復 repeat
パンプス pumps
パンフレット pamphlet; brochure
はんぶん 半分 half
ハンマー hammer
ばんめし 晩飯 supper; dinner
はんらん¹ 反乱 rebellion
はんらん² 氾濫する flood
はんろん (…に)反論する argue against

ひ

ひ¹ 火 fire; (ライター・たばこの) light
…**に火をつける** light
ひ² 比 ratio
ひ³ 日 day; (太陽) the sun;

sunshine: もうすぐ日が暮れる It will soon get dark.
日当たりのよい sunny
び 美 beauty
ピアス pierced earring
ピアニスト pianist
ピアノ piano
ヒアリング (公聴会) (public) hearing; (外国語の) listening comprehension
ひいき 贔屓 **～客** patron **～する** favor; patronize **～の** favorite
ピーク peak
ピーケーせん PK 戦 penalty shoot-out
ヒーター heater
ピーナッツ peanut
ビーバー beaver
ビーフ beef
ピーマン green pepper
ビール beer
ヒーロー hero
ひえる 冷える get cold
ピエロ clown; pierrot
ビオラ viola
ひがい 被害 damage
ひがいしゃ 被害者 victim
ひかえ 控え copy; (副本) duplicate; ⇒ほけつ
ひかえめ 控えめな modest
ひかえる 控える (減らす) cut down on; (行動を) refrain from
ひかく 比較 comparison
～する compare
～的 comparatively
びがく 美学 aesthetics; (芸術) art
ひかげ 日陰 shade
ひがし 東 east **東の** east(ern)
ひかり 光 light **光ファイバー** optical fiber
ひかる 光る shine; (星が) twinkle; (ぴかぴか・きらきらと) glitter; (ぎらぎらと) glare
ひかんてき 悲観的な pessimistic
ひきあう 引き合う (行為・仕事などが) pay
ひきあげる 引き上[揚]げる (物を) pull up; (船を) salvage; (去る) leave; withdraw
ひきあわせる 引き合わせる introduce (to)
ひきいる 率いる command; lead
ひきうける 引き受ける (仕事・責任を) take on; (難しい仕事・役目を) undertake; (役目を) assume
ひきおこす 引き起こす cause; (騒動を) create; (変化・事故を) bring about
ひきかえ (...と)引き換えに for; in exchange for **引き換える** exchange
ひきかえす 引き返す come back
ひきがえる ひき蛙 toad
ひきさく 引き裂く tear apart
ひきさげる 引き下げる lower
ひきざん 引き算 subtraction
～をする subtract
ひきしお 引き潮 low tide; ebb (tide)
ひきずる 引きずる drag; trail
ひきだし 引き出し drawer
ひきだす 引き出す draw (out of, from); (性質・意味を) bring out; (利益・情報・楽しみを) derive (from)
ひきたたせる 引き立たせる show off
ひきつぐ 引き継ぐ take over
ひきつける 引き付ける attract
ひきとめる 引き止める keep
ひきとる 引き取る take back
ビキニ bikini
ひきぬく 引き抜く pull out
ひきのばす 引き伸ばす enlarge
ひきょう 卑怯な cowardly; (不正な) unfair **～者** coward
ひきわけ(る) 引き分け(る) draw
ひきわたす 引き渡す deliver; surrender; give over [up]; hand over; yield; (逃亡犯を外国に) extradite
ひく[1] (のこぎりで) saw
ひく[2] (車で) run over
ひく[3] 挽く (粉に) grind
ひく[4] 引く pull; draw; (辞書を) consult; (注意・興味を) catch; (減ずる) subtract
ひく[5] 弾く play (the piano)
ひくい 低い low; (背が) short
低くする[なる] lower
ピクセル pixel
ピクニック picnic
ひげ 髭 (あごひげ) beard; (口ひげ) mustache; (ほおひげ) whisker
ひげき 悲劇 tragedy
～的な tragic
ひけつ[1] 秘訣 secret
ひけつ[2] 否決する vote down; reject
ひご 庇護する protect
ひこう 非行 delinquency
ひこうき 飛行機 airplane; plane
～で行く fly to
ひこうじょう 飛行場 airfield; airport
ひこうせん 飛行船 airship
ひこく 被告 defendant; the accused
ひざ 膝 knee; lap
ビザ visa
ピザ pizza
ひさいしゃ 被災者 victim
ひざし 日差し sunlight
ひさしぶり 久し振りに after a long time
ひざまずく 跪く kneel
ひさん 悲惨な miserable; terrible
ひじ 肘 elbow
～掛けいす armchair
ビジネス business
～マン office worker; (実業家) business person
ビジュアル visual
びじゅつ 美術 art
～館 art gallery
ひしょ 秘書 secretary
びじょ 美女 beauty
ひじょう[1] 非常に very (much); greatly **～口** emergency exit
～の場合には in case of emergency; in an emergency
ひじょう[2] 非情な cruel; inhuman; coldhearted
びしょう 微笑(する) smile
ひじょうしき 非常識な absurd; unreasonable; irrational
ひしょち 避暑地 summer resort
びじん 美人 beauty
ビスケット cookie; biscuit
ヒステリー hysteria
ピストル pistol; gun
びせいぶつ 微生物 microorganism
ひそか 密かに secretly
ひぞく 卑俗な vulgar
ひたい 額 forehead
ひたす 浸す dip; soak
ビタミン vitamin
ひたむきな earnest
ひだり 左 (the) left
ひつう 悲痛な sad; sorrowful
ひっかかる 引っ掛かる catch
ひっかく 引っかく scratch
ひっかける 引っ掛ける catch
ひつぎ 棺 coffin
ひっきしけん 筆記試験 written test [exam(ination)]
ひっきようぐ 筆記用具 writing materials
ひっきりなしに continually
ビッグデータ big data
ひっくりかえす[かえる] ひっくり返す[返る] turn over; upset
びっくりする be surprised; (ひどく) be astonished
びっくり箱 jack-in-the-box
ひづけ 日付 date
ひっこす 引っ越す move; ⇒てんきょ
ひっこむ 引っ込む retire
ひっこめる 引っ込める draw in
ひっし 必死の desperate
ひつじ 羊 sheep
ひっしゃ 筆者 writer
ひっしゅう 必修の required
ひつじゅひん 必需品 neces-

saries
ひっせき 筆跡 (hand)writing
ひつぜんてき 必然的に necessarily
ひっそりと quietly
ひったくる snatch
ぴったり exactly
ピッチ pitch
ヒッチハイク hitchhiking ～する hitchhike; thumb a ride
ピッチャー pitcher
ピッチング pitching
ひってき 匹敵する compare; compete; equal; match; parallel; rival; come up to...
ヒット hit
ビット bit
ひっぱる 引っ張る pull; draw; (重い物を) drag
ヒップ hip; (しり) buttocks
ひづめ 蹄 hoof
ひつよう 必要 need ～な necessary **...する～がある** need **...する～はない** don't have to do; need not do
ひてい 否定 denial
～する deny
ビデオ video; (録画器) videocassette recorder
ひでり 日照り drought; dry weather
ひと 人 person; one
ひどい 酷い terrible; (天候・病気・調子などが) bad; (残酷な) cruel
ひどく very (much)
ひといき 一息 breath: ～に飲む (drink) in one breath
ひとがら 人柄 personality
ひときれ 一切れ (パン・肉などの薄い) slice
びとく 美徳 virtue
ひとくち 一口 mouthful; bite
ひとくみ 一組 pair
ひとごみ 人込み crowd
ひとごろし 人殺し murder
ひとさしゆび 人差し指 forefinger
ひとしい 等しい be equal
ひとじち 人質 hostage: ～にとる hold [take] ... hostage
ひとつ 一つ one; a piece (of) : ～ 100 円 100 yen each
～の a(n); one
ひとで[1] 海星 starfish
ひとで[2] 人手 hand
ひとで[3] 人出 crowd
ひとどおり 人通り traffic
ひとなみ 人並み average
ひとにぎり 一握りの handful of ...; few; little
ひとびと 人々 people
ひとまえ 人前で in public
ひとみ 瞳 pupil

ひとめ 一目で at a glance **一目惚れする** fall in love at first sight
ひとり 一人[独り](の) one ～で alone; by [for] oneself ～でに by itself **～言を言う** talk to oneself **～じめする** have ... all to oneself
ひな 雛 chick(en)
ひなぎく 雛菊 daisy
ひなた 日向で[に] in the sun
ひなん[1] 避難する shelter
ひなん[2] 非難する blame (for); accuse (of)
ビニール plastic; vinyl
～袋 plastic bag
ひにく 皮肉 irony **～なことに** ironically
ひにひに 日に日に day by day
ひにん[1] 否認する deny; renounce
ひにん[2] 避妊 contraception; birth control; ⇒ピル
ひねる 捻る twist
ひのいり 日の入り sunset
ひので 日の出 sunrise
ひばな 火花 spark
ひばり 雲雀 skylark; lark
ひはん 批判 criticism **批判する** criticize **批判的な** critical
ひばん 非番の off (duty)
ひび crack **～が入る** crack
ひびき 響き sound
ひびく 響く sound
ひひょう 批評 review; (文芸・美術などの) criticism **～する** criticize; comment; review
～家 critic
ひふ 皮膚 skin
～炎 dermatitis
びぼう 美貌 good looks
ひぼん 非凡な extraordinary
ひま 暇 time; leisure
暇な free: 今晩は暇ですか Are you free tonight?
ひまご 曾孫 great-grandchild
ひまわり sunflower
ひまん 肥満の fat
びみ 美味な delicious
ひみつ 秘密(の) secret
びみょう 微妙な delicate
ひめい 悲鳴(をあげる) scream
ひも 紐 string; (物を縛る) band
ビヤガーデン beer garden
ひやかす 冷やかす make fun of
ひゃく 百, 100 hundred
100 番目の, 100 分の 1 hundredth
100 万 million
ひゃくぶんりつ 百分率 percentage
ひやけ 日焼け(する) tan; suntan; (痛いほどの) sunburn
ヒヤシンス hyacinth

ひやす 冷やす cool
ひゃっかじてん 百科事典 encyclopedia
ひゃっかてん 百貨店 department store
ひやひやする be afraid (of)
ひややかな 冷ややかな cold
ひゆ 比喩 comparison; (直喩) simile; (隠喩) metaphor
ヒューズ fuse
ヒューマニズム humanitarianism
ビュッフェ buffet
ひよう 費用 expenses; cost
ひょう[1] 豹 leopard; panther; jaguar
ひょう[2] 雹(が降る) hail
ひょう[3] 票 vote
ひょう[4] 表 list; table **表計算ソフト** spreadsheet
びょう[1] 秒 second
秒針 second hand
びょう[2] 鋲 thumb(tack)
びよういん 美容院 beauty parlor
びょういん 病院 hospital; (診療所) clinic: 病院へ行ったほうがいいよ You'd better go to see a doctor.
ひょうか 評価する estimate; value
ひょうが 氷河 glacier
びょうき 病気 disease; illness
～の sick, ill
ひょうきん 剽軽な funny
ひょうげん 表現 expression
～する express
ひょうざん 氷山 iceberg **～の一角** the tip of the iceberg
ひょうし[1] 表紙 cover
ひょうし[2] 拍子 time
ひょうじ 表示 display; sign; mark
びようし 美容師 beautician; hairdresser
ひょうしき 標識 sign
びょうしつ 病室 sickroom
びょうしゃ 描写 description
～する describe
びょうじゃく 病弱な weak
ひょうじゅん 標準 standard
ひょうしょう 表彰する honor
ひょうじょう 表情 expression
びょうしょう 病床 sickbed
びょうじょう 病状 condition
ひょうだい 表題 title
ひょうたん 瓢箪 gourd; calabash
ひょうてき 標的 target
ひょうでん 評伝 critical biography
びょうとう 病棟 ward
びょうどう 平等 equality

～な equal　～に equally
びょうにん 病人 sick person
ひょうばん 評判 reputation
ひょうほん 標本 specimen
ひょうめい 表明する express
ひょうめん 表面 surface
～上は on the surface
ひょうりゅう 漂流する drift
ひょうろん 評論 criticism
ひよけ 日除け blind; shade
ひよこ chicken
ビラ bill
ひらおよぎ 平泳ぎ breaststroke
ひらく 開く open; (会などを) give; hold
ひらたい 平たい flat
ピラニア piranha
ピラフ pilaf(f)
ピラミッド pyramid
ひらめ 平目 flounder
ひらめく 閃く flash
びり the last
ピリオド period
ひりつ 比率 ratio; proportion
ぴりっとする (舌に) hot
ビリヤード billiards
ひりょう 肥料 fertilizer
ひる[1] 蛭 (吸血動物) leech
ひる[2] 昼 (正午) noon; (昼間) day; daytime　**昼飯** lunch　**昼休み** lunchtime
ビル building
ピル the pill [Pill]
ひるがえす 翻す (意見などを) change
ひるがえる 翻る fly
ひるね 昼寝 nap
～する have [take] a nap
ひれ 鰭 fin
ヒレ (肉) fillet
ひれい 比例する be in proportion
ひれつ 卑劣な mean; nasty; dirty; base
ひろい 広い wide; (家・部屋が) large
ヒロイン heroine
ひろう[1] 拾う pick up
ひろう[2] 疲労 fatigue
ビロード velvet
ひろがる 広がる expand; extend; spread; stretch
ひろげる 広げる expand; spread; stretch
ひろさ 広さ area; extent; width
ひろば 広場 square
ひろびろ 広々とした wide
ひろま 広間 hall
ひろまる 広まる spread
ひろめる 広める spread
びん[1] 瓶 bottle
びん[2] 便 (飛行機の) flight; (郵便) mail
ピン pin: ピンで留める pin
びんかん 敏感な sensitive
ピンク(の) pink
ひんけつ 貧血 anemia
ビンゴ bingo
ひんこん 貧困 poverty
ひんし 品詞 part of speech
ひんしつ 品質 quality
ひんじゃく 貧弱な poor
ひんしゅ 品種 kind
びんしょう 敏捷な quick
ピンセット tweezers
びんせん 便箋 letter paper; notepaper; writing pad
ピンチ pinch
～ヒッター pinch hitter
ヒント hint
ひんど 頻度 frequency
ピント focus: ～が合って[外れて] in [out of] focus
ぴんと ぴんと張った tight
ひんぱん 頻繁な frequent
ひんぴょうかい 品評会 fair
ひんぼう 貧乏 poverty
～な poor
ピンポン ping-pong
びんらん 便覧 manual

ふ

ぶ 部 part; (部門) department; (クラブ) club
ファースト first base; (選手) first baseman
ぶあい 歩合 rate
ぶあいそう 無愛想な blunt
ファイル file
ファインダー finder
ファインプレー fine play
ファウル foul
ファシズム fascism
ファシスト fascist
ファストフード fast food
ファスナー fastener
ぶあつい 分厚い thick
ファックス fax
ファッション fashion　～デザイナー fashion designer
ファミリー family
ふあん 不安な uneasy
ファン fan
ファンクション function
～キー function key
ふあんてい 不安定な unstable; changeable
ファンデーション foundation
ファンファーレ fanfare
ふい 不意の sudden　～に suddenly; unexpectedly
フィアンセ (男) fiancé; (女) fiancée
フィート foot; feet
フィールド field
フィギュアスケート figure skating
フィクション fiction
ふいっち 不一致 disagreement
フィナーレ finale
フィヨルド fjord, fiord
フィリピン the Philippines
～人 Filipino　～(人)の Philippine; Filipino
フィルター filter
フィルム film: ～を入れる load (a camera)
ぶいん 部員 staff; (クラブの) member (of a club)
ふう 封(をする) seal
…ふう …風 style; type
ブーイング boo(ing); ⇒やじ
ふうがわり 風変わりな strange
ふうき 風紀 public morals
ブーケ bouquet
ふうけい 風景 landscape; scenery
ふうさ 封鎖する block
ふうし 風刺 satire
ふうしゃ 風車 windmill
ふうしゅう 風習 custom; manners
ふうせん 風船 balloon
～ガム bubble gum
ふうそくけい 風速計 wind gauge
ブーツ boots
ふうとう 封筒 envelope
プードル poodle
ふうふ 夫婦 husband and wife; couple
ふうみ 風味 flavor
ブーム boom
フーリガン hooligan
プール (swimming) pool
ふうん 不運な unlucky; unfortunate　～にも unfortunately; unluckily
ふえ 笛 whistle; (横笛) flute
フェアプレー fair play
フェミニズム feminism
フェリー ferry
ふえる 増える increase; (体重が) gain (weight)
フェンシング fencing
フェンス fence
フォアボール walk; base on balls
フォーク fork
フォークソング folk song
フォーマット format
フォルダー folder
フォロワー follower
フォワード forward
ふか 鱶 shark
ぶか 部下 one's people; one's staff [men]; subordinate
ふかい[1] 深い deep
ふかい[2] 不快な unpleasant

〜**指数** discomfort index
ふかかい 不可解な mysterious; strange; inexplicable; incomprehensible
ふかけつ 不可欠な[の] integral; essential; indispensable; vital; imperative
ふかこうりょく 不可抗力の inevitable
ふかさ 深さ depth
〜が...で[の] ... deep
ふかのう 不可能な impossible
ふかんぜん 不完全な imperfect
ぶき 武器 weapon; arms
ふきげん 不機嫌な cross; bad-tempered
ふきこむ 吹き込む (考えなどを) inspire, infuse, put ... into 〜's head; (風が) blow in (to...); (録音する) record
ふきさらし 吹きさらしの exposed; bleak; windswept
ふきそく 不規則な irregular
〜に irregularly
ふきだまり 吹き溜まり drift
ふきつ 不吉な unlucky; ominous
ふきとる 拭き取る wipe off
ぶきみ 不気味な weird
ふきゅう[1] 不朽の everlasting
ふきゅう[2] 普及する become popular [widespread]; spread; prevail; diffuse; pervade
ふきょう 不況 depression
ぶきよう 無器用な awkward
ふきん[1] 布巾 dish towel
ふきん[2] 付近(に) (in the) neighborhood [vicinity]
ふく[1] 拭く wipe
ふく[2] 吹く blow
ふく[3] 服 clothes
ふく[4] 福 luck
ふく... 副... vice-...: 副大統領 vice president
ふぐ 河豚 globefish
ふくいん 福音 gospel
ふくがん 複眼 compound eye
ふくごう 複合の complex; multiple
ふくざつ 複雑な complicated
ふくさよう 副作用 side effect
ふくし[1] 福祉 welfare
ふくし[2] 副詞 adverb
ふくしゃ 複写 copy 〜**する** (絵・写真などを) reproduce; (複写機で) copy
ふくしゅう[1] 復習する review
ふくしゅう[2] 復讐する revenge
ふくじゅう 服従 obedience
〜する obey
ふくすう 複数 plural
ふくそう 服装 clothes
ふくつ 不屈の dogged; stubborn; invincible; indomitable; tough
ふくつう 腹痛 stomachache
ふくびき 福引き lottery
ふくむ 含む contain; include ...**を含めて** including
ふくめん 覆面 mask
ふくよう 服用する take 〜**量** dose
ふくらはぎ 脹ら脛 calf
ふくらむ 膨らむ swell; (膨張) expand **膨れる** swell; (不機嫌) be sullen
ふくろ 袋 bag
ふくろう owl
ふけ 頭垢 dandruff
ふけいき 不景気 depression
ふけつ 不潔な dirty
ふける[1] 耽る be absorbed [deep, involved] in...; indulge in... ; be addicted to...
ふける[2] 老ける grow old; age
ふける[3] 更ける (夜が) get late
ふこう 不幸な unhappy
〜なことに unhappily
ふごう[1] 富豪 rich person
ふごう[2] 符号 code; sign; mark
ふごうかく 不合格になる fail; be unsuccessful [rejected]
ふこうへい 不公平な unfair; unjust
ふさ 房 tuft; (ぶどうの) bunch
ブザー buzzer
ふさい[1] 夫妻 husband and wife; Mr. and Mrs. ...
ふさい[2] 負債 debt; liabilities
ふざい 不在で out; away
〜の absent
ふさがる 塞がる (道が) be blocked; (部屋が) be occupied
ふさぎこむ 塞ぎ込む be depressed [in low spirits, gloomy]; mope
ふさく 不作 poor harvest: 今年は米は〜だった We had a poor crop of rice this year.
ふさぐ 塞ぐ (穴を) stop, close; (道を) block
ふざける frolic; romp; (からかう) joke **ふざけて** for a joke; in fun
ぶさほう 不作法な impolite; rude
ふさわしい 相応しい suitable **ふさわしくない** unsuitable
ふさんせい 不賛成 disapproval: 〜です I'm against it.
ふし[1] 節 joint; knot; (曲) melody
ふし[2] 不死の immortal; imperishable; ⇒ふじみ 〜**鳥** phoenix
ふじ 藤 wisteria
ぶじ 無事に safely
ふしぎ 不思議(に思う) wonder
ふしぜん 不自然な unnatural
ふじちゃく 不時着 crash [forced] landing
ふじみ 不死身だ be immortal; have a charmed life
ふじゆう 不自由な (体の) challenged, disabled, handicapped; (目の) blind; (耳の) deaf; (不便な) inconvenient
〜する want [lack] (for...); run short (of...)
ふじゅん 不順な (天候が) changeable; unsettled **生理**〜 irregular menstruation [periods]
ぶしょ 部署 post; position; department
ふしょう 負傷 injury; wound
〜する be injured [wounded]
〜者 injured [wounded] person
ぶしょう 無精な lazy
ぶじょく 侮辱(する) insult
ふしん[1] 不振の dull; depressed; poor; unsatisfactory
ふしん[2] 不審な suspicious; doubtful; dubious
ふじん[1] 夫人 wife; Mrs. ...
ふじん[2] 婦人 woman; lady
〜服 dress
ふしんせつ 不親切な unkind
ふせい 不正な unfair
ふせぐ 防ぐ defend; protect
ふせる 伏せる lie down
ぶそう 武装する arm oneself (with) 〜した armed
ふそく 不足 lack; shortage
〜した lacking
ふぞく 付属の attached
〜品 accessories
ふた 蓋 lid; (びんの) cap
ふだ 札 tag
ぶた 豚 pig **豚肉** pork
ぶたい 舞台 stage; scene
ふたご 双子 twin 〜**座** Gemini; the Twins
ふたたび 再び again
ふたつ 二つ two 〜**とも** both
ふたん 負担 burden
ふだん 普段(は) usually
〜着 casual wear
ふち 縁 edge; brim
ふちゅうい 不注意な careless
ふつう 普通の common; ordinary; average 〜は usually
〜**列車** local train
ふつか 二日 (月の) second
二日酔い hangover
ぶっか 物価 prices 〜**指数** prices index
ふっかつ 復活する revive; come back

ぶつかる run into; bump; hit; knock; run up against
ぶっきょう 仏教 Buddhism ~徒 Buddhist
ブックマーク bookmark
ぶつける throw ... at; bump; hit; knock
ぶっしつ 物質 matter; substance
プッシュホン push-button phone
ぶったい 物体 object; body
ふっとう 沸騰する boil
フットボール football
ぶつぶつ ~言う murmur; (不満で) grumble, complain
ぶつり 物理(学) physics ~学者 physicist
ふで 筆 brush; pen
ふていし 不定詞 infinitive
ブティック boutique
ふでばこ 筆箱 pencil case
ふと casually; suddenly; by chance [accident]; unexpectedly: ~見つける come across, find / ~思いつく hit on, occur
ふとい 太い thick; (声が) deep
ふとう 不当な unjust; unfair; unreasonable
ぶどう 葡萄 grape; (木) grapevine ~酒 wine
ぶとうかい 舞踏会 (正装の) ball; (気軽な) dance
ふどうさん 不動産 real estate
ふとさ 太さ thickness ~が...で ... thick
ふとる 太る grow fat; gain weight 太った fat
ふとん 布団 mattress; quilt; bedding
ぶな 橅 beech
ふね 船 ship; boat
ふはい 腐敗する rot; decay
ふひつよう 不必要 ⇒ふよう²
ぶひん 部品 part
ふぶき 吹雪 snowstorm
ぶぶん 部分 part
ふへい 不平 complaint ~を言う complain (about, of)
ふべん 不便 inconvenience ~な inconvenient
ふへんてき 普遍的な universal
ふぼ 父母 parents
ふまん 不満 complaint ~な dissatisfied; discontented
ふみきり 踏切 grade [railroad] crossing
ふむ 踏む step on; tread 踏みつける tramp; stamp
ふめい 不明の unknown; obscure; vague; unidentified; unaccounted; ⇒いしき, ゆくえ
ふめつ 不滅の immortal; undying; eternal
ふもう 不毛の barren; sterile
ふもと 麓 the foot
ぶもん 部門 department; division; sector; section; branch
ふやす 増やす increase
ふゆ 冬 winter
ふゆかい 不愉快な unpleasant
ふよう¹ 扶養する support
ふよう² 不要[不用]の unnecessary; useless; needless
フライ(を打つ) fly
プライド pride
フライドチキン fried chicken
フライドポテト french fry
フライにする deep-fry; fry
プライバシー privacy
フライパン frying pan
フライング ~する make a false start; jump the gun
ブラインド blind; 《米》 shade
ブラウザ (web) browser
ブラウス blouse
プラカード placard
ぶらさがる[さげる] ぶら下がる[下げる] hang
ブラシ brush
ブラジャー bra; brassiere
プラス plus
フラスコ flask
プラスチック plastic
ブラスバンド brass band
プラチナ platinum
ブラックホール black hole
ブラックリスト blacklist
フラッシュ flashlight
フラット flat
プラットホーム platform
プラネタリューム planetarium
フラミンゴ flamingo
プラム plum
プラモデル plastic model
プラン plan
プランクトン plankton
ぶらんこ swing
フランス France ~の[語] French フランス人 Frenchman; Frenchwoman
フランチャイズ franchise
ブランデー brandy
ブランド brand (name); luxury [name] brand
ふり¹ 不利 disadvantage
ふり² (...の)振りをする pretend
...ぶり(で) for the first time in ...
フリーウェア freeware
フリーエージェント free agent
フリーズする freeze
フリーの free
ブリーフ briefs
ブリーフケース briefcase
フリーマーケット flea market
フリーランス (人) freelance; (特に文筆業関係の) freelancer ~で働く work freelance
ふりおとす 振り落とす throw; shake
ふりかえる 振り返る turn around; (過去を) look back on
ふりかかる 振りかかる happen to ...; befall; attack
ブリキ tinplate
ふりこ 振り子 pendulum
プリズム prism
ふりつけ 振り付け choreography
ふりむく 振り向く turn around
ふりょう 不良の bad
ふりょく 浮力 buoyancy
ぶりょく 武力 (military) power [force]; arms; armament
プリン custard pudding
プリンス prince
プリンセス princess
プリンター printer
プリント handout ~アウト printout ~アウトする print out
ふる¹ 降る fall; (雨が) rain; (雪が) snow
ふる² 振る shake; swing; (手を) wave; (尾を) wag
ふるい 古い old(-fashioned)
ブルース blues
フルーツ fruit
フルート flute
ブルーベリー blueberry
ふるえる 震える tremble; shake
ふるさと 古里, 故郷 one's home(town)
ブルドーザー bulldozer
ブルドッグ bulldog
プルトニウム plutonium
フルネーム full name
ブルペン bull pen
ふるほん 古本 secondhand [used] book
ふるまい 振る舞い behavior
ふるまう 振る舞う behave
ぶれい 無礼な rude; impolite
フレー! Hurray!
プレー play ~オフ playoff
ブレーキ(をかける) brake
ブレザー blazer
ブレスレット bracelet
プレゼント present
プレッシャー pressure
プレハブじゅうたく プレハブ住宅 prefabricated house; prefab
プレミア premium
ふれる 触れる touch
ふろ 風呂 bath: ~に入る take a bath ~おけ bathtub ~場 bathroom
プロ pro(fessional)
ブローチ brooch
ブロードバンド broadband

ブロガー blogger
ふろく 付録 supplement; extra
ブログ blog
プログラマー programmer
プログラミング programming
プログラム program
ブロック block
ブロッコリー broccoli
プロテスタント Protestant
プロデューサー producer
プロトコル protocol
プロの professional
プロバイダー provider; ISP
プロパティ property
プロパンガス propane gas
プロファイリング profiling
プロフィール profile
プロペラ propeller
プロポーズ proposal
~**する** propose
フロリダ Florida
プロレス professional wrestling
プロレスラー professional wrestler
ブロンズ bronze
フロンティア frontier
フロント front desk; reception desk
ブロンド blond(e)
フロントガラス windshield
ふん[1] 分 minute
ふん[2] 糞 feces; droppings; turd
ぶん 文 sentence
ふんいき 雰囲気 atmosphere
ふんか 噴火 eruption
~**する** erupt ~**口** crater
ぶんか 文化 culture
~**的な** civilized
ふんがい 憤慨 indignation; rage; resentment
ぶんかい 分解する (化学的に) resolve; (機械を) take apart; break down
ぶんがく 文学 literature
ぶんかつ 分割する divide
ふんき 奮起させる rouse; stir; awaken; spur
ぶんごてき 文語的な literary
ぶんし[1] 分子 molecule; (分数の) numerator
ぶんし[2] 分詞 participle ~**構文** participial construction
ふんしつ 紛失する lose
ふんしゅつ 噴出する jet; gush; erupt
ぶんしょ 文書 document; papers: ~で in writing
ぶんしょう 文章 writing: ~がうまい be a good writer
ふんすい 噴水 fountain
ぶんすう 分数 fraction
ぶんせき 分析 analysis
~**する** analyze
ふんそう[1] 紛争 dispute
ふんそう[2] 扮装 makeup; costume; disguise
ぶんたい 文体 style
ぶんたん 分担する share
ふんだんに in plenty
ぶんつう 文通 correspondence
~**する** correspond
ふんとう 奮闘する struggle; strive
ぶんぱい 分配 distribution
~**する** distribute
ぶんぷ 分布 distribution
ぶんぼ 分母 denominator
ぶんぽう 文法 grammar
~**上の** grammatical
ぶんぼうぐ 文房具 stationery
ふんまつ 粉末 powder
ぶんみゃく 文脈 context
ぶんめい 文明 civilization
ぶんや 分野 field
ぶんり 分離する separate
ぶんりょう 分量 quantity
ぶんるい 分類 classification
~**する** classify
ぶんれつ 分裂する split

へ

…へ to; for; in; into
ヘア hair
ペア pair
へい 塀 wall
へいおん 平穏 peace; quiet
へいか 陛下 majesty
へいき[1] 兵器 weapon
へいき[2] 平気である do not mind
へいきん 平均(の) average
へいげん 平原 plain
へいこう 平行した parallel
~**線** parallel
べいこく 米国 the United States
へいし 兵士 soldier
へいじつ 平日 weekday
へいじょう 平常の usual
へいせい 平静な quiet; calm
へいたい 兵隊 soldier
へいてん 閉店する close
へいほう 平方(の) square
へいぼん 平凡な commonplace; ordinary
へいめん 平面 plane; level
へいや 平野 plain
へいりょく 兵力 force
へいわ 平和(的な) peace(ful)
ベーコン bacon
~**エッグ** bacon and eggs
ページ page
ベージュ beige
ベース (塁) base; (楽器) bass
ペース pace
ペースト(する) paste
ペースメーカー pacemaker
ペーパー paper ~**テスト** written test
ベール veil
(…す)べきだ should [must] do
ペキン 北京 Beijing, Peking
~**原人** Peking Man
へこむ be dented
ベスト (最善) (the) best; (チョッキ) vest ~**セラー** best-seller
へそ 臍 navel
へた 下手な poor: 料理が下手だ be a poor cook; be poor at cooking
へだたり 隔たり distance; interval; gap
へだてる 隔てる separate; divide
ペダル pedal
べつ 別の another; other; different **別々の** separate
べっそう 別荘 villa
ベッド bed
~**カバー** bedspread ~**タウン** bedroom suburb
ペット pet
~**ショップ** pet shop
ヘッドホーン headphones
ペットボトル plastic bottle
ヘッドライト headlight
へつらう 諂う flatter
ヘディング header
ベテラン(の) expert
べとべとする adhesive
ペナルティー penalty ~**キック[エリア]** penalty kick [area]
ペナント pennant
ペニー penny
ペニス penis
ベニヤいた ベニヤ板 plywood
ペパーミント peppermint
へび 蛇 snake
ベビーカー baby carriage [buggy]
ベビーシッター babysitter
ヘブライご[じん] ヘブライ語[人] Hebrew
へや 部屋 room
へらす 減らす reduce; cut down; decrease
ベランダ veranda; balcony
へり 縁 border; edge
ペリカン pelican
ヘリコプター helicopter
へる 減る decrease
ベル bell
ベルト belt
ヘルメット helmet
ベレー帽 beret
へん 変な strange; odd; (気が) crazy
ペン pen
へんか 変化(する) change
べんかい 弁解(する) excuse
へんかん 返還(する) return

べんき 便器 toilet
ペンキ paint: ペンキを塗る paint
べんぎ 便宜 convenience
へんきゃく 返却する return; take [bring] back **~期限** due [expiration] date
べんきょう 勉強(する) study; work
へんきょく 編曲する arrange
ペンギン penguin
へんけい 変形する[させる] transform; change
へんけん 偏見 prejudice; bias
べんご 弁護する defend
~士 lawyer
へんこう 変更(する) change
へんさい 返済する pay back; repay
へんさち 偏差値 deviation
へんじ 返事(をする) answer; reply
へんしつしゃ 変質者 pervert
へんしゅう 編集する edit
~者 editor
べんじょ 便所 bathroom; toilet; (劇場などの) rest room
べんしょう 弁償する compensate; pay for...
へんしん 返信 reply
へんせい 編成する organize
へんそう 変装 disguise
~する disguise oneself
ペンダント pendant
ベンチ bench
ペンチ pliers
べんとう 弁当 lunch
へんとうせん 扁桃腺 tonsil
ペンネーム pen name
へんぴ 辺鄙な remote; out-of-the-way
べんぴ 便秘 constipation
ペンフレンド pen pal [friend]
べんり 便利な convenient; handy

ほ

ほ¹ 帆 sail: 帆を揚げる set [hoist] a sail
ほ² 穂 ear
ほあんかん 保安官 sheriff
ほいくえん 保育園 day-care center; 《英》 day nursery
ほいくし 保育士 nursery school teacher
ぼいん 母音 vowel
ポイント point
ほう 法 law
ほう (...の)方へ[に] to; toward
ぼう 棒 stick; pole
ほうあん 法案 bill
ほうい 包囲する surround: ...の~を解く raise [lift] the siege of
ほうえい 放映する broadcast ... on television
ぼうえい 防衛 defense
~する defend
ぼうえき 貿易(をする) trade
~会社 trading company
ぼうえんきょう 望遠鏡 telescope
ぼうおん 防音の soundproof
ほうか 放火 arson **~する** set fire to ...
ほうかい 崩壊する fall down
ぼうがい 妨害 disturbance; obstruction
~する disturb; obstruct
ほうがく¹ 方角 direction
ほうがく² 法学 law
ほうかご 放課後(に) after school
ほうかつてき 包括的な comprehensive; inclusive
ぼうかん 傍観する look on; stand by **~者** onlooker, looker-on; bystander
ほうがんし 方眼紙 graph paper
ほうき¹ 箒 broom
ほうき² 放棄する abandon; resign; renounce; surrender; waive
ぼうぎょ 防御 defense
~する defend
ぼうくん 暴君 tyrant
ほうげん 方言 dialect
ぼうけん 冒険 adventure
~家 adventurer
ほうけんてき 封建的な feudal
ほうこ 宝庫 treasury; (比喩的に) treasure trove, (gold) mine, storehouse
ほうこう 方向 direction: ~音痴だ have a bad [poor] sense of direction
ぼうこう¹ 暴行 violence
ぼうこう² 膀胱 bladder
ほうこく 報告(する) report
ほうさく 豊作 rich harvest: 今年は米が~だった We had a good crop of rice this year.
ほうし 奉仕 service
ぼうし¹ 帽子 hat; cap
ぼうし² 防止する prevent
ほうしき 方式 system
ほうしゃ 放射 **~する** radiate; emit; send **~性の** radioactive **~線** radiation **~能** radioactivity
ほうしゅう 報酬 reward
ほうしん¹ 方針 line; policy
ほうしん² 放心状態の absent (minded); vacant
ぼうすい 防水の waterproof
ほうせき 宝石 jewel; (総称) jewelry **~商** jeweler
ほうそう¹ 放送する broadcast
~局 broadcasting station
~網 network
ほうそう² 包装する wrap
~紙 wrapping paper
ほうそく 法則 law
ほうたい 包帯 bandage
ぼうたかとび 棒高跳び pole vault
ほうち 放置する leave
ほうちょう 包丁 kitchen knife
ぼうちょう 膨張する expand
ほうっておく leave alone
ぼうっと vaguely
ほうてい 法廷 court
ほうてき 法的な legal
ぼうと 暴徒 mob
ほうどう 報道(する) report
~陣 press
ぼうどう 暴動 riot
ほうび 褒美 reward
ほうふ¹ 豊富な rich (in)
ほうふ² 抱負 plan; resolution
ぼうふうう 暴風雨 rainstorm; storm
ほうほう 方法 way; method
ほうむしょう 法務省 Ministry of Justice
ほうむる 葬る bury
ぼうめい 亡命する defect: ~を求める seek political asylum
ほうめん 方面 area; direction; field
ほうもん 訪問(する) visit; (短い) call **~客[者]** visitor
ほうよう 抱擁(する) embrace
ほうりつ 法律 law
ぼうりょく 暴力 violence
~団 gang
ほうる 放る throw
ぼうれい 亡霊 ghost
ほうれんそう 菠薐草 spinach
ほうろう 放浪する wander
ほえる bark; (猛獣が) roar; (遠ぼえ) howl
ほお 頬 cheek
ボーイ bellboy
ボーイスカウト the Boy Scouts; (団員) Boy Scout
ボーイフレンド boyfriend
ボーカル vocal(ist)
ポーク pork
ホース hose
ポーズ(をとる) pose
ボーダーライン borderline
ボート boat
ボーナス bonus
ホーム (駅の) platform; (野球の) home plate **~シック** homesick **~ステイ** homestay **~ページ** website **~ラン** home run; homer **~ルーム** homeroom **~レス** homeless
ボーリング bowling: ~をする

bowl　**~場** bowling alley
ホール hall
ボール (球) ball; (鉢) bowl
　~紙 cardboard　**~ペン** ball-point pen
ほか 他に[の] else; another; other　**...の~に** besides
　...の~は except
ほがらか 朗らかな cheerful
ほかん 保管する keep
ぼき 簿記 bookkeeping
ほきゅう 補給する supply ... (with)
ぼきん 募金する raise funds
ぼくし 牧師 clergy(wo)man
ぼくじょう 牧場 stock farm; pasture
ボクシング boxing
ほくせい 北西 northwest
ぼくそう 牧草 grass
　~地 meadow
ぼくちく 牧畜 stock farming
ほくとう 北東 northeast
ほくとしちせい 北斗七星 the Big Dipper
ほくろ mole
ぼけ 惚け senility
ほけつ 補欠(で) substitute; reserve; spare; on the bench
ポケット pocket
ほけん[1] 保健 health
　~室 infirmary
　~所 health center
ほけん[2] 保険(金) insurance
　~料 insurance (premium)
ほご 保護 protection　**~する** (危険から) protect; (環境などを) preserve　**~者** parent; guardian　**~色** protective coloration
ぼご 母語 mother tongue; native language
ぼこう 母校 alma mater
ほこうしゃ 歩行者 pedestrian
ぼこく 母国 homeland; one's country　**~語** mother tongue
ほこり[1] 埃(を払う) dust
　~っぽい dusty
ほこり[2] 誇り pride　**...を~に思う** be proud of　**~高い** proud
ほし 星 star　**星占い** astrology
ほしい 欲しい want
ほしくさ 干し草 hay
ほしぶどう 干し葡萄 raisin
ほしゅ[1] 捕手 catcher
ほしゅ[2] 保守的な conservative
ほしゅう 補修する repair
ほじゅう 補充する (re)fill; supply
ぼしゅう 募集する recruit
ほじょ 補助 aid; assistance; help; support　**~的な** subsidiary; assistant; auxiliary; second　**~金** subsidy; grant
ほしょう 保証(する) guarantee
ほす 干す dry; (洗濯物を) hang out (to dry)
ボス boss
ポスター poster
ポスト mailbox
ボストン Boston
ホスピス hospice
ほそい 細い thin; slim; (道が) narrow
ほそう 舗装(道路) pavement
　~する pave
ほそく 補足(する) supplement
ほそながい 細長い long and narrow
ほぞん 保存 preservation
　~する preserve; (取っておく) keep; (ファイルなどを) save
ほたる 蛍 firefly
ボタン button: ~を掛ける[はずす] fasten [undo] a button
ぼち 墓地 graveyard; (大規模な) cemetery; (教会付属の) churchyard
ホチキス stapler
ほちょう 歩調 pace
ほちょうき 補聴器 hearing aid
ほっきょく 北極 the Arctic; (北極点) the North Pole
　~ぐま polar bear
　~星 the polestar
ホック hook
ホッケー hockey
ほっさ 発作 fit; stroke
ほっそりした slender
ポット pot; (魔法瓶) thermos
ぼっとう 没頭する be absorbed in
ホットケーキ hot cake
ほっとする feel relieved; feel relaxed
ホットドッグ hot dog
ポップコーン popcorn
ぼつらく 没落 fall
ボディーチェック(する) body search; frisk
ポテトチップス potato chips
ほてる 火照る burn; flush; glow
ホテル hotel
...ほど (~だ) as [so] ~ as ...; so ~ that ...; (約) about...
ほどう 歩道 《米》 sidewalk; 《英》 pavement
ほどうきょう 歩道橋 pedestrian overpass; footbridge
ほどく 解く undo; untie; release
ほとけ 仏 the Buddha
ボトル bottle
ほとんど almost; nearly
　~...(し)ない hardly; scarcely
　...は~ない few; little
ポニーテール ponytail
ほにゅうるい 哺乳類 mammal
ほね 骨 bone: 脚の骨を折る break one's leg
　骨の折れる painstaking
ほねぐみ 骨組み frame(work); skeleton
ほのお 炎 flame
ほのめかす hint; allude
ポプラ poplar
ほぼ nearly; almost; approximately
ほほえむ 微笑む smile
　ほほえましい pleasant
ほまれ 誉れ honor
ほめる 褒める praise
ぼやけた dim; obscure; blurred
ほようち 保養地 resort
ほら big talk; tall tale　**~を吹く** talk big　**~吹き** boaster
ほらあな 洞穴 cave
ボランティア volunteer
ほり 堀 moat
ほりだしもの 掘り出し物 bargain; (lucky) find ; steal
ほりゅう 保留する reserve; withhold
ボリューム volume: ~のある食事 substantial meal
ほりょ 捕虜 prisoner
　~にする capture
ほる[1] 掘る dig
ほる[2] 彫る carve
ボルト (ねじ) bolt; (電圧) volt
ポルノ porn(ography)
ホルモン hormone
ホルン horn
ボレー volley
ほれる 惚れる fall in love (with)
ぼろ rag　**ぼろぼろの** ragged; worn
ポロシャツ polo shirt
ほろびる 滅びる die out
ほろぼす 滅ぼす destroy
ホワイトハウス the White House
ほん 本 book
ぼん 盆 tray
ほんき 本気の serious: ~です I mean what I say.
ホンコン 香港 Hong Kong
ほんしつ 本質 essence; nature
　~的な essential
ほんじつ 本日 today
ほんしゃ 本社 head office; headquarters: ...に~がある be based in...
ほんだな 本棚 bookshelf
ぼんち 盆地 basin
ほんど 本土 mainland
ポンド pound
ほんとう 本当の true; real: ~ですか Really?　**~に** really; indeed
　~は in fact; really; (ところが) actually

ボンネット 《米》hood; 《英》bonnet
ほんの just; only; mere
ほんのう 本能 instinct
~的に instinctively
ほんぶ 本部 headquarters
ポンプ pump
ほんぶん 本文 text
ほんもの 本物の real; true; genuine
ほんや 本屋 bookstore
ほんやく 翻訳 translation
~する translate
~者 translator
ぼんやりと vaguely; (上の空で) absent-mindedly; ⇒ぼやけた
ほんらい 本来 originally

ま

まあ Oh!; Dear!
マーガリン margarine
マーク mark
マーケット market
マージャン 麻雀 mah-jongg
マーチ march
まあまあの so-so; acceptable: 調子はどう—~だ How are you?—Just so-so.
マーマレード marmalade
まい... 毎... every
まいあがる 舞い上がる fly high; soar
マイクロバス minibus
マイク(ロホン) microphone; mike
まいご 迷子 lost child
~になる get lost
まいしゅう 毎週 every week; weekly
まいそう 埋葬する bury
まいつき 毎月(の) every month; monthly
まいとし 毎年(の) every year; yearly; annual
マイナー minor
マイナス minus
まいにち 毎日 every day; daily
マイノリティ minority **性的~** sexual minority
まいる 参る can't stand; give up: 参ったな Uh-oh!
マイル mile
マイルドな mild
まう 舞う dance; (ちょう・花びらが) flutter
マウス mouse
マウンド mound
まえ 前に (以前) before **...する前に** before **...の前に** (場所) in front of **...前に** (今から) ago; (過去のある時点から) before: 前に述べたように as stated above
前の front; (時間的) previous; last, former **前へ** forward; ahead **前もって** in advance
まえうりけん 前売券 advance ticket
まえがき 前書き preface
まえばらい 前払い(する) (pay in) advance
まかす 負かす beat
まかせる 任せる leave (to)
まがりかど 曲がり角 corner
まがる 曲がる (角などを) turn; (物が) bend **曲がった** bent
マカロニ macaroni
まき 薪 firewood; wood
まきあげる 巻き上げる wind [roll] up; (だまし取る) cheat, hustle, milk
まきげ 巻き毛 curl
まきこまれる (...に)巻き込まれる get into [involved]
まきちらす 撒き散らす scatter
まきもどす 巻き戻す rewind
まく[1] 撒く, 播く (水を) sprinkle; (種を) sow
まく[2] 巻く (ぜんまいなどを) wind; (丸く) roll; wrap; bind
まく[3] 幕 curtain; (劇の) act
まく[4] 膜 skin; membrane; film
マグニチュード magnitude
マグネシウム magnesium
まくら 枕 pillow
~カバー pillowcase
まぐれ fluke; luck
まぐろ 鮪 tuna
まけ 負け defeat; loss
まけおしみ 負け惜しみ sour grapes: ~を言うやつ a bad [sore] loser
まける 負ける lose
まげる 曲げる bend
まご 孫 grandchild
まごころ 真心 sincerity
まごつく get confused
まさか! No!; You're kidding!
まさつ 摩擦 friction
まさに just; exactly
まさる 勝る be better than
まざる 混ざる mix; mingle
まし(な) better (than...): ...した方が~だ might [may] (just) as well do ; would rather do
マジック magic; (ペン) felt tip, (商標) Magic Marker
まじめ 真面目な serious; earnest ~に seriously
まじゅつ 魔術 magic
まじょ 魔女 witch
まじわる 交わる cross; (道・川などが) meet
ます[1] 鱒 trout
ます[2] 増す increase; (力・重さを) gain
まず first (of all)
ますい 麻酔 anesthesia
~をかける anesthetize
まずい (味が) don't taste [be not] good: ~ぞ! Uh-oh!
マスク (face) mask
マスコット mascot
マスコミ mass media
まずしい 貧しい poor
まずしさ 貧しさ poverty
マスター (店の) owner, proprietor **~キー** master key
マスターする master
マスタード mustard
マスト mast
ますます more and more: ~寒くなってきた It's getting colder and colder.
ませた precocious
まぜる 混ぜる mix; mingle
また[1] (再び) again
また[2] (同様に) also; too **...も~ない** neither; not either
また[3] 股 crotch; (分岐) fork, prong
まだ still **~...しない** not yet
またがる 跨る ride (on); straddle; (跨いで通る) stride
またぎき 又聞きの secondhand
またたく 瞬く wink; blink; twinkle **~間に** in an instant
または or
まだらの 斑の spotted; speckled; mottled
まち 町 town; city; (街) street
まちあいしつ 待合室 waiting room
まちあわせる 待ち合わせる meet
まちうける 待ち受ける wait for
まぢか 間近の near
まちがえる 間違える (make a) mistake: ...を~と間違える take ... for~ **間違い** mistake; error **間違った** mistaken; (答えが) wrong
まちどおしい ...が待ち遠しい look forward to ...; be impatient for ...
まつ[1] 待つ wait (for)
まつ[2] 松 pine
まつげ 睫毛 eyelashes
マッサージ massage
まっすぐ 真っ直ぐな straight
まったく 全く completely; entirely; indeed
~...ない not at all
マッチ match
マット mat
マットレス mattress
まつば 松葉 pine needle
~杖 crutch(es)
まつり 祭り festival
...まで to; as far as; up to; till

…～に by; before
まと 的 target
まど 窓(口) window
まとめる 纏める collect; gather; (考えを) form; (組織などを) hold together, coordinate, integrate; (取引を) clinch; (要約する) sum; (荷物を) pack up
まともな respectable; decent; reasonable; sane
マトン mutton
マナー manners
まないた まな板 cutting board; chopping block
まなつ 真夏 midsummer
まなぶ 学ぶ learn; study
マニア fan; enthusiast
まにあう 間に合う be in time; (列車などに) catch; (役立つ) will do
マニキュア manicure
マニュアル manual
まぬがれる 免れる escape
まぬけ 間抜け fool; dope
まね 真似 imitation; (物まね) mimicry **～をする** imitate; mimic
マネージャー manager
マネキン mannequin
まねく 招く invite
まねる imitate; (物まね) mimic
まばたき 瞬きする wink; blink
まばらな thin; sparse; scattered
まひ 麻痺する be paralyzed
まひる 真昼 noon
マフィン muffin
まぶしい 眩しい dazzling
まぶた 瞼 eyelid
まふゆ 真冬 midwinter
マフラー scarf; muffler
まほう 魔法 magic
～使い wizard; magician
～びん Thermos
まぼろし 幻 vision; phantom; hallucination; illusion
ママ mom; mommy
…まま (の)～である stay …; remain … **その～** as it is
ままごとをする play house
ままはは 継母 stepmother
まめ[1] (手足の) blister
まめ[2] 豆 bean; pea
まもなく soon; shortly
まもり 守り defense
まもる 守る defend
まやく 麻薬 drug
まゆ[1] 繭 cocoon
まゆ[2] 眉(毛) eyebrow
まよう 迷う get lost; (ちゅうちょする) hesitate
まよなか 真夜中に in the middle of the night; at midnight
マヨネーズ mayonnaise
マラソン marathon
マラリア malaria
まり 鞠 ball
マリファナ marijuana
まりょく 魔力 magic; spell
まる 丸 circle
まる… full …
まるあんき 丸暗記 rote
まるい 丸い round
まるた 丸太 log
マルチーズ Maltese
マルチメディア multimedia
まるで just like; as if **～…ない** not … at all
まれ 稀な rare **～に** rarely
まわす 回す turn; (こまを) spin; (食卓などで) pass
まわり (…の)**回りに** (a)round … **回り道** detour
まわりくどい 回りくどい roundabout; circuitous; (本題を避ける) beat around the bush
まわる 回る turn; circle
まん 万 ten thousand
まんいち 万一: 失敗したら if you should fail / ～にそなえる prepare for the worst
まんいん 満員の full
まんが 漫画 cartoon; comic strip; (風刺漫画) caricature **～家** cartoonist; caricaturist
まんかい 満開で in full bloom
マングローブ mangrove
まんげきょう 万華鏡 kaleidoscope
まんげつ 満月 full moon: ～だ The moon is full.
マンゴー mango
まんじょういっち 満場一致の unanimous
マンション apartment house; condominium
まんせい 慢性の chronic
まんぞく 満足 satisfaction
～する be satisfied
～のいく satisfactory
まんちょう 満潮 high [flood] tide; high water
まんてん 満点(をとる) (get) a perfect score
マント cloak
マンドリン mandolin
まんなか 真ん中 middle
マンネリ stereotype; routine; rut
まんねんひつ 万年筆 fountain pen
まんびき 万引き shoplifting; (人) shoplifter
～する shoplift
まんぷく 満腹だ be full
マンホール manhole
マンモス mammoth
まんるい 満塁である The bases are full [loaded]. **～ホームラン** grand slam

み

み[1] 実 fruit; (堅い) nut
み[2] 身 (肉体) body; (魚・果実の) flesh; (立場) place: 身から出たさびだ You asked for it. / 身も心も捧げる give body and soul (to)
みあげる 見上げる look up
ミーティング meeting
ミイラ mummy
みうしなう 見失う lose sight of
みうち 身内 one's relative
みえ 見栄: ～を張る show off
みえすいた 見え透いた obvious; transparent; blatant
みえる 見える see; be visible
…のように～ ⇒…みたいである
みおくる 見送る see off
みおとす 見落とす overlook; miss
みおろす 見下ろす look down (on)
みかい 未開の primitive; uncivilized
みかえり 見返り reward
みかく 味覚 taste
みがく 磨く polish; (靴・金具などを) shine
みかけ 見かけ appearance
みかた[1] 味方 friend **…に～する** take sides with; stand by **…に～して** on …'s side; on the side of …
みかた[2] 見方 point of view; viewpoint
みかづき 三日月 new moon; crescent
みがって 身勝手な selfish
みかん 蜜柑 Japanese orange
みき 幹 trunk
みぎ 右 (the) right
ミキサー blender
みくだす 見下す look down (on)
みくらべる 見比べる compare
みぐるしい 見苦しい unsightly; indecent
みごと 見事な wonderful; excellent; splendid
みこみ 見込み chance; (将来の) promise **～のない** hopeless
みこん 未婚の unmarried; single
ミサ Mass
ミサイル missile
みさき 岬 cape
みじかい 短い short
みじめな miserable
みじゅく 未熟な immature; inexperienced; poor

みしらぬ 見知らぬ strange
ミシン sewing machine
ミス mistake
ミス… Miss ...
みず 水(をやる) water
みすい 未遂の attempted
みずいろ 水色 light blue
みずうみ 湖 lake
みずがめざ 水瓶座 Aquarius; the Water Bearer
みずぎ 水着 bathing suit
みずさきあんないにん 水先案内人 pilot
みずさし 水差し pitcher
ミスター (敬称) Mr.
みずたま 水玉 **～模様** polka dots
みずたまり 水たまり puddle; pool
みずてっぽう 水鉄砲 water pistol
ミステリー mystery story
みすてる 見捨てる desert
みずぶくれ 水脹れ blister
ミスプリント misprint
みずぼうそう 水疱瘡 chicken pox
みすぼらしい shabby
みずみずしい 瑞々しい fresh
みずむし 水虫 athlete's foot
みせ 店 store
みせいねん 未成年者 minor ～で in one's minority
みせかける 見せかける pretend
みせじまい 店じまいする close
ミセス (敬称) Mrs.; (既婚女性) married woman, (house)wife
みせもの 見せ物 show
みせる 見せる show **見せ付ける, 見せびらかす** show off
みぞ 溝 ditch
みぞおち pit of the stomach
みぞれ 霙(が降る) sleet
…みたいである look [be] like; seem; appear
みだし 見出し headline ～**語** entry (word)
みたす 満たす fill; (満足) satisfy
みだす 乱す disturb **乱れて** in disorder
みだら 淫らな dirty; obscene
みち[1] 道 way; route; (街路) street; road
みち[2] 未知の unknown
みぢか 身近な familiar
みちしるべ 道しるべ guidepost
みちばた 道端 roadside
みちびく 導く lead
みちる 満ちる become full; ⇒まんちょう
みつ (蜂みつ) honey; (花の) nectar
みつあみ 三つ編み braid
みっか 三日 (月の) third
みつける 見つける find; discover
みつご 三つ子 triplet(s)
みっせつ 密接な close; intimate
みっつ 三つ three
ミット mitt
みつど 密度 density
みっともない shameful; indecent; unsightly; ugly
みつばち 蜜蜂 (honey)bee
みつめる 見つめる stare (at)
みつもる 見積もる estimate
みつゆ 密輸する smuggle
みつりん 密林 jungle
みてい 未定の uncertain; undecided; unsettled
みとおす 見通す see through ... **見通し** (視界) visibility; (将来の) prospect; outlook
みとめる 認める admit; approve; recognize
みどり 緑(の) green
みとれる 見とれる be fascinated [charmed]
みなおす 見直す look over; think better of
みなしご 孤児 orphan
みなす 見なす regard
みなと 港 harbor; port
みなみ 南(の) south(ern)
みなもと 源 source
みならう 見習う follow ...'s example; imitate
みなり 身なり appearance
みなれた 見慣れた familiar
みにくい 醜い ugly
ミニ(スカート) mini(skirt)
ミニチュア miniature
ミニバン minivan
みぬく 見抜く see through
みね 峰 peak
みのがす 見逃す miss; overlook
みのしろきん 身代金 ransom
みのる 実る bear fruit
みはなす 見放す give up
みはらし 見晴らし view
みはり 見張り watch; guard
みはる 見張る watch
みぶり 身振り gesture
みぶるいする 身震いする shudder; shiver
みぶんしょうめいしょ 身分証明書 identity card; ID card
みぼうじん 未亡人 widow
みほん 見本 sample
みまい 見舞いに行く visit
みまもる 見守る watch
みまわす 見回す look around
…みまん ...未満で under
みみ 耳 ear: 耳が遠い be hard of hearing / 耳を傾ける[澄まして聞く] listen to **耳ざわりな** harsh; loud; noisy **耳たぶ** earlobe **耳の聞こえない** deaf
みみず earthworm
みみずく (horned) owl
みもと 身元 identity; background **～保証人** reference; personal guarantor **～不明の** unidentified
みゃく 脈 pulse
みやげ 土産 souvenir; gift
みやこ 都 capital; metropolis
みやぶる 見破る see through ...; find out; detect
ミュージカル musical
ミュージシャン musician
みょう 妙な strange
みょうじ 名字 family name
みらい 未来 the future
ミリ(メートル) millimeter
みりょく 魅力 charm **～的な** attractive; charming
みる 見る see; look at; (じっと) watch; (ちらっと) glance; **…して～** try doing
ミルク milk
みわける (…を～から)見分ける tell [know] ... from ～; distinguish ... from ～
みわたす 見渡す overlook; command: ～限り as far as ... can see; within view; in [within] sight
みんかん 民間の private **～人** civilian; citizen
ミンク mink
みんじ 民事の civil
みんしゅう 民衆 people; masses
みんしゅしゅぎ 民主主義 democracy **民主的な** democratic
みんしゅとう 民主党 (米国の) the Democratic Party
みんぞく 民族 people; nation ～の ethnic
ミント mint
みんな all; everyone, everybody; (物) everything
みんぽう 民法 civil law
みんよう 民謡 folk song
みんわ 民話 folktale

む

む 無 nothing
むいか 六日 (月の) sixth
むいしき 無意識の unconscious ～に unconsciously
むいみ 無意味な meaningless
ムード atmosphere
むえき 無益な useless
むかい 向かい(の, に) opposite
むがい 無害な harmless
むかう 向かう leave for ...; head

…に向かって to; at; toward 向かい風 headwind
むかえる 迎える meet; welcome
むがく 無学の ignorant; uneducated; illiterate
むかし 昔(は) a long time ago; in the old days; once
昔々 once upon a time
むかつく feel sick; get angry; be disgusted
むかで 百足 centipede
むかんけい 無関係である have nothing to do with
むかんしん 無関心な indifferent
むき 向きを変える (進路などの) turn; (くるっと) turn around
むぎ 麦 (小麦) wheat; (大麦) barley; (ライ麦) rye ～わら(帽) straw (hat)
むきず 無傷の whole; intact; without injury; safe; (新品が) clean
むきだし むき出しの bare
むきりょく 無気力な apathetic; languid; lethargic; lazy
むく[1] 剥く (皮を) peel
むく[2] 向く turn; look; face; (ふさわしい) be suitable
むくいる 報いる reward
むくち 無口な silent
むける 向ける turn; (指・銃・カメラなどを) point
むげん 無限の infinite; limitless
むこ 婿(花婿) bridegroom; (娘の夫) son-in-law
むごい 惨い, 酷い cruel
むこう[1] 向こうに over there
…の～に[へ] beyond ～側 the other side …の～側に across; opposite
むこう[2] 無効の no good; invalid
むこうみず 向こう見ずな reckless
むごん 無言の silent
むざい 無罪 innocence; (判決で) Not guilty. ～の innocent
むさぼりくう 貪り食う devour
むし[1] 虫 insect; bug; worm
むし[2] 無視する ignore
むしあつい 蒸し暑い sultry
むしば 虫歯 bad [decayed] tooth
むしばむ 蝕む erode; undermine; eat away; damage
むじひ 無慈悲な merciless; cruel
むしめがね 虫眼鏡 magnifying glass
むじゃき 無邪気な innocent
むじゅうりょく 無重力 zero gravity; weightlessness
むじゅん 矛盾 contradiction
～する contradict
むじょうけん 無条件で unconditionally
むしょく[1] 無職の jobless; unemployed
むしょく[2] 無色の colorless
むしろ rather (than) … ～…したい would rather do
むじん 無人の vacant
むしんけい 無神経な inconsiderate; insensitive; tactless
むす 蒸す steam
むすう 無数の numberless; countless
むずかしい 難しい difficult; hard
難しさ difficulty
むすこ 息子 son
むすぶ 結ぶ tie; (実を) bear; (条約などを) conclude 結び付き connection 結び目 knot
むすめ 娘 daughter
むぜい 無税の tax-free
むせきついどうぶつ 無脊椎動物 invertebrate
むせきにん 無責任な irresponsible
むせん 無線 radio
むだ 無駄 waste: 時間の～だ It's a waste of time. / …しても～だ It is no use doing [to do].; It is useless to do.
むだん 無断で without permission [leave]
むち[1] 鞭(で打つ) whip
むち[2] 無知の ignorant
むちゃ 無茶な reckless; unreasonable
むちゅう 夢中になる be absorbed
むっつ 六つ six
むっつり(した) sullen; glum
むてっぽう 無鉄砲な rash; foolhardy; reckless; risky
むとんちゃく 無頓着な indifferent; casual; careless; nonchalant; unconcerned
むなしい 空[虚]しい useless; fruitless; vain; empty
むね 胸 chest; breast 胸も張り裂けるような heartbreaking
むねやけ 胸焼け heartburn
むのう 無能な incompetent
むひょうじょう 無表情な blank; deadpan
むぼう 無謀な reckless
むほん 謀反 rebellion; ⇒はんぎゃく
むめい 無名の obscure
むら[1] 村 village 村人 villager
むら[2] 斑: ～のない constant; even; regular; smooth; steady / ～のある inconstant; uneven; irregular; rough; variable
むらがる 群がる crowd
むらさき 紫(の) purple
むり 無理な impossible; (要求などが) unreasonable; (無理やりの) forcible, forced
むりょう 無料の[で] free
むれ 群れ crowd; flock; swarm; group

め

め[1] 目 eye: 目がいい have a good eyesight 目を向ける look …にざっと目を通す look over [through] … …の目をくらませる blind; dazzle …の目を覚まさせる wake 目が覚める wake (up)
め[2] 芽 bud
芽を出す (草が) come up
めい 姪 niece
めいあん 名案 good idea
めいおうせい 冥王星 Pluto
めいかく 明確な clear; definite
めいがら 銘柄 brand
めいさい 明細 details
めいさく 名作 masterpiece
めいし[1] 名刺 visiting card; business card
めいし[2] 名詞 noun
めいし[3] 名士 celebrity; personality
めいしょ 名所 sights; famous place
めいじる 命じる order; tell
めいしん 迷信 superstition
めいじん 名人 expert; master
めいせい 名声 fame
めいせき 明晰な brilliant; clear (headed); lucid; sharp
めいそう 瞑想 meditation; contemplation ～する meditate
めいちゅう 命中する hit
めいはく 明白な clear; evident
めいぶつ 名物 specialty
めいぼ 名簿 list
めいめい[1] 銘々 each
めいめい[2] 命名する name
めいもく 名目上の nominal; in name; token
めいよ 名誉 honor
～ある honorable
めいりょう 明瞭な clear
めいれい 命令(する) order; command
めいろ 迷路 maze
めいわく 迷惑 trouble; annoyance; nuisance
メイン(の) main ～イベント main event ～フレーム mainframe
メーカー manufacturer
メーキャップ makeup
～する make up
メーター meter
メーデー May Day
メートル meter

メーリングリスト mailing list
メール e-mail
めかた 目方 weight
めがね 眼鏡 glasses
～**屋**(人) optician
メガバイト megabyte
メガホン megaphone
めがみ 女神 goddess
めぐすり 目薬 eye lotion
めくばせ 目配せ(する) wink
めぐまれる 恵まれる be blessed with **恵み** blessing
めぐりあう 巡り合う run into
めくる turn (over)
めぐる 巡る come around; (旅する) travel; tour
めざす 目指す aim (at)
めざましい 目覚ましい remarkable
めざましどけい 目覚まし時計 alarm clock
めざわり 目障り(な) eyesore; harsh; unsightly; ugly
めし 飯 (cooked) rice; (食事) meal
めしつかい 召し使い servant
メジャー[1] (巻尺) (tape) measure
メジャー[2] ～な major; famous
メジャーリーグ ⇒だいリーグ
めじるし 目印 mark
めす 雌(の) female
めずらしい 珍しい rare; unusual
メゾソプラノ mezzo-soprano
めだつ 目立つ stand out **目立った** striking
メタボリックシンドローム metabolic syndrome
めだま 目玉 eyeball ～**焼き** fried egg
メダリスト medalist
メダル medal
めつき 目つき look
めっき plating ～**をする** plate
メッセージ message
メッセンジャー messenger
めった 滅多に...しない rarely; seldom
メディア media
めでたい happy
メドレー medley
メニュー menu
めまい 目眩[眩暈]がする feel dizzy
めまぐるしい 目まぐるしい quick
メモ memo; note
めもり 目盛り scale
メモリー memory
メリーゴーラウンド merry-go-round
メリット merit; advantage
メロディー melody
メロドラマ melodrama; soap opera
メロン melon
めん[1] 綿 cotton
めん[2] 面 side
めん[3] 麺 noodle
めんえき 免疫 immunity
めんかい 面会する see; visit
めんきょ 免許 license (**運転**)～**証** driver's license
めんくらう 面食らう be confused
めんしき 面識 acquaintance
めんじょ 免除する exempt; excuse
めんじょう 免状 certificate
めんする (...に)面する face
めんぜい 免税の tax-[duty-]free
めんせき 面積 area
めんせつ 面接(する) interview
めんぜん (...の)面前で in front of
メンテナンス maintenance
めんどう 面倒な troublesome ～**を見る** take care of ～**をかける** trouble
めんどり 雌鶏 hen
メンバー member
めんぼう 綿棒 swab; (商標で) Q-tip
めんみつ 綿密な close ～に closely
めんるい 麺類 noodles

も

...も too; also; either **...も～も** both ... and ～ **...も～も...ない** neither ... nor ～
もう already: ～10 分すれば in another ten minutes ～**...ない** not ... any more; not ... any longer ～**一度** again; once more ～**すぐ** soon ～**少し** a little more [longer] ～**少しで...するところで** nearly ～**一つの** another; (2つのうちの) the other
もうかる 儲かる be profitable; pay **もうけ** profit **もうける** make a profit (on); make money
もうける 設ける establish
もうしあわせ 申し合わせ agreement
もうしいれ 申し入れ offer
もうしこむ 申し込む apply for; (結婚を) propose **申込書** application
もうしたて 申し立て statement
もうしでる (...しようと)申し出る offer **申し出** offer; proposal
もうしぶんない 申し分ない perfect
もうじゅう 猛獣 wild beast
もうしわけない 申し訳ない I'm sorry.
もうちょう 盲腸 appendix
もうどうけん 盲導犬 Seeing Eye dog; guide dog
もうふ 毛布 blanket
もうもく 盲目の blind
もうれつ 猛烈な violent; terrible
もえあがる 燃え上がる flame
もえる 燃える burn
モーター motor
モーテル motel
モード mode; fashion
モーニング morning ～**コール** wake-up call
もがく struggle; writhe
もぎ 模擬の mock; simulated
もぐ pick **もぎ取る** break off
もくげき 目撃する witness ～**者** witness
もくざい 木材 lumber; wood
もくじ 目次 contents
もくせい 木星 Jupiter
もくぞう 木造の wooden
もくたん 木炭 charcoal
もくてき 目的 purpose; aim; object ～**地** destination
もくひょう 目標 goal
もくようび 木曜日 Thursday
もぐら mole
もぐる 潜る go under water
もくろく 目録 list; catalog
もくろむ 目論む plot; conspire; plan; meditate; scheme
もけい 模型 model
モザイク mosaic
もし (...とすれば) if ～**...でなければ** if not; unless
もじ 文字 letter; (表意の) character
もしかしたら maybe; perhaps; possibly
もじばん 文字盤 (時計・羅針盤の) dial
もしもし Hello!
もしゃ 模写 copy; facsimile; replica
モジュール module
モスク mosque
モスクワ Moscow
もぞう 模造 imitation
もたらす bring; (結果を) lead (to)
もたれる lean
モダンな modern
もち 餅 rice cake
もちあげる 持ち上げる lift
もちあるく 持ち歩く carry
モチーフ motif
もちいる 用いる use
もちこたえる 持ちこたえる bear; endure; last; stand; hold
もちこむ 持ち込む (中へ) bring in

もちさる 持ち去る take away
もちだす 持ち出す take out; (話題・問題を) bring up
もちにげする 持ち逃げする go away with
もちぬし 持ち主 owner
もちはこぶ 持ち運ぶ carry **持ち運べる** portable
もちもの 持ち物 one's belongings [things]
もちろん 勿論 of course
もつ[1] (天候などが) last; (食糧などが) hold out; (腐らないで) keep
もつ[2] 持つ have; hold; (費用・責任などを) bear **...を持たないで** without **...を持って** with **持って行く** (手に取って) take; (他の場所へ) carry **持って帰る** bring back **持って来る** bring
もっか 目下の present
もっきん 木琴 xylophone
もったいない wasteful
もっと more
モットー motto
もっとも 最も most
～...でない least
～な reasonable; natural
もっぱら 専ら only; exclusively
もつれる 縺れる (糸などが) tangle; (事態が) be complicated
もてなす (客を) entertain
モデム modem
もてる be popular
モデル model
もと 元, 基 cause, origin
～の original; former
～どおりにする restore
モトクロス motocross
もどす 戻す return; (元へ) get back
もとづく 基づく be based (on)
もとめる 求める ask for; demand
もともと 元々 from the first
もどる 戻る go back; come back; get back; (前の話題などに) return
モニター monitor
もの 物(事) thing
ものおき 物置 closet; (物置用の小屋) shed
ものおと 物音 noise
ものがたり 物語 story
ものさし 物差し ruler
ものずき 物好きな curious
ものすごい terrible
ものまね 物真似 mimicry
～をする mimic
モノラルの monaural
モノレール monorail
モバイル mobile
もはん 模範 example; model
もふく 喪服 mourning (clothes)
もほう 模倣 imitation
～する imitate
もみじ 紅葉 maple
もむ 揉む massage
もめる 揉める have trouble
もめん 木綿(の) cotton
もも[1] 腿 (脚の) thigh
もも[2] 桃 peach **桃色** pink
もや 靄 haze
もやし bean sprouts
もやす 燃やす burn
もよう 模様 pattern
もよおし 催し event; entertainment **催す** hold
もらう 貰う get; be given; have; receive **...してもらう** have [get] ～ done ... **...に～してもらいたい** would like ... to do
もらす 漏らす let out; leak
モラル morals
もり 森 forest; woods
もる 盛る heap (up); fill; help
モルタル mortar
モルヒネ morphine
モルモット guinea pig
もれる 漏れる leak (out)
もろい 脆い fragile
もん 門 gate
もんく 文句 complaint
～を言う complain (about)
もんげん 門限 curfew
モンタージュ montage
もんだい 問題 problem; question

や

や 矢 arrow
...や～ and; or
やあ Hello!; Hi!
ヤード yard
やおちょう 八百長(する) fix; rig
やおや 八百屋 vegetable store; grocery; (人) grocer
やがい 野外(の) outdoor
やがて soon
やかましい noisy; loud; (厳格な) strict; (好みが) particular
やかん kettle
やぎ 山羊 goat **～座** Capricorn; the Goat
やきいん 焼き印(を押す) brand
やきもち jealousy **～をやく** be jealous
やきゅう 野球 baseball **野球場** stadium; ballpark
やきん 夜勤 night duty [shift]
やく[1] 焼く burn; (パン・ケーキを) bake; (トーストを) toast; (肉を) roast; broil
やく[2] 役 part **役に立つ** useful; helpful; help **役に立たない** useless
やく[3] 訳 translation
やく... 約... about; around
やくいん 役員 executive
やくざいし 薬剤師 pharmacist; chemist; druggist
やくしょ 役所 public [government] office
やくす 訳す translate
...を～に訳す put ... into ～
やくそく 約束(する) promise; (面会などの) appointment
やくにん 役人 officer; official
やくひん 薬品 medicine; chemicals
やくめ 役目 duty
やくわり 役割 role; part
やけ ～を起こす get desperate
やけい 夜景 night view
やけど 火傷 (火による) burn; (熱湯による) scald
やける 焼ける burn
やこう 夜行(列車) night train
やさい 野菜 vegetable
やさしい[1] 易しい easy
やさしい[2] 優しい kind; gentle; nice
やし 椰子 palm **～の実** coconut
やじ 野次(る) boo; heckle; hoot; jeer; catcall
やじうま (curious) crowd; onlooker; mob
やしなう 養う support
やしゅ 野手 fielder
やじるし 矢印 arrow
やしん 野心 ambition
～的な ambitious
やすい 安い (品物が) cheap; (値段が) low; (手ごろな) inexpensive **安く買う** buy cheap **安売り** sale **安っぽい** cheap
...やすい ...(し)易い be easy to do
やすみ 休み (休息) rest; (短い) break; (休日) holiday; (休暇) vacation **～時間** recess
やすむ 休む rest; (欠席[勤]する) be absent
やすらか 安らかな peaceful
～に peacefully
やすり 鑢 file
やせい 野生の wild
やせる 痩せる become thin; lose weight **やせた** lean; slim
やたい 屋台 booth; stall; stand
やちょう 野鳥 wild bird
やちん 家賃 rent
やつ 奴 fellow
やっかい (...に)厄介をかける trouble **～な** troublesome
やっきょく 薬局 drugstore; pharmacy
やっつ 八つ eight

やってくる やって来る (こちらへ) come; (近くへ) come around; (はるばる[わざわざ]) come over; (偶然) come along
やっと at last; barely
やっぱり all the same; at the same time: ～行くことにしました I decided to go after all. / ～彼は失敗した He failed as I (had) expected.
やとう[1] 雇う employ; hire
やとう[2] 野党 opposition (party)
やどや 宿屋 inn
やなぎ 柳 willow
やぬし 家主 landlord
やね 屋根 roof ～**裏部屋** attic
やばん 野蛮な barbarous
やぶ 薮 thicket; bush
やぶる 破る tear, break; (負かす) beat; defeat
やぶれる 破れる tear; (負ける) lose; be beaten
やぼう 野望 ambition
やま 山 mountain; hill; heap; (山場) peak, climax, crisis
やまい 病 illness
やまびこ 山彦 echo
やみ 闇 darkness
やむ[1] 止む stop
やむ[2] 病む be sick
やむをえない be unavoidable; cannot be helped
やめる[1] 止める stop; (習慣などを) give up
やめる[2] 辞める quit; (辞任) resign; (退職) retire
やもり gecko
やや rather; somewhat; a little [bit]
ややこしい complicated
やり 槍 spear
やりくりする manage
やりぬく やり抜く carry out
やる (する) do; (物を) give; (人を) send **やり方** way; how to do **やり遂げる** accomplish **やり直す** do over again
やわらかい 柔らかい soft; tender
やわらぐ 和らぐ soften **和らげる** soften; ease
やんわりと softly

ゆ

ゆ 湯 hot water
湯わかし器 water heater
ゆいいつ 唯一の only
ゆいごん 遺言 will
ゆういぎ 有意義な meaningful
ゆううつ 憂鬱な depressed
ゆうえき 有益な useful; instructive
ゆうえつかん 優越感 superiority complex
ゆうえんち 遊園地 amusement park
ゆうが 優雅な elegant
ゆうかい 誘拐 kidnapping ～**する** kidnap ～**犯** kidnapper
ゆうがい 有害な harmful
ゆうがた 夕方 evening ～**に** in the evening
ユーカリ eucalyptus
ゆうかん[1] 夕刊 evening paper
ゆうかん[2] 勇敢な brave; courageous
ゆうき[1] 勇気 courage ～**づける** encourage
ゆうき[2] 有機(的な) organic ～**化学** organic chemistry ～**体** organism ～**農業[肥料]** organic farming [fertilizer]
ゆうぎ 遊戯 play
ゆうきゅう 有給の paid ～**休暇** paid vacation
ゆうぐれ 夕暮れ dusk; evening
ゆうげん 有限な limited
ゆうけんしゃ 有権者 voter; constituent
ゆうこう 有効な effective; (通用) valid
ゆうこうてき 友好的な friendly
ユーザー user
ゆうざい 有罪 guilt; (判決で) Guilty. ～**の** guilty
ゆうし 融資する finance
ゆうしゅう 優秀な excellent
ゆうしょう 優勝 victory ～**旗** pennant ～**者** champion ～**杯** cup
ゆうじょう 友情 friendship
ゆうしょく 夕食 dinner; supper
ゆうじん 友人 friend
ユースホステル (youth) hostel
ゆうせい 優勢な dominant; superior; prevailing; leading
ゆうせん 優先 priority
ゆうそう 郵送する mail ～**料** postage
ユーターン U-turn
ゆうだい 雄大な grand
ゆうだち 夕立 shower: ～にあう be caught in a shower
ユーチューブ YouTube **ユーチューバー** YouTuber
ゆうとう 優等 honors ～**生** honor [outstanding] student
ゆうどう 誘導する lead; guide ～**尋問** leading [loaded] question
ゆうどく 有毒な poisonous
ユートピア utopia
ゆうのう 有能な able
ゆうはん 夕飯 dinner; supper
ゆうひ 夕日 the setting sun
ゆうびん 郵便 mail ～**受け**《米》 mailbox; 《英》 letter box ～**局** post office ～**配達人**《米》 mail carrier; 《英》 post-(wo)man ～**番号**《米》 zip code; 《英》 postcode
ゆうふく 裕福な rich; wealthy
ゆうべ 夕べ (昨晩) last night [evening]; (夕方) evening
ゆうべん 雄弁な eloquent; telling
ゆうぼう 有望な promising
ゆうめい 有名な famous
ユーモア humor ～**のある** humorous
ユーモラスな humorous
ゆうやけ 夕焼け evening glow
ゆうよ 猶予 grace; moratorium; (執行の) probation, stay
ユーラシア Eurasia
ゆうらんせん 遊覧船 pleasure boat
ゆうり 有利な advantageous
ゆうりょう[1] 優良な excellent
ゆうりょう[2] 有料である There is a charge for ... ～**道路** toll road
ゆうりょく 有力な influential; important
ゆうれい 幽霊 ghost ～**屋敷** haunted house
ユーロ euro
ゆうわく 誘惑 temptation ～**する** tempt
ゆか 床 floor
ゆかい 愉快な pleasant
ゆがむ 歪む be twisted [distorted]
ゆき 雪 snow **雪が降る** It snows. **雪だるま** snowman
ゆきさき 行き先 destination
ゆきづまり 行き詰まり deadlock; dead end; standstill
ゆきどけ 雪解け thaw
ゆきどまり 行き止まり dead end
ゆく 行く go
ゆくえ 行方: ～不明の missing
ゆくゆくは someday
ゆげ 湯気 steam
ゆけつ 輸血 blood transfusion
ゆさぶる 揺さぶる shake
ゆしゅつ 輸出(する) export
ゆすぐ 濯ぐ rinse
ゆする 揺する shake; (脅迫する) blackmail
ゆずる 譲る give (way); yield; concede; hand [turn] over; transfer; relinquish; (地位を) step aside, abdicate; (売る) sell, part with...
ゆそう 輸送 transportation ～**する** transport
ゆたかな 豊かな rich
ゆだねる 委ねる leave ... (to)

ユダヤじん ユダヤ人 Jew
ゆだん 油断する be off one's guard; be careless
ゆたんぽ 湯たんぽ hot-water bottle
ゆっくり slowly; leisurely
ゆでたまご 茹で卵 boiled egg
ゆでる 茹でる boil
ゆでん 油田 oil field; (oil) well
ゆとり margin; (余地) space, (elbow)room, clearance; (余暇) leisure, spare time: …の～がない can't afford
ユニークな unique
ユニコーン unicorn
ユニセフ UNICEF
ユニット unit
ユニフォーム uniform
ゆにゅう 輸入(する) import
ユネスコ UNESCO
ゆび 指 finger; (足の) toe
ゆびさき 指先 fingertip
ゆびさす 指差す point
ゆびわ 指輪 ring
ゆみ 弓 bow
ゆめ 夢(を見る) dream; have a dream: …の夢を見る dream of / 楽しい夢を見る have a happy dream
ゆらい 由来 origin; history
～**する** derive; originate
ゆり 百合 lily
ゆりかご 揺り篭 cradle
ゆるい 緩い loose
ゆるす 許す forgive, pardon; (許可) allow; permit
ゆるむ 緩む, 緩める loosen
ゆるやか 緩やかな gentle; slow
ゆれる 揺れる shake; sway; (ぶらんこ・振り子・腕などが) swing

よ

よあけ 夜明け dawn
よい good ⇒いい
よう[1] 酔う get drunk
よう[2] 用 ⇒ようじ: 何かご用ですか? What can I do for you? / …に用はない have no use for …; don't need …
(…の)よう look; seem; appear; be like …(する) ～に as; in order that…; so (that) … まるで…の～に as if
ようい[1] 容易な easy
ようい[2] 用意する prepare; get [make] ready: 用意はできましたか Are you ready? / ⇒いち[2]
よういん 要因 factor
ようえき 溶液 solution
ようか 八日 (月の) eighth
ようがん 溶岩 lava
ようき[1] 陽気な merry
ようき[2] 容器 container; receptacle
ようぎ 容疑 suspicion
～**者** suspect
ようきゅう 要求(する) demand; (権利として) claim
ようぐ 用具 tool
ようご[1] 用語 term
ようご[2] 擁護する support
ようこうろ 溶鉱炉 blast furnace; smelter
ようこそ Welcome!
ようし[1] 要旨 outline
ようし[2] 用紙 paper
ようし[3] 養子 adopted [foster] child
ようじ[1] 幼児 infant
ようじ[2] 用事 business ～**で** on business ～**がある** have something to do
ようじ[3] 楊枝 toothpick
ようしき[1] 様式 style
ようしき[2] 洋式 western style
ようしゃ 容赦する forgive
ようしょく 養殖 culture
～**する** cultivate
ようじん 用心する take care; be careful ～**深い** careful
ようす 様子 look; appearance
～**を見る** wait and see
ようする 要する require; need
ようするに 要するに in short
ようせい[1] 妖精 fairy
ようせい[2] 養成する train
ようせい[3] 要請(する) request
ようせき 容積 capacity
ようそ 要素 element
ようだい 容体 condition
ようち[1] 幼稚な childish
～**園** kindergarten
ようち[2] 用地 ground; site; lot
ようちゅう 幼虫 larva
ようてん 要点 point
ようと 用途 use
ようにん 容認する accept
ようふく 洋服 clothes
～**だんす** wardrobe
～**屋** tailor; dressmaker
ようぶん 養分 nourishment; nutrition
ようほう 用法 how to use
ようぼう[1] 容貌 looks
ようぼう[2] 要望(する) desire; request
ようむいん 用務員 custodian
ようもう 羊毛 wool
ようやく[1] 漸く at last; finally
ようやく[2] 要約(する) sum(marize); condense; boil down; recap; digest
ようりょう[1] 要領: ～のいい efficient; clever; shrewd / ～の悪い awkward; clumsy
ようりょう[2] 容量 capacity; volume
ようりょくそ 葉緑素 chlorophyll
ようれい 用例 example
ヨーグルト yogurt
ヨーヨー yo-yo
ヨーロッパ Europe
～**の** European
よか 余暇 leisure
ヨガ yoga
よかん 予感 hunch; premonition; foreboding
よき 予期 expectation
～**する** expect
よきょう 余興 entertainment
よきん 預金 deposit
～**通帳** bankbook
よく[1] well; often (昔は) ～…**した** used to do ～**なる** (改善) improve; (体が) get better [well]
よく[2] 欲 greed
よく… 翌… the next…
よくあつ 抑圧する suppress; repress; hold down; inhibit
よくしつ 浴室 bathroom
よくせい 抑制 control
よくそう 浴槽 bathtub
よくばり 欲張りな greedy
よくぼう 欲望 desire
よけい 余計な unnecessary: ～なお世話だ It's none of your business.
よける 避ける avoid
よげん 予言 prophecy ～**する** prophesy ～**者** prophet
よこ 横(の) width; side; horizontal **横になる** lie (down) **…の横に** at [by] the side of …; beside … **横切る** cross; (横切って) across **横たわる** lie (down) **横たえる** lay (down) **横顔** profile **横目で** sideways; out of the corner of one's eye
よこく 予告 notice
よごす 汚す stain; make … dirty
よこちょう 横町[丁] alley (way); side street; lane
よごれる 汚れる stain
汚れ stain **汚れた** dirty
よさ 良さ good point
よさん 予算 budget
よしゅう 予習する prepare one's lessons
よせん 予選 preliminary
よそ another place; somewhere else
よそう 予想 expectation
～**する** expect
～**外の** unexpected
よそく 予測する predict
よそみ 余所見をする look away

よだれ 涎(が出る) drool; slobber; (make ...'s mouth) water
 ～掛け bib
よち 余地 room
よっか 四日 (月の) fourth
よっきゅう 欲求 desire
よっつ 四つ four
ヨット yacht; sailboat
よっぱらい 酔っぱらい drunken man [woman]
 ～運転 drunk driving
よっぱらう 酔っ払う get drunk
よてい 予定(表) plan; schedule
 ...する～だ be to do
よとう 与党 ruling party
よなか 夜中に in the middle of the night
よのなか 世の中 the world
よはく 余白 margin; space
よび 予備の spare
よびもどす 呼び戻す recall
よびもの 呼び物(とする) feature
よびりん 呼び鈴 doorbell
よぶ 呼ぶ call; (招待) invite
よふかし 夜ふかしする stay up late
よぶん 余分な extra; spare
 ～に extra
よほう 予報 forecast
よぼう 予防 prevention
 ～する prevent **～接種** vaccination; inoculation
 ～措置 preventive measures
よむ 読む read
 読み上げる read out
よめ 嫁(花嫁) bride; (息子の妻) daughter-in-law
よやく 予約 reservation; (診察などの) appointment
 ～する (部屋・座席などを) reserve; book
よゆう 余裕 (空間) room; (時間) time to spare
...より(も) than
よりかかる 寄り掛かる lean
よる[1] (...に)依る (基づく) be based on; (理由) be due to; (...次第だ) depend (on): 場合に～ That depends.
 (...に)よれば according to
 (...に)よって by; through
よる[2] 寄る come near; drop in
よる[3] 夜 night **夜に** at night
よろい 鎧 armor
よろこぶ 喜ぶ be glad [pleased]
 喜んで with pleasure **喜んで...する** be glad [ready] to do **喜ばせる** please **喜び** joy; delight
よろしい 宜しい Good.; All right.; OK.; Sure(ly).
よろしく 宜しく(伝える) say hello (to); give ...'s regards
よろめく stumble; stagger; lurch
よろん 世論 public opinion
 ～調査 (opinion) poll
よわい 弱い weak; (雨・程度などが) light: 数学に弱い be poor at math **弱さ, 弱み** weakness; weak point **弱虫** coward **弱る** weaken
よん 四, 4 four **4番目の** fourth
 4分の1 fourth; quarter
よんじゅう 四十, 40 forty
 40番目の 40分の1 fortieth

ら

ラーメン Chinese noodles
らいう 雷雨 thunderstorm
ライオン lion
らいきゃく 来客 visitor
らいげつ 来月 next month
らいしゅう 来週 next week
ライセンス license
ライター lighter
ライト[1] (照明) light
ライト[2] (野球) right field; (選手) right fielder
ライトバン delivery van
ライナー line drive; liner
らいねん 来年 next year
ライバル rival
ライフスタイル lifestyle
ライブの live
ライフハック lifehack
ライブラリー library
ライフル rifle
ライフワーク lifework
ライム lime
ライむぎ ライ麦 rye
ライラック lilac
らく 楽な comfortable; easy
らくえん 楽園 paradise
らくがき 落書き scribbles; graffiti
らくせん 落選する lose [be defeated in] an election
らくだ 駱駝 camel
らくだい 落第する fail
らくたん 落胆する be disappointed
らくてんてき 楽天的な optimistic **楽天家** optimist
 楽天主義 optimism
らくのう 酪農 **～場** dairy (farm)
ラグビー rugby
らくようじゅ 落葉樹 deciduous tree
らくらく 楽々と easily
ラケット racket
...らしい seem; look; (うわさ) They say [I hear] ...
ラジウム radium
ラジオ radio
ラジコンの radio-controlled
らっか 落下(する) fall
らっかさん 落下傘 parachute
らっかんてき 楽観的な optimistic
ラッキーな lucky
らっこ sea otter
ラッシュアワー rush hour
らっぱ 喇叭 trumpet; bugle
ラップ (音楽) rap; (包む) wrap
ラップトップ laptop
ラテンアメリカ(の) Latin America(n); Hispanic
ラテンの Latin
ラフな rough; casual
ラブレター love letter
ラベル label
ラベンダー lavender
ラリー rally
らん[1] 欄 column
らん[2] 蘭 orchid
ランキング, ランク rank(ing); rate, rating; class
らんざつ 乱雑な untidy
らんし 卵子 ovum
ランチ lunch
ランナー runner
らんにゅう 乱入する burst into
ランニング running
 ～をする run
ランプ lamp
らんぼう 乱暴な violent; rough; (無茶な) reckless
らんよう 乱用(する) abuse

り

リアリズム realism
リアルな realistic
リーグ league
リーダー leader **～シップ** leadership
リード(する) lead
りえき 利益 profit
りか 理科 science
りかい 理解 understanding
 ～する understand; make out
 ～させる get across
りがい 利害 interest
りきがく 力学 dynamics
りきせつ 力説する emphasize
りく 陸 land **陸軍** army **陸上競技** track and field
リクエスト request
りくつ 理屈 reason
りこう 利口な bright; clever; smart
リコール recall
りこしゅぎ 利己主義 egoism
 ～者 egoist **利己的な** selfish
りこん 離婚(する) divorce
リサイクル recycling
 ～する recycle

リサイタル recital
りし 利子 interest
りじ 理事 director; commissioner　**〜会** board; council
りす squirrel
リスト list
リストラ restructuring; layoff
リズム rhythm
りせい 理性 reason
〜的な rational
りそう 理想 ideal
〜的な ideal
リゾート resort
りそく 利息 interest
リターン(キー) return
りだつ 離脱する separate; drop out
りつ 率 rate
りっけんくんしゅこく 立憲君主国 constitutional monarchy
りっこうほ 立候補する run for
りっしょう 立証する prove
りっしょく 立食の stand-up; ⇒バイキング
りったい 立体 solid　〜的な three-dimensional
リットル liter
りっぱ 立派な fine; splendid; great
りっぽう[1] 立方(体) cube　〜センチ cubic centimeter
りっぽう[2] 立法 legislation: 〜府 legislative body
りてん 利点 advantage
りとう 離島 island
リニアモーター linear motor
リハーサル rehearsal
リバイバル revival
りはつし 理髪師 barber
リハビリ rehabilitation
リビングルーム living room
リフト chairlift; ski lift
リベート kickback; rake-off; ⇒ rebate (本文)
リボン ribbon
りまわり 利回り yield; interest
リミット limit
リムジン limousine
リモート リモートで働く work remotely
リモコン remote control
りゃく 略す abbreviate; shorten; (省略する) omit: 略して for short / ...の略である stand for...
略式の informal; casual
りゃくご 略語 abbreviation
りゃくだつ 略奪(する) loot; plunder
りゆう 理由 reason
りゅう 竜 dragon
りゅういき 流域 basin
りゅうがく 留学する study abroad　**〜生** foreign [overseas, international] student
りゅうけつ 流血 bloodshed
りゅうこう 流行 fashion: 〜している be in fashion; be popular
〜の fashionable; popular
りゅうしゅつ 流出する flow out
りゅうせい 流星 meteor; shooting [falling] star
りゅうちじょう 留置場 jail
りゅうちょう 流暢な fluent; smooth
りゅうつう 流通 distribution; circulation
りゅうどう 流動　**〜体** fluid
〜的な fluid; floating; mobile
リュックサック rucksack
りよう 利用(する) use; make use of　**〜できる** be available
りょう[1] 漁 fishing
りょう[2] 猟 hunting: 猟に行く go hunting
りょう[3] 寮 dormitory
りょう[4] 量 quantity
りょういき 領域 area
りょうかい[1] 了解! OK.; (無線で) roger
りょうかい[2] 領海 territorial waters
りょうがえ 両替する change
りょうがわ 両側 both sides
りょうきん 料金 charge; fare; fee; toll　**〜を請求する** charge
りょうさん 量産 mass production　**〜する** mass-produce
りょうし[1] 漁師 fisher(wo)man
りょうし[2] 猟師 hunter
りょうじ 領事 consul　**〜館** consulate
りょうしつ 良質の good; choice; high-quality
りょうしゅうしょ 領収書 receipt
りょうしん[1] 両親 parents
りょうしん[2] 良心 conscience
〜的な conscientious
りょうせいるい 両生類 amphibian
りょうど 領土 territory
りょうほう 両方(とも) both
〜とも...ない neither
りょうようじょ 療養所 sanitarium, sanatorium
りょうり 料理 cooking; (個々の) dish: 料理がうまい be a good cook　**〜する** cook
〜長 chef　**〜人** cook
りょかく, りょきゃく 旅客 passenger　**〜機** airliner
〜列車[船] passenger train [ship]
りょかん 旅館 hotel; inn
りょこう 旅行 travel; trip; journey; tour
〜する travel; (観光で) tour
〜者 traveler; tourist
リラックスする relax
リリーフ relief pitcher
りりく 離陸する take off
リレー relay
りれき 履歴 one's personal history　**〜書** curriculum vitae; résumé
りろん 理論 theory
リンカ(ー)ン Lincoln
りんかく 輪郭 outline
りんきおうへん 臨機応変に[の] according to circumstances; resourceful
りんぎょう 林業 forestry
リンク link; (スケートの) (skating) rink
リング ring
りんご apple
りんじ 臨時の special; extra
りんじん 隣人 neighbor
リンス(する) rinse
りんせつ 隣接した adjacent, adjoining; neighboring; next to...
りんり 倫理(学) ethics; moral, morality

る

るい[1] 塁 base
るい[2] 類 sort; kind; type: 類は友を呼ぶ Birds of a feather flock together.　**類のない** unique
るいご 類語 synonym
るいじ 類似した similar
るいじんえん 類人猿 ape; anthropoid
るいすい 類推 analogy
ルーキー rookie
ルーズな loose; careless
ルーター router
ルーツ root
ルート route
ルール rule
ルーレット roulette
るす 留守 absence　**〜である** be out [absent]　(...の)**〜中に** in [during] ...'s absence
るすばん 留守番する stay behind; house-sit　**〜電話** answering machine
ルッキズム lookism
ルックス looks: 〜のよい good-looking
ルネッサンス the Renaissance
ルビー ruby
ルポ(ルタージュ) report

れ

れい[1] 例 example; instance
れい[2] 礼(をする) (おじぎ) bow; (謝

礼) reward　**礼を言う** thank
れい[3] 霊 spirit; soul; ghost
レイアウト layout
れいか 零下 below zero; minus
れいがい 例外 exception　**…は～として** except …; with the exception of …　**～なく** without exception
れいかん 霊感 inspiration; (超能力的な) ESP: ～のある[強い] psychic
れいぎ 礼儀 manners
～正しい polite
れいきゃく 冷却する cool
れいきゅうしゃ 霊柩車 hearse
れいこく 冷酷な cruel
れいこん 霊魂 soul; spirit
れいしょう 例証 evidence
れいじょう 礼状 letter of thanks
れいせい 冷静な calm; cool
れいぞうこ 冷蔵庫 refrigerator
れいたん 冷淡な cold
れいちょうるい 霊長類 primate
れいてん 零点 zero
れいど 零度 zero
れいとう 冷凍する freeze
～庫 freezer
れいはい 礼拝 service; worship; church　**～堂** chapel
レイプ rape　**～犯** rapist
れいぼう 冷房 air conditioning
レインコート raincoat
レインシューズ overshoes
レーサー racer
レース (競争) race; (編み物) lace
レーズン raisin
レーダー radar
レール rail
れきし 歴史 history　**～上の** historical　**～家** historian
れきぜん 歴然とした obvious
レギュラーの regular
レクリエーション recreation
レゲエ reggae
レコード record
レジ register　**～係** cashier
レシート receipt
レシーバー receiver
レジャー (娯楽) recreation; (余暇) leisure
レストラン restaurant
レズビアン lesbian
レスラー wrestler
レスリング wrestling
レタス lettuce
れつ 列 line; (横列) row
レッカーしゃ レッカー車 wrecker; tow truck
れっしゃ 列車 train
レッスン lesson
れっとうかん 劣等感 sense of inferiority; inferiority complex
レッドカード red card
レディー lady
レディーメード ready-made
レバー (臓物) liver; (機械の) lever
レパートリー repertoire
レフェリー referee
レフト left field; (選手) left fielder
レベル level
レポーター reporter
レポート report; paper
レモン lemon
れんあい 恋愛 love
れんが 煉瓦 brick
れんきゅう 連休 consecutive holidays
れんけつ 連結する link; join; couple
れんごう 連合 alliance; association; combination; federation; union; ⇒こくれん　**～国** (第二次大戦の) Allies
レンジ range; microwave
れんじつ 連日 every day; day after day
れんしゅう 練習(する) practice
～問題 exercise
レンズ lens
れんそう 連想する associate; remind
れんぞく 連続する continue
レンタカー rent-a-car; rental car
レンタル rental
レントゲン X-ray
れんぽう 連邦の federal
れんめい 連盟 league; federation
れんらく 連絡(する) contact
…から～がある hear from …
れんりつ 連立 coalition

ろ

ろ 炉 furnace; fireplace; hearth: 原子炉 ⇒げんし
ろう[1] 蝋 wax
ろう[2] 牢 prison
ろうあ 聾唖 deaf and mute
ろうか[1] 廊下 corridor
ろうか[2] 老化 aging; senility
ろうし 労使(の) (between) labor and management
ろうじん 老人 old man [woman]; (総称) old people
ろうすい 老衰 senility; aging: ～で死ぬ die of old age
ろうそく 蝋燭 candle
ろうどう 労働 labor
～組合 labor union
～者 laborer; worker
ろうどく 朗読する read aloud
ろうひ 浪費(する) waste
ローカルな local
ローション lotion
ローストビーフ roast beef
ロータリー rotary
ローテーション rotation
ロープ rope
ローマ Rome　**～字** (アルファベット) (Roman) alphabet　**～数字** Roman numeral　**～法王[教皇]** the Pope; the Pontiff
ローラー roller: ～でならす roll
ローラースケート roller skating
～をする roller-skate
ロールキャベツ (meat)stuffed cabbage
ロールパン roll
ローン loan; mortgage
ろか 濾過する filter
ろく 六, 6 six
6番目の, 6分の1 sixth
ログアウト log out [off]
ログイン log in [on]
ろくおん 録音する record
ろくが 録画する videotape
ろくがつ 六月 June
ろくじゅう 六十, 60 sixty
60番目の, 60分の1 sixtieth
ロケ　**～地** location　**～中に** on location
ロケット rocket
ろこつ 露骨な open; frank; plain;
ロサンゼルス Los Angeles
ろじ 路地 lane; alley
ロシア Russia
～の[人, 語] Russian
ろしゅつ 露出 exposure　**～する[した]** expose(d); bare; (肌を) scanty　**～狂** exhibitionist; flasher
ろせん 路線 route
ロッカー locker
ロック (音楽) rock; (鍵) lock
ロッククライミング rock-climbing
ろっこつ 肋骨 rib
ロッジ lodge
ろてん 露店 stall; booth; stand
ろば 驢馬 donkey
ロビー lobby; lounge
ロボット robot
ロマンス romance
ロマンチスト romantic
ロマンチックな romantic
ろんぎ 論議 discussion
～する discuss
ろんじる 論じる discuss
ろんそう 論争 dispute; argument; controversy
ロンドン London
ろんぶん 論文 paper; (学位論文) thesis
ろんり 論理(学) logic

～的な logical

わ

わ 輪 circle; ring
ワークブック workbook
ワープロ word processor
ワールドカップ the World Cup
わいきょく 歪曲する distort; twist; falsify
ワイシャツ shirt
わいせつ 猥褻な obscene; dirty
ワイパー (windshield) wiper
ワイヤー wire **ワイヤレスの** wireless
わいろ 賄賂(を送る) bribe
ワイン wine
わおん 和音 chord; harmony
わかい[1] 若い young
わかい[2] 和解する reconcile; make up; make peace with ...; settle (with ...)
わかさ 若さ youth
わかす 沸かす boil
わがまま 我侭な selfish
わかもの 若者 young person; young people; youth
わがや 我が家 (one's) home [house, family]
わかる understand; know; see; get; find
わかりますか Do you understand?; Do you see?
わかった I've got you [it].; I see.
...であることが～ (人・物事が) prove; (物事が) turn out
わかってくる come [begin] to understand
わかれる[1] 分かれる divide
分かれた separate
わかれる[2] 別れる part (from); say goodbye
わき 脇, 腋 side; (わきの下) armpit: わきに抱える hold ... under one's arm **...の～に** beside; by **～へ** aside **～腹** side: ～腹が痛い have a pain in one's side **～役** supporting role; cameo; (補佐) assistant, backseat
わく[1] 沸く boil
わく[2] 湧く spring
わく[3] 枠 frame
わくせい 惑星 planet
ワクチン vaccine
わくわくする be excited [thrilled]
わけ 訳 reason: どういう～か for some reason (or other) / ～がわからない I can't understand.
わけまえ 分け前 share
わける 分ける divide; separate; part; (取り分を) share
わゴム 輪ゴム rubber band
ワゴン wagon
わざ 技 art; skill; technique; trick
わざと on purpose
わざわい 災い disaster
わざわざ specially **～...する** take the trouble to do
わし 鷲 eagle
ワシントン Washington
わずか 僅かな[の] a few; a little
わずらわしい 煩わしい troublesome; annoying
わすれなぐさ 勿忘草 forget-me-not
わすれる 忘れる forget; (置き忘れる) leave (behind)
忘れっぽい forgetful
わた 綿 cotton
わだい 話題 topic
わたし 私 I **私は[が]** I **私の** my **私を[に]** me **私のもの** mine **私自身** myself
わたしたち 私たち ⇒われわれ
わたしぶね 渡し舟 ferry(boat)
わたす 渡す hand; give
わたる[1] 亘る (ある範囲に) cover
...にわたって over
わたる[2] 渡る cross; get across
渡り鳥 bird of passage; migratory bird
ワックス wax
ワット watt
ワッフル waffle
ワッペン emblem; badge
わな 罠 trap
わなげ 輪投げ quoits
わに 鰐 alligator; crocodile
わび 詫び apology **わびる** apologize (to)
わびしい 侘しい bleak; lonely; dreary; desolate; forlorn
わへい 和平 peace **～会談** peace talks
わほう 話法 narration; speech
わめく 喚く shout; yell
わら 藁 straw
わらい 笑い laugh; smile
～声 laughter **～話** joke
わらう 笑う laugh (at); smile
わらび 蕨 bracken
わらべうた 童歌 nursery rhyme; Mother Goose rhyme
わり 割(り) percent(age); (1 割) ten percent **～と[に]** comparatively; relatively; rather
～に合わない do not pay (well); be poorly paid **年の～には** for one's age
わりあい 割合 rate
わりあて 割り当て assignment
わりあてる 割り当てる assign
わりかん 割り勘にする split the check [bill]
わりき(れ)る 割り切(れ)る (数が) divide into...; be divisible: (考えが)割り切った black-and-white, pragmatic, business-like / (どうも)割り切れない not be convinced [satisfied]; have one's doubt
わりこむ 割り込む break; cut in; push into ...
わりざん 割り算 division
～をする divide
わりつけ 割付け layout
わりびき 割引 discount; reduction **～する, 割り引く** discount; reduce
わりまし 割増(料金) extra
わる 割る (固い物を) break; (縦に) split; (割り算で) divide
わるい 悪い bad; evil; wicked; wrong **(...の)悪口を言う** speak ill of **悪ふざけ** practical joke
わるがしこい 悪賢い cunning; sly
ワルツ waltz
われめ 割れ目 crack
われる 割れる break
われわれ 我々 we **～は[が]** we **～の** our **～に[を]** us **～のもの** ours **～自身** ourselves
わん[1] 椀 bowl
わん[2] 湾 bay; gulf
わんしょう 腕章 armband
わんぱく 腕白な naughty
ワンパターン predictable; stereotyped
ワンピース dress
ワンマン dictator
～ショー one-man show
わんりょく 腕力 force
ワンルームマンション studio apartment [flat]
わん(わん) (犬) doggie; (吠え声) bowwow

不規則動詞活用表

『ライトハウス英和辞典』では最重要基本語約 1,200 語に *** 印, それに続く基本語約 1,200 語に ** 印をつけ, 次の基本語約 2,000 語に * 印, 次の 3,800 語に + 印をつけました.

原形		過去形	過去分詞
abide	(...)を我慢する	abode, abided	abode, abided
alight[2]	止まる	alighted, alit	alighted, alit
*arise	起こる	arose	arisen
*awake	目がさめる	awoke, awaked	awaked, awoken
babysit	親の外出中に子守をする	babysat	babysat
backslide	逆戻りする	backslid	backslid, backslidden
***be[1] [am, is; are[1]]	...である	**was; were**	**been**
****bear**[1]	(...)に耐える	**bore**	**borne**
*****beat**	(...)を打ち負かす	**beat**	**beaten,**《米》ではまた beat
*****become**	...になる	**became**	**become**
befall	(...)にふりかかる	befell	befallen
beget	(...)を生じさせる	begot	begotten, begot
*****begin**	始まる	**began**	**begun**
behold	(...)を見る	beheld	beheld
*bend	(...)を曲げる	bent	bent
beseech	(...)にお願いする	besought, beseeched	besought, beseeched
beset	(...)に付きまとう	beset	beset
bespeak	(...)の証拠となる	bespoke	bespoken
*bet	(...)を賭(か)ける	bet, betted	bet, betted
*bid[1]	(...)の値をつける	bid	bid
bid[2]	(...)を述べる	bade, bid	bidden, bid
+bind	(...)を縛(しば)る	bound	bound
*bite	(...)をかむ	bit	bitten, bit
+bleed	出血する	bled	bled
+bless	(...)を祝福する	blessed, blest	blessed, blest
****blow**[1]	吹く	**blew**	**blown**
bottle-feed	(...)をミルク[人工栄養]で育てる	bottle-fed	bottle-fed
*****break**	(...)を壊(こわ)す	**broke**	**broken**
breast-feed	(...)を母乳で育てる	breast-fed	breast-fed
*breed	子を産む	bred	bred
*****bring**	(...)を持ってくる	**brought**	**brought**
****broadcast**	(...)を放送する	**broadcast**	**broadcast**
browbeat	(...)を脅(おど)す	browbeat	browbeaten
*****build**	(...)を建てる	**built**	**built**
****burn**	燃える	**burned, burnt**	**burned, burnt**
*burst	破裂する	burst,《米》ではまた bursted	burst,《米》ではまた bursted
*****buy**	(...)を買う	**bought**	**bought**
*cast	(...)を投じる	cast	cast
*****catch**	(...)を捕らえる	**caught**	**caught**
chide	(...)をしかる	chided, chid	chided, chid, chidden
*****choose**	(...)を選ぶ	**chose**	**chosen**
cleave[1]	(...)を裂く	cleaved, cleft, clove	cleaved, cleft, cloven
+cling	しがみつく	clung	clung
*****come**	来る	**came**	**come**
****cost**	(...)だけかかる	**cost**	**cost**
+creep	こっそり[ゆっくり]進む	crept	crept
crossbreed	(...)の雑種をつくる	crossbred	crossbred
*****cut**	(...)を切り取る	**cut**	**cut**

原形		過去形	過去分詞
daydream /déɪdrìːm/	空想にふける	daydreamed /-drèmt, -drìːmd | -drèmt/, daydreamt /-drèmt/	daydreamed /-drèmt, -drìːmd | -drèmt/, daydreamt /-drèmt/
*⁑**deal**[2]	(...)を配る	**dealt**	**dealt**
deep-freeze	(...)を冷凍保存する	deep-froze	deep-frozen
⁑**dig**	(...)を掘る	**dug**	**dug**
+dive	飛び込む	dived, 《米》ではまた dove	dived
*⁑**do**[2] [**does**[2]]	(...)をする	**did**	**done**
*⁑**draw**	(...)を描く	**drew**	**drawn**
*⁑**dream** /dríːm/	夢を見る	**dreamed** /dríːmd, drémt/, **dreamt** /drémt/	**dreamed** /dríːmd, drémt/, **dreamt** /drémt/
*⁑**drink**	(...)を飲む	**drank**	**drunk,** 《米》ではまた drank
*⁑**drive**	(...)を運転する	**drove**	**driven**
dwell	住む	dwelt, dwelled	dwelt, dwelled
*⁑**eat**	(...)を食べる	**ate** /éɪt | ét, éɪt/	**eaten**
*⁑**fall**[2]	落ちる	**fell**	**fallen**
⁑**feed**	(...)に食物を与える	**fed**	**fed**
*⁑**feel**	感じる	**felt**	**felt**
*⁑**fight**	戦う	**fought**	**fought**
*⁑**find**	(...)を捜し出す	**found**	**found**
⁑**fit**[1]	(...)に合う	**fitted,** 《米》ではまた fit	**fitted,** 《米》ではまた fit
+flee	逃げる	fled	fled
+fling	(...)を投げる	flung	flung
*⁑**fly**[1]	飛ぶ	**flew**	**flown**
forbear[1]	控える	forbore	forborne
+forbid	(...)を禁じる	forbade, forbid	forbidden, forbid
+forecast	(...)を予報する	forecast, forecasted	forecast, forecasted
foresee	(...)を見通す	foresaw	foreseen
foretell	(...)を予言[予告]する	foretold	foretold
*⁑**forget**	(...)を忘れる	**forgot**	**forgotten, forgot**
*forgive	(...)を許す	forgave	forgiven
forgo	(...)を断念する	forwent	forgone
forsake	(...)を見捨てる	forsook	forsaken
forswear	(...)を誓って[断然]やめる	forswore	forsworn
⁑**freeze**	凍る	**froze**	**frozen**
*⁑**get**	(...)を受ける	**got**	**got,** 《米》ではまた gotten
ghostwrite	(...)を代作する	ghostwrote	ghostwritten
*⁑**give**	(...)を与える	**gave**	**given**
*⁑**go**	行く	**went**	**gone**
+grind	(...)をひいて粉にする	ground	ground
*⁑**grow**	成長する	**grew**	**grown**
hamstring	(...)を無力にする	hamstrung, hamstringed	hamstrung, hamstringed
⁑**hang**	(...)を掛ける	**hung**	**hung**
*⁑**have**[1] [**has**[1]]	(...)を持っている	**had**	**had**
*⁑**hear**	(...)が聞こえる	**heard**	**heard**
hew	(...)を切る	hewed	hewed, hewn
⁑**hide**[1]	(...)を隠す	**hid**	**hidden**
*⁑**hit**	(...)を打つ	**hit**	**hit**
*⁑**hold**[1]	(...)を手に持つ[持っている]	**held**	**held**
house-sit	留守番をする	house-sat	house-sat
*⁑**hurt**	(...)を傷つける	**hurt**	**hurt**
*input	(...)をコンピューターに入力する	inputted, input	inputted, input
inset[2]	(...)を挿入する	inset, insetted	inset, insetted
interbreed	異種交配する	interbred	interbred
interweave	(...)を絡み合わせる	interwove	interwoven
*⁑**keep**	(...)をずっと(〜に)しておく	**kept**	**kept**

原　形		過　去　形	過　去　分　詞
kneel	ひざまずく	knelt,《米》kneeled	knelt,《米》kneeled
+knit	(...)を編む	knitted, knit	knitted, knit
*⁑**know**	(...)を知っている	**knew**	**known**
*⁑**lay**[2]	(...)を横たえる	**laid**	**laid**
*⁑**lead**[1]	(...)を導く	**led**	**led**
*lean[1] /líːn/	傾く	leaned /líːnd/,《英》ではまた leant /lént/	leaned /líːnd/,《英》ではまた leant /lént/
*leap /líːp/	跳(は)ねる	leaped /líːpt | lépt, líːpt/, leapt /lépt/	leaped /líːpt | lépt, líːpt/, leapt /lépt/
*⁑**learn** /lə́ːn | lɜ́ːn/	(...)を学ぶ	**learned** /lə́ːnd, lə́ːnt | lɜ́ːnd, lɜ́ːnt/,《英》ではまた learnt /lə́ːnt | lɜ́ːnt/	**learned** /lə́ːnd, lə́ːnt | lɜ́ːnd, lɜ́ːnt/,《英》ではまた learnt /lə́ːnt | lɜ́ːnt/
*⁑**leave**[1]	(...)を去る	**left**	**left**
⁑**lend**	(...)を貸す	**lent**	**lent**
*⁑**let**[1]	(...)に...させてください	**let**	**let**
*⁑**lie**[1]	横になる	**lay**	**lain**
*⁑**light**[1]	(...)に火をつける	**lighted, lit**	**lighted, lit**
lip-read	読唇(どくしん)する	lip-read /-rèd/	lip-read /-rèd/
*⁑**lose**	(...)をなくす	**lost**	**lost**
*⁑**make**	(...)を作る	**made**	**made**
*⁑**mean**[1]	(...)を意味する	**meant**	**meant**
*⁑**meet**	(...)に会う	**met**	**met**
miscast	(...)を不適当な役に当てる	miscast	miscast
mishear	(...)を聞き違える	misheard	misheard
mishit	(...)を打ちそこなう	mishit	mishit
mislay	(...)を置き忘れる	mislaid	mislaid
mislead	(...)を誤解させる	misled	misled
misread /mìsríːd/	(...)を読み違える	misread /mìsréd/	misread /mìsréd/
misspell	(...)のつづりを間違える	misspelled,《主に英》misspelt	misspelled,《主に英》misspelt
misspend	(...)の使い方を誤る	misspent	misspent
*⁑**mistake**	(...)を誤解する	**mistook**	**mistaken**
misunderstand	(...)を誤解する	misunderstood	misunderstood
mow	(...)を刈る	mowed	mowed, mown
+offset[1]	(...)を埋め合わせる	offset	offset
outbid	(...)より高い値をつける	outbid	outbid
outdo	(...)に勝る	outdid	outdone
outgrow	大きくなりすぎて(...)に合わない	outgrew	outgrown
*output	(...)を出力する	output, outputted	output, outputted
outrun	(...)より速く[遠くまで]走る	outran	outrun
outshine	(...)より優れている	outshone, outshined	outshone, outshined
⁑**overcome**	(...)を乗り越える	**overcame**	**overcome**
overdo	(...)をやりすぎる	overdid	overdone
overdraw	(...)を超過引き出しする	overdrew	overdrawn
overeat	食べすぎる	overate	overeaten
overfly	(...)の上空を飛ぶ	overflew	overflown
overhang[1]	(...)の上にさしかかる	overhung	overhung
overhear	(...)をふと耳にする	overheard	overheard
overlay[1]	(...)をかぶせる	overlaid	overlaid
overpay	(...)を払いすぎる	overpaid	overpaid
override	(...)を無視する	overrode	overridden
overrun[1]	(...)にはびこる	overran	overrun
+oversee	(...)を監督する	oversaw	overseen
overshoot	(...)を行き過ぎる	overshot	overshot
oversleep	寝過ごす	overslept	overslept
+overtake	(...)に追いつく	overtook	overtaken

原　形	過去形	過去分詞
+overthrow[1]　(...)を倒す	overthrew	overthrown
partake　食べる	partook	partaken
*⁑**pay**　(...)を**支払う**	**paid**	**paid**
pinch-hit　代打に出る	pinch-hit	pinch-hit
+plead　**嘆願する**	pleaded,《主に米》ではまた pled	pleaded,《主に米》ではまた pled
prepay　(...)を前払いする	prepaid	prepaid
proofread /prú:fri:d/　(...)を校正する	proofread /prú:frèd/	proofread /prú:frèd/
⁑**prove**　(...)を**証明する**	**proved**	**proved, proven**
*⁑**put**　(...)を**置く**	**put**	**put**
quick-freeze　(...)を急速冷凍する	quick-froze	quick-frozen
*quit　(...)を**やめる**	quit,《主に英》quitted	quit,《主に英》quitted
*⁑**read**[1] /rí:d/　(...)を**読む**	**read** /réd/	**read** /réd/
+rebuild　(...)を**建て直す**	rebuilt	rebuilt
recast　(...)を作り[書き]直す	recast	recast
redo　(...)を再び行なう	redid	redone
rend　(...)を引き裂く	rent	rent
+repay　(...)を**返す**	repaid	repaid
rerun[2]　(...)を再放送する	reran	rerun
reset　(...)をセットし直す	reset	reset
retake[1]　(...)を取り戻す	retook	retaken
retell　(...)を再び語る	retold	retold
rethink[1]　(...)を考え直す	rethought	rethought
rewind　(...)を巻き戻す	rewound	rewound
rewrite[1]　(...)を書き直す	rewrote	rewritten
⁑**rid**　(...)から**取り除く**	**rid**,《古風》ridded	**rid**,《古風》ridded
*⁑**ride**　**乗る**	**rode**	**ridden**
*⁑**ring**[2]　**鳴る**	**rang**	**rung**
*⁑**rise**　**上がる**	**rose**	**risen**
*⁑**run**　**走る**	**ran**	**run**
+saw[2]　(...)をのこぎりで切る	sawed	《主に米》sawed,《英》sawn
*⁑**say**　(...)と**言う**	**said**	**said**
*⁑**see**　(...)が**見える**	**saw**	**seen**
*seek　(...)を**探す**	sought	sought
*⁑**sell**　(...)を**売る**	**sold**	**sold**
*⁑**send**　(...)を**送る**	**sent**	**sent**
*⁑**set**　(...)を**置く**	**set**	**set**
sew　(...)を縫う	sewed	sewn, sewed
*⁑**shake**　(...)を**振る**	**shook**	**shaken**
+shave　**ひげをそる**	shaved	shaved,《主に米》shaven
shear　(...)の毛を刈る	sheared	sheared, shorn
+shed[2]　(...)を**取り除く**	shed	shed
*shine　**輝く**	shone, shined	shone, shined
+shit　大便[くそ]をする	shit, shitted, shat	shit, shitted, shat
⁑**shoot**[1]　(...)を**撃つ**	**shot**	**shot**
*⁑**show**　(...)を**見せる**	**showed**	**shown, showed**
+shrink　**縮む**	shrank, shrunk	shrunk
⁑**shut**　(...)を**閉じる**	**shut**	**shut**
simulcast　同時に(...)を放送する	simulcast	simulcast
*⁑**sing**　**歌う**	**sang**	**sung**
⁑**sink**　**沈む**	**sank**,《米》ではまた sunk	**sunk**
*⁑**sit**　**座っている**	**sat**	**sat**
slay　(...)を殺す	slew	slain
*⁑**sleep**　**眠っている**	**slept**	**slept**
*slide　**滑る**	slid	slid
sling　(...)を投げる	slung	slung

原形	過去形	過去分詞
slink こそこそ歩く	slunk	slunk
slit (...)を切り開く	slit	slit
⁑**smell** においがする	**smelled,** 《主に英》 smelt	**smelled,** 《主に英》 smelt
smite (...)を打つ	smote	smitten, 《米》ではまた smote
+sneak こそこそと入る[出る]	sneaked, 《米》ではまた snuck	sneaked, 《米》ではまた snuck
+sow[1] (...)をまく	sowed	sown, sowed
*⁑**speak** 話す	**spoke**	**spoken**
⁑**speed** 急ぐ	**speeded, sped**	**speeded, sped**
⁑**spell**[1] (...)をつづる	《米》 **spelled,** 《英》 **spelt**	《米》 **spelled,** 《英》 **spelt**
*⁑**spend** (...)を使う	**spent**	**spent**
*spill (...)をこぼす	spilled, 《主に英》 spilt	spilled, 《主に英》 spilt
*spin (...)を回す	spun	spun
+spit[1] つばを吐く	spit, spat	spit, spat
⁑**split** 分裂する	**split**	**split**
+spoil (...)をだめにする	spoiled, spoilt	spoiled, spoilt
spoon-feed (...)にスプーンで食べさせる	spoon-fed	spoon-fed
*⁑**spread** (...)を広げる	**spread**	**spread**
*spring[2] 跳(は)ねる	sprang, 《米》ではまた sprung	sprung
squat しゃがむ	squatted, squat	squatted, squat
*⁑**stand** 立っている	**stood**	**stood**
⁑**steal** (...)を盗む	**stole**	**stolen**
*⁑**stick**[1] (...)をくっつける	**stuck**	**stuck**
+sting 針で刺す	stung	stung
stink 悪臭を放つ	stank, stunk	stunk
strew (...)をまき散らす	strewed	strewed, strewn
+stride 大またに歩く	strode	stridden
⁑**strike** (...)に打ち当たる	**struck**	**struck**
*string (...)にひも[糸]を通す	strung	strung
+strive 努める	strove, strived	striven, strived
sublet[1] (...)をまた貸しする	sublet	sublet
*swear ののしる	swore	sworn
+sweat 汗をかく	sweated, sweat	sweated, sweat
*sweep (...)を掃(は)く	swept	swept
+swell ふくれる	swelled	swelled, swollen
⁑**swim** 泳ぐ	**swam**	**swum**
*swing 揺れる	swung	swung
*⁑**take** (...)を持っていく	**took**	**taken**
*⁑**teach** (...)を教える	**taught**	**taught**
⁑**tear**[2] (...)を裂く	**tore**	**torn**
*⁑**tell** (...)を話す	**told**	**told**
test-drive (...)を試運転する	test-drove	test-driven
*⁑**think** (...)と思う	**thought**	**thought**
+thrive 栄える	thrived, throve	thrived, thriven
*⁑**throw** (...)を投げる	**threw**	**thrown**
+thrust (...)を強く押す	thrust	thrust
+tread 踏む	trod	trodden, trod
unbend 真っすぐになる	unbent	unbent
undercut (...)より安い値段で売る[賃金で働く]	undercut	undercut
+undergo (...)を経験する	underwent	undergone
+underlie (...)の基礎となる	underlay	underlain
underpay (...)に給料[賃金]を十分に支払わない	underpaid	underpaid
undersell (...)より安値で売る	undersold	undersold
*⁑**understand** (...)を理解する	**understood**	**understood**
+undertake (...)を引き受ける	undertook	undertaken

原　　形		過 去 形	過 去 分 詞
underwrite	(...)を支援[負担]する	underwrote	underwritten
undo	(...)をほどく	undid	undone
unfreeze	(...)を解かす	unfroze	unfrozen
unlearn	(...)を忘れようとする	unlearned, 《英》ではまた un-learnt	unlearned, 《英》ではまた un-learnt
unwind	(...)を解く	unwound	unwound
+uphold	(...)を**支持する**	upheld	upheld
*upset[1]	(...)を**動揺させる**	upset	upset
⁑**wake**	目がさめる	**woke, waked**	**woken, waked, woke**
waylay	(...)を待ち伏せする	waylaid	waylaid
*⁑**wear**	(...)を**身につけている**	**wore**	**worn**
+weave	(...)を**織る**	wove	woven
wed	(...)と結婚する	wedded, wed	wedded, wed
+weep	**泣く**	wept	wept
⁑**wet**	(...)をぬらす	**wet, wetted**	**wet, wetted**
*⁑**win**	(...)に**勝つ**	**won**	**won**
⁑**wind**[2]	(...)を巻く	**wound**	**wound**
⁑**withdraw**	(...)を**引き出す**	**withdrew**	**withdrawn**
+withhold	(...)を**保留する**	withheld	withheld
withstand	(...)に抵抗する	withstood	withstood
wring	(...)を絞(しぼ)る	wrung	wrung
*⁑**write**	(...)を**書く**	**wrote**	**written**

接辞リスト

主な接頭辞

接頭辞	主な意味	単語例
a-, an-	ない (without)	apathy (冷淡)　anonymous (匿名の)
ab-, abs-	離れて, 離して (away)	absent (欠席の)　abstract (抽象的な)
ad-, a- ac-, af- ag-, al- an-, ap- ar-, as- at-	…に (to)	adjust (調節する)　ahead (前方に) access (交通の便)　affect (…に影響を及ぼす) aggressive (攻撃的な)　alarm (警報) announce (知らせる)　appoint (任命する) arrive (到着する)　assign (割り当てる) attract (引き付ける)
ambi-	周りに (around)	ambition (野心)　ambulance (救急車)
anti-, ant-	反… (against)	antibiotic (抗生物質)　Antarctic (南極)
bene-	よい (good)	benefit (利益)　benefactor (寄付者)
bi-	2つ (two)	bicycle (自転車)　bilingual (2言語を話す)
co-	共に (together)	cooperate (協力する)　coherent (筋の通った)
com-, con- col-, cor-	共に (together)	comfort (慰める)　conference (会議) collaboration (共同作業)　correspond (一致する)
	完全に (wholly)	confess (告白する)　complete (完全な) correct (正しい)
contra- counter-	反対の (against)	contrast (対照) counterpart (相当する物・人)

de-	下に (down)	decrease (減る) decay (腐る)
	離れて (away)	derail (脱線させる) detour (回り道)
	完全に (wholly)	define (定義する) demonstrate (証明する)
di-	2つ (two)	dilemma (ジレンマ) diploma (卒業証書)
dia-	横切って (across)	dialogue (対話) diameter (直径)
dis-, di- dif-	ない (not)	disabled (身体障害のある) disease (病気)
	離れて, 別々に (apart)	digest (消化する) differ (異なる)
dou-, du-	2つ (two)	double (二重の) duplicate (複製する)
en-, em-	…の中に (into)	enjoy (楽しむ) encourage (励ます)
	…にする (make)	employ (雇う) empower (…に力をつけさせる)
ex-, e- ec-, ef-	外に (out)	expand (拡大する) erase (消去する) eccentric (常軌を逸した) effort (努力)
extra-	…の外に (outside)	extraordinary (並はずれた) extravagant (ぜいたくな)
fore-	前もって (before)	forecast (予報する) foresee (見通す)
in-, im- il-, ir- i-	ない, 不, 無, 非 (not)	insecure (不安に思って) immediate (即座の) illegal (非合法の) irregular (ふぞろいの) ignore (無視する)
in-, im-	中に, …に (in)	income (収入) import (輸入する)
	…の上に (on)	insult (侮辱する) impose (課す)
inter-	…の間に (between)	interpret (通訳する) interrupt (…のじゃまをする)
intro-	中に (in)	introduce (紹介する) introvert (内向性の人)
mega-	巨大な (large)	megabyte (メガバイト) megalopolis (巨大都市)

micro-	小さい (small)	microwave (電子レンジ)　microscope (顕微鏡)
mil-	1000 (thousand)	millennium (千年間)　mileage (総マイル数)
mis-	誤って (wrongly)	mistake (誤り)　misleading (誤解を招くような)
	悪く (badly)	mischief (いたずら)　misconduct (不正行為)
mono-	1つ (one)	monopoly (独占)　monotonous (単調な)
multi-	多くの (many)	multiple (多様な)　multinational (多国籍の)
ne-, neg-	しない (not)	necessary (必要な)　neglect (怠る)
non-	無，非 (not)	nonsense (ばかげた考え)　nonprofit (非営利的な)
ob-, oc- of-, op-	…に対して，…に向かって (against)	object (物，対象，反対する)　occur (起こる) offend (…の機嫌をそこねる)　oppose (反対する)
out-	外に (out)	outcome (結果)　output (生産高)
over-	越えて (over)	overseas (海外の)　overall (全体的な)
para-	わきに (beside)	paragraph (段落)　parallel (平行の)
per-	…を通して (through)	permit (許可する)　persuade (説き伏せる)
	完全に (wholly)	perfect (完全な)　permanent (永久的な)
post-	後の (after)	postwar (戦後の)　posterity (後世)
pre-	前に (before)	previous (先の)　prepare (準備する)
pro-	前に (forward)	produce (作り出す)　pronounce (発音する)
re-	元に (back)	report (報告する)　respond (反応を示す)
	再び (again)	reconstruct (再建する)　repeat (繰り返して言う)
	強く (strongly)	resent (腹を立てる)　rely (信頼する)

se-	別々に (apart)	several (いくつかの)　separate (別々の)
semi-	半分 (half)	semifinal (準決勝戦)　semiconductor (半導体)
sub-, suc- suf-, sum- sug-, sup- sus-	下に (down), 下で (under)	subway (地下鉄)　succeed (成功する) suffer ((苦痛)を受ける)　summon (呼び出す) suggest (提案する)　support (支持する) suspend (一時停止する)
super- sur-	上に, 越えて (over)	supervise (監督する)　superficial (表面的な) survey (調査)　survive (生き残る)
syn-, sym-	共に (together)	synchronize (同時にする)　symphony (交響曲)
tele-	遠い (distant)	telecommunication (電気通信)　telephone (電話)
trans-	越えて (over)	transfer (移す)　transportation (輸送)
tri-	3つ (three)	triangle (三角形)　trivial (ささいな)
un-	ない (not)	unhappy (不幸な)　unclear (不確かな)
	元に戻して (back)	unload (…の荷を降ろす)　unlock (…の鍵をあける)
under-	下に (down)	underground (地下の)　undertake (引き受ける)
uni-	1つ (one)	unify (統一する)　uniform (制服)

主な接尾辞

● 名詞をつくる接尾辞

接尾辞	主な意味	単語例
-age	状態，こと，もの	damage（損害） passage（通路，文の一節）
-al	こと	trial（裁判） rehearsal（リハーサル）
-ance	こと	performance（公演） assistance（援助）
-ancy	状態，もの	infancy（幼時） vacancy（空き部屋）
-ant	人，もの	assistant（助手） pendant（ペンダント）
-ar	人	scholar（学者） liar（うそつき）
-ary	こと，もの	commentary（実況解説） summary（まとめ）
-ation	すること，こと	sensation（感覚） duration（持続期間）
-cle	もの，小さいもの	vehicle（乗り物） particle（小さな粒）
-cracy	統治	democracy（民主制） bureaucracy（官僚制度）
-ee	される人	employee（従業員） nominee（指名された人）
-eer	人	engineer（技師） pioneer（先駆者）
-ence	状態，こと	silence（静けさ） excellence（優れていること）
-ency	状態，もの	currency（通貨） emergency（緊急事態）
-ent	人，もの	student（学生） component（構成部分）
-er, -ier	人，もの	writer（作家） barrier（障壁）
-ery	状態，こと，もの	rivalry（競争） bravery（勇敢さ）
	類，術	machinery（機械類） poetry（詩）
	所	bakery（製パン所） nursery（託児所）
-ess	女性	princess（王女） goddess（女神）

-hood	状態, 性質, 期間	childhood (子供のとき) neighborhood (地域)
-ian	人	musician (音楽家) historian (歴史家)
-ics	学, 術	economics (経済学) electronics (電子工学)
-ion, -sion -tion	こと, 状態, もの	vision (視力) excursion (観光旅行) nutrition (栄養の摂取)
-ism	主義	capitalism (資本主義) nationalism (民族主義)
-ist	人	scientist (科学者) dentist (歯科医)
-ity, -ty	状態, こと, もの	community (共同社会) property (所有物)
-le	もの, 小さいもの	circle (円) handle (柄)
-let	もの, 小さいもの	booklet (小冊子) leaflet (折りたたみ印刷物)
-logy	学, 論	psychology (心理学) ideology (イデオロギー)
-ment	状態, こと, もの	equipment (設備) government (政府)
-meter	計	thermometer (温度計) barometer (気圧計)
-ness	状態, こと	darkness (暗さ) business (商売, 業務)
-nomy	法, 学	economy (経済) autonomy (自治)
-on, -oon	大きなもの	million (100万) balloon (気球)
-or	人, もの	governor (知事) tractor (トラクター)
-ory	所	factory (工場) laboratory (実験室)
-scope	見るもの	telescope (望遠鏡) microscope (顕微鏡)
-ship	状態	membership (会員であること) friendship (友情)
-ster	人	youngster (子供) minister (大臣)
-tude	状態	gratitude (感謝の気持ち) latitude (緯度)

-ure	こと，もの	failure（失敗） furniture（家具）
-y	こと，集団	inquiry（問い合わせ） company（会社，仲間）

● 形容詞をつくる接尾辞

接尾辞	主な意味	単語例
-able	できる，しやすい	available（手に入れられる） variable（変わりやすい）
-al	…の，…に関する	chemical（化学の） classical（古典主義の）
-an	…の，…に関する	republican（共和国の） urban（都市の）
-ant	…の，…の性質の	dominant（支配的な） significant（重要な）
-ary	…の，…に関する	ordinary（普通の） temporary（一時の）
-ate	…の，…のある	intermediate（中間の） fortunate（幸運な）
-ative	…的な	affirmative（肯定の） alternative（代わりの）
-ed	…にした，した	sacred（神聖な） engaged（婚約している）
-ent	している	magnificent（壮大な） confident（自信を持った）
-ful	…に満ちた	beautiful（美しい） hopeful（希望を持った）
-ible	できる，しがちな	edible（食べられる） terrible（ひどい）
-ic	…の，…のような	atomic（原子力の） heroic（英雄的な）
-ical	…の，…に関する	typical（典型的な） historical（歴史の）
-id	…状態の，している	valid（有効な） vivid（生き生きとした）
-ile	できる，しがちな	mobile（移動式の） fragile（壊れやすい）
-ine	…の，…に関する	genuine（正真正銘の） feminine（女性の）
-ior	もっと…	senior（年上の） superior（優れた）
-ish	…のような	foolish（ばかな） stylish（流行に合った）

-ive	…の，…の性質の	native（生まれ故郷の） aggressive（攻撃的な）
-less	…のない	homeless（家のない） careless（不注意な）
-like	…のような	childlike（子供らしい） businesslike（実務的な）
-ly	…のような	friendly（友好的な） heavenly（天国のような）
	…ごとの	daily（毎日の） weekly（毎週の）
-ory	…のような	satisfactory（満足のいく） compulsory（強制的な）
-ous	…に満ちた	dangerous（危険な） famous（有名な）
-some	…に適した，しがちな	handsome（顔立ちの良い） troublesome（やっかいな）
-wide	…にわたる	worldwide（世界中に広まった） nationwide（全国的な）

● 動詞をつくる接尾辞

接尾辞	主な意味	単語例
-ate	…にする，させる	associate（連想する） participate（参加する）
-en	…にする	threaten（脅迫する） strengthen（強くする）
-er	繰り返し…する	shiver（ぶるぶる震える） flicker（ゆらゆらする）
-fy, -ify	…にする	satisfy（満足させる） justify（正しいとする）
-ish	…にする	finish（終える） punish（罰する）
-ize	…にする	realize（理解する） organize（取りまとめる）
-le	繰り返し…する	rattle（がらがら音がする） sprinkle（（水）をまく）

● 副詞をつくる接尾辞

接尾辞	主な意味	単語例
-ly	…ように	really（全く）　gradually（だんだんと）
-ward	…の方へ	forward（前方へ）　afterward（後で）
-wise	…ように	likewise（同じように）　otherwise（さもないと）

資料提供
窪田雄一

挿　絵
黒沢充夫　ウノ・カマキリ　中嶋英敏　上原朝光　改田昌直　浅野輝雄　野原 茂
和田慧子　〃　株式会社 明昌堂

イラスト(本文・カラーページ)
大原沙弥香

装　丁
清水良洋 (Malpu Design)

編集部
鈴木美和　中川京子　星野 龍　高野 渉　鎌倉 彩　青木奈都美　向 友里菜
三谷 裕　根本保行　星 葉月　小酒井英一郎
千葉由美　市川しのぶ　小倉宏子　高見沢紀子　三島知子　望月羔子

LIGHTHOUSE

ENGLISH-JAPANESE DICTIONARY

ライトハウス英和辞典

1972 年　研究社ユニオン英和辞典　初　版
1978 年　研究社ユニオン英和辞典　第 2 版
1984 年　(改称)ライトハウス英和辞典　初　版
1990 年　ライトハウス英和辞典　第 2 版
1996 年　ライトハウス英和辞典　第 3 版
2002 年　ライトハウス英和辞典　第 4 版
2007 年　ライトハウス英和辞典　第 5 版
2012 年　ライトハウス英和辞典　第 6 版
2023 年　ライトハウス英和辞典　第 7 版
2023 年 12 月　第 2 刷

ライトハウス英和辞典　第 7 版

編　　者　赤須 薫
発 行 者　吉田尚志
発 行 所　株式会社 研 究 社
〒102-8152 東京都千代田区富士見 2-11-3
電話 編集 03(3288)7711
営業 03(3288)7777
振替 00150-9-26710
https://www.kenkyusha.co.jp/
組版・印刷　図書印刷株式会社

ISBN978-4-7674-1507-9 C7582
PRINTED IN JAPAN

この辞書で使用している発音記号

母　音 (vowels)

/iː/	east /íːst/	/ɚ | ə/	teacher /tíːʧɚ | -ʧə/
/i/	happy /hǽpi/	/eɪ/	eight /éɪt/
	radio /réɪḍiòʊ/	/aɪ/	ice /áɪs/
/ɪ/	ink /íŋk/	/ɔɪ/	toy /tɔ́ɪ/
	pocket /pɑ́(ː)kɪt | pɔ́k-/	/aʊ/	out /áʊt/
/e/	end /énd/	/oʊ/	go /góʊ/
/æ/	hand /hǽnd/	/juː/	cute /kjúːt/
/æ | ɑː/	ask /ǽsk | ɑ́ːsk/	/ju/	manual /mǽnjuəl/
/ɑː/	father /fɑ́ːðɚ | -ðə/	/jʊ/	popular /pɑ́(ː)pjʊlɚ | pɔ́pjʊlə/
/ɑ(ː) | ɔ/	top /tɑ́(ː)p | tɔ́p/	/ɪɚ | ɪə/	ear /íɚ | íə/
/ɔː/	all /ɔ́ːl/	/eɚ | eə/	hair /héɚ | héə/
/ɔː | ɔ/	cloth /klɔ́ːθ | klɔ́θ/	/ɑɚ | ɑː/	arm /ɑ́ɚm | ɑ́ːm/
/uː/	food /fúːd/	/ɔɚ | ɔː/	store /stɔ́ɚ | stɔ́ː/
/u/	actual /ǽkʧuəl/	/ʊɚ | ʊə/	tour /tʊ́ɚ | tʊ́ə/
/ʊ/	book /bʊ́k/	/jʊɚ | jʊə/	pure /pjʊ́ɚ | pjʊ́ə/
	educate /éʤʊkèɪt/	/aɪɚ | aɪə/	fire /fáɪɚ | fáɪə/
/ʌ/	come /kʌ́m/	/aʊɚ | aʊə/	tower /táʊɚ | táʊə/
/ɚː | əː/	bird /bɚ́ːd | bə́ːd/		
/ə/	around /əráʊnd/		
	China /ʧáɪnə/		
	chorus /kɔ́ːrəs/		
	lemon /lémən/		
	element /éləmənt/		
	animal /ǽnəm(ə)l/		

✪ それぞれの発音記号については「つづり字と発音解説」3～40 を参照.